Kopp/Ramsauer
Verwaltungsverfahrensgesetz

Verwaltungsverfahrensgesetz

Kommentar

Herausgegeben von

Prof. Dr. Ulrich Ramsauer

Bearbeitet von

Prof. Dr. Ulrich Ramsauer
Rechtsanwalt
em. Universitätsprofessor an der Universität Hamburg
Vorsitzender Richter am Hamburgischen Oberverwaltungsgericht a. D.

Dr. Carsten Tegethoff
Richter am Bundesverwaltungsgericht, Leipzig

Dr. Peter Wysk
Richter am Bundesverwaltungsgericht, Leipzig
Lehrbeauftragter an der Humboldt-Universität zu Berlin

Begründet von Ferdinand O. Kopp
und von der 7. bis 16. Auflage fortgeführt von Ulrich Ramsauer

18., vollständig überarbeitete Auflage 2017

C.H.BECK

www.beck.de

ISBN 978 3 406 71056 8

Wilhelmstraße 9, 80801 München

Satz, Druck und Bindung: Druckerei C. H. Beck Nördlingen
(Adresse wie Verlag)
Umschlaggestaltung: Druckerei C. H. Beck Nördlingen

Gedruckt auf säurefreiem, alterungsbeständigem Papier
(hergestellt aus chlorfrei gebleichtem Zellstoff)

Je mehr man schon weiß,
desto mehr hat man noch zu lernen.

Vorwort zur achtzehnten Auflage

Auch diese Neuauflage muss sich wieder mit einigen wichtigen Neuregelungen auseinandersetzen: Zum Jahreswechsel ist das Gesetz zur Modernisierung des Besteuerungsverfahrens in Kraft getreten, das nicht nur wesentliche Änderungen in der Abgabenordnung enthält, sondern – vor allem aus Gründen der Harmonisierung – in Art. 20 auch Neuregelungen im VwVfG enthält, insbesondere über den vollständig elektronisch erlassenen VA in § 35a und die Bekanntgabe durch Abruf des Adressaten aus einem Internet-Portal in § 41 Abs. 2a. Mit dem fortschreitenden Einsatz elektronischer Datenverarbeitungssysteme in der öffentlichen Verwaltung geht notwendigerweise eine Standardisierung von Verfahrensabläufen einher. Damit wächst auch die Sorge, dass den Schutzbedürfnissen des Einzelnen und den Besonderheiten des Einzelfalls nicht mehr hinreichend Rechnung getragen werden könnte. Die Neuregelungen verdanken sich auch dem Bestreben, die Automatisierung von Verwaltungsverfahren im Interesse der Sicherung rechtsstaatlicher Mindeststandards hinreichend rechtlich einzuhegen.

Der Schutz des Einzelnen im Verwaltungsverfahren unter Wahrung der praktischen Bedürfnisse der Verwaltung war stets ein besonderes Anliegen des Begründers dieses Kommentars, *Ferdinand O. Kopp,* dem sich die Autoren weiterhin verpflichtet fühlen. Es stellt sich immer wieder neu die Aufgabe, eine aktuelle und praxisorientierte Kommentierung zu bieten, die bei allen Veränderungen des Rechts die berechtigten Belange der Verwaltung, aber auch die des Einzelnen und seinen Schutz im Blick hat.

Rechtzeitig für die achtzehnte Auflage des Kommentars konnte ein weiterer Autor für die Kommentierung gewonnen werden. Mit Dr. *Carsten Tegethoff* tritt ein zweiter Richter am Bundesverwaltungsgericht in das Autorenteam ein und übernimmt in der Neuauflage zunächst die Bearbeitung des Verwaltungsvertragsrechts. Auch er ist wie Dr. *Peter Wysk,* der bereits seit der Vorauflage dabei ist und nunmehr neben dem Planfeststellungsrecht auch das förmliche Verwaltungsverfahren mit dem UVP-Recht in § 63 bearbeitet, in der Fachöffentlichkeit kein Unbekannter. Mit einer Vielzahl von Veröffentlichungen auf den Gebieten des allgemeinen Verwaltungsrechts und des Verwaltungsverfahrensrechts ist er hervorragend ausgewiesen.

Danken möchte ich *Heike Weyer, Emely Laing* und *Fabian Radziwill* für vielfältige Unterstützung insbesondere bei der Sichtung des Materials. Viele Anregungen, nützliche Vorschläge und kritische Anmerkungen haben die Überarbeitung wiederum sehr gefördert. Hierfür sei allen gedankt, die sich daran beteiligt haben. Gerade auch Hinweise auf redaktionelle Ungenauigkeiten und Aktualisierungsbedarf sind wertvoll und hilfreich, weil es nicht möglich ist, bei Neuauflagen den gesamten Text mit gleicher Präzision kritisch durchzusehen. Die interaktive Weiterentwicklung der Kommentierung nicht nur durch Auswertung von Rechtsprechung und Literatur, sondern auch und gerade im regen Austausch mit den Nutzern des Kommentars erleichtert den Autoren die stetige Verbesserung, nicht zuletzt im Hinblick auf Aktualiserung und Praxisorientierung, die eine immerwährende Aufgabe darstellen. Wer bei der Benutzung der Neuauflage Anlass zu „Bedenken und Anregungen" sieht, zögere nicht, sie mitzuteilen, am besten per E-Mail an die Adresse: **URamsauer@goerg.de.**

Hamburg, im April 2017 Ulrich Ramsauer

Wir müssen uns Sisyphos als einen glücklichen Menschen vorstellen.

Vorwort zur siebten Auflage

Die Übernahme eines so bedeutenden und umfangreichen Werkes wie des von Ferdinand O. Kopp begründeten und bis zur 6. Auflage zur Blüte gebrachten Kommentars zum VwVfG ist Herausforderung und Lebensaufgabe zugleich. Kopp war einer der letzten großen Generalisten des öffentlichen Rechts, der auf dem Gebiet des Verwaltungsverfahrensrechts nicht nur die deutsche Rechtsentwicklung, sondern auch diejenige in den deutschsprachigen Nachbarländern beobachtete und nachhaltig beeinflusste. Seine Kommentierung berücksichtigte stets nicht nur das allgemeine, sondern auch das so sozialrechtliche und das abgabenrechtliche Verwaltungsverfahren bis in die Details hinein. Diesem in Breite und Tiefe gleichermaßen gesetzten Maßstab kann ein einzelner Nachfolger nur schwer gerecht werden.

Die siebte Auflage berücksichtigt die tiefgreifenden Änderungen, die das Verwaltungsverfahrensgesetz seit der noch überwiegend von Ferdinand O. Kopp betreuten Vorauflage des Kommentars erfahren hat, namentlich das Gesetz zur Änderung verwaltungsverfahrensrechtlicher Vorschriften vom 2. Mai 1996 mit den Änderungen der §§ 48 ff und das Genehmigungsverfahrensbeschleunigungsgesetz, welches Änderungen vor allem der §§ 45 und 46 sowie des Planfeststellungsverfahrens (§§ 73 ff) und die neuen Vorschriften der §§ 71 a ff gebracht hat.

Der Schwerpunkt der Neubearbeitung im Übrigen liegt vor allem im strukturellen Bereich. Ein großer Teil der immer umfänglicher gewordenen Nachweise ist im Interesse der Lesbarkeit in neu geschaffene Fußnoten verlagert. Auf Nachweise aus der Zeit vor dem Inkrafttreten des VwVfG ist weitgehend verzichtet worden. Die bisher einzelnen Abschnitten des Gesetzes vorangestellten allgemeinen Ausführungen sind in die Kommentierung der Vorschriften integriert. Eine neu geschaffene Einführung behandelt einzelne Problembereiche des allgemeinen Verwaltungsrechts und des Verwaltungsverfahrensrechts im Zusammenhang. Insgesamt ist die Kommentierung gestrafft und stärker systematisiert. Eine detailliertere Gliederung soll dem Benutzer den raschen Zugriff erleichtern. Diese Änderungen erforderten eine vollständige Neugestaltung des Stichwortverzeichnisses.

Inhaltlich beschränkt sich die Neuauflage weitgehend auf eine Aktualisierung des Kommentars unter Berücksichtigung der neuen Rechtsprechung und Literatur und Einbeziehung der europarechtlichen Einflüsse. Manche neuen Entwicklungen mit Auswirkungen auf das Verwaltungsverfahrensrecht, wie zB das neue Vergaberecht, konnten nur gestreift werden. Eine vertiefende Überarbeitung der Kommentierungen in den Detailbereichen ist späteren Auflagen vorbehalten. Die von Kopp oftmals sehr engagiert vertretenen eigenständigen Positionen werden nur an wenigen Stellen im Sinne einzelner „Frontbegradigungen" geräumt, vor allem im Bereich der Dogmatik des Verwaltungsakts.

Ohne die Hilfe und den engagierten Einsatz meiner Mitarbeiter wäre mir die Bearbeitung der Neuauflage nicht möglich gewesen. Ihnen gilt mein Dank, allen voran Frau Meike Borchardt und Herrn Ole Püschel, außerdem Frau Karin Bieback, Frau Lena Dammann und nicht zuletzt meiner Sekretärin, Frau Inge Kampen. Sie alle haben mir geholfen, den Berg ein erstes Mal zu bewältigen, der einen Einzelnen leicht mutlos machen kann. Danken möchte ich auch meiner Familie für die Geduld und den Rückhalt, den sie mir gegeben hat.

Jede Kommentierung gibt nur eine Momentaufnahme im ständigen Fluss von Wissenschaft und Praxis und von der Auseinandersetzung des Autors mit ihnen wieder. Zahlreiche neue Gedanken und Publikationen, die noch während der Bearbeitungszeit in die öffentliche Diskussion gelangt sind, müssen unberücksichtigt bleiben, weil die Auseinandersetzung mit ihnen in der Kürze der Zeit noch nicht geführt werden konnte. Die Änderungen, die die Kommentierung in dieser Neuauflage erfahren hat, müssen ihre Bewährungsprobe erst noch bestehen. Die neue Struktur ist naturgemäß noch nicht ausgereift. Gerade deshalb bin ich für Kritik und Anregungen stets dankbar. Sie werden erbeten an die Universität Hamburg, Fachbereich Rechtswissenschaft, Flügel West, Edmund-Siemers-Allee 1 in 20246 Hamburg.

Hamburg, im Januar 2000 Ulrich Ramsauer

Aus dem Vorwort zur ersten Auflage

Der hiermit vorgelegte Kommentar zum Verwaltungsverfahrensgesetz des Bundes (VwVfG) vom 25.5.1976 (BGBl I 1253) und zu den entsprechenden Vorschriften in den Verwaltungsverfahrensgesetzen der Länder ist wie der in der gleichen Reihe erschienene Kommentar zur VwGO vor allem für die Praxis, für den Beamten, den Anwalt und den Richter, aber auch für den Bürger, der sich über seine Rechte im Verfahren gegenüber den Behörden informieren möchte, und für den jungen Juristen in der Ausbildung geschrieben. Bei aller gebotenen Kürze stand dabei der Gedanke im Vordergrund, dem Benutzer zuverlässig und verständlich die Erläuterungen zu den genannten Gesetzen und zu vergleichbaren Vorschriften in anderen Gesetzen zu bieten, die er für seine praktische Tätigkeit oder zur Geltendmachung seiner Rechte benötigt. Zugleich will der Kommentar aber auch, soweit dies im Rahmen kurzer Erläuterungen möglich ist, dem wissenschaftlich Interessierten, insbesondere auch dem Studenten und dem Referendar, die Grundgedanken und Einrichtungen des geltenden Verwaltungsverfahrensrechts näher bringen und zur Lösung der zahlreichen noch offenen Fragen beitragen. …

Es würde mich freuen, wenn der Kommentar die gleiche freundliche Aufnahme finden würde wie der in derselben Reihe erschienene Kommentar zur VwGO und wenn er seinen Teil dazu beitragen könnte, das Verwaltungsverfahrensrecht nicht nur zu einem wirksamen und rationellen Instrument der modernen Verwaltung, sondern auch zu einem wirksamen Instrument des Rechtsschutzes des Bürgers zu machen. Denn erst durch das rechtsstaatlich geordnete Verfahren werden die Rechte des Bürgers effektiv. Für Kritik und Anregungen zu Verbesserungen in künftigen Auflagen bin ich dankbar.

Mein besonderer Dank gebührt auch der großen Zahl von Kollegen einschließlich meiner ehemaligen Kollegen in der Verwaltung und in der Verwaltungsgerichtsbarkeit, denen ich viele Anregungen zu den Erläuterungen verdanke, und dem Verlag, der die Veröffentlichung ermöglichte.

München – Graz, im Juli 1976 Ferdinand Kopp

Hinweise für den Gebrauch

Paragraphen ohne nachfolgende Angabe eines Gesetzes sind stets solche des VwVfG.

Das Wort „vor" (auch mit einer Ziffer verbunden) bezeichnet, wenn es vor einem Paragraphen steht (zB 1 vor § 40), die Vorbemerkung zu dem mit dem Paragraphen beginnenden Abschnitt bzw Teil eines Abschnitts des VwVfG.

Städtenamen ohne näheren Hinweis (wie VG, OLG) bezeichnen das OVG mit Sitz in der genannten Stadt. Angaben ohne weitere Hinweise (zB 11, 27; NJW 1970, 232) beziehen sich auf Entscheidungen des Bundesverwaltungsgerichts in der amtlichen Sammlung bzw in der angegebenen Zeitschrift usw, soweit Hinweise auf ein anderes Gericht oder auf einen Autor vorausgehen, auf dieses Gericht bzw diesen Autor. Ein „vgl" bei einem Hinweis bedeutet, dass die angeführte Entscheidung, Literaturstelle usw nicht dasselbe Problem betrifft, sondern nur einen vergleichbaren Fall. Hinweise auf Kommentare ohne Angabe des Paragraphen beziehen sich auf die Erläuterungen zum selben Paragraphen des VwVfG bzw auf den dem erläuterten Paragraphen entsprechenden Paragraphen des im Kommentar behandelten Verwaltungsverfahrensgesetzes eines Landes.

Inhaltsverzeichnis

Inhalt

Seite

Inhalt

Abkürzungsverzeichnis und Verzeichnis der abgekürzt zitierten Literatur[1]

A	Ansicht
aA	anderer Ansicht
aaO	am angegebenen Ort
Aarhus-Konvention	Übereinkommen über den Zugang zu Informationen, die Öffentlichkeitsbeteiligung an Entscheidungsverfahren und den Zugang zu Gerichten in Umweltangelegenheiten vom 25.6.1998
ABegr	Begründung zum Bericht und Antrag des Innenausschusses vom 18.12.1975 zum Entwurf des VwVfG, BT-Dr 7/4494 und BT-Dr 7/910
abl	ablehnend
ABl	Amtsblatt
Abs	Absatz
abw	abweichend
AbwAG	Abwasserabgabengesetz
Achterberg	Achterberg N., Allgemeines Verwaltungsrecht. Ein Lehrbuch. 2. Aufl 1986
AcP	Archiv für civilistische Praxis (Z)
AEG	Allgemeines Eisenbahngesetz vom 27.12.1993 (BGBl I 1993, 2378)
AEUV	Vertrag über die Arbeitsweise der europäischen Union, Fassung aufgrund des am 1.12.2009 in Kraft getretenen Vertrages von Lissabon (ABl EG Nr C 115 vom 9.5.2008, S. 47)
aF	alte, durch eine Gesetzesänderung überholte Fassung
AfP	Archiv für Presserecht (Z)
AG	Amtsgericht
AG	Ausführungsgesetz
AG	Aktiengesellschaft
AGB	allgemeine Geschäftbedingungen
AGBG	AGB-Gesetz vom 9.12.1976, außer Kraft seit dem 31.12.2001 (BGBl I 1976, 3317)
AGGerStrG	Gesetz zur Ausführung des Gerichtsstrukturgesetzes vom 10.6.1992 (GVOBl. M-V 1992, 314)
AgrarR	Agrarrecht (Z)
AGOZV	Verordnung über das Inverkehrbringen von Anbaumaterial von Gemüse-, Obst- und Zierpflanzenarten vom 16.6.1998 (BGBl I 1998, 1322)
AGVwGO	Ausführungsgesetz zur Verwaltungsgerichtsordnung
AK-GG	Grundgesetz-Kommentar, Reihe Alternativkommentare, 3. Aufl Stand 8/2002
AktG	Aktiengesetz vom 6.9.1965 (BGBl I 1965, 1089)
Allesch	Allesch, E., Anwendbarkeit der Verwaltungsverfahrensgesetze auf das Widerspruchsverfahren, 1984
allg	allgemein
Alt	Alternative
AMG	Arzneimittelgesetz, neu gefasst am 12.12.2005 (BGBl I 2005, 3394)
ANBest-P	Allgemeine Nebenbestimmungen für Zuwendungen zur Projektförderung (Anl 2 zur VV Nr. 5.1 zu § 44 BHO)
AnwBl	Anwaltsblatt (Z)
AO	Abgabenordnung (ehemals Reichsabgabenordnung)

[1] Weitere Literaturangaben s bei den einzelnen Vorschriften des VwVfG. Bei mit (Z) gekennzeichneten Abkürzungen handelt es sich um Zeitschriftentitel. Auf die Angabe der letzten Änderung von Rechtsnormen wurde verzichtet.

Abkürzungen

AO 1977	Abgabenordnung 1977
AöR	Archiv des öffentlichen Rechts (Z)
APF	Ausbildung, Prüfung, Fortbildung. Zeitschrift für die staatliche und kommunale Verwaltung (Z)
ArbG	Arbeitsgericht
ArbGG	Arbeitsgerichtsgesetz, neu gefasst am 2.7.1979 (BGBl I 853, 1036)
ArchPT	Archiv für Post und Telekommunikation (Z)
ArztR	Arztrecht (Z)
AS	Arbeits- und Sozialstatistik (Z)
AsylG	Asylgesetz, neu gefasst am 2.9.2008 (BGBl. I 2008, 1798)
AtG	Gesetz über die friedliche Verwendung der Kernenergie und den Schutz gegen ihre Gefahren, neu gefasst am 15.7.1985 (BGBl I 1985, 1565)
AtVfV	Verordnung über das Verfahren bei der Genehmigung von Anlagen nach § 7 des Atomgesetzes, neu gefasst am 3.2.1995 (BGBl I 1995, 180)
AuA	Arbeit und Arbeitsrecht (Z)
AufenthG	Aufenthaltsgesetz, neu gefasst am 25.2.2008 (BGBl I 2008, 162)
AÜG	Gesetz zur Regelung der Arbeitnehmerüberlassung, neu gefasst am 3.2.1995 (BGBl I 1995, 158)
AUR	Agrar- und Umweltrecht (Z)
AuslG	Gesetz über die Einreise und den Aufenthalt von Ausländern im Bundesgebiet (Ausländergesetz), abgelöst durch AufenthG, vom 9.7.1990 (BGBl I 1990, 1354), seit dem 31.12.2004 außer Kraft
AuslInvG	Gesetz über steuerliche Maßnahmen bei Auslandsinvestitionen der deutschen Wirtschaft vom 18.8.1969 (BGBl I 1969, 1211)
AuslKostG	Auslandskostengesetz vom 21.2.1978 (BGBl I 1978, 301)
AVG	Allgemeines Verwaltungsverfahrensgesetz 1991 (BGBl 1991, 51 idF BGBl I 2004/10) (Österreich)
aW	aufschiebende Wirkung
BABl	Bundesarbeitsblatt (Z)
Bachof I, II	Bachof O., Verfassungsrecht, Verwaltungsrecht, Verfahrensrecht, Bd I und II, 2. Aufl 1968
Bachof	Bachof O., Die verwaltungsgerichtliche Klage auf Vornahme einer Amtshandlung, 1951
Bader/Ronellenfitsch	Bader J., Ronellenfitsch, M., (Hrsg) Verwaltungsverfahrensgesetz, Kommentar 2. Aufl 2016
BAF	Bundesaufsichtsamt für Flugsicherung
BAföG	Bundesausbildungsförderungsgesetz, neu gefasst am 7.12.2010 (BGBl I 2010, 1952, ber. 2012 I 197)
BAG	Bundesarbeitsgericht
BÄO	Bundesärzteordnung, neu gefasst am 16.4.1987 (BGBl I 1987, 1218)
Battis	Battis U., Allgemeines Verwaltungsrecht, 3. Aufl 2002
Battis BBG	Battis U. Bundesbeamtengesetz 4. Aufl 2009
BauR	Baurecht (Z)
BauGB	Baugesetzbuch, i. d. F. d. Bek. v. 23.9.2004 (BGBl I 2004, 2414)
BauO	Bauordnung
BauPG	Bauproduktengesetz vom 5.12.2012 (BGBl I 2449)
BauVorlVO	Bauvorlagenverordnung
Bauer/Heckmann	Bauer/Heckmann/Ruge/Schallbruch/Schulz (Hrsg), VwVfG, Kommentar und E-Government, 2. Aufl 2014
Baur/Grunsky	Grunsky W., Jacoby F., Zivilprozessrecht, 14. Aufl 2014
Bay, bay	Bayern, bayerisch
BayBgm	Der Bayerische Bürgermeister (Z)
BayBZ	Bayerische Beamtenzeitung (Z)
Bayerlein	Bayerlein W. ua, Praxishandbuch Sachverständigenrecht, 5. Aufl 2015
BayObLG	Bayerisches Oberstes Landesgericht
BayVBl	Bayerische Verwaltungsblätter (Z)
BayVerfGH	Bayerischer Verfassungsgerichtshof

BayVGH-FS	Verwaltung und Rechtsbindung, Festschrift zum hundertjährigen Bestehen des Bayerischen Verwaltungsgerichtshofes, 1979
BaWü, bw	Baden-Württemberg, baden-württembergisch
BB	Betriebs-Berater (Z)
BBauG	Bundesbaugesetz, 1979 durch BauGB ersetzt
BBauBl	Bundesbaublatt (Z)
BBG	Bundesbeamtengesetz vom 5.2.2009 (BGBl 2009 I S. 160)
BBergG	Bundesberggesetz vom 13.8.1980 (BGBl I 1980, 1310)
BBesG	Bundesbesoldungsgesetz, neu gefasst am 19.6.2009 (BGBl I 2009, 1434)
BBodSchG	Bundes-Bodenschutzgesetz vom 17.3.1998 (BGBl I 1998, 502)
BBPlG	Gesetz über den Bundesbedarfsplan – Bundesbedarfsplangesetz v 23.7.2013 (BGBl I S 2543)
BDG	Bundesdisziplinargesetz vom 9.7.2001 (BGBl I 2001, 1510)
BDO	Bundesdisziplinordnung vom 28.11.1952 (BGBl I 1952, 749), außer Kraft seit dem 31.12.2001
BeurkG	Beurkundungsgesetz vom 28.8.1969 (BGBl I 1969, 1513)
BDSG	Bundesdatenschutzgesetz, neu gefasst am 14.1.2003 (BGBl I 2003, 66)
BeamtStG	Beamtenstatusgesetz vom 17.6.2008 (BGBl. I 2008, 1010)
BeamtVG	Gesetz über die Versorgung der Beamten und Richter des Bundes, neu gefasst am 24.2.2010 (BGBl I 2010, 150)
BeckOK	Bader, J./Ronellenfitsch, M., Beck'scher Onlinekommentar VwVfG
Begr	Begründung des Regierungsentwurfs vom 18.7.1973 zum VwVfG, mit der Stellungnahme des Bundesrats dazu, BT-Dr 7/910
Bek	Bekanntmachung
BEMFV	Verordnung über das Nachweisverfahren zur Begrenzung elektromagnetischer Felder vom 28.8.2002 (BGBl I 2002, 3366)
ber	berichtigt
Berg	Berg W., Die verwaltungsrechtliche Entscheidung bei ungewissem Sachverhalt, 1980
Berl, berl	Berlin, berliner
Betrieb	Der Betrieb (Z)
Bettermann/ Nipperdey	Bettermann K. A./Nipperdey H. C./Scheuner U., Die Grundrechte, 1954 f
BEisenbahnVG	Gesetz über die Eisenbahnverkehrsverwaltung des Bundes v 27.12.1993 (BGBl I 2378 mÄ)
BFH	Bundesfinanzhof
BGB	Bürgerliches Gesetzbuch, neu gefasst am 2.1.2002 (BGBl I 2002, 42; 2003, 738)
BGBl	Bundesgesetzblatt
BGH	Bundesgerichtshof
BGHSt	Entscheidungen des BGH in Strafsachen
BGHZ	Entscheidungen des BGH in Zivilsachen
BHO	Bundeshaushaltsordnung vom 19.8.1969 (BGBl I 1969, 1284)
BImSchG	Bundes-Immissionsschutzgesetz, neu gefasst am 26.9.2002 (BGBl I 2002, 3830)
BImSchV	Bundes-Immissionsschutzverordnung
bish	bisher
BJagdG	Bundesjagdgesetz, neu gefasst am 29.9.1976 (BGBl I 1976, 2849 mÄ)
BK	Bonner Kommentar zum Grundgesetz Losebl
BKK	Die Betriebskrankenkasse (Z)
BL	Baumbach A./Lauterbach W./Albers J./Hartmann P., ZPO. Zivilprozessordnung mit Gerichtsverfassungsgesetz und anderen Nebengesetzen, 75. Aufl 2017
BLG	Bundesleistungsgesetz vom 19.10.1956 (BGBl I 1956, 815)
BMI	Bundesministerium des Innern
BMF	Bundesministerium der Finanzen

BMWi	Bundesministerium für Wirtschaft und Technologie
BNatSchG	Bundesnaturschutzgesetz vom 29.7.2009 (BGBl I 2009, 2542)
BNDG	Gesetz über den Bundesnachrichtendienst vom 20.12.1990 (BGBl I 1990, 2954)
BNotO	Bundesnotarordnung vom 13.2.1937 (RGBl I 1937, 191, BGBl I 1961, 97)
Boorberg-FS	Verwaltungsverfahren. Festschrift zum 50-jährigen Bestehen des Richard Boorberg Verlags, hg von Schmitt Glaeser, 1977
Bosch	Bosch E./Schmidt J., Praktische Einführung in das verwaltungsgerichtliche Verfahren, 9. Aufl 2012
BPatG	Bundespatentgericht
BPersVG	Bundespersonalvertretungsgesetz vom 15.3.1974 (BGBl I 1974, 693)
BRAGO	Bundesrechtsanwaltsgebührenordnung vom 26.7.1957 (BGBl I 1957, 861), seit dem 30.6.2004 ersetzt durch RVG
Brand, brbg	Brandenburg, brandenburgisch
BRAO	Bundesrechtsanwaltsordnung vom 1.8.1959 (BGBl I 1959, 565)
Brem, brem, br	Bremen, bremer
BR-Dr	Bundesratsdrucksache
BRRG	Beamtenrechtsrahmengesetz, neu gefasst am 31.3.1999 (BGBl I 1999, 654), 2009 abgelöst durch BeamtStG
BRS	Baurechtssammlung, Rechtsprechung des BVerwG, der OVGe der Länder und anderer Gerichte zum Bau- und Bodenrecht
BSG	Bundessozialgericht
BSHG	Bundessozialhilfegesetz vom 30.6.1961 (BGBl I 1961, 815), seit dem 31.12.2004 abgelöst durch SGB XII
BStatG	Gesetz über die Statistik für Bundeszwecke vom 22.1.1987 (BGBl I 1987, 462)
BStBl II	Bundessteuerblatt Teil II
BT-Dr	Bundestagsdrucksache
Buchh	Sammel- und Nachschlagewerk der Rechtsprechung des BVerwG
BUKG	Gesetz über die Umzugskostenvergütung für die Bundesbeamten, Richter im Bundesdienst und Soldaten vom 11.12.1990 (BGBl I 1990, 2682)
Bull/Mehde	Bull H.-P./Mehde, V., Allgemeines Verwaltungsrecht, 9. Aufl 2015
BVerfG	Bundesverfassungsgericht
BVerfGE	Amtliche Sammlung der Entscheidungen des BVerfG
BVerfGG	Bundesverfassungsgerichtsgesetz, neu gefasst am 11.8.1993 (BGBl I 1993, 1473)
BVerwG	Bundesverwaltungsgericht
BVerwGE	Amtliche Sammlung der Entscheidungen des BVerwG
BVerwG-FS	Verwaltungsrecht zwischen Freiheit, Teilhabe und Bindung; Festgabe aus Anlass des 25jährigen Bestehens des BVerwG, 1978
BVFG	Gesetz über die Angelegenheiten der Vertriebenen und Flüchtlinge (Bundesvertriebenengesetz) vom 10.8.2007 (BGBl I 2007, 1902)
BVG	Bundesversorgungsgesetz, neu gefasst am 22.1.1982 (BGBl I 1982, 21)
BW, bw	Baden-Württemberg, baden-württembergisch
BWahlG	Bundeswahlgesetz
BWGZ	Die Gemeinde (Z)
BWVPr	Baden-Württembergische Verwaltungspraxis
BZRG	Gesetz über das Zentralregister und das Erziehungsregister, neugefasst am 21.9.1984 (BGBl I S 1229)
Calliess/Ruffert	Calliess, C./Ruffert M. (Hg.), EUV/AEUV Das Verfassungsrecht der Europäischen Union mit Europäischer Grundrechtecharta, 5. Aufl. 2016
ChemG	Chemikaliengesetz, neu gefasst am 28.8.2013 (BGBl I 2013, 3498)
CR	Computer und Recht (Z)

DAR .... Deutsches Autorecht (Z)
DAV .... Deutscher Anwaltverein
DB .... Der Betrieb (Z)
DepV .... Verordnung über Deponien und Langzeitlager (Deponieverordnung v 27.4.2009) (BGBl I, 900)
ders .... derselbe
Detterbeck .... Detterbeck St., Allgemeines Verwaltungsrecht, 12. Aufl 2014
De-Mail-Gesetz .... Gesetz zur Regelung von De-Mail-Diensten vom 28.4.2011 (BGBl I 2011, 666)
DJ .... Deutsche Justiz (Z)
DJT .... Deutscher Juristentag (Verein)
Diss .... Dissertation
DL-RL .... Dienstleistungsrichtlinie
DMW .... Deutsche Medizinische Wochenzeitschrift (Z)
DNotZ .... Deutsche Notar-Zeitschrift (Z)
DöD .... Der öffentliche Dienst (Z)
DOK .... Die Ortskrankenkasse (Z)
DÖV .... Die Öffentliche Verwaltung (Z)
DRiG .... Deutsches Richtergesetz neu gefasst am 19.4.1972 (BGBl I 1972, 713)
DRiZ .... Deutsche Richterzeitung (Z)
DStR .... Deutsches Steuerrecht (Z)
DSWR .... Datenverarbeitung in Steuer, Wirtschaft und Recht (Z)
DuD .... Datenschutz und Datensicherung (Z)
DtZ .... Deutsch-Deutsche Rechts-Zeitschrift (Z)
DuR .... Demokratie und Recht (Z)
DV .... Deutsche Verwaltung (Z)
DVBl .... Deutsches Verwaltungsblatt (Z)
DVP .... Deutsche Verwaltungspraxis (Z)
DVR .... Datenverarbeitung im Recht (Z)

E .... Entwurf
eA .... einstweilige Anordnung
EAG Bau .... Europarechtsanpassungsgesetz Bau vom 24.6.2004 (BGBl I 2004, 1359)
EBO .... Eisenbahn-Bau- und Betriebsordnung
EEG .... Gesetz für den Ausbau erneuerbarer Energien vom 21.7.2014 (BGBl I 1066)
EFG .... Entscheidungen der Finanzgerichte (Z)
EG .... Europäische Gemeinschaft(en)
EG .... Einführungsgesetz
EGBGB .... Einführungsgesetz zum BGB, neu gefasst am 21.9.1994 (BGBl I 1994, 2494; 1997, 1061)
EGGVG .... Einführungsgesetz zum Gerichtsverfassungsgesetz vom 27.1. 1877 (RGBl 1877, 77)
EGH .... Ehrengerichtshof für Rechtsanwälte
EGMR .... Europäischer Gerichtshof für Menschenrechte
EGovG .... E-Government-Gesetz, erlassen als Art 1 des Gesetzes zur Förderung der elektronischen Verwaltung sowie zur Änderung weiterer Vorschriften v 25.7.2013 (BGBl I, 2749)
EKMR .... Europäische Kommission für Menschenrechte
EKrG .... Eisenbahnkreuzungsgesetz, i. d. F. d. Bek. v. 21.3.1971 (BGBl I 1971, 337)
EMRK .... Europäische Menschenrechtskonvention vom 4.11.1950
Engelhardt/App .... Verwaltungs-Vollstreckungsgesetz, Verwaltungszustellungsgesetz, Kommentar, 9. Aufl 2011
Engelhardt/App/
Schlatmann .... Verwaltungs-Vollstreckungsgesetz, Verwaltungszustellungsgesetz, 10. Aufl 2014
EnLAG .... Gesetz zum Ausbau von Energieleitungen v 21.8.2009 (BGBl I S 2870)
EnWG .... Energiewirtschaftsgesetz vom 7.7.2005 (BGBl I 2005, 1970 mÄ)

Abkürzungen

Entspr/entspr .... Entsprechendes/entsprechend
Erichsen .... Erichsen H.-U., Verwaltungsrecht und Verwaltungsgerichtsbarkeit I, 2. Aufl 1984
Erichsen/Ehlers .... Erichsen H.-U., Ehlers, D. (Hg), Allgemeines Verwaltungsrecht, 14. Aufl 2010
Ernst/Zinkahn/
Bielenberg .... Ernst, W./Zinkahn, W./Bielenberg, W./Krautzberger, M. (Hg), Kommentar zum Baugesetzbuch, Losebl, Stand: 10/2016
ErstG .... Erstattungsgesetz vom 18.4.1937 (RGBl I 1937, 461), seit dem 30.6.2002 außer Kraft
EStG .... Einkommensteuergesetz, i. d. F. d. Bek. v. 8.10.2009 (BGBl I 2009, 3366 mÄ)
ESVGH .... Entscheidungssammlung des Hessischen Verwaltungsgerichtshofs und des Verwaltungsgerichtshofs Baden-Württemberg mit Entscheidungen der Staatsgerichtshöfe beider Länder
ET .... Energiewirtschaftliche Tagesfragen (Z)
EU .... Europäische Union
EUV .... EU-Vertrag, Fassung aufgrund des am 1.12.2009 in Kraft getretenen Vertrages von Lissabon (ABl EG C 115 vom 9.5.2008, S. 13)
EuGH .... Gerichtshof der Europäischen Union
EuGHE .... Amtliche Sammlung der Entscheidungen des Gerichtshofs der Europäischen Union
EuGRZ .... Europäische Grundrechte Zeitschrift (Z)
EuR .... Europarecht (Z)
EurUP .... Zeitschrift für Europäisches Umwelt- und Planungsrecht (Z)
EuZW .... Europäische Zeitschrift für Wirtschaftsrecht (Z)
EVPO .... Entwurf einer Verwaltungsprozessordnung, Referentenentwurf 1980 mit Begründung vom Februar 1981
EVwVerfG 1963 .... Musterentwurf eines Verwaltungsverfahrensgesetzes (EVwVerfG 1963), 2. Aufl 1968
EVwVerfG 1970 .... Entwurf eines Verwaltungsverfahrensgesetzes BT-Dr 6/1173 vom 21.9.1970
EVwVfG .... Entwurf eines Verwaltungsverfahrensgesetzes BT-Dr 7/910 vom 18.7.1973
EWR .... Europäischer Wirtschaftsraum
Eyermann .... Verwaltungsgerichtsordnung, Kommentar, 14. Aufl 2014

f; ff .... folgende(r); fortfolgende
F .... Forsthoff E., Lehrbuch des Verwaltungsrechts, Bd I, Allgemeiner Teil, 10. Aufl 1973
FAG .... Finanzausgleichsgesetz vom 20.12.2001 (BGBl I 2001, 3955)
FahrlG .... Gesetz über das Fahrlehrerwesen vom 25.8.1969 (BGBl I 1969, 1336)
FamFG .... Gesetz über das Verfahren in Familiensachen und in den Angelegenheiten der freiwilligen Gerichtsbarkeit vom 17.12.2008 (BGBl I 2008, 2586)
FamRZ .... Zeitschrift für das gesamte Familienrecht (Z)
FeststG .... Gesetz über die Feststellung von Vertreibungsschäden und Kriegsschäden – Feststellungsgesetz, neu gefasst am 1.10.1969 (BGBl I 1969, 1885), seit dem 30.6.2006 außer Kraft
FeV .... Fahrerlaubnisverordnung vom 13.12.2010 (BGBl I 2010, 1980)
FEVS .... Fürsorgerechtliche Entscheidungen der Verwaltungs- und Sozialgerichte
FFH-RL .... Richtlinie 92/43/EWG über die Erhaltung der natürlichen Lebensräume sowie der wildlebenden Tier- und Pflanzenarten vom 21.5.1992 (ABl EG L 206)
FG .... Finanzgericht
FGG .... Gesetz über die Angelegenheiten der freiwilligen Gerichtsbarkeit vom 17.5.1898 (RGBl 1898, 189), abgelöst durch das FamFG, seit dem 31.8.2009 außer Kraft

FGO	Finanzgerichtsordnung, neu gefasst am 28.3.2001 (BGBl I 2001, 442; 2002 I 679 mÄ)
FilmfG	Gesetz über Maßnahmen zur Förderung des deutschen Films, Filmförderungsgesetz neugefasst am 24.8.2004 (BGBl I, S 2277)
Finkelnburg	Finkelnburg, K., Dombert, M., Külpmann, C., Vorläufiger Rechtsschutz im Verwaltungsstreitverfahren, 6. Aufl 2011
FKS	Fehling/Kastner/Störmer (Hg), VwVfG, VwGO, Nebengesetze, Kommentar, 4. Aufl. 2016
FL	Finkelnburg Kl./Lässig C. L., Kommentar zum Verwaltungsverfahrensgesetz Bd I, §§ 1–9, Stand: 1979
FluglärmG	Gesetz zum Schutz gegen Fluglärm vom 31.1.2007 (BGBl I 2550)
FlurbG	Flurbereinigungsgesetz vom 16.3.1976 (BGBl I 1976, 546)
Fn	Fußnote, Anmerkung
Foerster	Foerster G. ua, Allgemeines Verwaltungsgesetz für das Land Schleswig-Holstein, Kommentar, Loseblatt
FR	Finanz-Rundschau (Z)
FS	Festschrift
FS BVerwG	Festgabe 50 Jahre Bundesverwaltungsgericht, 2003
FStrG	Bundesfernstraßengesetz, neu gefasst am 28.6.2007 (BGBl I 2007, 1206)
FStrPrivFinG	Gesetz über den Bau und die Finanzierung von Bundesfernstraßen durch Private vom 6.1.2006 (BGBl I 2006, 549)
FutterMV	Futtermittelverordnung, neu gefasst am 29.8.2016 (BGBl I 2016, 2004)
G	Gesetz
G 10	Gesetz zur Beschränkung des Brief-, Post- und Fernmeldegeheimnisses vom 26.6.2001 (BGBl I 2001, 1254)
GastG	Gaststättengesetz, neu gefasst am 20.11.1998 (BGBl I 1998, 3418): weitgehend ersetzt durch Landesrecht
GBl	Gesetzblatt
GbR	Gesellschaft bürgerlichen Rechts
GedS	Gedächtnisschrift
GenTG	Gesetz zur Regelung der Gentechnik, neu gefasst am 16.12.1993 (BGBl I 1993, 2066)
gem	gemäß
Gemeinde	Die Gemeinde (Z)
GemO	Gemeindeordnung
GemS	Gemeinsamer Senat
GemSOGB	Gemeinsamer Senat der obersten Gerichtshöfe des Bundes
GenBeschlG	Gesetz zur Beschleunigung von Genehmigungsverfahren (GenBeschlG) vom 12.9.1996 (BGBl I 1996, 1354)
Germelmann	Germelmann, Cl.-H./Matthes, H.-Chr./Prütting, H./Müller-Glöge R., Arbeitsgerichtsgesetz, 8. Aufl 2013
GesR	GesundheitsRecht (Z)
GetrG	Getreidegesetz vom 4.11.1950 (BGBl 1950, 721), seit dem 31.12.1994 außer Kraft
GetreideG	s GetrG
GewArch	Gewerbearchiv (Z)
GewO	Gewerbeordnung, neu gefasst am 22.2.1999 (BGBl I 1999, 202)
ggf	gegebenenfalls
GG	Grundgesetz für die Bundesrepublik Deutschland vom 23.5.1949 (BGBl 1949, 1)
GjS	Gesetz über die Verbreitung jugendgefährdender Schriften vom 9.6.1953 (BGBl I 1953, 377), abgelöst durch JugSchG, seit dem 31.3.2003 außer Kraft
GKG	Gerichtskostengesetz vom 5.5.2004 (BGBl I 2004, 718)
GMBl	Gemeinsames Ministerialblatt
GmbH	Gesellschaft mit beschränkter Haftung
GO	Gemeindeordnung

Abkürzungen

Götz VerwR	Götz V., Allgemeines Verwaltungsrecht, 4. Aufl 1997
GPSG	Geräte- und Produktsicherheitsgesetz vom 6.1.2004 (BGBl I 2004, 2), seit dem 30.11.2011 außer Kraft
Gräber	Gräber Fr., Finanzgerichtsordnung mit Nebengesetzen, 8. Aufl 2015
GrS	Großer Senat
Grundlagen	Hoffmann-Riem/Schmidt-Aßmann/Voßkuhle, Grundlagen des Verwaltungsrechts, Bd. I, 2. Aufl 2012, Bd II, 2. Aufl 2012, Bd III, 1. Aufl 2009
Grundrechte-Charta	Charta der Grundrechte der EU vom 14.12.2007 (ABl C 303 S 1)
GRUR	Zeitschrift für gewerblichen Rechtsschutz und Urheberrecht
GrZS	Großer Zivilsenat beim Bundesgerichtshof
GüKG	Güterkraftverkehrsgesetz vom 22.6.1998 (BGBl I 1998, 1485)
GS Kopp	Gedenkschrift zum 70. Geburtstag von F. O. Kopp, hg v D. Heckmann, 2007
GVBl	Gesetz- und Verordnungsblatt
GVG	Gerichtsverfassungsgesetz, neu gefasst am 9.5.1975 (BGBl I 1975, 1077)
GWB	Gesetz gegen Wettbewerbsbeschränkungen, neu gefasst am 26.6.2013 (BGBl I 2013, 1750)
Halbs	Halbsatz
Hansa	Hansa (Z)
Hartmann	Hartmann P., Kostengesetze, 47. Aufl 2017
Hauck	Hauck K./Noftz, Sozialgesetzbuch (SGB) X, Kommentar Losebl, Stand: 8/2016
HBauO	Hamburgische Bauordnung vom 14.12.2005 (HmbGVBl 2005, 525)
Hbg, hbg, Hamb	Hamburg, hamburgisch
HdBStKR	Listl/Friesenhahn (Hg), Handbuch des Staatskirchenrechts, 2. Aufl 1994
HebG	Hebammengesetz vom 4.6.1985 (BGBl I 1985, 902)
Held	Held J., Der Grundrechtsbezug des Verwaltungsverfahrens, 1984
Hess, hess	Hessen, hessisch
Hesse	Hesse K., Grundzüge des Verfassungsrechts der Bundesrepublik Deutschland, 20. Aufl 1999
HessStA	Hessischer Staatsanzeiger
HessStGZ	Hessische Städte- und Gemeindezeitung (Z)
HessVGRspr	Rechtsprechung der Hessischen Verwaltungsgerichte (Z)
HFR	Höchstrichterliche Finanzrechtsprechung (Z)
Hg	Herausgeber
HGB	Handelsgesetzbuch vom 10.5.1897 (RGBl 1897, 219)
HGrG	Gesetz über die Grundsätze des Haushaltsrechts des Bundes und der Länder vom 19.8.1969 (BGBl I 1969, 1273)
HGZ	Hessische Städte- und Gemeindezeitung (Z)
HHG	Häftlingshilfegesetz, neu gefasst am 2.6.1993 (BGBl I 1993, 838)
HHSp	Hübschmann, W./Hepp, E./Spitaler, A., Abgabenordnung – Finanzgerichtsordnung, Kommentar, Loseblatt-Kommentar
Hill	Hill H., Das fehlerhafte Verfahren und seine Folgen im Verwaltungsrecht, 1986
hins	hinsichtlich
hM	herrschende Meinung
HmbJVBl	Hamburgisches Justizverwaltungsblatt (Z)
HmbSOG	Hamburger Gesetz zum Schutz der Sicherheit und Ordnung vom 14.3.1966 (HmbGVBl 1966, 77)
HmbWohnungspflegeG	Hamburgisches Wohnungspflegegesetz vom 8.3.1982 (HmbGVBl 1982, 47)
Hofmann AllgVR	Hofmann H., Gerke, J., Allgemeines Verwaltungsrecht, 10. Aufl 2010 (vormals Schmalz)
HRG	Hochschulrahmengesetz, neu gefasst am 19.1.1999 (BGBl I 1999, 18)
HRR	Höchstrichterliche Rechtsprechung (Entscheidungsslg)

Huber	Huber, P.-M., Allgemeines Verwaltungsrecht, 3. Aufl 2011
Huck/Müller	Huck W./Müller M., Verwaltungsverfahrensgesetz, 2. Aufl 2016
Hufen/Siegel	Hufen F./Siegel, Fehler im Verwaltungsverfahren, 5. Aufl 2013
HufenVerwPR	Hufen, F. Verwaltungsprozessrecht, 10. Aufl 2016
HWG	Hamburgisches Wegegesetz vom 22.1.1974 (HmbGVBl. 1974, 41)
HwO	Handwerksordnung, neu gefasst am 24.9.1998 (BGBl I 1998, 3074)
HZvNG	Hüttenknappschaftliches Zusatzversicherungs-Neuregelungs-Gesetz vom 21.6.2002 (BGBl I 2002, 2167)
idF	in der Fassung (nur gebraucht für die Bekanntmachung der Neufassung eines Gesetzes)
idR	in der Regel
idS	in diesem Sinn
iE	im Einzelnen
I+E	Zeitschrift für Immissionsschutzrecht und Emissionshandel (Z)
IE-RL	Industrieemissionsrichtlinie (2010/75/EU) ABl EG L 334 S 17)
ieS	im engeren Sinn
IFG	Gesetz zur Regelung des Zugangs zu Informationen des Bundes vom 5.9.2005 (BGBl I 2005, 2722)
IFLA	Informationsdienst zum Lastenausgleich (Z)
IfSG	Infektionsschutzgesetz vom 20.7.2000 (BGBl I 2000, 1045)
InfAuslR	Informationsbrief Ausländerrecht (Z)
InfSchG	s. IfSG
insb	insbesondere
InsO	Insolvenzordnung vom 5.10.1994 (BGBl I 1994, 2866)
InvZulG	Insolvenzzulagengesetz vom 7.12.2008 (BGBl I 2008, 2350)
IöD	Informationsdienst öffentliches Dienstrecht
IPBeschlG	Gesetz zur Beschleunigung von Planungsverfahren für Infrastrukturvorhaben vom 9.12.2006 (BGBl I 2006, 2833)
IPlBG	siehe IPBeschlG
Ipsen	Ipsen J., Allgemeines Verwaltungsrecht, 9. Aufl 2015
IRG	Gesetz über die Internationale Rechtshilfe in Strafsachen, neu gefasst am 27.6.1994 (BGBl I 1994, 1537)
iS	im Sinn
iV	in Verbindung
iVm	in Verbindung mit
IVU-RL	Richtlinie 2008/1/EG über die integrierte Vermeidung und Verminderung der Umweltverschmutzung vom 15.1.2008 (ABl EU L 24, 8), abgelöst durch die Industrieemissionsrichtlinie IE-RL (2010/75/EU)
IWB	Internationale Wirtschaftsbriefe (Z)
iwS	im weiteren Sinn
JA	Juristische Arbeitsblätter (Z)
JA-ÖR	Juristische Arbeitsblätter – Öffentliches Recht
Jauernig	Jauernig O., Zivilprozessrecht, 30. Aufl 2011
Jäde	Jäde H., Verwaltungsverfahren, Widerspruchsverfahren, Verwaltungsprozess, 6. Aufl 2011
Jarass	Jarass, Hans D., Kommentar zum Bundesimmissionsschutzgesetz, 11. Aufl 2015
Jarass/Pieroth	Jarass, Hans D./Pieroth, Bodo, Grundgesetz für die Bundesrepublik Deutschland, Kommentar, 14. Aufl 2016
Jellinek	Jellinek W., Verwaltungsrecht, 3. Aufl 1948
Jessnitzer	Jessnitzer K./Frieling G., Der gerichtliche Sachverständige, 12. Aufl 2007
JMBl	Justizministerialblatt
JR	Juristische Rundschau (Z)
JugSchG	Jugendschutzgesetz vom 23.7.2002 (BGBl I 2002, 2730)
Jura	Jura. Juristische Ausbildung (Z)
JurBüro	Das Juristische Büro (Z)

Juridica .... Juridica International, Law Review University of Tartu (Z)
jurisPR-BVerwG .... juris PraxisReport Bundesverwaltungsgericht
Justiz .... Die Justiz. Amtsblatt des Justizministeriums Baden-Württemberg
JuS .... Juristische Schulung (Z)
JVBl .... Justizverwaltungsblatt
JVEG .... Justizvergütungs- und entschädigungsgesetz v 5.5.2004 (BGBl I, 718)
JW .... Juristische Wochenschrift (Z)
JWG .... Gesetz für Jugendwohlfahrt vom 9.7.1922 (RGBl I 1922, 633), seit dem 31.12.1990 außer Kraft
JZ .... Juristenzeitung (Z)

KAG .... Kommunalabgabengesetz
K&R .... Kommunikation und Recht (Z)
KDVG .... Gesetz über die Verweigerung des Kriegsdienstes mit der Waffe aus Gewissensgründen vom 9.8.2003 (BGBl. 2003, 1593)
KErzG .... Gesetz über die religiöse Kindererziehung v 15.7.1921 (RGBl I S. 939 mÄ)
KfzSachvG .... Gesetz über amtlich anerkannte Sachverständige und amtlich anerkannte Prüfer für den Kraftfahrzeugverkehr vom 9.8.2003 (BGBl I 2003, 1593)
KG .... Kammergericht
KG .... Kommanditgesellschaft
KG .... Kostengesetz
KgfEG .... Kriegsgefangenenentschädigungsgesetz vom 30.1.1954 (BGBl I 1954, 5), seit dem 31.12.1992 außer Kraft
KHG .... Gesetz zur wirtschaftlichen Sicherung der Krankenhäuser und zur Regelung der Krankenhauspflegesätze – Krankenhausfinanzierungsgesetz idF d Bek v 10.4.1991 (BGBl I, 886)
Kissel .... Kissel O./Mayer H., Gerichtsverfassungsgesetz, 7. Aufl 2013
KJHG .... Kinder- und Jugendhilfegesetz (SGB-VIII)
KKZ .... Kommunal-Kassen-Zeitschrift (Z)
Klappstein .... Klappstein W., Rechtseinheit und Rechtsvielfalt im Verwaltungsrecht, 1994
Knack/Henneke .... Verwaltungsverfahrensgesetz (VwVfG), Kommentar, begründet von H. J. Knack, fortgeführt von H.-G. Henneke (Hg), 10. Aufl 2014
KO .... Klein Fr./Orlopp G., Abgabenordnung – einschließlich Steuerstrafrecht –, Kommentar, 13. Aufl 2016
Koch .... Koch N.-J. (Hg), Umweltrecht, 4. Aufl 2014
Koch/Hendler .... Koch H-J./Hendler R., Baurecht, Raumordnungs- und Landesplanungsrecht, 6. Aufl 2015
Koch/Rubel AllgVR ..... Koch H.-J./Rubel R./Heselhaus S., Allgemeines Verwaltungsrecht, 3. Aufl 2003
Koehler .... Koehler A., Verwaltungsgerichtsordnung, Kommentar, 1960
KOM .... Kommission (so zitiert in ihren Dokumenten)
KommJur .... Kommunaljurist (Z)
König .... König/Meins, BayVwVfG, 1993
KonsG .... Gesetz über die Konsularbeamten, ihre Aufgaben und Befugnisse vom 11.9.1974 (BGBl I 1974, 2317)
Kopp .... Kopp F., Verfassungsrecht und Verwaltungsverfahrensrecht, 1970
Kopp/Schenke .... Kopp F./Schenke W. R., VwGO, Verwaltungsgerichtsordnung mit Erläuterungen, 22. Aufl 2016
Kopp Gutachten .... Kopp F., Welchen Anforderungen soll eine einheitliche Verwaltungsprozessordnung genügen?, Gutachten B, 54. DJT 1982
Krause .... Krause P., Rechtsformen des Verwaltungshandelns, 1974
KreisG .... Kreisgericht
KrW-/AbfG .... Gesetz zur Förderung der Kreislaufwirtschaft und Sicherung der umweltverträglichen Beseitigung von Abfällen vom 27.9.1994 (BGBl I 1994, 2705), seit 1.6.2012 abgelöst durch das KrWG
KrWG .... Kreislaufwirtschaftsgesetz vom 24.2.2012 (BGBl I 2012, 212)

KStZ	Kommunale Steuer-Zeitschrift (Z)
Kühn	v. Wedelstädt A. (vormals Kühn R./Kutter H./Hofmann) R., AO, FGO, Nebengesetze, 21. Aufl 2015
KWG	Gesetz über das Kreditwesen vom 9.9.1998 (BGBl. I 1998, 2776)
LAG	Lastenausgleichsgesetz, neu gefasst am 2.6.1993, (BGBl I 1993, 845; 1995 I 248)
LANA	Die Länderarbeitsgemeinschaft Naturschutz
Lappe	Lappe Fr./v. Eicken K./Noll H./Herget K./Schneider N., Kostenrechtsprechung, Loseblattausgabe
LBeschG	Landbeschaffungsgesetz
LBO	Landesbauordnung
LBG	Landesbeamtengesetz
Lerche	Lerche P./Schmitt Glaeser W./Schmitt-Aßmann E., Verfahren als staats- und verwaltungsgerichtliche Kategorie, 1984
LFGB	Lebensmittel-, Bedarfsgegenstände- und Futtermittelgesetzbuch idF v 3.6.2013 (BGBl I, 1426)
LG	Landgericht
LHO	Landeshaushaltsordnung
Linhart	Linhart H., Schreiben, Bescheide und Vorschriften in der Verwaltung, Loseblattausgabe
Linhart Fristen	Linhart H., Fristen und Termine im Verwaltungsrecht, 4. Aufl 2007
LKRZ	Zeitschrift für Landes- und Kommunalrecht, Hessen, Rheinland-Pfalz, Saarland (Z)
LKV	Landes- und Kommunalverwaltung (Z)
LMBG	Lebensmittel- und Bedarfsgegenstände-Gesetz, abgelöst durch LFGB
LPartG	Gesetz über die Eingetragene Lebenspartnerschaft (Lebenspartnerschaftsgesetz) vom 16.2.2001 (BGBl I 2001, 266)
Lorenz	Lorenz D., Der Rechtsschutz des Bürgers und die Rechtsweggarantie, 1973
LRGewO	Landmann R./Rohmer G., Gewerbeordnung, Losebl. Stand: 8/2016
LR-Umweltrecht	Landman R./Rohmer G., Umweltrecht, Kommentar, 4 Bde, Stand: 9/2016
LSchlG	Ladenschlussgesetz
LSA	Land Sachsen-Anhalt
LSG	Landessozialgericht
LT	Landtag
LuftSiG	Luftsicherheitsgesetz vom 11.1.2005 (BGBl I 2005, 78)
LuftVG	Luftverkehrsgesetz, neu gefasst am 10.5.2007 (BGBl I 2007, 698)
LuftVZO	Luftverkehrs-Zulassungs-Ordnung, neu gefasst am 10.7.2008 (BGBl I 2008, 1229)
LVwVfG	Landesverwaltungsverfahrensgesetz
LVG	Landesverwaltungsgericht
m	mündlich
MAVV	VO über die Gewährung einer Vergütung für die Aufgabe der Micherzeugung für den Markt v 24.7.1987 (außer Kraft 2006)
MADG	Gesetz über den militärischen Abschirmdienst vom 20.12.1990 (BGBl I 1990, 2954)
Martens VwVf	Martens J., Praxis des Verwaltungsverfahrens, 1985
Maurer	Maurer H., Allgemeines Verwaltungsrecht, 18. Aufl 2011
MB	Meyer H./Borgs-Maciejewski H., Verwaltungsverfahrensgesetz, 2. Aufl 1982
MBauO	Musterbauordnung
MBl	Ministerialblatt
MBPlG	Magnetschwebebahnplanungsgesetz vom 23.11.1994 (BGBl I 1994, 3486)

Abkürzungen

MD	Maunz T./Dürig G./Herzog R./Scholz R., Grundgesetz, Kommentar Loseblattkommentar
MDR	Monatsschrift für Deutsches Recht (Z)
ME	Menger C. F./Erichsen H., Höchstrichterliche Rechtsprechung zum Verwaltungsrecht, in: Verwaltungsarchiv (Z)
MedR	Medizinrecht (Z)
MEPolG	Musterentwurf eines einheitlichen Polizeigesetzes
Menger	Menger C. F., System des verwaltungsgerichtlichen Rechtsschutzes, 1954
MittBayNot	Mitteilungen des Bayerischen Notarvereins, der Notarkasse und der Landesnotarkammer Bayern (Z)
MK	Mayer F./Kopp F., Allgemeines Verwaltungsrecht, 5. Aufl 1985 (vormals Mayer F., Allgemeines Verwaltungsrecht)
ML	Meyer-Ladewig J., SGG, Sozialgerichtsgesetz mit Erläuterungen, 11. Aufl 2014
MMR	Multimedia und Recht (Z)
MOBK	Maunz, Th./Obermayer Kl./Berg, W./Knemayer Fr.-L., Staats- und Verwaltungsrecht in Bayern, 6. Aufl 1996
MRK	Konvention zum Schutze der Menschenrechte und Grundfreiheiten v 4.11.1950, dazu Gesetz vom 7.8.1952 (BGBl II 685, 953), in Kraft als deutsches Gesetz seit 3.9.1953 (BGBl 1954 II 14)
MRRG	Melderechtsrahmengesetz idF d Bek v 19.4.2002 (BGBl I 2002, 1342)
MRVO	Militärregierungsverordnung
MSU	Mann, Th./Sennekamp, C./Uechtritz, M., Verwaltungsverfahrensgesetz, Kommentar, 2014
MuE	Musterentwurf eines Verwaltungsverfahrensgesetzes (EVwVerfG 1963), 2. Aufl 1968
MüKo	Säcker, F. J./Rixecker R./Oetker, H./Limperg, B., Münchener Kommentar zum Bürgerlichen Gesetzbuch, 7. Aufl 2015.
Müller	Müller, Grundriss des steuerlichen Verfahrensrechts, 1991
MuLö	Musterlösung
MuSchG	Mutterschutzgesetz, neu gefasst am 20.6.2002 (BGBl I 2002, 2318)
v Mutius	v. Mutius A., Das Widerspruchsverfahren als Verwaltungsverfahren und Prozessvoraussetzung, 1969
MutterSchG	s MuSchG
mN; mwN	mit weiteren Nachweisen
mV	mündliche Verhandlung
MV, mv	Mecklenburg-Vorpommern, mecklenburg-vorpommerisch
N	Nachweise
NABEG	Netzausbaubeschleunigungsgesetz Übertragungsnetz v 28.7.2011 (BGBl I S 1690), idF v 20.12.2012 (BGBl I S 2730)
NÄG	s. NamÄndG
NamÄndG	Gesetz über die Änderung von Familiennamen und Vornamen vom 5.1.1938 (RGBl I 1938, 9)
NBG	Niedersächsisches Beamtengesetz vom 25.3.2009 (Nds GVBl 2009, 72)
N&R	Netzwirtschaft und Recht (Z)
Nds, nds	Niedersachsen, niedersächsisch
NJ	Neue Justiz (Z)
NJW	Neue Juristische Wochenschrift (Z)
NJW-RR	NJW-Rechtsprechungs-Report Zivilrecht (Z)
NordÖR	Zeitschrift für Öffentliches Recht in Norddeutschland (Z)
NotBZ	Zeitschr f. d. notarielle Beratungs- und Beurkundungspraxis (Z)
Nr	Nummer
NStZ	Neue Zeitschrift für Strafrecht (Z)
NuR	Natur und Recht (Z)
nv	nicht veröffentlicht
NVwZ	Neue Zeitschrift für Verwaltungsrecht (Z)

NVwZ-RR .... NVwZ-Rechtsprechungs-Report Verwaltungsrecht (Z)
NW, nw .... Nordrhein-Westfalen; nordrhein-westfälisch
NWLRG .... Landesrundfunkgesetz Nordrhein-Westfahlen
NWVBl .... Nordrhein-Westfälische Verwaltungsblätter (Z)
NZA .... Neue Zeitschrift für Arbeitsrecht (Z)
NZBau .... Neue Zeitschrift für Baurecht und Vergaberecht (Z)
NZS .... Neue Zeitschrift für Sozialrecht (Z)
NZV .... Neue Zeitschrift für Verkehrsrecht (Z)
NZWehrr .... Neue Zeitschrift für Wehrrecht

oä .... oder ähnliches
OBA .... Oberbundesanwalt
Obermayer .... Obermayer K., Kommentar zum VwVfG, fortgeführt von Ehlers D. und Link Chr., 3. Aufl 1999
Obermayer/Funke-Kaiser Obermayer K./Funke-Kaiser M. (Hg), Kommentar zum VwVfG, 4. Aufl 2014
Obermayer VerwR .... Obermayer K., Grundzüge des Verwaltungsrechts und des Verwaltungsprozessrechts, 3. Aufl 1988
offen .... ohne abschließende Stellungnahme
OHG .... offene Handelsgesellschaft
ÖJZ .... Österreichische Juristenzeitung (Z)
OLG .... Oberlandesgericht
österrJBl .... Juristische Blätter, Wien (Z)
OPA .... Offenporiger Asphalt
OVG .... Oberverwaltungsgericht
OVGE .... Entscheidungen der Oberverwaltungsgerichte für das Land Nordrhein-Westfalen in Münster sowie für das Land Niedersachsen in Lüneburg (bis zum 31.3.1991 auch für Schleswig-Holstein durch das OVG Lüneburg); Band (Jahr)
OWiG .... Gesetz über Ordnungswidrigkeiten, neu gefasst am 19.2.1987 (BGBl I 1987, 602)

PAuswG .... Gesetz über Personalausweise und den elektronischen Identitätsnachweis – Personalausweisgesetz v 18.6.2009 (BGBl I, 1346 mÄ)
Palandt .... Palandt, O., Kommentar zum Bürgerlichen Gesetzbuch, 76. Aufl 2017
PAO .... Patentanwaltordnung
PartG .... Parteiengesetz, neu gefasst am 31.1.1994 (BGBl I 1994, 149)
PassG .... Passgesetz vom 19.4.1986 (BGBl I 1986, 537)
PatAnwO .... s PAO
PatG .... Patentgesetz, neu gefasst am 16.12.1980 (BGBl I 1981, 1)
Pautsch/Hoffmann .... VwVfG, Verwaltungsverfahrensgesetz, Kommentar, 2016
PBefG .... Personenbeförderungsgesetz, neu gefasst am 8.8.1990 (BGBl I 1990, 1690)
PersV .... Die Personalvertretung (Z)
Pestalozza .... Pestalozza P., Verfassungsprozessrecht, 3. Aufl 1991
Pietzner/Ronellenfitsch Pietzner R./Ronellenfitsch M., Das Assessorexamen im Öffentlichen Recht, Widerspruchsverfahren und Verwaltungsprozess, 12. Aufl 2010
Pitschas .... Pitschas R., Verwaltungsverantwortung und Verwaltungsverfahren, 1990
PflSchG .... Pflanzenschutzgesetz vom 6.2.2012 (BGBl I 2012, 148)
PlaferR .... Planfeststellungsrichtlinien (Verkehrsblatt, Dok. Nr. B 5001 – Vers. 06/15 – www.bmvi.de)
PlVereinhG .... Gesetz zur Verbesserung der Öffentlichkeitsbeteiligung und Vereinheitlichung von Planfeststellungsverfahren v 31.5.2013 (BGBl S. 1388)
Polizei .... Die Polizei (Z)
PostG .... Postgesetz vom 22.12.1997 (BGBl I 1997, 3294)
PostVerfG .... Postverfassungsgesetz vom 8.6.1989 (BGBl I 1989, 1026), seit dem 31.12.1994 außer Kraft

PostVwG .... Postverwaltungsgesetz vom 24.7.1953 (BGBl I 1953, 676), seit dem 30.6.1989 außer Kraft
PPV .... Verordnung über Prüfingenieure und Prüfsachverständige
Pr .... preußisch(es)
prOVG .... Preußisches Oberverwaltungsgerichts
PStG .... Personenstandsgesetz vom 19.2.2007 (BGBl I 2007, 122)
PTBS .... Posttraumatisches Belastungs-Syndrom

Quaas/Zuck .... Quaas, M./Zuck, R., Prozesse in Verwaltungssachen, 2. Aufl 2011

RA .... Rechtsanwalt
Ramsauer .... Ramsauer U., Die Assessorprüfung im öffentlichen Recht, 7. Aufl 2010
RDG .... Rechtsdienstleistungsgesetz idF d Bek v. 12.12.2007 (BGBl I, 2840) mÄ
Redeker/Uechtritz .... Redeker, K./Uechtritz, M., Kölner Handbuch Verwaltungsverfahren, 3. Aufl 2016
RdA .... Recht der Arbeit (Z)
RdE .... Recht der Energiewirtschaft (Z)
RdJ .... Rechte der Jugend und des Bildungswesens (Z)
RdK .... Recht des Kraftfahrers (Z)
RdL .... Recht der Landwirtschaft (Z)
Recht .... Das Recht (Z)
RegTP .... Nationale Regulierungsbehörde für Telekommunikation und Post, inzwischen aufgegangen in der Bundesnetzagentur
RelKG .... s KErzG
RFH .... Reichsfinanzhof
RGBl .... Reichsgesetzblatt
RGSt .... Entscheidungen des Reichsgerichts in Strafsachen
RGZ .... Entscheidungen des Reichsgerichts in Zivilsachen
RhPf, rhpf .... Rheinland-Pfalz, rheinland-pfälzisch
RiA .... Recht im Amt (Z)
RiStBV .... Richtlinien für das Strafverfahren und das Bußgeldverfahren
RiW/AWD .... Das Recht der internationalen Wirtschaft/Außenwirtschaftsdienst des Betriebsberaters (Z)
RkG .... Reisekostengesetz
RL .... Richtlinie der EG bzw. der EU
RLA .... Rundschau für Lastenausgleich (Z)
RMG .... Rengeling/Middeke/Gellermann (Hrsg), Handbuch des Rechtsschutzes in der Europäischen Union, 3. Aufl 2014
Rn .... Randnummer
RNotO .... Reichsnotarordnung
RÖ .... Redeker K./v. Oertzen H.-J., Verwaltungsgerichtsordnung, Kommentar, 16. Aufl 2014
ROG .... Raumordnungsgesetz vom 22.12.2008 (BGBl I 2008, 2986)
RPfl .... Der Deutsche Rechtspfleger (Z)
RS .... Rosenberg L./Schwab K.H./Gottwald P., Zivilprozessrecht, 17. Aufl 2010
Rspr .... Rechtsprechung
Rupp .... Rupp H.H., Grundfragen der heutigen Verwaltungsrechtslehre, 2. Aufl 1991
RV .... Die Rentenversicherung (Z)
RVO .... Reichsversicherungsordnung vom 19.7.1911 (RGBl 1911, 509)
RVG .... Rechtsanwaltsvergütungsgesetz vom 5.5.2004 (BGBl I 2004, 718)
RWP .... Rechts- und Wirtschaftspraxis (Z)
RWS .... Recht und Wirtschaft der Schule (Z)
RzW .... Rechtsprechung zum Wiedergutmachungsrecht (Z)

S .... Satz; Seite
s .... siehe

Saarl, saar	Saarland, saarländisch
SaatG	Saatgutverkehrsgesetz, neu gefasst am 16.7.2004 (BGBl I 2004, 1673)
SaatgutVG	s SaatG
Sachs, sächs	Sachsen, sächsisch
Sachs.-Anh.	Sachsen-Anhalt; sächsisch-anhaltisch
SaE	Sammlung arbeitsrechtlicher Entscheidungen
SächsVBl	Sächsische Verwaltungsblätter (Z)
Saladin	Saladin P., Das Verwaltungsverfahrensrecht des Bundes, Basel 1979
SchBerG	Schutzbereichsgesetz vom 7.12.1956 (BGBl I 1956, 899)
Schenke	Schenke W.-R., Verwaltungsprozessrecht, 14. Aufl 2014
SchG	Schulgesetz
Schlachter/Ohler	Schlachter, M./Ohler C., Europäische Dienstleistungsrichtlinie, 2008
Schl-H, s-h	Schleswig-Holstein, schleswig-holsteinisch
SchlHA	Schleswig-Holsteinische Anzeigen (Z)
Schmitt	Schmitt L., Sozialgesetzbuch, Allg Teil, 1976
Schoch	Schoch F./Schneider, J.-P./Bier, W., Kommentar zur VwGO, Loseblattkommentar (zit Bearb in Schoch)
Schoch IFG	Schoch F., Kommentar zum Informationsfreiheitsgesetz, 2. Aufl 2016
SchuBerG	s. SchBerG
Schwarz	Schwarz B. (Hg), Abgabenordnung (AO), Kommentar, Losebl, Stand: 9/2015
SchwbG	Schwerbehindertengesetz
SeeArbG	Seearbeitsgesetz vom 20.4.2013 (BGBl I 2013, 868), in Kraft seit dem 1.8.2013
SeemG	Seemannsgesetz vom 26.7.1957 (BGBl II 1957, 713), seit dem 1.8.2013 außer Kraft
SeeUG	Seeunfalluntersuchungsgesetz vom 6.12.1985 (BGBl I 1985, 2146), seit dem 19.6.2002 außer Kraft
Seibert	Seibert M.-J., Die Bindungswirkung von Verwaltungsakten, 1989
SG	Soldatengesetz, neu gefasst am 30.5.2005 (BGBl I 2005, 1482)
SigG	Signaturgesetz vom 16.5.2001 (BGBl I 2001, 876)
Sig-RL	Richtlinie 1999/93/EG vom 13.12.1999 über gemeinschaftliche Rahmenbedingungen für elektronische Signaturen (ABl EG L 13, 12)
SigVO	Signaturverordnung vom 16.11.2001 (BGBl I 2001, 3074)
SGB (I–X)	Sozialgesetzbuch (Bücher I bis X)
SGb	Die Sozialgerichtsbarkeit (Z)
SGG	Sozialgerichtsgesetz, neu gefasst am 23.9.1975 (BGBl I 1975, 2535)
s-h	schleswig-holsteinisch
s-hLVwG	Allgemeines Verwaltungsgesetz für das Land Schleswig-Holstein (Landesverwaltungsgesetz – LVwG) v 18.4.1967 (s-hGVBl 1967, 131 ff)
SJZ	Süddeutsche Juristenzeitung (Z)
SKV	Staats- und Kommunalverwaltung (Z) (jetzt: Verwaltungsrundschau, s unter VR)
SRU	Sachverständigenrat für Umweltfragen
StModernG	Gesetz zur Modernisierung des Besteuerungsverfahrens v. 18.7.2016 (BGBl I, S 1679)
SUP-RL	Richtlinie 2001/42/EG über die Prüfung der Umweltauswirkungen bestimmter Pläne und Programme vom 27.6.2001 (ABl EG L 197, 30)
Sodan/Ziekow	Sodan H./Ziekow J., VwGO, 4. Aufl 2014
SOG	Gesetz über die öffentliche Sicherheit und Ordnung
SoldG	s. SG
SortSchG	Sortenschutzgesetz, neu gefasst am 19.12.1997 (BGBl I 1997, 3164)

SozEntsch .... Sozialrechtliche Entscheidungssammlung
SozR .... Sozialrecht, Rechtsprechung und Schrifttum, hg von Richtern des BSG
SozSich .... Soziale Sicherheit (Z)
SozV .... Die Sozialversicherung (Z)
SprengG .... Sprengstoffgesetz, neu gefasst am 10.9.2002 (BGBl I 2002, 3518)
Staat .... Der Staat (Z)
StAG .... Staatsangehörigkeitsgesetz vom 22.7.1913 (RGBl 1913, 583)
StandAG .... Gesetz zur Suche und Auswahl eines Standortes für ein Endlager für Wärme entwickelnde radioaktive Abfälle und zur Änderung anderer Gesetze (Standortauswahlgesetz) v 23.7.2013 (BGBl I, 2553)
StAZ .... Das Standesamt (Z)
StBerG .... Steuerberatungsgesetz, neu gefasst am 4.11.1975 (BGBl I 1975, 2735)
StBS .... Stelkens P./Bonk H. J./Sachs M. (Hrsg.), Verwaltungsverfahrensgesetz, Kommentar, 8. Aufl 2014
StE .... Steuer-Eildienst
Steiner .... Steiner, U. (Hg), Besonderes Verwaltungsrecht, 8. Aufl 2006
Stelkens .... Stelkens P., Verwaltungsverfahren, 1991
Stern .... Stern Kl., Verwaltungsprozessuale Probleme in der öffentlichrechtlichen Arbeit, 8. Aufl 2000
Steuer und Recht .... Steuer und Recht (Z)
StGB .... Strafgesetzbuch, neu gefasst am 13.11.1998 (BGBl I 1998, 3322)
StGH .... Staatsgerichtshof
StJ .... Stein Fr./Jonas M., Kommentar zur Zivilprozessordnung, Kommentar, 22. Aufl 2008
StModernG .... Gesetz zur Modenisierung des Besteuerungsverfahrens v 18.7.2016 (BGBl I, S 1679)
StPO .... Strafprozessordnung, neu gefasst am 7.4.1987 (BGBl I 1987, 1074)
str .... streitig, strittig
StrG .... Straßengesetz
StrVollzG .... Strafvollzugsgesetz vom 16.3.1976 (BGBl I 1976, 581, BGBl I 1977, 436)
StrWG .... Straßen- und Wegegesetz
Straub .... Straub, H., Sozialverwaltungsverfahren (Verwaltungs- und Widerspruchsverfahren), 1991
stRspr .... ständige Rechtsprechung
StrRehaG .... Strafrechtliches Rehabilitierungsgesetz, neu gefasst am 17.12.1999 (BGBl I 1999, 2664)
StUG .... Gesetz über die Unterlagen des Staatssicherheitsdienstes der ehemaligen DDR (Stasi-Unterlagen-Gesetz) idF d Bek v 18.2.2007 (BGBl I, 162)
StV .... Der Strafverteidiger (Z)
StVG .... Straßenverkehrsgesetz, neu gefasst am 5.3.2003 (BGBl 2003 I 310)
StVO .... Straßenverkehrsordnung vom 16.11.1970 (BGBl I 1970, 1565, BGBl I 1971, 38)
StVZO .... Straßenverkehrszulassungsordnung vom 26.4.2012 (BGBl I 2012, 679)
SVG .... Soldatenversorgungsgesetz, neu gefasst am 16.9.2009 (BGBl I 2009, 3054)

TA Abfall .... Technische Anleitung zur Lagerung, chemisch-physikalischen, biologischen Behandlung, Verbrennung und Ablagerung von besonders überwachungsbedürftigen Abfällen v 12.3.1991 (GMBl S 139, 467), aufgehoben zum 15.7.2009 (inhaltlich weitgehend ersetzt durch die Deponieverordnung)
TA Lärm .... Technische Anleitung zum Schutz gegen Lärm – Sechste Allgemeine Verwaltungsvorschrift zum Bundes-Immissionsschutzgesetz v 26.8.1998 (GMBl S 503)

TA Luft .... Technische Anleitung zur Reinhaltung der Luft – Erste Allgemeine Verwaltungsvorschrift zum Bundes-Immissionsschutzgesetz v 24.7.2002 (GMBl S 511)
TEHG .... Gesetz zur Umsetzung der RL 2003/87/EG über ein System für den Handel mit Treibhausemissionszertifikaten in der Gemeinschaft vom 8.7.2004 (BGBl I 2004, 1578)
ThP .... Thomas H./Putzo H., Zivilprozessordnung mit Gerichtsverfassungsgesetz, 37. Aufl 2016
TierSchG .... Tierschutzgesetz idF d Bek v 18.5.2006 (BGBl I, 1206, 1213)
Tipke .... Tipke K. fortgeführt v Lang J., Steuerrecht. Ein systematischer Grundriss, 20. Aufl 2009
TK .... Tipke K./Kruse H. W., AO, FGO, Kommentar, Losebl, Stand: 2/2017
TKG .... Telekommunikationsgesetz vom 22.6.2004 (BGBl I 2004, 1190)
TKZulVO .... Telekommunikationszulassungsverordnung
TSG .... Tschira O./Schmitt Glaeser W., Verwaltungsverfahrensgesetz des Freistaates Bayern unter Berücksichtigung des Verwaltungsverfahrensgesetzes des Bundes, Losebl, 1976 ff (fortgeführt von König E./Meins J., 1993)
Thür, thür .... Thüringen, thüringer
ThürVBe .... Thüringer Verwaltungsblätter (Z)
TÜV .... Technischer Überwachungs-Verein
TV-L .... Tarifvertrag für den öffentlichen Dienst der Länder

ua .... unter anderem
uä .... und ähnliches
UAG............................ Umweltauditgesetz vom 4.9.2002 (BGBl I 2002, 3490)
UBWV......................... Unterrichtsblätter für die Bundeswehrverwaltung
UIG .... Umweltinformationsgesetz vom 22.12.2004 (BGBl I 2004, 3704)
UI-RL .... Umweltinformationsrichtlinie (Richtlinie 2003/4/EG) vom 28.1.2003 (ABl EU 2003 L 41, 26)
UL .... Ule C. H./Laubinger H. W., Verwaltungsverfahrensrecht, 4. Aufl 1995
Ule/Becker .... Ule C. H./Becker F., Verwaltungsverfahren im Rechtsstaat, 1964
UmwG .... Umwandlungsgesetz vom 28.10.1994 (BGBl I 1994, 3210)
UmwRG .... Gesetz über ergänzende Vorschriften zu Rechtsbehelfen in Umweltangelegenheiten nach der EG-Richtlinie 2003/35/EG v 7.12.2006 (BGBl I 2816), idF d Bek v 8.4.2013 (BGBl I S 753)
UmweltHG .... Umwelthaftungsgesetz v 10.12.1990 (BGBl I, 2634)
UnBefG .... Gesetz über die unentgeltliche Beförderung von Kriegs- und Wehrdienstbeschädigten sowie von anderen Behinderten im Nahverkehr vom 27.8.1965 (BGBl I 1978)
UPR .... Umwelt- und Planungsrecht (Z)
URG .... Urheberrechtsgesetz vom 9.9.1965 (BGBl I 1965, 1273)
USchadG .... Gesetz über die Vermeidung und Sanierung von Umweltschäden – Umwelt-Schadensgesetz – v 10.5.2007 (BGBl I, 666)
uU .... unter Umständen
UVP/UVPG .... Umweltverträglichkeitsprüfung/Gesetz über die Umweltverträglichkeitsprüfung
UVwG BaWü.............. Umweltverwaltungsgesetz Baden-Württemberg v 25.11.2014 (BWGBl 2014, 592)
UZwGBW .... Gesetz über die Anwendung unmittelbaren Zwanges und die Ausübung besonderer Befugnisse durch Soldaten der Bundeswehr und verbündeter Streitkräfte sowie zivile Wachpersonen vom 12.8.1965 (BGBl I 1965, 796)

VA .... Verwaltungsakt
VBl .... Verwaltungsblatt
VBlBW .... Verwaltungsblätter für Baden-Württemberg (Z)
VDI-RL .... VDI-Richtlinien
Verf .... Verfahren, Verfassung

Abkürzungen

VerfG	Verfassungsgericht
VerfGH	Verfassungsgerichtshof
VerfSchG	Verfassungsschutzgesetz
VergabeR	Vergaberecht
VerkPBG	Verkehrswegeplanungsbeschleunigungsgesetz vom 16.12.1991 (BGBl I 1991, 2174)
VermG	Gesetz zur Regelung offener Vermögensfragen, neu gefasst am 9.2.2005 (BGBl I 2005, 205)
VerpackV	Verpackungsverordnung vom 21.8.1998 (BGBl I 1998, 2379)
VersG	Gesetz über das öffentliche Versicherungswesen idF v 1.1.1983, (BayRS V, 258)
VersR	Versicherungsrecht (Z)
Verw	Verwaltung
VerwA	Verwaltungsamt
VerwArch	Verwaltungsarchiv (Z)
VG	Verwaltungsgericht
VGH	Verwaltungsgerichtshof
vgl	vergleiche
VgV	Verordnung über die Vergabe öffentlicher Aufträge, neu gefasst am 11.2.2003 (BGBl I 2003, 169)
VIE	Veröffentlichungen des Instituts für Energierecht an der Universität Köln
VIG	Gesetz zur Verbesserung der gesundheitsbezogenen Verbraucherinformationen – Verbraucherinformationsgesetz idF d Bek v 17.10.2012 (BGBl I, 2166)
VIZ	Zeitschrift für Vermögens- und Immobilienrecht (Z)
VkBl	Verkehrsblatt (Z)
VO	Verordnung
VOB	Vergabe- und Vertragsordnung für Bauleistungen vom 18.6.2010 (GVOBl 2010, 503)
VOF	Vergabeordnung für freiberufliche Leistungen, neu gefasst am 11.2.2003 (BGBl I 2003, 169)
VOL	Verdingungsordnung für Leistungen
VöI	Vertreter des öffentlichen Interesses
VoSchG	Volksschulgesetz, neu gefasst am 29.7.1986 (GVBl 1986, 185), seit dem 31.7.1994 außer Kraft
VOP	Verwaltungsführung, Organisation, Personalwesen (Z)
VPO	Verwaltungsprozessordnung (Entwurf 1980; s EVPO)
VPR	Verteidigungspolitische Richtlinien
Vr	Verwaltungsrundschau (Z)
VRL	Vogelschutz-Richtlinie
VRS	Verkehrsrechtssammlung (Z)
VRspr	Verwaltungsrechtsprechung in Deutschland
VRV	Vereinsregisterverordnung idF v 24.9.2009 (BGBl I S. 147)
VSSR	Vierteljahresschrift für Sozialrecht (Z)
VVDStRL	Veröffentlichungen der Vereinigung der Deutschen Staatsrechtslehrer
VuR	Verbraucher und Recht (Z)
VV	Verwaltungsvorschrift
Vw	Die Verwaltung (Z)
VwGO	Verwaltungsgerichtsordnung, neu gefasst am 19.3.1991 (BGBl I 1991, 686)
VwKostG	Verwaltungskostengesetz vom 23.6.1970 (BGBl I 1970, 821)
VwPO	Verwaltungsprozessordnung (Entwurf 1982 bzw 1985; s EVwPO)
VwVfG	Verwaltungsverfahrensgesetz (VwVfG) vom 25.5.1976 (BGBl I, 1253)
VwVG	Verwaltungsvollstreckungsgesetz vom 27.4.1953 (BGBl I 1953, 157)
VwZG	Verwaltungszustellungsgesetz vom 12.8.2005 (BGBl I 2005, 2354)
VzA	Anordnung der sofortigen Vollziehung

VZOG	Gesetz über die Feststellung der Zuordnung von ehemals volkseigenem Vermögen, neu gefasst am 29.3.1994 (BGBl I 1994, 709)
WaffG	Waffengesetz vom 11.10.2002 (BGBl I 2002, 3970; 2003 I 1957)
Wallerath	Wallerath M., Allgemeines Verwaltungsrecht, 6. Aufl 2009
Wannagat	Wannagat G. ua, Sozialgesetzbuch (SGB) Kommentar, Loseblatt
WaStrG	Wasserstraßengesetz, neu gefasst am 23.5.2007 (BGBl I 2007, 962; 2008, 1980)
WBauG	Wohnungsbaugesetz vom 19.8.1994 (BGBl I 1994, 2137)
WBO	Wehrbeschwerdeordnung, neu gefasst am 22.1.2009 (BGBl I 2009, 81)
WB	Wolff H.J./Bachof O., Verwaltungsrecht Bd III, 4. Aufl 1978
WBS I–III	Wolff H.J./Bachof O./Stober R., Verwaltungsrecht, Bd I, Bd II, 6. Aufl 2000; Bd III, 5. Aufl 2004
WBSK I	Wolff H.J./Bachof O./Stober R./Kluth W., Verwaltungsrecht Bd I, 12. Aufl 2007
WBSK II	Wolff H.J./Bachof O./Stober R./Kluth W., Verwaltungsrecht Bd II, 7. Aufl 2010
WBVG	Wohn- und Betreuungsvertragsgesetz vom 29.7.2009 (BGBl I 2009, 2319)
WDO	Wehrdisziplinarordnung vom 16.8.2001 (BGBl I 2001, 2093)
WE	Wohnungseigentum (Z)
Weber	Weber H., Rechtsschutz im Verfassungsrecht I, 1977
Weides	Weides P., Verwaltungsverfahren und Widerspruchsverfahren, 3. Aufl 1993
WEA	Windenergieanlagen
WG	Wassergesetz
WHG	Wasserhaushaltsgesetz vom 31.7.2009 (BGBl I 2009, 2585)
WiR	Wirtschaftsrecht (Z)
WissR	Wissenschaftsrecht (Z)
wistra	Zeitschrift für Wirtschaft, Steuer, Strafrecht (Z)
WiVerw	Wirtschaft und Verwaltung (Z)
WM	Wertpapiermitteilungen (Z)
WoBindG	Gesetz zur Sicherung der Zweckbestimmung von Sozialwohnungen, neu gefasst am 13.9.2001 (BGBl I 2001, 2404)
WoGG	Wohngeldgesetz vom 24.9.2008 (BGBl I 2008, 1856)
WoFG	Gesetz über die soziale Wohnraumförderung 13.9.2001 (BGBl I 2001, 2376)
WPflG	Wehrpflichtgesetz, neu gefasst am 15.8.2011 (BGBl I 2011, 1730)
WPg	Die Wirtschaftsprüfung (Z)
WPO	Wirtschaftsprüferordnung vom 5.11.1975 (BGBl I 1975, 2803)
WRP	Wettbewerb in Recht und Praxis (Z)
WRV	Weimarer Reichsverfassung vom 11.8.1919 (RGBl 1919, 1383)
v. Wulffen	SGB X – Sozialversicherungsverfahren und Sozialdatenschutz, Kommentar, hg v Schütze, B., 9. Aufl 2014
WUR	Wirtschaftsverwaltungs- und Umweltrecht (Z)
WuV	Wirtschaft und Verwaltung, Vierteljahresbeilage zum Gewerbearchiv (Z)
WuW	Wirtschaft und Wettbewerb (Z)
Z	Zeitschrift
Zacher	Zacher H. F., Sozialgesetzbuch, Allg Teil, 1976
ZAR	Zeitschrift für Ausländerrecht und Ausländerpolitik
zB	zum Beispiel
ZBR	Zeitschrift für Beamtenrecht (Z)
ZDG	Gesetz über den Zivildienst der Kriegsdienstverweigerer, neu gefasst am 17.5.2005 (BGBl I 2005, 1346)
Zeitler	Zeitler H., SGB X für die Praxis der Sozialhilfe und der Kinder- und Jugendhilfe, 5. Aufl 1996

Abkürzungen

ZevKR	Zeitschrift für evangelisches Kirchenrecht (Z)
ZfA	Zeitschrift für Arbeitsrecht (Z)
ZfBR	Zeitschrift für deutsches und internationales Bau- und Vergaberecht (Z)
ZfP	Zeitschrift für Politik (Z)
ZfS	Zeitschrift für Sozialversicherung, Sozialhilfe und Versorgung (Z)
ZfSH/SGB	Zeitschrift für die sozialrechtliche Praxis
ZfSozR	Zeitschrift für Sozialreform (Z)
ZfV	Zeitschrift für Verwaltung, Wien (Z)
ZfW	Zeitschrift für Wasserrecht (Z)
ZfZ	Zeitschrift für Zölle und Verbrauchsteuern (Z)
ZG	Zeitschrift für Gesetzgebung (Z)
ZGR	Zeitschrift für Unternehmens- und Gesellschaftsrecht
ZGStW	Zeitschrift für die gesamte Staatswissenschaft (Z)
ZHR	Zeitschrift für das gesamte Handelsrecht und Wirtschaftsrecht (Z)
Ziekow	Ziekow, VwVfG Kommentar, 3. Aufl 2013
Ziekow Fachplanung	Ziekow (Hg), Praxis des Fachplanungsrechts, 2. Aufl 2014
ZIP	Zeitschrift für Wirtschaftsrecht und Insolvenzpraxis (Z)
Zimmermann	Zimmermann W., Zivilprozessordnung mit GVG und Nebengesetzen, 10. Aufl 2015
ZKF	Zeitschrift für Kommunalfinanzen (Z)
ZLA	Zeitschrift für den Lastenausgleich (Z)
ZLR	Zeitschrift für das gesamte Lebensmittelrecht (Z)
ZLW	Zeitschrift für Luft- und Weltraumrecht (Z)
ZMR	Zeitschrift für Miet- und Raumrecht (Z)
ZNER	Zeitschrift für Neues Energierecht (Z)
Zollkodex	Verordnung der EG Nr 450/2008 zur Festlegung des Zollkodex der Gemeinschaft (ABl EU 2008 L 145, 1)
Zöller	Zöller R., ZPO, Kommentar zur Zivilprozessordnung, 31. Aufl 2016
ZöR	Zeitschrift für öffentliches Recht (Z)
ZOV	Zeitschrift für offene Vermögensfragen (Z)
ZPO	Zivilprozessordnung, neu gefasst am 5.12.2005 (BGBl I 2005, 3202; 2006 I 431; 2007 I 1781)
ZRP	Zeitschrift für Rechtspolitik (Z)
ZSEG	Gesetz über die Entschädigung von Zeugen und Sachverständigen vom 26.7.1957 (BGBl I 1957, 861), seit dem 30.6.2004 abgelöst durch JVEG
ZSH	Zeitschrift für Sozialhilfe (Z)
ZSR	Zeitschrift für Sozialrecht (Z)
zT	zum Teil
ZUR	Zeitschrift für Umweltrecht (Z)
ZVS	Zeitschrift für Verkehrssicherheit (Z)
ZZP	Zeitschrift für Zivilprozess (Z)

Einführung I – Nationales Verfahrensrecht

Übersicht

I. Allgemeines

Schrifttum allgemein: *Bettermann/Melichar,* Das Verwaltungsverfahren, VVDStRL 1959, 118, 183; *Blümel,* Die Vereinheitlichung des Verwaltungsverfahrensrechts, 1984; *Bonk,* 25 Jahre Verwaltungsverfahrensgesetz, NVwZ 2001, 636; *Ehlers,* Die Anpassung der Landesverwaltungsverfahrensgesetze an das VwVfG des Bundes, DVBl 1977, 693; *Gößwein,* Allgemeines Verwaltungs(verfahrens)recht der administrativen Normsetzung?, 2001; *Karpen,* Die Verweisung als Mittel der Gesetzgebungstechnik, 1970; *Hoffmann-Riem/Schmidt-Aßmann* (Hrsg), Verwaltungsverfahren und Verwaltungsverfahrensgesetz, 2002; *dies,* Grundlagen des Verwaltungsrechts, Bd I, 2006; *Klappstein,* Rechtseinheit und Rechtsvielfalt im Verwaltungsrecht, 1994; *Maurer,* Das Verwaltungsverfahrensgesetz des Bundes, JuS 1976, 485; *Neumann,* Die Entwicklung des Verwaltungsverfahrensrechts, NVwZ 2000, 1244; *Kahl,* Das VwVfG zwischen Kodifikationsidee und Sonderrechtsentwicklungen, in: Hoffmann-Riem/Schmidt-Aßmann (Hg), Verwaltungsverfahren und VwVfG, 2002; *Kopp,* Zehn Jahre Verwaltungsverfahrensgesetz, Verw 87, 1; *Peine,* Entwicklung des Verwaltungsverfahrensrechts – ein Forschungsprogramm, LKV 2012, 1; *Ramsauer,* Stabilität und Dynamik des Verwaltungsverfahrensrechts, FS Schenke, 2011, 1089; *Schmidt-Aßmann,* Das allgemeine Verwaltungsrecht als Ordnungsidee und System, 2. Aufl 2004; *ders,* Der Verfahrensgedanke im deutschen und europäischen Verwaltungsrecht, in Grundlagen II, § 27; *Schmitz,* Moderner Staat – Modernes Verwaltungsverfahrensrecht, NVwZ 2000, 1238; *Schmitz/Prell,* Verfahren über eine einheitliche Stelle – Das vierte Gesetz zur Änderung verwaltungsverfahrensrechtlicher Vorschriften, NVwZ 2009, 1; *v Unruh,* Kodifiziertes Verwaltungsrecht, NVwZ 1988, 690.

1 **1. Das VwVfG als Teilkodifikation des Verwaltungsverfahrensrechts.** Nach langen Vorarbeiten und Diskussionen trat das VwVfG v 25.5.1976 (BGBl I v 29.5.1976, S. 1253) überwiegend am 1.1.1977 in Kraft (zur Entstehungsgeschichte s Rn 25 ff). Das ursprünglich angestrebte Ziel, damit ein einheitliches Verwaltungsverfahrensrecht zu schaffen, wurde nicht erreicht. Obwohl sämtliche Bundesländer Verwaltungsverfahrensgesetze erlassen haben, die sich inhaltlich weitestgehend am VwVfG orientieren (su Rn 6, 26: **Simultangesetzgebung**), wurde mit dem VwVfG und den entsprechenden Ländergesetzen nur eine Teilkodifikation des Verfahrensrechts geschaffen. Das gilt erstens im Hinblick darauf, dass gem § 2 wichtige Gebiete, darunter der gesamte Bereich der **Sozialverwaltung** nach dem SGB und die **Abgabenverwaltung** nach der AO aus dem Anwendungsbereich ausgenommen sind, zweitens im Hinblick darauf, dass das VwVfG nach § 9 nur diejenigen Verwaltungsverfahren erfasst, die zum **Erlass von VAen** (§§ 35 ff) oder zum **Abschluss von öffentlich-rechtlichen Verträgen** (§§ 54 ff) führen sollen, während sämtliche sonstigen Handlungsformen der Verwaltung, zB das schlicht-hoheitliche Handeln, das Handeln in den Formen des Verwaltungsprivatrechts (vgl § 9 Rn 7) ebenso ausgenommen bleiben wie Verfahren, die zum Erlass von Satzungen oder Rechtsverordnungen führen (s u Rn 3; vgl auch UL § 2 Rn 4). Drittens gilt dies im Hinblick darauf, dass sämtliche Verfahrensbestimmungen in den Rechtsnormen des besonderen Verwaltungsrechts nach dem in § 1 Abs 2 enthaltenen **Grundsatz der Subsidiarität** den Regelungen des VwVfG vorgehen (s § 1 Rn 30). Auf der anderen Seite enthält das VwVfG Bestimmungen, die über eine Regelung des reinen Verwaltungsverfahrens hinausgehen und materiell-rechtlichen Charakter haben. Hierzu zählen etwa die Vorschriften über die Amtshilfe (§§ 4 ff), über die Rücknahme und den Widerruf von VAen (§§ 48 ff) und über die Verjährung (§ 53). Derartige Regelungen wurden wegen ihres engen Sachzusammenhangs mit dem Verfahrensrecht als sog **annexe Materien** in das VwVfG aufgenommen (su Rn 12 u 14).

2 **a) Die Drei-Säulen-Theorie.** Im Gesetzgebungsverfahren setzten sich diejenigen Stimmen durch, die wegen der Besonderheiten der Rechtsmaterien nach dem Vorbild der Prozessordnungen die Schaffung bzw den Erhalt eigenständiger Kodifikationen für den **Abgabenbereich** und den **Sozialbereich** forderten (vgl Knack/Henneke vor § 1 Rn 6). Das Verwaltungsverfahren in Abgabensachen ist

heute im Wesentlichen in der AO 1977, das Verfahren der in das SGB eingeordneten Materien des Sozialrechts im SGB I und im SGB X geregelt. Diese Gesetze wurden allerdings weitgehend mit dem VwVfG abgestimmt. Sie enthalten zu einem erheblichen Teil nicht nur inhaltlich, sondern auch wörtlich übereinstimmende Regelungen. Damit blieb dem finanzgerichtlichen Verfahren nach der FGO das Verwaltungsverfahren nach der AO vorgeschaltet, dem sozialgerichtlichen Verfahren nach dem SGG das Verwaltungsverfahren nach dem SGB I bzw dem SGB X. Das VwVfG regelt im Wesentlichen (zu Ausnahmen su Rn 14) nur das Verwaltungsverfahren, welches dem verwaltungsgerichtlichen Verfahren nach der VwGO vorausgeht. Wegen dieser Dreiteilung der Verwaltungsverfahren, die sich im Prozessrecht fortsetzt, spricht man von der Drei-Säulen-Theorie.

Der Begriff „Dreisäulentheorie" verschleiert den Befund, dass die Besonderheiten der Rechtsgebiete keineswegs so gewichtig sind, dass sie nicht auch in einer einzigen Verfahrensordnung berücksichtigt werden könnten.[1] Dies zeigen nicht nur die sehr **weitgehenden Übereinstimmungen** der drei Verfahrensordnungen, sondern auch der Umstand, dass sie den korrespondierenden Prozessordnungen durchaus **nicht widerspruchsfrei zugeordnet** sind. So gibt es eine Fülle von Abgabensachen, die im Verwaltungsverfahren zwar nach der AO behandelt werden, im gerichtlichen Verfahren aber nach der VwGO, und ebenso eine Fülle von Verwaltungsverfahren, die auf der Verwaltungsebene nach dem SGB X behandelt werden, auf der gerichtlichen aber nach der VwGO (zB Sachen nach dem WoGG und dem BAföG). Die Sozialhilfesachen, nunmehr im SGB XII geregelt, sind mit Wirkung vom 1.1.05 aufgrund der Änderung des § 51 Abs 1 Nr 6 SGG[2] den Sozialgerichten zugewiesen, die auch über Streitigkeiten nach dem SGB II zu entscheiden haben (sog Arbeitslosengeld II). 2a

b) Beschränkung auf VA und öffentlich-rechtlichen Vertrag. Nicht vom VwVfG und den Verwaltungsverfahrensgesetzen der Länder erfasst werden das Verfahren zum Erlass von Verordnungen und Satzungen, das schlichthoheitliche Handeln der Behörden in seinen vielfältigen Erscheinungsformen, behördeninternes Handeln und das gesamte Handeln der Behörden auf dem Gebiet des Privatrechts. Letzteres gilt nicht nur für das fiskalische Handeln, sondern auch für das Handeln im Bereich des Verwaltungsprivatrechts. Dies folgt aus dem auf den VA und den öffentlich-rechtlichen Vertrag beschränkten **Begriff des Verwaltungsverfahrens in § 9** (s dort zur Definition § 9 Rn 6 ff). Allerdings haben nicht alle Länder den Anwendungsbereich ihrer Verwaltungsverfahrensgesetze derart eingeschränkt. So regelt zB das shLVwG auch das Verfahren, welches bei dem Erlass von Rechtsverordnungen und Satzungen zu beachten ist. Ein Bedürfnis für einheitliche Verfahrensregelungen in Bezug auf andere Handlungsformen lässt sich kaum bestreiten. Auch insoweit fehlt es an rechtspolitisch überzeugenden Gründen für die Beschränkungen des Anwendungsbereichs des VwVfG (s näher Gößwein, S. 102 ff). 3

c) Subsidiarität. Gem § 1 Abs 1 und 2 VwVfG gelten die Bestimmungen des VwVfG grundsätzlich nur subsidiär dh nur wenn und soweit nicht andere Rechtsvorschriften des Bundes „**inhaltsgleiche oder entgegenstehende Bestimmungen** enthalten". Entsprechendes gilt für die Verwaltungsverfahrensgesetze der meisten Länder. Nur das berlVwVfG, das bremVwVfG, das shLVwG und das saarlVwVfG enthalten keine der Subsidiaritätsregelung des VwVfG entsprechenden Bestimmungen und sehen ausdrücklich (so § 97 S 1 bremLVwVfG und § 337 Abs 2 S 1 shLVwG) oder stillschweigend (so das berlVwVfG) das 4

---

[1] Vgl Knack/Henneke vor § 1 Rn 8; s auch Pitschas Sgb 1999, 385; Hermanns, Einheit der Verwaltungsgerichtsbarkeit, 2002, S. 31 ff; Stelkens Einl Rn 69.

[2] Durch das Vierte Gesetz für moderne Dienstleistungen am Arbeitsmarkt v 24.12.2003 (BGBl I S. 2848, 2985).

Außerkrafttreten inhaltsgleichen oder entgegenstehenden Rechts ab sofort oder ab einem bestimmten Zeitpunkt (§ 96 Abs 2 saarlVwVfG: nach 4 Jahren) vor. Auch in diesen Ländern ist der Gesetzgeber jedoch nicht gehindert, in späteren Gesetzen abweichende Regelungen zu treffen, die dann dem jeweiligen Landes-VwVfG vorgehen. Gleiches gilt aufgrund der Subsidiaritätsklausel auch für Bestimmungen in Rechtsverordnungen, nicht aber in Satzungen (s hierzu § 1 Rn 34).

5 **2. Verwaltungsverfahrensrecht in Bund und Ländern. a) Beschränkung des Geltungsbereichs des VwVfG.** Das VwVfG gilt wegen der Kompetenzverteilung zwischen Bund und Ländern für die Regelung des Verwaltungsverfahrens gem § 1 Abs 1 Nr 1 primär für Bundesbehörden. Landesbehörden haben das VwVfG nach näherer Bestimmung des Abs 1 Nr 2 und der Abs 2 und 3 des § 1 nur anzuwenden, wenn das betroffene Land nicht in einem eigenen Verwaltungsverfahrensgesetz Regelungen für das Verfahren getroffen hat. Da inzwischen sämtliche Bundesländer eigene Verwaltungsverfahrensgesetze erlassen haben, kommt das VwVfG **für die Landesverwaltung nicht mehr (unmittelbar) zur Anwendung.** Die verschiedentlich erhobene Forderung, dem Bund durch eine Änderung des GG den Erlass eines einheitlichen Verfahrensgesetzes für Bundes- und Landesbehörden zu ermöglichen, ließ sich im Gesetzgebungsverfahren nicht durchsetzen (vgl BT-Dr 7/910 S. 99f). Der Bundesgesetzgeber ist andererseits auch dem Vorschlag des Bundesrats (Stellungnahme zu § 1, Begr 99, und Gegenäußerung der BReg dazu, Begr 108) nicht gefolgt, die Anwendung des VwVfG von vorneherein auf Bundesbehörden zu beschränken und dadurch sicherzustellen, dass sich das Verfahren vor Landesbehörden allein nach Landesrecht richten würde.

5a Erst die auf **Vorschlag des Vermittlungsausschusses** in das VwVfG eingefügte Bestimmung des § 1 Abs 3 hat den Ländern die Möglichkeit eröffnet, durch Erlass eigener Verwaltungsverfahrensgesetze für den Bereich ihrer Behörden eine Regelung herbeizuführen, die diesem Ziel entspricht und Überschneidungen vermeidet. Im Hinblick auf die nur beschränkte Gesetzgebungszuständigkeit des Bundes für Regelungen des Verwaltungsverfahrens und angesichts des Widerstandes der Länder gegen umfassende bundesrechtliche Regelungen stellt die Bestimmung in § 1 einen Kompromiss dar, der allerdings nur deshalb erträglich erscheint, weil die Länder sich auf ein Verfahren zur Konkordanzgesetzgebung mit dem Bund verständigt haben.

6 **b) Verwaltungsverfahrensgesetze der Länder.** Die Länder haben sämtlich eigene Regelungen auf dem Gebiet des Verwaltungsverfahrens getroffen, teilweise, indem sie eigenständige Verfahrensgesetze erlassen haben, teilweise, indem sie durch Verweisung die Bestimmungen des VwVfG in Landesrecht übertragen haben. Da ein einheitliches Verfahrensrecht durch eine bundesrechtliche Regelung nicht zu erreichen war, fassten die Innenminister der Länder bereits am 20.2.1976 den formlosen Beschluss, nach Erlass des VwVfG auf den Erlass von mit dem VwVfG inhaltsgleichen Landesverwaltungsverfahrensgesetzen hinzuwirken **(Beschluss zur Simultan- bzw Konkordanzgesetzgebung).** Diesem Beschluss entsprechend ist auch tatsächlich verfahren worden. Dies gilt nicht nur für die erste Fassung des VwVfG, sondern auch für alle späteren (s Rn 29 ff) Änderungen, selbst wenn diese im Gesetzgebungsverfahren zwischen Bund und Ländern noch kontrovers waren. Dadurch konnte bisher jedenfalls eine weitgehende Einheitlichkeit des Verfahrensrecht in Bund und Ländern erreicht werden, die durch die in § 137 Abs 1 Nr 2 VwGO geregelte **Revisibilität landesrechtlicher Bestimmungen,** die mit denen des VwVfG inhaltsgleich sind, auch hinsichtlich der praktischen Umsetzung gesichert wurde (siehe dazu auch unten Rn 11). Trotz dieser Selbstverpflichtung der Länder gibt es im Detail manche Abweichungen, weshalb die Heranziehung des jeweils maßgeblichen Landesgesetzes nicht verzichtbar ist.

Vollständige gesetzliche Regelungen haben die Länder Baden-Württemberg, Bayern, Bremen, Hamburg, Hessen, Mecklenburg-Vorpommern, Nordrhein-Westfalen, Saarland, Schleswig-Holstein und Thüringen erlassen. Es handelt sich um die folgenden Gesetze: 7
- Verwaltungsverfahrensgesetz für Baden-Württemberg (Landesverwaltungsverfahrensgesetz – LVwVfG) v 12.4.2005 (GBl S. 350 mÄ),
- Bayerisches Verwaltungsverfahrensgesetz (BayVwVfG) v 1.1.1983 (BayRS II 213 mÄ),
- Bremisches Verwaltungsverfahrensgesetz (BremVwVfG) v 9.5.2003 (GVBl S. 219 mÄ),
- Hamburgisches Verwaltungsverfahrensgesetz (HmbVwVfG) v 9.11.1976 GVBl S. 333 mÄ),
- Hessisches Verwaltungsverfahrensgesetz (HVwVfG) v 15.1.2010 (GVBl S. 418 mÄ),
- Verwaltungsverfahrens-, Zustellungs- und Vollstreckungsgesetz des Landes Mecklenburg-Vorpommern (Verwaltungsverfahrensgesetz – VwVfG M-V) v 26.2.2004 (GVOBl MV S. 106),
- Verwaltungsverfahrensgesetz für das Land Nordrhein-Westfalen (VwVfG NW) v 12.11.1999 (GV NW S. 602 mÄ),
- Saarländisches Verwaltungsverfahrensgesetz (SVwVfG) v 15.12.1976 (Amtsbl S. 1151 mÄ),
- Allgemeines Verwaltungsgesetz für das Land Schleswig-Holstein (Landesverwaltungsgesetz – LVwG) v 2.6.1999 (GVOBl S. 243,534 mÄ),
- Thüringer Verwaltungsverfahrensgesetz – ThürVwVfG v 18.8.2009 (GVBl S. 699 mÄ).

Brandenburg, Berlin, Niedersachsen, Rheinland-Pfalz, Sachsen und **Sachsen-Anhalt** haben auf eigene Vollregelungen des Verwaltungsverfahrensrechts verzichtet und sich auf wenige vom VwVfG abweichende Regelungen beschränkt sowie im Übrigen auf das VwVfG verwiesen. Es handelt sich um folgende Gesetze: 8
- Verwaltungsverfahrensgesetz für das Land Brandenburg (VwVfG Bbg) v 7.7.2009 (GVBl 262), damit wurde die Vollregelung v 26.2.1993 (GVBl S. 26) aufgehoben.
- Gesetz über das Verfahren der Berliner Verwaltung v 8.12.1976 (GVBl S. 2735 mÄ),
- Niedersächsisches Verwaltungsverfahrensgesetz (NVwVfG) v 3.12.1976 (GVBl S. 311 mÄ),
- Gesetz über das Verwaltungsverfahren in Rheinland-Pfalz (Landesverwaltungsverfahrensgesetz – LVwVfG) v 23.12.1976 (GVBl S. 308 mÄ),
- Gesetz zur Regelung des Verwaltungsverfahrens- und des Verwaltungszustellungsrechts für den Freistaat Sachsen SächsVwVfZG v 19.5.2010 (SächsGVBl S. 142),
- Verwaltungsverfahrensgesetz Sachsen-Anhalt (VwVfG LSA) v 18.11.2005 (GVBl LSA 698), damit wurde die frühere Vollregelung v 18.8.1993 (GVBl LSA 412) aufgehoben.

c) Zulässigkeit der dynamischen Verweisung auf das VwVfG. Gegen die in § 1 Abs 1 des berliner VwVfG (vgl hierzu BVerwG NVwZ 1984, 578), § 1 Abs 1 NVwVfG, in § 1 Abs 1 des rheinland-pfälzischen LVwVfG und in § 1 Abs 1 SächsVwVfG vorgenommene Verweisung auf das VwVfG **in seiner jeweils geltenden Fassung** (dynamische Verweisung) lassen sich unter Hinweis auf demokratische, rechtsstaatliche und bundesstaatliche Gesichtspunkte keine durchgreifenden Einwände erheben.[3] Im Falle einer dynamischen Verweisung 9

[3] BVerwG NVwZ 2005, 266 für Rheinland-Pfalz.

nimmt der Landesgesetzgeber die künftige Bestimmung des Inhalts nicht mehr selbst vor, sondern überlässt sie praktisch einem anderen Gesetzgeber. Eine uneingeschränkte dynamische Verweisung wird deshalb jedenfalls im Bereich des Gesetzesvorbehalts nicht für zulässig erachtet.[4] Trotz dieser Bedenken dürfte – vorbehaltlich der Verpflichtung des Gesetzgebers, bei wesentlichen Änderungen, insbesondere dann, wenn die Verweisung zu nicht vorhersehbaren und nicht gewollten Ergebnissen oder zu schwerwiegenden Widersprüchen führen sollte, selbst tätig zu werden[5] – für die genannten Landesgesetze die **Zulässigkeit der (dynamischen) Verweisung auf das VwVfG zu bejahen** sein.[6] Innerhalb der Schranken der Verfassungsprinzipien und insb der Grundrechte wird auch sonst eine dynamische Verweisung als verfassungsrechtlich zulässig angesehen, wenn der Gesetzgeber damit ein auch von der Verfassung anerkanntes Ziel mit sachgerechten Mitteln verfolgt.[7] Die **Einheitlichkeit des Verfahrensrechts** in der Bundesrepublik wie auch des von ein und derselben Behörde im konkreten Fall anzuwendenden Verfahrensrechts erscheinen als solche auch vom GG und den Landesverfassungen anerkannte Ziele (vgl BayVerfGH NVwZ 1989, 1053). Enthält das VwVfG **Verordnungsermächtigungen,** so bezieht sich auch eine dynamische Verweisung nicht auf eine auf dieser Grundlage erlassene Rechtsverordnung des Bundes (Schulz/Tischer NVwZ 2014, 1051).

10 **d) Einheitliche Strukturen des Verwaltungsverfahrensrechts.** Trotz der unterschiedlichen Verfahrensordnungen (VwVfG und die allgemeinen Verwaltungsverfahrensgesetze der Länder, AO 1977 und Nebengesetze, SGB I, SGB X) und trotz des Fortbestehens zahlreicher sondergesetzlicher Regelungen ergeben sich in der Praxis weitgehende Übereinstimmungen. Dies liegt nicht nur daran, dass den Verfahrensordnungen im Wesentlichen dieselben Prinzipien zugrunde liegen, sondern auch daran, dass sich in der Praxis eine **Tendenz zur Vereinheitlichung** feststellen lässt.[8] Rspr und Schrifttum zu den einzelnen Gesetzen haben dazu beigetragen, dass trotz formeller Eigenständigkeit der Rechtsquellen ein hohes Maß an Einheitlichkeit erreicht werden konnte und damit eine Erwartung des Gesetzgebers (vgl Begr 28 f; MuE 59 f) erfüllt wurde.

11 Der **Wahrung der Einheitlichkeit** der Auslegung und Anwendung des VwVfG und der Verwaltungsverfahrensgesetze der Länder dient auch die **Eröffnung der Revision** zum Bundesverwaltungsgericht in § 97 Nr 3; § 137 Abs 1 Nr 2 VwGO wegen Verletzung einer Vorschrift des Verwaltungsverfahrensgesetzes eines Landes, die mit der entspr Vorschrift des VwVfG wörtlich überein-

---

[4] BVerfG 5, 25, 31; 22, 330, 346; 47, 285, 311; 64, 208, 214; 67, 348, 363; 73, 261, 272; BayVerfGH NVwZ 1989, 1053; BVerwGE 68, 207, 351; VG Hamburg NJW 1979, 667; OVG Hamburg NJW 1980, 2830; Karpen, 115 ff; Wegge DVBl 1997, 648; aus europarechtlicher Sicht Klindt DVBl 1998, 373; Clemens AöR 1986, 63; Veh BayVBl 1987, 215.

[5] Vgl BayVerfGH BayVBl 1989, 268; vgl auch BayVerfGH BayVBl 1993, 302; Reich BayVBl 1993, 715.

[6] Ganz hM, vgl BVerwG NVwZ 2005, 699; StBS 57; UL § 8 Rn 16; Knack/Henneke § 1 Rn 63 mwN; Schmitz NJW 1998, 2866; FKS Einl Rn 40; Dreier GG Art 20 Rn 121 mwN; offenbar ohne Bedenken gegen die dynamische Verweisung im berlVwVfG auch BVerwG NVwZ 1984, 578; zu einer sehr ähnlichen Situation BVerfG 60, 155, 161; BAG NJW 1982, 1754; OVG Koblenz NJW 1986, 1189; OVG Hamburg DVBl 1980, 967; zT **aA** Schenke NJW 1980, 748; ders, in: Fröhler-FS 1980, 113; Pietzner VerwArch 1982, 244; Karpen, S. 115; Wegge DVBl 1997, 648.

[7] Vgl für die Verweisung eines Landesgesetzes auf die jeweiligen BAföG-Sätze OVG Hamburg NJW 1981, 911 m Anm Weber in JuS 1981, 766; zur Zulässigkeit dynamischer Verweisungen in gewissen Grenzen BVerfGE 26, 365; 47, 312; 60, 155; Schenke NJW 1980, 743; ders, Fröhler-FS 1980, 87; Karpen, 1 ff.

[8] BVerwG DVBl 1982, 647; Haueisen DVBl 1981, 932; Stelkens NJW 1982, 1137; NVwZ 1982, 492; im Verhältnis zur AO auch Fiedler NJW 1981, 2093.

stimmt (MB 22; FL 85). Für die Auslegung der parallelen Vorschriften des VwVfG, der AO 1977 und des SGB-X soll die Möglichkeit einer Vorlage an den zur Wahrung der Einheitlichkeit der Rspr der obersten Gerichtshöfe des Bundes vom durch G 19.6.1968 (BGBl I 661) gebildeten **Gemeinsamen Senat der obersten Gerichtshöfe des Bundes** (GSOGB) eine ähnliche Funktion erfüllen. Allerdings wird von der dort vorgesehenen Vorlagepflicht bei Abweichungen in der Praxis kaum Gebrauch gemacht.[9]

3. Verwaltungsverfahrensrecht und allgemeines Verwaltungsrecht. Das VwVfG und die Verwaltungsverfahrensgesetze der Länder enthalten nicht nur Verfahrensrecht ieS (§ 9). Sie regeln zT auch Materien, die zum materiellen Verwaltungsrecht gehören und mit dem Verwaltungsverfahren nur in einem mehr oder weniger losen Zusammenhang stehen **(annexe Materien).** Deren gesetzliche Regelung zusammen mit dem Verfahrensrecht wurde wegen der fehlenden Kodifizierung des allgemeinen Verwaltungsrechts als wünschenswert angesehen. Die Bestimmungen des VwVfG und der Verwaltungsverfahrensgesetze der Länder über annexe Materien sind zumeist Ausdruck allgemeiner Rechtsgrundsätze. Sie gelten dann im Zweifel nicht nur für Verwaltungshandlungen im Zusammenhang mit Verwaltungsverfahren iS von § 9, sondern darüber hinaus **für die gesamte öffentlich-rechtliche Tätigkeit** der Behörden iS von § 1. 12

a) Begriffliche Abgrenzung. Das Verwaltungsverfahrensrecht regelt die Tätigkeit der Behörden hinsichtlich der Art und Weise der Ausführung der Gesetze einschließlich der Handlungsformen, der Form der behördlichen Willensbildung, der Art der Prüfung und Vorbereitung der Entscheidung, des Zustandekommens und der Beteiligung von Betroffenen, der Mitwirkung anderer Behörden und von Kontrollorganen[10] sowie das Recht der Gebühren für Verwaltungshandlungen (BVerwG NVwZ 1990, 440). Im Mittelpunkt stehen die entscheidungsbezogene **Informationsgewinnung und Informationsverarbeitung.** Der Begriff des Verwaltungsverfahrens iS von Art 84 Abs 1 GG gilt grundsätzlich auch für das Verwaltungsverfahrensrecht, jedoch abweichend von § 9 auch für Verfahren ohne Außenwirkung und Verfahren zum Erlass von Rechtsverordnungen usw.[11] Einzelne Vorschriften können sowohl materiell-rechtlichen Inhalt als auch verfahrensrechtliche Bedeutung haben.[12] Dies ist etwa bei den Bestimmungen der §§ 48 ff und der §§ 54 ff der Fall. Auch einzelne Handlungen, wie zB Erlass eines VA oder Verzicht auf Rechtspositionen, können sowohl materiell-rechtliche als auch verfahrensrechtliche Bedeutung haben. 13

b) Annexe Materien. Zu den in das VwVfG aufgenommenen Regelungen mit überwiegend materiell-rechtlichem Charakter gehören zB die §§ 4–8 über die **Amtshilfe,** die überwiegend das Verhältnis zwischen Behörden und nicht das Verhältnis der Behörden gegenüber dem Bürger betreffen und insofern grundsätzlich dem staatlichen Organisationsrecht und nicht dem Verwaltungsverfahrensrecht iS der Legaldefinition des § 9 zuzurechnen sind (vgl Erichsen/Ehlers § 37 Rn 37 ff), ferner die §§ 33, 34 über **amtliche Beglaubigungen,** die §§ 35–37 Abs 1 über den **Begriff des VA,** die Zulässigkeit von **Nebenbestimmungen** und die inhaltliche **Bestimmtheit** von VAen, § 38 über die **Zusicherung,** § 40 über das **Ermessen,** § 44 über die **Nichtigkeit** von VAen und § 47 über die **Umdeutung** (Konversion) fehlerhafter VAe, die §§ 48–51 über 14

[9] So erledigte sich eine Vorlage des BVerwG zur Frage des Rechtswegs für Streitigkeiten nach dem IFG und UIG, weil der BFH seine Auffassung von der Zulässigkeit des Finanzwegs aufgegeben hatte (s hierzu § 29 Rn 61).

[10] Vgl BVerfGE 75, 152 = NJW 1987, 3117; allg auch Feiber NJW 1988, 123.

[11] BVerfGE 55, 274, 320; 61, 82; 65, 280; 75, 152; BVerwG NVwZ 1990, 440 mwN; UL § 2 Rn 4; Erichsen/Ehlers § 34 Rn 1 ff; Haueisen DÖV 1973, 633 Fn 1 mwN.

[12] Vgl BVerfGE 55, 274; BSG 60, 79; Martens NVwZ 1988, 684.

Rücknahme und **Widerruf** von VAen (BVerwGE 74, 362) sowie die materiellen Bestimmungen der §§ 54 ff über **öffentlich-rechtliche Verträge.**[13]

15 **4. Verfassungsrechtliche Vorgaben für das Verfahrensrecht. a) Gesetzgebungskompetenz.** Für den Erlass eines Verwaltungsverfahrensgesetzes des Bundes, das auch das Verfahren der Landesbehörden generell erfasst, hätte dem Bund die erforderliche Gesetzgebungskompetenz gefehlt. Der Bund hat die Gesetzgebungszuständigkeit gem Art 70 ff iVm Art 86 ff GG uneingeschränkt nur für die Regelung des **Verfahrens der Bundesbehörden** iS von Art 86 ff GG.[14] Nach den Grundsätzen über die Zuständigkeit kraft Sachzusammenhangs (Annexkompetenz)[15] könnte er außerdem Verfahrensregelungen erlassen, soweit Landesbehörden **Bundesgesetze in Auftragsverwaltung** gem Art 85 GG ausführen.[16] Im Übrigen haben grundsätzlich die Länder die Gesetzgebungskompetenz für das Verwaltungsverfahren vor Landesbehörden, entweder, soweit es um die Ausführung von Landesrecht geht, oder gem Art 84 Abs 1 GG für die Ausführung von Bundesrecht als eigene Angelegenheit. Insoweit könnte der Bund lediglich bereichsspezifische Verfahrensregelungen als Annex zu eigenen Sachkompetenzen erlassen. Regelungen des Verfahrens von Landesbehörden im Bereich des Vollzugs von Bundesgesetzen durch die Länder als eigene Angelegenheit gem Art 84 Abs 1 GG (sog landeseigener Vollzug) können im Übrigen nur mit Zustimmung des Bundesrates erlassen werden, die jeweils nur ad hoc für konkrete Gesetzesentwürfe[17] gegeben werden, nicht aber auch allgemein schon im Voraus für künftige Gesetze.[18]

16 Ein **einheitliches Verwaltungsverfahrensrecht** für Bund und Länder, wie es im Bereich der Abgabenverwaltung und der Sozialverwaltung seit vielen Jahren besteht, wäre rechtspolitisch sinnvoll. Leider ist derzeit trotz vieler gegenteiliger Beteuerungen eher eine **Tendenz zur Diversifizierung** als zur Vereinheitlichung zu erkennen. Eine ganze Reihe von verfahrensrechtlichen Bestimmungen (UIG, UVPG, Informationsfreiheitsgesetze) wurden in den letzten Jahren unnötigerweise in Spezialgesetzen geregelt, wodurch die Gesamtmaterie des Verfahrensrechts zusätzlich unübersichtlicher geworden ist. Außerdem werden in vielen Fachgesetzen (etwa durch das IPBeschlG) etwa im Bereich des Planfeststellungsrechts diverse, teilweise nur marginale Abweichungen von den Grundbestimmungen des VwVfG geregelt, ohne dass ein ernsthaftes gesetzgeberisches Bedürfnis hierfür erkennbar wäre.

17 **b) Verfassungsrechtliche Vorgaben.** Wie das gesamte allgemeine Verwaltungsrecht ist auch das Verwaltungsverfahrensrecht des VwVfG und der Verwaltungsverfahrensgesetze der Länder **konkretisiertes Verfassungsrecht.**[19] Die

---

[13] Teilweise **aA** UL § 2 Rn 7–8: nur materiellrechtlich; ebenso Renck BayVBl 1990, 703.

[14] Obermayer 40; im Ergebnis übereinstimmend unter Hinweis auf die „Natur der Sache" UL § 1 Rn 2; unter Hinweis auf eine in Art 86 GG „stillschweigend evident mitgeschriebene Zuständigkeit" Ule DVBl 1976, 423; Neuser 191.

[15] BVerfGE 3, 424 f; 15, 20; 26, 300; BVerwG DÖV 1990, 70: Landesverfahrensrecht nach Art 31, 72 Abs 1, 74 Nr 11 GG durch Verfahrensrecht des Bundes verdrängt; Hesse 7 II 1; Goerlich DVBl 1982, 693.

[16] Vgl Begr 32; MD Art 85 Rn 10 mwN; Ule 12; FL 39 Einl; Obermayer 40 f; Ableitung aus Art 85 GG UL § 1 Rn 2; Hesse 7 II; Ule DVBl 1976, 423.

[17] Auch in der Form einer Verweisung auf eine vorhandene generelle Regelung, wie sie das VwVfG darstellt, Neuser 296; FL 43 Einl; UL § 1 Rn 2; FL 47 Einl; Antoni AöR 1988, 349; jeweils für das einzelne Gesetz.

[18] Stellungnahme des Bundesrates zum ersten Entwurf der BRg v 1970, in BT-Dr VI 1173, S. 83; **aA** offenbar die Bundesregierung in ihrer Stellungnahme dazu aaO S. 89; zweifelnd Begr 32.

[19] Ule/Becker 4; Wollenschläger, Verfassung im Allgemeinen Verwaltungsrecht, VVDStrRL 2016, 187, 257; hiergegen originell, aber ohne Praxisbezug Michael, Verfassung im Allgemeinen Verwaltungsrecht, VVDStRL 2017, 131, 182.

Auslegung und Anwendung des VwVfG und der entsprechenden Gesetze der Länder sowie sonstiger Regelungen des Verwaltungsverfahrens und die Ausfüllung von Lücken werden auch durch die Grundentscheidungen und allgemeinen Ordnungsgedanken des GG, im Landesbereich auch der Landesverfassungen, sowie durch die daraus abzuleitenden Anforderungen an das einfachgesetzliche Recht bestimmt. Das Verwaltungsverfahren dient auch der Verwirklichung und Durchsetzung des Verfassungsrechts und der in diesem verkörperten Ordnungsprinzipien in der öffentlichen Verwaltung durch Legitimation des Verwaltungshandelns und die dadurch zugleich bewirkte Förderung der Akzeptanz dieses Handelns durch die Betroffenen und die Allgemeinheit.[20]

Verfahrensrelevante Verfassungsgrundsätze nicht nur für die Gestaltung, sondern auch für Auslegung und Anwendung des Verwaltungsverfahrensrechts sind neben den Grundrechten und der Verpflichtung des Staates zur Achtung und Wahrung der **Menschenwürde,**[21] vor allem das **Rechtsstaatsprinzip**[22] und die daraus folgenden die Grundsätze der Gesetzmäßigkeit der Verwaltung,[23] der Fairness und des effektiven Rechtsschutzes, der Rechtssicherheit und des Vertrauensschutzes,[24] das Prinzip der Leistungsfähigkeit der Verwaltung[25] – einschließlich des Grundsatzes der Praktikabilität.[26]ferner das **Sozialstaatsprinzip,**[27] das Prinzip der **Gleichbehandlung** der Bürger vor dem Gesetz (Kopp 166), das **Demokratieprinzip**,[28] und damit die Grundsätze der Transparenz, Partizipation und Akzeptanz, und schließlich das Prinzip der **Gewaltenteilung.** 18

aa) Vorwirkungen der Rechtsschutzgarantie. Die Garantie effektiven Rechtsschutzes des Art 19 Abs 4 GG betrifft zwar unmittelbar nur den Zugang zu den Gerichten und die Ausgestaltung des Rechtswegs, also des Verfahrens vor den Gerichten selbst, entfaltet aber in erheblichem Ausmaß Vorwirkungen für das Verwaltungsverfahren.[29] Die konkrete Ausgestaltung, Auslegung und Anwendung von Verfahrensvorschriften muss so beschaffen sein, dass den Erfordernissen der 18a

---

[20] BVerwGE 74, 130; UL § 1 Rn 2; Wahl NVwZ 1990, 431; Kopp 180 ff, 216; Lücke 94; Würtenberger NJW 1991, 257; Bullinger JZ 1991, 53.

[21] Vgl Franke Staat 1975, 292; Kopp 16 ff mwN; Müller-Ibold 148; Lücke 72.

[22] Vgl BVerfGE 6, 44; 75, 230; 83, 130; BVerwG NJW 1986, 244 – Gebot rechtsstaatlicher Verfahrensgestaltung; Ule/Becker 1 ff; Erichsen/Ehlers § 33 Rn 29 ff; Lorenz 178 ff; Laubinger VerwArch 1982, 60; Degenhart DVBl 1982, 872 f; Ossenbühl NVwZ 1982, 465; Kopp 54 ff.

[23] Kopp 61; UL § 1 Rn 5; Pietzcker VVDStRL 1983 These 9 S. 2; vgl auch BVerwG DVBl 1987, 293: Komplementärfunktion des Verfahrensrechts für die Durchsetzung des materiellen Rechts.

[24] BVerfGE 59, 164; 60, 269; BVerwGE 38, 290; Becker DÖV 1973, 379; Kopp BayVBl 1980, 38 mwN.

[25] Vgl BVerfGE 60, 270: Gewährleistung eines wirkungsvollen behördlichen und gerichtlichen Verfahrens; BVerwGE 61, 82: „Funktionsfähigkeit der Verwaltung"; BVerwG NJW 1984, 189: aus Art 20 Abs 2 und 83 GG; Wahl/Picker VVDStRL 1983, 151, 191; Wahl DVBl 1982, 1084; Schenke VBlBW 1982, 313; Bullinger DVBl 1992, 1465; Steinberg DÖV 1982, 619 und 2150; Kopp DÖV 1979, 89; Häberle AöR 1973, 631 Ossenbühl NVwZ 1982, 465; Degenhart DVBl 1982, 872; Hufen NJW 1982, 2168; Schwarze DÖV 1980, 580, 591; Hoffmann-Riem DVBl 1994, 1382; Pietzcker DÖV 1982, 936.

[26] BVerfGE 44, 288; VGH München BayVBl 1981, 401; 1982, 343.

[27] Häberle, in: Boorberg-FS 1977 59, 83; Wahl VVDStRL 1983 These 1b.

[28] Kopp 180; UL § 1 Rn 6; Lücke 95; allg zum Demokratievorbehalt für die Art der Wahrnehmung von Verwaltungsaufgaben BVerfGE 83, 130; BVerwGE 67, 61; BVerwG NJW 1990, 726.

[29] Vgl BVerfGE 6, 44; 61, 110; ebenso BVerfGE 69, 49; BVerwG DVBl 1990, 710: Vorwirkungen auf die Ausübung des Ermessens; VGH Mannheim DVBl 1987, 951; Schmidt-Aßmann NVwZ 1983, 3; Pietzcker VVDStRL 1983, 267; Wahl VVDStRL 1983, 151; Dolzer DÖV 1985, 13; vgl BVerwG NJW 1984, 189: Regelungen über die Bekanntgabe von VAen müssen Art 19 Abs 4 GG genügen; BVerfGE 65, 70 – VolkszählungsG 1983.

jeweils betroffenen Grundrechte Genüge getan wird.[30] Da effektiver Rechtsschutz ein transparentes und nachvollziehbares Verwaltungsverfahren voraussetzt, muss das Verfahrensrecht bereits die erforderlichen **Vorkehrungen für die spätere Gewährung effektiven Rechtsschutzes** schaffen.[31] Das Verwaltungsverfahren muss in einer Weise ausgestaltet werden, die es dem Betroffenen im Konfliktsfall ermöglicht, vor den Gerichten effektiven Rechtsschutz zu erlangen.[32] Dies gilt etwa für die **Aktenführung** und das Gebot der **Vollständigkeit der Akten** (§ 29 Rn 1a, b), für Akteneinsichtsrechte (§ 29 Rn 1 ff, 7) und die **Begründung** von Verwaltungsentscheidungen (s hierzu § 39 Rn 4). Dieser Aspekt ist insbesondere für die Kontrolle von Entscheidungsspielräumen bedeutsam (s auch unten Rn 40a).[33]

19 **bb) Grundrechtsschutz durch Verfahren.** Nach heute hM haben die grundrechtlichen Gewährleistungen unmittelbare Auswirkungen auf das Verwaltungsverfahrensrecht, dh auf den Inhalt, die Gestaltung, die Auslegung und die Anwendung des Verwaltungsverfahrensrechts und auch auf Ausmaß und Dichte erforderlicher gesetzlicher Regelungen.[34] Die Grundrechte verpflichten den Gesetzgeber nicht nur, im Bereich des materiellen Rechts die wesentlichen Entscheidungen selbst zu treffen, sie verlangen auch, dass der Gesetzgeber die wesentlichen Grundlagen für den Verwaltungsvollzug, also für die Umsetzung des Rechts in Organisation und Verwaltungsverfahren, selbst trifft.[35] Der Grundrechtsschutz ist insbesondere in den Bereichen durch die Gestaltung des Verfahrens sicherzustellen, in denen die materiellen Vorgaben notwendigerweise unbestimmt bleiben müssen. Dies ist wegen der raschen wirtschaftlichen und technologischen Entwicklung heute mehr denn je der Fall.[36] Die Anforderungen von Verwaltungseffizienz und Praktikabilität müssen nach dem Grundsatz der praktischen Konkordanz mit den rechtsstaatlichen Erfordernissen des Verfahrensrechts zu einem angemessenen Ausgleich gebracht werden.[37] Die Vorschriften des Verwaltungsverfahrensrechts sind deshalb stets auch **im Lichte der Grundrechtsverbürgungen auszulegen** und anzuwenden (BVerfG 53, 65). Genügen die Vorschriften über das Verfahren den Anforderungen effektiven Grundrechts-

---

[30] Ganz hM; vgl nur BVerfGE 69, 315: Grundsatz der grundrechtsfreundlichen Auslegung und Anwendung des Verfahrensrechts; BVerfGE 83, 130; Hesse EuGRZ 1978, 434.

[31] Vgl BVerfGE 6, 44; 61, 82; 65, 70: Vorwirkungen aus Art 19 Abs 4 GG; BVerwG NVwZ 1984, 234: Vorwirkungen aus Art 103 Abs 1 GG auf Verfahren, in denen Einwendungen einer materiellen Präklusion unterworfen sind.

[32] Schenke, VBlBW 1982, 313; Held, NVwZ 2012, 461.

[33] Vgl zB BVerfGE 84, 34; BVerwGE 91, 275, 92, 132 für die rechtsschutzfreundliche Ausgestaltung von Prüfungsverfahren.

[34] Vgl BVerfGE 83, 130; 84, 46, 72; BVerwGE 74, 112, 922; 91, 274; 92, 136; Goerlich Grundrechte als Verfahrensgarantien, passim; Kahl VerwArch 2004, 1.

[35] Vgl zB zu Art 1 Abs 1 GG BVerfGE 65, 44, 52, 59; BVerwGE 82, 45 – Akteneinsicht eines ehemaligen Patienten –; zu Art 2 Abs 2 GG BVerfGE 51, 345; 53, 30, 58; OVG Münster NVwZ 1988, 555; zu Art 3 Abs 1 GG BVerfGE 79, 211; 80, 1; 84, 35 – Gebot der Chancengleichheit bei Prüfungen; BVerwGE 91, 273; 92, 137; 95, 243; zu Art 5 Abs 3 S. 1 GG BVerfGE 83, 130 = NJW 1991, 1471; zu Art 12 GG BVerfGE 45, 430; 52, 380 und 389; 53, 30, 65; 73, 296; 84, 34, 59; BVerwGE 92, 132; 91, 33; 95, 243.

[36] Vgl zB BVerfGE 37, 141, 148; 46, 334; 49, 225; 52, 31, 380; 53, 30, 65; BVerwGE 79, 112; VGH München NVwZ 1990, 777; OVG Münster DVBl 1993, 69 mwN; Hesse EuGRZ 1978, 434; Goerlich, Grundrechte als Verfahrensgarantien, 1981; Laubinger, Grundrechtsschutz durch Gestaltung des Verwaltungsverfahrens, VerwArch 1982, 60; Dolde NVwZ 1982, 65; Held, Der Grundrechtsbezug des Verwaltungsverfahrens, 1984; Grimm NVwZ 1985, 865; ders JZ 1986, 30; Raeschke/Kessler/Eilers NVwZ 1988, 37; Müller-Ibold 148 ff; Wahl NVwZ 1990, 431.

[37] Ossenbühl DÖV 1981, 8; Bethge DVBl 1989, 850; Di Fabio VerwArch 1990, 214: Verpflichtung, auch im Verwaltungsverfahren Strukturen zu wählen, die auf praktische Konkordanz abzielen; vgl auch BVerfGE 83, 130.

schutzes idS nicht, so sind sie verfassungskonform auszulegen und ggfs zu ergänzen.[38]

cc) Verfassungsunmittelbare Verfahrensgarantien. Obwohl das Verfahrensrecht wegen seiner vielfältigen verfassungsrechtlichen Grundlagen und Bezüge als „geronnenes Verfassungsrecht" bezeichnet werden kann, ist eine bestimmte Ausgestaltung verfassungsrechtlich weder geboten noch garantiert.[39] Das Verfassungsrecht sichert nur die **elementaren Erfordernisse,** die im Hinblick auf die Grundprinzipien der Verfassung und die Wahrung der Grundrechte unverzichtbar sind.[40] Soweit Vorschriften des VwVfG, der Verwaltungsverfahrensgesetze der Länder oder anderer gesetzlicher Regelungen des Verwaltungsverfahrens, über diese verfassungsrechtlich gebotenen Mindestanforderungen hinausgehen, sind sie verfassungsrechtlich nicht garantiert. Der Gesetzgeber ist insoweit frei. Als unverzichtbare verfassungsrechtliche Mindestanforderungen allgemeiner Art anzusehen sind insb, dass die Regelungen des Verfahrens **angemessen,**[41] **sachgerecht, geeignet und zumutbar** sind (vgl BVerfG 60, 295; 69, 25) und den Betroffenen ein **faires Verfahren** gewährleisten[42] und grundsätzlich auch **Waffengleichheit der Beteiligten** im Verhältnis zur Behörde und untereinander sichern.[43] Entsprechendes gilt für die Gestaltung des Verfahrens im Einzelfall, soweit das Verfahrensrecht der Behörde insoweit Ermessensfreiheit einräumt. Die tatsächliche Ausgestaltung muss dem Grundsatz fairer Verfahrensgestaltung genügen.[44] 21

5. Völkerrechtliche Bindungen des Verwaltungsverfahrensrechts. a) Allgemeines. Neben den Grundsätzen des Unionsrechts (s Einf II Rn 45 ff) können auch die Regeln und Bestimmungen des Völkerrechts Auswirkungen auf das Verwaltungsverfahrensrecht haben. Zu nennen sind hier vor allem die **Europäische Konvention zum Schutz der Menschenrechte** und Grundfreiheiten – EMRK – (BGBl 1952 II 685), die nicht nur von Deutschland, sondern inzwischen auch von der EU ratifiziert worden ist, und die **Europäische Sozialcharta** (BGBl 1964 II 1261; 1965 II 1122). Bedeutung hat hier insbesondere die Rspr des Europäischen Gerichtshofs für Menschenrechte (EGMR) in Straßburg zu Art 6 22

---

[38] BVerfGE 60, 295; 84, 45; BVerwGE 91, 274; 92, 136: Anspruch auf ein behördliches Zwischen- bzw Nachverfahren zur effektiven Geltendmachung von Einwendungen gegen die Bewertung berufsrelevanter Prüfungen; Laubinger VerwArch 1982, 77; Kopp/Schenke vor § 68 Rn 4 u 15; **aA** wohl Ossenbühl DÖV 1981, 9: die Ausgestaltung muss dem Gesetzgeber überlassen bleiben.

[39] Ossenbühl NVwZ 1982, 470; Dolde NVwZ 1982, 70; Laubinger VerwArch 1982, 60; Hufen NJW 1982, 2168; allg auch BVerwG NJW 1980, 239.

[40] Vgl zu den Grundrechten BVerfGE 53, 30, 58 (Mühlheim-Kärlich); v Mutius NJW 1982, 2160; Laubinger VerwArch 1982, 60; Kopp Vw 1987, 3; zu Art 19 Abs 4 GG auch BVerfGE 61, 110; NVwZ 1988, 523; allg auch Kopp 20 f; zu eng jedoch Dolde NJW 1982, 68 und BVerwG DÖV 1982, 942: Grundrechtsverletzung nur bei Verstößen gegen Verfahrensvorschriften, die speziell zum Schutz eines Grundrechts erlassen wurden.

[41] BVerfGE 52, 389; 53, 30, 65, 71 (Mühlheim-Kärlich); BVerwG NVwZ 1987, 887 (§ 36 BBahnG): Recht auf angemessene Verfahrensgestaltung als Folge der Grundrechte.

[42] BVerfGE 38, 111; 46, 210; 55, 360; 69, 44; 70, 151; 75, 230; BVerwGE 74, 122; 75, 230; VGH Mannheim DVBl 1990, 108; NVwZ-RR 1993, 342; OVG Schleswig DÖV 1993, 169: Anspruch auf faire Verfahrensführung; Tettinger, Fairneß und Waffengleichheit, als Ausfluss des Rechtsstaatsprinzips; Dörr, Faires Verfahren 1984; Held, Der Grundrechtsbezug des Verwaltungsverfahrens 1984, 140; Weides JA 1984, 648: Anspruch auf ein faires Verfahren aus Art 2 Abs 1 GG Müller-Ibold 138; Kühling DVBl 1989, 227; Wahl NVwZ 1990, 431 f; enger Dolzer DÖV 1985, 13: ein Mindestmaß an Fairness des Verfahrens als Folgerung aus dem Rechtsstaatsprinzip.

[43] BVerfGE 74, 94 mwN; Held, Der Grundrechtsbezug des Verwaltungsverfahrens 1984, 140; Tettinger, Fairneß und Waffengleichheit 1984; Dörr, Faires Verfahren, 1984.

[44] BVerfGE 52, 389; 53, 30, 65, 71; NVwZ 1987, 887; BVerwGE 75, 112; VGH Mannheim VBlBW 1992, 428.

MRK,[45] ferner die Entschließung Nr 77/31 des Ministerkomitees des Europarats vom 28.9.1977 über den Schutz des Einzelnen gegen VAe (s StBS Einl 138) und die Empfehlung Nr 87/16 des Ministerkomitees des Europarats vom 17.9.1987 an die Mitgliedstaaten über Verwaltungsverfahren, die eine große Zahl von Personen betreffen (wiedergegeben in NVwZ 1988, 708). Vorgegeben ist ua, dass allen betroffenen Personen die Möglichkeit gegeben werden muss, ihre individuellen oder kollektiven Rechte oder Interessen zu wahren, ohne dadurch die Arbeit der Ämter zu lähmen. Die Verwaltung muss informieren, Akten zugänglich machen, Argumente anhören und für ihre Entscheidung in Betracht ziehen und ihre Entscheidungen begründen und bekannt geben; außerdem soll das Verfahren so gestaltet werden, dass Entscheidungen innerhalb angemessener Zeit getroffen werden können und deren Kontrolle gewährleistet wird.

23 **b) Beachtlichkeit des Völkerrechts.** Entsprechend der Unterschiedlichkeit der Rechtsquellen ist auch die Frage eines etwaigen **Vorrangs** vor dem VwVfG und den Verwaltungsverfahrensgesetzen der Länder unterschiedlich zu beantworten. Im Rechtssinn haben völkerrechtliche Normen zwar nur dann Vorrang vor nationalen Normen, wenn sie zu den **allgemeinen Regeln des Völkerrechts (Art 25 GG)** gehören oder auf einer Übertragung von Hoheitsrechten gem Art 24 Abs 1 GG beruhen. Auch soweit ihnen kein Anwendungsvorrang im Rechtssinn vor dem deutschen Verwaltungsverfahrensrecht zukommt, sind sie aber im Rahmen der allgemein gebotenen **völkerrechtsfreundlichen Auslegung** und Anwendung allen nationalen Rechts[46] grundsätzlich zu berücksichtigen. Ohne unmittelbare Rechtsverbindlichkeit, gleichwohl aber als soft law von zumindest praktischer Bedeutung für die Auslegung und Anwendung des Verfahrensrechts, sind auch die **Entschließungen und Erklärungen internationaler Institutionen** zu Rechtsfragen des Verfahrensrechts bzw zu Rechtsfragen, die zumindest mittelbar auch das Verwaltungsverfahrensrecht berühren.[47]

23a Auf der Grundlage der Entschließung Nr 77/31 des Ministerkomitees des Europarats von 1972 und verschiedener Empfehlungen des Ministerkomitees des Europarats, insb der Empfehlung Nr 87/16 des Ministerkomitees vom 17.9.1987 sowie vor allem auch auf Grund von Art 6 MRK sind vor allem folgende Grundsätze bzw Rechte der Bürger gegenüber den Behörden in Verwaltungsverfahren zu nennen, denen das Verwaltungsverfahren entsprechen muss: Anspruch der in ihren Rechten, insb Menschenrechten, Betroffenen auf Schutz ihrer Rechte in und durch ein **angemessenes, faires und willkürfreies Verfahren,** auf **Teilnahme** am Verfahren als eigenberechtigte Partei und nicht als bloßes Objekt des Verfahrens, auf **Anhörung** und Berücksichtigung ihres Vorbringens, auf **vollständige Information** hins. aller für die zu treffende Entscheidung maßgeblichen Tatsachen, insb auch auf **Akteneinsicht,** auf Gestattung der Zuziehung eines **Bevollmächtigten** oder Beistands nach eigener Wahl, auf Schutz ihrer persönlichen und geschäftlichen Geheimnisse und auf entsprechenden **effektiven Datenschutz,**[48] auf eine mit einer **Begründung** versehene Entscheidung der Behörde, auf ordnungsgemäße Bekanntgabe der Entscheidung und auf angemessene **Rechtsbehelfe** gegen die Entscheidung der Behörde und auf ent-

---

[45] Zu eng BVerfGE 74, 102, 128, wonach die Rspr des EGMR bei der Anwendung innerstaatlichen Rechts nur „zu berücksichtigen" ist; allg auch Bungert, Einwirkung und Rang von Völkerrecht im innerdeutschen Rechtsraum, DÖV 1994, 797; Schmidt-Aßmann, Der Verfahrensgedanke, in Grundlagen II, § 27 Rn 25.

[46] S dazu BVerfG NJW 2011, 1931; BVerwGE 75, 288; Kopp/Schenke § 1 Rn 17; zu konfligierender Rechtsprechung: BVerfG NJW 2011, 207.

[47] Vgl dazu insb Schwarze, Der Beitrag des Europarates zur Entwicklung von Rechtsschutz und Verfahrensgarantien im Verwaltungsrecht, EuGRZ 1993, 377.

[48] Vgl zB Empfehlung Nr 87/15 des Ministerkomitees des Europarats vom 17.9.1987; StBS § 1 Rn 140; ferner Wurst JuS 1991, 448, 450.

sprechende, grundsätzlich zusammen mit der Bekanntgabe der Entscheidung erfolgende Rechtsbehelfsbelehrung.

II. Die Entwicklung des Verwaltungsverfahrensrechts

Schrifttum allgemein: *Becker,* Verfahrensbeschleunigung durch Genehmigungskonzentration, VerwArch 1996, 581; *Berg,* Die Rechtsprechung zum Verwaltungsverfahrensrecht seit 1998, JZ 2005, 1039; *Bettermann/Melichar,* Das Verwaltungsverfahren, VVDStRL 1959, 118, 183; *Bonk,* Strukturelle Änderungen des VwVfG durch das GenBeschlG, NVwZ 1997, 320; *Braun Binder,* Vollständig automatisierter Erlass eines VA und Bekanntgabe über Behördenportale, DÖV 2016, 891; *Degenhart,* Deutsche Einheit und Rechtsangleichung – öffentliches Recht, JuS 1993, 627; *Dolde,* Verwaltungsverfahren und Deregulierung, NVwZ 2006, 857; *Ehlers,* Die Anpassung der Landesverwaltungsverfahrensgesetze an das VwVfG des Bundes, DVBl 1977, 693; *Klappstein,* Rechtseinheit und Rechtsvielfalt im Verwaltungsrecht, 1994; *Maurer,* Das Verwaltungsverfahrensgesetz des Bundes, JuS 1976, 485; *Ramsauer,* Stabilität und Dynamik des Verwaltungsverfahrensrechts, FS Schenke, 2011, 1089; *Scheerbarth,* Gedanken zum Musterentwurf eines Verwaltungsverfahrensgesetzes, DVBl 1966, 780; *Schmidt-Aßmann,* Verwaltungsverfahren und Verwaltungskultur, NVwZ 2007, 40; *Schmitz/Olbertz,* Das Zweite Gesetz zur Änderung verwaltungsverfahrensrechtlicher Vorschriften – Eine Zwischenbilanz, NVwZ 1999, 126; *Schmitz/Schlatmann,* Digitale Verwaltung? – Das Dritte Gesetz zur Änderung verwaltungsverfahrensrechtlicher Vorschriften, NVwZ 2002, 1281; *Schmitz/Prell,* Verfahren über eine einheitliche Stelle – Das vierte Gesetz zur Änderung verwaltungsverfahrensrechtlicher Vorschriften, NVwZ 2009, 1; *dies,* Planungsvereinheitlichungsgesetz, NVwZ 2013, 745; *Sendler,* Zum Stand der Erörterungen über ein Verwaltungsverfahrensgesetz, AöR 1969, 130; *Spanner/Werner/v d Groeben/Weber,* Empfiehlt es sich, den allgemeinen Teil des Verwaltungsrechts zu kodifizieren? Verh des 43. DJT, Bd I 1960, Bd II 1962; *Stelkens,* Die Überführung des sozialistischen Verwaltungsrechts, insbesondere des Verwaltungsverfahrensrechts der früheren DDR in das rechtsstaatliche Verwaltungsrechtssystem der Bundesrepublik Deutschland, DVBl 1992, 248; *Ule,* Das Verwaltungsverfahrensgesetz, DVBl 1976, 421; *Ule/Sellmann,* Zum Stand der Vereinheitlichung des Verwaltungsverfahrensrechts, DVBl 1967, 837; *Ziekow,* Von der Reanimation des Verfahrensrechts, NVwZ 2005, 263. 24

1. Entstehungsgeschichte des VwVfG. a) Die Kodifikationsidee. Der Gedanke einer Kodifikation des Verwaltungsverfahrensrechts insbes aus den oben angeführten Gründen wurde schon seit den 50er Jahren diskutiert. Er führte im Laufe der Zeit zu einer Reihe von landesrechtlichen Regelungen.[49] Auf Bundesebene berief die Innenministerkonferenz einen Ausschuss, der 1957 eine Grundkonzeption für ein VwVfG erarbeitete. Eine 1957 eingerichtete Sachverständigenkommission für die Vereinfachung der Verwaltung legte 1960 einen Bericht vor, der vom BMI veröffentlicht wurde. Weitere Anstöße erhielt die Entwicklung durch Überlegungen auf der **Tagung der Staatsrechtslehrer im Jahre 1958** (Bettermann/Melichar, VVDStRL 1958, 118, 183) und durch Empfehlungen des 43. DJT 1960.[50] Nach dreijähriger Tätigkeit legte der **Bund-Länder-**Ausschuss zur Erarbeitung eines Musterentwurfs eines VwVfG am 17.3.1964 den **Musterentwurf (MuE)** vor. Darin finden sich bereits die Grundstrukturen des heutigen VwVfG. Hauptstreitpunkte waren die Frage der im MuE abgelehnten Erfassung der Abgabensachen und der Sozialrechtssachen, die Regelung annexer Materien des allgemeinen Verwaltungsrechts und die Beschränkung auf VA und öffentlich-rechtlichen Vertrag. Vorgelegt wurden eine Fassung für den Bund und eine – weitgehend übereinstimmende – Fassung für die Länder. Der MuE sah in § 85 Abs 2 S 2 den Wegfall der Subsidiaritätsklausel nach einer Übergangszeit vor. 25

---

[49] Vgl das LVwVfG des Landes Baden-Württemberg v 7.11.1955 (GBl BW 225); das Gesetz über das Verfahren der Berliner Verwaltung v 2.10.1958 (GVBl 951); das VwVfG des Landes Bremen idF v 1.4.1960 (GBl 37) und das LVwVfG des Landes Schleswig-Holstein v 18.4.1967 (GVOBl 131).

[50] Spanner/Werner/v d Groeben/Weber, Verh des 43. DJT Bd I 1960, Bd II 1960.

26 **b) Vom Musterentwurf zur Kodifikation.** Trotz dieser Vorarbeiten dauerte es noch mehrere Jahre, bis schließlich 1970 ein **Regierungsentwurf (RegE 70)** vorgelegt wurde (BT-Dr VI 1173). Dieser Entwurf sah unter anderem eine Ausdehnung der Geltung auf die nunmehr im VwVfG in § Abs 1 Nr 2 genannten Bereiche der Verwaltung durch Landesbehörden sowie den Grundsatz der Subsidiarität vor. Er wurde indessen nicht verabschiedet. Vielmehr kam es zu einer Überarbeitung, die in einen **zweiten Regierungsentwurf (RegE 73)** mündete (BT-Dr 7/910). Darin war bereits die Subsidiarität des VwVfG gegenüber entsprechenden Gesetzen der Länder angelegt. Am 15.1.1976 wurde das VwVfG dann schließlich beschlossen, nach Anrufung des Vermittlungsausschusses durch den Bundesrat am 1.4.1976 (433. Sitzg, Sten Ber S. 138) im Bundestag verabschiedet und im BGBl v 29.5.1976 verkündet (s a Rn 1). Vorausgegangen war eine Entschließung der Innenministerkonferenz, wonach die Länder darauf hinwirken sollten, dass in den Ländern jeweils möglichst inhaltsgleiche Verfahrensgesetze erlassen würden **(Beschluss zur Simultangesetzgebung).** Einige Bundesländer haben daraufhin eigene Verwaltungsverfahrensgesetze als Vollgesetze erlassen, andere haben sich darauf beschränkt, im Wege der dynamischen Verweisung die Bestimmungen des VwVfG zu Landesrecht werden zu lassen (s § 1 Rn 43). Insgesamt lässt sich feststellen, dass das rechtspolitische Ziel einer Vereinheitlichung des Verfahrensrechts in Bund und Ländern trotz der unterschiedlichen Kodifikationen im Ergebnis weitgehend erreicht worden ist.

27 **2. Verwaltungsverfahren in den neuen Ländern.** Das Verwaltungsverfahrensrecht in den neuen Bundesländern unterscheidet sich nur noch in Detailregelungen von dem Recht der übrigen Länder. Alle neuen Bundesländer haben eigene Verwaltungsverfahrensgesetze erlassen, wobei sie allerdings teilweise auf das VwVfG verweisen und nur Abweichungen regeln (s oben Rn 7), weshalb die nach Art 8 des Einigungsvertrags vom 31.8.1990 mit Anlage I (BGBl II S. 889) zunächst eingeführte unmittelbare Geltung des VwVfG seit langem entfallen ist. Auch im Fachrecht weisen die Rechtsnormen in den neuen Ländern schon seit langem keine wesentlichen Unterschiede mehr auf. Deshalb dürfte es aus der Zeit der DDR fortgeltendes Recht nur noch in Ausnahmefällen geben.[51]

28 **Vor dem Beitritt erlassene VAe** bleiben nach Art 19 S 1 des Einigungsvertrages **grundsätzlich wirksam.**[52] Sie können aber nach Art 19 S 2 des Einigungsvertrags unabhängig von Fragen der Bestandskraft aufgehoben werden, wenn sie mit rechtsstaatlichen Grundsätzen oder mit den Regelungen des Einigungsvertrages unvereinbar sind. Für den Fortbestand gerichtlicher Entscheidungen gilt nach Art 18 des Einigungsvertrages Ähnliches. Für die Rechtsverhältnisse im öffentlichen Dienst und für Vermögensfragen gelten Sonderregelungen (Art 20 ff des Einigungsvertrages). Zur Entwicklung des Verwaltungsverfahrensrechts in der ehemaligen DDR, zur Überführung dieses Rechts und zur weiteren Entwicklung in den neuen Ländern s Stelkens DVBl 1992, 246.

29 **3. Änderungen des VwVfG.** Das VwVfG ist seit seinem Erlass im Jahre 1977 vergleichsweise selten geändert worden. Eine Reihe von Änderungen war darüber hinaus nur redaktioneller Art (Änderung des § 20 Abs 5 durch Art 7 Nr 4 des Adoptionsgesetzes v 2.7.1976 (BGBl I S. 1749), Änderung der § 12 Abs 2, 3, § 16 Abs 1 Nr 4, Abs 2, 4 durch Art 7 Nr 3 des Betreuungsgesetzes v 12.9.1990 (BGBl I

---

[51] Für die Weitergeltung alten DDR-Rechts ist Art 9 des Einigungsvertrages maßgebend. Recht, welches vor der Unterzeichnung des Einigungsvertrages am 31.8.1990 in Kraft getreten war, galt bzw gilt unter den Voraussetzungen des Art 9 Abs 1 als Landesrecht weiter, wenn es nach der Kompetenzordnung des GG Landesrecht wäre, unter den Voraussetzungen des Art 9 Abs 2, 4 des Einigungsvertrages als Bundesrecht. Gleiches gilt nach Art 9 Abs 2 für später erlassenes DDR-Recht, soweit es in der Anlage II aufgeführt ist und mit den in Art 9 Abs 2 genannten Bestimmungen vereinbar ist.

[52] Stelkens, Verwaltungsverfahren, § 1 Rn 157 ff; StBS Einl Rn 114 ff.

2002), Aufhebung des § 2 Abs 3 Nr 4 durch Art 12 Abs 5 des PTNeuOG v 14.9.1994 (BGBl I S. 2325), Anpassung des § 2 Abs 2 Nr 3 durch Art 14 des 2. PatentGÄndG v 16.7.1998 (BGBl I S. 1827)). Eine ganze Reihe von Versuchen der Vereinheitlichung und Bereinigung des Verfahrensrechts sind in der Vergangenheit gescheitert (Knack/Henneke vor § 1 Rn 46). Mit dem **Infrastrukturplanungsbeschleunigungsgesetz** (IPBeschlG) v 18.12.2006 (BGBl I S. 2833) hat sich der Gesetzgeber erneut einen großen Schritt von der angestrebten Vereinheitlichung und Vereinfachung entfernt (s hierzu näher § 73 Rn 3).

a) Das Änderungsgesetz vom 2. Mai 1996. Substantielle Änderungen 30 brachte das VwVfÄndG v 2.5.1996 (BGBl I S. 656), durch das neben einer Änderung des § 2 Abs 2 Nr 4 die bis dahin in § 44a BHO geregelte **Möglichkeit eines rückwirkenden Widerrufs von Subventionsbescheiden** in das VwVfG integriert wurde. Diese lange angestrebte Übernahme der im Haushaltsrecht verfehlt platzierten Regelung in das VwVfG führte zu einer Änderung nicht nur des § 49, sondern auch des § 48, dessen die Rückforderung betreffende Regelungen nun in den neu geschaffenen § 49a überführt und in ihrem Anwendungsbereich auf sämtliche Fälle der Aufhebung von Leistungs-VAen mit Wirkung für die Vergangenheit erstreckt wurden (s hierzu § 49a Rn 3). Zur Novelle insgesamt Schröder JuS 1998, L 49.

b) Das GenBeschlG. aa) Entstehung. Einschneidende substantielle Ände- 31 rungen des VwVfG erfolgten durch das GenBeschlG. Dieses Gesetz verfolgte im Wesentlichen das Ziel, im Interesse einer **Verbesserung des „Standorts Deutschland"** bestehende bzw vermeintliche Hemmnisse vor allem der Genehmigungsverfahren abzubauen bzw Regelungen des Verwaltungsverfahrens zu flexibilisieren (BT-Dr 13/3995).[53] Dabei wurden einige bereits zuvor in Spezialgesetzen (zB **Planungsvereinfachungsgesetz** v 17.12.1993, BGBl I S. 2123) eingeführte Regelungen über Planfeststellungsverfahren in die allgemeinen Bestimmungen der §§ 72 ff übernommen, vor allem das Institut der Plangenehmigung in § 74 Abs 6 und die materielle Präklusion in § 73 Abs 4. Das PlVereinfG hatte seinerseits mehrere Regelungen aus dem **Verkehrswegeplanungsbeschleunigungsgesetz** (VerkPBG) v 16.12.1991 (BGBl I S. 2174) übernommen.[54] Die Regelungen entsprachen weitgehend dem 1993 von den Ministerpräsidenten verabschiedeten **Entwurf eines Standortsicherungsgesetzes,** der im Frühjahr 1994 als Gesetzesantrag des Landes Baden-Württemberg eingebracht wurde (BR-Dr 422/94; später BT-Dr 13/1445). Die Bundesregierung setzte daraufhin die sog **Schlichter-Kommission** ein, die ihre Ergebnisse am 9.12.94 vorlegte (Schlichter DVBl 1995, 173). Trotz dieser Vorgeschichte kam es im Gesetzgebungsverfahren noch zu Auseinandersetzungen insbesondere über die neu vorgesehenen §§ 71a ff (vgl BT-Dr 13/3995).[55] Die Vorschriften sind in der Expertenanhörung nicht ohne rechtspolitische und verfassungsrechtliche Kritik geblieben (vgl Ausschuss-Dr 13/271 des 16. Ausschusses).[56]

bb) Inhalt. Das GenBeschlG brachte außer den genannten Änderungen 32 des Planfeststellungsrechts und einer Reihe weiterer kleinerer Änderungen in den §§ 2, 10, 17, 69 und 95 einige eher symbolische **Bestimmungen in den §§ 71a ff aF** über Möglichkeiten einer flexibleren Gestaltung von Genehmigungsverfahren durch die Einführung von besonderen Beratungspflichten, Stern-

---

[53] Krit Koch NVwZ 1996, 215; s auch StBS, Einl Rn 6.

[54] Vgl Repkewitz VerwArch 1997, 137; Ronellenfitsch DVBl 1994, 441. Das VerkPlBeschlG ist zum 31.12.2006 außer Kraft getreten (s § 72 Rn 3a).

[55] Zur Entstehungsgeschichte Schmitz/Wessendorf NVwZ 1996, 955; Jäde UPR 1996, 361.

[56] Siehe hierzu auch Steiner NVwZ 1994, 313; Ronellenfitsch, Beschleunigung und Vereinfachung der Anlagenzulassungsverfahren, 1994; zT kritisch dazu ua Wahl DVBl 1993, 517 mwN; Stüer DVBl 1991, 1333.

verfahren und Antragskonferenzen.[57] Die Regelungen sind, ausgenommen die in § 71b, welche in den neu geschaffenen § 25 Abs. 2 Eingang gefunden haben, durch das 4. VwVfÄndG (s Rn 35) aufgehoben. Von diesen Neuregelungen bzw Änderungen abgesehen brachte das GenBeschlG aber auch einige sowohl rechtspolitisch als auch verfassungsrechtlich umstrittene Änderungen, und zwar des § 45 über die **Heilung von Verfahrensfehlern** nach Abschluss des Verwaltungsverfahrens und des § 46 über die **Unbeachtlichkeit von Verfahrensfehlern,** wenn „offensichtlich ist, dass die Verletzung die Entscheidung in der Sache nicht beeinflusst hat". Die Verfassungsmäßigkeit dieser Änderungen wird von einer starken Auffassung verneint.[58] Nach der hier vertretenen Auffassung kann den Bedenken durch eine verfassungskonforme Auslegung Rechnung getragen werden (vgl § 45 Rn 4).

33 **c) Das 2. VwVfÄndG.** Das Änderungsgesetz v 6.8.1998 (BGBl I S. 2022) hat lediglich einige redaktionelle Anpassungen und die Bereinigung von Unstimmigkeiten gebracht, die durch die vorangegangenen Änderungsgesetze entstanden waren. Zu nennen sind Änderungen der §§ 15, 16, 33, 41, 44, 50 und 61. Die gegenstandslos gewordenen §§ 97–99 und 102 wurden gestrichen (zum 2. VwVfÄndG instruktiv Schmitz/Olbertz NVwZ 1999, 127).

34 **d) Das 3. VwVfÄndG.** Das dritte Gesetz zur Änderung verwaltungsverfahrensrechtlicher Vorschriften v 21.8.2002 (BGBl I S. 3322) diente der **Regelung elektronischer Kommunikationsformen** im gesamten Verwaltungsverfahrensrecht, also nicht nur im VwVfG, sondern auch in der AO, dem SGB X und in speziellen Verfahrensregelungen des Fachrechts (Schmitz/Schlatmann NVwZ 2002, 1281). Im Mittelpunkt der Änderung des VwVfG steht die Einführung des § 3a, der in Abs 1 die Voraussetzungen der elektronischen Kommunikation im Verwaltungsverfahren regelt und in Abs 2 bestimmt, dass (nur) ein mit einer qualifizierten elektronischen Signatur nach dem SigG ausgestattetes elektronisches Dokument die **Anforderungen der Schriftform** erfüllt. Die übrigen Änderungen dienen hauptsächlich der Festlegung des Umgangs mit elektronischen Dokumenten, insbesondere mit elektronisch erlassenen VAen (zu weiteren kleinen Änderungen vgl Rn 35b). Damit sind die rechtlichen Voraussetzungen geschaffen worden für den Einstieg in die umfassende elektronisch unterstützte Verwaltung. Mit dem Erlass des mit den Ländern abgestimmten (vgl BT-Dr 14/9259) 3. VwVfÄndG sind hohe Erwartungen verknüpft (BT-Dr 14/9000 S. 26, 30). S hierzu auch BReg (Hg), BundOnline 2005 – Elektronische Signatur, 2002. Viel wird davon abhängen, wie schnell sich die Möglichkeiten der Authentizitätssicherung durch die qualifizierten Signaturen durchsetzen.

35 **e) Das 4. VwVfÄndG.** Zum 1. Januar 2009 trat das 4. VwVfÄndG[59] in Kraft, mit dem ein wesentlicher Teil der verfahrensrechtlichen Anforderungen der von der EU im Jahre 2006 erlassenen **Dienstleistungsrichtlinie** (DL-RL)[60] im VwVfG umgesetzt wurde. Der Schwerpunkt liegt bei der Einführung eines neuen Typus von Verwaltungsverfahren, nämlich der Abwicklung von Verwaltungsverfahren unter Einschaltung einer sog einheitlichen Stelle. Nach Art 6 DL-RL müssen die Mitgliedstaaten dafür Sorge tragen, dass Dienstleistungserbringer aus anderen Mitgliedstaaten, die in einem Mitgliedstaat selbständig Dienstleistun-

[57] Hierzu näher Bullinger, Beschleunigung von Investitionen durch Parallelprüfung und Verwaltungsmanagement, JZ 1993, 492.

[58] Vgl zB Bracher, DVBl 1997, 534; Erbguth 1998; Hatje, DÖV 1997, 477; Pietzner/Ronellenfitsch, Assessorexamen, Nachtrag § 38 Rn 9; offenbar aufgegeben in der 12. Aufl (vgl § 38 Rn 29).

[59] Viertes Gesetz zur Änderung des Verwaltungsverfahrensrechts (4. VwVfÄndG) v 17.12.2008 (BGBl I S. 2418).

[60] Richtlinie 2006/123/EG des Europäischen Parlaments und des Rates v 12.12.2006 (ABl L 376/36 v 27.12.2006).

gen anbieten und erbringen wollen, die hierfür notwendigen Anmelde- und Genehmigungsverfahren sowie alle sonstigen Formalitäten ohne bürokratische Hindernisse aus dem Heimatland auf elektronischem Weg über einen Einheitlichen Ansprechpartner abwickeln können. Die hierfür erforderlichen rechtlichen Voraussetzungen werden mit dem 4. VwVfÄndG in erster Linie durch die **Neufassung der §§ 71a ff** geschaffen.[61] Mit dem über eine einheitliche Stelle abgewickelten Verfahren wird ein neuer Verfahrenstypus geschaffen, der in systematischer Hinsicht zwischen dem herkömmlichen Verwaltungsverfahren und dem Verfahren mit Konzentrationswirkung steht. Das **Verfahren über eine einheitliche Stelle** findet nur statt, wenn diese Möglichkeit durch Rechtsvorschriften des Fachrechts eröffnet worden ist und der Antragsteller davon Gebrauch macht. Die Folge ist, dass es für mehrere für ein Vorhaben erforderliche Verwaltungsverfahren einen einheitlichen Ansprechpartner gibt, über den der Vorhabenträger sämtliche notwendigen Verfahrensschritte abwickeln kann, ohne dass die Entscheidungen selbst von einer einzigen Behörde getroffen werden müssten.

Auch § 25 Abs 2 dient der Umsetzung der DL-RL, nämlich von Art 7 der 35a DL-RL, wonach potentielle Antragsteller schon vor der Antragstellung und damit vor Beginn des Verwaltungsverfahrens **Anspruch auf Beratung und Unterstützung** durch die Behörde oder – in den Fällen der §§ 71a ff – durch die Einheitliche Stelle haben. Von Bedeutung sind sodann die Regelungen in dem neu eingeführten **§ 42a über den fiktiven VA,** mit dem ein Teil der Anforderungen des Art 13 DL-RL umgesetzt wird. Danach kann das Fachrecht anordnen, dass eine Genehmigung als erteilt gilt, wenn über den Genehmigungsantrag nicht innerhalb einer bestimmten zuvor festgelegten Zeit entschieden worden ist. Damit hat der fiktive VA erstmals eine positive Regelung im Verwaltungsverfahrensrecht gefunden.

f) Weitere Änderungen bis 2015. Eine Reihe kleinerer Änderungen in 35b Randbereichen des VwVfG hat im Jahr 2002 stattgefunden. Zu erwähnen ist die **Änderung des Verjährungsrechts in § 53** durch das HZvNG,[62] mit der die Bestimmung an die Neuregelungen des Verjährungsrechts im Zuge der Zivilrechtsreform angepasst worden ist, sowie die Änderung der Heilungsvorschrift des § 45 Abs 2, mit der klargestellt wurde, dass eine Heilung von Form- und Verfahrensfehlern nur bis zum Ende der letzten Tatsacheninstanz eines verwaltungsgerichtlichen Verfahrens möglich ist, durch das 3. VwVfÄndG (vgl dazu auch Rn 35a). Am 29.1.2003 wurde die Neufassung des VwVfG in der ab dem 1.2.2003 geltenden Fassung bekannt gemacht (BGBl I S. 102). Seither hat es eine allerdings geringfügige Änderung des VwVfG durch das Kostenrechtsmodernisierungsgesetz v 5.5.2004 (BGBl I S. 718) gegeben (§§ 23, 26). Eine weitere Änderung erfolgte durch das Gesetz zur Umsetzung der Dienstleistungs-RL im Gewerberecht.[63] Durch Art 4 dieses Gesetzes wurden die Regelungen in **§§ 8a ff über die Verwaltungszusammenarbeit** mit den Behörden anderer Mitgliedstaaten in das VwVfG aufgenommen. Die jüngste in dieser Auflage berücksichtigte Änderung betrifft die Regelungen in § 2 Abs 3 Nr 1 (Ergänzung um Patentanwaltssachen) durch Art 2 Abs 1 des Gesetzes v 14.8.2009.[64]

---

[61] Die Regelungen, die in den §§ 71a ff bisher enthalten waren, wurden bis auf die in § 71b, die in den neu geschaffenen § 25 Abs. 2 Eingang gefunden haben, aufgehoben. Sie haben die Praxis des Verwaltungsverfahrens erwartungsgemäß nicht wesentlich beeinflussen können.

[62] Gesetz zur Einführung einer kapitalgedeckten Hüttenknappschaftlichen Zusatzversicherung und zur Änderung anderer Gesetze (Hüttenknappschaftliches Zusatzversicherungs-Neuregelungs-Gesetz – HZvNG) v 21.6.2002 (BGBl I S. 2137).

[63] Gesetz zur Umsetzung der Dienstleistungsrichtlinie im Gewerberecht und in weiteren Rechtsvorschriften v 17.7.2009 (BGBl I, S. 2091); hierzu BT-Dr 16/13399.

[64] Gesetz zur Modernisierung von Verfahren im patentanwaltlichen Berufsrecht, v 14.8.2009 (BGBl I, S. 2827).

35c **g) Das PlVereinhG.** Im Frühjahr 2013 wurde das Planungsvereinheitlichungsgesetz (PlVereinhG) erlassen.[65] Dieses sollte ursprünglich nur dem Ziel dienen, einzelne Regelungen insbesondere aus den vom IPBeschlG erfassten Fachplanungsgesetzen in das VwVfG zu überführen und so das Planfeststellungsrecht jedenfalls teilweise wieder zu vereinheitlichen (BR-Drs 171/12, S 2).[66] Daher stammt auch seine Kurzbezeichnung. Die Änderungen betreffen vor allem die §§ 73, 74. Darüber hinaus aber enthält das PlVereinhG aber auch eine praktisch und rechtspolitisch überaus wichtige Ergänzung des § 25 um einen Abs 3, mit dem für viele Vorhaben mit einem größeren Kreis von Betroffenen eine **frühe Öffentlichkeitsbeteiligung** vorgesehen wird (s näher § 25 Rn 27). Schließlich enthält das Gesetz eine Regelung in § 37 Abs 3 mit der Schaffung einer **Pflicht zur Rechtsmittelbelehrung** für VAe. Im Gesetzgebungsverfahren[67] wurde sodann noch in einem neuen § 27a eine Ergänzung der öffentlichen oder ortsüblichen Bekanntmachung durch eine **Pflicht zur Bekanntmachung auf der Internet-Seite der Behörde** eingefügt.[68]

35d **h) Das Gesetz zur Förderung der elektronischen Verwaltung.** Ebenfalls im Frühjahr 2013 wurde das Gesetz zur Förderung der elektronischen Verwaltung sowie zur Änderung weiterer Vorschriften[69] erlassen, dessen Art 1 das **E-Government-Gesetz (EGovG),** dessen Art 2 **Änderungen des De-Mail-Gesetzes** und dessen Art 3 verschiedene Änderungen des VwVfG enthält. Mit diesem Gesetz wurden das elektronisch ablaufende Verwaltungsverfahren unter Aufwertung des bisher noch wenig genutzten De-Mail-Verfahrens (vgl §§ 2, 3, 5, 8, 13 EGovG) eingeführt sowie in § 6 EGovG die **elektronische Aktenführung.**[70] Das Gesetz zur Förderung der elektronischen Verwaltung enthielt in Art 3 vor allem **Änderungen des § 3a** über die elektronische Kommunikation. In dem wesentlich erweiterten § 3a Abs 2 sind nunmehr neben der bisher schon anerkannten qualifizierten elektronischen Signatur vier **weitere Formen elektronischer Kommunikation mit Schriftformäquivalenz** vorgesehen. Dabei geht es vor allem um die Nutzung der Möglichkeiten des neuen DE-Mail-Gesetzes (s näheres § 3a Rn 27 ff). Im **E-GovernmentG** ist die Verpflichtung der Behörden vorgesehen, den Bürgern flächendeckend einen elektronischen Zugang anzubieten.

i) Das Gesetz zur Modernisierung des Besteuerungsverfahrens (StModernG) enthält in Art. 20 weitere Änderungen des VwVfG, durch welche die Einführung elektronischer Verfahren in der Verwaltung weiter erleichtert werden soll. So wurden in § 24 Abs 1 und in einem neuen § 35a Regelungen über die **Zulässigkeit eines vollständig elektronischen VA** und darüber hinaus in § 41 Abs 2a Bestimmungen über die **Bekanntgabe eines VA über Behördenportale** geschaffen.

III. Funktionen, Grundzüge, systematische Einordnung

Schrifttum: *Bettermann,* Das Verwaltungsverfahren, VVDStRL 1959, 118; *Bonk,* 25 Jahre Verwaltungsverfahrensgesetz, NVwZ 2001, 636; *Blümel/Pitschas,* Reform des Verwaltungs-

---

[65] Gesetz zur Verbesserung der Öffentlichkeitsbeteiligung und Vereinheitlichung von Planfeststellungsverfahren (PlVereinhG) v 31.5.2013 (BGBl I S. 1388); hierzu Schmitz/Prell NVwZ 2013, 745.

[66] S auch BT-Drs 17/9666; Stellungnahme des Bundesrates v 11.5.2012 und Gegenäußerung der BReg BR-Drs 171/12.

[67] S hierzu näher BT-Drs 17/9666.

[68] Änderungsantrag v 29.1.2013 – Ausschussdrucksache 17(4)655.

[69] Gesetz zur Förderung der elektronischen Verwaltung sowie zur Änderung weiterer Vorschriften v 25.7.2013 (BGBl I, 2749).

[70] Zum E-Government-Gesetz näher Müller-Terpitz/Rauchhaus MMR 2013, 10; Heckmann/Albrecht ZRP 2013, 42; Habammer/Denkhaus MMR 2013, 358; zum E-Government ferner Kment MMR 2012, 220.

verfahrensrechts, 1994; *Dolde,* Verwaltungsverfahren und Deregulierung, NVwZ 2007, 857; *Kopp,* Verfassungsrecht und Verwaltungsverfahrensrecht, 1971; *Pernice/Kadelbach,* Verfahren und Sanktion im Wirtschaftsverwaltungsrecht, DVBl 1996, 1100; *Pitschas,* Verwaltungsverantwortung und Verwaltungsverfahren, 1990; *Ramsauer,* Rechtsschutz durch nachvollziehende Kontrolle, FS BVerwG, 2003, 499; *ders,* Die Kontrolldichte in der Verwaltungsgerichtsbarkeit, GS Kopp, 2007, 72; *Schmidt-Aßmann,* Das allgemeine Verwaltungsrecht als Ordnungsidee und System, 2. Aufl 2004; *Schmitt-Glaeser* (Hg), Verwaltungsverfahren, FS Boorberg, 1977; *Schneider,* Strukturen und Typen von Verwaltungsverfahren, in Grundlagen II § 28; *Ule/Becker,* Verwaltungsverfahren im Rechtsstaat, 1964; *Wahl/Pietzcker,* Verwaltungsverfahren zwischen Effizienz und Rechtsschutzauftrag, VVDStRL 1983, 151.

1. Allgemeines. Das VwVfG und die damit weitgehend wörtlich übereinstimmenden Verwaltungsverfahrensgesetze der Länder stellen keine neue, eigenständige Schöpfung des Gesetzgebers zur Regelung des Verfahrens der Behörden der allgemeinen Verwaltung dar. Sie kodifizieren vielmehr überwiegend die allgemeinen Grundsätze des Verwaltungsverfahrensrechts, die schon früher in verschiedenen gesetzlichen Vorschriften oder auch verwaltungsinternen Richtlinien und in der täglichen Praxis der Behörden vor allem im Gewerberecht, Baurecht, Wasserrecht, Straßen- und Wegerecht usw Ausdruck gefunden hatten (vgl Begr 31 f)[71] oder von der Rspr und im Schrifttum als Sätze des ungeschriebenen Rechts und als Mindesterfordernisse eines geordneten Verwaltungsverfahrens im Rechts- und Verfassungsstaat entwickelt und in der Praxis der Behörden als geltendes Recht angewandt wurden.[72] **36**

Mit den Verwaltungsverfahrensgesetzen wurde vor allem eine **Zusammenfassung und Vereinheitlichung** der bis dahin in zahlreichen Gesetzen verstreuten oder zT überhaupt ungeschriebenen und vor allem für den Laien oft schwer zugänglichen und erkennbaren Rechtsvorschriften und Rechtsgrundsätzen des allgemeinen Verwaltungsverfahrensrechts erreicht (vgl Begr 28 ff; MuE 58 ff; Lorenz 255; UL § 5 Rn 1 ff). Die gesetzlichen Regelungen des Verfahrensrechts sollten damit ein höheres Maß an **Übersichtlichkeit, Rechtsklarheit und Rechtssicherheit** herstellen sowie die Anwendung und Beachtung des Verfahrensrechts für Behörden und Staatsbürger gleichermaßen erleichtern (Begr 1), zugleich aber auch dem Bürger die Möglichkeit geben, sich über seine Rechte im Verkehr mit den Behörden zuverlässig zu unterrichten (vgl Begr 28 f; MuE 61; UL § 5 Rn 5; Kopp 264 mwN). Mit der Vereinheitlichung wurde zugleich auch eine Vereinfachung des Verfahrensrechts angestrebt, ein Ziel, das angesichts der vielen speziellen Verfahrensregelungen allerdings nicht erreicht wurde. **36a**

2. Funktionen des VwVfG. a) Sicherungsfunktion des Verfahrensrechts. Im deutschen Verwaltungsrecht hat das Verwaltungsverfahrensrecht traditionell vor allem eine **„dienende Funktion"** innegehabt.[73] Es diente der ordnungsgemäßen Anwendung des materiellen Rechts in einem rechtlich geordneten Verfahren. Da die deutsche Verwaltungsrechtsdogmatik im Grundsatz von der Striktheit des materiellen Rechts ausging (und letztlich nach wie vor ausgeht), für das die Letztentscheidungskompetenz bei den Gerichten liegt, spielt das Verwaltungsverfahren insoweit nur eine untergeordnete Rolle.[74] Der Erfolg eines **36b**

[71] Hierzu näher Bullinger, Beschleunigung von Investitionen durch Parallelprüfung und Verwaltungsmanagement, JZ 1993, 492.

[72] Vgl Begr 28 ff; MuE 55 ff, insbes 61, 63, 75; Lorenz 255; Erichsen VerwArch 1978, 306; Ossenbühl NVwZ 1982, 467; Kopp 8 ff; 263 f mwN; Klappstein 14 ff; Ule DVBl 1976, 421; ders, Die Kodifikation des Verwaltungsverfahrensrechts, in: Deutsche Verwaltungsgeschichte Bd 5, 1986, 1162; v Unruh NVwZ 1988, 693; Erichsen/Ehlers § 13 Rn 4 ff; v Danwitz, 15 Jahre VwVfG, Jura 1994, 281; Kopp Vw 1987, 1 ff.

[73] Näher Burgi/Durner, Modernisierung, S. 24; Referate von Fehling und Gurlit VVDStRL 2011, 227, 234, 278, 286.

[74] Burgi/Durner, Modernisierung, S. 24; Gurlit VVDStRL 2011, 227, 234; Fehling VVDStRL 2011, 278, 286: instrumentelle Funktion.

Rechtsschutzbegehrens im Bereich strikten Rechts hängt entscheidend vom materiellen Recht ab; ob Verfahrensfehler vorliegen, spielt dafür keine Rolle, wenn in der Sache selbst eine andere Entscheidung der Verwaltung nicht getroffen werden kann (s zur **Alternativlosigkeit der Entscheidung** § 46 Rn 25a). Etwas anderes gilt in den Bereichen, in denen der Verwaltung Spielräume zustehen, also insbesondere im Bereich der Ermessens-, Beurteilungs- und Planungsentscheidungen (s § 40 Rn 10ff). Hier kann idR nicht ausgeschlossen werden, dass die Entscheidung anders ausgefallen wäre, wenn ein Verfahrensfehler unterblieben wäre, also ein Beteiligter ordnungsgemäß angehört, ein Dritter ordnungsgemäß beteiligt oder eine Entscheidung ordnungsgemäß begründet worden wäre. Hier, bei den Entscheidungen mit Spielraum, entfaltet das Verwaltungsverfahren vor allem seine die Richtigkeit sichernde Funktion. Das Gerichtsverfahren kann Fehler im Verwaltungsverfahren nicht beseitigen oder kompensieren, weil bzw soweit den Gerichten hier keine Letztentscheidungskompetenz zukommt.[75] Es liegt auf der Hand, dass die dienende Funktion des Verfahrensrechts umso wichtiger wird, je mehr rechtliche oder auch nur faktische Spielräume bestehen.

36c **b) Weitere Funktionen des Verfahrensrechts.** Neben der rein „dienenden" Funktion übernimmt das Verwaltungsverfahrensrecht aber auch weitere Funktionen, die unabhängig von der Striktheit des materiellen Rechts sind und in der Praxis eine zunehmende Rolle spielen.[76] Sie sind bisher in der rechtspolitischen Diskussion, aber auch in der verfahrensrechtlichen Dogmatik nicht hinreichend beachtet worden.[77] So dient das Verfahrensrecht auch der **Akzeptanz** der Verwaltungsentscheidung durch den oder die Betroffenen:[78] Wer an einem Verfahren angemessen beteiligt worden ist, ordnungsgemäß Gehör gefunden hat, den Entscheidungsprozess verfolgen konnte und eine nachvollziehbare Begründung erhalten hat, wird eher geneigt sein, auch ein ungünstiges Ergebnis als Folge des geltenden Rechts zu akzeptieren als ein Betroffener, der mangels **Transparenz** des Verfahrens und mangels **Partizipation** den Verdacht hegt, mit der Entscheidung werde gegen Gesetz und Recht verstoßen. Diese Überlegungen liegen auch der 2013 neu geschaffenen Regelung über die frühe Öffentlichkeitsbeteiligung zugrunde (s § 25 Rn 27ff). Außerdem erbringt die Behörde mit der ordnungsgemäßen Durchführung eine wichtige **Integrationsleistung:**[79] Die am Verfahren Beteiligten haben Gelegenheit, das ordnungsgemäße Funktionieren von Verwaltungsbehörden im Verfahren zu erleben und sich an der Verwirklichung des geltenden Rechts zu beteiligen.

37 **3. Die Grundzüge des VwVfG.** Das VwVfG ist in 8 Teile untergliedert, die für sich jeweils einen unterschiedlich großen Anwendungsbereich haben. Teil I trifft allgemeine Regelungen zum Anwendungsbereich des Gesetzes und über die Amtshilfe. Die Bestimmungen über die Amtshilfe (§§ 4ff) und die Europäische Verwaltungszusammenarbeit (§§ 8a ff) gelten zwar unmittelbar nur im Anwendungsbereich des VwVfG, gehen aber über den Bereich des Verwaltungsverfahrens iSd § 9 hinaus (s § 9 Rn 4). Teil II enthält die vor die Klammer gezogenen allgemeinen Verfahrensbestimmungen, die sich sowohl auf Verfahrenshandlungen zum Erlass von VAen beziehen als auch auf solche, die auf den Abschluss

[75] Ossenbühl, NVwZ 1982, 465; Fehling, in: Terhechte, Verwaltungsrecht der Europäischen Union, 2011, § 12 Rn 75; Hoffmann, NVwZ 1995, 740.

[76] Fehling VVDStRL 2011, 278, 286: Nichtinstrumentelle Funktionen; Burgi/Durner, Modernisierung, S. 31.

[77] Zur europäischen Perspektive auf das Verwaltungsverfahren Kahl, NVwZ 2011, 449; Gärditz, DÖV 2010, 453; Siedentopf/Speer, DöV 2002, 753; Terhechte (Fn 68).

[78] Würtenberger, NJW 1991, 257; ders.: Die Akzeptanz von Verwaltungsentscheidungen, 1996; Eisenberg, Die Anhörung des Bürgers im Verwaltungsverfahren und die Begründungspflicht für Verwaltungsakte, 1999.

[79] Ossenbühl, NVwZ 1982, 465; Hill, DVBl 1993, 973; ders. NordÖR 2011, 469.

eines öffentlich-rechtlichen Vertrages gerichtet sind. Diese allgemeinen Verfahrensbestimmungen orientieren sich stark an den entsprechenden Regelungen der VwGO und sind zumeist als Ausdruck allgemeiner Rechtsgedanken analog auch auf andere Verwaltungsverfahren anwendbar, die dem VwVfG sonst nicht unterliegen. Hervorzuheben sind insoweit die Bestimmungen über den Grundsatz der **Amtsermittlung** (§ 24), das **Akteneinsichtsrecht** der Beteiligten (§ 29), die Gewährung **rechtlichen Gehörs** (§ 28), die Pflicht zur **Geheimhaltung** (§ 30), zur **Begründung** von Verwaltungsentscheidungen (§ 39), die Pflicht zu **Beratung und Auskunft** (§ 25) und die in § 41 geregelte **Pflicht zur Bekanntgabe** von Entscheidungen an Betroffene. Die Vorschrift enthält auch einige Modalitäten der Bekanntgabe (zur Zustellung s § 41 Rn 56 ff).

a) Grundstruktur. Das VwVfG beginnt in Teil I (§§ 1–8c) zunächst mit ei- 38
nigen vor die Klammer gezogenen allgemeinen Vorschriften, deren Bedeutung teilweise über den Bereich der Verwaltungsverfahren iS des § 9 hinausgeht. Das gilt insbesondere für die Regelungen über die Amtshilfe und die europäische Verwaltungszusammenarbeit. Teil II enthält wiederum vor die Klammer gezogene gemeinsame Vorschriften für formlose Verwaltungsverfahren iS des § 9, also solche, deren Ziel der Erlass eines VA oder der Abschluss eines Verwaltungsvertrags ist. **Kernstücke des VwVfG** bilden dann Teil III über den VA und Teil IV über den öffentlich-rechtlichen Vertrag. Hier finden sich neben rein verfahrensrechtlichen Regelungen auch solche, die dem (materiellen) allgemeinen Verwaltungsrecht zuzurechnen sind und als annexe Materie in das VwVfG einbezogen worden sind (s hierzu Rn 14). Es folgen Regelungen zu besonderen Verwaltungsverfahren (Teil V), rudimentäre Bestimmungen zum Rechtsbehelfsverfahren (Teil VI) und in Teil VII schließlich wieder allgemeine Vorschriften, die hinter die Klammer gezogen worden sind.

b) VA und Verwaltungsvertrag. Der **VA steht als die zentrale Hand-** 38a
lungsform der Verwaltung im Mittelpunkt. Durch ihn wird dem Bürger gegenüber im Einzelfall verbindlich festgelegt, was für ihn rechtens ist. Als rechtsstaatlich ausgeprägtes Instrument muss der VA in einem ordnungsgemäßen Verfahren erlassen werden, hinreichend bestimmt sein (§ 37) und idR begründet werden (§ 39). Der deutschen Verwaltungstradition entsprechend misst auch das VwVfG dem VA im Falle der Unanfechtbarkeit Bestandskraft bei. Selbst die Verwaltung kommt nur unter den Voraussetzungen der §§ 48 ff von den durch VA getroffenen Regelungen wieder los. Was den **verwaltungsrechtlichen Vertrag** anlangt, so trifft das Gesetz in den §§ 54 ff in Abkehr zu der bis dahin vorherrschenden skeptischen Haltung Regelungen, die ihn jedenfalls rechtlich gleichwertig neben den VA treten lassen (vgl § 54 S 2). Die Nichtigkeitsregelungen des § 59 bewirken, dass auch dem rechtswidrigen Vertrag uU Wirksamkeit zu. Demgegenüber verzichtet das VwVfG darauf, Regelungen für andere Handlungsformen der Verwaltung bereitzustellen. Die Regelungen des VwVfG für VAe können auf diese Handlungsformen nur zur Anwendung kommen, soweit sie Ausdruck allgemeiner Rechtsgedanken sind (s Rn 43).

c) Besondere Verfahrensarten. Große Bedeutung hat Teil V erlangt, in 39
dem besondere Verfahrensarten geregelt worden sind, wegen der Bestimmungen über das **Planfeststellungsverfahren** (§§ 72 ff). Auch wenn nach wie vor die Fachgesetze viele spezielle Regelungen enthalten, so besteht doch berechtigterweise die Tendenz, die Regelungen über Planfeststellungsverfahren im VwVfG zusammenzufassen und zu vereinheitlichen. Dieser Trend ist nicht nur aus Gründen der Übersichtlichkeit zu begrüßen, sondern auch im Interesse einer Vereinheitlichung und damit einer Vereinfachung. Die Vorschriften über das **förmliche Verwaltungsverfahren** (§§ 63 ff) haben dagegen kaum praktische Bedeutung erlangt. Sie gelten nur in wenigen Bereichen des Fachrechts, zB im Wasserrecht. Neu geschaffen wurde durch das 4. VwVfÄndG das **Verfahren über eine Ein-**

heitliche Stelle (§§ 71a ff nF). Über diese Stelle kann ein Antragsteller eine Mehrzahl von Verwaltungsverfahren für ein Vorhaben abwickeln, ohne sich an die für die einzelnen Verfahren jeweils zuständigen unterschiedlichen Behörden wenden zu müssen. Das Verfahren über die Einheitliche Stelle führt damit nicht zur Konzentration bei einer Behörde, sondern nur zu einer gebündelten Abwicklung über eine einzige Stelle. In Teil VII enthält das Gesetz eine Reihe von sehr allgemeinen Verfahrensvorschriften über **Ehrenamtliche Tätigkeiten** und über das **Verfahren von Ausschüssen,** die wiederum vor die Klammer gezogen sind und in weitem Umfang analogiefähig sind. Der letzte Teil VIII enthält Schlussvorschriften, von denen inzwischen mehrere gegenstandslos geworden sind und gestrichen wurden.

39a Die **Umweltverträglichkeitsprüfung (UVP)** hat keinen Eingang in das Gesetz gefunden. Das ist nicht systemgerecht, weil das UVPG der Sache nach besondere Verfahrensvorschriften für UVP-pflichtige Vorhaben enthält. Der Gesetzgeber hat stattdessen ein eigenständiges UVPG erlassen; weitere Vorschriften zur UVP finden sich im jeweiligen Fachrecht. Die Grundzüge des UVPG sind in § 63 Rn 15 ff dargestellt; weitere Einzelheiten finden sich in der Kommentierung der §§ 73 ff zum Planfeststellungsrecht. Die UVP hat über das Verfahrensrecht hinaus Bedeutung dadurch bekommen, dass sie den Anwendungsbereich der Verbandsklage nach dem UmwRG mitbestimmt (s hierzu näher § 75 Rn 103).

39b **d) Rechtsbehelfsverfahren.** Teil VI des Gesetzes enthält nur einige wenige Regelungen für das Rechtsbehelfsverfahren. Gemeint ist damit in erster Linie das **Widerspruchsverfahren,** welches in den §§ 68 ff VwGO geregelt ist und in den § 79 f nur einige wenige – lückenhafte – Ergänzungen erfahren hat. Sie beziehen sich auf eine **Bestimmung des anwendbaren Verfahrensrechts,** wobei zwischen dem Verfahrensrecht des VwVfG einerseits und der VwGO andererseits zu differenzieren ist (s näher § 79 Rn 2 f), sowie auf die **Kosten des Widerspruchsverfahrens** in § 80. In § 37 Abs 3 wurde durch das PlVereinhG 2013 eine allgemeine Pflicht zur Rechtsbehelfsbelehrung eingefügt. Die übrigen Bestimmungen finden sich historisch bedingt in §§ 68 ff VwGO. Hier wäre es zu begrüßen, wenn die Regelungen über das Widerspruchsverfahren vollständig im VwVfG konzentriert würden, wo sie aus systematischen Gründen hingehören.

40 **4. Verfahrensrecht und Verwaltungsprozessrecht. a) Allgemeines.** Zwischen dem Verwaltungsverfahrensrecht dem Verwaltungsprozessrecht bestehen in vielerlei Hinsicht Parallelen, Berührungspunkte und Zusammenhänge aber auch wichtige Unterschiede.[80] Während die Verwaltungsgerichtsbarkeit primär den Schutz und die Durchsetzung individueller Rechte zum Ziel hat, steht für die Verwaltung im Regelfall die wirksame, zweckmäßige und rasche Umsetzung von Rechtsnormen und damit die Verwirklichung des öffentlichen Interesses im Vordergrund.[81] Das Recht ist für die Behörden zwar im **Bereich des Gesetzesvorbehalts**[82] unabdingbare Voraussetzung und im übrigen Schranke des Handelns, seine Verwirklichung ist aber nicht Selbstzweck. Vielmehr geht es für die Verwaltung darum, im Rahmen der Gesetze und der **Grundsätze guter Verwaltung** (vgl Art 41 Grundrechte-Charta) ihren Gemeinwohlauftrag zu erfüllen.[83]

---

[80] UL § 3 Rn 9; v Mutius, in: Menger-FS 1985, 575; Martens SGb 1990, 219; Kopp 64 ff.

[81] Ule VerwArch 1971, 124; UL § 3 Rn 10; FL 18 ff vor § 9; Kopp 64 ff; Wahl VVDStRL 1982 Thesen 1b und 3a.

[82] Der Vorbehalt des Gesetzes folgt aus dem Grundsatz der Gesetzmäßigkeit der Verwaltung (Art 20 Abs 3 GG) und gilt (nur) für öffentlich-rechtliche Maßnahmen, die Rechtspositionen von Bürgern berühren, vgl WBSK I § 18 Rn 15 ff; Pieroth/Schlink Rn 252; umfassend nunmehr Reimer in Hoffmann-Riem/Schmidt-Aßmann, Grundlagen § 9 Rn 23 ff.

[83] Vgl Hoffmann-Riem DVBl 1994, 1382 mwN; Kopp 64 ff mwN.

40a **b) Verwaltungsverfahren und Rechtsschutz.** Unter dem Gesichtspunkt des Rechtsschutzes besteht ein enger Zusammenhang zwischen Verwaltungsverfahren und gerichtlichem Verfahren (s auch oben Rn 18a). Dieser kommt in dem als Vor- bzw. Ausstrahlungswirkung aus Art 19 Abs 4 GG folgenden **Gebot der Rechtsschutzfreundlichkeit des Verwaltungsverfahrens** zum Ausdruck.[84] Je umfassender der Schutz des Bürgers schon im Verwaltungsverfahren ist, desto weniger dringlich ist eine umfassende Kontrolle der Verwaltung durch die Gerichtsbarkeit; umgekehrt kann ein ausgebautes System verwaltungsgerichtlichen Rechtsschutzes die Notwendigkeit eines mit weitgehenden Rechtsschutzgarantien ausgestatteten Verwaltungsverfahrens etwas in den Hintergrund treten lassen.[85] Allerdings kann auch ein mit rechtsstaatlichen Garantien ausgestaltetes Verwaltungsverfahren den gerichtlichen Rechtsschutz nicht ersetzen (Schmidt-Aßmann VVDStRL 34, 266; FL 30 vor § 9). Entsprechendes gilt umgekehrt auch für die Wahrung und Durchsetzung des öffentlichen Interesses und betroffener Rechte und Belange im Verwaltungsverfahren.

41 **c) Unterschiedliche Zielsetzungen und Aufgaben.** Die Verwaltung hat im gewaltenteiligen Rechtsstaat eine eigenständige Aufgabe, auch soweit sie beim Vollzug der Gesetze tätig wird (vgl auch BVerfG 49, 89). Daher ist das Verwaltungsverfahren nicht lediglich „Vorverfahren" oder Zulässigkeitsvoraussetzung für das gerichtliche Verfahren. Letzteres hat vielmehr im Wesentlichen die Aufgabe einer (nachvollziehenden) Kontrolle des hoheitlichen Handelns der Verwaltung.[86] **Die primäre Aufgabe und Verantwortung beim Vollzug der Gesetze** liegt auch gerade im modernen gewaltenteiligen Staat grundsätzlich bei den Behörden, die dabei an die Vorschriften des Verwaltungsverfahrensrechts gebunden sind. Die Gerichte sind entsprechend dem Grundsatz der Gewaltenteilung gem Art 20 Abs 2 und 3 GG und nach den Bestimmungen der VwGO (vgl §§ 42, 68 ff, 74, 113, 167) im Wesentlichen auf die **Kontrolle und Nachprüfung des Verwaltungshandelns** im Rahmen eines konkreten Rechtsschutzbegehrens des Klägers beschränkt.[87] Sie werden dabei im Regelfall erst nach Abschluss des Verwaltungsverfahrens tätig, nachdem die Verwaltung in eigener Zuständigkeit und Verantwortung als Exekutive gehandelt hat (vgl Kopp 234 ff mwN; WuV 1983, 12).

42 **d) Folgerungen für das Verwaltungsverfahrensrecht.** Aus den besonderen und zT andersartigen Aufgaben des Verwaltungsverfahrens und des gerichtlichen Verfahrens ergeben sich Folgerungen sowohl für das Verwaltungsverfahrensrecht als auch für das Verwaltungsprozessrecht.[88] Da das gerichtliche Verfahren nicht Fortsetzung des Verwaltungsverfahrens, sondern ein Kontrollverfahren ist,[89] sollte entgegen § 45 Abs 2 eine **Nachholung von Verfahrenshandlungen** oder eine Heilung von Verfahrensmängeln im gerichtlichen Verfahren grundsätzlich ausgeschlossen sein, wie dies im Bereich des Vollzugs von Unionsrecht grundsätzlich auch anerkannt ist (s § 45 Rn 5b). Die rechtspolitisch wichtige klare Unterscheidung von Verwaltungsverfahren und Verwaltungsprozess wurde durch die Einführung einer Heilungsmöglichkeit während des gerichtlichen Ver-

---

[84] S. zu den Ausstrahlungswirkungen Schmidt-Aßmann in MD, Art 19 Abs 4 Rn 26; Schenke in BK-GG Art 19 Abs 4 Rn 695 ff; Ramsauer in AK-GG Art 19 Abs 4 Rn 129.

[85] Vgl MuE 56, 62, 65; Ramsauer GS Kopp, 2007, 72; Dolde NVwZ 2007, 857; FL 21 ff vor § 9; Lorenz 258 mwN; Kopp 2, 54 ff.

[86] Vgl Kopp 65, 234 ff, 248; Ramsauer in FS BVerwG, 2003, 599; ders in GS Kopp, 2007, 72 ff; kritisch Naumann DÖV 1968, 14.

[87] S hierzu näher Ramsauer in FS BVerwG 2003, 599 ff sowie in GS Kopp 72 ff.

[88] Vgl Kopp 105, 209, 246 ff mwN; ders VerwArch 1970, 224 ff; ders BayVBl 1977, 514 ff; 1980, 103 f; ferner Kopp/Schenke § 113 Rn 6, 16.

[89] Vgl BVerfGE 49, 136; 61, 82; BVerwG DVBl 1978, 594; BSG MDR 1977, 83; Kopp BayVBl 1977, 515; 1983, 676 f; Franke Staat 1975, 294; s auch VG Schleswig NJW 1980, 1296: „kein zweites Genehmigungsverfahren".

fahrens aber teilweise aufgegeben (vgl § 45 Rn 5). Hiergegen spricht außer der aufgezeigten besonderen Funktion der Verwaltungsgerichtsbarkeit im gewaltenteiligen Staat auch, dass damit der zwingende Charakter des Verwaltungsverfahrensrechts und die primäre **Verantwortung der Exekutive für die Rechtmäßigkeit** ihres Handelns und für den ordnungsgemäßen Vollzug der Gesetze relativiert werden.[90]

43 **e) Analoge Anwendung von Vorschriften des Prozessrechts?** Die unterschiedlichen Zielsetzungen und Aufgaben von Gerichtsbarkeit und Verwaltung im gewaltenteiligen Staat schließen es aus, Vorschriften der VwGO ohne Rücksicht auf die besonderen, auch in der Verfassung begründeten Erfordernisse raschen und wirksamen Verwaltungshandelns auf das Verwaltungsverfahren anzuwenden. Eine **sinngemäße Anwendung** von Vorschriften des Prozessrechts und der dazu in Rechtsprechung und Schrifttum entwickelten Grundsätze zur Ausfüllung von Lücken des Verwaltungsverfahrensrechts kommt **nur ausnahmsweise** und nur insoweit in Betracht, als dies mit den verfahrensrechtlichen Grundsätzen und Zielen wie zB Wirksamkeit, Zweckmäßigkeit und Einfachheit des Verwaltungshandelns (vgl § 10) vereinbar ist.[91] Es ist daher für jede einzelne Bestimmung des Prozessrechts gesondert zu prüfen, ob und in welchem Umfang eine sinngemäße Anwendung als Ausdruck eines allgemeinen Grundsatzes des Verfahrensrechts möglich ist oder die für die Gestaltungsfreiheit der Verwaltung im Interesse der optimalen Erfüllung der Verwaltungsaufgaben (vgl § 10) sprechenden Gesichtspunkte überwiegen.

44 **5. Formfreiheit und Formgebundenheit des Verwaltungsverfahrens. a) Grundsatz der Formfreiheit.** Für das allgemeine Verwaltungsverfahren (§§ 9 ff) gilt gem § 10 der Grundsatz der Formfreiheit, dh die Verwaltung ist grundsätzlich frei, das Verfahren unter Berücksichtigung der Erfordernisse der **Einfachheit, Zügigkeit und Zweckmäßigkeit** nach ihrem Ermessen zu gestalten. Vorgesehen sind lediglich gewisse Vorkehrungen im Interesse einer guten Verwaltung (vgl Art 41 Grundrechte-Charta), insbes die Beteiligung von Betroffenen, die Begründungspflicht usw, um dadurch die sachliche Richtigkeit und Gesetzmäßigkeit der Entscheidung sowie die Gleichmäßigkeit der Rechtsanwendung zu gewährleisten. Es soll dadurch zugleich der Rechtssicherheit dienen und das Verwaltungshandeln für die Beteiligten transparent und berechenbar machen (vgl Kopp 180). Das VwVfG und die Verfahrensgesetze der Länder sind das **Ergebnis eines Kompromisses** zwischen der Forderung nach rechtsstaatlichen Verfahrensgarantien einerseits und dem Grundsatz der Formlosigkeit andererseits.[92] Sie sollen den Behörden und dem Bürger unter Verzicht auf übermäßige Formstrenge ein rechtsstaatlichen Anforderungen genügendes, „handfestes" (MuE 71), dh hinreichend detailliertes und konkretisiertes Verwaltungsverfahrensrecht bieten, das den Erfordernissen des Gesetzesvollzugs genügt; sie sollen zugleich aber auch die Verwaltungstätigkeit nicht unangemessen komplizieren und behindern (Begr 42; ABegr 3; MuE 71, 74, 99 f).

45 **aa) Grundsatz: Minimum an Förmlichkeiten. Für die große Masse** der täglich zu entscheidenden Fälle – ebenso auch und zT noch weitergehend, für Eilfälle (vgl §§ 3 Abs 4; 20 Abs 3; 28 Abs 2 Nr 1) – besteht die Möglichkeit, das Verfahren mit einem Minimum an Förmlichkeiten durchzuführen. In der Mehrzahl der Fälle genügt es, dass der Bürger formlos, uU auch, zB bei Anträgen auf Erlass eines VA, unter Verwendung eines bereits vorbereiteten Form-

[90] Vgl Ramsauer in GS Kopp, 2007, 72; in diesem Sinne bereits ME VerwArch 1969, 179; Ule Verwaltungsreform 71 f; Kopp 93 ff; VerwArch 1970, 222 ff.

[91] OVG Magdeburg NVwZ 1994, 1227; StBS § 1 Rn 44; zT **aA** OVG Bremen NVwZ 1985, 911.

[92] Begr 42; ABegr 3; MuE 74; Haueisen DVBl 1962, 888; Ule/Becker 11; Kopp 66.

blatts, Gelegenheit erhält, sein Anliegen vorzubringen bzw zu einer beabsichtigten Maßnahme Stellung zu nehmen. In anderen Fällen, etwa bei der Zulassung zur Benutzung einer öffentlichen Einrichtung, bedarf es nicht einmal eines förmlichen Antrags; die Zulassung erfolgt durch konkludentes Verhalten (WBS II § 55 Rn 6; BGH JZ 1971, 94), oft sogar – zB beim Lösen einer Fahrkarte für ein städtisches Verkehrsmittel an einem Automaten – überhaupt ohne bewusste Entscheidung seitens der Verwaltung.

bb) Spezielle Förmlichkeiten des Fachrechts. Da die allgemeinen Vorschriften der §§ 9ff nur gelten, soweit nicht spezielle Bestimmungen des Fachrechts besondere Regelungen enthalten (§ 1 Abs 1), ist es Sache des Fachgesetzgebers, bei fachspezifischem **Bedarf strengere Anforderungen** an das Verwaltungsverfahren zu normieren und etwa Regelungen über die Sachaufklärung zu treffen, über die Anhörung der Betroffenen, über Beteiligung Dritter und der Öffentlichkeit (zB nach § 9 UVPG), über Form und Begründung des VA sowie schließlich über die Art und Weise der Bekanntgabe. Auf diese Weise wird für das Fachrecht die notwendige Flexibilität hergestellt. **45a**

b) Förmliches Verfahren, Planfeststellungsverfahren. Strengere Förmlichkeiten sind im VwVfG selbst für die besonderen Verfahrensarten der §§ 63ff und für Planfeststellungsverfahren (§§ 72ff), teilweise auch für Verfahren über eine einheitliche Stelle (§§ 71a ff) vorgesehen, deren Anwendung jedoch besonders gesetzlich angeordnet werden muss. Diese Verfahren zeichnen sich durch einen deutlich höheres Maß an Partizipation der Betroffenen aus und sehen zB eine mündliche Verhandlung (§ 67) bzw eine mündliche Erörterung (§ 73 Abs 6) vor. Schließlich werden auch höhere Anforderungen an die Verwaltungsentscheidung im Hinblick auf Form, Begründung, Bekanntgabe usw (§§ 69, 74) gestellt. **46**

IV. Anwendungsbereich des VwVfG

Schrifttum allgemein: *Bartosch,* Beihilfenrechtliches Verfahren und gerichtlicher Rechtsschutz, ZIP 2000, 601; *Bultmann,* Beihilfenrecht und Vergaberecht, 2004; *Gellermann,* Verwaltungsvertragliche Subventionsverhältnisse im Spannungsfeld zwischen Beihilfekontrolle und Verwaltungsverfahrensrecht, DVBl 2003, 481; *Hochhuth,* Vor schlichthoheitlichem Verwaltungshandeln anhören? – Drei Thesen zur Dogmatik des Realhandelns, NVwZ 2003, 30; *Kruse,* Bemerkungen zur gemeinschaftlichen Verfahrensordnung für die Beihilfekontrolle, NVwZ 1999, 1049; *Hoffmann-Riem/Schmidt-Aßmann* (Hg), Öffentliches Recht und Privatrecht als wechselseitige Auffangordnungen, 1996, 7; *Skouris,* Der Einfluss des EG-Rechts auf die Unterscheidung zwischen Privatrecht und öffentlichem Recht, EuR 1998, 111; *de Wall,* Die Anwendbarkeit privatrechtlicher Vorschriften im Verwaltungsrecht, 1999; *Weiß,* Europarecht und Privatisierung, AöR 2003, 91; *Weißenberger,* Die Zweistufentheorie im Wirtschaftsverwaltungsrecht, GewArch 2009, 417, 465.

1. Allgemeines. a) Eingeschränkter Anwendungsbereich. Anders als etwa das SGB X oder die AO gilt das VwVfG unmittelbar nur für das Verwaltungshandeln der **Behörden des Bundes** (§ 1 Rn 1), und das auch nur, sofern kein Ausnahmebereich nach § 2 vorliegt. Die Bestimmungen der §§ 10ff sind außerdem unmittelbar nur anwendbar, wenn ein auf den **Erlass eines VA oder den Abschluss eines Verwaltungsvertrages** gerichtetes Verfahren vorliegt (s § 9 Rn 1). Erfasst wird auch insoweit aber nicht das gesamte Verwaltungshandeln, sondern nur für diejenigen **Verfahrensschritte, die nach außen wirken** und die Rechtspositionen der Beteiligten betreffen (Anhörung, Akteneinsicht, Hinzuziehung von Personen, Erlass von Entscheidungen usw). Für das VwVfG wie für die Landesverwaltungsverfahrensgesetze gilt schließlich der **Grundsatz der Subsidiarität** (§ 1 Abs 1 letzter Halbs). Danach kommt das VwVfG nicht zur Anwendung, soweit Rechtsvorschriften des Bundes inhaltsgleiche oder entgegenstehende Vorschriften enthalten. Der Grundsatz der Subsidiarität gilt nicht nur gegenüber speziellerem **Gesetzes-** **47**

recht, sondern auch gegenüber **Rechtsverordnungen, nicht aber gegenüber Satzungen** (s § 1 Rn 30). Das VwVfG ermöglicht auf diese Weise zwar einerseits Flexibilität, weil auch durch untergesetzliche Rechtsnormen abweichende Regelungen getroffen werden können, gewährleistet aber andererseits keine Einheitlichkeit.

48 **b) Verhältnis zu den allgemeinen Rechtsgrundsätzen.** Soweit die Verwaltungsverfahrensgesetze nicht unmittelbar anwendbar sind (vgl §§ 1 und 2) oder keine abschließende Regelungen enthalten, sind grundsätzlich die schon vor Erlass des VwVfG entwickelten allgemeinen ungeschriebenen Rechtsgrundsätze eines rechtsstaatlich geordneten Verfahrensrechts weiterhin anzuwenden (Weber BayVBl 1984, 269 Fn 6). Das gilt auch zB für Verfahren zum Erlass von Rechtsverordnungen (Kopp, in: BVerwG-FS 1978, 390; ders, BayVBl 1980, 101). Bei der Auslegung des sonstigen Verfahrensrechts und der Lückenausfüllung ist die **Beispielswirkung des VwVfG** zu berücksichtigen. Das VwVfG und die entsprechenden Gesetze der Länder haben als neuere und zudem besonders gewichtige Verfahrensordnungen, welche die Mehrzahl aller Verfahren erfassen, mittelbar Bedeutung auch für die Auslegung aller sonstigen verfahrensrechtlichen Bestimmungen in anderen Gesetzen, wie dem WHG, dem BauGB, der GewO usw[93] und für die Feststellung und Auslegung der das positive Recht ergänzenden allgemeinen Grundsätze des ungeschriebenen Verwaltungsverfahrensrechts (vgl Begr 29; Lorenz 256) gewonnen.

49 **c) Bedeutung für die Auslegung des Fachrechts.** Schon die vor Erlass der Verwaltungsverfahrensgesetze von Behörden und Gerichten angewandten allgemeinen Verfahrensgrundsätze stellten weitgehend **Verallgemeinerungen spezialgesetzlicher Regelungen** über das Verwaltungsverfahren und Folgerungen aus Grundsätzen des Verfassungsrechts dar. Auch der derzeitige Bestand an Vorschriften des Fachrechts und allgemeinen Rechtsgrundsätzen muss im Interesse der Einheit der Rechtsordnung und als Folge einheitlicher Grundprinzipien auch **im Licht der Regelungen des VwVfG gesehen, ausgelegt und angewandt** werden (Wernicke DVBl 1977, 915; Lorenz 256). Dies hat zur Folge, dass diejenigen Bestimmungen des VwVfG bzw der Landesgesetze, die sich darauf beschränkt haben, den seinerzeit erreichten Stand der Rspr und Rechtslehre zum Verwaltungsverfahrensrecht zu kodifizieren und zu präzisieren und bestehende Zweifelsfragen verbindlich zu klären, idR als Ausdruck allgemeiner Rechtsgrundsätze des Verwaltungsverfahrensrechts auch in nicht ausdrücklich erfassten Bereichen analog angewandt werden können.[94] Ebenso sind bestehende Vorschriften und überkommende Grundsätze heute im Zweifel – dh soweit Wortlaut, Sinn und Zweck und systematischer Zusammenhang nicht entgegenstehen – im Einklang mit dem VwVfG auszulegen.[95]

50 **2. Analoge Anwendbarkeit auf sonstiges Verwaltungshandeln.** Die Frage, ob und inwieweit bei Fehlen besonderer Rechtsvorschriften einzelne Bestimmungen des VwVfG (bzw der Verwaltungsverfahrensgesetze der Länder) auf Verordnungen und Satzungen sowie auf schlicht hoheitliches Handeln der Verwaltung analog, dh ihrem Rechtsgedanken entsprechend, angewandt werden können, lässt sich **nur von Fall zu Fall** beantworten. Eine Analogie setzt nicht nur eine planwidrige Regelungslücke voraus, kommt also nur in Betracht, wenn eine an sich regelungsbedürftige Frage eine Regelung unbeabsichtigt unterblieben ist. Sodann setzt die Analogie voraus, dass dem regelungsbedürftigen Kon-

---

93 Vgl zB BVerwG DVBl 1982, 647; OVG Münster NJW 1979, 124.

94 BGH NJW 1984, 2533; Lorenz 256; **aA** Dolzer DÖV 1985, 14: keine analoge Anwendung des VwVfG auf den nach § 2 von der Anwendung ausgenommenen Gebieten.

95 Vgl allg auch Kopp, Historische und zeitgemäße Auslegung von Gesetzen. Diss München 1957, 69 ff.

flikt eine vergleichbare Interessenlage zugrunde liegt. Gerade Letzteres ist wegen der unterschiedlichen Zielsetzungen und Strukturen des Verwaltungshandelns genau zu prüfen.

a) Regelungslücken. Im Ausschluss der Anwendbarkeit des VwVfG insgesamt oder einzelner Teile durch § 2 wird man eine bewusste Entscheidung des Gesetzgebers zu sehen haben, die eine Analogie auch bei Regelungslücken nicht ohne weiteres zulässt (s näher § 2 Rn 1). Planwidrige Regelungslücken können auch im Bereich sonstigen Verwaltungshandelns nicht ohne weiteres anagenommen werden. Im Grundsatz wird man davon auszugehen haben, dass die Gesetzgeber in Bund und Ländern für **schlichtes Verwaltungshandeln** (s hierzu § 35 Rn 38 ff) mit Bedacht keine Regelungen über das Verfahren getroffen haben und sich auf die jeweils anwendbaren spezialgesetzlichen Regelungen beschränken wollten.[96] Allerdings kann es in der Vielgestaltigkeit des schlichten Verwaltungshandelns durchaus Konstellationen geben, bei denen anzunehmen ist, dass der Gesetzgeber, hätte er diese vorausgesehen, eine Verfahrensregelung getroffen hätte. Dies gilt insbesondere für **verwaltungsaktsähnliches Verwaltungshandeln** (StBS § 1 Rn 286). **50a**

Für das **Verfahren zum Erlass untergesetzlicher Rechtsnormen** gilt im Grundsatz Ähnliches. Das Verfahren zum Erlass von Rechtsverordnungen ist nur im LVwVfG von Schleswig-Holstein näher geregelt. Im übrigen gilt, soweit das Verfassungsrecht keine Regelungen enthält (zB Art. 80, 82 GG), das Fachrecht, in dem sich allerdings zumeist nur unvollkommene Regelungen finden lassen. Für das **Satzungsrecht** ergeben sich die maßgeblichen Regelungen primär aus den jeweiligen Ermächtigungen, für kommunale Satzungen vor allem aus den GemOen der Länder.

b) Vergleichbarkeit der Interessenlage. Eine einheitliche Linie haben Literatur und Rechtsprechung für die Analogiebildung bisher nicht gefunden.[97] Bei **Verwaltungsrealakten** (schlichthoheitlichen Maßnahmen), die eine Regelung voraussetzen oder enthalten, wird eine Heranziehung derjenigen Bestimmungen des VwVfG in Betracht kommen, die Ausdruck des **Grundsatzes der guten Verwaltung** (vgl Art 41 Grundrechte-Charta) sind. Hierzu zählen etwa die Regelungen über die vorherige Anhörung bei belastenden Maßnahmen (§ 28), über die Akteneinsicht (§ 29), Unparteilichkeit der Verwaltung (§§ 20 f) und über die Begründung von belastenden Maßnahmen, sofern die Gründe nicht offensichtlich sind.[98] Zu den Grundsätzen guter Verwaltung siehe näher Einf II Rn 46. **50b**

3. Anwendbarkeit auf verwaltungsprivatrechtliches Handeln. a) Begriff des Verwaltungsprivatrechts. Dem Verwaltungsprivatrecht werden solche Maßnahmen und Entscheidungen zugerechnet, die der Erfüllung öffentlicher Aufgaben dienen, dabei aber keine öffentlich-rechtlichen Handlungsgrundlagen in Anspruch nehmen, sondern auf privatrechtlicher Grundlage ergehen (s auch § 1 Rn 16c). Von dem rein privatrechtlichen fiskalischen Handeln, zB privatrechtlichen Hilfsgeschäften (s unten Rn 52), der Vermögensverwaltung oder der Teilnahme am Wirtschaftsleben, unterscheiden sich diese Maßnahmen dadurch, dass sie unmittelbar der Erfüllung öffentlicher Aufgaben dienen, also solcher Aufgaben, die auch in öffentlich-rechtlicher Form erfüllt werden könnten. Die **51**

---

[96] Ähnlich StBS § 1 Rn 150 ff; Knack/Henneke, vor § 9 Rn 7; weiter wohl FKS Einl 63.

[97] Für eine analoge Anwendung die Begr (BT-Drs 7/910, 42) sowie StBS § 1 Rn 150; Obermayer § 9 Rn 7; FKS Einl Rn 45 ff; WBS II § 58 Rn 8; Knack/Henneke vor § 9 Rn 7; offen WBSK I § 58 Rn 54 ff.

[98] S näher StBS § 20 Rn 21; FKS Einl Rn 45 (bei vergleichbarer Interessenlage); Hufen/Siegel Rn 694 ff.

Abgrenzung ist im Einzelnen schwierig, weil der **Begriff der öffentlichen Aufgabe** sehr unscharf ist (vgl zB BVerwG NVwZ 2009, 1305 – Offenbacher Weihnachtsmarkt). Problematisch ist insbesondere die Abgrenzung der Leistungsverwaltung von der freien Teilnahme am Wirtschaftsleben.[99] Die hM nimmt, soweit keine speziellen gesetzlichen Regelungen gelten, im Bereich der Leistungsverwaltung ein Wahlrecht des Verwaltungsträgers an, ob die Aufgabe in den Formen des öffentlichen oder des privaten Rechts erfüllt werden soll.[100] Der Umstand, dass es sich um öffentlich-rechtliche Aufgabenerfüllung handelt, hat zur Folge, dass eine Bindung an die Grundrechte und die allgemeinen Grundsätze der öffentlichen Verwaltung besteht.[101] Für die Erledigung öffentlicher Aufgaben darf es **keine Flucht ins Privatrecht** geben.[102]

51a **b) Analoge Anwendbarkeit. Weil sie privatrechtlicher Natur sind,** kommt eine unmittelbare Anwendung der Bestimmungen des VwVfG auf Maßnahmen und Entscheidungen im Bereich des Verwaltungsprivatrechts nicht in Betracht (StBS 97). Dies bedeutet aber nicht, dass eine analoge Anwendung einzelner Bestimmungen des VwVfG ausgeschlossen wäre. Vielmehr folgt aus den öffentlich-rechtlichen Bindungen des Verwaltungsprivatrechts, dass auch die **Geltung bestimmter öffentlich-rechtlicher Verfahrensgrundsätze** in Betracht zu ziehen ist. Dabei geht es um solche Regeln, die von ihrem Schutzzweck her unabhängig davon Geltung beanspruchen können, ob es sich um öffentlich-rechtliche Maßnahmen handelt, soweit es jedenfalls um öffentlich-rechtliche Aufgabenerfüllung geht. Es muss deshalb jeweils geprüft werden, ob die Bestimmungen als Ausdruck auch solcher allgemeiner Rechtsgrundsätze angesehen werden können, die auch für die Aufgabenerfüllung in privatrechtlicher Form beachtlich sein müssen, um dem **Maßstab guter Verwaltung** (Art 41 Grundrechte-Charta) zu genügen und den gebotenen Schutz für die Betroffenen sicherzustellen (s Einf II Rn 46). Welche Vorschriften im Rahmen des Verwaltungsprivatrechts analog herangezogen werden können, ist im Einzelnen streitig. Richtigerweise werden zB nicht nur die Regelungen der §§ 20, 21, 23, 25,[103] sondern auch die Grundsätze der §§ 28–30 analog heranzuziehen sein,[104] wenn es um Entscheidungen geht, die im Falle öffentlich-rechtlicher Aufgabenerfüllung die Rechtsnatur eines VA oder Verwaltungsvertrages hätten.

V. Vergabe von Aufträgen und Konzessionen

Literatur zum Vergaberecht: *André/Sailer,* Primärer Vergaberechtsschutz unterhalb der unionsrechtlichen Anwendungsschwellen, JZ 2011, 555; *Ax/Schneider,* Rechtsschutz bei der öffentlichen Auftragsvergabe, 2011; *Burgi,* Von der Zweistufenlehre zur Dreiteilung des Rechtsschutzes im Vergaberecht, NVwZ 2007, 737; *Dörr,* Das europäisierte Vergaberecht in Deutschland, JZ 2004, 703; *Eiermann,* Primärrechtsschutz gegen öffentliche Auftraggeber bei europaweiten Ausschreibungen durch Vergabenachprüfungsverfahren, NZBau 2016, 13 und NZBau 2016, 76; *Klar,* Abgrenzungsprobleme bei der Bestimmung der Auftragsarten des Kartellvergaberechts, NVwZ 2014, 185; *Knauff,* Strukturfragen des neuen Vergaberechts, NZBau 2016, 195; *Koenig/Haratsch,* Grundzüge des deutschen und europäischen Vergaberechts, NJW 2003, 2637; *Koenig/Kühling,* Verfahrensvielfalt und Wahl des richtigen Vergabeverfahrens, NZBau 2003, 126; *Kunert,* Vergaberecht und öffentliches Recht, 2003; *Kupfer,* Die Neufassung des Rechts zur Vergabe von Energiekonzessionen, NVwZ 2017,

---

[99] S. ausführlich U. Stelkens, Verwaltungsprivatrecht, 2005, 64 ff.

[100] StBS § 1 Rn 96 mwN; Ehlers, Verwaltung in Privatrechtsform, 1984, S. 64 ff; Erichsen/Ehlers § 2 Rn 78 ff.

[101] S hierzu näher Maurer, Allgemeines Verwaltungsrecht § 3 Rn 28; ferner Ehlers, Verwaltung in Privatrechtsform, 212 ff; WBS I § 23 Rn 29 ff.

[102] Ossenbühl, Daseinsvorsorge und Verwaltungsprivatrecht, DÖV 1971, 513; StBS § 1 Rn 96 ff; WBSK I § 23 Rn 29 ff.

[103] So StBS § 1 Rn 98; Ehlers DVBl 1983, 422, 427; Gusy Jura 1985, 578.

[104] Zezschwitz NJW 1983, 1873, 1881; Röhl VerwArch 1995, 531, 559.

428; *Löwenich,* Überlegungen zur Vereinbarkeit der Landesvergabegesetze von Niedersachsen und Bremen mit dem GG, ZfBR 2004, 23; *Otting,* Städtebauliche Verträge und der EuGH- was bleibt von Ahlhorn? NJW 2010, 2167; *Pöcker,* Das Verfahrensrecht wirtschaftsverwaltungsrechtlicher Verteilungsentscheidungen: Der einheitliche Verteilungs-VA, DÖV 2003, 193; *Pünder,* Zu den Vorgaben des grundrechtlichen Gleichheitssatzes für die Vergabe öffentlicher Aufträge, VerwArch 2004, 38; *Pünder/Schellenberg,* Vergaberecht, 2. Aufl 2015; *Schließky,* Öffentliches Wirtschaftsrecht, 2. Aufl 2003; *Triantafyllou,* Europäisierungsprobleme des Verwaltungsprivatrechts am Beispiel des öffentlichen Auftragsrechts, NVwZ 1994, 943; *Troidl,* Vergaberecht und Verwaltungsrecht, NVwZ 2015, 459; *Willenbruch,* Das Vergaberecht in Deutschland – eine Kaskade eigener Art, NordÖR 2012, 482; *Ziekow/Siegel,* Das Vergabeverfahren als Verwaltungsverfahren, ZfBR 2004, 30; *Ziekow/Völlink,* Vergaberecht, 2. Aufl 2013.

Literatur zur Konzessionsvergabe: *Bühs,* Die Vergabe von Rettungsdienstleistungen nunmehr vor dem Verwaltungsgericht: Hauptsache einstweiliger Rechtsschutz, NVwZ 2017, 440; *Bultmann,* Dienstleistungskonzessionen und Dienstleistungsvertrag – warum kompliziert, wenn es auch einfach geht?, NVwZ 2011, 72; *Burgi,* Die Straße als Wettbewerbsraum: Beschaffung und Verteilung bei Sondernutzungstatbeständen, NVwZ 2017, 257; *Diemon-Wies/Hesse,* Präzisierte Kriterien für die Abgrenzung von Dienstleistungsauftrag und Dienstleistungskonzession, NZBau 2012, 341; *Holznagel,* Rechtliche Rahmenbedingungen der Konzessionsvergabe, NordÖR 2014, 301; *Knauff,* Die Vergabe von Dienstleistungskonzessionen: Aktuelle Rechtslage und zukünftige Entwicklungen, VergabeR 2013, 157; *Knauff/Badenhausen,* Die neue Richtlinie über die Konzessionsvergabe, NZBau 2014, 395; *Kupfer,* Die Neufassung des Rechts zur Vergabe von Energie-Konzessionen, NVwZ 2017, 428; *Müller,* Öffentlich-rechtliche Dienstleistungskonzession künftig als Beschaffungsvorgang? NVwZ 2016, 266; *Prieß/Marx/Hölzl,* Kodifizierung des europäischen Rechts zur Vergabe von Dienstleistungskonzessionen nicht notwendig, NVwZ 2011, 65; *Schrotz,* Unzulässigkeit abfallrechtlicher Dienstleistungskonzessionen – Abfallrecht als Maßstab vergaberechtlicher Nachprüfung? AbfallR 2012, 32; *Wagner-Cardenal/Scharf/Dierkes,* Kommunale Außenwerberechtsverträge und nachträgliche Vertragsanpassungen ohne Neuvergabe, NVwZ 2011, 1297; *R. Walz,* Die Bau- und Dienstleistungskonzession im deutschen und europäischen Vergaberecht, 2009; *Wieland,* Der Abschluss von Konzessionsverträgen als Teil der gemeindlichen Selbstverwaltung, DÖV 2015, 169.

1. Öffentliche Aufträge. Von der Vergabe öffentlicher Aufträge spricht man, wenn die öffentliche Hand entgeltliche Verträge schließt, um damit Güter oder Dienstleistungen zu beschaffen (vgl auch § 103 GWB). Die Auftragsvergabe ist also Teil eines Beschaffungsvorgangs und wird **grundsätzlich dem Zivilrecht zugeordnet.** Dies soll sogar für die Verfügung einer **Auftragssperre** für einzelne Bewerber bzw Anbieter gelten.[105] Die im Zuge der Auftragsvergabe abgeschlossenen Kauf-, Dienst- und Werkverträge werden im Regelfall als **fiskalische Hilfsgeschäfte** eingestuft, weshalb eine unmittelbare Anwendung von Vorschriften des VwVfG grundsätzlich nicht möglich ist.[106] Etwas anderes gilt nur für die eher seltenen **Fälle öffentlich-rechtlich geregelter Beschaffung** sowie für die **öffentlich-rechtlichen Präferenzrechte,** zB nach §§ 71 ff SGB IX, § 76 BVFG aF, § 68 BEG. Allerdings hat die Union für die Vergabe öffentlicher Aufträge Richtlinien erlassen, um eine diskiminierungsfreie Vergabe jedenfalls größerer Aufträge an Anbieter im Unionsgebiet sicherzustellen (Rn 52c). 52

a) Auftragsvergabe. Bei der klassischen Vergabe öffentlicher Aufträge wird der Unternehmer verpflichtet, eine bestimmte Leistung (Güter, Dienst- oder Bauleistungen) im wirtschaftlichen Interesse des öffentlichen Auftraggebers zu erbringen; der öffentliche Auftraggeber zahlt hierfür ein bestimmtes Entgelt. Hier ist die öffentliche Hand nicht frei, an wen sie Aufträge vergibt, sondern muss sich 52a

---

105 BVerwGE 5, 325; BVerwG DÖV 1973, 244; Sterner NZBau 2001, 423, 426.

106 Vgl nur GemSOGB BVerwGE 74, 368; BVerwGE 129, 9; BGHZ 36, 91, 93; Ruthig/Storr, Öffentliches Wirtschaftsrecht, 2005, Rn 705 ff; Boesen, Vergaberecht, 2000, Einl Rn 4; Burgi NZBau 2002, 57, 58; **aA** Schlette, Die Verwaltung als Vertragspartner, 148, 153.

nach sachlichen Kriterien unter Beachtung des Gebots der Gleichbehandlung, insbesondere ohne Diskriminierung für einen der Anbieter entscheiden. Für größere Aufträge, die oberhalb bestimmter Schwellenwerte liegen, sind besondere Verfahren einzuhalten (unten Rn 52c ff), für kleinere gelten geringere Anforderungen (unten Rn 53 ff). Der **Begriff des öffentlichen Auftraggebers** ist dabei relativ weit (vgl § 99 GWB). Öffentliche Aufträge sind gemäß § 103 Abs 1 GWB entgeltliche Verträge zwischen öffentlichen Auftraggebern (oder Sektorenauftraggebern) und Unternehmen über die Beschaffung von Leistungen, die die Lieferung von Waren, die Ausführung von Bauleistungen oder die Erbringung von Dienstleistungen zum Gegenstand haben.

52b **b) Konzessionsvergabe.** Bei der Konzessionsvergabe verpflichtet sich der Unternehmer zwar ebenfalls dazu, eine bestimmte Leistung zu erbringen, die Gegenleistung des öffentlichen Auftraggebers besteht aber ganz oder teilweise darin, dass ihm das Recht eingeräumt wird, einen Gegenstand wirtschaftlich zu nutzen oder für bestimmte Leistungen von anderen Personen Entgelte zu verlangen. So geht es bei **Baukonzessionen** um Verträge, mit denen der Konzessionsgeber ein (oder mehrere) Unternehmen mit der Erbringung von Bauleistungen beauftragt, wobei die Gegenleistung entweder allein in dem Recht zur Nutzung des Bauwerks oder in diesem Recht zuzüglich einer Zahlung besteht (§ 105 Abs 1 Nr 1 GWB). Regelmäßig nicht ausreichend ist es in diesem Zusammenhang, wenn die öffentliche Hand zB Grundstücke verkauft, damit diese in einer bestimmten Weise, die in einem lediglich allgemeinen städtebaulichen Interesse des Auftraggebers liegt, bebaut werden.[107] Bei **Dienstleistungskonzessionen** betraut der Konzessionsgeber ein Unternehmen mit der Erbringung und der Verwaltung von Dienstleistungen, wobei die Gegenleistung wiederum entweder allein in dem Recht zur Verwertung der Dienstleistungen oder in diesem Recht zuzüglich einer Zahlung besteht (§ 105 Abs 1 Nr 2 GWB). Die **Abgrenzung** zu „regulären" öffentlichen Aufträgen richtet sich nach der **Risikoverteilung**. Bei einer Baukonzession trägt der Konzessionsnehmer das Betriebsrisiko für die Nutzung des Bauwerks, bei einer Dienstleistungskonzession das Betriebsrisiko für die Verwertung der Dienstleistungen (vgl § 105 Abs 2 S 1 GWB). Der Konzessionsnehmer muss den Unwägbarkeiten des Marktes tatsächlich ausgesetzt sein (§ 105 Abs 2 S 2 Nr 2 GWB), anderenfalls greift nicht das Regime der Konzessionsvergabe, sondern die Regeln für die Vergabe öffentlicher Aufträge. Auch bei der Konzessionsvergabe kommt es darauf an, ob das Volumen oberhalb der Schwellenwerte liegt oder nicht (Rn 53e ff).

52c **2. Das Vergaberecht oberhalb der Schwellenwerte. a) Unionsrecht (Primärrecht, Vergaberichtlinien).** Zur Sicherung der Güter- und Dienstleistungsfreiheit im Bereich öffentlicher Aufträge im Unionsraum hat die EU verschiedene Vergaberichtlinien erlassen, die in der Vergangenheit mehrmals wesentlich weiterentwickelt wurden. Aktuell gelten die **VergabeRL 2014**[108] und die **SektorenRL 2014**[109] sowie die neue **KonzessionsvergabeRL,**[110] die ebenfalls aus dem Jahr 2014 stammt. Diese sehen für die Auftrags- bzw Konzessions-

---

[107] EuGH NJW 2010, 2189; hierzu Otting NJW 2010, 2167; **aA** zuvor OLG Düsseldorf NZBau 2007, 530 (sog. **Ahlhorn-Rechtsprechung**).

[108] Richtlinie 2014/24/EU v 26.2.2014 des Europäischen Parlaments und des Rates über die öffentliche Auftragsvergabe und zur Aufhebung der Richtlinie 2004/18/EG (ABl L 94/65).

[109] Richtlinie 2014/25/EU des Europäischen Parlaments und des Rates v 26.2.2014 über die Vergabe von Aufträgen durch Auftraggeber im Bereich der Wasser-, Energie- und Verkehrsversorgung sowie der Postdienste und zur Aufhebung der Richtlinie 2004/17/EG (ABl 94/243).

[110] Richtlinie 2014/23/EU des Europäischen Parlaments und des Rates vom 26.2.2014 über die Konzessionsvergabe (ABl L 94/1).

vergabe oberhalb bestimmter Schwellenwerte **allgemeine Grundsätze der Auftragsvergabe** vor, wonach die öffentlichen Auftraggeber alle Wirtschaftsteilnehmer in gleicher und nichtdiskriminierender Weise zu behandeln und transparent und verhältnismäßig zu handeln haben (Art 18 Abs 1 S 1 VergabeRL 2014, Art 36 Abs 1 S 1 SektorenRL, Art 3 Abs 1 S 1 KonzessionsvergabeRL). Darüber hinaus sehen die Richtlinien vor, dass die Auftragsvergabe an private Anbieter nach bestimmten **Vergabeverfahren** stattzufinden hat, die in Art 26 ff VergabeRL 2014 bzw Art 44 ff SektorenRL näher vorgegeben werden. Unterschieden werden das **Offene Verfahren,** das **Nichtoffene Verfahren,** das **Verhandlungsverfahren,** der **Wettbewerbliche Dialog** und neuerdings die **Innovationspartnerschaft.** Die **Schwellenwerte,** die für die obligatorische Anwendung der Vergabeverfahren maßgeblich sind, werden von der Kommission alle zwei Jahre an die Konjunkturentwicklung angepasst. Sie betragen in den Jahren 2016/2017 für Bauaufträge und Konzessionen 5.225 TEUR und für Liefer- und Dienstleistungsaufträge auf Bundesebene 135 TEUR, sonst 209 TEUR.[111] Für **Sektorenleistungen** gibt es gesonderte Schwellenwerte. Die **Rechtsmittelrichtlinie**[112] verlangt von den Mitgliedstaaten die Einführung eines wirksamen Rechtsschutzes für diejenigen Mitbewerber, die im Verfahren nicht den Zuschlag erhalten haben.

b) Nationales Vergaberecht (§§ 97 ff GWB). aa) Grundzüge. Zur Umsetzung der VergabeRL wurde mit den §§ 97 ff GWB ein besonderes Vergaberecht geschaffen, welches die öffentliche Hand bei der Vergabe von Aufträgen im Interesse einer sachgerechten Auswahl zu einem Ausschreibungsverfahren verpflichtet und auch den Rechtsschutz der Mitbieter regelt. Allerdings gelten auch die Regelungen des GWB nur, wenn das Auftragsvolumen die jeweils maßgeblichen Schwellenwerte übersteigt (§ 106 Abs 1 S 1 GWB). Die Schwellenwerte ergeben sich aus den Vorgaben des Unionsrechts, auf die § 106 Abs 2 GWB (dynamisch) verweist; sie liegen für 2016/2017 bei den oben (Rn 52c) aufgeführten Werten. Auch im übrigen, dh hinsichtlich der Vergabeverfahren und der Vergabegrundsätze, orientiert sich das GWB an den unionsrechtlichen Vorgaben. Seit der Vergaberechtsreform von 2016 sind die **wesentlichen Grundzüge des Vergabeverfahrens** für öffentliche Aufträge und Konzessionen unmittelbar im GWB geregelt (§ 119 ff GWB). Die auf der Grundlage von §§ 113, 114 Abs 2 S 4 GWB erlassene **Vergabeverordnung (VgV)**[113] hat nicht mehr nur die Funktion eines „Scharniers" zum Verweis auf die Vergabe- und Vertragsordnungen, sondern regelt für **Liefer- und Dienstleistungsaufträge die gesamten Detailregelungen des Vergabeverfahrens**. Damit übernimmt sie die Funktion des ehemaligen Abschnitts 2 (sog. EG-Paragraphen) der VOL/A sowie der VOF. Für Bauaufträge bleibt es dagegen bei dem bekannten „Kaskadenprinzip": Die VgV enthält lediglich einen Verweis auf den **Abschnitt 2 der VOB/A** (§ 2 VgV). Dieser enthält die **Detailregelungen für die Vergabe von Bauaufträgen** oberhalb der Schwellenwerte. Durch die Bezugnahme in der VgV wird dieser Abschnitt der VOB/A zu verbindlichem Recht. Für die Vergabe von öffentlichen Aufträgen im Bereich des Verkehrs, der Trinkwasserversorgung und der Energieversorgung (sog Sektoretätigkeiten) gilt statt der VgV die Sektorenverordnung (SektVO). Die Konzessionsvergabe ist in der Konzessionsvergabeverordnung (KonzVgV) geregelt (s unten Rn 53g). Für die Vergabe im Verteidigungs- und Sicherheitsbereich gilt die Vergabeverordnung Verteidigung und Sicherheit (VSVgV). 52d

[111] Zu den Abgrenzungsproblemen der einzelnen Auftragsarten Klar NVwZ 2014, 185.

[112] Richtlinie 2007/66/EG des Europäischen Parlaments und des Rates v 11.12.2007 zur Änderung der RL 89/665/EWG und 92/13/EWG im Hinblick auf die Verbesserung der Wirksamkeit der Nachprüfungsverfahren bezüglich der Vergabe öffentlicher Aufträge (ABl L 335/31).

[113] BGBl I 2016, 624.

52e **Diese besonderen Regelungen** für die Vergabe von Aufträgen von den Schwellenwerten an haben nach hM die Rechtsnatur der Auftragsvergabe nicht verändert: Nach wie vor handelt es sich im Regelfall um **fiskalische Hilfsgeschäfte,** die dem **Privatrecht zuzurechnen** sind.[114] Deshalb sind die Bestimmungen des VwVfG auf die Auftragsvergabe als solche nicht anwendbar. Oberhalb der Schwellenwerte besteht für unterlegene Bieter die Möglichkeit, nach §§ 160 ff GWB bei einer **Vergabekammer** einen Antrag auf Einleitung eines Nachprüfungsverfahrens zu stellen und anschließend ggfs den Vergabesenat des zuständigen OLG anzurufen. Während des Nachprüfungsverfahrens vor der Vergabekammer darf nach § 169 Abs 1 GWB ein Auftrag nicht mehr erteilt werden (im Verfahren vor dem OLG gilt dies nicht ohne weiteres, vgl § 173 Abs 1 GWB).

52f **bb) Verfahren vor der Vergabekammer.** Bei den Verfahren vor den Vergabekammern handelt sich um **echte Verwaltungsverfahren,** auf die deshalb neben den spezielleren Bestimmungen der §§ 155 ff GWB das VwVfG bzw die VwVfGe der Länder direkt anwendbar sind. Die **Entscheidung der Vergabekammer ergeht durch VA** (§ 168 Abs 3 GWB), der allerdings nach den §§ 171 ff GWB nicht durch Widerspruch und Anfechtungsklage, sondern systemwidrig nur durch sofortige Beschwerde beim Vergabesenat des zuständigen OLG angefochten werden kann. Zum Verfahren s näher Eiermann NZBau 2016, 13 und NZBau 2016, 76; Brauer NZBau 2009, 297.

52g **cc) Schutz der Bieter und Konkurrenten.** Der Bieter- und Konkurrenzschutz bei der öffentlichen Auftragsvergabe (vgl § 97 GWB) wird durch das GWB-Vergaberecht um den Preis einer erheblichen **Bürokratisierung** deutlich gestärkt. Die Systematik insgesamt ebenso wie manche Einzelheiten sind indessen unbefriedigend geblieben. Hauptkritikpunkt ist das Fehlen jeder Regelung für Aufträge, die die nach § 106 GWB maßgeblichen Schwellenwerte unterschreiten (s unten Rn 53). Auch der Rechtsschutz durch die Vergabesenate des OLG ist **wenig systemgerecht,** wenn man bedenkt, dass es sich bei den Entscheidungen der Vergabekammern um VAe handelt (in der Praxis hat sich diese Form des Rechtsschutzes allerdings bewährt). Problematisch wirkt zunächst auch die Regelung des § 168 Abs 2 GWB, wonach ein trotz anhängigen Verfahrens erteilter **Zuschlag das Nachprüfungsverfahren erledigt** und der Betroffene nur noch einen Antrag auf Feststellung einer Rechtsverletzung stellen kann. Allerdings gilt dies nur für einen „wirksam erteilte[n] Zuschlag" (§ 168 Abs 2 S 1 GWB), dh für Fälle, in denen ein Vertrag über die Auftragsvergabe wirksam zustande gekommen ist. Das ist idR nicht der Fall, wenn der Zuschlag gegen das Verbot des § 169 Abs 1 GWB verstößt oder wenn der Auftraggeber gegen seine Informations- und Wartepflichten nach § 134 GWB verstoßen hat (Rn 52h). Einige Modifizierungen enthält das Gesetz zur Modernisierung des Vergaberechts.[115] Insbesondere wurden die Präklusions- und Fristenregelungen für das Nachprüfungsverfahren (§ 160 Abs 3 GWB) modifiziert.

52h Ein **während des laufenden Nachprüfungsverfahrens** vergebener Auftrag ist idR wegen Verstoßes gegen das gesetzliche Verbot des § 169 Abs 1 GWB gem § 134 BGB nichtig und führt deshalb auch nicht zur Erledigung des Nachprüfungsverfahrens.[116] Soweit der Auftrag aber schon vor der Zustellung des Antrags auf Einleitung eines Nachprüfungsverfahrens erteilt worden ist, bleibt dem Mitbieter idR nur noch die Möglichkeit, vor den ordentlichen Gerichten Schadensersatz zu verlangen (BGHZ NJW 2001, 1492). § 134 GWB verpflichtet den Auftraggeber allerdings, die unterlegenen Bieter im Voraus über einen bevorste-

---

[114] BVerwGE 129, 9; WBSK I § 23 Rn 41; Weißenberger GewArch 2009, 417, 420 mwN.
[115] Gesetz zur Modernisierung des Vergaberechts vom 17.2.2016, BGBl I 2016, 203.
[116] Siehe hierzu Vetter NVwZ 2001, 745, 747.

henden Vertragsschluss zu informieren, damit diese rechtzeitig ein Nachprüfungsverfahren einleiten können. Hält sich der Auftraggeber nicht daran, so führt dies unter den Voraussetzungen des § 135 GWB zur Unwirksamkeit. In aller Regel sind unterlegene Bieter daher nicht auf Sekundärrechtsschutz angewiesen, sondern können effektiven Primärrechtsschutz erlangen.

dd) Anwendbarkeit auf öffentlich-rechtliche Verträge. Umstritten war die Anwendung der Regelungen des Vergaberechts auf öffentlich-rechtliche Beschaffungsverträge, die bereits den Regelungen des VwVfG unterliegen.[117] Während die Rspr[118] weitgehend auf dem Standpunkt stand, das Vergaberecht sei auf öffentlich-rechtliche Verträge nicht anwendbar, wurde in der Literatur[119] mehrheitlich zu Recht eine zusätzliche Anwendung der §§ 97 ff GWB befürwortet, insbesondere mit der Erwägung, es handele sich auch bei der Vergabe durch öffentlich-rechtliche Verträge um Bedarfsdeckungsgeschäfte, die den europarechtlichen Wettbewerbsregeln unterworfen seien. Diese Auffassung hat sich unter dem Einfluss der Rspr des EuGH[120] inzwischen durchgesetzt.[121] Nicht dem Vergaberecht unterliegen nach hM allerdings Fälle der Beleihung eines Dritten mit Hoheitsaufgaben (BGHZ 148, 55). **52i**

ee) Keine Anwendung auf öffentlich-öffentliche Zusammenarbeit. Das Vergaberecht findet keine Anwendung auf öffentlich-öffentliche Zusammenarbeit gemäß § 108 GWB. Diese Vorschrift kodifiziert die bisher ungeschriebenen Ausnahmen der sog **In-house-Vergabe**[122] und der sog **interkommunalen Zusammenarbeit.**[123] Die Regelungen entsprechen überwiegend der bisherigen EuGH-Rechtsprechung, sehen aber einige Erweiterungen und Konkretisierungen vor. Eine **In-house-Vergabe ist ausschreibungsfrei zulässig**, wenn ein Auftrag an eine juristische Person vergeben wird, über die der öffentliche Auftraggeber eine ähnliche Kontrolle ausübt wie über seine eigenen Dienststellen (sog **Kontrollkriterium**, § 108 Abs 1 Nr 1 GWB), zudem mehr als 80 Prozent der Tätigkeiten der beauftragten juristischen Person der Ausführung von Aufgaben dienen, mit denen sie von dem öffentlichen Auftraggeber – oder einer anderen juristischen Person, die von diesem kontrolliert wird – betraut wurde (sog **Wesentlichkeitskriterium**, § 108 Abs 1 Nr 2 GWB) und außerdem an der beauftragten juristischen Person keine direkte private Kapitalbeteiligung besteht (Ausnahmen sind in sehr engem Umfang zulässig; § 108 Abs 1 Nr 3 GWB). § 108 Abs 2–4 GWB regeln diverse weitere Konstellationen, in denen In-house-Geschäfte ausschreibungsfrei zulässig sind (Beauftragung einer „Enkelgesellschaft", Beauftragung des beherrschenden Auftraggebers durch seine Tochtergesellschaft, Beauftragung einer von mehreren Auftraggebern gemeinsam beherrschten Gesellschaft). **52k**

Die nicht durch die Gründung einer gemeinsamen Tochtergesellschaft institutionalisierte öffentlich-öffentliche Zusammenarbeit ist in § 108 Abs 6 GWB geregelt. Die Vorschrift knüpft an den bisherigen Ausnahmetatbestand der **interkommunalen Zusammenarbeit** an und erweitert dessen Anwendungsbereich. Erforderlich ist, dass die Zusammenarbeit zwischen Auftraggebern iSv § 99 **52l**

---

117 Zusammenfassung des Streitstandes bei Burgi NZBau 2002, 57.

118 OVG Lüneburg NdsVBl 1999, 285; OLG Celle NZBau 2000, 299; **aA** OLG Koblenz NZBau 2001, 283.

119 Burgi NZBau 2002, 57 mwN mit Ausnahme für Beleihungsverträge, Vetter NVwZ 2001, 745, 749; Pieper DVBl 2000, 160; Gurlit, Verwaltungsvertrag und Gesetz, 331.

120 EuGHE 2001, I-5409 Rn 73 (Bicocca); EuGHE 2010, I-3713 (Krankentransport).

121 Ziekow/Völlink GWB § 99 Rn 17; Burgi NVwZ 2017, 257, 260.

122 EuGHE 1999-I, 8291 = NVwZ 2000, 181 (Teckal); EuGHE 2005-I, 1 = NVwZ 2005, 187 (Stadt Halle); EuGH NZBau 2014, 368 (Datenlotsen).

123 EuGHE 2009-I, 4747 = NVwZ 2009, 898 (Stadtreinigung Hamburg); EuGH NZBau 2013, 114 (Lecce).

Nr 1–3 GWB im Hinblick auf die **Erreichung gemeinsamer Ziele** ausgeführt wird (§ 108 Abs 6 Nr. 1 GWB), die Durchführung der Zusammenarbeit ausschließlich durch **Überlegungen im Zusammenhang mit dem öffentlichen Interesse** bestimmt wird (§ 108 Abs 6 Nr 2 GWB) und die öffentlichen Auftraggeber **auf dem Markt weniger als 20 Prozent der Tätigkeiten** erbringen, die durch die Zusammenarbeit erfasst sind (§ 108 Abs 6 Nr 3 GWB). Die letztgenannte Anforderung soll das bisher nur für die In-house-Vergabe geltende Wesentlichkeitskriterium in modifizierter Form nun auch für die interkommunale Zusammenarbeit adaptieren; der konkrete Bedeutungsgehalt bleibt nach dem Wortlaut allerdings überwiegend im Dunkeln und wird noch von der Rechtsprechung zu klären sein.

53 **3. Vergabe unterhalb der Schwellenwerte. a) Maßgebliche Regelungen.** Für Aufträge mit einem Volumen unterhalb der Schwellenwerte (s oben Rn 52c) enthalten die Richtlinien der Union keine Vorgaben. Der Anwendungsbereichs der §§ 97 ff GWB ist (mit Ausnahme der Vorschriften über die Datenerhebung zu Statistikzwecken, vgl §§ 106 Abs 1 S 2, 114 Abs 2 GWB) nicht eröffnet. Das bedeutet jedoch nicht, dass die öffentliche Hand bei der Vergabe von Aufträgen unterhalb der Schwellenwerte ohne rechtliche Bindungen handeln könnte. Allerdings ist die Rechtslage hier sehr unübersichtlich und in den einzelnen Ländern sehr unterschiedlich. Für die Vergabe von Aufträgen sind überall zunächst die **Vorschriften des Haushaltsrechts** beachtlich, wonach der Vergabe von Aufträgen in Bund und Ländern regelmäßig eine **Ausschreibung** vorauszugehen hat, sofern nicht „die Natur des Geschäfts" oder „besondere Umstände" eine Ausnahme rechtfertigen (vgl § 30 HGrG für die LHOen der Länder, § 55 BHO). Darüber hinaus haben die meisten **Länder eigene Vergabegesetze** erlassen, die – zumeist für größere Aufträge – besondere Vergabebestimmungen enthalten. Ferner ist jedenfalls faktisch die **Auffassung der Europäischen Kommission** zu berücksichtigen, die in einer Mitteilung vom 1.8.2006[124] die Geltung bestimmter Verhaltensregeln für öffentliche Auftraggeber auch unterhalb der Schwellenwerte der jeweiligen Richtlinien annimmt, soweit für den betreffenden Auftrag Binnenmarktrelevanz anzunehmen ist. Dies sei nach der Rspr des EuGH aus den Verträgen und damit aus dem Primärrecht der Union herzuleiten. Danach seien öffentliche Auftraggeber schon aufgrund des Primärrechts wegen der **Grundsätze der Gleichbehandlung und Nichtdiskriminierung** zur Herstellung von Transparenz verpflichtet und müssten daher u a die beabsichtigte Auftragsvergabe in „angemessener Weise" bekanntmachen und ein unparteiisches und diskriminierungsfreies Verfahren einhalten. Außerdem sei sicherzustellen, dass auch gegen Vergabeentscheidungen unterhalb der Schwellenwerte ein effektiver gerichtlicher Rechtsschutz gewährleistet sein müsse (zust Burgi NVwZ 2017, 257, 260).

53a **b) Vergabe nach den Grundsätzen des Haushaltsrechts.** Ebenso wie die Auftragsvergabe oberhalb der Schwellenwerte handelt es sich bei der Vergabe unterhalb der Schwellenwerte um den Abschluss privatrechtlicher Verträge, auf den die **Regelungen des VwVfG grundsätzlich nicht anwendbar** sind. Der Umstand, dass sich die Auftragsvergabe an die Bestimmungen des Haushaltsrechts halten muss, ändert hieran nichts. Das nach dem Haushaltsrecht **im Regelfall obligatorische Ausschreibungsverfahren** ist kein Verwaltungsverfahren iSv § 9 VwVfG, sondern vielmehr nach allgemeiner Auffassung **privatrechtlicher Natur** und der Auswahl und Auftragsvergabe durch private Auftraggeber vergleichbar. Allerdings gelten für die Aufträge der öffentlichen Hand die einschlä-

---

[124] Mitteilung der Kommission zu Auslegungsfragen in Bezug auf das Gemeinschaftsrecht, das für die Vergabe öffentlicher Aufträge gilt, die nicht oder nur teilweise unter die Vergaberichtlinien fallen, ABl Nr C 179/2 v 1.8.2006; s a Frenz VergabeR 2007, 1.

gigen **Bestimmungen** jeweils des **ersten Abschnitts** der **Vergabe- bzw Vertragsordnungen (VOB, VOL).**[125] Die **VOF** sind nur aufgrund entsprechender Länderregelungen anwendbar. Bei ihnen handelt es sich zwar nicht um Rechtsverordnungen, sondern nur um Verwaltungsvorschriften.[126] Sie sind aber für die Vergabe von Aufträgen in Bund, Ländern, Kommunen und anderen Körperschaften des öffentlichen Rechts regelmäßig behördenintern verbindlich.[127]

c) Die Vergabegesetze der Länder. Die meisten Länder[128] haben eigene Vergabegesetze erlassen, in denen Einzelheiten des Vergabeverfahrens unterhalb der Schwellenwerte näher geregelt sind. Diese Gesetze sind sehr heterogen; ihr Anwendungsbereich wird teilweise auf Aufträge mit einem größeren Volumen begrenzt. Zumeist enthalten sie Tariftreuevorschriften. Teilweise eröffnen sie für den Bieter, der nicht zum Zuge gekommen ist, die Möglichkeit einer Nachprüfung der Auswahlentscheidung durch eine Nachprüfungsbehörde. Allerdings handelt es sich auch bei Vergabeverfahren auf der Grundlage dieser Landesgesetze nicht um Verwaltungsverfahren, weshalb der Anwendungsbereich des VwVfG damit nicht eröffnet wird. **53b**

d) Rechtsschutz für Bieter unterhalb der Schwellenwerte. Wie oben bereits dargelegt handelt es sich bei der Vergabe von Aufträgen um Kauf-, Werkoder andere Dienstleistungsverträge, die dem Beschaffungswesen zuzuordnen und deshalb regelmäßig privatrechtlicher Natur sind. Daran ändern auch die diversen Vorschriften des Haushaltsrechts, des Vergaberechts sowie die Geltung der Vergabeordnungen nichts, da sie den Bietern bzw den Vertragspartnern keine subjektiven öffentlichen Rechte einräumen. Der Zuschlag im Ausschreibungsverfahren wird nicht als VA angesehen, sondern als privatrechtliche Annahme eines Angebots. Der übergangene Bieter muss deshalb nach hM Rechtsschutz bei den ordentlichen Gerichten suchen. **Primärrechtsschutz** kann der Bieter nur dadurch erlangen, dass er versucht, den Zuschlag und damit das Zustandekommen des Vertrags mit dem Konkurrenten zu verhindern. Hierzu gibt es nur die Möglichkeit des Antrags auf **Erlass einer einstweiligen Anordnung** vor Erteilung des Zuschlags (§ 935 ZPO).[129] Nach Erteilung des Zuschlags ist ein Primärrechtsschutz ausgeschlossen.[130] Möglich ist dann noch die Geltendmachung von **Sekundäransprüchen auf Schadensersatz** wegen des entgangenen Auftrags. Diese Rechtslage verstößt nach der Rspr nicht gegen Art 19 Abs 4 bzw den allgemeinen Justizgewährleistungsanspruch.[131] **53c**

e) Zwei-Stufen-Theorie? Die dargestellte Zweiteilung des Rechtsschutzes je nach Auftragsvolumen wird weithin ebenso als unbefriedigend empfunden wie der Rechtsschutz im Unterschwellenbereich. Um Primärrechtsschutz zu erlangen, **53d**

---

125 Zu den Vergabeordnungen s oben Rn 52d. Allerdings muss hinsichtlich der Anwendungsbereiche teilweise danach differenziert werden, ob es um eine Vergabe oberhalb oder unterhalb der Schwellenwerte geht. Oberhalb der Schwellenwerte ist die VOL/A mittlerweile durch die VgV abgelöst.

126 Das gilt jedenfalls für den Unterschwellenbereich, der nicht durch die VgV in Bezug genommen ist (Ziekow/Völlink, GWB Einl 22 mwN).

127 Für die Gemeinden folgt die Verbindlichkeit der Vergabeordnungen idR aus entsprechenden Vergabeerlassen der Länder.

128 Vgl zB Hamburgisches Vergabegesetz (HmbVgG) v 13.2.2006 (GVBl 57); Hessisches Vergabegesetz v 25.3.2013 (GVBl 121), Gesetz über die Vergabe öffentlicher Aufträge im Freistaat Sachsen (SächsVergabeG) v 14.2.2013 (GVBl 109); Gesetz über die Vergabe öffentlicher Aufträge in Sachsen-Anhalt (LVG LSA) v 19.11.2012 (GVBl LSA 536); Thüringer Gesetz über die Vergabe öffentlicher Aufträge (ThürVgG) v 18.4.2011 (GVBl 69).

129 OLG Hamm ZfBR 2008, 816; der Unterlassungsanspruch wird aus dem vorvertraglichen Vertrauensverhältnis hergeleitet, vgl LG Bielefeld, U v 27.2.2014, 12 O 23/14, juris.

130 OLG Oldenburg ZfBR 2008, 819.

131 BVerfGE 116, 135; BVerwGE 129, 9, weitere Nachweise bei Detterbeck, Verwaltungsrecht Rn 939.

muss der Bieter von dem bevorstehenden Zuschlag zugunsten des Konkurrenten Kenntnis erlangen, anderenfalls kommt er zu spät. Da etwa 90% der öffentlichen Vergabeentscheidungen die Schwellenwerte nicht überschreiten,[132] stellt sich bei der Vergabe öffentlicher Aufträge im Unterschwellenbereich die Frage, ob es bei der rein fiskalischen Betrachtung verbleiben kann. Diese Frage ist **umstritten.**[133] Während von der hM für diesen Bereich eine rein privatrechtliche Betrachtungsweise vertreten wird, wonach ein verwaltungsgerichtlicher Rechtsschutz der Mitbieter ausscheidet (grundlegend BVerwGE 129, 9 mit zahlreichen wN),[134] geht man in der Literatur und zT auch in der Rspr davon aus, dass nach dem Modell der Zwei-Stufen-Theorie zunächst eine öffentlich-rechtliche Auswahlentscheidung erfolgen müsse, deren Umsetzung dann erst durch einen privatrechtlichen Vertrag erfolgen könne.[135] Die Mitbieter hätten bei dieser Konstruktion die Möglichkeit, die öffentlich-rechtliche Auswahlentscheidung einer verwaltungsgerichtlichen Kontrolle zu unterziehen.[136] Diese Auffassung berücksichtigt zwar die Grundrechtsgebundenheit der öffentlichen Auftragsvergabe[137] sowie den Umstand, dass auch unterhalb der Schwellenwerte ein effektiver Schutz vor Verletzungen des Diskriminierungsverbots des Art 18 AEUV durch die Vergabeentscheidung gewährt werden muss. Es fragt sich aber, ob ein solches Modell den Anforderungen an effizientes Handeln in der Verwaltung hinreichend gerecht zu werden vermag.

53e **4. Die Vergabe von Konzessionen.** Für die Vergabe von Konzessionen gelten gegenüber dem allgemeinen Vergaberecht (s oben Rn 52) einige Sonderregelungen. Von einer Vergabe einer Konzession spricht man, wenn die öffentliche Hand einen Auftrag zur Errichtung einer baulichen Anlage **(Baukonzession)** oder zur Erbringung einer Dienstleistung **(Dienstleistungskonzession)** erteilt, als Gegenleistung aber keine Geldzahlung vereinbart wird, sondern in erster Linie das **Recht zur wirtschaftlichen Nutzung** der baulichen Anlage bzw der Dienstleistung über einen bestimmten Zeitraum.[138] Der Konzessionsnehmer trägt dann jedenfalls überwiegend das **wirtschaftliche Risiko,** dass sich sein Aufwand durch die Einnahmen rentiert, die er bei der Nutzung der baulichen Anlage oder bei der Erbringung der Dienstleistung erzielen kann.[139]

53f **a) Unionsrechtliche Vorgaben.** In der Vergangenheit enthielten die Vergaberichtlinien der Union lediglich Vorgaben für **Baukonzessionen** oberhalb der Schwellenwerte. Dienstleistungskonzessionen waren dagegen nicht erfasst, für sie galten nur die allgemeinen, aus dem Primärrecht hergeleiteten Mindestanforde-

---

[132] Wollenschläger, DVBl 2007, 589 mwN zu Statistiken.

[133] S. Weißenberger GewArch 2009, 417, 420; André/Sailer JZ 2011, 555.

[134] Vgl. ferner etwa BVerfGE 116, 135; OLG Schleswig NZBau 2000, 263; OLG Düsseldorf BauR 1999, 241, 247; VGH Mannheim DÖV 1999, 79; ebenso WBSK I § 23 Rn 43, 53; Detterbeck, Verwaltungsrecht Rn 939.

[135] OVG Münster NVwZ 2006, 848; OVG Bautzen NZBau 2006, 393; OVG Koblenz NZBau 2005, 411 (Lenkwaffen); StBS § 35 Rn. 124a; Burgi NVwZ 2007, 737; Pünder VerwArch 2004, 38, 56; Schliesky DVBl 1999, 78; Hermes JZ 1997, 909, 915; Kopp BayVBl 1980, 609; Huber, Konkurrenzschutz im Verwaltungsrecht, 1991, 465; offen Pernice/Kadelbach DVBl 1996, 1100, 1106; hiergegen Schlette, Die Verwaltung als Vertragspartner, S. 146, 153 auf Grund seiner einheitlichen Einordnung der Beschaffungsverträge als öffentlich-rechtlich; Englisch VerwArch 2007, 410 hält die Zweistufentheorie für die Rechtswegzuweisung für entbehrlich.

[136] Huber JZ 2000, 878, 892; Thieme/Corell DVBl 1999, 884, 886; Schneevogel/Horn NVwZ 1998, 1242; Pietzcker SächsVBl 1999, 289, 291.

[137] Hierzu Burgi WiVerf 2007, 178, 180; Pünder VerwArch 2004, 38, 49; Huber JZ 2000, 877, 878; Bultmann ZfBR 2002, 611.

[138] Näher Prieß/Marx/Hölzl, NVwZ 2011, 65. Zu Wasserkonzessionen Schröders NVwZ 2017, 504.

[139] Zu diesem umstrittenen Kriterium Bultmann NVwZ 2011, 72 im Hinblick auf die Sache Rettungsdienst Stadler.

rungen hinsichtlich des Diskriminierungsverbots und des Gleichbehandlungsgrundsatzes.[140] Inzwischen ist die **KonzessionsvergabeRL** erlassen worden, die nun einheitlich für die Baukonzessionen und die meisten[141] **Dienstleistungskonzessionen** mit einem Volumen oberhalb des Schwellenwerts von 5.225 TEUR ein Vergabeverfahren zwingend vorschreibt. Dadurch wird die Abgrenzung von Konzessionsvergabe und der allgemeinen Vergabe zwar nicht entbehrlich, verliert aber einen wesentlichen Teil ihrer Brisanz. Unklarheiten verbleiben insofern, als dass in der Begriffsbestimmung in Art 5 Nr 1 KonzessionsvergabeRL keine Regelung dazu getroffen wird, in welchem Umfang das Betriebsrisiko beim Konzessionsnehmer liegen muss, damit von einer Konzession gesprochen werden kann.[142] Unterhalb des Schwellenwerts bleibt es bei der Anwendbarkeit (nur) des Primär(vergabe)rechts.

b) Nationales Konzessionsvergaberecht. Die Umsetzung der Konzessionsvergaberichtlinie erfolgt zum Teil im GWB, zum Teil in der KonzVgV. Das GWB regelt die wesentlichen Grundzüge des Vergabeverfahrens für Konzessionen in den §§ 148 ff. Es werden viele der für reguläre Vergabeverfahren geltenden Vorschriften für entsprechend anwendbar erklärt (§ 154 GWB). Detailliertere Regelungen enthält die KonzVgV. Das Vergabeverfahren kann danach weitgehend frei gestaltet werden (vgl. § 12 Abs 1 S 1 KonzVgV), sofern die allgemeinen Grundsätze der Nichtdiskriminierung, der Gleichbehandlung und Transparenz beachtet werden. Es gilt somit eine Art **„Vergaberecht light"**. **53g**

c) Anwendbarkeit des VwVfG. Anders als bei der allgemeinen Auftragsvergabe, bei der die Verträge als solche des Beschaffungswesens regelmäßig dem Zivilrecht zuzurechnen sind, muss bei der Vergabe von Konzessionen unterschieden werden. Regelmäßig werden **Konzessionsverträge** dem **Zivilrecht** zuzuordnen sein (BGH NZBau 2012, 248). Ausnahmen liegen vor, wenn der Gegenstand des Vertragsschlusses, also der Inhalt der Konzession, öffentlich-rechtlich geregelt ist oder jedenfalls einen engen Sachzusammenhang zu öffentlich-rechtlichen Regelungen aufweist.[143] Handelt es sich um eine Konzession, die dem öffentlichen Recht unterfällt, ist der Konzessionsvertrag ein verwaltungsrechtlicher Vertrag iS der §§ 54 ff. Die Vorschriften des VwVfG sind dann anwendbar. Für die Neuvergabe von Konzessionen im Bereich der Energieversorgung, die im Zuge der Rekommunalisierungswelle der letzten Jahre besonders in den Mittelpunkt der öffentlichen Aufmerksamkeit gerückt ist, gelten die speziellen Regelungen des § 46 EnWG.[144] Zivilrechtlich einzuordnen sind regelmäßig auch Konzessionsverträge, mit denen einem privaten Unternehmer die Nutzung öffentlicher Wegeflächen zu Werbezwecken übertragen wird (**Werbenutzungsverträge,** vgl OLG Hamburg NordÖR 2012, 40; OLG Bremen NordÖR 2015, 95). **53h**

d) Maßgebliche Regelungen für den Rechtsschutz. Unabhängig davon, ob die Konzessionsvergabe dem öffentlichen Recht zuzurechnen ist oder nicht, gilt für die Überprüfung der **Vergabe von Konzessionen** im Anwendungsbereich der §§ 97 ff GWB die ausschließliche Zuständigkeit der Vergabekammern bzw der Vergabesenate beim OLG (§§ 155, 156 Abs 1 GWB). **53i**

---

140 EuGHE 2000, I-10745 (Teleaustria: Berechtigung zum Druck von Telefonbüchern mit dem Recht, diese wirtschaftlich zu verwerten). Hierzu Bultmann NVwZ 2011, 72.

141 Die Ausschlüsse sind in den Art 10 ff geregelt. Dazu zählt auch der Bereich der Wasserversorgung (Art 12), der erst nach erheblichen Protesten ausgenommen wurde.

142 Knauff/Badenhausen NZBau 2014, 395, 396.

143 BGH NZBau 2012, 248 m Anm Braun (Rettungsdienstleistungen öffentlich-rechtlich); ebenso VG Düsseldorf NZBau 2017, 59.

144 Holznagel NordÖR 2014, 301, 303; Wieland DÖV 2015, 169; BGHZ 199, 289, BGH NVwZ 2017, 329; s. dazu Kupfer NVwZ 2017, 428.

VI. Rechtsverhältnislehre und subjektive Verfahrensrechte

Schrifttum: *Achterberg,* Rechtsverhältnisse als Strukturelemente der Rechtsordnung, Rechtstheorie 1978, 385; *ders,* Die Rechtsordnung als Rechtsverhältnisordnung, 1982; *Bachof,* Reflexwirkungen und subjektive Rechte im öffentlichen Recht, GS Jellinek, 1955, 287; *Bühler,* Die subjektiven öffentlichen Rechte und ihr Schutz in der deutschen Verwaltungsrechtsprechung, 1914; *ders,* Altes und Neues über Begriff und Bedeutung des subjektiven öffentlichen Rechts, GS Jellinek, 1955, 269; *Classen,* Der Einzelne als Instrument zur Durchsetzung des Gemeinschaftsrechts?, VerwArch 1997, S. 645–678; *v Danwitz,* Zur Grundlegung einer Theorie der subjektiven Gemeinschaftsrechte, DÖV 1996, 481; *Fleiner-Gerster/Öhlinger/Krause,* Rechtsverhältnisse in der Leistungsverwaltung, VVDStRL 1987, 152; *Hase,* Das Verwaltungsrechtsverhältnis, Vw 2005, 453; *Hong,* Subjektive Rechte und Schutznormtheorie im europäischen Verwaltungsrechtsraum, JZ 2012, 380; *Ramsauer,* Die Dogmatik der subjektiven öffentlichen Rechte, JuS 2012, 769; *ders* Die Rolle der Grundrechte im System der öffentlichen Rechte, AöR 1986, 501; *ders,* Wohin treibt das subjektive öffentliche Recht? FS Koch, 2014, iE; *Rupp,* Grundfragen der heutigen Verwaltungsrechtslehre, 2. Aufl 1991; *A. Schwerdtfeger,* Der deutsche Verwaltungsrechtsschutz unter dem Einfluss der Aarhus-Konvention, 2010; *Stern,* Die Einwirkung des europäischen Gemeinschaftsrechts auf die Verwaltungsgerichtsbarkeit, JuS 1998, 769; *Wahl,* Der Vorrang der Verfassung und die Selbständigkeit des Gesetzesrechts, NVwZ 1984, 401.

Schrifttum zur Verbandsbeteiligung: *Appel,* Subjektivierung von UVP-Fehlern durch das UmwRBehG, NVwZ 2010, 473; *Berkemann,* Die unionsrechtliche Umweltverbandsklage des EuGH, DVBl 2011, 1253; *Bunge,* Zur Klagebefugnis anerkannter Umweltverbände, ZUR 2014, 3; *Franzius,* Möglichkeiten und Grenzen der richterlichen Rechtsfortbildung zur Bestimmung der Klagebefugnis, DVBl 2014, 543; *Frenz,* Abfallwirtschaftspläne und Umweltverbandsklagen, NuR 2013, 105; *Gärditz,* Verwaltungsgerichtlicher Rechtsschutz im Umweltrecht, NVwZ 2014, 1; *Koch,* Die Verbandsklage im Umweltrecht, NVwZ 2007, 369; *Niederstadt/Weber,* Verbandsklagen zur Geltendmachung von Naturschutzbelangen bei immissionsschutzrechtlichen Genehmigungen, NuR 2009, 297; *Rehbinder,* Die Aarhus-Rechtsprechung des EuGH und die Verbandsklage gegen Rechgtsakte der EU, EurUP 2012, 23; *Schmidt,* Zur Diskussion über erweiterte Klagebefugnisse im Umweltrecht, ZUR 2012, 210; *A. Schwerdtfeger;* Erweiterte Klagerechte für Umweltverbände, EuR 2012, 80; *Seibert,* Verbandsklagen im Umweltrecht, NVwZ 2013, 1040; *Siegel,* Ausweitung und Eingrenzung der Klagerechte im Umweltrecht, NJW 2014, 973; *Spieth/Appel,* Umfang und Grenzen der Einklagbarkeit von UVP-Fehlern nach dem URG, NuR 2009, 312; *Ziekow,* Das Umweltrechtsbehelfsgesetz im System des deutschen Rechtsschutzes, NVwZ 2007, 259.

54 **1. Rechtsverhältnislehre. a) Allgemeines.** Die Rechtsverhältnislehre begreift Rechte und Pflichten zwischen Rechtssubjekten als Ausdruck eines Rechtsverhältnisses zwischen ihnen (vgl Achterberg § 20 Rn 32 ff; ders Rechtstheorie 1978, 385 ff). Rechtsverhältnisse entstehen, wenn auf einen bestimmten Lebenssachverhalt Rechtsnormen zur Anwendung kommen, kraft deren zwischen den beteiligten Personen bestimmte Rechte und Pflichten entstehen. Im Einzelnen ist in der Rechtsverhältnislehre vieles umstritten, so etwa auch die Frage, ob Rechtsverhältnisse nur zwischen Rechtssubjekten bestehen können oder auch in Beziehungen zu einem Rechtsobjekt (so zB WBSK I § 32 Rn 32 ff). Die rechtsdogmatischen Leistungen der Rechtsverhältnislehre sind begrenzt geblieben, wohl auch deshalb, weil sich keine allgemein anerkannte Systematik der Rechtsverhältnisse herausgebildet hat. Gleichwohl hat die Figur des Rechtsverhältnisses nicht nur Anerkennung durch den Gesetzgeber gefunden (vgl zB § 43 VwGO), sondern auch ihren unbestreitbaren Nutzen bei der Beschreibung und Konturierung von Rechtsbeziehungen (BVerwGE 89, 327).

55 **b) Verwaltungsverfahren als Rechtsverhältnis.** Im Rahmen der Rechtsverhältnislehre lassen sich Rechtsverhältnisse des materiellen und des Verfahrensrechts unterscheiden. Das einzelne Verwaltungsverfahren iSd § 9 kann als Ver-

fahrensrechtsverhältnis beschrieben werden, in dem zwischen den Beteiligten bestimmte Rechte und Pflichten verfahrensrechtlicher Art bestehen. Dieses verfahrensrechtliche Verhältnis steht in einem systematischen Zusammenhang zu materiellen Rechtsverhältnissen, zu deren Feststellung, Umsetzung und Verwirklichung es durchgeführt wird. Das Verfahrensverhältnis endet, wenn die abschließende Entscheidung unanfechtbar wird (str, s hierzu § 9 Rn 30. Das Ergebnis, der VA oder Verwaltungsvertrag, führt dann zu einer Überlagerung des materiellrechtlichen Verfahrensverhältnisses.

2. Schutz subjektiver öffentlicher Rechte im Verwaltungsverfahren. 56
a) Allgemeines. Das Verwaltungsverfahren dient dem Rechtsschutz des Bürgers bei der Wahrung und Durchsetzung seiner Rechte und rechtlich geschützten Belange[145] sowie der „Legitimation" des Handelns der Verwaltung durch Verfahren[146] und damit auch der Akzeptanz dieses Handelns seitens des Bürgers.[147] Bei den Verfahrensrechten der Beteiligten ist **zwischen selbständigen und unselbständigen** Rechten zu unterscheiden.[148] Möglich ist die Einräumung subjektiver öffentlicher Rechte durch einfache Gesetze, Verfassungsnormen, Rechtsverordnungen, Satzungen usw, durch Rechtsvorschriften des EU-Rechts, die unmittelbare Geltung im Inland haben,[149] durch völkerrechtliche Verträge und durch gem Art 25 GG als Bundesrecht geltendes Völkerrecht (vgl Hofmann, in: Zeidler-FS 1987, 1885), durch Gewohnheitsrecht oder durch allgemeine Rechtsgrundsätze des ungeschriebenen Rechts, uU auch durch ausländisches Recht, das auf Grund von Vorschriften des deutschen internationalen öffentlichen Rechts von deutschen Behörden anzuwenden ist (vgl Groß JZ 1994, 599 mwN). Auch Personen im Ausland können Inhaber subjektiver öffentlichen Rechte gegenüber inländischen Rechtsträgern sein, zB ausländische „Anlieger".[150] Die subjektiven Rechte können sich auf die Vornahme von Verwaltungshandeln (zB **Anspruch auf Erlass eines VA**) oder auf die Abwehr von Verwaltungshandeln (zB auf **Aufhebung eines VA**) richten.

b) Die Lehre von den subjektiven öffentlichen Rechten. Als subjektives 57
öffentliches Recht bezeichnet man die Rechtsposition eines Rechtssubjekts, kraft deren dieses von Personen des öffentlichen Rechts bzw deren Organen die Erfüllung bestimmter gesetzlicher Pflichten, insb die Einhaltung von Vorschriften verlangen kann (BVerwGE 1, 159). Die heute in Deutschland nach wie vor hM leitet in Anschluss an *O. Bühler*[151] subjektive öffentliche Rechte aus solchen Rechtsnormen des öffentlichen Rechts her, die neben öffentlichen Interessen auch Interessen Einzelner zu schützen bestimmt sind.[152] Allerdings spielen bei der Bestimmung der Schutzrichtung die Grundrechte eine entscheidende Rolle.

---

145 BVerfGE 60, 253; BVerwGE 95, 333, 335; 94, 151 = DVBl 1994, 284 m Anm Schmidt-Preuß; OVG Münster DVBl 1993, 69 mwN; Ossenbühl NVwZ 1982, 465; Wahl VVDStRL 1983, S. 167 ff; Pietzcker VVDStRL 1983, S. 207 ff; Kopp 102 ff.

146 Wahl VVDStRL 1983 (Bd 41), S. 167 ff; Schmidt-Aßmann AöR 1991, 329; Kopp, in: Fröhler-FS 1980, 232.

147 Württenberger NJW 1991, 257; Bullinger JZ 1991, 53; Kopp 180 ff, 216.

148 Im Normalfall sind Verfahrensrechte unselbständig (s unten Rn 65), sie fallen dann regelmäßig auch in den Anwendungsbereich des § 44a VWGO.

149 Zur Ableitung subjektiver Rechte aus EU-Richtlinien BVerwGE 70, 49; 74, 242; EuGH NJW 1982, 499; EuGHE 1989, 1839; Pieper DVBl 1990, 684; Bach JZ 1990, 1108.

150 BVerwGE 75, 285: jedenfalls im Bereich der EU; Streinz VerwArch 1988, 273; Weber DVBl 1980, 330; Fröhler/Zehetner, Rechtsprobleme bei grenzüberschreitenden Umweltbeeinträchtigungen, Bd II, 1980; Wolfrum DVBl 1984, 493; Bothe UPR 1983, 1.

151 Bühler, Die subjektiven öffentlichen Rechte und ihr Schutz in der deutschen Verwaltungsrechtsprechung, 1914, passim.

152 Ausführlich zur Entwicklung der Lehre von den subjektiven Rechten Ramsauer JuS 2012, 769.

57a Diese als **Schutznormlehre** bezeichnete Ansicht muss heute noch als allgemein anerkannt angesehen werden (vgl allerdings zum Einfluss des Europarechts unten Rn 61). Sie machte in bewusster **Abkehr von der Statuslehre** G. Jellineks[153] das einfache Gesetz zum Anknüpfungspunkt für die subjektiven Rechte des Einzelnen. Eine Weiterentwicklung der Bühlerschen Lehre war der Verzicht auf eine besondere Prüfung der Frage, ob sich aus der jeweiligen Rechtsnorm über den Schutz des Individualinteresses hinaus auch die Rechtsmacht ergebe, das Interesse gerichtlich durchzusetzen. Die heute hM geht davon aus, dass Rechtsnormen, die auch dem Schutz von Interessen einzelner Rechtssubjekte zu dienen bestimmt sind, auch die zur Geltendmachung erforderliche Rechtsmacht einräumen.[154]

58 **aa) Schutzrichtung der Rechtsnorm.** Erforderlich ist, dass die in Frage stehenden Rechtssätze neben dem mit ihnen verfolgten allgemeinen Interesse zumindest auch dem Schutz von Individualinteressen zu dienen bestimmt sind.[155] Dass mit einer Rechtsvorschrift gewisse günstige **Reflexwirkungen** zugunsten des Bürgers verbunden sind, zB die auf Grund der Verpflichtung der Aufsichtsbehörde, gegen Gesetzesverletzungen einer Gemeinde im Aufsichtsweg einzuschreiten, begründete Erwartung, dass die Aufsichtsbehörde in einem konkreten Fall auch tatsächlich einschreitet, genügt nicht, da es sich insoweit um bloße Chancen handelt.[156] Erforderlich ist vielmehr, dass die jeweilige Rechtsnorm erkennen lässt, dass sich der von ihr betroffene bzw begünstigte Personenkreis auf die Einhaltung der darin statuierten behördlichen Pflichten soll berufen können. Dem Einzelnen muss eine **Rechtsposition** eingeräumt werden, die ihn zur uU klageweisen Durchsetzung der in der Norm enthaltenen Rechtspflichten ermächtigt. Das auf Seiten des Bürgers allgemein bestehende tatsächliche Interesse an der Durchsetzung bzw Anwendung der Rechtsnorm wird durch die Einräumung einer derartigen Rechtsposition rechtlich geschützt und anerkannt.

58a **Zumeist fehlen Regelungen zur Schutzrichtung.** Ob eine Rechtsvorschrift auch dem Schutz von Individualinteressen dient, ist deshalb in der Praxis zumeist **Auslegungsfrage;** Anhaltspunkte dafür sind idR das Vorliegen drittschützender Tatbestandsmerkmale, eine hinreichende Abgrenzbarkeit des begünstigten Personenkreises, die nähere Bestimmung, gegen wen sich der Anspruch richtet und auf welche Weise er zu verwirklichen ist.[157] Verfahrensbestimmungen, die eine Anhörung vorsehen, können dem Schutz materieller Positionen von Betroffenen dienen; sie können aber – wenn sie sich nicht auf die Anhörung gerade von Betroffenen beziehen – auch nur den Zweck einer besseren Information der Behörde haben. Der Umstand allein, dass eine Rechtsvorschrift nur öffentliche Belange, das öffentliche Wohl oder die öffentliche Sicherheit und Ordnung als Maßstab für die von der Behörde zu treffende Entscheidung nennt, schließt die Annahme einer Schutzwirkung zugunsten der unmittelbar betroffenen Bürger

---

[153] Georg Jellinek, System der subjektiven öffentlichen Rechte, 2. Aufl 1905.

[154] Vgl Bachof, Reflexwirkungen und subjektive Rechte im öffentlichen Recht, GS Jellinek, 1955, 287; Bühler, Altes und Neues über Begriff und Bedeutung der subjektiven öffentlichen Rechte, GS Jellinek, 1955, 269.

[155] BVerwGE 30, 191; 39, 237; 41, 63; 52, 128; 55, 285; 60, 156; BVerwG DVBl 1982, 642; allg zur sog. Schutznormtheorie Ramsauer AöR 1986, 501; AK-GG-Ramsauer Art 19 Abs 4 Rn 64 ff; zT **aA** Bernhardt JZ 1963, 302; Henke, Das subj öffentl Recht 1968, 54, 57, 60; DVBl 1975, 272; Bartlsperger VerwArch 1969, 49: Danach kommt es nicht auf den Schutzzweck der anwendbaren Normen, sondern auf die tatsächliche Betroffenheit an; ähnlich Zuleeg DVBl 1976, 509.

[156] Vgl zB BVerwGE 30, 191; 60, 154; VGH Mannheim DVBl 1990, 60; OVG Münster NJW 1980, 2323 zur Konkurrentenklage.

[157] Vgl BVerwGE 62, 247; Kopp/Schenke, § 42 Rn 81 ff mwN; ferner BVerwGE 78, 40 = NJW 1988, 434, dazu Bauer JuS 1980, 28; 84, 387; Knauber NVwZ 1988, 997; Kunig DVBl 1988, 237.

nicht aus (vgl BVerwGE 77, 73; BVerwG DVBl 1982, 521); denn die Berücksichtigung schutzwürdiger Individualinteressen ist im Zweifel immer auch ein wesentlicher Teil der Aufgabe der Wahrung des Gemeinwohls bzw gehört zugleich zu den von der Behörde zu wahrenden wesentlichen öffentlichen Belangen.[158]

bb) Normen des öffentlichen Rechts. Nach hM genügt jedes von der Rechtsordnung als schutzwürdig anerkannte und idS durch eine Rechtsnorm rechtlich geschützte Individualinteresse.[159] Es muss sich allerdings stets um Normen aus dem Bereich des öffentlichen Rechts handeln, da nur solche eine Handlungspflicht des öffentlichen Rechts begründen können, auf deren Erfüllung sich das subjektive Recht beziehen muss (näher § 1 Rn 12 ff). Eine Beeinträchtigung lediglich privater Rechte und Rechtsstellungen genügt nicht.[160] Allerdings sind die meisten durch das Privatrecht geschützten Interessen auch zugleich durch das öffentliche Recht, vor allem durch die Grundrechte, gegen Eingriffe geschützt, insb durch Art 2 Abs 1 GG, durch Art 14 GG sowie durch den ungeschriebenen Rechtssatz, dass der Staat nicht ohne Rechtsgrund in private Rechte eingreifen darf.[161] 59

cc) Schutzwürdigkeit der Rechte. Die betroffenen Rechte müssen tatsächlich bestehen und schutzwürdig sein. Sie sind nicht schutzwürdig, wenn ihre Geltendmachung gegen Treu und Glauben verstößt, insb missbräuchlich ist, zB wenn der betroffene Bürger sie als Bewohner von Räumen geltend macht, die er baurechtlich unzulässig nutzt.[162] Problematisch ist die Schutzwürdigkeit des Eigentums an sog **Sperrgrundstücken,** die zu dem Zweck erworben wurden, um damit am Verfahren teilnehmen zu können und ggf später auch Rechtsbehelfe gegen im Verfahren ergehende VAe erheben zu können. Hier stellt die Rspr inzwischen darauf ab, ob der Erwerb der Eigentumsposition eindeutig als missbräuchlich anzusehen ist (näher hierzu § 75 Rn 81). 60

dd) Neuorientierung der Schutznormlehre infolge Unionsrechts. In jüngster Zeit wird vermehrt die Frage diskutiert, ob die überkommene Schutznormlehre angesichts der Vorgaben der Aarhus-Konvention und der Rspr des EuGH zu den Rechten des Einzelnen im EU-Recht noch Bestand haben kann, oder ob der Begriff des subjektiven öffentlichen Rechts einer Modifikation bedarf.[163] In diesem Zusammenhang stellt sich die Frage, ob bei der Umsetzung von Richtlinien in nationales Recht ein bestimmtes Mindestmaß an subjektivem Rechtsschutz sichergestellt werden muss, oder ob die Frage der Einräumung subjektiver Rechte dem nationalen Gesetzgeber überlassen bleibt. Inzwischen zeichnet sich eine Entwicklung ab, die durch einen normativen Kompromiss gekennzeichnet sein wird. Auf der einen Seite wird auch in der Rspr des EuGH der Schutzrichtung einer Richtlinie eine wichtige Rolle zur Begründung subjektiver Rechtspositionen eingeräumt,[164] auf der anderen Seite 61

---

158 So BVerwGE 52, 122 zu § 35 Abs 2 BauGB; 77, 73 zu § 69a Abs 1 Nr 3 GewO; VGH Kassel BauR 1981, 177 zu § 35 Abs 1 BBauG; ähnlich BVerwG DVBl 1987, 373 zu § 45 StVO; allg auch Kopp BayVBl 1980, 263.

159 Vgl BVerwGE 39, 235; 55, 285; 58, 246; Sodan/Ziekow § 42 Rn 382 ff; Kopp/Schenke § 42 Rn 78 ff.

160 Kopp/Schenke § 42 Rn 81; zur Abgrenzung zwischen öffentlichem u privatem Recht siehe auch Kopp/Schenke § 40 Rn 11 ff.

161 BVerwGE 67, 74; 69, 271; BVerfG 9, 88; zum allgemeinen öffentlich-rechtlichen Abwehranspruch s Ramsauer, Faktische Beeinträchtigungen, 117 ff.

162 Vgl Kopp/Schenke § 42 Rn 89; **aA** offenbar OVG Münster GewArch 1990, 139.

163 Ausführlich A. Schwerdtfeger, 2010, B III 2; Ramsauer FS Koch, 2014, iE; Hong JZ 2012, 380; Franzius NUR 2009, 384; Nettesheim AöR 2007, 333; Kahl VerwArch 2004, 1; Classen VerwArch 1997, 645; Schoch NVwZ 1999, 457; ders, DVBl 1997, 289; Triantafyllou DÖV 1997, 192; Ruthig BayVBl 1997, 289; Winter NVwZ 1999, 467.

164 EuGHE 2008, I-6221 (Janecek); ähnlich EuGHE 2009, I-9967 (Djurgarden); hierzu Zickow NWwZ 2010, 793.

ist in Deutschland eine gewisse **Flexibilisierung der Kriterien der Schutznormlehre** festzustellen.[165]

61a Die **Ausweitung von Klage- und Rügemöglichkeiten** ist vor allem auf Art 11 UVP-RL und Art 25 IE-RL zurückzuführen, wonach der betroffenen Öffentlichkeit ein weiter Zugang zu den Gerichten zu gewähren ist, insbesondere auch, um die verfahrensmäßige Richtigkeit von Entscheidungen überprüfen zu lassen. Damit hat eine Entwicklung eingesetzt, die zu einer gewissen Abkehr vom Grundsatz der dienenden Funktion des Verfahrensrechts führt.[166] Diese Anforderungen wurden durch die Regelungen des **Umweltrechtsbehelfsgesetzes** (UmwRG)[167] umgesetzt. Es eröffnet in seiner nach dem 29.5.2017 geltenden[168] Fassung[169] Klagemöglichkeiten anerkannter Umweltverbände nicht mehr nur Rechtsbehelfe gegen die Zulassung von Vorhaben, die UVP-pflichtig oder vorprüfungspflichtig sind, sondern nach § 1 Abs 1 Nr 5, 6 UmwRG Rechtsbehelfe auch gegen alle sonstigen Verwaltungsakte (und Verwaltungsverträge), mit denen Vorhaben „unter **Anwendung umweltbezogener Rechtsvorschriften**" zugelassen oder überwacht werden. Sonderregelungen finden sich auch für die Rügefähigkeit von Fehlern. § 4 Abs 1 UmwRG enthält eine Aufzählung **absoluter Verfahrensfehler** (hierzu näher § 46 Rn 14) bei Fehlen von UVP, UVP-Vorprüfung oder ähnlich schweren Fehlern; in § 4 Abs 1a finden sich Regelungen für **relative Verfahrensfehler,** für die es bei der Regelung des § 46 bleibt (s § 46 Rn 15a). Fehler können nicht nur von Umweltverbänden gerügt werden. § 4 Abs 3 Nr 1 UmwRG vermittelt ein **Rügerecht auch sonstigen Personen,**[170] wenn sie aus anderen Gründen in der Sache klagebefugt sind.[171]

62 **c) Grundrechte als subjektive öffentliche Rechte.** Die Gewährleistungen der Grundrechte selbst enthalten subjektive öffentliche Rechte, wenn sich aus ihnen Pflichten der Verwaltung hinreichend konkret entnehmen lassen. Das einfache Gesetzesrecht kann eine Konkretisierung dieser Rechte enthalten und insoweit auch Drittschutz entfalten.[172] Soweit die Gewährleistung eine **einfachgesetzliche Ausgestaltung** erfahren hat, ist der unmittelbare Rückgriff auf Grundrechte idR verfehlt (Ramsauer AöR 1986, 501). Aus dem **Anwendungsvorrang des einfachen Rechts** ergibt sich grundsätzlich das Erfordernis, subjektive öffentliche Rechte zunächst der einschlägigen Rechtsnorm des einfachen Rechts zu entnehmen (Wahl NVwZ 1994, 401). Im Rahmen der gesetzesgebundenen Verwaltung ist der Rekurs auf die Grundrechte deshalb idR weder nötig noch zulässig, zumal im grundrechtsrelevanten Bereich ggfs eine **verfassungskonforme Auslegung des einfachen Rechts** zur Feststellung der für die Annahme eines subjektiven öffentlichen Rechts erforderlichen Schutzrichtung der einfachgesetzlichen Norm führt (Ramsauer AöR 1986, 501; Maurer § 8 Rn 11). Im Übrigen ist der Gewährleistungsbereich der Grundrechte in vie-

---

[165] Vgl zB OVG Münster, DVBl 2015, 993 (Drittanfechtung Zulassung von Windenergieanlagen); OVG Hamburg NordÖR 2011, 84 (spezieller Gebietserhaltungsanspruch); Classen VerwArch 1997, 645; v Danwitz, Verwaltungsrechtliches System und europäische Integration, 1996; ders, DÖV 1996, 481; Stern JuS 1998, 769; Wahl in Schoch, vor § 42 II Rn 14; Kopp/Schenke § 42 Rn 222.

[166] Hierzu auch BVerwGE 131, 352; BVerwG NVwZ 2009, 459.

[167] Gesetz über ergänzende Vorschriften zu Rechtsbehelfen in Umweltangelegenheiten nach der EG-RL 2003/35/EG v 7.12.2006 (BGBl I, 2816), zuletzt geändert durch G v 29.5.2017 (BGBl I, 1298).

[168] Zu beachten ist die Überleitungsvorschrift in § 8 UmwRG.

[169] Das Gesetz war zuvor zuletzt am 30.11.2016 (BGBl I, 2749) geändert worden.

[170] Erfasst werden Personen nach § 61 Nr 1 VwGO und Vereinigungen nach § 61 Nr 2 VwGO.

[171] Anderweitige Klagebefugnis ist nach ganz hM Voraussetzung, vgl BVerwG NVwZ 2012, 573; OVG Schleswig NordÖR 2017, 58.

[172] Näher Ramsauer JuS 2012, 769, 772f.

len Fällen vor allem faktischer Betroffenheit außerordentlich schwer zu bestimmen.[173] Dies gilt vor allem für die Herleitung subjektiver Rechte aus Schutzpflichten des Verfassungsrechts, insb den Grundrechten (Klein DVBl 1994, 489). Hier werden subjektive Rechte idR angenommen, wenn das in Frage stehende Grundrecht unter Berücksichtigung der **Intensität der Beeinträchtigung** gegen Risiken der vorliegenden Art Schutz bieten soll **(funktionaler Schutzbereich).**[174]

Unmittelbar aus dem Verfassungsrecht werden Rechtspositionen hergeleitet[175] 62a zB für den **Schutz einer Kirchengemeinde** gegen die Erteilung einer Konzession für den Betrieb einer Gaststätte neben einer Kirche aus Art 4 Abs 2 GG (BVerwGE 10, 92), für den **Schutz des Ehegatten** aus Art 6 Abs 1 GG gegen Beeinträchtigung der Ehe durch Ausweisung des Ehepartners,[176] den **Schutz des Elternrechts** gem Art 6 GG gegen Beeinträchtigungen durch Maßnahmen gegenüber den Kindern (VGH Mannheim DÖV 1974, 885; OVG Münster DÖV 1974, 824), für den aus Art 28 GG abzuleitenden **Schutz der Planungshoheit der Gemeinde** gegen die Erteilung von Bauerlaubnissen uä, die dieses Recht berühren,[177] den **Schutz eines Konkurrenten** gegen die Gewährung einer Subvention oä unter willkürlicher Außerachtlassung seiner schutzwürdigen Interessen an andere Unternehmer aus Art 12 Abs 1 GG oder Art 2 Abs 1 GG;[178] der Schutz eines **nicht zum Studium zugelassenen Studenten** aus Art 12 GG (vgl BVerwGE 60, 25 mwN). Ein **Schutz des Nachbarn** gegen die Erteilung einer Baugenehmigung, die zwar nicht gegen nachbarschützende Bestimmungen des Baurechts, uU aber gegen Art 14 GG verstößt, wurde in der Vergangenheit gelegentlich angenommen,[179] ist aber seit der „Entdeckung" des Gebots der Rücksichtnahme im Bauplanungsrecht nicht mehr relevant[180] und kann deshalb allenfalls noch im Bereich des Bauordnungsrechts eine Rolle spielen (so zutreffend Wahl/Schütz in Schoch § 42 Abs 2 Rn 123 f).

d) Sonstige Herleitung subjektiver Rechte. Außer aus Rechtsnormen 63 können sich subjektive öffentliche Rechte des Bürgers auch aus der Bindungswirkung von **gerichtlichen Entscheidungen,** aus **verwaltungsrechtlichen Verträgen** und aus der **Regelungswirkung von VAen** ergeben.[181] Dies gilt insb auch für die Bindungswirkung von Vorbescheiden, Teil-VAen, Zusicherungen, uU auch von Erklärungen und anderen Akten, die einen Vertrauenstatbestand geschaffen haben. Aus diesen Verwaltungsentscheidungen folgende subjektive Rechte können sachlich über die aus dem materiellen Recht folgenden Rechte hinausgehen, aber diese auch einschränken.

---

173 Vgl zB Ramsauer, Die faktischen Beeinträchtigungen des Eigentums, 1980; ders, VerwArch 1981, 102; Eckhoff, Der Grundrechtseingriff, 1992.

174 Vgl Ramsauer VerwArch 1981, 89; allg auch BVerfGE 66, 39, 58; 77, 170, 220; 79, 202 – bei Gefährdung von Leben und körperlicher Unversehrtheit; BVerwG NJW 1990, 1769; Klein NJW 1989, 1633; Hermes NJW 1990, 1764.

175 BVerwGE 32, 178; 36, 248; 60, 157; 65, 174; 71, 193; Kopp/Schenke § 42 Rn 117 mwN.

176 BVerwGE 42, 142; VGH Mannheim NJW 1970, 2178; Schwarze DÖV 1972, 273: Betroffenheit auch des Ehegatten; ähnlich BVerfGE 31, 67 zur Verfassungsbeschwerde des Verlobten gegen Maßnahmen, die eine beabsichtigte Eheschließung hindern.

177 BVerwGE 22, 344; 31, 33; 51, 13; 56, 135; 69, 261; BVerwG NVwZ 1985, 566; OVG Lüneburg DÖV 1974, 824; Kopp/Schenke § 42 Rn 138.

178 BVerwGE 30, 191; 60, 160; 65, 174; 71, 191: Art 2 Abs 1 GG. Heute wird eher Art 12 GG herangezogen, vgl Schließky S. 75 ff mwN.

179 BVerwGE 32, 179; 36, 249; 44, 246; 52, 122; Kopp/Schenke § 42 Rn 98: Gebot der Rücksichtnahme ersetzt Rückgriff auf Art 14 GG; zum Schutz des Mieters, dem das Baurecht idR keine geschützte Rechtsstellung zuerkennt, Sodan/Ziekow § 42 Rn 454.

180 BVerwGE 82, 343; 89, 69; Kopp/Schenke § 42 Rn 98.

181 Ehlers VerwArch 1993, 145; Kopp/Schenke § 42 Rn 162 mwN.

64 **e) Organrechte.** Subjektive Rechte eigener Art sind die sog Organrechte, die insb im Bereich von Selbstverwaltungskörperschaften eine wichtige Rolle spielen. Dabei handelt es sich um **wehrfähige Rechte** einzelner Organe bzw Organteile von Körperschaften, insb von Gemeinden und Hochschulen, die diesen über die bloße Verwaltungskompetenz hinaus durch Gesetz oder auf der Grundlage von Gesetzen zuerkannt sind.[182] Derartige wehrfähige Rechte, wie sie zB einzelnen Organen des Kommunalverfassungsrechts zukommen, können von diesen durch die Anrufung der Verwaltungsgerichte verteidigt werden. Es handelt sich nicht um subjektive Rechte ieS, weil sie nicht in Verwaltungsverfahren iSd § 9 eine Rolle spielen können. **Organstreitverfahren** wie Kommunalverfassungsstreitigkeiten spielen sich im Innenbereich der Verwaltung ab; hier geht es nicht um VAe, sondern idR um Maßnahmen ohne Außenwirkung.

65 **3. Selbständige und unselbständige Rechte im Verwaltungsverfahren.** Die Lehre von den subjektiven öffentlichen Rechten findet grundsätzlich auch im Verwaltungsverfahren Anwendung. Der einzelne Bürger kann also im Verwaltungsverfahren die Einhaltung der Vorschriften des formellen Rechts, insb des VwVfG grundsätzlich nur insoweit verlangen, als diese auch seinem Schutz zu dienen bestimmt sind. Grundsätzlich dienen die Bestimmungen des Verfahrensrechts den Interessen der Beteiligten, begründen, also subjektive Verfahrensrechte dieses Personenkreises. Allerdings ist insoweit § 44a VwGO zu berücksichtigen, wonach Rechtsbehelfe gegen behördliche Verfahrenshandlungen nur gleichzeitig mit den gegen die Sachentscheidung zulässigen Rechtsbehelfe geltend gemacht werden können, sofern sie nicht vollstreckbar sind oder gegen Nichtbeteiligte ergehen. Hierin kommt die **dienende Funktion des Verfahrensrechts** zum Ausdruck.[183] Verstöße gegen Verfahrensvorschriften können deshalb idR nur im Zuge der Anfechtung der Sachentscheidung geltend gemacht werden. Dies setzt eine materielle Rechtsposition voraus, die durch die Sachentscheidung beeinträchtigt wird.[184]

66 **a) Selbständige Verfahrensrechte.** Selbständige Verfahrensrechte werden unabhängig vom Bestehen materiell-rechtlicher Positionen eingeräumt (BVerwGE 44, 239; 62, 243; Kopp/Schenke § 42 Rn 95). Ohne Rücksicht auf materielle Rechte eingeräumt ist zB das **Recht einer Gemeinde** nach § 36 BauGB auf Beteiligung am Baugenehmigungsverfahren, nach § 6 Abs 1 LuftVG auf Information und Anhörung im luftverkehrsrechtlichen Genehmigungsverfahren,[185] oder das **Beteiligungsrecht der Naturschutzverbände** nach § 63 BNatSchG.[186] Das nunmehr in § 4 Abs 1 UmwRG ausdrücklich gewährleistete **Recht** zur Rüge einer fehlenden UVP bzw einer fehlenden UVP-Vorprüfung sowie ähnlich schwerer Fehler erlaubt den Unweltverbänden sowie anderen klagebefugten Personen, den Fehler unabhängig von seiner Ergebnisrelevanz zu rügen. Auf Verstöße können sich allerdings nur in materiellen rechtlich geschützten Interessen ohnehin Betroffene berufen (s § 63 Rn 31; § 75 Rn 78).

67 **b) Bedeutung der Hinzuziehung.** Die Hinzuziehung von Betroffenen gem § 13 Abs 2 zum Verfahren führt unabhängig vom Bestehen materieller Rechte

---

[182] S hierzu näher Bauer/Krause JuS 1996, 411; Schmidt-Jortzig/Hansen NVwZ 1994, 116; Maurer § 21 Rn 28; Erichsen, Der Innenrechtsstreit, in Menger-FS 211; grundlegend Buchwald, Der veraltungsgerichtliche Organstreit, 1998.

[183] Hierzu Fehling/Gurlit, Der Eigenwert des Verwaltungsverfahrensrechts, VVDStRL 70 (2011), 227 ff.

[184] Vgl BVerwGE 41, 58, 65; 61, 256, 275; 75, 285, 291; Wahl/Schütz in Schoch § 42 Abs 2 Rn 74.

[185] BVerwGE 56, 137; BVerwG Buchh 442.40 § 6 LuftVG Nr 8, 11 und 14; NVwZ 1988, 731.

[186] Zu der sog Partizipationserzwingungsklage s BVerwGE 127, 208; OVG Hamburg NordÖR 2010, 206 (Fernwärmeleitung).

jedenfalls zu einer **verfahrensrechtlichen Betroffenheit,** indem sie die Bindungswirkung der im Verfahren ergehenden Entscheidung auch auf die Hinzugezogenen ausdehnt. Dies bedeutet, dass zB außer den unmittelbar Betroffenen (sofern sie eigene Rechtsträger sind) auch die Drittbetroffenen im Verfahren zu hören (§ 28) sind,[187] ein Recht auf Akteneinsicht haben, usw. Dies gilt ohne Rücksicht darauf, ob sie auch den schließlich ergehenden VA anfechten können oder nicht, bzw eine gesonderte Anfechtung durch § 44a VwGO ausgeschlossen ist. Allerdings fehlt es gem § 44a VwGO idR an einer gerichtlichen Durchsetzungsmöglichkeit der Verfahrensrechte für diejenigen, die trotz Fehlens einer betroffenen materiellen Rechtsposition zu einem Verfahren nach § 13 hinzugezogen werden.

Einen **Anspruch auf Beteiligung** (Hinzuziehung) gibt es nach § 13 Abs 2 **67a**
S 2 nur in den Fällen der notwendigen Hinzuziehung im Hinblick auf die **gestaltende Wirkung der Entscheidung,** ferner bei Bestehen absoluter Verfahrensrechte und schließlich bei einer **Reduktion des** von der Behörde bei der Entscheidung über die Hinzuziehung zu betätigenden **Ermessens auf Null.** Zweifelhaft ist, ob der Bürger in Verfahren hinzugezogen werden muss, die einem Verfahren vorgeschaltet sind, in dem erst mit einer unmittelbaren Beeinträchtigung zu rechnen ist.[188] Insoweit muss es auch bei primär im öffentlichen Interesse liegenden vorgeschalteten Verfahren darauf ankommen, ob der Bürger seine berechtigten Interessen im nachgeordneten Verfahren noch hinreichend wahren kann oder ob der Schutz seiner betroffenen Rechtsposition sich nur durch Beteiligung in dem vorgelagerten Verfahren angemessen bewerkstelligen lässt.[189]

c) Unselbständige Verfahrenshandlungen. Bei unselbständigen Verfah- **68**
renshandlungen ist zu differenzieren: Soweit auf das Verfahren gerichtete behördliche Handlungen, zB Mitwirkungshandlungen anderer Behörden bei mehrstufigen VAen, für die Behörde, vor der das in der Hauptsache anhängige Verfahren stattfindet, **ohne eigene Außenverbindlichkeit** ausgestaltet sind (zB eine Stellungnahme gem § 73 Abs 2 im Planfeststellungsverfahren), sind sie im Verfahren je nach ihrer Art als Ermittlungsergebnisse, Beweismittel oder als einfache Verfahrenshandlungen zu behandeln; auf deren in das Verfahren vor der federführenden Behörde eingebrachte Ergebnisse bezieht sich auch das aus § 28 folgende Recht auf Akteneinsicht. Wenn solche Mitwirkungsakte fehlerhaft sind, etwa weil sie in einem fehlerhaften Verfahren zustande gekommen sind oder dabei wesentliche Aspekte unberücksichtigt blieben, und wenn und soweit solche Mängel im Hauptverfahren nicht behoben werden bzw nicht mehr behoben werden können, haben sie die Fehlerhaftigkeit der daraufhin ergangenen VAe zur Folge (Kopp DÖV 1980, 506). Sind Mitwirkungshandlungen dagegen mit eigener Außenverbindlichkeit ausgestaltet, muss sich der eigenständige Rechtsschutz der Betroffenen auch auf diese erstrecken.

4. Verbands- bzw Vereinsklagerechte a) Naturschutzrecht. Die sog **68a**
Verbandsklage wurde zunächst im Naturschutzrecht eingeführt, weil das Natur-

---

[187] FL 11; 14; MB 4; Bäumler DVBl 1978, 295; BayVBl 1978, 492; Schlüter, Das Zusammenwirken von Verwaltungsbehörden bei Erlass des VA, 99; Brohm VVDStRL 1971, 290 f; Kopp DÖV 1980, 507.

[188] Vgl auch BVerwG DVBl 1981, 1071; ferner BVerwGE 46, 80, wo, offenbar aus ähnlichen Erwägungen, die Anfechtungsklage schon gegen eine bindende Weisung zugelassen wird, die der angewiesenen Behörde keinen Spielraum mehr für eine eigenverantwortliche Entscheidung ließ.

[189] Vgl BVerwG DVBl 1982, 642; Kopp DÖV 1980, 511; ablehnend für den Fall der Genehmigung von Tarifen uä, sofern die Genehmigung ausschließlich der Wahrung öffentlicher Interessen dient, BVerwGE 20, 338; 30, 135; 75, 147; BVerwG DÖV 1978, 618; 1980, 416; VGH München BayVBl 1981, 183; 1986, 13; Fromm DVBl 1969, 670.

schutzrecht typischerweise keine subjektiven öffentlichen Rechte auf Einhaltung der naturschutzrechtlicher Bestimmungen enthält und deshalb eine gerichtliche Kontrolle der Einhaltung der zum Schutz von Natur und Landschaft erlassenen Vorschriften praktisch kaum möglich war. Nachdem die Klagerechte zunächst nur in den Naturschutzgesetzen der Länder enthalten waren, wurde das Klagerecht mit dem BNatSchG 2002 erstmalig bundesrechtlich anerkannt, allerdings im Wesentlichen nur in den eng begrenzten Fällen der **Befreiung von bestimmten Schutzgebieten** (s hierzu näher § 74 Rn 79, 83) und in den Fällen, in denen Vorhaben durch **Planfeststellungsbeschluss mit Eingriffswirkung** zugelassen werden (s näher § 75 Rn 78 ff). Das unmittelbar geltende BNatSchG 2010 hat in § 64 BNatSchG die naturschutzrechtliche Verbandsklage in diesem Umfang beibehalten.

68b **b) Umwelt-Rechtsbehelfsgesetz (UmwRG).** Die naturschutzrechtliche Verbandsklage wird inzwischen weitgehend verdrängt (§ 1 Abs 3 UmwRG) von den Regelungen des UmwRG. Das UmwRG vermittelt anerkannten Umweltverbänden (§ 3 UmwRG) im Rahmen seines in § 1 UmwRG definierten Anwendungsbereichs die Befugnis, Rechtsbehelfe gegen umweltrechtlich relevante Entscheidungen zu ergreifen. Während bisher nur die **Zulassung von UVP-pflichtigen oder UVP-Vorprüfungspflichtigen Anlagen** oder von sonst besonders umweltrelevanten Anlagen angefochten werden konnte (vgl § 1 Abs 1 Nr 1–3 UmwRG), wurde das Anfechtungsrecht durch die Novelle zum UmwRG v 29.5.2017 (BGBl I, 1298) in § 1 Abs 1 Nr 4 UmwRG auf **SUP-pflichtige Pläne und Programme** und in § 1 Abs 1 Nr 5 UmwRG darüber hinaus allgemein auf **alle Verwaltungsakte** (und Verwaltungsverträge) ausgedehnt, **auf die umweltbezogene Rechtsvorschriften zur Anwendung kommen,** sowie in § 1 Abs 1 Nr 6 auf Aufsichts- und Überwachungsmaßnahmen, die der Einhaltung umweltbezogener Rechtsvorschriften dienen. Nachdem die Trianel- und die Altrip-Entscheidung des EuGH bereits zu einer Anpassung des UmwRG geführt hatten,[190] diente die Novelle der weiteren Anpassung an die jüngsten Entscheidungen des EuGH.[191] Besondere Bedeutung haben die Regelungen in § 4 Abs 1 UmwRG, wonach das Fehlen einer notwendigen UVP oder UVP-Vorprüfung sowie vergleichbar schwere Fehler als absoluter Verfahrensfehler eingestuft werden (hierzu § 46 Rn 14), und § 4 Abs 3 UmwRG, wonach (absolute und relative) Verfahrensfehler (§ 4 Abs 1a UmwRG) nicht nur von Umweltverbänden, sondern auch von allen sonstigen Personen gerügt werden können, sofern sie eine Klagebefugnis haben. Die Regelung in § 4 Abs 3 UmwRG vermittelt selbst keine Klagebefugnis, sondern setzt sie voraus.[192]

68c **c) Umweltschadensgesetz (USchadG).** Auch das in Umsetzung der Umwelthaftungs-RL der Union im Jahre 2007 erlassene USchadG enthält für anerkannte Naturschutzverbände in § eine Verbandsklagemöglichkeit. Diese geht über das UmwRG hinaus, als damit auch die Einhaltung der im Gesetz geregelten **Dauerverpflichtungen zur Vermeidung und Sanierung von Umweltschäden** eingeklagt werden kann, die nach der Zulassung eines Vorhabens im Laufe des Betriebs auftreten bzw entstehen. Umweltschäden sind nach § 2 Nr. 1 USchadG Schädigungen von Arten und natürlichen Lebensräumen nach Maßgabe des § 19 BNatSchG, von Gewässern nach Maßgabe des § 90 WHG und schließlich Schädigungen des Bodens durch bestimmte Beeinträchtigungen der Bodenfunktionen nach § 2 Abs. 2 BBodSchG. Besteht die Gefahr eines Umweltschadens, so hat der Verantwortliche nach § 4 USchadG eine Informationspflicht

---

190 EuGHE 2011, I-3673 (Trianel); EuGH, Urt v 7.11.2013, NVwZ 2014, 49.
191 EuGH, Urt v 15.10.2015, NVwZ 2016, 1665 (Kommission ./. Deutschland).
192 HM, vgl BVerwG NVwZ 2012, 573; OVG Schleswig NordÖR 2017, 58.

gegenüber der zuständigen Behörde und nach § 5 USchadG „unverzüglich die erforderlichen Vermeidungsmaßnahmen zu ergreifen". Ist ein Umweltschaden bereits eingetreten, hat der Verantwortliche nach § 6 USchadG Schadensbegrenzungs- und Sanierungsmaßnahmen durchzuführen. Diese Pflichten bestehen grundsätzlich unabhängig von der Art der Zulassung des Vorhabens; eine Legalisierungswirkung von Genehmigung oder Planfeststellung gibt es nur im Rahmen von § 19 Abs 2 BNatSchG; im Übrigen ist **keine Legalisierungswirkung** von Genehmigungen vorgesehen.[193] Die Umweltverbände können nach § 11 USchadG die Einhaltung der Pflichten gerichtlich durchsetzen. Es ist wegen der Regelung in § 10 USchadG allerdings zweifelhaft, ob sich sich die Klagemöglichkeit auch auf die Vermeidungspflichten bezieht.

VII. Modernisierung des Verwaltungsverfahrensrechts

Schrifttum allgemein zur Reform des Verwaltungsverfahrensrechts: *Beirat* Verwaltungsverfahrensrecht beim BMI, Bewährtes Weiterentwickeln, NVwZ 2010, 1078; *Burgi/Durner,* Modernisierung des Verwaltungsverfahrensrechts durch Stärkung des VwVfG, 2011; *Burgi/Schoenenbroicher* (Hg), Die Zukunft des Verwaltungsverfahrensrechts, 2010; *Kahl,* Das Verwaltungsverfahrensgesetz zwischen Kodifikationsidee und Sonderrechtsentwicklungen, in: Hoffmann-Riem/Schmidt-Aßmann, Verwaltungsverfahren und VwVfG, 2002, 67; *ders,* 35 Jahre VwVfG – 35 Jahre Europäisierung des Verwaltungsverfahrensrechts, NVwZ 2011, 449; *Ramsauer,* Stabilität und Dynamik des Verwaltungsverfahrensrechts, FS Schenke, 2011, 1089; *Schneider/Hofmann/Ziller,* Die ReNEUAL Model Rules 2014: Ein Verwaltungsverfahrensrecht für Europa, JZ 2015, 265.

Zum informellen Verwaltungshandeln: *Bohne,* Der informale Rechtsstaat, 1980; *Banner/Reichard* (Hg), Kommunale Managementkonzepte, 1993; *Brohm,* Rechtsvergabe für informelles Verwaltungshandeln, DVBl 1994, 193; *Burmeister/Krebs,* Verträge und Absprachen zwischen der Verwaltung und Privaten, VVDStRL 1993, 190, 248; *Fluck/Schmitt,* Selbstverpflichtungen und Umweltvereinbarungen, VerwArch 1998, S. 220 ff; *Henneke,* 30 Jahre LVwG, 20 Jahre VwVfG – Stabilität und Flexibilität des Verwaltungshandelns, DÖV 1997, 768; *Hoffmann-Riem,* Tendenzen der Verwaltungsrechtsentwicklung, DÖV 1997, 433; *ders,* Verwaltungsrechtsreform – Ansätze am Beispiel des Umweltschutzes, in Hoffmann-Riem/Schmidt-Aßmann/Schuppert (Hg), Reform des Allgemeinen Verwaltungsrechts, 1993, 115; *ders,* Von der Antragsbindung zum konsentierten Optionenermessen, DVBl 1994, 605; *Kellner,* Haftungsprobleme bei informellem Verwaltungshandeln 2004; *Kippes,* Bargaining, Informales Verwaltungshandeln und Kooperation zwischen Verwaltungen, Bürgern und Unternehmen, 1995; *Köpp,* Normenvermeidende Absprachen zwischen Staat und Wirtschaft, 2001; *Kunig,* Verträge und Absprachen zwischen Verwaltung und Privaten, DVBl 1992, 1193; *J. P. Schneider,* Kooperative Verwaltungsverfahren, VerwArch 1996, 38; *Schulte,* Schlichtes Verwaltungshandeln, 1995; *Schramm,* Einseitiges informelles Verwaltungshandeln im Regulierungsrecht, 2016; *Stollmann,* Die Einschaltung Dritter im neuen Städtebaurecht, NuR 1998, 578; *Tomerius,* Informelle Projektabsprachen im Umweltrecht, 1995; *Wallerath,* Kontraktmanagement und Zielvereinbarungen als Instrumente der Verwaltungsmodernisierung, DÖV 1997, 57; *Wolf,* Die Verbindlichkeit im kommunalen Kontraktmanagement, NordÖR 1999, 131.

Zum Neuen Steuerungsmodell: *Bull,* Die Krise der Verwaltungstheorie, VerwArch 2012, 1; *ders,* Neue Steuerungsmodelle als Teil der Verwaltungsreform? in: Ipsen, Verwaltungsreform – Herausforderung für Staat und Kommunen, 1996; *Dahm,* Das Neue Steuerungsmodell auf Bundes- und Länderebene, 2004; *Hill,* Zur Rechtsdogmatik von Zielvereinbarungen in Verwaltungen, NVwZ 2002, 1059; *Jann,* Neues Steuerungsmodell, in: Blanke/v Bandemer/Nullmeier/Wewer, Handbuch zur Verwaltungsreform, 2. Aufl 2001, 82; *Meyer,* Das Neue Steuerungsmodell – Vereinbarkeit mit dem Demokratieprinzip und kommunalverfassungsrechtliche Zulässigkeit, 2001; *Pünder,* Zur Verbindlichkeit der Kontrakte zwischen Politik und Verwaltung im Rahmen des Neuen Steuerungsmodells, DÖV 1998, 63; *J. P. Schneider,* Das Neue Steuerungsmodell als Innovationsimpuls für Verwaltungsorganisation und Verwaltungsrecht, in: Schmidt-Aßmann/Hoffmann-Riem (Hg), Verwaltungsorganisation als Steuerungsressource, 1997, 103; *Wolf,* Die Verbindlichkeit im

[193] Hierzu näher Ramsauer in FS Jarass, 2015, S 359 ff.

kommunalen Kontraktmanagement, NordÖR 1999, 131; *Ziekow,* Der Einfluss des neuen Steuerungsmodells auf das Verwaltungsverfahren und seine gesetzliche Regelung, in: Hoffmann-Riem/Schmidt-Aßmann, Verwaltungsverfahren und Verwaltungsverfahrensgesetz, 2002, 349.

69 **1. Reformbedarf, Reformüberlegungen.** Ein leistungsfähiges Verwaltungsverfahrensrecht muss seine Steuerungsleistungen für eine moderne Verwaltung erbringen. Es muss Regeln bereitstellen, die einerseits eine effektive und zügige Erledigung der Verwaltungsaufgaben zulassen und dafür möglichst angemessene Handlungsformen bieten, andererseits aber auch die im Interesse der Bürger erforderlichen rechtsstaatlichen Sicherungen und Vorkehrungen enthalten. Seiner Steuerungsaufgabe wird das Verfahrensrecht nur gerecht, wenn und soweit es die Verwaltungspraxis auch tatsächlich erfasst, soweit sich diese Praxis also innerhalb des verfahrensrechtlichen Rahmens vollzieht. In den letzten Jahren häufen sich **Forderungen nach durchgreifenden Reformen,** insbesondere auch nach umfangreichen Ergänzungen des VwVfG. Damit sollen einerseits **Anpassungen an die Vorgaben des Unionsrechts** vorgenommen werden,[194] andererseits soll ein Steuerungsbedarf befriedigt werden, der anderenfalls vom Fachrecht bewältigt würde, was zu einer weiteren Verfahrenszersplitterung führen könnte.[195] Weiterer Reformbedarf ergibt sich aus der fortschreitenden Digialisierung der Verwaltung, die angemessene Regelungen für die elektronische Kommunikation, die elektronische Datenverarbeitung und die elektronische Erzeugung von Verwaltungsentscheidungen erfordert.

69a **a) Das VwVfG als lex imperfecta.** Das VwVfG regelt nur einen Ausschnitt des Handelns der Verwaltung; sein Anwendungsbereich ist auf vielfältige Weise begrenzt (s näher oben Rn 47 ff). So finden sich Regelungen nur für diejenigen nach außen wirkenden Verfahrenshandlungen, die zum Erlass eines VA oder zum Abschluss eines öffentlich-rechtlichen Vertrages führen (sollen).[196] Diese Beschränkung hat den Vorteil, dass neue und andere Formen des Verwaltungshandelns sich relativ frei von den engen Fesseln einer durchnormierten Verfahrensordnung entwickeln können; sie hat aber den Nachteil, dass insoweit auf Steuerungsleistungen des VwVfG ganz oder teilweise verzichtet werden muss. Die Entwicklung von Regeln und Grundsätzen, nach denen sich das Verwaltungshandeln außerhalb des VwVfG vollzieht, wird der Verwaltung selbst, der Rspr und der Literatur überlassen. Dabei geht es nicht nur um die Grundsätze und Prinzipien des Verfassungsrechts, an denen sich das Verwaltungshandeln außerhalb des VwVfG messen lassen muss, sondern auch um die Frage, ob und inwieweit die **Regelungen des VwVfG analog** herangezogen werden können. Darüber hinaus beschäftigen sich Wissenschaft und Praxis aber auch mit der Frage, welche materiellen und prozeduralen Vorkehrungen und Regelungen sinnvoll wären, um die Effektivität der Aufgabenerledigung durch die Verwaltung zu steigern (vgl Überblick bei Hoffmann-Riem, DÖV 1997, 433).

69b **b) Reform des VwVfG.** Die Entwicklung im Bereich der Verwaltung hat in den letzten Jahrzehnten eine erhebliche **Dynamik** entfaltet. Auch die verschiedenen Formen von Verwaltungsverfahren sind davon betroffen. Die für das Verwaltungsverfahren geltenden Regelungen sind starken Einflüssen durch das EU-Recht ausgesetzt (s Einf II). Darüber hinaus finden sich mehr und mehr **neuartige Handlungsformen und Handlungsstrukturen,** die nicht mehr ohne weiteres in die überkommene Systematik der Handlungsformen eingeordnet und damit auch vom VwVfG kaum erfasst werden können. Ge-

---

[194] S hierzu die Forderungen von Kahl NVwZ 2011, 449, 454.
[195] S hierzu Burgi/Durner, Modernisierung, S. 20 ff.
[196] Näher Ramsauer FS Schenke, S. 1090.

nannt seien in diesem Zusammenhang nur die diversen Formen informellen Handelns, insbesondere von Vereinbarungen ohne klassische Bindungswirkungen, die Einschaltung Privater in die hoheitliche Aufgabenerledigung, Fragen der öffentlichen Auftragsvergabe, Verfahrensstufung in Planungsprozessen und die Entwicklung einer Regulierungsverwaltung. Das VwVfG kann hierfür derzeit kaum Steuerungsleistungen erbringen. Schon wegen der **Konkordanzgesetzgebung** können Regelungen hier erst getroffen werden, wenn sich ein breiter Konsens erzielen lässt. Das schließt eine kontinuierliche Weiterentwicklung nicht aus.[197]

2. Reformansatz Neues Steuerungsmodell (NSM). a) Allgemeines. In vielen Verwaltungsbehörden wird gegenwärtig der Versuch unternommen, die Handlungs- und Entscheidungsstrukturen effektiver zu gestalten, indem an die Stelle der für die Verwaltung typischen hierarchischen Strukturen ein Neues Steuerungsmodell gesetzt wird.[198] Dieses wird durch eine neue Form der einander korrespondierenden **Aufgaben, Kompetenz- und Verantwortungszuweisungen (AKV-Prinzip)** gekennzeichnet, in der die übergeordneten Instanzen ihre Aufsichtsaufgaben durch ein Controlling wahrnehmen.[199] Kontrolliert wird die Einhaltung von administrativen **Leistungsvereinbarungen,** die zwischen einzelnen Verwaltungseinheiten auf der einen, und den Leitungseinheiten auf der anderen Seite geschlossen werden. Darin werden die Leistungen definiert, die von der Einheit zu erbringen sind, und die finanzielle Ausstattung festgelegt, die dafür zur Verfügung gestellt wird. In der Systematik der Handlungsformen der Verwaltung handelt es sich bei diesen Kontrakten nicht um öffentlich-rechtliche Verträge iSd §§ 54 ff (Wolf NordÖR 1999, 132). Abgesehen davon, dass sie keine außenverbindlichen Rechtsverhältnisse betreffen, fehlt es bei ihnen auch an einer rechtlichen Durchsetzbarkeit außerhalb der Hierarchiestrukturen. Vielmehr sind die Inhalte derartiger Vereinbarungen eher mit Verwaltungsvorschriften vergleichbar (Hill NVwZ 2002, 1059, 1062). 70

b) Probleme des NSM. In der Implementation des Neuen Steuerungsmodells wurde eine große Chance für die Modernisierung und Effektivierung der Verwaltung gesehen.[200] Inzwischen macht sich Ernüchterung breit.[201] Vorteile hätte die mit diesem Modell verbundene **Budgetierung** für die Verwaltungseinheiten, also die Übertragung einer gewissen Kompetenz und Verantwortung bei der Verwaltung von Haushaltsmitteln bringen können.[202] Gerade die Budgetierung ist bisher allerdings nur sehr zögerlich umgesetzt worden. Ob die Einführung des **Kontraktmanagements** die Verwaltung effektiver werden lässt, erscheint zweifelhaft.[203] Die Einführung von Leistungsvereinbarungen (s hierzu § 54 Rn 40g) und die damit verbundene starke Segmentierung der Aufgaben führt zu einer Eingrenzung der Verantwortungsbereiche mit einer Fülle von externen Effekten, die sich – ähnlich wie in der freien Wirtschaft – nur schwer wieder internalisieren lassen. Zudem läuft das Neue Steuerungsmodell 70a

[197] S die Vorschläge bei Burgi/Durner, 2011; Beirat NVwZ 2010, 1078 ff; Ramsauer FS Schenke, S. 1090 f.

[198] Vgl zB Jann, Neues Steuerungsmodell, in Blanke/von Banderner/Nullmeier/Wewer (Hrsg), Handbuch der Verwaltungsreform, 3. Aufl 2005, 82 ff; Zahn NordÖR 1999, 219; Ziekow, Der Einfluss des NSM, 349; ders, Modernisierung des Verfahrensrechts, FS Ule, 2000, 69 ff. Für den kommunalen Bereich s auch www.kgst.de.

[199] Vgl J-P Schneider, Das Neue Steuerungsmodell als Innovationsimpuls für Verwaltungsorganisation und Verwaltungsrecht, in Schmidt-Aßmann/Hoffmann-Riem, Verwaltungsorganisationsrecht als Steuerungsressource, 1997, 103.

[200] Miller LKV 1998, 421; Zahn NordÖR 1999, 219.

[201] Bull VerwArch 2012. 1, 14; Holtkamp, Der moderne Staat 2008, 423.

[202] Hoffmann-Riem DÖV 1999, 221; Böhm NVwZ 1998, 934.

[203] Mandelartz, NVwZ 2006, 996; Quambusch, VR 2006, 153.

der Forderung nach einer stärkeren Vernetzung von Steuerungsleistungen gerade zuwider.

71 **3. Weiterentwicklung der Handlungsformen. a) Schlichtes Verwaltungshandeln.** In den letzten Jahrzehnten hat die Bedeutung des schlichten Verwaltungshandelns in seinen vielfältigen Erscheinungsformen stark zugenommen. Es handelt sich zB um die Versorgung der Bevölkerung mit **Informationen,** etwa Mitteilungen über Vorgänge, Missstände, Verwaltungshandeln, Absichten usw,[204] ferner um Verwaltungshandeln durch **Empfehlungen,** Warnungen, allgemeine Einschätzungen usw. Ferner gibt es inzwischen eine Vielzahl **informeller Planungen und Pläne,** die zwar zumeist vorbereitenden Charakter haben, deren Existenz als solche aber bereits faktische Auswirkungen auf Behörden und Bürger zeitigt. Schließlich geht es um Tathandlungen bzw reale Vorgänge, die dem öffentlichen Recht zuzuordnen sind. Das VwVfG hält für derartiges Verwaltungshandeln keine Regelungen vor (zur analogen Anwendbarkeit oben Rn 50 ff). Im System der Handlungsformen der Verwaltung bleibt meist nur die Möglichkeit, sie als schlichtes Verwaltungshandeln, ggf auch als Realakte einzustufen.[205] Diese Formen des Verwaltungshandelns werfen eine Fülle von rechtlichen Fragen auf, angefangen von der Frage nach dem Erfordernis einer Ermächtigungsgrundlage über die Begründung von Unterlassungs- und Folgenbeseitigungsansprüchen bis hin zu der Frage nach der richtigen Form verwaltungsgerichtlichen Rechtsschutzes.

72 **aa) Erfordernis einer Ermächtigungsgrundlage.** Während das schlichte Verwaltungshandeln lange Zeit nur unter dem Aspekt der Folgenbeseitigung betrachtet wurde, spielt inzwischen auch der Anspruch auf Unterlassung des schlichten Verwaltungshandelns eine Rolle. Damit stellt sich die Frage nach den rechtlichen Voraussetzungen. Das gilt vor allem für die Frage, ob und unter welchen Voraussetzungen es einer Ermächtigungsgrundlage bedarf. Die für das Erfordernis einer Ermächtigung entscheidende Frage ist, **ob in Grundrechtspositionen eingegriffen** wird.[206] Diese Frage lässt sich nur auf Grund einer Bestimmung des Schutzbereichs der betroffenen Grundrechte beantworten. Der Schutz der Grundrechte gegen faktische, nicht regelnd eingreifende Maßnahmen zählt seit vielen Jahren zu den zentralen Fragen des Verfassungsrechts.[207] Liegt eine rechtlich beachtliche Beeinträchtigung einer Grundrechtsposition vor, so ist grundsätzlich eine gesetzliche Ermächtigungsgrundlage erforderlich;[208] es stellt sich aber die Frage, ob und inwieweit auch solche gesetzlichen Regelungen ausreichen, die lediglich die Zuständigkeit für bestimmte Maßnahmen regeln oder nur allgemeine Handlungsmöglichkeiten vorsehen wie zB Presse- oder Öffent-

---

[204] Vgl BVerfG NJW 2002, 2621 (Glykol); 2002, 2626 (Osho); aus der unübersehbaren Literatur Gusy, Verwaltung durch Information, NJW 2000, 977; Schink DVBl 2011, 253; Schulte, Schlichtes Verwaltungshandeln, 1995.

[205] Vgl Maurer § 16; Robbers DÖV 1987, 272; Hermes, Schlichtes Verwaltungshandeln, in: Grundlagen II § 39; Schulte, Schlichtes Verwaltungshandeln, 1995; Ramsauer, Assessorprüfung 35.72; WBSK I § 57 Rn 5 ff.

[206] Vgl hierzu differenzierend neuerdings BVerfG NJW 2002, 2621 (Glykol); 2002, 2626 (Osho); BVerwGE 82, 76 – Jugendsekten; 59, 319 – Transparenzliste; 71, 183 – Ehrkränkende Behauptungen; BVerwG NJW 1992, 1641 – Boykottaufruf; Schink DVBl 2011, 253 zu Warnungen im Lebensmittelrecht; siehe auch WBS II § 57 Rn 20 mwN.

[207] S hierzu bereits Gallwas, Die faktischen Beeinträchtigungen, 1970; Ramsauer, Die faktischen Beeinträchtigungen des Eigentums, 1980; Eckhoff, Der Grundrechtseingriff, 1992; ders, DVBl 1988, 373; Lübbe-Wolff, Grundrechte als Eingriffsabwehrrechte, 1988; Roth, Faktische Eingriffe in Freiheit und Eigentum, 1994; di Fabio JZ 1993, 689.

[208] Vgl zB BVerwGE 82, 76 = NJW 1981, 2272 (Warnung vor Jugendsekten); ähnlich BVerwG NJW 1991, 1770 (Osho-Bewegung); ferner BVerwGE 71, 183 = NJW 1985, 2774 (Arzneimittel-Transparenzliste); BVerwG NJW 1996, 31611 (Stiftung Warentest); weitere Bsp bei Dreier, GG, Vorb. Art. 1, Rn 123 ff.

lichkeitsarbeit.[209] Im Übrigen ist zu prüfen, ob für die fragliche Beeinträchtigung eine **Duldungspflicht** besteht.[210]

bb) Sonstige Rechtmäßigkeitsanforderungen. Anerkannt sind einige weitere Rechtmäßigkeitsanforderungen, denen auch schlichtes Verwaltungshandeln entsprechen muss, wenn es zu Rechtsbeeinträchtigungen führt. Hierzu zählt das Erfordernis der **Zuständigkeit** der handelnden Behörde für das Handeln und die Einhaltung des Prinzips der **Verhältnismäßigkeit.**[211] Weitgehend ungeklärt ist dagegen die Frage, ob und in welchem Umfang auch die Anforderungen des VwVfG, zB einer vorherigen Anhörung (§ 28), erfüllt werden müssen. Diese Frage wird nach der Art des Verwaltungshandelns und **nach dem Beeinträchtigungspotenzial differenziert** beantwortet werden müssen. Soweit mit dem schlicht-hoheitlichen Handeln keinerlei Beeinträchtigung von Grundrechtspositionen verbunden ist, besteht für die Übertragung von Verfahrensgarantien des VwVfG kein Anlass, weil diese Garantien den in seinen Rechten Betroffenen schützen sollen. Allerdings ist die Frage, wann schlicht-hoheitliches Handeln Grundrechtspositionen berührt und deshalb einer Ermächtigung bedarf, nach wie vor schwer zu beantworten. Die insoweit nicht ganz eindeutigen Entscheidungen des BVerfG[212] zu staatlicher Informationstätigkeit haben nicht die erhoffte Klarheit gebracht. Eine analoge Anwendung zB der Regelungen über die Anhörungspflicht in § 28 kommt nur in Betracht, wenn für die handelnde Behörde hinreichend sicher erkennbar ist, dass die beabsichtigten Realakte Rechtspositionen von Privatrechtssubjekten berühren werden, die Anwendung der verfahrensrechtlichen Bestimmungen der Wahrung etwa berührter Rechtspositionen sinnvollerweise dienen können und den Zweck des Handelns nicht gefährden. Zur **Haftung für informelles Verwaltungshandeln** s Kellner, S 165 ff. 73

b) Konsensuales (informelles) Verwaltungshandeln. Einen breiten Raum nehmen im Rahmen des Verwaltungshandelns informelle Absprachen, Agreements, usw ein.[213] Vor allem in komplexeren Verwaltungsverfahren kommt es zwischen einzelnen Bürgern, zB Investoren auf der einen und Behördenvertretern auf der anderen Seite regelmäßig zu Verhandlungen, die allerdings nicht unmittelbar in bindende zB öffentlich-rechtliche Verträge münden, sondern mit Absprachen enden, die keine rechtliche Wirksamkeit entfalten, sondern nur faktische Wirkungen haben (Bsp bei Maurer § 15 Rn 14). 74

aa) Rechtliche Einordnung. Das Verwaltungshandeln im Rahmen informeller Absprachen usw lässt sich naturgemäß nicht ohne weiteres in das System der Handlungsformen der Verwaltung einordnen. Der Begriff des „informellen Verwaltungshandelns" deutet insoweit eine gewisse Hilflosigkeit im rechtsdogmatischen Umgang an. In den meisten Fällen wird es um vorbereitende Absprachen gehen, deren Inhalt sich erst im nachfolgenden formellen Handeln niederschlägt, zB bei der Frage, ob ein VA, der den Inhalt zuvor ausgehandelter informeller Absprachen umsetzt, rechtmäßig ist, ob insb ein darin ausgeübtes Ermessen fehlerfrei ist oder ob ein öffentlich-rechtlicher Vertrag, der auf der Grundlage von informellen Absprachen geschlossen wird, fehlerhaft ist. Die Beantwortung dieser Fragen hängt davon ab, ob bei den informellen Absprachen gewisse rechtsstaatli- 75

---

209 S BVerfGE 105, 252 (Osho), 105, 279 (Transparenzliste); Gröschner DVBl 1990, 619; Schoch DVBl 1991, 667: di Fabio JuS 1997, 1.

210 Vgl zu den Duldungspflichten Ramsauer Assessorprüfung 25.13.

211 Instruktiv VG Berlin NJW 1993, 2548 (Fall Stolpe); Maurer § 15 Rn 12.

212 BVerfGE 105, 252 (Glykol); 105, 279 (Osho).

213 Überblick bei Fehling, Informelles Verwaltungshandeln, in: Grundlagen II, § 38; Schramm, Einseitiges informelles Verwaltungshandeln im Regulierungsrecht, 2016; Schröder NVwZ 1998, 1011.

che Mindestanforderungen erfüllt wurden und bestimmte Grundregeln fairer Verfahrensgestaltung eingehalten wurden.[214] **Normvermeidende Absprachen** zwischen Staat und Wirtschaft gibt es vor allem im Bereich des Umweltrechts.[215] Sie werden zumeist dem Regierungshandeln zuzurechnen sein.

76 **bb) Maßgebliches Verfahrensrecht.** Auf informelle Absprachen und Verhandlungen ist das VwVfG nicht ohne weiteres anwendbar. Das gilt auch für die Gewährung rechtlichen Gehörs usw. Allerdings wird man verlangen müssen, dass **rechtsstaatliche Mindeststandards** eingehalten werden.[216] Dabei ist zu differenzieren zwischen Absprachen während eines anhängigen Verwaltungsverfahrens und solchen, die einem Verwaltungsverfahren vorausgehen. In jedem Falle dürfen informelle Absprachen die rechtsstaatlichen **Bindungen des eigentlichen Verwaltungsverfahrens nicht unterlaufen,** indem die zuständige Behörde zu Lasten einzelner Betroffener in eine „Ratifikationslage gedrängt" wird (Wahl DVBl 1993, 521) und das förmliche Verfahren zu einer „leeren Hülse" wird.[217]

76a **4. Weiterentwicklung im Hinblick auf das Unionsrecht.** Auf Unionsebene wird sein längerer Zeit bereits an der Entwicklung enes **Europäischen Verwaltungsverfahrensgesetzes**[218] gearbeitet, dessen Anwendungsbereich sich allerdings zunächst auf die **Eigenverwaltung** der Union (direkter Vollzug des Unionsrechts, vgl hierzu Einf II Rn 36) beschränken wird. Damit wird aber das ohnehin bestehende „endogene Vereinheitlichungspotential" des Unionsrechts auf dem Gebiet des Verwaltungsverfahrens zusätzliche Schubkraft erhalten. Auch wenn derzeit noch von der **Verfahrensautonomie der Mitgliedstaaten** ausgegangen wird, die den Mitgliedstaaten eine eigene Gestaltungsmacht für das Verwaltungsverfahren auch im Bereich des indirekten Vollzugs von Unionsrecht sichert, werden sich die Mitgliedstaaten auf Dauer einer Harmonisierung ihres Verwaltungsverfahrensrechts nicht entziehen können. Bisher ist diese Entwicklung vor allem durch den EuGH im Rahmen der Forderung nach einer **effektiven Umsetzung des Unionsrechts** (effet utile) auch im Bereich des Verfahrensrechts vorangetrieben worden (s näher Einf II Rn 28a, 40 ff). Es zeichnet sich aber ab, dass die Einflussnahme der Union auf das Verwaltungsverfahrensrechts der Mitgliedstaaten mit der Kodifizierung eines Europäischen Verwaltungsverfahrensrechts weiter zunehmen wird.[219]Das liegt nicht zuletzt an der Weiterentwicklung des **Europäischen Verwaltungsverbundes**, der eine immer stärkere horizontale und vertikale Verflechtung der Verwaltungsebenen von Union und Mitgliedstaaten zur Folge hat (näher Einf II Rn 53).

76b **5. Weiterentwicklung der elektronischen Verwaltung.** Unter dem Stichwort der elektronischen Verwaltung wird derzeit nicht nur die technische Ausstattung der Verwaltung vorangetrieben, sondern auch die Anpassung der verfah-

---

[214] So die hM im Anschluss an BVerwGE 45, 309, 317; vgl Hoffmann-Riem, Verwaltungsrechtsreform, S. 153; Schulze-Fielitz DVBl 1994, 657, 667.

[215] Oster NuR 2008, 845; Leitzke UPR 2000, 361; Henneke NE 1991, 267.

[216] Holznagel/Ramsauer, Mediation im Verwaltungsrecht, Rn 5 ff; Holznagel, Konfliktlösung, 205 ff; s bereits BVerwGE 34, 301; vgl auch WBS II 57 Rn 16: gesetzesfreier, nicht aber rechtsfreier Raum; krit Fehling, Grundlagen II § 38, Rn 69.

[217] Schmidt-Aßmann, Konfliktmittlung in der Dogmatik des deutschen Verwaltungsrechts, in Hoffmann-Riem/Schmidt-Aßmann, Konfliktbewältigung durch Verhandlung, Bd II, 27; zu den Möglichkeiten faktischer Vorausbindungen auch Holznagel/Ramsauer, Mediation im Verwaltungsrecht, Rn 6; Wagner/Engelhardt NVwZ 2001, 370; Holznagel, Konfliktlösung durch Verhandlungen, 214; Schulze-Fielitz DVBl 1994, 657.

[218] S hierzu näher Einf II Rn 37a; Guckelberger NVwZ 2013, 601. S auch Schneider/Hofmann/Ziller, ReNEUAL-Musterentwurf für ein EU-Verwaltungsvefahrensrecht, 2015.

[219] Hierzu auch Schneider/Hofmann/Ziller JZ 2015, 265 ff. (ReNEUAL Model Rules 2014).

rensmäßigen und verfahrensrechtlichen Strukturen **(E-Government).**[220] Hiervon verspricht man sich nicht nur eine Verbesserung der Verwaltungsleistungen, sondern auch eine deutliche Effizienzsteigerung. In vielen Verwaltungen wird bereits mit der sog **elektronischen Akte**[221] gearbeitet; darüber hinaus werden aber überall die Möglichkeiten elektronischer Kommunikation und elektronischer Verarbeitung von Daten genutzt. Diese technologische Entwicklung erfordert es zum einen, die erforderlichen Schutzvorkehrungen auch in der öffentlichen Verwaltung gegenüber **neuen Grundrechtsgefährdungen** zu treffen bzw vorzusehen, zum anderen aber auch, die Abläufe innerhalb der Verwaltung und im Verwaltungsverfahren in einer Weise zu gestalten, die eine Ausnutzung der im der elektronischen Kommunikation und Datenverarbeitung gegebenen Möglichkeiten der Effizienzsteigerung auch tatsächlich erlaubt. Trotz des E-Government-Gesetzes aus dem Jahre 2013 (s § 3a Rn 3 ff) steht diese Entwicklung noch am Anfang.

VIII. Konfliktmittlung (Mediation)

Schrifttum: *Appel,* Privatverfahren, in Grundlagen II § 32 Rn 102 ff; *v Bargen,* Gerichtsinterne Mediation, 2008; *ders,* Mediation im Verwaltungsverfahren nach Inkrafttreten des Mediationsförderungsgesetzes, ZUR 2012, 163; *Benz,* Verhandlungen, Verträge und Absprachen in der öffentlichen Verwaltung, Vw 1990, 83; *Behme,* Rechtliche Grenzen der Konfliktlösung durch Mediation, AnwBl 2017, 16; *Brohm,* Verwaltungsverhandlungen mit Hilfe von Konfliktmittlern?, DVBl 1990, 321; *Caspar,* Schlichten statt Richten – Möglichkeiten und Wege außergerichtlicher Streitbeilegung, DVBl 1995, 992; *Enders,* Anwaltsvergütung im Zusammenhang mit einer Mediation, JurBüro 2013, 169, 225; *Feldmann,* Neue Wege bei der Bürger- und Öffentlichkeitsbeteligung und mehr Transparenz im Umweltbereich, NVwZ 2015, 321; *Gaßner/Holznagel/Lahl,* Mediation, Verhandlungen als Mittel der Konsensfindung bei Umweltstreitigkeiten, 1992; *Guckelberger,* Einheitliches Mediationsgesetz auf für verwaltungsrechtliche Konflikte? NVwZ 2011, 390; *Hellriegel,* Mediation im Umweltrecht, 2002; *Holznagel,* Konfliktlösung durch Verhandlungen, 1990; *Holznagel/Ramsauer,* Förderung der Mediation in Planungsverfahren – Vorschläge zur Überwindung praktischer Probleme, VerwArch 2013, 131; *dies,* Mediation im Verwaltungsrecht, in Haft/Schlieffen (Hg), Handbuch Mediation, 3. Aufl 2015, § 40 (S 921 ff.); *Kaltenborn,* Streitvermeidung und Streitbeilegung im Verwaltungsrecht, 2007; *Kanngießer,* Mediation zur Konfliktlösung bei Planfeststellungsverfahren, 2004; *Köper,* Die Rolle des Rechts im Mediationsverfahren, 2003; *Mehler,* Verknüpfung des Ergebnisses einer Mediation mit der fachplanerischen Abwägung, NVwZ 2012, 1288; *Ortloff,* Vom Gerichtsmediator zum Güterichter im Verwaltungsprozess, NVwZ, 20 012, 1057; *Pitschas,* Mediation als kollaborative Governance, DÖV 2011, 333; *Pünder,* Kooperation statt Konfrontation, Möglichkeiten und Grenzen der Mediation im Planfeststellungsverfahren, Vw 2005, 1; *Ramsauer,* Mediation im Umweltrecht, in Breidenbach/Henssler (Hg), Mediation für Juristen, 1997, S. 161; *ders,* Data Mediation – Ein Weg zu Transparenz und Akzeptanz im Verwaltungsverfahren, in FS Bull, 2011, 1029; *Schneider,* Kooperative Verwaltungsverfahren, VerwArch 1996, 538; *Seok/Ziekow* (Hrsg), Mediation als Methode und Instrument der Konfliktmittlung im öffentlichen Sektor, 2010; *Stüer/Rude,* Neue Aufgabenfelder für Rechtsanwälte? – Mediation im öffentlichen Baurecht, DVBl 1998, 630; *Stumpf,* Alternative Streitbeilegung im Verwaltungsrecht, 2006; *Sünderhauf,* Mediation bei der außergerichtlichen Lösung von Umweltkonflikten in Deutschland, 1997; *Trenczek/Berning/Lenz,* Mediation und Konfliktmanagement, 2013; *Wagner,* Mediation im Städtebaurecht 2013, DVBl 2014, 150; *Wagner/Hehn,* Mediation im öffentlichen Bereich, UPR 2013, 1; *Weiß,* Alternative Streitbeilegung in der Verwaltung des Europäischen Binnenmarktes, DVBl 2014, 553; *Zilleßen,* Umweltmediation, in *Haft/Schlieffen,* Handbuch Mediation, 2. Aufl 2009; *Zimmerer,* Mediation in der bayerischen Verwaltungsgerichtsbarkeit, BayVBl 2014, 129.

1. Begriff der Mediation. Von Konfliktmittlung bzw Mediation spricht 77
man, wenn zur Lösung eines Interessenkonflikts zwischen zwei oder mehreren

[220] Hierzu näher § 3 Rn 3 ff.

[221] Näher Berlit, Elektronische Verwaltungsakten und Verwaltungsgerichtliche Kontrolle, NVwZ 2015, 197.

Personen Verhandlungen unter **Einschaltung eines neutralen Dritten,** eines Konfliktmittlers bzw Mediators ohne eigene Entscheidungsmacht, durchgeführt werden. Die Lösung orientiert sich dabei nicht an den Rechtspositionen, welche die Beteiligten innehaben, sondern an den Interessen der Beteiligten und an ihrer Verhandlungsmacht, die sich nicht nur aus Rechtspositionen, sondern auch aus tatsächlichen Machtpositionen ergeben kann (sog **Bargaining Power**). Ziel ist dabei eine Lösung, die allen Beteiligten zusammen mehr Vorteile bringt als eine gerichtliche Entscheidung des Konflikts (sog **win-win-Situation**). Ökonomisch handelt es sich dabei um eine Steigerung der Allokationseffizienz. Dies lässt sich dadurch erreichen, dass das auf allen Seiten bestehende Problemlösungspotenzial optimal ausgenutzt wird. Während in einem gerichtlichen Verfahren der Konfliktstoff auf die rechtlich relevanten Fragen reduziert wird, kommt es in einem Mediationsverfahren umgekehrt zu einer Erweiterung der Verhandlungsmasse durch Einbeziehung geeigneter Tausch- und Problemlösungspotenziale auf beiden Seiten **(„Vergrößerung des Kuchens“).**[222]

77a **a) Anwendungsfelder.** Das Modell der Mediation als einer Alternative zur rein rechtlichen Bewältigung von Konflikten wurde in den USA entwickelt und dort auch zuerst angewendet und wissenschaftlich begründet. Obwohl die Mediation in den USA verbreiteter ist als in Europa, weil die Konfliktbewältigung dort stärker als eine originäre Aufgabe der Konfliktparteien selbst angesehen wird, hat sich inzwischen auch in Europa eine Mediationskultur herausgebildet.[223] Es hat sich sowohl im Privatrecht, hier insbesondere im Familienrecht (Familienmediation),[224] und im Strafrecht im Rahmen des sog Täter-Opfer-Ausgleich (§ 46a StGB),[225] in jüngerer Zeit aber auch im öffentlichen Recht, hier insbesondere im Umweltrecht[226] bewährt. Wie neuere Untersuchungen zeigen, sind die Einsatzmöglichkeiten gerade im Umweltbereich (sog **Umweltmediation**) besonders vielfältig.[227] Als Prinzip der Konfliktlösung ist die Mediation aber auf nahezu sämtliche Konflikte anwendbar, sofern bestimmte Grundvoraussetzungen erfüllt sind, zu denen vor allem die Bereitschaft der Beteiligten zu einer Verhandlungslösung gehört (s unten Rn 80). Eine besondere Form der Mediation stellt die sog **Data-Mediation** dar, bei der die Konfliktparteien sich nicht über die Lösung eines Konflikts als solchen, sondern nur über bestimmte schwer ermittelbare empirische Grundannahmen einigen, die der Konfliktlösung zugrunde gelegt werden sollen.[228] Diese Form der Konfliktbehandlung kann auch für die vergleichsweise Beilegung von Konflikten in Verwaltungsverfahren fruchtbar gemacht werden.

---

[222] **Beispiel:** In einer Auseinandersetzung zwischen dem Inhaber einer Gaststätte und dem Bewohner der über der Gaststätte befindlichen Wohnung über Lärmbelästigungen wird die in der Nähe befindliche Wohnung des Gastwirts selbst in die Verhandlung einbezogen. Die Beteiligten einigen sich darauf, ihre Wohnungen zu tauschen. Der Gastwirt zieht in die Wohnung über seiner Gaststätte, der gestörte Mieter übernimmt die Wohnung des Gastwirts in der Nähe, Unterschiede in Größe und Erhaltungszustand der Wohnungen werden durch Transfer-Zahlungen ausgeglichen.

[223] Hierzu Ortloff NVwZ 2007, 33; Fritz/Karber/Lambeck (Hg), Mediation statt Verwaltungsprozess? Möglichkeiten und Grenzen außergerichtlicher/gerichtsnaher Streitschlichtung in Europa, 2004.

[224] Mähler/Mähler in Breidenbach/Henssler S. 121.

[225] Vgl Walter/Hassemer/Netzig/Petzold in Breidenbach/Henssler S. 201.

[226] McCormick, The Theory and Practice of Environmental Mediation, in: The En vironmental Professional, 1980, Vol 2, 24; Gassner/Holznagel/Lahl, Mediation; Ramsauer, Mediation im Umweltrecht, in Breidenbach/Henssler S. 161.

[227] S die Untersuchung von Troja/Meurer, Mediation im öffentlichen Bereich, 2004.

[228] S hierzu Ramsauer FS Bull, 2011, S. 1029; Holznagel/Ramsauer, Mediation im Verwaltungsrecht, in Haft/Schlieffen, Handbuch Mediation, 3. Aufl 2016, S 921, Rn 57; Pitschas NVwZ 2004, 396; Ziekow 2004, 390.

b) Gerichtsinterne Schlichtung. Die Gerichte, auch diejenigen in der Verwaltungsgerichtsbarkeit, haben in den letzten Jahren Strukturen aufgebaut, mit denen die Vorteile der Mediation auch während eines bereits anhängigen Prozesses genutzt werden sollen.[229] Dabei haben sich unterschiedliche Modelle der Organisation herausgebildet. Gemeinsam ist den Modellen, dass der reguläre Prozess ausgesetzt wird, wenn sich die Beteiligten zu einer gerichtsinternen Mediation entschlossen haben. Die Sache wird dann einem speziell berufenen Schlichter **(Güterichter)** übergeben, der das Schlichtungsverfahren leitet. Bleibt es erfolglos, wird der Prozess bei dem zuständigen Spruchkörper fortgesetzt. Die zu den gerichtsinternen Verhandlungen eingesetzten Richter werden nach § 9 MediationsG nicht mehr als Mediatoren, sondern eben als Güterichter bezeichnet.[230] Da es sich der Sache nach eher um eine besondere Form der Streitschlichtung bzw von Vergleichsverhandlungen handelt, war die Bezeichnung gerichtsinterner „Mediator" in der Tat nicht glücklich. Der Begriff des „Güterichters" passt allerdings für den hierzu eingesetzten Richter auch nur begrenzt. 77b

2. Rechtliche Regelungen der Mediation. Verfahren und Anwendungsbereiche der Mediation sind nur sehr rudimentär geregelt. Der Grund hierfür liegt darin, dass die Mediation als informellen Verfahren von der freiwilligen Bereitschaft der Konfliktparteien getragen sein muss, sich auf geeignete Weise um eine optimale Bewältigung des Konflikts zu bemühen. Rechtliche Regelungens können da hinderlich sein, weil sie die gebotene Flexibilität des Verfahrens einschränken. Allerdings zeigt sich auch hier eine gewisse Tendenz, jedenfalls Regelungen zu den Rahmenbedingungen der Mediation zu erlassen.[231] 77c

a) Das Mediationsgesetz. Im Jahre 2012 wurde ein Mediationsgesetz erlassen, das auch den Bereich der Verwaltungsmediation erfasst.[232] Nachdem auf der Ebene der EU bereits ein sog Grünbuch der EU über alternative Verfahren zur Streitbeilegung im Zivil- und Handelsrecht herausgegeben worden war und auf Vorschlag der Kommission von einer Vielzahl von Organisationen am 2.7.2004 ein Verhaltenskodex für Mediatoren (Code of Conduct for Mediators) beschlossen worden war,[233] wurden in Deutschland einige wenige überwiegend organisatorische Grundfragen nach längeren Auseinandersetzungen in einem Mediationsgesetz geregelt. In § 1 MediationsG wird die Mediation als „vertrauliches und strukturiertes Verfahren" bezeichnet, bei dem „Parteien mithilfe eines oder mehrerer Mediatoren freiwillig und eigenverantwortlich eine einvernehmliche Beilegung ihres Konflikts anstreben." Die weiteren Bestimmungen des Gesetzes betreffen vor allem die Person des Mediators, seine **Aufgaben und Pflichten** (§§ 2–4 MediationsG) und seine **Aus- und Fortbildung** (§§ 5, 6 MediationsG). Die in § 4 MediationsG geregelte Verschwiegenheitspflicht gilt auch für die Beteiligten, wobei allerdings versäumt wurde, diese Pflicht ausdrücklich auch für die Fälle einzuschränken, in denen die Beteiligten mit einer Veröffentlichung bzw. Weitergabe der Informationen einverstanden sind. Das ist in vielen Fällen der Repräsentanz in Mediationsverfahren unerlässlich. In § 9 MediationsG ist geregelt, dass die ohnehin nicht besonders treffende Bezeichnung „gerichtliche Mediation" nicht mehr weitergeführt wird. 77d

b) Landesrechtliche Regelungen. Soweit ersichtlich hat bisher nur Baden-Württemberg Regelungen getroffen, und zwar zur Umweltmediation. In § 4 77e

---

229 Ausführlich v Bargen, Gerichtsinterne Mediation, 2008, passim.

230 Näher Ortloff, Vom Gerichtsmediator zum Güterichter im Verwaltungsprozess, NVwZ 2012, 1057.

231 Holznagel/Ramsauer VerwArch 2013, 131; dies. in Haft/Schlieffen, Mediation im Verwaltungsverfahren, Handbuch Mediation, 3. Aufl 2016, Rn 4 ff.

232 Mediationsgesetz (MediationsG) v. 21.7.2012 (BGBl I 1577); hierzu näher Jordans MDR 2013, 65.

233 Abgedruckt in ZKM 2004, 148; hierzu auch Ortloff NVwZ 2007, 33, 35.

UVwG BaWü[234] ist vorgesehen, dass die zuständige Behörde in geeigneten Fällen die Durchführung einer Mediation vorschlagen kann.[235] Das UVwG BaWü enthält einige Rahmenregelungen zur Öffentlichkeit und Dokumentation des Verfahrens, belässt aber den Beteiligten glücklicherweise einen weiten Spielraum für eine eigenständige Vereinbarung über die Einzelheiten, die den Besonderheiten des Einzelfalls und der Interessenlage gerecht werden kann.

78 **3. Voraussetzungen der erfolgreichen Konfliktmittlung. a) Bereitschaft der Konfliktparteien.** Alle Personen, die mit eigenen Interessen an einem Konflikt beteiligt sind, müssen zur Teilnahme an der Mediation bereit sein. Es gilt der **Grundsatz der Freiwilligkeit.** Es muss auch möglich sein, alle Betroffenen an dem Verfahren teilnehmen zu lassen. Gruppen von gleichförmig Betroffenen müssen sich ggfs durch Repräsentanten vertreten lassen.[236]

79 **b) Kompromissfähigkeit des Konflikts.** Nicht alle Konflikte eignen sich für eine Mediation. Notwendige Voraussetzung ist ein ausreichendes Gestaltungspotenzial für eine Verhandlungslösung. Fehlt diese, so ist zu prüfen, ob der Gestaltungsrahmen durch Einbeziehung weiterer Verhandlungsgegenstände ausreichend erweitert werden kann (Vergrößerung des Kuchens). Ist der Konflikt dagegen so beschaffen, dass nur eine Seite gewinnen kann (win-lose-decision), so ist die Mediation zur Lösung idR ungeeignet. Das gilt nicht nur für Fälle, in denen die Entscheidungsmöglichkeiten auf ein Entweder-Oder beschränkt sind, sondern auch für solche, in denen jeder Vorteil für die eine nur durch einen Nachteil für die andere Seite erkauft werden muss (Nullsummenspiel). Der Konflikt muss die Möglichkeit zulassen, dass sämtliche am Konflikt beteiligten Seiten das Ergebnis als Erfolg verbuchen können **(win-win-Situation),** also in ihrer Gesamtheit am Ende besser dastehen als bei einer gerichtlichen Entscheidung. Die Kompromissfähigkeit eines Konflikts lässt sich uU dadurch herbeiführen, dass der Umfang der Verhandlungsmasse erweitert wird, wodurch Paketlösungen möglich werden.

80 **c) Ausreichende Verhandlungsanreize.** Alle Beteiligten müssen sich von den Verhandlungen Vorteile versprechen können. Dies setzt voraus, dass die Beteiligten über **Verhandlungsmacht** verfügen, also über materielle oder immaterielle Tauschgüter, die sie im Rahmen von Verhandlungen gegen Zugeständnisse der anderen Seiten eintauschen können. Gerade diese Bedingung ist von großer Bedeutung und wird bei der Forderung nach Verhandlungen im politischen Raum nicht selten unterschätzt. Dabei kommt es nicht darauf an, dass die Verhandlungsmacht aus rechtlichen oder rechtlich geschützten Positionen folgt, auch politischer, tatsächlicher Einfluss auf den Konflikt (zB ein Protestpotential) kann Verhandlungsmacht vermitteln.

81 **d) Bindung an das Verhandlungsergebnis.** Drittens schließlich muss die Möglichkeit bestehen, für die Beteiligten des Konflikts wirkungsvoll eine Bindung an das Verhandlungsergebnis zu erreichen. Dabei geht es zum einen um die **rechtliche Umsetzbarkeit** des Ergebnisses, was vor allem bei verwaltungsrechtlichen Mediationsverfahren zu beachten ist (s unten Rn 84). Zum anderen geht es um die Bereitschaft der Beteiligten, ihr weiteres Verhalten am Ergebnis der Verhandlung zu orientieren, also „den Pakt einzuhalten". Die Konfliktmittlung mündet im Normalfall zwar in eine schriftliche **Abschlussvereinbarung,** aber regelmäßig nicht unmittelbar in bindende vertragliche Regelungen, sondern erfordert eine Umsetzung außerhalb der Mediation zB durch Erlass eines VA,

---

[234] Umweltverwaltungsgesetz, erlassen als Art 1 des Gesetzes zur Vereinheitlichung des Umweltverwaltungsrechts und zur Stärkung der Bürger- und Öffentlichkeitsbeteiligung im Umweltbereich v 25.11.2014 (BWGBl 2014, 592.

[235] Näher zum UVwG BaWü Feldmann NVwZ 2015, 321, 324 ff.

[236] Näher Holznagel/Ramsauer VerwArch 2013, 131.

durch die Rücknahme von Rechtsmitteln, durch Abschluss eines öffentlich-rechtlichen Vertrages oder auf andere Weise.[237] Da das Ergebnis trotz der allgemein üblichen schriftlichen Ratifikation keinen rechtlich bindenden Charakter erhält, sind die Beteiligten auf diese **Bereitschaft zur Umsetzung,** die vom Mediator im Rahmen der nachgeschalteten **Implementationsphase** nur unterstützt, aber von ihm ebenso wenig wie von den übrigen Beteiligten erzwungen werden kann, angewiesen. Die Erwartung der wirkungsvollen Umsetzung eines späteren Verhandlungsergebnisses ist dabei schon Voraussetzung für erfolgreiche Verhandlungen.

4. Formen der Konfliktmittlung. Die klassische Konfliktmittlung zeichnet sich dadurch aus, dass der Konfliktmittler (Mediator) im Rahmen des Verfahrens **keine eigenen Entscheidungskompetenzen** hat. Deshalb handelt es sich weder bei Vergleichsverhandlungen vor den Verwaltungsgerichten, noch bei Verhandlungen im Rahmen von Verwaltungsverfahren oder von Widerspruchsverfahren vor einem Widerspruchsausschuss noch bei den Verhandlungen der personalvertretungsrechtlichen Einigungsstellen (vgl zB §§ 77 ff BPersVG) um Mediation im eigentlichen Sinn. Gleichwohl wird in diesen Konstellationen auch versucht, die Vorteile der Konfliktmittlung auszunutzen.[238] Dies geschieht entweder durch die Einschaltung eines beauftragten Richters (Güterichter) im Einverständnis mit den Beteiligten oder durch die Schaffung einer Mediationsstelle in der Gerichtsverwaltung. Problematisch ist in diesen Fällen ua der Umgang mit den Kosten der Mediation, die zT als Prozesskosten angesehen werden.[239] 82

Grundgedanken der Konfliktmittlung lassen sich auch unmittelbar in Verwaltungsverfahren und im Verwaltungsprozess nutzbar machen. Problematisch ist allerdings dann die Einbeziehung von Gesichtspunkten, die nicht zum Verfahrens- bzw Streitgegenstand gehören. Die Verknüpfung von Gesichtspunkten, die miteinander sachlich an sich nichts zu tun haben, aus Gründen der Streitbeilegung in einem Vergleichsvertrag ist rechtlich problematisch (s zum **Koppelungsverbot** § 56 Rn 16). Gerade hierin liegt aber ein wesentlicher Ansatz der Mediation, die eigentlichen Ursachen eines Konflikts ohne Rücksicht auf rechtliche Bestimmungen aufzudecken, die beteiligten Interessen zu analysieren und die Möglichkeiten einer Einigung durch Einbeziehung des gesamten Konfliktumfeldes zu verbessern (Vergrößerung des Kuchens). 82a

Bei der **Rolle des Konfliktmittlers** wird unterschieden zwischen dem **passiven Mediator,** der lediglich den Verhandlungsprozess zwischen den Beteiligten überwacht und für faire Rahmenbedingungen Sorge trägt, und dem **aktiven Mediator,** der die Verhandlungen ähnlich wie der Vorsitzende in der mündlichen Verhandlung vor einem Gericht leitet und strukturiert. In der Praxis wird der Mediator sein Verhalten den Erfordernissen anpassen. Insoweit ist es sinnvoll, dass sich die Konfliktparteien im Rahmen der Vereinbarung des Mediationsverfahrens auch im Ansatz über die Rolle des Mediators verständigen. Die relative Offenheit des Verfahrens lässt eine feste Vereinbarung der Dramaturgie des Verfahrens idR nicht zu. Anders als zB im Verwaltungsprozess sind die Rollen der Beteiligten im Kommunikationsprozess nicht genau festgelegt. 82b

5. Die Person des Mediators. a) Qualifikation. Das MediationsG knüpft die Zulässigkeit einer Tätigkeit als Mediator bzw. die Übernahme einer Mediation **nicht an eine bestimmte Qualifikation.** Das ist auch konsequent, weil derzeit zwar Mediationsausbildungen angeboten werden, diese aber wegen der 83

---

[237] **AA** offenbar Sünderhauf, Mediation S. 261 ff.

[238] S hierzu etwa Ortloff FS BVerwG 2003, 727.

[239] S hierzu OLG Rostock NJ 2007, 76; OLG Braunschweig MDR 2007, 684; grdsl keine zusätzlichen Rechtsanwaltsgebühren; vgl aber OVG Greifswald NordÖR 2006, 299: zusätzliche Terminsgebühr, dazu v Glasenapp NordÖR 2007, 281.

sehr heterogenen Anforderungen an den Mediator je nach der Eigenart des Konflikts sich nur schwer standardisieren lassen. So sind für die Mediation im Verwaltungsrecht, insbesondere im Umwelt- und Planungsrecht, andere Kenntnisse und Fähigkeiten erforderlich als etwa für die Familienmediation oder den Täter-Opfer-Ausgleich. Deshalb regelt § 5 Abs 1 MediationsG, dass der Mediator in eigener Verantwortung sicherstellen muss, dass er über die erforderlichen Kenntnisse und Erfahrungen verfügen kann, die für die sachkundige Leitung der Mediation erforderlich sind. Sodann führt § 5 Abs 2 MediationsG die Bezeichnung **„zertifizierter Mediator"** ein, die ein Mediator führen darf, wenn er eine entsprechende Ausbildung absolviert hat. Einzelheiten der Ausbildung sollen in einr Rechtsverordnung auf der Grundlage von § 6 MediationsG geregelt werden. Diese Rechtsverordnung ist aber noch nicht erlassen worden.

83a **b) Rechtsnatur. Umstritten** ist die Frage, wie das Handeln des Mediators rechtlich zu qualifizieren ist. Teilweise wird er als **Verwaltungshelfer** angesehen, sein Handeln dementsprechend öffentlich-rechtlich eingeordnet.[240] Richtig dürfte es dagegen sein, im Regelfall ein **privatrechtliches** Handeln des Mediators anzunehmen, weil und soweit ihm keinerlei hoheitliche Befugnisse zukommen:[241] Der Mediator wird auf Grund eines privatrechtlichen Auftrags tätig, er handelt nicht für die Verwaltung, sondern gleichermaßen im Interesse aller Konfliktparteien, ihm fehlt das für Verwaltungshelfer typische Abhängigkeitsverhältnis. Etwas anderes, nämlich **Beleihung,** ist anzunehmen, wenn der Mediator in das Verwaltungsverfahren einbezogen wird, indem ihm zB die Durchführung von Anhörungen und Erörterungsterminen übertragen wird. Mediation ist nach § 2 Abs 3 Nr 4 RDG **keine Rechtsdienstleistung,** sofern der Mediator keine rechtlichen Regelungsvorschläge macht. Für die **Vergütung** von Anwaltsmediatoren gilt § 34 RVG, wonach mangels Gebührenbestimmung auf eine Vereinbarung hinzuwirken ist.[242]

84 **6. Phasenmodell der Konfliktmittlung.** Typischerweise werden bei Aushandlungsprozessen mehrere Phasen unterschieden (hierzu Holznagel, Konfliktlösungen S. 119). Zur **Vorverhandlungsphase** werden die Beauftragung eines Konfliktmittlers (Initiierung der Mediation), die Identifikation und Auswahl der Verhandlungsteilnehmer durch den Mediator und die Festlegung des Verhandlungsrahmens gerechnet. Zu letzterem zählen nicht nur Absprachen über den Gegenstand der Mediation bzw Ausgrenzungen bestimmter Problembereiche, sondern auch die Festlegung der gesamten Verhandlungsmodalitäten, zB Ort und Zeit der Verhandlungstermine, Zeitrahmen, Protokollierung, Öffentlichkeit bzw Informationsarbeit und Verschwiegenheitspflichten.

84a Zu der anschließenden eigentlichen **Verhandlungsphase** gehören sodann die (kooperative) Informationsgewinnung, die kooperative Problemlösungssuche und (im Erfolgsfalle) die Unterzeichnung einer Verhandlungsübereinkunft. In dieser Phase ist die permanente Rückbindung der an den Verhandlungen teilnehmenden Repräsentanten von Interessengruppen von großer Bedeutung, und zwar nicht nur für die Akzeptanz von Verhandlungsergebnissen, sondern auch für die Informationsgewinnung und die kreative Suche nach Lösungen. Die die Verhandlungsphase abschließende Ratifikation des Verhandlungsergebnisses führt nicht zu einer rechtlichen Verbindlichkeit der gefundenen Ergebnisse. Vielmehr ist die Umsetzung der Verhandlungsergebnisse nur auf Grund einer faktischen Bindung der Beteiligten zu erwarten und zu erreichen. Hierzu dient auch die anschließende **Implementationsphase,** in der die Umsetzung durch die Betei-

[240] So etwa Hellriegel S. 120 ff; Battis/Krautzberger/Löhr, BauGB, § 4b Rn 6.

[241] Holznagel/Ramsauer, Mediation im Verwaltungsverfahren, 3. Aufl 2016, Rn 13 ff.

[242] Zum Mediationsantrag näher Bischof/Jungbauer/Bräuer/Curkovic/Mathias/Uher, RVG, 3. Aufl 2009, § 34 Rn 76 ff.

ligten und den Mittler überwacht und ggf kritisch begleitet wird. UU kann auch die Wiederaufnahme von Verhandlungen erforderlich werden, wenn die Implementation auf nicht vorhergesehene Schwierigkeiten stößt.

7. Verhältnis der Mediation zum Verwaltungsverfahren. Soll ein verwaltungsrechtlicher Konflikt im Wege der Mediation bewältigt werden, stellt sich die Frage nach dem Verhältnis des Mediationsverfahrens zum Verwaltungsverfahren. Es werden herkömmlich drei Modelle unterschieden: Die sog vorlaufende Mediation, die dem Verwaltungsverfahren vorgeschaltet ist, die mitlaufende Mediation, die parallel zum Verwaltungsverfahren durchgeführt wird, und die nachlaufende Mediation, die dem Verwaltungsverfahren nachgeschaltet ist. Im Verwaltungsverfahren selbst können zwar Elemente der Mediation aufgegriffen und fruchtbar gemacht werden, es kann aber ebenso wenig wie das verwaltungsgerichtliche Verfahren selbst als Mediationsverfahren ausgestaltet werden. Insbesondere kann weder der Verwaltungsbeamte noch der Verwaltungsrichter die Position des Mediators einnehmen, soweit und solange er selbst im Verwaltungsverfahren bzw im Verwaltungsprozess die verbindliche Entscheidung treffen muss. Es zeichnet den Mediator nämlich gerade aus, dass er selbst in dem Konflikt nicht über eigene Entscheidungsmacht verfügt. Nur dann nämlich kann er erwarten, dass sich die Beteiligten an der Lösung des Konflikts beteiligen können, ohne dass sie ständig die Auswirkungen ihres Handelns auf ihre Rechtsposition für den Fall des Scheiterns der Mediation berücksichtigen. 85

IX. Privatisierung, Rekommunalisierung

Schrifttum: *Appel,* Privatverfahren, in Grundlagen II, § 32; *Appel/Ramsauer,* Einschaltung privater Unternehmer bei de Ausgabe neuer Kfz-Kennzeichen, NordÖR 2012, 375; *Böhme-Neßler,* Privatisierungsbremsen in den Landesverfassungen? LKV 2013, 481; *Britz,* Funktion und Funktionsweise öffentlicher Unternehmen im Wandel, NVwZ 2001, 380; *dies,* Die Mitwirkung Privater an der Wahrnehmung öffentlicher Aufgaben durch Einrichtungen des öffentlichen Rechts, VerwArch 2000, 418; *Budäus/Hilgers,* Mutatis mutandis: Rekommunalisierung zwischen Euphorie und Staatsversagen, DÖV 2013, 701; *Bull,* Privatisierung öffentlicher Aufgaben, VerwArch 1995, 621; *Burgi,* Funktionale Privatisierung und Verwaltungshilfe, 1999; *Erbguth,* Die Zulässigkeit der funktionalen Privatisierung im Genehmigungsrecht, UPR 1995, 369; *Correll,* Probleme der Rekommunalisierung von Energienetzen unter besonderer Berücksichtigung vergabe- und beihilferechtlicher Aspekte, DVBl. 2016, 338, *Franzius,* Der Gewährleistungsstaat, VerwArch 2008, 351; *Glöckner,* Kommunale Infrastrukturverantwortung, 2008; *Gramm,* Schranken der Personalprivatisierung, VerwArch 1999, 329; *Guckelberger,* Die Rekomunalisierng privatisierter Leistungen in Deutschland, VerwArch 2013, 161; *Katz,* Verantwortlichkeiten und Grenzen bei der Privatisierung kommunaler Aufgaben, NVwZ 2010, 405; Kämmerer, Privatisierung, 2001; *Klement,* Auf der Suche nach dem öffentlichen Zweck, Verw 2015, 55; *Klüver,* Zur Beleihung des Sicherheitsgewerbes mit Aufgaben der öffentlichen Sicherheit und Ordnung, 2006; *König,* Privatisierung im Landesorganisationsrecht, DÖV 1999, 322; *Laskowski,* Nachhaltige Wasserversorgung – besser ohne EU-KonzessionsvergabeRL, ZUR 2013, 385; *Reinhardt,* Die Überwachung durch Private im Umwelt- und Technikrecht, AöR 118, 617; *Schladebach/Schönrock,* Privatisierung im Maßregelvollzug, NVwZ 2012, 1011; *Schmidt,* Rechtliche Rahmenbedingungen und Perspektiven der Rekommunalisierung, DÖV 2014, 357; *Schulte,* Gefahrenabwehr durch private Sicherheitskräfte im Lichte des staatlichen Gewaltmonopols, DVBl 1995, 130; *Stamm,* Eisenbahnverfassung und Bahnprivatisierung, 2010; *Staebe,* Das neue Eisenbahnregulierungsgesetz, DVBl 2016, 1564; *Stein,* Privatisierung kommunaler Aufgaben – Ansatzpunkte und Umfang verwaltungsgerichtlicher Kontrolle, DVBl 2010, 563; *Stepanek,* Verfassungsunmittelbare Pflichtaufgaben der Gemeinden, 2014; *Stober,* Privatisierung öffentlicher Aufgaben, NJW 2008, 2301; *Stoll/Lüers,* Stadionverbote: Private Gefahrenprävention und öffentliches Recht, DÖV 2014, 222; *Thiele,* Art 33 Abs 4 GG als Privatisierungsschranke, Der Staat 48, 274; *Unruh,* Kritik des privatrechtlichen Verwaltungshandelns, DÖV 1997, 653; *Voßkuhle,* Beteiligung Privater an der Wahrnehmung öffentlicher Aufgaben und staatliche Verantwortung, VVDStRL 2003, 266; *Zahn,* Modernisierungsansätze und ihre Umsetzung in der Hamburger Verwaltung, NordÖR 1999, 219.

Schrifttum zur Public Private Partnership: *Budäus/Grüning* (Hg), Public private Partnership, 1997; *Haubner,* PPP und das Unionsrecht, 2013; *ders,* Die Auswirkungen des

Almunia-Pakets auf PPP, EuZW 2013, 816; *Hiller,* Öffentlich-private Partnerschaften zur Finanzierung traditioneller Kultureinrichtungen in Deutschland, 2014; *v Holt/Koch,* Gemeinnützige GmbH, 2015; *Kment,* Die Einbindung Privater bei der Verwlrklichung von Infrastrukturprojekten, VerwArch 2012, 43; *Reichard/Schröter* (Hg), Zur Organisation öffentlicher Aufgaben, FS Röber 2013; *Reit,* PPP und materielle Privatisierung kommunaler Krankenhäuser im Lichte der Investitionskostenfinanzierung, 2013.

86 **1. Allgemeines.** Über Jahrzehnte hinweg hat die öffentliche Hand immer mehr Aufgaben übernommen, vor allem in den Bereichen der Leistungsverwaltung und im Wirtschaftsverwaltungsrecht. Dieser Trend wurde in den achtziger Jahren des letzten Jahrhunderts abgelöst. Zunehmend war von einer Überforderung der öffentlichen Hand und ihrer Finanzkraft die Rede. Im Zuge der Europäisierung mussten zudem Märkte auch auf Gebieten geöffnet werden, auf denen Leistungen bis dahin durch die öffentliche Hand erbracht worden waren. **Ordnungspolitisch** wurde eine Privatisierung mit der Begründung verlangt, der Staat habe sich zu weit in den gesellschaftlichen Bereich ausgedehnt und Aufgaben an sich gezogen, die dem Spiel der gesellschaftlichen Kräfte überlassen werden bzw bleiben sollten. **Verwaltungspolitisch bzw verwaltungswissenschaftlich** wurde eine Privatisierung mit der Begründung verlangt, die Erledigung der Aufgaben durch die Verwaltung sei zu teuer, zu langsam, zu unflexibel, zu bürokratisch und zu wenig bürgerorientiert (Hoffmann-Riem AöR 1994, 590).

86a Inzwischen ist **Ernüchterung** eingekehrt. In vielen Fällen haben sich die mit der Privatisierung von Leistungen verbundenen Hoffnungen und Erwartungen nicht erfüllt. Insbesondere in der Bevölkerung hat sich gegen weitere Privatisierungen Widerstand formiert, der in einigen Bereichen auch auf spektakuläre Weise erfolgreich war.[243] Auch auf Länderebene wurde der Versuch unternommen, weitere Privatisierungen zu begrenzen.[244] Schließlich hat sich auch der Pivatisierungsdruck seitens der Union verringert, weil der EuGH inzwischen vermehrt zwingende Gründe des überwiegenden öffentlichen Interesses als Einschränkung von Grundfreiheiten anerkennt.[245]

86b Inzwischen hat sich der Trend sogar umgekehrt. Mehr und mehr ist von **Re-Kommunalisierung** die Rede und davon, dass die öffentliche Hand viele Aufgaben verlässlicher und letztlich auch nicht teurer erledigen als private Anbieter, die starkem Konkurrenzdruck ausgesetzt seien und sich vornehmlich um die lukrativen Marktsegmente kümmerten.[246] Insbesondere die örtliche **Energieversorgung** wird von den Kommunen verstärkt rekommunalisiert. Dabei stellen sich allerdings erhebliche rechtliche und organisatorische Fragen, weil das Recht der **Konzessionsvergabe** auch für den Fall Geltung beansprucht, dass die Leistungen von einem kommunalen Versorgungsbetrieb übernommen werden sollen.[247] Zur Konzessionsvergabe s auch oben Rn 53e.

86c **a) Verwaltungsaufgaben, Aufgabenkritik.** Der Begriff der Verwaltungsaufgaben ist zu unterscheiden von dem allgemeineren Begriff der öffentlichen Aufgaben und der Staatsaufgaben.[248] Für die Verwaltungsaufgaben hat sich eine relativ flexible Definition durchgesetzt, nach der alle Angelegenheiten erfasst

---

[243] Zur öffentlichen Wasserversorgung näher Laskowski ZUR 2013, 385 mit der Darstellung der Verhinderung der Einbeziehung in die EU-KonnzessionsvergabeRL.

[244] Zu Pivatisierungsbremsen in den Landesverfassungen am Beispiel der Freien Hansestadt Bremen näher Böhme-Neßler LKV 2013, 481.

[245] EuGH EuZW 2014, 61 zur Energieversorgung, hierzu Klement EuZW 2014, 57.

[246] Zur Rekommunalisierung näher Schmidt DÖV 2014, 357; Guckelberger VerwArch 2013, 161; Budäus/Hilgers DÖV 2013, 701.

[247] Hierzu OVG Lüneburg NordÖR 2014, 30; hierzu Thomas RdE 2014, 46. S hierzu auch Holznagel NordÖR 2014, 301.

[248] Vgl Bull, Die Staatsaufgaben nach dem GG, 2. Aufl 1977, 43; ders, VerwArch 1995, 621; Ossenbühl VVDStRL 1971, 137; Bauer VVDStRL 1994, 249.

werden, die der Verwaltung durch Rechtssatz übertragen oder von ihr in rechtlich zulässiger Weise wahrgenommen werden.[249] Es werden danach also die durch Gesetz zugewiesenen unterschieden von denen, derer sich die Verwaltung im Rahmen der Gesetze gewissermaßen von sich aus annimmt. Soweit Gesetze nicht entgegenstehen, hat die Verwaltung hier einen eigenen Gestaltungsspielraum, der allerdings idR von der Zuweisung von finanziellen Mitteln im jeweiligen Haushaltsplan abhängt.

b) Erfüllungsverantwortung und Gewährleistungsverantwortung. Die Privatisierung von Verwaltungsaufgaben darf grundsätzlich nicht dazu führen, dass Verwaltungsaufgaben, deren Erfüllung bzw Sicherstellung aus rechtlichen Gründen nicht unterbleiben darf, nicht mehr in angemessenem Umfang erledigt werden.[250] **Rechtspflichten zur Erfüllung oder Sicherstellung** von bestimmten Verwaltungsaufgaben können sich aus der Verfassung, aber auch aus dem einfachen Gesetzesrecht ergeben.[251] Soweit die öffentliche Hand also die Erledigung von Verwaltungsaufgaben in zulässiger Weise ganz oder teilweise Privatleuten überlässt, muss sie auch durch organisatorische Vorkehrungen sicherstellen, dass die Leistungen weiterhin in einem angemessenen Umfang erbracht werden (BVerwGE 123, 159 – Fernwärme). Dieser Gewährleistungsverantwortung kann sich die Verwaltung nur dann entschlagen, wenn die weitere Erbringung der Leistungen zu angemessenen Bedingungen kein rechtliches Gebot ist.[252] Ob letzteres der Fall ist, lässt sich nicht immer leicht beantworten.[253] 87

2. Formen der Privatisierung von öffentlichen Aufgaben. Zumeist werden drei Privatisierungsbegriffe unterschieden, die formelle oder **Organisationsprivatisierung,** die **funktionale Privatisierung** und die materielle oder **Aufgabenprivatisierung.**[254] In der Praxis kommen allerdings Mischformen vor, einschließlich verschiedener Formen der Kooperation zwischen der Verwaltung und Privaten (Schoch DVBl 1994, 962 ff). Keine Rolle spielt in diesem Zusammenhang die sog **Vermögensprivatisierung,** bei der idR Grundvermögen und Beteiligungen an Wirtschaftsunternehmen der öffentlichen Hand auf Private übertragen wird. Diese Form der Privatisierung hat nicht nur nach der Vereinigung durch die Treuhandanstalt stattgefunden (s hierzu näher Kopp/Schenke § 40 Rn 30b), sondern ist auch im Übrigen in großem Stil betrieben worden (vgl BT-Dr 12/6889; StBS § 1 Rn 113). Als Beispiele mögen insoweit die Ausgabe von Volksaktien im Rahmen der teilweisen Vermögensprivatisierung von VW oder Veba gelten oder der in der Vergangenheit in vielen Kommunen durchgeführte Verkauf von Stadtwerken.[255] 87a

a) Organisationsprivatisierung. Bei der (formellen) Organisationsprivatisierung ändert die öffentliche Hand die Form der Aufgabenerledigung und wählt eine privatrechtliche Form, ohne aber die Aufgabe als solche aufzugeben. Als privatrechtliche Formen kommen neben der privatrechtlichen Ausgestaltung der 87b

---

[249] Ehlers, Verwaltung in Privatrechtsform, 1984, 200; Peine DÖV 1997, 355; Bauer VVDStRL 1994, 250.

[250] Katz, NVwZ 2010, 405; Knauff, DÖV 2009, 581.

[251] Zu den Erscheinungsformen der sog Gewährleistungsverantwortung Schulze-Fielitz in Grundlagen II § 12 Rn 158 ff; Franzius VerwArch 2008, 351; Burgi, Funktionale Privatisierung, 320 ff; Kaemmerer, Privatisierung, 474 ff (Privatisierungsfolgenrecht).

[252] Weiß, Privatisierung und Staatsaufgaben, 2002.

[253] Vgl BVerwG NVwZ 2009, 1305 (Offenbacher Weihnachtsmarkt); hierzu auch VGH Kassel LKRZ 2010, 184.

[254] Vgl StBS § 1 Rn 101; Bauer VVDStRL 1994, 251; Überblick bei König DÖV 1999, 322; Schoch DVBl 1994, 962.

[255] Auch der Verkauf der HEW in Hamburg an Vattenfall gehört hierher. Siehe hierzu näher Kommission ABl Nr C 140 vom 12.5.2001 S. 13 (Vattenfall/HEW).

Nutzungsverhältnisse öffentlicher Einrichtungen[256] vor allem **privatrechtliche Organisationsformen** in Betracht, also zB die Form einer AG, GmbH oder andere rechtlich selbständiger privater Eigengesellschaften.[257] In diesen Fällen wird die Verwaltungsleistung nach wie vor von der öffentlichen Hand erbracht, die dem Bürger lediglich in der Form einer privatrechtlich organisierten Gesellschaft bzw Einrichtung gegenübertritt. Hier ist zwar die **Handlungsform privatrechtlich,** die öffentliche Hand muss aber die Verwaltungsaufgaben dem Bürger gegenüber durch ihre Organisationen weiterhin erfüllen. Problematisch sind die Fälle, in denen an diesen Gesellschaften neben der öffentlichen Hand auch private Unternehmen beteiligt sind.

87c **b) Funktionale Privatisierung.** Wenn die öffentliche Hand sich im Zuge der Erledigung ihrer Aufgaben teilweise privater Personen oder Unternehmen bedient, ist von funktionaler Privatisierung die Rede.[258] Diese Bezeichnung ist jedenfalls für diejenigen Fälle irreführend, in denen die eingeschalteten Privaten als Beliehene oder als **Verwaltungshelfer** tätig werden,[259] weil deren Handeln herkömmlich dem öffentlichen Recht zugeordnet wird.[260] Das gilt zunächst einmal für die Fälle der **Beleihung,**[261] weil der Beliehene in eigenem Namen Hoheitsmacht ausübt (s hierzu § 1 Rn 58), aber nach zutreffender hM auch für den Verwaltungshelfer. In den zuletzt genannten Fällen handelt der Verwaltungshelfer als verlängerter Arm der Verwaltung und tritt dem Bürger idR nicht in eigenem Namen gegenüber. Das Handeln bleibt deshalb insgesamt öffentlichrechtlich; es gelten die Grundsätze der Amtshaftung. Anders als bei der Beleihung bedarf es zur Einschaltung von Verwaltungshelfern idR **keiner gesetzlichen Ermächtigung,** weil die Maßnahmen insgesamt im Verantwortungsbereich der Verwaltung verbleiben. Um eine Privatisierung würde es sich dann handeln, wenn die Handlungsbeiträge des Verwaltungshelfers privatrechtlich eingestuft würden.[262] Zur Verwaltungshilfe näher § 1 Rn 58 ff.

88 **c) Materielle Privatisierung.** Die eigentliche Form der Privatisierung ist die (materielle) Aufgabenprivatisierung, bei der die Verwaltung auf die Wahrnehmung einer Aufgabe gänzlich verzichtet und die Erledigung der Privatwirtschaft überlässt. Geht es um eine Verwaltungsaufgabe, die der Verwaltung durch Gesetz übertragen wurde, so bedarf die Aufgabenprivatisierung einer **gesetzlichen Grundlage,**[263] im Übrigen spielt die Frage eine Rolle, in welchem Umfang die öffentliche Hand auf die Rahmenbedingungen für die Betätigung der Privatwirtschaft in dem privatisierten Bereich Einfluss nehmen muss und ggfs auch eine Art Garantenstellung behält. Umfang und Grenzen dieser sog Letztverantwortung des Staates für bestimmte Bereiche ergeben sich zumeist aus höherrangigem Recht, insbesondere aus Verfassungsrecht.[264] Geht es materiell um die Erfüllung einer öffentlichen Aufgabe,[265] so

---

256 Hierzu Ehlers DVBl 1986, 912; v Danwitz JuS 1995, 1.

257 Britz NVwZ 2001, 380; König DÖV 1999, 322, 327; v Danwitz JuS 1995, 1.

258 Burgi; Funktionale Privatisierung und Verwaltungshilfe, 1999.

259 Zum umstrittenen Begriff des Verwaltungshelfers Appel/Ramsauer NordÖR 2012, 375; WBSK II § 91 Rn 24; Bull/Mehde § 26 Rn 1110; Schulze-Fielitz in Grundlagen I, § 12 Rn 104 f; Detterbeck § 5 Rn 194; Ziekow § 40 Rn 365 ff.

260 Ehlers in: Schoch, § 40 Rn 427 ff; WBSK I § 91 Rn 3; Schulze-Fielik in Grundlagen I, § 12 Rn 104 ff.

261 Zur Beleihung im Maßregelvollzug s BVerfG NVwZ 2012, 1033; hierzu Schladebach/Schönrock NVwZ 2012, 1011.

262 So Burgi, Funktionale Privatisierung, § 6 I (S. 153 ff); ihm folgend Appel, Grundlagen II § 32 Rn 45.

263 Vgl StGH Bremen NordÖR 2002, 60; für die Beleihung; s auch StBS § 1 Rn 109.

264 Erbguth UPR 1995, 378; Peine DÖV 1997, 355; Gramm VerwArch 1999, 329.

265 Zum Aufgabenbegriff näher DiFabio JZ 1999, 585. Wohl zu weitgehend BVerwG NVwZ 2009, 1305; VGH Kassel LKRZ 2010, 164 (Offenbacher Weihnachtsmarkt).

trifft die öffentliche Hand eine Gewährleistungsverantwortung,[266] der etwa durch Regulierung der privaten Aufgabenerfüllung entsprochen werden kann.

3. Verwaltungskooperation. a) Allgemeines. In vielen Bereichen erledigt die Verwaltung die ihr übertragenen öffentlichen Aufgaben inzwischen in Kooperation mit privatrechtlichen Unternehmen. Diesen wird die Erfüllung von bestimmten Teilaufgaben übertragen. Teilweise werden auch ganze Aufgabenbereiche privatrechtlichen Unternehmen weitergegeben. So wird die **Ersatzvornahme** beim Abschleppen von verbotswidrig abgestellten Pkw regelmäßig durch die Einschaltung eines privaten Abschleppunternehmens durchgeführt; immer mehr Kommunen haben zB die gesamte Nutzung öffentlicher Wegeflächen zu Werbezwecken privaten Werbeunternehmern übertragen, die ihrerseits dann gegen Entgelt gleichsam Werberechte an Interessenten vergeben. Die Zulässigkeit derartiger **Werbenutzungsrahmenverträge** ist umstritten.[267] Sie ist ohne spezielle Ermächtigung, wie sie in einigen Landeswegegesetzen enthalten ist (zB § 19 Abs 5 HWG), rechtlich problematisch (s auch § 54 Rn 36b). 89

Im Bereich der Verwaltungskooperation sind derzeit noch viele Fragen ungeklärt. Das gilt nicht nur für die Frage, wann die eingeschalteten Unternehmen öffentlich-rechtlich und wann sie privatrechtlich handeln (nach BGHZ 121, 164 = NJW 1993, 1258 handeln Abschleppunternehmer öffentlich-rechtlich als „Werkzeuge“ der Verwaltung), sondern auch für die Frage nach der **Rechtsnatur der Kooperationsverträge** sowie nach der Pflicht der öffentlichen Hand, sich entscheidende **Einflussmöglichkeiten** auf das Handeln der privaten Kooperationsunternehmen zu erhalten. Die Diskussion über diese Fragen wird derzeit lebhaft geführt.[268] Grundsätzlich wird man von einer **privatrechtlichen Tätigkeit der eingeschalteten Unternehmen** auszugehen haben, es sei denn, es liegt ein Fall der **Beleihung,** was eine gesetzliche Grundlage erfordert, oder der Tätigkeit als **„Werkzeug“** der Verwaltung vor, was nur bei fehlendem eigenen Entscheidungsspielraum angenommen werden kann (näher § 1 Rn 64). Grundsätzlich wird auch die Verantwortung für die ordnungsgemäße Erfüllung öffentlicher Aufgaben auch in den Kooperationsverhältnissen bei der öffentlichen Hand bleiben.[269] Teilweise wird allerdings auch von einer **Verantwortungsteilung** gesprochen, was jedenfalls insoweit missverständlich ist, als die privaten Partner für die Erfüllung der öffentlichen Aufgabe als solche keine Verantwortung übernehmen. Ihr Ziel ist vielmehr die Verfolgung privatwirtschaftlicher Interessen; hierzu gehen sie Kooperationsverhältnisse ein, in deren Verlauf sie vertragliche Pflichten zu erfüllen haben. 89a

b) Public Private Partnership. Ein Teil der Fälle von Kooperation zwischen Verwaltung und Privaten wird heute unter dem Begriff der Public Private Partnership (PPP, teilweise auch als ÖPP bezeichnet) diskutiert. Der Begriff ist nach wie vor unscharf. Er erfasst Fälle des Zusammenwirkens von Verwaltung und privaten Rechtssubjekten im Rahmen der öffentlichen Aufgabenerledigung auf vertraglicher Grundlage.[270] Da vor allem die Kommunen bei der Erfüllung der 89b

---

266 Zur Gewährleistungsverantwortung s Schoch NVwZ 2008, 241; s bereits Wahl DVBl 1993, 517, 519).

267 Die Zulässigkeit bejahend VGH Mannheim NVwZ 1998, 652; OVG Lüneburg OVGE 44, 500; sie zu Recht verneinend OVG Lüneburg NVwZ-RR 1993, 393; bestätigt durch BVerwG NVwZ-RR 1995, 129, Friedrich, BauR 1996, 504, 505.

268 Vgl nur Appel in Grundlagen II § 32 Rn 74 ff; Kaemmerer, Privatisierung, 377; Burgi, Funktionale Privatisierung, passima; Hoffmann-Riem DÖV 1997, 433; Gersdorf, Öffentliche Unternehmen im Spannungsfeld zwischen Demokratie- und Wirtschaftlichkeitsprinzip, 2000, 237 ff; Ehlers JZ 1987, 218, 227; Mehde VerwArch 2002, 561, 577.

269 Mehde VerwArch 2002, 561, 579; Becker, Die Erfüllung öffentlicher Aufgaben durch gemischtwirtschaftliche Unternehmen, 1997, 122 ff; Appel in Grundlagen II, § 32 Rn 77.

270 S hierzu die Ziekow/Windoffer, Public Private Partnership, 2008; Mehde VerwArch 2000, 540; Bauer DÖV 1998, 89; Bös/Schneider, ZGR 1996, 519; Ziekow,

Aufgaben der Daseinsvorsorge häufig überfordert sind, das notwendige Know How und die modernen Technologien und Verfahren bereitzustellen, müssen sie sich immer häufiger private Partner suchen, die darüber verfügen. Aber auch im Bereich der Verkehrsinfrastruktur, im Bildungswesen und im Gesundheitswesen kommt es immer häufiger zu Kooperationen.[271] Grundsätzlich sind diese **Partnerschaften privatrechtlich** zu beurteilen. Systematisierend werden unterschiedliche Modellformen von PPPs unterschieden, so etwa das sog **Betriebsführungsmodell,** im Rahmen dessen ein Privater Einrichtungen des öffentlichen Auftraggebers auf dessen Risiko und Rechnung in dessen Namen betreibt (zB Betriebsführung einer städtischen Krankenkasse) oder das **Betreibermodell,** bei dem ein Privater Planung, Entwicklung, Bau oder Betrieb einer öffentlichen Einrichtung übernimmt (Vgl WBS § 92 Rn 24; Huck/Müller § 54 Rn 40). Ein rechtlicher Regelungsrahmen für PPP ist bisher nicht kodifiziert, wäre aber aus Gründen der Rechtssicherheit insb hinsichtlich der sektorspezifischen Zulässigkeit von PPP wünschenswert.[272]

90 **4. Rechtliche Grenzen und Rahmenbedingungen der Privatisierung.** Im Rahmen der Privatisierungsdiskussion sind nahezu sämtliche Verwaltungsaufgaben bzw Verwaltungsaktivitäten in Betracht gezogen worden. Die rechtlichen Möglichkeiten und Voraussetzungen einer Privatisierung sind sehr unterschiedlich, je nach dem, um welche Aufgaben es sich handelt und wie deren Erledigung rechtlich geregelt ist. Im Vordergrund der Diskussion stehen Bereiche der Leistungsverwaltung, wie zB der Krankenhausbereich (vgl Bieback VSSR 1998, 177), die Abwasser- und Abfallentsorgung (vgl §§ 20 ff KrWG; hierzu Schoch DVBl 1994, S. 1 ff), aber auch der Bereich des Verkehrswegebaus[273] und der Bereich der Umweltüberwachung (Rehbinder UTR 1994, 23 ff; Wagner NVwZ 1995, 1046). Hier ist vor allem das Umweltauditgesetz (UAG) v 7.12.1995 (BGBl I S. 1591) zu nennen.[274]

91 **a) Verfassungsrechtliche Grenzen.** Verfassungsrechtliche Grenzen für Privatisierungen bestehen nur in relativ geringem Umfang. Ein allgemeines Gebot, öffentliche Aufgaben durch die Öffentliche Hand oder sogar in den Formen des öffentlichen Rechts zu erledigen, enthält das GG nicht. Auch der **Funktionsvorbehalt** des Art 33 Abs 4 GG garantiert nach hM keinen bestimmten Bestand von Verwaltungsaufgaben, die von Beamten zu erfüllen wären.[275] Gleiches gilt für die Kompetenzregelungen der Art 83 ff GG (Schoch, Privatisierung, S. 48). Auch die grundlegenden Prinzipien des Verfassungsrechts, wie etwa das Demokratieprinzip, das Rechtsstaatsprinzip oder das Sozialstaatsprinzip garantieren keine öffentlich-rechtliche Form der Aufgabenerledigung (Peine DÖV 1997, 356; Gusy ZRP 1998, 265; ferner Schulze-Fielitz DVBl 1994, 657; Brohm DVBl 1994, 133). Zur Bedeutung der Aufrechterhaltung einer wirksamen parlamentarischen Kontrolle Gusy ZRP 1998, 265.

(Hg) PPP-Projekte, Probleme, Perspektiven, 2003, 25 ff; Kaemmerer, 56; Gersdorf JZ 2008, 831.

[271] S hierzu Bloeck KommunalPraxis spezial 2007, 60; Roth NVwZ 2007, 301; Findeisen/Backhaus NWVBl 2007, 93.

[272] Gersdorf JZ 2008, 831. Schmitz NVwZ 2000, 1238, 1241.

[273] Vgl hierzu die Gründung der Deutsche Einheit Fernstraßenplanungs- und Baugesellschaft mbH (DEGES); hierzu Stehlin, Einschaltung privatrechtlich organisierter Verwaltungseinrichtungen in die Verkehrswegeplanung, 1997, ferner Grupp DVBl 1994, 140; Steiner NJW 1994, 3150.

[274] Vgl hierzu Ewer/Lechelt/Theuer, Handbuch Umweltaudit, 1998; Dolde/Velter NVwZ 1995, 943; Kloepfer NuR 1993, 353; Lübbe-Wolff NuR 1996, 217; Kothe, Das neue Umweltauditrecht, 1996.

[275] Ossenbühl VVDStRL 29, 137, 162; Schoch, Privatisierung, 48; Peine DÖV 1997, 356; einschränkend Gramm, VerwArch 1999, S. 329, 332.

b) Einfachgesetzliche Grenzen. Soweit Verwaltungsaufgaben nicht durch Gesetz bzw untergesetzliche Rechtsnormen der Verwaltung übertragen worden sind, kann eine materielle Privatisierung grundsätzlich auch ohne besondere gesetzliche Grundlage erfolgen. Es liegt gewissermaßen ein Verzicht der Verwaltung auf von ihr im Rahmen ihres Ermessens übernommene Aufgaben vor. Im Übrigen ist danach zu differenzieren, welche Regelungen das Gesetz der Verwaltung im Hinblick auf die Erledigung der übertragenen Aufgaben vorgibt (vgl hierzu näher Bauer VVDStRL 1994, 255). 92

5. Privatisierung von Bahn und Post. Beispiele für partielle Organisations- und Aufgabenprivatisierungen bieten die Bahn- und Postreformen. Aus ehemaligen Sondervermögen des Bundes wurden privatrechtliche Gesellschaften in der Hand des Bundes gebildet, die ihre Dienstleistungen nunmehr überwiegend in privatrechtlicher Form erbringen. In der öffentlich-rechtlichen Verwaltung verblieben sind eine Reihe von Aufgaben, die zumeist nicht von den neu gebildeten Aktiengesellschaften selbst erfüllt werden. 93

a) Privatisierung von Postdienstleistungen. aa) Organisationsprivatisierung. Als Nachfolgerin der Reichspost wurde 1947 zunächst die Deutsche Post gegründet. Im Jahr 1950 wurde daraus die Deutsche Bundespost als ein nicht rechtfähiges Sondervermögen des Bundes eingerichtet worden, an dessen Spitze der Bundespostminister stand. Sie hatte zunächst nicht nur das Monopol im Bereich der Brief- und Paketdienste (gelbe Post), sondern auch auf dem Gebiet der Telekomnunikation (graue Post). Darüber hinaus betrieb die Deutsche Bundespost Bankgeschäfte und bot Postverkehrsdienstleistungen an. Die Leistungen wurden sämtlich in öffentlich-rechtlicher Form erbracht; für die Leistungen wurden Gebühren erhoben. Anfang der 90er Jahre wurde die Deutsche Bundespost organisatorisch in drei Bereiche aufgespalten (Post, Postbank, Telekom). Die Privatisierung wurde mit dem durch G v 30.8.1994 (BGBl I 2245) neu eingefügten Art 87 f GG eingeleitet, der vorsieht, dass der Bund im Bereich des Postwesens und der Telekommunikation zwar flächendeckend eine ausreichende und angemessene Versorgung zu gewährleisten hat, dass aber die hierauf bezogenen Dienstleistungen als privatrechtliche Tätigkeit durch die aus dem Sondervermögen Deutsche Bundespost hervorgegangenen Unternehmen (Deutsche Post AG, Deutsche Telekom AG und Postbank AG) und auch durch andere private Anbieter erbracht werden (Art 87 f Abs 2 GG). Die in Art 143b GG vorgesehene Umwandlung erfolgte durch das Postumwandlungsgesetz v 14.9.1994 (BGBl I 2339). Dadurch wurde die bis dahin als Sondervermögen des Bundes bestehende Deutsche Bundespost mit Wirkung v 1.1.1995 in mehrere Aktiengesellschaften umgewandelt. Die Monopolstellung für bestimmte Dienstleistungen blieb für eine Übergangszeit bis zum 31.12.2007 erhalten (Art 143b Abs 2 S 1 GG). 94

bb) Aufgabenprivatisierung. Die zweite Stufe der Postreform wurde durch Erlass des Postgesetzes v 22.12.1997 (BGBl I 3294) eingeleitet, das für wichtige Bereiche der Postdienstleistungen auch private Anbieter zulässt und damit eine partielle Aufgabenprivatisierung vornimmt. Gleiches vollzog sich mit dem Erlass des Post- und Telekommunikationsregelungsgesetzes (PTRegG) v 22.9.1994 (BGBl I S. 2371) auf dem Gebiet der Telekommunikation. In allen Rechtsverhältnissen zwischen den Bundespost-Nachfolgeunternehmen und Dritten, die nicht durch eine Beleihung hoheitlich ausgestaltet sind, gilt seitdem grundsätzlich **Privatrecht.** Dies gilt sowohl im Verhältnis zu den Kunden als auch im Verhältnis zu Wettbewerbern (vgl BGH NJW 1995, 2295; krit Gramlich NJW 1996, 618).Für die bei der Post beschäftigten Beamten enthält Art 143b Abs 3 GG eine Beleihung der Unternehmen mit der Dienstherrenfähigkeit. Eine weitere **Beleihung** sieht § 33 PostG **für alle Lizenznehmer** im Hinblick auf das Recht vor, Schriftstücke nach den Regeln des Prozess- und Verfahrensrechts förmlich zustellen zu können. Diese Regelung war notwendig, weil die Zustellung ein öffent- 94a lich-rechtlicher Vorgang ist (s § 41 Rn 51 ff.) und Zustellungsvorschriften selbst eine Beleihung eines privatrechtlich organisierten Unternehmens nicht enthalten (BT-Dr 12/8060 S. 199).

94b **cc) Regulierungsaufgaben.** An die Stelle der hoheitlichen Aufsicht über die Nachfolgeunternehmen Post und Telekom ist die hoheitliche Regulierung durch eine Regulierungsbehörde getreten. Hierfür wurde zunächst das Bundesamt für Post und Telekommunikation (BAPT) gegründet, aus der dann die Regulierungsbehörde für Post und Telekommunikation hervorging (BMPT). Im Jahr 2005 ging diese Behörde in der **Bundesnetzagentur** (BNetzA) auf. Diese reguliert den Wettbewerb; zu diesem Zweck unterliegen viele wettbewerbsrelevante Aktivitäten einschließlich der Entgeltgestaltung einem **Genehmigungsvorbehalt.** Die **Entscheidungen** der Bundesnetzagentur zur Entgeltgestaltung sind von den Wettbewerbern und teilweise auch von den Kunden **anfechtbar.**[276]

95 **b) Bahnreform.** Im Jahre 1994 trat die Bahnstrukturreform in Kraft.[277] Dadurch wurde die bisher als Sondervermögen des Bundes organisierte Deutsche Bundesbahn in die Rechtsform einer Aktiengesellschaft überführt. Die Rechtsnatur der Rechtsverhältnisse gegenüber den Kunden veränderte sich dadurch im Grundsatz nicht, weil diese bereits zuvor privatrechtlichen Charakter hatten.[278] Die Bahnpolizei wurde aufgelöst, ihre Funktionen wurden vom Bundesgrenzschutz übernommen. Verfassungsrechtliche Grundlage ist Art 87e GG, wonach die Eisenbahnen des Bundes durch Wirtschaftsunternehmen in privatrechtlicher Form geführt werden (Art 87e Abs 3 GG), die Eisenbahnverkehrsverwaltung dagegen in bundeseigener Verwaltung geführt wird (Art 87e Abs 1 GG). Auf der neuen verfassungsrechtlichen Grundlage wurde sodann das Gesetz zur Neuordnung des Eisenbahnwesens (ENeuOG) v 27.12.1993 (BGBl I S. 2378) erlassen. Dass Eisenbahnunternehmen und Schienennetzbetreiber in Deutschland Teil einer Holding sind, ist nach dem EuGH nicht zu beanstanden.[279]

95a Damit wurde zunächst eine **formelle Privatisierung** der Bahndienstleistungen vorgenommen, dem aber eine auch materielle Privatisierung durch Zulassung von Wettbewerb auf dem Schienennetz folgen soll. Ausgenommen von der Privatisierung wurde die gesamte Eisenbahnverkehrsverwaltung, die im Wesentlichen beim Verkehrsministerium und bei dem **Eisenbahn-Bundesamt,** einer Oberbehörde des Bundes, angesiedelt worden sind und als öffentlich-rechtliche Verwaltung bestehen bleiben.[280] Die Kompetenzen ergeben sich aus dem BEisenbahnVG. Über den Zugang zur Netzinfrastruktur wacht danach die Bundesnetzagentur (§ 2 Abs 1 Nr. 4 BEGTPG).[281] S hierzu näher Schmitt NVwZ 2008, 526. Mit dem neuen Eisenbahnregulierungsgesetz 2016[282] sollen zur Umsetzung der sog Recast-Richtlinie die gesetzlichen Vorkehrungen für die Schaffung eines Europäischen Eisenbahnraums geschaffen werden.[283]

---

[276] BVerwG NVwZ 2016, 535 zu den Entgelten für Postdienstleistungen.

[277] S Stamm, Eisenbahnverfassung und Bahnprivatisierung, 2010; Wegener, Bahnprivatisierung und Eisenbahnverkehrsverwaltung, DÖV 1996, 305; Heinze, Rechts- und Funktionsnachfolge bei der Eisenbahnneuordnung, NVwZ 1994, 748.

[278] Vgl BVerwGE 47, 247, 250; 64, 202 (205) = NVwZ 1982, 314.

[279] EuGH NVwZ 2013, 494 zur Klage der Kommission gegen die Bundesrepublik, m Anm Michalczyk.

[280] Zu den Kompetenzen BVerwG DVBl 2012, 303; Studenroth, Aufgaben und Befugnisse des Eisenbahnbundesamtes, VerwArch 1997, 96; Krit zur Bahnreform Fehling DÖV 2002, 793.

[281] Gesetz über die Bundesnetzagentur für Elektrizität, Gas, Telekommunikation, Post und Eisenbahnen v. 7.7.2005 (BGBl. I S. 1970, 2009).

[282] Eisenbahnregulierungsgesetz (EregG) v 1.9.2016 (BGBl I 2082). Hierzu auch BR-Drs 317/16.

[283] Näher Staebe DVBl 2016, 1564.

6. Regulierungsverwaltungsrecht. Die oben beschriebene Privatisierung von Verwaltungsaufgaben führt in den meisten Fällen nicht dazu, dass der Staat sich seiner Verantwortung für die Verwaltungsaufgaben entziehen darf. Vielmehr bleibt er Garant dafür, dass die privatisierten Aufgaben in der gebotenen Weise weiterhin erfüllt werden.[284] Ihm obliegt insoweit eine **Gewährleistungsverantwortung** (Ausdrücklich § 1 TKG).[285] Werden die Aufgaben nicht mehr flächendeckend oder nicht mehr zu vertretbaren Bedingungen erfüllt, so muss er eingreifen. Eine Form, die Gewährleistungsverantwortung zu erfüllen, ist die Einrichtung von Regulierungsbehörden bzw die Schaffung einer Regulierungsverwaltung. Im Bereich der Versorgung mit Elektrizität, Gas, Telekommunikations-, Post- und Eisenbahndienstleistungen ist die Bundesnetzagentur zuständige Regulierungsbehörde (zum Regulierungsermessen s § 40 Rn 28 ff). **96**

---

[284] Appel in Grundlagen II § 32 Rn 77 ff; Franzius VerwArch 2008, 351; Erichsen/Ehlers, § 15 Rn 54 ff.

[285] Ruffert AöR 1999, 124, 237; Bull, Der Staat 47, 1; Knauff DÖV 2009, 581; Knauff VerwArch 2007, 382; Storr DVBl 2006, 1017; Röhl JZ 2006, 831; Masing Vw 2003, 1; v Danwitz DÖV 2004, 977.

Einführung II – Europäisches Verwaltungsverfahrensrecht

Übersicht

Schrifttum zum Primärrecht der Union: *Bergmann,* Neuerungen beim EU-Grundrechtsschutz, VBlBW 2011, 169; *Classen,* Freiheit und Gleichheit im öffentlichen und privaten Recht – Unterschiede zwischen europäischem und deutschem Grundrechtsschutz? EuR 2008, 627; *Epiney,* Die Rspr des EuGH, NVwZ 2014, 1059;NVwZ 2015, 704; 2016, 503; *Huber,* Der Bundesstaat in Europa – was bleibt für die Stadtstaaten? NordÖR 2012, 161; *Kadelbach,* Grundrechtsschutz durch Verfahren in Deutschland und in der EU, VerwArch 2004, 1; *Kämmerer,* Verfassung im Nationalstaat: Von der Gesamtordnung zur europäischen Teilordnung? NVwZ 2015, 1321; *Kruis,* Der Anwendungsvorrang des EU-Rechts in Theorie und Praxis, 2013; *Lieb/Maurer,* Der Vertrag von Lissabon, Kurzkommentar, 3. Aufl 2009; *Niedobitek,* Kollisionen zwischen EG-Recht und nationalem Recht, VerwArch 2001, 58; *Niedobitek/Zemanek* (Hrsg), Continuing the European Constitutional Debate, 2008; *Prokopf,* Das gemeinschaftsrechtliche Rechtsinstrument der Richtlinie, 2007; *Schulze/Zuleeg/Kadelbach,* Europarecht, 3. Aufl 2014; *Skouris,* Das Verhältnis von Grundfreiheiten und Grundrechten im europäischen Gemeinschaftsrecht, DÖV 2006, 89; *Streinz/Ohler/Herrmann,* Der Vertrag von Lissabon zur Reform der EU, 3. Aufl, 2010; *Weiss,* Grundrechtsschutz durch den EuGH: Tendenzen nach Lissabon, EuZW 2013, 287.

Schrifttum zum europäischen Verfahrensrecht allgemein: *Axer/Grseszik/Kahl/Mager/Reimer* (Hg), Das Europäische Verwaltungsrecht in der Konsolidierungsphase, Vw Beih 10, 2010; *Classen,* Gute Verwaltung im Recht der Europäischen Union, 2008; *ders,* Der Einzelne als Instrument zur Durchsetzung des Gemeinschaftsrechts? VerwArch 1997, 645–678; *v Danwitz,* Europäisches Verwaltungsrecht, 2008; *ders.* Die Wirkungen von Richtlinien in der neuen Rspr des EuGH, JZ 2007, 697; *Demmke/Haibach,* Die Rolle der Komitologieausschüsse bei der Durchführung des Gemeinschaftsrechts und in der Rspr des EuGH, DÖV 1997, 710; *Epiney,* Die Rspr des EuGH im Jahr 2015, NVwZ 2016, 655; *Glaser,* Die Entwicklung des Europäischen Verwaltungsrechts aus der Perspektive der Handlungsformenlehre, 2013; *Groß,* Verantwortung und Effizienz in der Mehrebenverwaltung, VVDStRL 2007, 152; *Guckelberger/Geber,* Allgemeines Europäisches Verwaltungsverfahrensrecht vor seiner unionsrechtlichen Kodifizierung? 2013; *Funke,* Der Anwendungsvorrang des Gemeinschaftsrechts, DÖV 2007, 733; *Gornig/Trüe,* Die Rspr des EuGH und des EuG zum Europäischen Verwaltungsrecht – Teil 1, JZ 2000, 395, Teil 2 446; *Gundel,* Verwaltung, in Schulze/Zuleeg/Kadelbach, Europarecht, 3. Aufl 2014, 145, § 3; *Nehl,* Europäisches Verwaltungsverfahren und Gemeinschaftsverfassung, 2002; *Ruffert,* Die Grundfreiheiten im Recht der EU, JuS 2009, 97; *ders,* Europäisiertes allgemeines Verwaltungsrecht im Verwaltungsverbund, Vw 2008, 542; *Schmidt-Aßmann/Schöndorf-Haubold,* Der europäische Verwaltungsverbund – Formen und Verfahren der Verwaltungszusammenarbeit in der EU, 2005; *Schwarze,* Europäisches Verwaltungsrecht, 2. Aufl 2005; *Terhechte* (Hrsg), Verwaltungsrecht in der EU, 2011.

Schrifttum zum Verfahrensrecht im direkten Vollzug: *Ellerbrok,* Der Reneual-Musterentwurf für ein europäisches Verwaltungsverfahrensrecht in der Dskussion, Vw 2016, 105; *Geber,* Bankenaufsicht ohne Verwaltungsverfahrensrecht? EuZW 2013, 298: *David,* Instpektionen im Europäischen Verwaltungsrecht, 2003; *Guckelberger,* Gibt es bald ein unionsrechtliches Verwaltungsverfahrensgesetz? NVwZ 2013, 601; *Groß,* Unabhängige Agenturen – eine Gefahr fü die Demokratie, JZ 2012, 1087; *Haibach,* Die Rspr des EuGH zu den Grundsätzen des Verwaltungsverfahrens, NVwZ 1998, 456 *Lindner,* Die EG-VerfahrensVO zur gemeinschaftlichen Beihilfekontrolle, BayVBl 2002, 193; *Rennert,* ReNEUAL-Musterentwurf für ein EU-Verwaltungsverfahrensrecht aus der Sicht des BVerwG, DVBl 2016, 69; *J P Schneider/Hofmann/J Ziller* (Hg), ReNEUAL-Musterentwurf für ein EU-Verwaltungsverfahrensrecht, 2015; *Schröder,* Bindungswirkungen von Entscheidungen nach Art 249 EG im Vergleich zu denen von Verwaltungsakten nach deutschem Recht, 2006; *Skouris,* Der Musterentwurf eines EU-Verwaltungsverfahrensgesetzes aus der Sicht des EuGH, DVBl 2016, 201; *Stüer,* ReNEUAL-Musterentwurf für ein EU-Verwaltungsverfahrensrecht, DVBl 2016, 100; *Weiß,* Bestandskraft nationaler belastender VAe und EG-Recht, DÖV 2008, 477.

Schrifttum zum indirekten Vollzug, Mehrebenenverwaltung: *v Danwitz,* Rechtswirkungen von Richtlinien in der neueren Rspr des EuGH, JZ 2007, 697; *Epiney,* Verwaltungsgerichtlicher Rechtsschutz im Umweltrecht im Rechtsvergleich, NVwZ 2014, 465; *Fischer-Lescano,* Transnationales Verwaltungsrecht, JZ 2008, 373; *Kahl,* Der Europäische Verwaltungsverbund – Strukturen – Typen – Phänomene, Staat 2011, 352; *ders,* Lücken und Ineffektivitäten im Europäischen Verfahrensverbund am Beispiel der Anhörung, DVBl 2012, 602; *Kämper,* Der transnationale VA im Kulturgüterschutzrecht, NuR 2012, 751; *Kuntze,* Allgemeines Verwaltungsrecht, in Borgmann/Kenntner (Hrsg), Deutsches Verwaltungsrecht unter europäischem Einfluss, 2002, 133; *Michaels,* Anerkennungspflichten im Wirtschaftsverwaltungsrecht der EG und der Bundesrepublik, 2004; *Nitschke,* Harmonisierung des nationalen Verwaltungsvollzugs von EG-Umweltrecht, 2000; *Pache,* Verantwortung und Effizienz in der Mehrebenverwaltung, VVDStRL 2007, 106; *Ruffert,* Der transnationale VA, Vw 2001, 453; *J. P. Schneider/Caballero* (Hg), Strukturen des Europäischen Verwaltungsverbundes, Vw Beih 8, 2009; *Sydow,* Europäisierte Verwaltungsverfahren, JuS 2005, 97, 202; *J. P. Schneider,* Informationssysteme als Bausteine des Europäischen Verwaltungsverbunds, NVwZ 2012, 65; *Weiß,* Der Europäische Verwaltungsverbund, 2010.

Schrifttum zu Rechtsschutzfragen: *Bruckert,* Die Ausweitung der Klagebefugnis im Umweltrecht, NuR 2015, 541; *Bunge,* Der Rechtsschutz in Umweltangelegenheiten in Deutschland, ZUR 2015, 531; *Fellenberg,* Frischer Wind aus Luxemburg – Zu den Klagemöglichkeiten im Umweltrecht, NVwZ 2015, 1721; *Frenz,* Subjektive Rechte aus Unionsrecht vor den nationalen Verwaltungsgerichten, VerwArch 2011, 134; *Gärditz,* Verwaltungsgerichtlicher Rechtsschutz im Umweltrecht, NVwZ 2014, 1; *Hong,* Subjektive Rechte und Schutznormtheorie im Europäischen Verwaltungsrechtsraum, JZ 2012, 380; *Ludwigs,* Bausteine des Verwaltungsrechts auf dem Prüfstand des EuGH, NJW 2015, 3484; *Mangold/Wahl,* Das europäisierte deutsche Rechtsschutzkonzept, Vw 2015, 1; *Rengeling/Middeke/Gellermann,* Handbuch des Rechtsschutzes in der EU, 3. Aufl 2014; *Schlacke,* Zur fortschreitenden Europäisierung des (Umwelt-)Rechtsschutzes, NVwZ 2014, 11; *dies,* (Auf)Brüche des Öffentlichen Rechts: von der Verletztenklage zur Interessentenklage, DVBl 2015, 929; *Zeisler/Schmitz,* Das Urteil des EuGH v 15.10.2015 in der RS C-137/14 aks Ende der umweltrechtlichen Präklusion? UPR 2016, 1.

I. Die EU nach dem Lissabon-Vertrag

1 **1. Von den Gemeinschaften zur Union. a) Römische Verträge.** Am 25. März 1957 wurden in Rom die Verträge über die Gründung einer **Europäischen Wirtschaftsgemeinschaft** (EWG), einer Europäischen Gemeinschaft für Kohle und Stahl (EGKS – sog **Montanunion**),[1] einer **Europäischen Atomgemeinschaft** (EURATOM) und das Abkommen über gemeinsame Organe der Europäischen Gemeinschaften (gemeinsame parlamentarische Versammlung, gemeinsamer Gerichtshof und gemeinsamer Wirtschafts- und Sozialausschuss) unterzeichnet. Das als Römische Verträge bezeichnete Vertragswerk trat 1958 in Kraft und wurde die Keimzelle der EU. Gründungsmitglieder waren neben **Frankreich** und **Deutschland Italien** und die **Benelux-Staaten.** Damit wurden wesentliche Teile des maßgeblich von **Jean Monnet** entwickelten Schumann-Plans verwirklicht; die ebenfalls geplante Europäische Verteidigungsgemeinschaft (EVG) scheiterte. Im Jahre 1968 wurden die drei Gemeinschaften zur **Europäischen Gemeinschaft** vereinigt; 1969 wurde die Zollunion geschaffen. Zur ersten Erweiterung kam es 1973 mit der Aufnahme von **Großbritannien, Irland** und **Dänemark,** der Beitritt Norwegens scheiterte an einem Referendum.

2 Mit der Schaffung des **Europäischen Währungssystems** (EWS), das vor allem von Helmut Schmidt und Valery Giscard d'Estaing vorangetrieben worden

[1] Der EGKS-Vertrag war auf 50 Jahre abgeschlossen. Nach seinem Auslaufen gingen die wichtigsten Übereinkünfte auf die EG über (ABl EG 2002 Nr L 194).

war, wurde 1979 die Schwankungsbreite der Währungen innerhalb der Gemeinschaft begrenzt[2] und mit dem ECU (European Currency Unit) eine einheitliche Verrechnungseinheit eingeführt. Im Jahre 1981 trat **Griechenland** der Gemeinschaft bei, 1986 folgten **Spanien** und **Portugal.** Unter maßgeblicher Förderung des Kommissionspräsidenten Jaques Delors wurde 1987 die **Einheitliche Europäische Akte (EEA)** verabschiedet, die mit der verbindlichen Zielsetzung eines einheitlichen **Europäischen Binnenmarktes** mit freiem Waren- und Dienstleistungsverkehr (anstelle des gemeinsamen Marktes), mit einer wesentlichen **Kompetenzerweiterung** der Gemeinschaft und **Direktwahl des EU-Parlaments,** sowie einer **Abkehr vom Einstimmigkeitsprinzip** erstmals eine wesentliche Weiterentwicklung der Römischen Verträge brachte.

b) Vertrag von Maastricht. Der **Gründungsvertrag der Union** wurde 3
1992 in Maastricht abgeschlossen, wesentlich befördert von Francois Mitterand und Helmut Kohl. Mit dem EUV wurde die Union geschaffen; die Europäische Wirtschaftsgemeinschaft wurde in Europäische Gemeinschaft umbenannt und mit einer Fülle zusätzlicher Kompetenzen ausgestattet. Daneben entstanden mit der Gemeinsamen Außen- und Sicherheitspolitik **(GASP)** und der Zusammenarbeit in den Bereichen Justiz und Inneres **(ZBJI)** zwei intergouvernementale Säulen der Union. Es wurde eine Unionsbürgerschaft eingeführt, das **Ziel einer Wirtschafts- und Währungsunion** formuliert und der Europäische Rat als oberstes Organ vorgesehen. Der Maastricht-Vertrag war vermutlich der entscheidende Schritt auf dem Weg zu Union.[3] 1995 **traten Finnland, Österreich und Schweden** der EU bei; der Beitritt Norwegens scheiterte erneut an einem Referendum. Der 1997 abgeschlossene **Vertrag von Amsterdam** ergänzte das Vertragswerk durch eine Erweiterung der Kompetenzen des Parlaments. Das bereits 1985 geschlossene **Schengener Abkommen** über die Abschaffung der Personen- und Zollkontrollen wurde in das Gemeinschaftsrecht einbezogen.

c) Vertrag von Nizza, Verfassungskonvent. Von der Regierungskonferenz 4
in Nizza im Dezember 2000[4] hatte man sich viel erwartet. Einigungen gab es nur bei der Größe und Zusammensetzung der Europäischen Kommission, bei der Gewichtung der Stimmen im Rat und einer begrenzten Erweiterung der Mehrheitsentscheidungen im Rat sowie bei der Weiterentwicklung der Strukturen des EuGHs und des Gerichtes erster Instanz. Außerdem wurde in Nizza die **Charta der Grundrechte der Europäischen Union** beschlossen, die auf einem von Roman Herzog geleiteten Konvent erarbeitet worden war, aber zunächst nicht Teil des Vertragssystems wurde. Unter maßgeblichen Einfluss Helmut Kohls wurde zum 1.1.2002 der Euro als Unionswährung eingeführt.[5] Zum 1.5.2004 wurden **Estland, Lettland, Litauen, Malta, Polen, die Slowakei, Slowenien, Tschechien, Ungarn und Zypern** aufgenommen.[6]

Wegen der geringen Fortschritte von Nizza beschloss der Europäische Rat 5
2001 in Laeken, einen **„Konvent über die Zukunft Europas"** einzuberufen, der 2002 unter der Leitung von Valery Giscard d'Estaing seine Arbeit aufnahm und überraschenderweise im April 2003 den Entwurf eines Verfassungsvertrages vorlegte. Der **Vertrag über eine Verfassung für Europa** (VVE) wurde zwar 2004 in Rom von allen Mitgliedstaaten feierlich unterzeichnet; der Ratifikationsprozess scheiterte aber 2005 wegen der Ablehnung in Volksabstimmungen in

---

[2] Nach dem Zusammenbruch des Währungssystems von Bretton Woods in den siebziger Jahren bestand ein Zustand frei schwankender Wechselkurse, der zu erheblichen Risiken für die Wirtschaft geführt hatte.

[3] Zur Verfassungsmäßigkeit BVerfGE 89, 155 (Maastricht-Urteil); hierzu kritisch Huber, Maastricht- ein Staatsstreich? 1993.

[4] ABl EG 2001 Nr C 80; in Kraft ab 1.2.2003 (ABl EG 2003, Nr. C 24).

[5] Allerdings bisher nicht in allen Mitgliedstaaten.

[6] ABl EU 2003 Nr L 157.

Frankreich und den Niederlanden. Das weitere Ratifikationsverfahren wurde deshalb schließlich aufgegeben. Im Jahr 2007 wurden **Bulgarien** und **Rumänien** in die EU aufgenommen, im Jahr 2013 als derzeit letzter Staat **Kroatien.**

6 **2. Der Lissabon-Vertrag.** Nach dem Scheitern des Verfassungsvertrags wurde deutlich, dass die auf 25 Staaten erweiterte Union ohne eine Grundlage politisch nicht mehr handlungsfähig sein würde. Es setzte sich deshalb rasch die Überzeugung durch, dass eine neue vertragliche Grundlage unabdingbar sei. Nach wesentlichen Vorarbeiten der deutschen Ratspräsidentschaft gelang es, auf der **Regierungskonferenz vom 23.7.2007** den Lissabon-Vertrag abzuschließen.[7] Nach vielen Widerständen in den Mitgliedstaaten wurde der Vertrag schließlich von Tschechien[8] als letztem Mitglied ratifiziert; damit konnte er am 1.12.2009 in Kraft treten. In diesem Vertragswerk sind die wichtigsten Kernbestandteile des gescheiterten Verfassungsentwurfs von 2003 enthalten geblieben.[9] Zur Verfassungsmäßigkeit des Lissabon-Vertrages BVerfG NJW 2009, 2267.[10]

7 Union und Gemeinschaft wurden verschmolzen; übrig bleibt die EU, die damit endgültig den **Status eines völkerrechtlichen Subjekts**[11] erhalten hat (Art 47 EUV). Die beiden Vertragswerke (EUV und EG) wurden neu gestaltet; es stehen nunmehr EUV und AEUV (bisher EG) gleichrangig nebeneinander (Art 1 EUV). Zusammensetzung und Kompetenzen der **Organe der Union** (Art 13 EUV) sind teilweise sachlich verändert und insgesamt neu formuliert.[12] Unterschieden wird nun zwischen dem **Europäischen Rat,** der sich zusammensetzt aus den Staats- und Regierungschefs, dem Kommissionspräsidenten und einem Präsidenten, und dem **Rat,** der zusammen mit dem **Parlament** (Art 14 EUV) die Gesetzgebungs- und die Haushaltsbefugnisse ausübt (Art 16 EUV). **Kommission** (Art 17 EUV) und Europäischer Rat (Art 15 EUV) üben die Exekutivbefugnisse aus, die Rechtsprechung liegt beim **Gerichtshof der EU,** bestehend aus dem EuGH, dem EG und Fachgerichten (Art 19 EUV). Beitritt (Art 49 EUV), Austritt (Art 50 EUV) und Maßregelung einzelner Mitgliedstaaten (Art 7 EUV) sind speziell geregelt.

II. Die Europäische Rechtsordnung

8 **1. Grundzüge. a) Die EU als Staatsgebilde eigener Art.** Aus einer supranationalen Rechtsgemeinschaft hat sich die EU zu einem Staatsgebilde eigener Art entwickelt, das zwar noch nicht über eine Legitimationsbasis im klassischen Sinn verfügt, weil seine Hoheitsmacht nach wie vor überwiegend von den Mitgliedstaaten abgeleitet wird,[13] in dem aber die **eigenständige demokratische Legitimation**[14] und damit die **eigene Staatlichkeit**[15] mit nach wie vor erstaunlicher Dynamik beständig wächst. Da dieser Vorgang in der Staatslehre ohne Bei-

[7] Vertrag von Lissabon zur Änderung des Vertrags über die Europäische Union und des Vertrags zur Gründung der Europäischen Gemeinschaft v 13.12.2007 (ABl Nr C 306).

[8] Der tschechische Präsident Vaclav Klaus weigerte sich bis zuletzt zu unterschreiben.

[9] Näher zB Schwarze EuR 2009, Beih 1; Lieb/Maurer, Der Vertrag von Lissabon, Kurzkommentar, 3. Aufl. 2009.

[10] Das Urteil ist vor allem wegen seiner Auswirkungen auf den weiteren Integrationsprozess vielfach kritisiert worden, s nur etwa Classen JZ 2009, 881; Gärditz/Hillgruber, JZ 2009, 872; Pache EuGRZ 2009, 285; Terhechte EuZW 2009, 725.

[11] Ob die EU bereits über eine eigene Souveränität verfügt, ist derzeit eine müßige Frage, die aber in den Mitgliedstaaten politisch eine große Rolle spielt; vgl nur BVerfG NJW 2009, 2267.

[12] Ausführlich Schulze/Zuleeg/Kadelbach, § 1.

[13] BVerfGE 73, 339 (Solange II); 75, 223 (Kloppenburg); 102, 147 (Bananenmarktordnung); 113, 273 (Darkazanli); BVerfGE 123, 267 = NJW 2009, 2267 (Lissabon).

[14] Zur Legitimation von Hoheitsmacht in der EU Hillgruber in HStR II, § 32 Rn 75 ff.

[15] Zur Staatlichkeit der EU: Calliess in: Calliess/Ruffert, EUV/AEUV 4. Aufl 2011, Art 1 EUV Rn 27 ff.

spiel ist, lässt sich diese Entwicklung nicht mit herkömmlichen Kategorien des Staatsrechts und der Staatstheorie angemessen erfassen.[16] In dem dynamischen **Prozess der europäischen Integration**[17] haben sich inzwischen Strukturen einer Europäischen Rechtsordnung mit vertikaler und horizontaler Gliederung herausgebildet, ausgestattet mit einem differenzierten System von Funktions- und Kollisionsnormen, des Rechtsschutzes, wechselseitiger Beeinflussung und Kooperation. Dieser Prozess ist noch nicht zu einem Abschluss gekommen, weshalb es derzeit problematisch ist, die derzeitige **Europäische Rechtsordnung** mit klassischen verfassungsrechtlichen Kategorien nationalstaatlichen Denkens zu beschreiben und zu bewerten. Die Einzelheiten der derzeitigen Rechtsordnung ergeben sich seit dem Lissabon-Vertrag aus dem AEUV, teilweise auch aus dem EUV.

b) Staatlichkeit, Geltungsgrund des EU-Rechts. Wie die Frage nach der 9
eigenen oder abgeleiteten Staatlichkeit der Union wird auch die Frage nach dem Geltungsgrund des EU-Rechts derzeit **unterschiedlich beantwortet.** Nach einer vor allem in den Mitgliedstaaten vertretenen Auffassung leiten die EU und ihre Organe ihre Hoheitsrechte nach wie vor allein von den Mitgliedstaaten ab. Die Union verfügt damit nur über eine **abgeleitete Staatlichkeit;** das Unionsrecht gilt kraft übertragenen Rechts. Diese Position wird auch vom BVerfG unter Hinweis auf Art 23 GG stets betont.[18] Nach der vom EuGH[19] vertretenen Auffassung verfügt die Union dagegen bereits über eine **eigene Staatlichkeit;** damit ist auch der Geltungsgrund des Unionsrechts kein abgeleiteter mehr. Aufgrund der Verträge ist danach in der EU eine eigenständige Rechtsordnung entstanden.

Nach beiden Auffassungen verfügt die EU nur über diejenigen Kompeten- 9a
zen, die ihr die Mitgliedstaaten[20] vertraglich übertragen haben.[21] Es gilt danach konsequenterweise weiterhin der **Grundsatz der begrenzten Einzelermächtigung** (unten Rn 18), wonach die EU nur innerhalb der Zuständigkeiten tätig werden kann, die ihr übertragen wurden (Art 5 Abs 2 EUV). Allerdings sind diese Zuständigkeiten zumeist zielorientiert formuliert, sie beziehen sich also zB auf die Verwirklichung des Binnenmarktes usw. Deshalb muss auch das Prinzip der begrenzten Einzelermächtigung dynamisch verstanden werden. Zudem werden die Zuständigkeiten durch Annexkompetenzen und durch Kompetenzen aus der Natur der Sache erweitert, zumindest arrondiert (s unten Rn 19).

c) Der Begriff des Unionsrechts. Als Unionsrecht bezeichnet man zu- 10
nächst einmal das gesamte Vertragsrecht, also das Recht, das die Mitgliedstaaten durch den Abschluss der Gemeinschafts- bzw Unionsverträge oder durch den Beitritt zu ihnen geschaffen haben. Dieses Recht wird als **Primärrecht** bezeichnet. Weiterhin gehören zum Unionsrecht diejenigen Rechtsnormen, die von den Organen der Gemeinschaft bzw nunmehr der Union erlassen worden sind. Es handelt sich dabei im Wesentlichen um Rechtsakte gem Art 288 AEUV, also um

---

16 S hierzu die berechtigte Kritik von Classen JZ 2009, 881; Gärditz/Hillgruber, JZ 2009, 872; Pache EuGRZ 2009, 285; Terhechte EuZW 2009, 725. an der Lissabon-Entscheidung des BVerfG (BVerfGE 123, 267 = NJW 2009, 2267).

17 Zur wesentlichen Bedeutung der Dynamik des Integrationsprozesses Bieber/Ress, Die Dynamik des Gemeinschaftsrechts, 1987; Terhechte EuZW 2009, 724.

18 BVerfGE 123, 267 – Lissabon; so schon vorher BVerfGE 89, 155 – Maastricht; 75, 223, 241 – Kloppenburg; 73, 339, 372 – Solange II; 37, 271, 280 – Solange I.

19 EuGHE 64, 1251, 1269 – Costa/ENEL; ähnlich Ipsen, Europäisches Gemeinschaftsrecht, 1972, 58.

20 Für Deutschland etwa auf der Grundlage des Art 23 GG.

21 Zu dieser Übertragungstheorie BVerfG NJW 2267, 2270 Es ist vor allem eine Frage der Entwicklung des Europäischen Parlaments und der von ihm ausgehenden parlamentarischen Legitimation, ob und wann anzunehmen ist, dass der „qualitative Sprung“ erfolgt ist und eine originäre Hoheitsmacht der EU anerkannt werden muss.

Verordnungen, Richtlinien und Beschlüsse. Sie wurden früher einheitlich als **Sekundärrecht** bezeichnet; heute kommt im Hinblick auf Art 289 AEUV eine Differenzierung nach **Rechtsakten mit und ohne Gesetzescharakter** und im Hinblick auf Art 290, 291 AEUV eine weitere Differenzierung nach delegierten Rechtsakten und Durchführungsrechtsakten in Betracht **(tertiäres Unionsrecht).**[22]

11 **Nationales Umsetzungsrecht,** das die Mitgliedstaaten in Umsetzung unionsrechtlicher Vorgaben, insbesondere von Richtlinien, schaffen, wird dadurch nicht Unionsrecht, sondern **bleibt formell nationales Recht.** Es nimmt deshalb konsequenterweise auch nicht am Anwendungsvorrang des Unionsrechts (s unten Rn 24) teil. Das gilt unabhängig davon, wieviel Spielraum das Unionsrecht dem nationalen Gesetzgeber im Umsetzungsprozess belässt. Gleichwohl gelten für das nationale Umsetzungsrecht wegen ihres Umsetzungscharakters **besondere Regelungen im Hinblick auf Anwendung und Kontrolle.** Das nationale Umsetzungsrecht muss sich am Unionsrecht, insbesondere an den Richtlinien einschließlich der Regelungen über Grundfreiheiten und der Grundrechte der Grundrechte-Charta messen lassen und nimmt deshalb im nationalen Kontext eine Sonderrolle ein. Dies hat der EuGH in der Trianel-Entscheidung[23] wieder bestätigt. Danach müssen Verbände die Einhaltung auch derjenigen nationalen Bestimmungen des deutschen Umweltrechts im Wege der Verbandsklage durchsetzen können, die in Umsetzung von Vorgaben der EU erlassen worden sind (s näher § 75 Rn 89). Das nationale Recht, insbesondere das nationale Verfassungsrecht, bildet den Maßstab für das Umsetzungsrecht nur insoweit, als es um die Ausfüllung von Gesetzgebungsspielräumen geht, die das Unionsrecht den Mitgliedstaaten für die Umsetzung gelassen hat.[24]

12 **2. Binnenstruktur des Unionsrechts. a) Primäres Unionsrecht.** Das primäre Unionsrecht umfasst das Vertragsrecht, soweit es derzeit in Kraft ist, im Kern also derzeit den EUV und den AEUV; diese Verträge bilden gewissermaßen die **verfassungsrechtliche Grundlage** der Union.[25] Änderungen der Verträge sind nur im Rahmen von Verfahren nach Art 48 EUV möglich. Das Primärrecht geht dem Sekundärrecht vor; alles Sekundärrecht muss sich daran messen lassen. Zum Primärrecht gehören auch die **allgemeinen Rechtsgrundsätze,** die der EuGH als allgemeine Prinzipien des Unionsrechts entwickelt und seiner Rechtsprechung zugrunde gelegt hat.[26] Ein wesentlicher Teil dieser ungeschriebenen Rechtsgrundsätze ist allerdings inzwischen als Teil der Grundrechte-Charta positiviert und spielt deshalb insoweit nur noch eine Rolle, als einzelne Mitgliedstaaten die Grundrechte-Charta für sich nicht als verbindlich akzeptiert haben.[27]

13 Die **Grundrechte-Charta**[28] ist nach dem Lissabon-Vertrag (Art 6 Abs 1 EUV) Teil der Verträge und gehört damit zum **Primärrecht.**[29] Die Grundrechte wurden lediglich wegen einzelner Ländervorbehalte[30] nicht unmittelbar in die Verträge aufgenommen. Hieraus ergeben sich für Anwendung und Kontrolle insbe-

---

[22] Schulze/Zuleeg/Kadelbach, § 2 Rn 37.

[23] EuGH NJW 2011, 2779.

[24] EuGH JZ 2011, 145 (J. McB) m Anm Thym JZ 2011, 148; Bergmann VBlBW 2011, 169, 171.

[25] Vgl Art 1 Abs 2 S. 1 AEUV: „die Verträge, auf die sich die Union gründet". S auch Streinz, Europarecht, Rn 141.

[26] Schulze/Zuleeg/Kadelbach, § 2 Rn 1.

[27] Großbritanniern und Polen haben sich eine Ausnahmeregelung (opt out) einräumen lassen, Tschechien wurde eine opt-out-Klausel versprochen.

[28] Charta der Grundrechte der Europäischen Union (2000/C 364/01) ABl C 364/1 v 18.12.2000

[29] Charta der Grundrechte der EU v 12.12.2007 (ABl Nr C 303). Hierzu Weiß EuZW 2013, 287; Jarass EuR 2013, 29.

[30] Vorbehalte von Großbritannien, Tschechien und Polen.

sondere des nationalen Umsetzungsrechts wegen der Parallelität von nationalen und Unionsgrundrechten diverse praktische Probleme.[31] Hinzu kommt, dass auch die **Grundrechte der EMRK** beachtlich sind; sie gelten nach Art 8 Abs 3 EUV als allgemeine Grundsätze des Unionsrechts. Weiterhin zum primären Unionsrecht müssen die diversen Protokolle gerechnet werden, in denen teilweise Konkretisierungen, teilweise aber auch Einschränkungen und Vorbehalte einzelner Mitgliedstaaten enthalten sind.

b) Sekundäres Unionsrecht. aa) Formen der Rechtssetzung. Als sekundäres Unionsrecht lässt sich nach dem Muster des früheren Gemeinschaftsrechts das **von den Organen der Union erlassene Recht** bezeichnen, soweit es nicht um sog Delegierte Akte und Durchführungsakte handelt, die zum Tertiärrecht gezählt werden (s unten Rn 17). Die insoweit in den Verträgen vorgesehenen Rechtsakte können nach Art 288 AEUV (vgl früher Art 249 EG) die Form von Verordnungen, Richtlinien und Beschlüssen haben. Während die **Verordnungen** in der EU und den Mitgliedstaaten unmittelbar verbindliches Recht setzen, sind die **Richtlinien** auf eine Umsetzung durch die Mitgliedstaaten hin angelegt. Sie sind verbindlich in der Zielsetzung; den Mitgliedstaaten bleibt die Wahl der Form und der Mittel der Umsetzung in nationales Recht überlassen, wobei aber Diskriminierungsverbot und Effektivitätsgebot zu beachten sind (s unten Rn 28). Bei mangelhafter Umsetzung kommt eine direkte Anwendung der Richtlinie in Betracht (s unten Rn 32). **Beschlüsse** sind in allen ihren Teilen verbindlich (nur) für diejenigen Personen, an die sie gerichtet sind. Wie bisher besteht die Möglichkeit, unverbindliche **Empfehlungen und Stellungnahmen** abzugeben (Art 292 AEUV). Diese haben grundsätzlich keinen normativen Gehalt; sie werden deshalb auch nicht zu Unionsrecht.[32] 14

bb) Verfahren der Rechtssetzung. Mit dem Katalog der Rechtsakte knüpft Art 288 AEUV an die früheren Regelungen im EG an, unterscheidet aber zusätzlich danach, ob diese Rechtsakte in einem Gesetzgebungsverfahren zustande kommen (dann handelt es sich nach Art 289 Abs 3 AEUV um **Gesetzgebungsakte**) oder nicht. Das ordentliche Gesetzgebungsverfahren besteht nach Art 289 Abs 1 AEUV in der gemeinsamen Annahme einer Verordnung, Richtlinie oder eines Beschlusses durch das **Europäische Parlament und den Rat auf Vorschlag der Kommission** in dem Verfahren nach Art 294 AEUV. Fraglich ist, ob Gesetzgebungsakte in der **Normenhierarchie der EU** dem sonstigen sekundären Unionsrecht vorgehen.[33] Eine ausdrückliche Vorrangregelung gibt es nicht. Gleichwohl liegt es nahe, den im Gesetzgebungsverfahren nach Art 289 Abs 3 AEUV erlassenen Regelungen einen höheren Geltungsrang zuzuweisen. 15

cc) EU-Normenhierarchie. Dadurch erhält die Rechtsordnung der Union eine allerdings im Ergebnis nur **partielle Normenhierarchie:** Rechtsakte mit unmittelbarer Grundlage im Primärrecht bleiben nämlich gleichrangig, unabhängig davon, ob sie im Gesetzgebungsverfahren erlassen wurden oder nicht. Delegierte Rechtsakte und Durchführungsakte der Union stehen aber in der Hierarchie unter ihnen; sie dürfen insbesondere nicht den Gesetzgebungsakten widersprechen.[34] Soweit sie auf der Grundlage von Gesetzgebungsakten erlassen werden, entspricht das Verhältnis zu diesen weitgehend dem der deutschen Rechtsverordnungen zur gesetzlichen Grundlage.[35] Wegen diverser Durchbre- 15a

---

[31] S zB Classen EuR 2008, 627.
[32] Ruffert in: Calliess/Ruffert, (Fn 15), Art 288 AEUV Rn 95.
[33] Näher Streinz/Ohler/Herrmann, Vertrag von Lissabon, 96 ff.
[34] Ausführlich Glaser, § 12 II (S. 326 ff) mwN.
[35] Gellermann in Streinz, EUV/AEUV 2. Aufl 2012, Art 290 AEUV Rn 3; Glaser, § 12 III S. 328.

chungen und Besonderheiten lassen sich die Hierarchiestrukturen des Unionsrechts mit denen der deutschen Rechtsordnung aber nur begrenzt vergleichen.

16 **c) Tertiäres Unionsrecht. aa) Delegierte Rechtsakte.** Gegenüber dem Sekundärrecht unabhängig von seiner Gesetzesqualität nachrangig sind die sog delegierten Rechtsakte, die die Kommission ohne Gesetzescharakter mit allgemeiner Geltung zur Ergänzung oder Änderung bestimmter nicht wesentlicher Vorschriften des betreffenden Gesetzgebungsakts nach Art 290 Abs 1 UA 1 AEUV erlassen darf. Für sie ist eine gesetzliche Grundlage in einem Gesetzgebungsakt erforderlich, in dem Ziele, Inhalt, Geltungsbereich und Dauer der Befugnisübertragung geregelt sein müssen (Art 290 Abs 1 UA 2 AEUV).[36] Die entsprechenden Vorschriften müssen ausdrücklich als delegierte Rechtsakte bezeichnet werden (Art 290 Abs 3 AEUV).

17 **bb) Durchführungsakte** sind ebenfalls dem Sekundärrecht untergeordnet. Dabei handelt es sich nach Art 291 Abs 2 AEUV um Rechtsakte auf der Grundlage von der Kommission oder dem Rat übertragene Durchführungsbefugnissen in Fällen, in denen es einheitlicher Bedingungen für die Durchführung der verbindlichen Rechtsakte der Union durch die Mitgliedstaaten (Art 291 Abs 1 AEUV) bedarf. Die Durchführungsbestimmungen sind auf nationaler Ebene am ehesten den allgemeinen Verwaltungsvorschriften nach Art 84 Abs 2, 85 Abs 2 S 1 GG vergleichbar.

18 **3. Rechtssetzungskompetenzen der Union. a) Das Prinzip der begrenzten Einzelermächtigung.** Für die Union gilt nach wie vor das Prinzip der begrenzten Einzelermächtigung (Art 5 Abs 1 S 1 EUV). Nach diesem Grundsatz „wird die Union nur innerhalb der Grenzen der(jenigen) Zuständigkeiten tätig, die die Mitgliedstaaten ihr in den Verträgen zur Verwirklichung der darin niedergelegten Ziele übertragen haben" (Art 5 Abs 2 S 1 EUV). Das gilt auch und gerade für die Rechtssetzung. Auf der Grundlage des Lissabon-Vertrages hat die EU deshalb Kompetenzen zur Rechtssetzung nur insoweit, als die Verträge ihr diese im einzelnen einräumen. Nach dem Grundsatz der begrenzten Einzelermächtigung verfügt die Union derzeit nicht über das Recht, sich selbst neue Kompetenzen zu schaffen **(keine Kompetenz-Kompetenz),** wie es typischerweise souveränen Staaten zugeschrieben wird. Alle der Union nicht übertragenen Zuständigkeiten verbleiben bei den Mitgliedstaaten (Art 5 Abs 2 S 2 EUV). Die hM geht auch aufgrund des Subsidiaritätsprinzips (Art 5 Abs 1 S 2 EUV) davon aus, dass im Zweifel die Kompetenz der Mitgliedstaaten und nicht der Union begründet ist.[37] Allerdings sind die **Kompetenzzuweisungen** an die Union im Unterschied etwa zu dem Kompetenzkatalog der Art 72ff GG überwiegend **nicht materiell, sondern funktional** ausgestaltet, dh sie umfassen Rechtssetzungskompetenzen zur Erreichung bestimmter Ziele.[38] Dies entspricht der dynamischen Ausrichtung der Verträge.

19 **b) Implied-Powers-Principle (Art 352 AEUV).** Ausdruck der funktional orientierten Ausgestaltung der Unionskompetenzen auf dem Gebiet der Rechtssetzung ist das sog Implied-Powers-Principle. Dieses in der Rspr des EuGH seit langem anerkannte Prinzip[39] vermittelt der Union über die Einzelermächtigungen hinaus diejenigen Kompetenzen, die erforderlich sind, damit die Union ihre Aufgaben sinnvoll wahrnehmen kann. Das bedeutet nicht nur die Anerkennung

---

[36] Diese Regelung entspricht weitgehend Art 80 Abs 1 S. 2 GG (Inhalt, Zweck und Ausmaß).

[37] Schulze/Zuleeg/Kadelbach, § 2 Rn 4 mwN: Zuständigkeitsvermutung für die Mitgliedstaaten.

[38] EuGHE 1987, 3203, 3252; Jarass AöR 1996, 173, 178; Schulze/Zuleeg/Kadelbach § 2 Rn 7.

[39] ZB EuGHE 1987, 3245 Rn 28; Streinz, Europarecht, Rn 352.

von **Annexkompetenzen** (Kompetenzergänzungen in Bezug auf notwendige bzw zumindest sinnvolle Regelungen insbesondere von Verfahrensrecht), sondern auch von **Kompetenzen kraft Sachzusammenhangs** (Kompetenzergänzungen in Bezug auf notwendige bzw zumindest sehr sinnvolle Mitregelung von anderen Regelungsgegenständen). Hiervon wird überwiegend die ausdrücklich geregelte **Abrundungskompetenz** des Art 352 AEUV unterschieden.[40]

c) Subsidiarität und Verhältnismäßigkeit. Das Prinzip der Subsidiarität (Art 5 Abs 3 EUV) und das Verhältnismäßigkeitsprinzip (Art 5 Abs 4 EUV) begrenzen implizit die Gesetzgebungskompetenzen der Union. Nach dem **Subsidiaritätsprinzip** wird die Union in Bereichen, die nicht in ihre ausschließliche Gesetzgebungszuständigkeit fallen, nur tätig, soweit die Ziele der in Betracht gezogenen Maßnahmen von den Mitgliedstaaten nicht ausreichend (Erforderlichkeitskriterium), sondern von der Union besser (Optimierungskriterium) verwirklicht werden können (Art 5 Abs 3 UA 1 EUV).[41] Nach dem Prinzip der **Verhältnismäßigkeit** dürfen die Maßnahmen der Union, dh auch die Rechtssetzung, inhaltlich wie formal nicht über das zur Erreichung der Ziele der Verträge erforderliche Maß hinausgehen (Art 5 Abs 4 EUV). 20

d) Zuständigkeitskategorien. Seit dem Lissabon-Vertrag werden auf dem Gebiet der Rechtssetzung die ausschließliche Zuständigkeit der Union (Art 2 Abs 1 AEUV) und die geteilte Zuständigkeit (Art 2 Abs 2 AEUV) unterschieden. Auf den Gebieten, auf denen die Union die **ausschließliche Zuständigkeit** hat (Art 3 AEUV), dürfen die Mitgliedstaaten nur tätig werden, wenn sie von der Union hierzu ermächtigt werden. Im Bereich der **geteilten Zuständigkeit** (Art 4 AEUV) haben die Mitgliedstaaten Rechtssetzungsbefugnisse, soweit die Union von ihrer Kompetenz keinen Gebrauch gemacht hat. Diese Regelungen weisen eine Parallelität zur deutschen Unterscheidung von ausschließlicher und konkurrierender Gesetzgebungskompetenz auf (vgl Art 73, 74 GG). Soweit der Union vertraglich keine Kompetenzen übertragen sind, bleiben die Rechtssetzungsbefugnisse bei den Mitgliedstaaten. Die Verteilung der Kompetenzen innerhalb der Mitgliedstaaten (zB zwischen Bund und Ländern) bleibt unberührt. Insbesondere führen die Umsetzungspflichten des Bundes nicht zugleich zu einer entsprechenden Gesetzgebungskompetenz des Bundes. 21

Umstritten ist, ob die Zuständigkeit für **Maßnahmen zur Unterstützung, Koordinierung oder Ergänzung** mitgliedstaatlicher Maßnahmen (Art 2 Abs 5 AEUV) als selbständige Zuständigkeitskategorie anzusehen ist, oder ob sie zu der Kategorie der geteilten Zuständigkeit gehört.[42] Richtigerweise handelt es sich um eine eigenständige Kategorie, die allein der Union zukommt und die inhaltlich durch Art 2 Abs 5 UA 2 AEUV eingeschränkt ist.[43] Die Zuständigkeit ist zwar Ausdruck des Kooperationsprinzips, weshalb es insoweit einer engen Abstimmung bedarf. In die Kategorie der geteilten Zuständigkeit passt sie aber nicht hinein. 22

4. Verhältnis von Unionsrecht und Recht der Mitgliedstaaten. Wie in einem klassischen föderalen System muss es auch in der Rechtsordnung der EU Regelungen über das Verhältnis von zentraler Rechtssetzung durch die Union und dezentraler Rechtssetzung durch und in den Mitgliedstaaten geben. Dies Verhältnis ist in der EU besonders problematisch deshalb, weil die Rechtssetzungsmacht der EU nach herkömmlichem Verständnis auf der Übertragung 23

---

[40] Die hM sieht dagegen die Abrundungskompetenz, die früher schon in Art 308 EG enthalten war, als eigenständige Kategorie an, weil ihr eine eigene Dynamik zum Ausgleich für das Prinzip der begrenzten Einzelermächtigung innewohnen soll, vgl Schulze/Zuleeg/Kadelbach § 2 Rn 10 ff mwN.

[41] Zur Kontrolle verweist Art 5 Abs 3 UA 2 EUV auf das Subsidiaritätsprotokoll, in dem das Beteiligungsverfahren für die Parlamente der Mitgliedstaaten festgelegt sind.

[42] Calliess: Calliess/Ruffert (Fn 15) Art 2 AEUV Rn 24 mwN.

[43] Calliess: Calliess/Ruffert (Fn 15), Art 2 AEUV, Rn. 25 f.

durch die Mitgliedstaaten beruht und sich ein Vorrang des EU-Rechts insbesondere vor dem Verfassungsrecht der Mitgliedstaaten, von denen sich die Rechtssetzungsmacht in der EU ableitet, nicht von selbst versteht.

24 **a) Der Anwendungsvorrang des Unionsrechts.** Das Unionsrecht stellt nach st Rspr des EuGH eine supranationale Rechtsordnung[44] dar, deren unmittelbar geltende Vorschriften im Kollisionsfall Anwendungsvorrang[45] gegenüber dem nationalen Recht genießen. Anders als der im nationalen Recht typische **Geltungsvorrang** (vgl zB Art 31 GG) führt der Anwendungsvorrang im Kollisionsfalle nicht zur Ungültigkeit des entgegenstehenden nationalen Rechts, sondern nur dazu, dass im jeweiligen Einzelfall das vorrangige Recht das nachrangige verdrängt und (allein) anzuwenden ist. Das Bestehen eines Anwendungsvorrangs lässt deshalb die Geltung und Wirksamkeit des kollidierenden Rechts des Mitgliedstaats grundsätzlich unberührt und führt nur im jeweils konkreten Kollisionsfall zur Unanwendbarkeit der kollidierenden mitgliedstaatlichen Rechtsnorm.[46]

25 **aa) Umfang des Anwendungsvorrangs. Das gesamte unmittelbar geltende Unionsrecht** unabhängig davon, ob es sich um Primärrecht, Sekundärrecht oder Tertiärrecht handelt, genießt Anwendungsvorrang vor dem nationalen Recht der Mitgliedstaaten.[47] Voraussetzung ist allerdings die unmittelbare Anwendbarkeit der Regelungen des Unionsrechts. Soweit die Regelungen nicht unmittelbar auf einzelne Rechtsverhältnisse anwendbar sind, wie etwa bei den Richtlinien, besteht grundsätzlich keine Kollisionslage, weshalb der Anwendungsvorrang nicht eingreifen kann.. Das gilt auch dann, wenn der Mitgliedstaat die Richtlinie nicht ordnungsgemäß umgesetzt hat. In diesem Fall kommt aber eine unmittelbare Geltung der Richtlinie in Betracht, die dann Anwendungsvorrang vor dem Recht der Mitgliedstaaten genießen kann (s Rn 32).

26 **bb) Schranken des Anwendungsvorrangs.** Der Anwendungsvorrang gilt prinzipiell gegenüber dem gesamten mitgliedstaatlichen Recht, unabhängig von dessen Stellung innerhalb der innerstaatlichen Normenhierarchie, also im Grundsatz **auch gegenüber mitgliedstaatlichem Verfassungsrecht.** Das ist im Hinblick auf letzteres nicht unproblematisch, weil die von den Mitgliedstaaten auf die EU übertragene Hoheitsmacht grundsätzlich verfassungsgebunden, insbesondere grundrechtsgebunden ist. Das BVerfG geht davon aus, dass der nach dem GG unerlässliche **Grundrechtsschutz** derzeit durch die Rechtsordnung der EU hinreichend gewährleistet ist und dass deshalb eine Kontrolle des Unionsrechts anhand der nationalen Grundrechte nicht zu erfolgen hat **(Solange-Rechtsprechung).**[48] Das BVerfG hat insoweit allerdings die Möglichkeit angenommen, eine Kontrolle des Unionsrechts anhand der Grundrechte dann wieder eingreifen zu lassen, wenn ein angemessener Grundrechtsschutz auf EU-Ebene nicht mehr gewährleistet sein sollte.[49] In diesem Zusammenhang ist zumeist von

---

[44] Seit EuGHE 1963, 1 (van Gent & Loos); s auch EuGHE 1986, 1339 (Les Verts); vgl auch BVerfGE 31, 145 = NJW 1971, 2122. Zu den für das EU-Recht maßgeblichen Auslegungsmethoden s Schroeder JuS 2004, 180.

[45] EuGHE 1964, 1251 – Costa/ENEL; 1991, I-297, 321; zur Supranationalität BVerfGE 85, 191, 204; Überblick bei Terhechte JuS 2008, 403; s auch Everling DVBl 1985, 1201; Zuleeg VVDStRL 1994, 159; Funke DÖV 2007, 733.

[46] Ehlers in: Schulze/Zuleeg 2. Auflage, 2010, § 11 Rn. 39; Funke, DöV 2007, 733.

[47] Kruis, Anwendungsvorrang, passim; Ruffert in: Calliess/Ruffert (Fn 15) Art. 1 AEUV, Rn 19 ff.

[48] BVerfGE 126, 286 (ultra vires); 73, 339 = NJW 1987, 577 (Solange II); hierzu Bäcker, EuR 2011, 103; van Ooyen, Der Staat 50, 45; Augsberg, DöV 2010, 153; Hirsch NJW 2000, 1817.

[49] Vgl BVerfG 89, 155, 175; zu dem dadurch konstituierten „Kooperationsverhältnis" näher Hirsch NJW 2000, 1817, 1818; Zur Stärkung der parlamentarischen Beteiligungsrechte mahnend BVerfGE 123, 267 – Lissabon.

einem **Kooperationsverhältnis** zwischen EuGH und BVerfG die Rede,[50] in das neuerdings seit der Geltung der EMRK für die Union auch der **EGMR**[51] einbezogen wird.[52]

b) Umsetzungs- und Anpassungspflichten. Der wichtigste Weg zur Harmonisierung der nationalen Rechtsordnungen der Mitgliedstaaten der EU verläuft über den Erlass von Richtlinien, die die Mitgliedstaaten in innerstaatliches Recht auf geeignete Weise innerhalb bestimmter Fristen umzusetzen haben. Das gilt im Grundsatz auch für Vorgaben auf dem Gebiet des Verwaltungsverfahrensrechts. Zwar betreffen Richtlinien im Wesentlichen das materielle Fachrecht auf Gebieten, auf denen die EU materielle Regelungskompetenzen hat. Unter dem Aspekt der Annexkompetenz (s oben Rn 19) können diese Regelungen aber auch das zur Umsetzung erforderliche Verfahrensrecht umfassen. Dies gilt insbesondere im Hinblick auf die starke verfahrensrechtliche Orientierung des EU-Rechts. Zu nennen sind hier etwa Richtlinien zur Umsetzung der Aarhus-Konvention,[53] insbesondere die **UVP-RL,** die **SUP-RL,** die **IE-RL** (durch die ua die IVU-RL abgelöst wurde) und die **UI-RL.** Diese enthalten bereichsspezifische Vorgaben für die Regelungen von Verwaltungsverfahren in den Mitgliedstaaten. 27

Ob und in welchem Umfang den Mitgliedstaaten bei der Umsetzung von Richtlinien Spielräume für eigene gestalterische gesetzgeberische Tätigkeit verbleiben, hängt von den Vorgaben der einzelnen Richtlinie ab. Teilweise ist der Spielraum sehr gering; zulässig sind auch Richtlinien, die praktisch keinen Spielraum belassen.[54] Ist der Spielraum größer, bleibt aber das gesetzgeberische Ermessen des Mitgliedsstaats durch die „Doppelschranke" des Effektivitätsgebots und das Diskriminierungsverbots gebunden. Diese beiden Anforderungen an nationales Umsetzungsrecht spielen in der Praxis eine wesentliche Rolle und dienen dem EuGH als Maßstab für die angemessene Umsetzung von Richtlinien.[55] 28

aa) Das Effektivitätsgebot. Aus Art 4 Abs 3 EUV (vgl früher Art 10 EG) wird das Effektivitätsgebot hergeleitet, wonach die Mitgliedstaaten alle geeigneten Maßnahmen allgemeiner und besonderer Art zur Erfüllung ihrer Verpflichtungen zu treffen und solche Maßnahmen zu unterlassen haben, die die Verwirklichung der Ziele der Union gefährden.[56] Dies bedeutet ua, dass die Mitgliedstaaten auch **vor Ablauf der jeweiligen Umsetzungsfrist** einer Richtlinie solche Vorschriften nicht erlassen dürfen, die die Erreichung des in der Richtlinie festgelegten Ziels ernstlich gefährden würden.[57] Dieses Gebot, das zunächst negativ als Vereitelungsverbot entstanden ist und unter dem Aspekt des effet utile und des Grundsatzes der Gemeinschaftstreue zu einem Gebot weiterentwickelt wurde, gilt dem EuGH inzwischen als Maßstab auch für das Verwaltungsverfahrensrecht.[58] Wie weit diese Verpflichtung geht, hängt vom Einzelfall ab. Nationa- 28a

[50] Epiney in: Calliess/Ruffert (Fn 15), Art. 19 EUV, Rn 20ff; Sauer, EuZW 2011, 94; Pötters/Traut EuR 2011, 580; Sarcevic, DÖV 2000, 941.

[51] Der EGMR wird auf der Grundlage von Art 32 Abs 2 EMRK tätig.

[52] Hirsch NJW 2000, 1817, 1818; Voßkuhle NVwZ 2010, 1, 8.

[53] Richtlinie 2003/4/EG über Informationsrechte und Gerichtszugang; 2003/35/EG über Beteiligungsrechte und Gerichtszugang. Zum RL-Entwurf für den Zugang zu Gerichten in Umweltangelegenheiten s SRU, Rechtsschutz für die Umwelt, 5/2005.

[54] Schulze/Zuleeg/Kadelbach, § 2 Rn 47 mwN.

[55] König in: Schulze/Zuleeg (Fn 42), § 2, Rn 51 ff; Ruffert in: Calliess/Ruffert (Fn 15), Art. 288 AEUV, Rn 26 ff; Ziekow, NVwZ 2010, 793.

[56] Vgl EuGH NJW 1979, 1764; Scherzberg DVBl 1994, 737; Stollmann NVwZ 1995, 147; ausführlich Seyr, Der effet utile in der Rspr des EuGH, 2008.

[57] Sog Vorwirkung, vgl EuGHE 1997, I-7411 – Inter-Environnement Wallonie; 2005, I-9981 – Mangold; 2006, I-6057 – Adeneler; s a unten Rn 33a.

[58] Seit EuGHE 1983, 2633 (Deutsche Milchkontor) st Rspr; s auch v Danwitz, Europäisches Verwaltungsrecht, 476 ff.

le **Umsetzungsvorschriften müssen zwingenden Charakter** haben. Eine Umsetzung durch Verträge, Verwaltungsvorschriften oder im Einzelfall würde dem nicht gerecht und ist daher nicht zulässig.[59]

28b Der EuGH hat das an sich eher allgemein gehaltene Effektivitätsgebot mehr und mehr zu einem **echten Kontrollmaßstab** weiterentwickelt. Anfänglich wurde lediglich formuliert, das Verfahrensrecht dürfe die Durchsetzung des Unionsrechts nicht unmöglich machen oder übermäßig erschweren (EuGHE 1999, 579, 611). Inzwischen wird das nationale Umsetzungsrecht sehr genau daraufhin überprüft, ob sich die Ziele der Richtlinie damit effektiv erreichen lassen. Beispiele dafür bieten aus jüngerer Zeit die **Trianel-** und die **Altrip-Entscheidung**[60] zum Umfang der Rügebefugnis von Umweltverbänden im Rahmen der Umsetzung der UVP-Richtlinie. Zur Bedeutung des Diskriminierungsverbots im Rahmen des Verwaltungsverfahrensrechts s unten Rn 40.

28b **bb) Das Diskriminierungsverbot.** Aus Art 18 AEUV wird derzeit der für das gesamte Unionsrecht fundamentale Grundsatz des Diskriminierungsverbots hergeleitet[61] Es folgt auch aus Art 9 EUV sowie auch aus Art 20, 21 EU-Grundrechte-Charta und ergibt sich auch aus der Unionsbürgerschaft[62] selbst. Danach ist es den Mitgliedstaaten nicht erlaubt, Regelungen zu treffen, mit denen Personen aus anderen Mitgliedstaaten schlechter gestellt werden als die eigenen Staatsbürger. Auch eine mittelbare Schlechterstellung ist grundsätzlich unzulässig. Problematisch ist der umgekehrte Fall der sog **Inländerdiskriminierung,** in dem ein Mitgliedstaat seine eigenen Bürger schlechter behandelt als diejenigen aus anderen Mitgliedstaaten.[63] Eine Inländerdiskriminierung wird nach wie vor durch das EU-Recht nicht wirksam verhindert,[64] obwohl sie zu Wettbewerbsverzerrungen führen kann. Bei der Umsetzung der Dienstleistungs-RL hat Deutschland mit den §§ 71a ff Regelungen geschaffen, die zwischen deutschen und anderen Dienstleistungserbringern nicht differenziert (s § 71a Rn 8).

29 **cc) Umsetzung in Bundes- oder Landesrecht.** Da die Bundesrepublik Deutschland und nicht die Bundesländer Partnerin der Europäischen Verträge ist, **treffen die Umsetzungspflichten den Bund**, und zwar unabhängig davon, ob er für die Umsetzung über die erforderliche Gesetzgebungskompetenz verfügt.[65] Dem Bund erwächst daraus aber keine Gesetzgebungskompetenz über die nach Art 72 ff GG bestehenden Kompetenzen hinaus. Vielmehr kann er innerstaatlich nur diejenigen Vorgaben der Richtlinien in nationales Recht umsetzen, für die er nach der Kompetenzordnung des GG die Gesetzgebungskompetenz hat; im Übrigen sind die Länder zur Umsetzung berufen. Im Zuge der Föderalismus-Reform I hat der Bund inzwischen auf wichtigen Gebieten des Umweltrechts die konkurrierende Gesetzgebungskompetenz erhalten, weshalb er – anders als früher – heute Vorgaben der EU in den **Bereichen des Naturschutzrechts, des Wasserrechts und der Raumordnung** unmittelbar selbst umsetzen kann.[66] Im übrigen bleiben die Länder unter dem Aspekt der **Bundestreue bzw**

---

[59] EuGHE 2006, I-3, Rn 35; 2001, I-7657 Rn 27.Glaser, § 15 I (S 466) mwN.

[60] EuGHE 2011, I-3673 = NVwZ 2011, 801 (Trianel); EuGH NVwZ 2014, 49 (Altrip), hierzu näher § 75 Rn 98 ff.

[61] Epiney in: Calliess/Ruffert (Fn 15), Art. 18 Rn 1 f.

[62] Zur Bedeutung der Unionsbürgerschaft s EuGHE 2001, I-6193 Rn 31 – Grzelczyk.

[63] Dieses Problem stellt sich bei der sog Autobahn-Maut, wenn sie den Inländern über Reduzierung der Kfz-Steuer erstattet wird. Hierzu Kainer/Ponterlitschek ZRP 2013, 198.

[64] Schulze/Zuleeg/Kadelbach, § 9 Rn 16 mwN; Bösch Jura 2009, 91; zum Handwerksrecht Kormann/Küpers GewArch 2008, 273.

[65] Grabitz AöR 1986, 1 ff; Weber S. 27; Fischer 112.

[66] Insoweit sind allerdings die Abweichungskompetenzen der Länder nach Art 72 Abs 3 GG zu beachten, wobei die Lex-Posterior-Regel in Art 72 Abs 3 S. 3 GG eine Durchbrechung des Grundsatzes nach Art 31 GG zur Folge hat.

des bundesfreundlichen Verhaltens verpflichtet, diejenigen Richtlinien umzusetzen, die den Bereich des Landesrechts betreffen (Weber S. 31; Fischer S. 112). Der Bund bleibt zu einer Kontrolle der effektiven Umsetzung von Vorgaben er EU durch die Länder verpflichtet (EuGHE 1988, 1, 11).

dd) Form der Umsetzung. Die Art und Weise der Umsetzung von Richtlinien in innerstaatliches Recht ist grundsätzlich Sache der Mitgliedstaaten, die insoweit nach ihrem gesetzgeberischen Ermessen handeln. Maßstab ist vor allem das Effektivitätsgebot: Die Mitgliedstaaten haben bei der **Wahl der Form** und der Mittel diejenigen auszuwählen, mit denen die mit der Richtlinie verfolgten Ziele am besten und effektivsten erreicht werden können.[67] Teilweise wurde angenommen, dass sich Richtlinien auch durch den Erlass von Verwaltungsvorschriften in innerstaatliches Recht umsetzen ließen.[68] Demgegenüber steht der EuGH und mit ihm die hM zu Recht auf dem Standpunkt, dass nur **außenverbindliche Rechtsnormen** für eine Umsetzung infrage kommen.[69] 30

c) Zeitpunkt der Umsetzung. In den Richttlinien wird der Zeitpunkt bestimmt, bis zu dem die Richtlinie in innerstaatliches Recht der Mitgliedstaaten umgesetzt werden muss. Bis zu diesem Zeitpunkt entfalten Richtlinen im Normalfall keine Wirkungen. Das gilt im Prinzip auch für eine fehlerhafte oder unvollständige Umsetzung, die erst mit Ablauf der Umsetzungsfrist Folgen nach sich ziehen kann. Ob eine Richtlinie auch vor Ablauf der Umsetzungsfrist unmittelbare Wirkung entfalten kann, war nach einer missverständlichen Formulierung im Urteil des EuGH in der **Rechtssache Mangold** (EuGHE 2005, I-9981) lebhaft diskutiert worden. Den nachfolgenden Entscheidungen lässt sich aber hinreichend deutlich entnehmen, dass damit keine Änderung der bisherigen Rspr intendiert war, nach der die unmittelbare Wirkung den Ablauf der Umsetzungsfrist voraussetzt (s a unten Rn 33a).[70] Allerdings entfalten Richtlinien insoweit eine **Vorwirkung,** als die Mitgliedstaaten schon vor Ablauf der jeweiligen Umsetzungsfrist gehindert sind, Vorschriften zu erlassen, die die Erreichung des in der Richtlinie festgelegten Ziels ernstlich gefährden würden.[71] Die Mitgliedstaaten setzen Richtlinien nicht selten zögerlich und in der Sache unzulänglich um. Es stellt sich deshalb die Frage, welche Konsequenzen die zeitlich oder sachlich mangelhafte Umsetzung für den Mitgliedstaat und den einzelnen Bürger haben kann. 31

aa) Vertragsverletzung, Haftung. Für den Mitgliedstaat kann die zögerliche oder mangelhafte Umsetzung zunächst zu einem **Vertragsverletzungsverfahren** vor dem EuGH nach Art 258 AEUV führen, in dem es zu einer Verurteilung des säumigen Mitgliedsstaats kommen kann. Zu den Voraussetzungen im einzelnen Regeling/Middeke/Gellermann, § 6. Für den einzelnen Bürger kommt ein europäischer **Staatshaftungsanspruch** in Betracht.[72] Außerdem kann die fehlerhafte oder verspätete Umsetzung einer Richtlinie zu deren unmittelbarer Anwendung führen.

---

[67] EuGHE 1976, 497; 1990, I-2320; zu den Anforderungen näher v Danwitz, Europäisches Verwaltungsrecht, 476 ff.

[68] Vgl zB v Danwitz VerwArch 1993, 73, 82; Di Fabio DVBl 1992, 1338; Breuer S. 74.

[69] EuGHE 1991, I-2567; 1991, I-2607; 1991, I-4983; zustimmend Everling NVwZ 1993, 209; Zuleeg VVDStRL 1994, 176.

[70] Vgl EuGHE 2007, I-3067 – Farrell/Whitty.

[71] Sog Vorwirkung, vgl EuGHE 1997, I-7411 – Inter-Environnement Wallonie; 2005, I-9981 – Mangold; 2006, I-6057 – Adeneler; s a unten Rn 33a.

[72] EuGHE 1991, I-5357 (Francovich); s auch Schulze/Zuleeg/Kadelbach § 12 Rn 84 ff. Der Anspruch soll eingreifen, wenn die nicht (rechtzeitig) umgesetzte Richtlinie dem Schutz des Einzelnen dient, hinreichend bestimmte Regelungen vorsieht und der Verstoß des Mitgliedstaats durch die Nichtumsetzung den Schaden bei dem geschützten Einzelnen kausal verursacht hat.

32 **bb) Unmittelbare Wirkung von Richtlinien.** Für den Fall einer unterbliebenen, unvollständigen oder verzögerten Umsetzung einer Richtlinie kommt auch eine unmittelbare Wirkung in Betracht. Die Rspr des EuGH hierzu war in der Vergangenheit nicht immer einheitlich[73] und differenziert nach wie vor danach, ob es um Wirkungen gegenüber der öffentlichen Hand oder um Wirkungen unter Privaten geht. Eine unmittelbare **Wirkung von Richtlinien unter Privaten** wird bislang nicht anerkannt, es gibt also grundsätzlich **keine horizontale Wirkung** von Richtlinien. Anders ist dies, soweit es um Pflichten der öffentlichen Hand geht. Eine unmittelbare **vertikale Wirkung** von Richtlinien zulasten des Staates ist inzwischen allgemein anerkannt, wenn folgende **drei Voraussetzungen** vorliegen:[74] Es muss erstens an einer ordnungsgemäßen Umsetzung während der Umsetzungsfrist fehlen **(Fristablauf).** Zweitens darf die Richtlinie im Hinblick auf die zu treffenden materiellen Regelungen keinen normativen Spielraum lassen **(Unbedingtheit).** Drittens muss die Richtlinie einen vollzugsfähigen Regelungsgehalt haben **(Bestimmtheit und Vollzugsfähigkeit).** Nicht mehr vorausgesetzt wird, dass die Richtlinie dem Einzelnen ein subjektives Recht gewährt, vielmehr können Bürger mittlerweile auch und gerade die Einhaltung solcher Regelungen einklagen, die dem Schutz der Allgemeinheit, insbes dem Umweltschutz dienen.[75] Diese Rspr kann inzwischen als gesichert angesehen werden.[76] Sie wurde in der Entscheidung zum Umweltrechtsbehelfsgesetz jüngst wieder bestätigt, in der eine unmittelbare Anwendbarkeit des Art 10a (nunmehr Art 11) UVP-RL im Hinblick auf die umweltrechtliche Verbandsklage angenommen wurde.[77]

32a **Problematisch** ist die unmittelbare Anwendung von Richtlinien, wenn diese **auch zu Nachteilen für Unionsbürger** führen kann, da aus der Pflichtverletzung eines Mitgliedstaats nicht unmittelbar Pflichten von Unionsbürgern sollen folgen können.[78] Der unmittelbaren Wirkung einer Richtlinie zugunsten eines Einzelnen soll es dabei **nicht entgegenstehen,** dass damit – gleichsam als Reflex – negative Auswirkungen auf die Rechte Dritter verbunden sind: Maßgeblich ist, ob die Anerkennung der unmittelbaren Wirkung zugunsten des einen Bürgers dazu führen würde, dass der Mitgliedstaat sich gegenüber einem anderen Bürger auf eine diesem aufgrund der mangelhaften Umsetzung der Richtlinie gerade nicht obliegende Verpflichtung berufen müsste.[79] Falls sich der Einzelne danach **nicht** auf die unmittelbare Geltung berufen kann, muss dem Effektivitätsgebot durch eine **richtlinienkonforme Auslegung** des innerstaatlichen Rechts Rechnung getragen werden (s unten Rn 33a).[80] Diese wird allerdings wiederum dadurch begrenzt, dass sie nicht dazu führen darf, dass einem Einzelnen eine Verpflichtung entgegengehalten werden wird, die gerade in der nicht umgesetzten Richtlinie vorgesehen ist.[81] Keine unzulässige unmittelbare Wirkung zulasten Privater liegt ferner vor, wenn es sich bei dem belasteten Privaten um eine im

---

[73] Vgl zB EuGHE 1974, 1337 – Van Duyn.

[74] Näher v Danwitz JZ 2007, 697.

[75] Vgl EuGHE 1999, I-5613; Schulze/Zuleeg/Kadelbach § 2 Rn 60

[76] EuGHE 2011, I-3673 (Trianel): Mangelhafte Umsetzung von Art 10a UVP-RL im UmwRG aF; EuGH NordÖR 1998, 435 – Wiesen-Steuer; die Rspr hat für den europäischen Naturschutz erhebliche Bedeutung gewonnen (vgl zB BVerwG NordÖR 1999, 67 – Trave-Niederung); Nichtausweisung von Vogelschutzgebieten, die nach der Vogelschutzrichtlinie dem in der Richtlinie vorgesehenen Schutz hätten unterstellt werden müssen EuGHE 1993, I-4221 = NuR 1994, 521; ähnlich EuGH NuR 1997, 36; StBS EuR 73 ff.

[77] EuGH NuR 2011, 423 (Trianel). S hierzu näher § 75 Rn 85.

[78] Calliess/Ruffert, Art. 288 AEUV, Rn. 63 ff; Jarass/Beljin, EuR 2004, 714; Siebert, Die horizontal-unmittelbare Wirkung des Gemeinschaftsrechts, 2010.

[79] EuGHE 2004, I-723 – Wells mwN; EuGH NuR 2013, 340 – Salzburger Flughafen.

[80] EuGHE 2007, I-3093 – Farrell/Whitty.

[81] EuGHE 1996, I-4705.

weitesten Sinne **staatliche Einrichtung** handelt, die unabhängig von ihrer Rechtsform dergestalt eine im öffentlichen Interesse liegende Dienstleistung erbringt, dass sie dabei unter staatlicher Aufsicht steht und mit besonderen Rechten gegenüber den Bürgern ausgestattet ist.[82]

d) Unionsrechtskonforme Auslegung und Anwendung. Nach st Rspr des EuGH ist das gesamte nationale Recht, gleichviel ob es der Umsetzung von Unionsrecht dient oder nicht, unionsrechtskonform auszulegen.[83] Eine wesentliche Rolle spielt das Gebot unionsrechtskonformer Auslegung allerdings in erster Linie für das nationale Umsetzungsrecht. Ebenso wie die verfassungskonforme Auslegung setzt sie voraus, dass das nationale Recht aus sich heraus, also ohne Rücksicht auf höherrangiges oder vorrangiges Recht, eine Interpretation zulässt, die dem Unionsrecht entspricht.[84] Das Gebot unionsrechtskonformer Auslegung in diesem Sinne ist auch in der Literatur weitgehend unbestritten, wenn auch gelegentlich Kritik geäußert wird.[85] Soweit nationales Recht der Verwaltung **Entscheidungsspielräume** vermittelt, seien es Ermächtigungen zur Ermessensbetätigung, zu Beurteilungs- oder zu Planungsentscheidungen (vgl § 40), sind diese Spielräume so auszufüllen, dass eine Verletzung von Unionsrecht vermieden wird, darüber hinaus aber auch so, dass die Ziele des Unionsrechts erreicht werden. Zur richtlinienkonformen Rechtsfortbildung BGH JZ 2009, 518 (Quelle), BAG NZA 2009, 538 (Schultz-Hoft). Eine unionsrechtskonforme Auslegung des nationalen Rechts kann insbes dann geboten sein, wenn sich der Einzelne nicht auf die unmittelbare Wirkung einer Richtlinie berufen kann, sei es, weil es sich um einen Rechtsstreit unter Privaten handelt (s oben Rn 32a f), sei es, weil die Umsetzungsfrist der Richtlinie noch nicht abgelaufen ist.[86] 33

Ein wesentliches Instrument zur **Sicherung der Unionsrechtskonformität** des nationalen Rechts und vor allem seiner Anwendung durch die nationalen Behörden und Gerichte ist das **Vorabentscheidungsverfahren** beim EuGH nach Art 267 Abs 3 AEUV. Wenn ein nationales Gericht im Zweifel über den Inhalt des maßgeblichen Unionsrechts ist, muss es die Frage nach der richtigen Auslegung des Unionsrechts dem EuGH vorlegen. Nach deutschem Verfassungsrecht gehört der EuGH zu den in einem Verfahren insoweit zur Entscheidung berufenen gesetzlichen Richtern, weshalb die Nichtvorlage gegen Art 101 Abs 1 S 2 GG verstoßen kann. Allerdings nimmt das BVerfG in diesem Zusammenhang einen weiten Spielraum der nationalen Gerichte an.[87] 33a

III. Nationales und europäisches Verwaltungsverfahrensrecht

1. Der europäische Verwaltungsverbund. a) Vollzugsebenen. In der Vergangenheit wurde zumeist zwischen dem Gesetzesvollzug durch Organe der 34

---

82 St Rspr, s zuletzt EuGH EuZW 2014, 189 – Portgás: Rückforderung von Beihilfen aufgrund von Verstößen gegen Bestimmungen der Sektorenrichtlinie, die nicht in nationales Recht umgesetzt worden waren.

83 EuGHE 1984, 1891; 1990, I-4135; Zuleeg VVDStRL 1994, 165; Schoch NVwZ 1999, 457, 461; ders DVBl 1997, 289, 292; auch Classen VerwArch 1999, 222.

84 EuGH NVwZ 2013, 273 (Byankow); EuGH NVwZ 2012, 1097 (Amia SpA in Liquidation); EuGH NJW 2012, 509 (Dominguez); Zippelius FS BVerfG Bd II 1976, 108, 110. Dies war etwa nach Auffassung des EuGHE 2011 I-3673 (Trianel) bei § 2 Abs 1 Nr 1 UmwRG aF im Hinblick auf die europarechtlich gebotene Verbandsklage nicht der Fall, weil die beanstandete Einschränkung beabsichtigt war (s näher § 75 Rn 85).

85 Vgl Di Fabio NJW 1990, 947; Scholz/Hofmann ZRP 1998, 295; Jarass EuR 1991, 211; Zuleeg VVDStRL 1994, 166; Everling ZGR 1992, 376; Götz NJW 1992, 1849; **aA** offenbar Dänzer-Vanotti RIW 1991, 754.

86 Vgl EuGHE 2007, I-3067 – Farrell/Whitty.

87 Vgl BVerfGE 126, 286, 315 (lediglich Willkürmaßstab); zuletzt BVerfG NVwZ 2012, 1033: Nichtvorlage durch BFH im Hinblick auf die Bestandskraft eines unionsrechtswidrigen Steuerbescheides.

Gemeinschaft **(direkter Vollzug)** auf der einen und durch Organe der Mitgliedstaaten **(indirekter Vollzug)** auf der anderen Seite unterschieden.[88] Inzwischen hat der Integrationsprozess in der Union ein Stadium erreicht, in dem diese Zweiteilung die Wirklichkeit der Verwaltung innerhalb der Union nicht mehr angemessen widerspiegelt. Zwar ist die Unterscheidung von direktem und indirektem Vollzug nach wie vor grundlegend, weshalb sie auch der vorliegenden Kommentierung weiterhin zugrunde liegt, der Vollzug des Rechts erfolgt aber zunehmend in **horizontaler** (zwischen den Mitgliedstaaten) und **vertikaler** (zwischen Mitgliedstaaten und Unionsorganen) **Verwaltungskooperation.**[89] Die Organe der Union unterstützen die Mitgliedstaaten bei der Umsetzung des Unionsrechts in vielfältiger Weise mit dem Ziel einer Harmonisierung und einer effektiven Anwendung des EU-Rechts und des nationalen Umsetzungsrechts insbesondere bei grenzüberschreitenden Vorgängen; darüber hinaus sind sie in vielen Bereichen an der Umsetzung des Unionsrechts durch die Mitgliedstaaten selbst beteiligt (zB im Beihilfenrecht, Naturschutzrecht, usw). Auch sind die Mitgliedstaaten auf eine **Verwaltungszusammenarbeit** untereinander angewiesen (vgl §§ 8a ff), wenn sie die Normen des Unionsrechts wirkungsvoll umsetzen wollen (zB im Rahmen der Dienstleistungs-RL).

35 **b) Verzahnung von europäischem und nationalem Verfahrensrecht.** Das Verwaltungsverfahrensrecht der Union und das Verfahrensrecht der Mitgliedstaaten stehen nicht unverbunden nebeneinander, sondern sind auf vielfältige Weise miteinander verschränkt.[90] Zwar findet auf die Eigenverwaltung der Union durch die Kommission und nachgeordnete Stellen ausschließlich europäisches Verwaltungsverfahrensrecht Anwendung, der weitaus größte Teil der Verwaltungsaufgaben in der Union wird aber im indirekten Vollzug und in erster Linie von den Organen der Mitgliedstaaten erledigt. Diese haben dann regelmäßig nationales, teilweise aber auch europäisches Verwaltungsrecht anzuwenden (s unten Rn 38 f).

36 **2. Direkter Vollzug von Unionsrecht.** Von direktem Vollzug spricht man, wenn die Regelungen des Unionsrechts „direkt" durch Organe der Union selbst vollzogen werden. Hieran sind die Mitgliedstaaten der Union regelmäßig nicht beteiligt. Im direkten Vollzug geht es zunächst um die **Binnenverwaltung** der Union und ihrer diversen Organe, ihrer Einrichtungen, Mitarbeiter usw. Darüber hinaus geht es um den Vollzug von solchen Vorschriften des Unionsrechts, für die die Union eine **eigene Vollzugskompetenz** besitzt. Dies ist allerdings nur in einem sehr eng umgrenzten Bereich der Fall.[91] Und schließlich geht es um die Vollzugsbeiträge von Organen der Union im Rahmen der **Kooperation im Europäischen Verwaltungsverbund.** Als Organe handeln im direkten Vollzug neben der Europäischen Kommission die Agenturen (näher Görisch Jura 2012, 42) und Ausschüsse im Rahmen ihrer Zuständigkeiten.

36a **a) Eigenverwaltungsrecht der Union.** Für den direkten Vollzug von Unionsrecht durch die Organe der Europäischen Union gilt allein Unionsrecht. Einen **allgemeinen Verfahrenskodex gibt es nicht,** nur bereichsspezifisch finden sich geschriebene Regeln.[92] Im Übrigen richtet sich das Verwaltungsverfahren der Organe der Europäischen Union nach ungeschriebenen **allgemeinen**

[88] Vgl Fischer, Europarecht, 3. Aufl 2001, 131 ff; Pernice/Kadelbach DVBl 1996, 1100, 1103; v Arnauld in Terhechte Verwaltungsrecht der EU, § 2 Rn 6.

[89] Vgl etwa zu neueren Entwicklungen auf dem Gebiet der Finanzaufsicht Kämmerer NVwZ 2011, 1281; Ruffert JuS 2014, 279.

[90] v Danwitz, Europäisches Verwaltungsrecht, 609 ff.

[91] Zum Eigenverwaltungsrecht Überblick bei Terhechte, § 6 Rn 31.

[92] Hierzu näher Guckelberger, NVwZ 2013, 601 ff mwN; auch JP Schneider/Hofmann/Ziller (Hg), ReNEUAL-Musterentwurf für ein EU-Verwaltungsverfahrensrecht, 2015.

Verfahrensgrundsätzen, die in der Rspr des EuGH entwickelt worden sind.[93] Sie sind zumeist im Wege einer vergleichenden Betrachtung der Verfahrensordnungen und in Anlehnung an das Verfahrensrecht der Mitgliedstaaten (vgl Grabitz NJW 1989, 1778; Ehlers DVBl 1994, 605) entwickelt worden.[94] Dadurch ist es zu einer erheblichen Beeinflussung des Unionsrechts durch die Mitgliedstaaten gekommen. Auch das deutsche Verwaltungsverfahrensrecht hat die auf EU-Ebene geltenden allgemeinen Verfahrensgrundsätze mit geprägt.[95]

b) Recht auf gute Verwaltung. Mit der Übernahme der **Grundrechte-Charta** in das Primärrecht der Union ist inzwischen auch Art 41 verbindlich, der Jedermann das **Recht auf eine gute Verwaltung** garantiert. Damit werden nicht nur die Mindestanforderungen an ein faires Verwaltungsverfahren verbindlich, sondern auch die Verfahrensgrundsätze mit materiellem Gehalt (s unten Rn 49). Als Konkretisierung kann zT der **Europäische Kodex für gute Verwaltungspraxis** herangezogen werden, der vom Europäischen Bürgerbeauftragten erarbeitet wurde und zunächst Teil des Vertrags über eine Verfassung für Europa werden sollte.[96] 37

c) Unionsrechtliches Verwaltungsverfahrensgesetz. Angesichts des Fehlens einer Kodifikation des für den direkten Vollzug geltenden Verfahrensrechts wird derzeit von vielen Seiten ein europäisches Verwaltungsverfahrensgesetz gefordert.[97] Es könnte verfassungsrechtlich auf der Grundlage von Art 298 Abs 2 AEUV erlassen werden, würde sich allerdings nur auf den direkten Vollzug von Unionsrecht durch die Organe der Union beziehen.[98] Eine Kodifikation auch des für den indirekten Vollzug von Unionsrecht geltenden Verfahrensrechts auf der Ebene der Union begegnet derzeit noch Bedenken im Hinblick auf die verfahrensrechtliche Autonomie der Mitgliedstaaten. Aber auch ein Verfahrensgesetz, das nur für den direkten Vollzug durch Organe der Union gälte, hätte einen wichtigen maßstabbildenden Effekt und wäre deshalb auch zu begrüßen.[99] 37a

3. Indirekter Vollzug von Unionsrecht. Der größte Teil der Bestimmungen des Unionsrechts unterliegt dem Vollzug durch die Organe der Mitgliedstaaten. Insoweit spricht man von indirektem Vollzug des EU-Rechts durch die Mitgliedstaaten. Diese Form des Verwaltungsvollzugs bildet die Regel; allerdings sieht das EU-Recht immer häufiger ein Zusammenwirken von Organen der Union und Organen der Mitgliedstaaten vor. Das gilt auch für den großen Bereich des nationalen Umsetzungsrechts. Insoweit ist zumeist von einer Verwaltung im **Mehrebenensystem**[100] bzw von einem Vollzug des EU-Rechts und des mitgliedstaatlichen Umsetzungsrechts im **Verwaltungsverbund**[101] die Rede. Dieses Zusammenwirken von Organen und Behörden auf verschiedenen Ebenen 38

---

[93] S dazu näher v Danwitz, Europäisches Verwaltungsrecht, 210 ff; Terhechte, § 7, Rn. 9 ff; WBSK I § 17 Rn 22 ff; Gassner DVBl 1995, 16; Gornig/Trüe JZ 1993, 884 und 934; StBS Einl Rn 134; Haibach NVwZ 1998, 456; Classen Vw 1998, 307.

[94] Vgl dazu allg auch Kasten DÖV 1985, 570; Rengeling DVBl 1986, 306; Schwarze NJW 1986, 1067; Everling NVwZ 1987, 1; Grabitz NJW 1981, 1776; Ehlers DVBl 1991, 605; Fischer NVwZ 1992, 635; Schmidt-Aßmann DVBl 1993, 924; StBS Einl Rn 133.

[95] Grundlagen § 27, Rn 40 ff.

[96] Der Europäische Kodex für gute Verwaltungspraxis, 2005, hsg v Europäischen Bürgerbeauftragten; hierzu Guckelberger NVwZ 2013, 601, 602; Bourquain DVBl 2008, 1228.

[97] Beschl des Europäischen Parlaments v 15.1.2013 (Annahme des Berichts 2012/2024 (INI) mit Empfehlungen an die Kommission). S hierzu auch Guckelberger NVwZ 2013, 380.

[98] Guckelberger NVwZ 2013, 601, 606; weitergehende Forderungen bei Schwarze, Europäisches Verwaltungsrecht, 2. Aufl 2005, CXXXII.

[99] Ausführlich Glaser § 20; Kahl, Europäisierung, Vw Beih 10, 2010, 49 mwN,

[100] Marauhn in: Schulze/Zuleeg (Fn 42), § 7, Rn 2 f; Winter, EuR 2005, 255; Schmidt-Aßmann, NVwZ 2007, 40.

[101] Schmidt-Aßmann, Verwaltungsrechtliche Dogmatik, 2013, Teil 3, Abschn C II; Ruffert, DÖV 2007, S. 761; Gießen, DöV 2004, 20.

führt verwaltungsrechtlich zu manchen Problemen, vor allem im Bereich des Rechtsschutzes.[102]

39 **a) Verfahrensautonomie der Mitgliedstaaten.** Der Grundsatz der Verfahrensautonomie der Mitgliedstaaten besagt, dass die Regelung des Verfahrensrechts für den indirekten Vollzug des Unionsrechts grundsätzlich Sache der Mitgliedstaaten bleibt. Die Mitgliedstaaten sind berechtigt und verpflichtet, das Unionsrecht ebenso wie das nationale Umsetzungsrecht nach den Bestimmungen des nationalen Verfahrensrechts zu vollziehen, soweit keine unmittelbar geltenden Verfahrensbestimmungen der EU ausnahmsweise vorgehen **(Soweit-Formel).**[103] Da die EU aber über kein geschriebenes allgemeines Verfahrensrecht verfügt, kommt eine Anwendung des Unionsrechts nur im Hinblick auf einzelne allgemeine Rechtsgrundsätze der EU in Betracht (s unten Rn 39a). Zu den Bestrebungen, ein europäisches Verwaltungsverfahrensgesetz zu schaffen, Guckelberger NVwZ 2013, 601.

39a **In Deutschland** richtet sich der Vollzug von EU-Recht nach dem VwVfG, dem SGB X, der AO und den bereichsspezifischen Normen des Verfahrensrechts (s Einf I). Dieses nationale Verfahrensrecht ist jedenfalls dann anwendbar, wenn die EU keine unmittelbar geltenden bereichsspezifischen Verfahrensvorschriften für den Vollzug von Unionsrecht erlassen hat (s unten Rn 42). Dabei sind die europarechtlichen Vorgaben für das Verwaltungsverfahren zu beachten. Das bedeutet, dass die **allgemeinen Verfahrensgrundsätze der EU** (s unten Rn 48) auch für den indirekten Vollzug von Unionsrecht beachtlich sind. Für den indirekten Vollzug bedeutet dies, dass die Mitgliedstaaten diese Grundsätze im Rahmen ihres eigenen nationalen Verwaltungsverfahrensrechts zu verwirklichen bzw zu beachten haben, soweit sie EU-Recht anwenden. Das gilt nicht nur für die Anwendung unmittelbar geltenden EU-Rechts, sondern auch für die Anwendung des nationalen Umsetzungsrechts, also des Rechts, das der Umsetzung von Richtlinien der Union dient (indirekter Vollzug des mittelbaren EU-Rechts).

40 **b) Sicherung effektiver und diskriminierungsfreier Umsetzung des Unionsrechts.** Allerdings muss sichergestellt werden, dass die Anwendung nationalen Verfahrensrechts bei der Umsetzung des Unionsrechts und des nationalen Umsetzungsrechts nicht zu Wirkungsverlusten des Unionsrechts führt. Das nationale Verfahrensrecht muss also ein Instrumentarium zur Verfügung stellen, welches einen effektiven und gleichmäßigen indirekten Vollzug des Unionsrechts sicherstellt (EuGH NVwZ 2016, 600 zur **Beachtlichkeit des EU-Beihilfenrechts** im Rahmen von Verwaltungsverträgen). Deshalb müssen die Mitgliedstaaten sowohl bei der Ausgestaltung des nationalen Verfahrensrechts als auch bei dessen Auslegung und Anwendung im Einzelfall diejenigen Vorgaben beachten, die sich aus dem Vorrang des Unionsrechts ergeben. Dabei handelt es sich im Wesentlichen um das Diskriminierungsverbot und das Effizienzgebot (s auch oben Rn 28a).

41 Seit der sog **Milchkontor-Entscheidung** des EuGH[104] gilt der Grundsatz, dass die Mitgliedstaaten ihr nationales Verfahrensrecht nur insoweit anwenden dürfen, als dies erstens nicht zu einer verfahrensrechtlichen Schlechterstellung von Angehörigen anderer Mitgliedstaaten führt (Diskriminierungsverbot) und zweitens nicht die effektive Durchsetzung des Unionsrechts und des nationalen Umsetzungsrechts behindert (Effektivitätsgebot).[105] Die beide Anforderungen

---

[102] Broß in VerwArch 2006, 332.

[103] Sog Soweit-Formel, vgl EuGHE 1983, 2633, 2665; hierzu Kahl VerwArch 2004, 1, 13; Iglesias EuGRZ 1997, 289; v Danwitz DVBl 1998, 421, 430: Grundentscheidung des Gemeinschaftsrechts für die mitgliedstaatliche Verwaltung; Ludwigs NVwZ 2007, 549 mwN.

[104] EuGHE 1983, 2633; s hierzu näher v Danwitz, Europäisches Verwaltungsrecht, 476; Schwarze, Das Verwaltungsrecht unter europäischem Einfluss, 154 ff.

[105] Diese Formel kehrt in einer Vielzahl von Entscheidungen immer wieder; vgl v Danwitz DVBl 1999, 421; Iglesias EuGRZ 1997, 289; WBSK I § 17 Rn 30 ff.

umfassende sog **Koordinierungsformel** (EuGHE 1999, 579, 611) wird aus Bestimmungen des AEUV hergeleitet.[106] Das Diskriminierungsverbot ergibt sich heute aus Art 18 AEUV[107] das Effizienzgebot aus Art 4 Abs 3 EUV (entspr Art 10 EG). Das nationale Verfahrensrecht muss danach so ausgestaltet, ausgelegt und angewandt werden, dass es den jeweiligen Zielen des EU-Rechts und der ihm zugedachten Funktion gerecht wird (vgl BVerwGE 92, 81) und den verschiedenen unionsrechtlichen Verfahrensgrundsätzen entspricht.[108]

c) Beim indirekten Vollzug beachtliches Unionsrecht. aa) Unmittelbar geltendes europäisches Verfahrensrecht. Unmittelbare Geltung kann zunächst Verfahrensvorschriften des europäischen **Primärrechts** zukommen. Dabei handelt es sich um die Bestimmungen der Verträge einschließlich der Grundrechte-Charta einschließlich Art 41 mit dem Recht auf eine gute Verwaltung (s unten Rn 45 ff.). Das Primärrecht enthält im übrigen nur wenige Bestimmungen, die sich mit dem Verwaltungsverfahren beschäftigen.[109] Auch das europarechtliche **Sekundärrecht** enthält nur für wenige Bereiche unmittelbar geltendes Verfahrensrecht.[110] Die EU hat eine Kodifizierung des Verfahrensrechts bisher weitgehend vermieden[111] und die Regelung des Verwaltungsverfahrens den Mitgliedstaaten überlassen. Deshalb spielt das geschriebene Unionsrecht für den indirekten Vollzug derzeit noch keine wesentliche Rolle. 42

bb) Mittelbares Unionsverfahrensrecht. Abgesehen von dem sog „endogenen Vereinheitlichungspotential"[112] des Unionsrechts nimmt das EU-Recht auf das nationale Verwaltungsverfahrensrecht auf unterschiedlichen Wegen Einfluss: Erstens durch den Erlass von Richtlinien, mit denen die Mitgliedstaaten dazu verpflichtet werden, nationale Bestimmungen über das Verwaltungsverfahren zu erlassen oder anzupassen. Das nationale Umsetzungsrecht bezeichnet man als **mittelbares Unionsverfahrensrecht,** zB das der Umsetzung der UVP-RL dienende UVPG. Zweitens wird Einfluss genommen durch die Verpflichtung der Mitgliedstaaten, beim indirekten Vollzug die **allgemeinen Verfahrensgrundsätze** der EU zu beachten, die nach Inkrafttreten des Lissabon-Vertrages teilweise in den Grundrechten der EU-Grundrechte-Charta positiviert worden sind. 43

cc) Umwelt- und Planungsrecht. Verfahrensrechtliche Vorgaben finden sich ferner vor allem im Bereich des Umwelt- und Planungsrechts. Hier hat die EU verfahrensrechtliche Vorgaben insbesondere zur Öffentlichkeitsbeteiligung in den EU-Richtlinien über die **Umweltverträglichkeitsprüfung** geschaffen. Sie gelten für Vorhaben, die nach der UVP-Richtlinie oder nach der Industrie-Emissions-RL UVP-pflichtig sind. In diesen hat die EU zur Umsetzung der Aarhus-Konvention Bestimmungen über den Zugang zu den Gerichten erlassen, die von Deutschland im BNatSchG und im UmwRG zunächst nicht ordnungsgemäß umgesetzt worden waren und mehrmals zu einer Anpassung des nationa- 44

[106] Hierzu näher Schmidt-Aßmann, Europäisierung des Verwaltungsverfahrensrechts, FSBVerwG, 2003 (487, 489); Schoch JZ 1995, 109.

[107] Ferner aus Art 9 EUV sowie aus den Art 20, 21 EU-Grundrechte-Charta; s auch oben Rn 28.

[108] WBSK I § 17 Rn 19 ff; Schwarze DVBl 1996, 881; Gornig/Trüe JZ 1993, 884.

[109] In Betracht kommen insoweit etwa Art 15 AEUV (Grundsatz der Offenheit), Art 16 AEUV (Datenschutz) und Art 197 AEUV (Verwaltungszusammenarbeit).

[110] ZB der Zollkodex.

[111] Regelungen des Verwaltungsverfahrens enthält zB der Zollkodex (Verordnung – EWG – Nr 2913/92 – ABl 1992 Nr L 302 S. 1); weitere Regelungen enthalten die EG-VerfahrensVO zur gemeinschaftsrechtlichen Beihilfenkontrolle v 22.3.1999 (Verordnung – EWG – Nr 659/1999 – ABl L 83) sowie die Freisetzungsrichtlinie im Gentechnikrecht (hierzu Lienhard NuR 2002, 13).

[112] So die plastische Bezeichnung Schmidt-Aßmanns in FSBVerwG 2003, 487, 488 für die Entwicklungsmöglichkeiten auf Grund „wechselseitiger Einwirkungen" von nationaler und Gemeinschaftsrechtsordnung; s auch Kahl VerwArch 2004, 1, 16: Homogenisierungsthese.

len Rechts führen mussten, zuletzt durch eine umfassende Änderung des UmwRG.[113]

45 **dd) Konkretisierung der Verfahrensgrundsätze.** Nach Inkrafttreten der Grundrechte-Charta haben die Mitgliedstaaten auch das in Art 41 garantierte Recht auf eine gute Verwaltung[114] zu beachten. Zwar richtet sich die Vorschrift ausweislich des Art 41 Abs 1 zunächst nur an die Organe und Einrichtungen der Union und damit nicht ausdrücklich an die Organe der Mitgliedstaaten. Gleichwohl wird man aber die Garantien des Art 41 der Grundrechte-Charta auch auf den indirekten Vollzug von Unionsrecht anzuwenden haben. Das ergibt sich zum einen daraus, dass es sich bei den Anforderungen des Art 41 Grundrechte-Charta an eine gute Verwaltung im wesentlichen um eine **Kodifizierung der allgemeinen Verfahrensgrundsätze** handelt, wie sie vom EuGH entwickelt worden sind.[115] Zum anderen dürfte die Beachtung des Art 41 Grundrechte-Charta Voraussetzung für eine dem Effektivitätsgebot und dem Diskriminierungsverbot (Art 4 Abs 3 AEUV) entsprechende Umsetzung und Anwendung von unmittelbarem und mittelbarem Unionsrecht sein.[116]

46 **3. Das Recht auf eine gute Verwaltung (Art 41 Grundrechte-Charta). a) Grundzüge, Anwendungsbereich.** Das Recht auf eine gute Verwaltung haben nicht nur Angehörige der Union. Es gilt vielmehr für Jedermann unabhängig von ihrer Staatsangehörigkeit. Damit sind zunächst einmal sämtliche **natürlichen Personen** gemeint. Für juristische Personen des Privatrechts dürfte Art 41 ebenfalls gelten. Zwar war und ist die Geltung der Grundrechte-Charta insgesamt für **juristische Personen des Privatrechts** noch nicht unumstritten, insbesondere weil einige Grundrechte (zB Art 5, 7, 9, 14) auf natürliche Personen zugeschnitten sind;[117] das gilt aber nicht für das Recht auf eine gute Verwaltung. Man wird daher entsprechend Art 19 Abs 3 GG die Grundrechte der Charta auf juristische Personen des Privatrechts jedenfalls dann anwenden können, wenn sie „ihrem Wesen nach" auf diese passen.[118] Das Recht auf eine gute Verwaltung ist in Art 41 Grundrechte-Charta relativ offen formuliert. Es gilt für alles Verwaltungshandeln **ohne Rücksicht auf die Handlungsform,** also auch für Verwaltungsverträge und schlichtes Verwaltungshandeln. Die in Art 41 Abs 2 aufgeführten Elemente sind nicht abschließend, sondern lassen sich durch andere ergänzen, die sich als Standard guter Verwaltung erwiesen haben oder erweisen werden.

47 **Umstritten ist die Anwendbarkeit** des Art 41 Grundrechte-Charta auf den Bereich des indirekten Vollzugs von Unionsrecht durch Organe und Behörden der Mitgliedstaaten. Die wohl hM[119] folgert aus dem Wortlaut des Art 41 Grundrechte-Charta, dass sich die Vorschrift nur auf die Organe der Union bezieht, und sieht darin eine gegenüber Art 51 Grundrechte-Charta spezielle und einschränkende Regelung des Anwendungsbereichs. Das ist angesichts des Umstands, dass Art 41 Grundrechte-Charta im wesentlichen die vom EuGH entwickelten Verfahrensgrundsätze positiviert, die bis dahin auch schon für den indirekten Vollzug Bedeutung hatten, nicht sehr überzeugend.[120]

---

[113] Gesetz über ergänzende Vorschriften zu Rechtsbehelfen in Umweltangelegenheiten nach der EG-RL 2003/35/EG v 29.5.2017 (BGBl I, 1298).

[114] Hierzu näher Classen, Gute Verwaltung im Recht der Europäischen Union, 2008.

[115] Vgl insoweit Gornig/Trüe JZ 1993, 939; Gassner DVBl 1995, 20; Nehl, S. 226 ff.

[116] Bullinger, FS Brohm, S. 28 ff, Bauer, Recht auf gute Verwaltung, S. 102 f, 138 f.

[117] BVerfG NJW 2011, 3428; Terhechte, § 14, Rn 81 ff; Schwarze, EuZW 2001, 517.

[118] Classen, Gute Verwaltung im Recht der EU, S. 67.

[119] Ruffert, in: Calliess/Ruffert, (Fn 15), Rn 8 f; Magiera, in: Meyer, Charta der Grundrechte der EU, 3. Aufl 2010, Rn 8 f; Classen, Gute Verwaltung im Recht der EU, 2008, S. 80 ff; Pfeffer, Das Recht auf eine gute Verwaltung, S. 102 f; auch Kokott, CS 75/08, Schlussanträge, 24.

[120] S auch Bauer, Das Recht auf eine gute Verwaltung im Europäischen Gemeinschaftsrecht, 2002, S. 142.

b) Die allgemeinen Verfahrensgrundsätze der Grundrechte-Charta. Nach Art 41 Abs 1 Grundrechte-Charta hat jede Person ein Recht darauf, dass ihre Angelegenheiten von den Organen der Union **unparteiisch, gerecht und innerhalb einer angemessenen Frist** behandelt werden. Dieser generalklauselartig formulierten Anforderung kommt für die Union eine fundamentale Bedeutung zu.[121] Ihre Auswirkungen auf die Verwaltung der Mitgliedstaaten der Union beim indirekten Vollzug können noch gar nicht abgeschätzt werden. Es geht nicht nur im negativen Sinn um Bekämpfung und **Vermeidung von Korruption,** sondern vor allem im positiven Sinn um Unparteilichkeit, Gerechtigkeit und Zügigkeit, weil nur dann sachlich optimale, zügige und dem Recht entsprechende Entscheidungen im Interesse des Bürgers möglich sind. Die nachfolgenden Bestimmungen in Art 41 Abs 2 Grundrechte-Charta sind zwar als Konkretisierungen zu verstehen, beschreiben die Grundsätze des Abs 1 aber nicht abschließend („insbesondere"). 48

Grundsätze mit materiell-rechtlichem Gehalt werden in Art 41 Abs 2 Grundrechte-Charta nicht mit aufgezählt. Sie dürften aber gleichwohl als unverzichtbarer Teil guter Verwaltung von Art 41 Abs 1 Grundrechte-Charta erfasst werden.[122] Dazu zählen Prinzipien wie **Legalität, Rechtssicherheit** und damit auch der Grundsatz des Bestandsschutzes und das Prinzip des **Vertrauensschutzes,** etwa bei Widerruf und Rücknahme von VAen.[123] Sie haben im Verwaltungsverfahren schon immer eine wesentliche Rolle gespielt; ihre Beachtung muss wegen ihrer engen Verknüpfung mit dem Verfahrensrecht als wesentliche Teilelemente der guten Verwaltung angesehen werden. 49

c) Das Anhörungsrecht (Art 41 Abs 2 lit a). Zur guten Verwaltung gehört grundsätzlich auch das Recht jeder Person, angehört zu werden, bevor ihr gegenüber eine für sie nachteilige individuelle Maßnahme getroffen wird.[124] Dieses Recht entspricht auch einem allgemeinen Rechtsgrundsatz des EuGH. Es gehört auch in Deutschland zu den grundlegenden Verfahrensrechten und ist im VwVfG in § 28 geregelt. Hier stellt sich die Frage, was im Einzelnen als **„nachteilige individuelle Maßnahme"** angesehen werden muss. Dabei geht es einmal um das Problem, ob man auch vor der Ablehnung eines Antrags angehört werden muss (s § 28 Rn 26) und zum anderen um die Frage, in welchem Umfang auch bei mittelbarer Betroffenheit ein Anhörungsrecht anzunehmen ist (s Kahl DVBl 2012, 602 insbes zu gestuften Verfahren). Teilweise sind insoweit bereichsspezifische Regelungen des EU-Rechts zu beachten.[125] Schließlich geht es darum, die **Art und Weise der Anhörung** so effektiv auszugestalten, dass es seine grundrechtliche und rechtsstaatliche Funktion auch erfüllen kann.[126] 50

d) Das Akteneinsichtsrecht (Art 41 Abs 2 lit b). Das Recht auf Akteneinsicht spielt für das Verfahrensrecht der EU eine wesentliche Rolle. Es geht dabei nicht nur um die Schaffung der Voraussetzungen für die Geltendmachung eigener Rechte im Verwaltungsverfahren und für die Ausübung des Anhörungsrechts, sondern auch um die **Ausprägung des Transparenzprinzips,** das in der EU 51

---

[121] Galetta EuR 2007, 57.

[122] Gärditz, DÖV 2010, 453; Magiera: in Meyer (Fn 95), Rn 5 ff.

[123] Vgl Rengeling DVBl 1984, 33; Grabitz NJW 1989, 1776 und 1780; Triantafyllou NVwZ 1992, 436; Gornig/Trüe JZ 1993, 940; s jedoch auch EuGH NJW 1990, 969: kein allgemeiner Grundsatz, der eine Nacherhebung von Abgaben nach EU schlechthin verbieten würde.

[124] Vgl EuGH NVwZ 1992, 368; Huck EuZW 2016, 132; Nehl S. 274 ff; Gassner DVBl 1995, 17; Gornig/Trüe JZ 1993, 886.

[125] S hierzu etwa die UVP-Vorschriften, hierzu § 63 Rn 15 ff.

[126] Näher Fengler, Die Anhörung im europ Gemeinschaftsrecht u im deutschen VerwVerfR, 2003, 25.

weitgehende Einsichtsmöglichkeiten eröffnet[127] und im Gegensatz zu dem Prinzip der Beteiligtenöffentlichkeit steht, die etwa in Deutschland Grundlage des Verwaltungsverfahrens ist. Das Recht auf Akteneinsicht in Art 41 Abs 2 lit b Grundrechte-Charta wird allerdings durch berechtigte Geheimhaltungsinteressen beschränkt (s bereits Gornig/Trüe JZ 1993, 939); es ist nicht auf Fälle begrenzt, in denen ein Verwaltungsverfahren anhängig oder beabsichtigt ist. Im indirekten Vollzug gelten in Deutschland neben § 29 auch die Vorschriften der UIG in Bund und Ländern, der IFG sowie des VIG (s hierzu näher § 29 Rn 45 ff).

52 **e) Entscheidungsbegründung (Art 41 Abs 2 lit c).** Zu den elementaren Teilen des Rechts auf gute Verwaltung gehört der Anspruch des Bürgers, dass Entscheidungen ihm gegenüber auch begründet werden.[128] Die Vorschrift ist objektiv formuliert und verlangt, dass Entscheidungen schlechthin begründet werden. Der **Begriff der Entscheidung ist dabei umfassend** zu verstehen. Er bezieht sich nicht nur auf Individualentscheidungen, insbesondere nicht nur auf Beschlüsse iSd Art 288 Abs 4 AEUV und auch nicht nur auf Maßnahmen, die in Deutschland als VAe iSd § 35 VwVfG einzustufen wären. Die Vorschrift schließt nicht aus, dass in bestimmten Fällen auf die Begründung einer Entscheidung im indirekten Vollzug verzichtet werden kann, in denen etwa der Zweck einer Begründung nicht mehr erreicht werden kann, bereits erreicht ist oder entfallen ist (s näher § 39 Rn 7, 31).

53 **5. Mehrebenenverwaltung im Verwaltungsverbund.** In einer Fülle von Politikbereichen spielen Verwaltungsbeiträge der EU-Organe für die Verwaltungsverfahren in den Mitgliedstaaten eine wachsende Rolle. Es kommt notwendigerweise zu einer **Kooperation** zwischen den Organen der Union und den Behörden der Mitgliedstaaten.[129] Für das Zusammenwirken der Verwaltungsorgane der Mitgliedstaaten und der Union sowie der Mitgliedstaaten untereinander hat sich der Begriff des Europäischen Verwaltungsverbunds gebildet.[130] Er beschreibt die vielfältigen Funktionsbeziehungen in vertikaler Hinsicht zwischen den Organen der Union und den Mitgliedstaaten und in horizontaler Hinsicht zwischen den Mitgliedstaaten. Diverse Aufgaben werden inzwischen gleichsam arbeitsteilig von den Verwaltungseinheiten auf Unionsebene und mitgliedstaatlicher Ebene erledigt (Huber FS Brohm 127). Die Kompetenzverteilung folgt dabei den vertraglich vorgegebenen Regeln, wobei diese sich ständig weiter entwickeln. Für die mitgliedstaatliche Verwaltung gilt im Verbund nach wie vor das Prinzip des Vorrangs mitgliedstaatlichen Vollzugs, für die Unionsverwaltung das Prinzip der begrenzten Einzelermächtigung.[131]

54 **a) Vertikale Kooperation.** Zwischen den Verwaltungsorganen der EU, insbesondere der Kommission und ihren Agenturen, und den Verwaltungsbehörden der Mitgliedstaaten gibt es in vielerlei Hinsicht eine enge Kooperation beim Verwaltungsvollzug.[132] Die Beispiele hierfür reichen von der **Beihilfenaufsicht** und der Rückforderung europarechtswidrig gewährter Beihilfen[133] über das Zu-

---

[127] EuGHE 2007, I-11 389; hierzu Schadtle DÖV 2008, 455.

[128] Art 253 EGV nF; EuGH NJW 1987, 3073, NVwZ 1992, 358; Nehl S. 390 ff; Müller-Ibold, Die Begründungspflicht im europäischen und deutschen Recht, 1990; Gassner DVBl 1995, 22; Gornig/Trüe JZ 1993, 887.

[129] Groß DÖV 2004, 20; ders EuR 2005, 54.

[130] Ruffert, DÖV 2007, 761; Schmidt-Aßmann/Hoffmann-Riem, Grundlagen I § 5; Britz, EuR 2006, 46.

[131] S hierzu ausführlich Schmidt-Aßmann in Grundlagen I, § 5 Rn 19.

[132] Darstellung ausgewählter Verwaltungsverfahren bei Nehl, Europäisches Verwaltungsverfahren und Gemeinschaftsverfassung, Berlin 2002, 39 ff und Ruffert, DÖV 2007, 762.

[133] Klingbeil, Das Beihilfeverfahren nach Art. 93 EG-Vertrag, 1998, 61; Zum Gemeinschaftsrechtlichen Anwendungsvorrang bei Rückforderung von Beihilfen EuGH EuZW

sammenwirken von Kommission und nationalen Organen bei der Verwirklichung des Einheitlichen kohärenten Netzes Europäischer Schutzgebiete **(natura 2000) auf der Grundlage der FFH-RL**[134] bis hin zu den Koordinationsleistungen der Kommission auf dem Gebiet der **Dienstleistungs-RL** (s hierzu näher § 71a Rn 1 ff, § 8a Rn 3. In diesen Fällen werden von der Kommission wichtige Entscheidungs- und Handlungsbeiträge geleistet, die schließlich in die endgültigen Entscheidungen der Behörden der Mitgliedstaaten Eingang finden. Dadurch ergeben sich vielfältige Formen von **Verfahrensstufungen,** die auf der **Ebene des Rechtsschutzes** zu manchen Problemen führen können.[135]

b) Horizontale Verwaltungskooperation. Wachsende Bedeutung gewinnt auch die horizontale Zusammenarbeit von Verwaltungsbehörden der Mitgliedstaaten untereinander. Die Formen dieser Zusammenarbeit sind vielfältig. Sie reichen von **gegenseitiger Unterstützung** insbesondere durch Informationen bis zur Anerkennung von Entscheidungen, etwa der **Anerkennung von Qualifikationen,** Prüfungen, Zulassung von Produkten, Regulierung von Dienstleistungen usw.[136] Was letztere anlangt, verbindet sich damit der Begriff des **transnationalen VA,** der in einem Mitgliedstaat erlassen wird und von allen übrigen Mitgliedstaaten als verbindlich akzeptiert werden muss (s näher § 35 Rn 34).[137] Was die allgemeine Verwaltungszusammenarbeit anlangt, ergeben sich aufgrund der Dienstleistungs-RL wesentliche neue Betätigungsfelder, da die Umsetzung der Richtlinie ohne eine intensive und effektive grenzüberschreitende Zusammenarbeit der Verwaltungsbehörden nicht möglich sein wird. Im Hinblick darauf wurden die Regeln über die internationale **Verwaltungszusammenarbeit in §§ 8a ff** im Jahre 2009 neu in das VwVfG eingefügt (s näher § 8a Rn 3). Hier werden die Mitgliedstaaten der Union durch die Kommission und das von der EU bereitgestellte netzgestützte Informationssystem (IMI) unterstützt (s hierzu § 8b Rn 10. 55

2007, 56; s a zu Akteneinsichts-, Anhörungs- und Beteiligungsrechten iRd vorläufigen Beihilfeprüfverfahrens sowie zum Trennungsgrundsatz OVG Berlin Beschluss vom 17. Oktober 2011 – OVG 10 S 22.11 –, juris.

[134] Fischer-Hüftle, ZUR 1999, 66; Maaß/Schütte in Koch, Umweltrecht, 2. Aufl. 2007, § 7 Rn 68.

[135] Kahl DVBl 2012, 602. Zum Rechtsschutz gegen die Ausweisung von Vogelschutzgebieten und FFH-Gebieten s Stüer/Spreen, NdsVBl 2003, 44.

[136] Schmidt-Aßmann, EuR 1996, 270; v. Danwitz, Europäisches Verwaltungsrecht, 2008, 612 mwN; Fischer-Lescano JZ 2008, 373.

[137] Zum transnationalen VA Neßler, NVwZ 1995, 863; Becker DVBl 2001, 855; Sydow DÖV 2006, 66.

Kommentierung

Teil I. Anwendungsbereich, örtliche Zuständigkeit, elektronische Kommunikation, Amtshilfe, europäische Verwaltungszusammenarbeit

Abschnitt 1. Anwendungsbereich, örtliche Zuständigkeit, elektronische Kommunikation

§ 1 Anwendungsbereich

(1) **Dieses Gesetz gilt für die öffentlich-rechtliche[5 ff] Verwaltungstätigkeit[17] der Behörden[21a]**

1. des Bundes, der bundesunmittelbaren Körperschaften, Anstalten und Stiftungen des öffentlichen Rechts,[22]

2. der Länder, der Gemeinden und Gemeindeverbände, der sonstigen der Aufsicht des Landes unterstehenden juristischen Personen des öffentlichen Rechts, wenn sie Bundesrecht im Auftrag des Bundes ausführen,[26]

soweit nicht Rechtsvorschriften des Bundes inhaltsgleiche oder entgegenstehende Bestimmungen enthalten.[30 ff]

(2) **Dieses Gesetz gilt auch für die öffentlich-rechtliche Verwaltungstätigkeit der in Absatz 1 Nr. 2 bezeichneten Behörden, wenn die Länder Bundesrecht, das Gegenstände der ausschließlichen oder konkurrierenden Gesetzgebung des Bundes betrifft, als eigene Angelegenheit ausführen,[28] soweit nicht Rechtsvorschriften des Bundes inhaltsgleiche oder entgegenstehende Bestimmungen enthalten.[30] Für die Ausführung von Bundesgesetzen, die nach Inkrafttreten dieses Gesetzes erlassen werden, gilt dies nur, soweit die Bundesgesetze mit Zustimmung des Bundesrates dieses Gesetz für anwendbar erklären.[29]**

(3) **Für die Ausführung von Bundesrecht durch die Länder gilt dieses Gesetz nicht, soweit die öffentlich-rechtliche Verwaltungstätigkeit der Behörden landesrechtlich durch ein Verwaltungsverfahrensgesetz geregelt ist.[39]**

(4) **Behörde im Sinne dieses Gesetzes ist jede Stelle, die Aufgaben der öffentlichen Verwaltung wahrnimmt.[51]**

Parallelvorschriften: § 1 SGB-X, §§ 1–2 AO

Schrifttum allgemein: *Appel/Ramsauer,* Einschaltung privater Unternehmer bei der Ausgabe neuer Kfz-Kennzeichen – Zugleich ein Beitrag zur Dogmatik der Figur des Verwaltungshelfers, NordÖR 2012, 375; *Baumann,* Das VwVfG. I. Teil: Der Anwendungsbereich des VwVfG des Bundes und seine Genesis, DÖV 1976, 475; *Büdenbender,* Die verfassungsrechtliche Zulässigkeit des Ländervorbehaltes im VwVfG des Bundes, BayVBl 1977, 232; *Ehlers,* Der Anwendungsbereich der Verwaltungsverfahrensgesetze, JURA 2003, 30; *Hartmann,* Die Organleihe am Beispiel der Kfz-Steuerverwaltung, DVBl 2011, 803; *Heintzen,* Beteiligung Privater an der Wahrnehmung öffentlicher Aufgaben und staatliche Verantwortung, VVDStRL 2003, 220; *Kahl,* Das VwVfG zwischen Kodifikationsidee und Sonderrechtsentwicklungen, in: Verwaltungsverfahren und VwVfG, 2002, 67; *Kopp,* Kollisionsrecht im öffentlichen Recht, DVBl 1967, 469; *Kunig,* Das Verhältnis des Beamtenrechts zum Verwaltungsverfahrensrecht, dargestellt am Beispiel der Rechtslage im Bund, ZBR 1986,

253; *Merten,* Benannte Stellen: Private Vollzugsinstanzen eines Europäischen Verwaltungsrechts, DVBl 2004, 1211; *Naujoks,* Der Anwendungsbereich des VwVfG, JZ 1978, 41; *Nehab,* Die Zwangsbefugnisse des Schiffskapitäns, DÖV 2013, 555; *Obermayer,* Der grundsätzliche Anwendungsbereich des VwVfG, Der Landkreis 1977, 25; *Quaas/Flachsbarth,* Rechtsnatur und Befugnisse der Fremdüberwachungs- und Zertifizierungsstellen nach den Landesbauordnungen, BauR 2009, 306; *Roth,* Ungleichzeitige Parallelgesetzgebung – Verlust der Revisibilität des Offenkundigkeitsmerkmals in § 44 I LVwVfG?, NVwZ 1999, 388; *Schmidt-Aßmann,* Der Anwendungsbereich des neuen Verwaltungsverfahrensrechts, SKV 1977, 9; *Schmitt-Glaeser,* Anspruch, Hoffnung und Erfüllung, Das Verwaltungsverfahren und sein Gesetz – eine einleitende Bemerkung, in: Boorberg-FS 1977, 1; *Schnapp,* Der Behördenbegriff im Kassenarztrecht, ZSR 1984, 140; *Shirvani,* Amtshaftung und Wirtschaftsüberwachung durch Private, Verw 2014, 57; *P. Stelkens,* Fragen zur Anwendung des VwVfG durch die Bauaufsichtsbehörden, BauR 1978, 158.

Zur Abgrenzung von öffentlichem und privatem Recht: *Braun,* Zulassung auf Märkten und Veranstaltungen, NVwZ 2009, 747; *Bultmann,* Wirtschaftsverwaltungsrecht im Grenzbereich zwischen wirtschaftlichem und hoheitlichem Handeln, NVwZ 2015, 944; *Burgi,* Von der Zweistufenlehre zur Dreiteilung des Rechtsschutzes im Vergaberecht, NVwZ 2007, 737; *v Danwitz,* Vom Verwaltungsprivatrecht zum Verwaltungsgesellschaftsrecht, AöR 1995, 595; *Dorf,* Rückabwicklung echter und unechter zweistufiger Rechtsverhältnisse, NVwZ 2008, 375; *Ehlers,* Die Unterscheidung von privatem und öffentlichem Recht, Vw 1987, 373; *Ennuschat,* Keine Anwendung der Zweistufenlehre im Vergaberecht, NJW 2007, 2224; Gern, Privatrechtliche Entgelte für die Benutzung öffentlicher Einrichtungen, *Gündling,* Modernisiertes Privatrecht und öffentliches Recht, 2006; *Hilderscheidt,* Passivlegitimation und Rechtsweg bei Klagen auf Zulassung zu festgesetzten Veranstaltungen, GewArch 2008, 54; *Maurer* § 3 Rn 22 ff; *Koch/Rubel/Heselhaus,* III Rn 56 mwN; *WBSK* I § 22; *Püttner,* Öffentliches und privates Recht, FS Maurer, 2001, S. 713; *Röhl,* Verwaltung und Privatrecht – Verwaltungsprivatrecht? VerwArch 1995, 531; *Siegel,* Die Zweistufentheorie auf dem Rückzug, DVBl 2007, 942; *Tanneberg,* Die Zweistufentheorie, 2010; *Weißenberger,* Die Zweistufentheorie im Wirtschaftsverwaltungsrecht, GewArch 2009, 417, 465; *Wollenschläger,* Vergaberechtsschutz unterhalb der Schwellenwerte nach der Entscheidung des BVerfG vom 13. Juni 2006, DVBl 2007, 589; *Zuleeg,* Die Anwendungsbereiche des öffentlichen Rechts und des Privatrechts, VerwArch 1982, 384.

Zur Beleihung und Verwaltungshilfe: *Ackermann,* Verwaltungshilfe zwischen Werkzeugtheorie und funktionaler Privatisierung, 2016; *Appel/Ramsauer,* Einschaltung privater Unternehmer bei der Ausgabe neuer Kfz-Kennzeichen – Zugleich ein Beitrag zur Dogmatik der Figur des Verwaltungshelfers, NordÖR 2012, 375; *Burgi,* Der Beliehene – ein Klassiker im modernen Verwaltungsrecht, FS Maurer, 2001, 581; *Freitag,* Das Beleihungsrechtsverhältnis, 2005; *Kiefer,* Die Beleihung: (K)ein unbekanntes Wesen, NVwZ 2011, 1300; *F. Kirchhof,* Die Rechtsinstitute von Verwaltungshilfe und Beleihung im Sog zunehmender funktionaler Privatisierung, FS Rengeling, 2008, 127; *Klüver,* Zur Beleihung des Sicherheitsgewerbes mit Aufgaben der öffentlichen Sicherheit und Ordnung, 2006; *Rieger,* Rechtsstellung des Beratungsarztes im berugsgenossenschaftlichen Verwaltungsverfahren, NZS 2014, 890; *Schaefer,* Luftsicherheitsverwaltung durch Private: Eine Bestandsaufnahme, NVwZ 2016, 1135; *Scheel,* „Benannte Stellen": Beliehene als Instrument für die Verwirklichung des Binnenmarktes, DVBl 1999, 442; *Schmidt am Busch,* Die Beleihung, ein Rechtsinstitut im Wandel, DÖV 2007, 533; *Stadler,* Die Beleihung in der neueren Bundesgesetzgebung, 2002; *Steiner,* Zum Anwendungsbereich der verfahrensrechtlichen Regelungen über die materielle Bestandskraft von VAen (§§ 48, 49 VwVfG), VerwArch 1992, 479; *U. Stelkens,* Die Stellung des Beliehenen innerhalb der Verwaltungsorganisation, NVwZ 2004, 304.

Übersicht

I. Allgemeines

1 **1. Grundzüge der Norm.** Die Vorschrift regelt zusammen mit § 2 den Anwendungsbereich des VwVfG. Nach Abs 1 gilt das VwVfG nur für die **öffentlich-rechtliche Verwaltungstätigkeit von Behörden,** wobei das Gesetz nach Abs 4 von einem verfahrensrechtlichen Behördenbegriff ausgeht (Rn 51 ff.). Anwendbar ist das Gesetz nach Abs 1 außerdem nur insoweit, als das Fachrecht keine spezielleren Regelungen enthält **(Prinzip der Subsidiarität),** die nicht nur dann vorrangig sind, wenn sie abweichen, sondern auch wenn sie inhaltsgleiche Regelungen enthalten. In den Abs 1 Nr 1, 2 Abs 2, 3 sind einige recht unübersichtliche Regelungen zur Abgrenzung des Geltungsbereichs für Bundes- und Landesbehörden getroffen worden, die Ausdruck des seinerzeit erreichten Kompromisses zwischen Bund und Ländern sind. Sie laufen letztlich darauf hinaus, dass das VwVfG nur für die Bundesverwaltung (Abs 1 Nr 1) gilt, während für die Verwaltung in den Ländern die entsprechenden Landesgesetze gelten.

1a **2. Das VwVfG und die Verfahrensgesetze der Länder.** Die in Abs 1 Nr. 2, Abs 2 vorgesehene Geltung des VwVfG auch für die Behörden der Länder bei der Ausführung von Bundesrecht hat keine praktische Bedeutung erlangt, weil sämtliche **Länder eigene Verwaltungsverfahrensgesetze** erlassen haben, die gem Abs 3 auch bei der Ausführung von Bundesrecht dem VwVfG vorgehen (vgl Rn 39 ff). Auch für diese gilt der Grundsatz der Subsidiarität, und zwar sowohl gegenüber den spezielleren Regelungen des Landes- wie auch des Bundesrechts (näher Rn 30). Die gleichwohl überragende Bedeutung des VwVfG liegt in seiner **Leitfunktion für die Gesetzgebung der Länder:** Auf der Grundlage des Konkordanzbeschlusses (Einf I Rn 6) haben die Länder ihre Gesetze am VwVfG orientiert und die meisten Bestimmungen des VwVfG einschließlich ihrer späteren Änderungen (vgl Einf I Rn 29) wort- oder inhaltsgleich in die Verwaltungsverfahrensgesetze der Länder übernommen.

3. Öffentlich-rechtliche Verwaltungstätigkeit. Der Anwendungsbereich des VwVfG wird durch § 1 generell auf die öffentlich-rechtliche Verwaltungstätigkeit der Behörden beschränkt. Auf **Verwaltung in Privatrechtsform** ist das VwVfG **nicht unmittelbar anwendbar.** Dies gilt auch für den Bereich des Verwaltungsprivatrechts, in dem öffentliche Aufgaben in den Formen und mit den Instrumenten des Privatrechts erledigt werden (vgl Rn 16c). Damit wird die für das gesamte Verwaltungsrecht grundlegende **Unterscheidung von öffentlichem und privatem Recht** aufgenommen und zum Kriterium für den Anwendungsbereich des Gesetzes gemacht (näher Rn 5 ff). Da sich das VwVfG einer normativen Bestimmung des Öffentlich-rechtlichen enthält, kommt es für die Unterscheidung auf die außerhalb des Gesetzes entwickelten, teilweise umstrittenen und ungenauen Kriterien an (näher Rn 6 ff). Gleichwohl spielt der Streit um die Abgrenzung von öffentlichem und privatem Recht im VwVfG nur eine vergleichsweise geringe Rolle, weil das Gesetz nur für bestimmte typischerweise dem öffentlichen Recht zuzuordnende Tätigkeiten der Behörden gilt, nämlich für diejenigen, die zum Erlass von VAen (§§ 35 ff) und zum Abschluss von verwaltungsrechtlichen Verträgen (§§ 54 ff) führen (vgl § 9). Die größten Abgrenzungsprobleme liegen bei anderen Handlungsformen der Verwaltung.[1] 2

4. Grundsatz der Subsidiarität. Das Fachrecht enthält – zumeist als Annex zu materiellen Regelungen – in erheblichem Umfang auch verfahrensrechtliche Bestimmungen, die teilweise inhaltsgleich, teilweise abweichend und teilweise auch abschließend sind. Die wichtigsten sind jeweils zu Beginn der Einzelkommentierungen aufgeführt. Diese Regelungen gehen als spezielle Vorschriften den allgemeinen des VwVfG vor. Dies stellt die Subsidiaritätsregelung in Abs 1, 2 klar, erstreckt aber darüber hinaus den Vorrang auch auf Vorschriften des Fachrechts ohne Gesetzesrang. Die Subsidiarität gilt danach **auch gegenüber Rechtsverordnungen, nicht aber gegenüber Satzungen.** Da diese das Verfahren zumeist nicht umfassend, sondern nur in Einzelpunkten regeln, ist die **Ergänzungsfunktion** des VwVfG von großer Bedeutung. Danach kommen die Regelungen des VwVfG immer dann zur Anwendung, wenn speziellere Regelungen unvollständig sind oder wenn ergänzend auf sie verwiesen wird (s näher unten Rn 30 ff). 3

5. Behördenbegriff. Die Vorschrift beschränkt die Geltung des VwVfG auf die öffentlich-rechtliche Tätigkeit von „Behörden". Da der Behördenbegriff in verschiedensten Zusammenhängen sehr unterschiedlich verwendet wird, enthält Abs 4 eine im Wesentlichen für das gesamte VwVfG maßgebliche Begriffsbestimmung (s unten Rn 51 ff). Aus der Bezugnahme in § 1 Abs 1 und Abs 2 und in § 9 auf die öffentlich-rechtliche Verwaltungstätigkeit von Behörden ergibt sich, dass das VwVfG unmittelbar nur auf **solche Verwaltungshandlungen** (dh auf nach Verwaltungsrecht zu beurteilende Handlungen) anwendbar ist, **an denen eine Behörde beteiligt ist.** Der verfahrensrechtliche Behördenbegriff in Abs 4 ist weit (näher Rn 51 ff). Geht es nicht um Handeln von Behörden, zB bei verwaltungsrechtlichen Verträge zwischen Privaten, von denen keiner ein Beliehener ist,[2] kommt nach den allgemeinen Regeln allenfalls eine analoge Anwendung des VwVfG in Betracht, wenn bzw soweit die Voraussetzungen für eine sinngemäß-analoge Anwendung vorliegen. 4

6. Vorgehen bei Unanwendbarkeit des VwVfG. Bei Unanwendbarkeit des VwVfG und der entsprechenden Gesetze der Länder, richtet sich das Verfah- 4a

---

[1] Vgl Ehlers, Die Unterscheidung von privatem und öffentlichem Recht, Vw 1987, 373; Maurer § 3 Rn 30 ff; Koch/Rubel III Rn 56 mwN.

[2] So BVerwG DVBl 1993, 1295; ebenso Erichsen/Ehlers § 30 Rn 8 ff; Obermayer § 54 Rn 37, 61; näher: Knack/Henneke vor § 54 Rn 16 ff.

ren von Bundesbehörden nach Bundesrecht (einschließlich der ungeschriebenen Rechtsgrundsätze des Bundesrechts), das Verfahren von Landesbehörden nach Landesrecht; letzteres auch dann, wenn Landesbehörden im Vollzug von Bundesrecht tätig werden, sofern nicht durch Gesetze außerhalb des VwVfG gem Art 84 Abs 1 bzw Art 85 iVm 70 ff GG Sonderregelungen getroffen sind. Fehlen positivrechtliche Regelungen oder sind sie lückenhaft, so haben die Behörden die **allgemeinen Grundsätze des Verwaltungsverfahrensrechts** anzuwenden, die von Rspr und Rechtslehre zumeist bereits vor Inkrafttreten des VwVfG in Anlehnung an Regelungen des Fachrechts als Folgerungen aus dem Rechtsstaatsprinzip und aus anderen Verfassungsprinzipien entwickelt wurden. Im Hinblick auf die Beispielswirkung des VwVfG und der entsprechenden Ländergesetze als autoritative Formulierung des geltenden Verwaltungsverfahrensrechts kommt dabei in weitem Umfang eine **sinngemäß-analoge Anwendung** der Regelungen des VwVfG in Betracht.

4b **7. EU-Recht.** Besonderheiten beim anwendbaren Verfahrensrecht können bestehen, wenn EU-Recht vollzogen wird. Zu unterscheiden ist zwischen dem direkten und dem indirekten Vollzug von Unionsrecht (s **näher Einf II** Rn 34 ff). Für den **direkten Vollzug** von Unionsrecht durch die Organe der EU gilt nationales Recht überhaupt nicht;[3] insoweit ist auch das VwVfG nicht anwendbar. Für den **indirekten Vollzug** von Unionsrecht durch die Organe des Mitgliedstaates ist dagegen nationales Verwaltungsverfahrensrecht grundsätzlich anwendbar, soweit europarechtlich keine besonderen Verfahrensregelungen getroffen sind. Wegen des **Grundsatzes der verfahrensrechtlichen Autonomie** der Mitgliedstaaten (näher Einf II Rn 38) sind verfahrensrechtliche Bestimmungen der EU nur bereichsspezifisch anzutreffen (zB Zollkodex). Allerdings gibt es eine Fülle von **europarechtlichen Modifizierungen** des nationalen Verfahrensrechts beim indirekten Vollzug von Unionsrecht, die sich teilweise aus Grundsätzen des Unionsrechts, teilweise unter dem Gesichtspunkt des sog **effet utile** ergeben (s Einf II Rn 28, 30). Das gilt sowohl für die Anwendung des unmittelbar geltenden Unionsrechts als auch für die **Anwendung des mittelbar geltenden Unionsrechts,** also derjenigen Rechtsvorschriften, die der Mitgliedstaat selbst im Rahmen der Umsetzung von Richtlinien der EU erlassen hat (s Einf II Rn 27 ff). Soweit derartige Modifizierungen bei der Anwendung des VwVfG zu beachten sind, werden sie jeweils bei den Einzelbestimmungen des Gesetzes behandelt.

II. Öffentlich-rechtliche Verwaltungstätigkeit (Abs 1 1. Halbs)

5 **1. Begriff und Abgrenzung.** Das VwVfG gilt nur für die öffentlich-rechtliche Verwaltungstätigkeit der in Abs 1 u 2 genannte Behörden. Die Tätigkeit muss zunächst einmal als **öffentlich-rechtlich** zu qualifizieren sein; auf privatrechtliches Handeln findet das VwVfG keine, jedenfalls keine unmittelbare Anwendung. Das gilt auch für den Bereich des sog Verwaltungsprivatrechts, in dem die Verwaltung öffentliche Aufgaben in privatrechtlicher Form erledigt (Rn 16). Liegt öffentlich-rechtliches Handeln vor, so ist der Anwendungsbereich des VwVfG zusätzlichen danach einzugrenzen, ob sich das Handeln der Behörde als **„Verwaltungstätigkeit"** qualifizieren lässt (vgl Rn 17 ff). Hierunter fallen nicht solche Maßnahmen, die als verfassungsrechtliche oder als Rechtsprechung eingeordnet werden müssen. Ausgenommen sind insoweit im Sinn der Gewaltenteilungslehre nur die Tätigkeiten staatlicher Organe, die formell als Gesetzgebung oder Rechtsprechung anzusehen sind.

[3] S näher Einf Rn 59; ferner Schweitzer/Hummer, Europarecht, Rn 429; Oppermann, Europarecht, Rn 637.

2. Abgrenzung zum privatrechtlichen Handeln. Öffentlich-rechtlich ist die diejenige Tätigkeit der Behörden, die sich iwS als Ausführung von Rechtssätzen des öffentlichen Rechts darstellt oder – bei Verwaltung ohne besondere gesetzliche Ermächtigung – jedenfalls ihre Grundlage im öffentlichen Recht hat und ihre Berechtigung daraus ableitet[4] und außerdem in den Formen des öffentlichen Rechts (Verwaltungsrechts) erfolgt. Wenn es sich iS des § 9 um die nach außen wirkenden Tätigkeit der Behörden handelt, die auf die Prüfung der Voraussetzungen, die Vorbereitung und den **Erlass eines VA oder auf den Abschluss eines öffentlich-rechtlichen Vertrages gerichtet** ist, liegt stets eine öffentlich-rechtliche Tätigkeit vor. Insoweit stellt sich lediglich die Frage, ob das behördliche Handeln tatsächlich auf die Vorbereitung bzw den Erlass eines VA (s hierzu § 35, insbes Rn 71 ff) bzw den Abschluss eines öffentlich-rechtlichen (und nicht eines privatrechtlichen Vertrages) gerichtet ist (s hierzu näher § 54 Rn 18 ff, 27 ff). 6

Für **sonstiges behördliches Handeln,** das nicht auf den Erlass eines VA bzw den Abschluss eines öffentlich-rechtlichen Vertrages gerichtet ist, lässt sich die erforderliche Qualifizierung als öffentlich-rechtliche Tätigkeit schwerer vornehmen. Hier ist zunächst festzustellen, ob für das jeweilige Verwaltungshandeln eine Rechtsgrundlage gefunden bzw in Anspruch genommen werden kann oder nach welchen Vorschriften sich das Handeln sonst zu richten hat. So handelt etwa der Gutachterausschuss für Grundstückswerte bei der Erstellung seiner Gutachten auf der Grundlage von § 193 BauGB öffentlich-rechtlich.[5] In einem zweiten Schritt ist sodann festzustellen, ob die in Anspruch genommenen Rechtsgrundlagen bzw die sonst maßgeblichen Regelungen dem öffentlichen oder dem privaten Recht zuzurechnen sind (Erichsen/Ehlers § 3 Rn 32 ff). Diese Frage ist unter Heranziehung der Abgrenzungstheorien (s unten Rn 12) zu beantworten. Zu den besonderen Problemen **zweistufiger Rechtsverhältnisse** § 35 Rn 77. 6a

a) Zuordnung des Handelns zu einem Rechtssatz. Die Zuordnung des behördlichen Handelns zu Rechtssätzen des öffentlichen Rechts bereitet vor allem dann Schwierigkeiten, wenn die Behörde ihren Maßnahmen nicht erkennbar eine bestimmte Rechtsgrundlage zugrunde legt, sowie dann wenn für das Handeln eine geschriebene Ermächtigungsgrundlage nicht bereitsteht, sondern allgemeine Rechtsgrundsätze und Prinzipien oder ungeschriebenes Recht in Anspruch genommen werden müssen. **Nicht ausreichend** als Kriterium für den öffentlich-rechtlichen Charakter einer Angelegenheit ist es, dass das behördliche Handeln der Erfüllung einer **öffentlichen Aufgabe** oder einer öffentlichen, ggf auch durch öffentliches Recht festgelegten, Zielsetzung dient. Öffentliche Aufgaben können nämlich vielfach auch mit Mitteln und in den Formen des Privatrechts erfüllt werden (WBSK I § 22 Rn 41 ff). 7

Aus den Vorschriften des VwVfG selbst ergibt sich, dass als öffentlich-rechtliche Tätigkeit bzw als Wahrnehmung von Aufgaben der öffentlichen Verwaltung iS von § 1 jedenfalls **der Erlass von VAen und der Abschluss von verwaltungsrechtlichen Verträgen** sowie die darauf abzielende, nach außen (dh dem Bürger gegenüber) wirkende Tätigkeit der Behörden zu verstehen ist. Sonstige Handlungen fallen nur darunter, soweit das VwVfG Regelungen enthält. Dies ist etwa bei Maßnahmen im Rahmen der Amtshilfe gem §§ 4 ff, bei Beglaubigungen gemäß §§ 33 f, und ferner bei bestimmten Entscheidungen im Zusammenhang mit ehrenamtlichen Tätigkeiten gem §§ 81 ff sowie mit Ausschüssen gem §§ 88 ff der Fall. 8

aa) Ungeschriebene Grundlagen. Das Fehlen geschriebener öffentlich-rechtlicher Regelungen für einen Sachverhalt bedeutet nicht notwendig, dass das 9

[4] Vgl WBSK I § 22 Rn 14 ff; Erichsen/Ehlers § 3 Rn 32 ff; Kopp/Schenke § 40 Rn 6 ff.
[5] Näher Jakob, Rechtsschutz gegen Verkehrswertgutachten, NVwZ 2011, 1419, 1420.

Rechtsverhältnis privatrechtlich ist. Der öffentlich-rechtliche Charakter des Verwaltungshandelns kann sich auch aus dem ungeschriebenen Recht, insb auch aus einer von der Sache her oder wegen des Zusammenhangs mit öffentlich-rechtlichen Regelungen gebotenen **Anwendung allgemeiner Rechtsgrundsätze** des öffentlichen Rechts analog zu entsprechenden zivilrechtlichen Regelungen ergeben.[6]

10 **bb) Sachzusammenhang, Tradition.** Fehlt es an einer hinreichend klaren Zuordnung des Handelns zu einer Rechtsnorm, so ist in erster Linie zu prüfen, ob ein hinreichend enger Sachzusammenhang zu öffentlich-rechtlicher Aufgabenerfüllung im übrigen besteht **(Sachzusammenhangstheorie).**[7] Auf den Sachzusammenhang ist insbesondere abzustellen bei schlichthoheitlicher Tätigkeit und nicht selten bei der Prüfung der Frage, ob der Gegenstand eines Vertrages öffentlich-rechtlicher Natur ist (s hierzu § 54 Rn 27 f). Ein anderer Ansatz besteht darin, darauf abzustellen, wie die Zuordnung traditionell vorgenommen wurde (sog Traditionstheorie).[8] Der Dynamik des Rechts entspricht es dagegen eher, die heutige Auffassung einer sachangemessenen Zuordnung zugrunde zu legen, in der das Traditionsargument hinreichend berücksichtigt ist.

11 **cc) Ausgestaltungsrechte, Wahlfreiheit.** Soweit das maßgebliche Recht keine bestimmte Handlungsform vorschreibt und die Aufgabe die Ausübung von Hoheitsmacht nicht erfordert, hat die Verwaltung nach hM ein **Wahlrecht,** ob sie das Rechtsverhältnis zum Bürger öffentlich-rechtlich oder privatrechtlich ausgestalten will.[9] Dies wird insbesondere in den durch Gesetz nicht vorgeprägten Bereichen der **Leistungsverwaltung, insbesondere der Daseinsvorsorge** angenommen, hier vor allem für die Ausgestaltung des Benutzungsverhältnisses bei öffentlichen Einrichtungen.[10] In diesen Fällen bedarf es der Feststellung, ob das maßgebliche Rechtsverhältnis von der öffentlichen Hand tatsächlich öffentlich-rechtlich mit der Konsequenz der Anwendbarkeit des VwVfG oder privatrechtlich (uU mit der Konsequenz der Anwendbarkeit der §§ 305 ff BGB) ausgestaltet wurde. Fehlt es an ausdrücklichen Aussagen darüber, in welcher Weise von dem Wahlrecht Gebrauch gemacht worden ist, muss geprüft werden, ob die **Umstände, zB Art und Weise der Ausgestaltung** des Rechtsverhältnisses, Schlüsse auf die Zuordnung zum öffentlichen oder zum privaten Recht zulassen.[11]

11a **Bei privatrechtlicher Ausgestaltung** des Benutzungsverhältnisses einer öffentlichen Einrichtung begibt sich die öffentliche Hand in den Bereich des Verwaltungsprivatrechts (s unten Rn 16c) und handelt damit grundsätzlich zivilrechtlich. Privatrechtliches Handeln liegt stets in den Fällen **formeller Privatisierung** vor, wenn also die öffentliche Hand die öffentliche Aufgabe einer **privatrechtlich organisierten Gesellschaft** oder sonstigen Einrichtung des Privatrechts mit

---

[6] FL 20; Kopp WuV 1978, 190; ders, Kopp/Schenke § 40 Rn 11; zur Frage, ob Verwaltungshandeln sowohl privatrechtlich als auch öffentlich-rechtlich zugleich sein kann (sog hybrides Verwaltungshandeln) Ehlers in Schoch § 40 Rn 286.

[7] BVerwGE 75, 354; 59, 319, 325 für die Zuordnung ehrverletzender Äußerungen; StBS 102; WBSK I 22 Rn 44; Schenke, Verwaltungsprozessrecht, Rn 111a; Ziekow Rn 25; Stern Staatsrecht I § 3 I; gegen die Sachzusammenhangslehre Bull/Mehde, § 2 Rn 78.

[8] Püttner, Allgemeines Verwaltungsrecht, Rn 80. Bei Bull/Mehde, § 2 Rn 76 wird das Traditionsargument nur zur Einordnung der Rechtsnormen, nicht zur Zuordnung des Verwaltungshandelns angesprochen. Krit zur Traditionstheorie Erichsen/Ehlers § 3 Rn 36.

[9] BVerwGE 35, 103; 47, 250; 94, 231; BVerwG NJW 1994, 2969; Maurer § 3 Rn 25; WBSK I § 23 Rn 6 ff, II § 92 Rn 1; krit v Danwitz JuS 1995, 1, 4; Erichsen/Ehlers § 3 Rn 35; Ehlers in Schoch § 40 Rn 270.

[10] VG Schleswig GewArch 2011, 356; WBSK I § 23 Rn 12; Ehlers DVBl 1986, 912, 917; krit Unruh DÖV 1997, 652, 658.

[11] Maurer § 3 Rn 36; Kopp/Schenke § 40 Rn 12.

eigener Rechtspersönlichkeit (GmbH, AG usw) überträgt,[12] es sei denn, diese wird zugleich mit Hoheitsmacht beliehen (zur Beleihung s Rn 58).

dd) Zweifelsregelungen. Fehlt es nicht nur an einer ausdrücklichen Bestimmung, sondern auch sonst an hinreichend eindeutigen Hinweisen darauf, wie die Erledigung einer öffentlichen Aufgabe ausgestaltet werden sollte, so ist im Zweifel von einer öffentlich-rechtlichen Ausgestaltung, also davon auszugehen, dass sich die Verwaltung des öffentlichen Rechts bedienen will. Dies muss jedenfalls dann gelten, wenn es tatsächlich um eine öffentliche Aufgabe geht.[13] Insoweit wird die Aufgabe also im Zweifel auch Indiz für die Anwendung des öffentlichen Rechts und damit auch für öffentlich-rechtliches Handeln angesehen.[14] Ob es sich bei den Aktivitäten der öffentlichen Hand um die Erledigung öffentlicher Aufgaben handelt, kann allerdings zweifelhaft sein, wenn die Aufgabe der Verwaltung nicht **durch materielles Recht zugewiesen** worden ist. Für Gemeinden können sich Anhaltspunkte für die Qualifizierung aus den GemOen der Länder und auch aus Art 28 Abs 2 GG ergeben, wonach die Gemeinden berechtigt sind, „alle **Angelegenheiten der örtlichen Gemeinschaft** in eigener Verantwortung zu regeln".[15] 11b

b) Zuordnung von Rechtssätzen zum Öffentlichen Recht. Welche Kriterien für die Beurteilung, ob ein Rechtssatz als öffentlich-rechtlich oder als privatrechtlich anzusehen ist, maßgebend sind, ist nach wie vor nicht restlos geklärt,[16] wenn bzw soweit nicht der Gesetzgeber selbst die Zuordnung vorgenommen hat (BVerwG DVBl 1995, 1245) oder sich die Zuordnung aus dem Gewohnheitsrecht oder aus allgemeinen Rechtsprinzipien ergibt. Maßgebend muss sein, ob der jeweilige Rechtssatz die charakteristischen Eigenheiten einer der beiden Teilrechtsordnungen (Öffentliches Recht oder Privatrecht) erfüllt. Einige Charakteristika der öffentlich-rechtlichen Teilrechtsordnung sind als Anknüpfungspunkte für **Abgrenzungstheorien** herangezogen worden, die aber jeweils für sich genommen keine befriedigende Zuordnung erlauben.[17] 12

aa) Interessentheorie. Eine ältere Auffassung versuchte, das spezifisch Öffentlich-rechtliche eines Rechtssatzes in dem öffentlichen Interesse zu finden, dem der Rechtssatz dient, während es bei Rechtssätzen des Privatrechts um den Schutz von Privatinteressen gehe. Diese Theorie geht auf einen Satz des Ulpian in den Digesten zurück, in dem es heißt: „publicum ius est, quod ad statum rei romanae spectat, privatum, quod ad singulorum utilitatem". Diese Theorie ist nicht ausreichend.[18] Dem öffentlichen Interesse dienen letztlich sämtliche Rechtsnormen, auch solche des Privatrechts; nur durch das öffentliche Interesse kann der Erlass von Rechtsnormen überhaupt legitimiert werden. Aber auch soweit 13

---

[12] WBSK II § 92 Rn 8; Schulze-Fielitz in: Grundlagen I § 12 Rn 97; zum Einwirkungsanspruch gegenüber dem Träger der Einrichtung BVerwG NJW 1990, 135; VG Stuttgart, VBlBW 2009, 233.

[13] BVerwGE 82, 282; OLG Naumburg NVwZ 2001, 354, StBS 102; Detterbeck Rn 36.

[14] GemSOBG BVerwGE 74, 370; 82, 282.

[15] Allg Baer in Grundlagen I § 11. Zur (bejahten) Frage, ob die Durchführung eines Weihnachtsmarktes eine öffentliche Aufgabe ist, BVerwG NVwZ 2009, 1305; krit Schoch DVBl 2009, 1533; Ehlers DVBl 2009, 1456; anders zB bei Floh- und Trödelmärkten (vgl OVG Koblenz GewArch 2012, 213.

[16] Allg zur Abgrenzung von öffentlichem und privatem Recht auch WBSK I § 22; UL § 8 Rn 1 ff; Bettermann NJW 1977, 513; Kopp/Schenke § 40 Rn 6 ff; Ehlers in Schoch § 40 Rn 203 ff; ders Vw 1987, 373; Ipsen/Koch JuS 1992, 809; Brohm NJW 1994, 284; Schliesky DÖV 1994, 114; Renck JuS 1986, 268; NVwZ 1987, 210; Schmidt, Die Unterscheidung von privatem und öffentlichem Recht, 1985; Zuleeg VerwArch 1982, 384; JuS 1985, 106; Kempen, Die Formenwahlfreiheit der Verwaltung, 1989.

[17] Ausführliche Darstellung der Theorien bei WBSK I § 22 Rn 14 ff; Bull/Mehde § 2 Rn 67 ff; Erichsen/Ehlers § 3 Rn 14 ff; Maurer § 3 Rn 10.

[18] MK 4 III 3b, dd; **aA** BGH NJW 1973, 1077 f m Anm Rimmelspacher JZ 1975, 165.

auf die Funktion einer Abgrenzung von öffentlichem und privatem Interesse abgehoben wird, ist die Theorie nur begrenzt aussagekräftig, weil diese Abgrenzung auch vielen Rechtsnormen des Privatrechts nicht fremd ist. Die sog Interessentheorie steht deshalb bei der Unterscheidung von öffentlichem und privaten Recht nicht mehr im Vordergrund (vgl BVerwGE 41, 130; 47, 11; BSG 36, 238; BGH NJW 1973, 1077; ähnlich Broß VerwArch 1988, 100).

14 **bb) Subordinationstheorie.** Eine ebenfalls ältere Theorie sieht das Charakteristische der Normen des öffentlichen Rechts darin, dass sie zwischen Staat und Bürger ein **Über-Unterordnungsverhältnis** schaffen, während im Privatrecht die an einem Rechtsverhältnis beteiligten Personen sich als Gleichgeordnete gegenübertreten (Subordinationstheorie).[19] Mit diesem Merkmal wird ohne Zweifel ein in vielen Fällen typisches Merkmal des öffentlichen Rechts bezeichnet. Die Subordinationstheorie hat aber zwei entscheidende Nachteile: Sie berücksichtigt zum einen nicht, dass es auch im öffentlichen Recht Gleichordnungsverhältnisse gibt, in denen es an der typischen Über-Unterordnung fehlt, zum anderen nicht, dass es auch im Privatrecht einige Rechtsverhältnisse gibt, die durch Über-Unterordnung gekennzeichnet sind, zB das Eltern-Kind-Verhältnis (vgl §§ 1626 ff BGB) und das Arbeitsverhältnis (vgl BVerwG NVwZ 1990, 1170).

15 **cc) Sonderrechtstheorie.** Als hM lässt sich heute die Sonderrechtstheorie bezeichnen, die als Weiterentwicklung der Subjektstheorien entwickelt worden ist. Zunächst wurde darauf abgehoben, welche Rechtssubjekte an einem Rechtsverhältnis beteiligt sind oder sein können (sog **ältere Subjekttheorie**). Die später von Wolff (AöR 1951, 205 und WBSK I § 22 Rn 28) vertretene **neuere Subjekttheorie** stellte darauf ab, ob ein Amtsträger, ggf auch ein beliehener Unternehmer (s unten Rn 58 ff) in seiner Eigenschaft als solcher an dem Rechtsverhältnis beteiligt ist bzw gehandelt hat oder handeln soll.[20] Als entscheidend wird heute angesehen, ob ein Sachverhalt „**Rechtssätzen unterworfen ist, die für jedermann gelten, oder einem Sonderrecht des Staates** (oder sonstiger Träger öffentlicher Aufgaben, wie Gemeinden usw), das im Interesse der Erfüllung öffentlicher Aufgaben das allgemeine (bürgerliche) Recht durch Einführung einer für den konkreten Normenkomplex neuen Rechtsfigur abändert" (BVerwGE 82, 281; zT kritisch insoweit Bettermann DVBl 1977, 182 und NJW 1977, 513, 515 f unter Hinweis darauf, dass es auch zahllose, dem Zivilrecht und dem Verwaltungsrecht gemeinsame Normen gebe).

16 **c) Privatrechtliches (fiskalisches) Handeln. Nicht unter § 1** fallen Handlungen von Behörden rechtsgeschäftlicher oder tatsächlicher Art im Bereich des allgemeinen **privatrechtlichen Rechtsverkehrs,**[21] auch wenn sie mittelbar der Wahrnehmung öffentlicher Aufgaben dienen, einschließlich der sog **fiskalischen Hilfsgeschäfte,** wie die Beschaffung von Brennstoffen für die Beheizung von Gebäuden, die Anmietung von Gebäuden und Räumlichkeiten zur Unterbringung von Behörden und öffentlicher Stellen, die Einstellung von Arbeitern und Angestellten in den öffentlichen Dienst (anders die Einstellung von Beamten). Privatrechtlich ist weiterhin die freie **Teilnahme von Hoheitsträgern am Wirtschaftsleben,** etwa durch den An- und Verkauf von Unternehmen oder Unternehmensbeteiligungen und das Betreiben von Unternehmen (Bsp bei Ehlers, Verwaltung in Privatrechtsform, 206). Das gilt nach hM auch für die Wett-

[19] Ebenso GemSOBG NJW 1990, 1527; BVerwGE 38, 281; BGHZ 66, 233; BSG 33, 209; 35, 191; Brohm NJW 1994, 284; Schliesky DÖV 1994, 114; Gern ZRP 1985, 56; Kopp/Schenke § 40 Rn 11.

[20] Vgl WBSK I § 22 Rn 28; auch GemSOBG BGHZ 97, 314: maßgeblich, ob sich „der Träger hoheitlicher Gewalt der besonderen Rechtssätze des öffentlichen Rechts bedient".

[21] Knack/Henneke 3 ff; UL § 8 Rn 1; WBSK I § 45 Rn 29; Erichsen/Ehlers, § 29 Rn 1 ff.

bewerbsverhältnisse bei privatrechtlicher wirtschaftlicher Betätigung eines Hoheitsträgers (vgl Kopp/Schenke § 40 Rn 30 mwN). Hierher gehört schließlich auch die eigene **Vermögensverwaltung** der öffentlichen Hand (zu weitgehend Ehlers in Schoch § 40 Rn 283).

aa) Vergabe von Aufträgen durch die öffentliche Hand. Beim Vergabewesen, also der Vergabe von Aufträgen durch die öffentliche Hand, ist zu differenzieren: Die eigentliche Auftragsvergabe ist wie auch sonst bei **fiskalischen Hilfsgeschäften** der öffentlichen Hand privatrechtlicher Natur. Es werden insoweit also privatrechtliche Kaufverträge oder Dienstverträge usw geschlossen, die sich nach den **Bestimmungen des Privatrechts** (BGB usw) richten (s § 54 Rn 38f). Zusätzlich sind die Bestimmungen des Haushaltsrechts, der Vergabeordnungen usw anwendbar, die derartige Geschäfte aber nicht zu öffentlichrechtlichen werden lassen. Diese Bestimmungen enthalten aber Regelungen über das Auswahlverfahren der Anbieter, also über die Frage, mit welchem Anbieter der privatrechtliche Vertrag geschlossen werden soll. 16a

bb) Kontrollverfahren. Überschreitet das Auftragsvolumen bestimmte Schwellenwerte, sind diejenigen Anbieter, die im Auswahlverfahren nicht zum Zuge gekommen sind, berechtigt, die Auswahlentscheidung einer gerichtlichen Kontrolle zu unterwerfen. Diese Kontrolle findet aber nicht durch die Verwaltungsgerichte statt, sondern durch die hierzu eingerichteten Vergabekammern und durch die Vergabesenate beim zuständigen Oberlandesgericht. Einzelheiten sind im **Vergaberecht**[22] geregelt **(näher Einf I Rn 52ff).** Die Vergabekontrolle durch Vergabekammern und Vergabesenate ist in diesen Fällen öffentlichrechtlich ausgestaltet (§§ 102ff GWB); der Rechtsweg zu den Verwaltungsgerichten ist allerdings nicht eröffnet. 16b

cc) Kontrolle von Aufträgen unterhalb der Schwellenwerte. Auch bei der **Vergabe unterhalb der Schwellenwerte** der §§ 97ff GWB müssen teilweise öffentlich-rechtliche Auswahlverfahren durchgeführt werden. Entsprechende Pflichten zur Durchführung von Ausschreibungen usw ergeben sich aus dem **Haushaltsrecht** (§ 30 HGrG, § 55 BHO bzw die entsprechenden Regelungen der LHO)[23] iVm den **Vergabe- und Vertragsordnungen** (Vergabe- und Vertragsordnung für Leistungen – Teil A VOL/A vom 20.11.2009, i Kr seit 11.6.2010, sowie die Vergabe- und Vertragsordnung für Bauleistungen – Teil A VOB/A idF v 26.6.2012. Dabei handelt es sich zwar um öffentlich-rechtliche Verfahren, die allerdings verwaltungsinterner Natur sind und nach hM keine Außenwirkung aufweisen (s näher Einf I Rn 52aff). Nach wie vor **umstritten** ist die Frage, ob auch unterhalb der Schwellenwerte des GWB nach der **Zweistufentheorie** verfahren werden muss mit der Folge, dass über die Auswahl zunächst in den Formen des öffentlichen Rechts, also durch VA entschieden werden muss, bevor mit dem ausgewählten Anbieter ein privatrechtlicher Vertrag geschlossen wird. Dies wird **von der hM** insbesondere von der Rspr **derzeit abgelehnt,** während in der Literatur die Anwendung der Zweistufentheorie überwiegend verlangt wird (s zum Streitstand näher Einf I Rn 53a). 16c

d) Verwaltungsprivatrecht. Privatrechtlich ist auch die Erfüllung von Verwaltungsaufgaben in den Formen des sog Verwaltungsprivatrechts.[24] Dem Bereich des 16d

---

22 Vergaberechtsänderungsgesetz v 26.8.1998 (BGBl I S 2512); Knack/Henneke 73; OLG Brandenburg NVwZ 1999, 1142; OLG München NVwZ 1999, 1138; Voppel LKV 1999, 5; Theis NordÖR 1999, 13.

23 WBSK I § 23 Rn 44; Immenga/Mestmäcker, GWB, Vor §§ 97ff Rn 135; Wollenschläger DVBl 2007, 589.

24 S hierzu BVerwG NJW 1994, 1169; BGH NVwZ 2007, 246; NJW 2003, 2452; Maurer § 17 Rn 1ff; Unruh DÖV 1997, 653; ausführlich WBSK I § 23 Rn 1ff, 61ff, umfassend U. Stelkens, Verwaltungsprivatrecht, 2005, passim.

Verwaltungsprivatrechts werden solche Tätigkeiten unterworfen, die von der öffentlichen Verwaltung zur **Erledigung öffentlicher Aufgaben** in den Formen des Privatrechts durchgeführt werden (s näher Einf I Rn 51 ff). Es handelt sich um Bereiche der **Daseinsvorsorge,** in denen die öffentliche Hand bei Fehlen gesetzlicher Vorgaben eine gewisse Wahlfreiheit[25] hat, ob sie die ihr obliegenden öffentlichen Aufgaben in öffentlicher oder privatrechtlicher Form erledigt, und in denen sie sich für das Privatrecht entschieden hat. Anders als bei rein fiskalischer Tätigkeit kann sich die Verwaltung bei der Erledigung öffentlicher Aufgaben den materiellen öffentlich-rechtlichen Bindungen nicht entziehen. Sie muss neben einfachgesetzlichen Vorgaben, zB durch das Kommunalrecht, insbesondere die Grundrechte, vor allem den **Gleichheitssatz** beachten.[26] Außerdem muss die Verwaltungs sicherstellen, dass die ordnungemäße Erledigung öffentlicher Aufgabgen gewährleistet bleibt **(Gewährleistungsaufsicht).**[27] Die Bestimmungen des VwVfG können insoweit Anwendung finden, als sie Ausdruck allgemeiner Rechtsgedanken sind. Dies ist bei jeder Vorschrift im Einzelnen zu prüfen.

17 **3. Verwaltungstätigkeit. a) Allgemeines.** Mit der Qualifizierung als öffentlich-rechtliches Handeln ist nicht zugleich die Einordnung als Verwaltungshandeln verbunden. Das VwVfG ist nur auf solche öffentlich-rechtlichen Tätigkeiten anwendbar, die sich als Verwaltungshandeln qualifizieren lassen. Damit wird einerseits Handeln auf dem Gebiet des Verfassungsrechts einschließlich des Handelns auf dem Gebiet des Völkerrechts und des supranationalen Rechts, insb des Europarechts, andererseits die materiell rechtsprechende Tätigkeit ausgeschlossen. Der Begriff der Verwaltungstätigkeit beschränkt die Anwendbarkeit des VwVfG allerdings noch nicht auf bestimmte Handlungsformen der Verwaltung. Diese Einschränkung erfolgt erst durch § 9 und nur für die nachfolgenden Vorschriften.

18 Angesichts der weiten Fassung der Vorschrift ist an sich auch **der Erlass von Verordnungen und Satzungen** als öffentlich-rechtliche Verwaltungstätigkeit bzw als Wahrnehmung von Aufgaben der Verwaltung iS von § 1 anzusehen. Gem § 9 finden die auf das Verwaltungsverfahren ieS bezogenen Vorschriften auf den Erlass von Verordnungen und Satzungen allerdings keine Anwendung. In Betracht kommt deshalb lediglich eine entsprechende Anwendung einzelner Vorschriften, soweit das Verfahren zum Erlass von Rechtsverordnungen und Satzungen nicht speziell geregelt ist. **Auf die Genehmigung von Verordnungen und Satzungen** durch die Aufsichtsbehörde findet das VwVfG dagegen Anwendung, soweit es sich um VAe handelt.

19 **b) Verfassungsrechtliche Tätigkeiten.** Für verfassungsrechtliches Handeln gilt das VwVfG nicht. Verfassungsrechtlich sind allerdings nicht sämtliche Maßnahmen, die von Verfassungsorganen erlassen bzw ergriffen werden. Da Verfassungsorgane auch verwaltungsrechtlich handeln können, kommt es insoweit auf eine materielle Abgrenzung an. Hier kann an die Rechtsprechung zum Begriff der verfassungsrechtlichen Streitigkeit gem § 40 Abs 1 VwGO angeknüpft werden (s Kopp/Schenke § 40 Rn 31 ff). Die hM geht nach wie vor von der Faustformel der **doppelten Verfassungsunmittelbarkeit** aus. Danach wird der Verfassungsstreit durch Gegenstand und Parteien bestimmt: Er muss ausgetragen werden zwischen Parteien, die beide am Verfassungsleben beteiligt sind, und er muss sich beziehen auf einen Gegenstand, der durch Regelungen des Verfassungsrechts sein Gepräge erhält. Nach neuerer Auffassung spielt der zuletzt genannte Aspekt die entscheidende Rolle, weil es darauf ankommen müsse, spe-

---

25 StBS 104 f; WBSK I § 23 Rn 1 ff.

26 BVerwG NVwZ 1991, 59; BGHZ 155, 166, 175; 154, 146, 150; BGH NVwZ 2007, 415 = JZ 2007, 415 m Anm Stober; StBS 116.

27 Hierzu Schmidt am Busch, Gewährleistungsaufsicht, Vw 2016, 205.

zifisch verfassungsrechtliche Fragen den Verfassungsgerichten vorzubehalten **(Geprägerechtsprechung).**[28]

Nicht unter den Begriff der Verwaltungstätigkeit iSd Vorschrift fallen Handlungen, die ausschließlich dem Verfassungsrecht zuzurechnen sind, wie zB die Bestimmung der Richtlinien der Politik durch den Bundeskanzler gem Art 65 S 1 GG, die Einberufung von **Sitzungen des Bundestags** und des Bundesrats usw, die Entscheidung des Parlaments über die **Aufhebung der Immunität** eines Abgeordneten, Entscheidungen über parlamentarische **Geschäftsordnungen,** über **Petitionen,**[29] Einsetzung und Auftragsbestimmung von **parlamentarischen Untersuchungsausschüssen**[30] (anders die als Verwaltungshandeln zu qualifizierende Ladung eines Zeugen und die Verhängung von Ordnungsgeld gegen einen Zeugen durch einen parlamentarischen Untersuchungsausschuss). 19a

Keine verfassungsrechtlichen Maßnahmen, sondern Verwaltungstätigkeit sind demgegenüber die Ausübung des **Hausrechts im Parlament** durch den BT-Präsidenten außerhalb der Parlamentssitzungen[31] und Entscheidungen im Rahmen der **Parteienfinanzierung,**[32] zB die Festsetzung und Rückforderung von **Zuwendungen an Parteien, Fraktionen und Abgeordnete.**[33] Gleiches muss für die Öffentlichkeitsarbeit der Regierungsorgane (Sodan/Ziekow § 40 Rn 224) sowie bei Entscheidungen über die **Gewährung diplomatischen Schutzes** gelten,[34] wobei allerdings zu berücksichtigen ist, dass das VwVfG nach § 2 Abs 3 Nr 3 für Auslandsvertretungen nicht gilt. Bei **Parlamentswahlen** ist zu differenzieren zwischen der eigentlichen Wahlhandlung, also den Entscheidungen der Wahlorgane am Wahltag, die einem besonderen verfassungsrechtlichen Wahlprüfungsverfahren unterliegen, und den Entscheidungen im Rahmen der Vorbereitung der Wahl, also zB der Aufnahme in Wählerlisten, der Ausstellung von Wahlscheinen, der Genehmigung von Briefwahl usw. Letztere sind Verwaltungshandeln und können deshalb den Regeln des VwVfG unterworfen sein[35] (s näher § 2 Rn 67). 19b

Regierungshandeln ist ebenfalls nicht ohne weiteres dem Verfassungsrecht zuzurechnen und deshalb dem Anwendungsbereich des VwVfG entzogen.[36] Vielmehr kommt es darauf an, ob die Maßnahmen nach Inhalt und Funktion dem Verfassungsrecht zuzurechnen sind. Abzulehnen ist die früher verbreitete Auffassung,[37] dass die sog gubernativen Tätigkeiten, dh Maßnahmen der politischen Leitung und Führung, bzw sog Regierungsakte, uU auch bestimmte Planungsakte ohne Rechtssatz- oder VA-Charakter uä, auch dann nicht als Verwaltungstätigkeit iS von § 1 anzusehen sind, wenn es sich insoweit nicht um rein verfassungsrechtliche Akte (s oben) handelt. Die **Verleihung von Orden und Ehrenzeichen** sowie die **Ausübung des Gnadenrechts** wird man heute entgegen der früher hM[38] zur Verwaltungstätigkeit iSd § 1 zu rechnen haben. So- 19c

---

[28] Näher Sodan/Ziekow VwGO § 40 Rn 189 ff; Schoch/Schmidt-Aßmann/Pietzner § 40 Rn 145; Kopp/Schenke VwGO § 40 Rn 32 ff.

[29] BVerwGE 80, 364; BVerwG BayVBl 1991, 152.

[30] S auch Di Fabio, Rechtsschutz im parlamentarischen Untersuchungsverfahren, 1988.

[31] VG Berlin NJW 2002, 1063; Hufen, VerwPR § 11 Rn 53; Eyermann § 40 Rn 24; aA StGH Baden-Württemberg DVBl 1988, 632 für die Sperrung des Telefons eines Abgeordneten.

[32] BVerwGE 126, 254 zur Rückforderung nach § 31b PartG.

[33] BVerwG NJW 1985, 2344.

[34] BVerfGE 55, 349; BVerwGE 62, 11; Sodan/Ziekow § 40 Rn 221.

[35] S auch § 2 Rn 67; Knack/Henneke 28.

[36] Anders für die Informationsansprüche nach IFG (BVerwG NVwZ 2012, 251.

[37] FL 13; WBS II § 45 Rn 32 ff; F 17; Knack/Henneke 22, allerdings unter zutreffendem Hinweis darauf, dass es sich hier zumeist um interne Akte ohne Außenverbindlichkeit handelt.

[38] Begr 37; BVerfGE 25, 352; BVerwG NJW 1983, 187; Ziekow Rn 28; wohl auch Knack/Henneke 27.

weit man die in Frage stehenden Entscheidungen als VAe ansieht (s § 35 Rn 87 mwN), ist es folgerichtig, auch die darauf gerichtete Tätigkeit als öffentlich-rechtliche Verwaltung anzusehen.[39] Für **Gnadenentscheidungen** im Bereich der Justizverwaltung entfällt die Anwendbarkeit des VwVfG jedenfalls gem § 2 Abs 3 Nr 1.

20 **c) Europarechtliche Maßnahmen.** Zum anwendbaren Verfahrensrecht bei direktem und indirektem Vollzug von Unionsrecht s näher o **Rn 4b** und **Einf II Rn 34 ff.** Im Unionsrecht gibt es bisher kein kodifiziertes allgemeines Verfahrensrecht, sondern nur bereichsspezifische Regelungen (zB Zollkodex) und allgemeine Rechtsgrundsätze wie zB Art 41 GrCharta. Ansätze zu einer Konfizierung haben sich bisher nicht durchgesetzt (zum sog ReNEUAL-Entwurf eines EU-Verfahrensgesetzes s Einführung II Rn 37a.

20a **d) Völkerrechtliche, kirchenrechtliche Maßnahmen. Keine Verwaltungstätigkeit** iS von § 1 sind Handlungen, die ausschließlich dem **inneren Kirchenrecht** (s § 2 Rn 12) oder dem **Völkerrecht** zuzurechnen sind, zB die völkerrechtliche Anerkennung fremder Staaten, die Entscheidung über die Aufnahme oder den Abbruch diplomatischer Beziehungen usw (WBS II § 45 Rn 37 f); anders, wenn und soweit deutsche Behörden als solche mit dem Vollzug befasst werden (Obermayer 40). Vgl **zum Völkerrecht** auch Hofmann, Zur Bedeutung von Art 25 GG für die Praxis deutscher Behörden und Gerichte, in: Zeidler-FS 1987, 1885.

21 **e) Rechtsprechung. Keine Verwaltungstätigkeit** sind die Entscheidungen der Gerichte über die ihnen zugewiesenen Streitigkeiten. Hierbei handelt es sich um rechtsprechende Tätigkeit, für die die Bestimmungen der jeweiligen Prozessordnungen gelten, nicht indessen Verwaltungsverfahrensrecht. Allerdings muss die Abgrenzung in materieller Hinsicht getroffen werden. Die Organe der Justiz können nämlich auch als Behörden verwaltende Tätigkeit ausüben (s unten Rn 57). Für sie gilt dann zwar wegen der Ausschlussregelung des § 2 Abs 3 Nr 1 nicht das VwVfG, es kann sich gleichwohl aber um Verwaltungstätigkeit von Verwaltungsbehörden handeln (s zum Behördenbegriff insoweit unten Rn 51 ff).

III. Die von Abs 1 erfassten Organisationsbereiche

21a **1. Unterscheidung von Bundes- und Landesbehörden.** Bundesbehörden sind die Behörden der unmittelbaren Bundesverwaltung, also die Ministerien und die ihnen nachgeordneten Behörden und die Behörden der mittelbaren Bundesverwaltung, insbesondere die Bundesoberbehörden sowie die bundesunmittelbaren Körperschaften, Anstalten und Stiftungen des öffentlichen Rechts. Ihr Kennzeichen ist, dass ihre Tätigkeit nicht auf einzelne Bundesländer beschränkt ist und dass sie auf der Grundlage des Bundesrechts und durch Organe des Bundes eingerichtet worden sind. Als Landesbehörden gelten sämtliche übrigen Behörden, also sowohl diejenigen der unmittelbaren Landesverwaltung als auch der Verwaltung durch landesunmittelbare Körperschaften, Anstalten und Stiftungen des öffentlichen Rechts und schließlich die Behörden der kommunalen Körperschaften.

21b **Maßgebend ist die organisatorische Zuordnung** der Behörden nach dem einschlägigen Organisationsrecht von Bund und Ländern. Bundesbehörden können nur aufgrund bundesrechtlicher Vorschriften eingerichtet und betrieben werden, Landesbehörden nur nach dem einschlägigen Landesorganisationsrecht. **Bundesbehörden** sind danach diejenigen Behörden, die der Bund zur Erledigung der bundeseigenen Verwaltung (vgl Art 86 GG) geschaffen hat, gleichviel, ob es sich um Behörden der unmittelbaren Bundesverwaltung durch Ministerien

[39] Knemeyer DÖV 1970, 121; StBS 192 ff; Kopp/Schenke § 40 Rn 36.

und ggfs nachgeordnete Behörden (Art 87 Abs 1 GG) handelt oder um mittelbare Bundesverwaltung durch Bundesoberbehörden und Behörden der bundesunmittelbaren Körperschaften und Anstalten des öffentlichen Rechts (Art 87 Abs 3 GG) sowie die auf Bundesebene handelnden Beliehenen (s hierzu unten Rn 58). Das **Handeln beliehener Unternehmer** (s unten Rn 63) wird dem Rechtsträger zugerechnet, dessen Hoheitsgewalt sie ausüben.[40]

2. Tätigkeiten der Bundesbehörden (Abs 1 Nr 1). Zur Anwendung des VwVfG verpflichtet sind, soweit im VwVfG selbst oder nach anderen bundesrechtlichen Vorschriften nichts anderes bestimmt ist, zunächst uneingeschränkt die Bundesbehörden. Dies sind alle Behörden der unmittelbaren oder mittelbaren Bundesverwaltung iwS. Sie bilden zusammen die bundeseigene Verwaltung iS des Art 86 GG. 22

a) Unmittelbare Bundesverwaltung. Behörden der unmittelbaren Bundesverwaltung iS von Abs 1 Nr 1 sind zB die einzelnen **Bundesministerien** (auch als „Der Bundesminister für …" bezeichnet, womit jedoch die Institution, nicht die Person gemeint ist), ferner der **Verwaltungsunterbau einzelner Ministerien** (zB die Auslandsvertretungen des Auswärtigen Dienstes, nicht aber die privatrechtlich organisierten Goethe-Institute, wohl aber die Behörden der Bundeswehrverwaltung einschließlich der Organe der Hochschulen der Bundeswehr, außerdem des Bundesgrenzschutzes, der Wasser- und Schifffahrtsverwaltung und (teilweise) der Finanz- und Zollverwaltung). Zu den Bundesbehörden zählen weiter die **Eigenverwaltungen der Verfassungsorgane** (zB Bundespräsidialamt, Bundestagspräsidium, Bundeskanzleramt sowie die Präsidenten der obersten Bundesgerichte) sowie die durch Gesetz geschaffenen weiteren obersten Bundesbehörden (zB Bundesbank, Bundesrechnungshof) und die den einzelnen Ministerien zugeordneten **Bundesoberbehörden** gem Art 87 Abs 3 GG (zB Bundesverwaltungsamt, Umweltbundesamt, Deutsches Patentamt, Bundesamt für Finanzen, Bundesamt für den Zivildienst, Eisenbahnbundesamt, Kraftfahrtbundesamt, das Bundeskartellamt, die Physikalisch-Technische Bundesanstalt, die Bundesanstalt für Materialprüfung, die Bundesanstalt für Flugsicherung) und **Zentralstellen** gem Art 87 Abs 1 S 2 GG (Bundeskriminalamt, Bundesamt für Verfassungsschutz). 23

b) Mittelbare Bundesverwaltung. Behörden der mittelbaren Bundesverwaltung, die das VwVfG begrifflich von Behörden „des Bundes" (ieS) unterscheidet, sind die in Abs 1 Nr 1 gesondert genannten Behörden der **bundesunmittelbaren Körperschaften, Anstalten und Stiftungen** des öffentlichen Rechts, dh von öffentlich-rechtlichen Körperschaften, Anstalten und Stiftungen, bei denen Träger des Behördenapparates nicht der Bund selbst, sondern eine aufgrund von Bundesrecht errichtete und der Aufsicht des Bundes unterstellte selbständige juristische Person des Bundesrechts ist. Körperschaften sind mitgliedschaftlich organisiert und dienen idR der Erfüllung von Selbstverwaltungsaufgaben, während Anstalten von einem öffentlich-rechtlichen Anstaltsträger zur Erfüllung von Verwaltungsaufgaben geschaffen und mit einer eigenen Organisationsstruktur ausgestattet sind.[41] Mit ihr verwandt ist die Stiftung des öffentlichen Rechts, die der Verwaltung eines Bestands von Vermögenswerten im öffentlichen Interesse dient. 24

aa) Beispiele. Zu den Körperschaften gehören nach Art 87 Abs 2 GG die **Sozialversicherungsträger,** deren Zuständigkeitsbereich sich über das Gebiet eines Landes hinaus erstreckt, wie die Bundesanstalt für Arbeit, die gewerblichen Berufsgenossenschaften als Träger der Unfallversicherung und die Deutsche 24a

---

[40] OVG Münster NVwZ 1990, 679; Erichsen/Ehlers § 7 Rn 31; Knack/Henneke 75.
[41] Näher WBS III § 87 f; Maurer § 23 Rn 30 ff.

Rentenversicherung, aber auch die Betriebs-, Innungs- und Ersatzkassen, nicht dagegen die Allgemeinen Ortskrankenkassen (AOK).

24b **bb) Gemeinsame Behörden der Länder. Nicht zur Bundesverwaltung** gehören gemeinsame Behörden der Länder, die ihre Rechtsgrundlage in Staatsverträgen oder Verwaltungsabkommen der Länder haben, wie zB das **Zweite Deutsche Fernsehen** (ZDF), die **Stiftung für Hochschulzulassung** (SfH, früher ZVS) und das **Gemeinsame Prüfungsamt** der Länder Hamburg, Bremen und Schleswig-Holstein für die Große Juristische Staatsprüfung (GPA) oder **Mehrländeranstalten** wie NDR oder MDR (vgl auch BVerwGE 40, 209). Derartige Einrichtungen sind je nach ihrer organisatorischen Ausgestaltung entweder Behörden jedes einzelnen daran beteiligten Landes, für das sie im konkreten Fall tätig werden, oder des Landes, das „treuhänderisch" für die übrigen Länder die Organisationsgewalt ausübt und dem sie organisatorisch zuzurechnen sind.

25 **c) Behörden mit Doppelfunktion.** Einzelne Behörden sind sowohl der Bundes- als auch der Landesverwaltung zuzurechnen. Dies galt früher für die **Oberfinanzdirektionen**, die seit 1.1.2008 – soweit sie noch existieren – reine Landesbehörden geworden sind. Ihre Aufgaben im Rahmen der Bundesverwaltung wurden von den **Bundesfinanzdirektionen** übernommen. Eine Doppelfunktion haben Behörden in den Fällen einer sog **Organleihe,** dh wenn eine Behörde oder einzelne ihrer Organe zugleich mit Aufgaben für einen anderen Rechtsträger betraut sind.[42] Hier hängt es im einzelnen von der organisatorischen Gestaltung des Verhältnisses zwischen den beteiligten Stellen ab (insb davon, ob das handelnde Organ selbständig handelt und Entscheidungen **im eigenen Namen** trifft oder aber im Namen einer anderen Stelle), ob eine Stelle oder ein Amtsträger als Behörde oder nur als ein unselbständiger Verwaltungsmittler für eine (andere) Behörde anzusehen ist (zur Organleihe näher § 4 Rn 12a). So werden zB die **Wasser- und Schifffahrtsämter** des Bundes bei der Erfüllung der ihnen zugewiesenen Landesaufgaben als Behörden der Landesverwaltung tätig (BVerwG NJW 1976, 1469; Obermayer Rn 10). Ebenso wird die **Oberfinanzdirektion Kiel** bei Erhebung der Fehlbelegungsabgabe für die Freie und Hansestadt Hamburg im Wege der Organleihe als Landesbehörde tätig (vgl OVG Hamburg NordÖR 1998, 273).

26 **3. Landesbehörden im Rahmen der Bundesauftragsverwaltung (Abs 1 Nr 2). a) Allgemeines.** Nach Abs 1 Nr 2 findet das VwVfG auch auf die Tätigkeit der dort aufgezählten Landesbehörden Anwendung, soweit diese Bundesrecht im Rahmen der Bundesauftragsverwaltung (Art 85 GG) ausführen. Die **Vorschrift läuft derzeit leer,** weil die Bundesländer sämtlich eigene Verwaltungsverfahrensgesetze erlassen haben, die dem VwVfG gem Abs 3 vorgehen. Damit ist für die Praxis eine klare Abgrenzung des Anwendungsbereiches des VwVfG von den Verwaltungsverfahrensgesetzen der Länder vorgenommen worden, die darauf hinausläuft, dass sich nur die Tätigkeit der Bundesbehörden nach dem VwVfG richtet, während sich die Tätigkeit der Landesbehörden unabhängig davon, ob sie Bundesrecht oder Landesrecht ausführen, nach dem jeweiligen Verwaltungsverfahrensrecht des Landes zu richten hat.

27 **b) Begriff der Landesbehörden.** Das Gesetz verwendet den Sammelbegriff der Landesbehörden nicht, sondern zählt neben den „Behörden der Länder" auch die Behörden der mittelbaren Landesverwaltung und der Kommunalverwaltung auf. Hierzu gehören Behörden der öffentlich-rechtlichen juristischen Personen des Landesrechts wie der Gemeinden, Gemeindeverbände, kommunalen Zweckverbände (Begr 32) und die durch diese beliehenen Unternehmer (StBS

---

[42] Vgl BVerfGE 63, 1; BDisziplG DÖV 1985, 450; OVG Hamburg NordÖR 1998, 273. Zur Organleihe näher Hartmann DVBl 2011, 803.

74, 236, 246 ff). Enger ist demgegenüber der Begriff der **Behörden der Länder** iS von Abs 1 Nr 2. Hierzu zählen nur diejenigen Landesbehörden, die nicht Bundesbehörden oder Behörden der Gemeinden oder Gemeindeverbände oder sonstiger, der Aufsicht des Landes unterstehender juristischer Personen des öffentlichen Rechts sind, zB die Ministerien, die (Bezirks-)Regierungen, Landratsämter (in ihrer Eigenschaft als Staatsbehörden), die „Organe" der Gymnasien, Volksschulen usw, uU – je nach den maßgeblichen organisatorischen Regelungen – auch die Organe gemeinsamer Einrichtungen der Länder (s oben Rn 24).

Landesbehörden iwS, die das VwVfG ähnlich wie die Bundesbehörden iwS (vgl oben Rn 24) von „Behörden der Länder" unterscheidet, sind dagegen auch die **Behörden der Gemeinden und Gemeindeverbände** (dh echter öffentlich-rechtlicher Verbände, deren Mitglieder Gemeinden sind, sowie territorialer Selbstverwaltungskörperschaften, die das Gebiet mehrerer Gemeinden umfassen, wie die Landkreise und Bezirke in Bayern) und die Behörden „der sonstigen der Aufsicht des Landes unterstehenden juristischen Personen des öffentlichen Rechts", zB selbständiger rechtsfähiger **Körperschaften, Anstalten und Stiftungen, die der Aufsicht des Landes unterstehen.** Entsprechendes gilt für teilrechtsfähige Anstalten und sonstige Einrichtungen. Unterstellung unter die Aufsicht des Landtags genügt (Obermayer 19; FL 66). Darauf, ob die Errichtung aufgrund von Landes- oder Bundesrecht erfolgt ist, kommt es nicht an (FL 66; MB 13; Knack/Henneke 15). Als Landesbehörden iwS sind daher auch zB die Organe der **berufsständischen Körperschaften** (Kammern), zB Handwerkskammern, Handelskammern, Rechtsanwaltskammern, Notarkammern usw anzusehen (FL 66), ebenso die Organe der als öffentlich-rechtliche Körperschaften konstituierten **Kirchen** und Religionsgemeinschaften, soweit sie aufgrund staatlichen öffentlichen Rechts tätig werden (vgl aber zum Ausschluss der Anwendbarkeit des VwVfG insoweit § 2 Abs 1 sowie dazu § 2 Rn 8). 27a

4. Landesbehörden bei sonstigem Vollzug von Bundesrecht (Abs 2). 28
Nach Abs 2 S 1 gilt das VwVfG auch für die Tätigkeit der in Abs 1 Nr 2 genannten Landesbehörden, wenn es um die Ausführung von Bundesgesetzen durch die Länder als eigene Angelegenheit (Art 84 GG) geht, welche Gegenstände der ausschließlichen oder konkurrierenden Gesetzgebung (Art. 73, 74 GG) betreffen (zur Subsidiarität bei abweichendem Bundesrecht Rn 30). Dies gilt bei der Anwendung von Bundesgesetzen, die erst nach Inkrafttreten des VwVfG erlassen wurden, allerdings nur, soweit diese Gesetze mit Zustimmung des Bundesrats (s Rn 29) das VwVfG für anwendbar erklären. Auch die Regelung des Abs 2 läuft wegen des Vorrangs der Verwaltungsverfahrensgesetze der Länder nach Abs 3 praktisch leer, weil alle Bundesländer eigene Verfahrensgesetze erlassen haben. Auf den **Vollzug von noch bestehenden Rahmengesetzen** (Art 75 GG aF iVm Art. 125a, 125b GG) ist Abs 2, da Rahmengesetze nicht unter den Begriff der konkurrierenden Gesetzgebung fallen, **nicht anwendbar;**[43] insoweit ist für Landesbehörden, sofern nicht durch besonderes Gesetz gem Art 84 Abs 1 bzw 85 iVm 70 ff GG außerhalb des VwVfG etwas anderes bestimmt ist, ebenso wie beim **Vollzug von Landesrecht,** ausschließlich das Verwaltungsverfahrensrecht des Landes maßgeblich.[44] Nicht angeordnet werden kann die Anwendung des VwVfG auch für den Vollzug eines Grundsätzegesetzes des Bundes gem Art 109 Abs 4 GG.

Die nach Abs 2 S 2 erforderliche **Zustimmung des Bundesrats** kann gem Art 84 Abs 1 GG für Regelungen des Verfahrens der Landesbehörden beim Vollzug von Bundesrecht im Rahmen der landeseigenen Verwaltung immer **nur im** 29

---

[43] BayVerfGH 12, 144, 160; MD 5 zu Art 125 GG; Rudisile DÖV 1992, 862; Obermayer 56; StBS 67; FL 71; MB 16; offen BVerfGE 7, 41 und Begr 32.
[44] Obermayer 38; FL 71; MB 16, UL § 8 Rn 2; offen Begr 32.

Einzelfall im Hinblick auf bestimmte Gesetze und nicht generell für erst künftig zu beschließende Gesetze gegeben werden (zweifelnd Begr 32). Für die im Zeitpunkt des Inkrafttretens des VwVfG **bereits vorhandenen Gesetze** ist die nach Art 84 Abs 1 GG erforderliche Zustimmung durch die Zustimmung des Bundesrats zum VwVfG ersetzt.

IV. Der Grundsatz der Subsidiarität (Abs 1 und 2 S 1 jeweils letzter Halbs)

30 **1. Allgemeines.** Die Anwendbarkeit des VwVfG steht gem Abs 1 letzter Halbs, Abs 2 S 1 letzter Halbs unter dem allgemeinen Vorbehalt anderweitiger (inhaltsgleicher oder abweichender) Regelungen durch Rechtsvorschriften des Bundes, dh durch **Gesetze oder Rechtsverordnungen des Bundes,** nicht dagegen auch durch andere Rechtsvorschriften, etwa Satzungen bundesunmittelbarer Körperschaften, Anstalten oder Stiftungen, durch Bundesgewohnheitsrecht (**aA** Knack/Henneke 50) oder durch ungeschriebene allgemeine Rechtsgrundsätze des Bundesrechts.[45] Bundesrechtliche Satzungen können die Regelungen des VwVfG nur dann verdrängen, wenn dies in einzelnen Vorschriften besonders angeordnet ist.[46] Dies ist etwa in § 57 (s dort Rn 4); § 63 (s dort Rn 6), § 81 (dort Rn 6) der Fall. **Rechtsvorschriften des EU-Rechts** sind dem Bundesrecht gleichzuachten.[47] Der Vorrang des Fachrechts gilt auch für Verfahrensvorschriften im Bundesrecht, das die Länder anzuwenden haben, und auch dann, wenn das Fachrecht des Bundes auf Vorschriften des VwVfG verweist.[48]

31 **2. Subsidiarität im Bereich des Landesrechts. a) Grundsätzliches.** Die Regelungen in Abs 1 u 2 betreffen nur die Subsidiarität gegenüber spezielleren Bundesrecht. Da das VwVfG für die Ausführung von Landesrecht durch Landesbehörden derzeit ohnehin nicht gilt, weil die Länder gem Abs 3 eigene Verwaltungsverfahrensgesetze erlassen haben (s hierzu Rn 39ff), können die Länder in ihren Verfahrensgesetzen ebenfalls Subsidiaritätsregelungen treffen und auch spezielle Verfahrensvorschriften erlassen, die den allgemeinen Bestimmungen der Landesverwaltungsverfahrensgesetze vorgehen. Von diesen Möglichkeiten haben die Länder Gebrauch gemacht, weshalb der Grundsatz der Subsidiarität im Ergebnis auch gegenüber landesrechtlichen Spezialregelungen gilt (StBS 219).

32 **b) Landesrechtliche Ausgestaltung.** Die Subsidiaritätsvorschriften der Verwaltungsverfahrensgesetze der Länder sind unterschiedlich gefasst. Vorbehalte zugunsten von „Rechtsvorschriften des Landes" beziehen sich wie bei den landesrechtlichen Regelungen in Abs 1 u 2 **im Zweifel nur auf Gesetze und Verordnungen** des Landes, nicht auch auf Rechtsverordnungen und Satzungen sonstiger Rechtsträger des Landesrechts, zB der Gemeinden (FL 88). Dagegen bedeutet ein Vorbehalt zugunsten „landesrechtlicher Vorschriften", dass auch Rechtsverordnungen von sonstigen Rechtsträgern Vorrang haben.[49] Nur die Verwaltungsverfahrensgesetze Bremens, des Saarlandes und Schleswig-Holsteins enthalten keine allgemeine Subsidiaritätsklausel zugunsten inhaltsgleichen oder abweichenden anderen Landesrechts und haben damit solche Regelungen, soweit

---

[45] BVerwGE 85, 83; Erichsen VerwArch 1978, 306.

[46] StBS 211; UL § 8 Rn 4; Begr 73.

[47] Ebenso Knack/Henneke 50; vgl allg zur Behandlung als Bundesrecht auch im Hinblick auf die Revision gem § 137 VwGO BVerwGE 35, 277; 74, 360; NVwZ 1984, 518; DÖV 1974, 825.

[48] Beispiele für vorrangige fachgesetzliche Verfahrensvorschriften des Bundesrechts sind die Regelungen in § 10 BImschG iVm der 9. BImschV zum Genehmigungsverfahren sowie zahlreiche Vorschriften des Fachplanungsrechts (ausführlich hierzu MSU § 72 Rn 146)

[49] Rhpf LT-Dr 8/1401 S. 8; bwLT-Dr 7/820 S 68; FL Einl 89; Ziekow 15; VGH Mannheim, Beschl v 3.2.2014 – 9 S 885/13 – juris Rn 41.

sie vorher bestanden, aufgehoben, im Saarland allerdings gem § 96 Abs 2 saarlVwVfG erst mit Wirkung ab dem 1.1.1981. Künftige abweichende Regelungen in förmlichen Gesetzen werden dadurch jedoch nicht ausgeschlossen.

3. Folgen der Subsidiarität. Der Vorbehalt zugunsten inhaltsgleicher oder entgegenstehender Vorschriften wirkt als Subsidiaritätsregelung zugunsten spezieller Vorschriften, insb in Fachgesetzen (vgl Kunig ZBR 1986, 253), denen damit entsprechend dem allgemeinen lex-specialis-Grundsatz ausdrücklich ein **Geltungsvorrang** zuerkannt wird. Zugleich sichert die Regelung – ähnlich wie der Gesetzesvorbehalt bei Grundrechten zugunsten förmlicher Gesetze – sowohl den Vorrang als auch die Exklusivität und Unabdingbarkeit des VwVfG gegenüber Gewohnheitsrecht und ungeschriebenen allgemeinen Rechtsgrundsätzen. Die Bestimmungen des VwVfG treten gem Abs 1 letzter Halbs. und Abs 2 S 2 letzter Halbs damit nicht (wie nach einigen Verwaltungsverfahrensgesetzen der Länder, zB gem § 1 bremVwVfG und § 1 berlVwVfG) automatisch oder nach Ablauf einer Übergangszeit an die Stelle sonstiger Vorschriften in anderen Gesetzen oder Verordnungen des Bundes, sondern gelten nur subsidiär, dh nur, wenn und soweit andere Gesetze oder Rechtsverordnungen des Bundes (auch ältere, vor Inkrafttreten des VwVfG erlassene, vgl zB BVerwGE 85, 83) keine Vorschriften hins. des Verfahrens enthalten. 33

Die **rechtspolitische Zweckmäßigkeit** der Subsidiaritätsregelung ist gelegentlich kritisiert worden (vgl Ule DVBl 1976, 425; UL § 8 Rn 16 ff; Klappstein 151). Die Kritik ist unberechtigt. Der Vorrang spezieller bereichsspezifischer Verfahrensregelungen ist schon aus rechtstechnischen Gründen weitgehend unvermeidlich. Allerdings geht der Gesetzgeber bei seinen Bemühungen um differenzierte Regelungen nicht selten zu weit. Eine Fülle von bereichsspezifischen Regelungen ist entbehrlich und führt zu vermeidbarer Unübersichtlichkeit des Rechts, zumal der Steuerungsgewinn nicht selten marginal ist. Wer wirklich an einer Vereinfachung des öffentlichen Rechts interessiert ist, hat hier ein geeignetes Arbeitsfeld. 33a

4. Reichweite der Subsidiaritätsklausel. Der Vorrang inhaltsgleicher oder abweichender Rechtsvorschriften bezieht sich nur auf Gesetze und Rechtsverordnungen des Bundes und der Länder. Gegenüber sonstigem Recht und insb auch gegenüber den Vorschriften autonomer Körperschaften[50] geht das VwVfG vor, bzw derogiert sie, soweit es dieselben Fragen regelt und nicht – was Auslegungsfrage ist – ausnahmsweise Raum für andere Regelungen lässt. Abs 1 letzter Halbs und Abs 2 S 2 letzter Halbs schließen die Anwendbarkeit des VwVfG nur soweit aus, als die danach dem VwVfG vorgehenden besonderen Rechtsvorschriften einzelne Fragen tatsächlich regeln oder für einen Rechtsbereich eine abweichende Regelung darstellen.[51] **Nicht erforderlich** ist, dass die in Frage stehende Sondervorschrift eine inhaltsgleiche oder entgegengesetzte Regelung **ausdrücklich** trifft. Es genügt, dass ihr im Wege der Auslegung nach ihrem Sinn und Zweck zu entnehmen ist, dass sie eine abschließende Problemlösung für sich in Anspruch nimmt.[52] Ergibt die Auslegung, dass die Regelung unvollständig und damit in ihrem Anwendungsbereich lückenhaft ist, so ist zu fragen, ob sie insoweit durch andere Rechtssätze, etwa durch die Grundsätze des allgemeinen Verwaltungsrechts ergänzt wird (vgl BVerwG NVwZ 1987, 488). Dies gilt insb 34

---

[50] ZB von Gemeinden; auch bundesunmittelbarer juristischer Personen, s Begr 32; Obermayer 46, 60; FL 44; Knack/Henneke 50 zT **aA** UL § 8 Rn 17: nur Satzungen bundesunmittelbarer jur Pers des öffentlichen Rechts.

[51] BVerwG NVwZ 1987, 488: Keine Anwendbarkeit des VwVfG, wenn die besonderen Regelungen dieselbe Sachmaterie erfassen und ihr durch Auslegung zu ermittelnder Regelungsanspruch abschließend ist; ebenso Steinberg NVwZ 1992, 18; Erichsen VerwArch 1978, 306; Knack/Henneke 51; FL 45; Maurer JuS 1976, 496; Kunig ZBR 1986, 253; Klappstein 98 ff.

[52] Vgl BVerwG NVwZ 1987, 488; Ziekow Rn 19.

bei älteren, vor der Kodifizierung des Verwaltungsverfahrensrechts erlassenen Vorschriften.

35 **a) Problem der abschließenden Regelung.** Wenn bzw soweit keine abschließende Regelung durch Sondervorschriften besteht, bleibt das VwVfG im übrigen anwendbar (BVerwGE 81, 284; FL 45 mwN). Im Bereich der Ausführung von Bundesrecht durch die Länder tritt dabei unter den Voraussetzungen des Abs 3 idR das Verwaltungsverfahrensgesetz des Landes an die Stelle des VwVfG.[53] Ob und ggf inwieweit es sich bei Rechtsvorschriften in Fachgesetzen des Bundes, zB dem GastG, um abschließende Regelungen handelt, oder (nur) um partielle Regelungen, die für die Anwendung durch das VwVfG bzw das entsprechende Verwaltungsverfahrensgesetz des Landes ergänzt werden, ist häufig schwer zu beurteilen und **grundsätzlich Auslegungsfrage** (BVerwGE 67, 208; BVerwG NVwZ 1987, 488; Knack/Henneke 51). Maßgebend ist, ob die in Betracht kommenden Vorschriften dazu bestimmt sind, das jeweilige Sachproblem abschließend zu regeln, oder ob es sich lediglich um Modifizierungen des allgemeinen Verfahrensrechts handeln soll.

35a Da der **Wortlaut** über die Frage des abschließenden Charakters idR keine Auskunft gibt, ist vor allem darauf abzustellen, ob der im Wege der Auslegung zu ermittelnde **Zweck der Sonderregelung** eine Ergänzung durch das VwVfG erlaubt (BVerwG NVwZ 1987, 488; VGH Mannheim NVwZ 1984, 382; MB 18; FL 45). Zu berücksichtigen ist auch der Zweck des VwVfG, ein modernen rechtsstaatlichen Grundsätzen genügendes Verwaltungsverfahrensrecht zu schaffen, das auch den Erfordernissen des Rechtsschutzes der Betroffenen, der Fairness und der Vorhersehbarkeit, Zumutbarkeit und Messbarkeit von Rechtsbeeinträchtigungen genügt (vgl MuLö BayVBl 1990, 509). Im Rahmen der teleologischen Auslegung spielt schließlich auch der Gedanke der **Einheit der Rechtsordnung** und der in der Rechtsordnung wirksamen Wertungen und Zwecksetzungen, der ggf auch eine fortbildende Auslegung von Sondervorschriften, insb auch von älteren, uU aber auch von nach dem VwVfG erlassenen Vorschriften im Einklang mit dem VwVfG erfordert, und der Gedanke der möglichst umfassenden Anwendbarkeit des VwVfG eine Rolle.

36 **Im Zweifel** ist nach dem Zweck des Verwaltungsverfahrensrechts insgesamt sowie nach dem Zweck des VwVfG im allgemeinen **die für die betroffenen Bürger günstigere** Auslegung vorzuziehen (ebenso Knack/Henneke 53 ff), hilfsweise die Auslegung, die dem VwVfG einen umfassenderen Anwendungsbereich sichert.[54] Bei Verfahrensregelungen in zeitlich nach dem VwVfG erlassenen Gesetzen spricht bei Fehlen von Anhaltspunkten eher eine gewisse Vermutung dafür, dass eine abschließende Regelung gewollt ist, als bei Verfahrensregelungen in älteren Gesetzen, die erlassen wurden, als bestimmte Probleme, wie zB Massenverfahren, noch nicht als regelungsbedürftig angesehen wurden. Daher ist zB bei älteren Gesetzen idR davon auszugehen, dass zB bei **Massenverfahren** ergänzend auch die Vorschriften des VwVfG über Massenverfahren (vgl VGH München DVBl 1982, 208) und bei der **Rücknahme** und dem Widerruf von VAen auch die §§ 48 f anwendbar sind.[55]

37 **b) Ergänzende Heranziehung allgemeiner Rechtsgrundsätze. Nicht berührt** wird durch die Subsidiaritätsklausel der Abs 1 und 2 die Anwendbarkeit von Rechtsvorschriften, Gewohnheitsrecht oder allgemeinen Rechtsgrundsätzen

---

[53] Vgl VGH München DVBl 1982, 207: ergänzende Anwendung der Vorschriften des bayVwVfG über Massenverfahren bei Planfeststellungsverfahren gem § 10 LuftVG.

[54] Vgl VGH Mannheim NVwZ 1990, 1191; Obermayer 48; iE auch StBS 225; Knack/Henneke 53 ff.

[55] BVerwG NVwZ 1987, 488; VGH Mannheim NVwZ 1984, 382; offen BVerwG NJW 1990, 727 zu § 47 Abs 2 WaffG aF; bejahend OVG Münster DÖV 1992, 122 für § 18 BVFG aF; zum Ganzen auch StBS § 48 Rn 4 ff.

zu Fragen, die im VwVfG und in nach Abs 1 oder 2 vorbehaltenen sonstigen Rechtsvorschriften keine abschließende Regelung gefunden haben (FL 46; Weber BayVBl 1984, 269 Fn 9), zB der Vorschriften über die sachliche Zuständigkeit der Behörden, die Zulässigkeit vorläufiger Anordnungen usw. Dasselbe gilt auch für die – weiterhin als zulässig zu erachtende[56] – Anwendung der allgemeinen (ungeschriebenen) Grundsätze eines rechtsstaatlichen Verfahrens zur Ausfüllung von Lücken (FL 45) und zur Abgrenzung zulässiger Erwägungen bei der Handhabung des Ermessens hins. der Gestaltung des Verfahrens. Soweit allgemeine Rechtsgrundsätze aus der Verfassung folgen, insb aus dem Rechtsstaatsprinzip oder aus Grundrechten, gehen sie auch dem VwVfG und anderen einfachgesetzlichen oder untergesetzlichen Rechtsvorschriften vor (vgl zu konkreten Problemen des VwVfG Frotscher DVBl 1976, 261; Göldner DÖV 1979, 808).

Unberührt durch die Subsidiaritätsklausel bleibt der Grundsatz, dass Sondervorschriften in anderen Gesetzen, Verordnungen usw nach Möglichkeit eine **Auslegung im Einklang mit dem VwVfG** und den sich dazu in der Rspr und im Schrifttum vertretenen Auffassungen erfahren sollen, soweit dies mit dem Wortlaut und dem Zweck der in Frage stehenden Sonderregelungen vereinbar ist. 38

V. Geltungsvorrang der Verfahrensgesetze der Länder (Abs 3)

1. Anwendung der LandesVwVfGe. Das VwVfG ist gem Abs 3 nicht anzuwenden, soweit das Verfahren der Landesbehörden, die sonst an sich nach Abs 1 Nr 2 und Abs 2 das VwVfG anzuwenden hätten, landesrechtlich durch ein Verwaltungsverfahrensgesetz des betreffenden Landes geregelt ist. Die Bestimmung wurde erst auf Vorschlag des Vermittlungsausschusses in das Gesetz eingefügt, um den Ländern die Möglichkeit zu geben, das Verfahren der Landesbehörden sowohl für den Vollzug von Bundesrecht als auch für den Vollzug von Landesrecht durch eigene Verwaltungsverfahrensgesetze einheitlich zu regeln und ihnen damit ihre Gesetzgebungskompetenz auf dem Gebiet des Verwaltungsverfahrensrechts weitgehend zu erhalten. Abs 3 gilt auch für das shLVwG, das zeitlich vor dem VwVfG erlassen wurde. 39

Da sämtliche Länder eigene Verwaltungsverfahrensgesetze erlassen bzw wie Berlin, Brandenburg, Niedersachsen, Rheinland-Pfalz, Sachsen-Anhalt und Sachsen das VwVfG für den Landesbereich für anwendbar erklärt haben (ausf hierzu StBS 280; Knack/Henneke 59 ff), wird damit im Ergebnis praktisch der Grundsatz verwirklicht, dass für das Verfahren vor Landesbehörden grundsätzlich Landesverfahrensrecht gilt. Zugleich wird dadurch jedenfalls im Grundsatz vermieden, dass ein und dieselbe Landesbehörde je nach Fallgestaltung Bundes- oder Landesverfahrensrecht anzuwenden hat. 40

Speziellere Vorschriften des Bundes und sonstige besondere bundesrechtliche Rechtsvorschriften (auch zB VOen) bleiben von Abs 3 unberührt; sie gehen gem Art 31 GG den Landesgesetzen, auch den Verwaltungsverfahrensgesetzen der Länder, vor und schließen deren Anwendbarkeit insoweit aus (StBS 77). Der Vorbehalt nach Abs 3 gilt also nur gegenüber dem VwVfG als der allgemeinen bundesrechtlichen Kodifikation des Verwaltungsverfahrensrechts, nicht auch gegenüber sonstigem Verwaltungsverfahrensrecht des Bundes.[57] Deshalb unterliegen die spezielleren Verfahrensgesetze des Bundes wie zB das SGB I, SGB X, die AO, die 9. BImSchV und die AtVfV nicht der Subsidiaritätsbestimmung des Abs 3. 41

Verfassungsrechtlich ist der Vorbehalt gem Abs 3 zugunsten allgemeiner Verwaltungsverfahrensgesetze im Bereich der konkurrierenden Gesetzgebung **unbedenklich,** obwohl damit der Grundsatz des Art 31 GG für das allgemeine 42

[56] Vgl Begr 29; MuE 62; Ule/Becker 40; Obermayer Einf 34; Kopp 14.
[57] Obermayer 71; StBS 77; Ziekow 15.

Verfahrensrecht gleichsam umgekehrt wird (StBS 72). Weder Art 72ff GG noch Art 31 GG verpflichten den Bund, die Befugnis zur Gesetzgebung auszuschöpfen.[58] Soweit die Verfahrensgesetze der Länder auch Materien erfassen, für die dem Bund gem Art 71 GG die ausschließliche Gesetzgebungszuständigkeit zukommt, enthält Abs 3 die erforderliche ausdrückliche Ermächtigung des Landesgesetzgebers; dies gilt auch für Regelungen wie zB die dem §§ 48f entsprechenden Vorschriften der Verwaltungsverfahrensgesetze der Länder mit im wesentlichen **materiellrechtlichen Gehalt,** durch die Bundesrecht ergänzt und uU modifiziert wird.

43 **a) Vollgesetze und Verweisungsgesetze.** Die Bundesländer haben von der Möglichkeit eigener Regelungen nach Abs 3 entweder durch eigene „Vollgesetze" oder durch sog Verweisungsgesetze, die auf das VwVfG verweisen und nur Teilbereiche selbst regeln, Gebrauch gemacht (vgl die **Übersicht in Einf I Rn 6ff**). Soweit Verweisungsgesetze keine eigenen Regelungen des Verwaltungsverfahrensrechts enthalten, sondern auf das VwVfG des Bundes verweisen, werden die Bestimmungen des VwVfG für den Landesbereich für anwendbar erklärt und damit in Landesrecht „transformiert" (vgl UL § 8 Rn 16; FL 82; Ehlers DVBl 1977, 693). Teilweise wird in den Verweisungsgesetzen, wie im berlVwVfG, rhpfVwVfG und VwVfG LSA das VwVfG in „der jeweils geltenden Fassung" für anwendbar erklärt. § 1 ndsVwVfG enthält keine entsprechende ausdrückliche Regelung, ist aber (anders als die bis 2009 geltende Fassung) nach Sinn und Zweck wohl im selben Sinn zu verstehen.[59] Diese **dynamische Verweisung** wird in diesen Fällen als verfassungsrechtlich unbedenklich angesehen (s ausführlich Einf I Rn 9 mwN).

44 **b) Vergleichbarer Anwendungsbereich. Voraussetzung für die Anwendbarkeit von Abs 3** mit der Folge, dass die Anwendbarkeit des VwVfG entfällt, ist, dass das Land ein **allgemeines Verwaltungsverfahrensgesetz** erlassen hat und dass dieses Gesetz selbst oder iVm anderen Vorschriften, auf die es verweist, eine Regelung für das Verfahren im zu entscheidenden oder zu regelnden Fall enthält. Nach dem Wortlaut und dem Zweck der Vorschrift muss es sich um ein allgemeines Verwaltungsverfahrensgesetz, dh grundsätzlich um eine Gesamtkodifikation des allgemeinen Verwaltungsverfahrensrechts,[60] mit einem mit dem VwVfG im wesentlichen vergleichbaren Anwendungsbereich sowie einem vergleichbaren, zumindest aber gleichwertigen Inhalt, handeln. Zur eher theoretischen Möglichkeit einer subsidiären Geltung des VwVfG für den Fall, dass das Landesgesetz Lücken enthält, s Rn 48.

45 **Eine inhaltliche Übereinstimmung** mit dem VwVfG ist **nicht erforderlich** (Knack/Henneke 58; StBS 79). Tatsächlich gibt es zurzeit nur Abweichungen in Detailfragen, etwa das Fehlen von besonderen Vorschriften über Massenverfahren entspr §§ 17ff, von Ausnahmeregelungen entspr § 28 Abs 2 und 3 hins der Verpflichtung der Behörden zur Anhörung der Beteiligten, der Ausschluss von Einzelregelungen wie § 25, § 27, § 53 uä, Vorbehalte zugunsten sondergesetzlicher Bestimmungen (FL 60; Baumann DÖV 1976, 479; StBS 79). Diese sind unschädlich, sofern dadurch nicht im Ergebnis wesentliche Fragen des Verwaltungsverfahrensrechts, für die das VwVfG Bestimmungen enthält, ungeregelt bleiben und das Gesetz dadurch für wichtige Bereiche den Charakter einer **Kodifikation des (allgemeinen) Verwaltungsverfahrensrechts** verliert. Unerheblich idS wäre auch das Fehlen von Regelungen über „annexe" Materien zum

[58] UL § 8 Rn 2; Büdenbender BayVBl 1977, 232; Ziekow 12; **aA** Schenke NJW 1980, 478.

[59] StBS 280; **aA** Knack/Henneke 61; Ziekow 13: statische Verweisung.

[60] Knack/Henneke 58; Knack/Henneke DÖV 1976, 772; Obermayer/Funke-Kaiser 69; Ehlers DVBl 1977, 693; StBS 75.

Verwaltungsverfahrensrecht, wie über die Amtshilfe, Beglaubigungen, die Rücknahme und den Widerruf von Verwaltungsakten und die Wiederaufnahme von Verfahren, öffentlich-rechtliche Verträge, die ehrenamtliche Tätigkeit und Ausschüsse usw, da es sich insoweit nicht um Fragen des Verwaltungsverfahrensrechts ieS (vgl § 9) handelt. Dasselbe dürfte auch für das Fehlen von Vorschriften über förmliche Verwaltungsverfahren gelten, da die Vorschriften des VwVfG insoweit ohnehin nicht unmittelbar anwendbar sind, sondern eine besondere Anordnung durch eine Rechtsvorschrift (s § 63 Abs 1) voraussetzen.

Auch **Verwaltungsverfahrensgesetze ohne eigene Vollregelung,** die wie das berlVwVfG, brandenbVwVfG, ndsVwVfG, rhpfVwVfG, VwVfG LSA und sächsVwVfG auf das VwVfG verweisen und dessen Anwendung auch im Landesbereich als Landesrecht anordnen, genügen nach ganz hM den Anforderungen des Abs 3 mit der Folge, dass dadurch die Anwendbarkeit des VwVfG als Bundesrecht entfällt (FL 62; UL § 8 Rn 16 Fn 15; Knack/Henneke 58). Zur Unschädlichkeit von Verweisungen in einem allgemeinen Verwaltungsverfahrensgesetz auf sondergesetzliche Vorschriften s oben Rn 43. Dagegen würden **Verfahrensvorschriften in Sondergesetzen,** zB in der Bauordnung des Landes, die Voraussetzungen des Abs 3 auch dann nicht erfüllen, wenn sie alle Fragen regeln, die sonst (ohne Begrenzung auf einen bestimmten Verwaltungsbereich) Gegenstand allgemeiner Verwaltungsverfahrensgesetze sind; ebenso nicht eine **pauschale Verweisung auf die ungeschriebenen Grundsätze** eines rechtsstaatlichen Verwaltungsverfahrens. 46

Als einfachgesetzliche Bestimmung steht Abs 3 abweichenden Regelungen in späteren Bundesgesetzen, durch die Landesbehörden gem Art 84 Abs 2 bzw Art 85 GG zur Anwendung von Verfahrensbestimmungen des Bundesrechts verpflichtet werden, nicht entgegen (FL 55, 61a, zugleich unter Hinweis auf die bereits erfolgte Durchbrechung des Grundsatzes durch § 44 BDSG). Außerdem gehen auch bestehende oder künftige sondergesetzliche Vorschriften (Gesetze, VOen, Satzungen) iS von § 1 Abs 1 und 2 ohnehin gem Art 31 GG den Verwaltungsverfahrensgesetzen der Länder vor. 47

2. Subsidiäre Anwendung des VwVfG. Trotz der insoweit nicht ganz eindeutigen Fassung des Abs 3 und des Zwecks der Regelung, nach Möglichkeit zu vermeiden, dass eine Landesbehörde uU das Verwaltungsverfahrensgesetz des Landes und das VwVfG nebeneinander anwenden muss, wird nach heute überwiegender Auffassung die **ergänzende Anwendbarkeit des VwVfG** auf Landesbehörden im Rahmen der Abs 1 und 2 nicht ausgeschlossen, sondern nur insoweit, als das Landesverfahrensgesetz das im konkreten Fall anwendbare Verfahren abschließend regelt.[61] Wenn und soweit das Verwaltungsverfahrensgesetz des Landes einen Fragenkomplex, zB die Amtshilfe, Beglaubigungen, die Rücknahme von VAen usw oder eine einzelne Frage des Verfahrens, die im VwVfG geregelt ist, nicht abschließend regelt und insoweit „lückenhaft" ist, bleibt das VwVfG subsidiär anwendbar und füllt die Lücken des Verwaltungsverfahrensrechts des Landes aus.[62] Für diese Auslegung spricht vor allem der Wortlaut („soweit"), außerdem aber auch die mit dem VwVfG, insb auch mit § 1, verfolgte Zwecksetzung, für den Vollzug von Bundesrecht möglichst einheitlich das Verwaltungsverfahrensrecht des VwVfG bzw des entsprechenden Verfahrensgesetzes des Landes zur Anwendung zu bringen. 48

Die subsidiäre Anwendung des VwVfG kommt allerdings nur in Betracht, wenn das Fehlen von Vorschriften im Landesgesetz eine ausfüllungsbedürftige 49

---

[61] StBS 79; FL 57; Schmitz NJW 1998, 2866, 2867; Knack/Henneke 65; **aA** Obermayer/Funke-Kaiser 70; Ehlers DVBl 1977, 693.

[62] BVerwGE 67, 208 zu § 10 LuftVG; VGH Kassel ZMR 1986, 331 zu § 83 Abs 5 2. WoBauG; FL 59; Knack/Henneke 42; SG 9, 15; StBS 79; Baumann DÖV 1976, 478 und 773; **aA** Obermayer/Funke-Kaiser 70; Ehlers DVBl 1977, 693; Knack DÖV 1976, 772.

Lücke darstellt und nicht Ausdruck einer abweichenden Entscheidung des Landesgesetzgebers ist. Dies ist Auslegungsfrage (BVerwG NVwZ 1987, 488; VGH Mannheim NVwZ 1984, 382). Soweit das Verwaltungsverfahrensgesetz des Landes einen Fragenkomplex ausführlich regelt, kann idR davon ausgegangen werden, dass es sich um eine abschließende Regelung handelt, neben der das VwVfG nicht mehr zur Anwendung kommen soll.

50 **Beispiele:** Das Fehlen einer § 28 Abs 2 entsprechenden **Ausnahmeregelung** hins. der Pflicht zur Anhörung Beteiligter ist im Zweifel dahin zu verstehen, dass das Landesrecht keine solchen Ausnahmen kennt, und daher auch eine subsidiäre Anwendung von § 28 Abs 2 VwVfG nicht in Betracht kommt, weil die landesrechtliche Regelung keine Lücke aufweist, sondern abschließend ist; **anders** das Fehlen besonderer Vorschriften über Massenverfahren (BVerwGE 67, 208; StBS 79). Ähnlich ist auch das Fehlen besonderer Formvorschriften oder besonderer Verfahrensvorschriften in einem Gesetz, das das Verfahren sonst eingehend regelt, im Zweifel dahin zu verstehen, dass besondere Formen nicht zu beachten sind bzw die Behörde hins. der Gestaltung des Verfahrens Ermessensfreiheit hat. Sofern das Verfahrensgesetz eines Landes wesentliche Fragen des Verwaltungsverfahrens, die im VwVfG geregelt sind, ungeregelt lässt, ist im übrigen zu prüfen, ob es sich noch um ein Gesetz handelt, das den Anforderungen an eine Gesamtkodifikation iS von Abs 3 genügt.

VI. Der Behördenbegriff (Abs 4)

51 **1. Verfahrensrechtlicher Behördenbegriff.** In Abs 4 wird der Behördenbegriff, der sich in vielen Vorschriften des VwVfG findet, für das gesamte VwVfG **im wesentlichen einheitlich**[63] definiert. Das VwVfG verwendet ebenso wie § 1 Abs 2 SGB X und § 6 Abs 1 AO einen insbesondere vom Organisationsrecht und vom Beamtenrecht (s unten Rn 51d) abweichenden verfahrensrechtlichen Behördenbegriff, der sich auch nicht ohne weiteres auf andere rechtliche Zusammenhänge übertragen lässt. Der verfahrensrechtliche Behördenbegriff ist **funktional zu verstehen:** Im Verwaltungsverfahren nach handelt die öffentliche Verwaltung grundsätzlich durch Behörden iSv Abs 4; das Verhalten von einzelnen Akteuren, Gremien oder Stellen muss deshalb idR einer Behörde zugeordnet werden (können).[64] Behörde iS des VwVfG ist nach der Legaldefinition in Abs 4 grundsätzlich jede **„Stelle, die Aufgaben der öffentlichen Verwaltung wahrnimmt".** Danach sind Behörden ohne Rücksicht auf die formelle Bezeichnung (Organ, Behörde, Amt, Dienststelle, Ausschuss) oder die Bezeichnung der Behördenleitung (zB „Der Bundesminister des Innern", „Der Regierungspräsident") usw alle „vom Wechsel der in ihnen tätigen Personen unabhängigen, mit hinreichender organisatorischer Selbständigkeit ausgestatteten Einrichtungen, denen Aufgaben der öffentlichen Verwaltung und entsprechende Zuständigkeiten zur eigenverantwortlichen Wahrnehmung, dh zum Handeln mit Außenwirkung in eigener Zuständigkeit und im eigenen Namen übertragen sind".[65]

---

[63] In einigen Vorschriften wie etwa in § 38 Abs 1 und 48 Abs 4 ist zwar von „Behörde" die Rede, teilweise insoweit aber eine Stelle oder Person innerhalb der Behörde gemeint. S hierzu näher § 38 Rn 18; § 48 Rn 158. Es ist aber fraglich, ob hierin eine Modifizierung des Behördenbegriffs (s StBS 227) liegt oder um ein zusätzliches Kriterium der Wissenszurechnung oder der Zuständigkeit.

[64] Vgl insoweit auch § 37Abs 3, § 44 Abs 2 Nr 1.

[65] St Rspr, vgl BVerwGE 10, 48; 70, 13; BVerwG DVBl 1991, 642; OVG Bautzen LKV 2014, 34; OVG Münster DÖV 1989, 594; UL § 9 Rn 3; Erichsen/Ehlers § 7 Rn 29; StBS 231; vgl ferner die Definition in BVerfGE 10, 20, 80 und bei Schnapp ZSR 1984, 140; ders, in: Wertenbruch-FS 1984, 144: die Organe eines Trägers öffentlicher Verwaltung, die mit Außenzuständigkeit zu konkreten Rechtshandlungen auf dem Gebiet materieller Verwaltungstätigkeit ausgestaltet sind.

a) Behörden und Verwaltungsträger. Träger der Verwaltung sind regelmäßig juristische Personen des öffentlichen Rechts;[66] sie sind keine Behörden, sie haben Behörden, durch die sie verwaltungsverfahrensrechtlich handeln. Behörden als solche haben im Regelfall (vgl Rn 51c) **keine eigene Rechtspersönlichkeit,** sondern handeln stets für einen öffentlich-rechtlichen Träger, eine Körperschaft, Anstalt oder Stiftung des öffentlichen Rechts.[67] Welche Behörde für einen Verwaltungsträger, also für eine **öffentlich-rechtliche Körperschaft** (Bund, Länder, Kommunen, berufsständigsche Kammern, Sozialversicherungsträger) oder für eine rechtsfähige **Anstalt oder Stiftung des öffentlichen Rechts** handeln darf, ist eine Frage des Organisations- bzw Zuständigkeitsrechts, nicht eine Frage des Behördenbegriffs. Anstalten und Stiftungen des öffentlichen Rechts haben im Unterschied zu Körperschaften des öffentlichen Rechts regelmäßig keine Mitglieder, die auf die Willensbildung über entsprechende Vertretungsorgane maßgeblichen Einfluss nehmen können.[68] 51a

b) Behörde, Organ, Organwalter. Das VwVfG kennt den Begriff des Organs nicht; der Organbegriff gehört dem Organisationsrecht an und spielt für das Verwaltungsverfahren keine Rolle. Juristische Personen des öffentlichen Rechts verfügen über zumeist mehrere Organe, welche die innere Willensbildung und das äußere Handeln der Juristischen Person steuern.[69] Das gilt nicht nur für Bund und Länder (zB **Regierungen, Parlamente**) sowie Kommunen, also Städte, Gemeinden, Kreise, Kommunalverbände (zB **Rat, Bürgermeister, Kreistag, Landrat**), sondern auch für die übrigen Körperschaften, Anstalten und Stiftungen des öffentlichen Rechts, deren Organe häufig wie bei Juristischen Personen des Zivilrechts **Vorstand, Geschäftsführer oder Direktor** heißen. Ob sie verfahrensrechtlich zugleich Behörden sind, hängt davon ab, ob sie die Kriterien des Abs 4 erfüllen, insbesondere ob sie nach außen unter eigenem Namen öffentlich-rechtlich Maßnahmen ergreifen (s unten Rn 52ff). Umgekehrt gilt, dass Behörden zugleich Organe sein können, aber nicht sein müssen. 51b

Organe einer Juristischen Person können durch das maßgebliche Recht selbst mit einer **Voll- oder Teilrechtsfähigkeit** ausgestattet sein (in diesen Fällen sind sog Organstreitigkeiten möglich). Auf die Frage, ob sie zugleich Behörden sind, hat dies aber keinen Einfluss. Als **Amts- oder Organwalter** werden natürliche Personen bezeichnet, die für das Organ dessen Aufgaben und Kompetenzen wahrnehmen (Mandatsinhaber).[70] Auch diese Begriffe sind organisationsrechtlicher Natur, sie spielen für den Behördenbegriff als solchen keine Rolle. Für die Frage, welche natürlichen Personen innerhalb einer Behörde tätig werden dürfen, kommt es auf die innerbehördliche Zuständigkeitsverteilung an. Grundsätzlich ist es **Sache des Behördenleiters**, nach außen tätig zu werden; diese Aufgabe und Kompetenz kann aber auf einzelne Dezernatsleiter, Bereichsleiter oder **Sachbearbeiter** übertragen werden. 51c

c) Abweichende Behördenbegriffe. Neben dem in Abs 4 geregelten verfahrensrechtlichen Behördenbegriff gibt es weitere Behördenbegriffe, die den Kreis der Behörden idR enger ziehen. Dies gilt etwa für den **organisationsrechtlichen Behördenbegriff,** der sich nach dem jeweiligen Staatsorganisa- 51d

---

[66] Erichsen/Ehlers § 8 Rn 6; teilweise ist insoweit von Funktionssubjekten die Rede, vgl WBSK II § 82 Rn 116ff, 129ff.

[67] Zur Unterscheidung zwischen Behörde und Rechtsträger s § 78 Abs 1 VwGO. Die Verwaltungsträger sind rechtsfähig, aber verfahrensrechtlich nur durch ihre Behörden handlungsfähig (vgl zB Maurer, Allg Verwaltungsrecht § 21 Rn 19).

[68] Ausführlich zum Anstaltsbegriff WBSK II § 86; Maurer § 23 Rn 46ff.

[69] Vgl hierzu Maurer Allg Verwaltungsrecht § 21, Rn 19ff, 30ff. Zu den einzelnen Organformen und ihre systematische Einteilung (zB in monokratische und Kollegialorgane) WBSK II § 82 Rn 139ff.

[70] Zu diesen Begriffen s WBSK II § 82 Rn 178.

tionsrecht oder Kommunalverfassungsrecht richtet. Danach sind diejenigen Organisationseinheiten Behörden, die in den einschlägigen Organisationsnormen als solche bezeichnet werden. Ferner gibt es den **beamtenrechtlichen Behördenbegriff** (vgl BVerwGE 60, 145, 149), der im wesentlichen an den organisationsrechtlichen Begriff anknüpft und für die Identifizierung von beamtenrechtlichen Ämtern im abstrakt-funktionalen Sinn Bedeutung hat.[71] Ein **eher weiterer Behördenbegriff** liegt dem Informationsrecht (IFG usw) zugrunde (s näher § 29 Rn 45 ff).

52 **2. Vier Elemente des verfahrensrechtlichen Behördenbegriffs.** Nach der allgemein akzeptierten Definition des Behördenbegriffs setzt die Annahme einer Behörde iS des Abs 4 vier Begriffselemente voraus: Es muss sich erstens um eine Stelle mit einer gewissen organisatorischen Selbständigkeit handeln, die zweitens Aufgaben der öffentlichen Verwaltung wahrnimmt, die drittens unter eigenem Namen bzw eigener Behördenbezeichnung handelt und die viertens die Kompetenz zum Handeln nach außen innehat. Die Begriffselemente überschneiden bzw überlagern sich zwar teilweise, können aber in ihrem spezifischen Aussagegehalt auseinandergehalten werden.

53 **a) Stelle mit organisatorischer Selbständigkeit.** Trotz der allgemeinen Fassung von Abs 4 ist für den Behördenbegriff iS des VwVfG außer der allgemeinen Zuordnung zur öffentlichen Verwaltung immer ein gewisses Maß an organisationsrechtlicher Selbständigkeit bei der Erfüllung der Aufgaben wesentlich.[72] Die Behörde muss **vom Bestand ihres Personals unabhängig sein** und über gewisse **eigene Organisationsstrukturen** verfügen. Ob Ausschüsse, etwa solche iSd §§ 88 ff, Behördeneigenschaft iS des Abs 4 haben, hängt von ihrer konkreten Ausgestaltung ab. Der Umstand, dass **Ausschüsse** in §§ 88 ff besondere Regelungen erfahren haben, steht einer Einordnung als Behörde nicht entgegen, veranlasst aber auch umgekehrt nicht zur Annahme einer Behördeneigenschaft.[73] Vielmehr kommt es darauf an, ob sie als Ausschüsse unter eigenem Namen nach außen hin handeln, von ihrem Mitgliederbestand unabhängig existieren und eine gewisse organisatorische Selbständigkeit haben. **Keine Behörden** in diesem Sinn sind idR Prüfungsausschüsse,[74] an Hochschulen gebildete Berufungskommissionen oder Personalräte (BVerwGE 71, 77). **Zu bejahen** ist die Behördeneigenschaft hingegen von Parlamentarischen Untersuchungsausschüssen, der Kommission für Jugendmedienschutz (OVG Lüneburg MMR 2009, 203), der Eintragungsausschüsse der Architektenkammern,[75] der Schiedsstellen nach dem KHG (Shirvani NZS 2012, 82); der Vergabekammern nach § 102 GWB und des Bundespersonalausschusses nach § 119 BBG.

53a **b) Wahrnehmung von öffentlichen Verwaltungsaufgaben.** Behörde iS des Abs 4 kann nur eine Stelle sein, der die Wahrnehmung von Aufgaben der öffentlichen Verwaltung übertragen worden ist. Für den Behördenbegriff gem § 1 Abs 4 genügt es, dass die wahrzunehmenden Aufgaben und Zuständigkeiten sachlich der öffentlichen Verwaltung zuzurechnen sind und ihre Grundlage im öffentlichen Recht haben (**Verwaltung im materiellen Sinn,** vgl UL § 9 Rn 5). Organe der Legislative und Judikative haben danach die Eigenschaft von Behörden insoweit, als sie materielle Verwaltungsaufgaben wahrnehmen.

---

[71] S hierzu WBSK II § 82 Rn 192.

[72] BVerwGE 70, 13; BVerwG DVBl 1991, 642; NVwZ 1986, 609; GewArch 1979, 13; OVG Berlin NJW 1983, 2156; Obermayer/Funke-Kaiser 79; WBS II § 45 Rn 19; UL § 9 Rn 5; FL 83 ff; Erichsen/Ehlers § 7 Rn 28 f.

[73] Knack/Henneke 71; StBS 240.

[74] BVerwGE 70, 4 für Prüfungsausschüsse der IHK; StBS 240; Ziekow 33; aA Knack/Henneke 72

[75] BVerwGE 59, 213; StBS § 88 Rn 11.

aa) Verfassungsorgane. Als Behörden anzusehen sind daher auch zB Organe des Verfassungsrechts, wenn und soweit sie im konkreten Fall nicht als solche, dh nicht aufgrund einer ausschließlich verfassungsrechtlich determinierten Funktion,[76] tätig werden, sondern **aufgrund des allgemeinen Verwaltungsrechts,**[77] zB eine Landesregierung bei der Auflösung und **Abwicklung einer juristischen Person** des öffentlichen Rechts (BVerwG DÖV 1992, 970; KreisG Gera-Stadt LKV 1991, 274); der Präsident des Bundestages bei der **Wahrnehmung der Polizeigewalt** im Parlamentsgebäude (OVG Münster NVwZ 1986, 609) und der Funktion als Dienstherr der Parlamentsbeamten oder bei der Entscheidung über die **Erstattung von Wahlkampfkosten** an die Parteien (BVerfGE 27, 152; OVG Münster NVwZ 1986, 609); ein **Untersuchungsausschuss** des Parlaments bei der Verhängung eines Ordnungsgeldes gegen einen Zeugen und bei ähnlichen Maßnahmen;[78] der **Petitionsausschuss** des Bundestags oder eines Landtags bei der Entscheidung über eine Petition (FL 16; **aA** Obermayer 34); der **Rechnungshof** im Verhältnis zu einem privaten Unternehmer (anders im Verhältnis zum Parlament oder der Regierung) bei der Verbreitung von Prüfungsberichten über ein Unternehmen.[79] Behörde, nicht Verfassungsorgan, ist auch der Rat einer Stadt im **Wahlprüfungsverfahren,** soweit ihm die Entscheidung über den Bestand einer **Kommunalwahl** übertragen ist (OVG Münster DVBl 1981, 874); anders der Bundestag und das Bundesverfassungsgericht bei der Wahlprüfung. 53b

Nicht als Behörde handeln die sog **Härtefallkommissionen**, die von den Ländern auf der Grundlage von § 23a AufenthG durch Rechtsverordnung eingerichtet worden sind und in Einzelfällen sog Härtefallersuchen an die Aufenthaltsbehörden richten können mit dem Ziel, besondere Härten, die sich bei der Durchführung des Aufenthaltsgesetzes ergeben können, zu vermeiden.[80] Diese Kommissionen bestehen zumeist aus Parlamentariern und haben keine eigenen Exekutivbefugnisse. 53c

bb) Organe der Gerichtsverwaltung. Behörden iS von Abs 4 sind außerdem auch zB die Gerichtspräsidenten und sonstige Gerichtsorgane, soweit sie nicht als Gericht, sondern im Rahmen der (von der gerichtlichen Selbstverwaltung zu unterscheidenden, vgl Kopp/Schenke § 39 Rn 2) **Gerichtsverwaltung** oder sonstiger ihnen übertragenen Aufgaben, zB bei der Zulassung von Rechtsbeiständen, der Befreiung von Ehehindernissen, usw (UL § 9 Rn 6), oder im Rahmen der Referendarausbildung tätig werden; anders die Gerichte als Spruchkörper, und zwar auch zB hins der Aufgaben der sog. freiwilligen Gerichtsbarkeit oder bei der Vernehmung und Vereidigung von Zeugen usw gem § 65 Abs 2 und 3. S zur Anwendbarkeit des VwVfG auf Justizangelegenheiten jedoch § 2 Abs 2 Nr 2 und Abs 3 Nr 1. 53d

c) Handeln unter eigener Behördenbezeichnung. Äußeres Zeichen der Selbständigkeit einer Behörde ist insb die Befugnis zu eigenverantwortlichem 54

---

[76] ZB der Bundestag beim Erlass förmlicher Gesetze, bei der Beschlussfassung über den Haushaltsplan oder über die Aufhebung der Immunität eines Abgeordneten, vgl BayVerfGH 5, 219; Obermayer/Funke-Kaiser 12.

[77] BVerwG NVwZ 1986, 609; OVG Münster NJW 1980, 137; WBS II § 45 Rn 25; FL 16; Erichsen/Ehlers § 7 Rn 29 ff; UL § 9 Rn 5; Kopp JuS 1981, 419.

[78] BVerwG DÖV 1981, 300: wie ein Verwaltungsorgan; OVG Berlin DVBl 1970, 293 f; OVG Münster NVwZ 1987, 609; s auch § 2 Rn 67; **aA** OVG Lüneburg DÖV 1986, 210; Obermayer 34; vgl auch VGH München BayVBl 1981, 211: wohl als Hilfsorgan des Parlaments als Legislative; Kästner JuS 1993, 112.

[79] OVG Münster NJW 1980, 137; Krebs VerwArch 1980, 71; Kopp JuS 1981, 419 mwN; **aA** VG Düsseldorf NJW 1981, 1396; StBS 179: Rechnungshof gehört zur Verwaltung.

[80] OVG Lüneburg AuAS 2016, 50 (juris Rn 11) zur niedersächsischen Härtefallkommission.

Handeln im eigenen Namen. Abteilungen, Ämter, Referate, bei einer Behörde gebildete Ausschüsse, zB Prüfungsausschüsse (BVerwGE 70, 13), uä, deren Tätigkeit nicht ihnen, sondern der Gesamtbehörde zugerechnet wird, sind nur Teile von Behörden iS von Abs 4; Behörde ist hier nur die größere Einheit bzw die „Gesamt"-behörde (OVG Berlin NJW 1983, 2156; Knack/Henneke 69). Nicht ausgeschlossen wird die Behördeneigenschaft dadurch, dass eine Einrichtung nur für bestimmte, eng begrenzte öffentliche Zwecke errichtet wird oder ihr Aufgaben nur für eine beschränkte Zeit übertragen werden (OVG Münster NVwZ 1987, 609 mwN).

54a **aa) Dienststellen, Außenstellen, Zweigstellen. Keine Behörden,** sondern nur Teile von Behörden sind Amtsträger oder Dienststellen, die nach den maßgeblichen organisationsrechtlichen Bestimmungen nur im Namen und mit Wirkung für andere Stellen handeln können (UL § 9 Rn 5; vgl auch OVG Münster NVwZ 1987, 609). Dies gilt auch für Referate und Abteilungen einer Behörde, bei einer Behörde gebildete Ausschüsse ohne eigene Außenzuständigkeit,[81] ferner idR auch für sog Außen- und Zweigstellen einer Behörde (Obermayer 86). Keine Behörde ist auch der bei einer Dienststelle gebildete **Personalrat;** ihm fehlt auch die Fähigkeit zu außenwirksamem Handeln.

54b **bb) Behördeneigenschaft für einzelne Angelegenheiten.** Unselbständigen Teilen einer Behörde oder einer anderen Einrichtung (zB einem Untersuchungsausschuss des Bundestags, vgl OVG Münster NVwZ 1987, 609) kann im Hinblick auf bestimmte Angelegenheiten, die ihnen zur eigenverantwortlichen Wahrnehmung übertragen sind, insoweit Behördeneigenschaft zukommen. **Beispiele** sind das **Jugendamt,** das sonst Teil des Landratsamts ist, gem § 69 Abs 3 SGB VIII hins der Aufgaben gem § 2 SGB VIII; das **Standesamt** gem § 1 PStG; die Beschlussabteilungen des Kartellamtes hins ihrer Entscheidungen je nach den maßgeblichen Rechtsvorschriften. Fälle der genannten Art sind von der sog **Organleihe,** bei der eine Behörde, Teile einer Behörde oder einzelne Amtsträger zugleich Aufgaben für einen anderen Rechtsträger oder eine andere Behörde wahrnehmen, zu unterscheiden (vgl BVerfGE 63, 31).

55 **d) Kompetenz zum Handeln nach außen. aa) Grundsatz.** Behörden idS sind außer den Verwaltungsbehörden im organisatorischen Sinn auch alle sonstigen Einrichtungen, Organe und Stellen, die aufgrund von Vorschriften des öffentlichen Rechts mit der Befugnis zu **außenwirksamen Handeln,** insb zum Erlass von VAen, zum Abschluss öffentlich-rechtlicher Verträge im eigenen Namen (vgl OVG Münster NVwZ 1986, 609; DÖV 1989, 594), dh nicht nur als Vertreter und mit Wirkung für und gegen eine andere Stelle, oder auch mit einer Befugnis zu sonstigem, nach öffentlichem Recht zu beurteilendem Handeln (auch zB schlichthoheitlichem Handeln) ausgestattet sind.[82] Erforderlich ist, dass es sich bei den wahrzunehmenden Aufgaben und Zuständigkeiten jedenfalls auch um nach außen gerichtete Tätigkeit, insb gegenüber dem Bürger, handelt.[83] Vorbereitende oder beratende Ausschüsse oder sonstige Teileinheiten einer Behörde uä ohne Befugnis zum Handeln nach außen sind deshalb keine Behörden iS von § 1 Abs 4 (StBS 240, 242). Allerdings ist die Verwendung des Behördenbegriffs auch im VwVfG nicht immer einheitlich, deshalb kommt die Anwendung einzelner Vorschriften des VwVfG wie zB §§ 4ff, 33f, 54ff (zB für Verträge zwischen Forschungsinstituten) auch auf Einrichtungen ohne Außenzuständigkeit in Betracht.

---

[81] BVerwGE 70, 4; BVerwG NVwZ 1990, 698; zT **aA** für Prüfungsausschuss beim JPA in Nordrhein-Westfalen Schnapp NWVBl 2010, 419.

[82] BGH DVBl 1987, 1266; UL § 9 Rn 6; Knack/Henneke 70; Erichsen/Ehlers § 7 Rn 29.

[83] UL § 9 Rn 6; Knack/Henneke 70; Obermayer/Funke-Kaiser 82; Erichsen/Ehlers § 7 Rn 29; **aA** StBS 233.

bb) Behörden ohne Hoheitsbefugnisse? Umstritten ist, ob auch solche Stellen, die über keinerlei öffentlich-rechtliche Befugnisse verfügen, als Behörden iSd Abs 4 angesehen werden können. Dies ist **im Grundsatz zu verneinen.**[84] Dass einzelne Bestimmungen des VwVfG auch auf bestimmte privatrechtliche, insbesondere verwaltungsprivatrechtliche Tätigkeiten der öffentlichen Hand zur Anwendung kommen können, bedeutet nicht, dass die handelnden Stellen und Einrichtungen insoweit die Qualität von Verwaltungsbehörden haben müssten. Dass eine Stelle neben öffentlich-rechtlichen Befugnissen auch in den Formen des Privatrechts handeln darf oder sogar überwiegend in dieser Weise tätig wird, schadet der Behördeneigenschaft nicht. Verwaltungseinrichtungen mit ausschließlich internen oder fiskalischen Zuständigkeiten sind deshalb keine Behörden iS des VwVfG. 56

cc) Einheitliche Stelle. Obwohl die durch das 4. VwVfÄndG in § 71a eingeführte einheitliche Stelle keine materiellen hoheitlichen Entscheidungsbefugnisse hat (s näher § 71a Rn 2) wird sie als Behörde iS des Abs 4 einzustufen sein. Dies ergibt sich daraus, dass sie im Rahmen von Verwaltungsverfahren hoheitliche Aufgaben, (zB Information und Beratung) wahrnehmen muss, sie insoweit auch öffentlich-rechtliche Pflichten treffen und dass hoheitliche Maßnahmen, nämlich zB Bekanntgabe und Zustellung von ihr vorgenommen oder veranlasst werden (so auch FKS § 71a Rn 24; **aA** wohl Knack/Henneke § 71a Rn 4). 57

VII. Beliehene, Verwaltungshelfer, private Unternehmer

1. Beliehene. a) Begriff der Beleihung. Nach O. Mayer[85] bezeichnet die Be- bzw Verleihung „einen VA, durch welchen dem, über welchen er ergeht, dem Beliehenen, rechtliche Macht gegeben wird über ein Stück öffentlicher Verwaltung zur Ausübung eigenen Namens." Diese Definition ist im Kern bis auf den heutigen Tag erhalten geblieben, auch wenn sich das Institut im Laufe der Zeit gewandelt und insbesondere ausgedehnt hat.[86] Allerdings gab es lange eine Auseinandersetzung darüber, ob es bei der Beleihung (nur) um die Übertragung von Aufgaben geht, oder ob darüber hinaus auch Kompetenzen übertragen werden müssen.[87] Heute kann als anerkannt gelten, dass die Beleihung die Übertragung einer Kompetenz **zumindest zu schlicht-hoheitlichem Handeln** voraussetzt.[88] Dagegen kommt es nicht darauf an, ob eine natürliche Person oder eine juristische Person des öffentlichen oder des privaten Rechts beliehen wird.[89] 58

b) Voraussetzungen der Beleihung. aa) Gesetzliche Grundlage. Die Beleihung bedarf einer gesetzlichen Grundlage. Das folgt aus den Anforderungen des Rechtsstaatsprinzips, insbesondere des **institutionellen Gesetzesvorbehalts,** wonach die Übertragung von Hoheitsmacht auf Personen oder Einrichtungen, die nicht zur unmittelbaren Bundes- oder Landesverwaltung gehören, 59

---

84 UL § 9 Rn 6; Pitschas, Verwaltungsverantwortung, S 621; **aA** StBS 244; MB 21.

85 Otto Mayer, Deutsches Verwaltungsrecht, Bd II, 1917, S. 431.

86 WBSK II § 90 Rn 1; Schmidt am Busch DÖV 2007, 533; Burgi, Privatisierung, 79; Weisel, Das Verhältnis von Privatisierung und Beleihung, 2003; Appel, Grundlagen Bd II, Bormann/Böttcher NJW 2011, 2758; Kiefer NVwZ 2011, 1300; Burgi FS Maurer, S 581; Klüver, Zur Beleihung, S 17 ff.

87 Zu der sog. Aufgabentheorie auf der einen und Rechtsstellungstheorie auf der anderen Seite und zu Versuchen der Kombination Stadler, Die Beleihung, S 7 ff.

88 S die Nachweise bei Stadler, Beleihung, 9; Freitag, Das Beleihungsrechtsverhältnis, 21; Kirchhof, FS Rengeling, 2008, 127, 129; Burgi FS Maurer 581, 585; Maurer § 23 Rn 56.

89 Schmidt ZG 2002, 353, 357; Schmidt am Busch DÖV 2007, 533, 537 f mwN; **aA** nur Privatrechtssubjekte: Schmidt-Aßmann/Hoffmann-Riem, Grundlagen, § 14 Rn 31; Freitag, Das Beleihungsrechtsverhältnis, 44 mwN; Burgi FS Maurer 581, 585, 587; Stadler, Beleihung, S 16.

einer gesetzlichen Grundlage bedarf,[90] weil sie einen Eingriff in das demokratisch legitimierte Kompetenzgefüge des rechtlich verfassten Staatswesens darstellt. Die gesetzliche Grundlage wird auch nicht dadurch entbehrlich, dass die Beleihung auf vertraglicher Grundlage erfolgt, ebenso wenig deshalb, weil sich die beliehene Stelle, Einrichtung oder juristische Person im Einflussbereich oder Besitz der öffentlichen Hand befindet.[91] Die bloße Übertragung von Aufgaben ohne öffentlich-rechtliche Befugnisse genügt nach hM nicht; in diesen Fällen wird teilweise ein Fall von Verwaltungshilfe vorliegen. Für die Beleihung entscheidend ist die übertragene **Rechtsstellung.**[92] Die Einschaltung Privater im **Bereich des Verwaltungsprivatrechts** erfordert ebenso wenig eine Beleihung wie die Beauftragung von natürlichen oder juristischen Personen oder Personengesellschaften **im Rahmen fiskalischer Tätigkeit.**[93] Zu den verfassungsrechtlichen Grenzen der Beleihung mit Aufgaben der öffentlichen Sicherheit und Ordnung s Klüver, Zur Beleihung, S 117 ff.

60 **bb) Beleihungsakt.** Die Beleihung erfordert einen **Beleihungsakt.** Sie kann unmittelbar durch eine **Rechtsnorm** erfolgen, wobei ein förmliches Gesetz nicht notwendig ist. Ausreichend ist ein materielles Gesetz, das auf einer formellgesetzlichen Grundlage beruht, welche die Möglichkeit und den Umfang der Beleihung hinreichend regelt, also auch eine **Rechtsverordnung**[94] (vgl zB die Ermächtigungen in § 28 UAG, § 3a BinSchAufgG, § 7 Abs 1 SeeAufG)[95] oder eine **Satzung.**[96] Dagegen scheidet die Beleihung durch Satzung ohne eine solche formell-gesetzliche Grundlage, etwa durch Gemeinden im Bereich der kommunalen Selbstverwaltung, wegen des institutionellen Gesetzesvorbehalts (s o Rn 59) aus.[97] Die Beleihung kann des Weiteren durch **VA oder öffentlich-rechtlichen Vertrag** erfolgen, wenn und soweit diesen ein formelles Gesetz als Ermächtigungsgrundlage zugrunde liegt. In diesen Fällen lassen sich Art und Umfang der Beleihung sowie die Art und Weise der Aufgabenerledigung, die Kostentragung usw im Einzelnen regeln. Auch kann ein Beleihungs-VA mit einem **Widerrufsvorbehalt** gem § 36 Abs 2 Nr 3 ausgestattet werden, da die Beleihung regelmäßig im Ermessen der zuständigen Behörde stehen wird und deshalb mit geeigneten **Nebenbestimmungen** versehen werden kann. Ein entsprechender Spielraum besteht auch bei einer vertraglichen Regelung nach §§ 54 ff.

61 **cc) Beispiele.** Beliehene sind zB staatlich anerkannte **Privatschulen,** wie private Ersatzschulen, Fachhochschulen oder wissenschaftliche Hochschulen in

---

[90] Vgl BVerwGE 98, 280; 137, 377; BVerfG NJW 1987, 2501; StGH Bremen NordÖR 2002, 60; Knack/Henneke 79; Maurer § 23 Rn 57; Kopp/Schenke § 40 Rn 14.

[91] Zur Zulässigkeit der Beleihung von Einrichtungen im Einflussbereich der öffentlichen Hand.

[92] Vgl Erichsen/Ehlers § 10 Rn 24; FKS Rn 31; Burgi FS Maurer 581, 585; anders die ältere sog. Aufgabentheorie, die die bloße Übertragung von Aufgaben ohne Hoheitsmacht genügen lässt.

[93] Die Abgrenzung ist mitunter problematisch, wie die Einordnung sog „benannter Stellen" im Bereich des Produktsicherheitsrechts und des Medizinprodukterechts zeigt, vgl Scheel DVBl 1999, 442; Merten DVBl 2004, 1211.

[94] Stadler, Beleihung, 23 f; Freitag, Das Beleihungsrechtsverhältnis, 76, 97; **aA** Kirchhof FS Rengeling, 2008, 127, 136 f.

[95] Vgl auch Shirvani Verw 2014, 57, 59.

[96] Freitag, Das Beleihungsrechtsverhältnis, 76, 97.

[97] Freitag, Das Beleihungsrechtsverhältnis, 72 ff, 75 mwN und Darstellung der Diskussion einer Ausnahme vom Parlamentsvorbehalt bei der Übertragung schlicht-hoheitlicher Befugnisse durch kommunale Satzungen; **aA** zB Frenz, Die Staatshaftung in den Beleihungstatbeständen, 70: Im gemeindlichen Bereich soll Beleihung, die nicht zu Eingriffen in Rechte des Bürgers ermächtigt, auch allein durch kommunale Satzung statt aufgrund eines Gesetzes möglich sein.

privater Trägerschaft bei ihren Entscheidungen über die Aufnahme, Versetzung usw von Schülern, Abschlussprüfungen usw;[98] im **Luftsicherheitsrecht**[99] zB Luftfahrzeugführer gem § 12 Abs 1 LuftSiG und sog Luftsicherheitsassistent gem § 5 Abs 5 LuftSiG;[100] **Seeschiffskapitäne** gem § 121 SeeArbG;[101] **Jagdaufseher** gem § 25 Abs 2 BJagdG (Knack/Henneke 80); der **Vorstand der Teilnehmergemeinschaft** in der Flurbereinigung (BGH DVBl 1986, 1266); **Versammlungsleiter** bei öffentlichen Versammlungen in geschlossenen Räumen gem § 11 Abs 1 VersG;[102] die **Sachverständigen des TÜV** – nicht der TÜV als solcher – bei der Prüfung von Kfz gem § 29 StVZO;[103] die **Kassenärztliche Vereinigung** gem §§ 77ff SGB V (vgl Schnapp SGb 1985, 89); **Bezirksschornsteinfeger** als Organe der Feuerbeschau (BVerwG NVwZ-RR 1990, 440; NVwZ-RR 2013, 357, 359; VGH Mannheim VBlBW 1994, 67); öffentlich bestellte **Vermessungsingenieure** (OVG Greifswald NordÖR 2002, 216); **Notare** (BVerfG 17, 371; FL 99); **Briefzustellunternehmen,** soweit ihnen das Recht zur förmlichen Zustellung übertragen wurde (vgl § 33 PostG); **Zulassungsstellen** gem § 28 UAG.[104]

Beleihungen finden sich neuerdings auch in grundrechtlich sehr sensiblen Bereichen wie dem **Maßregelvollzug** (§§ 63f StGB). Hier wurden in den Gesetzen der Länder spezielle Ermächtigungsgrundlagen für eine Beleihung von geeigneten Einrichtungen geschaffen, wobei die Regelungen zur Reichweite und zur Kontrolle der beliehenen Einrichtungen unterschiedlich weit gehen.[105] Gleiches gilt für die Regelung der **Unterbringung psychisch Kranker** in Krankenhäusern und sonstigen Einrichtungen privater Träger.[106] Dabei ist zumeist nicht von „Beleihung", sondern von Ermächtigung oder Übertragung die Rede. 61a

Zu den neuen Anwendungsbereichen der Beleihung gehört zB der Beliehene nach § 2 FStrPrivFinG.[107] Eine Fülle weiterer Beispiele findet sich bei Stadler, Die Beleihung, S 39ff sowie für den Bereich der öffentlichen Sicherheit bei Klüver, Zur Beleihung, S 55. Umstritten, richtigerweise **zu verneinen** ist die Frage, ob auch **Verkehrsunternehmer und ihr Betriebspersonal** für (polizeiliche) Maßnahmen zur Aufrechterhaltung von Sicherheit und Ordnung 62

---

[98] BVerwGE 17, 42; BVerwG DÖV 1984, 384; VGH Mannheim NJW 1971, 2091; 1980, 2597; s auch Kopp/Schenke § 40 Rn 14; Knack/Henneke 80.

[99] Hierzu näher Schaefer, Luftsicherheitsverwaltung durch Private, NVwZ 2016, 1135.

[100] BVerwG DÖV 1984, 1025; BGH NJW 1983, 449; VGH Kassel NJW 1976, 1990; OLG Celle NJW 1982, 770 (jeweils zu § 29 Abs 3 LuftVG aF); zum Luftsicherheitsassistenten näher Giemulla/van Schyndel § 5 Rn 48ff; zur Auslegung des § 5 Abs 5 LuftSiG auch Klüver, Zur Beleihung, 83ff und 295ff. Zu weitgehend Stober NVwZ 2013, 538, 540 im Hinblick auf das Streikrecht.

[101] BVerwG NVwZ 1985, 48 (zu dem außer Kraft getretenen § 106 Abs 2 SeemG); eingehend zu dem am 1.8.2013 in Kraft getretenen § 121 SeeArbG Nehab, DÖV 2013, 555ff.

[102] FL 99; s auch StBS 254; **aA** Knack/Henneke 81; Dietel/Gintzel/Kniesel, VersG, 16. Aufl 2011, § 1 Rn 236 mwN zum Streitstand; VG Augsburg, B v 25.2.2005, Au 4 S 05.164, juris Rn 17.

[103] BGHZ 49, 111; NJW 1973, 458; OLG Köln NJW 1989, 2065; VGH München DÖV 1975, 210; Knack/Henneke 80. Dass der EuGH (NVwZ 2016, 218) annimmt, Betreiber von Stationen zur technischen Überwachung von Kraftfahrzeugen übten keine staatliche Gewalt aus, auch wenn sie die Berechtigung zur Stilllegung von Kfz hätten, steht dem nicht entgegen, weil die Entscheidung auf Art 51 AEUV bezogen ist..

[104] Hierzu Shirvani Verw 2014, 57, 59f.

[105] § 4 HmbMRVG; Art 46, 47 Abs 1 S 3 BayMRVG; § 29 MRVG NRW; § 2 Abs 1 MVollzG HE; § 2 Abs 1 S 2 MVollzG LSA; § 3 Abs 1a MVollzG S-H; § 3 Abs 1 Nds. MVollzG.

[106] § 5 Abs 2 PsychKG M-V; § 15 Abs 1 S 2 NPsychKG; § 13a HmbPsychKG; § 13 PsychKG S-H; § 10 PsychKG BE; § 13 Abs 1 PsychKG BR.

[107] FStrPrivFinG, v 6.1.2006 (BGBl I 2006, 549).

gegenüber den Personen im Verkehrsmittel als Beliehene tätig werden können.[108] Keine Beleihung liegt auch derzeit bei der Erhebung der **LKW-Maut** vor (BVerwGE 137, 337 – Toll Collect).

63 **c) Das Handeln der Beliehenen.** Werden natürliche Personen als solche beliehen, so handeln sie **verfahrensrechtlich als Behörden iS des Abs 4,** soweit sie im Rahmen der ihnen übertragenen öffentlich-rechtlichen Befugnisse und Zuständigkeiten tätig werden.[109] Bei beliehenen juristischen Personen des Privatrechts ist Behörde idR nicht die juristische Person, sondern das Organ, dem die entsprechende Aufgabe und Zuständigkeit übertragen ist;[110] maßgeblich ist insoweit jedoch immer die konkrete gesetzliche Regelung. Zur Haftung des Staates für Beliehene Wiebauer DVBl 2011, 208.

64 **2. Der Verwaltungshelfer. a) Begriff des Verwaltungshelfers.** Unter einem Verwaltungshelfer wurde nach herkömmlicher, im Staatshaftungsrecht entwickelter Terminologie eine (natürliche oder juristische) Privatperson verstanden, die für einen Hoheitsträger **unselbständig und nach dessen Weisung** technische und untergeordnete Handlungsbeiträge ohne eigene Entscheidungsbefugnis erbringt. Die Handlungen des Verwaltungshelfers wurden nach der sog **„Werkzeugtheorie"** als hoheitliches Handeln angesehen, soweit der Hoheitsträger den Verwaltungshelfer durch „bindende Weisungen und andere starke Einflussnahmen" (BGH, U v 18.5.1967, III ZR 94/65, juris) so kontrolliert, als führe er durch den Verwaltungshelfer als Werkzeug die hoheitliche Maßnahme selbst aus.[111] Darunter fiel zB der **Bauunternehmer** bei der Durchführung bestimmter Straßenarbeiten nach bindender Weisung des Hoheitsträgers,[112] ebenso wohl auch der **Schülerlotse.**[113] Die Unselbständigkeit und Steuerbarkeit des Privaten durch die veranlassende Behörde wird in der jüngeren Rechtsprechung und Literatur allerdings nicht mehr als das entscheidende Kriterium der Verwaltungshilfe angesehen.[114] So werden zu den Verwaltungshelfern inzwischen zB auch die nach Anordnung der Abschleppmaßnahme selbständig handelnden **Abschleppunternehmer**[115] und **Privatlabore,**[116] die BSE-Tests durchführen, gezählt (weitere Bsp bei WBSK II § 91 Rn 6 ff; Ossenbühl/Cornils, Staatshaftungsrecht, 6. Aufl 2013, 22 f). Wesentlich ist insoweit, dass die Handlungsbeiträge des Verwaltungshelfers **ohne eigene hoheitliche Entscheidungsgewalt** und **nicht in eigenem Namen und eigener Zuständigkeit** erbracht werden, sondern im

---

108 BVerwG NVwZ 1985, 48; Knack/Henneke 81; **aA** FL 99; auch Kopp Rn 25.

109 BVerwG DVBl 1990, 712 zugleich zur Unterscheidung von privaten Rechtsträgern, deren sich der Staat nur zur Erbringung von Leistungen bedient, ohne dass sie zu beliehenen Unternehmern bestellt würden; die hM stellt zu Recht nicht auf die Übertragung von Aufgaben, sondern von Befugnissen ab, vgl Ehlers in Schoch § 40 Rn 439 mwN. S auch Schliesky, Wirtschaftsverwaltungsrecht, S 137 ff mit weiteren Beispielen.

110 Missverständlich insoweit in der Allgemeinheit der Aussage UL § 9 Rn 5.

111 BGH, U v 18.5.1967, III ZR 94/65, juris; BGHZ 48, 98, 103; BGH, U v 14.6.1971, III ZR 120/68, juris Rn 10; zur „Werkzeugtheorie" ferner Ackermann, Verwaltungshilfe, 2016, passim; Ossenbühl/Cornils, Staatshaftungsrecht, 6. Aufl 2013, 23 f mwN.

112 BGH, U v 7.2.1980, III ZR 153/78, juris Rn 9.

113 Vgl OLG Köln NJW 1968, 655; Knack/Henneke 81; WBSK II § 91 Rn 6.

114 Vgl zum Staatshaftungsrecht BGHZ 121, 161, 165: maßgeblich ist „Charakter der jeweils wahrgenommenen Aufgabe", „Sachnähe der übertragenen Tätigkeit zu dieser Aufgabe", „Grad der Einbindung des Unternehmers in den behördlichen Pflichtenkreis"; BGHZ 161, 6; zusammenfassend mwN Appel/Ramsauer NordÖR 2012, 375, 377; Ossenbühl/Cornils, Staatshaftungsrecht, 6. Aufl 2013, 24 f; ferner Maurer § 23 Rn 59; Burgi in Erichsen/Ehlers § 10 Rn 32; ders, Funktionale Privatisierung und Verwaltungshilfe, 403 ff, 145 ff.

115 BGHZ 121, 161 m Anm Würtenberger JZ 1993, 1003; Kreissl NVwZ 1994, 349; Ehlers in Schoch § 40 Rn 427; LG Marburg NJW 2001, 2028 für die Einziehung von Abschleppgebühren.

116 BGHZ 161, 6.

Hinblick auf die Tätigkeit eines im Außenverhältnis zum Bürger weiterhin zuständigen und verantwortlichen Hoheitsträgers.[117]

b) Verwaltungshilfe und funktionale Privatisierung. Die Verwaltungshilfe wird in der neueren Diskussion auch als **Ergebnis „funktionaler Privatisierung"** verstanden.[118] Mit diesem Begriff wird überwiegend die Heranziehung Privater durch den Hoheitsträger zur Erbringung bestimmter vorbereitender oder durchführender Teilleistungen zur Erfüllung einer beim Hoheitsträger verbleibenden öffentlichen Aufgabe bezeichnet.[119] Die weiter bestehende Verantwortlichkeit des Staates nach der funktionalen Privatisierung solcher Teilbeiträge wird im Unterschied zur vorherigen „Erfüllungsverantwortung" als „Gewährleistungsverantwortung" (zB im Hinblick auf Einflussmöglichkeiten, Kontrollen, Haftung) beschrieben.[120] Der Begriff der funktionalen Privatisierung ist allerdings insoweit irreführend, als beim Einsatz eines Verwaltungshelfers keine Auslagerung von Aufgaben aus dem Bereich der öffentlichen Verwaltung erfolgt, sondern umgekehrt eine besondere Form der Eingliederung von nicht dienstvertraglich eingebundenen Privaten in den Handlungs- und Verantwortungsbereich der öffentlichen Verwaltung. Die begrifflichen Grenzen[121] und der dogmatische Ertrag der Kategorie sind im Übrigen noch nicht hinreichend geklärt. Deshalb behalten die eingangs genannten Kriterien der herkömmlich so genannten „Verwaltungshilfe", unabhängig von der begrifflichen Einordnung der Heranziehung eines Privaten zu Teilleistungen bei der Aufgabenerfüllung eines Hoheitsträgers, ihre Relevanz für die Beantwortung einer Reihe konkreter Rechtsfragen (hierzu im Folgenden Rn 65 f; gegen eine völlige Aufgabe der herkömmlichen Kategorien der Beleihung und des Verwaltungshelfers zugunsten neuer Begriffsbildungen in diesem Zusammenhang auch Appel, Grundlagen Bd II, § 32 Rn 74 f). 64a

c) Rechtliche Grundlagen. Zunächst stellt sich die Frage nach den **verfassungsrechtlichen Grenzen** der Einbindung des Verwaltungshelfers in die hoheitliche Tätigkeit. Diese können sich insbesondere aus dem institutionellen Gesetzesvorbehalt, der Notwendigkeit demokratischer Legitimation der Handlungen des Privaten und dem Funktionsvorbehalt nach Art 33 Abs 4 GG erge- 65

---

[117] Burgi in Erichsen/Ehlers § 10 Rn. 32; Appel/Ramsauer NordÖR 2012, 375, 380, 382; Maurer § 23 Rn 59, 62; StBS 134, 251; Appel, Grundlagen Bd II, § 32 Rn 74; OVG Weimar, B v 23.2.2012, 4 ZKO 711/11, juris Rn 22 f; VGH Baden-Württemberg, U v 1.10.2009, 6 S 99/09, juris Rn 29 ff; OVG Schleswig, U v 15.3.2006, 2 LB 9/05, juris Rn 36.

[118] Grundlegend Burgi, Funktionale Privatisierung und Verwaltungshilfe, 1999; krit hierzu Ackermann, Verwaltungshilfe, 2016, S. 83 ff.

[119] Burgi, Funktionale Privatisierung und Verwaltungshilfe, 100 ff, 145 ff, 170 und passim; ferner ders in Erichsen/Ehlers § 10 Rn 31 ff; StBS 134; WBSK II § 89 Rn 19 und § 91 Rn 2; Appel/Ramsauer NordÖR 2012, 375, 377 ff; Maurer § 23 Rn 62; s hierzu ferner Einf I Rn 87c; Lämmerzahl, Die Beteiligung Privater an der Erledigung öffentlicher Aufgaben, 2007, 105 ff, 195; zur Verwendung des Begriffs der „funktionalen Privatisierung" in der Rechtsprechung vgl OVG Bautzen, B v 24.9.2004, 5 BS 119/04, juris Rn 9; B v 6.9.2011, 5 B 205/10, juris Rn 46; OVG WeimarThürVBl 2012, 279, Rn 19, 22 f; OVG Koblenz, U v 19.4.2002, 2 A 10209/02, juris Rn 19; BFH, U v 16.12.2009, II R 29/08, juris Rn 16.

[120] Burgi in Erichsen/Ehlers § 10 Rn 35; Appel/Ramsauer NordÖR 2012, 375, 378; Appel, Grundlagen Bd II, § 32 Rn 1; jew mwN.

[121] So spricht zB das BVerwG, B v 29.9.2005, 7 BN 2/05, juris Rn 6 f, auch im Zusammenhang mit einer Beleihung von „funktionaler Privatisierung"; ebenso WBSK II § 89 Rn 19; anders zB Burgi in Erichsen/Ehlers § 10 Rn. 25: Beleihung stelle im Unterschied zum Verwaltungshelfer nach funktionaler Privatisierung eine Form der Organisationsprivatisierung dar; dagegen ordnet Appel, Grundlagen Bd II, § 32 Rn 74 iVm Rn 2 und 45 ff, den Verwaltungshelfer ebenso wie den Beliehenen dem in seinen Konturen ebenfalls noch klärungsbedürftigen übergeordneten Bereich der „Verfahrensprivatisierung" zu.

ben.[122] Weil der Verwaltungshelfer nicht in eigenem Namen und eigener Zuständigkeit handelt und über keinerlei eigene Entscheidungsmacht verfügt, wenn er im Rahmen der Erfüllung öffentlicher Aufgaben eingesetzt wird, geht die hM davon aus, dass sein **Einsatz keiner gesetzlichen Grundlage** bedarf. Im Lichte der sog „Wesentlichkeitstheorie" kann ein Privater allerdings nur solange ohne gesetzliche Grundlage als Verwaltungshelfer eingesetzt werden, wie ihm „nach Inhalt, Art und Umfang der übertragenen Aufgabe sowie der damit verbundenen Grundrechtsrelevanz keine Aufgaben von substanziellem Gewicht übertragen werden".[123] Wegen der fehlenden Ausübung von substantieller Entscheidungsmacht steht auch der Funktionsvorbehalt des Art 33 Abs 4 GG der Verwaltungshilfe grundsätzlich nicht entgegen.[124] Weitere Grenzen der Verwaltungshilfe können sich aus dem **einfachen Verwaltungsrecht** ergeben.[125] So verpflichtet § 24 Abs 1 die Behörde grundsätzlich, die Arbeitsergebnisse des Verwaltungshelfers für die hoheitliche Entscheidung nicht ohne weiteres zu übernehmen, sondern zumindest eine auf Kontrolle reduzierte „nachvollziehende Amtsermittlung"[126] vorzunehmen (zu weiteren einfachrechtlichen, insbes informations-, datenschutz-, haushalts- und vergaberechtlichen Vorgaben für die Verwaltungshilfe WBSK II § 91 Rn 36 ff). Das Rechtsverhältnis zwischen Hoheitsträger und Verwaltungshelfer ist **privatrechtlich.** Dabei kann es sich um Werkverträge (zB beim Abschleppunternehmer), um bloße Aufträge (Schülerlotsen) oder andere vertragliche Regelungen handeln. Der Verwaltungshelfer ist dem Hoheitsträger dagegen nicht dienstrechtlich verpflichtet; er ist weder Beamter noch Arbeiter oder Angestellter des Hoheitsträgers.

66 **d) Handeln der Verwaltungshelfer.** Zwar besitzt der Verwaltungshelfer nach den oben aufgeführten Kriterien keine eigene Befugnis zu hoheitlichem Handeln.[127] Er ist daher auch **nicht Behörde iSv § 1 Abs 4.**[128] Sein Handeln wird unter den oben genannten Voraussetzungen jedoch der Behörde iSv § 1 Abs 4, die ihn bei ihrer Wahrnehmung von Aufgaben der öffentlichen Verwaltung einsetzt, zugerechnet.[129] Diese Aufgabenwahrnehmung ist einschließlich der zugerechneten Beiträge des Verwaltungshelfers als **öffentlich-rechtlich** zu qualifizieren. Die Zurechnung ist im Staatshaftungsrecht von Bedeutung, insbesondere für die Frage, ob das Handeln des für die Behörde tätigen Privaten als Ausübung eines öffentlichen Amts iSv Art 34 GG, § 839 BGB einzuordnen ist.[130]

67 **3. Privatwirtschaftliche Unternehmen. Nicht Behörden** iS des Abs 4 sind die Leitungsorgane **staatlicher oder kommunaler Wirtschaftsunternehmen** und anderer Einrichtungen, die ausschließlich im Bereich des allge-

---

[122] Ackermann, Verwaltungshilfe, 2016, 172 ff; Appel/Ramsauer NordÖR 2012, 375, 379 ff mwN; Appel, Grundlagen Bd II, § 32 Rn 65 ff, 70 f; WBSK II § 91 Rn 31 ff.

[123] So die Formulierung von Appel/Ramsauer NordÖR 2012, 375, 382; vgl auch FKS 37; StBS 134: „faktische Beleihung"; WBSK II § 91 Rn 31 ff; Lämmerzahl, Die Beteiligung Privater an der Erledigung öffentlicher Aufgaben, 2007, 194 f; jew mwN.

[124] Appel, Grundlagen Bd II, § 32 Rn 71; Burgi, Funktionale Privatisierung und Verwaltungshilfe, 221 ff; WBSK II § 91 Rn 35.

[125] Appel, Grundlagen Bd II, § 32 Rn 68 und 72; Appel/Ramsauer NordÖR 2012, 375, 381 f; WBSK II § 91 Rn 36 ff.

[126] Begriff nach Schneider, Nachvollziehende Amtsermittlung bei der Umweltverträglichkeitsprüfung, 1991; ferner mwN Appel, Grundlagen Bd II, § 32 Rn 68, 89 ff; Appel/Ramsauer NordÖR 2012, 375, 381.

[127] Insoweit zutreffend Burgi, Funktionale Privatisierung und Verwaltungshilfe, 147.

[128] StBS 251; BHRS 50; Bader/Ronellenfitsch 74; Lämmerzahl, Die Beteiligung Privater an der Erledigung öffentlicher Aufgaben, 2007, 191 f.

[129] Ziekow 35.

[130] Vgl BGHZ 121, 161; 161, 6 ff; Burgi in Erichsen/Ehlers § 10 Rn. 32; Ossenbühl/Cornils, Staatshaftungsrecht, 6. Aufl 2013, 20 ff; WBSK II § 91 Rn 3 ff; Lämmerzahl, Die Beteiligung Privater an der Erledigung öffentlicher Aufgaben, 2007, 192 f.

meinen Rechtsverkehrs tätig werden und über keinerlei öffentlich-rechtliche Befugnisse verfügen oder sonst besonderen öffentlich-rechtlichen Regelungen unterliegen; dies auch dann, wenn ihr Zweck primär auf die Erfüllung öffentlicher Aufgaben mit Mitteln des Privatrechts gerichtet ist. Entsprechendes gilt für **private Rechtsträger,** deren sich ein öffentlicher Rechtsträger zur Erbringung von Leistungen **zur Erfüllung öffentlicher Aufgaben** bedient, ohne dass insoweit eine Beleihung (s oben Rn 58) vorliegt (BVerwG DVBl 1990, 712), auch zB für die privaten Wohlfahrtsverbände, das DRK, die Bergwacht, die DLRG usw (Knack/Henneke 81).

§ 2 Ausnahmen vom Anwendungsbereich

(1) **Dieses Gesetz gilt nicht für die Tätigkeit der Kirchen,[12] der Religionsgesellschaften[13] und Weltanschauungsgemeinschaften[14] sowie ihrer Verbände und Einrichtungen.[15]**

(2) **Dieses Gesetz gilt ferner nicht für**

1. **Verfahren der Bundes- oder Landesfinanzbehörden nach der Abgabenordnung,[16 f]**
2. **die Strafverfolgung, die Verfolgung und Ahndung von Ordnungswidrigkeiten,[20] die Rechtshilfe für das Ausland in Straf- und Zivilsachen[22] und, unbeschadet des § 80 Abs. 4, für Maßnahmen des Richterdienstrechts,[25]**
3. **Verfahren vor dem Deutschen Patent- und Markenamt und den bei diesem errichteten Schiedsstellen,[27]**
4. **Verfahren nach dem Sozialgesetzbuch,[28 f]**
5. **das Recht des Lastenausgleichs,[31]**
6. **das Recht der Wiedergutmachung.[32]**

(3) **Für die Tätigkeit**

1. **der Gerichtsverwaltungen[34] und der Behörden der Justizverwaltung[35] einschließlich der ihrer Aufsicht unterliegenden Körperschaften des öffentlichen Rechts gilt dieses Gesetz nur, soweit die Tätigkeit der Nachprüfung durch die Gerichte der Verwaltungsgerichtsbarkeit oder durch die in verwaltungsrechtlichen Anwalts-, Patentanwalts- und Notarsachen zuständigen Gerichte unterliegt;[37]**
2. **der Behörden bei Leistungs-, Eignungs- und ähnlichen Prüfungen[43 ff] von Personen gelten nur die §§ 3a bis 13, 20 bis 27, 29 bis 38, 40 bis 52, 79, 80 und 96;[47 ff]**
3. **der Vertretungen des Bundes im Ausland gilt dieses Gesetz nicht.[60]**

Schrifttum: *Allesch,* Zur Bedeutung des § 2 II Nr 1 der VwVfGe im Kommunalabgabenrecht, DÖV 1990, 270; *Conrad,* Der sog Justizverwaltungsakt, 20111; *Ehlers,* Der Anwendungsbereich des Verwaltungsverfahrensgesetzes, Jura 2003, 30; *Erichsen,* Zur Anwendung der VwVfGe der Länder in der kommunalen Abgabenverwaltung, VerwArch 1979, 349; *Hillgruber,* Der Körperschaftsstatus von Religionsgemeinschaften, NVwZ 2001, 1347; *Jorzik/Kunze,* Rechtsschutz gegen Maßnahmen der Ermittlungsbehörden, Jura 1990, 294; *Lickteig,* Die Anwendbarkeit der Abgabenordnung und des Verwaltungsverfahrensgesetzes auf Kommunalabgaben in Baden-Württemberg, Diss Konstanz 1985; *Klappstein,* Rechtseinheit und Rechtsvielfalt im Verwaltungsrecht, 1994; *Muckel,* Muslimische Gemeinschaften als Körperschaften des öffentlichen Rechts, DÖV 1995, 311; *Obermayer,* Die Religions- und Weltanschauungsgemeinschaften und die Verwaltungsverfahrensgesetze, DVBl 1977, 437;; *Peglau,* Rechtsschutz gegen Justizverwaltungsakte auf dem Gebiet der Strafrechtspflege, NJW 2015, 677; *Pitschas,* Zur Integration von Sozial- und allgemeiner Verwaltungsgerichtsbarkeit, Sgb 1999, 385; *Schoch,* Rechtsbeistand beim Einstellungsgespräch von Beamtenbewerbern, NJW 1982, 545; *Thüsing,* Kirchenautonomie und Staatsloyalität – Inhalt und mögliche Konsequenzen von BVerwG, Urteil vom 26. Juni 1997 („Zeugen Jehovas"), DÖV 1998, 25; *Weber,* Staatliche und kirchliche Gerichtsbarkeit, NJW 1989, 2217.

Schrifttum zum Prüfungsrecht: *Barton,* Verfahrens- und Bewertungsfehler im ersten juristischen Staatsexamen, NVwZ 2013, 555; *Franke,* Prüfungsrecht – Täuschungsverdacht bei Übereinstimmung von Prüfungsarbeit und Musterlösung, NJ 2010, 438; *Kopp,* Rechtsbehelfe in bezug auf Prüfungsbewertungen, JuS 1990, 944; *Muckel,* Verwaltungsgerichtliche Kontrolle von Prüfungsentscheidungen, WissR 1994, 107; *v Mutius/Sperlich,* Prüfungen auf dem Prüfstand, DÖV 1993, 45; *Niehues/Fischer,* Schul- und Prüfungsrecht Bd 2, Prüfungsrecht, 5. Aufl 2010; *Rozek,* Neubewertung einer fehlerhaft bewerteten Prüfungsarbeit im Prüfungsrechtsstreit, NVwZ 1992, 73; *Seebass,* Die Prüfung – ein rechtsschutzloser Freiraum des Prüfers?, NVwZ 1985, 521; *Wagner,* Das Prüfungsrecht in der aktuellen Rechtsprechung, DVBl 1990, 183; *Zimmerling/Brehm,* Die Entwicklung des Prüfungsrechts seit 1996, NVwZ 2000, 875; *dies,* Der vorläufige Rechtsschutz im Prüfungsrecht, NVwZ 2004, 651; *dies,* Kritisches zum juristischen Prüfungsrecht, DVBl 2012, 265; *dies,* Prüfungsrecht, 3. Aufl 2007; *Quapp,* Aktuelle Entwicklungen im Hochschulprüfungsrecht, DVBl 2011, 665.

Übersicht

I. Allgemeines

1. Einschränkungen des Anwendungsbereichs des VwVfG. Die Vorschrift nimmt verschiedene Rechtsgebiete, die nach § 1 an sich erfasst würden, ganz (Abs 1 u 2) oder bezüglich einzelner Vorschriften (Abs 3 Nr 2) oder Tätigkeitsbereiche (Abs 3 Nr 1 u 3) von der Anwendung des VwVfG aus. Dies bedeutet anders als im Falle der Subsidiarität nach § 1, dass die Anwendbarkeit des VwVfG jedenfalls im Grundsatz auch dann ausgeschlossen sein soll, wenn in dem ausgenommenen Bereich lückenhafte oder gar keine Regelungen vorhanden sind. Die Anwendung des VwVfG in den in § 2 genannten Bereichen ist also nicht subsidiär, sondern grundsätzlich gar nicht möglich (Knack/Henneke 5; MB 1; UL § 8 Rn 5; FL 4 f; StBS 6). Etwaige **Lücken müssen mit allgemeinen rechtsstaatlichen Verfahrensgrundsätzen geschlossen werden.**[1] Dies schließt es allerdings nicht aus, Bestimmungen des VwVfG insoweit heranzuziehen, als sie Ausdruck derartiger Grundsätze sind.[2] Die Aufzählung der ausgenommenen Bereiche in **§ 2 ist nicht abschließend.**[3] Vielmehr gibt es eine Fülle von – allerdings kleineren – Rechtsbereichen, in denen das VwVfG entweder ausdrücklich oder nach Sinn und Zweck ausgeschlossen ist (s unten Rn 6). Auch haben die Länder teilweise **weitergehende Ausschlussregelungen** getroffen, etwa für **Landesrundfunkanstalten.**[4] 1

2. Zielsetzung der Einschränkungen. Der Ausschluss der Anwendbarkeit des VwVfG wird vor allem mit der Rücksichtnahme auf bei Erlass des VwVfG bereits bestehendes Verfahrensrecht bzw bestehende Rechtszustände gerechtfertigt. Dies gilt etwa für den öffentlich-rechtlichen Tätigkeitsbereich von **Kirchen und Religionsgesellschaften,** soweit er traditionell (vgl Art 140 GG iVm Art 137 Abs 3 WRV) der staatlichen Gerichtsbarkeit entzogen ist (Abs 1) und für den Bereich der Tätigkeiten der **Finanzbehörden** nach der AO (Abs 2 Nr 1), da mit dieser eine bereits seit langem bewährte und eingefahrene Verfahrensordnung zur Verfügung steht. Grund für die in Abs 2 Nr 2 zusammengefassten Ausschlüsse ist vor allem, dass hier die Verfahren nach geltendem Recht bereits sehr differenziert geregelt und stark durch **Kompetenzen der Gerichte** geprägt ist. 2

[1] BVerwGE 75, 62; BGHZ 90, 328; Klappstein, Rechtseinheit, 144; Knack/Henneke 6.

[2] Begr 33; BVerwGE 91, 270 zu Prüfungen gem § 2 Abs 3 Nr 2; BGH NJW 1984, 2533; StBS 6; unklar FL 4; Baumann DÖV 1976, 476; SG 20; Knack/Henneke 6; Ziekow 2; **aA** noch Knack/Henneke DÖV 1976, 772; MB 2; Dolzer DÖV 1985, 14.

[3] StBS 11; **aA** Knack/Henneke 4.

[4] So haben einige Bundesländer die Anwendung für Rundfunkanstalten ausgeschlossen (vgl zB § 2 Abs 1 Nr 2 BremVwVfG für Radio Bremen, hierzu OVG Bremen NordÖR 2013, 542, § 2 Abs 1 VwVfG NW (hierzu OVG Münster, Urt v 25.4.2013, 16 A 1873/12, juris).

Auch das schon lange vor dem Inkrafttreten des VwVfG speziell durch das PatG geregelte **Verfahren vor dem Deutschen Patent- und Markenamt** sollte unberührt bleiben. Die Ausnahme für die **Sozialverwaltung** (Abs 2 Nr 4) ist von allen in Abs 2 genannten Ausschlüssen am wenigsten einsichtig. Sie erfolgte wegen einer seinerzeit noch beabsichtigten Sonderregelung für die Sozialverwaltung.[5] Die für die Schaffung eines eigenen Verfahrensrechts für die Sozialverwaltung (SGB X) maßgeblichen Gründe, nämlich die stärkere Berücksichtigung sozialer Erwägungen im Verfahrensrecht (BT-Dr 7/910 S. 33), können die damit bewirkte Komplizierung und den Verlust an Übersichtlichkeit schwerlich rechtfertigen. Die Ausnahmen nach Abs 2 Nr 5 u 6 betreffen im Wesentlichen **auslaufendes Recht;** sie schließlich beruhen auf der Erwägung, dass es keinen Sinn gemacht hätte, die im Lastenausgleichs- und im Wiedergutmachungsrecht bestehenden Verfahrensregelungen vor dem Auslaufen dieser Gesetze noch zu ändern.

3 Die **Einschränkungen in Abs 3** erfassen anders als Abs 1 u 2 die genannten Verwaltungsbereiche nur teilweise. So wird die Anwendbarkeit des VwVfG für die Tätigkeit der Gerichts- und Justizverwaltungen durch Abs 3 Nr 1 nur insoweit ausgeschlossen, als diese wegen ihrer Justizförmigkeit einer gerichtlichen Kontrolle nur in dem besonderen Rechtsweg nach §§ 23 ff EGGVG unterliegen (sog **Justizverwaltungsakte**). Mit der Nichtanwendbarkeit einzelner Vorschriften des VwVfG in **Prüfungsverfahren** (Abs 3 Nr 2) soll auf die Besonderheiten bei Durchführung und Bewertung von Prüfungen Rücksicht genommen werden. Es erscheint zweifelhaft, ob die Ausschlüsse geboten sind (vgl Rn 42). Gleiches gilt für den generellen Ausschluss von Tätigkeiten der **Auslandsvertretungen** nach Abs 3 Nr 3, der mit den besonderen Bedingungen der Arbeit auf fremdem Territorium begründet wird (Begr RegE 73, § 2).

4 **3. Die Dreisäulentheorie; „Verlustliste" der Rechtseinheit.** Zu den in § 2 aufgezählten Gebieten mit eigenem Verfahrensrecht treten noch diejenigen Rechtsbereiche mit eigenen Verfahrensregelungen hinzu, für die die Bestimmungen des VwVfG im Hinblick auf die Subsidiarität (§ 1) nicht gelten. Die Einheitlichkeit des Verfahrensrechts wird dadurch stark beeinträchtigt. Dies gilt in besonderem Maße für die Beibehaltung eines selbstständigen Verfahrensrechts für die Finanzverwaltung durch die AO und für die Sozialverwaltung durch das SGB X. Die damit bewirkte **Dreiteilung des Verfahrensrechts,** vielfach euphemistisch auch als Dreisäulentheorie bezeichnet, führt zu Verlusten an Rechtseinheit, die sich mit den Besonderheiten der Regelungsbereiche schwerlich rechtfertigen lassen. Es wird deshalb zu Recht von einer Verlustliste der Rechtseinheit gesprochen.[6] Immerhin dient die Aufzählung wichtiger Bereiche, in denen das VwVfG keine Anwendung finden soll, der Rechtsklarheit, weil damit die Anwendbarkeit des VwVfG bereits im VwVfG selbst bestimmt wird und sich damit auch die Frage nach Sonderregelungen, die die Anwendung des VwVfG aufgrund der Subsidiaritätsklausel des § 1 ausschließen, erübrigt (vgl Obermayer Einf Rn 36; StBS 6; Knack/Henneke 14). Die **Entbehrlichkeit der meisten Ausnahmen** von der Anwendbarkeit des VwVfG wird im übrigen dadurch bestätigt, dass die für die betroffenen Materien bestehenden Sonderregelungen inhaltlich und in weitem Umfang auch in den Formulierungen mit dem VwVfG übereinstimmen und zT sogar im Interesse der Einheitlichkeit des Verwaltungsverfahrensrechts bewusst mit dem VwVfG abgestimmt wurden. Dies gilt insb für das Verfahrensrecht der AO 1977 sowie des SGB-I und des SGB X.[7]

---

[5] Vgl Begr 32; MuE 67; StBS 1; FL 2; Knack DÖV 1976, 772; MB 1.

[6] MuE 67; UL § 8 Rn 5; StBS 1; Erichsen/Ehlers § 12 Rn 6; s auch Hufen/Siegel Rn 319, 426; Schoch Vw 1992, 21, 33.

[7] StBS 53 ff; SG 23; Schleicher DÖV 1976, 551; FL 14; Fiedler NJW 1981, 2093; Krause NJW 1979, 1007; 1981, 81; Meyer ZRP 1979, 105; vgl ferner BT-Dr 7/910 S. 107, 111; 7/4494 S. 3 f; 8/4022.

4. Abweichendes Landesrecht. a) Uneinheitlichkeit. Die Länder haben in ihren Verwaltungsverfahrensgesetzen den Ausschlusskatalog des § 2 zwar weitgehend übernommen, darüber hinaus aber auch diverse **abweichende Regelungen** getroffen. Die landesrechtlichen Besonderheiten sind sehr unübersichtlich. Das gilt etwa für das **Kommunalabgabenrechts**, für das in sehr unterschiedlichem Umfang auf das Verfahrensrecht der AO verwiesen wird (näher unten Rn 16 ff), sowie teilweise für die **Berufungsverfahren von Hochschullehrern**, für die zumeist einzelne Vorschriften für unanwendbar erklärt werden, ferner für Modifizierungen der Regelungen über **Prüfungsverfahren**, für die Tätigkeit von Behörden im Bereich öffentlicher Schulen sowie für die **kommunalen Wahlverfahren.** 5

b) Rundfunkanstalten. Das VwVfG des Bundes ist auf die Rundfunkanstalten des Bundes (zB ZDF, Deutschlandradio) anwendbar. Die meisten[8] Länder haben aber ihre **Landesrundfunkanstalten vom Geltungsbereich ausgenommen.**[9] Damit sollte eine größere Staatsferne und verfahrensrechtliche Gestaltungsfreiheit erreicht werden. Soweit aber keine speziellen Regelungen zB in den Satzungen getroffen wurden, geht die hM weitgehend von einer **analogen Anwendbarkeit** der Verwaltungsverfahrensgesetze der Länder aus,[10] jedenfalls soweit darin die allgemeinen Grundsätze des Verwaltungsverfahrensrechts kodifiziert sind.[11] Deshalb sind die meisten Vorschriften der Verwaltungsverfahrensgesetze auf Verfahren nach § 9 anwendbar, zB auf Verfahren zur **Festsetzung von Rundfunkbeiträgen.**[12] Allerdings fehlt es derzeit an Kostenregelungen für den Fall erfolgloser Widerspruchsverfahren. 5a

c) Weitere Ausschlüsse. Soweit das VwVfG über den Ausschlussbereich des § 2 hinaus unanwendbar bleibt, liegt dies allein an der Subsidiaritätsklausel des § 1 Abs 2 bzw der entsprechenden Bestimmungen in den Verwaltungsverfahrensgesetzen der Länder. Immer dann, wenn Fachgesetze eigene Verfahrensbestimmungen enthalten, sind diese nach § 1 Abs 2 vorrangig. Das kann zu Einschränkungen, im Einzelfall aber auch zu einem weitgehenden Ausschluss der Anwendbarkeit des VwVfG führen. 6

II. Kirchen, Religionsgemeinschaften usw (Abs 1)

1. Allgemeines. Abs 1 nimmt die Tätigkeit der Kirchen, Religionsgesellschaften und Weltanschauungsgemeinschaften (zu diesen Begriffen Rn 12 ff) sowie ihrer Verbände und Einrichtungen aus dem Geltungsbereich des VwVfG aus. Praktische Relevanz hat die Regelung nur, soweit diese überhaupt öffentlich-rechtlich tätig werden dürfen. Sie soll dem Umstand Rechnung tragen, dass es sich bei diesen nach hM, auch soweit sie nach staatlichem Recht mit einem öffentlich-rechtlichen Sonderstatus mit besonderen öffentlich-rechtlichen Befugnissen ausgestattet sind, nicht um staatliche, sondern dem Staat vorgelagerte öffentlich-rechtliche Einrichtungen handelt, und dass ihnen durch Art 140 GG iVm Art 137 Abs 3 S 1 WRV **Selbständigkeit in der Verwaltung ihrer Angelegenheiten** garantiert ist (Begr 33; StBS 36; Obermayer DVBl 1977, 437). Der Wortlaut der Vorschrift geht indessen über ihren wahren Anwendungsbereich hinaus. So erfasst Abs 1 nur die **öffent-** 7

---

[8] Keine Ausnahme ist zB vorgesehen im ndsVwVfG für den NDR.

[9] Dies sind zB VwVfGBaWü für den Südwestrundfunk; bayVwVfG für Bayrischen Rundfunk; bremVwVfG für Radio Bremen; hmbVwVfG für den NDR; VwVfG NW für den WDR; HessVwVfG für den Hessischen Rundfunk; VwVfG LSA für den Mitteldeutschen Rundfunk; VwVfG Berlin für den Rundfunk Berlin-Brandenburg.

[10] OVG Münster, Urt v 25.4.2013, 16 A 1873/12, juris; StBS 22; aA offenbar Knack 9.

[11] Nach OVG Münster NWVBl 2011, 111; VGH Mannheim NVwZ-RR 2008, 750 soll dies etwa nicht für die Kostenerstattungsregelung des § 80 gelten. S hierzu krit § 80 Rn 16.

[12] Hahn/Vesting, Rundfunkrecht, RBStV § 10 Rn 33 mwN.

lich-rechtliche Verwaltungstätigkeit der Kirchen, Religions- und Weltanschauungsgesellschaften, also nur diejenigen Tätigkeiten, die überhaupt nach § 1 in den Anwendungsbereich des VwVfG fallen würden (aA wohl Obermayer/Funke-Kaiser 14). S aber auch Rn 11.

Voraussetzung ist, dass die von Abs 1 erfassten Kirchen usw den Status von **Körperschaften des öffentlichen Rechts** haben. Soweit ihnen diese Rechtsnatur nicht bereits vor Inkrafttreten des GG zukam (Art 140 GG iVm Art 137 Abs 5 S 1 WRV), ist eine entsprechende staatliche Anerkennung als Körperschaft des öffentlichen Rechts erforderlich, auf die nach Maßgabe des Art 140 GG iVm 137 Abs 5 S 2 WRV ein Anspruch besteht.[13] Für die übrigen ist ausschließlich das Privatrecht maßgeblich. Auch insoweit aber sind jedenfalls die grundlegenden Anforderungen eines rechtsstaatlichen Verfahrens zu beachten, insb das Recht auf Gehör vor belastenden Entscheidungen.

8 **2. Ausschluss nur für innerkirchlichen Bereich. a) Allgemeines. Umstritten** ist die Frage, ob der Ausschluss der Anwendbarkeit des VwVfG durch Abs 1 nur für die Tätigkeit in Wahrnehmung spezifisch religiöser, weltanschaulicher Aufgaben (forum internum) durch die Kirchen usw gilt, bei denen sich keine unmittelbaren rechtlichen Auswirkungen (Außenwirkungen) im Bereich des allgemeinen (staatlichen) Rechts ergeben, oder für die gesamte öffentlich-rechtliche Tätigkeit. Für die weite Auslegung der Ausnahmeregelung des Abs 1 zugunsten der Kirchen usw spricht die sonst schwer erklärbare allgemeine Fassung der Vorschrift (Kopp 7), für die enge Auslegung aber ihr offensichtlicher Zweck, die genannten Religionsgemeinschaften insoweit nicht staatlichen Regelungen zu unterwerfen, als sie nach Art 140 GG iVm Art 137 WRV das Recht haben, ihre Angelegenheiten eigenständig und ohne staatliche Kontrolle zu regeln. Es spricht deshalb mehr dafür, dass Abs 1 die Anwendbarkeit des VwVfG **nur für das forum internum,** nicht aber für solche Tätigkeiten der Kirchen usw ausschließt, die in den staatlichen Bereich hineinwirken und für die im Streitfall auch der Rechtsweg zu den Verwaltungsgerichten nach § 40 Abs 1 VwGO (s insoweit Kopp/Schenke § 40 Rn 39 ff) gegeben ist.[14]

9 **b) Einzelfälle. aa) Nichtanwendbarkeit des VwVfG.** Nicht anwendbar ist das VwVfG gem Abs 1 auf *alle Tätigkeiten* von Kirchen und Religionsgemeinschaften **im rein religiösen bzw weltanschaulichen Bereich,** damit also alle Verfahren vor kirchlichen usw Stellen, die bzw soweit sie keine (unmittelbaren) Rechtswirkungen im Bereich des allgemeinen Rechts, dh des staatlichen öffentlichen Rechts (vgl BVerwGE 25, 364 f; Kopp/Schenke § 40 Rn 38 ff) haben, zB Verfahren hins der Mitgliedschaft, der **Rechtsstellung der Mitglieder** in Bezug auf die Kirchen usw, hins der Übertragung, der Entziehung und der Ausübung **kirchlicher Ämter und Befugnisse,**[15] hins sonstiger Fragen des **kirchlichen Dienstrechtes** (Knack/Henneke 15 f mwN), auch soweit die Kirchen für Streitigkeiten daraus gem dem gem § 63 Abs 3 BeamtStG nach wie vor gültigen § 135 S 2 BRRG den VRW eröffnet haben (str, vgl Petermann DÖV 1991, 16 mwN; Kopp/Schenke § 40 Rn 40 mwN) oder soweit aus verfassungsrechtlichen Gründen Rechtsschutz vor den staatlichen Gerichten zu gewähren ist (vgl BVerwGE 149, 139), ferner hinsichtlich **der Lehre, der Seelsorge,** der Verkündigung und der Sakramente, des Gottesdienstes, kirchlicher Kollekten usw,

---

[13] BVerwG DÖV 1998, 29; OVG Berlin NVwZ 1996, 478; hierzu Thüsing DÖV 1998, 25; Pagels JuS 1996, 790.

[14] FL 13; Obermayer DVBl 1977, 439 unter Hinweis darauf, dass die RegBegr auf Art 137 WRV Bezug nimmt; StBS 38; Ziekow 8; **aA** MB 4; UL § 8 Rn 20; Obermayer/Funke-Kaiser 14; Ehlers HdbStKR Bd 2, § 74 II; Meyer NJW 1977, 1705; teilw aA Knack/Henneke 816: Anwendung nur auf Beliehene.

[15] BVerfGE 18, 386; 42, 335; NJW 1980, 1041; NVwZ 1989, 452; BVerwGE 25, 230; 28, 345; NJW 1983, 2580 und 2581; OVG Münster NJW 1978, 2111.

der **Kirchenzucht,** der Anwendung des kirchlichen Eherechtes, der Mitwirkung von Geistlichen bei kirchlichen Begräbnissen (BVerwG DVBl 1960, 246) usw, in Bezug auf Fragen der **kirchlichen Verfassung und Organisation** (BVerfGE 18, 388), zB der kirchlichen Ämterordnung, der Funktion, Zusammenarbeit und Bildung kirchlicher usw Organe, zB des Kirchenvorstands, der Einteilung kirchlicher Verwaltungsbezirke.

bb) Anwendbarkeit des VwVfG. Anwendbar ist das VwVfG auf Verfahren vor kirchlichen Stellen, bei denen staatlich verliehene Hoheitsmacht ausgeübt wird, zB hinsichtlich der **Kirchensteuer,**[16] der Errichtung und Nutzung kirchlicher **Friedhöfe** (BVerwGE 25, 364 f; Bachof AöR 78, 82; Obermayer DVBl 1979, 445) und anderer öffentlicher Einrichtungen, wie etwa kirchlicher Kindergärten, der **Auskunft aus Kirchenbüchern** (VGH München BayVBl 1968, 231), der **Erhebung von Gebühren** für kirchliche usw Handlungen, der **Zahlung von Gehalt** usw an kirchliche Amtsträger. Ebenfalls nicht unter die Ausnahmeregelung fallen, da sie keine „Tätigkeit der Kirchen" usw iS von Abs 1 betreffen, **Verfahren vor staatlichen Behörden,** die Angelegenheiten der Kirchen usw betreffen, wie die einer staatlichen Behörde gegenüber abzugebende Erklärung über den **Kirchenaustritt.**[17] Nicht berührt wird dadurch auch, zumal es sich insoweit nicht um Verwaltungsverfahren iS des VwVfG handelt, die Zulässigkeit der Geltendmachung **vermögensrechtlicher Ansprüche** von Geistlichen usw im Zusammenhang mit der Entlassung aus einem kirchlichen uä Amt gegen die Kirche **vor staatlichen Gerichten.**[18] 10

c) Anwendbares Verfahrensrecht. Für das Verfahren der Kirchen usw ist, soweit die Geltung des VwVfG nach Abs 1 ausgeschlossen ist (vgl Rn 8) **kirchliches Recht** maßgeblich. Grundsätze des allgemeinen Verwaltungsverfahrensrechts können nur dann und nur insoweit subsidiär herangezogen werden, als dies nach dem Selbstverständnis der Kirche als zulässig oder geboten angesehen wird. Werden die Kirchen bzw Religionsgemeinschaften auf Gebieten tätig, die dem staatlichen öffentlichen Recht zuzurechnen sind, ist wegen des Grundsatzes der Subsidiarität ebenfalls primär kirchliches Recht anzuwenden, sofern durch staatliches Recht nichts anderes bestimmt ist und das kirchliche Recht den an Verwaltungsverfahren im Rechtsstaat zu stellenden Anforderungen genügt. **Subsidiär** sind hier jedoch **die Bestimmungen des VwVfG** bzw des Verwaltungsverfahrensrechts der Länder (§ 1 Abs 3) anwendbar. Die handelnden Stellen sind insoweit den Landesbehörden gleichzuachten. 11

3. Kirche, Religionsgesellschaft und Weltanschauungsgemeinschaft. Die in Abs 1 verwendeten Begriffe sind im selben Sinn zu verstehen wie in Art 140 GG, Art 136 bis 139, 141 WRV, an die Abs 1 anknüpft.[19] Richtigerweise wird man den Begriff der Religionsgesellschaften wie schon nach der WRV (vgl Anschütz WRV 14. Aufl 1933, Art 137 Anm 2) als Sammelbegriff anzusehen haben, unter den auch die Kirchen als eine besondere Form zu subsumieren sind;[20] nicht aber die Weltanschauungsgemeinschaften. Auch Art 137 Abs 7 WRV, an den sich Abs 1 12

---

[16] BVerfGE 19, 288; BVerwGE 21, 330; 52, 105; BVerwG NJW 1990, 2079; OVG Schleswig NordÖR 2000, 358; Hollerbach AöR 1992, 112.

[17] Vgl zur Eröffnung des VRW insoweit BVerwG NJW 1979, 2324; OVG Hamburg NJW 1975, 1900; VGH München DVBl 1976, 908; Weber NJW 1975, 1904; Listl NJW 1975, 1904; Kopp/Schenke § 40 Rn 40; **aA** insoweit OLG Frankfurt NJW 1977, 1732.

[18] Vgl VG Aachen DVBl 1975, 57; Weber NJW 1980, 1042; Kopp/Schenke § 40 Rn 40 ff; unklar BVerfG NJW 1980, 1041; str, s Petermann DÖV 1991, 16 mwN.

[19] FL 6; allg zum Begriff der Religionsgemeinschaft bzw Weltanschauungsgemeinschaft vgl BVerwGE 61, 155; VG Darmstadt NJW 1979, 1056; Obermayer DVBl 1981, 615; Müller-Volbehr JZ 1981, 42; JuS 1981, 729; Kopp NVwZ 1982, 179.

[20] HM, vgl nur MD Art 140 Rn 18; Knack/Henneke 14; Ziekow Rn 6; zur Abgrenzung BayVerfGH NVwZ 1999, 759.

anlehnt, unterscheidet Religionsgesellschaften und Weltanschauungsgemeinschaften und stellt letztere den Religionsgesellschaften gleich.

13 **a) Religionsgesellschaften** iS von Abs 1 sind Verbände, die Angehörige desselben Glaubensbekenntnisses zu einer umfassenden Erfüllung der durch das gemeinsame Bekenntnis gestellten Aufgaben zusammenfassen. Es muss sich um einen körperschaftlichen Zusammenschluss von Personen aufgrund übereinstimmender Auffassungen in religiöser Hinsicht und mit einem nach außen kundgetanen gemeinsamen Bekenntnis[21] handeln. Nicht erforderlich ist der Glaube an einen persönlichen Gott;[22] auch eine buddhistische Gemeinde ist eine Religionsgemeinschaft (Müller-Volbehr JZ 1981, 44; Kopp NVwZ 1982, 179). Dem Religiös-Transzendenten muss jedoch jedenfalls für die Gemeinschaft eine zentrale Bedeutung zukommen (BVerwGE 61, 154 f).

13a **b) Kirchen** sind die christlichen Religionsgesellschaften, nämlich die katholische Kirche, die evangelischen Landeskirchen, die altkatholische Kirche, die evangelisch-methodistische Kirche, der Bund freikirchlicher Gemeinden (Baptisten) und die russisch-orthodoxe Kirche (FL 8; MD Art 140 Rn 19 **aA** Knack/Henneke 13), **unabhängig von ihrer staatlichen Anerkennung** als rechtsfähige Körperschaften des öffentlichen Rechts. Deshalb gehören auch etwa die Neuapostolische Kirche, die jüdischen Gemeinden, die Vereinigungskirche („Moon-Sekte") usw zu den Kirchen.[23] Vgl die Aufzählung bei Obermayer BK Art 140 Rn 44; MD Art 140 Rn 19).

14 **c) Weltanschauungsgemeinschaften** sind gem Art 140 GG iVm Art 137 Abs 7 WRV „Vereinigungen, die sich die gemeinschaftliche Pflege einer Weltanschauung zur Aufgabe machen", dh Vereinigungen, die durch ihre Lehren eine nicht-religiöse wertende Stellungnahme zum Ganzen der Welt bieten und damit eine Antwort auf Fragen nach Ursprung, Sinn und Ziel der Welt und des Lebens geben wollen (Obermayer DVBl 1977, 439; FL 9). Zu diesen gehören zB die Freimaurer (weitere Bsp bei Knack/Henneke 14).

15 **d) Verbände und Einrichtungen der Kirchen** usw sind nur solche, die zur Erfüllung der zentralen Zweckbestimmungen errichtet und betrieben werden. Hierzu gehören zB die Caritas, die Innere Mission (Obermayer 11), die Deutsche Kolpingfamilie, der Ev Bund, das Ev Jungmännerwerk, die katholischen Orden und Genossenschaften, die Ev-luth Missionsgesellschaft, die von Kirchen usw getragenen Hochschulen, Akademien und sonstigen Schulen, einschließlich der mit Öffentlichkeitsrechten ausgestatteten, staatlich anerkannten Schulen, die von Kirchen oder religiösen Orden getragenen Krankenhäuser, das Zentralkomitee der deutschen Katholiken, der Deutsche Evangelische Kirchentag, katholische und evangelische Studentengemeinden (Obermayer/Funke-Kaiser 11 ff), usw. Für die Zuordnung zu einer Religionsgemeinschaft ist insoweit grundsätzlich **deren Selbstverständnis** maßgeblich.[24]

III. Insgesamt ausgenommene Bereiche (Abs 2)

16 **1. Verfahren der Finanzbehörden nach der AO (Nr 1).** Die Ausnahme für die Verfahren der Finanzbehörden wurde im Hinblick darauf gemacht, dass es

[21] FL 7 zT **aA** Obermayer DVBl 1977, 439; 1981, 615, der im Hinblick auf Art 4 Abs 1 GG eine Unterscheidung von Religionsgemeinschaften und Weltanschauungsgemeinschaften schlechthin ablehnt.

[22] Müller-Volbehr JZ 1981, 44; Kopp NVwZ 1982, 179 mwN; unklar BVerwGE 61, 155.

[23] Str., nach **aA** gehören nur die traditionellen Kirchen dazu, während die anderen unter den Oberbegriff der Religionsgemeinschaften zu fassen sind (zB FKS Rn 4); für einen weiten Begriff der Kirche: Knack/Henneke 13: „jede organisatorisch verfestigte Religionsgemeinschaft von überregionaler Bedeutung".

[24] BVerfGE 24, 247; BVerwGE 61, 160.

für diesen Bereich schon vor dem Erlass des VwVfG eine umfassende bundesrechtliche Kodifizierung des Verfahrensrechts gab, insbesondere die AO, die in der Praxis schon lange eingespielt war.[25] Es erscheint jedoch zweifelhaft, ob die Besonderheiten der Finanzverwaltung so weit gehen, dass dafür nicht auch schon nach § 1 VwVfG mögliche Sonderregelungen genügt hätten. Dies gilt um so mehr, als die AO 1977 ebenso wie die Vorschriften in weitem Umfang gleiche oder ähnliche, auch hins der Formulierungen mit dem VwVfG abgestimmte Vorschriften enthält.[26]

a) Umfang des Ausschlusses. Ausgenommen sind nur Verfahren vor den allgemeinen **Finanzbehörden** des Bundes und der Länder „nach der AO", für deren Vollzug also die Bestimmungen der AO gelten. Hierunter fallen die **bundesrechtlich geregelten Steuern** oder diejenigen, die unmittelbar durch EU-Recht (§ 1 AO) geregelt sind (FL 16), einschließlich der Zölle (§ 3 Abs 1 S 2 AO). Für landesrechtlich geregelte Steuern entfällt die Anwendbarkeit des VwVfG schon gem § 1 Abs 3 (FL 16). Dies gilt auch dann, wenn das Landesrecht die AO für anwendbar erklärt, weil in derartigen Fällen die Vorschriften der AO nicht als Bundesrecht, sondern als Landesrecht zur Anwendung kommen. Die Länder haben für **landesrechtlich geregelte Steuern,** die von den Landesfinanzbehörden erhoben werden, durchweg von der Möglichkeit Gebrauch gemacht, auf die Bestimmungen der AO zu verweisen. 17

Kein Ausschluss durch Abs 2 Nr 1 ist anzunehmen für die Erhebung von sonstigen Abgaben, die nicht Steuern sind, also etwa für bundesrechtlich geregelte **Beiträge und Gebühren.** Insoweit bleibt das VwVfG grundsätzlich anwendbar. Soweit sie von Landesbehörden erhoben werden, gelten gem § 1 Abs 3 die Verwaltungsverfahrensgesetze der Länder, sofern spezialgesetzlich nichts anderes geregelt ist. Dies gilt auch für **gemeindliche Gebühren und Beiträge,** für die idR das jeweilige Kommunalabgabengesetz maßgebend ist, so etwa für die Erhebung von Anliegerbeiträgen nach den §§ 123 ff BauGB. Die Kommunalabgabengesetze der Länder verweisen idR nicht allgemein auf die AO, sondern erklären nur einzelne Vorschriften für anwendbar; dann bleibt im übrigen das VwVfG maßgebend (so wohl auch StBS 59 f). Die Ausnahme nach Abs 2 Nr 1 gilt außerdem nicht für das Verfahren vor Gemeindebehörden bei der Erhebung von **Gemeindesteuern,** also etwa der Hundesteuer, der Zweitwohnungssteuer usw. Für diese gilt grundsätzlich das VwVfG, wenn ihre Einziehung nicht ausnahmsweise durch Gesetz oder aufgrund eines Gesetzes der Verwaltung durch die Landesfinanzbehörden nach der AO unterstellt ist. Kein Ausschluss des VwVfG durch Abs 2 Nr 1 ist auch anzunehmen für das Verfahren zur Einziehung und Verwaltung von sog **Sonderabgaben,** die weder Steuern oder Beiträge noch Gebühren sind, also zB Stellplatzablösungsbeträge, Lenkungsabgaben usw.[27] Allerdings kann das jeweilige Fachrecht die Erhebung derartiger Abgaben anordnen. 17a

b) Geltung der AO. Für das Verfahren der staatlichen Finanzbehörden gelten heute die Bestimmungen der AO, deren verfahrensrechtliche Vorschriften weitgehend dem VwVfG entsprechen (s oben Rn 16). Das VwVfG ist insoweit auch nicht subsidiär oder sinngemäß-analog anwendbar.[28] Wohl aber ist auch die AO 18

---

[25] Begr 33; Spanner BayVBl 1976, 541; Martens NJW 1976, 649; Tipke JZ 1976, 703; Schleicher DÖV 1976, 551; FL 14; SG 23.

[26] Schmitt Glaeser, Boorberg-FS 1, 23; Mohr NJW 1978, 790; Schleicher DÖV 1976, 551; FL 14; Fiedler NJW 1981, 2093.

[27] Sonderabgaben sind hoheitlich auferlegte Geldleistungspflichten, denen keine unmittelbare Gegenleistung gegenübersteht (BVerfGE 81, 156, 186), die anders als Steuern aber nur von bestimmten Gruppen erhoben und zweckgebunden verwendet werden (Jarass/Pieroth, Art 105 Rn 9; Kluth JA 1996, 260).

[28] FL 18; StBS 55; Ziekow 13; Knack/Henneke 18; gegen die Analogie: FG Potsdam StE 2001, 634 zu § 80 VwVfG zT **aA** Becker JR 1976, 487.

ähnlich wie das VwVfG **im Licht der allgemeinen Grundsätze** des Verwaltungsverfahrensrechts im Rechtsstaat, die dem VwVfG und der AO gemeinsam vorgegeben sind, auszulegen und anzuwenden und, soweit sie keine abschließenden Regelungen enthält, daraus zu ergänzen. Dies gilt etwa für öffentlichrechtliche Verträge gem §§ 54 ff (s § 54 Rn 5 f). Den Bedürfnissen der Praxis entspricht eine **möglichst einheitliche Auslegung** gleicher oder ähnlicher Regelungen in der AO und im VwVfG unter Berücksichtigung auch der Rspr und Rechtslehre zu den parallelen Regelungen und zu Lückenausfüllungsproblemen (ebenso StBS 54; Rößler NJW 1981, 436).

19 **2. Prozessrechtlich geprägte Angelegenheiten (Nr 2).** Die Ausnahme für Verfahren der Strafverfolgung, des Ordnungswidrigkeitsrechts, der Rechtshilfe und des Richterdienstrechts soll, ähnlich wie die Ausnahmeregelung des Abs 3 Nr 1, vor allem dem Umstand Rechnung tragen, dass die genannten Gebiete außerhalb des Rahmens der normalen Verwaltungstätigkeit liegen und überwiegend in den entsprechenden Prozessordnungen oder doch in Anlehnung an das straf- oder zivilgerichtliche Verfahren bzw jedenfalls in sachlichem Zusammenhang damit geregelt sind (Begr 33; FL 21). Auch bei Berücksichtigung dieser Zusammenhänge ist die Notwendigkeit einer Ausnahmeregelung insoweit jedoch nicht ohne weiteres evident, soweit es sich der Sache nach um Verwaltungsverfahren handelt (**aA** StBS 74: Nr 2 hat im Wesentlichen nur klarstellende Funktion).

20 **a) Strafverfolgungs- und Bußgeldangelegenheiten.** Die Regelung stellt klar, dass Maßnahmen der Strafverfolgung und der Ahndung von Ordnungswidrigkeitein nicht unter das VwVfG fallen. Soweit Maßnahmen von Gerichten und Staatsanwaltschaften zur Verfolgeung von Straftaten und Ordnungswidrigkeiten **auf der Grundlage der StPO und des OWiG** in Rede stehen, handelt es sich ohnehin nicht um Verwaltngsstätigkeit, sondern um Maßnahmen der Rechtspflege. Weil in die Strafverfolgung aber auch die Polizei eingeschaltet wird, ist die Klarstellung, in Nr 2 sinnvoll, weil sich hier Abgrenzungsprobleme stellen, die allerdings im wesentlichen von der differenzierteren Regelung in Abs 3 Nr 1 erfasst werden.[29] Nicht **zur Strafverfolgung** bzw Verfolgung von Ordnungswidrigkeiten gehört die Tätigkeit der Polizei zur Verhütung oder Unterbindung von Straftaten oder Ordnungswidrigkeiten **(Gefahrenabwehr, Prävention)** sowie allgemein bei der Verhinderung und Unterbindung von Störungen der öffentlichen Sicherheit und Ordnung (Knack/Henneke 24; MB 7).

21 **Unklar ist die Abgrenzung** zwischen den Maßnahmen der Verfolgung von Straftaten und Ordnungswidrigkeiten nach Abs 2 Nr 2 und der Tätigkeit der Justizverwaltung nach Abs 3 Nr 1 (**Justizverwaltungsakte;** s hierzu Rn 33 ff). Nach dem Zweck der Regelung werden von Abs 3 Nr 1 sämtliche Maßnahmen erfasst, für die der **Rechtsweg nach § 23 EGGVG** dem Grunde nach offensteht (StBS 108 ff). Auch Maßnahmen der **Strafvollstreckung** fallen nicht unter Abs 2 Nr 2, sondern unter Abs 3 Nr 1. S zur Abgrenzung des Strafvollzugs von der allgemeinen Verwaltungstätigkeit auch VGH München BayVBl 1987, 118.

22 **b) Rechtshilfe.** Maßnahmen im Rahmen der Rechtshilfe für das Ausland iS von Abs 2 Nr 2 sind die aufgrund besonderer völkerrechtlicher Verträge, Abkommen usw oder des allgemeinen Völkerrechts erfolgenden Handlungen deutscher Stellen, insbesondere deutscher Gerichte gegenüber ausländischen Gerichten, die darum ersuchen. **Der Begriff der Rechtshilfe** entspricht dem entsprechenden Begriff in §§ 156 ff GVG.[30] Darunter fallen zB Zeugenvernehmungen, die Herausgabe von Gegenständen sowie uU die Auslieferung. Fraglich

---

[29] Zu Abgrenzungsfragen Peglau NJW 2015, 677.

[30] S. auch Gesetz über die internationale Rechtshilfe in Strafsachen idF d Bek v 27.6.96 (BGBl I S. 1537), Haager Übereinkommen über die Beweisaufnahme v 18.3.1970 (BGBl II 1977, 1452, 1472) **aA** Knack/Henneke 26.

ist, ob sich der Begriff auf richterliches Handeln beschränkt. Dies ist nicht anzunehmen, zumal die Regelung dann ersichtlich überflüssig wäre.[31]

Von Abs 2 Nr 2 erfasst werden zB Verfahren nach dem IRG, etwa zur Entscheidung nach § 74 IRG.[32] Das VwVfG ist auf derartige behördliche Verfahren nicht, auch nicht analog anwendbar. Bewilligung der Auslieferung durch Behörden und ähnliche Akte sind zwar öffentlich-rechtliche Verwaltungstätigkeit iS von § 1 VwVfG (vgl OVG Münster DVBl 1996, 731; FL 24), die Anwendung des VwVfG ist aber nach Abs 2 Nr 2 ausgeschlossen (FL 24). Zum gerichtlichen Rechtsschutz bei Auslieferungsersuchen vgl BVerfG NJW 1981, 1154; 1982, 2729; BGH NJW 1984, 2046; 1990, 2936; OVG Münster GA 1982, 128. Akte der **Amtshilfe gegenüber ausländischen Behörden** und Gerichten fallen dagegen nicht unter die Ausnahmeregelung, da Abs 2 Nr 2 nur Akte der Rechtshilfe, nicht auch der Amtshilfe erfasst. 23

Das Verfahren in Rechtshilfesachen für das Ausland ist zumeist **in internationalen Verträgen** und Konventionen geregelt, zB im Europäischen Auslieferungsübereinkommen,[33] im Europäischen Übereinkommen über die Rechtshilfe in Strafsachen,[34] zT auch in deutschen Rechtsvorschriften, zB im G über die internationale Rechtshilfe in Strafsachen (IRG).[35] Soweit Sonderregelungen fehlen, gelten für die Rechts- und Amtshilfe vor allem das **Haager Abkommen über den Zivilprozess** vom 17.7.1905 (RGBl 1909 S 409) und die Haager Übereinkommen über den Zivilprozess vom 1.3.1954 (BGBl 1958 II 576), über die Zustellung gerichtlicher und außergerichtlicher Schriftstücke im Ausland in Zivil- und Handelssachen (HZustUbE) vom 15.11.1965 (BGBl 1977 II 1453) und über die Beweisaufnahme im Ausland in Zivil- und Handelssachen (HBewUbK) vom 18.3.1970 (BGBl 1977 II 1472) sowie das AusführungsG vom 18.12.1959 (BGBl I 939). S auch die Rechtshilfeordnung für Zivilsachen vom 19.10.1956 (BAnz 1957 Nr 63) und die Richtlinien für den Verkehr mit dem Ausland in strafrechtlichen Angelegenheiten vom 15.1.1959 (BAnz 1959 Nr 9).[36] Ergänzend dazu kommt für die Rechtshilfe gegenüber dem Ausland die analoge Anwendung von §§ 156 ff GVG in Betracht. 24

c) Richterdienstrecht. Ausgenommen sind nach Nr 2 Maßnahmen des Richterdienstrechts. Dabei handelt es sich um das besondere, in den Richtergesetzen des Bundes (DRiG) und der Länder sowie, ergänzend dazu, in den Beamtengesetzen und in einigen Sondervorschriften geregelte Dienstrecht der Richter der verschiedenen Gerichtszweige. Die Ausnahmevorschrift betrifft nicht nur Maßnahmen, die unter die Zuständigkeit der Richterdienstgerichte gem § 62 Abs 1 DRiG bzw § 78 DRiG iVm dem in Betracht kommenden Richtergesetz des Landes fallen, sondern **alle Maßnahmen des Richterdienstrechts,** insb auch Ernennungen, Entlassungen, Versetzungen usw im Interesse der Rechtspflege, die Genehmigung oder Versagung von Nebentätigkeiten, Entscheidungen über Disziplinarmaßnahmen usw (Begr 33; FL 26). **Nicht dazu** gehören die **Maßnahmen der gerichtlichen Selbstverwaltung,** zB Entscheidungen gem §§ 21 ff GVG, auch nicht zB die Zuweisung eines Richters an einen 25

---

31 Vgl StBS 83; MB 9; FL 24; FKS Rn 13; vgl NVwZ 2002, 114; vgl OVG Münster, OVGE 19, 1 = DVBl 1993, 731.

32 S noch zu § 44 Abs 1 AuslG aF MB 9; FL 24; zum IRG StBS 86, 89.

33 Vom 13.12.1957 (BGBl II 1964, 1369; II 1976, 1778).

34 Vom 20.4.1959 (BGBl 1964 II 1369).

35 Gesetz über die internationale Rechtshilfe in Strafsachen idF d Bek v 27.6.96 (BGBl I S. 1537).

36 S näher Loebenstein, International Mutual Assistance in Administrative Matters, 1970; Jellinek NVwZ 1982, 535; zu den genannten Übereinkommen auch Böckstiegel/Schlafen NJW 1978, 1073.

bestimmten Spruchkörper durch den vom Präsidium eines Gerichts gem § 21e GVG beschlossenen Geschäftsverteilungsplan.

26 **Das Verfahren in Richterdienstsachen** ist im **DRiG** des Bundes und den Richtergesetzen der Länder sowie in den in diesen Gesetzen subsidiär für anwendbar erklärten **Beamtengesetzen** und beamtenrechtlichen Nebengesetzen und sonstigen Vorschriften nur sehr lückenhaft geregelt. Obwohl sonst das VwVfG auf beamtenrechtliche Verfahren anwendbar ist und das allgemeine Beamtenrecht subsidiär gem § 46 DRiG bis zum Erlass besonderer Vorschriften auch für Richter gilt, **schließt Abs 2 Nr 2 die unmittelbare Anwendung** des VwVfG – mit Ausnahme des § 80 (s § 80 Abs 4) – aus (Knack/Henneke 27). Praktisch führt jedoch die Anwendung allgemeiner Grundsätze eines rechtsstaatlichen Verfahrens weitgehend zu den gleichen Ergebnissen, da Richter hins der ihnen im Verfahren zukommenden Rechte jedenfalls nicht schlechter gestellt werden dürfen als andere Beamte.

27 **3. Verfahren vor dem Deutschen Patent- und Markenamt (Nr 3).** Die Ausnahme für Patent- und Markensachen hat ihren Grund darin, dass das Patentwesen in keinem näheren Zusammenhang mit anderen Verwaltungsgebieten steht, herkömmlicherweise zum Zivilrecht gerechnet wird und im PatentG eine weitgehend justizförmige Regelung gefunden hat (Begr 33; FL 27). Andererseits ist heute jedoch unbestritten, dass das Deutsche Patent- und Markenamt als Verwaltungsbehörde und nicht als Gericht tätig wird und dass demgemäß auch die von diesem Amt betriebenen Verfahren Verwaltungsverfahren und nicht gerichtliche Verfahren sind (FL 27). **Patentsachen iS** der Regelung sind alle im PatG geregelten Angelegenheiten, außer Patentsachen ieS auch zB Gebrauchsmustersachen und **Markensachen,** nicht dagegen sonstige Angelegenheiten, wie etwa Entscheidungen in Personalsachen des Patentamtes (MB 11; StBS 93). **Das Verfahren in Patentsachen** ist in §§ 26ff PatG und in einigen dazu ergangenen DurchführungsVOen geregelt, die ua die Entscheidung durch weisungsunabhängige Spruchkörper vorsehen. Für die beim Deutschen Patentamt eingerichteten Schiedsstellen gilt das G vom 9.9.1965 (BGBl I 1294) und die dazu ergangene VO vom 18.12.1965 (BGBl I 2106). Auch das Verfahren vor den Schiedsstellen wird nach Abs 2 Nr 3 erfasst (StBS 91).

28 **4. Verfahren nach dem Sozialgesetzbuch (Nr 4).** Die Ausnahme in Abs 2 Nr 4 erfolgte im Hinblick auf durch „soziale Erwägungen bedingte **Besonderheiten dieser Sachgebiete**" (Begr 33; krit zu Recht Pitschas Sgb 1999, 385) sowie im Hinblick auf das Erste und Zehnte Buch Sozialgesetzbuch (SGB I, X), durch das das Verfahren umfassend geregelt wurde. Absatz 2 Nr 4 wurde durch Gesetz v 2.5.1996 (BGBl I 656) neu gefasst. Ziel dieser vom Bundesrat im Gesetzgebungsverfahren vorgeschlagenen Änderung ist es, die Anwendbarkeit des VwVfG eindeutig und ohne Lücken oder Überschneidungen von derjenigen des SGB X abzugrenzen. Das VwVfG soll in allen Fällen anwendbar sein, in denen nicht auf Grund von Bundes- oder Landesrecht die Verfahrensvorschriften des SGB anwendbar sind oder künftig für anwendbar erklärt werden (BT-Dr 13/1534 S. 10). Die Neufassung ist die Konsequenz der inzwischen weitgehend abgeschlossenen Schaffung eines selbständigen Sozialverwaltungsrechts.

29 **a) Umfang des Ausschlusses.** Die Ausnahme des Abs 2 Nr 4 erfasst sämtliche Rechtsmaterien, auf die das SGB X und das SGB I zur Anwendung kommen. Es sind dies die im SGB II (früher AFG) bis SGB XII (früher BSHG) zusammengefassten Rechtsgebiete der Ausbildungsförderung, des Schwerbeschädigten-, Wohngeld-, Sozialhilfe-, Jugendhilfe- und Kriegsopferfürsorgerechts; ferner die Angelegenheiten der Sozialversicherung, der Kranken- und Pflegeversicherung, der Arbeitslosenversicherung. Unter die Ausnahmeregelung fallen außer Verfahren hins der Gewährung von Sozialversicherungsleistungen zB auch Verfahren hins der Zulassung von Kassenärzten, Verfahren nach dem MutterschutzG, nach dem

LohnfortzahlungsG, bestimmte Verfahren nach dem IfSG (§§ 60ff IfSG hins der Entschädigung von Impfschäden), dem SoldatenversorgungsG und nach dem Gesetz über die Entschädigung von Opfern von Gewalttaten.

b) Regelungen durch das SGB I u X. Das Verfahren in den in Nr 4 genannten Angelegenheiten ist heute umfassend im SGB-I und vor allem im SGB-X im Wesentlichen wörtlich übereinstimmend mit den §§ 2–62, 79f VwVfG geregelt. Das vorher in zahlreichen verstreuten Sondervorschriften enthaltene Verfahrensrecht[37] konnte damit außer Kraft gesetzt werden. Für die Auslegung und Anwendung des Verfahrensrechts des SGB und die Ausfüllung von Lücken im Licht der allgemeinen Grundsätze eines rechtsstaatlichen Verfahrensrechts, die das Sozialrecht mit dem VwVfG gemeinsam hat, gilt dasselbe wie oben in Rn 18 für das Abgabenrecht ausgeführt (s auch Haueisen DVBl 1978, 311). 30

5. Lastenausgleichssachen (Nr 5). Die Ausnahme für Verfahren beim Vollzug des Lastenausgleichs erfolgte, weil das Verfahren in Lastenausgleichssachen im LAG und in den dazu ergangenen Rechtsverordnungen eingehend geregelt war und zudem der Lastenausgleich bereits so weitgehend abgeschlossen ist, dass die Einführung eines neuen Verfahrensrechts nicht mehr tunlich erschien (Begr 34). Die Ausnahmeregelung gilt außer für das **Lastenausgleichsrecht ieS auch für sonstige Verfahren, die von der Lastenausgleichsverwaltung aufgrund von Art 120a GG durchgeführt werden** (Begr 34), insb für Verfahren nach dem FeststellungsG, dem ReparationsschädenG, dem G über einen Währungsausgleich für Sparguthaben Vertriebener (WährungsausgleichsG), dem G zur Milderung von Härten der Währungsreform (AltsparerG), dem IV. Teil des Allgemeinen KriegsfolgenG, dem Abschn II des KriegsgefangenenentschädigungsG, dem § 9a Abs 2 des HäftlingshilfeG (vgl Knack/Henneke 30; FL 37). Soweit das Lastenausgleichsrecht keine verfahrensrechtlichen Regelungen enthält, ist zunächst auf die **allgemeinen Grundsätze** des Verwaltungsverfahrens zurückzugreifen, die aber heute im Lichte der Bestimmungen des VwVfG ausgelegt und angewendet werden können.[38] 31

6. Wiedergutmachungssachen (Nr 6). Ähnlich wie die Ausnahme für Verfahren in Lastenausgleichssachen gem Nr 5 erfolgte auch die Ausnahme zugunsten des Wiedergutmachungsrechts im Hinblick auf die eingehende Regelung des dafür maßgeblichen Verfahrens im BundesentschädigungsG (BEG) und wegen des bevorstehenden Abschlusses der Wiedergutmachung (Begr 34). Unter die Ausnahmeregelung fallen insb die Verfahren nach dem BundesrückerstattungsG (BRüG), dem BEG, dem BundesG zur Wiedergutmachung nationalsozialistischen Unrechts in der Kriegsopferversorgung und nach anderen Gesetzen (vgl die Aufzählung bei FL 38) sowie aufgrund der nicht auf gesetzlicher Grundlage vom Bundeskabinett beschlossenen sog Härteausgleichsrichtlinien zur Wiedergutmachung und den dazu erlassenen Verwaltungsvorschriften. 32

IV. Tätigkeitsbereiche mit beschränkter Anwendung des VwVfG (Abs 3)

1. Tätigkeit der Gerichts- und Justizverwaltung (Nr 1). Die Ausnahme für Gerichts- und Justizverwaltungssachen, die nicht der Nachprüfung durch Gerichte der Verwaltungsgerichtsbarkeit unterliegen, soll im Hinblick auf den gewachsenen Zusammenhang dieser Angelegenheiten mit der Zivil- und Strafgerichtsbarkeit auf die Besonderheiten der Justizverwaltung Rücksicht nehmen. Sie gilt in erster Linie für Maßnahmen, deren Kontrolle nach den §§ 23ff EGGVG den ordentlichen Gerichten zugewiesen ist (Begr 35), insbes für die sog **Justiz-** 33

---

[37] Vgl FL 29; Thieme SGb 1977, 1; v Maydell NJW 1976, 161; Lorenz VSSR 1975, 255.

[38] So ausdrücklich BVerwG Buchh 427.3 Nr 25 zu § 349 LAG für die Grundsätze über die Rücknahme rechtswidriger VAe.

verwaltungsakte.[39] Damit wird offenbar auch das Ziel angestrebt, die Anwendungsbereiche von VwVfG und VwGO zu harmonisieren (StBS 107). Die Regelung ist ebenso verfehlt wie die Eröffnung eines besonderen Rechtswegs für die Justizverwaltungssachen in §§ 23ff EGGVG, da es insoweit keine wesensgemäßen Unterschiede gibt, die eine Herausnahme aus der Anwendbarkeit des VwVfG rechtfertigen könnten.[40] Sie ist darüber hinaus auch rechtspolitisch verfehlt, weil hinsichtlich der Abgrenzung des Verwaltungsrechtswegs von demjenigen nach §§ 23ff EGGVG nicht selten Unklarheiten bestehen, die oft erst im Nachhinein geklärt werden.

34 a) **Gerichtsverwaltung** iS der Vorschrift sind nicht nur die Verwaltungsorgane der ordentlichen Gerichtsbarkeit, sondern auch der übrigen Gerichtsbarkeiten iS des Art 96 GG (Begr 35), daher zB auch der Sozialgerichtsbarkeit (StBS 122). Darunter fallen insb die **Präsidenten der Gerichte** im Bereich der Dienstaufsicht über das Personal, im Bereich des Haushalts-, Rechnungs- und Kassenwesens, der Ausbildung des juristischen Nachwuchses, der Aufsicht über die Geschäftsstellen, usw (ebenso FL 41). **Nicht dazu** gehört die **gerichtliche Selbstverwaltung,** (zB die Aufstellung von Geschäftsverteilungsplänen durch das Präsidium des Gerichts) für die die VwGO ebenso wie das allgemeine Verwaltungsverfahrensrecht des Bundes und der Länder gilt, sowie die Rechtsprechungstätigkeit der Gerichte.

35 **b) Behörden der Justizverwaltung** iS des Abs 3 Nr 1 sind nach allgemeiner Auffassung nicht nur die ressortmäßig bzw organisatorisch zur Justiz gehörenden Behörden, sondern auch sonstige Behörden, wenn und soweit sie für die „Justiz" tätig sind **(funktioneller Begriff der Justizbehörden).**[41] Justizbehörden iS der Regelung sind danach zB insb die Justizminister, ferner die Präsidenten der Zivil- und Strafgerichte, soweit sie mit Aufgaben der Justizverwaltung betraut sind, die **Staatsanwaltschaft,** soweit sie nicht im Rahmen eines Strafverfahrens tätig wird (BVerwGE 47, 262; Strubel-Sprenger NJW 1972, 1734), auch **Polizeiorgane** und sonstige öffentliche Organe, soweit sie Aufgaben der Aufklärung und Verfolgung begangener Straftaten erfüllen.[42]

35a **Nicht als Justizbehörde,** sondern als Verwaltungsbehörde wird die Polizei dagegen bei allen Maßnahmen zur Wahrung der öffentlichen Sicherheit und Ordnung tätig. Wenn die Polizei in einer Sache sowohl zur Strafverfolgung als auch zur Gefahrenabwehr tätig wird (sog **doppelfunktionales Handeln der Polizei**), so ist die Rechtslage streitig. Die klassische Auffassung beurteilt das Handeln der Polizei in diesen Fällen danach, wo der Schwerpunkt der Zielsetzung gelegen hat.[43] Nach anderer Auffassung ist es Sache der Polizei selbst, diesen Schwerpunkt zu bestimmen (Schenke, VwPrR 140); eine dritte Meinung

---

[39] Näher Peglau NJW 2015, 677. Allg zu Begriff und Verfahren Conrad, Der sog Justizverwaltungsakt, 2011.

[40] Vgl SG 24: „schlicht unsinnig"; ähnlich FL 51, ua unter Hinweis darauf, dass damit die Unklarheiten und Abgrenzungsschwierigkeiten bei §§ 23ff EGGVG auch auf das Verwaltungsverfahrensrecht übertragen werden (vgl auch StBS 107).

[41] Vgl idS BVerwGE 49, 223; 69, 195; BVerwG NJW 1976, 306; VGH München BayVBl 1986, 337; VGH Mannheim NVwZ 1989, 413; OVG Münster NJW 1980, 855; VGH Kassel VwRspr 1977, 1009; OLG Karlsruhe DÖV 1976, 171; VG Bremen NVwZ 1989, 895; Naumann DÖV 1975, 278; Schenke NJW 1975, 1529; Ehlers in Schoch § 40 Rn 607; Amelung JZ 1975, 523; s im Einzelnen dazu Kopp/Schenke § 179 Rn 6; **aA** Markworth DVBl 1975, 575: maßgeblich sei nur der institutionelle, nicht der funktionelle Begriff der Justizbehörde; daher sei gegen VAe der Polizei immer der VRW gegeben.

[42] BVerwGE 11, 95; 47, 264; VGH Mannheim NVwZ 1989, 413; OVG Berlin NJW 1971, 637; OVG Münster NJW 1980, 855; OLG Hamm DÖV 1973, 282; Naumann DÖV 1975, 278.

[43] Grundlegend BVerwGE 47, 255, 264; später BVerwGE 69, 192; VGH Mannheim DÖV 1989, 171; VGH München BayVBl 1986, 337; Ziekow 25.

beurteilt die Handlung getrennt nach dem jeweiligen Zweck (Schwan VerwArch 1979, 109, 129). Richtigerweise wird man bei doppelfunktionalem Handeln der Polizei sowohl einen strafprozessualen als auch einen verwaltungsrechtlichen Charakter der Maßnahme anzunehmen haben (so zutreffend Ehlers in Schoch § 40 Rn 607), sofern nicht einer der Zwecke von völlig untergeordneter Bedeutung ist.

Ausgeschlossen wird durch Abs 3 Nr 1 die Anwendbarkeit des VwVfG (bzw das VwVfG des entsprechenden Landes) nur, soweit für die Nachprüfung der in Frage stehenden Handlung **nicht der Verwaltungsrechtsweg gegeben** ist. Das ist grundsätzlich der Fall zB bei Maßnahmen der Gerichtsverwaltung gegenüber Richtern, soweit für die Nachprüfung, weil sie die richterliche Unabhängigkeit antasten, die Richterdienstgerichte zuständig sind (vgl Kopp/Schenke § 38 Rn 3 ff); nicht dagegen zB bei Entscheidungen gegenüber einem dem Gericht zur Ausbildung zugeteilten Referendar oder gegenüber einem Ausbildungsrichter in bezug auf eine ausschließlich die Ausbildung betreffende Angelegenheit. 36

c) Maßnahmen der Justizverwaltung. Der Verwaltungsrechtsweg und damit nach Abs 3 Nr 1 auch die Anwendbarkeit des VwVfG (bzw des Verwaltungsverfahrensgesetzes des Landes) ist ausgeschlossen insb bei den als Justizverwaltungsakten zu klassifizierenden Maßnahmen der Justizbehörden, für die gem §§ 23 ff EGGVG der Antrag auf gerichtliche Entscheidung an das OLG gegeben ist. Das gilt grundsätzlich für alle Maßnahmen „zur Regelung einzelner Angelegenheiten auf den Gebieten des bürgerlichen Rechts einschließlich des Handelsrechts, des Zivilprozesses, der freiwilligen Gerichtsbarkeit und der Strafrechtspflege", sowie für alle Maßnahmen „der Vollzugsbehörden im Vollzug der Freiheitsstrafen, der Maßregeln der Sicherung und Besserung, des Jugendarrests und der Untersuchungshaft". 37

aa) Beispiele: Der Ausschluss gilt für die Befreiung vom **Ehefähigkeitszeugnis** (BGH MDR 1978, 653 mwN); die Anordnung des Justizministeriums gegenüber bestimmten Anwälten über den **Verkehr mit** bestimmten, in Untersuchungshaft befindlichen **Mandanten** (OLG Frankfurt NJW 1977, 2176); über **Gnadenakte,** die den Erlass von Kriminalstrafen oder von Strafvollzugsmaßnahmen zum Gegenstand haben;[44] über die **Einsicht in Akten** der Zivil- und Strafgerichte durch Dritte;[45] über die Herausgabe einer Urteilsausfertigung an Dritte (OLG Frankfurt NJW 1976, 510); über die Bestimmung einer Frist für die Klage auf Herausgabe eines bei Gericht hinterlegten Gegenstandes (OLG Koblenz MDR 1976, 234). 38

Nicht unter §§ 23 ff EGGVG fallen dagegen – mit der Folge, dass das VwVfG (bzw die Verfahrensgesetze der Länder) anwendbar bleiben, – alle Maßnahmen, die zwar von Justizbehörden getroffen werden, aber über den Bereich des bürgerlichen Rechts, der Strafrechtspflege und des Strafvollzugs iS des § 23 EGGVG hinausreichen, wie **Pressemitteilungen** über Strafverfolgungsmaßnahmen, Strafverfahren und Zivilprozesse,[46] die **Sperrerklärung** gem § 96 StPO,[47] die **Entscheidungen der Justizprüfungsämter** und Justizprüfungskommissionen, die Entscheidung über die Ausstattung der Gerichtssäle mit Kruzifixen, uä (BVerwG DÖV 1972, 288; vgl hierzu BVerfGE 93, 1, 17); ebenso Maßnahmen, die nicht konkrete, den oben in Rn 38 genannten Fällen vergleichbare Fälle 39

---

[44] BVerwGE 49, 221, wo die Frage der Justiziabilität jedoch letztlich offen gelassen wird; **aA** OLG München NJW 1977, 115: auch nicht nach § 23 EGGVG angreifbar.

[45] KG Berlin MDR 1976, 585; OLG Celle NJW 1990, 1802; vgl auch zur Einsicht in Gnadenakten OLG Hamburg NJW 1975, 1984: kein Rechtsweg bei Weigerung.

[46] BVerwG NJW 1989, 412; s auch VGH München, B v 21.2.2002, 5 C 01.3135, juris.

[47] BGHSt 44, 107; VGH Mannheim DVBl 1991, 1363; vgl auch BVerwGE 69, 192; 75, 5.

betreffen, daher zB nicht die Erlaubnis des Amtsgerichtspräsidenten nach dem früheren RBG zur **Rechtsberatung;**[48] die Untersagung der Rechtsbesorgung durch Verfügung der Landgerichtspräsidenten (BVerwG DÖV 1974, 675); der Widerruf der Erlaubnis zur Besorgung fremder Rechtsangelegenheiten (BVerwG NJW 1977, 2178). Nicht hierunter fallen auch die Verfahren zur Beantwortung von Dienst- oder Sachaufsichtsbeschwerden.

39a **bb) Nicht vom Ausschluss durch Abs 3 Nr 1 erfasst** werden ferner **präventiv-polizeiliche Maßnahmen,** die nicht der Strafverfolgung, sondern der Wahrung der öffentlichen Sicherheit oder Ordnung, einschließlich der Unterbindung von Straftaten dienen, zB die **Anordnung der Räumung** einer Wohnung, wenn aus einem Gebäude Steine geworfen werden (BVerwG DVBl 1974, 846; OVG Berlin DÖV 1974, 28), die **Ingewahrsamnahme** eines Rädelsführers zur Verhinderung einer weiteren Demonstration (BVerwGE 45, 51); die Aufnahme und Aufbewahrung **erkennungsdienstlicher Unterlagen** zu Zwecken der vorbeugenden Verbrechensbekämpfung;[49] die Erteilung einer **Auskunft über eine Gewährsperson** der Polizei (OLG Hamm DÖV 1973, 282).

40 **Nicht anwendbar** ist das VwVfG (bzw die Verwaltungsverfahrensgesetze der Länder) für Verfahren hins. der **Zulassung von Rechtsanwälten** allgemein oder bei bestimmten Gerichten, da insofern die Ehrengerichtshöfe der Rechtsanwälte für die Überprüfung zuständig sind (FL 44); für Verfahren in berufs- und dienstrechtlichen **Angelegenheiten der Notare,** da insoweit die ordentlichen Gerichte für die Überprüfung zuständig sind (BGH NJW 1974, 108; Bremen NJW 1978, 966); für Verfahren hins. der **Anerkennung ausländischer Urteile in Ehesachen** § 107 FamFG, da insoweit für Überprüfung die ordentlichen Gerichte zuständig sind. Nicht anwendbar ist das VwVfG auch auf Maßnahmen der **Strafverfolgung** nach der StPO, da hiergegen nur Rechtsbehelfe nach der StPO in Frage kommen (vgl OLG Karlsruhe Justiz 1982, 300; Kopp/Schenke VwGO § 179 Rn 8), und Maßnahmen auf dem Gebiet des OWiG sowie auf **Maßnahmen auf dem Gebiet des Strafvollzugs,** da insoweit nach §§ 109, 113 und 115 StrVollzG für die Überprüfung die Strafvollstreckungskammern zuständig sind (Pfennig JA 1976 ÖR 92; FL 48).

41 **cc) Anwendbares Verfahrensrecht.** Soweit das VwVfG bzw die Verwaltungsverfahrensgesetze der Länder nicht anwendbar sind, gibt es eine Fülle von sehr verstreuten, überwiegend landesrechtlichen Vorschriften. Zumeist handelt es sich um Annexvorschriften zu materiellen Regelungen (zB BRAO, BNotO). Insgesamt ist dieser Bereich sehr unübersichtlich geregelt.[50] Zum Rechtsschutz s näher Ehlers in Schoch § 40 Rn 613 ff.

42 **2. Tätigkeit der Behörden bei Leistungsprüfungen usw (Nr 2). a) Teilweiser Ausschluss von Vorschriften.** In Abs 3 Nr 2 werden diejenigen Vorschriften positiv aufgezählt, die bei Leistungs-, Eignungs- und ähnliche Prüfungen beachtlich sein sollen. Umgekehrt haben danach keine Geltung die Vorschriften über die Vertretung (§§ 14–19), über die Anhörung Beteiligter (§ 28), über die Begründung eines VA (§ 39), über die Verjährung (§ 53), den öffentlich-rechtlichen Vertrag (§§ 54 ff) sowie über förmliche Verfahren usw (§§ 63 ff). Damit soll dem besonderen Charakter solcher Prüfungen, insb auch der höchstpersönlichen Natur von Prüfungen, Rechnung getragen werden.[51] Der Ausschluss hat **nur geringe praktische Bedeutung,** zumal Prüfungsver-

---

[48] BVerwG NJW 1978, 235; DVBl 1985, 1070; VGH Mannheim Justiz 1985, 66.

[49] BVerwGE 66, 192; 66, 202; 69, 192; BVerwG DVBl 1990, 721; VGH München NJW 1984, 2235; VGH Mannheim NJW 1987, 3022; OVG Münster DVBl 1980, 423; OVG Hamburg DVBl 1977, 253.

[50] S näher Obermayer/Funke-Kaiser 47 ff; StBS 117 ff.

[51] Begr 36; BVerwGE 62, 170; FL 52.

fahren heute ohnehin idR in **Prüfungsordnungen** ausführlich geregelt sind. Zum **Prüfungsrecht** und zum **Prüfungsverfahren näher § 40 Rn 139 ff.** Zum Teil beruht die Regelung offenbar aber auch auf der irrigen Vorstellung, dass die ausgeschlossenen Vorschriften für Prüfungen nicht passen, etwa weil eine Vertretung bei Prüfungen nicht möglich ist (so auch zB Knack/Henneke 34; StBS 123). Tatsächlich aber ist der eigentliche Prüfungsvorgang immer nur ein Teil eines Verwaltungsverfahrens, nämlich nur ein Ermittlungs- bzw Beweisverfahren iS von §§ 24, 26 mit dem Prüfer als Sachverständigen (s auch StBS 125). Deshalb gilt der Ausschluss in Abs 3 Nr 2 nach richtigem Verständnis nur für die **prüfungsspezifischen Teile eines Verwaltungsverfahrens,** nicht zB für die Möglichkeit eines Abschlusses von Vergleichsverträgen bei Streitigkeiten über Prüfungsentscheidungen[52] oder das Widerspruchsverfahren (s unten Rn 47).

b) Begriff der Leistungs- und Eignungsprüfungen. Die Regelung gilt zunächst einmal für Prüfungen im engeren Sinn, wie Reife-, Diplom- und Magisterprüfungen, Staatsexamen, Gesellen- und Meisterprüfungen gem §§ 31 ff bzw 46 ff HwO, die theoretische und praktische „Führerscheinprüfung" zur Feststellung erforderlichen Kenntnisse zum Führen eines Kfz usw (FL 53; Obermayer 59) und ähnliche „unvertretbare, einmalige und situationsgebundene Prüfungen in Gegenwart des Prüflings" (FL 55). Stets muss es sich um die Prüfung von Personen handeln. Materialprüfungen gehören nicht dazu (Knack/Henneke 36). Ob es sich um berufsbezogene Prüfungen handelt, ist hier ohne Bedeutung. 43

aa) Der Begriff des Prüfungsverfahrens. Umstritten ist, ob es sich stets um verselbständigte, räumlich und zeitlich abgegrenzte und in sich geschlossene Prüfungen (Prüfungsverfahren ieS) handeln muss (so Schoch NJW 1982, 545, 548) oder ob der Begriff der Prüfung in einem weiten Sinn zu verstehen ist; dann würden etwa auch solche Verwaltungsverfahren jedenfalls teilweise vom Ausschluss erfasst, in denen nur unselbstständige Prüfungsabschnitte enthalten sind, etwa die Feststellung persönlicher Voraussetzungen (Eignung, Befähigung und fachliche Leistung) für den Erlass bestimmter VAe.[53] Richtigerweise lässt sich die **Abgrenzung** zwischen einer Prüfung iSd Abs 3 Nr 2 und der bewertenden Feststellung von persönlichen Merkmalen **nur im Einzelfall** vornehmen. Dabei kommt es nicht nur auf die verfahrensrechtliche Ausgestaltung an, sondern auch auf Sinn und Zweck der Feststellungen, die getroffen werden sollen. 44

Keine Prüfung iSd Abs 3 Nr 2 findet zB statt bei der **Anhörung** zum Zweck der Feststellung der **Zuverlässigkeit** zB zu der Führung einer Gaststätte gem § 4 Abs 1 Nr 1 GastG (ebenso StBS 126; im Ergebnis auch FL 55; MB 5) oder anderer gewerberechtlicher Gestattungen (Obermayer/Funke-Kaiser 62) der **Eignung** zur Ausbildung von Lehrlingen gem § 21 Abs 1 HwO (im Ergebnis auch FL 55). Zu verneinen ist der Ausschluss der Anwendung des VwVfG auch bei der Prüfung der körperlichen Eignung eines Wehrpflichtigen für den Wehrdienst im Rahmen der Musterung gem §§ 17 ff WPflG[54] oder der Berechtigung, den Kriegsdienst mit der Waffe zu verweigern; ferner bei einer amtsärztlichen Untersuchung zur **Feststellung der Dienstfähigkeit.**[55] Vorgänge der letztgenannten Art werden auch im allgemeinen Sprachgebrauch nicht als Prüfung bezeichnet und stellen nach der Verkehrsauffassung auch nicht prüfungsähnliche Vorgänge dar, sondern sind, auch soweit sie von der zuständigen Behörde unter Zuziehung Sachverständiger erfolgen, lediglich unselbständige Teile des Ermittlungsverfahrens. 45

---

52 S hierzu OVG Berlin-Brandenburg NVwZ-RR 2014, 686; VG Berlin, Urt v 11.5.2010 – 3 K 1219/09 – juris.

53 So BVerwGE 62, 172; Obermayer/Funke-Kaiser 59 ff; StBS 127 f.

54 Ebenso StBS 129; **aA** FL 53; Obermayer/Funke-Kaiser 60.

55 VG Münster, B v 16.5.2012, 4 L 113/12, juris Rn 11 ff; s auch StBS 128 f.

46 **bb) Beamtenrechtliche Eignungsprüfungen. Einstellungsgespräche** mit Bewerbern um die Ernennung zum Beamten sind als Prüfung iS von Abs 2 Nr 3 anzusehen. Dies betrifft vor allem die Frage, ob der Bewerber das Recht zur Zuziehung eines Beistands (iS von § 14 Abs 4) hat; die hM betont hier den höchstpersönlichen Charakter des Gesprächs.[56] Gleiches soll für die **Prüfung der Verfassungstreue** eines Bewerbers für die Ernennung zum Beamten[57] und die Eignung eines Beamten für eine Beförderung gelten.[58] Die Situation ist hier schon wegen des prüfungsrechtlichen Beurteilungsspielraums anders als bei der Beurteilung der Zuverlässigkeit im gewerberechtlichen Verfahren oder der körperlichen und charakterlichen Eignung eines Führerscheinbewerbers im Verfahren zur Erteilung der Fahrerlaubnis. Keine Prüfung iSv Abs 2 Nr 3 ist allerdings die amtsärztliche Untersuchung zur Feststellung der Dienstfähigkeit eines Beamten, da der Wortlaut die Subsumtion medizinischer Untersuchungen unter den Begriff der Prüfung nicht mehr decken dürfte.[59]

47 **cc) Prüfungsspezifische Verfahrensteile.** Der Ausschluss des Abs 3 Nr 2 gilt nur für die eigentlichen mündlichen oder schriftlichen Prüfungsteile (Klausuren, Prüfungsgespräch), die schon von der Natur der Sache her nur persönlich sein können, nicht für das Verfahren im übrigen (zB die Erörterung des Ergebnisses, die Geltendmachung etwaiger Mängel des Verfahrens, von Einwendungen gegen die Bewertung usw). Soweit keine prüfungsspezifische Sondersituation besteht, die gegen die Anwendung des VwVfG (bzw der Verwaltungsverfahrensgesetze der Länder) sprechen könnte (vgl Schoch NJW 1985, 545; Maurer § 19 Rn 24) bleiben die verwaltungsverfahrensrechtlichen Regelungen vollen Umfangs anwendbar.[60] So etwa, soweit es um die Voraussetzungen oder Folgen der Prüfung geht (Knack/Henneke 35), wie zB die Zuständigkeit und ordnungsgemäße Zusammensetzung des Prüfungsausschusses oder Prüfungsgremiums (vgl VGH Mannheim DVBl 1990, 546; StBS 125), der Qualifikation und ordnungsgemäßen Bestellung der Prüfer usw, sowie für das **Verfahren der Zulassung zur Prüfung**[61] und hins des **Rücktritts von einer Prüfung.**[62] Der Ausschluss ist darüber hinaus nach seinem Zweck auch nicht anwendbar auf Fragen, die sich nicht auf die Feststellung der Kenntnisse, der Eignung usw ieS im Rahmen der Prüfung als eines unvertretbaren, einmaligen und situationsgebundenen Vorgangs beziehen, sondern auf sonstige Fragen (so wohl auch FL 54), wie zB Fragen der Prüfungsunfähigkeit oder einer geminderten Prüfungsfähigkeit wegen körperlicher Behinderung, Krankheit oder Unwohlsein (ebenso Knack/Henneke 35), der Verpflichtung zur vorbeugenden Vermeidung von Prüfungsmängeln und Prüfungsstörungen bzw zum Einschreiten dagegen und/oder zur Berücksichtigung bzw Gewährung eines angemessenen Ausgleichs dafür.

48 **c) Das auf Prüfungen anwendbare Verfahrensrecht.** Soweit die Anwendung des VwVfG gem Abs 3 Nr 2 ausgeschlossen ist und auch besondere Regelungen in Prüfungsordnungen usw nicht bestehen, gelten für Prüfungen die

56 So zB BVerwGE 62, 172; VGH Kassel NVwZ 1989, 73; ebenso StBS 128 f; Knack/Henneke 34; Wagner DÖV 1988, 278 mwN.

57 BVerwG NJW 1981, 2136; StBS 128; Schoch NJW 1982, 548; BVerwGE 62, 170; OVG Bremen NJW 1976, 771; offen Götz NJW 1976, 1425; Waldhausen ZBR 1977, 18; **aA** Schoch NJW 1985, 545, 548.

58 VGH Kassel NVwZ 1989, 73 zu einem Überprüfungsgespräch mit einem Bewerber für einen Beförderungsdienstposten im Rahmen des Auswahlverfahrens; StBS 128; wohl auch Obermayer 62; vgl auch HessStGH DVBl 1989, 215.

59 VG Münster, B v 16.5.2012, 4 L 113/12, juris Rn 14.

60 S auch Art 2 Abs 3 Nr 2 bayVwVfG.

61 Ebenso FL 55; MB 21; Obermayer/Funke-Kaiser 65; iE auch Knack/Henneke 35.

62 Vgl etwa zum Rücktritt, wenn dieser einer Genehmigung bedarf, auch VGH Mannheim DVBl 1990, 546.

allgemeinen **Grundsätze eines rechtsstaatlichen Verwaltungsverfahrens** (Müller-Ibold 173) und die ebenfalls überwiegend von der Rechtsprechung und vom Schrifttum entwickelten **allgemeinen Prüfungsgrundsätze.**[63] Der Abschluss eines Vergleichs in einem Rechtsstreit um Prüfungsentscheidungen verstößt nicht gegen Abs 3 Nr 2, wonach die Vorschriften zum öffentlichrechtlichen Vertrag grundsätzlich nich anwendbar sind.[64] S hierzu näher § 40 Rn 122 ff. **Zum Rechtsschutz bei Prüfungsmängeln s § 40 Rn 139 ff.**

3. Tätigkeit der Auslandsvertretungen (Nr 3). Die Ausnahme für Verfah- 49
ren der Vertretungen des Bundes (Botschaften, Konsulate) im Ausland soll dem Umstand Rechnung tragen, dass diese Behörden ihre Tätigkeit auf fremdem Hoheitsgebiet und daher zT unter anderen Bedingungen, insb meist auch unter Bindung an fremdes Recht, ausüben als die Behörden im Inland (Begr 36). Soweit es sich um die Erfüllung von Aufgaben handelt, die ausschließlich dem Recht eines fremden Staates, dem Völkerrecht oder dem supranationalen Recht zuzuordnen sind, handelt es sich darüber hinaus überhaupt nicht um Verwaltungstätigkeit iS von § 1 (s § 1 Rn 19b; ebenso wohl auch FL 57).

Die Regelung gilt für **alle Handlungen der diplomatischen und konsula-** 50
rischen Vertretungen im Ausland, zB die Erteilung von Einreisevisa,[65] die Vernehmung von Zeugen für eine Behörde usw (vgl FL 59, wo jedoch, zu weitgehend, auch die Verwaltung von Nachlässen in diesem Zusammenhang genannt wird). Abs 3 Nr 3 war gemäß der darin zum Ausdruck gekommenen ratio legis bis zur Wiedervereinigung auch auf die Tätigkeit der Ständigen Vertretung der Bundesrepublik in der ehemaligen DDR gem Art 8 des Grundlagenvertrages anwendbar (FL 60; StBS 141). Wenn auch die DDR im Verhältnis zur Bundesrepublik nicht „Ausland" war (vgl BVerfGE 11, 158; 36, 17; BVerwG NJW 1977, 1790), vollzog sich die Tätigkeit der Ständigen Vertretung doch unter vergleichbaren Bedingungen wie die Tätigkeit der Auslandsvertretungen.

Das von den Auslandsvertretungen zu beachtende Verfahren ist zT 51
im G über die Konsularbeamten, ihre Aufgaben und Befugnisse **(KonsularG)** vom 11.9.1974 (BGBl I 2317) geregelt. Ergänzend kommen die **allgemeinen Grundsätze** des Verwaltungsverfahrens zur Anwendung,[66] soweit nicht Besonderheiten, die sich daraus ergeben, dass die Tätigkeit im Ausland stattfindet, entgegenstehen. Zur Ausfüllung von Lücken kommt letztlich auch eine analoge Anwendung des VwVfG in Betracht.

4. Tätigkeit der Bundespost im Post- und Fernmeldebereich (Abs 3 52
Nr 4 aF). a) Aufgehobene Regelung. Die inzwischen durch das PTNeuOG 1994 aufgehobene Ausnahme war eingeführt worden, weil es sich bei der Benutzung der Post- und Fernmeldeeinrichtungen um Massenvorgänge handelt, die schnell und nach möglichst einfach zu handhabenden Vorschriften bewältigt werden müssen (Begr 36; BVerwG NJW 1989, 1817; StBS 142; FL 61). Sie beruhte auf der sachlich kaum zutreffenden Annahme, dass die Anwendung des VwVfG die betroffenen Tätigkeiten der Post zu sehr erschweren würde, außerdem auf der bis zur Postreform[67] überwiegend vertretenen Auffassung, dass die Rechtsverhältnisse bei der Inanspruchnahme der Post grundsätzlich als öffentlich zu qualifizieren seien (vgl BVerwGE 11, 274; 13, 133; BVerwG NVwZ 1985, 116; BGHZ 16, 111; 19, 226; 66, 305). Weil die Post nach der **Privatisierung**

[63] Vgl BVerwG DVBl 1981, 583; OVG Münster NJW 1982, 1346; DVBl 1992, 1050; VGH München NJW 1982, 1347; BayVBl 1980, 86.

[64] So zutreffen OVG Berlin-Brandenburg NVwZ-RR 2014, 686.

[65] VG Berlin, Urt v 31.5.2013 – 7 K 563.12 V – juris Rn 17.

[66] Vgl BVerwGE 142, 179, juris Rn 24 (Aufnahmezusage).

[67] BGBl I 1026; dazu BT-Dr 11, 2854; Schatzschneider NJW 1989, 2371; Müssig NJW 1991, 472; Lässig NJW 1991, 2371; Ehlers JZ 1991, 232; Gramlich JuS 1991, 88; Schwonke NVwZ 1991, 149.

und ihrer Aufgliederung in Postdienst, Postbank und Telekom die Post **nunmehr ganz überwiegend privatrechtlich tätig** wird (vgl Art 87f Abs 2 S 1 GG), war die Regelung insoweit gegenstandslos geworden und überholt, da die Anwendbarkeit des VwVfG schon deshalb entfiel.[68] Den verbliebenen öffentlich-rechtlichen Bereich von Tätigkeiten der Post aus dem Anwendungsbereich des VwVfG auszunehmen, besteht kein Anlass.

53 **b) Privatisierter Bereich.** Das Verfahren der Postbehörden war bis 1989 zT in besonderen, aufgrund von § 14 PostVwG erlassenen Benutzungsordnungen geregelt, die insb auch die Benutzungsbedingungen, Gebühren usw festlegten. Diese Benutzungsordnungen sind jedoch gem § 65 PostVerfG spätestens 1991 außer Kraft getreten und auch seither nicht mehr durch neue öffentlich-rechtliche Vorschriften ersetzt worden (Knack/Henneke 40). Nur soweit die Leistungen der Postunternehmen Postdienst, Postbank und Telekom heute noch als öffentlich-rechtlich und nicht als privatrechtlich zu beurteilen sind, kommt das VwVfG noch zur Anwendung.

54 **c) Verbliebener öffentlich-rechtlicher Bereich.** Öffentlich-rechtlich sind nach Art 87f Abs 2 S 2 GG nach wie vor die verbliebenen Hoheitsaufgaben zu bewältigen. Hierbei handelt es sich vor allem um Aufgaben im Bereich der Funkfrequenzverwaltung (vgl zB §§ 52ff TKG), die Erteilung von Genehmigungen für Funkanlagen durch die **Regulierungsbehörde für Telekommunikation und Post** (früher BAPT) und die Vorsorge für den Krisen- und Katastrophenfall, ferner die Aufgaben nach Art 87f Abs 3 (vgl auch BT-Dr 12/7269 S 5). Hoheitlich tätig wird die Post wie andere **Zustellunternehmen auch als Beliehene** bei der förmlichen Zustellung von Schriftstücken (§ 33 Abs 1 S 2 PostG). **Umstritten** ist, ob und inwieweit über den **Zugang zu den Dienstleistungen und Einrichtungen der Post** öffentlich-rechtlich zu entscheiden ist.[69] Dies wird zT, obwohl die Benutzung ieS nunmehr dem Privatrecht unterliegt, auf Grundlage der Zwei-Stufentheorie nach öffentlichem Recht beurteilt.[70] Vgl auch OLG Karlsruhe NJW 1994, 2033: die Deutsche Bundespost Telekom wird hoheitlich tätig, soweit das Fernmeldenetz oder der Fernmeldebaudienst betroffen sind; OLG Nürnberg NJW 1994, 2032: im **Bereich der Monopoldienstleistungen** ist die Tätigkeit der Mitarbeiter der Deutschen Bundespost Postdienst auch nach ihrer Umorganisation als Ausübung hoheitlicher Aufgaben anzusehen; VG Regensburg NJW 1994, 2040: Der Verwaltungsrechtsweg ist gegeben gegen Ausschluss von Postwurfsendungen von der Beförderung durch die Post gem § 8 Abs 1 PostG iVmit § 6 PostdienstVO; ebenso VG Frankfurt NJW 1993, 2067. Nach der Gegenmeinung sind die Rechtsverhältnisse der Post, soweit keine Beleihung vorliegt, **privatrechtlich zu beurteilen** (Kopp/Schenke § 40 Rn 19; Ehlers in Schoch § 40 Rn 274). Dieser Auffassung ist zuzustimmen.[71]

[68] StBS 144; Knack/Henneke 40; s auch 37 zu § 1; Schatzschneider NJW 1989, 2371; Gramlich JuS 1991, 88 mwN; Ehlers JZ 1991, 234; Müssig NJW 1991, 472; Schwonke NVwZ 1991, 149.

[69] Vgl VG Würzburg BayVBl 1994, 540 m Anm Kriener BayVBl 1994, 540: öffentlich-rechtlich, soweit Fragen der Teilhabe, privatrechtlich, soweit Fragen der Ausgestaltung und des Inhalts der Benutzungsverhältnisse.

[70] Kopp/Schenke § 40 Rn 19f; Heinze NVwZ 1993, 1145 mwN; zur Schließung eines Postamts auch Mannheim NJW 1994, 2373; vgl ferner OLG Nürnberg NJW 1994, 2032; zur Zulassung zu Einrichtungen der Daseinsvorsorge. S auch Müssig NJW 1991, 472.

[71] VGH München NJW 1990, 2485; KG NJW-RR 1991, 1007; OLG Frankfurt NJW 1993, 2945 zur Zulassung von Sendungen zum Postversand; NJW 1994, 1226; DVBl 1993, 1324; Aldag NJW 1990, 2864; Schwonke NVwZ 1991, 149; Müssig NJW 1991, 472; Ehlers JZ 1991, 234; Schatzschneider NJW 1989, 2371; Allgaier VersR 1991, 636: immer zivilrechtlich; zT **aA** Gramlich NJW 1994, 985.

V. Weitere Ausnahmen vom Anwendungsbereich

55 Die Aufzählung der Ausnahmen in § 2 ist **nicht abschließend** (Begr 33; StBS 11). Es gibt vielmehr eine Reihe von nicht genannten Bereichen, auf die das VwVfG keine oder nur eingeschränkte Anwendung findet (s unten Rn 67). Die Länder können in ihren Verfahrensgesetzen weitere Ausschlüsse vorsehen und haben von dieser Möglichkeit auch Gebrauch gemacht, insbes im Bereich der Rundfunkanstalten. Im Übrigen ist der Bundesgesetzgeber nicht gehindert, durch Gesetz auch künftig weitere Ausnahmen vorzusehen bzw den Verordnungsgeber gem Art 80 Abs 1 GG zum Erlass von Sondervorschriften durch VOen auch mit Vorrangwirkung gem § 1 zu ermächtigen.

56 **1. Ausschluss oder subsidiäre Anwendbarkeit.** Soweit sonst ein Ausschluss des VwVfG angenommen wird, liegen idR Fälle weitgehender Subsidiarität gegenüber spezialgesetzlichen Regelungen vor. Das gilt etwa für Verfahren zur Durchführung von **Parlamentswahlen** (Begr 33; StBS 12ff; UL § 18 Rn 27), nach den **parlamentarischen Geschäftsordnungen, Petitionsverfahren** (s Schmitz NVwZ 2003, 1437), Verfahren der parlamentarischen Untersuchungsausschüsse[72] und auf das Verfahren der Rechnungshöfe,[73] ebenso für Verfahren in Personalvertretungssachen.[74] Richtiger erscheint es, die Nichtanwendbarkeit des VwVfG und der Verwaltungsverfahrensgesetze der Länder auf Verfahren nach den Geschäftsordnungen usw als Ausnahmen gem § 1 bzw den entsprechenden Vorschriften des Landesrechts zu behandeln mit der Folge, dass die subsidiäre Anwendung des VwVfG bzw des entsprechenden Landesgesetzes grundsätzlich zulässig bleibt (ähnlich wohl BVerwG NVwZ 2003, 619 für Kommunalwahlen). **Grundsätzlich anwendbar** ist das VwVfG, soweit keine nach § 1 Abs 1 oder 2 vorgehenden Sondervorschriften bestehen, zumindest sinngemäß-analog zB auch im **Kartellrecht** (GWB), im Flurbereinigungsrecht, im Katasterrecht, im Kriegsgefangenenentschädigungsrecht und im Disziplinarrecht (MuE 249). Zum Vergaberecht s Einf I Rn 52ff.

57 **2. Rechtsverhältnisse bei der Bahn.** Während die Post vor der Postreform nach hM ihren Benutzern gegenüber öffentlich-rechtlich handelte, wurden die Benutzungsverhältnisse bei der Bahn schon vor der Bahnreform als privatrechtlich eingestuft. Hieran hat die Privatisierung der Bundesbahn als Deutsche Bahn AG nichts geändert. Die Benutzungsverhältnisse bei der Bahn sind deshalb wie bisher (vgl BGH BB 1960, 420), als **privatrechtlich** anzusehen. Öffentlich-rechtlich bleiben dagegen die schon nach bish Rspr als öffentlich-rechtlich zu qualifizierenden Entscheidungen der Eisenbahnverwaltung über die Benennung von Bahnhöfen (vgl BVerwGE 44, 351; Kopp/Schenke § 40 Rn 19a) und die Stilllegung von Strecken oder Bahnhöfen (vgl § 35 Rn 150; Gornig BayVBl 1983, 101); außerdem auch für die Planfeststellung gem §§ 18, 20 des allgemeinen EisenbahnG – AEG – vom 27.12.1993 (BGBl I 2378, 2396), § 3 Abs 2 Nr 1 des G über die Eisenbahnverkehrsverwaltung des Bundes vom 27.12.1993 (BGBl I 2378, 2394) für Bahnanlagen durch das **Eisenbahn-Bundesamt.** Die öffentlich-rechtlichen Befugnisse zur Aufrechterhaltung der Ordnung auf dem Bahngelände sind von der früheren Bahnpolizei auf den Bundesgrenzschutz übergegangen und werden von diesem öffentlich-rechtlich wahr-

---

[72] Vgl OVG Münster NVwZ 1987, 607, wo das Gericht offenbar die Unanwendbarkeit als selbstverständlich stillschweigend voraussetzt; str; vgl auch Di Fabio, Rechtsschutz im parlamentarischen Untersuchungsverfahren, 1988; StBS § 1 Rn 176.

[73] Belemann DÖV 1979, 685; Haverkate AöR 1982, 549; Stober/Kluth, Zur Rechnungsprüfung von Kammern 1989, 82; Heuer DVBl 1986, 517.

[74] BVerwGE 66, 65; 66, 291; BVerwG NVwZ 1987, 230; 1988, 193; Laubinger VerwArch 1985, 449 mwN; zT **aA** OVG Münster NJW 1982, 1663; OVG Hamburg PersV 1984, 242; Battis NVwZ 1986, 889; Oetker DöD 1985, 244.

genommen. Problematisch ist, ob daneben öffentlich-rechtliche Befugnisse bei der Bahn verblieben sind, wie dies zB für das Einschreiten des Schrankenwärters gegen Dritte, die dem im Schließen der Schranke an einem Bahnübergang konkludent zu sehenden Verbot, den Übergang zu benutzen, zuwiderhandeln, teilweise angenommen wird. Ebenfalls problematisch ist Einordnung des Anspruchs auf **Zulassung zur Benutzung.**[75] Soweit die Entscheidung über die Zulassung zur Benutzung oder anderer Maßnahmen der Bahn dem öffentlichen Recht unterliegen und als VAe ergehen, wäre darauf grundsätzlich das VwVfG anwendbar.

§ 3 Örtliche Zuständigkeit

(1) Örtlich zuständig[18] ist

1. in Angelegenheiten, die sich auf unbewegliches Vermögen[19a] oder ein ortsgebundenes Recht[20] oder Rechtsverhältnis beziehen, die Behörde, in deren Bezirk das Vermögen oder der Ort liegt;[19]

2. in Angelegenheiten, die sich auf den Betrieb eines Unternehmens[23] oder einer seiner Betriebsstätten,[24] auf die Ausübung eines Berufs[25] oder auf eine andere dauernde Tätigkeit[26] beziehen, die Behörde, in deren Bezirk das Unternehmen oder die Betriebsstätte betrieben oder der Beruf oder die Tätigkeit ausgeübt wird oder werden soll;

3. in anderen Angelegenheiten, die

a) eine natürliche Person betreffen, die Behörde, in deren Bezirk die natürliche Person ihren gewöhnlichen Aufenthalt[27] hat oder zuletzt hatte,

b) eine juristische Person oder eine Vereinigung betreffen, die Behörde, in deren Bezirk die juristische Person oder die Vereinigung ihren Sitz hat oder zuletzt hatte;[34]

4. in Angelegenheiten, bei denen sich die Zuständigkeit nicht aus den Nummern 1 bis 3 ergibt, die Behörde, in deren Bezirk der Anlass für die Amtshandlung hervortritt.[35]

(2) **Sind nach Absatz 1 mehrere Behörden zuständig, so entscheidet die Behörde, die zuerst mit der Sache befasst worden ist,[36] es sei denn, die gemeinsame fachlich zuständige Aufsichtsbehörde bestimmt, dass eine andere örtlich zuständige Behörde zu entscheiden hat.[38] Sie kann in den Fällen, in denen eine gleiche Angelegenheit sich auf mehrere Betriebsstätten eines Betriebs oder Unternehmens bezieht, eine der nach Absatz 1 Nr. 2 zuständigen Behörden als gemeinsame zuständige Behörde bestimmen, wenn dies unter Wahrung der Interessen der Beteiligten zur einheitlichen Entscheidung geboten ist.[41] Diese Aufsichtsbehörde entscheidet ferner über die örtliche Zuständigkeit, wenn sich mehrere Behörden für zuständig oder für unzuständig halten oder wenn die Zuständigkeit aus anderen Gründen zweifelhaft ist.[43 f] Fehlt eine gemeinsame Aufsichtsbehörde, so treffen die fachlich zuständigen Aufsichtsbehörden die Entscheidung gemeinsam.[46]**

(3) **Ändern sich im Lauf des Verwaltungsverfahrens[49] die die Zuständigkeit begründenden Umstände, so kann[50] die bisher zuständige Behörde das Verwaltungsverfahren fortführen, wenn dies unter Wahrung der Interessen der Beteiligten der einfachen und zweckmäßigen Durchführung des Verfahrens dient und die nunmehr zuständige Behörde zustimmt.[51]**

---

[75] Vgl § 35 Rn 42 f; Kunz BayVBl 1983, 425; ebenso Kopp/Schenke § 40 Rn 19a; allg auch Heinze NVwZ 1993, 1145 mwN; **aA** StBS 148.

(4) **Bei Gefahr im Verzug**[55] **ist für unaufschiebbare**[56] **Maßnahmen jede Behörde örtlich zuständig, in deren Bezirk der Anlass für die Amtshandlung hervortritt.**[54] **Die nach Absatz 1 Nr. 1 bis 3 örtlich zuständige Behörde ist unverzüglich zu unterrichten.**[57]

Parallelvorschriften: § 2 SGB-X; §§ 16–29 AO

Schrifttum: *Adami,* Zuständigkeit, Unzuständigkeit und Unzuständigkeitsfolgen in der staatlichen Verwaltungsorganisation, Diss Würzburg 1971; *Bettermann,* Zuständigkeitsfragen in der Rspr des BVerwG zum Verwaltungsverfahrensrecht, BVerwG-FS 1978, 61; *Bleckmann,* Die Anerkennung der Hoheitsakte eines anderen Landes im Bundesstaat, NVwZ 1986, 1; *Burmeister,* Herkunft, Inhalt und Stellung des institutionellen Gesetzesvorbehalts, 1991; *Collin/Fügemann,* Zuständigkeit – Eine Einführung zu einem Grundelement des Verwaltungsorganisationsrechts, JuS 2005, 694; *Drobnig,* Die Anerkennung von VAen der DDR, ROW 1981, 181; *Foerster,* Die örtliche Zuständigkeit der Verwaltungsbehörde, SKV 1976, 162; *Gillmaier,* Das Selbsteintrittsrecht in Bayern nach Art 3a BayVwVfG, Diss Passau 1994; *Grochtmann,* Missbrauch beim BAföG – Wer ist zuständig? NZS 2013, 410; *Groschupf,* Wohnsitzwechsel und örtliche Behördenzuständigkeit, DVBl 1963, 661; *Guttenberg,* Weisungsbefugnisse und Selbsteintritt, 1992; *Kaup,* Das subjektive Recht der regelrecht zuständigen Behörde auf den selbsteintrittsfreien Funktionsbereich, BayVBl 1990, 193; *Louis/Abry,* Wechsel der örtlichen Zuständigkeit einer Behörde während des Widerspruchs- oder des Klageverfahrens, DVBl 1986, 331; *Lipski,* Die örtliche Zuständigkeit im Staatsangehörigkeitsrecht, StAZ 1998, 6; *Loroch,* Die örtliche Zuständigkeit des Amtsarztes, DÖD 2012, 97; *Lücke,* Behördliche und gerichtliche Notkompetenzen im Lichte der Verfassung, in: Thieme-FS 1993, 539; *Mallmann,* Das Melderecht nach der Novellierung des MRRG, NJW 1994, 1684; *Mussgnug,* Das Recht auf den gesetzlichen Verwaltungsbeamten?, 1970; *Oebbecke,* Mehrfachzuständigkeiten in der Verwaltung als Verfassungsproblem, in: Wessels-FS 1993, 1119; *Oldiges,* Verbandskompetenz, DÖV 1989, 873; *Rasch,* Die Festlegung und Veränderung staatlicher Zuständigkeiten, DÖV 1957, 337; *Redeker,* Behördlicher Zuständigkeitswechsel während anhängigen Verwaltungsprozesses, NVwZ 2000, 1223; *Schenke,* Delegation und Mandat im öffentlichen Recht, VerwArch 1977, 118; *Schmidt,* Der Verlust der örtlichen Zuständigkeit während des Verwaltungsverfahrens, DÖV 1977, 774; *Stettner,* Grundfragen der Kompetenzlehre, 1983; *Schmidt-De Caluwe,* Verwaltungsorganisationsrecht, JA 1993, 65; *Süß,* Zur gesetzlichen Verankerung des Selbsteintrittsrechts im BayVwVfG, BayVBl 1987, 1; *Upmeier,* Entscheidungskonkurrenz bei Zuständigkeit mehrerer Behörden unter Berücksichtigung des Bau- und Landschaftsschutzrechts, NuR 1987, 309; Zähle, Zuständigkeit der Polizei, JuS 2014, 315.

Übersicht

I. Allgemeines

1. Inhalt. Die Vorschrift regelt die **örtliche Zuständigkeit der Behörden,** soweit diese im Bereich des öffentlichen Rechts zur Erfüllung öffentlicher Aufgaben tätig werden (§ 1). Weitere Regelungen zur Zuständigkeit enthält das VwVfG nicht (s unten Rn 4 ff). Die Regelung lehnt sich an bestehende einzelgesetzliche Regelungen und an §§ 52, 53 VwGO an (Begr 36 ff; MuE 81 ff). Sie ist gem § 1 Abs 1 und 2 nur anwendbar, wenn und soweit andere Vorschriften des Bundesrechts die örtliche Zuständigkeit nicht bereits abschließend regeln (UL § 10 Rn 24). Die Wahrung der örtlichen Zuständigkeit – Entsprechendes gilt auch für die sachliche Zuständigkeit – der Behörde liegt nicht nur im (öffentlichen) Interesse der guten Ordnung einer modernen arbeitsteiligen Verwaltung und damit der optimalen Erfüllung der Verwaltungsaufgaben (Vertrautheit der Behörde mit den örtlichen Besonderheiten, spezifische Kenntnisse, Erfahrungen usw), sondern dient zugleich auch der Rechtssicherheit und dem Rechtsschutz des Bürgers,[1] soweit in einer Angelegenheit Grundrechte berührt werden, auch dem Schutz dieser Grundrechte.[2] Ein Verstoß gegen Vorschriften über die Zuständigkeit der Behörden führt zur Rechtswidrigkeit des VA. **Zuständigkeitsmängel können Betroffene rügen,** soweit § 46 nicht entgegensteht (s auch Rn 58 ff, § 44 Rn 17, 38 f, § 46 Rn 22).[3] Ein wirksamer Verzicht auf die Einhaltung der Zuständigkeitsregeln ist nicht möglich. Ebenso wenig heilt die rügelose Einlassung der Beteiligten in einem Verwaltungsverfahren einen Mangel der Zuständigkeit (StBS 5). 1

2. Anwendungsbereich. a) Unmittelbare Anwendbarkeit. § 3 gilt nach hM nicht nur für die örtliche Zuständigkeit der Behörden in Verfahren zum Erlass eines VA oder zum Abschluss eines verwaltungsrechtlichen Vertrages, sondern **allgemein im Anwendungsbereich des VwVfG.**[4] **Spezialregelungen** gehen auch hier vor. Die Vorschrift gilt auch für die örtliche Zuständigkeit der Widerspruchsbehörden im **Widerspruchsverfahren** (StBS 38). Dies gilt unabhängig davon, ob das Widerspruchsverfahren im Verhältnis zum Ausgangsverfahren als selbständiges Verfahren[5] oder als Fortführung des Ausgangsverfahrens vor einer anderen Behörde angesehen wird[6] (s hierzu näher § 9 Rn 30). Sie gilt weiter für **Vollstreckungsverfahren** zur Vollstreckung des im Ausgangsverfahren ergangenen VA und für Verfahren betreffend **Rücknahme oder Widerruf** eines VA gem §§ 48 ff oder zur Wiederaufnahme des Verfahrens gem § 51 oder entsprechenden Vorschriften. Die Verwaltungsverfahrensgesetze der Länder ent- 2

---

[1] BVerwGE 11, 202; BGH DVBl 1992, 1090; OVG Münster NJW 1979, 1058; Menger System 29; F 233; v Olshausen DÖV 1979, 341; Maurer § 21 Rn 46; Knack/Henneke vor § 3 Rn 12; Guttenberg, Weisungsbefugnisse und Selbsteintritte, 1992, 5 ff.

[2] Vgl BVerfGE 56, 242: Anmaßung der Zuständigkeit nach AsylG durch die Ausländerbehörde verstößt gegen Art 16 Abs 2 GG; s auch BVerfG NJW 1981, 1896; BayVBl 1987, 748 m Anm v Maunz; Schenke NJW 1982, 491; allg auch Laubinger VerwArch 1982, 70; Stettner 367.

[3] VGH München BayVBl 1988, 466; VGH Mannheim UPR 1992, 278; UL § 10 Rn 39; StBS 6; Obermayer NJW 1987, 2646; Brunner DÖV 1969, 777 mwN; Kaup BayVBl 1990, 196; MB 27; Stettner 367.

[4] StBS 1; Knack/Henneke 7; MB 6; **aA** Obermayer/Funke-Kaiser 1; Schleicher DÖV 1976, 551.

[5] So zB StBS § 9 Rn 193, 209; Laubinger/Repkewitz VerwArch 1994, 86, 116.

[6] So BVerwGE 82, 338; NVwZ 1987, 224.

halten inhaltlich mit § 3 im Wesentlichen gleich lautende Vorschriften (vgl UL § 10 Rn 32). Abweichungen bzw Ergänzungen finden sich in § 96 bwLVwVfG und Art 94 bayVwVfG. Keine Parallele im VwVfG hat auch Art 3b bayVwVfG, der ein Selbsteintrittsrecht (hierzu Süß BayVBl 1987, 1) der Aufsichtsbehörde in bestimmten Fällen der Untätigkeit der unteren, an sich primär zuständigen Behörde vorsieht.

3 **b) Analoge Anwendbarkeit. Zweifelhaft** ist, ob § 3 als Ausdruck allgemeiner Rechtsgedanken auch in Fällen anwendbar ist, die nicht unter das VwVfG bzw die entsprechenden Ländergesetze oder sonstige ausdrückliche positivrechtliche Regelungen fallen. Grundsätzlich unterliegen Regelungen der Zuständigkeit einer Behörde dem institutionellen Gesetzesvorbehalt.[7] Soweit die Zuständigkeit durch Gesetz grundsätzlich begründet ist, kann § 3 lediglich **ergänzend und zur Ausfüllung von Lücken** sowie zur Auslegung und näheren Abgrenzung der getroffenen Regelungen herangezogen werden. Dies gilt insb auch für Abs 2, der im wesentlichen nur Grundsätze positiviert, die sich bereits aus dem hierarchischen Aufbau der Behörden, dem Weisungsrecht der höheren Behörden gegenüber den nachgeordneten Behörden und aus der allgemeinen ungeschriebenen Verpflichtung der Behörden zur Zusammenarbeit bei der Erfüllung ihrer Aufgaben ergeben (vgl WBS III § 72 IVc), ebenso auch für Abs 3 und 4 (**aA** wohl BVerwGE 84, 136). Eine analoge Anwendbarkeit kommt außerdem in Betracht, wenn es sich um die Frage der Zuständigkeit zur Erledigung von Verwaltungsaufgaben in Privatrechtsform handelt (StBS 2).

3a Auf die **sachliche Zuständigkeit** der Behörden einschließlich der funktionellen Zuständigkeit ist § 3 Abs 1 nicht entsprechend anwendbar, wohl aber, soweit durch Rechtsvorschriften nichts anderes bestimmt ist und sich auch aus dem Wesen der sachlichen Zuständigkeit nichts anderes ergibt, Abs 2–4 (ebenso Knack/Henneke 11; offen VGH München DÖV 1982, 84; **aA** FL 56). Dies galt nach bisher hM auch für die **Verbandszuständigkeit,** also die Zuständigkeit des Rechtsträgers.[8] Dagegen nimmt das BVerwG nunmehr an, aus der entsprechenden Anwendung der mit § 3 übereinstimmenden Regelungen der Verwaltungsverfahrensgesetze der Länder ergebe sich ein „aufeinander abgestimmtes System" zur Bestimmung der Verbandszuständigkeit eines Bundeslandes für die Ausführung einer bundesrechtlich begründeten Aufgabe, wenn spezielle Zuweisungsregeln fehlten.[9]

4 **3. Zuständigkeitskategorien. a) Örtliche Zuständigkeit.** Die örtliche Zuständigkeit betrifft den räumlich abgegrenzten Tätigkeitsbereich einer Behörde im Rahmen ihrer sachlichen Zuständigkeit für Angelegenheiten, die ihrem Verwaltungsbezirk zugehören (UL § 10 Rn 9; StBS 7; Knack/Henneke vor § 3 Rn 6). Die Regelungen der örtlichen Zuständigkeit setzen voraus, dass den Behörden organisationsrechtlich bereits bestimmte räumlich abgegrenzte Verwaltungsbezirke zugewiesen sind und regeln auf dieser Grundlage die Kriterien, an denen insoweit angeknüpft werden soll, wie zB Aufenthalt, Wohnsitz, Belegenheiten, Betriebsstätten usw.

---

[7] Hierzu im Einzelnen Rn 7 ff.

[8] Knack/Henneke Rn 11; FKS 14; StBS 1; zusammenfassend auch MSU 19.

[9] BVerwGE 142, 195, 202 f (Bestimmung der Verbandszuständigkeit eines Bundeslands für Entscheidung über die Befristung der Wirkungen einer Abschiebung nach § 11 Abs 1 AufenthG in entsprechender Anwendung der mit § 3 Abs 1 Nr 3a gleichlautenden Vorschriften der Länder); ebenso jetzt auch VGH Mannheim VBlBW 2014, 302; OVG Bautzen AuAS 2014, 92, juris Rn 8 (Verbandszuständigkeit für Sachentscheidung über Verlängerung einer Aufenthaltserlaubnis und für Aufenthaltsbeendigung) sowie VGH Mannheim NVwZ-RR 2014, 302, 304 (entsprechende Anwendung des § 3 zur Bestimmung des zuständigen Rechtsträgers bei unvollständiger Regelung der Verbandszuständigkeit im Gewerberecht).

b) Sachliche Zuständigkeit. Die sachliche Zuständigkeit betrifft den gegenständlich bzw inhaltlich beschriebenen Tätigkeitsbereich einer Behörde für einen bestimmten Teil des anzuwendenden materiellen Rechts, dem eine **Sachaufgabe** (zB der Vollzug des Gewerberechts, des Baurechts, des Sozialrechts usw) zuzurechnen ist (StBS 8; UL § 10 Rn 5). Wegen der Vielfältigkeit der Sachaufgaben, die von den Bundes- und Landesbehörden zu erledigen sind, erschien es nicht sinnvoll, die sachlichen Zuständigkeiten zentral in einem Verwaltungsverfahrensgesetz zu regeln. Während Ministerien grundsätzlich nur einen sachlich beschränkten Aufgabenkreis haben, sind die Mittelinstanzen (Regierungspräsidien) und die unteren Verwaltungsbehörden (Kreise, Kreisfreie Städte) grundsätzlich für sämtliche Verwaltungsaufgaben sachlich zuständig, für die keine Sonderbehörden eingerichtet sind. 5

c) Instanzielle Zuständigkeit. Ähnliches gilt für die instanzielle Zuständigkeit, die die Zuweisung von Sachaufgaben innerhalb eines hierarchischen Behördenaufbaus zu einer bestimmten Verwaltungsebene betrifft. Ist eine Aufgabe etwa der unteren Verwaltungsbehörde zugewiesen, so kann die übergeordnete Behörde diese nicht ohne weiteres an sich ziehen und selbst erledigen, es sei denn, sie hätte ein gesetzlich besonders angeordnetes Selbsteintrittsrecht. Die instanzielle Zuständigkeit wird typischerweise zusammen mit der sachlichen Zuständigkeit geregelt und zT auch als Teil der sachlichen Zuständigkeit angesehen (zB UL § 10 Rn 5). 5a

d) Funktionelle Zuständigkeit, Organzuständigkeit. Während die Organzuständigkeit die Frage betrifft, welches Organ innerhalb einer Körperschaft, Anstalt oder Stiftung des öffentlichen Rechts zur Entscheidung berufen ist (zB Bürgermeister oder Gemeinderat), betrifft die funktionelle Zuständigkeit die Frage, ob die sachlich und instanziell einer bestimmten Behörde zugewiesene Aufgabe dort von bestimmten Funktionsträgern zu erledigen ist, zB dem Behördenleiter, seinem Stellvertreter, einem **Bediensteten des Höheren Dienstes,** mit der **Befähigung zum Richteramt** (vgl zB § 61 Abs 1) oder einer anderen Person in einer besonderen Funktion oder mit einer besonderen Qualifikation erledigt werden muss. Funktionelle Zuständigkeitsbeschränkungen bedürfen grundsätzlich einer besonderen rechtlichen Grundlage, wenn und soweit sie außenwirksame Beschränkungen von Handlungskompetenzen begründen sollen. Soweit sie lediglich auf internen Verwaltungsanweisungen beruhen, liegt in ihrer Nichtbeachtung idR keine Rechtsverletzung. 5b

e) Verbandszuständigkeit. Während die örtliche, sachliche und die instanzielle Zuständigkeit bei der Behörde ansetzen und die funktionelle Zuständigkeit bei einzelnen Funktionsträgern innerhalb einer Behörde, knüpft die Verbandszuständigkeit nicht an der Behörde an, sondern **setzt bei dem Rechtsträger an,** dem sie angehört. Die Verbandszuständigkeit bzw Verbandskompetenz betrifft die Zuweisung von Aufgaben zu Trägern öffentlicher Verwaltung (zB dem Bund, einem bestimmten Land, einer bestimmten Gemeinde usw). Die handelnde Behörde muss stets demjenigen Träger öffentlicher Verwaltung zugeordnet sein, der die Verbandszuständigkeit innehat.[10] Zur entsprechenden Anwendbarkeit des § 3 auf die Verbandszuständigkeit s Rn 3a. 6

4. Gesetzesvorbehalt für Zuständigkeitsregelungen. a) Organisationsgewalt und institutioneller Gesetzesvorbehalt. Die Frage, ob und in welchem Umfang Zuständigkeitsregelungen einer gesetzlichen Grundlage bedürfen, muss differenziert beantwortet werden. Einerseits ist es Sache des Gesetzgebers, die Einrichtung der Behörden, den Behördenaufbau und die Aufgabenzuwei- 7

---

[10] Bsp OVG Münster NuR 2005, 660 zu den begrenzten Zuständigkeiten des Eisenbahnbundesamtes zur Vollziehung von Landesrecht. Geltendmachung von Forderungen eines Landes durch Behörden eines anderen Landes, vgl BVerwGE 90, 25.

sungen zu regeln. Andererseits gehört die Zuweisung von Zuständigkeiten im Einzelnen in den Bereich der Organisationshoheit der Exekutive. Für den der Legislative vorbehaltenen Bereich wurde der Begriff des institutionellen Gesetzesvorbehalts geprägt. Über die ausdrücklichen Verfassungsbestimmungen hinaus (s hierzu Ossenbühl in HdBStR III § 62 Rn 28), ist ein ungeschriebener institutioneller Gesetzesvorbehalt anerkannt, der sich aus der Wesentlichkeitslehre und dem objektivrechtlichen Gehalt der Grundrechte herleiten lässt.[11] Die Reichweite des institutionellen Gesetzesvorbehalts ist noch nicht vollständig geklärt.

7a **Zuständigkeitsregelungen innerhalb von Behörden** bedürfen nach insoweit einhelliger Auffassung in Rspr und Literatur grundsätzlich **keiner gesetzlichen Regelung.** Das gilt nicht nur für die Zuständigkeit von Behörden iSd § 1 Abs 4, sondern darüber hinaus auch für Behörden im organisationsrechtlichen Sinn. Die Zuständigkeitsverteilung innerhalb derartiger Behörden auf Ämter, Abschnitte und Stellen bedarf keiner gesetzlichen Grundlage. Regelungen dieser Art gehören in den Bereich der Organisations- und Verfahrenshoheit der Exekutive. Dementsprechend gibt es kein Recht auf „den" (dh einen bestimmten) zuständigen Sachbearbeiter. Umgekehrt besteht weitgehend Einigkeit darüber, dass die **Übertragung von Zuständigkeiten** auf Verwaltungsträger oder sonstige Personen und Einrichtungen außerhalb der eigentlichen Staatsverwaltung einer gesetzlichen Grundlage bedarf. Das gilt insbesondere für die Übertragung von Zuständigkeiten auf Behörden der Gemeinden und Kreise sowie anderer **unterstaatlicher Körperschaften und Anstalten** des öffentlichen Rechts jedenfalls dann, wenn damit zugleich eine öffentliche Rechtsmacht verliehen wird. Insoweit gilt nichts anderes als für die klassischen Fälle der **Beleihung.**[12]

7b **Umstritten** ist dagegen die Frage, ob Zuständigkeitsregelungen auch im übrigen, insbesondere innerhalb der Staatsverwaltung und innerhalb der Kommunalverwaltungen, einer gesetzlichen Grundlage bedürfen. Hier wird man danach differenzieren müssen, ob es sich um für den Gesetzesvollzug **wesentliche Regelungen** handelt oder nicht. Wesentlich dürften jedenfalls diejenigen Zuständigkeitsregelungen sein, die **außerhalb unmittelbarer Fachaufsichtsstrukturen** erlassen werden.[13] In diesen Fällen kann daher durch organisationsrechtliche Anordnungen, Verwaltungsvorschriften oder allgemeine Rechtsgrundsätze allein eine Zuständigkeit grundsätzlich nicht begründet werden (anders uU durch Gewohnheitsrecht). Nur durch Gesetz können Regelungen über die sachliche und örtliche Zuständigkeit für den Vollzug von Bundesgesetzen gem Art 84 Abs 1 GG durch Landesbehörden getroffen werden; erforderlich ist dafür nach Art 84 Abs 1 GG immer ein mit Zustimmung des Bundesrats ergangenes Bundesgesetz (BVerfGE 75, 150).

7c **b) Notwendigkeit einer Regelung in den Ländern.** Für Baden-Württemberg (Art 70), Bayern (Art 77), Berlin (Art 61), Hamburg (Art 57), Nieder-

[11] BVerfGE 83, 130, 152; 40, 237, 252; BVerwGE 120, 87, 96; OVG Münster NJW 1980, 1406; BGH NJW 2003, 2451, NJW 2000, 2042; Knack/Henneke Vor § 3 Rn 10f; FKS 12f; MSU 5; Erichsen/Ehlers § 8 Rn 4; WBSK I § 31, 32; Bull/Mehde, § 5 Rn 194.

[12] Zum Gesetzesvorbehalt bei der Beleihung OVG Münster NJW 1980, 1406; Erichsen/Ehlers § 10 Rn 27; s auch § 1 Rn 59.

[13] Str, wie hier Obermayer NJW 1987, 2648; Schwab JuS 1977, 664; Schenke DÖV 1986, 194; UL § 10 Rn 15; Ziekow 8; für wesentliche – iS der Wesentlichkeitstheorie des BVerfG, vgl dazu zB BVerfGE 51, 290; 58, 268 – Entscheidungen im Schulrecht ausdrücklich auch BVerwGE 56, 161; **aA** MB 2 unter Hinweis auf BVerwG BayVBl 1972, 161; für den Bereich der Leistungsverwaltung auch BVerfGE 40, 248 mit krit Stellungnahme dazu von Schenke DÖV 1986, 191 und Obermayer DVBl 1987, 879; BVerwGE 36, 91, 328: verwaltungsinterne Regelungen genügen; ebenso für den Fall, dass das Gesetz generell die Möglichkeit einer Delegation der Zuständigkeit vorsieht, BVerwG DVBl 1987, 1268 und NVwZ 1988, 533; VGH Kassel DÖV 1985, 927; krit mit überzeugenden Gründen Schenke DÖV 1986, 194; Obermayer DVBl 1987, 879.

sachsen (Art 56), Nordrhein-Westfalen (Art 77) und Schleswig-Holstein (Art 45) ergibt sich die Notwendigkeit einer gesetzlichen Regelung der sachlichen und örtlichen Zuständigkeit der Behörden schon aus der **Landesverfassung,** für Schleswig-Holstein zudem auch aus § 25 shLVwG, zumindest für die Ausführung von Rechtsvorschriften, die in Rechte des Bürgers eingreifen oder die Behörden zu solchen Eingriffen ermächtigen (zweifelhaft für Art 57 hambVerf, vgl dazu UL § 10 Rn 34).

c) Zuständigkeitskonflikte. Für Zuständigkeitskonflikte bzw Fälle zweifelhafter Zuständigkeit ist auch hins der sachlichen Zuständigkeit der Behörden nach allgemeinen Grundsätzen im Zweifel die **Befugnis der Aufsichtsbehörden zur Entscheidung** und zu entsprechenden Weisungen an die betroffenen Behörden sowie die Befugnis der betroffenen Behörden zu einvernehmlichen Vorgehen entsprechend der in § 3 Abs 2 getroffenen Regelung zu bejahen. Für die **Fortdauer der Zuständigkeit** (perpetuatio fori) gem Abs 3 (BVerwGE 59, 127; **aA** Oldiges DÖV 1989, 882) und für die Zulässigkeit, die Voraussetzungen und Wirkungen der **Verweisung einer Sache** an die zuständige Behörde gelten, soweit durch Rechtsvorschriften nichts anderes bestimmt ist, im Zweifel dieselben Grundsätze wie bei der örtlichen Zuständigkeit (**aA** zu Abs 3 OVG Münster NJW 1979, 1058); dasselbe gilt auch für die **Zuständigkeit in Eilfällen** analog Abs 4 (**aA** FL 56; vgl auch Oldiges DÖV 1989, 882). 8

5. Weitergehende örtliche und sachliche Befugnisse. a) Regelungsmöglichkeiten. Der Gesetzgeber kann, soweit ein hinreichender Zusammenhang mit Gegenständen, für die er die Gesetzgebungskompetenz hat, besteht,[14] ggfs im Einklang mit den Grundsätzen des internationalen Verwaltungsrechts den Anwendungsbereich eines Gesetzes auch über den engeren verbandsmäßigen oder räumlichen Zuständigkeitsbereich hinaus ausdehnen und darüber hinausgreifende Regelungen treffen, zB für Handlungen, die Deutsche im Ausland begehen (vgl Groß JZ 1994, 599 mwN). So kann ein Bundesland im Landesbereich entstehende öffentlich-rechtliche Pflichten, wie die Pflicht, vor einem Untersuchungsausschuss des Landtags als Zeuge zu erscheinen und auszusagen (BVerwGE 79, 339), oder Zahlungspflichten, auch für Personen begründen, die in einem anderen Bundesland wohnen.[15] Im Zweifel gelten bestehende Vorschriften, soweit sie insoweit nichts anderes bestimmen oder durch andere Vorschriften, denen Vorrang zukommt, bestimmt ist, auch für Sachverhalte außerhalb des territorialen Zuständigkeitsbereichs einer Behörde (Kopp KKZ 1994, 194). 9

b) Geltungsbereich von Maßnahmen. Auch die von der zuständigen Behörde gesetzten VAe und sonstigen Hoheitsakte, ebenso auch zB verwaltungsrechtliche Verträge, gelten grundsätzlich, soweit durch Rechtsvorschriften oder rechtsetzende Vereinbarungen oder nach dem Inhalt des in Frage stehenden Aktes nichts anderes bestimmt ist, im Zweifel nicht nur im gesamten Geltungsbereich der Rechtsnormen, aufgrund deren sie erlassen werden, sondern auch außerhalb der territorialen Grenzen des Hoheitsträgers, dem die Behörde angehört oder zuzurechnen ist, **auch im Ausland** und im Zuständigkeitsbereich internationaler oder zwischenstaatlicher Organisationen, sofern der Akt nicht in den Bereich der domaine reservé bzw sovereign immunity des fremden Staates 10

---

[14] Vgl Kopp/Kopp BayVBl 1994, 229; im Verhältnis zu anderen Staaten und zu internationalen Organisationen auch Ziegenhain, Extraterritoriale Rechtsanwendung und die Bedeutung des Genuine-Link-Erfordernisses, 1992; Burmester, Grundlagen internationaler Regelungskumulation und -kollision, unter besonderer Berücksichtigung des Steuerrechts, 1993, 47; Kramp, Die Begründung und Ausübung staatlicher Zuständigkeit für das Verbot länderübergreifender Fusionen nach geltendem Völkerrecht, 1993, 33 mwN.

[15] FL 8; UL § 10 Rn 25; Obermayer RiA 1976, 226; Foerster SKV 1976, 162; Brunner DÖV 1969, 773.

bzw der internationalen oder zwischenstaatlichen Organisation eingreift.[16] Entsprechend gelten Akte von Bundesbehörden auch im Zuständigkeitsbereich der Bundesländer, Akte von Behörden der Länder auch im Zuständigkeitsbereich des Bundes und anderer Bundesländer.[17]

11 **c) Vollzugsakte außerhalb des Hoheitsbereichs. Nicht zulässig** ist grundsätzlich die unmittelbare Vornahme von Hoheitsakten durch eine Behörde außerhalb ihres Zuständigkeitsbereichs oder des Zuständigkeitsbereichs des Rechtsträgers, dem die Behörde angehört, zB einer Behörde eines Landes, in einem anderen Bundesland, einer Gemeindebehörde in einer anderen Gemeinde oder im Ausland.[18] Zur Vollstreckung bzw zum sonstigen Vollzug, uU auch zur Vornahme primärer Amtshandlungen, bedarf es in solchen Fällen grundsätzlich **der Amtshilfe der zuständigen Behörden** (§§ 4 ff). Abweichende Regelungen bedürfen grundsätzlich einer gesetzlichen Grundlage. S zur Amtshilfe ausländischer Behörden oder EU-Behörden nunmehr §§ 8 a–e.

11a **d) Transnationale Verwaltungsakte.** Internationale Regelungen, insb EU-Recht, können zur Folge haben, dass bestimmte von nationalen Behörden erlassene VAe auch in anderen Staaten, also außerhalb des deutschen Hoheitsgebietes, beachtlich sind. Umgekehrt können VAe fremder Staaten in Deutschland beachtlich sein. Zu Regelungen innerhalb der EU-Staaten siehe § 35 Rn 34 f; allg zu transnationalen VAen s StBS EuR Rn 179 ff; Neßler NVwZ 1995, Becher DVBl 2001, 855; Dünchheim DVP 2004, 202.

12 **6. Zwingender Charakter der Zuständigkeitsregelungen.** Die Zuständigkeit der Behörde ist eine zwingende Voraussetzung der Zulässigkeit und Rechtmäßigkeit des Handelns der Behörde.[19] Deshalb wird eine **Annexzuständigkeit** nur in sehr engen Grenzen anzuerkennen sein.[20] Dies gilt nicht nur für die örtliche, sondern auch für die sachliche, instanzielle und funktionelle sowie die Verbandszuständigkeit. Die Verletzung von Zuständigkeitsvorschriften führt grundsätzlich zur Rechtswidrigkeit der getroffenen Entscheidung. Die Zuständigkeit ist von jeder mit einer Sache befassten Behörde in jedem Stadium des Verfahrens **von Amts wegen zu prüfen** und zu beachten und muss jedenfalls im Zeitpunkt des Erlasses des VA bzw des Abschlusses des Vertrags durch die Behörde gegeben sein; vorheriges Fehlen ist grundsätzlich unerheblich.

12a **a) Zuständigkeitsvereinbarungen, Delegation.** Zuständigkeitsvereinbarungen zwischen Behörden untereinander oder mit dem Bürger hins. der örtlichen oder sachlichen Zuständigkeit im „Außenverhältnis" gegenüber dem Bürger erfordern **grundsätzlich eine gesetzliche Grundlage.**[21] Auch die rügelose Einlassung auf ein Verwaltungsverfahren vermag Zuständigkeitsfehler nicht zu heilen; ebenso nicht, sofern nicht durch Gesetz etwas anderes bestimmt ist (vgl zB § 11 Abs 2 Nr 2 BeamtStG), die Zustimmung der zuständigen Behörde zu einem von einer unzuständigen Behörde erlassenen VA (UL § 10 Rn 41 unter Hinweis auf § 45). Eine Behörde kann ohne ausdrückliche gesetzliche Ermächtigung ihre Zuständigkeit auch nicht einseitig auf eine andere Behörde delegieren

---

[16] Vgl Kramp (Fn 14) 195 bzw 214 mwN; Burmester (Fn 14) 47; Ziegenhain, Extraterritoriale Rechtsanwendung und die Bedeutung des Genuine-Link-Erfordernisses, 1992; Groß JZ 1994, 599.

[17] Bleckmann NVwZ 1986, 1; Kopp/Kopp BayVBl 1994, 229; Kopp KKZ 1994, 194.

[18] Groß JZ 1994, 592 mwN; mit Einschränkungen auch Kramp (Fn 13) 193 und 199; Rittstieg NJW 1994, 913.

[19] Ziekow Rn 9; FL 8; UL § 10 Rn 39; Obermayer RiA 1976, 226; Foerster SKV 1976, 162; Brunner DÖV 1969, 773.

[20] BVerwGE 142, 195: keine Annexzuständigkeit nach § 11 AufenthG für eine nachträgliche Befristung der Sperrwirkung der Abschiebung.

[21] Vgl Begr 82; StBS 13; UL § 10 Rn 38; FL 10; Ziekow Rn 9; Knack/Henneke vor § 3 Rn 28; anders zT § 27 AO.

(Delegationsverbot)[22] oder durch **Mandat** einer anderen Behörde mit der Maßgabe zur Ausübung überlassen, dass die getroffene Maßnahme ihr zugerechnet wird.[23] Es besteht auch, wenn keine besonderen gesetzlichen Regelungen es zulassen, **kein Selbsteintrittsrecht.**[24] Ausnahmen sieht Abs 4 bei Gefahr im Verzug vor. Die Möglichkeit der Inanspruchnahme von **Amtshilfeleistungen** bleibt unberührt (§ 4ff).

b) Rechtsfolgen von Verstößen gegen Zuständigkeitsregelungen. Zur Rechtswidrigkeit und Aufhebbarkeit eines unter Verletzung der Regelungen über die örtliche Zuständigkeit erlassenen Verwaltungsakts näher unter Rn 58ff, außerdem § 44 Rn 17, 38f, § 46 Rn 22. 12b

7. Weiterleitung an die zuständige Behörde. a) Zulässigkeit. Das VwVfG enthält (anders als das SGB I in § 16 Abs 2) keine dem § 83 VwGO bzw § 17a Abs 2 GVG entsprechenden Regelungen über die Verweisung von Verwaltungssachen, die bei einer unzuständigen Behörde anhängig sind (zB weil ein Antrag irrtümlich dort gestellt wurde), an die zuständige Behörde. Eine Weiterleitung ist jedoch in sinngemäßer Anwendung des in § 17a Abs 2 GVG zum Ausdruck gekommenen Rechtsgedankens nach allgemeinen Rechtsgrundsätzen als zulässig anzusehen, zumal auch das VwVfG nichts Gegenteiliges besagt.[25] Die Zustimmung der übrigen Beteiligten ist nicht erforderlich. Bindend für die Behörde, an die verwiesen wird, ist die Weiterleitung nur dann, wenn sich dies aus § 3 (s Abs 2) oder aus anderen gesetzlichen Vorschriften ergibt.[26] 13

b) Verpflichtung zur Weiterleitung? Fraglich ist, ob die unzuständige Behörde zur Weiterleitung verpflichtet ist oder ob sie den bei ihr gestellten Antrag auch als unzulässig abweisen kann. Richtigerweise wird man grundsätzlich davon auszugehen haben, dass bei Fehlen einer speziellen Verpflichtungsnorm die Weiterleitung **im Ermessen** der befassten Behörde steht, welches sich aber im Einzelfall auf Null reduzieren kann mit der Folge, dass eine Weiterleitung erfolgen muss. Die Weiterleitung an die zuständige Behörde erfolgt von Amts wegen, in Antragsverfahren jedoch grundsätzlich nur auf Antrag (BVerwGE 46, 85; wohl auch StBS 14). Eine weitergehende Pflicht zur Weiterleitung regelt § 16 Abs 2 SGB I für den Bereich der Sozialverwaltungen. Durch die Antragstellung bei der unzuständigen Behörde erfolgt **keine Fristwahrung,** sofern gesetzlich nichts anderes bestimmt ist (StBS 14). 14

8. Rechte auf Wahrung der Behördenzuständigkeit. Die Vorschriften über die Zuständigkeit der Behörden dienen grundsätzlich nicht nur der guten Ordnung in der Behördenorganisation, **sondern auch dem Schutz des Bürgers.** Dieser kann die Unzuständigkeit einer Behörde, soweit § 46 oder entsprechende Vorschriften oder allgemeine Rechtsgrundsätze nicht entgegenstehen, idR allerdings nur zusammen mit dem in der Sache gegen die abschließende Entscheidung gegebenen Rechtsbehelf geltend machen, bei geschlossenen Verträgen grundsätzlich nur nach § 56 und § 59 bzw entsprechenden landesrecht- 15

---

[22] Vgl BVerwG DÖV 1962, 340; UL § 10 Rn 17; vgl auch HessStGH DÖV 1970, 132; FL 9.

[23] StBS 15; Knack/Henneke vor § 3 Rn 13; FKS 12f; zT **aA** VGH Mannheim DÖV 1974, 604; UL § 10 Rn 18; MSU 14.

[24] S bereits PrOVG 2, 423; 10, 366; 74, 347; VGH München NJW 1982, 460; OVG Berlin NJW 1977, 1987; Engel DVBl 1982, 757; MK 63 I Fn 2; Kaup BayVBl 1990, 193; Boettcher BayVBl 1990, 202; StBS 13; Knack/Henneke Vor 3 Rn 13; UL § 10 Rn 21.

[25] MB 28; FL 47; vgl auch MuE 86, wo die Nichtaufnahme einer entsprechenden Vorschrift nur mit der angeblich geringen Bedeutung von Verweisungen im Verwaltungsverfahren begründet wird.

[26] Vgl auch BGH MDR 1977, 487: Abgabe einer anhängigen Sache an eine andere Behörde zulässig, wenn diese sich bereit erklärt, die Sache zu übernehmen; allg auch BVerwG NVwZ-RR 1990, 150; zT **aA** VGH Mannheim NJW 1973, 385.

lichen Bestimmungen.[27] Die an sich in einer Angelegenheit zuständige Behörde selbst bzw die Behörde, die sich dafür für zuständig hält, hat grundsätzlich **kein Recht auf Wahrung ihrer Zuständigkeit** und daher auch keine Rechtsbehelfe gegen die Inanspruchnahme der Zuständigkeit durch eine andere Behörde; ebenso auch nicht gegen eine nach ihrer Auffassung rechtsfehlerhafte Zuweisung der Sache durch die zunächst damit befasste Behörde oder durch eine übergeordnete Behörde an eine andere Behörde oder gegen den Selbsteintritt der höheren bzw einer anderen Behörde.[28] Etwas anderes kann in Fällen gelten, in denen dadurch zugleich auch eigene Rechte der Rechtsträger, dem die „betroffene" Behörde, der eine wirkliche oder vermeintliche Zuständigkeit entzogen bzw in deren Zuständigkeit eingegriffen wird oder der eine Zuständigkeit aufgedrängt wird, insb zB das Recht auf Selbstverwaltung, betroffen sind.

16 **9. Behördeninterne Zuständigkeiten. a) Kein Recht auf einen bestimmten Amtsträger.** Im Gegensatz zur sachlichen, instanziellen, funktionellen, verbandsmäßigen und örtlichen Zuständigkeit der Behörden, die grundsätzlich Außenwirkung auch gegenüber dem Bürger und in Verfahren gegenüber den Beteiligten (§ 13) hat, ist die innere Organisation der Behörden, die Gliederung in Abteilungen, Referate usw und die Zuordnung der in einer Behörde tätigen Amtsträger behördeninterner Natur. **Gleiches gilt für die Verteilung** der Aufgaben innerhalb der Behörde insgesamt und bzgl der einzelnen von der Behörde zu erledigenden Angelegenheiten **auf Abteilungen, Stellen, Referate** usw der Behörde und auf die einzelnen Amtsträger, wenn und soweit nicht ausnahmsweise durch Gesetz etwas anderes bestimmt ist. Dementsprechend gibt es auch grundsätzlich kein Recht auf einen bestimmten Amtsträger (Amtswalter), dh auf das Tätigwerden des nach der behördeninternen Organisation für eine Angelegenheit für die Sache an sich zuständigen Amtsträgers und nur dieses Amtsträgers,[29] dementsprechend in Prüfungen grundsätzlich auch kein Recht auf einen bestimmten Prüfer (vgl zB OVG Münster DVBl 1994, 1374, s aber unten Rn 17).

17 **b) Ausnahmen.** Ausnahmsweise ist eine Durchbrechung oder Verletzung der behördeninternen Zuständigkeitsregelungen auch **im Außenverhältnis relevant,** wenn die betroffene Zuständigkeitsregelung aufgrund einer Rechtsvorschrift auch Außenwirkung hat, wie zB die Vertretungsbefugnis für die Behörde gem § 12 Abs 1 Nr 4 oder nach manchen Gemeindeordnungen die Abgrenzung der Zuständigkeiten zwischen Bürgermeister und Gemeinderat oder uU auch die Befugnisse bestimmter Ausschüsse oder sonstiger Gremien innerhalb einer Behörde (vgl Herbert DÖV 1994, 108), oder wenn parallel damit zugleich auch sonstige Rechtsvorschriften oder Rechtsgrundsätze, die Außenwirkung haben, verletzt werden. Letzteres gilt auch zB bei **Verstößen gegen das allgemeine Willkürverbot,** zB wenn in dem zur Entscheidung berufenen Gremium der Bundesprüfstelle ein Mitglied, das einer Entscheidung nicht zustimmen will, durch ein anderes ersetzt wird (vgl OLG Köln NVwZ 1994, 410), oder bei Verstößen gegen den Grundsatz der **Chancengleichheit** oder das **Fairnessgebot,** wenn bei einer Prüfung, für die durch die Prüfungsordnung die Vorwegbekanntgabe der Prüfer vorgeschrieben oder üblich ist, kurzfristig ein Prüfer ausgetauscht und den Kandidaten dies nicht mehr rechtzeitig vor der Prü-

---

[27] Zu Rechten der Behörden auf Wahrung ihrer Zuständigkeiten vgl Schoch JuS 1987, 783, 786; Kisker JuS 1975, 705; Kaup BayVBl 1990, 197 in der Sache zT zu weitgehend; Boettcher BayVBl 1990, 204.

[28] Boettcher BayVBl 1990, 204; **aA** Kaup BayVBl 1990, 197 und 201, der ein organschaftliches subjektives öffentliches Recht der regelrecht zuständigen Behörde auf eine selbsteintrittfreie Wahrnehmung des gesetzlich zugewiesenen Funktionsbereichs annimmt.

[29] Vgl BVerwGE 30, 172; v Mutius NJW 1982, 2155; Knack/Henneke vor 3 24; eingehend Mussgnug, Das Recht auf den gesetzlichen Verwaltungsbeamten?, 1972.

fung mitgeteilt wird bzw wenn in einem solchen Fall nicht die Prüfung verschoben wird.

II. Die Regelung der örtlichen Zuständigkeit (Abs 1)

1. Systematik. Die einzelnen Zuständigkeitstatbestände des § 3 sind in der **Reihenfolge ihrer Aufzählung** im Gesetz zu prüfen und schließen sich gegenseitig aus, dh eine Zuständigkeit nach Nr 2 bis 4 kommt nicht in Betracht, wenn die Zuständigkeit bereits nach Nr 1 begründet ist[30] obwohl sich dies für Nr 2 nicht ohne weiteres aus der Fassung der Vorschrift ergibt, eine Zuständigkeit nach Nr 3 und 4 nicht, wenn die Zuständigkeit nach Nr 1 oder 2 begründet ist, usw. Eine Sonderstellung nimmt insoweit die **Zuständigkeit in Eilfällen** gem Abs 4 ein (s Rn 54). Sämtliche Zuständigkeitstatbestände kommen nur zur Anwendung, wenn der maßgebliche Anknüpfungspunkt (Lage des unbeweglichen Vermögens, Betriebsstätte, usw) im Inland liegt. Trifft dies für keinen der Zuständigkeitstatbestände zu, so muss die Zuständigkeit nach Abs 2 S 4 bestimmt werden. Annexzuständigkeiten, die entgegen den Regelungen der Vorschrift die örtliche Zuständigkeit im Hinblick auf früher getroffenen Entscheidungen erweitern, sind regelmäßig nicht anzuerkennen.[31] 18

2. Zuständigkeit nach der Belegenheit der Sache (Nr 1). Die Vorschrift trägt der besonderen Bedeutung der Sachnähe (räumliches Näheverhältnis zur Behörde und meist auch zu den Betroffenen, Vertrautheit der Behörde mit den örtlichen Umständen usw) bei Entscheidungen bezüglich der in Nr 1 bezeichneten Angelegenheiten Rechnung (vgl Kopp 67 mwN). Sie sichert außerdem die Stabilität der Zuständigkeit in den Fällen der Rechtsnachfolge, dient der Erhaltung des Informationsstandes der Behörden und trägt damit erheblich zur Verwaltungseffizienz bei. Die durch Nr 1 begründete Zuständigkeit hat besondere Bedeutung, weil **Verstöße nach § 44 Abs 2 Nr 3 zur Nichtigkeit** des VA führen, während Verstöße gegen Nr 2–4 gerade keine Nichtigkeit begründen. 19

a) Unbewegliches Vermögen. Zu den von Nr 1 erfassten Gegenständen des unbeweglichen Vermögens gehören entspr § 864 ZPO außer Grundstücken auch andere dingliche Berechtigungen, auf die die Vorschriften über Grundstücke Anwendung finden, wie das Erbbaurecht (UL § 10 Rn 25; StBS 18; Knack/Henneke 15), das Wohnungseigentum, das Bergwerkseigentum (FL 19) usw, sowie im Schiffsregister eingetragene Schiffe und Schiffsbauwerke (Obermayer RiA 1976, 226; FL 19). Zum unbeweglichen Vermögen zählen auch die dinglichen Grundstücksrechte wie etwa Grunddienstbarkeiten. Auch die Rückübertragungsansprüche für Grundstücke nach dem VermG gehören hierzu (BVerwG LKV 1995, 115; Obermayer 16). 19a

b) Ortsgebundene Rechte. Von erheblicher Bedeutung ist Nr 1 wegen der Erfassung sonstiger ortsgebundener Rechte (bzw Rechtsverhältnisse), zu denen alle auf (bestimmte) Grundstücke bezogenen Rechte (bzw Rechtsverhältnisse) gehören, für die diese Beziehung den wesentlichen Inhalt ausmacht, zB das Recht, ein Grundstück zu bebauen, Realkonzessionen, Wasser-, Forst- und Wegerechte, das Jagdrecht (UL § 10 Rn 25), Besitz- und Mietrechte (FL 20), das Recht eines Linienverkehrsunternehmers in Bezug auf die von ihm befahrene Strecke, sofern diese einheitlich in die örtliche Zuständigkeit einer Behörde fällt;[32] nicht dagegen die Rechte des Beamten einer Gemeinde in Bezug auf die 20

---

30 Begr 36; Obermayer RiA 1976, 226; StBS 17; Obermayer/Funke-Kaiser 12; MB 7; Knack/Henneke 14; Ziekow 12.

31 BVerwGE 142, 195 (Ablehnung einer Annexkompetenz der eine Abschiebung anordnenden Ausländerbehörde für die Befristung nach § 11 AufenthG).

32 Str; ähnlich wie hier Ziekow 14; **aA** StBS 18.

Anstellungsgemeinde (StBS 18; ebenso zu § 52 VwGO BVerwGE 18, 28). Nr. 1 ist im Zweifel weit auszulegen (Ziekow 13 mwN).

21 **3. Zuständigkeit nach Berufs- bzw Erwerbstätigkeit (Nr 2).** Die Vorschrift beruht ähnlich wie Nr 1 auf dem Gedanken größtmöglicher **Sachnähe** zu der zu regelnden Angelegenheit im Interesse schneller, wirtschaftlicher und sachkundiger Entscheidungen (ebenso Knack/Henneke 17). Anknüpfungspunkt für die Zuständigkeit ist der „Betrieb eines Unternehmens oder einer seiner Betriebsstätten" bzw die Ausübung eines Berufs oder einer anderen dauernden Tätigkeit. Unter Betrieb ist, wie sich aus der parallelen Verwendung des Begriffs im 1. Halbs mit dem Begriff „Betreiben" im 2. Halbs ergibt – anders als in Abs 2 S 2, wo der Begriff offenbar parallel mit Unternehmen verwendet wird (so zutreffend FL 24 und Knack/Henneke 18) –, nicht die organisatorisch-technische Einheit zu verstehen, in der die Tätigkeiten ausgeübt werden, auf die sich das behördliche Handeln bezieht oder beziehen soll, sondern **der aktive Vorgang** iS **eines Betreibens.**[33] Das kann, je nachdem, ein Betreiben im technischen Sinn, zB einer Fabrik, Werkstätte usw, sein als auch der uU an einem anderen Ort befindlichen Verwaltung.

22 **Maßgeblich ist für Nr 2 der Ort,** an dem die **Tätigkeiten tatsächlich stattfinden,** auf die sich die in Frage stehende Verwaltungshandlung bezieht.[34] Dabei genügt es, dass die Aufnahme des **Betriebs,** des Berufs oder der Tätigkeit erst beabsichtigt ist, sofern diese Absicht bereits hinreichend konkret ist („betrieben … oder ausgeübt wird oder werden soll"). Nicht erforderlich ist eine gewisse Dauer der Tätigkeit usw am im Frage stehenden Ort; auch eine Tätigkeit oder Beschäftigung auf Jahrmärkten usw „im Umherziehen" begründet eine Zuständigkeit an diesen Orten für behördliche Handlungen, die sich auf diese Tätigkeit usw beziehen. Bei **Filialbetrieben** kann danach die örtliche Zuständigkeit grundsätzlich am Ort einer jeden Filiale begründet sein.[35]

23 **a) Unternehmen.** Zu den Unternehmen iS von Nr 2 ist ohne Rücksicht auf die Rechtsform (AG, Stiftung, öffentliches Unternehmen, Regiebetrieb, Einzelkaufmann) eine **rechtliche, wirtschaftliche, finanzielle und soziale Einheit** zur (dauerhaften) Verfolgung wirtschaftlicher oder ähnlicher Ziele bzw Aufgaben.[36] Unternehmen idS sind außer wirtschaftlichen Unternehmen auch sonstige Unternehmen, deren Zweck auf die Erzeugung von Leistungen oder Gütern für Dritte oder für die Allgemeinheit gerichtet ist, wie Verkehrsbetriebe, Versorgungsbetriebe, Krankenanstalten, Kindergärten, Schulen, Missionszentren, Theater usw,[37] nicht dagegen Einrichtungen, wie Parteibüros, Geselligkeitsklubs uä. Es muss sich in jedem Fall um rechtlich und im Verhältnis zu den von den darin tätigen Menschen **hinreichend verselbständigte Einrichtungen** handeln, die nicht nur „Attribute" zu einem Beruf sind. In Nr 2 2. Halbs ist unter Unternehmen zugleich auch der von einem Unternehmen betriebene Betrieb (dh der Betrieb eines Unternehmens iS von Nr 2 1. Halbs) mit zu verstehen (ähnlich FL 24).

24 **b) Betriebsstätte** iS von Nr 2 ist die organisatorisch mit einer gewissen Selbständigkeit ausgestattete, räumlich vom Hauptbetrieb oder von anderen Betriebs-

---

33 Knack/Henneke 18; MB 11; Obermayer/Funke-Kaiser 22 und RiA 1976; 227; ähnlich StBS 19; MB 11; FL 24: Betrieb ist iS der Tätigkeit, dh des „Betreibens eines Unternehmens", zu verstehen.

34 Obermayer RiA 1976, 227; Knack/Henneke 17; FL 25.

35 S zu einem Fall von Filialapotheken VG Osnabrück, B v 14.3.2011 – 6 B 94/10 – juris.

36 Obermayer/Funke-Kaiser 23; ders, RiA 1976, 227; Knack/Henneke 20; zT **aA** FL 25 f, unter Beschränkung auf wirtschaftliche Aufgaben; ähnlich MB 11: das Unternehmen verfolgt regelmäßig einen wirtschaftlichen Zweck.

37 StBS 19; Knack/Henneke 20; enger offenbar FL 26: nur Unternehmen mit wirtschaftlicher Zielsetzung.

stätten getrennte Teileinheit, dh der „Teilbetrieb", in dem zumindest ein Teil der Leistungen erbracht bzw der Güter erzeugt wird, auf deren Erbringung bzw Erzeugung der Zweck eines Unternehmens gerichtet ist, oder die doch damit in einem inneren funktionellen Zusammenhang steht (zB Zulieferungsbetrieb, Vertriebsbüro, aber auch zB die von den „eigentlichen" Betriebsstätten getrennte Hauptverwaltung eines Unternehmens). Vgl zum Begriff der Betriebsstätte auch die Definition in § 12 AO; dazu auch VGH München DÖV 1987, 1118.

c) Beruf iS der Nr 2 ist jede auf Erwerb, dh auf zumindest teilweise Sicherstellung des Lebensunterhalts, abzielende und auf eine gewisse Dauer gerichtete erlaubte Tätigkeit. Gleichgestellt sind den Berufen **sonstige dauernde Tätigkeiten.** Aus dem Zusammenhang ergibt sich jedoch, dass es sich um Tätigkeiten handeln muss, die nach Bedeutung, Intensität, Dauer und vor allem Ortsbindung mit Berufen in etwa vergleichbar sind und die nicht nur gänzlich untergeordnete Bedeutung haben. Diese Einschränkung ergibt sich ua auch daraus, dass andernfalls die Zuständigkeiten nach Nr 3 und 4 durch die Zuständigkeit nach Nr 2 fast völlig verdrängt würden. 25

d) Dauernde Tätigkeit. Der Begriff der dauernden Tätigkeiten iS von Nr 2 ist weit zu verstehen. Hierunter fallen zB karitative Tätigkeiten; das Studium an einer Hochschule; die Vermietung von Zimmern (vgl FL 28); eine hauptberuflich, wenn auch nicht mit Erwerbsabsicht, ausgeübte Forschungstätigkeit; die unentgeltlich wahrgenommene Geschäftsführung einer gemeinnützigen Organisation (StBS 22); wohl auch bloße Freizeitgestaltung und reine Liebhabereien, wenn sie auf gewisse Dauer angelegt sind, einen gewissen Umfang erreichen und örtlich „lokalisierbar" sind (FL 26; Knack/Henneke 23; MB 13), auch zB die von einem Rentner als Hobby betriebene Tier- oder Pflanzenzucht (FL 26; Knack/Henneke 23) oder Aktivitäten in einem Verein (StBS 22); nicht dagegen wohl die Tätigkeit als Hausfrau. Rechtspolitisch erscheint die Einbeziehung anderer dauernder Tätigkeiten entbehrlich und wegen der unsicheren Abgrenzung zu sonstigen Tätigkeiten und damit auch zu den Zuständigkeiten nach Nr 3 verfehlt. 26

4. Zuständigkeit nach gewöhnlichem Aufenthalt bzw Sitz (Nr 3). a) Begriff des gewöhnlichen Aufenthalts. Die Vorschrift begründet für Fälle, für die nicht bereits die Zuständigkeit nach Nr 1 oder 2 begründet ist, zB in Personalausweis-, Pass- und Staatsangehörigkeitsangelegenheiten, bei natürlichen Personen die Zuständigkeit des gewöhnlichen Aufenthalts. Diesen hat eine Person entspr § 30 Abs 3 S 2 SGB I, § 9 AO an dem Ort, an dem sie sich unter Umständen aufhält, die auf die Absicht schließen lassen, dass sie an diesem Ort „nicht nur vorübergehend verweilt",[38] dh idR grundsätzlich (Faustregel) **voraussichtlich mindestens 6 Monate.**[39] Es ist der Ort, an dem sich jemand ständig oder jedenfalls normalerweise und für längere Zeit aufhält.[40] **Geschäftsfähigkeit** ist zur Begründung des gewöhnlichen Aufenthalts nicht erforderlich (MB 14). Unerheblich ist auch, wo jemand „polizeilich" (dh nach dem **Melderecht**) gemeldet ist (StBS 24) oder wo er sich rechtlich aufhalten müsste (OVG Greifswald NordÖR 1999, 74). 27

aa) Vorübergehender Aufenthalt. Keine Zuständigkeit wegen gewöhnlichen Aufenthaltes wird begründet zB bei einem Kranken, wenn auch von vorn- 27a

---

[38] BVerwG NVwZ-RR 1997, 571; OVG Greifswald NordÖR 1999, 74; UL § 10 Rn 27; StBS 24; Knack/Henneke 24; FL 29; Obermayer 30; WBSK I § 38 Rn 53; VdGK 3.3.

[39] StBS 24 unter Hinweis auf § 9 S 2 AO: stets und von Beginn an bei einem zeitlich zusammenhängenden Aufenthalt von mehr als 6 Monaten; zT **aA** offenbar Obermayer/Funke-Kaiser 31: mindestens einige Monate.

[40] Vgl OVG Hamburg, AuAS 2011, 117, für Anspruch auf aufenthaltsrechtliche Duldung; StBS 24; Obermayer 30.

herein für längere Zeit zu erwartenden **Krankenhausaufenthalt** am Ort des Krankenhauses, einer Reha-Klinik uä (BayObLG NJW 1993, 670; **aA** Obermayer/Funke-Kaiser 31) oder bei einem **Internatsaufenthalt** am Ort des Internats (BGH FamRZ 1975, 273; BayObLG NJW 1993, 670), ebenso nicht bei **Untersuchungshaft,**[41] auch wohl nicht, auch wenn er dort eine Wohnung, ein Zimmer uä hat, bei einem Beamten im Vorbereitungsdienst am Ausbildungsort (**aA** wohl Obermayer/Funke-Kaiser 31), bei einem Teilnehmer an einem über 6 Monate dauernden Lehrgang am Ort des Lehrgangs, bei einem Schüler am Schulort usw; analog § 9 S 3 AO ist Ort des gewöhnlichen Aufenthaltes idR nicht der Ort, an dem jemand sich nicht länger als ein Jahr ausschließlich zu Besuchs-, Erholungs-, Kur- oder ähnlichen privaten Zwecken aufhält (StBS 24; MB 14).

28 **bb) Vorübergehende Abwesenheit** (zB Reisen, Besuch, Urlaub) berührt das Fortbestehen des gewöhnlichen Aufenthalts nicht (FL 27). Anders als beim Wohnsitz gem §§ 7–11 BGB bzw § 30 Abs 3 SGB I, § 8 AO kommt es auf den Willen und die Freiwilligkeit des Aufenthalts nicht an. Gewöhnlicher Aufenthalt ist auch der **Ort der Ableistung der Wehrpflicht, bei Asylbewerbern idR der zugewiesene Aufenthaltsort** (§ 50 Abs 4 AsylG), auch wenn tatsächlicher Aufenthaltsort ein anderer ist;[42] bei nicht nur vorübergehendem Aufenthalt uU auch der Ort der Heilanstalt und der Ort der Haftanstalt (ebenso Obermayer RiA 1976, 227; vgl auch Weides JuS 1982, 49). Unerheblich ist auch, ob eine Person am Ort ihres Aufenthalts polizeilich gemeldet ist oder nicht. Bei gewöhnlichem **Aufenthalt im Ausland** ist Nr 3 nicht anwendbar. Ein nicht mehr bestehender gewöhnlicher Aufenthalt oder Sitz („zuletzt hatte") ist für die Zuständigkeit einer Behörde nur dann maßgeblich, wenn inzwischen weder im Inland noch im Ausland ein neuer gewöhnlicher Aufenthalt oder Sitz begründet wurde. Verlegt allerdings ein Ausländer seinen gewöhnlichen Aufenthalt in das Ausland, so ist die zuständige Ausländerbehörde, z. B. für Befristungsentscheidungen nach § 11 Abs 1 S 3 AufenthG, gem § 3 Abs 1 Nr 3a nach dem letzten gewöhnlichen Aufenthalt im Bundesgebiet zu bestimmen (BVerwGE 142, 195); eine zwischenzeitliche Abschiebungshaft im Bundesgebiet begründet keinen gewöhnlichen Aufenthalt, da sie ihrem Zweck nach vorübergehender Natur ist (BVerwG aaO; zur Untersuchungshaft auch BVerfG NVwZ 2011, 1254, 1256). Bei **Aufenthalt an mehreren Orten** kommt es auf den Ort an, an dem eine Person sich **(zeitlich) überwiegend** aufhält, bei etwa gleicher Aufenthaltsdauer ist der gewöhnliche Aufenthalt für jeden der betroffenen Orte zu bejahen, zB bei einem berufstätigen Wochenendpendler (StBS 24); dann ist uU eine Zuständigkeitsbestimmung nach Abs 2 S 1 und 2 erforderlich.

29 **cc) Ständiger Aufenthalt.** Der Ort des ständigen Aufenthalts entspricht im wesentlichen dem **gewöhnlichen Aufenthalt;** vom Wohnsitz[43] unterscheidet sich von diesem dadurch, dass dafür kein rechtsgeschäftlicher Wille erforderlich ist, insb auch ein natürlicher Wille, zB eines Geschäftsunfähigen, genügt, und vor allem die tatsächlichen Verhältnisse maßgeblich sind (BVerwG DVBl 1985, 968). Gewöhnlicher Aufenthalt ist der Ort, an dem jemand sich unter Umständen aufhält, die auf die Absicht schließen lassen, dass er an diesem Ort **nicht nur vorübergehend** verweilt.[44] Als Anhaltspunkt für die Zeitdauer, für die der Auf-

---

[41] Zutr VG Cottbus, B v 4.4.2016, 4 L 47/16 zur Zuständigkeit der Ausländerbehörde.

[42] OVG Koblenz, B v 29.3.2006 – 7 B 10291/06, juris; OVG Greifswald NordÖR 1999, 74; BGH InfAuslR 2012, 74; **aA** Knack/Henneke 27; einschränkend OVG Hamburg NVwZ-RR 2006, 827; zur Maßgeblichkeit einer räumlichen Beschränkung nach Abschluss des Asylverfahrens vgl OVG Hamburg, B v 27.8.12, 5 Bs 178/12, juris Rn 13 ff sowie u Rn 31.

[43] BVerwG NVwZ 1994, 782; StBS 23.

[44] BVerwGE 92, 123 zum Begriff des gewöhnlichen Aufenthalts iS von § 30 Abs 3 S 2 SGB I bzw des damit im wesentlichen übereinstimmenden Begriffs des dauernden Aufent-

enthalt mindestens beabsichtigt sein muss, bietet sich die Frist von 6 Monaten nach bzw analog § 9 S 2 AO an (vgl zum Abgabenrecht BFH NVwZ-RR 1989, 372). Da es sich um eine Prognose handelt, kommt es ausschließlich auf die Umstände im Zeitpunkt der Begründung des Aufenthalts an, nicht darauf, wie lange der Aufenthalt tatsächlich dauert (vgl ähnlich zum Begriff der Hauptwohnung iS des Melderechts VGH Mannheim NVwZ 1990, 193).

dd) Einfacher Aufenthalt ist der Ort der tatsächlichen Anwesenheit, sofern es sich nicht nur um ganz kurzes Verweilen handelt (Palandt BGB § 7 Rn 3). Der einfache Aufenthalt unterscheidet sich vom gewöhnlichen Aufenthalt nur durch die kürzere Dauer (Obermayer/Funke-Kaiser 31). 30

ee) Einzelfälle. Asylbewerber haben im Hinblick auf die lange Dauer des Asylverfahrens ihren gewöhnlichen Aufenthalt (und Wohnsitz) im Bereich der zuständigen Ausländerbehörde.[45] Maßgeblich ist der Ort der Aufnahmeeinrichtung gem Zuweisungsentscheidung nach §§ 44 ff AsylG. **Ausländer** haben ihren gewöhnlichen Aufenthalt (s dazu auch oben) an dem Ort, an dem sie sich unter Umständen aufhalten, die darauf schließen lassen, dass sie dort nicht nur vorübergehend verweilen, vorausgesetzt, dass nach dem Ausländerrecht und der Handhabung des einschlägigen Ermessens damit zu rechnen ist, dass sie auf absehbare Zeit bleiben können (BVerwGE 92, 124; OVG Greifswald NordÖR 2001, 73). Zustimmung der Ausländerbehörde ist nicht erforderlich, anders bei Verlassen eines zugewiesenen Aufenthaltsortes (OVG Greifswald NordÖR 2001, 73). Im übrigen ist eine Duldung ausreichend (BVerwGE 92, 125). Auch eine zeitlich befristete Aufenthaltsgenehmigung schließt einen dauernden Aufenthalt nicht aus. Vgl andererseits zum gewöhnlichen Aufenthalt von Ausländern nach §§ 8 f AO iS des Abgabenrechts auch BFH NVwZ-RR 1989, 372: ein Ausländer hat analog § 9 S 2 AO in der Bundesrepublik keinen gewöhnlichen Aufenthalt iS von § 9 AO, wenn er sich für weniger als sechs Monate in der Bundesrepublik aufhält und seine Aufenthaltsabsicht von vornherein auf diese Dauer beschränkt ist. Unterliegt ein Ausländer nach abgeschlossenem Asylverfahren noch einer räumlichen Beschränkung nach § 56 AsylG auf den Bezirk einer bestimmten Ausländerbehörde, so dauert deren Zuständigkeit grundsätzlich auch dann an, wenn er sich tatsächlich überwiegend in einem anderen Zuständigkeitsbereich aufhält.[46] **Minderjährige** haben ihren gewöhnlichen Aufenthalt idR an dem Ort, an dem sie ihren Unterhalt und ihre Erziehung erhalten.[47] **Studenten** hatten nach früherer Rspr idR keinen gewöhnlichen Aufenthalt am **Studienort** (BVerwG NJW 1983, 2276); nach neuerer Rechtsprechung kommt es auf die konkreten Umstände an.[48] Dabei wird zu berücksichtigen sein, in welchem Umfang der Studienort zum Lebensmittelpunkt des Studenten geworden ist (s auch StBS 24). 31

b) Wohnsitz, Wohnung. Sondergesetzliche Bestimmungen knüpfen häufig statt an den gewöhnlichen Aufenthalt iS von § 3 Abs 1 Nr 3 lit a) an andere Merkmale, etwa den Wohnsitz, den dauernden Aufenthalt, den (einfachen) Aufenthalt oder die Wohnung an. **Wohnsitz**[49] ist, soweit sich aus dem jeweils maß- 32

---

halts iS von Art 1 Abs 1 des Übereinkommens zur Verminderung der Staatenlosigkeit v 30.8.1961 und des Art 2 des AG dazu; BFH NVwZ-RR 1989, 372; OVG Koblenz NVwZ-RR 1990, 313; WBSK I § 38 Rn 53.

45 OVG Greifswald NordÖR 1999, 74; OVG Koblenz, B v 29.3.2006, 7 B 10291/06, juris; einschränkend aber OVG Hamburg NordÖR 2006, 315; AuAS 2011, 117 für Streit über Duldung.

46 OVG Hamburg, B v 27. 8. 12, 5 Bs 178/12, juris Rn 13 ff.

47 BVerwGE 64, 231; OVG Koblenz NVwZ-RR 1990, 313; StBS 34.

48 BVerwGE 89, 110; VG Freiburg NVwZ 1987, 1017.

49 Zum Wohnsitz iS des Melderechts Mallmann NJW 1994, 1682; zum Wohnsitzbegriff des Sozialrechts nach § 30 Abs 3 SGB I auch Gagel SGb 1990, 1; zum Wohnsitzbegriff des

gebenden Gesetz nichts anderes ergibt,[50] der Wohnsitz iS von § 7 Abs 1 BGB, dh der Ort, an dem in objektiver Hinsicht der Schwerpunkt der Lebensverhältnisse ist und in subjektiver Hinsicht auch der rechtsgeschäftlich beachtlich Wille besteht, den Schwerpunkt der Lebensverhältnisse dort dauernd beizubehalten (BVerwG DVBl 1985, 967). Erforderlich ist die tatsächliche und rechtliche Wohnmöglichkeit und der Wille, diese beizubehalten und zu nutzen (WBSK I § 38 Rn 54). **Nicht Wohnsitz** ist daher zB der Dienstort, der Ort der gewerblichen Niederlassung oder der Standort des Wehrpflichtigen. **Geschäftsunfähige** können einen Wohnsitz nur mit Zustimmung des gesetzlichen Vertreters begründen (§ 8 BGB). **Minderjährige Kinder** teilen nach § 11 BGB den Wohnsitz der Eltern. Der Wohnsitz bleibt auch bei **vorübergehender Abwesenheit** bestehen, bis er aufgegeben wird; die Aufgabe kann sich ggf auch aus den Umständen ergeben, insb daraus, dass ein neuer Wohnsitz begründet wurde (BVerwG DVBl 1985, 967). **Studenten** haben ihren Wohnsitz nur dann am **Studienort,** wenn sie dort auch im übrigen den Mittelpunkt ihrer Lebensbeziehungen haben. Halten sie sich am Studienort nur zum Studium auf, haben sie den Wohnsitz bei den Eltern.[51] **Exterritoriale Personen** werden grundsätzlich so behandelt, als hätten sie ihren letzten Wohnsitz im Inland beibehalten (Palandt BGB § 7 Rn 11).

33 **Wohnung** ist gem § 11 Abs 5 MRRG und den MeldeG der Länder (Neuregelung ab 1.11.2015 in § 20 BMG) bzw in analoger Anwendung davon jeder umschlossene Raum, der (meistens) zum Wohnen und/oder Schlafen benutzt wird.[52] Maßgeblich sind die tatsächlichen Gegebenheiten, nicht die polizeiliche Meldung; wer jedoch den **Anschein** erweckt, in einem bestimmten Gebäude zu wohnen, zB durch Anbringen des Namens, Briefkasten, Angabe als Wohnung, muss sich auch von der Behörde, die die wirklichen Verhältnisse nicht kennt, zB bei Zustellungen so behandeln lassen, als habe er dort seine Wohnung (FG Münster NJW 1985, 1184). Auch sonst ist in manchen Gesetzen vorgesehen, dass für das Verfahren der bisherige Wohnsitz, Aufenthalt usw weiterhin maßgeblich bleibt, wenn und solange der Betroffene eine Änderung nicht anzeigt (vgl BVerwGE 70, 68 zu § 24 Abs 6 Nr 1 WPflG). **Hauptwohnung** iS des Melderechts ist bei mehreren Wohnungen die Wohnung, die **zeitlich überwiegend benutzt** wird,[53] bei nicht getrennt lebenden Eheleuten der Familienwohnsitz (BVerwG NJW 2002, 2579); bei Studenten, die in größerer Entfernung vom Elternhaus studieren, ist dies die Wohnung (das Zimmer) am Studienort (VGH Mannheim NJW 1987, 250); anders, wenn der Student die Wochenenden und die Ferien bei den Eltern verbringt (VG Freiburg NVwZ 1987, 1017).

34 **c) Zuständigkeit nach Sitz einer juristischen Person oder Vereinigung.** Der Sitz einer juristischen Person oder Vereinigung ist der Ort, der nach Gesetz, Satzung oder Verleihung als Sitz bestimmt ist, hilfsweise entspr § 24 BGB, § 17 Abs 1 S 2 ZPO der Ort, an dem die Verwaltung geführt wird,[54] bzw,

---

Abgabenrechts nach § 8 AO Flick/Flick-Pistorius DStR 1989, 623, des Bundesvertriebenenrechts nach § 16 BVFG aF BVerwGE 82, 179 (derselbe Begriff wie gem § 7 BGB).

[50] Zum wahlrechtlichen Begriff des Wohnsitzes HessStGH NVwZ 2015, 55.

[51] Vgl Rn 31; zum ständigen Wohnsitz iSd Ausbildungsförderungsrechts s § 5 Abs 1 BAföG.

[52] BVerwG DVBl 1984, 90; VGH Mannheim NJW 1987, 210; NVwZ-RR 1990, 193; OVG Koblenz DÖV 1990, 1071; Mallmann NJW 1994, 1687; vgl auch BGH NJW 1978, 1878: bei mehrjähriger Freiheitsstrafe keine Wohnung mehr am bisherigen Ort.

[53] BVerwG NJW 1987, 209; NJW 1992, 1121: wo jemand zeitlich überwiegend „wohnt“; entsprechend auch zum Wohnort; VGH Mannheim NVwZ-RR 1990, 193; VG Freiburg NVwZ 1987, 1018 mwN; Mallmann NJW 1994, 1687; zT **aA** OVG Hamburg DÖV 1987, 164.

[54] Knack/Henneke 29; StBS 26: § 11 AO analog; Offerhaus NJW 1978, 614; vgl auch BVerwG DVBl 1985, 287 zu § 11 Abs 2 Nr 2 PBefG; BFHE 123, 188.

wenn dies an mehreren Orten der Fall ist, der Ort, an dem sich der Mittelpunkt der Geschäftstätigkeit bzw der Führung der Verwaltungsgeschäfte befindet,[55] bei eingetragenen Firmen, Vereinen usw im Zweifel der Ort, der im Handelsregister, Vereinsregister usw als Sitz ausgewiesen ist (vgl auch § 11 AO). Dagegen kommt es auf den Wohnsitz oder Aufenthaltsort der leitenden Personen nicht an.

5. Zuständigkeit nach Anlass (Nr 4). Die Vorschrift sieht für die Fälle, in denen eine Zuständigkeit nach Nr 1–3 nicht begründet ist, als **subsidiäre Zuständigkeit** (FL 32) die Zuständigkeit der Behörde vor, in deren örtlichem Amtsbereich der Anlass für die Tätigkeit der Verwaltung „hervortritt" (vgl § 24 AO). Das ist idR der Ort, an dem die Maßnahmen der Behörde, die nach Art des Anlassfalles in Betracht kommen, wirksam werden sollen, zB der Ort, an dem ein ausländischer Tankwagenzug einen Unfall hat und Maßnahmen zur Verhinderung einer Ölverschmutzung notwendig werden. Im Gegensatz zur Zuständigkeit in Eilfällen gem Abs 4, für die ebenfalls der Ort des Anlasses maßgeblich ist (obwohl an sich die Zuständigkeit einer anderen Behörde gegeben wäre, die nur nicht rechtzeitig tätig werden kann), handelt es sich bei der Zuständigkeit gem Nr 4 um **eine normale, endgültige Zuständigkeit,** die jedoch nur dann gegeben ist, wenn eine andere Zuständigkeit nach Nr 1–3 schlechthin ausgeschlossen ist. 35

III. Mehrfachzuständigkeit und Zuständigkeitsstreit (Abs 2)

1. Zuständigkeit der zuerst befassten Behörde (Abs 2 S 1). Abs 2 S 1 regelt die örtliche Zuständigkeit in Fällen, in denen an sich nach den Zuständigkeitsbestimmungen in Abs 1 Nr 1–4 eine Zuständigkeit mehrerer Behörden nebeneinander begründet wäre (vgl § 26 AO), zB weil ein Grundstück im Bezirk mehrerer Behörden liegt (Obermayer 47; RiA 1976, 226; FL 35; StBS 29). Vorbehaltlich einer abweichenden Entscheidung der Aufsichtsbehörde soll hier der **Grundsatz der Priorität** maßgeblich sein: Nach S 1 ist die zuerst mit der Sache befasste Behörde unter Ausschluss der übrigen an sich sonst ebenfalls zuständigen Behörden allein zuständig. Nach dem Zweck der Regelung genügt auch schon die Vornahme verwaltungsinterner Handlungen, zB von Ermittlungshandlungen (OVG Münster BauR 1990, 336; StBS 31). Auf die nach außen kommunizierte Einleitung eines Verfahrens iSd § 22 kommt es nicht an. 36

Das Prioritätsprinzip gilt nur für Fälle, in denen sich die Lösung des Kompetenzkonflikts nicht schon aus den Vorrangbeziehungen der einzelnen Zuständigkeitstatbestände (s. Rn 18) ergibt oder in denen die Zuständigkeit aus tatsächlichen oder rechtlichen Gründen zweifelhaft ist. In den zuletzt genannten Fällen ist die Zuständigkeit nach Abs 2 S 3 u 4 zu bestimmen. Ebenfalls nicht, auch nicht analog, anwendbar ist Abs 2 S 1 auf die Fälle eines Zusammentreffens von Zuständigkeiten nach den VwVfG und nach Landesrecht. Vgl aber zur Zulässigkeit von „integrierten" Zuständigkeits- und Verfahrensregelungen durch Bundes- und Landesrecht für den parallelen Vollzug von Bundes- und Landesrecht Kopp BayVBl 1973, 85. 37

2. Zuständigkeitsbestimmung durch Aufsichtsbehörde (Abs 2 S 1–4). a) Ermessensentscheidung. Abs 2 S 2 ermächtigt die zuständige Aufsichtsbehörde, auf Anregung der Beteiligten oder einer der beteiligten Behörden oder auch von Amts wegen abweichend vom Prioritätsprinzip in Abs 2 S 1 eine der zuständigen Behörden fortan als allein zuständig zu bestimmen. Die Entscheidung liegt im pflichtgemäßen Ermessen (§ 40) der Aufsichtsbehörde, die dabei insb auch § 10 zu beachten hat (FL 37; Knack/Henneke 33). Sie ist an keine weiteren Voraussetzungen gebunden. Fraglich ist die Rechtsnatur der Entschei- 38

[55] FL 30; Knack/Henneke 29; vgl auch § 10 AO sowie dazu BFHE 123, 188; Offerhaus NJW 1978, 614.

dung. Sie wird von der überwiegenden Meinung als VA angesehen, der aber wegen § 44a nicht selbständig anfechtbar sei.[56] Eine unmittelbare Außenwirkung der Entscheidung erscheint aber zweifelhaft (vgl BVerwGE 21, 352). Es spricht deshalb mehr dafür, von einer bloßen verwaltungsinternen Maßnahme auszugehen, deren Richtigkeit nur im Rahmen der Anfechtung der Endentscheidung gerichtlich kontrolliert werden kann.

39 **b) Zeitraum für die Bestimmung.** In zeitlicher Hinsicht ist eine Zuständigkeitsbestimmung durch die Aufsichtsbehörde nur zulässig, solange die zunächst befasste Behörde noch nicht entschieden hat, dh eine die Angelegenheit ganz oder teilweise erledigende Entscheidung (auch zB Abweisung des Antrags wegen Fristversäumung) noch nicht getroffen hat (ebenso Obermayer RiA 1976, 228; Knack/Henneke 34; MB 20; FL 37). Entgegen der insoweit zu engen Fassung der Vorschrift ist die Zuständigkeitsbestimmung auch zulässig, bevor sich eine der an sich zuständigen Behörden mit der Sache befasst hat, etwa bei von Amts wegen einzuleitenden Verfahren.

40 **c) Zuständige Behörde.** Gemeinsame fachlich zuständige Aufsichtsbehörde iS von Abs 2 S 1 ist nicht notwendigerweise eine vorhandene Fachaufsichtsbehörde. Gemeinsame Aufsichtsbehörde ist, je nach dem Geschäftsbereich, in den die Sache fällt, im staatlichen Bereich die insoweit **übergeordnete Behörde,** im Verhältnis zu Selbstverwaltungsträgern idR die Rechtsaufsichtsbehörde (vgl VG München NVwZ 1989, 90; Obermayer 53 zu § 5; Knack/Henneke 35). Zuständige Aufsichtsbehörde ist ggf auch die Aufsichtsbehörde höherer Stufe, wenn die einer Behörde unmittelbar übergeordnete Behörde nicht zugleich auch Aufsichtsbehörde aller anderen betroffenen Behörden ist; mangels Überordnung jedoch nicht das Kabinett gegenüber den Ministerien. Dass die Aufsichtsbehörde selbst eine der zuständigen Behörden ist, hindert ihre Befugnis zur Zuständigkeitsbestimmung nicht.

41 **3. Zuständigkeitsbestimmung bei Gleichartigkeit der Angelegenheiten (Abs 2 S 2).** Abs 2 S 2 erweitert die in S 1 vorgesehene Möglichkeit zur Zuständigkeitsbestimmung durch die gemeinsame Aufsichtsbehörde auch auf Fälle, in denen eine „gleiche Angelegenheit" zu entscheiden ist, die sich auf mehrere Betriebsstätten eines Betriebs oder Unternehmens bezieht und eine einheitliche Entscheidung erfordert. An sich liegt in diesen Fällen **keine Zuständigkeitskonkurrenz** vor, vielmehr wären mehrere Behörden getrennt nach Abs 1 Nr 2, jede für die in ihrem Bezirk liegende Betriebsstätte, zuständig. Abs 2 S 2 gibt jedoch der Aufsichtsbehörde **im Interesse einer einheitlichen Regelung** die Befugnis, in solchen Fällen im Hinblick auf die Gleichartigkeit der Angelegenheit eine der zuständigen Behörden als gemeinsam zuständige Behörde zu bestimmen, wenn dies unter Wahrung der Interessen der Beteiligten (§ 13) zur einheitlichen Entscheidung geboten ist. Die so bestimmte Behörde erhält damit die Befugnis, zugleich auch an Stelle der anderen betroffenen Behörde und mit Wirkung auch für diese in der Sache zu entscheiden. Eine analoge Anwendung der Vorschrift auf Fälle einer Berufsausübung an mehreren Orten ist nicht möglich.

42 **Gleichartigkeit der Angelegenheit** bedeutet, dass die zu entscheidenden Fragen in wesentlichen Punkten gleich sind, so dass eine einheitliche Entscheidung geboten ist. **Identität ist nicht erforderlich** (würde sie vorliegen, so wäre nicht Abs 2 S 2, sondern Abs 2 S 1 anwendbar); ebenso nicht, obwohl die Vorschrift nur von „Angelegenheit" und nicht von Angelegenheiten spricht, ein rechtlicher oder wirtschaftlicher Zusammenhang. Entsprechend dem Zweck der Regelung, eine **unterschiedliche Behandlung gleicher Sachverhalte zu**

---

[56] Obermayer 48; Kopp 24; auch Ziekow 23; StBS 37: innerbehördlicher und wegen § 44a VwGO nicht selbstständig anfechtbarer Vorgang.

verhindern, ist die Notwendigkeit einheitlicher Entscheidung schon dann zu bejahen, wenn unterschiedliche Entscheidungen diesem Zweck zuwiderlaufen würden.

4. Zuständigkeitsbestimmung bei Konflikten und Zweifeln (Abs 2 S 3). Abs 2 S 3, 1. Altern sieht in Anlehnung an § 53 VwGO auch für die Fälle sog. Zuständigkeitskonflikte (Kompetenzkonflikte, Zuständigkeitsstreitigkeiten) zwischen mehreren Behörden eine Zuständigkeitsbestimmung durch die Aufsichtsbehörde vor. Trotz der allgemeinen Fassung der Vorschrift ist die Entscheidung mangels einer entgegenstehenden Regelung nur zulässig, wenn und **solange noch keine abschließende Entscheidung** durch eine der „streitenden" Behörden vorliegt, nach Ergehen einer Entscheidung nur mehr nach Maßgabe der §§ 48 ff. Die Entscheidung der Aufsichtsbehörde ist für die beteiligten Behörden bindend, auch der Bürger kann sie, auch wenn sie als VA eingestuft werden sollte (vgl hierzu oben Rn 38), nach § 44a VwGO nur noch im Rahmen eines Rechtsbehelfs gegen die ergehende Endentscheidung angreifen. 43

a) Kompetenzkonflikte. Die Regelung erfasst sowohl positive als auch negative Zuständigkeitskonflikte. Ein **positiver Zuständigkeitskonflikt** liegt vor, wenn mehrere Behörden in ein und derselben Sache die Zuständigkeit in Anspruch nehmen, obwohl jedenfalls nur eine von ihnen zuständig sein kann. Ein **negativer Zuständigkeitskonflikt** liegt vor, wenn mehrere Behörden sich für unzuständig halten. Zuständig für die Entscheidung im Zuständigkeitsstreit ist die den beteiligten Behörden gemeinsam übergeordnete fachlich zuständige Aufsichtsbehörde. Fehlt eine gemeinsame Aufsichtsbehörde, so entscheiden die zuständigen Aufsichtsbehörden gem S 4 (bzw, wenn oder soweit die betroffenen Behörden keine Aufsichtsbehörden über sich haben, in analoger Anwendung von S 4 diese selbst) gemeinsam über die Zuständigkeitsfrage. Die Fachaufsichtsbehörde (bzw die sonst insoweit zuständige Behörde) entscheidet wie in den Fällen des S 2 und 3 **nicht in der Sache selbst,** sondern nur über die Frage der Zuständigkeit. 44

b) Zuständigkeitszweifel. Abs 2 S 3, 2. Alt dehnt die für Zuständigkeitskonflikte getroffene Regelung auch auf die Fälle bloßer Zuständigkeitszweifel aus anderen Gründen aus (ähnlich § 28 AO). Die unklare Fassung der Vorschrift lässt offen, ob damit nur – entspr § 53 Abs 1 Nr 2 VwGO – Fälle einer **aus tatsächlichen oder rechtlichen Gründen nicht behebbaren Unklarheit** uä gemeint sind oder darüber hinaus schlechthin alle denkbaren Zweifel hins. der Zuständigkeit erfasst werden. Trotz der weiten Fassung der Vorschrift ist der erstgenannten engeren Auffassung der Vorzug zu geben; dies nicht nur, weil die Klärung etwaiger Zweifel hinsichtlich ihrer Zuständigkeit nach allgemeinen Verfahrensgrundsätzen grundsätzlich die Aufgabe jeder mit einer Sache befassten Behörde und insoweit wesentlicher Bestandteil der Aufgaben einer Behörde ist.[57] Die untere Behörde hat zudem auch die Möglichkeit, in Fällen zweifelhafter Zuständigkeit durch Teilentscheidung über ihre Zuständigkeit für einen bei ihr gestellten Antrag bzw für ihr amtswegiges Vorgehen zu entscheiden und damit den Weg zu einer Klärung dieser Frage im Rechtsbehelfsweg zu eröffnen, bevor sie uU schwierige Sachverhaltsfeststellungen, Beweisaufnahmen usw vornimmt. Auch die Aufsichtsbehörde kann ggf schon nach allgemeinen Rechtsgrundsätzen durch **Weisung** auf die Beurteilung der Zuständigkeit Einfluss nehmen; auch dies spricht für die dargelegte engere Auslegung. Damit kommt eine Entscheidung der Aufsichtsbehörde über die Zuständigkeit praktisch nur in Fällen in Betracht, in denen analog § 53 Abs 1 Nr 2 VwGO die Grenzen des Verwaltungsbezirks ungewiss sind, etwa bei Verfahren, die sich auf ein Grundstück oder Gebäude beziehen, dessen Lage diesseits oder jenseits der Grenze nicht feststellbar ist. 45

---

[57] Vgl auch StBS 35.

46 **5. Fehlen einer gemeinsamen übergeordneten Fachaufsichtsbehörde (Abs 2 S 4).** Fehlt eine gemeinsam übergeordnete Fachaufsichtsbehörde, so kann die Zuständigkeitsbestimmung nach S 4 nur durch die betroffenen Aufsichtsbehörden gemeinsam, dh durch parallele, aufeinander abgestimmte Entscheidungen der Aufsichtbehörden, erfolgen. Die Regelung ist analog anzuwenden, wenn die betroffenen Behörden keine Aufsichtsbehörde über sich haben; sie können (und müssen) sich in diesem Fall selbst gemeinsam auf die Zuständigkeit einer von ihnen einigen (ebenso MB 24; Knack/Henneke 41; str).

47 **6. Zuständigkeitsbestimmung bei Kompetenzhindernissen.** § 3 Abs 2 enthält keine Regelung für die § 53 Abs 1 Nr 1 VwGO entsprechenden Fälle, dass die an sich örtlich zuständige Behörde rechtlich oder tatsächlich an der Wahrnehmung ihrer Zuständigkeit gehindert ist. Wenn dem Hindernis nicht durch Abordnung eines Amtswalters an die betroffene Behörde, zB bei Erkrankung des einzigen an dieser Behörde tätigen Amtswalters, abgeholfen werden kann, ist hier jedoch § 3 Abs 2 entspr anzuwenden (FL 42, jedoch ohne die hier gemachte Einschränkung). Die Aufsichtsbehörde kann dann eine andere (sachlich zuständige) Behörde als zuständig bestimmen. Für die Fortdauer der Zuständigkeit nach Behebung des Hindernisses gilt dann Abs 2.

IV. Zuständigkeitswechsel (Abs 3)

48 **1. Zuständigkeitswechsel im laufenden Verfahren.** Abs 3 schreibt – anders als § 83 VwGO iVm § 17 Abs 1 S 1 GVG – die Fortdauer einer einmal begründeten Zuständigkeit auch für den Fall einer Änderung der dafür ursprünglich maßgeblichen Umstände vor Abschluss des laufenden Verwaltungsverfahrens nicht zwingend vor (vgl jedoch BVerwGE 84, 136, wo offenbar vom Fortbestand trotz Wohnsitzwechsels ausgegangen wird). Die Regelung gibt der bisher zuständigen Behörde unter den näher bezeichneten Voraussetzungen im Interesse der Beschleunigung und Vereinfachung des Verfahrens nur die **Möglichkeit zur Fortführung des Verfahrens** (ebenso § 26 AO, § 2 Abs 2 SGB X). Bei der hiernach zu treffenden **Ermessensentscheidung** sind auch die schutzwürdigen Interessen der Beteiligten zu berücksichtigen (BVerwGE 70, 70; OVG Münster NJW 1989, 2906). Die Regelung dient vor allem der Verfahrensökonomie (ebenso FL 49). **Abs 3 gilt nur vorbehaltlich besonderer Regelungen,** die zB einen Zuständigkeitswechsel kraft Gesetzes bei Vorliegen bestimmter Voraussetzungen vorsehen..[58]

49 **a) Laufendes Verfahren.** Auf Änderungen nach Abschluss des Verwaltungsverfahrens ist Abs 3 nicht, auch nicht analog, anwendbar (Schmidt DÖV 1977, 774; FL 51). Maßgebend ist insoweit der Zeitpunkt der Unanfechtbarkeit des VA bzw der Abschluss eines verwaltungsrechtlichen Vertrages.[59] Dagegen kann die nach Abs 2 erforderliche **Zustimmung** mit **heilender Wirkung** auch noch zu einem späteren Zeitpunkt vor dem Eintritt der Unanfechtbarkeit erklärt werden. **Umstritten** ist, ob Abs 3 auch für das Vorverfahren gilt oder aus §§ 70ff VwGO eine speziellere Regelung nach dem Grundsatz der perpetuatio fori folgt.[60] Da

---

[58] Vgl zB § 45 Abs 3 BAföG, dazu BVerwGE 90, 25 = NVwZ 1993, 481: bei Hochschulwechsel des BAföG-Empfängers tritt zugleich auch ein Wechsel der örtlichen Zuständigkeit des Amtes für Ausbildungsförderung ein. Vgl auch BVerwGE 95, 60: Fortbestand der örtlichen Zuständigkeit des Sozialhilfeträgers trotz Ortswechsels des Hilfesuchenden.

[59] Nach hM ist Abs 3 im Vorverfahren anwendbar, vgl BVerwG NVwZ 1987, 224; OVG Hamburg NordÖR 1999, 633; StBS 38; MB § 79 Rn 11; **aA** Knack/Henneke 55; Obermayer § 79 Rn 17; Pietzner/Ronellenfitsch § 30 Rn 7 f; differenzierend Louis/Abry DVBl 1986, 333.

[60] BVerwG NVwZ 1986, 127; NVwZ 1987, 224; VG Berlin GewArch 1981, 200: bis zur Unanfechtbarkeit; **aA** VGH München BayVBl 1976, 726; FL 46; Knack/Henneke 43: das Einverständnis kann nach „Entäußerung" des VA, dh, wenn der VA nicht mehr rück-

das **Widerspruchsverfahren** gem §§ 68ff VwGO mit dem Ausgangsverfahren verfahrensrechtlich eine Einheit bildet (BVerwGE 82, 338; BVerwG Buchh 316 § 3 VwGO Nr 2 S 3), gilt Abs 3 auch für ein in der Sache dem Ausgangsverfahren nachfolgendes Widerspruchsverfahren (OVG Hamburg NordÖR 1999, 412; auch StBS 38 trotz eines anderen Verfahrensbegriffs). Ist aufgrund veränderter Umstände eine andere Ausgangsbehörde zuständig geworden, so kann die mit der Sache bereits befasste Widerspruchsbehörde nur mit Zustimmung der eigentlich zuständigen Widerspruchsbehörde entscheiden (vgl BVerwGE 84, 136: für die Zuständigkeit der Widerspruchsbehörde bleibt es ohne Auswirkungen, wenn nunmehr eine andere Behörde als Erstbehörde zuständig wäre).

b) Fortführungsentscheidung. Die Beibehaltung der Zuständigkeit nach Abs 3 setzt eine eigene Fortführungsentscheidung voraus, deren Rechtsqualität umstritten ist. Teilweise wird darin ein gem § 44a VwGO allerdings nicht selbstständig anfechtbarer VA gesehen.[61] Die Entscheidung über die Fortführung ist, vorbehaltlich der Erfüllung der sonstigen in Abs 3 genannten Voraussetzungen, in das **Ermessen der bisher zuständigen Behörde** gestellt. Die Beteiligten können lediglich Anregungen dazu geben. Bei der Entscheidung sind außer Gesichtspunkten der Verfahrensökonomie, Ortsnähe, Beschleunigung des Verfahrens usw vor allem auch die schutzwürdigen Interessen der Beteiligten zu berücksichtigen; das Gewicht, das diesen Gesichtspunkten zukommt, ist je nach der Art des Verwaltungsgebiets und den Umständen zu bestimmen (BVerwGE 70, 70 = NVwZ 1987, 225). Vor allem, wenn ein Verfahren schon weit fortgeschritten ist, ist idR die Fortführung und der Abschluss durch die bisher damit befasste Behörde zweckmäßig und durch Gründe der Verfahrensökonomie (§ 10) geboten. Eine Ablehnung der Fortführung dürfte deshalb dann ermessensfehlerhaft sein, wenn die Rechtsverfolgung für die Betroffenen dadurch unzumutbar erschwert wird. Dem Erfordernis der **Wahrung der Interessen der Beteiligten** ist genügt, wenn die Geltendmachung ihrer Rechte durch die Fortführung des Verfahrens bei der ursprünglich zuständigen Behörde nicht wesentlich erschwert wird. Bei einer Verletzung der Interessen Beteiligter sind die im Streit darüber **anfallenden Kosten** ggf dem Hoheitsträger gem § 80 Abs 1 S 4 VwVfG aufzuerlegen (BVerwGE 70, 70). 50

c) Zustimmungserfordernis. Die Fortführung des Verfahrens bedarf der Zustimmung durch die an sich neu zuständig gewordene Behörde. Die Zustimmung kann bis zum Abschluss des Widerspruchsverfahrens mit auf den Zeitpunkt des Erlasses des VA bzw des Abschlusses eines Vertrages rückwirkend heilender Wirkung erklärt werden (BVerwG NVwZ 1987, 224; Knack/Henneke 50; str). Sie ist auch dann nicht entbehrlich, wenn bereits Klage gegen die zuständige Behörde des Wohnsitzortes erhoben ist.[62] Die Zustimmung der an sich nunmehr zuständigen Behörde kann ggf durch die Aufsichtsbehörde im Aufsichtsweg ersetzt werden. Die Zustimmung bzw ihre Versagung ist eine interne Verfahrenshandlung ohne unmittelbare Außenwirkung, die von den Beteiligten nur im Zusammenhang einer Anfechtung der Entscheidung über die Fortführung angefochten werden kann (Obermayer RiA 1976, 229; FL 50). 51

2. Zuständigkeitswechsel nach Abschluss des Verfahrens. Nach Eintritt der Unanfechtbarkeit eines VA bzw nach Abschluss und Wirksamwerden eines verwaltungsrechtlichen Vertrags haben Änderungen der die Zuständigkeit be- 52

---

holbar in den Postauslauf gegeben ist, nicht mehr mit heilender Wirkung nachgeholt werden; ebenso wohl auch BVerwGE 55, 299.

[61] Knack/Henneke 53; **aA** BVerwGE 70, 72: kein VA und schon deshalb nicht gesondert anfechtbar; Obermayer RiA 1976, 229.

[62] BVerwG NJW 1987, 2179; **aA** offenbar BVerwGE 52, 167 zur Zuständigkeit nach § 16 BVFG aF.

gründenden Umstände keinen Einfluss mehr auf die Beurteilung der Zuständigkeit der Behörde, die zuvor gehandelt hat. Insb wird ein VA dadurch nicht etwa fehlerhaft (Schmidt DÖV 1977, 777). Nachfolgende Verfahren, wie Vollstreckungsverfahren und Verfahren zur Rücknahme oder zum Widerruf des in Frage stehenden VA, sind im Verhältnis zu dem abgeschlossenen Verfahren neue Verfahren, für die auch die Behördenzuständigkeit wieder neu und ohne Bindung an die frühere Zuständigkeit zu bestimmen ist.[63]

53 Für die Zuständigkeit in einem nachfolgenden **verwaltungsgerichtlichen Verfahren** bleibt grundsätzlich die zuletzt bestehende örtliche Zuständigkeit der Behörde maßgeblich (BVerwGE 84, 98).[64] Für die Zuständigkeit der Widerspruchsbehörde folgt dies bereits daraus, dass die Widerspruchsbehörde nicht einen VA aufheben oder abändern könnte, den eine Behörde erlassen hat, die nicht zu ihrem Verwaltungsbezirk gehört.[65] Auch für das Klageverfahren kann grundsätzlich nichts anderes gelten, da die Aufhebung eines VA nicht einem Rechtsträger oder gem § 61 Nr 3 VwGO einer Behörde gegenüber ausgesprochen werden kann, denen der Erlass des VA nicht zugerechnet werden kann. In einer Verpflichtungskonstellation gibt es mehrere Möglichkeiten: Grundsätzlich kann die nunmehr zuständige Behörde nicht zum Erlass eines VA gem § 113 Abs 5 VwGO verpflichtet werden, wenn ihr die Ablehnung des VA nicht zugerechnet werden kann.[66] Es wäre zB nicht denkbar, dass ein Kläger, dessen Antrag auf Einbürgerung oder auf Erteilung einer Fahrerlaubnis von der für seinen früheren Wohnsitz in Bayern zuständigen bayerischen Behörde abgelehnt worden ist, dagegen nach Verlegung seines Wohnsitzes nach Hessen das Land Hessen verklagt und Antrag auf Verpflichtung der in Hessen nunmehr zuständigen Behörde zur Einbürgerung bzw Erteilung der Fahrerlaubnis stellt (vgl auch Kopp/Schenke § 90 Rn 20). Ein Kläger kann in diesem Fall vor dem nach § 52 VwGO zuständigen Gericht die Aufhebung der Ablehnung beantragen bzw die Hauptsache nach § 113 Abs 1 S 4 VwGO für erledigt erklären und uU zu einer Fortsetzungsfeststellungsklage übergehen[67] sowie bei der für seinen neuen Wohnsitz zuständigen Behörde erneut einen Antrag auf Einbürgerung bzw Erteilung einer Fahrerlaubnis stellen. Unter den Voraussetzungen des § 3 Abs 3, insbes bei Zustimmung der nunmehr zuständigen Behörde, kann aber auch die ursprünglich zuständige Behörde Beklagte des Verpflichtungsbegehrens sein.[68]

V. Zuständigkeit für unaufschiebbare Maßnahmen (Abs 4)

54 **1. Allgemeines.** Die Vorschrift ergänzt die allgemeine Zuständigkeitsordnung nach Abs 1–3 durch eine sog **„Notzuständigkeit" für unaufschiebbare Maßnahmen.** Sie kommt zum Zug, wenn die an sich nach den allgemeinen

---

[63] Obermayer RiA 1976, 228; FL 52; zT **aA** zum Vollstreckungsverfahren Schmidt DÖV 1977, 777.

[64] Für das Fortbestehen der zuletzt bestehenden örtlichen Zuständigkeit, selbst wenn maßgeblicher Zeitpunkt für die Beurteilung der Sach- und Rechtslage der der letzten mündlichen Verhandlung ist, im Falle einer Ausweisung VG Düsseldorf, Urt v 6.11.12, 27 K 2548/11, juris Rn 34 ff. Zum Zuständigkeitswechsel während eines laufenden Verwaltungsgerichtsprozesses Redeker NVwZ 2000, 1223.

[65] Schmidt DÖV 1977, 777; FL 54; Oldiges DÖV 1989, 882; im Ergebnis, jedoch ohne Erörterung des Problems, auch BVerwGE 84, 98.

[66] Vgl BVerwG NJW 1987, 2179: keine Verpflichtung der bisher beklagten Behörde bei Wohnsitzverlegung des Einbürgerungsbewerbers in den Zuständigkeitsbereich einer anderen Behörde; allenfalls noch Fortsetzungsfeststellungsklage analog § 113 Abs 1 S 4 VwGO; wohl auch OVG Münster NJW 1979, 1057; Schmidt DÖV 1977, 777; ferner Kopp/Schenke § 90 Rn 20; zT **aA** BVerwGE 44, 150; FL 53: uU andere Zuständigkeiten und insoweit dann gem § 173 VwGO, §§ 239 ff ZPO Parteiwechsel.

[67] BVerwG NJW 1987, 2179; Knack/Henneke 56; ebso OVG Münster DÖV 1983, 86.

[68] BVerwGE 98, 313; offen gelassen noch in BVerwG NJW 1987, 2179.

Vorschriften zuständige Behörde bei Gefahr im Verzug voraussichtlich nicht in der Lage ist, die erforderlichen Maßnahmen so rechtzeitig zu treffen, dass der Erfolg nicht in Frage gestellt wird (allg auch BVerwGE 68, 271 = NVwZ 1984, 572). An Stelle der an sich zuständigen Behörde, die im konkreten Fall aber nicht „zur Stelle" ist – uU auch einer bereits allgemein mit der Sache befassten Behörde – ist dann auch jede (sonst örtlich unzuständige) andere Behörde, in deren Bezirk der Anlass eintritt, für die zu treffenden unaufschiebbaren Maßnahmen zuständig. In vielen Fällen wird das die Vollzugspolizei[69] sein, deren sachliche Zuständigkeit in Eilfällen bereits aus den Polizeigesetzen folgt (vgl zB § 3 Abs 2 SOG). Ergibt sich gem Abs 4 die vorläufige Zuständigkeit mehrerer Behörden, so ist die zuständige Behörde nach Abs 2 S 1 zu bestimmen. Das Vorliegen der Voraussetzungen „Gefahr im Verzug" und „unaufschiebbare Maßnahmen" ist gerichtlich voll nachprüfbar; die Behörde hat insoweit **keinen Beurteilungs- oder Ermessensspielraum** (FL 57; Knack/Henneke 57). Abs 4 ist analog auch auf Fälle anwendbar, in denen bei Gefahr im Verzug die an sich zuständige Behörde sich weigert, tätig zu werden,[70] ebenso als Ausdruck eines allgemeinen Rechtsgedankens, analog auch auf die sachliche Zuständigkeit.

2. Voraussetzungen der Notzuständigkeit. a) Konkrete Gefahr. Es muss sich um eine konkrete Gefahr[71] für die Allgemeinheit, einen Beteiligten oder Dritte handeln, dh es muss der Eintritt eines unmittelbar bevorstehenden Schadens für wichtige Rechtsgüter drohen (Begr 39; vgl auch BVerwGE 45, 57) – auch zB für wesentliche fiskalische Interessen (MB 26; zweifelnd Knack/Henneke 59) –, der nur durch das Handeln einer an sich unzuständigen Behörde verhindert werden kann (FL 57 unter Hinweis auf PrOVG 74, 343; 23, 214). **Beispiele** sind etwa die Gefahr der Verseuchung von Grundwasser durch auslaufendes Öl bei einem Tankwagenunfall, des Ausbruchs eines Brandes usw. Ein Irrtum über das Vorliegen oder das Ausmaß der Gefahr ist nach allgemeinen Grundsätzen unerheblich, sofern er nicht verschuldet ist, die Behörde vielmehr nach den Umständen des Falles vom Vorliegen der Gefahr ausgehen musste oder zumindest durfte **(Anscheinsgefahr).** 55

b) Unaufschiebbarkeit. Zulässig sind nur unaufschiebbare, zur Verhinderung oder Beseitigung der Gefahr unerlässliche Maßnahmen.[72] IdR sind dies **nur vorläufige Maßnahmen** zur Verhinderung des drohenden Schadens bzw zur Sicherung der bedrohten Rechtsgüter,[73] zB Absperrung eines Gebäudes; nur ausnahmsweise, wenn solche Maßnahmen nicht ausreichen, kommen auch endgültige, irreparable Maßnahmen in Betracht. Im Einzelnen gelten hier ähnliche Grundsätze wie bei § 123 VwGO. Die Zuständigkeit einer Behörde nach Abs 4 endet grundsätzlich mit dem Zeitpunkt, in dem die an sich nach den allgemeinen Bestimmungen zuständige Behörde von dem Anlass Kenntnis erlangt (s die Mitteilungspflicht nach Abs 4 S 2) und in der Lage ist, selbst die erforderlichen Maßnahmen zu veranlassen (ebenso FL 59; Knack/Henneke 60). Zusätzlich erforderlich ist, dass die Übernahme des Verfahrens durch die zuständige Behörde der gem Abs 4 handelnden Behörde bekannt geworden ist bzw diese die Tatsache der Übernahme hätte erkennen können und müssen (str). 56

[69] Zur Zuständigkeit der Polizei Zähle JuS 2014, 315.

[70] Str; wie hier Obermayer RiA 1976, 229; vgl auch VGH München DÖV 1982, 84; **aA** FL 56.

[71] Es muss sich um eine Gefahr iS des allg Polizeirechts handeln, vgl Obermayer RiA 1976, 229; FL 57; StBS 43. Zum Gefahrenbegriff Schenke, Polizei- und Ordnungsrecht, § 3 Rn 69.

[72] Knack/Henneke 60; StBS 43; FL 59; UL § 10 Rn 20; vgl auch OVG Münster DVBl 1973, 922; BVerwGE 45, 58; Hoffmann-Riem, in: Wacke-FS 1972, 327.

[73] StBS 43.

57 **3. Unterrichtung der zuständigen Behörde.** Die Mitteilungspflicht gem S 2 soll sicherstellen, dass die an sich zuständige Behörde sich möglichst bald mit der Sache befassen kann. Unverzüglich bedeutet, dass die Unterrichtung ohne schuldhafte Verzögerung erfolgen muss (vgl § 121 Abs 1 BGB). Eine Verletzung der Mitteilungspflicht berührt jedoch die Rechtmäßigkeit der getroffenen Maßnahmen nicht (ebenso FL 60) und hat insb auch nicht zur Folge, dass die Zuständigkeit vor dem oben genannten Zeitpunkt endet. Für den Kostenausgleich zwischen den beteiligten Behörden gelten die Grundsätze der öffentlich-rechtlichen Geschäftsführung ohne Auftrag (BVerwG NJW 1986, 2524).

VI. Rechtsfolgen bei Verstößen

58 **1. Allgemeines.** Der zwingende Charakter der Vorschriften über die örtliche Zuständigkeit wird durch die Regeln über die Rechtsfolgen von Verstößen stark relativiert (s bereits Rn 1): Ein von einer örtlich unzuständigen Behörde erlassener VA ist nur in Ausnahmefällen nichtig (s u Rn 59). In der Regel ist er lediglich formell rechtswidrig und unter den Voraussetzungen des § 46 trotzdem nicht aufhebbar (s u Rn 60).

59 **2. Nichtigkeit.** Einen **besonderen Nichtigkeitsgrund** bei Verletzung der örtlichen Zuständigkeit enthält **§ 44 Abs 2 Nr 3** lediglich für die in § 3 Abs 1 Nr 1 geregelten Fälle besonderer Ortsgebundenheit; dieser Nichtigkeitsgrund ist auf andere Fälle örtlicher Unzuständigkeit nicht analog anwendbar (s § 44 Rn 38). Für diese stellt **§ 44 Abs 3 Nr 1** den Grundsatz auf, dass ein VA nicht schon deshalb nichtig ist, weil Vorschriften über die örtliche Zuständigkeit nicht eingehalten worden sind (s § 44 Rn 52). Eine Nichtigkeit kann allerdings nach § 44 Abs 1 in Fällen absoluter Unzuständigkeit, insbesondere bei offenkundig fehlender Verbandskompetenz, eintreten.[74] Bei Abschluss eines **subordinationsrechtlichen ör Vertrags** durch eine örtlich unzuständige Behörde gilt § 44 über § 59 Abs 2 Nr 1 entsprechend (s § 59 Rn 18 ff).[75] Ein subordinationsrechtlicher ör Vertrag kann außerdem unter den weiteren Voraussetzungen des § 59 Abs 2 Nr 2 nichtig sein.[76]

60 **3. Rechtswidrigkeit und Anwendbarkeit des § 46.** Verstöße gegen die örtliche Zuständigkeit führen grundsätzlich zur formellen Rechtswidrigkeit eines VA. Eine allgemeine Heilungsregelung nach Art des § 45 existiert nicht. Auch die rügelose Einlassung im Verwaltungsverfahren heilt den Verstoß gegen die örtliche Zuständigkeit nicht.[77] Bei Zuständigkeitswechseln im Laufe des Verwaltungsverfahrens kann die Rechtswidrigkeit eines (nicht nach § 44 Abs 2 Nr 3 nichtigen) VA gem § 3 Abs 3 bis zum Erlass des Widerspruchsbescheids rückwirkend durch Zustimmung der zuständig gewordenen Behörde geheilt werden (s Rn 51).[78] Die Behebung des Mangels der örtlichen Zuständigkeit im ergänzenden Verfahren nach § 75 Abs 1a S 2 ist ausgeschlossen.[79] Verbleibt es bei der Rechtswidrigkeit eines VA, so kann dessen Aufhebung dennoch nach **§ 46** nicht allein deshalb beansprucht werden, weil er unter Verletzung von Vorschriften über die örtliche Zuständigkeit zustande gekommen ist, wenn offensichtlich ist, dass die Verletzung die Entscheidung in der Sache nicht beeinflusst hat (hierzu im Einzelnen § 46 Rn 22, 25 ff).

---

[74] S § 44 Rn 14; Knack/Henneke Vor § 3 Rn 20, 22; StBS 46, § 44 Rn 161 ff.
[75] Knack/Henneke Vor § 3 Rn 26; Obermayer/Funke-Kaiser 92.
[76] StBS 46; Knack/Henneke Vor § 3 Rn 26.
[77] StBS 5; Knack/Henneke Vor § 3 Rn 25; FKS 13.
[78] BVerwG NVwZ 1987, 224.
[79] BVerwGE 128, 76, 79; BVerwG NVwZ 2008, 795.

§ 3a Elektronische Kommunikation

(1) Die Übermittlung elektronischer Dokumente ist zulässig,[6] soweit der Empfänger hierfür einen Zugang eröffnet.[7]

(2) Eine durch Rechtsvorschrift angeordnete Schriftform[15] kann, soweit nicht durch Rechtsvorschrift etwas anderes bestimmt ist, durch die elektronische Form ersetzt werden. Der elektronischen Form genügt ein elektronisches Dokument, das mit einer qualifizierten elektronischen Signatur nach dem Signaturgesetz versehen ist.[17] Die Signierung mit einem Pseudonym, das die Identifizierung der Person des Signaturschlüsselinhabers nicht unmittelbar durch die Behörde ermöglicht, ist nicht zulässig.[24] Die Schriftform kann auch ersetzt werden

1. durch unmittelbare Abgabe der Erklärung in einem elektronischen Formular, das von der Behörde in einem Eingabegerät oder über öffentlich zugängliche Netze zur Verfügung gestellt wird;[25]

2. bei Anträgen und Anzeigen durch Versendung eines elektronischen Dokuments an die Behörde mit der Versandart nach § 5 Absatz 5 des De-Mail-Gesetzes;[27]

3. bei elektronischen Verwaltungsakten oder sonstigen elektronischen Dokumenten der Behörden durch Versendung einer De-Mail-Nachricht nach § 5 Absatz 5 des De-Mail-Gesetzes, bei der die Bestätigung des akkreditierten Diensteanbieters die erlassende Behörde als Nutzer des De-Mail-Kontos erkennen lässt;[27]

4. durch sonstige sichere Verfahren, die durch Rechtsverordnung der Bundesregierung mit Zustimmung des Bundesrates festgelegt werden, welche den Datenübermittler (Absender der Daten) authentifizieren und die Integrität des elektronisch übermittelten Datensatzes sowie die Barrierefreiheit gewährleisten; der IT-Planungsrat gibt Empfehlungen zu geeigneten Verfahren ab.[31]

In den Fällen des Satzes 4 Nummer 1 muss bei einer Eingabe über öffentlich zugängliche Netze ein sicherer Identitätsnachweis nach § 18 des Personalausweisgesetzes oder nach § 78 Absatz 5 des Aufenthaltsgesetzes erfolgen.[25]

(3) Ist ein der Behörde übermitteltes elektronisches Dokument für sie zur Bearbeitung nicht geeignet, teilt sie dies dem Absender unter Angabe der für sie geltenden technischen Rahmenbedingungen unverzüglich mit. Macht ein Empfänger geltend, er könne das von der Behörde übermittelte elektronische Dokument nicht bearbeiten, hat sie es ihm erneut in einem geeigneten elektronischen Format oder als Schriftstück zu übermitteln.[32]

Parallelvorschriften: § 36a SGB I; § 87a AO; § 130a ZPO; § 126a BGB

Die §§ 126 ff BGB lauten:

§ 126 Schriftform. (1) Ist durch Gesetz schriftliche Form vorgeschrieben, so muss die Urkunde von dem Aussteller eigenhändig durch Namensunterschrift oder mittels notariell beglaubigten Handzeichens unterzeichnet werden.

(2) Bei einem Vertrag muss die Unterzeichnung der Parteien auf derselben Urkunde erfolgen. Werden über den Vertrag mehrere gleichlautende Urkunden aufgenommen, so genügt es, wenn jede Partei die für die andere Partei bestimmte Urkunde unterzeichnet.

(3) Die schriftliche Form kann durch die elektronische Form ersetzt werden, wenn sich nicht aus dem Gesetz ein anderes ergibt.

(4) Die schriftliche Form wird durch die notarielle Beurkundung ersetzt.

§ 126a Elektronische Form. (1) Soll die gesetzlich vorgeschriebene schriftliche Form durch die elektronische Form ersetzt werden, so muss der Aussteller der Erklärung dieser seinen Namen hinzufügen und das elektronische Dokument mit einer qualifizierten elektronischen Signatur nach dem Signaturgesetz versehen.

(2) Bei einem Vertrag müssen die Parteien jeweils ein gleichlautendes Dokument in der in Absatz 1 bezeichneten Weise elektronisch signieren.

§ 126b Textform. Ist durch Gesetz Textform vorgeschrieben, so muss die Erklärung in einer Urkunde oder auf andere zur dauerhaften Wiedergabe in Schriftzeichen geeignete Weise abgegeben, die Person des Erklärenden genannt und der Abschluss der Erklärung durch Nachbildung der Namensunterschrift oder anders erkennbar gemacht werden.

§ 2 EGovG lautet *(zum **Inkrafttreten** der einzelnen Absätze s Art 31 des Gesetzes zur Förderung der elektronischen Verwaltung sowie unten Rn 8ff):*

§ 2 Elektronischer Zugang zur Verwaltung. (1) Jede Behörde ist verpflichtet, auch einen Zugang für die Übermittlung elektronischer Dokumente, auch soweit sie mit einer qualifizierten elektronischen Signatur versehen sind, zu eröffnen.

(2) Jede Behörde des Bundes ist verpflichtet, den elektronischen Zugang zusätzlich durch eine De-Mail-Adresse im Sinne des De-Mail-Gesetzes zu eröffnen, es sei denn, die Behörde des Bundes hat keinen Zugang zu dem zentral für die Bundesverwaltung angebotenen IT-Verfahren, über das De-Mail-Dienste für Bundesbehörden angeboten werden.

(3) Jede Behörde des Bundes ist verpflichtet, in Verwaltungsverfahren, in denen sie die Identität einer Person auf Grund einer Rechtsvorschrift festzustellen hat oder aus anderen Gründen eine Identifizierung für notwendig erachtet, einen elektronischen Identitätsnachweis nach § 18 des Personalausweisgesetzes oder nach § 78 Absatz 5 des Aufenthaltsgesetzes anzubieten.

Schrifttum: *Albrecht,* Der (neue) elektronische Zugang zur Verwaltung, jurisPR-ITR 4/2014 Anm. 2; *Albrecht/Schmid,* Das E-Government-Gesetz des Bundes – Auf dem Weg zur „Verwaltung 2.0“?, K&R 2013, 529; *Bludau,* Kommunikation niedersächsischer Verwaltungen in Verwaltungs-, Widerspruchs- und Klageverfahren, NdsVBl 2007, 7; *Boehme/Nessler,* Electronic Government: Internet und Verwaltung. Visionen, Rechtsprobleme, Perspektiven, NVwZ 2001, 374; *Borges,* Der neue Personalausweis und der elektronische Identitätsnachweis, NJW 2010, 3334; *Catrein,* Moderne elektronische Kommunikation und Verwaltungsverfahrensrecht, NWVBl 2001, 50; *Delhey,* Verfassungsrechtliche Grenzen einer Pflicht für Rechtsanwälte zur Nutzung elektronischer Kommunikationsmittel, NJW 2016, 1274; *Dietlein/Heinemann,* eGovernment und elektronischer VA, NWVBl 2005, 53; *Drechsler,* Elektronischer Zugang zur Verwaltung nach dem EGovG, DuD 2013, 696; *Eifert,* Electronic Government, 2006; *ders,* Online-Verwaltung und Schriftform im Verwaltungsrecht, K&R 2000, 12; *Ernst,* Modernisierung der Wirtschaftsverwaltung durch elektronische Kommunikation, 2005; *Geis,* Elektronische Kommunikation mit der öffentlichen Verwaltung, K&R 2003, 21; *Groß,* Die Informatisierung der Verwaltung, VerwArch 2004, 400; *Habammer/Denkhaus,* Das E-Government-Gesetz des Bundes – Inhalt und erste Bewertung – Gelungener Rechtsrahmen für elektronische Verwaltung?, MMR 2013, 358; *dies,* Verhindert das Unionsrecht die Digitalisierung der Verwaltung? Binnenmarktkonformität und Notifizierungspflicht des De-Mail-Standards des EGovG, MMR 2014, 14; *Hähnchen,* Das Gesetz zur Anpassung der Formvorschriften des Privatrechts und anderer Vorschriften an den modernen Rechtsverkehr, NJW 2001, 2831; *Heckmann,* Ein Gesetz zur Verhinderung der elektronischen Verwaltung? Folgen der unterlassenen Notifizierung des E-Government-Gesetzes, MMR 2013, 561; *Heckmann/Albrecht,* Das Gesetz zur Förderung der elektronischen Verwaltung – Anmerkungen zu E-Government und Technikneutralität, ZRP 2013, 42; *Hoffmann/Tallich/Warnecke,* E-Postbrief: Rechtsfragen elektronischer Behördenkommunikation – Unter welchen Voraussetzungen kann die öffentliche Verwaltung das Angebot der Deutschen Post verwenden?, MMR 2011, 775; *Hüsch,* Rechtssicheres ersetzendes Scannen, Zur Zulässigkeit von Scanning und Beweiskraft gescannter Dokumente nach Einführung der TR-RESCISCAN, CR 2014, 206; *Johannes,* Elektronische Formulare im Verwaltungsverfahren, Neue Form des Schriftformersatzes, MMR 2013, 694; *Kintz,* Der elektronische Widerspruch, NVwZ 2004, 1429; *Klose,* Das neue E-Government-Gesetz, Hoffnungsträger einer modernisierten Verwaltung?, NJ 2013, 325; *Kment,* Verwaltungsrechtliche Instrumente zur Ordnung des virtuellen Raums – Potenziale und Chancen durch E-Government, MMR 2012, 220; *Köbler,* Schriftsatz per E-Mail: Verfahrensrechtliche Fallen, MDR 2009, 357; *Kropp,* Die Bedeutung von § 3a VwVfG für die abfallrechtliche Überwachung, NVwZ 2008, 1055; *Laubinger,* Elektronisches Verwaltungsverfahren und elektronischer VA – Zwei (fast) neue Institute des Verwaltungsrechts, FS König, 2004, 517;

Luch/Schulz, Die digitale Dimension der Grundrechte – Die Bedeutung der speziellen Grundrechte im Internet, MMR 2013, 88; *Mankowski,* Zum Nachweis des Zugangs bei elektronischen Erklärungen, NJW 2004, 1901; *Müller-Terpitz/Rauchhaus,* Das E-Government-Gesetz des Bundes – ein Schritt in Richtung „Verwaltung 2.0" – Geplante Regelungen und Problembereiche, MMR 2013, 10; *Polenz,* Der neue elektronische Personalausweis – E-Government im Scheckkartenformat, MMR 2010, 671; *Prell,* Das E-Government-Gesetz des Bundes – Revolution der elektronischen Verwaltung bei der Schriftformersetzung?, NVwZ 2013, 1514; *Püschel,* Hamburg auf dem Weg zur elektronischen Verwaltung, NordÖR 2004, 59; *Ramsauer/Frische,* Das E-Government-Gesetz, NVwZ 2013, 1505; *Rosenbach,* Erläuterungen und Anmerkungen zum Entwurf eines Gesetzes zur Änderung des Verwaltungsverfahrensgesetzes (Magdeburger Fassung), DVBl 2001, 332; *Rosenbach,* Verfahrensrechtliche Rahmenbedingungen für den Einsatz der elektronischen Datenverarbeitung in der Verwaltung, NWVBl 1997, 326; *Roßnagel,* Das elektronische Verwaltungsverfahren, NJW 2003, 469; *ders,* Auf dem Weg zur elektronischen Verwaltung – Das E-Government-Gesetz, NJW 2013, 2710; *Roßnagel/Fischer-Dieskau,* Elektronische Dokumente als Beweismittel – Neufassung der Beweisregelungen durch das Justizkommunikationsgesetz, NJW 2006, 806; *Roßnagel/Hornung,* Ein Ausweis für das Internet – Der neue Personalausweis erhält einen „elektronischen Identitätsnachweis", DÖV 2009, 301; *Roßnagel/Nebel,* Beweisführung mittels ersetzend gescannter Dokumente, NJW 2014, 886; *Schlatmann,* Anmerkungen zum Entwurf eine Dritten Gesetzes zur Änderung verwaltungsverfahrensrechtlicher Vorschriften, DVBl 2002, 1005; *Schlatman,* Verwaltungsverfahrensrecht und elektronischer Rechtsverkehr, LKV 2002, 489; *Schliesky,* Auswirkungen des E-Government auf Verfahrensrecht und kommunale Verwaltungsstrukturen, NVwZ 2003, 1322; *ders,* E-Government durch Recht, DVP 2013, 420; *Schmid,* Ersatz der Schriftform per einfacher E-Mail mit unterschriebenem und eingescanntem Dokument als Anhang, jurisPR-ITR 15/2016 Anm. 2; *Schmitz,* Die Regelung der elektronischen Kommunikation im Verwaltungsverfahrensgesetz, DÖV 2005, 885; *Schmitz,* Einlegung einer Petition durch E-Mail?, NVwZ 2003, 1437; *Schmitz,* Änderungen des Verwaltungsverfahrensrechts durch moderne Informationstechniken, FS BVerwG, 2003, 677; *Schmitz,* Signaturpad – Ersatz für Unterschrift?, NVwZ 2013, 410; *Schmitz/Schlatmann,* Digitale Verwaltung? – Das Dritte Gesetz zur Änderung verwaltungsverfahrensrechtlicher Vorschriften, NVwZ 2002, 1281; *Schulz,* Die Fortentwicklung der Schriftformäquivalente im Verwaltungsverfahrensrecht, DÖV 2013, 882; *Schulz/Brackmann,* Der elektronische Zugang zu Behörden nach § 2 E-Government-Gesetz, NdsVBl 2014, 303; *Schulz/Tischer,* Verweisungen im Verwaltungsverfahrensrecht und ihre Reichweite im Kontext neuer Verordnungsermächtigungen, NVwZ 2014, 1049; *dies,* Recht auf Vielfalt – Auch bei der elektronischen Behördenkommunikation?, Vw 2014, 521; *Siegel,* Der virtuelle Verwaltungsakt, VerwArch 2014, 241; *Skrobotz,* Das elektronische Verwaltungsverfahren, 2005; *Stollhof,* Das E-Government-Gesetz des Bundes – Abschied von der qualifizierten elektronischen Signatur?, DuD 2013, 691; *Storr,* Elektronische Kommunikation in der öffentlichen Verwaltung – Die Einführung des elektronischen Verwaltungsakts, MMR 2002, 579; *Weidemann,* DE-Mail und das Verwaltungszustellungsgesetz, DVP 2013, 232; *ders,* Anforderungen an eine Rechtsbehelfsbelehrung in Zeiten fortschreitender elektronischer Kommunikation, DVP 2013, 367.

Schrifttum zur elektronischen Signatur: *Bröhl/Tettenborn,* Das neue Recht der elektronischen Signaturen, 2001; *Degen,* Zukunftsvision wird Realität: Elektronische Klage statt Gang zum Nachtbriefkasten, NJW 2009, 199; *Eifert/Schreiber,* Elektronische Signatur und der Zugang zur Verwaltung, MMR 2000, 340; *Ernst,* Modernisierung der Verwaltung durch elektronisch Kommunikation, 2004; *Fischer-Dieskau/Hornung,* Erste höchstrichterliche Entscheidung zur elektronischen Signatur, NJW 2007, 2897; *Geis,* Die digitale Signatur, NJW 1997, 3000; *ders,* Elektronische Kommunikation mit der öffentlichen Verwaltung, K&R 2003, 21; *Gollan,* Elektronische Signaturen in der Kommune, StuG 2002, 26; *Heckmann,* E-Government im Verwaltungsalltag, K&R 2003, 425; *Kropp,* Qualifizierte elektronische Signaturen im elektronischen Abfallnachweisverfahren, UPR 2010, 326; *Roßnagel* (Hg), Die elektronische Signatur in der öffentlichen Verwaltung, 2002; *ders,* Das neue Recht elektronischer Signaturen, NJW 2001, 1817; *ders,* Die neue Signaturverordnung, BB 2002, 261; *ders,* Rechtliche Unterschiede von Signaturverfahren, MMR 2002, 215; *Schmitz,* Die Regelung der elektronischen Signatur im Verwaltungsverfahrensgesetz, DÖV 2005, 885.

Übersicht

I. Allgemeines

1 **1. Inhalt.** Die mit dem 3. VwVfÄndG[1] eingefügte und im Jahre 2013 durch Art 3 Nr 1 des **Gesetzes zur Förderung der elektronischen Verwaltung sowie zur Änderung weiterer Vorschriften** v 25.7.2013 (BGBl I 2749) wesentlich erweiterte Vorschrift regelt die Möglichkeit der Übermittlung elektronischer Dokumente im Verwaltungsverfahren. Sie wird ergänzt durch die Regelungen über den elektronischen VA in § 37 und dessen Bekanntgabe durch die Behörde in § 41 Abs 2, 4 sowie das **E-Government-Gesetz** (Art 1 des Gesetzes zur Förderung der elektronischen Verwaltung – EGovG),[2] insbes durch die Verpflichtung der Behörden zur Eröffnung des elektronischen Zugangs und zum Angebot eines elektronischen Identitätsnachweises in § 2 EGovG. Eine Modifizierung enthält die durch das 4. VwVfÄndG eingeführte Vorschrift in § 71e für die unter §§ 71a ff fallenden Verfahren. Neben der Klarstellung einer allgemein zulässigen elektronischen Übermittlung in Abs 1 entsprechend dem Grundsatz der Nichtförmlichkeit des Verwaltungsverfahrens (§ 10 VwVfG, § 9 SGB X, hierzu § 10 Rn 7 ff), enthält Abs 2 eine **Generalklausel zur Gleichstellung** der elektronischen Übermittlung mit der herkömmlichen Schriftform auch für solche Fälle, in denen durch Rechtsvorschrift die Schriftform angeordnet ist. Hierfür knüpfte § 3a Abs 2 die elektronische Übermittlung bislang lediglich an das **Erfordernis einer qualifizierten elektronischen Signatur** iSd novellierten Gesetzes über Rahmenbedingungen für elektronische Signaturen (Signaturgesetz – SigG).[3] Die Neufassung des Abs 2 durch Art 3 Nr 1 des Gesetzes zur Förderung der elektronischen Verwaltung stellt nunmehr in Abs 2 S 4 drei weitere Formen elektronischer Übermittlung der Schriftform gleich (hierzu unten Rn 14 ff).[4] Die **Neuregelungen in § 3a Abs 2 S 4 Nr 2 und 3** sind nach Art 31 Abs 2 des Gesetzes zur Förderung der elektronischen Verwaltung **am 1.7.2014 in Kraft** getreten, während die Regelungen im Übrigen, insb § 3a Abs 2 S 4 Nr 1 und Nr 4 schon am Tag nach der Verkündung des Gesetzes[5] in Kraft getreten sind.

1a Im Wesentlichen zu § 3a VwVfG **gleichlautende Regelungen** haben § 87a AO und § 36a Abs 1–3 SGB I erhalten.[6] Entsprechende Regelungen für das **Privatrecht** finden sich in den §§ 126 ff BGB[7] (Text s oben). Mit Einführung des § 3a VwVfG hat sich die Frage nach mittelbarer oder unmittelbarer Geltung des § 126a

---

[1] Vom 21.8.2002 (BGBl I, S. 3322); s hierzu näher Schmitz/Schlatmann NVwZ 2002, 1281; Catrein NVwZ 2001, 413; Schlatmann DVBl 2002, 1005.

[2] Hierzu näher Ramsauer/Frische NVwZ 2013, 1505; Roßnagel NJW 2013, 2710.

[3] SigG v 16.5.2001, BGBl I, S 876; hierzu näher Roßnagel NJW 2001, 1817. Das SigG löste das SigG aF v 1.8.1997 (BGBl I 1870) ab und passte damit das Signaturrecht in Deutschland an die geänderte Signatur-RL (ABl EG 2000 L 13 S. 12) an.

[4] Hierzu näher Prell NVwZ 2013, 1514; Schulz DÖV 2013, 882.

[5] Die Verkündung im BGBl erfolgte am 31.7.2013 (BGBl I 2749).

[6] Die Sonderregelung in § 36a Abs 4 SGB I soll der erleichterten Kommunikation zwischen den Trägern der Sozialversicherung dienen (BT-Drs 14/9000 S. 34).

[7] Eingefügt durch das Gesetz zur Anpassung der Formvorschriften an den modernen Rechtsgeschäftsverkehr (13.7.2001, BGBl I S. 1542). Zur Neuregelung in den §§ 126a ff BGB s Hähnchen NJW 2001, 2831.

BGB im Verwaltungsrecht erledigt.[8] Für die elektronische Kommunikation mit Gerichten enthalten die Prozessordnungen spezielle Regelungen. So ist nach § 55a Abs 1 VwGO die Zulässigkeit der Übermittlung elektronischer Dokumente (Klagen, Schriftsätze usw) an Gerichte bisher davon abhängig, dass dies durch Rechtsverordnung für den jeweiligen Zuständigkeitsbereich in Bund oder Ländern zugelassen worden ist (Degen NJW 2009, 199). § 55a Abs 1 S 3 VwGO knüpft in seiner bisherigen Fassung die Schriftformersetzung grundsätzlich noch an die qualifizierte elektronische Signatur. Durch Art 5 Nr 1 des **Gesetzes zur Förderung des elektronischen Rechtsverkehrs mit den Gerichten** v 10.10.2013 (BGBl I 3786) wurde § 55a VwGO jedoch **mit Wirkung vom 1.1.2018**[9] neugefasst. Die Neufassung wird neben der qeS weitere sichere Übermittlungswege für die Einreichung elektronischer Dokumente bei Gericht vorsehen. Dazu wird gem § 55a Abs 4 Nr 1 VwGO in seiner zukünftigen Fassung neben anderen Übermittlungsformen die auch in § 3a Abs 2 S 4 Nr 2, 3 geregelte Übersendung per De-Mail mit der Bestätigung nach § 5 Abs 5 De-Mail-Gesetz zählen (**2a–2c** 27 ff).

2 **2. Anwendungsbereich. a) Unmittelbare und entsprechende Anwendung.** Die Vorschrift gilt unmittelbar nur im Anwendungsbereich des VwVfG. Um aber seine über das VwVfG hinausgehende Bedeutung auch für Fachgesetze des Bundes zu verdeutlichen, wurde bewusst von einer Eingliederung in den zweiten Teil des VwVfG über Verfahrensgrundsätze abgesehen.[10] § 3a gilt deshalb nicht nur für Verwaltungsverfahren iSd §§ 9 ff, sondern auch für sonstige öffentlich-rechtliche Verwaltungstätigkeit.[11] Er ist anwendbar, wenn das Fachrecht Schriftlichkeit vorsieht und keine Sonderregeln enthält (s näher u Rn 2c, 15 ff).[12] Dies gilt nach dem ausdrücklichen Willen des Gesetzgebers auch für die Schriftform in Bundesgesetzen, deren Vollzug nach § 1 Abs 3 nach den Verwaltungsverfahrensgesetzen der Länder erfolgt (s u Rn 16).[13] Nach ganz herrschender Ansicht ist § 3a auch auf das **Widerspruchsverfahren** anwendbar.[14] Dies betrifft insbesondere die Ersetzung der in § 70 Abs 1 S 1 VwGO vorgesehenen Schriftform des Widerspruchs. Hierzu ist unabhängig von der rechtlichen Begründbarkeit der Anwendung des § 3a Abs 2 festzustellen, dass aufgrund des insoweit engeren Wortlauts des § 70 Abs 1 S 1 VwGO („schriftlich oder zur Niederschrift") derzeit in der Praxis eine gewisse **Rechtsunsicherheit** besteht, wie im Hinblick auf die Form des Widerspruchs die **Rechtsbehelfsbelehrung** eines Bescheids zur Vermeidung der Rechtsfolge des § 58 Abs 2 VwGO (Jahresfrist) richtig zu formulieren ist, wenn der Widerspruch auch in den Formen des § 3a Abs 2 erhoben werden kann.[15] Insoweit ist eine klarstellende Regelung in

---

[8] Bis dahin bereits gegen die Anwendung des § 126a Eifert/Schreiber, MMR 2000, 340, 342 f; Schmitz NVwZ 2000, 1238, 1243; Roßnagel DÖV 2001, 221, 226; **aA** Rosenbach NWVBl 2000, 161, 162 f.

[9] Art 26 Abs 1 des Gesetzes zur Förderung des elektronischen Rechtsverkehrs mit den Gerichten v 10.10.2013 (BGBl I 3786).

[10] Vgl BT-Drs 14/9000, 28; Schlatmann in: Roßnagel (Hg), Die elektronische Signatur in der öffentlichen Verwaltung 68; Catrein NWVBl 2001, 50, 53.

[11] BT-Drs 14/9000, 28; StBS 46; MSU 28.

[12] StBS 48; MSU 28.

[13] BT-Drs 14/9000, 28; StBS 46; **aA** Knack/Henneke 43; MSU 27.

[14] Kintz NVwZ 2004, 1429, 1430; Schmitz/Schlatmann, NVwZ 2002, 1281, 1288; BHRS 33; Knack/Henneke 41; MSU 27; Obermayer/Funke-Kaiser 5; FKS § 70 VwGO Rn 6; Kopp/Schenke § 70 Rn 2; Dolde/Porsch in Schoch § 70 Rn 6b. Vgl aus der Rspr OVG Koblenz, Urt v 8.3.2012 – 1 A 11258/11 – juris; OVG Lüneburg, Beschl v 8.11.2011 – 4 LB 156/11 – juris Rn 25; VG Neustadt (Weinstraße), Urt v 11.2.2008 – 4 K 1537/07.NW – juris Rn 24.

[15] S insbes OVG Koblenz, Urt v 8.3.2012 – 1 A 11258/11 – juris: Rechtsbehelfsbelehrung, die nicht über bestehende Möglichkeit, den Widerspruch gem § 3a zu erheben, sondern nur über die Form nach § 70 Abs 1 S 1 VwGO belehrt, sei unrichtig, so dass Frist

der VwGO rechtspolitisch wünschenswert.[16] Als Generalklausel ist § 3a – ähnlich wie § 126a BGB im privatrechtlichen Bereich – analog anwendbar,[17] allerdings nicht auf die Kommunikation mit Gerichten, für die es spezielle Vorschriften gibt (s Rn 1a). Dagegen dürfte etwa auch die Einlegung einer Petition auf elektronischem Weg zulässig sein, wenn Abs 2 beachtet wird (näher Schmitz NVwZ 2003, 1437, 1439).

Die Vorschrift gilt nur für die **Übertragung elektronischer Dokumente,** also solcher Dokumente, die nicht in Papierform oder auf einem anderen materialisierten Datenträger fixiert sind, sondern als Dateien in elektronischer Form existieren und verarbeitet werden. Sie **gilt nicht für die elektronische Übermittlung** von schriftlichen Dokumenten (Telegramm oder Telefax), mit denen das Schriftformerfordernis ohnehin erfüllt werden kann (s näher § 37 Rn 19b; § 79 Rn 27). Sie gilt zudem nur vorbehaltlich speziellerer bereichsspezifischer Vorschriften, die eine elektronische Form auch ausschließen können (s u Rn 2c). 2a

b) Abweichende Ländervorschriften. Während die meisten Länder entsprechend dem Beschluss zur Simultangesetzgebung (s Einf I Rn 26) die Regelungen des § 3a wortgleich oder mit wenigen Modifikationen hinsichtlich der Frage, wann eine Zugangseröffnung anzunehmen ist, übernommen haben,[18] haben **Hamburg** (§ 3a Abs 4 HmbVwVfG) und **Schleswig-Holstein** (§ 52a Abs 5 LVwG SH) einen Sonderweg beschritten mit dem Ziel, den elektronischen Verkehr auch ohne qualifizierte Signatur zu eröffnen. Der Grund hierfür liegt in der zögerlichen Verbreitung der für die qualifizierte Signatur erforderlichen Technik (HmbBü-Dr 17/1777 v 26.11.2002). Als Alternativlösung soll das **Internet-Portal Hamburg-Gateway** dienen, bei dem eine Registrierung mit Benutzerkennung und Passwort ausreichen soll (Püschel NordÖR 2004, 59). Dies ist **kompetenzrechtlich unbedenklich,** weil der Beschluss zur Simultangesetzgebung den Landesgesetzgeber nicht hindert, für den Bereich des Landesrechts abweichende Bestimmungen zu erlassen. 2b

c) Speziellere Regelungen des Fachrechts. Das besondere Verwaltungsrecht enthält teilweise speziellere Regelungen, die im Vergleich zur Schriftform strengere oder erleichterte Formerfordernisse vorsehen:[19] So kann zum einen die elektronische Form zugunsten von **strengeren Formvorschriften** ausgeschlossen sein. Das gilt insbesondere für **Ernennungen im Beamtenrecht,** in dem ausdrücklich vorgeschrieben ist, dass statusbegründende oder -verändernde VAe durch die Aushändigung von Urkunden bekannt gegeben werden müssen (vgl zB § 8 Abs 2 S 1 BeamtStG, § 10 Abs 2 S 1 BBG). Damit ist die elektronische Begründung dieses Status ausgeschlossen.[20] In anderen Vorschriften des Fachrechts ist Schriftform vorgesehen und zugleich wegen der besonderen Bedeutung des VA und der mit dem Erfordernis der Schriftlichkeit verbundenen Beweis- und Warnfunktion die **elektronische Form ausdrücklich ausgeschlossen** worden (zB in § 38a StAG, § 17 AtomG; § 5 PBefG, §§ 33, 36 VermG; früher auch § 3a 2c

---

nach § 58 Abs 2 VwGO laufe; im Grundsatz zust Weidemann DVP 2013, 367, 368 f; **aA** zB VGH München, Beschl v 18.4.2011 – 20 ZB 11.349 – juris. Eingehend zum Ganzen Schmid in Sodan/Ziekow § 55a Rn 151 ff mit umfassender Aufarbeitung der zahlreichen divergierenden Entscheidungen zur Richtigkeit von Rechtsbehelfsbelehrungen nach Eröffnung des elektronischen Rechtsverkehrs in unterschiedlichen Regelungskontexten.

16 Zutreffend dürfte die wohl hM sein, wonach die Form der Klagerhebung nicht zwingender Gegenstand einer Rechtbehelfsbelehrung ist; vgl § 37 Rn 49.

17 MSU 29.

18 Dies war Grundlage der Konzeption bei Schaffung des § 3a; vgl Schmitz/Schlatmann NVwZ 2002, 1292.

19 Vgl MSU 97 ff; StBS 48 ff.

20 StBS 50.

KrW-/AbfG,[21] jetzt ausdrücklich anders in § 64 KrWG). In diesen Fällen kann die elektronische Übermittlung eines VA auch dann nicht an die Stelle des schriftlichen VA treten, wenn die Schriftformäquivalente des Abs 2 vorliegen. Das Gesetz muss ausdrücklich auf das Erfordernis eines höheren Sicherheitsniveaus als das dieser Schriftformäquivalente hinweisen, wenn für ein gesetzliches Schriftformerfordernis von der Generalklausel des Abs 2 S 1 abgewichen werden soll (s auch § 37 Rn 37a), zB durch Formulierungen wie „die elektronische Form ist ausgeschlossen" oder „§ 3a VwVfG findet keine Anwendung".[22] Umgekehrt wird teilweise die **elektronische Form spezialgesetzlich vorgeschrieben** (vgl OVG Hamburg NordÖR 2010, 309 zu der in einer Hochschulsatzung vorgeschriebene **online-Bewerbung** für die Zulassung zum Studium). Zum anderen können die unterschiedlichen Funktionen der Schriftform (Abschlussfunktion, Perpetuierungsfunktion, Identitätsfunktion, Echtheitsfunktion, Verifikationsfunktion, Beweisfunktion und Warnfunktion) teilweise auch mit **geringeren Anforderungen an die elektronische Kommunikation** erfüllt werden.[23] Dies ist zB dann der Fall, wenn dem Beweiswert eines elektronischen Dokuments keine hohe Bedeutung zukommt.[24] Durch Rechtsvorschrift kann deshalb auch von dem Erfordernis der Nutzung der in Abs 2 geregelten Formen elektronischer Kommunikation abgesehen werden. Soll von dem Regelungsniveau der schriftformäquivalenten Formen elektronischer Kommunikation bei Bestehen eines gesetzlich angeordneten Schriftformerfordernisses „nach unten" abgewichen werden, wird dies im Gesetzestext zumeist durch Einfügung der Wörter **„oder elektronisch"** zum Ausdruck gebracht.[25] Dies ist zB in § 37 Abs 2 S 1 und § 69 Abs 2 S 6 sowie in §§ 2 Abs 1 S 2, 3 Abs 1 S 2, 5 Abs 2 S 2 BRKG, §§ 2 Abs 1 S 1, Abs 2 S 2, 11 Abs 1 S 1 BUKG geschehen.[26] In diesen Fällen kann **auf die Anforderungen des Abs 2 an den Schriftformersatz verzichtet** werden.

3 **3. Bedeutung der Vorschrift. a) E-Government.** Die Vorschrift stellt einen wesentlichen Baustein im Hinblick auf die Entwicklung einer **elektronischen Verwaltung** dar.[27] Das 3. VwVfÄndG hatte bereits die Schaffung notwendiger rechtlicher Rahmenbedingungen für eine rechtsverbindliche elektronische Kommunikation zwischen Bürger und Verwaltung zum Ziel.[28] Als Hürde für dieses Ziel erwies sich aber das Erfordernis der qualifizierten elektronischen Signatur als Ersatz für die in vielen Bestimmungen des Fachrechts vorgeschriebene Schriftform. Das **Gesetz zur Förderung der elektronischen Verwaltung** (hierzu Einf I Rn 35d) hat nunmehr die Möglichkeiten einer solchen Kommunikation deutlich erweitert und erleichtert (s Rn 25 ff). Verfahrensrechtlich ist § 3a die **Grundnorm für die elektronische Kommunikation.** Eine wichtige Ergänzung findet § 3a nunmehr in § 2 EGovG (hierzu unten Rn 8 ff). Die elektronische Übermittlung von Dokumenten tritt damit gleichberechtigt neben

---

[21] Hierzu näher Kropp, NVwZ 2008, 1055, insbesondere auch zu den Bestimmungen der aufgrund § 45 Abs 2 KrW/AbfG erlassenen Nachweisverordnung, die zwingend eine elektronische Führung von Nachweisen und Registern verlangt.

[22] ZB §§ 224a Abs 2 S 1, 324 Abs 2 S 3 AO; § 38a Staatsangehörigkeitsgesetz.

[23] Vgl hierzu Dix, Digitale Signaturen im Verwaltungsverfahren, K&R, Beilage 2 zu Heft 10/2000, S 20, 21.

[24] Rosenbach, DVBl 2001, 332, 335; zum Beweiswert der Schriftformäquivalente des Abs 2 s u Rn 31a.

[25] Siehe Rosenbach, DVBl 2001, 332, 335. Zur Definition des Begriffs „elektronisch" Catrein, NWVBl 2001, 50, 51.

[26] Begründung des Entwurfs eines Dritten Gesetzes zur Änderung verwaltungsverfahrensrechtlicher Vorschriften v 13.5.2002, BT-Drs 14/9000, S. 34.

[27] Zum Konzept des E-Government Eifert, E-Government, S. 2 ff u passim; Knack/Henneke 4 ff; Heckmann bzw Albrecht/Heckmann in BHRS Einf Rn 1 ff, § 3a Rn 37 ff, jeweils mwN.

[28] Hierzu schon die Entschließung des Bundesrates v 9.6.2000, BR-Dr 231/00.

schon bestehende Formen der Übermittlung. Im Rahmen einer umfassenden Modernisierung der Verwaltung[29] soll damit einerseits der wachsenden Verbreitung moderner Informations- und Kommunikationstechnologien auf Bürgerseite Rechnung getragen, andererseits der Verwaltung die Möglichkeit zur **Kostensenkung und Steigerung der Effizienz** durch den Einsatz moderner Informationstechnologie gegeben werden.[30] Grundsätzlich sollen sämtliche Verwaltungsdienstleistungen einer vollständigen elektronischen Abwicklung – ohne Medienbruch – zugänglich gemacht werden. Ausnahmen bleiben aber zB dann bestehen, wenn die persönliche Anwesenheit des Antragstellers erforderlich ist (zB für Aushändigung von Urkunden, vgl Rn 2c; zur Anwesenheitspflicht näher § 26 Rn 21). Entsprechend der umfassenden Gleichstellung sind elektronische Dokumente auch geeignete Beweismittel iSd § 26 (hierzu § 26 Rn 9).

b) Umsetzungsprobleme. Die Einführung der technischen Mittel zur qualifi- 3a
zierten Signatur erfolgte sehr zögerlich. Eine flächendeckende Verbreitung der qualifizierten elektronischen Signatur blieb aus (s unten Rn 23). Dies hat den Gesetzgeber veranlasst, mit dem Gesetz zur Förderung der elektronischen Verwaltung die Möglichkeiten elektronischer Kommunikation zwischen Bürger und Verwaltung deutlich zu erweitern (BT-Drs 17/11 473, 22). Die Neuregelung ermöglicht hierzu insbesondere die **Nutzung von De-Mail** (s unten Rn 3b und 27 ff) und der **eID-Funktion** des neuen Personalausweises sowie des elektronischen Aufenthaltstitels (s unten Rn 25 f). Die nicht „technikneutrale" Standardisierung von De-Mail als Mittel elektronischer Kommunikation mit der Verwaltung durch § 2 EGovG und § 3a Abs 2 idF des Gesetzes zur Förderung der elektronischen Verwaltung hat aus europa-, verfassungs- und vergaberechtlichen Gründen Kritik erfahren.[31] Für die schriftformersetzenden Formen elektronischer Kommunikation enthält Abs 2 S 4 Nr 4 allerdings eine „technische Öffnungsklausel" (s unten Rn 31).[32]

c) Das De-Mail-Gesetz.[33] Nach dem De-Mail-Gesetz kann jedermann bei ei- 3b
nem akkreditierten Diensteanbieter[34] ein De-Mail-Konto nach §§ 3 ff De-Mail-Gesetz einrichten, das ua die Nutzung eines **Postfach- und Versanddienstes für sichere elektronische Post** unter Verwendung einer De-Mail-Adresse ermöglicht (§§ 1 Abs 2, 5 Abs 1 De-Mail-Gesetz). Der Diensteanbieter muss vor Freischaltung des Kontos nach § 3 Abs 2 und 3 De-Mail-Gesetz die **Identität des Nutzers** durch Erhebung und Speicherung bestimmter Nutzerdaten zuverlässig feststellen. Diese verifiziert er zB bei natürlichen Personen anhand eines gültigen

---

29 Vgl hierzu das Programm „Moderner Staat – moderne Verwaltung" der Bundesregierung und die Initiative BundOnline 2005. Zur Einführung der rechtsverbindlichen elekronischen Kommunikation auf kommunaler Ebene siehe die Initiative des Bundeswirtschaftsministeriums MEDIA@komm., www.mediakomm.net. S auch Bullerdiek/Greve/Puschmann, Verwaltung im Internet, München 2. Aufl 2002, S. 73 ff. Grundsätzlich zur Nutzung des Internets in der Verwaltung Roßnagel in: Hoffmann-Riem/Schmidt-Aßmann (Hg), Verwaltungsrecht in der Informationsgesellschaft, Baden-Baden 2000, S. 257 ff.

30 So zB im Bereich des Vergaberechts, siehe hierzu Einf I Rn 52 ff.

31 Heckmann/Albrecht ZRP 2013, 42, 43 ff, mwN zur Kritik; Heckmann MMR 2013, 561; so bezieht die gesetzliche Regelung andere Verfahren, zB den von der Deutschen Post AG entwickelten „E-Postbrief" (hierzu Hoffmann/Tallich/Warnecke MMR 2011, 775) nicht ein; vgl ferner Habammer/Denkhaus, MMR 2013, 358, 360 f; dies, MMR 2014, 14 ff.

32 Vgl hierzu Habammer/Denkhaus MMR 2013, 358, 362.

33 Art 1 des Gesetzes zur Regelung von De-Mail-Diensten und zur Änderung weiterer Vorschriften v 28.4.2011, BGBl I 2011, 666; Amtl Begründung BT-Drs 17/3630; hierzu Spindler CR 2011, 309.

34 Die Akkreditierung erfolgt nach §§ 17 ff De-Mail-Gesetz. Die von den Diensteanbietern zur Akkreditierung zu erfüllenden Sicherheitsstandards und sonstigen technischen Anforderungen sind in den auf der Webseite www.bsi.bund.de abrufbaren Technischen Richtlinien des BSI festgelegt, die nach § 18 Abs 2 De-Mail-Gesetz den Stand der Technik konkretisieren.

amtlichen Ausweises (§ 3 Abs 3 De-Mail-Gesetz). Bei der Kommunikation über De-Mail sind anders als bei der herkömmlichen E-Mail Übermittlungstechniken einzusetzen, die einen „sicheren, vertraulichen und nachweisbaren Geschäftsverkehr" (§ 1 Abs 1 De-Mail-Gesetz) im Internet sicherstellen sollen. Vertraulichkeit, Integrität und Authentizität der Nachrichten sollen nach §§ 4 Abs 3, 5 Abs 3 De-Mail-Gesetz dadurch gewährleistet werden, dass die Kommunikation zwischen dem Nutzer (Sender und Empfänger) und seinem De-Mail-Konto, die Kommunikation der akkreditierten De-Mail-Anbieter untereinander und die Übertragung einer De-Mail-Nachricht vom akkreditierten Diensteanbieter des Senders zum akkreditierten Diensteanbieter des Empfängers verschlüsselt erfolgen.[35] Über das Postfach kann die **Bekanntgabe und Zustellung** (vgl § 5a VwZG, § 174 Abs 3 S 4 ZPO) von Schriftstücken erfolgen. Hierzu kann der Sender eine Bestätigung vom Diensteanbieter verlangen (§ 5 Abs 8 De-Mail-Gesetz). Eine zur förmlichen Zustellung berechtigte öffentliche Stelle kann darüber hinaus auch eine mit einer qualifizierten elektronischen Signatur versehene Abholbestätigung verlangen (§ 5 Abs 9 De-Mail-Gesetz). Durch das Gesetz zur Förderung der elektronischen Verwaltung kann die Übermittlung elektronischer Dokumente nach Maßgabe des am 1.7.2014 in Kraft getretenen § 3a Abs 2 S 4 Nr 2 und 3 zudem **schriftformersetzend** wirken, wenn die Versandart „absenderbestätigt" nach § 5 Abs 5 De-Mail-Gesetz gewählt wird (hierzu unten Rn 28).

3c **4. Elektronische Kommunikation nach EU-Recht. a) Direkter Vollzug.** Im direkten Vollzug von EU-Recht gibt es keine generellen Verfahrensregelungen.[36] So ist für den Beschluss iSd Art. 288 Abs 4 AEUV, der mit dem deutschen VA vergleichbar ist (Einf II Rn 14), grundsätzlich keine Form vorgeschrieben. Die Zulässigkeit der elektronischen Form kann jedoch im Einzelfall angeordnet sein.[37] Weiterhin ist zB für Befragungen von Bürgern[38] oder die Stellung von Anträgen, etwa die elektronische Einreichung einer Gemeinschaftsmarkenanmeldung über die Homepage des Amtes der EU für die Eintragung von Marken und Geschmacksmustern (HABM), die Möglichkeit zur elektronischen Kommunikation eröffnet.[39]

3d **b) Indirekter Vollzug.** Im indirekten Vollzug gilt der Grundsatz der Verfahrens- bzw Organisationsautonomie.[40] Das EU-Recht enthält zwar mit der Signatur-RL Vorgaben für die elektronische Signatur, nicht aber für die Frage, unter welchen Voraussetzungen ein elektronisch übermittelter VA das Schriftformerfordernis erfüllt. Die **Signatur-RL** dient lediglich der europaweiten Vereinheitlichung der Signatur-Anforderungen, nicht dagegen der Schaffung eines Standards für der Schriftform äquivalente elektronische Kommunikation. Demnach dürfte die Regelung des § 3a auch nach der Novellierung im Jahre 2013 mit dem Unionsrecht vereinbar sein.[41] Bereichsspezifische Formerfordernisse des EU-Rechts gehen ihr jedoch vor (Schmitz/Schlatmann NVwZ 2002, 1292).

---

[35] Sog. „Punkt-zu-Punkt-Verschlüsselung" im Gegensatz zur „Ende-zu-Ende-Verschlüsselung" zwischen Sender und Empfänger, bei der die Nachricht auf dem gesamten Sendeweg verschlüsselt bleibt. Zu der hiergegen aus Gründen der Datensicherheit erhobenen Kritik Habammer/Denkhaus, MMR 2013, 358, 360 mwN. Zur Datensicherheit ferner Müller-Terpitz/Rauchhaus, MMR 2013, 10, 14 f.

[36] S Einf II Rn 36.

[37] V. Danwitz, Europäisches Verwaltungsrecht, 2008, 373.

[38] Befragungen bei der Fusionskontrolle Art. 11 Abs 7 VO (EG) Nr 139/2004 des Rates über die Kontrolle von Unternehmenszusammenschlüssen („EG-Fusionskontrollverordnung") v 20.1.2004 (ABl L 24 S 1).

[39] Beschl des Präsidenten des HABM Nr EX-07-4 v 16.7.2007.

[40] Krit zum Begriff Callies/Ruffert Art. 10 EGV Rn 31; s näher Einf II 38.

[41] Entsprechend zum Entwurf des Gesetzes zur Förderung des elektronischen Rechtsverkehrs mit den Gerichten BT-Drs 17/12634, S 22.

5. Entstehungsgeschichte. a) Die Signatur-Richtlinie. Die Vorschrift wurde im Jahre 2002 durch das 3. VwVfÄndG zur Umsetzung der Signatur-Richtlinie in das Gesetz eingefügt. Art 5 der Sig-RL[42] verpflichtet die EU-Mitgliedstaaten dazu, Regelungen für das nationale Recht zu treffen, nach denen einer qualifizierten elektronischen Signatur die gleichen **rechtlichen Wirkungen wie einer handschriftlich verfassten Unterschrift** zukommen.[43] Diese Pflicht zur Gleichstellung besteht jedoch nur dort, wo das mitgliedstaatliche Recht überhaupt die Verwendung von elektronischen Signaturen ermöglicht.[44] Die Festlegung der Rechtsgebiete, in denen elektronische Dokumente und elektronische Signaturen verwendet werden können, bleibt dem einzelnen Mitgliedstaat überlassen.[45] Die Vorgaben der Sig-RL sind auch für die Vorschriften des nationalen Verwaltungsverfahrensrechts beachtlich, soweit der nationale Gesetzgeber für diesen Bereich den Einsatz der elektronischen Signatur zulässt. Aufgrund der zentralen Bedeutung einheitlicher Signaturstandards für den europäischen Binnenmarkt ist die Sig-RL auch hinsichtlich dieser Konsequenzen für das nationale Verwaltungsrecht von der EU-Kompetenz gedeckt.[46] 4

b) Gesetzgebungsverfahren. Dem Gesetzentwurf der Bundesregierung vom 13.5.2002[47] zum ursprünglichen § 3a lagen der Entwurf der Verwaltungsverfahrensrechtsreferenten von Bund und Länder zur Novellierung des Verwaltungsverfahrens vom 24.11.2000 (sog Magdeburger Fassung) und der fortgeschriebene Bund/Länder-Entwurf vom 6.12.2001 (sog Düsseldorfer Entwurf) zugrunde.[48] Für eine vollständige Berücksichtigung aller gesetzlich angeordneten Schriftformerfordernisse im öffentlichen Bereich führte das Bundesinnenministerium eine Bestandsaufnahme aller bundesgesetzlichen Regelungen durch.[49] Ausgangspunkt für das Gesetzgebungsverfahren bildete die Electronic-Government-Initiative BundOnline 2005 des BMI, welche zum Ziel hatte, alle online-fähigen Dienstleistungen des Bundes bis zum Jahre 2005 auch elektronisch anzubieten.[50] 5

c) Neufassung des Abs 2 durch das Gesetz zur Förderung der elektronischen Verwaltung. Die Umgestaltung des Abs 2 durch Zulassung weiterer Formen elektronischer Kommunikation zur Ersetzung der Schriftform ist eine von zahlreichen Änderungen,[51] mit denen das Gesetz zur Förderung der elektro- 5a

---

[42] Richtlinie 99/93/EG des Europäischen Rats und des Europäischen Parlaments über gemeinschaftliche Rahmenbedingungen für elektronische Signaturen v 13.12.1999, ABl 2000 Nr L 13 S. 2.

[43] Siehe zur Sig-RL allgemein Gravesen/Dumortier/van Eecke, Die europäische Signaturrichtlinie – Regulative Funktion und Bedeutung der Rechtswirkung, MMR 1999, 577 ff; Roßnagel, Elektronische Signaturen in Europa, MMR 1998, 331 ff; Brisch, Gemeinsame Rahmenbedingungen für elektronische Signaturen, CR 1998, 492 ff.

[44] Eifert/Schreiber, MMR 2000, 340, 341 mwN.

[45] Sig-RL 1999/93/EG, Erwägungsgrund 21 (abgedruckt bei Bröhl/Tettenborn, Das neue Recht der elektronischen Signaturen, 262 ff).

[46] Eifert/Schreiber, MMR 2000, 340, 342. Siehe allgemein zum Einfluss des Europarechts auf nationales Verwaltungsverfahrensrecht Einf II Rn 34 ff.

[47] BT-Drs 14/9000. Siehe auch die Stellungnahme des Bundesrates und die Gegenäußerung der Bundesregierung v 5.6.2002, BT-Drs 14/9259 sowie die Beschlussempfehlung und den Bericht des Innenausschusses v 12.6.2002, BT-Drs 14/9418.

[48] Hierzu Schmitz/Schlatmann NVwZ 2002, 1281; Schmitz NVwZ 2000, 1238; StBS § 3a Vorbem Entstehungsgeschichte; Rosenbach DVBl 2001, 332; Catrein NWVBl 2001, 50; ders NVwZ 2001, 413.

[49] S Deutscher Städtetag (Hg), Digitale Signatur auf der Basis multifunktionaler Chipkarten, 1999, 76.

[50] Vgl auch die Beschlüsse des Bundeskabinetts zum Umsetzungsplan für BundOnline 2005 v 14.11.2002 und zur Sicherheit im elektronischen Rechts- und Geschäftsverkehr mit der Bundesverwaltung v 16.1.2002, BMI (Hg) 2002.

[51] Eingehend zu diesen Änderungen Ramsauer/Frische NVwZ 2013, 1505; Roßnagel, NJW 2013, 2710.

nischen Verwaltung auf bundesrechtlicher Ebene Hindernisse abbauen soll, die der „medienbruchfreien" elektronischen Kommunikation mit der Verwaltung im Wege stehen.[52] Neben der schon bisher geregelten qualifizierten elektronischen Signatur, die nach Abs 2 S 2, 3 das Schriftformerfordernis bei elektronischen Dokumenten erfüllt, sind nunmehr in Abs 2 S 4 drei weitere Möglichkeiten eröffnet, die bei elektronischen Dokumenten das Schriftformerfordernis erfüllen. Näher zum Gesetz zur Förderung der elektronischen Verwaltung, inbes auch zum EGovG, s Einf I Rn 35d.

5b **6. Verfassungsrecht. a) Das Gebot effektiven Zugangs zur Verwaltung.** Aus dem Rechtsstaatsprinzip und aus den Grundrechten folgt ein Anspruch des Bürgers auf einen effektiven Zugang zur Verwaltung. Soweit es um die Geltendmachung materieller Rechte geht, folgt dieser Anspruch auch aus Art 19 Abs 4 GG, wonach bereits das Verwaltungsverfahren in einer Weise ausgestaltet sein muss, die eine effektive Geltendmachung der Rechte bereits bei der Verwaltung ermöglicht.[53] In § 3a wird dem Bürger keine besondere Zugangsform zur öffentlichen Verwaltung aufgezwungen; vielmehr kann der Bürger danach selbst entscheiden, wie er mit der Verwaltung kommunizieren will. Das gilt für die elektronische Kommunikation nach Abs 1 aber nur, soweit der Empfänger den entsprechenden Zugang hierfür eröffnet hat. Hierzu waren die Behörden bisher nur nach § 71e in den Fällen des § 71a verpflichtet. Diese Verpflichtung wird durch § 2 EGovG nunmehr auf alle Behörden ausgedehnt.

5c **b) Mediale Selbstbestimmung. Zweifelhaft** ist, ob der Grundrechtsstatus des Bürgers nach dem GG auch ein Grundrecht auf mediale Selbstbestimmung umfasst, also das Recht, über die Art der Kommunikation mit der Verwaltung selbst zu bestimmen, in das nur durch Gesetz oder aufgrund eines Gesetzes eingegriffen werden darf.[54] Die Regelung in § 3a selbst schränkt den Zugang zur Verwaltung jedenfalls nicht ein, sondern erweitert die Möglichkeiten um den elektronischen Zugang für diejenigen, die einen solchen eröffnet haben. Das Fachrecht enthält bereichsspezifisch inzwischen diverse Regelungen, in denen der Bürger auf die elektronische Kommunikation verwiesen wird.

II. Zulässigkeit der elektronischen Übermittlung bei Zugangseröffnung (Abs 1)

6 **1. Allgemeines.** Abs 1 normiert die grundsätzliche Zulässigkeit der Übermittlung elektronischer Dokumente zwischen Bürger und Verwaltung und schafft damit die rechtlichen Rahmenbedingungen für den **elektronischen Rechtsverkehr** im Verwaltungsverfahren. Die Regelung hat vor allem klarstellenden Charakter. Bereits vor Einführung der Vorschrift war die elektronische Kommunikation entsprechend dem Grundsatz der Nichtförmlichkeit der Verwaltung zulässig, soweit an das jeweilige Verwaltungsverfahren keine besonderen Formerfordernisse durch Sondervorschriften des VwVfG oder durch Fachgesetze gestellt wurden.[55] Der Begriff „elektronische Kommunikation" ist hierbei weit

---

[52] BT-Drs 17/11473, 21; vgl auch Ziel A. 4 (abschließende elektronische Erledigung aller geeigneten Verwaltungsangelegenheiten über das Internet) der vom IT-Planungsrat beschlossenen „Nationalen E-Government-Strategie" v 24.9.2010, abrufbar unter www.it-planungsrat.de.

[53] Allg Meinung, vgl nur BVerfGE 37, 132, 148; 49, 252, 256; weitere Nachweise AK-GG-Ramsauer Art 19 Abs 4 Rn 129.

[54] Hierzu Roßnagel NJW 2003, 469, 472; ablehnend ausführlich Eifert, E-Government, S 31 ff.

[55] HM, vgl Catrein NVwZ 2001, 413, 414; ders NWVBl 2001, 50; Rosenbach NWVBl 1997, 326; StBS 2; Bovenschulte/Jäger/Viering in: Roßnagel (Hg), Die elektronische Signatur in der öffentlichen Verwaltung, 69; Roßnagel in: ders (Hg), Die elektronische

zu verstehen (Rosenbach DVBl 2001, 332, 335). Er umfasst **sämtliche Erscheinungsformen** elektronischer Kommunikation und elektronischer Dokumente unabhängig von Format und Kompatibilität (vgl StBS 1).

2. Erfordernis der Zugangseröffnung. a) Grundsatz. Voraussetzung für die Zulässigkeit der Übermittlung elektronischer Dokumente ist die vorherige Zugangseröffnung durch Verwaltung und Bürger.[56] Erforderlich ist nicht nur die entsprechende technische Ausstattung bei Verwaltung und Bürger, sondern auch die Bereitschaft, die Kommunikation über dieses Medium zu führen. Damit wird dem Umstand Rechnung getragen, dass die modernen Kommunikationstechniken und die Bereitschaft zu ihrem Einsatz noch nicht flächendeckend verbreitet sind. Einerseits wird hierdurch dem Bürger weiterhin die Möglichkeit offen gelassen, auch auf herkömmliche Weise mit der Behörde zu kommunizieren. Andererseits wird durch das Wort „soweit" verdeutlicht, dass auch für die Behörde jedenfalls nach Abs 1 keine Verpflichtung besteht, den Zugang zur elektronischen Kommunikation zu eröffnen.[57] Dem Vorschlag des Bundesrates, den Tatbestand der Zugangseröffnung durch ein ausdrückliches Zustimmungserfordernis zu ersetzen, ist der Bundestag im Einklang mit der Stellungnahme der Bundesregierung nicht gefolgt.[58] Für das Beibehalten des Erfordernisses einer Zugangseröffnung spricht die Entwicklungsoffenheit der Formulierung, da zur Beurteilung der Frage, ob ein Zugang eröffnet worden ist, insbesondere auf die Verkehrsauffassung abgestellt wird. 7

b) Freiwilligkeit und Pflicht zur Zugangseröffnung – § 2 EGovG. § 3a selbst normiert für die Beteiligten keine allgemeine Pflicht zur Eröffnung des Zugangs für elektronisch übermittelte Dokumente,[59] sondern knüpft an die ausdrückliche oder konkludente Eröffnung eines solchen Zugangs lediglich an.[60] Für den Bürger bleibt es auch nach Inkrafttreten des EGovG dabei, dass die Eröffnung eines solchen Zugangs freiwillig ist.[61] Anderes gilt für Behörden: Vor dem Inkrafttreten des EGovG ergab sich bereits eine Pflicht zur Zugangseröffnung aus § 71e S 1 für die Behörden sowie für die einheitliche Stelle in den Verfahren nach § 71a. Wenn das Fachrecht anordnet, dass ein Verwaltungsverfahren über eine einheitliche Stelle abgewickelt werden kann, dann müssen beide, Behörden wie einheitliche Stelle auf Verlangen des Antragstellers das Verfahren ihm gegenüber elektronisch abwickeln und also den elektronischen Zugang eröffnen. Diese Verpflichtung ergibt sich aus Art 8 Dienstleistungs-RL (s näher § 71a Rn 9, § 71e Rn 2). Mit **§ 2 EGovG** hat der Gesetzgeber nunmehr auch für sonstige Fälle eine – zeitlich gestaffelt in Kraft tretende (hierzu u Rn 8a ff) – **allgemeine Pflicht** der dort genannten Behörden geschaffen, auch einen **Zugang für die Übermittlung elektronischer Dokumente zu eröffnen.** Damit soll „umfassend die Möglichkeit eröffnet werden, mit jeder Behörde elektronisch in Kontakt 8

Signatur in der öffentlichen Verwaltung, 25; Schlatmann in: Roßnagel (Hg), Die elektronische Signatur in der öffentlichen Verwaltung, 65; Holznagel/Krahn/Werthmann, Electronic Government auf kommunaler Ebene, DVBl 1999, 1477, 1481; Wohlfart, Elektronische Verwaltung – ein Überblick, VR 2002, 42, 46; s auch die ABegr, BT-Drs 14/9000, S. 26.

56 Begründung zum Entwurf eines Dritten Gesetzes zur Änderung verfahrensrechtlicher Vorschriften v 13.5.2002, BT-Drs 14/9000, S. 30 f; Schmitz/Schlatmann NVwZ 2002, 1281, 1285. Zur Frage eines Rechts auf „Kommunikative Selbstbestimmung" verneinend Eifert, E-Government, 20 ff.

57 Schlatmann, DVBl 2002, 1005, 1008; StBS 13; Catrein NWVBl 2001, 50, 56; ausführlich Ernst, Modernisierung, S 28 ff.

58 Vgl Stellungnahme BR u Gegenäußerung der BReg v 5.6.2002, BT-Drs 14/9259, S 1 u 5.

59 S auch Knack/Henneke 45.

60 BT-Drs 17/11473, 33.

61 Heckmann in BHRS Einf. Rn 80; Müller-Terpitz/Rauchhaus, MMR 2013, 10, 11; Habammer/Denkhaus, MMR 2013, 358, 361.

treten zu können, und zwar grundsätzlich in jeder Angelegenheit“ (BT-Drs 17/11473, 33). § 2 EGovG differenziert in Abs 1 bis 3 nach unterschiedlichen Formen der elektronischen Übermittlung und verpflichteten Behörden:

8a **aa) Allgemeine Pflicht nach § 2 Abs 1 EGovG:** Nach § 2 Abs 1 EGovG ist **jede Behörde** verpflichtet, auch einen Zugang für die Übermittlung elektronischer Dokumente, auch soweit sie mit einer qualifizierten elektronischen Signatur versehen sind, zu eröffnen. § 2 Abs 1 EGovG ist nach Art 31 Abs 2 des Gesetzes zur Förderung der elektronischen Verwaltung **am 1.7.2014 in Kraft** getreten. Die Norm wendet sich – anders als Abs 2 und 3 – an jede Behörde im Anwendungsbereich des EGovG.[62] Dieser umfasst nach § 1 Abs 1 und Abs 2 EGovG die öffentlich-rechtliche Verwaltungstätigkeit der Behörden des **Bundes** einschließlich der bundesunmittelbaren Körperschaften, Anstalten und Stiftungen des öffentlichen Rechts sowie der Behörden der **Länder,** der **Gemeinden** und Gemeindeverbände und der sonstigen der Aufsicht des Landes unterstehenden juristischen Personen des öffentlichen Rechts, wenn sie Bundesrecht ausführen. Das Gesetz gilt nach § 1 Abs 3 EGovG ferner für die Tätigkeit der **Gerichtsverwaltungen** und der **Behörden der Justizverwaltung** einschließlich der ihrer Aufsicht unterliegenden Körperschaften des öffentlichen Rechts, allerdings nur, soweit die Tätigkeit der Nachprüfung durch die Gerichte der Verwaltungsgerichtsbarkeit oder der Nachprüfung durch die in verwaltungsrechtlichen Anwalts-, Patentanwalts- und Notarsachen zuständigen Gerichte unterliegt. Aus § 1 Abs 3 EGovG folgt im Umkehrschluss, dass das Gesetz **nicht für die rechtsprechende Tätigkeit** der Gerichte gilt.[63] Die Formulierung, jede dieser Behörden habe „auch“ einen Zugang für die Übermittlung elektronischer Dokumente zu eröffnen, soll nach dem Willen des Gesetzgebers sicherstellen, dass nach wie vor auch die herkömmlichen Übermittlungswege wie Papierpost, persönliche Vorsprache oder Telefon eröffnet bleiben (vom Gesetzgeber sog. „Multikanalprinzip“).[64] § 2 Abs 1 EGovG bestimmt nicht, durch welches Verfahren der Zugang für die Übermittlung elektronischer Dokumente zu eröffnen ist.[65] Die Pflicht nach § 2 Abs 1 EGovG erfüllt die Behörde bereits mit Einrichtung und Bekanntgabe einer E-Mail-Adresse, weil sie auf diesem Wege Dokumente mit einer qualifizierten elektronischen Signatur empfangen kann.[66] Sie kann diese Verpflichtung aber auch durch andere Verfahren erfüllen, wenn diese den Einsatz der qualifizierten elektronischen Signatur erlauben, zB das Elektronische Gerichts- und Verwaltungspostfach (EGVP),[67] ELSTER oder andere Lösungen.[68]

8b **bb) Pflicht zur De-Mail-Zugangseröffnung.** Nach **§ 2 Abs 2 EGovG** ist jede Behörde des Bundes verpflichtet, den elektronischen Zugang zusätzlich durch eine **De-Mail-Adresse** im Sinne des De-Mail-Gesetzes zu eröffnen. Erst durch die Einrichtung einer solchen Adresse wird die schriftformersetzende elektronische Kommunikation gemäß dem ebenfalls durch das Gesetz zur Förderung der elektronischen Verwaltung neu geschaffenen § 3a Abs 2 S 4 Nr 2 und 3 möglich.[69] Die

---

62 Zu diesem auch Müller-Terpitz/Rauchhaus, MMR 2013, 10 f; Habammer/Denkhaus, MMR 2013, 358, 361.

63 Heckmann in BHRS Einf. Rn 79; ferner Müller-Terpitz/Rauchhaus, MMR 2013, 10 f.

64 BT-Drs 17/11473, 34; hierzu auch Heckmann in BHRS Einf. Rn 80; Müller-Terpitz/Rauchhaus, MMR 2013, 10, 11 f.

65 BT-Drs 17/11473, aaO.

66 BT-Drs 17/11473, 33.

67 Vgl zur Einreichung von elektronischen Dokumenten über elektronische Postfächer im Verwaltungsprozess die **am 1.1.2018 in Kraft tretende** Neufassung des § 55a Abs 4 Nr 2, 3 VwGO (neugefasst durch Art 5 Nr 1 des Gesetzes zur Förderung des elektronischen Rechtsverkehrs mit den Gerichten v 10.10.2013, BGBl I 3786).

68 BT-Drs 17/11473, aaO.

69 Vgl Heckmann in BHRS Einf Rn 82.

Pflicht richtet sich ausdrücklich nur an **Bundesbehörden.** § 2 Abs 2 EGovG tritt nach Art 31 Abs 4 des Gesetzes zur Förderung der elektronischen Verwaltung **erst ein Kalenderjahr nach Aufnahme des Betriebes** des zentral für die Bundesverwaltung angebotenen IT-Verfahrens, über das De-Mail-Dienste für Bundesbehörden angeboten werden, in Kraft; der Tag des Inkrafttretens wird durch das Bundesministerium des Innern im Bundesgesetzblatt bekanntgegeben. Gemeint ist das laut Gesetzesbegründung noch in der Planung befindliche zentrale Angebot von De-Mail-Diensten für die Bundesverwaltung **(„De-Mail-Gateway“)** durch ein Dienstleistungszentrum IT, zu dem die Bundesbehörden in Zukunft über ein gemeinsames Netz („Netze des Bundes“) Zugang haben sollen.[70] Das zentrale „De-Mail-Gateway“ soll den Bundesbehörden einen im Vergleich zur Einrichtung von Einzelzugängen deutlich preisgünstigeren De-Mail-Zugang verschaffen.[71] Solange dieser günstigere Zugang zum „De-Mail-Gateway“ für eine Bundesbehörde (noch) nicht besteht, ist die jeweilige Behörde nach § 2 Abs 2 Hs 2 EGovG auch nach dessen Inkrafttreten nicht verpflichtet, den Zugang zusätzlich durch eine De-Mail-Adresse zu eröffnen. § 2 Abs 2 EGovG verpflichtet die Behörden des Bundes im Übrigen nur zur **Eröffnung** eines elektronischen Zugangs über eine De-Mail-Adresse. Daraus folgt nach dem ausdrücklichen Willen des Gesetzgebers nicht die Pflicht zur ausschließlichen Nutzung dieser Adresse (zum Folgenden s BT-Drs 17/11473, 34): So muss die Behörde dem Bürger nicht per De-Mail antworten, wenn dieser der Behörde gegenüber mehrere Zugänge eröffnet hat oder wenn sie besondere Daten (zB Sozialdaten) versendet, die weitere Sicherungen als die durch De-Mail gewährleisteten erfordern; außerdem kann die Behörde nach wie vor auch andere Formen elektronischer Kommunikation, zB das EGVP, nutzen.

cc) Pflicht zum Angebot des eID. § 2 Abs 3 EGoVG sieht schließlich vor, dass jede **Bundesbehörde** verpflichtet ist, in Verwaltungsverfahren, in denen sie die Identität einer Person auf Grund einer Rechtsvorschrift festzustellen hat oder aus anderen Gründen eine Identifizierung für notwendig erachtet, einen **elektronischen Identitätsnachweis (eID)** nach § 18 PAuswG oder nach § 78 Abs 5 AufenthG anzubieten (s unten Rn 26). Die Vorschrift ist nach Art 31 Abs 3 des Gesetzes zur Förderung der elektronischen Verwaltung **am 1.1.2015** in Kraft getreten. 8c

c) Feststellung der Zugangseröffnung. Problematisch ist die Frage, wann aus konkludentem Verhalten auf eine Zugangseröffnung geschlossen werden kann. Dabei sind nach der Gesetzesbegründung die unterschiedlichen schutzwürdigen Interessen und die **Verkehrsanschauung** ebenso zu berücksichtigen wie die Verbreitung der erforderlichen Signaturtechnik (ABegr v BT-Drs 14/9000, S 31). Insgesamt sind derartige Bewertungen stark zeitbedingt und von der weiteren Entwicklung abhängig, für die die Regelung in Abs 1 offen sein soll. Je schneller sich die elektronische Kommunikation im allgemeinen Rechts- und Geschäftsverkehr durchsetzt, desto eher wird die Angabe einer E-Mail-Adresse als Zugangseröffnung angesehen werden können (Schmitz/Schlatmann NVwZ 2002, 1281, 1285). 9

aa) Private Beteiligte. Aus dem Umstand, dass ein privater Antragsteller im Briefkopf seines Antragsschreibens eine E-Mail-Adresse angegeben hat, wird jedenfalls derzeit noch nicht geschlossen werden können, dass er den weiteren Schriftverkehr auch mit der Behörde auf elektronischem Weg eröffnen will.[72] Wer gegenwärtig seine Mail-Adresse angibt, signalisiert noch nicht mit der not- 10

---

[70] BT-Drs 17/11473, 34.

[71] BT-Drs 17/11473, 28.

[72] StBS 12; Schlatmann DVBl 2002, 1005, 1009; Albrecht/Heckmann in BHRS 56; **aA** Knack/Henneke 53; Ultsch NJW 1997, 3007.

wendigen Verbindlichkeit, dass er auf diesem Weg auch zuverlässig erreichbar ist und eingehende Nachrichten zeitnah zur Kenntnis nimmt. Deshalb wird sich eine Behörde in derartigen Fällen noch nicht darauf verlassen können, dass mit der bloßen Angabe einer E-Mail-Adresse eine Zugangseröffnung stattgefunden hat.

11 Auf Seiten des Bürgers wird nur dann von seiner Bereitschaft zum Empfang rechtsverbindlicher Erklärungen auszugehen sein, wenn er dies zuvor der Behörde gegenüber **auf geeignete Weise kundgetan** hat.[73] Dies kann durch ausdrückliche Erklärung gegenüber der Behörde, durch eine elektronische Antragstellung oder sonst durch fortgesetzte elektronische Kommunikation erfolgen.[74] Diese Form der Eröffnung wirkt idR relativ, dh nur demjenigen gegenüber, dem die Freigabe erfolgt ist. Sobald der Bürger den elektronischen Kommunikationsweg gegenüber der Behörde eröffnet hat, muss er den Eingang von Nachrichten auf diesem Weg gegen sich gelten lassen.

12 **bb) Behörden, geschäftliche Nutzer.** Demgegenüber wird im öffentlichen Internetauftritt einer Behörde ebenso wie in der Angabe einer elektronischen Adresse auf Briefköpfen oder anderswo regelmäßig eine Zugangseröffnung für den elektronischen Verkehr zu sehen sein. Bei Angabe einer E-Mail-Adresse ist nunmehr insbesondere auch wegen der Pflicht der Behörden zur Zugangseröffnung aus § 2 Abs 1 EGovG eine Zugangseröffnung anzunehmen, auch wenn diese Pflicht nicht nur durch Angabe einer E-Mail-Adresse erfüllt werden kann (s oben Rn 8a). Behörden sind im Verhältnis zu einem Bürger mit Internetanschluss und E-Mail-Adresse weniger schutzwürdig.[75] Während Bürger, die über die technischen Voraussetzungen verfügen, das Medium häufig ausschließlich privat nutzen, ist bei einer Behörde von einer dienstlichen Nutzung auszugehen.[76] Gleiches gilt für den allgemeinen Geschäftsverkehr mit Unternehmen, Firmen usw. Besteht eine Zugangsmöglichkeit zB in Form eines elektronischen Postfachs, so ist diese bereits dann als eröffnet anzusehen, wenn das Unternehmen durch **öffentliche Angabe ihrer E-Mail-Adresse** zB in Briefköpfen oder auf ihrer Homepage im Internet hierauf hinweist.[77] Durch entsprechende Organisation der Binnenverwaltung muss nach Zugangseröffnung anschließend auch eine regelmäßige Eingangskontrolle des elektronischen Postfaches gewährleistet werden.[78] Gleiches gilt für geschäftliche E-Mail-Adressen von Firmen und Rechtsanwälten.[79] Ein abweichender Wille muss ausdrücklich, zB durch entsprechende Hinweise auf der Homepage oder im Briefkopf, erklärt werden.[80]

13 **3. Bekanntgabe und Zugang bei elektronischer Übermittlung. a) Bekanntgabeerfordernis.** Die Bekanntgabe elektronisch übermittelter Dokumente als Voraussetzung der Wirksamkeit eines VA (hierzu § 43 Rn 3) richtet sich

---

73 Schlatmann, DVBl 2002, 1005, 1009; Schmitz/Schlatmann NVwZ 2002, 1281, 1285; Albrecht/Heckmann in BHRS 56; zur gezielten Mitteilung und Nutzung einer E-Mail-Adresse in einem bestimmten Verwaltungsverfahren OVG Münster, B v 13.11.2014 – 2 B 1111/14 – juris Rn 11; vgl auch Knack/Henneke 52 f.

74 StBS 12; Albrecht/Heckmann in BHRS 57.

75 StBS 14; Catrein NWVBl 2001, 50, 54.

76 StBS 14; Catrein NWVBl 2001, 50, 54.

77 Schlatmann, DVBl 2002, 1005, 1009; Schmitz/Schlatmann NVwZ 2002, 1281, 1285; Knack/Henneke 51; OVG Münster, B v 13.11.2014 – 2 B 1111/14 – juris Rn 11.

78 Schlatmann, DVBl 2002, 1005, 1009; Begr BT-Drs 14/9000, S. 26. Grundsätzlich zur Veränderung der Verwaltungsorganisation durch das Internet Roßnagel in: ders (Hg), Die elektronische Signatur in der öffentlichen Verwaltung, S. 17 ff.

79 ABegr BT-Drs 14/9000, S. 31; Roßnagel DÖV 2001, 221, 223; Knack/Henneke 51; Albrecht/Heckmann in BHRS 58.

80 ABegr BT-Drs 14/9000, S. 31; Albrecht/Heckmann in BHRS 58; Knack/Henneke 51: Erklärung des abweichenden Willens muss in unmittelbarem Zusammenhang mit Angabe der E-Mail-Adresse stehen.

nach den allgemeinen Grundsätzen (s § 41 Rn 7).[81] Auch ein elektronischer VA erlangt erst mit Bekanntgabe gem § 41 gegenüber dem Adressaten bzw sonst Betroffenen seine (äußere) Wirksamkeit. Die Regelung des § 41 Abs 2 S 2 sieht nunmehr vor, dass ein VA, der elektronisch übermittelt wird, am dritten Tag nach der Absendung als bekannt gegeben gilt. Diese Vorschrift gilt konsequenterweise unabhängig davon, ob der VA im Inland oder ins Ausland übermittelt werden muss. Diese Bekanntgabefiktion (s näher § 41 Rn 39) ist widerleglich. Sie gilt nach § 41 Abs 2 S 3 nämlich nicht, wenn der VA tatsächlich nicht oder zu einem späteren Zeitpunkt zugegangen ist. Für die Bekanntgabe kommt es auf den Zugang an. Dazu muss die Nachricht derart in den **Machtbereich des Empfängers** gelangen, dass dieser von ihr Kenntnis erlangen kann.[82] Dies hat Konsequenzen bei Störungen der elektronischen Kommunikation, die idR zu Lasten des Absenders gehen.

b) Fehlgeschlagener Zugang. Ist ein elektronisch übermitteltes Dokument 13a
nicht lesbar, so gilt es als nicht zugegangen.[83] Dies gilt selbst dann, wenn der Empfänger es versäumt, die zustellende Behörde über die Unlesbarkeit des Dokuments zu informieren.[84] Das **Unterlassen der Information** der zustellenden Behörde über die Unlesbarkeit löst demnach **keine Fiktion der Bekanntgabe** aus.[85] Dies gilt zumindest soweit, wie sich an die Zugangseröffnung für den Empfang von elektronischen Dokumenten durch den Bürger nicht die ausdrückliche gesetzliche Pflicht anschließt, auf eine mangelnde Lesbarkeit des Dokuments hinzuweisen. Besteht dagegen eine solche gesetzliche Pflicht, verhindert der Empfänger den Zugang des Dokuments rechtsmissbräuchlich (treuwidrig) und muss sich so behandeln lassen, als wäre das Dokument ordnungsgemäß zugegangen (s § 41 Rn 19). Für den Fall, dass ein in lesbarer Form zugegangenes Dokument nicht geöffnet wird oder eine regelmäßige Überprüfung des elektronischen Postfachs nicht stattfindet, kann auf das Gelangen des Dokuments in den Machtbereich des Empfängers abgestellt werden (vgl § 41 Rn 8). Das elektronische Dokument gilt dann als zugegangen, wenn bei gewöhnlichem Verlauf und Gestaltung der Verhältnisse mit der Kenntnisnahme durch den Empfänger zu rechnen ist. Nach § 41 Abs 2 S 2 gilt ein elektronisch übermittelter Verwaltungsakt am dritten Tag nach der Absendung als bekannt gegeben (s § 41 Rn 38ff).

III. Schriftformersatz bei elektronischer Kommunikation (Abs 2)

1. Allgemeines. Bis zum Erlass des Gesetzes zur Förderung der elektroni- 14
schen Verwaltung bildete allein die elektronische Signatur nach dem SigG die Basistechnologie des elektronischen Rechtsverkehrs (hierzu unten Rn 14a ff). Dieser wird durch die Neufassung des Abs 2 um weitere Formen der Übermitt-

---

81 ABegr BT-Drs 14/9000, S. 32; MSU 78.

82 BGH NJW 2002, 2391, 2393; Schmitz/Schlatmann NVwZ 2002, 1281; Knack/Henneke 54.

83 StBS 41; Schmitz NVwZ 2000, 1238, 1244; MSU 133; **aA** Eifert, E-Government S 53 unter Hinweis auf Tendenzen einer entsprechenden Weiterentwicklung der zivilrechtlichen Zugangsdogmatik, vgl Dörner AcP 2002, 363, 373.

84 **AA** wohl StBS 39: kommt eine Seite der Informationspflicht nicht nach, trägt sie das Risiko, dass sie mit dem Einwand, übermittelte Dokumente seien nicht lesbar gewesen, nicht mehr gehört wird; die Möglichkeit einer Zugangsfiktion wg Rügepflichtverletzung des Empfängers nehmen auch Albrecht/Heckmann in BHRS 134 an.

85 **AA** aufgrund der Annahme einer Kooperationsobliegenheit StBS § 41 Rn 108. Diese stellen nicht auf das Erfordernis einer ausdrücklich normierten Pflicht ab, sondern auf die Folgen einer konkreten Gestattung der Verwendung der elektronischen Kommunikation.

lung elektronischer Dokumente erweitert (hierzu unten Rn 25 ff). Im Verwaltungsverfahren erlangen sie dort Bedeutung, wo gesetzliche Regelungen die Schriftform anordnen. Dies ist nicht nur im Fachrecht an vielen Stellen der Fall,[86] sondern auch im VwVfG.[87] Durch Abs 2 wird die Gleichwertigkeit der dort genannten Formen elektronischer Kommunikation mit einer durch Rechtsvorschrift angeordneten Schriftform bestimmt. Auf andere, insbesondere strengere Formvorschriften, wie etwa das Erfordernis der notariellen Beurkundung oder einer Beglaubigung wirkt sich die Regelung nicht aus.

14a **Abs 2 regelt den Schriftformersatz** für die elektronische Kommunikation vorbehaltlich spezieller Vorschriften des Fachrechts **abschließend.** Durch die zwingend erforderliche Verwendung der in Abs 2 bestimmten Formen elektronischer Kommunikation soll sichergestellt werden, dass den einzelnen Funktionen einer gesetzlich angeordneten Schriftform entsprochen wird (Abschlussfunktion, Perpetuierungsfunktion, Identitätsfunktion, Echtheitsfunktion, Verifikationsfunktion, Beweisfunktion, Warnfunktion).[88] Erst die Sicherung der Funktionsäquivalenz ermöglicht die Gleichstellung zum schriftlichen Verfahren.[89] Soll hiervon für besondere Formen des Verwaltungshandelns abgewichen werden, so bedarf diese Ausnahme einer gesonderten Regelung.[90] Das ausdrückliche Erfordernis der in Abs 2 bestimmten Formen elektronischer Kommunikation erlaubt es nicht mehr, im Einzelfall ein gesetzliches Schriftformerfordernis dahingehend auszulegen, dass auch das Handeln per einfacher E-Mail zulässig ist.[91] Selbst in Fällen, in denen nur einzelne Funktionen der Schriftlichkeit nach dem Gesetzeszweck als erforderlich erscheinen, bleibt das Erfordernis der in Abs 2 geregelten Formen elektronischer Kommunikation bestehen, soweit nicht etwas anderes bestimmt ist.[92] Möglich bleibt dagegen die freiwillige Verwendung eines höheren Sicherheitsniveaus in Form einer qualifizierten elektronischen Signatur eines akkreditierten Zertifizierungsdiensteanbieters gem § 15 SigG.[93] Zwingende Anforderungen an bestimmte Signaturformate des Bürgers erfordern dagegen eine gesetzliche Ermächtigung.[94]

15 **2. Durch Rechtsvorschrift angeordnete Schriftform (Abs 2 S 1 und S 4). a) Allgemeines.** Abs 2 S 1 und S 4 erfordern eine qualifizierte elektronische Signatur oder eine andere der dort genannten Formen elektronischer Kommunikation nur im Falle einer gesetzlich angeordneten Schriftform. Die Anordnung durch VO oder Satzung ist ausreichend (Laubinger FS König, 518). Wenn für Erklärungen oder Rechtsbehelfe die Schriftform gesetzlich angeordnet ist, dann kann auf elektronischem Weg nur mit den in Abs 2 geregelten Über-

---

[86] So sind zB Genehmigungen im Bau- und Anlagenrecht idR schriftlich zu erteilen.

[87] So zB § 37 Abs 2; § 38 Abs 1 S 1; § 42a Abs 3; § 57; § 69 Abs 2.

[88] S zur Erläuterung der einzelnen Funktionen der Schriftform die Begründung zum Entwurf eines Gesetzes zur Anpassung der Formvorschriften des Privatrechts und anderer Vorschriften an den modernen Rechtsgeschäftsverkehr, BT-Drs 14/4987, S. 15 ff; im Zusammenhang mit dem Gesetz zur Förderung der elektronischen Verwaltung s auch BT-Drs 17/13139, 22.

[89] Catrein NWVBl 2001, 50, 54. Zur Funktionsäquivalenz siehe Eifert, K&R, Beilage 2 zu Heft 10/2000, 11, 14 f.

[90] ABegr v 13.5.2002, BT-Drs 14/9000, S. 31. Eine solche abweichende Regelung enthalten § 3a Abs 4 HmbVwVfG, § 52a LVwG SH.

[91] Im Zusammenhang mit der qualifizierten elektronischen Signatur BFH NJW 2011, 334; VG Sigmaringen VBLBW 2005, 154; Bovenschulte/Jäger/Viering in: Roßnagel (Hg), Die elektronische Signatur in der öffentlichen Verwaltung, S 70; Ziekow Rn 6.

[92] Im Zusammenhang mit der qualifizierten elektronischen Signatur Schlatmann in: Roßnagel (Hg), Die elektronische Signatur in der öffentlichen Verwaltung, S 64.

[93] Roßnagel MMR 2002, 215, 221.

[94] Bovenschulte/Jäger/Viering, in: Roßnagel (Hg), Die elektronische Signatur in der öffentlichen Verwaltung, S. 71.

mittlungsverfahren gehandelt werden. Die **Erhebung eines Widerspruchs** (§ 68 VwGO) durch einfache E-Mail ist danach ebenso **unwirksam**[95] wie etwa die Erhebung von **Einwendungen nach § 10 Abs 3 S 4 BImschG** durch einfache E-Mail.[96] Weiterhin zulässig bleiben **Telegramm oder Telefax.** In diesen Fällen wird die Erklärung zwar auch elektronisch übertragen, wegen der Möglichkeit der Wiedergabe der Unterschrift auf dem Telefax reicht dies aber für die Erfüllung des Schriftformerfordernisses nach allg Auffassung aus (s hierzu näher § 37 Rn 19b). Problematisch, aber gleichwohl ebenfalls anerkannt, ist dies bei einem sog **Computerfax** (§ 79 Rn 27). Demgegenüber kann ein Widerspruch auch dann nicht telefonisch erhoben werden, wenn darüber eine Niederschrift angefertigt wird.[97]

b) Geltung des Schriftformbegriffs. Abs 2 modifiziert den Begriff der Schriftform auch für solche Bundesgesetze, deren Verfahren gem § 1 Abs 3 VwVfG im übrigen in den Verwaltungsverfahrensgesetzen der Länder geregelt sind, so zB § 5 Abs 1 NamÄndG und § 10 Abs 1 BImschG.[98] Wegen der generell für Bundesgesetze geltenden Regelung des Abs 2 ist das Schriftformerfordernis in diesen Fällen einer abweichenden Regelung durch den Landesgesetzgeber nicht mehr zugänglich.[99] Diese Konsequenz wird nicht durch § 1 Abs 3 ausgeschlossen, wie teilweise angenommen wird (Knack/Henneke 23), weil das Schriftlichkeitserfordernis als solches nicht durch das VwVfG angeordnet wird, sondern im jeweiligen bundesrechtlichen Fachgesetz enthalten ist. Anstatt sämtliche Bundesgesetze, die ein Schriftlichkeitserfordernis enthalten, mit der Definition des Abs 2 auszustatten, steht es dem Bund frei, die Definition der Schriftlichkeit einheitlich in einem Bundesgesetz vorzusehen. Hierfür ist das VwVfG genauso geeignet wie ein anderes Bundesgesetz. 16

c) Abweichende Regelungen. Neben der Anordnung der Schriftform, an die Abs 2 anknüpft, kann das Fachrecht auch höhere oder geringere Formerfordernisse regeln. S hierzu näher Rn 2c zum Anwendungsbereich der Vorschrift. 16a

3. Qualifizierte elektronische Signatur (Abs 2 S 2). Die qualifizierte elektronische Signatur iSv § 2 Nr 3 SigG ist bei einer elektronischen Kommunikation zwischen Bürger und Verwaltung zur Erfüllung eines gesetzlich angeordneten Schriftformerfordernisses ausreichend, solange nicht von der in Art 3 Abs 7 S 1 der Sig-RL 1999/93/EG eröffneten Möglichkeit zur Stellung erhöhter Anforderungen durch den Gesetzgeber Gebrauch gemacht wurde. Die Nutzung dieser nur für den Bereich der öffentlichen Verwaltung bestehenden Möglichkeit weitergehender Anforderungen darf jedoch nicht zu einem Hindernis für grenzüberschreitende Dienste im EU-Binnenmarkt führen.[100] Höhere Anforderungen werden zB gem § 37 Abs 4 an einen VA gestellt, für den bei Verwendung einer qualifizierten elektronischen Signatur durch Rechtsvorschrift die dauerhafte Überprüfbarkeit vorgeschrieben werden kann (vgl § 37 Rn 37a). 17

---

[95] Allg Ansicht, vgl nur VGH Kassel NVwZ-RR 2006, 377. Ebenso zur Klageerhebung durch E-Mail VGH Kassel NVwZ-RR 2006, 377; OVG Lüneburg NordÖR 2004, 462.

[96] BVerwG NVwZ 2011, 364.

[97] Ausführlich Skrobotz, Anmerkung zu VG Neustadt (Weinstraße), Urt v 11.2.2008, 4 K 1537.07, jurisPR-ITR 17/2008.

[98] Begründung zum Entwurf eines Dritten Gesetzes zur Änderung verfahrensrechtlicher Vorschriften v 13.5.2002, BT-Drs 14/9000, S. 28; Schmitz/Schlatmann NVwZ 2002, 1281, 1291; StBS 46; Obermayer/Funke-Kaiser 5; **aA** Knack/Henneke 43; MSU 27.

[99] StBS 46; Schlatmann DVBl 2002, 1005; Schmitz/Schlatmann NVwZ 2003, 1281, 1291.

[100] So zB bei dem Erfordernis einer akkreditierten Signatur iSv § 15 Abs 1 SigG bei öffentlichen Ausschreibungen auch für Dienste-Anbieter aus anderen EU-Staaten, siehe Schmitz, NVwZ 2000, 1238, 1244. Vgl auch Bröhl/Tettenborn, Das neue Recht der elektronischen Signaturen, Köln 2001, S 36 f.

18 Für den **praktischen Einsatz elektronischer Signaturen** enthalten das SigG und die SigVO die erforderlichen Rahmenregelungen.[101] Sie setzen die Sig-RL[102] um und berücksichtigen zudem die Ergebnisse der Evaluierung des ersten Signaturgesetzes von 1997. SigG und SigV gelten gleichermaßen für elektronische Signaturen der öffentlichen Verwaltung und des privaten Rechtsverkehrs. Während das SigG die materiellen Regelungen und Vorgaben an elektronische Signaturverfahren und deren Sicherheitsinfrastruktur beinhaltet, findet durch die SigV insbesondere eine verfahrensrechtliche Ausgestaltung statt. Vorschriften zur Regelung von Formvorschriften enthält auch das neue SigG nicht. Die Anpassung der Formvorschriften erfolgte statt dessen für die öffentliche Verwaltung durch das 3. VwVfÄndG.

19 **a) Unterschiedliche Sicherheitsstufen des SigG.** Nach der Regelung in § 2 Nr 1 SigG sind elektronische Signaturen Daten in elektronischer Form, die anderen elektronischen Daten beigefügt oder logisch mit ihnen verknüpft sind und die zur Authentifizierung dienen. Formell gilt das SigG somit für **alle Formen der elektronischen Signatur,** selbst Signaturen ohne Sicherheitswert werden einbezogen (so zB auch eingescannte Unterschriften).[103] Materiell enthält es jedoch nur Vorgaben für solche Signaturverfahren, mit denen eine Gleichstellung zur Schriftform erreicht werden soll.[104] Das SigG unterscheidet hierbei zwischen **vier unterschiedlichen Sicherheitsstufen** für elektronische Signaturen: die einfachen (§ 2 Nr 1 SigG) und fortgeschrittenen (§ 2 Nr 2 SigG) elektronischen Signaturen, qualifizierte elektronische Signaturen iSv § 2 Nr 3 SigG und qualifizierte elektronische Signaturen eines akkreditierten Zertifizierungsdiensteanbieters gem § 2 Nr. 3 iVm § 15 SigG.[105]

20 **aa) Qualifizierte elektronische Signaturen.** Qualifizierte elektronische Signaturen müssen gem § 2 Nr 3a SigG auf einem zum Zeitpunkt ihrer Erzeugung gültigen qualifizierten Zertifikat beruhen und gem § 2 Nr 3b mit einer sicheren Signaturerstellungseinheit erzeugt sein. Im Gegensatz zu den einfachen oder sonstigen elektronischen Signaturen müssen qualifizierte Signaturen von einem **Zertifizierungsdiensteanbieter** (sog „Trustcenter" oder „Certification Authorities – CA") generiert worden sein, die mit digitalen Zertifikaten und Schlüsseln die Grundausstattung für die Teilnahme am elektronischen Geschäftsverkehr liefern. Sie überprüfen zunächst die Identität der Person des Benutzers und generieren für diese Person ein elektronisches Zertifikat. Dieses umfasst den Namen des Ausstellers, Informationen über die Person des Benutzers sowie die digitale Signatur des Ausstellers.[106] An diese Zertifizierungsdiensteanbieter richten sich die Erfordernisse der §§ 5–14 SigG. Hier werden die **Vergabe von qualifizierten Zertifikaten,** ihr Inhalt und die sich hieraus ergebenen Pflichten

---

101 Gesetz über Rahmenbedingungen für elektronische Signaturen und zur Änderung weiterer Vorschriften (Signaturgesetz – SigG) v 16.5.2001, BGBl I S 876; Verordnung zur elektronischen Signatur (Signaturverordnung – SigV) v 16.11.2001, BGBl I S 3074. Abgedruckt mit Erläuterungen bei Bröhl/Tettenborn, Das neue Recht der elektronischen Signaturen, 2001, S 47 ff. Siehe zum Gang der Gesetzgebung Roßnagel NJW 2001, 1817, 1818.

102 ABl EG 2000 Nr L 13 v 19.1.2000, S 12. Hierzu Roßnagel, Elektronische Signaturen in Europa – Der Richtlinienvorschlag der Europäischen Kommission, MMR 1998, 331; ders, Die Europäische Signaturrichtlinie und Optionen ihrer Umsetzung, MMR 1999, 262.

103 Roßnagel NJW 2001, 1817, 1819.

104 Roßnagel NJW 2001, 1817, 1819.

105 Zu den rechtlichen Unterschieden der einzelnen Signaturverfahren Roßnagel MMR 2002, 215 ff.

106 Gruhn/Wolff-Marting/Köhler/Haase/Kresse, Elektronische Signaturen in modernen Geschäftsprozessen, 2007, S. 9; Spindler/Schuster, Recht der elektronischen Medien, 3. Aufl 2015, § 7 SigG Rn 6.

für den Zertifizierungsdienstebetreiber geregelt.[107] Für die Vergabe von Zertifikaten im Verfahren einer qualifizierten elektronischen Signatur ist es ausreichend, dass der Zertifizierungsdiensteanbieter zuvor die Aufnahme seines Dienstes bei der hierfür gem § 3 SigG zuständigen Bundesnetzagentur für Elektrizität, Gas, Telekommunikation, Post und Eisenbahnen angezeigt hat.[108] Zugleich muss der Diensteanbieter gegenüber der Bundesnetzagentur glaubhaft dargelegt haben, dass die vom Signaturgesetz für qualifizierte elektronische Signaturen geforderten Betriebsvoraussetzungen vorliegen.[109]

bb) Akkreditierte Signatur. Qualifizierte elektronische Signaturen eines akkreditierten Zertifizierungsdiensteanbieters (akkreditierte Signatur)[110] sind qualifizierte elektronische Signaturen iSv § 2 Nr 3a SigG, deren Zertifikat durch einen Diensteanbieter ausgestellt wurde, der die Erfordernisse der §§ 5–14 SigG erfüllt und dieses zusätzlich in einer Vorabprüfung (freiwillige Akkreditierung) iSv § 15 SigG nachgewiesen hat. Qualifizierte elektronische Signaturen eines akkreditierten Zertifizierungsdiensteanbieters bieten daher derzeit das **höchste Sicherheitsniveau des SigG.** Nur bei ihnen kann erwartet werden, dass der Anbieter alle gesetzlichen Anforderungen erfüllt hat. Dagegen verfügen die Verfahren zur Erstellung einer qualifizierten elektronischen Signatur lediglich über eine glaubhaft gemachte, nicht jedoch geprüfte und nachgewiesene Infrastruktur.[111] Aus diesem Grund wurde für den Bereich der öffentlichen Verwaltung zunächst eine zwingende Nutzung der akkreditierten Signatur gefordert.[112] Dem ist der Gesetzgeber jedoch nicht gefolgt. 21

b) Funktionsweise der qualifizierten elektronischen Signatur. Eine elektronische Signatur ähnelt in ihrer Funktionsweise einem Siegel für ein elektronisches Dokument.[113] Dieses Siegel garantiert insbesondere die sichere Authentifizierung des Kommunikationspartners und die Überprüfung der Integrität der übermittelten Daten. Hierdurch entsteht eine Funktionsäquivalenz der elektronischen zur handschriftlichen Signatur. Signiert wird durch Verwendung eines **privaten kryptographischen Schlüssels.** Diesem steht ein öffentlich zugänglicher Schlüssel zur Überprüfung der Signatur gegenüber. Die verwendeten Schlüssel sind einmalig und einer natürlichen Person fest zugeordnet. Der private Schlüssel ist geheim zu halten und kann nur in Verbindung mit einer Personenidentifikationsnummer oder einem ähnlichen biometrischen Merkmal zum Signieren verwendet werden.[114] 22

Ein **beglaubigtes Signaturschlüssel-Zertifikat** ordnet dem Signaturschlüssel-Inhaber den öffentlichen Schlüssel zu. Praktisch erzeugt der Zertifizierungsdiensteanbieter nach der Überprüfung der Identität des Antragstellers den privaten und den öffentlichen Schlüssel und speichert diese auf einer Chipkarte oder einem sonstigen Datenträger. Die Chipkarte wird dem Antragsteller zusammen 22a

---

107 Zu den Betreiberpflichten nach dem neuen Signaturgesetz siehe Roßnagel NJW 2001, 1817, 1820 f.

108 Vgl Roßnagel MMR 2002, 215, 215. Zu Errichtung und Funktion der Bundesnetzagentur vgl §§ 166 ff Telekommunikationsgesetz (TKG). Siehe zur Historie der RegTP Müller/Schuster, 18 Monate Regulierungsbehörde – eine kritische Bestandsaufnahme, MMR 1999, 507, 507 f.

109 Siehe zum qualifizierten Signaturverfahren Roßnagel NJW 2001, 1817, 1820.

110 Siehe zu der Definition „akkreditierte Signatur" Roßnagel NJW 2001, 1817, 1822.

111 Roßnagel NJW 2001, 1817, 1822.

112 Durch Ausübung der in Art 3 Abs 7 EU-RL 1999/93/EG gewährten Möglichkeit, für den Bereich der öffentlichen Verwaltung erhöhte Anforderungen an die Nutzung der elektronischen Signatur zu stellen.

113 Begründung zum Entwurf eines Dritten Gesetzes zur Änderung verwaltungsverfahrensrechtlicher Vorschriften v 13.5.2002, BT-Drs 14/9000, S 32.

114 Vgl zur Funktionsweise der qualifizierten elektronischen Signatur Bröhl/Tettenborn, Das neue Recht der elektronischen Signaturen, 1. Aufl 2001, S 21 f. Allgemein auch Bitzer/Brisch, Digitale Signatur, 1999.

mit einer Personenidentifikationsnummer ausgehändigt. Soll ein Dokument digital signiert werden, verknüpft der Absender das zu versendende Dokument mit seinem privaten Schlüssel, indem er die vom Zertifizierungsdiensteanbieter ausgestellte **Chipkarte** in ein entsprechendes Chipkartenlesegerät an seinem Computer und in der entsprechenden Software die Funktion zum Signieren aktiviert. Die bei diesem Vorgang erzeugte Datei dient als digitale Signatur und wird an das ursprüngliche Dokument angehängt. Die beiden Dokumente werden anschließend zusammen übermittelt.

22b Der Empfänger einer so signierten Datei kann das erhaltene Dokument sofort im Klartext lesen. Allerdings besteht dann noch keine Gewähr für die Identität des Absenders und die Authentizität des Dokumenteninhalts. Daher muss der Empfänger unter **Verwendung des öffentlichen Schlüssels** des Absenders die angehängte Signaturdatei entschlüsseln, um so eine Bestätigung über die Identität des Absenders und den Inhalt des Dokuments zu erhalten. Er muss dazu im Besitz des öffentlichen Schlüssels des Absenders sein. Auf diesen öffentlichen Schlüssel kann der Empfänger zB über einen zentralen Server des Zertifizierungsdiensteanbieters zugreifen. Druckt der Empfänger die Datei in Papierform aus, so erfüllt dieses Schriftstück nicht ohne weiteres das Schriftformerfordernis, weil die Übereinstimmung mit der elektronisch mit qualifizierter Signatur übermittelten Datei nicht feststeht. Vielmehr hat der Ausdruck denselben Wert wie eine Kopie von einem schriftlichen Original.[115]

23 **c) Praktische Umsetzung.** Die digitale Signatur hat in der Praxis nicht die Verbreitung gefunden, wie zunächst erwartet wurde.[116] Bisher (Mitte 2013) haben sich lediglich ca ein Dutzend Zertifizierungsdiensteanbieter bei der Bundesnetzagentur akkreditieren lassen.[117] Die Gesetzesbegründung zum Gesetz zur Förderung der elektronischen Verwaltung hält unter Berufung auf Erhebungen der Bundesnetzagentur fest, dass zwischen 2001 und 2010 insgesamt 395.072 qualifizierte Zertifikate ausgestellt worden seien.[118] Es sei davon auszugehen, dass aktuell ca 300.000 Personen in der Lage seien, die qualifizierte elektronische Signatur zu nutzen. Dabei handele es sich zudem überwiegend um professionelle Anwender. Die unterbliebene Verbreitung der qualifizierten elektronischen Signatur hat den Gesetzgeber veranlasst, durch Abs 2 S 4 Nr 1–4 weitere Formen der elektronischen Übermittlung (hierzu unten Rn 25 ff) zur Ersetzung der Schriftform zuzulassen (BT-Drs 17/11473, 22).

24 **d) Keine Signierung mit Pseudonym (Abs 2 S 3).** Abs 2 S 3 soll die rechtsmissbräuchliche Inanspruchnahme der Verwaltung unter Benutzung von Pseudonymen verhindern.[119] Um zugleich die Verwendung von Pseudonymen insbesondere im Bereich der Verwaltung (zB: „der Landrat von Münsingen") zu ermöglichen, verzichtet Abs 2 S 3 auf ein vollständiges Verbot. Die Verwendung von Pseudonymen ist nur soweit unzulässig, wie dieses die Identifizierung der Person des Signaturschlüsselinhabers nicht ermöglicht. Durch Art 3 des Gesetzes zur Förderung der elektronischen Verwaltung wurde klarstellend eingefügt, dass die Identifizierung des Signaturschlüsselinhabers „unmittelbar durch die Behörde" möglich sein muss, weil der Zertifizierungsdiensteanbieter iSv § 2 Nr 8 SigG den Signaturschlüsselinhaber bei Gebrauch eines Pseudonyms in jedem Fall identifizieren kann.[120]

---

[115] Knack/Henneke 62; Schlatmann LKV 2002, 489, 491; FKS 18.
[116] Vgl auch Albrecht/Heckmann in BHRS 113 f; StBS 25; § 37 Rn 51; Knack/Henneke 19 ff.
[117] Eine **Liste** der aktuell akkreditierten Zertifizierungsdiensteanbieter hat die Bundesnetzagentur unter http://www.bundesnetzagentur.de zusammengestellt.
[118] BT-Drs 17/11473, 22.
[119] Begründung v 13.5.2002, BT-Drs 14/9000, S 31.
[120] BT-Drs 17/11473, 49.

4. Elektronisches Formular iVm eID-Funktion (Abs 2 S 4 Nr 1, S 5). 25
Die Schriftform kann nunmehr auch durch unmittelbare Abgabe der Erklärung in einem elektronischen Formular ersetzt werden, das von der Behörde in einem Eingabegerät oder über öffentlich zugängliche Netze zur Verfügung gestellt wird (Abs 2 S 4 Nr 1).[121] In diesem Fall muss bei einer Eingabe über öffentlich zugängliche Netze ein sicherer Identitätsnachweis nach § 18 PAuswG oder nach § 78 Abs 5 AufenthG erfolgen (Abs 2 S 5). Diese Variante der Schriftformersetzung setzt also zunächst voraus, dass die Behörde ein solches Formular anbietet.[122] Nach der Gesetzesbegründung soll das Formular garantieren, dass der Inhalt des übermittelten elektronischen Dokuments unverändert bei der Behörde ankommt (hierzu und zum Folgenden BT-Drs 17/11473, 49). Das Formular darf deshalb von dem Verwender über die vorgegebene Eingabemöglichkeit hinaus nicht veränderbar sein. Die Abgabe der Erklärung muss außerdem „unmittelbar" in dem elektronischen Formular erfolgen, so dass zunächst heruntergeladene und nach dem Ausfüllen versandte elektronische Formulare nicht erfasst werden.[123] Werden letztere Formulare nach dem Herunterladen nicht als Brief, sondern elektronisch an die Behörde versandt, so gelten für die Schriftformersetzung vielmehr § 3a Abs 2 S 2 und S 4 Nr 2.[124] Als Beispiele für Formulare iSv Abs 2 S 4 Nr 1 nennt die Gesetzesbegründung allgemein zugängliche Eingabeterminals, insbesondere in Räumen der Behörde, und webbasierte Anwendungen. Die konkrete Ausgestaltung bleibt allerdings der Behörde überlassen.

Erfolgt die Eingabe in das Formular über öffentlich zugängliche Netze, zB bei 26
webbasierten Formularen, ist nach Abs 4 S 5 eine Authentifizierung durch den **elektronischen Identitätsnachweis (eID)** des neuen Personalausweises (nPA) nach § 18 PAuswG oder des elektronischen Aufenthaltstitels nach § 78 Abs 5 AufenthG, der auf die dort genannten Vorschriften des PAuswG verweist, nötig. Beim neuen Personalausweis erfolgt der eID nach § 18 Abs 2 S 1 PAuswG durch Übermittlung von Daten aus dem elektronischen Speicher- und Verarbeitungsmedium des Personalausweises. Hierzu muss der Personalausweisinhaber ein Lesegerät zum Auslesen der entsprechenden Daten aus seinem Ausweis und eine besondere Software („AusweisApp"[125]) verwenden.[126] Welche Daten zum Identitätsnachweis stets übermittelt werden und welche zusätzlich übermittelt werden können, ergibt sich aus § 18 Abs 3 PAuswG.[127] Im Falle der Übermittlung über allgemein zugängliche Netze sind nach § 18 Abs 2 S 3 PAuswG Verschlüsselungsverfahren anzuwenden. Die Daten werden nach § 18 Abs 4 PAuswG nur übermittelt, wenn der Empfänger,[128] hier die Behörde, ein gültiges Berechti-

---

[121] Zu elektronischen Formularen als Schriftformersatz näher Johannes MMR 2013, 694.

[122] BT-Drs 17/11473, 22.

[123] Hierzu in Abgrenzung zu anderen Formen elektronisch verfügbarer Formulare Johannes MMR 2013, 694, 696 f.

[124] Vgl Johannes MMR 2013, 694, 696; Prell NVwZ 2013, 1514, 1517.

[125] https://www.ausweisapp.bund.de.

[126] S auch Borges NJW 2010, 3334, 3336 f, zum technischen Ablauf; zum technischen Hintergrund des eID, va den verwendeten Sicherheitsmechanismen, vgl ferner die Broschüre „Innovationen für eine eID-Architektur in Deutschland" des Bundesamts für Sicherheit in der Informationstechnik (BSI), abrufbar auf der Webseite www.bsi.bund.de, sowie die vom Bund betriebene Webseite http://www.personalausweisportal.de; zum eID ferner Roßnagel/Hornung DÖV 2009, 301, 303 ff.

[127] Hierzu Polenz MMR 2010, 671, 673.

[128] § 18 Abs 4 spricht vom „Diensteanbieter". Diensteanbieter sind nach § 2 Abs 3 PAuswG natürliche und juristische Personen, die zur Wahrnehmung von Aufgaben der öffentlichen Verwaltung oder zur Erfüllung eigener Geschäftszwecke den Nachweis der Identität oder einzelner Identitätsmerkmale des Ausweisinhabers benötigen und ihren Wohn-, Geschäfts- oder Dienstsitz innerhalb des Geltungsbereichs der Richtlinie 95/46/EG des Europäischen Parlaments und des Rates vom 24. Oktober 1995 zum Schutz natürlicher

gungszertifikat iSv § 2 Abs 4 PAuswG[129] an den Personalausweisinhaber übermittelt – und sich so gegenüber diesem authentisiert – und Letzterer in der Folge seine Geheimnummer eingibt.[130] Bei der Nutzung behördlicher Eingabegeräte kann die Authentifizierung sowohl durch den eID als auch auf andere Weise, zB durch eine Identitätsprüfung durch Behördenmitarbeiter, erfolgen.[131]

27 **5. Versendung elektronischer Dokumente als De-Mail-Nachricht (Abs 2 S 4 Nr 2 und 3).** Eine schriftformäquivalente Versendung elektronischer Dokumente als De-Mail-Nachricht ermöglicht Abs 2 S 4 Nr 2 u 3. Zur Funktionsweise von De-Mail siehe allgemein oben Rn 3a.

28 **a) Versandart „absenderbestätigt".**[132] Gemeinsame Voraussetzung der Schriftformersetzung in den Fällen des Abs 2 S 4 Nr 2 und 3 ist, dass der Absender zu seiner Identifizierung die in § 5 Abs 5[133] iVm § 4 De-Mail-Gesetz geregelte Versandart „absenderbestätigt" verwendet. Bei dieser muss der De-Mail-Nutzer eine „sichere Anmeldung" iSv § 4 Abs 1 De-Mail-Gesetz durchgeführt habe, bei der er sich durch zwei voneinander unabhängige Sicherungsmittel (Passwort und „Token", zB der neue Personalausweis mit elektronischem Identitätsnachweis oder ein Einmalpasswortgenerator),[134] authentisieren muss. Nach § 5 Abs 5 S 1 und 2 De-Mail-Gesetz muss der akkreditierte Diensteanbieter dem Nutzer ermöglichen, seine sichere Anmeldung iSv § 4 Abs 1 De-Mail-Gesetz in der Nachricht so bestätigen zu lassen, dass die Unverfälschtheit der Bestätigung jederzeit nachprüfbar ist, und dies dem Empfänger der Nachricht kenntlich zu machen. Dies geschieht nach § 5 Abs 5 S 3–5 De-Mail-Gesetz, indem der Anbieter im Auftrag des Senders die Nachricht und ggf ihr beigefügte Dateien mit einer dauerhaft überprüfbaren[135] qualifizierten elektronischen Signatur versieht. Diese bestätigt, dass ein bestimmter Nutzer die Nachricht mit einem bestimmten Inhalt versandt hat.[136] Die Bestätigung muss bestimmte Daten, zB bei natürlichen Personen den vollen Namen, enthalten (§ 5 Abs 5 S 4 De-Mail-Gesetz). Außerdem muss die vom Absender genutzte Versandart „absenderbestätigt" aus der beim Empfänger ankommenden Nachricht erkennbar sein (§ 5 Abs 5 S 5 De-Mail-Gesetz). Nach § 5 Abs 5 S 6 De-Mail-Gesetz ist die Bestätigung nicht zulässig, wenn der Nutzer eine pseudonyme De-Mail-Adresse verwendet. Deshalb wird der Absender bei dieser Versandart stets mit seinem Klarnamen bestätigt.[137] Durch die Versandart „absenderbestätigt" soll die Authentifizierungsfunktion der

---

Personen bei der Verarbeitung personenbezogener Daten und zum freien Datenverkehr sowie in Staaten, in denen ein vergleichbarer Datenschutzstandard besteht, haben.

129 Zur Vergabe der Berechtigungszertifikate Polenz MMR 2010, 671, 672.

130 S auch Borges NJW 2010, 3334, 3337; zu der für die Nutzung des eID bei der Behörde erforderlichen technischen Infrastruktur s BT-Drs 17/11473, 28.

131 MSU 112, 115, der zutreffend darauf hinweist, dass die Formulierung der Gesetzesbegründung, wonach bei der Nutzung von Behördenterminals die Identität durch einen Behördenmitarbeiter zu prüfen „ist" (vgl BT-Drs 17/11473, 49), zu eng sein dürfte.

132 Die Bezeichnung „absenderbestätigt" für die Versandart nach § 5 Abs 5 De-Mail-Gesetz entstammt der Technischen Richtlinie De-Mail des BSI, vgl BT-Drs 17/11473, 48.

133 In der neuen Fassung des nach Art 31 Abs 2 ebenfalls **am 1.7.2014 in Kraft** getretenen Art 2 Nr 3 des Gesetzes zur Förderung der elektronischen Verwaltung sowie zur Änderung weiterer Vorschriften.

134 Vgl zu den insoweit bestehenden Möglichkeiten die vom BSI herausgegebene und auf der Webseite www.bsi.bund.de abrufbare Broschüre „De-Mail ", S. 14; zum eID s Rn 26.

135 Das Erfordernis der „dauerhaften Überprüfbarkeit" soll nach Absicht des Gesetzgebers (zum Folgenden BT-Drs 17/13139, 25 f) garantieren, dass auch nach längerer Zeit noch mit voller Beweiskraft auf das entsprechende Dokument zurückgegriffen werden kann. Die „dauerhafte Überprüfbarkeit" soll sich nach dem Stand der Technik bestimmen. Zu den danach derzeit erforderlichen technischen Voraussetzungen und zu wahrenden Zeiträumen s BT-Drs 17/13139, 26.

136 BT-Drs 17/11473, 48.

137 Ebd.

qualifizierten elektronischen Signatur im Rahmen der für Sender und Empfänger einfacher zu handhabenden De-Mail-Infrastruktur genutzt werden.[138] Vereinfacht wird der Einsatz der qualifizierten elektronischen Signatur aus Sicht des Nutzers, weil nicht er, sondern sein De-Mail-Anbieter die Nachricht mit einer solchen Signatur versehen muss.[139]

b) Übermittlung von Anträgen und Anzeigen an die Behörde. Die Regelung in Abs 2 S 4 Nr 2 sieht die Schriftformersetzung bei Anträgen und Anzeigen durch Versendung eines elektronischen Dokuments an die Behörde mit der Versandart nach § 5 Absatz 5 des De-Mail-Gesetzes vor. Hier schreibt der Nutzer des De-Mail-Kontos den Antrag oder die Anzeige also als De-Mail-Nachricht und sendet diese mit der Versandart „absenderbestätigt“ an die Behörde.[140] 29

c) Übermittlung elektronischer Verwaltungsakte und sonstiger elektronischer Dokumente der Behörden. Nach der Regelung in **Abs 2 S 4 Nr 3** kann die Schriftform bei elektronischen Verwaltungsakten oder sonstigen elektronischen Dokumenten der Behörden ersetzt werden durch Versendung einer De-Mail-Nachricht nach § 5 Absatz 5 des De-Mail-Gesetzes. Weitere Voraussetzung hierfür ist, dass die **Bestätigung des De-Mail-Anbieters** (hierzu oben Rn 28) die Behörde, die den Verwaltungsakt erlässt bzw das sonstige elektronische Dokument versendet, als Nutzer des De-Mail-Kontos erkennen lässt. Eine entsprechende Regelung wurde in § 37 Abs 3 S 3 aufgenommen. Es genügt also nicht, wenn bei Nutzung eines zentralen De-Mail-Angebots (zB des geplanten „De-Mail-Gateway“ des Bundes, s oben Rn 8b) die die entsprechenden IT-Leistungen zur Verfügung stellende Behörde als Kontoinhaber benannt wird.[141] 30

6. Sonstige sichere Verfahren (Abs 2 S 4 Nr 4). Die Schriftform können schließlich sonstige durch Rechtsverordnung der Bundesregierung[142] festgelegte „sichere Verfahren“ ersetzen, die den Absender der Daten authentifizieren und die Integrität des elektronisch übermittelten Datensatzes sowie die Barrierefreiheit gewährleisten.[143] Abs 2 S 4 Nr 4 war im ursprünglichen Gesetzentwurf nicht enthalten und geht auf die Beschlussempfehlung des Innenausschusses zurück.[144] Bereits der Bundesrat hatte in seiner Stellungnahme zum Gesetzentwurf der BReg darauf hingewiesen, dass die **Erweiterung der Schriftformersetzung** um lediglich zwei Technologien problematisch sei.[145] Denn sie schließe zum einen zukünftige technologische Entwicklungen mit gleichem oder besserem Sicherheitsniveau und zum anderen nicht-nationale, insbesondere europäische Lösungen aus. Durch Abs 2 S 4 Nr 4 soll die Vorschrift insoweit „technologie- und binnenmarktoffen“ sein.[146] Welche Technologien als „sichere Verfahren“ gelten, wird durch Rechtsverordnung der Bundesregierung mit Zustimmung des Bundesrats festgelegt.[147] Der IT-Planungsrat[148] gibt Empfehlungen zu den geeig- 31

---

138 Ebd, 47.

139 Ebd, 47 f.

140 Vgl auch Heckmann in BHRS Einf. Rn 98.

141 BT-Drs 17/11473, 48; ferner BT-Drs. 17/13139, 26.

142 Krit. zu dieser Verordnungsermächtigung im VwVfG Prell NVwZ 2013, 1514, 1518; zu den Fragen, welche die Verordnungsermächtigung bzgl der Reichweite landesrechtlicher dynamischer Verweisungen auf das BVwVfG aufwirft, s Schulz/Tischer NVwZ 2014, 1049 ff.

143 Zu diesen Kriterien näher MSU 126 ff; Schulz/Tischer, Vw 2014, 521, 526 f.

144 BT-Drs 17/13139, 11 f.

145 BT-Drs 17/11473, 71.

146 BT-Drs 17/13139, 28.

147 Zur Frage, ob Anbieter entsprechender Dienste einen Anspruch auf Aufnahme in eine solche VO haben können, s Schulz/Tischer, Vw 2014, 521, 536 ff.

148 Vgl Art 91c GG iVm dem Vertrag über die Errichtung des IT-Planungsrats und über die Grundlagen der Zusammenarbeit beim Einsatz der Informationstechnologie in den

neten Verfahren ab. Dadurch soll eine Abstimmung von Bund und Ländern im IT-Planungsrat bei der Zulassung neuer sicherer Verfahren gewährleistet werden.[149]

31a **7. Beweiskraft elektronischer Dokumente.** § 3a enthält keine Regelungen zur praktisch wichtigen Beweiskraft elektronischer Dokumente. Im Verwaltungsprozess gelten insoweit über § 173 VwGO die maßgeblichen Vorschriften der ZPO.[150] Nach § 371a Abs 1 S 1 ZPO[151] finden auf private elektronische Dokumente, die mit einer qualifizierten elektronischen Signatur versehen sind, die Vorschriften über die Beweiskraft privater Urkunden (§ 416 ZPO) entsprechende Anwendung. Gemäß § 371a Abs 1 S 2 ZPO kann der Anschein der Echtheit einer in elektronischer Form vorliegenden Erklärung, der sich auf Grund der Prüfung nach dem SigG ergibt, nur durch Tatsachen erschüttert werden, die ernstliche Zweifel daran begründen, dass die Erklärung vom Signaturschlüssel-Inhaber abgegeben worden ist.[152] Zeitgleich mit § 3a Abs 2 S 4 Nr 2 und 3 ist **am 1.7.2014 die Neufassung**[153] **des § 371a Abs 2 und Abs 3 ZPO** in Kraft getreten. Dadurch werden elektronische Dokumente, die von einer natürlichen Person oder einer öffentlichen Behörde mit der Versandart nach § 5 Abs 5 De-Mail-Gesetz übermittelt werden (hierzu Rn 28), den mit einer qualifizierten elektronischen Signatur versehenen Dokumenten beweisrechtlich gleichgestellt.[154] Nach § 371a Abs 3 S 1 ZPO **nF**[155] finden auf elektronische Dokumente, die von einer öffentlichen Behörde innerhalb der Grenzen ihrer Amtsbefugnisse in der vorgeschriebenen Form erstellt worden sind **(öffentliche elektronische Dokumente),** die Vorschriften über die Beweiskraft öffentlicher Urkunden entsprechende Anwendung.[156] Sie begründen damit nach §§ 415, 417 f ZPO insbesondere den vollen Beweis ihres Inhalts bzw der darin bezeugten Tatsachen. Sind sie mit einer qualifizierten elektronischen Signatur versehen oder verwendet die Behörde das in § 3a Abs 2 S 4 Nr 3 geregelte Schriftformäquivalent der Versandart nach § 5 Abs 5 De-Mail-Gesetz, so gilt für diese Dokumente nach § 371a Abs 3 S 2 u 3 ZPO **nF**[157] zudem die Echtheitsvermutung des § 437 Abs 1 ZPO.[158]

IV. Fehlende Eignung des elektronisch übermittelten Dokuments zur Bearbeitung (Abs 3)

32 **1. Allgemeines.** Abs 3 enthält lediglich Regelungen für den Fall der Übermittlung eines elektronischen Dokuments in einer für die Bearbeitung durch die Behörde oder den Bürger ungeeigneten Form. Die Frage, wann ein Zugang eines elektronischen Dokuments anzunehmen ist, wird nicht geregelt. Insoweit gelten die allgemeinen Grundsätze, wonach das Dokument derart in den Machtbereich des Empfängers gelangt sein muss, dass dieser die Möglichkeit der Kenntnisnahme hat

---

Verwaltungen von Bund und Ländern, BGBl 2010 I 663; hierzu Heckmann in BHRS Einf 39 ff.

[149] BT-Drs 17/13139, 28.

[150] Prell NVwZ 2013, 1514, 1519; eingehend Schmid in Sodan/Ziekow § 55a Rn 131 ff.

[151] Hierzu bereits Roßnagel/Fischer-Dieskau NJW 2006, 806 ff.

[152] Vgl zur Erschütterung des Anscheins Roßnagel/Fischer-Dieskau NJW 2006, 806, 807; näher zum Ganzen Schmid in Sodan/Ziekow § 55a Rn 135.

[153] Art 1 Nr 14 des Gesetzes zur Förderung des elektronischen Rechtsverkehrs mit den Gerichten v 10.10.2013 (BGBl I 3786).

[154] Prell NVwZ 2013, 1514, 1519; Schmid in Sodan/Ziekow § 55a Rn 142 ff.

[155] Insoweit identisch mit dem bis zum 1.7.2014 geltenden § 371a Abs 2 S 1 ZPO.

[156] Hierzu Schmid in Sodan/Ziekow § 55a Rn 138 ff.

[157] Art 1 Nr 14 des Gesetzes zur Förderung des elektronischen Rechtsverkehrs mit den Gerichten v 10.10.2013 (BGBl I 3786).

[158] Zur Reichweite dieser Beweiskraftregelung Prell NVwZ 2013, 1514, 1519.

(so Rn 13 f).[159] Dies ist für den Absender nur schwer beweisbar. **Umstritten** ist insoweit, ob einer **automatisch generierten Lesebestätigung** des Empfängers der Anscheinsbeweis für den Zugang entnommen werden kann.[160] Die Frage dürfte zu bejahen sein, da die Nutzer derartiger Kommunikationswege eine Lesebestätigung regelmäßig als Nachweis ansehen werden.

Im Rahmen des durch die vorhergehende Kommunikation geschaffenen Verwaltungsrechtsverhältnisses (hierzu § 9 Rn 2) stellt Abs 3 an beide Seiten des Kommunikationsvorganges die Erwartung, dass die jeweils andere Seite bei fehlerhafter elektronischer Kommunikation hierüber informiert wird.[161] Hierdurch soll der Vielzahl unterschiedlicher technischer Formate für eine elektronische Kommunikation und der hieraus resultierenden Möglichkeit einer Nicht-Kompatibilität einzelner Formate Rechnung getragen werden.[162] 33

2. Informationspflichten der Behörde. Eine ausdrückliche Pflicht zur Information trifft jedoch nur die Behörde.[163] Ist ein der Behörde übermitteltes elektronisches Dokument für sie zur Bearbeitung nicht geeignet, muss die Behörde dies dem Absender unverzüglich, also ohne schuldhaftes Zögern (§ 122 Abs 1 S 1 BGB) mitteilen (Abs 3 S 1). Hierbei hat sie dem Absender die geltenden technischen Anforderungen für eine Bearbeitung des elektronischen Dokuments (Datenformate oä) zu nennen. Implizit ergibt sich aus dieser Vorschrift auch die Ermächtigung der Verwaltung zur Festlegung eines für die elektronische Kommunikation unabdingbaren technischen Standards.[164] Da in der Regel nur der Absender eine erneute Übermittlung desselben Dokuments in einem kompatiblen Format veranlassen kann, besteht die Informationspflicht nur ihm gegenüber.[165] 34

3. Fehlgeschlagene Übermittlung durch die Behörde (Abs 3 S 2). Macht der Empfänger eines elektronisch übermittelten Behördendokuments dessen mangelnde Lesbarkeit oder auch nur dessen Ungeeignetheit zur Bearbeitung geltend, so trifft die Behörde die Pflicht, das Dokument erneut in einem geeigneten elektronischen Format oder als Schriftstück zu übermitteln (Abs 3 S 2). Die Regelung verpflichtet nur die Behörde für den Fall, dass der Empfänger die mangelnde Lesbarkeit des Dokuments geltend macht. Der Empfänger selbst wird, anders als nach Abs 3 S 1 für den Fall, dass die Behörde selbst Empfängerin ist, nicht verpflichtet, die mangelnde Lesbarkeit unverzüglich zu rügen. Aus Abs 3 S 2 folgt deshalb auch nicht, dass der Empfänger so behandelt werden darf, als sei der Zugang erfolgt, wenn er die Behörde nicht unverzüglich auf die mangelnde Lesbarkeit aufmerksam macht.[166] Allerdings kann die Berufung auf mangelnde Lesbarkeit gegen **Treu und Glauben** verstoßen und damit unbeachtlich werden, wenn der Empfänger über einen gewissen Zeitraum hinweg den Eindruck erweckt hat, das Dokument sei angekommen und lesbar.[167] 35

---

159 Vgl BT-Drs 14/9000 S 32; StBS 41; MSU 80.

160 Dafür Mankowski NJW 2004, 1901, 1903; Albrecht/Heckmann in BHRS § 41 Rn 26 mwN; **aA** StBS 44; MSU 85.

161 StBS 39; Begründung v 13.5.2002, BT-Drs 14/9000, S 32.

162 Vgl Begründung v 13.5.2002, BT-Drs 14/9000, S 31.

163 Auch aus der Begründung zum Entwurf eines Dritten Gesetzes zur Änderung verfahrensrechtlicher Vorschriften v 13.5.2002, BT-Drs 14/9000, S 32 ergibt sich nur eine eindeutige Pflicht der Behörde zur unverzüglichen Information.

164 Bovenschulte/Jäger/Viering, in: Roßnagel (Hg), Die elektronische Signatur in der öffentlichen Verwaltung, 2002, 71.

165 Begründung v 13.5.2002, BT-Drs 14/9000, S 32; Schlatmann DVBl 2002, 1005, 1010; StBS 40.

166 S oben Rn 13a. Allerdings muss der Empfänger die mangelnde Lesbarkeit substantiiert und plausibel darlegen können, weil er insoweit eine Abweichung vom regelmäßigen typischen Verlauf behauptet.

167 Entsprechende Rechtsverluste bei unterlassener Rüge nehmen auch Albrecht/Heckmann in BHRS 128; Knack/Henneke 83 an.

Abschnitt 2. Amtshilfe

§ 4 Amtshilfepflicht

(1) **Jede Behörde leistet anderen Behörden auf Ersuchen**[14] **ergänzende Hilfe (Amtshilfe).**[10]

(2) **Amtshilfe liegt nicht vor, wenn**

1. **Behörden einander innerhalb eines bestehenden Weisungsverhältnisses Hilfe leisten;**[15]
2. **die Hilfeleistung in Handlungen besteht, die der ersuchten Behörde als eigene Aufgabe obliegen.**[16]

Parallelvorschriften: § 3 SGB-X; § 111 AO

Schrifttum: Allgemein zur Amtshilfe: *App,* Zur Amtshilfe bei der Wahrnehmung von Terminen in Insolvenzverfahren, KKZ 2003, 250; *ders,* Grenzen der Vollstreckungshilfe bei Kleinbetragsforderungen der ersuchenden Gemeinde, ZKF 2008, 33; *Berg,* Grenzen der Amtshilfe zwischen Bundesländern, Diss Frankfurt 1967; *Bull,* Kommentierung von Art 35 in AK-GG Bd 2, 2001; *Kischel,* Handle und liquidiere? – Keine Geschäftsführung ohne Auftrag im öffentlichen Recht, VerwArch 1999, 391; *Köhler,* Die Amtshilfe nach dem VwVfG, Diss Berlin 1983; *ders,* Die Vollzugshilfe nach bayerischem Polizeirecht, BayVBl 1998, 453; *Kopp/Kopp,* Die länderübergreifende Amtshilfe und Verwaltungsvollstreckungshilfe, BayVBl 1994, 229; *Kumanoff/Schwarzkopf/Fröse,* Die Verwaltungshilfe als Variante der Hoheitsverwaltung durch die Gemeinde, SächsVBl 1997, 73; *Meyer-Teschendorf,* Die Amtshilfe, JuS 1981, 187; *ders,* Das Rechts- und Amtshilfegebot des Art 35 Abs 1 GG: Antwort auf ein Föderalismusproblem, DÖV 1988, 901; *Nisipeanu,* Die Amtshilfe, Diss Bochum 1989; *Sauerland,* Auslagenerstattung bei Amtshilfe in Staatsangehörigkeitssachen, StAZ 2012, 65; *Schlink,* Die Amtshilfe, 1982; *Schmidt J.,* Die Amtshilfe nach dem VwVfG, in: Boorberg-FS 1977, 135; *Schnapp,* Zum Anwendungsbereich der Amtshilfevorschriften, insbesondere im „ressortüberschreitenden" Amtshilfeverkehr, DVBl 1987, 561; *ders,* Wissenschaftliches Rechtsgutachten über Aspekte der orts- und länderübergreifenden Verwaltungsvollstreckung, KKZ 1993, 165; *Schnapp/Friehe,* Prüfungskompetenz und Rechtsschutz bei Streitigkeiten über Amtshilfeverpflichtungen, NJW 1982, 1422; *Schnapp/Nolte,* Aspekte der orts- und länderübergreifenden Verwaltungsvollstreckung, KKZ 1993, 145; *Wessel,* Verfassungs- und verfahrensrechtliche Probleme der Amtshilfe im Bundesstaat, 1983.

Amtshilfe im Bereich des Sozialrechts: *Pitschas,* Die Amtshilfe für und durch Sozialhilfeträger, SGb 1990, 233; *Rode/Schnapp,* Die Amtshilfe der Krankenkassen gegenüber Staatsanwaltschaft und Verfassungsschutz, ZfS 1971, 65 ff, 98; *Schnapp,* Die Grenzen der Amtshilfe in der Sozialversicherung, in: Wannagat-FS 1981, 340; *Stüer,* Amtshilfeersuchen zwischen Sozialleistungsträgern und allgemeinen Verwaltungsbehörden, DÖV 1985, 720.

Amtshilfe und Informationshilfe: *Barbey,* Amtshilfe durch Informationshilfe und „Gesetzesvorbehalt", FS-125-Jahre Juristische Gesellschaft Berlin, 1984, 25; *Benda,* Privatsphäre und „Persönlichkeitsprofil", Geiger-FS 1974, 23; *Bull,* Datenschutz contra Amtshilfe, DÖV 1979, 689; *Gusy,* Der Schutz gegen rechtswidrige Informationsermittlung durch Nachrichtendienste, DÖV 1980, 431; *Jensen,* Amtshilfe durch Informationsweitergabe, DVBl 1977, 1; *Kamlah,* Informationsweitergabe und Amtshilfe, NJW 1976, 510; *Karehnke,* Amtshilfe und sonstige Auskünfte durch Rechnungshöfe, Zeugenaussagen und Sachverständigentätigkeit durch Rechnungshofbeamte, DÖV 1972, 809; *Lehner,* Der Vorbehalt des Gesetzes für die Übermittlung von Informationen im Wege der Amtshilfe, 1996; *Meyer-Teschendorf,* Amtshilfe durch den Verfassungsschutz – Zum Verwaltungsverfahren bei der Einstellung in den öffentlichen Dienst –, ZBR 1979, 261; *Riegel,* Die Tätigkeit der Nachrichtendienste und ihre Zusammenarbeit mit der Polizei, NJW 1979, 952; *ders,* Datenschutz bei den Sicherheitsbehörden, 1980; *ders,* Amtshilfe und Übermittlung personenbezogener Daten im Bereich der Sicherheitsbehörden, Die Polizei 1980, 349; *ders,* Grenzen informationeller Zusammenarbeit zwischen Polizei und Verfassungsschutz, DVBl 1988, 121; *Roll,* Forum: Amtshilfe für den Verfassungsschutz?, JuS 1979, 239; *Schickedanz,* Gesetzlichkeitsaufsicht durch Informationshilfe – Der zwischenbehördliche Informationsaustausch als Vorbereitung des Einschreitens gegen einen Bürger, Diss Frankfurt 1978; *ders,* Amtshilfe, Schweigepflicht und Mißtrauen, MDR 1981, 546; *Schlink,* Datenschutz und Amtshilfe,

NVwZ 1986, 249; *Schmidt W.,* Die bedrohte Entscheidungsfreiheit, JZ 1974, 241; *ders,* Amtshilfe durch Informationshilfe, ZRP 1979, 185; *Schnapp,* Amtshilfe, behördliche Mitteilungspflichten und Geheimhaltung, NJW 1980, 2165; *Simitis,* Von der Amtshilfe zur Informationshilfe, NJW 1986, 2795; *Steinbömer,* Amtshilfe und Geheimhaltungspflichten, DVBl 1981, 340; *Tubies,* Amtshilfe und Datenschutz, Datenschutz und Datensicherung, 1979; *ders,* Amtshilfe und Datenschutz, DÖV 1979, 76; *Wiese,* Grundsatzfragen des Datenschutzrechts, DVBl 1980, 861.

Amtshilfe durch Polizei, Grenzschutz, Bundeswehr usw: *Denninger,* Einführung in Probleme der Amtshilfe, insb im Sicherheitsbereich, JA 1980, 280; *Baldus,* Gefahrenabwehr in Ausnahmelagen, NVwZ 2006, 532; *ders,* Amtshilfe im Bereich der Verfassungsschutzbehörden, in: Verfassungsschutz und Rechtsstaat, 1981, 19; *Dreist,* Amtshilfe durch die Bundeswehr, NZWehrR 2015, 221; *Dietz,* Die Kompetenzverteilung des GG für Amtshilfe und Unterstützungsmaßnahmen sowie Einsätze der Bundeswehr, DÖV 2012, 952; *Ganßer,* Zusammenarbeit von Verfassungsschutz und Polizei, BayVBl 1983, 710; *Göbel,* Fahndungskooperation zwischen Polizei und Feldjägern, NWVBl 2003, 211; *Jahn/Riedel,* Streitkräfteeinsatz im Wege der Amtshilfe. Zu den verfassungsrechtlichen Schranken eines nach innen gerichteten Einsatzes der Bundeswehr in Friedenszeiten, DÖV 1988, 937; *Kay,* Amts- und Vollzugshilfe als polizeiliche Aufgabe, Polizei 1982, 106; *Ladiges,* Der Einsatz der Streitkräfte im Katastrophennotstand nach dem Plenarbeschluss des BVerfG, NVwZ 2012, 1225; *Leinius,* Zum Verhältnis von Sitzungspolizei, Hausrecht, Polizeigewalt, Amts- und Vollzugshilfe, NJW 1973, 448; *Lisken,* Polizei und Verfassungsschutz, NJW 1982, 1481; *Lucks,* Inhalt und Grenzen einer Amtshilfeleistung durch die Streitkräfte am Beispiel der Flüchtlingshilfe, NVwZ 2015, 1648; *Martens,* Polizeiliche Amts- und Vollzugshilfe, JR 1981, 353; *Schneider,* Rechtsschutz und Verfassungsschutz, NJW 1978, 1601; *Tönsgerlemann,* Amtshilfe – taugliche Grundlage beim Zusammenwirken von Zoll und Polizei?, ZfZ 2003, 362; *Zimmermann/Czepull,* Zuständigkeiten und Kompetenzen im Katastrophenschutz, DVBl 2011, 270.

Europarechtliche Probleme der Amtshilfe: *Groß,* Die administrative Föderalisierung der EG, JZ 1994, 596; *Jellinek,* Die Europäischen Übereinkommen über Amts- und Rechtshilfe, NVwZ 1982, 535; *Korte,* Mitgliedstaatliche Verwaltungskooperation und private Eigenverantwortung beim Vollzug des europäischen Dienstleistungsrechts, NVwZ 2007, 501; *Ruge,* Das Steuerbereinigungsgesetz 1986: EG-Amtshilfe-Gesetz, Betr 1986, 191; *ders,* Europaratskonvention über die gegenseitige Amtshilfe in Steuersachen, RiW 1986, 704; *Schliesky,* Europäisierung der Amtshilfe, 2008; *Sommer,* Verwaltungskooperation am Beispiel administrativer Informationsverfahren im europäischen Gemeinschaftsrecht, 2003; *Sommer/Retzer,* Entwurf eines Gesetzes zur Umsetzung der Änderungen der EU-Amtshilferichtlinie, ISR 2016, 283, 377; *Wettner,* Die Amtshilfe im europäischen Verwaltungsrecht, 2005.

Übersicht

I. Allgemeines

1 **1. Inhalt.** Die Amtshilfevorschriften (§§ 4 ff) setzen die bereits in Art 35 Abs 1 GG enthaltene allgemeine Verpflichtung von Gerichten und Behörden des Bundes und der Länder zu gegenseitiger Rechts- und Amtshilfe für den Bereich der Verwaltung in einfaches Recht um. Ihre Grundlage findet die Amtshilfe im Gedanken der **Einheit der Staatsgewalt.**[1] Der Zweck der Amtshilfe besteht darin, zu verhindern, dass die Erfüllung von Verwaltungsaufgaben im Einzelfall wegen der organisatorischen Trennung und Ausdifferenzierung der Behörden scheitert oder wesentlich erschwert bzw verteuert wird.[2] Auch Art 35 GG enthält insoweit bereits unmittelbar geltendes Recht, lässt aber nähere Regelungen über den Begriff, die Voraussetzungen usw der Amtshilfe, wie sie in §§ 4 ff enthalten sind, zu.[3] Die Vorschrift enthält in Übereinstimmung mit Art 35 GG und den dazu in Rspr und Schrifttum[4] entwickelten Grundsätzen die **Verpflichtung der Behörden** zur gegenseitigen Amtshilfe, und zwar der Behörden des Bundes und, soweit sie unter § 1 fallen, auch der Länder.

2 **a) Definition.** Die Vorschrift definiert in Abs 1 den **Begriff der Amtshilfe** als „ergänzende Hilfe auf Ersuchen" und grenzt ihn in Abs 2 gegenüber einzelnen anderen Formen eines Zusammenwirkens von Behörden ab. Siehe zum Begriff der Amtshilfe im einzelnen unten Rn 10 ff. Voraussetzungen und Grenzen der Amtshilfe, das anzuwendende Recht und die Kostentragung, sind in §§ 5–8 geregelt. Ergänzend dazu sind, soweit die §§ 4 ff keine Regelungen enthalten, die allgemeinen ungeschriebenen Amtshilfegrundsätze, wie sie insb auch zu Art 35 GG entwickelt worden sind, heranzuziehen (Begr 38).

2a **b) Verfahrensrechtliche Regelung.** Die Vorschrift schafft die für das Amtshilfeersuchen, die Amtshilfeverpflichtung und die Amtshilfe selbst erforderliche Rechtsgrundlage, ohne aber den Bereich der Eingriffsbefugnisse der beteiligten Behörden zu erweitern. Die §§ 4–8 enthalten **keine materiellen Ermächtigungsgrundlagen für Eingriffe.**[5] Gleichwohl kann die Amtshilfe zur Folge

---

[1] S AK-GG-Bull Art 35 Abs 1 Rn 1; MD 3 zu Art 35 GG; StBS 5; zur Einheit der Verwaltung Bryde VVDStRL 1988, 181; Haverkate VVDStRL 1988, 217.

[2] Schmidt, in: Boorberg-FS 1977, 144; Meyer-Teschendorf ZBR 1979, 264; ähnlich Erichsen/Ehlers § 13 Rn 44; Wilde BayVBl 1986, 230 mwN; Bull DÖV 1979, 691; vgl auch BVerfG 7, 190; BVerwGE 38, 340; Lässig DÖV 1976, 731.

[3] AllgM, vgl StBS 3; Ziekow 1; Knack 1 vor § 4; MSU 10.

[4] Vgl Begr 38; BVerwGE 38, 339; 50, 310; BVerwG NJW 1960, 1410; BSG 18, 277; MD 1 ff zu Art 35 GG; WB II § 77 VI; F 103 ff; Erichsen/Ehlers § 13 Rn 45 f; StGB 16; Schnapp/Friehe NJW 1982, 1422.

[5] BVerwG NJW 2004, 1191 zu Art 35 GG; StBS 7; Bull DÖV 1979, 693; Knack/Henneke vor § 4 Rn 2; Bull, AK-GG Art 35 Rn 17 ff unter Hinweis auf BVerfGE 65, 1, 43; **aA** Breuer NVwZ 1986, 176.

haben, dass durch den Einsatz von tatsächlichen Mitteln und rechtlichen Ermächtigungsgrundlagen der ersuchten Behörde Maßnahmen gegenüber dem Bürger ergriffen werden können, die von der ersuchenden Behörde sonst nicht oder nur mit unverhältnismäßigem Aufwand oder wenig effektiv durchgeführt werden könnten. Dadurch ergeben sich durch die Amtshilfe de facto erweiterte Handlungsspielräume der Behörden.

2. Anwendungsbereich. a) Unmittelbar. Die §§ 4 ff gelten vorbehaltlich besonderer Regelungen gem § 1 und § 2[6] für Amtshilfeersuchen im Anwendungsbereich des VwVfG ohne Beschränkung auf die in § 9 genannten Verwaltungsverfahren. Vielmehr kommen Amtshilfeersuchen im Rahmen der **gesamten öffentlich-rechtlichen Tätigkeit** von Verwaltungsbehörden in Betracht,[7] auch soweit sie keine auf Erlass eines VA oder Abschluss eines Verwaltungsvertrags gerichteten Verfahren betreiben, sondern etwa nur schlicht-hoheitliches Handeln beabsichtigen, also etwa Verwaltungsrealakte vornehmen wollen. 3

Die Amtshilfe muss sich auf die **Tätigkeit von Verwaltungsbehörden** iS von § 1 Abs 4 beziehen (hierzu § 1 Rn 51 ff). Für Amtshilfeersuchen gegenüber anderen öffentlich-rechtlichen Organen gelten die §§ 4 ff nicht unmittelbar. Die §§ 4 ff. sind deshalb jedenfalls unmittelbar **nicht auf Gerichte anwendbar,** soweit es um Bereich der Rechtsprechung geht (hierzu unten Rn 6a), ebenfalls **nicht auf Verfassungsorgane,** soweit sie nicht als Verwaltungsbehörden tätig werden (s hierzu § 1 Rn 19 ff). In diesen Fällen kommt Art 35 Abs 1 GG direkt zur Anwendung (unten Rn 8), soweit nicht spezielle Vorschriften des Fachrechts (zB § 14 VwGO) gelten.

Berechtigt und verpflichtet werden **unmittelbar nur Bundesbehörden** untereinander. Entsprechendes gilt für die Regelungen in den Verwaltungsverfahrensgesetzen der Länder. Auch diese gelten zunächst einmal unmittelbar nur zwischen den **Verwaltungsbehörden des jeweiligen Landes** und die unter das jeweilige Landesgesetz fallenden sonstigen Landesbehörden (zB der Kommunen und der rechtlich selbständigen landesrechtlichen Rechtsträger).

Als Ausdruck allgemeiner Rechtsgrundsätze und als Konkretisierung von Art 35 Abs 1 GG sind die §§ 4 ff aber analog auch im Verhältnis zwischen Behörden anwendbar, für die vergleichbare gesetzliche Regelungen überhaupt fehlen.

b) Amtshilfe zwischen Bundes- und Landesbehörden und Behörden verschiedener Länder. Soweit besondere Regelungen wie zB § 5 Abs 2 VwVG im Fachrecht fehlen, ergibt sich für die Amtshilfe zwischen Bundesbehörden und Landesbehörden, sowie für die Amtshilfe von Landesbehörden verschiedener Länder im Verhältnis zueinander eine komplizierte Rechtslage (s auch § 5 Rn 3). Die Befugnis, Amtshilfe in Anspruch zu nehmen, beruht auf dem Recht der ersuchenden Behörde, die Verpflichtung, Amtshilfe zu leisten, auf dem Recht der ersuchten Behörde.[8] Da Art 35 GG nur das „Ob" der Amtshilfe regelt, nicht aber die Durchführung, sind die verwaltungsverfahrensrechtlichen Bestimmungen **im Zweifel auch analog** heranzuziehen.[9] 4

---

6 MB 6; FL 4; vgl zB zur Amtshilfe gegenüber dem Bundespersonalausschuß § 124 Abs 2 S 2 BBG, zur gesteigerten Auskunfts- und Herausgabepflicht gegenüber der Staatsanwaltschaft in Strafsachen §§ 160, 161, 94 Abs 1, 95 Abs 1 StPO; dazu auch OLG Karlsruhe NJW 1986, 145.

7 StBS 14; Knack/Henneke vor § 4 Rn 7; vor § 9 Rn 2; MB 4; im Ergebnis auch FL 5; **aA** Obermayer/Funke-Kaiser Rn 8 vor § 4.

8 BVerwG NVwZ 1986, 467; VGH Mannheim NVwZ-RR 1990, 337; MB 5; StBS 21; FL 7; Stüer DÖV 1985, 720; Schnapp KKZ 1993, 165; Kopp/Kopp BayVBl 1994, 229; Kopp KKZ 1994, 193; **aA** Schleicher DÖV 1976, 551; Hauk/Haines 11 zu § 3 SGB-X: maßgeblich allein das Recht der ersuchenden Behörde; wieder anders UL § 11 Rn 5: maßgeblich allein das Recht der ersuchten Behörde, weil das VwVfG und die entspr Ländergesetze primär deren Verpflichtung regeln; ebenso Stüer DÖV 1985, 720.

9 FKS 10; Bader/Ronellenfitsch 2; Pautsch/Hoffmann 3; Knack/Henneke Rn 9 vor § 4.

Auch für den Rechtsweg kommt es bei einem Streit über die Amtshilfe zwischen Behörden, für deren Handlungen verschiedene Rechtswege eröffnet sind, auf das Amtshilferecht an, das für die in Frage stehende Handlung maßgeblich ist (BVerwG DVBl 1986, 1200). Das bedeutet, dass für die aufgrund des Ersuchens vorgenommenen Amtshandlungen sowie für die Handlung und Verpflichtung zur Leistung der erbetenen Amtshilfe auf das Recht der ersuchten Behörde (BVerwG DVBl 1986, 1200; Stüer DÖV 1985, 720) und den danach eröffneten Rechtsweg abzustellen ist (vgl auch § 7 Rn 5).

5 **c) Amtshilfe für Verwaltungshandeln in Privatrechtsform?** Für Verwaltungshandeln in Privatrechtsform gelten die Regelungen des VwVfG nicht unmittelbar. Ob eine analoge Anwendung der §§ 4 ff auf verwaltungsprivatrechtliches Handeln zulässig ist, wird unterschiedlich beurteilt.[10] Dabei ist anerkannt, dass die §§ 4 ff **Ausdruck eines allgemeinen Rechtsgedankens** sind, wonach sich die Stellen der öffentlichen Hand bei der Erledigung ihrer Aufgaben gegenseitig unterstützen sollen. Eine schlüssige Begrenzung auf den Bereich öffentlich-rechtlicher Verwaltungstätigkeit ergibt sich hieraus nicht. Auch die Amtshilfepflicht aus Art 35 GG unterliegt keiner Beschränkung auf hoheitliche Tätigkeit. Es ist deshalb davon auszugehen, dass **auch im Bereich des Verwaltungsprivatrechts,** also bei der Aufgabenerledigung in der Form des Privatrechts, die Regeln der Amtshilfe entsprechend anwendbar sind. Rein fiskalisches Handeln dürfte Amtshilfepflichten dagegen nicht auslösen.[11]

6 **d) Amtshilfe bei Verfassungsorganen. Keine unmittelbare Anwendung** finden die §§ 4 ff. gegenüber Verfassungsorganen. Insoweit richtet sich die Amtshilfe zunächst nach Art 35 GG. Soweit hier spezielle Regelungen fehlen, kommen die §§ 4 ff als Ausdruck allgemeiner Rechtsgrundsätze des Verwaltungs(verfahrens)rechts analog zur Anwendung (StBS 3). Art 35 GG richtet sich auch an die Verfassungsorgane von Bund und Ländern, also auch an Bundesrat und Bundestag (StBS 3).

6a **e) Amtshilfe im Verhältnis zu Gerichten.** Grundsätzlich besteht eine Pflicht zur Amtshilfe nach Art 35 GG auch gegenüber den Gerichten. Insofern bestehen allerdings teilweise spezielle Vorschriften, die diesen Bereich regeln (vgl zB § 14 VwGO für die Amtshilfe der übrigen Gerichte und der Verwaltungsbehörden gegenüber den Verwaltungsgerichten. Soweit allerdings Regelungslücken bestehen, kommt eine analoge Anwendung der §§ 4 ff als Ausdruck allgemeiner Rechtsgedanken auch in diesem Bereich in Betracht.[12]

3. Spezielle Amtshilferegelungen. a) Amtshilfe im Fachrecht. Einschränkungen der Amtshilfe bestehen im Bereich der Bundeswehr, die nach Art 87a Abs 2 GG außer zur Verteidigung nur „eingesetzt" werden darf, soweit das GG dies ausdrücklich zulässt. Die Amtshilferegelungen stellen eine solche ausdrückliche Zulassung nicht dar, weshalb als Amtshilfe nur Handlungen in Betracht kommen, die keinen Einsatzcharakter iS des Art 87a GG haben.[13] Besondere gesetzliche Regelungen der Amtshilfe finden sich zB in § 27 VermG. § 5 Abs 2 VwVG.

7 **b) Rechts- und Amtshilfe im Verhältnis zum Ausland.** Die Amtshilfe ausländischer Gerichte und Behörden kann, soweit Verträge nichts anderes vorse-

---

[10] Dafür OVG Frankfurt RiA 1998, 298, 300; StBS 14; UL § 10 Rn 6; AK-GG-Bull Art 35 Rn 24; Wais NJW 1982, 1265; App KKZ 2003, 250; Ziekow Rn 4; jetzt auch: Knack/Henneke vor § 4 Rn 16; dagegen BFHE 94, 558; MB 9; Dreher 97.

[11] So wohl auch StBS 14, der auf die Erledigung öffentlicher Aufgaben abstellt.

[12] Vgl Kopp/Schenke § 14 Rn 2; ferner AG Duisburg, B v 19.11.2011, 105 K 75/10, juris Rn 7 f zum Auskunftsersuchen eines Vollstreckungsgerichts ggü einer Behörde.

[13] Zu den Grenzen des Einsatzes der Bundeswehr im Rahmen der Amtshilfe Lucks NVwZ 2015, 1648; BVerfGE 115, 118 (LuftSiG).

hen,[14] nur auf diplomatischem Wege durch Vermittlung der obersten Dienstbehörde und des Auswärtigen Amtes über die deutschen Auslandsvertretungen erbeten werden. Im Rahmen der Zuständigkeit der Konsulate (vgl §§ 2, 3, 15f KonsularG) können die Behörden sich jedoch grundsätzlich auch unmittelbar an diese wenden.[15] Entsprechendes gilt für die Amtshilfe deutscher Behörden gegenüber ausländischen Behörden und Gerichten.

4. Unmittelbare Anwendung des Art 35 Abs 1 GG. a) Allgemeines. Im Anwendungsbereich der §§ 4ff bedarf es des Rückgriffs auf Art 35 GG nicht, weil die §§ 4ff die verfassungsrechtliche Amtshilfe insoweit konkretisieren und damit eine einfachgesetzliche Ausgestaltung enthalten. Soweit ausdrückliche Vorschriften fehlen, bietet auch Art 35 Abs 1 GG eine unmittelbare rechtliche Grundlage für die Amtshilfe.[16] Die §§ 4ff können aber als Ausdruck allgemeiner Rechtsgrundsätze idR auch dann zur Konkretisierung der sich aus Art 35 GG ergebenden Folgerungen herangezogen werden.[17] Das gilt auch für die Amtshilfe zwischen Behörden des Bundes und der Länder und der Länder untereinander. In diesen Fällen wendet jede Behörde das für sie geltende Verfahrensrecht an, nur bei gänzlichem Fehlen kommt Art 35 GG direkt zur Anwendung (s auch Rn 4). 8

b) Spezielle Regelungen in Art 35 Abs 2, 3 GG. Für bestimmte Ausnahmesituationen, insbesondere für Katastrophenfälle und besondere Bedrohnungslagen gelten die speziellen Regelungen des Art. 2 GG, wonach auch die Bundespolizei (früher Bundesgrenzschutz) und die Streitkräfte (Bundeswehr) angefordert und eingesetzt werden können. Hier sind freilich viele Fragen umstritten.[18] Unter den Voraussetzungen des Art 35 Abs 3 kann der Bund den Einsatz auch anordnen. 8a

5. Rechts- und Amtshilfe im Bereich der EU. a) Allgemeines. Für die Verwaltungskooperation innerhalb der EU spielt die Amtshilfe eine wichtige Rolle. Die Verwaltungsorgane der EU und die Behörden der Mitgliedstaaten bilden inzwischen einen **Europäischen Verwaltungsverbund** (s Einf II Rn 34), in dem es nicht nur formalisierte Zusammenarbeit auf der Grundlage spezieller Rechtsnormen gibt, sondern auch vielfältige Pflichten zu gegenseitiger Unterstützung, Abstimmung, Information und Amtshilfe.[19] Das gilt nicht nur für das Verhältnis zwischen der Kommission und den Behörden der Mitgliedstaaten (vgl Art 105 Abs 1 AEUV), sondern nach Maßgabe einer **Vielzahl bereichsspezifischer Regelungen**[20] auch für die Behörden der Mitgliedstaaten untereinander. Dies gilt insbesondere für den Bereich der Informationshilfe. 9

Der **europarechtliche Begriff der Amtshilfe,** wie er sich inzwischen im Unionsrecht herausgebildet hat, erfasst einen Ausschnitt der Kooperations- und In- 9a

---

[14] Vgl zB den deutsch-österreichischen Vertrag v 31.5.1988 über Amts- und Rechtshilfe in Verwaltungssachen (BGBl II 1990, 357).

[15] Vgl Stein, Amtshilfe in auswärtigen Angelegenheiten, 1975; Söhn, in: HHSp zu § 117 AO; Korber BayVBl 1983, 301; Nordmann, Die Beschaffung von Beweismitteln aus dem Ausland durch staatliche Stellen, 1979, 40; Bechtold, in: Loebenstein-FS 1991, 11; s auch das Europäische Übereinkommen über die Zustellung von Schriftstücken in Verwaltungssachen, abgedr bei Engelhardt/App, Anh 3.

[16] Wie hier Ziekow Rn 1; str, vgl Jarass/Pieroth, Art 35 Rn 2.

[17] AllgM, vgl StBS 15; Knack/Henneke vor § 4 Rn 9.

[18] Zur Zulässigkeit von Regelungen über den Einsatz der Bundeswehr im Rahmen der Amtshilfe BVerfGE 115, 118 (LuftSicherheitsG).

[19] Frenz DÖV 2010, 66; Schliesky NVwZ 2009, 641; Schulz DÖV 2008, 1028.

[20] Vgl zB Art 74 AEUV; Art. 90 VO (EG) Nr 207/2009 des Rates über die Gemeinschaftsmarke v 26.2.2009 (ABl L 78 S 1); Art 11f VO (EG) Nr 1/2003 des Rates zur Durchführung der in den Artikeln 81 und 82 des Vertrages niedergelegten Wettbewerbsregeln v 16.12.2002 (ABl L 1 S 1); Art 3 Abs 5 RL 2002/21/EG des Europäischen Parlaments und des Rates über einen gemeinsamen Rechtsrahmen für elektronische Kommunikationsnetze und -dienste (Rahmenrichtlinie) v 7.3.2002 (ABl L 108 S 33).

formationspflichten, die im Europäischen Verwaltungsverbund in vertikaler und horizontaler Hinsicht gelten. Er weist vergleichbare Elemente auf wie der in den §§ 4 ff VwVfG.[21] Danach muss es sich um Hilfeleistungen außerhalb von Weisungsverhältnissen und außerhalb eigener regulärer Aufgabenerfüllung handeln. Sie muss wie im deutschen Recht unselbständiger Teilakt innerhalb von Verwaltungsverfahren der ersuchenden Behörde sein, also Ergänzungsfunktion haben. Ein Amtshilfeersuchen ist allerdings nicht stets erforderlich; im Recht der EU ist zT auch eine Spontanhilfe vorgesehen. Insgesamt gelten für die Verantwortungsverteilung dieselben Grundsätze wie in § 7, wonach die ersuchende Behörde für die Maßnahme selbst und die ersuchte Behörde für die Art und Weise ihrer Durchführung verantwortlich ist.

9b **b) Amtshilfe von Organen der Mitgliedstaaten untereinander.** Die §§ 4 ff gelten nicht unmittelbar gegenüber Behörden anderer Staaten, auch nicht im Rahmen der EU. Sekundärrechtlich sind **vielfältige Kooperations- und Informationspflichten** der Mitgliedstaaten untereinander vorgesehen, nicht zuletzt im Rahmen der Dienstleistungs-RL (s hierzu näher Einf I Rn 35). Nach Art 28 Abs. 1 EU-Dienstleistungsrichtlinie (RL 2006/123/EG) haben sich die Mitgliedsstaaten einander Amtshilfe zu leisten und Maßnahmen zu ergreifen, die für eine wirksame Zusammenarbeit bei der Kontrolle der Dienstleistungserbringer und ihrer Dienstleistungen erforderlich sind. Die DL-RL hat im Jahre 2009 dazu Anlass gegeben, das VwVfG durch **Vorschriften über die Verwaltungszusammenarbeit in den §§ 8a ff** zu ergänzen,[22] die nunmehr auch die Amtshilfepflichten im Rahmen der horizontalen Verwaltungszusammenarbeit speziell regeln.

II. Allgemeine Begriffsbestimmung der Amtshilfe (Abs 1)

10 **1. Begriff der Amtshilfe.** Die in Abs 1 enthaltene Begriffsdefinition, wonach Amtshilfe das an eine Behörde, uU auch einen Beliehenen, gerichtete **„ergänzende Hilfe auf Ersuchen"** einer anderen Behörde ist, enthält bereits die wichtigsten Begriffsmerkmale, erweist sich aber als unvollständig. Unter Amtshilfe im Bereich der Verwaltung ist einschränkend nur die Vornahme von Handlungen rechtlicher oder tatsächlicher Art auf das Ersuchen einer Behörde durch eine andere Behörde zur **Unterstützung einer Amtshandlung** der ersuchenden Behörde im Einzelfall zu verstehen.[23] Die Amtshilfe durchbricht die Aufgaben- und Zuständigkeitsverteilung nur für einzelne Fälle. Das kommt auch darin zum Ausdruck, dass Amtshilfe stets ein Ersuchen einer Behörde voraussetzt. Wegen der verschiedenen Rechtsfolgen der Amtshilfe, zB die relative Kostenfreiheit[24] (vgl § 8), ist die Abgrenzung von anderen Rechtsinstituten wichtig.

11 **a) Einzelfallerfordernis.** Problematisch ist die Einordnung von regelmäßig wiederkehrender Inanspruchnahme (StBS 30). Hier kommt es auf den Einzelfall an. So darf etwa die mangelhafte Ausstattung einzelner Behörden mit Personal oder Sachmitteln nicht dadurch kompensiert werden, dass laufend andere Behörden im Amtshilfewege in Anspruch genommen werden. Allerdings sind sich wiederholende Amtshilfeersuchen unschädlich, wenn sie nur gelegentlich stattfinden und keinen selbständigen Charakter haben wie zB selbstständige Vollzugsmaßnahmen.[25] Keine Amtshilfe iS des VwVfG sind Hilfstätigkeiten, die nicht

---

[21] Sommer, Verwaltungskooperation, 448; Hofmann, Verwaltungsverbund, 138.

[22] Gesetz zur Umsetzung der Dienstleistungs-RL im Gewerberecht und in weiteren Rechtsvorschriften v 17.7.2009 (BGBl I, S 2091).

[23] BVerfGE 63, 1, 32; BVerfG NVwZ 2011, 1254, auch zur Abgrenzung von der vollständigen Übernahme eines Verwaltungsverfahrens.

[24] S hierzu BVerwG Buchh 428 § 38 VermG Nr 6 zur Kostenpflicht bei Auskünften aus dem Katasteramt.

[25] Bull DÖV 1979, 692; FL 21 zu § 2; Martens JR 1981, 354; StBS 18, 27 f; zT **aA** Drews/Wacke/Vogel/Martens, Gefahrenabwehr, 152: entsprechende Anwendbarkeit der materiellen Grundsätze der Amtshilfe.

aus besonderem Anlass im Einzelfall für eine andere Behörde auf deren Ersuchen, sondern dauernd oder doch für eine gewisse Zeit vorgenommen werden. Auf diese Fälle einer **erweiterten Amtshilfe,** zB regelmäßige Entgegennahme von Anträgen, Auszahlung von Geldbeträgen, die regelmäßige Übermittlung bestimmter Informationen über eine bestimmte Personengruppe oder hins eines bestimmten Fragenkomplexes anfallender Informationen, zB über alle Personen, die die Grenze überschreiten uä[26] finden die §§ 4 ff keine Anwendung.[27]

b) Außerhalb der regulären Zuständigkeit. Keine Amtshilfe liegt auch vor, wenn die „ersuchte" Behörde die eigenen Leistungen im Rahmen ihrer regulären Zuständigkeit erbringt. Hat etwa die Feuerwehr eine Hilfeleistung im Rahmen ihrer regulären Aufgabenerledigung erbracht, liegt keine Amtshilfe vor; die Kostenerstattung richtet sich in diesen Fällen nach dem einschlägigen Fachrecht.[28] 11a

c) Ergänzende Hilfe. Amtshilfe ist grundsätzlich auf ergänzende Hilfe **beschränkt.**[29] Das bedeutet, dass nur für einzelne Teile einer Aufgabe bzw einer Zuständigkeit Amtshilfe in Anspruch genommen werden darf, nicht für die gesamte Erledigung von Aufgaben. Keine Amtshilfe ist deshalb die vollständige Übernahme von Verwaltungsaufgaben durch eine ersuchte Behörde, auch nicht das Ergreifen vorläufiger Maßnahmen durch Polizeivollzugsbeamte bei Gefahr im Verzuge (s unten Rn 17 f). Derartige Zuständigkeitsverlagerungen lassen sich deshalb auch nicht durch die §§ 4 ff rechtfertigen.[30] Insoweit kommt nur eine Zuständigkeitsübertragung in Betracht, die – wenn es um die Übertragung von Hoheitsmacht auf einen anderen Verwaltungsträger geht – nach den Grundsätzen des **institutionellen Gesetzesvorbehalts**[31] einer gesetzlichen Grundlage bedarf. 12

d) Abgrenzung zu anderen Hilfeleistungen. Keine Amtshilfe ist die **Rechtshilfe,** die durch Gerichte erfolgt, sowie die sog Spontanhilfe, die von einer Behörde ohne Amtshilfeersuchen im Aufgabenbereich einer anderen Behörde durchgeführt wird.[32] Zulässigkeit und Rechtsfolgen der **Spontanhilfe** sind, von den europarechtlichen Sonderfällen (s oben Rn 9) abgesehen, nach den allg Grundsätzen der Geschäftsführung ohne Auftrag im öffentlichen Recht analog §§ 677 ff BGB zu beurteilen, die ebenso wie die Amtshilfevorschriften besondere Ermächtigungsgrundlagen für Eingriffe nicht ersetzen. 12a

Keine Amtshilfe ist auch die **innerhalb einer Behörde geleistete Hilfe,** zB Unterstützung, die eine Abteilung, ein Referat usw einer anderen Abteilung, einem anderen Referat usw ein und derselben Behörde leistet.[33] Gleiches gilt auch

---

26 Begr 39; Dreher 31; FL 13; Ganßer BayVBl 1983, 713; MB 19; Meyer-Teschendorf JuS 1981, 189; Wilde BayVBl 1986, 230; weiter Knack/Henneke 7: die Einrichtung und Unterhaltung eines automatisierten Abrufverfahrens – Online-Anschluss – ist keine Amtshilfe; **aA** MuE 63; zur verfassungsrechtlichen Zulässigkeit vgl BVerfGE 7, 190; MDH Art 35 GG Rn 1.

27 BSG DVBl 1994, 1317; auch Ziekow Rn 8; diff StBS 30.

28 VGH Mannheim, VBlBW 2011, 153 für Mitwirkung an Polizeieinsatz aufgrund einer entsprechenden Anforderung.

29 BVerfG NVwZ 2011, 1254; StBS 27; Knack/Henneke 4; UL § 11 Rn 14; FL 15; MK 64 II; Bull DÖV 1979, 692; Ziekow 8.

30 UL § 11 Rn 14; Arndt NJW 1963, 26; Erichsen/Ehlers § 13 Rn 44; StBS 27 f; FL 13, 15; Meyer-Teschendorf ZBR 1979, 268: keine stellvertretende Wahrnehmung von Aufgaben der ersuchenden Behörde.

31 S hierzu näher Ohler AöR 131 (2006), 336; Burmeister, Herkunft, Inhalt und Stellung des institutionellen Gesetzesvorbehalts, 2001.

32 VGH Kassel DVBl 1993, 617; StBS 32; Schmidt 141; Knack/Henneke vor § 4 19, § 4 12; FL 14; UL § 11 Rn 11; Dreher 32 f; Foerster SKV 1971, 189; Ganßer BayVBl 1983, 713; Giehl III Nr 4; Meyer-Teschendorf JuS 1981, 189; ebenso zum bish Recht F 103; BGHZ 34, 187; zT **aA** Schmidt 141; ZRP 1979, 188; vdGK 2.4.

33 UL § 11 Rn 8; FL 10; Foerster SKV 1971, 186; Knack/Henneke vor § 4 20.

für Maßnahmen, die **auf Anweisung** einer übergeordneten Behörde durch eine untergeordnete Behörde desselben Rechtsträgers erledigt werden sollen (Abs 2 Nr 1, s unten Rn 15), ferner für die sog **Organleihe,** bei der (auf gesetzlicher Grundlage) ein Organ eines Rechtsträgers im Aufgaben- und Kompetenzbereich eines anderen Rechtsträgers, aber im eigenen Namen für eine gewisse Dauer tätig wird.[34] Keine Fälle der Amtshilfe liegen auch bei der Wahrnehmung von Aufgaben im Namen der ersuchenden Behörde **(Mandat)** und bei der nur auf gesetzlicher Grundlage möglichen Übertragung von Aufgaben und Zuständigkeiten zur Erledigung in eigenem Namen **(Delegation)** vor.[35] Zur Vollzugshilfe s Rn 17.

13 **2. Mögliche Maßnahmen im Rahmen der Amtshilfe.** Gegenstand der Amtshilfe iS von §§ 4 ff können Leistungen jeglicher Art sein, zB die **Erteilung von Auskünften** und Informationen, die **Übermittlung von Daten,**[36] die Gewährung von **Akteneinsicht** für die ersuchende Behörde oder für eine andere Behörde an Dritte (vgl VGH München NVwZ 1987, 613), die **Übersendung von Akten** (vgl BVerfG 27, 344), Urkunden und anderen Beweismitteln (v Münch/Kunig GG Art 35 Rn 7), die **Bereitstellung von Hilfspersonen,** zB Schreibkräften,[37] von **Räumlichkeiten, technischen Hilfsmitteln** usw für Amtshandlungen (FL 16; Bull DÖV 1979, 692 mwN), die **Vornahme von Ermittlungen** für die ersuchende Behörde,[38] die **Vernehmung von Zeugen** für eine andere Behörde (FL 16; Bull DÖV 1979, 692), die **Exhumierung einer Leiche** auf Ersuchen eines Sozialhilfeträgers (BVerwG DÖV 1972, 720), die öffentliche Bekanntmachung eines VA (VGH Mannheim NVwZ-RR 1990, 337). Dass die erbetene Handlung in Rechte Dritter eingreift **(gesteigerte Amtshilfe),** steht ihrer Qualifizierung als Amtshilfe nicht entgegen.[39] In diesen Fällen ist aber eine gesetzliche Ermächtigung der ersuchten Behörde für die erbetene Maßnahme erforderlich. Auf das Amtshilfeersuchen kann ein Eingriff nicht gestützt werden.

14 **3. Rechtsnatur und Form des Amtshilfeersuchens.** Amtshilfeersuchen sind behördliche Verfahrenshandlungen, die, soweit gesetzlich nichts anderes vorgesehen ist, keiner besonderen Form bedürfen, insb auch mündlich, telefonisch usw gestellt werden können.[40] Einzelne Fragen, insbes die Rechtfertigungsgründe, sind in § 5 geregelt. Da Amtshilfeersuchen keine verbindliche Entscheidung in einer Sache darstellen, haben sie **keine VA-Qualität,**[41] auch nicht, wenn sie im Rahmen eines Verwaltungsverfahrens gestellt werden, gegenüber den Beteiligten (§ 13). Die innerbehördliche Berechtigung zu Amtshilfeersuchen richtet sich nach dem insoweit maßgeblichen Organisationsrecht der jeweiligen Behörde. Amtshilfeersuchen stehen im **Ermessen** der ersuchenden Behörde; sie können jederzeit widerrufen werden. Die Beteiligten haben vor Stellung eines Amtshilfeersuchens keinen Anspruch auf Anhörung gem § 28; anders wohl bei Stellung eines Ersuchens an einen ausländischen Staat.[42]

---

[34] Zur Organleihe BVerfGE 63, 1, 31; BVerwG DÖV 1976, 319; Knemeyer DÖV 1988, 397; Hirschberger, Organleihe, 1989; Hartmann DVBl 2011, 803.

[35] Hierzu StBS 40 f; UL § 10 Rn 16; Rasch DVBl 1983, 617.

[36] VGH Kassel NVwZ 2003, 755 für Amtshilfe einer Hochschule durch Datenübermittlung.

[37] Vgl OVG Münster DÖV 1979, 343; Klückmann DVBl 1977, 953.

[38] AK-GG-Bull Art 35 Rn 16; Schlink 169; Steinbömer DVBl 1981, 440.

[39] Schnapp KKZ 1993, 165; **aA** Riegel BayVBl 1978, 294.

[40] FL 14; Knack/Henneke 15; nun auch Ziekow Rn 9; zT abweichend StBS 31: idR schriftlich.

[41] Knack/Henneke 14; StBS 31; anders bestimmte Ersuchen, insb Auskunftsersuchen an ausländische Staaten; vgl Mössner DVBl 1987, 1233: Anspruch der Betroffenen auf Anhörung vor Stellung eines Auskunftsersuchens; offen BFH BStBl II 1987, 92; **aA** insoweit Koch § 117 AO Rn 6.

[42] Mössner DVBl 1987, 1233; offen BFH BStBl II 1987, 92; **aA** Koch § 117 Rn 6 für den Fall, dass Geschäftsgeheimnisse betroffen sein können.

III. Tätigkeiten, die nicht Amtshilfe sind (Abs 2)

1. Tätigkeiten in Weisungsverhältnissen (Abs 2 Nr 1). Abs 2 Nr 1 nimmt ua wegen der hier bestehenden sehr viel weitergehenden Verpflichtungen Handlungen innerhalb eines bestehenden Weisungsverhältnisses vom Begriff der Amtshilfe aus.[43] Dies muss nach dem Wortlaut („einander") auch für den Fall gelten, dass die übergeordnete Behörde einer nachgeordneten Behörde Hilfe leistet.[44] Die Regelung in Nr 1 nimmt damit nicht nur die Hilfeleistung für eine weisungsberechtigte höhere Behörde aus, sondern auch den umgekehrten Fall. Etwas anderes gilt, da Nr 1 ausdrücklich auf die Hilfe „innerhalb eines bestehenden Weisungsverhältnisses" abstellt, für Hilfen nachgeordneter Behörden in Bereichen, in denen keine Weisungsabhängigkeit besteht (MB 17; Knack/Henneke 18; StBS 34; **aA** FL 19; Dreher 18). 15

2. Tätigkeiten in Erfüllung eigener Aufgaben (Abs 2 Nr 2). Abs 2 Nr 2 stellt klar, dass Amtshilfe nur bei Erfüllung fremder Aufgaben vorliegt. Aufgaben, die einer Behörde als eigene obliegen, können nicht, auch nicht zugleich, als Amtshilfe erfüllt werden, auch wenn sie im konkreten Fall der Unterstützung der Tätigkeit einer anderen Behörde dienen.[45] Soweit es um Unterstützungsaufgaben geht, die einer Behörde als eigene zugewiesen sind, richten sich die Verantwortlichkeiten und Pflichten gegenüber der unterstützten Behörde und dem Bürger nach dem maßgeblichen Fachrecht bzw den maßgeblichen Organisations- und Zuständigkeitsregelungen. Dies gilt auch für die Frage, wer die Erfüllung der Unterstützungspflichten verlangen kann. 16

Um **eigene Aufgaben idS** handelt es sich, wenn die in Frage stehende Handlung nicht nur in den Zuständigkeitsbereich der ersuchten Behörde fällt (was auch Voraussetzung für die Amtshilfeleistung ist), sondern aufgrund eines Gesetzes, einer Rechtsverordnung, Satzung oder Verwaltungsvorschrift unabhängig von dem Amtshilfeersuchen eine selbständige **Verpflichtung zu dem Verwaltungshandeln** bzw zu einer ermessensfehlerfreien Entscheidung über dieses besteht.[46] 16a

Keine Amtshilfe liegt danach vor zB bei Mitwirkung einer anderen Behörde bei Erlass eines „mehrstufigen" VA (BVerwGE 31, 329; FL 20; Knack/Henneke 22); bei **Informationsübermittlung** durch das Amt für Verfassungsschutz im Rahmen der gesetzlichen Aufgaben dieses Amtes auf Anfrage einer Behörde;[47] bei Erteilung einer **Auskunft durch eine Kfz-Zulassungsstelle** gem § 26 Abs 5 StVZO gegenüber einer anderen Behörde;[48] bei Zusammenarbeit von Bundes- und Landesbehörden in Angelegenheiten des Verfassungsschutzes gem § 1 Abs 1 des Gesetzes über die Zusammenarbeit des Bundes und der Länder in Angelegenheiten des Verfassungsschutzes (FL 20); bei **unaufschiebbaren polizeiliche Maßnahmen** der Vollzugspolizei gegenüber der eigentlich zur Gefahrenabwehr zuständigen Behörde (VG Schleswig NordÖR 2003, 169) oder zum Schutz und im Interesse anderer Behörden und Einrichtungen wie zB das Abrie- 16b

---

43 VGH Kassel NJW 1977, 693; UL § 11 Rn 9; FL 10; Foerster SKV 1971, 186; Riegel BayVBl 1977, 300.

44 Begr 37; UL § 11 Rn 9; StBS 34; MB 17; Obermayer/Funke-Kaiser 42; Schmidt 143 f; Knack/Henneke 17; **aA** noch die 8. Aufl.

45 BSG 23, 213; VG Berlin NJW 1984, 1915; Lorenz 269; Meyer-Teschendorf JuS 1981, 189; MB 24 ff; Knack/Henneke 19; StBS 35; UL § 11 Rn 10; Ganßer BayVBl 1983, 713.

46 Vgl zum bestimmungsgemäßen Zusammenwirken von Behörden aufgrund einer gesetzlichen Regelung BVerwG NJW 1960, 1409 f; DÖV 1969, 433; allg auch VG Berlin NJW 1984, 1915.

47 Ganßer BayVBl 1983, 713: auch bei der Sicherheitsüberprüfung eines Beamten; Evers ZRP 1980, 112; MB 7 zu § 4; offen BVerwGE 69, 53 = NJW 1984, 1636 m krit Anm von Simitis-Wellbrock.

48 VG Berlin NJW 1984, 1915; FL 20; StBS 36.

geln eines Behördengebäudes durch die Polizei bei einer Demonstration auf Ersuchen der Behörde (FL 20); bei der **Erstattung eines Gutachtens** durch eine Fachbehörde auf Ersuchen einer anderen Stelle; bei Erteilung eines **amtsärztlichen Zeugnisses** (OVG Münster NVwZ-RR 1992, 527); im Rahmen der Beteiligung der Öffentlichkeit bei **Auslegung von Plänen nach § 73** durch eine Gemeinde als Anhörungsbehörde für die Planfeststellungsbehörde in einem Planfeststellungsverfahren (s § 73 Rn 44 zum Kostenersatzanspruch);[49] bei der Sicherheitsüberprüfung einer Person durch den Verfassungsschutz (Meyer-Teschendorf ZBR 1979, 265: da gem § 3 Abs 2 BVerfSchG eigene Aufgabe der Verfassungsschutzbehörden). Auch Unterstützung bei Durchführung von Abschiebungen gehören zu den Aufgaben der Polizei kraft eigener Zuständigkeit (OVG Koblenz InfAuslR 2004, 313).

17 **3. Vollzugs- und Vollstreckungshilfe. a) Begriff.** Als Vollzugshilfe bezeichnen die Polizei- und Ordnungsgesetze der meisten Länder entsprechend den Regelungen in §§ 25 ff MEPolG die Aufgabe der Vollzugspolizei, auf Ersuchen anderer Behörden zur Durchsetzung der von diesen getroffenen Maßnahmen unmittelbaren Zwang anzuwenden.[50] In einigen Ländern ist der Vollzugspolizei weitergehend die Aufgabe zugewiesen, sämtliche Formen von Vollzugs- bzw Vollstreckungshandlungen auf Ersuchen anderer Behörden oder auch von Gerichten durchzuführen. Die Voraussetzungen, unter denen die Polizeibehörden Vollzugs- bzw. Vollstreckungshilfe zu leisten haben und unter denen die übrigen Behörden ein entsprechendes Ersuchen an die Polizei richten können, sind damit spezialgesetzlich geregelt.

17a **b) Verhältnis zur Amtshilfe.** Die Frage, ob die Vollzugs- und die Vollstreckungshilfe als Amtshilfe iSd § 4 angesehen werden kann, spielt wegen des Vorrangs der speziellen Regelungen der Vollzugshilfe praktisch keine besondere Rolle.[51] Grundsätzlich wird man in diesen Fällen die Bestimmungen über die Amtshilfe nicht unmittelbar anwenden können, soweit die Vollzugshilfe anders als die Amtshilfe zu den spezialgesetzlich geregelten Aufgaben der Polizei gehört. Das gilt insbesondere dann, wenn die Vollstreckungsmaßnahmen zugunsten anderer Behörden in einem eigenständigen Verfahren durchgeführt werden, für das die ersuchte Behörde eine eigene Zuständigkeit hat. Es liegt dann eine normale Verwaltungstätigkeit in eigener Zuständigkeit vor.[52] Gleichwohl können die **Vorschriften über die Amtshilfe analog** herangezogen werden, soweit keine speziellen gesetzlichen Regelungen für die Vollzugshilfe bestehen (Schenke, Polizeirecht, § 8 Rn 410). Demgegenüber gelten die Regelungen über die Amtshilfe dann unmittelbar, wenn die Vollstreckung an sich Sache der ersuchenden Behörde ist, die lediglich nicht über die erforderlichen persönlichen und sächlichen Mittel verfügt und deshalb die Hilfe der Polizeibehörde in Anspruch nimmt.

18 **4. Informationshilfe.** Ein wesentlicher Anwendungsbereich der Amtshilfe ist die sog Informationshilfe, also die **Weitergabe von Informationen** durch die ersuchte Behörde, die von der ersuchenden Behörde zur Erledigung der ihr obliegenden Verwaltungsaufgaben benötigt werden.[53] Hier ist aber stets zu prüfen,

---

[49] Anders, wenn ein Auslegungsverfahren bei den Gemeinden gesetzlich nicht vorgesehen ist, aber gleichwohl auf Wunsch der Planungsbehörde von der Gemeinde durchgeführt wird, vgl VG Wiesbaden, Urt v 25.9.2007 Az: 3 E 1160/06 – juris.

[50] Vgl. Schenke, Polizeirecht, § 8 Rn 408 mwN; Köhler BayVBl 1998, 453.

[51] Teilweise auch in den Verfahrensgesetzen der Länder speziell geregelt, zB in § 4 Abs 4 SächsVwVfG (VG Leipzig KKZ 2007, 141).

[52] StBS 18, 28; FL 21; Kopp/Kopp BayVBl 1994, 229; Kopp KKZ 1994, 193; Schenke, Polizeirecht, § 8 Rn 409.

[53] VGH Kassel NVwZ 2003, 755 für Amtshilfe einer Hochschule durch Datenübermittlung.

ob die erbetene Übermittlung von Daten speziell insbesondere in den einschlägigen Datenschutzgesetzen oder anderen Vorschriften über die Übermittlung von Daten und ihre Begrenzung geregelt ist. Ob bei einem konkreten Ersuchen ein Fall von Amtshilfe vorliegt, hängt zunächst davon ab, ob es zu den eigenen Aufgaben der ersuchten Behörde gehört, andere Behörden bei Bedarf mit Informationen der erbetenen Art zu versorgen. Dies ist etwa der Fall, wenn die Erteilung von Auskünften aus den geführten Datenbanken und Registern an Dritte zu den gesetzlichen Aufgaben der ersuchten Behörde gehört. Zu dem Problem der gesetzlichen Ermächtigung für die Weitergabe von personenbezogenen Informationen und des Datenschutzes bei der Informationshilfe s § 5 Rn 19.

§ 5 Voraussetzungen und Grenzen der Amtshilfe

(1) **Eine Behörde kann um Amtshilfe insbesondere dann ersuchen,**[5 ff] **wenn sie**

1. aus rechtlichen Gründen[8] **die Amtshandlung nicht selbst vornehmen kann;**
2. aus tatsächlichen Gründen,[9] **besonders weil die zur Vornahme der Amtshandlung erforderlichen Dienstkräfte oder Einrichtungen fehlen, die Amtshandlung nicht selbst vornehmen kann;**
3. zur Durchführung ihrer Aufgaben auf die Kenntnis von Tatsachen angewiesen ist, die ihr unbekannt sind und die sie selbst nicht ermitteln kann;[10]
4. zur Durchführung ihrer Aufgaben Urkunden oder sonstige Beweismittel benötigt, die sich im Besitz der ersuchten Behörde befinden;[12]
5. die Amtshandlung nur mit wesentlich größerem Aufwand vornehmen könnte als die ersuchte Behörde.[13]

(2) **Die ersuchte Behörde darf Hilfe nicht leisten,**[15] **wenn**

1. sie hierzu aus rechtlichen Gründen nicht in der Lage ist;[16]
2. durch die Hilfeleistung dem Wohl des Bundes oder eines Landes erhebliche Nachteile bereitet würden.[23]

Die ersuchte Behörde ist insbesondere zur Vorlage von Urkunden oder Akten sowie zur Erteilung von Auskünften nicht verpflichtet, wenn die Vorgänge nach einem Gesetz oder ihrem Wesen nach geheim gehalten werden müssen.[24]

(3) **Die ersuchte Behörde braucht Hilfe nicht zu leisten,**[28] **wenn**

1. eine andere Behörde die Hilfe wesentlich einfacher oder mit wesentlich geringerem Aufwand leisten kann;[30]
2. sie die Hilfe nur mit unverhältnismäßig großem Aufwand leisten könnte;[31]
3. sie unter Berücksichtigung der Aufgaben der ersuchenden Behörde durch die Hilfeleistung die Erfüllung ihrer eigenen Aufgaben ernstlich gefährden würde.[33]

(4) **Die ersuchte Behörde darf die Hilfe nicht deshalb verweigern, weil sie das Ersuchen aus anderen als den in Absatz 3 genannten Gründen oder weil sie die mit der Amtshilfe zu verwirklichende Maßnahme für unzweckmäßig hält.**[34]

(5) **Hält die ersuchte Behörde sich zur Hilfe nicht für verpflichtet, so teilt sie der ersuchenden Behörde ihre Auffassung mit. Besteht diese auf der Amtshilfe, so entscheidet über die Verpflichtung zur Amtshilfe die gemeinsame fachlich zuständige Aufsichtsbehörde oder, sofern eine solche nicht besteht, die für die ersuchte Behörde fachlich zuständige Aufsichtsbehörde.**[38 ff]

Parallelvorschriften: § 112 AO; § 4 SGB-X

Schrifttum: *App,* Grenzen der Vollstreckungshilfe bei Kleinbetragsforderungen der Gemeinde, ZKF 2008, 22; *Bäumler,* Das neue Geheimdienstrecht des Bundes, NVwZ 1991, 643; *ders,* Datenschutz für Ausländer, NVwZ 1995, 239; *Berg,* Der Schutz von Betriebs- und Geschäftsgeheimnissen im öffentlichen Recht, GewArch 1996, 177; *Dörner,* Verfassungsrechtliche Grenzen der Übersendung von Arbeitsgerichtsakten an Arbeitsämter und Sozialgerichte, NZA 1989, 950; *Dreist,* Der Inneneinsatz der Bundeswehr, BWV 2011, 5, 26; *Eilers/Roeder,* Die Verletzung des Steuergeheimnisses bei der internationalen Amtshilfe, wistra 1989, 1202; *Fischer/Schaaf,* Offenbarung steuerlicher Daten gegenüber Gewerbeuntersagungsbehörden, GewA 1990, 337; *Gusy,* Das verfassungsrechtliche Gebot der Trennung von Polizei- und Nachrichtendienst, ZRP 1987, 45; *Heuser,* Zu den Pflichten der Vollstreckungsbehörden bei vorgelegten Vollstreckungshilfeersuchen, KKZ 2011, 270; *Lehner,* Der Vorbehalt des Gesetzes für die Übermittlung von Informationen im Wege der Amtshilfe, 1996; *Roßnagel* (Hg), Handbuch Datenschutz, 2003; *Simitis,* Datenschutz und Amtshilfe, Dok zum Deutschen Verwaltungsgerichtstag 1987; *Schlink,* Datenschutz und Amtshilfe, NVwZ 1986, 249; *Schnapp,* Amtshilfe, behördliche Mitteilungspflichten und Geheimhaltung, NJW 1980, 2165; *Schneider,* Der Nachrichtenverkehr der Sicherheitsbehörden und das informationelle Selbstbestimmungsrecht, AnwBl 1989, 511; *Wagner,* Änderung von Vorschriften des SGB zum Schutz der Sozialdaten, NJW 1994, 2937; *Wilde,* Amtshilfe und Datenschutz im Lichte des Volkszählungsurteils des BVerfG, BayVBl 1986, 230; s auch das Schrifttum zu § 4.

Übersicht

I. Allgemeines

1 **1. Inhalt.** Die Vorschrift zählt in Abs 1 beispielhaft Fälle zulässiger Amtshilfeersuchen auf und regelt in den Abs 2–4 Fälle, in denen die ersuchte Behörde Amtshilfe nicht leisten darf bzw nicht zu leisten braucht. Sie beschreibt damit Voraussetzungen und Grenzen der Amtshilfe (s zum Begriff § 4 Rn 10). Sie enthält **keine abschließende Regelung** der Befugnis von Behörden zur Inanspruchnahme von Amtshilfeleistungen.[1] Die Regelung geht von dem Grundsatz der **Pflicht zur Aufgabenwahrnehmung mit eigenen Mitteln** aus, wonach die Behörden die ihnen übertragenen Aufgaben grundsätzlich selbst wahrzunehmen haben, und zwar hinsichtlich aller damit verbundenen vorbereitenden oder ausführenden Maßnahmen. Die Inanspruchnahme anderer Behörden soll die Ausnahme sein und nur aus besonderen Gründen erfolgen, vor allem aus sachlich durch die Zuständigkeitsordnung im Bereich der Verwaltung und durch die Spezialisierung der Behörden bedingten Gründen sowie aus Gründen der Zweckmäßigkeit und der Einsparung unnötigen Aufwandes. Der Verzicht auf eine abschließende Regelung der Voraussetzungen der Amtshilfe hat seinen Grund darin, dass der Gesetzgeber vermeiden wollte, dass Fälle ausgeschlossen würden, in denen gem Art 35 GG eine Pflicht zur Amtshilfe in Betracht käme (MuE 72; Begr 38). Die Aufzählung in § 5 erfasst **die wichtigsten denkbaren Fälle** (zu weiteren Fällen s unten Rn 8 ff).

2 **2. Anwendungsbereich. a) Allgemeines.** Die Vorschrift gilt für die Amtshilfe iSd § 4 im Anwendungsbereich des VwVfG, also unmittelbar nur für die **Amtshilfe unter Bundesbehörden** (§ 4 Rn 3), allerdings ohne Rücksicht darauf, ob ein Verfahren iSd § 9 vorliegt (vgl § 4 Rn 3). Die Verwaltungsverfahrensgesetze der Länder enthalten jeweils für ihre Behörden und die übrigen unter das Landesrecht fallenden zB Kommunalbehörden gleichlautende Vorschriften. § 5 setzt weiter voraus, dass die Amtshilfe im konkreten Fall **keine spezielle gesetzliche Regelung** erfahren hat. Dies ist etwa der Fall bei vielen Fällen der sog Informationshilfe (s Rn 4). Fehlt es an Regelungen über die Amtshilfe oder sind sie unvollständig, so kommt eine entsprechende oder ergänzende Anwendung des § 5 in Betracht, weil dieser Ausdruck allgemeiner Rechtsgedanken ist (vgl OLG Hamburg NordÖR 2000, 242, 244).

3 **b) Amtshilfe zwischen Bundes- und Landesbehörden.** Es folgt bereits aus Art 35 Abs 1 GG, dass auch die Behörden des Bundes und der Länder sowie der Länder untereinander zur Amtshilfe verpflichtet sind. **Umstritten** ist nur die Frage, **welches Verfahrensrecht** Anwendung findet, wenn für die ersuchende Behörde ein anderes Verfahrensgesetz gilt als für die ersuchte Behörde. Die hM geht in derartigen Fällen davon aus, dass sich das Ersuchen nach dem Recht der ersuchenden Behörde, das Verhalten der ersuchten Behörde aber nach dem für sie anwendbaren Recht zu richten habe (vgl § 4 Rn 4). Wegen der **Identität der Regelungen** ist es nicht problematisch, wenn zB Grundlage für das Amtshilfeersuchen das VwVfG ist, während Grundlage für die Amtshilfe durch die ersuchte Behörde das Verfahrensgesetz eines Bundeslandes ist.

[1] Begr 38; MuE 72; StBS 1; FL 2; Knack/Henneke 9; UL § 11 Rn 15.

4 **c) Verhältnis zur Informationshilfe.** Grundsätzlich erfasst die Amtshilfe auch die Zurverfügungstellung von Informationen, also die sog Informationshilfe, soweit die Bereitstellung von Informationen für Dritte oder andere Behörden **nicht zum eigenen Aufgabenbereich** der ersuchten Behörde gehört. Ist letzteres der Fall, so richtet sich die Frage der Weitergabe allein nach den die Informationsaufgabe betreffenden speziellen Vorschriften. Gehört aber die Weitergabe nicht zu den eigentlichen Aufgaben der ersuchten Behörde, so ist auf ein entsprechendes Ersuchen grundsätzlich Amtshilferecht anwendbar. Soweit datenschutzrechtliche Bestimmungen entgegenstehen, liegt ein Fall des **Amtshilfeverbots** gem Abs 2 Nr 1 vor;[2] soweit es um Regelungen über die Geheimhaltung von Akten und Urkunden geht, sind diese nach Abs 2 S 2 zu berücksichtigen (s Rn 24).

II. Befugnis zur Inanspruchnahme von Amtshilfe (Abs 1)

5 **1. Entscheidung über das Amtshilfegesuch, Verfahren, Form.** Gem Abs 1 kann eine Behörde, vorbehaltlich der Ausschlussgründe nach Abs 2 und der Ablehnungsgründe nach Abs 3, insbesondere in den in Abs 1 Nr 1–5 genannten Fällen die Amtshilfe einer anderen Behörde in Anspruch nehmen. Das **Amtshilfeersuchen** steht im Ermessen der Behörde, die es jederzeit wieder zurückziehen kann. Die ersuchende Behörde hat in diesen Fällen einen – allerdings nur in Ausnahmefällen gerichtlich durchsetzbaren – **Anspruch auf Amtshilfe.**[3] Abs 1 regelt insoweit jedoch nur die verfahrensrechtliche Befugnis zur Inanspruchnahme von Amtshilfe, nicht auch die Frage, ob die ersuchende Behörde die Amtshilfe für die Erledigung von Aufgaben innerhalb ihres Zuständigkeitsbereichs benötigt, und auch zB nicht, ob die ersuchende Behörde berechtigt ist, von bestimmten Vorgängen, Daten usw Kenntnis zu nehmen.[4]

5a Dem Recht, um Amtshilfe nachzusuchen, entspricht, soweit sich aus Abs 2 und 3 nichts anderes ergibt, die **Verpflichtung der ersuchten Behörde** gem Abs 1 iVm Abs 2–5, die erbetene Amtshilfe zu leisten.[5] Für diejenigen Behörden, die nicht unter das VwVfG fallen, ergibt sich eine entsprechende Verpflichtung aus dem jeweiligen Verwaltungsverfahrensgesetz des Landes oder unmittelbar aus Art 35 GG (s § 4 Rn 7). Umgekehrt sind die unter das VwVfG fallenden Behörden nach Maßgabe des § 5 verpflichtet, Amtshilfeersuchen zu erfüllen, die Behörden aufgrund der für sie maßgeblichen Landesverfahrensgesetze bzw unmittelbar aufgrund von Art 35 GG stellen. Zur Amtshilfe im Verhältnis zu kirchlichen Behörden, soweit diese staatliche Aufgaben erfüllen, auch MDH Art 140 GG Rn 59; Hollerbach VVDStRL 1968, 70; Schatzschneider BayVBl 1980, 364 mwN.

6 **a) Ermessensentscheidung.** Die Entscheidung einer nach Abs 1 berechtigten Behörde, Amtshilfe in Anspruch zu nehmen, steht verfahrensrechtlich grundsätzlich in ihrem pflichtgemäßen **Entscheidungs- und Auswahlermessen** (ebenso StBS 5; Knack/Henneke 10), sofern die rechtlichen Voraussetzungen für ein Ersuchen gegeben sind. Die Behörde hat bei ihrer Entscheidung den in § 10 ausgesprochenen Grundsatz möglichst einfacher und zweckmäßiger Gestaltung des Verfahrens zu berücksichtigen, der über den engeren Zusammenhang des

---

[2] Allg zum Verhältnis von Amtshilfe und Datenschutz s auch Simitis NJW 1986, 2795; Wilde BayVBl 1986, 930; Schlink NVwZ 1986, 249; Schnapp DVBl 1987, 561; Tuner CR 1986, 591; Oebbecke DVBl 1987, 873 mwN.

[3] StBS 5; Knack/Henneke 52; Schmidt in: Boorberg-FS 1977, 152; Schnapp/Friehe NJW 1982, 1424.

[4] BSG 18, 277; Schnapp/Friehe NJW 1982, 1423; StBS 4f.

[5] VGH Mannheim NVwZ-RR 1990, 337; Schnapp/Friehe NJW 1982, 1423; FL § 10 Rn 22.

Verwaltungsverfahrens iS von § 9 hinaus für die gesamte Verwaltungstätigkeit gilt. **Bei der Auswahl der zu ersuchenden Behörde** ist § 6 zu beachten. Aus naheliegenden praktischen Gründen sollte die Behörde aber auch schon die Ausnahmegründe gem Abs 2 und idR auch die Ablehnungsgründe gem Abs 3 berücksichtigen, wenn zu erwarten ist, dass die ersuchte Behörde diese geltend machen wird. Die ersuchende Behörde bleibt Herrin des Verfahrens und kann das Amtshilfeersuchen auch jederzeit wieder zurücknehmen (FL 14; Knack/Henneke 11; MB § 4 Rn 22).

b) Form und Begründung von Amtshilfeersuchen. Amtshilfeersuchen sind grundsätzlich an **keine Formvorschriften** gebunden und bedürfen idR auch keiner näheren Begründung; sie können insb auch mündlich, telefonisch usw gestellt werden (s auch § 4 Rn 14). Eine **nähere Begründung** ist grundsätzlich nur dann erforderlich, wenn aufgrund von Rechtsvorschriften oder allgemeinen Rechtsgrundsätzen die erbetene Leistung nur für bestimmte, eng umgrenzte Zwecke erbracht oder angefordert werden darf (zB bei Anforderung von unter das Datenschutzrecht fallenden Daten), und die ersuchte Behörde deshalb nicht ohne weiteres dem Ersuchen entsprechen darf (Tuner DSWR 1980, 68; Leuze DVBl 1982, 994) und deshalb pflichtwidrig handeln würde, wenn sie die Hilfe erbrächte, ohne sich hinreichend Gewissheit über die Zulässigkeit verschafft zu haben. In sonstigen Fällen genügt ein genereller Hinweis auf den Anlass sowie die (idR stillschweigend zu unterstellende) Bereitschaft, bei Bedenken der ersuchten Behörde, im Hinblick auf das Vorliegen von Verbots- oder Weigerungsgründen nach § 5 Abs 2 oder 3 weitere Auskunft zu geben (weitergehend FL 14: das Ersuchen muss die Prüfung von Verbots- oder Weigerungsgründen ermöglichen). 7

Fehlt es an einer Begründung und kommt die ersuchende Behörde einer Aufforderung zu einer (erforderlichen) näheren Begründung des Ersuchens nicht nach, so kann (und muss ggf) die ersuchte Behörde die erbetene Amtshilfe ablehnen. Wie detailliert die Begründung des Amtshilfeersuchens auf Sinn und Zweck der Hilfe eingehen muss, hängt von den in Frage stehenden Rechtsvorschriften und den durch sie geschützten Rechtsgütern, bei Daten auch von deren „Sensibilität", ab.[6] Der Umstand, dass auch die ersuchende Behörde rechtlich gehalten ist, keine Amtshilfe zu erbitten, die ihr nach dem maßgeblichen materiellen oder organisatorischen Recht nicht „zusteht", kann die ersuchte Behörde in diesen Fällen nicht von ihrer Prüfungspflicht und Verantwortung entbinden. 7a

2. Die einzelnen Ersuchensgründe. a) Amtshilfebedürftigkeit aus rechtlichen Gründen (Nr 1). Nr 1 regelt den Fall, dass eine Behörde eine Amtshandlung aus rechtlichen Gründen nicht selbst vornehmen kann. Dies trifft insb dann zu, wenn der im übrigen für die Aufgabe zuständigen ersuchenden Behörde die für die konkrete Maßnahme erforderliche sachliche oder örtliche Zuständigkeit fehlt (Begr 39; FL 4), außerdem auch zB, wenn sie **zu der erforderlichen Handlung nicht selbst ermächtigt ist,** zB zur Vornahme einer Beglaubigung gem §§ 33f oder zu bestimmten Vollstreckungsmaßnahmen, weil sie selbst nicht Vollstreckungsbehörde ist[7] usw, oder wenn die Vornahme der Handlung durch die ersuchende Behörde selbst aus anderen Gründen als denen, derentwegen Amtshilfe erbeten wird (vgl Abs 1 Nr 1–5), unzulässig wäre (MB 2; FL 4). Zu beachten ist, dass die Amtshilfe nicht den Kompetenzbereich der ersuchenden Behörde erweitert, sondern nur die Erledigung von Teilen einer Aufgabe sicherstellen soll, für die im übrigen die Kompetenz besteht. 8

---

[6] Leuze DVBl 1982, 994 mwN; OLG Hamm, Beschl v. 7.10.2008, Az. 15 VA 7–9/08 – juris: hohe Anforderungen im Sorgerechtsentziehungsverfahren.

[7] Knack/Henneke 12; in einigen Ländern ist der Grundsatz, wonach jede Behörde ihre eigenen VAe vollstreckt, eingeschränkt, indem die Vollstreckung bestimmten Behörden vorbehalten wird.

9 **b) Amtshilfebedürftigkeit aus tatsächlichen Gründen (Nr 2).** Nr 2 enthält eine Nr 1 entsprechende Regelung für den Fall, dass die ersuchende Behörde aus tatsächlichen Gründen gehindert ist, die in Frage stehende Handlung vorzunehmen. Diese Voraussetzung ist idR („besonders") nur dann gegeben, wenn die ersuchende Behörde, objektiv betrachtet, auf die Amtshilfe angewiesen ist, zB weil ihr die erforderlichen besonderen Fachkräfte, Spezialeinrichtungen usw (vgl FL 7) schlechthin fehlen oder aus anderen Gründen im konkreten Fall vorübergehend, zB wegen zeitweiliger Überlastung, Krankheit oder Ausfall einer Maschine, nicht zur Verfügung stehen (FL 7). Ist dagegen die Verwendung eigener Dienstkräfte, Einrichtungen uä nur im Hinblick auf den konkreten Fall unzweckmäßig oder untunlich, weil sie mit besonderen Schwierigkeiten, Kosten usw verbunden wäre, so kommt nur ein Amtshilfeersuchen gem Nr 5 oder aufgrund anderer besonderer Umstände in Betracht (Köhler DVBl 1992, 1584).

9a Ein Ersuchen nach Nr 2 ist außerdem grundsätzlich entsprechend dem Wesen der Amtshilfe nur in Fällen berechtigt, in denen die Behörde bzw der Rechtsträger, dem sie angehört, das tatsächliche Unvermögen nicht selbst zu vertreten hat, etwa weil die Behörde allgemein ungenügend mit Personal usw ausgestattet ist. Die Amtshilfe darf **nicht zu einer Kompensation dauerhafter Ausstattungsdefizite** der ersuchenden Behörde in personeller oder sachlicher Hinsicht missbraucht werden.[8] Allerdings sind die Behörden nicht verpflichtet, für alle denkbaren Einzelfälle Fachpersonal bereit zu halten, wenn dies dem Gebot sparsamer Haushaltsführung widersprechen würde. Mit fortschreitender Spezialisierung werden Behörden immer häufiger auf Spezialisten aus anderen Behörden angewiesen sein (Knack/Henneke 14; StBS 8: kein Autarkiegebot).

10 **c) Unmöglichkeit eigener Ermittlungen usw (Nr 3).** Nr 3 regelt den Fall, dass eine Behörde zu Beweiszwecken oder aus anderen Gründen auf die **Feststellung bestimmter Tatsachen** angewiesen ist, die sie selbst nicht ermitteln kann. Gedacht ist dabei offenbar an Fälle, die nicht bereits unter Nr 1, 2 oder 4 fallen, zB an die Feststellung von zu Beweiszwecken (Knack/Henneke 15) oder anderen Zwecken benötigten Daten (zB Ersuchen an die Polizei um Mitteilung der Unfallzahlen an einer bestimmten Straße). Unter Nr 3 fallen auch **Ermittlungsersuchen,** zB die Vernehmung von Zeugen, wohl auch das Ersuchen einer Behörde um **„technische Aushilfe"** mit Kenntnissen hins. der Bedienung einer der Behörde zur Verfügung stehenden Maschine (FL 8), da ein solches Ersuchen sich nicht auf eine Amtshandlung richtet und deshalb nicht schon nach Nr 2 möglich ist.

11 **Nicht unter Nr 3 fällt** die Erstattung von **Gutachten** (Begr 39; UL § 11 Rn 61; StBS 9; Knack/Henneke 15), die Erteilung von **Rechtsauskünften** (vgl FL 8) oder von **Auskünften zu Beweiszwecken** (insoweit ist ggfs Nr 4 anwendbar); insoweit fehlt es idR an der Unmöglichkeit eigener Ermittlungen. Die Erteilung von Auskünften, die der ersuchten Behörde als eigene Aufgabe obliegt, ist schon begrifflich keine Amtshilfe (vgl § 4 Abs 2 Nr 2). Sofern die ersuchende Behörde sich die erforderliche Kenntnis auch selbst verschaffen könnte, die notwendigen Ermittlungen selbst durchführen könnte usw, und dies nur mit wesentlich höherem Aufwand verbunden oder aus anderen Gründen untunlich oder unzweckmäßig wäre, kann ein Amtshilfeersuchen nicht auf Nr 3, wohl aber idR auf Nr 5 (ebenso FL 9) oder auf allgemeine Gründe der Zweckmäßigkeit und Einfachheit des Verfahrens gestützt werden.

12 **d) Benötigte Beweismittel (Nr 4).** Nr 4 regelt die Amtshilfe durch Zurverfügungsstellung von Beweismitteln, insb von **Akten und Urkunden** zu Beweiszwecken (vdGK 2.4). **Gutachten** werden von Nr 4 nur erfasst, wenn und soweit sie bereits vorliegen. Die Erstellung von Gutachten kann nach Nr 4 dage-

[8] MB 3; FL 7; weiter StBS 8; Knack/Henneke 14; Ziekow 6.

gen nicht verlangt werden. Sofern die ersuchte Behörde die Beweismittel erst beschaffen soll, ist Nr 3 anwendbar. Benötigt iS der Vorschrift werden Beweismittel nicht nur, wenn ein Verfahren schon anhängig ist, sondern auch zB im Hinblick auf eine Entscheidung, ob ein Verfahren anhängig gemacht werden soll (FL 9). Auch sonst sind **keine strengen Anforderungen** zu stellen; dem Zweck der Regelung entsprechend muss es genügen, dass eine Urkunde usw als Beweismittel in Betracht kommen könnte, dass Akten zu einer Frage Aufschlüsse geben könnten, usw. Unerlässlichkeit ist nicht erforderlich (FL 9; Knack/Henneke 19).

e) Unverhältnismäßiger Aufwand (Nr 5). Nr 5 betrifft Amtshilfeersuchen, 13 die ihren Grund in der Vermeidung unnötigen Aufwands (zB Reisekosten) haben. Dabei kommt es grundsätzlich darauf an, ob der konkrete Handlungsbeitrag, um den ersucht wird, von der ersuchten Behörde erheblich einfacher, leichter usw erbracht werden kann (BVerfG NVwZ 2011, 1254). Entsprechend dem in § 10 S 2 aufgestellten Grundsatz ist dabei nicht nur auf den konkreten finanziellen Aufwand der ersuchenden Behörde abzustellen. Auch die Einsparung an allgemeinem, nicht von der ersuchenden Behörde unmittelbar zu tragendem Verwaltungsaufwand sowie an Zeit und Mühe rechtfertigen ein Amtshilfeersuchen. Ein Amtshilfeersuchen ist dann zulässig, wenn die ersuchte Behörde die in Frage stehende Handlung im konkreten Fall **wesentlich einfacher, schneller und kostensparender** als die ersuchende Behörde vornehmen kann (vgl FL 10). Es muss sich aber um Ausnahmefälle handeln, nicht um eine dauernde oder reguläre Inanspruchnahme einer Behörde (s § 4 Rn 11).

f) Sonstige Gründe. Die Aufzählung in Abs 1 ist **nicht abschließend,** sie 14 schließt weitere Fälle einer Amtshilfe nicht aus.[9] Es kann aber wohl davon ausgegangen werden, dass mit den in Nr 1–5 erfassten Tatbeständen alle wesentlichen Gründe für eine Amtshilfe genannt sind und sonstige Gründe grundsätzlich von ähnlicher Gewichtigkeit sein müssen (Knack/Henneke 9). In Betracht kommt auch zB die Inanspruchnahme von Einrichtungen einer anderen Behörde in Fällen, in denen die ersuchende Behörde zwar selbst über Einrichtungen der in Frage stehenden Art verfügt, die Benutzung einer Einrichtung einer anderen Behörde, etwa eines Sitzungssaals zur Durchführung einer mV an Ort und Stelle, aber der einfacheren Erledigung der Angelegenheit dient, ggf auch den Interessen der Beteiligten (§ 13) besser entspricht. Überhaupt rechtfertigen **Gründe der Einfachheit und Zweckmäßigkeit** (vgl § 10 S 2) der Verfahrensgestaltung vielfach die Inanspruchnahme der Amtshilfe einer anderen Behörde auch in Fällen, in denen dadurch nicht zugleich auch eine wesentliche Ersparnis an Aufwand iS von Nr 5 erreicht wird, **zB** bei Amtshilfeersuchen, die die **Gewährung der Akteneinsicht** in an eine andere Behörde am Wohnsitz eines Beteiligten übersandte Akten zum Gegenstand haben.

III. Verbot der Amtshilfeleistung (Abs 2)

1. Abschließende Regelung der Verbotsgründe. Abs 2 zählt die Gründe 15 auf, aus denen die ersuchte Behörde verpflichtet ist, ein Amtshilfeersuchen abzulehnen. Die Aufzählung der zwingenden Weigerungsgründe entspricht dem früheren Recht (vgl Schnapp/Friehe NJW 1982, 1424 mwN; MD Art 35 Rn 6 ff). Die Aufzählung in Abs 2 u 3 ist, abgesehen von Fällen einer offensichtlich missbräuchlichen Inanspruchnahme (Knack/Henneke 22), abschließend.[10]

---

[9] Str, wie hier Erichsen/Ehlers § 13 Rn 45; FL 2; StBS 5 und 13; Knack/Henneke 9; **aA** MB 1.

[10] VGH Mannheim NVwZ-RR 1990, 337; StBS 14 und 33; Knack/Henneke 22; Ziekow 10; FL 14 und 32; UL § 11 Rn 28; Obermayer/Funke-Kaiser 27; **aA** Schmidt, in: Boorberg-FS 1977, 148.

Die schlichte **Rechtswidrigkeit der Haupt-Maßnahme,** in deren Interesse um Amtshilfe ersucht wird, der also die Amtshilfe dienen soll, rechtfertigt die Weigerung der ersuchten Behörde grundsätzlich nicht, weil der ersuchten Behörde insoweit keine Prüfungskompetenz zukommt;[11] anders ist dies in Fällen offensichtlicher Rechtswidrigkeit (s unten Rn 28).

16 **2. Die einzelnen Verbotsgründe. a) Rechtliche Unzulässigkeit (Abs 2 S 1 Nr 1).** Rechtliche Gründe, die der Amtshilfe gem Abs 2 Nr 1 entgegenstehen, sind insb die fehlende Zuständigkeit der ersuchten Behörde[12] oder das Fehlen der erforderlichen rechtlichen Befugnis zur Vornahme der erbetenen Handlung;[13] außerdem, wie Abs 2 S 2 besonders hervorhebt, insb auch Geheimhaltungs- und Verschwiegenheitspflichten, gegen die mit der Leistung der Amtshilfe verstoßen würde.[14] Die Unzulässigkeit muss sich **aus dem für die ersuchte Behörde geltenden Recht** ergeben.[15] Soweit Verbotsgründe gem Abs 2 entgegenstehen, ist die Gewährung von Amtshilfe unzulässig. Die ersuchte Behörde kann in diesen Fällen auch nicht gleichwohl nach Ermessen die Amtshilfe leisten. Die Unzulässigkeit erfasst schon das Ersuchen.[16] Die ersuchte Behörde ist verpflichtet, die Amtshilfe zu verweigern, und haftet dafür ggf auch ggü Dritten. Dasselbe gilt auch – trotz der missverständlichen Formulierung („ist nicht verpflichtet") – für die Verbotsgründe wegen bestehender Geheimhaltungspflichten gem Abs 2 S 2 (BVerwG NVwZ 1986, 467; StBS 15, 27; FL 30).

17 **aa) Unzuständigkeit der ersuchten Behörde.** Die ersuchte Behörde muss für die erbetene Handlung **zuständig und befugt,** dh, soweit die in Frage stehende Handlung dem Vorbehalt des Gesetzes unterliegt, dazu durch Gesetz oder durch VO aufgrund eines Gesetzes ermächtigt sein. Der Umstand, dass es sich um Amtshilfe handelt, hat für die ersuchte Behörde **keine Erweiterung ihrer Befugnisse** oder allgemeinen Zuständigkeiten zur Folge. Nicht erforderlich ist demgegenüber, dass die Vornahme der im Wege der Amtshilfe vorzunehmenden Handlung dem allgemeinen Auftrag der ersuchten Behörde entspricht und insoweit zu ihrem Aufgabenbereich gehört, ebenso wenig, dass diese die Maßnahme, der ihre Hilfe letztlich dient (zB Erlass eines bestimmten VA), auch selbst vornehmen könnte. Es genügt für die Zulässigkeit der Amtshilfe, dass die erbetene Handlung mit den der ersuchten Behörde **im Rahmen ihrer allgemeinen örtlichen und sachlichen Zuständigkeit** zur Verfügung stehenden Möglichkeiten und Befugnissen erfüllt werden kann und die ersuchte Behörde die entsprechende Maßnahme auch dann treffen könnte, wenn sie zur Durchführung eigener Aufgaben erforderlich wäre (FL 17 mwN; Meyer-Teschendorf ZBR 1979, 265), zB die erbetene zwangsweise Vorführung einer Person, die Verwertung bestimmter bei der Behörde vorhandener Kenntnisse usw. Soweit die erbetene Handlung der ersuchten Behörde als eigene Aufgabe obläge, dh sie dazu bereits kraft besonderer Rechtsvorschriften verpflichtet wäre, würde es sich nach

---

[11] VGH Kassel NVwZ 2003, 755 zur Rasterfahndung; VGH Mannheim NVwZ-RR 1990, 337; StBS 14; Knack/Henneke 24, 45f; UL § 11 Rn 29; **aA** Bull DÖV 1979, 689; Schlink 255.

[12] Berlin NJW 1978, 1648; Schneider NJW 1978, 1602 – jedoch mit im behandelten Fall nicht zutreffenden Schlußfolgerungen –; Meyer-Teschendorf ZBR 1979, 264.

[13] BVerfGE 115, 118 (LuftSiG) zur Unzulässigkeit des Waffeneinsatzes der Bundeswehr im Rahmen der Amtshilfe; BVerwG NVwZ 1986, 467; Berlin NJW 1978, 1648; VG Bremen NJW 1978, 1601; VG Köln DVBl 1980, 385; StBS 15; Knack/Henneke 26.

[14] BVerwGE 50, 310; MDH 9 zu Art 35 GG; Dreher 116ff; Schneider NJW 1978, 1602; Knack/Henneke 26; Steinle DVBl 1980, 435 zur Zulässigkeit von Auskünften; Eilers/Roeder wistra 1987, 92.

[15] FL 15 unter Hinweis auf § 7 Abs 1 Halbs 2; ebenso Knack/Henneke 24; MB 8; vgl auch BVerwG DVBl 1986, 1200.

[16] Vgl Tuner DSWR 1980, 67; Leuze DVBl 1982, 994; „Grundsatz der geteilten Verantwortlichkeit"; **aA** Tubies DuD 1979, 76: nur die ersuchte Behörde.

§ 4 Abs 2 Nr 2 schon begrifflich nicht um Amtshilfe handeln, denn Amtshilfe kann nur die ergänzende Hilfe zur Erfüllung einer der ersuchenden Behörde obliegenden Aufgabe sein (s § 4 Rn 12).

bb) Unzulässige Handlungen gegenüber Dritten. Soweit aufgrund des Amtshilfeersuchens Handlungen gegenüber Dritten, zB die Vernehmung von Zeugen, erforderlich oder zweckmäßig sind, gelten für diese die allgemeinen Erfordernisse, bei Eingriffen insb auch das Erfordernis einer gesetzlichen Ermächtigung. Die **Amtshilfe ist keine Rechtsgrundlage** für Eingriffe in geschützte Rechtspositionen des Bürgers.[17] **Umstritten** ist, ob auch im Verhältnis zwischen der ersuchenden Behörde und der ersuchten Behörde die gleichen Erfordernisse gelten wie sonst im Außenverhältnis, zB ob die Übermittlung personenbezogener Daten an die ersuchende Stelle als Maßnahme mit Eingriffscharakter zu betrachten ist und deshalb einer besonderen gesetzlichen Grundlage bedarf, oder ob insoweit die §§ 4 ff VwVfG und Art 35 GG genügen.[18] Die Frage **kann nicht allgemein beantwortet werden,** insb auch nicht dahin, dass das Innenverhältnis der Verwaltung schlechthin dem Außenverhältnis gleichgestellt wird. Maßgebend können insoweit nur die letztlich betroffenen Rechte, insb Grundrechte, und die bestehenden gesetzlichen Regelungen sein. Soweit danach schon die Erhebung, Speicherung und Verarbeitung von Informationen verboten oder beschränkt ist, gilt dies im Zweifel notwendig auch für die Weitergabe im Rahmen der Amtshilfe.[19] Darf zB eine Behörde, wie das Bundeskriminalamt und die Verfassungsschutzämter, Erkenntnisse **nur für bestimmte Zwecke** sammeln, aufbewahren und weitergeben oder nur an bestimmte Stellen weitergeben, so gilt dies auch für die erbetene Amtshilfe; dh, sie muss Ersuchen anderer Behörden oder für andere Zwecke ablehnen.[20] 18

cc) Weitergabe von personenbezogenen Daten. Bei der Weitergabe von personenbezogenen Daten, ist der Vorrang spezialgesetzlicher Regelungen von besonderer Bedeutung. Derartige Regelungen wurden nach dem Volkszählungsurteil (BVerfGE 65, 43) in Bund und Ländern in großer Zahl erlassen, um einen Umgang mit derartigen Daten sicherzustellen, der mit den Anforderungen des Rechts auf informationelle Selbstbestimmung vereinbar ist. Soweit diese Regelungen die Weitergabe von Informationen als eigene Aufgabe einer Behörde ausgestalten, liegt keine Amtshilfe iSd § 4 vor; deshalb ist insoweit auch § 5 nicht anwendbar. Soweit diese Vorschriften aber nur bestimmte Beschränkungen für die Weitergabe von Informationen enthalten, handelt es sich idR um Regelungen iSd Abs 2 S 2, die den allgemeinen Grundsätzen der Amtshilfe vorgehen (s unten Rn 24). 19

Die Weitergabe von Informationen (Informationshilfe) ist zB im BDSG (hier vor allem § 15) auf Bundesebene außerdem in den Bestimmungen des BVerfSchG, des MADG, des BNDG und des BZRG geregelt. Ferner enthalten eine ganze Reihe von Gesetzen des besonderen Verwaltungsrechts bereichsspezifische Regelungen, so zB das Beamtenrecht, das Gewerberecht, das Gesundheitsrecht usw (Zusammenstellung bei Roßnagel (Hg), Handbuch Datenschutzrecht, 2003). Auf Länderebene sind ebenfalls eine Fülle von speziellen Regelungen geschaffen worden, die sich zT in den Polizeigesetzen, in den Meldegesetzen und in landesrechtlichen Datenschutzbestimmungen finden lassen. Sämtliche Spezialbe- 20

---

[17] Schlink NVwZ 1986, 254 mwN; Lehner 139; ausführlich Roßnagel (Hg), Handbuch Datenschutz, Abschn 4.7, insbes Rn 32 ff; ferner Knemeyer NVwZ 1988, 193, 196; Riegel DVBl 1985, 765, 770.

[18] Für das Erfordernis einer besonderen gesetzlichen Grundlage Bull DVBl 1982, 19 f; Riegel Polizei 1981, 235; NJW 1983, 657, 660; DSWR 1982, 258; dagegen offenbar Barbey 25.

[19] Vgl BVerfGE 65, 43 – Volkszählungsurteil; NJW 1984, 1636; MK 8 III 2e mwN.

[20] Vgl OVG Berlin NJW 1978, 1645; Benda, in: Geiger-FS 1974, 38; Bull DÖV 1979, 691; Jura 1987, 297; Schneider NJW 1978, 1602; Gusy DÖV 1980, 435.

stimmungen sind auch im Rahmen der Amtshilfe zu beachten, müssen sich ihrerseits aber an dem Grundrecht auf informationelle Selbstbestimmung und auch an der EU-Datenschutzrichtlinie Nr 95/46 (ABl 1995 Nr L 281/31) messen lassen.

21 **Soweit keine speziellen gesetzlichen Vorgaben bestehen,** bleibt das allgemeine Amtshilferecht maßgeblich, welches allerdings selbst keine Ermächtigungen zu weitergehenden Eingriffen in das Grundrecht auf informationelle Selbstbestimmung enthält. Die Regelungen des § 5 haben im Verhältnis zum Bürger also nicht den Charakter von Befugnisnormen;[21] soweit aber die Übermittlung von Daten zulässig ist, kann sie auch im Wege der Amtshilfe erfolgen.[22] Nicht grundsätzlich ausgeschlossen ist dagegen, soweit Rechtsvorschriften oder besondere Geheimhaltungsgründe oder -pflichten nicht entgegenstehen, die Weitergabe von Informationen allein deshalb, weil diese ursprünglich zu anderen Zwecken gesammelt wurden oder nur „bei Gelegenheit" der Wahrnehmung eigener Aufgaben angefallen sind; anders im Falle von persönlichkeitsbezogenen (iwS) Informationen und von Informationen, an denen berechtigte Geheimhaltungsinteressen bestehen oder bestehen können.[23]

22 **Unzulässig** ist **die Weitergabe von Informationen** ohne besondere gesetzliche Ermächtigung, wenn Erkenntnisse nur im Zusammenhang mit einer **streng zweckgebundenen** und nur im Hinblick auf einen bestimmten (anderen) Zweck zulässigen Maßnahme angefallen sind, zB im Zusammenhang mit einer gem § 100a StPO zulässigen Telefonüberwachung;[24] idS unzulässig soll auch die Weitergabe von Jugendamtsakten sein, die dem Schutze des Kindes in einem Sorgerechtsentziehungsverfahren bestimmt sind, zur Nutzung in einem Strafverfahren.[25] Problematisch ist die Weitergabe auch, wenn Erkenntnisse durch rechtswidrige Maßnahmen oder im Zusammenhang mit solchen Maßnahmen erlangt wurden (s hierzu auch § 26 Rn 12 ff).[26] Unzulässig dürfte die Amtshilfe auch sein, wenn die ersuchte Behörde zur Erfüllung eines Amtshilfeersuchens Befugnisse einsetzen müsste, die ihr allein für bestimmte andere Zwecke eingeräumt sind, zB eine nicht durch § 100a StPO gedeckte Telefonüberwachung oder eine von Organen des Verfassungsschutzes für die Anstellungsbehörde durchgeführte Personenüberprüfung (vgl Meyer-Teschendorf ZBR 1979, 266).

22a **Unterliegen Behörden demselben Geheimhaltungsgebot,** so ist der Informationsaustausch im Zweifel zulässig. Dies gilt zB nach § 16 Abs 2, 3 und 5 BStatG oder § 30 Abs 4 Nr 1 AO.[27] Zulässig ist ein Informationsaustausch außer-

---

[21] Vgl StBS 14; Krehl NJW 1995, 21; Wilde BayVBl 1986, 249; Riegel RiA 1984, 126; DVBl 1985, 769 mwN; vgl auch BVerfG 65, 46; zT **aA** BVerwGE 82, 60 zur Herausgabe von Patientenakten an den Rechnungshof.

[22] Vgl StBS 18; Krehl NJW 1995, 1072; Simitis NJW 1989, 21.

[23] Vgl BVerfGE 39, 357; VGH Mannheim NVwZ-RR 1990, 337; StBS 14; iE Knack/Henneke 16; UL § 11 Rn 29; aA Bull DÖV 1979, 689; Schlink 255; OVG Berlin NJW 1978, 1648; Meyer-Teschendorf ZBR 1979, 266 zur Mitteilung vorhandener Erkenntnisse des Verfassungsschutzes an die Einstellungsbehörden auf deren Anforderung; wohl auch OVG Münster DVBl 1987, 96). ZT **aA** Gusy DÖV 1980, 435; Bäumler DVBl 1987, 98: Unzulässigkeit der Weitergabe von Erkenntnissen des Verfassungsschutzes, die zu anderen Zwecken gesammelt worden waren; AG Wolfratshausen NJW 1994, 2775: Weitergabe von Informationen auch im Rahmen der Amtshilfe nur aufgrund einer gesetzlichen Ermächtigung; Schneider NJW 1978, 1602; Krehl NJW 1995, 1072.

[24] Str, vgl auch BVerfGE 65, 54; BGHSt 26, 298; MDR 1978, 588; Wilde BayVBl 1986, 232; Heußner SGb 1984, 282; Geiger DSWR 1984, 44; Knauth NJW 1978, 741; insofern stehen einer Weitergabe meist Geheimhaltungspflichten entgegen, s unten Rn 24.

[25] OLG Hamm, Beschl v. 7.10.2008, 15 VA 7–9/08 – juris.

[26] Str, vgl § 136a Abs 3 S 2 StPO; differenzierend BGHSt MDR 1978, 588; Schneider NJW 1978, 1603; Gießler NJW 1977, 1180: dass ein Beweismittel in unzulässiger Weise erlangt wurde, begründet nicht notwendig seine Unverwertbarkeit.

[27] Bullinger NJW 1978, 2125; enger Schmidt ZRP 1979, 187; zT **aA** Schnapp NJW 1980, 2168.

dem grundsätzlich auch dann, **wenn die Betroffenen zustimmen** (Schnapp NJW 1980, 2168), es sei denn, dass die Zustimmung unter Verstoß gegen die Grundsätze eines fairen Verfahrens verlangt oder angenommen worden war und deshalb keine Grundlage für die Weitergabe der betroffenen Informationen bilden kann. Unzulässig ist die Weitergabe von Informationen im Wege der Amtshilfe bei Verstoß gegen allgemeine Rechtsgrundsätze. Hierzu gehören auch zB das in S 2 genannte Verbot der Offenbarung von Vorgängen, die ihrem Wesen nach geheim zu halten sind, und das grundsätzliche Verbot einer Verwertung rechtswidrig erlangter Informationen.[28] Insoweit ist idR jedoch ein strenger Maßstab anzulegen (vgl § 26 Rn 11 ff). Insb ist immer auch der Grundsatz der Verhältnismäßigkeit zu berücksichtigen (OVG Berlin NJW 1978, 1649).

**b) Nachteile für das Wohl des Bundes oder eines Landes (Abs 2 S 1 23
Nr 2).** Das Amtshilfeverbot in Nr 2 konkretisiert im Wesentlichen nur Nr 1 für die näher bezeichneten Fälle und stellt insb klar, dass in diesen Fällen die Hilfe auch bei Fehlen ausdrücklicher Rechtsvorschriften nicht geleistet werden darf. Der **Begriff des Nachteils** für das Wohl der Bundesrepublik bzw eines Landes entspricht dem Begriff in § 96 StPO[29] und in §§ 29 Abs 2, 84 Abs 3. Die Prozessordnungen verwenden den Begriff in gleicher Weise (vgl § 99 VwGO, § 119 SGG und § 86 Abs 2 FGO). Nachteile für das Wohl des Bundes oder eines Landes sind idR nur bei Beeinträchtigung oder Gefährdung der äußeren oder inneren Sicherheit des Bundes oder eines Landes oder einer erheblichen Störung der öffentlichen Sicherheit (vgl auch Kopp/Schenke § 99 Rn 10) einschließlich der Funktionsfähigkeit wichtiger staatlicher Einrichtungen, auch zB des Verfassungsschutzes, anzunehmen.[30]

Ob die Voraussetzungen gegeben sind, ist in tatsächlicher und rechtlicher Hin- 23a
sicht **gerichtlich voll überprüfbar;** die Behörde hat insoweit keinen Beurteilungsspielraum (vgl VGH München BayVBl 1978, 86; NVwZ 1990, 779). Fiskalische Nachteile sind insoweit nur dann erheblich, wenn dadurch die Funktionsfähigkeit des Staatsapparates oder wichtige Leistungen des Staates in Frage gestellt werden (StBS 25; Knack/Henneke 29). Die (bloße) Möglichkeit eines Nachteiles genügt nicht, andererseits kann aber auch die hinreichende Wahrscheinlichkeit eines Nachteils selbst schon ausreichen. Es muss sich, wie sich aus dem Zweck der Regelung ergibt, stets um Nachteile von einigem Gewicht handeln, die gerade durch die Leistung der erbetenen Amtshilfe gefährdet würden, etwa weil nicht hinreichend gesichert erscheint, dass Informationen nicht in falsche Hände gelangen (vgl BVerwGE 75, 1, 14; BVerfGE 57, 250).

c) Besondere Geheimhaltungspflichten (Abs 2 S 2). Die Regelung des 24
Abs 2 S 2 ergänzt das Amtshilfeverbot in Abs 2 S 1 Nr 1 und hebt die besonderen Geheimhaltungspflichten dadurch hervor. Zur Bedeutung des Abs 2 S 1 Nr 1 für die Informationshilfe s Rn 19.

aa) Beispiele. Im Rahmen der Amtshilfe beachtliche Geheimhaltungspflich- 24a
ten sind in zahlreichen Gesetzen vorgesehen, so zB im Steuer- und Abgabenrecht das **Steuergeheimnis** (§ 30 AO), in Art 10 GG und §§ 39 ff PostG bzw §§ 88 ff TKG das **Post- und Fernmeldegeheimnis,** im ärztlichen Berufsrecht und in § 203 Abs 1 Nr 1 StGB das **Arztgeheimnis,**[31] in eingeschränktem Umfang auch das **Bankgeheimnis** (§ 9 KWG; § 30a AO) und das **Sozialgeheimnis** (§ 35 SGB I; §§ 68 ff SGB X). Zu den besonderen Geheimhaltungspflichten gehört

---

[28] Vgl Begr 39, wo diese Fälle jedoch zu Nr 2 gerechnet werden; MB 16; Knack/Henneke 16; FL 22; Wilde BayVBl 1986, 230 Fn 9.

[29] FKS 12; WBS II 5. Aufl § 77 IVb.

[30] Vgl BVerwGE 66, 45; 75, 14; allg auch BVerfGE 34, 252; 57, 250; FK 12.

[31] Vgl Rode/Schnapp ZfS 1971, 100; BVerwGE 82, 60 zur Vorlage von Patientenakten an den Rechnungshof.

ferner die Regelung des **§ 30 VwVfG,** die grundsätzlich auch bei der Amtshilfe zu beachten ist.[32] Zu beachten sind außerdem die datenschutzrechtlichen Vorschriften gem §§ 5 ff BDSG, insbesondere § 15 BDSG (s Rn 20).[33] Insoweit sind jedoch auch die in den gesetzlichen Bestimmungen vorgesehenen Ausnahmen (insb bestimmten Behörden gegenüber) zu berücksichtigen.[34] Vgl zB § 35 Abs 2 SGB I: unbeschränkte Amtshilfe, soweit die ersuchende Stelle zur Erfüllung ihrer Aufgaben die geheimzuhaltenden Tatsachen kennen muss; ähnlich § 31 AO. Nicht erforderlich ist, dass die Verpflichtung durch förmliches Gesetz begründet ist; auch VOen aufgrund von Gesetzen genügen, nicht dagegen lediglich verwaltungsinterne Richtlinien usw (hier kommen aber uU Geheimhaltungspflichten aus der Natur der Sache in Betracht).

25 **bb) Allgemeines. Begrenzungen der Aufgabenstellung** oder der Befugnisse einer Behörde, sind im Zweifel nicht als Verbote der Weitergabe von nicht spezifisch aufgabenbezogenen Informationen zu verstehen. So ist zB aus § 3 Abs 2 BVerfSchG kein allgemeines Auskunftverbot gegenüber anderen Behörden abzuleiten (Meyer-Teschendorf ZBR 1979, 266; **aA** VG Kassel NJW 1977, 692 m krit Anm Borgs-Maciejewski NJW 1977, 969). Die Vorschriften des Beamtenrechts über die **Amtsverschwiegenheit,** zB § 67 BBG bzw. § 37 BeamtStG, begründen keine gesetzlichen Geheimhaltungsverpflichtungen im Verhältnis zu anderen Behörden, die um Auskünfte im Rahmen der Amtshilfe ersuchen, anders im Verhältnis zu Dritten, insb zur Öffentlichkeit und zu interessierten Bürgern.[35]

26 **cc) Allgemeine Geheimhaltungspflichten. Ihrem Wesen nach geheim** zu halten sind, soweit bereichsspezifische Gesetze nicht ausdrücklich Ausnahmen vorsehen oder zulassen oder überwiegende Gründe nach dem Grundsatz der Güterabwägung die Weitergabe der Information erfordern oder rechtfertigen,[36] vor allem Vorgänge, die unter den Schutz der **Persönlichkeits- und Intimsphäre fallen;**[37] schutzwürdige **Geschäfts- und Betriebsgeheimnisse;**[38] **nachrichtendienstliche Feststellungen** und Ermittlungsergebnisse der Ämter für Verfassungsschutz, sofern ihr Inhalt Rückschlüsse auf die Organisation, Arbeitsweise usw des Verfassungsschutzes zulässt oder ihre Kenntnis sonst die Funktionsfähigkeit des Verfassungsschutzes gefährden könnte;[39] unter bestimmten Voraussetzungen auch, wenn bei Weitergabe nicht hinreichend gewährleistet werden

---

[32] Knack/Henneke 32 mwN; StBS 29; str, **aA** etwa Bullinger NJW 1978, 2126; Meyer-Teschendorf ZBR 1979, 266.

[33] Vgl Knack/Henneke 37; StBS 19.

[34] BGHZ 34, 186; F 104; Knack/Henneke 26 f; FL 27 ff; Schneider NJW 1978, 1602; vdGK 4.1.1 mwN; Düwel, Das Amtsgeheimnis, 1965, 92 ff.

[35] Begr 39; Knack/Henneke 32; Schmidt, in: Boorberg-FS 1977, 149; FL 26; ebenso schon zum früheren Recht BGHZ 34, 184; Düwel, Das Amtsgeheimnis, 1965, 90 ff; Dreher 101; F 104; diff StBS 30: bei personenbezogenen Daten idR keine Offenbarungsbefugnis.

[36] Riegel DVBl 1985, 769 unter Hinweis auf BVerfGE 65, 46; OLG Celle NJW 1990, 1802; Knemeyer NJW 1984, 2245; Breuer NVwZ 1986, 176; Knack/Henneke 34.

[37] BVerfGE 65, 45; Wilde BayVBl 1986, 231: jede personenbezogene Information iS von § 2 Abs 1 BDSG; Meyer-Teschendorf ZBR 1979, 266; VGH München BayVBl 1978, 870; Harthum SGb 1977, 181; Riegel DVBl 1985, 769 mwN; Dörner NZA 1989, 950; vgl auch BVerwGE 50, 264: „Gebot der Achtung des dem Bürger vom GG gewährten unantastbaren Bereichs privater Lebensgestaltung"; zT **aA** zur Herausgabe von Patientenakten an den Rechnungshof BVerwGE 82, 60.

[38] Düwel, Das Amtsgeheimnis, 1965, 97; Taeger, Offenbarung von Betriebs- und Geschäftsgeheimnissen, 1988; MB 8 zu § 30; vgl auch VGH München BayVBl 1978, 870; Stadler NJW 1989, 1202.

[39] Vgl BVerwGE 49, 89; 50, 264; VGH Kassel NJW 1977, 1844; kritisch Scherer NJW 1978, 238; ähnlich Schneider NJW 1978, 1605.

kann, dass sie vertraulich bleiben, vertrauliche Auskünfte;[40] besonderen Geheimhaltungsvorschriften unterworfene Akten usw (sog **Verschlusssachen**) im Verhältnis zu Behörden, die nicht denselben Geheimhaltungspflichten unterworfen sind. Ob Unterlagen oder Vorgänge ihrem Wesen nach geheim sind, ist in tatsächlicher und rechtlicher Hinsicht **gerichtlich voll überprüfbar;** die Behörde hat insoweit keinen Beurteilungsspielraum (vgl VGH München NVwZ 1990, 779). Ein Weigerungsrecht ist nur dann anzunehmen, wenn es zum Schutz wichtiger Gemeinschaftsgüter oder Rechtsgüter Einzelner (vgl BVerwGE 19, 186), insb von Geheimnissen, deren Schutzwürdigkeit bereits durch vergleichbare gesetzliche Regelungen (zB Steuergeheimnis) anerkannt wurde (VGH München BayVBl 1978, 86), erforderlich ist. Die Beurteilung erfordert im Einzelfall eine **Interessen- und Güterabwägung** zwischen den für die Geheimhaltung und den für die Amtshilfe sprechenden Gesichtspunkten (vgl VGH München NVwZ 1990, 778).

In allen Fällen ist außerdem sicherzustellen, **dass die Unterlagen im Behördenbereich verbleiben** und damit ihre Vertraulichkeit durch die Verpflichtung der Amtsträger zur Amtsverschwiegenheit idR hinreichend gesichert ist. Daher sind Bestimmungen über Geheimhaltungspflichten, die primär für das Verhältnis zur Öffentlichkeit und zu interessierten Bürgern gelten, grundsätzlich nicht auf das Verhältnis zwischen Behörden, die zur Erfüllung ihrer Aufgaben auf Informationen angewiesen sind, übertragbar. In Grenzfällen muss eine **Interessen- und Güterabwägung** stattfinden.[41] Nicht als ihrem Wesen nach geheim anzusehen sind heute grundsätzlich im Verhältnis der Behörden zueinander, sofern nicht gesetzlich etwas anderes bestimmt ist bzw besondere Weitergabeverbote bestehen, personenbezogene Individualinformationen, die nicht die Persönlichkeits- und Intimsphäre im engeren Sinn betreffen;[42] Prüfungsakten, einschließlich der Voraufzeichnungen, Notizen usw der Prüfer;[43] ebenso zB nicht die Akten über die Verträge der Krankenhausträger mit den leitenden Ärzten der Krankenanstalten (VGH München BayVBl 1978, 86). 27

Ihrem Wesen nach geheim zu haltende Informationen sind etwa Personalakten (iS des Beamtenrechts), sofern nicht ein überwiegendes öffentliches Interesse oder Interesse Dritter ihre Zuziehung zum Verfahren erfordert;[44] Sicherheitsakten, Krankengeschichten (vgl OVG Münster DVBl 1974, 382) oder Geschäftsgeheimnisse (Ziekow 17). Nicht geheim zu halten sind ua Prüfungsakten, Anstellungsverträge und im Hochschulzulassungsverfahren der SfH (früher ZVS) verwendete Testaufgaben (Ziekow 17). 27a

IV. Möglichkeit der Verweigerung der Amtshilfeleistung (Abs 3)

1. Allgemeines, Verfahren, Ermessen. Abs 3 gibt der ersuchten Behörde unter den näher bezeichneten Fällen das Recht, eine Amtshilfe zu verweigern. 28

---

[40] Begr 39; OVG Koblenz NJW 1977, 266 zur vertraulichen Auskunft der Handelskammer über einen Bewerber um das Amt eines öffentlich bestellten Sachverständigen; vgl auch Schneider NJW 1978, 1605.

[41] BVerfGE 27, 352; BVerwGE 38, 339; BGHZ 34, 184; Knack/Henneke 34; FL 30, 31; Knemeyer NJW 1984, 2245; Breuer NVwZ 1986, 176.

[42] Schachtschneider, Ermittlungstätigkeit der Ämter für Verfassungsschutz und Grundrechte, 1979, 180 ff; Meyer-Teschendorf ZBR 1979, 266; zT **aA** Podlech, Datenschutz im Bereich der öffentlichen Verwaltung, DVR Beiheft 1, 1973, 57; Schwan VerwArch 1975, 132.

[43] FL 31; ebenso zum Prozessrecht VGH München DÖV 1978, 336; BayVBl 1986, 151; OVG Lüneburg NJW 1973, 638; **aA** noch BVerwGE 18, 352; 19, 130; auch VGH München DÖV 1978, 336 ohne abschließende Stellungnahme.

[44] BVerwGE 49, 93; 50, 310; 19, 179, 185; OVG Münster NJW 1988, 2496, 2497; StBS 32; Obermayer 51; VGH München BayVBl 1978, 87; OLG Hamm NJW 1971, 469; Schwandt ZBR 1972, 372; **aA** Ziekow Rn 17.

Der Regelung liegt der Gedanke zugrunde, dass es in diesen Fällen sachlich, insb auch unter den Gesichtspunkten der Einfachheit und Zweckmäßigkeit des Verwaltungshandelns und der Sparsamkeit, nicht vertretbar wäre, eine Behörde zur Leistung der Amtshilfe zu zwingen. Abs 3 zählt die Gründe auf, aus denen die ersuchte Behörde ein Amtshilfeersuchen im Ermessenswege ablehnen kann. Die Aufzählung ist, abgesehen von Fällen einer offensichtlich missbräuchlichen Inanspruchnahme (Knack/Henneke 47), **abschließend.**[45] Die Amtshilfe kann insb – wie sich aus Abs 4 ergibt – auch nicht deshalb verweigert werden, weil die ersuchte Behörde die Voraussetzungen für das Amtshilfeersuchen nach Abs 1 nicht für gegeben und das Ersuchen deshalb für rechtswidrig hält (VGH Mannheim NVwZ-RR 1990, 337; UL § 11 Rn 29; **aA** MB 7; Bull DÖV 1979, 689) oder die mit der Amtshilfe zu verwirklichende Maßnahme für unzweckmäßig (StBS 14). Durch Abs 4 soll eine Erörterung dieser Fragen zwischen den beteiligten Behörden – auch in Verfahren nach Abs 5 – ausgeschlossen werden. Über den an sich abschließenden Katalog des Abs 3 hinaus ist ein Weigerungsrecht der ersuchten Behörde für den Fall der **offensichtlichen Rechtswidrigkeit** der Maßnahme anzunehmen, der die Amtshilfe dienen soll (StBS 14; FL 18; enger – nur bei Strafbarkeit – UL § 11 Rn 29; Dreher 126; Kähler 82).

29 **Ablehnungsrecht.** Während es in den in Abs 2 genannten Fällen der Behörde schlechthin verboten ist, die Amtshilfe zu leisten, sieht Abs 3 nur ein Ablehnungsrecht vor. Die Entscheidung, die nach hM idR keine VA-Qualität hat (StBS 42; UL § 11 Rn 35) steht insoweit im (pflichtgemäßen) **Ermessen** (§ 40) der ersuchten Behörde (FL 32; **aA** offenbar Schmidt, in: Boorberg-FS 1977, 148). Es sind jedoch Fälle denkbar, in denen jede andere Entscheidung als die Gewährung der Amtshilfe ermessensfehlerhaft wäre (Ermessensreduktion auf Null, s § 40 Rn 49 ff) und die ersuchte Behörde deshalb die Hilfe leisten muss. In jedem Fall ist eine Entscheidung der ersuchten Behörde gem Abs 3 auch dann rechtswidrig, wenn sie ermessensfehlerhaft ist (FL 32). Abs 3 gilt aber nur im Verhältnis der Behörden zueinander, nicht auch im Verhältnis zum Bürger (vgl Benda, in: Geiger-FS 1974, 38; Bull Jura 1987, 297).

30 **2. Ablehnungsgründe. a) Bessere Eignung einer anderen Behörde (Abs 3 Nr 1).** Die bessere Eignung einer anderen Behörde muss konkret gegeben sein; sie kann uU zB angesichts augenblicklich ungenügender Personalausstattung oder aus ähnlichen Gründen zu verneinen sein (ebenso FL 33). **Andere Behörde,** auf die die ersuchte Behörde verweisen kann, kann nicht auch die ersuchende Behörde selbst sein (UL § 11 Rn 28; MB 13; FL 34; StBS 34). Dies folgt insb auch daraus, dass die ersuchte Behörde sonst gegen die Leistung der erbetenen Amtshilfe einwenden könnte, die Voraussetzungen nach Abs 1 Nr 5 seien nicht gegeben. Gerade diesen Einwand aber sollte Abs 4 ausschließen (Knack/Henneke 41).

31 **b) Unverhältnismäßiger Aufwand (Abs 3 Nr 2).** Die Amtshilfe kann nach Abs 3 Nr 2 abgelehnt werden, wenn die Hilfe nur mit unverhältnismäßig großem Aufwand geleistet werden könnte. Fraglich ist der Maßstab für die Prüfung der Verhältnismäßigkeit.[46] Als unverhältnismäßig groß wird der Aufwand von der hM dann angesehen, wenn er im **Verhältnis zu dem Aufwand für die Erledigung eigener Aufgaben** der ersuchten Behörde in einem erheblichen Missverhältnis steht (Begr 40; Knack/Henneke 42; FL 35; StBS 35; Ziekow 20). Demgegenüber wird die Verhältnismäßigkeit auch im Hinblick auf den angestrebten Erfolg beurteilt werden müssen. Es darf deshalb auch zwischen Aufwand der Amtshilfe und Bedeutung der Endentscheidung, die mit der Amts-

---

[45] VGH Mannheim NVwZ-RR 1990, 337; StBS 33; FL 14 und 32; UL § 11 Rn 28; **aA** Schmidt, in: Boorberg-FS 1977, 148.

[46] S hierzu näher App ZKF 2008, 33 für Kleinbetragsforderungen.

handlung vorbereitet oder durchgesetzt werden soll, kein offensichtliches Missverhältnis bestehen.[47] Dieses Verständnis des Abs 3 Nr 2 erscheint aufgrund des allgemeinen Grundsatzes der Verhältnismäßigkeit geboten, es wird durch Abs 4 nicht ausgeschlossen. Im übrigen würde dem Ersuchen bei einem Missverhältnis von Aufwand und in der Sache, für die die Amtshilfe erbeten wird, erreichbarem Erfolg idR der Einwand eines Rechtsmissbrauchs entgegengehalten werden können (so zB Knack/Henneke 42). Die Frage der Unverhältnismäßigkeit des Aufwands kann sich ohnehin nur bei Maßnahmen stellen, die in das Ermessen der ersuchenden Behörde gestellt sind; der zur Erfüllung gesetzlicher Verpflichtungen notwendige Aufwand ist allenfalls dann als unverhältnismäßig anzusehen, wenn andere Möglichkeiten gegeben sind.

Als **Aufwand iS von Nr 2** ist nicht nur der der ersuchten Behörde entste- 32
hende **finanzielle Aufwand** zu verstehen, sondern auch der durch die erbetene Handlung verursachte **Aufwand an Personal- und Sachmitteln.** Der finanzielle Aufwand kann ohnehin nur insoweit eine Rolle spielen, als die ersuchte Behörde nach § 8 von der ersuchenden Behörde keinen Ersatz verlangen kann. Unverhältnismäßigkeit wird idR anzunehmen sein, wenn der ersuchten Behörde für die Erfüllung des Ersuchens das erforderliche Personal oder die sächlichen Einrichtungen fehlen.[48]

c) Gefährdung der Erfüllung eigener Aufgaben (Abs 3 Nr 3). Eine ernstli- 33
che Gefährdung eigener Aufgaben iS von Nr 3 ist dann gegeben, wenn die Erfüllung des Amtshilfeersuchens die ersuchte Behörde im Hinblick auf ihre personelle und sachliche Ausstattung so erheblich belasten würde, dass wichtige und dringliche eigene Aufgaben nicht nur in geringem Ausmaß und nicht nur kurzfristig zurückgestellt werden müssten, zB bei Durchführung umfangreicher statistischer Erhebungen für die ersuchende Behörde (FL 36), oder überhaupt unerledigt bleiben müssten. Der Begriff ist zT ähnlich dem Begriff der Beeinträchtigung der Erfüllung der Aufgaben der Behörde in § 29 Abs 2; s dazu auch § 29 Rn 28. Bei der Beurteilung sind in gewissem Umfang auch die Bedeutung und Dringlichkeit der Aufgaben zu berücksichtigen, denen die Amtshilfe dienen soll,[49] nicht dagegen der zu erwartende Aufwand (dem nur im Rahmen von Nr 2 Bedeutung zukommt). Sachlich oder zeitlich begrenzte Erschwerungen oder Verzögerungen sind, zumindest wenn davon nicht wichtige und dringliche eigene Aufgaben betroffen sind, grundsätzlich in Kauf zu nehmen (Begr 40; FL 36; vdGK 4.2.3).

Ist die Überlastung die Folge einer **Häufung von Amtshilfeersuchen ver-** 33a
schiedener Behörden, so ist der Einwand aus Nr 3 grundsätzlich nur der Behörde gegenüber gegeben, deren Ersuchen zur Überschreitung der Grenze führt (Knack/Henneke 43; Obermayer 65); die ersuchte Behörde muss bei ihrer Entscheidung jedoch ggf **auch die Dringlichkeit** und die Bedeutung der einzelnen Ersuchen **berücksichtigen** und je nach dem uU auch ein späteres Ersuchen vor einem früheren erfüllen.

V. Grenzen der Ablehnungsbefugnis (Abs 4)

1. Allgemeines. Abs 4 stellt klar, dass die Aufzählung der Weigerungsgründe 34
in Abs 3 **abschließend** ist und dass andere Gründe, insb auch die Unzweckmäßigkeit der Maßnahme, der die Amtshilfe dienen soll,[50] grundsätzlich nicht zur

---

47 Zum früheren Recht MDH 6 zu Art 35 GG; Dreher 105 ff; **aA** die hM, m Hinweis auf Begr 40; vgl Knack/Henneke 42; FL 35; StBS 35; Ziekow Rn 20; diff FKS 20.

48 Im Ergebnis wohl ebenso StBS 35 mit dem Hinweis, es bestehe keine Pflicht zur Beschaffung von Personal und Sachmitteln.

49 Begr 40; FL 36; MDH 6 zu Art 35 GG; Dreher 46, 115 ff.

50 Ebenso UL § 11 Rn 28 unter Hinweis auch auf § 5 Abs 4; Knack/Henneke 22; StBS 14 und 37; FL 11, 13, 32; **aA** Schmidt 148; MB 26, 28; vgl VGH Mannheim NVwZ-RR 1990, 337.

Verweigerung der Amtshilfe berechtigen. Weigerungsgründe sind außerdem zwingend die **Amtshilfeverbote** nach Abs 2. Immer berufen kann sich die ersuchte Behörde dagegen darauf, dass es sich bei der erbetenen Hilfe nicht um Amtshilfe iS von § 4 bzw Art 35 GG handelt oder dass das Ersuchen rechtsmissbräuchlich ist (s unten Rn 36).

35 **In den Fällen des Abs 3** steht es zwar im Ermessen der ersuchten Behörde, ob sie die Amtshilfe leisten will, sie muss aber auch in diesen Fällen die Amtshilfe leisten oder verweigern, wenn jede andere Entscheidung ermessensfehlerhaft wäre **(Ermessensreduktion auf Null).** Durch Abs 4 wird insb grundsätzlich (Ausnahmen s unten 36f) auch der Einwand ausgeschlossen, dass die Voraussetzungen für das Amtshilfeverlangen nach Abs 1 nicht gegeben sind (zT **aA** vdGK 4; zu Art 35 GG auch MD Art 35 Rn 6), dass die erbetene Hilfe für die Maßnahme der ersuchenden Behörde, zu der sie erbeten wird, nicht erforderlich ist (FL 11 mwN; Meyer-Teschendorf ZBR 1979, 267) oder dazu nichts beitragen kann, etwa, weil die erbetene Information ungeeignet oder dafür jedenfalls nicht relevant ist (Goebel NJW 1979, 121; Meyer-Teschendorf ZBR 1979, 267). Entsprechendes gilt grundsätzlich auch für die Frage, ob die von der Behörde, die um Amtshilfe ersucht, beabsichtigte Maßnahme rechtlich zulässig ist.[51] Kein Weigerungsgrund ist auch die Verletzung von § 6.

36 **2. Rechtsmissbräuchliches Ersuchen.** Eine Ausnahme von der Pflicht zur Amtshilfe gilt nach allgemeinen Rechtsgrundsätzen dann, wenn das Amtshilfeersuchen offensichtlich rechtsmissbräuchlich ist,[52] zB nicht dem vorgeschützten legitimen Zweck, sondern offensichtlich einer rechtswidrigen oder lediglich fiskalischen Maßnahme dient; wenn es zur **Umgehung von gesetzlichen Regelungen** gestellt wird (vgl FL 12; Dreher 120 zu einer Auskunft, auf die nach Art 84f GG kein Anspruch besteht); wenn die Hilfeleistung sich als „Beihilfe" zu einer offensichtlich rechtswidrigen Maßnahme darstellen würde (Dreher 122; vdGK 4.1.1); wenn die ersuchende Behörde sich trotz Aufforderung weigert, die für die Beurteilung der Frage etwaiger Weigerungs- oder Verbotsgründe gem § 5 Abs 3 und 4 erforderliche Auskunft zu geben.

37 **3. Erforderlichkeit; Beschränkung des Datenmaterials.** Soweit ein Amtshilfeersuchen nur generell auf die Übersendung von Akten oder die Übermittlung von Informationen zu einer bestimmten Frage gerichtet ist, darf die ersuchte Behörde offensichtlich nicht relevantes Material von der Übersendung bzw Mitteilung ausnehmen (Krisele NJW 1979, 5; Teschendorf ZBR 1979, 268); anders, wenn die Möglichkeit nicht auszuschließen ist, dass das Material relevant ist (Meyer-Teschendorf ZBR 1979, 268). Die Beschränkung der zur Verfügung zu stellenden Daten auf das erforderliche Maß gilt, wenn es um Eingriffe in das Grundrecht der informationellen Selbstbestimmung geht, grundsätzlich auch dann, wenn dies für die ersuchte Behörde mit zusätzlichem Aufwand verbunden ist.

VI. Entscheidung in Streitfällen (Abs 5)

38 **1. Entscheidung der Aufsichtsbehörde.** Abs 5 regelt das Verfahren für die Beteiligung von Meinungsverschiedenheiten zwischen ersuchender und ersuchter Behörde über die Amtshilfeleistungen. Die Vorschrift sieht für den Fall, dass zwischen den beteiligten Behörden Meinungsverschiedenheiten über die Verpflichtung zur Amtshilfe entstehen, die auf andere Weise nicht behoben werden können,

---

[51] Knack/Henneke 45; Dreher 121; FL 18; vdGK 4.1.1; **aA** MB 7 zu § 7; zur Vollstreckungshilfe zur Durchsetzung eines nichtigen VA auch FL 18 und Dreher 123.

[52] Ebenso zum bish Recht F 103f; offen VGH Mannheim NVwZ-RR 1990, 337 für den Fall, dass der erbetenen Maßnahme „der Rechtsmangel gleichsam auf die Stirn geschrieben ist".

die Möglichkeit der Anrufung der beiden beteiligten Behörden gemeinsam übergeordneten fachlich zuständigen Aufsichtsbehörde bzw der für die ersuchte Behörde fachlich zuständigen Aufsichtsbehörde vor. Der **Begriff der fachlich zuständigen Aufsichtsbehörde** ist nicht identisch mit dem Begriff der Fachaufsichtsbehörde (zB im Bereich der mittelbaren Staatsverwaltung), sondern bezeichnet wie in § 3 Abs 2 die nach dem jeweiligen Geschäftsbereich, in den die Sache fällt, übergeordnete Behörde, im Bereich der **mittelbaren Staatsverwaltung,** soweit sie nicht der Fachaufsicht unterliegt, je nach den insoweit maßgeblichen Rechtsvorschriften also die **Rechtsaufsichtsbehörde.**[53] Sofern die ersuchte Behörde selbst oberste Aufsichtsbehörde ist, ist ihre Entscheidung maßgeblich. Die Vorschrift gilt unabhängig davon, ob es sich um Behörden desselben Rechtsträgers oder verschiedener Rechtsträger handelt, auch im Verhältnis von Bundes- und Landesbehörden. Als Ausdruck allgemeiner Rechtsgrundsätze der Fachaufsicht ist Abs 5 grundsätzlich auch in sonstigen Fällen anwendbar.

Die Aufsichtsbehörde ist bei ihrer Entscheidung nach Abs 5 S 2 an die Rege- 39
lung der Abs 1–4 gebunden.[54] Die Rechtsnatur der Entscheidung hängt von den Umständen ab. Sie hat nur dann **VA-Qualität,** wenn die ersuchende Behörde und die ersuchte Behörde verschiedenen Rechtsträgern angehören oder ihnen sonst nach dem dafür maßgeblichen Organisationsrecht (vgl zB Art 109 Abs 2 S 2 BayGO, dazu BVerwG NJW 1978, 1827) im Verhältnis zueinander oder zur Aufsichtsbehörde ausnahmsweise eine **rechtlich geschützte Rechtsposition** zukommt, idR verwaltungsinterne, nicht als VA zu qualifizierende Weisung (FL 44; BR 7; Knack/Henneke 51; FKS 30).

Die **Befugnis der Aufsichtsbehörde** zur Entscheidung in Streitfällen ergibt 40
sich, wenn ausdrückliche Rechtsvorschriften darüber fehlen, im Verhältnis zu nachgeordneten Behörden aus dem allgemeinen Organisationsrecht der Behörden. Wenn die beteiligten Behörden verschiedenen selbständigen Rechtsträgern (zB verschiedenen Gemeinden) angehören, ist die entsprechende Befugnis, wenn sie nicht ausdrücklich durch Rechtssatz vorgesehen ist, idR nur nach Maßgabe der Vorschriften über die **Rechtsaufsicht** anzunehmen; im einzelnen sind insoweit die bestehenden Rechtsvorschriften über das Verhältnis zwischen betroffener Behörde und Aufsichtsbehörde und über die Befugnisse der Aufsichtsbehörde maßgeblich.

**2. Rechtsbehelfe. a) Möglichkeiten der beteiligten öffentlichen Rechts- 41
träger.** Im Verhältnis zwischen ersuchender Behörde und ersuchter Behörde bzw bei Verschiedenheit der Rechtsträger zwischen den Rechtsträgern, denen diese Behörden angehören, ist **das Amtshilfeersuchen kein VA** (s Rn 39). Gleiches gilt, wie sich schon aus dem Wortlaut („teilt … ihre Auffassung mit") ergibt, für die Mitteilung gem Abs 5 S 1.[55] Auch die **Ablehnung eines Amtshilfeersuchens ist idR kein VA;**[56] anders, wenn die ersuchte Behörde dem Rechtsträger, dem die ersuchende Behörde angehört, nach dem maßgeblichen Organisationsrecht übergeordnet ist. Die Regelung in § 5 selbst begründet kein solches Überordnungsverhältnis hins. der Entscheidung über die Gewährung der

---

[53] VG Minden NVwZ 1989, 90; Obermayer/Funke-Kaiser 73; Knack/Henneke 50; StBS 38.

[54] Ebenso FL 41; zT **aA** für den Fall, dass die nach Abs 5 S 2 zuständige Aufsichtsbehörde zugleich allgemeine Aufsichtsbehörde über die ersuchte Behörde ist, Knack/Henneke 50; Schmidt, in: Boorberg-FS 1977, 151.

[55] So zutreffend Schnapp/Friehe NJW 1982, 1428; ebenso BSGE 18, 277; Söhn, in: HHSp 57 zu § 112 AO; UL § 11 Rn 32; Schmidt, in: Boorberg-FS 1977, 152; MB 35; Dreher 125; Obermayer/Funke-Kaiser 80a; Knack/Henneke 52; **aA** FL 43; BvR 7.

[56] BSGE 18, 277; Schnapp/Friehe NJW 1982, 1428 mwN; UL § 11 Rn 35; StBS 42; Knack/Henneke 52; Söhn, in: HHSp 57 zu § 112 AO; wohl auch MB 35; vgl ferner OLG Celle NJW 1990, 1802; **aA** FL 43f.

Amtshilfe durch die ersuchte Behörde. Die ersuchende Behörde bzw der Rechtsträger, dem sie angehört, kann daher bei Verschiedenheit der Rechtsträger den Anspruch auf Gewährung der Amtshilfe grundsätzlich **nur im Weg der allgemeinen Leistungsklage** geltend machen.[57]

42 Eine **Leistungsklage ist jedoch erst zulässig,** wenn **zuvor die Aufsichtsbehörde erfolglos** nach Abs 5 S 2 angerufen wurde (VG Minden NWVBl 1988, 385; StBS 40, 42); für eine sofort erhobene Leistungsklage würde angesichts des in Abs 5 S 2 vorgesehenen einfacheren Verfahrens das Rechtsschutzbedürfnis fehlen (ähnlich im Ergebnis Schnapp/Friehe NJW 1982, 1428). Maßgeblich für den Rechtsweg und die sonstigen Voraussetzungen einer Klage ist bzgl der Gewährung (oder Ablehnung) der Amtshilfe das Recht der ersuchten Behörde (BVerwG NVwZ 1986, 467). S zu Klagen Dritter auch § 7 Rn 11f, zur Frage der Amtshaftung bei rechtswidriger Verweigerung der Amtshilfe FL 45 und Knack/Henneke 56.

43 **Gehören die beteiligten Behörden demselben Rechtsträger** an, so ist eine Klage mangels eigener betroffener Rechte **grundsätzlich unzulässig.** Ausnahmsweise kommt eine allgemeine Leistungsklage in Betracht, wenn die für einen Organstreit erforderlichen besonderen Voraussetzungen erfüllt sind (vgl MB 26). Dies setzt voraus, dass wehrfähige Organrechte berührt werden (Kopp/Schenke § 63 Rn 7). Gehören die ersuchende Behörde und die ersuchte Behörde **verschiedenen Rechtsträgern** an oder kommt ihnen aus anderen Gründen nach dem Organisationsrecht im Verhältnis zueinander und/oder zu der zur Entscheidung nach Abs 5 S 2 berufenen Aufsichtsbehörde eine rechtlich geschützte Rechtsposition zu und ist deshalb die Entscheidung nach Abs 5 S 2 als VA zu klassifizieren, so stehen dem durch die Entscheidung in seinen Rechten betroffenen Rechtsträger dagegen die **Anfechtungsklage**[58] bzw, bei einer Ablehnung des Antrags, die **Verpflichtungsklage** (Söhn, in: HHSp 60 u § 112 AO), ggf nach vorheriger Durchführung des Widerspruchsverfahrens zu. Bei Untätigkeit kommt § 75 VwGO zur Anwendung.

44 **b) Rechtsbehelfe der an der Amtshilfe interessierten Bürger.** Dem an der Durchführung der Amtshilfe interessierten Bürger stehen grundsätzlich weder hins. der Stellung des Amtshilfeersuchens bzw der Stattgabe oder Ablehnung der Erfüllung noch hins. der Entscheidung gem Abs 5 Rechtsbehelfe zu (ebenso StBS 41). Er hat im Regelfall nur die allgemeinen **Rechtsschutzmöglichkeiten in der Hauptsache** und kann hier zB im Rahmen eines Rechtsmittels in der Hauptsache ungenügende Sachaufklärung als Folge der Verweigerung der Amtshilfe geltend machen (§ 44a VwGO). **Anders,** wenn eine als Amtshilfe erbetene Handlung der ersuchten Behörde **zugleich dem Bürger gegenüber einen VA** darstellt, zB die Weigerung, in einem Verfahren Urkunden, die als Beweismittel benötigt werden, vorzulegen, bestimmte Auskünfte zu erteilen usw, die Identität eines V-Mannes bekanntzugeben (vgl OLG Hamburg NJW 1982, 298), eine Aussagegenehmigung zu erteilen; ebenso wohl bei Amtshilfeersuchen gegenüber fremden Staaten (s § 4 Rn 8); hier stehen dem Bürger die normalen Rechtsbehelfe zur Verfügung (vgl zur Verweigerung einer Aussagegenehmigung für eine Aussage im Prozess BVerwGE 18, 58). Dritte, gegen die sich Maßnahmen im Rahmen der Durchführung von Amtshilfeersuchen richten, haben dagegen die normalen Rechtsbehelfe.

---

[57] UL § 11 Rn 37; MB 21; Schmidt, in: Boorberg-FS 1977, 150; Schnapp/Friehe NJW 1982, 1428; Obermayer/Funke-Kaiser82; StBS 42; Knack/Henneke 52; MB 35.

[58] FL 44; Knack/Henneke 52; ebenso UL § 11 Rn 37: allgemeine Leistungsklage bzw Verpflichtungsklage bei unterschiedlichen Rechtsträgern; **aA** Schnapp/Friehe NJW 1982, 1428f: nur Leistungsklage auf Erbringung der Amtshilfe; die ersuchte Behörde kann eine für sie negative Entscheidung der Aufsichtsbehörde nur bei „Anmaßung aufsichtsrechtlicher Befugnisse“, zB bei Missachtung des Selbstverwaltungsrechts, anfechten.

Würde die Durchführung des Amtshilfeverfahrens einen Bürger in seinen subjektiven öffentlichen Rechten verletzen, zB im Falle einer durch die Amtshilfe bewirkten unbefugten Weitergabe von personenbezogenen Daten, so kann er gegen die ersuchende bzw die ersuchte Behörde **vorbeugende Feststellungs- oder Unterlassungsklage** (OVG Berlin NJW 1978, 1644) oder, wenn die Leistung bereits erfolgt ist, Klage auf **Folgenbeseitigung** erheben. 45

§ 6 Auswahl der Behörde

Kommen für die Amtshilfe mehrere Behörden in Betracht, so soll[4] nach Möglichkeit eine Behörde der untersten Verwaltungsstufe des Verwaltungszweigs ersucht werden, dem die ersuchende Behörde angehört.[3]

Parallelvorschriften: § 5 SGB X; § 113 AO

Schrifttum: S zu § 4.

Übersicht

I. Allgemeines

1. Inhalt. Die Vorschrift enthält ergänzend zu § 5 besondere Bestimmungen über die Auswahl der um Amtshilfe zu ersuchenden Behörde. Ihre Anwendung setzt voraus, dass nach den Regelungen des § 5 mehrere Behörden um Amtshilfe ersucht werden könnten. Grundsätzlich steht die Entscheidung über die Inanspruchnahme von Amtshilfe im Ermessen der ersuchenden Behörde (§ 5 Rn 6). Dieses Ermessen wird durch § 6 eingeschränkt, und zwar für den Fall, dass zu den für eine Amtshilfe in Betracht kommenden Behörden auch eine desjenigen Verwaltungszweiges gehört, der die ersuchende Behörde angehört. In diesem Fall ist, sofern die Umstände keine Ausnahme rechtfertigen **(Sollvorschrift),** die Behörde der untersten Verwaltungsstufe zu ersuchen. 1

2. Anwendungsbereich. Die Vorschrift gilt nur im Anwendungsbereich des VwVfG für Amtshilfeersuchen iSd § 4, für die die Voraussetzungen des § 5 gegeben sind. Die Verwaltungsverfahrensgesetze der Länder enthalten mit § 6 im wesentlichen **gleichlautende Vorschriften.** § 6 HambVwVfG enthält eine Sonderregelung über die vorrangige Hinzuziehung der Bezirksämter. Zur Amtshilfe zwischen Bundes- und Landesbehörden s § 5 Rn 3. 2

II. Der Auswahlgrundsatz

1. Prinzip der Sparsamkeit und Ökonomie. Grundsätzlich steht im Rahmen des § 5 die Entscheidung darüber, ob Amtshilfe erbeten und welche Behörde darum ersucht wird, im **Ermessen der ersuchenden Behörde** (§ 5 Rn 6). Schon aus § 5 Abs 3 Nr 1 lässt sich der allgemeine Grundsatz ableiten, dass die ersuchende Behörde sich idR an die Behörde wenden soll, die die in Frage stehende Hilfe am besten und mit dem geringsten Aufwand leisten kann (UL § 11 Rn 21; StBS 5; Knack/Henneke 3; MB 1). § 6 schreibt ergänzend und 3 zT den vorgenannten Grundsatz näher präzisierend aus verfahrensökonomischen Gründen (vgl Begr 40; FL 1) und im Hinblick auf die Art der idR vor allem in Betracht kommenden Maßnahmen vor, dass Amtshilfeersuchen idR an die Behörde der **untersten Verwaltungsstufe** des Verwaltungszweiges, dem die ersuchende Behörde selbst angehört, gerichtet werden sollen, bei einer Behörde der allgemeinen inneren Verwaltung also grundsätzlich an die Kreisverwaltungsbehörde. Als Verwaltungszweig ist die jeweils für sich hierarchisch gegliederte Fachverwaltung anzusehen.

4 **2. Sollvorschrift.** Bei der Vorschrift handelt es sich um eine Sollvorschrift, die im Regelfall zu beachten ist, aber unter besonderen Umständen Ausnahmen zulässt. Sie gilt außerdem nur **„nach Möglichkeit"**, dh ua, nur wenn damit der Zweck mindestens ebenso gut wie mit einem Ersuchen an eine andere Behörde erfüllt werden kann. Der ersuchenden Behörde bleibt damit ein sehr **weiter Spielraum für Zweckmäßigkeitserwägungen** (MB 2; FL 3).

III. Folgen eines Verstoßes

5 Die Vorschrift stellt nur eine allgemeine Richtlinie dar. **Die Verletzung** des darin aufgestellten Grundsatzes hat nach allgemeiner Auffassung **keine rechtlichen Folgen** und berechtigt insb auch die ersuchte Behörde nicht zur Ablehnung der Amtshilfe (es sei denn, es handelt sich zugleich um einen Fall gem § 5 Abs 3 Nr 1) oder zur Anrufung der Aufsichtsbehörde gem § 5 Abs 5 (StBS 6; FL 4f; Knack/Henneke 4; UL § 11 Rn 34; **aA** MB 2). Auch eine Weitergabe des Ersuchens an eine nachgeordnete Behörde ist nur mit Zustimmung der ersuchenden Behörde zulässig (FL 5; **aA** FKS 7: Anhörung genügt).

§ 7 Durchführung der Amtshilfe

(1) **Die Zulässigkeit der Maßnahme, die durch die Amtshilfe verwirklicht werden soll, richtet sich nach dem für die ersuchende Behörde, die Durchführung der Amtshilfe nach dem für die ersuchte Behörde geltenden Recht.**[5]

(2) **Die ersuchende Behörde trägt gegenüber der ersuchten Behörde die Verantwortung für die Rechtmäßigkeit der zu treffenden Maßnahme.**[7] **Die ersuchte Behörde ist für die Durchführung der Amtshilfe verantwortlich.**

Parallelvorschriften: § 6 SGB-X; § 114 AO

Schrifttum: *Göbel,* Fahndungskooperation zwischen Polizei und Feldjägern, NWVBl 2003, 211; *Pickel,* Durchführung und Kosten der Amtshilfe im Sozialrecht, NZA 1985, 416; *Tönsgerlemann,* Amtshilfe – taugliche Grundlage beim Zusammenwirken von Zoll und Polizei?, ZfZ 2003, 362.

Übersicht

I. Allgemeines

1. Inhalt. Die Vorschrift regelt die wichtige Frage des im Rahmen der Amtshilfe anzuwendenden Rechts und enthält eine **Abgrenzung der rechtlichen Verantwortung** der beteiligten Behörden für die in ihre Zuständigkeit fallenden Maßnahmen. Im wesentlichen handelt es sich dabei um Folgerungen, die sich auch schon aus dem Wesen der Amtshilfe als ergänzender Hilfe (vgl § 4 Rn 12) ergeben (StBS 2; MB 1 und 4; FL 2). Die von § 7 vorgenommene Trennung der Rechtskreise bedeutet nicht, dass die Rechtmäßigkeit der Amtshilfehandlung und der Hauptmaßnahme, der sie dienen soll, getrennt voneinander beurteilt werden könnten. Vielmehr besteht ein enger rechtlicher **Zusammenhang zwischen Rechtmäßigkeit von Amtshilfehandlung und Hauptmaßnahme.** So kann es zur Rechtswidrigkeit der Amtshilfehandlung führen, wenn sie einer rechtswidrigen Hauptmaßnahme dienen soll (ebenso UL § 11 Rn 47). Dies ist zB der Fall, wenn die Amtshilfehandlung zugunsten einer rechtswidrigen Hauptmaßnahme in einem Eingriff in Rechtspositionen eines Bürgers besteht oder einen solchen Eingriff zur Voraussetzung hat, weil es in derartigen Fällen an der – aus dem Zweck der Hauptmaßnahme folgenden – Rechtfertigung für den Eingriff fehlt. Dies gilt unabhängig davon, ob die ersuchte Behörde die Amtshilfe ablehnen darf, was sich allein nach § 5 Abs 2, 3 richtet (vgl hierzu § 5 Rn 15). Umgekehrt kann die Rechtswidrigkeit der Amtshilfehandlung die Rechtswidrigkeit der späteren Hauptmaßnahme zur Folge haben, wenn Letztere ganz oder teilweise auf der rechtswidrigen Amtshilfehandlung beruht. 1

Die Vorschrift regelt die Verteilung der Verantwortung und betrifft unmittelbar zunächst nur das Innenverhältnis zwischen ersuchender und ersuchter Behörde (Begr 40). Sie enthält **keine Ermächtigungsgrundlage** für Eingriffe in die Rechtsposition des Bürgers. Ob und inwieweit der Bürger im Rahmen einer Amtshilfe beeinträchtigt werden darf, hängt davon ab, ob die ersuchte Behörde nach der für sie selbst geltenden Vorschrift zu derartigen Eingriffen ermächtigt ist. Dabei kann eine Beeinträchtigung sowohl durch die Amtshilfemaßnahme der ersuchten Behörde eintreten, als auch durch die mit der Amtshilfe vorbereitete spätere Maßnahme der ersuchenden Behörde. Allerdings hat die Vorschrift für die Rechtsposition des Bürgers mittelbar insoweit Bedeutung, als sich aus ihr ergibt, an welchen Rechtsvorschriften das jeweils beeinträchtigende Handeln gemessen werden muss (StBS 5). 2

2. Anwendungsbereich. Die Vorschrift gilt unmittelbar nur für die Amtshilfe iSd § 4, also für Amtshilfe unter Bundesbehörden. Die Verwaltungsverfahrensgesetze der Länder enthalten **gleichlautende Vorschriften.** Deshalb gelten nach hM (vgl § 5 Rn 3) dieselben Regeln auch für die Amtshilfe zwischen den Behörden des Bundes und eines Landes bzw für Amtshilfe zwischen den Behörden verschiedener Länder untereinander. Streitig ist lediglich, ob die bundes- oder landesrechtlichen Vorschriften zur Anwendung kommen (vgl § 4 Rn 4; UL § 11 Rn 5). Da die Regelung sich aus dem Wesen der Amtshilfe, so wie diese in Art 35 GG vorausgesetzt wird, ergibt und insoweit Ausdruck allgemeiner Rechtsgrundsätze ist, ist sie insb **sinngemäß auch in Fällen** anwendbar, die nicht unter das VwVfG bzw ein entsprechendes Landesgesetz fallen. Ebenso sind aus demselben Grund im Zweifel besondere Rechtsvorschriften **in Übereinstimmung damit auszulegen** und in ihnen bestehende Lücken damit auszufüllen. 3

II. Bei der Amtshilfe anzuwendendes Recht (Abs 1)

4 **1. Maßgeblichkeit des Rechts der ersuchenden Behörde (Abs 1, 1. Halbs).** § 7 stellt im Einklang mit der vor Erlass des VwVfG allg vertretenen Auffassung (BVerwGE 38, 340; Becker NJW 1970, 1075) klar, dass die Voraussetzungen der Maßnahme, für die Amtshilfe in Anspruch genommen wird, ausschließlich nach dem Recht der ersuchenden Behörde (dh den Rechtssätzen, die diese zu vollziehen bzw zu beachten hat) zu beurteilen sind und insofern auch allein in die Verantwortung der ersuchenden Behörde fallen. Mit Zulässigkeit der Maßnahme ist in Abs 1, wie Abs 2 S 1 bestätigt, die Rechtmäßigkeit der **(Haupt-)Maßnahme** gemeint, also derjenigen, die von der ersuchenden Behörde beabsichtigt wird und der die Amtshilfe dienen soll (Knack/Henneke 5; StBS 6; FL 2). S jedoch zur Bedeutung der Regelung für das Außenverhältnis der beteiligten Behörden gegenüber dem Bürger unten Rn 11 ff. Die Amtshilfehandlung muss einer Hauptmaßnahme dienen, für die die ersuchende Behörde zuständig und befugt ist. Die Befugnis, um Amtshilfe nachzusuchen, ergibt sich danach erstens aus der Kompetenz der ersuchenden Behörde zur Durchführung der Hauptmaßnahme, der die Amtshilfe dienen soll, zweitens aus der Berechtigung des Ersuchens nach § 5 bzw den entsprechenden allgemeinen Rechtsgrundsätzen (Kopp/Kopp BayVBl 1994, 232).

5 **2. Maßgeblichkeit des Rechts der ersuchten Behörde (Abs 1, 2. Halbs). Für die Durchführung,** dh für die der Erfüllung des Amtshilfeersuchens dienenden Maßnahmen kommt es allein auf das Recht der ersuchten Behörde an; diese trägt dafür auch allein die Verantwortung (StBS 8; Knack/Henneke 6, 9). Dabei ist nicht erforderlich, dass die Handlung der ersuchenden Behörde, für die die Amtshilfe in Anspruch genommen wird, nach dem Recht der ersuchten Behörde zu Recht besteht bzw rechtmäßig vorgenommen werden kann. Maßgeblich ist allein, dass die ersuchte Behörde nach dem für sie geltenden Recht für die Vornahme der Amtshilfemaßnahmen, um die sie ersucht wird, ihrer Art nach zuständig und dazu befugt ist. Insoweit trägt die ersuchte Behörde für ihre Handlung die volle Verantwortung, auch und gerade dann, wenn die Amtshilfe in dem Erlass eines VA oder anderen Eingriffsmaßnahmen besteht.[1]

6 **Keine Kompetenzerweiterung.** Die um Amtshilfe ersuchte Behörde hat auch für die Durchführung der von ihr erbetenen Handlungen (zB Auskünfte, Vernehmungen, Zuverfügungstellung von Einrichtungen, uU auch Erlass von VAen gegenüber Dritten) nur die Befugnisse, die ihr auch sonst nach dem für sie geltenden Recht ihres Kompetenzbereichs zukommen. Der Umstand, dass eine Handlung als Amtshilfe erbeten wird, hat weder nach §§ 4 ff noch nach Art 35 GG eine Erweiterung ihrer Zuständigkeit und ihrer Befugnisse zur Folge.[2] Die Befugnis, Handlungen, zu denen die Behörde sonst zur Erfüllung eigener Aufgaben befugt ist, aufgrund der Amtshilfe für eine andere Behörde vorzunehmen, ist in der allgemeinen Ermächtigung der Behörde zu Handlungen der in Frage stehenden Art enthalten (Kopp KKZ 1994, 193).

III. Verteilung der Verantwortung

7 **1. Verantwortung der Behörden untereinander (Abs 2).** Abs 2 regelt die Verantwortung für die Amtshilfe im Verhältnis der Behörden zueinander, **nicht im Verhältnis gegenüber dem Bürger** (Begr 40; MuE 95; StBS 5; FL 4). Der Regelung liegt der Gedanke zugrunde, dass die ersuchende Behörde insoweit

---

[1] Vgl UL § 11 Rn 47; FL 7 ff; StBS § 5 Rn 15; s auch § 5 Rn 16.

[2] BVerwGE 38, 340; BSGE 18, 277; BGH NJW 1982, 989; VG Berlin NJW 1984, 1915; MD Art 35 Rn 1, 6; Knack/Henneke 6; Lässig DÖV 1976, 731; FL 3; F 102 ff; Kamlah DÖV 1970, 363; Lorenz 269; Erichsen/Ehlers § 13 Rn 45.

verantwortlich sein soll, als sie Herrin des Verfahrens bleibt und auf die ersuchte Behörde Einfluss nehmen kann (FL 7). Unter Verantwortung iS von Abs 2 ist nur die Verantwortung für die Rechtmäßigkeit der Hauptmaßnahme zu verstehen, der die Amtshilfe dienen soll. Für sie haftet die ersuchende Behörde, wenn es zu Schäden kommt. Praktische Bedeutung hat die Regelung des Abs 2 vor allem in Fällen, in denen durch rechtswidriges Handeln einem beteiligten Rechtsträger unmittelbar ein Schaden entsteht. Gleiches gilt für den Fall, dass ein Bürger eine der beteiligten Behörden für Schadensersatz oder Entschädigung aus Gründen in Anspruch nimmt, für die im Innenverhältnis die jeweils andere Behörde verantwortlich ist.

Die Abgrenzung der Verantwortung der ersuchenden Behörde gegenüber der Verantwortung der ersuchten Behörde folgt der Regelung in Abs 1 (FL 5; Knack/Henneke 8); die ersuchende Behörde ist für „Rechtmäßigkeit der zu treffenden Maßnahmen", dh für die Hauptmaßnahme und das ihr dienende Amtshilfeersuchen, verantwortlich, die ersuchte Behörde für die Durchführung der Amtshilfehandlung. Die Abgrenzung kann im Einzelfall Schwierigkeiten bereiten. Nach dem Zweck der Regelung ist dabei primär auf den Inhalt des Amtshilfeersuchens und auf etwa darin angeordnete, für die ersuchte Behörde gem § 5 bindende und nicht nachprüfbare Einzelheiten oder Modalitäten der Durchführung abzustellen (ebenso FL 7; Dreher 114). 8

Für das Ersuchen selbst und, soweit das Ersuchen bestimmte Ziele, Modalitäten, Einzelheiten usw vorschreibt, grundsätzlich auch dafür, **trägt die ersuchende Behörde die Verantwortung.** Dies schließt eine Verantwortung der ersuchten Behörde dann nicht aus, wenn und soweit sie das Ersuchen wegen eines Amtshilfeverbotes nach § 5 Abs 2 hätte ablehnen müssen. Dies gilt auch für den Fall, in dem die Rechtswidrigkeit des Ersuchens selbst oder der Maßnahme offensichtlich ist (str; wie hier auch FL 9). 9

Für die Amtshilfehandlung, dh die Art und Weise der Durchführung (Ausführung) des Amtshilfeersuchens, ist die **ersuchte Behörde verantwortlich,** soweit dafür von der ersuchenden Behörde keine bindenden Anweisungen gegeben wurden (Köhler DVBl 1992, 1584). Dies gilt grundsätzlich auch für das Ergebnis, zB die Richtigkeit der aufgrund der angestellten Ermittlungen erteilten Auskunft (Dreher 114; FL 9), für das Ergebnis freilich nur vorbehaltlich allgemeiner, für die ersuchende Behörde erkennbarer Beschränkungen, etwa hins des Beweiswertes einer Auskunft, oder beigefügter besonderer Vorbehalte. 10

2. Verantwortung im Außenverhältnis. Für das Verhältnis der Behörden zum Bürger hat § 7 nur mittelbare Bedeutung.[3] Der Bürger hat ohne Rücksicht auf die dort getroffene Regelung, die nur das Innenverhältnis zwischen den beteiligten Behörden betrifft, **Rechte nur gegenüber dem Rechtsträger, dessen Behörde ihm gegenüber gehandelt** hat, zB einen VA erlassen, eine Zwangsmaßnahme getroffen oder eine Information weitergegeben hat (vdGK 2), usw, sei es im Rahmen der Amtshilfe oder im Rahmen des Handelns, dem die Amtshilfe dienen soll. Rechtsbehelfe gegen Maßnahmen, die die ersuchte Behörde unmittelbar gegenüber dem Bürger trifft, sind gegen diese Behörde,[4] Rechtsbehelfe gegen die aufgrund der geleisteten Hilfe von der ersuchenden Behörde getroffenen Maßnahmen gegen die ersuchende Behörde zu richten (Begr 40; Knack/Henneke 11; FL 13 mwN; Schmidt Boorberg-FS 1977, 154; UL § 11 Rn 49). 11

[3] UL § 11 Rn 48; MB 8; StBS 5; Knack/Henneke 9; zT **aA** OVG Berlin NJW 1978, 644; FL 14.

[4] Begr 40; UL § 11 Rn 49; FL 14; Schmidt, in: Boorberg-FS 1977, 154; wohl auch Knack/Henneke 12; differenzierend StBS 9: Rechtsmittel gegen einen im Amtshilfeverfahren erfolgten Eingriff gegen die ersuchende Behörde, gegen die Art und Form der Durchführung gegen die ersuchte Behörde.

12 **Eine rechtswidrige Hauptmaßnahme** der ersuchenden Behörde hat nicht automatisch auch die Unzulässigkeit und Rechtswidrigkeit der dazu geleisteten Amtshilfe zur Folge (MB 6; FL 12), sondern nur dann, wenn deren Rechtswidrigkeit dazu führt, dass der Amtshilfemaßnahme die etwa bei Eingriffen erforderliche Rechtfertigung fehlt. Soweit die Amtshilfehandlung in einem selbständigen Eingriff in Rechtspositionen des Bürgers besteht, kann sie selbständig angefochten und einer gerichtlichen Überprüfung zugeführt werden. Soweit aber eine Beeinträchtigung der Rechtsposition des Bürgers erst mit dem Erlass der Hauptmaßnahme eintritt, der die Amtshilfehandlung dient, ist Letztere nur im Rahmen einer Anfechtung bzw Abwehr der Hauptmaßnahme gerichtlich überprüfbar. Der durch eine Maßnahme der ersuchenden Behörde betroffene Bürger kann die Rechtswidrigkeit einer Amtshilfehandlung außerdem nur unter den **einschränkenden Voraussetzungen des § 44a VwGO** angreifen,[5] also nur dann, wenn die Amtshilfe sich nicht in der durch die Amtshilfe zu verwirklichenden Maßnahme erschöpft (VGH München BayVBl 1987, 118; Obermayer/Funke-Kaiser 26).

13 **3. Schadensersatzansprüche des Bürgers.** Die dargelegten Grundsätze gelten entsprechend für Schadensersatzansprüche (ebenso FL 18; zT **aA** MB 7). Wird zB ein fehlerhafter VA aufgrund einer im Rahmen der Amtshilfe erteilten falschen Auskunft einer anderen Behörde erlassen, so haftet dafür dem Bürger gegenüber nur der Rechtsträger, dessen Behörde den VA erlassen hat.[6] Für Amtspflichtverletzungen der ersuchten Behörde haftet diese bzw der Rechtsträger, dem sie angehört, sofern die Verletzung nicht ihre Ursache in einer bindenden Anordnung im Amtshilfeersuchen hat. Ist die Hauptmaßnahme, zu deren Gunsten die Amtshilfe durchgeführt wird, rechtswidrig, und führt dies zur Rechtswidrigkeit eines im Rahmen der Amtshilfehandlung vorgenommenen Eingriffs, so haftet gleichwohl der Rechtsträger der ersuchten Behörde unabhängig davon, ob diese zur Ablehnung des Amtshilfeersuchens berechtigt gewesen wäre. Es kommt dann allerdings ein Ausgleichsanspruch der ersuchten Behörde gegenüber der ersuchenden Behörde nach Abs 2 in Betracht. Wenn die ersuchende Behörde die Amtspflichtverletzung durch ihre Anordnungen mitverursacht hat oder bei ihrer Handlung eine erkennbar fehlerhafte Hilfe in unzulässiger Weise verwertet hat, zB eine geheimzuhaltende Tatsache in der Begründung ihres VA offenbart, haftet sie grundsätzlich neben der ersuchten Behörde.

14 **4. Schadensausgleich unter den Behörden.** Da nach § 7 die interne Verteilung der Verantwortung zwischen ersuchender und ersuchter Behörde von der Außenverantwortung gegenüber dem betroffenen Bürger abweichen kann, weil dieser einen Anspruch idR nur gegen die unmittelbar ihm gegenüber handelnde Behörde (bzw deren Rechtsträger) hat, muss ggfs ein interner Schadensausgleich vorgenommen werden. Dies gilt sowohl für den Fall, dass die ersuchende Behörde dem Bürger einen Schaden ersetzen muss, den dieser aufgrund einer rechtswidrigen Amtshilfehandlung der ersuchten Behörde erlitten hat, als auch im umgekehrten Fall und schließlich auch dann, wenn die eine Behörde der anderen unmittelbar einen Schaden in Ausführung der Amtshilfe zufügt (vgl OVG Hamburg NordÖR 2000, 242, 244). Für den zuletzt genannten Fall hängt der Ausgleichsanspruch ganz oder teilweise davon ab, ob die ersuchte Behörde gebunden war oder den Schaden bei richtigem Verhalten hätte verhindern können.

15 **Es ist umstritten,** ob sich der Ausgleichsanspruch der Behörden untereinander unmittelbar nach § 7 Abs 2 richtet (so UL § 11 Rn 51; Obermayer 21) oder

---

[5] VGH München NVwZ 1987, 614; Knack/Henneke 12; MB 12; **aA** insoweit offenbar FL 14.

[6] Begr 40; MB 7; FL 15; UL § 11 Rn 51; differenzierend StBS 9 und Schmidt, in: Boorberg-FS 1977, 154.

ob der zB durch eine Amtspflichtverletzung dem Träger der ausgleichsberechtigten Behörde entstandene Schaden diesem in entspr Anwendung der §§ 662, 276, 278 BGB zu ersetzen ist (Knack/Henneke 18 mwN zum Streitstand; WBS II § 77 VId 3; FL 6; Schmidt 155; dagegen StBS 10). Richtigerweise lässt sich § 7 Abs 2 zwar die Zuweisung der Verantwortung entnehmen, anders als bei Art 104a Abs 5 GG aber nicht die Grundlage für einen Ausgleichsanspruch (**aA** Ziekow 8, FKS 10). Deshalb passt die Rspr zu § 104a GG (vgl BVerwGE 96, 45, 50; BVerwG DVBl 1997, 596) hier nicht;[7] vielmehr sind die Regelungen des Auftragsrechts des BGB entsprechend heranzuziehen. Für eine Haftungsbeschränkung auf Vorsatz und grobe Fahrlässigkeit, wie sie für Art 104a Abs 5 GG vertreten wird (vgl BVerwG DVBl 1996, 986), besteht bei der Amtshilfe kein ausreichender Anlass.

5. Rechtsweg. Für Schadensersatzansprüche des Bürgers ist gem § 40 Abs 2 VwGO der Zivilrechtsweg gegeben, soweit durch Gesetz nichts anderes bestimmt ist (WBS II § 77 IVd), für Ausgleichsansprüche zwischen den beteiligten Rechtsträgern gem § 40 Abs 1 VwGO der Rechtsweg zu den Verwaltungsgerichten. 16

§ 8 Kosten der Amtshilfe

(1) **Die ersuchende Behörde hat der ersuchten Behörde für die Amtshilfe keine Verwaltungsgebühr zu entrichten.[6] Auslagen hat sie der ersuchten Behörde auf Anforderung zu erstatten, wenn sie im Einzelfall 35 Euro übersteigen.[7] Leisten Behörden desselben Rechtsträgers einander Amtshilfe, so werden die Auslagen nicht erstattet.[10]**

(2) **Nimmt die ersuchte Behörde zur Durchführung der Amtshilfe eine kostenpflichtige Amtshandlung vor, so stehen ihr die von einem Dritten hierfür geschuldeten Kosten (Verwaltungsgebühren, Benutzungsgebühren und Auslagen) zu.[11]**

Parallelvorschriften: § 115 AO; § 7 SGB-X

Schrifttum: S zu § 4.

Übersicht

---

[7] StBS 10 zieht dagegen Art. 104a Abs 5 GG zur Begründung von Haftungsansprüchen „nach allgemeinen Grundsätzen" heran; vgl. auch ausführlich OLG Hamburg NordÖR 2000, 242, 245, insbesondere auch zur verfehlten Beschränkung des Haftungsmaßstabs auf Vorsatz.

I. Allgemeines

1 **1. Inhalt.** Abs 1 S 1 enthält den **Grundsatz der Unentgeltlichkeit** der Amtshilfe und regelt ferner in Abs 1 S 2 die Frage, ob und in welchem Umfang der ersuchten Behörde von der ersuchenden Behörde Kosten und Auslagen zu erstatten sind, die der ersuchten Behörde im Zusammenhang mit der Amtshilfe entstanden sind. Sie enthält in Abs 2 schließlich den Grundsatz, dass etwaige Gebühren und Auslagen, die die ersuchte Behörde von Dritten einzieht, bei dieser verbleiben. Die Regelungen betreffen nur das **Innenverhältnis zwischen den beteiligten Behörden,** nicht das Verhältnis gegenüber dem Bürger; dieses wird auch in Abs 2 nur hins der Folgen für das erwähnte Verhältnis angesprochen. Die Frage der Erstattung der Kosten einer Amtshilfe war im früheren Recht umstritten; die Erstattungspflicht wurde überwiegend bejaht.[1] Zweck der Vorschrift ist es, im Interesse der Verwaltungsvereinfachung gegenseitige Erstattungsansprüche möglichst einzuschränken oder auszuschließen.[2] Die **Regelungen sind zwingend;** sie können, weil sie das zwingende Gebühren- und Kostenrecht betreffen, nicht durch Vereinbarungen zwischen den beteiligten Rechtsträgern abbedungen oder modifiziert werden.[3]

2 **2. Anwendungsbereich. a) Allgemeines.** Die Vorschrift gilt unmittelbar nur für die Kostenerstattung von Amtshilfeleistungen im Anwendungsbereich des VwVfG (vgl § 4), also für die Amtshilfe unter Bundesbehörden. Gem § 1 und nach allgemeinen Grundsätzen gilt § 8 außerdem nur vorbehaltlich vorgehender besonderer, insb auch abweichender, Regelungen. Gilt für die Amtshilfe zwischen den beteiligten Behörden nur für eine der beiden Behörden das VwVfG, so ist für die Kostenerstattung das Recht der ersuchten Behörde maßgeblich (BVerwGE 77, 364; StBS 5). Die Verwaltungsverfahrensgesetze der Länder enthalten im wesentlichen gleichlautende Vorschriften. Dies ermöglicht zugleich die reziproke Anwendung der Bestimmungen im Verhältnis von Bundes- und Landesbehörden und zwischen Behörden verschiedener Länder (s § 5 Rn 3). Die Regelungen des § 8 sind analog auf die **Amtshilfe für Gerichte** hins der persönlichen und sachlichen Auslagen anzuwenden; auch hier können zB Benutzungsgebühren nicht verlangt werden.

3 **b) Entsprechende Anwendung.** Bei Fehlen ausdrücklicher Regelungen richten sich die Kostenpflicht im Verhältnis der beteiligten Behörden zueinander sowie evtl in Betracht kommende Erstattungsansprüche nach dem **Kostenrecht** der Behörde, die solche Kosten erheben bzw Ansprüche stellen will, und nach den allgemeinen **Grundsätzen des Erstattungsrechts.**[4]

4 Eine **analoge Anwendung** des § 8 bzw der entsprechenden Vorschriften des Landesrechts ist **nicht möglich;** selbst dann nicht, wenn die Anwendung unterschiedlicher Rechtsgrundlagen eine Durchbrechung der Reziprozität zur Folge hat, etwa, weil eine Behörde nach den für sie maßgeblichen Vorschriften auf die Erstattung von Kosten verzichten muss, die sie im umgekehrten Fall (dh wenn sie bei einer anderen Behörde anfallen) erstatten müsste, da das Recht der anderen Behörde keine entsprechende Einschränkung kennt. Dies trifft insb auch in Fäl-

---

[1] BVerwGE 31, 328 f; BVerwG DÖV 1972, 720; OVG Münster DVBl 1967, 634; MD Art 35 Rn 10: entspr § 670 BGB; Moll DVBl 1954, 697; Lorenz 270; MuE 95 f; Begr 40; FL 4.

[2] Vgl zum bish Recht zT ähnlich, jedoch wohl zu weitgehend: Erstattung allgemeinen Verwaltungsaufwands nur bei sehr häufiger und extensiver Beanspruchung aufgrund eines diesbezüglichen Vertrages; keine Erstattung innerhalb desselben Rechtsträgers; vgl auch MDH 10 zu Art 35 GG; Dreher 131: keine Erstattung zwischen Behörden desselben Haushalts.

[3] StBS 6; Knack/Henneke 7; **aA** MB 9; FL 3.

[4] Vgl BVerwGE 4, 218; 25, 81; OVG Münster DÖV 1971, 350; Wallerath DÖV 1972, 222; 55 Rn 6; F 175.

len zu, in denen für eine der beteiligten Behörden § 8 oder eine entsprechende Bestimmung des Landesrechts oder eine sondergesetzliche Bestimmung Anwendung findet, während für die andere Behörde nur die allgemeinen kostenrechtlichen Vorschriften und die Grundsätze des Erstattungsrechts gelten.

c) Speziellere Regelungen. In einigen Fachgesetzen ist die Kostentragung im Falle der Amtshilfe speziell geregelt. So kann etwa das Technische Hilfswerk nach **§ 6 THW-Gesetz** Auslagen zur Deckung des Verwaltungsaufwandes bei Amtshilfeeinsätzen gegenüber der ersuchenden Behörde erheben.[5] Umgekehrt sind nach **§ 64 Abs 2 S 1 SGB-X,** der auch im Verhältnis zwischen Sozialleistungsträgern und sonstigen Behörden gilt, alle in diesem Bereich erbetenen Leistungen kostenfrei, auch zB die Inanspruchnahme einer Übermittlung von Daten aus dem Melderegister einer Gemeinde an den Sozialleistungsträger (BVerwGE 77, 364) und die von einem Sozialleistungsträger erbetene Auskunft aus dem Fahrzeugregister über einen Kfz-Halter.[6] Zu den spezielleren Regelungen gehören auch zB **§ 135 Abs 2 FlurbG, § 8 AuslKostG,**[7] nicht aber die allgemeinen Grundsätze des Auftragsrechts des BGB, weil § 8 insoweit die für das Verwaltungsrecht maßgebende Regelung enthält, die einen Rückgriff auf die privatrechtlichen Regeln des Auftragsrechts nicht zulässt. 5

II. Der Grundsatz der Unentgeltlichkeit (Abs 1)

1. Keine Entrichtung von Verwaltungsgebühren (Abs 1 S 1). Abs 1 schließt generell einen Anspruch auf Erstattung von Verwaltungsgebühren durch die ersuchende Behörde aus. Verwaltungsgebühren sind nur die für Verwaltungshandlungen ieS geschuldeten Gebühren, nicht auch Benutzungsgebühren oder Auslagen, wie sich aus der Aufzählung in Abs 2 ergibt. Benutzungsgebühren für die Inanspruchnahme von Einrichtungen, deren Aufwand durch solche Gebühren gedeckt wird, fallen daher nicht unter den Ausschluss.[8] Mit dem Ausschluss von Gebühren für die Amtshilfe ist allerdings nicht auch die Frage geregelt, ob die der ersuchten Behörde entstehenden allgemeinen Verwaltungskosten (Personal- und Sachkosten) erstattet werden müssen. Insoweit gilt, sofern das Fachrecht nichts anderes regelt, auch für die Amtshilfe der Grundsatz des Art 104a Abs 1, 5 GG, wonach Bund und Länder für die Kosten ihrer Behörden selbst aufkommen.[9] 6

2. Grundsatz der Auslagenerstattung (Abs 1 S 2). a) Erstattung der notwendigen Auslagen. Auslagen müssen nach Abs 1 S 2 nur auf Anforderung erstattet werden. Erstattungspflichtig sind nur die notwendigen Auslagen (FL 13; StBS 13; Knack/Henneke 13; MB 8). Auslagen sind die im Zusammenhang mit der Amtshilfe anfallenden sonstigen Kosten, wie Portokosten, Telefonkosten, Reisekosten, Zeugenentschädigungen, usw (vgl § 10 VwKostG).[10] Die allgemeinen Verwaltungskosten (Personal- und Sachkosten) der ersuchten Behörde gehören nicht zu den von Abs 1 S 2 erfassten Auslagen. 7

Nicht als Auslagen iS von S 2 anzusehen sind **durchlaufende Posten** wie Sozialhilfezahlungen, die im Weg der Amtshilfe im Namen und für Rechnung der ersuchenden Behörde geleistet werden; sie sind daher immer voll zu erstat- 8

---

[5] Vgl OVG Lüneburg, B v 20.2.2012, 11 LA 217/11, juris Rn 7: § 6 THW-Gesetz nicht auf vor seinem Inkrafttreten geleistete Amtshilfe anwendbar, insoweit gilt noch § 8.

[6] BVerwGE 78, 363; Knack/Henneke 5; StBS 8.

[7] Zur Auslagenerstattung bei Amtshilfe in Staatsangehörigkeitssachen vgl Sauerland, StAZ 2012, 65 ff.

[8] Begr 40; MuE 96; UL § 11 Rn 52; Knack/Henneke 9; StBS 8; MB 4; FL 6.

[9] OVG Lüneburg, B v 20.2.2012, 11 LA 217/11, juris Rn 10; StBS 7; Knack/Henneke 8.

[10] Vgl auch OVG Lüneburg, B v 20.2.2012, 11 LA 217/11, juris Rn 10.

ten. Einen **unwirtschaftlichen Aufwand** braucht die ersuchende Behörde nicht zu erstatten (FL 13; StBS 13; Knack/Henneke 13; MB 8). Vgl zum Begriff und **Umfang der notwendigen Auslagen** auch § 80 Rn 50f. Die Notwendigkeit von Auslagen entfällt nicht allein deshalb, weil eine andere Behörde die Amtshilfe billiger hätte leisten können und die ersuchte Behörde, die sie erbracht hat, sie nach § 5 Abs 3 Nr 2 hätte ablehnen können (StBS 13); anders uU, wenn die ersuchte Behörde nach Treu und Glauben die ersuchende Behörde auf die entstehenden höheren Kosten hätte aufmerksam machen können und müssen. Das setzt nicht nur voraus, dass eine erhebliche Differenz besteht, sondern auch einen erheblichen Umfang der Auslagen. Ist die **Amtshilfehandlung rechtswidrig,** so sind die Kosten **nicht zu erstatten** (vgl Knack/Henneke 13). Die durch eine rechtswidrige Maßnahme verursachten Kosten sind stets auch unnötig. Etwas anderes gilt nur dann, wenn die Rechtswidrigkeit der Amtshilfe auf ein rechtswidriges Ersuchen zurückzuführen ist, an das die ersuchte Behörde gleichwohl gebunden war.

9 **b) Bagatellgrenze für Auslagen.** Abs 1 S 2 schließt die Auslagenerstattung für die Amtshilfe gänzlich aus, wenn der Erstattungsbetrag insgesamt eine **Summe von 35 Euro** nicht übersteigt. Unterhalb dieser Bagatellgrenze wird im Interesse einer Verwaltungsvereinfachung auf den Ausgleich verzichtet. Der Betrag der Bagatellgrenze wurde in der Vergangenheit nicht angepasst und dürfte heute wenig realitätsgerecht sein, weil auch die Erstattung von höheren Beträgen heute keineswegs stets den Abrechnungsaufwand rechtfertigen kann. **Bei mehrfachen Amtshilfeersuchen** in derselben Angelegenheit sind die für jedes Ersuchen entstandenen Auslagen nicht zusammenzurechnen (BVerwG BayVBl 1985, 443; StBS 11; Knack/Henneke 11).

10 **c) Keine Auslagenerstattung bei Behörden desselben Rechtsträgers.** Nach Abs 1 S 3 ist eine Auslagenerstattung ausgeschlossen, wenn ersuchende und ersuchte Behörde demselben Rechtsträger angehören. Danach entfällt die Erstattung der Auslagen zB zwischen Behörden der unmittelbaren Bundesverwaltung oder der unmittelbaren Landesverwaltung. Sinn und Zweck dieser Regelung ist es, Kostenbewegungen zwischen Behörden desselben Rechtsträgers zu vermeiden, die letztlich ohnehin aus einem einheitlichen Haushalt finanziert werden. Die Regelung ist deshalb nicht anwendbar im Verhältnis von unmittelbaren Bundesbehörden und den haushaltsrechtlich teilweise verselbständigten Behörden der mittelbaren Bundesverwaltung, also der bundesunmittelbaren Körperschaften, Anstalten und Stiftungen, oder im Verhältnis von Behörden unterschiedlicher bundesunmittelbarer Körperschaften usw untereinander.[11]

III. Einnahmen aus der Amtshilfetätigkeit (Abs 2)

11 **1. Zuweisung an die ersuchte Behörde.** Wenn die Amtshilfe Amtshandlungen betrifft, für die **Dritte kostenpflichtig** sind, für die der ersuchten Behörde also von dritter Seite Einnahmen zufließen, so sollen diese Kosten stets der ersuchten Behörde verbleiben. Es wäre unbillig, wenn solche Kosten in die Kassen der ersuchenden Behörden flössen (Begr 40f). Die Regelung findet Anwendung, wenn die Amtshilfe Verwaltungshandlungen der ersuchten Behörde zum Gegenstand hat, für die diese Kosten (einschl Gebühren u Beiträge) selbst erheben kann. Die Regelung erfasst nicht den umgekehrten Fall, in dem die ersuchende Behörde für die Hauptmaßnahme Einnahmen erzielt. Diese Einnahmen müssen also nicht ganz oder teilweise an die ersuchte Behörde abgeführt werden, auch wenn sie mit ihrer Amtshilfe einen wesentlichen Teil des Aufwandes zu

[11] MB 3; FL 12; **aA** offenbar UL § 11 Rn 53: keine Erstattung zwischen Bundesbehörden.

tragen hatte (Knack/Henneke 15; Obermayer 34). Als Kosten iS der Vorschrift sind, wie Abs 2 klarstellt, sowohl Verwaltungsgebühren als auch Benutzungsgebühren und Auslagen zu verstehen.

2. Keine selbstständige Grundlage für Kostenerhebung. Abs 2 betrifft wie Abs 1 nur das Verhältnis zwischen der ersuchenden und der ersuchten Behörde bzw den Rechtsträgern, denen diese angehören, enthält jedoch keine selbstständige Rechtsgrundlage für die Erhebung von Kosten gegenüber dem Bürger (Begr 41; FL 14). Ob und in welcher Höhe von Bürgern Kosten erhoben werden können, richtet sich nach den jeweiligen Kostengesetzen (OVG Koblenz KStZ 1985, 58; OVG Münster NVwZ-RR 1992, 522). 12

Abschnitt 3. Europäische Verwaltungszusammenarbeit

§ 8a Grundsätze der Hilfeleistung

(1) **Jede Behörde leistet Behörden anderer Mitgliedstaaten der Europäischen Union auf Ersuchen Hilfe, soweit dies nach Maßgabe von Rechtsakten der Europäischen Gemeinschaft geboten ist.**[13]

(2) **Behörden anderer Mitgliedstaaten der Europäischen Union können um Hilfe ersucht werden, soweit dies nach Maßgabe von Rechtsakten der Europäischen Gemeinschaft zugelassen ist.**[19] **Um Hilfe ist zu ersuchen, soweit dies nach Maßgabe von Rechtsakten der Europäischen Gemeinschaft geboten ist.**

(3) **Die §§ 5, 7 und 8 Absatz 2 sind entsprechend anzuwenden, soweit Rechtsakte der Europäischen Gemeinschaft nicht entgegenstehen.**[21]

Schrifttum: *App,* Die Vollstreckungshilfe deutscher Finanzbehörden gegenüber den Mitgliedstaaten der EU, RIW 1996, 235; *Biernert,* Kooperation von Kammern, E-Government und die EG-Dienstleistungsrichtlinie, GewArch 2008, 417; *v Bogdandy,* Die Informationsbeziehungen im europäischen Verwaltungsverbund, in: Grundlagen II, § 25 Rn 62 ff; *Calliess/Korte,* Dienstleistungsrecht in der EU, 2011; *Carl/Klos,* Aktuelle Probleme der europäischen Rechts- und Amtshilfe in Steuersachen, EuZW 1990, 214; *dies,* Subsidiarität der zwischenstaatlichen Amtshilfe gegenüber innerstaatlichen Ermittlungsmöglichkeiten? RIW 1995, 146; *Eisenmenger,* Moderne Verwaltung – Modernes Verfahren, GewArch 2012, 145; *Groß,* Die administrative Föderalisierung der EG, JZ 1994, 596; *Hofmann,* Rechtsschutz und Haftung im Europäischen Verwaltungsverbund, 2004; *Jellinek,* Die Europäischen Übereinkommen über Amts- und Rechtshilfe, NVwZ 1982, 535; *Kobor,* Kooperative Amtsermittlung im Verwaltungsrecht, 2009; *Korte,* Mitgliedstaatliche Verwaltungskooperation und private Eigenverantwortung beim Vollzug des europäischen Dienstleistungsrechts, NVwZ 2007, 501; *Krabbe,* Das EG-Amtshilfe-Gesetz, RIW/AWD 1986, 126; *Meier,* Europäische Amtshilfe – Ein Stützpfeiler des Europäischen Binnenmarktes, EuR 1989, 237; *Meister,* Datenschutzrecht im EG-Bereich, RIW/AWD 1982, 481; *Mrozek,* Die Organleihe an den Grenzen Europas, DÖV 2010, 886; *Ohler,* Verfassungsrechtliche Fragen der europäischen Amtshilfe, in Leible (Hrsg), Die Umsetzung der DL-RL – Chancen und Risiken für Deutschland, 2008, 157; *Prieß,* Die Verpflichtung der Europäischen Gemeinschaft zur Amts- und Rechtshilfe, EuR 1991, 342; *Ruge,* Das Steuerbereinigungsgesetz 1986: EG-Amtshilfe-Gesetz, Betr 1986, 191; *ders,* Europaratskonvention über die gegenseitige Amtshilfe in Steuersachen, RiW 1986, 704; *Schlachter/Ohler,* Europäische Dienstleistungsrichtlinie, 2008; *Schliesky/Schulz,* §§ 8a ff VwVfG nF – die Europäische Verwaltungszusammenarbeit im deutschen Verfahrensrecht, DVBl 2010, 601; *Schmitz/Prell,* Europäische Verwaltungszusammenarbeit – Neue Regelungen im Verwaltungsverfahrensgesetz, NVwZ 2009, 1121; *Schönleiter,* Das neue Gesetz zur Umsetzung der Dienstleistungsrichtlinie in der GewO, GewArch 2009, 384; *Schulze-Werner,* Zur Umsetzung der EU-Richtlinie 2005/36/EG über die Anerkennung von Berufsqualifikationen in der Gewerbeordnung (§§ 11b, 13a GewO), 391; *Sommer,* Verwaltungskooperation am Beispiel administrativer Informationsverfahren im europäischen Gemeinschaftsrecht, 2003; *Weidemann,* Europäische Verwaltungszusammenarbeit und das VwVG, VR 2010, 37; *Wettner,* Die Amtshilfe im europäischen Verwaltungsrecht, 2005.

Übersicht

I. Allgemeines

1 **1. Inhalt, Grundstruktur der §§ 8a ff.** Die Bestimmungen der §§ 8a ff regeln das Verfahren deutscher Behörden gegenüber **Hilfeersuchen** seitens Behörden anderer Mitgliedstaaten der EU (und des EWR, s unten § 8e) und umgekehrt das Verfahren, wenn deutsche Behörden Hilfeersuchen an Behörden anderer Mitgliedstaaten und des EWR richten (zum sonstigen Ausland § 4 Rn 8). Sie enthalten darüber hinaus einige verfahrensrechtliche Vorgaben für die Weitergabe von Informationen an Behörden anderer Mitgliedstaaten von Amts wegen (**Informationshilfe,** § 8d). Der **Begriff der Amtshilfe wird vermieden;** stattdessen ist allgemein von Hilfeleistung die Rede, weil der deutsche Amtshilfebegriff in §§ 4 ff enger ist als der der Hilfeleistung in den §§ 8a ff, weil er sich auf ergänzende Hilfe im Einzelfall beschränkt (s § 4 Rn 12). Demgegenüber sind die §§ 8a ff Ausdruck einer dauerhaften EU-weiten Verwaltungszusammenarbeit **(„permanenter Kontrollverbund").**[1] Dies wird freilich nichts daran ändern, dass der Begriff der Amtshilfe auf EU-Ebene weiterhin in einem weiteren Sinn verwendet wird, also für die transnationale Zusammenarbeit von Behörden in einem eigenen Kontroll-

[1] Schliesky, EU-Dienstleistungs-RL I, 1, 29; Knack/Henneke 6.

und Aufgabenbereich (s unten Rn 5).[2] Der weite europäische Amtshilfebegriff liegt auch den Art 28 ff DL-RL zugrunde.

2 **a) Anknüpfung an Unionsrecht.** Die §§ 8a ff **begründen selbst keine Verpflichtung** deutscher Behörden zur Hilfeleistung gegenüber Behörden anderer Mitgliedstaaten, sondern setzen diese voraus. Sie enthalten lediglich verfahrensrechtliche Regelungen für den Fall, dass sich aus „Rechtsakten der Europäischen Gemeinschaft" (Abs 1) derartige Pflichten zur Hilfeleistung ergeben. Da die Vorschriften vor dem Inkrafttreten des Lissabon-Vertrages (s Einf II Rn 6 ff) erlassen wurden (s unten Rn 3), wird im Wortlaut noch der inzwischen überholte Begriff des Gemeinschaftsrechts verwendet. An seine Stelle ist jetzt der Begriff des Unionsrechts getreten. Soweit es um Mitgliedstaaten des EWR geht (s § 8e Rn 1), kommt es darauf an, ob und inwieweit ihnen gegenüber auch Verpflichtungen bestehen (BT-Dr 16/13 399, S 18).

2a Bei der Anknüpfung an europäische Rechtsakte handelt es sich systematisch gesehen um einen **Fall dynamischer Verweisung:** Die Anwendbarkeit der Vorschriften hängt nach der insoweit maßgeblichen Regelung in § 8e vom jeweils geltenden **Bestand europarechtlicher Hilfeverpflichtungen** ab; damit sollen nationale Doppelregelungen vermieden werden (BT-Drs 16/13 399, S 12). Durchgreifende verfassungsrechtliche Bedenken gegen diese dynamische Verweisung[3] bestehen nicht, obwohl der Normanwendungsbefehl damit auf die europäische Ebene verlagert wird.[4] Zum einen handelt es sich um die Anwendung verfahrensrechtlicher Vorschriften ohne Eingriffscharakter, zum anderen geht es um die verfahrensrechtliche Umsetzung von Pflichten, die die deutschen Behörden im Rahmen des Art 4 Abs 3 EUV ohnehin treffen (s Einf II Rn 28 ff). Soweit derartige europarechtliche Regelungen nicht bestehen, bleibt es bei den allgemeinen internationalen Amtshilferegelungen (s hierzu § 4 Rn 8).

3 **b) Entstehungsgeschichte, Inkrafttreten.** Die Vorschriften sind aufgrund des Gesetzes v 17.7.2009[5] mit Inkrafttreten zum 28.12.2009 in das VwVfG im Zuge der **Umsetzung der Dienstleistungs-RL**[6] eingefügt worden. Die Dienstleistungs-RL enthält in den Art 28 ff relativ genaue Regelungen über die Verwaltungszusammenarbeit der Mitgliedstaaten; sie wäre ohne eine derartige Zusammenarbeit praktisch nicht umsetzbar.[7] Die §§ 8a ff werden zunächst hier ihren wichtigsten Anwendungsbereich haben, sind in ihrer Anwendung aber nicht auf die Dienstleistungs-RL beschränkt. Der Anwendungsbereich hängt aber auch nach dem Inkrafttreten davon ab, welche Rechtsakte der EU eine Hilfeleistung der Behörden der Mitgliedstaaten untereinander vorsehen, dh entweder gebieten oder jedenfalls zulassen.

4 **2. Bedeutung für den Europäischen Verwaltungsverbund.** Die §§ 8a ff schaffen ein wichtiges Bauelement für den Europäischen Verwaltungsverbund.[8] Bei der Umsetzung und Anwendung des Unionsrechts müssen die Organe der Mitgliedstaaten und der EU in vielfältiger Weise zusammenarbeiten. Wegen dieser **horizontalen und vertikalen Verwaltungskooperation** bei der praktischen Umsetzung und Anwendung von Unionsrecht wird heute zutreffend vom Europäischen Verwaltungsverbund gesprochen (s Einf II Rn 34 ff). Die Zusammenarbeit beruhte bisher auf den Regelungen, die sich aus dem sekundären

---

[2] Schmitz/Prell NVwZ 2009, 1121, 1123; Ziekow 1.

[3] S hierzu allgemein Einf I Rn 9.

[4] FKS 12; BeckOK 11 f; **aA** und zu eng Eisenmenger NVwZ 2010, 337, 340, wonach eine konkrete Verweisung notwendig sei; ferner zu § 8d ders GewArch 2012, 145, 149.

[5] Gesetz zur Umsetzung der Dienstleistungsrichtlinie im Gewerberecht und in weiteren Rechtsvorschriften v 17.7.2009 (BGBl I S. 2091).

[6] Richtlinie (EG) Nr 2006/123 über Dienstleistungen im Binnenmarkt – DL-RL – (v 12.12.2006, ABl L 376, 36).

[7] Schlachter/Ohler, Art 28 Rn 3.

[8] Zum Begriff des Europäischen Verwaltungsverbundes s näher Einf II Rn 34.

Unionsrecht für den jeweiligen Gegenstandsbereich ergaben. Mit den §§ 8a ist nunmehr der Anschluss dieser Vorschriften an das nationale Verwaltungsverfahrensrecht ausdrücklich erfolgt.

5 **3. Amtshilfe nach Unionsrecht. a) Europarechtlicher Begriff der Amtshilfe.** Die Begriffselemente des europarechtlichen Amtshilfebegriffs entsprechen weitgehend denen des deutschen Amtshilfebegriffs in §§ 4 ff. Gleichwohl geht die europarechtliche Amtshilfe tendenziell weiter. Sie erfasst sämtliche Formen der gegenseitigen Unterstützung von Behörden der Mitgliedstaaten und ist insbesondere nicht auf Unterstützungsmaßnahmen im Einzelfall beschränkt. Der Umfang zulässiger Amtshilfemaßnahmen hängt wesentlich von der sekundärrechtlichen Ausgestaltung ab. Es lassen sich vor allem drei Fallgruppen unterscheiden: **Informationshilfe, Zustellungshilfe und Vollstreckungshilfe.** Der Grund für das Amtshilfeersuchen kann sowohl darin liegen, dass die ersuchende Behörde **aus rechtlichen Gründen,** insbesondere wegen fehlender Kompetenz, nicht in der Lage ist, die erforderlichen Handlungen selbst vorzunehmen, sie kann auch darin liegen, dass sie **aus tatsächlichen Gründen** hierzu nicht in der Lage ist und schließlich darin, dass es ihr **unverhältnismäßig große Schwierigkeiten** bereiten würde, die erforderlichen Maßnahmen selbst durchzuführen.

6 **aa) Informationshilfe.** Da die Behörden eines Mitgliedstaates grundsätzlich[9] nicht berechtigt sind, Ermittlungen auf dem Hoheitsgebiet eines anderen Mitgliedstaates durchzuführen, sind sie insoweit auf die Unterstützung durch Behörden des anderen Mitgliedsstaates angewiesen. So übermitteln zB nach Art 33 Abs 1 DL-RL die Mitgliedstaaten auf Ersuchen einer zuständigen Behörde eines anderen Mitgliedstaats Informationen über die Zuverlässigkeit von Dienstleistungserbringern, namentlich über Disziplinar- und Verwaltungsmaßnahmen oder strafrechtliche Sanktionen und Entscheidungen wegen Insolvenz oder Konkurs mit betrügerischer Absicht. Entsprechend können nach Art 8 Abs 1 S 1, S 2 iVm Art 56 Abs 1 der Berufsanerkennungsrichtlinie[10] die zuständigen Behörden des Aufnahmemitgliedstaats von den zuständigen Behörden des Niederlassungsmitgliedstaats für jede Erbringung einer Dienstleistung im Wege der Amtshilfe die Übermittlung aller Informationen über die Rechtmäßigkeit der Niederlassung und die gute Führung des Dienstleisters verlangen sowie Informationen darüber, dass keine berufsbezogenen disziplinarischen oder strafrechtlichen Sanktionen vorliegen. Die zuletzt genannten Informationspflichten nach der Berufsanerkennungsrichtlinie setzt im deutschen Recht die Sondervorschrift des § 11b GewO um.[11] Zur Informationshilfe kann nicht nur die **Übermittlung verfügbarer Informationen,** sondern auch die Ermöglichung eines Registerzugangs oder die **Informationsbeschaffung** gehören. Ausdrücklich nennen etwa Art 28 Abs 3, 29 Abs 2, 31 Abs 3 DL-RL nicht nur die Übermittlung von Informationen, sondern auch die Durchführung von Untersuchungen, Überprüfungen und Kontrollen (Inspektionen),[12] um die angeforderten Informationen zu erhalten. Ob und unter welchen Umständen um Informationshilfe auch dann nachgesucht werden kann, wenn die ersuchende Behörde die Information auch selbst beschaffen könnte, dies aber nur unter erheblichen Schwierigkeiten, ist eine Frage des Einzelfalls.

7 **bb) Zustellungshilfe.** In welchem Umfang Behörden der Mitgliedstaaten Schriftstücke und Dokumente selbst an Personen in anderen Mitgliedstaaten zustellen oder bekannt geben dürfen, ist nicht restlos geklärt. Während die Orga-

---

[9] Rechte der Mitgliedstaaten zu transnationalen Ermittlungen sind sekundärrechtlich nur ausnahmsweise eingeräumt, s die Beispiele bei Wettner S 103 ff zur Finanzmarktaufsicht, und S 126 ff zu grenzüberschreitenden Observationen usw.

[10] Richtlinie 2005/36/EG v 7.10.2005 (ABl 2005 Nr L 255/22).

[11] Hierzu eingehend Schulze-Werner, GewArch 2009, 391, 392 ff; s auch § 8d Rn 1.

[12] Hierzu näher David, Inspektionen im Europäischen Verwaltungsrecht, 2003.

ne der EU in den Mitgliedstaaten derartige Zustellungen ohne weiteres vornehmen dürfen, ist die mitgliedstaatliche Zustellung nach älterer überkommener Auffassung eine hoheitliche Maßnahme, die auf dem Territorium eines anderen Mitgliedstaates nur im Wege der Amtshilfe vorgenommen werden darf.[13] Nach neuerer, zutreffender Auffassung kann jedenfalls die Bekanntgabe nach § 41 in einem anderen Mitgliedstaat ohne die Inanspruchnahme von Amtshilfe erfolgen;[14] teilweise wird dies auch für die Zustellung iS des VwZG angenommen.

cc) Vollstreckungshilfe. Die Durchführung von Vollstreckungsmaßnahmen gegenüber Personen ist derzeit praktisch ausnahmslos Sache der nationalen Behörden des Staates, auf dessen Territorium die Vollstreckung erfolgen soll. Wenn die Organe der EU oder anderer Mitgliedstaaten Verpflichtungen zwangsweise durchsetzen wollen, müssen sie deshalb die Amtshilfe der nationalen Behörden dieses Staates in Anspruch nehmen.[15] Nach den §§ 8a ff kommt eine Vollstreckungshilfe als Hilfeleistung nur in Betracht, wenn und soweit dies in Rechtsakten vorgesehen ist. Dies ist derzeit nur in wenigen Bereichen der Fall.[16] 8

dd) Reales Verwaltungshandeln. Reale Zusammenarbeit oder sog. operative Kooperation liegt vor, wenn die Mitgliedstaaten rein tatsächlich gemeinschaftlich operieren, bspw. durch die Partnerschaften von Behörden oder dem gegenseitigen Austausch von Personal (vgl Thomsen, Verwaltungszusammenarbeit bei der Abfallverbringung in der EU, 2010, S 22; Laas, Die Entstehung eines europäischen Migrationsverwaltungsraumes, 2008, S 36). 8a

b) Kein allgemeiner Amtshilfegrundsatz. Einen allgemeinen Grundsatz der Amtshilfe, wie er etwa für deutsche Stellen in Art 35 GG normiert ist, gibt es auf der Ebene des Unionsrechts nicht. Teilweise wurde versucht, aus Art 10 EG (heute Art 4 Abs 3 EUV) einen allgemeinen Grundsatz herzuleiten, wonach sich die Mitgliedstaaten untereinander gegenseitig Amtshilfe zu leisten haben.[17] Überwiegend wird in dieser Bestimmung aber keine Grundlage für die Amtshilfe gesehen.[18] Auch im Verhältnis von Mitgliedstaaten und Kommission wird teilweise eine allgemeine Amtshilfepflicht angenommen, etwa unter dem Aspekt des **europarechtlichen Kooperationsprinzips.** Tatsächlich ist die EU aber einen anderen Weg gegangen, indem sie nämlich bereichsspezifische Amtshilfepflichten sekundärrechtlich eingeführt hat. Damit folgt die Praxis entsprechend dem Prinzip der begrenzten Einzelermächtigung dem **Grundsatz der bereichsspezifischen Amtshilfe** nach Maßgabe des Sekundärrechts. Diese sekundärrechtlichen Amtshilferegelungen bleiben unberührt. Sie gehen den Regelungen in den §§ 8a ff vor, soweit sie unmittelbar anwendbares Recht enthalten. 9

c) Bereichsspezifische Amtshilferegelungen. Die Menge der bereichsspezifischen Amtshilferegelungen ist kaum überschaubar.[19] Besondere Bestimmungen gelten beispielsweise aufgrund des Übereinkommens von Europarat und OECD über die gegenseitige **Amtshilfe in Steuersachen.**[20] Im Bereich der direkten Steuern und der Mehrwertsteuer gilt die **EU-Amtshilferichtlinie,**[21] 10

---

[13] Ohler DÖV 2009, 92, 97 mwN.

[14] Ohler DÖV 2009, 92 f; Nothnagel, Die Bekanntgabe von VAen im Steuerrechtsverhältnis, 1983, S 122.

[15] EuGHE 1989, Rn 31 – Höchst; Wettner, S 130.

[16] Etwa im Bereich der Steuer- und Zollangelegenheiten; zu grenzüberschreitenden Verkehrsverstößen s Neidhart NZV 2000, 240.

[17] Schulze-Zuleeg, Europarecht, § 7 Rn 48; Schmidt-Aßmann EuR 1996, 270, 294.

[18] Groß EuR 2005, 54, 64; Calliess/Ruffert, EUV/EGV, Art 10 EG, Rn 29, 79; Schlachter/Ohler, DL-RL Art 28 Rn 1; s auch BeckOK 24 f.

[19] Ausführlich Wettner, Die Amtshilfe im Europäischen Verwaltungsrecht, 2005, passim.

[20] Das Übereinkommen wurde von Deutschland am 17.4.2008 unterzeichnet, s auch Vliegen, IWB 2008/12 Fach 10, Gruppe 2, 2017.

[21] Richtlinie 2011/16/EU v 15.2.2011 (ABl L 64 v 11.3.2011, 1).

die durch das EU-AmtshilfeG[22] umgesetzt wurde; im Übrigen gilt die **Richtlinie 2010/24 EU** des Rates v 16.3.2010 über die Amtshilfe bei der Beitreibung von Forderungen in Bezug auf bestimmte Steuern, Abgaben und sonstige Maßnahmen (BeitrRL, ABl L 84 v 31.3.2010), die durch das EU-BeitrG[23] umgesetzt wurde. Weiterhin ist die VO (EG) Nr. 2006/2004 zur Verwaltungszusammenarbeit im **Verbraucherschutz**[24] zu nennen. Pflichten zur Zusammenarbeit von Mitgliedstaaten und Kommission ergeben sich zB aus der VO (EG) Nr 1/2003 des Rates vom 16.12.2002 zur Durchführung der in den Artikeln 81 und 82 des Vertrags[25] niedergelegten Wettbewerbsregeln insbesondere im Hinblick auf den Austausch von Informationen und die Durchführung von Ermittlungen der Wettbewerbsbehörden der Mitgliedstaaten auf Ersuchen der Kommission (vgl Art 11 ff, 22 Abs 2). Eine primärrechtliche Amtshilfepflicht im Bereich der Wettbewerbsaufsicht sieht Art 105 Abs 1 S 2 AEUV vor.[26]

11 **4. Anwendungsbereich. a) Unmittelbar.** Die Vorschriften der §§ 8a ff gelten unmittelbar nur für die Amtshilfe für und von Bundesbehörden (§ 1 Rn 22) im Anwendungsbereich des Gesetzes; die Länder haben allerdings im Zuge der Simultangesetzgebung (s hierzu Einf I Rn 5) entsprechende Regelungen in ihre Verwaltungsverfahrensgesetze aufgenommen. Die Vorschriften gelten ferner nur, wenn und soweit nicht bereichsspezifisch speziellere Regelungen bestehen, die unmittelbar anwendbar sind, gleichviel ob sie sich aus dem nationalen oder aus Unionsrecht ergeben (s oben Rn 10). Schließlich sind die Vorschriften gem § 8e nur anwendbar, wenn und soweit sich eine Amtshilfepflicht aus unmittelbar geltenden Rechtsakten des Unionsrechts ergibt (s näher § 8e Rn 1).

11a **b) Rechtsakte der Europäischen Gemeinschaft.** Die §§ 8a ff sind nur anwendbar, soweit Rechtsakte der Europäischen Gemeinschaft eine grenzüberschreitende Hilfeleistung vorsehen. Nach dem Inkrafttreten des Vertrags von Lissabon sollte von Rechtsakten der EU gesprochen werden. Gemeint sind gem § 8e nur solche Rechtsakte, die entweder unmittelbare Wirkung entfalten oder – sofern sie von den Mitgliedstaaten umgesetzt werden müssen, Rechtsakte nach Ablauf der Umsetzungsfrist. Derartige Rechtsakte gibt es viele, weshalb hier nur die beiden wichtigsten genannt werden (s auch v Bogdandy in Grundlagen II, § 25 Rn 62 ff). Die **Dienstleistungsrichtlinie** enthält in den Art 28 ff eine weitgehende Amtshilfeverpflichtung, um eine wirksame Kontrolle der Dienstleistungserbringer im Aufnahmeland zu ermöglichen. Die **Berufsanerkennungsrichtlinie**[27] normiert in den Art 8, 50 u 56 eine spezielle Form der Amtshilfe bei Verwaltungshandlungen im Zusammenhang mit dem Zugang zu reglementierten Berufen (s hierzu § 8d Rn 1).

12 **c) Analoge Anwendbarkeit.** Soweit es sich bei den in §§ 8a ff getroffenen Regelungen über den Umgang mit Hilfeersuchen um **Ausprägungen allgemeiner Grundsätze** handelt, kommt zur Ausfüllung von Regelungslücken eine analoge Anwendung einzelner Bestimmungen der §§ 8a ff auf Hilfeleistungsersuchen seitens anderer Staaten und die umgekehrt auf Ersuchen deutscher Behörden gegenüber ausländischen Stellen in Betracht, für die Rechtsakte der EU keine Grundlage bilden.[28] Das gilt etwa für § 8b Abs 2, wonach von deutschen Behörden nur Ersuchen erledigt werden dürfen, soweit sich ihr **Inhalt in deut-**

---

[22] EU-AmtshilfeG v 26.6.2013 (BGBl I 1809).
[23] EU-Beitreibungsgesetz v 7.12.2011 (BGBl I 2592).
[24] VO (EG) Nr 2006/2004 des Europäischen Parlaments und des Rates vom 27.10.2004 über die Zusammenarbeit zwischen den für die Durchsetzung der Verbraucherschutzgesetze zuständigen nationalen Behörden (ABl 2004 Nr L 364/1).
[25] Jetzt Art 101 und 102 AEUV.
[26] S auch Knack/Henneke 19, 31.
[27] Richtlinie 2005/36/EG v 7.10.2005 (ABl 2005 Nr L 255/22).
[28] Knack/Henneke 21.

scher Sprache aus den Akten ergibt und erforderlichenfalls eine Übersetzung verlangt werden soll, ferner für die **Notwendigkeit einer Begründung.** Entsprechendes wird auch im umgekehrten Fall zu verlangen sein, in dem eine deutsche Behörde ein Ersuchen an eine Behörde eines anderen Staates richtet. Eine Verpflichtung zur Hilfeleistung ergibt sich in direkter wie in analoger Anwendung ebenso wenig wie umgekehrt ein Anspruch auf Hilfe.

Im Bereich der **AO** und des **SGB X** ist die analoge Anwendbarkeit wegen der 12a
Einschränkungen durch § 2 Abs 2 (s § 2 Rn 16, 30) problematisch. Art 28 Abs. 1 DL-RL sieht eine Beschränkung der Zusammenarbeit für bestimmte Verfahrensarten nicht vor, weshalb sich die Frage stellt, ob bei fehlenden eigenen Regelungen in AO und SGB I, X ein Rückgriff auf die §§ 8a ff im Wege der Analogie zulässig ist. Durchgreifende Bedenken dürften insoweit nicht bestehen.[29] Relevanz entwickelt diese Frage zB bei Zulassungsverfahren für Steuerberater, für die gem § 164a Abs. 1 S 1 StBerG die Vorgaben der AO gelten.[30]

II. Pflicht zur Hilfeleistung durch deutsche Behörden (Abs 1)

1. Grundsatz. Nach Abs 1 sind die deutschen Behörden zur Hilfeleistung in 13
allen Fällen verpflichtet, in denen Behörden anderer Mitgliedstaaten um Hilfe nachsuchen und die Hilfeleistung nach Rechtsakten der EU geboten ist. Eigene materielle Voraussetzungen stellt die Vorschrift nicht auf. Es kommt deshalb insoweit allein auf die europäischen Rechtsakte an. Welche Rechtsakte hierfür infrage kommen, ergibt sich ua aus § 8e S 1, wonach der Rechtsakt entweder **unmittelbare Wirkung** entfalten muss oder – bei Richtlinien – die **Frist zu ihrer Umsetzung abgelaufen** ist (s § 8e Rn 2f). Wesentlich ist an der in § 8a normierten Zusammenarbeit, dass sich die zuständigen Behörden der Mitgliedstaaten unmittelbar an die maßgeblichen Stellen des anderen Mitgliedstaates wenden können, ohne die Anfragen über die obersten Verwaltungsbehörden, also die Ministerien zu leiten (Knack/Henneke 25). Hierin liegt eine wichtige Erleichterung, die zugleich den neuen Charakter des Europäischen Verwaltungsverbundes deutlich macht.

2. Hilfeersuchen von Behörden anderer Mitgliedstaaten. Voraussetzung 14
für die Hilfeverpflichtung nach Abs 1 ist ein Hilfeersuchen einer Behörde eines anderen Mitgliedstaates. Fehlt es an einem solchen Ersuchen, kommt lediglich ein Tätigwerden von Amts wegen in Betracht, wie es etwa unter den Voraussetzungen des § 8d vorgesehen ist, sich aber auch aus spezialgesetzlichen bereichsspezifischen Regelungen ergeben kann. Zu bereichspezifischen Regelungen s oben Rn 10.

a) Form des Hilfeersuchens. Ein Hilfeersuchen liegt vor, wenn eine Be- 15
hörde sich in unmissverständlicher Weise an eine andere Behörde mit der Bitte bzw dem Anliegen wendet, dass diese zur Unterstützung der eigenen Verwaltungstätigkeit in einem Verwaltungsverfahren konkret bezeichnete Hilfsmaßnahmen ergreifen möge. **Schriftform des Ersuchens** iS des § 126 BGB ist **nicht erforderlich;** ausreichend, aber auch notwendig ist eine **Verschriftlichung** des Ersuchens in einer zur dauerhaften Wiedergabe in Schriftzeichen, dh zur Dokumentation des Ersuchens geeigneten Weise. Dies wird zwar in den §§ 8a ff. nicht ausdrücklich verlangt, folgt aber nicht nur aus den Anforderungen des § 8b an das Vorliegen einer deutschen Fassung und einer Übersetzung, sondern auch aus der **Notwendigkeit einer Dokumentation** des Vorgangs (s zum verfahrensrechtlichen Gebot der Aktenführung § 29 Rn 1a). Ausreichend ist danach auch

---

[29] So auch Knack/Henneke 21, 22, wonach die Regelungen Ausdruck eines allgemeinen Rechtsgedankens sein sollen.

[30] Vgl auch zur Frage der unmittelbaren Anwendbarkeit des Art 28 DL-RL im Bereich der AO Knack/Henneke 22f.

die **elektronische Form,** ohne dass es auf das Erfordernis einer qualifizierten Signatur iS des § 3a Abs 2 ankäme. Zur Rechtsnatur des Ersuchens nach der EU-BeitrRL s § 35 Rn 133.

16 **b) Der Begriff der Hilfeleistung.** Das Ersuchen muss sich auf eine Hilfeleistung richten. Der Begriff der Hilfeleistung ist weit zu verstehen (BT-Dr 16/13399 S 12). Er umfasst nicht nur die **Übermittlung von Informationen,**[31] sondern auch deren Beschaffung, wenn sie nicht unmittelbar verfügbar sind, ferner die **Gewährung des Registerzugangs** für ersuchende ausländische Behörden oder die Unterrichtung ausländischer Behörden über Schwierigkeiten bei Kontrollen oder Überprüfungen. Auf eine beispielhafte Aufzählung von Hilfeleistungen wird verzichtet, weshalb auf die Zielsetzungen der verweisenden Rechtsakte zur Konkretisierung abgestellt werden muss.[32]

17 **c) Behörden anderer Mitgliedstaaten.** Das Ersuchen muss von einer Behörde eines anderen Mitgliedstaats der EU gestellt werden. Mitgliedstaaten sind nur solche Staaten, die der EU als Vollmitglied angehören, nicht Staaten, die zB aufgrund eines Assoziierungsabkommens mit der EU verbunden sind. Erfasst werden aufgrund der Regelung in § 8e S 2 auch die jeweiligen Vertragsstaaten des Abkommens über den Europäischen Wirtschaftsraum (EWR), also derzeit Island, Liechtenstein und Norwegen. Von den Vorschriften **nicht unmittelbar erfasst** werden die Behörden der EU selbst, also die **Europäische Kommission** und ihre Agenturen, da sie an der horizontalen Zusammenarbeit nicht unmittelbar beteiligt sind (vgl Knack/Henneke 27). Insoweit gelten allein die bereichsspezifischen Regeln über die Zusammenarbeit (s oben Rn 10).

18 **3. Gebotensein nach Maßgabe von „Rechtsakten der Gemeinschaft".** Die Anwendbarkeit der §§ 8aff setzt eine europarechtliche Hilfeverpflichtung voraus. Nach Inkrafttreten des Lissabon-Vertrages (s Einf II Rn 6) kommt es darauf an, dass ein **Rechtsakt der Europäischen Union,** die nach Art 1 Abs 3 S 3 EUV als Rechtsnachfolgerin an die Stelle der EG getreten ist, die Hilfeleistung gebietet.[33] Rechtsnormen des Primärrechts, also des Vertragsrechts werden nach dem Wortlaut nicht erfasst, weil es sich nicht um Rechtsakte der Union handelt. Im übrigen finden sich derzeit im Vertragsrecht (EUV und AEUV) keine hinreichend konkreten Verpflichtungen.[34] In § 8e S 1 wird zwischen Rechtsakten mit unmittelbarer Wirkung und solchen, bei denen die Umsetzungsfrist abgelaufen ist, unterschieden (s näher § 8e Rn 1). Unter die erste Alternative fallen vor allem Verordnungen, uU aber auch Beschlüsse (s Art 288 Abs 2, 4 AEUV), mit der zweiten Alternative sind die Richtlinien (Art 288 Abs 3 AEUV) gemeint (zur Pflicht zur Umsetzung von Richtlinien s Einf II Rn 27). Ob es sich um Gesetzgebungsakte (Art 289 Abs 3 AEUV) handelt oder um abgeleitetes Recht (Art 290 AEUV), spielt keine Rolle. Auch Durchführungsbestimmungen der Kommission (Art 291 AEUV) kommen in Betracht, soweit eine Ermächtigung vorliegt (Knack/Henneke 31 mwN). Ein wesentlicher Anwendungsbereich wird der Vorschrift durch die Dienstleistungs-RL erschlossen, die in Art 28ff umfassende Hilfeleistungen vorsieht.

18a **Die Hilfeleistung** muss nach Maßgabe der Rechtsakte **geboten sein.** Danach reicht es nicht aus, dass zur praktischen Erfüllung der aus dem EU-Recht

---

[31] Hier liegt ein wesentlicher Anwendungsbereich vor allem im Hinblick auf die Umsetzung der Dienstleistungs-RL.

[32] Schmitz/Prell NVwZ 2009, 1121, 1124.

[33] S BeckOK 23f, wonach § 8a insoweit „berichtigend auszulegen" sei; vgl auch Eisenmenger GewArch 2012, 145, 147, der allerdings – zu streng – zur Erfassung künftiger Rechtsakte der EU eine Ergänzung der §§ 8aff für notwendig hält.

[34] Die allgemeinen Regelungen in Art 4 Abs 3 EUV oder in Art 351 Abs 2 S 2 AEUV dürften nicht konkret genug sein; s BeckOK 26; vgl hierzu ferner Rn 9.

folgenden Aufgaben Hilfeleistungen sinnvoll oder gar notwendig sind. Vielmehr muss sich das **Gebot zur Hilfeleistung** jedenfalls im Grundsatz aus dem Rechtsakt explizit ergeben. Es muss deutlich werden, dass von den Mitgliedstaaten zur Durchführung eine gegenseitige Hilfeleistung erwartet wird. Deshalb ist es ausreichend, wenn sich dies dem Rechtsakt durch Auslegung entnehmen lässt. Im Hinblick auf Art 4 Abs 3 EUV werden hier allerdings keine hohen Anforderungen zu stellen sein.

III. Hilfeersuchen an Behörden anderer Mitgliedstaaten (Abs 2)

19 **1. Inhalt.** Abs 2 S 1 sieht vor, dass Behörden anderer Mitgliedstaaten um Hilfe ersucht werden können, soweit dies nach Maßgabe von Rechtsakten der EU zugelassen ist; Abs 2 S 2 verpflichtet die Behörden, um Hilfe zu ersuchen, soweit dies nach Maßgabe von Rechtsakten der EU geboten ist. Die Vorschrift dient im Wesentlichen der Klarstellung. Um ein Ersuchen um Hilfe an Behörden anderer Mitgliedstaaten zu richten, hätte es einer Ermächtigung in Abs 2 nicht bedurft. Die Vorschrift betont auf diese Weise den Aspekt der Gegenseitigkeit und die Erwartung, dass im Anwendungsbereich der Rechtsakte iSd § 8e auch zu einer intensiven Zusammenarbeit zwischen den Behörden der Mitgliedstaaten kommt.

20 **2. Ermächtigung und Pflicht.** Die Vorschrift unterscheidet in überflüssiger Weise den Fall der Zulässigkeit eines Ersuchens in Abs 2 S 1 und den Fall des Gebotenseins des Ersuchens in Abs 2 S 2. Ist ein Hilfeersuchen nach einem Rechtsakt der EU zugelassen, steht die Entscheidung über das Ob und Wie des konkreten Hilfeverlangens im Ermessen der Behörde, im Rahmen dessen allerdings der Grundsatz der funktionsgerechten und effektiven Wirksamkeit des Unionsrechts (effet utile, Einf II Rn 28) Berücksichtigung finden muss (Knack/Henneke 35). Kein Ermessen hat die Behörde, wenn ein Hilfeersuchen aufgrund europarechtlicher Vorgaben geboten ist (Abs 2 S 2). Bisher existieren im Unionsrecht allenfalls vereinzelt Vorschriften, die eine Zusammenarbeit verbindlich fordern, zB im Bereich der Aufsicht über Banken und Versicherungen.[35] Abs 2 S 2 setzt eine Vorgabe des Art 35 DL-RL um, wonach ein Mitgliedsstaat eine Kontrollmaßnahme gegenüber einem Dienstleister, der in einem anderen Mitgliedsstaat ansässig ist, nicht selber durchführen kann, sondern den Niederlassungsmitgliedsstaat zum Ergreifen der Maßnahme ersuchen muss (BT-Dr 16/13399 S 15).

IV. Anwendbarkeit von Amtshilfevorschriften (Abs 3)

21 **1. Inhalt.** Abs 3 erklärt die §§ 5, 7 und 8 Abs 2 für die grenzüberschreitenden Hilfeleistungen für entsprechend anwendbar. Diese Bestimmung gehört neben § 8b zu den für die Praxis der grenzüberschreitenden Hilfeleistung wichtigsten Regelungen, weil sie die Durchführungsfragen behandelt und damit Regelungen trifft, die sich aus den Rechtsakten der EU idR nicht selbst ergeben, selbst wenn den Art 28 ff DL-RL ausdrücklich oder explizit zulässige Gründe für die Verweigerung der erbetenen Hilfe seitens der ersuchten Behörde entnommen werden können (Knack/Henneke 40). Abs 3 stellt klar, wo die Grenzen der Hilfeleistung für Behörden aus anderen Mitgliedstaaten liegen, dass die Hilfeleistungspflicht insbesondere nicht zu einer Ausdehnung der Befugnisse der ersuchten Behörde führt. Um Konflikte mit dem Unionsrecht zu vermeiden, beschränkt sich die entsprechende Anwendbarkeit der genannten Vorschriften auf die Fälle, in denen „Rechtsakte der EU nicht entgegenstehen."

---

[35] Vgl Schlachter/Ohler, Art 35 Rn 2 mwN.

22 **2. Entsprechende Anwendbarkeit des § 5.** Aus der entsprechenden Anwendbarkeit des § 5 folgt insbesondere, dass die Hilfeleistung innerhalb der EU an dieselben allgemeinen rechtlichen Grenzen stößt wie die nationale Amtshilfe, und dass auch die Opportunitätserwägungen letztlich denen im Bereich der nationalen Amtshilfe entsprechen. Letzteres gilt insbesondere für die Ermessensdirektiven des § 5 Abs 1 (s § 5 Rn 6).[36] § 8a Abs 3 iVm § 5 Abs 1 erfasst nur die in § 8a Abs 2 geregelte Konstellation, dass Hilfeersuchen deutscher Behörden an die Behörden anderer Mitgliedstaaten gerichtet werden.[37]

23 **a) Grenzen des § 5 Abs 2.** Die ersuchte inländische[38] Behörde darf nach § 5 Abs 2 Hilfe nicht leisten, wenn sie dazu **aus rechtlichen Gründen nicht in der Lage** ist, der Hilfe also rechtliche Regelungen entgegenstehen, oder durch die Hilfeleistung **erhebliche Nachteile für das Wohl des Bundes oder eines Landes** drohen. Mit der entsprechenden Anwendbarkeit dieser Bestimmung wird klargestellt, dass auch die Hilfeleistungen nach §§ 8aff erstens an die Grenzen des nach nationalem Recht Zulässigen gebunden sind und zweitens auch übergeordnete sonstige Gründe, nämlich „erhebliche Nachteile" für den Bund oder die Länder einer Hilfeleistung entgegenstehen.

24 Diese Einschränkungen sind grundsätzlich **mit Unionsrecht vereinbar,** zumal sie unter dem Vorbehalt des Entgegenstehens von Rechtsakten der EU stehen. Auch wenn Rechtsakte der EU eine Hilfeleistung grundsätzlich gebieten, bedeutet das nicht, dass die Befugnisse der um Hilfeleistung ersuchten Behörde entsprechend erweitert worden wären und dass eine Hilfeleistung unter allen Umständen, also auch unter Inkaufnahme erheblicher Nachteile für Bund und Länder erbracht werden müsste. Bei der Frage, ob die Nachteile „erheblich" sind, muss ohnehin eine **Abwägung** mit den für die Hilfeleistung streitenden Gesichtspunkten erfolgen. Hier spielt der Grundsatz der Verhältnismäßigkeit, der nach Art 5 Abs 1 S 2 EUV auch ein Grundsatz des Unionsrechts ist, eine maßgebliche Rolle.

25 **b) Grenzen des § 5 Abs 3, 4.** Nach § 5 Abs 3 braucht die ersuchte Behörde die Hilfe nicht zu leisten, wenn eine **andere Behörde wesentlich einfacher** die erbetene Hilfe leisten könnte, wenn die Hilfeleistung mit einem **unverhältnismäßigen Aufwand** verbunden wäre oder wenn die Hilfe die **Erfüllung der eigenen Aufgaben ernstlich gefährden** würde. Diese Einschränkungen sind Ausdruck des auch in der EU geltenden Verhältnismäßigkeitsprinzips (Art 5 Abs 1 EUV) und verstoßen deshalb nicht gegen Unionsrecht. Allerdings wird die hier ggfs vorzunehmende Abwägung die Bedeutung der erbetenen Hilfeleistung für die ersuchende Behörde und für die europäische Verwaltungszusammenarbeit angemessen berücksichtigen müssen. Die in § 5 Abs 3 verwendeten unbestimmten Rechtsbegriffe sind europarechtskonform auszulegen; sie eröffnen der ersuchten Behörde keinen eigenen Entscheidungsspielraum.

26 **c) Verfahren bei Auseinandersetzungen (§ 5 Abs 5).** Die für entsprechend anwendbar erklärte Vorschrift des § 5 Abs 5 regelt den Fall, dass es zu Meinungsverschiedenheiten über die Hilfeleistung kommt. Wenn die deutsche Behörde dem Ersuchen nicht nachkommen will, teilt sie dies zunächst der ersuchenden Behörde des anderen Mitgliedstaates mit (§ 5 Abs 5 S 1). Kommt es nicht zu einer **Streitbeilegung der beiden betroffenen Behörden** oder Stellen, so entscheidet die für die ersuchte deutsche Behörde fachlich zuständige Aufsichtsbehörde, da eine gemeinsame fachlich zuständige **Aufsichtsbehörde,**

---

[36] Zu den Voraussetzungen des § 5 Abs 1 im Kontext des § 8a Abs 3 im Einzelnen Knack/Henneke 41 ff.

[37] BT-Dr 16/13399 S 13; FKS 17; BeckOK 33.

[38] BT-Dr 16/13399 S 13.

die für ersuchte und ersuchende Behörde gleichermaßen zuständig wäre, nicht besteht (§ 5 Abs 5 S 2). Dies gilt aber nur, wenn europarechtlich nicht etwas anderes vorgesehen ist. So sieht Art 28 Abs 2 und 8 DL-Rl zB im Falle von Meinungsverschiedenheiten die Einschaltung einer noch zu schaffenden **Verbindungsstelle** oder der Kommission vor.[39]

3. Entsprechende Anwendung von § 7. Mit der entsprechenden Anwendung des § 7 übernimmt die Vorschrift den allgemeinen **Grundsatz der Verantwortungsteilung** bei der Amtshilfe. Für die Rechtmäßigkeitsprüfung und Verteilung der Verantwortung in den Fällen der europäischen Verwaltungszusammenarbeit gilt die Grundregel des § 7 entsprechend, wonach sich die **Zulässigkeit der Maßnahme,** die verwirklicht werden soll, nach dem für die ersuchende Behörde geltenden Recht richtet, die Durchführung der **Hilfemaßnahme** nach dem für die ersuchte Behörde geltenden Recht; entsprechend ist auch die Verantwortung für die Rechtmäßigkeit verteilt. Das bedeutet, dass die um Hilfeleistung ersuchte deutsche Behörde die Zulässigkeit der Maßnahme, für die eine Behörde eines anderen Mitgliedstaates um Hilfe ersucht, grundsätzlich nicht prüfen muss und darf. **Ausnahmen** kommen nach allgemeinen Grundsätzen nur in Betracht, wenn Anhaltspunkte dafür bestehen, dass die Maßnahme der ersuchten Behörde zu **schweren Rechtsverstößen** (ordre public) führt. 27

4. Entsprechende Anwendung von § 8 Abs 2. Mit der Regelung der entsprechenden Anwendbarkeit des § 8 Abs 2 wird klargestellt, dass Kosten, die von einem Dritten für eine kostenpflichtige Amtshandlung der ersuchten Behörde geschuldet werden, auch der ersuchten Behörde zustehen sollen. Ebenso wie es grundsätzlich keine Erstattungspflicht für Kosten und Auslagen gibt (§ 8c), sollen auch Zahlungsansprüche, die im Zuge der Hilfeleistung gegenüber Dritten entstehen, bei der ersuchten Behörde verbleiben und nicht transferiert werden müssen. Das dient nicht nur der Verwaltungsvereinfachung, sondern entspricht auch dem Grundsatz, dass die beteiligten Behörden ihre Kosten selbst tragen, soweit sie diese nicht über Ansprüche gegen Dritte auf Gebühren und Auslagen wieder ausgleichen können. 28

§ 8b Form und Behandlung der Ersuchen

(1) **Ersuchen sind in deutscher Sprache an Behörden anderer Mitgliedstaaten der Europäischen Union zu richten;**[2] **soweit erforderlich, ist eine Übersetzung beizufügen.**[3] **Die Ersuchen sind gemäß den gemeinschaftsrechtlichen Vorgaben und unter Angabe des maßgeblichen Rechtsakts zu begründen.**[4]

(2) **Ersuchen von Behörden anderer Mitgliedstaaten der Europäischen Union dürfen nur erledigt werden, wenn sich ihr Inhalt in deutscher Sprache aus den Akten ergibt. Soweit erforderlich, soll bei Ersuchen in einer anderen Sprache von der ersuchenden Behörde eine Übersetzung verlangt werden.**[7]

(3) **Ersuchen von Behörden anderer Mitgliedstaaten der Europäischen Union können abgelehnt werden, wenn sie nicht ordnungsgemäß und unter Angabe des maßgeblichen Rechtsakts begründet sind und die erforderliche Begründung nach Aufforderung nicht nachgereicht wird.**[8]

(4) **Einrichtungen und Hilfsmittel der Kommission zur Behandlung von Ersuchen sollen genutzt werden.**[10] **Informationen sollen elektronisch übermittelt werden.**[11]

Schrifttum: s zu § 8a

[39] Schlachter/Ohler, Art 29 Rn 48.

Übersicht

I. Allgemeines

1 Die Vorschrift enthält allgemeine Anforderungen an die Form von Hilfeersuchen, und zwar sowohl von Hilfeersuchen deutscher Behörden gegenüber Behörden anderer Mitgliedstaaten (Abs 1) als auch umgekehrt an Hilfeersuchen von Behörden anderer Mitgliedstaaten, soweit es um die Erledigungspflicht deutscher Behörden geht (Abs 2, 3). Dabei geht es erstens um die Frage, in welcher Sprache Hilfeersuchen gestellt bzw entgegengenommen und erledigt werden dürfen, und zweitens um das Erfordernis einer Begründung. Hinsichtlich der Notwendigkeit der Verwendung der deutschen Sprache konkretisiert die Vorschrift § 23; das Begründungserfordernis soll sicherstellen, dass die jeweils ersuchte Behörden die Voraussetzungen für die Erbringung der Hilfeleistung eigenverantwortlich prüfen kann.

II. Hilfeersuchen deutscher Behörden (Abs 1)

2 **1. Ersuchen in deutscher Sprache.** Nach Abs 1 S 1 ist das Ersuchen deutscher Behörden an Stellen anderer Mitgliedstaaten bzw der Staaten des EWR-Abkommens zwingend in deutscher Sprache abzufassen. Das gilt auch dann, wenn die maßgeblichen Sachbearbeiter die in dem Mitgliedstaat der ersuchten Behörde gesprochene oder verwendete Sprache beherrschen. Der Grund für die zwingende Regelung liegt in dem Erfordernis der **Dokumentation** (der aktenmäßigen Erfassung des Vorgangs) in deutscher Sprache, ferner im Erfordernis einer **Kontrollmöglichkeit** und in der **Vermeidung von Irrtümern** und Missverständnissen in der Kommunikation. Damit ist die Regelung Ausfluss des § 23 zugrunde liegenden Prinzips, wonach die Amtssprache deutsch ist.

3 **2. Beifügung einer Übersetzung.** Nach Abs 1 S 1 2. Halbs ist dem Ersuchen in deutscher Sprache eine Übersetzung beizufügen, „soweit dies erforderlich" ist. Die Erforderlichkeit fehlt dann, wenn die ersuchte Behörde ebenfalls die deutsche Sprache verwendet (zB Österreich) oder wenn sie auf eine Übersetzung verzichtet. Erforderlich ist die Übersetzung des Ersuchens selbst; etwa beigefügte **Unterlagen** bedürfen nur der Übersetzung, soweit dies zum Verständnis von Art und Umfang des Ersuchens und zu seiner erfolgreichen Erfüllung erforderlich ist.

4 **3. Begründungspflicht und Angabe des Rechtsakts.** Nach Abs 1 S 2 ist das Ersuchen „gemäß den gemeinschaftsrechtlichen Vorgaben" und durch Angabe des Rechtsaktes zu begründen. Danach ist in der Begründung stets der Rechtsakt zu bezeichnen, der die Verpflichtung oder Zulässigkeit der Hilfeleistung vorsieht, um die nachgesucht wird. Dabei ist grundsätzlich die **offizielle**

Bezeichnung des Rechtsakts zu verwenden, einschließlich Datum und Fundstelle. Kann die ersuchende Behörden nach den Umständen davon ausgehen, dass eine allgemeine Bezeichnung (zB Art 28 DL-RL) ausreicht, ist der Verzicht auf die weiteren Angaben unschädlich.

Welche weiteren Begründungselemente erforderlich sind, soll sich nach Abs 1 S 2 aus den **europarechtlichen Vorgaben** ergeben. Dabei kann es sich um das Ausräumen solcher Argumente handeln, die entsprechend § 5 Abs 3 zu einer Verweigerung der Hilfeleistung berechtigen könnten. In den meisten Fällen wird es darum gehen, den Fall routinemäßig zu schildern, damit die ersuchte Behörde die Bedeutung einschätzen und selbst über die geeignete Art und Weise der Hilfeleistung entscheiden kann. 5

III. Hilfeersuchen aus anderen Mitgliedstaaten (Abs 2)

1. Ersuchen in deutscher Sprache. Abs 2 S 1 verbietet die Erledigung von Hilfeersuchen seitens der Behörden anderer Mitgliedstaaten, wenn sich deren Inhalt nicht „in deutscher Sprache aus den Akten ergibt". Das Ersuchen selbst muss danach nicht zwingend in deutscher Sprache gestellt werden; ausreichend wäre es etwa, wenn auf ein bereits bei den Akten befindliches Ersuchen Bezug genommen und dies nur auf einen neuen Fall oder einen neuen Vorgang bezogen wird. Auch dies ist Ausfluss des § 23, wonach die Amtssprache deutsch ist. 6

2. Nachforderung einer Übersetzung. Nach Abs 2 S 2 soll bei Ersuchen in anderen Sprachen von der ersuchenden Behörde eine Übersetzung in die deutsche Sprache verlangt werden, soweit dies erforderlich ist. Erforderlich ist eine Übersetzung stets dann, wenn sich eine Übersetzung nicht schon in den Akten befindet. Es ist grundsätzlich nicht zulässig, auf eine Übersetzung im Hinblick auf eigene Sprachkenntnisse der Bearbeiter in der ersuchten Behörde zu verzichten. Das **Risiko von Missverständnissen** bei der Übersetzung soll die ersuchende Behörde tragen. 7

IV. Ablehnung von Hilfeersuchen (Abs 3)

1. Formelle Anforderungen. Abs 3 erlaubt die Ablehnung von Hilfeersuchen, die nicht formell ordnungsgemäß gestellt und auch nicht nachgebessert worden sind. Die Vorschrift stellt – wie Abs 1 S 2 für den umgekehrten Fall – zunächst formelle Anforderungen an das Hilfeersuchen auf. Danach müssen die Hilfeersuchen ordnungsgemäß, dh nach Maßgabe des jeweiligen Rechtsakts und unter Angabe dieses Rechtsakts begründet worden sein. Die Angabe des Rechtsakts ist eine Mindestanforderung im Interesse der Transparenz; welche weiteren Anforderungen an die Begründung gestellt werden, hängt von dem jeweiligen Rechtsakt und von den Umständen des Einzelfalls ab. 8

2. Ermessensentscheidung. Im Unterschied zu der Regelung in Abs 2 steht es in den Fällen des Abs 3 im Ermessen der ersuchten Behörde, ob sie Ersuchen, die nicht ordnungsgemäß und unter Angabe des Rechtsaktes begründet sind, ablehnt oder gleichwohl die erbetene Hilfeleistung vornimmt. Letzteres wird insbesondere bei Routineanfragen in Betracht kommen, in denen ohnehin klar ist, auf welcher Grundlage das Ersuchen gestellt wurde. In diesen Fällen kann sich das **Ermessen auch auf Null** reduzieren. 9

V. Elektronische Abwicklung, Hilfe der Kommission (Abs 4)

1. Nutzung von Einrichtungen und Hilfsmitteln der Kommission. 10
Abs 4 enthält eine **Ordnungsvorschrift,** indem sie vorsieht, dass Einrichtungen und Hilfsmittel der Kommission zur Behandlung von Ersuchen nach Möglichkeit

genutzt werden. Hier ist insbesondere das **Binnenmarktinformationssystem (BIS)/„Internal Market Information System" (IMI)** in Betracht gezogen, das ua auch automatische Übersetzungen durchführen soll (BT-Dr 16/133 99 S 14).[1] Grundlage des BIS ist in der DL-RL Art 34 Abs 1, wonach die Kommission in Zusammenarbeit mit den Mitgliedstaaten ein elektronisches System für den Austausch von Informationen zwischen den Mitgliedstaaten einrichtet, wobei sie bestehende Informationssysteme berücksichtigt. Das BIS wird derzeit zur Verwaltungszusammenarbeit der Mitgliedstaaten im Bereich der DL-RL und der Berufsanerkennungsrichtlinie genutzt.[2] Der Zugang erfolgt über das Internet und ist den Behörden der Mitgliedsstaaten der EU und des EWR eröffnet. Das BIS enthält ua eine mehrsprachige Suchfunktion zur Ermittlung des jeweiligen Ansprechpartners in einem anderen Mitgliedstaat, vorübersetzte Fragen und Antworten für typische Konstellationen und die Möglichkeit, den Verlauf von Informationsersuchen zu verfolgen.[3] Unterstützt wird die Kommunikation zwischen den Behörden durch nationale „IMI-Koordinatoren", die das System pflegen und bei Problemen assistieren sollen.[4]

11 **2. Elektronische Abwicklung (Abs 4 S 1).** Die Regelung enthält eine bloße **Ordnungsvorschrift,** indem sie vorsieht, dass die Informationen elektronisch übermittelt werden sollen. Sie folgt damit dem Grundgedanken der Dienstleistungs-RL, deren Anliegen es ist, die grenzüberschreitenden Verfahren dadurch zu beschleunigen und zu erleichtern, dass von der Möglichkeit der elektronischen Übermittlung Gebrauch gemacht wird.

§ 8c Kosten der Hilfeleistung

Ersuchende Behörden anderer Mitgliedsstaaten der Europäischen Union haben Verwaltungsgebühren oder Auslagen nur zu erstatten, soweit dies nach Maßgabe von Rechtsakten der Europäischen Gemeinschaft verlangt werden kann.

Übersicht

I. Allgemeines

1 Die Vorschrift stellt klar, dass eine Kostenerstattungspflicht von Behörden anderer Mitgliedstaaten nur in dem Umfang besteht, in dem diese in den maßgeblichen Rechtsakten der EU vorgesehen ist. Grundsatz der Amtshilfe im innerstaatlichen Recht ist ihre Kostenfreiheit (§ 8 Abs 1). Mangels Verweisung in § 8a Abs 3 findet dieser auf die europäische Verwaltungszusammenarbeit allerdings keine Anwendung. Ob eine Hilfeleistung für die ersuchende fremdstaatliche Behörde kostenpflichtig ist, bestimmt sich also nach den **anzuwendenden europarechtlichen Vorgaben,** auf die die Vorschrift ausdrücklich verweist („nach Maßgabe").

---

[1] Zu Sinn und Zweck und Rechtsgrundlagen des BIS vgl Knack/Henneke Rn 16 ff; s zu Stand und Funktionen des IMI die Webseite der Europäischen Kommission unter http://ec.europa.eu/internal_market/imi-net/index_de.html.

[2] Bericht der Kommission v. 24.2.2012, SWD(2012) 26 endgültig, S 4; BeckOK 6.1; Knack/Henneke 19 f.

[3] So die zusammenfassende Beschreibung im Bericht der Kommission v 24.2.2012, SWD(2012) 26 endgültig, S 4.

[4] Knack/Henneke 18; eingehend zur Rolle der IMI-Koordinatoren Bericht der Kommission v 27.4.2007, MARKT/E3/MN (2007) D6286.

II. Grundsatz der Kostenfreiheit

Die Praxis des Unionsrechts ist vom Grundsatz der kostenfreien Zusammenarbeit im Vertrauen auf **Gegenseitigkeit** geprägt. Dies beruht auf der Überlegung, dass sich die Aufwendungen der beteiligten Behörden auf längere Sicht ausgleichen (BT-Dr 16/13399 S 14). Damit entspricht diese Praxis dem innerstaatlichen Grundsatz der Kostenfreiheit. Hiervon können Rechtsakte der EU Abweichungen regeln, etwa im Hinblick auf einen hohen Aufwand, der für bestimmte Hilfeleistungen typischerweise erforderlich wird. Die Dienstleistungs-RL verzichtet weitestgehend auf eine Erstattung der Kosten. Art 28 Abs 7 DL-RL enthält allerdings eine Ausnahme vom Grundsatz der Kostenfreiheit für den Fall, dass auch nationalen Behörden bei der Einsicht in Register Kosten auferlegt werden können. 2

§ 8d Mitteilungen von Amts wegen

(1) **Die zuständige Behörde teilt den Behörden anderer Mitgliedstaaten der Europäischen Union und der Kommission Angaben über Sachverhalte und Personen mit, soweit dies nach Maßgabe von Rechtsakten der Europäischen Gemeinschaft geboten ist.**[4] **Dabei sollen die hierzu eingerichteten Informationsnetze genutzt werden.**[8]

(2) **Übermittelt eine Behörde Angaben nach Absatz 1 an die Behörde eines anderen Mitgliedstaats der Europäischen Union, unterrichtet sie den Betroffenen über die Tatsache der Übermittlung, soweit Rechtsakte der Europäischen Gemeinschaft dies vorsehen; dabei ist auf die Art der Angaben sowie auf die Zweckbestimmung und die Rechtsgrundlage der Übermittlung hinzuweisen.**[9]

Übersicht

I. Allgemeines

1. Inhalt. Die Vorschrift regelt nicht den Umgang mit Hilfeersuchen von Behörden der Mitgliedstaaten der EU und des EWR, sondern ein Tätigwerden **von Amts wegen,** beschränkt auf die Mitteilung von „Informationen über Sachverhalte und Personen". Wie die übrigen Vorschriften der §§ 8a ff begründet sie nicht selbständig eine Verpflichtung zu den entsprechenden Mitteilungen, sondern macht diese nach Art und Umfang („nach Maßgabe") von Rechtsakten der EU abhängig. Anlass zur Schaffung der Vorschrift ist der sog **Vorwarnmechanismus** der Art 29 Abs 3 und Art 32 Abs 1 DL-RL.[1] Danach werden die Mit- 1

[1] Knack/Henneke 1; Schönleiter, GewArch 2009, 384, 388; krit Eisenmenger GewArch 2012, 145, 148 f, der die DL-RL in § 8d nicht hinreichend umgesetzt sieht, weil die Vorschrift zu abstrakt sei und auf den Vorwarnmechanismus der DL-RL nicht genügend Bezug nehme.

gliedsstaaten verpflichtet, im Falle der Kenntnis von Tatsachen, die die Annahme einer Gefahr für die Gesundheit oder Sicherheit von Personen im Zusammenhang mit einer Dienstleistungstätigkeit rechtfertigen, andere betroffene Mitgliedsstaaten und die Kommission zu informieren. Entsprechende Unterrichtungspflichten finden sich in der Berufsanerkennungsrichtlinie (s auch § 8a Rn 6): Nach Art 56 Abs 2 der Berufsanerkennungsrichtlinie unterrichten sich die Behörden im Aufnahme- und im Herkunftsmitgliedstaat gegenseitig über das Vorliegen disziplinarischer oder strafrechtlicher Sanktionen oder über sonstige schwerwiegende Sachverhalte, die sich auf die Ausübung der von der Richtlinie erfassten Tätigkeiten auswirken könnten. Im nationalen Recht enthält **§ 11b GewO** eine Sonderregelung[2] zur Übermittlung personenbezogener Daten innerhalb der Europäischen Union und des Europäischen Wirtschaftsraumes bei von der RL 2005/36/EG umfassten reglementierten Berufen,[3] die zur Umsetzung der Berufsanerkennungsrichtlinie in die GewO eingefügt wurde[4] und in § 11b Abs 1 S 2 GewO wie Art 56 Abs 2 der Berufsanerkennungsrichtlinie auch die „Spontanübermittlung" entsprechender Daten ohne Ersuchen vorsieht.[5]

2 **2. Anwendungsbereich.** Der Anwendungsbereich des § 8d erschließt sich im systematischen Zusammenhang mit § 8e. Danach muss zunächst ein Rechtsakt der EU (s hierzu § 8a Rn 2) die Mitteilung von Informationen von Amts wegen gebieten. Unmittelbar anwendbare Rechtsakte müssen zweitens in Kraft getreten sein; bei anderen Rechtsakten (Richtlinien) muss die Umsetzungsfrist abgelaufen sein.

3 **3. Verfassungsrechtliche Zulässigkeit.** Bedenken gegen die Regelung könnten daraus erwachsen, dass die Vorschrift selbst Einschränkungen der Pflicht zur Übermittlung aus **Gründen des Datenschutzes** nicht vorsieht. Sie könnten aber nur dann zum Tragen kommen, wenn der Rechtsakt der EU, dessen Umsetzung bzw Vollzug die Verpflichtung aus der Vorschrift dient, die verfassungsrechtlich gebotenen Grenzen der Informationsübermittlung aus Gründen des Datenschutzes nicht bereits selbst einhält. Da der Schutz der Persönlichkeit und allgemeiner der Geheimnisschutz auch zu den Prinzipien des Unionsrechts zählt, sind gegen die Vorschrift selbst Bedenken nicht berechtigt. Vielmehr muss bei Anwendung der Vorschrift geprüft werden, ob europarechtlichen Anforderungen des Daten- und Geheimnisschutzes, insbesondere der Datenschutz-RL[6] im jeweils maßgeblichen Rechtsakt der EU hinreichend Rechnung getragen worden ist.

II. Informationspflichten von Amts wegen (Abs 1)

4 **1. Verpflichtete Behörde.** Zur Übermittlung der Informationen von Amts wegen ist nach Abs 1 S 1 die „zuständige Behörde" verpflichtet. Dabei handelt es sich um diejenige Behörde, in deren Zuständigkeitsbereich die zu übermittelnden Informationen über Sachverhalte und Personen angefallen bzw erhoben worden sind. Die Regelung in Abs 1 S 1 enthält keine Einschränkungen hin-

---

[2] Hierzu Schönleiter, GewArch 2009, 384, 389; Schulze-Werner, GewArch 2009, 391, 392 ff.

[3] Zur Reichweite der Vorschrift Tettinger/Wank/Ennuschat, GewO, § 11b Rn 3 f.

[4] Art 1 des Gesetzes zur Umsetzung der Richtlinie 2005/36/EG des Europäischen Parlaments und des Rates über die Anerkennung von Berufsqualifikationen in der Gewerbeordnung v 12.12.2008 (BGBl I 2423), nur in der Überschrift geändert durch Gesetz zur Umsetzung der Dienstleistungsrichtlinie im Gewerberecht und in weiteren Rechtsvorschriften v 17.7.2009 (BGBl I 2091), zu § 11b GewO s auch BeckOK 3.

[5] Schulze-Werner, GewArch 2009, 391, 393.

[6] Richtlinie 95/46/EG des Europäischen Parlaments und des Rates vom 24.10.1995 zum Schutz natürlicher Personen bei der Verarbeitung personenbezogener Daten und zum freien Datenverkehr, ABl EG Nr L 281/31.

sichtlich der Art der Verwaltungstätigkeit, bei der die Informationen angefallen oder erhoben worden sind.

2. Empfänger der Informationen. Die Informationen über Personen und Sachverhalte sind nach Maßgabe der jeweils einschlägigen Rechtsakte an **Behörden der Mitgliedstaaten** und die **Kommission** zu übermitteln. Insoweit geht die Vorschrift über § 8a Abs 1 hinaus, wonach die Hilfeleistung nur den Behörden der Mitgliedstaaten zu leisten ist, nicht aber der Kommission. Welche Behörden konkret Empfänger der Informationen sind, ist dem einschlägigen Rechtsakt der EU zu entnehmen. Soweit die Behörde Zweifel hat, welche Behörde in einem Mitgliedsstaat zuständig ist, kann sie im Anwendungsbereich der DL-RL die Verbindungsstelle nach Art 28 Abs 2 DL-RL anrufen, welche dann die Zuständigkeit ermittelt.[7] 5

3. Informationen über Personen und Sachverhalte. Mit der Formulierung „Informationen über Personen und Sachverhalte" ist ein weitestmöglicher Anwendungsbereich eröffnet. Eine sachliche Einschränkung enthält diese Formulierung nicht, da sämtliche denkbaren Informationen solche über Personen und/oder Sachverhalte sind. Art und Umfang der mitzuteilenden Informationen ergeben sich aus dem maßgeblichen Rechtsakt der EU. 6

4. Anlass der Informationspflicht. Die Vorschrift enthält keine Regelungen über den Zeitpunkt, zu dem die Verpflichtung zur Mitteilung von Informationen beginnt. Auch diese Frage ist deshalb allein auf der Grundlage des jeweils einschlägigen Rechtsakts der EU zu entscheiden. Soweit sich daraus eine Verpflichtung ergibt, wird die Mitteilung unverzüglich zu erfolgen haben. 7

5. Nutzung der eingerichteten Informationsnetze. Nach Abs 1 S 2 sollen die Mitteilungen unter Nutzung der hierfür eingerichteten Informationsnetze erfolgen. Damit ist vor allem das **Binnenmarktinformationssystem** (Knack/Henneke § 8b Rn 16) gemeint, welches den europäischen Informationsfluss bei der Kontrolle von Dienstleistungen auf eine einheitliche Basis stellen soll (s hierzu § 8b Rn 10). 8

III. Pflicht zur Mitteilung an Betroffene (Abs 2)

1. Allgemeines. Aus Gründen der Transparenz und des Datenschutzes ist eine deutsche Behörde, die Angaben nach Abs 1 an eine Behörde eines anderen Mitgliedstaats übermittelt, dazu verpflichtet, den Betroffenen von der Tatsache der Übermittlung zu unterrichten, allerdings nur dann, wenn Rechtsakte der EU dies vorsehen. Damit überlässt Abs 2 den Schutz der Betroffenen dem Regime des Unionsrechts und beschränkt sich darauf, den Umfang der Mitteilungen zu umreißen (Abs 2, 2. Halbs). Eine solche Unterrichtungspflicht sieht insbesondere Art 33 Abs 1 S 2 DL-RL vor. 9

2. Art und Umfang der Unterrichtung. Zur Unterrichtung verpflichtet ist die ersuchte Behörde, die Angaben nach Abs 1, also Angaben über Sachverhalte und Personen, an die Behörden eines anderen Mitgliedstaates übermittelt. Die Unterrichtung erfolgt nur nach Maßgabe der Regelungen des Rechtsakts der EU, die sich insoweit an Grundrechten und Grundsätzen der EU zu orientieren haben. Zur Unterrichtung gehören die Tatsache der Übermittlung, die „Art der Angaben", die Zweckbestimmung und die Rechtsgrundlage der Übermittlung. Die Mitteilung der Art der Angaben erfordert eine konkrete Beschreibung der Daten, die übermittelt wurden (zB „Personalien", „Angaben über die Ausbildung zum …" oder „Angaben zu Vorstrafen"). 10

---

[7] Zu den Funktionen der Verbindungsstellen s Schlachter/Ohler, Art 28 Rn 39.

§ 8e Anwendbarkeit

Die Regelungen dieses Abschnitts sind mit Inkrafttreten des jeweiligen Rechtsaktes der Europäischen Gemeinschaft, wenn dieser unmittelbare Wirkung entfaltet, im Übrigen mit Ablauf der jeweiligen Umsetzungsfrist anzuwenden.[2] Sie gelten auch im Verhältnis zu den anderen Vertragsstaaten des Abkommens über den Europäischen Wirtschaftsraum, soweit Rechtsakte der Europäischen Gemeinschaft auch auf diese Staaten anzuwenden sind.[6]

Übersicht

I. Allgemeines

1 Die Vorschrift regelt den Geltungsbereich der §§ 8a ff, indem sie diesen an den jeweiligen Rechtsakten des Unionsrechts orientiert. Sie hätte aus systematischen Gründen an sich in § 8a integriert werden müssen, weil sie an die dortigen Regelungen zum sachlichen und zeitlichen Anwendungsbereich anknüpft. Sie schließt in S 1 an § 8a Abs 1 S 1 an und stellt klar, dass die Anwendbarkeit der §§ 8a ff entweder die **unmittelbare Wirkung** eines Rechtsaktes der EU oder – bei fehlender unmittelbarer Wirkung – den **Ablauf der Umsetzungsfrist** eines Rechtsaktes voraussetzt, nach dem eine gegenseitige Hilfeleistung von Behörden der Mitgliedstaaten der EU geboten oder zugelassen ist. Sie stellt damit zugleich klar, dass der Verweis auf Rechtsakte der EU eine **dynamische Verweisung** darstellt, dass sich also der Bestand der unmittelbar geltenden Rechtsakte der EU verändern kann (s auch § 8a Rn 2). In S 2 wird die Geltung auf die Staaten des Europäischen Wirtschaftsraums (Island, Liechtenstein, Norwegen) erstreckt, soweit die Rechtsakte des Unionsrechts auch auf diese anwendbar sind (BT-Dr 16/13399 S 14).

II. Zeitlich-sachlicher Anwendungsbereich

2 **1. Unmittelbar geltende Rechtsakte.** Die Vorschrift bestimmt in S 1 den Anwendungsbereich der §§ 8a ff zunächst durch Anknüpfung an solche unmittelbar geltenden Rechtsakte der EU, die (von vornherein) unmittelbare Geltung entfalten. Mit dem Begriff der Rechtsakte knüpft die Vorschrift an Art 288 AEUV an. Von den dort genannten Handlungsformen kommen als mit dem Inkrafttreten unmittelbar geltende Rechtsakte die **Verordnung (Art 288 Abs 2 AEUV)** und der **Beschluss (Art 288 Abs 4 AEUV)** in Betracht, aber auch Durchführungsbestimmungen der Kommission.[1] Empfehlungen und Stellungnahmen fehlt die Verbindlichkeit (Art 288 Abs 5 AEUV), weshalb sie als Anknüpfungsakte für die §§ 8a ff nicht in Frage kommen. Da Richtlinien (Art 288 Abs 3 AEUV) der Umsetzung durch die Mitgliedstaaten bedürfen, kommen sie nicht als Rechtsakte iS der ersten Alternative in Betracht. Für sie gilt die zweite Alternative (s unten Rn 4).

3 **Nicht zu den Rechtsakten** der EU gehören die Bestimmungen des Primärrechts, also der Verträge selbst. Bei den **Regelungen des Vertragsrechts** han-

---

[1] Knack/Henneke § 8a Rn 31; Schmitz/Prell NVwZ 2009, 1121, 1124.

delt es sich zwar um Rechtsakte, aber nicht um solche der Europäischen EU, sondern der Mitgliedstaaten, die die vertraglichen Grundlagen für das Handeln der Organe der EU schaffen. Deshalb kommt auch Art 4 Abs 3 EUV nicht als Rechtsakt iS der §§ 8aff in Betracht, und zwar unabhängig davon, welche Verpflichtungen zur Hilfeleistung sich aus dieser Bestimmung für die Mitgliedstaaten ergeben können.[2] Ob nach Inkrafttreten des Vertrags von Lissabon (Einf II Rn 6ff) die Begrenzung der Anwendbarkeit auf Rechtsakte der EU Bestand haben wird, scheint ungewiss, da der Lissabon-Vertrag in **Art 197 AEUV** eine eigene Vorschrift zur Verwaltungszusammenarbeit enthält und so eine Verpflichtung zur Kooperation der Behörden im Bereich der Europäischen Union nahe legt (Knack/Henneke § 8a Rn 32).

2. Sonstige Rechtsakte nach Ablauf der Umsetzungsfrist. Wichtiger als die erste Alternative des S 1 dürfte die zweite sein, wonach die §§ 8aff auch dann zur Anwendung kommen, wenn ein Rechtsakt keine unmittelbare Wirkung entfaltet, weil er der Umsetzung durch die Mitgliedstaaten bedarf. Bei diesen Rechtsakten handelt es sich um **Richtlinien iSd Art 288 Abs 3 AEUV** In diesem Fall beginnt die Anwendbarkeit mit dem Ablauf der Umsetzungsfrist. Diese Frist endet mit dem Zeitpunkt, zu dem der Rechtsakt spätestens in nationales Recht der Mitgliedstaaten umgesetzt worden sein muss. Diese Regelung führt dazu, dass die §§ 8aff stets dann anzuwenden sind, wenn erstens eine Richtlinie eine Hilfeleistung iS des § 8a oder eine Information von Amts wegen iSd § 8d gebietet oder zulässt und wenn zweitens die Umsetzungsfrist für diese Richtlinie abgelaufen ist. Die Umsetzungsfrist der Berufsanerkennungsrichtlinie endete nach deren Art 63 mit Ablauf des 20.10.2007, also bereits vor Inkrafttreten der §§ 8aff.[3] Das Ende der Umsetzungsfrist der Dienstleistungs-RL (Art 44 Abs 1) fiel dagegen mit dem Inkrafttreten der §§ 8aff am 28.12.2009 zusammen. 4

Nach der zweiten Alternative des S 1 **kommt es nicht darauf an,** ob die von der Rspr des EuGH entwickelten **Voraussetzungen für eine unmittelbare Anwendung der Richtlinie** erfüllt sind. Zwar könnte erwogen werden, in einem solchen Fall die Anwendbarkeit der §§ 8aff auch aus der ersten Alternative des S 1 herzuleiten, weil dann auch die Richtlinie einen Rechtsakt mit unmittelbarer Wirkung darstellte. Diese Wirkung wäre allerdings nicht mit dem Inkrafttreten verbunden, sondern erst mit dem Beginn der unmittelbaren Wirkung. Einer solchen Analogie bedarf es aber nicht, weil eine unmittelbare Wirkung einer Richtlinie vor dem Ablauf der Umsetzungsfrist jedenfalls ausscheidet. Deshalb kommt für Richtlinien lediglich die zweite Alternative des S 1 in Betracht, wobei es auf die übrigen Voraussetzungen für eine unmittelbare Anwendung der Richtlinienbestimmungen nicht ankommt. Die §§ 8aff dienen im übrigen gerade der Umsetzung, soweit es um Hilfeleistungen geht. 5

III. Mitgliedstaaten der EU und des EWR

1. Erstreckung auf EWR. S 2 erstreckt den Anwendungsbereich der §§ 8aff auf die Vertragsstaaten des Abkommens über den Europäischen Wirtschaftsraum. Dabei handelt es sich nach dem Ausscheiden der Schweiz nur noch um die **Staaten Island, Liechtenstein und Norwegen.** Voraussetzung für die Anwendung der §§ 8aff auf Hilfeleistungen gegenüber Behörden dieser Staaten und umgekehrt für Hilfeersuchen an Behörden dieser Staaten sowie die Verpflichtungen des § 8d ist, dass der jeweilige Rechtsakt nach den Bestimmungen des Abkommens über den Europäischen Wirtschaftsraum auch diesen Staaten gegenüber anzuwenden sind. 6

---

[2] S zu der Frage, ob Art 4 Abs 3 EUV selbst Grundlage einer Hilfeverpflichtung sein könnte, § 8a Rn 9.

[3] S auch Knack/Henneke 2.

7 **2. Anwendbarkeit der Rechtsakte nach EWR-Abkommen.** In welchen Fällen Rechtsakte der EU auch den oben genannten Vertragsstaaten des EWR-Abkommens gegenüber anzuwenden sind, ergibt sich aus Art 7 des Abkommens über den Europäischen Wirtschaftsraum (EWR-Abkommen).[4] Danach sind im EWR solche Rechtsakte der EU verbindlich, die entweder in den Anhängen zum EWR aufgezählt oder vom EWR-Ausschuss (Art 92 EWR-Abkommen) für verbindlich erklärt worden sind. Dabei unterscheidet Art 7 des Abkommens ebenso wie § 8e zwischen unmittelbar geltenden und umsetzungsbedürftigen Rechtsakten. Die allgemeinen Regelungen des Art 3 Abs 3 des Abkommens über die Förderung der Zusammenarbeit reichen nicht aus, um sämtliche Pflichten aus Rechtsakten der EU auch auf die EWR-Staaten zu erstrecken. Die speziellen Regelungen der Amtshilfe in Zollsachen (Art 21 Abs 2 EWR-Abkommen) und über den Austausch und die Bereitstellung von Informationen (Art 80 Abs 3 EWR-Abkommen) bleiben unberührt.

[4] ABl (EG) L 1/3 v 3.1.1994.

Teil II. Allgemeine Vorschriften über das Verwaltungsverfahren

Abschnitt 1. Verfahrensgrundsätze

§ 9 Begriff des Verwaltungsverfahrens

Das Verwaltungsverfahren[6] im Sinne dieses Gesetzes ist die nach außen wirkende Tätigkeit[10] der Behörden, die auf die Prüfung der Voraussetzungen, die Vorbereitung und den Erlass eines Verwaltungsaktes[17] oder auf den Abschluss eines öffentlich-rechtlichen Vertrags gerichtet ist; es schließt den Erlass des Verwaltungsaktes oder den Abschluss des öffentlich-rechtlichen Vertrags ein.

Parallelvorschrift: § 8 SGB-X

Schrifttum: *Anders,* Der Umfang der Rechtmäßigkeitsprüfung im Baugenehmigungsverfahren, JuS 2015, 604; *Bäumler,* Die Beteiligung mehrerer Behörden am Verwaltungsverfahren – zur Auslegung des § 9 VwVfG, BayVBl 1978, 492; *Becker,* Das allgemeine Verwaltungsverfahren in Theorie und Gesetzgebung 1960; *Bettermann/Melichar,* Das Verwaltungsverfahren, VVDStRL 1959, 118, 153; *Gusy,* Der Antrag im Verwaltungsverfahren, BayVBl 1985, 484; *Kopp,* Verfassungsrecht und Verwaltungsverfahrensrecht, 1970; *ders.,* Das Gebot der Koordinierung konkurrierender Zulassungsverfahren, NVwZ 2009, 65; *Lämmle,* Konkurrenz paralleler Genehmigungen, 1991; *Laubinger,* Personalvertretungs- und Verwaltungsverfahrensrecht, VerwArch 1985, 449; *Maier,* Weisungen vorgesetzter Behörden gegenüber der Planfeststellungsbehörde, BayVBl 1990, 647; *Neumann,* Die Entwicklung des Verwaltungsverfahrensrechts, NVwZ 2000, 1244; *Niedobitek,* Rechtsbindung der Verwaltung und Effizienz des Verwaltungsverfahrens, DÖV 2000, 761; *Obermayer,* Dogmatische Probleme des Verwaltungsverfahrens, in: Boorberg-FS 1977, 111; *Pitschas,* Verwaltungsverantwortung und Verwaltungsverfahren, 1990; *Seibert,* Die Bindungswirkung von VAen, 1989; *Siegel,* Die Präklusion im europäisierten Verfahrensrecht, NVwZ 2017, 337; *Siegel/Ziekow,* Das Vergabeverfahren als Verwaltungverfahren, ZfBR 2004, 30; *Sydow,* Europäisierte Verwaltungsverfahren, JuS 2005, 97; *Ule/Becker,* Verwaltungsverfahren im Rechtsstaat, 1964.

Speziell zu parallelen und gestuften Verfahren: *Ell,* Konzentrationsnormen – Entscheidende Weichenstellungen in Klausur und Praxis, JuS 2005, 497; *Fluck,* Die Konzentrationswirkung der immissionsschutzrechtlichen Genehmigung und ihre Grenzen, NVwZ 1992, 114; *Gaentzsch,* Konkurrenz paralleler Anlagegenehmigungen für Zuständigkeit mehrerer Behörden unter Berücksichtigung des Bau- und Landschaftsschutzrechts, NJW 1986, 2787; *Henseler,* Kompetenzkonflikte paralleler Gestattungsverfahren am Beispiel der Genehmigung von Atomanlagen, DVBl 1982, 390; *Jarass,* Konkurrenz, Konzentration und Bindungswirkung 1984; *Meiendresch,* Das gestufte Baugenehmigungsverfahren, 1991; *Schmidt-Preuß,* Möglichkeiten und Grenzen reduzierter Regelungsgehalte von Parallelgenehmigungen (insb zu BVerwG 82, 61), DVBl 1991, 229; *Upmeier,* Entscheidungskonkurrenz für die Zuständigkeit mehrerer Behörden unter Berücksichtigung des Bau- und Landschaftsschutzrechts, NuR 1986, 309; *Vogelsang/Zartmann,* Ende des gestuften Verfahrens?, NVwZ 1993, 855; *Wieland,* Die Stufung von Anlagengenehmigungen im Atomrecht, DVBl 1991, 616.

Speziell zu kooperativen und informellen Verfahren: *Brohm,* Verwaltungsverhandlungen mit Hilfe von Konfliktmittlern? DVBl 1990, 321; *Burmeister/Krebs,* Verträge und Absprachen zwischen der Verwaltung und Privaten, VVDStRL 1993, 190, 248; *Fehling,* Informelles Verwaltungshandeln, in: Grundlagen II, § 38; *Fluck/Schmitt,* Selbstverpflichtungen und Umweltvereinbarungen, VerwArch 1998, S. 220 ff; *Henneke,* 30 Jahre LVwG, 20 Jahre VwVfG – Stabilität und Flexibilität des Verwaltungshandelns, DÖV 1997, 768; *ders,* Informelles Verwaltungshandeln im Wirtschaftsverwaltungs- und Umweltrecht, NuR 1991, 267; *Hoffmann-Riem,* Tendenzen der Verwaltungsrechtsentwicklung, DÖV 1997, 433; *ders,* Verwaltungsrechtsreform – Ansätze am Beispiel des Umweltschutzes, in Hoffmann-Riem/Schmidt-Aßmann/Schuppert (Hg), Reform des Allgemeinen Verwaltungsrechts, 1993, 115; 131; *Holznagel/Ramsauer,* Mediation im Verwaltungsverfahren, in: Haft/Schlieffen, Handbuch Mediation 2002, 1124; *Kunig,* Verträge und Absprachen zwischen Verwaltung und Privaten, DVBl 1992, 1193; *Lübbe-Wolff,* Das Kooperationsprinzip im Umweltrecht, NuR 1989, 295; *Schmidt-Aßmann,* Zur Reform des Allgemeinen Verwaltungsrechts – Reformbedarf und Reformansätze, in: Hoffmann-Riem/Schmidt-Aßmann/Schuppert (Hg), Reform des Allgemeinen Verwaltungsrechts, 1993, 11; *J. P. Schneider,* Kooperative Verwaltungsverfahren, VerwArch 1996, 38; *Schulte,* Schlichtes Verwaltungshandeln, 1995; *Stollmann,* Die Einschaltung Dritter im neuen Städtebaurecht, NuR 1998, 578; *Tomerius,* Informelle Projektabsprachen im Umweltrecht, 1995; *Wallerath,* Kontraktmanagement und Zielvereinbarungen als Instrumente der Verwaltungsmodernisierung, DÖV 1997, 5.

Übersicht

I. Grundlagen

1. Inhalt der Vorschrift. a) Allgemeines. Die Vorschrift stellt eine Grundnorm des VwVfG dar. Sie gibt eine Legaldefinition des Begriffs des Verwaltungs- 1 verfahrens für den Bereich des VwVfG und begrenzt damit zugleich die Anwendbarkeit der in den folgenden Abschnitten enthaltenen Vorschriften über das Verwaltungsverfahren ieS. Abweichend von dem insoweit weiteren Begriff des Verwaltungsverfahrens, wie er etwa Art 84 Abs 1 GG zugrunde liegt, gelten die in den §§ 9 ff getroffenen Regelungen nur für Verfahren, die auf den **Erlass eines VA oder den Abschluss eines verwaltungsrechtlichen Vertrags** abzielen. Darüber hinaus beschränkt die Vorschrift den Begriff des Verwaltungsverfahrens auf „**die nach außen wirkende Tätigkeit**", die auf den Erlass eines VA bzw auf den Abschluss eines Vertrags abzielt. Der enge Begriff des Verwaltungsverfahrens hat damit eine auf die Handlungsform und eine auf die Wirkung bezogene Komponente: **Nicht erfasst** werden zunächst sämtliche Verfahren, die auf **andere Handlungsformen** der öffentlichen Verwaltung ausgerichtet sind, also etwa auf schlicht-hoheitliches Handeln, informelles Verwaltungshandeln, Maßnahmen im Bereich des Verwaltungsprivatrechts, aber auch auf den Erlass von Rechtsverordnungen und Satzungen. Auf hierauf gerichtete Verwaltungsverfahren sind die §§ 9 ff. damit jedenfalls nicht unmittelbar anwendbar. Aber auch die auf den Erlass eines VA oder den Abschluss eines Verwaltungsvertrags gerichteten Verwaltungsverafahren werden nur insoweit erfasst, als es um nach außen wirkende Verfahrensschritte und Entscheidungen geht. Sämtliche Handlungen, deren Wirkung sich auf die **internen Abläufe innerhalb der Verwaltung** beschränkt, werden den Verfahrensregime der §§ 9 ff nicht unterworfen.

2 **b) Verfahren und Verfahrensrechtsverhältnis.** Die Definition des Verwaltungsverfahrens wird allein durch die rechtliche Qualifizierung der Behördentätigkeit vorgenommen; eine Differenzierung zwischen dem Verfahrensverhältnis als solchem und den im Rahmen dieses Verhältnisses entfalteten Tätigkeiten bzw ergriffenen Maßnahmen unterbleibt (zur Bedeutung des Rechtsverhältnisbegriffs Einf I Rn 54 ff). Mit der Eröffnung eines Verwaltungsverfahrens (s § 22) wird ein selbständiges Verfahrensrechtsverhältnis gegenüber dem Beteiligten (§ 13) begründet, das neben die durch Vorschriften des materiellen Rechts begründeten Rechtsverhältnisse tritt und **verfahrensspezifische Rechte und Pflichten** begründet. Zu diesen gehört etwa der Anspruch auf rechtliches Gehör (§ 28) oder das Recht auf Akteneinsicht (§ 29). Zu den besonderen Wirkungen des Verfahrensrechtsverhältnisses gehören auch die Voraussetzungen und Rechtsfolgen von Verfahrenshandlungen der Beteiligten, wie zB die §§ 14 ff für die Bevollmächtigung oder § 26 Abs 2 für die Mitwirkung von Beteiligten bei der Ermittlung des Sachverhalts.

3 **2. Verfassungsrecht. a) Schutzfunktionen des Verwaltungsverfahrens.** Die im VwVfG und in den entsprechenden Vorschriften der Länder getroffenen Regelungen dienen nicht nur dem **geordneten Vollzug der Gesetze** im Rahmen der öffentlichen Verwaltungstätigkeit, sondern vor allem der **Wahrung und Durchsetzung der Rechte des Bürgers** in einem rechtsstaatlich geordneten Verfahren.[1] Sie stellen deshalb eine Errungenschaft und ein Gebot des Rechtsstaates dar. Der Bürger wird nicht zum Objekt staatlichen Handelns, sondern ist als Subjekt am Verfahren beteiligt. Das erhöht nicht nur die Transparenz des Verfahrens, das nicht geheim ablaufen darf, sondern auch die Akzeptanz der Entscheidungen seitens der Betroffenen und schließlich auch die Gewähr für die Richtigkeit der zu treffenden Entscheidungen.

3a Schließlich dient die Durchführung eines rechtsstaatlichen Verfahrens auch dem **Schutz der Grundrechtspositionen der Betroffenen;** die verfahrensrechtlichen Regelungen enthalten insoweit subjektive Verfahrensrechte (s Einf I Rn 56). Wegen der **begrenzten Steuerungskraft des materiellen Rechts**

[1] BVerfG NJW 1980, 763 mwN; Becker 35; Ule/Becker 4; Kopp 1 ff mwN und BayVBl 1969, 273.

kann der erforderliche Schutz des Einzelnen nicht ohne die Sicherung eines transparenten, rechtsstaatlichen Verfahrens, an dem die Betroffenen beteiligt sind, gewährleistet werden.[2] Das gilt nicht nur für die Fälle, in denen der Verwaltung Spielräume (Ermessen, Beurteilungsspielräume, Planungsermessen, vgl § 40) verbleiben, sondern nach zutreffender, allerdings bestrittener Auffassung (s § 40 Rn 100) auch für die Anwendung von unbestimmten Begriffen. Immer dann, wenn das materielle Recht eine Verwaltungsentscheidung praktisch vollständig determiniert und weder rechtlich noch praktisch Spielräume lässt, tritt die Bedeutung der Verfahrensgarantien des VwVfG allerdings zurück (vgl § 46).

b) Verfassungsrechtliche Anforderungen. Wegen seiner Bedeutung für die 3b Grundrechtsverwirklichung wirken zahlreiche Verfassungsgrundsätze in das Verwaltungsverfahren hinein. **Verwaltungsverfahrensrecht ist konkretisiertes Verfassungsrecht** (s Einf I Rn 17). Gleichwohl enthalten GG und die Landesverfassungen nur wenige ausdrückliche Vorgaben für die gesetzliche Ausgestaltung. Es sind die Prinzipien des Verfassungsrechts und die Grundrechte, aus denen sich Vorgaben für die **Ausgestaltung, Auslegung und Anwendung** ergeben. Unter diesen Gesichtspunkten ist die Begrenzung der Geltung des VwVfG erstens auf die nach außen wirkende Tätigkeit der Behörden und zweitens auf solche Verwaltungstätigkeiten, die auf den Erlass eines VA oder den Abschluss eines Verwaltungsvertrages gerichtet sind, ncht ganz unproblematisch. Damit bleibt sowohl der gesamte Bereich der internen behördlichen Maßnahmen, der internen Abstimmungsprozesse und Willensbildung, als auch der Bereich des informellen Verwaltungshandelns (s unten Rn 12a) ungeregelt.

Mit der hM ist indessen davon auszugehen, dass der **Gesetzgeber grund-** 3c **sätzlich nicht verpflichtet** ist, schlicht-hoheitliches Handeln, interne Verfahrensabläufe oder die informelle Verwaltungstätigkeit gesetzlich umfassend zu regeln.[3] Soweit Grundrechte oder das Rechtsstaaatsprinzip verfahrensrechtliche Gewährleistungen erfordern, die einfachgesetzlich nicht geregelt sind, ist zunächst eine **analoge Anwendung des VwVfG** in Betracht zu ziehen (s auch unten Rn 4a ff). Nur soweit diese nicht möglich ist, müssen die verfassungsrechtlich gebotenen verfahrensrechtlichen Sicherungen unmittelbar dem **einschlägigen Verfassungsrecht entnommen** werden. Zur entsprechenden Anwendbarkeit der Vorschriften des VwVfG auf informelle Verwaltungsverfahren s Einf I Rn 75 f.

3. Anwendungsbereich. a) Unmittelbare Anwendbarkeit. Die Vorschrift 4 definiert den Begriff des Verwaltungsverfahrens und bestimmt damit den Anwendungsbereich der §§ 9 ff. nur innerhalb des durch §§ 1, 2 bestimmten allgemein bestimmten Geltungsbereichs des VwVfG und unmittelbar nur für die Tätigkeit von Bundesbehörden. Die Verwaltungsverfahrensgesetze der Länder bestimmten den Anwendungsbereich in gleicher Weise. Uneingeschränkt anwendbar sind die §§ 9 ff zunächst einmal auf das formlose Verwaltungsverfahren. Auch für das **förmliche Verwaltungsverfahren** (§§ 63 ff) sind die Vorschriften grundsätzlich anwendbar (§ 63 Abs 2). Gleiches gilt – mit einigen Modifizierungen – für **Planfeststellungsverfahren** (§ 72 Abs 1). Zur weitgehenden Anwendbarkeit der §§ 9 ff neben den vorrangigen Vorschriften der VwGO im **Widerspruchsverfahren** s § 79 Rn 45 ff, zur grundsätzlich anerkannten Anwendbarkeit auf **Verfahren vor den Vergabekammern** s Einf I Rn 52. Wie sich aus § 71a

---

[2] Dies verkennt die derzeit allgemein übliche Unterscheidung von streng gebundenen Verwaltungsentscheidungen und Ermessens- bzw Beurteilungsakten, vgl § 40 Rn 12 ff.

[3] Zu dieser zT umstrittenen Frage BVerfG NJW 2002, 2621 (Glykol); NJW 2002, 2626 (Osho); NVwZ 2002, 585 (Atomkonsens), letztere mit wenig überzeugender Anm v Frenz NVwZ 2002, 561. Aus der Lit nur Knack/Henneke Rn 9 vor § 9; StBS 172 ff; zum staatlichen Informationshandeln: Schoch NVwZ 2011, 193.

ergibt, gelten auch für Verfahren, die über eine **einheitliche Stelle** abgewickelt werden, die Vorschriften des VwVfG. Die einheitliche Stelle handelt damit idR wie eine sonstige nicht federführende Behörde innerhalb eines Verwaltungsverfahrens.[4]

4a **b) Analoge Anwendung.** Eine analoge Anwendung der §§ 9 ff auf andere Verwaltungsverfahren kommt in Betracht, wenn einzelne Verfahrensrechte und -Pflichten dort nicht geregelt sind, ohne dass aus dem Fehlen der Schluss gezogen werden dürfte, dass es derartige Rechte und Pflichten in diesen Verfahren nicht geben soll **(planwidrige Lücke).** Ob das Fehlen von Regelungen idS planwidrig ist, muss allerdings auch unter dem Aspekt verfassungsrechtlicher Anforderungen gesehen werden. Liegt eine planwidrige Lücke vor, so kommt eine analoge Anwendung derjenigen Vorschriften in Betracht, sofern eine **vergleichbare Verfahrenskonstellation** vorliegt. Ob dies der Fall ist, muss in jedem Einzelfall anhand der gesetzlichen Zielsetzungen des jeweiligen Verwaltungsverfahrens und den davon betroffenen Interessen geprüft werden.[5]

4b **aa) Spezialgesetzlich geregelte Verwaltungsverfahren.** Soweit Verwaltungsverfahren nicht unter das VwVfG fallen, aber gleichwohl auf den Erlass von VAen oder den Abschluss von Verwaltungsverträgen gerichtet sind, kommt eine analoge Anwendung der §§ 10 ff bzw die entsprechenden Vorschriften des Landesrechts zur Füllung planwidriger Lücken in Betracht. Viele Bestimmungen können als **Ausdruck allgemeiner Rechtsgedanken des Verfahrensrechts** angesehen werden. Mit den Vorschriften wurden zum größten Teil allgemeine Grundsätze kodifiziert, die bereits vorher anerkannt waren und deshalb heute als deren zeitgemäße Konkretisierung angesehen werden können. Sie lassen sich deshalb jedenfalls ergänzend idR heranziehen.

4c **bb) Anwendbarkeit auf andere Handlungsformen. Problematisch** und teilweise umstritten ist die analoge Anwendung der §§ 9 ff auf Verfahren, die nicht den Erlass von VAen oder den Abschluss von Verwaltungsverträgen, sondern die Durchführung anderer Verwaltungshandlungen zum Ziel haben, wie etwa Handlungen im Bereich des schlichten Verwaltungshandelns (s näher § 35 Rn 36 ff). Hier muss stark differenziert werden. In einer Reihe von Fällen richtet sich das schlichthoheitliche Handeln auf **verwaltungsaktsähnliche Maßnahmen,** zB Regelungen im Rahmen von Sonderstatusverhältnissen, bei denen sich eine vergleichbare Interessenlage ergeben kann. Hier kommt eine analoge Anwendung in Betracht. Zweifelhaft ist dies aber bei sonstigem Verwaltungshandeln zB bei **Realakten,** bei schlichten Erklärungen wie **Warnungen und Empfehlungen,** und in dem immer größer werdenden Bereich des sog informellen Verwaltungshandelns, zB bei **informellen Absprachen** (s hierzu § 54 Rn 24 ff) und im Bereich des Verwaltungsprivatrechts (s hierzu Einf I Rn 51 ff).

4d **cc) Normatives Handeln. Umstritten** und ungeklärt ist die analoge Anwendbarkeit in Verfahren, die auf den Erlass von Rechtsverordnungen, Satzungen oder Verwaltungsvorschriften gerichtet sind.[6] Hier wird man ebenfalls differenzieren müssen. Zunächst stellt sich die Frage, ob in diesen auf den Erlass zB von Rechtsvorschriften oder Satzungen gerichteten Verfahrensregelungen überhaupt eine planwidrige Lücke vorliegt. Daran dürfte eine analoge Anwendung bereits in vielen Fällen scheitern. Sodann ist zu fragen, ob die Verfahrenskonstellation vergleichbar ist, was eher selten der Fall sein dürfte. Jedenfalls sind hier allgemeine Aussagen über die Analogiefähigkeit der §§ 9 ff nicht angezeigt.

---

[4] Enger wohl Knack/Henneke 11.

[5] StBS 4; Knack/Henneke 7; Ziekow 14; FKS 4; **aA** Bader/Ronellenfitsch 21.

[6] OVG Saarlouis NuR 2012, 74: Keine analoge Anwendung der §§ 45, 46 auf Rechtsverordnungsverfahren; demgegenüber OVG Hamburg NordÖR 2009, 262; analoge Anwendung des § 46 auf Verfahren zum Erlass eines Bebauungsplans, sehr zweifelhaft.

II. Verfahren bei Vollzug von EU-Recht

5 **1. Direkter Vollzug.** Für den direkten Vollzug von Unionsrecht durch Organe der EU selbst gelten die Bestimmungen des VwVfG nicht, auch nicht, wenn die Maßnahmen innerhalb Deutschlands bekannt gegeben oder umgesetzt werden. Insoweit findet auch keine mitgliedstaatliche Rechtskontrolle statt. Derzeit verfügt die EU noch nicht über ein kodifiziertes Verwaltungsverfahrensrecht. Zu den Bemühungen um eine Kodifizierung näher Einf II Rn 38, 42. Allerdings verfügt die Union mit dem **Recht auf eine gute Verwaltung** in Art 41 GRCh über einen Kanon der wichtigsten Verfahrensgrundsätze. Diese sind in der Rspr des EuGH über viele Jahre hinweg entwickelt bzw konkretisiert worden und bilden die Grundlage für das Verwaltungsverfahren im direkten Vollzug von Unionsrecht durch die Kommission und die Agenturen.

5a **2. Indirekter Vollzug. a) Grundsätzliche Anwendbarkeit.** Das VwVfG ist auf den Vollzug von EU-Recht und von mitgliedstaatlichem Recht, durch das Vorgaben des Unionsrechts umgesetzt werden, durch deutsche Verwaltungsbehörden grundsätzlich anwendbar (sog indirekter Vollzug, siehe Einf II Rn 38). Nach dem trotz mancher Einschränkungen durch EU-Verfahrensgrundsätze nach wie vor geltenden **Grundsatz der verfahrensrechtlichen Autonomie der Mitgliedstaaten** (Einf II Rn 38) richtet sich das Verwaltungsverfahren für den indirekten Vollzug von Unionsrecht nach dem Verfahrensrecht der Mitgliedstaaten, soweit das Unionsrecht nicht eigene Verfahrensregelungen bereithält. Dies ist derzeit nur in einigen Spezialbereichen der Fall (zB Zollkodex). Ob das Unionsrecht den indirekten Vollzug über die bestehenden Annexkompetenzen hinaus umfassend mit einem eigenständigen Verwaltungsverfahrensrecht regeln dürfte, ist im Hinblick auf den Grundsatz der verfahrensrechtlichen Autonomie und das Subsidiaritätsprinzip nicht unumstritten, im Hinblick auf die Entwicklung des europäischen Verwaltungsverbunds (s unten Rn 6; zum Begriff Einf II Rn 53) aber im Prinzip sinnvoll.[7]

5b **b) Modifizierungen durch Unionsrecht.** Das deutsche Verwaltungsverfahrensrecht wird zunehmend von verfahrensrechtlichen Grundsätzen des Unionsrechts überformt mit der Folge, dass es im Anwendungsbereich des Unionsrechts (einschließlich des nationalen Umsetzungsrechts) zu **substantiellen Veränderungen der Regelungen des VwVfG** kommt. Schrittmacher dieser Entwicklung ist der EuGH, der mit seiner Rspr immer häufiger Verfahrensgrundsätze für den indirekten Vollzug aufstellt, die wesentliche **Modifizierungen bei der Anwendung** des deutschen Verfahrensrechts erforderlich machen (s hierzu Einf II Rn 42 ff). Wenn das VwVfG vom Gesetzgeber nicht entsprechend angepasst wird, führt das in der Praxis zu erheblichen Anwendungsproblemen, weil im Verwaltungsverfahren danach differenziert werden muss, ob es um den Vollzug nationalen Rechts oder von Umsetzungsrecht geht (s hierzu Einf II Rn 42 ff).

5c **Rechtlicher Anknüpfungspunkt** ist nach wie vor Art. 4 Abs 3 EUV, der von den Mitgliedstaaten Vorkehrungen verlangt, die eine **Diskriminierung** von Personen aus anderen Mitgliedstaaten zu verhindern und **effektive Umsetzung** des materiellen EU-Rechts sicherstellen (effet utile). Um diesen Forderungen zu entsprechen, müssen einzelne Bestimmungen des VwVfG für den indirekten Vollzug von Unionsrecht modifiziert werden. Die erforderlichen Modifizierungen werden in der Kommentierung der Einzelvorschriften jeweils ausführlich behandelt. Die Rspr des EuGH greift immer stärker auch in wichtige Grundstrukturen des Verfahrensrechts ein. Spektakuläres Beispiel aus jüngster Zeit ist die Annahme der **Unionsrechtswidrigkeit der Präklusion** im Bereich des UVP-Rechts.[8]

---

[7] ReNEUAL- Musterentwurf S. 10 f.
[8] EuGH, U v 15.10.2015, Rs C-137/14, UPR 2016, 30.

5d **3. Verbundverfahren.** Im Rahmen des **europäischen Verwaltungsverbundes** (Begriff Einf II Rn 53) arbeiten nationale Behörden verschiedener Mitgliedstaaten mit oder ohne Beteiligung von Behörden der EU in Verwaltungsverfahren zusammen. Diese Formen der **horizontalen und vertikalen Verwaltungskooperation** wird in der Praxis immer wichtiger (Einf II Rn 54f). Zu der Verbindlichkeit von VA in anderen Mitgliedstaaten und zum Begriff des **transnationalen VA** siehe § 35 Rn 34 ff. Für die Anwendbarkeit des VwVfG gilt in diesen Fällen der Grundsatz, dass die beteiligten Behörden jeweils dasjenige Recht zugrunde zu legen haben, das für sie und ihren Handlungsbeitrag gilt. Das nationale Verfahrensrecht ist nur auf die Verfahrenshandlungen der nationalen Behörden im indirekten Vollzug des EU-Rechts anwendbar.[9] Zu Einzelheiten der Beteiligung von Behörden anderer Mitgliedstaaten und der EU im Rahmen der **Europäischen Verwaltungszusammenarbeit** s § 8a ff. Insoweit sind die Amtshilfevorschriften idR entsprechend anwendbar (§ 8a Rn 21 ff.).

III. Begriff des Verwaltungsverfahrens

6 **1. Allgemeine Voraussetzungen.** Unter den in § 9 definierten Begriff des Verwaltungsverfahrens fällt die öffentlich-rechtliche Verwaltungstätigkeit von Behörden nur dann, wenn die allgemeinen Voraussetzungen der Anwendbarkeit des VwVfG erfüllt sind. Zum Erfordernis öffentlich-rechtlichen Handelns s § 1 Rn 5 ff; zur Verwaltungstätigkeit s § 1 Rn 17 ff und zum Behördenbegriff s § 1 Rn 51 ff. In § 9 wird die Anwendbarkeit der §§ 9 ff durch den Begriff des Verwaltungsverfahrens über die in §§ 1, 2 normierten Geltungsvoraussetzungen des VwVfG hinaus eingeschränkt, indem erstens nur nach außen wirkende Tätigkeiten und zweitens nur solche Tätigkeiten erfasst werden, die auf die Prüfung der Voraussetzungen, die Vorbereitung und den Erlass eines VA oder den Abschluss eines öffentlich-rechtlichen Vertrages gerichtet sind.

7 **2. Öffentlich-rechtliche Verwaltungstätigkeit von Behörden. a) Öffentlich-rechtliche Maßnahmen.** Als Handlungen, die nach § 9 dem Regime der §§ 10 ff unterliegen, sind nur öffentlich-rechtliche Verfahrenshandlungen und Maßnahmen anzusehen. Öffentlichrechtlichkeit ist jedenfalls dann anzunehmen, wenn die Handlungen unmittelbar der Vorbereitung des Erlasses eines VA oder des Abschlusses eines Verwaltungsvertrages dienen. Geht es um die Vorbereitung einer privatrechtlichen Tätigkeit, gelten die Regelungen des VwVfG nicht, jedenfalls nicht unmittelbar. Auch im Bereich des **Verwaltungsprivatrechts,** in dem öffentliche Aufgaben in den Formen des Privatrechts unter Verwendung privatrechtlicher Organisations- und/oder Handlungsformen erledigt werden (s hierzu § 1 Rn 16d; Einf I Rn 51), kommt nur eine analoge Anwendung einzelner Vorschriften der §§ 10 ff in Betracht. Dies setzt voraus, dass ein angemessener Schutz der Rechtspositionen der Betroffenen, wie er sonst durch die §§ 10 ff bewirkt wird, nicht auf andere Weise gewährleistet werden kann. Liegt ein Anwendungsfall der Zweistufentheorie (näher § 35 Rn 74b) vor, so kommt das VwVfG auf der öffentlich-rechtlichen Stufe zur Anwendung.

7a **Die Vergabe öffentlicher Aufträge** wird dem **Privatrecht** zugeordnet.[10] Das ist insoweit konsequent, als es um den Abschluss privatrechtlicher Beschaffungsverträge geht (**Einf I Rn 53 ff;** 35 Rn 75f). Allerdings stellt sich die Frage, ob insoweit nicht die Zweistufen-Theorie zur Anwendung kommen müsste, wonach über die Auswahl des Vertragspartners zunächst öffentlich-rechtlich ent-

---

[9] OVG Berlin-Brandenburg, B v 17.10.2011, OVG 10 S 22.11, juris Rn 24 ff für die Frage der Anhörung von Betroffenen nach § 28 VwVfG im Rahmen eines Auskunftsersuchens der Kommission in einem Beihilfeprüfungsverfahren.

[10] GmS-OGB NJW 1986, 2359; OVG Schleswig NordÖR 1999, 512; näher Einf I Rn 52 ff.

schieden wird, bevor auf den zweiten Stufe dann privatrechtliche Beschaffungsverträge abgeschlossen werden dürfen. Eine Kontrolle der Auswahlentscheidungen ist in den Vergaberichtlinien der EU für Auftragsvergaben oberhalb bestimmter Schwellenwerte vorgesehen (Einf I Rn 52e; § 35 Rn 76). Diese Vorgaben sind in Deutschland nicht im VwVfG, sondern im GWB geregelt worden. Das ist nicht systemgerecht, weil es sich bei den dort vorgesehenen Kontrollverfahren an sich um Verwaltungsverfahren bzw um Verwaltungsprozesse handelt (Einf I Rn 52f). Von der zutreffenden hM wird deshalb angenommen, dass die Verfahren vor den Vergabekammern in der Sache Verwaltungsverfahren sind.[11] Die Vorschriften des VwVfG sind deshalb insoweit ergänzend zu den speziellen Vorschriften der §§ 107 ff GWB direkt anzuwenden.[12] Zu den Besonderheiten des **Vergabeverfahrens** vor den Vergabekammern s näher Einf I Rn 52bff.

b) Maßnahmen von Behörden. Grundsätzlich gilt das VwVfG nur für das verfahrensrechtliche Handeln von Verwaltungsbehörden. Für die Anwendbarkeit des VwVfG maßgeblich ist diejenige Verwaltungsbehörde, die das Verfahren mit dem Ziel eröffnet, einen VA zu erlassen oder einen Vertrag abzuschließen **(federführende Behörde).** Sind andere Behörden an dem Verfahren beteiligt, so ist zu differenzieren: Handelt es sich um einen **Fall echter Verfahrensstufung**, bei dem die beteiligte Behörde selbst einen VA erlässt, erfolgt dieser Beitrag in einem **selbständigen Verwaltungsverfahren**. Über die Anwendbarkeit des VwVfG in diesem Verfahren ist selbständig zu entscheiden; maßgeblich ist hierfür die in diesem Verfahren federführende Behörde (BVerwGE 81, 277, 280), Handelt es sich um einen **unselbständigen Verfahrensbeitrag** (zB eine Stellungnahme, Herstellung des Benehmens, des Einvernehmens usw), gehören diese Handlungsbeiträge zwar zu dem Verfahren vor der federführenden Behörde, es handelt sich aber idR nicht um nach außen wirkende Verwaltungstätigkeit, weil die Beiträge erst nach außen wirken, wenn die federführende Behörde sie im Verwaltungsverfahren weiter verarbeitet. Die anderen Behörden können **Beteiligte** gem § 13 sein (s § 13 Rn 10), was aber nur in Ausnahmefällen der Fall ist. In dieser Eigenschaft könnten sie dann auch Verfahrenshandlungen vornehmen. 8

c) Handlungen Dritter im Verwaltungsverfahren. Schwierig ist die Einordnung von Handlungen Dritter, die von der Behörde in das Verwaltungsverfahren einbezogen worden sind (zB als **Sachverständige oder Verwaltungsmittler** bzw Mediatoren). Ihre Hinzuziehung richtet sich nicht nach § 13 Abs 2; sie sind deshalb **keine Beteiligten** iSd § 13. Als Beliehene können sie nur dann eingestuft werden, wenn ein besonderer Beleihungsakt auf gesetzlicher Grundlage stattgefunden hat (§ 1 Rn 58 ff). Soweit es sich nicht um Beliehene handelt, kann ihre Tätigkeit nur dann als öffentlich-rechtlich eingestuft werden, wenn sie als **Verwaltungshelfer** und damit gewissermaßen als verlängerter Arm der Verwaltung und ohne eigene Entscheidungsmacht angesehen werden dürfen[13] (siehe zum Begriff und Abgrenzung der öffentlich-rechtlichen Verwaltungstätigkeit § 1 Rn 5 ff). 9

d) Handlungen Beteiligter. Wer Beteiligter ist, ergibt sich aus § 13. Es gilt insoweit grundsätzlich ein **formeller Beteiligtenbegriff:** Beteiligt sind danach (nur) Antragsteller, Antragsgegner, Adressaten und Hinzugezogene (Einzelheiten § 13 Rn 7 ff). Für Verfahrenshandlungen der Beteiligten gelten die Bestimmun- 9a

[11] StBS 99; Ziekow, Das Vergabeverfahren als Verwaltungsverfahren, ZfBR 2004, 30; s auch Kahl, Das Verwaltungsverfahrensgesetz zwischen Kodifikationsidee und Sonderrechtsentwicklungen, in: Hoffmann-Riem/Schmidt-Aßmann, Verwaltungsverfahren und Verwaltungsverfahrensgesetz, 2002, S. 74.

[12] StBS 99; Knack/Herneke Vor § 9 Rn 30.

[13] Holznagel/Ramsauer, Mediation im Verwaltungsverfahren, § 44 Rn 10; str, **aA** Battis/Krautzberger/Löhr, BauGB, 11. Aufl 2009, § 4b Rn 6; Hellriegel, Mediation, S 120 ff.

gen des VwVfG nur begrenzt; anwendbar sind zB §§ 11–19, 23, nicht dagegen zB die §§ 20, 21. Im Übrigen ist die Wirksamkeit ihrer Handlungsbeiträge, insbesondere der Willenserklärungen, die Zulässigkeit oder Richtigkeit von Sachvortrag nach **privatrechtlichen Vorschriften** zu beurteilen. Zu diesen zählen die Regelungen über den Zugang (§ 130 BGB) und die Wirksamkeit von Willenserklärungen (§§ 116 ff BGB) usw. Siehe hierzu näher § 22 Rn 43a ff; § 54 Rn 18 ff. Aufgrund spezialgesetzlicher Regelungen können **weitere Personen** am Verfahren mit eigenen Rechten ausgestattet sein, ohne dadurch zu Beteiligten zu werden. Hierzu zählen, etwa anerkannte **Naturschutzverbände,** die nach § 63 BNatSchG in den dort genannten Verfahren zwar nicht beteiligt sind, aber Einsichts- und Stellungnahmerechte haben, oder **Einzelpersonen und Verbände** im Rahmen der **Öffentlichkeitsbeteiligung nach der UVP** (s hierzu § 63 Rn 25) und in Planfeststellungsverfahren (s § 73 Rn 31) sowie die **Handwerkskammern** nach § 8 Abs 4 HwO (FKS § 13 Rn 20).

10 **3. Nach außen wirkende Tätigkeit.** Die Vorschrift eröffnet den Anwendungsbereich der §§ 9 ff nur in Bezug auf diejenigen Handlungen der Behörden, die im Rahmen ihrer auf Vorbereitung und Erlass eines VA oder auf Abschluss eines Vertrages gerichteten Tätigkeit nach außen wirken. Der Begriff ist weiter als der der „unmittelbaren Rechtswirkung nach außen" iS von § 35[14] und darf nicht mit dem Begriff der Außenwirkung der Regelung in § 35 verwechselt werden. Die Verwaltungstätigkeit iSd § 9 muss nur nach außen wirken, nicht aber notwendigerweise etwas regeln. Eine **Regelungswirkung der Tätigkeit ist daher nicht zwingende Voraussetzung.**[15] Auch von einer unmittelbar auf Rechtspositionen der Beteiligten oder sonstiger Personen einwirkenden Tätigkeit ist in § 9 nicht die Rede. Es werden deshalb nicht nur solche Handlungen erfasst, die rechtlich geschützte Positionen unmittelbar berühren, was bei einer Tätigkeit, die eine spätere Entscheidung bzw einen späteren Vertragsschluss vorbereiten soll, ohnehin schwer zu beurteilen ist. Abzustellen ist vielmehr auf die **Auswirkungen** einer Handlung **auf die Verfahrenspositionen** von Beteiligten und Betroffenen. Es müssen Maßnahmen sein, die die Stellung der Beteiligten (§ 13) oder der sonstigen Betroffenen im Verwaltungsverfahren verändern.[16]

11 **a) Beispiele. Nach außen wirken** die Eröffnung des Verwaltungsverfahrens, die **Hinzuziehung** weiterer Beteiligter, die **Bestellung von Vertretern** von Amts wegen, die Durchführung einer **Anhörung,** einer **Beweisaufnahme,** die Gewährung von **Akteneinsicht,** die Durchführung eines **Erörterungstermins,** die **Ladungen** zu Verhandlungen, ferner Anweisungen an den Sachbearbeiter, Entscheidungen über die **Befangenheit und Ausschluss,** ferner die **Beteiligung von Gremien,** Ausschüssen usw. Hierzu zählt zwar nicht die interne Willensbildung in der Behörde einschließlich der Herstellung von Entscheidungsentwürfen, sofern diese nicht als Entscheidungsvorlagen Gegenstand der Beschlussfassung des Entscheidungsträgers werden, wohl aber der **Erlass der Entscheidung** selbst, ihre **Bekanntgabe und ggfs Zustellung.** Auch die Ablehnung einer Maßnahme, die die Verfahrensposition eines Beteiligten verbessern könnte, wie zB einer Akteneinsicht oder Anhörung, ist eine nach außen wirkende Verfahrenshandlung.

11a **b) Mitwirkungsakte anderer Behörden.** Soweit sie selbst VA-Qualität haben, ergehen sie in einem selbständigen Verwaltungsverfahren **(echte Verfahrensstufung);** sie sind dann nicht zugleich Verfahrenshandlungen in einem anderen Verwaltungsverfahren (s unten Rn 51 f). Nur wenn die Mitwirkungsakte

---

[14] Ebenso UL § 19 Rn 10; StBS 114; Obermayer 6; Vehse BayVBl 1976, 493; Kopp BayVBl 1976, 720; DÖV 1980, 507; Knack/Henneke 6; ähnlich MB 4; Ziekow 6.

[15] StBS 114, 121; Knack/Henneke 6; UL § 19 Rn 10.

[16] Ähnlich StBS 118: Verfahrenshandlungen, die die Sachentscheidung beeinflussen; Ziekow 6: mittelbare Außenwirkung.

nicht selbst VA-Charakter haben, können sie Teil des Verwaltungsverfahrens vor der federführenden Behörde angesehen werden. Es stellt sich sodann die Frage, ob diese Mitwirkungshandlungen Teil der „nach außen wirkenden Tätigkeit" der Behörden sind. Dies hängt von der Art und Weise der Mitwirkung ab. So sind Weisungen von Vorgesetzten oder der nächsthöheren Behörde keine nach außen wirkende Tätigkeit (s § 35 Rn 128 ff). Gleiches dürfte für Mitwirkungshandlungen ohne Bindungswirkung gelten, also Stellungnahmen, Herstellung des Benehmens usw. Anders aber die Herstellung des Einvernehmens, weil insoweit Bindungswirkung entsteht.

Umstritten ist, ob sich die Rechte und Pflichten der Beteiligten auch auf die unselbständigen Mitwirkungsakte anderer Behörden erstrecken. Die wohl überwiegende Meinung in der Literatur[17] nimmt an, dass für die unselbständigen Mitwirkungsakte nur die sog **internen Verfahrenspflichten** gelten, also insbes §§ 20, 21, 24, während sich die Rechte der Beteiligten nicht auf sie erstrecken. Nur wenn es sich bei unselbständigen Mitwirkungsakten ausnahmsweise um **nach außen wirkende Tätigkeiten** im Rahmen des Verwaltungsverfahrens handelt, dann folgt hieraus konsequenterweise, dass sich auch die **externen Verfahrensrechte der Beteiligten auf sie erstrecken,** insbes das Recht auf Anhörung und Akteneinsicht. Es wäre nicht verständlich, wenn sich Mitwirkungsentscheidungen, wie etwa die Entscheidung der Gemeinde nach § 36 BauGB zwar maßgeblich auf die Endentscheidung der Genehmigungsbehörde auswirken, die Betroffenen aber hier nicht beteiligt werden, insbes nicht angehört werden müssten.[18] 11b

c) Verwaltungsinterne Tätigkeiten. Nicht nach außen wirken demgegenüber solche Handlungen, die entweder rein interner Natur sind wie zB das Aktenstudium des Sachbearbeiters, **interne Besprechungen** des Falles mit Vorgesetzten und Mitarbeitern (vgl BVerwGE 66, 18; 68, 193: das VwVfG ist nicht auch auf die interne Willensbildung anwendbar), oder die **Erarbeitung von Entwürfen,** die rein technischer Natur sind, ohne die Stellung der Beteiligten oder Betroffenen im Verwaltungsverfahren unmittelbar zu verändern, wie zB die Anlage von Akten,[19] die **Vorbereitung eines Verhandlungstermins,** die Fahrt zur Ortsbesichtigung usw. Zum Kriterium der Unmittelbarkeit StBS 117; Knack/Henneke 8. Verwaltungsintern sind idR auch informelle Vorverhandlungen im Vorfeld des eigentlichen Verwaltungsverfahrens, mit denen etwa die Möglichkeit einer Genehmigungserteilung für bestimmte Vorhaben besprochen oder ausgelotet werden. **Problematisch sind vorbereitende Verhandlungen und Absprachen** neben bzw außerhalb eines bereits laufenden Verwaltungsverfahrens, weil die Trennung zwischen dem Verwaltungsverfahren und informellen Aushandlungsprozessen verwischt wird. Etwas anderes gilt für Fälle, in denen mit Zustimmung aller Beteiligten neben oder anstelle eines Verwaltungsverfahrens ein Mediationsverfahren abläuft, bei dessen erfolgreicher Umsetzung die Fortführung des Verwaltungsverfahrens uU sogar entbehrlich wird. 12

d) Informelles Handeln, Konfliktmittlung. aa) Außerhalb von Verwaltungsverfahren. Informelles Verwaltungshandeln durch nicht bindende Absprachen sowie die Mediation (Einf I Rn 77 ff) sind als solche **keine Verwaltungsverfahren,** sie unterfallen deshalb auch nicht, jedenfalls nicht unmittelbar, den 12a

---

17 StBS 127 ff; Knack/Henneke 8; MB 5; UL § 19 Rn 10; MSU 23.

18 Vgl idS auch Schmidt-Aßmann, Städte und Gemeindebund 1977, 13; Eilert BayVBl 1978, 496; zu Weisungen nach Art 85 Abs 4 und 87 GG, § 24 AtomG idS auch die Stellungnahme des BVerwG gegenüber dem BVerfG in NVwZ 1989, 1146; ferner auch BVerwG NJW 1990, 1804; zT **aA** Maurer JuS 1976, 496; UL § 19 Rn 10; StBS 128; Knack/Henneke 8.

19 Hier ist allerdings zu berücksichtigen, dass die Beteiligten Akteneinsichtsrechte haben, und dass insoweit auch das Gebot der Vollständigkeit der Aktenführung gilt.

Regelungen der §§ 10 ff (Einf I Rn 85). Die Ergebnisse informeller Aushandlungsprozesse sind idR rechtlich nicht verbindlich, auch wenn sie schriftlich festgehalten werden. Sie müssen vielmehr zunächst in ein Verwaltungsverfahren iSd § 9 eingebracht und ggfs darin umgesetzt (implementiert) werden.[20] Dies muss unter **Wahrung der verfahrensrechtlichen Positionen aller Beteiligten** geschehen (s Einf I Rn 85). In vielen Fällen werden sich die Rechte der Beteiligten eines Verwaltungsverfahrens wegen der faktischen Wirkungen informeller Absprachen **(faktische Vorabbindungen)** nur dann wirksam schützen lassen, wenn sie in die informellen Verhandlungen hineinverlagert werden, wenn die Verfahrensbeteiligten die Möglichkeit erhalten, ihre Interessen auf geeignete Weise auch in den informellen Aushandlungsprozessen zur Geltung zu bringen. Insoweit können die Regelungen der §§ 10 ff **Vorwirkungen** entfalten, bei deren Nichtbeachtung eine Implementation der Ergebnisse informeller Verhandlungen und Absprachen fehlerfrei nicht möglich ist (s hierzu Einf I Rn 75).[21]

12b **bb) Innerhalb von Verwaltungsverfahren.** Informelle Absprachen innerhalb bereits laufender Verwaltungsverfahren sind notwendig und üblich und **im Rahmen des Verfahrensermessens** der Behörde (§ 10) auch zulässig. Das bedeutet zugleich, dass die Behörde bei informellen Absprachen die verfahrensrechtlichen Positionen aller Beteiligten (§ 13) des Verfahrens wahren und sich insb an das Gebot der Gleichbehandlung halten muss. Einseitige informelle Absprachen können nicht nur die **Besorgnis der Befangenheit** (§ 21) des Amtswalters begründen, sondern auch Auswirkungen auf die Rechtmäßigkeit des später erlassenen VA haben, insb einen **Ermessensfehler** begründen (s näher § 40 Rn 85 ff).

13 **4. Auf Erlass eines VA oder Abschluss eines Vertrages gerichtet.** Die Vorschrift schließt alle Verfahrenshandlungen vom Begriff des Verwaltungsverfahrens aus, die nicht auf den Erlass einer VA oder den Abschluss eines Verwaltungsvertrags gerichtet sind. **Nicht erfasst werden** zB der Erlass von **Verordnungen und Satzungen** (UL § 19 Rn 9), ferner rein verwaltungsinterne Maßnahmen ohne unmittelbare Rechtswirkungen, wie etwa die Erarbeitung und der Erlass von Verwaltungsvorschriften oder von Organisationsmaßnahmen oder das sog schlichthoheitliche Handeln. Unerheblich ist, ob es tatsächlich zum Erlass des VA oder zum Abschluss eines Vertrages kommt. Entscheidend ist allein, dass eine entsprechende Zwecksetzung bzw Zielsetzung besteht.

14 **a) VA oder Vertrag als Verfahrensziel.** Die Regelung knüpft an die im VwVfG verwendeten Begriffe des VA und des öffentlich-rechtlichen Vertrags an. Die Einbeziehung des Vertrags ist schon deshalb geboten, weil bei Einleitung eines Verwaltungsverfahrens idR noch nicht feststeht, ob ein VA erlassen oder ein Verwaltungsvertrag geschlossen werden soll. Soweit die Behörde dagegen Maßnahmen treffen will, die nicht die Qualität eines VA haben, sind die §§ 9 ff nicht unmittelbar anwendbar. Das gilt insbesondere für die vielfältigen Formen des **schlichthoheitlichen Handelns**,, aber auch für **informelle Absprachen** (§ 54 Rn 20) und sämtliche Maßnahmen, die keine Außenwirkung haben, also keine Rechtpositionen von Bürgern berühren. Von Bedeutung ist dies für **Maßnahmen in Sonderstatusverhältnissen,** deren Regelungswirkung sich im Betriebsverhältnis erschöpft (s hierzu näher § 35 Rn 50 ff, 134 ff). Vor allem für das schlichthoheitliche Handeln sowie für Maßnahmen in Sonderstatusverhältnissen stellt sich dann die Frage nach einer **analogen Anwendbarkeit** einzelner Vorschriften des VwVfG. Diese Frage lässt sich aber nicht allgemein beantworten.

15 **b) Teilregelungen.** Teilregelungen haben idR VA-Charakter. Dies wird mit der allgemeinen Begriffsbestimmung des VA in § 35 klargestellt, wonach in Ver-

[20] Oster, Informell-kooperatives Verwaltungshandeln im Umweltrecht, NuR 2008, 845.
[21] Hierzu näher Holznagel/Ramsauer, Mediation im Verwaltungsverfahren, § 44 Rn 5.

waltungsverfahren als VAe nicht nur Entscheidungen, die eine Angelegenheit umfassend und abschließend regeln, sondern auch Teilentscheidungen möglich sind.[22] Für Teilentscheidungen besteht vielfach, vor allem in umfangreichen und komplizierten Verfahren, ein praktisches Bedürfnis. Verfahrensrechtlich ist zu unterscheiden: Einige Teilentscheidungen (zB Vorbescheide) werden in rechtlich **selbständigen Verwaltungsverfahren** getroffen und haben lediglich materiell den Charakter von Teilentscheidungen, andere Teilentscheidungen regeln lediglich **Teile eines Verfahrensgegenstandes** gewissermaßen vorab, wobei der Rest im Verwaltungsverfahren verbleibt. **Teilbaugenehmigungen** können selbst in Bestandskraft erwachsen (OVG Hamburg NordÖR 2016, 63; VGH Kassel NVwZ-RR 1997, 10). Sie erledigen sich mit Erlass der späteren Baugenehmigung nicht (§ 43 Rn 41 a).

aa) Fachrechtliche Regelungen. Zulässigkeit, Regelungsinhalt und Bindungswirkungen von Teilentscheidungen richten sich zunächst einmal nach dem einschlägigen Fachrecht. So enthält das Anlagenrecht sowohl die Möglichkeit zum Erlass von **Teilgenehmigungen (§ 8 BImSchG),** die sich entweder auf die Errichtung der Anlage beschränkt, also den Betrieb nicht mitumfasst, oder auf die Errichtung (und ggf auch Betrieb) von Anlagenteilen beschränkt, als auch von **Vorbescheiden (§ 9 BImSchG)**, mit denen über einzelne Genehmigungsvoraussetzungen mit Bindungswirkung auch für Dritte[23] abschließend verbindlich entschieden werden kann.[24] Die Landesbauordnungen sehen Bauvorbescheide und zT auch Teilbaugenehmigungen vor. VA, aber keine Teilregelung ist die **Zulassung des vorzeitigen Beginns**, wie sie in einzelnen Fachgesetzen (zB § 8a BImSchG) vorgesehen ist. 16

bb) Teilregelungen nach allgemeinen Grundsätzen. Die hM nimmt an, dass Teilregelungen mit VA-Qualität auch ohne besondere fachrechtliche Grundlage grundsätzlich zulässig sind, sofern der Verfahrensgegenstand teilbar ist. Dies wird mit der Erwägung begründet, dass es sich dabei gegenüber einer Vollregelung lediglich um ein Minus handele.[25] Das gilt etwa für **Teilbaugenehmigungen,** soweit sie nicht in der LBauO speziell geregelt sind. Wegen der Gefahr, dass die Teilregelung aber deshalb ein Torso bleiben könnte, weil es zu einer positiven Gesamtregelung nicht mehr kommen kann, wird über die Prüfung der Voraussetzungen für die Teilregelung hinaus ein **vorläufiges positives Gesamturteil** verlangt.[26] Für die fachrechtlichen Regelungen von Vorbescheid und Teilregelungen ist dies teilweise ausdrücklich geregelt, im übrigen Ausdruck eines allgemeinen Rechtsgedankens. Problematisch ist die Frage, in welchen Fällen das vorläufige positive Gesamturteil eine **eigenständige Regelungswirkung** entfaltet und damit Bindungswirkung entfalten und Gegenstand einer selbständigen Anfechtung sein kann[27] Sieht das Fachrecht keinen Anspruch auf Teilgenehmigung vor, steht deren Erteilung im Ermessen der Behörde. 16a

---

[22] BVerwGE 26, 288; 28, 147; 68, 243; 72, 306 (Whyl) m Anm von Martens NVwZ 1987, 107; 80, 218; 88, 290; BVerwG NVwZ 1993, 578; Sellner NVwZ 1986, 616; Kühne NVwZ 1986, 620; Rengeling DVBl 1986, 265; BSG NJW 1977, 77 mwN; Broß DÖV 1985, 253; StBS § 35 Rn 240 ff, 251 ff; Knack/Henneke 25.

[23] Zum Umfang der Bindungswirkung auch für Konkurrenten OVG Koblenz UPR 2016, 77;

[24] Ausführlich Ermisch NordÖR 2013, 49; Entsprechende Ermächtigungen enthalten auch § 7a AtomG, § 18 AtVfV;

[25] So StBS § 35 Rn 252 ; Knack/Henneke 25; MSU 39; Reichelt, Der Vorbescheid im Verwaltungsverfahren, 1989; Rumpel NVwZ 1989, 1132; Fluck VerwArch 1989, 223 und NVwZ 1990, 535; Laubinger VerwArch 1989, 241; Schenke DÖV 1990, 489; Goerlich NVwZ 1985, 90; *ders.*, JZ 1990, 293;

[26] BVerwGE 88, 286, 290; 92, 185, 189; 72, 300 (Whyl).

[27] Hierzu Ermisch NordÖR 2013, 49, 53.

16b **cc) Rechtliche Selbständigkeit der Teilregelungen.** Vorbescheide und andere Teilregelungen sind rechtlich selbständige VAe, die – soweit über den Gegenstand entschieden wird – **grundsätzlich eine abschließende Regelung** muss (zum Ganzen StBS § 35 Rn 251 ff treffen.[28] Der Erlass der späteren (Teil-) Regelungen lässt die Teilregelung grundsätzlich unberührt, soweit nicht fachrechtlich etwas anderes geregelt ist oder die spätere Regelung eine Aufhebung oder Änderung der Teilregelung enthält. Für betroffene Dritte bedeutet dies, dass sie sich im Zweifel sowohl gegen die Teilregelung als auch gegen spätere (Teil-) Regelungen zur Wehr setzen müssen.

17 **dd) Abschnittsbildung in der Planfeststellung**. Um rechtlich selbständige VAe handelt es sich bei Planfeststellungsbeschlüssen über Teilabschnitte eines Verkehrswegs zB einer Fernstraße oder einer Eisenbahnlinie. Die Bildung von Planungsabschnitten wird allgemein als zulässig angesehen; sie steht im Ermessen der Planfeststellungsbehörde. Auch hier ist grundsätzlich davon auszugehen, dass bereits mit der Planfeststellung über den ersten Teilabschnitt[29] über das **Vorhaben in seinen Grundzügen** bereits entschieden wird, weshalb eine Vorausschau auf die übrigen Abschnitte nach **Art eines vorläufigen positiven Gesamturteils** die Prognose erlauben muss, dass dem Gesamtvorhaben keine unüberwindlichen Hindernisse entgegenstehen.[30] Außerdem muss bei der Entscheidung über einzelne Planungsabschnitte berücksichtigt werden, dass wegen der Notwendigkeit des Anschlusses für die weiteren Abschnitte **Zwangspunkte** gesetzt werden (s § 72 Rn 31). Das bedeutet, dass sich die Prüfung der Behörde und die Rechtskontrolle durch die Gerichte auf die Grundkonzeption des Vorhabens, soweit es durch die Teilgenehmigung präjudiziert wird, erstreckt.[31]

18 **c) Vorläufige Regelungen.** Der Erlass vorläufiger Regelungen im Rahmen eines Verwaltungsverfahrens ist im VwVfG nicht geregelt. Das **Fachrecht** sieht aber die Befugnis zu vorläufigen Anordnungen, vorläufigen Genehmigungen teilweise ausdrücklich vor.[32] Darüber hinaus nimmt die wohl hM auch für nicht ausdrücklich geregelte Fälle heute eine **allgemeine Befugnis** der Behörden in Analogie zu solchen Bestimmungen an, im Rahmen ihrer Befugnisse zur Entscheidung in der Hauptsache auch schon vor Abschluss des Verfahrens **zugunsten des Betroffenen** einstweilige bzw vorläufige Regelungen zu treffen, wenn dies aus **sachlichen Gründen,** insb zur Wahrung des öffentlichen Interesses, der Rechte des Antragstellers oder Dritter, insb um wesentliche Nachteile für Betroffene oder für öffentliche Belange abzuwenden oder drohende Gewalt zu verhindern, notwendig oder zweckmäßig erscheint.[33] Zu **Lasten des Bürgers** sind

---

[28] BVerwGE 69, 1 68, 241; ausführlich Ermisch NordÖR 2013, 49, 50.

[29] S hierzu BVerwGE 70, 377 und 80, 30: mit der Aufhebung der Konzeptgenehmigung und dem positiven Gesamturteil werden die daraufhin ergangenen weiteren Teilgenehmigungen rechtswidrig; ähnlich Schenke DÖV 1990, 496 und 498.

[30] BVerwGE 100, 370 (Eschenrieder Spange); BVerwG NuR 2008, 176 (Umfahrung Celle); OVG Koblenz DVBl 2015, 1194 (Godramstein).

[31] Allg Meinung, vgl StBS § 35 Rn 251 ff.

[32] ZB §§ 17, 62 Abs 2 WHG – s zur wortgleichen Vorgängervorschrift § 9a WHG aF BVerwG DVBl 1991, 877, 879; VGH Kassel NuR 1990, 30; § 11 GastG, § 20 PBefG, § 37 KrWG, § 8a BImSchG, § 57b Abs 1 BBergG.

[33] BVerwGE 135, 238, zum Subventionsrecht, unter Hinweis auf BVerwGE 67, 99; DVBl 1991, 1365; BSGE 67, 101 zu vorläufiger Leistung; OVG Münster NVwZ 1991, 588; OVG Hamburg NVwZ 1990, 687 zur Leistung unter Vorbehalt; DVBl 1989, 238; StBS § 35 Rn 244; Knack/Henneke 23; Tiedemann DÖV 1981, 786; Jäckle NJW 1984, 2132; Peine DÖV 1986, 849; Martens DÖV 1987, 992; Seibert 553; Schimmelpfennig 1 ff; Kemper 227; Kopp F. J., Vorläufige Verwaltungsverfahren, 1992, 96 ff, 112 ff; ders, DVBl 1989, 238; Losch NVwZ 1995, 235; Lücke, Inwieweit dürfen Parlamente, Gerichte und Behörden vorläufige Staatsakte erlassen?, 1991.

vorläufige VAe nur zulässig, wenn es für die Vorläufigkeit eine gesetzliche Grundlage gibt (Knack/Henneke § 35 Rn 117 ff).

aa) Rechtsnatur. Die danach in Betracht kommenden vorläufigen Regelungen unterscheiden sich von Teilentscheidungen dadurch, dass sie nicht über einen Teil der Sache oder einzelne Vorfragen abschließend entscheiden, sondern vorläufigen Charakter haben und unter dem **Vorbehalt der abschließenden Entscheidung** in der Sache stehen. Derartige Regelungen werden deshalb als **vorläufige VAe** bezeichnet (s auch § 35 Rn 178), die je nach der konkret getroffenen oder zu treffenden Regelung entweder inhaltlich in der Weise beschränkt sind, dass die Regelung mit dem Erlass der endgültigen Regelung gegenstandslos wird (StBS § 35 Rn 243 ff, § 43 Rn 39, 50), oder als VAe mit der auflösenden, uU auch rückwirkend auflösenden,[34] Bedingung[35] der endgültigen Entscheidung oder dem Vorbehalt des Widerrufs[36] versehen sind. Zur Abgrenzung vorläufiger Regelungen dieser Art von Teil-VAen vgl auch Rumpel NVwZ 1989, 1132. 19

bb) Anspruch auf vorläufige Regelungen. Zweifelhaft ist, unter welchen Voraussetzungen der einzelne Antragsteller einen Anspruch auf Erlass vorläufiger Regelungen hat. Soweit keine speziellen gesetzlichen Regelungen (wie zB in § 11 GastG) bestehen, wird man einen **Anspruch auf ermessensfehlerfreie Entscheidung** über eine vorläufige Regelung zum Schutz oder zur einstweiligen Durchsetzung von Rechten anzuerkennen haben, soweit die Behörde zu einer solchen Regelung berechtigt ist und außerdem ein berechtigtes Interesse des Betroffenen an einer vorläufigen Regelung anzuerkennen ist (Kopp F.J. 98, 115 ff; Kopp DVBl 1990, 728, 1190). Zu vorläufigen Eingriffsmaßnahmen ist die Behörde dagegen nur befugt, wenn und soweit entsprechende gesetzliche Ermächtigungen (zB zum Einschreiten bei Gefahrenverdacht) vorliegen (Peine DÖV 1986, 857; di Fabio DÖV 1991, 637; s auch § 35 Rn 21 ff). 20

cc) Verfahrensfragen. Der Erlass vorläufiger VAe erfolgt in rechtlich selbständigen Verwaltungsverfahren, die allerdings mit dem nachfolgenden Verfahren insofern zusammenhängen, als die vorläufigen Entscheidungen durch die endgültigen ersetzt werden.[37] Auf sie sind (Kopp F.J. 92; **aA** FL § 10 Rn 18) mit gewissen Abwandlungen und Ausnahmen – insb Verfahrenserleichterungen, die sich aus dem Zweck des Verfahrens als eines vorläufigen, summarischen Verfahrens ergeben – die allgemeinen Verfahrensvorschriften anzuwenden, die auch für das Hauptsacheverfahren gelten. Zum Teil tragen diese Vorschriften den besonderen Erfordernissen derartiger Verfahren Rechnung (vgl zB § 28 Abs 2 Nr 1; § 3 Abs 4); andere Abweichungen ergeben sich aus dem Wesen des Verfahrens als Eilverfahren und zugleich vorläufiges Verfahren (Kopp F.J. 100 ff). 21

(1) Eine summarische Prüfung ist ausreichend, wenn wegen besonderer Eilbedürftigkeit keine weitere Aufklärung möglich ist. Sie tritt an die Stelle der an sich gebotenen eingehenden Prüfung mit dem Erfordernis umfassender Aufklärung des Sachverhalts (§ 24) uU mit Beweiserhebung und beschränkt sich auf 22

---

[34] S Kopp F.J. DVBl 1989, 238; vgl auch BVerwG NVwZ 1993, 181: Erlaubnis für Probebetrieb unter Vorbehalt der Entscheidung über endgültige Betriebserlaubnis.

[35] BVerwGE 67, 99; Seibert DVBl 1986, 1281; s auch BSG DVBl 1988, 449.

[36] Vgl BVerwGE 67, 101; Kopp F.J. DVBl 1989, 238; Hamann DVBl 1992, 741; Bockey JA 1992, 161; Kopp DVBl 1990, 728, 1190; NWVBl 1990, 179; zT **aA** Schimmelpfennig 135: VAe sui generis; Kemper 227: VAe mit entsprechender Nebenbestimmung, nicht jedoch uU auch inhaltlich entsprechend beschränkte VAe; vgl zu ‚vorsorglichen' VAen auch BVerwG 81, 84; dazu, daß dafür eine besondere Rechtsfigur nicht erforderlich ist, Püttner JZ 1989, 846; Losch NVwZ 1995, 235.

[37] Zu der Frage, ob vorläufige VAe als durch die Endentscheidung auflösend bedingt anzusehen sind, einer (konkludenten) Aufhebung bedürfen oder aus anderen Gründen ersetzt werden, s § 35 Rn 24b; § 48 Rn 17.

sofort verfügbare Beweismittel, glaubhaft gemachte Tatsachen (vgl § 921 Abs 2 ZPO) und überwiegende Wahrscheinlichkeiten (Kopp F.J. 100f). Insoweit kann das Fachrecht spezielle Vorgaben hinsichtlich des Prüfungsgegenstands und -maßstabs enthalten (vgl zB § 8a Abs 1 BImSchG, § 17 WHG, § 37 Abs 1 KrWG[38]). Je nach der Art der Sache und der betroffenen Rechte, der Dringlichkeit und der voraussichtlichen Dauer der beabsichtigten oder beantragten Regelung kann uU auch die Verständigung des Antragsgegners bzw desjenigen, gegen den das Verfahren sich richtet, die Hinzuziehung Dritter bzw die **Anhörung des Betroffenen** (vgl BVerfG 46, 26), des Antragsgegners usw (§ 28 Abs 2 Nr 1) sowie eine an sich vorgeschriebene **Mitwirkung anderer Behörden** uä unterbleiben, wenn der Zweck des Verfahrens, insb die Eilbedürftigkeit der Entscheidung oder der für den Erfolg der Maßnahme erforderliche Überraschungseffekt (vgl BVerfG 57, 358) dies erfordert.[39]

23 **(2)** Ggf kann die Behörde auch **mehrere vorläufige Anordnungen** in der Sache nebeneinander oder nacheinander erlassen, etwa wenn einzelne Fragen sich zunächst noch nicht voll überblicken lassen (vgl auch zu adressatenlosen Sofortmaßnahmen mit späterer Konkretisierung hins bestimmter Personen durch weitere VAe, Münster DVBl 1973, 925), wenn Fragen erst nachträglich regelungsbedürftig werden, wenn sich die Verhältnisse ändern oder sich neue Gesichtspunkte ergeben, usw. Die **Beschränkungen der §§ 48 ff** gelten für vorläufige Regelungen nicht, soweit die vorläufige Regelung von vorneherein und in zulässiger Weise unter den Vorbehalt einer endgültigen Regelung gestellt worden ist (s hierzu näher § 48 Rn 17). Anders ist dies, wenn die Vorläufigkeit des VA durch die Beifügung eines Widerrufsvorbehalts bewirkt worden ist.

23a **5. Verhältnis zu nachfolgenden Verfahren.** Klärungsbedürftig ist das Verhältnis des Verwaltungsverfahrens zu nachfolgenden Verfahren. Das **Widerspruchsverfahren** (s näher § 79 Rn 2f) setzt nach der hier vertretenen, aber umstrittenen Auffassung[40] das Ausgangsverfahren fort. Obwohl es nach eigenen Regeln (s hierzu § 79 Rn 22ff) abläuft und die Verfahrensbestimmungen (Gewährung rechtlichen Gehörs usw) selbständig eingehalten werden müssen, ist es in entscheidenden Punkten als **Fortsetzung des Ausgangsverfahrens** anzusehen. Hierfür spricht etwa, dass nach § 79 VwGO Ausgangsbescheid und Widerspruchsbescheid jedenfalls im Grundsatz eine Einheit bilden. Deshalb können Änderungen des Ausgangs-VA im Widerspruchsverfahren unabhängig von den §§ 48, 49 erfolgen. Die behördliche **Anordnung der sofortigen Vollziehbarkeit** eines VA (§ 80 Abs 2 Nr 4 VwGO) und – umgekehrt – die **Aussetzung der Vollziehung** (§ 80 Abs 4 VwGO) ergehen ebenfalls nicht in selbständigen Verwaltungsverfahren. Bei ihnen handelt es sich vielmehr um unselbständige Annexentscheidungen; sie haben nicht den Charakter eines VA.[41]

23b **Selbständige Verfahren** sind dagegen **Vollstreckungsverfahren,** die der Durchsetzung des erlassenen VA dienen. Sie setzen das Verwaltungsverfahren, in welchem die Vollstreckungsgrundlage (VA, Vertrag) geschaffen worden ist, lediglich voraus. Ähnliches gilt für Verfahren zum **Widerruf oder der Rücknahme des VA** sowie für das **Wiederaufgreifen des Verfahrens.** Diese sind aufgrund der Sonderregelungen der §§ 48ff selbst dann als selbständige Verfahren anzusehen, wenn der zu widerrufende bzw zurückzunehmende VA noch nicht unanfechtbar geworden ist. Das gilt unabhängig davon, ob das Widerrufs- bzw.

---

[38] Vgl zur Vorgängernorm § 7a AbfG BVerwG NVwZ 1991, 841 ff.

[39] BVerfGE 9, 102; 18, 404; 46, 26; 49, 342; 51, 111; 57, 358; BVerfG NJW 1986, 372; BGH NJW 1978, 1815; Kopp F.J. 102 ff; Kopp 27.

[40] Str, wie hier BVerwGE 132, 152 (Flugplatz Weeze), Rn 38; Knack/Henneke 32; WBS II § 60 Rn 25; MB 12; **aA** StBS 209; UL § 20 Rn 7.

[41] Diese Einordnung entspricht der hM, vgl näher § 28 Rn 7.

Rücknahmeverfahren auf Antrag oder von Amts wegen ausgelöst wird. Gleiches gilt für die **nachträgliche Beifügung von Nebenbestimmungen** (vgl § 36 Rn 50).

IV. Gegenstand, Prüfungsumfang, Präklusion

1. Gegenstand des Verwaltungsverfahrens. Gegenstand des Verwaltungsverfahrens ist die durch einen bestimmten konkreten Sachverhalt iVm einem bestimmten Antrag oder Vertragsangebot bzw bei amtswegigen Verfahren iVm einer entsprechenden Einleitungsentscheidung näher abgegrenzte **Verwaltungsrechtssache.**[42] Der Begriff der Verwaltungsrechtssache entspricht dem des Streitgegenstandes im Prozessrecht.[43] Das VwVfG spricht selbst nicht vom Verfahrensgegenstand, sondern verwendet dafür, ohne dass damit für den Bereich des Verfahrensrechts ieS etwas anderes ausgesagt würde, andere Begriffe, wie Angelegenheit, Sache, uä. Der Antrag, das Vertragsangebot oder die – häufig allerdings nur konkludent getroffene – Entscheidung über die Einleitung eines Verfahrens von Amts wegen bestimmen zugleich auch Ziel und Umfang des regelungsbedürftigen Verfahrensgegenstandes. Im Zweifel erfordert dieser eine umfassende Würdigung des Gegenstandes in rechtlicher und tatsächlicher Hinsicht. Einschränkungen können sich aber aus dem Fachrecht ergeben, insb dann, wenn bestimmte rechtliche Fragen in einem besonderen (Genehmigungs-)Verfahren geprüft werden müssen. Umgekehrt kann sich aus dem Fachrecht eine Erweiterung des Verfahrensgegenstandes ergeben.[44] 24

a) Maßgeblichkeit des materiellen Rechts. Maßgeblich dafür, über welche Aspekte einer Sache in einem Verfahren zu entscheiden ist und was idS zum **Gegenstand des Verfahrens** gehört, ist das jeweils einschlägige materielle Recht: Die Entscheidung über einen Antrag auf Genehmigung eines Vorhabens (Baumaßnahme, Unternehmung, Tätigkeit) richtet sich danach, ob die Voraussetzungen des Genehmigungstatbestandes gegeben sind; die Entscheidung über eine von Amts wegen zu erlassene Maßnahme richtet sich nach den Voraussetzungen des einschlägigen Eingriffs- oder Handlungstatbestandes. Diese Voraussetzungen müssen jeweils vollständig auf ihr Vorliegen oder Nichtvorliegen geprüft werden und bestimmen damit den Verfahrensgegenstand. Nach dem in der Sache anwendbaren Fachrecht ist auch zu beurteilen, ob für ein Vorhaben bzw eine von Amts wegen zu ergreifende Maßnahme weitere Genehmigungs- oder andere Verfahren erforderlich sind und in welchem Verhältnis diese zueinander stehen (näher unten Rn 43 ff).[45] 25

b) Maßgeblicher Zeitpunkt für die Sach- und Rechtslage. Nach dem materiellen Recht richtet sich grundsätzlich auch die Frage, auf welchen Zeitpunkt es für die der Entscheidung zugrunde zu legende Sach- und Rechtslage ankommt. Dabei ist, wenn nichts anderes bestimmt ist, davon auszugehen, dass die im **Zeitpunkt der Entscheidung** bestehende Sach- und Rechtslage maß- 25a

---

[42] Vgl VGH München BayVBl 1981, 241: Verwaltungsrechtssache, die durch VA bestandskräftig abgeschlossen wird; ebenso Jäde BayVBl 1988, 266; Weyreuther DVBl 1984, 366: Verfahrensgegenstand.

[43] Ähnlich Obermayer, in: Boorberg-FS 1977, 128; **aA** FL § 10 Rn 8: im Verwaltungsverfahren kann es keinen „Verfahrensgegenstand" geben. Vgl dazu sowie zu der zT schwierigen Abgrenzung, Kopp/Schenke § 90 Rn 12 ff.

[44] So müssen in die Planfeststellung auch alle Folge- und Nebenanlagen einbezogen werden (§ 74 Rn 30).

[45] Vgl dazu auch VGH Mannheim NVwZ 1993, 479: zuständig ist bei mehrfachem Bezug grundsätzlich für jede einzelne Genehmigung usw die Behörde, für deren Zuständigkeitsbereich der engere Bezug gegeben ist.

gebend ist. Dies ist zB im Bau- und Anlagenrecht typischerweise der Fall[46] und führt zu Problemen, wenn sich das Recht während des Antragsverfahrens ändert.[47] Abweichende Zeitpunkte sieht das Fachrecht etwa bei **Zeitabschnittsregelungen** vor (zB § 24 Abs 1 BAföG für die Einkommensanrechnung). Häufig kommt es auch auf die Verhältnisse im **Zeitpunkt der Antragstellung** an.[48] Ändert sich das Recht nach Erlass des VA, so lässt dies die Wirksamkeit des VA grundsätzlich unberührt. Auch eine Rücknahme des VA kommt in diesen Fällen nicht in Betracht (§ 48 Rn 15 f); es kann aber in der Änderung der Sach- und Rechtslage ein **Widerrufsgrund** vorliegen § 49 Rn 9; § 51 Rn 16, 25 f). Etwas anderes gilt idR dann, wenn der VA mit einem Widerspruch angefochten worden ist, über den noch nicht entschieden wurde. In diesen Fällen kommt es für die Entscheidung über den Widerspruch regelmäßig auf den **Zeitpunkt des Erlasses des Widerspruchsbescheides** an.[49]

25b **2. Präklusionsregelungen.** Das Fachrecht enthält häufig Bestimmungen über den **Ausschluss von Einwendungen** im Verwaltungsverfahren nach Ablauf einer bestimmten Frist bzw nach einem bestimmten Stichtag. Im Verwaltungsverfahren kann die zuständige Behörde den Beteiligten regelmäßig auch ohne besondere gesetzliche Grundlage eine Frist setzen, bis zu deren Ablauf Stellung genommen werden kann oder Unterlagen eingereicht bzw Beweise vorgelegt werden können. Unterschieden werden die formelle und die materielle Präklusion sowie die Behördenpräklusion.

25c **a) Formelle Präklusion.** Von einer formellen Präklusion ist die Rede, wenn die federführende Behörde den Beteiligten im Verwaltungsverfahren im Rahmen ihres Verfahrensermessenss eine (angemessene) Frist zur Stellungnahme oder weiterem Vorbringen bzw zur Vorlage von Unterlagen usw setzt mit dem Hinweis, dass nach Ablauf der Frist mit dem Erlass einer Entscheidung (VA) zu rechnen ist. Für die Berechnung der Frist gilt § 31, für die Verlängerung § 31 Abs 7. Eine **Wiedereinsetzung** in die versäumte Verfahrensfrist ist **nicht möglich** (§ 32 Rn 6). Ist die Frist abgelaufen, so darf die Behörde den VA auch dann erlassen, wenn die Beteiligten bis dahin noch nicht Stellung genommen haben. Das bedeutet aber nicht, dass die Behörde ihre Entscheidung ohne Rücksicht auf die tatsächliche Sach- und Rechtslage treffen dürfte. Vielmehr wird sie durch die formelle Präklusion nicht von der Pflicht entbunden, den Sachverhalt im Rahmen der **Amtsermittlung** (§ 24) vollständig aufzuklären. Die Beteiligten sind nicht gehindert, den **versäumten Vortrag später nachzuholen**, etwa im Widerspruchsverfahren oder auch im Verwaltungsprozess. Etwas anderes gilt, wenn die Behörde bei der Sachverhaltsaufklärung auf die Mitwirkung der Beteiligten angewiesen ist. Dann dürfen aus der **Verweigerung der Mitwirkung** zum Nachteil der Betroffenen Schlüsse gezogen werden (näher § 24 Rn 12c f).

26 **b) Materielle Präklusion.** Während die formelle Präklusion Auswirkungen nur auf das Verwaltungsverfahren hat, führt die materielle Präklusion zu einem echten Verlust von Rügemöglichkeiten und damit letztlich zu einem Verlust von materiellen Rechtspositionen. Die materielle Präklusion setzt deshalb stets eine **gesetzliche Grundlage** voraus, in der die Präklusionswirkung hinreichend klar geregelt ist.[50] Sie bedarf einer **verfassungsrechtlichen Rechtfertigung,** weil

---

[46] BVerwG, U v 14.4.2010, 9 A 5/08, juris; VGH Mannheim, B v 7.8.2014, 10 S 1853/13, juris; VGH München, U v 19.4.1993, 15 B 92.2242, juris.

[47] BVerwG NVwZ 2009, 1441; BVerwG NVwZ 1993, 476; OVG Lüneburg NVwZ-RR 2014, 298.

[48] BVerwGE 84, 157; BVerwG, U v 18.7.2002, 3 C 53/01, juris.

[49] BVerwG, B v 3.11.2006, 10 B 19.06, juris.

[50] MD Art 19 Abs 4 Rn 258

sie mit einer Einschränkung des Art. 19 Abs 4 GG verbunden ist.[51] Sie zwingt die Beteiligten und die Betroffenen, ihre Einwendungen usw frühzeitig vorzubringen und erleichtert der Behörde gerade in komplexen Verwaltungsverfahren, sich frühzeitig ein Bild über die betroffenen Rechtspositionen zu machen und eine rechtssichere Entscheidung zu treffen.

c) Unionsrechtliche Gremien. Präklusionsnormen finden sich in vielen Normen des **Umwelt- und Planungsrechts**, wo sie in der Praxis bisher eine wesentliche Rolle gespielt haben. Soweit Einwendungsrechte berührt sind, die ihre Grundlage im Unionsrecht haben, wird man nach der **Grundsatzentscheidung des EuGH**[52] **künftig nicht mehr von einer wirksamen Präklusion** ausgehen dürfen. Das gilt etwa für § 73 Abs 4 S 3, § 2 Abs 3 UmwRG und § 10 Abs 3 S 5 BImSchG. Andere Bereiche etwa des Wirtschaftsverwaltungsrechts oder des Zulassungsrechts, insbesondere des Hochschulzulassungsrechts, sind davon indes nicht, jedenfalls nicht unmittelbar, betroffen; bei diesen bleiben Präklusionsnormen weiter wirksam.[53] 26a

V. Beginn und Ende des Verfahrens, Unterbrechungen

1. Beginn des Verwaltungsverfahrens. Mit dem Beginn des Verwaltungsverfahrens wird das öffentlich-rechtliche Verfahrensverhältnis zu den Beteiligten (§ 13) und sonstigen Betroffenen begründet. Das bedeutet, dass die Betroffenen von diesem Zeitpunkt an die für das Verwaltungsverfahren in den §§ 10 ff geregelten **verfahrensrechtlichen Rechte** (zB das Recht auf Akteneinsicht und rechtliches Gehör) **und Pflichten** (etwa spezialgesetzlich geregelte Mitwirkungspflichten) haben. Dem Beginn des Verfahrens können Handlungen vorgelagert sein, die etwa der Vorbereitung eines Verwaltungsverfahrens dienen. Sie können zB die Frage betreffen, ob überhaupt und mit welchem Ziel ein Verwaltungsverfahren durchgeführt werden soll. Diese Handlungen werden von den §§ 10 ff noch nicht, jedenfalls nicht unmittelbar erfasst. Deshalb ist die Feststellung des Verfahrensbeginns von erheblicher Bedeutung. 27

a) Einleitung des Verfahrens von Amts wegen. Der Beginn des Verwaltungsverfahrens von Amts wegen wird markiert durch die ersten Handlungen der Behörde, die auf die Prüfung der Voraussetzungen, die Vorbereitung auf den Erlass eines VA oder den Abschluss eines Verwaltungsvertrages gerichtet sind. Maßgebend ist hiernach die konkrete Zielrichtung der Maßnahme. Grundsätzlich steht die Eröffnung eines Verwaltungsverfahrens wie auch seine konkrete Ausgestaltung im **pflichtgemäßen Ermessen** der Behörde, der insoweit ein allgemeines Verfahrensermessen zukommt (vgl § 10). **Nicht erforderlich** ist eine **förmliche Einleitungsentscheidung** der Behörde. Die Entscheidung kann vielmehr auch konkludent durch das Ergreifen von Maßnahmen, die mit der in § 9 genannten Zielsetzung verbunden sind, zum Ausdruck kommen. Der Wille bzw die Entscheidung der Behörde, ein Verwaltungsverfahren einzuleiten, müssen nicht unbedingt für den Bürger erkennbar sein. Einer Mitteilung an Beteiligte oder Betroffene bedarf es nicht.[54] Anderenfalls hätte die Behörde es in der Hand, durch ein Unterlassen entsprechender Mitteilungen die Anwendbarkeit der §§ 10 ff hinauszuzögern (so Knack/Henneke 16). 28

b) Antragstellung. Umstritten ist, ob bereits ein Antrag bei der Behörde den Beginn des Verwaltungsverfahrens markiert, oder ob es trotz Antragstellung 29

[51] MD Art 19 Abs 4 Rn 258 ff; Landmann/Rohmer, Umweltrecht, BImSchG, § 10 Rn 163.
[52] EuGH, U v 15.10.2015, Rs C-137/14, NVwZ 2015, 1665.
[53] So auch Fellenberg NVwZ 2015, 1721; weitergehend Siegel NVwZ 2017, 337.
[54] So auch StBS 115; Knack/Henneke 16; FKS 68; Ziekow 15; Obermayer/Funke-Kaiser35.

einer Entscheidung der Behörde bedarf, das Verfahren aufgrund des Antrags auch tatsächlich zu eröffnen. Für die zuletzt genannte Auffassung spricht, dass die Eröffnung des Verwaltungsverfahrens grundsätzlich Sache der Behörde ist (so StBS 105, 115; s auch § 22 Rn 13). Gleichwohl wird man im Zeitpunkt der Antragstellung, also des Zugangs des Antrags, **zugleich auch den Beginn** des Verwaltungsverfahrens jedenfalls dann sehen müssen, wenn die Behörde aufgrund des Antrags zu einer sofortigen Eröffnung des Verwaltungsverfahrens verpflichtet ist (s § 22 Rn 20). Es wäre dann reine Förmelei, zusätzlich zur Antragstellung eine interne Entscheidung der Behörde über die Eröffnung des Verwaltungsverfahrens zu verlangen. Im Übrigen wäre auch nicht erkennbar, weshalb die Behörde berechtigt sein sollte, mit der Eröffnungsentscheidung noch zu warten (so nun auch FKS 69; Ziekow 15). Dies gilt aber nicht für bloße Anzeigen, durch welche die Behörde zu einer Kontrolle oder zu sonstigen schlicht-hoheitlichen Kontrollmaßnahmen veranlasst werden soll.[55]

30 **2. Unterbrechung, Aussetzung, Ruhenlassen.** Anders als das Verwaltungsprozessrecht enthält das Verwaltungsverfahrensrecht keine Regelungen über die Unterbrechung, das Ruhenlassen oder die Aussetzung des Verwaltungsverfahrens. Teilweise werden hier die Vorschriften der Prozessordnungen für anwendbar gehalten, teilweise aber auch allein das Verfahrensermessen der Behörde für maßgeblich gehalten. Die praktischen Auswirkungen dieser Unterschiede sind allerdings gering.

31 **a) Aussetzen des Verfahrens.** Weitgehende Einigkeit besteht darüber, dass die Regelung über die Aussetzung in **§ 94 VwGO auf das Verwaltungsverfahren keine analoge Anwendung** findet.[56] Insoweit ist die Interessenlage nicht vergleichbar. Vielmehr liegt es im **pflichtgemäßen Verfahrensermessen** der Behörde, ein Verfahren aus sachlichen Gründen vorübergehend nicht zu betreiben, um etwa vorgreifliche Verfahren oder bestimmte tatsächliche oder rechtliche Entwicklungen abzuwarten. Dabei hat die Behörde aber etwa bestehende **schützenswerte Interessen der Beteiligten** an einem zügigen Verfahren zu wahren, insbesondere wenn es um das Abwarten einer Änderung der Sach- und Rechtslage geht. Zu einem vorübergehenden Nichtbetreiben des Verfahrens kann es auch auf Betreiben der Beteiligten kommen oder aus Rücksicht auf bestimmte interne Entwicklungen in der Behörde. Dabei ist stets das Gebot des zügigen Betreibens des Verwaltungsverfahrens (§ 10 S 2) zu beachten.

32 **b) Unterbrechung des Verfahrens. Umstritten** ist die Frage, ob die prozessualen Regelungen in §§ 239 ff ZPO über eine **automatische Unterbrechung** des Verfahrens beim Tod eines Beteiligten, bei Insolvenz usw im Verwaltungsverfahren anwendbar sind.[57] **Richtigerweise** wird auch in diesen Fällen über das vorübergehende Nichtbetreiben des Verfahrens im Rahmen des pflichtgemäßen Ermessens **durch die Behörde zu entscheiden** sein. Für die Anwendung der prozessualen Regelungen über eine automatische Unterbrechung dürfte es hier an einer vergleichbaren Interessenlage fehlen, weil es sich bei Verwaltungsverfahren nicht stets um Antragsverfahren und nicht um klassische kontradiktorische Verfahren handelt. Gleichwohl wird es zumeist geboten sein, das Verfahren in den in den in den §§ 239 ff ZPO geregelten Fällen auszusetzen.

33 **c) Ruhen des Verfahrens.** Das Ruhen des Verwaltungsverfahrens tritt anders als im Prozessrecht nach § 251 ZPO **nur in den gesetzlich vorgesehenen**

---

[55] OVG Münster, NVwZ-RR 2011, 391 zu einer Anzeige nach § 67 Abs 2 BImSchG.

[56] StBS 203; Knack/Henneke 24; MSU 44.

[57] Für eine analoge Anwendung der §§ 239 ff ZPO OVG Bremen NVwZ 1985, 917; Obermayer/Funke-Kaiser § 13 Rn 91; MSU 47; aA OVG Magdeburg NVwZ 1994, 1227; StBS 205; Ziekow 22; offen gelassen von BVerwG NVwZ 2001, 94.

Fällen automatisch ein; einer Entscheidung darüber bedarf es nicht. Das Verfahren darf in diesen Fällen auch nicht weitergeführt werden, solange der Tatbestand der Ruhensnorm erfüllt ist. Allerdings sind derartige Tatbestände vergleichsweise selten.[58] Liegen die Voraussetzungen für das Ruhen nicht vor, so kann die Behörde das Verfahren zwar aussetzen (s oben Rn 31), nicht aber im technischen Sinn von sich aus zum Ruhen bringen. § 251 ZPO ist nicht anwendbar (s oben Rn 32).

3. Beendigung des Verfahrens. a) Bei Erlass eines VA. Es ist **umstritten,** ob das Verwaltungsverfahren bereits mit dem Erlass des VA endet oder ob das Verfahren bis zur Unanfechtbarkeit andauert. Das Gesetz trifft keine eindeutige Bestimmung über den Abschluss des Verfahrens. § 9 enthält lediglich die Klarstellung, dass das Verwaltungsverfahren den Erlass eines VA bzw den Abschluss eines Verwaltungsvertrages einschließt, also nicht etwa schon vorher beendet ist. Hieraus wird teilweise geschlossen, dass mit **Erlass bzw Bekanntgabe des VA** auch das Ende des Verwaltungsverfahrens markiert wird.[59] Überzeugender ist die Annahme, dass das Verfahren bis zum **Eintritt der Unanfechtbarkeit des VA** bzw der Wirksamkeit des Vertrags, dessen Erlass bzw Abschluss das Ziel des Verfahrens ist, oder bis zu einer **Beendigung in anderer Weise** andauert.[60] 34

Für beide Positionen lassen sich gute Argumente finden. Dass nicht bereits das Ergehen eines VA bzw der Abschluss eines Vertrags das Verfahren beendet, wird durch § 13 Abs 1 Nr 2 und 3, wonach Beteiligte auch diejenigen sind, „an die die Behörde den VA … gerichtet hat" bzw „mit denen die Behörde einen öffentlichrechtlichen Vertrag … geschlossen hat", sowie durch § 58, wonach ein geschlossener Vertrag, der in Rechte Dritter eingreift, erst mit deren (uU auch erst nachträglichen) Zustimmung wirksam wird, bestätigt.[61] Die hier vertretene Position bedeutet zugleich, dass das Widerspruchsverfahren kein gegenüber dem Ausgangsverfahren selbständiges Verfahren ist (s oben Rn 23a). Sie kann das auch von der Gegenmeinung angenommene[62] Andauern der Verfahrensrechte der Beteiligten, wie zB das Recht auf Akteneinsicht, überzeugend erklären. Auf Schwierigkeiten trifft die hier vertretene Auffassung bei der Qualifizierung von Verfahren, die auf Widerruf oder Rücknahme des erlassenen VA gerichtet sind und nach allgemeiner Auffassung selbständige Verwaltungsverfahren sind, auch wenn vor Eintritt der Unanfechtbarkeit des VA entschieden wird (vgl § 48 Rn 162; § 49 Rn 77). 34a

b) Fortdauer bei Teilregelungen und vorläufigen Regelungen. Während im Falle der Unanfechtbarkeit eines VA das Verwaltungsverfahren beendet 35

---

[58] Vgl zB § 32a Abs 1 AsylG für den Fall des vorübergehenden Schutzes nach § 24 AufenthG.

[59] StBS 193 unter Hinweis auf BVerwG NVwZ 2006, 1294 (die aber auch anders verstanden werden kann); Obermayer/Funke-Kaiser 37: Ziekow 16: Zeitpunkt der Bekanntgabe; UL § 20 Rn 7; Schmidt-de Caluwe, VerwArch 1999, 49, 60: Zeitpunkt des Erlasses; wohl auch FKS 70: letzte Maßnahme der Behörde in Bezug auf ein bestimmtes Verfahrensverhältnis.

[60] So nunmehr ausdrücklich BVerwG NVwZ 2009, 459, im Hinblick auf § 3 Abs. 3; ferner BVerwGE 82, 338; VG Köln NWVBl 2003, 37; VG Berlin NVwZ 1982, 577; Knack/Henneke 32; MB 12; Louis/Abry DVBl 1986, 331; nunmehr auch Bader/Ronellenfitsch 15; **aA** UL § 20 Rn 7; StBS 193f: Zeitpunkt der Bekanntgabe; Drescher NVwZ 1988, 681: nur bis zum Ergehen, dh bis zur Bekanntgabe, des VA; Obermayer § 13 Rn 16: Beendigung nicht erst mit der Bekanntgabe des VA, sondern bereits mit der Hinausgabe zur Post.

[61] Str, **aA** StBS 194; UL § 20 Rn 7, die diese Regelungen nur damit erklären, dass sichergestellt werden soll, dass die Betroffenen Beteiligtenrechte, wie das Recht auf Akteneinsicht, auch noch nach Abschluss des Verfahrens wahrnehmen können.

[62] Vgl StBS § 13 Rn 23 mwN.

ist, gilt dies nicht für VAe, die lediglich Teilregelungen und vorläufige Regelungen enthalten. In diesen Fällen führt erst die Unanfechtbarkeit des abschließenden VA zu einer Beendigung des Verwaltungsverfahrens. Das bedeutet, dass alle Rechte der Beteiligten (Akteneinsicht, Stellungnahme usw) auch nach Unanfechtbarkeit der Teilregelungen andauern (Ziekow 23). Nachträgliche Entscheidungen, wie zB die nachträgliche Beifügung von Nebenbestimmungen, ergehen dagegen idR aufgrund eines selbständigen Verwaltungsverfahrens (s näher § 36 Rn 50).

36 **c) Beendigung durch Vertragsschluss.** Ein Vertrag, insb ein Vergleichsvertrag, kann gem § 54 S 2, § 55 grundsätzlich auch in einem auf Antrag oder von Amts wegen eingeleiteten, auf Erlass eines VA gerichteten Verfahren abgeschlossen werden. S zur Zulässigkeit von Verträgen allg § 54 Rn 11 ff. Das Verwaltungsverfahren **endet in diesem Fall unmittelbar mit Wirksamwerden** des Vertrages. Dies ist regelmäßig der Zeitpunkt des Vertragsabschlusses, es sei denn, es sind noch nicht alle nach § 58 erforderlichen Zustimmungen erteilt bzw Mitwirkungshandlungen vorgenommen worden. Bis dahin wird der Vertrag idR schwebend unwirksam sein (vgl § 58 Rn 19) und das Verwaltungsverrfahren noch andauern.

37 **d) Beendigung durch Einstellung des Verfahrens.** Das Gesetz geht in den allgemeinen Vorschriften – anders für das förmliche Verfahren (vgl § 69 Abs 3) – von dem Normalfall aus, dass im Verwaltungsverfahren ein VA erlassen oder ein Verwaltungsvertrag geschlossen wird. Dies ist jedoch nicht immer der Fall. Wenn der Antragsteller in einem Antragsverfahren, das ohne Antrag nicht zulässig ist, die **Antragsrücknahme** erklärt oder wenn die Behörde bei einem von Amts wegen eingeleiteten Verfahren das Verfahren nicht mehr weiterführen will, so darf bzw kann auch bei ursprünglicher Zulässigkeit des Verfahrens eine Entscheidung in der Sache nicht mehr ergehen; vielmehr ist **das Verfahren einzustellen** und, soweit rechtlich geboten, eine Entscheidung über die Kosten des Verfahrens zu treffen.

38 **aa) Amtswegige Verfahren.** In von Amts wegen eingeleiteten Verfahren kann die Behörde, wenn der Grund für das Verfahren wegfällt oder die Behörde feststellt, dass von Anfang an kein Grund bestanden hat, aber auch, wenn sie aus anderen Gründen das Verfahren nicht mehr weiterführen will, aufgrund ihrer Verfahrensherrschaft das Verfahren **jederzeit mit der Folge einstellen,** dass das Verfahren dadurch beendet wird. Eine **Zustimmung der Beteiligten ist nicht erforderlich.** Ob und ggf unter welchen Voraussetzungen eine Behörde berechtigt ist, ein Verfahren, das sie von Amts wegen eingeleitet hat, einseitig einzustellen, ist eine Frage des in der Sache maßgeblichen materiellen Rechts und berührt die Wirksamkeit einer Verfahrenseinstellung nicht, sondern hat allenfalls die Rechtswidrigkeit der Einstellung des Verfahrens zur Folge. Grundsätzlich ist die Behörde verfahrensrechtlich nicht gehindert, in derselben Angelegenheit sofort oder später wieder ein neues Verfahren einzuleiten.

39 **Die Einstellung des Verfahrens** kann, wenn durch Gesetz nichts anderes vorgeschrieben ist (zB § 69 Abs 3, § 74 Abs 1 S 2), **formlos erfolgen.**[63] Dies gilt selbst in Fällen, in denen für eine Sachentscheidung eine bestimmte Form vorgeschrieben wäre. Umstritten ist, ob eine **Mitteilung der Einstellung** an die Beteiligten stets erforderlich ist. Dies wird überwiegend verneint.[64] Der Stellung der Beteiligten im Verwaltungsverfahren wird diese an praktischen Überlegungen

---

[63] BVerwG NVwZ 1991, 570; VGH München NJW 1988, 1615; NVwZ 1990, 776: es genügt, dass für die Beteiligten zum Ausdruck gebracht wird, dass das Verfahren nicht weiter betrieben wird; vgl auch StBS 199; Knack/Henneke 33; Obermayer/Funke-Kaiser 41.

[64] VGH München NJW 1988, 1615; StBS 199; Knack/Henneke 33: Benachrichtigung der Beteiligten von der Einstellung nicht erforderlich; **aA** Obermayer 40.

ausgerichtete Auffassung nicht hinreichend gerecht. Die Frage hat indessen kaum praktische Bedeutung. Die Einstellung eines von Amts wegen eingeleiteten Verfahrens berührt die Rechte der Beteiligten bzw der sonst Betroffenen grundsätzlich nicht. Sie ist deshalb auch nicht als VA anzusehen (s aber unten Rn 42).

bb) Antragsverfahren. Ein aufgrund eines Antrags nach § 22 eingeleitetes Verfahren kann die Behörde nicht ohne weiteres einstellen. Hier ist grundsätzlich Voraussetzung, dass der Antrag vom Antragsteller zurückgenommen oder für erledigt erklärt worden ist. Teilt die Behörde dem Antragsteller (uU formlos) mit, dass sie das Verfahren eingestellt habe, obwohl der Antrag weder zurückgenommen noch für erledigt erklärt worden ist, so wird darin eine **konkludente Ablehnung** des Antrags gesehen werden müssen (so nun auch Ziekow 19). Anders bei bloßer Untätigkeit. Zum Problem, ob und auf welche Weise der Antragsteller eine Entscheidung über den Antrag erzwingen kann, s § 22 Rn 20. Die Rücknahme eines Antrags ist, obwohl sie im VwVfG nicht ausdrücklich erwähnt wird, grundsätzlich ohne besonderen Anlass zulässig.[65] 40

Umstritten ist, ob die **Antragsrücknahme nur bis zum Erlass des VA**[66] oder darüber hinaus **bis zum Eintritt der Unanfechtbarkeit** eines erlassenen VA zulässig ist. Letzteres ist mit der wohl hM[67] anzunehmen, sofern eine Rücknahme des Antrags nach Erlass des VA nicht fachrechtlich ausgeschlossen ist. Dies wird etwa in **Prüfungsverfahren**[68] und auch sonst dann anzunehmen sein, wenn dies der Natur der Sache nach geboten ist (zB BVerwGE 104, 375, 378 bei Rücknahme eines bewilligten Urlaubsantrags). Mit der Rücknahme finden Verfahren, die nur auf Antrag durchgeführt werden können, in der Hauptsache ihr Ende; eines förmlichen Einstellungsbeschlusses der Behörde bedarf es nicht. Bereits ergangene, aber noch nicht unanfechtbar gewordene **Entscheidungen werden gegenstandslos** und unwirksam.[69] **Etwas anderes gilt,** wenn ein anderer Antragsberechtigter seinen Antrag aufrechterhält und das Verfahren insoweit, also beschränkt auf diesen Antrag, fortzuführen ist. Handelt es sich um ein Verfahren, das die Behörde auch von Amts wegen einleiten hätte können, so kann sie es auch ohne Rücksicht auf die Antragsrücknahme fortführen, in diesem Fall hat die Rücknahme des Antrags auf die Wirksamkeit des bereits ergangenen VA keine unmittelbare Auswirkungen (s § 22). 41

cc) Die Erledigung des Verfahrensgegenstandes. Da es sich bei Verwaltungsverfahren idR nicht um kontradiktorische Verfahren handelt, sind die Regelungen und Grundsätze der VwGO über die Erledigung in der Hauptsache (zB **§ 161 VwGO) nicht entsprechend anwendbar.**[70] Behörde und Beteiligte können das Verfahren zwar durch übereinstimmende formlose Erklärungen, dass die Hauptsache erledigt sei, beenden.[71] In diesem Fall aber ist in der Erklärung der Behörde eine Einstellung des Verfahrens zu sehen, in den Erklärungen der 42

[65] UL § 20 Rn 5; Erichsen/Ehlers § 13 Rn 20; WBS II § 46 Rn 38; Knack/Henneke 33.

[66] So die wohl hM in der Literatur, vgl. Sachs VerwArch 1985, 398, 422; StBS § 22 Rn 70 f; Erichsen/Ehlers § 13 Rn 20; WB III § 156 Rn 32.

[67] BVerwG NVwZ 1989, 860; VGH München DVBl 1982, 1011; Knack/Henneke 33; Ziekow 10, FKS § 22 Rn 50; **aA** StBS § 22 Rn 70 f; Stelkens NuR 1985, 213.

[68] BVerwGE 66, 213, keine Rücknahme des Antrags auf Zulassung zu einer Prüfung nach der Prüfungsentscheidung.

[69] Str, **aA** StBS § 22 Rn 70 f: Rücknahme ist nur bis zur Bekanntgabe der Entscheidung zulässig. Dies ist auf der Grundlage der Auffassung, wonach das Verwaltungsverfahren mit Bekanntgabe endet, nur konsequent.

[70] Ganz hM, vgl StBS 199; Obermayer 44; FKS 73; Ziekow 18; zT **aA** Knack/Henneke 33.

[71] Enger Knack/Henneke 33: Beendigung des Verfahrens durch übereinstimmende Hauptsacheerledigungserklärungen nur in Fällen, in denen der Behörde Antragsteller und Antragsgegner gegenüberstehen.

Beteiligten eine (nicht stets notwendige) Zustimmung hierzu. Die übereinstimmende Erledigungserklärung als solche beendet also anders als im Verwaltungsprozess das Verfahren also nicht automatisch, sondern nur dann, wenn in der Erklärung der Behörde eine **Einstellungsverfügung** zu sehen ist. Erklärt ein Antragsteller die Sache für erledigt, ist darin idR eine Rücknahme eines Antrags zu sehen. Die Behörde kann dann das Verfahren nur dann fortführen, wenn sie berechtigt ist, das Verfahren auch von Amts wegen zu betreiben. Auf die Frage, ob tatsächlich Erledigung eingetreten ist, sich zB der Anlass für die Einleitung des Verfahrens erledigt hat, kommt es in diesem Zusammenhang nicht an. Der Antragsteller kann deshalb das Verfahren nicht anders als durch die Rücknahme seines eigenen Antrags und nur dann beenden, wenn es sich um ein **striktes Antragsverfahren** handelt (s § 22 Rn 22).

VI. Zusammentreffen mehrerer Verfahren

43 **1. Allgemeines.** Nicht ausdrücklich geregelt ist im VwVfG die Frage, wie vorzugehen ist, wenn in einer Angelegenheit, zB für ein Vorhaben, Entscheidungen einer oder auch mehrerer Behörden nach verschiedenen Gesetzen vorgeschrieben sind. Sieht das Fachrecht für ein und dasselbe Vorhaben mehrere Zulassungsentscheidungen (zB Genehmigungen, Bewilligungen usw) vor, ohne dass zu ihrem Verhältnis besondere Regelungen getroffen sind, so sind nach dem Separationsprinzip jeweils **selbständige Verwaltungsverfahren** durchzuführen; es stellt sich dann materiellrechtlich das Problem der Abgrenzung der Prüfungsbereiche und der (teilweisen) Bindungswirkung (s zB unten Rn 45 ff). Das gilt auch dann, wenn die Verfahren über eine **einheitliche Stelle** (§§ 71a ff) abgewickelt werden können. Das Fachrecht kann aber auch eines der Verwaltungsverfahren mit **Konzentrationswirkung** ausstatten mit der Folge, dass nur dieses eine Verfahren durchgeführt wird (vgl unten Rn 54 ff). Es kann außerdem unterschiedliche Zuständigkeiten für mehrere Verfahren bei einer Behörde zusammenfassen (**Zuständigkeitsbündelung**, Rn 66 ff), oder für mehrere erforderliche Verfahren ein Stufenverhältnis vorsehen (**Verfahrensstufung**, s unten Rn 50 ff) oder schließlich für mehrere selbständige Verfahren eine **Verfahrenskoordination** anordnen (Rn 63).

44 **2. Parallele Zulassungsverfahren. a) Grundsatz der Parallelität.** Sind für ein bestimmtes Vorhaben nach dem einschlägigen Fachrecht mehrere Zulassungsentscheidungen in Form eines VA erforderlich, ohne dass das Verhältnis zwischen ihnen besonders geregelt ist, so gilt im Verwaltungsverfahren der Grundsatz der Parallelität. Danach darf das Vorhaben erst ins Werk gesetzt werden, wenn sämtliche erforderlichen Zulassungsentscheidungen positiv vorliegen. In jedem Zulassungsverfahren sind die im jeweiligen Fachgesetz verlangten materiellen Voraussetzungen zu prüfen. Die Zulassungsentscheidungen sind im Grundsatz **selbständig und voneinander unabhängig** zu treffen, unabhängig davon, ob für sie verschiedene Behörden zuständig sind oder nicht. Davon abweichend wird gelegentlich in besonderen Ausnahmefällen für beantragte Zulassungsentscheidungen das **Sachbescheidungsinteresse verneint**, wenn feststeht, dass das Vorhaben ohnehin nicht ins Werk gesetzt wird, weil eine parallel erforderliche Zulassungsentscheidung unanfechtbar versagt worden ist oder eine Erteilung offensichtlich ausscheidet.[72] Die Selbständigkeit der Verfahren bleibt auch erhalten, wenn nach Maßgabe der §§ 71a ff **die Verfahren über eine einheit-**

---

[72] BVerwG NJW 1997, 1085 (Versagung Baugenehmigung wgn Ablehnung wohnungswirtschaftlicher Genehmigung); VGH Mannheim NVwZ 2000, 1068 (Versagung Baugenehmigung wegen zu versagender gaststättenrechtlicher Genehmigung); OVG Lüneburg NJOZ 2010, 1997 (Versagung Baugenehmigung für Paintballanlage, weil Nutzen aus Baugenehmigung aus anderen als baurechtlichen Gründen nicht gezogen werden könne).

liche Stelle abgewickelt werden. In diesen Fällen bleiben nicht nur die Verwaltungsverfahren, sondern auch die Behördenzuständigkeiten unberührt (§ 71a Rn 2).

b) Abgrenzung der Verfahrensgegenstände. Jede Behörde entscheidet grundsätzlich eigenverantwortlich über die in ihre Kompetenz fallenden fachgesetzlichen Genehmigungsvoraussetzungen.[73] Das gilt selbst dann, wenn die Entscheidungsmaßstäbe des jeweils anzuwendenden Rechts trotz unterschiedlicher Prüfungskompetenz der Behörden bezüglich einzelner Fragen ausnahmsweise identisch sind. So kann also etwa die Frage, ob eine Gefahr oder Störung der öffentlichen Sicherheit zu erwarten ist, von unterschiedlichen Behörden im Rahmen ihrer Prüfungskompetenz unterschiedlich beurteilt werden. Ein von einer Behörde erlassener VA bindet andere Behörden nur hinsichtlich der erlassenen Genehmigung (**Tatbestandswirkung**, s § 43 Rn 16), nicht hinsichtlich der Beurteilung von Vorfragen, sofern das Gesetz nicht ausnahmsweise eine Feststellungswirkung vorsieht (s hierzu § 43 Rn 26). 45

c) Huckepackverfahren. Für die sog **Huckepackverfahren**, die zwar ein eigenständiges Prüfungsspektrum haben, aber nicht in selbständigen Verfahren zu prüfen sind, stellt sich die Frage, welchem von mehreren Zulassungsverfahren sie zugeordnet werden müssen (s hierzu näher unten Rn 65). Die **naturschutzrechtliche Eingriffsregelung** zB kennt idR kein eigenes Verwaltungsverfahren (vgl § 17 BNatSchG), daher sind die Belange des Naturschutzes jeweils im Rahmen anderer Verfahren, sog **Trägerverfahren,** zB Baugenehmigungs-, Anlagengenehmigungs- oder Planfeststellungsverfahren abzuarbeiten. Gleiches gilt für die **Umweltverträglichkeitsprüfung** nach dem UVPG (s § 63 Rn 19; § 72 Rn 33 ff). Hier wird man auf das sachnächste Trägerverfahren abzustellen haben. 46

d) Regelungen des Baugenehmigungsverfahrens. aa) Baugenehmigung mit Konzentrationswirkung. Baugenehmigungen mit einer begrenzten Konzentrationswirkung sind in Brandenburg und Hamburg möglich bzw vorgeschrieben.[74] Zu Verfahren mit Konzentrationswirkung s unten Rn 54 ff: Baugenehmigungsverfahren nach den übrigen LBauOen entfalten keine Konzentrationswirkung, dh nach anderen Gesetzen erforderliche Genehmigungen, Erlaubnisse usw sind grundsätzlich neben der Baugenehmigung für ein Vorhaben zusätzlich einzuholen. Ausnahmen gelten idR für die bauordnungsrechtliche Werbeanlagengenehmigung, die neben einer Baugenehmigung nicht erforderlich ist. Zum Prüfungsumfang Anders, JuS 2015, 604. 47

bb) Schlusspunkttheorie. In einigen Ländern werden die Vorschriften der LBauO, wonach eine Baugenehmigung erst zu erteilen ist, wenn das Vorhaben allen öffentlichen Vorschriften entspricht, dahin verstanden, dass die Baugenehmigung erst erteilt werden dürfe, wenn sämtliche anderen etwa erforderlichen Erlaubnisse vorliegen.[75] Die Baugenehmigung stellt dann eine abschließende Entscheidung dar, die als finaler Zulassungsakt den Schlusspunkt sämtlicher Eröffnungskontrollen bezogen auf ein Vorhaben bildet.[76] Von der Schlusspunkttheorie existiert auch eine modifizierte Variante, wonach eine Baugenehmigung auch ohne das Vorliegen erforderlicher Parallelgenehmigungen, -erlaubnisse usw erteilt werden darf; allerdings nur unter der aufschiebenden Bedingung, dass die nach Fachrecht erforderlichen Genehmigungen, Erlaubnisse usw noch erteilt werden.[77] Die Schlusspunkt- 48

---

[73] Lämmle, Konkurrenz paralleler Genehmigungen, 1991, 106; nun auch FKS 14.

[74] § 67 BbgBO und §§ 72, 62 HBauO; ausführlich hierzu: Hecker BauR 2006, 628.

[75] OVG Lüneburg NordÖR 2014, 420; VGH Kassel NuR 1982, 228; s zur Schlusspunkttheorie näher Mampel BauR 2002, 719; ablehnend BVerwGE 99, 351; Finkelnburg BauR II § 7 III 3 mwN.

[76] Siegel, Entscheidungsfindung im Verwaltungsverbund, S. 105.

[77] Anders JuS 2015, 604, 608; OVG Bautzen LKV 1995, 405.

theorie wird derzeit in Schleswig-Holstein,[78] Niedersachsen,[79] Rheinland-Pfalz,[80] Nordrhein-Westfalen[81] und Bremen[82] praktiziert.

49 **cc) Baugenehmigungen mit beschränkter Prüfung.** Einige Bundesländer[83] haben im Zuge der Deregulierung den Prüfungsumfang in Baugenehmigungsverfahren auf Vorschriften des Baurechts, teilweise auf das Bauplanungsrecht und einige grundlegende bauordnungsrechtliche Anforderungen beschränkt. Die Baugenehmigung muss dann unabhängig von nach anderen Fachgesetzen erforderlichen Erlaubnissen erteilt werden.[84] Neben den Vorschriften des BauGB und der jeweiligen Landesbauordnung sind zumeist noch solche „anderen öffentlich-rechtlichen Vorschriften" zu prüfen, für die kein eigenständiges Gestattungsverfahren durchzuführen ist, das sog „aufgedrängte Fachrecht". Hierzu zählen nach den LBauOen idR die sog Huckepackverfahren (s unten Rn 59).

50 **3. Gestufte Verwaltungsverfahren. a) Allgemeines.** Von Verfahrensstufung oder gestuften Verwaltungsverfahren spricht man, wenn mehrere Verwaltungsverfahren dergestalt aufeinander aufbauen, dass die jeweils nachfolgende Stufe die Durchführung des Verfahrens auf der vorangehenden Stufe rechtlich voraussetzt. Systematisch sind die Fälle **echter Verfahrensstufung,** in denen die gestuften Verwaltungsverfahren jeweils rechtlich selbständig sind und mit einem VA (oder einem Verwaltungsvertrag) abgeschlossen werden, auf denen das nachfolgende Verfahren aufbaut, und die Fälle **unechter Verfahrensstufung** zu unterscheiden, in denen die Ergebnisse der vorangehenden Verfahren jeweils vollständig in die nachfolgende Entscheidung aufgenommen werden und erst die Endentscheidung durch VA (oder Verwaltungsvertrag) in verbindlicher Weise getroffen wird.

51 **b) Echte Verfahrensstufung.** Wenn die Durchführung eines Verwaltungsverfahrens materiellrechtlich die vorherige Durchführung eines anderen Verwaltungsverfahrens voraussetzt, gilt das Prinzip der Eigenständigkeit der Verwaltungsverfahren, dh jedes Verfahren wird trotz des materiellen Zusammenhangs selbständig geführt. Für die Verwaltung bedeutet dies, dass die Entscheidung auf der vorangehenden Stufe dem nachfolgenden Verwaltungsverfahren zugrunde zu legen ist, weil sie insoweit Tatbestandswirkung entfaltet, solange sie den Beteiligten gegenüber wirksam (§ 43) ist. Für die gerichtliche Kontrolle bedeutet die echte Verfahrensstufung, dass die Entscheidung auf der vorangehenden Stufe nicht Gegenstand der Prüfung der nachfolgenden ist.

52 **Beispiele: Planfeststellungsbeschlüsse** mit enteignungsrechtlicher Vorwirkung müssen einem nachfolgenden Enteignungsverfahren zugrunde gelegt werden, ohne dass die Frage nach dem Gemeinwohlerfordernis erneut aufgeworfen werden dürfte (vgl § 74 Rn 53). Eine echte Verfahrensstufung liegt auch im Verhältnis zwi-

---

[78] § 73 Abs 1 S 1 der Landesbauordnung Schleswig-Holstein (LBO).

[79] § 75 Abs 1 S 1 NBauO; aus dem Wortlaut der Vorschrift, wonach die Anlage dem „öffentlichen Baurecht" entsprechen muss, wird keine Einschränkung der Prüfpflicht öffentlich-rechtlicher Vorschriften auf solche des BauGB und der NBauO gesehen, vielmehr wird nach OVG Lüneburg, Urt v 30.4.2014, BauR 2014, 1455 in Niedersachsen die Schlusspunkttheorie vertreten.

[80] § 70 Abs 1 S 1 iVm § 65 Abs 1 S 1 der Landesbauordnung Rheinland-Pfalz (LBauO); OVG Rheinland-Pfalz, B v 25.7.2007, Az 8a 10587/07.

[81] § 75 Abs 1 S 1 BauO NRW; Rechtsprechung hingegen nicht einheitlich: OVG Münster (7. Senat), BauR 2002, 451; dagegen OVG Münster (10. Senat), DÖV 2004, 384.

[82] § 74 Abs 1, 1. HS BremLBO.

[83] Baden-Württemberg, § 58 Abs 1 iVm § 49 LBO B-W; Bayern, Art 68 Abs 1 iVm Art 55 BayBO; Berlin, § 71 Abs 1 iVm § 60 BauO Bln; Hessen, § 64 Abs 1 iVm § 54 HBO; Mecklenburg-Vorpommern, § 72 Abs 1 iVm § 59 LBauO M-V; Saarland, § 73 Abs 1 iVm § 60 LBO Saarl.; Sachsen, § 72 Abs 1 iVm § 59 SächsBO; Sachsen-Anhalt, § 71 Abs 1 iVm § 58 BauO LSA; Thüringen, § 70 Abs 1 iVm § 62 ThürBO.

[84] Vgl zB OVG Hamburg NordÖR 2014, 218 (für Denkmalschutzrecht): NordÖR 2011, 338.

schen straßenrechtlicher **Widmung und straßenverkehrsrechtlichen Regelungen** vor.[85] Auch das **Abgabenrecht** kennt eine Vielzahl von Verwaltungsverfahren, die in einem Stufenverhältnis zueinander stehen. Um materiell vorgreifliche selbständige Verwaltungsverfahren handelt es sich zB bei Verfahren, die sich auf die Ausstellung von Bescheinigungen richten, die im Rahmen der Abgabenfestsetzung zu berücksichtigen sind. In ähnlicher Weise sind auch sog Grundlagenbescheide jeweils auch für bestimmte andere Verfahren vorgreiflich, zB die Grundsteuermessbescheide nach § 171 Abs 10 AO für den Grundsteuerbescheid.

c) Unechte Verfahrensstufung. Praktisch sehr viel wichtiger sind die Fälle 53
der unechten Verfahrensstufung, in denen die einzelnen Verfahrensstufen zwar sachlich-funktional aufeinander aufbauen, aber rechtlich nicht selbständig sind. Um Fälle unechter Verfahrensstufung handelt es sich etwa bei dem Verhältnis von Raumordnungsverfahren nach § 15 ROG und Linienbestimmungsverfahren nach § 16 FStrG zu dem nachfolgenden Planfeststellungsverfahren. Als Fälle unechter allerdings horizontaler Verfahrensstufung lassen sich auch diejenigen Fälle bezeichnen, in denen andere Behörden mit eigenen Entscheidungsbeiträgen am Verwaltungsverfahren beteiligt werden, ohne dass es sich bei diesen Beiträgen um selbständige VAe handelt; zB das Huckepackverfahren der naturschutzrechtlichen Eingriffsregelung nach § 17 Abs 1 BNatSchG (s hierzu näher unter Rn 59). Die Beteiligung kann sich auf die Herstellung des **Benehmens**[86] beschränken, aber auch auf die Herstellung des **Einvernehmens** bzw. der Zustimmung erstrecken. Dies ist etwa der Fall bei der Beteiligung der Gemeinde am Baugenehmigungsverfahren in den Fällen des § 36 BauGB.[87] Da es sich in den Fällen der unechten Verfahrensstufung bei den vorangehenden Verfahren nicht um selbständige Verwaltungsverfahren iS der Vorschrift handelt, beziehen sich auch die Beteiligungsrechte der §§ 10 ff nicht auf diese unselbständigen Stufen.

4. Verfahren mit Konzentrationswirkung. In einer Reihe von Gesetzen 54
sind die vorgesehenen Zulassungsentscheidungen mit einer Konzentrationswirkung ausgestattet (Überblick bei Ell, JuS 2005, 497). Dies gilt etwa für **Planfeststellungsbeschlüsse** und Plangenehmigungen nach §§ 75 Abs 1 bzw den entsprechenden Fachplanungsgesetzen (s näher § 75 Rn 12 ff), aber auch für **Anlagengenehmigungen** nach § 4 BImSchG, allerdings mit den in § 13 BImSchG geregelten Einschränkungen, in einzelnen Bundesländern sogar für bestimmte **Baugenehmigungen** (vgl zB § 62 HBauO). In diesen Fällen umfasst und ersetzt die Zulassungsentscheidung je nach Reichweite der Konzentrationswirkung die nach dem Fachrecht sonst erforderlichen Erlaubnisse, Verleihungen, Genehmigungen, Zustimmungen und sogar die Entscheidungen über fachrechtlich (zB nach Naturschutzrecht oder Bauordnungsrecht) etwa erforderliche Ausnahmen und Befreiungen.

a) Formelle Konzentration. Die Konzentrationswirkung erfasst regelmäßig 55
nur die Verwaltungsverfahren und lässt das **materielle Recht grundsätzlich unberührt.** Das bedeutet, dass die Behörde im konzentrierten Verfahren grundsätzlich, dh soweit nicht etwas anderes gesetzlich vorgesehen ist,[88] alle Vorschriften des materiellen Rechts im selben Umfang beachten muss wie die Behörden, deren Entscheidungen ersetzt werden. Stehen die erfassten Entscheidungen im **Ermes-**

---

85 Siegel, Entscheidungsfindung im Verwaltungsverbund, S 101.

86 Das bedeutet, dass sich die federführende Behörde über das Votum der zu beteiligenden Behörde hinwegsetzen kann, vgl zB § 17 Abs 2 BNatSchG (vorbehaltlich weitergehender landesgesetzlicher Beteiligungspflichten, vgl zB § 8 HmbBNatSchAG).

87 Entscheidung der Gemeinde nach § 36 ist bloßes Verwaltungsinternum, vgl BVerwGE 22, 342; BVerwG NVwZ 1986, 556; Schrödter BauGB § 36 Rn 10.

88 Wie zB in § 38 BauGB für Planfeststellungsbeschlüsse und sonstige Verfahren mit den Rechtswirkungen eines Planfeststellungsbeschlusses für Vorhaben von überörtlicher Bedeutung.

sen der Behörde oder besteht ein Beurteilungsspielraum oder eine Einschätzungsprärogative (s hierzu § 40 Rn 31b), so geht die Ermächtigung zur Betätigung des Ermessens bzw zur Ausfüllung sonstiger Entscheidungsspielräume auf die für das Konzentrationsverfahren zuständige Behörde über; umstritten ist, ob der naturschutzrechtlichen, bipolaren Abwägung nach § 15 Abs 5 BNatSchG im Verhältnis zur mehrpoligen, fachplanerischen Abwägung iRe Planfeststellungsverfahrens eine eigenständige Bedeutung zukommt.[89] Die Entscheidung muss sich an den **Zielen der jeweiligen fachgesetzlichen Ermächtigung** orientieren, nicht an den Zielen anderer von der Konzentrationswirkung erfasster Verwaltungsverfahren.

56 **b) Maßgebliches Verfahrensrecht.** Anwendbar ist allein das Verfahrensrecht des mit Konzentrationswirkung ausgestatteten Verwaltungsverfahrens. Soweit die Konzentrationswirkung reicht, werden nicht nur die Regelungen über die Zuständigkeit der übrigen Behörden verdrängt, sondern auch die Verfahrensvorschriften, die an sich für die verdrängten Verwaltungsverfahren einschlägig wären. Die **verdrängten Verfahrensvorschriften finden keine Anwendung;** sie müssen auch nicht ergänzend beachtet werden (BVerwG NVwZ 2003, 751; Jarass, BImSchG, § 13 Rn 18). Mit den Behörden, die für die verdrängten Verwaltungsverfahren zuständig gewesen wären, muss regelmäßig nur das **„Benehmen"** hergestellt werden; dh sie werden zur Abgabe von Stellungnahmen aufgefordert, die für die federführende Behörde rechtlich nicht bindend sind.

56a Für **wasserrechtliche Erlaubnisse und Bewilligungen** (§§ 8 ff WHG) gelten Besonderheiten. Ist für ein planfeststellungsbedürftiges Vorhaben eine wasserrechtliche Benutzung erforderlich, so entscheidet nach § 19 Abs 1 WHG die Planfeststellungsbehörde über die Erteilung der Erlaubnis oder Bewilligung. Hieraus wird von der hM zutreffend gefolgert, dass diese wasserrechtliche Entscheidung selbständig bleibt und nicht von der Konzentrationswirkung des § 75 Abs 1 VwVfG erfasst wird, dass lediglich eine **Zuständigkeitsverlagerung** auf die Planfeststellungsbehörde stattfindet, die aber nach § 19 Abs 3 WHG nur im **Einvernehmen mit der Wasserbehörde** entscheiden darf.[90] Ob über die wasserrechtliche Benutzung durch die Planfeststellungsbehörde in einem **rechtlich selbständigen Verfahren** oder im Planfeststellungsverfahren entschieden wird, ist **umstritten.** Die wohl hM geht von einem rechtlich selbständigen Verfahren aus, was im Hinblick auf den Wortlaut des § 19 Abs 1 WHG konsequent ist.[91] Die Gegenmeinung[92] beruft sich ua auf die Gesetzesbegründung. Hiernach dient § 19 WHG gerade der Verhinderung einer eigenständigen Durchführung mehrerer Parallelverfahren durch mehrere Behörden.[93]

57 **c) Sachlicher Umfang der Konzentration.** Von der Konzentrationswirkung erfasst werden die für das Vorhaben **objektiv erforderlichen Entscheidungen,** unabhängig davon, ob die Behörde deren Notwendigkeit erkannt hatte oder nicht, soweit sie in den gesetzlich definierten **Rahmen der Konzentrationswirkung** gehören. Deshalb werden Ausnahmen und Befreiungen auch dann erfasst, wenn die Behörde irrtümlich nicht von ihrer Erforderlichkeit ausgegangen ist. Allerdings gilt das nur für solche Entscheidungen, die unmittelbar die Zulassung des Vorhabens betreffen, **nicht dagegen vorgelagerte Entscheidungen** wie etwa raumordnerische Entscheidungen oder die Beteiligung der Gemeinde nach § 36 BauGB. Die Konzentrationswirkung kann sich auch auf mehrere Vorhaben erstrecken. So be-

---

[89] Vgl hierzu statt vieler: FKS, § 74 Rn 106; Gellermann in LR-Umweltrecht, Bd II, § 15 BNatSchG Rn 33 ff.

[90] BVerwGE 133, 249; 125, 279; weitere Nachweise bei Czychowski/Reinhardt, § 19 Rn. 5.

[91] Rutloff UPR 2012, 333; wohl auch BVerwGE 133, 249; s auch schon Ossenbühl DVBl 1991, 836.

[92] Reinhardt ZUR 2006, 468; Maus NVwZ 2009, 1388; BeckOK-Giesberts WHG § 19 Rn. 11.

[93] BT-Drs 2/3536, 26.

stimmt § 78 VwVfG für das Zusammentreffen mehrerer planfeststellungsbedürftiger Vorhaben eine Konzentrationswirkung, die der des § 75 Abs 1 VwVfG entspricht, wenn eine Entscheidung über diese Vorhaben sachgerecht nur einheitlich getroffen werden kann (zB eine Kreuzung einer Autobahn mit einer Bahnstrecke).[94]

d) Zeitlicher Umfang der Konzentration. Die mit der Konzentrationswirkung ausgelöste verdrängende Wirkung beginnt mit der **Eröffnung des Verwaltungsverfahrens,** idR mit der Stellung des Antrags auf die mit Konzentrationswirkung ausgestattete Verwaltungsentscheidung (zB Antrag auf Planfeststellung oder Antrag auf BImSchG-Genehmigung). Auch bereits begonnene Verwaltungsverfahren dürfen, wenn sie von der Konzentrationswirkung erfasst werden, nicht zu Ende geführt werden. Werden in diesen Verwaltungsverfahren gleichwohl VAe erlassen, sind sie rechtswidrig (BVerwGE 82, 61). Wann die Konzentrationswirkung endet, ist unterschiedlich geregelt: Im Fall der Planfeststellungsverfahren dauert sie auch **über den Erlass des Planfeststellungsbeschlusses hinaus** an; auch nachträgliche, spätere Entscheidungen fallen deshalb grundsätzlich in die Zuständigkeit der Planfeststellungsbehörde. Dies folgt ua aus § 75 Abs 2 S 3 VwVfG, wonach nachträgliche Schutzvorkehrungen dem Vorhabenträger (nur) durch die Planfeststellungsbehörde auferlegt werden können (s § 75 Rn 40 ff). Anders ist dies bei der Konzentrationswirkung nach § 13 BImSchG. Hier ist die **Konzentrationswirkung auf die Genehmigungsentscheidung begrenzt;** nachträgliche Entscheidungen können wieder von den jeweils fachrechtlich zuständigen Behörden getroffen werden (OVG Lüneburg NuR 2011, 891; Jarass, BImSchG § 13 Rn 20 mwN). 58

5. Huckepackverfahren. Teilweise schreibt das Fachrecht für bestimmte Vorhaben zwar die Berücksichtigung von bestimmten materiellen Erfordernissen vor, sehen aber kein eigenes Genehmigungsverfahren vor. In diesem Fall sind die dort geregelten Erfordernisse in anderen Genehmigungsverfahren mit zu berücksichtigen. So sind zB innerhalb eines Baugenehmigungsverfahrens für ein Bauvorhaben, das nach dem BImSchG nicht genehmigungsbedürftig ist, auch die Voraussetzungen nach §§ 22 ff BImSchG mit zu prüfen (BVerwGE 74, 315, 322; Ortloff NJW 1987, 1665). Auch die **naturschutzrechtliche Eingriffsregelung** kennt kein eigenes Verwaltungsverfahren (vgl § 17 BNatSchG), daher sind die Belange des Naturschutzes jeweils im Rahmen anderer Verfahren, sog **Trägerverfahren,** zB Baugenehmigungs-, Anlagengenehmigungs- oder Planfeststellungsverfahren zu berücksichtigen (BVerwGE 82, 24). Gleiches gilt auch für die **Umweltverträglichkeitsprüfung** nach dem UVPG (s § 72 Rn 33 ff), für die allerdings geeignete Trägerverfahren im nationalen Recht zur Verfügung gestellt werden müssen (s § 63 Rn 19). In derartigen Konstellationen spricht man auch von **Huckepackverfahren,** weil UVP wie naturschutzrechtliche Eingriffsregelungen auf Durchführung innerhalb der fremden Trägerverfahren angewiesen sind. 59

6. Zuständigkeitsbündelung. Einen weiteren Typus der horizontalen Koordination paralleler Verwaltungsverfahren bildet die Zuständigkeitsbündelung.[95] Zuständigkeitsbündelung bedeutet, dass einer Behörde die Zuständigkeit für die eigenständige Durchführung mehrerer paralleler Gestattungsverfahren zugewiesen wird. Die federführende Behörde führt in der Folge mehrere Verwaltungsverfahren eigenständig durch und schließt diese auch mit eigenständigen Entscheidungen ab.[96] 60

---

[94] Ausführlich hierzu: Siegel, Entscheidungsfindung im Verwaltungsverbund, S 137 f.

[95] Die „Zuständigkeitsbündelung" wird in inhaltlicher Übereinstimmung auch als „Zuständigkeitskonzentration", „unechte Konzentration", „Zuständigkeitszusammenfassung" oder „Behördenkonzentration" bezeichnet.

[96] Landmann/Rohmer, BImSchG-Kommentar, § 13 Rn 36a; Siegel, Entscheidungsfindung im Verwaltungsverbund, S 127.

61 **a) Reine Zuständigkeitsbündelung.** Gesetzliche Regelungen einer reinen Zuständigkeitsbündelung sind selten. Eines der wenigen Beispiele bildet § 5 Abs 2 S 1 des Wassersicherstellungsgesetzes. Zuständigkeiten können aber auch ohne ausdrückliche gesetzliche Normierung gebündelt werden. Diese sog „verdeckte Zuständigkeitsbündelung" ohne ausdrückliche Normierung liegt vor, wenn einer Behörde durch verschiedene Fachgesetze mehrere Parallelverfahren und Entscheidungen zugewiesen werden, ohne dass eine formelle Konzentration oder auch nur die Konzentration der Verfahren bestimmt wird.[97]

62 **b) Zuständigkeitsbündelung mit Verfahrenskonzentration.** Die Zuständigkeitsbündelung kann auch mit einer Verfahrenskonzentration verbunden werden. Mehrere Entscheidungen werden auf diese Weise aus Gründen der Verfahrensbeschleunigung rein äußerlich im Zuständigkeitsbereich derselben Behörde verbunden, ohne das die materielle Eigenständigkeit dieser Entscheidungen eingeschränkt wird.[98] Ein Beispiel hierfür bildet § 19 WHG. So ordnet § 19 Abs 1 WHG für wasserrechtliche Erlaubnisverfahren in Fällen von planfeststellungsbedürftigen Vorhaben eine Zuständigkeitsbündelung bei der Fachplanungsbehörde an, wobei zwar eine eigenständige wasserrechtliche Entscheidung ergeht, die nach hM in einem eigenständigen wasserrechtlichen Verfahren neben dem Planfeststellungsverfahren zu treffen ist.[99]

63 **7. Kooperationsprinzip**. Das Fachrecht verlangt in manchen Fällen, dass selbstständige Verwaltungsverfahren in enger Abstimmung miteinander durchgeführt werden. Behörden werden hierzu Mitwirkungspflichten in Parallelverfahren auferlegt. Beispiel einer solchen horizontalen Verfahrenskoordination bildet die umfassende Koordinierungsvorschrift des § 10 Abs 5 S 2 BImSchG.[100]

VII. Mehrheit von Verfahren und Beteiligten

64 **1. Grundzüge.** Im Grundsatz wird für jeden Verfahrensgegenstand im Rahmen der oben unter 43 ff beschriebenen Regeln ein selbständiges Verwaltungsverfahren durchgeführt. Das gilt unabhängig davon, ob es sich um Antragsverfahren oder um amtswegige Verfahren handelt. Ein Antragsteller darf aber mehrere rechtlich selbständige Anträge in einem Antragsschreiben zusammenfassen und damit mehrere Verwaltungsverfahren auslösen. Dabei kommt es grundsätzlich nicht darauf an, ob diese Anträge inhaltlich zusammengehören oder nicht, solange für sie dieselbe Behörde zuständig ist. Die insoweit für das gerichtliche Verfahren geltenden Beschränkungen (vgl §§ 44, 93 VwGO) sind im Verwaltungsverfahren nicht, grundsätzlich auch nicht sinngemäß, anzuwenden (StBS 201). Es ist auch zulässig, dass mehrere Antragsteller ihre Anträge in einem gemeinsamen Antrag formulieren und bei der Behörde einreichen. Auch in amtswegigen Verfahren ist es zulässig, mehrere Verfahrensgegenstände gleichzeitig zu verfolgen.

65 **2. Verbindung und Trennung von Verfahren.** Nach dem Grundsatz der Nicht-Förmlichkeit des Verfahrens (§ 10) ist die federführende Behörde grundsätzlich befugt, **im Rahmen ihres Verfahrensermessens** gleich liegende oder ähnliche liegende Verfahren ganz oder teilweise, zB für einzelne Verfahrensabschnitte oder Verfahrenshandlungen oder auch nur für die Entscheidung miteinander zu verbinden oder sie, auch wenn sie aufgrund eines einzigen Antrags oder von Amts wegen gemeinsam begonnen wurden, zu trennen.[101] Bei einfacher Verbindung von Verfahren mehrerer Beteiligter bleiben die **einzelnen Verfahren rechtlich selbständig;** die Beteiligten sind an Erklärungen und sonstige

---

97 Siegel, Entscheidungsfindung im Verwaltungsverbund, S 128.
98 Siegel, Entscheidungsfindung im Verwaltungsverbund, S 128.
99 Str, vgl oben Rn 56a mwN.
100 Hierzu Jarass, § 10 BImSchG Rn 48 ff.
101 AllgM, vgl nur StBS 201; Knack/Henneke 24. Näher Jarass NVwZ 2009, 65.

Verfahrenshandlungen der übrigen Beteiligten nicht gebunden; ebenso ergeben sich daraus für sie weder Rechte noch Pflichten oder verfahrensrechtliche Folgen. Auch die Entscheidungen der Behörde können für und gegen jeden Beteiligten unterschiedlich ausfallen.

3. Notwendige Verfahrensgemeinschaft. Soweit aufgrund des für die Entscheidung maßgebenden materiellen Rechts ein innerer Zusammenhang zwischen den Rechten der Beteiligten oder sonst sachlich in ihren Rechten Betroffenen dergestalt besteht, dass getrennte Anträge, Verfahren oder Entscheidungen verfahrensrechtlich nicht sinnvoll sind, insb ihren Zweck verfehlen würden, muss die Behörde die sich daraus für das Verfahren ergebenen Folgerungen berücksichtigen. Insoweit sind die Grundsätze des Prozessrechts über die sog **notwendige Streitgenossenschaft** gem § 64 VwGO, § 62 ZPO als Ausdruck sachlogischer Zusammenhänge auch im Verwaltungsverfahren analog anwendbar Eine notwendige Verfahrensgemeinschaft besteht nach denselben Grundsätzen, wie sie im Prozessrecht gelten, auch im Verwaltungsverfahren in zwei Fällen: (1.) bei notwendig einheitlicher Sachentscheidung oder (2.), wenn die Streitgenossenschaft „aus einem sonstigen Grund eine notwendige ist". Im Einzelnen gelten hier, da es sich um sachlogische Zusammenhänge handelt, die im Prozessrecht von der Rspr und Rechtslehre entwickelten Grundsätze entsprechend. 66

a) Die uneigentliche notwendige Verfahrensgemeinschaft. Entsprechend § 62 Abs 1, 1. Alt ZPO ist eine Verfahrensgemeinschaft dann eine notwendige, wenn ein Rechtsverhältnis allen „Streitgenossen", nämlich allen Antragstellern, Antragsgegnern oder sonstigen Beteiligten gegenüber, **nur einheitlich geregelt oder festgestellt werden kann,** dh der VA oder der zu schließende Vertrag allen Beteiligten gegenüber gleich lauten muss. Dazu gehören alle Fälle, in denen Beteiligte durch Rechtsbeziehungen des materiellen Rechts (vgl BVerwGE 17, 297) dergestalt miteinander verbunden sind, dass zwar eine gesonderte Antragstellung einzelner bzw gegen einzelne möglich und sinnvoll ist (zB der Antrag eines Miteigentümers auf Erteilung einer Baugenehmigung oder einer Abbruchgenehmigung (vgl BVerwGE 54, 55), dass aber, wenn sie zusammen einen Antrag stellen oder Antragsgegner sind oder wenn eine Regelung durch VA gegen sie alle beabsichtigt ist, die **Entscheidung wegen der Einheit des Gegenstandes des Verfahrens** (wenn auch uU nur im Falle einer positiven oder negativen Entscheidung) **notwendig einheitlich,** dh für alle Betroffenen gleich sein muss, weil die Entscheidung (der VA oder der Vertrag) allen Streitgenossen gegenüber wirken muss (vgl Kopp/Schenke § 64 Rn 6). 67

aa) Beispiele. Um **uneigentliche notwendige Verfahrensgemeinschaften** handelt es sich im Verwaltungsverfahren zB, wenn Käufer und Verkäufer oder Miteigentümer eine Bodenverkehrsgenehmigung (vgl BVerwG BayVBl 1970, 135 bzw BGHZ 36, 187), oder mehrere Miteigentümer eines Grundstücks eine Baugenehmigung beantragen,[102] oder wenn die Behörde gegen eine OHG und ihre Gesellschafter VAe auf Rückzahlung einer zu Unrecht gewährten Subvention erlässt. Eine uneigentliche notwendige Verfahrensgemeinschaft liegt auch in allen Fällen vor, in denen bei Streitgenossen eine Erstreckung der Entscheidungswirkung (zB entspr §§ 326 ff, 728 ZPO) in Betracht kommt. 68

bb) Allgemeinverfügungen. Bei Verfahren zum Erlass von Allgemeinverfügungen (§ 35 S 2) kommt es auf die in Frage stehenden Auswirkungen an: nur soweit mehrere durch dieselben Auswirkungen betroffen sind, liegt eine uneigentliche notwendige Verfahrensgemeinschaft vor. Werden bei einem „dinglichen" VA (vgl § 35 Rn 119) mehrere Personen durch unterschiedliche Auswirkungen zB desselben Vorhabens, auf das sich das Genehmigungsverfahren 69

---

[102] BVerwGE 54, 55 – jedoch zu eng, wenn hier auch die Zustimmung der übrigen Miteigentümer gefordert wird; Stettner JA 1982, 398.

bezieht, betroffen, zB der eine Nachbar im Hinblick auf den Grenzabstand, der andere wegen zu erwartender Immissionen, oder verschiedene Straßenanlieger wegen der jeweils von den Straßenabschnitten vor ihren Grundstücken zu erwartenden Lärmbeeinträchtigung, so ist idR zwar eine Verbindung der Verfahren zweckmäßig (§ 10) und häufig auch, zB im Planfeststellungsverfahren, gesetzlich geboten, es handelt sich aber nicht um eine notwendige Verfahrensgemeinschaft im dargelegten Sinn,[103] auch wenn im Ergebnis das Unterbleiben des Vorhabens usw tatsächlich allen zugute käme. Bei sog Sammel-VAen (vgl § 35 Rn 164) handelt es sich idR nicht um notwendige Verfahrensgemeinschaften; die Frage hängt aber auch hier letztlich von den Rechtsbeziehungen zwischen den Betroffenen ab, nicht von der Klassifizierung des VA als Allgemeinverfügung bzw Sammel-VA.

70 **b) Die eigentliche notwendige Verfahrensgemeinschaft.** Eine Verfahrensgemeinschaft ist entspr § 62 Abs 1 2. Altern ZPO „aus einem sonstigen Grund eine notwendige", wenn jeweils nur alle Antragsteller, alle Antragsgegner oder sonstigen Beteiligten gemeinsam zu Verfahrenshandlungen oder in der Sache selbst befugt sind (eigentliche notwendige Verfahrensgemeinschaft). Bei der eigentlichen notwendigen Verfahrensgemeinschaft besteht **nur ein einziges Verfahrensrechtsverhältnis**. Deshalb müssen Anträge und Rechtsbehelfe für alle Streitgenossen gestellt bzw erhoben werden. Auch Entscheidungen können nur einheitlich für und gegen alle ergehen. Sind bei der eigentlichen notwendigen Verfahrensgemeinschaft nicht alle Streitgenossen am Verfahren beteiligt, so ist ein Antrag, wenn es an der Antragsbefugnis fehlt, als unzulässig, sonst als unbegründet abzulehnen (vgl Kopp/Schenke § 64 Rn 13). Dies ist zB beim Antrag von Eheleuten auf Änderung des Familiennamens der Fall (BVerwGE 66, 266).

71 **aa) Beispiele.** Zu den Fällen der eigentlichen notwendigen Verfahrensgemeinschaften zählen die **Eltern,** die kraft ihres Elternrechts einen Antrag für ihr gemeinsames Kind stellen;[104] die Mitglieder einer Gesellschaft des BGB oder eines nicht-rechtsfähigen Vereins sowie die **Miterben** in ungeteilter Erbengemeinschaft nur insoweit, als nicht nach §§ 2038 ff BGB auch einzelne Miterben für den Nachlass allein handeln können, wie zB in Verfahren zur Erhaltung von Nachlassgegenständen (vgl VGH Kassel NJW 1958, 1203). In den genannten Fällen ist eine eigentliche notwendige Verfahrensgemeinschaft außerdem **nur dann gegeben, wenn nicht die Gesellschaft** oder die Erbengemeinschaft selbst **aufgrund eigener Beteiligungsfähigkeit** nach § 11 Nr 2 als solche den Antrag stellen kann bzw das Verfahren sich gegen sie als solche richtet.[105] Der Mangel der Mitwirkung eines notwendigen Streitgenossen am Verfahren wird mit Rückwirkung geheilt, wenn dieser nachträglich zustimmt.[106] Entsprechendes ist anzunehmen, wenn den betroffenen Streitgenossen der VA ordnungsgemäß bekanntgegeben wird und er ihn unanfechtbar werden lässt oder wenn er sein Anfechtungsrecht verwirkt (s zur Verwirkung allg § 41 Rn 27).

72 **bb) Abgrenzungen. Nicht um eine notwendige Verfahrensgemeinschaft** handelt es sich (wegen §§ 425 Abs 2, 429 Abs 3, 431, 432 Abs 2 BGB) bei **Gesamtschuldnern** (vgl RG HRR 27, 171; Kopp/Schenke § 64 Rn 8); bei **Miterben** in ungeteilter Erbengemeinschaft im Verfahren um einen Erschließungsbeitragsbescheid nach §§ 127 ff BauGB, weil § 134 Abs 1 BauGB hins der Beitragspflicht eine Gesamtschuldnerschaft vorsieht;[107] bei **Eltern,** die ihr Eltern-

---

[103] **AA** offenbar bei dinglichen VAen Stettner JA 1982, 398 zum Prozessrecht.

[104] Vgl Maetzel DVBl 1975, 735; OVG Münster DVBl 1975, 443; OVG Lüneburg NVwZ 1982, 321.

[105] Hierzu näher § 11 Rn 7, 13.

[106] OVG Lüneburg NVwZ 1982, 321; vgl den Rechtsgedanken in § 45 Abs 1 Nr 1 u 3.

[107] Vgl BVerwG BayVBl 1976, 27; **aA** MuLö BayVBl 1972, 310.

recht, und einem Kind, das sein Recht aus Art 2 Abs 1 GG, geltend machen, im Verfahren um die beabsichtigte Entlassung aus der Schule; beim Eigentümer und einem Nießbrauchberechtigten im Verfahren (BVerwG NVwZ 1994, 472); bei **mehreren Grundstückseigentümern** im Planfeststellungsverfahren nach § 17 FStrG, **mehreren Straßenanliegern** in Verfahren zur Aufstellung des Verkehrszeichens und beim **Eigentümer und Mieter** im Verfahren um eine Verfügung, die dem Eigentümer den Abbruch des Hauses, dem Mieter die Duldung des Abbruchs aufgibt (vgl BVerwGE 40, 101). Zweifelhaft ist die Rechtslage bei mehrstufigen Verfahren, wenn eine Behörde nur im Einvernehmen mit einer anderen entscheiden kann. Richtigerweise wird hier kein Fall der Verfahrensgemeinschaft anzunehmen sein (StBS 202).

c) **Auswirkungen.** Bei der notwendigen Verfahrensgemeinschaft bleibt ebenfalls jeder Beteiligte selbständig, seine Verfahrenshandlungen, einschließlich der von ihm eingelegten Rechtsbehelfe, wirken grundsätzlich nur für und gegen ihn selbst. Hins. der **Wahrung von Fristen und Terminen** gelten entspr § 62 Abs 1 ZPO aber säumige Streitgenossen als durch die nichtsäumigen vertreten, wirkt also zB rechtzeitige Antragstellung auch zugunsten aller übrigen (BVerwGE 95, 166 mwN). Dies gilt auch, wenn für den Säumigen die Antragsfrist uä bereits verstrichen war (vgl Schumann ZZP 76, 389; **aA** RGZ 157, 33). Andererseits wirken Anerkenntnis, Verzicht, Antragsänderung, Antragsrücknahme, Erklärung der Erledigung der Hauptsache, Vertrags- oder Vergleichsangebote usw einzelner Streitgenossen für und gegen die übrigen nur, wenn auch diese sich anschließen oder jedenfalls zustimmen; anderenfalls sind sie bei der eigentlichen notwendigen Verfahrensgemeinschaft schlechthin unwirksam, bei der uneigentlichen notwendigen Verfahrensgemeinschaft nur bezüglich des Streitgenossen, der sie vorgenommen hat, und nur insoweit wirksam, als sie die notwendig einheitliche Sachentscheidung der Behörde nicht berühren (was im wesentlichen nur bei Antragsrücknahmen der Fall ist). 73

VIII. Besondere Verfahrensarten

Das VwVfG enthält außer den allgemeinen Vorschriften über das Verwaltungsverfahren, die grundsätzlich für alle Verfahrensarten gelten, sofern nicht andere inhaltsgleiche oder entgegenstehende Rechtsvorschriften bestehen (§ 1), besondere Vorschriften über **förmliche Verfahren** (§§ 63 ff), **Verfahren über eine einheitliche Stelle** (§§ 71a ff), **Planfeststellungsverfahren** (§§ 72 ff) und für das **Rechtsbehelfsverfahren** (§§ 79 f). Das **Widerspruchsverfahren** iSd §§ 68 ff VwGO (hierzu näher § 79) ist nach der hier vertretenen Auffassung als Fortsetzung des allgemeinen auf Erlass eines VA gerichteten Verwaltungsverfahrens zu verstehen (vgl Rn 1, 23a, 34). Die §§ 9 ff gelten grundsätzlich auch für die besonderen Verfahrensarten, soweit dort nicht speziellere Regelungen getroffen sind, die den allgemeinen vorgehen. 74

§ 10 Nichtförmlichkeit des Verwaltungsverfahrens

Das Verwaltungsverfahren ist an bestimmte Formen nicht gebunden,[7] soweit keine besonderen Rechtsvorschriften für die Form des Verfahrens bestehen.[14] Es ist einfach, zweckmäßig[15] und zügig[17] durchzuführen.

Parallelvorschriften: § 9 SGB-X

Schrifttum: *Brohm,* Verwaltungsverhandlungen mit Hilfe von Konfliktmittlern, DVBl 1990, 321; *Bullinger,* Beschleunigung von Investitionen durch Parallelprüfung und Verfahrensmanagement, JZ 1993, 492; *ders,* Aktuelle Probleme des deutschen Verwaltungsverfahrensrechts – Das Beschleunigungsgebot und seine Vereinbarkeit mit rechtsstaatlichen und demokratischen Verfahrensprinzipien –, DVBl 1992, 1463; *Eberle,* Arrangements im Verwaltungsverfahren, Vw 1984, 439; *Hill,* Verfahrensermessen der Verwaltung, NVwZ 1985, 449; *ders,* Rechtsstaatliche Bestimmtheit oder situationsgerechte Flexibilität des Verwaltungshandelns, DÖV 1987, 885; *Hoffmann-Riem/Schmidt-Aßmann* (Hg), Effizienz als Herausforderung an das Verwaltungsrecht, 1998; *Leisner,* Die untätige Behörde, VerArch 2000, 227; *Püttner/Guckelberger,* Beschleunigung von Verwaltungsverfahren, JuS 2001, 218; *Steinbeiß-Winkelmann,* Verfassungsrechtliche Vorgaben und Grenzen der Verfahrensbeschleunigung, DVBl 1998, 809; *Schwarz/Mangold,* Verfahrensfragen bei der Aberkennung akademischer Grade, DVBl 2013, 883; *Tettinger,* Fairness und Waffengleichheit, 1984; *Wahl/Pietzcker,* Das Verwaltungsverfahren zwischen Effizienz und Rechtsschutzauftrag, VVDStRL 1983, 151, 193; *Ziekow,* Die Wirkung von Beschleunigungsgeboten im Verfahrensrecht, DVBl 1998, 1101.

Übersicht

I. Allgemeines

1 **1. Inhalt.** Die Vorschrift stellt den **Grundsatz der Nichtförmlichkeit** des Verwaltungsverfahrens auf und verpflichtet im Zusammenhang damit die Behör-

den, das Verfahren möglichst **einfach, zweckmäßig und zügig** durchzuführen. Der Grundsatz der Zügigkeit wurde durch das GenBeschlG eingefügt, um damit das öffentliche Interesse an einer Beschleunigung zu betonen (BT-Dr 13/3993). Da er bereits im Grundsatz der Zweckmäßigkeit enthalten war, hat diese Einfügung nur symbolische Bedeutung. Der Grundsatz der Nicht-Förmlichkeit stellt nach dem VwVfG ein tragendes übergeordnetes Prinzip des gesamten Verwaltungsverfahrensrechts dar.[1] Der Verwaltung wird dadurch größtmögliche Flexibilität und Freiheit für die optimale Erfüllung ihrer Aufgaben, möglichst unbehindert durch Förmlichkeiten, wie sie für gerichtliche Verfahren grundsätzlich charakteristisch sind, belassen (Begr 42; WB § 156 IVa). Der Verwaltung wird damit auch die Nutzung moderner Informations- und Kommunikationssysteme im Verfahren eröffnet und insoweit E-Government ermöglicht (s. § 3a Rn 1, 3).[2] Trotz der allgemeinen Formulierung enthält § 10 nicht nur allgemeine Grundsätze und Programmpunkte, sondern ist **unmittelbar geltendes Recht,** das Befugnisse der Behörde und Rechte der Beteiligten begründet.[3] Ohne eine diesbezügliche ausdrückliche Regelung zu treffen, geht die Vorschrift vom Bestehen eines **allgemeinen Verfahrensermessens** der Behörde aus, wonach es Sache der zuständigen Behörde ist, das Verfahren so zu gestalten, dass die Grundsätze des § 10 verwirklicht werden können.

2. Verfassungsrecht. Die Eröffnung eines Verfahrensermessens für die zu- 1a
ständige Behörde begegnet **keinen verfassungsrechtlichen Bedenken.** Der Schutz der Grundrechte der Betroffenen bzw Beteiligten ist durch die verfahrensrechtlichen Sicherungen der Transparenz und der Partizipation hinreichend geregelt; gleiches gilt für die Anforderungen des Rechtsstaatsprinzips. Es ist ein Gebot der notwendigen Flexibilität und Effizienz des Verwaltungsverfahrens, dass die Behörde im Rahmen der in den §§ 9 ff getroffenen Sicherungen nach eigenem Ermessen auf die Besonderheiten und Erfordernisse der jeweiligen Situation reagieren kann. Es ist verfassungsrechtlich weder geboten noch verboten, das Verwaltungsverfahren noch weitergehend rechtlich zu regeln.

a) Verfahrensgarantien. Die Vorschrift ermöglicht es der Behörde, im 2
Rahmen ihres Verfahrensermessens, unter Beachtung der durch das Verfassungsrecht **vorgegebenen rechtsstaatlichen Verfahrensgarantien** der §§ 1 ff das Verfahren effizient zu gestalten, um damit dem ebenfalls im Verfassungsrecht wurzelnden[4] **Gebot der Verwaltungseffizienz** zu entsprechen. Einfachheit, Zweckmäßigkeit und Zügigkeit werden in S 2 zugleich als **ermessensleitende Vorgaben** für die Durchführung des Verwaltungsverfahrens vorgeschrieben. Etwa betroffene Verfassungsprinzipien, Grundrechte oder einfache Rechte sind stets zu berücksichtigen. Sie stützen zT die Forderungen gem § 10, zT stehen sie aber auch entgegen und zwingen zu detaillierteren gesetzlichen Regelungen (vgl BVerfGE 83, 130 – Josefine Mutzenbacher). Wenn Grundrechtsträger mit unterschiedlichen Interessen betroffen sind, sind sämtliche betroffenen Grundrechte und die sich daraus ergebenden Folgerungen nach dem Grundsatz der praktischen Konkordanz zum Ausgleich zu bringen (vgl Di Fabio VerwArch 1990, 214).

b) Rechtsstaatlichkeit und Effizienz. Die Behörde muss sich von der ihr 3
rechtlich vorgegebene Aufgabe leiten lassen, eine in ihren Funktions- und Zuständigkeitsbereich fallende Angelegenheit im Rahmen ihrer Befugnisse angemessen und nach Möglichkeit abschließend zu regeln und dies nicht nachfolgenden Rechtsbehelfsverfahren zu überlassen (vgl Kopp 119). Das Verfahrens-

---

[1] Begr 42; vgl zum früheren Recht BVerwGE 24, 27; FL 25; Knack/Henneke 4.
[2] Vgl BHRS 5 ff.
[3] UL § 19 Rn 13; Obermayer/Funke-Kaiser 9, 20; Knack/Henneke 13; Hill NVwZ 1985, 450; StBS 21; **aA** MB 3.
[4] v Mutius NJW 1982, 2150; Di Fabio VerwArch 1990, 214; Knack/Henneke 2.

ermessen darf nicht dazu führen, dass Vereinfachungen und Verzicht auf Förmlichkeiten im Verfahren vor den Behörden um den Preis entsprechend längerer Rechtsbehelfsverfahren und somit von Verzögerungen bei Erfüllung der Gemeinwohlanliegen wie auch des Schutzes der Rechte der Betroffenen erkauft werden, wenn solche Nachteile durch eine für die betroffenen Bürger überzeugendere und stärker am Untersuchungsgrundsatz orientierte Handhabung des Verfahrens vermieden werden können.

4 **Der Grundsatz der Verfahrensökonomie bzw Wirtschaftlichkeit** des Verfahrens wird im VwVfG nicht ausdrücklich genannt, er ist jedoch in den Grundsätzen der Einfachheit und Zweckmäßigkeit des Verfahrens iS von S 2 mit enthalten[5] und ergibt sich je nach den bestehenden Interessen auch aus dem Rechtsstaatsprinzip und ggf in der Sache berührten Grundrechten (vgl BVerfG NJW 1985, 2019; Laubinger VerwArch 1982, 76), außerdem auch aus dem Erfordernis der Leistungsfähigkeit der Verwaltung. Das Verfahren ist damit im Rahmen des Verfahrensermessens in einer effizienten und wirtschaftlichen, dh kostensparenden Weise auszugestalten. Das bedeutet nicht, dass im Rahmen des Untersuchungsgrundsatzes erforderliche Ermittlungen bzw Feststellungen deshalb unterbleiben dürften, weil dies gegen den Grundsatz der Wirtschaftlichkeit verstoßen würde. Vielmehr findet die Aufklärungspflicht ihre immanente Grenze nur im Grundsatz der Verhältnismäßigkeit und im Grundsatz der Mitwirkungspflichten der Beteiligten (s § 24 Rn 11 ff).

4a **3. Unionsrecht. a) Direkter Vollzug.** Auch im direkten Vollzug von Unionsrecht **(s hierzu Einf II Rn 36)** durch Behörden und Organe der Gemeinschaft gilt der Grundsatz, dass diese das Verwaltungsverfahren im Rahmen der geltenden Bestimmungen unter Berücksichtigung bestimmter Grundsätze nach pflichtgemäßem Ermessen auszugestalten haben.[6]

4b **b) Indirekter Vollzug.** Die Vorschrift gilt auch für den indirekten Vollzug von Unionsrecht (s hierzu Einf II Rn 38). Das Unionsrecht verlangt für den Vollzug nicht generell bestimmte Förmlichkeiten des Verwaltungsverfahrens, sondern überlässt die Ausgestaltung des Verwaltungsverfahrens nach dem Grundsatz der Verfahrensautomomie der Mitgliedstaaten dem innerstaatlichen Recht. Besondere Förmlichkeiten sind nur bereichsspezifisch erforderlich. Die Regelung besonderer Verfahrensanforderungen dürfen dem Fachrecht überlassen werden. So ist in der UVP-RL etwa die Durchführung einer Umweltverträglichkeitsprüfung vor der Genehmigung bestimmter Vorhaben und Projekte vorgeschrieben. Diese Anforderungen wurden in § 73 sowie in den Regelungen des UVPG in innerstaatliches Recht umgesetzt. Die Einräumung von Verfahrensermessen ist nicht zu beanstanden. Die in der Vorschrift enthaltenen Verfahrensgrundsätze entsprechen ebenfalls den Vorgaben des Unionsrechts.[7] Allerdings sind über die Grundsätze des S 2 hinaus auch die Anforderungen des Art 41 GRCh (s hierzu Einf II Rn 48 ff) über die gute Verwaltung zu beachten.

5 **4. Anwendungsbereich. a) Unmittelbare Anwendbarkeit.** Die Grundsätze des § 10 gelten unmittelbar für Verwaltungsverfahren iSd § 9, dh für die öffentlich-rechtliche nach außen wirkende Verwaltungstätigkeit, die auf den Erlass eines VA oder den Abschluss eines öffentlich-rechtlichen Vertrages gerichtet ist. Sie betreffen im Übrigen nur Verwaltungsverfahren im Anwendungsbereich des VwVfG; die Länder haben allerdings in ihren Verwaltungsverfahrensgesetzen gleich lautende Regelungen getroffen. Die Grundsätze des § 10 haben Bedeu-

---

[5] VGH Mannheim NVwZ 1987, 1087; WB § 156 IVa; Obermayer, in: Boorberg-FS 1977, 115; FL 28; Brühl JA 1992, 196; s auch unten Rn 15 f.

[6] S näher Einf II Rn 36; StBS Einl Rn 129 ff.

[7] Als solche sind sie Teile des Grundsatzes ordnungsgemäßer Verwaltung, vgl Haibach NVwZ 1998, 456, 461; Nehl S 175 ff; Classen Vw 1998, 307.

tung nicht nur als ergänzende Regelungen für nicht ausdrücklich normierte Fragen des Verfahrens und für die Handhabung des Ermessens hins der Gestaltung des Verfahrens, sondern liegen auch den meisten Vorschriften des VwVfG – vgl zB §§ 22, 24, 26, 28 Abs 2 – mit zugrunde und stellen damit Richtlinien auch für die Auslegung und Anwendung des Verwaltungsverfahrensrechts schlechthin auf (vgl Begr 42). Sie gelten auch für einzelne Teile des Verfahrens, zB für Beweisaufnahmen, ua auch für die Gestaltung von Prüfungen (BVerwGE 85, 323, 328: Verpflichtung aus § 10 S 2 zur Ausschaltung störenden Lärms während einer Prüfung).

b) Analoge Anwendbarkeit. Als Ausdruck **allgemein anerkannter Rechtsgrundsätze** sind die Regelungen des § 10 und die entspr Vorschriften des Landesrechts sinngemäß auch in allen sonstigen Verwaltungsverfahren anwendbar, soweit dafür nicht besondere Förmlichkeiten vorgeschrieben sind. Das gilt nicht nur für die genannten Grundsätze, sondern auch für das der Vorschrift zugrunde liegende Verfahrensermessen der federführenden Behörde (s unten Rn 6 ff). 5a

c) Speziellere Regelungen des Fachrechts. Das Verfahrensermessen wird durch Regelungen des Fachrechts in vielfältiger Weise eingeschränkt bzw konkretisiert. Das gilt nicht nur für die Prinzipien der Einfachheit und Zweckmäßigkeit, sondern auch für den Grundsatz der Zügigkeit. So enthalten viele Vorschriften des Fachrechts inzwischen **Bestimmungen über die Verfahrendauer** (vgl zB § 10 Abs. 6a BImSchG). 5b

II. Das Verfahrensermessen

1. Allgemeines. Der Grundsatz der Nichtförmlichkeit eröffnet der zuständigen Behörde grundsätzlich ein **weites Verfahrensermessen.** Sie muss zwar die Bestimmungen der §§ 9 ff beachten, kann aber in dem dadurch gesetzten Rahmen in jedem Stadium des Verwaltungsverfahrens selbst bestimmen, wie sie das Verfahren im Einzelnen ausgestalten will. Grundsätzlich liegt es in der **Kompetenz des Behördenleiters,** das Ermessen auszuüben; er kann insoweit auch spezielle oder allgemeine Anweisungen für die Behördenmitarbeiter in Form von **Verwaltungsvorschriften** erlassen (zu Verwaltungsvorschriften § 35 Rn 49 ff.). Er kann im Übrigen aber auch den einzelnen Sachbearbeitern die Ausübung des Ermessens im Einzelfall überlassen. 6

a) Reichweite des Verfahrensermessens. Die Behörde kann zB Art und Weise der Akteneinsicht, der Anhörung der Beteiligten usw bestimmen, Fristen setzen und die Ermittlung des Sachverhalts auf geeignete Weise vornehmen, etwa Zeugen und Sachverständige einschalten, andere Behörden um Informationshilfe (s hierzu § 4 Rn 18) bitten usw. Sie kann etwa eine mündliche oder eine schriftliche Anhörung vorsehen, den Zeitpunkt bestimmen, zu dem Gelegenheit zur Stellungnahme gegeben wird, und dafür auch einen bestimmten Zeitraum vorgeben. Sie kann ferner den Kommunikationsweg bestimmen, insbesondere auch unter den Voraussetzungen des § 3a elektronisch kommunizieren (s § 3a Rn 7 ff). Soweit keine ausdrücklichen Regelungen bestehen, entscheidet die Behörde zB auch über vorläufige Regelungen und Teilentscheidungen (vgl § 9 Rn 15 ff), Trennung oder Verbindung von Verfahren (vgl § 9 Rn 46), die Hinzuziehung weiterer Beteiligter (§ 13 Abs 2), Ladungsfristen zu Besprechungsterminen oder Terminen zur Beweisaufnahme, die Reihenfolge der Bearbeitung (siehe aber unten Rn 13 ff). 6a

b) Allgemeine Bindungen des Verfahrensermessens. Das Ermessen ist pflichtgemäß auszuüben (§ 40). Ziel ist die ordnungsgemäße Anwendung des Rechts im Verwaltungsverfahren. Dabei hat sich die Behörde an den in Satz 2 festgelegten Zielen auszurichten (unten Rn 15 ff). Zu den Ermessensgrenzen bei 6b der Aussetzung des Verwaltungsverfahrens OVG Lüneburg AuAS 2016, 50. Das Ermessen berechtigt nicht zu willkürlicher oder beliebiger Verfahrensgestaltung.[8] Allerdings sind die Spielräume für die Behörde relativ weit, sofern das Gesetz keine Einschränkungen vorsieht (unten Rn 13 ff). Ein Verstoß gegen das **Willkürverbot** liegt erst vor, wenn das Verfahren unter keinem denkbaren Aspekt mehr vertretbar ist und sich daher der Schluss aufdrängt, dass die Entscheidung auf sachfremden und damit willkürlichen Erwägungen beruht, insb wenn eine Maßnahme nach den Gesamtumständen eindeutig unangemessen ist (BVerfGE 80, 51). Geboten ist die **Berücksichtigung der schutzwürdigen Interessen** der Betroffenen, insb bei der Setzung von Verfahrensfristen (§ 30). Die Behörden sind nicht nur an den Grundsatz der Verhältnismäßigkeit der Mittel und an die aus dem **Rechtsstaatsprinzip** abzuleitenden Grundsätze[9] und Mindestanforderungen eines ordnungsgemäßen Verfahrens (unten Rn 9 ff) gebunden, sondern haben auch die unionsrechtlichen **Vorgaben des Art 41 GRCh** (s oben Rn 4b) zu beachten. Ihre Verletzung kann zur Rechtswidrigkeit des Verfahrens führen.

6c **c) Besondere Bindungen des Ermessens.** Aufgrund des Gleichheitsgrundsatzes (Art 3 GG) kann es auch hinsichtlich der Verfahrensgestaltung zu **Selbstbindungen** der Verwaltung kommen, insbesondere wenn **Verwaltungsvorschriften** vorhanden sind, die Vorgaben zur Ausübung des Verfahrensermessens enthalten.[10]

6d **2. Rechte der Beteiligten. a) Recht auf ermessensfehlerfreie Behandlung.** Die Beteiligten haben grundsätzlich ein verfahrensrechtliches subjektives öffentliches Recht auf eine ermessensfehlerfreie **Behandlung ihrer eigenen Rechte und Interessen** im Verwaltungsverfahren. Ein allgemeines Recht auf die fehlerfreie Ausübung des Verfahrensermessens besteht nicht, ebenso wenig ein Anspruch auf Bearbeitung von Anträgen in der Reihenfolge des Eingangs;[11] allerdings kann die sachlich nicht gerechtfertigte Verzögerung der Bearbeitung von Anträgen eine Rechtsverletzung darstellen. Wegen des erheblichen Spielraums bei der Ausübung des Verfahrensermessens (s oben Rn 6a) lassen sich Fehler nur selten feststellen. Ein Ermessensfehler stellt einen Verfahrensfehler dar, der zur formellen Rechtswidrigkeit des VA führen kann (StBS 22).

6e **b) Grundsatz: Keine selbständige Rügefähigkeit (§ 44a VwGO).** Ein durchsetzbarer Anspruch der Beteiligten auf fehlerfreie Ausübung des allgemeinen Verfahrensermessens besteht idR nicht. Die **Beteiligten haben keinen Anspruch** darauf, dass die Behörde die Grundsätze der Zügigkeit, Zweckmäßigkeit und Einfachheit in einer bestimmten Weise beachtet, dass die Anhörung in einer ermessensfehlerfreien Weise vorgenommen wird usw. Selbst wenn ein subjektives Verfahrensrecht der Beteiligten verletzt worden ist, besteht idR nicht die Möglichkeit, diese Rechtsverletzung mit Rechtsbehelfen vor den Verwaltungsgerichten zu bekämpfen. Nach § 44a S 1 VwGO können Rechtsbehelfe gegen behördliche Verfahrenshandlungen grundsätzlich nur zusammen mit den gegen die behördliche Sachentscheidung zulässigen Rechtsbehelfen geltend gemacht werden. Diese Regelung wird dahin verstanden, dass **Verfahrensfehler nur im Rahmen einer Inzidentkontrolle** geltend gemacht werden können.[12] Dort wirken sie sich nach § 46 im Regelfall allerdings nur aus, wenn sie auf das Ergebnis von Einfluss gewesen sind (näher § 46 Rn 14 ff). Verfahrensverzögerun-

---

[8] OVG Lüneburg AuAS 2016, 50; Maurer 19 Rn 3; Knack/Henneke 12.

[9] UL § 1 Rn 6; Erichsen/Ehlers § 12 Rn 10; Häberle, in: Boorberg-FS 1977, 47; Kopp 1 ff.

[10] Schwarz/Mangold DVBl 883, 884 zu hochschulinternen Verfahrensvorgaben bei der Aberkennung akademischer Grade.

[11] StBS, § 24 Rn 53, 83; StBS, § 10 Rn. 18.

[12] Sodan/Ziekow § 44a Rn 11; Kopp/Schenke § 44a Rn 2.

gen lassen sich, sofern fachrechtlich nichts anderes geregelt ist (s hierzu § 42a), nur im Rahmen des § 75 VwGO durch Erhebung einer Untätigkeitsklage bekämpfen.

c) Selbständiger Rechtsschutz als Ausnahme. Verfahrenshandlungen können ausnahmsweise dann selbständig angegriffen und gerichtlich überprüft werden, wenn sie entweder als solche vollstreckbar sind oder gegen Nichtbeteiligte vorgenommen werden (§ 44a S 2 VwGO). Letzteres ist etwa bei der Ablehnung eines Antrags auf Hinzuziehung der Fall. Über die Fälle des § 44a S 2 VwGO hinaus werden aus verfassungsrechtlichen Gründen der Gewährung effektiven Rechtsschutzes eine Reihe weiterer Fälle anerkannt, in denen die Möglichkeit unmittelbaren Rechtsschutzes gegen Verfahrenshandlungen besteht (Sodan/Ziekow § 44a Rn 73 f). 6f

III. Grundsatz der Nichtförmlichkeit des Verwaltungsverfahrens (S 1)

1. Allgemeines. Nichtförmlichkeit bedeutet, dass es grundsätzlich **dem Verfahrensermessen** der Behörde überlassen ist, das Verfahren im Rahmen der Bestimmungen des VwVfG und ggf vorhandener Spezialvorschriften so zu führen und zu gestalten, wie sie es für am zweckmäßigsten hält;[13] insoweit begründet § 10 grundsätzlich auch eine **Vermutung zugunsten der Formfreiheit** (vgl Begr 42; WB § 156 IVa). Die Formfreiheit bezieht sich nicht nur auf Förmlichkeiten ieS, etwa iS der §§ 63 ff (vgl UL § 32 Rn 1), sondern gilt für die gesamte Gestaltung des Verfahrens, also auch für die Art und Weise der Ermittlung des Sachverhalts (§ 24), der Anhörung der Beteiligten (§ 28), der Hinzuziehung Dritter (§ 13 Abs 2), der Erfüllung der Verpflichtungen nach § 25, der Einholung von Informationen von Dritten, der Beteiligung anderer Behörden sowie für die Art und Weise des Erlasses und der Bekanntgabe von VAen (insoweit gelten allerdings die speziellen Regelungen in §§ 37, 39, 41). Sie muss bei der Ausgestaltung des Verfahrens aber stets die rechtsstaatlichen Mindestanforderungen an das Verwaltungsverfahren beachten (unten Rn 9 ff). 7

2. Kein Zwang zur Vermeidung von Förmlichkeit. Nichtförmlichkeit bedeutet nicht, dass die Behörde gehindert wäre, Verwaltungsverfahren im Rahmen ihres Ermessens förmlich durchzuführen, sich also zB an § 63 ff zu orientieren oder einzelne **Verfahrensschritte förmlich auszugestalten**, also etwa eine mündliche Verhandlung durchzuführen, die Beteiligten an der Ermittlung des Sachverhalts zu beteiligen, VAe schriftlich zu erlassen oder den Beteiligten förmlich zuzustellen (s hierzu § 41 Rn 56 ff). **Unzulässig** ist es aber, ohne Rechtsgrundlage (etwa nach § 9 UVPG) über die Regelungen des § 13 hinaus den **Kreis der Beteiligten zu erweitern** und etwa die Öffentlichkeit zu beteiligen, ohne dass dies gesetzlich vorgeschrieben oder zugelassen ist. 8

3. Rechtsstaatlich gebotene Mindestanforderungen. a) Allgemeines. Trotz der grundsätzlichen Formlosigkeit des Verfahrens gem § 10 gelten für jedes Verwaltungsverfahren, auch soweit entsprechende dahingehende ausdrückliche Vorschriften fehlen, notwendig jedenfalls gewisse Förmlichkeiten als unverzichtbare Mindestanforderungen eines rechtsstaatlichen Verwaltungsverfahrens als zwingende Folgerungen aus dem Verfassungsrecht, insb aus den in einer Sache betroffenen Grundrechten.[14] Welche Grundsätze dies im Einzelnen sind, ist zT strittig. Hierzu gehören jedenfalls die unverzichtbaren Voraussetzungen dafür, dass das Verfahren seine Rechtsschutz- und sonstigen Zwecke[15] erfüllen kann. 9

---

[13] WBS II § 58 Rn 28; Knack/Henneke 10, 12; FL 19; M 66; Hill NVwZ 1985, 450; DÖV 1987, 891; Obermayer 2 ff; StBS 10, 16 f; vgl auch § 22.

[14] Vgl zB BVerfGE 84, 45; BVerwGE 92, 136.

[15] Allg auch UL § 1 Rn 6 ff; Häberle, in: Boorberg-FS 1977, 47; Kopp 1 ff.

Ungeschriebene Verfahrenserfordernisse und Verfahrensgrundsätze spielen vor allem in **Prüfungsverfahren** eine wichtige Rolle (vgl näher § 40 Rn 120 ff).

10 **b) Anforderungen an Anträge**. Der Grundsatz der Formfreiheit gilt auch für die Antragstellung. Sofern in Rechtsvorschriften keine besondere Form der Antragstellung vorgeschrieben ist, darf auch die Behörde von sich aus grundsätzlich **keine besondere Form** verlangen. Ein Antrag kann daher auch mündlich, fernmündlich oder per E-mail gestellt werden.[16] Allerdings müssen Anträge ihrerseits bestimmte **inhaltliche Mindesterfordernisse** erfüllen, damit über sie entschieden werden kann (s hierzu näher § 22 Rn 43a). Daran wird es insbesondere bei mündlich oder fernmündlich gestellten Anträgen häufig fehlen. Sofern das Gesetz Schriftlichkeit verlangt, besteht ein Anspruch des Bürgers auf **Antragstellung zur Niederschrift** der Behörde (näher § 22 Rn 53). Eine Ermächtigung, eine elektronische Antragstellung zu verlangen folgt aus § 10 nicht.[17] Gleiches gilt für die Forderung, Anträge auf Formblättern zu stellen.[18]

11 **c) Aktenführung, Niederschriften aa) Pflicht zur Aktenführung.** Die Behörde ist auch im nichtförmlichen Verfahren verpflichtet, Anträge, Erklärungen, Ermittlungsergebnisse und sonstige Verfahrensschritte in Verfahrensakten zu dokumentieren und dadurch in einer nachvollziehbaren Weise für die Beteiligten (§ 29) und für spätere gerichtliche Verfahren[19] verfügbar zu halten.[20] In welcher Form diese Dokumentation erfolgen soll, richtet sich nach dem Verfahrensermessen der Behörde. Über wichtige Vorgänge, die nicht in Schrift- oder Textform vorliegen, ist jedenfalls ein Aktenvermerk zu fertigen. Zur Verpflichtung zu einer vollständigen Aktenführung näher § 29 Rn 11.

12 **bb) Keine Protokollierungspflicht.** Im formlosen Verwaltungsverfahren besteht über die Verpflichtung zur Aktenführung hinaus grundsätzlich keine Pflicht der Behörde zur Protokollierung von Erklärungen, Verhandlungen, Untersuchungen usw, sofern dies in Rechtsvorschriften nicht besonders angeordnet ist. Derartige Protokollierungspflichten für bestimmte Verfahrensschritte ergeben sich aus zahlreichen **Vorschriften des Fachrechts.** Für Prüfungen ergibt sich die Pflicht zur Führung eines Protokolls idR schon aus der jeweiligen Prüfungsordnung. Fehlen Regelungen, so folgen Mindestanforderungen einer Protokollierung in Prüfungsverfahren aus rechtsstaatlichen Grundsätzen (§ 40 Rn 134). Eine Behörde, die es bei mündlichen Verhandlungen unterlässt, eine Niederschrift anzufertigen, muss außerdem jedenfalls Beweisnachteile in Kauf nehmen, wenn ein Beteiligter später einen anderen Verlauf usw der Verhandlung behauptet; Entsprechendes gilt bei Fehlen notwendiger Aktennotizen.

13 **4. Vorbehalte zugunsten besonderer Formvorschriften.** Der Grundsatz der Nicht-Förmlichkeit gilt, wie in S 1 ausdrücklich klargestellt wird, nur, „soweit keine besonderen Rechtsvorschriften für die Form des Verfahrens bestehen". Beachtlich sind zunächst die Formvorschriften in §§ 11 ff (Begr 42; Knack/Henneke 5; FL 23), außerdem die Vorschriften des VwVfG über besondere Verfahrensarten und schließlich kommen auch Vorschriften des Bundes-, Landes- und Unionsrechts außerhalb des VwVfG in Betracht (MB 2; Knack/Henneke 5). Der Begriff der „Form" ist hier im weitesten Sinn zu verstehen; gemeint ist die Durchführung des Verfahrens (Hill NVwZ 1985, 450). Außer aus

---

[16] StBS § 22 Rn 32; FKS § 22 Rn 28; MSU § 22 Rn 30; bei der Antragstellung per E-mail ist § 3a zu beachten.

[17] StBS § 3a Rn 10.

[18] Kann aber spezialgesetzlich verlangt werden, sofern Antragstellung nicht unzumutbar erschwert wird und Formblätter kostenlos, vgl FKS § 22 Rn 30; StBS § 22 Rn 31.

[19] Pflicht zur Offenlegung der Verwaltungsvorgänge im Gerichtsverfahren zB nach § 99 VwGO, § 199 SGG, § 71 Abs 2 FGO, § 95 Abs 1 StPO.

[20] Aufbewahrungsfristen richten sich nach den Archivgesetzen der Länder.

Rechtsvorschriften kann sich die Notwendigkeit zur Beachtung bestimmter Förmlichkeiten, insb zu einer bestimmten Gestaltung des Verfahrens, auch aus allgemeinen Rechtsgrundsätzen, insb auch als Folgerung aus Grundrechten und/oder sonstigen Verfassungsprinzipien ergeben (vgl Rn 10).

Besondere förmliche Anforderungen enthalten innerhalb des VwVfG die Voschriften über das förmliche Verfahren (§§ 63 ff), die Regelungen des Verfahrens über eine einheitliche Stellle (§§ 71a ff), das Planfeststellungsvefahren (§§ 72 ff), das Widerspruchsverfahren (§§ 79 f). Außerhalb des VwVfG finden sich besondere formelle Anforderungen in nahezu allen Bereichen des Fachrechts. Sie sind im Verwaltungsverfahren vorrangig (vgl § 1 Abs 1) und schränken die Gestaltungsmöglichkeiten der Behörde im Rahmen des Verfahrensermessens ein. 14

IV. Einfachheit, Zweckmäßigkeit und Zügigkeit des Verfahrens (S 2)

1. Die Grundsätze des Verwaltungsverfahrens. Die Vorgabe, das Verwaltungsverfahren einfach, zweckmäßig und zügig durchzuführen, ist nicht lediglich unverbindlicher Programmsatz, sondern **unmittelbar geltende Verpflichtung** der Behörde.[21] Es handelt sich um **Leitlinien** für die Ausübung des Verfahrensermessens, die als solche der Behörde bei der konkreten Ausgestaltung des Verfahrens idR allerdings Spielräume belassen.[22] Ein Abweichen von den rechtsstaatlichen Mindestanforderungen (s Rn 10) erlaubt S 2 ebenso wenig wie er von der Einhaltung anderweitiger Verfahrensvorschriften und materieller Vorschriften entbindet.[23] Die Verpflichtung, Verwaltungsverfahren einfach, zügig und zweckmäßig durchzuführen, ist auch im Kontext mit anderen Verfahrensmaximen zu lesen, die – obwohl sie nicht besonders genannt sind – ebenfalls Beachtung beanspruchen (WBSK I § 59 Rn 5 ff). Es handelt sich etwa um den Grundsatz des fairen Verfahrens bzw der guten Verwaltung, aus denen sich weitere Grundsätze wie Transparenz, angemessene Beteiligung, Verhältnismäßigkeit, Rechtsschutzfreundlichkeit usw herleiten. Diese Grundsätze können durchaus miteinander in Konflikt geraten. Es ist dann Aufgabe der federführenden Behörde, im Rahmen ihres Verfahrensermessens alle betroffenen Grundsätze zu einem angemessenen Ausgleich zu bringen. 15

2. Einfachheit und Zweckmäßigkeit. Die Verpflichtung der Behörde, Verwaltungsverfahren „einfach und zweckmäßig durchzuführen", und zugleich auch zügig und kostensparend (WB § 156 IVa; Knack/Henneke 9 ff), ist vor allem Ausfluss des Erfordernisses der **Leistungsfähigkeit und Wirksamkeit der Verwaltung** (vgl Kopp 200 ff, 223; ebenso FL 28) und des Verhältnismäßigkeitsprinzips (FL 29); sie liegt zugleich aber auch im Interesse des Bürgers an **wirksamem Rechtsschutz** durch ein einfaches, billiges und rasches Verfahren.[24] Dem Ziel des S 2 dient nicht zuletzt auch die weitgehende Freistellung der Verwaltung von Förmlichkeiten in S 1. Unmittelbar verpflichtet wird durch S 2 nur die Behörde, doch ergibt sich die Verpflichtung des Beteiligten, zu einer entsprechenden Verfahrensgestaltung beizutragen, aus allgemeinen Rechtsgrundsätzen. 15a

a) Sachliche Anforderungen. Einfachheit und Zweckmäßigkeit bedeuten, dass die Verwaltung alle unnötigen, im Verhältnis zur Bedeutung der Angelegenheit, der betroffenen Interessen nicht erforderlichen oder angemessenen Maß- 16

---

[21] StBS 21; Ziekow 1; Obermayer/Funke-Kaiser 16 f; MSU 16 ff.
[22] Vgl StBS 20 f; MSU 16; Ziekow 4.
[23] S BVerwG NVwZ 2013, 797, 799.
[24] Zur Raschheit unter Hinweis auf Art 19 Abs 4 GG auch Kopp 150; BayVBl 1980, 267; Brühl JA 1992, 196.

nahmen im Verfahren zu unterlassen hat (ebenso Obermayer, in: Boorberg-FS 1977, 116; FL 29). Dazu gehört insbes die Verpflichtung, nicht erforderlichen Aufwand an Zeit, Kosten und Mühe für die Behörde selbst wie für Beteiligte und Dritte, etwa Zeugen und Sachverständige, zu vermeiden, zB durch Verzicht auf eine Vorladung, wenn sich ein einfacherer Weg zur Klärung (zB ein Telefonanruf) anbietet.[25] Zugleich gehört zur Einfachheit und Zweckmäßigkeit, dass Verfahren auf einen raschen Abschluss hin angelegt und effizient gestaltet sein müssen.

16a **b) Das Effizienzgebot. aa) Verfahrensrechtlich.** Aus den Regelungen des § 10 folgt nach allgemeiner Auffassung auch das Gebot zu effizientem Verwaltungshandeln. Als Effizienzprinzip wird der Grundsatz bezeichnet, wonach entweder ein bestimmter Erfolg mit möglichst geringem Mitteleinsatz **(Minimalisierung der Mittel)** oder ein möglichst großer Erfolg mit bestimmtem Mitteleinsatz **(Maximalisierung des Erfolgs)** erzielt werden soll.[26] Im Wesentlichen dürfte das Gebot der Effizienz dem allgemeinen Wirtschaftlichkeitsgebot weitgehend entsprechen (vgl Obermayer 16). Das Effizienzgebot betrifft die Ausgestaltung des Verwaltungsverfahrens, also die Art und Weise des Gesetzesvollzugs, und spielt deshalb im Rahmen des Verfahrensermessens eine wichtige Rolle. Aufwendungen im Verwaltungsverfahren müssen danach jedenfalls ermessensfehlerfrei als notwendig angesehen werden können.[27] Das Effizienzgebot, soweit es sich nur aus § 10 ergibt, vermag die Verwaltungsentscheidungen materiell nicht zu determinieren.

16b **bb) Materiellrechtlich.** In bestimmten Bereichen kann das Effizienzgebot auch für das materielle Recht Bedeutung haben, wenn nämlich der Gesichtspunkt effizienten Gesetzesvollzugs im Rahmen der Sachentscheidung bei Erlass eines VA zu berücksichtigen ist. Dies setzt aber voraus, dass es der jeweiligen materiellen Ermächtigungsgrundlage für die einzelne Verwaltungsentscheidung zu entnehmen ist. **In welchen Rechtsbereichen** bei Ermessens-, Beurteilungs- oder Planungsentscheidungen der Gesichtspunkt der Verwaltungseffizienz eine Rolle spielen darf bzw muss, lässt sich nicht allgemein beurteilen. Dies hängt davon ab, ob es zu den Zielen der jeweiligen Ermächtigungsnorm gehört, dass bei der Entscheidung auch Gesichtspunkte des wirtschaftlichen Mitteleinsatzes, der Ressourcenschonung usw berücksichtigt werden müssen.[28] Unter diesem Aspekt werden manche Bereiche, zB das Polizei- und Ordnungsrecht und das Versammlungsrecht, neu untersucht werden müssen.

17 **3. Zügigkeit des Verfahrens.** Das Zügigkeitsgebot wurde durch das GenBeschlG v 12.9.1996 mit den Worten „und zügig" in den § 10 aufgenommen. Dies führte allerdings lediglich zu einer Unterstreichung seiner Bedeutung, da das Beschleunigungs- und Effektivitätsgebot, mit seiner Verpflichtung zu rascher Durchführung und raschem Abschluss des Verfahrens,[29] schon bisher ein wichtiger Grundsatz des Verwaltungsverfahrens war. Eine sachliche Änderung ist

---

[25] Vgl StBS 26; Knack/Henneke 10; Brühl JA 1992, 196; UL § 19 Rn 13; ebenso zum bish Recht BGH DÖV 1968, 65.

[26] Vgl Schmidt-Aßmann, Perspektiven der verwaltungsrechtlichen Systembildung, in: Hoffmann-Riem/Schmidt-Aßmann, Effizienz als Herausforderung an das Verwaltungsrecht, 1998, 245 ff.

[27] Vgl OVG Münster NWVBl 2009, 272: IdR keine Notwendigkeit eines Wortprotokolls bei Erörterungstermin nach 9. BImSchV.

[28] Vgl zB Papier, Der Wandel der Lehre von Ermessens- und Beurteilungsspielraum als Reaktion auf die staatliche Finanzkrise, in: Hoffmann-Riem/Schmidt-Aßmann, Effizienz als Herausforderung an das Verwaltungsrecht, 1998, 231, für das Planfeststellungsrecht.

[29] BVerfG NJW 1985, 2019; Bullinger DVBl 1992, 1465; StBS 20 f; Knack/Henneke 11; WB § 156 IVa; Kopp BayVBl 1980, 267 mwN; FL 31; LG Wiesbaden NVwZ 1994, 1142; Schrödter/Schmalz DVBl 1971, 466; Kopp 110 ff, 223 ff.

damit folglich nicht verbunden. Für Genehmigungsverfahren war in § 71b aF der Zügigkeitsgrundsatz weiter ausgeformt. Diese Vorschriften wurden durch das 4. VwVfÄndG aufgehoben und durch das Verfahren über eine einheitliche Stelle ersetzt (s näher § 71a Rn 1). Dieses Verfahren, das in Umsetzung der **Dienstleistungs-RL** neu geschaffen wurde, sieht vor, dass im Fachrecht vorab bestimmte Fristen zur Bearbeitung gesetzt werden, nach deren Ablauf die beantragte Genehmigung als erteilt gilt (s näher § 42a). Damit wird eine Beschleunigung der Verfahren angestrebt.

a) Entscheidung binnen angemessener Frist. Die Behörden müssen die ihnen übertragenen Aufgaben grundsätzlich alsbald erledigen und die bei ihnen anhängigen Fälle alsbald, jedenfalls aber binnen angemessener Frist entscheiden. Das gebietet für den Regelfall schon der Grundsatz der Verwaltungseffizienz, außerdem aber, wenn bzw soweit es sich um Verwaltungsverfahren auf Antrag eines Bürgers, zB auf Erteilung einer baurechtlichen oder gewerberechtlichen Erlaubnis handelt, zugleich vor allem auch das Rechtsstaatsprinzip und die in der Sache betroffenen subjektiven Rechte, insb auch Grundrechte, des Antragstellers.[30] 18

b) Bemessung der Frist. Welche Frist idS als angemessen anzusehen ist, hängt von den Umständen des konkreten Falles ab, insb auch von der Eilbedürftigkeit der Angelegenheit, die es uU auch erforderlich machen kann, dass die Behörde sofort entscheidet, zB zum Schutz vor unmittelbaren Gefahren. Bei termingebundenen Angelegenheiten, zB Einschulung an einer bestimmten Schule, Zulassung zum Studium oder Durchführung einer Veranstaltung zu einem bestimmten Zeitpunkt, determiniert der Termin regelmäßig die Angemessenheit, wobei ggf. die Möglichkeit eines Rechtsbehelfsverfahrens mit einzukalkulieren ist, aber auch die Mitwirkungsobliegenheiten des Bürgers, zB rechtzeitige Antragstellung, die Angemessenheit bestimmen. Des Weiteren ist eine längere Frist bei für den Bürger oder das Gemeinwohl weniger bedeutenden Angelegenheiten eher vertretbar als bei erkennbar wichtigen oder gar existentiellen Angelegenheiten. Wesentliche Faktoren sind aber regelmäßig die Komplexität der zu prüfenden Fragen und der erforderliche Umfang der Amtsermittlung, also die etwaige Notwendigkeit umfangreicher und/oder verwickelter Ermittlungen, der Einholung von Gutachten usw.[31] Anhaltspunkte für die Angemessenheit einer Bearbeitungs- und Entscheidungsfrist für Anträge von Bürgern kann § 75 VwGO geben, der für den Regelfall von einer **Frist von drei Monaten** ausgeht, außer wenn besondere Umstände eine kürzere Frist gebieten, oder umgekehrt, besondere Gründe, wie erforderliche umfangreiche Ermittlungen, längere Fristen erfordern (vgl Kopp/Schenke § 75 Rn 12ff mwN). Auch die durch das 4. VwVfÄndG neu geschaffene Regelung des § 42a geht in Abs 2 von einer Bearbeitungsfrist von drei Monaten aus, wobei allerdings auch die Dauer der Bekanntgabe im Ausland nach § 71b Abs 6 bereits berücksichtigt worden ist (s näher § 42a Rn 24). 19

Allgemeine Arbeitsüberlastung der Behörde, Ausfälle infolge von Urlaub, Erkrankung usw **rechtfertigen grundsätzlich Verzögerungen nicht,** weil die Behörde, uU auch die höhere Aufsichtsbehörde oder der Rechtsträger überhaupt und der für die Bewilligung der erforderlichen Haushaltsmittel zuständige Haushaltsgesetzgeber hier für Abhilfe sorgen muss. Andererseits kann die Behörde, wenn der Bürger einverstanden ist, auch zB ein Verfahren zunächst aussetzen und die Entscheidung zurückstellen, wenn ein Musterprozess anhängig ist oder sonst 19a

---

30 Vgl BVerfGE 69, 161; 60, 16, 41; BGHZ 15, 305; 30, 19; 65, 189; NVwZ 1993, 299; NVwZ 1994, 405.

31 Zur Amtshaftung wegen einer sachlich nicht vertretbaren Verweigerung der Entscheidung zB BGHZ 90, 29; BGH NVwZ 1993, 299; 1994, 405; OLG Oldenburg NVwZ-RR 1993, 593.

in absehbarer Zeit mit einer Klärung offener, für die Entscheidung relevanter Fragen zu rechnen ist, oder zunächst nur eine vorläufige Entscheidung in der Sache treffen. Anders grundsätzlich, wenn der Bürger mit einer Verzögerung der Entscheidung aus Gründen der genannten Art nicht einverstanden ist.

20 **Entsprechendes gilt** für ein von einer Behörde **von Amts wegen** eingeleitetes und/oder durchgeführtes Verfahren, da zum einen das Gemeinwohlinteresse an einer zügigen Entscheidung zu beachten ist und zum anderen der Bürger grundsätzlich Anspruch darauf hat, Klarheit über zu erwartende Belastungen usw oder auch Vergünstigungen zu erhalten. Zur Beschleunigung und zweckmäßigen Gestaltung des Verfahrens hat die Behörde ua das Mittel der Fristsetzung. Rechtsgrundlage für die Fristsetzung ist die allgemeine Befugnis der Behörde zur Verfahrensgestaltung, soweit Rechtsvorschriften nichts anderes bestimmen, iVm § 10.[32]

21 **Betrifft die** Fristsetzung **Verfahrenshandlungen,** genügt es trotz Überschreitung der Frist grundsätzlich, wenn die Beteiligten die Handlung, für die die Frist gesetzt wird, jedenfalls **vor Ergehen der Entscheidung** der Behörde vornehmen. Die Bedeutung der Fristsetzung liegt in diesen Fällen vor allem darin, dass die Behörde nach Ablauf der Frist entscheiden kann und nicht mehr länger zuwarten muss. Eine, wenn auch versehentlich, ergehende Entscheidung der Behörde vor Ablauf einer von ihr gesetzten Frist verletzt idR das rechtliche Gehör der Betroffenen.

22 **4. Folgen einer Verletzung der Grundsätze des S 2.** Eine Verletzung der Grundsätze der Einfachheit, Zweckmäßigkeit und Zügigkeit des Verfahrens liegt nur vor, wenn die Behörde den Rahmen ihres Verfahrensermessens überschritten hat. Sie hat nicht notwendig auch schon die Fehlerhaftigkeit des das Verfahren abschließenden VA zur Folge,[33] wohl aber können sich daraus **Schadensersatzansprüche** wegen Amtspflichtverletzung,[34] uU auch **Entschädigungsansprüche** wegen enteignungsgleichen Eingriffs (zT **aA** BGH DVBl 1971, 464 m krit Anm Schrödter/Schmalz), und Kostenfolgen (§ 80), uU auch eine Verpflichtung zum Verzicht auf Festsetzung von Kosten, die durch sachlich nicht erforderliche Maßnahmen entstanden sind (ebenso UL § 19 Rn 13), zur Zahlung von Verzugszinsen usw ergeben, außerdem ggf auch disziplinarrechtliche Folgen für den verantwortlichen Amtsträger (ebenso Knack/Henneke 14).

22a In den **Fällen des § 71a** kann die Überschreitung der Bearbeitungsfrist nach Maßgabe des Fachrechts dazu führen, dass eine beantragte Genehmigung als erteilt gilt (§ 42a Abs 1). Bei sachlich nicht begründeter Verzögerung der Entscheidung wird außerdem die Möglichkeit einer **Untätigkeitsklage nach § 75 VwGO** eröffnet. Wird über einen Antrag auf Erlass eines VA oder über einen Widerspruch nicht innerhalb von drei Monaten entschieden, kann der Bürger Klage erheben, ohne den Fortgang des Verwaltungsverfahrens weiter abzuwarten. Liegt ein zureichender Grund für die Verzögerung vor, wird das Klageverfahren ausgesetzt (§ 75 S 3 VwGO). Das Fachrecht kann abweichende Regelungen enthalten.[35] Ergeben sich für den Bürger infolge der Verzögerung einer Entscheidung Rechtsnachteile dadurch, dass inzwischen eine Rechtsänderung oder Änderung der Umstände zu seinen Ungunsten erfolgt bzw eingetreten ist, so ist dies uU im Rahmen des der Behörde in der Sache eingeräumten Ermessens zu berücksichtigen.

---

[32] Vgl zur Zulässigkeit bejahend ohne nähere Begründung auch BFH 148, 48; BSG 60, 266; VGH Mannheim NVwZ 1987, 1987; Martens NVwZ 1988, 686.

[33] Ebenso MB 3; Knack/Henneke 13; FL 34; differenzierend StBS 22.

[34] Vgl BGHZ 15, 305; 30, 19; LM 14 zu § 839 BGB; LG Wiesbaden NVwZ 1994, 1142; Obermayer, in: Boorberg-FS 1977, 116; UL § 19 Rn 13; FL 35 mwN; Knack/Henneke 13; **aA** MB 3.

[35] So etwa in § 10 Abs. 6a BImSchG (Sieben-Monats-Frist mit Verlängerungsmöglichkeit); s hierzu OVG Lüneburg NVwZ-RR 2004, 825; OVG Hamburg NordÖR 2009, 425 (Moorburg).

§ 11 Beteiligungsfähigkeit

Fähig,[2] am Verfahren beteiligt zu sein, sind
1. natürliche[4] und juristische[5 ff] Personen,
2. Vereinigungen, soweit ihnen ein Recht zustehen kann,[9 ff]
3. Behörden.[14]

Parallelvorschriften: § 10 SGB X; § 61 VwGO

Schrifttum: *Bachof,* Teilrechtsfähige Verbände des öffentlichen Rechts, AöR 1958, 209; *Fabricius,* Relativität der Rechtsfähigkeit, 1963; *Hohm,* Grundrechtsträgerschaft und Grundrechtsmündigkeit Minderjähriger am Beispiel öffentlicher Heimerziehung, NJW 1986, 3106; *Jauernig,* Zur Rechts- und Parteifähigkeit der Gesellschaft bürgerlichen Rechts, NJW 2001, 2231; *Klotz,* Beschränkter Wirkungskreis der juristischen Personen des öffentlichen Rechts, DÖV 1964, 181, 222; *Kopp,* Der Beteiligtenbegriff des Verwaltungsverfahrensrechts, Boorberg-FS, 1977, 159; *Krüger,* Juristische Personen des öffentlichen Rechts, DÖV 1951, 263; *Laubinger,* Prozessfähigkeit und Handlungsfähigkeit, UleFS, 1987, 161; *Pauckstadt-Maihold,* Rechtsfähigkeit, JA 1994, 373; *Schmidt,* Die BGB-Gesellschaft: rechts- und parteifähig, NJW 2001, 993; *Schulz,* Die Parteifähigkeit nicht rechtsfähiger Vereine, NJW 1990, 1893; *Siegel,* Die Verfahrensbeteiligung von Behörden und Trägern öffentlicher Belange, 2001; *Spannowsky,* Probleme der Rechtsnachfolge im Verwaltungsverfahren und im Verwaltungsprozess, NVwZ 1992, 426; *Wertenbruch,* Die Parteifähigkeit des GbR – die Änderungen für die Gerichts- und Vollstreckungspraxis, NJW 2002, 324; *Zilles/Kämper,* Kirchengemeinden als Körperschaften im Rechtsverkehr, NVwZ 1994, 109.

Übersicht

I. Allgemeines

1 **1. Inhalt.** Die Vorschrift regelt zusammen mit den §§ 12–19 die **Voraussetzungen der Beteiligung von Personen und Personenmehrheiten** an Verwaltungsverfahren. Die wirksame Vornahme von Verfahrenshandlungen durch eine Person (zB Stellung eines Antrags auf Erlass eines VA, Angebot zum Abschluss eines verwaltungsrechtlichen Vertrags gem §§ 54 ff, Geltendmachung des Rechts auf Akteneinsicht usw) oder der Behörde gegenüber einer Person[1] hat im Verwaltungsverfahren nicht anders als im Verwaltungsprozess (vgl §§ 61, 62 VwGO) gem §§ 11 und 12 zur Voraussetzung, dass die Personen, die sie vornehmen bzw denen gegenüber sie vorgenommen werden, **beteiligungsfähig** (§ 11), **verfahrenshandlungsfähig** (§ 12) und **verfahrensführungsbefugt** (analog § 42 Abs 2 VwGO) sind. Bei Vertretung eines Beteiligten durch einen Bevollmächtigten ist außerdem erforderlich, dass dieser auf Verlangen der Behörde seine Vollmacht nachweist (§ 14 Abs 1). Beteiligungsfähigkeit ist eine **subjektive Sachentscheidungsvoraussetzung;** fehlt sie, kann gegenüber dem „Beteiligten" keine wirksame Entscheidung getroffen werden (s Rn 15, 19 f).

2 **Beteiligungsfähigkeit** bedeutet die rechtliche Fähigkeit, als Subjekt eines Verfahrensverhältnisses, dh insb als Antragsteller, Antragsgegner, Beigeladener oder als sonstiger Beteiligter (§ 13), an einem Verfahren vor einer Behörde teilnehmen zu können,[2] dh zB als Person grundsätzlich ein solches Verfahrensrechtsverhältnis durch einen Antrag auslösen zu können. Sie entspricht im wesentlichen der Beteiligungsfähigkeit gem § 61 VwGO. Im einzelnen folgt die Regelung dem früheren Recht (Begr 42; MuE 100). **Durch Bundesgesetz** kann die Beteiligungsfähigkeit auch weiteren Einrichtungen usw verliehen werden, nicht dagegen, soweit die Verwaltungszuständigkeit dem Bund zusteht (anders für den Bereich der Verwaltungszuständigkeit des Landes), durch Landesgesetz (vgl Stettner JA 1982, 394). Die Regelungen des § 11 haben zur Folge, dass praktisch jede Einzelperson und jede Personenmehrheit, **soweit sie Träger von Rechten** und/oder Pflichten sein kann, für das Verwaltungsverfahren auch beteiligungsfähig ist (vgl auch Schmidt NJW 1978, 1776). Zum Verfahren bei fehlender Beteiligungsfähigkeit bzw bei verhinderten oder unbekannten Beteiligten oder Beteiligten mit unbekanntem Aufenthalt s unten Rn 17 ff und § 16 Rn 12 ff.

3 **2. Verfassungsrecht.** Die Vorschrift stellt sicher, dass sämtliche natürlichen und juristischen Personen sowie sämtliche Personenmehrheiten, denen als solche subjektive Rechte zustehen können, im Verwaltungsverfahren beteiligt sein können. Die Anknüpfung der Beteiligungsfähigkeit an die materiellen Rechtspositionen entspricht einem **verfassungsrechtlichen Gebot.** Indem sie an die subjektive Rechtsstellung anknüpft, entspricht sie den **Anforderungen des Art 19 Abs 4 GG,** zu dessen Vorwirkungen[3] auf das Verwaltungsverfahren es gehört, dass die Träger von subjektiven Rechten, die von einem Verwaltungsverfahren betroffen sind, in diesem Verfahren angemessen Gelegenheit haben müssen, Gehör zu finden und ihre Interessen wahrzunehmen. Mit der Verleihung des aktiven Beteiligungsstatus wird verhindert, dass der Betroffene zum Objekt staatlichen Handelns gemacht wird. Damit dient die Beteiligungsnorm zugleich dem Schutz betroffener Grundrechtspositionen.

---

[1] BVerwG NVwZ 1994, 1094; VGH München NJW 1984, 2845: einem Geschäftsunfähigen kann nicht wirksam zugestellt werden, auch wenn der Behörde der Mangel der Geschäftsfähigkeit nicht bekannt war (s hierzu § 41 Rn 29).

[2] UL § 15 Rn 23; WBSK I § 59 Rn 36; Erichsen/Ehlers § 14 Rn 14; vgl zu § 61 VwGO BVerwGE 45, 207, 208.

[3] S hierzu AK-GG-Ramsauer, Art 19 Abs 4 Rn 73.

3. EU-Recht. Europarechtlich geboten wird es sein, im Rahmen des indirekten Vollzugs vom Unionsrecht auch solche Personen und Personenmehrheiten als Beteiligte zuzulassen, die nach dem Recht eines anderen Mitgliedstaats den Status einer juristischen Person innehaben oder Träger von Rechten sein können. Dies folgt aus dem Verbot, Personen aus den Mitgliedstaaten der EU schlechter zu stellen als die inländischen Personen (**Diskriminierungsverbot,** vgl Einf II Rn 28, 40). Je nach dem Status der Personen und Personenvereinigungen bzw Rechtskonstruktionen werden sie entweder nach Nr 1 oder nach Nr 2 zu behandeln sein. 3a

4. Anwendungsbereich. Die Vorschrift gilt unmittelbar nur im Anwendungsbereich des VwVfG. Die Verwaltungsverfahrensgesetze der Länder enthalten wortgleiche Bestimmungen. Als **Ausdruck allgemeiner Rechtsgedanken,** wie sie in Anlehnung an die Vorschriften des BGB über die Rechtsfähigkeit und der Prozessordnungen über die Partei- bzw Beteiligtenfähigkeit schon vor Erlass des VwVfG auch für das Verwaltungsverfahrensrecht Geltung hatten, sind § 11 und die entsprechenden Vorschriften des Landesrechts im Zweifel **sinngemäß** auch auf Verwaltungsverfahren anwendbar, für die ausdrückliche Regelungen über die Beteiligungsfähigkeit fehlen oder die diese Frage nur lückenhaft regeln. 3b

II. Beteiligungsfähigkeit im Einzelnen

1. Natürliche und juristische Personen (Nr 1). a) Natürliche Personen. 4
Natürliche Personen sind stets beteiligungsfähig, auch wenn für sie eine Betreuung eingerichtet ist (vgl § 12 Rn 15); die Leibesfrucht nur, soweit sie in entspr Anwendung der Grundsätze des bürgerlichen Rechts als rechtsfähig behandelt werden kann oder ihr nach öffentlichem Recht eigene Rechte zustehen können.[4] Nr 1 gilt auch für Personen, die nicht als solche, sondern in ihrer Eigenschaft als Organe mit eigenen Rechten ausgestattet sind und insoweit auch für das Prozessrecht beteiligungsfähig sind,[5] zB der **Präsident eines Gerichts** als Vorsitzender des Präsidiums des Gerichts (VGH Mannheim DÖV 1980, 573), der **Bürgermeister** der Gemeinde und **einzelne Gemeinderatsmitglieder** oder Ausschussmitglieder im Kommunalverfassungsstreitverfahren,[6] der **Intendant einer Rundfunkanstalt** im Streit mit dem Verwaltungsrat des Rundfunks hins der Programmgestaltung (VG Hamburg DVBl 1980, 491). Nur in Angelegenheiten, in denen es nicht um die „Organrechte" von Personen (s dazu überzeugend Dolde, in: Menger-FS 1985, 427), sondern um Kompetenzen (Befugnisse) von Organen, vertreten durch einen Organwalter, geht, ist das Organ gem Nr 2, nicht die Person gem Nr 1, beteiligungsfähig.

b) Juristische Personen. Unter Nr 1 fallen alle juristischen Personen des öffentlichen oder privaten Rechts. Für die Beteiligung nach Nr 1 gilt damit im Grundsatz das **Rechtsträgerprinzip:** Beteiligungsfähig sind danach die juristischen Personen selbst, nicht dagegen ihre Organe. Beteiligungsfähig sind zB der 5

---

[4] Ebenso UL § 15 Rn 24; StBS 13; Knack/Henneke 7; MB 2; BVerwG NJW 1992, 1524, das allerdings die Beteiligungsfähigkeit eines Nasziturus im Verfahren zur Einstellung des Betreibens eines Endlagers zur Ablagerung radioaktiver Abfälle verneint; vgl auch BVerwG NVwZ 1995, 1002, 1003.

[5] Vgl OVG Koblenz 9, 343; OVG Münster 28, 271; VGH Mannheim DÖV 1980, 573; Hoffmann-Becking DVBl 1972, 301; Dolde, in: Menger-FS 1985, 427; vgl auch Kopp/Schenke § 61 Rn 5 zu § 61 mwN; str; nach **aA** – vgl zB OVG Münster NVwZ 1983, 486; VGH Mannheim DÖV 1983, 862; Bethge DVBl 1980, 824; RÖ VwGO § 62 Rn 4; Knack/Henneke 8 – handelt es sich hier um Beteiligungsfähigkeit nach Nr 2 oder aufgrund einer Rechtsfortbildung, vgl zum Meinungsstreit Schoch JuS 1987, 787 mwN.

[6] Vgl OVG Münster NVwZ 1983, 486; VG Kassel NVwZ 1983, 372; Stettner JA 1982, 396: beteiligungsfähig nach Nr 2 im Streit um den Ausschluss der Öffentlichkeit von einer Sitzung.

Bund, die einzelnen **Länder, Gemeinden,** rechtsfähige öffentlichrechtliche Anstalten und Stiftungen usw, Aktiengesellschaften, Genossenschaften usw (vgl StBS 15; Knack/Henneke 9; UL § 15 Rn 24), die **Bistümer und Kirchengemeinden** der katholischen Kirche (OVG Münster NJW 1983, 2592; Zilles/Kämper NVwZ 1994, 109), die gem Art 140 GG, Art 137 Abs 5 WRV als Körperschaften des öffentlichen Rechts oder nach entsprechenden Bestimmungen des Landesrechts anerkannten oder als Vereine des BGB konstituierten Kirchen und sonstige Religionsgemeinschaften, kraft Herkommens auch die meisten älteren religiösen Orden.[7] Bei **außerhalb der EU gegründeten juristischen Personen** des Privatrechts bestimmt sich die Beteiligungsfähigkeit (wie auch die Prozessfähigkeit) nach dem Recht des Staates, in dem die Hauptverwaltung der Gesellschaft ihren Sitz hat (Sitztheorie).[8] Für **innerhalb der EU** gegründete ausländische juristische Personen des Privatrechts gilt die Gründungstheorie, dh die Rechtsfähigkeit und damit die Beteiligungsfähigkeit richtet sich nach dem Recht des Staates, in dem sie gegründet wurden.[9]

6 **c) Gleichgestellte Organisationsformen.** Den juristischen Personen iSv Nr 1 werden nach zutreffender hM[10] Einrichtungen und Vereinigungen usw gleichgestellt, die nicht juristische Personen sind, denen aber durch Gesetz oder gewohnheitsrechtlich die Fähigkeit zuerkannt ist, im eigenen Namen zu klagen oder verklagt zu werden. Hierzu zählen zB die **OHG,** die **KG, Reedereien** (§ 493 HGB), **politische Parteien** (vgl § 3 S 1 PartG) und – sofern nicht gem der jeweiligen Satzung ausgeschlossen – ihre einzelnen Gebietsverbände der jeweils höchsten Stufe (vgl § 3 S 2 PartG), anders dagegen die Kreis- und Ortsverbände, die nur nach Nr 2 beteiligungsfähig sein können;[11] ferner gewohnheitsrechtlich die **Gewerkschaften** und sonstige Tarifvertragsparteien; auch der nicht rechtsfähige Verein.[12] Die Gegenmeinung, nach der diese Fälle durch Nr 2 erfasst werden, berücksichtigt nicht hinreichend, dass Nr 2 nur die Fälle relativer, dh begrenzter Beteiligungsfähigkeit meint.

7 **d) BGB-Gesellschaft.** Die BGB-Gesellschaft ist eine Personengesellschaft, auf die die Regelungen der §§ 705 ff BGB anwendbar sind. Sie ist an sich keine juristische Person, sondern eine Gesamthandsgemeinschaft (§ 719 BGB); ihre Beteiligungsfähigkeit wurde deshalb zunächst nach § 11 Nr 2 beurteilt. Im Laufe der Zeit hat sich die Rechtsfigur der BGB-Gesellschaft in der zivilrechtlichen Judikatur immer stärker der juristischen Person angenähert (vgl zB BGHZ 116, 86). Inzwischen ist die Parteifähigkeit und damit auch die **Beteiligungsfähigkeit der BGB-Gesellschaft uneingeschränkt anerkannt** (BGHZ 146, 341; NJW 2002, 1207). Dies hat materiellrechtlich wie prozessual weitreichende Konsequenzen.[13] Da die Beteiligungsfähigkeit nach § 11 an anderweitig begründete Rechtspositionen anknüpft, wird man eine Beteiligungsfähigkeit konsequenterweise nach Nr 1 anerkennen müssen.[14] Die Konsequenz ist, dass die BGB-Gesell-

---

[7] Mikat, in: Bettermann/Nipperdey Bd 4, 1. Halbb S 141; Renck BayVBl 1984, 713.

[8] Vgl BGHZ 51, 28; VG Frankfurt B v 11.12.2012, 1 L 4060/12.F, juris Rn. 16.

[9] BGHZ 154, 185; EuGHE 2002, I, 09919.

[10] StBS 14; Ziekow 6; Knack/Henneke 11; nach **aA** (Erichsen/Ehlers § 13 Rn 14; WBSK I § 59 Rn 37; UL § 15 Rn 25; MB 5) richtet sich die Beteiligungsfähigkeit dieser Vereinigungen nach Nr 2. Der Streit ist indessen von geringer praktischer Bedeutung.

[11] Vgl BVerwG B v 10.8.2010, 6 B 16/10, juris Rn 6; BVerwGE 32, 334; Knack/Henneke 11; s auch OLG Nürnberg NStZ 1986, 286; Kainz NJW 1985, 2616.

[12] Str; wie hier Sodan/Ziekow, VwGO § 61 Rn 24 mwN; vgl zum Problem Schmidt NJW 1984, 2249; Schulz NJW 1990, 1893; **aA** BVerwG DÖV 1984, 940: nach Nr 2; vgl auch BGH NJW 1990, 186.

[13] Vgl zum Zivilrecht Wertenbruch NJW 2002, 324; Schmidt NJW 2001, 993; Jauernig NJW 2001, 223.

[14] So auch StBS § 37 Rn 16; Sodan/Ziekow, VwGO § 61 Rn 24; Knack/Henneke 12 **aA** WBSK I § 59 Rn 37; FKS VwGO § 61 Rn 9; Kopp/Schenke, VwGO § 61 Rn 9.

schaft nicht mehr nur relativ beteiligungsfähig ist, sondern uneingeschränkt. Die Frage, ob ihr Rechte zustehen können, ist dann nur im Rahmen der Antrags- bzw der Widerspruchs- und der Klagebefugnis zu prüfen. Die verwaltungsgerichtliche Rspr fasst die BGB-Gesellschaft indes immer noch unter Nr. 2.[15]

e) Ende der Beteiligungsfähigkeit. Eine juristische Person (oder eine gleichgestellte Vereinigung usw) verliert die Beteiligungsfähigkeit nicht schon mit der Auflösung, sondern **erst mit Abschluss der Liquidation** und dem endgültigen Entfallen aller sonstigen denkbaren Rechte und Pflichten ein.[16] Untergegangene Gemeinden können weiterhin beteiligungsfähig sein in Verfahren die mit ihrem Untergang in unmittelbarem Zusammenhang stehen.[17] **Beschränkungen des Aufgabenbereichs** („Zwecks") durch Gesetz oder Satzung bei juristischen Personen berühren, anders als zT in anderen Rechtsordnungen, die Rechtsfähigkeit und Beteiligungsfähigkeit nicht, können aber uU wegen fehlender Vertretungsmacht der handelnden Organe oder Bevollmächtigten die Rechtswidrigkeit oder Unwirksamkeit der davon betroffenen Verfahrenshandlungen zur Folge haben.[18] Anders bei ausländischen juristischen Personen, denen nach ihrem Heimatrecht nur beschränkte Rechtsfähigkeit zukommt; insoweit kommt jedoch uU eine Beteiligungsfähigkeit nach Nr 2 in Betracht. 8

2. Vereinigungen mit eigenen Rechten (Nr 2). a) Allgemeines. Die Regelung ermöglicht eine relative Beteiligungsfähigkeit von Vereinigungen ohne eigene Rechtspersönlichkeit. Damit wird die verfahrensrechtliche Konsequenz aus dem Umstand gezogen, dass das materielle Recht auch solchen Personenmehrheiten vereinzelt Rechte zuerkennt. Es muss dann auch für die Vereinigung selbst die Möglichkeit geben, diese Rechte in einem Verwaltungsverfahren zu verfolgen. **Folge der Beteiligungsfähigkeit** nach Nr 2 ist (wie bei Vereinigungen nach Nr 1), dass die Vereinigung **im Verfahren unter ihrem Namen** (Vereinsname, Firma) oder einer Sammelbezeichnung (zB Erbengemeinschaft X) auftreten kann und ihre Mitglieder, da sie nicht Beteiligte sind, Zeugen sein können (Knack/Henneke 17; StBS 16). 9

b) Begriff der Vereinigung. Vereinigungen iS von § 11 Nr 2 sind alle öffentlichrechtlichen oder privatrechtlichen Vereinigungen, dh Personenmehrheiten, die nicht selbst rechtsfähig sind oder sonst juristischen Personen gleichgestellt sind (s oben Rn 6), denen aber materielle Rechte zustehen können. **Nicht notwendig** ist, dass die Vereinigung eine **feste, auf Dauer gerichtete Organisation** hat, wohl aber ist ein gewisses Maß an Ausrichtung und Zusammenwirken im Hinblick auf Zielsetzungen erforderlich.[19] Die bloße Ansammlung von Menschen anlässlich eines Verkehrsunfalls ist **keine Vereinigung,** ebenso wenig eine Stammtischrunde, zB für die Anfechtung eines Gaststättenverbots, das zwar gegen die Mitglieder ausgesprochen wird, praktisch aber die Auflösung der Stammtischrunde bedeutet (StBS 23; Knack/Henneke 14) sowie die in einer Versammlung oder Demonstration zusammengekommenen Menschen,[20] streitig für das Organisationskomitee einer Versammlung (vgl OVG Münster DÖV 1974, 820; 10

[15] ZB BVerwG NuR 2005, 177; VGH Kassel ESVGH 53, 193.

[16] Vgl OVG Lüneburg NuR 1998, 663; s auch Rn 16.

[17] So VGH Mannheim NVwZ 2016, 1269 mwN für die insoweit vergleichbare Problematik der Beteiligungsfähigkeit nach § 61 VwGO.

[18] MK 32 II mwN; str; vgl allg zu Handlungen außerhalb des gesetzlichen Aufgabenbereichs – **ultra vires** – BVerwGE 34, 69; VGH Mannheim DÖV 1973, 65; NJW 1973, 1494; LG Stuttgart NVwZ 1982, 57; WBSK I § 34 Rn 7; zur Grundrechtsfähigkeit auch BVerwGE 59, 247; v Mutius BK 123 zu Art 19 Abs 3 GG; s auch § 12 Rn 13; § 14 Rn 22.

[19] Knack/Henneke 14; StBS 17; UL § 15 Rn 25; Bier in Schoch § 61 Rn 5.

[20] OVG Münster DÖV 1974, 820; VGH München NJW 1984, 2116; StBS 23; Gusy JuS 1986, 610: eine Versammlung kann nicht Träger eigener Rechte sein.

StBS 23); auch nicht rechtsfähige Stiftungen des bürgerl Rechts stellen keine Vereinigungen dar (VGH Mannheim VBlBW 2012, 472).

11 **c) Möglichkeit eigener Rechte. aa) Konkrete Betrachtung.** Das in Frage kommende Recht muss der Vereinigung als solcher zustehen können; dass es sämtlichen Mitgliedern zustehen kann, genügt nicht. **Umstritten** ist, ob es auf das im (konkreten) Verwaltungsverfahren in Frage stehende oder berührte Recht ankommt **(konkrete Betrachtungsweise),** oder ob es ausreichend ist, dass der Vereinigung irgendwelche anderen Rechte zustehen können **(abstrakte Betrachtungsweise),** die keinen Bezug zu den konkreten Verfahren haben.[21] Da es beim Verwaltungsverfahren anders als beim Verwaltungsprozess und im Widerspruchsverfahren kein Korrektiv durch die Klagebefugnis gibt, ist jedenfalls für die Beteiligungsfähigkeit nach Nr 2 der konkreten Betrachtungsweise der Vorzug zu geben.[22]

12 **bb) Möglichkeit des Bestehens eines Rechts.** Ob das Recht tatsächlich der Vereinigung zusteht, ist im Rahmen der Beurteilung der Beteiligungsfähigkeit nicht zu prüfen, sondern ist Frage der Begründetheit zB eines gestellten Antrags. Die Beteiligungsfähigkeit ist nur ausgeschlossen, wenn das geltend gemachte Recht unter keinen denkbaren Gesichtspunkten der Vereinigung zustehen kann,[23] bzw ihr jedenfalls nicht in bezug auf den Gegenstand des Verfahrens zustehen kann. Bei der Prüfung, ob dies der Fall ist, sind im Wesentlichen dieselben Grundsätze maßgeblich wie bei § 42 Abs 2 VwGO (vgl Kopp/Schenke § 42 Rn 65 ff). Eine irgendwie geartete **Rechtsbehauptung** ist nicht Voraussetzung; andererseits würde umgekehrt eine bloße tatsächliche Behauptung nicht genügen (VGH München BayVBl 1980, 245). Eine Fraktion im Gemeinderat ist daher zB nicht beteiligungsfähig im Verfahren über die Anfechtung eines Dispenses nach § 31 BauGB, wohl aber uU im Kommunalstreitverfahren um einen Gemeinderatsbeschluss (RÖ VwGO § 61 Rn 4).

13 **d) Einzelfälle. aa) Personenzusammenschlüsse.** Für bestimmte Fälle **beteiligungsfähig** können sein **nichtrechtsfähige Vereine** zB hins einer von ihm beantragten Gaststättenkonzession (§ 2 Abs 1 S 2 GastG); **Vorvereine** (Verein im Gründungsstadium), **Vorgründungsgesellschaften** (OVG Brandenburg NVwZ-RR 2002, 479); die „Hausgemeinschaft" der Grundstückseigentümer oder Erbbauberechtigten in **Bruchteilsgemeinschaft** (§ 741 BGB) hins einer gegen sie gerichteten Verfügung auf Unterlassung bestimmter Baumaßnahmen oder bestimmter Nutzungen;[24] **Bauherrengemeinschaften,** die idR eine BGB-Gesellschaft bilden (vgl Rn 7) hins der Erteilung einer Baugenehmigung für ihr Bauvorhaben uä;[25] **Wohnungseigentümergemeinschaften** (BGHZ 163, 154 – Olympiadorf; OVG Münster BauR 2012, 1742). Beteiligungsfähig ist auch der **Kreisverband einer Partei** hins der Benützung gemeindeeigener Räume für eine Parteiveranstaltung.[26] Das BVerwG (NuR 1998, 196) hat die Beteiligungsfä-

---

[21] So etwa – unter Hinweis auf die Begr BT-Drs 7/910, S 42 – ausführlich FKS 5.

[22] BVerwG NVwZ-RR 1992, 572; OVG Bautzen NVwZ 1998, 656; VG Hannover NJW 1990, 3228; OVG Lüneburg OVGE 34, 352, 355; StBS 20; Knack/Henneke 15; UL § 15 Rn 25; Ziekow 8; Bier in Schoch § 61 Rn 6; Ehlers NVwZ 1990, 110; **aA** Begr 43: es genügt irgendein Recht, auch wenn es nicht auf das konkrete Verfahren bezogen ist; nunmehr auch Kopp/Schenke § 61 Rn 8; Sodan/Ziekow § 61 Rn 29.

[23] VGH München BayVBl 1980, 245, 301; UL 15 Rn 25; Obermayer 23; Knack/Henneke 16; RÖ VwGO § 61 Rn 4.

[24] Vgl VGH München BayVBl 1979, 20; **aA** OVG Münster NVwZ 1983, 492 hins Straßenreinigungsgebühren.

[25] Vgl OVG Magdeburg U v 16.6.2005, 2 K 278/02, juris Rn 18; VGH Kassel NJW 1997, 1938; StBS 22.

[26] Vgl BVerwG DÖV 1969, 430; BayVBl 1970, 25; s allg auch BVerwGE 40, 334: kein argumentum e contrario aus § 3 PartG; **aA** insoweit zu § 50 Abs 1 ZPO zur aktiven Parteifähigkeit im Zivilprozess OLG Frankfurt DÖV 1985, 78.

higkeit einer nicht mit eigener Rechtspersönlichkeit ausgestatteten **Wassergemeinschaft** im Planfeststellungsverfahren anerkannt. **Nicht unter Nr 2** fallen zB die OHG und die KG, die unter Nr 1 gefasst werden (Rn 6), sowie nicht rechtsfähige Stiftungen bürgerl Rechts, Menschenansammlungen, Demonstrationen usw, die keine Vereinigungen sind (Rn 10).

bb) Erbengemeinschaften. Umstritten ist die Beteiligungsfähigkeit ungeteilter Erbengemeinschaften hins der den Nachlass betreffenden Maßnahmen. Nach wohl **hM** ist die Erbengemeinschaft **nicht beteiligungsfähig.**[27] , Nur die einzelnen Mitglieder der Erbengemeinschaft in ihrer Gesamtheit sind danach beteiligungsfähig, wenn es etwa um die Geltendmachung von Nachbarrechten in Bezug auf ein Nachlassgrundstück (VGH Mannheim NJW 1992, 388), um Enteignungsmaßnahmen,[28] um die Inanspruchnahme zu Beiträgen und Gebühren uA geht, die ein Nachlassgrundstück betreffen.[29] Nach anderer Auffassung sind Erbengemeinschaften dann beteiligungsfähig, wenn das Verwaltungsverfahren auf die Erbengemeinschaft als solche in Bezug auf die Verwaltung des Nachlasses zielt (Knack/Henneke 15). Wird der Nachlass, etwa ein Wohngrundstück, einvernehmlich dauerhaft einem wirtschaftlichen Zweck (zB Vermietung) zugeführt, wird aber auch die stillschweigende Gründung einer GbR in Betracht zu ziehen sein. Zur **Haftung der Miterben** für öffentlich-rechtliche Verbindlichkeiten in Bezug auf den Nachlass BVerwG NVwZ 2016, 319. 13a

e) Beteiligung in Organstreitverfahren. Eine besondere Rolle spielt Nr 2 für die Beteiligungsfähigkeit von Personenmehrheiten in Organ- oder Innenrechtsstreitigkeiten. Soweit Personenmehrheiten innerhalb öffentlichrechtlicher Organisationen organschaftlich verfasst sind und nach dem materiellen Recht über eigene **wehrfähige Rechte** verfügen, sind sie im Verwaltungsverfahren nach Nr 2 auch als solche beteiligungsfähig. Die Feststellung derartiger „wehrfähiger Rechte" bereitet allerdings einige Schwierigkeiten, weil das materielle Recht hier häufig unklar ist. 13b

Beteiligungsfähig nach Nr 2 ist in Organstreitverfahren zB eine nicht als rechtsfähige Körperschaft organisierte **Hochschule** im Streit mit der Studentenschaft hins der Frage, ob diese eine Urabstimmung über einen Vorlesungsstreik durchführen darf (VGH Mannheim DVBl 1978, 274); die **Fakultät** einer Universität hins einer Promotion oder Habilitation (vgl VGH München VRspr 20, 508; VGH Mannheim VRspr 21, 251); die Fakultät (Fachbereich) und das **Kuratorium** einer Universität hins der Umwandlung der Fakultät in einen Fachbereich (vgl BVerwGE 45, 43); der **Senat** einer Universität hins einer Maßnahme der Aufsichtsbehörde (BVerwG NVwZ-RR 1994, 587); die **Abteilung einer Pädagogischen Hochschule** hins der Festsetzung der Semesterferien (VG Hannover DVBl 1974, 53); die **Studentenschaft** – nicht der AStA – hins einer Verfügung der Universität, durch die den Mitgliedern des AStA die Ausübung ihrer Dienstgeschäfte untersagt wird (vgl Lüneburg DVBl 1978, 272); der **Konvent** uä der Studentenschaft einer Universität hins der ihm als solchem zustehenden Rechte und Befugnisse (vgl OVG Hamburg NVwZ 1982, 448; OVG Berlin WissR 1969, 82) oder der ihn treffenden Pflichten (OVG Hamburg NJW 1978, 1395); der **Sprecherrat der Studentenschaft** einer Universität hins Überlassung eines Hörsaals für Versammlungen (MuLö BayVBl 1992, 637); das **Präsidium eines Gerichts** hins der Wahl seiner Mitglieder (BVerwGE 44, 13d

---

[27] OVG Bautzen DÖV 2013, 568 (zu § 61 VwGO); OVG Lüneburg NordÖR 2012, 553 (für jagdrechtliche Verfügung); OVG Magdeburg NVwZ-RR 2008, 748; VG Sigmaringen, U v 20.1.2016, 5 K 2590/14, juris; MSU 15; Kopp/Schenke, § 61 Rn 10.

[28] Str, bejahend VGH München BayVBl 1976, 154; 1979, 20; StBS 22; **aA** VGH München BayVBl 1984, 186; Knack/Hennecke 15: nur die einzelnen Miterben.

[29] OVG Lüneburg NordÖR 2012, 552, 553 zur Angliederung eines Grundstücks an einen Jagdbezirk.

175; vgl auch VGH Kassel DRiZ 1984, 62); der **Betriebs- bzw Personalrat** hins der Wahl seiner Mitglieder (vgl BVerwGE 5, 302) und sonst für Beschlussverfahren (BVerwGE 90, 76); der **Frachtenausschuss** für den Rhein hins der Genehmigung der von ihm beschlossenen Frachtraten (vgl BVerwGE 31, 364); der bei der Naturschutzbehörde gebildete, weisungsfreie **Naturschutzbeirat** (VGH Kassel NVwZ 1992, 904); der **Vorstand der Börse** hins der Zulassung an der Börse (vgl BVerwG JR 1967, 396); die **Organe einer Gemeinde,** auch eine Fraktion (OVG Schleswig, NVwZ-RR 1996, 103; VGH Kassel DVBl 1978, 821), im Kommunalverfassungsstreit;[30] S zur **Beteiligungsfähigkeit von Gremien** allg auch Herbst DÖV 1994, 108.

14 **3. Behörden (Nr 3).** Behörden sind – anders als nach § 61 Nr 3 VwGO – allgemein und ohne dass dafür besondere gesetzliche Vorschriften erforderlich wären, beteiligungsfähig. Wegen dieser Differenz zu § 61 Nr 3 VwGO kann es vorkommen, dass im Verwaltungsverfahren eine Behörde beteiligt ist, im nachfolgenden Gerichtsverfahren jedoch nur der Rechtsträger, für den die Behörde im Verwaltungsverfahren gehandelt hat. Zum Begriff der Behörde s § 1 Rn 51 ff. Die verfahrensleitende Behörde gehört nicht zu den Beteiligten (s § 13 Rn 10). Wie nach § 61 Nr 3 VwGO ist die **Beteiligungsfähigkeit der Behörden nur eine formelle;** sie ist in ihrer Wirkung auf das Verfahrensrecht beschränkt. Die Behörden handeln nach Nr 3 rechtlich in „Prozessstandschaft" für den Rechtsträger (Bund, Land, Gemeinde usw), dem sie angehören bzw zuzurechnen sind. Ihre Verfahrenshandlungen wirken ausschließlich für und gegen den Rechtsträger, für den sie an einem Verfahren beteiligt sind.[31]

III. Entscheidung über das Vorliegen der Beteiligungsfähigkeit

15 **1. Prüfung der Beteiligungsfähigkeit. a) Allgemeines.** Das Vorliegen der Beteiligungsfähigkeit ist von Amts wegen zu prüfen (StBS 5,7; UL § 15 Rn 27). Fehlt diese Voraussetzung beim Antragsteller (§ 13 Abs 1 Nr 1), so ist der **Antrag als unzulässig abzulehnen;** fehlt sie bei demjenigen, an den die Behörde einen VA richten will oder gerichtet hat (§ 13 Abs 1 Nr 2), so darf das Verfahren nicht weitergeführt werden, bis der Mangel behoben ist (zB durch Bestellung eines Vertreters von Amts wegen gem § 16). Bei sonstigen Beteiligten hat das Fehlen der Beteiligungsfähigkeit zur Folge, dass die Rechtsfolgen eines ergehenden VA sich nicht auf sie erstrecken (§ 43 Abs 1); bei notwendiger Beteiligung bzw Hinzuziehung nach § 13 Abs 2 S 2 außerdem, dass die Entscheidung fehlerhaft ist und nicht in materielle Bestandskraft erwachsen kann (vgl im Einzelnen § 13 Rn 51).

16 **b) Maßgeblicher Zeitpunkt.** Grundsätzlich muss die Beteiligungsfähigkeit während des gesamten Verwaltungsverfahrens vorliegen, also bei Antragstellung, Anhörung usw. Bis zum Erlass des VA, ggf auch noch im Rechtsbehelfsverfahren, kann ein etwaiger **Mangel idR mit Rückwirkung geheilt** werden.[32] Soweit eine Heilung in Betracht kommt, muss die Behörde grundsätzlich dem Beteiligten Gelegenheit geben, für seine Vertretung zu sorgen, bzw uU selbst die not-

---

[30] OVG Münster 17, 261; 27, 258; VG Kassel NVwZ 1983, 372; Stahl NJW 1972, 2031; Hoppe DVBl 1970, 849; Ewald DVBl 1970, 237; Blumenwitz BayVBl 1980, 230, Hahn DVBl 1974, 509.

[31] OVG Lüneburg NordÖR 2011, 563 f (Wehrbereichsverwaltung Nord); VG Trier B v 3.5.2013, 5 L 324/13.TR, juris Rn 21 (Deutscher Wetterdienst); Knack/Henneke 19; StBS 25; MB 6; vgl zum Prozessrecht auch BVerwGE 45, 209; Stettner JA 1982, 395.

[32] Vgl auch zur Rückwirkung einer nachträglichen Genehmigung des Handelns nicht Beteiligungsfähiger durch den in der Sache betroffenen Beteiligungsfähigen: Krause VerwArch 1970, 318; zur Genehmigung der Verfahrenshandlungen nicht Verfahrenshandlungsfähiger BGH NJW 1990, 1736; sehr zweifelhaft.

wendigen Schritte dafür unternehmen (vgl BGH NJW 1990, 1736). Körperschaften und Gesellschaften uä, die aufgrund besonderer Rechtsvorschriften oder von Gewohnheitsrecht unter eigenem Namen klagen und verklagt werden können (s oben Rn 6) oder nach Nr 2 beteiligungsfähig sind bzw waren, bleiben im Fall ihrer Auflösung jedenfalls **bis zum Abschluss der Abwicklung** (Liquidation) beteiligungsfähig.[33] Dies gilt auch insoweit, als es um die Auflösung selbst oder um Verfahren um damit im Zusammenhang stehende Rechte und/oder Pflichten geht.[34]

2. Streit um die Beteiligungsfähigkeit. Im Streit um die Beteiligungsfähigkeit eines „Beteiligten" (BayVerfGH BayVBl 1985, 363) oder um die Auflösung einer juristischen Person oder einer Vereinigung ist auch ein Beteiligungsunfähiger bis zur rechtskräftigen Feststellung des Gegenteils (vgl BVerwG NJW 1982, 2070; ähnlich zur Prozessfähigkeit BGH NJW 1990, 1734) stets als beteiligungsfähig zu behandeln. Entsprechendes gilt für den Streit um Rechte, Pflichten usw, die in unmittelbarem Zusammenhang mit der Auflösung stehen (vgl BVerfG 3, 279; 42, 356; Saarl VerfGH DÖV 1993, 910). Wendet sich ein Beteiligungsunfähiger dagegen, dass die Behörde ihn als nicht beteiligungsfähig bzw beteiligungsfähig ansieht, so ist er für das Verfahren insoweit als beteiligungsfähig zu behandeln. **Entsprechendes gilt für Rechtsbehelfe,** mit denen ein Beteiligter bzw sonst Betroffener sich dagegen wendet, dass die Behörde bei ihrer Entscheidung von seiner Nicht-Beteiligungs- bzw Beteiligungsfähigkeit ausgegangen ist (vgl zur vergleichbaren Situation hins der Prozessfähigkeit, BGH NJW 1990, 1734). 17

3. Wegfall von Beteiligten, Rechtnachfolge. Vom Fehlen oder Wegfall der Beteiligungsfähigkeit ist der Wegfall eines Beteiligten durch Tod, Vereinigung mit einer anderen juristischen Körperschaft usw, zu unterscheiden. Insoweit gelten die Bestimmungen der ZPO über die Fortführung von Verfahren durch den Prozessbevollmächtigten bzw durch den Rechtsnachfolger (s §§ 239ff ZPO; dazu VGH München BayVBl 1983, 756) entspr. **Bei höchstpersönlichen Rechten** hat der Wegfall des Berechtigten die Erledigung der Hauptsache zur Folge. Vgl dazu § 9 Rn 37. Eine Rechtsnachfolge in eine Beteiligungsposition des Verwaltungsverfahrens setzt die Nachfolgefähigkeit und einen Nachfolgetatbestand voraus (s näher § 13 Rn 58ff). Bei **Veräußerung der Sache,** auf die sich das Verfahren bezieht (zB ein Grundstück; eine Anlage), ist der Erwerber nicht nach § 13 Abs 2 notwendig hinzuzuziehen (vgl BVerwG DVBl 1985, 118 mwN; s auch § 13 Rn 42). 18

---

[33] Vgl BGHZ 32, 307; 50, 307; 74, 212; ZIP 1994, 1887; DtZ 1995, 50; BFH 125, 107, zugleich unter Hinweis darauf, dass bis zum Abschluss eines anhängigen Rechtsstreits auch die Abwicklung begriffsnotwendig nicht abgeschlossen sein kann; BFH BStBl 1969 II 656; 1971 II 540, 1980 II 587 – zugleich mit dem Hinweis, dass eine GmbH mit der Löschung keinen Geschäftsführer mehr hat und deshalb ein Nachtragsliquidator oder analog § 59 ZPO ein Prozesspfleger bestellt werden muss; weitergehend BAG NJW 1982, 1831: beteiligungsfähig im Kündigungsstreit auch noch nach der Liquidation; BGH NJW 1982, 238: auch eine bereits erloschene Gesellschaft kann noch die Hauptsache für erledigt erklären und dann auch zur Kostentragung verurteilt werden; **aA** OVG Münster NJW 1981, 2373: nach Eintreten der Vermögenslosigkeit ist eine GmbH im Streit um eine Gewerbeerlaubnis nicht mehr beteiligungsfähig; die Kosten des Verfahrens sind dem Vertreter aufzuerlegen; BGHZ 74, 212: nach Abschluss der Liquidation für die Geltendmachung eines Zahlungsanspruchs nicht mehr parteifähig; kritisch dazu BAG NJW 1982, 1831.

[34] Vgl zum Prozessrecht auch BVerwGE 30, 26; BGHZ 18, 185; ebenso BVerwGE 1, 266 zur Beteiligungsfähigkeit einer aufgelösten Vereinigung im Rechtsstreit um die Auflösung; VGH Mannheim DÖV 1979, 605: Beteiligungsfähigkeit einer aufgelösten Gemeinde für die Geltendmachung von Rechten aus dem Eingemeindungsvertrag; allg auch BVerfG 3, 267; 22, 221; 34, 226; 38, 237; 42, 345.

IV. Rechtsfolgen

19 **1. Allgemeines.** Die Beteiligungsfähigkeit ist von Amts wegen in jedem Stadium des Verwaltungsverfahrens zu beachten. **In Zweifelsfällen** kann die Behörde über die Beteiligungsfähigkeit, wenn sie sie bejaht, vorweg **durch VA entscheiden.** Fehlt die Beteiligungsfähigkeit des Antragstellers, desjenigen, an den die Behörde einen VA richten will oder gerichtet hat, oder eines notwendigen Beteiligten (§ 13 Abs 2 S 2) im Zeitpunkt des Erlasses des VA (bzw der Rechtsbehelfsentscheidung), so **darf eine Sachentscheidung nicht ergehen,**[35] muss ein gestellter Antrag als unzulässig abgelehnt werden bzw muss das Verfahren eingestellt oder bis zur Bestellung eines Vertreters von Amts wegen gem § 16 ausgesetzt werden (vgl aber § 14 Abs 2 zur Fortgeltung einer Vollmacht).

20 **2. Nichtigkeitsfolgen.** Ein trotz fehlender Beteiligungsfähigkeit des Adressaten in der Sache ergehender VA ist nichtig;[36] ebenso ein mit einem Nichtbeteiligungsfähigen abgeschlossener Vertrag.[37] Gegen den wegen fehlender Beteiligungsfähigkeit des Adressaten fehlerhaften VA haben alle Beteiligten, auch der Nichtbeteiligungsfähige, die in der Sache gegebenen **Rechtsbehelfe,** außerdem Anspruch auf Wiederaufnahme des Verfahrens in entspr Anwendung von § 51 iVm § 579 Abs 1 Nr 4 ZPO (vgl § 51 Rn 7).

§ 12 Handlungsfähigkeit

(1) **Fähig zur Vornahme von Verfahrenshandlungen sind**

1. **natürliche Personen, die nach bürgerlichem Recht geschäftsfähig sind,**[5]
2. **natürliche Personen, die nach bürgerlichem Recht in der Geschäftsfähigkeit beschränkt sind, soweit sie für den Gegenstand des Verfahrens durch Vorschriften des bürgerlichen Rechts**[6] **als geschäftsfähig oder durch Vorschriften des öffentlichen Rechts**[7] **als handlungsfähig anerkannt sind,**
3. **juristische Personen und Vereinigungen (§ 11 Nr. 2) durch ihre gesetzlichen Vertreter oder durch besonders Beauftragte,**[13]
4. **Behörden durch ihre Leiter, deren Vertreter oder Beauftragte.**[14 f]

(2) **Betrifft ein Einwilligungsvorbehalt**[16] **nach § 1903 des Bürgerlichen Gesetzbuchs den Gegenstand des Verfahrens, so ist ein geschäftsfähiger Betreuter nur insoweit zur Vornahme von Verfahrenshandlungen fähig, als er nach den Vorschriften des bürgerlichen Rechts ohne Einwilligung des Betreuers handeln kann oder durch Vorschriften des öffentlichen Rechts als handlungsfähig anerkannt ist.**[15]

(3) **Die §§ 53 und 55 der Zivilprozessordnung gelten entsprechend.**[17 f]

Parallelvorschriften: § 79 AO; § 11 SGB-X

Schrifttum: *Boujong,* Vertretungsbefugnis und Vertretungsmängel im öffentlichen Recht, WuV 1979, 48; *Coester-Waltjen,* Überblick über die Probleme der Geschäftsfähigkeit, Jura 1994, 331; *Dodegge,* Das Betreuungsbehördengesetz und die Landesausführungsgesetze, NJW 1992, 1936; *Ehlers,* Benutzung kommunaler Einrichtungen durch Minderjährige, DVBl 1986, 918; *Habermehl,* Vertretung der Kommune, DÖV 1987, 144; *Hablitzel,* Öffentlich-rechtliche Willenserklärung und Minderjährigenrecht, BayVBl 1973, 197; *Hager,* Die Rechtsbehelfsbefugnis des Prozessunfähigen, ZZP 1984, 174; *Hohm,* Grundrechts-

[35] UL § 15 Rn 25; Ziekow 12.

[36] Obermayer/Funke-Kaiser 39; UL § 15 Rn 27; StBS 9; Knack/Henneke 22; MB 1; Ziekow 12.

[37] UL § 15 Rn 27; Knack/Henneke 22.

trägerschaft und „Grundrechtsmündigkeit“ Minderjähriger am Beispiel öffentlicher Heimerziehung, NJW 1986, 3107 (kritisch dazu Martens NJW 1987, 2561); *Käck,* Der Prozesspfleger, 1991; *Klüsener/Rausch,* Praktische Probleme bei der Umsetzung des neuen Betreuungsrechts, NJW 1993, 617; *Krause,* Die Willenserklärungen des Bürgers im Bereich des öffentlichen Rechts, VerwArch 1970, 297, 310; *Kohler/Gehrig,* Vertretung und Vertretungsmängel der Gemeinde im Privatrechtsverkehr, VwBlBW 1996, 441; *Kunz,* Zur Handlungsfähigkeit minderjähriger Ausländer im ausländerbehördlichen Verfahren, NJW 1982, 2707; *Laubinger,* Prozessfähigkeit und Handlungsfähigkeit, in: Ule-FS 1987, 161; *Laubinger/Repkewitz,* Der Betreute im Verwaltungsverfahren und Verwaltungsprozess, VerwArch 1994, 86; *Luther,* Beschränkungen der Geschäftsfähigkeit von Ausländern und im Ausland, StAZ 1985, 164; *Martens,* Grundrechtsausübung als Spiel ohne Grenzen, NJW 1987, 2561; *Meyer,* Die Stellung des Minderjährigen im öffentlichen Recht, 1988, zugl Diss Münster 1987; *Mutius,* Grundrechtswürdigkeit, Jura 1987, 272; *Pauckstadt-Maihold,* Geschäftsfähigkeit, JA 1994, 465 und 552; *Peschel-Gutzeit,* Elterliche Vertretung und Minderjährigenschutz, FamRZ 1993, 1009; *Robbers,* Partielle Handlungsfähigkeit Minderjähriger im öffentlichen Recht, DVBl 1987, 709; *Roell,* die Geltung der Grundrechte für Minderjährige, 1984; *Schreiber,* Geschäftsfähigkeit, Jura 1991, 24; *Wüstenberg,* Der Betreute und der Kraft gerichtlicher Anordnung Handlungsunfähige im Verwaltungsverfahren, Jura 2002, 600.

Übersicht

I. Allgemeines

1. Inhalt. Wer sich an einem Verwaltungsverfahren beteiligen will, muss hierfür nicht nur nach § 11 beteiligungsfähig, sondern auch selbst handlungsfähig sein. Handlungsfähigkeit ist die Fähigkeit, Rechtswirkung entfaltende Handlun- 1 gen im Verwaltungsverfahren selbst oder durch einen Bevollmächtigten vornehmen zu können (aktive Handlungsfähigkeit) und gegen sich vornehmen zu lassen (passive Handlungsfähigkeit).[1] Es handelt sich um eine subjektive Sachentscheidungsvoraussetzung. Fehlt die Handlungsfähigkeit, so sind gleichwohl vorgenommene Verfahrenshandlungen unzulässig und unwirksam, der Handlungsunfähige bedarf dann eines Vertreters. Diese **Vertretung eines Beteiligten** ist streng zu unterscheiden von dem Fall, in dem sich ein Handlungsfähiger durch einen Bevollmächtigten vertreten lässt (vgl § 14). Aber nicht nur für die aktive Vornahme von Verfahrenshandlungen (Antragstellung, Bevollmächtigung usw) ist Handlungsfähigkeit Voraussetzung, sondern auch für den Fall, dass die Behörde gegenüber einer Person oder Vereinigung ein Verwaltungsverfahren einleiten oder durchführen will, indem sie zB einen VA erlässt oder andere Verfahrenshandlungen ihm gegenüber vornimmt.[2] Die Gültigkeit derartiger Verfahrenshandlungen setzt ebenfalls die Handlungsfähigkeit des Adressaten als (passiv) Beteiligtem voraus.[3] Fehlt es an der Handlungsfähigkeit, muss die Maßnahme ggf gegenüber einem Vertreter vorgenommen werden. Fehlt es an einem solchen, ist ggf ein Vertreter zu bestellen. Der Mangel der Handlungsfähigkeit kann nachträglich geheilt werden (vgl Rn 26).

2 **Die Handlungsfähigkeit** im Verwaltungsverfahren **entspricht der Prozessfähigkeit** gem § 62 VwGO im Verwaltungsprozess (vgl UL § 16 Rn 1). Sie stellt eine besondere, auf das Verfahren und die im Verfahren maßgeblichen Rechte und Pflichten bezogene Form der allgemeinen Handlungsfähigkeit dar. Die Regelungen entsprechen im wesentlichen dem vor Erlass des VwVfG geltenden Recht.[4] Die Verfahrenshandlungsfähigkeit kann – ähnlich wie die Beteiligungsfähigkeit nach § 11 – uU auch nur partiell sein und (nur) für den vom Verfahren betroffenen Bereich vorliegen, zB bei beschränkt Geschäftsfähigen gem § 112 BGB beschränkt auf Verfahren, die mit dem Betrieb des Geschäfts zusammenhängen (vgl UL § 16 Rn 14). Zur partiellen Handlungsfähigkeit s unten Rn 6.

3 **Bei fehlender Handlungsfähigkeit** muss ein Betroffener einen gesetzlichen Vertreter haben, der für ihn das Verfahren betreibt. Anderenfalls bleiben seine Verfahrenshandlungen ebenso unwirksam wie die Verfahrenshandlungen, die seitens der Behörde ihm gegenüber vorgenommen werden. Die Bevollmächtigung eines Dritten ist für den Handlungsunfähigen keine Alternative, da ein Bevollmächtigter nach § 14 nur von einem handlungsfähigen Beteiligten bestellt werden kann (s hierzu § 14 Rn 20). Hat ein Handlungsunfähiger keinen gesetzlichen Vertreter oder ist dieser verhindert, ist ein Vertreter von Amts wegen (§ 16) bzw ein Ergänzungspfleger zu bestellen (Rn 21 ff). Bestehen Zweifel an der Handlungsfähigkeit, so ist der Betroffene für die zur Klärung erforderlichen Verfahrensschritte als handlungsfähig zu behandeln. Außerdem ist er grundsätzlich **persönlich anzuhören,** soweit im Verfahren bzw durch den Ausgang des Verfahrens seine höchstpersönlichen Rechten berührt sind oder sein können.[5] S auch § 28 Rn 1; ferner unten Rn 19 ff.

3a **2. Verfassungsrecht.** Die Vorschrift dient zunächst einmal dem **Schutz von grundrechtlichen Rechtspositionen** der handlungsunfähigen Betroffenen davor, dass ihnen gegenüber wirksam Verfahrenshandlungen zu ihrem Nachteil

---

[1] Knack/Hennke 2; StBS 1.

[2] BVerwG NJW 1994, 2633; VGH Mannheim FamRZ 2011, 1002 f; OVG Münster DVBl 1990, 1360.

[3] Vgl VGH München NJW 1984, 2845; Hamburg DVBl 1982, 218 mwN; ferner StBS 4; Knack/Henneke 19.

[4] Vgl Begr 42; Krause VerwArch 1970, 310 ff; F 181; s aber zur Handlungsfähigkeit betreuter Personen unten Rn 15 ff.

[5] Kopp 22; zu einem minderjährigen Asylbewerber auch BVerwG NVwZ-RR 1990, 441.

vorgenommen werden, obwohl sie ihre Rechte nicht selbst hinreichend wahren können. Das gilt insbesondere für die Bekanntgabe belastender VAe, die nicht unmittelbar den Handlungsunfähigen gegenüber erfolgen kann (s unten Rn 11, 27). Darin kommt auch das **Minderjährigenschutzprinzip** zum Ausdruck.[6] Die Vorschrift stattet andererseits sämtliche Personen mit der Handlungsfähigkeit aus, die sich nach der Rechtsordnung auch sonst rechtlich verpflichten können, und entspricht damit dem verfassungsrechtlichen Gebot aus Art 19 Abs 4 sowie den Grundrechten. Soweit aus Grundrechten eine Handlungsfähigkeit für Minderjährige folgt, ist dieser nach Abs 1 Nr 2 Rechnung zu tragen (s unten zur **Grundrechtsmündigkeit** Rn 9).

3. EU-Recht. Die Vorschrift ist grundsätzlich auch im **indirekten Vollzug von Unionsrecht** anwendbar. Soweit Unionsrecht Personen als handlungsfähig anerkennt, die von Abs 1 Nr 1 nicht ohnehin erfasst werden, ergibt sich ihre Handlungsfähigkeit aus der Öffnungsklausel in Abs 1 Nr 2, wonach alle Personen handlungsfähig sind, die für den jeweiligen Verfahrensgegenstand als geschäftsfähig oder als handlungsfähig anerkannt sind. Sie lässt also Raum für etwaige Besonderheiten des Unionsrechts. Dies gilt insbesondere für solche Fälle, in denen Personen aus anderen Mitgliedstaaten nach dem Recht ihres Heimatstaates als handlungsfähig anerkannt sind. In solchen Fällen gebietet das Unionsrecht, dass sie auch nach deutschem Verfahrensrecht nach Abs 1 Nr 2 als handlungsfähig anerkannt werden müssen.[7] Zudem müssen die Mitgliedstaaten gewährleisten, dass Personen, denen gemeinschaftsrechtlich Rechte gewährt werden, sich hierauf auch berufen können, was im Fall fehlender Handlungsfähigkeit durch einen Vertreter zu geschehen hat.[8] Im Übrigen ist Unionsrecht bei Auslegung und Anwendung der Vorschrift heranzuziehen. Das gilt etwa für die Sicherung der Garantien für unbegleitete Minderjährige nach Art 17 der Flüchtlings-RL.[9] 3b

4. Anwendungsbereich. Die Vorschrift gilt unmittelbar nur im Anwendungsbereich des VwVfG (§§ 1 f). Die Verwaltungsverfahrensgesetze der Länder enthalten gleich lautende Vorschriften. Die Vorschrift regelt auch die Handlungsfähigkeit beim Abschluss von Verwaltungsverträgen (s auch § 62 Rn 12). Als Ausdruck allgemeiner Rechtsgrundsätze, wie sie in Anlehnung an die Bestimmungen des BGB über die Geschäftsfähigkeit und der Prozessordnungen über die Prozessfähigkeit schon bisher Geltung auch für das Verwaltungsverfahrensrecht hatten, ist die Regelung **sinngemäß auch in sonstigen Fällen** anwendbar, für die ausdrückliche sonstige Rechtsvorschriften fehlen. Aus demselben Grund sind im Zweifel auch entsprechende Vorschriften über die Verfahrenshandlungsfähigkeit in anderen Gesetzen im Einklang damit auszulegen und Lücken darin daraus auszufüllen. 4

II. Handlungsfähigkeit im Einzelnen (Abs 1)

1. Geschäftsfähige natürliche Personen (Nr 1). Die nach bürgerlichem Recht voll Geschäftsfähigen (s §§ 2, 104 ff BGB) sind uneingeschränkt verfahrenshandlungsfähig (Nr 1), sofern sie nicht unter Pflegschaft (§§ 1910, 1911, 1913 BGB) stehen oder im Verfahren analog § 53 ZPO durch einen dafür be- 5

---

[6] Peschel-Gutzeit FamRZ 1993, 1009; Robbers DVBl 1987, 709; StBS 1.

[7] So bereits für das internationale Kollisionsrecht BVerwG NJW 1982, 539; Knack/Henneke 4.

[8] EuGHE 2004 I-9925 Rn 20 (Zhu und Chen) zum Recht eines Kleinkindes auf Freizügigkeit.

[9] Richtlinie 2005/85/EG des Rates v 1.12.2005 über Mindestnormen für Verfahren in den Mitgliedstaaten zur Zuerkennung und Aberkennung der Flüchtlingseigenschaft (ABl L 326 S 13; ABl L 175 v 2006 S 168.

stellten Pfleger (s unten Rn 17) vertreten werden. Nicht handlungsfähig nach Nr 1 ist der **Insolvenzschuldner** nach Eröffnung des Insolvenzverfahrens hinsichtlich des dem Insolvenzbeschlag unterliegenden Vermögens (§ 80 Abs 1 InsO).[10] Die Vertretung erfolgt insoweit durch den Insolvenzverwalter. Ist bei einer Person das **Geburtsdatum nicht sicher feststellbar,** so ist der spätestmögliche Zeitpunkt dafür anzunehmen. Ist zB nur das Geburtsjahr bekannt, so ist als Geburtstag entspr dem Schutzzweck der Vorschrift der 31.12. dieses Jahres anzunehmen (BVerwG DVBl 1985, 244; StBS 7).

Auch ein an sich voll Geschäftsfähiger kann für bestimmte einzelne Verfahren handlungsunfähig sein, wenn ihm gerade in diesen die Fähigkeit fehlt, sein Verhalten von vernunftgetragenen Erwägungen abhängig zu machen **(partielle Handlungsunfähigkeit).** Dies kann etwa der Fall sein bei gegenständlich begrenzten psychischen Störungen wie etwa traumatischen Komplexbildungen, Fällen schwerer Querulanz usw.[11] Bestehen Anhaltspunkte dafür, so muss die Handlungsfähigkeit von Amts wegen geprüft werden, zB durch die Einholung eines Sachverständigengutachtens. Ist der Betroffenen nicht bereit, sich zur Beseitigung begründeter Zweifel an seiner Handlungsfähigkeit sachverständig begutachten zu lassen, so geht die Unaufklärbarkeit zu seinen Lasten. Ist eine Person infolge des **Genusses von Alkohol oder Drogen** vorübergehend nicht in der Lage, den Inhalt eines VA zur Kenntnis zu nehmen, so ändert dies grundsätzlich nichts an der Wirksamkeit der Bekanntgabe ihm gegenüber, wenn er nach Beendigung dieses Zustandes wieder in den Normalzustand zurückkehrt.[12]

6 **2. Partiell Geschäftsfähige (Nr 2). a) Nach bürgerlichem Recht (1. Alt).** Die zB nach §§ 112f BGB beschränkt Geschäftsfähigen sind, soweit sie nach bürgerlichem Recht für den Gegenstand des Verfahrens als geschäftsfähig bzw handlungsfähig anerkannt sind, auch in solchen Verwaltungsverfahren handlungsfähig, die damit in Zusammenhang stehen (vgl zB BVerwG DVBl 1996, 1143 für Verpflichtungserklärungen eines minderjährigen Polizisten); **nicht als verfahrenshandlungsfähig** anzusehen sind für Verfahren in Dienstangelegenheiten minderjährige Polizeibeamte.[13] Die Ermächtigung nach §§ 112f BGB zum selbständigen Betrieb eines Erwerbsgeschäfts bzw zur Aufnahme eines Arbeitsverhältnisses begründet die Verfahrenshandlungsfähigkeit auch für damit unmittelbar zusammenhängende Verfahren nach öffentlichem Recht, auch zB im Ausländerrecht (BVerwG DÖV 1972, 797; MB 4). Dagegen begründet die **Erlaubnis des gesetzlichen Vertreters** analog § 107 BGB keine partielle Verfahrenshandlungsfähigkeit (BVerwG DVBl 1985, 244).

7 **b) Nach öffentlichem Recht (2. Alt).** Die nach bürgerlichem Recht beschränkt Geschäftsfähigen können auch aufgrund öffentlichen Rechts für bestimmte Gegenstände als verfahrenshandlungsfähig anerkannt sein (Nr 2, 2. Alt). Ob das öffentliche Recht einem beschränkt Geschäftsfähigen für einen bestimmten Bereich eine Handlungsfähigkeit und damit gem Abs 1 Nr 2 die Verfahrenshandlungsfähigkeit zuerkennt, ist im Zweifel durch Auslegung der in Frage stehenden Vorschriften festzustellen. Maßgebend sind dabei vor allem der Zweck der Regelungen, die in den betreffenden Angelegenheiten zu erwartende Einsichtsfähigkeit Minderjähriger usw, der Schutzzweck einer Beschränkung der Handlungsfähigkeit im Interesse und zugunsten des beschränkt Geschäftsfähigen

---

[10] BVerfGE 51, 405, 408 f; OLG Hamburg GmbHR 2011, 828, juris Rn 7.

[11] Vgl VGH Kassel NJW 1990, 403 zu krankhaften Wahnvorstellungen; VGH Mannheim, VwBlBW 1992, 474 zu Depressionen; Dinger/Koch, Querulanz in Gericht und Verwaltung, 1992.

[12] OVG Münster NWVBl 2010, 108 mwN.

[13] OVG Schleswig NVwZ-RR 1994, 485: auch nicht in Analogie zum Wehrpflichtrecht und unter dem Gesichtspunkt der Ausbildung auch nicht gem § 113 BGB.

und die Rechtssicherheit.[14] Der Wille des Gesetzgebers, abweichend vom allgemeinen Recht die Verfahrenshandlungsfähigkeit beschränkt Geschäftsfähiger zu begründen, muss im Gesetz hinreichenden Ausdruck finden. Dass ein Gesetz für die Betroffenen Pflichten oder Rechte begründet und dafür bestimmte Altersgrenzen festsetzt, genügt hierzu nicht.[15]

Einzelfälle: Nach öffentlichem Recht sind für den Gegenstand des Verfahrens 8
als handlungsfähig anerkannt zB in Verfahren zur **melderechtlichen Anmeldung** und Abmeldung im Melderegister nach den Meldegesetzen der meisten Bundesländer Minderjährige über 16 Jahre (VGH Mannheim NJW 1985, 2169); im Verfahren zur Erteilung der **Fahrerlaubnis** gem § 5 FeV (entspr § 7 StVZO aF) der Minderjährige über 16 Jahre (BVerwG BayVBl 1984, 58); bis zur Aussetzung der Wehrpflicht im Hinblick auf § 44 Abs 1 S 3 WPflG der **wehrpflichtige Minderjährige;**[16] in Anerkennungsverfahren für **Kriegsdienstverweigerer** gem § 2 Abs 4 KDVG der Minderjährige im Alter von 17,5 Jahren (BVerwGE 84, 50); im Verfahren zur Erlangung des **Jugendjagdscheins** gem § 16 BJagdG der Minderjährige ab 16 Jahre; Antrag auf Einsicht in Personenstandsurkunden (§ 62 Abs 1 S 3 PStG); hins des **Rundfunkempfangs** (VGH Mannheim DVBl 1995, 166). Für Verfahren in **Ausländersachen** sind geschäftsfähig und damit auch verfahrenshandlungsfähig gem § 80 AufenthG auch minderjährige Ausländer über 16 Jahre;[17] Entsprechendes gilt in **Asylangelegenheiten** gem § 12 AsylG[18] und für das **Einbürgerungsverfahren** nach § 8 Abs 1 StAnG. In Verfahren nach dem **SGB** besteht gem § 36 SGB I die allgemeine Handlungsfähigkeit bereits für Personen ab 15 Jahren.

Schüler über 14 Jahren werden als handlungsfähig angesehen hins der **Teil-** 8a
nahme am Religionsunterricht uä gem Art 4 Abs 1 GG, § 5 RelKErzG (Religionsmündigkeit);[19] ferner in einfachen **Schulangelegenheiten** und hins der Anhörung vor Verhängung einer Schulstrafe (VGH Mannheim NVwZ 1984, 808), ebenso bei **Zulassung zu Bibliotheken** (vgl OVG Bremen NordÖR 1998, 307 für Universitätsbibliothek), nach bremischem Recht **dagegen nicht** für Verfahren zur zwangsweisen **Durchsetzung der Schulpflicht** (OVG Bremen NordÖR 2004, 170). Umstritten ist die Handlungsfähigkeit Minderjähriger für Anfechtung von Prüfungsentscheidungen.[20]

c) Grundrechtsmündigkeit. Umstritten ist, ob die Verfahrenshandlungsfä- 9
higkeit darüber hinaus auch in allen sonstigen Fällen zu bejahen ist, in denen im Verfassungsrecht die Grundrechtsmündigkeit und als Folge davon die Legitimation zur Erhebung einer Verfassungsbeschwerde des Minderjährigen gegen die behördliche Maßnahme, um die es im Verfahren geht, anerkannt wird.[21] Richti-

---

[14] BVerwG NJW 1982, 539; OVG Berlin DÖV 1978, 770; Kunz NJW 1982, 2707.

[15] Vgl BVerwG DÖV 1982, 452; zT **aA** Kunz NJW 1982, 2707.

[16] BVerwGE 7, 67; BVerwG NJW 1982, 539; OVG Schleswig NVwZ-RR 1994, 485.

[17] Anders vor der Neuregelung des Ausländerrechts, vgl BVerwG NJW 1982, 539; OVG Berlin DÖV 1979, 522; OVG Hamburg DVBl 1982, 218; BayObLG DÖV 1979, 62; str **aA** insoweit BVerwG DÖV 1972, 797; KG Berlin NJW 1978, 2454, 2455; OVG Lüneburg DVBl 1982, 218; Kunz NJW 1982, 2707.

[18] Zur Vereinbarkeit mit Art 2 u 22 Abs 1 UN-Kinderrechtskonvention (BGBl II 1992, 121, 990) OVG Münster B v 22.5.2012, 5 A 609/11.A, juris.

[19] BVerwGE 141, 223 Rn 15; 68, 17; OVG Koblenz DÖV 1981, 586; KG Berlin NJW 1978, 2439; – in Bayern gem Art 137 Abs 1 BayVerf, Art 125 GG: über 18 Jahre; ebenso in Rheinland-Pfalz gem Art 35 Abs 1 RhPfVerf, vgl BVerwGE 68, 17.

[20] Verneinend Robbers DVBl 1987, 709; StBS 9: bloßes Anhörungsrecht; **aA** Obermayer/Funke-Kaiser 12.

[21] Ablehnend die hM: StBS 13; Knack/Henneke 3, 9; UL § 16 Rn 13; Robbers DVBl 1987, 713; Hohm NJW 1986, 3107. Wie hier dagegen Erichsen/Ehlers § 14 Rn 14. Vgl zur Prozessfähigkeit im verfassungsgerichtlichen Verfahren bei hinreichender Einsichtsfähigkeit BVerfGE 10, 306; 19, 100; 28, 254; BVerfG NJW 1984, 1025; MDH 9 ff zu Art 19

gerweise wird man über die ausdrücklich geregelten Fälle einer Handlungsfähigkeit Minderjähriger hinaus, ggf in Analogie zu den geregelten Fällen, im Lichte der verfassungsrechtlichen Grundrechtsmündigkeit weitere Fälle vorverlagerter Handlungsfähigkeit bereichsspezifisch annehmen können. Als handlungsfähig ist zB ein Schüler ab dem 14. Lebensjahr hins der Redaktion und Mitarbeit an einer **Schülerzeitung** – nicht auch hins der mit der Herausgabe verbundenen geschäftlichen Tätigkeit – anzusehen (Jarass DÖV 1983, 610).

10 **Entsprechendes gilt** aufgrund besonderer Vorschriften bzw, soweit solche fehlen, unmittelbar als Folgerung aus Art 1, Art 2 Abs 1 bzw 2 GG, in Verfahren zur Abwehr oder Aufhebung einer **Freiheitsentziehung**[22] oder sonstiger schwerer Eingriffe in die Persönlichkeitssphäre,[23] insb auch von Eingriffen in die freie Selbstbestimmung in Angelegenheiten, die eine höchstpersönliche Wertentscheidung berühren oder erfordern.[24] Auch wenn man in diesen Fällen entgegen der hier vertretenen Auffassung die Verfahrenshandlungsfähigkeit ablehnt, sind die Betroffenen von der Behörde zumindest persönlich zu hören (BVerwG NVwZ-RR 1990, 441; StBS 9; s auch oben Rn 3); dies auch dann, wenn sie im Verfahren durch gesetzliche Vertreter, Betreuer oder Pfleger vertreten werden.

11 **d) Handlungsfähigkeit in Not- und Eilfällen. Umstritten** ist, ob die Verfahrenshandlungsfähigkeit Minderjähriger, Geisteskranker usw im Hinblick auf das verfassungsrechtliche Gebot der Effizienz staatlichen Handelns trotz Fehlens gesetzlicher Regelungen in Fällen anzuerkennen ist, in denen die Erfüllung übergeordneter öffentlicher Aufgaben, insb die Erfüllung wichtiger und unverzichtbarer staatsbürgerlicher oder ordnungsrechtlicher Pflichten dies zwingend erfordert und der gesetzliche Vertreter nicht oder nicht rechtzeitig am Verfahren teilnehmen bzw zum Verfahren zugezogen werden kann. Dies wird teilweise dann angenommen, wenn die Minderjährigen über die erforderliche Einsichtsfähigkeit verfügen (vgl OVG Lüneburg DVBl 1982, 218; MB 1). Die Frage ist richtigerweise zu verneinen. Die Polizeigesetze enthalten für solche Fälle, zB bei unaufschiebbaren **Maßnahmen gegen minderjährige Störer,** ausreichende Möglichkeiten, um auch gegenüber Handlungsunfähigen die erforderlichen Maßnahmen zu treffen.[25] Dringend erforderliche Maßnahmen sind uU im Wege der unmittelbaren Ausführung zu treffen. Zur Bekanntgabe gegenüber Minderjährigen s § 41 Rn 29.

12 **e) Verhältnis zum gesetzlichen Vertreter.** Der beschränkt Geschäftsfähige ist in den Fällen des Abs 1 Nr 2 für das (konkrete) Verfahren selbst verfahrenshandlungsfähig. Statt seiner oder neben ihm bleibt jedoch **auch der gesetzliche Vertreter zum Handeln für ihn befugt,** soweit gesetzlich nichts anderes bestimmt ist oder sich aus dem Zweck der Regelungen ergibt, aus denen die

---

Abs 3 GG; MS 35 zu § 90 BVerfGG; Zuck, Das Recht der Verfassungsbeschwerde, 3. Aufl 2006, Rn 655 ff; Fehnemann, Die Innehabung und Wahrnehmung von Grundrechten im Kindesalter, 1983; v Mutius Jura 1987, 272; 1987, 110 Fn 9.

[22] BVerwGE 25, 38; BayObLG MDR 1987, 312; OVG Berlin NJW 1973, 368; vgl auch BVerfGE 10, 304; NJW 1960, 811; OVG Lüneburg DVBl 1982, 218; Dodegge NJW 1987, 1911; Kunz NJW 1982, 2707.

[23] OVG Lüneburg DVBl 1982, 218; vgl auch BGHZ 35, 12; JZ 1978, 312: Beschwerderecht des prozessunfähigen Pflegebefohlenen gegen die Anordnung der Pflegschaft bzw gegen die Ablehnung ihrer Aufhebung; zu Verfahren, die Maßnahmen betreffen, die wegen des Geisteszustandes eines Geistesgestörten angeordnet werden, auch BGH NJW 1982, 2451; BayVerfGH 27, 125.

[24] OVG Lüneburg DVBl 1982, 218; vgl auch BayObLG BayVBl 1985, 249.

[25] VGH München NJW 1984, 2846; Obermayer/Funke-Kaiser 13; Robbers DVBl 1987, 713; Knack/Henneke 19; die dies als Folgerung aus der polizei- und ordnungsrechtlichen Verantwortlichkeit des Störers ableiten.

Handlungsfähigkeit abzuleiten ist.[26] Die Behörden sind insoweit grundsätzlich als verpflichtet anzusehen, in analoger Anwendung von § 14 Abs 3 S 3 den gesetzlichen Vertreter von der Anhängigkeit des Verfahrens wie auch von ihren Verfahrenshandlungen gegenüber dem beschränkt Geschäftsfähigen zu verständigen (str), uU, wenn ein gesetzlicher Vertreter fehlt, dem Betroffenen Gelegenheit zu geben, für die Bestellung eines solchen zu sorgen bzw selbst die dafür notwendigen Schritte einzuleiten oder anzuregen (vgl BGH NJW 1990, 1736).

3. Vertreter und Beauftragte juristischer Personen und Vereinigungen (Nr 3). Juristische Personen des öffentlichen Rechts, zB die Bundesrepublik Deutschland, die Bundesländer, Gemeinden und Kreise sowie andere Körperschaften des öffentlichen Rechts (Sozialversicherungsträger, berufsständische Kammern usw) handeln durch ihre vertretungsberechtigten Organe bzw Behörden. **Juristische Personen des Privatrechts** (AG, GmbH, rechtsfähige Vereine) sind ebenfalls als solche nicht verfahrenshandlungsfähig, sondern werden gem § 12 Abs 1 Nr 3 im Verfahren durch ihre gesetzlichen Vertreter (Organe) oder durch besonders Beauftragte vertreten **(organschaftliche Vertretung).** Wer gesetzlicher Vertreter oder besonders Beauftragter ist, ergibt sich aus dem maßgeblichen materiellen Recht (GG, Landesverfassungen, Gemeinde- Kreisordnungen, den Kammergesetzen, für die juristischen Personen des Privatrechts aus AktG, BGB, HGB usw, ggf iVm Satzungen). **Nichtrechtsfähige Personenvereinigungen** handeln, soweit sie nach § 11 beteiligungsfähig sind (Gesellschaften des BGB, nichtrechtsfähige Vereine usw; vgl im einzelnen § 11 Rn 5 ff), durch die nach den maßgeblichen vertraglichen Vereinbarungen vertretungsberechtigten Personen. Insoweit ist aber zu verlangen, dass die Vertretungsbefugnis „an nach außen leicht erkennbare Umstände" anknüpfen muss (BVerwG NVwZ 2016, 546); ist dies nicht der Fall, müssen alle Mitglieder gemeinsam handeln oder es muss im Namen aller Mitglieder gehandelt werden. 13

Vgl zur **Beschränkung der Vertretungsbefugnis** im Gemeinderecht durch besondere Erfordernisse und Formvorschriften LG Stuttgart NVwZ 1982, 57; zur Duldungsvollmacht s Rn 24 f. Die organschaftliche Vertretung iS von § 12 Abs 1 Nr 3 ist von der gewillkürten Vertretung gem § 14 zu unterscheiden;[27] auch „Beauftragte" iS von Abs 1 Nr 4 dürfen nicht mit Bevollmächtigten verwechselt werden. Zur Vertretung ausländischer juristischer Personen vgl BGH NJW 1990, 3088. Die Vorschrift ist auch auf Wohnungseigentumsgemeinschaften, die kraft Amtes durch ihren Verwalter vertreten werden, anwendbar (OVG Lüneburg BauR 1986, 684). **Fehlt ein gesetzlicher Vertreter** oder besonders Beauftragter, so muss die Behörde, wenn sie das Verfahren mit der betroffenen Körperschaft gleichwohl durchführen will, ggf auf die Bestellung eines Vertreters hinwirken. 13a

4. Leiter, Vertreter und Beauftragte von Behörden (Nr 4). Behörden sind nicht selbst verfahrenshandlungsfähig, sondern werden gem Nr 4 im Verfahren durch den **Behördenleiter,** dessen Vertreter oder durch **besondere Beauftragte** vertreten. Maßgeblich sind die organisatorischen Vorschriften (insb Geschäftsverteilungspläne uä), welche die Vertretung allgemein sowie die Stellung des Behördenleiters und seine ständige allgemeine oder spezielle Vertretung regeln (UL § 16 Rn 15; vgl WBS I § 35 Rn 7). Die Bundesrepublik wird idR durch den zuständigen Bundesminister (vgl BVerwGE 52, 228; Müller NJW 1983, 598), Parlamente durch ihre Präsidenten vertreten (vgl VGH München BayVBl 1981, 211). 14

Wie bei Abs 1 Nr 3 ist auch bei Abs 1 Nr 4 die (hier allein gemeinte) **organschaftliche Vertretung** von einer bloßen Bevollmächtigung gem § 14 zu un- 14a

---

[26] UL § 16 Rn 14; vgl auch BVerwG 35, 247; 68, 17; BGHZ 35, 12; NJW 1978, 992; **aA** MB 4.

[27] Vgl UL § 16 Rn 1; Knack/Henneke 14.

terscheiden (Begr 43). Die organschaftliche Vertretung betrifft nicht nur den Einzelfall, sondern ist typischerweise Ausdruck einer bestimmten Stellung innerhalb der Behörde und eines bestimmten Aufgabenbereichs, zu dem die Vertretung nach außen im Rahmen der Aufgabenerledigung gehören muss. Die bloße **Zeichnungsbefugnis** einzelner Amtsträger umfasst im Zweifel keine organschaftliche Vertretungsmacht iS von Nr 4.

III. Handlungsfähigkeit Betreuter (Abs 2)

15 **1. Allgemeines.** Die Regelung in Abs 2 wurde durch das Betreuungsgesetz v 12.9.1990 (BGBl I 2002) eingefügt. Mit dem Betreuungsgesetz wurde das Rechtsinstitut der Betreuung an die Stelle der früher vorgesehenen Vormundschaft über Volljährige und der in § 1910 BGB geregelten Gebrechlichkeitspflegschaft gesetzt. Voraussetzung für die Anwendung des Abs 2 ist, dass das Gericht eine Betreuung einrichtet und eine Person zum Betreuer bestellt hat.[28] Mit der Betreuung ist zugleich der Aufgabenkreis des Betreuers festzulegen (§ 286 Abs 1 Nr 1 FamFG).

15a **2. Grundzüge der Regelung.** Betreute iS von § 1903 BGB bleiben nach Abs 2 – anders als dies bis 1992 für Entmündigte galt – im Verwaltungsverfahren **grundsätzlich handlungsfähig.** Fällt aber die Angelegenheit, um die es im Verfahren geht, in den Bereich der Betreuung, so **kann** der Betreuer **das Verfahren an sich ziehen** mit der Folge, dass der Betreute von diesem Zeitpunkt an einer prozessunfähigen Person gleichgestellt ist. Dadurch soll verhindert werden, dass die Verfahrenshandlungen von Betreuer und Betreuten einander widersprechen. Die bis zu diesem Zeitpunkt durch den Betreuten oder diesem gegenüber vorgenommenen Verfahrenshandlungen bleiben wirksam (StBS 22; UL § 16 Rn 6).

16 **3. Einwilligungsvorbehalt.** Fällt der Gegenstand des Verfahrens unter einen vom Gericht besonders angeordneten Einwilligungsvorbehalt (§ 1903 Abs 1 BGB), dann kann der Betreute unabhängig davon, ob sich der Betreuer eingeschaltet, nur insoweit Verfahrenshandlungen vornehmen, als er nach den Vorschriften des bürgerlichen Rechts, zB §§ 112f BGB, ohne Einwilligung des Betreuers handeln kann oder er durch Vorschriften des öffentlichen Rechts trotz Bestehens eines Betreuungsverhältnisses als handlungsfähig anerkannt ist. Damit wird der Betreute in diesem Bereich faktisch wie ein beschränkt Geschäftsfähiger behandelt (StBS 23). Der dem Betreuten insoweit verbleibende Handlungsbereich dürfte gering sein (Obermayer 54; UL § 16 Rn 6).

IV. Entsprechende Anwendung der §§ 53 und 55 ZPO (Abs 3)

17 **1. Allgemeines.** Abs 3 bestimmt, dass die §§ 53 und 55 ZPO im Verwaltungsverfahren entsprechend anwendbar sind. Die Vorschrift regelt damit zwei Fälle. Die entsprechende Anwendbarkeit des § 55 ZPO führt zu einer Verfahrenshandlungsfähigkeit auch solcher Ausländer, die nach dem Recht ihres Heimatstaats nicht selbst handlungsfähig sind. Die entsprechende Anwendbarkeit des § 53 ZPO erfasst den Fall, dass ein Pfleger bzw Betreuer nach § 53 ZPO das Verwaltungsverfahren tatsächlich an sich zieht, also im Verfahren für den Betreuten auftritt, sei es, dass er das Verfahren positiv betreibt, sei es, dass er die Führung bzw Weiterführung des Verfahrens ablehnt.[29] Ziel dieser Regelung ist es, im Verwaltungsverfahren (wie im Prozessrecht) einander widersprechende Erklärungen bzw Verfahrenshandlungen von Betreuer und Betreutem zu vermeiden.

---

[28] Voraussetzung für eine derartige Anordnung des Vormundschaftsgerichts ist gem § 1896 BGB, dass der Betroffene an einer psychischen Krankheit oder an einer körperlichen, geistigen oder seelischen Behinderung leidet.

[29] Für das Prozessrecht VGH München BayVBl 1989, 52; LSG NW MDR 1985, 701; **aA** wohl Obermayer/Funke-Kaiser 84.

17a **2. Anwendungsbereich.** Die Regelung des Abs 3 betrifft nur **Ausländer im Falle fehlender Handlungsfähigkeit nach dem Recht ihres Heimatstaats** (§ 55 ZPO) und Fälle der **Pflegschaft bzw der Betreuung** (§ 53 ZPO). Sie trifft insbesondere keine Aussage über das Verhältnis von beschränkt Handlungsfähigen und ihren gesetzlichen Vertretern. Die Regelung des § 53 ZPO ist nach Abs 3 entsprechend nur anwendbar, wenn und solange für den Betroffenen eine Betreuung oder eine Pflegschaft eingerichtet worden ist, das Verwaltungsverfahren den Aufgabenbereich der Betreuung bzw Pflegschaft berührt und der Betreuer bzw Pfleger sich tatsächlich in das Verfahren einschaltet, es also an sich zieht. Dies muss durch entsprechende Erklärungen eindeutig zum Ausdruck gebracht werden. Anderenfalls verbleibt es bei den Regelungen des Abs 2.

18 **3. Folgen.** Gem Abs 3 sind die **Vorschriften der ZPO über die Prozessfähigkeit** von Personen, die im Prozess von einem **Betreuer oder Pfleger** vertreten werden (§ 53 ZPO), sowie über die Prozessfähigkeit von Ausländern (§ 55 ZPO) auch im Verwaltungsverfahren sinngemäß anzuwenden. Vgl zur Frage einer entsprechenden Anwendung auch von § 57 ZPO auch VGH Mannheim VBlBW 1990, 135. **Personen, für die ein Betreuer** für den Gegenstand des Verfahrens gem § 1903 BGB (s oben Rn 15) **oder ein Pfleger** gem den §§ 1911, 1913, 1914 oder 1916 BGB bestellt ist, sind an sich nicht geschäftsunfähig und damit auch nicht verfahrenshandlungsunfähig; nach § 53 ZPO sind sie jedoch für Verfahren, auf die sich die Bestellung des Pflegers bezieht, verfahrenshandlungsunfähigen Personen gleichgestellt. Für **Ausländer** gilt grds, dass sie handlungsfähig sind, wenn sie nach dem Recht ihres Heimatstaates geschäftsfähig sind (vgl Art 7 EGBGB). Darüber hinaus erweitert § 55 ZPO ihre Prozessfähigkeit und entsprechend ihre Handlungsfähigkeit im Verwaltungsverfahren auch auf die Fälle, in denen der Ausländer zwar nicht nach seinem Heimatrecht, jedoch ein Deutscher in gleicher Situation prozessfähig wäre.[30] Der Ausländer kann das Verfahren dann allein führen; ein im Ausland bestellter Vormund kann ggf nicht als gesetzlicher Vertreter, sondern nur im Einverständnis des Betroffenen als Bevollmächtigter oder Beistand (§ 14) auftreten.[31]

V. Vorgehen bei fehlender Verfahrenshandlungsfähigkeit; Heilung

19 **1. Zweifel am Vorliegen der Verfahrenshandlungsfähigkeit.** Die Verfahrenshandlungsfähigkeit ist wie die Beteiligungsfähigkeit (s § 11 Rn 15) in jedem Stadium des Verfahrens **von Amts wegen zu prüfen** (BVerwG DVBl 1986, 146; StBS 3; UL § 16 Rn 16). Fehlt die Verfahrenshandlungsfähigkeit, so ist in Antragsverfahren der Antrag unzulässig; in amtswegigen Verfahren muss die Behörde nach Wegen suchen, die Handlungsfähigkeit herbeizuführen, etwa indem sie sich an den gesetzlichen Vertreter des handlungsunfähigen Betroffenen wendet oder indem sie den Eintritt bzw die Wiederherstellung der Handlungsfähigkeit abwartet.

20 **Im Streit um die Frage** der Verfahrenshandlungsfähigkeit sind auch (möglicherweise) Handlungsunfähige **als verfahrenshandlungsfähig zu behandeln;**[32] ebenso für Rechtsbehelfe, mit denen er sich gegen Entscheidungen der Behörde wendet, bei denen diese nach seiner Auffassung zu Unrecht von fehlen-

[30] Vgl BVerwG DÖV 1972, 797; NJW 1982, 539; OVG Hamburg InfAuslR 2011, 256, juris Rn 10; OVG Lüneburg DVBl 1982, 218; VG Darmstadt m Anm v Mangoldt StAZ 1984, 45 – zum Erwerb der deutschen Staatsangehörigkeit durch einen von einem Deutschen angenommenen minderjährigen Ausländer; UL § 16 Rn 8.

[31] Vgl zB Musielak, ZPO, 9. Aufl 2012 § 55 Rn 2.

[32] BGH NJW 1986, 1358; StBS 5, UL § 16 Rn 16; Knack/Henneke 21; vgl auch zum Prozessrecht BVerwGE 30, 26; Berlin DÖV 1974, 320; OLG Hamm JurBüro 1982, 606; Kopp/Schenke § 62 Rn 11 mwN.

der oder bestehender Handlungsfähigkeit ausgegangen ist (vgl BGH NJW 1990, 734). Zweifel hinsichtlich der Handlungsfähigkeit gehen zu Lasten desjenigen, der daraus für sich günstige Rechtsfolgen herleitet (BVerwG NJW 1994, 2634). Grundsätzlich ist daher jeder Beteiligte **für die eigene Verfahrenshandlungsfähigkeit beweispflichtig.**[33] Umgekehrt ist derjenige, der Geschäftsunfähigkeit geltend macht, hierfür beweispflichtig (BVerwG NJW 1994, 2634). Vgl zum Nachweis durch Vorlage eines ärztlichen Attests auch BGH NJW 1990, 1734.

21 **2. Vertretung Handlungsunfähiger. a) Natürliche Personen.** Zur Vertretung nicht selbst verfahrenshandlungsfähiger natürlicher Personen ist der gesetzliche Vertreter berufen. Für Minderjährige handeln gem § 1629 BGB grundsätzlich beide Eltern gemeinsam, wenn nicht das Vertretungsrecht auf einen Elternteil übertragen ist (§ 16 Rn 6; F 181 ff; s auch VG Berlin FamRZ 1981, 87). Ist ein Vertreter nicht vorhanden, so muss die Behörde bei einem Verfahren gegen einen nicht verfahrenshandlungsfähigen Beteiligten in entspr Anwendung von § 16 iVm § 57 ZPO für die Bestellung eines besonderen Vertreters durch das Familiengericht Sorge tragen (ebenso MB 2 unter Hinweis auf § 29 BGB).

22 **Umstritten ist,** ob die Bestellung eines besonderen Vertreters durch die Behörde auch in anderen Fällen zulässig und geboten ist. Dies dürfte aber im Hinblick auf den Zweck des VwVfG zu bejahen sein (Kopp/Schenke § 62 Rn 12; **aA** zum Prozessrecht BVerwGE 23, 36: keine allgemeine Verpflichtung, nur ausnahmsweise entspr Anwendung des § 57 ZPO, zB wenn ein hilfsbedürftiger Geisteskranker auf Leistungen klagt, die gerade im Hinblick auf seinen Zustand in Betracht kommen, der auch die Prozessunfähigkeit bedingt).

22a Ist ein gesetzlicher Vertreter zwar vorhanden, jedoch verhindert, ist unter den Voraussetzungen des § 1901 Abs 1 BGB ein **Ergänzungspfleger** zu bestellen, wenn hierfür ein Bedürfnis besteht. Das Fehlen besonderer Sachkunde des Vertreters für den betreffenden Verfahrensgegenstand führt idR nicht zur Verhinderung iSd § 1901 Abs 1 BGB (str; vgl OLG Karlsruhe NJW-RR 2012, 705, 707; OVG Münster B v 22.5.2012, 5 A 609/11.A, juris). Ein Bedürfnis für eine Ergänzungspflegschaft besteht nicht, wenn der Betreffende für das jeweilige Verfahren handlungsfähig ist. Dies gilt zB für minderjährige Asylbewerber, auch vor dem Hintergrund d Art 3 Abs 1 und 16 Abs 1 UN-Kinderrechtskonvention.[34]

23 **Der Handlungsunfähige selbst** ist (wie gem § 62 VwGO, § 51 ZPO im Prozessrecht) für das Verfahren auch dann nicht als verfahrenshandlungsfähig anzusehen, wenn und soweit er **mit Zustimmung des gesetzlichen Vertreters** handelt;[35] anders, wenn die Voraussetzungen der §§ 112 f BGB (selbständiger Betrieb eines Erwerbsgeschäfts oder Arbeitsverhältnis) erfüllt sind (vgl BVerwG DÖV 1972, 797; s dazu auch oben Rn 6). Zur **Heilung** des Mangels fehlender Verfahrenshandlungsfähigkeit durch nachträgliche Genehmigung durch den gesetzlichen Vertreter bzw durch den selbst handlungsfähig gewordenen Beteiligten s unten Rn 26.

24 **b) Juristische Personen.** Für juristische Personen handelt der gesetzliche Vertreter, Vorstand oder besonders Beauftragte (VGH Kassel NVwZ 1986, 310). Die Verletzung rein interner Beschränkungen der Vertretungsmacht ist unerheblich. Fehlt aber die Vertretungsbefugnis oder überschreitet der Vertreter bzw besonders Bevollmächtigte einer juristischen Person bzw Vereinigung seine Ver-

---

[33] BVerwG DVBl 1986, 146; VGH München BayVBl 1984, 757; vgl auch BVerwG NJW 1994, 2634; zT **aA** Reinicke, in: Lukes-FS 1990, 757.

[34] Übereinkommen über die Rechte des Kindes, BGBl II 1992, 121, 990; hierzu OLG Karlsruhe NJW-RR 2012, 705, 707 u NJW-RR 2011, 733; krit Rieger/Bender JAmt 2011, 359.

[35] BVerwG DVBl 1985, 244; Buchh 402.24 § 10 AuslG Nr 27; OVG Lüneburg DVBl 1982, 218; vgl zur Heilung wegen fehlender Handlungsfähigkeit fehlerhafter Verfahrenshandlungen durch spätere Genehmigung des gesetzlichen Vertreters Rn 26.

tretungsmacht, so wirken seine Verfahrenshandlungen (das gleiche gilt grundsätzlich auch für sonstige Handlungen) grundsätzlich nicht für oder gegen die juristische Person oder Vereinigung, sondern lösen nur Rechtsfolgen entspr § 177 BGB aus;[36] **anders** bei juristischen Personen und Personenvereinigungen des Privatrechts, wenn es nach den Grundsätzen über die **Duldungs- und Anscheinsvollmacht** gegen Treu und Glauben verstoßen würde, sich auf den Mangel der Vertretungsmacht zu berufen.[37]

Die Grundsätze über die Duldungs- und Anscheinsvollmacht sind bei juristischen Personen und Personenvereinigungen des öffentlichen Rechts nach der Rspr dann **nicht anwendbar,** wenn die Vertretung durch Rechtsvorschriften (Gesetz, Rechtsverordnung oder Satzung, vgl BGH MDR 1978, 388) abschließend und aus Gründen des öffentlichen Interesses zwingend geregelt, zB an die Zustimmung eines anderen Organs gebunden ist.[38] In diesem Fall haftet die juristische Person bzw Vereinigung aber für dadurch verursachten Schaden, wenn die zuständigen Organe es zu vertreten haben, dass der Anschein einer entsprechenden Befugnis, für sie zu handeln, entstanden ist (BGHZ 21, 65; 40, 204). Entsprechendes gilt für **Handlungen außerhalb des gesetzlichen Aufgabenbereichs** („ultra vires") einer juristischen Person oder Vereinigung des öffentlichen Rechts.[39] Allg zur **Haftung** öffentlich-rechtlicher Körperschaften für die Handlungen ihrer Vertreter vgl OVG Hamburg NVwZ 1982, 448. 25

c) Behörden. Die Vertretung von Behörden erfolgt durch ihren Leiter als den „geborenen" Vertreter oder dessen Vertreter. Darüber hinaus können Beauftragte die Behörde vertreten. Als Beauftragte lassen sich nicht nur diejenigen Bediensteten auffassen, die vom Leiter der Behörde im Einzelfall zur Vertretung der Behörde herangezogen und mit einem entsprechenden Auftrag versehen worden sind. Vielmehr wird man allgemein auch diejenigen Bediensteten unabhängig von ihrer dienstrechtlichen Stellung als Beauftragte ansehen dürfen, zu deren allgemeinen Aufgabenbereich die Vertretung der Behörde in einem oder mehreren bestimmten Sachbereichen gehört (ebenso StBS 18). 25a

3. Heilung fehlerhafter Verfahrenshandlungen. Der Mangel der Verfahrenshandlungsfähigkeit kann – ähnlich wie der Mangel einer gewillkürten Bevollmächtigung (vgl § 14 Rn 21) – mit Wirkung ex tunc dadurch geheilt werden, dass der gesetzliche Vertreter, Betreuer oder Pfleger die von oder gegenüber dem Handlungsunfähigen vorgenommenen Verfahrenshandlungen ausdrücklich oder durch schlüssiges Verhalten genehmigt.[40] Dies kann auch noch nach Einlegung von Rechtsbehelfen geschehen, kann aber nicht schon in der Durchführung eines Rechtsbehelfsverfahrens gesehen werden. Auch allein die Kenntnisnahme eines an den Verfahrensunfähigen zugestellten VA durch den Betreuer reicht nicht (VGH Mannheim InfAuslR 2011, 114). Eine Heilung erfolgt außerdem auch, wenn der ursprünglich Handlungsunfähige selbst nach **Eintritt der** 26

---

[36] Vgl BGH MDR 1978, 389 mwN; s auch 2f zu § 11; **aA** bei Bestehen einer Duldungsvollmacht für die Entgegennahme von Zustellungen VGH München BayVBl 1982, 214: die Behörde muß die Zustellung gegen sich gelten lassen; kritisch dazu Lienhart BayVBl 1982, 219; vgl auch Palandt 4dbb zu § 173 BGB: Duldungsvollmacht, soweit dadurch nicht im öffentlichen Interesse bestehende Zuständigkeitsregelungen, Genehmigungserfordernisse oder Formvorschriften ausgeschaltet werden.

[37] Vgl BGHZ 21, 65; 32, 381; 40, 204; LG Stuttgart NVwZ 1982, 57.

[38] BGH MDR 1978, 388; WBSK I § 35 Rn 14; BGH DVBl 1972, 778; MDR 1978, 388; BayObLG VRspr 24, 1003.

[39] So im Ergebnis, jedoch zT mit abw Begründung, auch BVerwG 34, 69; BGHZ 20, 119; WBS I § 35 Rn 13; vgl auch VGH Mannheim DÖV 1973, 65.

[40] UL § 16 Rn 20; Obermayer/Funke-Kaiser 71; Schnell, Der Antrag im Verwaltungsverfahren, 1986, 54; MB 1; WB III § 156 IIIc; Knack/Henneke 23; Krause VerwArch 1970, 318; vgl auch BVerwG Buchh 402.24 § 10 AuslG Nr 27; OVG Lüneburg DVBl 1982, 218; OVG Schleswig NVwZ-RR 1994, 484.

Handlungsfähigkeit nunmehr selbst seine frühere Handlung genehmigt oder das Verfahren fortführt, ohne sich auf die Fehlerhaftigkeit seiner früheren Verfahrenshandlungen zu berufen oder daraus sonst Folgerungen zu ziehen (VGH Kassel VwRspr 11, 1035; Obermayer 14; Knack/Henneke 23). In der bloßen Entgegennahme einer Zustellung oder Bekanntgabe eines VA durch den gesetzlichen Vertreter, Betreuer oder Pfleger kann im Zweifel eine Genehmigung nicht gesehen werden (Knack/Henneke 23).

27 **4. Entscheidung bei fehlender Verfahrenshandlungsfähigkeit.** Bei fehlender Verfahrenshandlungsfähigkeit des (nicht durch einen gesetzlichen Vertreter oder Pfleger usw vertretenen) Antragstellers kann die Behörde **das Verfahren nicht durchführen,** sondern muss, wenn der Mangel nicht behoben werden kann bzw wird, den Antrag (als unzulässig) ablehnen (Knack/Henneke 22). Dies hindert jedoch die Behörde nicht, den verfahrenshandlungsunfähigen Antragsteller Verfahrenskosten aufzuerlegen (Knack/Henneke 22; Krause VerwArch 1970, 316). Kann der Mangel behoben werden, so muss die Behörde grundsätzlich das Verfahren bis zur Bestellung eines gesetzlichen Vertreters, Pflegers bzw Betreuers (bzw besonders Beauftragten), Betreuers mit Vertretungsmacht (vgl § 1902 BGB), bzw Pflegers oder auch eines besonderen Vertreters nach § 16 (s oben Rn 21) aussetzen. Entsprechendes gilt bei Verfahrenshandlungsunfähigkeit desjenigen, an den die Behörde einen VA richten will oder gerichtet hat, oder eines notwendigen Beigeladenen. Zwar kann ein Handlungsunfähiger Adressat eines VA sein; eine wirksame Bekanntgabe kann indes nur an den gesetzlichen Vertreter erfolgen.

28 **5. Rechtsfolgen. VAe,** die aufgrund eines Verfahrens ergangen sind, in dem ein Beteiligter nicht verfahrenshandlungsfähig war, sind **fehlerhaft,** jedoch idR nicht nichtig, sofern sie jedenfalls dem gesetzlichen Vertreter bekanntgegeben wurden (s oben Rn 20; anders zur Zustellung BVerwGE 23, 15; DÖV 1985, 407). Eine Bekanntgabe bzw die Zustellung von VAen an Personen ohne Handlungsfähigkeit ist grundsätzlich nicht möglich (BVerwG NJW 1966, 1883; OVG Schleswig NVwZ-RR 1994, 484). Eine **Heilung** ist durch Beteiligung des gesetzlichen Vertreters oder durch Genehmigung der Verfahrenshandlungen des Verfahrenshandlungsunfähigen durch seinen gesetzlichen Vertreter oder durch den Handelnden selbst nach Eintritt der Handlungsfähigkeit möglich (StBS 5; Knack/Henneke 23; Obermayer/Funke-Kaiser 71). **Anwendbar ist § 45** (s § 45 Rn 23f); **nicht** dagegen § 46, da es sich nicht nur um einen Verfahrens- oder Formfehler handelt. **Verträge,** die ein Verfahrenshandlungsunfähiger abgeschlossen hat, sind nichtig (UL § 16 Rn 19).

§ 13 Beteiligte

(1) **Beteiligte**[7] **sind**

1. **Antragsteller**[17] **und Antragsgegner,**[19]
2. **diejenigen, an die die Behörde den Verwaltungsakt richten will oder gerichtet hat,**[21]
3. **diejenigen, mit denen die Behörde einen öffentlich-rechtlichen Vertrag schließen will oder geschlossen hat,**[22]
4. **diejenigen, die nach Absatz 2 von der Behörde zu dem Verfahren hinzugezogen worden sind.**[23]

(2) **Die Behörde kann von Amts wegen oder auf Antrag diejenigen, deren rechtliche Interessen durch den Ausgang des Verfahrens berührt werden können, als Beteiligte hinzuziehen.**[34] **Hat der Ausgang des Verfahrens rechtsgestaltende Wirkung für einen Dritten, so ist dieser auf Antrag als Beteiligter zu dem Verfahren hinzuzuziehen;**[39] **soweit er der Behörde bekannt ist, hat diese ihn von der Einleitung des Verfahrens zu benachrichtigen.**

(3) **Wer anzuhören ist, ohne dass die Voraussetzungen des Absatzes 1 vorliegen, wird dadurch nicht Beteiligter.**[54 ff]

Parallelvorschriften: § 12 SGB-X; § 78 AO; § 63 VwGO; s auch §§ 359, 360 AO

Schrifttum: *Alpert,* Zur Beteiligung am Verwaltungsverfahren nach dem VwVfG des Bundes: Die Beteiligtenstellung des § 13 Abs 1 VwVfG, 1999; *Bauer,* Die notwendige Hinzuziehung nach § 13 Abs 2 S 2 VwVfG, 1996; *Benkel,* Die Verfahrensbeteiligung Dritter, 1996; *Broß,* Überlegungen zur Stellung der Beteiligten im (fern-)straßenrechtlichen Planfeststellungsverfahren, DÖV 1985, 513; *Deppen,* Beteiligungsrechte des Bürgers im Planfeststellungsverfahren auf der Grundlage des VwVfG, 1982; *Hauth,* Besteht ein Rechtsanspruch des Bauherrn auf Beteiligung des Nachbarn im Baugenehmigungsverfahren LKV 1995, 387; *Herbert,* § 29 Abs 1 BNatSchG, Verfahrensbeteiligung als „formelles" oder „materielles" subjektives Recht, NuR 1994, 218; *Horn,* Das Anhörungsrecht des mit Drittwirkung Betroffenen nach § 28 VwVfG, DÖV 1987, 20; *Jäde,* Die Beteiligung des Bauherrn am nachbarlichen Widerspruchsverfahren, APF 1980, 309; *Kniesel,* Adressatenfrage im Versammlungsrecht, 1992; *Kollmer,* Die verfahrensrechtliche Stellung der Beteiligten nach dem UVPG, NVwZ 1994, 1057; *Kopp,* Der Beteiligtenbegriff des Verwaltungsrechts, in: Boorberg-FS 1977, 159; *ders,* Beteiligung, Rechts- und Rechtsschutzpositionen im Verwaltungsverfahren, in: BVerwG-FS 1978, 387; *ders,* Mittelbare Betroffenheit im Verwaltungsverfahren und Verwaltungsprozess, DÖV 1980, 504; *ders,* Beteiligung und Rechtsschutz der Länder in Planfeststellungsverfahren des Bundes (zu BVerwGE 82, 17), NuR 1991, 449; *Northoff,* Beteiligung des Kreises an Aufsichtsentscheidungen, NVwZ 1990, 141; *Raeschke-Kessler/Eilers,* Die grundrechtliche Dimension des Beteiligungsgebots in § 13 II VwVfG – Zur Verfahrensbeteiligung als Grundrechtssicherung, NVwZ 1988, 37; *Redeker,* Grundgesetzliche Rechte auf Verfahrensteilhabe, NJW 1980, 1593; *Ress* (Hg), Grenzüberschreitende Verfahrensbeteiligung im Umweltschutz der Mitgliedstaaten der Europäischen Gemeinschaften, 1985; *Schmitt,* Notwendige Beiladung betroffener Dritter im Kartellverwaltungsverfahren, BB 1981, 758; *Schmitt Glaeser,* Die Position der Bürger als Beteiligte im Entscheidungsverfahren gestaltender Verwaltung, in: Lerche/Schmitt Glaeser/Schmidt-Aßmann, Verfahren als staats- und verwaltungsrechtliche Kategorie, 1984, 53; *Siegel,* Die Verfahrensbeteiligung von Behörden und anderen Trägern öffentlicher Belange, 2001; *Siegel/Ziekow,* Das Vergabeverfahren als Verwaltungsverfahren, ZfBR 2004, 30; *Spaeth,* Die Rechtsposition des „nicht Hinzugezogenen" im Lichte des neuen Rechtsbehelfsverfahrens (der AO), BB 1996, 929; *Stühler,* Merkmale von Betroffenheit und Beteiligung Betroffener im Planfeststellungsverfahren, VBlBW 1991, 321; *Weber,* Beteiligung und Rechtsschutz ausländischer Nachbarn im atomrechtlichen Genehmigungsverfahren, DVBl 1980, 330; *Wittkowski,* Die Konkurrenten-Klage im Beamtenrecht, NJW 1995, 817.

Schrifttum zur Mitwirkung von Umwelt- und Naturschutzvereinigungen: *Battis/Weber,* Zum Mitwirkungs- und Klagerecht anerkannter Naturschutzverbände – BVerwGE 87, 63 –, JuS 1992, 1012; *Callies,* Die umweltrechtliche Verbandsklage nach der Novellierung des BNatSchG, NJW 2003, 97; *Dolde,* Zur Beteiligung der Naturschutzverbände im Planfeststellungsverfahren, NVwZ 1991, 960; *Gellermann,* Das modernisierte Naturschutzrecht, NVwZ 2002, 1025; Schlacke, Die Novelle des UmwRG, ZUR 2013, 195; *Seelig/Gündling,* Die Verbandsklage im Umweltrecht, NVwZ 2002, 1033; *Wienhues,* Die Neufassung der UmwRG, NordÖR 2013, 185.

Schrifttum zur Rechtsnachfolge: *Dietlein,* Die Nachfolge im öffentlichen Recht, 1999; *Reimer,* Zur Rechtsnachfolge im öffentlichen Recht, DVBl 2011, 201; *Spannowsky,* Probleme der Rechtsnachfolge im Verwaltungsverfahren und im Verwaltungsprozess, NVwZ 1992, 426; *Weick,* Sukzession – Nachfolgeprobleme in der Literatur und in der Gegenwart, NJW 2012, 716.

Übersicht

I. Allgemeines

1. Inhalt des § 13. Die Vorschrift regelt die Beteiligung am Verfahren, dh die Frage, welche Personen automatisch, dh kraft Gesetzes, am Verfahren mit eigenen Rechten beteiligt (Abs 1 Nr 1–3, sog geborene Beteiligte) bzw von der Behörde zum Verfahren als Beteiligte hinzugezogen (Abs 1 Nr 4 iVm Abs 2, sog gekorene Beteiligte; ähnlich den Beigeladenen gem § 65 VwGO) sind. Der **Begriff des Beteiligten** entspricht funktionell dem der Partei im Zivilprozessrecht, ist jedoch umfassender als dieser. Das VwVfG verwendet – ähnlich wie die VwGO (vgl § 63 VwGO) – den Begriff des Beteiligten als gemeinsame Bezeichnung (Oberbegriff) für alle Personen, die an einem Verfahren iS von § 9 mit eigenen Verfahrensrechten, insb dem Recht, Anträge zum Verfahren und zur Sache zu stellen, beteiligt sind. Zur Beteiligung von Personen, die sich im Ausland aufhalten, s §§ 15 f. **Schutzzweck** der Verfahrensbeteiligung ist, den potentiell in ihren Rechten Betroffenen die möglichst frühzeitige, präventive Geltendmachung ihrer materiellen Rechte zu ermöglichen und somit eine Rechtsverletzung zu vermeiden (vgl Rn 3, StBS 5). Darüber hinaus dient sie dem objektiv-rechtlichen Ziel einer breiteren Beurteilungsgrundlage und damit einer besseren Entscheidungsfindung.[1] 1

a) Verhältnis zur Beteiligungs- und Handlungsfähigkeit. Während § 13 allgemein bestimmt, welche Möglichkeiten der Beteiligungsstellung im Verwaltungsverfahren es gibt und auf welche Weise eine Beteiligtenstellung begründet wird (zB Antragstellung, Verfahrenseröffnung, Hinzuziehung), regeln die §§ 11, 12 die **individuellen Voraussetzungen,** die bei Personen, Vereinigungen und Behörden gegeben sein müssen, damit sie überhaupt nach § 13 beteiligt werden können, bzw im Verfahren selbst handeln können. Auch Personen, denen nach § 12 die Handlungsfähigkeit fehlt, können nach § 13 Beteiligte sein, wenn sie durch ihre gesetzlichen Vertreter im Verwaltungsverfahren vertreten werden. Wer allerdings nach § 11 nicht beteiligungsfähig ist, kann auch keine Beteiligtenstellung nach § 13 einnehmen. 1a

b) Lückenhaftigkeit der Regelung. Die Regelung der Verfahrensbeteiligung ist im VwVfG sehr lückenhaft und gibt zu vielen Zweifelsfragen Anlass. Ergänzend sind deshalb die **allgemeinen Grundsätze** des Verwaltungsverfahrensrechts sowie, wegen der weitgehend übereinstimmenden Zielsetzung, auch die Grundsätze über die Beteiligung im Verwaltungsprozess gem §§ 63 ff VwGO heranzuziehen. Allerdings wird zu Recht darauf hingewiesen, dass Funktion der Hinzuziehung und Rechtstellung des Hinzugezogenen sich nicht notwendig mit der Beiladung decken (StBS 29). Deshalb ist insoweit bei einer analogen Anwendung des Prozessrechts Vorsicht geboten. Immerhin sollte aber angestrebt werden, dass dieselben Personen, die in einem evtl späteren Verwaltungsstreitverfahren als Beteiligte in Betracht kommen, auch schon im Verwaltungsverfahren beteiligt sind. 2

2. Verfassungsrecht. Das Recht des Bürgers auf Teilnahme an Verfahren, die seine Rechte betreffen, ist eine der wichtigsten Errungenschaften des modernen Rechtsstaates (vgl Kopp 21; ders, Beteiligtenbegriff 160). Erst in der Stellung als mit eigenen Rechten zur Wahrung seines Standpunktes am Verwaltungsverfahren Beteiligter ist der Bürger nicht mehr bloßes Objekt staatlichen Handelns, sondern **mitverantwortlicher Teilnehmer am Geschehen**[2] und **Partner der Verwaltung** bei der Erfüllung öffentlicher Aufgaben unter Wahrung auch der Rechte der Betroffenen. Die Beteiligtenstellung des in seinen Rechten betroffe- 3

---

[1] BVerwG B v 25.3.2011, 7 B 86/10, juris Rn 9; BVerwGE 92, 258, 261; s zu den Funktionen des Verwaltungsverfahrens im Einzelnen Einf I Rn 19 f, 36b f.

[2] Kopp 21; ähnlich VGH München NJW 1988, 1615; Knack/Henneke 3.

nen Bürgers ist eine notwendige Folge der Stellung des Bürgers im Rechtsstaat (UL § 1 Rn 6; Kopp 17ff, 75, 108) und damit des **Rechtsstaatsprinzips** (vgl BVerfG 38, 111; Blümel, in: BVerwG-FS 1978, 516). Wenn und soweit in einer Sache gesetzlich, insb durch **Grundrechte,** geschützte Rechtsbereiche betroffen sind, ist § 13 zugleich Ausdruck und Folge eines grundgesetzlichen Anspruchs auf ein Mindestmaß an (rechtzeitiger) Verfahrensbeteiligung,[3] der etwa zu einer Reduzierung des Ermessens für die Hinzuziehung nach Abs 2 S 1 führen kann.

4 **3. EU-Recht.** Die Vorschrift gilt auch für den **indirekten Vollzug von Unionsrecht.** Nach dem Grundsatz der verfahrensrechtlichen Autonomie der Mitgliedstaaten ist die Ausgestaltung des Verwaltungsverfahrens grundsätzlich den Mitgliedstaaten überlassen. Es ist europarechtlich nicht entscheidend, wie die Rolle etwa Betroffener verfahrenstechnisch ausgestaltet ist, soweit keine speziellen Regelungen des Unionsrechts etwas anderes vorsehen. Wichtiger ist demgegenüber, dass das Verfahrensrecht eine angemessene Beteiligung der Betroffenen, insbesondere deren Anhörung, Akteneinsicht usw zulässt. Dies ist durch die Regelung in Abs 2 hinreichend gewährleistet.

5 **4. Anwendungsbereich. a) Unmittelbar.** Die Vorschrift gilt nur im Anwendungsbereich des VwVfG und gem § 1 nur vorbehaltlich inhaltsgleicher oder entgegenstehender Bestimmungen (vgl OVG Koblenz DVBl 1987, 1028). Von der Möglichkeit abweichender Bestimmungen ist in einer Vielzahl der Fälle Gebrauch gemacht worden, insbesondere, um Behörden, Verbände und Drittbetroffene am Verfahren formal zu beteiligen. **Spezialgesetzliche Regelungen** über eine Beteiligung Dritter am Verfahren verdrängen die Regelungen des § 13 idR nicht mit abschließender Wirkung. Deshalb bleibt die Vorschrift ergänzend zu den Regelungen der Landesbauordnungen über die Beteiligung von Nachbarn am Baugenehmigungsverfahren anwendbar.[4] Sehen spezielle Regelungen eine Beteiligung bestimmter Dritter (zB Nachbarn) vor, so ist idR anzunehmen, dass sie iS des Abs 2 hinzuzuziehen sind und dadurch die Stellung von Beteiligten erhalten.

6 **b) Analoge Anwendbarkeit.** Soweit das VwVfG bzw die entsprechenden Landesgesetze nicht anwendbar sind und auch sonstige ausdrückliche Rechtsvorschriften über die Beteiligung fehlen, sind § 13 bzw die entspr Vorschriften der Landesgesetze als **Ausdruck allgemeiner Rechtsgrundsätze** analog anwendbar. Ebenso sind aus demselben Grund Lücken in bestehenden Regelungen daraus zu ergänzen. Das gilt insbesondere für die Regelungen des Abs 2 über die Hinzuziehung, die deshalb auch in Verwaltungsverfahren möglich ist, die eine entsprechende Regelung nicht kennen, aber die Hinzuziehung auch nicht ausschließen. Auf gerichtliche Verfahren ist die Regelung dagegen auch analog nicht anwendbar.

7 **5. Begriff des Beteiligten.** Der Begriff des Beteiligten gem § 13 im Verwaltungsverfahrensrecht entspricht im Wesentlichen dem des Beteiligten gem § 63 VwGO, dem er nachgebildet ist. Er ist weiter als der Begriff der Partei im Zivilprozessrecht, da ggf auch Drittbetroffene darunter fallen können. Die Stellung als Beteiligter oder gesetzlicher Vertreter uä eines Beteiligten – nicht dagegen auch die des Bevollmächtigten (§ 14) eines Beteiligten (vgl BVerfG 38, 111) – schließt wie im Prozessrecht ein Auftreten als Zeuge oder Sachverständiger aus (Obermayer/Funke-Kaiser 8; Knack/Henneke 5; vgl zum Prozessrecht Kopp/Schenke § 63 Rn 1).

---

[3] Ossenbühl, Umweltpflege durch behördliche Warnungen und Empfehlungen, 1986, 69; Bauer 1996, S. 5ff; Raeschke-Kessler/Eilers, NVwZ 1988, 37, 39; Kaltenborn, Streitvermeidung und Streitbeilegung im Verwaltungsrecht, 2007, § 7 II 1.

[4] OVG Greifswald NordÖR 2005, 424; FK 11 mwN.

a) Beteiligung und materielle Betroffenheit. Maßgebend für die Stellung als Beteiligter ist nicht die materiellrechtliche Betroffenheit, obwohl die Beteiligtenstellung letztlich dem Schutz und der Durchsetzung materieller Rechte dient und insoweit eine „Funktion des materiellen Rechts" ist, sondern ausschließlich **die formelle Position,** die entsteht durch den formellen, nach „außen wirkenden" Akt der Antragstellung, die Eröffnung eines Verfahrens gegen eine Person oder durch die Hinzuziehung gem Abs 1 Nr 4, Abs 2 (vgl Erichsen/Ehlers § 35 Rn 8; Obermayer 2; StBS 3; Knack/Henneke 4). Der Umstand allein, dass eine Person durch eine beantragte oder von Amts wegen beabsichtigte Regelung durch VA oder Vertrag in ihren Rechten (iS von § 42 Abs 2 VwGO) betroffen wird, begründet zwar grundsätzlich einen (verfahrensrechtlichen) **Anspruch auf Beteiligung** iSd Vorschrift, nicht jedoch schon die Beteiligtenstellung selbst. 8

b) Beteiligte und Betroffene. Der in einzelnen Vorschriften (zB in § 51 und in § 73 Abs 5 u 6) verwendete Begriff des **Betroffenen** ist weiter als der des Beteiligten. Betroffener ist grundsätzlich (anders, wenn die Zuziehung zum Verfahren erfolgte, ohne dass die Voraussetzungen gem § 13 dafür erfüllt sind) **jeder Beteiligte,** außerdem aber auch jeder, der im Hinblick darauf, dass er materiell **in seinen Rechten betroffen werden kann,** von der Behörde am Verfahren zu beteiligen, dh zum Verfahren als Beteiligter zuzuziehen ist, oder auf den die Behörde **durch seine Hinzuziehung** zum Verfahren die Bindungswirkung des VA (bzw Vertrags) zu erstrecken beabsichtigt. 9

c) Keine Beteiligtenstellung der Behörde. Die das Verfahren führende Behörde, vor der das Verfahren stattfindet und die es als Träger des Verfahrens leitet, ist nicht selbst Beteiligte des Verfahrens.[5] Ihre Stellung ist verfahrensrechtlich eher vergleichbar mit derjenigen eines Richters. Da die federführende Behörde später in einem nachfolgenden Verwaltungsprozess Beteiligte wird oder jedenfalls die beteiligte Körperschaft vertritt, kann ihre Stellung im Verwaltungsverfahren charakterisiert werden als „Richter in eigener Sache".[6] **Andere Behörden** können uU selbst oder für den Rechtsträger, dem sie angehören, auch als Antragsteller, Antragsgegner, Vertragspartner oder Hinzugezogener usw Beteiligte sein (Knack/Henneke 6). 10

6. Beteiligte aufgrund besonderer Vorschriften. a) Abschließende Regelung. Die Aufzählung möglicher Beteiligungsstellungen ist abschließend. Andere als die in Abs 1 genannten Personen und die nach Abs 2 Hinzugezogenen können zwar etwa zum Zweck der Anhörung oder sonstigen Sachverhaltsaufklärung einbezogen werden,[7] nicht aber als Beteiligte teilnehmen. Der Gesetzgeber kann aber nicht nur im Fachrecht weitergehende Pflichten zur Hinzuziehung begründen (zB für Baugenehmigungsverfahren), er kann über die Regelung des § 13 hinaus anderen Personen die Stellung von **Sonderbeteiligten** zuweisen, auch zB die Einrichtung eines Vertreters des öffentlichen Interesses analog §§ 35 ff VwGO auch für Verwaltungsverfahren schaffen. Er kann insb auch **sonstige besondere Beteiligte** mit partiellen, nur begrenzten, aber doch über eine bloße Anhörung nach Abs 3 hinausgehenden Beteiligungs- und Mitwirkungsrechten vorsehen oder zulassen (vgl zB die Einwender nach § 73 Abs 4, s unten Rn 13). 11

b) Partielle Beteiligung. Zulässig sind auch Regelungen, die bestimmten Personen, Personengruppen oder Vereinigungen **im Hinblick auf einzelne** 12

---

[5] StBS 6, 18; Knack/Henneke 6; Obermayer/Funke-Kaiser 27; **aA** Martens JuS 1977, 809.

[6] Vgl StBS 6; Obermayer VerwR 2. Aufl 153; F 235; Lorenz 262; im Ergebnis auch Martens JuS 1977, 809.

[7] Hierzu Pünder NuR 2005, 71; Erichsen/Ehlers § 14 Rn 13.

betroffene Belange allein aufgrund bestimmter formeller Merkmale (zB der Tatsache, dass sie Einwendungen erhoben haben) allgemein oder hins einzelner Fragen Beteiligtenstellung oder jedenfalls Beteiligungsrechte ohne Rücksicht auf die Betroffenheit in Rechten oder rechtlichen Interessen im konkreten Fall einräumen (wie dies vielfach gerade auch zur Vermeidung von Zweifelsfragen, die sich aus einem Abstellen allein auf die materiellrechtliche Betroffenheit ergeben können, geschieht).

13 **aa) Einwender in Planfeststellungsverfahren.** Umstritten ist, ob auch die Einwender in Planfeststellungsverfahren als Beteiligte iSd § 13 anzusehen sind.[8] Die hM geht davon aus, dass es sich bei Personen, die in Planfeststellungsverfahren Einwendungen erhoben haben, kraft besonderer gesetzlicher Regelung in § 73 Abs 4 nur um **partiell Beteiligte** handelt,[9] unabhängig davon, ob sie in ihren Rechten wirklich betroffen sind oder nicht und unabhängig von einer Hinzuziehung. Ihre Beteiligung beschränkt sich auf die in § 73 Abs 6, § 74 vorgesehenen Verfahrensabschnitte und Verfahrensrechte. Soweit in Fachgesetzen vorgesehen ist, dass unter bestimmten Voraussetzungen von einer Planfeststellung abgesehen und diese durch eine **Plangenehmigung** oder eine andere Entscheidung, die zugleich als Genehmigung des Vorhabens anzusehen ist (vgl § 74 Rn 208, 224), ersetzt wird (bzw werden kann), sind die **Betroffenen** nach Abs 1 Nr 4, Abs 2 zu beteiligen (vgl BVerwGE 82, 256: die Rechtsstellung der Betroffenen darf auch verfahrensmäßig nicht dadurch verkürzt werden, dass die planerische Entscheidung ohne nachfolgende Planfeststellung getroffen wird).

14 **bb) Beteiligte kraft Amtes.** Gesetzliche Regelungen können eine partielle Beteiligung bestimmter Behörden „kraft Amtes" vorsehen. Sie sind nach Maßgabe der jeweiligen Rechtsvorschriften nur mit einzelnen bestimmten Verfahrensrechten ausgestattet, zB dem Recht auf Gehör (§ 28), auf Akteneinsicht oder auf Einsicht in bestimmte Teile der Akten und idR auch einem eigenen Recht auf Rechtsbehelfe gegen die Entscheidung. Derartige „Beteiligte kraft Amtes" im Verwaltungsverfahren sind selten geworden. Ein Beispiel für einen derart Beteiligten kraft Amtes ist der frühere nach § 6 Abs 2 AsylG aF (weggefallen aufgrund Art 3 ZuwanderungsG v 30.7.2004, BGBl 1950, 1990) vorgesehene **Bundesbeauftragte** für Asylangelegenheiten. Die **Industrie- und Handelskammern** bzw die **Handwerkskammern** sind, soweit zuständig, bei einer beabsichtigten Gewerbeuntersagung nach § 35 Abs 4 GewO nur anhörungsberechtigt iSv Abs 3.[10]

15 **cc) Anerkannte Naturschutzvereine.** Durch die spezialgesetzlichen Regelung in § 63 BNatSchG wird Umweltverbänden eine Mitwirkung an bestimmten Verfahren ermöglicht. Beteiligte iSd § 13 sind die Naturschutzverbände indes nicht, soweit sie weder Adressat des jeweiligen VAs sind (Abs 1 Nr 2), noch gem Abs 2 hinzugezogen werden. Die Mitwirkung der Verbände soll als Mittel zur Reduktion diagnostizierter Vollzugsdefizite im Naturschutzrecht dienen, indem die Beachtung naturschutzrechtlicher Normen unter Beiziehung des fachspezifischen Sachverstands der Verbände verfahrensbegleitend überprüft wird.[11] Voraussetzung für ihr **Beteiligungsrecht eigener Art** (Knack/Henneke 27) ist die vorherige Anerkennung nach den maßgeblichen Bestimmungen des für ihren Sitz maßgeblichen Naturschutzrechts. Die anerkannten Naturschutzvereine gem

---

[8] Überblick bei UL § 40 Rn 36; Komorowski NVwZ 2002, 1455; Deppen S 113ff.

[9] Die Terminologie differiert; vgl StBS § 73 Rn 69: Beteiligte iwS; BVerwG NVwZ-RR 1997, 663: Fall spezieller Beteiligung; wie hier Obermayer/Funke-Kaiser 10: partielle Beteiligung Komorowski NVwZ 2002, 1455: planfeststellungsrechtlicher Beteiligungsbegriff; in diese Richtung dürfte auch Knack/Henneke § 73 Rn 58 zu verstehen sein.

[10] Vgl Knack/Henneke 24.

[11] Vgl ausführlich zu Vollzugsdefiziten: Schomerus, Defizite im Naturschutzrecht, 1987; Lübbe-Wolf, Vollzugsprobleme der Umweltverwaltung NuR 1993, 217.

§ 63 BNatSchG sind keine Träger öffentlicher Belange,[12] ihnen ist aber spezialgesetzlich als Privatpersonen die Wahrnehmungszuständigkeit für naturschutzrechtliche Belange eingeräumt worden.[13] Sie sind ua in Planfeststellungsverfahren über Vorhaben, die mit Eingriffen in Natur und Landschaft iS des § 14 BNatSchG verbunden sind, sowie Verfahren zur Befreiung von Verboten und Geboten, die zum Schutz von Naturschutzgebieten und Nationalparken erlassen sind, nicht wegen der Betroffenheit in eigenen Rechten, sondern nach § 63 BNatSchG im Allgemeininteresse am Verfahren beteiligt.[14]

Anerkannte Naturschutzvereine haben keine ihnen zum Schutz ihrer eigenen Interessen verliehenen Rechte hins des Verfahrensgegenstands, sondern nur das **formelle Recht auf Beteiligung,** Anhörung und Einsicht in alle einschlägigen Verfahrensunterlagen, insb in alle einschlägigen Sachverständigengutachten und ggf ein auf die Geltendmachung einer Verletzung dieses Rechts begrenztes Recht zu Rechtsbehelfen gegen die abschließende Entscheidung der Behörde in der Sache.[15] Der Begriff des Sachverständigengutachtens ist aber weit zu verstehen und betrifft praktisch sämtliche Schriftsätze in einem Verwaltungsverfahren, in denen sich die Beteiligten oder die federführende Behörde mit den naturschutzrechtlichen Fragen, die die Beteiligung begründen, inhaltlich auseinandersetzen.[16] Das Einsichtsrecht ist deshalb nicht auf Gutachten von Sachverständigen beschränkt. 15a

dd) Verfahren. Einrichtungen, Organe und Verbände, die aufgrund von **spezialgesetzlichen Regelungen** ein Beteiligungsrecht haben, bedürfen keiner Hinzuziehung gem § 13 Abs 1 Nr 4, Abs 2, sondern können sich ohne weiteres am Verfahren analog zu den Grundsätzen über die Beteiligung des Vertreters des öffentlichen Interesses im Verwaltungsprozess gem §§ 35 f VwGO durch **einfache Erklärung** gegenüber der Behörde beteiligen. Damit sie ihre Befugnis zur Beteiligung ausüben können, muss die Behörde sie allerdings über die Anhängigkeit entsprechender Verfahren informieren; sie haben darauf Anspruch (OVG Koblenz NuR 1985, 30). Die Mitwirkungsrechte von Naturschutzvereinen sind auch während des laufenden Verfahrens gerichtlich durchsetzbar **(sog Partizipationserzwingungsklage).**[17] 16

II. Die geborenen Beteiligten (Abs 1)

1. Antragsteller (Nr 1) ist derjenige, der in eigener Sache (ob zu Recht oder zu Unrecht, ist unerheblich) mit dem Ziel, den Erlass eines VA zu erreichen, bei einer Behörde (§ 1 Abs 4) einen Antrag stellt bzw durch einen Bevollmächtigten oder Vertreter (§§ 14, 16 ff) stellen lässt. Der **Antrag muss,** um die Beteiligtenstellung zu begründen, **gewissen Mindesterfordernissen** genügen (s § 22 Rn 35 ff), insb auch vom Antragsteller (bzw dessen Vertreter oder Bevollmächtig- 17

[12] BVerwGE 104, 367, 370; StBS 35; Knack/Henneke 27.

[13] S näher Callies NJW 2003, 97; Gellermann NVwZ 2002, 1025; Seelig/Gündling NVwZ 2002, 1033; Willrich, DVBl 2002, 872, 879.

[14] Vgl zB BVerwGE 87, 62, 70; BVerwG DVBl 1993, 888; NVwZ 1994, 162; OVG Lüneburg NVwZ 1992, 903; Battis/Weber JuS 1992, 1022; Dolde NVwZ 1992, 960; Krüger NVwZ 1992, 552.

[15] Vgl BVerwGE 87, 62, 70; BVerwG DVBl 1993, 888; NVwZ 1994, 162; OVG Lüneburg NVwZ 1992, 903; OVG Münster NVwZ-RR 1993, 15: subjektives öffentliches Beteiligungsrecht; OVG Schleswig NuR 1992, 293; NVwZ 1994, 590: echte Klagebefugnis gem § 42 Abs 2 VwGO, nicht eine Popularklage; VGH Mannheim NVwZ-RR 1993, 179; VGH München NVwZ 1991, 1009; Kopp/Schenke § 42 Rn 180; kritisch Dolde NVwZ 1991, 960. Zur Stärkung anerkannter Naturschutzverbände durch das BNatSchG NeuregG v 25.3.2002 (BGBl I S. 1193) s zB Gellermann NVwZ 2002, 1025 (1032).

[16] Gassner/Bendomir-Kahlo/Schmidt-Räntsch, BNatSchG § 58 Rn 17 ff mwN.

[17] BVerwG NVwZ 2007, 576; OVG Schleswig NuR 1994, 307; Herbert NuR 1994, 218, 223; Rudolph JuS 2000, 478, 479.

ten für diesen) **in eigener Sache,** dh unter zumindest konkludenter Berufung auf diesem insoweit zustehende Rechte oder rechtlich geschützte Interessen gestellt werden (StBS 15), und darf, soweit durch Gesetz nichts anderes bestimmt ist, nicht für einen Dritten oder als „Popularantrag" für die Allgemeinheit gestellt werden. Unerheblich ist dagegen für die Beteiligtenstellung des Antragstellers, ob der Antrag zulässig und begründet ist (UL § 15 Rn 6; Knack/Henneke 8) und ob der Antragsteller seine richtigen Personalien nennt.[18] Von einem Antrag im Rechtssinn sind bloße Anregungen an eine Behörde, ein Verfahren von Amts wegen einzuleiten (vgl § 22 Rn 11 ff), zu unterscheiden, ebenso bloße Anzeigen. Anregungen und Anzeigen begründen keine Beteiligtenstellung.[19]

18 Die **Stellung als Beteiligter beginnt mit Eingang des Antrags** (vgl § 9 Rn 29; § 22 Rn 26) bei der Behörde jedenfalls dann, wenn diese aufgrund des Antrags verpflichtet ist, das Verfahren zu eröffnen.[20] Dies gilt auch dann, wenn die Behörde zunächst untätig bleibt oder das Verfahren tatsächlich erst später eröffnet oder die Eröffnung des Verfahrens gänzlich ablehnt (BVerwGE 9, 219; Knack/Henneke 8; StBS 16). Sie endet mit dem Abschluss des Verfahrens, das nach der hier vertretenen Auffassung erst mit der Unanfechtbarkeit des VA bzw mit Abschluss des Verwaltungsvertrags anzunehmen ist (vgl insoweit § 9 Rn 30 ff).

19 **2. Antragsgegner (Nr 1). a) Allgemeines.** Da das Verwaltungsverfahren nicht kontradiktorisch angelegt ist, gibt es Antragsgegner nur in solchen Antragsverfahren, in denen sich der Antrag auf eine Maßnahme der Behörde richtet, durch die die Rechtsposition eines Dritten beeinträchtigt werden soll. Antragsgegner ist dann derjenige, in dessen Rechte (nach dem Antrag des Antragstellers) der beantragte VA eingreifen oder dessen Rechtstellung er verändern soll, bzw dem gegenüber ein Rechtsverhältnis oder einzelne Rechte oder Pflichten durch VA festgestellt werden sollen.[21] Antragsgegner iS der Nr 1 gibt es nur in Verfahren, die dem Erlass eines **VA mit Drittwirkung („Doppelwirkung")** dienen (StBS 19). Die das Verfahren durchführende Behörde ist dagegen nicht Antragsgegnerin.[22] Nicht als Antragsgegner, sondern als Hinzugezogener ist ggf. derjenige zu beteiligen, dessen Rechte oder rechtliche Interessen betroffen sein können, ohne dass ein Antragsteller ein ihn unmittelbar beeinträchtigendes Vorgehen beantragt.

19a **Die Beteiligtenstellung des Antragsgegners beginnt,** anders als die des Antragstellers, nicht mit der Antragstellung, sondern erst mit dem Zugang (§ 43 Abs 1 S 1) der Mitteilung der Behörde an den Antragsgegner von der Eröffnung des Verfahrens aufgrund des gegen ihn gerichteten Antrags.[23] Eine gleichsam automatische Begründung der Beteiligtenstellung des Antragsgegners im Zeitpunkt der Antragstellung (bzw nach anderer Auffassung im Zeitpunkt der Eröffnung des Verfahrens) wäre mit dem rechtsstaatlichen Gebot der Klarheit des Verfahrens nicht vereinbar. Eine solche Mitteilung kann auch formlos oder konkludent erfolgen, zB durch Übersendung der Antragsschrift, durch Ladung zu einer mündlichen Verhandlung oder durch Aufforderung zur Stellungnahme.

---

[18] VGH Baden-Württemberg U v 3.12.2013, 1 S 49/13, juris Rn 25.

[19] StBS 13; UL § 15 Rn 6; MB 4; Knack/Henneke 8; **aA** offenbar Martens JuS 1977, 809.

[20] HM, vgl nur Knack/Henneke 8; Erichsen/Ehlers § 14 Rn 11; einschränkend StBS 16 (Zeitpunkt, zu dem Bearbeitung erwartet werden kann); **aA** Alpert, 83 ff (Eröffnungsentscheidung maßgebend).

[21] UL § 15 Rn 6 (derjenige, zu dessen Lasten die Behörde entscheiden soll); Erichsen/Ehlers § 14 Rn 11 (Adressat der vom Antragsteller begehrten Regelung).

[22] StBS 18; MB 5; Horn DÖV 1987, 22; **aA** Martens JuS 1977, 809.

[23] Ebenso StBS 20; **aA** Knack/Henneke 8; Obermayer 16: Die Parteistellung beginnt bereits mit der Antragstellung. Gegen diese Auffassung spricht, dass in diesem Zeitpunkt noch nicht feststeht, ob die Behörde das Verfahren überhaupt gegen den Antragsgegner eröffnen wird; so wohl auch UL § 15 Rn 7.

b) Beispielsfälle. Antragsgegner ist zB der **Jagdberechtigte** im Verfahren zur Geltendmachung von Wild- und Jagdschäden nach §§ 29ff BJagdG (StBS 19; UL § 15 Rn 6; Horn DÖV 1987, 22), außerdem der **Nachbar,** gegen den der Antragsteller den Erlass einer Abbruchsverfügung beantragt; der **Störer,** gegen den der Antragsteller ein ordnungsbehördliches Einschreiten verlangt oder der **Konkurrent,** dessen Position der Antragsteller begehrt (StBS 19; Knack/Henneke 8). Auf die Frage, ob die Behörde tatsächlich ein Recht zum Einschreiten gegen den Antragsgegner hat, oder ob ein Fall der Ermessensreduktion auf Null vorliegt, kann es sinnvollerweise nicht ankommen, weil dies gerade im Verwaltungsverfahren zu klären ist (**aA** offenbar UL § 15 Rn 6; Obermayer 15). 20

3. Adressat eines VA (Nr 2). Beteiligter ist gem Nr 2 auch „derjenige, an den die Behörde den VA richten will oder gerichtet hat". Nr 2 trifft eine der Nr 1 entsprechende Regelung für die Fälle, in denen eine Behörde gegen einen Bürger vorgehen will und zu diesem Zweck ein Verfahren **von Amts wegen** einleitet. Maßgebend ist, dass der betroffene Adressat des geplanten VA wäre bzw des bereits erlassen VA geworden ist. Adressat ist nicht in jedem Falle die Person, die im Adressfeld eines Bescheides angegeben wird; maßgeblich ist vielmehr, an wen sich nach dem Gesamtinhalt des Bescheides bei objektiver Betrachtungsweise der Bescheid als Empfänger richtet (OVG Brandenburg NVwZ-RR 2002, 479). **Nicht Beteiligter** nach Nr 2, sondern ggf nach Nr 1 oder Nr 4 ist derjenige, der durch den beabsichtigten VA nicht als unmittelbarer Adressat, sondern **nur** im Wege der **Drittwirkung** in seinen Rechten betroffen werden kann.[24] 21

Umstritten ist, ob die Beteiligtenstellung des potentiellen Adressaten erst mit einer an ihn gerichteten Mitteilung beginnt, dass gegen ihn – oder zu seinen Gunsten – ein Verfahren eröffnet wird bzw wurde (vgl BVerwG NVwZ 1987, 224: mit der Absendung des Anhörungsschreibens), oder schon mit einer Handlung der Behörde, die bei objektiver Betrachtung als (konkludente) Einleitung eines Verfahrens verstanden werden kann und muss. Letzteres ist aus rechtsstaatlichen Gründen geboten.[25] 21a

4. Vertragspartner (Nr 3). Als Partner eines öffentlich-rechtlichen Vertrags ist gem Nr 3 Beteiligter „derjenige, mit dem die Behörde einen öffentlichrechtlichen Vertrag schließen will oder geschlossen hat". Die Vorschrift trägt dem Umstand Rechnung, dass das Verwaltungsverfahren gem § 9 auch dem Abschluss von Verträgen dienen kann. Auch hier kann es, ähnlich wie bei Nr 2, nicht primär auf den Willen der Behörde ankommen, sondern allein auf die **Eröffnung entsprechender Vertragsverhandlungen** durch die Behörde,[26] ggf auf die entsprechende offizielle Mitteilung an den in Aussicht genommenen Vertragspartner. Ein Vertragsangebot seitens des Bürgers genügt dagegen nach dem Wortlaut der Vorschrift noch nicht (ebenso Knack/Henneke 10); auch eine analoge Anwendung der Nr 3 dürfte insoweit nicht in Betracht kommen. 22

5. Hinzugezogene (Nr 4). Nicht zu den geborenen Beteiligten gehört nach Abs 1 Nr 4 der Hinzugezogene, dh derjenige, den die Behörde im Hinblick darauf, dass seine Rechte oder rechtlichen Interessen durch den Ausgang des Verfahrens berührt werden (können), von Amts wegen oder auf Antrag zum Verfahren hinzuzieht. Erst durch die Hinzuziehung, die im Wesentlichen der 23

---

[24] VG Berlin DVBl 1984, 1187; StBS 21; Obermayer/Funke-Kaiser 17; UL § 15 Rn 8.

[25] So zu Recht die hM; vgl StBS 22; Knack/Henneke 9; Obermayer/Funke-Kaiser 18; **aA** noch Kopp VwVfG 6. Aufl ohne hinreichende Berücksichtigung des Schutzzwecks der Adressatenstellung.

[26] Ebenso wohl StBS 24; zT **aA** Knack/Henneke 9, 10: Beginn der Beteiligtenstellung schon mit dem Zeitpunkt, in dem die Behörde „im Rahmen eines begonnenen Verwaltungsverfahrens die ernsthafte Absicht hat", „mit einem konkreten Partner einen konkreten Vertrag zu schließen; bloße Vorüberlegungen der Behörde genügen dagegen nicht"; ähnlich UL § 15 Rn 10.

Beiladung gem § 65 VwGO im Verwaltungsprozess entspricht, wird die Beteiligtenstellung in diesen Fällen begründet.

24 **a) Konstitutive Wirkung.** Anders als in den Fällen des Abs 1 Nr 1–3 setzt die Beteiligung eine hierauf gerichtete Erklärung der Behörde voraus. Die Betroffenheit in Rechten oder rechtlichen Interessen begründet allein noch nicht die Stellung als Beteiligter. Hierzu bedarf es eines besonderen konstitutiven Aktes, nämlich der Hinzuziehung durch die Behörde, die allerdings auch formlos erfolgen kann (Knack/Henneke 12; StBS 30: idR allerdings förmlich und schriftlich). Ob mit der bloßen Bekanntgabe des VA eine konkludente Hinzuziehung beabsichtigt ist, erscheint zweifelhaft, weil ein wesentlicher Zweck der Hinzuziehung, nämlich die Teilnahme am Verfahren, damit nicht mehr erreicht werden kann. Ausgeschlossen ist es aber ähnlich wie bei der Beiladung im Verwaltungsprozess grundsätzlich nicht, dass in der Bekanntgabe des VA eine (dann allerdings verfahrensfehlerhafte) Hinzuziehung liegt.[27] S zur Zulässigkeit einer Nachholung der Anhörung und damit grundsätzlich auch Heilung des im Unterbleiben einer rechtzeitigen Hinzuziehung liegenden Verfahrensmangels in einem solchen Fall unten Rn 53; ferner § 45 Rn 23.

24a **b) Beginn und Ende der Beteiligung.** Die **Beteiligtenstellung** beginnt mit Bekanntgabe der Hinzuziehung und endet abgesehen von dem Fall der späteren Aufhebung der Hinzuziehung mit dem Abschluss (vgl zum Begriff § 9 Rn 30 ff) des Verfahrens vor der Behörde, die die Hinzuziehung verfügt hat, bzw, wenn sich ein **Widerspruchsverfahren** anschließt mit Abschluss des Widerspruchsverfahrens.[28] Im verwaltungsgerichtlichen Verfahren bedarf es ggf einer Beiladung gem § 65 VwGO durch das Gericht. Auch der notwendig Hinzugezogene wird also nicht automatisch Beteiligter des anschließenden gerichtlichen Verfahrens. Wird das Verfahren vor den Behörden auf andere Weise als durch Erlass eines VA oder Widerspruchsbescheids beendet, so endet die Beteiligtenstellung mit dem Akt, der die Beendigung herbeiführt, zB mit der Einstellung des Verfahrens durch die Behörde (VGH München NJW 1988, 1615) oder durch den Abschluss des Vergleichs, mit dem das Verfahren abgeschlossen wird (§ 55). Wird ein bereits abgeschlossenes Verwaltungsverfahren wieder aufgenommen (§ 51) oder eröffnet die Behörde ein Verfahren zur Rücknahme oder zum Widerruf des VA (§§ 48 ff), so handelt es sich um neue Verfahren, zu denen erneut hinzugezogen werden muss; anders bei Fortführung des Verfahrens aufgrund Wiedereinsetzung (§ 32; § 70 iVm § 60 VwGO).

25 **Ob die Rechte oder rechtlichen Interessen,** deren Bestehen die Behörde bei der Hinzuziehung nach Abs 1 Nr 4, Abs 2 vorausgesetzt hat, **tatsächlich bestehen** und durch den Ausgang des Verfahrens berührt werden können, ist für die dadurch begründete Beteiligtenstellung ohne Bedeutung und betrifft nur die Frage der Rechtmäßigkeit der Hinzuziehung bzw der Befugnis der Behörde, eine ausgesprochene Hinzuziehung, die sich als unbegründet erweist, wieder aufzuheben. Die Hinzuziehung als solche begründet auch keine Widerspruchsbefugnis gegenüber dem späteren VA.

III. Hinzuziehung (Abs 2)

26 **1. Allgemeines.** Abs 2 regelt die Voraussetzungen, unter denen die Behörde gem Abs 1 Nr 4 Dritte, deren Rechte oder rechtliche Interessen durch den Aus-

---

[27] Kopp 24; ebenso wohl auch Knack/Henneke 12; vgl StBS 30; Hufen, Rn 282; vgl auch § 69 BauONW, dazu Stelkens BauR 1986, 395; **aA** UL § 15 Rn 19: Bekanntgabe stellt keine Hinzuziehung iS von § 13 Abs 2 mehr dar, da der Zweck der Hinzuziehung nicht mehr erreicht werden kann; vgl aber § 65 Abs 1 VwGO: Beiladung im Verwaltungsprozess bis zum rechtskräftigen Abschluss des Verfahrens.

[28] Offen VGH München BayVBl 1981, 635; **aA** offenbar Jäde BayVBl 1989, 202.

gang des Verfahrens berührt werden können, zu dem Verwaltungsverfahren hinzuziehen und damit beteiligen kann bzw muss. Diese Voraussetzungen entsprechen im Wesentlichen denen der Beiladung im Verwaltungsprozess gem § 65 VwGO. Die Hinzuziehung ist auch noch im Widerspruchsverfahren möglich (Knack/Henneke 12). S zur Nachholung der Hinzuziehung allgemein auch Rn 53.

a) Sinn und Zweck der Hinzuziehung. Die Hinzuziehung ermöglicht die 27 **Einbeziehung weiterer Personen,** die nicht schon nach Abs 1 Nr 1–3 am Verfahren beteiligt sind, in ein anhängiges Verfahren, um ihnen die Möglichkeit zu geben, ihre Rechte oder rechtlichen Interessen in Bezug auf den Verfahrensgegenstand zu wahren, zugleich aber auch, um durch **Erstreckung der Bindungswirkung** einer Entscheidung durch VA bzw einer Regelung durch einen Verwaltungsvertrag weitere Verfahren zu vermeiden und möglicherweise einander widersprechende Entscheidungen über denselben Gegenstand zu verhindern.[29] Zugleich dient die Hinzuziehung aber auch dem Interesse der Behörde an der Aufklärung des Sachverhalts und an größtmöglicher Transparenz und Akzeptanz.

b) Entscheidung über die Hinzuziehung. Die Hinzuziehung erfolgt 28 durch einen **verfahrensrechtlichen VA**[30] der Behörde, die das Verfahren führt, von Amts wegen oder auf Antrag Dritter. Sie muss nicht ausdrücklich erfolgen, sondern kann auch durch eine faktische Beteiligung am Verfahren (Anhörung) erfolgen, sofern diese einen entsprechenden objektiven Erklärungswert hat (StBS 30). Sie steht im **pflichtgemäßen Ermessen** der zuständigen Behörde und ist grundsätzlich jedenfalls bis zu dem Zeitpunkt zulässig, zu dem der VA erlassen wird,[31] bzw bis zu dem uU erst nach dem Abschluss eines verwaltungsrechtlichen Vertrages liegenden Zeitpunkt des Wirksamwerdens des Vertrages, zulässig.[32] Die derart späte Hinzuziehung hat allerdings nach Erlass eines VA im Hinblick auf die mit der Beteiligung verbundenen Rechte, wie zB dem Recht auf Akteneinsicht, etwa im Hinblick auf die Entscheidung, ob Rechtsbehelfe eingelegt werden sollen, nur noch eine beschränkte praktische Bedeutung und stellt einen – uU allerdings nach § 46 unbeachtlichen – Verfahrensfehler dar.[33]

Umstritten ist, ob vor der Hinzuziehung eines Dritten **den übrigen Beteiligten rechtliches Gehör** gewährt werden muss. Dies ist, da § 28 keine unmittelbare Anwendung finden kann, zu verneinen (StBS 39; Knack/Henneke 12). Hierfür besteht auch kein praktisches Bedürfnis, da durch eine Hinzuziehung Rechte der übrigen Beteiligten nicht unmittelbar berührt werden (vgl auch Rn 33). Weder der Umstand, dass der Hinzugezogene Gelegenheit zur Stellungnahme erhält, noch der Umstand, dass die Bindungswirkung sich auf ihn erstreckt, berührt die Rechte der übrigen Beteiligten. Etwas anderes kann gelten, wenn der Antrag eines Beteiligten auf Hinzuziehung abgelehnt wird, weil einzelne Beteiligte ein erhebliches Interesse an der Hinzuziehung haben können. 29

---

[29] VG Berlin DVBl 1984, 1187; StBS 27; MB 8; Knack/Henneke 12; UL § 15 Rn 13.

[30] Vgl OVG Koblenz NVwZ 1988, 76; UL § 15 Rn 19 Knack/Henneke 12; Obermayer/Funke-Kaiser 57; Horn DÖV 1987, 22.

[31] Vgl § 9 Rn 30; ebenso Knack/Henneke 12; **aA** UL § 53 Rn 2: Beendigung des Verfahrens zwar mit „Hinausgabe", nicht erst gem § 43 mit Bekanntgabe des VA; Beteiligtenstellung reicht gleichwohl aber für Akteneinsicht über diesen Zeitpunkt hinaus; StBS 30; s auch UL § 15 Rn 9.

[32] S oben Rn 20; **aA** offenbar UL § 15 Rn 19: nur bis zum Ergehen des VA in der Hauptsache, da damit das Verfahren beendet ist (s auch UL § 20 Rn 7), und da nach diesem Zeitpunkt eine Hinzuziehung ihren Zweck nicht mehr erfüllen könnte (s auch § 9 Rn 30 ff).

[33] BVerwG, B v 25.3.2011, 7 B 86/10, juris.

30 Die Entscheidung über die Hinzuziehung wird erst **mit der Bekanntgabe an den Hinzugezogenen wirksam.** Die Bekanntgabe kann auch formlos, auch zB konkludent mit der Ladung zu einem Besprechungstermin (ebenso Knack/Henneke 12; UL § 15 Rn 19), oder durch Zusendung des Antrags oä eines anderen Beteiligten unter Anheimstellung einer Äußerung dazu (VGH München BayVBl 1994, 534). Ob die bloße Bekanntgabe des im Verfahren erlassenen VA an den zuvor noch nicht beteiligten Dritten als (verfahrensfehlerhafte) Hinzuziehung anzusehen ist, hängt vom Einzelfall ab. Ausgeschlossen erscheint dies nicht, obwohl Sinn und Zweck der Hinzuziehung sich uU nicht mehr erreichen lassen. Das gilt unabhängig davon, dass das Verfahren nach der hier vertretenen Auffassung (s § 9 Rn 30) über den Erlass des VA bis zu dessen Unanfechtbarkeit andauert.

31 Die Hinzuziehung dauert grundsätzlich bis zum Abschluss des Verfahrens, also bis zum Zeitpunkt der Unanfechtbarkeit des VA oder bis zum Wirksamwerden des Verwaltungsvertrages an. Sie kann aber, wenn die rechtlichen Voraussetzungen nicht gegeben sind, die einfache Hinzuziehung auch, wenn die Behörde sie im Rahmen ihres pflichtgemäßen Ermessens nachträglich nicht mehr als zweckmäßig ansieht, von der Behörde **jederzeit wieder aufgehoben werden.** Die Tatsache der Hinzuziehung zu einem Verwaltungsverfahren allein vermittelt ebenso wenig wie die Beiladung in einem späteren Widerspruchsverfahren eine Widerspruchsbefugnis oder in einem Klageverfahren eine Klagebefugnis iSd § 42 Abs 2 VwGO.

32 **c) Rechtsbehelfe hins der Hinzuziehung. Die Beteiligten** können die Entscheidung über die Hinzuziehung Dritter nicht gesondert, sondern gem § 44a VwGO nur zusammen mit der Entscheidung in der Hauptsache mit Rechtsbehelfen angreifen (näher unten Rn 53 ff). Eine positive Entscheidung über eine Hinzuziehung kann die übrigen Beteiligten nicht in ihren Rechten verletzen. **Dritte,** die hinzugezogen wurden, aber nicht hinzugezogen werden wollten, können die Hinzuziehung **mit den normalen Rechtsbehelfen** (idR Widerspruch und Anfechtungsklage) angreifen. Gleiches gilt für den Fall der **Ablehnung des Antrags auf Hinzuziehung** (Widerspruch und Verpflichtungsklage). Da sie Drittbetroffene sind, steht einem Rechtsbehelf auch § 44a VwGO nicht entgegen.[34] Eine Verpflichtung der Behörde besteht im Falle einer notwendigen Hinzuziehung, im Übrigen nur bei einer Ermessensreduzierung auf Null (so auch Knack/Henneke 12).

33 **d) Notwendige und einfache Hinzuziehung.** Abs 1 Nr 4 und Abs 2 unterscheiden nicht wie § 65 VwGO ausdrücklich zwischen notwendiger und einfacher Hinzuziehung. Wie sich aus den unterschiedlichen Regelungen bei Betroffenen in lediglich (sonstigen) rechtlichen Interessen gem Abs 2 S 1 einerseits und in den Fällen einer rechtsgestaltenden Wirkung des VA gem S 2 andererseits ergibt, gilt diese Unterscheidung auch für das Verwaltungsverfahrensrecht (ebenso VG Berlin DVBl 1984, 1187; UL § 15 Rn 15). Daher sind auch **Lücken** der bestehenden, sehr unvollständigen Regelung in Anlehnung an § 65 VwGO und die dazu ergangene Rspr auszufüllen.

34 **2. Einfache Hinzuziehung (Abs 2 S 1).** Gem Abs 2 S 1 steht es im **Ermessen** (§ 40) der Behörde, einen Dritten, dessen rechtliche Interessen vom Ausgang des Verfahrens berührt werden können, hinzuzuziehen und ihn damit in das Verfahren als Beteiligten einzubeziehen. Die einfache Hinzuziehung ermöglicht dem Hinzugezogenen die **Wahrung seiner rechtlichen Interessen** in Bezug auf die zu regelnde Angelegenheit und der Behörde, **die Verbindlichkeit der Entscheidung** auch gegenüber dem hinzugezogenen Dritten herbeizuführen und auf diese Weise künftigen Schwierigkeiten und Streitfällen vorzubeugen. Die Hinzuziehung kann deshalb vor allem aus Gründen der Verfahrensökonomie

---

[34] HM, vgl VG Berlin DVBl 1984, 1186; MB 13; **aA** UL § 15 Rn 21.

(§ 10 S 2) zweckmäßig sein, seine Einbeziehung kann auch die Aufklärung des Sachverhalts erleichtern und zu mehr Transparenz und Akzeptanz führen. Der Dritte hat, auch wenn er einen Antrag auf Hinzuziehung stellt, **keinen Anspruch auf Hinzuziehung,** sondern insoweit nur ein formelles subjektives Recht (vgl § 40 Rn 52f) auf ermessensfehlerfreie Entscheidung darüber (ebenso UL § 15 Rn 16); das **Ermessen kann sich aber auf Null reduzieren.**[35]

a) Voraussetzungen. Voraussetzung einer einfachen Hinzuziehung ist, dass durch den „Ausgang des Verfahrens", dh durch die ggf zu erwartende Entscheidung (VA) der Behörde bzw durch eine in einem verwaltungsrechtlichen Vertrag zu treffende Vereinbarung, **rechtliche Interessen,** dh materielle nach öffentlichem oder privatem Recht geschützte Positionen (vgl VG Berlin DVBl 1984, 1188) des Hinzuzuziehenden berührt werden können. Bei VAen kommt es insoweit nur auf die der Bestandskraft fähige, für die Behörde und die Beteiligten **verbindliche Regelung ieS** an, nicht auch auf bloße Feststellungen in der Begründung oder auf die von der Bindungswirkung des VA nicht erfasste Beurteilung von Vorfragen.[36] Dass (lediglich) ideelle, soziale oder wirtschaftliche Interessen berührt werden, genügt nicht.[37] Erforderlich ist vielmehr, dass das berührte Interesse in einer Rechtsnorm geschützt wird oder Ausdruck einer rechtlich geschützten Position ist (StBS 32). 35

b) Einzelfälle. Nicht ausreichend als Voraussetzung einer einfachen Hinzuziehung ist eine zu erwartende **mittelbare faktische Auswirkung,** zB eines wohnungsaufsichtsrechtlichen Verfahrens wegen Beseitigung von Mängeln einer Wohnung (VG Berlin DVBl 1984, 1186); ebenso nicht eine lediglich tatsächlich-„präjudizielle" (Beispiels-)Wirkung auf andere, gleich gelagerte Fälle, auch nicht bei sog Sammelverwaltungsakten (zB einer Planfeststellung), selbst wenn mit der Aufhebung des VA gegenüber einem Betroffenen auch gegenüber den übrigen das in Frage stehende Vorhaben (zB der Bau einer Straße) undurchführbar wird; wohl dagegen das Interesse eines Dritten, der als Gesamtschuldner oder aus anderen Gründen ausgleichspflichtig ist (BVerwGE 17, 296); ein rechtliches Interesse eines Kreises kann durch eine kommunalaufsichtliche Anforderung des Landrats von Unterlagen und Informationen gegenüber einer Gemeinde berührt sein, wenn dies Auswirkungen auf die Rechtsposition des Kreises gegenüber der kreisangehörigen Gemeinde haben kann.[38] Die betroffenen rechtlichen Interessen müssen zum Rechtskreis des Hinzuziehenden gehören (UL § 15 Rn 15). Daher keine Hinzuziehung eines Verbandes, wenn nur die Interessen seiner Mitglieder berührt werden, auch wenn der Verband nach seiner Satzung die Interessen der Mitglieder zu wahren hat.[39] 36

(nicht besetzt) 37–38

3. Notwendige Hinzuziehung (Abs 2 S 2). a) Voraussetzungen. Die Hinzuziehung Dritter zum Verfahren ist gem Abs 1 Nr 4, Abs 2 S 2 in allen Fällen **geboten** – dh die Behörde hat insoweit keinen Ermessensspielraum –, in denen der Ausgang des Verwaltungsverfahrens für die Dritten **rechtsgestaltende Wirkung** haben kann. Dies ist der Fall, wenn durch den möglicherweise ergehenden VA zugleich und unmittelbar Rechte des Dritten begründet, aufgehoben 39

---

[35] BVerwG, B v 25.3.2011, 7 B 86/10, juris, Rn 8, für die Beteiligung von Gemeinden an Planungsentscheidungen, durch die sie in ihrer Planungshoheit, in ihrem Grundeigentum oder in öffentlichen Einrichtungen beeinträchtigt werden; BVerwG NuR 2008, 502.

[36] Ähnlich StBS 36f; für das Prozessrecht Kopp/Schenke § 66 Rn 12; **aA** Martens VerwArch 1969, 359, wo für das Prozessrecht eine erweiterte Bindungswirkung, die auch sonstige Feststellungen, Beweisergebnisse usw mit umfasst, angenommen wird.

[37] Ebenso VG Berlin DVBl 1984, 1188; UL § 15 Rn 15; StBS 32; MB 9; Knack/Henneke 14; Kopp, in: Boorberg-FS 1977, 168; ders, in: BVerwG-FS 1978, 395.

[38] OVG Münster B v 13.2.2013, 15 A 2052/12, juris, Rn 31.

[39] UL § 15 Rn 15; Kopp, in: Boorberg-FS 1977, 178; ders, in: BVerwG-FS 1978, 399f.

oder geändert werden können (VG Berlin DVBl 1984, 1187). Nicht erforderlich ist – entgegen der insoweit nicht ganz eindeutigen Formulierung in S 2, die jedoch im Zusammenhang mit S 1 gesehen werden muss („berührt werden können") –, dass der Ausgang des Verfahrens (VA oder Vertrag) die unmittelbar rechtsgestaltende Wirkung gegenüber dem Dritten tatsächlich haben wird, dessen Hinzuziehung in Frage steht. Nach allgemeinen Rechtsgrundsätzen muss, da der Ausgang eines Verwaltungsverfahrens zunächst ungewiss ist, nach dem Zweck der Vorschrift die **Möglichkeit einer Rechtsbeeinträchtigung genügen,** dh die Gefahr, dass bei einem bestimmten Ausgang des Verfahrens eine solche Wirkung eintreten kann.[40] Die Hinzuziehung hat gerade den Zweck, dem Dritten die Möglichkeit zu geben, im Verfahren darauf hinzuwirken, dass ein bestimmter VA ergeht, ein bestimmter Vertrag geschlossen wird bzw unterbleibt.

40 **Rechtsgestaltend** ist eine Regelung nicht nur, wenn durch sie unmittelbar in eine bestehende Rechtsposition eingegriffen, ein Recht also aufgehoben oder verändert wird, sondern auch dann, wenn unmittelbar eine Verpflichtung des Dritten, ein an ihn gerichtetes Gebot oder Verbot begründet wird. Dass die Erfüllung oder Umsetzung einer Regelung Auswirkungen auf einen Dritten hat, reicht dagegen nicht aus. Deshalb liegt ein Fall notwendiger Hinzuziehung nicht nur dann vor, wenn der Antragsteller die Aufhebung eines einen Dritten begünstigenden VA begehrt,[41] sondern auch dann, wenn der Antragssteller den Erlass eines (den hinzuzuziehenden) Dritten belastenden VA verlangt.[42] Abgelehnt wird von der hM die Anwendbarkeit auf den feststellenden VA.[43]

41 **b) Einzelfälle.** Um Fälle notwendiger Hinzuziehung handelt es sich zB bei Verfahren, in denen es um den Anspruch des Antragstellers auf ein **Einschreiten zu Lasten des Dritten zwingend** geht: ferner bei einem Baugenehmigungsverfahren, in welchem die Erteilung der Baugenehmigung oder auf **Aufhebung einer diesem erteilten Genehmigung** von der **Zustimmung der Nachbarn**[44] oder der Gemeinde (zB § 36 BauGB) abhängig ist; ebenso in bestimmten Zulassungsverfahren, in denen nur eine beschränkte Zahl von Bewerbern zum Zuge kommen kann, der einzelne Mitbewerber (s unten Rn 42); anders, wenn es sich um eine größerer Zahl von Mitbewerbern handelt; eine Hinzuziehung ist **nicht** notwendig zB im Verfahren zum Erlass einer **Beseitigungsverfügung gegen einzelne Miteigentümer** im Verhältnis dieser Miteigentümer zu den übrigen (vgl BVerwGE 40, 101, 104), weil Gegenstand des Verfahrens gegen einen Miteigentümer nicht die Frage ist, ob auch andere Miteigentümer die Beseitigung zu dulden hätten; ebenfalls nicht notwendig hinzuziehen sind bei einer Nutzungsuntersagung gegen den Untermieter der Hauseigentümer oder der Hauptmieter (BVerwG NVwZ 1988, 730) oder im wohnungsaufsichtlichen Verfahren mit dem Hauseigentümer der Mieter (VG Berlin DVBl 1984, 1186). Vgl im Einzelnen die Rspr und das Schrifttum zu § 65 VwGO (s dazu Kopp/Schenke § 65 Rn 17 ff). Entsprechendes gilt für Verträge, die ihren Zweck nur erfüllen können, wenn ein Dritter, der Rechte bezüglich des Gegenstandes des Vertrags hat, zustimmt (vgl auch § 58 Abs 1).

42 **Nicht notwendig hinzuzuziehen** sind zB im Verfahren zur Erteilung einer Taxi-Genehmigung für einen weiteren Taxi-Unternehmer die bereits zugelasse-

---

[40] Ebenso VG Berlin DVBl 1984, 1188; UL § 15 Rn 17; Knack/Henneke 17; MB 10; StBS 42; Jäde BayVBl 1989, 203; Kopp, in: BVerwG-FS 1978, 395; vgl auch BVerwGE 18, 124.

[41] Im Verwaltungsprozess wäre dies der klassische Fall der Nachbarklage (vgl Kopp/Schenke § 42 Rn 96 ff; sowie der gegen einen begünstigenden VA gerichteten Konkurrentenklage); vgl Kopp/Schenke § 42 Rn 45 ff; Knack/Henneke 17; UL § 15 Rn 28.

[42] So auch StBS 42; Obermayer 48; wohl auch Knack/Henneke 17.

[43] StBS 44; Knack/Henneke 17; MB 10; **aA** Kopp, in: BVerwG-FS 1978, 23.

[44] OVG Greifswald NordÖR 2005, 424 für Nachbarbeteiligung bei Abweichung von Mindestabstand gem § 6 Abs. 14 BauO MV.

nen **Taxi-Unternehmer;**[45] im Verfahren zur Zulassung in einem zulassungsbeschränkten Studienfach (**numerus-clausus** Fach) die bereits zugelassenen Studierenden (BVerwGE 60, 29) – eine etwaige Aufhebung ihrer Zulassung müsste in einem neuen Verfahren erfolgen; ebenso in ausländerrechtlichen Verfahren um Aufenthalt, Ausweisung uÄ die Familienangehörigen.[46] Verneint hat die Rspr auch eine Beeinträchtigung subjektiver Rechte und damit die Notwendigkeit einer Hinzuziehung eines **bevorzugten Schaustellers** im Rahmen des Rechtsschutzes eines anderen Schaustellers.[47]

Notwendig hinzuzuziehen sind zB im Verfahren zur Erteilung einer weiteren Taxi-Erlaubnis die sonstigen Bewerber für eine solche Erlaubnis, wenn sie wegen der Zulassungsbeschränkung nicht ebenfalls eine Zulassung erhalten. Aus denselben Gründen sind im Verfahren zur **Ernennung bzw Beförderung eines Beamten** auf einen Dienstposten auch die übrigen Bewerber zu beteiligen.[48] Auch die, an sich schon wenig überzeugende und inzwischen auch in der Rspr (BVerwG NVwZ 2002, 604) zweifelhaft gewordene Auffassung,[49] dass der Grundsatz der Ämterstabilität es nicht zulasse, dass eine einmal erfolgte Ernennung ggf auf den Rechtsbehelf eines nicht zum Zug gekommenen Bewerbers hin wieder rückgängig gemacht würde, steht einer Beteiligung jedenfalls vor der Ernennung nicht entgegen.[50] 43

Nicht mehr hinzuzuziehen – dies dürfte auch für die einfache Hinzuziehung gelten – sind in der Sache Betroffene, die auf eine Beteiligung am Verfahren oder auf das materielle Recht, das Anlass für die Hinzuziehung wäre, **verzichtet** oder das entsprechende formelle oder materielle Recht **verwirkt** haben. Dies gilt zB auch im Baurecht, wenn ein Nachbar durch seine Unterschrift auf dem Bauplan oder in anderer Weise auf Beteiligung am weiteren Verfahren und auf Geltendmachung etwaiger ihm zustehender Nachbarrechte verzichtet hat.[51] Ein Verzicht bzw die Verwirkung schließen eine Hinzuziehung im weiteren Verfahren jedoch dann nicht aus, wenn Wiederaufnahmegründe analog § 51 gegeben sind oder sich sonst eine neue Situation für die Betroffenen ergibt, die durch den Verzicht bzw die Verwirkung nicht mehr erfasst sind. 44

c) Antragserfordernis und Hinzuziehung von Amts wegen. aa) Grundsatz. Nach Abs 2 S 2 hat ein Betroffener Anspruch auf Hinzuziehung nur, wenn er (dh der an seiner Beiladung interessierte Dritte; aA Knack/Henneke 17 und Horn DÖV 1987, 23: der Betroffene oder ein anderer Beteiligter) diese beantragt. Der Antrag bedarf keiner bestimmten Form. Es muss nur, notfalls im Weg der Auslegung, erkennbar sein, dass der Antragsteller am Verfahren teilnehmen, insb gehört werden möchte. Eine bloße Stellungnahme zur Sache genügt jedoch nicht (zT aA Horn DÖV 1987, 25). Die gem S 2 letzter Halbs vorgeschriebene **Benachrichtigung Betroffener** soll die Antragstellung erleichtern. Das Unterbleiben der Benachrichtigung hat keine Folgen für das Verfahren, kann aber uU Ansprüche aus Amtshaftung begründen. Abs 2 S 2 enthält keine abschließende 45

---

45 Vgl BVerwGE 79, 210; BVerwG NJW 1990, 1378: da die Begrenzung der Zulassungen nicht ihren Interessen dient, auch wenn sie uU als Folge davon mehr Konkurrenz erhalten.

46 OVG Hamburg U v 22.3.2005, 3 Bf 294/04, juris Rn 126; vgl BVerwGE 55, 8, 11 f.

47 VGH Mannheim NVwZ 1984, 254; kritisch Wahl/Schütz in Schoch § 42 Abs 2 Rn 311.

48 Vgl BVerfG NVwZ 2002, 1367; **aA** BVerwGE 80, 127: im Verfahren zur Ernennung ist ein beim Auswahlverfahren dafür nicht zum Zug gekommener Bewerber nicht beizuladen; kritisch Schnellenbach NVwZ 1990, 637.

49 BVerwG NJW 2011, 695; BVerwGE 138, 102, Rn 29 ff.

50 Vgl auch BVerfG NJW 1990, 501; s auch Peter JuS 1992, 1042; Günther NVwZ 1986, 697, 700.

51 VGH Mannheim BRS 27 Nr 164; NVwZ 1983, 229; VGH Kassel BRS 28 Nr 126; OVG Bremen BRS 30 Nr 142; OVG Saarlouis BRS 33 Nr 178; zweifelhaft.

Regelung der Hinzuziehung dahin, dass diese nur auf Antrag möglich sein soll; die Behörde hat auch in den Fällen notwendiger Hinzuziehung die Möglichkeit einer Hinzuziehung von Amts wegen nach Abs 2 S 1.[52]

46 **bb) Anspruch auf Hinzuziehung.** Eine Pflicht zur Hinzuziehung von Amts wegen (Reduktion des Ermessensspielraums nach Abs 2 S 1 auf „Null") besteht gem Abs 2 S 1 unabhängig von Abs 2 S 2 auch gegenüber Dritten, die keinen Antrag auf Hinzuziehung gestellt haben, obwohl sie durch den Ausgang des Verfahrens iS von Abs 2 S 2 in ihren Rechten betroffen werden können.[53] Eine Baugenehmigung, die ohne Beteiligung der Nachbarn am Verfahren und ohne dass sie diesen zumindest bekanntgegeben wird, wäre grundsätzlich jedenfalls **den „übergangenen" Betroffenen gegenüber,** uU aber auch schlechthin (vgl unten Rn 51f), **unwirksam** und könnte daher auch die in S 2 ausdrücklich genannte Gestaltungswirkung nicht haben. Ebenso wäre ein ohne die Mitwirkung bzw Zustimmung aller Betroffenen geschlossener verwaltungsrechtlicher Vertrag gem § 58 Abs 1 nichtig (vgl § 58 Rn 9, 21).

47 Die **Unterlassung einer Hinzuziehung** von Amts wegen durch eine Behörde ist deshalb, auch wenn kein Antrag gestellt wird, in allen Fällen, in denen eine Hinzuziehung wegen der Gestaltungswirkung notwendig ist, **fehlerhaft.**[54] Die Behörde darf nicht entscheiden, wenn sie den notwendig Hinzuzuziehenden nicht vorher beigeladen hat.[55] Sie ist damit im Ergebnis in allen Fällen notwendiger Hinzuziehung auch schon nach Abs 2 S 1 ohne Rücksicht darauf, ob ein Antrag auf Hinzuziehung gestellt wird oder nicht, gezwungen, die Hinzuziehung der Betroffenen auszusprechen (im Ergebnis auch BVerwGE 77, 134).

48 **4. Wirkungen der Hinzuziehung, Dauer.** Die Hinzuziehung bewirkt zunächst einmal, dass der hinzugezogene Dritte sämtliche Rechte und Pflichten eines Verfahrensbeteiligten erhält, ferner, dass ein in der Sache ergehender, ihm gegenüber gem § 41 Abs 1, § 43 Abs 1 ordnungsgemäß bekanntgegebener **VA auch dem Hinzugezogenen gegenüber wirksam** wird und ihn bindet. Die Bindungswirkung tritt dem notwendigen Beteiligten gegenüber wegen der ihm gegenüber eintretenden rechtsgestaltenden Wirkung im gleichen Umfang ein wie gegenüber Hauptbeteiligten (zB dem Antragsteller).[56] Dem einfachen Beteiligten gegenüber bewirkt die Bindungswirkung dagegen, da er materiellrechtlich nicht unmittelbar in seinen Rechten betroffen ist (vgl oben Rn 35ff), nur, dass er in einem späteren Verfahren die Richtigkeit der ergangenen Entscheidung insoweit nicht mehr bestreiten kann, als ihm nach der Verfahrenslage im Zeitpunkt der Hinzuziehung das entsprechende Vorbringen noch möglich gewesen wäre (ebenso Knack/Henneke 18; ähnlich VG Berlin DVBl 1984, 1186, 1188).

---

[52] Ebenso UL § 15 Rn 18; MB 10; Horn DÖV 1987, 23.

[53] StBS 41; Obermayer/Funke-Kaiser 42; Raeschke-Kessler/Eilers NVwZ 1988, 36; Kopp, in: Boorberg-FS 1977, 166f; ders, in: BVerwG-FS 1978, 394f; im Ergebnis auch Horn DÖV 1987, 20 für die Fälle, in denen sich für Beigeladene sonst eine Anhörungspflicht nach § 28 oder nach allgemeinen Grundsätzen ergäbe oder der betroffene Dritte sich auf eine Aufforderung der Behörde hin zur Sache äußert und damit seine rechtliche Betroffenheit dartut; ähnlich offenbar BVerwGE 82, 256: alle zu beteiligen, die nach § 28 anzuhören sind; zumindest für den Fall, wenn Grundrechte in einer Sache berührt sind, auch Hufen NJW 1982, 2163; ähnlich zum Prozessrecht Konrad BayVBl 1982, 481: notwendige Beiladung unverzichtbar; **aA** UL § 15 Rn 8; Knack/Henneke 17; Jäde BayVBl 1989, 203; grundsätzlich nur, wenn beantragt, zwingend.

[54] Kopp, in: BVerwG-FS 1978, 394; ders, in: Boorberg-FS 1977, 167; zT auch UL § 15 Rn 22 für den Fall, dass besondere Umstände vorliegen; MB 10: im allgemeinen.

[55] BVerwG NVwZ 1993, 1199; s dazu, dass das Unterbleiben einer notwendigen Beiladung auch nicht nach § 46 unerheblich sein kann, unten Rn 53; zu sonstigen Folgen eines Unterbleiben der Beiladung unten Rn 51.

[56] Knack/Henneke 18; Obermayer/Funke-Kaiser 67.

Die Bindungswirkung der Hinzuziehung beschränkt sich auf den im Verwaltungsverfahren erlassenen VA und erfasst nicht auch Vorfragen, Beweisergebnisse und sonstige Feststellungen. Die Hinzuziehung eines Dritten kann andererseits eine diesem gegenüber nach materiellem Recht erforderliche Anordnung oder Duldungsverfügung nicht ersetzen (ebenso Knack/Henneke 18; vgl auch BVerwGE 40, 101). **Ein Vertrag** bindet auch den notwendig Hinzugezogenen nur, wenn und soweit er sich am Vertrag beteiligt oder ihm zugestimmt hat (vgl § 58 Rn 4 ff). Die Wirkungen der Hinzuziehung, insb die Erstreckung der Bindungswirkung, treten unabhängig davon ein, ob der Hinzugezogene sich tatsächlich am Verfahren beteiligt, also etwa Anträge gestellt oder Erklärungen abgegeben hat. 49

Die Hinzuziehung gilt **grundsätzlich für das gesamte Verwaltungsverfahren,** sofern sie nicht vorher wieder aufgehoben wird. Der Hinzugezogene kann die Aufhebung verlangen, sofern die Voraussetzungen für die Hinzuziehung offensichtlich nicht (mehr) vorliegen (BVerwG NVwZ 2000, 1179). Dies gilt auch im Widerspruchsverfahren, in dem das Rechtsinstitut der Hinzuziehung nach überwiegender Ansicht Anwendung findet und die im Ausgangsverfahren erlangte Beteiligtenstellung ohne weiteres fortgesetzt wird.[57] Der Hinzugezogene tritt grundsätzlich in das Verfahren im Stadium seiner Hinzuziehung ein; eine Wiederholung von Verfahrensschritten unter seiner Beteiligung kann er nicht verlangen. 50

5. Folgen unterbliebener Hinzuziehung. a) Einfache Hinzuziehung. Unterbleibt eine (einfache oder notwendige) Hinzuziehung nach § 13 Abs 2 im Verfahren, so hat dies dem Dritten gegenüber grundsätzlich zur Folge, dass der VA für ihn nicht wirksam wird und ihn deshalb auch nicht bindet, auch nicht, soweit er ihn an sich begünstigt. Das Unterbleiben einer einfachen Hinzuziehung bleibt damit praktisch ohne Folgen.[58] Der übergangene Dritte, dessen Hinzuziehung zulässig gewesen wäre (vgl oben 35), ist dadurch geschützt, dass der in diesem Verwaltungsverfahren erlassene VA bzw abgeschlossene Vertrag ihm gegenüber keine Wirksamkeit erlangt. Er kann außerdem jedenfalls in den – allerdings wohl eher seltenen – Fällen einer Ermessensreduktion auf Null die Hinzuziehung auch durch Widerspruch und Verpflichtungsklage durchsetzen (s unten Rn 53b). Auch bei einer solchen Ermessensreduktion führt die unterbliebene Hinzuziehung idR auch nicht zu einer Klagebefugnis gegen die Entscheidung in der Sache.[59] 51

b) Notwendige Hinzuziehung. Das Unterbleiben einer nach § 13 Abs 2 S 2 bzw in entspr Anwendung davon notwendigen Hinzuziehung stellt demgegenüber einen **schweren Verfahrensmangel** dar, der von dem nicht hinzugezogenen Dritten mit den normalen Rechtsbehelfen gegen die Ablehnung der Hinzuziehung (s oben Rn 38), außerdem vom Hinzuzuziehenden und von den Beteiligten (§ 13) ggf auch mit Rechtsbehelfen gegen den in der Sache ergehenden VA geltend gemacht werden kann. Grundsätzlich begründet allein die Verletzung von § 13 Abs 2 S 2 noch keine klagefähige Rechtsposition gegen die Sachentscheidung,[60] allerdings wird sich eine solche Rechtsposition idR dann ergeben, wenn die rechtsgestaltende Wirkung iSd § 13 Abs 2 S 2 tatsächlich eintritt. Der Mangel kann jedoch, sofern er bei einem VA nicht dessen Nichtigkeit zur Folge hat, analog § 45 Abs 1 Nr 3, Abs 2 **durch Nachholung geheilt** werden (s unten Rn 53), nicht aber durch Beiladung seitens des Gerichts.[61] **Bei** 51a

---

[57] UL § 15 I Rn 3; Bauer, Die notwendige Hinzuziehung, 1996, 35; **aA** Jäde, BayVBl 1989, 201.

[58] Ebenso Knack/Henneke 19; MB 13; zT **aA** UL § 15 Rn 22: Unbeachtlichkeit nur bei ermessensfehlerfreier Entscheidung der Behörde.

[59] BVerwG B v 25.3.2011, 7 B 86/10, juris Rn 8 f.

[60] BVerwG B v 25.3.2011, 7 B 86/10, juris Rn 8 f; vgl BVerwGE 92, 258, 261.

[61] Vgl Martens NVwZ 1988, 688; zT **aA** BFH 144, 157: Beiladung auch noch durch das Gericht, jedoch jedenfalls Aussetzung des Verfahrens, damit die Behörde den VA dem im

Unterbleiben einer notwendigen Hinzuziehung ist der VA darüber hinaus (nur) bei Offensichtlichkeit des Mangels (§ 44 Abs 1) auch den (übrigen) Beteiligten gegenüber **nichtig** iS von § 44, **sonst** (nur) **rechtswidrig aufhebbar.**[62]

52 **c) Heilung und Unbeachtlichkeit.** Soweit der Mangel nicht die Nichtigkeit des betroffenen VA zur Folge hat, kommt eine **Heilung** des Mangels analog § 45 Abs 1 Nr 3 (anders als das VwVfG enthält das SGB X in § 46 Abs 1 Nr 6 einen ausdrücklichen Heilungstatbestand) durch nachträgliche Anhörung desjenigen in Betracht, dessen Hinzuziehung rechtswidrig unterblieben ist.[63] Dies setzt allerdings zwingend voraus, dass der VA auf der Grundlage des Ergebnisses der Anhörung noch einmal kritisch geprüft wird (vgl § 28 Rn 12). Das Recht zur Geltendmachung des Mangels kann uU verwirkt werden (vgl BVerwGE 44, 300; 44, 343; Kopp/Schenke § 74 Rn 18; § 53 Rn 15) mit der Folge, dass auch der nicht hinzugezogene Dritte dann den VA gegen sich so gelten lassen muss, als wäre er ordnungsgemäß hinzugezogen worden. Ein Verstoß gegen die Verpflichtung zur Hinzuziehung kann, sofern er nicht schon zur Nichtigkeit des VA führt, nach § 46 **unbeachtlich** sein kann.[64]

53 **6. Rechtsschutzfragen. a) Grundzüge und Fallkonstellationen.** Die Hinzuziehung im Verwaltungsverfahren ist nach der Rechtsform der Entscheidung ein **verfahrensrechtlicher VA,** weil damit für den Hinzugezogenen ein Verfahrensrechtsverhältnis begründet wird. Gleiches gilt für die **Ablehnung eines Antrags auf Hinzuziehung,** wenn dem Antragsteller dadurch die Stellung als Beteiligter im Verwaltungsverfahren verwehrt wird. Beim Rechtsschutz gegen die Hinzuziehung bzw gegen deren Ablehnung ist zu unterscheiden: Die bereits am Verfahren **Beteiligten haben keine Rechtsmittel.** Sie können weder die Hinzuziehung eines Dritten selbständig anfechten, noch im Falle der Ablehnung eine Hinzuziehung mit Widerspruch und Verpflichtungsklage durchsetzen.[65] Unabhängig davon, dass es für sie **kein subjektives Recht** auf Hinzuziehung von Dritten oder auf Unterlassen einer solchen gibt, steht einer selbständigen **Rechtsverfolgung § 44a VwGO entgegen,** wonach Rechtsbehelfe gegen behördliche Verfahrenshandlungen grundsätzlich nur mit den Rechtsbehelfen gegen die Sachentscheidung geltend gemacht werden können. In Betracht kommt **Rechtsschutz nur für den Dritten,** der rechtswidrig hinzugezogen wurde oder dessen Antrag auf Hinzuziehung rechtswidrig abgelehnt wurde. Insoweit ist zu differenzieren:

53a **b) Rechtsschutz gegen die Hinzuziehung.** Die Hinzuziehung kann von dem Hinzugezogenen mit Widerspruch und Anfechtungsklage angefochten werden, solange das Verwaltungsverfahren noch nicht beendet ist. Die Regelung des § 44a VwGO steht nicht entgegen, solange die Hinzuziehung nicht unanfechtbar geworden ist, weil der Hinzugezogene solange nicht als Beteiligter angesehen

---

Verwaltungsverfahren Hinzuzuziehenden zustellen kann und dieser auch selbst dagegen Klage erheben kann; abzulehnen.

[62] OVG Münster NVwZ 1988, 74; Raeschke-Kessler/Eilers NVwZ 1988, 39; StBS 46; Knack/Henneke 19; ähnlich UL § 15 Rn 22; Goerlich NVwZ 1985, 95; differenzierend Schmitt BayVBl 1972, 563: es kommt auf den Grund der gebotenen Beiladung an; Obermayer 54f: nichtig nur, wenn dem Drittbetroffenen durch Gesetz besondere Mitwirkungrechte eingeräumt sind, wie zB dem Nachbarn im Baugenehmigungsverfahren; offen MB 13; vgl allg zu den Folgen einer unterbliebenen notwendigen Hinzuziehung auch Wilde NJW 1972, 1262 und 1653.

[63] VGH München U v 12.3.2007, 22 A 06.40020, juris Rn 23; Knack/Henneke 19; StBS 46; Obermayer/Funke-Kaiser 70; Erichsen/Ehlers § 14 Rn 12; U/L § 15 Rn 22.

[64] BVerwG B v 25.3.2011, 7 B 86/10, juris Rn 10; VGH München, U v 12.3.2007, 22 A 06.40 020, juris Rn 23; MB 13; StBS 46; Knack/Henneke 19.

[65] Obermayer/Funke-Kaiser 64; StBS 39.

werden kann und deshalb als Nichtbeteiligter iS von § 44a S 2 VwGO angesehen werden muss.[66] Maßgeblich ist die Rechtslage im Zeitpunkt der gerichtlichen Entscheidung über die Hinzuziehung, da der VA Dauerwirkung entfaltet. Die Hinzuziehung ist rechtmäßig, wenn die Voraussetzungen des Abs 1 S 2 vorliegen, weil die rechtlichen Interessen des Hinzugezogenen betroffen werden können. Die Möglichkeit einer Betroffenheit ist ausreichend. Ist dies aber ausgeschlossen, so muss die Hinzuziehung auf die Anfechtungsklage des betroffenen Hinzugezogenen aufgehoben werden (BVerwG NVwZ 2000, 1179, 1180; StBS 38; Knack/Henneke 12). Zwar wäre der zu Unrecht Hinzugezogene nicht in einer materiellen Rechtsposition betroffen, weil das Verfahren seine Rechtsstellung gerade nicht berührt, gleichwohl beeinträchtigt die unberechtigte Hinzuziehung seine Rechtsstellung. Die Hinzuziehung ist rechtswidrig, wenn die Entscheidung im Verwaltungsverfahren den Hinzugezogenen unter keinen Gesichtspunkten in seinen rechtlichen Interessen berühren kann. Ob die Hinzuziehung als einfache oder als notwendige erfolgt ist, spielt dagegen keine Rolle.[67]

c) Rechtsschutz gegen die Ablehnung einer Hinzuziehung. Gegen die Ablehnung einer beantragten Hinzuziehung hat der Betroffene die Möglichkeit des Widerspruchs sowie der **Verpflichtungsklage,** gerichtet auf die Hinzuziehung, bei der es sich dann um einen begünstigenden VA handelt.[68] Die isolierte Klage auf Hinzuziehung scheitert nicht an § 44a VwGO, da der Kläger – wegen der Nichthinzuziehung – keine Beteiligtenstellung erlangt hat.[69] Allerdings wird eine Klage auf Hinzuziehung in den Fällen einfacher Hinzuziehung nach Abs 2 S 1 nur dann Erfolg haben können, wenn sich das Ermessen der Behörde insoweit auf Null reduziert hat. Anders ist dies bei der notwendigen Hinzuziehung nach Abs 2 S 2, weil der Behörde hier kein Entscheidungsspielraum zukommt. 53b

IV. Anhörungsberechtigte (Abs 3)

1. Keine Beteiligung durch bloße Anhörung. Abs 3 stellt klar, dass Personen, Behörden usw, die aufgrund besonderer Rechtsvorschriften in einem Verfahren anzuhören sind oder Stellungnahmen abzugeben haben, nicht allein deshalb schon als Beteiligte anzusehen sind, sofern nicht zugleich auch die Voraussetzungen nach Abs 1 und 2 auf sie zutreffen. Gedacht ist in Abs 3 offenbar vor allem an Behörden, Vereinigungen, Sachverständige uä, deren Anhörung allein den Zweck hat, der Behörde ein umfassenderes Bild der für ihre Entscheidung maßgeblichen Gesichtspunkte zu vermitteln (Begr 44; Kopp 80). 54

2. Abgrenzung von Anhörung und Beteiligung. Die Abgrenzung zu einer partiellen Beteiligtenstellung, insb mit dem Recht auf Gehör und zu Rechtsmitteln bei Verletzung der Mitwirkungsrechte, ist im Einzelnen strittig. Richtig erscheint es, entsprechend dem Wortlaut der Regelung in Abs 3 („wer anzuhören ist") darauf abzustellen, weshalb das Gesetz die Anhörung der Person, Behörde oder Einrichtung vorsieht. Eine (uU nur partielle) Beteiligtenstellung liegt vor, wenn die Anhörung der Durchsetzung einer eigenen Rechtsposition bzw Aufgabenstellung dient; eine bloße Anhörung ist dagegen anzunehmen, wenn es nur darum geht, der Behörde eine möglichst breite Entscheidungs- 55

---

[66] VGH Kassel NVwZ 2000, 828; BVerwG NVwZ 2000, 1179; NVwZ-RR 1997, 663.

[67] HM, vgl auch Knack/Henneke 12; MB 13; Obermayer/Funke-Kaiser60; StBS 38; **aA** UL § 15 Rn 19.

[68] HM, vgl OVG Koblenz NVwZ 1988, 76; VG Berlin DVBl 1984, 1186; Knack/Henneke 12; MB 13; Obermayer/Funke-Kaiser 61; Erichsen/Ehlers § 13 Rn 12; **aA** VGH München NVwZ 1988, 1054; UL § 15 Rn 19; wohl auch StBS 39.

[69] So zutreffend Obermayer/Funke-Kaiser 62; Erichsen/Ehlers § 13 Rn 12; **aA** StBS 39.

grundlage zu vermitteln.[70] Auf eine eigenständige Position deutet hin, wenn das Gesetz zB ein Recht auf Akteneinsicht uä, einräumt und den Betroffenen auch ein Klagerecht zur Durchsetzung ihrer Mitwirkungsrechte, ggf auch mit dem Ziel der Aufhebung der ohne ihre Mitwirkung in der Sache ergangenen Entscheidung, zugesteht.

55a Ob es sich um eine Anhörung idS oder um eine zur Wahrung von Rechten oder rechtlichen Interessen des Anhörungsberechtigten iS von § 28 handelt, ist eine Frage der Auslegung der Rechtsvorschriften, die die Anhörung vorschreiben. Die **Anhörung von Interessenverbänden** ist auch in Fällen, in denen Interessen von Mitgliedern des Verbandes betroffen sind, idR – dh, wenn nicht durch eine Rechtsvorschrift ausdrücklich etwas anderes bestimmt ist – nicht als Anhörung eines Beteiligten zu verstehen (s dazu auch § 28 Rn 10). Zu einer davon zu unterscheidenden **Beteiligung kraft Amtes** usw, mit der ebenfalls ein Anhörungsrecht verbunden ist, s oben Rn 14; zur „Anhörung" (iS einer Mitwirkung bei der Entscheidung) anderer Behörden, von Ausschüssen usw auch § 44 Rn 58f; § 45 Rn 31f; § 73 Rn 31ff; zur **Anhörung anerkannter Naturschutzverbände** gem § 63 BNatSchG auch oben Rn 15.

V. Verfahren im Innenbereich der Verwaltung

56 Die Beteiligten (§ 13) sind idR **verschiedene Personen.** Es ist im Verwaltungsverfahren aber grundsätzlich nicht erforderlich, dass die beteiligten Behörden verschiedenen Rechtsträgern angehören. Zulässig ist insb auch, dass der **Staat als Fiskus** an einem Verfahren in anderer verfahrensrechtlicher Stellung beteiligt ist als Hoheitsträger, zB dass der Staat bzw eine Behörde, die den Staat in seiner Eigenschaft als Fiskus vertritt, in einem Planfeststellungsverfahren gem §§ 72ff vor einer staatlichen Behörde als Antragsteller auftritt oder im Hinblick auf betroffene dingliche Rechte hinzugezogen wird. Dies gilt selbst dann, wenn die als Beteiligte auftretenden Behörden im Verhältnis der hierarchischen Über- und Unterordnung zueinander stehen oder eine gemeinsame Spitze haben und nicht verschiedenen Ressorts angehören (str). S allg auch Foerster, Insich-Verfahren vor Verwaltungsbehörden, NuR 1981, 47.

57 Als **zulässig** anzusehen ist – trotz der Einheitlichkeit der Verwaltungsspitze – auch der **Antrag einer Gemeinde** in der Eigenschaft als Trägerin einer städtischen Müllverbrennungsanlage an die **Gemeinde als Genehmigungsbehörde** auf Erteilung einer Genehmigung nach §§ 4ff BImSchG (vgl Begr 85; BVerfG 3, 381f; vgl auch BSG 24, 136; 26, 173; **aA** WB III § 156 IIIe; Lorenz 258) oder nach Naturschutzrecht (OVG Lüneburg NuR 1979, 161).

VI. Rechtsnachfolge im Verwaltungsverfahren

58 **1. Allgemeines.** Das VwVfG enthält anders als das Prozessrecht (vgl insb §§ 239ff, 265f ZPO, § 173 VwGO, dazu Kopp/Schenke § 63 Rn 8ff) keine besonderen Vorschriften für Fälle, in denen während der Anhängigkeit eines Verwaltungsverfahrens auf Seiten eines Beteiligten eine Rechtsnachfolge eintritt. Das gilt sowohl für Fälle der **Gesamtrechtsnachfolge,** in denen ein Beteiligter wegfällt oder umgewandelt wird (Erbschaft, Gesamtrechtsnachfolge im Gesellschaftsrecht, Umwandlungsrecht, organisatorische Änderungen im staatlichen Bereich)[71] als auch für die **Einzelrechtsnachfolge** aufgrund eines Vertrages mit dem Rechtsvorgänger (zB nach §§ 398ff, 413 BGB). Verfahrensrechtlich geregelt ist insoweit nur gem § 14 Abs 2 die Fortgeltung einer Vollmacht (s dazu § 14 Rn 23). Die verfahrensrechtlichen Konsequenzen einer Rechtsnachfolge richten

---

[70] Knack/Henneke 24; Obermayer/Funke-Kaiser 74.
[71] ZB nach §§ 30, 131 UmwG, § 2 PostumwandlG.

sich deshalb nach der Regelung der Rechtsnachfolge in die materielle Rechtsposition nach dem jeweils einschlägigen Fachrecht.[72] Insoweit gilt für die verfahrensrechtliche Rechtsnachfolge zunächst einmal der **Grundsatz der Akzessorietät:** Nur wenn das materielle Recht eine Rechtsnachfolge vorsieht bzw zulässt, kommt eine Rechtsnachfolge auch im Verwaltungsverfahren in Betracht. Fehlen auch dort Regelungen, sind allgemeine Rechtsgrundsätze heranzuziehen. Voraussetzung einer Rechtsnachfolge ist das Vorliegen eines **Nachfolgetatbestandes.**[73] Eine materielle Rechtsnachfolge kommt grundsätzlich nur in Betracht, wenn die Voraussetzungen einer gesetzlichen Rechtsnachfolgenorm erfüllt sind.[74] Auf die Nachfolgefähigkeit als selbständige Voraussetzung kann verzichtet werden, weil sie bei Vorliegen eines Nachfolgetatbestandes stets gegeben ist.

a) Keine Rechtsnachfolge in höchstpersönliche Rechte. Eine Rechts- 59
nachfolge in höchstpersönliche materielle Rechtspositionen ist nicht möglich. Insoweit fehlt es stets an einem Nachfolgetatbestand. Das gilt zB für Rechtspositionen wie die Fahrerlaubnis, den Waffenschein, die ärztliche Approbation, die sonstige Zulassung zu einem Beruf, zB zur Rechtsanwaltschaft, die Bestellung zu einem Amt usw (Knack/Henneke 26). Zu beachten ist, dass nicht alle personenbezogenen Rechte und Rechtspositionen auch höchstpersönlich in diesem Sinne sind. Die Höchstpersönlichkeit von Rechten schließt jede Nachfolgefähigkeit aus. Bei sonstigen personenbezogenen Rechten kommt es dagegen auf das Vorliegen eines Nachfolgetatbestandes an, also einer Rechtsnorm, nach der die Position auf einen Rechtsnachfolger übergehen kann.[75]

b) Bestehen einer Rechtsnachfolgeregelung. Bei anderen als höchstper- 60
sönlichen Rechtspositionen kommt es darauf an, ob es für sie eine Rechtsnachfolgeregelung gibt. Das gilt nicht nur für sachbezogene Rechte wie zB den Anspruch auf eine Baugenehmigung,[76] sondern auch für personenbezogene Rechte und Pflichten, wie zB die Pflicht zur Zahlung von Abgaben usw. Regelungen über eine Gesamtrechtsnachfolge finden sich zB in § 1922 BGB (Erbfall) sowie im UmwandlungsG bei Spaltung, Verschmelzung und Vermögensübertragung von Gesellschaften. Regelungen über eine Einzelrechtsnachfolge sind im Fachrecht häufiger anzutreffen, zB im Bauordnungsrecht für Baugenehmigungen,[77] in neueren Bauordnungen aber auch zur Geltung von Abrissverfügungen und Nutzungsverboten gegenüber den Einzelrechtsnachfolgern. Eine **rechtsgeschäftliche Übertragung** der Verhaltensverantwortlichkeit ist im Grundsatz ausgeschlossen (BVerwG NVwZ 2001, 807).

Umstritten ist, ob bei sachbezogenen bzw **dinglichen Regelungen** eine 61
Rechtsnachfolge auch **ohne besondere gesetzliche Nachfolgeregelung** eine Einzelrechtsnachfolge angenommen werden kann. Dies wird von der noch hM angenommen.[78] Betrifft das Verfahren ausschließlich dingliche oder jedenfalls ob-

---

[72] Knack/Henneke 26; StBS 50; Reimer DVBl 2011, 201, 206.

[73] Obermayer/Funke-Kaiser 80; WBSK I § 42 Rn 76 f; Erichsen/Ehlers § 18 Rn 17; Volkmann JuS 1999, 544.

[74] Zur Rechtsnachfolge näher Spannowski NVwZ 1992, 426; Peine DVBl 1980, 941; Rumpf VerwArch 1987, 269; Volkmann JuS 1999, 544.

[75] Die höchstpersönlichen Rechtspositionen, bei denen jede Nachfolgefähigkeit ausgeschlossen ist, und die sonstigen personenbezogenen Positionen, die nur bei gesetzlicher Nachfolgeregelung auf einen Rechtsnachfolger übergehen können, werden nicht immer klar genug auseinander gehalten, vgl Knack/Henneke 26.

[76] Vgl VGH München NVwZ 2006, 1201; VG Hamburg U v 27.3.2012, 11 K 2635/10, juris Rn 86 ff.

[77] ZB § 58 Abs. 2 LBO Baden-Württ, hierzu VGH Mannheim NVwZ 1998, 975; § 75 Abs. 2 BauO NRW; § 58 Abs 2 HBauO.

[78] So zB VGH Mannheim NVwZ 1991, 686 für Zwangsmittelandrohungen; VGH Kassel für Einzelrechtsnachfolge in Abrissverfügung; **aA** für Nutzungsverbot OVG Hamburg BauR 1997, 104; s allg auch Erichsen/Ehlers § 18 Rn 18.

jektbezogene Rechte bzw Pflichten, zB die Erteilung einer Baugenehmigung oder einer immissionsschutzrechtlichen Genehmigung, die Planfeststellung gem §§ 72ff für eine Anlage, so kommen sowohl die Einzel- als auch die Gesamtrechtsnachfolge in Betracht.[79] Hat ein Recht dagegen überwiegend personengebundenen Charakter, kommt eine Rechtsnachfolge ohne besondere Nachfolgeregelung nicht in Betracht.[80]

62 **2. Verfahrensrechtliche Konsequenzen. a) Materiellrechtlicher Rechtsnachfolgetatbestand erfüllt.** Liegen die Voraussetzungen einer Rechtsnachfolge in die materielle Rechtsposition vor, so stellt sich die Frage, ob der Rechtsnachfolger automatisch in die verfahrensrechtliche Position des weggefallenen Beteiligten einrückt, ob es einer konstitutiven verfahrensrechtlichen Einbeziehung des Rechtsnachfolgers bedarf oder ob überhaupt ein neues Verwaltungsverfahren mit dem Rechtsnachfolger eröffnet werden muss. Soweit das Verfahrensrecht hierüber keine ausdrücklichen Regelungen enthält, kann sich die Antwort nur aus allgemeinen Verfahrensgrundsätzen ergeben. Das Prozessrecht unterscheidet insoweit im Wesentlichen zwischen der Gesamtrechtsnachfolge und der Einzelrechtsnachfolge. So treten zB nach § 239 ZPO Rechtsnachfolger beim Tod einer Partei automatisch in ein anhängiges Verfahren ein. Der Tod des Beteiligten führt nur zu einer Unterbrechung, während zB die Veräußerung oder Abtretung der Streitsache nach § 265 Abs 2 ZPO auf den Prozess zunächst einmal keinen Einfluss hat, sondern von den Beteiligten im Rahmen ihrer Dispositionsbefugnis bewältigt werden muss.

63 **aa) Gesamtrechtsnachfolge.** Für die Gesamtrechtsnachfolge ist in analoger Anwendung des § 239 Abs 2 ZPO davon auszugehen, dass ein **automatischer Eintritt des Rechtsnachfolgers** in das Verwaltungsverfahren stattfindet, und zwar in das Verwaltungsverfahren in dem Stadium, im dem es sich beim Eintritt der Gesamtrechtsnachfolge befindet. Das Verfahren muss allerdings unterbrochen werden, um die Frage der Rechtsnachfolge sicher zu klären. Ist die Rechtsnachfolge geklärt, so hängen die weiter notwendigen bzw möglichen Schritte davon ab, ob es sich um ein Antragsverfahren oder um ein amtswegiges Verfahren handelt. Bei einem **Antragsverfahren** muss der Rechtsnachfolger des Antragstellers (nicht der sonstigen Beteiligten) das Verfahren aufnehmen, dh er muss erklären, dass er das Antragsverfahren fortsetzen will. Tut er dies nicht oder nicht innerhalb einer angemessen gesetzten Frist, so kann die zuständige Behörde das Verfahren einstellen. Beim **amtswegigen Verfahren** hingegen spielt eine derartige Erklärung von Beteiligten keine Rolle. Hier steht es allein im Verfahrensermessen der zuständigen Behörde, ob sie das Verfahren mit bzw gegen den Rechtsnachfolger fortsetzen oder durch Einstellung beenden will.

64 **bb) Einzelrechtsnachfolge.** Bei der Einzelrechtsnachfolge ist **umstritten,** ob das Verwaltungsverfahren ebenso wie bei der Gesamtrechtsnachfolge automatisch mit dem Rechtsnachfolger des jeweiligen Beteiligten fortgesetzt werden muss[81] oder ob es Sache der Behörde ist, im Rahmen ihres pflichtgemäßen Ermessens zu entscheiden, ob das Verwaltungsverfahren eingestellt oder mit dem Rechtsnachfolger fortgesetzt werden soll.[82] Eine Fortsetzung mit dem alten Beteiligten ist idR nicht möglich, weil dessen materielle Rechtsposition nicht mehr betroffen ist. IdR wird die Fortsetzung des Verfahrens mit dem Rechtsnachfolger im öffentlichen Interesse liegen. Das Verfahrensermessen der zuständigen Behör-

---

[79] BverwGE 125, 325, juris Rn 19; 64, 105, 110; 60, 315; BVerwG; NVwZ 1993, 267; OVG Münster DÖV 1991, 564; Kopp/Schenke § 42 Rn 174.

[80] BVerwGE 152, 87 für das telekommunikationsrechtliche Wegerecht.

[81] So etwa Obermayer/Funke-Kaiser 96; ähnlich für das Prozessrecht Kopp/Schenke § 91 Rn 13.

[82] In diesem Fall wird das Ermessen der Behörde allerdings häufig auf Null reduziert sein.

de kann sich im Interesse des betroffenen Rechtsnachfolgers auf Null reduzieren. Die zuständige Behörde ist dann verpflichtet, das Verwaltungsverfahren mit dem Rechtsnachfolger fortzusetzen.

b) Kein materieller Rechtsnachfolgetatbestand erfüllt. Fehlt es an einem gesetzlichen Nachfolgetatbestand oder betrifft das Verfahren höchstpersönliche Rechte wie Verfahren zur Erteilung oder Entziehung einer Fahrerlaubnis oder einer persönlichen Gewerbeerlaubnis, so tritt mit dem **Wegfall des Antragstellers Erledigung** des Verfahrens ein (vgl MK 38 II 1; Kopp/Schenke § 42 Rn 174). Unabhängig davon, ob es sich um ein Antragsverfahren oder um ein amtswegiges Verfahren handelt, führt der Wegfall der natürlichen oder juristischen Person zum Wegfall des Verfahrensgegenstandes und damit auch zwingend zur Einstellung des Verfahrens, wenn und soweit es im Verfahren um höchstpersönliche Rechte geht, in die eine Rechtsnachfolge nicht möglich ist. 65

§ 14 Bevollmächtigte und Beistände

(1) **Ein Beteiligter kann sich durch einen Bevollmächtigten**[11] **vertreten lassen.**[7] **Die Vollmacht ermächtigt zu allen das Verwaltungsverfahren betreffenden Verfahrenshandlungen,**[14] **sofern sich aus ihrem Inhalt nicht etwas anderes ergibt.**[16] **Der Bevollmächtigte hat auf Verlangen seine Vollmacht schriftlich**[17] **nachzuweisen. Ein Widerruf der Vollmacht wird der Behörde gegenüber erst wirksam, wenn er ihr zugeht.**[19]

(2) **Die Vollmacht wird weder durch den Tod des Vollmachtgebers noch durch eine Veränderung in seiner Handlungsfähigkeit oder seiner gesetzlichen Vertretung aufgehoben;**[23] **der Bevollmächtigte hat jedoch, wenn er für den Rechtsnachfolger im Verwaltungsverfahren auftritt, dessen Vollmacht auf Verlangen schriftlich beizubringen.**[24]

(3) **Ist für das Verfahren ein Bevollmächtigter bestellt, so soll sich die Behörde an ihn wenden.**[25] **Sie kann sich an den Beteiligten selbst wenden, soweit er zur Mitwirkung verpflichtet ist.**[28] **Wendet sich die Behörde an den Beteiligten, so soll der Bevollmächtigte verständigt werden.**[29] **Vorschriften über die Zustellung an Bevollmächtigte bleiben unberührt.**[31]

(4) **Ein Beteiligter kann zu Verhandlungen und Besprechungen mit einem Beistand erscheinen.**[32] **Das von dem Beistand Vorgetragene gilt als von dem Beteiligten vorgebracht, soweit dieser nicht unverzüglich widerspricht.**[33]

(5) **Bevollmächtigte und Beistände sind zurückzuweisen, wenn sie entgegen § 3 des Rechtsdienstleistungsgesetzes Rechtsdienstleistungen erbringen.**[34]

(6) **Bevollmächtigte und Beistände können vom Vortrag zurückgewiesen werden, wenn sie hierzu ungeeignet sind; vom mündlichen Vortrag können sie nur zurückgewiesen werden, wenn sie zum sachgemäßen Vortrag nicht fähig sind. Nicht zurückgewiesen werden können Personen, die nach § 67 Abs. 2 Satz 1 und 2 Nr. 3 bis 7 der Verwaltungsgerichtsordnung zur Vertretung im verwaltungsgerichtlichen Verfahren befugt sind.**[37]

(7) **Die Zurückweisung nach den Absätzen 5 und 6 ist auch dem Beteiligten, dessen Bevollmächtigter oder Beistand zurückgewiesen wird, mitzuteilen. Verfahrenshandlungen des zurückgewiesenen Bevollmächtigten oder Beistands, die dieser nach der Zurückweisung vornimmt, sind unwirksam.**[41]

Parallelvorschriften: § 13 SGB X; § 80 AO

Schrifttum: *Boujong,* Vertretungsbefugnis und Vertretungsmängel im öffentlichen Recht, WuV 1979, 48; *Drescher,* Der übergangene Bevollmächtigte – Bekanntgabe an den Betroffenen selbst trotz Bestellung eines Verfahrensbevollmächtigten?, NVwZ 1988, 680; *Kropshofer,* Verwaltungsverfahren und Vertretung, Diss Mainz 1982; *Langohr,* Ist die Zustellung des Widerspruchsbescheides an den Bevollmächtigten zwingend?, DÖV 1987, 138; *Pickel,* Bevollmächtigte und Vertreter im sozialrechtlichen Verwaltungsverfahren, SGb 1986, 353; *Quaritsch,* Anwaltsvertretung vor Kirchenbehörden, DÖV 1969, 276; *Ratz,* Zur Verweigerung des Rechtsbeistandes bei Einstellungsgesprächen, ZRP 1975, 135; *Schoch,* Rechtsbeistand beim Einstellungsgespräch von Beamtenbewerbern, NJW 1982, 545; *Sonnek,* Die gewillkürte Vertretung des Beteiligten im Verwaltungsverfahren nach § 14 VwVfG, Diss Berlin 1983.

Übersicht

I. Allgemeines

1 **1. Inhalt.** Die Vorschrift regelt die (gewillkürte) **Vertretung durch Bevollmächtigte** und die Zuziehung von **Beiständen** im Verwaltungsverfahren. Wie das Prozessrecht (vgl § 67 VwGO) lässt auch das VwVfG die Vertretung der Beteiligten (§ 13) durch Bevollmächtigte, dh durch mit entsprechender Vollmacht ausgestattete Vertreter, und die Zuziehung von Beiständen, die neben dem Beteiligten und zu seiner Unterstützung tätig werden, in weitestem Umfang zu. Allerdings besteht vor Behörden grundsätzlich **kein Vertretungszwang,** dh keine Verpflichtung, sich vertreten zu lassen. Ein Vertretungszwang könnte auch durch Gesetz nur eingeführt werden, wenn dies zur Wahrung der Funktionsfähigkeit der Verwaltung erforderlich wäre (vgl BVerfG 38, 107; BVerwGE 53, 153; Kopp DVBl 1980, 327 mwN).

2 **a) Unterscheidung von Bevollmächtigung und gesetzlicher Vertretung.** Von der Vertretung durch gewillkürte Bevollmächtigte gem § 14 ist die Vertretung durch gesetzliche Vertreter und die organschaftliche Vertretung (s dazu § 12 Rn 14a), die Vertretung gem § 16 und §§ 17ff und die (nicht zur Vertretung im Übrigen) berechtigende bloße Empfangsbevollmächtigung gem § 15 zu unterscheiden. Während durch die gesetzliche Vertretung die Handlungsfähigkeit (§ 12) sonst nicht handlungsfähiger natürlicher und juristischer Personen oder sonstiger beteiligungsunfähiger Personen erst hergestellt wird, sie also für wirksame Verfahrenshandlungen zwingend ist, steht die Einschaltung von Bevollmächtigten und Beiständen im Belieben der (sonst auch selbst handlungsfähigen) Personen bzw Personenvereinigungen. Auch gesetzliche Vertreter können sich durch Bevollmächtigte vertreten lassen oder Beistände hinzuziehen.

3 **b) Keine Pflicht zur Einschaltung.** Es steht grundsätzlich im Belieben eines Beteiligten, ob er Verfahrenshandlungen selbst vornehmen oder sich dabei eines Bevollmächtigten oder Beistandes bedienen will. Ausnahmen ergeben sich aus § 16. Zur Unzulässigkeit einer **Anordnung, dass** ein Beteiligter, der zu sachgemäßen Ausführungen („Vortrag“) nicht geeignet oder bereit ist, **einen Bevollmächtigten** oder Beistand **bestellen muss,** s unten Rn 40. Auch eine Beiordnung eines Bevollmächtigten oder Beistandes von Amts wegen kennt das VwVfG nicht. Die Regelungen über Prozesskostenhilfe und Beiordnung von Bevollmächtigten in § 166 VwGO iVm § 114 ZPO sind deshalb auch analog nicht anwendbar. Zur Anwendung der Grundsätze über die **Duldungs- und Anscheinsvollmacht** und über die „vollmachtlose“ Vertretung unten Rn 22. Nicht geregelt ist in § 14 die Frage, in welchem Umfang der Vertretene für das Verschulden seines Vertreters haftet. Eine derartige Haftung ergibt sich aber aus allgemeinen Grundsätzen (BVerwGE 44, 109; WB III § 156 IIId; vgl auch § 32 Abs 1 S 2).

4 **2. Verfassungsrecht, EU-Recht.** Das **Recht des Bürgers,** sich als Beteiligter (§ 13) oder Zeuge (vgl BVerfG 38, 115) im Verwaltungsverfahren der Hilfe eines Rechtsanwalts oder einer sonstigen Vertrauensperson seiner Wahl zu bedie-

nen, ist eine wesentliche Folgerung aus dem Rechtsstaatsprinzip[1] und der darin begründeten Prinzipien der **Waffengleichheit**[2] **und Fairness** im Verfahren (Drescher NVwZ 1988, 681) sowie ggf der in der Sache berührten Grundrechte (vgl BVerfG 38, 115; BVerwGE 62, 173). Es wird auch in § 3 BRAO als selbstverständlich vorausgesetzt, woraus allerdings kein Anspruch Beteiligter auf Zuziehung oder Beiordnung eines Rechtsanwalts abgeleitet werden kann.[3] Die Zuziehung eines rechts- und/oder sachkundigen Bevollmächtigten oder Beistandes durch die Beteiligten liegt idR auch im Interesse der Verwaltung, da sie eine sachbezogene und zügige Durchführung des Verwaltungsverfahrens erleichtert[4] und verhindert, dass die rechtliche Auseinandersetzung in das Widerspruchs- oder Klageverfahren verlagert wird.

4a **Europarechtlich** ist zu beachten, dass im Rahmen des **indirekten Vollzugs von Unionsrecht** (s hierzu Einf II Rn 38) keine Diskriminierung von Beteiligten und von deren Vertretern aus den Mitgliedstaaten der EU erfolgen darf. Zu Anträgen und Schriftsätzen in fremden Sprachen s § 23 Rn 7 ff.

5 **3. Anwendungsbereich.** Die Vorschrift gilt unmittelbar nur im Anwendungsbereich des VwVfG. Sie steht wie alle Bestimmungen des VwVfG unter dem Vorbehalt inhaltsgleicher oder entgegenstehender Bestimmungen in anderen Rechtsvorschriften. Als letztlich durch die Verfassung gewährleistetes Recht kann das Recht des Bürgers auf Zuziehung eines Vertreters oder Beistands nur dann eingeschränkt werden, wenn dies aus übergeordneten Gründen erforderlich ist.[5]

5a **a) Bevollmächtigte in Eignungs- und Prüfungsverfahren. Umstritten** ist, ob und ggfs in welchem Umfang sich ein Beteiligter auch in Eignungs- und Prüfungsverfahren eines Bevollmächtigten bedienen kann. Die hM zieht aus § 2 Abs 3 Nr 2 den Schluss, dass Bevollmächtigte in Eignungs- und Prüfungsverfahren nicht tätig werden dürfen.[6] Dies soll auch für Auswahlgespräche im Rahmen eines Beförderungsverfahrens gelten (VGH Kassel NVwZ 1989, 73). Die Gegenmeinung hält den Einsatz von Bevollmächtigten **nur in der Prüfung selbst** für ausgeschlossen, nicht aber im Rahmen des Verwaltungsverfahrens, in dem die Prüfung stattfindet.[7] Dieser Auffassung ist zuzustimmen (s auch § 2 Rn 44 ff). Die Möglichkeit, einen Bevollmächtigten hinzuzuziehen, darf nur dort beschränkt werden, wo dies durch sachliche Gründe gerechtfertigt ist. Eine solche Rechtfertigung ist nur in den Verfahrensteilen anzunehmen, die für die vorgesehene Bewertung einer Person beurteilungsrelevant sind. Dies kann allerdings auch schon die Antragstellung bzw die Bewerbung und das Bewerbungs- bzw Auswahlgespräch sein, nicht aber zB die Beanstandung bzw Anfechtung der Prüfungsbewertung. Insoweit kann auch Abs 4 nicht zur Anwendung kommen.

---

[1] BVerfGE 38, 105, 111; 14, 42, 53 (zum Prozessrecht); NVwZ 1988, 63 mwN; VG Bremen NJW 1976, 769; Quaritsch DÖV 1969, 277; Kopp 109; StBS 2; Laubinger VerwArch 1982, 75; Schoch NJW 1982, 549.

[2] StBS 2; Knack/Henneke 3; MB 1; Schoch NJW 1982, 547.

[3] Vgl BVerwG NJW 1981, 2136; VGH Kassel NVwZ 1989, 74; OVG Bremen NJW 1976, 770: in § 2 BRAO nur vorausgesetzt, nicht daraus zu begründen; ebenso Knack/Henneke 3; **aA** Schoch NJW 1982, 550: rechtsbegründend.

[4] Begr 44; Kopp VerfR 82 und 109; StBS 2; Knack/Henneke 2; Drescher NVwZ 1988, 682.

[5] Vgl BVerfGE 38, 115; ferner BVerfGE 9, 132; 31, 301, 308; 38, 111; DVBl 1977, 207: das rechtliche Gehör erfordert nicht notwendig die Befugnis zur Einschaltung eines Rechtsanwalts.

[6] BVerwGE 62, 169, 172; OVG Bremen NJW 1976, 770; StBS 4; Knack/Henneke 5; MB 4; Obermayer/Funke-Kaiser 3.

[7] OVG Hamburg DÖV 1976, 174; Schoch NJW 1982, 545; Martens NVwZ 1988, 686; wohl auch Obermayer/Funke-Kaiser 4.

b) Entsprechende Anwendbarkeit. Fehlen ausdrückliche Rechtsvorschriften über die Zulässigkeit einer Vertretung bzw der Zuziehung von Beiständen oder sind bestehende sondergesetzliche Regelungen lückenhaft, sind § 14 und die entsprechenden Vorschriften der Ländergesetze als Ausdruck allgemeiner Rechtsgrundsätze grundsätzlich **analog anwendbar.** Dies gilt auch für die Zulässigkeit der Zurückweisung von Bevollmächtigten und Beiständen entspr § 14 Abs 5–7, nicht dagegen ohne ausdrückliche gesetzliche Regelung auch für die Fortgeltung einer Vollmacht über den Tod usw des Vollmachtgebers hinaus entspr Abs 2. Voraussetzung der Analogie ist aber, dass es um Maßnahmen geht, in denen sich die Schutzziele der Norm erreichen lassen. Dies ist etwa nicht der Fall bei der Ankündigung der Abschiebung gem § 60a Abs 5 S 3 AufenthG, da diese nicht der Wahrung von Rechten in einem Verwaltungsverfahren dient (OVG Hamburg, B v 4.12.2008, 4 Bs 229/08, juris). 6

II. Vertretung des Beteiligten durch Bevollmächtigte (Abs 1)

1. Stellung des Bevollmächtigten (Abs 1 S 1). a) Grundsatz der umfassenden Vertretung. Der Bevollmächtigte ist Vertreter des Beteiligten, der die Vollmacht erteilt hat (S 1). Er kann grundsätzlich anstelle des Vollmachtgebers alle mit dem Verfahren in Zusammenhang stehenden („das Verwaltungsverfahren betreffenden") Verfahrenshandlungen vornehmen, insbes Erklärungen abgeben, Anträge stellen, das Verfahren durch Rücknahme des Antrags, Abschluss eines Vergleichs beenden[8] usw sowie auch Erklärungen der Behörde aller Art, den in der Sache ggf ergehenden VA und Erklärungen anderer Beteiligter, Beweisergebnisse usw entgegennehmen. Verfahrenshandlungen und Erklärungen **binden den Vollmachtgeber** in der gleichen Weise, wie wenn er sie selbst vorgenommen bzw abgegeben hätte (Knack/Henneke 6). Der Vollmachtgeber muss auch grundsätzlich nicht weiter persönlich am Verfahren teilnehmen (StBS 7; Knack/Henneke 6). S aber zu evtl **Verfahrensnachteilen,** wenn der Vollmachtgeber persönlich zur Klärung offener Fragen beitragen könnte, dies aber, obwohl es für ihn zumutbar wäre, unterlässt, § 24 Rn 12ff; § 26 Rn 40ff. Zu widersprechenden Erklärungen usw von Vollmachtgeber und Bevollmächtigtem s unten Rn 8. 7

b) Keine Beschränkung des Vertretenen. Durch die Bestellung eines Bevollmächtigten wird die Befugnis des Beteiligten zu eigenem Sachvortrag und eigenen Verfahrenshandlungen nicht beschränkt.[9] Die Behörde kann nach Abs 3 sogar Mitteilungen usw auch unmittelbar an ihn statt an den Bevollmächtigten richten (s unten Rn 25ff). Bei **widersprechendem Vortrag** des Beteiligten und seines Bevollmächtigten kommt nicht § 85 ZPO zur Anwendung, vielmehr muss die Behörde das Vorbringen nach § 24 nach seinem inneren Überzeugungsgehalt werten. Widersprechende Anträge von Vollmachtgeber und Bevollmächtigtem sind wie widersprechende Anträge ein und derselben Person zu behandeln, idR ist also der spätere Antrag als Abänderung oder Klarstellung des früheren anzusehen. 8

c) Regelung des Außenverhältnisses. Abs 1 und 2 gelten nur im Verhältnis zur Behörde bzw zu den übrigen Beteiligten; sie dienen hier dem Erfordernis der Rechtssicherheit. Im Innenverhältnis zwischen Vollmachtgeber und Bevollmächtigtem kann die Befugnis zur Vornahme von Verfahrenshandlungen und zum Sachvortrag durchaus eingeschränkt werden. Derartige Beschränkungen sind für die Behörde aber ur beachtlich, wenn sie sich aus dem Inhalt der ihr vorgelegten Vollmacht ergeben (Abs 1 S 2). Nicht berührt wird dadurch eine evtl Haftung 9

---

[8] BVerwG NJW 1985, 340; StBS 11; Knack/Henneke 8; Drescher NVwZ 1988, 681 mwN.

[9] VGH München BayVBl 1976, 221; StBS 7; Knack/Henneke 8.

des Bevollmächtigten nach dem BGB (s dazu auch BGH DVBl 1986, 1058), Beamtenrecht usw gegenüber dem Vollmachtgeber (bzw in den Fällen des Abs 2 gegenüber dem nunmehrigen Berechtigten) wegen Verletzung von Weisungen oder wegen fehlenden Auftrags zur Vertretung.

10 **d) Eigene Rechte des Bevollmächtigten.** Eigene Rechte des Bevollmächtigten oder Beistandes – entsprechendes gilt auch für Vertreter nach §§ 15 ff – werden durch §§ 14 ff nicht begründet, ebenso wenig für einen Rechtsanwalt durch §§ 1 ff, 43 S 1 BRAO (s unten Rn 25; ferner VGH München BayVBl 1987, 23 zur Klage eines Anwalts auf Hinzuziehung von Akten); wohl aber wird ein Bevollmächtigter oder Beistand zB durch eine Zurückweisung nach Abs 5 oder dadurch, dass er nicht nach Abs 3 S 3 verständigt wird, uU in seinen Rechten aus Art 2 Abs 1 bzw Art 12 Abs 1 GG verletzt (s unten Rn 34).

11 **2. Persönliche Voraussetzungen des Bevollmächtigten. a) Grundsatz: Jede Person.** Als Bevollmächtigter kann nicht nur ein Rechtsanwalt, sondern auch jede andere **verfahrenshandlungsfähige natürliche Person,**[10] unabhängig auch von der Staatsangehörigkeit, bestellt werden, sofern nicht besondere Ausschluss- oder Zurückweisungsgründe gem Abs 5 und 6 oder aufgrund anderer Rechtsvorschriften entgegenstehen. Meist bedarf es nach diesen Vorschriften jedoch noch zusätzlich eines besonderen Zurückweisungsaktes. Vgl zu den besonderen Ausschluss- bzw Zurückweisungsgründen unten Rn 34 ff. Liegen Zurückweisungsgründe vor, so besteht für die Behörde insoweit kein Ermessen.

12 **b) Juristische Personen.** Als Bevollmächtigte kommen nach zutreffender hM nur natürliche Personen in Betracht. Juristische Personen und Personenmehrheiten (nicht-rechtsfähige Vereine, Gesellschaften des BGB, Gewerkschaften, Verbände usw) können als solche, soweit nicht durch besondere Rechtsvorschriften etwas anderes vorgesehen oder zugelassen ist, **nicht Bevollmächtigte** oder Beistände sein,[11] wohl aber deren näher bezeichnete und persönlich vom Beteiligten bevollmächtigte Organe (Organwalter), Vertreter oder Bedienstete (vgl VGH Kassel VRspr 21, 884; Ule 33 III). Im Zweifel ist die einer juristischen Person erteilte Vollmacht jedoch als ihrem gesetzlichen Vertreter erteilt anzusehen (vgl Kopp/Schenke § 67 Rn 13). Verfahrenshandlungen, die aufgrund der einer juristischen Person erteilten Vollmacht vorgenommen werden, sind wirksam, wenn die Bevollmächtigte nicht zurückgewiesen wird (OVG Bautzen SächsVBl 2000, 290).

13 **c) Rechtsdienstleistungsgesetz.** Die Regelungen des RBerG zur Beschränkung der geschäftsmäßigen Vertretung in rechtlichen Angelegenheiten galten, soweit sie wirksam waren,[12] auch im Verwaltungsverfahren. Am 1. Juli 2008 wurde das RBerG durch das RDG abgelöst.[13] Wesentliches Ziel der Gesetzesänderung war die verfassungs- und europarechtskonforme Öffnung des Rechtsberatungsmarkts für nicht anwaltliche Dienstleister. Das RDG **regelt nicht die Erbringung von Rechtsdienstleistungen im gerichtlichen Verfahren.** Diesbezügliche Regelungen enthalten nun die jeweiligen Verfahrensordnungen, die im Zuge der Neuregelungen angeglichen worden sind;[14] Anwendung findet das RDG für die **Vertretung gegenüber Behörden im Verwaltungsverfah-**

---

[10] BVerwG NJW 1985, 340; Drescher NVwZ 1988, 680; UL § 17 Rn 5; StBS 10; Knack/Henneke 6.

[11] HM, vgl UL § 17 Rn 5; StBS 10; Knack/Henneke 6; **aA** VGH Kassel VRspr 21, 886; VG Braunschweig, Beschl. v. 8.2.2005, 2 B 419/04, juris.

[12] Zu den Bedenken gegen die Regelungen des RBG s BVerfGE 75, 246; BVerfG DVBl 2002, 611.

[13] Einführend: Römermann, NJW 2008, 1249, Kleine-Cosack, Verschärfter Wettbewerb auf dem Rechtsberatungsmarkt, NJ 2008, 289.

[14] Grunewald/Römermann; § 1 Rn 24.

ren, solange im VwVfG keine besonderen Regelungen getroffen worden sind.[15] Mögliche Anwendungsfelder nichtanwaltlicher Tätigkeit im Verwaltungsverfahren sind beispielsweise Beratungen in baurechtlichen Fragen durch Architekten oder (unentgeltliche) Rechtsberatung im Ausländer- und Asylrecht durch gemeinnützige Vereine oder ehrenamtliche Volljuristen. Soweit eine erlaubnispflichtige Rechtsdienstleistung iSd § 2 RDG vorliegt und eine Vertretung nicht nach §§ 5ff RDG zulässig ist, sind die Bevollmächtigten durch die Behörde zurückzuweisen (s unten Rn 34). Keine Wirksamkeit können die Regelungen des RDG insoweit beanspruchen, als es im **indirekten Vollzug von Unionsrecht** (s hierzu Einf II Rn 38) um die Vertretung durch Vertreter und Rechtsbeistände aus den Mitgliedstaaten geht, soweit diesen in ihrem Heimatland die Vertretung gestattet ist.

3. Umfang der Vollmacht (Abs 1 S 2). a) Grundsätze. Der Bevollmächtigte kann grundsätzlich anstelle des Vollmachtgebers alle mit dem Verfahren in Zusammenhang stehenden („das Verwaltungsverfahren betreffenden") Verfahrenshandlungen vornehmen, Erklärungen abgeben, Anträge stellen, das Verfahren durch Rücknahme des Antrags, Abschluss eines Vergleichs usw beenden[16] usw sowie auch Erklärungen der Behörde aller Art und die Bekanntgabe des in der Sache ggf ergehenden VA (Obermayer 29; Drescher NVwZ 1988, 681) und Erklärungen anderer Beteiligter, Beweisergebnisse usw entgegennehmen. Auch **Zustellungen** können ihm gegenüber bewirkt werden (OVG Bautzen, B v 8.8.2016, 3 B 161/16, juris). Einschränkungen müssen sich unmittelbar aus der Vollmachtsurkunde ergeben (s Rn 16). 14

Soweit sie keine entsprechenden Einschränkungen enthält, gilt eine für das Verwaltungsverfahren erteilte Vollmacht auch für das **Widerspruchsverfahren, nicht dagegen für den Verwaltungsprozess,**[17] sofern sie nicht zugleich Prozessvollmacht iS des § 81 ZPO ist und nach dieser Bestimmung „zu allen das Verwaltungsverfahren betreffenden Verfahrenshandlungen" ermächtigt. Die Vollmacht schließt im Zweifel auch das Recht auf Bestellung eines **Unterbevollmächtigten** mit ein. Als Vertreter handelt der Bevollmächtigte an Stelle des Vertretenen; seine Erklärungen usw wirken analog § 164 BGB ausschließlich für und gegen den Vertretenen.[18] Die Vertretungsbefugnis ist wegen ihrer abstrakten Natur im Verhältnis zur Behörde und den übrigen Beteiligten des Verfahrens (§ 13) **grundsätzlich unabhängig Fortbestehen des Mandatsvertrags** oä zwischen dem Vollmachtgeber und dem Bevollmächtigten.[19] Auch ein Verstoß gegen „interne" Vereinbarungen zwischen Vollmachtgeber und Bevollmächtigtem oder gegen Weisungen des Vollmachtgebers an den Bevollmächtigten berührt die Wirksamkeit der vom Bevollmächtigten vorgenommenen Verfahrenshandlungen nur, wenn die Beschränkung auch in der Vollmacht selbst zum Ausdruck kommt oder der Behörde und den übrigen Beteiligten bekannt ist. 15

b) Beschränkungen der Vollmacht auf bestimmte Verfahrenshandlungen oder durch Ausschluss bestimmter Verfahrenshandlungen sind nur wirksam, wenn sie sich aus dem **Inhalt der Vollmacht,** dh grundsätzlich aus der der Behörde vorgelegten und auch den anderen Beteiligten aufgrund des Rechts auf Akteneinsicht zugänglichen Vollmachtsurkunde, ergeben oder aber der Behörde 16

---

[15] Franz, Das neue Rechtsdienstleistungsgesetz, 2008, 13, 61.

[16] BVerwG NJW 1985, 340; StBS 11; Knack/Henneke 8; Drescher NVwZ 1988, 681 mwN.

[17] S Kopp/Schenke § 67 Rn 28; Knack/Henneke 8; MB 10; Drescher NVwZ 1988, 683; RÖ VwGO § 67 Rn 6, 16; SDC 328; **aA** zum früheren Recht Münster NJW 1972, 1910.

[18] OVG Hamburg KStZ 1981, 175 mwN; VGH Kassel NVwZ 1990, 114.

[19] Vgl OLG Köln MDR 1974, 310; OLG Hamm NJW 1978, 2254: die Nichtigkeit des Mandatsvertrags nach § 134 BGB läßt die Wirksamkeit der Vollmacht unberührt.

und den übrigen Beteiligten bekannt sind (vgl StBS 13). Mittelbar wirken sich jedoch auch **Beschränkungen des gesetzlichen Aufgabenkreises** eines Rechtsträgers, der Verfahrenshandlungsfähigkeit eines Beteiligten oder der organschaftlichen Vertretungsmacht des Vollmachtgebers uU auch auf den Umfang der Vertretungsbefugnis des gewillkürten Bevollmächtigten aus. Die Handlungsmöglichkeiten eines Bevollmächtigten können nicht weiter reichen als die des Vertretenen.

17 **4. Form und Vorlage der Vollmacht (Abs 1 S 3).** Erst auf Verlangen der Behörde hat der Bevollmächtigte seine Vollmacht schriftlich nachzuweisen. Anders als nach § 67 VwGO ist gem Abs 1 S 3 die Vorlage einer schriftlichen Urkunde bzw die Erklärung der Vollmacht zur Niederschrift der Behörde **nicht Voraussetzung der Vertretungsbefugnis,** sondern dient nur dem Nachweis der Vollmacht (VGH Kassel NVwZ-RR 1993, 433); diese kann deshalb, wenn gesetzlich nichts anderes vorgeschrieben ist (zB gem § 110 Abs 2 S 4 BauGB), auch mündlich oder durch konkludentes Verhalten erteilt werden.[20] Da die bloße Behauptung einer Vertretungsmacht aber in keinem Fall genügt, insb eine in Wahrheit fehlende Vertretungsmacht nicht ersetzt, wird die Behörde idR gem Abs 1 S 3 den Nachweis verlangen.

17a Wird der Nachweis der **Vollmacht nicht bis zur Entscheidung in der Sache** erbracht, so kann die Behörde in Antragsverfahren den Antrag mangels nachgewiesener Vertretungsbefugnis ablehnen und – wenn eine Kostenentscheidung zu treffen ist – dem Vertreter als Veranlasser die Kosten des Verfahrens auferlegen (zB § 13 Abs 1 Nr 1 VwKostG). S aber zur Möglichkeit einer **Heilung durch nachträgliche Vorlage** der Vollmacht, selbst noch im Rechtsmittelverfahren, unten Rn 20. Hat die Behörde einen Rechtsanwalt, der für die Bevollmächtigung im Verwaltungsverfahren eine den Anforderungen gem § 14 Abs 1 S 3 nicht genügende Vollmacht, zB eine Strafprozessvollmacht, vorlegt, nicht zum schriftlichen Nachweis einer Vollmacht gem Abs 1 S 3 aufgefordert, so muss sie ihn als Bevollmächtigten mit der Folge behandeln, dass sie sich gem § 14 Abs 1 S 1 im Verwaltungsverfahren idR an ihn wenden muss (VGH Kassel NVwZ-RR 1993, 411).

18 Tritt der Bevollmächtigte in den Fällen des Abs 2, 2. Halbs für den **Rechtsnachfolger** auf, ohne auf Verlangen eine Vollmacht vorzulegen, so wird das Verfahren zunächst für den ursprünglichen Vollmachtgeber fortgeführt, sofern in der Erklärung des Bevollmächtigten, für den Rechtsnachfolger aufzutreten, nicht – was idR anzunehmen ist – zugleich die Niederlegung der Vollmacht für den ursprünglich Vertretenen zu sehen ist. In von Amts wegen eingeleiteten Verfahren wird das Verfahren mit dem Beteiligten selbst fortgeführt. Zur **vorläufigen Zulassung** ohne Vollmacht s unten Rn 20.

19 **5. Wirksamkeitsdauer der Vollmacht, Widerruf (Abs 1 S 4).** Die für ein Verwaltungsverfahren erteilte Vollmacht gilt grundsätzlich bis zum Abschluss des Verfahrens (s § 9 Rn 30), also bis zur Unanfechtbarkeit der abschließenden Entscheidung (VGH Kassel InfAuslR 2002, 76), sofern sich aus der Vollmachtsurkunde nichts anderes ergibt. Sie umfasst das Widerspruchsverfahren, nicht aber das gerichtliche Verfahren (oben Rn 15). Die Vertretungsbefugnis eines Vertreters besteht grundsätzlich bis zu ihrem (jederzeit möglichen, vgl BSG 37, 42) Widerruf gegenüber der Behörde bzw bis zur Niederlegung der Vertretung durch den Bevollmächtigten durch entsprechende Erklärung gegenüber der Behörde. Die Erklärung des Widerrufs bedarf keiner bestimmten Form; hinreichende Eindeutigkeit der Erklärung reicht aus.[21] Die bloße Bestellung eines neuen Bevollmäch-

[20] BSG 37, 42; Büllesbach/Diercks DVBl 1991, 472; UL § 17 Rn 7; Obermayer/Funke-Kaiser 18 ff; StBS 14; Knack/Henneke 9.

[21] OVG Münster NJW 2010, 3179.

tigten stellt keinen konkludenten Widerruf der Bevollmächtigung des alten Bevollmächtigten dar.

Die Vertretungsbefugnis endet der Behörde gegenüber nach Abs 1 S 4 nicht schon mit ihrem Widerruf, sondern erst mit dem **Zugang des Widerrufs,** dh der Kenntnis oder jedenfalls der nach dem normalen Verlauf der Dinge zu erwartenden Möglichkeit der Kenntnisnahme durch die Behörde (vgl § 41 Rn 7c). Bis dahin können Zustellungen und Bekanntgaben dem Bevollmächtigten gegenüber erfolgen (OVG Hamburg B v 3.1.2000, 4 Bf 16/99, juris). Zur **Fortdauer der Vollmacht bei Tod,** Eintreten der Handlungsunfähigkeit oder Aufhebung der gesetzlichen Vertretung des Vollmachtgebers s unten Rn 23f.

6. Probleme der Bevollmächtigung. a) Vertreter ohne Vertretungsmacht. Die Bevollmächtigung ist eine rechtsgeschäftliche Erklärung; sie setzt eine wirksame Willenserklärung eines Geschäftsfähigen voraus. Für Vertreter ohne Vertretungsmacht gelten im Verwaltungsverfahren die §§ 177ff BGB entsprechend.[22] Die Behörde kann nach allgemeinen Rechtsgrundsätzen des Verfahrensrechts einen „Vertreter ohne Vertretungsmacht" bzw ohne Vollmacht auch einstweilen zulassen; die von diesem abgegebenen Erklärungen sind jedoch als **schwebend unwirksam** zu behandeln.[23] Endgültig wirksam werden sie, wenn die Vollmacht innerhalb einer gesetzten Frist, spätestens aber bis zur Entscheidung der Behörde, vorgelegt wird oder der Vertretene die Erklärungen der Behörde gegenüber genehmigt (WBS I § 35 Rn 10; Krause VerwArch 1970, 314). Etwaige Kosten hat in diesem Fall der vollmachtlose Vertreter selbst zu tragen. 20

Rückwirkende Genehmigung. Auch das Ergehen einer Entscheidung in einer Sache schließt die Möglichkeit einer späteren Vorlage der Vollmacht oder Genehmigung durch den Beteiligten mit heilender Wirkung auch für die Vergangenheit in einem nachfolgenden Rechtsbehelfsverfahren, selbst noch im verwaltungsgerichtlichen Verfahren, nicht aus.[24] Vgl aber zur Kostenentscheidung in diesem Fall für das Widerspruchsverfahren § 80 Abs 1 S 4, für das verwaltungsgerichtliche Verfahren § 155 Abs 5 VwGO. 21

b) Anscheins- und Duldungsvollmacht. Soweit sich aus besonderen Rechtsvorschriften (zB des Gemeinderechts) nichts anderes ergibt, gelten die im bürgerlichen Recht entwickelten Grundsätze über die **Rechtsscheinvollmacht** (wie auch sonst allgemein für das Verwaltungsrecht) auch für das Verwaltungsverfahrensrecht,[25] wenn hier auch angesichts der Möglichkeit, die Vorlage einer Vollmacht gem Abs 1 S 3 zu verlangen, die praktische Bedeutung geringer ist. Erweckt ein Beteiligter durch sein Verhalten, auch zB durch Duldung (Duldungsvollmacht) des Verhaltens einer Person, die sich als sein Vertreter „geriert", den Anschein, dass er eine Vollmacht erteilt hat, so muss er sich gutgläubigen Dritten gegenüber so behandeln lassen, als hätte er sie erteilt.[26] Dafür genügt 22

---

[22] BVerwG NVwZ 2012, 47, 48; U v 13.9.2001, 7 C 30/00, juris Rn 20; OVG Lüneburg AuAS 2007, 266; BSG NVwZ 1983, 767; WBSK I § 35 Rn 9; UL § 17 Rn 7; StBS 15; Knack/Henneke 10.

[23] Vgl OVG Münster B v 21.3.2007, 12 A 1445/05, juris Rn 10.

[24] Kopp/Schenke § 67 Rn 250; enger offenbar WBSK I § 35 Rn 9: Nachholung nur, wenn keine Frist gesetzt war; **aA** VG Augsburg NJW 2003, 917.

[25] Ausführlich: BVerwG DVBl 1994, 810, 812; ferner: BVerwG NJW 2005, 1962, 1963; U v 18.4.1996, 4 C 22.94, juris Rn 18; BSGE 52, 245; OVG Lüneburg Rd L 2012, 217, Rn 41f; VGH Kassel NVwZ 1987, 898; OVG Weimar B v 20.5.1998, 4 EO 736/95, juris Rn 31; WBS I § 35 Rn 15.

[26] BVerwG DVBl 1994, 810, 812; VGH Kassel NVwZ 1987, 898; VGH Mannheim NJW 1993, 1812; NVwZ 1993, 796; UL § 17 Rn 7; Obermayer/Funke-Kaiser 21ff; StBS 16; Knack/Henneke 10; vgl allg auch BGHZ 189, 346 Rn 15f mwN; BGH NJW-RR 1986, 1476: auch bei Überschreiten einer gesetzlichen oder vertraglichen Handlungsvollmacht; W 35 Rn 15; Crezelius ZIP 1984, 791; nur hins einer Duldungsvollmacht ieS, nicht auch hins einer Anscheinsvollmacht ieS Sonnek, Die gewillkürte Vertretung, 108; **aA**

auch, dass der Betroffene, wenn er das Verhalten des angeblichen Vertreters – anders als bei der Duldungsvollmacht – nicht kannte, dies bei pflichtgemäßer Sorgfalt hätte erkennen und verhindern können und die Behörde annehmen durfte, der Beteiligte kenne und billige das Handeln des Bevollmächtigten (Anscheinsvollmacht).[27]

22a Die Vorschriften über Duldungs- und Anscheinsvollmacht gelten nicht, wenn **zwingende Vorschriften** des öffentlichen Rechts im öffentlichen Interesse oder im Interesse Beteiligter oder Dritter eine Bevollmächtigung überhaupt **ausschließen** oder von bestimmten Voraussetzungen usw abhängig machen, die im konkreten Fall nicht erfüllt sind.[28] In diesem Fall haftet jedoch im Zweifel der Beteiligte für den Schaden, den Dritte dadurch erleiden, dass sie bzw die für sie vertretungsberechtigten Organe den Anschein einer entsprechenden Bevollmächtigung erweckt oder geduldet haben (vgl BGHZ 21, 65; 40, 204; WBSK I § 35 Rn 14; Knack/Henneke 10). Entsprechendes gilt, wenn die Bevollmächtigung zwar formal wirksam ist und dadurch der Anschein einer Befugnis zu Erklärungen usw entsteht, diese jedoch aufgrund besonderer gesetzlicher Vorschriften oder allgemeiner Rechtsgrundsätze rechtsunwirksam sind. Obwohl die Rechtsscheinvollmacht keine wirkliche Vollmacht ist, finden auf sie **die Bestimmungen über den Widerruf** einer Vollmacht (Abs 1 S 4) entsprechende Anwendung.

III. Fortbestand der Vollmacht (Abs 2)

23 **1. Grundsatz: Fortdauer der Vollmacht bei Tod etc.** Die Vollmacht wird abweichend vom vor Erlass des VwVfG geltenden Recht nach Abs 2 auch durch den Tod, eine Veränderung in der Handlungsfähigkeit oder die Aufhebung der gesetzlichen Vertretung des Vollmachtgebers nicht berührt, solange der Rechtsnachfolger bzw neue gesetzliche Vertreter sie nicht widerruft und der Behörde den Widerruf anzeigt oder der Bevollmächtigte selbst einseitig die Vertretung niederlegt.[29] Der Aufhebung der gesetzlichen Vertretung ist die Beendigung der Betreuung nach § 1908d BGB gleichzuachten.[30] Dem Tod eines Vollmachtgebers entspricht **bei juristischen Personen** und Personengesellschaften das Erlöschen nach abgeschlossener Liquidation (str; s auch § 11 Rn 8, 16). Die Regelung ist an § 86 ZPO angelehnt und dient entsprechend § 10 Abs 2 dem Zweck, ein begonnenes Verfahren möglichst ohne Verzögerung zu Ende zu führen.[31]

24 **2. Fortführung des Verfahrens.** Zu einer Fortführung des Verfahrens im Falle des Todes des Antragstellers oder desjenigen, an den ein VA gerichtet ist werden soll, kommt es idR nur im Falle einer **Rechtsnachfolge** (s hierzu § 13 Rn 58). Bezieht sich das Verwaltungsverfahren auf nicht rechtsnachfolgefähige Rechtspositionen, ist es einzustellen, anderenfalls kann bzw muss es mit dem Rechtsnachfolger fortgesetzt werden. Abs 2 2. Halbs stellt klar, dass der Bevollmächtigte in diesem Fall auf Verlangen die Vollmacht des Rechtsnachfolgers beibringen muss, wenn er weiter als Bevollmächtigter auftreten will.

BSG 37, 44; Krause VerwArch 1970, 315: grundsätzlich kein Vertrauensschutz der Behörde hins des Bestehens einer Vollmacht; ebenso Kropshofer, Verwaltungsverfahren, 148.

[27] Vgl BGHZ 189, 346 Rn 16 mwN.

[28] Vgl BGHZ 21, 65; 40, 204; DVBl 1972, 778; BayObLG VRspr 24, 1003; WBSK I § 35 Rn 14; Knack/Henneke 10.

[29] BVerwG NVwZ 1985, 337; BGH VersR 1977, 334; zur Niederlegung durch den Bevollmächtigten auch OVG Hamburg NVwZ 1985, 350; Obermayer/Funke-Kaiser 49.

[30] OVG Münster B v 8.11.2012, 6 A 2969/11, juris Rn 4 ff.

[31] Vgl Begr S 44; OVG Münster B v 8.11.2012, 6 A 2969/11, juris Rn 4 ff; BGH NJW 1993, 1654 zu § 86 ZPO.

IV. Verfahrenshandlungen gegenüber den Beteiligten selbst (Abs 3)

1. Die Sollvorschrift des Abs 3 S 1. a) Grundsatz. Im Gegensatz zu § 67 Abs 3 S 2 VwGO schreibt das VwVfG nicht zwingend, sondern nur als **Soll-Vorschrift,** die in Ausnahmefällen Abweichungen zulässt (VGH Kassel NVwZ 1984, 802), vor, dass Zustellungen und Mitteilungen von der Behörde allein an den Bevollmächtigten zu richten sind. Die Regelung dient sowohl **dem öffentlichen Interesse** an einer zweckmäßigen Verfahrensgestaltung als auch dem **Schutz der Verfahrensbeteiligten,** die durch die Bestellung eines Bevollmächtigten anzeigen, dass dieser für sie das Verfahren betreiben soll (BVerwG NJW 1985, 340). Der Bevollmächtigte hat keinen Anspruch (auch kein formelles subjektives Recht) auf Beachtung des Abs 3 S 1 und wird durch einen Verstoß dementsprechend nicht in eigenen Rechten verletzt.[32] Zur **Bekanntgabe eines VA** an einen Bevollmächtigten s § 41 Abs 1 S 2, hierzu unten Rn 30; für **Zustellungen** s unten Rn 31. Die Vorschrift gilt nicht für Abschiebungsankündigungen nach § 60a AufenthG (OVG Hamburg, B v 4.12.2008, 4 Bs 229/08, juris. 25

b) Abweichung in atypischen Fällen. Die Fassung der Bestimmung als **Soll-Vorschrift** bedeutet, dass die Behörde – vorbehaltlich besonderer Rechtsvorschriften (vgl Abs 3 S 4) – nur bei Vorliegen besonderer, atypischer Umstände Verfahrenshandlungen, insb Mitteilungen, Aufforderungen und sonstige Formen einer Kontaktaufnahme (VG Berlin NVwZ 1984, 601; StBS 21), auch unmittelbar gegenüber dem durch einen Bevollmächtigten vertretenen Beteiligten vornehmen darf, wenn sie dies aus besonderen Gründen (vgl auch § 10 S 2) für erforderlich halten darf.[33] Dies gilt etwa, wenn der Bevollmächtigte nicht oder nicht rechtzeitig erreichbar ist, eine Entscheidung jedoch rasch getroffen werden muss, oder wenn der Bevollmächtigte Anfragen, Aufforderungen usw unbeantwortet lässt (vgl VG Berlin NVwZ 1984, 601; StBS 22). **Im Normalfall** muss die Behörde sich dagegen **an den Bevollmächtigten** wenden (vgl BVerwG NJW 1976, 1117 m Anm Redeker); dass ein unmittelbarer Kontakt lediglich zweckmäßig erscheint, genügt nicht (VG Berlin NVwZ 1984, 601). 26

c) Auswirkungen bei Verstoß. Umstritten ist, welche Auswirkungen es hat, wenn Verfahrenshandlungen unter Verstoß gegen Abs 3 S 1 unmittelbar gegenüber dem Vollmachtgeber vorgenommen werden. Die überwiegende Auffassung geht davon aus, dass der Verstoß die Wirksamkeit der Verfahrenshandlung unberührt lässt.[34] Einigkeit besteht darüber, dass die Regelungen dem Bevollmächtigten selbst keine eigenen Rechte einräumen.[35] 27

2. Ausnahme bei Mitwirkungspflichten (Abs 3 S 2). Für Handlungen im Rahmen der persönlichen Mitwirkungspflichten der Beteiligten gem § 26 Abs 2 oder nach besonderen Vorschriften gilt, wie S 2 klarstellt (vgl ABegr 5), die Beschränkung gem Abs 3 S 1 nicht, und zwar auch dann nicht, wenn die in Frage stehende Mitwirkungshandlung nicht höchstpersönlicher Natur ist. Der Bereich der Mitwirkungspflichten ist relativ weit zu ziehen (s § 24 Rn 12a). Er 28

---

[32] BVerwG NJW 1985, 340: auch nicht aus § 3 Abs 2 BRAO; VGH Kassel NVwZ 2000, 207; UL § 17 Rn 11; Obermayer/Funke-Kaiser 50; Knack/Henneke 13; StBS 21 mwN.

[33] VGH Kassel NVwZ 1984, 802; NVwZ-RR 1993, 432; OVG Münster DÖV 1990, 710; VG Berlin NVwZ 1984, 601; MB 22; ebenso im wesentlichen das bish Recht, vgl StBS 22 f; unter Hinweis auch auf § 26 Abs 2 S 3; RÖ VwGO § 73 Rn 17; Kopp/Schenke § 56 Rn 9; zT **aA** BFH NVwZ 1990, 1111; BStBl II 1988, 242; BSG NJW 1990, 2835; NVwZ 1990, 1108.

[34] BVerwG BayVBl 1998, 374; vgl ferner VGH Kassel NVwZ-RR 1993, 432; OVG Münster NVwZ-RR 1990, 442 zu § 22 Abs 7 AsylG aF; **aA** insoweit VGH Kassel InfAusR 1985, 286; ferner Obermayer/Funke-Kaiser 50.

[35] BVerwG NJW 1985, 339; VGH Kassel NVwZ 2000, 207; Knack/Henneke 13.

umfasst sämtliche Auskünfte, die den individuellen Erfahrungsbereich des Beteiligten betreffen, unabhängig davon, ob es sich um persönliche oder sachliche Informationen handelt. Er umfasst auch die **Vorlage sämtlicher Urkunden und Unterlagen,** die sich im Besitz des Beteiligten finden, auch dann, wenn dieser sie bereits im Rahmen des Verfahrens seinem Vertreter weitergegeben hat. Allerdings beziehen sich die Mitwirkungspflichten stets auf die Sachverhaltsfeststellung. Keine Frage der Mitwirkungspflicht ist es deswegen, soweit es um verfahrensrechtliche Erklärungen oder rechtliche Stellungnahmen zum Verfahrensgegenstand geht.

29 **3. Verständigung des Bevollmächtigten (Abs 3 S 3).** Die Verpflichtung der Behörde gem Abs 3 S 3 zur Verständigung des Bevollmächtigten soll sicherstellen, dass der Bevollmächtigte auch dann, wenn sich die Behörde ausnahmsweise an den Beteiligten selbst wendet, über den Verfahrensstand vollständig informiert ist.[36] Sie ist nur durch eine **Soll-Vorschrift** angeordnet; insoweit gelten die oben zu Rn 26 gemachten Ausführungen entsprechend.[37] Praktisch lassen sich jedoch kaum Fälle vorstellen, in denen es gerechtfertigt sein könnte, dass die Behörde von einer Verständigung absieht (Drescher NVwZ 1988, 683); dies dürfte nur dann in Betracht kommen, wenn der Betroffene ausdrücklich auf die Information seines Bevollmächtigten verzichtet und es selbst übernimmt, ihn zu unterrichten.[38] Die Verständigung kann idR bei schriftlichen Anfragen usw an den Beteiligten auch durch einfache **Übersendung einer Abschrift** des an den Beteiligten gerichteten Schreibens der Behörde an den Bevollmächtigten erfolgen. Soweit Gespräche uÄ mit den Beteiligten stattgefunden haben, muss die Behörde in ihrer Mitteilung auch über **Art und Ergebnis** ihrer Kontaktaufnahme informieren (VGH Kassel NVwZ 1984, 802). Eine **Unterlassung der Verständigung** nach S 3 berührt die Wirksamkeit der Mitteilung usw nicht und stellt auch keine Verletzung des rechtlichen Gehörs dar (vgl BVerfG NJW 1978, 1575 zu § 51 Abs 3 OWiG).

30 Für die **Bekanntgabe eines VA** ist es **umstritten,** ob sie ebenfalls zwingend dem Bevollmächtigten gegenüber zu erfolgen hat, (so VGH Mannheim VBlBW 1987, 297), oder ob die Regelung in § 41 Abs 1 S 2 insoweit eine speziellere Norm ist. Letztere sieht vor, dass die Bekanntgabe dem Bevollmächtigten gegenüber vorgenommen werden „kann" und räumt der Behörde Ermessen ein, ob sie dem Beteiligten selbst oder dem Bevollmächtigten gegenüber bekannt geben will. Die hM[39] geht zu Recht davon aus, dass § 41 Abs 1 S 2 gegenüber § 14 Abs 3 S 2 die speziellere Norm ist. Die Frage, wem gegenüber bekannt gegeben werden muss, richtet sich allein nach § 41 (s § 41 Rn 38 ff).

31 **4. Zustellungen an Bevollmächtigte (Abs 3 S 4).** Für Zustellungen (vgl im Einzelnen § 41 Rn 58 ff) verbleibt es gem S 4 bei den dafür bestehenden besonderen Vorschriften, und zwar nicht nur des Bundesrechts (insoweit würde sich diese Folge schon aus dem allgemeinen Vorbehalt in § 1 ergeben), sondern, soweit es sich um Zustellungen in Verfahren vor Landesbehörden handelt, die das VwVfG anzuwenden haben, auch des Landesrechts. Für den Anwendungsbereich des VwZG schreibt § 7 Abs 1 S 2 VwZG die **Zustellung an den Bevollmächtigten zwingend** vor, wenn der Behörde eine schriftliche Vollmacht vorgelegt wurde;[40]

---

[36] VGH Kassel NVwZ 1984, 802; Obermayer/Funke-Kaiser 53; StBS 23; Sonnek 128; Drescher NVwZ 1988, 682.

[37] Vgl auch BVerwG NJW 1976, 1117 m Anm Redeker; VGH Kassel NVwZ 1984, 802.

[38] Drescher NVwZ 1988, 683 unter Hinweis auf VGH München BayVBl 1979, 124.

[39] BVerwG NVwZ 1998, 1292; VGH Kassel NVwZ 2000, 207; Knack/Henneke 14; StBS § 41 Rn 39; UL § 17 Rn 12; Obermayer/Funke-Kaiser § 41 Rn 22; **aA** Drescher NVwZ 1988, 681.

[40] UL § 17 Rn 13; für die Zustellung eines VA auch Drescher NVwZ 1988, 683; **aA** MB § 41 Rn 33: Vorrang des § 41 Abs 1.

eine Zustellung an den Vertretenen wäre deshalb unwirksam (vgl BVerfG NJW 1978, 1575). Ähnliche Bestimmungen gelten zT auch nach den Landeszustellungsgesetzen. Allerdings liegt die Entscheidung, ob eine Mitteilung in einfacher Form ergeht oder durch Zustellung erfolgen soll, idR nach den insoweit maßgeblichen Vorschriften im Ermessen der Behörde; eine Zustellung ist, wenn überhaupt, meist nur für VAe vorgeschrieben. **Wenn** allerdings **die Behörde die Form der Zustellung wählt,** so ist sie an die dafür maßgeblichen Vorschriften **auch dann gebunden,** wenn die Zustellung an sich nicht zwingend vorgeschrieben gewesen wäre.[41]

V. Beistände (Abs 4)

1. Allgemeines zur Funktion des Beistandes. Die Hinzuziehung eines Beistandes erfolgt anders als beim Bevollmächtigten nur **zur Unterstützung des Beteiligten,** eine Vertretungsbefugnis ist damit nicht verbunden. Der Beteiligte soll sich damit die Wahrung seiner Rechte erleichtern. Der Beistand kann nicht anstelle, sondern **nur zusammen mit dem Beteiligten** handeln (UL § 17 Rn 14; Schoch NJW 1982, 547; Obermayer 64; MB 24). Er kann daher allein keine Anträge in der Sache oder zum Verfahren stellen, ebenso nicht einen Vergleich abschließen uÄ (UL § 17 Rn 14). Der Beteiligte ist in der Wahl des Beistands frei, es muss sich lediglich um eine handlungsfähige, natürliche Person handeln (StBS 29). Dies kann auch ein Rechtsanwalt sein, unabhängig davon, ob er zugleich bevollmächtigt iSd Abs 1 ist.[42] Zu beachten sind allerdings die Zurückweisungsvorschriften in Abs 5 u 6 (Rn 34ff). Bei Leistungs-, Eignungs- und ähnlichen Prüfungen von Personen ist die Möglichkeit der Zuziehung eines Beistands durch § 2 Abs 3 Nr 2 ausgeschlossen (BVerwGE 62, 169, 172; Rn 5a u § 2 Rn 42ff). 32

2. Zulässigkeit mündlicher und schriftlicher Äußerungen. Umstritten ist angesichts der engen Formulierung in Abs 4, ob der Beistand auf mündliche Äußerungen im Beisein des Beteiligten beschränkt ist oder auch schriftliche Äußerungen einreichen darf. Entgegen der insoweit zu engen Fassung des Abs 4 kann sich ein Beteiligter **nicht nur bei Verhandlungen** und Besprechungen eines Beistandes bedienen, zB diesem mündliche Ausführung zu Tatsachen und Rechtsfragen überlassen, sondern, wie sich aus Abs 6 ergibt, **auch zu schriftlichen Ausführungen.**[43] Gegen die engere Auffassung spricht ua, dass der Begriff des Beistandes kein Begriff ist, der sich der Interpretation aus dem VwVfG selbst entziehen würde, und dass durchaus ein praktisches Bedürfnis besteht, dass ein Beteiligter sich bei schriftlichen Ausführungen unterstützen läßt, auch wenn er im Übrigen seine Sache selbst führen und keinen Bevollmächtigten bestellen möchte. **Bei widersprechendem Vortrag** gilt nach S 2 das vom Beteiligten selbst Vorgetragene, wenn er dem gegenteiligen Vortrag unverzüglich (vgl zum Begriff § 121 Abs 1 S 1 BGB) widerspricht; in diesem Fall ist das vom Beistand Vorgetragene unbeachtlich. Widerspricht der Beteiligte nicht unverzüglich, so muss die Behörde das gegensätzliche Vorbringen nach § 24 beurteilen. Hinsichtlich der persönlichen Voraussetzungen der Beistände gelten dieselben Regelungen wie für Bevollmächtigte. 33

---

[41] S § 41 Rn 11; für die Zustellung von VA auch ausdrücklich OVG Koblenz DVBl 1983, 955; Drescher NVwZ 1988, 683.

[42] Vgl VG Münster B v 16.5.2012, 4 L 113/12, juris.

[43] Obermayer/Funke-Kaiser 64 und 66; **aA** UL § 17 Rn 14; Knack/Henneke 16 unter Hinweis auf den Wortlaut; MB 24: keine Tätigkeit außerhalb von Verhandlungen und Besprechungen, § 14 Abs 6 S 1 sei unsinnig.

VI. Zurückweisung von Bevollmächtigten u Beiständen (Abs 5–7)

34 **1. Zurückweisung wegen unbefugter Rechtsdienstleistung (Abs 5).** Eine Pflicht zur Zurückweisung von Bevollmächtigten oder Beiständen besteht nach Abs 5, wenn deren konkreten Tätigkeit in einem Verwaltungsverfahren eine Rechtsdienstleistung darstellt, die nach Art und Umfang entgegen § 3 RDG erbracht wird. Die Vorschrift die die anderweitige Pflichten zur Zurückweisung zB nach dem kommunalrechtlichen Vertretungsverbot (Rn 36), unberührt lässt, wurde durch das 4. VwVfÄndG an das RDG angepasst, mit dem das lange überholte **RBerG abgelöst** wurde (näher Rn 13). Nach § 3 RDG sind Rechtsdienstleistungen nur zulässig, wenn sie entweder im RDG selbst (Rn 35a) oder in anderen Vorschriften (Rn 35b) zugelassen sind.

35 **a) Begriff der Rechtsdienstleistung.** Hierunter fallen nach § 2 Abs 1 RDG sämtliche Tätigkeiten in konkreten fremden Angelegenheiten, die eine **rechtliche Prüfung des Einzelfalls** erfordern. Inkassodienstleistungen werden nach § 2 Abs 2 RDG stets erfasst. Ausgenommen sind die in § 2 Abs 3 RDG aufgeführten Tätigkeiten.[44] Fremd sind alle Verfahren dritter Personen;[45] mittelbares Eigeninteresse lässt die Fremdheit nicht entfallen. Anders als nach dem RBerG ist eine geschäftsmäßige Tätigkeit nicht erforderlich (Schmitz/Prell NVwZ 2009, 1, 11); maßgeblich ist nach Sinn und Zweck der Norm der (objektiv) notwendige **Einsatz rechtlichen Sachverstandes.** Hieraus folgt, dass nicht jede beliebige Tätigkeit im Zuge eines Verwaltungsverfahrens Rechtsdienstleistung nach § 2 RDG ist, sondern nur diejenige, die eine mehr als laienhafte rechtliche Prüfung und damit den Einsatz qualifizierter Rechtskenntnisse erfordert. Die bloße **Vorbereitung und Stellung von Anträgen** gem § 22 wird **idR nicht dazu** gehören, auch nicht, wenn zur Begründung auf rechtliche Vorschriften Bezug genommen werden muss.

35a **b) Befugnisse nach dem RDG.** Nach § 5 RDG erlaubt sind Rechtsdienstleistungen, die als bloße **Nebenleistung einer anderen Dienstleistung** erbracht werden, wie zB im Rahmen von Finanzdienstleistungen, einer Verwaltungstätigkeit von Vermögen oder Immobilien oder Architekturleistungen. Voraussetzung ist hier, dass es sich um eine der Hauptleistung untergeordnete Nebenleistung handelt. Nach § 6 Abs 1 RDG sind **unentgeltliche Rechtsdienstleistungen** erlaubnisfrei, zB im Rahmen familiärer, nachbarschaftlicher oder vergleichbarer persönlicher Beziehungen; uU ist hier eine juristische Qualifikation erforderlich. Nach § 7 RDG erlaubnisfrei sind **Mitgliederberatungen** durch Berufs- und Interessenvereinigungen (zB Gewerkschaften, Verbände, Vereine) im Rahmen ihres satzungsmäßigen Aufgabenbereichs. Ähnliches gilt für **Rechtsberatung durch öffentliche Stellen** im Rahmen ihres Aufgabenbereichs nach § 8 RDG. Schließlich sind Rechtsdienstleistungen zugelassen nach § 10 RDG durch sogenannte registrierte Personen für **Inkassodienstleistungen, Rentenberatung** und **ausländischem Recht,** sofern sie von registrierten Personen mit besonderer Sachkunde erbracht werden.

35b **c) Sonstige Befugnisse zur Rechtsdienstleistung.** Das RDG verzichtet auf eine Aufzählung derjenigen Berufsgruppen, denen spezialgesetzlich die Erbringung von Rechtsdienstleistungen erlaubt ist. Hierzu gehören wie bisher schon **Rechtsanwälte** (§ 3 BRAO) sowie in eingeschränktem Umfang zB **No-**

---

[44] Hierzu zählen ua wissenschaftliche Gutachten und allgemeine rechtliche Darstellungen und Erörterungen und die Mediation.

[45] Keine Fremdheit liegt vor, wenn es sich um Angestellte eines Verfahrensbeteiligten handelt; vgl BT-Dr 16/3655, S 48.

tare (§ 24 BNotO). **Patentanwälte** (§ 3 PatAnwO) und **Steuerberater** (§§ 2ff SteuerberatungsG).

Rechtslehrer an deutschen Hochschulen sind in verschiedenen Verfahrensordnungen speziell zur Vertretung zugelassen (vgl zB § 67 VwGO; § 22 BVerfGG). Aus der Zulassung für verwaltungsgerichtliche Verfahren folgt zugleich, dass sie auch in den vorgeschalteten Verwaltungsverfahren zur Vertretung befugt sind. **Umstritten** ist, ob in den verschiedenen Zulassungsregelungen ein allgemeiner Rechtsgedanke gesehen werden kann, wonach sie allgemein Rechtsdienstleistungen erbringen dürfen (abl VGH Mannheim NVwZ 1991, 598). Als Rechtslehrer anerkannt sind Professoren des Rechts, auch emeritierte oder pensionierte, außerplanmäßige bzw außerordentliche Professoren, Honorarprofessoren (auch verabschiedete) Privatdozenten; keine Rechtslehrer idS sind Lehrbeauftragte, Fachhochschullehrer und (wissenschaftliche) Assistenten. 35c

d) Sonstige Vertretungsverbote. Zurückzuweisen sind in analoger Anwendung von Abs 5 auch Vertreter und Beistände, die **aus anderen Gründen** an einer Vertretung gehindert sind, zB durch ein **Vertretungsverbot des Gemeinderechts**[46] oder des Kreisrechts, Bezirksrechts usw. Zur verfassungsrechtlichen Zulässigkeit solcher Verbote mit unmittelbarer Beachtlichkeit auch in einem bundesrechtlich geregelten Verfahren vgl – bejahend – BVerfGE 56, 99, 107. Ein kommunalrechtliches Vertretungsverbot gilt nicht für Rechtsanwälte, die nur eine Bürogemeinschaft oder Sozietät mit einem nach Gemeinderecht usw ausgeschlossenen Rechtsanwalt haben.[47] 36

2. Zurückweisung wegen mangelnder Eignung oder Fähigkeit (Abs 6). 37
Abs 6 gibt der Behörde im Interesse der sachgemäßen Durchführung des Verfahrens die Möglichkeit (Ermessensentscheidung), ungeeignete (iwS) Personen als Bevollmächtigte bzw Beistände[48] zurückzuweisen. Dies gilt nach Abs 6 S 2 jedoch nicht für Personen, die nach § 67 Abs 2 S 1 u 2 Nr 3–7 VwGO zur Vertretung im verwaltungsgerichtlichen Verfahren befugt sind. Die Zurückweisung kann immer nur für das einzelne konkrete Verfahren, nicht generell, erfolgen (BVerwG BayVBl 1984, 724). Sie muss von der Behörde ausdrücklich verfügt werden und stellt einen VA dar sowohl dem Bevollmächtigten gegenüber wie auch dem Vollmachtgeber.

Mangelnde Eignung ist anzunehmen, wenn der Bevollmächtigte oder Beistand nicht in der Lage ist, sich zum Gegenstand des Verfahrens klar, sachlich und ohne Weitschweifigkeiten auszudrücken (ebenso UL § 17 Rn 17; Knack/Henneke 19), oder dazu nicht bereit ist (vgl Kopp/Schenke § 67 Rn 19). Als mangelnde Eignung ist es auch anzusehen, wenn der Bevollmächtigte oder Beistand offensichtlich nicht die Fähigkeit hat, den für das Verfahren maßgeblichen Sachverhalt und die rechtliche Bedeutung sachdienlicher Erklärungen, Anträge usw zum Verfahren zu erfassen (vgl München BayVBl 1974, 503). Bei **schriftlichen Ausführungen** kommt es auch auf die Form, insb auch auf die Lesbarkeit, an. Wie sich aus der Fassung der Vorschrift ergibt, ist die Eignung zum schriftlichen und mündlichen Vortrag gesondert zu prüfen und ggf darüber gesondert zu entscheiden. 38

---

[46] Vgl BVerfG MDR 1980, 187; BVerwG DVBl 1988, 791; NJW 1982, 2177; VG Schleswig NordÖR 2001, 84; Knack/Henneke 18; vgl auch BVerwGE 19, 332, 344; BVerfGE 56, 99, 107; **aA** die ältere Rspr u Lit, vgl OVG Münster NJW 1975, 2086; VGH Kassel NJW 1981, 140; Schoch, Das kommunale Vertretungsverbot, 1981; Püttner DÖV 1982, 860; Prutsch Vr 1981, 1; Bauer NJW 1981, 2171; Stober BayVBl 1981, 161.

[47] BVerwG NJW 1982, 2172; BVerfGE 56, 99, 108; NJW 1982, 2177; OVG Münster NJW 1981, 1599; Schoch DVBl 1981, 678; Bauer NJW 1981, 2171.

[48] VGH München BayVBl 1984, 724; **aA** UL § 17 Rn 17, FN 32.

39 **Beteiligte selbst können nicht zurückgewiesen werden.** Das VwVfG sieht auch keine sonstige Befugnis der Behörde vor, einem zu eigenem Vortrag nicht geeigneten Beteiligten die Bestellung eines Bevollmächtigten oder Beistandes aufzugeben (UL § 17 Rn 3). Vgl aber zur Bestellung eines Vertreters von Amts wegen bei körperlichen oder geistigen Gebrechen § 16 Abs 1 Nr 4 (Knack/Henneke 19). Ggf ist in derartigen Fällen zu prüfen, ob der Grund nicht in einer partiellen **Verfahrenshandlungsunfähigkeit** (s dazu § 12 Rn 5) liegt (vgl VGH München BayVBl 1974, 503).

40 **Zu besonderen gesetzlichen Vorschriften** außerhalb des VwVfG, die die Anordnung der Bestellung eines Bevollmächtigten, Vertreters oder Beistands vorsehen oder zulassen, Laubinger/Repkewitz VerwArch 1994, 86, 98; zur Zulässigkeit von **Ermahnungen** an Beteiligte oder deren Bevollmächtigte, Vertreter oder Beistände, „bei der Sache zu bleiben" und „sich kurz zu fassen", § 28 Rn 35.

41 **3. Verfahren und Wirkung der Zurückweisung (Abs 7). a) Allgemeines.** Die Ausschlussgründe nach Abs 5 iVm dem RDG sowie sonstige gesetzliche Ausschlussgründe und Vertretungsverbote uÄ – sind von der Behörde **von Amts wegen zu berücksichtigen;** einer Rüge eines Beteiligten bedarf es insoweit nicht. IdR ist aber eine besondere Prüfung der Frage der Zulässigkeit des Auftretens einer Person als Bevollmächtigter oder Beistand nur dann veranlasst, wenn konkrete Tatsachen vorgetragen werden, sich aus den Akten ergeben oder sonst der Behörde bekannt sind, die zu Zweifel Anlass geben.

42 **b) Nebenverfahren.** Die Entscheidung über die Zurückweisung ergeht in einem Nebenverfahren. Die Zurückweisung stellt dem Zurückgewiesenen wie auch dem Beteiligten gegenüber, der durch diesen vertreten wird oder ihn als Beistand zugezogen hat – nicht auch gegenüber sonstigen Beteiligten – einen **VA** dar, der jedoch nur vom Zurückgewiesenen selbst **gesondert angefochten** werden kann.[49] **Der betroffene Beteiligte** selbst kann dagegen gem § 44a VwGO nur im Rahmen eines Rechtsbehelfs in der Hauptsache vorgehen.[50]

43 Für das **Verfahren bezüglich der Zurückweisung** gelten die allgemeinen Verfahrensbestimmungen des VwVfG; insb ist dem Bevollmächtigten bzw Beistand und den betroffenen Beteiligten vor der Entscheidung **rechtliches Gehör** zu gewähren (§ 28). Bei der Mitteilung gem Abs 7 S 1 handelt es sich um die Bekanntgabe eines VA iS von § 41 und § 43.

44 **c) Keine Rückwirkung.** Die Zurückweisung wirkt, wie sich aus Abs 7 S 2 iVm S 1 und §§ 41 Abs 1, 43 Abs 1 ergibt, erst ab dem Zeitpunkt ihrer Bekanntgabe an den betroffenen Beteiligten.[51] Auf die Bekanntgabe an den zurückgewiesenen Bevollmächtigten oder Beistand kommt es dagegen insoweit hins der Auswirkungen auf das Hauptverfahren nicht an. Vor der Zurückweisung vorgenommene Verfahrenshandlungen des Zurückgewiesenen bleiben wirksam;[52] ebenso behält der bis dahin erfolgte Vortrag seine Bedeutung. Im Hinblick auf die **aufschiebende Wirkung eines Rechtsbehelfs** gem § 80 Abs 1 VwGO gegen die Zurückweisung ist idR eine Anordnung gem § 80 Abs 2 S 1 Nr 4 VwGO zweckmäßig.

---

[49] BVerwG BayVBl 1974, 201; VGH München DVBl 1985, 530, 531; BayVBl 1991, 124; VGH Kassel VRspr 21, 884; SG Kiel NVwZ-RR 1992, 672; UL § 17 Rn 18; Obermayer/Funke-Kaiser 93; MB 19; StBS 41; Knack/Henneke 22.

[50] VGH München DVBl 1985, 530, 531; UL § 17 Rn 18; Obermayer/Funke-Kaiser 93; StBS 41; Knack/Henneke 22; sehr zweifelhaft.

[51] VGH München DVBl 1985, 531; StBS 40; Knack/Henneke 21; Obermayer/Funke-Kaiser 87 ff; **aA** MB 19: Zugang bei Bevollmächtigten oder Beistand genügt.

[52] BVerwG U v 13.9.2001, 7 C 30/00, juris Rn 27; UL § 17 Rn 18; StBS 40; Knack/Henneke 21.

§ 15 Bestellung eines Empfangsbevollmächtigten

Ein Beteiligter ohne Wohnsitz oder gewöhnlichen Aufenthalt, Sitz oder Geschäftsleitung im Inland hat der Behörde auf Verlangen innerhalb einer angemessenen Frist einen Empfangsbevollmächtigten im Inland zu benennen.[3] **Unterlässt er dies, gilt ein an ihn gerichtetes Schriftstück am siebenten Tage nach der Aufgabe zur Post und ein elektronisch übermitteltes Dokument am dritten Tage nach der Absendung als zugegangen.**[6a] **Dies gilt nicht, wenn feststeht, dass das Dokument den Empfänger nicht oder zu einem späteren Zeitpunkt erreicht hat.**[7] **Auf die Rechtsfolgen der Unterlassung ist der Beteiligte hinzuweisen.**[6a]

Parallelvorschriften: § 81 Abs 1 Nr 3 AO; § 14 SGB-X; § 56 Abs 3 VwGO; § 184 ZPO

Schrifttum: S § 14.

Übersicht

I. Allgemeines

1. Inhalt. Die Vorschrift gibt der Behörde im Interesse der Vereinfachung des Verfahrens und im Interesse einer zügigen Verfahrensabwicklung (Koblenz NJW 1993, 2457) die Möglichkeit, einem Beteiligten, der sich nicht nur ganz vorübergehend im Ausland befindet, die **Benennung eines Empfangsbevollmächtigten** (Zustellungsbevollmächtigten) aufzugeben, an den sie mit Wirkung für und gegen ihn wirksam bekanntgeben (§ 41) und zustellen kann. Die Regelung lehnt sich an § 56 Abs 3 VwGO und § 184 ZPO an. Ein Empfangsbevollmächtigter ist für alle Zustellungen, Ladungen, formlosen Mitteilungen usw der Behörde **Vertreter des betroffenen Beteiligten** mit der Folge, dass eine Mitteilung oder Zustellung an ihn auch dem Vertretenen gegenüber wirkt, Fristen in Lauf setzt usw (ebenso UL § 18 Rn 21; StBS 3; Knack/Henneke 2). Zu aktiven Verfahrenshandlungen ist der Empfangsbevollmächtigte nicht ermächtigt. 1

2. Anwendungsbereich. Die Vorschrift gilt, vorbehaltlich entgegenstehender oder gleichlautender Bestimmungen (vgl zB § 51b BImSchG), unmittelbar für den Anwendungsbereich des VwVfG. Die Verwaltungsverfahrensgesetze der Länder enthalten gleich lautende Vorschriften. Eine **analoge Anwendung** von § 15 bzw der entspr Vorschriften des Landesrechts ist dagegen, da diese Vorschriften nicht Ausdruck eines allgemeinen Rechtsgedankens sind, **nicht möglich.** Soweit ausdrückliche gesetzliche Rechtsvorschriften fehlen, bieten uU die Vorschriften über die Zulässigkeit einer öffentlichen Zustellung oder Bekanntmachung einen Ausweg (§ 41 Rn 74). Als gegenüber § 15 weitergehende Möglichkeit sieht § 16 Abs 1 Nr 3 die Befugnis der Behörde vor, von Amts wegen beim zuständigen Gericht die Bestellung eines Vertreters zu beantragen. Auch dies muss dem Beteiligten vorher angedroht worden sein. Keine Anwendung findet 2

§ 15, wenn der Betroffene bereits einen Bevollmächtigten nach § 14 benannt hat, sofern dieser seinen Wohnsitz oder gewöhnlichen Aufenthalt im Inland hat (Obermayer 10). Der Beteiligte kann iÜ auch unabhängig vom Vorliegen der Voraussetzungen des § 15, insbes. unabhängig von seinem Wohnsitz, einen Empfangsbevollmächtigten bestimmen, was aus der Möglichkeit folgt, eine eingeschränkte Vollmacht zu erteilen (§ 14 Abs 1 S 2 Hs 2).[1]

Keine Anwendung findet die Vorschrift nach der ausdrücklichen Regelung in § 71b Abs 6 S 2 in Verfahren, die nach §§ 71a ff **über eine einheitliche Stelle** abgewickelt werden können. Dies ist nach § 71a Abs 1 nur der Fall, wenn das Fachrecht die Möglichkeit der Abwicklung über eine einheitliche Stelle eröffnet. Ob der Antragsteller von dieser Möglichkeit tatsächlich Gebrauch macht, ist unerheblich. Diese Ausnahme vom Anwendungsbereich geht auf die Regelungen der Dientsleistungs-RL zurück, die im Interesse der Schaffung eines einheitlichen Binnenmarktes bestimmte Antragsverfahren erleichtern sollte (s näher § 71a Rn 9 ff). Sie ist aber nicht auf die Fälle beschränkt, die unter die Dienstleistungs-RL fallen.

2a **3. Rechtsnatur.** Die Aufforderung zur Bestellung eines Empfangsbevollmächtigten ist ein **VA,** der wegen der damit uU für den Beteiligten verbundenen finanziellen Belastungen usw der gesonderten Anfechtung unterliegt.[2] § 44a VwGO schließt eine Anfechtung dieses VA nicht aus (Obermayer 21; wohl auch StBS 5), obwohl der VA nicht im engeren Sinne vollstreckbar ist. Hier muss es in verfassungskonformer Auslegung des § 44a S 2 VwGO ausreichen, dass an die Nichtbefolgung des VA die Sanktionen des § 15 S 2 geknüpft werden.

II. Aufforderung zur Benennung eines Empfangsbevollmächtigten (S 1)

3 **1. Voraussetzungen.** Die Pflicht des S 1 betrifft nur Beteiligte iSd § 13, nicht auch andere Personen (**aA** Obermayer 7: auch Vertreter). Sie setzt weiter voraus, dass der Beteiligte keinen Wohnsitz (§ 7 BGB) oder gewöhnlichen Aufenthalt, bei anderen als natürlichen Personen keinen Sitz oder keine Geschäftsleitung im Inland hat. Für das Verlangen der Vertreterbestellung ist es ausreichend, wenn der inländische Wohnsitz, gewöhnliche Aufenthalt, Sitz usw der Behörde lediglich nicht bekannt ist (Obermayer 8; MB 2; enger: StBS 7). Fehlt ein Wohnsitz oder gewöhnlicher Aufenthalt gänzlich, zB bei Obdachlosigkeit, kann nicht nach § 15 vorgegangen werden, aber es kann und sollte auf die Benennung eines Zustellungsbevollmächtigten hingewirkt werden. Ist der Aufenthaltsort des Beteiligten überhaupt unbekannt, kann die Behörde nur nach § 16 vorgehen (Obermayer 8).

4 **2. Ermessen.** Die Entscheidung steht im **Ermessen** (§ 40) der Behörde (OVG Koblenz NJW 1983, 2457; Knack/Henneke 5). Sie hat zur Voraussetzung, dass der Beteiligte sich für einen nicht ganz unerheblichen Zeitraum – er muss zumindest seinen gewöhnlichen Aufenthalt im Ausland haben – tatsächlich außerhalb des Bundesgebiets befindet (UL § 18 Rn 22) und darüber hinaus, dass er **keinen Bevollmächtigten gem § 14** im Inland hat (UL § 18 Rn 22; Knack/Henneke 7; MB 2). Zum Begriff des **Wohnsitzes** und des **gewöhnlichen Aufenthalts** vgl § 3 Rn 27, des Sitzes bzw der Geschäftsleitung § 3 Rn 34. Sofern die gesetzlichen Voraussetzungen gegeben sind, ist es idR **nicht ermessensfehlerhaft,** wenn die Behörde dem betroffenen Beteiligten die Bestellung eines Empfangsbevollmächtigten aufgibt; anders nur, wenn trotz Vorliegens der gesetzlichen Voraussetzungen die ständige und schnelle Erreichbarkeit

---

[1] Bader/Ronellenfitsch 1.1; StBS 5; VG München B v 30.12.1998, M 4 S 98.5830, juris Rn 20.

[2] Str; wie hier StBS 5; OVG Koblenz NJW 1983, 2457; für das verwaltungsgerichtliche Verfahren auch VGH München BayVBl 1973, 474; 1974, 503; Kopp/Schenke § 67 Rn 23.

sichergestellt ist,[3] was zB idR dann der Fall ist, wenn die Voraussetzungen der elektronischen Kommunikation nach § 3a gegeben sind.[4]

3. Fristsetzung. Die Behörde muss dem Beteiligten für die Bestellung eines Empfangsbevollmächtigten eine nach den Umständen des Falles (s im Folgenden) **angemessene Frist setzen** (Obermayer 15; StBS 8; Knack/Henneke 5); dies ist schon im Hinblick auf die Folgen, wenn der Beteiligte der Aufforderung nicht nachkommt (s unten Rn 6a), und iSd Rechtsklarheit zweckmäßig. Sie kann sich aber auch darauf beschränken, den Beteiligten nur zur Bestellung eines Empfangsbevollmächtigten innerhalb angemessener Frist aufzufordern (so der eindeutige Wortlaut; **aA** offenbar UL § 18 Rn 22; Knack/Henneke 10; StBS 8: Fristsetzung erforderlich); in diesem Fall ist jedoch, wenn der Beteiligte der Aufforderung nicht innerhalb einer Frist nachkommt, die der Behörde angemessen erscheint, nach dem Grundsatz der Verhältnismäßigkeit vor weiteren Schritten eine Frist zu setzen. **Welche Frist angemessen** ist, hängt von den Umständen des Falles, insb davon ab, welche Schwierigkeiten der Beteiligte voraussichtlich haben wird, einen geeigneten Zustellungsbevollmächtigten zu finden (StBS 8; Knack/Henneke 5). Generell wird eine Frist von nicht unter 4 Wochen als angemessen erachtet.[5] Die gesetzte Frist kann gem § 31 Abs 7 S 1 und 2 verlängert werden. 5

4. Erfüllung der Pflicht. Erforderlich ist eine echte Bevollmächtigung einer handlungsfähigen Person iSd § 14 Abs 1 S 1 im Inland zur Entgegennahme von Zustellungen usw (s oben Rn 1) für den Beteiligten. Bloße **Deckadressen,** die der Behörde angegeben werden, genügen nicht (vgl BVerwGE 12, 75); ebenso nicht allein die Angabe einer Adresse oder eines Postschließfachs, sofern nicht aus den Umständen des konkreten Falles die Ernsthaftigkeit dieser Adresse hervorgeht (StBS 9). 6

III. Rechtsfolgen der Unterlassung der Bestellung eines Empfangsbevollmächtigten (S 2)

1. Grundzüge. Hat die Behörde dem Beteiligten das Verlangen auf Bestellung eines Empfangsvertreters bekanntgegeben (§ 41), so ist dieser zur Bestellung verpflichtet. Unterlässt er dies innerhalb der gesetzten Frist, so greifen die Vermutungsregelungen des S 2 ein, sofern der Beteiligte hierauf **besonders hingewiesen** worden ist (S 3). Der Hinweis ist wegen seiner Warnfunktion mit der Fristsetzung zu verbinden (StBS 15; Obermayer 34; **aA** Knack/Henneke 11: Verbindung nicht erforderlich aber zweckmäßig). Voraussetzung für den Eintritt der Rechtsfolgen des S 2 ist, dass das Verlangen nach S 1 wirksam (§ 43) geworden und der entsprechende Hinweis nach S 3 gegeben worden ist; anderenfalls gelten die allg Vorschriften über Zustellung und Bekanntgabe, wobei zu berücksichtigen ist, dass die Drei-Tages-Fiktion des § 41 Abs 2 S 1 für die Übermittlung eines VA durch die Post nur bei Bekanntgabe im Inland gilt. 6a

2. Widerlegliche Zugangsvermutung. Kommt der Beteiligte einer Aufforderung gem S 1 nicht nach oder widerruft er die Bestellung, ohne einen neuen zu bestellen, so kann die Behörde gem S 2, der § 175 ZPO aF (vgl § 184 Abs 1 S 2 ZPO nF) nachgebildet ist, alle weiteren Schreiben unmittelbar an den Beteiligten **mit gewöhnlicher Post** aufgeben mit der Folge, dass sie grundsätzlich **am siebten Tag als zugegangen gelten.** Die Vermutung des Zugangs kann widerlegt werden, wenn nachgewiesen wird, dass das Schriftstück den Empfänger nicht oder später (nicht aber früher) erreicht hat. Die Nichterweislichkeit eines späteren oder gänzlich unterbliebenen Zugangs geht zu Lasten des Beteiligten 7

---

[3] OVG Koblenz NJW 1993, 2457; Obermayer/Funke-Kaiser 4; StBS 7; Knack/Henneke 5.
[4] Bader/Ronellenfitsch 3; BHRS 8.
[5] MB 2; Bader/Ronellenfitsch 6; BHRS 9.

(StBS 13; Knack/Henneke 10; UL § 18 Rn 23). Mit der Neufassung des S 2 durch das 3. VwVfÄndG ist die Bestimmung um eine Regelung für die **Übermittlung elektronischer Dokumente** erweitert worden. Sofern eine elektronische Kommunikation zwischen Behörde und Beteiligtem zulässig ist (s hierzu näher § 3a), kann die Behörde ein Dokument auch auf elektronischem Weg an den Beteiligten übermitteln. Es gilt dann nach S 2 (ebenso wie nach § 41 Abs 2) als **mit dem dritten Tag** nach der Absendung als zugegangen. Die Sieben-Tage-Frist für die Übermittlung auf dem Postweg gilt hier also nicht. Auch hier ist dem Empfänger der Gegenbeweis eröffnet. Die Drei-Tage-Frist des S 2 entspricht der Regelung in § 41 Abs 2.

§ 16 Bestellung eines Vertreters von Amts wegen

(1) **Ist ein Vertreter nicht vorhanden, so hat das Betreuungsgericht, für einen minderjährigen Beteiligten das Familiengericht auf Ersuchen der Behörde einen geeigneten Vertreter zu bestellen**[8 ff]

1. **für einen Beteiligten, dessen Person unbekannt ist;**[12]
2. **für einen abwesenden Beteiligten, dessen Aufenthalt unbekannt ist oder der an der Besorgung seiner Angelegenheiten verhindert ist;**[14]
3. **für einen Beteiligten ohne Aufenthalt im Inland,**[17] **wenn er der Aufforderung der Behörde,**[18] **einen Vertreter zu bestellen,**[19] **innerhalb der ihm gesetzten Frist nicht nachgekommen ist;**
4. **für einen Beteiligten, der infolge einer psychischen Krankheit oder körperlichen, geistigen oder seelischen Behinderung nicht in der Lage ist, in dem Verwaltungsverfahren selbst tätig zu werden;**[20]
5. **bei herrenlosen Sachen, auf die sich das Verfahren bezieht, zur Wahrung der sich in Bezug auf die Sache ergebenden Rechte und Pflichten.**[22]

(2) **Für die Bestellung des Vertreters ist in den Fällen des Absatzes 1 Nr. 4 das Gericht zuständig, in dessen Bezirk der Beteiligte seinen gewöhnlichen Aufenthalt hat; im Übrigen ist das Gericht zuständig, in dessen Bezirk die ersuchende Behörde ihren Sitz hat.**[24 ff]

(3) **Der Vertreter hat gegen den Rechtsträger der Behörde, die um seine Bestellung ersucht hat, Anspruch auf eine angemessene Vergütung und auf die Erstattung seiner baren Auslagen.**[28] **Die Behörde kann von dem Vertretenen Ersatz ihrer Aufwendungen verlangen. Sie bestimmt die Vergütung und stellt die Auslagen und Aufwendungen fest.**[30]

(4) **Im Übrigen gelten für die Bestellung und für das Amt des Vertreters in den Fällen des Absatzes 1 Nr. 4 die Vorschriften über die Betreuung, in den übrigen Fällen die Vorschriften über die Pflegschaft entsprechend.**[31 ff]

Parallelvorschriften: § 15 SGB X; § 81 AO; § 207 BauGB; § 29a LandbeschG; § 11b VermG

Schrifttum: *Bork,* Die Prozessfähigkeit nach neuem Recht, MDR 1991, 97; *Cremer,* Die Bekanntgabe des Verwaltungsaktes an einen gemäß § 16 VwVfG bestellten Vertreter, VR 1988, 384; *Laubinger/Repkewitz,* Der Betreute im Verwaltungsverfahren und im Verwaltungsprozess, VerwArch 1994, 86; *Zimmermann/Damrau,* Das neue Betreuungs- und Unterbringungsrecht, NJW 1991, 538.

Übersicht

I. Allgemeines

1. Inhalt. Die Vorschrift regelt die **Bestellung eines Vertreters von Amts wegen** in Fällen, in denen dies zur Wahrung der Rechte von Beteiligten, die selbst aus tatsächlichen oder rechtlichen Gründen nicht oder nicht ausreichend dazu in der Lage sind, oder im Interesse der ordnungsgemäßen Durchführung des Verfahrens erforderlich erscheint. Die Bestellung eines Bevollmächtigten nach § 16 stellt eine Art **Ersatz für die nicht mögliche tatsächliche Beteiligung** verhinderter, unbekannter, nicht handlungsfähiger oder nicht vorhandener Betroffener am Verfahren dar und dient insoweit dem Schutz des betroffenen Beteiligten (vgl auch UL § 18 Rn 1). Zugleich liegt die Möglichkeit der Bestellung eines Vertreters aber auch im öffentlichen Interesse und ggf auch im Interesse anderer Verfahrensbeteiligter, wenn die Wahrnehmung notwendiger öffentlicher Aufgaben oder die Durchsetzung von Rechten Dritter sonst nicht möglich wäre (Knack/Henneke 2). Die Absätze 2 und 4 wurden durch G v 12.9.1990 (BGBl I, 2002) mit Wirkung ab 1.1.1992 neu gefasst. Durch G v 17.12.2008 (BGBl I, 2586) wurden Abs 1 und 2 dahingehend geändert, dass nunmehr Betreuungsgerichte, bei Minderjährigen Familiengerichte für die Bestellung des Vertreters zuständig sind (s unten Rn. 24). 1

a) Sinn und Zweck der Regelung. Die Vorschrift lehnt sich an die Regelungen der Pflegschaft, insbesondere § 1910 (aF), § 1911 BGB und an einige sondergesetzliche Bestimmungen (zB § 149 BBauG aF – heute § 207 BauGB) an. Sie entspricht einer sich unmittelbar aus dem Rechtsstaatsprinzip und aus den in einem Verwaltungsverfahren betroffenen Rechten ergebenden Verpflichtung, in Fällen der von § 16 erfassten Art entweder für die Bestellung eines Vertreters 2

Sorge zu tragen oder von der Durchführung des Verfahrens abzusehen, wenn mit einer Beeinträchtigung von Rechten des Betroffenen zu rechnen ist. Verfassungsrechtliche Bedenken gegen die Regelung sind nicht begründet (vgl BVerwG NJW 1990, 60 zur Pflegerbestellung für einen abwesenden Beamten).

3 **b) Bindung des Betreuungsgerichts.** Die Bedeutung der Vorschrift liegt vor allem darin, dass sie eine Verpflichtung des Gerichtes begründet, auf das Ersuchen der Behörde einen gesetzlichen Vertreter zu bestellen, wenn die Voraussetzungen des Abs 1 vorliegen. Ob die Behörde in diesen Fällen das Gericht tatsächlich ersucht oder von der Durchführung eines Verwaltungsverfahrens (einstweilen) absieht, steht in ihrem Ermessen. Eine Verpflichtung zur Übernahme einer Vertretung aufgrund einer Bestellung durch das Gericht wird durch § 16 nicht begründet, kann sich aber aus den gem Abs 4 ergänzend anwendbaren Vorschriften über die Pflegschaft nach dem BGB ergeben.

4 **c) Andere Möglichkeit des Vorgehens.** Liegen die Voraussetzungen für ein Ersuchen nach Abs 1 nicht vor oder will die Behörde von dieser Möglichkeit aus anderen Gründen keinen Gebrauch machen, so hat die Behörde uU weitere Optionen.

4a In den Fällen des Abs 1 Nr 4 kann sie zB die **Anordnung einer Pflegschaft** durch das Gericht anregen. Es ist dann aber Sache des Vormundschaftsgerichts, in eigener Verantwortung über die Pflegschaft zu entscheiden. Ein Anspruch der Behörde auf eine entsprechende Anordnung besteht nicht. Ist bei Personen zwar ihre Identität, nicht aber ihr Aufenthalt bekannt und lässt sich dieser auch nicht mit zumutbarem Aufwand ermitteln, reicht uU die Möglichkeit einer **öffentlichen Zustellung** nach § 10 VwZG oder die öffentliche Bekanntgabe nach § 41 Abs 4 aus, soweit diese im Einzelfall zugelassen ist (vgl § 41 Rn 50 ff).

5 **2. Verfassungsrecht, EU-Recht.** Die Vorschrift ermöglicht einen erheblichen Eingriff in das verfahrensrechtliche Bestimmungsrecht der Betroffenen und damit in grundrechtlich geschützte Positionen. Sie ist aber gleichwohl **verfassungsrechtlich unbedenklich,** sofern die Behörde nur in solchen Fällen von der Möglichkeit des Ersuchens Gebrauch macht, in denen das öffentliche Interesse die Einleitung oder Fortsetzung eines Verwaltungsverfahrens erfordert. Hier ist stets das **Prinzip der Verhältnismäßigkeit** zu beachten. Ein weiterer Schutz des Betroffenen besteht darin, dass die Bestellung des Vertreters nur durch das Gericht erfolgen kann und deshalb eine gerichtliche Kontrolle der Voraussetzungen erfolgt. Die Vorschrift ist auch im Rahmen des indirekten Vollzugs des Unionsrechts grundsätzlich anwendbar. **Zweifelhaft ist allerdings, ob Abs 1 Nr 3** grundsätzlich für Betroffene gilt, die sich in einem anderen Mitgliedstaat der EU aufhalten. Hierin könnte im Anwendungsbereich des EU-Rechts eine Diskriminierung liegen. Dies wird man jedoch nur dann annehmen können, wenn die Kommunikation mit der in einem anderen Mitgliedstaat aufhältlichen Person, insbesondere die Bekanntgabe und Zustellung von Schriftstücken, gegenüber der Kommunikation im Inland keine besonderen Schwierigkeiten mehr aufwirft.

6 **3. Anwendungsbereich. a) Unmittelbare Anwendbarkeit.** Die Vorschrift gilt unmittelbar nur im Anwendungsbereich des VwVfG und vorbehaltlich spezieller Bestimmungen. Die Verwaltungsverfahrensgesetze der Länder enthalten gleich lautende Regelungen. Die Zulässigkeit entspr landesrechtlicher Regelungen, die von den bundesrechtlichen Bestimmungen über die Bestellung von Pflegern in den §§ 1909 ff BGB abweichen, ist durch § 100 Nr 1 sichergestellt. § 16 ist nur dann anwendbar, „wenn ein Vertreter nicht vorhanden ist", dh wenn für einen Beteiligten oder eine am Verfahren zu beteiligende (§ 13 Abs 2) Person auch **kein gesetzlicher Vertreter** oder **Bevollmächtigter** (§ 14) – oder nur ein Vertreter oder Bevollmächtigter, auf den selbst die Voraussetzungen gem § 16 Abs 1 Nr 1–4 zutreffen (vgl UL § 18 Rn 5; StBS 4; Knack/Henneke 5; MB 2) – vorhanden bzw bestellt ist. Die Voraussetzungen müssen voraussichtlich **für ei-**

nen nicht ganz unerheblichen Zeitraum gegeben sein; bei der Beurteilung der Zeit, die allenfalls zugewartet werden kann, ist auch die Art des Verfahrens und die Dringlichkeit der Angelegenheit zu berücksichtigen.

b) Analoge Anwendbarkeit. Umstritten ist, ob eine entspr Anwendung des § 16 bzw der entspr Vorschriften des Landesrechts auf andere als die in Abs 1 aufgeführten Fälle zulässig ist. Dies wird **überwiegend verneint,** da die Bestellung eines Vertreters von Amts wegen oder eine für das Gericht bindende Antragstellung eine ausdrückliche gesetzliche Regelung voraussetzen.[1] Die Gegenauffassung (UL § 18 Rn 6 unter Aufgabe der früher vertretenen Auffassung) berücksichtigt nicht hinreichend die besondere Eingriffswirkung, die in einer Analogie liegen kann (s oben Rn 5). Allerdings können Lücken in bestehenden Regelungen, die eine solche Befugnis bereits grundsätzlich vorsehen, durch sinngemäße Anwendung des § 16 bzw der entspr landesrechtlichen Bestimmung ausgefüllt werden. Ebenso kann und sollte § 16 bei der Auslegung bestehender sonderrechtlicher Bestimmungen, soweit diese nicht auf anderen Gedanken beruhen, berücksichtigt werden. 7

c) Spezielle Regelungen. Das Fachrecht sieht verschiedentlich die Bestellung eines gesetzlichen Vertreters vor (zB § 11b VermG; vgl auch § 3 BDG[2]). Diese Vorschriften gehen der Vorschrift zwar vor, Lücken werden aber idR durch die Bestimmungen des § 16 ergänzt (so ausdrücklich zB § 11b Abs 1 S 4 VermG). 7a

II. Bestellung eines Vertreters

1. Erforderlichkeit, Ermessen. Wenn die Voraussetzungen für die Bestellung eines Vertreters gem § 16 gegeben sind, darf ein Verfahren grundsätzlich nicht durchgeführt werden, bevor nicht ein Vertreter bestellt ist. Abs 1 schreibt zwar eine Verpflichtung der Behörde zur Antragstellung beim zuständigen Gericht nicht ausdrücklich vor, sondern stellt die Entscheidung darüber in das **Ermessen** (§ 40) der Behörde.[3] Aus dem Zweck der Vertreterbestellung (s oben Rn 1), insb ihrer Bedeutung als Ersatz für die Teilnahme des Betroffenen selbst als Beteiligter im Verfahren, ergibt sich aber, dass die Behörde nur dann auf die Bestellung eines Vertreters nach § 16 verzichten kann, wenn die Rechte der Betroffenen in anderer Weise ausreichend sichergestellt werden können, zB dadurch, dass diese Rechte im Verfahren vorbehalten bleiben. In allen anderen Fällen wäre die Durchführung des Verfahrens ohne den betroffenen Beteiligten oder zumindest einen nach § 16 bestellten Vertreter ermessensfehlerhaft (Ermessensreduktion auf Null). 8

a) Strenger Maßstab. Bei der Beurteilung und Entscheidung, ob die Bestellung eines Vertreters erfolgen soll, ist wegen der rechtsstaatlichen Funktion und Bedeutung der Wahrnehmung von Verfahrensrechten durch die Beteiligten selbst ein strenger Maßstab geboten. Eine nur vorübergehende Verhinderung oder Schwierigkeiten der Feststellung der Person oder des Aufenthalts eines Beteiligten, usw, die mit (unter Berücksichtigung der Bedeutung der Angelegenheit) vertretbarem Aufwand an Kosten, Zeit und Mühe von der Behörde behoben werden können, rechtfertigen ein Vorgehen nach § 16 nicht. Hier ist ein „gewisses Zuwarten" erlaubt (StBS 8). 9

b) Aufhebung. Die Vertretungsbefugnis eines nach § 16 bestellten Vertreters ist aufzuheben, **sobald der Grund der Vertretung wegfällt** und der betroffene 10

---

[1] StBS 13; Knack/Henneke 5; Ziekow 1; **aA** FKS 2 bei jur Pers ohne handlungsfähigen Vertreter.

[2] LG Mainz, B v 7.11.2007, 8 T 158/07, juris; Zur Pflegschaft im Disziplinarverfahren Kunz RiA 2010, 19.

[3] StBS 8; Knack/Henneke 5; Obermayer/Funke-Kaiser 27.

Beteiligte selbst in der Lage ist, seine Rechte persönlich oder durch Bestellung eines Bevollmächtigten nach § 14 wahrzunehmen, und dies der Behörde bekannt wird (entspr Anwendung von § 14 Abs 1 S 4). Nicht anwendbar ist § 16 in Fällen, in denen ein Vertreter nach § 14 bestellt ist; eine Vertretung nach § 16 ist deshalb aufzuheben, wenn nachträglich durch den Beteiligten in freier Entscheidung ein Vertreter nach § 14 bestellt wird (Knack/Henneke 8). Die Aufhebung der Bestellung eines gesetzlichen Vertreters erfolgt durch den actus contrarius, also wie die Bestellung selbst durch das Vormundschaftsgericht. Die Behörde kann und muss beim Wegfall der Voraussetzungen die Aufhebung beantragen (StBS 7, 11).

11 **2. Rechtliche Stellung des Vertreters.** Die vom Gericht bestellte Person hat im Verwaltungsverfahren die Stellung eines **gesetzlichen Vertreters** des Beteiligten. Er kann sämtliche Verfahrenshandlungen einschließlich der Rücknahme von Anträgen mit Wirkung für und gegen den vertretenen Beteiligten vornehmen (StBS 10). Das Verhältnis des Vertreters zur Bestellungsbehörde ist öffentlich-rechtlicher Natur;[4] das Verhältnis zwischen dem Vertreter und dem Vertretenen ist dagegen wie bei einem privatrechtlichen Auftrag privatrechtlicher Natur. Das bedeutet, dass sich Ansprüche in diesem Verhältnis nach den Grundsätzen des Geschäftsbesorgungsvertrags richten (BVerwGE 120, 344).

Umstritten ist, ob der nach § 16 vertretene Beteiligte seine **Handlungsfähigkeit behält** oder ob er, solange die Bestellung des Vertreters andauert, keine wirksamen Verfahrenshandlungen vornehmen kann.[5] Da für die Stellung des Vertreters nach Abs 4 die Vorschriften über die Pflegschaft bzw über die Betreuung anwendbar werden (s unten Rn 31 ff), ist zu differenzieren: In den Fällen der Vertretung nach Abs 1 Nr 4 kommt Betreuungsrecht zur Anwendung, hier verliert der Vertretene seine Handlungsfähigkeit nicht. In den übrigen Fällen kommt das Pflegschaftsrecht und damit Vormundschaftsrecht zur Anwendung mit der Folge, dass die Handlungsfähigkeit des Vertretenen insoweit eingeschränkt ist (ähnlich nunmehr Knack/Henneke 12).

III. Die einzelnen Fälle der Vertreterbestellung (Abs 1)

12 **1. Unbekannte Beteiligte (Nr 1).** Unbekannt ist die Person eines Beteiligten dann, wenn der Behörde nicht bekannt ist, wem die im Verfahren (möglicherweise) betroffenen Rechte oder rechtlichen Interessen zustehen, und sie dies auch nicht durch **entsprechende Ermittlungen** (§§ 24, 26) mit einem im Hinblick auf die Bedeutung der Sache vertretbaren Aufwand an Mühe, Zeit und Kosten (vgl auch § 10) feststellen kann. Als unbekannte Beteiligte kommt auch eine juristische Person oder eine beteiligungsunfähige Personenvereinigung (§ 11 Nr 2) in Betracht. Allerdings kommt es in diesen Fällen darauf an, dass diese selbst unbekannt ist, nicht auf das Unbekanntsein des Vertreters.

13 Der Unbekanntheit gleich steht die nicht mit angemessenem Aufwand behebbare **Ungewissheit, welcher von mehreren Personen,** die der Behörde bekannt sind oder die jedenfalls unschwer ermittelbar sind, die Rechte usw zustehen,[6] ebenso die Ungewissheit, ob ggf weitere Personen als die der Behörde bekannten Personen in ihren Rechten usw betroffen sind oder sein können. Betrifft die Ungewissheit nur die Frage, wem von mehreren Personen das Recht usw zusteht, so kann die Behörde auch, statt die Bestellung eines Vertreters nach § 16 zu veranlassen, sämtliche möglicherweise Betroffenen zum Verfahren hinzuzuziehen, muss ihnen jedoch dann in geeigneter Weise bekannt geben, dass dies

---

[4] VG Cottbus, U v 10.2.2011, 1 K 1174/06, juris.

[5] Handlungsunfähigkeit des Vertretenen nehmen an StBS 10; MB 3; Obermayer/Funke-Kaiser 102; Laubinger/Repkewitz VerwArch 1994, 86, 114; nun auch Ziekow 2. Für Fortdauer der Handlungsfähigkeit 8. Auflage und scheinbar Knack/Henneke 12.

[6] Begr 45; ähnlich UL § 18 Rn 7; StBS 15; Knack/Henneke 6; MB 7.

unter Vorbehalt wirklicher Betroffenheit geschieht. Eine Vertreterbestellung nach Abs 1 ist demgegenüber nur zulässig, wenn die Beteiligtenstellung der unbekannten Person eindeutig ist (StBS 14; Knack/Henneke 6).

14 **2. Unbekannter Aufenthalt oder Verhinderung (Nr 2).** Unbekannt ist der Aufenthalt einer Person, deren **Wohn- oder Aufenthaltsort** nicht bekannt ist und auch durch Nachforschung in Meldeämtern, an der letzten bekannten Adresse usw nicht mit verhältnismäßigem Aufwand an Mühe, Zeit und Kosten ermittelt werden kann (MB 8; UL § 18 Rn 8; Knack/Henneke 7). Nr 2 ist analog auch auf juristische Personen und Vereinigungen anwendbar, deren Sitz unbekannt ist (Knack/Henneke 7). Im Unterschied zu Abs 1 Nr 1 muss nach Nr 2 über die Person, deren Aufenthalt unbekannt ist, Klarheit herrschen.

15 **Die Verhinderung** eines Beteiligten an der Besorgung seiner Angelegenheiten ist dem unbekannten Aufenthalt gleichgestellt. Sie hat nicht zusätzlich zur Voraussetzung, dass der Beteiligte zugleich unbekannten Aufenthalts ist oder aus ähnlichen Gründen von der Behörde nicht erreicht werden kann. **Umstritten** ist, ob die Verhinderung iSd Nr 2 Alt 2 stets in der räumlichen Abwesenheit des Beteiligten liegen muss,[7] oder ob auch andere Gründe für die Verhinderung in Betracht kommen. Letzteres wird man richtigerweise anzunehmen haben, da die Vorschrift insoweit nicht differenziert (so auch Knack/Henneke 7; Obermayer 31). Strafhaft, Krankenhausaufenthalt usw kommen als Hinderungsgründe nur in Betracht, wenn persönliche Anwesenheit oder Mitwirkung erforderlich ist und aus diesen Gründen nicht hergestellt werden kann. Voraussetzung ist jedoch in jedem Fall, dass der Betroffene aufgrund seiner Verhinderung für einen nicht ganz unerheblichen Zeitraum verhindert ist und auch nicht in der Lage ist, selbst für eine **gewillkürte Vertretung** zu sorgen (UL § 18 Rn 9). **Mittellosigkeit** ist kein Hinderungsgrund (str, wie hier wohl StBS 17: Objektiver Maßstab).

16 **3. Aufenthalt im Ausland (Nr 3).** Nr 3 betrifft einen Beteiligten ohne Aufenthalt im Inland, der einer Aufforderung zur Vertreterbestellung nicht nachkommt. Diese Regelung soll das Verwaltungsverfahren von den Problemen entlasten, die mit der aktiven und passiven Beteiligung aus dem Ausland verbunden sind. Es ist einem Beteiligten, der sich nicht nur kurzfristig im Ausland aufhält, grundsätzlich zumutbar, zur Durchführung des Verfahrens einen Vertreter im Inland zu benennen.

17 **a) Dauerhaftigkeit.** Der Auslandsaufenthalt darf nicht kurzfristiger Natur sein. Bei vorübergehendem Auslandsaufenthalt kommt es darauf an, ob während der voraussichtlichen Dauer des Verwaltungsverfahrens mit der Rückkehr des Beteiligten gerechnet werden kann. Auf das Bestehen eines Wohnsitzes im Inland oder im Ausland kommt es – anders als bei § 15 – nicht an (StBS 19; Knack/Henneke 8; Obermayer/Funke-Kaiser 26); die Vorschrift stellt allein auf die Aufenthaltsverhältnisse ab.

18 **b) Aufforderung.** Aufforderung zur Vertreterbestellung muss dem Beteiligten gegenüber bekannt gegeben werden. Eine besondere Form der Aufforderung ist nicht vorgesehen; zweckmäßigerweise sollte sie schriftlich erfolgen. Eine Vertreterbestellung nach Abs 1 setzt voraus, dass der Beteiligte innerhalb der ihm zu setzenden angemessenen Frist, die auch einen Hinweis auf die Rechtsfolgen enthalten muss (Obermayer/Funke-Kaiser 32), nicht von sich aus einen Vertreter benannt hat. Die Frist muss den Umständen nach angemessen sein. **Umstritten** ist, ob sich die Aufforderung der Behörde, auf einen Vertreter nach § 14 beziehen muss (so StBS 21), oder ob auch die Bestellung eines Empfangsbevollmächtigten gem § 15 genügt, wenn dies für das Verwaltungsverfahren ausreicht. Letzteres ist anzunehmen, auch wenn die Behörde alternativ nach § 15 vorgehen

---

[7] So etwa StBS 17; UL § 18 Rn 6 Fn 5; danach geht es um Fälle zB einer längeren Auslandsreise mit nicht absehbarem Ende.

könnte (Knack/Henneke 8). Die Aufforderung ist als vorbereitende Verfahrensmaßnahme kein VA und nicht selbständig anfechtbar (so auch Obermayer/Funke-Kaiser 30).

19 **c) Benennung eines Empfangsbevollmächtigten.** Benennt der betroffene Beteiligte einen Empfangsbevollmächtigten oder einen sonstigen Bevollmächtigten, so ist Regelung entsprechend ihrem Zweck (entgegen der zu engen Fassung) **nicht** mehr **anwendbar.** Dies gilt auch dann, wenn er diese zwar nicht innerhalb der ihm dafür gesetzten Frist, aber jedenfalls noch vor der Bestellung eines Vertreters nach § 16 benennt. Außerdem entfällt mit der späteren Bestellung eines Bevollmächtigten bzw Empfangsbevollmächtigten durch den Beteiligten selbst in jedem Fall der Grund für die Bestellung eines Vertreters von Amts wegen gem § 16; eine erfolgte Bestellung ist dann aufzuheben (Rn 10).

20 **4. Körperliche, geistige, seelische Behinderungen (Nr 4).** Die Bestellung eines Vertreters von Amts wegen hat nach Nr 4 zur Voraussetzung, dass ein Beteiligter wegen einer psychischen Krankheit oder einer körperlichen, geistigen oder seelischen Behinderung nicht in der Lage ist, selbst im Verwaltungsverfahren tätig zu werden. Die Regelung entspricht § 1910 BGB aF bzw § 1896 BGB nF. Die dazu in der Rspr der Zivilgerichte aufgestellten Grundsätze sind auch hier anzuwenden. Psychische Krankheiten sind Neurosen und Psychosen, zB Schizophrenie, Zwangsstörungen und affektive Psychosen. Körperliche Behinderungen sind zB Gehörlosigkeit oder starke Schwerhörigkeit, Blindheit, uU auch bestimmte Lähmungen; geistige Behinderung ist die erhebliche Minderung der Geisteskräfte, zB in Form der Demenz.[8] Die Behörde muss in diesen Fällen prüfen, ob sich die verfahrensrechtlichen Probleme auch im Rahmen der Pflicht nach § 25 beheben lassen (StBS 23; Knack/Henneke 10).

21 **Die psychische Krankheit** oder die körperliche, geistige oder seelische **Behinderung** darf **nicht nur kurzfristiger Natur** sein. Sie muss so schwerwiegend sein, dass sie den Beteiligten daran hindert, in ausreichendem Umfang selbst tätig zu werden oder ihm eine Tätigkeit jedenfalls ganz wesentlich erschwert. Ausreichend ist, dass der Beteiligte in der Lage ist, selbst einen Vertreter nach § 14 zu bestellen. Sieht er dann gleichwohl davon ab, sich vertreten zu lassen, kann die Behörde nicht nach Abs 2 Nr 4 vorgehen (StBS 24; Knack/Henneke 10; Obermayer/Funke-Kaiser 48).

22 **5. Herrenlose Sachen (Nr 5).** Herrenlos ist eine Sache, wenn an ihr bisher noch kein Eigentum begründet war oder wenn das Eigentum vom bisherigen Eigentümer aufgegeben wurde **(Dereliktion)** und eine andere Person noch kein Eigentum daran erworben hat. Der bestellte Vertreter ist hier Vertreter des letzten früheren Eigentümers, nur wenn dieser nicht feststellbar ist, des künftigen Eigentümers (Knack/Henneke 11 **aA** UL § 18 Rn 12; Ernst/Zinkahn/Bielenberg, BauGB, § 207 BauGB Rn 19: nur des künftigen Eigentümers).

23 **Ist nicht bekannt, ob die Sache herrenlos ist,** oder ist nur der Eigentümer unbekannt, so kommt nur eine Vertreterbestellung nach Nr 1 in Betracht. Auf Nr 5 kann die Bestellung eines Vertreters zur Wahrnehmung von Rechten und Pflichten in Bezug auf eine herrenlose Sache nur zur Durchführung eines konkreten Verfahrens gestützt werden, nicht allgemein zur Zuordnung von Pflichten, etwa der Polizeipflicht an Grundstücken (StBS 26; **aA** offenbar Begr 45; MuE 110).

IV. Zuständigkeit des Betreuungsgerichts bzw des Familiengerichts (Abs 2)

24 **1. Betreuungsgerichtliches bzw familiengerichtliches Verfahren.** Die Bestellung eines Vertreters nach § 16 erfolgt durch das Betreuungsgericht, für

[8] Vgl UL § 18 Rn 11; StBS 23; Knack/Henneke 10; weitere Beispiele in Obermayer/Funke-Kaiser 40 ff.

einen Minderjährigen durch das Familiengericht. Seit Inkrafttreten des FamFG,[9] welches das FGG ersetzt, gibt es keine Vormundschaftsgerichte mehr. Deren Angelegenheiten fallen nunmehr in die Zuständigkeit der Familiengerichte. Handelt es sich um Betreuungssachen für einen Volljährigen, so wie bei der Bestellung eines zuständigen Vertreters nach § 16, sind die am Amtsgericht eingerichteten Betreuungsgerichte zuständig. Zuständig ist das Gericht, in dessen Bezirk der Beteiligte seinen gewöhnlichen Aufenthalt hat. Abs 2 entspricht im Grundsatz somit § 272 Abs 1 Nr 2 FamFG. Zum Begriff des gewöhnlichen Aufenthalts vgl § 3 Rn 27. Das Gericht kann nur auf **Antrag (Ersuchen) der Behörde** tätig werden, ist aber bei der Auswahl des Vertreters frei. Die Beteiligten des Verfahrens sind nicht antragsbefugt. Sie können nur die Behörde auffordern, beim Gericht die Bestellung eines Vertreters zu beantragen. Die Ablehnung eines solchen Antrags ist ein anfechtbarer **VA** (str; **aA** offenbar UL § 18 Rn 13). Die Ablehnung des Ersuchens ist mit der Beschwerde gem § 58 FamFG seitens der Behörde anfechtbar.

2. Prüfungspflichten des Gerichts. Unklar ist nach dem Wortlaut des 25
Abs 1, ob das Gericht in jedem Fall dem Antrag der Behörde stattgeben muss oder selbständig zu prüfen hat, ob die Voraussetzungen nach Abs 1–5 gegeben sind, und den Antrag, wenn es sie nicht für gegeben hält, ablehnen muss (zweifelnd zu einem vergleichbaren Fall BayObLG BayVBl 1976, 88). Angesichts der Tragweite der Entscheidung für die Betroffenen und der Parallelität der zu treffenden Entscheidung mit Entscheidungen nach §§ 1918 Abs 3, 1919f BGB ist die entsprechende Befugnis und **Prüfungspflicht des Gerichts zu bejahen** (ebenso UL § 18 Rn 15 mwN; StBS 6; Knack/Henneke 13; MB 6). Dafür spricht auch die Verweisung auf die Vorschriften über die Pflegschaft in Abs 4 wie überhaupt die Tatsache der Einschaltung des Gerichts, die, wenn dieses nur über die Auswahl eines geeigneten Vertreters, nicht aber auch über das Vorliegen der Voraussetzungen der Bestellung im Übrigen entscheiden könnte, schwerlich zu rechtfertigen wäre. Wenn die rechtlichen Voraussetzungen gegeben sind, muss das Gericht jedoch dem Antrag stattgeben; es hat insoweit **keinen Ermessensspielraum** (UL § 18 Rn 15; StBS 6; MB 6).

Das Gericht ist auch für die **Beendigung und Aufhebung** der Vertretung 26
gem Abs 4 iVm §§ 1918 Abs 3, 1919, 1921 BGB zuständig (Begr 45). Auch hierbei hat es die Voraussetzungen (s oben Rn 12ff) in eigener Zuständigkeit zu prüfen. Ein Antrag der Behörde oder des Betroffenen auf Aufhebung ist nicht erforderlich, insoweit kann die Behörde nur Anregungen geben.

3. Rechtsbehelfe. Gegen die Ablehnung des Antrags durch das Gericht 27
kann (nur) die Behörde gem § 303 FamFG Beschwerde bei dem Gericht einlegen, dessen Beschluss angefochten wird. Die Beteiligten des Verwaltungsverfahrens haben kein entsprechendes Beschwerderecht (UL § 18 Rn 16; Knack/Henneke 13; str). **Gegen die Vertreterbestellung** durch das Gericht können gem § 303 FamFG sowohl der Beteiligte, für den der Vertreter bestellt wurde, als auch – wegen der grundsätzlichen Verpflichtung gem Abs 4 iVm §§ 1780ff BGB, die Vertretung zu übernehmen – der bestellte Vertreter selbst Beschwerde einlegen (ebenso UL § 18 Rn 16), nicht dagegen auch sonstige Verfahrensbeteiligte.

V. Vergütung des Vertreters (Abs 3)

1. Anspruch gegen die öffentliche Hand. Abs 3 gibt dem Vertreter gem 28
§ 16 – abweichend von der Regelung der Pflegschaft nach dem BGB, bei der grundsätzlich kein Anspruch auf Vergütung besteht (§ 1915 BGB, § 1836 Abs 1 S 1 BGB) – einen Anspruch auf angemessene Vergütung und Erstattung der

[9] Gesetz über das Verfahren in Familiensachen und in den Angelegenheiten der freiwilligen Gerichtsbarkeit vom 1.9.2009, BGBl I 2008, 2586, 2587.

Auslagen gegen den Rechtsträger, dem die antragstellende Behörde angehört. Bei **Behörden, die Funktionen mehrerer Rechtsträger wahrnehmen** (zB das Landratsamt in Bayern als staatliche Behörde und als Behörde des Landkreises), richtet sich der Anspruch gegen den Rechtsträger, dessen Funktionen wahrgenommen werden (str).

29 **2. Voraussetzungen des Anspruchs.** Der Anspruch nach Abs 3 richtet sich auf die Festsetzung der Vergütung und die Feststellung der Auslagen durch VA (StBS 31; Knack/Henneke 14). Eine **analoge Anwendung der Vorschrift** auf Fälle, in denen die Bestellung auf Wunsch oder Antrag von anderen Beteiligten erfolgt, hat BVerwG NVwZ-RR 2009, 46 mit ausführlicher Begründung **abgelehnt** und die gegensätzliche Auffassung der Instanzgerichte zurückgewiesen. Die Vergütung muss nach den Umständen angemessen sein. Anhaltspunkte dafür können die Vergütungsregeln für Aufwendungsersatz des Verfahrenspflegers nach § 277 FamFG sein.

30 **3. Ersatzanspruch der Behörde.** Die Behörde kann gem Abs 3 S 2 grds vom Vertretenen Ersatz ihrer Aufwendungen für die Vertretervergütung verlangen. Der Anspruch kann allerdings **nicht durch Leistungsbescheid** geltend gemacht werden (BVerwGE 120, 344). Erfolgt die Vertretung für **mehrere Personen,** so sind die von diesen zu erstattenden Kosten nach billigem Ermessen unter Berücksichtigung ihres Interesses am Ausgang des Verfahrens auf die Vertretenen aufzuteilen, im Zweifel zu gleichen Anteilen (vgl § 100 ZPO; ferner § 19 Abs 3, wo allg Aufteilung zu gleichen Teilen vorgeschrieben ist). Im Falle des Abs 1 Nr 5 richtet sich der Anspruch gegen denjenigen, dessen Rechte oder Pflichten gewährt werden müssen. Ob die Behörde, insb wenn ein Ersatzanspruch gegen den Vertretenen nicht realisierbar ist, ggf die ihr entstehenden Kosten dem Antragsteller des Verfahrens, in dem die Vertreterbestellung notwendig wird, als Verfahrenskosten auferlegen kann, ist eine Frage des allgemeinen Kostenrechts (Begr 45; MuE 111). Abs 3 S 2 schließt derartige Regelungen nicht aus (Begr 45), begründet selbst aber einen derartigen Anspruch nicht.

VI. Entsprechende Anwendung der Vorschriften über die Betreuung und die Pflegschaft (Abs 4)

31 Abs 4 verweist für die Einzelheiten der Bestellung sowie „für das Amt“ und damit für Aufgaben, Rechte und Pflichten des Vertreters auf die **Bestimmungen des BGB.** Dabei wird unterschieden zwischen der Bestellung nach Abs 1 Nr 4 und der Bestellung in den übrigen Fällen (Abs 1 Nr 1–3, 5. In beiden Fällen richten sich die Bestellung und die Aufsicht durch das Gericht nach den **§§ 271 ff FamFG,** wonach die sachliche Zuständigkeit der Aufgaben des Betreuungsgerichts bei den Amtsgerichten liegt. Der vom Gericht bestimmte Vertreter ist in beiden Fällen grundsätzlich **zur Übernahme des Amtes verpflichtet.** Das folgt für den Betreuer aus § 1898 BGB, für den Pfleger aus §§ 1915, 1785 BGB (StBS 32). In beiden Fällen gelten die Bestimmungen der KostO ergänzend (MuE 111).

32 **In den Fällen des Abs 1 Nr 4,** in denen der Vertreter für eine Person bestellt wird, die wegen einer psychischen Krankheit oder wegen einer Behinderung nicht selbst tätig werden kann (Abs 1 Nr 4), gelten die Vorschriften über die Betreuung (§§ 1896 ff BGB). Das bedeutet, dass der Betreuer zwar nach § 1902 BGB im Rahmen des Aufgabenkreises als Vertreter auftreten kann, dass dadurch aber die rechtliche Handlungsfähigkeit des Betreuten nicht aufgehoben wird. Dieser kann also im Grundsatz auch weiterhin Verfahrenshandlungen vornehmen.

33 **In den Fällen des Abs 1 Nr 1, 2, 3 und 5** sind die für die **Pflegschaft** geltenden Vorschriften (§§ 1909 ff BGB) maßgebend. Nach § 1915 BGB gelten für die Pflegschaft die Vorschriften über die **Vormundschaft** (§§ 1773 ff BGB entsprechend. Anders als bei der Betreuung verliert der Vertretene im Falle der

Pflegschaft im Grundsatz seine eigene Handlungsfähigkeit im Aufgabenbereich des Pflegers. Der Vertreter hat zwar die wohlverstandenen Interessen des vertretenen Beteiligten zu wahren, ist aber dessen Weisungen nicht unterworfen und untersteht bei seiner Tätigkeit der **Aufsicht des Vormundschaftsgerichts** (§ 1837 BGB). Bei schuldhaftem pflichtwidrigen Handeln wird er schadensersatzpflichtig (§ 1833 BGB). Anzuwenden sind auf die Vertretung gem § 16 auch die Regelungen der § 1918 Abs 3, §§ 1919, 1921 BGB über die Beendigung und Aufhebung der Pflegschaft (Begr 45).

§ 17 Vertreter bei gleichförmigen Eingaben

(1) **Bei Anträgen und Eingaben, die in einem Verwaltungsverfahren von mehr als 50 Personen[11] auf Unterschriftslisten unterzeichnet oder in Form vervielfältigter gleich lautender Texte eingereicht worden sind (gleichförmige Eingaben),[15] gilt für das Verfahren derjenige Unterzeichner als Vertreter[16] der übrigen Unterzeichner, der darin mit seinem Namen, seinem Beruf und seiner Anschrift als Vertreter bezeichnet ist, soweit er nicht von ihnen als Bevollmächtigter bestellt worden ist. Vertreter kann nur eine natürliche Person sein.**

(2) **Die Behörde kann gleichförmige Eingaben, die die Angaben nach Absatz 1 Satz 1 nicht deutlich sichtbar auf jeder mit einer Unterschrift versehenen Seite enthalten oder dem Erfordernis des Absatzes 1 Satz 2 nicht entsprechen, unberücksichtigt lassen.[18] Will die Behörde so verfahren, so hat sie dies durch ortsübliche Bekanntmachung[20a] mitzuteilen.[20] Die Behörde kann ferner gleichförmige Eingaben insoweit unberücksichtigt lassen, als Unterzeichner ihren Namen oder ihre Anschrift nicht oder unleserlich angegeben haben.[21]**

(3) **Die Vertretungsmacht erlischt, sobald der Vertreter oder der Vertretene dies der Behörde schriftlich erklärt; der Vertreter kann eine solche Erklärung nur hinsichtlich aller Vertretenen abgeben.[22] Gibt der Vertretene eine solche Erklärung ab, so soll er der Behörde zugleich mitteilen, ob er seine Eingabe aufrechterhält und ob er einen Bevollmächtigten bestellt hat.**

(4) **Endet die Vertretungsmacht des Vertreters, so kann die Behörde die nicht mehr Vertretenen auffordern, innerhalb einer angemessenen Frist[28] einen gemeinsamen Vertreter zu bestellen. Sind mehr als 50 Personen aufzufordern, so kann die Behörde die Aufforderung ortsüblich bekannt machen.[27] Wird der Aufforderung nicht fristgemäß entsprochen, so kann die Behörde von Amts wegen einen gemeinsamen Vertreter bestellen.[29]**

Schrifttum: *Bambey,* Massenverfahren und Individualzustellung, DVBl 1984, 374; *Blümel,* Masseneinwendungen im Verwaltungsverfahren, in: Weber-FS 1974, 539; *ders,* Die öffentliche Bekanntmachung von Verwaltungsakten in Massenverfahren, VerwArch 1982, 5; *Henle,* Probleme der gemeinsamen Vertretung in Massenverfahren (§§ 17–19 VwVfG), DVBl 1983, 780; *Kopp,* Gesetzliche Regelungen zur Bewältigung von Massenverfahren, DVBl 1980, 320; *ders,* Die Beteiligung des Bürgers an „Massenverfahren" im Wirtschaftsrecht, in: Fröhler-FS 1980, 231; *Kropshofer,* Verwaltungsverfahren und Vertretung, Diss Mainz 1982; *Mache,* Probleme bei Zustellungen in Massenverfahren, Vr 1982, 209; *Meyer-Ladewig,* Massenverfahren in der Verwaltungsgerichtsbarkeit, NVwZ 1982, 349; *Ministerkomitee des Europarats,* Empfehlung Nr R (87) 16 an die Mitgliedstaaten über Verwaltungsverfahren, die eine große Zahl von Personen betreffen, vom 17.9.1987, wiedergegeben in NVwZ 1988, 708; *v Mutius,* Akteneinsicht im atom- und immissionsschutzrechtlichen Genehmigungsverfahren – Zu Möglichkeiten und Grenzen einer Massenbeteiligung im Umweltschutzrecht, DVBl 1978, 665; *Naumann,* Verwaltungsverfahrensgesetz und Massenverfahren, Gesetzliche Regelungen zur Bewältigung von Massenverfahren, GewArch 1977, 41; *Schmel,* Massenverfahren vor den Verwaltungsbehörden und den Verwaltungsgerichten, 1982; *Schmitt-Glaeser,* Massenverfahren vor den Verwaltungsgerichten, DRiZ 1980, 289.

Übersicht

I. Allgemeines

1 **1. Inhalt.** Die Vorschrift enthält zusammen mit §§ 18 und 19 Sonderregelungen über die **Vertretung bei Sammeleingaben** von mehr als 50 Personen. Sie sieht bei sog „gleichförmigen" Eingaben (s zum Begriff unten Rn 14) von mehr als 50 Personen im Interesse der Vereinfachung des Verfahrens und vor allem zur Entlastung der Behörden durch Reduzierung der Zahl der Personen, mit denen sie zu tun haben (vgl UL § 45 Rn 10), eine **Verpflichtung zur Bestellung eines gemeinsamen Vertreters** vor, der mit besonderen Vollmachten (s § 19) ausgestattet ist. Sie ermächtigt die Behörde, auf die Bestellung eines solchen Vertreters hinzuwirken und ggf selbst einen solchen Vertreter zu bestellen. Die Behörde soll dadurch der Notwendigkeit enthoben werden, sich mit einer Vielzahl von Personen „auseinanderzusetzen" (ABegr 4 f), deren Beitrag zum Verfahren sich auf die Beifügung einer Unterschrift und die Angabe einer Adresse zu einem vorgegebenen einheitlichen Text beschränkt und deren „Engagement in der Sache" dementsprechend idR meist gering ist (ABegr 7).

2 **2. Verfassungsmäßigkeit.** § 17 ist – Entsprechendes gilt für § 18 – angesichts des grundsätzlichen Rechts des Bürgers, seine Sache vor den Behörden selbst zu führen (vgl § 14), wie auch des auch gegenüber Behörden gewährleiste-

ten Petitionsrechts gem Art 17 GG und den entsprechenden Vorschriften der Landesverfassungen verfassungsrechtlich nicht unbedenklich;[1] die **Verfassungsmäßigkeit** dürfte jedoch **zu bejahen** sein, weil jeder Betroffene das Vertretungsverhältnis jederzeit durch einfache schriftliche Erklärung beenden kann (Abs 3) und darüber hinaus die Anwendbarkeit der Vorschrift schlechthin dadurch ausschließen kann, dass er eigene Anträge stellt oder eigene Ausführungen macht (s unten Rn 15). Schwerer wiegt, dass die Vorschriften über Massenverfahren mit Ausnahme der Regelungen über die öffentliche Bekanntmachung **unzweckmäßig und unpraktikabel** sind.[2]

3. Anwendungsbereich. a) Unmittelbar. Die Vorschrift gilt nur im Anwendungsbereich des VwVfG. Die Verwaltungsverfahrensgesetze der Länder enthalten aber wortgleiche Bestimmungen. In ihrem Anwendungsbereich (§§ 1, 2) gilt die Vorschrift für **Eingaben jeder Art,** die „in einem Verwaltungsverfahren" an eine Behörde gerichtet werden, und **ohne Rücksicht auf die Betroffenheit** in eigenen Rechten oder rechtlichen Interessen (ABegr 5). Die Regelungen sind modifiziert auch im förmlichen Verwaltungsverfahren gem §§ 63 ff und, wie sich aus § 72 Abs 2 ergibt, **auch in Planfeststellungsverfahren** gem §§ 72 ff anwendbar (s § 63 Rn 12 und § 72 Rn 25); hier haben sie ihren Hauptanwendungsbereich (vgl StBS 2). Sie gelten iVm § 79 auch im **Widerspruchsverfahren** gem §§ 68 ff VwGO. Es kommt nicht darauf an, ob die Unterzeichner einer oder mehrerer Eingaben selbst Beteiligte iSd § 13 sind oder werden (StBS 10); dagegen ist wegen der zum Teil einschneidenden Folgen für die Betroffenen eine unmittelbare oder sinngemäße Anwendung in Fällen, die in keinem Zusammenhang mit konkreten Verfahren iS von § 9 stehen, nicht zulässig. Zur Anwendbarkeit von § 17 in Fällen, in denen ein Teil der in Frage stehenden Personen durch Bevollmächtigte vertreten ist, s unten Rn 13, zur Verpflichtung der Behörde zur Entgegennahme von Erklärungen und Anträgen s § 24 Abs 3. 3

b) Entsprechende Anwendung. Da § 17 und die entsprechenden Vorschriften der Landesgesetze die Freiheit des Bürgers, seine Rechte gegenüber den Behörden selbst zu wahren oder einen Bevollmächtigten seiner Wahl damit zu beauftragen, beschränken und zudem nicht Ausdruck allgemeiner Rechtsgedanken sind, ist eine sinngemäße Anwendung in Fällen, für die keine entsprechenden ausdrücklichen Rechtsvorschriften bestehen, problematisch. Überwiegend wird aber eine entsprechende Heranziehung für zulässig gehalten (Knack/Henneke 6; UL § 45 Rn 10). 4

II. Benennung eines gemeinsamen Vertreters (Abs 1)

1. Allgemeines. Abs 1 enthält auch für den Fall, dass die Unterzeichner einer Eingabe keinen gemeinsamen Bevollmächtigten bestellt haben, **keine unmittelbare Verpflichtung** zur Benennung eines gemeinsamen Vertreters. Mittelbar ergibt sich aus Abs 1 iVm Abs 2 und 4 jedoch, dass die Teilnehmer an einer Eingabe, sofern ihre Zahl 50 übersteigt, praktisch gezwungen sind, auf Verlangen der Behörde einen Vertreter zu benennen bzw einen Bevollmächtigten zu bestellen, wenn sie nicht Gefahr laufen wollen, dass ihre Eingabe nach Abs 2 unberücksichtigt bleibt, bzw dass, wenn bereits ein Vertreter bestellt war, das Vertretungsverhältnis aber beendet wurde, die Behörde gem Abs 4 von Amts wegen einen Vertreter bestellt. 5

2. Benennung des Vertreters. Gem Abs 1 gilt für das Verfahren derjenige als Vertreter (iS von § 19) der übrigen Unterzeichner, der in einer oder mehreren 6

[1] Vgl Blümel, in: Weber-FS 1974, 557 ff; allg auch 41 zu § 14; BVerfG 14, 263; VGH München BayVBl 1968, 23; UL § 45 Rn 19; Kopp DVBl 1980, 323, 327 f.

[2] Blümel VerwArch 1982, 6; Henle BayVBl 1981, 5 Fn 5; Kopp BayVBl 1980, 102; ders DVBl 1980, 323; ders, in: Fröhler-FS 1979, 231.

Unterschriftslisten mit näheren Angaben zur Person als Vertreter bezeichnet ist, soweit er von einzelnen Unterzeichnern nicht als Bevollmächtigter bestellt worden ist.[3] Nach der Fassung der Vorschrift („gilt") handelt es sich insoweit um **eine unwiderlegliche Vermutung,**[4] was jedoch deshalb unbedenklich ist, weil die „Vertretenen" jederzeit klarstellen können, dass sie nur die Vollmacht iS von § 14 erteilen und nicht einen Vertreter mit den sehr viel weitergehenden Befugnissen nach § 19 bestellen wollten, bzw ein Vertreterverhältnis in eine Bevollmächtigung umwandeln können. **Zur Stellung** und zu den **Befugnissen** des Vertreters s § 19.

7 In der Eingabe kann nur **eine einzige (natürliche) Person** als Vertreter bezeichnet werden, nicht mehrere (vgl Abs 4 S 1). Die Behörde soll es bei gleichförmigen Eingaben mit nur einem Vertreter zu tun haben. Anderenfalls könnte es im Extremfall so viele Vertreter wie Teilnehmer an der Eingabe geben, womit der Zweck der Regelung unterlaufen würde (Knack/Henneke 12; **aA** Henle DVBl 1983, 783 – so viele Vertreter wie Eingabevordrucke).

8 **a) Voraussetzungen für die Entstehung eines Vertretungsverhältnisses.** Voraussetzungen für das Vertretungsverhältnis zugunsten und zu Lasten der übrigen Unterzeichner einer gleichförmigen Eingabe ist außerdem, (1.) dass die als Vertreter bestellte Person eine natürliche Person ist (Abs 1 S 2), (2.) dass die in Betracht kommende Person ausdrücklich als Vertreter bezeichnet wird, sowie (3.), wie sich aus Abs 2 S 1 ergibt, dass die Bezeichnung als Vertreter **durch** die **Unterschriften** aller – oder jedenfalls von mindestens 50 Personen – Personen **gedeckt** ist, die die in Frage stehende Eingabe machen. Der bloße Zusatz beim Namen eines Unterzeichners, dass er als Vertreter auftreten will, genügt somit nicht. Zu Ausnahmen vom Erfordernis der Unterschrift s unten Rn 11. Die **Angabe des Berufs** dürfte (jedenfalls, wenn keine Verwechslungsgefahr besteht) nicht so wesentlich sein, dass anzunehmen ist, dass die Wirksamkeit der Benennung des Vertreters davon abhängen soll. Sind die Voraussetzungen nicht erfüllt, wird zB keine Person oder eine juristische Person als Vertreter bezeichnet oder werden mehrere Personen als Vertreter bezeichnet, so kann die Behörde nach Abs 2 vorgehen (s unten Rn 18).

9 **Unklarheiten** können insbes hinsichtlich der Frage auftreten, ob eine Person **als Vertreter oder Bevollmächtigter** bestellt ist, zumal auch eine Bevollmächtigung kann im Rahmen eines einheitlichen Schreibens folgen kann. In derartigen Fällen sind insoweit die allgemeinen Grundsätze für die **Auslegung von Willenserklärungen** (§ 157 BGB) maßgeblich; die in Abs 1 aufgestellte Fiktion gilt nur für das Verhältnis der als Vertreter bezeichneten Person zu den übrigen Unterzeichnern, nicht auch für die Frage, ob Vertretung oder Bevollmächtigung vorliegt (str). Für das Vorliegen einer Bevollmächtigung ist jedoch ggf, wie sich aus der Formulierung der Vorschrift ergibt, derjenige beweispflichtig, der sich darauf beruft. Zu der str Frage, ob Abs 1 auch dann anwendbar ist, wenn nur ein Teil der betroffenen Personen gemeinsam oder individuell einen oder mehrere Bevollmächtigte bestellt haben, s unten Rn 13.

10 **b) Umfang der Vertretung.** Die Vertretungsmacht eines Vertreters gilt „für das Verfahren", dh, wie auch durch Abs 3 und durch § 19 Abs 1 S 2 bestätigt wird, nicht nur für die Eingabe gem Abs 1 und die unmittelbar damit zusammen hängenden Verfahrenshandlungen, sondern, solange die Vertretungsbefugnis

---

[3] **Umstritten** ist, ob diejenigen Unterzeichner, die den Vertreter als ihren Bevollmächtigten benannt haben, bei der Berechnung der Masseschwelle von 50 Personen mitrechnen (Knack/Henneke 12; **aA** MB 4). Richtigerweise sind sie nicht mitzuzählen (s unten Rn 13).

[4] Fiktion; ebenso Weides 66; Henle DVBl 1983, 782; StBS 17; Knack/Henneke 12; Obermayer 38; zT **aA** UL § 45 Rn 12: eine gesetzliche Vertretung; Maurer JuS 1976, 490: eine gesetzliche Vermutung.

besteht, auch **für alle weiteren Verfahrenshandlungen** sowie für alle Verfahrenshandlungen, welche die Behörde den Betroffenen gegenüber vornimmt, dh also grundsätzlich für das gesamte Verfahren, auch wenn die Betroffenen später eigene, gesonderte Anträge stellen oder eigene Stellungnahmen abgeben möchten usw. Die Betroffenen können eigene (individuelle) Anträge nur stellen und eigene Stellungnahmen nur dann abgeben, wenn sie vorher das Vertretungsverhältnis gem Abs 3 beendet haben (s dazu auch unten Rn 22 ff).

3. Bestimmung der „Massengrenze" (mehr als 50 Personen). Die Anwendung des § 17 – Entsprechendes gilt auch für § 18 – setzt voraus, dass sich 11
mehr als 50 Personen, dh also **mindestens 51 Personen** an einer Eingabe durch Leistung ihrer Unterschrift unter einen Text beteiligen oder gleich lautende Texte einreichen. Maßgeblich ist die **Zahl der Unterschriften zu einer gleichförmigen Eingabe,** nicht die Summe der Eingaben im gesamten Verfahren (StBS 15; UL § 45 Rn 13; Knack/Henneke 11 mwN; wohl auch MB 4). Die Regelung ist über den zu engen Wortlaut hinaus auch dann anwendbar, wenn die Eingabe bzw die Eingaben nicht von allen Teilnehmern persönlich und einzeln unterzeichnet ist (sind), sondern von deren gesetzlichen Vertretern, also zB der Eltern (str, **aA** StBS 15). Es muss sich um eine schriftliche Eingabe handeln, die jedenfalls so substantiiert ist, dass sich die Behörde überhaupt sachlich mit ihr befassen muss (StBS 14). Bei der Berechnung der Zahl von mehr als 50 Personen kommt es nicht darauf an, ob die Teilnehmer an der Eingabe Beteiligte iS des § 13 sind.[5]

a) Berechnungsfragen. Mitzuzählen sind nach dem Zweck der Vorschrift 12
sämtliche Unterzeichner der Eingabe, auch nicht-beteiligungsfähige (§ 11) und nicht-handlungsfähige (§ 12) Personen, sofern die fehlende Beteiligungsfähigkeit bzw Verfahrenshandlungsfähigkeit nicht aus der Eingabe ersichtlich oder der Behörde aus anderen Gründen bereits bekannt ist (str).[6] Wird die fehlende Handlungs- oder Beteiligungsfähigkeit später bekannt, so muss die Behörde von weiteren Maßnahmen gem § 17 gegen die betroffenen Personen bzw, wenn ohne diese die Mindestzahl von 51 Personen nicht mehr erreicht wird, auch im Verhältnis zu den übrigen Personen, Abstand nehmen, bzw, wenn eine Vertreterbestellung von Amts wegen bereits erfolgt ist, diese aufheben (letzteres **str** ebenso wohl Kropshofer S. 235 f: Unanwendbarkeit des § 17 ex nunc; **aA** wohl StBS 24; UL § 45 Rn 25). Mitzuzählen sind außerdem **auch Personen, deren Namen oder Anschriften unleserlich** sind oder unvollständig angegeben sind (vgl Abs 2 S 2) oder deren Identität aus anderen Gründen zunächst nicht ohne weiteres feststellbar ist.[7]

b) Individuelle Bevollmächtigte. Nicht ausdrücklich geregelt ist die ver- 13
fahrensrechtliche Stellung von Personen, die durch individuell bestellte Bevollmächtigte gem § 14 vertreten werden, dh nicht durch einen gemeinsamen Bevollmächtigten iS von Abs 1 letzter Halbs § 17 schließt diese Möglichkeit nicht aus. Für die **Zulässigkeit einer individuellen Bestellung Bevollmächtigter** sprechen außer verfassungsrechtlichen Gründen (s Rn 2) vor allem ein Vergleich der Regelung mit Abs 3 S 2 sowie nicht zuletzt auch der Zweck der Vorschrift,

---

[5] S oben Rn 3; ebenso UL § 45 Rn 16; StBS 15; Knack/Henneke 11; zT **aA** Ziekow 4: Doch muss die Behörde die fehlende Beteiligteneigenschaft für die Frage der Anwendbarkeit der §§ 17 ff nur berücksichtigen, wenn sie ihr bekannt ist; Obermayer/Funke-Kaiser 19: Voraussetzung ist eine rechtlich geschützte Position. Letzteres ist nicht überzeugend, weil eine Sachprüfung erforderlich würde.

[6] Str, wie hier StBS 15; Knack/Henneke 11; UL § 45 Rn 16; **aA** hins Beteiligungsfähigkeit Obermayer/Funke-Kaiser 14; MB 4; Schmel, Massenverfahren 77; Knack/Henneke: Berücksichtigung auch bei bekannter Beteiligungs- und Handlungsunfähigkeit.

[7] Ebenso UL § 45 Rn 16; Knack/Henneke 11; StBS 15; **aA** Obermayer/Funke-Kaiser 24; Schmel, Massenverfahren 77.

eine Sonderregelung für Fälle zu schaffen, in denen die Betroffenen sich nicht näher „engagieren"; gerade von fehlendem Engagement aber kann, wenn bereits ein Bevollmächtigter bestellt wurde, nicht mehr gesprochen werden. Wird ein Bevollmächtigter erst bestellt, nachdem bereits ein Vertreter nach Abs 1 bzw 4 benannt oder nach Abs 4 von Amts wegen eingesetzt worden war, so können die dargelegten Folgen erst eintreten, wenn der Vertretene das Vertretungsverhältnis nach Abs 3 beendet hat. Haben Antragsteller usw aber individuell oder auch gemeinsam Bevollmächtigte bestellt, so zählen sie bei der gem Abs 1 erforderlichen Schwellenzahl von 50 Personen nicht mit (im Erg auch StBS 15; Obermayer/Funke-Kaiser 23). Wird die Zahl 50 ohne sie nicht überschritten, so ist § 17 unanwendbar.

14 **4. Gleichförmigkeit der Eingaben.** Als gleichförmig iS von § 17 sind Anträge und (sonstige) Eingaben nur dann anzusehen, wenn sie alle **denselben (identischen) Text** – zB Text mit Unterschriftslisten oder gleich lautende gedruckte oder in anderer Weise (Fotokopien, maschinenschriftliche oder handschriftliche Abschriften) vervielfältigte Einwendungsformulare[8] uä – zum Gegenstand haben und die einzelnen Personen, die mitwirken, nur noch Namen, Anschrift und ggf sonstige, nicht die Sache selbst betreffende Angaben (zB Beruf, Vorbildung) hinzugefügt haben.[9] Entgegen dem Wortlaut der Vorschrift sind Abweichungen, die den Sinn der Eingabe unter keinem denkbaren Gesichtspunkt berühren können, als unerheblich anzusehen, zB Schreibfehler uä bei durch jeweiliges Abschreiben eines Textes vervielfältigten Texten. Sachliche **Ergänzungen oder Streichungen** schließen dagegen die Identität des Textes regelmäßig aus. Ob dies auch gelten muss, wenn sie nebensächliche Fragen betreffen, erscheint zweifelhaft, weil die Rechtsfolgen der Vorschrift dann allzu leicht umgangen werden können. **Nicht erforderlich** ist, dass der einheitliche Text für alle Unterzeichner usw in gleicher Weise zutrifft; insb sind auch besondere Ausführungen bezüglich einzelner Betroffener unschädlich, sofern sie Bestandteil des von allen unterzeichneten einheitlichen Textes sind.

15 Sind die Voraussetzungen der **Gleichförmigkeit nur für einen Teil** der Eingaben oder der Unterzeichner erfüllt, so ist § 17 nur auf diesen anwendbar, sofern der einheitliche Text jedenfalls noch von mindestens 51 Personen unterstützt wird (s oben Rn 11); bezüglich der übrigen Eingaben verbleibt es für die Behörde bei der Notwendigkeit, mit den einzelnen Personen bzw ihren Bevollmächtigten unmittelbar zu verhandeln usw.

16 **5. Der Vertreter (Abs 1 S 1). a) Fiktion.** Ist in den gleichförmigen Eingaben eine (natürliche, vgl Abs 1 S 2) Person als Vertreter bezeichnet, so hat diese Person unmittelbar Kraft Gesetzes die Position eines Vertreters mit den Befugnissen nach § 19. Es gilt also die gesetzliche Fiktion, wonach die in den Eingaben als Vertreter bezeichnete Person auch tatsächlich mit entsprechender Vertretungsmacht ausgestattet wurde. Ein entgegenstehender oder fehlender Wille der Unterzeichner ist unbeachtlich. Voraussetzung für den Eintritt der Fiktion ist die Angabe des vollständigen Namens und der Anschrift. Das Fehlen der Berufsangabe ist unschädlich, wenn eine Verwechslungsgefahr nicht besteht (StBS 17). Der Vertreter muss selbst unterzeichnet haben. Die Angaben über den Vertreter müssen sich auf jeder Seite befinden, die eine Unterschrift trägt (Abs 2).

17 **b) Beendigung der Vertretung.** Bis zur Bestellung eines Vertreters von Amts wegen gem Abs 4 kann jeder Teilnehmer an einer Eingabe ohne Einschränkung eigene Anträge stellen, Ausführungen machen usw und dadurch, da

---

[8] Obermayer/Funke-Kaiser 6; Henle DVBl 1983, 782; StBS 16; Knack/Henneke 10; enger UL § 45 Rn 17: nur durch mechanische Vervielfältigung hergestellte Texte.

[9] Ebenso StBS 16; Knack/Henneke 10; zT **aA** Obermayer/Funke-Kaiser 8; Henle DVBl 1983, 783: individuelle Zusätze sind zulässig, soweit sie sich in Grenzen halten.

dann Gleichförmigkeit in Bezug auf seine Eingabe nicht mehr gegeben ist, einem Vorgehen der Behörde gem § 17 gegen ihn die Grundlage entziehen. Nach Benennung bzw Bestellung eines gemeinsamen Vertreters sind eigene, gesonderte Anträge oder Ausführungen grundsätzlich ausgeschlossen und unbeachtlich und daher auch ohne Einfluss auf die Vertretungsregelung (vgl § 19 Rn 5). Die Betroffenen können sich dieser Folge jedoch durch **Beendigung des Vertretungsverhältnisses gem Abs 3** entziehen und dann durch eigene Antragstellung usw auch die Gleichförmigkeit der Eingabe für ihren Teil im dargelegten Sinn aufheben, so dass die Behörde dann auch nicht mehr nach Abs 4 ihnen gegenüber vorgehen kann.

III. Nichtberücksichtigung gleichförmiger Eingaben (Abs 2)

1. Unvollständigkeit der Angaben zum Vertreter (S 1 u 2). Nach Abs 2 S 1 ist die Behörde ermächtigt, Eingaben iS von Abs 1 gänzlich unberücksichtigt zu lassen, dh sie überhaupt nicht weiter zu behandeln, wenn sie den in S 1 näher bezeichneten Anforderungen nicht entsprechen. Die im Einzelnen wenig klar gefasste Vorschrift ist vor allem als Sanktion für den Fall gedacht, dass die Personen, die sich an gleichförmigen Eingaben iS des Abs 1 beteiligen, auch auf einen entsprechenden Hinweis seitens der Behörde gem S 2 hin fehlende Angaben gem Abs 1 nicht nachtragen und insb keinen oder keinen gem Abs 1 S 2 geeigneten Vertreter benennen. **Bei anderen Form- oder sonstigen Fehlern** der Eingabe ist dagegen nicht nach Abs 2, sondern nach allgemeinen Grundsätzen zu verfahren. Die Entscheidung, ob bei Vorliegen eines der in S 1 bezeichneten Mängel eine Bekanntmachung nach Abs 2 S 2 ergehen soll, und ob, wenn daraufhin der Mangel nicht beseitigt wird, die Eingabe unberücksichtigt bleiben soll, liegt im **Ermessen der Behörde.**[10] 18

a) Die Mängel im Einzelnen. Welche Mängel die Behörde zu einem Vorgehen nach Abs 2 S 1 berechtigen, ergibt sich aus der Verweisung auf Abs 1 („Angaben nach Abs 1 S 1"). Das Fehlen der Berufsbezeichnung des Vertreters dürfte unerheblich sein, jedenfalls, wenn dadurch eine Verwechslungsgefahr nicht entstehen kann. Ebenso ergibt sich aus der Sonderregelung des Abs 2, S 3, dass Mängel, die sich nur auf Namen oder Anschrift sonstiger Personen, die die Eingabe machen, beziehen, insoweit ohne Bedeutung sind. Die **Angaben über den Vertreter** müssen **auf jeder Seite,** die eine Unterschrift eines der Unterzeichner trägt, enthalten sein. Damit soll sichergestellt werden, dass die Benennung des Vertreters durch jeden an der Eingabe Beteiligten durch seine Unterschrift bestätigt und anerkannt wird. Dem wird auch durch Unterschrift auf einem gesonderten Blatt, das für eine bestimmte Eingabe einen Vertreter benennt, genügt; nicht dagegen bei einer aus mehreren Seiten bestehenden Eingabe, wenn die Angaben auf einer vorausgehenden Seite enthalten sind. Ist die Eingabe in einen Textteil und einen Unterschriftenteil aufgeteilt, so reicht nach dem Wortlaut die Vertreterangabe auf dem Unterschriftenteil (so StBS 20). Zum Erfordernis, dass nur eine **natürliche Person Vertreter** sein kann, vgl auch § 14 Rn 11 ff; dazu dass nur ein einziger Vertreter, nicht aber mehrere benannt werden können, s oben Rn 7. 19

b) Mitteilung an die Betroffenen (S 2). Bevor die Behörde berechtigt ist, gleichförmige Eingaben nach Abs 2 unberücksichtigt zu lassen, muss sie dies durch ortsübliche Bekanntmachung mitteilen. Dadurch wird den Betroffenen **Gelegenheit gegeben, den Mangel zu beheben,** insb, soweit dies noch nicht geschehen ist, die Behörde dies aber für erforderlich oder zweckmäßig hält, ggf 20

---

[10] StBS 19; Obermayer/Funke-Kaiser 69; Knack/Henneke 13; MB 7; kritisch Henle DVBl 1983, 782.

einen Vertreter zu bestellen oder einem Bevollmächtigten zu benennen. Das schließt die Befugnis der Behörde nicht aus, in anderer Weise auf die Benennung eines Vertreters oder auf Beseitigung von sonstigen Mängeln hinzuwirken – dies wird je nach der Art des Mangels vielfach sogar der bessere und einfachere Weg sein –, sondern ist nur Voraussetzung für ein gänzliches Außerachtlassen der Eingabe.

20a **c) Ortsübliche Bekanntmachung.** Der Begriff der ortsüblichen Bekanntmachung entspricht dem in § 41 Abs 4 (s hierzu § 41 Rn 49); zu den insoweit geltenden besonderen Vorschriften für **förmliche Verwaltungsverfahren** s § 63 Rn 12f und für Planfeststellungsverfahren § 72 Rn 25. Obwohl § 17 nur von ortsüblicher Bekanntmachung spricht, ist es auch als ausreichend anzusehen, wenn die Behörde alle Betroffenen individuell verständigt; denn auf diese Weise wird der Zweck mindestens ebenso zuverlässig erreicht.[11] **Inhalt der Bekanntmachung:** Die Bekanntgabe muss nach dem Zweck der Regelung nicht nur einen Hinweis auf das beabsichtigte Vorgehen der Behörde enthalten, sondern auch den Mangel bezeichnen, damit er allenfalls behoben werden kann, und eine angemessene Frist (vgl unten 25) zur Behebung setzen (ebenso Henle DVBl 1983, 783; Knack/Henneke 13; MB 8). Erfolgt eine ortsübliche Bekanntmachung, ist diese zugleich gem § 27a im Internet zu veröffentlichen.

20b **d) Ermessen.** Ob die Behörde bei unvollständigen Eingaben nach Abs 2 S 1 verfährt, steht in ihrem Ermessen. Dadurch soll ihr die Möglichkeit gegeben werden, im Einzelfall pragmatisch und unter Berücksichtigung verfahrensökonomischer Gesichtspunkte zu entscheiden.

21 **2. Teilweise Nichtberücksichtigung (S 3).** Abs 2 S 3 enthält eine dem S 1 entsprechende Regelung, die jedoch in der Wirkung auf die Person des einzelnen Teilnehmers an der Eingabe begrenzt ist. Eine ortsübliche Bekanntmachung ist insoweit nicht Voraussetzung, wohl aber idR ein vorheriger Hinweis auf den bestehenden Mangel, ggf verbunden mit Setzung einer angemessenen Frist zur Behebung. Dies gilt zumindest dann, wenn der Mangel behebbar ist und eine Mitteilung an den Betroffenen oder den nach Abs 1 benannten Vertreter unschwer möglich ist. Die **Verständigung des Betroffenen** dürfte auch unter allgemeinen rechtsstaatlichen Gesichtspunkten geboten sein.[12] Wie bei S 1 ist auch bei S 3 die Entscheidung über das Vorgehen grundsätzlich in das **Ermessen der Behörde** (§ 40) gestellt. Soweit diese allerdings die erforderlichen Feststellungen unschwer, insb auch ohne wesentliche Mehrarbeit oder Kosten, auch selbst treffen kann, etwa durch einfache Rückfrage bei dem benannten Vertreter, ist die Nichtberücksichtigung der Eingabe idR ermessensfehlerhaft.

IV. Erlöschen der Vertretungsmacht (Abs 3)

22 **1. Allgemeines.** Abs 3 gibt sowohl dem Vertreter als auch den Vertretenen das Recht, durch einfache schriftliche Erklärung gegenüber der Behörde das Vertretungsverhältnis jederzeit zu beenden. Die Regelung gilt auch für einen gem Abs 4 von Amts wegen bestellten Vertreter (s unten Rn 25). Die Bestimmung, dass der Vertreter diese Erklärung **nur für alle Vertretenen** abgeben kann, ist verfassungsrechtlich im Hinblick auf Art 2 und 12 GG nicht unbedenklich, da sie den Vertreter uU zur Vertretung von Personen zwingt, deren Vertretung er ablehnt. Diesen Bedenken wird auch dadurch kaum ausreichend Rechnung getragen, dass der Vertreter gem § 19 Abs 1 S 3 von Weisungen der

[11] Ebenso UL § 45 Rn 39; Obermayer/Funke-Kaiser 87; offenbar **aA** Knack/Henneke 13.

[12] S zum insoweit vergleichbaren Petitionsrecht BVerwG DÖV 1976, 315; BVerfG 2, 229ff; 13, 90.

Vertretenen freigestellt ist. Die Mitteilung nach Abs 3 S 2 soll der Behörde die Entscheidung erleichtern, ob sie den nicht mehr Vertretenen gem Abs 4 die Bestellung eines Vertreters aufgeben soll. Da es sich nur um eine Ordnungsvorschrift („soll") handelt, hat die Unterlassung der Mitteilung keine rechtlichen Folgen.

Bis zur Bestellung eines neuen Vertreters gem Abs 4 iVm Abs 1 oder ei- 23
nes Bevollmächtigten gem Abs 1 iVm § 14 durch jeden Einzelnen kann die Behörde das Verfahren nur mit den betroffenen Personen selbst fortführen. Die Behörde selbst kann die von ihr von Amts wegen gem Abs 4 vorgenommene Bestellung eines Vertreters, da diese ein VA ist (s unten Rn 26), nur noch gem §§ 48 ff aufheben. Zur Befugnis der Behörde, einen Vertreter zurückzuweisen s § 19 Abs 2 iVm § 14 Abs 5–7.

2. Anwendbarkeit auf bestellte Vertreter nach Abs 4. Abs 3 ist trotz der 24
systematischen Stellung vor Abs 4 verfassungskonform dahin zu verstehen, dass die Betroffenen wie auch der Vertreter selbst auch bei Bestellung eines Vertreters durch die Behörde nach Abs 4 von Amts wegen das Vertretungsverhältnis **durch einfache Erklärung gegenüber der Behörde** beenden können (ebenso StBS 24; Knack/Henneke 14 f) und dass in diesem Fall die Behörde keine andere Sanktionsmöglichkeit hat, als ggf wiederum nach Abs 4 vorzugehen (ebenso UL 45 II 1d; Obermayer 95; Knack/Henneke 14). Nur mit dieser Beschränkung, die im Übrigen auch in § 18 eine Parallele findet, erscheint Abs 4 verfassungskonform (vgl oben Rn 2). Die Entziehung der Vertretungsmacht ist auch in diesem Fall aus den dargelegten Gründen nicht an die Voraussetzung gebunden, dass die Betroffenen gleichzeitig von sich aus einen neuen Vertreter oder Bevollmächtigten benennen (str ebenso StBS 24; UL § 45 Rn 25; aA wohl Ziekow 9; Henle DVBl 1983, 780, 784).

V. Bestellung eines neuen Vertreters (Abs 4)

1. Allgemeines. Abs 4 gibt der Behörde, wenn die Vertretung nach Abs 3 25
oder aus anderen Gründen (zB Tod des Vertreters) erlischt, die Befugnis, die Betroffenen zur Bestellung eines neuen Vertreters aufzufordern und nach Ablauf einer dafür gesetzten Frist ggf selbst von Amts wegen einen gemeinsamen Vertreter zu bestellen. Möglich ist auch die Wiederbestellung des bisherigen Vertreters. Zur **ortsüblichen Bekanntgabe** der Aufforderung vgl § 41 Rn 49.

2. Rechtsnatur. Die Aufforderung zur Bestellung eines Vertreters nach Abs 4 26
S 1 stellt mangels Regelungs- und Bindungswirkung nur einen Vorbereitungsakt ohne VA-Qualität dar.[13] Dagegen wird die **Bestellung eines Vertreters von Amts wegen** zu Recht allgemein als **VA** angesehen.[14] Umstritten ist aber, ob § 44a VwGO zur Anwendung kommt. Dies ist richtigerweise zu verneinen.[15] Eine Verpflichtung der als Vertreter bestellten Person zur Übernahme der Vertretung besteht auch in den Fällen des Abs 4 nicht. Auch für den zum Vertreter Bestellten ist die Bestellung ein VA (UL § 45 Rn 25; Knack/Henneke 15 mwN); da er die Vertretung gem Abs 3 jedoch jederzeit niederlegen kann, würde für einen von ihm gegen seine Bestellung ergriffenen Rechtsbehelf idR das Rechtsschutzinteresse fehlen; **aA** UL § 45 Rn 25.

3. Voraussetzungen. Erforderlich für ein Vorgehen nach Abs 4 ist, dass 27
zugleich auch die Voraussetzungen des Abs 1 erfüllt sind, dh insb, dass die Zahl

---

[13] HM, vgl Knack/Henneke 15; UL § 45 Rn 25; Obermayer/Funke-Kaiser 112; **aA** noch die 7. Aufl.

[14] Knack/Henneke 15; UL § 45 Rn 25; Schmel 89, 91; MB 13.

[15] Ebenso Schmel, Massenverfahren 89, 91; MB 13; zT **aA** UL § 45 Rn 25; Obermayer/Funke-Kaiser 112; Knack/Henneke 15: zwar VA, gem § 44a VwGO aber nicht getrennt von der Hauptsache anfechtbar.

der zu Vertretenden, unter Einbeziehung ggf der Personen, für die der Vertreter bereits bestellt ist, 50 übersteigt,[16] sowie dass das Verfahren sich nach wie vor auf eine gleichförmige Eingabe bzw gleichförmige Eingaben bezieht. Personen, die nach Beendigung der Vertretung selbst oder durch einen Bevollmächtigten gesonderte, individuelle Eingaben mit abweichendem Inhalt gemacht haben, sind nicht mehr mitzuzählen; ggf ist hier jedoch § 18 anwendbar. Voraussetzung ist weiter, dass auch kein Bevollmächtigter gem Abs 1 S 1 iVm § 14 bestellt ist. Ist auch nur eine dieser Voraussetzungen im Zeitpunkt der Entscheidung nicht mehr gegeben, so ist auch Abs 4 nicht mehr anwendbar (str).

28 **Welche Frist als angemessen** iS von S 1 anzusehen ist, ist nach den Umständen des Falles (Zahl der Betroffenen, die sich auf einen gemeinsamen Vertreter einigen müssten, Wohnort usw) zu beurteilen. Vgl zur Aufforderung und ggf Fristsetzung auch § 15 Rn 5. Zur Verlängerung der Frist s § 31. Eine Vertreterbestellung, die zwar erst nach Ablauf der Frist, aber noch vor der Entscheidung der Behörde erfolgt, ist wirksam. Zur ortsüblichen Bekanntmachung der Aufforderung gem S 2, wenn mehr als 50 Personen betroffen sind, vgl Rn 20.

29 **Abwendungsmöglichkeit.** Die Betroffenen können sich den Konsequenzen nach Abs 4 selbst noch nach Ergehen einer Aufforderung zur Bestellung eines Vertreters und bis eine von Amts wegen erfolgte Vertreterbestellung wirksam wird bzw sie bindet (was, solange ein Rechtsbehelf gegen die Bestellung aufschiebende Wirkung hat, noch nicht der Fall ist) – verhältnismäßig leicht durch individuellen Vortrag oder Bestellung von Bevollmächtigten entziehen.[17] Andererseits ist die Behörde, auch wenn alle Voraussetzungen nach Abs 1 und 4 erfüllt sind, nicht verpflichtet, von ihrer Befugnis nach Abs 4 Gebrauch zu machen. Vielmehr steht die Entscheidung in ihrem Ermessen (§ 40).

30 **Keine Anwendung** findet Abs 4 ist auf Fälle, in denen vorher noch kein Vertreter von den Beteiligten benannt oder gem Abs 4 von der Behörde bestellt war. Hier besteht auch kein Bedürfnis für eine entsprechende Regelung, da Abs 2 als Sanktionsmöglichkeit genügt, um eine Vertreterbestellung zu erzwingen, wenn die Beteiligten ihre Eingabe weiterverfolgen wollen.

31 **4. Zur „Massenschwelle" in Abs 4.** Bis 1996 wurden gleichförmige Verfahren erst ab einer Anzahl von 300 als „Massenverfahren" behandelt mit der Folge, dass die Aufforderung zur Bestellung eines gemeinsamen Vertreters (Abs 4) ebenso wie die Ladungen (§ 67 Abs 1 S 4), Zustellungen (§ 69 Abs 2 S 2 und Abs 3 S 2) sowie Benachrichtigungen und Zustellungen im Planfeststellungsverfahren (§ 73 Abs 5 S 2 Nr 4, Abs 6 S 4, § 74 Abs 5 S 1), anstelle der sonst erforderlichen individuellen Bekanntgabe durch allgemeine Bekanntmachung erfolgen konnten. Diese sog Massenschwelle wurde durch das GenBeschlG auf 50 herabgesetzt und damit derjenigen nach Abs 1 und § 18 Abs 1 sowie nach den §§ 56a, 65 Abs 3, 67a und 121 Nr 2 VwGO angepasst. In § 93a VwGO wurde die Schwelle durch das 6. VwGO-Änderungsgesetz sogar auf 20 herabgesetzt.

§ 18 Vertreter für Beteiligte bei gleichem Interesse

(1) **Sind an einem Verwaltungsverfahren mehr als 50 Personen[4] im gleichen Interesse[5] beteiligt, ohne vertreten zu sein,[7] so kann die Behörde sie auffordern,[10] innerhalb einer angemessenen Frist einen gemeinsamen Vertreter zu bestellen,[12] wenn sonst die ordnungsmäßige**

---

[16] Obermayer/Funke-Kaiser 107; Knack/Henneke 15 mwN; **aA** UL § 45 Rn 25: die Zulässigkeit der Aufforderung ist nicht von einer bestimmten Mindestzahl von Personen abhängig.

[17] Ebenso UL § 45 Rn 25; Knack/Henneke 15; Schleicher DÖV 1976, 553; Kopp DVBl 1980, 323: können sich auch gegenseitig zu Bevollmächtigten bestellen.

Durchführung des Verwaltungsverfahrens beeinträchtigt wäre.[8] **Kommen sie der Aufforderung nicht fristgemäß nach, so kann die Behörde von Amts wegen einen gemeinsamen Vertreter bestellen. Vertreter kann nur eine natürliche Person sein.**

(2) **Die Vertretungsmacht erlischt, sobald der Vertreter oder der Vertretene dies der Behörde schriftlich erklärt;**[13] **der Vertreter kann eine solche Erklärung nur hinsichtlich aller Vertretenen abgeben. Gibt der Vertretene eine solche Erklärung ab, so soll er der Behörde zugleich mitteilen, ob er seine Eingabe aufrechterhält und ob er einen Bevollmächtigten bestellt hat.**

Parallelvorschriften: § 67a VwGO
Schrifttum: S § 17.

Übersicht

I. Allgemeines

1 **1. Inhalt.** Die Vorschrift verfolgt eine ähnliche Zielsetzung wie § 17 und stellt ebenfalls eine Sonderregelung für die **Vertretung in sog Massenverfahren** dar. Anders als nach § 17 ist es für die Anwendung von § 18 erforderlich, dass mehr als 50 Personen **„im gleichen Interesse"** beteiligt sind. Außerdem ist § 18 nicht schon bei bloß tatsächlicher Teilnahme einer Vielzahl von Personen anwendbar, sondern nur in bezug auf **mehr als 50 Beteiligte** iS von § 13 sowie insoweit ebenfalls als Beteiligte anzusehende Einwender iS von § 73 Abs 4 und von der Behörde zum Erörterungstermin gem § 73 Abs 6 geladene Betroffene in Planfeststellungsverfahren. Weiter hat die Anwendung von § 18 zur Voraussetzung, dass „sonst die ordnungsgemäße Durchführung des Verwaltungsverfahrens beeinträchtigt wäre". Im übrigen entspricht die Regelung weitgehend § 17; die Ausführungen zu dieser Vorschrift gelten daher sinngemäß auch für § 18. Zu den **verfassungsrechtlichen Bedenken** gegen die Regelung vgl § 17 Rn 2.

2 **2. Anwendungsbereich.** § 18 ist ebenso wie § 17 nur in Verwaltungsverfahren iS von § 9 anwendbar (UL § 45 Rn 10), einschließlich der förmlichen Verwaltungsverfahren gem §§ 63 ff, der Planfeststellungsverfahren gem §§ 72 ff und subsidiär auch im Widerspruchsverfahren gem §§ 68 ff VwGO (Kopp/Schenke vor § 68 Rn 18). Eine entsprechende Anwendung der Vorschrift auf Verfahren, die nicht dem VwVfG (oder einem entsprechenden Landesverfahrensgesetz) unterliegen, ist wegen des Ausnahmecharakters nicht möglich (str, vgl § 17 Rn 4). Die Verwaltungsverfahrensgesetze der Länder enthalten dem § 18 gleichlautende Vorschriften. Eine Ausnahme macht Hamburg. Dort gibt es eine § 18 entsprechende Regelung derzeit nicht.

II. Die Voraussetzungen des Abs 1

3 **1. Allgemeines.** Abs 1 ermächtigt die Behörde, die Beteiligten zur Bestellung eines gemeinsamen Vertreters **aufzufordern** und nach fruchtlosem Verstreichen der dafür gesetzten Frist ggf selbst von Amts wegen einen Vertreter zu bestellen, wenn mehr als 50 Personen „im gleichen Interesse" beteiligt sind, ohne einen Vertreter zu haben, und wenn anderenfalls die ordnungsgemäße Durchführung des Verfahrens beeinträchtigt wäre.

4 **2. Beteiligung von mehr als 50 Personen.** Die Regelung stellt auf das Bestehen einer formalen Beteiligtenstellung der Personen iSd § 13 ab (UL § 45 Rn 28). Dass aufgrund der Betroffenheit in rechtlichen Interessen eine Hinzuziehung gem § 13 Abs 1 Nr 4, Abs 2 in Betracht kommt, genügt nicht, da die Betroffenen erst durch die Hinzuziehung Beteiligte werden.[1] Als Beteiligte idS sind auch die **Einwender** gem § 73 Abs 4 und Abs 6 und die **Betroffenen** iS von § 73 Abs 3 S 2 und Abs 6 bzw nach vergleichbaren Rechtsvorschriften anzusehen, und zwar die Einwender in entsprechender Anwendung § 13 Abs 1 Nr 1 ab dem Zeitpunkt des Eingangs ihrer Einwendungen bei der Behörde,[2] die in ihren Rechten Betroffenen, sofern sie nicht von der Behörde bereits vorher gem § 13 Abs 2 beigeladen wurden oder sich durch die Geltendmachung von Einwendungen am Verfahren beteiligt haben, jedenfalls ab dem Zeitpunkt ihrer Benachrichtigung über den Erörterungstermin gem § 73 Abs 6 S 3 (vgl § 73 Rn 121).

5 **3. Beteiligung im gleichen Interesse.** „Im gleichen Interesse" beteiligt iS des Abs 1 sind Personen, die im Wesentlichen das gleiche Interesse am Ergehen oder Nichtergehen des im Verfahren in Frage stehenden VA bzw an seinem Ergehen in modifizierter Form, mit Auflagen, Bedingungen usw, oder am Abschluss oder Nicht-Abschluss eines entsprechenden verwaltungsrechtlichen Vertrags haben,[3] zB die von einem Planfeststellungsverfahren betroffenen Anlieger einer geplanten Anlage.

6 **Nicht erforderlich** ist, **dass alle im selben Umfang interessiert sind.** Anwendbar ist die Regelung zB auch auf Eigentümer, deren Grundstücke in unterschiedlichem Ausmaß betroffen sind (vgl StBS 4; Knack/Henneke 6 mwN). Gegenteilige Interessen aber schließen jedenfalls eine gemeinsame Vertretung aus; ebenso auch bloße Gleichartigkeit der Interessen im Hinblick auf verschiedene, wenn auch gleichgelagerte Angelegenheiten, zwischen denen kein unmittelbarer Zusammenhang besteht, zB bei verschiedenen Planfeststellungsverfahren für mehrere räumlich getrennte Straßen, auch wenn die Verfahren von der Behörde aus Gründen der Zweckmäßigkeit parallel oder gemeinsam durchgeführt werden.

7 **4. Beteiligte ohne eigene Vertreter.** Mit dem Hinweis auf die fehlende Vertretung ist klargestellt, dass **Personen, die einen Bevollmächtigten** nach § 14 **bestellt haben** oder einen Vertreter nach § 17 haben, nicht mitzuzählen sind, weshalb für sie auch kein Vertreter gem § 18 bestellt werden kann (UL § 45 Rn 28; Knack/Henneke 7 mwN; OLG Frankfurt B v 9.10.2003,

---

[1] So zutreffend UL § 40 Rn 36; § 45 Rn 28; unklar ABegr 6 und Kopp, in: BVerwG-FS 1978, 398.

[2] Ebenso Fickert, Planfeststellung für den Straßenbau, 1978, 297; Ule/Laubinger, Gutachten B zum 52. DJT 36 f; StBS 3; im Ergebnis im Wesentlichen auch UL § 40 Rn 36; § 45 Rn 28: wie Beteiligte zu behandeln; Knack/Henneke 5 und MB 1: im Verfahren nach § 18 liegt zugleich uno actu eine Hinzuziehung gem § 13 Abs 2; Henle DVBl 1983, 785: § 18 eine Sondervorschrift mit beteiligungsrechtlichem Inhalt **aA** v Mutius DVBl 1978, 674: erst mit der Beiziehung.

[3] Ebenso UL § 45 Rn 28; Henle DVBl 1983, 785; Schmel, Massenverfahren 101; StBS 4; Knack/Henneke 6; Obermayer/Funke-Kaiser 12; MB 2.

WpÜG 3/03, juris Rn 20). Nach dem Zweck der Regelung steht ein gesetzlicher Vertreter einem Bevollmächtigten nach § 14 oder einem Vertreter nach § 17 nicht gleich (Knack/Henneke 7). Dass der individuell Bevollmächtigte gemeinsamer Vertreter für alle in Frage stehenden Personen ist, ist nach dem klaren Wortlaut der Vorschrift nicht erforderlich;[4] die gegenteilige Auslegung der Regelung würde zwar im Interesse einer Verringerung der Zahl der Personen liegen, mit denen die Behörde das Verfahren durchführen muss, wie es letztlich der Zweck der §§ 17 und 18 ist; ein derart weitgehender Eingriff in bestehende Vertretungsverhältnisse wäre aber **verfassungsrechtlich bedenklich** und kann dem Gesetz nicht unterstellt werden. Ein dahingehender Wille des Gesetzgebers hätte auch zumindest ausdrücklich in der Vorschrift zum Ausdruck kommen müssen.

5. Beeinträchtigung der Durchführung des Verwaltungsverfahrens. 8
Maßnahmen nach § 18 sind nur zulässig, wenn sonst die ordnungsgemäße Durchführung des Verwaltungsverfahrens beeinträchtigt wäre. Diese Einschränkung ist nicht nur dadurch bedingt, dass sich in den von der Vorschrift erfassten Fällen die Beteiligten idR in höherem Maße „engagieren" als bei Masseneingaben gem § 17 (ABegr 7); sie soll vor allem auch den **verfassungsrechtlichen Bedenken** gegen den Ausschluss des Rechts des Bürgers zur Wahrung seiner Rechte in eigener Person im Verfahren Rechnung tragen (vgl BVerfG 38, 111 zur ähnlich liegenden Situation im Prozessrecht). Es muss sich um eine auch durch geeignete organisatorische Vorkehrungen wie etwa das Zurückstellen weniger dringlicher Arbeiten, Bereitstellung eines größeren Verhandlungsraumes **wesentliche, nicht vermeidbare Beeinträchtigung** handeln.[5] Im Hinblick auf die Bedeutung des Rechts des Bürgers, seine Rechte in eigener Person wahrzunehmen, ist ein **strenger Maßstab** geboten (ebenso Knack/Henneke 8).

III. Aufforderung zur Vertreterbestellung

1. Allgemeines. Liegen die Voraussetzungen des Abs 1 S 1 vor, so kann die 9
Behörde die nicht vertretenen Beteiligten auffordern, einen Vertreter zu bestellen. Kommen die Beteiligten dieser Aufforderung nicht nach, so kann ein Vertreter von Amts wegen bestellt werden (Abs 1 S 2).

2. Die Aufforderung. Die Aufforderung zur Vertreterbestellung stellt nach 10
hM keinen verfahrensrechtlichen VA dar, sondern eine vorbereitende Maßnahme, die gem § 44a VwGO nicht selbständig anfechtbar ist (StBS 7). Sie muss an jeden einzelnen Beteiligten persönlich gerichtet werden. Sie kann mündlich, schriftlich und unter den Voraussetzungen des § 3a Abs 1 auch durch elektronische Übermittlung erfolgen. Eine öffentliche Aufforderung zur Vertreterbestellung ist nicht vorgesehen (UL § 45 Rn 29; Obermayer/Funke-Kaiser 21; Knack/Henneke 10; StBS 7). Sie muss mit einer angemessenen Fristsetzung für die Vertreterbestellung verbunden werden, anderenfalls ist ein Vorgehen nach Abs 1 S 2 unzulässig. Da es für die Betroffenen regelmäßig nicht ganz einfach ist, einen gemeinsamen Vertreter zu bestimmen, ist die Frist großzügig zu bemessen (StBS 8). Auf die Rechtslage nach Abs 1 S 2 ist hinzuweisen.[6]

Auch wenn alle in Abs 1 genannten Voraussetzungen erfüllt sind, liegt die 11
Entscheidung im Ermessen (§ 40) der Behörde (Knack/Henneke 12; zT

---

[4] Knack/Henneke 7; Obermayer/Funke-Kaiser 13; **aA** offenbar VGH München BayVBl 1998, 151 für die wortgleiche Regelung in der BayBauO.

[5] Vgl ABegr 6: „Die Behörde hat in jedem Einzelfall zu prüfen, ob die Grenzen ihrer Arbeitskapazität die Anwendung des § 18 wirklich gebieten"; ebenso UL § 45 Rn 27; Knack/Henneke 8; Obermayer/Funke-Kaiser 14-16; aA Bader/Ronellenfitsch 4 (keine erheblichen Nachteile erforderlich).

[6] Obermayer/Funke-Kaiser 23, aA BeckOK 9.

enger Obermayer/Funke-Kaiser 18; Henle DVBl 1983, 785). Im Zweifel sollte die Behörde – auch als nobile officium und weil die Bestellung eines Vertreters von Amts wegen die Fronten oft unnötig verhärtet und vielfach Rechtsbehelfe gegen die Aufforderung zur Bestellung eines Vertreters bzw gegen die Vertreterbestellung selbst wie auch gegen die Entscheidung in der Hauptsache geradezu provoziert – eher auf ein Vorgehen nach § 18 verzichten.

12 **3. Die Vertreterbestellung.** Kommen die nach Abs 1 S 1 aufgeforderten Beteiligten der Aufforderung zur Bestellung eines gemeinsamen Vertreters innerhalb der von der Behörde gesetzten angemessenen Frist nicht nach, so kann die Behörde nach Abs 1 S 2 eine natürliche Person (Abs 1 S 3) von Amts wegen als Vertreter für die Beteiligten bestellen. Kommt nur ein Teil der aufgeforderten Personen der Pflicht zur Bestellung eines gemeinsamen Vertreters nach, so kann eine Vertreterbestellung von Amts wegen für die Übrigen nur erfolgen, wenn noch mehr als 50 unvertretene Personen übrig bleiben. Dieser Fall ist zwar in Abs 1 nicht ausdrücklich geregelt; die Lösung ergibt sich aber aus dem systematischen Zusammenhang von Abs 1 S 2 mit Abs 1 S 1 und Abs 2. Die **Vertreterbestellung ist VA;** umstritten ist, ob er von den betroffenen Beteiligten selbstständig angefochten werden kann. Dies ist richtigerweise zu bejahen (vgl auch § 17 Rn 26; **aA** Knack/Henneke 11 iVm § 17 Rn 15).

IV. Beendigung der Vertretung (Abs 2)

13 Abs 2 regelt das **Erlöschen der Vertretungsmacht** eines von den Beteiligten selbst oder von der Behörde von Amts wegen bestellten Vertreters in wörtlicher Übereinstimmung mit § 17 Abs 3. Insoweit gelten die Ausführungen zu § 17 Abs 3 auch hier sinngemäß (vgl § 17 Rn 22ff). Durch die systematische Stellung der Regelung in Abs 2 im Anschluss an Abs 1 sowie durch den Wortlaut, der nicht nach der Art der Bestellung des Vertreters differenziert, ist dabei zugleich klargestellt (was bei § 17 Abs 3 str ist), dass auch die Bestellung des Vertreters von Amts wegen einer Beendigung des Vertretungsverhältnisses durch einfache Erklärung der Beteiligten – auch einzelner Beteiligter – nicht entgegensteht.

14 **Die nicht mehr vertretenen Beteiligten** kann die Behörde auch in diesem Fall nur nach Abs 1 zur Bestellung eines Vertreters auffordern und ggf wiederum von Amts wegen einen (anderen oder auch denselben) Vertreter bestellen, ein praktisch wenig befriedigendes Ergebnis, für das aber auch verfassungsrechtliche Gründe sprechen (vgl § 17 Rn 2). Vgl insoweit, insb auch zur Berechnung der Zahl der Beteiligten, für die eine Vertretung nach Abs 1 fortbesteht, bei der Feststellung der gem Abs 1 erforderlichen Mindestzahl der Beteiligten § 17 Rn 11ff.

§ 19 Gemeinsame Vorschriften für Vertreter bei gleichförmigen Eingaben und bei gleichem Interesse

(1) **Der Vertreter hat die Interessen der Vertretenen sorgfältig wahrzunehmen.**[4ff] **Er kann alle das Verwaltungsverfahren betreffenden Verfahrenshandlungen vornehmen. An Weisungen ist er nicht gebunden.**

(2) **§ 14 Abs. 5 bis 7 gilt entsprechend.**[11ff]

(3) **Der von der Behörde bestellte Vertreter hat gegen deren Rechtsträger Anspruch auf angemessene Vergütung und auf Erstattung seiner baren Auslagen.**[14] **Die Behörde kann von den Vertretenen zu gleichen Anteilen Ersatz ihrer Aufwendungen verlangen.**[15] **Sie bestimmt die Vergütung und stellt die Auslagen und Aufwendungen fest.**

Schrifttum: S § 17.

Übersicht

I. Allgemeines

1. Inhalt. Die Vorschrift enthält gemeinsame Regelungen für die besonderen Vertreter nach § 17 und § 18 (UL § 45 Rn 32; Obermayer 3; StBS 1; Knack/Henneke 2) und ergänzt insoweit die genannten Vorschriften. Die Vorschriften sind erforderlich, weil durch die Bestellung eines Vertreters von Amts wegen kein Vertragsverhältnis zwischen dem Vertreter und dem Vertretenen zustande kommt, aus dem sich entsprechende Rechte und Pflichten ergeben könnten. Zum Teil handelt es sich dabei um nicht unwesentliche Abweichungen von den für Bevollmächtigte gem § 14 geltenden Bestimmungen, die nach Abs 2 nur entsprechend anwendbar sind, soweit sich aus § 19 nichts anderes ergibt. Die Verpflichtung des Vertreters zur sorgfältigen Wahrnehmung der Interessen ergibt sich hier also unabhängig von der Rechtsbeziehung zwischen Vertreter und Vertretenen direkt aus dem Gesetz. Als wichtigster Unterschied zum Bevollmächtigten enthält die Bestimmung jedoch im Interesse der Vereinfachung des Verfahrens eine ausdrückliche **Freistellung von Weisungen** der Vertretenen (Abs 1 S 3) und weist dem Vertreter damit eine wesentlich stärkere Stellung als dem Bevollmächtigten nach § 14 zu. 1

Zu den **verfassungsrechtlichen Bedenken** gegen derartige Regelungen, die zT auf eine „Entmündigung" der Verfahrensbeteiligten hinauslaufen vgl § 17 Rn 2. Diese Bedenken werden jedoch dadurch gemildert, dass die Betroffenen durch Bestellung von Bevollmächtigten gem § 14 diese für sie einschneidenden Folgen vermeiden (s § 17 Rn 2) und zudem das Vertretungsverhältnis jederzeit aufheben können (vgl § 17 Abs 3, § 18 Abs 2). 2

2. Anwendungsbereich. Die Vorschrift gilt nur für die Fälle, in denen **besondere Vertreter nach den §§ 17 und 18** bestellt worden sind, unabhängig davon, ob eine (fiktive) Bestellung nach § 17 Abs 1, eine Bestellung durch die Vertretenen selbst nach § 17 Abs 4 S 1, § 18 Abs 1 S 1 oder eine Bestellung von Amts wegen nach § 17 Abs 4 S 3, § 18 Abs 1 S 2 handelt.[1] Dass auch die Vertretung durch den von den Beteiligten nach § 18 Abs 1 freiwillig bestellten gemeinsamen Vertreter umfasst wird, hat seinen Grund letztlich darin, dass hier eine Art kollektives Vertretungsverhältnis begründet wird, bei welchem Einzelweisungen, die sich uU widersprechen, vermieden werden sollen. Auf andere Fälle ist die Vorschrift nicht, auch nicht entsprechend anwendbar. Die Verwaltungsverfahrensgesetze der Länder enthalten wortgleiche Bestimmungen. 3

II. Rechte und Pflichten des Vertreters

1. Allgemeines. Vertreter gem § 17 bzw § 18 sind, wie § 19 klarstellt und auch schon die Bezeichnung andeutet, auch dann, wenn sie nicht von der Be- 4

[1] Allg Meinung; vgl nur StBS 1; Knack/Henneke 2; Obermayer/Funke-Kaiser 4; UL § 45 Rn 32.

hörde, sondern von den Betroffenen selbst bestellt werden, nicht Bevollmächtigte iS von § 14, sondern haben die **Position eines gesetzlichen Vertreters** (StBS 3). Es handelt sich um mit besonderen Rechten ausgestattete und auch im Verhältnis zu den Vertretenen hins der Wahrnehmung ihrer Aufgaben weitgehend selbständige Vertreter iwS für alle das Verfahren betreffenden Verfahrenshandlungen. Dies umfasst die Antragstellung, den Vortrag von Tatsachen, die Beendigung des Verfahrens durch Rücknahme des Antrags, den Abschluss eines Vergleichs usw,[2] nicht dagegen die für die Einlegung von Rechtsbehelfen (Widerspruch, Klage) gegen die aufgrund des Verfahrens ergehende Sachentscheidung.[3] Der Vertreter handelt trotz seiner besonderen Rechtsstellung nicht in Ausübung eines öffentlichen Amtes (s unten Rn 9).

4a **Umstritten** ist die Frage, ob der Vertreter auch der richtige Adressat für den das Verfahren abschließenden VA ist, oder ob der VA den Vertretenen gegenüber bekanntzugeben ist. Letzteres wird teilweise aus dem Umstand geschlossen, dass in § 41 Abs 1 zwar der Bevollmächtigte, nicht aber der Vertreter genannt ist. Dieses Argument überzeugt nicht. Richtigerweise wird der VA dem Vertreter gegenüber bekanntzugeben sein.[4] Anderenfalls liefe die Vorschrift in der Praxis weitgehend leer. Im Übrigen muss auch bei einer Person, der die Handlungsfähigkeit fehlt, die Bekanntgabe gegenüber dem gesetzlichen Vertreter erfolgen (StBS § 41 Rn 50).

5 **a) Keine eigenen Handlungsrechte des Vertretenen.** Der Vertreter nach §§ 17, 18 tritt für das Verfahren grundsätzlich (zu Ausnahmen insb hins verfahrensbeendender Erklärungen s unten Rn 7) **in vollem Umfang an die Stelle der Vertretenen,** die damit jedes Recht zu eigener Antragstellung, zu eigenen Ausführungen, Beweisanträgen usw, gem § 29 Abs 1 S 3 auch zur Akteneinsicht verlieren[5] und auch von der Behörde nicht mehr persönlich im Rahmen der Gewährung rechtlichen Gehörs gehört werden müssen. Diese Folgerungen ergeben sich außer aus dem Begriff der Vertretung vor allem aus der Zwecksetzung der §§ 17–19 sowie aus dem Umstand, dass gem § 19 Abs 1 S 2 sogar Weisungen ausgeschlossen sind. Als mit dem Zweck der §§ 17 ff nicht vereinbar dürfte auch eine sinngemäße Anwendung von § 137 Abs 4 ZPO, wonach Parteien auch im Anwaltsprozess auf Antrag das Wort zu gestatten ist, abzulehnen sein.

6 **Unberührt** bleibt die **Befugnis der Behörde,** sich im Rahmen der Mitwirkungspflicht der Beteiligten gem § 26 Abs 2 auch an einzelne oder alle Beteiligte unmittelbar zu wenden. Zwar wird in Abs 2 nicht auf § 14 Abs 3 S 2 verwiesen, wo diese Befugnis der Behörde auch gegenüber den durch Bevollmächtigte vertretenen Beteiligten ausdrücklich erwähnt ist. Dies spricht aber nicht dagegen, da Grundlage dieser Befugnis nicht § 14 Abs 3, sondern § 26 Abs 2 ist (ebenso StBS 6; Knack/Henneke 6; Obermayer/Funke-Kaiser 31).

7 **b) Dispositionsrecht des Vertretenen.** Unberührt bleibt das Recht der Betroffenen, selbst und ohne Zwischenschaltung des Vertreters ihre Beteiligung an Eingaben gem § 17 zurückzuziehen sowie verfahrensbeendende Erklärungen (vgl § 9 Rn 36) und alle sonstigen Erklärungen im Verfahren, die sie auch im Verwaltungsprozess in Verfahren mit Anwaltszwang selbst in eigener Person vornehmen könnten (vgl dazu Kopp/Schenke § 67 Rn 4), abzugeben (zT einschränkend UL § 45 Rn 37; Knack/Henneke 7 mwN; MB 4). Es besteht kein Grund, der es

---

[2] UL § 45 Rn 33; Knack/Henneke 2 und 4; MB 2; zT **aA** Obermayer/Funke-Kaiser 17: keine Befugnis zur Verfahrensbeendigung; es besteht indessen kein Grund, diese Möglichkeit des Vertreters auszunehmen, auch wenn ein diesbezügliches Recht des Vertretenen unberührt bleibt, s Rn 7.

[3] StBS 7; UL § 45 Rn 33; Knack/Henneke 4 mwN.

[4] MB 4; Knack/Henneke 4; insoweit **aA** StBS 7 unter Hinweis auf die mit der vertretenen Position verbundenen praktischen Nachteile; Obermayer /Funke-Kaiser 20; Schmel, Massenverfahren 122; Kropshofer, Verwaltungsverfahren 264; nun auch Ziekow 4.

[5] Ebenso UL § 45 Rn 37; Obermayer/Funke-Kaiser 29; Knack/Henneke 5; MB 4.

rechtfertigen könnte, den Betroffenen im Verwaltungsverfahren Rechte zu verweigern, die die Rspr Beteiligten sogar im Anwaltsprozess zubilligt; bei Vertretern nach §§ 17 ff kommt hinzu, dass die Betroffenen sonst wegen des fehlenden Weisungsrechts überhaupt keine Möglichkeit hätten, ihre entsprechenden Rechte im Verfahren geltend zu machen, und dass die Einschaltung des Vertreters insoweit auch eine sinnlose Formalität wäre, da damit auch keine Entlastung der Behörde erreicht würde, wie sie das Ziel der §§ 17 ff ist.

c) Pflichten des Vertreters. Die **Freistellung von Weisungen** gem Abs 1 S 3 entbindet den Vertreter nicht von der allgemeinen, auch mit einer Vertretung idR verbundenen Verpflichtung zur **Information der Betroffenen** und zu sonstigen Kontakten mit ihnen vor der Vornahme wichtiger Verfahrenshandlungen, soweit solche Kontakte bei der Vielzahl der Vertretenen möglich und der Sache nach angemessen sind;[6] die entsprechende Verpflichtung, deren Umfang im Einzelfall nach den gegebenen Umständen zu bemessen ist, ergibt sich auch aus der Verpflichtung des Vertreters zur Wahrnehmung der Interessen der Vertretenen gem Abs 1 S 1.[7] 8

Die **Sorgfaltspflicht des Vertreters** nach Abs 1 S 1 bei der Wahrung der Interessen der Betroffenen entspricht, abgesehen von den oben erwähnten Besonderheiten, grundsätzlich der Sorgfaltspflicht eines Bevollmächtigten nach § 14. Es handelt sich insoweit um eine **privatrechtliche Verpflichtung,** nicht um eine als Amtspflicht iS des § 839 BGB, Art 34 GG zu beurteilende Pflicht, deren Verletzung Grund für Ansprüche nach dem Amtshaftungsrecht geben könnte (UL § 45 Rn 36; StBS 5; Obermayer/Funke-Kaiser 14; Knack/Henneke 9). Davon ist eine evtl Haftung der Behörde gem § 839 BGB, Art 34 GG im Zusammenhang mit der Bestellung eines Vertreters von Amts wegen zu unterscheiden. 9

2. Haftungsfragen. Das VwVfG enthält keine Vorschriften über die Haftung des Vertreters gegenüber den Vertretenen, sondern beschränkt sich auf die Bestimmung, dass der Vertreter die Interessen der Vertretenen sorgfältig wahrzunehmen hat (§ 19 Abs 1 S 1). Wegen der vergleichbaren Interessenlage und des Zusammenhangs der §§ 17 ff mit § 16 ist bei einem von Amts wegen bestellten Vertreter **§ 16 Abs 4 iVm §§ 1908i, 1915, 1833 BGB analog anwendbar.**[8] Der Vertreter haftet danach für den aus einer Pflichtverletzung entstehenden Schaden, sofern er vorsätzlich oder fahrlässig handelt. Daneben kommen uU Ansprüche aus **Amtshaftung** gem § 839 BGB, Art 34 GG gegen die Behörde wegen unsachgemäßer Auswahl des Vertreters in Betracht. Die Haftung des von den Vertretenen selbst bestellten bzw des gem § 17 Abs 1 als ihr Vertreter geltenden Vertreters richtet sich allein nach dem zugrunde liegenden Auftragsverhältnis, allerdings stets modifiziert durch die nach Abs 1 S 3 bestehende Weisungsfreiheit. Der Vertreter haftet danach ebenfalls für Vorsatz und Fahrlässigkeit (vgl UL § 45 Rn 36). 10

III. Zurückweisung von Vertretern (Abs 2)

Nach Abs 2 sind die Bestimmungen über die **Zurückweisung von Bevollmächtigten** gem § 14 Abs 5–7 auch auf Vertreter gem § 17 bzw § 18 sinngemäß anwendbar (UL § 45 Rn 34; StBS 10; Knack/Henneke 10 mwN; **aA** Obermayer/Funke-Kaiser 33: bei amtlich bestellten Vertretern nur Widerruf der Bestellung). Darüber hinaus kommt eine sinngemäße Anwendung aber auch für andere in § 14 enthaltene Bestimmungen in Betracht, soweit der Zweck oder Besonderheiten der 11

[6] Obermayer/Funke-Kaiser 26; Knack/Henneke 8; vgl auch UL § 45 Rn 33: § 19 Abs 1 S 3 schließt dies nicht aus.

[7] Teilweise **aA** ABegr 6, wo darauf hingewiesen wird, dass die Probleme des Massenverfahrens nicht von der Behörde auf den Vertreter überwälzt werden dürfen.

[8] UL § 45 Rn 36; Obermayer/Funke-Kaiser 14; Knack/Henneke 9; Schmel, Massenverfahren 117; **aA** Kropshofer, Verwaltungsverfahren 263.

Regelung in den §§ 17–19 nicht entgegenstehen, zB die Anwendung der Grundsätze über die Vollmacht, wenn der Vertreter von den Betroffenen selbst bestellt wird.

12 **Unzulässig** wäre dagegen, da im Widerspruch zu § 19 Abs 1, eine **inhaltliche Beschränkung der Vollmacht** des Vertreters durch die Vertretenen. Anders bei Bestellung des Vertreters von Amts wegen; da die Bestellung im Ermessen der Behörde steht, ist diese auch als befugt anzusehen, sie zB auf einen Verfahrensabschnitt, etwa auf die mV, zu beschränken (str). Ausdrücklich geregelt ist in § 17 Abs 1 S 2 und § 18 Abs 1 S 3, dass als Vertreter nur natürliche Personen in Betracht kommen.

13 Die **Aufhebung** der Bestellung eines Vertreters gem § 17 oder § 18 **lässt** die von diesem zwischenzeitlich vorgenommenen **Rechtshandlungen unberührt** (Knack/Henneke 12: ein allgemeiner Rechtsgedanke analog § 115 BGB aF, § 32 FGG; ebenso Obermayer/Funke-Kaiser 41).

IV. Vergütungs- und Erstattungsanspruch (Abs 3)

14 Abs 3 gibt dem von der Behörde bestellten Vertreter einen **Anspruch auf angemessene Vergütung** und auf Erstattung seiner Auslagen. Die Bestimmung entspricht weitgehend der in § 16 Abs 3 getroffenen Regelung, so dass auf die Erläuterung dazu zu verweisen ist (vgl § 16 Rn 28 ff). Der Anspruch richtet sich gegen den Rechtsträger, dem die Behörde angehört. Ein sachlicher Grund für die unterschiedliche Fassung der Vorschriften in § 16 Abs 3 und § 19 Abs 3 ist nicht ersichtlich. Bei Behörden, die Funktionen mehrerer Rechtsträger wahrnehmen (zB das Landratsamt als staatliche Behörde und als Behörde des Landkreises), richtet sich der Anspruch gegen den Rechtsträger, dessen Funktionen wahrgenommen werden (Obermayer/Funke-Kaiser 47; ähnlich StBS 11 iVm § 16 Rn 29: dessen Behörde das Ersuchen gestellt hat).

15 Die **Ersatzpflicht gegenüber der Behörde** trifft die Vertretenen – anders als nach § 16 Abs 3, wo eine entsprechende Regelung fehlt – nach S 2 zu gleichen Teilen; dies gilt angesichts des klaren Wortlauts auch dann, wenn die Vertretenen am Ausgang des Verfahrens in unterschiedlichem Ausmaß interessiert sind, etwa, weil die Größe der betroffenen Grundstücke verschieden ist. Dies erscheint als eine wenig angemessene Regelung, deren Vereinbarkeit mit dem Gleichheitsgebot des Art 3 GG zweifelhaft ist. Die damit verbundene typisierende Betrachtungsweise erscheint aber deshalb vertretbar, weil bei gleichförmigen Eingaben nach § 17 oder gleichen Interessen nach § 18 eine Differenzierung nicht geboten sein dürfte.[9]

16 **Keine Anwendung** findet Abs 3 auf einen von den Antragstellern usw gem § 17 bzw den Beteiligten selbst gem § 18 bestellten Vertreter, auch nicht auf den Unterzeichner eines Antrags usw, der gem § 17 Abs 1 kraft Gesetzes als Vertreter gilt (vgl UL § 45 Rn 35). Für einen evtl Anspruch auf Vergütung und Auslagenersatz gelten hier ausschließlich die Vereinbarung des zugrunde liegenden Auftragsverhältnisses (ebenso UL § 45 Rn 35; StBS 11; Knack/Henneke 11; MB 59), und zwar, je nach den getroffenen Vereinbarungen zwischen den Beteiligten, die Vorschriften über den **Geschäftsbesorgungsvertrag** (§§ 675, 612, 632 BGB) oder über den Auftrag (§§ 662, 670 BGB).

§ 20 Ausgeschlossene Personen

(1) **In einem Verwaltungsverfahren darf für eine Behörde nicht tätig werden,**

1. wer selbst Beteiligter ist;[15]

2. wer Angehöriger eines Beteiligten ist;[18]

---

[9] Ebenso StBS 12; Knack/Henneke 11; Obermayer/Funke-Kaiser 55.

3. **wer einen Beteiligten kraft Gesetzes oder Vollmacht allgemein oder in diesem Verwaltungsverfahren vertritt;**[19]
4. **wer Angehöriger einer Person ist, die einen Beteiligten in diesem Verfahren vertritt;**[23]
5. **wer bei einem Beteiligten gegen Entgelt beschäftigt ist oder bei ihm als Mitglied des Vorstands, des Aufsichtsrates oder eines gleichartigen Organs tätig ist; dies gilt nicht für den, dessen Anstellungskörperschaft Beteiligte ist;**[24]
6. **wer außerhalb seiner amtlichen Eigenschaft in der Angelegenheit ein Gutachten abgegeben hat oder sonst tätig geworden ist.**[29]

Dem Beteiligten steht gleich, wer durch die Tätigkeit oder durch die Entscheidung einen unmittelbaren Vorteil oder Nachteil[33] **erlangen kann. Dies gilt nicht, wenn der Vor- oder Nachteil nur darauf beruht, dass jemand einer Berufs- oder Bevölkerungsgruppe angehört, deren gemeinsame Interessen durch die Angelegenheit berührt werden.**[38]

(2) **Absatz 1 gilt nicht für Wahlen zu einer ehrenamtlichen Tätigkeit und für die Abberufung von ehrenamtlich Tätigen.**[44]

(3) **Wer nach Absatz 1 ausgeschlossen ist, darf bei Gefahr im Verzug unaufschiebbare Maßnahmen treffen.**[47]

(4) **Hält sich ein Mitglied eines Ausschusses (§ 88) für ausgeschlossen oder bestehen Zweifel, ob die Voraussetzungen des Absatzes 1 gegeben sind, ist dies dem Vorsitzenden des Ausschusses**[52] **mitzuteilen. Der Ausschuss entscheidet über den Ausschluss.**[52] **Der Betroffene darf an dieser Entscheidung nicht mitwirken. Das ausgeschlossene Mitglied darf bei der weiteren Beratung und Beschlussfassung nicht zugegen sein.**

(5) **Angehörige**[54a ff] **im Sinne des Absatzes 1 Nr. 2 und 4 sind:**

1. **der Verlobte, auch im Sinne des Lebenspartnerschaftsgesetzes,**
2. **der Ehegatte,**

2a. **der Lebenspartner,**

3. **Verwandte und Verschwägerte gerader Linie,**
4. **Geschwister,**
5. **Kinder der Geschwister,**
6. **Ehegatten der Geschwister und Geschwister der Ehegatten,**

6a. **Lebenspartner der Geschwister und Geschwister der Lebenspartner,**

7. **Geschwister der Eltern,**
8. **Personen, die durch ein auf längere Dauer angelegtes Pflegeverhältnis mit häuslicher Gemeinschaft wie Eltern und Kind miteinander verbunden sind (Pflegeeltern und Pflegekinder).**

Angehörige sind die in Satz 1 aufgeführten Personen auch dann, wenn

1. **in den Fällen der Nummern 2, 3 und 6 die die Beziehung begründende Ehe nicht mehr besteht;**

1a. **in den Fällen der Nummern 2a, 3 und 6a die die Beziehung begründende Lebenspartnerschaft nicht mehr besteht;**

2. **in den Fällen der Nummern 3 bis 7 die Verwandtschaft oder Schwägerschaft durch Annahme als Kind erloschen ist;**
3. **im Falle der Nummer 8 die häusliche Gemeinschaft nicht mehr besteht, sofern die Personen weiterhin wie Eltern und Kind miteinander verbunden sind.**

Parallelvorschriften: § 16 SGB X; §§ 82, 84 AO; § 54 VwGO

Schrifttum: *Barbirz,* Institutionelle Befangenheit, 2010, zugleich Diss. Hamburg 2009; *Berkemann,* Fairneß als Rechtsprinzip, JR 1989, 221; *Fehling,* Verwaltung zwischen Unabhängigkeit und Gestaltungsaufgabe, 2001; *Foerster,* Die unentdeckte Befangenheit, VR 1987, 111; *Geiger,*

Ausgeschlossene Personen im Verwaltungsverfahren, JA 1985, 169; *Hammer,* Interessenkollision im Verwaltungsverfahren, insbesondere der Amtskonflikt, 1989; *Hassel,* Die Bedeutung des Unmittelbarkeitskriteriums für eine interessengerechte Anwendung der kommunalen Befangenheitsvorschriften, DVBl 1988, 711; *Hermann/Tietze,* Ausschließung und Befangenheit von aktademischen Mitarbeitern als Mitglieder einer Berufungskommission, LKV 2015, 337; *Hermes/Wieland,* Die Ministererlaubnis nach § 42 GWB als persönlich zu verantwortende Entscheidung, ZNER 2002, 267; *Jäde,* Befangenheitsschranken behördlicher Beratungspflicht, BayVBl 1988, 264; *Jebens,* Ausschließung und Ablehnung beteiligter Personen usw, PrVBl 1905, 321; *Kazele,* Interessenkollision und Befangenheit im Verwaltungsrecht, 1990, zugl Diss Gießen 1989; *Kirch,* Mitwirkungsverbote bei Vergabeverfahren, 2004; *P. Kirchhof,* Die Bedeutung der Unbefangenheit für die Verwaltungsentscheidung, VerwArch 1975, 370; *v Komorowski,* Das Betätigungsverbot des § 20 VwVfG in der Planfeststellung, NVwZ 2002, 1455; *Kopp,* Befangenheit öffentlicher Amtsträger gem § 20 Abs 1 Nr 5 VwVfG bei gleichzeitiger Wahrnehmung eines Aufsichtsratsmandats, WuV 1983, 226; *ders,* Die Ablehnung befangener Amtsträger im Verwaltungsverfahrensrecht, BayVBl 1994, 109; *Maier,* Befangenheit im Verwaltungsverfahren, 2000; *Rubel,* Über Weser und Elbe zum Flughafen Frankfurt – Neuere Rspr des BVerwG im Planfeststellungsrecht, DVBl 2013, 469; *Scheuing,* Der Amtskonflikt als Ausschlussgrund im Verwaltungsverfahrensrecht, NVwZ 1982, 489; *Steimel,* Rechtsfolgen der Befangenheit von Mitgliedern eines Kollegialorgans, Vr 1981, 381; *Streit,* Entscheidung in eigener Sache, 2006; *Stüer/Hönig,* Befangenheit in der Planfeststellung, DÖV 2004, 642; *Trute/Pfeifer,* Schutz vor Interessenkollisionen im Rundfunkrecht: Zu § 53 NWLRG, DÖV 1989, 192; *Ule/Becker,* Verwaltungsverfahren im Rechtsstaat, 1964, 30; *Wais,* Gefahr von Interessenkollisionen bei gleichzeitiger Wahrnehmung eines öffentlichen Amtes und eines Aufsichtsratsmandats?, NJW 1982, 1263; *Wenzel,* Amtsausübung und Interessenkollision, DÖV 1976, 411; *Wimmer,* Der befangene Amtsträger im behördlichen Verfahren, MDR 1962, 11; *Ziekow/Siegel,* Das Vergabeverfahren als Verwaltungsverfahren, ZfBR 2004, 30.

Befangenheit im Kommunalrecht: *Bamberger,* Nachamtliche Tätigkeitsbeschränkungen für politische Amtsträger, 2014; *Broß,* Probleme des Kommunalrechts. 2. Befangenheit, VerwArch 1989, 150; *Franckenstein,* Analyse der Reichweite kommunaler Befangenheitsvorschriften am Beispiel der Bauleitplanung, BauR 1999, 12; *Glage,* Mitwirkungsverbote in den GemOen, 1995, zugl Diss Göttingen 1994; *Hager,* Grundfragen der Befangenheit von Gemeinderäten, VBlBW 1994, 263; *Molitor,* Der Unmittelbarkeitsbegriff in der kommunalen Befangenheitsvorschrift und der Ausschluss bei der Flächennutzungsplanung, JA 1992, 303; *ders,* Die Befangenheit von Gemeinderatsmitgliedern, 1993, zugl Diss Passau 1993; *Röhl,* Das kommunale Mitwirkungsverbot, Jura 2006, 725; *Roeper,* Kommunale Befangenheit von Aufsichtsratsmitgliedern, MDR 1984, 632; *Schink,* Befangenheit von Rats- und Ausschussmitgliedern, NWVBl 1989, 109; *M. Schmitz,* Rechtsfolgen der Mitwirkung befangener Ratsmitglieder bei Ratsbeschlüssen – Rechtliche Aspekte von § 31 VI GO NRW, Ad Legendum 2015, 61; *Schoch,* Das kommunale Vertretungsverbot, 1982; *Wolf,* Mitwirkungsverbote für Bezirksverordnete, LKV 2015, 208..

Übersicht

I. Allgemeines

1 **1. Inhalt.** Die Vorschrift regelt zusammen mit § 21 – für förmliche Verfahren auch mit §§ 65 Abs 1 und 71 Abs 3 – den **Ausschluss von Personen wegen Befangenheit** bzw wegen Besorgnis der Befangenheit. Sie soll das Verwaltungsverfahren im Interesse der optimalen Aufgabenerfüllung und des Rechtsschutzes des Bürgers von möglichen sachfremden Einflüssen von Seiten der am Verfahren mitwirkenden Amtsträger freihalten und damit auch insoweit ein rechtsstaatlich einwandfreies Verfahren garantieren und nicht nur Parteilichkeit, sondern schon den „bösen Schein" von Parteilichkeit ausschließen, der sich bei Vorliegen eines der Ausschlussgründe ergeben kann (MB 1; MK 43 II 2b; Kopp 46, 88). Ob eine Befangenheit vorliegt oder eine entsprechende Besorgnis im konkreten Fall tatsächlich berechtigt erscheint, spielt für § 20 keine Rolle. Bei Vorliegen der Voraussetzungen des § 20 ist eine Person **kraft Gesetzes ausgeschlossen;** einer besonderen Entscheidung bedarf es anders als in den Fällen der Besorgnis der Befangenheit nach § 21 nicht. Zu den Folgen eines Verstoßes s Rn 66.

2 **a) Vergleichbare Vorschriften.** Die Regelung lehnt sich an ähnliche Vorschriften des **Prozessrechts** (vgl § 54 VwGO iVm §§ 41 ff ZPO) und des **Kommunalrechts**[1] an und entspricht weitgehend dem vor Inkrafttreten des VwVfG geltenden Recht (historischer Abriss bei Maier 49; Wais NJW 1982, 1263), für das die Erfordernisse im Einzelnen jedoch, insb auch die Frage, ob die Beteiligten ein förmliches Ablehnungsrecht haben (s dazu unten Rn 3; § 21 Rn 3), zT str waren.[2] Ähnliche Rechtsvorschriften enthalten die Gemeindeordnungen der Länder in Bezug auf die **Befangenheit von Ratsmitgliedern** durch Mitwirkungs- und Vertretungsverbote.[3] Das Erfordernis der Neutralität findet sich auch in den **Regelungen des Beamtenrechts,** zB in §§ 60 I, 65 I BBG, § 33 I BeamtStG. Zudem verlangt Art 8 des Europäischen Kodex für gute Verwaltung die Unparteilichkeit und Unabhängigkeit des Amtswalters. Wegen der vergleichbaren Rechtssituation ist auch die Rspr und das Schrifttum zu diesen Gesetzen bei der Auslegung der §§ 20 f und ähnlichen Bestimmungen verwertbar.

3 **b) Berücksichtigung von Amts wegen.** Liegt ein Ausschlussgrund nach § 20 vor, so darf die betroffene Person im Verwaltungsverfahren nicht (mehr) tätig werden. Einer besonderen Entscheidung über den Ausschlussgrund bedarf es nicht. Anders als im Prozessrecht ist für das allgemeine Verwaltungsverfahren (anders gem § 71 Abs 3 bei Verfahren vor Ausschüssen) **kein förmliches Recht auf Ablehnung** von Amtsträgern wegen Befangenheit vorgesehen.[4] Hierauf

---

[1] Vgl v Mutius VerwArch 1974, 429; Broß VerwArch 1989, 150 mwN.

[2] Vgl BVerwGE 12, 273; 16, 153; 29, 75; 38, 105; 43, 43; Bachof DÖV 1972, 276; Ule/Becker 30 ff; Becker DÖV 1970, 734; Lorenz 258; bejahend hins eines Ablehnungsrechts der Beteiligten VGH Kassel JZ 1971, 257; Kopp 45, 88; für Prüfungen auch OVG Lüneburg DÖV 1974, 67; OVG Hamburg NJW 1970, 910; Besche DÖV 1972, 636; für „nicht nachvollziehbare Rechtsentscheide" und „nicht rückholbare Realwirkungen" auch Kirchhof VerwArch 1975, 382; zT **aA** BSG 24, 136; 26, 173; offenbar auch BVerwGE 70, 144.

[3] Vgl Schmidt-Aßmann, Kommunalrecht, in BVR Rn 60; Waechter, Kommunalrecht, Kap VIII C 3.

[4] Bisher ganz hM, vgl nur StBS 5 unter Hinweis auf die Entstehungsgeschichte; Knack/Henneke 3; UL § 12 Rn 20; Obermayer/Funke-Kaiser 157; Ziekow 1; für die Annahme eines Ablehnungsrechts Hufen/Siegel Rn 147 f; wohl auch WBSK I § 59 Rn 19.

gerichtete Anträge von Beteiligten sind als Anregung zu verstehen. Ein förmliches Ablehnungsrecht der Beteiligten lässt sich auch nicht aus dem Rechtsstaatsprinzip herleiten (str; s auch unten Rn 4).

Trotz des fehlenden formellen Ablehnungsrechts sind die Beteiligten nach zutreffender hM aufgrund ihrer **Mitwirkungspflichten** (s dazu § 24 Rn 12a) gehalten, ihnen bekannte **Befangenheits- und Ablehnungsgründe unverzüglich geltend zu machen,** um das Recht zu späterer Geltendmachung des Verfahrensfehlers, insb im Rechtsbehelfsverfahren, nicht zu verlieren.[5] Die fehlende Geltendmachung führt aber nur dann zum Verlust des Rügerechts, wenn der Ausschlussgrund der Behörde nicht ohnehin bereits bekannt war oder hätte sein müssen. Der Verlust des Rügerechts ist zwar nicht ausdrücklich im Gesetz geregelt, ergibt sich aber aus der Erwägung, dass es hier um Ausschlussgründe geht, die nur den Beteiligten bekannt sind und dass es zu den deshalb Obliegenheiten der Beteiligten im Rahmen ihrer allgemeinen Mitwirkungspflichten gehören muss, diese noch vor der Entscheidung in der Sache geltend zu machen. Anderenfalls wären sie in der Lage, es vom Ergebnis der Endentscheidung abhängig zu machen, ob sie die Ausschlussgründe vortragen. S dazu auch unten Rn 57. 3a

c) Mitteilungspflicht, Selbstanzeige. Eine förmliche Selbstablehnung ist im Gesetz nicht ausdrücklich vorgesehen. Sie ist in den Fällen des § 20 auch entbehrlich, weil das Vorliegen der Voraussetzungen des § 20 einen automatischen Ausschluss von der Mitwirkung am Verwaltungsverfahren zur Folge hat. Nimmt ein Mitarbeiter an, dass in seinem Fall ein Ausschlussgrund nach § 20 vorliegen könnte, so ist er aufgrund seiner aus dem jeweiligen Anstellungsverhältnis folgenden Pflichten[6] grundsätzlich **gehalten, der Behörde hiervon Mitteilung zu machen,** damit das Vorliegen eines Ausschlussgrundes geprüft und ggfs für Ersatz gesorgt werden kann. Dies gilt nicht nur für **Mitglieder eines Ausschusses,** für die Abs 4 S 1 eine entsprechende Mitteilungspflicht ausdrücklich vorschreibt, sondern auch sonst.[7] Die Entscheidung der Behörde, den Mitarbeiter weiter im Verwaltungsverfahren einzusetzen, obwohl er auf das Vorliegen von Ausschlussgründen hingewiesen hatte, lässt den Verfahrensfehler nicht entfallen (zu den Rechtsfolgen s unten Rn 55 ff).Ob und unter welchen Voraussetzungen der Mitarbeiter selbst verlangen kann, freigestellt zu werden, ist keine verwaltungsverfahrensrechtliche Frage, sondern hängt vom Anstellungsverhältnis ab. 4

d) Kein Recht des unbefangenen Amtsträgers auf Einsatz. Die §§ 20 f vermitteln dem einzelnen Amtsträger kein Recht darauf, in allen Verfahren, in denen die Voraussetzungen gem §§ 20 f tatsächlich nicht gegeben sind, plangemäß eingesetzt zu werden.[8] Vor allem auch im Interesse der Akzeptanz der Verwaltungsentscheidung und der Vermeidung unnötiger nachträglicher Rechtsschutzverfahren kann es, vor allem in Grenzfällen, zweckmäßig sein, dass statt des an sich zuständigen Behördenbediensteten dessen Vertreter oder ein vom Behördenleiter ad hoc beauftragter anderer Behördenbediensteter tätig wird (s auch unten Rn 59, 64 f). Auch die Beteiligten haben keinen Anspruch darauf, dass ein Amtsträger, dessen Unbefangenheit im Ergebnis zu Unrecht in Zweifel gezogen worden ist, weiterhin mit dem Verfahren betraut bleibt. Das Verwaltungsverfahrensrecht kennt grundsätzlich **keinen Anspruch auf den nach der Geschäftsverteilung intern zuständigen Amtsträger** analog zum gesetzlichen Richter gem Art 101 Abs 1 GG (s unten Rn 64). 5

---

[5] Vgl OVG Koblenz DVBl 1999, 1597; StBS 7, § 21 Rn 6, 15; Kopp BayVBl 1994, 109; Neumann NVwZ 2000, 1243, 1244; **aA** neuerdings Erichsen/Ehlers, § 13 Rn 8.

[6] Für Beamte zB aus § 63 Abs 2 BBG, § 63 Abs 2 BeamtStG, für Angestellte § 3 Abs 1 S 1 TV-L.

[7] StBS 6; Knack/Henneke 6; FKS 54.

[8] VGH München BayVBl 1992, 470; zT **aA** Kösling NVwZ 1994, 457.

6 **2. Unbefangenheit als rechtstaatliches Gebot.** Die §§ 20 und 21 und ähnliche Vorschriften sind eine Folgerung aus dem Rechtsstaatsprinzip,[9] aus in der Sache betroffenen Grundrechten (Kopp 45), insb auch aus dem Gleichheitsgebot des Art 3 GG, und aus den vor allem aus dem Rechtsstaatsprinzip abzuleitenden **Prinzipien der Verfahrensgerechtigkeit und eines fairen Verfahrens.**[10] Sie sollen ein faires, objektives und unparteiisches Verwaltungsverfahren sicherstellen, indem nur solche Bedienstete einer Behörde tätig werden, auf deren notwendige Distanz zur Sache und Unbefangenheit vertraut werden kann (VGH München BayVBl 1992, 470). Dabei sollen sie zugleich auch, ähnlich wie die entsprechenden Vorschriften des Prozessrechts, sicherstellen, dass das Handeln der Behörden im Interesse der optimalen Erfüllung öffentlicher Aufgaben (vgl Di Fabio VerwArch 1990, 214) sowie der Gesetzmäßigkeit der Verwaltung und des Rechtsschutzes des Bürgers nach Möglichkeit von persönlich-subjektiven Einflüssen freigehalten wird[11] und auch der „böse Schein" möglicher Parteilichkeit vermieden wird;[12] sie sollen außerdem auch den Amtsträgern ggf Gewissenskonflikte ersparen.[13] Diese Prinzipien hat das Gesetz unter Berücksichtigung von Gesichtspunkten der **Verfahrenseffizienz und der Arbeitsfähigkeit** der Verwaltung in den §§ 20f konkretisiert. § 20 formuliert absolute Befangenheitsgründe, die eine tatsächliche Befangenheit oder deren Besorgnis nicht voraussetzen; nach § 21 ist die tatsächliche Besorgnis erforderlich.

6a **3. Unparteilichkeitsgebot im EU-Recht.** Das Gebot der Unbefangenheit im Verwaltungsverfahren wird als „gemeinsames Gut europäischer Rechtstradition" angesehen, das in allen Mitgliedsstaaten der EU geltendes Recht ist.[14] Als **ungeschriebener Grundsatz** des europäischen Rechts hat er inzwischen in Art. 41 Abs. 1 Grundrechte-Charta Ausdruck gefunden, in dem von unparteiischer Behandlung als **Element einer guten Verwaltung** die Rede ist. Auch in der Rspr des EuGH gelangt der Grundsatz der Unparteilichkeit im Verwaltungsverfahren als allgemeiner Grundsatz rechtstaatlichen Verwaltungsverfahrens zum Ausdruck.[15] Insbesondere darf **niemand „Richter in eigener Sache"** sein. Er ist damit auch Bestandteil des europäischen Verwaltungsverfahrensrechts und als solcher nicht nur für den direkten Vollzug des Unionsrechts durch Organe der EU, sondern auch für den indirekten Vollzug durch die Mitgliedsstaaten (s hierzu Einf II Rn 38) beachtlich. Allerdings können die §§ 20f als Konkretisierung dieses Grundsatzes verstanden werden, weshalb derzeit für den europarechtlichen Grundsatz der Unparteilichkeit neben diesen Vorschriften kein Anwendungsbereich verbleibt. Etwas anderes kommt für die von §§ 20f nicht erfassten Fälle institutioneller Befangenheit in Betracht (s unten Rn 9ff).

---

[9] Vgl BVerwGE 70, 143; OVG Münster U v 23.9.2010, 13 A 172/10, juris Rn 57; Ule/Becker 30; Kirchhof VerwArch 1975, 370; Kösling NVwZ 1994, 455; FKS 6; Kopp 45, 8.

[10] BVerwG NZA-RR 2016, 166; OVG Münster GewArch 2016, 473; Erichsen/Ehlers § 13 Rn 4; vgl auch Kösling NVwZ 1994, 455.

[11] BVerwGE 69, 263 – soll ein unparteiisches Verwaltungsverfahren sichern; VGH München BayVBl 1992, 470; UL § 12 Rn 1; StBS 1; Kösling NVwZ 1994, 455; ebenso zum bish Recht BVerwGE 43, 44; v Mutius VerwArch 1974, 429ff mwN; Kopp 46, 88; ebenso auch schon PrOVG PrVBl 43, 33 und PrOVGE 99, 195, 220.

[12] BVerwGE 69, 266; 75, 230; OVG Koblenz NVwZ-RR 1990, 271; VGH Mannheim NVwZ-RR 1993, 504; VG Minden NVwZ-RR 1990, 273; Kopp 46, 88; Scheuing NVwZ 1982, 489; Knack/Henneke 2 mwN.

[13] Vgl Begr 45; MuE 112; UL § 12 Rn 1; Obermayer/Funke-Kaiser 3; Knack/Henneke 2; zum Kommunalrecht auch OVG Koblenz NVwZ-RR 1990, 271.

[14] S Maier 260 und passim. Diese Rechtstradition lässt sich auch auf dem Grundsatz „nemo judex in re sua" (Dig. 2. 1. 10) zurückführen (StBS 67, Maier 27).

[15] EuGH NVwZ 1992, 358; EuZW 1996, 660, 666; vgl hierzu auch StBS 67; Obermayer/Funke-Kaiser 158; einschränkend FKS 9.

4. Anwendungsbereich. a) Unmittelbar. Die §§ 20f gelten unmittelbar nur im Anwendungsbereich des VwVfG und nur vorbehaltlich inhaltsgleicher oder entgegenstehender Vorschriften in anderen Bundesgesetzen und sonstigen bundesrechtlichen Rechtsvorschriften. Die Verwaltungsverfahrensgesetze der Bundesländer enthalten im Wesentlichen inhaltsgleiche Bestimmungen. Einige Länder haben allerdings **abweichende Regelungen** hins der erfassten **Angehörigen.** 7

b) Analoge Anwendung. Die §§ 20f betreffen zwar unmittelbar nur Verfahren iS von § 9 einschließlich der **Prüfungsverfahren** (§ 2 Abs 3 Nr 2), sind als **Ausdruck allgemeiner Rechtsgedanken** aber regelmäßig auch darüber hinaus für sonstiges Verwaltungshandeln entsprechend anwendbar, bei dem die Neutralität des Verwaltungspersonals eine Rolle spielen kann.[16] Dies kommt etwa bei Verfahren nach dem **Personalvertretungsrecht** in Betracht.[17] Dies gilt auch für **informelle Vorklärungen,** zB für Erörterung und Beratung nach § 25 Abs 2 vor Beginn eines Verwaltungsverfahrens, in dem es nicht selten, vor allem bei komplexen Vorhaben und insbes im Planfeststellungsrecht, bereits frühzeitig zu Verhandlungen usw kommt,[18] außerdem grundsätzlich auch für **jede andere Verwaltungstätigkeit,** zB für VA-ähnliche Verwaltungshandlungen, wie die dienstliche Beurteilung eines Beamten,[19] für **schlichthoheitliches Handeln,** soweit dieses auf Entscheidungen gerichtet ist oder selbst beeinträchtigende Wirkungen haben kann, und auf **verwaltungsprivatrechtliches Handeln** zur Erfüllung öffentlicher Aufgaben.[20] **Keine analoge Anwendung** finden können die §§ 20, 21 auf Entscheidungen von Parlamenten und andere Entscheidungen, an denen bestimmte Personen kraft Gesetzes unabhängig von persönlichen Befindlichkeiten beteiligt sein müssen. 7a

5. Spezielle Regelungen. Zur Sicherung unparteiischer Entscheidungen enthält das Fachrecht viele spezielle Regelungen, die dem Verwaltungsverfahrensrecht teilweise vorgehen, es teilweise auch nur ergänzen. Teilweise wird auch in speziellen Vorschriften auf § 20 verwiesen, so etwa in § 1 Abs 3 BezVwG Berlins.[21] Für die **Ablehnung von Sachverständigen** (§ 65 Abs 1 S 2) und von **Mitgliedern eines Ausschusses** (§ 71 Abs 3) in förmlichen Verwaltungsverfahren sieht das Gesetz selbst Sonderregelungen vor (§§ 63ff). Zur Anwendbarkeit auf Beschlusswahlen (§ 92) s Abs 2 (dazu unten Rn 44ff). Zu besonderen **Regelungen des Beamtenrechts,** die inhaltlich weitgehend §§ 20f entsprechen, jedoch nur das Verhältnis zwischen dem Dienstherrn und dem Beamten, nicht das Außenverhältnis zum Bürger regeln, s § 65 BBG.[22] 8

a) Kommunalrecht. Die **Gemeindeordnungen** enthalten spezielle Regelungen über **Mitwirkungsverbote** für Entscheidungen der Kommunalorgane (Gemeinderäte, Stadträte, Kreisräte usw). Diese Regelungen spielen im Kommunalrecht eine wichtige Rolle,[23] zumal die §§ 20, 21 insoweit nicht anwendbar 8a

---

16 BVerwG NVwZ 2000, 1418; OLG Brandenburg NVwZ 1999, 1142; LSG NJW 1998, 2925; StBS 14, 19, 21; WBSK I § 59 Rn 13; Ziekow 2; offen VGH Kassel, Urt v 30.11.2011, 6 A 2903/09, juris Rn 100. Die Voraussetzungen für eine Analogie (planwidrige Lücke, vergleichbare Interessenlage) müssen allerdings im Einzelfall jeweils erfüllt sein (hierauf hinweisend Bader/Ronellenfitsch 9).

17 BVerwG PersV 2016, 137 für Mitwirkung eines Personalratsmitglieds an einer Entschidung über eine Stellenbesetzung, auf die er sich selbst beworben hatte.

18 UL § 12 Rn 5; StBS 21; Komorowski NVwZ 2002, 1455, 1457; Scheuing NVwZ 1982, 488; FKS 5; **aA** Obermayer/Funke-Kaiser 20; Jäde BayVBl 1988, 264.

19 **AA** noch BVerwG DVBl 1987, 1160: nicht anwendbar, da kein VA.

20 Achterberg JA 1985, 510; v Zezschwitz NJW 1983, 1881; StBS 19; Knack/Henneke 8.

21 Hierzu Wolf LKV 2015, 208.

22 S hierzu BVerwG ZBR 2003, 94, auch zum Verhältnis zu §§ 20, 21; ferner Wenzel DÖV 1976, 411.

23 Überblick bei Röhl Jura 2006, 725; Glage, Mitwirkungsverbote in den GemOen, 1995.

sind, weil die Entscheidungsprozesse im Kommunalrecht idR keine Verwaltungsverfahren iSd § 9 darstellen. Für Ratsmitglieder gilt idR ein § 20 **vergleichbares Mitwirkungsverbot.** Sie dürfen an Ratsbeschlüssen nach den jeweiligen Vorschriften der Gemeindeordnungen nicht teilnehmen, wenn die Entscheidung ihnen selbst, ihren Angehörigen, Arbeitgebern oder von ihnen vertretenen Personen unmittelbar Vorteile oder Nachteile bringen kann. Welche **Rechtsfolgen bei Verstößen** eintreten, haben die Länder leider unterschiedlich geregelt.[24] In NRW füht ein Verstoß nur dann zur Rechtswidrigkeit des Beschlusses, wenn die Mitwirkung sich auf das Ergebnis ausgewirkt hat und der Verstoß binnen Jahresfrist geltend gemacht wird.[25] Die **kommunalrechtlichen Vertretungsverbote** verbieten insbesondere den Gemeinderäten, die zugleich Rechtsanwälte sind, das gerichtliche Geltendmachen von Ansprüchen Dritter gegen die Gemeinde.[26]

8b **b) Verfahren vor Vergabekammern.** Für Vergabeverfahren vor den Vergabekammern nach §§ 102 ff GWB sind die §§ 20, 21 unmittelbar anwendbar,[27] soweit nicht Sonderregelungen, zB nach § 16 VgV im Vergabeverfahren gelten. Diese Regelungen sind zwar zumeist den §§ 20, 21 nachgebildet, enthalten aber teilweise auch wesentliche Abweichungen.[28] Während zB in § 21 nicht auf eine konkrete Kausalität der Befangenheit für das Entscheidungsergebnis abgestellt wird und insofern der „bösen Schein" für einen Ausschluss ausreichen kann (s § 21 Rn 16), kann die (vermutete) Befangenheit nach § 16 Abs 1 letzter Halbs VgV widerlegt werden (s auch Schröder NVwZ 2004, 168).[29] Es ist deshalb jeweils zu prüfen, ob es sich um eine abschließende Regelung handelt oder eine ergänzende Heranziehung der §§ 20 f in Betracht kommt.[30]

9 **6. Institutionelle Befangenheit.** Keine, auch **keine analoge Anwendung** finden kann die Vorschrift auf die sog institutionelle Befangenheit.[31] Hiervon wird gesprochen, wenn die handelnde Behörde bzw der öffentliche Rechtsträger, dem sie angehört, ein **eigenes Sonderinteresse** am Ausgang des Verwaltungsverfahrens hat, das dem Interesse einer Privatperson ähnlich ist. In diesen Fällen ergeben sich die Zweifel an der Unparteilichkeit des handelnden Amtsträgers nicht aus dessen persönlicher Situation, seinen persönlichen Beziehungen zu den Beteiligten bzw seiner Vorbefassung, sondern aus dem spezifischen Eigeninteresse der Verwaltung, und zwar entweder der Behörde oder der sie tragenden Körperschaft. Unter welchen Voraussetzungen ein derartiges spezifisches Eigeninteresse angenommen werden muss und zur Fehlerhaftigkeit des Verwaltungsverfahrens führt, ist bisher noch nicht hinreichend geklärt. Das BVerwG behandelt die Frage nach den institutionell-organisatorischen Vorkehrungen zur Gewährleistung der erforderlichen Unabhängigkeit als **Problem des fairen Verfahrens.**[32] In **§ 9a AEG** enthält das Fachrecht inzwischen eine positive Regelung dieses Konflikts, mit der die **Unabhängigkeit von Akteuren** sichergestellt werden soll.[33]

---

[24] § 41 Abs 6 NKomVG, Art 49 Abs 4 GO Bay, § 54 Abs 4 GO NRW.

[25] Näher M. Schmitz Ad Legendum 2015, 61, auch zur Frage, ob Verstöße darüber hinaus von Amts wegen beanstandet werden können.

[26] BVerfG DVBl 1988, 54; Schoch, Kommunales Vertretungsverbot, 28.

[27] OLG Naumburg, B v 31.1.2011, 2 Verg 1/11, juris.

[28] Winnes NZBau 2004, 423; Berrisch/Nehl WuW 2001, 944, 449; Kirch S. 177 ff.

[29] Zur Widerlegung der Befangenheitsvermutung § 16 Abs 1 VgV.

[30] Kleinert/Göres KommJur 2006, 361; Behrens NZBau 2006, 752.

[31] BVerwG B v 31.3.2006, 8 B 2/06, juris Rn 5; OVG Lüneburg NdsVBl 2007, 83; Streit, Entscheidung in eigener Sache, 20; ausführlich Barbirz, Institutionelle Befangenheit; s auch Fehling, S 251 ff und passim; FKS 3.

[32] BVerwG NVwZ 2012, 557, 559 (BAB A 281, Bremen Wesertunnel); näher Rubel DVBl 2013, 469.

[33] S näher BVerwG NVwZ 2010, 1366 **(Konzernjuristenbescheid),** hierzu näher Wachinger NVwZ 2010, 1343.

Gleiches gilt für § 42 Abs 4 NAbfG für die Zuständigkeit der niedersächsischen Behörden im Abfallrecht.[34]

a) Verfassungsrechtliche Grundannahmen. Die Rechtsordnung geht von der Grundannahme aus, dass die gesamte öffentliche Hand, also die öffentlich-rechtlichen Körperschaften, Anstalten und Stiftungen sowie die für sie handelnden Organe und Behörden, bei ihrem Handeln allein das öffentliche Interesse an der optimalen Erledigung der übertragenen Aufgaben und selbst **keine speziellen Eigeninteressen verfolgen.**[35] Das wird für die staatliche Verwaltung aus dem Prinzip der Gesetzmäßigkeit der Verwaltung (Art 20 Abs 3 GG) sowie aus dem demokratischen Ableitungszusammenhang der Legitimation hoheitlichen Handelns[36] hergeleitet und gilt für die staatliche Verwaltung. Unterstaatliche Körperschaften und sonstige Einrichtungen des öffentlichen Rechts, zB die Kommunen, berufsständische Körperschaften usw unterliegen der staatlichen Aufsicht; ihre interne Willensbildung ist auf Partizipation und Transparenz angelegt, ihre Hoheitsmacht begrenzt. Auf diese Weise soll die Gefahr der Verfolgung von Partikularinteressen gebannt werden. Deshalb wurden in der Vergangenheit sowohl im staatlichen als auch im unterstaatlichen Bereich unter rechtsstaatlichen Gesichtspunkten keine Bedenken gesehen, wenn eine Behörde die von ihr durchzusetzenden oder zu wahrenden öffentlichen Belange gegen Belange der betroffenen Bürger abzuwägen hat und insofern **„Richter in eigener Sache"** ist.[37] 10

b) Probleme der Ökonomisierung. Im Zuge der sog Modernisierung der Verwaltung spielt ökonomisches Denken auch im Gesetzesvollzug zunehmend eine Rolle. Die Verwaltungsbehörden und ihre Mitarbeiter werden immer stärker dazu angehalten, im Rahmen ihrer Aufgabenerledigung ökonomische Gesichtspunkte zu berücksichtigen, insbesondere im Hinblick auf Kostenfolgen und Einnahmen. Dadurch entsteht nicht nur eine positive Tendenz zu effizienterer Aufgabenerledigung, sondern auch ein **fiskalischer Druck** in Richtung auf **Kostenvermeidung und Einnahmesteigerung.** Die Möglichkeit, Hoheitsmacht in diesem Sinne einzusetzen, besteht in vielfältiger Hinsicht, von der Gebührenerhebung über Dispensentscheidungen in eigener Sache bis hin zur Ahndung von Ordnungswidrigkeiten durch hohe Bußgelder. In diesen Bereichen kann die Ökonomisierung der Verwaltung zu Akzeptanzverlusten führen. Hier bedarf es institutionell-organistatorischer Vorkehrungen. 11

c) Unzulässige Richterschaft in eigener Sache. Schon aus formellen Gründen ist ein Verstoß gegen das Recht auf eine gute Verwaltung (vgl Art 41 Grundrechte-Charta) und den daraus folgenden **Grundsatz der Fairness** anzunehmen, wenn **dieselbe Behörde** in ein und demselben Verwaltungsverfahren **in unterschiedlichen Rollen beteiligt** ist (zB die federführende Behörde ist in einem Planfeststellungsverfahren zugleich Antragstellerin, s § 73 Rn 21).[38] Es ist 12

---

[34] OVG Lüneburg KommJur 2013, 277 gegen die Zuständigkeit in eigener Sache.

[35] BVerwG NVwZ 2012, 557, 559 (BAB A 281, Bremen Wesertunnel).

[36] Zu den Fragen der Legitimation der Verwaltung ausführlich Trute, Die demokratische Legitimation der Verwaltung, in Grundlagen, S. 307, 313ff.

[37] So der Titel der Arbeit von Streit, Entscheidung in eigener Sache, 2006; Vgl BVerwGE 3, 1; 8, 10; Kopp SGb 1994, 236; zT **aA** offenbar BSG SGb 1994, 232 m krit Anm von Kopp S 236; ausführlich Barbirz, Institutionelle Befangenheit, 2010; Hoffmann-Riem VVDStRL 1982, 231.

[38] S hierzu näher Fehling, Verwaltung zwischen Unabhängigkeit und Gestaltungsaufgabe, 2001, passim; anschaulich der Fall der Planfeststellung für das Airbuswerk Finkenwerder VG Hamburg NordÖR 2001, 34; OVG Hamburg NordÖR 2001, 135. **AA** die Rspr, vgl BVerwGE 133, 239; BVerwGE 141, 171 (BAB A 281, Bremen, Wesertunnel), wonach es ausreichen soll, „wenn behördenintern für eine personelle und organisatorische Trennung der Aufgabenbereiche gesorgt ist". Ebenso BVerwG NVwZ 2016, 1641. S auch Rubel DVBl 2013, 469. Diese Überlegungen sind nur begrenzt lebensnah.

in solchen Fällen institutionell-organisatorisch nicht hinreichend gesichert, dass die unterschiedlichen Rollen im Verwaltungsverfahren angemessen wahrgenommen werden können. Unabhängig davon kann es gegen den **Grundsatz der Fairness des Verfahrens** verstoßen, wenn Personen, die sich, wie zB Planfertiger oä, persönlich erfahrungsgemäß in besonderem Maß mit einem Vorhaben identifizieren und von denen nicht ohne weiteres die für eine objektive Entscheidung erforderliche innere Distanz und Unabhängigkeit erwartet werden kann,[39] im Verfahren tätig werden und uU Einfluss auf die Gestaltung des Verfahrens, Zurückweisung der Einwendungen Dritter und die im Verfahren schließlich ergehende Entscheidung haben.[40] **Keine institutionelle Befangenheit** liegt vor bei Identität von Planfeststellungsbehörde und Anhörungsbehörde im Planfeststellungsverfahren[41] oder bei Identität von Widerspruchsbehörde und Ausgangsbehörde.

12a **Zweifelhaft** ist die Rechtslage dann, wenn zwar nicht dieselbe Behörde, aber **Behörden desselben Rechtsträgers** in unterschiedlichen Rollen, zB in der des Antragstellers und in derjenigen der entscheidenden Behörde, im Verfahren auftreten (zB als Antragsteller in einem Genehmigungsverfahren und als Genehmigungsbehörde). Dies ist etwa in Stadtstaaten wie Berlin und Hamburg, die über keine Kommunalebene verfügen, typischerweise unvermeidlich, gleichwohl aber trotz des unbestreitbaren Legitimationszusammenhangs der Staatsverwaltung nicht unbedenklich.[42] Ähnlich ist die Lage, wenn rechtlich verselbständigte juristische Personen des Privatrechts, die sich im Eigentum eines Rechtsträgers befinden, bei den Behörden desselben Rechtsträgers um Genehmigungen bemühen. In diesen Fällen werden **verfahrensrechtliche oder organisationsrechtliche Vorkehrungen** verlangt werden müssen, um ein Mindestmaß an Neutralität und Unparteilichkeit sicher zu stellen.[43]

12b **d) Problem des fiskalischen Partikularinteresses.** Das Problem der institutionellen Befangenheit stellt sich auch dort, wo Rechtsträger oder Behörden nicht nur als Träger öffentlicher Interessen tätig werden, sondern wie zB die frühere Bundesbahn, nunmehr Deutsche Bahn AG, öffentlichrechtliche Wasser- und Bodenverbände oder beliehene Unternehmer, **zugleich auch eigene, privaten Interessen vergleichbare Interessen** haben.[44] In derartigen Fällen reichen die rechtlichen Vorkehrungen im Hinblick auf eine legitimierende Willensbildung nicht aus, um die Orientierung von Entscheidungen am öffentlichen

---

[39] Vgl BVerwGE 75, 230; BVerwG DÖV 1985, 925; DVBl 1987, 1268; OVG Lüneburg NdsVBl 2007, 83: verneint für Landesverband der jüdischen Gemeinden bei Verteilung von Förderleistungen des Landes.

[40] Vgl – jedoch unter Ablehnung im Ergebnis – BVerwGE 75, 230; BVerwG DVBl 1987, 1268; NVwZ 1987, 886: rechtsstaatliche Gründe legen es nahe, gebieten es aber nicht; vgl auch BVerwGE 69, 267.

[41] OVG Bautzen, B v 5.4.2006, 5 BS 239/05, juris; Barbirz, Institutionelle Befangenheit, 2010.

[42] So etwa wenn ein Bebauungsplan für eigene Grundstücke aufgestellt wird oder eigene Krankenhäuser in den Krankenhausbedarfsplan aufgenommen werden.

[43] Allgemein hierzu EuGHE 2009, I, 11 431 für die Neutralität der Bundesnetzagentur unter Hinweis auf den 11. Erwägungsgrund der Rahmenrichtlinie 2002/21/EG. Zu dem Gedanken der Kompensation durch organisatorische Vorkehrungen Fehling, S. 447 ff.

[44] Ebenso BSG SGb 1994, 232 m Anm Kopp S 236; Kopp DVBl 1992, 990; **aA** zur Planfeststellung für einen Güterbahnhof für die Bundesbahn durch die (frühere) Bundesbahn BVerwGE 58, 344; 82, 22; vgl auch BVerwGE 75, 230; VGH Kassel DÖV 1985, 927 mwN; Obermayer DVBl 1987, 877: auch kein Verstoß gegen das Rechtsstaatsprinzip; allg auch Fromm DÖV 1988, 1036; vgl auch BVerfG NVwZ 1988, 523: verfassungsrechtlich unbedenklich; Wahl NVwZ 1989, 432; Kühling DVBl 1989, 227; vgl auch BVerwG NVwZ 1987, 886; 1988, 532: rechtspolitisch wäre eine andere Lösung vorzuziehen; allg zum Ausschluss von Behörden wegen Interessenkollision auch VGH Mannheim DÖV 1990, 395.

Interesse zu sichern.[45] Hier muss die Rechtsordnung zusätzliche Sicherungen schaffen, was sie zB im Hinblick auf die gemeindliche Bauleitplanung auch getan hat, indem sie die Planungsentscheidung vielfältigen verfahrensrechtlichen und materiellrechtlichen Anforderungen unterworfen hat. Je stärker allerdings derartige Sicherungen aus Gründen der Planerhaltung zurückgenommen werden, desto eher besteht die Gefahr, dass sich Partikularinteressen durchsetzen.

II. Ausgeschlossene Personen nach Abs 1

1. Erfasster Personenkreis. Nach Abs 1 Satz 1 Nr 1, 3 u 5 sind diejenigen Personen von der Mitwirkung (Tätigwerden) ausgeschlossen, die im selben Verwaltungsverfahren zugleich bestimmte Rollenfunktionen innehaben. Insoweit kommt es auf den **Zeitpunkt des Tätigwerdens** an. Abs 1 Satz 1 Nr 2 u 4 erweitert den nach Nr 1 u 3 ausgeschlossenen Personenkreis auf **Angehörige.** Die Dauer der Angehörigeneigenschaft richtet sich nach Abs 5. Der Ausschluss nach Nr 6 geht zeitlich darüber hinaus und schließt Personen von der Mitwirkung im Verwaltungsverfahren auch dann aus, wenn sie „in der Angelegenheit" in der Vergangenheit ein Gutachten abgegeben oder sonst tätig geworden sind. Abs 1 S 2 erstreckt den Ausschluss auf Personen, die „durch die Tätigkeit oder durch die Entscheidung" Vor- oder Nachteile erlangen können. 13

Der Begriff des **Tätigwerdens** für eine Behörde ist **in einem weiten Sinn** zu verstehen. Die Tätigkeiten müssen dem Verwaltungsverfahren zurechenbar sein. Hierzu zählt auch ein Verwaltungsverfahren, das gegenüber den eigentlichen Verfahren Aufsichtsfunktionen erfüllt.[46] Die Ausschlussgründe gelten nicht nur für die das Verfahren leitenden **Amtsträger** (vgl OLG Düsseldorf BB 2016, 1741 – Tengelmann), sondern auch für alle **sonstigen Personen** (ggf auch für **Private,** die für die Behörde tätig werden),[47] deren Mitwirkung im Verfahren Auswirkungen auf das Ergebnis haben kann, daher auch zB für **Protokollführer**[48] und von der Behörde beigezogene **Sachverständige,**[49] **Dolmetscher** (Knack/Henneke 11), in Bezug auf Weisungen uä zum konkreten Fall auch **Amtsträger der Aufsichtsbehörde;**[50] Amtsträger einer um Amtshilfe ersuchten Behörde, soweit sie mit der Entscheidung zu tun haben, usw. S auch unten Rn 60, zu Sachverständigen im förmlichen Verfahren auch § 65 Abs 1 S 2. Auf die Zugehörigkeit der Mitwirkenden zu der zur Entscheidung berufenen Behörde kommt es **nicht** an.[51] Erfasst wird auch das Handeln des Leitungspersonals der Behörde oder anderer Behörden (Minister, Staatssekretäre, Abteilungsleiter usw), wenn und soweit es abstrakt geeignet ist, die Entscheidung zu beeinflussen.[52] 13a

Rein technische Hilfsdienste, wie zB Botendienste, Fahrdienste, die bloße Entnahme von Bodenproben,[53] ferner Tätigkeiten als Fahrer, Schreibkraft[54] oder 13b

---

45 Anders wohl BVerwG, Beschl. v. 31.3.2006, Buchh 316 § 20 VwVfG Nr. 9, wonach der Schutz gegen die Gefahren der Verquickung eigener fiskalischer Interessen durch die von der Rechtsordnung bereitgestellten Rechtsbehelfe hinreichend sichergestellt sein soll.

46 OVG Greifswalt NordÖR 2009, 125.

47 VG Bremen B v 2.10.2012, 5 V 1031/12, juris Rn 25.

48 Ebenso Knack/Henneke 11; FKS 21; etwas enger StBS 25; **aA** MB 5 vor 20.

49 Kopp DVBl 1990, 1247; zT im Ergebnis auch UL § 12 Rn 2, wo auch für das nichtförmliche Verfahren in den Fällen des § 20 ein Ablehnungsrecht der Betroffenen analog § 65 Abs 1 S 2 bejaht wird; zweifelnd Knack/Henneke 13 f; **aA** MB 5 vor § 20: Sachverständige werden im Verfahren nicht iS von § 20 tätig.

50 BVerwGE 69, 267; OVG Greifswald NordÖR 2009, 125; VGH München BayVBl 1981, 401; Knack/Henneke 11.

51 BVerwGE 52, 49; 69, 267; VGH München BayVBl 1981, 401; Knack/Henneke 11.

52 Ob das bloße Abzeichnen eines Vorgangs im Zuge der Kenntnisnahme ausreicht, ist eine Frage des Einzelfalls (Hufen/Siegel Rn 141; FKS 21).

53 VGH Mannheim, Urt v 9.12.2010, 7 S 3291/08, juris Rn 24.

54 OVG Münster NVwZ-RR 2004, 721.

Gärtner, werden nach Sinn und Zweck der Regelungen **nicht erfasst,** weil sie nicht in einem hinreichend engen Zusammenhang mit dem eigentlichen Verwaltungsverfahren stehen.[55] Bei Personen, die bei der Sachverhaltsaufklärung mitwirken, ist zu prüfen, ob sie eigene Einschätzungen vornehmen bzw vorgenommen haben oder ob sich die Mitwirkung in einfachen praktischen Hilfsdiensten erschöpft, die mit dem Ausgang des Verfahrens nicht in Zusammenhang stehen.

14 Abs 1 schließt iVm Abs 5 bestimmte Personen **wegen ihres besonderen Näheverhältnisses** zu den Beteiligten (§ 13) bzw zu einzelnen Beteiligten nahestehenden Personen oder zum Gegenstand des Verfahrens von jedem Tätigwerden im Verfahren aus. Die **Aufzählung ist abschließend.**[56] Deshalb werden selbst solche Fälle von § 20 nicht erfasst, bei denen typischerweise eine Befangenheit zu befürchten ist. **Keinen Ausschlussgrund** gem § 20 stellt daher zB ein schweres persönliches Zerwürfnis mit einem Bediensteten der Behörde dar, ebenso nicht, abweichend von § 54 Abs 2 VwGO, die Fälle der Vorbefassung, zB eine Mitwirkung in der Vorinstanz;[57] auch nicht eine Mitwirkung bei einem vorangegangenen, wegen eines Verfahrensfehlers oder aus anderen Gründen zu wiederholenden Verfahren oder einer vorangegangenen Entscheidung, zB einer nach Aufhebung der Prüfungsentscheidung durch die Widerspruchsbehörde oder durch das Gericht zu wiederholenden Prüfung bzw Prüfungsbewertung.[58] In diesen Fällen kommt aber eine Ausschließung wegen Befangenheit nach § 21 in Betracht. Kein Ausschlussgrund nach § 20 ist auch der Umstand, dass jemand als Zeuge im Verfahren oder einem vorangegangenen oder parallelen Verfahren vernommen worden ist (Knack/Henneke 16; MB 1).

15 **2. Stellung als Beteiligter (Nr 1).** Nr 1 schließt alle Personen, die selbst als Antragsteller, Antragsgegner, Hinzugezogene usw (vgl § 13) am selben Verfahren beteiligt sind, von jedem Tätigwerden in diesem Verfahren aus. Dasselbe gilt für Personen, die nach Abs 1 S 2 den Beteiligten gleichgestellt sind. Für den Begriff des Beteiligten ist § 13 maßgebend. Danach kommt es auf die formale Stellung als Beteiligter an.[59] **In Planfeststellungsverfahren** werden vom Begriff des Beteiligten auch die **Einwender und die Betroffenen** iS von § 73 Abs 6 erfasst.[60] Sachverständige und Anhörungsberechtigte (s § 13 Abs 3) fallen nicht darunter, sind aber uU nach Nr 6 oder gem S 2 ausgeschlossen. Zu gesetzlichen oder gewillkürten **Vertretern eines Beteiligten** oder einer einem Beteiligten gem S 2 oder Nr 4 gleichgestellten Person s Nr 3–5 (vgl Rn 22).

16 **Umstritten,** richtigerweise aber **abzulehnen** ist die Geltung von Nr 1 für Personen, die erst als Beteiligte in Aussicht genommen sind, aber **noch keine formelle Beteiligtenstellung** erlangt haben, insb für Personen, deren Hinzu-

---

[55] StBS 25; Obermayer/Funke-Kaiser 30; Bader/Ronellenfitsch 13.

[56] So wohl auch OVG Münster DÖV 1981, 587; v. Wulffen § 16 Rn 3.

[57] VGH München NVwZ 1981, 511; OVG Münster DÖV 1981, 587; Knack/Henneke 16; Obermayer 68; MB 1; kritisch Maier 63f; **aA** insoweit UL § 38 Rn 7; Wenzel DÖV 1976, 412; anders insoweit auch im Soldatenrecht gem § 77 WDO, der analog auch im Wehrbeschwerdeverfahren und im Wehrdisziplinarverfahren anwendbar ist, BVerwGE 53, 334; 83, 89: jedenfalls im Wehrbeschwerdeverfahren ausgeschlossen, dass ein Vorgesetzter seine eigene Entscheidung überprüft.

[58] BVerfG 84, 47; BVerwGE 91, 274; BVerwG NVwZ 1993, 681; VGH München BayVBl 1982, 85; NVwZ 1991, 500; StBS 17; Rozek NVwZ 1992, 36; zT **aA** Erichsen JK 94 GG Art 19 IV 1 GG: Ausschluss, wenn die Wiederholung nicht nur wegen eines Verfahrensfehlers, sondern wegen materieller Rechtswidrigkeit erforderlich geworden ist; hier kommt eher Befangenheit nach § 21 in Betracht; vgl Kopp BayVBl 1990, 684 und DVBl 1991, 990.

[59] OVG Weimar ThürVGRspr 2015, 93 für Ausschluss eines Hochschulpräsidenten im Verfahren, in dem es um seine Abwahl geht.

[60] VGH München BayVBl 1981, 724; StBS 29; Obermayer/Funke-Kaiser 49; Komorowski NVwZ 2002, 1455 mwN; Ziekow 8; FKS 25; **aA** VGH München DVBl 1985, 805; Stüer/Hönig DÖV 2004, 642.

ziehung nach § 13 Abs 2 in Betracht kommt, aber noch nicht erfolgt ist. Dies wird teilweise mit der Erwägung angenommen, über ihre Hinzuziehung müsse ja auch innerhalb des Verwaltungsverfahrens entschieden werden.[61] Dem ist entgegen zu halten, dass es einer Einbeziehung unter Überdehnung des Wortlauts aus praktischen Gründen nicht bedarf.

Da die Eigenschaft als Beteiligter iS von § 13 formell allein schon durch die Antragstellung bzw formelle Einbeziehung in ein Verfahren begründet wird (vgl § 13 Rn 8) und in Abs 1 S 1 die Möglichkeit eines **Vor- oder Nachteils nicht vorausgesetzt** wird, hat die Stellung als Beteiligter in demselben Verwaltungsverfahren auch dann den Ausschluss zur Folge, wenn sie auf Rechten oder rechtlichen Interessen beruht, für die die Voraussetzungen nach Abs 1 S 3 zutreffen. Die Ausnahmeregelung des Abs 1 S 3 gilt nur für die Fälle des Abs 1 S 2, nicht auch für diejenigen des Abs 1 S 1 (s Rn 33ff). 17

3. Angehörige eines Beteiligten (Nr 2). Nr 2 schließt auch solche Personen von der Mitwirkung im Verwaltungsverfahren aus, die Angehörige eines Beteiligten (§ 13) oder einer iS von Abs 1 S 2 betroffenen Person sind (vgl VG Oldenburg, B v 3.9.2003, 12 B 1761/03, juris: Mitwirkung einer Person an der Auswahlentscheidung für die Zulassung zu einem Volksfest, deren Angehörige zu den Bewerbern gehören). Zum Begriff des Beteiligten s § 13. Angehörige sind nur die in Abs 5 aufgezählten Personen (s dazu unten Rn 54). Die **Aufzählung in Abs 5 ist abschließend.** Allerdings werden Personen, die ohne verheiratet zu sein, in eheähnlicher Gemeinschaft leben, als Verlobte behandelt werden müssen (s Rn 54). Für die nicht erfassten Angehörigen kommt nur Befangenheit nach § 21 in Betracht. Nr 2 ist auch nicht analog auf für eine Behörde handelnde Personen anzuwenden, die in Angelegenheiten entscheiden, an denen die Behörde selbst oder die von ihnen vertretene juristische Person als Träger von privaten Rechten (Fiskus) beteiligt ist.[62] 18

4. Gesetzliche Vertreter usw und Bevollmächtigte (Nr 3). Die Regelung in Abs 1 Nr 3 schließt auch Personen aus, die kraft Gesetzes oder kraft Vollmacht zur Vertretung eines Beteiligten oder einer iS von S 2 Betroffenen befugt sind. **Gesetzliche Vertreter** iS der Vorschrift sind alle Personen, die aufgrund besonderer Vorschriften mit der Vertretung und der Wahrung der Interessen bestimmter Personen oder von Vermögensmassen usw betraut sind, zB Vormund (§ 1793 BGB), Betreuer (§ 1902 BGB) und Pfleger (§§ 1911–1914 BGB) nach dem BGB, von Amts wegen bestellte Vertreter nach §§ 16ff VwVfG, die Mitglieder des Vorstands einer AG, einer Stiftung, einer Jagdgenossenschaft, eines Wasser- und Bodenverbandes, die Geschäftsführer einer GmbH,[63] Gesellschafter einer OHG, Komplementäre einer KG usw **Vertreter kraft Vollmacht** (Bevollmächtigte) sind die gewillkürten Vertreter nach § 164 BGB oder §§ 48ff oder § 54 HGB bzw nach Vorschriften des Prozessrechts (zB § 67 VwGO oder §§ 78ff ZPO) oder nach § 14 bzw nach entsprechenden Vorschriften, außerdem auch die von Antragstellern usw und Beteiligten gem §§ 17ff benannten oder bestellten Vertreter. **Nicht erfasst werden** dagegen – da sie zur Vertretung im übrigen nicht befugt sind – **Empfangsbevollmächtigte** gem § 15.[64] 19

a) Bezug zum Verwaltungsverfahren. Voraussetzung für den Ausschluss gem Nr 3 ist, dass sich die Vertretungsbefugnis auf das konkrete Verwaltungsver- 20

---

[61] StBS 30; Hufen/Siegel Rn 117; FKS 25; **aA** Knack/Henneke 17.

[62] BVerfG 3, 377: nicht auf Entscheidungen einer Verwaltungsbehörde über Rechtsbehelfe im einfachen Verwaltungsverfahren übertragbar; **aA** F 233f.

[63] Vgl zB BVerwGE 78, 347 (Senator im Aufsichtsrat); BGH NVwZ 2003, 509, 510: Vorsitzender des Umlegungsausschusses war zugleich Vorsitzender des Aufsichtsrats einer GmbH mit Grundbesitz im Umlegungsbereich.

[64] Ebenso StBS 33; Knack/Henneke 19; Obermayer/Funke-Kaiser 54.

fahren bezieht. Dies betrifft nicht nur die Fälle der Bevollmächtigung für das einzelne Verwaltungsverfahren, sondern auch die Fälle der allgemeinen Vertretungsbefugnis bzw Bevollmächtigung, sofern sie nur das in Frage stehende Verfahren erfasst. Eine **allgemeine Vertretungsbefugnis** (zB eine Generalbevollmächtigung) hat auch dann nach Nr 3 den Ausschluss zur Folge, wenn sie in dem in Frage stehenden Verfahren konkret keine Rolle spielt.[65] Eine sachlich beschränkte (insofern nicht „allgemeine" iS von Nr 3) Vertretungsbefugnis, die nicht in einem Zusammenhang der erwähnten Art mit dem Verfahren steht, hindert eine Tätigkeit im Verfahren nach § 20 nicht, kann aber uU einen Befangenheitsgrund nach § 21 bilden. Bei Personen, die in der Vergangenheit, also **vor dem Beginn der Tätigkeit,** als Vertreter usw für Beteiligte tätig waren, kommt ein Ausschluss nicht nach Nr 3, sondern allenfalls nach Nr 6 in Betracht.

21 Da es auf die rechtliche Grundlage der Vertretungsmacht nicht ankommt, gilt Nr 3 auch für die **Vertretung in amtlicher Eigenschaft,** dh auch für Personen, die aufgrund besonderer Rechtsvorschriften im Zusammenhang mit ihrem öffentlichen Amt (zB Bürgermeister) als Vertreter bestellt sind, und für aufgrund besonderer Wahl oder Bestellung in ein Organ entsandte Vertreter.[66] In amtlicher Eigenschaft bedeutet: in Wahrnehmung seiner amtlichen Aufgaben (BVerwGE 75, 229: auch Aufsichtsfunktionen im Rahmen der Rechtsaufsicht).

22 **b) Ausnahme für Vertreter der Körperschaft? Umstritten,** richtigerweise **zu verneinen,** ist, ob für Nr 3 in Analogie zu Nr 5, 2. Halbs eine Ausnahme dann anzuerkennen ist, wenn der Vertreter einer öffentlichrechtlichen Körperschaft **zugleich Amtsträger** der Behörde ist, vor der das Verfahren stattfindet, zB der Landrat als Vertreter des Landkreises in einem Planfeststellungsverfahren, in dem auch Grundstücke betroffen sind, die im Eigentum des Landkreises stehen. Vgl auch zur Zulässigkeit sog In-sich-Verfahren im Bereich der Verwaltung § 13 Rn 56f, ferner auch unten Rn 30. Für diese Fälle wurde in der Vergangenheit eine Ausnahme mit der Erwägung befürwortet, dass der Ausschlussgrund gem Nr 3 sonst auch für jeden weiteren Vertreter des primär für die Vertretung der Körperschaft zuständigen Vertreters gelten würde und damit idR (wenn man von Ausnahmefällen, in denen die Bestellung eines „Verfahrenspflegers" für die handlungsfähig gewordene Behörde durch eine außerhalb stehende Stelle möglich ist, absieht) eine Sachentscheidung stark erschwert werden könnte. Diese Auffassung wird heute zu Recht nicht mehr vertreten.[67] S näher Rn 27.

23 **5. Angehörige des Vertreters eines Beteiligten (Nr 4).** Nr 4 erstreckt die für Vertreter iS von Nr 3 geltende Ausschlussregelung auch auf die Angehörigen des Vertreters eines Beteiligten (§ 13) im Verfahren. Der Regelung ist § 82 Abs 1 Nr 4 AO 1977 nachgebildet. Zum **Begriff des Angehörigen** s Abs 5 sowie dazu Rn 54. Vertretung iS von Nr 4 ist, wie sich aus dem Wortlaut der Vorschrift („in diesem Verfahren") ergibt, abweichend von Nr 3 **nur die Vertretung im Verfahren,** nicht auch die Stellung als Vertreter aufgrund einer allgemeinen Vertretungsmacht, sofern diese sich im Verfahren nicht zugleich auch als Vertretung im und für das Verfahren auswirkt (ebenso StBS 34; Knack/Henneke 20). Die gelegentlich[68] geäußerte Kritik an dieser Ausschlussnorm ist unberechtigt.

---

[65] Knack/Henneke 19; StBS 32; Obermayer/Funke-Kaiser 53; **aA** MB 5.

[66] Vgl ABegr 7; StBS 33; Knack/Henneke 19; die insoweit abweichende Fassung der Regierungsvorlage wurde in den Ausschußberatungen abgeändert; ebenso zum früheren Recht Ule/Becker 31f; WB III § 156 IIId; Lorenz 258; **aA** zum früheren Recht BVerfG 3, 381; BSG 24, 136; 26, 173; BGH VRspr 6, 653.

[67] Ebenso BVerwGE 69, 256, 265 (Flughafen München II); VGH München BayVBl 1995, 179; BGH NVwZ 2002, 509; Ziekow 9; StBS 33; Obermayer 55 unter Hinweis darauf, dass eine entsprechende Ausnahme aus dem Entwurf 73 nicht in das Gesetz übernommen worden sei; für eine analoge Anwendung im Amtskonflikt FKS 31.

[68] Vgl etwa Hufen/Siegel Rn 120; Erichsen/Ehlers, § 13 Rn 5 („übertriebenerweise").

Insbesondere folgt aus Abs 1 S 2 kein gleichwertiger Ersatz, weil die Möglichkeit eines Vorteils bei dem Angehörigen leicht verborgen bleiben kann.

6. Entgeltlich Beschäftigte, Vorstandsmitglieder usw (Nr 5). Die Regelung schließt Personen aus, die in bestimmten (vor allem wirtschaftlichen) **Abhängigkeitsverhältnissen** zu iS von Nr 1 oder S 2 betroffenen Personen stehen und bei denen deshalb Befangenheit unwiderleglich vermutet wird.[69] Der Ausschlussgrund entfällt allerdings, sobald der Betroffene sein Beschäftigungsverhältnis oder seine Organtätigkeit aufgegeben hat.[70] Es kommt dann nur noch der Ausschlussgrund nach Abs 1 S 1 Nr 6 oder die Besorgnis der Befangenheit nach § 21 in Betracht. 24

a) Beschäftigung gegen Entgelt iS von Nr 5 liegt nicht nur bei klassischen Arbeitsverhältnissen ieS vor, sondern bei allen Beschäftigungsverhältnissen, mit denen aufgrund regelmäßiger Geldleistungen ähnliche Abhängigkeiten verbunden sind oder sein können, **nicht** dagegen bei rein ehrenamtlicher Beschäftigung ohne jedes Entgelt, bei **Werkverträgen** (Ziekow 12) oder lediglich **freiberuflicher Beratung** (Knack/Henneke 21). Der Umstand, dass für eine Tätigkeit Auslagen ersetzt werden, reicht nach dem klaren Wortlaut nicht aus. Anders ist die Lage dann, wenn die Auslagen pauschaliert gewährt werden und eine Art verdeckter Entgeltgewährung darstellen. 25

b) Tätigkeit als Mitglied des Vorstands usw. Die ausdrückliche Erwähnung von Vorständen, Aufsichtsräten und gleichartigen Organen trägt dem Umstand Rechnung, dass diese nicht immer und ohne weiteres unter den Begriff der gegen Entgelt beschäftigten Personen fallen und auch nicht immer und notwendig vertretungsberechtigt iS von Nr 3 sind. Soweit Beschäftigte, Vorstandsmitglieder usw zugleich Vertreter iS der Nr 3 sind, fallen sie nur unter Nr 3 (Knack/Henneke 21; unklar Begr 46). Als „gleichartige Organe" sind nur mit dem Vorstand oder Aufsichtsrat vergleichbare leitende oder kontrollierende Organe zu verstehen, nicht auch lediglich beratende Beiräte (Knack/Henneke 21; MB 8; StBS 36) oder Unterausschüsse (Knack/Henneke 21). Gleichartig zB auch ein Gemeinderat; Kreistag, Kirchenvorstand (MB 8). 26

c) Vertretung in amtlicher Eigenschaft. Umstritten ist, ob die Vorschrift auch auf die Zugehörigkeit zum Vorstand in amtlicher Eigenschaft, zB bei Mitgliedschaft des Verkehrsministers im Aufsichtsrat einer Flughafengesellschaft im Interesse der Wahrung der öffentlichen Verkehrsinteressen, anwendbar ist. Dies wird teilweise mit der Begründung verneint, die Regelung solle nur Befangenheit wegen persönlicher, insb eigener wirtschaftlicher Interessen ausschließen.[71] Es sei wie im vor Erlass des VwVfG geltenden Recht[72] nicht die **institutionell-funktionelle Befangenheit** gemeint, die die Rechtsordnung bei jeder Behörde voraussetzt und die eine Folgerung auch des verfassungsrechtlichen Grundsatzes der Effektivität der Verwaltung sei. Diese Auffassung ist abzulehnen. Rspr und die hM in der Literatur[73] unterscheiden zu Recht nicht danach, ob die Mitgliedschaft in **amtlicher Eigenschaft oder im privaten Interesse** wahrgenommen wird.[74] 27

---

69 Knack/Henneke 21; MB 7; ebenso zum früheren Recht WB III § 156 IIIe; Lorenz 258.

70 BVerwGE 75, 215; FKS 36; kritisch Hufen/Siegel Rn 124.

71 Eyermann GewArch 1981, 258; Kopp APF 1981, 278; WuV 1983, 226; AgrarR 1984, 145; dazu neigend auch VGH München NVwZ 1982, 510.

72 S zum früheren Recht BVerfG 3, 377 = NJW 1954, 833; BVerwGE 69, 265; VGH München DÖV 1982, 209; NVwZ 1982, 509; VGH Mannheim DÖV 1982, 866; Kirchhof VerwArch 1975, 380; ebenso auch § 81 Abs 1 Nr 5 SchlHLVwG.

73 BVerwGE 69, 263 = NVwZ 1984, 718; BVerwGE 75, 214 = NVwZ 1987, 579; BVerwG NVwZ 1988, 530; VGH München NVwZ 1982, 510; Breuer NVwZ 1990, 446; Scheuing NVwZ 1982, 489; Obermayer/Funke-Kaiser 65; MB 8; StBS 37; Ziekow 12.

74 BVerwGE 69, 263 = NVwZ 1984, 718: wegen des äußeren Scheins einer sachwidrigen Verquickung privater und öffentlicher Interessen; BVerwGE 75, 214 = NVwZ 1987, 579;

28 **d) Ausnahme bei Beteiligung der Anstellungskörperschaft.** Der Ausschlussgrund gem Abs 1 Nr 5 gilt nach dem ausdrücklichen Wortlaut der Vorschrift (2. Halbs) nicht für Personen, deren Anstellungskörperschaft Beteiligte ist; dies aus dem naheliegenden Grund, dass Behörden sonst keine Entscheidung treffen könnten, wenn der Rechtsträger, dem sie angehören, an der Sache beteiligt ist (zB als „Fiskus"), und dass damit in vielen Fällen die Durchführung des Verfahrens nur schwer möglich wäre (VGH München NVwZ 1981, 511; Knack/Henneke 21; StBS 38). Zulässig ist nach Nr 5 2. Halbs zB die Erteilung einer Baugenehmigung durch den Landrat für ein Bauvorhaben des Landkreises, einer Anlagegenehmigung durch eine kreisfreie Stadt für eine von ihr geplante Anlage, in der Vergangenheit auch die Planfeststellung durch die (frühere) BBahn für ein eigenes Vorhaben, der Erlass einer Ordnungsverfügung gegen die Anstellungskörperschaft.[75] Vgl zu dem Problem der **institutionellen Befangenheit** oben Rn 9 ff.

29 **7. Gutachter oder Personen, die sonst tätig waren (Nr 6).** Während die Nr 1–5 an Eigenschaften oder Funktionen im Zeitpunkt des Tätigwerdens anknüpfen, schließt Nr 6 Personen aus, die in der Vergangenheit „in der Angelegenheit" tätig waren, weil dies Zweifel an ihrer Unbefangenheit begründen könnte.[76] Eine Tätigkeit für eine der in Nr 1 oder 2 genannten Personen ist nicht erforderlich, dürfte aber den Regelfall bilden. Unter Nr 6 fällt die Abgabe von Gutachten sowie jede sonstige Tätigkeit, die nach allgemeiner Lebenserfahrung und dem Urteil des gerecht und billig denkenden Durchschnittsbürgers eine Festlegung oder Voreingenommenheit in Bezug auf die anhängige Sache begründen kann. Für die „Abgabe" eines **Gutachtens** genügt das Mitverfassen des Gutachtens.[77] Es kann sich zB um ein Privatgutachten eines Behördenbediensteten oder um gutachterliche Tätigkeit vor Eintritt in den Behördendienst handeln. Als **sonstige Tätigkeit** kommt insb die **frühere Tätigkeit als Vertreter,** Beschäftigter eines Beteiligten, usw in Betracht (Begr 46; Knack/Henneke 22). Hingegen sind Personen nicht ausgeschlossen, die in der Angelegenheit eine Tätigkeit vorgenommen haben, die nicht geeignet ist, eine Voreingenommenheit zu begründen, wie die Aussage als Zeuge (Begr 46), die Überlassung eines Raums für Gespräche, für Verhandlungen uä, wobei es hier auf die Umstände des Einzelfalls ankommt. Entgeltlichkeit der Tätigkeit ist bei Nr 6 nicht Voraussetzung (ebenso Knack/Henneke 22). Der Ausschluss erfasst Personen nur wegen solcher Tätigkeiten, die **außerhalb ihrer amtlichen Eigenschaft** durchgeführt wurden, greift also nicht ein, wenn die Tätigkeit als Vorbefassung im Rahmen der Amtsführung durchgeführt wurde.[78]

30 **In der Angelegenheit** ist eine Person durch Gutachten oder sonst tätig geworden, wenn die Tätigkeit in **engem inneren Zusammenhang mit dem konkreten Fall,** auf die sich nunmehr auch das Verfahren bezieht, gestanden hat. Gutachten, Stellungnahmen usw zu einer Sach- oder Rechtsfrage ohne konkreten Bezug zu diesem Lebenssachverhalt reichen nicht aus.[79] **Umstritten** ist, ob auch eine Tätigkeit in einem **lediglich gleichliegenden Fall** mit anderen

---

BVerwG NVwZ 1988, 530; ausdrücklich auch BGH NVwZ 2002, 509; VGH München NVwZ 1982, 510; Scheuing NVwZ 1982, 489; Obermayer/Funke-Kaiser 65; Knack/Henneke 21; MB 8; StBS 37; VGH München BayVBl 1981, 481: auch funktionelle „Sonder"-Interessen.

[75] HM, vgl BVerwGE 69, 263; VGH München BayVBl 1981, 401 StBS 38; UL § 12 Rn 11; Knack/Henneke 21.

[76] Ebenso zum früheren Recht WB III § 156 IIIe; zT weitergehend Ule/Becker 31: auch amtliche Gutachter sowie Amtswalter, die in anderer Weise für denselben Verfahrensgegenstand tätig waren.

[77] BVerwG NVwZ 2012, 307 f.

[78] BVerwG NVwZ 1987, 578, 581.

[79] BVerwG NVwZ 2012, 307 für Bahngutachten in einem anderen Zusammenhang; OVG Lüneburg NordÖR 2007, 26 für TÜV-Gutachter.

Beteiligten (wenn auch uU vor derselben Behörde) eine Tätigkeit iS der Nr 6 darstellt. Dies wird von der wohl hM angenommen.[80] Demgegenüber erscheint es angemessener, insoweit lediglich auf § 21 zu verweisen, weil die Tätigkeit in einem nur vergleichbaren Fall kein persönliches Näheverhältnis begründet, wie es in Abs 1 erfasst werden soll. Teilweise[81] wird unter Berufung auf die Amtl Begr BT-Drs 7/910 S 45 die Auffassung vertreten, dass Tätigkeiten, die **mehr als fünf Jahre** zurückliegen, einen Ausschluss nicht begründen. Diese Einschränkung hat im Gesetz indessen keinen Niederschlag gefunden und erscheint auch sachlich nicht berechtigt.[82]

III. Unmittelbar Begünstigte bzw Belastete (Abs 1 S 2 und 3)

1. Grundsatz des Abs 1 S 2. Die für die Bedeutung des Befangenheits- 31
rechts im Verwaltungsverfahren praktisch **zentrale Vorschrift** des Abs 1 S 2 erweitert den Kreis der kraft Gesetzes ausgeschlossenen Amtswalter wesentlich, indem sie Personen, die durch ihre Mitwirkung im Verfahren bzw durch die Entscheidung einen unmittelbaren Vorteil oder Nachteil erlangen (können), den Beteiligten (§ 13) gleichstellt. Diese **Erweiterung des Beteiligtenbegriffs** führt zu einer entscheidenden Ausdehnung des Anwendungsbereichs der Ausschlussgründe in Abs 1 S 1. Ausgeschlossen ist ein Amtswalter wegen der in S 2 vorgesehenen Ausdehnung des Beteiligtenbegriffs nämlich auch dann, wenn entweder er selbst (S 1 Nr 1) oder ein Angehöriger (S 1 Nr 2) durch die Entscheidung einen unmittelbaren Vorteil erreichen kann, weil er selbst oder sein Angehöriger schon wegen der Möglichkeit dieses Vorteils wie ein formell nach § 13 Beteiligter behandelt und damit von der Mitwirkung ausgeschlossen wird.

Während nach S 1 Nr 1–6 das persönliche Interesse an der Sache und damit 31a
die Befangenheit vom Gesetz allein schon aufgrund der Eigenschaft als Beteiligter iSd § 13 oder des besonderen Näheverhältnisses zu einem Beteiligten oder zum Gegenstand des Verfahrens unwiderleglich angenommen wird, macht S 2 den Ausschluss von einem **möglichen unmittelbaren Vor- oder Nachteil** für den in Frage stehenden Amtswalter abhängig. An einem Verwaltungsverfahren dürfen auch Personen nicht mitwirken, die zwar nicht unmittelbar Beteiligte iS des Verfahrensrechts (§ 13) sind oder zu einem Beteiligten oder zum Gegenstand des Verfahrens in einem besonderen Näheverhältnis der in Nr 1–6 näher umschriebenen Art stehen, die aber jedenfalls wegen eines für sie in Aussicht stehenden Vorteils oder Nachteils nicht die Voraussetzungen für unparteiliches Handeln aufweisen.[83]

2. Möglichkeit eines unmittelbaren Vor- oder Nachteils. Nicht tätig 32
werden darf ein Amtswalter, wenn er selbst, einer seiner Angehörigen, eine von ihm oder einem seiner Angehörigen vertretenen Person, usw einen unmittelbaren Vor- oder Nachteil erlangen könnte.[84] Da der Begriff des Vor- bzw Nachteils relativ weit ist (vgl Rn 33), wurde das Erfordernis der Unmittelbarkeit als einschränkendes Korrektiv dazu gesetzt (Maier 58). Außerdem führt die Regelung über die Irrelevanz von Gruppenvorteilen in S 3 zu einer wesentlichen Beschränkung der Ausschlussgründe (Rn 38).

a) Begriff des Vor- und Nachteils. Erfasst werden von der Vorschrift nicht 33
nur rechtliche Vorteile oder Nachteile, sondern **auch wirtschaftliche, imma-**

[80] Hierzu neigend BVerwG NVwZ 2012, 307; VG Karlsruhe NVwZ 1996, 616, 620; FKS 38: wenn der aktuelle Fall „nahezu identisch“ liegt. Das wird (auch) zu Abgrenzungsschwierigkeiten führen, ähnlich: StBS 39; Knack/Hennecke 22.

[81] Knack/Henneke 22; **aA** zu Recht Ziekow 14.

[82] S BVerwG NVwZ 1987, 578, 581: zeitlich unbefristetes Mitwirkungsverbot.

[83] Vgl BVerwG NVwZ 1988, 527; UL § 12 Rn 14; Knack/Henneke 23; StBS 45.

[84] UL § 12 Rn 14; StBS 41; Knack/Henneke 23f.

terielle oder sonstige Vor- bzw Nachteile,[85] auch zB der mit einer Tätigkeit verbundene Prestigegewinn oder Prestigeverlust bei Bekannten und Freunden (VG Minden NVwZ-RR 1990, 273), eine unverbaute Aussicht usw; für die Bewohner eines Ortes oder Ortsteils die Minderung oder Erhöhung einer nicht unerheblichen **Lärmbelästigung;**[86] **Grundbesitz** in dem Gebiet, das unter Landschaftsschutz gestellt werden soll (VGH Mannheim DVBl 1993, 904). Ausreichend ist die nach verständiger Auffassung nicht ganz entfernt liegende **Möglichkeit eines Nachteils** („kann"),[87] zB im Verfahren zu einer nochmaligen Bewertung einer Prüfungsarbeit (Nachkorrektur) die nicht ganz entfernt liegende Möglichkeit einer Schadensersatzforderung wegen der fehlerhaften ursprünglichen Bewertung (**aA** VGH München BayVBl 1982, 86).

34 **Durch eine Tätigkeit oder Entscheidung erlangt** ist ein Vorteil oder Nachteil dann, wenn die Tätigkeit oder Entscheidung sich darauf in einer nach allgemeiner Lebenserfahrung vorhersehbaren Weise (Adäquanztheorie) auswirkt. Die Vor- bzw Nachteile müssen, wie S 2 klarstellt, nicht notwendig im Zusammenhang mit der Entscheidung stehen; unter die Regelung fallen auch zB Vorteile, die sich für Personen dadurch ergeben können, dass sie durch die Mitwirkung am Verfahren Kenntnis von Geschäftsgeheimnissen uä erlangen, an denen sie aus Konkurrenzgründen interessiert sind (ebenso StBS 43; Knack/Henneke 24). So dürfen auch **Nachbarn** an der Durchführung von Lärmmessungen in einem sie selbst betreffenden Verwaltungsverfahren nicht in einer Weise beteiligt werden, die über eine reine technische Hilfe hinausgeht (OVG Münster UPR 2004, 319).

35 **b) Unmittelbarkeit.** Der Begriff der Unmittelbarkeit ist – wie auch sonst – nicht in einem formalen Sinn, also ohne Hinzutreten eines weiteren Glieds einer Ursachenkette, sondern wertend zu verstehen.[88] Für die Beurteilung, ob ein Vorteil bzw Nachteil unmittelbar oder nur mittelbar ist, kommt es (sofern die Frage nicht schon nach Abs 1 S 3 zu beurteilen ist) vielmehr darauf an, ob nach der Art des Vor- oder Nachteils und den letztlich maßgeblichen Umständen des konkreten Falles nach der Auffassung des gerecht und billig denkenden Durchschnittsbürgers angesichts des in Frage stehenden Vor- und Nachteils die Unparteilichkeit des Handelns noch ausreichend gewährleistet erscheint oder nicht.[89] Maßgebend sind letztlich die **Umstände des Einzelfalles,** so wie diese sich bei einer **wertenden Betrachtungsweise** darstellen.[90] Ergibt diese ein individuelles **Sonderinteresse** an der Durchführung oder am Ausgang des Verfahrens, so liegt ein Ausschlussgrund vor.[91]

---

[85] VGH München DVBl 1985, 805 = BayVBl 1985, 404; VG Minden NVwZ 1989, 691; UL § 12 Rn 14; Obermayer/Funke-Kaiser 75; MB 11; StBS 41; Knack/Henneke 24: Vor- und Nachteile aller, zB ideeller, familiärer, privater usw Art; Hufen/Siegel Rn 133; Maier 57.

[86] VGH München DVBl 1985, 805 = BayVBl 1985, 404; vgl jedoch auch BVerwG BayVBl 1987, 570 – in BVerwGE 75, 214 insoweit nicht wiedergegeben: jedenfalls kein unmittelbarer Vorteil bei Lärmbelästigungen von unter 62 dB (A).

[87] VGH München DVBl 1985, 805; VGH Mannheim DVBl 1993, 904: erforderlich, aber auch ausreichend, daß der Eintritt des Sondervorteils oder -nachteils aufgrund der Entscheidung des Gemeinderats konkret möglich, dh hinreichend wahrscheinlich ist; ebenso StBS 45; Knack/Henneke 24.

[88] StBS 44; Knack/Henneke 25; Obermayer/Funke-Kaiser 78; Übersicht bei Maier 58 ff; s auch unten Rn 37; **aA** wohl UL § 12 Rn 14; MB 13.

[89] VGH München DVBl 1985, 805; vgl auch v Mutius VerwArch 1974, 435; JuS 1979, 39; ähnlich OVG Lüneburg NVwZ 1982, 44 mwN.

[90] VGH Mannheim DVBl 1993, 904; VGH München DVBl 1985, 805 = BayVBl 1985, 404; StBS 44 f; Knack/Henneke 25; v Mutius VerwArch 1974, 436; OVG Lüneburg NVwZ 1982, 44; Borchmann NVwZ 1982, 17 mwN.

[91] Zur Maßgeblichkeit des Sonderinteresses VGH Mannheim VBlBW 1993, 348; OVG Münster NVwZ 1984, 667; Obermayer/Funke-Kaiser 78; Maier 59; MB 13; Borchmann NVwZ 1982, 17; zum Kommunalrecht s Schmidt-Aßmann, Kommunalrecht, in BVR Rn 61.

Ob dabei eine restriktive (so Knack/Henneke 25) oder eine weniger restriktive (so StBS 44) Interpretation geboten ist, lässt sich nicht allgemein beurteilen.

Je intensiver die Betroffenheit ist, desto eher ist ein unmittelbarer Vorteil bzw Nachteil anzunehmen (vgl VGH München DVBl 1985, 805). So ist zB bei Lärmeinwirkungen ein unmittelbarer Nachteil jedenfalls dann zu bejahen, wenn der betroffene Amtsträger in einem Gebiet wohnt oder arbeitet, in dem mit **besonders starken Lärmauswirkungen** zu rechnen ist, nicht dagegen bei lediglich schwächeren Belastungen; ebenso bei planerischen Festsetzungen lediglich für **ein Nachbargrundstück** grundsätzlich nur, wenn zu diesem Grundstück derart enge Beziehungen bestehen, dass die qualitative Veränderung des im unmittelbar betroffenen Gebiet gelegenen Grundstücks sich unmittelbar auch auf die **Naherholungsqualität** des angrenzenden Grundstücks auswirkt (OVG Koblenz NVwZ-RR 1990, 271). 36

Unerheblich ist, ob zur „Realisierung" des Vor- oder Nachteils **noch weitere Entscheidungen,** Handlungen oder Umstände erforderlich oder nach der Verwaltungspraxis üblich sind, zB der Vollzug des in Frage stehenden VA.[92] Ein unmittelbarer Nachteil ergibt sich daher zB für die Anlieger eines Flughafens bereits durch die Planfeststellung für den Flughafen und nicht erst durch den Bau des Flughafens (VGH München DVBl 1985, 804). Ebenso kommt es nicht darauf an, ob der Vor- oder Nachteil eine unmittelbare Folge der behördlichen Entscheidung usw ist oder erst auf dem Umweg über dritte Personen den Amtswalter, seinen Angehörigen usw betrifft;[93] dies ist allenfalls ein Indiz für die Unmittelbarkeit. In einer kleinen Gemeinde ist zB die Erteilung einer **Gewerbeerlaubnis an einen Konkurrenten** eines Angehörigen idR iS von Nr 2 als unmittelbarer Nachteil anzusehen, auch wenn die Folgen für den Angehörigen erst „infolge" des Verhaltens der Kunden eintreten (**aA** UL § 12 Rn 14). Je nach Art des betriebenen Gewerbes, der Größe des Ortes und der räumlichen Entfernung der betroffenen Betriebe kann die Frage des Ausschlusses jedoch ggf anders zu beurteilen sein. 37

c) Möglichkeit eines Vorteils. Erfasst werden von Abs 1 S 2 nur Fälle, in denen eine Person durch die Tätigkeit einen unmittelbaren Vorteil erlangen „kann". Es muss danach die „nicht ganz entfernte Möglichkeit" (VG Köln NWVBl 2003, 37) bestehen, dass ein Vorteil aus der Tätigkeit erwachsen wird. Insoweit ist eine Betrachtung aus der Perspektive im Vorhinein (ex ante) vorzunehmen. Dabei ist auch die Frage in den Blick zu nehmen, ob die Vermeidung der Möglichkeit eines Vorteils angesichts der Wahrscheinlichkeit nach den gesamten Umständen angemessen wäre. 37a

3. Ausnahme des Abs 1 S 3 (Gruppeninteresse). Die Regelung in Abs 1 S 3 macht eine Ausnahme von dem Grundsatz des Ausschlusses unmittelbar begünstigter bzw belasteter Personen für den Fall, dass der unmittelbare Vor- oder Nachteil die Person nur als Angehöriger einer Berufs- oder Bevölkerungsgruppe trifft. Führt das Verwaltungsverfahren oder sein Ausgang nur allgemein zu Auswirkungen auf bestimmte Berufs- oder Bevölkerungsgruppen, so soll es unschädlich sein, wenn der Betroffene Bedienstete oder seine Angehörigen (Abs 5) dazu gehören. Der Ausschlussgrund des Abs 1 S 2 wird damit auf individuelle Sonder- 38

---

[92] BVerwG NVwZ 1988, 530; VGH München DVBl 1985, 805 = BayVBl 1985, 404; vgl auch OVG Lüneburg NVwZ 1982, 44; VGH München DÖV 1976, 753; OVG Münster DVBl 1980, 69; VGH Kassel DÖV 1988, 711; v Mutius JuS 1979, 39; Rügge SKV 1968, 197; Borchmann NVwZ 1982, 17 mwN; Obermayer/Funke-Kaiser 81ff ; MB 13 f; **aA** VGH Kassel NVwZ 1972, 44; UL § 12 Rn 14; MB 13.

[93] VGH München DVBl 1985, 805 = BayVBl 1985, 404; Krebs VerwArch 1980, 183; StBS 44; Stahl DVBl 1972, 766; Creutz BauR 1979, 474; **aA** OVG Münster DVBl 1980, 68 = NJW 1979, 2632; VGH Kassel NVwZ 1982, 44; BremStGH NJW 1977, 2307; Theisen/Klein Vr 1977, 317; UL § 12 Rn 14: nur dies sei das entscheidende Kriterium.

interessen begrenzt.[94] Abs 1 S 3 erklärt in Anlehnung an die Unterscheidung von Individual- und Allgemeininteressen (s unten Rn 40) und in Übereinstimmung mit dem bisher vor allem im Kommunalbereich geltenden Recht[95] Vorteile und Nachteile für die Beurteilung einer Betroffenheit iS des S 2 für unerheblich, sofern sie **alle Mitglieder einer Berufs- oder Bevölkerungsgruppe** in ihrer Eigenschaft als solche, dh in ihrem allgemeinen, kollektiven Interesse als Berufs- oder Bevölkerungsgruppe (vgl Knack/Henneke 26), im Wesentlichen in gleicher Weise generell treffen.

39 **a) Anwendungsbereich.** Die Ausnahme des Abs 1 S 3 gilt nur für die Fälle des Abs 1 S 2, nicht auch für diejenigen des Abs 1 S 1. Dies ergibt sich aus dem Zusammenhang der Vorschrift mit S 2 („Dies gilt nicht"). S 3 bezieht sich offenbar auf den von S 2 erfassten Personenkreis, nicht auch auf die bereits nach S 1 ausgeschlossenen Personen, denen diese Personen in S 2 nur gleichgestellt werden; für dieses Ergebnis spricht auch, dass die Stellung als Beteiligter usw iS von Nr 1–6 im Verfahren primär formell bestimmt ist (vgl oben Rn 15 ff). Die unter Abs 1 S 1 Nr 1–6 fallenden Personen sind daher auch dann ausgeschlossen, wenn die Voraussetzungen gem S 3 erfüllt sind.[96]

40 **b) Abgrenzungsfragen.** Bei Abgrenzungsfragen muss neben der Sicherung der Neutralität auch das Ziel der Regelung berücksichtigt werden, um zu vermeiden, dass ein zu großer Personenkreis ausgeschlossen und dadurch die **Arbeitsfähigkeit der Verwaltung** in Frage gestellt würde (Begr 46), ein Grund, der freilich nicht für alle Verwaltungsbereiche in gleicher Weise zutrifft. **Umstritten** ist die Frage, wie die Berufs- bzw Bevölkerungsgruppeninteressen von den Individualinteressen abzugrenzen sind. Grundsätzlich kommt es nicht auf die Zahl der Mitglieder einer Berufs- oder Bevölkerungsgruppe an. Auf der anderen Seite ist die Berufs- oder Bevölkerungsgruppe abzugrenzen von der bloßen Personenmehrheit (StBS 47). Schwierig ist die Abgrenzung, wenn es um die Auswirkung eines Verfahrens auf örtliche Gewerbetreibende geht, also zB um Nachteile durch Zulassung weiterer Konkurrenten. Hier ist darauf abzustellen, ob es um ein hinreichend konkretisierbares Konkurrenzverhältnis geht oder nur um allgemeine für eine Gruppe zu erwartende Wettbewerbsnachteile.[97]

41 **c) Beispielsfälle.** Nach Abs 1 S 3 **unbeachtliche Gruppeninteressen** liegen vor, wenn es um Gruppen geht, die durch allgemeine Tätigkeitsmerkmale oder Eigenschaften definiert werden, wie etwa die Gruppen der **Gastwirte, Handwerker, Kraftfahrer, Haus- und Grundeigentümer** (ebenso UL § 12 Rn 15; Borchmann NVwZ 1982, 18), **Mieter, Aussiedler** (UL § 12 Rn 15; Knack/Henneke 26), **Aktieninhaber** usw in ihrer Eigenschaft als solche. Bei Mitgliedschaften in **Parteien und Vereinen** handelt es sich idR um unbeachtli-

---

[94] VGH München DVBl 1985, 805 = BayVBl 1985, 404; VGH Mannheim NVwZ-RR 1993, 504; vgl auch VG Arnsberg NVwZ-RR 1990, 275: individuelles Sonderinteresse aufgrund persönlicher Beziehung zum Verfahrensgegenstand.

[95] Vgl die Nachweise bei v Mutius VerwArch 1974, 430; OVG Münster KStZ 1973, 223 ff; VGH Mannheim BauR 1973, 368; OVG Lüneburg OVG ML 27, 478 ff.

[96] Vgl im selben Sinn Knack/Henneke 26; Maier 60; zum früheren Recht auch VGH Mannheim BauR 1973, 368; v Mutius VerwArch 1974, 431: Bebauungsregelung durch einen Bebauungsplan für die Eigentümer der betroffenen Grundstücke nicht als unerheblicher bloßer Gruppenvorteil bzw -nachteil anzusehen; **aA** Kazele 198 unter Hinweis darauf, dass nach der Regierungsvorlage die Regelung auch für Nr 1 gelten sollte, wobei freilich unklar blieb, was damit gemeint sein sollte; ABegr 6 nennt als Grund für die in den Ausschlussberatungen erfolgte Änderung nur die Anpassung an § 82 AO, „dessen Aufbau zweckmäßiger erscheint", gibt jedoch keinen Anhaltspunkt dafür, dass auch sachlich von der Regierungsvorlage abgewichen werden sollte.

[97] So wohl die hM, vgl VG Hannover NVwZ 1989, 689; VG Minden NVwZ 1989, 691; Knack/Henneke 26; Obermayer/Funke-Kaiser 90; MB 16.

che Gruppeninteressen, wenn und soweit es im Verwaltungsverfahren nicht letztlich um Interessen der einzelnen im Verein zusammengeschlossenen Personen geht.[98] **Nicht** wegen eines möglichen Vor- oder Nachteils von einer Mitwirkung im Verfahren ausgeschlossen sind daher gem § 20 Abs 1 S 2 zB die **Mitglieder oder Funktionsträger einer Bürgerinitiative,** die Bedenken gegen ein Vorhaben geltend gemacht haben (vgl VG Hannover NVwZ 1989, 688; Knack/Henneke 26), oder die Mitglieder eines **Naturschutzverbandes** in Angelegenheiten, die den Naturschutz betreffen. In solchen Fällen kommt aber ein Ausschlussgrund gem § 21 in Betracht.

Nicht unbeachtlich ist die **Eigenschaft als Anlieger** an einer bestimmten Straße hins der Festsetzung der Anliegerbeiträge für diese Straße (StBS 47: bloße Personenmehrheit, der außer dem Interesse am Ausgang des Verfahrens kein Interesse gemeinsam ist) oder die Eigenschaft als **Bewohner eines Ortes oder Ortsteils** hins der Lärmbelästigungen durch eine Straße, einen Flughafen oä (Knack/Henneke 26). Hier geht es zwar um Gruppen, aber nur iSv Personenmehrheiten, da die Zahl der Gruppenmitglieder feststeht und so überschaubar ist, dass ein Zusammenhang mit dem konkreten Verfahren noch hineichend deutlich ist. 42

d) Verhältnis zu § 21. Nicht berührt wird von Abs 1 S 3 die Zulässigkeit eines Ausschlusses gem § 21 wegen Besorgnis der Befangenheit (StBS 47). Aus S 3 ist jedoch der allgemeine Rechtsgedanke zu entnehmen, dass Gruppenvorteile oder Gruppennachteile idR auch die Annahme der Befangenheit nach § 21 ausschließen, sofern nicht besondere zusätzliche Gründe hinzukommen, die geeignet sind, Misstrauen gegen die Unparteilichkeit der Amtsausübung zu rechtfertigen (VGH München DVBl 1985, 805). 43

IV. Ausnahmeregelung für Wahlen zu ehrenamtlicher Tätigkeit (Abs 2)

1. Grundzüge der Regelung. Abs 2 nimmt in Übereinstimmung mit dem früheren Recht (vgl Begr 46; MuE 115) Wahlen zu einer ehrenamtlichen Tätigkeit und die Abberufung von ehrenamtlich Tätigen von der Anwendung des § 20 aus, die **Abberufung** – entgegen der insoweit zu weiten Fassung der Vorschrift – jedoch nur, wenn sie in einem entsprechenden Abwahlverfahren erfolgt und nicht zB in der Form der Absetzung durch die Aufsichtsbehörde. Die Regelung lehnt sich an entsprechende Bestimmungen in den GemOen an. Sie beruht zT darauf, dass nach allgemeiner Auffassung im politischen Bereich das Wahlrecht auch das **Recht, für sich selbst zu stimmen** (vgl Achterberg AöR 1984, 505), mit umfasst, zum anderen aber auch darauf, dass bei geheimen Wahlen sich durch den Ausschluss aller in Betracht kommenden Kandidaten uU auch praktische Schwierigkeiten ergeben können, insb auch die Gefahr eintreten kann, dass die Stimmen weniger qualifizierter Wahlberechtigter unangemessenen Einfluss auf das Ergebnis der Wahl erhalten.[99] 44

2. Anwendungsbereich. Es muss sich um die Wahl in ein Ehrenamt (Rn 46) handeln. Unmittelbar erfasst werden nur Wahlen, auf die das VwVfG überhaupt anwendbar ist (s § 2 Rn 67 ff). Hierzu gehören in erster Linie die sog Beschlusswahlen iS von § 92 zur Bestellung von Organen und zur Übertragung bestimmter Ämter durch die Mitglieder- oder Delegiertenversammlung uä einer Körperschaft des öffentlichen Rechts. Andere Wahlen werden idR nicht unmittelbar erfasst, weil sie entweder nicht unter das VwVfG fallen oder spezialgesetzlich durch andere Vorschriften, zB die Kommunalwahlgesetze usw geregelt sind. Fehlt 45

[98] Vgl allg zu Vereinen auch MuLö BayVBl 1990, 63.
[99] Zu den Gründen der Regelung in Abs 2 StBS 48; Knack/Henneke 27.

es an derartigen Regelungen, kommt eine analoge Anwendung in Betracht, obwohl es sich nicht um Verwaltungstätigkeit iS des § 1 handelt.[100]

46 **Nicht** unter die Ausnahmeregelung fallen **sonstige Akte,** die nur in einem weiteren oder engeren Zusammenhang mit Wahlen oder Abberufungen stehen, wie **die Entscheidung über die Durchführung einer Wahl** oder die Gültigkeit einer Wahl.[101] Gegen eine Ausdehnung auch auf solche Akte spricht nicht nur der Wortlaut, sondern auch der gesetzgeberische Grund der Regelung. Zum **Begriff der ehrenamtlichen Tätigkeit** vgl § 81 Rn 3ff. Maßgeblich ist insoweit nicht die Bezeichnung einer Tätigkeit, sondern die Art der übertragenen Aufgaben. Es muss sich immer um Tätigkeiten handeln, die wesentlich auf dem Gedanken der partizipatorischen bzw repräsentativen Teilnahme von Bürgern an der Erfüllung öffentlicher Aufgaben beruhen. Allerdings werden die Regelungen des VwVfG auch insoweit häufig von den speziellen Bestimmungen des Kommunalwahlrechts verdrängt (BVerwG NVwZ 2003, 619; StBS § 2 Rn 15).

V. Ausnahme bei Gefahr in Verzug (Abs 3)

47 **1. Notkompetenz.** Abs 3 erlaubt für **Eilfälle** eine Ausnahme von dem allgemeinen Verbot des Tätigwerdens ausgeschlossener Personen. Die Regelung gilt analog auch für Fälle eines Ausschlusses gem § 21 (StBS 51), wo das Fehlen eines entsprechenden Hinweises offenbar auf ein Redaktionsversehen zurückzuführen ist. **Gefahr im Verzug** liegt vor, wenn zur Verhinderung eines erheblichen Schadens sofort eingegriffen werden muss, weil Abwarten bis zum Tätigwerden einer nicht ausgeschlossenen (oder einer nicht iS von § 21 befangenen) Person die notwendigen Maßnahmen erschweren oder ganz oder jedenfalls in unvertretbarem Maß vereiteln würde.[102] Vgl zum Begriff der **Gefahr** und der **Unaufschiebbarkeit** § 3 Rn 55f.

48 Abs 3 ist nur anwendbar, wenn eine Angelegenheit so eilig ist, dass **nicht mehr rechtzeitig für eine Vertretung gesorgt werden kann.**[103] Für diese Einschränkung spricht nicht nur die allgemeine Zwecksetzung des § 20 als wesentliches Erfordernis eines rechtsstaatlichen Verfahrens, sondern auch der Ausnahmecharakter des Abs 3 und der verfassungsrechtliche Grundsatz der Verhältnismäßigkeit. Die bloße Gefahr einer Verzögerung der Erledigung reicht auch dann nicht aus, wenn die Beteiligten auf eine Beschleunigung drängen. Das gilt auch in den Fällen der sog Sonderbeschleunigung nach § 71b.

49 **2. Begrenzung der Tätigkeit.** Zulässig sind nur die zur Verhinderung oder Abwehr der Gefahr notwendigen Maßnahmen (ebenso UL § 12 Rn 16 und Knack/Henneke 28: unaufschiebbare Maßnahmen sind solche, die getroffen werden müssen, um den drohenden Schaden abzuwenden); nur diese sind unaufschiebbar. Die getroffenen Maßnahmen dürfen, entsprechend dem Zweck der Regelung, im Regelfall nur **vorläufigen Charakter haben** und nicht mehr Bindungswirkung entfalten, als dies im Einzelfall unbedingt notwendig ist.[104]

---

[100] Ebenso StBS § 2 Rn 11ff; **aA** UL § 12 Rn 16 und 10. Aufl; offen BVerwG NVwZ 2003, 619.

[101] Str, wie hier Obermayer/Funke-Kaiser 93; **aA** StBS 48; UL § 12 Rn 16; Knack/Henneke 27; offen gelassen von BVerwG NVwZ 2003, 619 mit dem Hinweis auf vorgehende Regelungen des KommunalwahlG; diese schließen die Anwendbarkeit des VwVfG im Hinblick auf die Subsidiarität idR aus (StBS § 2 Rn 11ff mwN).

[102] UL § 12 Rn 6 u 17; Knack/Henneke 28; Ziekow 19.

[103] So auch Ule/Becker 33; UL § 12 Rn 6 u 17; Obermayer/Funke-Kaiser 97; wohl auch Knack/Henneke 28 **aA** offenbar ABegr 7: kein Bedürfnis dafür, die Befugnis nach Abs 3 ausdrücklich von dem vom Rechtsausschuss vorgeschlagenen Kriterium abhängig zu machen, dass eine Vertretung nicht rechtzeitig herbeigeführt werden kann; ebenso StBS 52; MB 18: dass keine Vertretung möglich ist, ist nicht Voraussetzung.

[104] Str, wie hier StBS 51; weiter offenbar Knack/Henneke 21; Obermayer/Funke-Kaiser 98.

Wenn es der Einzelfall **erfordert,** können die Maßnahmen deshalb auch **eine endgültige Regelung** enthalten.

VI. Sonderregelungen für Ausschüsse (Abs 4)

1. Erforderlichkeit einer Entscheidung. Während der Ausschluss nach Abs 1 eine Entscheidung über das Vorliegen von Ausschlussgründen grundsätzlich nicht voraussetzt, sondern Kraft Gesetzes automatisch eintritt, schreibt Abs 4 für Ausschüsse iS des § 88 in Anlehnung an das Verfahren vor Kollegialgerichten eine **Entscheidung des Ausschusses** darüber vor. Damit ist zugleich dem Vorsitzenden die Befugnis zur Entscheidung darüber entzogen. Abs 4 ist entsprechend anzuwenden, wenn im Ausschuss selbst ernsthafte Zweifel angemeldet werden oder sich solche Zweifel dem Ausschuss aufdrängen.[105] Dem Ausschuss steht dabei **kein Beurteilungs- oder Ermessensspielraum** zu (MB 19), dh das Ergebnis ist gerichtlich voll überprüfbar. Auch eine Selbstablehnung eines Ausschussmitgliedes lässt die Notwendigkeit einer Entscheidung des Ausschusses nicht entfallen (StBS 53). 50

Liegt ein Ausschlussgrund offensichtlich nicht vor, so bedarf es entspr der hM zum Prozessrecht[106] einer besonderen Beschlussfassung nicht. Hierbei ist aber ein strenger Maßstab anzulegen. S 2 stellt klar, dass bei der Entscheidung des Ausschusses über den Ausschluss **das betroffene Mitglied nicht mitwirken** darf.[107] Dies gilt nicht nur für die Abstimmung über den Ausschluss, sondern auch schon für die vorangehende Beratung (UL § 12 Rn 18). Das betroffene Mitglied darf dabei wegen des naheliegenden Einflusses auch einer bloßen Präsenz analog Abs 4 S 4 auch nicht als bloßer Zuhörer – auch nicht in einem etwa vorhandenen Zuhörerraum – teilnehmen.[108] 51

2. Rechtsnatur und Anfechtbarkeit der Entscheidung sind **umstritten.** Den Beteiligten des Verwaltungsverfahrens gegenüber handelt es sich nicht um eine selbstständig anfechtbare Maßnahme (vgl § 44a VwGO). Die §§ 20f haben anders als die VwGO den Beteiligten kein formelles Ablehnungsrecht eingeräumt (vgl Rn 3). Die Beteiligten müssen deshalb den Einwand, es habe eine kraft Gesetzes ausgeschlossene Person im Verwaltungsverfahren gehandelt, nach insoweit einhelliger Meinung im Zusammenhang mit der **Anfechtung der Endentscheidung** geltend machen.[109] Sie sind aber gleichwohl zur Vermeidung einer anderenfalls drohenden Verwirkung ihres Rügerechts gehalten, ihre insoweit bestehenden Bedenken unverzüglich geltend zu machen, soweit ihnen dies möglich und nach Lage der Dinge zumutbar ist (Rn 57). 52

Umstritten ist die Anfechtbarkeit eines Beschlusses über den Ausschluss durch das ausgeschlossene **Mitglied des Ausschusses** selbst. Hier wird teilweise ein Anfechtungsrecht angenommen.[110] Ob der Ausschluss einer Person von der weiteren Mitwirkung der ausgeschlossenen Person gegenüber ein VA oder sonst gerichtlich angreifbar ist, hängt demgegenüber von der rechtlichen Ausgestaltung seines Anstellungsverhältnisses ab, kraft dessen sie an dem Verfahren mitwirkt. 52a

---

[105] Vgl UL § 12 Rn 19 zu § 71 Abs 3: selbstverständliche Verpflichtung des Ausschusses, auch von Amts wegen zu prüfen, ob ein Ausschlußgrund vorliegt.

[106] Vgl BVerwGE 46, 142; BVerwG MDR 1970, 442; BayVBl 1976, 346; BVerfG 11, 348; BGH NJW 1974, 55; Kopp/Schenke § 54 Rn 16.

[107] Ebenso zum früheren Recht VGH Kassel DÖV 1971, 821; Weis VBlBW 1970, 71.

[108] Str, wie hier StBS 53; **aA** VGH Mannheim Vr 1986, 319; Knack/Henneke 29 unter Hinweis auf die unterschiedliche Wortwahl in S 3 und S 4; Obermayer/Funke-Kaiser 106; UL § 12 Rn 18; FKS 56; Foerster 6 zu § 81 shLVwG.

[109] StBS 54; Knack/Henneke 29.

[110] StBS 54; Knack/Henneke 29. Weshalb ein Ausschussmitglied mehr Rechte haben soll als ein einzelner Bediensteter, der ausgeschlossen wird, ist nicht recht einsehbar.

Regelmäßig werden etwa Beamte kein subjektives öffentliches Recht auf weitere Mitwirkung an bestimmten Verwaltungsverfahren haben.[111]

53 **3. Auswirkungen für das Verwaltungsverfahren.** Die Mitwirkung eines durch Beschluss des Gremiums ausgeschlossenen Ausschussmitglieds hat grundsätzlich die **Fehlerhaftigkeit des Verfahrens** und des Ergebnisses, insb des aufgrund des Verfahrens erlassenen VA, nach denselben Grundsätzen zur Folge, die auch für das Handeln einzelner ausgeschlossener Amtsträger gelten.[112] Die Fehlerfolgen einer Verletzung des Abs 4 treten für einen in der Hauptsache erlassenen VA auch dann ein, wenn der Ausschuss nicht mit der Frage befasst wurde oder das Vorliegen von Ausschlussgründen zu Unrecht verneint hat (so wohl auch MB 5). Auf die Frage, ob sich die Teilnahme bei der Abstimmung ausgewirkt hat, kommt es für die Rechtswidrigkeit nicht an. Wie sich aus § 44 Abs 3 Nr 3 ergibt, führt ein Verstoß gegen Abs 4 als solcher **nicht ohne weiteres zur Nichtigkeit** eines auf dieser Grundlage erlassenen VA.[113] Zur Annahme der Nichtigkeit müssen vielmehr weitere Elemente hinzutreten, die das **Gewicht des Verstoßes** erhöhen und den Verstoß selbst offenkundig werden lassen. Nur in schweren und offensichtlichen Fällen ist ein vom Ausschuss beschlossener VA nach § 44 Abs 1 auch nichtig. Daran wird es idR bei einer versehentlichen Teilnahme fehlen.

53a **Umgekehrt** führt es wegen der fehlenden Außenwirkung der behördeninternen Zuständigkeitsregelungen idR nicht zur Rechtswidrigkeit, wenn ein Ausschussmitglied zu Unrecht wegen eines **vermeintlichen Ausschlussgrundes** bzw wegen vermeintlicher Befangenheit an der Sitzung nicht teilnimmt (VGH Mannheim NVwZ 1987, 1103; Knack/Henneke 29) **oder** vom Ausschuss **ausgeschlossen wird,** obwohl die Voraussetzungen dafür nicht vorliegen. Insoweit liegt kein Verstoß gegen Abs 4 vor, sondern lediglich ein Verstoß gegen diejenigen Vorschriften, nach denen sich die Zusammensetzung des Ausschusses und seine Beschlussfähigkeit richten. Hinsichtlich der weiteren Rechtsfolgen, insbesondere der Möglichkeiten einer Heilung und der Frage der Unbeachtlichkeit des Verstoßes, ergeben sich gegenüber den Verstößen gegen Abs 1–5 keine Besonderheiten (s unten Rn 55).

VII. Begriff des Angehörigen (Abs 5)

54 **1. Der Kreis der Angehörigen.** Der Kreis der Angehörigen wird in Abs 5 **abschließend bestimmt.** Im Einzelnen sind zur näheren Abgrenzung dazu die Vorschriften des BGB heranzuziehen. Soweit Angehörige nicht von Abs 5 erfasst werden, kommt nur ihre Befangenheit nach § 21 in Betracht. Durch das PlVereinhG v 31.5.2013 wurden – wie dies in den meisten VwVfGen der Länder der Fall ist – ausdrücklich Lebenspartner in den Kreis der (ggf ausgeschlossenen) Angehörigen aufgenommen (S 1 Nr 2a). Dies war nach allg Auffassung der Sache nach zwar auch zuvor schon der Fall, jedoch war umstritten, ob Lebenspartner Verlobten (S 1 Nr 1) oder Ehegatten (S 1 Nr 2) gleichzustellen sind (vgl 13. Aufl Rn 54). Nunmehr gilt für (eingetragene) Lebenspartner – wie für Ehegatten – der Ausschluss auch über den Bestand der Beziehung hinaus (S 2 Nr 1a). Zweifelhaft ist, ob über die in Abs 5 aufgezählten Fälle hinaus auch die

---

111 Wie hier BVerwG NVwZ 1994, 785; VGH München BayVBl 1992, 470.

112 UL § 12 Rn 18; Knack/Henneke 29; **aA** MB 19 unter Hinweis auf VGH München BayVBl 1967, 278: nur, wenn für den Beschluß ohne die Stimme des ausgeschlossenen Mitglieds die erforderliche Stimmenmehrheit nicht erreicht worden wäre; Kritik: diese Auffassung übersieht jedoch, daß die zitierte Entscheidung aufgrund von Art 49 bayGemO ergangen ist, die diese Folge abweichend vom allgemeinen Recht ausdrücklich vorsieht; in § 20 fehlt eine entsprechende Regelung.

113 Zur Frage, ob § 44 Abs 3 Nr 3 auf Entscheidungen von Ausschüssen unter Beteiligung ausgeschlossener Mitglieder direkt anwendbar ist, s § 44 Rn 55 ff.

nichteheliche Lebensgemeinschaft erfasst wird. Dies wird im Hinblick auf den Schutzzweck der Vorschrift anzunehmen sein. Fraglich ist allerdings, ob sie analog Nr 1 (Verlobung) behandelt werden muss oder in diesen Fällen eine Analogie zu Nr 2 (Ehe) anzunehmen ist. Wegen der Regelung in Abs 5 S 2 ist diese Frage von Bedeutung. Unter Berücksichtigung des Schutzzwecks der Vorschrift einerseits und der Erkennbarkeit der Beziehungen andererseits erscheint es geboten, die nichteheliche Lebensgemeinschaft nach derzeit noch geltendem Recht nicht als Ehe (mit der Folge des Abs 5 S 2) einzustufen, sondern als Verlöbnis nach Nr 1.[114]

a) Verlöbnis (Nr 1). Ein Verlöbnis liegt nur bei Nachweis einer ernsthaften Bindung im Hinblick auf eine beabsichtigte Eheschließung vor.[115] Liegt keine Lebensgemeinschaft zwischen den Verlobten vor, wird sich die Ernsthaftigkeit des Verlöbnisses aus anderen Umständen ergeben müssen. Bloße Freundschaft oder eine Liebesbeziehung reichen nach dem Sinn und Zweck der Vorschrift, die eine Erkennbarkeit der Beziehungen voraussetzt, nicht aus. Das **Versprechen, eine Lebenspartnerschaft zu begründen,** führt ebenfalls zur Angehörigeneigenschaft entsprechend Abs 5 S 1 Nr 1, da dieses Versprechen nach § 1 Abs 4 LPartG wie ein Verlöbnis nach §§ 1297 ff BGB ausgestaltet ist.[116] 54a

b) Eheleute (Nr 2). Die Ehe muss nicht nach deutschem Recht geschlossen, wohl aber nach deutschem Recht als gültig anerkannt sein. Es kommt nicht darauf an, ob die Ehe noch andauert; maßgeblich ist allein, dass eine Ehe einmal bestanden hat (S 2 Nr 1). 54b

c) Lebenspartner. Zu den ggf. ausgeschlossenen Angehörigen gehören mit der Einfügung von **Nr 2a** in Abs 5 S 1 durch Art 1 des PlVereinhG v 31.5.2013 ausdrücklich auch Lebenspartner. Gemeint sind damit gemäß dem LPartG eingetragene gleichgeschlechtliche Lebenspartnerinnen bzw Lebenspartner. Die Angehörigeneigenschaft bleibt gem Abs 5 S 2 Nr 1a auch nach Beendigung der Lebenspartnerschaft bestehen. Zum Versprechen, eine Lebenspartnerschaft zu begründen s Rn 54a. 54c

d) Verwandtschaft. Von S 1 **Nr 3** werden **Verwandte** in gerader Linie erfasst. Hierzu zählen Vater (auch bei nichtehelicher Vaterschaft, s Begr 47), Mutter, Großvater, Großmutter, Kinder, Enkel, Urenkel usw (§ 1589 Abs 1 S 1 BGB). Ferner erfasst Nr 3 **Verschwägerte** gerader Linie. Dies sind die Verwandten des anderen Ehegatten bzw Lebenspartners, soweit die Verwandtschaft auf Abstammung bzgl dieses Ehegatten beruht (§§ 1590 Abs 1 S 1, 1589 Abs 1 S 1 BGB bzw § 11 Abs 2 LPartG), dh Schwiegermutter, Schwiegervater, Schwiegersöhne, Schwiegertöchter etc. Auch nach Beendigung der Ehe oder Lebenspartnerschaft bzw nach Erlöschen der Verwandtschaft oder Schwägerschaft durch Annahme als Kind (Adoption, §§ 1741 ff BGB) besteht die Angehörigeneigenschaft nach Abs 5 S 2 Nr 1, 1a bzw 2 fort. Zu den **Geschwistern** nach S 1 **Nr 4** zählen Brüder und Schwestern, aber auch Halbgeschwister (Knack/Henneke 30). **Kinder der Geschwister** nach S 1 **Nr 5** sind Neffen und Nichten. Erlischt die Verwandtschaft durch Annahme als Kind in den Fällen d Nr 4 u 5, gilt die An- 54d

---

114 So auch StBS 56; Ziekow 21; Erichsen/Ehlers § 13 Rn 5; **aA** Obermayer/Funke-Kaiser 122; Knack/Henneke 18, 30: nichteheliche Lebensgemeinschaft nur unter Abs 1 S. 2 oder § 21; Bader/Ronellenfitsch 53; weitergehend BVerwGE 98, 195 = NJW 1995, 2802, wonach eine Analogie zur Ehe in Betracht kommt; ebenso FKS 27; und die 9. Aufl.

115 Vgl § 1297 BGB; dazu auch BGH NStZ 1983, 564; NJW 1987, 2807 – kein gültiges Verlöbnis, solange ein Partner noch nicht rechtskräftig geschieden ist –; BayObLG NJW 1983, 831; Schätz JR 1984, 127; StBS 56: nichteheliche Lebensgemeinschaft als Verantwortungs- und Einstehensgemeinschaft wird Verlöbnis gleichzustellen sein; unter Hinweis auf BVerfG NJW 1993, 643 – dort zu § 137 Abs 3 AFG entschieden, aA Knack/Henneke 30.

116 Vgl Art 1 G zur Bereinigung des Rechts der Lebenspartner v 20.11.2015.

gehörigeneigenschaft nach Abs 5 S 2 Nr 2 fort. S 1 **Nr 6 u Nr 6a** erfassen mit den Ehegatten bzw Lebenspartnern der Geschwister und den Geschwistern der Ehegatten bzw Lebenspartner **Verschwägerte in der Seitenlinie** 2. Grades. Zu den ausgeschlossenen Verwandten gehören nach **Nr 7** auch die Geschwister der Eltern, also **Onkel und Tante,** nicht aber deren Kinder (Vettern und Cousinen); insoweit ist allerdings § 21 zu prüfen (Vetternwirtschaft).

54e **e) Pflegeverhältnisse** (Abs 5 S 1 Nr 8) sind alle einem Eltern-Kind-Verhältnis vergleichbaren tatsächlichen Verhältnisse (vgl BVerwGE 44, 264), auch dann, wenn die häusliche Gemeinschaft nicht mehr besteht (vgl Abs 5 S 2 Nr 3) und den Pflegeeltern auch nicht mehr die Sorge für die Person des Kindes zusteht (StBS 65). Ein Pflegeverhältnis besteht dann, wenn Personen durch ein auf längere Dauer angelegtes Pflegeverhältnis mit häuslicher Gemeinschaft wie Eltern und Kind miteinander verbunden sind (BVerfGE 79, 51). Das Vorliegen eines Pflegschaftsverhältnisses nach §§ 33 ff SGB VIII ist nicht erforderlich.

54f **2. Maßgeblicher Zeitpunkt, Erweiterung durch Abs. 5 Satz 2.** Maßgeblich für die Bestimmung der Angehörigeneigenschaft ist der gesamte **Zeitraum des Verwaltungsverfahrens.** Es kommt also im Grundsatz darauf an, ob die Angehörigeneigenschaft während dieses Zeitraums besteht. Allerdings entfalten einzelne Angehörigkeitsverhältnisse nach Abs 5 S 2 auch eine **Sperrwirkung für die Zukunft** mit der Folge, dass ein Ausschluss auch dann eingreifen kann, wenn das Verwandtschaftsverhältnis vor Beginn des Verwaltungsverfahrens erloschen ist. So greift insbes der Ausschluss der Ehegatten bzw Lebenspartner (Abs 5 S 1 Nr 2 u Nr 2a) nach S 2 auch für den Fall ein, dass die Ehe bzw Lebenspartnerschaft nicht mehr besteht.

VIII. Wirkung der Ausschlussgründe, Verfahren

55 **1. Allgemeines.** Der Ausschluss des betroffenen Amtsträgers gem § 20 **wirkt unmittelbar kraft Gesetzes** und hat zur Folge, dass bei gleichwohl erfolgender (weiterer) Mitwirkung das Verfahren und damit auch die im Verfahren ergehende **Entscheidung rechtswidrig** wird (s unten Rn 66 ff). Die Befangenheit des betroffenen Amtsträgers wird bei Vorliegen einer der Befangenheitsgründe gem § 20 vom Gesetz unwiderleglich vermutet. Die Ausschlussgründe lassen sich deshalb auch als absolute Befangenheitsgründe bezeichnen (Maier 53). Es bedarf dazu keines Antrags oder Hinweises der Beteiligten und auch nur in den Fällen des Abs 4 einer besonderen Entscheidung der Behörde, um die Ausschlusswirkung herbeizuführen (Knack/Henneke 3). Dies schließt es jedoch nicht aus, dass die Behörde allgemein auch sonst in **Zweifels- oder Grenzfällen** über das Vorliegen bzw Nichtvorliegen eines bestimmten Ausschlussgrundes durch feststellenden VA entscheidet. Vor der Entscheidung sind die Beteiligten gem § 28 zu hören (**str,** vgl § 28 Rn 12 ff). Für die Anfechtung eines solchen feststellenden VA gelten die Ausführungen § 21 Rn 23 entsprechend.

56 **a) Kein formelles Ablehnungsrecht.** Die Beteiligten haben nach § 20 wie auch nach § 21 kein formelles Ablehnungsrecht.[117] Sie können auf das Vorliegen von Ausschlussgründen nur hinweisen, die Nichtbeachtung von Ausschlussgründen lediglich mit formlosen **Gegenvorstellungen,** Aufsichtsbeschwerden usw rügen und nach Ergehen einer Entscheidung usw in der Hauptsache im Rahmen von Rechtsbehelfen in der Hauptsache (§ 44a VwGO) geltend

[117] Begr 47, 86; BVerwG Buchh 232 § 44 Nr 14; NVwZ 1988, 66; UL § 12 Rn 19; Scheuing NVwZ 1982, 490 mwN; Knack/Henneke 3; StBS 5; krit WBSK I § 59 Rn 19, mit dem Hinweis auf Verfahrensverzögerungen, wenn mit der Geltendmachung des Verstoßes bis zum Abschluss des Verfahrens gewartet werden müsse.

machen;[118] **anders in förmlichen Verfahren** gem § 65 Abs 1 S 2 gegenüber Sachverständigen bzw gem § 71 Abs 3 gegenüber Mitgliedern eines Ausschusses.

b) Obliegenheit zur unverzüglichen Rüge. Obwohl die Beteiligten (§ 13) kein förmliches Ablehnungsrecht haben, so müssen sie aufgrund ihrer Mitwirkungspflicht (Mitwirkungslast) gem § 26 Abs 2 etwaige **Bedenken grundsätzlich unverzüglich geltend machen,** soweit ihnen dies nach Lage der Dinge (vgl VGH Mannheim GewArch 1979, 198: nicht zB während einer mündlichen Prüfung, weil der Prüfling sich hier auf die Prüfung konzentrieren können muss) möglich und zumutbar ist (vgl Kopp BayVBl 1994, 109; allg auch § 24 Rn 12aff). Nachträglich kann der Beteiligte, der dies unterlässt, grundsätzlich nicht mehr, auch nicht in Rechtsbehelfsverfahren, damit gehört werden, sofern der Mangel nicht zur Nichtigkeit der Entscheidung (s unten Rn 66b) führt (s § 24 Rn 12aff; § 26 Rn 40ff; Kopp BayVBl 1994, 409). 57

c) Kein Rechtsschutz für Amtsträger selbst. Der Bedienstete selbst kann die Entbindung von der Amtsausübung wegen eines Ausschlussgrundes nach § 20 grundsätzlich nicht selbständig anfechten (StBS 6). Kommt es zu einer Entscheidung zB des Behördenleiters, handelt es sich ihm gegenüber mangels Außenwirkung idR nicht um einen VA (BVerwG NVwZ 1994, 785). Einen Anspruch des Amtsträgers auf Befassung mit bestimmten Angelegenheiten gibt es grundsätzlich nicht. Der Amtsträger kann lediglich denjenigen Rechtsschutz in Anspruch nehmen, der ihm nach seinem Anstellungsverhältnis auch sonst gegen Anordnungen des Vorgesetzten zusteht. Auch die Angehörigen der ausgeschlossenen Person haben keine Rechtsschutzmöglichkeit gegen den Ausschluss. Schließlich haben auch die Beteiligten grds kein Recht auf Fortführung der Tätigkeiten durch einen bestimmten Bediensteten (Kösling NVwZ 1994, 455). 58

d) Vorgehen in Zweifelsfällen. § 20 sieht eine ausdrückliche Entscheidung über den Ausschluss nur für Verfahren nach Abs 4 vor. Die nach allgemeinem Recht bestehende **Befugnis des Behördenleiters** sowie sonstiger weisungsbefugter Personen (bei Fehlen eines Vorgesetzten der Aufsichtsbehörde, vgl UL § 12 Rn 17) zu Weisungen an betroffene Amtsträger, sich der Tätigkeit zu enthalten bzw tätig zu werden, wird durch § 20 jedoch nicht berührt; insoweit können auch die Beteiligten – ebenso auch der betroffene Amtsträger selbst, der Zweifel hat oder dem gegenüber Zweifel geäußert werden,[119] – sich jederzeit an den Behördenleiter usw wenden, wenn sie glauben, dass die Voraussetzungen gem § 20 gegeben sind oder nicht gegeben sind. Insoweit ist auch in den Fällen des § 20 die Regelung des § 21 analog anwendbar (so wohl auch Knack/Henneke 31). Bis zur Entscheidung des Behördenleiters hat der betroffene Amtsträger sich jeder Handlung in der Sache zu enthalten (UL § 12 Rn 4; Knack/Henneke 6); anders gem Abs 3 bei Gefahr im Verzug. 59

2. Unzulässige Mitwirkungshandlungen a) Grundsatz. Der Ausschluss einer Person betrifft **alle Mitwirkungshandlungen,** die aufgrund einschlägiger Verfahrensnormen und Verfahrensgrundsätze dem Verwaltungsverfahren zuzurechnen sind (BVerwGE 75, 229) und die in irgendeiner Weise Einfluss auf den Verlauf des Verfahrens (vgl Knack/Henneke 10) und/oder das Ergebnis des Verfahrens, auf das Ergehen oder Nicht-Ergehen oder auf den Inhalt der zu treffenden Entscheidung oder des abzuschließenden Vertrags, haben können.[120] Darun- 60

---

[118] Begr 47, 86; UL § 12 Rn 20; Scheuing NVwZ 1982, 490 mwN; Knack/Henneke 3; ebenso zum bish Recht BVerwG 29, 70; Hamburg NJW 1970, 910; WB III § 156 IIId.

[119] Ebenso Knack/Henneke 6 unter Hinweis auf die amtliche Begründung in BT-Dr 7/910 S. 47.

[120] BVerwGE 69, 263; 75, 228 = NVwZ 1987, 578; VGH München NVwZ 1982, 510; UL § 12 Rn 5; StBS 24; Knack/Henneke 8; Scheuing NVwZ 1982, 490; MB 5 vor § 20; Foerster SKV 1975, 14; Kopp SGb 1994, 235; zT **aA** BSG SGb 1994, 232: keine Kausalität

ter fallen nicht nur die das Verfahren abschließenden Entscheidungen sowie evtl vorausgehende Beratungen und Abstimmungen, sondern auch alle **vorbereitenden Handlungen,**[121] wie die Vernehmung von Zeugen usw (Begr 45; MuE 112), das Ablesen einer Wasseruhr,[122] außerdem auch zB **Mitwirkungshandlungen anderer Behörden, Weisungen** und weisungsähnliche Handlungen vorgesetzter Behörden[123] (s auch oben Rn 13), usw. Besprechungen auf „politischer Ebene" sind dann zu beanstanden, wenn die verfahrensrechtlich geordneten Entscheidungsebenen nicht mehr getrennt, einseitige Absprachen über die weitere Verfahrensgestaltung getroffen und der Gestaltungsspielraum der Behörde durch aktive Einflussnahme eingeengt wird (BVerwGE 75, 230 = DVBl 1987, 573).

61 **b) Zulässige Handlungen.** Trotz der allgemeinen Fassung des Abs 1 sind in Übereinstimmung mit der schon bisher überwiegenden Rechtsauffassung (vgl MuE 115) Handlungen als zulässig anzusehen, für die die Regelungen des § 20 offenbar nicht gedacht sind (ebenso Knack/Henneke 10; MB 8 vor § 20). Dies gilt insb, wenn die Anwendung der Ausschlussvorschriften für die Verwaltung oder für die Beteiligten mit **außergewöhnlichen Schwierigkeiten** verbunden wäre, die in keinem angemessenen Verhältnis zu den Vorteilen stünden und die auch im Hinblick auf den Zweck der Regelung (s oben Rn 1) nicht zu rechtfertigen und für die Betroffenen bzw Dritte nicht zumutbar wären (ebenso Knack/Henneke 10; MB 8 vor 20). Dies gilt vor allem auch in Fällen, in denen die Bedeutung der Angelegenheit gering ist oder die zu treffende Entscheidung keine besonderen Probleme aufwirft, insb dafür auch kein nennenswerter Entscheidungsspielraum besteht (Knack/Henneke 10), oder in denen aus anderen Gründen (zB hohe Transparenz des Verwaltungshandelns und wirksame „Kontrolle" durch die öffentliche Meinung) die Gefahr missbräuchlicher Handlungen ausgeschaltet ist (vgl allg auch BVerwG DVBl 1971, 757: völlig untergeordnete oder ganz entfernte Interessenkollisionen sind nicht zu berücksichtigen).

61a **Voraussetzung für die Zulässigkeit des Handelns** eines an sich sonst nach § 20 ausgeschlossenen (bzw nach § 21 auszuschließenden) Amtsträgers ist jedoch auch in derartigen Fällen, dass angesichts der konkreten tatsächlichen oder rechtlichen Umstände auch bei Würdigung der Bedeutung der gesetzlichen Ausschlussregelung vertretbare (vgl auch § 10) und den Beteiligten **keine zumutbaren anderen Möglichkeiten** der Gestaltung des Verfahrens (zB Vertretung, zumindest hins der abschließenden Entscheidung) **bestehen.** Letzteres gilt auch schon im Hinblick auf die entfernteren Voraussetzungen, Ursachen und Bedingungen des Verwaltungsverhältnisses, das die Grundlage des Verfahrens bildet (daher ist zB Aufnahme des Schülers in die nicht von seinem Vater geführte Parallelklasse geboten, wenn eine solche besteht). Da es sich um „übergesetzliche" Ausnahmegründe handelt, ist jeweils auf den Einzelfall abzustellen und dabei ein **strenger Maßstab** anzuwenden (Knack/Henneke 10).

62 **c) Beispiele. Nicht relevant** ist dagegen ein rein **passives Verhalten,** das als solches und im Zusammenhang keine vernünftigen Zweifel an der Unparteilichkeit aufkommen lassen kann (BVerwGE 69, 269 – ua unter Hinweis auf den Begriff „Handeln"), zB die Teilnahme an einer Besprechung allein zur eigenen dienstlichen Information (BVerwGE 69, 269), anders wenn es sich um den Vorgesetzten eines beteiligten Mitarbeiters handelt, auch wenn er sich an der

---

anzunehmen, wenn der in Frage stehenden Handlung „nur untergeordnete Bedeutung zukommt"; gegen diese Auffassung Kopp SGb 1994, 235.

[121] Hoffmann-Riem VVDStRL 1982 These 14 und 16; Knack/Henneke 10; Scheuing NJW 1982, 488.

[122] VGH Kassel JZ 1971, 357; **aA** Dagtoglou JZ 1971, 257; MB 5 vor § 20.

[123] BVerwGE 69, 267; 75, 230 = DVBl 1987, 573; Maier BayVBl 1990, 650.

Besprechung nicht aktiv beteiligt (FKS 21). Nicht relevant sind auch wesensmäßig **neutrale Verrichtungen,**[124] die bei objektiver Betrachtung keinen Einfluss auf das Ergebnis des Verfahrens haben können, wie die Vermittlung von **Zustellungen,** die Tätigkeit als **Schreibkraft, Bote** (Knack/Henneke 10; MB vor § 20 Rn 5), **Karteiführer** (MB vor § 21 Rn 5), **Fahrer des Dienstwagens** auf dem Weg zu einem Augenschein in der Sache, uä (UL § 12 Rn 5), **bloße technische Hilfe** bei einer Immissionsmessung (OVG Münster UPR 2004, 319).

Weitere Beispiele sind die in der **Ausstellung einer Eintrittskarte** für einen Angehörigen für eine städtische Badeanstalt oder für ein Museum mit öffentlichrechtlicher Besuchsordnung zu sehende Zulassung;[125] die **Verkehrsregelung** durch einen Polizeibeamten mittels Handzeichen gegenüber einem Angehörigen (Knack/Henneke 10), die **Beglaubigung** einer Unterschrift (str; **aA** insoweit MB 8 vor § 20 unter Hinweis auf §§ 3, 6 und 40 BeurkG) oder die nach den maßgeblichen Vorschriften zugleich als Steuerfestsetzung anzusehende **Entgegennahme von Erklärungen,** zB einer im Weg der Selbstveranlagung errechneten Gemeindesteuer (vgl BVerwGE 19, 69; 26, 55), die **Aufnahme eines Kindes in eine Volksschule** oder die Entscheidung über die Versetzung eines Schülers in die nächsthöhere Klasse in einer Volksschule, in der der Vater des Schülers die einzige Lehrkraft ist (Knack/Henneke 10; vgl auch MuE 115), **nicht dagegen** für den Erlass von VAen mit Hilfe automatischer Einrichtungen, sofern das Ergebnis von persönlich einzugebenden Eingabedaten abhängt, ferner Boten, Schreibkräfte, technisches Personal (UL § 12 Rn 5). 62a

3. Ersatz für den Ausgeschlossenen. § 20 enthält keine Regelung über die Vertretung eines ausgeschlossenen Amtsträgers. Insoweit sind daher die allgemeinen für die Behörde geltenden Organisationsnormen, insb die **behördeninternen Vertretungsregelungen,** maßgeblich. Besteht keine Regelung oder sind alle danach als Vertreter in Betracht kommenden Personen ebenfalls ausgeschlossen oder sonst verhindert, so entscheidet der Dienstvorgesetzte oder der Behördenleiter bzw, wenn auch diese verhindert sind, die Aufsichtsbehörde. 63

Da innerhalb von Behörden ein **Recht auf den „gesetzlichen Beamten" nicht besteht,**[126] kann die Verwaltung durch eine zweckmäßige Regelung der Vertretung bzw durch entsprechende Handhabung interner Vertretungsregelungen oder auch ohne besondere Grundlage gem § 10 ad hoc auch in weitergehendem Umfang eine Vertretung einzelner Amtsträger, insb auch für Zweifelsfälle, vorsehen und damit Schwierigkeiten vermeiden und evtl Rechtsstreitigkeiten vorbeugen, die sich sonst aus der Anwendung der §§ 20f ergeben können. 64

Bei Kollegialorganen findet eine Vertretung ausgeschlossener Mitglieder nur statt, wenn sie durch Rechtssatz oder innerbehördliche Regelungen, zB Geschäftsordnungen, besonders vorgesehen ist; andernfalls entscheidet das Kollegialorgan ohne die ausgeschlossenen Mitglieder. Sofern allerdings die für die Beschlussfassung erforderliche Mindestmitgliederzahl (vgl auch § 90) nicht mehr erreicht würde, muss der Behördenleiter bzw die Aufsichtsbehörde für die Vertretung sorgen. Ist dies nach den maßgeblichen Rechtsvorschriften nicht möglich, so kann der Ausschuss nicht tätig werden. Der betroffene Dritte muss dann ggf gem § 75 VwGO seine Rechte unmittelbar mit Hilfe des Verwaltungsgerichts durchsetzen. 65

---

124 Allg Ansicht, s Knack/Henneke 10; MB 5 vor § 20; WBSK I § 59 Rn 17; Ziekow 3; FKS 21.

125 Ebenso MB 8 vor § 20; Knack/Henneke 10; Scheuing NVwZ 1982, 490 Anm 44.

126 Vgl BVerwGE 30, 172; Mussgnug, Das Recht auf den gesetzlichen Verwaltungsbeamten?, 1972; v Mutius NJW 1982, 2155; allg BVerwG DÖV 1979, 608.

IX. Folgen bei Verstößen

66 **1. Allgemeines.** Die Mitwirkung von gem § 20 ausgeschlossenen Amtsträgern hat grundsätzlich die **Fehlerhaftigkeit** der davon betroffenen Amtshandlung, nur in Ausnahmefällen deren Nichtigkeit, zur Folge.[127] Bei Ermessensentscheidungen bzw Entscheidungen, für die der Behörde ein Beurteilungsspielraum eingeräumt ist, folgt daraus idR außerdem die **Ermessensfehlerhaftigkeit** (Beurteilungsfehlerhaftigkeit) iS von § 40[128] und idR Rechtswidrigkeit wegen eines Verstoßes gegen Art 3 GG (BVerwGE 70, 144), bei Prüfungsentscheidungen auch ein Verstoß gegen die Grundsätze der Fairness und der Objektivität (BVerwGE 70, 144, 151), bei Planfeststellungen eine Verletzung des Abwägungsgebots.[129] Zur Heilung und Unbeachtlichkeit eines Verstoßes s Rn 67, 69).

66a Die **Befangenheit** wird **unwiderleglich vermutet** (Begr 47).[130] Der Behörde ist deshalb die Berufung darauf verwehrt, die ausgeschlossene Person habe tatsächlich neutral und unvoreingenommen gehandelt, selbst wenn sie diesen Beweis führen könnte. Für die Anwendbarkeit des § 20 und die Annahme eines Verstoßes spielt auch die Frage der Kausalität für die Endentscheidung keine Rolle. Es kommt also nicht darauf an, ob die Beteiligung der ausgeschlossenen Person die Entscheidung beeinflusst haben könnte oder – im Nachhinein betrachtet – tatsächlich beeinflusst hat oder umgekehrt nachweislich nicht beeinflusst hat. Die Kausalität ist aber für die Prüfung des § 46 relevant (Rn 69).

66b **2. Nichtigkeit. a) Verwaltungsakt.** Zu den absoluten Nichtigkeitsgründen des § 44 Abs. 2 zählt ein Verstoß gegen § 20 nicht. Nichtigkeit eines unter Verstoß gegen § 20 zustande gekommenen VA kommt deshalb nur unter den Voraussetzungen des § 44 Abs 1 in Betracht. Danach muss es sich um einen **besonders schwerwiegenden und offenkundigen Fehler** handeln. Nach § 44 Abs 3 Nr 2 ist ein VA umgekehrt nicht schon deshalb nichtig, weil eine nach § 20 Abs 1 Nr 2–6 ausgeschlossene Person mitgewirkt hat. Diese Regelung sperrt indessen die Anwendung des § 44 Abs 1 nicht. Sie erlaubt nicht den Schluss, dass ein Verstoß gegen § 20 schon deshalb nicht zur Nichtigkeit eines VA führen könnte, weil dieser Fehler nicht als besonders schwerwiegend angesehen werden dürfte. Vielmehr folgt aus § 44 Abs 3 Nr 2 nur, dass der bloß formale Verstoß gegen § 20 als solcher, also ohne Rücksicht auf das Ergebnis der Entscheidung, die Nichtigkeitsfolge noch nicht auslösen kann (s näher § 44 Rn 53).

66c Ein **Verstoß in den Fällen des Abs 1 Nr 1** wiegt schwerer als in den übrigen Fällen. Wird eine Person im Verwaltungsverfahren tätig, die selbst Beteiligte ist, also im Fall des § 20 Abs 1 S 1 Nr 1, legt die in § 44 Abs 3 Nr 2 zum Ausdruck kommende Wertung die Annahme der Nichtigkeit nach § 44 Abs 1 nahe. Regelhaft wird man sagen können, dass die Mitwirkung einer nach Abs 1 Nr 1 ausgeschlossenen Person **bei hinreichender Offenkundigkeit im Zweifel zur Nichtigkeit** führt, während in den übrigen Fällen des Ausschlusses besondere Umstände hinzutreten müssen, um einen schweren und offenkundigen Fehler zu begründen.[131] Insbesondere hängt es von der Klarheit und Eindeutigkeit des Ausschlussgrundes und davon ab, wie deutlich die in Fällen des § 20 jeweils un-

---

[127] VGH München NVwZ 1981, 519; Kirchhof VerwArch 1975, 383; UL § 12 Rn 22f.

[128] BVerwG NVwZ 1988, 527 = DÖV 1988, 563.

[129] BVerwGE 75, 230; BVerwG NVwZ 1988, 527 – auch deshalb, weil zB die hinreichende Berücksichtigung an sich nicht drittschützender Vorschriften wie naturschutzrechtlicher Vorschriften nicht hinreichend gewährleistet ist.

[130] BVerwGE 69, 268; UL § 12 Rn 3; StBS 20; Knack/Henneke 3; Wais NJW 1982, 1264.

[131] BVerwG PersV 2016, 137 für Mitwirkung eines Personalratsmitglieds an einer Entscheidung über eine Stellenbesetzung, auf die er sich selbst beworben hatte. S auch StBS 69; FKS 63; **aA** Knack/Henneke 33.

terstellten Befangenheit im Verwaltungsverfahren zutage getreten ist (ähnlich StBS 69). Obwohl die Unbefangenheit zu den grundlegenden Prinzipien des Verwaltungsverfahrens zu zählen ist, wird es für die Frage der Nichtigkeit auf die **Umstände des Einzelfalles** ankommen, da sowohl über die Schwere des Fehlers als auch über dessen Offenkundigkeit keine allgemeinen Aussagen gemacht werden können.

b) Öffentlich-rechtlicher Vertrag. Die Nichtigkeit eines öffentlich-rechtlichen Vertrages richtet sich stets nach § 59 (s § 59 Rn 1b). Auch bei einem Vertrag führt ein Verstoß gegen § 20 nicht automatisch zur Nichtigkeit, sondern nur dann, wenn spezielle Nichtigkeitsgründe vorliegen (OVG Lüneburg, NdsVBl 2007, 83). Nach § 59 Abs 2 Nr. 1 wäre ein Vertrag nichtig, wenn auch ein VA mit entsprechendem Inhalt nichtig wäre. Insoweit gelten also grundsätzlich gleiche Maßstäbe wie bei einem VA (s oben Rn 66). Aus § 59 Abs 1 ergibt sich nichts anderes. Insbesondere ergibt sich aus einem Verstoß gegen § 20 kein gesetzliches Verbot iSd § 134 BGB (vgl OVG Koblenz AS RP-SL 32, 17). 66d

3. Heilung durch Neuvornahme oder Bestätigung. Die zuständige Behörde ist im Falle eines von ihr erkannten Verfahrensfehlers grundsätzlich nicht gehalten, das eingeleitete Verfahren insgesamt abzubrechen und neu zu beginnen (BVerwGE 75, 227 = NVwZ 1987, 578). Die Fehlerhaftigkeit von Verfahrenshandlungen, die von einem nach § 20 ausgeschlossenen Amtsträger vorgenommen wurden, wird im Verfahren durch die Neuvornahme oder Bestätigung der von ausgeschlossenen Person durchgeführten Handlungen durch einen „unbefangenen" Amtsträger derselben Behörde, auch durch den Behördenleiter, geheilt.[132] Das bedeutet, dass diejenigen Verfahrensschritte, die aufgrund des Tätigwerdens der ausgeschlossenen Person als fehlerhaft anzusehen sind (zB eine mündliche Verhandlung, eine Anhörung oder Sachprüfung) durch einen unbefangene Person neu vorgenommen oder in geeigneten Fällen aufgrund eigener Sachprüfung bestätigt werden müssen. Wenn und soweit Auswirkungen der betroffenen Handlung auf weitere im Verfahren erfolgte Handlungen nach den Umständen nicht ausgeschlossen werden können, sind auch diese Handlungen zu wiederholen (vgl OVG Lüneburg NVwZ 1982, 200). 67

Nach Abschluss des Verfahrens vor der Behörde ist eine Heilung durch Handlungen derselben Behörde **nicht mehr möglich,** weil § 45 Abs 2 auf Verstöße gegen § 20 durch Beteiligung ausgeschlossener Personen nicht anwendbar ist.[133] Eine entsprechende Anwendung von § 45 Abs 2 kommt angesichts des Ausnahmecharakters der Norm nicht in Betracht (s hierzu näher § 45 Rn 9). Demgegenüber kann eine Bestätigung des betroffenen VA **durch die Widerspruchsbehörde** zur Heilung führen, wenn und soweit eine Sachprüfungskompetenz besteht, die Widerspruchsbehörde also aufgrund einer neuen Sachprüfung entscheidet.[134] 68

4. Unbeachtlichkeit. a) Allgemeines. Ein Verfahrensfehler wegen eines Verstoßes gegen ein Mitwirkungsverbot nach § 20, der nicht nach § 45 geheilt worden ist, kann nach § 46 unbeachtlich sein. Die Folge ist, dass wegen dieses Fehlers eine Aufhebung eines VA nicht verlangt werden kann. Unbeachtlichkeit setzt voraus, dass offensichtlich ist, dass sich der Fehler nicht auf das Ergebnis des Verwaltungsverfahrens ausgewirkt hat (s näher § 46 Rn 25 ff). Die Vorschrift ist 69

---

132 OVG Lüneburg NVwZ 1982, 200; Wais NJW 1982, 1264; Knack/Henneke 34; **aA** F 234.

133 Kopp VerwArch 1970, 244 mwN; FKS 64; s auch § 45 Rn 33 ff.

134 BVerwG DÖV 1988, 563; Knack/Henneke 34; zu dieser Auffassung neigend auch OVG Berlin NVwZ-RR 1990, 138; ferner Allesch, Die Anwendbarkeit des Verwaltungsverfahrens auf das Widerspruchsverfahren nach der VwGO, 1984, 199; s auch § 45 Rn 43; § 46 Rn 36.

auf Verstöße gegen § 20 anwendbar, weil bei Vorliegen der Ausschlussgründe des § 20 zwar die Befangenheit, nicht aber deren Ursächlichkeit für die Entscheidung unwiderleglich vermutet wird. Es ist der Behörde also der Nachweis verwehrt, die ausgeschlossene Person sei in Wahrheit gar nicht befangen gewesen und habe tatsächlich unbefangen gehandelt. Zulässig ist dagegen nach hM[135] die Berufung darauf, die Mitwirkung der ausgeschlossenen Person sei deshalb unbeachtlich, weil es ausgeschlossen sei, dass die Mitwirkung die Entscheidung in der Sache beeinflusst habe. Dies wird im Fall der Teilnahme an einer Diskussion darüber idR nicht angenommen werden können.

70 **b) Kausalität.** Das Gesetz geht in § 46 davon aus, dass Unbeachtlichkeit nur eintritt, wenn das Fehlen der Kausalität offensichtlich ist. Da die Auswirkungen der Mitwirkung einer an sich kraft Gesetzes ausgeschlossenen Person auf die Sachentscheidung in vielen Fällen nur schwer feststellbar sein werden, wird umgekehrt geprüft, **ob derartige Auswirkungen offensichtlich ausgeschlossen werden können.** Lässt sich dies nicht mit absoluter Sicherheit feststellen, bleibt der Fehler beachtlich (s § 46 Rn 39). Es handelt sich der Sache nach um die gesetzliche Vermutung der Kausalität, die widerleglich ist. Widerlegt werden kann diese Vermutung erstens dann, wenn die Entscheidung nicht anders hätte ausfallen dürfen, und zweitens dann, wenn die Rekonstruktion des Entscheidungsprozesses ergibt, dass die Mitwirkung der ausgeschlossenen Person sich offensichtlich nicht ausgewirkt haben konnte. Im Zweifel trifft **die Beweislast bei der Behörde** dafür, dass eine Handlung keinen Einfluss hatte oder haben konnte, bzw für eine spätere Heilung oder spätere überholende Kausalität.[136]

71 **Nicht erforderlich** ist, dass die in Frage stehende Handlung tatsächlich Einfluss auf das Verfahren oder den Inhalt der zu treffenden Entscheidung gehabt hat oder dass ein solcher Einfluss nach den Grundsätzen über den Beweis des ersten Anscheins (s dazu § 24 Rn 52) jedenfalls anzunehmen ist. **Die bloße Möglichkeit,** dass eine Handlung sich auf das Ergebnis des Verfahrens auswirken kann, **genügt,** sofern eine derartige Möglichkeit nicht angesichts der konkreten Umstände des Falles auszuschließen ist. Die Möglichkeit einer Auswirkung kann auch bei der bloßen körperlichen Anwesenheit einer Person nicht ausgeschlossen werden, bei der nach Stellung und Zuständigkeit eine Einflussnahme naheliegen könnte, zB die **Teilnahme an einer Besprechung,** selbst wenn die Teilnahme erkennbar nur aus einem berechtigten Informationsinteresse erfolgt;[137] ebenso **bei der bloßen Kenntnisnahme** von einem Vorgang, auch wenn nach den Umständen des Einzelfalles darin nicht eine Billigung oder Zustimmung zu sehen ist (BVerwGE 69, 267; Obermayer 30; Knack/Henneke 10), insb bei der bloßen „Abzeichnung" eines Vorgangs „als gesehen" und nicht zur Billigung.[138]

72 **aa) Rechtliche Alternativlosigkeit.** Wenn das Recht im konkreten Fall die in der angefochtenen Entscheidung getroffene Regelung als Rechtsfolge zwingend vorgibt, spielt der Umstand, dass an der Entscheidung eine ausgeschlossene Person mitgewirkt hat, ersichtlich keine Rolle. Dies ist nach hM anzunehmen in

---

[135] BVerwGE 69, 268; 75, 227 = NVwZ 1987, 581; Ziekow 24; **aA** wohl Scheuing NVwZ 1982, 489.

[136] Vgl VGH München NVwZ 1982, 512f; zT **aA** BVerwGE 69, 269: „Sollte nach dem Ergebnis der Beweisaufnahme eine konkrete – und auch beabsichtigte – Einflußnahme der Aufsichtsbehörde auf Verfahren oder Inhalt der zu treffenden Sachentscheidung nicht mit hinreichender Sicherheit festzustellen sein, könnte ein Verstoß gegen Art 20 Abs 1 Satz 1 Nr 5 BayVwVfG nicht angenommen werden"; VGH München NVwZ 1982, 508: die Kausalitätsprüfung hat immer detailliert zu erfolgen.

[137] BVerwGE 69, 267; VGH München NVwZ 1982, 510; **aA** VGH München NVwZ 1982, 583; vgl auch OVG Lüneburg NVwZ 1982, 200.

[138] BVerwGE 69, 267; VGH München NVwZ 1982, 508, 510; **aA** Scheuing NVwZ 1982, 490: Nicht-Intervention als Billigung.

allen Fällen, in denen die Letztentscheidungskompetenz bei den Gerichten liegt. Die hM nimmt dies stets an, wenn der Behörde weder ein Ermessens-, noch ein Beurteilungsspielraum noch ein planerischer Gestaltungsspielraum eröffnet wurde (sog. normative Ermächtigungslehre, s näher § 40 Rn 10). Darüber hinaus liegt rechtliche Alternativlosigkeit aber auch stets dann vor, wenn sich das eingeräumte Ermessen im konkreten Fall auf Null reduziert hat. Gleiches gilt für die Reduzierung des Beurteilungsspielraums oder des planerischen Gestaltungsspielraums (zur Reduzierung auf Null s § 40 Rn 49 ff).

bb) Rekonstruktion des Entscheidungsprozesses. Unbeachtlichkeit ist 73
anzunehmen, wenn die Analyse des konkreten Entscheidungsprozesses innerhalb der Behörde ergibt, dass die Handlungen der ausgeschlossenen Person auf das Ergebnis **keinen** (unzulässigen) **Einfluss haben konnten**[139] oder wenn sonst nachgewiesen ist, dass die Handlung keinen Einfluss hatte, zB weil die in Frage stehende Weisung nicht befolgt wurde (BVerwGE 69, 269) oder die Entscheidung zuungunsten des Verwandten ausfiel, wegen dessen die Unparteilichkeit in Zweifel sein konnte (vgl BVerwGE 56, 233). Der fehlende Einfluss muss eindeutig und offensichtlich sein. Die Bedeutung der Analyse und Rekonstruktion des Entscheidungsprozesses wird im Zuge der Anwendung des § 46 in dem Maße zunehmen, in dem die Lehre von der Letztentscheidungskompetenz der Verwaltungsgerichte und damit von der rechtlichen Alternativlosigkeit sog strikten Rechts aufgegeben wird.

§ 21 Besorgnis der Befangenheit

(1) **Liegt ein Grund vor, der geeignet ist, Misstrauen gegen eine unparteiische Amtsausübung zu rechtfertigen,[5] oder wird von einem Beteiligten das Vorliegen eines solchen Grundes behauptet, so hat, wer in einem Verwaltungsverfahren für eine Behörde tätig werden soll, den Leiter der Behörde oder den von diesem Beauftragten zu unterrichten und sich auf dessen Anordnung der Mitwirkung zu enthalten.[10] Betrifft die Besorgnis der Befangenheit den Leiter der Behörde, so trifft diese Anordnung die Aufsichtsbehörde, sofern sich der Behördenleiter nicht selbst einer Mitwirkung enthält.**

(2) **Für Mitglieder eines Ausschusses (§ 88) gilt § 20 Abs. 4 entsprechend.**

Parallelvorschriften: §§ 83, 84 AO; § 17 SGB-X

Schrifttum: *Beaucamp/Seifert,* Wann lohnt sich die Anfechtung einer Prüfungsentscheidung? NVwZ 2008, 261; *Chiumento,* Folgen der Mitwirkung städtischer Mitarbeiter bei städtebaulichen Wettbewerben privater Investoren, VBlBW 2009, 422; *Jäde,* Befangenheitsschranken behördlicher Beratungspflicht, BayVBl 1988, 264; *Fehling,* Verwaltung zwischen Unabhängigkeit und Gestaltungsaufgabe, 2001; *Frey/Stiefvater,* Befangenheit bei der Flächennutzungsplanung für die Ausweisung von Flächen für Windkraftanlagen, NVwZ 2014, 249; *Kösling,* § 21 VwVfG und der Rechtsschutz der Betroffenen, NVwZ 1994, 455; *Kopp,* Die Neubewertung fehlerhaft bewerteter Prüfungsarbeiten, BayVBl 1990, 684; *ders,* Die Ablehnung befangener Amtsträger im Verwaltungsverfahrensrecht, BayVBl 1994, 109; *Leuze,* Beurteilungsfehler bei schriftlichen Aufsichtsarbeiten, PersV 2012, 133; *Ley,* Ministerbefangenheit als Verfassungsproblem, 2006; *Lindner,* Die Prägung des Prüfungsrechts durch den Grundsatz der Chancengleichheit, BayVBl 1999, 100; *Maier,* Befangenheit im Verwaltungsverfahren, 2001, zugl Diss Heidelberg 1999; *Stüer/Hönig,* Befangenheit in der Planfeststellung, DÖV 2004, 642; *Zuck,* Befangenheit als Fehlerquelle für ein faires Verfahren, DRiZ 1988, 172. S im übrigen das Schrifttum zu § 20.

---

[139] BVerwGE 75, 245; OVG Koblenz NVwZ-RR 1990, 272: Ausfertigung des vom Gemeinderat beschlossenen Bebauungsplans durch den befangenen Bürgermeister ist unschädlich; VGH München NVwZ 1982, 508, 513; vgl StBS 27; Söhn HHSp 4 zu § 82 AO; Scheuing NVwZ 1982, 490.

Übersicht

I. Allgemeines

1 **1. Inhalt des § 21.** Die Vorschrift sieht ergänzend zu den kraft Gesetzes wirkenden Ausschlussgründen des § 20 als allgemeinen Auffangtatbestand den Ausschluss von Personen wegen Besorgnis der Befangenheit durch besondere Anordnung des Behördenleiters vor. Anders als nach § 20 ist der Amtswalter bei Vorliegen von Befangenheitsgründen **nicht automatisch ausgeschlossen.** Den Amtsträger trifft zunächst nur die Verpflichtung, den Behördenleiter von ihm bekannten oder von Beteiligten behaupteten Befangenheitsgründen zu unterrichten. Der **Behördenleiter entscheidet** darüber, ob der Amtswalter in der Sache weiter mitwirken darf. Betreffen die Befangenheitsgründe den Behördenleiter selbst, so ist dieser befugt, sich der künftigen Mitwirkung zu enthalten, wenn er die Gründe für berechtigt hält. Anderenfalls entscheidet die Aufsichtsbehörde.

2 Die Regelung lehnt sich an das Prozessrecht (vgl § 54 VwGO) an (Kösling NVwZ 1994, 455) und dient wie § 20 dem Zweck, das Verwaltungsverfahren von persönlichen, sachfremden und insb parteilichen Einflüssen aus der Sphäre der handelnden Entscheidungsträger freizuhalten und damit zugleich auch das Recht auf eine fehlerfreie Ermessensentscheidung zu sichern. Sie entspricht im

wesentlichen der schon vor Inkrafttreten des VwVfG überwiegend vertretenen, wenn auch nicht unbestrittenen Praxis.[1] Zur sog **institutionellen Befangenheit** von Behörden usw, dh zur „möglichen Parteilichkeit" nicht bestimmter Personen als solcher, sondern des Verwaltungsträgers, der Behörde, sonstiger Einrichtung oder Organe im Interesse ihrer Aufgaben vgl § 20 Rn 9 ff.

a) Kein formelles Ablehnungsrecht. Die Vorschrift räumt den Beteiligten 3
zwar das Recht ein und legt ihnen sogar eine entsprechende Obliegenheit auf, Befangenheitsgründe geltend zu machen, vermittelt aber anders als §§ 65 Abs 1, 71 Abs 3 im förmlichen Verfahren kein formelles Ablehnungsrecht.[2] Auch der Amtswalter hat kein Recht auf Selbstablehnung. Die Regelung sieht lediglich ein behördeninternes Prüfungsverfahren vor, das durch entsprechende Mitteilung an den Behördenleiter ausgelöst wird.[3] Die Regelung gibt den Beteiligten nur die Möglichkeit, durch entsprechendes Vorbringen den betroffenen Amtsträger zu veranlassen, die Entscheidung des Behördenleiters einzuholen. Der Amtsträger ist zur Unterrichtung des Behördenleiters verpflichtet. Unterlässt er die Mitteilung, können die Beteiligten allerdings eine Entscheidung des Behördenleiters nicht erzwingen. Wie bei § 20 können sie nur Beanstandungen vorbringen und nachträglich eine Verletzung der Vorschrift im Rahmen von Rechtsbehelfen in der Hauptsache geltend machen.[4]

Die Beteiligten müssen etwaige Gründe, die eine Besorgnis der Befangen- 4
heit begründen können, trotz des fehlenden Ablehnungsrechts **unverzüglich geltend machen,** damit die Behörde Gelegenheit hat, den drohenden Fehler zu vermeiden bzw. einen eingetretenen Fehler noch zu korrigieren.[5] Werden die Gründe nämlich nicht rechtzeitig vorgebracht, führt dies zu einem Verlust des Rügerechts im späteren gerichtlichen Verfahren.[6] Mittelbar ergibt sich aus hieraus immerhin ein allerdings informelles Ablehnungsrecht und zumindest die objektivrechtliche Verpflichtung zur Abberufung eines befangenen Amtsträgers aus Anlass eines informellen Ablehnungsantrags (Kopp BayVBl 1994, 109). Unabhängig von dieser Verpflichtung der Beteiligten sind die Befangenheitsgründe, soweit sie dem Amtswalter selbst oder der Behörde bekannt sind, grundsätzlich auch von Amts wegen zu berücksichtigen.[7]

b) Entscheidung über Ausschluss. Liegen Gründe vor, die die Besorgnis 5
der Befangenheit rechtfertigen, so führen diese – anders als die Ausschlussgründe nach § 20 – nicht automatisch zum Ausschluss des Amtsträgers, gegen den sie sich richten, sondern nur zu einem behördeninternen Prüfungsverfahren, an dessen Ende die Entscheidung des Behördenleiters über die weitere Mitwirkung

---

1 Vgl BVerwGE 16, 153; 29, 71; 63, 86; 83, 88; BVerwG Buchh 421.0 Prüfungswesen Nr 66 und 94; OVG Münster DÖV 1981, 587; VGH Kassel JZ 1971, 257 m zust Anm v Dagtoglou; Erichsen/Ehlers § 13 Rn 4; Becker DÖV 1970, 734; M 71; Besche DÖV 1972, 637; Kopp 45, 110; **aA** BVerwGE 29, 70; BVerwG NVwZ 1988, 66 mwN: nur tatsächliche Parteilichkeit, nicht auch Besorgnis der Befangenheit.

2 Vgl VGH Mannheim NVwZ-RR 2003, 412, 415; OVG Schleswig NVwZ-RR 1993, 395: Verstöße können nach § 44a VwGO nur im Rahmen eines Rechtsbehelfs in der Hauptsache geltend gemacht werden; Kopp BayVBl 1994, 109; so auch die hM zum bish Recht, vgl BVerwG DVBl 1987, 1159 = NVwZ 1988, 66; Erichsen/Ehlers § 13 Rn 8; anders in bezug auf Mitglieder eines Ausschusses gem § 71 Abs 3 und in bezug auf Sachverständige gem § 65 Abs 1 S 2.

3 StBS 2; Knack/Henneke 4.

4 UL § 12 Rn 29; StBS 4; FKS 22; Ziekow 2.

5 Allg Meinung, vgl nur OVG Koblenz DVBl 1999, 1597.

6 Ganz hM, vgl OVG Koblenz NVwZ 1999, 1597; StBS 6, 15; Kopp BayVBl 1994, 109; UL § 12 Rn 29; Neumann NVwZ 2000, 1243, 1244; aA neuerdings Erichsen/Ehlers, § 13 Rn 8: eine derartige Präklusion muss gesetzlich angeordnet werden. S näher § 20 Rn 3a.

7 StBS 1; Obermayer/Funke-Kaiser 37; Maier S. 79.

des betroffenen Amtsträgers steht.[8] Die Entscheidung über den **Ausschluss steht nicht im Ermessen** des Behördenleiters bzw. der sonst zur Entscheidung berufenen Personen. Liegen ausreichende Gründe vor, so muss dem Amtswalter die weitere Tätigkeit verboten werden (StBS 21; Knack/Henneke 11; Obermayer/Funke-Kaiser 34). Im übrigen gelten für § 21 dieselben Grundsätze wie für § 20. In Eilfällen ist auch **§ 20 Abs 3 analog anwendbar** (s § 20 Rn 47). Vgl zur Zulässigkeit der „Auswechslung" eines Amtsträgers durch einen anderen ad hoc in Zweifelsfällen sowie dazu, dass es im Bereich der Verwaltung grundsätzlich kein Recht auf den „gesetzlichen" Verwaltungsbeamten gibt, VGH München BayVBl 1992, 469 sowie § 20 Rn 5, 64.

6 **2. Verfassungsrecht.** Verfassungsrechtlich ist der Ausschluss von befangenen Amtsträgern geboten. Dies Gebot folgt wie bei § 20 aus dem Rechtsstaatsprinzip und dem darin enthaltenen Gebot eines fairen Verfahrens, ferner aber auch aus dem verfahrensrechtlichen Gehalt der Grundrechte. Die Bedeutung des Gebots ist umso größer, je stärker die Entscheidung grundrechtsrelevante Entscheidungen betrifft und je größer die Spielräume für die Entscheidung in der Sache sind. Die Vorschrift lässt – insoweit teilweise über das Verfassungsgebot aus praktischen Gründen hinausgehend – die Besorgnis der Befangenheit ausreichen. Weil die subjektive Motivationslage eines Amtswalters kaum feststellbar ist, reicht es für § 21 aus, dass Gründe vorliegen, die geeignet sind, Misstrauen gegen eine unparteiische Amtsausübung zu rechtfertigen. Das Fehlen eines förmlichen Ablehnungsrechts der Beteiligten im Verwaltungsverfahren ist mit rechtsstaatlichen Grundsätzen vereinbar.

7 **3. Europarecht.** Auch im EU-Recht gehört der Ausschluss eines befangenen Amtswalters zu den anerkannten Grundsätzen des Verfahrensrechts. Die Unbefangenheit der mit dem Verwaltungsverfahren befassten Personen ist Teil des Leitbildes der guten Verwaltung, wie sie auch in **Art 41 der Grundrechte-Charta** ihren Niederschlag gefunden hat. Teilweise sind Mitwirkungsverbote für Mitglieder europäischer Organe ausdrücklich normiert.[9] In diesen Fällen enthält das Sekundärrecht Regelungen über das Verfahren bei Besorgnis der Befangenheit, die an die Regelungen in § 21 angelehnt sind. Nicht ausdrücklich sekundärrechtlich geregelt sind allerdings die Rechtsfolgen der Mitwirkung eines befangenen Amtswalters.[10] Dass der Ausschluss bei Vorliegen von Befangenheitsgründen nicht automatisch erfolgt, sondern eine Entscheidung darüber erforderlich wird, ist europarechtlich unbedenklich. Problematisch ist eher der Umstand, dass die Beteiligten die Entscheidung darüber nicht erzwingen können und dass die Mitwirkung eines befangenen Amtswalters zwar zur Rechtswidrigkeit der Entscheidung führt, idR aber nicht zur Nichtigkeit (§ 44 Abs 2 Nr 2) und nicht notwendigerweise zu ihrer Aufhebung (s hierzu näher § 46 Rn 5a ff).

8 **4. Anwendungsbereich. a) Allgemeines.** Die Vorschrift ist wie § 20 unmittelbar nur während des **anhängigen Verwaltungsverfahrens** nach § 9 anwendbar, nicht schon im Vorfeld eines solchen Verfahrens,[11] ferner wie sich aus dem Wortlaut und aus dem Zusammenhang mit § 20 ergibt, nur in Fällen, die nicht bereits von § 20 erfasst werden (ebenso Knack/Henneke 2; MB 3). Allerdings kann der Behördenleiter idR auch in Fällen des § 20 einem ihm unterstellten Amtsträger durch innerdienstliche Weisung das Tätigwerden in einer Sache verbieten und damit praktisch denselben Zweck erreichen. Die Vorschrift gilt auch im Widerspruchsverfahren (s auch § 79 Rn 46). Für **Beschlusswahlen**

---

[8] Obermayer/Funke-Kaiser 28 ff; StBS 5; Knack/Henneke 2; Maier 79; s auch unten Rn 19.

[9] Art. 137 Abs 1 VO EG Nr 207/2009 (Gemeinschaftsmarke); Art 48 VO EG Nr 2100/94 (Sortenschutzverordnung).

[10] Vgl von Danwitz, Europäisches Verwaltungsrecht, 2008, S. 414.

[11] OVG Weimar, ThürVRspr 2009, 49; VGH Kassel, B v 18.3.2009, juris; StBS 7.

(§ 92) gilt § 21 nicht (vgl FKS 19). Für **Wehrdienstsachen** gilt § 77 WDO, der analog auch auf Wehrbeschwerdeverfahren und Wehrdienststrafverfahren anwendbar ist (BVerwGE 53, 334; 83, 89). Für Entscheidungen kommunaler Gremien und Funktionsträger außerhalb von Verwaltungsverfahren gelten zunächst die kommunalrechtlichen Befangenheitsvorschriften.[12] Ob § 21 bzw die entspr Vorschriften des Landesrechts als Ausdruck allgemeiner Rechtsgedanken analog auch in Fällen anwendbar sind, die nicht unter die Verfahrensgesetze fallen und für die auch entsprechende sondergesetzliche Regelungen fehlen, ist str, dürfte aber heute zu bejahen sein.[13]

b) Persönlicher Geltungsbereich. Die Besorgnis der Befangenheit kann sich gegen sämtliche im Verfahren auf der Seite der Behörde tätigen Personen richten. Insoweit gelten dieselben Grundsätze wie für § 20 (s hierzu näher § 20 Rn 13 ff). Auch hinzugezogene Sachverständige kann die Besorgnis der Befangenheit treffen.[14] Etwas anderes gilt allerdings, wenn die Behörde ihre Entscheidung auf gutachtliche Feststellungen sachverständiger Behördenmitarbeiter stützt. Insoweit ist für das Verfahren nach § 21 kein Raum; bestehen Bedenken gegen die Unparteilichkeit des Mitarbeiters, kann dies nur im Rahmen der Anfechtung der Endentscheidung geltend gemacht werden (VGH Mannheim NVwZ-RR 2003, 412, 416). Zur Beurteilung durch einen befangenen Dienstvorgesetzten BVerfG NVwZ-RR 2002, 802. Für den Ausschluss gemeindlicher Mandatsträger von Gemeinderatsbeschlüssen gelten vorrangig die Regelungen der GemOen. 9

c) Befangenheit in Prüfungen. Die Vorschrift bzw die entsprechenden Regelungen des Landesrechts gelten nach § 2 Abs 3 Nr 2 unmittelbar auch in Prüfungsverfahren. Sie haben hier sogar ihre **größte praktische Bedeutung.** Der Gesichtspunkt der Befangenheit spielt im Prüfungsverfahren eine besondere Rolle, weil in der Mitwirkung eines befangenen Prüfers zugleich ein Beurteilungsfehler und ein Verstoß gegen den Grundsatz der Chancengleichheit im Prüfungsverfahren liegt (s hierzu Zimmerling/Brehm NVwZ 1997, 450, 452 mwN). Deshalb wird ein Verstoß gegen die Vorschrift im Prüfungsrecht regelmäßig nicht nur zur Rechtswidrigkeit der Prüfungsentscheidung, sondern auch zu ihrer Aufhebung führen müssen. 10

Für die **Geltendmachung von Befangenheitsgründen** im Prüfungsverfahren gelten besonders strenge Regeln. Sofern die Gründe für die Besorgnis der Befangenheit bereits vor Beginn der Prüfung bzw einzelner Prüfungsabschnitte bekannt sind, muss der Prüfling sie unverzüglich **vor Antritt der Prüfung** geltend machen, andernfalls verliert er idR seine Rügemöglichkeit (s näher § 2 Rn 56). Treten während der Prüfung Umstände auf, die die Besorgnis der Befangenheit begründen können (zB unsachliche bzw. beleidigende Äußerungen), so wird man allerdings vom Prüfling idR nicht erwarten dürfen, dass er die Rüge sofort erhebt, weil dies angesichts der Prüfungssituation eine Überforderung wäre. Er muss Befangenheitsgründe aber mindestens **unverzüglich nach der Prüfung** vorbringen. Wann die **Besorgnis der Befangenheit** gegeben ist, hängt von den Umständen des Einzelfalls ab. Sie ist nicht schon dann begründet, wenn ein Prüfer eine hohe „Misserfolgsquote" (BVerwG NVwZ 1988, 439, 440) oder eine Prüfungsleistung fehlerhaft bewertet hat (BVerwGE 91, 262, 273). Die Besorgnis der Befangenheit ist dagegen gegeben, wenn ein Prüfungsvorsitzender durch Äußerungen während der mündlichen Prüfung zu erkennen gibt, dass ihm die erforderliche Unvoreingenommenheit und Offenheit für die Bewertung fehlt (VGH Mannheim NVwZ 2002, 235). Für Bemerkungen von Prüfern 11

[12] S hierzu Frey/Stiefvater NVwZ 2014, 249 in Bezug auf die Flächennutzungsplanung.
[13] Vgl § 20 Rn 7a; zT **aA** offenbar die ältere Rspr, vgl BVerwGE 29, 70; BVerwG NVwZ 1988, 66: nur bei tatsächlicher Befangenheit.
[14] OVG Lüneburg NVwZ 1996, 606, 609; VGH Kassel NVwZ 1992, 391; StBS 11.

im Rahmen schriftlicher Bewertungen setzt die Besorgnis der Befangenheit voraus, dass die Bemerkung eine Verletzung des Gebots der Sachlichkeit erkennen lässt, was der Fall ist, wenn daraus erkennbar ist, dass die erforderliche emotionale Distanz gegenüber den Leistungen des Prüflings nicht vorhanden ist (vgl BVerwGE 70, 143, 151 f). Trotz dieses verbal strengen Maßstabs lässt die Rechtsprechung nicht nur klare und deutliche, sondern zum Teil auch harte Bemerkungen („Unsinn"[15]) sowie gelegentliche „Ausrutscher" und „Entgleisungen" zu.[16]

12 **5. Verhältnis zum Ausschluss nach § 20.** Gründe, für die § 20 eine Regelung trifft, die danach aber keine Ausschlussgründe sind, scheiden auch als Befangenheitsgründe nach § 21 aus, wenn nicht besondere Umstände hinzutreten;[17] dies gilt insb auch für die Gruppenvorteile oder Gruppennachteile iS von § 20 Abs 1 S 3 (MB 3). Die Zugehörigkeit zu einer Gruppe, die keinen Ausschluss nach § 20 zur Folge hat, begründet allein deshalb auch die Besorgnis der Befangenheit nicht (s hierzu § 20 Rn 38). Allerdings können zB verwandtschaftliche Verhältnisse, die als solche noch nicht zu einem Ausschluss nach § 20 führen, im Zusammenhang mit anderen Umständen die Besorgnis der Befangenheit rechtfertigen (BVerwG ZBR 2003, 94).

II. Besorgnis der Befangenheit

13 **1. Besorgnis der Befangenheit. a) Grundstruktur.** Befangenheit liegt bereits vor, wenn ein Grund vorliegt, der geeignet ist, **Misstrauen gegen eine unparteiliche Amtsausübung** eines Amtsträgers zu rechtfertigen. Nicht erforderlich ist der Nachweis, dass der Amtsträger sein Amt wegen dieses Grundes tatsächlich in der Vergangenheit nicht unparteiisch ausgeführt hat oder künftig ausführen wird. Letzteres würde sich ohnehin kaum feststellen lassen. Ausreichend ist vielmehr ein begründetes Misstrauen. Diese Voraussetzung ist dann gegeben, wenn auf Grund **objektiv feststellbarer Tatsachen,** allerdings aus der **Sicht der Beteiligten** des Verfahrens nach den Gesamtumständen die **Besorgnis** nicht auszuschließen ist, ein bestimmter Amtsträger werde in der Sache nicht unparteiisch, unvoreingenommen oder unbefangen entscheiden.[18] Im einzelnen gilt für die Besorgnis der Befangenheit das gleiche wie im Verwaltungsprozess gem § 54 Abs 1 VwGO iVm §§ 41–49 ZPO, weshalb insoweit auch auf die Rspr und das Schrifttum zum Prozessrecht verwiesen werden kann. S dazu im einzelnen Kopp/Schenke § 54 Rn 10 ff. Nicht entspr anwendbar im Verwaltungsverfahren sind § 54 Abs 2 VwGO und § 54 Abs 3 VwGO.[19] Insb ist es – anders als gem § 54 Abs 2 VwGO – kein Ablehnungsgrund, dass ein Amtsträger bereits vorher in der Sache tätig war.[20]

---

[15] BVerwGE 70, 143, 152; kritisch hierzu und mit weiteren Beispielen Schmidt-Räntsch, Deutsches Richtergesetz, 6. Aufl 2009, Anhang zu § 5d Rn 126; Leuze PersV 2012, 133, 135.

[16] BVerwGE 70, 143, 152; NJW 2012, 2054, 2056.

[17] BVerwGE 75, 229; BVerwG NVwZ 1993, 686: außer dem Umstand der Vorbefassung auch Anhaltspunkte dafür, dass die Prüfer sich festgelegt haben und eine etwaige Änderung der ursprünglichen Prüfungsbewertung nicht mehr ernsthaft in Erwägung ziehen; VGH Mannheim ZBR 2003, 94, 97; MB 3; allg auch Kopp BayVBl 1981, 353; vgl auch München DVBl 1985, 805 **aA** Knack/Henneke 2.

[18] UL § 12 Rn 28; Erichsen/Ehlers § 13 Rn 8; StBS 9 f; Knack/Henneke 6; MB 3; BVerwG, B v 19.5.2016, 6 B 1/16, Juris: Kenntnis des Erstgutachtens berührt die Unbefangenheit des Zweitgutachtens nicht; Kopp/Schenke § 54 Rn 10; enger für dienstliche Beurteilungen (allerdings außerhalb des Anwendungsbereichs des § 21) BVerwG NVwZ 1988, 66: kann nur die tatsächlich mangelnde Objektivität und Unvoreingenommenheit geltend machen.

[19] BVerwG BayVBl 1987, 569; s auch 8 zu § 20; **aA** UL § 38 Rn 7: § 54 Abs 3 analog anwendbar; gegen diese Auffassung spricht, dass für die in Frage kommenden Fälle § 20 Abs 1 Nr 3–6 abschließende Sonderregelungen vorsieht.

[20] Vgl – zu Prüfungen – BVerfG 84, 48 und 51; BVerwGE 91, 263 = NVwZ 1993, 677 – kein Ablehnungsgrund, wenn ein Prüfer wegen Fehlerhaftigkeit der Prüfung oder der

b) Objektive Grundlagen der Besorgnis. Es muss sich um konkrete Tatsachen handeln, die einer Nachprüfung zugänglich sind. Das subjektive Empfinden, ungerecht behandelt zu werden oder behandelt worden zu sein, reicht nicht aus (Ziekow 3). Die Gründe müssen **in der Person des Amtsträgers begründet** und damit individuell sein (UL § 12 Rn 28). Allgemeine Gründe wie Staatsangehörigkeit, Geschlecht, Zugehörigkeit zu einer Konfession, einem Berufsstand, einer Bevölkerungsgruppe (vgl auch § 20 Abs 1 S 3), einer Vereinigung, einer Partei usw genügen als solche regelmäßig nicht.[21] Anderes gilt nur, wenn in der Gruppe oder der Person des Amtsträgers besondere Umstände vorliegen. Nicht ausreichend ist regelmäßig auch, dass ein Amtsträger allgemein (zB in Veröffentlichungen) **bestimmte Rechtsauffassungen** vertritt[22] oder im Verfahren äußert (vgl Kopp/Schenke § 54 Rn 11b) oder dass ein Prüfer der vom Kandidaten vertretenen wissenschaftlichen Theorie kritisch gegenübersteht. Anders jedoch, wenn zusätzliche Gründe im konkreten Fall hinzukommen, die zu Zweifeln hins der Unparteilichkeit Anlass geben, wie bestimmte Äußerungen zu dem anhängigen oder zu erwartenden Fall (BVerwG NVwZ 1993, 95), insbesondere bei stark unsachlichen, diskriminierenden Äußerungen.[23] Keine Besorgnis der Befangenheit begründet grundsätzlich eine lange Dauer des Verfahrens,[24] anders wenn diese herbeigeführt wurde, um die Erledigung zu verzögern. 14

Eine Behörde als solche kann nicht befangen sein.[25] Befangenheit iS dieser Vorschrift muss sich stets auf Personen beziehen. S aber zur sog institutionellen Befangenheit § 20 Rn 9. Das schließt nicht aus, dass es Gründe geben kann, die bei einer Mehrzahl von Amtsträgern einer Behörde die Besorgnis der Befangenheit begründen. Nicht ausreichend ist es allerdings, wenn die Besorgnis pauschal gegenüber sämtlichen Bediensteten einer Behörde oder Verwaltungseinheit vorgebracht wird (StBS 9; Scheuing NVwZ 1982, 488). Die Besorgnis muss sich deshalb stets individualisieren lassen, auch wenn sie auf mehrere Personen zutrifft. 15

c) Begründete Besorgnis. Tatsächliche Befangenheit ist nicht erforderlich, es genügt schon der **„böse Schein“.**[26] Maßgeblich ist die **Perspektive des Beteiligten,** nicht eines neutralen Dritten(gemischt subjektiv-objektiver Maßstab, FKS 9). Nicht ausreichend sind lediglich subjektive Befürchtungen der Beteiligten, erforderlich ist ein vernünftiger Grund für die Besorgnis, der auf einer rationalen Tatsachengrundlage beruht (StBS 10; Knack/Henneke 6). Die objektiven Tatsachen müssen subjektiv für den einzelnen Beteiligten vernünftigerweise die Besorgnis der Befangenheit begründen. Dabei kommt es nicht auf die subjektive Empfindlichkeit oder Ängstlichkeit, irrationale Befürchtungen usw an, sondern darauf, ob ein **vernünftiger Beteiligter** unter den gegebenen Umständen die Besorgnis hegen kann, der Amtswalter, in dessen Person die Tatsa- 16

Prüfungsbewertung nochmals denselben Kandidaten prüfen oder eine Prüfungsarbeit nochmals bewerten muß –; ebenso OVG Münster DÖV 1981, 587; VGH München BayVBl 1978, 214.

[21] Vgl BVerwG MDR 1970, 442; BayVerfGH NVwZ 2001, 917 zur Befangenheit von Richtern; OLG Karlsruhe NJW-RR 1988, 1534: Zugehörigkeit zum gleichen Rotary-Club ist kein Befangenheitsgrund. Anders bei enger freundschaftlicher Beziehung.

[22] Vgl BSG NVwZ 1993, 1230; strenger BVerfG NJW 2001, 1482 (Richter Papier).

[23] Dies gilt insbesondere für unsachliche Äußerungen schriftlicher oder mündlicher Art in Prüfungsverfahren, vgl VGH Mannheim NVwZ 2002, 235 (Bemerkung, die Fortsetzung der mündlichen Prüfung sei an sich sinnlos); NJW 1989, 1379; Knack/Henneke 6; Obermayer 27.

[24] Vgl OVG Münster NJW 1993, 2259: überlange Dauer des Verfahrens allein begründet nicht die Besorgnis der Befangenheit.

[25] Vgl VGH München BayVBl 1972, 81; Scheuing NVwZ 1982, 488; Knack/Henneke 7.

[26] UL § 12 Rn 28; ebenso zum Prozessrecht BVerwGE 43, 43; OVG Lüneburg VRspr 25, 959; **aA** zum Ausländerrecht BVerwG NVwZ 1988, 66.

chen vorliegen, werde das Verfahren nicht unparteiisch, sachlich und mit der gebotenen Distanz betreiben, sondern sich von Vorurteilen oder unsachlichen Erwägungen leiten lassen (StBS 10). Eine **Selbstablehnung** eines Amtsträgers allein rechtfertigt die Besorgnis der Befangenheit nicht ohne weiteres, vielmehr kommt es auf die hierfür maßgeblichen Gründe an (BVerwG NVwZ 1985, 576). Insoweit wird die Selbstablehnung aber als wichtiges Indiz gewertet werden müssen.

17 **d) Einzelne Befangenheitsgründe. aa) Persönliche Beziehungen.** Die Besorgnis der Befangenheit kann sich aus einer engen persönlichen Beziehung ergeben. Bekanntschaft, berufliche oder fachliche Zusammenarbeit oder auch ein kollegiales Verhältnis reichen als solche nicht aus. Es muss vielmehr ein besonderes Näheverhältnis, eine enge **persönliche bzw freundschaftliche Verbundenheit** bestehen, die über die rein beruflich oder fachlich veranlassten Beziehungen hinausgeht und geeignet ist, im konkreten Verwaltungsverfahren die Besorgnis auszulösen.[27] Dies wird regelmäßig anzunehmen sein, wenn der Amtswalter mit einem Beteiligten eine Rechtsanwaltskanzlei betrieben hat, auch wenn das Sozietätsverhältnis nicht mehr besteht (BVerfG EuGRZ 2003, 645). Auch **verwandtschaftliche Beziehungen,** die nicht schon unter § 20 fallen, können die Besorgnis begründen (BVerwG ZBR 2003, 94). Umgekehrt kann nach den Umständen des Falles auch eine persönliche **Abneigung oder Feindschaft** zu einem Beteiligten die Besorgnis der Befangenheit rechtfertigen, soweit sie sich in nachprüfbaren Tatsachen manifestiert hat,[28]

17a **bb) Wirtschaftliches Interesse.** Auch enge wirtschaftliche Beziehungen zwischen einem Amtswalter und einem Beteiligten können die Besorgnis begründen;[29] ferner eine Beziehung, die ein wirtschaftliches Interesse am Ausgang des Verfahrens konkret möglich erscheinen lässt. Das gilt auch dann, wenn die wirtschaftlichen Beziehungen nicht mehr bestehen, aber noch nicht lange zurückliegen. Allein der Umstand, dass der Amtswalter in geringem Umfang Aktien eines Beteiligten innehat, reicht hierfür noch nicht aus. Anders bei echter Teilhaberschaft oder bei engen wirtschaftlichen Verflechtungen.[30]

17b **cc) Unsachliches Verhalten, einseitige Festlegungen.** Unsachliche oder verletzende Äußerungen innerhalb des Verfahrens können die Besorgnis der Befangenheit rechtfertigen,[31] ebenso sonstige Äußerungen, die für eine einseitige Festlegung in der Sache, noch ehe der Sachverhalt hinreichend geklärt und die Beteiligten angehört worden sind, sprechen könnten.[32] unangemessenes Bedrängen des Antragstellers mit dem Ziel der Antragsrücknahme (v Wulffen SGB X § 17 Rn 4). Zur Besorgnis der Befangenheit infolge **Kommunalpolitischer Tätigkeit** s OLG Naumburg NVwZ 2001, 956.

17c **dd) Wissenschaftliche Veröffentlichungen.** Ob frühere wissenschaftliche Veröffentlichungen zu einer im Verfahren relevanten Rechtsfrage oder entsprechende mündliche Ausführungen auf einer wissenschaftlichen Veranstaltung die Besorgnis der Befangenheit begründen können, hängt vom Einzelfall ab. Hier können die Maßstäbe, die etwa das BVerfG anlegt (vgl zB BVerfG, DVBl 2004,

---

[27] OVG Hamburg, NordÖR 1999, 252, OVG Greifswald, B v 21.4.2010, 2 M 14/10, juris, für akademisches Berufungsverfahren.

[28] Vgl jedenfalls im Ergebnis VGH Kassel DÖV 1970, 645: schweres persönliches Zerwürfnis mit einem Behördenbediensteten als Ausschlussgrund.

[29] Hufen/Siegel, Rn 152; FKS 10.

[30] S hierzu auch Chiumento VBlBW 2009, 422.

[31] VGH Kassel MedR 2010, 48 zu unsachlichen bzw beleidigenden Bemerkungen eines Prüfungsausschussvorsitzenden; vgl auch Niehues/Fischer, Prüfungsrecht, 5. Aufl. 2010, Rn 341 f; Zimmerling/Brehm NVwZ 2004, 651.

[32] BVerwGE 91, 262 = NVwZ 1993, 677; zT enger Obermayer/Funke-Kaiser 20: außerdienstliche Äußerungen zur Sach- oder Rechtslage sind immer ein Befangenheitsgrund.

1104), nicht ohne weiteres auf Verwaltungsverfahren übertragen werden. Vielmehr wird der Umstand, dass ein bestimmter **fachlicher oder wissenschaftlicher Standpunkt** vertreten wird, im Verwaltungsverfahren die Besorgnis der Befangenheit grundsätzlich nicht begründen, ebenso wenig ein Meinungsstreit unter Prüfern (VGH Mannheim DVBl 1988, 1122; FKS 28). Die Besorgnis kann dagegen gerechtfertigt sein, wenn der Amtswalter schon vor Abschluss des Verfahrens den Eindruck erweckt, er sei **auf ein bestimmtes Ergebnis festgelegt.**[33]

ee) Sonderproblem Vorbefassung. Grundsätzlich kein Ablehnungsgrund liegt vor, wenn ein Amtsträger in der Sache **bereits vorher tätig** war und er nunmehr nochmals in der Sache zu entscheiden hat[34] oder dass ein Amtsträger in einer Sache mit einzelnen Beteiligten ohne Zuziehung auch der übrigen Beteiligten Gespräche geführt hat (vgl VGH München DVBl 1985, 805). Dagegen ist im Zweifel, wenn nicht besondere Umstände des konkreten Falles sie ausschließen, die Besorgnis der Befangenheit bei einem Prüfer zu bejahen, dessen Prüfungsbewertung wegen eines ihm dabei unterlaufenen Fehlers aufgehoben wurde und der die Arbeit deshalb nochmals bewerten soll.[35] 18

2. Mitwirkungsverbot, Verfahren. a) Mitteilungspflicht, Entscheidung des Behördenleiters. Anders als die Ausschlussgründe gem § 20 bewirkt die begründete Besorgnis der Befangenheit nicht automatisch den Ausschluss des betroffenen Amtsträgers. Vielmehr müssen Befangenheitsgründe zunächst dem Behördenleiter bzw. seinem Beauftragten mitgeteilt werden. Der betroffene Amtsträger selbst muss die Mitteilung machen, sei es dass ihm selbst Befangenheitsgründe bekannt sind, sei es, dass ihm solche Gründe von einem Beteiligten mitgeteilt werden. Der **Amtswalter ist zur Mitteilung verpflichtet.** Die Beteiligten können die Erfüllung dieser Verpflichtung allerdings nicht mit ordentlichen Rechtsbehelfen durchsetzen. Ihnen bleibt im Falle des Unterlassens nur Gegenvorstellung und **Dienstaufsichtsbeschwerde.** Unterbleibt die Mitteilung, kann es nicht zu einer Entscheidung durch den Behördenleiter über den Ausschluss wegen Besorgnis der Befangenheit kommen. Dies führt, wenn tatsächlich ein Befangenheitsgrund vorgelegen hat, zur Rechtswidrigkeit der Endentscheidung (s unten Rn 26). 19

Der Behördenleiter bzw. sein Beauftragter haben aufgrund der Mitteilung über darüber zu entscheiden, ob der möglicherweise befangene Amtsträger von der weiteren Mitwirkung im Verfahren ausgeschlossen wird. Sie können die Frage auch weiter aufklären. Vor der Entscheidung über die Anordnung ist den **Beteiligten rechtliches Gehör** zu gewähren. Der Behördenleiter hat bei seiner Entscheidung **weder einen Beurteilungs- noch einen Ermessensspiel-** 20

---

[33] VGH Mannheim NVwZ 2002, 235 für Prüfungsverfahren; Jäde BayVBl 1988, 264, 26; Stüer/Hönig DÖV 2004, 642, 648; FKS 13.

[34] Obermayer/Funke-Kaiser 23; Knack/Henneke 6; UL § 12 Rn 28; anders für das Wehrbeschwerderecht BVerwG NVwZ 1987, 325.

[35] VGH Mannheim NVwZ 1991, 1207; für den Fall, dass die ursprüngliche Prüfungsentscheidung wegen materieller Mängel, die der Prüfer verschuldet hatte, aufgehoben worden ist; für den Fall, dass ein Prozess bereits anhängig ist, auch OVG Münster NVwZ 1993, 95 = DVBl 1992, 65; Kopp BayVBl 1990, 684; ders, DVBl 1991, 990; ähnlich Muckel JuS 1992, 204; 1993, 555; **aA,** wenn keine sonstigen zusätzlichen Gründe gegeben sind, die für Befangenheit sprechen könnten, BVerfG 84, 47 = NJW 1991, 2005; BVerwGE 91, 273 = NVwZ 1993, 677: grundsätzlich Bewertung der Arbeit durch dieselben Prüfer, um die Chancengleichheit der Kandidaten zu wahren; ähnlich BVerfG DVBl 1983, 91; BVerwG NVwZ 1993, 95: Anspruch auf neue Prüfer nur, wenn Anhaltspunkte bestehen, dass die ursprünglichen Prüfer sich festgelegt haben und eine Änderung ihrer Haltung insoweit nicht erwartet werden kann; BVerwG NVwZ 1995, 168; DVBl 1989, 90; VGH München NVwZ 1991, 500; OVG Münster NVwZ 1991, 499 und NVwZ 1993, 95; Rozek NVwZ 1992, 36.

raum;[36] seine Entscheidung ist deshalb auch im Verwaltungsprozess voll nachprüfbar. Liegt ein Befangenheitsgrund iS von § 21 vor, so muss er die Anordnung erlassen. Vgl aber zur allgemeinen Befugnis des Behördenleiters, auch in anderen Fällen, insb in **Grenzfällen** aufgrund der Organisationsgewalt andere Amtsträger mit der Bearbeitung und/oder Entscheidung eines Falles zu betrauen, § 20 Rn 5.

21 **b) Mitwirkungsverbot.** Mit der **Anordnung des Behördenleiters** oder des von diesem Beauftragten tritt das Verbot der Mitwirkung des betroffenen Amtswalters in Kraft. Der Amtswalter hat sich von diesem Zeitpunkt an jeder Beteiligung am Verwaltungsverfahren zu enthalten. Eine **Ausnahme** gilt nach der analog anwendbaren Vorschrift in § 20 Abs 3 für **unaufschiebbare Maßnahmen** (s § 20 Rn 47 ff). **Umstritten** ist, ob die Anordnung des Behördenleiters (bzw der Aufsichtsbehörde) bzw die Ablehnung der Anordnung den Beteiligten gegenüber die Rechtsnatur eines VA hat.[37] Die Frage hat nur geringe praktische Bedeutung, weil auch bei Annahme eines VA ein Rechtsmittel gegen diese Entscheidung nach § 44a VwGO nicht gegeben wäre (su Rn 23). Richtigerweise ist die **VA-Qualität der Entscheidung zu verneinen.** Deshalb bedarf es auch keiner Bekanntgabe gegenüber den Beteiligten. Da die Beteiligten kein eigenes Antragsrecht haben und Befangenheitsgründe lediglich mitteilen können, wird ihnen gegenüber auch keine Regelung mit Außenwirkung getroffen. Dass die Entscheidung unmittelbar zum Ausschluss führt, begründet zwar eine Regelung, nicht aber deren Außenwirkung. Im Verhältnis zu dem betroffenen Amtsträger liegt idR ohnehin nur eine innerdienstliche Anordnung vor.[38]

22 **c) Verfahren bei Befangenheit des Behördenleiters.** Bezieht sich die Besorgnis der Befangenheit auf den Behördenleiter selbst, bedarf es einer Mitteilung an die aufsichtsführende Behörde nur dann, wenn der Behördenleiter sich nicht bereits selbst dazu entschließt, sich einer Mitwirkung zu enthalten. Eine solche Entscheidung ist aktenkundig zu machen. Ist der Behördenleiter im Zweifel über das Vorliegen eines Befangenheitsgrundes oder hält er den Vortrag der Beteiligten nicht für ausreichend, muss er die Aufsichtsbehörde einschalten. Diese Regelungen gelten für jedes einzelne Mitglied, wenn die Leitung bei einem **Kollegium** liegt. Aufsichtsführende Behörde iS von Abs 1 S 1 ist nicht allgemein die Behörde, die die Dienstaufsicht führt, sondern je nach Art der in Frage stehenden Bedenken die Dienst-, Fach- oder Rechtsaufsichtsbehörde,[39] eine praktisch kaum zweckmäßige und nur schwer nachvollziehbare Regelung. Zum Begriff der Aufsichtsbehörde auch § 3 Rn 40.

23 **d) Rechtsbehelfe. aa) Beteiligte.** Die Anordnung bzw die Ablehnung einer Anordnung kann gem § 44a VwGO von den Beteiligten bei VAen nur gemeinsam mit der **Entscheidung in der Hauptsache** angegriffen werden.[40] Durch § 44a VwGO wird im Regelfall auch der Antrag eines Beteiligten auf Erlass einer eA gem § 123 VwGO in Bezug auf die Anordnung ausgeschlossen (BFH BB 1981, 1697). Demgegenüber kann es aber Fälle geben, in denen es dem Be-

---

[36] Ebenso Hufen/Siegel Rn 154; MB 5.

[37] VA-Qualität verneinen BVerwG BayVBl 1994, 155; VGH München BayVBl 1992, 470; Ziekow 8; MB 10 vor 21; UL § 12 Rn 31; Knack/Henneke 11 bejaht wird die VA-Qualität von Kösling NVwZ 1994, 457; FKS 21.

[38] BVerwG NVwZ 1994; 785; VGH München BayVBl 1992, 469; Knack/Henneke 11.

[39] Begr 108 und ABegr 7, unter ausdrücklicher Ablehnung des Vorschlags des Bundesrats, allgemein die Zuständigkeit der Dienstaufsichtsbehörde festzulegen; Knack/Henneke 9; MB 7; StBS 24.

[40] BT-Dr 7/910 S. 97 f; BVerwG NJW 1979, 177; 1982, 120; BFH NJW 1981, 2431; OVG Münster DVBl 2000, 572; VG Köln NJW 1978, 2261; Ossenbühl NVwZ 1982, 470; Steinberg DÖV 1982, 629; Sellner BauR 1980, 396.

troffenen nicht zumutbar ist, die Entscheidung abzuwarten und erst gegen diese Rechtschutz zu erhalten. Dies ist etwa anzunehmen, wenn der weitere Ablauf des Verfahrens zu Dispositionen bzw Teilergebnissen führt, die sich im Zuge des Rechtschutzes gegen die Entscheidung uU nicht mehr in zumutbarer Weise rückgängig machen lassen. Hier kann das Gebot effektiven Rechtschutzes (Art 19 Abs 4 GG) einen vorläufigen Rechtschutz geboten erscheinen lassen. Dies kommt vor allem im Prüfungsrecht in Betracht.[41]

bb) Betroffene Amtsträger. Ob der betroffene Amtsträger selbst bei Ablehnung der Anordnung oder bei Ergehen einer Anordnung dagegen eigene Rechtsbehelfe hat, hängt von der Ausgestaltung seines Dienstverhältnisses ab. IdR wird er eine Rechtsverletzung nicht geltend machen können.[42] Beamte haben umgekehrt einen Anspruch darauf, von Amtshandlungen befreit zu werden, die sich gegen Angehörige richten (§ 65 BBG). 24

III. Mitglieder eines Ausschusses (Abs 2)

1. Befangenheit von Ausschussmitgliedern. Nach Abs 2 gilt die Regelung des § 20 Abs 4 für Mitglieder eines Ausschusses entsprechend. Liegt also ein Grund vor, der geeignet ist, die Besorgnis der Befangenheit eines Ausschussmitglieds auszulösen, oder wird von einem Beteiligten ein solcher Grund behauptet, **entscheidet der Ausschuss** ohne Beteiligung des betroffenen Mitglieds. Das gilt auch, wenn ein Ausschussmitglied selbst dem Vorsitzenden (§ 20 Abs. 4 S. 1) Befangenheitsgründe mitteilt. Voraussetzung ist, dass es sich um einen **Ausschuss iSd § 88** handelt, also um ein mit mehreren Personen besetztes Gremium, das in einem Verwaltungsverfahren tätig wird (s hierzu § 88 Rn 8). Dies ist etwa bei einer personalvertretungsrechtlichen Einigungsstelle nicht der Fall (BVerwGE 68, 189; 66, 15, 291), wohl aber bei den Vergabekammern (OVG Hamburg NordÖR 2005, 414) und Berufungskommissionen im Bereich des Hochschulrechts (VG Hannover, B v 19.6.2003, juris). **Ablehnungsrechte** nach § 71 Abs 3 bleiben von der Regelung unberührt. 25

2. Entsprechende Anwendbarkeit. Die Regelung des § 20 Abs 4 ist entsprechend anwendbar, wenn die Besorgnis der Befangenheit außerhalb eines konkreten Vewaltungsverfahrens entsteht und sich auf praktisch sämtliche denkbaren Verwaltungsverfahren bezieht. In diesem Fall kann der Ausschuss (ohne das betroffene Mitglied) einen generellen Ausschluss beschließen (OVG Hamburg, NordÖR 2005, 414). 25a

3. Entscheidung des Ausschusses. Der Ausschuss muss prüfen, ob der von einem Beteiligten oder einem Ausschussmitglied selbst vorgebrachten oder auf andere Weise bekannt gewordenen Sachverhalt die Besorgnis der Befangenheit tatsächlich begründet. Er kann nicht gleichsam vorsichtshalber einen Ausschluss beschließen. Formell fehlerhaft wird die Endentscheidung sowohl dann, wenn ein Mitglied mitwirkt, gegen das die Besorgnis der Befangenheit besteht, als auch dann, wenn der Ausschluss des Mitglieds trotz tatsächlich nicht gegebener Besorgnis der Befangenheit beschlossen wird. Ob das ausgeschlossene Mitglied des Gremiums Rechtsbehelfe gegen den Ausschluss ergreifen kann, hängt von dem für das Gremium geltenden Recht ab (von VG Hannover, B v 19.6.2003, juris, bejaht für Mitglied einer Berufungskommission an einer Hochschule). 25b

---

[41] VG Hannover NVwZ 1986, 960; Obermayer/Funke-Kaiser 63; Kösling NVwZ 1994, 456: Anfechtbarkeit, wenn ein Vertrösten auf die Hauptsachenentscheidung unzumutbar; MB 4; RÖ 3 zu § 44a VwGO; **aA** Hufen/Siegel, Rn 996 (s aber auch Rn 1002); Pagenkopf NJW 1979, 2283: isoliert anfechtbar; für Großverfahren und beschränkt auf solche auch Scheuing NVwZ 1982, 490.

[42] BVerwG NVwZ 1994, 785.

IV. Folgen von Verstößen

26 **1. Fehlerhaftigkeit der Endentscheidung.** Die Mitwirkung eines iS von § 21 befangenen Amtsträgers hat die **Fehlerhaftigkeit** (vgl BVerwGE 83, 88) **der davon betroffenen Amtshandlung** nicht nur dann zur Folge, wenn der Amtsträger einer Anordnung des Behördenleiters usw nicht Folge geleistet hat, sondern auch dann, wenn der Ausschluss des befangenen Amtsträgers rechtswidrig unterblieben ist, sei es weil der Amtsträger einen ihm bekannten oder von den Beteiligten vorgetragenen Befangenheitsgrund pflichtwidrig nicht mitgeteilt hat, sei es, dass die wegen der begründeten Besorgnis der Befangenheit erforderliche Anordnung rechtswidrig unterblieben ist,[43] etwa, weil der Behördenleiter für die Anordnung keinen Grund sah, obwohl ein solcher objektiv gegeben gewesen wäre (vgl VG Arnsberg NVwZ-RR 1990, 274f). Ist die Anordnung des Ausschlusses deshalb unterblieben, weil die Beteiligten einen ihnen bekannten Befangenheitsgrund ihrerseits nicht mitgeteilt haben, kann dieser Grund die Rechtswidrigkeit des Verfahrens nicht mehr begründen (s oben Rn 4).

27 **2. Nichtigkeit.** Nichtigkeit der Entscheidung kommt in den Fällen einer Besorgnis der Befangenheit nach § 21 **nur ausnahmsweise** in Betracht, ist aber nach allerdings umstrittener Auffassung nicht ausgeschlossen. Insbesondere löst § 44 Abs 3 Nr 2 keine Sperrwirkung aus.[44] Allerdings sind Fälle schwer vorstellbar, in denen der auf Nichtbeachtung von Befangenheitsgründen beruhende Fehler eines VA offensichtlich ist. Die Nichtigkeit eines unter Mitwirkung eines befangenen Amtsträgers abgeschlossenen Vertrages richtet sich nach § 59. Zur Frage der Nichtigkeit eines VA oder verwaltungsrechtlichen Vertrags wegen Befangenheit des Amtsträgers s näher § 44 Rn 53f.

28 **3. Heilung des Mangels.** Zur Heilung eines Bewertungsmangels wegen Befangenheit bei Prüfungsarbeiten durch erneute Bewertung durch unbefangene Prüfer s § 20 Rn 67. Allg zum Anspruch auf Neubewertung BVerfG 84, 47; 84, 51; BVerwGE 91, 273 = NVwZ 1993, 677. Bei der **Bewertung schriftlicher Prüfungsarbeiten** durch jeweils zwei Prüfer – Entsprechendes gilt bei Bewertung durch mehr als zwei Prüfer – setzt eine Heilung durch Neubewertung, wenn die weiteren Prüfer ihre Bewertung in Kenntnis der Bewertung eines Prüfers vorgenommen haben, der befangen war, durch unbefangene Prüfer grundsätzlich voraus, dass, auch für die weiteren ursprünglichen Prüfer neue Prüfer die neue Bewertung vornehmen.[45]

29 **4. Unbeachtlichkeit.** Ein Fehler des Verwaltungsverfahrens wegen der Besorgnis der Befangenheit eines Bediensteten kann nach § 46 unbeachtlich sein, wenn offensichtlich ist, dass der Fehler die Verwaltungsentscheidung in der Sache nicht beeinflusst hat. Dies wird man idR annehmen können, wenn ein Fall strikt gebundener Verwaltungsentscheidung vorliegt, wenn also die getroffene Entscheidung rechtlich derart determiniert war, dass eine andere Entscheidung nicht hätte getroffen werden können (s hierzu § 20 Rn 69f). Aber auch bei nur unvollständiger rechtlicher Determinierung kommt die Unbeachtlichkeit des Fehlers in Betracht, wenn eine Rekonstruktion des Entscheidungsvorgangs ergibt,

---

[43] OVG Schleswig NVwZ-RR 1993, 396; UL § 12 Rn 32; StBS 26; Knack/Henneke 13.

[44] OVG Berlin-Brbg B v 14.5.2007, 11 S 83/06, juris; Obermayer/Funke-Kaiser 55; StBS 26; Knack/Henneke 13; **aA** UL § 12 Rn 33; Ziekow 7: Wertungswiderspruch zu § 44 Abs 3 Nr 2.

[45] VGH Mannheim NVwZ-RR 1990, 348 im Anschluß an BVerwG Buchh 421.0 Nr 157; jedenfalls für den Fall, dass ein Prozess schon anhängig ist, auch OVG Münster DVBl 1993, 65; vgl auch Kopp BayVBl 1990, 684; allg auch oben 6; **aA** wohl BVerfG 84, 34, 47; BVerwGE 91, 273; VGH München DVBl 1991, 759; vgl auch OVG Münster DVBl 1993, 62.

dass die Befangenheit offensichtlich keinen Einfluss auf den Entscheidungsprozess gehabt haben kann, weil der Kausalverlauf entweder an einer Stelle unterbrochen oder der Fehler zu einem späteren Zeitpunkt im Verwaltungsverfahren kompensiert worden ist.

§ 22 Beginn des Verfahrens

Die Behörde entscheidet nach pflichtgemäßem Ermessen, ob und wann sie ein Verwaltungsverfahren durchführt.[11 ff] **Dies gilt nicht, wenn die Behörde auf Grund von Rechtsvorschriften**

1. von Amts wegen[25] **oder auf Antrag**[26] **tätig werden muss;**
2. nur auf Antrag tätig werden darf und ein Antrag nicht vorliegt.[27 ff]

Parallelvorschriften: § 86 AO; § 18 SGB-X

Schrifttum: *Allesch,* Ist der Widerspruch nach Zustellung des Widerspruchsbescheides noch zurücknehmbar? NVwZ 2000, 1227; *Badura,* Der mitwirkungsbedürftige VA mit belastender Auflage, JuS 1964, 103; *Bell,* Zur Beachtlichkeit von Folgeanträgen, NVwZ 1995, 24; *Berger,* Der Antrag als verfahrens- und materiellrechtliches Institut, DVBl 2009, 401; *Dinger/Koch,* Querulanz in Gericht und Verwaltung, 1991; *Ehlers,* Das VwVfG im Spiegel der Rspr der Jahre 1998–2003, Vw 2004, 255; *Foerster,* Fehlendes „Sachbescheidungsinteresse" im Verwaltungsverfahren, NuR 1985, 58; *Gusy,* Der Antrag im Verwaltungsverfahren, BayVBl 1985, 484; *Gutmann,* Der richtige Antrag im Ausländerrecht, NJW 2011, 2340; *Haas,* Probleme des Rücktritts von der Prüfung aus gerichtlicher Sicht, VBlBW 1985, 161; *Hablitzel,* Antrag bei mitwirkungsbedürftigen VAen, BayVBl 1974, 392; *Hartmann,* Zur Widerruflichkeit und Anfechtbarkeit von öffentlich-rechtlichen Willenserklärungen am Beispiel der Nachbarunterschrift gem Art 73 BayBO, DÖV 1990, 8; *Hoffmann,* Die aufgedrängte Erlaubnis – zur Lehre von der sog modifizierenden Auflage, DVBl 1977, 514; *Kirchhof,* Der VA auf Zustimmung, DVBl 1985, 651; *Kischel,* Formelle und materielle Illegalität im Recht der Gefahrenabwehr, DVBl 1996, 185; *Kluth,* Rechtsfragen der verwaltungsrechtlichen Willenserklärung, NVwZ 1990, 608; *Martens,* Die Rspr zum Verwaltungsverfahrensrecht. I. Anträge im Verwaltungsverfahren, NVwZ 1986, 533; 1988, 684; *Sachs,* Volenti non fit iniuria – Zur Bedeutung des Willens des Betroffenen im Verwaltungsrecht, VerwArch 1985, 398; *Sarnighausen,* Zum Nachbaranspruch auf baubehördliches Einschreiten, NJW 1993, 1623; *Schnell,* Der Antrag im Verwaltungsverfahren, Diss Bochum 1985; *Stelkens,* Der Antrag – Voraussetzung eines Verwaltungsverfahrens und eines VA?, NuR 1985, 213; *Voßkuhle,* Wer zuerst kommt, mahlt zuerst! – Das Prioritätsprinzip als antiquierter Verteilungsmodus einer modernen Rechtsordnung, Vw 1999, 21.

Übersicht

I. Allgemeines

1. Inhalt. Die Vorschrift enthält Regelungen und Grundsätze über die Eröffnung des Verwaltungsverfahrens. Sie unterscheidet in diesem Zusammenhang amtswegige und Antragsverfahren und stellt klar, dass die Entscheidung über die Durchführung eines amtswegigen Verwaltungsverfahrens grundsätzlich Sache der Behörde ist. Diese entscheidet im Grundsatz nach pflichtgemäßem Ermessen, ob und wann sie ein Verwaltungsverfahren durchführt. Etwas anderes gilt für solche Verfahren, die zwingend durchgeführt werden müssen (S 2 Nr 1) oder für die ein Antrag zwingend Voraussetzung ist (S 2 Nr 2) und die deshalb nur bei Vorliegen eines Antrags eingeleitet werden dürfen. Zum Beginn eines Verwaltungsverfahrens auf Antrag hin s Rn 22. Die Bestimmungen des § 22 haben **nur verfahrensrechtliche Bedeutung;** sie setzen die jeweils erforderliche materiellrechtliche Ermächtigung der Behörde zum Tätigwerden voraus. Die Regelungen entsprechen dem vor Inkrafttreten des VwVfG geltenden Recht.[1] 1

a) Die Grundsätze des S 1. Die Vorschrift enthält in S 1 zwei allgemeine Regeln für die Eröffnung (Einleitung) von Verwaltungsverfahren iSd § 9. Der erste besagt, dass Verwaltungsverfahren von Amts wegen eingeleitet werden (**Grundsatz der Amtswegigkeit,** Offizialprinzip). Sofern Rechtsvorschriften nichts anderes bestimmen, ist die Eröffnung eines Verfahrens also allein Sache der Behörde, nicht der daran möglicherweise interessierten Privatleute.[2] Der zweite Grundsatz besagt, dass die Einleitung des Verfahrens im Ermessen der zuständigen Behörde steht **(Opportunitätsprinzip).** Es besteht danach also anders als bei Verfahren, die nach dem sog Legalitätsprinzip eingeleitet werden müssen (vgl S 2 Nr 1), grundsätzlich, dh soweit gesetzlich nichts anderes bestimmt ist, keine Verpflichtung zur Durchführung von Verwaltungsverfahren. 2

Beide **Grundsätze sind streng zu trennen** von dem in § 24 enthaltenen **Untersuchungsgrundsatz** (Inquisitionsmaxime), wonach die Behörde in einem Verwaltungsverfahren den Sachverhalt von Amts wegen ermitteln muss (s § 24 Rn 6). Während der Untersuchungsgrundsatz auch im Verwaltungsprozess gilt (§ 86 VwGO), findet das Offizialprinzip des S 1 in der VwGO keine Entsprechung. Dies liegt daran, dass der Verwaltungsprozess vom Grundsatz der Verfügungsbefugnis der Beteiligten (Dispositionsmaxime) beherrscht wird (siehe Kopp/Schenke § 86 Rn 1 ff). Danach ist es Sache des Klägers, ob eine Klage 3

---

[1] Vgl Obermayer VerwR 154; Kopp 70 mwN.

[2] Anträge auf Verfahrenseinleitung sind der Sache nach nur Anregungen, Erichsen/Ehlers § 13 Rn 16.

erhoben, aufrecht erhalten oder durch Rücknahme beendet werden soll; die Beteiligten entscheiden, ob sie das Verfahren durch Vergleich oder durch übereinstimmende Erledigungserklärungen beenden wollen. Diese Rechte haben die Beteiligten (§ 13) des Verwaltungsverfahrens nach § 22 S 1 grundsätzlich nicht; hier liegen Beginn und Beendigung des Verfahrens in der Hand der Behörde, die „Herrin des Verfahrens" ist.

4 **b) Abweichungen nach S 2.** Offizialprinzip und Opportunitätsprinzip (S 1) gelten nur insoweit, als **Rechtsvorschriften nicht etwas anderes vorsehen.** Dies ist in der Mehrzahl der praktisch ablaufenden Verwaltungsverfahren der Fall. Die Möglichkeit, etwas anderes vorzusehen, wird durch S 2 im Wesentlichen nur klargestellt. Die Regelung geht aber über eine bloße Klarstellung hinaus. Sie ist trotz des allgemeinen Vorbehalts entgegenstehender Rechtsvorschriften in § 1 Abs 1 notwendig, weil der **Begriff der Rechtsvorschriften** in S 2 weiter ist als in § 1 Abs 1. Während der allgemeine Vorbehalt inhaltsgleicher oder abweichender Vorschriften in § 1 Abs 1 sich nur auf Gesetze und Rechtsverordnungen bezieht (§ 1 Rn 30), werden von der Subsidiaritätsregelung in § 22 S 2 **auch Satzungen** bundesunmittelbarer Körperschaften und Anstalten des öffentlichen Rechts erfasst.[3]

5 **Zwei Grundmuster** werden in S 2 bei der durch abweichende Rechtsvorschriften ermöglichten Durchbrechung der Grundprinzipien in S 1 unterschieden. Erstens Offizialverfahren, in denen die Behörde rechtlich verpflichtet ist, von Amts wegen oder auf Antrag tätig zu werden, in denen also das **Opportunitätsprinzip durch das Legalitätsprinzip ersetzt** wird (S 2 Nr 1) und reine Antragsverfahren, in denen das Verwaltungsverfahren einen hierauf gerichteten Antrag zwingend voraussetzt, in denen das **Offizialprinzip durch die Dispositionmaxime ersetzt** wird (S 2 Nr 2). Im zuletzt genannten Fall tritt die Dispositionsmaxime an die Stelle des Offizialprinzips. Die Beteiligten des Verwaltungsverfahrens haben es dann in der Hand, ob ein Verfahren eingeleitet oder ggfs beendet wird. In der Praxis kommen aber auch **Überschneidungen** vor, zB Fälle, in denen ein Verwaltungsverfahren sowohl von Amts wegen eingeleitet als auch durch Antrag ausgelöst werden kann, oder Fälle, in denen ein Antrag die Behörde nicht zur Verfahrenseinleitung zwingt (s Rn 14, 23).

6 **2. Verfassungsrecht.** Die Vorschrift ist Ausdruck des generellen Verfassungsauftrags der Exekutive zum **wirksamen Vollzug des materiellen Rechts** (vgl BSG NJW 1987, 1846) und zur Förderung des Gemeinwohls im demokratischen Rechtsstaat (s zum Verfassungsgrundsatz der Effektivität des Verwaltungshandelns Einf I Rn 19). Die Verwaltung soll als Hüterin der objektiven Rechtsordnung die erforderlichen Maßnahmen und damit auch Verwaltungsverfahren einleiten, um dem **Prinzip der Gesetzmäßigkeit der Verwaltung** zu genügen. Dieses Prinzip verbietet nicht (negativ) nur Gesetzesverstöße, es gebietet auch (positiv) die Durchsetzung des Rechts. Es darf danach nur dann im Belieben von Betroffenen oder Interessierten liegen, ob ein Verwaltungsverfahren durchgeführt wird, wenn das objektive Recht es gerade den subjektiv Berechtigten überlässt, ob sie von den bestehenden Möglichkeiten, zB eine Baugenehmigung zu beantragen, Gebrauch machen wollen.

7 **3. Europarecht. Auch im direkten Vollzug von EU-Recht** werden amtswegige Verfahren und Antragsverfahren unterschieden, auch hier gibt es Verfahren, die dem Legalitätsprinzip und solche, die dem Opportunitätsprinzip unterliegen. Im Regelfall entscheidet die Gemeinschaftsbehörde nach pflichtgemäßem Ermessen darüber, ob sie von Amts wegen ein Verfahren eröffnen soll.[4] Dabei

---

[3] Allgemeine Meinung, vgl UL § 20 Rn 2; Ziekow 3; FKS 17; noch enger ABegr 32.

[4] So etwa im Wettbewerbsrecht: EuGHE 1996, I-5547, 5576 – Roger Tremblay; EuG, Rs. T-198/98, Slg. 1999, II-3989, 4000 – Micro Leader; siehe auch v Danwitz, Europäisches Verwaltungsverfahren, 414.

stellt der Verfahrensbeginn von Amts wegen die Ausnahme dar, während die Eröffnung des Verfahrens auf einen entsprechenden Antrag hin den Regelfall darstellt. Im Falle einer vorschriftsmäßigen Antragstellung ist die Unionsbehörde (idR die Kommission) zur Einleitung eines Verwaltungsverfahrens verpflichtet.[5]

Für den **indirekten Vollzug** von Unionsrecht (s hierzu näher Einf II Rn 38) gilt insoweit nichts anderes. Soweit Unionsrecht Antragsrechte einräumt, darf die Antragstellung nicht durch verfahrensrechtliche Anforderungen wesentlich erschwert werden; vielmehr müssen die Bürger der EU ohne besondere Schwierigkeiten Anträge zur Durchsetzung von Rechten aus dem Unionsrecht stellen können. Insoweit kann sich ein nach deutschem Fachrecht bestehendes Ermessen auf Null reduzieren. Zum Problem der Antragstellung in einer anderen als der deutschen Sprache s § 23 Rn 7 ff. 8

4. Anwendungsbereich. Die Vorschrift gilt unmittelbar nur im Anwendungsbereich des VwVfG. Die Verwaltungsverfahrensgesetze der Länder enthalten wortgleiche Regelungen. Als **Ausdruck allgemeiner Rechtsgedanken** und des **Prinzips der Gesetzmäßigkeit der Verwaltung** sind § 22 und die entspr Vorschriften des Landesrechts im Zweifel sinngemäß auch auf Verwaltungsverfahren anwendbar, die nicht in den Anwendungsbereich der Verfahrensgesetze fallen und für die auch keine sonstigen nach S 2 vorgehenden Regelungen bestehen. Fehlt es also an Regelungen über die Verfahrenseinleitung, so gelten im Zweifel das Offizialprinzip und das Opportunitätsprinzip des S 1. 9

Das Fachrecht enthält zahlreiche **spezielle Regelungen** insbesondere zu Antragsverfahren, die etwa Art und Weise sowie Förmlichkeiten der Antragstellung betreffen, aber auch inhaltliche Vorgaben machen (zB § 22 9. BImSchV, AtVfV) und uU auch im Einzelnen vorschreiben, welche Unterlagen eingereicht werden müssen (so zB die BauVorlVOen der Länder), §§ 7, 18, 30 BeschussV, § 3 KfSachvG). Vereinzelt enthalten Verordnungen Ermächtigungen zum Erlass verfahrensleitender allgemeiner Verwaltungsvorschriften (§ 95 I LuftVZO). Diese Regelungen weichen vielfach von den Grundsätzen des S 1 ab und entsprechen damit aber den in S 2 vorgesehenen Abweichungsmöglichkeiten. 10

II. Einleitung eines Verfahrens von Amts wegen (S 1)

1. Grundsatz der Amtswegigkeit. Nach S 1 der Vorschrift ist es Sache der zuständigen Behörde, über die Einleitung eines Verwaltungsverfahrens zu entscheiden. Soweit fachrechtlich nichts anderes vorgesehen ist, gilt damit der Grundsatz der Amtswegigkeit des Verfahrens (Offizialmaxime, Offizialprinzip). Entsprechendes gilt auch für die Bestimmung von Gegenstand und Ziel des Verfahrens und für die Beendigung des Verfahrens. Praktisch überwiegen freilich auch im Verwaltungsverfahrensrecht heute auf Grund besonderer Rechtsvorschriften (vgl S 2) Antragsverfahren, für die der sog Verfügungsgrundsatz (Dispositionsmaxime) gilt, sowie amtswegige Verfahren, bei denen die Behörde unter bestimmten Voraussetzungen zur Einleitung verpflichtet ist (vgl M 65; MK 43 II 4a). Der Grundsatz ist zu unterscheiden von der im Verwaltungsverfahren grundsätzlich auch etwa in Antragsverfahren bestehenden **Verfahrensherrschaft** der Behörde (Amtsbetrieb) hins des äußeren Ablaufs des Verfahrens (vgl § 10) und vom **Untersuchungsgrundsatz** (§ 24), der sich auf die – ebenfalls von Amts wegen durchzuführende – Ermittlung des Sachverhalts bezieht.[6] 11

a) Amtswegigkeit als Regel. § 22 S 1 sieht die Einleitung des Verfahrens von Amts wegen, dh ohne dass dafür der Antrag eines Beteiligten (§ 13) erforderlich oder maßgeblich ist, als Grundsatz für alle Verfahren vor, für die durch 12

---

[5] v Danwitz, Europäisches Verwaltungsrecht, 415 mwN.

[6] Ähnlich UL § 22 Rn 2, die jedoch die Verfahrensherrschaft als Teil der Amtswegigkeit ansehen.

Rechtsvorschriften nicht ausdrücklich oder nach dem Sinn und Zusammenhang, in dem eine Vorschrift steht, etwas anderes bestimmt ist (S 2). Dies folgt daraus, dass die Verwaltung in erster Linie dem öffentlichen Interesse dient (Erichsen/Ehlers § 13 Rn 16) und hat Bedeutung vor allem im **Bereich des Ordnungsrechts,** weil dort das öffentliche Interesse an der Einhaltung bestimmter Regelungen sowie an der Abwehr von Gefahren für die öffentliche Sicherheit und Ordnung im Vordergrund steht. Auch soweit die Behörde ermächtigt ist, von Amts wegen ein Verfahren einzuleiten, schließt dies allerdings Anträge nicht aus, soweit Ansprüche auf ermessensfehlerfreie Entscheidung bestehen (s hierzu Einf I Rn 56 ff).

13 **b) Verfahrensrechtlicher Charakter.** Die Vorschrift regelt nur die verfahrensrechtliche Befugnis der Behörde zur Einleitung von Verfahren. Über die materielle Befugnis der Behörde, ein eingeleitetes Verfahren durch Erlass eines bestimmten VA oder Abschluss eines entsprechenden Verwaltungsvertrages zum Abschluss zu bringen, ist damit nichts gesagt. Die **materiellrechtliche Befugnis, Berechtigung oder Verpflichtung** zum Erlass von VAen oder zum Abschluss von Verträgen ist ausschließlich in dem der Sache nach anwendbaren materiellen Recht außerhalb des VwVfG (zB im Polizeirecht, Baurecht, Gewerberecht) geregelt. Zahlreiche Gesetze sehen die Berechtigung oder auch die Verpflichtung der Behörden zum Erlass eines VA – und damit auch zur Einleitung eines darauf abzielenden Verwaltungsverfahrens – vor, wenn bestimmte Tatbestände erfüllt sind.

14 **2. Grundsatz der Opportunität.** Die Vorschrift geht in S 1 zwar vom Opportunitätsprinzip aus, wonach keine Pflicht zur Einleitung eines Verwaltungsverfahrens besteht, sondern über die Einleitung nach **pflichtgemäßem Ermessen** zu entscheiden ist. Auch insoweit ist die Regelung aber rein verfahrensrechtlicher Natur, dh sie sagt – anders als der Wortlaut nahe legt – über das Bestehen oder Nichtbestehen einer materiellrechtlichen Verpflichtung zur Einleitung von Verwaltungsverfahren nichts aus. Ob und in welchen Fällen die Behörde zum Einschreiten verpflichtet ist, wird in S 1 nicht geregelt; vielmehr ist insoweit allein das Fachrecht maßgebend, das ein Tätigwerden nach dem Opportunitätsprinzip entweder in das Ermessen der Verwaltung stellt (zB typischerweise im Polizei- und Ordnungsrecht) oder aufgrund einer Regelung nach S 2 eine Verpflichtung zum Tätigwerden enthält (zB § 35 GewO). Gleichwohl ist es gesetzgebungstechnisch sinnvoll, dass S 1 vom Grundsatz der Opportunität ausgeht, weil dieser stets gilt, wenn das Fachrecht keine anderweitige Regelung enthält.

15 **a) Einschränkungen des Ermessens.** Grundsätzlich hat sich die Frage der Zulässigkeit bzw Notwendigkeit der Einleitung eines Verwaltungsverfahrens nach materiellem Recht zu richten. Hier ist zwischen der materiellrechtlichen und der verfahrensrechtlichen Ebene zu unterscheiden. Das Verfahren dient erst der Klärung der Frage, ob ein VA erlassen oder ein Vertrag geschlossen werden darf oder muss. Deshalb hängt die Zulässigkeit der Einleitung eines Verfahrens nicht davon ab, ob eine bestimmte Maßnahme materiellrechtlich geboten ist oder nicht, sondern nur davon, ob eine Maßnahme (VA oder Vertrag) überhaupt in Betracht gezogen werden darf. Unzulässig ist die Einleitung deshalb nur dann, wenn das Verfahren auf ein offensichtlich nicht zulässigerweise erreichbares Ziel gerichtet ist, etwa wenn die beabsichtigte Maßnahme gegenüber den Betroffenen unter keinem denkbaren Gesichtspunkt getroffen werden dürfte. In solchen Fällen ist nicht erst der Erlass eines VA unzulässig, sondern schon die Einleitung eines darauf gerichteten Verfahrens. Gleiches gilt, wenn das Verfahren nur auf Antrag eingeleitet werden darf, ein solcher aber nicht vorliegt,[7] oder wenn kein dem Rechtsschutzinteresse vergleichbares, in den Aufgabenkreis der Behörde fallendes

[7] StBS 24; Obermayer/Funke-Kaiser 58; FKS 22.

öffentliches Interesse oder von der Behörde wahrzunehmendes Interesse Dritter an der beabsichtigten Regelung besteht.

b) Verzicht oder Verwirkung des Rechts auf Einleitung? Die Behörde kann auf ihr formelles Recht zur Einleitung eines Verwaltungsverfahrens im Grundsatz nicht verzichten; sie kann dieses Recht auch nicht verwirken. Die Einleitung eines Verfahrens von Amts wegen ist auch dann nicht als unzulässig anzusehen, wenn die Behörde allen Beteiligten gegenüber wirksam auf den Erlass des vorgesehenen VA verzichtet[8] oder die entsprechende Befugnis verwirkt[9] hat, was allerdings idR ohnehin nur in wenigen Fallkonstellationen möglich ist (vgl § 53 Rn 41). In derartigen Fällen ist nämlich die Einleitung eines Verwaltungsverfahrens deshalb nicht ausgeschlossen, weil **Verzicht und Verwirkung idR nur die materielle Befugnis** betreffen, nicht aber bereits das Verfahrensermessen binden.[10] Erst wenn der Erlass des möglicherweise beabsichtigten VA offensichtlich und unter allen Umständen ausgeschlossen erscheint, ist die Einleitung eines Verwaltungsverfahrens unzulässig. Im Normalfall wird sich erst in einem Verwaltungsverfahren herausstellen, ob ein Verzicht erklärt und wirksam ist bzw ein Verhalten als Verwirkung angesehen werden muss oder nicht. 16

3. Die Einleitungsentscheidung. a) Grundsatz. Das Verwaltungsverfahren nach S 1 beginnt mit der Entscheidung der Behörde, das Verfahren einzuleiten. Diese Entscheidung **muss nicht ausdrücklich** getroffen werden (StBS § 9 Rn 105; Knack/Henneke 11). Auch eine Mitteilung an einen der zu Beteiligenden ist nicht in jedem Fall erforderlich, obwohl die Behörde verpflichtet ist, die Beteiligten von der Einleitung eines Verwaltungsverfahrens möglichst frühzeitig in Kenntnis zu setzen. Ein Verfahren ist jedenfalls **mit der ersten nach außen wirkenden Maßnahme** eingeleitet, zB der Absendung eines Anhörungsschreibens,[11] der Hinzuziehung eines Dritten, einem Amtshilfeersuchen oder einer Befragung von Zeugen, nicht dagegen mit der bloßen Prüfung von Akten, der informellen Ortsbesichtigung oder Besprechungen innerhalb der Behörde. Ausreichend, aber auch notwendig ist, wie aus § 9 hervorgeht, eine nach außen wirkende Verwaltungstätigkeit, aus der die Betroffenen, sofern sie davon erfahren, konkludent entnehmen können, dass mit der Durchführung eines Verwaltungsverfahrens begonnen wurde. Die Behörde hat es also nicht in der Hand, den Beginn des Verfahrens durch Unterlassen einer förmlichen Einleitungsentscheidung oder ihrer Bekanntgabe herauszuzögern (vgl § 9 Rn 29). 17

b) Beginn bei Antragsverfahren. Umstritten ist, ob eine Entscheidung der Behörde über die Eröffnung des Verfahrens auch im Falle einer Antragstellung durch einen Bürger erforderlich ist (so unter Hinweis auf den Wortlaut von § 9 StBS 55). Die wohl hM geht demgegenüber zu Recht davon aus, dass ein Antragsverfahren unmittelbar mit der Antragstellung, genauer mit dem **Zugang des Antrags** bei der Behörde, beginnt.[12] Hierfür spricht, dass die Behörde aufgrund des Antrags regelmäßig eine Bescheidungspflicht trifft und es deshalb nicht einsichtig wäre, weshalb sie in einem solchen Fall auf den Zeitpunkt des Beginns des Verfahrens sollte Einfluss nehmen dürfen. Etwas anderes kann nur gelten, wenn der Antrag nach Form oder Inhalt in einem Verwaltungsverfahren nicht behandelt werden könnte und, zB wegen fehlender Ernstlichkeit, einer ernsthaften Befassung offensichtlich nicht zugänglich ist. Die Zulässigkeit des Antrags im 18

---

[8] Zum Verzicht s BVerwG NJW 1984, 81 zu einem Beitragsverzicht; Fischer-Hüftle BayVBl 1984, 394.
[9] Vgl zur Verwirkung BVerwGE 44, 343; BGH JZ 1986, 99.
[10] Zu weitgehend deshalb FKS 15.
[11] BVerwGE 70, 70; Ziekow 2.
[12] UL § 20 Rn 5; MB § 9 Rn 9; Obermayer/Funke-Kaiser 15; FL § 9 Rn 18.

Übrigen ist dagegen nicht Voraussetzung für den Beginn des Verwaltungsverfahrens.[13]

19 **c) Rechtsfolgen der Einleitung.** Mit der Einleitung beginnt das Verwaltungsverfahren und damit die Beachtlichkeit der hierauf bezogenen Vorschriften. Mit der Antragstellung erlangt der Bürger die Stellung als Beteiligter im Verfahren. Das gilt nicht nur für den Antragsteller, sondern auch für einen etwaigen Antragsgegner iS von § 13 Abs 1 Nr 1 (s auch unten Rn 24 ff). Es entstehen damit zugleich die **Verfahrensrechte** der Beteiligten (zB auf Akteneinsicht, Anhörung, Beratung usw), auch soweit ihnen die Einleitung noch nicht förmlich mitgeteilt worden ist. Das VwVfG enthält keine weiteren Regelungen über die materiellen Rechtsfolgen der Einleitung des Verfahrens insbesondere für die Einhaltung von Fristen (zu Verjährungsfristen s § 53 Rn 14) oder den Zeitpunkt für die maßgebliche Sach- und Rechtslage; sie ergeben sich aus dem materiellen Recht bzw allgemeinen Grundsätzen.

20 **aa) Sperrwirkung für weitere Verfahren.** Nach der Einleitung des Verfahrens darf derselbe Verfahrensgegenstand nicht zum Gegenstand eines weiteren Verwaltungsverfahrens gemacht werden. Zwar fehlt es an einer § 90 Abs 1 VwGO, § 17 Abs 1 S 2, Abs 2 GVG entsprechenden Bestimmung über den **Ausschluss neuer Verfahren in derselben Sache** bei einer weiteren Behörde, solange das Verfahren bei der ersten Behörde anhängig ist. Da es sich hier aber um Folgerungen aus der guten Ordnung der Verwaltung und dem Grundsatz der Effizienz des Verwaltungshandelns, sowie aus den in der Sache betroffenen verfassungsrechtlichen Grundsätzen und Rechten, handelt, kann für das Verwaltungsverfahren nichts anderes gelten.[14] Maßgebend ist insoweit jedenfalls im Grundsatz das Prioritätsprinzip, soweit Sonderregelungen nicht etwas anderes bestimmen (s Voßkuhle Vw 1999, 21). Eine Änderung der örtlichen Zuständigkeit ist nach der Einleitungsentscheidung nur noch gem § 3 Abs 2 und 3 oder in analoger Anwendung der dort getroffenen Regelungen möglich (s § 3 Rn 48 ff).

21 **Auch bei Unzuständigkeit der Behörde** für die Entscheidung in der Sache tritt die Sperrwirkung ein, sofern es sich nicht um einen Fall absoluter Unzuständigkeit handelt, in dem auch ein etwa ergehender VA gem § 44 nichtig bzw ein etwa abgeschlossener Vertrag gem § 59 ungültig wäre. Diese Einschränkung ergibt sich daraus, dass es nicht sinnvoll und nicht mit dem verfassungsrechtlichen Grundsatz der Verwaltungseffizienz vereinbar wäre, wenn die Anhängigkeitswirkungen, insb auch die Frage der Unzulässigkeit des Handelns der an sich für die Angelegenheit zuständigen Behörde, auch in Fällen eintreten würden, in denen der auf Grund des Verfahrens ergehende VA in jedem Fall ohne Wirkung bleiben würde.

22 **bb) Verfahrens- und Verzugszinsen. Nicht geregelt** ist im VwVfG die Frage eines Anspruchs auf Verfahrenszinsen analog § 291 BGB bei Verwaltungsverfahren, die auf Geldleistungen gerichtete VAe betreffen, sowie ggf auf Verzugszinsen analog § 288 BGB. **Nicht möglich ist die analoge Anwendung von § 291 BGB** (Prozesszinsen) im Verwaltungsverfahren, etwa bei Anträgen, die auf die Bewilligung von Geldleistungen durch VA gerichtet sind.[15] **Umstrit-**

---

[13] Obermayer/Funke-Kaiser 15.

[14] So auch OVG Bautzen ZfSH/SGB 2009, 355.

[15] Vgl BVerwGE 48, 138; BVerwG GewArch 1977, 266; für das auf das Vergabenachprüfungsverfahren folgende Kostenfestsetzungsverfahren OLG Düsseldorf B v 2.6.2005 Verg 99/04, VII-Verg 99/04, juris Rn 15; allg zur Verzinsungspflicht im Verwaltungsrecht auch BVerwGE 14, 3; 15, 81; 21, 44; 37, 239; 38, 50; BVerwG NJW 1985, 2208; NVwZ 1986, 554; OVG Koblenz DÖV 1983, 905; VGH Mannheim NVwZ 1985, 916; zT **aA** Kamps DVBl 1982, 780.

ten ist, ob für **Verzugszinsen** die allgemeinen Grundsätze gelten, zB bei verspäteter Zahlung geschuldeter Umzugskosten an einen Beamten.[16] Die wohl hM nimmt an, dass Verzugszinsen **nur bei Vorliegen besonderer Vorschriften** oder in schuldrechtlichen oder schuldrechtsähnlichen Sonderbeziehungen beansprucht werden können (BVerwG NVwZ 1986, 554 für Zuschüsse nach dem AltölG).[17]

4. Parallelität von Amtswegigkeit und Antragsbefugnis. Manche Rechtsnormen vor allem des Polizei- und Ordnungsrechts und des Wirtschaftsverwaltungsrechts sehen neben der Befugnis der Behörde zu einem Vorgehen von Amts wegen auch eine Verpflichtung der Behörde zur **Einleitung eines Verfahrens auf Antrag** Betroffener vor. Das Antragsrecht muss nicht notwendig ausdrücklich einräumt werden. Ausreichend ist, dass der zu vollziehende Rechtssatz auch den Interessen der betroffenen Bürger dient und damit einen **materiellen Anspruch** auf ein bestimmtes Handeln oder jedenfalls auf ermessensfehlerfreie Entscheidung einräumt. Damit ist verfahrensrechtlich ein Antragsrecht verbunden. Dies gilt zB im Baurecht für das **Recht des Nachbarn auf Einschreiten** der Behörde gegen einen ihn gefährdenden bauordnungswidrigen oä Zustand auf einem anderen Grundstück,[18] **im Gewerberecht** für das Recht Betroffener auf Einschreiten gegen Störungen durch einen Betrieb (VGH Kassel NVwZ-RR 1993, 407) oder Festsetzung einer Sperrstunde oder auf Anordnung bestimmter Schutzvorkehrungen zu ihren Gunsten (Knack/Henneke 4f), im **Polizeirecht** für das Recht des Bürgers auf ermessensfehlerfreie Entscheidung über ein Einschreiten gegen polizeiwidriges Handeln eines Dritten, wenn dadurch seine Rechte beeinträchtigt werden, ggf bei ernsthafter Gefährdung wichtiger Rechtsgüter auch unmittelbar auf polizeiliches Einschreiten,[19] uU auch im **Straßenverkehrsrecht** hins der Anbringung von Straßenverkehrszeichen (vgl BVerwG DÖV 1986, 928). 23

Die Befugnis zur Einleitung eines Verfahrens von Amts wegen bedeutet in Fällen der letztgenannten Art nur, dass die Behörde, auch wenn ein Antrag der Betroffenen nicht vorliegt, tätig werden kann oder sogar muss, was eine Frage des anzuwendenden materiellen Rechts ist. Auch muss sie in solchen Fällen ein auf Antrag eingeleitetes Verfahren auch bei späterer Rücknahme des Antrags nicht wie in ausschließlichen Antragsverfahren einstellen, sondern kann es von Amts wegen weiterführen. 24

III. Die Verpflichtung zur Einleitung von Verfahren (S 2 Nr 1)

1. Pflicht zur Einleitung von Amts wegen (S 2 Nr 1 1. Alt). Soweit Rechtsvorschriften dies vorsehen, ist die zuständige Behörde in Abweichung vom Opportunitätsprinzip des S 1 verpflichtet, ein Verwaltungsverfahren einzuleiten. Es muss sich um eine außenwirksame Vorschrift handeln. Verwaltungsvorschriften sind grundsätzlich zwar nicht ausreichend, sie können aber ggfs das Ermessen der zuständigen Behörde binden und auf diese Weise zu einer Pflicht 25

[16] Für Verzugszinsen bei öffentlich-rechtlichem Vertrag: VG Berlin U v 28.4.2005 16 A 71.03, juris Rn 30.

[17] BVerwG NVwZ 2002, 486; 1986, 554 unter Hinweis auf die bisher ablehnende Rspr des BVerwG: denkbar allenfalls bei Verletzung einer vertraglichen Hauptleistungspflicht; im konkreten Fall – Zuschüsse nach dem AltölG – jedoch nach Sinn und Zweck der zugrundeliegenden vertraglichen Regelung jedenfalls nicht für entgangene Gewinne; anders allenfalls bei positivem Schaden, zB wenn zur Überbrückung ein Bankkredit aufgenommen werden musste. S dazu im einzelnen BVerwG DÖV 1978, 257; NVwZ 1986, 554; Knack/Henneke § 10 Rn 15; WBSK I § 55 Rn 149.

[18] BVerwGE 22, 129; 41, 178; 44, 235; OVG Münster VRspr 25, 178; Sarnighausen NJW 1993, 1623; Finkelnburg Baur II § 19; Knack/Henneke 4.

[19] Schenke in Steiner Rn 45; Knack/Henneke 4; Kopp 110; Erichsen/Ehlers § 13 Rn 17.

zum Handeln führen. Gleichwohl handelt es sich rechtlich um die Ausübung des Ermessens iSd S 1 (StBS 14). Bei den Rechtsvorschriften iSd S 2 Nr 1 1. Alt handelt es sich idR um solche des materiellen Rechts, die eine **Pflicht zum Erlass eines VA** und damit auch zur (vorherigen) Einleitung eines Verwaltungsverfahrens enthalten (zB § 35 GewO; § 15 GastG). Da ein VA stets nur innerhalb eines Verwaltungsverfahrens erlassen werden kann, führt die materiellrechtlich bestehende Pflicht zum Erlass eines VA notwendig auch zur Pflicht zur Einleitung eines Verwaltungsverfahrens.[20]

26 **2. Verpflichtung zur Einleitung auf Antrag (S 2 Nr 1 2. Alt).** Eine Verpflichtung auf Einleitung eines Verwaltungsverfahrens auf Antrag besteht immer dann, wenn das materielle Recht einzelnen Bürgern subjektive Rechte auf ein Tätigwerden der Verwaltung einräumt und der Antragsteller sich auf ein solches materielles subjektives öffentliches Recht beruft. Dabei kommt es grundsätzlich nicht darauf an, ob dieses Recht tatsächlich besteht. Eine Pflicht zur Einleitung eines Verwaltungsverfahrens besteht schon dann, wenn diese Möglichkeit nicht von vornherein als ausgeschlossen angesehen werden darf, weil das Verwaltungsverfahren gerade der Prüfung des Bestehens dieses Rechts dient (Ziekow 3). Als subjektive öffentliche Rechte kommen sowohl Rechte auf ein bestimmtes Tun, Dulden oder Unterlassen in Betracht als auch Rechte auf ermessens- oder beurteilungsfehlerfreie Entscheidung der Behörde über einen Antrag. Liegen die Voraussetzungen für die Einleitung eines Verfahrens auf Antrag vor, so besteht die Pflicht zur unverzüglichen Eröffnung des Verfahrens.

IV. Einleitung bei antragsgebundenen Verfahren (S 2 Nr 2)

27 **1. Antragserfordernis. a) Allgemeines.** In den Fällen des S 2 Nr 2 ist die Einleitung eines Verfahrens von Amts wegen ausgeschlossen. Das Antragserfordernis entfaltet insoweit eine **Sperrwirkung.** Voraussetzung dafür ist, dass die maßgeblichen Rechtsvorschriften vorsehen, dass das Verfahren nur auf Antrag einzuleiten ist (zB gem §§ 8 ff BImSchG; Baugenehmigungsverfahren nach LBauOen) bzw nur auf Antrag eingeleitet werden darf (ausschließliche, **zwingende oder reine Antragsverfahren**). Derartige Rechtsvorschriften bestehen für praktisch sämtliche Verfahren, die auf die Erteilung von Genehmigungen gerichtet sind. Das Antragserfordernis muss nicht ausdrücklich aufgestellt sein; es kann sich auch aus dem Sinn und Zweck einer Regelung oder aus dem Zusammenhang oder aus der Sache ergeben, zB auch daraus, dass in einer Bestimmung eine Genehmigungspflicht vorgesehen ist (zB § 2 GastG). Wenn allein das **Interesse des Einzelnen** Anlass für das Verfahren gibt, weil seine Tätigkeit oder Handlungsweise einer Erlaubnis bedarf, handelt es sich typischerweise um reine Antragsverfahren, die nicht von Amts wegen eingeleitet werden dürfen. Demgegenüber spricht eine **Vermutung für das Offizialprinzip,** wenn das durchzuführende Verfahren (überwiegend) öffentlichen Interessen dienen soll, zB weil die Behörde mit dem Ziel der Gefahrenabwehr, der Wirtschaftslenkung, der Abgabenerhebung oder der Beschaffung sonstiger Leistungen durch Gebote, Verbote oder die Auferlegung von Pflichten tätig werden soll oder möchte.[21] Es gibt jedoch auch Antragsverfahren, die nicht der Verwirklichung subjektiver Rechte dienen, sondern bei denen der **Antrag nur objektive Verfahrens- oder Handlungsvoraussetzung** ist oder zu einer Pflicht zur Einleitung eines Verwaltungsverfahrens führt.[22]

---

[20] Vgl BVerwG DÖV 2006, 962; OVG Münster DÖV 2006, 225; beide zu § 4 Nr 20 lit a) UStG nach Ersuchen des Finanzamts.

[21] OVG Koblenz NVwZ 1986, 577; Knack/Henneke 6; BVerwG DÖV 2006, 962: kein Antragserfordernis bei Bescheinigung nach § 4 Nr 20 lit a S 2 UStG.

[22] ZB BVerwGE 58, 244 für das Vorschlagsrecht nach § 13 Abs 2 S 2 WPflG betreffend die Unabkömmlichstellung; anders BVerwGE 80, 355 zum Antrag auf Allgemeinverbindlicherklärung eines Tarifvertrags.

b) Keine Pflicht zur Antragstellung. Das VwVfG behandelt die Stellung von Anträgen als Option und ermächtigt die Behörden nicht zur Erzwingung einer Antragstellung, auch nicht in Angelegenheiten, für die Gesetze außerhalb des VwVfG eine Antragstellung vorschreiben.[23] Dies gilt auch für Fälle, in denen Vorhaben, die an sich antragsbedürftige Genehmigungen oä erfordern würden, bereits errichtet wurden und/oder betrieben werden, obwohl deren formelle Illegalität an sich nur in einem Antragsverfahren beseitigt werden könnte. Das Fachrecht kann in **Ausnahmefällen eine Antragspflicht** vorsehen, wie zB beim sog Baugebot gem § 176 Abs 1 BauGB. In diesen Fällen kann die zuständige Behörde die Stellung des Antrags aufgeben und erforderlichenfalls im Wege des Verwaltungszwangs durchsetzen.[24] In anderen Fällen bleiben nur die fachrechtlichen Sanktionen gegenüber einem aufgrund fehlender Antragstellung genehmigungslosen Zustand. 28

2. Die Doppelnatur des Antrags. Der Antrag auf Erlass eines VA oder auf Abschluss eines Verwaltungsvertrages hat idR sowohl **materiell-rechtlichen als auch verfahrensrechtlichen Charakter.**[25] Dies ist dem Antragsteller, der typischerweise eine materiell-rechtliche Willenserklärung abgibt, die sich auf Erlass eines VA (Erteilung einer Genehmigung, auf Zulassung zu einer öffentlichen Einrichtung usw) richtet,[26] zumeist nicht bewusst. Diese Willenserklärung enthält im Zweifel aber konkludent auch den Antrag auf Einleitung des entsprechenden, darauf gerichteten Verfahrens (Martens NVwZ 1988, 684), ohne das dem Begehren nicht entsprochen werden könnte. Als Verfahrenshandlung stellt der Antrag eine **einseitige empfangsbedürftige Willenserklärung** dar, die der zuständigen Behörde zugehen muss.[27] Damit bringt der Antragsteller zum Ausdruck, dass er die Einleitung eines Verwaltungsverfahrens und den Erlass eines VA (bzw den Abschluss eines Vertrages) erstrebt. Der Antrag muss der **zuständigen Behörde** zugehen. Die Antragstellung bei einer unzuständigen Behörde wahrt Fristen idR nicht. Eine Verpflichtung zur Weiterleitung an die zuständige Behörde besteht nur aufgrund besonderer Rechtsvorschriften (StBS § 24 Rn 81). Zu Voraussetzungen und Zeitpunkt des Zugangs s § 41 Rn 80 ff. Der Zugang muss ggfs vom Antragsteller bewiesen werden. 29

3. Wirkungen der Antragstellung. a) Allgemein. Dem Antrag des Bürgers kommt im Antragsverfahren eine ähnliche Funktion zu wie der Klage in gerichtlichen Verfahren.[28] Er bewirkt unmittelbar, dass ein Verwaltungsverfahren nach § 9 in Gang gesetzt wird; eine besondere Einleitungsentscheidung der Behörde ist grundsätzlich nicht mehr erforderlich (s oben Rn 14). Der Antrag kann darüber hinaus materielle Voraussetzung für die **Zulässigkeit einer Sachentscheidung** sein.[29] Dies gilt, wenn der Antrag zugleich unverzichtbare materiellrechtliche Voraussetzung des VA ist (Martens NVwZ 1988, 684). Insoweit 30

---

[23] BVerwG NVwZ 2015, 742, 745; OVG Schleswig DVBl 1992, 1242; StBS 26.

[24] BVerwGE 84, 335 = JuS 1991, 82 m Anm Selmer; BVerwG NJW 1990, 2402 = JZ 1991, 241 m Anm Battis zur Durchsetzung eines Baugebots nach § 176 Abs 1 BauGB.

[25] Das gilt jedenfalls für den Fall, dass sich der Antrag auf ein materielles subjektives Recht bezieht; vgl OVG Koblenz NVwZ 1986, 576; Erichsen/Ehlers § 13 Rn 18; Obermayer 86; Knack/Henneke 10; Ziekow 6; **aA** StBS 19; WBSK I § 60 Rn 4: zwei selbständige Willenserklärungen.

[26] BVerwGE 104, 375, 380; hierzu auch Ehlers Vw 2004, 261.

[27] Darin unterscheidet sich der Antrag von der Anzeige, die lediglich eine Wissenserklärung enthält, vgl OVG Münster NVwZ-RR 2011, 391.

[28] Ebenso UL § 22 Rn 3; Gusy BayVBl 1985, 486; allg auch BSG 61, 14; vgl auch OVG Münster NVwZ 1986, 576; **aA** FL § 10 Rn 8.

[29] OVG Koblenz NVwZ 1986, 576; Martens NVwZ 1988, 684: der fehlende Antrag bildet ein Hindernis für die Durchführung eines Verwaltungsverfahrens.

kann im Falle einer Antragstellung richtigerweise nicht von zwei selbständigen Anträgen, einem materiellen und einem verfahrensrechtlichen Antrag, ausgegangen werden, sondern nur von materiellrechtlichen und verfahrensrechtlichen Wirkungen der Antragstellung.

31 **b) Bestimmung des Verfahrensgegenstandes.** Der Antrag bestimmt auch den Gegenstand (s § 9 Rn 24) und das Ziel des Verfahrens.[30] Der Verfahrensgegenstand darf in diesem Zusammenhang nicht zu eng verstanden werden. Er muss insbesondere auch im Hinblick auf die **Zielsetzungen der Antragstellung** ausgelegt werden.[31] Ist ein Antrag unvollständig, ergibt sich aber auch schon aus anderen Gründen, dass ihm nicht stattgegeben werden könnte, so kann die Behörde auch gleich in der Sache abschließend entscheiden (vgl BVerwG NVwZ-RR 1990, 204: lehnt das Bundesamt für den Zivildienst einen Antrag auf Anerkennung als Kriegsdienstverweigerer aus Gewissensgründen nach § 6 Abs 1 KDVG wegen Unvollständigkeit ab, so kann es auch ausdrücklich feststellen, dass der Antragsteller nicht berechtigt ist, den Kriegsdienst mit der Waffe zu verweigern).

32 **c) Entstehung des Verfahrensverhältnisses.** Die Antragstellung hat gem § 13 Abs 1 Nr 1 zur Folge, dass ein Verfahrensverhältnis zwischen Antragsteller und Behörde (bzw dem Träger der Behörde) entsteht und der Antragsteller Beteiligter in dem durch den Antrag anhängig gemachten Verwaltungsverfahren wird. Entsprechendes gilt für einen etwa betroffenen Antragsgegner (s § 13 Rn 19f). Außerdem hat die mit der Antragstellung begründete Anhängigkeit des Verfahrens, grundsätzlich auch bei Antragstellung vor einer unzuständigen Behörde, analog § 17 Abs 1 S 2 GVG eine **Sperrwirkung** zur Folge, dh dass ein weiteres Verfahren in derselben Angelegenheit unzulässig ist (s Rn 15a), es sei denn, der Antrag wurde vor einer absolut unzuständigen Behörde (s hierzu § 44 Rn 14), deren Entscheidung nach § 44 nichtig wäre, gestellt. Die Antragstellung bei der Behörde ist, soweit darüber durch VA zu entscheiden ist grundsätzlich auch Sachentscheidungsvoraussetzung für etwaige spätere Rechtsbehelfsverfahren in der Sache (vgl Kopp/Schenke vor § 68 Rn 5a).

33 **d) Antrag als materielle Entscheidungsvoraussetzung.** Regelmäßig ist der Antrag gem § 22 S Nr 1 oder Nr 2 nach dem materiellen Fachrecht zugleich Voraussetzung für das Entstehen von materiellrechtlichen Rechtsverhältnissen und insb auch von materiellrechtlichen Ansprüchen bzw Rechten.[32] Das VwVfG regelt lediglich Antragsverfahren, die auf den **Erlass eines VA** (oder den Abschluss eines Verwaltungsvertrags) gerichtet sind. Das gilt auch dann, wenn das Endziel des Antragstellers eine schlichthoheitliche Leistung (Zahlung, Auskunft) usw ist, das Fachrecht aber diese Leistung vom vorherigen Erlass eines auf diese Leistung gerichteten Bewilligungs-VA abhängig macht. Vgl zur Unterbrechung von Verjährungs- oder Erlöschensfristen durch Antragstellung in der Sache § 53 Rn 32.

---

[30] Martens NVwZ 1988, 684; UL § 22 Rn 3, II 2; Obermayer, in: Boorberg-FS 1977, 128; StBS 45f, Knack/Henneke 10; vgl auch VGH München BayVBl 1984, 438: Hinausgehen über den Antrag ist unzulässig. Abweichend BVerwGE 75, 214: in Planfeststellungsänderungsverfahren nach § 76 Abs 1 kann die Planfeststellungsbehörde über Gegenstand und Umfang des Änderungsantrages hinausgehen.

[31] Vgl BVerwGE 129, 226 zum Antrag auf Aufenthaltserlaubnis: begrenzt durch die Aufenthaltszwecke, aus die der Anspruch gestützt wird.

[32] Vgl OVG Koblenz NVwZ 1986, 578; Erichsen/Ehlers § 13 Rn 18; Gusy BayVBl 1985, 486; Martens NVwZ 1988, 684; Knack/Henneke 10: Doppelfunktion des Antrags, wobei der materiellrechtliche Gehalt das bestimmende Element ist; StBS 19f: zwei getrennte Willenserklärungen, wobei die verfahrensrechtliche Erklärung zugleich den materiellen Antrag enthalten kann; zT **aA** UL § 20 Rn 5: nur verfahrensrechtliche Funktion, nicht zugleich auch materiellrechtlicher Antrag.

e) Reihenfolge der Bearbeitung. Grundsätzlich ist in der **Reihenfolge des Eingangs** der Anträge zu entscheiden (Prioritätsprinzip).[33] Sachliche Gründe, zB eine besondere Eilbedürftigkeit, können es rechtfertigen, einzelne Sachen vorzuziehen. Muss unter mehreren Bewerbern eine **Auswahlentscheidung** getroffen werden, dann muss der Eingang aller fristgemäßen Anträge abgewartet und zunächst eine einheitliche Auswahlentscheidung getroffen werden. Dabei ist nach den durch Gesetz, VO oder Satzung festgelegten Kriterien, bei Fehlen solcher nach den **Grundsätzen sachgemäßer Ermessensausübung**[34] unter Berücksichtigung auch einer bisherigen ständigen Praxis eine Auswahlentscheidung zu treffen. Vgl zum Grundsatz „bekannt, bewährt" als Auswahlkriterium zB bei der Vergabe von Standplätzen auf Jahrmärkten § 40 Rn 41. 34

4. Fehlende, abweichende oder verspätete Anträge. a) Fehlen eines Antrags. Fehlt bei einem reinen Antragsverfahren der Antrag gänzlich oder wird er später mit Erfolg wegen eines Willensmangels angefochten (s § 9 Rn 36) – anders bei späterer Zurücknahme (s unten Rn 65) –, so ist (bzw wird) das Verfahren grundsätzlich unzulässig; ein gleichwohl ergehender mitwirkungsbedürftiger **VA ist rechtswidrig,**[35] solange der Mangel nicht gem § 45 Abs 1 Nr 1 geheilt worden ist (s § 45 Rn 15 ff), **aber grundsätzlich wirksam,**[36] und nur in schweren Fällen nichtig.[37] Etwas anderes gilt in den Fällen, in denen die Einleitung auf Antrag nur alternativ neben der Befugnis der Behörde zum Handeln von Amts wegen steht (vgl oben Rn 18). Auch wenn gesetzliche Bestimmungen einen Antrag für ein Verfahren bzw für den Erlass eines VA vorsehen, ist deshalb stets zu prüfen, ob damit eine Einleitung eines Verfahrens von Amts wegen schlechthin ausgeschlossen werden soll oder alternativ zur Einleitung auf Antrag zulässig bleibt.[38] § 22 kann insoweit aber der allgemeine Grundsatz entnommen werden, dass dies im Zweifel nicht der Fall ist.[39] 35

Wenn bzw soweit durch Gesetz ein Antrag zwingende Voraussetzung des Verfahrens und des VA ist **(mitwirkungsbedürftiger VA),** hat der Bürger Anspruch darauf, dass, solange er keinen Antrag stellt, ein Verfahren unterbleibt und nicht einfach von Amts wegen oder auf Anregung von Dritten durchgeführt wird.[40] In diesen Fällen kann ein gleichwohl ergehender VA angefochten werden, sofern er für den Betroffenen eine Beschwer enthält (vgl § 42 VwGO). Der gerichtlichen Anfechtung steht § 44a VwGO nicht entgegen, weil in diesen Fällen idR (auch) ein materieller Fehler vorliegt, wenn ohne Zustimmung des Antragsberechtigten ein VA erlassen wird.[41] Zulässig ist jedoch die Einleitung eines Verfahrens auch mit dem Ziel, zu klären, ob eine Tätigkeit oä genehmi- 36

---

[33] BVerwGE 82, 295 = NJW 1990, 1376; OVG Münster GewArch 1991, 23; StBS 60; Knack/Henneke 26; MB 6; Voßkuhle, Die Verwaltung Nr 31, 21, 23 ff.

[34] S BVerwG MDR 1971, 246; Gusy BayVBl 1985, 488; Rummer NJW 1988, 225.

[35] VG Frankfurt, NVwZ-RR 2009, 900; FKS 24; s näher hierzu § 35 Rn 182.

[36] Im Ergebnis ebenso Knack/Henneke 33; Ziekow 15; differenzierend StBS § 45 Rn 28; Erichsen/Ehlers § 13 Rn 17; **aA** BVerwGE 20, 30; WBSK I § 60 Rn 16 („materielles Aufdrängungsverbot"); Weyreuther DVBl 1969, 295: schwebend unwirksam bis zur Genehmigung; offen BVerwG NJW 1982, 2273.

[37] BSG 8, 225; 9, 12; OVG Münster 14, 344; VGH München 12, 65; F 207; Knack/Henneke 33; im Ergebnis auch BVerwGE 30, 187.

[38] Vgl BVerwGE 11, 18; OVG Koblenz NVwZ 1986, 577; Hablitzel BayVBl 1974, 392.

[39] Str; vgl auch BSGE 61, 180: auch bei Erstattungsforderungen kann wegen Art 1 Abs 1 GG auf den Antrag auf höchstpersönliche Leistungen der Gewaltopferhilfe auch dann nicht verzichtet werden, wenn der Betroffene inzwischen verstorben ist; zT abweichend BSGE 63, 206.

[40] Vgl Martens NVwZ 1988, 685: Stelkens NuR 1985, 220: wenn der Antrag zugleich die Bedeutung einer materiellen Zustimmung zu einem zustimmungsbedürftigen VA hat. S hierzu auch § 35 Rn 182.

[41] Vgl VGH Mannheim VBlBW 1988, 74; Martens NVwZ 1988, 685.

gungsbedürftig usw und damit antragsbedürftig ist (Martens NVwZ 1988, 685). Das Verfahren muss dann jedoch eingestellt werden, sobald feststeht, dass ein Antrag erforderlich ist, aber nicht gestellt wurde.

37 **b) Inkongruenz von Antrag und VA.** Enthält eine Genehmigung, Zulassung usw in einem Antragsverfahren Inhaltsbestimmungen, die vom Inhalt des Antrags abweichen, wird also inhaltlich etwas anderes genehmigt als beantragt war, lassen sich **vier Fälle unterscheiden:**

38 **aa) Teilablehnung.** Im ersten Fall besteht die Abweichung darin, dass die Regelung der Genehmigung sachlich hinter dem Antrag zurückbleibt, also **weniger genehmigt wird, als beantragt** war. Die damit verbundene Teilablehnung ist verfahrensrechtlich zulässig, wenn der Antragsgegenstand teilbar ist (zB zeitliche Beschränkung einer beantragten Sondernutzung oder Aufenthaltserlaubnis, mengemäßige Beschränkung der wasserrechtlichen Erlaubnis zur Entnahme oder Einleitung). Liegt keine Teilbarkeit vor, kann der Antrag, wenn er materiellrechtlich nicht vollständig genehmigungsfähig erscheint, nur insgesamt abgelehnt werden. Unzulässig ist idR die Beschränkung der Zahl der beantragten Wohnungen oder Geschosse in einer Baugenehmigung).

39 **bb) Belastende Nebenbestimmungen.** Der zweite Fall betrifft die Genehmigung eines Antrags unter Beifügung von Nebenbestimmungen (§ 36). Soweit es sich um Bedingungen und Befristungen handelt, liegt der Sache nach eine inhaltliche Beschränkung in zeitlicher Hinsicht vor, die sich auch zur ersten Fallgruppe rechnen ließe, aber wegen ihrer Regelung in § 36 bzw entsprechenden speziellen Vorschriften des Fachrechts gesondert behandelt werden kann. Ob und in welchem Umfang ein begünstigender VA mit Nebenbestimmungen versehen werden darf, richtet sich nach dem jeweiligen Fachrecht bzw nach § 36. Unter den dort genannten Voraussetzungen ist die Beifügung von Nebenbestimmungen grundsätzlich zulässig. Liegen die Voraussetzungen nicht vor, so kommt nach mittlerweile hM eine isolierte Anfechtung der belastenden Nebenbestimmung in Betracht (s dazu und zur Kritik an dieser Auffassung § 36 Rn 93 f).

40 **cc) Inhaltliche Konkretisierung.** Kein echter Fall der Divergenz von Antrag und VA ist der Fall der (zulässigen) Konkretisierung. Zulässig ist es, in einer Genehmigung den Gegenstand gegenüber dem Antrag inhaltlich zu konkretisieren, **wenn der Antrag konkretisierungsfähig** ist und sich die Regelung inhaltlich im Rahmen des gestellten Antrags hält. Diese Möglichkeit der Konkretisierung besteht bei Anträgen, die das zu genehmigende Vorhaben bzw. Verhalten nicht abschließend beschreiben oder auf andere Weise erkennen lassen, dass einzelne Spezifikationen der Genehmigung überlassen bleiben sollen. Dies ist etwa der Fall, wenn im Antrag selbst bereits Alternativen zu bestimmten Teilen des Antragsgegenstandes aufgezeigt werden oder bestimmte Vorkehrungen wahlweise angeboten werden. In vielen Fällen lassen sich die notwendigen Konkretisierungen aber auch über Nebenbestimmungen erreichen. Zur Abgrenzung von Inhaltsbestimmungen und Nebenbestimmungen s § 36 Rn 9.

41 **dd) Inhaltliche Abweichungen und Beschränkungen.** Substantielle Abweichungen vom Inhalt des Antrags durch eine Inhaltsbestimmung oder modifizierende Auflage (zur Abgrenzung von der Nebenbestimmung s § 36 Rn 9 u 74) führen zur **Rechtswidrigkeit** der Genehmigung, sofern sich nicht entweder durch das Fachrecht oder durch den Antrag zugelassen worden sind. Im Fachrecht sind teilweise Ermächtigungen für inhaltliche Modifizierungen oder Beschränkungen der Genehmigung gegenüber dem gestellten Antrag vorgesehen.[42]

---

[42] In einigen Fachgesetzen ist eine inhaltliche Beschränkbarkeit ausdrücklich vorgesehen, zB § 21 Nr 3a 9. BImSchV; § 17 AtG; § 3 GastG; § 8 Abs 2 HwO; § 34c Abs 1 S 3 GewO. Aber auch sonst kommen uU quantitative Beschränkungen in Betracht.

Auch der Antrag kann ausdrücklich oder konkludent vorsehen, dass von einzelnen Spezifikationen des Vorhabens oder Verhaltens abgewichen werden darf. Ist beides nicht der Fall, führt dies zur Rechtswidrigkeit der vom Antrag nicht mehr gedeckten Regelung. Der Antragsteller kann allerdings auch **nachträglich sein Einverständnis** mit der abweichenden Genehmigung erklären und dadurch den Mangel der Antragstellung beseitigen. Hiervon ist zB auch auszugehen, wenn er von der modifizierenden Genehmigung Gebrauch macht (zB ein Gebäude oder eine Anlage mit den vorgesehenen Modifikationen errichtet usw.).

Hinsichtlich des Rechtsschutzes ist zu differenzieren: In einer modifizierenden Genehmigung liegt konkludent eine vollständige oder jedenfalls teilweise Ablehnung des gestellten Antrags, verbunden mit der Genehmigung eines anderen, in dieser Form nicht beantragten Vorhabens, weshalb der Antragsteller insoweit in der Hauptsache eine **Verpflichtungsklage** zu erheben hätte. Diese würde ihn nicht daran hindern, von der erteilten modifizierten Genehmigung Gebrauch zu machen, solange das beantragte Vorhaben nicht durch die Verwirklichung des genehmigten faktisch nicht mehr verwirklicht werden kann. Ob eine **isolierte Anfechtungsklage** gegen die in der genehmigten Form nicht beantragte Genehmigung zulässig ist, erscheint dagegen zweifelhaft (§ 36 Rn 63). 42

V. Wirksamkeitsvoraussetzungen für Anträge

1. Allgemeines. a) Eingang bei der zuständigen Behörde. Anträge müssen bei der zuständigen Behörde eingereicht werden. Das bedeutet, dass sie der zuständigen Behörden zugehen müssen (zum Begriff des Zugangs § 41 Rn 80). Anträge bei der unzuständigen Behörde werden erst wirksam, wenn sie an die zuständige Behörde weitergeleitet worden sind. Zur elektronischen Antragstellung s § 3a Rn 6ff; zur Antragstellung über die einheitliche Stelle s § 71b. Zu den Formerfordernissen s unten Rn 52. 43

b) Allgemeine Mindestvoraussetzungen. Damit von einem wirksam gestellten Antrag ausgegangen werden kann, müssen bestimmte Mindestvoraussetzungen erfüllt sein. Grundsätzlich müssen **Person des Antragstellers** (im Normalfall auch sein Anschrift) sowie der **Gegenstand des Antrags** hinreichend erkennbar sein; das Fachrecht kann weitere Anforderungen stellen. Liegen sie nicht vor, darf die Behörde dem Antragsteller zwar Gelegenheit geben, Antragsmängel zu beheben, aber nicht in der Sache entscheiden, (sofern sie das Verfahren nicht auch von Amts wegen einleiten darf). Ob der Bürger einen Antrag stellt oder nicht, steht grundsätzlich in seinem Belieben; er kann im Prinzip nicht zu einer (rechtzeitigen und ordnungsgemäßen) Antragstellung gezwungen werden (s auch Rn 28).[43] In materiell-rechtlicher Hinsicht entspricht dies dem Grundsatz, dass die Behörde dem Bürger keinen (mitwirkungsbedürftigen) VA aufdrängen darf, den dieser nicht haben will **(Aufdrängungsverbot).** Zu den Folgen eines fehlenden Antrags für den VA s Rn 35. 43a

c) Zulässigkeit und Begründetheit von Anträgen. Während die Begründetheit von Anträgen eine Frage des materiellen Rechts ist, betreffen Wirksamkeits- und Zulässigkeitsvoraussetzungen die verfahrensrechtlichen Anforderungen für die Sachentscheidung. Die Unterscheidung von Wirksamkeits- und Zulässigkeitsvoraussetzungen ist in den Fällen sinnvoll, in denen es für die Antragstellung auf die Einhaltung von Antragsfristen, auf Stichtage oder auf die Reihenfolge der Antragstellungen (Windhundprinzip)[44] ankommt. Dann nämlich muss zum danach jeweils maßgeblichen Zeitpunkt **jedenfalls ein wirksamer Antrag** vorlie- 44

---

43 StBS 26; Stelkens NuR 1985, 213, 215.

44 So zB nach § 3 SeeAnlVO für die Sicherung von Ansprüchen auf die Genehmigung von Windparks in der AWZ.

gen. Für die (übrigen) Zulässigkeitsvoraussetzungen gilt, dass sie grundsätzlich erst im **Zeitpunkt der abschließenden Verwaltungsentscheidung** vorliegen müssen. Im übrigen sind Wirksamkeitsvoraussetzungen auch Zulässigkeitsvoraussetzungen. Es ist grundsätzlich Sache des Fachrechts, zu bestimmen, welche Voraussetzungen bereits im Zeitpunkt der (fristgebundenen, fristwahrenden oder platzwahrenden) Antragstellung vorliegen müssen.

45 **2. Einhaltung von Antragsfristen.** Wenn durch Rechtsvorschriften die Wahrung bestimmter Fristen für eine Antragstellung vorgeschrieben ist, gehört auch ihre Einhaltung zu den Erfordernissen einer ordnungsgemäßen Antragstellung.[45] Ein verspätet gestellter Antrag kann zur Unzulässigkeit einer Sachentscheidung führen.[46] Dies ist zB bei Anträgen auf Zulassung zum Studium usw der Fall. Bei anderen Anträgen verschiebt sich lediglich die materielle Entscheidungsgrundlage.[47] Bei den gesetzlich festgelegten Fristen ist jeweils zu unterscheiden, ob es sich um Präklusionsfristen oder um Fristen handelt, bei denen eine Wiedereinsetzung in den vorigen Stand gewährt werden kann. Nach Art und Wirkung sind außerdem gesetzliche und behördliche Fristen zu unterscheiden.

46 **a) Gesetzliche Fristen.** Fristbestimmungen, bei deren Nichteinhaltung subjektive Rechte entfallen, bedürfen nach dem Grundsatz vom Vorbehalt des Gesetzes einer gesetzlichen Grundlage, wie sie im Fachrecht allerdings recht häufig anzutreffen sind. Ähnliche Wirkung wie gesetzliche Fristen und mit solchen durchaus vergleichbar haben **zeitliche Anforderungen,** die sich **aus der Natur der Sache** oder aus Mitwirkungspflichten ergeben. Ersteres gilt zB für die Notwendigkeit, die Zulassung als Schausteller zu einem Jubiläumsjahrmarkt und auf Zuteilung eines Standplatzes jedenfalls vor Beendigung dieses Marktes zu stellen, letzteres zB für die Geltendmachung einer krankheitsbedingten Prüfungsunfähigkeit und den Antrag auf Unterbrechung der Prüfung (näher § 2 Rn 49).

47 **Gewahrt ist eine gesetzliche Antragsfrist** nur, wenn bis zu ihrem Ablauf ein den gesetzlichen Vorschriften bzw allgemeinen Rechtsgrundsätzen entsprechender Antrag bei der Behörde eingegangen ist (s zum Begriff des Eingangs bzw Zugangs § 31 Rn 22; § 41 Rn 80, zur Behandlung bei von der Behörde verschuldeter Fristversäumung § 31 Rn 27). Die **Verlängerung gesetzlicher Fristen ist nicht möglich.** Die Behörde darf eine Fristversäumung auch nicht unberücksichtigt lassen. Wird eine gesetzliche Frist versäumt, so kommt nur noch die **Wiedereinsetzung in den vorigen Stand** gem § 32 in Betracht, sofern die Fristversäumung nicht verschuldet war und kein Fall einer sog Ausschlussfrist vorliegt (§ 32 Rn 6). Dies gilt auch für Fälle, in denen die Antragstellung innerhalb der gesetzlichen Frist nicht wirksam erfolgte, zB bei fehlender Unterschrift unter schriftlich gestellte Anträge.[48]

48 **b) Wahrung behördlicher Fristen.** Die Nichtbeachtung von Fristen, welche die Behörde zur Behebung von Formmängeln des Antrags oder zur Vorlage

---

[45] Ebenso grundsätzlich zum bish Recht BVerwGE 13, 209; 17, 199; Erichsen/Ehlers § 13 Rn 19 („im Regelfall Anspruchsausschluss"); vgl ferner BSG 14, 246.

[46] Maßgebend ist insoweit das materielle Recht, vgl Knack/Henneke 16; Ziekow 9; FKS 43.

[47] Der Umstand, dass der Bewilligungszeitraum gem. § 15 Abs 1 BAföG frühestens mit dem Antragsmonat beginnt, führt nicht zur Annahme einer gesetzlichen Frist für die Antragstellung (BVerwG NVwZ 1005, 75; anders nach BVerwG NVwZ 1997, 2966 für § 27 WoGG).

[48] Sofern ohne die Unterschrift die Identität des Antragstellers bzw dessen Wille zur Antragstellung nicht hinreichend klar sind, vgl § 64 Rn 8; zT **aA** zum Erfordernis der eigenhändigen Unterschrift BFH 184, 47: der Zweck kann auch noch erreicht werden, wenn die Unterschrift dem rechtzeitig eingereichten Antrag auf Lohnsteuer-Jahresausgleich nach Ablauf des Jahres beigefügt wird, nicht mehr jedoch nach Ablauf einer von der Behörde gesetzten Frist; insoweit kommt auch eine Wiedereinsetzung nicht mehr in Betracht.

einer Vollmacht gem § 14 Abs 1 S 3 stellt, hat nicht dieselbe Bedeutung wie bei gesetzlichen Fristen. Insb wird bei Nichteinhalten solcher Fristen ein **Antrag nicht deshalb unzulässig.** Die Behörde hat in diesem Fall nur das Recht, den Antrag als in der vorliegenden Form unzulässig abzulehnen, sofern der Mangel auch im Zeitpunkt ihrer Entscheidung noch nicht geheilt ist. Der Antragsteller kann den Mangel auch noch im Rechtsbehelfsverfahren – nach § 45 Abs 1 Nr 1 selbst noch im verwaltungsgerichtlichen Verfahren – mit Rückwirkung auf den Zeitpunkt der ursprünglichen Antragstellung beheben. Das gilt auch für die Fälle, in denen der Antrag nicht die von der Behörde im Rahmen ihres Verfahrensermessens gestellten Anforderungen (zB Schriftlichkeit, Formulare) erfüllt, sofern für diese Anforderungen eine gesetzliche Grundlage nicht besteht (s oben Rn 32).

c) Verspäteter Antrag. Soweit der Antrag nach materiellem Recht Voraussetzung für die Bewilligung von Leistungen ist, kann die Bewilligung ohne vorherige Antragstellung grundsätzlich nicht erfolgen.[49] So setzt etwa eine Bewilligung von Ausbildungsförderung für einen Bewilligungszeitraum (§ 50 Abs 3 BAföG) nach § 46 Abs 1 BAföG einen vor Beginn dieses Zeitraums gestellten Antrag voraus; eine rückwirkende Bewilligung ist ebenso wie eine **rückwirkende Antragstellung grundsätzlich nicht möglich.** Wurde die Antragstellung ohne eigenes Verschulden des Antragstellers versäumt, so stellt sich die Frage, ob eine **Wiedereinsetzung** gem § 32 in Betracht kommt. Eine solche setzt nach hM voraus, dass der Antrag innerhalb einer gesetzlichen Frist hätte gestellt werden müssen (s hierzu § 32 Rn 5 ff). In den meisten Fällen ist dies nicht der Fall. 49

3. Form des Antrags. Das VwVfG enthält für das allgemeine Verwaltungsverfahren keine näheren Bestimmungen über die Antragstellung; anders für das förmliche Verfahren (§§ 63 ff), für das § 64 vorschreibt, dass der Antrag schriftlich oder zur Niederschrift der Behörde zu stellen ist. Für das allgemeine Verfahren und auch für andere nicht abschließend geregelte Verfahren gelten somit die **allgemeinen Rechtsgrundsätze,** wie sie insb in Anlehnung an förmliche Verfahren (Verfahren nach Art der in §§ 63 ff geregelten Verfahren, Widerspruchsverfahren, Klageverfahren), jedoch unter Berücksichtigung der besonderen Bedürfnisse der Verwaltung (vgl § 10), entwickelt wurden (vgl Kopp 66 f). 50

a) Grundsatz der Formlosigkeit. Die Vorschrift verlangt für die Antragstellung keine bestimmte Form. Anträge können danach, soweit durch Rechtsvorschriften nichts anderes bestimmt ist, sowohl **mündlich** als auch schriftlich oder, sofern der Zugang gem § 3a eröffnet ist, auch elektronisch, ferner telegraphisch, außerdem regelmäßig – dh soweit keine anderweitigen Regelungen[50] bestehen, durch **Fernschreiben, Telebrief, Telefax** usw (vgl zu Mitteilung durch Btx BVerwG NJW 1995, 2121) oder zur Niederschrift der Behörde, sogar **telefonisch,**[51] sofern die Identität des Antragstellers feststeht, oder uU durch **konkludentes Verhalten**[52] gestellt werden (WBSK I § 46 Rn 27, § 60 Rn 5). Der Antrag muss aber **bei der zuständigen Behörde** gestellt wer- 51

---

[49] S hierzu Neumann NVwZ 2000, 1243, 1245.

[50] Zum Ausschluss der Antragstellung durch Telefax im Fall der Zulassung zumStudium in einem zulassungsbeschränkten Studiengang VG Freiburg, B v 27.10.2014, NC 6 K 2180/14, jurs.

[51] Vgl auch VG Wiesbaden NVwZ 1988, 90 zu § 123 VwGO, jedoch zu weitgehend, dass ein telefonischer Antrag uU auch ausreichend sein kann, wenn an sich ein schriftlicher Antrag vorgeschrieben ist.

[52] BVerwGE 11, 18; BVerwG NJW 1982, 2270; SozR § 102 SGG Nr 8; VGH Kassel NVwZ 1985, 498; Erichsen/Ehlers § 13 Rn 19; WBSK I § 46 Rn 27; 60 Rn 5 (siehe im Text oben); 156 IVa; Lorenz 265; Hablitzel BayVBl 1974, 392; Gusy BayVBl 1985, 484; Stelkens NuR 1985, 217; StBS 30, 37; Knack/Henneke 11.

den.[53] Er kann nicht durch ein an das Gericht gerichtetes Rechtsschutzbegehren ersetzt werden, auch wenn die dafür zuständige Behörde den Antragsteller angehört hat und als Organ des Antragsgegners eine Ausfertigung des Antrags erhält.[54] Nach überwiegender Auffassung[55] genügt dem Erfordernis eines schriftlichen Antrags auch ein in einem Schriftsatz an das Verwaltungsgericht enthaltener Antrag, wenn der Schriftsatz zur Weiterleitung an die Behörde bestimmt ist. Dem wird man nur zustimmen können, wenn der Antrag im Schriftsatz eindeutig an die Behörde gerichtet ist.

52 **b) Schriftform. aa) Schriftformerfordernis.** Viele Rechtsnormen des Fachrechts verlangen für die Antragstellung die Schriftform. In diesen Fällen muss der Antrag grundsätzlich schriftlich abgefasst und mit einer eigenhändigen **Unterschrift** (vgl § 126 BGB) versehen bei der Behörde eingereicht werden.[56] Die Antragstellung durch **Telefax** ist ausreichend; bei einer **elektronischen Antragstellung** sind die Voraussetzungen des § 3a Abs 2 zu beachten.

52a Fraglich ist, ob für das Schriftformerfordernis stets eine **gesetzliche Grundlage** erforderlich ist oder ob die Verwaltung im Rahmen ihres Verfahrensermessens (§ 10) auch von sich aus eine schriftliche Antragstellung verlangen kann. Die hM[57] verlangt stets eine gesetzliche Grundlage, erlaubt aber unter bestimmten Voraussetzungen auch die Annahme eines **Schriftformerfordernisses aus der Natur der Sache.**[58] Richtigerweise wird hier differenziert werden müssen. Wenn die Behörde von sich aus, dh ohne gesetzliche Grundlage eine schriftliche Antragstellung verlangt, kann sie zwar damit keine materiellrechtlichen Wirkungen auslösen, also etwa nicht erreichen, dass ein formlos gestellter Antrag eine Antragsfrist nicht wahrt und ein materiell gegebener Anspruch aus wegen des Verstoßes gegen das behördliche Schriftformerfordernis erlischt. Sie kann aber die Bearbeitung des Antrages von der Beachtung des selbst aufgestellten Formerfordernisses abhängig machen.

53 **bb) Antrag durch Niederschrift. Umstritten** ist, ob eine Antragstellung zur Niederschrift der Behörde ein gesetzliches **Schriftformerfordernis auch dann erfüllt,** wenn die Rechtsvorschrift dies als alternative Form der Antragstellung nicht vorsieht.[59] Dies ist **entgegen der hM[60] zu bejahen.** Die Frage ist im Gesetz nicht ausdrücklich geregelt. Aus der Gleichsetzung von Schriftform und Niederschrift im schriftlichen Verfahren in § 64 lässt sich aber folgern, dass das Gesetz im formlosen Verwaltungsverfahren keine strengeren Anforderungen stellen kann als im förmlichen Verwaltungsverfahren. Das Schriftformerfordernis ist kein Selbstzweck, sondern soll der Verwaltung eine besondere Sicherheit hinsichtlich der Tatsache der Antragstellung, ihres Inhalts und ihres Urhebers vermitteln. Dieses Ziel wird bei der Antragstellung zur Niederschrift ebenso erreicht wie bei der Einreichung eines vom Antragsteller selbst gefertigten und unterschriebenen Schriftstücks.

---

[53] Zur Weiterleitung eines bei einer unzuständigen Behörde eingereichten Antrags s Rn 23.

[54] Vgl OVG Lüneburg VRspr 32, 374; **aA** BVerwG NVwZ 1995, 75; OVG Lüneburg DVBl 1977, 99.

[55] Vgl BVerwG NVwZ 1995, 76; Buchh 436.36 § 46 BAföG Nr 15; StBS 37.

[56] Knack/Henneke 13; StBS 31. Zur Frage, ob auch eine **Paraphe,** also ein bloßes Handzeichen (Kurzform des Namens) ausreichend ist, BGH NJW 1994, 55; BAG NJW 2008, 2521.

[57] BVerwG VIZ 1999, 282; wohl auch Knack/Henneke 12; **aA** BVerfGE 40, 237, 250; VGH München KStZ 1992, 11.

[58] StBS 38.

[59] Dies ist in vielen Vorschriften der Fall; vgl § 92 Abs 5 BauBG; § 5 NÄG; § 11 GenTG.

[60] BVerwG VIZ 1996, 271; StBS 38, wonach nicht einmal die gerichtliche Protokollierung ausreichen soll.

Umstritten ist, ob der Antragsteller einen **Anspruch auf auf Aufnahme seines** Antrags zur Niederschrift auch dann hat, wenn diese Form der Antragstellung gesetzlich nicht besonders vorgesehen ist. Grundsätzlich ist davon auszugehen, dass die Entscheidung darüber im Ermessen der Behörde liegt, das aber auf Null reduziert sein kann. Das gilt insbesondere dann, wenn die Antragstellung zur Niederschrift nach der Art der Sache tunlich ist, insb für die Behörde keine unzumutbare Mehrarbeit bedeutet, oder wenn dies auch sonst der Praxis der Behörde entspricht.[61] 53a

cc) Elektronische Antragstellung. Die Schriftform kann auch durch eine **elektronische Antragstellung** gewahrt werden, wenn die Voraussetzungen des § 3a Abs 2 erfüllt sind, idR also die Mail mit einer **qualifizierten Signatur** versehen ist (s hierzu näher § 3a Rn 14ff). Solange diese Voraussetzung nicht erfüllt ist, bleibt neben der regulären Übermittlung von Schriftstücken durch die Post usw nur die Übermittlung per Telefax. Auch eine **Antragstellung per Telefax erfüllt das Schriftformerfordernis,** wenn das Original die Unterschrift des Antragstellers trägt. Umstritten ist, ob das Schriftstück jedenfalls auf dem Original die an sich erforderliche Unterschrift tragen muss. Dies ist mit der hM grundsätzlich anzunehmen.[62] Auf das Erfordernis der Unterschrift kann nur bei dem sog **Computerfax** verzichtet werden.[63] 54

c) Pflicht zur Verwendung von Formblättern. Wenn gesetzlich die Verwendung von Formblättern für die Antragstellung vorgeschrieben ist, führt ein Verstoß gegen eine solche Verpflichtung grundsätzlich zur Unzulässigkeit des Antrags. Allerdings muss die Behörde auch einen unzulässig gestellten Antrag zunächst einmal entgegennehmen (§ 24 Abs 3) und den Antragsteller über das Formularerfordernis belehren. Wird der Antrag dann trotz Belehrung nicht formgerecht gestellt, kann er vorbehaltlich anderweitiger Regelungen als unzulässig abgelehnt werden.[64] Gleiches gilt, wenn der Antrag trotz Belehrung im wesentlichen unvollständig ausgefüllt wird. 55

Umstritten ist, ob für die Antragstellung die Verwendung eines bestimmten Formblatts auch dann durch die Behörde vorgesehen werden kann, wenn dies gesetzlich nicht vorgeschrieben ist. Teilweise wird wie beim Schriftformerfordernis eine **gesetzliche Grundlage verlangt.**[65] Auch hier wird hinsichtlich der Wirkungen differenziert werden müssen. Materiellrechtlich kann ein Anspruch nicht schon deshalb entfallen, weil der Antrag nicht auf den von der Behörde verlangten Vordrucken gestellt worden ist. Verfahrensrechtlich kann die Behörde dagegen die Verwendung von Vordrucken im Rahmen pflichtgemäßen Ermessens auch ohne gesetzliche Grundlage jedenfalls dann verlangen, wenn sie die Formblätter zur Verfügung stellt und die Verwendung die Antragstellung nicht unzumutbar erschwert.[66] Soweit es nach Fachrecht auf bestimmte Antragszeitpunkte ankommt, werden diese auch durch Anträge gewahrt, die nicht auf den – nicht gesetzlich, sondern nur behördlich angeordneten – Formularen gestellt werden. 56

d) Folgen von Formverstößen. Ein formunwirksamer Antrag ist nicht schlechthin unbeachtlich; die Behörde muss ihn jedenfalls nach § 24 Abs 3 ent- 57

---

[61] So wohl auch StBS § 24 Rn 79; OVG Münster DÖV 1955, 315: keine Verpflichtung zur Entgegennahme einer mündlichen Erklärung zur Niederschrift, wenn das Verlangen offensichtlich rechtsmissbräuchlich ist.

[62] GemSOGB BGHZ 144, 160 mwN (juris Rn 12ff); BGH NJW 2006, 3784, NJW 2005, 2086; **aA** StBS 33 mit ausf Begründung.

[63] GemSOGB NJW 2000, 2340.

[64] VGH München BayVBl 1987, 499; StBS 44.

[65] OVG Münster ZMR 1989, 394, 396; Obermayer § 24 Rn 121.

[66] Vgl BVerwG NJW 1977, 772; StBS § 24 Rn 984f; Erichsen/Ehlers § 13 Rn 19; **aA** UL 21 II; MB 9: nur wenn eine Rechtsvorschrift dies ausdrücklich vorsieht; unklar Knack/Hennecke 14: Antrag nicht unzulässig.

gegennehmen und den Antragsteller auf die Formbedürftigkeit hinweisen (Gusy BayVBl 1985, 485; s auch § 25 Rn 13). Wird ein Antrag durch einen Bevollmächtigten gestellt, so ist die Vorlage der Vollmacht für die Wirksamkeit der Antragstellung nicht erforderlich (vgl § 14 Abs 1 S 3). Entscheidend ist, dass die Bevollmächtigung tatsächlich besteht. Mündliche Anträge, Erklärungen usw und Anträge, Erklärungen usw zur Niederschrift können bei der Behörde – außer bei Gefahr im Verzuge oder wenn die Behörde zustimmt – grundsätzlich nur während der normalen Amtsstunden für den Publikumsverkehr gestellt werden, schriftliche Eingaben nur während der Dienstzeit, außerhalb der Dienstzeit nur durch Benutzung sog **fristwahrender Briefkästen** der Behörde (Knack/Henneke 17).

58 **4. Mindestinhalt, Bedingungsfeindlichkeit.** Das VwVfG schreibt weder einen bestimmten Mindestinhalt noch eine Begründung des Antrags vor (vgl auch Gusy BayVBl 1985, 486). Aus allgemeinen Grundsätzen folgt, dass der Antragsteller in für die Behörde erkennbarer Weise seinen Willen zum Ausdruck bringen muss, definitiv eine Bescheidung eines bestimmten Begehrens zu erstreben (Ehlers Vw 2004, 255, 261). Entsprechende und weitergehende Anforderungen können sich aber aus besonderen Rechtsvorschriften außerhalb des VwVfG oder aus der Natur der Sache ergeben; auch in diesen Fällen genügt es aber im Zweifel, wenn die erforderlichen Angaben bzw die Begründung jedenfalls bis zum Zeitpunkt der Entscheidung der Behörde nachgebracht werden.

59 **a) Auslegung von Anträgen.** Für die Auslegung von Anträgen gilt § 133 BGB entsprechend.[67] Ein Antrag ist grundsätzlich so auszulegen, wie dies dem erkennbaren Zweck und Ziel am besten dienlich ist.[68] Insoweit gelten die zu § 88 VwGO entwickelten Grundsätze (vgl Kopp/Schenke § 88 Rn 1) auch für Anträge im Verwaltungsverfahren (Krause VerwArch 1970, 322: Grundsatz der „Meistbegünstigung"; kritisch insoweit Kluth NVwZ 1990, 611). Im Zweifel muss die Behörde gem § 25 eine Klarstellung oder, wenn erforderlich, Richtigstellung anregen (Kluth NVwZ 1990, 611). In jedem Fall muss ein Antrag, damit er überhaupt als solcher behandelt werden kann, zumindest den **Antragsteller** (vgl zur Angabe von Namen und Adresse, der Benutzung einer Sammelbezeichnung wie Wohnungseigentümergemeinschaft usw auch § 37 Rn 9c) und das vom Antragsteller angestrebte Ziel, sowie Art und Inhalt des angestrebten VA oder Vertrages, erkennen lassen (ebenso UL § 33 Rn 4; StBS 45; Knack/Henneke 18). Vgl auch § 64 Rn 16.

60 **b) Bedingungsfeindlichkeit.** Der Antrag kann grundsätzlich nicht bedingt gestellt werden, dh hins seiner Geltung und/oder seines Inhalts von einer Bedingung abhängig gemacht sein.[69] Das gilt jedenfalls für sog externe Bedingungen Wohl aber können **Anträge hilfsweise** zueinander oder uU auch alternativ zueinander gestellt werden, wenn im Ergebnis jedenfalls klar ist, was angestrebt wird und in welchem Verhältnis die Anträge zueinander stehen, insb. welcher Antrag primär gelten soll und welcher nur dann, wenn der Erste bzw der vorhergehende Antrag nicht zulässig oder nicht begründet ist (vgl zB BVerwG NJW 1984, 2481; Knack/Henneke 20). Auch insoweit gelten die von der Rspr

---

[67] BVerwGE 16, 205; 25, 194; BVerwG FamRZ 1981, 208; BSG 39, 204; VGH Kassel NVwZ 1985, 498; OVG Münster NVwZ 1990, 676 offen jedoch hins einer Umdeutung des Antrags analog § 140 BGB; Krause VerwArch 1970, 322; Erichsen/Ehlers § 13 Rn 18 (zusätzlich § 157 BGB, Umdeutung nach § 140 BGB); Kluth NVwZ 1990, 661.

[68] Grundsatz der „Meistbegünstigung", vgl BSG 39, 203; vgl auch OVG Münster NVwZ 1984, 655: Umdeutung eines Antrags gem § 51 VwVfG in einen Widerspruch gem § 68 VwGO.

[69] BVerwG NVwZ 2015, 235 (bedingter Zuteilungsantrag im Emissionshandel); BVerwG NVwZ 1989, 476 für Rücknahme eines Antrags; StBS 76 f; Knack/Henneke 20; auch Ehlers Vw 2004, 255, 261; vgl entsprechend zur Klage Kopp/Schenke § 82 Rn 8 mwN.

für Klagen entwickelten Grundsätze (vgl dazu Kopp/Schenke § 44 Rn 4 ff) auch für Anträge an Behörden entsprechend.

61 **c) Einander widersprechende Anträge.** Stellt ein und derselbe Antragsteller mehrere verschiedene Anträge, die sich nach Inhalt, Zweck und Ausmaß gegenseitig ausschließen, so muss die Behörde ggf durch Rückfrage klären, welcher Antrag „gelten" soll. **Im Zweifel,** dh wenn und soweit eine Klärung nicht erreichbar ist, ist davon auszugehen, dass **der letzte Antrag** gelten und die früheren (die damit als zurückgenommen zu betrachten sind) ersetzen soll (Knack/Henneke 26); anders uU, wenn der letzte Antrag verspätet ist (und auch Wiedereinsetzung nach § 32 nicht in Betracht kommt) oder sonst unzulässig ist und anzunehmen ist, dass der Antragsteller, wenn er dies gewusst und bedacht hätte, jedenfalls den früheren, rechtzeitig gestellten Antrag gewollt hätte.

62 **5. Begründung des Antrags. a) Mindesterfordernisse.** Eine Begründung des Antrags ist im Zweifel, dh wenn durch Rechtsvorschriften nichts anderes bestimmt ist, **nicht Voraussetzung der Wirksamkeit,** Zulässigkeit oder Begründetheit des Antrags und grundsätzlich auch nicht Voraussetzung dafür, dass die Behörde sich mit der Sache befasst, sofern jedenfalls das Ziel des Antrags (oben Rn 36) erkennbar ist (ebenso Knack/Henneke 21). **Ein Mindestmaß an Begründung** ist nur dann und insoweit Voraussetzung einer wirksamen Antragstellung, als bestimmte Angaben zur Bestimmung des Ziels des Antrags, insb auch zur Klärung der Frage, in welcher „Sache" von der Behörde eine Entscheidung begehrt wird, unerlässlich sind (VGH Mannheim NVwZ-RR 1991, 56). Im Übrigen ist es gem § 24 Abs 1 und 2 grundsätzlich Aufgabe der Behörde, den Sachverhalt und damit auch die für ihre Entscheidung maßgeblichen Tatsachen von Amts wegen zu ermitteln;[70] ggf muss die Behörde gem § 25 eine Ergänzung, Berichtigung uä des Antrags anregen und dem Bürger im Rahmen des ihr Möglichen und Zumutbaren zu seinem Recht verhelfen und dazu beitragen, dass die Rechte des Bürgers nicht an Formalien des Verfahrensrechts scheitern (Knack/Henneke 21). S aber zu den **Mitwirkungspflichten** des Antragstellers § 24 Rn 50; § 26 Rn 40.

63 Bei **Anträgen, die eine Genehmigungsfiktion auslösen,** wenn die Behörde nicht innerhalb einer bestimmten Frist darüber entscheidet (fiktive Genehmigung, s näher § 42a Rn 2 ff), sind grundsätzlich **strengere Anforderungen** an den Antrag zu stellen. Regelmäßig setzt bereits das Fachrecht (zB die LBauOen) für den Eintritt der Fiktionswirkung **Vollständigkeit der Antragsunterlagen** voraus. Auch unabhängig davon müssen Anträge durch beigefügte Erläuterungen und Begründungen derart bestimmt sein, dass die zuständige Behörde dadurch in die Lage versetzt wird, zu beurteilen, ob und wie sie entscheiden muss (BVerwG NJW 1982, 2787).

64 **b) Ablehnung wegen fehlender Begründung? Fehlen** zu einem Antrag **jegliche Angaben dazu,** auf Grund welcher Tatsachen der Antragsteller den geltend gemachten Anspruch zu haben glaubt, und werden solche Tatsachen, auch auf einen entsprechenden Hinweis der Behörde gem § 25 hin nicht vorgetragen, und drängen sich die Anspruchsgründe auch nicht offensichtlich der Behörde auf, so ist die Behörde **grundsätzlich nicht verpflichtet,** von Amts wegen in eine Prüfung einzutreten, welche Gründe für eine positive Vergabescheidung gegeben sein könnten (BVerwG NJW-RR 1990, 1425). Sie muss dann jedoch ggf den Antragsteller auf die Notwendigkeit näherer Ausführungen im Rahmen seiner Mitwirkungspflicht nach § 24 Abs 1 und § 26 Abs 2 hinweisen und ihm uU dafür auch eine **Frist setzen** und darf erst nach erfolglosem

[70] Vgl BSG 36, 122: die Behörde muss einen Antrag des Bürgers umfassend würdigen; Lorenz 255; vgl insoweit auch VGH München NVwZ 1990, 777: so wie die Behörde nach § 39 Abs 2 nicht begründen muss, was für die Beteiligten ohne weiteres erkennbar ist, braucht auch der Bürger offenkundige Gründe für einen Antrag nicht näher darzulegen.

Verstreichen der Frist den **Antrag als unzulässig bzw unbegründet** (je nachdem, worauf sich der Mangel auswirkt) zurückweisen oder ablehnen (vgl Knack/Henneke 18). Andererseits kann die Behörde auch auf einen wegen ungenügender Angaben, unvollständiger Unterlagen usw an sich nicht ordnungsgemäßen Antrag hin auch zur Sache entscheiden, wenn die Sache schon aus anderen Gründen entscheidungsreif ist (BVerwG NVwZ-RR 1990, 204 – zur Ablehnung der Anerkennung als Kriegsdienstverweigerer).

65 **6. Handlungsfähigkeit, Anfechtbarkeit. a) Handlungsfähigkeit.** Voraussetzung einer wirksamen Antragstellung ist die Handlungsfähigkeit (§ 12) des Antragstellers. Fehlt diese, ist der Antrag zunächst schwebend unwirksam; eine Genehmigung der Antragstellung durch den Vertreter des Handlungsunfähigen ist idR möglich und heilt den Mangel mit Rückwirkung. Gleiches gilt, wenn der zunächst handlungsunfähige Antragsteller später die Handlungsfähigkeit (wieder-) erlangt und an der Antragstellung festhält (näher § 12 Rn 5).

66 **b) Anfechtung wegen Willensmängeln.** Ob der Antragsteller seinen Antrag wegen Willensmängeln anfechten kann, ist **umstritten.** Die Frage spielt für den Antrag selbst nur eine untergeordnete Rolle, weil der Antrag idR jedenfalls bis zur Entscheidung, nach der hier vertretenen Auffassung auch darüber hinaus, zurückgenommen werden kann.[71] Wichtiger ist die Frage für die Anfechtbarkeit eines Verzichts auf die Antragstellung (s unten Rn 73). Die wohl **hM nimmt eine Anfechtbarkeit** des Antrags als Willenserklärung analog §§ 119, 123 BGB an.[72] Die Gegenmeinung behandelt Verfahrenshandlungen der Beteiligten wie im Prozessrecht als grundsätzlich unanfechtbar oder beschränkt die Anfechtbarkeit auf die materiellrechtliche Seite der Erklärung.[73] Die erfolgreiche Anfechtung führt zum Wegfall des Antrags mit ex-tunc-Wirkung. Ist ein VA bereits erlassen, wird dieser in zwingenden Antragsverfahren rechtswidrig, allerdings idR nicht nichtig (s Rn 91).

67 **Unabhängig von der Anfechtbarkeit** gilt für das Verwaltungsverfahren die **Pflicht der zuständigen Behörde,** Antragsteller auf unklare Erklärungen und Verfahrenshandlungen hinzuweisen und auf sachdienliche Formulierungen usw hinzuwirken. Diese Verpflichtung folgt aus §§ 24, 25 und gilt für alle Verwaltungsverfahren. Der Umstand, dass der Antrag entsprechend dem wirklich Gewollten ausgelegt werden muss (s oben Rn 59), bedeutet demgegenüber nicht, dass es nicht zu Willensmängeln bei der Willenserklärung kommen kann, weil die Auslegung an der tatsächlichen Erklärung anzusetzen hat.

68 **7. Antragsbefugnis. a) Ungeschriebenes Erfordernis.** Nach allgemeinen Rechtsgrundsätzen ist ein an eine Behörde gerichtetes Begehren nur dann als zulässiger Antrag iS des § 22 anzusehen, wenn der Antragsteller die **Durchsetzung oder Wahrung eigener Rechte,** dh nicht nur der Rechte oder Interessen Dritter oder Interessen der Allgemeinheit, verfolgt. Zwar ist die Antragsbefugnis im VwVfG nicht ausdrücklich geregelt, es besteht aber gleichwohl Einigkeit darüber, dass sie in reinen Antragsverfahren für eine Entscheidung der Behörde in der Sache zwingend erforderlich ist.[74] Ein ohne Antragsbefugnis gestellter Antrag löst allerdings gleichwohl ein Verfahren aus und begründet ein

---

[71] Hierauf weist OVG Lüneburg, B v 24.11.2009, 8 LA 174/09, juris, zutreffend hin.

[72] OVG Koblenz NVwZ 1984, 316; Erichsen/Ehlers § 13 Rn 20; UL § 20 Rn 5; Knack/Hennecke 31; Obermayer/Funke-Kaiser vor § 9 Rn 130; MB 8; Schnell, Der Antrag im Verwaltungsverfahren, 145; Hartmann DÖV 1990; Kluth NVwZ 1990, 608; FKS 47 jedenfalls für die Verzichtserklärung.

[73] StBS 78 ff unter Hinweis auf BVerwGE 57, 342 für das Widerspruchsverfahren; Gusy BayVBl 1985, 484, 486; offen, aber eher zur Unzulässigkeit einer Anfechtung tendierend, auch OVG Lüneburg, B v 24.11.2009, 8 LA 174/09, juris.

[74] StBS 63; Gusy BayVBl 1985, 486; Ziekow 13; FKS 42; **aA** Schnell, S. 81 ff zu Einwendungen gem § 73 Abs 4 auch UL § 40 Rn 30; Papier NJW 1980, 315.

Verfahrensverhältnis zwischen Antragsteller und Behörde, weil grundsätzlich auch der unzulässige Antrag beschieden werden muss. Etwas anderes gilt nur dann, wenn der Antrag nach Form und Inhalt überhaupt nicht bescheidungsfähig ist.[75]

b) Möglichkeit der Rechtsbetroffenheit. In entsprechender Anwendung von § 42 Abs 2 VwGO setzt die Antragsbefugnis die Möglichkeit einer Rechtsbetroffenheit voraus. Bei der Prüfung ist kein strenger Maßstab anzulegen, weil der eigentlichen Sachprüfung nicht vorgegriffen werden darf. Nur wenn es aus rechtlichen und/oder tatsächlichen Gründen schlechthin ausgeschlossen erscheinen muss, dass dem Antragsteller im Hinblick auf die dem Antrag zugrunde liegende Sache ein Recht (bzw rechtlich geschütztes Interesse) zusteht, so ist der Antrag als unzulässig abzulehnen.[76] Dafür spricht außer der vom VwVfG angestrebten möglichst weitgehenden Parallelität der Regelungen mit dem Verwaltungsprozessrecht vor allem der Sinn der Unterscheidung von Zulässigkeit und Begründetheit von Anträgen: Die Verwaltung soll sich im Rahmen eines dem Rechtsschutz dienenden Verwaltungsverfahrens nur dann mit der Begründetheit eines Antrags befassen (müssen), wenn zumindest die Möglichkeit besteht, dass das geltend gemachte Recht besteht und dem Antragsteller zusteht. 69

c) Unterschiede zur Klagebefugnis. Im Einzelnen ist damit auch die Rspr zu § 42 Abs 2 VwGO als für die Antragsbefugnis im Verwaltungsverfahren maßgeblich anzusehen,[77] jedoch mit der Besonderheit, dass es nicht wie bei § 42 Abs 2 VwGO auf die Frage einer Rechtsverletzung, sondern lediglich der rechtlichen Betroffenheit ankommt. Da der Antrag das behördliche Handeln erst auslösen soll, kann es bei der Antragsbefugnis nur dann auch um eine Rechtsverletzung gehen, wenn Inhalt des Antragsverfahrens die Beseitigung einer möglicherweise bereits eingetretenen Verletzung von Rechten ist, zB im Falle eines Antrags auf Wiederaufgreifen des Verfahrens gem § 51. 70

d) Antragsrechte Dritter. Regelungen, die für bestimmte Anlagen eine Genehmigung, Planfeststellung uä vorschreiben, begründen idR ein Antragsrecht grundsätzlich nur für den „Unternehmer", dh denjenigen, der die Anlage errichten oder betreiben will, nicht für Drittbetroffene, zB Nachbarn, die (nur) an einer Versagung der Genehmigung, an Auflagen zu ihren Gunsten uä interessiert sind.[78] Drittbetroffene sind hier idR dadurch geschützt, dass sie einen öffentlichrechtlichen Abwehr- bzw Unterlassungsanspruch hins der Anlage haben, wenn diese ohne Genehmigung errichtet wird;[79] außerdem nach Maßgabe des in der Sache anwendbaren materiellen Rechts idR durch einen **Anspruch auf ermessensfehlerfreie Entscheidung** der zuständigen Behörde über den Erlass einer Beseitigungsanordnung, Einstellungsanordnung uä (vgl BVerwG DÖV 1980, 518) oder zumindest auf isolierte Anordnung der **Schutzauflagen** zu ihren Gunsten, die sie sonst in dem entsprechenden Genehmigungsverfahren verlangen könnten (BVerwGE 44, 241; 62, 249; Buchh 407.4 § 17 Nr 33 S 105. S auch § 75 Rn 43). 71

8. Verzicht, Verwirkung des Antragsrechts. a) Verzicht. Ein Antrag, dessen Zulässigkeit andere Gründe nicht entgegenstehen, ist unzulässig und muss 72

[75] Dies gilt zB für anonym gestellte Anträge, für Scherzerklärungen oder für Anträge mit kriminellem oder grob sittenwidrigem Inhalt.

[76] So auch VGH Mannheim NJW 1990, 3291; WB III § 156 IIIc; zur Antragsbefugnis im Widerspruchsverfahren auch Kopp/Schenke § 69 Rn 6.

[77] Vgl dazu Wahl/Schütz in Schoch § 42 Rn 43 ff; Kopp/Schenke § 42 Rn 37 ff.

[78] Vgl BVerwGE 44, 239; 62, 246; 64, 327; 81, 107; 85, 372; BVerwG Buchh 407.4 § 17 FStrG Nr 33; 442.01 § 28 PBefG Nr 3; DVBl 1989, 1053; 1991, 384; OVG Lüneburg NJW 1984, 1702; Schleswig DVBl 1992, 1242; Ronellenfitsch, in: Blümel (Hg), Abweichungen von der Planfeststellung, 1990, 106; kritisch Blümel, Grundrechtsschutz durch Verfahrensgestaltung, in: Blümel (Hg), Frühzeitige Bürgerbeteiligung bei Planungen, 1982, 74.

[79] BVerwGE 44, 239; 62, 246; OVG Lüneburg NJW 1984, 1702.

von der Behörde ohne weitere Sachprüfung abgelehnt werden, wenn der Antragsteller auf sein Antragsrecht (wirksam) verzichtet[80] oder es verwirkt hat (vgl BVerwGE 44, 298, 343; BVerfG 32, 308). Der Antragsverzicht ist von einem Verzicht auf den materiellrechtlichen Anspruch zu unterscheiden, der nicht die Unzulässigkeit, sondern die Unbegründetheit eines gleichwohl gestellten Antrags zur Folge hat,[81] außerdem auch von der Zusage eines Verzichts (BVerwG NJW 1984, 81). S. zum Verzicht näher § 53 Rn. 50. Die Behörde muss einen ihr gegenüber erklärten Antragsverzicht von Amts wegen beachten (vgl OVG Saarlouis NVwZ 1984, 657; BGHZ 27, 60); er hat unmittelbar die Unzulässigkeit des Antrags zur Folge. Ein mit einem anderen Beteiligten vereinbarter Verzicht ist von der Behörde nur auf entsprechende Einrede hin zu berücksichtigen, macht dann aber ebenfalls den Antrag unzulässig.[82]

73 Ein **Verzicht ist nur wirksam,** wenn er sich auf eine konkrete Angelegenheit bezieht und **eindeutig und unmissverständlich** erklärt wurde.[83] Ein Verzicht kann nur in Bezug auf Rechte bzw Befugnisse wirksam erklärt werden, über die der Verzichtende verfügungsbefugt ist;[84] er ist außerdem unwirksam, wenn er durch **Täuschung** oder **Drohung** seitens der Behörde oder eines anderen Beteiligten (§ 13) herbeigeführt wurde oder wenn aus anderen Gründen die Behörde oder ein Beteiligter, die bzw der sich darauf beruft, damit **arglistig oder rechtsmissbräuchlich** handeln würde (vgl BGH NJW 1968, 794). In allen anderen Fällen ist der der Behörde gegenüber erklärte Verzicht als Erklärung des Verfahrensrechts grundsätzlich **unanfechtbar und unwiderruflich** (vgl RGZ 105, 355), sofern nicht ein Wiederaufnahmegrund (vgl §§ 580, 581 ZPO, § 51 VwVfG) vorliegt (vgl § 9 Rn 36a; StBS § 53 Rn 29ff); dagegen kann der (nur) mit einem Beteiligten vereinbarte Verzicht wieder aufgehoben sowie analog den allgemeinen Vorschriften des BGB angefochten werden (vgl RGZ 150, 395).

74 **b) Verwirkung.** Nach allgemeinen Rechtsgrundsätzen ist ein Antrag auch dann unzulässig, wenn der Antragsteller sein Antragsrecht zB durch unredliche Verzögerung der Antragstellung verwirkt hat.[85] Die Verwirkung des Antragsrechts ist von der Verwirkung des dem Antrag zugrunde liegenden materiellrechtlichen Anspruchs zu unterscheiden. S. näher zur Verwirkung § 53 Rn 41ff. Praktisch häufig ist die Verwirkung des Widerspruchsrechts in sog Nachbarklagefällen, für die sich besondere Regeln herausgebildet haben.[86]

75 Die Verwirkung hat zur **Voraussetzung,** dass die späte Antragstellung **gegen Treu und Glauben** verstößt hat und sich deshalb als unzulässige Rechtsaus-

---

[80] VGH Mannheim NVwZ 1983, 229; Knack/Henneke 34; vgl auch BVerfG NVwZ 1983, 219.

[81] BVerfGE 32, 305, 308; BVerwGE 44, 298; BGH JZ 1986, 99; VGH Mannheim NVwZ 1983, 229.

[82] Vgl OVG Saarlouis NVwZ 1984, 657; Ule VwGO 429; Klinger 582 (sog pactum de non petendo); **aA** zu einem nicht rechtsgeschäftlich vereinbarten Verzicht RÖ VwGO § 126 Rn 8.

[83] EGMR NVwZ 2008, 533 auch zu materiellen Grenzen des Verzichts; OVG Saarlouis NVwZ 1984, 657; VGH Kassel DöV 1984, 860.

[84] OVG Lüneburg NJW 1978, 2260; VGH Mannheim NVwZ 1983, 229; Erichsen/Ehlers § 13 Rn. 21.

[85] Vgl BVerwGE 44, 298; 44, 343; BVerfG 32, 308; Kopp/Schenke § 76 Rn 2f; Knack/Henneke 34; krit im Hinblick auf die Dispositionsfreiheit FKS 48.

[86] IdR tritt in Nachbarkonstellationen eine Verwirkung des Widerspruchsrechts ein, wenn der Nachbar nicht innerhalb eines Jahres Widerspruch erhebt. Diese in Anlehnung an § 58 Abs 2 VwGO entwickelte Jahresfrist beginnt zu dem Zeitpunkt zu laufen, zu dem der Nachbar erstmals davon ausgehen musste, dass eine Baugenehmigung erteilt worden ist (vgl BVerwGE 44, 294, 300; BVerwG NVwZ 1991, 1182). Dies ist idR der Beginn der Baumaßnahmen.

übung darstellt, insb weil der Antragsteller, obwohl er von dem Antragsgrund bereits längere Zeit Kenntnis hatte oder hätte haben müssen (vgl BVerwGE 44, 298; offen, ob Kenntnis erforderlich), den Antrag erst zu einem Zeitpunkt stellt, in dem die Behörde und sonstige Beteiligte nach den besonderen Umständen des Falles nicht mehr mit einer Antragstellung rechnen mussten, dh darauf vertrauen durften, dass kein Verfahren mehr beantragt wird (vgl BVerwGE 44, 343). Allg zur Verkwirkung s. § 53 Rn 41.

9. Präklusionsvorschriften. Vereinzelt sehen Gesetze vor, dass Rechtsinhaber ihre Rechte verlieren, wenn sie diese nicht innerhalb einer bestimmten Frist geltend machen. Dies gilt zumeist für bestimmte Verfahrenshandlungen innerhalb von Verwaltungsverfahren, kann aber auch die Antragstellung selbst betreffen. Der Antragsteller ist in solchen Fällen mit seinem Antrags- oder Gestaltungsrecht „präkludiert" (s hierzu näher § 31 Rn 9). Ob diese Präklusion nur verfahrensrechtliche Auswirkungen hat **(formelle Präklusion)** oder darüber hinaus auch die materielle Rechtsposition mit der Folge entfallen lässt, dass sie auch in einem etwa nachfolgenden verwaltungsgerichtlichen Verfahren nicht mehr geltend gemacht werden kann **(materielle Präklusion),** ist eine Frage der konkreten Ausgestaltung der gesetzlichen Regelung und ihrer verfassungsrechtlichen und insbes unionsrechtlichen Zulässigkeit.[87] So ist die Präklusion in allen Bereichen **nicht mehr zulässig,** in denen unionsrechtliche Vorgaben (zB UVP-RL, IE-RL) umgesetzt werden (näher § 73 Rn 88). Soweit durch Gesetz nichts anderes bestimmt ist, ist im Zweifel auch bei Präklusionfristen die **Wiedereinsetzung** nach § 32 (vgl § 32 Rn 13; § 73 Rn 87) bzw Nachsichtgewährung nach allgemeinen Grundsätzen (vgl § 31 Rn 13) zulässig. Andererseits kann sich die Präklusion bestimmten Vorbringens auch als Folge einer materiellen Verwirkung des dem Vorbringen zugrundeliegenden materiellen Anspruchs (vgl § 53 Rn 44) oder auch des formellen Rechts, einen Anspruch geltend zu machen, oder uU auch als Folge eines Verstoßes gegen die allgemeine Mitwirkungspflicht (Mitwirkungslast) der Beteiligten im Verfahren nach § 24 Abs 1, § 26 Abs 2 ergeben. Dann nützt dem Betroffenen die Wiedereinsetzung nichts, weil dies den Verlust des materiellen Rechts unberührt lässt. 76

10. Sachbescheidungsinteresse. a) Erfordernis. Wie im gerichtlichen Verfahren ist auch im Antragsverfahren vor Behörden ein Antrag nur zulässig, wenn der Antragsteller ein schutzwürdiges Interesse (Rechtsschutzbedürfnis, Rechtsschutzinteresse, Sachentscheidungsinteresse) an der von ihm beantragten Amtshandlung hat, insb sie zur Verwirklichung oder Wahrung eines Rechts benötigt und die Verwaltung nicht für **unnütze, unlautere Zwecke oder sonst missbräuchlich** in Anspruch nimmt.[88] Dieses Erfordernis wird zwar im VwVfG nicht ausdrücklich genannt, gilt aber als **Ausdruck allgemeiner Rechtsgrundsätze** auch im Verwaltungsverfahren.[89] Kein Rechtsschutzinteresse besteht daher zB für einen Antrag auf Anerkennung als Kriegsdienstverweigerer, wenn und 77

---

[87] Ablehnend zur Zulässigkeit der Regelung einer materiellen Präklusion Schmitt/Ehlers, LKV 2008, 497; offen: BVerwG NVwZ 2006, 85; Niedzwicki, Präklusionsvorschriften des öffentlichen Rechts, 2007.

[88] BVerwGE 20, 126; 42, 117 mwN; 48, 247; 61, 131 = NJW 1981, 2426; BVerwG NVwZ 1990, 559: wenn die beantragte Erlaubnis für den Antragsteller nutzlos wäre und es rechtlich ausgeschlossen ist, dass das Hindernis, das einer Ausnutzung entgegensteht, ausgeräumt werden kann; Buchh 406.11 § 36 Nr 10 S 4; 406.19 Nachbarschutz Nr 26 S. 12; NJW 1976, 1887; VGH Mannheim UPR 1990, 68: kein Rechtsschutzinteresse, wenn die beantragte Baugenehmigung nur schikanösen Zwecken dienen soll. Übersicht bei Wittreck BayVBl 2004, 193.

[89] BVerwGE 42, 117; 50, 286; BVerwG NJW 1976, 1987; DÖV 1986, 1064; VGH Mannheim DÖV 1985, 247; VG Köln NVwZ 1985, 218; Papier NJW 1980, 316; Foerster NuR 1985, 58; Kopp 111 Fn 296; 212 Fn 596.

solange mit einer Einberufung offensichtlich nicht zu rechnen ist (BVerwG DÖV 1986, 1064). Grundsätzlich ist das Rechtsschutzinteresse auch dann zu verneinen, wenn bestehende Hindernisse sich schlechthin nicht ausräumen lassen.[90] Fehlt das Rechtsschutzinteresse für einen Antrag, so muss die Behörde den Antrag ablehnen (zT **aA** VGH Mannheim DÖV 1985, 247 zu einem Bauantrag bei offensichtlich fehlender privatrechtlicher Berechtigung: die Behörde kann, muss jedoch nicht ablehnen).

78 **Für die Beurteilung des Sachbescheidungsinteresses** sind dieselben Grundsätze maßgeblich wie für Streitsachen vor den Gerichten. Es ist nicht schon wegen voraussichtlicher Aussichtslosigkeit eines Antrags oder wegen der geringen Bedeutung einer Sache zu verneinen. Für einen Antrag auf Erteilung einer Gaststättenerlaubnis fehlt zB das Sachentscheidungsinteresse nicht schon dann, wenn die Baugenehmigung abgelehnt und die Ablehnung unanfechtbar geworden ist.[91] Andererseits kann das Sachbescheidungsinteresse für einen Genehmigungsantrag fehlen, wenn erkennbar ist, dass dem Vorhaben unabhängig von seiner Genehmigungsfähigkeit andere unüberwindbare Hindernisse im Wege stehen.[92] Weitere Beispiele für fehlendes Sachbescheidungsinteresse bei Wittreck BayVBl 2004, 193, 195.

79 **b) Folgen bei fehlendem Interesse.** Auch einen offensichtlich rechtsmissbräuchlichen Antrag darf die Behörde jedoch nicht einfach unbeachtet lassen, sondern muss darüber – wenn auch wegen fehlenden Rechtsschutzinteresses ohne weitere Sachprüfung ablehnend – entscheiden.[93] Dies gilt insb auch für sachlich oder örtlich nicht zuständige Behörden (BVerfG aaO). Nur wenn die Aussichtslosigkeit dadurch bedingt ist, dass in der Sache bereits ein unanfechtbar gewordener VA vorliegt und keine Gründe vorgetragen werden oder ersichtlich sind, die dafür sprechen könnten, dass sachlicher Anlass für eine erneute Prüfung und Entscheidung durch sog. Zweitbescheid gegeben sein könnte, darf jede Behörde, auch eine in der Sache nicht zuständige Behörde einen erneuten Antrag in derselben Sache als missbräuchlich gestellt unbeachtet lassen (BVerfG NJW 1981, 1896; Bremen NVwZ 1982, 50).

VI. Änderung von Anträgen, Rücknahme

80 **1. Änderung von Anträgen. a) Zulässigkeit.** Ob und inwieweit Anträge geändert werden dürfen, bestimmt sich zunächst einmal nach dem Fachrecht. Regelmäßig können Anträge **bis zum Erlass des VA** (bzw Abschluss eines Verwaltungsvertrages), dh bis zur Hinausgabe des VA (zB durch Aufgabe zur Post) ohne weiteres geändert werden.[94] Etwas anderes gilt nur, wenn durch Rechtsvorschriften ausnahmsweise anderes bestimmt ist oder sich aus der Natur der Sache zwingend ergibt. Die Befugnis zur Antragsänderung folgt aus der Verfügungsbefugnis des Antragstellers[95] sowie mittelbar auch aus § 45 Abs 1 Nr 1 iVmit Abs 2, wonach der Antrag sogar auch nachträglich, auch noch nach Anhängigkeit eines Rechtsstreits gestellt werden kann. **Nach Erlass des VA (bzw**

---

[90] BVerwG NVwZ 1990, 559; 1994, 482; OVG Münster DÖV 1986, 575; NVwZ 1988, 270; NVwZ-RR 1994, 494; VG Köln NVwZ 1985, 218 mwN.

[91] BVerwG NVwZ 1990, 559 = DVBl 1990, 206; zweifelhaft, wenn keine Aussicht besteht, dass die Bauerlaubnis noch in absehbarer Zeit erlangt werden könnte.

[92] So zB wenn dem Bauherrn ersichtlich kein privates Recht zur Bebauung zur Seite steht; OVG Lüneburg BauR 2009, 623: wenn das Vorhaben wegen Gefährdung der Luftsicherheit nicht realisierbar wäre.

[93] Vgl zu offensichtlich missbräuchlichen Asylanträgen BVerfG 56, 216 = NJW 1981, 1436; NVwZ 1992, 662; Pagenkopf DÖV 1981, 905; Schenk NJW 1982, 491; Mayer VerwArch 1981, 63; zT **aA** Philipp NVwZ 1993, 248: einfach unbehandelt lassen.

[94] Vgl UL § 22 Rn 3; Knack/Henneke 29; Schnell, Der Antrag 117.

[95] StBS 74; Knack/Henneke 29; s allg zur Verfügungsbefugnis oben Rn 5.

Vertragsabschluss) ist eine Antragsänderung grundsätzlich nicht mehr möglich. Der Betroffene muss vielmehr versuchen, die Aufhebung des VA zu erreichen, oder den VA anfechten (StBS 70). Umstritten ist, ob eine gänzliche Rücknahme des Antrags noch zulässig ist (str, vgl § 9 Rn 36; unten Rn 90).

b) Form, Voraussetzungen. Für die Antragsänderung ist grundsätzlich **dieselbe Form** erforderlich **wie für den ursprünglichen VA.** Entscheidet jedoch die Behörde, aus welchen Gründen auch immer, abweichend vom ursprünglichen Antrag und gewährt sie nicht nur quantitativ weniger als beantragt, sondern qualitativ ganz oder zum Teil etwas anderes als beantragt (ein „aliud") – zB bei VAen mit einer sog „modifizierenden" Auflage (s dazu § 36 Rn 35) – so genügt es jedenfalls auch, wenn der Antragsteller konkludent zustimmt, indem er gegen den VA keinen Rechtsbehelf einlegt (s unten Rn 64). **Die Antragsänderung bedarf,** selbst wenn sie erst in einem sehr späten Verfahrensstadium oder erst nach Anhängigkeit eines Rechtsbehelfsverfahrens über den Antrag erklärt wird, **weder der Zustimmung der übrigen Beteiligten** noch der Behörde, ebenso auch nicht einer Zulassung durch die Behörde. § 91 VwGO ist insoweit wegen seiner ausschließlich auf das Prozessrecht bzw das Prozessrechtsverhältnis bezogenen Zielsetzung nicht, auch nicht analog oder dem Grundgedanken entsprechend, anwendbar; für eine entsprechende Anwendung bestünde auch kein Bedürfnis. 81

c) Folgen der Antragsänderung. Eine wirksame, in der dafür maßgeblichen Form und unter Einhaltung der allgemeinen Zulässigkeitsvoraussetzungen für Anträge (s oben Rn 30 ff, 43 ff) erklärte Antragsänderung hat zur Folge, dass die Behörde grundsätzlich nur noch über den geänderten Antrag entscheiden darf. Etwas anderes gilt nur für Verfahren, die die Behörde auch von Amts wegen durchführen kann (s oben Rn 18) oder in Fällen einer notwendigen Streitgenossenschaft (s dazu § 9 Rn 48 ff). 82

d) Nachträgliche Zustimmung zu abweichenden VAen. Antragsbedürftige VAe, insb Erlaubnisse – Entsprechendes gilt für sonstige zustimmungsbedürftige VAe –, die von dem gestellten Antrag (Zustimmung) abweichen, sind als (Teil-)Ablehnung, verbunden mit dem Erlass eines (zT) anderen VA anzusehen, dessen Rechtmäßigkeit davon abhängt, dass der Antragsteller (bzw sonst Mitwirkungsberechtigte) **zustimmt** (vgl WBSK I § 46 Rn 37, wo – zu weitgehend – jedoch die Zustimmung als Voraussetzung der Wirksamkeit und nicht nur der Rechtmäßigkeit angesehen wird). Die Zustimmung kann auch **konkludent** gegeben werden und etwa darin zu sehen sein, dass der Betroffene, ohne Rechtsbehelfe einzulegen, von der Erlaubnis usw Gebrauch macht. Sofern es sich nur um ein „Weniger" im Vergleich zum ursprünglichen Antrag oder um unwesentliche Abweichungen vom Antrag handelt, insb zB um die Beifügung von Auflagen usw, mit denen die Betroffenen ohnehin rechnen mussten, kann idR auch bloßes Schweigen als Zustimmung gedeutet werden.[96] 83

2. Rücknahme von Anträgen. a) Allgemeine Zulässigkeit. Aus denselben Gründen, wie sie für nachträgliche Antragsänderungen gelten (s oben Rn 59), können, soweit durch Rechtsvorschriften nichts anderes bestimmt ist oder sich aus der Natur der Sache zwingend ergibt, auf Grund der Verfügungsbefugnis des Antragstellers Anträge **jedenfalls bis zur Entscheidung der Behörde** darüber zurückgenommen werden.[97] Die Rücknahme des Antrags muss, wenn für den Antrag die Schriftform vorgeschrieben ist, grundsätzlich in **der** 84

---

[96] WBSK I § 46 Rn 37; vgl auch BVerwGE 11, 18; Hablitzel BayVBl 1974, 392; F 218 f, 386; Kopp VerwArch 1970, 233 Fn 56; zT **aA** VGH Kassel 23, 74; Dölker BayVBl 1974, 400.

[97] BVerwGE 30, 185; 75, 284; VGH Mannheim NVwZ-RR 1991, 270; OVG Lüneburg NVwZ 1985, 431; UL § 22 Rn 3; WBSK I § 60 Rn 11; Schmidt-De Caluwe Jura 1993, 403 mwN.

gleichen Form erfolgen (vgl auch BVerwG NVwZ-RR 1993, 275: weder aus dem Rechtsstaatsprinzip noch aus einem Satz des Bundesrechts lässt sich ableiten, dass Anträge grundsätzlich formlos zurückgenommen werden können). Soweit für ein Verfahren auch formlose Anträge genügen, gilt dies auch für die Rücknahme des Antrags. Wenn durch Rechtsvorschriften nichts anderes vorgeschrieben ist oder sich aus der Natur der Sache ergibt, **bedarf die Rücknahme des Antrags nicht der Zustimmung** der übrigen Beteiligten oder der Behörde.[98] § 92 Abs 1 S 2 VwGO ist wegen seiner anderen Zwecksetzung auf die Antragsrücknahme im Verwaltungsverfahren weder unmittelbar noch analog oder nach dem Grundgedanken anwendbar. Dies gilt auch für den Fall der Rücknahme des Antrags im Laufe des gerichtlichen Verfahrens.

85 **b) Antragsrücknahme nach Erlass des VA.** Ob ein Antrag nach Erlass des VA, aber vor Eintritt der Unanfechtbarkeit möglich ist, entscheidet sich zunächst nach dem jeweils anwendbaren **Fachrecht.** So kann ein Antrag auf Erteilung einer Aufenthaltserlaubnis auch noch im Laufe des gerichtlichen Verfahrens zurückgenommen werden (BVerwG Buchh 402.240 § 7 AuslG Nr 9), während dies bei einem beamtenrechtlichen Antrag auf langfristige Beurlaubung nicht der Fall sein soll (BVerwGE 104, 375, 378). Teilweise lässt das Fachrecht zwar eine Rücknahme zu, begrenzt aber deren Folgen.[99] Wenn sich aus dem Fachrecht keine Regelung herleiten lässt, kann ein Antrag nach hM jedenfalls soweit oder solange er noch keine irreversiblen Wirkungen entfaltet hat[100] – auch noch bis zum Abschluss des Verfahrens (§ 9 Rn 30), dh bis **zum Eintritt der Unanfechtbarkeit** der Entscheidung, zurückgenommen werden,[101] selbst dann noch, wenn in der Zwischenzeit gegen den ergangenen VA Rechtsbehelfe eingelegt worden sind.[102] Zulässig ist, soweit eine Sache teilbar ist und der (allein noch) beantragte „Rest"-VA als solcher sinnvoll ist und Bestand haben kann, auch eine **Teilrücknahme** (BVerwGE 80, 30).

---

[98] VGH München DVBl 1982, 1012; UL § 22 Rn 3; zT **aA** OVG Lüneburg NVwZ 1985, 431 für den Fall, dass in der Sache bereits Klage erhoben ist, die gem § 92 Abs 1 S 2 VwGO nicht mehr ohne die Einwilligung des Prozessgegners zurückgenommen werden kann; ebenso Knack/Henneke 28; – Kritik: der auf das Prozessrechtsverhältnis bezogene Zweck des Zustimmungserfordernisses zur Klagerücknahme, dass nämlich der Kläger sich, nachdem einmal die Anträge in der mV gestellt sind, nicht mehr ohne weiteres durch Klagerücknahme diesem Prozessrechtsverhältnis entziehen kann, trifft auf die Antragsrücknahme, die primär andere unmittelbare Folgen hat, nicht zu und erfordert auch keine analoge Anwendung von § 92 Abs 1 S 2 VwGO.

[99] BVerwG DVBl 2009, 592: keine Beseitigung der Sperrwirkung des § 10 Abs. 3 S 2 AufenthG durch Rücknahme des Asylantrags.

[100] Vgl Martens NVwZ 1988, 685; Knack/Henneke 28.

[101] BVerwGE 75, 280, 284; BVerwG NJW 1980, 1120; NJW 1987, 275; NVwZ 1989, 860; BRS 28, 230; BSG 60, 79; NJW 1982, 2253; VGH München DVBl 1982, 1012; OVG Lüneburg NVwZ 1993, 1214; OLG Düsseldorf, Beschl v 29.4.2003, Verg 47/02, juris, für das Vergaberechtsverfahren; Allesch NVwZ 2000, 1227, 1230; de Wall, S. 162f; UL § 22 Rn 3; Knack/Henneke 28; Ule/Laubinger BImSchG 5 zu § 10; Feldhaus BImSchG 5 zu § 10; Simon BayBauO 4d zu Art 74; zum Antrag nach BAföG BVerwG FamRZ 1981, 208, 210; str; differenzierend BVerwG NVwZ 1998, 401; zT **aA** BVerwG DVBl 1970, 216; BSG 60, 83 zur Bewilligung von Arbeitslosengeld unter Hinweis auf die materiellrechtliche Bedeutung des Antrags und die bei Annahme eines späteren Zeitpunkts sonst für die Versichertengemeinschaft entstehenden unzumutbaren Nachteile; zust Martens NVwZ 1988, 685; BSG NZA 1987, 68: bis zur Bewilligung der Leistung; OVG Lüneburg NVwZ 1985, 431; StBS 70; MB 8; WBSK I § 60 Rn 11; Stelkens NuR 1985, 216; UL § 20 Rn 5; Erichsen/Ehlers § 13 Rn 20: nur bis zum Ergehen des VA oder Abschluss des Verwaltungsvertrags.

[102] BVerwG NVwZ 1989, 862: auch noch während der Anhängigkeit einer Verpflichtungsklage und nachdem bereits die Anträge im Prozess gestellt wurden; ähnlich VGH München NVwZ-RR 1992, 328: auch noch im Anfechtungsprozess gegen den VA; vgl auch BGH NJW 1982, 2775; **aA** BVerwG DVBl 1970, 216; BSG 9, 12; 60, 83; NZA 1987, 431; OVG Lüneburg NVwZ 1985, 431; zu weiteren Nachw auch oben im Text.

c) Antragsrücknahme in Sonderfällen. aa) Prüfungsverfahren. Bei Prüfungen ist kraft Natur der Sache der Antrag auf Zulassung und auf positive Bewertung des Prüfungsergebnisses, nachdem die Zulassung erfolgt ist oder nach dem Prüfungsverfahren als erfolgt gilt, **grundsätzlich nur bei Vorliegen gewichtiger Gründe** wie Krankheit usw rücknehmbar, soweit durch Gesetz, insb durch die entsprechende Prüfungsordnung nichts anderes bestimmt ist. Nicht mehr rücknehmbar ist der Antrag grundsätzlich, nachdem das Prüfungsergebnis bekannt ist (vgl zum Rücktritt von Prüfungen auch BVerwGE 66, 213; VG Frankfurt NVwZ-RR 1989, 18; Haas VBlBW 1985, 161). S zum Rücktritt von einer Prüfung auch § 2 Rn 55a. 86

bb) Fiktive VAe. Sieht das Fachrecht vor, dass eine beantragte Genehmigung nach Ablauf einer bestimmten Frist nach Antragsstellung als erteilt gilt (s hierzu § 35 Rn 64), ist die Rücknahme des Antrags auch noch nach Eintritt der Fiktionswirkung bis zum Eintritt der Unanfechtbarkeit allgemein anerkannt (BVerwG NJW 1988, 274 mwN; Martens NVwZ 1988, 685). Dadurch entfällt nachträglich die Fiktionswirkung; mangels Fristablauf gilt der VA dann rückwirkend nicht als erlassen. Zur Frage, ob bereits im Vorhinein auf den **Eintritt der Fiktionswirkung verzichtet** werden kann, s § 42a Rn 9. 87

cc) Rücknahme der Rücknahme. Nicht möglich ist die Rücknahme der Rücknahme eines Antrags, da sie kein Antrag iS von § 22 ist, sondern eine Willenserklärung anderer Art, und daher auch nicht den Grundsätzen über die Rücknahme von Anträgen unterliegt (BVerwG Buchh 402240 § 7 AuslG Nr 9). Hinzu kommt, dass mit der Rücknahme des Antrags **das Verfahren beendet** ist und allenfalls ein neuer Antrag (sofern die Antragstellung nicht fristgebunden ist und die Antragsfrist verstrichen ist) und ein neues Verfahren, wenn auch mit gleichem Ziel, möglich ist.[103] Allerdings wird die Rücknahme einer Antragsrücknahme **in einen neuen Antrag umzudeuten** sein. 88

d) Rechtswirkungen. aa) Rücknahme vor Erlass des VA. Bedeutung erlangt die Rücknahme in erster Linie in den reinen Antragsverfahren, die ohne wirksam gestellten Antrag nicht durchgeführt werden dürfen (S 2 Nr 2). Für diese gilt: Die wirksam in der erforderlichen Form und unter Beachtung der allgemeinen Zulässigkeitsvoraussetzungen erklärte **Rücknahme** des Antrags hat zur **Folge, dass das Verfahren beendet ist,** die Behörde das Verfahren einstellen muss und allenfalls noch über die Kosten und das Unwirksamwerden eines etwa vorausgegangenen VA (s im folgenden) entscheiden kann. Eine gleichwohl noch ergehende Entscheidung in der Sache wäre rechtswidrig, jedoch nicht unwirksam und nichtig. Etwas anderes gilt nur für Verfahren, die die Behörde auch von Amts wegen durchführen kann oder die auf Grund des Antrags eines anderen Beteiligten anhängig bleiben. Weitergehende Folgen der Rücknahme sind zT speziell geregelt. So lässt die Rücknahme eines offensichtlich unzulässigen Asylantrags die Sperre des § 10 Abs 3 S 2 AsylG nicht entfallen.[104] 89

bb) Rücknahme nach Erlass des VA. Umstritten ist, falls die Rücknahme eines Antrags nach dem Erlass des VA noch möglich ist,[105] welche Konsequenzen die Rücknahme eines Antrags in diesem Fall hat. Richtigerweise wird man eine Rücknahme auch dann noch für zulässig erachten müssen, sofern das Fachrecht nicht etwas anderes regelt. Hiervon ist auch in den Fällen auszugehen, in denen zwar keine ausdrückliche Einschränkung vorgenommen wird, aber die mit dem Erlass des VA typischerweise verbundenen Folgen nicht mehr ohne weiteres rückgängig gemacht werden können bzw sollen.[106] 90

---

[103] StBS 73; Knack/Henneke 28; **aA** offenbar BVerwG NJW 1988, 275.
[104] BVerwGE 132, 386 Rn 18.
[105] S hierzu näher Rn 65.
[106] Knack/Hennecke 28; Ziekow 10.

91 **Hinsichtlich der Folgen der Rücknahme** ist zu differenzieren: Keine Folgen hat die Rücknahme in den Fällen, in denen das Verfahren auch von Amts wegen betrieben werden darf. **Bei reinen Antragsverfahren** ist es dagegen eine Frage des Fachrechts, ob der bereits erlassene VA wirksam bleibt oder ein Fall anderweitiger Erledigung eintritt. Soweit dieses keine Regelungen trifft, ist die Frage **umstritten.** Die wohl hM geht davon aus, dass der bereits erlassene VA **rechtswidrig wird, aber idR wirksam bleibt.**[107] Die zutreffende Gegenmeinung geht davon aus, dass das Verwaltungsverfahren sich auch in diesen Fällen erledigt und der VA unwirksam wird (Erledigung auf andere Weise). Wenn eine Zurücknahme des Antrags überhaupt nach Erlass für zulässig erachtet wird, macht die Annahme, der VA bleibe als rechtswidriger, aber wirksamer VA bestehen, wenig Sinn.[108] Vielmehr ist vom Wegfall der Wirksamkeit auszugehen. Die Behörde hat dieses Unwirksamwerden des VA im Interesse der Rechtsklarheit und Rechtssicherheit in der Einstellungsverfügung festzustellen (ebenso Knack/Henneke 28). Für etwaige gegen den VA anhängige Rechtsbehelfe erledigt sich mit der Rücknahme des Antrags und dem Unwirksamwerden des VA die Hauptsache (vgl § 113 Abs 1 S 4 VwGO). Folgt man der hier vertretenen Auffassung, wird konsequenterweise auch ein **Widerspruchsbescheid** (§ 73 VwGO) durch Rücknahme des Widerspruchs **unwirksam,**[109] da das Widerspruchsverfahren als Teil des Verwaltungsverfahrens anzusehen ist. Der Widerspruchsführer kann sich deshalb durch Rücknahme des Widerspruchs auch einer durch den Widerspruchsbescheid erfolgten Verböserung (reformatio in peius) entziehen (**aA** StBS 70).

92 **e) Rücknahmefiktion.** Vereinzelte Gesetze sehen vor, dass bei Eintreten bestimmter Ereignisse, zB bei Nichtbetreiben des Verfahrens (zB nach § 63 Abs 2 S 3 HBauO für das Nichtbeheben von Antragsmängeln) oder bei **Nichtzahlung eines Kostenvorschusses,** ein Antrag als zurückgenommen gilt oder behandelt werden kann (vgl zB Art 15 Abs 1 bayKG). Derartige Regelungen sind **verfassungsrechtlich unbedenklich,** sofern sichergestellt ist, dass der Antragsteller über die Folgen seines Verhaltens belehrt wird (vgl VGH München BayVBl 1970, 261), bei Nichtzahlung eines Kostenvorschusses außerdem, dass die Höhe des geforderten Kostenvorschusses und die Zahlungsfrist angemessen sind und die Möglichkeit einer Ermäßigung oder eines gänzlichen Verzichts bei Mittellosigkeit vorgesehen ist.[110] Für das Widerspruchsverfahren gem §§ 68 ff VwGO sind entsprechende Regelungen, die eine Rücknahmefiktion vorsehen oder es der Behörde unter bestimmten Voraussetzungen erlauben, den Widerspruch als zurückgenommen zu behandeln, wegen der insoweit abschließenden Regelung des Widerspruchsverfahrens in §§ 68 ff VwGO unzulässig.[111]

---

[107] VGH München NVwZ-RR 1992, 328.

[108] Vgl BGH NJW 1982, 2775; allg auch Kopp/Schenke § 92 Rn 17; **aA:** VA wird nur rechtswidrig, nicht unwirksam; weitergehend StBS 71: die Rücknahme des Antrags kann die Wirksamkeit und den Bestand eines ergangenen VA nicht berühren, da § 43 Abs 2 eine solche Wirkung nicht vorsieht und ihr auch die Interessen der Allgemeinheit und betroffener Dritter am Bestand des VA entgegenstehen (können). Entgegen BVerwG NJW 1988, 275 geht es nicht allein um die Frage eines Verzichts; möglich ist allenfalls ein Verzicht auf die den Antragsteller begünstigenden Rechtsfolgen des VA; ein solcher Verzicht kann aber im Zweifel der Antragsrücknahme nicht entnommen werden.

[109] Str; **aA** Stelkens NuR 1985, 216; Oerder, Das Widerspruchsverfahren der VwGO, 1989, 167; StBS 70.

[110] Vgl zur ähnlich liegenden Situation im Prozessrecht BVerwGE 18, 150; BVerfG 10, 264; zum Widerspruchsverfahren auch VGH München BayVBl 1975, 80; BayVBl 1979, 564, 565, 567; Renck NJW 1971, 1401; Kopp/Schenke § 69 Rn 10.

[111] BVerwGE 61, 360; VGH München BayVBl 1979, 567; Lüke NJW 1978, 928; Kopp/Schenke § 69 Rn 10; **aA** VGH München BayVBl 1975, 80; 1979, 564, 565; Renck NJW 1971, 1401 (heute im Hinblick auf BVerwGE 61, 360 überholt).

§ 23 Amtssprache

(1) **Die Amtssprache ist deutsch.**[5]

(2) **Werden bei einer Behörde in einer fremden Sprache Anträge gestellt oder Eingaben, Belege, Urkunden oder sonstige Dokumente vorgelegt, soll die Behörde unverzüglich die Vorlage einer Übersetzung verlangen.**[7] **In begründeten Fällen kann die Vorlage einer beglaubigten oder von einem öffentlich bestellten oder beeidigten Dolmetscher oder Übersetzer angefertigten Übersetzung verlangt werden. Wird die verlangte Übersetzung nicht unverzüglich vorgelegt, so kann die Behörde auf Kosten des Beteiligten selbst eine Übersetzung beschaffen.**[8] **Hat die Behörde Dolmetscher oder Übersetzer herangezogen, erhalten diese in entsprechender Anwendung des Justizvergütungs- und -entschädigungsgesetzes eine Vergütung.**[9]

(3) **Soll durch eine Anzeige, einen Antrag oder die Abgabe einer Willenserklärung eine Frist in Lauf gesetzt werden, innerhalb deren die Behörde in einer bestimmten Weise tätig werden muss, und gehen diese in einer fremden Sprache ein, so beginnt der Lauf der Frist erst mit dem Zeitpunkt, in dem der Behörde eine Übersetzung vorliegt.**[12]

(4) **Soll durch eine Anzeige, einen Antrag oder eine Willenserklärung, die in fremder Sprache eingehen, zugunsten eines Beteiligten eine Frist gegenüber der Behörde gewahrt, ein öffentlich-rechtlicher Anspruch geltend gemacht oder eine Leistung begehrt werden, so gelten die Anzeige, der Antrag oder die Willenserklärung als zum Zeitpunkt des Eingangs bei der Behörde abgegeben, wenn auf Verlangen der Behörde innerhalb einer von dieser zu setzenden angemessenen Frist eine Übersetzung vorgelegt wird.**[13] **Andernfalls ist der Zeitpunkt des Eingangs der Übersetzung maßgebend, soweit sich nicht aus zwischenstaatlichen Vereinbarungen etwas anderes ergibt. Auf diese Rechtsfolge ist bei der Fristsetzung hinzuweisen.**

Parallelvorschriften: § 19 SGB X; § 87 AO

Die für das gerichtliche Verfahren geltenden Vorschriften der §§ 184, 185 GVG haben folgenden Wortlaut:

§ 184 (Deutsche Sprache). Die Gerichtssprache ist Deutsch. Das Recht der Sorben, in den Heimatkreisen der sorbischen Bevölkerung vor Gericht sorbisch zu sprechen, ist gewährleistet.

§ 185 (Dolmetscher). (1) Wird unter Beteiligung von Personen verhandelt, die der deutschen Sprache nicht mächtig sind, so ist ein Dolmetscher zuzuziehen. Ein Nebenprotokoll in der fremden Sprache wird nicht geführt; jedoch sollen Aussagen und Erklärungen in fremder Sprache, wenn und soweit der Richter dies mit Rücksicht auf die Wichtigkeit der Sache für erforderlich erachtet, auch in der fremden Sprache in das Protokoll oder in eine Anlage niedergeschrieben werden. In den dazu geeigneten Fällen soll dem Protokoll eine durch den Dolmetscher zu beglaubigende Übersetzung beigefügt werden.

(1a) Das Gericht kann gestatten, dass sich der Dolmetscher während der Verhandlung, Anhörung oder Vernehmung an einem anderen Ort aufhält. Die Verhandlung, Anhörung oder Vernehmung wird zeitgleich in Bild und Ton an diesen Ort und in das Sitzungszimmer übertragen.

(2) Die Zuziehung eines Dolmetschers kann unterbleiben, wenn die beteiligten Personen sämtlich der fremden Sprache mächtig sind.

(3) In Familiensachen und in Angelegenheiten der freiwilligen Gerichtsbarkeit bedarf es der Zuziehung eines Dolmetschers nicht, wenn der Richter der Sprache, in der sich die beteiligten Personen erklären, mächtig ist.

Schrifttum: *Aden,* Zwischenruf – Die Sprache in Deutschland ist klares Deutsch, ZRP 2011, 120; *Biaggini,* Sprache als Kultur- und Rechtsgut, DVBl 2005, 1090; *v Ebner,* Ist für Ausländer die Verwaltungssprache deutsch?, DVBl 1971, 341; *Ingerl,* Sprachrisiko im Verfahren, 1988;

Jacob, Fremdsprachige Erkenntnisse und Quellen im Asylprozess oder ist die Gerichtssprache deutsch?, VBlBW 1991, 205; *Kirchhof,* Deutsch als Staatssprache, in: Isensee/Kirchhof, Hdb des Staatsrechts, Bd I, 1987, § 18; *Kirsch,* Verurteilte Ausländer brauchen Dolmetscherkosten nicht zu tragen, DRiZ 1979, 185; *Lässig,* Deutsch als Gerichts- und Amtssprache, 1980; *Mäder,* Sprachordnung und Minderheitsschutzrechte in Deutschland, ZAR 1997, 29; *Schneider,* Deutsch als Gerichtssprache, MDR 1979, 534 ff; *Schuwerack,* Die sprachliche Gleichbehandlung von Gastarbeitern vor Sozialgerichten und im Verwaltungsverfahren, SGb 1974, 447; *Stober,* Amtssprache gegenüber Ausländern, Vr 1979, 142; *ders,* Grundgesetz und Amtssprache bei Ausländern, Vr 1979, 325; *Ziekow,* Die Auswirkungen der Dienstleistungsrichtlinie auf das deutsche Genehmigungsverfahrensrecht, GewArch 2007, 179.

Übersicht

I. Allgemeines

1 **1. Inhalt.** Die Vorschrift schreibt **in Anlehnung an § 184 GVG** und in Übereinstimmung mit der bisherigen Rechtstradition[1] vor, dass auch im Verkehr der Behörden mit Ausländern deutsch Amtssprache ist und regelt zugleich, wie bei fremdsprachigen Eingaben usw zu verfahren ist, bzw welche Rechtswirkungen solche Eingaben haben. Sie berücksichtigt die internationale Vernetzung von Verwaltungsvorgängen insbesondere im Bereich des Europäischen Verwaltungsverbundes derzeit nur unvollkommen, erlaubt aber eine hinreichend flexible Handhabung des Sprachenproblems (ausführlich StBS 4 ff).

2 Die Regelungen des Abs 2 beschränken sich auf den Umgang mit Schriftstücken in fremder Sprache. Die Zuziehung eines Dolmetschers bei **mündlichen Besprechungen,** zB Anhörungen uä mit Ausländern ist im VwVfG **nicht geregelt.** Eine Verpflichtung dazu ergibt sich aber idR, wenn und soweit dies zu einer ausreichenden Verständigung notwendig ist, entspr § 185 GVG schon aus den **Erfordernissen rechtlichen Gehörs** gem § 28.[2] Auch sonst sind, soweit

[1] BVerwG BayVBl 1973, 443; 1978, 474; DÖV 1974, 788; VGH München NJW 1977, 1213.

[2] Vgl BVerwG NJW 1990, 3102; NVwZ 1983, 668; StBS 42; Knack/Henneke 10; MDH 79 zu Art 103 GG; im Ergebnis ohne nähere Begründung auch UL § 28 Rn 3; vgl ferner BVerfG 42, 86.

§ 23 Fragen offen lässt, die allgemeinen Grundsätze eines rechtsstaatlichen Verfahrens – damit insb auch die in § 185 GVG zum Ausdruck gekommenen Grundsätze – ergänzend heranzuziehen[3] (s den Wortlaut dieser Vorschriften oben vor Rn 1). Auf Dolmetscher kann im VwVfG verzichtet werden, wenn Ausländer die deutsche Sprache hinreichend beherrschen (BVerwG NJW 1990, 3102) oder die Verständigung auf andere Weise sichergestellt werden kann. Für die Ablehnung eines von der Behörde zugezogenen Dolmetschers gelten §§ 20 f (vgl VG Köln NJW 1986, 2207).

2. Anwendungsbereich. a) Unmittelbar. § 23 gilt unmittelbar nur für Verwaltungsverfahren im Anwendungsbereich des VwVfG gem §§ 1 f einschließlich der Prüfungsverfahren (§ 2 Abs 3 Nr 2)[4] und vorbehaltlich anwendbarer besonderer Vorschriften (§ 1). Die Verfahrensgesetze der Länder enthalten inhaltsgleiche Regelungen bzw. verweisen auf § 23; einige enthalten Sonderregelungen mit Rücksicht auf bestimmte Minderheitensprachen (Rn 4e). Als Ausdruck eines **allgemeinen Rechtsgedankens** ist Abs 1, der bestimmt, dass deutsch Amtssprache ist, sinngemäß auch auf Verfahren anzuwenden, für die das VwVfG nicht gilt, für die aber keine entsprechende ausdrückliche Regelung besteht. Dasselbe gilt für die übrigen Bestimmungen des § 23 (bzw der entsprechenden Vorschriften der Länder), soweit sie sich als Anwendung und Folgerung dieses Grundsatzes oder des Rechts auf Gehör darstellen, insb für Abs 2 S 1 und 2 und Abs 3. Obwohl § 23 im Abschnitt über das Verwaltungsverfahren ieS (§ 9) steht, ist die Vorschrift zumindest analog auch sonst **allgemein im behördlichen Verkehr mit Ausländern** sowie überhaupt bei amtlichen Handlungen, auch zB bei Aktenvermerken, Prüfungsbewertungen usw anwendbar,[5] außerdem im Zweifel auch bei zivilrechtlichen Handlungen von Behörden. 3

b) Entsprechende Anwendbarkeit. Nicht analog anwendbar ist Abs 2 S 3; für die **Entschädigung** von Dolmetschern und Übersetzern sind bei Fehlen ausdrücklicher Regelungen die allgemeinen Vorschriften, insb auch das allgemeine Kostenrecht, maßgeblich. Ebenso wenig sind die Regelungen in Abs 2 über die Wahrung von Fristen ohne ausdrückliche rechtliche Grundlage anwendbar. Soweit jedoch die Versäumung einer Frist durch Unkenntnis der deutschen Sprache bedingt ist und der Betroffene dadurch ohne Verschulden an einer rechtzeitigen Antragstellung usw gehindert war, kommt idR Wiedereinsetzung gem § 32 oder in sinngemäßer Anwendung davon in Betracht (s § 32 Rn 21). 3a

c) Spezielle Regelungen. Vereinzelt – insbesondere im Zusammenhang mit der Ein- und Ausfuhr bestimmter Produkte – bestehen spezielle Regelungen, die für Produkthinweise Angaben in einer Amtssprache der Europäischen Gemeinschaft ausreichen lassen (zB § 9 Abs 2 AGOZV, § 5 Abs 3 und 4 BauPG). S unten Rn 4c. Spezielle Regelungen enthalten auch die §§ 8a ff über die internationale Verwaltungszusammenarbeit. Sie gehen aber ebenso wie § 23 vom Grundsatz aus, dass alle Verwaltungsvorgänge vor deutschen Behörden zunächst in deutscher Sprache vorliegen müssen und erforderlichenfalls in die Sprachen anderer Mitgliedstaaten übersetzt werden. Ferner sehen einige Länder Sonderregelungen für Minderheitensprachen vor (s Rn 4e). 4

3. Verfassungsrecht. Die Vorschrift ist **verfassungsrechtlich nicht zu beanstanden** (StBS 10; Knack/Henneke 3). Sie ist vielmehr Ausdruck des Grundsatzes, wonach die Staatssprache Deutsch ist. Dieser Grundsatz kommt für die gerichtlichen Verfahren in § 184 GVG, § 55 VwGO zum Ausdruck und gilt – 4a

---

[3] So muss etwa bei Gehörlosen eine Verständigung auf geeignete Weise sichergestellt werden, vgl StBS 70.

[4] Das hindert die Durchführung von Prüfungen in fremden Sprachen nicht, soweit dies Teil des Qualifikationsprofils der Prüfung ist, vgl auch StBS 14.

[5] Obermayer/Funke-Kaiser 3; StBS 14, 18; Ziekow 2; **aA** UL § 28 Rn 2.

wie § 23 klarstellt – auch für das Verwaltungsverfahren. Im Grundsatz ist es Sache eines der deutschen Sprache nicht hinreichend mächtigen Beteiligten, sich selbst um hinreichende **Sprachkompetenz zu bemühen** oder einen **Dolmetscher hinzu zu ziehen** (BFH 118, 294). Allerdings müssen die Bedürfnisse von Personen ohne hinreichende deutsche Sprachkenntnisse angemessen berücksichtigt werden. Hierzu bietet aber das Verfahrensermessen der zuständigen Behörden hinreichenden Spielraum. Sonderregelungen gibt es für die sorbische Sprache in den Ländern Brandenburg und Sachsen. Für die Versäumung von Fristen infolge von Sprachunkenntnis kommt außerdem die **Wiedereinsetzung** nach § 32 in Betracht.

4b **4. Europarecht a) Grundsatz.** Grundsätzlich gilt § 23 auch für Verfahren mit Beteiligung von EU-Bürgern. Während für den direkten Vollzug von Unionsrecht durch die Organe der EU sämtliche Amtssprachen, dh alle Sprachen der Mitgliedsstaaten gleichberechtigt sind,[6] besteht nach EU-Recht derzeit keine Verpflichtung der Mitgliedsstaaten, beim Vollzug von nationalem Recht ebenso wie beim indirekten Vollzug von EU-Recht (s hierzu Einf II Rn 36 ff) eine andere als die jeweilige Staatssprache zu akzeptieren (zur EU-Rechtskonformität Eisenberger GewArch 2012, 145). Insoweit gilt lediglich das Verbot einer Diskriminierung (Art 18 AEUV), welches allerdings nicht verletzt sein dürfte, wenn eine Behörde zB Anträge in englischer, nicht aber in anderen Sprachen zulässt, weil die Mitarbeiter der Behörde nur der englischen Sprache mächtig sind.[7]

4c **b) Diskriminierungsverbot.** Für **Bürger der EU** folgt allerdings aus dem **Diskriminierungsverbot** des Art 18 AEUV, dass die Sprache eines Mitgliedstaates kein Hindernis sein darf, um die Grundfreiheiten der EU zu verwirklichen.[8] Das bedeutet, dass die zuständigen Behörden in besonderer Weise dafür Sorge tragen müssen, dass sich EU-Bürger ohne deutsche Sprachkenntnisse ohne unzumutbare Schwierigkeiten an einem Verwaltungsverfahren beteiligen können. Soweit das Unionsrecht nichts anderes vorsieht, darf das Verwaltungsverfahren vor deutschen Behörden auch dann in der deutschen Sprache geführt werden, wenn EU-Bürger daran beteiligt sind. Allerdings **kann es geboten sein, einen Dolmetscher hinzuziehen,** wenn es in einem Verwaltungsverfahren um Grundfreiheiten eines der deutschen Sprache nicht hinreichend mächtigen EU-Bürgers geht. Im Grundsatz wird man aber auch vom EU-Bürger verlangen können, dass er sich selbst um die erforderliche Sprachkompetenz oder um einen Dolmetscher bemüht, um das Verwaltungsverfahren angemessen zu bestreiten.

4d **c) Dienstleistungsrichtlinie.** Auch im Anwendungsbereich der DL-RL gilt grundsätzlich deutsch als Verfahrenssprache. Die DL-RL verlangt nach Art 7 Abs 5 S 2 DL-RL von den deutschen Behörden nicht, dass sie Anträge in fremder Sprache entgegennehmen oder Auskünfte in fremder Sprache erteilen. Gleichwohl ist die Richtlinie sprachenfreundlich gefasst; nach Art 7 Abs 5 S 1 DL-RL ergreifen die die Mitgliedstaaten und die Kommission „begleitende Maßnahmen, um die Bereitschaft der einheitlichen Ansprechpartner zu fördern, die Informationen auch in anderen Gemeinschaftssprachen zur Verfügung zu stellen." S hierzu näher Reichelt LKV 2010, 97; Ziekow GewArch 2007, 179.

4e **d) Europäische Charta der Regional- oder Minderheitensprachen.** Die zum Schutz der geschichtlich gewachsenen Regional- oder Minderheitensprachen Europas am 25.6.1992 vom Ministerkomitee des Europarats beschlossene Charta (BGBl II, 1315) sieht in Art 10 Maßnahmen zur Gewährleistung der Kommunika-

[6] Dies ergibt sich aus der zur Ausfüllung von Art 290 EG dienenden VO v 15.4.1958 (ABl EG 1958, Nr 17/385).

[7] **AA** Ziekow 10: Individuelle Sprachkenntnisse kein Differenzierungskriterium.

[8] Allg Auffassung, vgl StBS 78; FKS 12.

tion in einer Regional- oder Minderheitensprache mit den Verwaltungsbehörden vor. Entsprechend der von der Bundesrepublik Deutschland übernommenen Verpflichtung, ausgewählte Maßnahmen in bestimmten Ländern für dort relevante Regional- oder Minderheitensprachen anzuwenden,[9] haben die **Länder** ergänzende oder von § 23 abweichende Regelungen getroffen. So können sich in Schleswig-Holstein in bestimmten Gebieten Bürger in **friesischer Sprache** an Behörden wenden und Schriftstücke in friesischer Sprache vorlegen.[10] Entsprechendes gilt im sorbischen Siedlungsgebiet in Sachsen für **sorbisch** sprechende Bürger.[11] In Brandenburg ist vorgesehen, dass im Siedlungsgebiet der Sorben von sorbischen Verfahrensbeteiligten keine Kosten für Dolmetscher oder Übersetzer erhoben werden und abweichend von § 23 Abs 3 der Lauf einer Frist auch dann beginnt, wenn eine Anzeige, ein Antrag oder eine Willenserklärung in sorbischer Sprache bei der Behörde eingeht.[12]

II. Amtssprache (Abs 1)

1. Grundsatz. Amtssprache iS von § 23 bedeutet entspr der Regelung des § 184 GVG für gerichtliche Verfahren, dass in amtlichen Mitteilungen, **Entscheidungen, Bescheiden** sowie bei der **gesamten Aktenführung**[13] ausschließlich die deutsche Sprache zu verwenden ist[14] und dass, vorbehaltlich abweichender Regelungen durch besondere Rechtsvorschriften (vgl auch Abs 2–4), auch alle Verfahrenshandlungen gegenüber der Behörde grundsätzlich nur in deutsch wirksam vorgenommen werden können (Knack/Henneke 7). Vorbehaltlich der Regelungen in Abs 3 und 4 (s unten Rn 11 ff) und spezialgesetzlicher Regelungen können **nur die in deutscher Sprache abgefassten Erklärungen Fristen wahren oder in Lauf setzen.**[15] Dem Erfordernis der deutschen Sprache genügt jedenfalls im schriftlichen Verkehr grundsätzlich **nur Hochdeutsch,**[16] wobei jedoch fachsprachliche und geläufige fremdsprachliche Ausdrücke (vgl OVG Münster NJW 2005, 2246 „Showroom“) sowie Eigenheiten von Dialekten oder österreichische oder schweizerische Eigenheiten im Sprachgebrauch des Deutschen unschädlich sind, soweit erwartet werden kann, dass diese verstanden werden. Im mündlichen Verkehr mit der Behörde ist auch der Gebrauch von Dialekten zulässig, sofern alle an den Gesprächen Beteiligten, auch Zeugen, Sachverständige usw, sie verstehen.[17] Nicht zur (hoch-)deutschen Sprache gehören eigenständige Sprachen im Ausland, die sich aus deutschsprachigen Stämmen entwickelt haben, wie etwa Schwyzerdütsch oder Elsässisch,[18] oder in 5

---

[9] Zustimmungsgesetz v 9.7.1998 (BGBl II, 1314) und 2. Gesetz v 11.9.2002 (BGBl II, 2450).

[10] § 1 Friesisch-Gesetz (GVOBl, 481). Vgl auch § 82a Abs 2 LVwG Schleswig-Holstein, wonach die Behörde bei Anträgen uÄ in fremder Sprache ein Ermessen hat („kann“ statt „soll“), ob sie die Vorlage einer Übersetzung verlangt; ob dies im Hinblick auf die dänische Minderheit den Verpflichtungen aus der Charta genügt, ist allerdings zweifelhaft.

[11] § 9 Sächsisches Sorbengesetz (GVBl 1999, 161).

[12] VwVfGBdg v 7.7.2009 (GVBl I, 262).

[13] OVG Magdeburg NVwZ-RR 2009, 169; StBS 17, 39, 48; Knack/Henneke 7; MB 3.

[14] Vgl auch BSG NJW 1987, 2184: die Rechtsmittelbelehrung in deutscher Sprache setzt die Rechtsmittelfrist auch gegenüber Ausländern in Lauf; ebenso VGH München NJW 1977, 1213.

[15] Begr 48; BVerwG NVwZ 1991, 61; BSG NJW 1987, 2184: ein in fremder Sprache abgefasster Schriftsatz hat keine fristwahrende Wirkung; FG Saarlouis NJW 1989, 3112; vgl auch BayObLG NJW-RR 1987, 379; Ziekow 8. Kritisch zur Begrenzung auf die deutsche Sprache Eisenmenger GewArch 2012, 145.

[16] MSU 12; vgl zu § 184 GVG Kissel/Mayer GVG § 184 Rn 1.

[17] Knack/Henneke 6 unter Hinweis auf RGSt 8, 160; MSU 12; Ziekow 3; v Wulffen SGB-X § 19 Rn 4; Obermayer/Funke-Kaiser 64

[18] StBS 27; FKS 14.

Deutschland von Minderheiten oder nur in bestimmten Regionen verwendete eigenständige Sprachen wie Romanes, das Sorbische, Dänische, Friesische oder Niederdeutsche (Platt).[19] Erhält die Behörde Informationen in fremder Sprache, so muss sie, wenn sie ein Verwaltungsverfahren durchführen will, für eine deutsche Übersetzung Sorge tragen.[20]

6 **2. Gebrauch einer anderen Sprache. Nicht berührt** durch das Gebot der deutschen Amtssprache wird die Befugnis der Behörden, in der täglichen Verwaltungspraxis im Umgang mit nicht (hoch-)deutsch sprechenden Bürgern sich deren Sprache zu bedienen, wenn Bedienstete der Behörde diese beherrschen, Merkblätter in fremden Sprachen herauszugeben, usw (Begr 49). Für **mündliche Besprechungen** usw gilt dies jedoch nur, **wenn alle Beteiligten** die fremde Sprache beherrschen und sich damit einverstanden erklären, dass die Besprechung usw in ihr geführt wird, oder wenn sie sonst damit einverstanden sind (BVerwG NVwZ 1991, 61; Knack/Henneke 8 mwN). Die Zulässigkeit von **Unterschriften in einer fremden Schrift** wird zu Recht allgemein angenommen.[21] Im akademischen Bereich ist es zulässig, auch in **verbreiteten Wissenschaftssprachen,** insbesondere in Englisch, abgefasste Berichte, Voten und Gutachten zu verwenden und sie nur bei Bedarf übersetzen zu lassen (OVG Magdeburg NVwZ-RR 2009, 169).

III. Anträge und fremdsprachige Schriftstücke (Abs 2)

7 **1. Pflicht zur Beschaffung einer Übersetzung.** Da Amtssprache gem Abs 1 deutsch ist, ist es nach Abs 2 S 1 grundsätzlich Sache der Beteiligten, für eine **deutsche Übersetzung** von in fremder Sprache abgefassten Anträgen, Eingaben, Belegen, Urkunden usw zu sorgen. Die Behörde kann jedoch – insb wenn dies der Vereinfachung des Verfahrens dient oder aus anderen Gründen zweckmäßig erscheint – auch selbst Übersetzer zuziehen oder, wenn ein Angehöriger der Behörde selbst die Sprache beherrscht und es sich nicht um verfahrensbestimmende Anträge handelt, auch überhaupt **auf eine Übersetzung verzichten.**[22] **Unverzüglich** iS von S 1 bedeutet entspr § 121 Abs 1 BGB „ohne schuldhaftes Zögern". Ein Unterschied zum **Zügigkeitsgebot** des § 10 S 2 dürfte darin nicht liegen. Kommt die Behörde allerdings erst später zu dem Ergebnis, dass eine Übersetzung erforderlich ist, so kann sie die Vorlage nicht mehr nach Abs 2 S 3 verlangen, sondern muss ggfs. auf eigene Kosten die erforderliche Übersetzung beschaffen.

7a **Im Normalfall** wird die Vorlage einer **einfachen Übersetzung** ausreichen. Abs 2 S 2 erlaubt es der Behörde, in begründeten Fällen auch eine **qualifizierte Übersetzung** zB von einem öffentlich bestellten oder amtlich vereidigten Übersetzer zu verlangen. Dies kommt vor allem bei wichtigen Schriftstücken und Beweismitteln in Betracht. Verlangt die Behörde die Vorlage einer Übersetzung, so muss diese „unverzüglich", dh ohne schuldhaftes Zögern, vorgelegt werden. Für die Vorlage kann die Behörde in Konkretisierung der Unverzüglichkeit eine Frist setzen, nach deren Ablauf sie nach Abs 2 S 3 vorgehen, dh die Übersetzung

---

[19] StBS 27 allerdings mit der Einordnung des Niederdeutschen als deutsche Sprache iSd § 23; ähnlich Knack/Henneke 6 und FSK 14 mit der problematischen Einschränkung: zumindest dort, wo alle Beteiligten die Mundart verstehen; vgl hingegen BGHZ 153, 3 f (Niederdeutsch keine deutsche Sprache iSd Gebrauchsmustergesetzes).

[20] OVG Greifswald NordÖR 2008, 234 für den Fall der Entziehung der Fahrerlaubnis auf der Grundlage von polnischen Unterlagen über in Polen begangene Verkehrsverstöße; ebenso Rahm, NVwZ 2010, 288 für Verträge im Rahmen des Cross Border Leasings.

[21] VGH München NJW 1978, 511: Unterschrift in arabischer Schrift zulässig; ebenso Obermayer/Funke-Kaiser 68; Knack/Henneke 11.

[22] Vgl OVG Magdeburg NVwZ-RR 2009, 169; **aA** Knack/Henneke 14, 7 mwN: wegen möglicherweise wechselnder Bearbeiter können nicht zufällig vorhandene Sprachkenntnisse eines Bearbeiters maßgeblich sein.

selbst auf Kosten des Beteiligten herstellen lassen. Die Frist muss den Umständen nach angemessen sein.

8 **2. Beschaffung einer Übersetzung durch die Behörde.** Ob die Behörde von der Befugnis gem Abs 2 S 3, selbst eine Übersetzung zu beschaffen, Gebrauch macht, ist ihrem **Ermessen** überlassen. Sie ist auch bei sonst drohender Fristversäumung dazu (gegenüber dem Antragsteller usw) grundsätzlich nicht verpflichtet und handelt idR nicht ermessensfehlerhaft, wenn sie sich nicht um eine Übersetzung bemüht, sondern den fremdsprachlichen Antrag, den fremdsprachlichen Text, die fremdsprachliche Urkunde usw einfach unberücksichtigt lässt (Bell NVwZ 1992, 629). Anders jedoch, wenn es im öffentlichen Interesse, insb im Interesse der Klärung des Sachverhalts, auf den Inhalt ankommt oder ankommen kann und die Voraussetzungen für eine Verweisung des Beteiligten auf seine **Mitwirkungspflicht** nicht gegeben sind (vgl dazu im Einzelnen § 26 Rn 40).

9 **3. Kostenfragen.** Macht die Behörde von der ihr durch Abs 2 S 3 eingeräumten Befugnis Gebrauch, hat derjenige Beteiligte die Kosten zu tragen, der das fremdsprachige Schriftstück vorgelegt hat. Die vom Antragsteller usw gem S 3 zu tragenden Kosten können nach den allgemeinen Bestimmungen des Kostenrechts über die Festsetzung von Verfahrenskosten **durch VA festgesetzt** werden; dasselbe gilt auch grundsätzlich für den Aufwand, der der Behörde für die Zuziehung eines Dolmetschers oder Übersetzers gem S 4 entsteht. Die Vergütung richtet sich nunmehr – nach der Änderung des Abs 2 Satz 4 durch das KostModG[23] – nach dem Justizvergütungs- und -entschädigungsgesetz. Es wird keine Entschädigung, sondern eine Vergütung gezahlt.

10 **4. Übersetzungsfehler.** Übersetzungsfehler oder durch die Übersetzung bedingte **Missverständnisse** gehen grundsätzlich zu Lasten der Beteiligten, die sich der fremden Sprache bedienen, nicht der Behörde. Sind sie auf ein Verschulden der Behörde zurückzuführen oder jedenfalls der Sphäre der Verwaltung zuzurechnen, so muss die Behörde die Betroffenen nach Möglichkeit so stellen, wie sie stehen würden, wenn der Fehler nicht passiert wäre; außerdem kommt eine Haftung des Rechtsträgers, dem das Verschulden der Behörde zuzurechnen ist, für den entstandenen Schaden nach den Vorschriften über die Amtshaftung in Betracht. Zur **Wiedereinsetzung** bei unverschuldeter Fristversäumung wegen fehlender Sprachkenntnisse der Beteiligten s § 32 Rn 21.

IV. Beginn und Wahrung von Fristen (Abs 3 und 4)

11 In Abs 3 und 4 sind zur Milderung von Schwierigkeiten und Härten, die sich aus dem Umstand, dass deutsch allein Amtssprache ist (vgl oben Rn 5), für die Beteiligten oder auch für die Behörde ergeben können, **gewisse Erleichterungen** vorgesehen. Das gilt insbesondere für die Berechnung von Fristen. Ergänzend kommt bei einer unverschuldeten Versäumung einer Frist wegen sprachlicher Probleme auch eine Wiedereinsetzung in den vorigen Stand in Betracht. Allerdings sind Fristen im Regelfall so bemessen, dass die Einschaltung eines Dolmetschers zur Einhaltung der Frist zumutbar erscheint (s hierzu auch § 32 Rn 25).

12 **1. Behördliche Handlungen (Abs 3).** Nach Abs 3 beginnen in den näher bezeichneten Fällen Fristen für behördliche Handlungen erst zu laufen, wenn der Behörde auch die Übersetzung vorliegt. Gedacht ist dabei vor allem an Fristen im Zusammenhang mit **Anzeigepflichten** usw, die zur Folge haben, dass eine Handlung als genehmigt gilt, wenn die zuständige Behörde innerhalb bestimmter

---

[23] Gesetz zur Modernisierung des Kostenrechts (Kostenrechtsmodernisierungsgesetz – KostModG) v 5.5.2004 (BGBl I, 718).

Frist keine Bedenken erhebt bzw kein Verbot ausspricht (vgl zB § 15 Abs 1 und § 56a GewO) uä. Insoweit dient die Regelung allerdings nur der Klarstellung, weil ohnehin, da deutsch Amtssprache ist, nicht übersetzte fremdsprachliche Anträge keine Rechtswirkung haben, daher auch keine Fristen in Lauf setzen können. Die Regelung ist jedoch analog auch auf Fälle anwendbar, in denen durch eine Anzeige, einen Antrag usw „Schonfristen" uä Fristen zugunsten des Bürgers in Lauf gesetzt werden (**aA** zu § 21 Abs 3 AuslG: Obermayer 53; allgemein: Knack/Henneke 15; StBS 64). Einem Missbrauch kann die Behörde hier durch Fristsetzung entsprechend Abs 4 begegnen.

13 **2. Handlungen der Beteiligten (Abs 4).** Nach Abs 4 wahren auch in **fremder Sprache abgegebene Anzeigen,** Anträge usw Fristen und Rechte, wenn auf Verlangen der Behörde eine Übersetzung innerhalb einer angemessenen Frist vorgelegt wird. Dies hat Bedeutung zB für die Wahrung der **Einwendungsfrist** nach § 73 Abs 4 im Planfeststellungsverfahren oder der **Widerspruchsfrist** gem § 70 VwGO iVm § 79 (UL § 28 Rn 5; StBS 65; Knack/Henneke 16), ebenso zB für die rechtzeitige **Geltendmachung von Ansprüchen** auf soziale Leistungen, die ab Antragstellung gewährt werden, usw (Begr 48). Die Vorlage der Übersetzung innerhalb der von der Behörde gesetzten Frist heilt den Mangel rückwirkend (Knack/Henneke 16). Vorher ist der Antrag, die Einwendung usw schwebend unwirksam (Knack/Henneke 16; vgl auch VGH München NJW 1976, 1048).

14 Eine von der Behörde gem Abs 4 gesetzte **Frist muss angemessen** sein; bei zu kurzer Frist ist die Fristsetzung unwirksam und muss eine neue Frist gesetzt werden;[24] außerdem sind die Betroffenen gem S 3 auf die Folgen einer verspäteten Vorlage der Übersetzung gem S 2 ausdrücklich zusammen mit der Fristsetzung[25] hinzuweisen. Fehlt es an einem entsprechenden Hinweis, können aus der Versäumung der Frist keine Nachteile für den Betroffenen hergeleitet werden. Erforderlichenfalls muss eine neue Frist gesetzt werden. Behördlich gesetzte Fristen können nach § 31 Abs 7 bzw nach allgemeinen Grundsätzen verlängert werden; außerdem ist eine **Fristversäumung** grundsätzlich als unerheblich anzusehen, wenn die Frist zu kurz war oder wenn in vergleichbaren Fällen die Voraussetzungen für eine Wiedereinsetzung gem § 32 gegeben wären (str). Vgl im Einzelnen § 31 Rn 44.

§ 24 Untersuchungsgrundsatz

(1) **Die Behörde ermittelt den Sachverhalt von Amts wegen.**[6 ff] **Sie bestimmt Art und Umfang der Ermittlungen;**[11 ff] **an das Vorbringen und an die Beweisanträge der Beteiligten ist sie nicht gebunden.**[15b, 34] **Setzt die Behörde automatische Einrichtungen zum Erlass von Verwaltungsakten ein, muss sie für den Einzelfall bedeutsame tatsächliche Angaben des Beteiligen berücksichtigen, die im automatischen Verfahren nicht ermittelt würden.**

(2) **Die Behörde hat alle für den Einzelfall bedeutsamen, auch die für die Beteiligten günstigen Umstände zu berücksichtigen.**[54]

(3) **Die Behörde darf die Entgegennahme von Erklärungen oder Anträgen, die in ihren Zuständigkeitsbereich fallen, nicht deshalb verweigern, weil sie die Erklärung oder den Antrag in der Sache für unzulässig oder unbegründet hält.**[57]

---

[24] StBS 67; Knack/Henneke 16; zT **aA** Obermayer/Funke-Kaiser 106 – bei zu kurzer Frist gilt statt der gesetzten Frist eine angemessene Frist.

[25] Ein späterer Hinweis genügt nicht und macht die Fristsetzung unwirksam; es bedarf dann zugleich einer erneuten Fristsetzung, vgl Obermayer/Funke-Kaiser 109; StBS 68; Knack/Henneke 16.

Parallelvorschriften: § 88 AO; § 20 SGB-X; § 86 VwGO; § 76 FGO; § 103 SGG.

Schrifttum: Allgemein zum Untersuchungsgrundsatz: *Becker,* Zur Untersuchungsmaxime im Verwaltungsverfahren, Vw 1976, 161; *Bell,* Die Aufklärung politischer Verfolgung im Verwaltungsverfahren, NVwZ 1992, 627; *Bender/Nack/Treuer,* Tatsachenfeststellung vor Gericht, 4. Aufl 2014; *Berg,* Die verwaltungsrechtliche Entscheidung bei ungewissem Sachverhalt, 1980; *Brühl,* Die Sachverhaltsermittlung im Verwaltungsverfahren und ihre Bedeutung für den Entscheidungsprozess, JA 1992, 193; *Eberle,* Zum Verwertungsverbot für rechtswidrig erlangte Informationen im Verwaltungsverfahren, FS Martens 1987, 351; *Erfmeyer,* Die Wirksamkeit eines auf rechtswidriger Sachverhaltsermittlung beruhenden VA – zulässige Verwertung fehlerhaft erlangter Erkenntnisse durch rechtmäßige Nachermittlung?, VR 2000, 325; *Di Fabio,* Verwaltungsentscheidung durch externen Sachverstand, VerwArch 1990, 210; *Frentz,* Zulässigkeit formloser Verwaltungsermittlungen, DöD 1993, 73; *Gärditz,* die Feststellung von Wissenschaftsplagiaten im Verwaltungsverfahren, WissR 2013, 3; *Groß/Kainer,* Die Verantwortung für die Tatsachenermittlung im Asylrecht, DVBl 1997, 1315; *Grupp,* Mitwirkungspflichten im Verwaltungsverfahren, VerwArch 1989, 44; *Hüsch,* Verwertungsverbote im Verwaltungsverfahren, 1991; *Kobor,* Kooperative Amtsermittlung im Verwaltungsrecht, 2007; *Kment,* Die Bewältigung von Nichtwissen durch adaptive Abwägung, ZUR 2016, 331; *Macht,* Verwertungsverbote bei rechtswidriger Informationserlangung im Verwaltungsverfahren, 1999; *Martens,* Verwaltungsvorschriften zur Beschränkung der Sachverhaltsermittlung, 1980; *Mußgnug,* Sachverhaltsaufklärung und Beweiserhebung im Besteuerungsverfahren, JuS 1993, 48; *Papier,* Bedeutung der Verwaltungsvorschriften im Recht der Technik, in: Lukes-FS 1989, 159; *Peters,* Die Sachverhaltsermittlung im Verwaltungsverfahren, JuS 1991, 54; *Petri,* Der Gefahrerforschungseingriff, DÖV 1996, 443; *Pfeifer,* Der Untersuchungsgrundsatz und die Offizialmaxime im Verwaltungsverfahren, 1980; *Ramsauer,* Data Mediation – ein Weg zu Transparenz und Akzeptanz im Verwaltungsverfahren, FS Bull, 2011, 1062; *Rothkegel,* Anforderungen aus Art 16 II 2 GG an die Tatsachenfeststellung im Asylverfahren, NVwZ 1990, 717; *Schink,* Amtsermittlung und Gefahrerforschung, DVBl 1989, 1182; *Schmitz/Prell,* Neues zum E-Government, NVwZ 2016, 1273; Schneider, *J. P.,* Nachvollziehende Amtsermittlung bei der UVP, 1991; *ders,* Kooperative Verwaltungsverfahren, VerwArch 1996, 38; *Schromek,* Die Mitwirkungspflichten der am Verwaltungsverfahren Beteiligten – eine Grenze des Untersuchungsgrundsatzes?, 1989; *Schwarz/Mangold,* Verfahrensfragen bei der Aberkennung akademischer Grade, DVBl 2013, 883; *Sobota,* Zum Umgang der behördlichen Untersuchungspflicht gemäß § 24 VwVfG, § 31 VermG, DÖV 1997, 144; *Spilker,* Behördliche Amtsermittlung, 2015; *Vogel,* Verwaltungsvorschriften zur Vereinfachung der Sachverhaltsermittlung und normkonkretisierende Verwaltungsvorschriften, in: Thieme-FS 1993, 605; *Weiß,* Der Gefahrerforschungseingriff bei Altlasten, NVwZ 1997, 737; *Wölfl,* Sind die Verwaltungsbehörden an rechtskräftige strafrechtliche Verurteilungen gebunden?, DÖV 2004, 433.

Beweisrecht: *Baur,* Beweislastverteilung im Verwaltungsprozess, FS Bachof, S. 285; *Berg,* Die Beweislast im Verwaltungsprozess am Beispiel des Wohngeldrechts – BVerwGE 44, 265 –, JuS 1977, 26; *ders,* Neues zur Beweislast im Verwaltungsprozess?, Vw 2000, 139; *Berger,* Zur Beweislast im verkehrsbezogenen Immissionsschutzrecht, ZUR 1994, 109; *Birkenfeld,* Beweis und Beweiswürdigung im Steuerrecht, 1973; *Callies,* Vorsorgeprinzip und Beweislastverteilung im Verwaltungsrecht, DVBl 2001, 1725; *Dahm,* Ablehnung eines Beweisantrags im Asylrecht, NVwZ 2000, 1385; *Dürig,* Beweismaß und Beweislast im Asylrecht, 1990; *Ewer/Rapp,* Zur Beweis- und Feststellungslast bei Ansprüchen auf Gewährung von Ermessensleistungen, NVwZ 1991, 549; *Gaentzsch,* Ermittlungs- und Bewertungsdefizite im Verwaltungsverfahren, in: Redeker-FS 1993, 405; *v Holleben/Schmidt,* Beweislastumkehr im Chemikalienrecht, NVwZ 2002, 532; *Hüsch,* Verwertungsverbote im Verwaltungsverfahren, 1991; *Huster,* Beweislastverteilung und Verfassungsrecht, NJW 1995, 112 *Kempermann,* Amtsermittlung, Mitwirkungspflichten und Beweislast bei Auslandssachverhalten, FR 1990, 437; *Klatt,* Zur Beweiserhebung im Asylverfahren, NVwZ 2007, 51; *Kluth,* Grenzen der Befugnis der Ausländerbehörde zur Sachaufklärung, ZAR 2007, 250; *Kokott,* Beweislastverteilung und Prognoseentscheidungen bei der Inanspruchnahme von Grund- und Menschenrechten, 1993; *Musielak/Stadler,* Grundfragen des Beweisrechts, JuS 1980, 588; *Mußgnug,* Sachverhaltsaufklärung und Beweiserhebung im Besteuerungsverfahren, JuS 1993, 48; *Nierhaus,* Beweismaß und Beweislast: Untersuchungsgrundsatz und Beteiligtenmitwirkung im Verwaltungsprozess, 1989; *Peschau,* Die Beweislast im Verwaltungsrecht, 1983; *Prütting,* Gegenwartsprobleme der Beweislast, 1983; *Reinhardt,* Die Umkehrung der Beweislast aus verfassungsrechtlicher Sicht, NVwZ 1994, 93; *Ruppel,* Beweismaß bei der Schätzung aufgrund der Verletzung von Mitwirkungspflichten, BB 1995, 750; *Schneider,* Beweis und Beweiswürdigung, 5. Aufl 1994; *Sonntag,* Die Beweislast bei Drittbetroffenenklagen, Diss Köln 1986; *Stadler,* Grundfragen des Beweisrechts, JuS 1979, 721, 877; 1980, 126; *Stumpe,* Behandlung des Antrags auf Einholung von weiteren Sachverständigengutachten und amtlichen Auskünften, wenn bereits Erkenntnisquellen zum Beweisthema beigezogen sind, VBlBW 1995, 172; *v Usslar,* Der Anspruch der Betroffenen auf Beweissicherung im Wasserrecht, NuR 1982, 165; *Vierhaus,* Beweisrecht im Verwaltungsprozess, 2011.

Sachverhaltsermittlung im Europarecht: *Baumhof,* Die Beweislast im Verfahren vor dem EuGH, 1996; *Classen,* Das nationale Verwaltungsverfahren im Kraftfeld des europäischen Gemeinschaftsrechts, VerwArch 1998, 307; *v Danwitz,* Verwaltungsrechtliches System und Europäische Integration, 1996; *Frowein* (Hrsg), Die Kontrolldichte bei der gerichtlichen Überprüfung von Handlungen der Verwaltung, 1993; *Gassner,* Rechtsgrundlagen und Verfahrensgrundsätze des Europäischen Verwaltungsverfahrensrechts, DVBl 1995, 16; *Kadelbach,* Allgemeines Verwaltungsrecht unter europäischen Einfluss, 1999; *Kuntze,* Europarecht im deutschen Verwaltungsprozess: Allgemeines Verwaltungsrecht, VBlBW 2001, 5; *Nehl,* Europäisches Verwaltungsverfahren und Gemeinschaftsverfassung, 2002, Kap 6; *Pache,* EG-rechtliche Möglichkeiten und Grenzen einer Harmonisierung nationaler Vollzugssystem in: Lübbe-Wolff (Hrsg), Der Vollzug des europäischen Umweltrechts, 1996, 177; *Rausch,* Die Kontrolle von Tatsachenfeststellungen und -würdigungen durch den EuGH, 1994; *Schwarze,* Europäisches Verwaltungsrecht, 1988; *Wittkopp,* Sachverhaltsermittlung im Gemeinschaftsverwaltungsrecht, 1999.

Übersicht

I. Allgemeines

1. Inhalt. Die Vorschrift verpflichtet die Behörde zur Ermittlung des für ihre Entscheidung maßgeblichen Sachverhalts von Amts wegen (sog **Untersuchungsgrundsatz** oder Inquisitionsmaxime); außerdem sieht Abs 3 ohne näheren Zusammenhang mit Abs 1 und 2 vor, dass die Behörde Erklärungen usw auch dann entgegennehmen muss, wenn sie diese nicht für entscheidungserheblich hält. Die Regelungen in Abs 1 und 2 lehnen sich an § 86 Abs 1 und 2 VwGO an (s unten Rn 3, 6) und entsprechen im Wesentlichen dem vor dem 1

Erlass des VwVfG geltenden Recht.[1] Die Regelungen weisen in Abs 1 u 2 die Aufklärung des Sachverhalts nahezu vollständig dem Verantwortungsbereich der Behörde zu. Die Beteiligten haben, sofern nicht spezialgesetzlich etwas anderes geregelt ist (s unten Rn 5), nur **schwach ausgeprägte Mitwirkungspflichten** (s § 26 Abs 2). Dies gilt nicht nur für die sog amtswegigen Verfahren, sondern – da das Gesetz insoweit keinen Unterschied macht – im Grundsatz auch für Antragsverfahren (s zu dieser Unterscheidung § 22 Rn 21 ff). Für Antragsverfahren müssen allerdings auch bei fehlenden speziellen Bestimmungen die Grundsätze der nachvollziehenden Amtsermittlung gelten (s hierzu näher Rn 9 ff). Für die Beteiligten sind nicht nur die Mitwirkungspflichten, sondern auch die Einwirkungsmöglichkeiten auf die Sachverhaltsermittlung begrenzt. Sie können, soweit nichts anderes geregelt ist, insbesondere keine Beweisanträge stellen; derartige Anträge stellen rechtlich nur Anregungen dar (s Rn 15b).

2 **a) Begriff des Untersuchungsgrundsatzes.** Pflicht zur Ermittlung des Sachverhalts von Amts wegen bedeutet nicht, dass sich die Behörde dabei nicht auch der Beteiligten bedienen dürfte. Über die Mittel zur Aufklärung des Sachverhalts sagt die Vorschrift nichts aus. Vielmehr steht im Zentrum des Untersuchungsgrundsatzes, dass die Behörde verpflichtet ist, sich von Amts wegen eine **eigene Überzeugung von der Wahrheit** bzw Richtigkeit des Sachverhalts zu bilden, für den sie eine Regelung treffen will. Sie darf also durchaus die Beteiligten zur Aufklärung heranziehen, nicht aber die Angaben der Beteiligten ohne eigene Prüfung zugrunde legen (**nachvollziehende Amtsermittlung** s Rn 10a). Die Regelung über die Mitwirkung der Beteiligten an der Feststellung des Sachverhalts ist – wenig systematisch – in § 26 Abs 2 enthalten. **Zu unterscheiden** ist der Untersuchungsgrundsatz von dem – auch im Verwaltungsverfahren in gewissem Umfang (vgl § 22 Rn 22 ff) geltenden – **Verfügungsgrundsatz** (Dispositionsmaxime), der sich nicht auf die Ermittlung der entscheidungserheblichen Tatsachen bezieht, sondern auf die Befugnis der Behörde bzw des Antragstellers, über den Gegenstand des Verfahrens und das Verfahrensverhältnis zu verfügen, insb das Verfahren durch einen Antrag anhängig zu machen, es durch Änderung des Antrags auf ein anderes Ziel zu richten oder es durch Antragsrücknahme, Vergleich usw zu beenden.[2]

2a **b) Ermittlung und Beweiserhebung.** Die Ermittlung des Sachverhalts stellt als solche noch keine Beweiserhebung dar. Zu einer solchen kommt es erst, wenn bestimmte Tatbestandselemente, auf die es für die Entscheidung ankommt, umstritten oder zweifelhaft erscheinen. Freilich lassen sich Sachverhaltsermittlung und Beweiserhebung im formlosen Verwaltungsverfahren (zT anders wegen § 66 Abs 2 für das förmliche Verfahren) nur schwer unterscheiden. Für die Beweisaufnahme treffen § 26 Abs 1, 3 und – für das förmliche Verfahren – §§ 65 ff ergänzende Bestimmungen. Da die genannten Vorschriften allerdings die Sachverhaltsaufklärung und die Beweiserhebung nur unvollkommen regeln, bedürfen sie der Ergänzung durch allgemeine rechtsstaatliche Grundsätze. Das gilt insbesondere für die Fragen der Beweiswürdigung (Rn 30), Verwertungsverbote (Rn 29) und für die Beweislast bei Unaufklärbarkeit des Sachverhalts (Rn 39 ff).

2b **c) Keine Eingriffsermächtigung.** Die Regelungen in §§ 24, 26 enthalten keine Eingriffsermächtigungen für die Beschaffung der erforderlichen Informationen bzw die Erhebung der erforderlichen Beweise. Die Amtsermittlung er-

[1] Vgl BVerwGE 27, 299; BSG 7, 12; 14, 250; 28, 286; Becker 43 f; Ule VerwArch 1971, 126 ff; M 67; Fellner 360; Lorenz 263; Kopp 71; VerwArch 1970, 126 ff.

[2] Vgl UL § 22 Rn 1; Ule 28 I; SG 14 I–III; RÖ VwGO § 86 Rn 1 ff; Kopp/Schenke § 86 Rn 1 ff.

folgt danach im Grundsatz eingriffsneutral. Soweit Eingriffe in Rechte der Beteiligten oder Dritter zur Informationsbeschaffung erforderlich werden, bedarf es **spezieller Ermächtigungen,** die das Fachrecht an vielen Stellen zur Verfügung stellt.[3] Auch besteht nach § 24 **keine rechtliche Verpflichtung für Beteiligte,** der Behörde auf Verlangen die erforderlichen Informationen zu geben. Die Mitwirkungsregelung in § 26 enthält keine rechtlich durchsetzbare Pflicht, bestimmte Angaben zu machen oder Informationen herauszugeben. Die §§ 24, 26 enthalten schließlich auch **keine Grundlage** für die Heranziehung der Beteiligten zu den Kosten der Sachaufklärung. Insoweit gilt der (allerdings durch zahlreiche Ausnahmen durchbrochene) Grundsatz, dass die **Amtsermittlung auf Kosten der ermittelnden Behörde** erfolgt (s unten Rn 10e sowie § 26 Rn 6a).

d) Verhältnis zu § 86 VwGO. Trotz der strukturellen Parallelität von § 24 und § 86 VwGO bestehen gewichtige Unterschiede. § 24 dient der Herstellung einer mit der Rechtsordnung in Einklang stehenden Verwaltungsentscheidung. Die Vorschrift steuert also einen originären Entscheidungsprozess. § 86 VwGO betrifft dagegen ein Rechtsschutzverfahren, in welchem die Verwaltungsentscheidung Gegenstand einer gerichtlichen Kontrolle ist. Die Sachverhaltsaufklärung ist deshalb im ersten Fall vor allem der Gesetzmäßigkeit der Verwaltung, im zweiten Fall vor allem der Rechtsschutzgarantie des Art 19 Abs 4 GG geschuldet (StBS 5). Aus diesem Grund können Umfang der Aufklärungspflicht und Reaktion bei Verstößen im Verwaltungsverfahren einerseits und im Verwaltungsprozess andererseits unterschiedlich sein. Hinsichtlich der Verantwortlichkeit für die Aufklärung des Sachverhalts bestehen zwischen § 24 und § 86 VwGO dagegen keine strukturellen Unterschiede (anders wohl FK 14). 3

2. Verfassungsrecht. Der Untersuchungsgrundsatz ist Ausfluss des Rechtsstaatsprinzips (Art 20 Abs 3 GG), insb der Grundsätze des **fairen Verfahrens** (BVerfG NJW 2004, 1022) und der **Gesetzmäßigkeit der Verwaltung.**[4] Aus diesen Grundsätzen folgt das öffentliche Interesse an der Gesetzeskonformität und sachlichen Richtigkeit des Verwaltungshandelns. Zugleich dient der Untersuchungsgrundsatz auch dem Rechtsschutz der Betroffenen und, soweit in der Sache Grundrechte berührt werden, auch dem Schutz dieser Grundrechte.[5] Nur dann, wenn die Behörde nicht an das Vorbringen der Beteiligten gebunden, sondern verpflichtet ist, von sich aus den Sachverhalt aufzuklären und sich eine eigene Überzeugung darüber zu bilden, ist hinreichend sichergestellt, dass im Gesetzesvollzug das objektive Recht beachtet wird und es nicht zu einer Verletzung grundrechtlich geschützter Positionen kommt. 3a

3. Europarecht. a) Direkter Vollzug. Die Pflicht der Behörden zur vollständigen Sachverhaltsermittlung gilt im direkten Vollzug[6] des Unionsrechts als allgemeiner Rechtsgrundsatz,[7] der als Element des **allgemeinen Rechtsgrund-** 3b

---

[3] ZB Pflicht zum persönlichen Erscheinen in § 17 Abs 3 WPflG, § 23 Abs 1 AsylG; zur Erteilung von Auskünften § 17 HwO, § 22 Abs 1 GastG; zur Duldung von tatsächlichen Feststellungen vor Ort § 17 Abs 2 HwO, § 52 Abs 2 BImSchG; zur Duldung einer amtsärztlichen Untersuchung § 44 Abs 6 BBG. Zu den Ermittlungsbefugnissen der Regulierungsbehörden Faber RdE 2006, 334.

[4] Kopp 72, 116 mwN; UL § 1 Rn 9; StBS 1; FKS 4; Ziekow 2; Kobor 55.

[5] BVerfGE 54, 359; VGH Kassel NVwZ 1982, 137; Stelkens NVwZ 1982, 83; Schlink/Wieland DÖV 1982, 427; Hufen NJW 1982, 2163; Kopp 38 f.

[6] Zur Unterscheidung von direktem und indirektem Vollzug von Unionsrecht Einf II Rn 34 ff.

[7] EuGHE 1999-II 2403, 2417 (New Europe); 1991, I 5469, 5499 (TU München); 1992, II 2379, 2394 (Maurissen); 1993, II 669, 684 (Asia Motor France); s auch bereits EuGHE 1974, 1063, 1081, Rn 16; 1966, 321, 396; ausführlich Nehl S 335 ff; v Danwitz, Europäisches Verwaltungsrecht, 417.

satzes „guter Verwaltung" bzw „ordnungsgemäßer Verwaltung" (Art 41 Grundrechte-Charta) angesehen wird und dem Amtsermittlungsgrundsatz des Abs 1 weitgehend entspricht.[8] Auch im Unionsrecht wird der Grundsatz damit letztlich aus dem Prinzip der Gesetzmäßigkeit der Verwaltung entwickelt. Dem steht nicht entgegen, dass der EuGH jedenfalls in Antragsverfahren auch die **Mitwirkung des Antragstellers,** etwa durch Vorlage der erforderlichen Urkunden usw an der Aufklärung teilzunehmen, für geboten erachtet.[9] Dies ändert nämlich wie im nationalen Recht nichts daran, dass sich die zuständige Behörde selbst eine Überzeugung bilden und entscheiden muss, ob die vorgelegten Unterlagen allein hierzu ausreichen. Primärrechtlich stehen der Kommission einige **Ermittlungsbefugnisse** zur Verfügung, so etwa die Auskunftsrechte nach Art 337 f AEUV. Weiter können bereichsspezifische sekundärrechtliche Aufklärungsbefugnisse gehen.

3c **b) Indirekter Vollzug.** Auf den indirekten Vollzug von Unionsrecht und nationalem Umsetzungsrecht ist der Untersuchungsgrundsatz des § 24 anwendbar (vgl EuGHE 1983, 2633, 2670 Rn 35 – Deutsche Milchkontor). Nach der Rspr des EuGH[10] zählt der Untersuchungsgrundsatz zu den Rechtsgrundsätzen, deren Einhaltung für den nationalen Vollzug von Unionsrecht sichergestellt werden muss. Dies gilt auch dann, wenn in einzelnen Regelungsbereichen den Beteiligten weitgehende Mitwirkungs- oder Beibringungspflichten auferlegt sind.[11] Diese entbinden die zuständige Behörde grundsätzlich nicht von der Verpflichtung, den Sachverhalt in eigener Verantwortung aufzuklären. Allerdings gibt es eine Fülle beachtlicher Rechtsgrundsätze und spezialgesetzlicher Vorschriften des EU-Rechts, durch welche die Anwendung des Untersuchungsgrundsatzes beeinflusst wird. Zu diesen zählen etwa die Vorschriften über die **Umweltverträglichkeitsprüfung,** nach denen die Beteiligten weitgehende Mitwirkungspflichten haben.

3d **Europarechtlich bedenklich** sind vor diesem Hintergrund Regelungen, mit denen die Gesetzesanwendung teilweise Privaten überlassen wird. Dies ist vor allem im Hinblick auf die deutsche Diskussion über die sog **Verantwortungsteilung** (s Rn 10a) bedeutsam. Wichtig ist die Feststellung, dass der europarechtlich geltende Grundsatz der Amtsermittlung auch dem gleichmäßigen Vollzug des Unionsrechts in den Mitgliedstaaten dient. Das gilt insbesondere auch im Hinblick auf die Anforderungen an die **Beweiserhebung** und die Beweiswürdigung (s Rn 30). Sekundärrechtliche Regelungen in Bezug auf die Amtsermittlung gibt es im Unionsrecht vor allem in den Bereichen des Zollrechts und des Rechts der Agrarsubventionen.[12]

4 **4. Anwendungsbereich.** § 24 gilt unmittelbar nur für Verwaltungsverfahren (§ 9) im Anwendungsbereich des VwVfG. Die Verwaltungsverfahrensgesetze der Länder enthalten gleich lautende Bestimmungen. Der Amtsermittlungsgrundsatz des Abs 1 und das Berücksichtigungsgebot des Abs 2 sind als Ausdruck allgemeiner Rechtsgedanken sinngemäß-analog grundsätzlich jedoch auch auf verwaltungsprivatrechtliche Handlungen der Verwaltung zur Erfüllung öffentlicher Aufgaben anwendbar.[13] Dies gilt nicht nur für schlicht-hoheitliches Handeln, sondern jedenfalls dem Grundsatz nach auch für den Erlass von Rechtsverordnungen und Satzungen (Ziekow 1; FKS 5).

---

8 Wittkopp, Sachverhaltsermittlung im Gemeinschaftsverwaltungsrecht, 64; Gornig/Trüe JZ 2000, 395, 458.

9 EuGHE 1984, 19, 68 Rn 52; 1985, 2545, 2578 Rn 45; Wittkopp S. 59 mwN.

10 Vgl ausf Wittkopp, S. 81 ff; Nehl S. 335 ff.

11 EuGHE 1986, 3309, 3332 (Irish Grain Board), Wittkopp 83.

12 ZB Zollkodex s Einf II Rn 42. Zur Rspr des EuGH in Beihilfesachen Nehl S. 353 ff.

13 StBS 13; Achterberg JA 1985, 510; v Zezschwitz NJW 1983, 1881; Di Fabio VerwArch 1990, 215.

5. Speziellere Regelungen. Wie alle Vorschriften des VwVfG steht auch § 24 gem § 1 unter dem Vorbehalt inhaltsgleicher oder entgegenstehender Bestimmungen in anderen Rechtsvorschriften des Bundes. Insb für Antragsverfahren sind durch Rechtsvorschriften zumeist besondere, zT sehr weit gehende Darlegungs-, Vorlage- und Nachweispflichten vorgeschrieben oder auch umgekehrt Nachweiserleichterungen vorgesehen, wonach bloße Glaubhaftmachung oder überwiegende Wahrscheinlichkeiten genügen. So sind zB für **Baugenehmigungsverfahren** in den maßgeblichen LBauOen oder im Recht der **Anlagengenehmigungen** nach dem BImSchG weitgehende Pflichten des Antragstellers zur Vorlage vollständiger Unterlagen bis hin zur Vorlage von statischen Berechnungen und sonstigen technischen Nachweisen vorgesehen. Teilweise gilt für den Fall, dass es trotz Fristsetzung nicht zu einer Vervollständigung der Unterlagen kommt, der Antrag als zurückgenommen.[14] 5

II. Der Untersuchungsgrundsatz (Abs 1)

1. Allgemeines. a) Sachverhaltsermittlung von Amts wegen (S 1). In Abs 1 S 1 wird bestimmt, dass die Ermittlung und Feststellung des für die Entscheidung maßgeblichen Sachverhalts in Verwaltungsverfahren Sache der Behörde ist, die hierfür auch allein die Verantwortung trägt (Untersuchungsgrundsatz). Dies entspricht der Regelung in § 86 VwGO für den Verwaltungsprozess, unterscheidet sich aber maßgeblich vom Zivilprozess, der vom Beibringungsgrundsatz (Verhandlungsgrundsatz) geprägt ist, wonach Sammlung und Vortrag der für die Entscheidung wesentlichen Tatsachen sowie die Beweisführung grundsätzlich den Parteien überlassen ist (vgl §§ 138, 282, 288 ZPO). Wegen des im Verwaltungsverfahren bestehenden besonderen öffentlichen Interesses an der sachlichen Richtigkeit, insb der **Gesetzmäßigkeit des Handelns** der Behörden wird die Beibringung des Sachverhalts nicht in die Hände der Beteiligten gelegt, denn „nur die Feststellung des wirklichen Sachverhalts bietet die Gewähr dafür, dass die Verwaltungsentscheidung unabhängig von der Willkür der Parteien zustandekommt" (Becker 44). 6

b) Bestimmung von Art und Umfang der Ermittlungen (S 2). Nach Abs 1 S 2 bestimmt die federführende Behörde Art und Umfang der Ermittlungen, wobei sie an Vorbringen und Beweisanträge nicht gebunden ist. In den von der Sache, dh dem Gegenstand des Verfahrens (hierzu § 9 Rn 24), her gezogenen Grenzen ist es grundsätzlich dem **pflichtgemäßen Verfahrensermessen** (§ 40) der Behörde überlassen, welche Mittel sie zur Erforschung des Sachverhalts anwendet.[15] Die Behörde ist dabei wie auch hins der Würdigung der Ergebnisse der Ermittlungen und des Gesamtergebnisses des Verfahrens an Vorbringen und Beweisanträge nicht gebunden (s Rn 15b). Im Rahmen ihres Ermessens entscheidet die Behörde auch darüber, in welchem Umfang sie die Amtshilfe anderer Behörden in Anspruch nimmt (BVerwG UPR 1999, 146). 7

Abs 1 verpflichtet die Behörde zu **einer umfassenden Aufklärung** des für ihre Entscheidung maßgeblichen Sachverhalts („ermittelt den Sachverhalt"), ausnahmsweise auch etwa bestehenden Gewohnheitsrechts, insb bestehender sog örtlicher Observanzen und ausländischen Rechts (vgl zu ausländischem Recht auch BVerwG NJW 1989, 3107; StBS 40; Knack/Henneke 39). Ziel und Umfang der nach § 24 vorzunehmenden Ermittlungen einschließlich der Erhebung von Beweisen werden dabei durch die Rechtssätze bestimmt, welche die formellen (auch verfahrensrechtlichen) und die materiellrechtlichen **tatbestandlichen Voraussetzungen** regeln, die erfüllt sein müssen, damit eine von der Behörde 7a

---

[14] Vgl etwa § 63 Abs 2 S 3 HBauO; s zur Einreichung von Bauvorlagen Franckenstein ZfBR 2002, 648.

[15] BVerwG UPR 1999, 145; 146; DVBl 1988, 152; OVG Münster NVwZ 1988, 175: die Behörde bestimmt Art und Umfang der Ermittlungen nach pflichtgemäßem Ermessen; M 67; Erichsen/Ehlers § 13 Rn 25; UL § 21 Rn 2; Ziekow 4; s auch § 26 Rn 5.

beabsichtigte bzw von einem Beteiligten beantragte Entscheidung ergehen kann.[16] Aufgeklärt ist der Sachverhalt dann, wenn sich in der Behörde die **Überzeugung vom Vorliegen** oder Nichtvorliegen der Tatbestandsvoraussetzungen der maßgeblichen Rechtsnormen gebildet hat (s unten Rn 15).

8 **c) Amtsermittlung im elektronischen Verwaltungsverfahren (S 3).** Mit dem durch das StModernG zum 1.1.2017 eingefügten S 3 soll sichergestellt werden, dass der Grundsatz der Amtsermittlung auch dann nicht leerläuft, wenn ein Verwaltungsverfahren vollständig automatisiert abläuft, wobei die Angaben der Beteiligten und andere Informationen notwendigerweise digital und schematisch erfasst werden. Gelingt es nicht, sämtliche für die Entscheidung im Einzelfall relevante Angaben eines Beteiligten mit Hilfe der Erhebungsraster zu erfassen, muss eine **manuelle Weiterbearbeitung** erfolgen, indem der Fall aus dem elektronischen Verfahren herausgezogen individuell weiter bearbeitet wird.[17] Damit soll sichergestellt werden, dass der Untersuchungsgrundsatz und der rechtsstaatliche Grundsatz der Einzelfallgerechtigkeit nicht der Effizienzsteigerung im elektronischen Verfahren geopfert wird. Die Vorschrift richtet sich an die Binnenorganisation der Verwaltung, die bei der Einführung von sog **Risikomanagementsystemen** hierauf Rücksicht nehmen soll. Subjektive öffentliche Rechte für die Beteiligten etwa auf Aussteuerung einzelner Verfahren aus der automatisierten Bearbeitung und manuelle Weiterbearbeitung folgen daraus nicht. Betroffene bleiben darauf angewiesen, sich gegen rechtswidrige Ergebnisse solcher Verfahren zu verteidigen.

9 **2. Nachvollziehende Amtsermittlung.** Der Amtsermittlungsgrundsatz verpflichtet die Behörden nicht, sämtliche relevanten Tatsachen selbst zu erheben und erforderlichenfalls nachzuprüfen. Das Verwaltungsverfahren ist idR ein **kommunikativer Prozess,** zu dem auch die übrigen Beteiligten beitragen. Über die Mitwirkungspflichten des § 26 Abs 2 hinaus sind die Beteiligten nach diversen Vorschriften des Fachrechts verpflichtet, Unterlagen vorzulegen, Erklärungen abzugeben, Messungen vorzunehmen usw. Hinsichtlich dieser Beiträge der Beteiligten besteht die Verpflichtung zur nachvollziehenden Kontrolle. Die Behörde ist dann im Rahmen ihrer Amtsermittlung zur **Überprüfung der vorgelegten Unterlagen bzw abgegebenen Erklärungen** auf Richtigkeit und Vollständigkeit verpflichtet. Diese Pflicht spielt vor allem in Antragsverfahren eine wichtige Rolle, in denen die Antragsteller typischerweise bereits von sich aus Erklärungen zu anspruchsbegründenden Tatsachen abgeben bzw erforderliche Prüfunterlagen vorlegen, seien sie nun dazu rechtlich verpflichtet oder nicht.

10 **a) Art und Umfang der nachvollziehenden Kontrolle** hängen jeweils von der einschlägigen Materie und den dafür geltenden rechtlichen Bestimmungen ab. Insoweit lassen sich nur schwer allgemeine Maßstäbe finden. Soweit es um den Vollzug von Unionsrecht oder von Umsetzungsrecht geht, sind auch die europarechtlichen Vollzugsstandards, die eine einheitliche Kontrollintensität in den Mitgliedstaaten sicherstellen sollen, zu berücksichtigen. Im Übrigen gelten die allgemeinen Grundsätze der Amtsermittlung. Danach sind die Angaben der Beteiligten stets inhaltlich auf ihre **Plausibilität** hin zu prüfen und mit dem bisherigen Erfahrungswissen abzugleichen. Weiterhin wird man eine **stichprobenartige Prüfung** einzelner Angaben für erforderlich halten müssen. Für die Überzeugungsbildung im Übrigen kommt es darauf an, ob die Angaben nach den allgemeinen Grundsätzen der Beweiswürdigung (s Rn 30) Zweifeln begegnen oder nicht.

10a **b) Verantwortungsteilung?** Die gesetzliche Normierung besonderer Mitwirkungspflichten der Beteiligten lässt sich als Anordnung eines **Kooperations-**

---

[16] Knack/Henneke 27; vgl auch BVerwG DVBl 1990, 1170 sowie Kopp/Schenke VwGO § 86 Rn 4.

[17] S hierzu Schmitz/Prell NVwZ 2016, 1273, 1277; Siegel DVBl 2017, 24, 27.

verhältnisses zwischen Verwaltung und Privaten und damit als Erscheinung des kooperativen Staates begreifen.[18] Eine verstärkte Mitwirkung der Beteiligten an der Ermittlung des Sachverhalts kann für die Behörden **Entlastungseffekte** auslösen, weil sie sich insoweit auf eine nachvollziehende Kontrolle beschränken können. Die Heranziehung der Beteiligten kann deshalb auch der Effizienzsteigerung dienen. Entgegen einer verbreiteten Auffassung[19] folgt daraus allerdings nicht, dass die Heranziehung der Beteiligten zu einer Verantwortungsteilung führt. Vielmehr **bleibt die Verantwortung** für die Aufklärung des Sachverhalts **ungeteilt bei der zuständigen Behörde.**[20] Soweit sich diese auf die Prüfung der vorgelegten Erklärungen und Unterlagen beschränken darf, führt das jedenfalls rechtlich nicht dazu, dass die Verantwortung für die Entscheidung ganz oder teilweise auf Private übergeht. Die Richtigkeit der getroffenen Entscheidung hat vielmehr auch in diesen Fällen allein die Behörde zu verantworten.

c) Grenzen der Beteiligung Privater. Die verstärkte Beteiligung von Pri- 10b
vaten an der Ermittlung des Sachverhalts führt dazu, dass der Anteil der unmittelbar von Amts wegen ermittelten Tatsachen und Umstände zurückgeht. Auch wenn dies die Folge einer nur faktischen Kooperation zwischen Behörde und Beteiligten und nicht Folge einer gesetzlich vorgesehenen weitergehenden Mitwirkung ist, liegt hierin noch kein Verstoß gegen die Pflicht zur Amtsermittlung, auch wenn uU Richtigkeit und Vollständigkeit der Entscheidungen darunter leiden sollten. Ein Verstoß ist erst dann anzunehmen, wenn die Pflichten zur nachvollziehenden Amtsermittlung verletzt werden. Auch sie bleiben indessen zumeist folgenlos, solange und soweit die gerichtliche Kontrolle der Verwaltungsentscheidungen auf eine Selbstentscheidung des Falles durch die Verwaltungsgerichte hinausläuft (s § 40 Rn 99 ff). Soweit indessen Spielräume der Verwaltung angenommen werden, deren Ausfüllung von den Gerichten nur auf Fehler hin überprüft wird, kommt Fehlern der Amtsermittlung dagegen Relevanz zu.[21]

Aufklärungserleichterungen im Zuge der vielfältigen Formen kooperativen 10c
Verwaltungshandelns bringen erhebliche **Gefahren für die Neutralität** und Unparteilichkeit der Behörde mit sich, wenn nicht sämtliche Beteiligten in einem transparenten Kommunikationsprozess eingebunden werden.[22] Diese Gefahr ist vor allem bei Großprojekten erheblich, bei denen Verfahren ohne informelle Absprachen kaum noch denkbar sind und häufig spontan und ohne Beteiligung der übrigen Betroffenen vorgenommen werden. Hier liegt eine der Ursachen für das verbreitete Misstrauen von Betroffenen gegenüber der federführenden Behörde und für fehlende Akzeptanz von Genehmigungen. Dem kann nur entgegengewirkt werden, wenn **kein Verfahrensbeteiligter** bei informellen Absprachen **ausgegrenzt** wird. S näher Einf I Rn 74.

3. Kooperative Amtsermittlung. Von kooperativer Amtsermittlung spricht 10d
man, wenn in einem Verwaltungsverfahren der Sachverhalt im **Zusammenwirken der Beteiligten oder anderer Behörden** mit der federführenden Behörde aufgeklärt wird.[23] Das bedeutet, dass die Beteiligten (§ 13), andere nach Fachrecht

---

[18] S hierzu Di Fabio NVwZ 1999, 1153; Weiß DVBl 2002, 1167; Jaeschke NVwZ 2003, 563; krit Koch NuR 2001, 541.

[19] Lit zur Verantwortungsteilung Schwab NVwZ 1997, 428, 431; Hufen/Siegel Rn 202; Schmidt-Aßmann, FS-Doehring, S. 897; Schneider S. 136 f; wie hier Ehrichsen/Ehlers § 13 Rn 26; Weber/Hellmann NJW 1990, 1625, 1629.

[20] S hierzu Koch NuR 2001, 541.

[21] Ramsauer, FS-BVerwG, 2003, 699, 715.

[22] FKS 27; Hufen/Siegel, Rn 203 ff; Schmidt-Aßmann, Die Umsetzung der EG-Richtlinie über die Umweltverträglichkeitsprüfung (UVP-RL) vom 27. Juni 1985 in das nationale Recht, in: Staat und Völkerrechtsordnung FS Doehring, 1989; Obermayer 156.

[23] Ziekow 9; Pitschas NVwZ 2004, 396, 400; Schneider VerwArch 1996, 38.

beteiligte oder im Wege der Amtshilfe (§§ 4 ff) oder im Rahmen der europäischen Verwaltungszusammenarbeit (§§ 8a ff) eingeschaltete Behörden (s unten Rn 26) an der Feststellung und Konkretisierung des Sachverhalts mitwirken,[24] indem sie Einzelheiten zum Sachverhalt beisteuern, die getroffenen Feststellungen einer kritischen Würdigung unterziehen und sich – soweit das Gesetz es vorsieht[25] oder die Behörde es zulässt – auch an Beweiserhebungen teilnehmen. In manchen Verfahren (zB in Verfahren der Planfeststellung oder in UVP-pflichtigen Verfahren) gilt dies auch für die **Öffentlichkeit.** Eine besondere Form der kooperativen Ermittlung des Sachverhalts ist die sog **Data Mediation,** mit der versucht wird, über bestimmte Sachverhaltsfragen mit Hilfe eines Konfliktmittlers ein Einvernehmen zu erzielen. Sie kommt insbesondere in Betracht, wenn die Aufklärung durch Sachverständige an Grenzen stößt.[26]

10e **4. Kosten der Amtsermittlung.** Aus dem Untersuchungsgrundsatz folgt, dass die Ermittlung des Sachverhalts im Verwaltungsverfahren Sache der Behörde ist. Hieraus folgt weiter, dass die Kosten der Ermittlung des Sachverhalts grundsätzlich von der Behörde getragen werden müssen und nicht den Beteiligten auferlegt werden können **(Grundsatz der Kostenfreiheit).**[27] Etwas anderes gilt allerdings dann, wenn das Fachrecht Regelungen über eine hiervon abweichende Kostentragung enthält. Dies ist vor allem für Antragsverfahren häufig der Fall.[28] Der Grundsatz der Kostentragung durch die Behörde gilt auch im Polizei- und Ordnungsrecht, wenn es um **Gefahrerforschungsmaßnahmen** geht. Stellt sich aufgrund der Gefahrerforschung aber heraus, dass eine Gefahr tatsächlich besteht, dann gehören die Aufwendungen zur Gefahrerforschung nach zutreffender hM zu den Kosten der Gefahrenabwehr.[29] Gleiches gilt, wenn sich bei der Gefahrerforschung zwar herausstellt, dass eine Gefahr tatsächlich nicht bestand, dass der Anschein einer Gefahr aber in zurechenbarer Weise gesetzt wurde.[30]

III. Umfang der Sachverhaltsermittlung

11 **1. Grundsatz. a) Überzeugungsbildung und Verfahrensermessen.** Die Behörde bestimmt nach Abs 1 S 2 Art und Umfang der Ermittlungen, wobei sie an das Vorbringen und die Beweisanträge der Beteiligten nicht gebunden ist. Diese Regelung darf nicht zu der Annahme verleiten, Art und Umfang der Sachverhaltsaufklärung stünden im freien Ermessen der zuständigen Behörde.[31] Die Verpflichtung zur erforderlichen Sachverhaltsaufklärung folgt schon aus Abs 1 S 1; in S 2 wird diese Verpflichtung nicht relativiert, es wird lediglich klargestellt, dass sich die allgemeine Verfahrensherrschaft der Behörde, die sich bereits aus § 10 ergibt, auch auf die Art und Weise der Sachverhaltsermittlung erstreckt. Die Beteiligten sollen zwar an der Ermittlung des Sachverhalts mitwirken

---

[24] Zur allgemeinen Mitwirkungsregel s § 26 Rn 40 ff; fachrechtlich kann es weitere Mitwirkungsrechte und -pflichten auch über den Kreis der Beteiligten hinaus geben. Die Behörde ist im Rahmen ihres Ermessens frei, den Beteiligten weitere Mitwirkungsmöglichkeiten einzuräumen.

[25] Grundsätzlich besteht ein Recht zur Teilnahme an Beweiserhebungen nur nach Maßgabe des § 65, sonst nur im Rahmen des Verfahrensermessens der Behörde (§ 10).

[26] S hierzu näher Ramsauer, FS Bull 2011, S 1029; Holznagel/Ramsauer, Handbuch Mediation, § 28 Rn 53.

[27] Obermayer/Funke-Kaiser 22 ff; FKS 21.

[28] ZB § 52 Abs. 4 BImSchG; BVerwG UPR 2007, 24 für Altlastensanierung.

[29] OVG Hamburg NVwZ 2001, 215; OVG Münster UPR 2003, 195; OVG Greifswald DÖV 2005, 121; VGH Mannheim VBlBW 1990, 232; Schink DVBl 1989, 1182; Kloepfer NuR 1987, 7, 19; Schenke, Polizeirecht Rn 704; FKS 21.

[30] Schenke, Polizeirecht, Rn 705; Deichmöller JuS 2005, 1020.

[31] So zutreffend auch UL § 21 Rn 2; Schink DVBl 1989, 1182; Erichsen/Ehlers § 13 Rn 25; missverständlich insoweit Obermayer/Funke-Kaiser 90.

(§ 26 Abs 2 S 1), Art und Umfang der Ermittlungen liegen aber grundsätzlich im Verantwortungsbereich der Behörde.

11a Die mit der Amtsermittlung verbundene Verpflichtung der Behörde zu einer **Überzeugungsbildung ist keine Ermessensfrage,** auch wenn insoweit notwendigerweise Spielräume bestehen.[32] Ob die Tatbestandsvoraussetzungen einer Norm vorliegen oder nicht, ist im Rahmen einer gerichtlichen Kontrolle voll überprüfbar, sofern kein Beurteilungsspielraum vorliegt (s hierzu § 40 Rn 99 ff). Fehler der Sachverhaltsaufklärung durch die Behörde führen deshalb idR zu einem **materiellen Rechtsverstoß,** neben dem der damit zugleich gegebene Verfahrensfehler idR keine eigenständige Rolle spielt. Ist der Verwaltung bei der Ermittlung des Sachverhalts ein Spielraum eingeräumt, so bezieht sich dieser idR nicht auf die Ermittlungspflicht als solche, sondern auf die Bewertung des Ergebnisses. Fehlerhafte Aufklärung führt dann idR zu einem **Beurteilungsfehler** (s § 40 Rn 118: Beurteilungsdefizit). S näher Rn 36 ff.

12 **b) Umfang der Aufklärungspflicht.** Sämtliche entscheidungserheblichen Tatsachen und Umstände müssen soweit aufgeklärt werden, dass die Voraussetzungen für den Abschluss des Verwaltungsverfahrens, nämlich entweder für den Erlass eines VA oder das Zustandekommen eines verwaltungsrechtlichen Vertrages, zur Überzeugung der Behörde vorliegen. Hierfür hat sich die Behörde der tatsächlich erreichbaren und rechtlich zulässigen Beweis- und Erkenntnisquellen (§ 26 Abs 1) zu bedienen. Maßgeblich für den Umfang der erforderlichen Sachverhaltsermittlung sind danach erstens die **Entscheidungserheblichkeit,** zweitens das Erfordernis der Überzeugungsbildung **(Beweismaß)** und drittens die zur Verfügung stehenden Erkenntnisquellen **(Beweismittel).** Zu den Beweismitteln s § 26.

12a **c) Die Mitwirkung von Beteiligten. aa) Obliegenheiten.** Die Vorschrift enthält ebenso wie § 26 Abs 2 **keine echten Mitwirkungspflichten** der Beteiligten, also solche, die sich seitens der Behörde etwa im Wege des Verwaltungszwangs durchsetzen ließen. Solche Pflichten können sich lediglich aus dem Fachrecht ergeben. Verfahrensrechtlich bestehen nur Mitwirkungsobliegenheiten bzw Mitwirkungslasten, also solche, die zwar nicht durchsetzbar sind, deren Nichterfüllung aber zu verfahrensrechtlichen Nachteilen führen kann. So ergibt sich aus allgemeinen Rechtsgrundsätzen iVm § 10 und § 26 Abs 2, dass sich die Aufklärungspflicht der Behörde reduzieren kann bei Fragen, zu denen ein Beteiligter oder sein Vertreter Aufklärung geben könnte, dies aber unterlässt, obwohl ihm erstens die Bedeutung für das Verfahren bewusst ist oder bewusst sein musste oder die Behörde ihn ausdrücklich dazu auffordert und obwohl von ihm zweitens die Beantwortung uä erwartet werden kann, weil sie in seinem Interesse liegt oder jedenfalls nicht unzumutbar ist.[33]

12b Die Mitwirkungsobliegenheiten beziehen sich nicht nur auf Mitteilung von Informationen, sondern auch auf die der Sache nach mögliche und **zumutbare Mitwirkung bei der Aufklärung** günstiger oder ungünstiger Tatsachen, die sich sonst nicht oder nur unter unverhältnismäßigen Schwierigkeiten aufklären ließen.[34] Dies gilt zB für die Mitwirkung bei der **Medizinisch-Psychologischen Untersuchung** zur Klärung der Eignung zum Führen eines Kfz.[35] Hier

---

[32] Vgl StBS 20; missverständlich Obermayer/Funke-Kaiser 90; Bader/Ronellenfitsch 11.1.

[33] BVerwGE 74, 223, 242; BVerwG NVwZ 1986, 323; BSG 11, 115; 28, 287; OVG Münster BauR 2014, 2074, 2076; VGH Mannheim BWGZ 2003, 390; VGH München NJW 1982, 787; OVG Berlin FEVS 34, 373; VGH Kassel NJW 1986, 1129; OVG Münster NJW 1990, 728; StBS 28; Lorenz 266; Kopp 219 mwN.

[34] Stürner NJW 1981, 1762; Reiß NJW 1982, 2540; Ziekow 11.

[35] BVerwGE 80, 44; BVerwG DÖV 1982, 855; BayVBl 1982, 694; NJW 1985, 2490; 1986, 270; DÖV 1993, 440; OVG Münster VkBl 1981, 221; NVwZ 1982, 252; NVwZ-

darf die Behörde zu Lasten des Betroffenen davon ausgehen, dass die Untersuchung, die mangels Mitwirkungsbereitschaft nicht durchgeführt werden konnte, nicht zur Feststellung der Eignung geführt hätte. Gleiches gilt etwa, wenn ein Empfänger von Sozialhilfe nach SGB XII die Überprüfung seiner Lebensverhältnisse dadurch verhindert, dass er den Bediensteten ohne triftigen Grund den **Zutritt zur Wohnung** verweigert (VG Münster, U v 4.2.2003, 5 K 1906/00, juris), oder wenn ein Beamter ohne Grund einer angeordneten ärztlichen Untersuchung zur Klärung der Dienstunfähigkeit nicht nachkommt.[36] Die Ermittlungspflicht der Behörde findet insoweit ihre Grenzen in besonderen Mitwirkungspflichten und in der allgemeinen Mitwirkungspflicht der Beteiligten gem § 26 Abs 2.[37]

12c **bb) Folgen unterlassener Mitwirkung. Unterlässt ein Beteiligter** eine zumutbare Mitwirkung an der Sachverhaltsaufklärung muss die Behörde nicht von sich aus allen denkbaren Möglichkeiten nachgehen.[38] Sie darf vielmehr unter den angegebenen Voraussetzungen davon ausgehen, dass der Beteiligte im Rahmen seiner Obliegenheiten ihm günstige Umstände vorgetragen oder am Nachweis ihm günstiger Umstände mitgewirkt hätte (s hierzu näher § 26 Rn 43 ff). Die Folge der fehlenden Mitwirkung kann dann sein, dass die Behörde ihrer Entscheidung bestimmte Annahmen zugrunde legt, deren Richtigkeit nicht restlos aufgeklärt wurde. Darin liegt keine Beweislastumkehr (so zutreffend VGH Mannheim BWGZ 2003, 390). Entsprechendes gilt auch zB für die „Fehlersuche" bei der Nachprüfung von Rechtsetzungsakten (VOen, Satzungen) im Rahmen der Inzidentprüfung durch die Behörde.[39] Dies gilt nicht nur für die einem Beteiligten günstigen Tatsachen, insb Tatsachen, die der Behörde nicht ohne weiteres bekannt sein konnten und mit denen sie auch nicht ohne weiteres rechnen musste,[40] sondern in gewissem Umfang **auch für nachteilige Tatsachen.**

12d Die Mitwirkungslast ist **rein verfahrensrechtlicher Natur.** Bei Nichterfüllung derartiger Obliegenheiten tritt **kein Verlust von materiellen Rechten** ein. Verletzt ein Beteiligter also die Mitwirkungslast gem § 26 Abs 2 oder nach anderen Rechtsvorschriften, ist er dadurch grundsätzlich nicht gehindert, die von der Behörde daraufhin getroffene Entscheidung mit Rechtsbehelfen anzugreifen (BVerwG NVwZ 1987, 802; s auch § 73 Rn 151 ff) und dabei auch geltend zu machen, dass die Behörde von einem unzutreffenden Sachverhalt ausgegangen sei.[41] Dies gilt jedenfalls, sofern durch Gesetz nichts anderes bestimmt ist oder sich ausnahmsweise als Folgerung aus den Grundsätzen von **Treu und Glauben**

RR 1994, 386; VGH Kassel NJW 1994, 1611; OVG Koblenz DVBl 1994, 1207; VGH Mannheim NJW 1986, 1372; NVwZ-RR 1990, 164; Franßen DVBl 1994, 999.

[36] BVerwG NVwZ 2014, 530, 531.

[37] OVG Münster NVwZ-RR 1994, 386; VGH Mannheim DÖV 1994, 1055; StBS 28; Sendler AöR 1969, 147; Obermayer VerwR 126; s auch BVerwGE 49, 104; 59, 103; 77, 242 und BVerwG BayVBl 1986, 153: was eine Behörde in einem Planungsverfahren nicht sieht und sich ihr auch nicht aufdrängen musste, ist nur zu berücksichtigen, wenn es vorgetragen wurde; ähnlich Redeker NJW 1980, 1596.

[38] Vgl BVerwGE 26, 30; 74, 223, 242; BVerwG BayVBl 1973, 81; BFH NVwZ-RR 1990, 282; VGH Mannheim ESVGH 53, 132; VGH München NJW 1982, 787; s auch im Einzelnen § 26 Rn 40.

[39] Vgl zur Normenkontrolle durch die Gerichte BVerwG DVBl 1980, 230; OVG Münster NVwZ 1990, 795; Kopp/Schenke § 86 Rn 12: „nicht ungefragt auf Fehlersuche".

[40] So zu besonderen persönlichen Umständen zB BVerwGE 49, 104; 60, 14; 66, 237; BVerwG NVwZ 1990, 442 mwN; BayVBl 1986, 153; VGH München NJW 1982, 787; OVG Münster DÖV 1979, 421; VGH Mannheim DÖV 1979, 762.

[41] ZT **aA** zu Planfeststellungen BVerwG NJW 1984, 189; BayVBl 1986, 153; Sendler AöR 1969, 147 f; Kopp 37; zum Planfeststellungsverfahren kritisch Ule VerwArch 1971, 126; vgl auch BVerwGE 69, 52: ein Prüfling muss seine Prüfungsunfähigkeit unverzüglich geltend machen; der Verlust des Rügerechts ist mit Art 19 Abs 4 GG vereinbar.

und unter dem Aspekt der **Verwirkung von Rechten** (s hierzu § 53 Rn 41 ff) etwas anderes ergibt. Außerdem muss sich der Beteiligte im Falle der Verletzung seiner Mitwirkungsobliegenheiten bei evtl Schadensersatzansprüchen aus Anlass der von der Behörde verfügten Maßnahmen uU ein **Mitverschulden** entspr § 254 BGB anrechnen lassen.[42]

2. Entscheidungserheblichkeit. a) Grundsatz. Welche Tatsachen und Umstände für die Entscheidung erheblich sind und deshalb aufgeklärt werden müssen, ergibt sich aus dem materiellen Recht. Maßgeblich sind die Tatbestandsvoraussetzungen derjenigen Rechtsnormen, die der Entscheidung zugrundezulegen sind (Entscheidungsnormen), unter die der Sachverhalt also subsumiert werden muss. Bei den sog **streng gebundenen Entscheidungen** ergibt sich jedenfalls nach der gegenwärtigen Praxis der Verwaltungsgerichte[43] gegenüber der Sachverhaltsaufklärung im gerichtlichen Verfahren kein signifikanter Unterschied. Allerdings muss die Behörde im Verwaltungsverfahren den Sachverhalt originär feststellen, während die Verwaltungsgerichte zu Recht in vielen Fällen eine Art nachvollziehender Kontrolle praktizieren. Soweit der zuständigen Behörde **Entscheidungsspielräume** zustehen, also Ermessen, Beurteilungsspielräume oder planerische Gestaltungsspielräume (vgl § 40), muss die zuständige Behörde den Sachverhalt darüber hinaus soweit aufklären, dass ihr eine fehlerfreie Ausfüllung des Spielraums möglich ist. Sie hat in derartigen Fällen sämtliche Tatsachen zusammenzutragen und ggf aufzuklären, deren Berücksichtigung nach dem Zweck der Ermächtigung (vgl § 40 Rn 34) geboten ist. Für die Frage der Entscheidungserheblichkeit spielt der Umfang der Mitwirkung der Beteiligten naturgemäß keine Rolle (StBS 28). 13

b) Keine Bindung an Einschätzungen der Beteiligten. Die Auffassung der Beteiligten über die Erheblichkeit von Fragen oder Umständen spielt grundsätzlich keine Rolle. Abs 1 S 2 Halbs 2 stellt klar, dass die Behörde bei der Ermittlung des Sachverhalts an das Vorbringen (auch zB die Begründung eines Antrags, vgl BSG 36, 122) und die Beweisanträge der Beteiligten – anders als zB im Zivilprozess – nicht gebunden ist. Nach § 26 Abs 2 sollen die Beteiligten zwar bei der Ermittlung des Sachverhalts mitwirken (s dazu oben Rn 12a ff; zum Recht der Beteiligten, Beweisanträge zu stellen, auch § 26 Rn 42), die Behörde muss aber unabhängig davon von sich aus sämtliche für die Entscheidung möglicherweise erheblichen Tatsachen ermitteln, prüfen und berücksichtigen, auch solche, die von den Beteiligten, aus welchen Gründen auch immer, nicht vorgetragen werden. Dazu gehören, wie Abs 2 klarstellt, auch die für die Beteiligten günstigen Umstände. Die Behörde muss erforderlichenfalls auch Beweise erheben, wenn die Beteiligten zu einer Frage nichts vortragen, keine Beweisanträge stellen, usw. Sie wird andererseits durch das Vorbringen der Beteiligten, auch wenn es nicht bestritten wird, nicht der Notwendigkeit enthoben, in eigener Verantwortung, ggf auf Grund eigener Ermittlungen, zu prüfen, ob der Vortrag der Beteiligten den Tatsachen entspricht. 14

3. Überzeugungsbildung (Beweismaß). a) Grundsatz. Aufklärung des Sachverhalts bedeutet, dass die Behörde den Sachverhalt soweit ermitteln muss, dass sie sich über das Vorliegen oder Nichtvorliegen der maßgeblichen Tatbestandsvoraussetzungen der anzuwendenden Rechtsvorschriften eine **eigene Überzeugung** bilden kann. Dabei kommt es letztlich auf die Überzeugung derjenigen an, die innerhalb der Behörde die Entscheidung zu verantworten haben. Die Überzeugung erfordert die Annahme, dass **vernünftige Zweifel ausgeschlos-** 15

---

[42] Entsprechendes gilt bei verspäteter Rüge von Verfahrensfehlern (s § 46 Rn 12). Allg zum Erfordernis alsbaldiger Geltendmachung von Verfahrensmängeln, insb auch bei Prüfungen, s § 2 Rn 56.

[43] Hierzu ausführlich § 40 Rn 9 ff; krit Ramsauer BVerwG-FS 2003, 599.

sen sind.[44] Aus dem Fachrecht kann sich ein anderes Beweismaß ergeben, etwa ein Wahrscheinlichkeitsmaßstab. Lässt sich der Sachverhalt mit vertretbaren Mitteln nicht soweit aufklären, dass eine Überzeugungsbildung möglich ist, stellt sich das Problem der Beweislast (s unten Rn 39). Ein Sonderfall ist die **Einschätzungsprärogative** der Behörde. Insbesondere im Naturschutzrecht erkennt die Rechtsprechung einen Einschätzungsspielraum der Behörde für solche außerrechtlichen Fragestellungen an, für die weithin allgemein anerkannte fachwissenschaftliche Maßstäbe und standardisierte Erfassungsmethoden fehlen.[45] Die gerichtliche Kontrolle erstreckt sich auf das Vorliegen der Voraussetzungen des Einschätzungsspielraums, ist aber im Übrigen auf eine Vertretbarkeitskontrolle beschränkt (s näher § 40 Rn 31 ff). Dies wirkt sich auf die erforderliche Ermittlungstiefe der Behörde aus. Für die Überzeugungsbildung reicht etwa die Einholung eines inhaltlich und methodisch dem aktuellen Stand der Wissenschaft entsprechenden, nachvollziehbaren Gutachtens, auch wenn andere, ebenfalls wissenschaftlich vertretbare Ergebnisse vorhanden sind oder möglich erscheinen. Sind verschiedene Methoden wissenschaftlich vertretbar, bleibt die Wahl der Methode der Behörde überlassen (BVerwGE 147, 118, 126).

15a **b) Bedeutung der Ansichten Beteiligter und Dritter.** In der Behörde selbst muss sich die Überzeugung in eigener Verantwortung bilden; die Ansichten der Beteiligten oder sonstiger Dritter sind nicht maßgeblich, können aber für die Überzeugungsbildung der Behörde eine wichtige Rolle spielen. Das gilt insbesondere dann, wenn es sich um Sachverhaltsfragen handelt, die im Erfahrungs- und Erkenntnisbereich einzelner Beteiligter liegen. Selbst ein sog Geständnis von Beteiligten (vgl § 288 ZPO) bindet die Behörde nicht, sondern ist im Rahmen der Sachverhaltsermittlung frei zu werten.[46] Dagegen sind ein Verzicht auf das Antragsrecht oder auf den dem Antrag zugrundeliegenden Anspruch sowie ein Anerkenntnis hins des Anspruchs (vgl auch § 26 Rn 42), soweit die Beteiligten bzw die Behörde über den Gegenstand verfügen können, auch im Verwaltungsverfahren möglich und beachtlich (Erichsen/Ehlers § 13 Rn 21) und für die Behörde bindend, da ein Verzicht bzw ein Anerkenntnis nicht die Feststellung des Sachverhalts betrifft, sondern eine Verfügung über den Gegenstand des Verfahrens darstellt. Ähnliches gilt für entsprechende Erklärungen der Behörde. Die Behörde darf auch dann, **wenn ein Beteiligter** (oder Betroffener) **auf seine Rechte verzichtet** oder mit ihnen präkludiert ist (vgl zur Präklusion § 73 Rn 88 ff), keine Feststellungen unterlassen, die zur Wahrung etwaiger gleichlaufender Interessen der Allgemeinheit erforderlich sind (vgl BGH DVBl 1981, 627). Zur Zulässigkeit sog **tatsächlicher Verständigungen** über den Sachverhalt s § 54 Rn 52.

15b Die Behörde ist auch für ihre Überzeugungsbildung nicht an das Vorbringen und Beweisanträge der Beteiligten gebunden (Abs 1 S 2 Halbs 2), gleichwohl muss sie beides berücksichtigen. Die Berücksichtigungspflicht folgt bereits aus der Pflicht zur Aufklärung des Sachverhalts nach Abs 1 S 1. Sie wird für das Vorbringen von Tatsachen in Abs 2 klargestellt (Rn 54) und ergibt sich für die Stellung von Beweisanträgen zudem aus Abs 3 (Rn 59, 61). Während der Vortrag von Tatsachen regelmäßig die Forderung impliziert, diese der Entscheidung zugrunde zu legen, wird mit einem **Beweisantrag** gefordert, eine strittige Tatsache durch ein bestimmtes Beweismittel aufzuklären. Handelt es sich hierbei um eine erhebliche, aber bisher nicht aufgeklärte Tatsache, muss die Behörde dem schon aufgrund ihrer Amtsermittlungspflicht nachgehen. Tut sie dies nicht oder nicht mit dem begehrten Beweismittel, so ist eine förmliche Bescheidung hierüber nicht erforderlich, da

---

[44] S auch StBS 20.
[45] S zB BVerwG NVwZ 2014, 524, 525 mwN.
[46] Vgl BVerwGE 4, 312; BVerwG JZ 1972, 119; Ziekow 12.

entsprechende Anträge im Verwaltungsverfahren als bloße Beweisanregungen zu verstehen sind[47] (zu den Ablehnungsgründen s Rn 35).

c) Bedeutung präjudizieller Entscheidungen. Die Verpflichtung der Behörde zu umfassender Sachaufklärung findet ebenso wie im verwaltungsgerichtlichen Verfahren (vgl Kopp/Schenke § 86 Rn 5) ihre Grenze auch in der Bindung an präjudizielle, rechtskräftige bzw in anderer Weise für die Behörde (zB gem §§ 48 ff) bindende eigene Entscheidungen – auch zB Vorbescheide, vorangegangene Teilgenehmigungen (BVerwGE 61, 274; s auch § 9 Rn 15 ff) –, Entscheidungen anderer Behörden oder der Gerichte.[48] Allerdings sind inhaltliche Bindungen an die in der Begründung von Entscheidungen enthaltenen sachlich-inhaltlichen Feststellungen von Verwaltungsbehörden oder Gerichten eher selten. Sie bedürfen stets einer besonderen gesetzlichen Regelung, wie sie etwa für die Feststellungswirkung von strafgerichtlichen Urteilen im Gewerbeuntersagungsverfahren (§ 35 Abs 3 GewO) oder im Fahrerlaubnisentzugsverfahren (§ 3 StVG) der Fall ist. 16

Strafgerichtliche Urteile entfalten im Übrigen **keine allgemeine Bindungswirkung.** Die Feststellungen in einem rechtskräftigen Strafurteil zu bestimmten Tatsachen entbinden, wenn durch Gesetz nicht etwas anderes bestimmt ist, die Behörde nicht von weiteren Ermittlungen, wenn sich hins ihrer Richtigkeit Zweifel ergeben oder wenn von einem Beteiligten substantiierte Einwände dagegen erhoben werden.[49] Andererseits darf die Behörde im Regelfall wegen der umfassenden Möglichkeiten der Sachaufklärung im Strafprozess, wenn nicht gewichtige Anhaltspunkte, die für die Unrichtigkeit sprechen, vorgetragen werden oder nahe liegen oder wenn keine neuen Tatsachen oder Beweismittel vorgetragen werden, die eine Wiederaufnahme des Strafverfahrens begründen würden, die strafrichterlichen Feststellungen auch ihrer Entscheidung zugrundelegen, ohne dass es dazu eigener zusätzlicher Ermittlungen bedürfte.[50] 17

d) Entscheidungserheblichkeit bei Ermessensentscheidungen. Auch bei Ermessensentscheidungen und Entscheidungen, bei denen der Behörde ein Beurteilungsspielraum zukommt, ist der für die Entscheidung maßgebliche Sachverhalt **grundsätzlich erschöpfend** aufzuklären. Es ist idR jedoch nicht ermessensfehlerhaft, wenn die Behörde in Fällen, in denen hinsichtlich des Vorliegens von Tatbestandsvoraussetzungen erhebliche Zweifel bestehen, die voraussichtlich auch durch weitere Ermittlungen nicht ohne weiteres geklärt werden können oder deren Klärung mit unverhältnismäßigen Schwierigkeiten, insb übermäßigem finanziellen Aufwand, Zeitverlust uä, verbunden wäre, auf eine weitere Klärung verzichtet und statt dessen die bestehenden Zweifel (auch zB Verdachtsgründe) im Rahmen ihrer Ermessensentscheidung bei der Abwägung der für oder gegen die sich bietenden Entscheidungsalternativen berücksichtigt.[51] 18

aa) Sollvorschriften. Sollvorschriften ordnen für den Regelfall eine bestimmte Rechtsfolge an, von der die Behörde nur abweichen darf, wenn ein Sonderfall vorliegt (s näher § 40 Rn 64). Erst dann ist ein Ermessen eröffnet, das sich darauf bezieht, ob der Sonderfall einer vom Regelfall abweichenden Behandlung bedarf. Bei der Anwendung von Sollvorschriften muss die Behörde 19

---

[47] Obermayer/Funke-Kaiser 95; **aA** MSU 36.

[48] S zur weitgehenden Bindung der Behörde gem § 4 StVG im Verfahren zur Entziehung einer Fahrerlaubnis an die Sachverhaltsfeststellungen in einem rechtskräftigen Strafurteil BVerwGE 71, 95 mwN; 80, 43; BVerwG BayVBl 1993, 26; ähnlich für die Verwaltungsgerichte Kopp/Schenke § 86 Rn 5.

[49] Vgl allg auch BVerwG NJW 2003, 913, NJW 1990, 2855; VGH Kassel NVwZ-RR 1994, 432; hierzu näher Wölfl DÖV 2004, 433.

[50] BVerwGE 97, 245, 248; BVerwG NJW 2003, 913; OVG Koblenz NJW 1990, 1554.

[51] Vgl BVerwGE 63, 214; OVG Münster DÖV 1982, 458; VGH München BayVBl 1977, 181; s auch Kopp/Schenke § 86 Rn 6.

deshalb zunächst nur die Frage untersuchen, ob der Fall in relevanter Weise „aus der Regel fällt", ist dies nicht der Fall, bedarf es keiner Aufklärung von ermessensleitenden Gesichtspunkten, weil der Behörde ein Ermessen nicht eröffnet ist.

20 **bb) Intendiertes Ermessen.** Keine Ausnahme von der umfassenden Ermittlungspflicht der Behörden gem § 24, wohl aber praktische Erleichterungen werden von der Rspr beim sog intendierten Ermessen anerkannt. Die nach wie vor **umstrittene Lehre** vom intendierten Ermessen (s § 40 Rn 65) geht davon aus, dass es Ermessensermächtigungen gibt, für deren Ausfüllung der Gesetzgeber stillschweigend für den Regelfall eine bestimmte Entscheidung vorgegeben hat, die von der Behörde dann ohne weiteres gewählt werden kann, wenn und soweit im konkreten Fall **keine atypischen Umstände** gegeben sind, die eine andere Beurteilung oder Entscheidung rechtfertigen könnten (s hierzu § 40 Rn 65). Folgt man dieser Lehre, sind nähere Ermittlungen und Abwägungen grundsätzlich nicht erforderlich, wenn Besonderheiten des Falles, die eine andere Beurteilung oder Entscheidung erfordern könnten, weder der Behörde bekannt oder erkennbar sind oder sich ihr nach den Umständen des Falles aufdrängen müssten, noch von Beteiligten vorgetragen werden.[52] Die Behörden können sich deshalb bei ihren Ermittlungen des entscheidungserheblichen Sachverhalts in diesen Fällen mit der Feststellung begnügen, dass keine der vorgenannten Voraussetzungen ersichtlich sind, die weitergehende Ermittlungen erfordern könnten.

20a **e) Entscheidungserheblichkeit bei Planungsentscheidungen.** Im Planfeststellungsverfahren sind die Behörden verpflichtet, ihrer Entscheidung Überlegungen zu alternativen Optionen zu Grunde zu legen, sofern sie sich objektiv anbieten oder aufdrängen (s hierzu näher § 40 Rn 164; § 74 Rn 120). Die Alternativenprüfung kann sich auf Standortalternativen, Konzeptalternativen und technische Alternativen beziehen.[53] Eine Prüfung der Alternativen kommt auch im Rahmen der Umweltverträglichkeitsprüfung (UVP – s näher § 63 Rn 21) und im Rahmen des § 34 Abs 3 Nr 2 BNatSchG bei Beeinträchtigung von FFH-Gebieten in Betracht (zu letzteren s § 74 Rn 81).

21 **4. Beweisbedürftigkeit. a) Grundsatz.** Grundsätzlich ist die Behörde verpflichtet, die beweiserheblichen Tatsachen soweit aufzuklären, dass sie sich über deren Vorliegen oder Nichtvorliegen eine **eigene Überzeugung** bilden kann. Die Überzeugungsbildung folgt hier den Grundsätzen **freier Beweiswürdigung** (vgl unten Rn 30). Wann das erforderliche Maß an Gewissheit hinsichtlich des Vorliegens oder Nichtvorliegens der entscheidungserheblichen Tatsachen erreicht ist, hängt vom Einzelfall und den Gesamtumständen ab. So ist die Behörde zB nicht verpflichtet, sämtliches Vorbringen der Beteiligten auf seinen Wahrheitsgehalt hin zu überprüfen und entsprechenden Beweis zu erheben. Behauptungen oder Angaben, die plausibel erscheinen, dürfen vielmehr der Entscheidung zugrunde gelegt werden, sofern sich auch sonst kein vernünftiger Anlass zu Zweifeln ergibt (s oben Rn 10).

22 **b) Allgemeinkundige, amtskundige Tatsachen.** Nach entsprechend auch im Verwaltungsverfahren geltenden prozessualen Grundsätzen (vgl § 291 ZPO) sind idR allgemeinkundige oder behördenkundige Tatsachen, allgemeine Erfahrungssätze, Denkgesetzlichkeiten usw nicht beweisbedürftig.[54] **Allgemeinkundig** sind Tatsachen, die allgemein in der Öffentlichkeit bzw in der Fachöffentlichkeit als gesicherte Erkenntnis angesehen werden und über die man sich ohne weiteres aus allgemein zugänglichen und zuverlässigen Quellen unterrichten

---

[52] BVerwGE 72, 5; 82, 363; BVerwG NVwZ 1994, 383.

[53] Zu Umfang und Tiefe der Alternativenprüfung Roßnagel/Hentschel, UPR 2004, 291, 295.

[54] Vgl nur BVerwG NVwZ 1990, 571; StBS § 26 Rn 23; Knack/Henneke 38; vgl auch Kopp/Schenke § 98 Rn 22.

kann.[55] **Behörden- oder amtskundige Tatsachen** sind solche, die dem jeweiligen Amtsinhaber aus seiner amtlichen Tätigkeit (private Tätigkeit reicht nicht aus) zuverlässig bekannt sind.[56]

23 **c) Mangelnde Mitwirkung der Beteiligten. Wirken die Beteiligten** an der Aufklärung des Sachverhalts nicht im erforderlichen Umfang mit, obwohl ihnen das möglich und zumutbar ist, so kann dies die Aufklärungspflicht der zuständigen Behörde einschränken (näher oben Rn 12a, b). Dies gilt insbesondere dann, wenn infolge mangelnder Mitwirkung bestimmte Erkenntnisquellen oder Beweismittel nicht mehr zur Verfügung stehen (zB bei Weigerung eines Beteiligten, sich einer notwendigen Untersuchung zu unterziehen). Dies gilt aber auch, wenn die Aufklärung mit Hilfe anderer Erkenntnismittel die Feststellung des Sachverhalts unzumutbar erschweren würde.

24 **d) Berücksichtigung von Verwaltungsvorschriften.** Im Verwaltungsverfahren ist die Behörde bei der Feststellung des Sachverhalts bzw einzelner entscheidungsrelevanter Aspekte in begrenztem Umfang an Verwaltungsvorschriften gebunden. Diese dienen der Verfahrenserleichterung und gelten auch unabhängig von der inzwischen überholten Lehre von den antizipierten Sachverständigengutachten.[57] Sie erlauben der zuständigen Behörde idR eine gewisse Typisierung und Pauschalierung im Interesse der Verfahrenserleichterung, enthalten aber häufig auch Erfahrungswerte und „geronnenes" Expertenwissen. Dies gilt etwa für anerkannte technische Normen, zB die **TA-Lärm, TA Abfall**[58] **oder der TA-Luft,**[59] für eine Fülle von Verwaltungsvorschriften zur Vereinfachung von Feststellung in den **Richtlinien des Abgabenrechts,**[60] für die auf Erfahrungswerten beruhenden Richtlinien über die **Tauglichkeit zum Wehrdienst** (BVerwGE 66, 81), die Zumutbarkeit von **Verkehrslärm**[61] und für die sog **anerkannten Regeln der Technik,**[62] Fragen des **Lebenshaltungsbedarfs.**[63] Im Einzelnen sind hier jedoch die zT sehr erheblichen Unterschiede der bestehenden Vorschriften, technischen Normen usw zu berücksichtigen.

25 **Die Bindungswirkung von Verwaltungsvorschriften** muss auf die Regelfälle beschränkt bleiben. Auch soweit sie normkonkretisierende Funktion haben, dürfen sie die Behörden nicht daran hindern, **Besonderheiten des Einzelfalls** angemessen aufzuklären und zu berücksichtigen. Verwaltungsvorschriften können stets nur allgemeine Erkenntnisse oder Erfahrungswerte enthalten, deren An-

---

55 BVerfGE 10, 183; BVerwG DVBl 1983, 35.

56 BVerwG NVwZ 1990, 571; StBS § 26 Rn 23; entsprechendes gilt für gerichtskundige Tatsachen Kopp/Schenke § 98 Rn 24.

57 Wie BVerwGE 77, 290 klarstellt, handelt es sich auch bei den normkonkretisierenden Richtlinien nur um „Indizes", die sich nicht grundlegend, sondern graduell von „antizipierten Sachverständigengutachten" unterscheiden.

58 Die TA Abfall wurde inzwischen durch die DeponieVO ersetzt; OVG Schleswig NordÖR 2009, 468.

59 Vgl BVerwGE 55, 256: als repräsentative Erfahrung und wissenschaftliche Erkenntnis, sofern nicht neuere gesicherte Erkenntnisse; 66, 81; BVerwG NVwZ 1988, 824; BGH NJW 1978, 420; OVG Münster NJW 1979, 772; OVG Koblenz NVwZ 1991, 87; Breuer DVBl 1978, 34; Krebs VerwA 1979, 259; Kutscheidt NVwZ 1983, 583; Quaas NVwZ 1991, 18: „antizipierte" Sachverständigengutachten; kritisch Sendler UPR 1981, 3; Rengeling, Der Stand der Technik bei umweltgefährdenden Anlagen, 1985, 43 mwN; Papier, Bitburger Gespräche 1981, 91; ders, in: Merten (Hg), Gewaltentrennung im Rechtsstaat, 1989, 110; Lübbe-Wolff DÖV 1987, 896; zT **aA** BVerwGE 72, 320.

60 Hierzu Kobor 78 f.

61 VGH München BayVBl 1984, 272)); hins der VDI-Richtlinien über Immissionsrichtwerte VGH München BayVBl 1982, 500 mwN; s auch Viehweg NJW 1982, 2474 f.

62 S dazu Nicklisch NJW 1982, 2633; Papier, in: Lukes-FS 1989, 159; anders, wenn unterschiedliche Auffassungen; vgl BVerfGE 49, 135; Obenhaus-Kuckuck DVBl 1980, 156).

63 BVerwG NVwZ 1995, 1107 zu § 22 BSHG (heute § 28 SGB XII).

wendbarkeit sich im Einzelfall wegen des Vorrangs des Gesetzes und der Bindung der Behörden an das Gesetz auch hins der Ermittlung des entscheidungserheblichen Sachverhalts verbieten kann, wenn der Fall Besonderheiten aufweist, die in den Verwaltungsvorschriften nicht berücksichtigt sind. Drängen sich der Behörde Zweifel an der Sachgerechtigkeit der Verwaltungsvorschriften auf, so muss sie versuchen, diese – uU über die nächsthöhere Behörde – bei der erlassenden Stelle zur Geltung zu bringen. Ggf besteht Anlass, **zusätzliche Ermittlungen** anzustellen, Gutachten einzuholen usw.[64]

26 **e) Amtshilfe, weitergehende Hilfeleistungen.** Die Behörde kann sich bei der Ermittlung des Sachverhalts und zu dessen Beurteilung nach pflichtgemäßem Ermessen auch der **Hilfe anderer Behörden** im Weg der Amtshilfe[65] bedienen (**Informationshilfe,** s hierzu näher § 4 Rn 18). Das gilt insbesondere dann, wenn ihr die Zuständigkeit oder Möglichkeit zu eigenen Ermittlungen fehlt. Dieser Weg ist gegenüber der Heranziehung von externen Sachverständigen häufig kostensparender; zumal wenn in Fachbehörden der erforderliche Sachverstand zur Verfügung steht. Allerdings enthebt Bereitstellung von Informationen im Wege der Amtshilfe die zuständige Behörde nicht der Verpflichtung, sich **ein eigenes Urteil** über den Aussagewert für die von ihr zu treffende Entscheidung zu bilden.[66] Das gilt auch dann wenn ihr die erforderliche eigene Sachkunde fehlt. Sie trägt für die Richtigkeit der Tatsachenfeststellungen die Verantwortung und darf deshalb die Ermittlungsergebnisse und Schlussfolgerungen der anderen Behörde bzw der Sachverständigen **nicht einfach ungeprüft** übernehmen. Gleiches gilt, wenn **Untersuchungskommissionen** zur Ermittlung und evtl auch zur Bewertung von Tatsachen eingesetzt werden und auf deren Ergebnisse zurückgegriffen wird. Dies entbindet das zuständige Organ bzw den zuständigen Amtsträger nicht von einer Prüfung der Plausibilität und Nachvollziehbarkeit sowie der Bildung einer eigenen Überzeugung.[67]

26a Bei dem **Hilfeersuchen gegenüber Behörden anderer Mitgliedstaaten** der EU nach §§ 8a ff wird nicht von Amtshilfe (im engeren Sinn) gesprochen, sondern von einer Hilfeleistung im Rahmen der europäischen Verwaltungszusammenarbeit (s § 8a Rn 19). Sie spielt vor allem bei grenzüberschreitenden Vorgängen eine Rolle, zB im Rahmen der Umsetzung der Dienstleistungs-RL, bei denen es häufig auf Verhältnisse eines EU-Bürgers im Heimatland ankommt, die nur auf diesem Wege aufgeklärt werden können. Auch wenn es nicht um Amtshilfe im engeren Sinn geht, finden insoweit im Wesentlichen dieselben Regeln Anwendung (vgl §§ 8a ff).

27 **f) Heranziehung von Sachverständigen.** Wenn bzw soweit die Behörde, dh die bei ihr tätigen Amtsträger, nicht die zur Feststellung bzw Beurteilung der für die von ihr zu treffende Entscheidung maßgeblichen Tatsachen **erforderlichen Fachkenntnisse und tatsächlichen Erfahrungen** besitzt und ihr dafür auch nicht andere Möglichkeiten, auch zB nicht die sachkundige Hilfe bzw

---

[64] Wittmann BayVBl 1987, 746; Gusy NuR 1987, 156; Gerhardt NJW 1989, 2237; kritisch gegenüber der Praxis Röthel JZ 2013, 1136 ff (die Abweichungsbefugnis sei nur eine theoretische).

[65] S hierzu § 5 Abs 1 Nr 3; näher Wittmann BayVBl 1987, 746; Gusy NuR 1987, 156; Gerhardt NJW 1989, 2237.

[66] BVerwGE 80, 224: Gutachten nur als Beitrag zur eigenen Beurteilung; eine ungeprüfte Übernahme wäre ein Aufklärungsfehler; BVerwG NVwZ-RR 1990, 122: die Behörde darf sich nicht mit den Stellungnahmen der Fachbehörde begnügen BVerwG UPR 1988, 440: der Bundesverteidigungsminister darf bei der Genehmigung eines Militärflugplatzes sich nicht die Stellungnahme der Landesregierung zu den Fragen der Landesplanung ungeprüft zu eigen machen; Kühling DVBl 1989, 223; Knack/Henneke 40; StBS 41; Ziekow 6.

[67] Vgl zu Untersuchungskommissionen der Hochschulen zur Feststellung wissenschaftlichen Fehlverhaltens Gärditz WissR 2013, 15.

Beratung durch Fachbehörden, ggf im Weg der Amtshilfe gem §§ 4 ff zur Verfügung steht, so muss sie geeignete Sachverständige gem § 26 Abs 1 Nr 2 heranziehen bzw sich durch Sachverständige beraten lassen (s § 26 Rn 29),[68] anderenfalls verletzt sie ihre Aufklärungspflicht und handelt verfahrensfehlerhaft.[69] **Zu einfachen Fragen** genügt uU auch eine **telefonische Rückfrage** bei einem Sachverständigen (vgl Kopp/Schenke § 86 Rn 9). S allg zur Aufklärung des Sachverhalts durch Sachverständige § 26 Rn 27 ff; zur erhöhten Bindungswirkung von Fachgutachten in Habilitationsverfahren, insb vor „gemischten" Fachbereichsräten und in ähnlichen Fällen, BVerwGE 95, 245 f.

Bestehen zu einer Frage in der Wissenschaft **unterschiedliche Meinungen,** 28
so darf die Behörde sich nicht auf die herrschende Meinung beschränken, sondern muss grundsätzlich **alle vertretbaren wissenschaftlichen Auffassungen** in ihre Erwägungen mit einbeziehen.[70] Handelt es sich um Fragen, für die sich zwar eine vorherrschende Meinung herausgebildet hat, die aber gleichwohl nicht als wissenschaftlich gesichert angesehen werden kann (zB die Frage der Gefährlichkeit elektromagnetischer Felder), so muss die Behörde ernst zunehmende neue wissenschaftliche Erkenntnisse und Forschungsergebnisse zum Anlass nehmen, den bisherigen Standpunkt kritisch zu prüfen.[71] Entsprechend kann bei schwierigen komplexen Fragen auch eine „Beratung" der Behörde durch Sachverständige angezeigt sein, wenn nicht von vornherein zwischen tatsächlichen und bewertenden Gesichtspunkten getrennt werden kann und die Beurteilung tatsächlicher Umstände spezifische Fachkenntnisse erfordert.[72]

5. Ermittlungs- und Verwertungsverbote. a) Ermittlungsverbote. Ob- 29
wohl im Verwaltungsverfahren grundsätzlich der **Freibeweis** gilt, was bedeutet, dass sich die Behörde grundsätzlich sämtlicher erreichbarer Beweis- und Erkenntnismittel bedienen darf, müssen bestimmte Grenzen der Ermittlungstätigkeit beachtet werden. Dies gilt einmal für bestimmte Informationen, die zwar verfügbar sein mögen, aber wegen eines **gesetzlichen Verwertungsverbots** nicht berücksichtigt und deshalb auch nicht erhoben werden dürfen (s unten Rn 29a), ferner für **unzulässige Ermittlungs- und Beweismethoden.** Zu letzteren gehören etwa Befragungen unter Verstoß gegen § 136a StPO oder ohne Hinweis auf ein etwa bestehendes Recht auf Verweigerung der Aussage, ohne Berücksichtigung von Zustimmungsvorbehalten (zB § 13 Abs 2 Nr 2 BDSG), Informationsgewinnung durch rechtswidrige Ausspähung sowie die Informationsgewinnung unter Umgehung von Übermittlungssperren usw.[73]

b) Verwertungsverbote. Als Verwertungsverbot bezeichnet man das in 29a
Rechtsnormen enthaltene Verbot, in einem Verfahren bestimmte bereits vorliegende Ergebnisse der Sachverhaltsermittlung, insbes einer Beweiserhebung, unabhängig von ihrer Richtigkeit bei der Überzeugungsbildung zu berücksichtigen. Ausdrückliche Beweisverwertungsverbote finden sich im VwVfG nicht. Die im Fachrecht enthaltenen **absoluten Verwertungsverbote,** wie sie etwa in § 51 BZRG jedenfalls im Grundsatz für getilgte oder tilgungsreife Eintragungen im **Zentralregister** oder in § 153 Abs 5, 6 GewO für entsprechende Eintragungen im Gewerbezentralregister oder im Datenschutzrecht vorgesehen sind, müssen grundsätzlich auch im Verwaltungsverfahren beachtet werden.[74] Auch im übrigen

---

[68] Ziekow 6; Knack/Henneke 40; VGH München BayVBl 2015, 173, juris Rn 17.
[69] StBS 58; Ziekow 19; VGH München BayVBl 2015, 173, juris Rn 17.
[70] BVerwGE 72, 316 (Whyl); BVerwG NVwZ 1989, 1169.
[71] Zu elektromagnetischen Feldern BVerfG NVwZ 2007, 805; OVG Münster NWVBl 2006, 26; VG Hamburg NordÖR 2005, 260.
[72] Vgl für Gerichte BVerwG NVwZ-RR 1991, 121; BVerfGE 88, 59.
[73] FKS 46 ff; Knack/Henneke 46 f; Macht, Verwertungsverbote, passim.
[74] Nach BVerwGE 150, 17 führt die Anordnung der Beseitigung eines Strafmakels nach § 100 JGG nicht zu einem Verwertungsverbot, sondern nur zu einer Einschränkung des

ergibt sich aus dem materiellen Recht, ob unzulässig bzw rechtswidrig erlangte Informationen einem Verwertungsverbot unterliegen (StBS 33). In diesem Zusammenhang muss regelmäßig geprüft werden, ob der **Schutzzweck der verletzten Verbotsnorm** auch für das Verwaltungsverfahren ein Verwertungsverbot erfordert.[75] Legt ein VA Tatsachen zugrunde, die unter Verstoß gegen ein Verwertungsverbot gewonnen worden sind, so liegt ein Verfahrensfehler vor, auf den im Grundsatz § 46 zur Anwendung gelangt (Obermayer § 30 Rn 64). Es ist dann zu prüfen, ob der VA auch ohne die rechtswidrig erlangte Information erlassen worden wäre (näher hierzu auch § 26 Rn 11).

30 **6. Grundsatz freier Beweiswürdigung.** Das VwVfG schreibt für das allgemeine Verwaltungsverfahren den Grundsatz der freien Beweiswürdigung, wonach die Behörde bei ihrer Überzeugungsbildung nicht an starre Beweisregeln gebunden ist, nicht ausdrücklich vor. Der Grundsatz wird nur in § 69 Abs 1 für das förmliche Verfahren erwähnt, er liegt aber dem Untersuchungsgrundsatz des § 24 zugrunde.[76] Seine Geltung auch für das allgemeine Verwaltungsverfahren wird allgemein anerkannt.[77] Insoweit gilt für das Verwaltungsverfahren dasselbe wie gem § 108 Abs 1 S 1 VwGO (UL § 27 Rn 14); daher kann auch auf die Rspr und das Schrifttum zu § 108 Abs 1 S 1 VwGO zurückgegriffen werden. Zu Einzelfragen der Beweiserhebung s § 26 Rn 16 ff, zur Beweislast s unten Rn 39 ff.

31 **a) Keine Bindung an starre Beweisregeln.** Der Grundsatz der freien Beweiswürdigung besagt, dass die Behörde bei der **Würdigung und Abwägung** aller für die Feststellung des für die Entscheidung maßgeblichen Sachverhalts erheblichen Tatsachen und Tatsachenschlüsse nicht an starre Beweisregeln gebunden, sondern in ihrer Überzeugungsbildung grundsätzlich frei ist. Das gilt nicht nur für die Würdigung des Ergebnisses einer Beweisaufnahme, sondern auch für den Inhalt der Akten, den Vortrag der Beteiligten und den persönlichen Eindruck, den diese machten, ferner für eingeholte Auskünfte, amtskundige Tatsachen usw (UL § 27 Rn 14). Die Behörde darf und muss alle in Betracht kommenden Gesichtspunkte und Argumente ausschließlich nach ihrer sachlichen Überzeugungskraft beurteilen.

31a An die **allgemeinen Denkgesetze, die Grundsätze der Logik und an anerkannte Erfahrungssätze** ist die Behörde allerdings auch im Rahmen der freien Beweiswürdigung gebunden. Sie darf deshalb ihre Überzeugung zwar auf Erkenntnisse stützen, die wegen fehlender Forschungsergebnisse noch nicht wissenschaftlich bestätigt sind, wenn es keine Möglichkeit der Verifizierung gibt, aber nicht auf irrationale Annahmen, widersprüchliche Schlussfolgerungen oder Erwartungen, die der Lebenserfahrung völlig widersprechen. Im Rahmen der Überzeugungsbildung darf sie dem Aspekt der Plausibilität höheren Rang einräumen als dem Umstand, dass die Richtigkeit einer Aussage an Eides statt versichert wurde.

32 **Feststellungen in einem rechtskräftigen Strafurteil** haben zwar wegen der im Strafprozess bestehenden hohen rechtsstaatlichen Anforderungen idR erhebliches praktisches Gewicht auch für die Beweiswürdigung der Behörde, entfalten

---

Umfangs de Auskunftserteilung. Das Verwertungsverbot des § 51 BZRG tritt erst mit Tilgungsreife ein.

[75] VGH Mannheim VBlBW 2010, 400 zur Verwertung einer unter Verstoß gegen den Richtervorbehalt gewonnenen Blutprobe; ebenso OVG Bautzen, B v 1.2.2010, 3 B 161/08; OVG Lüneburg VD 2008, 242; Knack/Henneke § 26 Rn 27 mwN; Hüsch 103 ff.

[76] WBSK I § 60 Rn 47; UL § 27 Rn 14; Brühl JA 1992, 198; StBS 14; Knack/Henneke 68; Kobor 75.

[77] UL § 27 Rn 14; StBS 14; ebenso zum bish Recht Spanner JZ 1970, 672; M 67; RP 20; vdGK 4; Begr 49, wo zugleich darauf hingewiesen wird, dass die Erwähnung in § 69 Abs 1 nur der Klarstellung dient, dass nicht nur das Ergebnis der mV, sondern das Gesamtergebnis des Verfahrens zu würdigen ist.

aber für die Behörde **keine rechtliche Bindungswirkung,** sofern das Gesetz insoweit nichts anderes bestimmt, wie das zB in § 35 Abs 3 GewO und § 4 Abs 3 S 1 StVG der Fall ist (s dazu BVerwGE 80, 46); sie lassen auch die **Beweislast unangetastet.** Gleichwohl kann die Behörde solche Feststellungen idR ihrer Entscheidung ohne weitere eigene Feststellungen zugrunde legen, wenn das Strafurteil insoweit zu keinen Zweifeln Anlass gibt und auch die Beteiligten nicht substantiiert Gesichtspunkte vortragen, die zu ernsthaften Zweifeln Anlass geben.

b) Maßgeblichkeit der gewonnenen Überzeugung. Maßgebend ist, wenn 33
das Gesetz nicht ausnahmsweise andere Maßstäbe vorschreibt oder zulässt, zB die überwiegende Wahrscheinlichkeit oder Glaubhaftmachung genügen lässt, letztlich allein die unter Berücksichtigung aller Umstände gewonnene Überzeugung. **Absolute Gewissheit ist nicht erforderlich.** Es genügt ein so hoher Grad an Wahrscheinlichkeit, dass kein vernünftiger, die Lebensverhältnisse klar überschauender Mensch noch zweifelt.[78] Auch in Fällen besonderer, durch die Natur der Sache bedingter und von dem an der Feststellung einer bestimmten Tatsache interessierten Beteiligten (§ 13) nicht verschuldeter **Beweisnot** genügt der für die bloße Glaubhaftmachung erforderliche Grad von Wahrscheinlichkeit nicht.[79] Einer echten Beweisnot oder besonderen sonstigen Gründen, die die Anwendungen der vollen Beweismaßregel unverhältnismäßig oder für die Beteiligten oder die Behörde unzumutbar machen würden, ist durch angemessene Berücksichtigung bei der Beweiswürdigung und idS uU einer **Minderung des Beweismaßes** Rechnung zu tragen. Dies kann zu einer Reduzierung des Maßes an Überzeugung bzw Gewissheit vom Vorliegen der entscheidungserheblichen Tatsachen führen, welches erforderlich ist, damit der Sachverhalt als gegeben im Sinn des Tatbestands einer Vorschrift angesehen werden darf.[80] Im praktischen Ergebnis läuft das im Wesentlichen darauf hinaus, dass die Behörde sich uU mit dem schlüssigen, in sich stimmigen Vortrag Beteiligter begnügen muss, sofern besondere Gründe, die für die Unglaubwürdigkeit dieses Vortrags sprechen, nicht ersichtlich sind. Es reicht dann ein **hoher Grad an Wahrscheinlichkeit.**[81] Dies gilt insbesondere für solche Umstände, die der Beteiligte nicht aufgrund eigener Erfahrung kennen kann, zB weil es sich um Tatsachen außerhalb seines Erlebnisbereichs handelt.

c) Bedeutung des Vortrags der Beteiligten. Je nach den Umständen des 34
konkreten Falles kann auch schon der Vortrag der Beteiligten (§ 13) oder auch nur eines Beteiligten für die Feststellung des Sachverhalts und die Beweiswürdigung genügen (vgl BFHE 145, 487; NVwZ-RR 1990, 121: nach stRspr braucht das Finanzamt den Steuererklärungen nicht mit Misstrauen zu begegnen, sondern kann regelmäßig von der Richtigkeit und Vollständigkeit einer Steuererklärung ausgehen; demzufolge verletzt das Finanzamt seine Ermittlungspflicht

---

78 UL § 27 Rn 14; StBS 20; Knack/Henneke 71; HHSp § 88 AO Rn 88 ff; Pickel § 20 Rn 2; Nierhaus DÖV 1985, 634; Kopp, in: Handbuch des Umweltschutzes 1986, Stichwort: Beweislast; Brühl JA 1992, 198: ein jeden vernünftigen Zweifel ausschließender Grad an Wahrscheinlichkeit; ebenso allg RS ZPO § 113 II 1; zT **aA** Martens 5 V 1 und 5: differenzierte Erfordernisse je nach den materiellrechtlichen Zielsetzungen des jeweiligen Sachgebiets, den erreichbaren Informationsquellen, den bestehenden Mitwirkungspflichten und dem Ausmaß ihrer Erfüllung.

79 BVerwGE 71, 180; BVerwG NVwZ-RR 1990, 165; Nierhaus 484; **aA** zum Nachweis der Gewissensentscheidung bei der Kriegsdienstverweigerung BVerwGE 41, 54; BVerwG DVBl 1978, 401 mwN; zum Asylrecht zum Nachweis von Verfolgungstatsachen im Herkunftsland BVerwGE 55, 86; 65, 251; 67, 199; 70, 169; 71, 175; BVerwG NVwZ 1988, 635: Glaubhaftmachung genügt.

80 Vgl BFH BStBl II 1989, 462 = JuS 1990, 151 m Anm Osterloh; Martens StuW 1981, 322; ders, VwVf Rn 158 ff; Nierhaus 484; wohl auch BGH NJW 1990, 172; zum Beweismaß auch Heitsch DÖV 2003, 367, 370 ff.

81 Vgl BVerwGE 55, 86; 65, 251; 67, 199; 70, 169; 71, 175.

grundsätzlich nur dann, wenn es Unklarheiten oder Zweifelsfragen, die sich bei einer Prüfung der Steuererklärung sowie den eingereichten Unterlagen ohne weiteres aufdrängen mussten, nicht nachgeht). Vor allem in Fällen eines unverschuldeten **Beweisnotstandes,** dh wenn ohne Verschulden des an der Feststellung einer Tatsache interessierten Beteiligten **andere Beweismöglichkeiten nicht bestehen,** wie dies häufig im **Vertriebenenrecht, Asylrecht** und Häftlingshilferecht[82] der Fall ist, darf die Behörde „in großem Umfang auch Tatsachen feststellen, die nur vom Antragsteller vorgetragen worden sind" (BVerwG NVwZ-RR 1990, 165). **Voraussetzung** ist in einem solchen Fall allerdings, **dass** der Vortrag unter Angabe von Einzelheiten **einen in sich stimmigen Sachverhalt schildert** (BVerwG NVwZ 1990, 411), aus dem sich, die Wahrheit unterstellt, die zu beweisende Tatsache ergibt.

35 **d) Verzicht auf weitere Aufklärung.** Von den in Rn 21 ausgeführten Ausnahmen abgesehen darf die Behörde, wenn hins des für ihre Entscheidung maßgeblichen Sachverhalts Unklarheiten oder Zweifel bestehen (vgl BFH NVwZ-RR 1990, 121), auf bestehende Erkenntnismöglichkeiten, insb Beweismittel (§ 26), nur verzichten, wenn diese **Beweiserhebung unzulässig** (vgl § 26 Rn 10) oder **untauglich**[83] sind oder wenn sie für die Entscheidung **unerheblich** sind,[84] oder wenn die Behörde vom Vorliegen oder Fehlen der in Frage stehenden Tatsachen **bereits überzeugt** ist.[85] Letzteres kommt in Betracht, wenn jede vernünftige Möglichkeit ausgeschlossen erscheint, dass eine weitere Beweisaufnahme die bereits gewonnene gegenteilige Überzeugung erschüttern könnte, oder wenn **„weitere Bemühungen im Verhältnis zum Erfolg nicht mehr vertretbar** und zumutbar wären" (Begr 49), insb auch im Hinblick auf die Ermittlungskosten.[86] Zugunsten eines Bürgers dürfen ausnahmsweise auch Tatsachen als wahr unterstellt werden, wenn öffentliche Interessen nicht entgegenstehen.[87] Unzulässig ist es, bei noch nicht hinreichend geklärten Fragen tatsächlicher Art von vornherein weitere Ermittlungen zu unterlassen, insb Beweisanträge (Abs 1 S 2; § 26 Abs 2) eines Beteiligten abzulehnen, „weil das zu erwartende Ergebnis der Beweisaufnahme nach Lage der Dinge die Überzeugung der Behörde nicht ändern könne" **(Verbot der Vorwegnahme einer Beweiswürdigung).**[88]

IV. Folgen fehlerhafter Sachverhaltsaufklärung

36 **1. Fehlerhaftigkeit des Verwaltungsverfahrens.** Unterlässt die Behörde eine sachlich notwendige Aufklärung des Sachverhalts, so liegt ein Verfahrensfehler vor (BVerwGE 25, 90). Das gilt sowohl dann, wenn die Behörde die Entscheidungserheblichkeit verkennt, als auch dann, wenn sie erreichbare Beweis-

---

[82] Vgl BVerwGE 71, 180; BVerwG NVwZ-RR 1990, 165 mwN.

[83] UL § 27 Rn 11; vgl auch § 244 Abs 3 S 2 StPO; BGH JR 1962, 149; NJW 1989, 3291 – zu einem „Informanten", dessen Identität die Behörde nicht bekannt geben muss; OVG Münster DÖV 1982, 950 mwN; VGH München DÖV 1990, 442: ein Sachverständigengutachten zur „Richtigkeit" einer Prüfungsbewertung wäre angesichts des Beurteilungsspielraums der Prüfer ein ungeeignetes Beweismittel.

[84] Ebenso UL § 21 Rn 1; vgl auch BVerwGE 39, 37.

[85] BSG 33, 279; UL § 27 Rn 11; vgl Kopp/Schenke § 86 Rn 21; s auch § 26 Rn 13f.

[86] Brühl JA 1992, 196: uU Verzicht auf weitere, sehr aufwändige Ermittlungen, wenn der Ermittlungsaufwand schwerer wiegt als die Folgen einer für die Beteiligten günstigen Entscheidung, die möglicherweise eine Fehlentscheidung ist.

[87] Vgl BVerwGE 61, 304; BVerwG BayVBl 1980, 440: Wahrunterstellung, dass die Planfeststellung für eine Straße im Verhältnis zu einem bestimmten Betroffenen enteignend wirkt; BVerwG DVBl 1980, 999: Wahrunterstellung, dass die Existenz des Betriebs gefährdet ist; ferner Paetow DVBl 1985, 373; UL § 21 Rn 2; Obermayer/Funke-Kaiser 34ff.

[88] Knack/Henneke 80; zum Prozessrecht: BVerfG NJW 1993, 254, 255; BVerwGE 2, 329; BVerwG Buchh 310 § 86 Abs 1 VwGO Nr 310; U v 11.2.2014, 8 C 49/12, juris Rn 29.

mittel nicht nutzt oder trotz sich aufdrängender Zweifel vorschnell vom Vorhandensein bzw. Nichtvorhandensein bestimmter Umstände ausgeht. Der **Verfahrensfehler führt zur formellen Rechtswidrigkeit** der Entscheidung, zur Aufhebung der Entscheidung aber nur unter den besonderen Voraussetzungen des § 46, nämlich dann, wenn nicht ausgeschlossen werden kann, dass sich der Fehler auf das Ergebnis der Entscheidung ausgewirkt hat, der Aufklärungsfehler also erheblich ist.[89] Dies ist idR der Fall, wenn der Behörde bei ihrer Entscheidung Spielräume eingeräumt waren (Ermessen, Beurteilungsspielraum, planerischer Gestaltungsspielraum) und die Entscheidung auf Grund der mangelnden Sachverhaltsaufklärung auf einer unrichtigen oder unvollständigen Grundlage getroffen wurde.

2. Materiellrechtliche Fehlerhaftigkeit. a) Anwendung strikten Rechts. Die fehlerhafte Aufklärung des Sachverhalts kann auch die materielle Rechtswidrigkeit der Entscheidung zur Folge haben. Dabei ist zu unterscheiden: Führt der Fehler bei der Aufklärung dazu, dass das **Vorliegen von Tatbestandsmerkmalen** einer Entscheidungsnorm fehlerhaft bejaht oder verneint worden ist, wird die Entscheidung automatisch materiell rechtswidrig. Das gilt auch für streng gebundene Entscheidungen, bei denen keinerlei Spielraum anerkannt wird (s hierzu § 40 Rn 10). So kann etwa die fehlerhafte Annahme von bedeutenden Steuerschulden eines Gewerbetreibenden dazu führen, dass seine Zuverlässigkeit zu Unrecht verneint wird. Die Entscheidung verstößt dann gegen § 35 GewO, ist materiell rechtswidrig und verletzt den Gewerbetreibenden in seinen Rechten. Wird der Fehler dagegen für die Gesetzesanwendung im Ergebnis nicht kausal, tritt auch keine materielle Rechtswidrigkeit ein. Das ist in dem Beispielsfall etwa anzunehmen, wenn die Unzuverlässigkeit des Gewerbetreibenden bereits aus anderen Gründen zu verneinen wäre. 36a

b) Ermessens-, Beurteilungs-, Planungsentscheidungen. Betrifft der Fehler in der Sachverhaltsaufklärung eine Entscheidung, für die der Behörde ein Spielraum zusteht (s hierzu § 40 Rn 17 ff), so führt der **Verfahrensfehler regelmäßig auch zu einem Ermessensfehler,** wenn und soweit der Sachverhalt dann in für die Ermessensentscheidung wesentlichen Punkten nicht ausreichend ermittelt worden ist. Dieser Fehler führt nur ausnahmsweise dann nicht zur Aufhebung des VA, wenn die Entscheidung inhaltlich davon offensichtlich nicht beeinflusst worden wäre (OVG Münster, B v 2.11.2011, 6 B 968/11, juris). Dies wird nur in seltenen Ausnahmefällen anzunehmen sein (s hierzu näher § 46 Rn 25 ff). 36b

3. Anspruch auf Sachverhaltsermittlung? Einen verfahrensrechtlichen Anspruch auf ausreichende Sachverhaltsermittlung haben die Beteiligten grundsätzlich, dh soweit das Fachrecht nichts anderes regelt, nicht. Die Entscheidungen der Behörde im Rahmen der Sachverhaltsermittlung können auch grundsätzlich **nicht Gegenstand einer verwaltungsgerichtlichen Kontrolle** sein.[90] Die Beteiligten können die Behörde also gerichtlich nicht zu einer sorgfältigen Sachverhaltsermittlung, zur Anhörung von Zeugen, Beiziehung von Unterlagen oder Einholung von sachverständigen Auskünften zwingen. Ebenso wenig können die Beteiligten die Behörde von Ermittlungen abhalten, die sie für entbehrlich halten. **§ 44a VwGO schließt dies ebenso aus,** wie den Rechtsschutz gegen einzelne Verfahrenshandlungen. Rechtsbehelfe sind insoweit nur gegen die Endentscheidung in der Sache selbst zulässig. Dieser Grundsatz kann jedoch nicht ausnahmslos gelten. Immer dann, wenn der Rechtsschutz gegen die Endentscheidung nicht ausreichen würde, um die Rechtsstellung der Beteiligten effektiv 37

---

89 BVerwGE 117, 200, 207; 78, 285, 296; StBS 58; Erichsen/Ehlers § 13 Rn 25; Ziekow 19.

90 StBS 58; Erichsen/Ehlers § 13 Rn 25; Ziekow 19.

zu schützen, folgt aus Art 19 Abs 4 GG die Notwendigkeit, den erforderlichen Rechtsschutz bereits innerhalb des Verwaltungsverfahrens bereitzustellen.

38 **4. Amtshaftung.** Eine Verletzung der Verpflichtung zur umfassenden Erforschung des Sachverhalts stellt, wenn sie zu einer materiell rechtswidrigen Entscheidung führt oder wenn infolge davon die Beurteilungs- und Entscheidungsgrundlage der Behörde in wesentlichen Punkten zum Nachteil des Betroffenen unvollständig bleibt, zugleich idR auch eine **Amtspflichtverletzung** iS des Amtshaftungsrechts dar (BGH NVwZ 1989, 187; StBS 61). Die umfassende Aufklärung des Sachverhalts gehört zu den Amtspflichten, die den im Verwaltungsverfahren handelnden Mitarbeitern der Behörde obligen. Auch hier ist nach zutreffender, allerdings nicht unbestrittener Meinung die Regelung des § 46 zu beachten (s § 46 Rn 17).

V. Beweislast im Verwaltungsverfahren

39 **1. Formelle und materielle Beweislast.** Das VwVfG enthält keine Regelungen über die Beweislast, dh zu der Frage, in welcher Weise sich Zweifel auswirken, die trotz aller zumutbaren Bemühungen der Behörde um die Sachaufklärung nicht behoben werden können. Diese Frage ist indessen auch für das Verwaltungsverfahren von zentraler Bedeutung deshalb, weil viele Entscheidungen unter Unsicherheit getroffen werden müssen, weil die geeigneten Erkenntnisquellen nicht erreichbar sind (zB im Asylverfahren), weil es keine geeigneten Erkenntnisquellen gibt (zB derzeit zur Gefährlichkeit bestimmter elektromagnetischer Felder)[91] oder weil die Aufklärung einen unverhältnismäßigen Aufwand verursachen würde. Insoweit gelten im Wesentlichen dieselben Grundsätze wie im Verwaltungsprozess; daher kann die Rspr der Verwaltungsgerichte zur Beweislast auch im Verwaltungsverfahren fruchtbar gemacht werden.[92]

40 Das Verwaltungsverfahren kennt ebenso wie der Verwaltungsprozess grundsätzlich **keine Behauptungslast und Beweisführungspflicht** (formelle Beweislast), wie sie im Zivilprozess gilt. Sie wäre mit dem Untersuchungsgrundsatz des § 24 Abs 1 nicht vereinbar,[93] zumal den Beteiligten im Verwaltungsverfahren nicht einmal das Recht zusteht, förmliche Beweisanträge zu stellen. Probleme bereitet deshalb **nur die materielle Beweislast** im Fall des „non liquet", dh die Notwendigkeit, eine trotz aller Bemühungen ggf verbleibende Unerweislichkeit von Tatsachen entweder zu Lasten der Behörde oder des Antragstellers oder eines anderen Beteiligten gehen zu lassen.[94]

41 **2. Beweislastregeln. a) Allgemeines.** Die Frage, wer die materielle Beweislast trägt, ist wie im Verwaltungsprozess[95] eine **Frage des materiellen Rechts,** nicht des Verfahrensrechts,[96] was insb hins der Gesetzgebungszuständigkeit für gesetzliche Regelungen über die Beweislast, uU auch gem § 137 Abs 1 VwGO im Hinblick auf die Revision, von Bedeutung ist. Deshalb können die im Verwaltungsprozessrecht entwickelten Grundsätze weitgehend auch für das Verwaltungs-

---

[91] S hierzu näher BVerfG NJW 1997, 2509.

[92] UL § 27 Rn 16; Di Fabio DÖV 1994, 5.

[93] UL § 27 Rn 15; StBS 54; Knack/Henneke 56; Ziekow 15; Erichsen/Ehlers § 13 Rn 26; vgl zum Prozessrecht auch Kopp/Schenke § 108 Rn 11; Martens JuS 1978, 103.

[94] BVerwGE 19, 94; 45, 132; BSG 6, 72; 30, 219; UL § 27 Rn 16; Erichsen/Ehlers § 13 Rn 26; StBS 55; WB III § 156 IVc; Lorenz 264; Knack/Henneke 57; Berg JuS 1977, 25; zum Prozessrecht zB BVerwGE 70, 154; BVerwG NVwZ-RR 1990, 165 mwN; OVG Münster NJW 1990, 728.

[95] Vgl zB BVerwGE 19, 94; 45, 132; BGHZ 31, 358; Vierhaus Rn 358 ff; Stern 154; Kopp/Schenke § 108 Rn 11; Berg JuS 1977, 25; **aA** mit beachtlichen Gründen Ule 50 II 2: Frage des Verfahrensrechts.

[96] StBS 55; Knack/Henneke 58; Obermayer/Funke-Kaiser 157; Berg Vw 2000, 139, 142 ff.

verfahren herangezogen werden. Es kommt also darauf an, wem der Gesetzgeber das Risiko aufgebürdet hat, dass sich bestimmte Tatbestandsmerkmale einer Norm nicht mit der erforderlichen Gewissheit feststellen lassen. Zu berücksichtigen sind in diesem Zusammenhang neben dem einfachen Recht auch die Vorgaben des Verfassungsrechts und des Unionsrechts. Auf den Zusammenhang von Beweislast und Beweismaß wird zu Recht hingewiesen (StBS 55).

b) Gesetzliche Beweislastregelungen. Ausdrückliche Regelungen über die Verteilung der Beweislast finden sich im materiellen Recht relativ selten. Soweit die Rechtsnorm eine Vermutung für das Vorliegen eines bestimmten Sachverhalts aufstellt, wirkt sich diese wie eine Beweislastregel aus. Ist die Vermutung widerlegt, so bleibt es bei den allgemeinen Beweislastregeln (s unten Rn 42 ff). Auch untergesetzliches Regelwerk kann sich wie eine Beweislastregelung auswirken: Werden etwa in einer Rechtsverordnung Grenzwerte für die Annahme einer Gesundheitsbeeinträchtigung festgelegt, so trifft den Betroffenen die Beweislast für die Behauptung, diese Grenzwerte seien unzureichend.[97] 41a

c) Normbegünstigungsprinzip. Soweit besondere gesetzliche Regelungen fehlen und auch Bestimmungen zB des BGB, zB § 282 BGB (Nierhaus S 112, 183), nicht analog anwendbar sind und etwas anderes bestimmen und soweit auch allgemeine Rechtsgrundsätze, insb auch Gerechtigkeitserwägungen und aus dem Verfassungsrecht abzuleitende Wertungen keine andere Beweislastverteilung rechtfertigen, geht die Unerweislichkeit einer Tatsache grundsätzlich **zu Lasten desjenigen, der aus ihr eine ihm günstige Rechtsfolge herleitet.**[98] Wer ein Recht, eine Befugnis oder einen Anspruch geltend macht, trägt die Beweislast für das Vorliegen der anspruchsbegründenden Tatsachen (BVerwG NVwZ-RR 1993, 205). Die Behörde trägt grundsätzlich die Beweislast für das Vorliegen der Voraussetzungen für die von ihr geplanten Eingriffsmaßnahmen (BVerwG NJW 1986, 1122, 1124). Für das Vorliegen rechtshindernder Tatsachen trägt derjenige die Beweislast, der hieraus für sich günstige Rechtsfolgen herleiten möchte, etwa das Nichtbestehen eines Anspruchs oder das Fehlen von Eingriffsvoraussetzungen (BVerwG 1980, 252). Die Beweislast für eine rechtshindernde Tatsache kann der Behörde im Bereich der Eingriffsverwaltung dann zufallen, wenn dem Betroffenen fehlende Mitwirkung nicht vorgeworfen werden kann (s Rn 50) und die Behörde ihrer Aufklärungspflicht nicht nachkommt.[99] 42

Die Frage, **welche Tatsachen rechtsbegründenden Charakter** haben und welche rechtshindernd sind, lässt sich nicht isoliert allein nach der Fassung der anzuwendenden Vorschriften des materiellen Rechts beurteilen, sondern vor allem nach dem **Zweck der Regelung**[100] und nach den aus der Gesamtheit der Rechtsvorschriften des geltenden Rechts, insb des Verfassungsrechts und hier vor allem aus betroffenen Grundrechten (vgl VG Düsseldorf NJW 1982, 2333). 43

d) Grundrechtsschutzprinzip. Maßgeblich sind die hieraus folgenden grundlegenden Rechtsgedanken und Gerechtigkeitsvorstellungen,[101] die rechtsstaatlichen Anforderungen, insb die Erfordernisse wirksamen Rechtsschutzes.[102] 44

---

[97] S hierzu Ramsauer UTR 42, 71, 92; Callies DVBl 2001, 1725, 1732.

[98] UL § 27 Rn 16; Erichsen/Ehlers § 13 Rn 26; StBS 55; Obermayer/Funke-Kaiser 158; zum Prozessrecht BVerwGE 78, 370; BVerwG NJW 1990, 464; Kopp/Schenke § 108 Rn 13; kritisch zur Figur der materiellen Beweislast im Verwaltungsverfahren Heitsch DÖV 2003, 367, 372.

[99] Vgl VGH Mannheim Urt v 7.1.2015, 6 S 1280/13, juris Rn 46.

[100] Vgl BVerwGE 44, 265; Berg Vw 2000, 139, 147: in dubio pro ratione legis; Knack/Henneke 60.

[101] Vgl Berg JuS 1977, 26; Stern 17 I 6; Kopp/Schenke § 108 Rn 13a; v Pestalozza, in: Boorberg-FS 1977, 195.

[102] BVerwGE 70, 154; BVerwG DVBl 1988, 404: Rechtspositionen dürfen nicht durch eine Beweislastverteilung eingeschränkt werden, wenn damit ein wirksamer Rechtsschutz

Entscheidend ist letztlich, wer von den Beteiligten, nach dem Plan des Gesetzgebers und nach den Grundentscheidungen der Verfassung, hilfsweise nach allgemeinen Rechtsgrundsätzen, „mit dem potentiellen Unrecht belastet werden kann".[103] Im Verhältnis des Bürgers zur Verwaltung sind hierbei vor allem auch die Grundrechte sowie **verfassungsrechtlich geschützte Positionen** und Gewährleistungen zu berücksichtigen,[104] insb auch das Rechtsstaatsprinzip und die Gewährleistung effektiven Rechtsschutzes (Art 19 Abs 4 GG) des betroffenen Beteiligten (BVerwGE 78, 370). Anhaltspunkte für die Abgrenzung der rechtsbegründenden Tatsachen von den rechtsvernichtenden usw bietet idR auch die **Frage danach, was „Regel"** und was „Ausnahme" ist (vgl Berg JuS 1977, 27 Fn 30); ferner, je nach Art und Zielsetzung der in Frage stehenden Regelungen und der betroffenen Rechtsgüter, ggf auch **Gesichtspunkte des Schutzes schutzwürdigen Vertrauens,** eines schutzwürdigen Besitzstandes, der Abwehr von Gefährdungsmomenten usw.[105] Zum Einfluss des umweltrechtlichen Vorsorgeprinzips auf die Beweislastverteilung Callies DVBl 2001, 1725; Ramsauer UTR 42, 71, 92.

45 **e) Umkehr der Beweislast.** Von einer Beweislastumkehr spricht man, wenn die materielle Beweislast in Abkehr von der Grundregel des Normbegünstigungsprinzips im Einzelfall nicht denjenigen trifft, der aus der nicht erweislichen Tatsache für sich günstige Rechtsfolgen herleiten möchte, sondern die Gegenseite. Eine solche Beweislastumkehr kommt nur in Ausnahmefällen in Betracht. Auch wenn eine Beweislastentscheidung für die Betroffenen zu unverhältnismäßigen, **unzumutbaren oder unbilligen Ergebnissen** führen würde, hat dies allein nicht schon eine Umkehr der Beweislast, dh deren Überbürdung auf den „Gegner" zur Folge, sondern allenfalls eine Ermäßigung des Beweismaßes, also der Anforderungen an die Überzeugungsbildung bzw der Zulässigkeit von Restzweifeln. Auch die Nichterfüllung von Anforderungen der Mitwirkungslast führt nicht zur Beweislastumkehr, sondern nur zur Verringerung des Beweismaßes (s Rn 50). Freilich führt auch dies häufig zu einem im Wesentlichen gleichen Ergebnis, wenn der Vortrag des Betroffenen in sich schlüssig ist, konkrete Tatsachen glaubhaft vorträgt und der „Gegner" nicht seinerseits konkrete Umstände darlegen kann, die die Glaubwürdigkeit des Vortrags des Betroffenen erschüttern können.

46 **3. Einzelfälle. a) In Antragsverfahren** auf Erlass eines den Antragsteller begünstigenden VA geht es idR zu Lasten des Antragstellers, wenn **die Voraussetzungen für das Bestehen des Anspruchs** nicht zur Überzeugung der Behörde festgestellt werden können.[106] Hat der Antragsteller nach dem maßgeblichen materiellen Recht grundsätzlich einen Anspruch auf den beantragten VA, so muss die Behörde dem Antrag stattgeben, wenn nicht die Voraussetzungen einer rechtshindernden Ausnahme erwiesen sind, zB im Verfahren um Erteilung einer Gewerbeerlaubnis die fehlende Zuverlässigkeit (vgl BVerwGE 12, 247; 20,

---

nach Art 19 Abs 4 GG erheblich beeinträchtigt wird; ähnlich BVerwGE 78, 370; Peschau 104; Tietgen 40; Nierhaus 446 ff und DÖV 1985, 635; s auch BVerfGE 52, 144.

[103] Vgl Berg JuS 1977, 26; ihm folgend Kopp/Schenke § 108 Rn 13; ferner BVerwGE 70, 143; 78, 371: es sind die Folgen zu berücksichtigen, die sich jeweils ergeben, wenn auf Grund der Beweislastverteilung von einer Lage auszugehen ist, die in Wirklichkeit gerade nicht besteht.

[104] BVerfG NVwZ 2001, 781 zu Art 8 GG; VG Düsseldorf NJW 1982, 2333; Stern 17 I 6d; Sachs NVwZ 1985, 324; Berger ZUR 1994, 109.

[105] Berg JuS 1977, 27 Fn 39; ders Vw 2000, 139, 148 f; enger Nierhaus 484: Berücksichtigung der Zumutbarkeit, Billigkeit der Beweislast nicht bei der Frage der Verteilung der Beweislast, sondern allenfalls bei der Beweiswürdigung.

[106] UL § 27 Rn 16; StBS 55; Erichsen/Ehlers § 13 Rn 26; v Pestalozza, in: Boorberg-FS 1977, 195; ebenso zum Prozessrecht BVerwGE 21, 212; 20, 211.

211), im Verfahren um die Erteilung einer Fahrerlaubnis die mangelnde körperlich oder charakterliche Eignung des Antragstellers (BVerwG DÖV 1982, 854; Buchh 442.10 § 2 StVG Nr 1). Umgekehrt muss der Antragsteller die für das Gewerbe erforderliche Vorbildung bzw Ausbildung, seine **fachliche Eignung** für eine Taxi-Genehmigung (BVerwG NVwZ 1990, 1378), seine **Fähigkeit zum Führen eines Kraftfahrzeugs** (BVerwG DÖV 1982, 854 mwN), der **Prüfungskandidat** seine Kenntnisse usw nachweisen. Im Falle der **Rücknahme** eines VA trägt die Behörde die Beweislast für die Voraussetzungen einer Rücknahme nach § 48 auch hinsichtlich derjenigen Tatbestandsmerkmale, für die bei Erlass des VA die Beweislast beim Begünstigten lag.

b) Prüfungsverfahren. Grundsätzlich beweispflichtig ist auch zB ein **Prüfungskandidat,** der geltend macht, dass der Prüfer die Bewertung der Arbeit im Wesentlichen einem „Korrekturhelfer" überlassen hat und sich selbst kein eigenes Bild von der Prüfungsleistung gemacht hat (BVerwG NVwZ 1990, 65). Ergeben sich in einem solchen Fall aber aus den Korrekturbemerkungen oder aus sonstigen Umständen **hinreichend konkrete Anhaltspunkte,** die für die Richtigkeit des Vortrags des Kandidaten sprechen, auch wenn sie dafür nicht den letzten Beweis begründen, so ist es wiederum **Sache der Behörde,** ihrerseits unter Bezugnahme auf Stellungnahmen des Prüfers oder auf Grund zusätzlicher Randbemerkungen nachzuweisen, dass sich der Prüfer in eigener Verantwortung ein eigenes Bild von der Prüfungsleistung gemacht und dieses seiner Bewertung zugrundegelegt hat. Für die Beweislastverteilung bzw das Beweismaß bedeutet es grundsätzlich einen Unterschied, ob nur die Folgen eines erwiesenen Prüfungsmangels nicht aufklärbar sind, oder dies schon für die Frage, ob der behauptete Prüfungsmangel gegeben war, gilt.[107] 47

c) In Verfahren im Bereich der Eingriffsverwaltung geht die Nichterweislichkeit der Voraussetzungen des belastenden VA grundsätzlich **zu Lasten der Behörde;**[108] dies gilt auch für VAe, deren Erlass im Ermessen der Behörde steht.[109] Die Behörde, nicht der Bürger, hat grundsätzlich auch die Beweislast hins der tatsächlichen Voraussetzungen der Rechtswidrigkeit eines begünstigenden VA im Verfahren um die Rücknahme eines solchen VA.[110] Etwas anderes gilt, wenn die Unerweislichkeit dem Betroffenen zuzurechnen ist, etwa, weil er durch unlauteres Verhalten dazu beigetragen oder die Aufklärung verhindert hat (BVerwG NVwZ 1985, 489; Nierhaus 380; vgl StBS 56). 48

Bei Zweifeln hins der **Tauglichkeit für den Wehrdienst** liegt die materielle Beweislast bei der Behörde, wenn konkrete Anhaltspunkte dafür vorliegen, dass die Ableistung des Wehrdienstes zu gesundheitlichen Gefahren des Wehrpflichtigen führen kann, mangels hinreichend gesicherter medizinischer Erkenntnisse jedoch keinerlei Aussage zur Frage der Wahrscheinlichkeit eines Schadenseintritts möglich ist (BVerwG NVwZ 1990, 765); **anders** dagegen, wenn eine wissenschaftlich gesicherte Aussage zwar hinsichtlich einzelner abgestufter Grade an Wahrscheinlichkeit des Eintretens einer Schädigung bzw Gefährdung möglich ist, dennoch aber nicht festgestellt werden kann, ob der im konkreten Fall maßgebende (höhere) Wahrscheinlichkeitsgrad erreicht wird; das geht zu Lasten des 49

---

[107] BVerwGE 78, 369 zu den Folgen einer Nichterweislichkeit von Prüfungsmängeln, weil die Prüfungsarbeiten im Bereich der Behörde abhandengekommen sind.

[108] UL § 27 Rn 16; Vierhaus Rn 362 mwN.

[109] Kopp/Schenke § 108 Rn 14; **aA** Ule 50 II 4; näher zum Streit Vierhaus Rn 364.

[110] Ebenso UL § 27 Rn 16; zum Prozessrecht auch BVerwGE 18, 171; 20, 295; 24, 294; 59, 15; BVerwG DÖV 1982, 854; NVwZ 1985, 489; BFH 107, 483; 118, 115; 146, 320; NVwZ-RR 1990, 121; Nierhaus 379; § 48 Rn 170; **aA** für den Fall, dass der Betroffene den Rücknahmegrund zu vertreten hat, insb den VA durch unrichtige oder unvollständige Angaben oder sonst in unlauterer Weise erwirkt hat, BVerwGE 34, 225; OVG Münster NJW 1982, 1662; StBS § 48 Rn 59.

Wehrpflichtigen, denn ein die Unzumutbarkeit der Wehrdienstleistung begründender Schadenseintritt ist voraussetzungsgemäß nur dann „wahrscheinlich", wenn die Wahrscheinlichkeit auf Grund der gegebenen Erkenntnismittel positiv feststellbar ist.

50 **d) Verletzung von Mitwirkungspflichten/-obliegenheiten.** Wirken die Beteiligten bei der Aufklärung des Sachverhalts nicht angemessen mit, obwohl ihnen dies möglich und zumutbar gewesen wäre, darf dies bei der Beweiswürdigung nach dem entsprechenden aus §§ 427, 444, 446 ZPO abgeleiteten allgemeinen Rechtsgrundsatz berücksichtigt werden.[111] Dies setzt idR voraus, dass der Betroffene auf diese mögliche Folge hingewiesen wurde[112] und die Mitwirkungshandlung rechtmäßig verlangt wurde, sodass bspw sicherzustellen ist, dass die Einbestellung zu einer ärztlichen Untersuchung dem Betroffenen auch zugeht.[113] In diesem Zusammenhang spielen auch **gesteigerte Mitwirkungspflichten des Fachrechts**[114] eine Rolle. Konsequenzen hat dies insbesondere dann, wenn die erforderliche Aufklärung ohne die Mitwirkung gar nicht oder nur mit unverhältnismäßig großem Aufwand möglich wäre.[115] Eine Umkehr der Beweislastverteilung hat die fehlende Mitwirkung aber nicht automatisch zur Folge.[116] Wenn die in Betracht kommende Mitwirkung zur Sachaufklärung nicht zumutbar wäre bzw war,[117] darf die fehlende Mitwirkung bei der Beweiswürdigung gar nicht zu Lasten des Beteiligten gewertet werden.

50a **e) Mangelnde Verfügbarkeit von Beweismitteln.** Problematisch ist die Frage, welche Folgen es hat, wenn die fehlende Aufklärbarkeit von der Behörde oder einem der Beteiligten verursacht worden ist. Diese Frage stellt sich insbesondere beim **Verlust von Akten,** Dokumenten, Anscheinsobjekten usw. Zur mangelhaften Dokumentation von Feststellungen und Verfahrensschritten im Planfeststellungsverfahren BVerwG NVwZ 2011, 1124 (Nürnberg-Ebensfeld). Ist die Nichterweislichkeit einer Tatsache nicht die Folge einer vorsätzlichen oder (im Hinblick auf die dem Betroffenen bekannte Tatsache etwaiger späterer Beweiserheblichkeit) grob fahrlässiger **Beweisvereitelung,**[118] sondern liegt insoweit allenfalls einfache **Fahrlässigkeit** vor, so ist diesem Umstand bei der Beweiswürdigung im Allgemeinen nur geringes Gewicht beizumessen. Als grobfahrlässige

---

[111] BVerwGE 38, 314; 60, 143; 74, 222; 80, 44; BVerwG NVwZ 2001, 436, 437; DVBl 1988, 405; NVwZ 2014, 530, 531; B v 21.2.2014, 2 B 24/12, juris Rn 11; BFH NVwZ-RR 1990, 283; OVG Münster NJW 1981, 1398; NJW 1990, 728; VGH Mannheim NVwZ-RR 1990, 164; VGH München BayVBl 1982, 694; 1984, 757 zur Weigerung, sich auf den Geisteszustand untersuchen zu lassen.

[112] Nierhaus 480; Knack/Henneke 66.

[113] BVerwG NVwZ 2014, 530, 531; vgl auch B v 21.2.2014, 2 B 24/12, juris Rn 11.

[114] ZB die Kooperationspflicht von Veranstaltern öffentlicher Versammlungen (Weber KommJur 2011, 50).

[115] Dies ist etwa bei Verweigerung oder Verzögerung medizinischer Untersuchungen der Fall; ferner zB im Asylrecht, vgl zu § 15 AsylG BVerwG NVwZ 2014, 158.

[116] Vgl BVerwGE 10, 270; 38, 314; BVerwG NVwZ 2001, 436, 437; NVwZ 1988, 434; VGH Mannheim BWGZ 2003, 390; BFH NVwZ-RR 1990, 282 = JuS 1990, 151 m zust Anm Osterloh: keine Umkehr der objektiven Beweislast, sondern Begrenzung der Sachaufklärungspflicht und Minderung des Beweismaßes; keine schematische Berücksichtigung, sondern je nach den Umständen des Falles unter Abwägung nach dem Grad der Pflichtverletzung, der Verhältnismäßigkeit, der Zumutbarkeit, der Beweisnähe usw; OVG Greifswald NordÖR 2001, 129: Beweislastumkehr bei Verstoß gegen Pflicht zur Aktenführung; OVG Münster NVwZ 1982, 255; VkBl 1981, 211; NJW 1990, 728; VGH München BayVBl 1977, 565; OLG Karlsruhe FamRZ 1990, 521; Ule 50 IV; Nierhaus 481; Kopp/Schenke § 108 Rn 17; Martens VwVfG 158 ff; StuW 1981, 322; offen: Knack/Henneke 66.

[117] BVerwGE 74, 223, 242; BVerwG NVwZ 1986, 323; OVG Münster NJW 1990, 728.

[118] BVerwGE 78, 367, 370 für das Prüfungsrecht; unklar BVerwGE 78, 369, wo offenbar kein Unterschied zwischen grob fahrlässiger und einfach-fahrlässiger Beweisvereitelung gemacht wird.

Beweisvereitelung ist es idR jedoch entsprechend § 444 ZPO zB anzusehen, wenn Zustellungsnachweise, Briefumschläge mit Poststempel in Fällen, in denen das Datum wichtig ist, Prüfungsarbeiten, auf die es zu Beweiszwecken noch ankommen kann, usw nicht sorgfältig aufbewahrt werden.[119] Zur Beweislast bei Verlust eines Steuerbescheides BFH NVwZ 2001, 475; zur Beweisverteilung OVG Münster NVwZ 1996, 610; VG Berlin NuR 2002, 629. Auch der Gesichtspunkt der **Folgenbeseitigung** kann nicht zur Umkehr der Beweislast führen (VGH Mannheim AUR 2004, 223).

4. Erfahrungssätze, Vermutungen, Anscheinsbeweis. Keine Umkehrung der Beweislast, wohl aber eine **Erleichterung** der Anforderungen an einen Beweis, wenn das Verfahren keine Anhaltspunkte für mögliche abweichende Ursachen oder Geschehensabläufe gibt, kann sich im Einzelfall auch nach den Grundsätzen des Beweises des ersten Anscheines[120] (prima-facie-Beweis), die auch im Verwaltungsverfahren anwendbar sind,[121] und auf Grund sog „tatsächlicher" Vermutungen oder allgemeiner Erfahrungssätze ergeben. 51

a) Der Beweis des ersten Anscheins bedeutet, dass ein bestimmter **typischer Geschehensablauf,** der in ähnlicher Weise immer wieder vorkommt, oä nach der allgemeinen Erfahrung des täglichen Lebens den Schluss von einer gegebenen Ursache oä auf das üblicherweise zu erwartende Ergebnis nahelegt.[122] Der Beweis des ersten Anscheins ist auch anwendbar, wenn es auf bewusstes individuelles Verhalten von Menschen ankommen kann;[123] er wird erschüttert, wenn konkrete Tatsachen erwiesen sind, die die Möglichkeit eines anderen Hergangs oder Sachverhalts dartun und damit den typischen Geschehensablauf in Frage stellen (VGH Kassel NVwZ-RR 1990, 226). Wird der Anschein in diesen Fällen nicht erschüttert, ist der volle Beweis darüber erbracht, dass sich der Geschehensablauf tatsächlich in dieser typischen Weise abgespielt hat (BVerwG NJW 1997, 476). 52

b) Tatsächliche Vermutungen u allgemeine Erfahrungssätze wirken ähnlich wie der Anscheinsbeweis und können einen konkreten Beweis erübrigen oder erleichtern (Knack/Henneke § 26 Rn 13). Sie sind allgemeine, abstrakte Erkenntnisse, die sich auf die Beobachtung von Einzelfällen gründen (Musielak/Stadler JuS 1980, 281; StBS § 26 Rn 28; s auch § 26 Rn 10b). Auch Erfahrungssätze sind nur anwendbar, wenn sie nicht hins ihres Bestehens und ihrer Anwendbarkeit allgemein oder im konkreten Fall widerlegt oder zumindest erschüttert werden (vgl BFH NVwZ-RR 1990, 120); im Übrigen sind sie jedoch im Verwaltungsverfahren zumindest als ergänzende Gesichtspunkte ohne Einschränkung anwendbar.[124] ZB wird die tatsächliche Vermutung, dass einander nicht nahe stehende Personen regelmäßig Leistungen nur nach Maßgabe der zu erwartenden oder bereits erlangten Gegenleistung erbringen, dadurch entkräftet, dass besondere Umstände festgestellt werden, die dafür sprechen, dass es im konkreten 53

---

[119] BVerwG Urt v 18.2.2003, 6 B 10/03, juris; **aA** offenbar hins des Abhandenkommens von Prüfungsarbeiten BVerwGE 78, 367.

[120] Vgl zum Anscheinsbeweis BVerwG NJW 1982, 1893; 1986, 3093; BGH NJW 1982, 2448; VGH Mannheim DVBl 1990, 537; Kopp/Schenke § 108 Rn 18 mwN.

[121] UL § 27 Rn 16; StBS § 26 Rn 27f; Knack/Henneke 62; Obermayer 250; vgl auch BVerwGE 20, 231; Ule 50 III; Kopp/Schenke § 108 Rn 18.

[122] BVerwGE 69, 268; BGH NJW 2010, 1072; 1985, 1774; VGH Mannheim DVBl 1990, 537.

[123] BGH NJW 1982, 2668; enger BVerwGE 69, 268; BVerwG DÖV 1979, 601; VGH Mannheim DVBl 1990, 537: nicht anwendbar auf vom menschlichen Willen abhängige Abläufe.

[124] ZT **aA** BFH NVwZ-RR 1990, 120: ein Rückgriff auf tatsächliche Vermutungen und auf aus der allgemeinen Lebenserfahrung gewonnene, widerlegbare Erfahrungssätze ist nur zulässig, wenn die Aufklärung zu keinem gesicherten Ergebnis führt.

Fall plausible Gründe für die Leistung ohne Zusammenhang mit einer unmittelbaren Gegenleistung gibt (vgl BFH NVwZ-RR 1990, 120). Zur Widerlegung der gesetzlichen **Vermutung einer Versorgungsehe** nach § 19 Abs 1 S 2 Nr 1 BeamtVG beim Tod eines Beamten innerhalb eines Jahres nach der Eheschließung BVerwG, U v 28.1.2016, 2 C 21/14, juris.

VI. Berücksichtigungsgebot (Abs 2)

54 **1. Grundsatz.** Abs 2 stellt klar, dass alle nach Abs 1 ermittelten Umstände bei der Entscheidung auch berücksichtigt werden müssen, sofern sie für die Entscheidung objektiv erheblich sind. Erheblichkeit besteht dann, wenn die Umstände entweder für das Vorliegen einzelner Tatbestandsvoraussetzungen einer beachtlichen Rechtsnorm oder für die Betätigung von Ermessen, für die Ausfüllung von Beurteilungsspielräumen oder von planerischen Gestaltungsspielräumen von Bedeutung sind. Das Berücksichtigungsgebot gilt unabhängig davon, wer die Umstände vorgetragen oder in das Verfahren eingebracht hat. Den Beteiligten günstige Umstände müssen also auch dann berücksichtigt werden, wenn diese solche Umstände gar nicht geltend machen. Diese Verpflichtung besteht jedoch **nur vorbehaltlich** der in zahlreichen Gesetzen den Beteiligten auferlegten, in gewissem Umfang sich uU auch aus der Natur der Sache sowie aus § 26 Abs 2 ergebenden **Mitwirkungspflichten** (s dazu § 26 Rn 40). Rechtsvorschriften, die den Beteiligten, insb einem Antragsteller, die **Vorlage bestimmter Urkunden,** Pläne uä, bestimmte Angaben usw auferlegen, berechtigen die Behörde idR, insoweit von eigenen Ermittlungen abzusehen (vgl Begr 49); die betroffenen Beteiligten sind in diesen Fällen in entspr Anwendung von § 25, ggf unter Fristsetzung, nur auf das Fehlen der Unterlagen usw hinzuweisen.

55 **2. Begriff der Berücksichtigung.** Berücksichtigen heißt, dass die Umstände im Verwaltungsverfahren entsprechend ihrer objektivrechtlichen Bedeutung (Erheblichkeit) in den Entscheidungsprozess einbezogen werden müssen. Ob sie dabei die Entscheidung maßgeblich beeinflussen, hängt von ihrem Stellenwert ab, der sich nach dem jeweils einschlägigen materiellen Recht richtet. Soweit die Behörde über einen Ermessens-, Beurteilungs- oder planerischen Gestaltungsspielraum verfügt, müssen die Umstände in die Abwägung einbezogen werden, sofern dies dem Zweck der Ermächtigung entspricht (§ 40 Rn 73). Im Grundsatz ergibt sich die Pflicht zur Berücksichtigung der von einem Beteiligten vorgetragenen Umstände schon aus dem Untersuchungsgrundsatz nach Abs 1 (Knack/Henneke 78).

56 **3. Berücksichtigungsgebot und Ermittlungspflicht.** Abs 2 bezieht sich in erster Linie auf die Pflicht zur Berücksichtigung der ermittelten bzw festgestellten Tatsachen. Richtigerweise enthält die Vorschrift aber auch eine Klarstellung im Hinblick auf den Umfang der Ermittlungspflicht nach Abs 1 (so auch Obermayer 183). Da es aber nur um eine Klarstellung der sich aus Abs 1 ohnehin ergebenden Pflicht zur umfassenden Ermittlung der erheblichen Umstände geht, entfaltet Abs 2 insoweit keine besondere Steuerungswirkung. Wichtig ist aber, dass sich die Berücksichtigungspflicht nach Abs 2 auf alle vorliegenden Umstände bzw Tatsachen bezieht und deshalb über die Ermittlungspflicht nach Abs 1 hinausgehen kann. Dies ist dann der Fall, wenn die Beteiligten etwa von sich aus Umstände vortragen, die von Amts wegen nicht hätten aufgeklärt werden müssen. Gleiches gilt, wenn sich die Ermittlungspflichten auf Grund besonderer Rechtsvorschriften oder wegen Verletzung von Obliegenheiten seitens der Beteiligten nach § 26 Abs 2 reduzieren (s hierzu § 26 Rn 40), sowie in den Präklusionsfällen (s näher § 22 Rn 55). Auch die Präklusion enthebt die Behörde grundsätzlich nicht der Verpflichtung, die tatsächlich vorliegenden Informationen bzw bekannten Umstände zu berücksichtigen (so wohl auch StBS § 26 Rn 54).

VII. Entgegennahme von Erklärungen und Anträgen (Abs 3)

1. Grundsatz. Abs 3 verpflichtet die Behörde zur Entgegennahme von Erklärungen und Anträgen **ohne Rücksicht auf Zulässigkeit oder Begründetheit.** Die Regelung hat im Hinblick auf Abs 1 und 2 insofern Bedeutung, als sonst vor allem nach Abs 1 S 2 uU zweifelhaft sein könnte, ob die Behörde Erklärungen, Anträge, Anregungen usw entgegennehmen muss, die sie nicht für entscheidungserheblich hält. Die Pflicht nach Abs 3 sichert zugleich eine **ordnungsgemäße Aktenführung,** die ihrerseits praktische Voraussetzung für effektiven Rechtsschutz durch die Gerichte ist. Sie gilt zumindest analog auch unabhängig von konkreten, bereits anhängigen **Verfahren** (Begr 49), insb auch für die Stellung von Anträgen iS des § 22 zur Einleitung eines Verfahrens, sowie für Erklärungen, Eingaben usw, die in keinem Zusammenhang mit einem Verwaltungsverfahren iS von § 9 stehen (Begr 49). 57

Mittelbar ergibt sich aus Abs 3 auch die Verpflichtung der Behörden, in geeigneter Weise dafür zu sorgen, dass bei ihr Erklärungen abgegeben und Anträge gestellt werden können (Gusy BayVBl 1985, 485). Zweifelhaft ist, ob aus Abs 3 auch eine Pflicht für alle Behörde folgt, den Zugang „für alle dem Stand der Technik entsprechende Übermittlungsmöglichkeiten" zu eröffnen.[125] Erforderlich dürfte lediglich ein geeigneter und zumutbarer Zugang sein.[126] Für fristwahrende Anträge bzw Schriftsätze muss beispielsweise für die Behörde ein **Nachtbriefkasten** eingerichtet sein.[127] Die Einrichtung gemeinsamer Nachtbriefkästen oder Annahmestellen für mehrere Behörden ist zulässig; es muss für die Betroffenen aber durch entsprechende Hinweise eindeutig erkennbar sein, für welche Behörden die Einrichtung bestimmt ist. Die **Entgegennahme mündlicher Anträge,** Eingaben bzw Erklärungen kann dagegen auf die normalen Dienststunden beschränkt bleiben. Die Behörden sind aber im Grundsatz verpflichtet, den Betroffenen die Möglichkeit einzuräumen, ihr Anliegen auch mündlich vorzubringen. Die Voraussetzungen für die Stellung von Anträgen zur Niederschrift bei der Behörde müssen nur bestehen, wenn und soweit eine Regelung dies für spezielle Verfahren vorsieht. Darüber hinaus müssen die Behörden nach der speziellen Regelung des § 2 Abs 1 EGovG einen Zugang für die Übermittlung **elektronischer Dokumente** und die Behörden des Bundes zusätzlich gem § 2 Abs 2 EGovG einen Zugang durch eine De-Mail-Adresse gewähren (s § 3a Rn 8a f). 58

a) Erklärungen und Anträge. Die Pflicht des Abs 3 bezieht sich nicht nur auf förmliche Anträge, sondern auch auf alle sonstigen Erklärungen in Bezug auf laufende, abgeschlossene oder künftige Verfahren. Betrifft die Eingabe ein **bereits durch VA abgeschlossenes** Verfahren und kommt eine Umdeutung in einen Rechtsbehelf nicht in Betracht, so muss die Behörde auch prüfen, ob das Begehren auf **Rücknahme bzw Widerruf** des VA oder **Wiederaufnahme** des Verfahrens gerichtet ist. Liegt einer Eingabe offensichtlich kein schutzwürdiges Anliegen zugrunde, so kann die Behörde ausnahmsweise auch die Sache unerledigt und unbeantwortet lassen (vgl WBS III § 156 Va); dies gilt auch zB bei ausschließlich **querulatorischen Eingaben** sowie bei Eingaben, die schon früher vorgebrachte Erklärungen usw, die von der Behörde bereits beantwortet wurden, lediglich wiederholen, nicht dagegen bei Eingaben, die lediglich im Ton ungebührlich, zB beleidigend, sind. 59

---

125 So aber Knack/Henneke 83; FKS 62.
126 Vgl StBS 76; Ziekow 25.
127 Allg Meinung, vgl BVerfGE 69, 381; OVG Münster NJW 1987, 1353; StBS 78; Knack/Henneke 83; Obermayer/Funke-Kaiser 183; Ziekow 25.

60 **b) Zuständigkeit.** Eine Prüfungspflicht besteht grundsätzlich nur dann, wenn der Antrag bzw die Erklärung sich an die Behörde richtet, der gegenüber sie abgegeben bzw eingereicht wird. Ist die Eingabe an eine andere Behörde gerichtet als die, der sie eingereicht wird (zB Antrag an das Landratsamt A wird beim Landratsamt B eingereicht), so kommt nur eine Weiterleitung (s Rn 63) in Betracht. Richtet sich die Eingabe dagegen an die angerufene Behörde, so muss diese zunächst prüfen, ob sie für das Begehren zuständig ist. Fehlt es daran, so kann die Eingabe ohne materielle Prüfung als unzulässig zurückgewiesen werden. Zulässig wäre es auch, den Antragsteller bzw Absender von der Unzuständigkeit in Kenntnis zu setzen und die Eingabe nach entsprechender Willensäußerung an die zuständige Stelle weiterzuleiten.

61 **c) Pflicht zur Prüfung.** Die Verpflichtung zur Entgegennahme bedeutet nicht, dass die Behörde sich in jedem Fall sachlich damit befassen muss, sondern nur, dass sie die Erklärung, den Antrag usw **zur Kenntnis nehmen** und entscheiden muss, welche Folgerungen sie daraus zieht. Je nach der Art der Erklärung, des Antrags usw muss die Behörde gesondert durch VA darüber entscheiden oder kann sich ggf damit begnügen, in der Begründung der Entscheidung in der Sache, auf die sich die Erklärung bezieht, oder in anderer Form bzw in anderer Weise dazu Stellung zu nehmen.

62 Ist die Erklärung oder der Antrag als **Petition** iS von Art 17 GG zu verstehen, so muss die Behörde dem Antragsteller einen sog „informativen Bescheid" über die Art der Erledigung geben (BVerfG 2, 225; OVG Münster NJW 1979, 281). Auf den Erlass eines derartigen „Bescheides" hat der Petent grundsätzlich einen Anspruch. Dies gilt auch in Fällen von sog **Sachaufsichtsbeschwerden,** bei denen sich der Petent gegen eine bestimmte Behandlung seiner Angelegenheiten beschwert, ohne einen regulären Rechtsbehelf zu ergreifen (s hierzu näher § 79 Rn 19ff).

63 **2. Weiterleitung bei Unzuständigkeit. Umstritten** ist, ob die Behörde verpflichtet ist, Anträge an die zuständige Behörde weiterzuleiten. Während dies in § 16 Abs 2 SGB I für das Sozialrecht (BSG NJW 1975, 1380) ausdrücklich vorgesehen ist, fehlt für den Bereich des VwVfG eine derartige Vorschrift. Die hM geht davon aus, dass es eine Pflicht zur Weiterleitung nur gebe, wenn sie gesetzlich vorgesehen ist, und lehnt deshalb für den Regelfall eine Weiterleitungspflicht ab.[128] Die Gegenmeinung[129] sieht in den Vorschriften über die Weiterleitungspflicht einen allgemeinen Rechtsgedanken oder geht von dem Grundsatz der Einheit der Verwaltung aus. Der zuletzt genannten Auffassung ist zuzustimmen. Es entspricht ohnehin einer weitgehenden Übung, Anträge und Eingaben weiterzuleiten. Damit kommt die Verwaltung einer allgemeinen Betreuungspflicht nach. Allerdings besteht keine Pflicht zur fristwahrenden Weiterleitung, da diese eine inhaltliche Prüfung erfordern würde (Knack/Henneke 86).

§ 25 Beratung, Auskunft, frühe Öffentlichkeitsbeteiligung

(1) **Die Behörde soll**[12a] **die Abgabe von Erklärungen, die Stellung von Anträgen**[9] **oder die Berichtigung von Erklärungen oder Anträgen anregen,**[11] **wenn diese offensichtlich**[10] **nur versehentlich oder aus Unkenntnis unterblieben oder unrichtig abgegeben oder gestellt worden sind. Sie erteilt, soweit erforderlich, Auskunft über die den Beteiligten im Verwaltungsverfahren zustehenden Rechte und die ihnen obliegenden Pflichten.**[13]

---

[128] BVerwG DVBl 1981, 775; VGH Mannheim NJW 1973, 385; Ziekow 24; StBS 81; UL § 21 Rn 6; FKS 60; Knack/Henneke 85f nimmt zwar keine Pflicht an, hält es jedoch für guten Verwaltungsbrauch.

[129] Bryde VVDStRL 46, 182, 198.

(2) **Die Behörde erörtert, soweit erforderlich, bereits vor Stellung eines Antrags mit dem zukünftigen Antragsteller, welche Nachweise und Unterlagen von ihm zu erbringen sind und in welcher Weise das Verfahren beschleunigt werden kann. Soweit es der Verfahrensbeschleunigung dient, soll sie dem Antragsteller nach Eingang des Antrags unverzüglich Auskunft über die voraussichtliche Verfahrensdauer und die Vollständigkeit der Antragsunterlagen geben.**

(3) **Die Behörde wirkt darauf hin, dass der Träger bei der Planung von Vorhaben, die nicht nur unwesentliche Auswirkungen auf die Belange einer größeren Zahl von Dritten haben können, die betroffene Öffentlichkeit frühzeitig über die Ziele des Vorhabens, die Mittel, es zu verwirklichen, und die voraussichtlichen Auswirkungen des Vorhabens unterrichtet (frühe Öffentlichkeitsbeteiligung). Die frühe Öffentlichkeitsbeteiligung soll möglichst bereits vor Stellung eines Antrags stattfinden. Der betroffenen Öffentlichkeit soll Gelegenheit zur Äußerung und zur Erörterung gegeben werden. Das Ergebnis der vor Antragstellung durchgeführten frühen Öffentlichkeitsbeteiligung soll der betroffenen Öffentlichkeit und der Behörde spätestens mit der Antragstellung, im Übrigen unverzüglich mitgeteilt werden. Satz 1 gilt nicht, soweit die betroffene Öffentlichkeit bereits nach anderen Rechtsvorschriften vor der Antragstellung zu beteiligen ist. Beteiligungsrechte nach anderen Rechtsvorschriften bleiben unberührt.**

Parallelvorschriften: §§ 13, 14, 15, 16 Abs 3 SGB I; § 89 AO

Schrifttum: *Bauer,* Das Recht auf eine gute Verwaltung im Europäischen Gemeinschaftsrecht, 2002; *Eisenmenger,* Moderne Verwaltung – Modernes Verfahren, GewArch 2012, 145; *Foerster,* Beratungs- und Auskunftspflichten der Behörden gegenüber dem Bürger, SKV 1974, 321; *Gurlitt,* Konturen eines Informationsverwaltungsrechts, DVBl 2003, 1119; *Haller,* Die Rechtsqualität der Behördenentscheidungen im Rahmen des Auskunftsanspruchs nach § 9 Umwelthaftungsgesetz, NuR 1995, 217; *Jäde,* Befangenheitsschranken behördlicher Beratungspflicht, BayVBl 1988, 264; *Jochum,* Auskunfts- und Hinweispflichten bei der Wahrnehmung hoheitlicher Aufgaben, NVwZ 1987, 460; *Knemeyer,* Auskunftsanspruch und behördliche Auskunftsverweigerung, JZ 1992, 348; *Kothe,* Beratungspflichten und Informationsbedarf im Umweltschutz, DÖV 1998, 577; *Kunze,* Aufklärung, Beratung und Auskunft im Sozialrecht, 1978; *Lübbe-Wolff,* Der Anspruch auf Information über den Inhalt ermessensbindender Verwaltungsvorschriften, DÖV 1980, 594; *Oebbecke,* Beratung durch Behörden, DVBl 1994, 147; *Perthold-Stoitzner,* Die Auskunftspflicht der Verwaltungsorgane, Wien, 1993; *Püschel,* Zur Berechtigung des presserechtlichen Auskunftsanspruchs in Zeiten allgemeiner Informationszugangsfreiheit, AfP 2006, 401; *Rabe/Helle-Meyer,* Informationsfreiheit und Verwaltungsverfahren, NVwZ 2004, 641; *Thiele,* Akteneinsicht, Auskunfts- und Beratungspflicht bei Behörden, DöD 1978, 65.

Zur frühen Öffentlichkeitsbeteiligung: *Appel,* Staat und Bürger im Umweltverwaltungsverfahren, NVwZ 2012, 1361; *Arndt,* Die Bürgerbeteiligung im Allgemeinen Verwaltungsrecht, DVBl 2015, 6; *Beirat Verwaltungsverfahrensrecht,* Für mehr Transparenz und Akzeptanz – frühe Öffentlichkeitsbeteiligung bei Genehmigungsverfahren, NVwZ 2011, 859; *Böhm,* Bürgerbeteiligung nach Stuttgart 21: Änderungsbedarf und -perspektiven, NuR 2011, 614; *Burgi,* Das Bedarfserörterungsverfahren: Eine Reformoption für die Bürgerbeteiligung bei Großprojekten, NVwZ 2012, 277; *Burgi/Durner,* Modernisierung des Verwaltungsverfahrensrechts durch Stärkung des VwVfG, 2012; *Dolde,* Neue Formen der Bürgerbeteiligung? NVwZ 2013, 769; *Feldmann,* Neue Wege bei der Bürger- und Öffentlichkeitsbeteiligung und mehr Transparenz im Umweltbereich, NVwZ 2015, 3231; *Franzius,* Stuttgart 21: Eine Epochenwende? GewArch 2012, 225; *Guckelberger,* Formen von Öffentlichkeitsbeteiligung im Umweltverwaltungsrecht, VerwArch 2012, 31; *Hertel/Munding,* Die frühe Öffentlichkeitsbeteiligung und andere Neuerungen durch das PlVereinhG, NJW 2013, 2150; *Knauff,* Öffentlichkeitsbeteiligung im Verwaltungsverfahren, DÖV 2012, 1; *Knemeyer,* Frühe Öffentlichkeitsbeteiligung nicht nur bei Großvorhaben, sondern z. B. auch bei der Straßenerneuerung, BayVBl 2013, 485; *Müller,* Die Öffentlichkeitsbeteiligung im Recht der Europäischen Union und ihre Einwirkungen auf das deutsche Verwaltungsrecht am Beispiel des Immissionsschutzrechts, 2010; *Knauff,* Öffentlichkeitsbeteiligung im Verwaltungsverfahren, DÖV 2012, 1; *Schink,* Öffentlichkeitsbeteiligung – Beschleunigung – Akzeptanz, DVBl 2011, 1377; *Schmitz/Prell,* Planungsvereinheitlichungsgesetz, NVwZ 2013, 745; *Stender-Vorwachs,* Neue Formen der Bürgerbeteiligung? NVwZ 2013, 1061; *Wohlfahrt,* Neue Formen der Bürgerbeteiligung bei Groß- und Kleinvorhaben, LKRZ 2013, 138; *A. Versteyl,* Partizipation durch Verfahren: Verbesserung der Öffentlichkeitsbeteiligung auf der Grundlage der gesetzlichen Regelungen, I+E 2011, 89; *Ziekow,* Neue Formen der Bürgerbeteiligung, Gutachten D zum 69. DJT, 2012; *ders,* Frühe Öffentlichkeitsbeteiligung, NVwZ 2013, 754.

Übersicht

I. Allgemeines

1 **1. Inhalt.** Die Vorschrift regelt **Betreuungs- oder Fürsorgepflichten** der Behörde gegenüber den Beteiligten im allgemeinen Verwaltungsverfahren. Sie lehnte sich zunächst an vereinzelt bestehende Vorschriften und an § 86 Abs 2 VwGO bzw § 139 ZPO an und entsprach damit im Wesentlichen dem vor Inkrafttreten des VwVfG geltenden Recht (vgl Begr 49). Mit der **Einfügung des Abs 2** durch das 4. VwVfÄndG im Jahre 2009 hat sich ein tiefgreifender Bedeutungswandel vollzogen. Ausgelöst durch die Notwendigkeit, die Dienstleistungs-RL[1] in deutsches Recht umzusetzen, wurden sehr weitgehende Pflichten zur Information, Beratung und Unterstützung von Antragstellern eingeführt, die bereits im Vorfeld eines Verwaltungsverfahrens zu beachten sind. Die Vorschrift muss in ihrer neuen Form als **Zentralnorm für das neue Verhältnis der Verwaltung zum Bürger** angesehen werden. Der kursivgedruckte Abs 3 über die **frühe Öffentlichkeitsbeteiligung** befindet sich derzeit (Juli 2012) noch im Entwurfsstadium (s unten Rz 27).

2 **2. Verfassungsrechtlicher Hintergrund.** Wie § 86 Abs 2 VwGO und § 139 ZPO war die Vorschrift Ausfluss vor allem des Rechtsstaatsprinzips und des Sozialstaatsprinzips (StBS 7) sowie ggf in einer Sache berührter Grundrechte (BVerfG 52, 380; Hufen NJW 1982, 2163). Sie sollte nach Möglichkeit verhindern, dass die Verwirklichung der den Beteiligten nach materiellem Recht oder im Verfahren zustehenden Rechte an der Unkenntnis, Unerfahrenheit oder Unbeholfenheit im Umgang mit Behörden scheitert (vgl UL § 26 Rn 1, 6; Erichsen/Ehlers § 13 Rn 40). Heute ist die Regelung auch Ausfluss des **Kooperationsprinzips** zwischen Behörden und Bürgern und des europarechtlichen **Grundsatzes der „guten Verwaltung“** sowie der im sozialen Rechtsstaat den Behörden allgemein dem Bürger gegenüber obliegenden Fürsorge- und Betreuungspflichten (vgl Begr 49). Zugleich soll sie auch die geordnete, sachgemäße und schnelle Durchführung des Verfahrens fördern und dient insofern auch der **Effektivität der Verwaltung.**

3 **3. Anwendungsbereich. a) Unmittelbar.** Die Vorschrift regelt unmittelbar nur die Verpflichtungen der Behörden gegenüber (potentiellen) Antragstellern in Bezug auf Verwaltungsverfahren nach dem VwVfG. Sie gilt aber nicht nur für bereits anhängige Verwaltungsverfahren (zu Beginn und Ende s § 9 Rn 27, 30), sondern bereits **vor Beginn eines Verfahrens** entfaltet bereits eine praktisch wichtige Vorwirkung, weil die Pflichten bereits gegenüber künftigen Antragstellern und damit gegenüber Interessenten (s unten Rn 18) eingreifen. Die Verwaltungsverfahrensgesetze der Länder enthalten wortgleiche Bestimmungen, teilweise aber auch weitergehende Regelungen. § 94 Abs 1 und Abs 2

[1] Richtlinie 2006/123/EG des Europäischen Parlaments und des Rates v. 12.12.2006 (ABl L 376/36); s näher unten Rn 9.

bwVwVfG sieht zB eine grundsätzliche Verpflichtung der Gemeinden vor, ihren Einwohnern nach Möglichkeit auch bei der Einleitung von Verfahren bei anderen Behörden behilflich zu sein und unter bestimmten Voraussetzungen auch Vordrucke für Verfahren vor anderen Behörden bereitzuhalten. Für **förmliche Verfahren** gem § 63 gilt ergänzend die Hinweispflicht in der mV nach § 68 Abs 2, die nach § 73 Abs 6 S 6 auch für das Planfeststellungsverfahren anwendbar ist.

4 **b) Analoge Anwendung. Als Ausdruck des verfahrensrechtlichen Kooperationsprinzips** sind § 25 und die entspr Vorschriften des Landesrechts im Zweifel sinngemäß-analog auch auf Verwaltungsverfahren anwendbar, die nicht unter den Anwendungsbereich der Verfahrensgesetze fallen und für die keine entsprechenden Rechtsvorschriften bestehen. Das gilt zunächst auf Situationen vor schlicht-hoheitlichem Handeln (StBS 9), bei dem sich eine vergleichbare Interessenlage und ein entsprechender Beratungsbedarf ergeben kann. Die Regelungen des § 25 sind **analog auch auf verwaltungsprivatrechtliche Handlungen** der Verwaltung zur Erfüllung öffentlicher Aufgaben anwendbar.[2] Auch wenn die Verwaltung öffentliche Aufgaben mit den Mitteln und in den Formen des Privatrechts erbringt, kann sie sich den im Interesse der Bürger und ihrer grundrechtlichen Positionen geschaffenen Auskunfts- und Beratungspflichten nicht entziehen. Mittelbar ergibt sich aus § 25 auch die Verpflichtung der Verwaltung, Verwaltungsformulare klar und unmissverständlich abzufassen (BVerwGE 95, 227). Auf rein **fiskalisches Handeln** ist die Vorschrift dagegen nicht entsprechend anwendbar.

5 **c) Speziellere Vorschriften.** Das Fachrecht enthält eine Fülle von Sondervorschriften in Bezug auf bereichsspezifische Beratungs-, Auskunfts- und Informationspflichten, die den Regelungen in § 25 vorgehen und zT weitergehende Verpflichtungen der Behörden begründen oder überhaupt vom Erfordernis des Bezugs auf konkrete Verwaltungsverfahren iS von § 9 absehen. Das Verhältnis dieser speziellen Normen zueinander ist teilweise umstritten; insgesamt lässt sich feststellen, dass die diversen bereichsspezifischen Normen über Informations-, Akteneinsichts- und Beratungsansprüche nicht aufeinander abgestimmt sind und aus praktischen Gründen dringend einer Harmonisierung bedürften, um ein Mindestmaß an derjenigen Transparenz herzustellen, der sie schließlich (auch) dienen sollen.

5a Von den speziellen Normen besonders zu nennen sind neben den §§ 2 ff. der 9. BImSchV für das Anlagengenehmigungsverfahren und den §§ 13 ff SGB I in sozilarechtlichen Verfahren die **Beratungspflichten im Beamtenrecht** als Ausfluss der Fürsorgepflicht des Dienstherrn[3] sowie die Bestimmungen der GOen der Länder über Beratungs- und Unterstützungspflichten (OVG Münster NVwZ 1999, 1252 für eine Ratsfraktion). In Umsetzung der UI-RL (s unten Rn 8) wurden mit dem UIG spezielle **Umweltinformationsansprüche** geschaffen, die Jedermann unabhängig von Verwaltungsverfahren zustehen (s § 29 Rn 51 ff). Eine allgemeine Auskunfts- und Beratungspflicht der Behörde gegenüber Jedermann besteht dagegen nicht (vgl Rn 18). Zu den in den **Informationsfreiheitsgesetzen** geregelten Informationsansprüchen s näher § 29 Rn 45 ff; ebenso zu den Informations- und Auskunftsrechten nach dem **Verbraucherinformationsgesetz (VIG),** s § 29 Rn 66 ff.

6 **d) Beteiligte, Betroffene, Dritte.** Die Vorschrift gilt unmittelbar **nur für die Beteiligten** des Verfahrens (§ 13) einschließlich der Einwender gem § 73

---

[2] StBS 9; Achterberg JA 1985, 510; Zezschwitz NJW 1983, 1881; Ziekow 2.

[3] BVerwGE 104, 55: durch eine tatsächliche Auskunftspraxis kann sich ein Anspruch des Beamten auf Auskunft bzw Beratung gem Art 3 Abs 1 GG ergeben; BVerwG NWVBl 1997, 295).

Abs 4 oder nach entsprechenden Vorschriften in Planfeststellungsverfahren und nach ähnlichen Regelungen in vergleichbaren Verfahren, zB gem § 10 BImSchG sowie nach dem Zweck der Vorschrift auch für Personen, die die Stellung eines Antrags gem § 22, durch den sie gem § 13 Abs 1 Nr 1 erst Beteiligte werden, beabsichtigen oder die ihre Zuziehung zum Verfahren gem § 13 Abs 1 Nr 4, Abs 2, insb auch S 2, oder nach vergleichbaren Vorschriften anstreben bzw Einwendungen erheben wollen.[4] Erfasst werden außerdem **Personen, Organe oder Vereine,** die auf Grund besonderer Vorschriften (vgl § 63 BNatSchG) ein Beteiligungsrecht haben. Zumindest analog ist § 25 auch auf **Dritte** anwendbar, die, ohne Beteiligte zu sein, im Verfahren iS von § 13 Abs 3 anzuhören sind oder als **Zeugen** im Verfahren aussagen[5] bzw als **Sachverständige** von der Behörde zum Verfahren zugezogen werden oder die zur Unterstützung von Beteiligten auftreten, ebenso auch auf die **Bevollmächtigten, Vertreter und Beistände** von Beteiligten gem §§ 14 ff.

II. Europarechtliche Informations- und Beratungspflichten

1. Allgemeines. Auskunft und Information spielten bisher im Recht der EU eine deutlich wichtigere Rolle als in der von langer bürokratischer Tradition geprägten **deutschen Verwaltung. Die auf europäischer Ebene geltenden Prinzipien der Kooperation und Transparenz** als zentrale Elemente einer „guten Verwaltung" kommen schon in Art 24 Abs 4 AEUV zum Ausdruck, wonach sich jeder Unionsbürger an jedes Organ (Art 13 EUV) bzw jede sonst im EUV genannte Einrichtung wenden kann mit dem Ziel, eine Auskunft zu erhalten. Die Vorschrift erfasst jede Form von Anfragen und Auskunftsersuchen. Da sie nicht allein als Gewährleistung des Sprachengebrauchs zu verstehen ist,[6] folgt daraus nach zutreffender Auffassung, dass die Unionsbürger einen **umfassenden Anspruch auf sachliche Auskunft** haben.[7] Im Zusammenhang damit steht der Anspruch des Unionsbürgers auf **Zugang zu allen Dokumenten** der Gemeinschaftsorgane, der in Art 15 AEUV geregelt ist (vgl auch Art 42 der Grundrechte-Charta; früher sog Verhaltenskodex).[8] Nähere Bestimmungen über den Zugang zu Dokumenten trifft eine EU-Verordnung.[9] Verfahrensakzessorische und verfahrensunabhängige Rechte gelten nach der Rspr nebeneinander (Nachw bei Nehls 266). 7

2. Indirekter Vollzug von EU-Recht. Für den indirekten Vollzug von Unionsrecht durch die Organe der Mitgliedstaaten gelten eine ganze Reihe von bereichsspezifischen Bestimmungen über Auskunftsrechte. Zu nennen sind die Regelungen über **Umweltinformationen** nach dem zur Umsetzung der UI-RL[10] erlassenen UIG (s hierzu näher § 29 Rn 31 ff). Hierher gehört auch die verbindliche **Zollauskunft** nach Art 12 Zollkodex, die allerdings den Charakter 8

---

[4] StBS 24 f; Knack/Henneke 20; enger Obermayer/Funke-Kaiser 33.

[5] Vgl zum förmlichen Verfahren insoweit auch § 65 iVm §§ 380 ff, 407 ff ZPO sowie allg BVerfG 38, 111.

[6] S hierzu Kadelbach in Ehlers (Hg), Europäische Grundrechte und Grundfreiheiten, 2003, § 20 Rn 69 mwN.

[7] So die hM, vgl EuGHE 2000, I-1 = NVwZ 2000, 905; Bauer S 32; Lenz Art 21 EGV Rn 2; Schwarze Art 21 EGV Rn 4; Grabitz/Hilf Art 21 Rn 1; **aA** Geiger Art 21 EGV Rn 2.

[8] S näher Kadelbach in Ehlers (Hg), Europäische Grundrechte und Grundfreiheiten, 2003, § 20 Rn 70 f mwN; Nehls, 260 mit rechtsvergleichenden Hinweisen. S auch § 28 Rn 11.

[9] VO 1049/2001 über den Zugang der Öffentlichkeit zu Dokumenten des Europäischen Parlaments, des Rates und der Kommission, ABl 2001 L 145/43. S näher hierzu Partsch NJW 2001, 3154.

[10] RL 90/313/EWG über den freien Zugang zu Informationen über die Umwelt, ABl 1990 L 158/56.

einer Zusicherung hat (s näher § 38 Rn 3 ff). Darüber hinaus hat die Rspr des EuGH die in den Mitgliedstaaten bestehenden Informations- und Auskunftsrechte gestärkt. So kann eine falsche Auskunft Vertrauensschutz begründen (EuGHE 1992 I, 2715). Ob es darüber hinaus einen allgemeinen europarechtlichen Auskunftsanspruch gegenüber den Organen der Mitgliedstaaten gibt, erscheint zweifelhaft.[11] In Deutschland besteht gegenwärtig jedenfalls die Tendenz, Informationsansprüche auch unabhängig von konkreten Verwaltungsverfahren einzuräumen (s § 29 Rn 45 ff).

9 **3. Dienstleistungsrichtlinie.** Die im Jahre 2006 erlassene DL-RL verpflichtet die Mitgliedsaaten, in ihrem Geltungsbereich umfassende Pflichten der Behörden zu Auskunft, Information und Beratung einzuführen.[12] Art 7 Abs 1 DL-RL verlangt von den Mitgliedstaaten, dass sie die leichte Zugänglichkeit von Informationen über die Anforderungen sicherstellen, die für Dienstleistungserbringer in ihrem Hoheitsgebiet gelten, über die zuständigen Behörden, die Voraussetzungen für den Zugang zu öffentlichen Registern und Datenbanken, die verfügbaren Rechtsbehelfe und über Verbände und Organisationen, die praktische Unterstützung leisten können. **Art 7 Abs 2 DL-RL** fordert, dass die Dienstleistungserbringer und -empfänger „Unterstützung in Form von Informationen über die gewöhnliche Auslegung und Anwendung der maßgeblichen Anforderungen" erhalten können. Nach Art 7 Abs 4 DL-RL sind alle Auskunfts- und Unterstützungsersuchen „so schnell wie möglich zu beantworten" und der Antragsteller davon in Kenntnis zu setzen, wenn sein Ersuchen fehlerhaft oder unbegründet ist. Im Lichte dieser Bestimmungen ist auch § 25 auszulegen und anzuwenden.

III. Pflicht zu Anregungen nach Abs 1 S 1

10 **1. Allgemeines.** Die Behörde soll nach Abs 1 S 1 die Stellung von Anträgen oder die Berichtigung von Erklärungen anregen, wenn diese offensichtlich nur versehentlich oder aus Unkenntnis unterblieben oder unrichtig abgegeben oder gestellt worden sind. Es handelt sich um eine **Soll-Vorschrift,** was bedeutet, dass im Regelfall eine Verpflichtung besteht (s näher § 40 Rn 64) und die vorgesehenen Anregungen nur in besonders gelagerten Ausnahmefällen unterbleiben dürfen. Die Verpflichtung nach Abs 1 S 1 setzt keine Anforderung oder ein hierauf gerichtetes Ansinnen der betroffenen Personen voraus, sondern ist **von Amts wegen** zu erfüllen (UL § 26 Rn 20; Knack/Henneke 22). Ist ein Rechtsanwalt beteiligt, so sind an die Hinweispflicht geringere Anforderungen zu stellen.[13]

11 **2. Vor und während des Verwaltungsverfahrens. Umstritten** ist, ob die Beratungs- und Auskunftspflicht die Anhängigkeit eines Verwaltungsverfahrens voraussetzt. Letzteres wurde in der Vergangenheit mit Hinweis auf die systematische Stellung der Vorschrift innerhalb der Bestimmungen über das Verwaltungsverfahren vertreten. Die heute ganz hM verweist neben dem Wortlaut, in dem auch von „unterbliebenen Anträgen", nicht aber von Beteiligten die Rede ist, zu Recht auf das verfassungsrechtlich fundierte Anliegen der Vorschrift.[14] Ein Verwaltungsverfahren muss also nicht bereits eröffnet sein. Notwendig ist aber stets

---

[11] Die Einführung eines allgemeinen Anspruchs auf Zugang zu amtlichen Informationen ist in erster Linie eine rechtspolitische Entscheidung, für die es kaum verfassungsrechtliche Determinaten gibt. Europarechtliche Vorgaben entstammen den einzelnen Regelungsbereichen (Schoch, IFG Einl Rn 47).

[12] Zur DL-RL näher Ramsauer NordÖR 2008, 417.

[13] Vgl BVerwGE 21, 217; 29, 268; VG Berlin DVBl 1981, 196; BVerwGE 49, 256: Keine Verpflichtung der Behörden, einen Anwalt auf eine drohende Fristversäumung hinzuweisen.

[14] StBS 2; Erichsen/Ehlers § 13 Rn 40; Ziekow 2; Knack/Henneke 17 der Sache nach auch BVerwGE 118, 270, wo allerdings ohne Not unmittelbar auf Art 12 GG zurückgegriffen wird.

der **Bezug zu einem konkreten,** bereits anhängigen oder in Aussicht genommenen **Verwaltungsverfahren** (StBS 2; Knack/Henneke 18). Dies gilt nunmehr im Hinblick darauf erst recht, dass die Regelung auch der Umsetzung der DL-RL dient, die die Informations- und Beratungspflichten gerade vor der Antragstellung vorsieht.

3. Offensichtlichkeit. Die Pflicht der Behörde zur Anregung sachdienlicher Anträge und Erklärungen setzt Offensichtlichkeit des Versehens oder der Unkenntnis voraus. Es ist ein **Erfordernis guter Verwaltung,** dass ein Amtsträger den Bürger nicht sehenden Auges unklare oder für ihn ungünstige Anträge stellen lässt, sondern hierzu die erforderlichen Hinweise gibt. Ob der Amtsträger die Mängel tatsächlich erkannt hat, ist nicht entscheidend, wenn sich die Mangelhaftigkeit gleichsam aufdrängen musste. Dies bedeutet, dass der Mangel für einen durchschnittlichen Beamten **ohne weiteres erkennbar** sein muss. Regelmäßig darf der Bedienstete dabei von der in der Behörde vertretenen Rechtsauffassung ausgehen.[15] Das Merkmal der Offensichtlichkeit erfordert stets eine Kontaktaufnahme des Bürgers mit der Behörde und eine daraus folgende individuelle Kommunikationsbeziehung, die nach Art und Intensität geeignet ist, das vom Bürger verfolgte Interesse zu erkennen. Beharrt der Bürger trotz Hinweises auf seinem Antrag, so muss der Amtsträger keine weiteren Belehrungsversuche unternehmen. 12

Ausreichend ist, wenn sich für den Bediensteten die **Notwendigkeit einer Nachfrage aufdrängt,** etwa weil das Verhalten des Bürgers ersichtlich durch Unkenntnis oder Irrtum geprägt ist (vgl StBS 32; Knack/Henneke 21). Welche konkreten Pflichten die Behörde dabei treffen, hängt von den Umständen des Verfahrens ab. So wird bei **Massenverfahren** eine individuelle Prüfung jedes einzelnen Antrags regelmäßig die Kapazitäten der Verwaltung überfordern, weshalb in derartigen Fällen eine Vorabprüfung auf Vollständigkeit nicht in jedem einzelnen Fall erwartet werden kann.[16]

4. Anregen von Anträgen und Erklärungen. Die Behörde erfüllt die Verpflichtung nach S 1, wenn sie den Beteiligten bzw Betroffenen auf die nach Lage der Dinge erforderlichen oder sinnvollen Anträge bzw Erklärungen hinweist.[17] Der **Begriff der Erklärung** in S 1 ist entsprechend dem Zweck der Vorschrift in einem weiten Sinn zu verstehen. Darunter fallen alle Willens- und Wissensbekundungen, zB auch der Vortrag von Tatsachen (vgl BVerwGE 36, 267; Knack/Henneke 22), die Vorlage von Urkunden usw und alle sonstigen Mitwirkungshandlungen der Beteiligten gem § 26 Abs 2 S 1 (ähnlich StBS 30, 31; UL § 26 Rn 20; MB 9). **Anträge** iS der Vorschrift sind sowohl die das Verfahren einleitenden Anträge gem § 22 S 2 als auch Anträge im anhängigen Verfahren zu einzelnen Verfahrenshandlungen, auch zB der Antrag auf Wiedereinsetzung gem § 32. Ob und in welchem Umfang der entsprechende Hinweis begründet werden muss, hängt vom Einzelfall ab. Soweit Zweifel hins des objektiv richtigen Vorgehens im konkreten Fall bestehen oder Fragen in der Rspr oder im Schrifttum umstritten sind, beschränkt sich die **Hinweispflicht** darauf, auf **mögliche Alternativen** und die bestehenden Zweifel hinzuweisen, es im Übrigen aber den Beteiligten zu überlassen, in eigener Verantwortung sich für den einen oder anderen Weg zu entscheiden; dies auch deshalb, weil nicht auszuschließen ist, dass uU später die Rechtsbehelfsbehörde oder das Verwaltungsgericht andere Auffassungen vertreten. 13

---

[15] OVG Münster OVGML 54 (2011), 141. Etwas anderes gilt aber, wenn die relevanten Fragen gerade streitig sind.

[16] OVG Hamburg, B v 23.1.2012, 3 Bs 224/11, juris, für das Verfahren auf Zulassung zu einem zulassungsbeschränkten Studiengang.

[17] UL § 26 Rn 20; Knack/Henneke 21 f; Hill NVwZ 1985, 153.

13a Nach S 1 können Hinweise sowohl auf **Tatsachen als auch auf die Rechtslage** veranlasst sein, soweit sie im Hinblick auf eine zweckentsprechende Antragstellung oder auf eine Ergänzung des Vorbringens oder auf die Abgabe besonderer Erklärungen erforderlich sind.[18] Dies gilt insb dann, wenn die Beteiligten für die Behörde erkennbar bei ihren Erklärungen und Anträgen von einer anderen Rechtsauffassung ausgehen als die Behörde oder wenn ihnen aus anderen Gründen die mögliche Bedeutung bestimmter Tatsachen oder Rechts im Hinblick auf den Gegenstand des Verfahrens nicht bewusst ist (vgl zur Hinweispflicht in Bezug auf Tatsachen OVG Münster DVBl 1978, 508; UL § 24 Rn 4). Insoweit gilt auch für das Verwaltungsverfahren **nichts anderes als** im Verwaltungsprozess gem **§ 86 Abs 3 VwGO** iVm § 278 Abs 3 ZPO. Die Hinweispflicht kann aber auch in diesem Fall nur der zweckentsprechenden Durchführung des Verfahrens dienen und **darf nicht zur Rechtsberatung werden;** eine solche wäre Aufgabe eines Rechtsanwalts, an den ggf ein Beteiligter zu verweisen ist, nicht der Behörde, die sich damit uU nur dem Vorwurf der Parteilichkeit aussetzen würde.

IV. Auskünfte über Verfahrensrechte und -pflichten (Abs 1 S 2)

14 **1. Allgemeines zur Auskunftspflicht.** Die Regelung in Abs 1 S 2 enthält die Verpflichtung der Behörde, Auskunft über die den Beteiligten im Verwaltungsverfahren zustehenden Rechte zu erteilen, soweit dies erforderlich ist. Da es sich um eine Auskunft handelt, ist insoweit ein Auskunftsverlangen, eine Anfrage, Nachfrage oder Bitte um Aufklärung erforderlich. Anderenfalls würde es sich um eine Belehrung handeln, wie sie im Zusammenhang mit den Anregungen nach Abs 1 S 1 in Betracht kommen kann. Die Vorschrift enthält eine echte Rechtspflicht der Behörde, der ein Anspruch auf Auskunft entspricht. Anders als Abs 2 setzt die Auskunftspflicht nach Abs 1 S 2 ein anhängiges Verwaltungsverfahren iSv § 9 voraus. Für andere Verfahren kommt allerdings eine analoge Anwendung in Betracht.

15 **2. Voraussetzungen.** Der Anspruch nach Abs 1 S 2 steht nur den Beteiligten eines Verwaltungsverfahrens zu, nicht Dritten. betrifft **nur verfahrensrechtliche Rechte und Pflichten,** sie ist in Bezug auf das materielle Recht nach zutreffender, aber umstrittener Auffassung nicht unmittelbar anwendbar.[19] Eine Verpflichtung zu Hinweisen auf die maßgebliche **materielle Rechtslage** kann sich jedoch mittelbar aus S 1 ergeben, wenn bzw soweit diese für die Stellung von Anträgen oder die Abgabe von Erklärungen iS des Abs 1 von Bedeutung sind. Im Zweifel ist der Umfang der Auskunfts- und Beratungspflichten weit zu fassen. Weitergehende Pflichten können sich aus speziellen gesetzlichen Regelungen (Rn 5) oder auch aus allgemeinen Rechtsgrundsätzen ergeben.

15a Abs 1 S 2 verpflichtet die Behörden nur zur **Erteilung von Auskünften, nicht auch zur Rechtsberatung.** Im Regelfall ist auch die Erteilung einer Auskunft nur veranlasst, wenn ein Beteiligter die Behörde darum bittet (Begr 49, wo dies als Folge aus dem Begriff der Auskunft angesehen wird). Aus dem Zusammenhang mit S 1 ergibt sich jedoch, dass die Behörde einen Beteiligten über seine Rechte oder Pflichten im Verfahren auch dann belehren muss, wenn dieser offensichtlich eine für die Verfolgung seiner Rechte wesentliche verfahrensrechtliche Regelung nicht kennt oder sich aus Unkenntnis, Unerfahrenheit oder Un-

---

[18] Vgl BVerwGE 36, 267; OVG Münster DÖV 1983, 986; StBS 31; Knack/Henneke 22.

[19] Ebenso StBS 44; Obermayer/Funke-Kaiser 51; **aA** Bieback DVBl 1983, 168; UL § 26 Rn 8; Erichsen/Ehlers § 13 Rn 41; MB 14; Knack/Henneke 28: auch Auskunft über Rechte und Pflichten des Betroffenen nach materiellem Recht; „im Verwaltungsverfahren" bedeute nur eine Beschränkung auf Auskünfte, die für das anhängige Verfahren von Belang sind.

beholfenheit des Problems gar nicht bewusst ist und deshalb auch nicht um Auskunft bitten kann.[20]

3. Erforderlichkeit der Auskunft. Die Verpflichtung der Behörde beschränkt sich auf die erforderlichen Auskünfte, dh die Behörde muss nur dann und nur insoweit Auskunft erteilen, als dies erforderlich ist, damit der Beteiligte seine **Rechte effektiv wahrnehmen** und seine Pflichten im Verfahren ordnungsgemäß erfüllen kann.[21] Ob die Auskunft idS erforderlich ist, ist eine gerichtlich voll nachprüfbare Rechtsfrage (Knack/Henneke 29). In Verfahren mit Beteiligten mit gegensätzlichen Interessen darf die Behörde aber nicht einseitig einen Beteiligten beraten usw, weil sie sich sonst uU dem Verdacht der Parteilichkeit § 21 aussetzt. 16

Fraglich ist, ob es für die Erforderlichkeit auf die **Sicht der Behörde** ankommt, oder ob insoweit die objektive Rechtslage maßgeblich ist. Da es sich um eine Verfahrenspflicht der Behörde handelt, liegt es nahe, insoweit darauf abzustellen, ob die Auskunft aus der Sicht der Behörde notwendig ist.[22] Andererseits muss die Behörde dann, wenn die Rechtslage zweifelhaft ist und eine andere als die Auffassung der Behörde nahe liegt, auch die Möglichkeit mit einbeziehen, dass sich die abweichende Auffassung durchsetzt. Das gilt insbesondere dann, wenn die Behörde eine von der hM abweichende Auffassung vertritt. 16a

Die Erforderlichkeit schränkt den Auskunftsanspruch auch inhaltlich ein. Die Auskunftspflicht bezieht sich nur auf die im konkreten Verwaltungsverfahren bestehenden Rechte des Beteiligten. Dabei darf der Grundsatz der Waffengleichheit bei Beteiligten mit divergierenden Interessen nicht verletzt werden (StBS 21). Zu beachten sind außerdem spezielle **Bestimmungen über Geheimhaltung** und/oder Vertraulichkeit, zB § 30 AO. Wird eine Auskunft erteilt, so muss sie richtig, vollständig und klar sein, unabhängig davon, ob ein Anspruch besteht oder nicht. Fehlt es an einem Anspruch, so kann zwar nicht die Richtigstellung oder Vervollständigung der Auskunft verlangt werden, wohl aber ggfs Ersatz des Schadens, der auf Grund der fehlerhaften Auskunft eingetreten ist (BGHZ 117, 83 = NJW 1992, 1230). 16b

V. Erörterung und Beratung vor der Antragstellung (Abs 2 S 1)

1. Allgemeines. Die durch das 4. VwVfÄndG eingefügte Bestimmung des Abs 2 S 1 schreibt nunmehr allgemein vor, was bisher nach § 71c Abs 2 aF nur für Genehmigungsverfahren zur Durchführung von Vorhaben im Rahmen wirtschaftlicher Unternehmungen (§ 71a aF) galt: **Bereits vor einer Antragstellung** müssen einzelne das Verfahren betreffende Fragen mit dem Antragsteller erörtert werden. Die Erörterung soll den zukünftigen Antragsteller darin unterstützen, durch vollständige und zügige Vorlage der erforderlichen Unterlagen eine schnelle Abwicklung des Verfahrens zu ermöglichen. Die Verpflichtung trifft nicht nur die **zuständige Behörde** (s § 3 Rn 4 ff), sondern auch die **einheitliche Stelle** in Verfahren nach §§ 71a ff nF.[23] 17

Die Verpflichtung richtet sich auf **Erörterung und Beratung,** nicht aber auf eine verbindliche Vorabklärung von Einzelheiten hinsichtlich der Genehmigungsfähigkeit des Antrags. Dies bleibt wie schon bisher (vgl BT-Dr 13/3995 S. 9) dem anschließenden Verwaltungsverfahren vorbehalten. Die Regelungen 17a

---

[20] BVerwG NJW 1980, 2574; 1985, 1337; VersR 1970, 1106; Krohn ZfBR 1978, 3; Erichsen/Ehlers § 13 Rn 41; MB 14; **aA** UL § 26 Rn 20.

[21] UL § 26 Rn 20; StBS 39; Knack/Henneke 29; zT **aA** MB 14: „soweit erforderlich" beziehe sich nur auf spontane Auskünfte, die die Behörde von Amts wegen gibt; gegen diese Einschränkung UL § 26 Rn 10 Fn 20.

[22] So auch OVG Münster OVGML 54, 141.

[23] So zutreffend bereits Schmitz/Prell NVwZ 2009, 1, 10.

sind dem inzwischen aufgehobenen § 71c Abs 2 aF weitgehend entnommen worden und aus Anlass der Umsetzung der DL-RL (s hierzu näher § 71a Rn 1 ff) auf alle Antragsverfahren erstreckt worden. Mit der indikativischen Formulierung „die Behörde erörtert" wird eine Verpflichtung der Behörde zum Ausdruck gebracht, der ein Anspruch des zukünftigen Antragstellers auf Erörterung entspricht.

18 **2. Zukünftiger Antragsteller.** Den Anspruch nach Abs 2 S 1 haben nach dem Wortlaut an sich nur zukünftige Antragsteller. Das sind Personen, die eine konkrete Antragstellung in einem Verwaltungsverfahren ernsthaft in Betracht ziehen. Die Vorschrift ist nach Sinn und Zweck jedenfalls **analog anwendbar** auch zB auf reine **Anzeigeverfahren,** die also weder durch VA noch durch Verwaltungsvertrag abgeschlossen werden (BR-Dr 580/08 S. 21), ebenso auf Verfahren, bei denen es um **schlicht-hoheitliches Handeln** der Verwaltung geht. Hinsichtlich der Konkretisierung der **Absicht, ein Antrags- oder Anzeigeverfahren** durchzuführen, enthält die Vorschrift keine weiteren Voraussetzungen. Insoweit dürfen keine besonderen Anforderungen gestellt werden. Dies ergibt sich schon aus dem Umstand, dass die Vorschrift aus Anlass der Umsetzung insbesondere des Art 7 DL-RL eingefügt wurde und damit auch dem Ziel dient, Personen zu beraten, die sich lediglich mit der Absicht tragen, ein Genehmigungs- oder Zulassungsverfahren für ein Vorhaben zu beginnen. Die Anfragen dürfen deshalb hinsichtlich der Art und Weise der Umsetzung noch recht allgemein gehalten sein; die Angabe eines hinreichend bestimmten Antrags- oder Anzeigeziels (zB Bau- oder Anlagengenehmigung, Gewerbezulassung usw) ist nach Sinn und Zweck der Vorschrift ausreichend. Einschränkungen können sich insoweit aus der Erforderlichkeitsklausel ergeben (Rn 21).

18a Hinsichtlich der **Art des Antrags** enthält die Vorschrift ebenfalls keine Vorgaben. Grundsätzlich wird deshalb jede Antragstellung von Abs 2 S 1 erfasst. Allerdings ergibt sich aus der Systematik und der Entstehungsgeschichte der Norm (s oben Rn 1, 9), dass die Regelungen für auf Vorhaben bezogene Anträge und Aktivitäten eingeführt wurden. Da eine solche Beschränkung aber keinen Niederschlag im Gesetz gefunden hat, wird man davon auszugehen haben, dass sämtliche Antrags- und Anzeigeverfahren erfasst werden, also auch Anträge auf polizei- und ordnungsbehördliches Einschreiten, auf Asyl, auf Erlass von Abgaben usw. (in diese Richtung auch BR-Dr 580/08 S. 22).

19 **3. Nachweise und Unterlagen.** Die Erörterung muss sich ua auf die Frage beziehen, welche Nachweise und Unterlagen für eine erfolgreiche Antragstellung vom Antragsteller zu erbringen sind. Nicht genannt, aber gleichwohl erfasst sind die für eine erfolgreiche Antragstellung notwendigen Angaben selbst, auf die sich die Nachweise und Unterlagen beziehen müssen. Auch hier ist die Formulierung bewusst weit gefasst; Einschränkungen lassen sich nur über die Erforderlichkeitsklausel vornehmen. Ziel ist es, die Antragstellung und die spätere Bearbeitung gleichermaßen zu erleichtern und damit Verzögerungen wegen Unvollständigkeit der Nachweise und Unterlagen zu vermeiden. Die im Rahmen der Erörterung gegebene **Auskunft muss richtig und vollständig** sein; sie kann aber nur darauf beziehen, was bei verständiger Würdigung voraussichtlich erforderlich wird (ex-ante-Sicht). Maßstab ist die im Verkehr erforderliche Sorgfalt; bei fahrlässig falschen oder unvollständigen Auskünften sind Amtshaftungsansprüche nicht ausgeschlossen. Verbindlichkeit entfalten Erörterung und Beratung nicht, vielmehr muss der Vorhabenträger stets damit rechnen, dass sich später die Erforderlichkeit weiterer Nachweise und Unterlagen herausstellt (Jäde UPR 96, 366 zu § 71c aF). Zu den Gegenständen einer Beratung gehören auch etwa noch erforderliche Untersuchungen, Messungen und Ermittlungen sowie die Frage, ob sie durch Sachverständige durchzuführen sind und welche Sachverständigen hierfür in Betracht kommen (vgl bereits § 71c Abs 2 Nr 1 aF).

4. Beschleunigungsmöglichkeiten. Erörterung und Beratung müssen sich auch auf Möglichkeiten einer Beschleunigung des Verfahrens erstrecken. Auch damit wird nicht nur das Interesse des künftigen Antragstellers gefördert, sondern auch das Interesse der federführenden Behörde bzw der Einheitlichen Stelle (§ 71a nF), da eine rasche Erledigung im beiderseitigen Interesse liegt. Dabei geht es zB um die Fragen, auf welche Weise bestimmte Nachweise und Unterlagen insbesondere von anderen Stellen rasch beschafft werden können, wie sich Anhörungs- und Beteiligungsverfahren beschleunigt erledigen lassen usw. Zu den Bescheunigungsmöglichkeiten gehören auch die in § 71c Abs 2 Nr 3 aF genannte vorgezogene Beteiligung Dritter und die in § 71c Abs 2 S 2 genannte zeitsparende Beteiligung von weiteren Behörden und Dritten. 20

5. Erforderlichkeit einer Erörterung. Die Erforderlichkeitsklausel soll der Vorschrift die nötige Flexibilität verleihen. Sie bezieht sich nicht nur auf das „Ob" einer Erörterung, sondern auch auf den **Umfang sowie auf Art und Weise** der Erörterung und Beratung, die im übrigen im Verfahrensermessen (§ 10) der Behörde stehen. Als Ausdruck des **Kooperationsprinzips** verlangt die Vorschrift, dass die Behörde bei der Entscheidung über Art, Umfang und Dauer der Erörterung die Interessen des Antragstellers berücksichtigt. Je nach Komplexität und nach den Umständen des Einzelfalls kann ein Telefongespräch, ein Internet-Chat, der Austausch von E-Mails oder sogar die Übersendung von Informationsmaterial auf Anforderung ausreichen. Der Grundsatz der Verhältnismäßigkeit ist zu beachten; er begrenzt auch den Aufwand, den die Behörde in Erfüllung ihrer Erörterungspflicht treiben muss. 21

Erforderlich sind Erörterung und Beratung dann, wenn nach den Umständen des Einzelfalls – der Komplexität des Vorhabens und dem beim Vorhabenträger vorhandenen Sachverstand – davon auszugehen ist, dass der Antragsteller die für eine zügige Abwicklung des Verfahrens erforderlichen Informationen nicht bereits selbst hat oder nicht ohne besonderen Aufwand selbst beschaffen kann. Auch hier dürfen **keine hohen Anforderungen** gestellt werden. Vielmehr entspricht es dem Kooperationsprinzip, dass auch fachkundige Vorhabenträger einen Anspruch auf Erörterung der in Abs 2 S 1 genannten Punkte haben, sofern den Umständen nach anzunehmen ist, dass dies die Durchführung des Verfahrens gleichwohl nicht nur unwesentlich fördert. Die Erörterungspflicht umfasst Fragekomplexe, die auf den Verlauf des Genehmigungsverfahrens von Einfluss sind. Die Aufzählung in Abs 1 S 1 ist nicht abschließend. 21a

VI. Mitteilungen über Vollständigkeit des Antrags und Verfahrensdauer

1. Anspruch auf Mitteilung. Nach Abs 2 S 2 hat die Genehmigungsbehörde oder in den Fällen des § 71a nF die einheitliche Stelle dem Antragsteller nach Eingang des Antrags unverzüglich (ohne schuldhaftes Zögern) mitzuteilen, ob die Antragsunterlagen einschließlich der darin enthaltenen Angaben vollständig sind und mit welcher Verfahrensdauer zu rechnen ist. Bei Unvollständigkeit ist anzugeben, welche Unterlagen bzw Angaben fehlen (Jäde UPR 96, 367). Hierauf hat der Antragsteller einen Rechtsanspruch. Dieser Anspruch ist im Grundsatz auch gerichtlich durchsetzbar; praktisch dürfte Rechtsschutz insoweit aber kaum sinnvoll sein. Außerdem wird sich der Anspruch hinsichtlich der Bearbeitungszeit nicht auf eine feste Zeitspanne, sondern nur auf die ungefähre zeitliche Dimension, etwa durch Angabe der Zahl der Wochen, beziehen können (ebenso StBS 42 zu § 71c Abs. 2 aF). 22

2. Rechtsnatur der Mitteilung. Die Mitteilung der Vollständigkeit der Unterlagen und der Verfahrensdauer ist **kein VA,** weil darin keine verbindlichen Regelungen getroffen werden. Das gilt sowohl für die Mitteilung der Vollstän- 22a digkeit der Unterlagen, die keine normative Feststellung enthält, sondern die Nachforderung von Unterlagen nicht ausschließt als auch für die Angabe der voraussichtlichen Verfahrensdauer, mit der sich die Behörde selbst keine verbindliche Frist setzt. Ist der Behörde eine verbindliche Bearbeitungsfrist vorgegeben (s hierzu § 42a Rn 13), wird diese Frist allerdings idR durch die Mitteilung der Vollständigkeit der Unterlagen ausgelöst, und zwar selbst dann, wenn die Unterlagen tatsächlich noch nicht vollständig waren.[24] Gleichwohl liegt auch dann in der Mitteilung keine verbindliche Regelung des Fristbeginns, sondern nur eine die Frist auslösende Handlung.[25]

22b **3. Folgen der Überschreitung der Frist.** Die Überschreitung der angekündigten Verfahrensdauer löst eine **Genehmigungsfiktion** nur dann aus, wenn dies spezialgesetzlich angeordnet ist (s hierzu § 42a Rn 10). Fehlt es daran, bleibt die Überschreitung ohne unmittelbare Rechtsfolge, insbesondere liegt auch **keine Zusicherung** einer Entscheidung innerhalb der Frist iSv § 38 vor. Auch sonst treten bei Überschreitung der Frist jedenfalls nicht unmittelbar Sanktionen ein. Allerdings kommt ein Anspruch auf Ersatz des Verzögerungsschadens in Betracht, wenn die Frist ohne berechtigte sachliche Gründe überschritten wird. Denkbar ist auch die Erhebung einer Untätigkeitsklage gem § 75 VwGO nach Überschreitung der angekündigten Frist; die Behörde muss dann ggfs darlegen, weshalb sie entgegen der Prognose die beantragte Entscheidung nicht treffen konnte.

VII. Rechtsfolgen einer Verletzung der Beratungs- bzw Auskunftspflicht

23 **1. Gerichtliche Durchsetzbarkeit.** Eine eher theoretische Frage ist, ob die Beteiligten bzw Betroffenen die ihnen nach § 25 zustehenden Rechte auch gerichtlich durchsetzen könnten oder ob § 44a VwGO den Rechtsschutz auch insoweit auf die Endentscheidung beschränkt. Zu einem Streit darüber könnte es im Rahmen einer Antragstellung nur kommen, wenn der Bürger ausdrücklich um eine Belehrung nachsucht und ihm diese dann verweigert würde. Richtigerweise dürfte in diesem eher konstruiert wirkenden Fall § 44a VwGO einem Rechtsbehelf etwa im vorläufigen Rechtsschutz nicht entgegenstehen.[26]

24 **2. Verfahrensfehler.** Eine Verletzung der in der Vorschrift geregelten Pflichten stellt einen Verfahrensfehler dar, der die Rechtswidrigkeit des im Verfahren ergangenen VA nach § 46 allerdings nur dann zur Folge hat, wenn die Möglichkeit nicht auszuschließen ist, dass er sich **auf das Ergebnis ausgewirkt** hat bzw haben kann (OVG Lüneburg DVBl 1983, 989; UL § 26 Rn 26). Dies kann idR nur der Fall sein, wenn die Unklarheit der Antragstellung bzw die fehlende Information dazu geführt hat, dass auch in der Sache ein für den Betroffenen ungünstigerer VA erlassen wurde. In der Verletzung der Hinweispflicht kann außerdem zugleich eine **Verletzung des Rechts auf Gehör** liegen.

25 **3. Folgenbeseitigung. Umstritten** ist, in welchem Umfang im Falle der Erteilung einer fehlerhaften Auskunft oder bei rechtswidriger Auskunftsverweigerung ein Anspruch auf Rückgängigmachung der dadurch verursachten verfahrensrechtlichen Folgen, zB einer Fristversäumung besteht. Ein allgemeiner hierauf gerichteter Anspruch besteht im Anwendungsbereich des VwVfG nicht. Die hM lehnt eine Übernahme des sog **sozialrechtlichen Herstellungsan-**

---

[24] OVG Hamburg NordÖR 2011, 142; Jarass DVBl 2009, 205 (206).
[25] OVG Hamburg NordÖR 2009, 425 (Moorburg).
[26] Vgl BVerwGE 74, 115, 118; 61, 40; enger Obermayer/Funke-Kaiser 83; **aA** Erichsen/Ehlers § 13 Rn 42.

spruchs[27] in das allgemeine Verwaltungsverfahrensrecht ab.[28] Deshalb kommt eine Rückgängigmachung der Folgen nur im Rahmen des allgemeinen FBA in Betracht. Dies setzt voraus, dass es der Behörde rechtlich möglich ist, die Folgen zu beseitigen. Deshalb ist die Behörde uU **nach Treu und Glauben** gehalten, Betroffene, soweit ihr dies rechtlich möglich ist, grundsätzlich **so zu stellen,** wie sie stehen würden, **wenn** sie **ordnungsgemäß belehrt** worden wären.[29] Die **Behörde kann sich** zB auf die **Rücknahme** eines Antrags **nicht berufen,** wenn sie diese durch eine unrichtige Belehrung veranlasst hat (UL § 26 Rn 29), oder eine behördliche Frist nicht als versäumt behandeln, wenn sie es pflichtwidrig unterlassen hat, den Betroffenen zur rechtzeitigen Stellung des Antrags zu veranlassen.[30] **Anders** bei **Versäumung einer gesetzlichen Frist;** hier ist jedoch grundsätzlich Wiedereinsetzung gem § 32 zu gewähren (StBS 16).

4. Amtshaftung. Die schuldhafte Verletzung der Hinweispflicht stellt immer 26
auch eine Amtspflichtverletzung dar, die gem § 839 BGB, Art 34 GG zum Schadensersatz verpflichtet.[31] Voraussetzung ist allerdings auch hier, dass eine Kausalität zwischen der Unterlassung oder Fehlerhaftigkeit des Hinweises und dem Schaden besteht. Entsprechendes gilt für eine Verletzung der Auskunftspflicht;[32] auch hier kommen Schadensersatzpflichten wegen Amtspflichtverletzungen bei falschen oder missverständlichen Auskünften in Betracht.[33]

VIII. Frühe Öffentlichkeitsbeteiligung (Abs 3)

1. Allgemeines. Die Regelungen über die frühe Öffentlichkeitsbeteiligung 27
wurden im Jahr 2013 durch Art 1 Nr 3 lit b) PlVereinhG als Abs 3 neu in § 25 eingefügt. Der neue Abs 3 geht auf Vorschläge des Beirats Verwaltungsverfahrensrecht (NVwZ 2011, 859) zurück und greift Überlegungen[34] auf, entsprechend der im Bauleitplanverfahren vorgeschriebenen frühzeitigen Öffentlichkeitsbeteiligung bei der Aufstellung von Bauleitplänen (§ 3 Abs 1 BauGB) auch für verwaltungsrechtliche Genehmigungsverfahren ein Instrument zur Verfügung zu stellen, mit dem die betroffenen Öffentlichkeit sehr früh, möglichst **schon vor der Antragstellung Gelegenheit erhält,** von den Vorhaben **Kenntnis** zu nehmen, dazu **Stellung zu nehmen** und es mit dem Vorhabenträger zu erör-

---

[27] Zum sozialrechtlichen Herstellungsanspruch näher Bieback, DVBl 1983, 159; Stelkens, NuR 1985, 213; Wallerath DÖV 1987, 505; Schoch VerwArch 1988, 54; Ebsen DVBl 1987, 289.

[28] BVerwG NJW 1997, 2966; BVerwGE 79, 192; StBS 17; VGH Kassel, NVwZ-RR 2011, 442; Obermayer/Funke-Kaiser 90; offen Knack/Henneke 23.

[29] Vgl BVerwGE 25, 183; UL § 26 Rn 29 ff; sog Folgenbeseitigungsanspruch iwS; zT weitergehend die Rspr zum Sozialrecht, vgl zB BSG 49, 78; 51, 94; Ebsen DVBl 1987, 393; Schoch VerwArch 1988, 56; Kluth NVwZ 1990, 611 mwN: nicht nur ein Folgenbeseitigungsanspruch ieS, sondern Anspruch auf Herstellung des Zustandes, der eingetreten wäre, wenn ordnungsgemäß belehrt worden wäre.

[30] Vgl BVerwGE 16, 156; OVG Hamburg ZMR 1996, 511; OVG Münster NVwZ 1986, 134; Knack/Henneke 23.

[31] BGHZ 99, 251; BVerwG NVwZ 1986, 76; NJW 1980, 2573 und 2576; 1985, 1337 und 1338; DVBl 1981, 88; OLG Düsseldorf NVwZ-RR 1993, 173; UL § 26 Rn 27; StBS 16; Knack/Henneke 23; MB 17; Erichsen/Ehlers § 13 Rn 42; Jochum NVwZ 1987, 460; Kluth NVwZ 1990, 611.

[32] Vgl zur Rechtswidrigkeit des betroffenen VA UL § 26 Rn 26; VGH Mannheim DÖV 1994, 484; dazu auch § 31 Rn 38.

[33] BGHZ 99, 251; 117, 83; BGH VersR 1990, 275; NJW 1978, 371; 1980, 2573 und 2576; 1985, 1338: Amtshaftung, wenn die Auskunft nicht vollständig, richtig und unmißverständlich war; BGH NVwZ 1986, 76; 1994, 1135: Auskünfte müssen richtig, vollständig, eindeutig und unmißverständlich sein; OLG Düsseldorf NVwZ-RR 1993, 173; OLG Saarbrücken NVwZ 1995, 199; StBS 15 und § 26 Rn 27; Knack/Henneke 23; MB 16.

[34] Durner ZUR 2011, 354; Steinberg ZUR 2011, 340.

tern. Damit soll den Mängeln der bisherigen Regelungen der Öffentlichkeitsbeteiligung[35] begegnet werden. Die Regelung ergänzt die bereits vorhandenen Bestimmungen über eine Öffentlichkeitsbeteiligung und gilt nur subsidiär, wenn eine frühzeitige Beteiligung schon nach anderen Vorschriften vorgesehen ist.

28 **2. Zielsetzungen. a) Allgemein.** Die Regelung verfolgt das Ziel, ohne großen bürokratischen Aufwand seitens der Behörden bei größeren Bau- und Investitionsvorhaben, die eine Vielzahl von Personen betreffen können, durch eine frühzeitige Bürgerbeteiligung die **Transparenz der Planung** zu verbessern. Darüber hinaus soll sie einen Anstoß zu einer frühzeitigen Kommunikation zwischen Vorhabenträger und Betroffenen geben und damit eine **substantielle Partizipation** der betroffenen Öffentlichkeit ermöglichen. Diese Form der frühzeitigen Beteiligung soll einerseits die **Akzeptanz des Vorhabens** fördern und andererseits dem Vorhabenträger Anlass geben, die Vorhabenplanung ggfs zu verbessern. Erhebliche Verzögerungen oder Kostensteigerungen sind von der frühzeitigen Bürgerbeteiligung nicht zu erwarten; im Gegenteil ist zu hoffen, dass das nachfolgende **Verwaltungsverfahren beschleunigt und von Konflikten entlastet** werden kann.

29 **b) Rechtspolitische Zielsetzung.** Die Regelung über die frühzeitige Bürgerbeteiligung verzichtet bewusst auf Möglichkeiten der rechtsförmigen Durchsetzung. Sie ist **Ausdruck des Kooperationsprinzips.** Ihr liegt die Erwartung zugrunde, dass es bei größeren Bau- und Planungsvorhaben im (wohlverstandenen) **Interesse des Vorhabenträgers** liegt,[36] Transparenz, Partizipation und Akzeptanz dadurch zu verbessern, dass das Vorhaben schon frühzeitig der Öffentlichkeit vorgestellt und diskutiert wird Damit werden zwar die sachlichen Konflikte nicht ausgeräumt, die durch das Vorhaben ausgelöst werden. Es lassen sich aber diejenigen Widerstände vermeiden oder vermindern, die ihren Ursprung in diffusen Ängsten und Befürchtungen sowie in dem Gefühl haben, zum Objekt fremder Entscheidungen zu werden. In Nachbarschaftskonflikten wird die Bedeutung von Veränderungen des Umfelds nicht selten überschätzt, was zu einer unnötigen Verschärfung des Konflikts beitragen kann.

29a Die bisherigen Erfahrungen haben gezeigt, dass es neben dem unbestreitbaren **sachlich-materiellen Konfliktpotential,** das mit nahezu jedem größeren Vorhaben unvermeidlich verbunden ist und im Genehmigungsverfahren bewältigt werden muss, auch ein erhebliches **verfahrensbegründetes Konfliktpotential** gibt, das erst entsteht, wenn Betroffene zunächst längere Zeit im Unklaren über die Planungsabsichten gelassen werden und später, wenn „die Katze aus dem Sack gelassen" wird, die Erfahrung machen müssen, dass „die Würfel längst gefallen" sind und die Anhörung nur noch Formsache ist. In den letzten Jahren konnte man beobachten, dass sich in solchen Fällen jenseits der nachfolgenden gerichtlichen Auseinandersetzungen Widerstand bilden kann, der eine Durchsetzung des Vorhabens auf politischem Weg wirksam blockieren kann. Der **vernünftige,** für seine eigenen Belange und diejenigen von Betroffenen offene **Vorhabenträger** wird deshalb ein Eigeninteresse daran entdecken, dass die frühzeitige Bürgerbeteiligung erfolgreich verläuft und jedenfalls das verfahrensbegründete Konfliktpotential minimiert.

30 **c) Stellung und Systematik.** Die Regelungen zur frühen Öffentlichkeitsbeteiligung sind auch deshalb gerade in § 25 eingefügt worden, weil damit deutlich gemacht werden kann, dass es sich dabei gewissermaßen um das bisher fehlende **Gegenstück zu Abs 2** handelt, wonach die Behörde dem Vorhabenträger gegenüber Beratungspflichten bereits vor der Antragstellung und damit im **Vorfeld**

[35] Näher Wulfhorst DÖV 2011, 581; Franzius GewArch 2012, 225; Groß DÖV 2011, 510: Knauff DÖV 2012, 1.

[36] So ausdrücklich BR-Drs 171/12, S. 27.

des Verwaltungsverfahrens trifft (BT-Drs 17/9666 S. 17). Die Anordnung der Regelungen über die frühe Öffentlichkeitsbeteiligung in Abs 3 signalisiert hier die **Neutralität der Behörde,** die nicht nur den Vorhabenträger schon vor Antragstellung beraten, sondern im Interesse potentiell Betroffener auf eine frühzeitige Bürgerbeteiligung hinwirken soll. Damit wird dem bisher durch den isolierten Abs 2 geförderten Eindruck entgegengewirkt, die Behörde stehe auf der Seite bzw im Lager des Vorhabenträgers.

d) Umsetzung. Die Regelungen haben **in der Literatur viel Kritik** erfahren.[37] Die Kritik richtet sich nicht nur gegen die unscharf gefasste Regelung des Anwendungsbereichs, sondern vor allem gegen die Sanktionslosigkeit: Die Durchführung ist für den Vorhabenträger nicht verpflichtend, ein Untelassen bleibt rechtlich folgenlos. Die Vorschrift setzt damit auf eine Änderung der Verfahrenskultur; ihr liegt die Erwartung zugrunde, dass der Vorhabenträger schon im Eigeninteresse von der Möglichkeit der frühen Öffentlichkeitsbeteiligung Gebrauch macht. Man wird abwarten müssen, ob sich die Erwartungen erfüllen. Soweit ersichtlich hat **Baden-Württemberg** als erstes Bundesland eine allgemeine Verwaltungsvorschrift zur Umsetzung (auch) des Abs 3 durch die Landesverwaltung erlassen **(VwV Öfffentlichkeitsbeteiligung).**[38] Damit soll die Durchführung der Öffentlichkeitsbeteiligung gefördert und standardisiert werden. 30a

3. Anwendungsbereich (Abs 3 S 1). Die Vorschrift findet Anwendung auf Vorhaben, die nicht nur unwesentliche Auswirkungen auf die Belange einer größeren Zahl von Dritten haben können. Sie ist hier bewusst offen formuliert und insbesondere nicht auf bestimmte Genehmigungsverfahren beschränkt.[39] Auf die Art des Genehmigungsverfahrens kommt es nicht an. Erfasst werden deshalb nicht nur Planfeststellungs- und Plangenehmigungsverfahren, sondern beispielsweise auch Anlagengenehmigungsverfahren und Baugenehmigungsverfahren. Schon bisher war es keine Seltenheit, dass sich Vorhabenträger vor dem Beginn des Genehmigungsverfahrens mit den Nachbarn usw ins Benehmen setzen und den Versuch unternehmen, zu einer Einigung zu kommen. 31

a) Vorhabenbegriff. Unter den Begriff des Vorhabens nach Abs 3 fallen sämtliche genehmigungs- oder planfeststellungsbedürftigen Vorhaben im Anwendungsbereich des VwVfG bzw – soweit entsprechende Normen im Landesrecht geschaffen werden – der jeweiligen Verwaltungsverfahrensgesetze der Länder. Regelmäßig wird es um **standortbezogene Vorhaben** gehen, notwendig ist dies aber nicht, weil eine entsprechende Einschränkung des Vorhabenbegriffs fehlt.[40] Es kommt auch nicht darauf an, wer Träger des Vorhabens ist; die Vorschrift ist **nicht nur auf privatrechtliche,** sondern **auch auf Vorhabenträger der öffentlichen Hand** anwendbar, also etwa auf Vorhaben, die der Schaffung von Verkehrswegen dienen. Erfasst werden auch Vorhaben, die sich auf den Ausbau und die Erweiterung bzw Veränderung vorhandener Anlagen beschränken. 32

b) Auswirkungen auf eine größere Zahl von Dritten. Die Regelung in Abs 3 ist bewusst unbestimmt formuliert (größere Zahl), um einen gewissen praktischen Spielraum zu eröffnen. Die Bestimmung einer festen Mindestanzahl 33

---

[37] ZB Dolde NVwZ 2013, 769; Klinger ZUR 2012, 201; StBS § 25 Rn 72; Feldmann NVwZ 2015, 321;

[38] Verwaltungsvorschrift der Landesregierung zur Intensivierung der Öffentlichkeitsbeteiligung in Planungs- und Zulassungsverfahren ((VwV Öffentlichkeitsbeteiligung) v 17.12.2013 (GABl. 2014, 22). Hierzu näher Erler/Arndt VBlBW 2014, 81.

[39] Darin unterscheidet sich der Entwurf von Vorschlägen in der Literatur, die sich auf eine frühzeitigen Öffentlichkeitsbeteiligung in Planfeststellungsverfahren beschränken (zB Stüer UPR 2012, 335).

[40] Anders BR-Drs 171/12 S. 28: Tätigkeitsbezogene Genehmigungsverfahren werden nicht erfasst. Dies soll aus dem Vorhabenbegriff folgen.

von Betroffenen, deren Belange betroffen sein müssten, wäre nicht zielführend. Bei der Frage, wann eine „größere Zahl" erreicht ist, wird es auf den Einzelfall und auch auf Art und Intensität der Betroffenheit ankommen. In der praktischen Handhabung hat die federführende Behörde hier einen gewissen Spielraum, zumal die Verpflichtung der Behörde zur Hinwirkung nicht gerichtlich durchsetzbar ist (Rn 40).

34 **c) Nicht nur unwesentliche Auswirkungen.** Weitere Voraussetzung ist, dass die Auswirkungen auf die Belange einer größeren Zahl Dritter nicht nur unwesentlich ist. Rechtsbeeinträchtigungen iS von § 42 Abs 2 VwGO werden insoweit nicht verlangt. Ausreichend sind **Auswirkungen auf die Belange** von Betroffenen. Der Begriff der Belange ist hier bewusst weit gezogen. Er entspricht im wesentlichen dem Begriff der Belange in § 73 Abs 4 S 1. Es ist nicht notwendig, dass diese Belange – wie etwa durch das Abwägungsgebot im Planungsrecht – einen subjektiv-rechtlichen Schutz und damit Klagerechte vermitteln. Wann die Auswirkungen die Wesentlichkeitsschwelle überschreiten, lässt sich wiederum nur im Einzelfall bestimmen. Auch hier ist der zuständigen Behörde ein praktischer Spielraum eröffnet.

35 **4. Hinwirkungspflicht. a) Zeitpunkt.** Die Vorschrift sieht lediglich eine Hinwirkungspflicht derjenigen Behörde vor, die später für das Vorhaben zuständig sein wird. Handelt es sich um ein Planfeststellungsverfahren, so trifft die Pflicht diejenige Behörde, die über das Vorhaben entscheiden muss, also die **Planfeststellungsbehörde.**[41] Da die frühzeitige Beteiligung vor der Antragstellung durchgeführt werden soll und die Anhörungsbehörde nur nach der Antragstellung für das Verfahren nach § 73 zuständig ist, ist die Anhörungsbehörde nicht zuständig. Die Hinwirkungspflicht kann erst entstehen, wenn die **Behörde auf irgendeinem Weg,** idR vom Vorhabenträger etwa im Rahmen von Anfragen nach Abs 2, **von dem Vorhaben Kenntnis erhält.** Mittelbar hat es der Vorhabenträger selbst in der Hand, wann er mit seinem Vorhaben an die Öffentlichkeit treten will. Doch auch die Behörde hat einen praktischen Spielraum bei der Frage, wann sie auf die Durchführung der frühen Öffentlichkeit hinwirkt. Einerseits muss das Vorhaben sich soweit konkretisiert haben, dass Art und Ausmaß möglicher Betroffenheiten absehbar sind, andererseits darf sich die Planung beim Vorhabenträger noch nicht in dem Sinn verfestigt haben, dass Alternativen für ihn nicht mehr verhandelbar sind.

36 **b) Art und Weise der Hinwirkung.** Auf welche Weise die zuständige Behörde auf die Durchführung der frühen Bürgerbeteiligung durch den Vorhabenträger hinwirkt, bleibt ihr grundsätzlich überlassen. Sicher wird zunächst einmal eine Aufforderung an den Vorhabenträger zu richten sein, der dann – falls denn notwendig – **auf geeignete Weise Nachdruck verliehen** werden kann. Da der Vorhabenträger nicht nur in den Fällen des Abs 2 auf die Kooperation mit der zuständigen Behörde angewiesen ist, wird er sich dem Ansinnen der Behörde kaum dauerhaft widersetzen können und wollen, wenn er nicht ohnehin erkennt, dass diese Vorgehensweise auch in seinem eigenen wohlverstandenen Interesse liegt.

37 **5. Durchführung der frühen Öffentlichkeitsbeteiligung (Abs 3 S 2–4). a) Betroffene Öffentlichkeit.** Die frühe Öffentlichkeitsbeteiligung ist vom Vorhabenträger in eigener Verantwortung durchzuführen. Sie soll möglichst **vor der Antragstellung** stattfinden (Abs 3 S 2). Zu beteiligen ist nach Abs 3 S 3 die „betroffene Öffentlichkeit". Der Begriff entspricht im wesentlichen dem in § 9 Abs 1 S 2 UVPG und umfasst diejenigen, die in ihren Belangen berührt werden, nicht nur Nachbarn oder Grundeigentümer.[42] Es kommt nicht darauf an, dass die

[41] StBS § 73 Rn 2b, aA Voraufl.
[42] Weitergehend wohl Schmitz/Prell NVwZ 2013, 745, 746.

Gefahr einer Verletzung subjektiver Rechte besteht (s näher § 73 Rn 71). Zur betroffenen Öffentlichkeit gehören auch später beteiligungsberechtigte **Umweltvereinigungen** (BR-Drs 171/12 S. 28). Letztlich ist der Vorhabenträger in diesem Stadium Herr des Verfahrens; die Behörde kann aber auch auf eine bestimmte Ausgestaltung der Beteiligung hinwirken.

b) Gelegenheit zu Äußerung und Erörterung. Der betroffenen Öffent- 38
lichkeit ist nach Abs 3 S 3 Gelegenheit zur „Äußerung und Erörterung" zu geben. Art und Weise der Durchführung sind dem Vorhabenträger dabei freigestellt. Um eine Erörterung mit den Betroffenen durchzuführen, wird regelmäßig ein **Erörterungstermin notwendig** sein. Ein solcher ist idR auch sinnvoll, um einen wirklichen Partizipationseffekt und die Chance einer Akzeptanz zu erreichen. Die Erfahrung zeigt, dass die von einem Vorhaben Betroffenen ohnehin eigene Kommunikationsstrukturen schaffen, um zu einer einheitlichen Meinungsbildung zu gelangen. Aus diesem Grund ist es zumeist zielführend, zu einer mündlichen Erörterung zu kommen. Der Vorhabenträger ist aber nicht gehindert, sich mit einzelnen Betroffenen gesondert zu treffen.

c) Mitteilung des Ergebnisses (Abs 3 S 4). Das Ergebnis der frühen Öf- 39
fentlichkeitsbeteiligung soll der betroffenen Öffentlichkeit und der Behörde unverzüglich, spätestens mit der Antragstellung mitgeteilt werden. Kommt es zu einer Antragstellung, kann die Behörde die Vorlage des Ergebnisses als Teil der Antragsunterlagen verlangen. Die Vorlage eines Protokolls der Erörterung ist sinnvoll, aber nicht zwingend notwendig; ausreichend kann auch die Zusammenfassung der Ergebnisse sein.

6. Verhältnis zu anderen Beteiligungsvorschriften. a) Subsidiarität. 40
Nach Abs 3 S 5 greift die Vorschrift nicht ein, wenn andere Rechtsvorschriften eine frühzeitige Öffentlichkeitsbeteiligung, also eine Beteiligung der betroffenen Öffentlichkeit vor der Antragstellung bereits vorsehen. Diese Subsidiaritätsnorm betrifft **nur solche Vorschriften,** nach denen tatsächlich **vor Beginn des Verwaltungsverfahrens** eine Anhörung bzw Beteiligung zu erfolgen hat. Sie gilt nicht für die übrigen regulären Anhörungsbestimmungen des Verfahrensrechts. So hindern weder § 28 noch § 73 eine frühzeitige Öffentlichkeitsbeteiligung nach Abs 3, weil sie erst nach dem Beginn des Verwaltungsverfahrens eine Beteiligung vorsehen. Die Subsidiarität gilt auch nicht gegenüber Beteiligungsvorschriften, die sich in gestuften Verfahren auf andere Verfahrensebenen beziehen, also etwa auf die Ebene der Raumordnung, der Bauleitplanung oder sonstiger Fachplanungen.

b) Unberührtheitsklausel. Nach Abs 3 S 6 bleiben andere Vorschriften über 41
die Beteiligung Dritter unberührt. Die Klausel soll deutlich machen, dass die allgemeinen Bestimmungen des Verfahrensrechts über die Beteiligung der (betroffenen) Öffentlichkeit oder einzelner Personen nicht ersetzt oder modifiziert werden, sondern unberührt bleiben, dh weiterhin ohne Einschränkung beachtlich sind. Das gilt insbesondere für die Präklusionsnormen, die an reguläre Beteiligungsregelungen anknüpfen. Das bedeutet, dass die Präklusion nach § 73 Abs 4 Satz 3 auch dann eingreift, wenn der Betroffene sich zwar an der frühzeitigen Bürgerbeteiligung nach Abs 3 beteiligt hatte, aber keine Einwendungen nach § 73 Abs 4 erhoben hat. Hierauf muss mit Nachdruck hingewiesen werden.

7. Rechtsfolgen bei Nichtanwendung. Wirkt die zuständige Behörde ent- 42
gegen ihrer Pflicht nach Abs 3 S 1 nicht auf die Durchführung der frühen Öffentlichkeitsbeteiligung hin, so hat dies auf die Rechtmäßigkeit des späteren Verwaltungsverfahrens keine Auswirkungen. Gleiches gilt für den Fall, dass der Vorhabenträger trotz der entsprechenden Hinwirkung durch die Behörde die Durchführung der frühzeitigen Bürgerbeteiligung unterlässt. Insoweit enthält die Regelung **kein zwingendes Recht** (BR-Drs 171/12 S. 27). Auch für die Be-

troffenen besteht kein Zwang zur Beteiligung, was durch Abs 3 S 6 ausdrücklich klargestellt wird. Die Regelung geht davon aus, dass Behörde wie Vorhabenträger ein Interesse daran haben werden, trotz fehlender Rechtspflicht für eine vorgezogene Bürgerbeteiligung zu sorgen, weil damit die Chance besteht, das **Konfliktpotential zu verringern** und planerisch zu einer für alle günstigeren Lösung zu kommen. Insoweit entspricht die Erwartung derjenigen in der Mediation (win-win-Situation, s Einf I Rn 77). Gerade die Kooperation zwischen Vorhabenträger, Betroffenen und Behörde, die durch die Regelung erreicht werden soll, ließe sich gerichtlich kaum erzwingen. Für die Behörde steht zudem ihre **Rolle als neutrale Instanz** auf dem Spiel, wenn sie in einem Fall des Abs 3 S 1 es unterlassen sollte, auf die frühe Öffentlichkeitsbeteiligung effektiv hinzuwirken.

§ 26 Beweismittel

(1) **Die Behörde bedient sich der Beweismittel, die sie nach pflichtgemäßem Ermessen zur Ermittlung des Sachverhalts für erforderlich hält.**[9] **Sie kann insbesondere**

1. **Auskünfte jeder Art einholen,**[16]
2. **Beteiligte anhören, Zeugen**[23] **und Sachverständige**[27] **vernehmen oder die schriftliche oder elektronische Äußerung von Beteiligten, Sachverständigen und Zeugen einholen,**[19]
3. **Urkunden und Akten beiziehen,**[33]
4. **den Augenschein einnehmen.**[37]

(2) **Die Beteiligten sollen bei der Ermittlung des Sachverhalts mitwirken. Sie sollen insbesondere ihnen bekannte Tatsachen und Beweismittel angeben.**[40] **Eine weitergehende Pflicht, bei der Ermittlung des Sachverhalts mitzuwirken, insbesondere eine Pflicht zum persönlichen Erscheinen oder zur Aussage, besteht nur, soweit sie durch Rechtsvorschrift besonders vorgesehen ist.**[44]

(3) **Für Zeugen und Sachverständige besteht eine Pflicht zur Aussage oder zur Erstattung von Gutachten, wenn sie durch Rechtsvorschrift vorgesehen ist.**[45] **Falls die Behörde Zeugen und Sachverständige herangezogen hat, erhalten sie auf Antrag in entsprechender Anwendung des Justizvergütungs- und -entschädigungsgesetzes eine Entschädigung oder Vergütung.**[48]

Parallelvorschriften: § 21 SGB X; §§ 92 ff AO

Schrifttum allgemein: *Bärlein/Panaris/Rehmsmeier,* Spannungsverhältnis zwischen Aussagefreiheit im Strafverfahren und den Mitwirkungspflichten im Verwaltungsverfahren, NJW 2002, 1825; *Baur,* Auskunftsansprüche des Sozialhilfeträgers gegen Unterhaltspflichtige und ihre Erzwingung, FamRZ 1986, 1175; *Bayerlein ua,* Praxishandbuch des Sachverständigenrechts, 1990; Beulke, Der Beweisantrag, JuS 2006, 597; *Bleutge,* Öffentliche Bestellung von Sachverständigen, GewArch 2011, 237; *Brandt,* Präklusion im Verwaltungsverfahren, NVwZ 1997, 223; *Bender/Nack,* Grundzüge einer allgemeinen Beweislehre, DRiZ 1980, 121; *Bender/Noack/Treuer,* Tatsachenfeststellung vor Gericht, 3. Aufl 2007; *Di Fabio,* Verwaltungsentscheidung durch externen Sachverstand, VerwArch 1990, 193; *Feldhaus,* Beste verfügbare Technik und Stand der Technik, NVwZ 2001, 1; *Foerster,* Die Tatsachenfeststellung im Verwaltungsverfahren, Vr 1989, 226; *Gössel,* Behörden und Behördenangehörige als Sachverständige vor Gericht, DRiZ 1980, 363; *Grupp,* Mitwirkungspflichten im Verwaltungsverfahren, VerwArch 1989, 44; *Gusy,* Antizipierte Sachverständigengutachten im Verwaltungs- und Verwaltungsgerichtsverfahren, NuR 1987, 956; *Huster,* Beweislastverteilung und Grundgesetz, NJW 1995, 112; *Jessnitzer/Frieling,* Der gerichtliche Sachverständige. 23. Abschnitt: Der Sachverständigenbeweis nach dem VwVfG, 10. Aufl 1992; *Kluth,* Grenzen der Befugnis der Ausländerbehörde zur Sachaufklärung, ZAR 2007, 250; *Kokott,* Beweislastverteilung und Prognoseentscheidungen bei der Inanspruchnahme von Grund- und

Menschenrechten, 1993; *Krause/Steinbach,* Steuer- und Sozialgeheimnis im Gewerberecht, DÖV 1985, 549; *Mayke,* Plausibilitätskontrolle und Beweis, NJW 2000, 2230; *Laumen,* Die Beweiserleichterung bis zur Beweislastumkehr – Ein beweisrechtliches Phänomen, NJW 2002, 3739; *Mußgnug,* Sachverhaltsaufklärung und Beweiserhebung im Besteuerungsverfahren, JuS 1993, 48; *Peters,* Die Sachverhaltsermittlung im Verwaltungsverfahren, JuS 1991, 54; *Petersen,* Beweislast bei Gesundheitsbeeinträchtigungen durch Emissionen und nachbarkrechtliche Duldungspflicht, NJW 1998, 2099; *Petri,* Der Gefahrenerforschungseingriff, DÖV 1996, 443; *Ramsauer,* Aktuelle Rechtsentwicklungen zu den Risiken elektromagnetischer Strahlungen, UTR 1998, 71; *Reinhardt,* Die Umkehrung der Beweislast aus verfassungsrechtlicher Sicht, NJW 1994, 93; *Reiß,* Gesetzliche Auskunftsverweigerungsrechte bei Gefahr der Strafverfolgung in öffentlichrechtlichen Verfahren, NJW 1982, 2540; *Ruppel,* Beweismaß bei Schätzung aufgrund der Verletzung von Mitwirkungspflichten, BB 1995, 750; *Scherzberg,* Der private Gutachter im Umweltschutz, NVwZ 2006, 377; *Schromek,* Die Mitwirkungspflichten der am Verwaltungsverfahren Beteiligten – eine Grenze des Untersuchungsgrundsatzes?, 1989; *Schulz,* Die Verwendung von Sachverständigengutachten als Urkunden und das Fragerecht der Beteiligten im Verwaltungsprozess, NVwZ 2000, 1367; *Skouris,* Grundfragen des Sachverständigenbeweises im VwVfG und im Verwaltungsprozeß, AöR 1982, 215; *Spieker,* Informationsgewinnung im Umweltrecht durch materielles Recht, DVBl 2006, 278; *Stack,* Der Anscheinsbeweis, JuS 1996, 153; *Wielinger/Gruber,* Zur Frage der Mitwirkungspflicht der Parteien im Verwaltungsverfahren, ZfV 1983, 365; *Vierhaus,* Beweisrecht im Verwaltungsprozess, 2011; *Wemdzio,* Die Bedeutung von Sachverständigen und Sachverständigengutachten, NuR 2012, 19; *Wittkopp,* Sachverhaltsermittlung im Gemeinschaftsverwaltungsrecht, 1999; s auch die Nachweise zu § 24.

Elektronische Beweismittel: *Berger,* Beweisführung mit elektronischen Dokumenten, JJW 2005, 1016; *Riesenkampf,* Beweisbarkeit der form- und fristgerechten Übermittlung durch Telefaxgeräte, NJW 2004, 3296; *Roßnagel/Pfitzmann,* Der Beweiswert von E-Mail, NJW 2003, 1209; *Roßnagel/Fischer-Dieskau,* Elektronische Dokumente als Beweismittel, NJW 2006, 806; *Roßnagel/Wilke,* Die rechtliche Bedeutung gescannter Dokumente, NJW 2006, 2145.

Beweisverwertungsverbote: *Butz,* Drohen Beweisverwertungsverbote? AuA 2011, 400; *Coen,* Ankauf und Verwertung deliktisch beschaffter Beweismittel in Steuerstrafverfahren aus völkerrechtlicher Sicht, NStZ 2011, 433; *Deutsher,* Folgen eines Verstoßes gegen Beweiserhebungsvorschriften für ein Beweisverwertungsverbot, juris-PR-StrafR 20/2011; *Eberle,* Zum Verwertungsverbot für rechtswidrig erlangte Informationen im Verwaltungsverfahren, in: Martens-FS 1987, 351; *Eisenberg,* Anm zum BGH-Beschl v 31.3.2011 (NStZ 2011, 596) – Zur Verwertbarkeit von geheimer Gesprächsaufzeichnung, JR 2011, 409; *Fezer,* Grundfälle zum Verlesungs- und Verwertungsverbot im Strafprozeß, JuS 1979, 35; *Geiger,* Aktuelle Rechtsprechung zum Fahrerlaubnisrecht, DAR 2011, 61; *Gössel,* Kritische Anmerkungen zum gegenwärtigen Stand der Lehre von den Beweisverboten, NJW 1981, 649; *ders,* Überlegungen zu einer neuen Beweisverbotslehre, NJW 1981, 2217; *Haensle/Reichold,* Heiligt der Zweck die Mittel? Zur rechtlichen Zulässigkeit des Ankaufs von Steuerdaten, DVBl 2010, 1277; *Hildebrandt,* Verwertungsverbote für Tatsachen und Beweismittel im Besteuerungsverfahren, DStR 1982, 20; *Hüsch,* Verwertungsverbote im Verwaltungsverfahren, Diss Hamburg 1991; *Jungbluth/Stepputat,* Der „Ankauf von Steuerdaten": Rechtliche Möglichkeiten und ihre Grenzen, DStZ 2010, 781; *P. Kauffmann,* Die Affäre Liechtenstein und Schweiz in der Praxis – Zur Verwertbarkeit der angekauften Steuerdaten-CD im Strafverfahren, JA 2010, 597; *Küpper,* Tagebücher, Tonbänder, Telefonate – Zur Lehre von den selbständigen Beweisverwertungsverboten im Strafverfahren, JZ 1990, 416; *Maetzel,* Beweisverbote zwecks Geheimniswahrung, DVBl 1966, 665; *Matthes,* Verwertbarkeit von Daten aus einer angekauften Steuer-CD über Kapitalanlagen, EFG 2011, 1216; *Rüping,* Beweisverbote als Schranken der Aufklärung im Steuerrecht, 1981; *Rüsken,* Kein Beweisverwertungsverbot bezüglich der Daten einer „Steuer-CD" im strafrechtlichen Ermittlungsverfahren, BFH-PR 2011, 112.

Übersicht

I. Allgemeines

1 **1. Inhalt.** Die Vorschrift regelt ergänzend zu § 24 in Abs 1 einige **Einzelheiten der Sachverhaltsermittlung** in Anlehnung an § 98 VwGO und insb die Frage, welcher Beweismittel sich die Behörde zur Aufklärung des Sachverhalts bedienen kann, außerdem in Abs 2 die **Mitwirkung der Beteiligten** bei der Ermittlung des Sachverhalts. Sie stellt in Abs 3 klar, dass es allein aufgrund des Verfahrensrechts im nichtförmlichen Verfahren (anders nach § 65 im förmlichen Verfahren) für Zeugen und Sachverständige **keine Verpflichtung zur Aussage** oder zur Erstattung von Gutachten gibt, sofern sie nicht fachgesetzlich vorgeschrieben ist. Im Einzelnen folgt die Regelung dem vor Erlass des VwVfG geltenden Recht.[1]

1a **a) Verhältnis zu § 24.** Die Vorschrift regelt die Beweiserhebung zu Recht nicht als selbständigen Teil des Verwaltungsverfahrens, sondern als Teil der Sachverhaltsermittlung und damit im Rahmen des Untersuchungsgrundsatzes in § 24. Die Aufklärung des Sachverhalts von Amts wegen stellt deshalb **keine echte Beweiserhebung** dar. Dementsprechend bestehen erhebliche Unterschiede zur Beweiserhebung im Verwaltungsprozess. Es gilt der Grundsatz der Nichtförmlichkeit. Auch der für das Prozessrecht zentrale Grundsatz der Unmittelbarkeit der Beweisaufnahme gilt im Verwaltungsverfahren nicht (VGH Kassel NJW 1984, 821). Die Vorschrift stellt in Abs 1 klar, dass sich die Behörde sämtlicher Erkenntnisquellen bedienen kann, die sachgerecht bzw geeignet erscheinen. Die Entscheidung darüber, ob und ggfs welche **Beweis- bzw Erkenntnismittel** die Behörde im Einzelfall zur Ermittlung des Sachverhalts heranzieht, ist in der Vorschrift nicht geregelt, sondern folgt aus § 24. Danach ist die Aufklärung grundsätzlich ihrem pflichtgemäßen **Ermessen** (§ 40) überlassen („für erforderlich hält", vgl § 24 Abs 1 S 2). Einen Anspruch auf Heranziehung bestimmter Erkenntnismittel bzw Anwendung bestimmter Erkenntnismethoden besteht für die Beteiligten weder nach § 24 noch nach § 26.

1b **b) Mitwirkung der Beteiligten.** Die Behörde ist nach Abs 2 S 1 lediglich verpflichtet, **den Beteiligten** Gelegenheit zu geben, **bei der Feststellung des Sachverhalts mitzuwirken,** insb auch die ihnen bekannten Tatsachen und Beweismittel anzugeben und ggf auch (für die Behörde freilich nicht bindende) Beweisanträge zu stellen. Zweifelhaft ist, in welchem Umfang die Beteiligten das Recht haben, an der Ermittlung des Sachverhalts teilzunehmen. Anders als nach § 66 Abs 2 im förmlichen Verfahren besteht **kein allgemeiner Anspruch auf Teilnahme.** Der Grundsatz der Beteiligtenöffentlichkeit gilt im Verwaltungsverfahren nicht (StBS 13; Knack/Henneke 97). Die Beteiligten haben lediglich einen Anspruch auf ermessensfehlerfreie Entscheidung darüber, ob sie zu einer Beweisaufnahme hinzugezogen werden, wenn sie es beantragen (ähnlich auch Obermayer 33). Dieser Anspruch kann sich auf Null reduzieren, zB wenn es weder zu einer Verzögerung noch zu einer sonstigen Erschwerung der Beweisaufnahme käme oder die Anwesenheit des Beteiligten dienlich bzw sogar nötig ist. Ähnlich wie im Prozessrecht gibt es eine Dokumentationspflicht für die Behörde im Hinblick auf die Ermittlungsschritte und ihre Ergebnisse.

[1] Vgl WB III 3. Aufl § 156 IVc, Vc; Obermayer VerwR 2. Aufl 155; M 66.

1c **c) Verfassungsrecht.** Als Ausprägung und Ergänzung des Untersuchungsgrundsatzes in § 24 weist die Vorschrift dieselben verfassungsrechtlichen Bezüge insbesondere zum Rechtsstaatsprinzip und dem daraus folgenden Prinzip der **Gesetzmäßigkeit der Verwaltung** auf. Die Aufklärung des Sachverhalts von Amts wegen stellt sicher, dass die Entscheidungen der Behörden nicht aufgrund von nicht weiter nachgeprüften Angaben der Beteiligten erfolgen, sondern dass die Behörde auch hinsichtlich der Richtigkeit des Sachverhalts eine eigene Verantwortung übernehmen muss. Die Mitwirkung der Beteiligten in Abs 2 ist nur schwach ausgeprägt; es bestehen insbesondere keine echten Mitwirkungspflichten, sondern nur Obligenheiten bzw Mitwirkungslasten, deren Nichterfüllung nur begrenzte Konsequenzen hat (s unten Rn 43 ff). Das Verfahrensrecht enthält sich weitgehend der Regelung von Eingriffsgrundlagen in die Rechtspositionen von Beteiligten. Solche Regelungen werden konsequenterweise dem jeweiligen Fachrecht überlassen. Nur bereichsspezifisch lässt sich beurteilen, ob und ggfs welche Eingriffsregelungen zur Ermittlung des Sachverhalts sinnvoll und angemessen sind. Das gilt auch für die Heranziehung Dritter zur Sachverhaltsaufklärung, insbesondere von Zeugen und Sachverständigen (Abs 3).

2 **2. Europarecht.** Das Unionsrecht enthält in Art 337 AEUV für den **direkten Vollzug** eine dem § 24 vergleichbare Regelung. Danach kann die Kommission alle erforderlichen Auskünfte einholen und alle erforderlichen Nachprüfungen vornehmen. Die weitere Ausformung dieses Untersuchungsgrundsatzes wird dem Verordnungsrecht überlassen. Inhaltlich hat sich die Untersuchung am Sorgfaltsprinzip bzw am Prinzip der guten Verwaltungsführung zu orientieren (EuGHE 1991 I-5469 Rn 14 – Hauptzollamt München Mitte). Die Vorschrift des § 26 ist auch im Bereich des **indirekten Vollzugs** von Unionsrecht anwendbar. Das gilt nicht nur für den **Grundsatz des Freibeweises** in Abs 1, wonach die Behörde sich im Rahmen der Sachverhaltsfeststellung aller Beweismittel bedienen kann, die sie für erforderlich hält, sondern auch für die in Abs 2 vorgesehene Mitwirkungslast der Beteiligten. Auch dem direkten Vollzug von Unionsrecht sind **Mitwirkungslasten** nicht fremd. So hat der EuGH regelmäßig auch die Rolle der Beteiligten bei der Sachverhaltsfeststellung im direkten Vollzug von Unionsrecht betont.[2] Im übrigen hält sich die Mitwirkungslast des Abs 2 im Rahmen des europarechtlichen Verhältnismäßigkeitsprinzips.

3 **3. Anwendungsbereich. Unmittelbar** gilt die Vorschrift nur für Verwaltungsverfahren im Anwendungsbereich des VwVfG. Die Bundesländer haben in ihren Verfahrensgesetzen weitgehend gleich lautende Bestimmungen erlassen. Gem § 1 steht auch § 26 unter dem Vorbehalt inhaltsgleicher oder entgegenstehender besonderer Bestimmungen in anderen Vorschriften (s unten Rn 4). Soweit vergleichbare Regelungen fehlen, sind § 26 und die entspr Vorschriften des Landesrechts als **Ausdruck allgemeiner Rechtsgrundsätze** grundsätzlich – mit Ausnahme von Abs 3 – analog anwendbar. Eine **Verpflichtung zum Erscheinen und zur Aussage** sowie ggf zur Eidesleistung kann jedoch in jedem Fall nur durch förmliches Gesetz begründet werden.[3] Derartige Verpflichtungen können im Zweifel auch nicht aus einer gesetzlich festgelegten Verpflichtung der Behörde zur Vornahme von Ermittlungshandlungen, zur Vernehmung von Zeugen und Sachverständigen usw abgeleitet werden (Krause 281; WB III § 156 Vc); **anders,** wenn die Verpflichtung zur Aussage ausdrücklich durch Rechtsvorschrift vorgesehen ist und nur eine nähere Regelung darüber fehlt, wie die Behörde die Verpflichtung erzwingen kann.

4 **4. Spezielle Regelungen.** Spezielle Regelungen über Obliegenheiten der Beteiligten zur Mitwirkung sind im Fachrecht an verschiedenen Stellen vorhan-

---

[2] EuGHE 1984, 19, 68, Rn 52; 1985, 2545 Rn 45; s auch Wittkopp S. 59.
[3] Ule/Becker 36; MuE 121; WB III § 156 IVc, Vc; Kopp 74, 269.

den. Sie gehen zT deutlich über die bloße Mitwirkung nach Abs 2 hinaus. Derartige Regelungen bestehen nicht nur in der Form von Beibringungspflichten in Antragsverfahren, wo sie inzwischen eine wesentliche Rolle spielen (vgl zB die Pflichten zu Angaben und zur Beibringung von Unterlagen nach §§ 4ff 9. BImSchV oder die Pflichten nach den BauvorlageVOen der Länder). Sie spielen auch eine wichtige Rolle für die Mitwirkung in anderen Verfahren, in denen es auch um persönliche Angaben und Auskünfte geht (s näher Rn 44a).

II. Sachverhaltsermittlung

1. Verfahren der Beweisaufnahme. a) Grundsatz der Nichtförmlichkeit. Das VwVfG enthält für das allgemeine Verfahren keine näheren Vorschriften über die Durchführung von Beweisaufnahmen (anders für förmliche Verfahren, s §§ 65, 66 Abs 2). Den Behörden ist es damit nach §§ 10, 24 Abs 1, 26 grundsätzlich überlassen, das Verfahren im Wesentlichen frei von den Förmlichkeiten, wie sie für gerichtliche Beweisaufnahmen gelten, **nach ihrem Ermessen** (§ 40) zu gestalten (ebenso UL § 27 Rn 2). Sie können auch zB die näheren Einzelheiten der Durchführung dem mit der Erstattung eines Gutachtens betrauten Sachverständigen überlassen.[4] **Nicht erforderlich sind besondere Beweisbeschlüsse** (UL § 27 Rn 12: auch nicht, wenn die Behörde gem § 65 Abs 2 ein Gericht um die Vernehmung von Zeugen oder Sachverständigen ersucht). Ebenso wenig ist eine Trennung einzelner Verfahrensabschnitte, etwa der Anhörung der Beteiligten als Beweismittel gem § 26 Abs 1 Nr 2 und ihrer Anhörung im Rahmen des rechtlichen Gehörs nach § 28, geboten. Die Behörde ist nach den VwVfG nicht verpflichtet, Beweisaufnahmen selbst, dh durch ihr zugehörige Amtsträger, durchzuführen. Sie kann in geeigneten Fällen nach ihrem Ermessen insb **auch andere Behörden** im Weg der Amtshilfe gem §§ 4ff um die Durchführung von Ermittlungen ersuchen oder **Sachverständige** damit betrauen (Brühl JA 1992, 198). 5

b) Mindestanforderungen. Grundsätzlich geboten ist die Dokumentation der Beweisaufnahme in einer Weise, die es den Beteiligten erlaubt, zu den Ergebnissen in angemessener Weise Stellung zu nehmen. Das bedeutet, dass die Beweisaufnahme und ihr Ergebnis aktenkundig gemacht werden müssen **(Aktenkundigkeit der Beweisaufnahme).** Außerdem haben die Beteiligten einen Anspruch auf ermessensfehlerfreie Entscheidung darüber, ob sie an der Beweisaufnahme teilnehmen dürfen, wenn sie es beantragen. 6

c) Kostenfragen. Die Kosten der Sachverhaltsermittlung einschließlich einer Beweisaufnahme über streitige Fragen **treffen grundsätzlich die Behörde** (s näher § 24 Rn 10f). Die entsprechenden Kosten gehören grundsätzlich zu den Kosten des Verwaltungsverfahrens; Regelungen, wonach die Kosten einem Beteiligten auferlegt werden könnten, enthält das VwVfG nur für das Widerspruchsverfahren. Die Kosten der Sachverhaltsermittlung können nur im Rahmen spezieller Kosten- und Gebührenregelungen den Beteiligten ganz oder teilweise auferlegt werden. Solche Regelungen sind im Fachrecht an vielen Stellen anzutreffen.[5] Sie erfassen zT auch die Kosten der Sachverhaltsermittlung. Im Übrigen ist die Sachverhaltsermittlung bzw Beweisaufnahme für die Beteiligten nicht mit Kosten verbunden, selbst dann nicht, wenn sie die Beweisaufnahme angeregt oder beantragt haben. Eine **Pflicht zur Kostentragung** kann sich allerdings im Einzelfall dann ergeben, wenn eine **Anscheinsgefahr** oder ein 6a

[4] VGH München BayVBl 1982, 694: der Kfz-Sachverständige kann alles anordnen, was er für erforderlich hält, auch zB eine Fahrprobe.

[5] Nicht nur für Antragsverfahren sind vielfach Gebühren- oder Kostenregelungen vorhanden, etwa für die Bereiche des Bauordnungsrechts, des Wirtschaftsverwaltungsrechts und des allgemeinen Polizei- und Ordnungsrechts.

Gefahrenverdacht besteht (s näher § 24 Rn 10f). Dies ist zB der Fall, soweit das Ordnungsrecht die Möglichkeit der Heranziehung eines Störers oder in den Fällen der Anscheinsgefahr bzw des Gefahrenverdachts auch des Nichtstörers, der aber den Anschein der Störung in zurechenbarer Weise gesetzt hat, ermöglicht.[6]

7 **2. Rechtsnatur der Verfahrenshandlungen.** Die Entscheidungen der Behörde im Rahmen der Sachverhaltsermittlung bzw des Beweisverfahrens, insb die Entscheidung, welche Beweise erhoben werden, sind grundsätzlich **unselbstständige Verfahrenshandlungen** ohne VA-Qualität, die im Übrigen gem § 44a von den Beteiligten nur im Zusammenhang mit den gegen die Entscheidung in der Sache gegebenen Rechtsbehelfen angegriffen werden können.[7] Selbständig angreifbare VAe sind nur dann anzunehmen, wenn sie auf Grund besonderer gesetzlicher Vorschriften über ihre Bedeutung und Wirksamkeit für die Sachaufklärung hinaus für Beteiligte selbstständige eigene Rechtswirkungen haben,[8] insb gesondert erzwingbar sind (s § 35 Rn 109ff) oder Dritte unmittelbar in ihren Rechten berühren.

7a **Selbständig anfechtbare VAe** sind demgemäß nur solche Maßnahmen bzw Anordnungen im Rahmen der Sachverhaltsermittlung, die aufgrund spezieller fachrechtlicher Ermächtigungen Eingriffe in Rechte von Betroffenen (Beteiligten oder auch Dritten) zur Folge haben, zB die selbstständig erzwingbare Anordnung einer **amtsärztlichen Untersuchung** seitens der Dienstbehörde gem § 44 Abs 6 BBG im Rahmen des Zwangspensionierungsverfahrens gegen einen Beamten,[9] **nicht** dagegen die nicht erzwingbare Aufforderung der Behörde gem § 3 Abs 2 StVZO im Verfahren zur Entziehung einer Fahrerlaubnis, **ein Gutachten** über die körperliche und geistige **Eignung zum Führen von Kfz** beizubringen (BVerwGE 80, 43: kein VA, da nicht erzwingbar und da als Folge nur Beweisnachteile).

8 **3. Zuziehung der Beteiligten zur Beweisaufnahme.** Der Grundsatz der Beteiligtenöffentlichkeit der Beweisaufnahme gilt im allgemeinen Verwaltungsverfahren nicht. Anders ist dies gem § 66 Abs 2 im förmlichen Verfahren. Das bedeutet, dass es grundsätzlich im **Verfahrensermessen der Behörde** liegt, ob und in welchem Umfang sie den Beteiligten Gelegenheit geben will, an der Beweisaufnahme teilzunehmen. Dies ist etwa sinnvoll, wenn zu erwarten steht, dass die Beteiligten an einen Zeugen oder Sachverständigen sachdienliche Fragen stellen und dadurch die Durchführung der Beweisaufnahme erleichtern können.

8a **Umstritten** ist die Frage, ob und unter welchen Voraussetzungen es zu einer **Ermessensreduzierung auf Null** kommen kann. Die hM geht davon aus, dass eine Beteiligtenöffentlichkeit aus rechtsstaatlichen Gründen grundsätzlich nicht geboten ist.[10] Die Gegenmeinung betont den engen Zusammenhang von Beweisaufnahme und rechtlichem Gehör und sieht deshalb idR eine Reduktion des Ermessens auf Null, wenn einzelne Beteiligte sich aus sachlichen Gründen an der Beweisaufnahme beteiligen wollen (Obermayer 2. Aufl 107; Kopp 37). Richtigerweise wird man in begründeten Einzelfällen, in denen die Wahrung der Interessen der Beteiligten es erfordert, zB weil eine Beweiserhebung ohne Hinzuziehung der Beteiligten praktisch nicht Erfolg versprechend durchgeführt werden kann, eine Ermessensreduktion auf Null in Betracht zu ziehen haben.

9 **4. Zulässige Beweismittel. a) Grundsatz des Freibeweises.** Die Aufzählung der Erkenntnis- bzw Beweismittel ist nicht abschließend („insbesondere").[11]

---

[6] S hierzu näher Schenke, Polizei- und Ordnungsrecht, 2013, Rn 698.
[7] VGH Kassel NVwZ 1992, 391; StBS 19.
[8] VGH München NJW 1966, 2030; Knack/Henneke 101 mwN.
[9] BVerwGE 34, 250; OVG Lüneburg NVwZ 1990, 1195.
[10] OVG Münster NVwZ 1987, 607; StBS 13; UL § 27 Rn 12; Knack/Henneke 97.
[11] Ebenso StBS 21; Knack/Henneke 33; Brühl JA 1992, 198.

Im Gegensatz zum Beweisrecht im Prozess, für das der Grundsatz des Strengbeweises gilt, gilt im Verwaltungsverfahren gem § 26 Abs 1 der Grundsatz des Freibeweises. Die Behörden sind nicht wie die Gerichte auf einen abschließenden Katalog von Beweismitteln verwiesen, sondern dürfen sich vielmehr bei der Ermittlung des Sachverhalts gem §§ 24, 26 nach pflichtgemäßem Ermessen grundsätzlich **aller Erkenntnismittel** bedienen, die nach den Grundsätzen der Logik, nach allgemeiner Erfahrung und/oder wissenschaftlicher Erkenntnis geeignet sind oder sein können, ihre Überzeugung vom Vorhandensein oder Nicht-Vorhandensein bestimmter entscheidungserheblicher Tatsachen und von der Richtigkeit einer Beurteilung und Wertung von Tatsachen zu begründen (Brühl JA 1992, 198).

b) Beispiele. Zur Ermittlung des Sachverhalts kann die zuständige Behörde 9a **Auskünfte** einholen, Informationen aus **Fachliteratur, Presse und anderen Medien** einschließlich des **Internet** heranziehen, aber auch **Gutachten** in Auftrag geben oder altes **Aktenmaterial** aus früheren Verwaltungsverfahren auswerten. Zu nennen sind zB psychologische Gutachten (BVerwGE 17, 346; 73, 146; 80, 43); Meinungsforschungsgutachten;[12] Tonband- und Filmaufnahmen, sofern zulässigerweise hergestellt (StBS 22); Zeitungsartikel (OVG Koblenz DÖV 1986, 1032), zu wissenschaftlich-technischen Fragen uU auch anerkannte Lehrbücher (vgl Gusy NuR 1987, 156; Gerhardt NJW 1989, 2237). Zur Untersuchung bei Verdacht einer Scheinehe OVG Weimar ThürVGRspr 2003, 177.

5. Erkenntnisquellen. Im Rahmen der Amtsermittlung nach § 24 kann die 10 Behörde auf die bei ihr ohnehin **vorhandenen Informationen und Datenbestände** zurückgreifen. Dabei handelt es sich nicht um eine Beweiserhebung iSd § 26, da es nicht um die Beschaffung von Informationen, sondern um die Nutzung vorhandener geht. Das gilt insbesondere für Karteien, Datenbanken, sonstige elektronisch gespeicherte Informationen, Bibliotheken, Archive und sonstige Sammlungen. Für die Überzeugungsbildung (s § 24 Rn 30) kommt es grundsätzlich nicht darauf an, ob die Informationen bzw Erkenntnisse auf Grund einer Beweisaufnahme oder durch Nutzung eigener Erkenntnisse gewonnen wurden.

Keines Beweises bedürfen entspr § 291 ZPO **allgemeinkundige** (offen- 10a kundige) und **amtskundige** („behördenkundige") **Tatsachen;**[13] auch sie können jedoch grundsätzlich hins ihres Bestandes oder ihrer Anwendbarkeit im konkreten Fall widerlegt werden (vgl BFH NVwZ-RR 1990, 120; s auch § 24 Rn 22). Die Berücksichtigung allgemeinkundiger oder (lediglich) amtskundiger Tatsachen im Verfahren setzt voraus, dass die Behörde die Beteiligten darauf hinweist, ihnen, soweit erforderlich, diese Tatsachen (auch zB Erfahrungssätze usw) und uU auch die Quelle, der die Behörde sie entnimmt, mitteilt und ihnen dazu rechtliches Gehör gewährt.[14]

a) Allgemeinkundige Tatsachen. Allgemeinkundig sind solche Tatsachen, 10b die in der Öffentlichkeit als feststehend angesehen werden und gegen die auch von informierter Seite, insb von der Wissenschaft, keine Zweifel vorgebracht werden, zB **allgemeine Erfahrungssätze,** allgemein anerkannte **technische Normen** (s dazu auch § 24 Rn 27), allgemein anerkannte **wissenschaftliche Erkenntnisse** sowie Tatsachen, über die sich jedermann ohne besondere Fachkunde aus zuverlässigen Quellen unterrichten kann (vgl BVerwG ZBR 1968, 183; 793; WBSK I § 36 Rn 4a). Allgemeine Erfahrungssätze sind „nur solche

[12] Vgl BGH NJW 1987, 350; 1989, 1804; NJW-RR 1987, 1059; Teplitzky WPR 1990, 145.

[13] BVerwG NJW 1982, 2620; DVBl 1985, 577; BSG 33, 279; OVG Hamburg NVwZ 1990, 380; Knack/Henneke 11.

[14] Vgl zu amtskundigen Tatsachen BVerwG NVwZ 1982, 409.

empirisch aus der Beobachtung von Einzelfällen gewonnenen Einsichten", die „auf ihren Anwendungsbereich bezogen, schlechthin zwingende Folgerungen enthalten" (BGH NJW 1982, 2456). Anders, als der besondere Erfahrungssatz, der nicht für jeden Einzelfall Geltung beanspruchen kann, kennt der allgemeine Erfahrungssatz keine Ausnahmen.[15] **Veröffentlichungen in einer Illustrierten** begründen idR keine Offenkundigkeit (KG NJW 1972, 1909).

10c **b) Amtskundige Tatsachen.** Amtskundig (behördenkundig) sind Tatsachen, die einem Amtsträger nicht nur privat oder anlässlich seiner amtlichen Tätigkeit, sondern **aus seiner Amtstätigkeit bekannt** sind und nicht erst einer Feststellung aus den Behördenakten bedürfen, dh nicht nur „aktenkundig" sind.[16] Hat also der zuständige Behördenmitarbeiter in einem Verfahren Feststellungen zB über Örtlichkeiten, Belegenheiten usw getroffen, dann kann er diese ohne weiteres in ein anderes Verwaltungsverfahren einführen, indem er diese auf geeignete Weise aktenkundig macht und den Beteiligten hierzu rechtliches Gehör gewährt, soweit dies nach § 28 geboten ist. Gehen derartige Feststellungen dagegen nur aus Aktenbeständen hervor, so müssen diese beigezogen werden.

10d **c) Beweiswert von Verwaltungsvorschriften, Technischen Regelwerken.** Verwaltungsvorschriften, Technische Regelwerke wie TA Luft, TA Lärm usw, aber auch Technische Prüfdienste, DIN-Vorschriften, Dienstvorschriften usw können für die Sachverhaltsermittlung einen gewissen Beweiswert haben. Dabei ist der Streit über die Frage, ob und inwieweit derartige Regelwerke etwa als antizipierte Sachverständigengutachten im Verwaltungsprozess beachtlich sind,[17] für das Verwaltungsverfahren ohne Belang. Soweit derartige Regelwerke allgemeine Feststellungen bzw Erkenntnisse enthalten, können (bzw müssen) sie von der Behörde im Rahmen ihrer Ermittlungen berücksichtigt werden. Dabei spielt, soweit nicht eine interne Bindung an die jeweiligen Regelwerke besteht, auch ihre Aktualität und Anerkennung bzw Ablehnung in der Fachwelt eine Rolle. Auch bei Bindung an die Verwaltungsvorschrift ist die Behörde stets berechtigt und verpflichtet, darüber hinaus auch Gesichtspunkte des Einzelfalles, besondere Umstände usw in die Ermittlung einzubeziehen.[18]

III. Unzulässige Beweismittel, Beweisverwertungsverbote

11 **1. Allgemeines: Beweiserhebung und Beweisverwertung.** Die Rechtsordnung verbietet bestimmte Formen der Ermittlung und Beweiserhebung. Dabei geht es zumeist um den Schutz der Privatsphäre, aber auch um den Schutz der persönlichen Integrität usw. Für bestimmte Ermittlungen und Beweiserhebungen sieht die Rechtsordnung verfahrensrechtliche Voraussetzungen vor (Belehrungen, vorherige Anordnung durch den Richter usw). Werden diese Voraussetzungen nicht beachtet, ist die Beweiserhebung rechtswidrig. Eine rechtswidrige Beweiserhebung führt dann zu einer Rechtsverletzung eines Betroffenen, wenn sie mit einer Beeinträchtigung seiner Persönlichkeitsrechte bzw seiner Privatsphäre einhergeht. Aus der Rechtswidrigkeit einer Beweiserhebung bzw Ermittlung folgt aber noch nicht automatisch, dass deren Ergebnisse in einem nachfolgenden Verwaltungsverfahren oder einem nachfolgenden gerichtlichen Verfahren nicht verwertet werden dürften. Ob und unter welchen Voraussetzungen derartige „Früchte des verbotenen Baumes" verwertet werden kön-

---

[15] S dazu BVerwGE 65, 84; BGH NJW 1982, 2456; VGH Mannheim VBlBW 1981, 149; Obermayer/Funke-Kaiser §24 Rn 132; StBS 29.

[16] Obermayer/Funke-Kaiser 6; Knack/Henneke 11; vgl auch StBS 23; Kopp/Schenke § 98 Rn 24.

[17] S hierzu näher aus der umfangreichen Lit Breuer AöR 1976, 46, 79; Gusy NVwZ 1995, 105; Jarass JuS 1999, 105, 108; Sparwasser/Komorowski VBlBW 2000, 348, 353.

[18] Zu dieser Pflicht näher Kopp/Schenke § 114 Rn 42.

nen, ist unter Berücksichtigung der Bedeutung der Rechtsverstöße und der öffentlichen Interessen zu beurteilen.

12 **2. Beweiserhebungs- und Ermittlungsverbote.** Ausgeschlossen sind gesetzlich verbotene, ihrer Art nach oder aus sonstigen Gründen (zB Datenschutz) unzulässige Beweismittel,[19] zB der Einsatz von **Lügendetektoren,**[20] der Einsatz von **Folter** zur Erzwingung von Aussagen, der geheime und nicht zugelassene Mitschnitt von Telefongesprächen, das unzulässige Abhören von Gesprächen, Selbstgesprächen usw, nicht dagegen zB Tagebuchaufzeichnungen (vgl BVerfG 80, 372 = NJW 1990, 1799) und freiwillig der Behörde anvertraute, für den Betroffenen belastende Tatsachen.[21] Unzulässig sind auch absolut ungeeignete Beweismittel, etwa astrologische Gutachten zur Bestimmung von Gefahren. Zulässig sind hingegen Alkohol-Testkäufe Jugendlicher (OLG Bremen NStZ 2012, 220).

13 **3. Beweisverwertungsverbote. a) Allgemeines.** Bei der Feststellung von Beweisverwertungsverboten geht es um die Frage, ob **unter Verstoß gegen geltendes Recht gewonnene Informationen** im Verwaltungsverfahren verwertet werden dürfen oder – gewissermaßen sehenden Auges – unberücksichtigt bleiben müssen. Ferner geht es um die Frage, ob auch Informationen, die lediglich im Zusammenhang oder als Folge rechtswidriger Sachverhaltsermittlung gewonnen worden sind (Früchte des verbotenen Baumes), auch dem Verwertungsverbot unterliegen. Allein der Umstand, dass die Informationen rechtswidrig erhoben wurden, führt noch nicht automatisch zu einem allgemeinen Verwertungsverbot.[22] Vielmehr wird es auf eine Abwägung zwischen der Bedeutung der Information für das Verfahren auf der einen und dem bei der Verwertung des Rechtsguts auf der anderen Seite ankommen **(Abwägungslösung).**[23] Wegen dieses Abwägungserfordernisses können die **Verwertungsverbote des Strafprozessrechts nicht ohne weiteres auf das Verwaltungsverfahren übertragen** werden. Im Rahmen der Abwägung kommt es ua darauf an, ob unmittelbar durch den Rechtsverstoß erlangte Informationen verwertet werden sollen oder solche, zu deren Erhebung die Verwaltung aufgrund des Rechtsverstoßes veranlasst wurde, die aber – für sich genommen – ohne Rechtsverstoß erlangt wurden.[24]

14 **b) Unmittelbar erlangte Informationen.** Bei unmittelbar durch den Rechtsverstoß erlangten Informationen kommt es für die Verwertbarkeit auf Art und Schwere des Rechtsverstoßes an. Insbesondere dann, wenn der Rechtsverstoß unter Verletzung der besonders geschützten persönlichen Privatsphäre erfolgt ist, wird eine Verwertung idR unzulässig sein. Als **zulässig** angesehen wurde die Verwertung **tagebuchähnlicher Aufzeichnungen** (BVerfGE 80, 367), eine **Blutprobe, die unter Verstoß gegen den Richtervorbehalt** gewonnen wurde,[25] als **unzulässig** die Aufzeichnung eines in einem Krankenzimmer **aufgezeichneten Selbstgesprächs** (BGHSt 50, 206). Unzulässig ist die Verwertung von Aussagen, die mittels **verbotener Vernehmungsmethoden** erlangt

---

[19] Vgl Rüping, Beweisverbote, 1981; Küpper JZ 1990, 416; Blau Jura 1993, 513; Hüsch, Verwertungsverbote im Verwaltungsverfahren, 1991; Störmer, Dogmatische Grundlagen der Verwertungsverbote, 1992, zugl Diss Marburg.

[20] Vgl BVerfG NJW 1982, 375; BVerwGE 17, 346; kritisch Schwabe NJW 1982, 367; Amelung NVwZ 1982, 38.

[21] Vgl OLG Hamm NStZ 1989, 187; **aA** OLG Hamburg NJW 1985, 2541 = JR 1986, 168 m krit Anm von Meyer.

[22] BVerfG NJW 2012, 907; OVG Hamburg ZAR 2007, 248.

[23] BVerfG NJW 2012, 907; BGHSt 44, 243, 248.

[24] OLG Köln NZV 2001, 137; BGH NJW 1987, 2525; BGH NJW 1980, 1700; OVG Weimar VRS 128, 101; demgegenüber vgl EGMR NJW 2010, 3145.

[25] VGH Mannheim VBlBW 2010, 400; OVG Bautzen, B v 1.2.2010, 3 B 161/08; OVG Lüneburg VD 2008, 242; OVG Weimar VRS 128, 101.

wurden. Hierzu werden analog §§ 136a, 163a Abs 4 StPO auch unter Verstoß gegen gesetzliche Verbote (Schneider NJW 1978, 1602; Krause/Steinbach DÖV 1985, 556), Grundrechtsgewährleistungen[26] uä auf rechtswidrige Weise[27] erlangte Beweismittel,[28] zB **heimliche Tonbandaufnahmen** (vgl BGH NJW 1982, 278; 1988, 1016; 1989, 278: jedenfalls gem § 201 Abs 2 StGB) und sonstige unter Verletzung des Persönlichkeitsrechts erlangte Beweismittel (vgl ArbG Berlin NJW 1989, 861) gehören; ferner unter Verletzung des Wahlgeheimnisses (BVerwGE 49, 76), des Brief-, Post- oder Fernmeldegeheimnisses gem Art 10 GG (vgl Knack/Henneke 25), des Datenschutzes gem § 5 BDSG, der **Verschwiegenheitspflicht** der Ärzte, Rechtsanwälte, Seelsorger usw erlangte Beweismittel; unter Verletzung des Völkerrechts usw (BGH NJW 1990, 1799), durch unerlaubte Einwirkung eines Staatsorgans usw erlangte Beweismittel.[29]

15 **c) Mittelbar erlangte Informationen. Weniger problematisch** ist der Umgang mit Erkenntnissen, die nicht unmittelbar aufgrund unzulässiger Beweiserhebung bzw Informationsbeschaffung zur Verfügung stehen, sondern lediglich mittelbar durch sie erlangt wurden. Ein Beweismittel wird nämlich nicht schon dadurch unzulässig, dass es zufällig oder infolge einer rechtlich nicht erforderlichen Maßnahme entstanden ist oder von der Behörde erlangt wurde.[30] Auch hier wird es aber auf eine **Abwägung der beteiligten Interessen** unter Berücksichtigung des jeweiligen Rechtsverstoßes ankommen. Zulässig ist danach die Verwertung einer Auskunft, die nur eingeholt wurde, weil zuvor auf rechtswidrige Weise ein Hinweis erlangt wurde, die Aussagen von Polizeibeamten, die unzulässigerweise zur Überwachung eingesetzt waren usw. Überwiegend als zulässig angesehen wird die Verwertung der Daten auf einer **Steuer-CD,** die von einer Person angekauft wird, auch wenn dieser die Daten möglicherweise rechtswidrig erlangt hat.[31] Auch Beweismittel, die im Zuge einer **rechtswidrigen Wohnungsdurchsuchung** gewonnen wurden, dürfen uU verwertet werden (BVerfG NJW 2009, 3225).

IV. Die einzelnen Beweismittel (Abs 1 S 2)

16 **1. Einholung von Auskünften (Nr 1).** Die Einholung von Auskünften (Nr 1) ist im Verwaltungsverfahren **allgemein zulässig.** In Betracht kommen Auskünfte jeder Art, insb anderer Behörden, die im Weg der Amtshilfe erbeten werden,[32] aber

---

[26] Vgl zB BVerfG NJW 1982, 375; BGHZ 27, 284; 73, 120; BGH NJW 1981, 277.

[27] Vgl BGH NJW 1990, 1799; Kramer NJW 1990, 1760; LRStPO 13 zu § 136a mwN.

[28] Vgl Knack/Henneke 23 ff, § 24 Rn 46; vgl auch BVerfG 65, 46; BVerwG NJW 1988, 1924; NVwZ 1988, 432; BGH NJW 1982, 278; 1989, 2760; BayObLG NJW 1990, 197; LG Frankfurt NJW 1982, 1056; Hüsch, Verwertungsverbote, 24 ff; Kaissis, Die Unverwertbarkeit materiell rechtswidrig erlangter Beweismittel, 1978; Krause/Steinbach DÖV 1985, 556; Hufen JZ 1984, 1077; Fezer JZ 1987, 937; Eberle, in: Martens-GedS 1987, 351; Reichert-Hammer JuS 1989, 446; Schröder JZ 1990, 1034 mwN; Hill NVwZ 1985, 453; Simitis NJW 1986, 2805; Brodersen JuS 1988, 577; Brinkmann DÖV 1985, 900.

[29] StBS § 24 Rn 32; Werner NJW 1988, 993; Hufen JZ 1984, 1077; Hill NVwZ 1985, 453; Krause/Steinbach DÖV 1985, 557; ferner Kopp/Schenke § 98 Rn 4.

[30] BVerwG BayVBl 1982, 570: Berücksichtigung des Ergebnisses einer rechtlich nicht veranlassten theoretischen Fahrprüfung als neue Tatsache nicht unzulässig; OLG Köln NZV 2001, 137: Fernwirkung von Verwertungsverboten wird idR verneint; BVerfG 80, 367 zur Verwendung von Tagebuchaufzeichnungen als Beweismittel; Hüsch, Verwertungsverbote, S. 385 ff; Schünemann NJW 1978, 406; Kopp/Schenke § 98 Rn 4; kritisch Ule DVBl 1990, 1245; Störmer Jura 1991, 17; zT **aA** Bottke JA 1980, 749.

[31] BVerfG NJW 2011, 2417; zutreffend bejahend Rüsken BFH-PR 2011, 112; **aA** Haensle/Reichold DVBl 2010, 1277.

[32] Vgl § 5 Abs 1 Nr 3, sowie dazu 16 zu § 5; zu Auskünften der Finanzbehörden und Sozialbehörden BVerwG DVBl 1982, 696, der Behörden des Verfassungsschutzes auch Meyer-Teschendorf ZBR 1979, 261; Wenstenfeld ZBR 1979, 71.

auch von Privatpersonen (Obermayer 64; StBS 36; Knack/Henneke 34). Eine besondere **Form** ist nicht vorgeschrieben. Möglich sind deshalb schriftliche Auskünfte, aber auch mündlich, ggfs fernmündlich eingeholte Auskünfte. Letztere müssen, sollen sie Verwendung finden, aktenkundig gemacht werden. Von **Zeugenaussagen unterscheiden** sich Auskünfte dadurch, dass die Auskunft die Kenntnis von Tatsachen erst verschaffen will, während die Zeugenaussage der Bestätigung einer Tatsache dient (Knack/Henneke 34; StBS 40), von Sachverständigengutachten dadurch, dass Gutachten erst noch eine Wertung und Würdigung von Tatsachen voraussetzen (Knack/Henneke 34).

a) Gegenstand. Gegenstand einer Auskunft können **Tatsachen,** zB Feststellungen über bestimmte Vorgänge, Eintragungen usw sein, **nicht** dagegen **Rechtsfragen,** mit Ausnahme solcher, die Gewohnheitsrecht, Satzungs- und Verordnungsrecht oder ausländisches Recht betreffen (vgl § 293 ZPO). **Aussagen** und Äußerungen **von Beteiligten,** Sachverständigen und Zeugen fallen nicht unter Nr 1, sondern unter Nr 2; anders Auskünfte über solche Aussagen usw. 17

b) Pflicht zur Auskunftserteilung. Auskunftsverlangen gegenüber Privaten können, soweit Rechtsvorschriften nichts anderes vorsehen, **nicht erzwungen werden** (StBS 41, Knack/Henneke 34). Pflichten zur Auskunftserteilung enthalten zB § 22 GastG, § 93 AO, § 117 SGB XII sowie §§ 98 ff SGB X. Behörden sind nach Maßgabe der Amtshilfebestimmungen der §§ 4 ff zur Erteilung von Auskünften verpflichtet. Innerhalb von Behörden muss die Erteilung von Auskünften durch das Weisungsrecht sichergestellt werden. Zu den Obligenheiten der Beteiligten s unten Rn 40 ff. Soweit Auskunftspflichten Privater bestehen, können sie idR durch VA durchgesetzt werden (vgl OVG Münster NWVBl 1991, 12). 18

c) Dokumentation der Auskünfte. Aus dem Gebot der Aktenführung (s § 29 Rn 1a) folgt, dass die Ergebnisse der Einholung von Auskünften in den Verwaltungsakten dokumentiert werden müssen. Die Art und Weise der Dokumentation ist in das Verfahrensermessen der Verwaltung gestellt, die sich dabei allerdings am Grundsatz der Unmittelbarkeit zu orientieren hat. Das bedeutet, dass schriftliche Auskünfte unmittelbar zu den Akten gelangen müssen; ebenso Auskünfte, die per E-Mail eingeholt wurden. Eine Protokollierungspflicht für mündliche Auskünfte gibt es dagegen nicht. Insoweit ist es zulässig, wenn das Ergebnis der Befragung zusammengefasst in einem Vermerk festgehalten wird, Etwaige Nachteile, die sich daraus für die spätere Verwertbarkeit in einem Prozess ergeben, gehen dann idR zu Lasten der Behörde. 18a

2. Anhörung Beteiligter (Nr 2). Eine Anhörung Beteiligter (§ 13) gem § 26 Abs 1 Nr 2 ist **als Beweismittel** von der Gewährung rechtlichen Gehörs nach § 28 Abs 1, mit der sie jedoch verbunden sein kann und dann praktisch zusammenfällt, zu unterscheiden. Nr 2 bezeichnet abweichend vom Sprachgebrauch des § 28 mit Beteiligtenanhörung als Beweismittel **nur die mündliche** Anhörung und nennt die Einholung schriftlicher Äußerungen gesondert. Beide Formen der Beteiligtenanhörung (iwS) gehören zu den **wichtigsten Beweismitteln im Verwaltungsverfahren,** weil die Beteiligten vielfach die wichtigsten, oft die einzigen „Wissensträger" sind. Zur **Mitwirkungspflicht** der Beteiligten gem Abs 2 auch unten Rn 40. Die Anhörung der Beteiligten bzw bei juristischen Personen deren gesetzlicher oder satzungsgemäßer Vertreter usw (auch Minister, Behördenleiter usw) ist nach Nr 2 im Verwaltungsverfahren als Beweismittel allgemein und nicht wie im Zivilprozess nur unter bestimmten Voraussetzungen zulässig. Die Einholung schriftlicher Äußerungen von Beteiligten nach Nr 2, 2. Halbs ist vor allem dann zweckmäßig, wenn es auf den persönlichen Eindruck nicht wesentlich ankommt. Aus der allgemeinen Verpflichtung zur vollständigen Aktenführung folgt, dass das **Ergebnis der Anhö-** 19

rung zu dokumentieren ist. Eines wörtlichen Protokolls bedarf es grundsätzlich nicht.

20 **a) Unterscheidung von Anhörung und Beweisaufnahme.** Wegen der unterschiedlichen Funktion wie auch wegen des **unterschiedlichen Beweiswertes** (vgl BVerwG NVwZ 1982, 40) der Anhörung Beteiligter gem § 28 im Rahmen des rechtlichen Gehörs einerseits und andererseits einer Anhörung iS von Nr 2 bzw der Einholung schriftlicher Äußerungen von Beteiligten zur Erläuterung eines unklaren Sachverhalts (sog **informatorische Anhörung**) oder schließlich als Beweismittel ist grundsätzlich immer zu unterscheiden, ob die Anhörung als Beteiligter bzw Einholung schriftlicher Äußerungen von Beteiligten nach § 26 oder (nur) nach § 28 erfolgt. Bei der Anhörung iwS als Beteiligter nach § 26 ist es grundsätzlich geboten (§ 10), im Interesse der Wahrheitsfindung den Beteiligten darauf hinzuweisen und ihn besonders zur Wahrheit zu ermahnen.

21 **b) Aussagepflichten, Persönliches Erscheinen.** Eine Verpflichtung zum persönlichen Erscheinen zu einer Beteiligtenvernehmung und/oder zur Aussage besteht nach dem VwVfG nicht (Abs 2 S 2), kann sich aber aus anderen Gesetzen ergeben (zB §§ 60 ff SGB I). Entsprechendes gilt trotz der insoweit nicht ganz klaren Fassung von Abs 2 S 2 auch für von der Behörde erbetene schriftliche Äußerungen gem Nr 2. Besonderer Regelungen über Aussageverweigerungsrechte bedurfte es daher nicht. Ebenso hat die Behörde, soweit nicht gesetzlich etwas anderes bestimmt ist (zB § 65), nach § 26 keine Möglichkeit, zur Herbeiführung wahrheitsgemäßer Aussagen eine **Beeidigung** vorzunehmen oder durch ein Gericht vornehmen zu lassen (UL § 27 Rn 5; Kopp 74) oder eine eidesstattliche Versicherung (§ 27) zu verlangen (UL § 27 Rn 5). Die Behörde kann aus der **Weigerung eines Beteiligten,** ihrer Bitte um Erscheinen und Aussage oder um eine schriftliche Äußerung nachzukommen, jedoch uU im Rahmen der Beweiswürdigung Schlüsse ziehen (s § 24 Rn 50; ferner unten Rn 43 f).

22 **c) Folgen von Falschaussagen.** Falsche Aussagen vor einer Behörde, die nicht zur eidlichen Vernehmung befugt ist (vgl § 153 StGB), sind vorbehaltlich besonderer gesetzlicher Vorschriften (vgl zB § 117 SGB XII) **nicht als solche strafbar.** In Betracht kommt eine Strafbarkeit aber unter anderen Gesichtspunkten, etwa, wenn mit dem VA, um dessen Erlass es geht, Vermögensvorteile verbunden sind, wegen Betrugs uä. Zur Strafbarkeit einer falschen Aussage in anderen Fällen s §§ 153 ff StGB, einer falschen Versicherung an Eides statt (vgl § 27) §§ 156, 163 StGB sowie § 27 Rn 1a.

23 **3. Vernehmung von Zeugen (Nr 2).** Zeugen sind natürliche Personen, von denen nach den Umständen angenommen werden kann, dass sie in fremden Angelegenheiten aus eigener Wahrnehmung etwas über bestimmte Tatsachen aussagen können. **Sachverständige Zeugen** sind Personen, die ihre Wahrnehmungen kraft ihrer besonderen Sachkunde machen (vgl BVerwGE 71, 40 mwN; BVerwG NJW 1986, 2268); sie sind Zeugen, nicht Sachverständige (Knack/Henneke 51; **aA** Jessnitzer 355).

24 **a) Keine Beteiligtenstellung.** Als Zeugen kommen wie im Prozessrecht nur am Verfahren nicht beteiligte Dritte in Betracht. Auch im Verwaltungsverfahren können die „Parteien", dh die Beteiligten (§ 13), nicht Zeugen sein (ebenso Knack/Henneke 44), daher auch zB **nicht** die **Mitglieder der Vertretungsorgane** einer Körperschaft (§ 12 Abs 1 Nr 3 und 4), zB Minister, Behördenleiter usw (vgl § 62 Abs 2 VwGO) oder die Behördenbediensteten, die die Entscheidung in dem betreffenden Verfahren zu treffen haben, wohl aber sonstige Beamte.[33]

---

[33] Vgl VGH Mannheim NJW 1988, 3282; StBS 72; Knack/Henneke 44; Obermayer/Funke-Kaiser 46.

b) Mündliche oder schriftliche Befragung. Zeugen werden von der Behörde nach ihrem Ermessen entweder mündlich gehört oder, wenn es auf den persönlichen Eindruck nicht wesentlich ankommt, durch Einholung einer schriftlichen Äußerung befragt (Nr 2, 2. Halbs). Eine Verpflichtung zum persönlichen Erscheinen zur Aussage oder zu einer schriftlichen Äußerung als Zeuge besteht nach dem VwVfG nur im förmlichen Verfahren (Abs 2, § 65), kann sich aber aus anderen Rechtsvorschriften ergeben. Soweit keine Verpflichtung besteht, erübrigen sich Regelungen über ein **Zeugnisverweigerungsrecht** (StBS 74). Eine generelle Pflicht der Behörde, Zeugen darüber zu belehren, dass sie zur Aussage nicht verpflichtet sind, besteht nicht (BVerwG DÖV 1994, 740). 25

c) Aussagegenehmigung. Beamte bedürfen für ihre Aussagen als Zeugen über Angelegenheiten, die ihnen bei ihrer amtlichen Tätigkeit bekannt geworden sind, grundsätzlich einer Aussagegenehmigung des Dienstherrn (vgl § 68 BBG; § 376 ZPO). Vgl allg zur Aussagegenehmigung Ziegler, Die Aussagegenehmigung im Beamtenrecht, 1989. Die **Verweigerung der Aussagegenehmigung ist ein VA,** den die dadurch möglicherweise benachteiligten Verfahrensbeteiligten anfechten können.[34] Unabhängig davon kann die das Verfahren führende Behörde die Weigerung ggf nach allgemeinen Grundsätzen (vgl § 444 ZPO; § 24 Rn 50; unten Rn 43f) je nach den besonderen Umständen des Falles zugunsten des dadurch in Beweisnot kommenden Beteiligten bei der Beweiswürdigung berücksichtigen. 26

4. Hinzuziehung von Sachverständigen (Nr 2). a) Begriff. Sachverständiger[35] ist eine Person, die der Behörde das ihr fehlende Fachwissen zur Beurteilung von Tatsachen vermittelt (vgl BVerwGE 45, 248). Als **Gehilfe der Behörde** gelten für ihn die Regelungen der §§ 20f (s unten Rn 31a). Die Zuziehung Sachverständiger kommt sowohl zur Feststellung von äußeren und inneren Tatsachen, von **allgemeinen Erfahrungssätzen** als auch zur Klärung von **Schlussfolgerungen,** die aus allgemeinen Erfahrungssätzen für einen konkreten Sachverhalt zu ziehen sind, ggf auch zur Feststellung von **Gewohnheitsrecht und ausländischem Recht** (vgl § 293 ZPO), nur ausnahmsweise dagegen von (deutschem) Satzungs- und Verordnungsrecht,[36] in Betracht. 27

Nicht erforderlich ist, dass ein Sachverständiger speziell zum konkreten Verfahren zugezogen wird; die Behörde kann **auch Gutachten,** die **in anderen Verfahren** angefallen sind, verwerten (vgl BVerwG NVwZ 1990, 375 und 653). Sie müssen dann allerdings auf eine Weise in das Verfahren eingeführt werden, die eine Stellungnahme der Beteiligten hierzu ermöglicht. Von den Beteiligten zur Stützung ihres Vorbringens vorgelegte sog **Privatgutachten stellen keinen Sachverständigenbeweis** iS der Vorschrift dar, da Nr 2 die Einholung durch die Behörde verlangt.[37] Rechtlich handelt es sich zunächst nur um ein Beteiligtenvorbringen. Die Behörde kann solche Gutachten jedoch im Einvernehmen mit dem Privatgutachter zu Gutachten iS der Regelung machen. **Rechtsgutachten,** soweit sie nicht der Feststellung von Gewohnheitsrecht oder von fremdem Recht dienen, sind keine Sachverständigengutachten iS der Nr 2. 28

b) Notwendigkeit. Die Behörde muss Sachverständige zuziehen, wenn die Beurteilung eines Sachverhalts besondere Sachkunde erfordert, die kein 29

---

[34] BVerwGE 18, 59; 34, 254; VGH München BayVBl 1982, 695 ua mit Ausführungen auch zur Frage, wann die Genehmigung versagt werden kann, und zur gerichtlichen Nachprüfung der Verweigerung; s dazu auch VG Mainz DVBl 1982, 659; vgl ferner Schmid JR 1978, 8; Ziegler DRiZ 1989, 11.

[35] Allg zur Zuziehung von Sachverständigen im Verwaltungsverfahren Jessnitzer, Der gerichtliche Sachverständige, Anhang: der Sachverständigenbeweis nach dem VwVfG.

[36] Die Feststellung des anzuwendenden Rechts durch einen Sachverständigen kommt idR nur in Betracht, wenn die Quellen unzugänglich oder die Authentizität ungeklärt ist.

[37] S näher Scherzberg DVBl 2006, 377 zum privaten Gutachter im Umweltrecht.

Angehöriger der Behörde besitzt.[38] Glaubt die Behörde, selbst die erforderliche besondere Sachkunde zu besitzen, obwohl dies nach ihrem Aufgabenbereich und ihrer personellen Ausstattung nicht ohne weiteres angenommen werden kann, so muss sie dies in der Begründung nach § 39 näher darlegen (vgl BVerwG MDR 1969, 1040). Entsprechendes gilt, wenn die Behörde vom Gutachten des Sachverständigen abweicht (BGH NJW 1989, 2948). Hins der Beurteilung, ob die eigene Sachkunde ausreicht, hat die Behörde einen gewissen Beurteilungsspielraum (vgl zum Prozessrecht BVerwG NVwZ 1985, 395).

30 **c) Voraussetzungen.** Die Feststellung der für die Erstellung („Erstattung“) des Gutachtens erforderlichen Tatsachen kann die Behörde nach ihrem Ermessen (§ 40, § 24 Abs 1 S 2) grundsätzlich auch dem Sachverständigen überlassen (vgl BVerwG NJW 1986, 1187); sie muss dies uU sogar, wenn Feststellungen gerade die besondere Sachkunde eines Sachverständigen erfordern; anders uU bei strittigen Tatsachen, die nicht in die Kompetenz des Sachverständigen fallen. In jedem Fall muss die Behörde jedoch die Voraussetzungen und Ergebnisse der Begutachtung **in eigener Verantwortung nachprüfen** bzw nachvollziehen und sich ein eigenes Bild machen und darf sie nicht einfach übernehmen. Der Gutachter kann auch seinerseits mit der Vorbereitung des Gutachtens **Hilfskräfte** betrauen, vorausgesetzt, dass sichergestellt ist, dass er deren Beitrag eigenverantwortlich überprüft und das Gutachten selbst dann in allen Punkten, auch zu Nebensächlichkeiten, seine eigene, selbstverantwortlich gewonnene Überzeugung wiedergibt (BVerwG NVwZ 1993, 771).

31 **d) Auswahl des Sachverständigen.** Der Sachverständige muss **unparteiisch** sein, dh es dürfen in seiner Person weder Ausschlussgründe (§ 20) noch Befangenheitsgründe (§ 21) vorliegen.[39] Er muss außerdem über die erforderliche besondere **Sachkunde** verfügen (BVerwGE 45, 235). Nicht erforderlich ist, dass der Sachverständige öffentlich bestellt (§ 36 GewO) oder vereidigt ist (StBS 68). Inzwischen ist weitgehend anerkannt, dass als **Sachverständige nicht nur natürliche Personen** in Betracht kommen, sondern auch juristische Personen, Einrichtungen und Behörden[40] sowie weiter, dass die Behörde die nähere Auswahl eines Sachverständigen auch zB einer Fachbehörde, Klinik oder sonstigen Einrichtung usw überlassen und idS „kurzerhand“ eine andere Behörde uä „als Sachverständigen“ zuziehen kann.[41] Im Zweifel ist die Zuziehung einer Fachbehörde, einer privaten Organisation uä „als Sachverständiger“ in diesem Sinn zu verstehen.

31a **e) Durchführung des Gutachterauftrages.** Da der **Gutachter hoheitlich tätig** ist, besteht bei fehlerhaften Gutachten ein **Amtshaftungsanspruch** gegen den Staat.[42] Hins der Verpflichtung zur Tätigkeit als Sachverständiger gilt grund-

---

[38] BVerwGE 17, 342; 68, 182; 69, 73; BGH NVwZ 1988, 284; BSG 33, 279.

[39] Da der Sachverständige „Gehilfe“ der Behörde ist, gelten für ihn die Ausschlussregelungen der §§ 20f; str; wie hier Knack/Henneke 60; Wemdzio NuR 2012, 19, 22; ebenso im Ergebnis auch Obermayer 69 und StBS 69: §§ 20f analog; zT **aA** UL § 12 Rn 4: § 65 analog; MB 5 vor § 20; Jessnitzer 342 Im förmlichen Verfahren haben die Beteiligten gem § 65 Abs 1 S 2 außerdem ein Ablehnungsrecht. Der Umstand, dass der Sachverständige Beamter ist, stellt für sich allein keinen Ausschlussgrund dar vgl BVerwGE 18, 218; 76, 137; RÖ VwGO § 98 Rn 10.

[40] BVerwGE 56, 110, 127; OVG Münster NWVBl 1992, 27; VGH München BayVBl 1982, 694: auch Fachbehörden; ebenso Knack/Henneke 56; StBS 70; **aA** Bleutge NJW 1985, 1185, 1187.

[41] Vgl BVerwG NJW 1969, 1591; BVerwGE 56, 110, 127; OVG Münster NWVBl 1992, 27; VGH München BayVBl 1982, 694; Kopp/Schenke § 98 Rn 7; Gießler RzW 1981, 41; StBS 70; Knack/Henneke 56; **aA** Bleutge NJW 1985, 1185, 1187.

[42] HM; vgl OLG Köln NJW 1989, 2065; Kopp/Schenke § 98 Rn 17; **aA** OLG Düsseldorf NJW 1986, 2891; allg zur Sachverständigenhaftung Damm JZ 1991, 373; Eickmeier, Die Haftung des gerichtlichen Sachverständigen für Vermögensschäden, 1993; Wemdzio NuR 2012, 19, 25.

sätzlich dasselbe wie bei Zeugen (§ 26 Abs 2 und § 65). Für beamtete Sachverständige können zwar entsprechende Dienstpflichten zur Erstattung von Gutachten bestehen; gegen ihren Willen werden Sachverständige aber idR nicht beauftragt. Problematisch ist, ob die Behörde das Gutachten eines Sachverständigen verwenden darf, obwohl in seiner Person Ausschlussgründe nach § 20 oder Gründe, die Besorgnis der Befangenheit nach § 21 rechtfertigen, vorliegen. Hier wird man differenzieren müssen. Ein mündliches Gutachten darf der Sachverständige nicht mehr abgeben; ein bereits vorliegendes schriftliches Gutachten darf als Urkunde in die Amtsermittlung einbezogen werden **(kein kategorisches Beweisverwertungsverbot).** Bedenken gegen die Objektivität des Sachverständigen sind zudem bei der Würdigung des Beweiswertes zu berücksichtigen.[43]

f) Weitere Gutachten. Die Einholung weiterer, sog **Obergutachten** ist grundsätzlich nur dann erforderlich, wenn ein Gutachten Mängel aufweist, die es zur Sachverhaltsfeststellung als ungeeignet erscheinen lassen.[44] Das ist insb der Fall, wenn sich erhebliche **Zweifel an der Sachkunde** des bereits zugezogenen Gutachters ergeben oder wenn durch den Vortrag der Beteiligten oder durch eigene Überlegungen der Behörde die Ergebnisse des Gutachtens oder die Voraussetzungen, von denen der Gutachter ausging, ernsthaft erschüttert werden, ferner wenn einander widersprechende Gutachten vorliegen oder wenn das Gutachten aus anderen Gründen die Überzeugung der Behörde nicht zu begründen vermag (vgl BVerwGE 56, 127; 71, 45 mwN). Ist die Behörde dagegen von der Richtigkeit der vom Sachverständigen dem Gutachten zugrundegelegten Tatsachen und der Schlussfolgerungen auf Grund eigener Nachprüfung überzeugt, so kann sie nach dem **Rechtsgedanken des § 244 Abs 4 S 2 StPO** auch Anträge auf Einholung weiterer Gutachten ablehnen; **das Verbot vorweggenommener Beweiswürdigungen gilt** für die Ablehnung der Einholung weiterer Gutachten **nicht.**[45] Allerdings ist die Behörde verpflichtet, den Beteiligten die nötigen Akten herauszugeben, wenn diese auf eigene Kosten eigene Gutachten anfertigen lassen wollen (OVG Koblenz NJW 1997, 2342). Zur **Beweiskraft amtsärztlicher Gutachten** vgl ua OVG Koblenz NVwZ 1990, 388. 32

5. Beiziehung von Urkunden und Akten (Nr 3). a) Begriff der Beiziehung. Beiziehung ist die Anforderung von Urkunden bzw Akten bei den Beteiligten, anderen Behörden oder Dritten ohne verpflichtenden Charakter zu Beweiszwecken (Obermayer 112). Sie erfolgt idR formlos. Etwas anderes gilt, wenn dem Betroffenen gegenüber eine Pflicht zur Vorlage (s hierzu Rn 36) durchgesetzt werden soll. In diesen Fällen stellt die verpflichtende Aufforderung zur Vorlage idR einen VA dar. 33

b) Urkundsbegriff. Urkunden sind schriftlich niedergelegte Äußerungen von Personen, die einen bestimmten Gedankeninhalt vermitteln (ähnlich StBS 88 und Knack/Henneke 66: die schriftliche Verkörperung eines Gedankens). Anders als im Strafrecht kommt es hier nicht darauf an, ob die Urkunde einen Aussteller erkennen lässt und im Rechtsverkehr sonst Bedeutung hat.[46] Urkunden können amtlicher oder privater Natur sein, zB amtliche Schreiben, private Briefe (vgl Stelkens ZAR 1975, 21; Ritter NVwZ 1986, 29 zur Beweiskraft privater Briefe in Asylverfahren); auch zB **Fotokopien und Reproduktionen,** wenn sie anstelle des Originals den Gedanken verkörpern sollen und nicht nur als Hinweis 33a

---

[43] Vgl BVerwG IFLA 1995, 104–106.

[44] BVerwGE 56, 127; BVerwG DÖV 1982, 411; Buchh 310 § 86 Abs 1 VwGO Nr 79; 442.10 § 4 StVG Nr 42; OVG Koblenz NJW 1997, 2342.

[45] BVerwG BayVBl 1971, 199; Kopp/Schenke § 98 Rn 15c für den Verwaltungsprozess.

[46] Obermayer/Funke-Kaiser 66 ; Ziekow 15.

auf die Originalurkunde erscheinen.[47] **Behördliche Eingangsstempel** sind öffentliche Urkunden, auch wenn sie nicht mit einem Namenszug versehen sind (OVG Bremen NordÖR 2014, 450). **Fotografien** sind idR keine Urkunden,[48] sondern Augenscheinsobjekte, es sei denn sie vermitteln einen bestimmten Gedankeninhalt, zB anstelle eines Originalschriftstücks den Gedanken, den auch das Original verkörpert.

33b **Zu den Urkunden** zählen auch behördliche oder gerichtliche Inhalts- oder Ergebnisprotokolle über Zeugen- oder Sachverständigenaussagen; **nicht** dagegen **schriftliche Zeugenaussagen** selbst[49] und schriftliche **Sachverständigengutachten,** die im Verwaltungsverfahren erhoben worden sind, da diese in Abs 1 Nr 2 dem Zeugen- und Sachverständigenbeweis zugeordnet sind;[50] ebenfalls nicht **Tonband- und Videoaufnahmen,** da diese Augenscheinsobjekte sind (s unten Rn 37). Auf den **Aussteller** (amtliche Stellen oder Privatpersonen), den Zweck der Errichtung und den Inhalt kommt es insoweit für den Charakter als Urkunde nicht an. Nicht erforderlich ist auch, dass die Urkunde unterschrieben ist. Diese Umstände sind jedoch idR für den Beweiswert, uU auch für die Beweiskraft, von Bedeutung. Vgl auch zu „Ober"- oder „Neben"schriften statt Unterschriften BGH NJW 1991, 487; 1992, 829. **Keine Urkunden** sind bloße **Beweiszeichen** uä (anders der insoweit weitere Urkundenbegriff des Strafrechts); sie können nur Gegenstand eines Augenscheins iS von Nr 4 sein.

34 Die Bestimmungen über die **Beweiskraft von Urkunden** gem §§ 415 bis 419 ZPO sind als Ausdruck allgemeiner Rechtsgedanken auch im Verwaltungsverfahren anwendbar.[51] Sie gelten grundsätzlich auch für ausländische Urkunden.[52] Voraussetzung ist allerdings, dass es sich auch tatsächlich um Urkunden iS dieser Vorschriften handelt. Dies muss erforderlichenfalls im Verwaltungsverfahren auf geeignete Weise überprüft werden (zB durch Einholung eines Sachverständigengutachtens). Zur **Beweiskraft** von **Sitzungsniederschriften** von Behörden vgl VGH Mannheim NJW 1990, 1808 (Sitzungsniederschrift nach einer Gemeindeordnung). Dieselben **Grundsätze** müssen **allgemein** gelten, auch zB für die Niederschrift über die mündliche Verhandlung nach § 68 Abs 4.

35 **c) Begriff der Akten.** Akten iS von Nr 3 sind nach bestimmten Ordnungsgesichtspunkten gesammelte, in einem Ordner oder in anderer geeigneter Form zusammengestellte Urkunden und sonstige Unterlagen einschließlich elektronischer Dokumente (vgl StBS 89; Knack/Henneke 89). Sie können öffentlich (zB Behördenakten, Gerichtsakten) oder privat sein (StBS 89; Knack/Henneke 90). Eine Verpflichtung zur Anlegung und Führung von Akten wird jedoch weder durch § 5 noch durch § 26 Abs 1 Nr 3, wohl aber mittelbar durch § 29 begründet (s § 29 Rn 1a).

36 **d) Vorlagepflicht. Die Beteiligten** (§ 13) sind grundsätzlich im Rahmen ihrer Mitwirkungspflicht gem Abs 2 S 1 und 2 zur **Vorlage von Urkunden und Akten** verpflichtet, die sie in ihrem Besitz haben; diese Verpflichtung ist

---

47 FG Berlin NJW 1977, 2232; StBS 88 unter Hinweis auf BGH NJW 1990, 1170 und 1992, 829.

48 StBS 88 unter Hinweis auf BGH NJW 1976, 294 f.

49 **aA** die wohl hM, die den Beweis durch eine schriftliche Zeugenaussage dem Urkundsbeweis zuordnet, vgl StBS 88 unter Hinweis auf BVerwG Buchh 402.25 § 14 AsylG Nr 2; vgl dazu einschränkend BVerwGE 70, 24; Obermayer/Funke-Kaiser 66.

50 OVG Bremen NJW 1990, 2337, StBS 88; anders wenn das Gutachten in einem anderen Zusammenhang erhoben wurde.

51 ZT **aA** StBS 88: Anhaltspunkte, jedoch keine strenge Bindung; Knack/Henneke 66: grundsätzlich bedeutsam.

52 BVerwG NJW 1987, 1159; BGH LM § 418 ZPO Nr 3; BL § 415 Rn 5; Stelkens ZAR 1985, 21.

von der Behörde jedoch nicht erzwingbar.[53] Kommen Beteiligte ihrer Vorlagepflicht trotz Aufforderung der Behörde nicht nach, so kann die Behörde dies allerdings **bei der Beweiswürdigung** grundsätzlich zu ihrem Nachteil **berücksichtigen.**[54] Von anderen Behörden kann die Vorlage von Urkunden und Akten grundsätzlich im Rahmen der **Amtshilfe** gem § 5 Abs 1 Nr 4 verlangt werden (vgl § 5 Rn 12). Am Verfahren nicht beteiligte sonstige Dritte sind zur Vorlage nicht verpflichtet. UU besteht aber auf Grund spezieller **Rechtsvorschriften,** auch etwa des bürgerlichen Rechts, ein Anspruch der Behörde oder eines Beteiligten auf Herausgabe, Vorlage oder Einsichtnahme.

6. Augenscheinnahme (Nr 4). a) Allgemeines. Augenschein ist jede **unmittelbare Sinneswahrnehmung** über die Beschaffenheit von Personen und Gegenständen oder über Vorgänge durch die Behörde oder durch Beauftragte der Behörde. **Gegenstand** können **auch Gerüche,** Geräusche, Lärm, Lichtimmissionen und andere mit den Sinnen (Augen, Ohren, Nase, Mund, Tastsinn) wahrnehmbare Tatsachen und Vorgänge sein; auch **zB Tonband- und Videoaufnahmen,** die Augenscheinsobjekte zum Gegenstand haben (StBS 91) und Fotografien von Augenscheinsobjekten. Nicht Gegenstand des Augenscheins können **gedankliche Inhalte** als solche sein, etwa der Inhalt von Urkunden, Aussagen von Personen usw. Insoweit ist ein Urkundsbeweis bzw ein Zeugenbeweis zu erheben (Knack/Henneke 92; Obermayer/Funke-Kaiser 71). 37

b) Augenschein mit Hilfsmitteln, Messungen. Zum Augenschein gehört auch die Ermittlung mit Hilfe von technischen Geräten, die die Wahrnehmung von Sinneseindrücken erst ermöglichen oder jedenfalls präzisieren bzw messbar machen. Dies umfasst etwa den Einsatz von Ferngläsern oder Horchgeräten, von Mikroskopen, Maßbändern usw. **Technische Einrichtungen** dagegen, mit deren Hilfe bestimmte physikalische, chemische oder biologische Effekte gemessen werden, sind keine Hilfsmittel des Augenscheins, sondern allenfalls selbst wiederum Augenscheinsobjekte insoweit, als auf ihren Anzeigeeinrichtungen das Ergebnis von Messungen abgelesen werden kann. Verlangt die Handhabung besonderen technischen Sachverstand, muss uU ein Sachverständiger hinzugezogen werden, der die Geräte fachgerecht einsetzt und die Ergebnisse auswertet. 37a

c) Keine Eingriffsbefugnis. Weder § 26 noch andere Vorschriften des VwVfG geben der Behörde die Befugnis zu Rechtseingriffen, zB zum Betreten von Grundstücken, zur Entnahme von Proben, zur **Durchsuchung von Wohnungen** usw, auch wenn anders die Vornahme des Augenscheins nicht möglich ist und auch andere Beweismittel nicht zur Verfügung stehen. **Soweit spezialgesetzliche Ermächtigungen fehlen** und der Eigentümer bzw Besitzer oder sonst über das Objekt des Augenscheins Verfügungsberechtigte nicht zustimmen bzw ein Beteiligter auf Grund eines besonderen privatrechtlichen Titels die **Zustimmung des Berechtigten** durch gerichtliche Entscheidung gem § 894 ZPO nicht ersetzen lassen kann, muss der Augenschein unterbleiben.[55] 38

d) Keine Verpflichtung Dritter. Für die Verpflichtung anderer Behörden sowie von Gerichten, der Beteiligten und Dritter zur Vorlage von Augenscheinsobjekten bzw zur Duldung des Augenscheins gelten die oben zu Rn 36 für Urkunden dargelegten Grundsätze entsprechend; insb kann die Weigerung eines Beteiligten bei der Beweiswürdigung zu dessen Lasten berücksichtigt werden, 39

---

[53] Erichsen/Ehlers § 13 Rn 26; StBS 90; Knack/Henneke 90; Obermayer/Funke-Kaiser 96.

[54] Rechtsgedanke des § 444 ZPO, s oben Rn 26; unten Rn 43f; vgl auch § 24 Rn 50.

[55] Vgl zur Durchsuchung von Wohnungen und zur dafür idR erforderlichen gerichtlichen Anordnung auch Art 13 GG sowie dazu BVerfG 51, 97; NJW 1981, 2111; OVG Münster NJW 1981, 1057; StBS 93.

sofern ihm die erforderliche Mitwirkung möglich und nach Treu und Glauben zumutbar gewesen wäre (vgl auch BGH NJW 1960, 821).

V. Mitwirkungspflicht der Beteiligten (Abs 2)

40 **1. Mitwirkungslast.** Abs 2 sieht, ähnlich wie § 86 Abs 4 VwGO, die freilich nicht erzwingbare grundsätzliche Verpflichtung der Beteiligten iS einer Mitwirkungslast vor, bei der Ermittlung des Sachverhalts mitzuwirken.[56] Die Mitwirkung der Beteiligten am Verfahren dient vor allem der Sachaufklärung im Rahmen der Amtsermittlung (s § 24 Rn 50 f). Die Mitwirkung ist zugleich aber auch ein wichtiges Mittel der Durchsetzung und Verteidigung der Rechte der Beteiligten und der Verfahrensförderung.[57] Sie stellt sowohl eine Pflicht bzw Obliegenheit (iS einer Last, die nicht erzwingbar ist) als auch ein Recht der Beteiligten dar.[58]

41 **a) Umfang. Mitwirkung bedeutet** nach Abs 2 S 2 insb, dass die Beteiligten die ihnen bekannten **Tatsachen und Beweismittel** angeben sollen (ebenso zum früheren Recht M 67). So muss ein **Asylbewerber** zB grundsätzlich konkrete Gründe (Tatsachen) für seine Furcht vor politischer Verfolgung schlüssig vortragen und dabei unter Angabe von Einzelheiten einen in sich stimmigen Sachverhalt schildern, aus dem sich, die Wahrheit unterstellt, ergibt, dass politische Verfolgung mit hoher Wahrscheinlichkeit droht.[59] Die Genehmigung bestimmter Entgelte **regulierter Unternehmen** setzt im Sinne einer Mitwirkungslast voraus, dass diese die erforderlichen Unterlagen und Nachweise vorlegen, die die geltend gemachten Kosten nachvollziehbar belegen.[60]

42 **b) Beweisanträge.** Die Behörde ist nach § 24 Abs 1 S 2 an Beweisanträge der Beteiligten zwar nicht gebunden und muss ihnen auch nicht allein deshalb, weil sie gestellt wurden, stattgeben oder auch nur förmlich entscheiden, auch nicht unter dem Gesichtspunkt des rechtlichen Gehörs gem § 28; sie muss sich aber damit **ernsthaft auseinandersetzen** und spätestens in den Entscheidungsgründen (§ 39) darlegen, warum sie von einer entsprechenden Beweiserhebung abgesehen hat. S zu den Gründen, die ein Absehen von möglichen Ermittlungen rechtfertigen können, § 24 Rn 21 ff. Wenn die Beweisaufnahme für die Verwirklichung eines Grundrechts entscheidend sein kann, stellt es idR eine Verletzung dieses Grundrechts dar, wenn die Behörde gleichwohl dem Beweisantrag des Betroffenen nicht stattgibt (Laubinger VerwArch 1982, 76); Entsprechendes gilt, wenn sich der Behörde die Notwendigkeit der Beweiserhebung aufdrängen musste.

43 **2. Rechtsfolgen. a) Aufklärungspflicht. Kommen die Beteiligten ihrer Mitwirkungsobliegenheit** im Verfahren **nicht nach,** obwohl die Mitwirkung ihnen zumutbar war (BVerwGE 74, 272), so hat dies grundsätzlich **keine unmittelbaren verfahrensrechtlichen Folgen.**[61] Die Behörde ist aber, wenn und

---

[56] Ganz hM, vgl Obermayer/Funke-Kaiser 84; StBS 46; Knack/Henneke 104; MB 5; ebenso auch schon zum früheren Recht BVerwGE 11, 274; 34, 248; BVerwG Buchh 442.10 § 4 StVG Nr 45; NJW 1979, 2580; BSG 4, 118; 17, 97; 26, 62, 174; Erichsen/Ehlers § 13 Rn 26; M 67; Lorenz 265 f; Kopp 121; zT **aA** offenbar UL § 21 Rn 2.

[57] Vgl BVerwG DVBl 1968, 431; Kopp 36 ff; StBS 45.

[58] Erichsen/Ehlers § 13 Rn 26; StBS 45; ebenso zum Prozessrecht BVerwGE 19, 94; aA offenbar FKS 34: nur Anspruch auf ermessensfehlerfreie Entscheidung.

[59] Vgl BVerfG NVwZ 1990, 151 mwN; vgl auch BVerwGE 66, 237.

[60] BVerwGE 146, 325, 330 Rn 22 (postrechtliches Entgelt); BVerwGE 150, 74 Rn. 37 (telekommunikationsrechtliches Entgelt).

[61] Erichsen/Ehlers § 13 Rn 26; StBS 47; vgl aber zu Auswirkungen bei späterer Geltendmachung ungenügender Sachaufklärung in Rechtsbehelfsverfahren und bei Schadensersatzansprüchen des Beteiligten gegen die Behörde, § 24 Rn 38.

soweit ein Beteiligter es unterlässt, zur Klärung der für ihn günstigen Tatsachen beizutragen, obwohl ihm dies möglich und zumutbar wäre, idR nicht mehr gehalten, insoweit von sich aus allen sonstigen denkbaren (Erkenntnis-)Möglichkeiten nachzugehen, um die Tatsachen aufzuklären;[62] dies gilt vor allem dann, wenn die Behörde die Beteiligten auf die Erheblichkeit bestimmter Umstände hingewiesen hat. Ein derartiger Hinweis ist Voraussetzung für die Berechtigung, aus der fehlenden oder unzulänglichen Mitwirkung **Schlüsse für die Beweiswürdigung** zu ziehen.[63] Die Behörde braucht in diesen Fällen nicht von sich aus ohne jeden Hinweis der Beteiligten und ohne sonstige Anhaltspunkte Ermittlungen zugunsten des Beteiligten anzustellen; auch aus § 24 Abs 2 ergibt sich hier nichts anderes. Im Einzelnen sind immer die **näheren Umstände des Falles** zu berücksichtigen (StBS 53).

b) Negative Folgerungen. Aus denselben Gründen ist die Behörde **bei Weigerung eines Beteiligten,** an der Aufklärung bestimmter Fragen, zu denen ihn die Behörde um Stellungnahme, Beweisangebote usw gebeten hatte, mitzuwirken, idR berechtigt, je nach den näheren Umständen der Weigerung ggf **für den Beteiligten ungünstige Schlüsse** hins der in Frage stehenden Tatsachen zu ziehen, wenn nähere Anhaltspunkte fehlen, die für das Gegenteil sprechen könnten (s hierzu näher § 24 Rn 50 ff). Dem steht der **Ausschluss einer Verpflichtung** der Beteiligten **zum persönlichen Erscheinen** und zur Aussage gem S 3 nicht entgegen; denn dadurch wird nur klargestellt, dass die Behörde, sofern sich aus anderen Rechtsvorschriften nichts anderes ergibt, nicht berechtigt ist, das Erscheinen oder eine Aussage zu erzwingen; die allgemeine **Mitwirkungspflicht** (Mitwirkungslast) nach S 1 und 2 und damit auch die Befugnis der Behörde, einen Beteiligten um persönliches Erscheinen oder um mündliche oder schriftliche Stellungnahme zur Klärung offener Fragen zu bitten, werden davon nicht berührt. 44

3. Spezialgesetzliche Mitwirkungspflichten. Das Fachrecht enthält eine Fülle spezialgesetzlich geregelter Mitwirkungspflichten und gesteigerter Obliegenheiten, die idR über die Obliegenheiten des Abs 2 S 1 hinausgehen. Um Obliegenheiten handelt es sich, wenn ihre Erfüllung rechtlich nicht unmittelbar erzwungen werden kann; Pflichten können dagegen idR bei Säumigkeit durchgesetzt werden. Zu den weitergehenden Mitwirkungspflichten iSd Abs 2 S 3 gehören zB die Pflicht zum persönlichen Erscheinen nach § 6 Abs 1 S 3 PassG, § 17 WPflG, § 82 AufenthG, § 23 AsylG, ferner Auskunftspflichten nach § 17 Abs 1 HwO, § 22 GastG, § 117 SGB XII, § 42 LFBG, § 29 GewO, die Beibringung von Gutachten (§ 29a BImSchG) oder anderen Unterlagen (§ 46 Abs 3 WaffG; § 44 KWG). Von Bedeutung sind auch die in § 208 BauGB normierten Möglichkeiten der zuständigen Behörde zur Erforschung des Sachverhalts (Anordnung des persönlichen Erscheinens, der Vorlage von Urkunden usw). Zur Auskunftspflicht nach Hamb Polizeirecht Pünder NordÖR 2005, 349. 44a

VI. Pflichten von Zeugen und Sachverständigen (Abs 3)

1. Keine Aussage- und Gutachtenpflicht (S 1). Das VwVfG sieht keine allgemeine Verpflichtung für die Beteiligten, Zeugen und Sachverständige zum Erscheinen und zur Aussage bzw zur Erstattung eines Gutachtens vor, sondern 45

---

[62] Vgl BVerwGE 26, 30; 74, 223; 77, 242; BVerwG NJW 1986, 1704; NVwZ 1987, 404; NVwZ-RR 1990, 442 mwN; BRS 33, 7; BauR 1980, 30; BFH NVwZ-RR 1990, 282; OVG Münster BauR 2014, 2074, 2076; Redeker NJW 1980, 1598; Becker NJW 1980, 1036; Grupp VerwArch 1989, 51; Knack/Henneke 106; Kopp 36 ff; vgl auch zum Prozessrecht BVerwGE 26, 30; 60, 153; 66, 238.

[63] S § 24 Rn 50; Nierhaus 480; **aA** VGH Kassel NVwZ 1985, 915: keine Verpflichtung zu Hinweisen auf Risiken einer Säumnis bei der Erfüllung von Mitwirkungspflichten.

verweist insoweit auf besondere Vorschriften (s unten Rn 46). Die Behörden sind daher in weitem Umfang auf Freiwilligkeit der Zeugen und Gutachter angewiesen. Dies kann vor allem dann zu Schwierigkeiten führen, wenn sich der Sachverhalt ohne Zeugen nicht aufklären lässt, die in Frage kommenden Zeugen aber ein Interesse daran haben, dass eine Aufklärung möglichst unterbleibt.

46 Da eine Verpflichtung zur Aussage bzw zur Gutachtenerstattung nicht vorgesehen ist, erübrigt sich auch eine ausdrückliche Regelung hins des **Rechts der Verweigerung der Aussage** bzw der Tätigkeit als Gutachter im VwVfG. Wenn sonstige Gesetze eine entsprechende Verpflichtung vorsehen, ohne über das Recht der Aussageverweigerung usw etwas auszusagen, ist insoweit jedoch § 65 Abs 1 entspr anzuwenden, da diese Vorschrift Ausdruck allgemeiner rechtsstaatlicher Grundsätze ist. Zu eidesstattlichen Versicherungen § 27 Rn 1 ff, zur Beeidigung von Zeugen und Sachverständigen usw § 65 Rn 11 ff. Eine Verpflichtung zur Belehrung eines Zeugen über die Freiwilligkeit seiner Aussage besteht grundsätzlich nicht (BVerwG NVwZ-RR 1995, 113; Knack/Henneke 119).

47 **2. Spezialgesetzlich geregelte Pflichten.** In § 65 Abs 1 sowie an verschiedenen Stellen im Fachrecht finden sich gesteigerte Pflichten für Zeugen und Sachverständige. Beispiele dafür sind § 23 WoGG, § 22 GastG, § 117 SGB XII. In diesen Spezialgesetzen ist zumeist eine Aussagepflicht für Zeugen bzw eine Gutachtenpflicht für Sachverständige festgelegt, zu deren Normierung sich der Gesetzgeber des VwVfG seinerzeit nicht durchringen konnte.

48 **3. Vergütung.** Abs 3 S 2 sieht für Zeugen und Sachverständige eine Entschädigung entspr der auch für gerichtliche Verfahren geltenden Regelung des Justizvergütungs- und -entschädigungsgesetzes (JVEG) vor, welches aufgrund des KostModG das ZSEG abgelöst hat.[64] Die Regelung ist notwendig, da ohne gesetzliche Bestimmung grundsätzlich eine Vergütung oder Entschädigung nicht gewährt werden könnte. Der Vergütungsanspruch ist nicht davon abhängig, dass die Heranziehung von Zeugen bzw Sachverständigen auf Grund einer gesetzlich vorgesehenen Verpflichtung des Zeugen oder Sachverständigen erfolgt. Auch Zeugen und Sachverständige, die der Aufforderung freiwillig nachkommen, haben die in Abs 3 S 2 vorgesehenen Ansprüche, die **auf Antrag** (entsprechend § 2 JVEG) **durch VA festgesetzt** werden.[65]

49 **a) Anspruchsberechtigte.** Den Anspruch nach Abs 3 S 2 haben die von einer Behörde herangezogenen Zeugen und Sachverständigen, soweit sie dem Ersuchen bzw der Heranziehung Folge leisten. **Umstritten** ist, ob die Vorschrift analog **auch auf sonstige Personen anwendbar** ist, die von der Behörde für Auskünfte in Anspruch genommen werden,[66] ohne Zeugen oder Sachverständige zu sein (so ausdrücklich § 107 AO); **nicht** dagegen **auch auf Beteiligte** (§ 13), auch nicht, soweit diesen ein Verdienstausfall oder sonstige Kosten entstehen (vgl § 107 S 2 AO; str). Die Begr schließt die Entschädigungspflicht nur aus, wenn Personen unaufgefordert bei der Behörde erscheinen. Etwas anderes kann gelten, wenn Informationsträger von der Behörde zu einem Gespräch eingeladen werden.[67] Bei Beteiligten kommt jedoch uU ein Anspruch auf Ersatz für Aufwendungen und Verdienstausfall nach den Grundsätzen, die für Zeugen und Sachverständige gelten – nicht dagegen auch für Verluste an Zeit und für die eigene

---

[64] Gesetz zur Modernisierung des Kostenrechts (Kostenrechtsmodernisierungsgesetz – KostModG) v 5.5.2004 (BGBl I, 718).

[65] So auch StBS 86; Obermayer/Funke-Kaiser 105, **aA** offenbar Knack/Henneke 125, wonach der Anspruchsberechtigte ggfs Leistungsklage erheben muss.

[66] Nicht dagegen auf Personen, die unaufgefordert der Behörde Auskünfte geben, auch wenn diese sachdienlich sein sollten, vgl auch Ziekow 22; gegen eine analoge Anwendbarkeit StBS 41.

[67] **AA** VG Frankfurt, U v 6.12.2005, 1 E 1735/05, juris.

Mühe unter dem Gesichtspunkt der **Erstattung der Verfahrenskosten** gem § 80 bzw nach allg Grundsätzen in Betracht.

b) Anspruchsinhalt. Zeugen erhalten nach § 22 des Justizvergütungs- und -entschädigungsgesetzes eine **Verdienstausfallentschädigung,** die sich nach der Höhe des regelmäßigen Bruttoverdienstes richtet, sich aber innerhalb des jeweils festgesetzten Rahmens halten muss. Sie erhalten ferner ggfs Fahrtkosten erstattet sowie bei entsprechenden Aufwendungen eine Entschädigung und die Erstattung barer Auslagen (§ 19). **Sachverständige** erhalten eine Entschädigung, die **nach Arbeitsstunden berechnet** wird, innerhalb eines Stundentarifrahmens, sowie ggfs zusätzlich für besondere Verrichtungen eine Entschädigung nach bestimmten Pauschalsätzen (§§ 8ff), ferner ggfs wie bei Zeugen Fahrtkostenersatz, Aufwandsentschädigung und Erstattung barer Auslagen. 50

§ 27 Versicherung an Eides statt

(1) **Die Behörde darf bei der Ermittlung des Sachverhalts eine Versicherung an Eides statt nur verlangen und abnehmen, wenn die Abnahme der Versicherung über den betreffenden Gegenstand und in dem betreffenden Verfahren durch Gesetz oder Rechtsverordnung vorgesehen und die Behörde durch Rechtsvorschrift für zuständig erklärt worden ist.**[6] **Eine Versicherung an Eides statt soll nur gefordert werden, wenn andere Mittel zur Erforschung der Wahrheit nicht vorhanden sind, zu keinem Ergebnis geführt haben oder einen unverhältnismäßigen Aufwand erfordern.**[8] **Von eidesunfähigen Personen im Sinne des § 393 der Zivilprozessordnung darf eine eidesstattliche Versicherung nicht verlangt werden.**[9]

(2) **Wird die Versicherung an Eides statt von einer Behörde zur Niederschrift**[19] **aufgenommen, so sind zur Aufnahme nur der Behördenleiter, sein allgemeiner Vertreter sowie Angehörige des öffentlichen Dienstes befugt, welche die Befähigung zum Richteramt haben oder die Voraussetzungen des § 110 Satz 1 des Deutschen Richtergesetzes erfüllen.**[10f] **Andere Angehörige des öffentlichen Dienstes kann der Behördenleiter oder sein allgemeiner Vertreter hierzu allgemein oder im Einzelfall schriftlich ermächtigen.**

(3) **Die Versicherung besteht darin, dass der Versichernde die Richtigkeit seiner Erklärung über den betreffenden Gegenstand bestätigt und erklärt: „Ich versichere an Eides statt, dass ich nach bestem Wissen die reine Wahrheit gesagt und nichts verschwiegen habe."**[15] **Bevollmächtigte und Beistände sind berechtigt, an der Aufnahme der Versicherung an Eides statt teilzunehmen.**

(4) **Vor der Aufnahme der Versicherung an Eides statt ist der Versichernde über die Bedeutung der eidesstattlichen Versicherung und die strafrechtlichen Folgen einer unrichtigen oder unvollständigen eidesstattlichen Versicherung zu belehren.**[17] **Die Belehrung ist in der Niederschrift zu vermerken.**

(5) **Die Niederschrift**[19] **hat ferner die Namen der anwesenden Personen sowie den Ort und den Tag der Niederschrift zu enthalten. Die Niederschrift ist demjenigen, der die eidesstattliche Versicherung abgibt, zur Genehmigung vorzulesen oder auf Verlangen zur Durchsicht vorzulegen. Die erteilte Genehmigung ist zu vermerken und von dem Versichernden zu unterschreiben. Die Niederschrift ist sodann von demjenigen, der die Versicherung an Eides statt aufgenommen hat, sowie von dem Schriftführer zu unterschreiben.**

Parallelvorschriften: § 23 SGB X, §§ 95, 284 AO

Schrifttum: *Ebert,* Der Eid als prozessuales Instrument – zum Beschluß des BVerfG v 11.4.1972, JR 1973, 397; *Martens,* Eidesstattliche Versicherungen in der Sozialversicherung, Versorgung und Sozialgerichtsbarkeit, NJW 1957, 1663; *Müller,* Wer ist nach deutschem Recht zur Abnahme von Eiden befugt?, DRiZ 1965, 330; *Oswald,* Die eidesstattliche Versicherung, JR 1953, 292; *Zipfel,* Die Zuständigkeit zur Abnahme von eidesstattlichen Versicherungen iS des § 156 StGB, NJW 1951, 952.

Übersicht

I. Allgemeines

1 **1. Inhalt.** Die Vorschrift regelt die Voraussetzungen, unter denen Behörden eidesstattliche Versicherungen verlangen, entgegennehmen (abnehmen) und selbst aufnehmen dürfen. In Abkehr von der vor Inkrafttreten des VwVfG weithin üblichen Praxis ist das Verlangen, die Abnahme und die Aufnahme von Erklärungen an Eides statt nur noch zulässig, wenn dies in einem Gesetz oder einer Rechtsverordnung (Satzung ist nicht ausreichend) besondere vorgesehen ist **(spezialgesetzliches Zulassungserfordernis).** Das VwVfG selbst sieht derartige Möglichkeiten der Behörden nicht vor. Dies gilt sowohl für das allgemeine Verwaltungsverfahren als auch für das förmliche. In § 65 Abs 3 ist lediglich die Möglichkeit vorgesehen, ein Verwaltungsgericht um eine eidliche Vernehmung von Zeugen und Sachverständigen zu ersuchen. Die Aufnahme einer eidesstattlichen Versicherung ist dagegen im VwVfG selbst nirgendwo vorgesehen. Spezialgesetzliche Vorschriften, die eine Abnahme oder Aufnahme eidesstattlicher Versicherungen vorsehen, werden aber durch die Bestimmungen des § 27 ergänzt.

1a **2. Sinn und Zweck der Regelung.** Die Regelungen dienen dem Ziel, die Versicherung an Eides statt als Mittel der Sachverhaltsermittlung bzw der Beweiserhebung aufzuwerten. Vor Inkrafttreten des VwVfG war die Praxis weit verbreitet, auch ohne gesetzliche Grundlage zur Bekräftigung von Erklärungen die Abgabe eidesstattlicher Versicherungen zu verlangen. Auf diese Weise sollte die Richtigkeitsgewähr von Erklärungen erhöht werden, weil die **Abgabe falscher eidesstattlicher Versicherungen strafbar** ist (§§ 156, 163 StGB). In der Rechtsprechung der Strafgerichte war indessen schon lange anerkannt, dass die Abgabe einer falschen eidesstattlichen Versicherung nur dann strafbar ist, wenn die Behörde auch gesetzlich ermächtigt ist, für das in Rede stehende Verfahren und für bestimmte abzugebende Erklärungen eidesstattliche Versicherungen entgegenzunehmen (vgl BGH NJW 1971, 525). Daher brachten die ohne derartige Ermächtigung verlangten Versicherungen an Eides statt keinen gesteigerten Beweiswert, weil insoweit keine Strafbewehrung vorlag. Auch heute ist der Beweiswert eidesstattlicher Versicherungen begrenzt.

3. Anwendungsbereich. a) Unmittelbare Anwendung. Die Vorschrift re- 2
gelt nicht nur, dass die Abgabe einer Versicherung an Eides statt seitens einer Behörde von einem Beteiligten oder Dritten nur bei Vorliegen einer entsprechenden Ermächtigung verlangt werden darf, sondern auch, dass eine derartige Erklärung ohne Ermächtigung nicht „abgenommen", dh nicht von der Behörde entgegengenommen werden darf (Abs 1). Sie regelt außerdem die Frage, unter welchen Voraussetzungen Behörden selbst eidesstattliche Versicherungen zur Niederschrift aufnehmen dürfen und welches Verfahren dabei einzuhalten ist (Abs 2–5). Sämtliche Regelungen gelten nur für Verwaltungsverfahren iSd §§ 9 ff VwVfG und nur für eidesstattliche Versicherungen, die der Ermittlung des Sachverhalts gem §§ 24, 26 dienen. Die Verwaltungsverfahrensgesetze der Länder enthalten im Wesentlichen gleich lautende Bestimmungen.

b) Besondere Rechtsvorschriften. Nicht berührt werden durch § 27 und 3
die entspr Vorschriften des Landesrechts **weitergehende Vorschriften,** die in bestimmten Bereichen des besonderen Verwaltungsrechts für Zeugen, Sachverständige oder auch Beteiligte **Aussagen unter Eid** vorsehen oder zulassen, entweder in der Form der Abnahme durch die Behörde selbst (vgl zB § 5 VwVG iVm § 95 AO; § 85 s-hlVwG) oder durch ein Verwaltungsgericht (vgl § 65 VwVfG). Besondere Rechtsvorschriften sehen meist nur allgemein die Zulässigkeit oder auch Erforderlichkeit von Versicherungen an Eides statt vor, ohne insoweit nähere Einzelheiten vorzuschreiben. Sie werden insofern durch § 27 bzw die entsprechenden Vorschriften des Landesrechts ergänzt,[1] soweit die in Frage stehenden Behörden diese Gesetze anzuwenden haben (vgl §§ 1 und 2 VwVfG).

Eine **allgemeine Befugnis für Notare** zur Aufnahme eidesstattlicher Versi- 4
cherungen enthält auch § 22 Abs 2 BNotO. Auch **Konsularbeamte** können nach § 10 Abs 1 KonsG unter bestimmten Voraussetzungen eidesstattlicher Erklärungen aufnehmen. Insoweit handelt es sich jedoch nicht um eine inhaltsgleiche oder entgegenstehende Regelung iS des § 1 bzw der entspr Vorschriften der Verfahrensgesetze der Länder, sondern um eine weitere Möglichkeit des Erklärenden, uU auch ohne Rücksicht auf ein Verwaltungsverfahren ein Dokument mit einer eidesstattlichen Versicherung zu erhalten. Die Möglichkeiten der Aufnahme eidesstattlicher Versicherungen durch eine Behörde oder durch einen Notar stehen vielmehr nebeneinander, dh der Bürger kann sich nach seiner Wahl der einen oder anderen Möglichkeit bedienen. Zur Befugnis des Bürgers, die eidesstattliche Versicherung selbst abzufassen, s Rn 11.

c) Entsprechende Anwendbarkeit. Zweifelhaft ist, ob § 27 Abs 2 und 4 5
und die entspr Vorschriften des Landesrechts sinngemäß als **Ausdruck allgemeiner Rechtsgedanken** auch auf Fälle anwendbar sind, die nicht unter den Anwendungsbereich der Verfahrensgesetze fallen und für die insoweit auch keine sonstigen Regelungen über das Verfahren bestehen, in denen lediglich die Befugnis der Behörde, eine eidesstattliche Versicherung zu verlangen oder abzunehmen, vorgesehen ist. Die Frage muss im Hinblick auf die Grundgedanken

[1] So auch StBS 4 f.

der Regelung (sachgemäße Aufnahme, Hilfe bei der Formulierung, Sicherung des Beweiswerts und Schutz des Bürgers durch entsprechende Belehrung) grundsätzlich bejaht werden. Die Aufnahme von Versicherungen an Eides statt oder von Eiden durch nicht rechtskundige oder entsprechend qualifizierte Amtswalter oder ohne Belehrung entspr § 27 Abs 4 sowie – darüber hinaus – auch über ein evtl Weigerungsrecht entspr den Vorschriften der Prozessordnungen (vgl §§ 280 ff, 407 ff ZPO; ferner § 65 Rn 5 f) ist zumindest ermessensfehlerhaft.

II. Voraussetzungen für die Abnahme der Versicherung an Eides statt (Abs 1)

6 **1. Zulässigkeit (S 1).** Abs 1 S 1 enthält einen spezialgesetzlichen Regelungsvorbehalt für das Verlangen eidesstattlicher Versicherungen im Rahmen der Sachverhaltsermittlung sowie für die Abnahme (dh die Entgegennahme verlangt oder unverlangt vorgelegter Versicherungen). Danach darf eine Behörde im Rahmen der Ermittlung des Sachverhalts eine eidesstattliche Versicherung nur **verlangen oder zulassen,** dh als Beweismittel entgegennehmen (in der etwas verwirrenden Terminologie des Gesetzes „abnehmen"), wenn dies in einem förmlichen Gesetz oder einer Rechtsverordnung (vgl Art 80 GG) vorgesehen ist. Letzteres ist nur der Fall, wenn der **Gegenstand,** dh die Tatsachen, auf die sich die eidesstattliche Versicherung bezieht, und das **Verfahren,** in dem sie verwendet werden soll, im Gesetz oder in der Rechtsverordnung hinreichend genau bezeichnet werden. Dies ist etwa der Fall in § 5 StVG bei Verlust von Führerschein und anderen Dokumenten oder in § 36 Abs 2 BWahlG bei Briefwahl. Der Umstand, dass ein Gesetz die Glaubhaftmachung eines Sachverhalts verlangt, reicht nicht aus. Weiter verlangt Abs 1 S 1, dass die (sachliche) Zuständigkeit der Behörde, die die eidesstattliche Versicherung verlangt oder entgegennimmt, „durch Rechtsvorschrift" bestimmt ist. Hier reicht die Bestimmung durch Satzung aus (Begr 100, 109). Die Zuständigkeit zur Abnahme von Eiden umfasst im Zweifel nicht die Ermächtigung zur Abnahme von Versicherungen an Eides statt (BGH NJW 1966, 1037; Knack/Henneke 7).

6a **Grund für diese Einschränkung** der Zulassung von eidesstattlichen Versicherungen als Beweismittel ist, dass diese nur im Hinblick auf die Strafbarkeit einer falschen eidesstattlichen Aussage einen gegenüber dem schlichten Vortrag der Beteiligten erhöhten Beweiswert haben soll. Für die **Strafbarkeit** der Abgabe einer falschen eidesstattlichen Versicherung ist aber Voraussetzung, dass die Abgabe einer iS des Abs 1 zuständigen und kraft ausdrücklicher Rechtsvorschrift zur Abnahme ermächtigten Behörde gegenüber erfolgt[2] und der die Versicherung Abgebende eidesmündig (s unten Rn 9) iS von Abs 1 S 3 iVm § 393 ZPO ist, bei Abgabe zur Niederschrift der Behörde außerdem, dass der die Niederschrift aufnehmende Amtsträger dazu ermächtigt war und der die Versicherung Abgebende gem Abs 4 belehrt worden war.

7 **Bei Fehlen ausdrücklicher gesetzlicher Vorschriften** sind die Behörden weder befugt, Versicherungen an Eides statt zu verlangen noch solche entgegenzunehmen.[3]

Die Vorschrift schränkt das an sich bestehende Verfahrensermessen der Behörde ein, welches sich gem § 24 Abs 1 auch auf Art und Umfang der Ermittlungen und gem § 26 Abs 1 auch auf die Wahl der Beweismittel bezieht. Eidesstattliche Versicherungen dürfen deshalb nur unter den in Abs 1 genannten Voraussetzungen als Beweismittel eingesetzt werden. Wenn die Beteiligten ihre Erklärungen

---

[2] BGH NJW 1971, 525; OLG Hamm NJW 1974, 327; Knack/Henneke 5.

[3] Kopp 74, 269; vgl auch BGHSt 2, 218; 5, 69; NJW 1966, 1037; nach der letztgenannten Entscheidung genügt es jedoch, dass ein förmliches Beweisverfahren vorgeschrieben ist.

gleichwohl von sich aus an Eides statt versichern, so ist die Versicherung unbeachtlich; die abgegebenen Erklärungen sind als einfache Aussagen anzusehen und ggfs zu verwenden.

8 **2. Grundsatz der Subsidiarität (S 2).** Nach Abs 1 S 2 soll auch eine für die Abnahme einer Versicherung an Eides statt an sich iS von Abs 1 S 1 zuständige und befugte Behörde dieses Mittel zur Erforschung der Wahrheit nur dann anwenden, **wenn andere Erkenntnismittel nicht zur Verfügung stehen** oder einen unverhältnismäßigen Aufwand erfordern würden (Grundsatz der Subsidiarität der Versicherung an Eides statt, vgl ABegr 7). Da es sich um eine Soll-Vorschrift handelt, kann die Behörde davon abweichen, wenn besondere Umstände des Falles dies rechtfertigen. **Für Personen, die eine Versicherung** an Eides statt **freiwillig abgeben wollen, gilt diese Beschränkung nicht** („soll nur gefordert werden"); die Behörde kann daher eine solche Versicherung unter Hinweis auf Abs 1 S 2 nicht zurückweisen, sondern allenfalls dem Betroffenen anheim stellen, auf die besondere Versicherung zu verzichten. Eine Verletzung des Grundsatzes der Subsidiarität gem Abs 1 S 2 berührt die Wirksamkeit der abgegebenen Versicherung und die Strafbarkeit bei Abgabe einer falschen oder wesentliche Umstände verschweigenden Versicherung nicht (ebenso Knack/ Henneke 12).

9 **3. Eidesunfähige Personen (S 3).** Von eidesunfähigen Personen iS von § 393 ZPO darf die Behörde gem Abs 1 S 3 eine Versicherung an Eides statt nicht verlangen. Dabei handelt es sich um Personen, die das 16. Lebensjahr noch nicht vollendet haben oder die wegen mangelnder Verstandesreife oder wegen Verstandesschwäche vom Wesen und der Bedeutung einer Versicherung an Eides statt keine genügende Vorstellung haben. Eine von einer solchen Person gleichwohl – verlangt oder unverlangt – abgegebene Versicherung an Eides statt ist nur als **einfache Aussage** zu werten.[4]

III. Abgabe der Versicherung an Eides statt zur Niederschrift der Behörde (Abs 2)

10 **1. Aufnahme der Versicherung an Eides statt (S 1).** Abs 2 regelt die Aufnahme von eidesstattlichen Versicherungen durch eine Behörde. Aufnahme bedeutet **schriftliche Erfassung (Niederlegung)** der von einem Anwesenden abgegebenen mündlichen Erklärung, deren Richtigkeit an Eides statt versichert wird (zum missverständlichen Begriff der Abnahme, der nur die Entgegennahme bezeichnet, s oben Rn 6). Erfolgt die Aufnahme durch eine Behörde, so ist sie nur wirksam, dh entfaltet sie nur dann die gem Abs 1 im Gesetz vorgesehene Versicherungsfunktion, wenn die Voraussetzungen des Abs 2 erfüllt werden. Die Regelung gilt sowohl für Behörden, die zugleich auch für die Abnahme iS von Abs 1 zuständig sind – in diesem Fall treffen Aufnahme und Abgabe zusammen –, als auch für die Aufnahme von eidesstattlichen Versicherungen durch eine andere Behörde, die dann die Niederschrift an die Behörde weiterleitet, bei der die Versicherung an Eides statt abgegeben werden soll, oder die die Niederschrift dem Betroffenen aushändigt, damit dieser selbst gegenüber der nach Abs 1 dafür zuständigen Behörde davon Gebrauch machen kann.

11 **Nicht berührt** wird durch Abs 2 die Möglichkeit, dass derjenige, der die Versicherung abgeben will, **den Text selbst abfasst,** von einer anderen Person abfassen lässt oder auch sich eines entsprechenden Formblattes bedient und das Schriftstück unterschrieben der Behörde persönlich vorlegt, durch einen Vertreter vorlegen lässt oder es durch die Post, durch einen Boten oder elektronisch mit qualifizierter Signatur (vgl § 3a) an die Behörde sendet (vgl Begr 51; StBS 1; Knack/ Henneke 15 f). Insb kann die eidesstattliche Versicherung nach § 22 Abs 2 BNotO

[4] StBS 14; s auch ThP § 393 Rn 2.

auch von einem Notar aufgenommen werden (Knack/Henneke 18), aber auch zB von einer anderen Behörde **im Weg der Amtshilfe** (Knack/Henneke 18), sofern diese zur Abnahme eidesstattlicher Versicherungen ermächtigt ist.

12 **2. Zur Aufnahme der Versicherung an Eides statt befugte Personen.** Abs 2 behält die Aufnahme von Versicherungen an Eides statt **bestimmten Amtsträgern** vor. Dies soll die Bedeutung der Angelegenheit unterstreichen (Begr 51), zugleich aber (insb durch Belehrung nach Abs 3 und Hilfe bei der Abfassung) dazu beitragen, zu verhindern, dass eidesstattliche Versicherungen leichtfertig abgegeben werden oder unklar, missverständlich usw formuliert werden.

13 **Zur Aufnahme befugt** sind Amtsträger mit **Befähigung zum Richteramt;** beim **Behördenleiter** und seinem allgemeinen Vertreter ist die Befähigung zum Richteramt bzw nach dem DRiG nicht erforderlich (Begr 51). Wer **allgemeiner Vertreter** ist, ergibt sich aus der Geschäftsverteilung. Die zur Aufnahme befugte Person kann sich bei der Aufnahme der **Schreibhilfe** einer anderen Person bedienen, die nicht über die Qualifikation nach Abs 2 verfügt (Knack/Henneke 22). Versicherungen an Eides statt, die von anderen als den in Abs 2 genannten Personen aufgenommen werden, sind **unwirksam** (StBS 20; Knack/Henneke 24; MB 11).

14 Zum **Recht eines Bevollmächtigten** oder Beistandes auf Teilnahme an der Aufnahme der Versicherung an Eides statt s Abs 3 S 2. Die Regelung gilt nur für Bevollmächtigte und/oder Beistände desjenigen, der die eidesstattliche Versicherung abgibt, nicht auch für Bevollmächtigte und/oder Beistände sonstiger an einem Verfahren ggfs Beteiligte (Knack/Henneke 29 mwN; **aA** StBS 23). Für letztere gilt, dass sie im selben Umfang wie die Beteiligten selbst am Verfahren teilnehmen können (§ 14).

IV. Begriff der Versicherung an Eides statt (Abs 3)

15 **1. Legaldefinition** Eine Versicherung an Eides statt (sog „eidesstattliche Versicherung") ist eine besonders formalisierte Versicherung der Richtigkeit und Vollständigkeit einer bestimmten Aussage (Erklärung), auf die sie sich bezieht. Die in Abs 3 vorgegebene Formel ist zwingend einzuhalten. Sie lautet: **„Ich versichere an Eides statt, dass ich nach bestem Wissen die reine Wahrheit gesagt und nichts verschwiegen habe."** Diese Formel gilt nicht nur für die nach Abs 2 von einer Behörde aufgenommenen eidesstattlichen Versicherungen, sondern auch analog für schriftlich übergebene eidesstattliche Versicherungen (Obermayer/Funke-Kaiser 57 ; Knack/Henneke 25). **Abweichungen** von dem in Abs 3 vorgesehenen Wortlaut sind nur dann unerheblich und insoweit für die Wirksamkeit unschädlich, wenn die Versicherung **jedenfalls die wesentlichen** dort genannten **Begriffe** enthält und keinerlei darüber hinausgehende Einschränkungen macht (Knack/Henneke 26); andernfalls handelt es sich um keine Versicherung an Eides statt iS des § 27 bzw vergleichbarer Vorschriften sowie auch des Strafrechts; die Erklärung ist dann im Rahmen der Beweiswürdigung als einfache Erklärung zu werten.

16 **2. Beweiswert.** Einer Erklärung, deren Richtigkeit an Eides statt versichert worden ist, kommt im Hinblick auf die Strafbarkeit falscher eidesstattlicher Versicherungen zwar idR ein gegenüber der bloßen Behauptung erhöhter Beweiswert zu. Wenn ein Gesetz zum Nachweis bestimmter Tatsachen die eidesstattliche Versicherung zulässt, dann wird sie idR ausreichen. Allerdings gilt auch hier der **Grundsatz der freien Beweiswürdigung.** Das bedeutet, dass eine Behörde die an Eides statt versicherte Erklärung ihren Entscheidungen nicht zugrunde legen muss, wenn sie diese trotz der Versicherung nicht für glaubhaft bzw überzeugend hält, zB weil ihr Inhalt unplausibel, unwahrscheinlich, widersprüchlich, inkonsistent oder unsubstantiiert ist. Stehen sich zwei einander widersprechende

Erklärungen gegenüber, so muss nicht der einen von ihnen allein deshalb der Vorzug gegeben werden, weil deren Richtigkeit an Eides statt versichert wurde, während dies bei der anderen nicht der Fall ist. Vielmehr ist die Versicherung nur einer von mehreren Gesichtspunkten, der bei der Überzeugungsbildung zu berücksichtigen ist (StBS 21). Eine generell höhere Beweiskraft eidesstattlich versicherter Angaben gibt es nicht (Obermayer/Funke-Kaiser 28).

V. Belehrung (Abs 4)

1. Belehrungspflicht. Abs 4 schreibt vor, dass der Bürger, der eine Versicherung an Eides statt gem Abs 2 abgeben will, von der die Versicherung zur Niederschrift aufnehmenden Behörde vor der Aufnahme dieser Versicherung über deren **Bedeutung und strafrechtliche Folgen zu belehren** ist. Dem Bürger soll dadurch die Bedeutung seiner Aussage und deren Bekräftigung durch eidesstattliche Versicherung bewusst gemacht werden. Die Belehrung dient damit zugleich und vor allem auch der Wahrheitsfindung im Verfahren. Sie ist unmittelbar nur für die Fälle des Abs 2 vorgeschrieben, in denen die eidesstattliche Versicherung zur Niederschrift gem Abs 2 abgegeben wird. 17

Die Belehrungspflicht gilt nur bei Aufnahme der Versicherung zur Niederschrift durch die Behörde. Erfolgt die Annahme der eidesstattlichen Versicherung in anderer Form, etwa durch Übergabe einer vom Erklärenden verfassten Erklärung, so gilt die Belehrungspflicht nach Abs 4 nach nunmehr weitgehender einhelliger Auffassung nicht.[5] Die Vorschrift setzt nach Wortlaut, Sinn und Zweck die Aufnahme der eidesstattlichen Erklärung durch die Behörde zwingend voraus (OLG Düsseldorf NVwZ-RR 1991, 282). Der Grundgedanke der Regelung, insb der Zweck, der Wahrheitsfindung zu dienen, und der Schutzzweck der Regelung, den Erklärenden zu warnen und von der Abgabe einer falschen eidesstattlichen Erklärung abzuhalten, lassen zwar auch hier eine Belehrung wünschenswert erscheinen, erfordern jedoch auch rechtlich nicht zwingend eine entsprechende Anwendung von Abs 4, und zwar auch nicht in den Fällen, in denen eine Belehrung ohne Schwierigkeiten möglich wäre, zB durch Verwendung eines Formblattes, das vom Betroffenen zu unterschreiben und der Behörde vorzulegen ist. 18

2. Rechtsfolge von Verstößen. Die **Verletzung der Belehrungspflicht** gem Abs 4 (Fehlen oder Unvollständigkeit der Belehrung) hat zur Folge, dass die Strafbarkeit einer von einer Behörde gem Abs 2 aufgenommenen falschen eidesstattlichen Versicherung, nicht jedoch auch einer in anderer Form abgegebenen eidesstattlichen Erklärung, entfällt (OLG Düsseldorf NVwZ-RR 1991, 281). Die Fehlerhaftigkeit der Belehrung hat grundsätzlich die Unwirksamkeit der Versicherung zur Folge (StBS 27; v Wulffen SGB-X § 23 Rn 7). 18a

VI. Niederschrift (Abs 5, Abs 4 S 2, Abs 2 S 1)

1. Inhalt. Über die Aufnahme der Versicherung an Eides statt gem Abs 2–4 ist eine Niederschrift aufzunehmen, die außer dem Text der gemachten **Aussage** und der **Versicherung** gem Abs 3 S 1 (Abs 2 S 1) auch einen Vermerk über die **Belehrung** gem Abs 4 (Abs 4 S 2) sowie die in Abs 5 genannten weiteren Angaben enthalten muss. Abs 5 enthält außerdem weitere Vorschriften hins der Genehmigung der Niederschrift, des zu unterschreibenden Vermerks darüber und der Unterschriften unter dem Protokoll. **Verweigert** derjenige, der die eidesstattliche Versicherung abgegeben hat, **die Genehmigung** oder die Unterschrift unter diese, so ist dies ebenfalls zu vermerken. 19

---

[5] OLG Düsseldorf NVwZ-RR 1991, 282; MB 13; Knack/Henneke 32; StBS 28.

20 **2. Rechtsfolge von Verstößen. Eine Verletzung der Vorschriften über die Niederschrift** berührt grundsätzlich nur deren Beweiswert als öffentliche Urkunde, hat jedoch **nicht die Unwirksamkeit** der Versicherung an Eides statt zur Folge, sofern jedenfalls der Text der Versicherung ordnungsgemäß aufgenommen wurde (ebenso Knack/Henneke 35; MB 15); ebenso berührt auch der **Verlust der Niederschrift** die Wirksamkeit einer vor der zuständigen Behörde abgegebenen Versicherung an Eides statt nicht, sondern erschwert nur den Nachweis insbesondere der Belehrung.[6]

§ 27a Öffentliche Bekanntmachung im Internet

(1) **Ist durch Rechtsvorschrift eine öffentliche oder ortsübliche Bekanntmachung angeordnet, soll die Behörde deren Inhalt zusätzlich im Internet veröffentlichen.**[5f] **Dies wird dadurch bewirkt, dass der Inhalt der Bekanntmachung auf einer Internetseite der Behörde oder ihres Verwaltungsträgers zugänglich gemacht wird.**[7f] **Bezieht sich die Bekanntmachung auf zur Einsicht auszulegende Unterlagen, sollen auch diese über das Internet zugänglich gemacht werden.**[9] **Soweit durch Rechtsvorschrift nichts anderes geregelt ist, ist der Inhalt der zur Einsicht ausgelegten Unterlagen maßgeblich.**[10]

(2) **In der öffentlichen oder ortsüblichen Bekanntmachung ist die Internetseite anzugeben.**[13]

Schrifttum: *Bennemann,* Öffentliche Bekanntmachung im Internet, LKRZ 2012, 270; *Britz/Eifert/Groß,* Verwaltungsinformation und Informationsrichtigkeit, DÖV 2007, 717; *Buchsteiner,* Das Planvereinheitlichungsgesetz, I+E 2013, 80; *Bunzel,* Internet und Bauleitplanung, BauR 2008, 301; *Frevert,* Rechtliche Rahmenbedingungen behördlicher Internetauftritte, NVwZ 2011, 76; *Kissel,* Internet für und gegen alle?, NJW 2006, 801; *Guckelberger,* Übergang zur elektronischen Gesetzesverkündung?, DVBl 2007, 985; *dieselbe,* Informatisierung der Verwaltung und Zugang zu Verwaltungsinformationen, VerwArch 2006, 62; *Jauch,* Das Hamburgische Transparenzgesetz (HmbTG) – Ein Paradigmenwechsel in der Informationsfreiheit, DVBl 2013, 16; *Raue,* Informationsfreiheit und Urheberrecht, JZ 2013, 280; *Schmitz/Prell,* Planungsvereinheitlichungsgesetz, NVwZ 2013, 745; *Stüer,* Das Planungsvereinheitlichungsgesetz, DVBl 2013, 700.

Übersicht

I. Allgemeines

1 **1. Inhalt.** Die Vorschrift wurde durch das PlVereinhG v 31.5.2013 (BGBl I S 1388) aufgrund einer entsprechenden Beschlussempfehlung des Innenausschusses (BT-Drs 17/12525, S. 6) in das Gesetz eingefügt. Sie ist aber vor allem im

[6] S StBS 27.

Zusammenhang mit den Bemühungen zur **Förderung und Vereinfachung der elektronischen Kommunikation** zwischen Verwaltung und Bürger im Rahmen des sog E-Governments zu sehen (hierzu Einf I Rn 35d u § 3a Rn 3 ff). Die Regelung geht nämlich auf den Entwurf des E-Government-Gesetzes[1] zurück (BT-Drs 17/11473, S. 13). Sie sieht eine Veröffentlichung von Inhalten im Internet vor, die nach anderen Vorschriften öffentlich oder ortsüblich bekannt zu machen sind. § 27a kommt daher zuvörderst bei Massenverfahren zur Anwendung, bei denen solche Bekanntmachungen vorgesehen sind. Die Verortung der Regelung im Abschnitt „Verfahrensgrundsätze" zwischen den Regelungen über Beratung und Beweismittel sowie über die Anhörung Beteiligter soll dem üblichen Ablauf eines Verwaltungsverfahrens Rechnung tragen.[2] Während Abs 1 die Anforderungen für die Veröffentlichung im Internet festlegt, verpflichtet Abs 2 die Behörde bei der herkömmlichen Bekanntmachung ggf. die Internetseite anzugeben (Hinweisbekanntmachung). Die Veröffentlichung im Internet ersetzt – anders als im Fall des § 10 Abs 3 S 1 BImSchG oder bei der Bekanntmachung von Satzungen im Internet nach einigen Gemeindeordnungen bzw Kommunalverfassungen[3] – die anderweitige Bekanntmachung des Inhalts nicht. Sie hat auch keine inhaltlich ergänzende Funktion, sondern tritt lediglich als weiterer Zugangsweg hinzu. Die Publikation im Internet ist insofern der herkömmlichen Bekanntmachung nicht gleichwertig. Zweck der Regelung in § 27a ist die **Stärkung der Öffentlichkeitsbeteiligung,** indem die Kenntnisnahme öffentlicher oder ortsüblicher Bekanntmachungen und etwaiger ausgelegter Unterlagen erleichtert wird (Begr Innenausschuss, BT-Drs 17/12525, S 17). Gerade die Zurverfügungstellung von Unterlagen im Internet stellt eine erhebliche Vereinfachung der Informationsbeschaffung für den Bürger dar. Der Verwaltungsvereinfachung dient die Vorschrift hingegen nicht, da die Internetpublikation die anderweitige Bekanntmachung nicht zu ersetzen vermag.

2. Anwendungsbereich. § 27a gilt, wie sich aus seiner systematischen Stellung 2
im 2. Teil des VwVfG ergibt, nur für Verwaltungsverfahren iSd § 9 im Anwendungsbereich des VwVfG gem §§ 1 f. Die Internetveröffentlichung ist insbes im Planfeststellungsverfahren bei der Bekanntmachung der Planauslegung und des Erörterungstermins im Rahmen des Anhörungsverfahrens nach § 73 Abs 5 S 1 bzw Abs 6 S 2 und bei der Bekanntmachung der Auslegung des Planfeststellungsbeschlusses nach § 74 Abs 4 S 2 Hs 2 vorzunehmen.[4] Das BImSchG enthält mit § 10 Abs 3 S 1, Abs 7 u 8 sowie § 17 Abs 1a eine eigene abschließende Regelung zur Internetpublikation. Mag es auch de lege ferenda sinnvoll erscheinen, umfassend Verwaltungsmaßnahmen, insbesondere Pläne, Programme, exekutivische Normen etc im Internet zu veröffentlichen, so scheidet eine **entsprechende Anwendung** von § 27a auf Verfahren außerhalb eines Verwaltungsverfahrens aus, da die Vorschrift nicht Ausdruck eines allgemeinen Rechtsgedankens ist und ihre entsprechende Anwendung auch nicht aus Gründen höherrangigen Recht geboten ist. § 27a gilt daher zB **nicht** in Verfahren zur Aufstellung und für die Bekanntmachung von Bauleitplänen, für die Raumordnungsplanung, Umweltplanungen (Abfallwirtschaftspläne, Luftreinhaltepläne, Lärmaktionspläne, wasserrechtliche

---

[1] Hierzu: Heckmann in BHRS, Einführung Rn 68 ff.

[2] Schmitz/Prell, NVwZ 2013, 745, 749.

[3] ZB für Hessen: § 7 Abs 1 HGO; für Mecklenburg-Vorpommern: § 3 Abs 1 Nr 3 KV-DVO; für Niedersachsen: § 11 Abs 1 S 2 NKomVG; s hierzu Bennemann, LKRZ 2012, 270; Risch/Schweitzer, LKRZ 2012, 173 f.

[4] Weitere Vorschriften, die eine öffentliche oder ortsübliche Bekanntmachung vorsehen, sind für das Planfeststellungsverfahren §§ 72 Abs 2 S 1, 73 Abs 6 S 2 u S 4, 74 Abs 5 S 1 VwVfG, sowie zB § 17 Abs 2 AEG, §§ 2 Abs 5 S 1 u Abs 6 S 4, 16a Abs 2, 17a Nr 2 S 2 FStrG, §§ 14 Abs 2 S 4, 16 Abs 2 WaStrG, §§ 43a Nr 2 S 2, 44 Abs 2 EnWG; für Allgemeinverfügungen gilt § 41 Abs 3 S 2 VwVfG.

Maßnahmenprogramme) uÄ,[5] für die aber zum Teil andere Vorschriften eine Veröffentlichung im Internet vorsehen oder zumindest ausdrücklich ermöglichen.[6]

3 **3. Verfassungsrecht.** Die erleichterte Zugänglichkeit von öffentlich oder ortsüblich bekannt zu machenden Entscheidungen und Unterlagen erhöht die Transparenz von Verwaltungsentscheidungen und ihrer Vorbereitung und erleichtert dem Bürger somit auch, seine Rechte im Verfahren geltend zu machen. Dies dient letztlich dem effektiven Rechtsschutz (Art 19 Abs 4 GG) und dem auch durch das Verwaltungsverfahren zu gewährleistenden Grundrechtsschutz (hierzu Einf I Rn 19f u 36c). Verfassungsrechtlich geboten ist eine neben die vorgesehene öffentliche oder ortsübliche Bekanntmachung tretende Publikation im Internet jedoch nicht.

4 **4. EU-Recht.** Die Veröffentlichung von verwaltungsrelevanten Informationen im Internet ist ein Baustein der Bemühungen auf EU-Ebene, E-Government-Dienste zu stärken.[7] Eine unmittelbare gemeinschaftsrechtliche Pflicht dazu gibt es indes nicht. Im indirekten Vollzug von Unionsrecht findet die Regelung allerdings einschränkungslos Anwendung, soweit die Tatbestandsvoraussetzungen vorliegen.

II. Veröffentlichung im Internet (Abs 1)

5 **1. Anordnung der öffentlichen oder ortsüblichen Bekanntmachung.** Die Verpflichtung zur Veröffentlichung im Internet ist an die Anordnung einer öffentlichen oder ortsüblichen Bekanntmachung geknüpft. **Öffentliche Bekanntmachung** (zB im förmlichen Verwaltungsverfahren nach § 63 Abs 3 S 1, § 67 Abs 1 S 4, § 69 Abs 2 S 3 u Abs 3 S 2, im Planfeststellungsverfahren nach § 72 Abs 2 S 1, § 74 Abs 5 S 1) verlangt idR eine Veröffentlichung im amtlichen Veröffentlichungsblatt und zusätzlich in örtlichen Tageszeitungen, wohingegen die konkrete Form der Bekanntmachung bei **ortsüblicher Bekanntmachung** (zB § 17 Abs 2 S 2 u Abs 4 S 2, § 41 Abs 4, im Planfeststellungsverfahren § 73 Abs 5 S 1) von den näheren örtlichen Umständen abhängt (s § 63 Rn 13).

6 § 27a Abs 1 Satz 1 setzt voraus, dass die öffentliche oder ortsübliche Bekanntmachung **durch Rechtsvorschrift angeordnet** ist. Es genügt insoweit, dass eine Rechtsvorschrift (Gesetz, Rechtsverordnung, Satzung, EU-Verordnung) die Behörde hierzu ermächtigt. Steht die Entscheidung im **Ermessen** der Behörde, muss sie die Veröffentlichung im Internet (nur) dann vornehmen, wenn sie sich für die öffentliche bzw. ortsübliche Bekanntmachung entscheidet. Der Wortsinn spricht zwar dafür, die Vorschrift auf die Fälle zu beschränken, in denen die Behörde zur öffentlichen oder ortsüblichen Bekanntmachung verpflichtet ist. Dieses restriktive Verständnis würde aber dem gesetzgeberischen Ziel nicht gerecht, wonach erreicht werden soll, dass öffentliche oder ortsübliche Bekanntmachungen parallel auch immer im Internet erfolgen (vgl Begr Innenausschuss, BT-Drs 17/12525, S. 17).[8] Gerade in den Fällen, in denen der Behörde insoweit ein Ermessen eingeräumt ist (zB Ladungen, Zustellungen und Benachrichtigungen über Abschluss des Verfahrens auf andere Weise im förmlichen Verfahren bei

---

5 Ebenso MSU 6; Obermayer/Funke-Kaiser 3, aA StBS 20 (analoge Anwendbarkeit); Ziekow 2; Buchsteiner I+E 2013, 80, 83; Stüer DVBl 2013, 703 (offenbar sogar für eine unmittelbare Anwendbarkeit).

6 ZB für die Bauleitplanung § 4a Abs 4 BauGB, hierzu Bunzel, BauR 2008, 301; zu den Gemeindeordnung s Rn 1; ferner bspw § 31 Abs 6 GewO; § 32 Abs 3 KrWG, § 15 Abs 3 S 1 Abfallverbringungsgesetz; § 9 Abs 3 S 3 NABEG; § 19 Abs 3 Apothekengesetz; vgl auch die Veröffentlichungspflicht nach § 10 Hamburgisches Transparenzgesetz.

7 S insbes Europäischer eGovernment-Aktionsplan 2011–2015, KOM(2010) 743 endg; Ministererklärung von Malmö zum E-Government vom 18.11.2009.

8 Ebenso StBS 31; aA Obermayer/Funke-Kaiser 7.

mehr als 50 Personen: § 67 Abs 1 S 4, § 69 Abs 2 S 3 u Abs 3 S 2), der Kommunikationsweg mithin nicht von vornherein feststeht, stellt die parallele Veröffentlichung im Internet eine wesentliche Erleichterung für die Betroffenen dar. Denn die Information ist über das Internet idR leichter zugänglich als etwa über das amtliche Veröffentlichungsblatt oder die örtliche Tageszeitung und somit ist leichter erkennbar, wie die Behörde die Ladung, Zustellung, Benachrichtigung usw vornimmt.

2. Zugänglichmachung im Internet. Die Veröffentlichung im Internet wird 7
nach **Satz 2** dadurch bewirkt, dass der Inhalt der Bekanntmachung auf einer Internetseite der Behörde oder ihres Verwaltungsträgers zugänglich gemacht wird. Wie der Begriff „Internetseite" zeigt, kommt als Plattform das mit Hilfe eines Webbrowsers nutzbare **World Wide Web** in Betracht, andere Internetdienste, wie zB Email, dürften ausscheiden. Die Internetseite muss eine Seite der Behörde selbst oder ihres Verwaltungsträgers sein. Die Veröffentlichung auf Internetseiten Dritter, insbesondere Privater scheidet aus. Damit soll die Verantwortung der öffentlichen Hand für den Betrieb und mithin auch für die Zugänglichkeit sichergestellt werden. Einen zwingenden Vorrang der Veröffentlichung auf der Internetseite der zuständigen Behörde statt auf einer solchen ihres Verwaltungsträgers lässt sich § 27a nicht entnehmen.[9] Es dürfte im Internet insoweit auch keinen großen Unterschied für die Zugänglichkeit machen, auf wessen Internetseite die Veröffentlichung erfolgt, zumal die Internetseite nach Abs 2 in der öffentlichen oder ortsüblichen Bekanntmachung anzugeben ist. Wenn für die Bekanntmachung und die etwaige Auslegung von Unterlagen – wie im Planfeststellungsverfahren – eine andere Behörde zuständig ist (Gemeinden, § 73 Abs 3 u 5) als für die Durchführung des Verfahrens (Anhörungsbehörde, § 73 Abs 1) und die Abschlussentscheidung (Planfeststellungsbehörde, § 74 Abs 1), ist unklar, welche **Behörde** nach § 27a **zuständig** ist. Da Abs 1 S 1 „die Behörde" im Zusammenhang mit der Anordnung der öffentlichen oder ortsüblichen Bekanntmachung in die Pflicht nimmt, spricht vordergründig diese Systematik dafür, dass diejenige Behörde zuständig ist, die nach der anordnenden Vorschrift für die Bekanntmachung bzw. Auslegung der Unterlagen zuständig ist. In Planfeststellungsverfahren wären somit die Gemeinden zuständig. Da dies insbesondere bei der Betroffenheit mehrerer Gemeinden im Hinblick auf den Zweck der Vorschrift, die Öffentlichkeitsbeteiligung zu stärken, nicht sachgerecht erscheint, wird die das jeweilige **Beteiligungsverfahren durchführende Behörde,** im Fall des Planfeststellungsverfahrens mithin die Anhörungsbehörde, als zuständig angesehen.[10]

Zugänglich ist der Inhalt, wenn er in einfacher Weise im Internet zur Kennt- 8
nis genommen werden kann. Dies setzt voraus, dass der Inhalt ohne besondere technische Kenntnisse, ohne Kennwortschutz und ohne besondere, dh vor allem ohne kostenpflichtige Zusatzprogramme, kostenfrei in einfacher und gut erkennbarer Weise verfügbar gemacht wird.[11] Es sollten daher nur übliche Dateiformate verwendet werden. Weitergehende konkrete Anforderungen an die zur Verfügung zu stellenden Dateien lassen sich § 27a indes nicht entnehmen. Insbesondere ist nicht – wie zB nach § 10 Abs 1 u 5 HmbTG[12] – vorgesehen, dass die Dokumente maschinell durchsuchbar und druckbar sein müssen und eine maschinelle Weiterverarbeitung zu gewährleisten ist. Zugänglichkeit setzt ferner

---

[9] AA Obermayer/Funke-Kaiser 10.

[10] Obermayer/Funke-Kaiser 16; Ziekow 6, der allerdings zwischen der Bekanntmachung nach Abs 1 S 1 (die die Bekanntmachung veranlassende Behörde) und der Zugänglichmachung der Unterlagen nach Abs 1 S 3 unterscheidet (die das Beteiligungsverfahren durchführende Behörde).

[11] Ähnlich StBS 46 f.

[12] Hamburgisches Transparenzgesetz vom 19.6.2012, HmbGVBl 271; hierzu Jauch DVBl 2013, 16.

einfache Auffindbarkeit voraus. Eine Download-Möglichkeit, die sich zB am Ende einer umfangreichen Seite befindet, ohne dass darauf schon oben hingewiesen wird, dürfte ebenso wenig genügen wie ein nicht hervorgehobener Hyperlink in einem längeren Text. Schon im Hinblick auf die Angabe der Internetseite in der öffentlichen oder ortsüblichen Bekanntmachung nach Abs 2 (s Rn 13) sollte die Internetseite, die den Inhalt der Bekanntmachung enthält, die Startseite der jeweiligen Internetpräsenz oder jedenfalls von dort aus mit einem Mausklick erreichbar sein. Besondere Anforderungen, wie etwa Barrierefreiheit, sieht § 27a indes nicht vor,[13] diese können sich jedoch aus anderen Rechtsvorschriften ergeben, für den Bund zB aus der **Barrierefreie-Informationstechnik-Verordnung** (BITV) vom 12.9.2011 (BGBl I S. 1843) oder aus entsprechenden landesrechtlichen Bestimmungen.[14]

9 **3. Umfang der Veröffentlichung im Internet.** Der im Internet zugänglich zu machende Inhalt der öffentlichen oder ortsüblichen Bekanntmachung richtet sich nach den dafür geltenden Rechtsvorgaben. Dies ist idR mindestens der Hinweis auf Ort und Zeit der Auslegung von Unterlagen (zB § 74 Abs 4 S 2 Halbs 2) aber auch der Hinweis auf für die Geltendmachung von Rechten wichtige Informationen wie insbes Einwendungsfristen (zB § 73 Abs 5 S 2).[15] Die im Internet verfügbaren Angaben dürfen nicht hinter den anderweitig bekannt gemachten Angaben zurückbleiben, sie können aber darüber hinausgehen. Denn während durch öffentliche oder ortsübliche Bekanntmachungen nicht notwendig die Unterlagen auf die sich die Bekanntmachung bezieht selbst in dieser Form bekannt gemacht werden, sondern zum Teil nur auf deren Auslegung hingewiesen wird, soll die Publikation im Internet nach **Satz 3** auch die zur **Einsicht auszulegenden Unterlagen umfassen.** Insbesondere Pläne und die dazugehörigen Unterlagen im Planfeststellungsverfahren nach § 73 Abs 5 sind somit im Internet zu veröffentlichen. Diese Unterlagen sollten zeitlich **mindestens für den rechtlich vorgegebenen Zeitraum** ihrer tatsächlichen Auslegung im Internet zur Verfügung gestellt werden, konkrete Vorgaben zur Dauer enthält § 27a aber nicht.

10 Stehen die dort abrufbaren Dokumente bzw. deren Darstellung am Monitor oder deren Ausdruck in einem inhaltlichen Widerspruch zu den ausliegenden Unterlagen, bleibt gem **Satz 4** – vorbehaltlich einer anderen Regelung – der **Inhalt der zur Einsicht ausgelegten Unterlagen maßgeblich.** Dies enthebt nicht der Pflicht, möglichst inhaltlich richtige, dh mit den auszulegenden Unterlagen übereinstimmende Dokumente einzustellen.[16] Kommt es dennoch zu einem Widerspruch, was im Rahmen des technischen Prozesses der Zurverfügungstellung im Internet vorkommen kann, bleiben für die inhaltliche Entscheidung allein die ausgelegten Unterlagen maßgeblich. Auch wenn es insoweit an einer rechtlichen Vorgabe fehlt, sollte in der Praxis ausdrücklich auf die Maßgeblichkeit der zur Einsicht ausgelegten Unterlagen hingewiesen werden und es sollte, wenn nicht alle Unterlagen im Internet zugänglich gemacht werden können, auch dies möglichst unter Bezeichnung der konkreten Unterlagen angegeben werden.

11 **4. Sollvorschrift.** Nach Abs 1 S 1 „soll“ die Veröffentlichung im Internet erfolgen und diese „soll“ nach S 3 auch die ggf zur Einsicht auszulegenden Unter-

---

[13] So wohl auch StBS 48; demgegenüber leitet Ziekow 3 aus dem Zweck des § 27a her, dass eine barrierefreie Einstellung ins Internet erfolgen muss.

[14] ZB Hamburgische Barrierefreie Informationstechnik-Verordnung – HmbBITVO v 14.11.2006 (HmbGVBl 2006, S. 543).

[15] Vgl zu der erforderlichen Benennung der Umweltthemen bei der Auslegungsbekanntmachung nach § 3 Abs 2 Satz 2 BauGB, auf den nach hier vertretener Ansicht § 27a indes nicht anwendbar ist, BVerwG DVBl 2013, 1321.

[16] Zur grundsätzlichen Bedeutung der Informationsrichtigkeit s Britz/Eifert/Groß DÖV 2007, 717.

lagen umfassen. Es besteht somit **grundsätzlich eine Pflicht** zur umfänglichen Veröffentlichung im Internet. Mit der „Soll-Regelung" wollte der Gesetzgeber allerdings dem Umstand Rechnung tragen, dass noch nicht alle Behörden über die erforderliche Technik verfügen und nicht alle Unterlagen in brauchbarer Form im Internet dargestellt werden können (Begr Innenausschuss, BT-Drs 17/12525, S. 17). Daher folgt aus § 27a insbesondere keine Pflicht, eine Internetpräsenz neu aufzubauen. Ein unverhältnismäßiger Personal- oder Kostenaufwand wird nicht verlangt. Im Übrigen muss jedoch die Behörde oder ihr Verwaltungsträger für die erforderlichen Ressourcen sorgen, dh ggf die technischen Kapazitäten erweitern und das erforderliche Personal zur Verfügung stellen.[17] Ist eine Internetpräsenz bei der Behörde oder ihrem Verwaltungsträger vorhanden, wird somit in aller Regel eine vollständige Publikation im Internet erfolgen müssen. Aus der Soll-Vorgabe folgt zudem, dass die Veröffentlichung im Internet jedenfalls **so umfassend wie möglich** zu verfolgen hat.[18] So müssen, wenn nur einzelne Unterlagen nicht oder nicht vollständig im Internet veröffentlicht werden können, jedenfalls die übrigen Teile dort zur Verfügung gestellt werden.

Für besondere Fallkonstellationen lässt die Vorschrift Ausnahmen zu. Die 12
Soll-Regelung trägt nach dem Willen des Gesetzgebers auch dem Umstand Rechnung, dass eine Veröffentlichung im Internet nicht erfolgen darf, soweit überwiegende Interessen der Internetpublikation entgegenstehen, zB der berechtigte Schutz von **Betriebs- und Geschäftsgeheimnissen,** der nach § 30 oder besonderen Vorschriften des Fachrechts zu beachten ist.[19] Da § 27a jedoch die in einer Rechtsvorschrift angeordnete öffentliche oder ortsübliche Bekanntmachung voraussetzt, greift der Geheimnisschutz nur in den seltenen Fällen, dass gerade die besonders weitgehende Offenbarung im Internet zu unterbleiben hat.[20]

III. Hinweis auf die Internetseite (Abs 2)

Abs 2 verpflichtet die Behörde dann, wenn eine parallele Veröffentlichung im 13
Internet erfolgt, – unabhängig vom Umfang der dortigen Publikation – in der öffentlichen oder ortsüblichen Bekanntmachung auf die Internetseite hinzuweisen **(Hinweisbekanntmachung).** Hierdurch erhält der Bürger, wenn er nicht bereits unmittelbar auf der Internetseite von der Bekanntmachung erfährt, Kenntnis von der parallelen Internetpublikation und insbesondere die Möglichkeit, zur Einsicht ausgelegte Unterlagen dort einzusehen. Die Möglichkeit der Zugänglichkeit im Sinne von Abs 1 S 1 ist dabei nur dann gewahrt, wenn die Internetadresse, dh die Domain exakt und mit ihrem **vollständigen Domain-Namen** (Fully Qualified Domain Name) bezeichnet ist. Auch wenn der Wortlaut („die Internetseite") darauf hindeutet, dass der Domain-Name derjenigen Seite anzugeben ist, auf der die Inhalte unmittelbar zur Verfügung gestellt werden, genügt vielmehr die Angabe einer übergeordneten Seite,[21] wenn hierüber die Zugänglichkeit in leicht erkennbarer und einfacher Weise hergestellt ist. Denn nach Sinn und Zweck ist die Zugänglichkeit entscheidend. Der Hinweis auf den kurzen und idR prägnanten Namen der Start- oder Hauptseite, von der der Benutzer mit einem oder zwei Mausklicks[22] auf die Seite mit dem Bekanntmachungsinhalt gelangt, dürfte zweckgerechter sein als der Hinweis auf den uU langen und komplexen Namen einer untergeordneten Seite.

---

[17] Ähnlich Ziekow 5; aA Obermayer/Funke-Kaiser 9.
[18] Ebenso StBS 59.
[19] Begr Innenausschuss, BT-Drs 17/12525, S. 17f.
[20] S hierzu StBS 66f.
[21] Ebenso Obermayer/Funke-Kaiser 17.
[22] Vgl Bennemann, LKRZ 2012, 270, 274.

IV. Rechtsfolgen einer Verletzung

14 **Grundsatz: Rechtswidrigkeit.** Die Nichtbeachtung von § 27a ist nicht deshalb von vornherein unerheblich, weil damit nur eine zusätzliche Veröffentlichung angeordnet ist.[23] Nichtigkeit gem § 44 kommt als Fehlerfolge zwar nicht in Betracht, als gesetzliche Verfahrensvorschrift, die zudem als Soll-Regelung ausgestaltet ist, stellt die Nichtbeachtung von § 27a jedoch einen Verfahrensfehler dar, der grundsätzlich zur Rechtswidrigkeit eines nachfolgenden VA führt. Im Gerichtsprozess kann eine Verletzung von § 27a gem § 44a VwGO nur im Rahmen eines Rechtsbehelfs gegen die Hauptsache gerügt werden. Allerdings handelt es sich ggf nur um einen relativen Verfahrensfehler, der nur dann zur Aufhebung des VA führt, wenn er sich auf das Ergebnis ausgewirkt haben kann. Anderenfalls ist der Fehler nach § 46 unbeachtlich, was regelmäßig der Fall sein wird (vgl § 46 Rn 25 ff). Fehlt eine Veröffentlichung im Internet entgegen § 27a, ist dies allein für den Bestand eines etwaigen VA im Ergebnis daher regelmäßig nicht erheblich. Hingegen können **inhaltliche Fehler** für die Öffentlichkeitsbeteiligung gravierende Folgen haben und sich damit uU auch auf das Ergebnis auswirken. Denn durch die aufgrund von § 27a erfolgende Internetveröffentlichung wird ein Tatbestand geschaffen, auf den der Bürger grundsätzlich vertrauen darf. Bspw dürfte die Präklusionswirkung für Einwendungen im Planfeststellungsverfahren nach § 73 Abs 4 S 3 nicht nur dann ausgeschlossen sein, wenn in der herkömmlichen Bekanntmachung der Auslegung der Hinweis gem § 73 Abs 4 S 4 fehlt, dass mit Ablauf der Einwendungsfrist alle Einwendungen ausgeschlossen sind,[24] sondern auch dann, wenn die Internetveröffentlichung diesen Inhalt nicht aufweist. Zwar ist bei einem etwaigen Widerspruch zwischen den zur Einsicht ausgelegten Unterlagen und den im Internet zugänglich gemachten Unterlagen nach Abs 1 S 4 der Inhalt erstgenannter maßgeblich. Dies steht aber nicht der Annahme entgegen, dass ein beachtlicher Verfahrensfehler vorliegt, wenn unter Verstoß gegen § 27a bspw falsche und irreführende Unterlagen im Internet publiziert werden.

§ 28 Anhörung Beteiligter

(1) **Bevor ein Verwaltungsakt erlassen wird, der in Rechte[24] eines Beteiligten[22] eingreift,[24] ist diesem Gelegenheit zu geben, sich zu den für die Entscheidung erheblichen Tatsachen zu äußern.[36 ff]**

(2) **Von der Anhörung kann abgesehen werden, wenn sie nach den Umständen des Einzelfalls nicht geboten ist, insbesondere wenn**

1. **eine sofortige Entscheidung wegen Gefahr im Verzug[51] oder im öffentlichen Interesse[56] notwendig erscheint;**
2. **durch die Anhörung die Einhaltung einer für die Entscheidung maßgeblichen Frist in Frage gestellt würde;[62]**
3. **von den tatsächlichen Angaben eines Beteiligten, die dieser in einem Antrag oder einer Erklärung gemacht hat, nicht zu seinen Ungunsten abgewichen werden soll;[64]**
4. **die Behörde eine Allgemeinverfügung[66a] oder gleichartige Verwaltungsakte in größerer Zahl[68] oder Verwaltungsakte mit Hilfe automatischer Einrichtungen[68a] erlassen will;**
5. **Maßnahmen in der Verwaltungsvollstreckung getroffen werden sollen.**

---

[23] So aber offenbar Ziekow 7; StBS 69; ähnlich Stüer, DVBl 2013, 703, da es sich um eine Sollregelung handele; Buchsteiner I+E 2013, 80, 83.

[24] Vgl zB BVerwG NVwZ-RR 2009, 753 f.

(3) **Eine Anhörung unterbleibt, wenn ihr ein zwingendes öffentliches Interesse entgegensteht.**[75 ff]

Parallelvorschriften: § 91 AO; § 24 SGB-X

Schrifttum: *App,* Die Pflicht zur Gewährung rechtlichen Gehörs und Ausnahmen davon, KKZ 2006, 93; *Arndt,* Das rechtliche Gehör, NJW 1959, 6; *Bartels,* Die Anhörung Beteiligter im Verwaltungsverfahren, dargestellt anhand von § 24 SGB-X, 1985; *Bracker,* Nachholung der Anhörung bis zum Abschluß des verwaltungsgerichtlichen Verfahrens?, DVBl 1997, 534; *v Danwitz,* Zum Anspruch auf Durchführung des „richtigen" Verwaltungsverfahrens, DVB. 1993, 422; *Rossnagel,* Verfahrensfehler ohne Sanktion? JuS 1994, 927; *Ehlers,* Anhörung im Verwaltungsverfahren, Jura 1996, 617; *Feuchthofen,* Der Verfassungsgrundsatz des rechtlichen Gehörs und seine Ausgestaltung im Verwaltungsverfahren, DVBl 1984, 170; *Guckelberger,* Anhörungsfehler bei Verwaltungsakten, JuS 2011, 577; *Häusler,* Heilung von Anhörungsfehlern im gerichtlichen Verfahren, BayVBl 1999, 616; *Hill,* Verfahrensermessen der Verwaltung, NVwZ 1985, 454; *Hochhuth,* Vor schlichthoheitlichem Verwaltungseingriff anhören?, NVwZ 2003, 30; *Horn,* Das Anhörungsrecht des mit Drittwirkung Betroffenen nach § 28 VwVfG, DÖV 1987, 20; *Kahl,* Grundrechtsschutz durch Verfahren in Deutschland und in der EU, VerwArch 2004, 1; *Kaltenborn,* Streitvermeidung und Streitbeilegung im Verwaltungsrecht, 2004, § 7; *Kobor,* Kooperative Amtsermittlung im Verwaltungsrecht, 2009; *Krasney,* Zur Anhörungspflicht im Verwaltungsverfahren, NVwZ 1986, 337; *Kuschnerus,* Planänderung vor Erlass des Planfeststellungsbeschlusses – Zur praktischen Anwendung der Anhörungsvorschriften, DVBl 1990, 235; *Laubinger,* Zur Erforderlichkeit der Anhörung des Antragstellers vor Ablehnung seines Antrags durch die Verwaltungsbehörde, VerwArch 1984, 55; *Rüping,* Verfassungs- und Verfahrensrecht im Grundsatz des rechtlichen Gehörs, NVwZ 1985, 304; *Schilling,* Die Anhörungsregelung des VwVfG im Licht des GG, VerwArch 1987, 45; *Schmitz,* Anhörung der Asylsuchenden vor Erlass der ausländerbehördlichen Verfügung, NJW 1981, 1879; *Schoch,* Das rechtliche Gehör Beteiligter im Verwaltungsverfahren (§ 28 VwVfG), Jura 2006, 833; *ders,* Die Heilung von Anhörungsmängeln im Verwaltungsverfahren, Jura 2007, 28; *Schröder,* Anhörung vor Anordnung der sofortigen Vollziehbarkeit?, VBlBW 1995, 384; *Spranger,* Beschränkungen des Anhörungsrechts im förmlichen Verwaltungsverfahren, NWVBl 2000, 166; *Stein,* Die Anhörung im Verwaltungsverfahren nach § 28 VwVfG, VR 1997, 238; *Stemmler,* Zur Bedeutung der Anhörungs- und Begründungspflicht im Umlegungsverfahren nach dem BauGB, ZdBR 2002, 651; *Strohbusch,* Akzeptanz durch Verfahren?, DVP 2013, 271; *Weides,* Die Anhörung der Beteiligten im Verwaltungsverfahren, JA 1984, 648; *Wimmer,* Die Wahrung des Grundsatzes des rechtlichen Gehörs, DVBl 1985, 773; *Weyreuther,* Einflußnahme durch Anhörung, in: Sendler-FS 1991, 189.

Anhörung nach EU-Recht: *Bauer,* Das Recht auf eine gute Verwaltung im Europäischen Gemeinschaftsrecht, 2002; *Fengler,* Die Anhörung im europäischen Gemeinschaftsrecht und im deutschen Verwaltungsverfahrensrecht, 2003; *Glaser,* Die Entwicklung des Europäischen Verwaltungsrechts aus der Perspektive der Handlungsformenlehre, 2013; *Huck,* Das System des rechtlichen Gehörs im europäisch geprägten Verwaltungsverfahren, EuZW 2016, 132; *Kahl,* Konvergenz und Divergenz der Anhörungsdogmatik in Europa, in Bauer/Czybulka/Kahl/Stelmach/Voßkuhle (Hg), Öffentliches Wirtschaftsrecht im Zeitalter der Globalisierung, 2012, 159.

Übersicht

I. Allgemeines

1 **1. Inhalt.** Die für das Verwaltungsverfahren zentrale Vorschrift regelt die **Verpflichtung** zur **Anhörung der Beteiligten,** die durch einen VA in ihren Rechten (negativ) betroffen werden können (Abs 1), sieht jedoch zugleich bestimmte Ausnahmen vor (Abs 2 und 3). Die Regelung trägt dem grundsätzlichen Recht des Bürgers auf Gehör im Verwaltungsverfahren[1] Rechnung. Sie wird, soweit in einer Sache Grundrechte berührt sind, dem modernen Verständnis hins der Erfordernisse effektiver Grundrechtssicherung nur begrenzt gerecht. Die Anhörung dient neben der Wahrung der Rechte des Betroffenen zugleich als **Mittel der Sachverhaltsaufklärung** und als Beweismittel (s unten Rn 2). Die Anhörung der Beteiligten (§ 13 Abs 1) ist ein wesentlicher Teil der Parteiöffentlichkeit des Verfahrens und stellt **das wichtigste Recht der Beteiligten** im Verfahren dar; sie ist zugleich eine wesentliche Voraussetzung für das in einer modernen Verwaltung notwendige Vertrauensverhältnis zwischen Bürger und Behörde im demokratischen Rechtsstaat.[2]

2 **Objektivrechtlich** dient das Anhörungsrecht vor allem der Schaffung einer ausreichenden und zutreffenden Entscheidungsgrundlage im Rahmen der Amtsermittlung (§ 24) und damit einer effektiven und effizienten Aufgabenerfül-

---

[1] Vgl Begr 51, 109; BVerfG 4, 190; 6, 14; BVerwGE 2, 343; BVerwG NJW 1976, 588; BSG 15, 122; 26, 174; F 188, 228, 235; WBS II § 60 Rn 54; MDH 92 ff zu Art 103 GG; Säcker/Reimann JuS 1969, 579; Ule/Laubinger DVBl 1968, 785; 1976, 427; NJW 1968, 785; Ule/Laubinger/Becker 40 ff; Lange DVBl 1975, 230; Lorenz 266; Geiger JA 1982, 316; Kopp VerwArch 1970, 242.

[2] BVerfGE 84, 34, 46; Hufen/Siegel Rn 284; Kaltenborn § 7 I 1a mwN; zum SGB s Begr zum ESGB BT-Dr 6/3764, 28; BSG DVBl 1985, 632; Kopp 184, 188; Krasney NVwZ 1986, 338.

lung.[3] Es ist ein wichtiges Mittel zur **Aufklärung des Sachverhalts.**[4] Dies gilt insb für Entscheidungen, die eine genauere Kenntnis der Verhältnisse in der Sphäre der Betroffenen voraussetzen, vor allem bei Ermessensentscheidungen (BVerfG 58, 67). Ferner dient die Anhörung der Schaffung von **Transparenz** des Verwaltungsverfahrens und **Akzeptanz**[5] der vorzubereitenden Entscheidung und verbessert damit auch deren Legitimation.

3 **2. Verfassungsrechtliche Grundlagen.** Einigkeit besteht darüber, dass der Anspruch der Beteiligten bzw. Betroffenen auf Anhörung im Verwaltungsverfahren verfassungsrechtlich geboten ist. Aus welchen Prinzipien bzw. Normen des Verfassungsrechts der Anspruch genau folgt, ist allerdings umstritten. Der Streit ist nicht rein akademischer Natur, weil er die Reichweite des Anhörungsrechts beeinflussen kann (s unten Rn 26). Art 103 Abs 1 GG gewährleistet jedenfalls unmittelbar nur den Anspruch auf rechtliches Gehör im gerichtlichen Verfahren, eine Analogie drängt sich angesichts der unterschiedlichen Funktionen von gerichtlichem und Verwaltungsverfahren nicht auf.[6] Die wohl hM sieht den Anspruch auf Anhörung aber zu Recht als notwendige **Folge des Rechtsstaatsprinzips**[7] sowie der Verpflichtung des Staates zur Achtung und Wahrung der Menschenwürde an,[8] die es verbietet, den Menschen zu einem Objekt staatlichen Handelns zu machen. Vor allem dient die Anhörung Betroffener dem **Schutz der materiellen Grundrechte**[9] die in der jeweiligen Sache betroffen sind, sowie sonstiger einschlägiger Prinzipien des Verfassungsrechts, bei Gemeinden auch des Selbstverwaltungsrechts und insb der darin enthaltenen Planungshoheit.[10] In Verwaltungsverfahren mit materieller Präklusionswirkung (vgl § 73 Rn 88 ff) erfüllt die Anhörung zugleich die Funktion des Art 103 Abs 2 GG und muss auch schon deshalb den gleichen Erfordernissen genügen.[11]

4 **3. Anwendungsbereich. a) Unmittelbar.** Die Vorschrift gilt unmittelbar nur für Verwaltungsverfahren im Anwendungsbereich des VwVfG. Die Verwaltungsverfahrensgesetze der Länder enthalten inhaltsgleiche Regelungen. Die

---

[3] BGH DVBl 1993, 1290: die Anhörung soll im Interesse der öffentlichen Verwaltung Fehler bei der Tatsachenermittlung vermeiden helfen; Erichsen/Ehlers § 13 Rn 27; Wimmer DVBl 1985, 776; vgl auch OVG Münster NVwZ 1987, 607.

[4] VGH München BayVBl 1988, 497; StBS 3; vgl ferner BAG NJW 1986, 3161.

[5] Hierzu näher Strohbusch DVP 2013, 271, 274.

[6] Für die in der älteren Literatur (Feuchthofen DVBl 1984, 179) befürwortete entsprechende Heranziehung des Art 103 GG besteht mangels Regelungslücke kein Bedürfnis (zutreffend Kaltenborn § 7 I 1 (S. 243).

[7] Begr 51; BVerfGE 7, 279; OVG Münster NVwZ 1987, 607; OVG Lüneburg DVBl 1989, 888; UL § 1 Rn 7; Schoch NVwZ 1983, 249, 251; Schmidt-Aßmann DÖV 1987, 1029; Bracher DVBl 1997, 534; Kunig, Rechtsstaatsprinzip, 1986, S. 375; Laubinger VerwArch 1984, 74; Obermayer/Funke-Kaiser 2; Kopp 75 ff, 116 ff; Müller NVwZ 1988, 702; Horn DÖV 1987, 21 mwN; Knack/Henneke 4 mwN.

[8] BVerfGE 110, 339; 101, 397; NJW 2000, 1709; BVerfGE 9, 89, 95; zum status activus processualis Häberle VVDStRL 1972, 43, 121; StBS 2; Kopp 30; Nehls NVwZ 1982, 494; Obermayer/Funke-Kaiser 2; Renck DVBl 1990, 1040; dezidiert und ausführlich Kaltenborn, § 7 I 1 mwN (Fn 40).

[9] BVerwGE 74, 112; 91, 262; 92, 132; NVwZ 1993, 686; NVwZ-RR 2013, 45; BVerfGE 56, 236; 84, 34, 46 zum Anspruch aus Art 12 GG auf ein „Nachverfahren" zur Geltendmachung von Einwendungen gegen Prüfungsbewertungen bei berufsrelevanten Prüfungen; ebenso VGH Kassel NVwZ 1982, 136; Hufen/Siegel Rn 284; Kaltenborn § 7 I 1a: „Kern der materiellen Grundrechte"; Rossnagel JuS 1994, 924; v Danwitz DVBl 1993, 422, 425; Laubinger VerwArch 1984, 72, 74; zum Kontrollverfahren bei Prüfungsentscheidungen s § 40 Rn 141.

[10] BVerwG DVBl 1987, 847 und 1000 mwN; BVerfGE 56, 320; OVG Münster NVwZ 1987, 606; OVG Lüneburg DVBl 1987, 1021 mwN; VG Oldenburg DVBl 1989, 682.

[11] BVerwG DÖV 1984, 467; BVerfG 55, 94; s dazu im selben Sinn auch Martens NVwZ 1984, 558.

Vorschrift gilt weiter nur insoweit, als speziellere Bestimmungen keine entsprechenden, insbesondere keine weitergehenden Regelungen enthalten. Dies ist etwa im Planfeststellungsrecht (§ 73, s zur Spezialität § 73 Rn 9 f) und für Verwaltungsverträge (s unten Rn 6) der Fall. Unmittelbar anwendbar ist die Vorschrift deshalb nur auf Verwaltungsverfahren, die auf **Erlass eines VA** gerichtet sind. Zur entsprechenden Anwendbarkeit auf verfahrensrechtliche Entscheidungen s unten Rn 4b; zum Ausschluss der Nachholung nach Erledigung oder Unanfechtbarkeit § 45 Rn 13.

b) Analoge Anwendbarkeit. Als Ausdruck allgemeiner Rechtsgedanken 4a
und als verfahrensspezifischer Ausfluss des Rechtsstaatsprinzips sowie der betroffenen grundrechtlichen Garantien gelten die Regelungen des § 28 aber entsprechend **auch für andere hoheitliche Maßnahmen** der Verwaltung, durch die in den Rechtskreis des Betroffenen in vergleichbarer Weise eingegriffen wird. Maßgeblich muss sein, ob sich eine mit dem Erlass eines VA **vergleichbare Entscheidungssituation** ergibt.[12] Dies ist zB für den Ausschluss eines Gemeinderatsmitglieds aus einer Fraktion ebenso anzunehmen[13] wie für schlicht-hoheitliches Handeln bzw hoheitliche Realakte, denen eine Entscheidung vorausgeht[14] und die Gefahr einer Rechtsbeeinträchtigung erkennbar ist,[15] zB vor behördlichen Warnungen, uU auch behördlichen Empfehlungen.[16] Auch für Verfahren, die zwar unabhängig von einem auf den Erlass eines VA gerichteten Verwaltungsverfahren sind, in denen aber Tatsachen festgestellt werden, die in einem Verwaltungsverfahren von wesentlicher Bedeutung für den Erlass eines VA sein können, kann eine analoge Anwendung von § 28 in Betracht zu ziehen sein.[17]

Umstritten ist die analoge Anwendung auf bestimmte **verfahrensrechtliche** 4b
Entscheidungen im Vorfeld eines VA, wenn damit spezielle Rechtsbeeinträchtigungen verbunden sein können,[18] zB bei Entscheidungen über die Weitergabe von Sachen an eine andere Behörde, bei Entscheidung über die Anerkennung eines Befangenheitsgrundes gem §§ 20 f (§ 20 Rn 55). Diese Frage stellt sich auch in sog **Verbundverfahren,** in denen im Rahmen des **Europäischen Verwaltungsverbundes** Verfahrensstufen des direkten Vollzugs durch die Kommission und des indirekten Vollzugs durch mitgliedstaatliche Behörden hintereinander ablaufen oder in denen im Rahmen des indirekten Vollzugs **Handlungsbeiträge von EU-Behörden** erbracht werden. Auf Verfahrensstufen des

12 BVerwG NVwZ 2003, 354; VGH München NVwZ 2003, 998; VGH Kassel NVwZ 2003, 1000; VGH Mannheim NVwZ-RR 2003, 311; OVG Weimar ThürVBl 1997, 133; ausführlich Hochhuth NVwZ 2003, 30; StBS 25; jetzt auch Knack/Henneke 9 und Bader/Ronellenfitsch 5.

13 OVG Münster NVwZ 1993, 399; VGH München NVwZ 1989, 494; VG Darmstadt NVwZ-RR 1990, 104; Erdmann DÖV 1988, 910; Aulehner JA 1980, 483; Rick, Die Ratsfraktion 1989, 163.

14 VGH Mannheim NVwZ-RR 2003, 311 für Bauarbeiten, die zu einer Beeinträchtigung des Gemeingebrauchs eines öffentlichen Weges führen.

15 Erichsen/Ehlers § 13 Rn 27; Kaltenborn § 7 I 1a; Mössner DVBl 1989, 1233; offen allg BFH BStBl II 1987, 92; vgl auch BFH 149, 404 = NJW 1988, 2502 und BFH 148, 108 = NJW 1987, 1040; Knack/Henneke 9, Obermayer/Funke-Kaiser 11 **aA** einschränkend auch FKS 24.

16 BVerfGE 105, 252; VGH München NVwZ 2003, 998; VGH Kassel NVwZ 2003, 1000; Ossenbühl, Umweltpflege durch behördliche Warnungen und Empfehlungen, 1986, 69; Erichsen/Ehlers § 13 Rn 27; **aA** noch BVerwGE 82, 76 zur Warnung vor Jugendsekten.

17 Vgl VG Berlin U v 25.6.2009, 3 A 319.05, juris (bloße Feststellung wiss Fehlverhaltens nach sog Ehrenkodex-Satzung).

18 Ablehnend die Rspr, vgl BVerwG NJW 1990, 2637 für die Anordnung einer medizinisch-psychologischen Untersuchung; VGH Mannheim DÖV 2005, 308; FKS 24; offener wohl StBS 24; Knack/Henneke 9.

direkten Vollzugs durch die Kommission ist die Vorschrift hinsichtlich der Handlungsbeiträge deutscher Behörden nicht anwendbar.[19]

4c Ebenfalls **umstritten, richtigerweise aber zu verneinen,** ist die entsprechende Anwendung auf Verfahren zum Erlass **exekutiver Rechtsnormen** (Rechtsverordnungen und Satzungen, insbesondere solche, die nicht notwendig eines Umsetzungsaktes bedürfen).[20] Der Gedanke der Partizipation von Betroffenen passt hier indessen nur sehr begrenzt, weil sich Rechtsnormen typischerweise an die Allgemeinheit wenden.[21] Auch Abs 2 Nr 4 spricht gegen eine solche Analogie.

5 **c) Verwaltungsprivatrecht.** Außerdem ist § 28 sinngemäß-analog auch auf privatrechtliche Handlungen bei Wahrnehmung öffentlicher Aufgaben (v Zezschwitz NJW 1983, 1881; Achterberg JA 1985, 510) anwendbar, **nicht dagegen** in Verfahren zum **Erlass von Rechtsvorschriften,** auch dann nicht, wenn diese die Regelung konkreter Angelegenheiten, wie zB des Einzugsbereichs einer Schule[22] oder die Festlegung eines städtebaulichen Entwicklungsbereichs durch VO[23] – sog EntwicklungsVO – zum Gegenstand haben. In Verfahren **vor parlamentarischen Untersuchungsausschüssen** ist die Vorschrift bei Fehlen spezieller Regelungen grundsätzlich analog anwendbar.[24]

6 **d) Anwendbarkeit auf öffentlich-rechtliche Verträge? Streitig** ist die Anwendbarkeit der Vorschrift in Verfahren, die zum Abschluss verwaltungsrechtlicher Verträge führen. Die Anwendbarkeit des § 28 auf verwaltungsrechtliche Verträge wird **von der hM zu Recht verneint.**[25] Abgesehen davon, dass die Vorschrift ausdrücklich auf belastende VAe abstellt und damit gerade nicht alle Verwaltungsverfahren iSd § 9 erfassen soll, besteht auch kein Grund dafür, dass die Behörde einen Betroffenen, mit dem sie einen Vertrag abschließen will, zuvor speziell anhört. Selbst wenn dem Vertrag kein besonderer Aushandlungsprozess zugrunde liegt, setzt er doch eine auf den Abschluss gerichtete Willenserklärung auch des Bürgers voraus. Auch Dritte, in deren Rechte der Vertrag eingreifen könnte,[26] können nur im Falle ihrer Zustimmung (§ 58) gebunden werden. Diese qualifizierte Form der Beteiligung an der Gestaltung eines Rechtsverhältnisses passt schwerlich zu der auf einseitiges hoheitliches Handeln zugeschnittenen Anhörung.

7 **e) Anwendbarkeit auf Anordnung der sofortigen Vollziehbarkeit? Umstritten** ist die Notwendigkeit einer Anhörung vor Erlass einer Anordnung der sofortigen Vollziehbarkeit (§ 80 Abs 2 Nr 4 VwGO). Die **wohl hM lehnt sie ab,** überwiegend mit der Begründung, es handele sich bei der Anordnung nicht um einen VA, sondern um einen unselbständigen Annex.[27] Eine entspre-

---

[19] OVG Berlin-Brandenburg, B v 17.10.2011, OVG 10 S 22.11, juris, für den Fall des Auskunftsersuchens der Kommission im Zuge der Einleitung eines Beihilfenprüfungsverfahrens.

[20] Bejahend Hufen/Siegel Rn 743; einschränkend Erichsen/Ehlers § 18 Rn 18; ausführlich hierzu Gößwein, Allgemeines Verwaltungsrecht der adminstraiven Normsetzung, 2001, 93; v Bogdandy, Gubernative Rechtssetzung, 2000, 398.

[21] Ablehnend deshalb die hM, vgl BVerfGE 42, 191, 205; BVerwGE 59, 48, 55; Erichsen/Ehlers § 18 Rn 18.

[22] So wohl VGH München BayVBl 1984, 336 mwN; OVG Koblenz NVwZ 1987, 243; vgl auch BVerwGE 59, 48 = NJW 1980, 1763; VGH München BayVBl 1985, 87; VGH Mannheim NJW 1984, 1700; Schutt NVwZ 1991, 13.

[23] BGH NVwZ 1987, 924; OVG Lüneburg NJW 1979, 1317; OVG Bremen BRS 40 Nr 245.

[24] OVG Münster NVwZ 1987, 606 mwN.

[25] StBS 13; Knack/Henneke 10; FKS 12; Obermayer/Funke-Kaiser 11.

[26] Für den Begriff des Eingriffs gelten ähnliche Überlegungen wie zu Abs 1 (Rn 24).

[27] BVerwGE 24, 92, 94; OVG Berlin NVwZ 1993, 198; VGH Mannheim NVwZ-RR 1995, 175; NVwZ-RR 1995, 17, 19; OVG Münster BauR 1995, 69; OVG Schleswig

chende Anwendung wird wegen der abweichenden Interessenlage abgelehnt. Die **Gegenmeinung** steht demgegenüber teilweise auf dem Standpunkt, die Anordnung habe VA-Qualität;[28] teilweise wird auch eine entsprechende Anwendbarkeit des § 28 vertreten.[29] Der hM ist zuzustimmen. Die Anordnung der sofortigen Vollziehbarkeit nach § 80 Abs 2 Nr 4 VwGO stellt selbst keinen VA dar (siehe auch Kopp/Schenke § 80 Rn 78). Eine entsprechende Anwendbarkeit des § 28 würde eine vergleichbare Interessenlage voraussetzen, die nicht gegeben ist. Die Anordnung des Sofortvollzuges setzt nämlich im Unterschied zum Normalfall einer Anhörung vor Erlass eines VA zwingend ein besonderes Vollzugsinteresse voraus, welches idR aus einer besonderen Eilbedürftigkeit folgt. Gleiches dürfte für die **Aussetzung der Vollziehung** durch die Widerspruchsbehörde gem § 80 Abs 4 VwGO zu gelten haben. Da diese nur auf Antrag erfolgt, hat der Betroffene ohnehin Gelegenheit, seine Belange zu Gehör zu bringen.

II. Spezielle Regelungen von Anhörungspflichten

1. Spezielle Anhörungsrechte im VwVfG. a) Besondere Verfahrensarten. Teilweise weitergehende und umfassendere Anhörungspflicht enthält § 66 für **förmliche Verfahren.** Danach ist den Beteiligten nicht nur Gelegenheit zur Äußerung zu geben, sondern auch einer Beweisaufnahme beizuwohnen; ferner ist in § 67 Abs 1 eine mündliche Verhandlung vorgeschrieben, in der die Sache mit den Beteiligten zu erörtern ist, ungenügende Angaben ergänzt und Erklärungen zur Aufklärung des Sachverhalts abgegeben werden können (§ 68 Abs 2). Eine besondere Form der Anhörung ist auch in **§ 73** für **Planfeststellungsverfahren** geregelt, wonach innerhalb einer bestimmten Frist eine Stellungnahme abzugeben ist, die dann Gegenstand einer Erörterung wird (s § 73 Rn 84ff), außerdem auch **§ 71 VwGO** für das **Widerspruchsverfahren,** wenn die Aufhebung oder Änderung des VA erstmalig mit einer Beschwer verbunden ist (s dazu § 79 Rn 52ff). Für diese Bestimmungen ist § 28 Abs 2, 3 nicht anwendbar. 8

b) Die Anhörung Dritter gem § 13 Abs 3. Die in § 13 Abs 3 vorgesehene Anhörung „Dritter" dient nicht der Gewährung rechtlichen Gehörs, sondern der Feststellung allgemeiner Anschauungen. Sie setzt nicht Betroffenheit in eigenen Rechten oder rechtlichen Interessen voraus, sondern erfolgt primär im öffentlichen Interesse, insb auch im Interesse der **besseren und umfassenderen Information der Behörden** (s § 13 Rn 54f). Dies gilt auch für die Anhörung in **Planfeststellungsverfahren** gem § 73 Abs 4 und 6 und entsprechenden fachplanungsrechtlichen Bestimmungen sowie gem § 10 Abs 3 BImSchG, soweit die **Anhörung nicht** der Wahrung eigener Rechte oder rechtlicher Interessen dient, sondern **einem weiteren Kreis Interessierter gewährt** wird, die nicht selbst betroffen sind (s § 73 Rn 126), außerdem zB auch für die **Anhörung anerkannter Naturschutzverbände** gem § 63 BNatSchG in naturschutzrelevanten Planfeststellungsverfahren und in einigen sonstigen Verfahren. 8a

c) Vernehmung der Beteiligten. Nicht primär der Gewährung rechtlichen Gehörs, sondern dem öffentlichen Interesse an der Sicherung der inhaltlichen Richtigkeit und Gesetzmäßigkeit des Handelns der Behörden und dem Rechtsschutz aller in einer Sache ggfs Betroffenen dient die Vernehmung der Beteiligten 8b

---

NVwZ-RR 1993, 587; OVG Lüneburg NVwZ-RR 2002, 822; OVG Koblenz NVwZ 1988, 748; Ehlers Vw 2004, 255, 262; Knack/Henneke 9.

[28] OVG Bremen NordÖR 1999, 284, 285; OVG Lüneburg NVwZ-RR 1993, 585; VGH Kassel DÖV 1988, 1023.

[29] OVG Berlin GewArch 1982, 372; Hufen VerwPR § 32 Rn 16; Müller NVwZ 1988, 702. Pünder begründet das Anhörungsrecht unmittelbar aus verfassungsrechtlichen Gewährleistungen, vgl Erichsen/Ehlers § 13 Rn 28.

als Beweismittel gem § 26 Abs 1 S 2 Nr 2 (s dazu § 26 Rn 19). Sie kann von ihrem sachlichen Umfang her hinter der Stellungnahme im Rahmen der Anhörung zurückbleiben, aber auch – wegen der Befragung zu bestimmten Themen – über sie hinausgehen. Sie wird idR mit der Anhörung zusammenfallen. Soweit eine Vernehmung stattgefunden hat, bestand idR die Möglichkeit der Stellungnahme in umfassender Weise. Ein vernommener Beteiligter deshalb idR nicht mehr auf die Verletzung rechtlichen Gehörs berufen. Anderes gilt, wenn die Vernehmung von vornherein thematisch beschränkt war und die Möglichkeit, anderes vorzubringen, tatsächlich nicht bestand.

9 **2. Spezielle Anhörungspflichten im Fachrecht.** Das Fachrecht enthält in vielen Bereichen spezielle Regelungen des Anhörungsrechts, die zT über die Regelungen des § 28 im Hinblick auf die Berechtigten usw hinausgehen, zT diese auch nur modifizieren. Insoweit stellt sich jeweils die Frage, ob die Regelungen des § 28 ergänzend anwendbar bleiben oder durch eine abschließende Regelung ausgeschlossen sind. Im Grundsatz wird man von einer ergänzenden Anwendbarkeit auszugehen haben; nur in den Fällen, in denen sich dem Fachrecht eine abschließende Regelung entnehmen lässt, wird § 28 ausgeschlossen.

10 **a) Ausländer- und Asylrecht.** Nach **§ 24 Abs 1 S 3 AsylG** hat das Bundesamt im Rahmen des Verfahrens beim Bundesamt (§§ 23–33 AsylG) den Ausländer persönlich anzuhören. § 24 Abs 1 S 4 u 5 AsylG sehen Möglichkeiten vor, wann von einer Anhörung abgesehen werden kann, und Pflichten, wann ein Anhörung zwingend zu unterbleiben hat. § 25 AsylG bestimmt Inhalt und Verfahren der Anhörung durch das Bundesamt. Da die Anhörung nach § 24 Abs 1 AsylG allein der Aufklärung des Sachverhalts dient und somit eine spezielle Regelung zu §§ 24, 26 darstellt, bleibt § 28 daneben anwendbar.[30] Auch § 82 AufenthG dient nicht in erster Linie dem rechtlichen Gehör, sondern der Sachverhaltsermittlung und lässt daher die Anhörungsregelungen des § 28 unberührt. Zwar geht die – insoweit nicht überzeugende – hM (s Rn 26) bei Antragsverfahren auf Erteilung einer Begünstigung davon aus, dass eine Anhörung nicht zwingend erforderlich sei. Im Ausländerrecht wird diese Ansicht jedoch insoweit modifiziert, als dass eine Anhörungspflicht sowohl im Antragsverfahren als auch im Verfahren von Amts wegen grundsätzlich nach § 28 VwVfG bestehe (OVG Münster NWVBl 2000, 223; Kluth/Hund/Maaßen, Zuwanderungsrecht, 2008, § 8 Rn 1).

10a **b) Bau- und Anlagenrecht, Umwelt- und Planungsrecht.** § 10 Abs 3–6 BImSchG sieht für das Genehmigungsverfahren ein **besonderes Anhörungsverfahren** vor, in dem die Betroffenen Einwendungen gegen das Vorhaben vorbringen können. Die Partizipationsmöglichkeiten der Betroffenen gehen über eine formale Anhörung hinaus. Die Mitwirkung ist ein Surrogat (StBS 15) zur Anhörung. Raum für eine ergänzende Anwendung des § 28 besteht nicht. Im **Baurecht** wird § 28 durch die speziellen Beteiligungsregeln für angrenzende Nachbarn bei der Erteilung von Baugenehmigungen nicht verdrängt. Insbesondere kann in den Vorschriften keine Beschränkung des Kreises der Anzuhörenden gesehen werden.[31] Für **UVP-pflichtige Vorhaben** gilt § 9 UVPG über eine Öffentlichkeitsbeteiligung.

10b **c) Öffentliches Dienstrecht, Wehr- und Zivildienstrecht.** Nach der Neuregelung des Beamtenrechts durch das DNeuG[32] sind die meisten bundesrechtlichen speziellen Anhörungsvorschriften entfallen. Zu nennen sind nur noch § 47 BBG (Verfahren bei Dienstunfähigkeit) und § 109 BBG (Anhörung bei

---

[30] Renner/Bergmann/Dietelt, Ausländerrecht, 10. Aufl 2013, § 24 AsylG Rn 3, 10.

[31] Stelkens BauR 1986, 390 (396).

[32] Gesetz zur Neuordnung und Modernisierung des Bundesdienstrechts, (Dienstrechtsneuordnungsgesetz – DNeuG) vom 5.2.2009 (BGBl I S. 160).

Beurteilungen oder Bewertungen). Für Maßnahmen im Rahmen des Dienstverhältnisses, die als VA zu qualifizieren sind, (Versetzung, Verbot der Führung der Dienstgeschäfte), gilt § 28 auch mit den Ausnahmen des Abs 2. Für sonstige Maßnahmen (zB Umsetzung) resultiert die Anhörungspflicht aus der Fürsorgepflicht des Dienstherrn[33] Die Vorschriften im Wehrpflichtgesetz über die Anhörung von Wehrpflichtigen im Falle einer Einberufung (§§ 20b, § 23 WPflG) stellen keine abschließenden Regelungen dar. Grds findet § 28 auch im Musterungsverfahren Anwendung.[34]

d) Polizei- und Ordnungsrecht, Wirtschafts- und Vollstreckungsrecht 10c
Die Polizeigesetze der Länder sehen die Möglichkeit vor, Maßnahmen ohne vorherige Anhörung zu ergreifen, wenn anders eine unmittelbar bevorstehende Gefahr für die öffentliche Sicherheit und Ordnung nicht abgewehrt oder eine bereits eingetretene Störung nicht beseitigt werden kann. Diese Maßnahmen haben idR keine VA-Qualität (s § 35 Rn 114), weshalb das VwVfG ohnehin nicht (unmittelbar) anwendbar ist. Auch das Vollstreckungsrecht kennt den Einsatz von Verwaltungszwang ohne vorherigen VA und ohne vorherige Anhörung (vgl § 6 Abs 2 VwVG), wenn dies zur Gefahrenabwehr erforderlich ist und die Verwaltung innerhalb ihrer Befugnisse handelt, also die fragliche Maßnahme auch als VA erlassen könnte.

III. Anhörungspflichten im Europarecht

1. Grundlagen. Der Grundsatz des rechtlichen Gehörs im Verwaltungsverfahren gehört zu den **fundamentalen Rechtsgrundsätzen** des Unionsrechts.[35] Das rechtliche Gehör ist zentrales Element des im EU-Recht anerkannten **Rechts auf eine gute Verwaltung** (Art 41 Abs 2 der EU-Grundrechtscharta).[36] Der Grundsatz gilt nicht nur für den direkten Vollzug von Unionsrecht durch die Organe der EU, sondern auch für den indirekten Vollzug durch die Organe der Mitgliedstaaten (s zu diesen Begriffen Einf II Rn 36 ff). 11

2. Indirekter Vollzug. Im Anwendungsbereich des Unionsrechts (s Einf II Rn 42 ff) müssen sich die Regelungen des § 28 einschließlich der Ausnahmen an diesem Grundsatz messen lassen. **Im Hinblick auf Vereinbarkeit mit EU-Recht problematisch** ist zunächst, dass sich die in § 28 vorgesehene Anhörungspflicht nach der derzeit wohl noch hM und entgegen der hier vertretenen Auffassung auf eingreifende VAe beschränkt und sich nicht auf solche VAe bezieht, durch die eine Begünstigung abgelehnt wird (s unten Rn 26), während das Unionsrecht eine **Anhörungspflicht allgemein bei beschwerenden Entscheidungen** unabhängig von der Rechtsform des Handelns vorsieht.[37] Hier erscheint im Anwendungsbereich des Unionsrechts eine **europarechtskonforme Auslegung** der Vorschrift insgesamt und eine **analoge Anwendung** des Abs 1 geboten.[38] Problematisch ist weiter, dass bei einer unterlassenen Anhörung nach deutschem Recht (§ 45 Abs 2) die Möglichkeit einer **Heilung nach Abschluss des Verwaltungsverfahrens** besteht (s hierzu näher § 45 Rn 5c) und dass ferner für den in einer unterlassenen Anhörung liegenden Fehler **Unbeachtlich-** 11a

---

33 BVerfGE 8, 356; Battis, BBG, 4. Aufl 2009, § 78 Rn 9.

34 Wolter, NZWehrr 1978, 81.

35 EuGHE I 1996, 5373; 1998, 8255; grundlegend EuGHE 1979, 461 – Hoffmann-La Roche; 1983, 3461 – Michelin; s auch Haibach NVwZ 1998, 456; Gornig/Trüe JZ 2000, 395, 404; v Danwitz, Europäisches Verwaltungsrecht, 358; Einf II Rn 50.

36 S näher Bauer, Das Recht auf eine gute Verwaltung, 12 ff.

37 EuGHE 1963, 107 (123); EuGHE 1979, 461 (511); EuGHE II-1994, 49 (73); Haibach, NVwZ 1998, 456.

38 Glaser § 16 II; Kahl, Konvergenz, 159, 184; so nunmehr wohl auch FKS 19; **aA** StBS 74: Unterschied nicht hinreichend eindeutig; vgl aber StBS 27: Bewusste Differenzierung.

keit nach § 46 gelten kann (s hierzu § 46 Rn 5a ff). Im Lichte insbes der Altrip-Entscheidung des EuGH[39] erscheint die Fehlerfolgenregelung des § 46 auch im Hinblick auf die Anhörung nur europarechtskonform, wenn die Vorgabe ernst genommen wird, dass eine fehlende Anhörung nur bei offensichtlicher Folgenlosigkeit unbeachtlich ist, wobei dies von der Behörde nachzuweisen ist. Der **Ausnahmekatalog** des Abs 2 dürfte den europarechtlichen Anforderungen standhalten. Bedenken ergeben sich insoweit lediglich im Hinblick auf den Ausschluss der Anhörung vor Maßnahmen in der Verwaltungsvollstreckung. Hier wird den europarechtlichen Anforderungen indessen durch eine entsprechende Ausübung des Ermessens Rechnung getragen werden können und müssen. Schließlich ergeben sich Probleme bei der Anhörung auf den unterschiedlichen Verfahrensstufen im Verwaltungsverbund.[40]

IV. Die Grundpflicht zur Anhörung (Abs 1)

12 **1. Inhalt und Zuständigkeit.** Anhörung iS des § 28 bedeutet, dass die Behörde den Betroffenen **Gelegenheit zur Äußerung** zum Gang des Verfahrens, zum Gegenstand, den entscheidungserheblichen Tatsachen und zum möglichen Ergebnis (vgl OVG Münster NVwZ 1987, 607) **innerhalb einer angemessenen Frist** gibt.[41] Die Beteiligten müssen die Möglichkeit erhalten, auf den Gang und das Ergebnis des Verfahrens dadurch Einfluss zu nehmen, dass die Behörde bei ihrer Entscheidung die im Rahmen der Anhörung abgegebenen **Stellungnahmen ernsthaft in Erwägung zieht.**[42] Sie muss sich in der Begründung ihrer Entscheidung (§ 39 Abs 1) damit auseinandersetzen, wenn sie anderer Auffassung ist.[43] Die Anhörung muss nicht notwendig unmittelbar durch denjenigen Amtsträger, der letztlich den VA unterschreibt, persönlich erfolgen. Es muss aber jedenfalls organisatorisch sichergestellt sein, dass alle wesentlichen Ergebnisse der Anhörung derart in den Willensbildungs- und Entscheidungsvorgang einfließen, dass sie dabei **adäquate Berücksichtigung** finden können (VGH München BayVBl 1988, 497). Das gilt insbesondere, wenn die Anhörung im sog **Front-Office** stattfindet (s hierzu näher Windoffer NVwZ 2007, 495) und setzt voraus, dass die Ergebnisse der Anhörung hinreichend klar dokumentiert und zum Inhalt der Akten werden.

Zuständig für die Anhörung ist grundsätzlich die für den Erlass des VA zuständige Behörde, auch dann, wenn eine andere Behörde Direktions- und Weisungsbefugnisse besitzt wie etwa der Bund gegenüber den Ländern im Rahmen der Bundesauftragsverwaltung.[44] Wird allerdings das Verfahren über eine einheitliche Stelle abgewickelt (§§ 71a ff), kann die Anhörung über diese durchgeführt werden (Rn 43, § 71a Rn 21). Auch im Rahmen der Amtsermittlung kann die Anhörung von einer anderen Behörde durchgeführt werden (vgl § 4 Rn 13).

---

[39] EuGH NVwZ 2014, 49; näher hierzu § 46 Rn 5b, Einf Rn 28a u § 75 Rn 77 ff.

[40] Kahl, Lücken und Ineffektivitäten im Europäischen Verwaltungsverbund am Beispiel des Rechts auf Anhörung, DVBl 2012, 602.

[41] BVerwG DVBl 1989, 378; VGH Kassel NVwZ-RR 1989, 137.

[42] BVerfG NVwZ-RR 2002, 802; BVerwGE 66, 114; BVerwG NVwZ 1991, 337; OVG Bautzen GewArch 2014, 24, 27; OVG Münster NWVBl 2013, 261, 262; VGH Kassel U v 27.2.2013, 6 C 825/11.T, juris Rn 47; NVwZ 1987, 510; NJW 1990, 3192: die Aufklärungspflicht ist auch verletzt, wenn zwar zur Kenntnis genommen, dann aber Ablehnung aus willkürlichen Gründen; OVG Münster DVBl 1989, 378; OVGE 43 (1995), 12; VG Berlin NJW 2002, 1063, 1064; StBS 1, 7; MDHS 81 zu Art 103 GG; Kopp 47, 89.

[43] OVG Münster DVBl 1989, 378; Mandelartz DVBl 1983, 113; Martens NVwZ 1982, 16; Erichsen/Ehlers § 13 Rn 29; Kopp 47 ff; s auch § 39 Rn 35; einschränkend OVG Bautzen GewArch 2014, 24, 27: kein Anspruch, dass sich die Behörde mit dem gesamten Vortrag schriftlich auseinandersetzt.

[44] BVerwG DVBl 2014, 303 f (Stilllegung KKW Biblis).

Innerhalb der zuständigen Behörde obliegt die Anhörung im Regelfall dem Amtsträger, der für die in der Sache zu treffende Entscheidung zuständig sind.[45]

a) Voraussetzungen der Anhörung. Der Anspruch auf Gehör umfasst die Gewährleistung bestimmter Voraussetzungen, die notwendig sind, damit die Anhörung ihren Zweck erfüllen kann. Dazu gehört insb die Möglichkeit der **Akteneinsicht,** dh der Kenntnisnahme von allen der Behörde bekannten, für die Entscheidung uU erheblichen Tatsachen, Beweisergebnissen, usw (s unten Rn 15 ff), sowie das Recht darauf, etwa beabsichtigte Ausführungen sachgemäß vorbereiten zu können.[46] Fristen für Stellungnahmen usw oder Termine für eine mV oder Besprechung sind so festzusetzen, dass die Betroffenen bzw von ihnen Bevollmächtigte sie unter **zumutbaren Bedingungen** wahrnehmen können und ausreichende Gelegenheit haben, für ihre Stellungnahme **erforderliche Erkundigungen einzuholen,** einen Rechtsanwalt oder eine andere geeignete Person ihres Vertrauens mit ihrer Vertretung zu betrauen usw und alle sonstigen Maßnahmen zu treffen (bzw durch Bevollmächtigte treffen zu lassen), die sie zur Geltendmachung oder Wahrung ihrer Rechte für erforderlich halten.[47] 13

b) Gelegenheit. Die Behörde muss Gelegenheit zur Stellungnahme geben. Unerheblich ist, ob die Betroffenen von der ihnen im Rahmen des rechtlichen Gehörs gebotenen Gelegenheit zu Ausführungen usw **tatsächlich Gebrauch machen** (wollen).[48] Die Beteiligten können auf ihre **Anhörung verzichten;**[49] dann entfällt auch für die Behörde die Verpflichtung zur Anhörung, sofern diese nicht zur Klärung des für die Entscheidung maßgeblichen Sachverhalts im öffentlichen Interesse erforderlich ist. Einem **Verzicht ist es grundsätzlich gleichzuachten,** wenn der Betroffene die Verletzung der Pflicht zur Gewährung rechtlichen Gehörs nicht rechtzeitig, spätestens bis zum Ergehen des VA rügt, obwohl die Behörde ihn nach § 13 Abs 2 S 2 von der Einleitung des Verfahrens benachrichtigt hat; anders, wenn der Bürger alle zumutbaren Möglichkeiten ausgeschöpft hat, um sich rechtliches Gehör zu verschaffen (BSG SozSich 1982, 361; Martens NVwZ 1984, 558). 14

2. Elemente ordnungsgemäßer Anhörung. a) Hinweis- und Informationspflicht der Behörde. Da den Beteiligten eine Äußerung zu den für die Entscheidung erheblichen Tatsachen nur dann möglich ist, wenn ihnen diese Tatsachen bekannt sind, ergibt sich aus dem Recht auf Anhörung mittelbar auch die Verpflichtung der Behörde, den Betroffenen diese Tatsachen, soweit dies zur Wahrung des rechtlichen Gehörs erforderlich ist, mitzuteilen oder ihnen jedenfalls die Möglichkeit zu geben, sie in Erfahrung zu bringen.[50] **Die Behörde** ist allerdings nicht verpflichtet, den Beteiligten vorweg mitzuteilen, welche Entscheidung sie auf Grund des von ihr ermittelten Sachverhalts zu treffen beabsichtigt;[51] dies mag zwar vielfach zweckmäßig sein und der abschließenden Regelung des Falles dienen, ist rechtlich aber nicht geboten. 15

---

45 Vgl BSG SozR 1200 § 34 Abs 1 Nr 1: dass der Arzt, der das Gutachten erstellt, anhört, genügt nicht.

46 OVG Lüneburg DVBl 1973, 506; StBS 42; Weides JA 1985, 650 mwN.

47 Vgl BVerwGE 44, 309; BVerwG 1984, 467: unzulässig sind unzumutbare oder unverhältnismäßige Anforderungen an fristgerechtes Vorbringen; OVG Lüneburg DVBl 1973, 506; StBS 42; vdGK 2.3; Weides JA 1984, 650 mwN.

48 BVerwGE 92, 132; VG Frankfurt NVwZ-RR 1991, 290; UL § 24 Rn 6; K 17; MDH 66 ff zu Art 103 GG.

49 BSG 53, 167 = SozR 1200 § 34 Nr 4, 17; DVBl 1985, 630; Martens NVwZ 1984, 558; zweifelnd Krause DÖV 1986, 940.

50 BVerwGE 43, 40; VGH München DÖV 1978, 336; MDH 73 zu Art 103 GG mwN; UL § 24 Rn 3; F 236; K 5; MuE 210; Becker 48; Pipkorn DÖV 1970, 174; Geiger JA 1982, 316; Kopp 121; vgl allg auch Knack/Henneke/Kirsch DÖV 1988, 25.

51 München GewArch 1984, 17; UL § 24 Rn 4; StBS 39; **aA** Mandelartz DVBl 1983, 112; Weides JA 1984, 650; Laubinger VerwArch 1984, 69, jetzt auch Knack/Henneke 19: Behörde muss zumindest in den Grundzügen mitteilen, welche Entscheidung sie treffen will.

16 **aa) Akteneinsicht.** Der Anspruch auf Akteneinsicht ergibt sich aus § 29. Akteneinsicht ist zur Erfüllung des Anspruchs auf rechtliches Gehör ausreichend, wenn die Tatsachen, auf die sich das rechtliche Gehör bezieht, insb Ermittlungsergebnisse, in den das Verfahren betreffenden Akten enthalten sind.[52] Soweit allerdings wesentliche Urkunden, Ermittlungsergebnisse usw erst zu einem späteren Zeitpunkt bekannt werden oder zu den Akten gelangen, ohne dass die Beteiligten hiervon Kenntnis haben, muss die Behörde die Betroffenen grundsätzlich besonders darauf hinweisen;[53] ebenso muss die Behörde die Beteiligten grundsätzlich auch auf Tatsachen hinweisen, die ihnen zwar bekannt sind, deren Entscheidungserheblichkeit aber ihnen offensichtlich nicht bewusst ist.[54] Tatsachen, die **nicht in den Akten enthalten** sind oder die von der Akteneinsicht ausgeschlossen sind, muss die Behörde den Betroffenen spätestens im Rahmen der Anhörung mitteilen.[55]

17 **bb) Geheimhaltungspflichten.** Soweit Tatsachen berechtigterweise geheim zu halten sind, darf sich die Mitteilung auf solche Tatsachen beschränken, die ohne Verletzung der Geheimhaltungspflicht gegeben werden können (vgl auch BVerwG DVBl 1990, 711: in einer Form, in der keine Rückschlüsse auf geheimhaltungspflichtige Tatsachen möglich sind); im Übrigen muss den Betroffenen nur bekannt gegeben werden, dass nicht weiter mitteilbare Tatsachen der Behörde bekannt sind. Die **Gründe, die die Geheimhaltung erfordern,** sind dabei zumindest insoweit näher zu bezeichnen, als es erforderlich ist, damit die Betroffenen sie noch als triftig anerkennen können.[56] Entsprechendes gilt für die namentliche **Nennung** bzw unbestimmte Bezeichnung **bestimmter Auskunftspersonen,** an deren Geheimhaltung ein öffentliches Interesse besteht.[57] Vgl insoweit allg auch unten Rn 75.

18 **cc) Teilnahme an einer Beweiserhebung.** Umstritten ist, ob die Beteiligten das Recht haben, an den Beweiserhebungen der Behörde teilzunehmen. Die hM geht davon aus, dass im einfachen Verwaltungsverfahren anders als im förmlichen Verwaltungsverfahren nach § 66 Abs 2 ein Anspruch auf Teilnahme der Beteiligten an der Beweiserhebung grundsätzlich nicht besteht (s § 26 Rn 8). Allerdings muss ein Anspruch der Beteiligten auf ermessensfehlerfreie Entscheidung über eine Beteiligung anerkannt werden, der sich ggfs auch auf Null zugunsten der Beteiligten reduzieren kann (s § 26 Rn 8).

19 **b) Rechtzeitige Mitteilung der Verfahrenseinleitung.** Die Wahrung des rechtlichen Gehörs erfordert, dass die Behörde die Beteiligten oder ihre Vertreter (vgl VGH Kassel NVwZ-RR 1989, 137), sofern sie davon noch keine Kenntnis haben, alsbald von der Einleitung eines Verfahrens, das ihre Rechte berührt, bzw von ihrer Absicht, einen VA zu erlassen verständigt,[58] sowie nach hM (vgl BVerwGE 44, 309), dass die Behörde den betroffenen Beteiligten Verfahrenstermine rechtzeitig mitteilt und ihnen ausreichend **Zeit zur Vorbereitung ihrer**

---

[52] Ebenso UL § 24 Rn 3; Geiger JA 1982, 316; weitergehend Mandelartz DVBl 1983, 112: Verpflichtung der Behörde, dem Beteiligten den bisher von ihr ermittelten erheblichen Sachverhalt und die Entscheidung, die sie auf Grund dieses Sachverhalts zu treffen beabsichtigt, mitzuteilen.

[53] OVG Lüneburg MDR 1975, 788; vgl auch BVerwGE 43, 40; BSG BB 1982, 559.

[54] OVG Münster DÖV 1983, 786; UL § 24 Rn 3; Knack/Henneke 16.

[55] OVG Münster DÖV 1983, 786; Weides JA 1984, 650; Mandelartz DVBl 1983, 113; F 236; MuLö BayVBl 1987, 637.

[56] Vgl BVerwG DVBl 1990, 711; s auch BVerwGE 15, 9; 46, 707; 66, 44, 233; 74, 120.

[57] BVerwG Buchh 310 § 99 VwGO Nr 11 und 19; K 16c zu § 88.

[58] BVerwGE 84, 78; Laubinger VerwArch 1982, 75; Horn DÖV 1987, 22; vgl auch MuLö BayVBl 1987, 637: die Behörde muss die Beteiligten hinreichend über den Gegenstand des Verfahrens unterrichten.

Äußerungen lässt, ggf auch für die dafür (nach Auffassung des Beteiligten) noch notwendigen Ermittlungen usw.[59]

c) **Mitteilung der beabsichtigten Entscheidung.** Damit der Betroffene sich zu den für die Entscheidung erheblichen Tatsachen äußern kann (s Rn 29), muss die Behörde ihm auch ankündigen, dass sie ihm gegenüber einen **bestimmten VA beabsichtigt.** Hierüber wird der Betroffene idR bereits mit der Mitteilung über die Verfahrenseinleitung informiert. Lässt sich der VA noch nicht hinreichend bestimmen, insbes wenn die Ausübung eines Auswahlermessens noch von weiteren Ermittlungen abhängt, kann der VA auch später konkretisiert werden. Die Behörde hat schließlich dem voraussichtlichen Adressaten die bestimmte Verwaltungsmaßnahme und den Umstand, dass diese ihm gegenüber ergeht mitzuteilen.[60] Dieser hiernach erforderlichen Individualisierung und Konkretisierung genügt ein Rundschreiben mit allgemeinen Informationen[61] ebenso wenig wie eine freie Berichterstattung über eine beabsichtigte Verwaltungsmaßnahme[62] oder ein allgemeiner Hinweis auf die Rechtslage.[63] 19a

d) **Belehrung über Äußerungsmöglichkeit. Umstritten** ist, ob die Behörde verpflichtet ist, die Beteiligten auf die Möglichkeit zu Äußerungen zur Sache hinzuweisen oder sie dazu aufzufordern bzw dafür eine Frist zu setzen.[64] Die hM geht zutreffend davon aus, dass der Pflicht zur Gewährung rechtlichen Gehörs mit der Mitteilung an Antragsgegner oder sonstige Betroffene über die Eröffnung eines Verfahrens, in dem sie Beteiligte sind, bzw mit der Hinzuziehung, im Regelfall genügt ist.[65] Setzt die Behörde den Betroffenen keine Frist, so müssen diese damit rechnen, dass in absehbarer Zeit entschieden werden wird und sich mit beabsichtigten Äußerungen darauf einstellen (VGH Mannheim NVwZ 1987, 1087: ca 1 Monat genügt). 20

Ausnahmsweise ist gem § 25 iVm § 28 eine **Verpflichtung zu einem besonderen Hinweis** auf die Möglichkeit einer Äußerung zur Sache oder zu einzelnen Punkten dann anzunehmen, wenn für die Behörde erkennbar ist, dass einem Beteiligten dieses Recht nicht bekannt ist (s § 25 Rn 15a). Ebenso, wenn die Behörde ihre Entscheidung auf **Gründe** zu stützen beabsichtigt, **die im bisherigen Verfahren keine Rolle gespielt haben** und von denen sie annehmen muss, dass für die dadurch uU nachteilig betroffenen Beteiligten die (mögliche) Erheblichkeit für den Ausgang des Verfahrens nicht ohne weiteres erkennbar ist;[66] anders, wenn es sich um Gesichtspunkte handelt, deren Bedeutung den Beteiligten für das Verfahren bekannt ist oder sein musste (VG Berlin DVBl 1981, 196; s auch § 25 Rn 14). **In komplizierten Verfahren,** deren Verlauf und Abschluss für die Beteiligten nicht ohne weiteres ersichtlich ist, muss die Behörde idR vor ihrer Entscheidung die Beteiligten nochmals auf die Möglichkeit einer abschließenden Stellungnahme hinweisen (VGH Kassel NVwZ-RR 1989, 113). Bei einem durch einen Rechtsanwalt vertretenen Beteiligten sind insoweit geringere Anforderungen zu stellen (VG Berlin DVBl 1981, 196; s allg auch § 25 Rn 13). 21

---

59 OVG Lüneburg DVBl 1973, 506; StBS 41 ff; Nehls NVwZ 1982, 495; Mandelartz DVBl 1983, 113.

60 BVerwG NJW 2012, 2823, 2824; DVBl 2013, 303, 305; OVG Münster NWVBl 2013, 261, 262.

61 BVerwG NJW 2012, 2823, 2824.

62 BVerwG DVBl 2013, 303, 305.

63 Vgl OVG Münster NWVBl 2013, 261, 262.

64 OVG Lüneburg NJW 2010, 2601; vgl zur Fristsetzung VGH Mannheim NVwZ 1987, 1087: zulässig, aber nicht erforderlich; allg zur Zulässigkeit einer Fristsetzung bejahend auch BFH 148, 48 = BStBl II 1987, 78; BSG 65, 266; Martens NVwZ 1988, 686.

65 VGH Kassel NVwZ-RR 1989, 137; aA wohl Erichsen/Ehlers § 13 Rn 29.

66 OVG Münster DÖV 1983, 986; VG Berlin DVBl 1981, 196.

22 **3. Anhörungsberechtigte. a) Beteiligte.** § 28 gewährt das Recht auf Anhörung nur Beteiligten iS von § 13 Abs 1 und 2 (Horn DÖV 1987, 20) bzw deren Vertretern oder Bevollmächtigten (§ 14). Die in der Begründung des Regierungsentwurfs enthaltene Formulierung, dass den **Betroffenen** Gelegenheit zur Stellungnahme gegeben werden müsse, hat im Wortlaut des § 28 keinen Niederschlag gefunden. Die Vorschrift kann auch nicht **analog auf Betroffene,** die nicht zugleich nach § 13 Beteiligte sind, angewandt werden (Horn DÖV 1987, 20).

22a **aa) Hinzuziehung. Mittelbar** ergibt sich aber aus § 28 iVmit den verfassungsrechtlichen Grundsätzen, als deren Folgerung sich das Recht auf Anhörung darstellt, dass die Behörde alle Personen, deren Rechte durch den Ausgang eines Verfahrens betroffen werden können, zu diesem Verfahren gem § 13 Abs 2 als Beteiligte hinzuziehen muss.[67] Die in ihren Rechten unmittelbar Betroffenen haben einen **Anspruch auf ihre Zuziehung** zum Verfahren aus den dargelegten Gründen. Einer Verpflichtungsklage auf Hinzuziehung steht § 44a VwGO nicht entgegen (vgl Kopp/Schenke § 44a Rn 9). UU müssen Betroffene ihre Hinzuziehung beantragen.[68]

23 **bb) Anhörung von Bevollmächtigten und Dritten.** Die Beteiligten können, soweit die allgemeinen Voraussetzungen erfüllt sind, sie insb beteiligungsfähig iS von § 12 sind, von ihrem Recht auf Anhörung **persönlich oder durch ihre Bevollmächtigten** oder Vertreter Gebrauch machen. Umgekehrt genügt die Behörde grundsätzlich ihrer Anhörungspflicht, wenn sie den Vertreter bzw den Bevollmächtigten des Beteiligten **hört** (vgl BVerfG NJW 1990, 1104); anders jedoch, wenn im Verfahren **höchstpersönliche Rechte** betroffen sind (vgl BVerwG NVwZ-RR 1990, 441). Zur persönlichen Anhörung eines **Verfahrenshandlungsunfähigen,** dem ein Pfleger, Betreuer oä bestellt wurde, vgl BVerwGE 63, 62; BVerwG NVwZ-RR 1990, 441: Anhörung eines minderjährigen Asylsuchenden. Ist kein Pfleger, Betreuer oä bestellt, so muss die Behörde grundsätzlich zur Wahrung des Anhörungsrechts auf die **Bestellung eines Pflegers** bzw Betreuers hinwirken (vgl BGH NJW 1989, 985; s auch § 12 Rn 21).

24 **b) Eingriff in Rechte der Beteiligten.** Das Anhörungsrecht nach Abs 1 hat zur Voraussetzung, dass der zu erlassende bzw jedenfalls auf Grund des Verfahrens in Betracht kommende VA „in Rechte eines Beteiligten eingreift". Obwohl die Vorschrift nur von Rechten spricht, muss dasselbe auch für Eingriffe in rechtlich geschützte Interessen eines einfachen (dh nicht notwendigen) Beigeladenen nach § 13 Abs 1 Nr 4, Abs 2 gelten, da auch diesem gegenüber der VA in der Sache Verbindlichkeit erlangt und deshalb nicht angenommen werden kann, dass er nach dem VwVfG kein Recht auf Gehör haben sollte.

25 **aa) Belastende VAe.** Eingriffe iS der Vorschrift sind **nicht nur Eingriffsakte** im Bereich der Eingriffsverwaltung, sondern, wie auch durch Abs 2 Nr 3 bestätigt wird, alle belastenden VAe, die eine rechtlich geschützte Position eines Beteiligten beeinträchtigen, einschließlich solcher, durch die eine Begünstigung eingeschränkt oder aufgehoben wird, wie die Aufhebung oder Abänderung eines begünstigenden VA (BSG DÖV 1985, 588) oder die Rücknahme eines VA (vgl BVerwGE 68, 267; OVG Münster NVwZ-RR 1990, 567) oder die nachträgliche Zufügung belastender Nebenbestimmungen (ebenso StBS 26). Maßgebend ist, dass die Behörde das Ziel verfolgt, einen belastenden VA u erlassen bzw diese Möglichkeit im Verwaltungsverfahren jedenfalls in Betracht zieht (Knack/Henneke 7).

---

[67] Vgl BVerfG 77, 134; Erichsen/Ehlers § 13 Rn 12; Kopp 21, 108; Weides JA 1984, 643; Horn DÖV 1987, 20.

[68] Vgl § 13 Rn 46; ferner BAG NJW 1986, 3161; enger Horn DÖV 1987, 20: nur wenn der Betroffene seine Zuziehung zum Verfahren nach § 13 Abs 2 S 2 beantragt.

bb) Ablehnung einer Begünstigung. Umstritten, richtigerweise zu bejahen ist die Zuordnung von VAen, mit denen einem Beteiligten eine Leistung oder sonstige Begünstigung versagt wird, insb ein Antrag auf einen begünstigenden VA ganz oder teilweise abgelehnt wird. Die Rspr geht nach dem Wortlaut davon aus, dass § 28 eine Anhörung nur in den Fällen verlangt, in denen der VA eine Rechtsbeeinträchtigung verursacht, die ggfs mit der Anfechtungsklage abgewehrt werden müsste.[69] Ein Teil der Literatur teilt diese Auffassung mit der Begründung, die Formulierung „VA …, der in Rechte eingreift …" sei bewusst gewählt worden, um nicht alle belastenden VAe zu erfassen (StBS 27). 26

Die **ganz hM in der Literatur** geht demgegenüber davon aus, dass die Pflicht zur Anhörung nach dem Zweck der Regelung, insb auch nach ihrem rechtsstaatlichen Gehalt, den Bürger vor Rechtsnachteilen zu schützen, entgegen der Begr zu § 28 (vgl BT-Dr 7/910 S. 51) **auch die Ablehnung einer Vergünstigung** und insb eines Antrags auf Erlass eines begünstigenden VA als Eingriff iS von Abs 1 erfassen müsse.[70] Dasselbe gelte auch für eine Teilablehnung, zB die Bewilligung von weniger als beantragt, und sonstige belastende Teilregelungen, einschließlich belastender **Nebenbestimmungen** (§ 36) im Rahmen eines im Übrigen begünstigenden VA.[71] Teilweise wird auch eine differenzierende Auffassung vertreten, wonach die Ablehnung einer Begünstigung nur dann erfasst werde, wenn sie im Ergebnis einem Eingriff gleichkomme.[72] 26a

Der weitergehenden Auffassung ist zuzustimmen, weil auch bei Ablehnung eines begünstigenden VA von einem Eingriff in ein Recht des Betroffenen gesprochen werden kann, nämlich in sein Recht auf Erlass des beantragten VA oder jedenfalls in das Recht auf Erlass eines ermessensfehlerfreien VA.[73] Der Eingriffscharakter iS von Abs 1 ist in allen Fällen zu bejahen, in denen auch eine etwa in der Sache später erhobene Anfechtungs- und Verpflichtungsklage nicht an der fehlenden Klagebefugnis gem § 42 Abs 2 VwGO scheitern würde. 27

Für diese Auslegung von Abs 1 spricht auch die Regelung in § 28 Abs 2 Nr 3 (wenn „von den tatsächlichen Angaben eines Beteiligten, die dieser in einem Antrag … gemacht hat, nicht zu seinen Ungunsten abgewichen werden soll"), der nicht als Redaktionsversehen abgetan werden kann. Auch der Bundesgesetzgeber geht hier offenbar von der Anwendbarkeit von § 28 auf die Ablehnung von Anträgen aus (vgl Stelkens NVwZ 1986, 543 mwN). Die Unterscheidung danach, ob ein Eingriff abgewehrt werden soll oder aber ein „Mehr an Rechten" erstrebt wird, entspricht weder dem EU-Recht (s oben Rn 311a) noch dem heutigen Verständnis der Grundrechte, insb den grundrechtlichen Schutz- und Förderungspflichten.

---

[69] BVerwGE 66, 184, 186 = NJW 1983, 2044; BVerwGE 68, 267, 270 = DVBl 1993, 271; VGH Mannheim NVwZ 1994, 919 – keine Anhörung erforderlich, wenn eine Rechtsposition erst vermittelt werden soll.

[70] UL § 24 Rn 2; MB 8f; Erichsen/Ehlers § 13 Rn 28; Kaltenborn § 7 I 1a (S. 243); Bull DÖV 1997, 970; Götz NJW 1976, 1427; Sendler DÖV 1978, 342; K 11; Häberle, in: Boorberg-FS 70 Fn 96; Pitschas JuS 1983, 436; Feuchthofen DVBl 1984, 174; Laubinger FS König, 2004, S 517, 524; Tippke/Kruse, AO, FGO 2 zu § 91; Ehlers VerwArch 1983, 130 mwN; DVBl 1986, 918; Joos RiA 1987, 98; Hufen/Siegel Rn 287 ff; **aA** StBS 27 mwN.

[71] Hufen/Siegel Rn 288; MB 9; offen VGH Mannheim NVwZ 1994, 919.

[72] OVG Münster DÖV 1983, 986 zur Befreiung von Höchstpreisvorschriften; ähnlich Weides JA 1984, 651; WBS II § 60 Rn 65; Maurer 19 Rn 20; im Ergebnis für VAe, deren gerichtliche Nachprüfung besonderen Schranken unterworfen ist, unter Hinweis auf Art 103 Abs 1 GG auch BVerwG NVwZ 1984, 234; vgl auch Ehlers Vw 1984, 299: Anhörungspflicht, wenn im Bereich der Leistungsverwaltung die Versagung einer Vergünstigung „einem Eingriff gleichkommt"; ähnlich Obermayer/Funke-Kaiser 18, wonach jedenfalls die Ablehnung einer Kontrollerlaubnis in den Fällen präventiven Verbote mit Erlaubnisvorbehalt erfasst werden soll; jetzt auch weiter Knack/Henneke 8: auch wenn die Behörde die Ablehnung auf neue Tatsachen stützen will.

[73] Ebenso UL § 24 Rn 2; Götz NJW 1976, 1427; Weides JA 1984, 652; MB 11.

28 **c) Betroffenheit in einem rechtlichen Interesse.** Dem Eingriff in Rechte ist **bei Hinzugezogenen** gem § 13 Abs 2 S 1 die (negative) Betroffenheit in einem rechtlichen Interesse gleichzustellen.[74] Nicht als Eingriffe anzusehen sind „Eingriffe" in lediglich behauptete, objektiv jedoch nicht von der Rechtsordnung vorgesehene oder jedenfalls dem Betroffenen nicht denkmöglich zustehende Rechte (BSG SozR 1200 § 34 SGB I Nr 8; Nehls NVwZ 1982, 494); anders die Rücknahme eines rechtswidrigen begünstigenden VA und die Rückforderung zu viel bezahlter Beamtenbezüge uä (vgl BSG DVBl 1985, 630). Entgegen des insoweit zu engen Wortlauts des Abs 1 ist die Voraussetzung, dass der VA in Rechte „eingreift", dahin zu verstehen, dass bereits die **Möglichkeit eines solchen Eingriffs** in eine geschützte Rechtsstellung genügt (Laubinger VerwArch 1984, 55), denn die Frage, ob es zu einem belastenden VA kommen wird, ist im Verfahren noch offen, und die Anhörung des Betroffenen hat gerade auch den Zweck, diesem Gelegenheit zu geben, einen solchen Eingriff zu verhindern; daher muss es als ausreichend angesehen werden, dass, je nach dem Ausgang des Verfahrens, ein solcher Eingriff möglich ist. Allerdings kann ein Beteiligter eine Verletzung nicht rügen, **wenn er im Ergebnis,** dh durch den abschließenden VA, **nicht belastet wird;** das aber gilt für jede Verletzung unselbstständiger Verfahrensvorschriften (s näher Einf I Rn 65).

29 **4. Gegenstand des rechtlichen Gehörs. a) Tatsachen, Behauptungen und Ermittlungsergebnisse.** Die Anhörungspflicht bezieht sich nach der Formulierung in Abs 1 auf die „für die Entscheidung erheblichen Tatsachen". Dazu gehören auch die Ermittlungsergebnisse – einschließlich der Ergebnisse von Beweisaufnahmen[75] – und die Äußerungen anderer Beteiligter zu den entscheidungserheblichen Tatsachen (UL § 24 Rn 4). Die Beteiligten haben nach § 28 das Recht, alles vorzutragen, was aus ihrer Sicht, auch auf Grund ihrer möglicherweise unzutreffenden Rechtsauffassung, für die Entscheidung der Behörde erheblich ist.[76]

30 **b) Rechtsfragen. Umstritten** ist, ob und inwieweit sich die Anhörung gem § 28 – ähnlich wie gem § 66 Abs 1 im förmlichen Verfahren, für das keine Beschränkung auf Tatsachen vorgesehen ist – **auch auf Rechtsfragen bezieht.** Die Frage ist trotz der engen Fassung der Vorschrift in Übereinstimmung mit der hM zum früheren Recht[77] **zu bejahen.**[78] Rechtsausführungen sind nicht nur wesentlicher und notwendiger Bestandteil jedes rechtsstaatlich geordneten Verfahrens, sondern von dem in § 28 ausdrücklich gewährleisteten Recht auf Äußerung zu den für die Entscheidung erheblichen Tatsachen auch gar nicht zu trennen, da beides Aspekte ein und derselben Sache sind.[79] In weitem Umfang sind Rechtsausführungen nämlich auch schon **zum Verständnis des Vorbringens in tatsächlicher Hinsicht erforderlich** und auch deshalb notwendiger Teil einer Anhörung „zu Tatsachen", etwa weil ein Betroffener eine andere Rechts-

---

[74] Erichsen/Ehlers § 13 Rn 12.

[75] OVG Münster DVBl 1978, 508; UL § 24 Rn 4; StBS 35; Knack/Henneke 16; Kuschnerus DVBl 1990, 237; Weides JA 1984, 652; Laubinger VerwArch 1984, 68; WBS II § 60 Rn 69.

[76] MuLö BayVBl 1987, 637; dazu neigend auch Martens NVwZ 1984, 557; **aA** BVerwGE 66, 190: nur zu den Tatsachen, die die Behörde nach ihrer Rechtsauffassung für maßgeblich ansieht. S dazu im Einzelnen unten Rn 30 ff.

[77] BVerwGE 2, 343; 4, 192; VGH Kassel 12, 134; M 69; Kopp 34 f; 78 f; 119 f; 156; 190; im Ergebnis, jedoch mit anderer Begründung, auch MuE 125.

[78] Martens 6 II 3 Fn 65; Knack/Henneke 17; StBS 39; zur grundsätzlich zu verneinenden Frage des Anspruchs Beteiligter darauf, dass die Behörde ihre Rechtsauffassung zum Fall darlegt, sowie der Frage des Rechts auf ein „Rechtsgespräch" s Rn 42.

[79] Vgl Wimmer DVBl 1985, 773; Kopp 35 mwN, 190; wohl auch Laubinger VerwArch 1984, 71; Weides JA 1984, 652; allg zur Bedeutung der Anhörung auch zu Rechtsfragen für die Findung des „richtigen" Rechts in einer Sache auch Hassemer JuS 1986, 28 mwN; **aA** MB 16.

vorschrift für anwendbar hält oder eine Rechtsvorschrift anders auslegt und daher andere Tatsachen vorträgt (Kopp 35, 190).

Der Einbeziehung von Rechtsfragen in den Anspruch der Beteiligten auf Anhörung gem § 28 steht auch der Wortlaut der Vorschrift nicht entgegen. § 28 Abs 1 beschränkt die Anhörung nicht auf Ausführungen tatsächlicher Art, sondern spricht von „Äußerungen" schlechthin „zu … Tatsachen". Auch Rechtsausführungen stellen solche Äußerungen dar. Ausgeschlossen werden durch § 28 Abs 1 allerdings Rechtsausführungen, die keinen sinnvollen Bezug zu den für die Entscheidung erheblichen Tatsachen haben, in diesem Sinn also nicht zur Sache gehören; ebenso besteht **kein Anspruch** auf Erörterung rechtlicher Gesichtspunkte, dh auf ein **Rechtsgespräch** (s unten Rn 42). 31

c) Entscheidungserheblichkeit. Für die Entscheidung erheblich iS des Abs 1 sind nur Tatsachen bzw (im Hinblick auf die Ermittlung und Würdigung solcher Tatsachen erhebliche) Rechtsfragen, von deren Vorliegen oder Nichtvorliegen bzw Beantwortung die von der Behörde zu treffende Entscheidung abhängt. Der Zweck der Einschränkung des rechtlichen Gehörs auf entscheidungserhebliches Vorbringen besteht darin, der Behörde die Möglichkeit zu geben, anderes, idS nicht sachdienliches, Vorbringen von vornherein vom Verfahren auszuschließen. 32

aa) Erheblichkeit. Der Begriff der Erheblichkeit ist weit zu fassen. Die Frage, ob etwas für die Entscheidung erheblich ist, oft erst bei der abschließenden Würdigung des Sachverhalts beurteilt werden kann und uU auch von der Rechtsmittelinstanz oder von den Gerichten anders beurteilt wird. Es muss daher nach allgemeinen Rechtsgrundsätzen – entsprechend dem Begriff der Erheblichkeit im Prozessrecht (vgl Kopp/Schenke § 132 Rn 23) – genügen, dass die **Möglichkeit nicht ausgeschlossen** werden kann, dass die Entscheidung bei Berücksichtigung des in Frage stehenden Vorbringens anders ausfällt.[80] Jedenfalls kann es dabei nicht maßgeblich auf die Rechtsauffassung der Behörde hins des im konkreten Fall anzuwendenden Rechts ankommen.[81] **Vorbringen, das eindeutig neben der Sache liegt,** darf ausgeschlossen werden und bedarf keiner weiteren Berücksichtigung. Dies gilt aber nur für Ausführungen rechtlicher oder tatsächlicher Art, die nach jeder vernünftigerweise vertretbaren Auffassung für das Verfahren nicht erheblich werden können. 33

bb) Straffung des Vorbringens. Darüber hinaus erlaubt es das Erfordernis der Erheblichkeit iVm § 10 der Behörde, von den Beteiligten eine Konzentration ihres mündlichen oder schriftlichen Vorbringens auf die wesentlichen Fragen unter Verzicht auf Weitschweifigkeiten – zu verlangen, ggf auch weitschweifiges schriftliches Vorbringen zurückzugeben und dem Betroffenen anheimzustellen, sich kürzer und präziser zu äußern. 34

Zulässig ist eine straffe Verhandlungsführung – auch zB eine Beschränkung der Anhörung auf eine vorweg den Betroffenen bekanntgegebene angemessene Zeit – bei Besprechungen und Verhandlungen mit den Beteiligten, sofern dadurch den Beteiligten nicht die Möglichkeit genommen oder unzumutbar beschränkt wird, zu den wesentlichen Fragen Stellung zu nehmen und ihre wichtigsten Argumente vorzubringen. Dies gilt insb dann, wenn den betroffenen Beteiligten das Recht, ihren Vortrag später durch weitere schriftliche Ausführungen **zu ergänzen,** vorbehalten wird. Zur Befugnis der Behörde, Bevollmächtigte oder Beistände, die zu sachlichem Vortrag usw nicht geeignet oder bereit sind, 35

---

[80] Knack/Henneke 16.

[81] **AA** BVerwGE 66, 190: nur zu Tatsachen, auf die es nach Auffassung der Behörde für die Entscheidung ankommt; ebenso StBS 35; Knack/Henneke 16; Weides JA 1984, 652; Ehlers Vw 1984, 302; kritisch dazu Martens NVwZ 1984, 557; vgl auch OVG Münster NVwZ 1987, 607.

zurückzuweisen, s auch § 14 Abs 6, zur Zuziehung eines **Dolmetschers** oder Übersetzers § 23 Rn 2.

36 **5. Form und Zeitpunkt der Anhörung. a) Zeitpunkt.** Die Gelegenheit zur Anhörung muss nach Zeit, Ort und sonstigen Umständen **angemessen** und zumutbar sein (vgl BVerwGE 2, 343; BGH NJW 1959, 1330). Den Zeitpunkt kann die Behörde im Übrigen im Rahmen ihres Ermessens bestimmen. Dabei besteht ein Zielkonflikt. Einerseits ist es für den Beteiligten günstig, seine Stellungnahme so früh wie möglich abzugeben, um den Fortgang des Verfahrens damit möglicherweise zu beeinflussen.[82] Andererseits muss der Beteiligte die Möglichkeit haben, in der Stellungnahme auf alle maßgeblichen Aspekte einzugehen. Es besteht keine Pflicht der Behörde, die Anhörung erst nach vollständiger Ermittlung des Sachverhalts im Übrigen durchzuführen. Ergeben sich aber nach der Anhörung gravierende neue Gesichtspunkte, muss den Beteiligten uU erneut Gelegenheit zur Stellungnahme dazu gegeben werden.

37 **b) Fristsetzung.** Die Behörde kann den Beteiligten für Stellungnahmen usw auch eine Frist setzen.[83] **Fristablauf führt nicht zur Präklusion,** sondern nur zum Recht der Behörde, ohne Stellungnahme zu entscheiden (VGH Mannheim NVwZ 1987, 1087). Welche Zeit angemessen ist, hängt von den Umständen ab, insb vom Umfang und der Schwierigkeit der Sache, der Sachkunde und Erfahrenheit der Beteiligten, den Möglichkeiten, Beratung zu erlangen, usw.[84] Auch eine sehr kurze, etwa nach Tagen oder sogar nur nach Stunden bemessene Frist kann in Einzelfällen angemessen sein (VGH Kassel DVBl 2013, 726). Eine zu kurz bemessene Frist für Äußerungen wird nicht dadurch zu einer angemessenen Frist, dass die Behörde mit ihrer Entscheidung länger wartet (BSG DVBl 1993, 262).

37a **Versäumt** ein Beteiligter ohne sein Verschulden **die ihm gebotene Gelegenheit zur Anhörung,** so muss die Behörde ihm eine weitere Gelegenheit geben (vgl Kopp/Schenke § 60 Rn 9). Unabhängig davon muss die Behörde weiteres, wenn auch (wegen Versäumung einer von ihr gesetzten Frist) verspätetes, Vorbringen bei ihrer Entscheidung berücksichtigen, wenn es jedenfalls noch vor Ergehen der Entscheidung bei ihr eingeht; dies gilt selbst dann, wenn behördenintern die Entscheidung bereits getroffen und nur den Betroffenen noch nicht bekanntgegeben ist (VG Frankfurt NVwZ-RR 1991, 240).

38 **War eine Frist gesetzt** und erfolgte eine Stellungnahme schon vor dem Ablauf der Frist, so muss die Behörde im Zweifel gleichwohl mit ihrer Entscheidung noch bis zum Ablauf der Frist warten, wenn nach dem Inhalt und den Umständen der Stellungnahme damit zu rechnen ist, dass der Betroffene sich vor Ablauf der Frist nochmals äußern wird (VGH Kassel NVwZ-RR 1991, 225 ff; Krasney NVwZ 1986, 342).

39 **c) Form der Anhörung. aa) Grundsatz der Formfreiheit.** § 28 schreibt keine bestimmte Form der Anhörung vor, insb auch kein irgendwie geartetes förmliches Verfahren (OVG Lüneburg NVwZ-RR 1990, 778). Die Entscheidung über die Form, dh die Art und Weise der Anhörung – **schriftlich, mündlich,** uU **auch fernmündlich,**[85] wenn dies nach den konkreten Umständen des Falles ausreichend erscheint und der Betroffene mit dem Sachverhalt hinreichend vertraut ist und sich keine Zeit für weitere Überlegungen ausbittet oder auf weitere Anhörung verzichtet (vgl Krasney NVwZ 1986, 341) – und die näheren Modalitäten steht grundsätzlich im **Ermessen der Behörde** (Hill NVwZ 1985, 445). Die Anhörung muss insb grundsätzlich, sofern durch Rechtsvorschriften

[82] Hierzu Strohbusch DVP 2013, 271, 275.
[83] BSG NVwZ 1986, 596; Obermayer 25; Weides JA 1984, 650; StBS 44.
[84] BSG SozR 1200 § 34 SGB I Nr 12; NVwZ 1986, 596; Nehls NVwZ 1982, 495.
[85] BVerwG NJW 2012, 2823, 2824; OVG Lüneburg NJW 2010, 2601.

(zB § 67 Abs 1, § 73 Abs 6) nichts anderes bestimmt ist, nicht notwendig mündlich erfolgen.[86] Es steht im Ermessen der Behörde, den Betroffenen auch nur Gelegenheit zu schriftlichen Äußerungen zu geben.[87] Die Äußerung eines Beteiligten über die Medien ist keine Anhörung und ersetzt sie auch nicht (VGH Kassel DVBl 2013, 726).

bb) Mündliche Anhörungen. Eine mündliche Anhörung ist zwingend nur dann geboten, wenn sich das Verfahrensermessen der Verwaltung insoweit auf Null reduziert hat. Sie muss deshalb nur angeboten werden, wenn und soweit **aus besonderen Gründen,** etwa bei einer Erläuterung von Plänen, nur mündliche Ausführungen den Zweck des rechtlichen Gehörs voll erfüllen können;[88] in derartigen Fällen wäre die Ablehnung einer mündlichen Anhörung idR ermessensfehlerhaft (vgl Kopp 89). Gleiches wird etwa anzunehmen sein, wenn es sich bei den Betroffenen um Analphabeten handelt, die nicht durch Schreibkundige vertreten werden. 40

Als **mündliche Anhörung** genügt **nicht jedes Gespräch** mit dem Beteiligten (Knack/Henneke 21). Vielmehr muss für den Beteiligten klar sein, dass es sich um eine Anhörung nach § 28 handelt, dh, dass die Behörde dem Gespräch diese Bedeutung beimisst und dass von ihr aus die Anhörung damit als erfolgt und abgeschlossen betrachtet wird. Grundsätzlich muss die Behörde **über jede mündliche Anhörung einen Aktenvermerk fertigen.**[89] Hat die Behörde einen Termin für die mündliche Anhörung angesetzt, so muss sie uU auch in vertretbarem Ausmaß über die festgesetzte Zeit hinaus zuwarten, vor allem, wenn nicht auszuschließen ist, dass der Beteiligte oder sein Bevollmächtigter sich schuldlos etwas verspätet. Jedenfalls, wenn in einem vergleichbaren Fall die Voraussetzungen für eine Wiedereinsetzung gem § 32 gegeben wären, muss dem Beteiligten bzw seinem Vertreter grundsätzlich ein neuer Termin für die Anhörung eingeräumt werden oder aber er auf die Möglichkeit schriftlicher Ausführungen verwiesen werden, wenn bzw soweit eine mündliche Anhörung nicht wegen Besonderheiten der Angelegenheit nicht erforderlich erscheint bzw verlangt werden kann. 41

d) Rechtsgespräch. Der Anspruch der Beteiligten auf Anhörung umfasst grundsätzlich **kein Recht auf Erörterung** der vorgebrachten Tatsachen und der von ihnen gemachten Rechtsausführungen.[90] Die Notwendigkeit dazu kann sich uU aber aus der Verpflichtung der Behörde zur vollständigen Ermittlung des Sachverhalts nach § 24 Abs 1 bei **anders nicht oder nur schwer aufklärbaren Fragen,** in gewissem Umfang auch aus der Hinweispflicht der Behörde nach § 25, ergeben (Kopp 34; 190). Im Regelfall genügt es aber auch insoweit, wenn die Behörde die Beteiligten auf entscheidungserhebliche, insb aufklärungsbedürftige, Fragen oder Zweifelsfragen hinweist und ggf die Abgabe von Erklärungen oder die Stellung von Anträgen nach **§ 25 Abs 1 S 1** anregt.[91] Eine **abweichende Regelung enthält § 364a AO,** der dem Einspruchsführer im Rechtsbehelfsverfahren ausdrücklich ein Recht auf Erörterung der Sach- und Rechtslage zubilligt. 42

---

86 BVerwGE 20, 166; BVerwG BayVBl 1985, 402; Erichsen/Ehlers § 13 Rn 29; WBS II § 60 Rn 75; UL § 24 Rn 8; Mandelartz DVBl 1983, 113; Kopp 89; vgl auch BVerfG NJW 1979, 1315.

87 Erichsen/Ehlers § 13 Rn 29; Rasch/Patzig 22; vgl auch LSG NRW NVwZ-RR 1989, 2.

88 Obermayer/Funke-Kaiser 26; UL § 24 Rn 8; Ehlers Vw 1984, 306; Krasney NVwZ 1986, 341; Knack/Henneke 21.

89 VGH Kassel 30, 210; OVG Münster GewArch 1980, 195; Knack/Henneke 21.

90 So zutreffend zum Rechtsgespräch Begr 125; MuE 125; UL § 24 Rn 4; Knack/Henneke 17; StBS 38; Kopp 34, 79, 190; Laubinger VerwArch 1984, 71; Wimmer DVBl 1985, 773; Weides JA 1984, 652; **aA** Achterberg 418 Rn 15, Fn 16.

91 Laubinger VerwArch 1984, 71 Fn 49; Wimmer DVBl 1985, 777.

43 **e) Einheitliche Stelle.** Soweit das Verfahren nach §§ 71a ff über eine Einheitliche Stelle abgewickelt wird, ist auch die Anhörung über sie durchzuführen, wenn der Antragsteller von dieser Möglichkeit Gebrauch macht. Es ist in diesen Fällen auch sicherzustellen, dass die Anhörung auf elektronischem Wege durchgeführt werden kann. Die Einheitliche Stelle hat dann das Ergebnis der Anhörung an die zuständige Behörde unverzüglich weiterzuleiten. Hinsichtlich der Modalitäten der Anhörung sind die §§ 71a ff zu beachten.

V. Ausnahmen von der Anhörungspflicht (Abs 2)

44 **1. Allgemeines. a) Ermessensentscheidung.** Nach Abs 2 ist die Anhörung der Beteiligten abweichend von dem in Abs 1 aufgestellten Grundsatz in bestimmten Fällen – vorbehaltlich zwingender öffentlicher Interessen, die gem Abs 3 eine Anhörung schlechthin verbieten – in das Ermessen der Behörde gestellt. Will die Behörde gem Abs 2 von einer Anhörung absehen, so muss sie darüber, wenn auch im Rahmen des Verfahrens, unter **Abwägung** aller dafür bzw dagegen sprechenden Gesichtspunkte besonders entscheiden und die Entscheidung auch **begründen.**[92] Diese kann in diesen Fällen von einer Anhörung ganz oder teilweise, zB auch zu einzelnen Fragen oder Fragekomplexen, absehen, wenn sie nach den Umständen des Einzelfalles nicht geboten ist. Die in Abs 2 ausdrücklich geregelten Ausnahmen sollen teils besonderen öffentlichen Interessen Rechnung tragen, teils auch Interessen Beteiligter oder Dritter und teils auch lediglich Gesichtspunkten der Verfahrensökonomie.[93] Die Ausnahmen **gelten nicht für das Anhörungsrecht anerkannter Naturschutzvereine** gem § 63 BNatSchG.[94]

45 **b) Rechtsnatur. Umstritten,** entgegen der früher vorherrschenden älteren Auffassung heute aber **zu verneinen,** ist die Frage, ob die Entscheidung über ein **Absehen von der Anhörung als VA anzusehen** ist.[95] Die Frage hat wegen § 44a VwGO keine große praktische Bedeutung. Will die Behörde nach Abs 2 von einer Anhörung absehen, so muss sie dies jedenfalls in der Endentscheidung gem § 39 unter Berufung auf Abs 2 ausdrücklich tun und begründen. Entsprechendes gilt, wenn die Behörde die Voraussetzungen des Abs 3 für gegeben hält. Neuerdings wird erwogen, ob es sich bei den Fällen des Abs 2 um solche intendierten Ermessens handeln könnte (Ehlers Vw 2004, 255, 263). Dies wird man – vorbehaltlich der Anerkennung des intendierten Ermessens überhaupt (s § 40 Rn 65) – nur für den Fall des Abs 2 Nr 1 annehmen können.

46 **c) Voraussetzungen.** Die Aufzählung der Ausnahmegründe in Abs 2 ist **nicht abschließend** („insbesondere").[96] Als weitere Gründe kommen außer den zwingenden Gründen des Abs 3 Gründe in Betracht, die den in Nr 1–5 genannten vergleichbar sind (Knack/Henneke 22). Im Hinblick auf die Bedeutung des rechtlichen Gehörs für ein rechtsstaatlich geordnetes Verfahren (s oben Rn 1 und 2), vor allem auch für den Rechtsschutz der Betroffenen, ist jedoch sowohl bei der Anerkennung weiterer Ausnahmen als auch bei der konkreten Interessenabwägung nach Abs 2 im Einzelfall **ein strenger Maßstab** anzuwen-

[92] VGH Kassel NVwZ-RR 2012, 163f; NVwZ-RR 1989, 113; VG Gießen NVwZ-RR 1993, 249.

[93] WBS II § 60 Rn 81; Schenke VBlBW 1982, 321; Mandelartz DVBl 1983, 113.

[94] Str; zT **aA** Bender/Sparwasser/Engel, Umweltrecht Abschn 3 Rn 248 hins § 28 Abs 2 Nr 1 und 2 und Abs 3.

[95] Bejahend OVG Münster NVwZ 1982, 326; OVG Bremen DÖV 1980, 180; Rothkegel DÖV 1982, 511; Hill NVwZ 1985, 455; verneinend VGH Mannheim DÖV 1981, 971; StBS 50; Knack/Henneke 23.

[96] VGH Kassel ZUR 2013, 367, 369; StBS 48; UL § 24 Rn 10; Erichsen/Ehlers § 13 Rn 30.

den.[97] Da Fälle, in denen die Unterlassung der Anhörung aus anderen als den in Nr 2–5 genannten Gründen im öffentlichen Interesse liegen kann, schon durch Abs 2 Nr 1 erfasst werden, kann es sich bei weiteren Gründen nur um solche handeln, die eine Anhörung **im Interesse des Betroffenen selbst oder Dritter** nicht angezeigt erscheinen lassen, zB, wenn die Anhörung überhaupt oder zu einzelnen Fragen wesentliche nachteilige Folgen für wichtige Rechtsgüter (Laubinger VerwArch 1982, 81), zB die psychische Gesundheit des Betroffenen, haben kann.[98] Darüber hinaus wird die Entbehrlichkeit einer Anhörung in Betracht gezogen, wenn der Betroffene im Rahmen informaler Kontakte zwar nicht mit der nach außen handelnden aber mit der weisungsbefugten Behörde Gelegenheit hatte, sich zu der beabsichtigten Entscheidung zu äußern.[99]

Beschränkung der Ausnahmen auf das notwendige Maß. Trotz der allgemeinen Fassung der Abs 2 und 3 („Anhörung", „wenn") darf die Behörde nach dem auch im Verwaltungsverfahren zu beachtenden Grundsatz der Verhältnismäßigkeit (vgl § 40 Rn 48) auch dann, wenn ein Ausnahmetatbestand nach Abs 2 oder 3 an sich gegeben ist, von einer Anhörung **nur insoweit absehen,** als die in Abs 2 oder 3 genannten Gründe im konkreten Fall dies rechtfertigen bzw erfordern. 47

aa) Keine Vorwegnahme des Ergebnisses. Nicht zulässig ist es, von einer Anhörung abzusehen, weil es ausgeschlossen erscheint, dass sie Sachdienliches ergeben könnte. Keinen Ausnahmegrund stellt auch der Umstand dar, dass das Gesetz hins der zu treffenden Entscheidung für den Regelfall eine Entscheidung in einem bestimmten Sinn vorsieht (sog **„intendierte Entscheidung";** vgl §§ 40, 45) und die Behörde deshalb zu näheren Ermittlungen, Abwägungen usw nur in Fällen verpflichtet, die für die Behörde erkennbar durch besondere, idR nicht gegebene Umstände gekennzeichnet sind oder in denen von Beteiligten solche Umstände vorgetragen werden. 48

bb) Einzelfallprüfung. Im Einzelnen ist in jedem Fall als Rechtsfrage zu prüfen, ob die Voraussetzungen gemäß Nr 1–5 oder vergleichbare Umstände gegeben sind,[100] und ob nicht gleichwohl besondere Umstände des konkreten Falles die Anhörung insgesamt oder jedenfalls zu einzelnen Fragen gebieten; letzteres gilt auch für die Fälle der Nr 1–5.[101] Beide Voraussetzungen sind **gerichtlich voll nachprüfbar,** dh die Behörde hat insoweit **keinen Beurteilungsspielraum.**[102] Ist schon nach diesen Gesichtspunkten ein Absehen von der Anhörung nicht gerechtfertigt, so ist die Behörde zur Anhörung verpflichtet; die Ermessensfrage stellt sich dann gar nicht mehr. 49

cc) Ermessen. Ergibt die Prüfung, dass eine Anhörung weder generell in Fällen der vorliegenden Art noch unter den Umständen des konkreten Falles geboten ist, so muss die Behörde – sofern nicht eine Anhörung aufgrund entsprechender Ermessensschrumpfung, nach Abs 3, auf Grund anderer besonderer gesetzlicher Vorschriften oder allgemeiner Rechtsgrundsätze (zB auch Geheimhaltungspflichten, vgl 50

---

97 BVerwG NJW 2012, 2823, 2824; BGH NVwZ 2002, 509; vgl auch StBS 47; Weides JA 1984, 653; Maurer 19 Rn 20; Erichsen/Ehlers § 13 Rn 30; Häberle, in: Boorberg-FS 1977, 68; Knack/Henneke 22.

98 Vgl OVG Münster DVBl 1974, 382: Selbstmordgefahr wegen Wahnvorstellungen; VGH München BayVBl 1984, 758; MDR 1967, 494; K 14; Kopp 40; vgl auch BayObLG FamRZ 1987, 87 zu § 50b FGG (jetzt § 159 FamFG): wenn eine Störung des inneren Gleichgewichtes des Kindes zu befürchten ist.

99 BVerwG DVBl 2014, 303, 304.

100 Ebenso Weides JA 1984, 653; Obermayer/Funke-Kaiser 37.

101 Vgl UL § 24 Rn 10; Schmitz NJW 1981, 1879; Rothkegel DÖV 1982, 512; MB 20; Mandelartz DVBl 1983, 114.

102 Rothkegel DÖV 1982, 512 mwN; MB 18; Weides JA 1984, 653; StBS 47; Knack/Henneke 22.

unten Rn 59) zwingend zu unterbleiben hat – nach **pflichtgemäßem Ermessen** unter Abwägung aller Umstände, insb unter Berücksichtigung des Zwecks der Anhörung und schutzwürdiger öffentlicher oder privater Interessen, die der Anhörung entgegenstehen könnten, entscheiden, ob gleichwohl eine Anhörung stattfinden soll oder ob sie davon absehen darf.[103] Richtigerweise wird man verlangen müssen, dass sich die Begründung des später erlassenen VA auch auf die Gründe bezieht, weshalb von einer Anhörung abgesehen wurde.[104] Zur Rechtsnatur der Entscheidung und zum intendierten Ermessen s oben Rn 45.

51 **2. Gefahr in Verzug (Nr 1, 1. Alt).** Die Regelung erlaubt der Behörde – vorbehaltlich besonderer Umstände des Falles – von einer Anhörung abzusehen, wenn wegen Gefahr im Verzug für eine Anhörung kein Raum ist **(Eilfälle),** insb die Anhörung die Durchführung notwendiger Maßnahmen in unvertretbarem Maße verzögern würde.[105] Die Regelung entspricht dem früheren Recht.[106] Dass die Voraussetzungen für eine VzA nach § 80 Abs 2 S 1 Nr 4 VwGO gegeben sind, bedeutet **nicht,** dass deshalb auch die Voraussetzungen nach **Nr 1** erfüllt sein müssten.[107]

52 **a) Begriff.** Der Begriff der **Gefahr im Verzug** in Abs 2 Nr 1 unterliegt in vollem Umfang der gerichtlichen Nachprüfung (BVerwGE 68, 271; MB 20). Erfasst werden vor allem Fälle, in denen durch die Anhörung als solche selbst bei Setzung sehr kurzer Äußerungsfristen oder durch die Notwendigkeit, die Betroffenen erst festzustellen, die anzuhören sind (vgl OVG Münster DVBl 1973, 925), ein Zeitverlust eintreten würde, der mit hoher Wahrscheinlichkeit zur Folge hätte, dass die in der Sache **gebotenen Maßnahmen zu spät kommen**[108] oder doch ihren Zweck nur noch in geringerem Ausmaß als erforderlich erreichen könnten (vgl BVerwGE 45, 57).

53 **Bei der Beurteilung** ist von einer **ex-ante-Sicht** auszugehen,[109] dh maßgeblich ist, wie sich die Situation im Zeitpunkt der Entscheidung für die für die Entscheidung zuständigen Amtsträger darstellt, nicht wie sie sich im Nachhinein (vielleicht anders) erweist. Der objektiven Notwendigkeit steht demgemäß nach allgemeinen Rechtsgrundsätzen zur sog **Anscheinsgefahr**[110] der Fall gleich, dass die Behörde auf Grund der gegebenen Umstände ein sofortiges Handeln für geboten halten durfte.[111]

54 **b) Grund für Gefahr im Verzug. Umstritten** ist die Frage, ob die Vorschrift der Behörde auch dann die Möglichkeit gibt, auf die Anhörung zu verzichten, wenn sie durch eigene Säumigkeit die Gefahrensituation heraufbeschworen hat. Richtigerweise wird dies bei der zu treffenden Ermessensentscheidung zu berücksichtigen sein: Nur wenn die Gefahrensituation äußerst schwer wiegt, kann es trotz eigener Versäumnisse der Behörde gerechtfertigt sein, auf die Anhörung zu verzichten.[112]

---

[103] BGH NVwZ 2002, 509; VGH Kassel NVwZ-RR 2012, 163, 164; OVG Münster NVwZ 1982, 326; UL § 24 Rn 10; Schmitz NJW 1981, 1879; Weides JA 1984, 653; Guckelberger JuS 2011, 577, 578; StBS 47; Knack/Henneke 22; **aA** Obermayer 57.

[104] VGH Kassel NVwZ-RR 2012, 163, 164; Erichsen/Ehlers § 13 Rn 30.

[105] BVerwGE 68, 271 = NVwZ 1984, 577; BVerwG NJW 1989, 993.

[106] BVerfG 9, 102; 18, 404; 46, 26; 51, 111; BayVerfGH BayVBl 1982, 49; Kopp 32; kritisch Ule/Laubinger Verwaltungsreform 65.

[107] VGH Kassel NVwZ 1987, 510; StBS 51; Knack/Henneke 24.

[108] BVerwGE 68, 271 = NVwZ 1984, 577; BVerwG NJW 2012, 2823, 2824; Knack/Henneke 25.

[109] BVerwGE 68, 271; BVerwG NJW 2012, 2823, 2824; Knack/Henneke 25.

[110] BVerwGE 45, 58; Hoffmann-Riem, in: Wacke-FS 1972, 327.

[111] BVerwGE 68, 271 „notwendig erscheint"; BVerwGE 80, 303 = NJW 1989, 993; Knack/Henneke 25; StBS 52.

[112] Weitergehend Knack/Henneke 25, aber Berücksichtigung bei Voraussetzungen des Nr 1; **aA** Obermayer/Funke-Kaiser 44: Der Grund für die Gefahrensituation ist unerheblich; so auch WBS II § 60 Rn 78.

c) Beschränkung auf sofort erforderliche Regelungen. Auch soweit in einer Angelegenheit sofortiges Handeln notwendig ist, gilt dies nicht ohne weiteres auch für abschließende Entscheidungen, sondern nur für sofort erforderliche **vorläufige Regelungen,**[113] Sicherungsmaßnahmen uä (vgl § 9 Rn 18), die vorbehaltlich einer späteren endgültigen Entscheidung getroffen werden können. In derartigen Fällen gebietet es der **Grundsatz der Verhältnismäßigkeit** idR, die ohne Anhörung der Betroffenen ergehenden Entscheidungen auf die Fragen zu beschränken, deren Regelung keinen Aufschub zulässt, abschließende Entscheidungen dagegen einem „Nachverfahren" mit Anhörung der Betroffenen vorzubehalten.[114] Auch **Maßnahmen, die ihren Zweck nur dann voll erreichen** können, wenn sie sofort getroffen werden, darf die Behörde nur dann **ohne Anhörung** der Betroffenen treffen, wenn die Bedeutung der Angelegenheit, dh das damit verbundene öffentliche Interesse bzw von der Behörde wahrzunehmende Interesse Dritter oder des Beteiligten selbst dieses Vorgehen rechtfertigt. 55

3. Sonstiges öffentliches Interesse. a) Allgemeines. Die 2. Alt der Nr 1 erweitert die im ersten Teil der Vorschrift für Fälle drohender Gefahr getroffene Regelung auf Fälle, in denen eine sofortige Entscheidung aus sonstigen Gründen des öffentlichen Interesses notwendig ist Auch diese Regelung entspricht im Wesentlichen dem bereits vor Inkrafttreten des VwVfG geltenden Recht.[115] Sie stellt einen **Auffangtatbestand** für alle VAe dar, die nicht unter die ausdrücklich geregelten Tatbestände der Nr 1–5 fallen, bei denen jedoch ebenfalls aus ähnlichen Gründen des öffentlichen Interesses eine sofortige Entscheidung notwendig erscheint.[116] 56

b) Notwendigkeit sofortiger Entscheidung. Dies bedeutet im Hinblick auf den Zweck der Regelung nicht nur zeitliche Unaufschiebbarkeit, sondern allgemein die Erforderlichkeit einer **Entscheidung ohne vorherige Anhörung** der Betroffenen, zB zur Ausnutzung eines Überraschungseffekts. Voraussetzung ist, dass das mit der Entscheidung verfolgte oder doch damit verbundene öffentliche Interesse (Zweck) ganz oder zu einem nicht unwesentlichen Teil vereitelt zu werden droht,[117] zB weil bei einer beabsichtigten Festnahme der Betroffene dadurch gewarnt würde und sich der Festnahme möglicherweise entziehen könnte; bei der Beschlagnahme von Beweismaterial, wenn zu befürchten ist, dass es vorher beiseite geschafft wird, uä (vgl Ule, Verwaltungsreform 65; Kopp 27); bei der Auflösung eines nach Art 9 Abs 2 GG verbotenen Vereins, weil nach den der Behörde bekanntgewordenen Umständen im Falle einer Anhörung ein Beiseiteschaffen von Vermögensgegenständen und verbotsrelevanten Unterlagen und folglich eine Vereitelung des Vollzugs der Beschlagnahme und Einziehung des Vereinsvermögens zu befürchten wäre.[118] **Notwendig** kann eine sofortige Entscheidung im öffentlichen Interesse auch im Hinblick auf die Art der zu treffenden Regelung sein, die eine vorherige Anhörung ausschließt, zB die Verkehrsregelung durch Verkehrspolizisten oder Verkehrsampeln. 57

---

[113] BVerwG NJW 2012, 2823, 2824.

[114] BVerwGE 68, 271; Knack/Henneke 25; Kopp F.J. 106f; vgl auch BVerfG 9, 105; 18, 404; 19, 51; 49, 342; NJW 1986, 372; Kopp AöR 1981, 630.

[115] Vgl VGH München DÖV 1978, 336; Obermayer VerwR 2. Aufl 155; WB III 3. Aufl § 156 IVd; zu den ebenfalls von Nr 1 erfassten Fällen drohender Zweckvereitelung auch VGH Mannheim NVwZ-RR 1993, 25; Ule/Laubinger Verwaltungsreform 65; Kopp 27.

[116] BT-Dr 7/910 S. 51; Häberle, in: Boorberg-FS 1977, 70; Weides JA 1984, 654; Knack/Henneke 26.

[117] BVerwGE 80, 299, 303; VGH Mannheim NVwZ-RR 1993, 25; Knack/Henneke 26; vgl auch BVerfG 57, 359; Geiger JA 1982, 316.

[118] BVerwG NVwZ 2013, 522, 524; BVerwGE 80, 299, 303; BVerwG NVwZ 1995, 587; VGH Mannheim NVwZ-RR 1993, 25.

58 **c) Öffentliches Interesse.** Aus der Parallele zur Gefahr im Verzug folgt, dass es sich grundsätzlich um ein damit **wertungsmäßig vergleichbares öffentliches Interesse** handeln muss (Weides JA 1984, 654). Häufig rechtfertigt das gleiche öffentliche Interesse, das auch die Anordnung der sofortigen Vollziehung des in Frage stehenden VA gem § 80 Abs 1 Nr 4 VwGO begründet, auch ein Absehen von der Anhörung; dies ist jedoch wegen der unterschiedlichen Zielsetzung der Regelungen nicht zwingend.[119] Gerade in Fällen, in denen die Behörde die sofortige Vollziehung anordnen will, ist oft die Anhörung besonders wichtig (Koblenz DÖV 1979, 606; Weides JA 1984, 655). Auch der Umstand, dass zunächst **nur eine vorläufige Regelung** erfolgen soll, rechtfertigt nicht schon deshalb ein Absehen von der Anhörung,[120] sondern nur, wenn auch die Voraussetzungen nach Nr 1 gegeben sind.

59 **Auch sonstige Fälle,** in denen das öffentliche Interesse eine sofortige Entscheidung notwendig macht, werden von dem sehr weiten Anwendungsbereich der Vorschrift erfasst, etwa weil sofortiges Handeln zur **Beseitigung eines öffentlichen Missstandes,** der nicht zugleich eine Gefahr iS der ersten Alternative der Nr 1 darstellt, oder zur **Wahrnehmung besonderer Vorteile** einer günstigen Situation für eine im öffentlichen Interesse gebotene Regelung erforderlich ist, die Betroffenen oder einzelne davon jedoch nicht rechtzeitig gehört werden können (ebenso Knack/Henneke 26). Soweit in derartigen Fällen der bestehenden Notwendigkeit jedoch auch durch vorläufige Maßnahmen genügt werden kann, gelten die Ausführungen oben zu Rn 55 auch hier. Auch zB **Geheimhaltungsinteressen** im staatlichen Bereich können Ausnahmen rechtfertigen, zB weil ein öffentliches Interesse daran besteht, dass nicht allgemein bekannt wird, dass bestimmte Maßnahmen geplant werden (zB im Bereich der Verteidigung), oder weil sonst die Betroffenen von bestimmten geheim zu haltenden Vorgängen Kenntnis erhielten, über die sie sonst im Rahmen der mit dem rechtlichen Gehör verbundenen Informationspflichten der Behörde unterrichtet werden müssten (StBS 53; ebenso Knack/Henneke 26).

60 **Umstritten** ist, ob als öffentliche Interessen iS der Regelung auch **wichtige fiskalische** Interessen angesehen werden können. Anders als nach Abs 3 ist dies zu bejahen, wenn sie von solcher Bedeutung sind, dass das öffentliche Wohl berührt ist, (jetzt auch Knack/Henneke 26) in Ausnahmefällen auch gewichtige Gesichtspunkte der Verwaltungsökonomie. Die Gegenmeinung (StBS 53) lässt dies nicht ausreichen. Diesen Bedenken ist bei der Prüfung der Verhältnismäßigkeit Rechnung zu tragen.

61 **d) Verhältnismäßigkeit.** Auch für die Anwendung der Nr 1, 2. Alt gilt als notwendiges Korrektiv der Grundsatz der Verhältnismäßigkeit. Ein Absehen von der Anhörung der Betroffenen ist in allen Fällen nur dann zulässig und nicht ermessensfehlerhaft, wenn dies zur Wahrung übergeordneter und dringlicher öffentlicher Interessen notwendig ist. Bloße administrative Zweckmäßigkeit und Kosten- und Zeitersparnis, etwa in Verfahren mit einer sehr großen Zahl von Beteiligten, oder Arbeitsüberlastung der Behörde (vgl dazu auch die Sonderregelung der Nr 4) können eine Ausnahme nicht rechtfertigen.

62 **4. Notwendigkeit zur Wahrung von Fristen (Nr 2).** Nr 2 ermöglicht eine Ausnahme von der Anhörungspflicht in besonderen Fällen einer **Eilbedürftigkeit wegen drohender Fristversäumung.** Die Regelung greift nicht ein, wenn die Behörde durch eigenes vorwerfbares Verhalten, zB schuldhafte Verzö-

---

[119] OVG Münster NJW 1978, 1765 = DVBl 1978, 508; OVG Koblenz DÖV 1979, 606; VGH Kassel NVwZ 1987, 510; NVwZ-RR 1989, 113 = DVBl 1989, 64; Weides JA 1984, 655 mwN.

[120] VG Köln NJW 1989, 417 zur vorläufigen Anordnung der Aufnahme einer Schrift in die Liste jugendgefährdender Schriften gem § 15 GjS; **aA** BVerfG NJW 1971, 1559; vgl auch OVG Koblenz DVBl 1988, 1229.

gerung der Bearbeitung, die Gefahr einer Fristversäumung selbst herbeigeführt hat (StBS 54; Knack/Henneke 27; zT **aA** Obermayer 48: nur im Rahmen des Ermessens zu berücksichtigen).

a) Begriff der Frist. Gedacht ist vor allem an gesetzliche Handlungsfristen für das Handeln der Behörde, wie zB nach § 15 Abs 1 und § 56a GewO, § 6 Abs 4 S 4 BauGB uä, deren Ablauf kraft Gesetzes zur Folge hat, dass eine Handlung als genehmigt gilt[121] uä, wenn die Behörde nicht innerhalb der Frist entscheidet, sowie an Verjährungs- und Ausschlussfristen. Umstritten ist die Geltung von Abs 2 Nr 2 für sonstige Fristen, die von der entscheidenden Behörde zu berücksichtigen sind. Die Frage ist richtigerweise zu bejahen, weil die Vorschrift insoweit Einschränkungen nicht enthält.[122] **Keine Fristen** iS von Nr 2 sind die **zeitlichen Erfordernisse gem § 75 VwGO,** da ihre Nichteinhaltung nur prozessuale Folgen hat, eine spätere Entscheidung der Behörde aber nicht hindert, ihre Einhaltung also nicht zwingend geboten ist. Nicht erfasst werden auch Fälle, in denen nach den maßgeblichen Vorschriften Fristen schon durch Einleitung des Verfahrens oder auf andere Weise, etwa durch eine vorläufige Entscheidung, gewahrt werden können. 62a

b) Einschränkungen des Ermessens. Die Regelung der Nr 2 ist unter **rechtsstaatlichen Gesichtspunkten eng auszulegen,** da im Regelfall im Rechtsstaat davon auszugehen ist, dass gesetzliche oder sonstige Fristen (unter Berücksichtigung von Verlängerungs- oder Wiedereinsetzungsmöglichkeiten) angemessen sind und insb auch für die Durchführung eines geordneten Verfahrens unter Anhörung der Betroffenen ausreichen; ungenügende Regelungen über behördliche Handlungsfristen dürfen nicht zu Lasten der Rechte des Bürgers gehen (ebenso Weides JA 1984, 655). Die Problematik ist mit der Möglichkeit einer Nachholung der Anhörung (§ 45 Abs 1 Nr 3) weitgehend entschärft. 63

5. Keine Abweichung von Angaben des Beteiligten (Nr 3). a) Vorweggenommene Anhörung. Nr 3 betrifft die Fälle einer Entscheidung auf Grund eigener Angaben eines Beteiligten. Die Regelung betrifft zwar in erster Linie Antragsverfahren, ist aber, wie der Begriff „Erklärung" zeigt, nicht auf sie beschränkt. Die Anhörung wird hier durch die eigenen Angaben der Betroffenen gewissermaßen vorweggenommen (Weides JuS 1992, 56). Die Regelung dient vor allem der Verfahrensökonomie und beruht ua auf dem Gedanken, dass eine Anhörung zusätzlich zu den bereits vorliegenden eigenen Angaben des Betroffenen überflüssige Förmelei wäre und deshalb entbehrlich ist. 64

b) Eingeschränktes Ermessen. Nach dem gesetzgeberischen Grund der Regelung und im Hinblick auch auf §§ 24, 25 ist Nr 3 **einschränkend auszulegen** bzw anzuwenden: eigene Angaben können eine Entscheidung ohne weitere Anhörung nur dann rechtfertigen, wenn nach Lage des konkreten Falles die Angaben des Beteiligten Entscheidungsgrundlage sind (ebenso Wimmer DVBl 1985, 766) und die Möglichkeit auszuschließen ist, dass die Anhörung **neue Gesichtspunkte** ergeben könnte, die eine für den Antragsteller günstigere Entscheidung rechtfertigen könnten (Obermayer 50; Weides JA 1984, 655), etwa weil nach der maßgebenden Vorschrift eine Genehmigung auch auf Grund einer alternativen Voraussetzung zulässig ist, zu der der Antragsteller im Vertrauen darauf, dass schon die vorgetragenen Gründe ausreichen, nichts vorgetragen hat (vgl OVG Münster DÖV 1983, 986), oder weil der Antragsteller möglicherweise bestimmte Fragen im Antragsformular missverstanden hat. 65

---

121 Vgl die Genehmigungsfiktion nach den LBauOen bei nicht fristgemäßer Entscheidung über Anträge im vereinfachten Verfahren, § 61 Abs 3 S 4 HBauO; § 69 IX LBauO S-H.

122 Begr 51; Knack/Henneke 26; StBS 54: nicht erforderlich, dass die Frist gesetzlich bestimmt ist: **aA** Obermayer/Funke-Kaiser 51.

66 **6. Allgemeinverfügungen, gleichartige VAe (Nr 4).** Nr 4 erlaubt es der Behörde beim Erlass von Allgemeinverfügungen iS von § 35 S 2 und von gleichartigen VAen in größerer Zahl oder mit Hilfe automatischer Einrichtungen von einer vorherigen Anhörung abzusehen. Die Vorschrift soll insb den besonderen Schwierigkeiten und Problemen begegnen, die in **Verfahren mit einer Vielzahl von Beteiligten** oder bei Verwendung von Datenverarbeitungsanlagen usw hins der Gewährung rechtlichen Gehörs auftreten können (vgl VGH Mannheim NVwZ 1989, 981). Die Vereinbarkeit mit dem Rechtsstaatsprinzip wird mit der Erwägung in Frage gestellt, dass die Schutzbedürftigkeit des Bürgers nicht deshalb geringer sei, weil andere Bürger sich in einer ähnlichen Lage befänden (vgl Häberle, in: Boorberg-FS 1977, 7). Die Rspr hält die Vorschrift für verfassungsrechtlich unbedenklich, weil bei VAen der betroffenen Art eine Berücksichtigung individueller Verhältnisse ohnehin kaum möglich sei.[123] Im Hinblick darauf, dass der Verzicht auf eine Anhörung im pflichtgemäßen Ermessen der Behörde steht, können gegen die Regelung keine durchgreifenden verfassungsrechtlichen Regelungen erhoben werden.

66a **a) Allgemeinverfügung.** Der Begriff der Allgemeinverfügung ist in § 35 S 2 definiert (s näher § 35 Rn 158 ff). Die Regelung in Abs 2 Nr 4 knüpft an diese Begriffsbestimmung an. Danach kommen personenbezogene und sachbezogene Allgemeinverfügungen in Betracht (s hierzu näher § 35 Rn 158 ff). Bedeutung hat die Regelung vor allem für die Aufstellung von Verkehrszeichen, die als Regelungen zur Benutzung des öffentlichen Weges durch die Allgemeinheit angesehen werden.

67 **b) Gleichartige VAe. Gleichartige VAe** iS der Nr 4 sind nach dem Zweck der Regelung solche, die auf Grund eines **generellen, typischen Sachverhalts,** der erfahrungsgemäß keine näheren individuellen Feststellungen erfordert, an eine Vielzahl von Betroffener ergehen und sich nach ihrem Inhalt, dh hins der getroffenen Regelung, und nach dem Sachverhalt, den sie betreffen, nicht oder allenfalls nur unwesentlich voneinander unterscheiden (Müller-Ibold 180 mwN; Knack/Henneke 29), zB formularmäßige Aufforderungen zu Impfungen, Schuleinschreibungen (Obermayer/Funke-Kaiser 58), zur Abgabe von Steuererklärungen, Ladungen zur Musterung usw. Dass Entscheidungen nach bestimmten einheitlichen Tarifen, Richtlinien usw zu treffen sind, genügt nicht. Die Regelung ist zumindest entsprechend auch auf Fälle anwendbar, in denen **ein einziger VA** (wenn er nicht ohnehin Allgemeinverfügung ist), der einen entsprechenden Inhalt hat, **eine größere Anzahl von Personen** betrifft (Begr 52; StBS 561; **aA** MB 25).

68 **aa) In größerer Zahl.** Wie groß die Zahl sein muss, lässt sich nicht generell sagen. Sie muss in jedem Fall aber so groß sein, dass sich für die Behörde bei einer Einzelanhörung erhebliche praktische Schwierigkeiten ergeben würden (Knack/Henneke 21). Insb muss der Erlass der in Frage stehenden VAe auch aus sachlich bedingten Gründen **in einem engen zeitlichen Rahmen** erfolgen müssen und eine Verteilung auf einen längeren Zeitraum, der ohne weiteres auch Einzelanhörungen erlauben würde, ausschließen (Knack/Henneke 29). Werden die Betroffenen in einem Massenverfahren durch einen oder wenige gemeinsame Bevollmächtigte (§ 16) oder Vertreter (§§ 17 ff) vertreten und kann die Behörde sich deshalb auf deren Anhörung beschränken, so ist auch für ein Absehen von der Anhörung kein Raum (**aA** Knack/Henneke 29).

68a **bb) Mit Hilfe automatischer Einrichtungen.** Mit Hilfe automatischer Einrichtungen erstellt sind VAe, wenn sie auf Grund eines automatisch ablaufenden Programms für eine Vielzahl von Personen erstellt werden (s hierzu § 37

[123] VGH München BayVBl 1988, 497; auch Weides JA 1984, 655.

Rn 38 ff). Nicht ausreichend ist, dass der VA auf einem PC geschrieben oder sonst maschinengestützt hergestellt wird (s auch StBS 62).

c) Eingeschränktes Ermessen. In allen Fällen ist weitere Voraussetzung für die Anwendbarkeit von Nr 4, dass die in Frage stehenden VAe **Sachverhalte** betreffen, **die erfahrungsgemäß nicht kontrovers sind** und bei denen dem rechtlichen Gehör auch keine besondere Bedeutung zukäme. Wenn wesentliche Rechte der Beteiligten auf dem Spiel stehen können[124] und damit gerechnet werden muss, dass die Anhörung der Betroffenen zu einer anderen Beurteilung der Dinge führt, wäre es idR ermessensfehlerhaft, wenn die Behörde ohne Anhörung entscheiden würde (BGH NVwZ 2002, 509; Obermayer 56; Weides JA 1984, 655). **Soweit der VA einzelne Bürger in besonderer Weise betrifft,** wie dies zB bei der Widmung einer Straße für den Eigentümer des Straßengrundes, den (künftigen) Baulastträger und die Anlieger der Fall ist, ist Nr 4 nicht anwendbar; für die Anhörung gilt insoweit Abs 1. 69

7. Vollstreckungsmaßnahmen (Nr 5). Nr 5 sieht eine Ausnahme für Vollstreckungsmaßnahmen vor. Die Regelung soll vor allem der Effektivität der Vollstreckung dienen (Begr 52). Sie beruht außerdem auf der – nur zT zutreffenden – Vorstellung, dass im Vollstreckungsverfahren wesentliche Fragen nicht mehr zu erörtern sind, weil sie bereits Gegenstand des Hauptsacheverfahrens waren, und neue Gesichtspunkte insoweit im Vollstreckungsverfahren nicht mehr geltend gemacht werden können. Die Regelung gilt nur, soweit nicht vollstreckungsrechtliche Bestimmungen des Bundes bzw der Länder spezielle Regelungen enthalten (vgl zB § 34 Abs 1 S 2 AsylG für die Abschiebung). Regeln sie das Vollstreckungsverfahren für einzelne Bereiche (zB § 5 VwVfG iVm AO) abschließend, so ist das VwVfG auch nicht ergänzend anwendbar (Obermayer 58; StBS 63). 70

a) Maßnahmen der Verwaltungsvollstreckung. Zu den Maßnahmen der Verwaltungsvollstreckung zählen nicht nur Vollstreckungsakte nach den Verwaltungsvollstreckungsgesetzen des Bundes und der Länder. Der Begriff der Verwaltungsvollstreckungsmaßnahme ist vielmehr in einem weiten Sinn zu verstehen. Er entspricht im Wesentlichen dem in § 80 Abs 2 S 2 VwGO und erfasst auch bereichsspezifische Vollstreckungsmaßnahmen wie etwa die Abschiebung nach § 58 AufenthG.[125] Die Löschung der Eintragung in die Handwerksrolle, die Schließung von Betriebs- oder Geschäftsräumen[126] und die Rückforderung von Urkunden nach § 52 sind keine Vollstreckungsmaßnahmen.[127] 71

Maßnahmen der unmittelbaren Ausführung, denen kein damit zu vollstreckender VA vorangegangen ist, die vielmehr mit diesem zusammenfallen, fallen nach zutreffender hM ebenfalls unter Nr 5.[128] Dies gilt etwa für Maßnahmen unmittelbaren Polizeizwangs, die allerdings idR schon unter die Ausnahmeregelung der Nr 1 fallen. In derartigen Fällen ist eine Entscheidung ohne vorherige Anhörung der Betroffenen jedoch **idR ermessensfehlerhaft,** wenn sie nicht aus anderen Gründen geboten ist (**aA** offenbar die vorstehend erwähnte hM). 72

b) Schutz der Effektivität der Verwaltungsvollstreckung. Die Regelung betrifft vor allem Fälle, in denen mit einer Anhörung die **Gefahr einer Vollstreckungsvereitelung** durch den dadurch gewarnten Betroffenen verbunden 73

---

[124] Ebenso Obermayer/Funke-Kaiser 61; vgl auch OVG Koblenz DÖV 1985, 368: bei schweren Eingriffen grundsätzlich Anhörung.
[125] Kopp/Schenke § 80 Rn 70.
[126] Näher Schoch in Schoch § 80 Rn 189.
[127] S § 52 Rn 1; Weides JA 1984, 656.
[128] Vgl BVerwG DVBl 1983, 999; VGH Mannheim DÖV 1981, 973; VG Berlin NJW 1981, 541; Knack/Henneke 30; Weides JA 1984, 656; **aA** wohl StBS 64.

ist (so wohl Begr 52; ebenso zum früheren Recht Ule/Laubinger Verwaltungsreform 65; Kopp 27; vgl auch oben Rn 58). Außerdem ist Nr 5 aber auch, da die Vorschrift ihrem Wortlaut und Zweck nach nicht auf Fälle der vorgenannten Art beschränkt ist, auf sonstige Fälle anwendbar, in denen eine Anhörung angesichts der besonderen Umstände, insb auch angesichts einer schon im Verfahren zum Erlass des VA, um dessen Vollstreckung es nunmehr geht, erfolgten Anhörung der Betroffenen, nicht mehr zielführend erscheint und nur die Vollstreckung unnötig belasten und verzögern würde, ohne dass andererseits schutzwürdige Interessen der Betroffenen sie erfordern könnten.[129]

74 Ähnlich wie bei Nr 4 ist auch für ein Absehen von der Anhörung gem Nr 5 in allen Fällen, in denen dafür keine anderen Gründe als solche der Verfahrensökonomie sprechen, Voraussetzung, dass im Hinblick auf die Art der zu treffenden Maßnahme von einer Anhörung der Beteiligten **auch angesichts der konkreten Umstände des Einzelfalles** keine entscheidungserheblichen neuen Gesichtspunkte erwartet werden können (ebenso Weides JA 1984, 656). Bieten sich in Fällen, in denen keine besonderen Gründe (wie zB drohende Vollstreckungsvereitelung) ein Absehen von der Anhörung rechtfertigen, für eine Vollstreckung mehrere Möglichkeiten, die die Betroffenen unterschiedlich belasten, oder ist nach Lage der Dinge mit Einwendungen gegen die Zulässigkeit oder die Art und Weise der beabsichtigten Vollstreckung zu rechnen, so handelt die Behörde idR ermessensfehlerhaft, wenn sie gleichwohl von einer Anhörung der Betroffenen absieht.

VI. Ausschluss der Anhörung bei entgegenstehendem zwingenden öffentlichen Interesse (Abs 3)

75 **1. Allgemeines.** Im Gegensatz zu den Fällen des Abs 2, bei denen die Entscheidung über die Anhörung der betroffenen Beteiligten letztlich dem Ermessen der Behörde überlassen bleibt, schreibt Abs 3 zwingend vor, dass eine Anhörung zu unterbleiben hat, wenn zwingendes öffentliches Interesse entgegensteht. Diese Voraussetzung ist **gerichtlich voll überprüfbar** (Häberle, in: Boorberg-FS 1977, 68; Weides JA 1984, 656). Es erscheint zweifelhaft, ob eine derartige zwingende Regelung rechtspolitisch geboten ist (vgl zur Kritik UL § 24 Rn 16), zumal § 66 für das förmliche Verwaltungsverfahren eine derartige Einschränkung nicht kennt. Diese Frage bedarf aber angesichts der geringen Relevanz der Vorschrift keiner Vertiefung.

76 **2. Begriff des zwingenden öffentlichen Interesses. Zwingend** ist ein öffentliches Interesse, wie der Vergleich mit den Fällen des Abs 2 zeigt, nicht schon dann, wenn eine Anhörung die Durchsetzung öffentlicher Interessen im konkreten Fall zu vereiteln droht; derartige Fälle werden idR von Abs 2 Nr 1, 2 oder 5 erfasst. Vielmehr sind darunter **nur besonders gewichtige öffentliche Interessen** zu verstehen, die gegenüber dem Zweck der Anhörung (s oben Rn 1 und 2) und gegenüber dem Interesse des Betroffenen daran eindeutig und unzweifelhaft Vorrang haben und gerade durch die Anhörung verletzt würden,[130] **zB** bei **Lebensgefahr für Menschen** (Knack/Henneke 31), wenn die erforderlichen Hilfsmaßnahmen sonst voraussichtlich zu spät kämen (Weides JA 1984, 656), bei einer **Gefährdung der Sicherheit der Bundesrepublik** (vgl Begr 52) uä, bei erheblichen Nachteilen für das **Wohl des Bundes** oder eines **Bundeslandes,** wenn durch die Anhörung unvermeidbar gerade Tatsachen bekannt würden, deren Bekanntwerden eben diese Gefahren oder Nachteile auslösen oder bewirken würde. **Fiskalische Interessen** gehören anders als nach Abs 2 Nr 1 nicht dazu.

---

[129] BVerwG DVBl 1983, 998 f ua unter Hinweis darauf, dass die Gefahr einer Vollstreckungsvereitelung nicht zu den gesetzlichen Tatbestandsvoraussetzungen gehört.
[130] Ganz allgemeine Meinung, vgl StBS 65; Knack/Henneke 31; Obermayer 63.

Auch in den unter Abs 3 fallenden Fällen ist **immer zu prüfen,** ob das zwingende Interesse der Anhörung schlechthin oder nur der Anhörung zu bestimmten Fragen entgegensteht; **sind nur bestimmte Fragen betroffen** – was die Regel sein dürfte –, so gilt bezüglich der übrigen Fragen die allgemeine Regelung gem Abs 1 und 2. Im Übrigen ist jedoch eine Anhörung – anders als in den Fällen des Abs 2 – schlechthin ausgeschlossen; es steht dann auch nicht wie in den Fällen des Abs 2 **im Ermessen** der Behörde, die Betroffenen gleichwohl vor Erlass des VA anzuhören (Knack/Henneke 31). 77

VII. Rechtsfolgen der Verletzung der Anhörungspflicht

1. Grundsatz: Rechtswidrigkeit. Die Unterlassung der Anhörung hat, wenn keine Ausnahmen von der Anhörungspflicht Platz greifen, die Rechtswidrigkeit des VA zur Folge,[131] grundsätzlich nicht dagegen die Nichtigkeit;[132] sie kann von den Beteiligten jedoch gem § 44a VwGO nur **im Rahmen eines Rechtsbehelfs in der Hauptsache** gerügt werden; ebenso auch die Ablehnung einer beantragten Anhörung.[133] Die Verletzung der Anhörungspflicht ist im Prozess grundsätzlich auch dann zu berücksichtigen, wenn der Betroffene sich nicht darauf beruft (vgl BSG NJW 1992, 2444; Knack/Henneke 32). Allerdings handelt es sich bei einem Verstoß gegen die Anhörungspflicht nicht um einen absoluten, sondern nur um einen **relativen Verfahrensfehler,** der nur dann zur Aufhebung des VA führen kann, wenn er sich auf das Ergebnis ausgewirkt haben kann, was bei Ermessentscheidungen regelmäßig der Fall ist.[134] Anderenfalls ist der **Fehler nach § 46 unbeachtlich.**[135] Außerdem stellt eine schuldhafte Verletzung der Anhörungspflicht grundsätzlich eine **Amtspflichtverletzung** gem § 839 BGB, Art 34 GG dar. 78

Der **Antrag eines** bisher am Verfahren nicht beteiligten **Dritten** auf **Anhörung** als Beteiligter ist im Zweifel zugleich als **Antrag auf Zuziehung als Beteiligter** zum Verfahren gem § 13 Abs 2 zu verstehen; die Ablehnung ist als VA mit den normalen Rechtsbehelfen anfechtbar bzw die Zuziehung ggf mit einem Verpflichtungswiderspruch und erforderlichenfalls der Verpflichtungsklage erzwingbar (s Kopp/Schenke § 44a Rn 4). Entsprechendes gilt für die Ablehnung einer Anhörung bzw Mitwirkung von mitwirkungsberechtigten Einrichtungen oder Vereinigungen, zB von anerkannten **Naturschutzverbänden** gem § 63 BNatSchG in Verfahren (s dazu § 13 Rn 15) sowie analog dazu für **sonstige Anhörungsberechtigte** kraft eigenen Rechts. 79

2. Heilung durch Nachholung. Eine fehlende Anhörung soll nach der Regelung in § 45 Abs 2 **bis zum Abschluss des verwaltungsgerichtlichen** Verfahrens nachgeholt werden können. Diese Regelung ist ein **rechtspolitischer Fehler,** da sie zu einem Abbau der rechtsstaatlichen Verfahrensgarantien im Verwaltungsverfahren (vgl hierzu § 45 Rn 33 ff) führt. Mit den Verfahrensgarantien des EU-Rechts ist die Regelung nicht vereinbar, weshalb sie für den indirekten Vollzug von EU-Recht keine Geltung beanspruchen kann (s hierzu näher § 45 Rn 5b). Der Vorwurf der Verfassungswidrigkeit dürfte dagegen unberechtigt sein.[136] Es ist des- 80

---

131 Obermayer/Funke-Kaiser 71; Weides JA 1984, 656 mwN; Schilling VerwArch 1987, 51; Knack/Henneke 32; VGH Kassel NVwZ-RR 2012, 163, 164; wohl auch Berlin GewArch 1982, 372.

132 Nehls NVwZ 1982, 495; Weides JA 1984, 656 mwN; UL § 57 Rn 13; Schilling VerwArch 1987, 50 mwN; Obermayer/Funke-Kaiser 71; Knack/Henneke 32.

133 BT-Dr 7/910 S. 52; Obermayer/Funke-Kaiser 71; Weides JA 1984, 656.

134 VGH Kassel NVwZ-RR 2012, 163, 165; vgl BVerwG DVBl 2014, 303, 306.

135 Zur nach § 46 erforderlichen Ergebnisrelevanz s dort Rn 25 ff; zum Vollzug von Unionsrecht insoweit § 28 Rn 11a.

136 StBS 67; Bonk NVwZ 1997, 320, 322; Redeker NVwZ 1997, 625; kritischer Obermayer § 45 Rn 66; für Verfassungswidrigkeit Bracher DVBl 1997, 534.

halb zu fragen, welche **Anforderungen an die Nachholung der Anhörung** iSd § 45 Abs 2 nach Abschluss des Verwaltungsverfahrens und des Vorverfahrens gestellt werden müssen (s hierzu auch näher § 45 Rn 26, 42 ff). Generell gilt, dass eine Heilung nur eintritt, soweit die Anhörung nachträglich ordnungsgemäß durchgeführt und ihre Funktion für den Entscheidungsprozess der Behörde uneingeschränkt erreicht wird (BVerwGE 137, 199 Rn 37).

81 **a) Ausdrücklichkeit.** Die Nachholung der Anhörung muss ausdrücklich als Anhörung bezeichnet und durchgeführt werden. Äußerungen bzw **Stellungnahmen gegenüber einem Gericht reichen hierzu nicht aus** (so auch BVerwGE 137, 199 Rn 37). Gleiches gilt für schriftsätzliches Vorbringen des Anzuhörenden im Verwaltungsprozess. Der Betroffene muss vielmehr durch die Verwaltungsbehörde ausdrücklich aufgefordert werden, ihr gegenüber nachträglich zu den wesentlichen Fragen Stellung zu nehmen. Eine Fristsetzung ist auch hier zulässig. Verstreicht die Frist ungenutzt, so ist, wenn sie angemessen war, Heilung eingetreten, weil der Betroffene nachträglich Gelegenheit zur Stellungnahme hatte.

82 **b) Berücksichtigungsgebot.** Die im Zuge der nachgeholten Anhörung vorgebrachten Tatsachen bzw Rechtsstandpunkte müssen von der zuständigen Behörde zur Kenntnis genommen und auf ihre sachliche Bedeutung für die getroffene Entscheidung geprüft werden. Eine Wiederholung des gesamten Verwaltungsverfahrens ist nicht erforderlich (BVerwGE 75, 214, 217). Es muss aber eine Prüfung der Frage stattfinden, ob auf Grund des Vorbringens in der Anhörung Anlass besteht, den bereits erlassenen VA aufzuheben oder abzuändern.

82a **aa) Dokumentationsgebot.** Der Nachweis, dass eine derartige Prüfung stattgefunden hat, muss von der Behörde erbracht werden. Er lässt sich idR nur führen, wenn die maßgeblichen Überlegungen der Behörde dokumentiert werden. Regelmäßig wird eine Ergänzung der dem VA gegebenen Begründung (§ 39) angezeigt sein. Findet die Nachholung noch im Widerspruchsverfahren statt, so wird die Begründung des Widerspruchsbescheides auf das Ergebnis der Anhörung eingehen müssen.

83 **bb) Gebot der Unvoreingenommenheit.** Soweit die Prüfung der Frage, ob das Ergebnis der nachträglichen Anhörung zu einer Abänderung oder Aufhebung des erlassenen VA Anlass gibt, erst während des gerichtlichen Verfahrens stattfindet, besteht die Gefahr, dass prozesstaktische Überlegungen eine Rolle spielen. Eine Heilung setzt aber eine unvoreingenommene Prüfung der im Rahmen der Anhörung vorgebrachten Tatsachen und Erwägungen voraus. Insbesondere darf die Behörde nicht allein deshalb an der einmal getroffenen Entscheidung festhalten, weil sie eine prozessual günstige Situation nicht gefährden will. Diese Unvoreingenommenheit lässt sich allerdings nur schwer sichern oder nachweisen. Auch das Gegenteil wird sich nur in Ausnahmefällen nachweisen lassen. Hier wird der Begründung eine wesentliche Bedeutung zukommen.

§ 29 Akteneinsicht durch Beteiligte

(1) **Die Behörde hat den Beteiligten[20] Einsicht in die das Verfahren betreffenden Akten[13] zu gestatten, soweit deren Kenntnis zur Geltendmachung oder Verteidigung ihrer rechtlichen Interessen[18] erforderlich ist. Satz 1 gilt bis zum Abschluss des Verwaltungsverfahrens nicht für Entwürfe zu Entscheidungen sowie die Arbeiten zu ihrer unmittelbaren Vorbereitung.[15] Soweit nach den §§ 17 und 18 eine Vertretung stattfindet, haben nur die Vertreter Anspruch auf Akteneinsicht.[20]**

(2) Die Behörde ist zur Gestattung der Akteneinsicht nicht verpflichtet, soweit durch sie die ordnungsgemäße Erfüllung der Aufgaben der Behörde beeinträchtigt,[28] das Bekanntwerden des Inhalts der Akten dem

Wohl des Bundes oder eines Landes Nachteile bereiten würde[34] **oder soweit die Vorgänge nach einem Gesetz oder ihrem Wesen nach, namentlich wegen der berechtigten Interessen der Beteiligten oder dritter Personen, geheim gehalten werden müssen.**[36]

(3) **Die Akteneinsicht erfolgt bei der Behörde, die die Akten führt.**[40] **Im Einzelfall kann die Einsicht auch bei einer anderen Behörde oder bei einer diplomatischen oder berufskonsularischen Vertretung der Bundesrepublik Deutschland im Ausland erfolgen; weitere Ausnahmen kann die Behörde, die die Akten führt, gestatten.**

Parallelvorschriften: § 25 SGB X, §§ 99 f VwGO.

Schrifttum: Allgemein zur Akteneinsicht: *Bayer,* Akteneinsicht zu Forschungszwecken (zu BVerwG NJW 1986, 1243 und 1277), JuS 1989, 191; *Bieber,* Informationsrechte Dritter im Verwaltungsverfahren, DÖV 1991, 857; *Bohl,* Der „ewige Kampf" des Rechtsanwalts um die Akteneinsicht, NVwZ 2005, 133; *Bracht,* Der Anspruch von Rats- und Kreistagsmitgliedern auf Auskunft, NVwZ 2016, 108; *Dubach,* Das Recht auf Akteneinsicht, 1990; *Engelien_Schulz,* Ein wenig beliebtes Thema, Grundsätze der Aktefiihrung, UBWV 2014, 270; *Germelmann,* Presserechtlicher Auskunftsanspruch gegen Bundesbehörden, DÖV 2013, 667; *Groß,* Zum Auskunftsanspruch der Presse gegenüber Behörden, RiA 1993, 14; *Grundmann*/Greve, Löschung und Vernichtung von Akten, NVwZ 2015, 1726; *Guckelberger,* Informatisierung der Verwaltung und Zugang zu Verwaltungsinformationen, VerwArch 2006, 62; *Haueisen,* Akteneinsicht im Verwaltungsverfahren, NJW 1967, 2291; *Herbeck,* Die Aktenvorlage als Instrument parlamentarischer Kontrolle, DVBl 2015, 471; *Dix,* Das Recht auf Akteneinsicht im europäischen Wirtschaftsverwaltungsrecht, 1992; *Knemeyer,* Auskunftsanspruch und behördliche Auskunftsverweigerung, JZ 1992, 348; *Kollmer,* Die verfahrensrechtliche Stellung der Beteiligten nach dem UVP-Gesetz, NVwZ 1994, 1057; *Kunz,* Einsicht in Prüfungsakten, Vr 1994, 217; *Lindgen,* Akteneinsicht im strafrechtlichen Ermittlungsverfahren und während disziplinarrechtlicher Vorermittlungen, DöD 1980, 193; *Mecking,* Umfang der Einsichtnahme in ausgelegte Unterlagen, NVwZ 1992, 316; *Nolte,* Die Herausforderung für das deutsche Recht der Akteneinsicht durch europäisches Verwaltungsrecht, DÖV 1999, 363; *Palm,* Akteneinsicht im öffentlichen Recht, 2002; *Pawlita,* Die Wahrnehmung des Akteneinsichtsrechts im gerichtlichen und behördlichen Verfahren durch Überlassung der Akten in die Rechtsanwaltskanzlei, AnwBl 1986, 1; *Polenz,* Der Auskunftsanspruch des Steuerpflichtigen gegenüber den Finanzbehörden, NJW 2009, 1921; *ders,* Betriebs- und Geschäftsgeheimnisse der öffentlichen Hand, DÖV 2010, 350; *Püschel,* Zur Berechtigung des presserechtlichen Auskunftsanspruches in Zeiten allgemeiner Informationszugangsfreiheit, AfP 2006, 401; *Rieger,* Einsicht der Patienten in Krankenhausunterlagen über psychiatrische Behandlung, DMW 1989, 1935; *Scheffczyk/Wolff,* Das Recht auf Auskunftserteilung gegenüber Nachrichtendiensten, NVwZ 2008, 1316; *Scherzberg,* Die Öffentlichkeit der Verwaltung, 2000; *Karsten Schmidt,* Drittschutz, Akteneinsicht und Geheimnisschutz im Kartellverfahren, 1992; *Schnellenbach,* Beamtenrecht in der Praxis, 6. Aufl 2005, Rn 493 ff; *Schoenemann,* Akteneinsicht und Persönlichkeitsschutz, DVBl 1988, 520; *Schoreit,* Verwaltungsstreit um Kriminalakten, NJW 1985, 169; *Schwab,* Das Recht auf Akteneinsicht, 1989; *Schwan,* Amtsgeheimnis oder Aktenöffentlichkeit? Der Auskunftsanspruch des Betroffenen, das Grundrecht auf Datenschutz und das Prinzip der Aktenöffentlichkeit, 1984; *Simitis/Fuckner,* Informationelle Selbstbestimmung und „staatliches Geheimhaltungsinteresse", NJW 1990, 2714; NVwZ 1996, 326; *Wassebarg,* Das Einsichtsrecht des Anwalts in die kriminalpolizeilichen Spurenakten, NJW 1980, 2440; *Widhofer-Mohnen,* Das Recht auf Akteneinsicht nach § 29 VwVfG, Vr 1980, 285; *Wirtz/Brink,* Die verfassungsrechtliche Verankerung der Informationszugangsfreiheit, NVwZ 2015, 1166.

Zur elektronischen Aktenführung: *Bacher,* Das Gesetz zur Förderung des elektronischen Rechtsverkehrs, MDR 2014, 998; *Berlit,* Elektronische Verwaltungsakten und verwaltungsgerichtliche Kontrolle, NVwZ 2015, 197; *Habammer/Denkhaus,* Das E-Government-Gesetz des Bundes, MMR 2013, 358; *Habermalz,* Das Akteneinsichtsrecht des Patienten NJW 2013, 3403; *Köbler,* Vom „Mehrwert" elektronischer Fallbearbeitung, DRiZ 2013, 76; *Müller,* Papier zu Papier, Byte zu Byte, NZS 2014, 929; *Müller-Teckhof,* Gesetz zur Förderung des elektronischen Rechtsverkehrs mit den Gerichten, MMR 2014, 95; *Petersen,* Die Rechtsprobleme des Electronic Government, 2014; *Ramsauer/Frische,* Das E-Government-Gesetz, NVwZ 2013, 1505; *Roßnagel/Nebel,* Beweisführung mittels ersetzend gescannter Dokumente, NJW 2014, 886; *S. Schulz/Tischer,* Recht auf Vielfalt – auch bei der elektronischen Behördenkommunikation? Vw 2014, 521; *Troidl,* Verwaltungsprozess 2030 – Verfahren jetzt gestalten, NVwZ 2014, 1052.

Umweltinformationsgesetze: *Battis/Ingold,* Der Umweltinformationsanspruch im Planfeststellungsverfahren, DVBl 2006, 735; *Butt,* Erweiterter Zugang zu behördlichen Umweltinformationen, NVwZ 2003, 1071; *Fischer/Fluck,* Informationsfreiheit versus Betriebs- und Geschäftsgeheimnisse, NVwZ 2012, 337; *Fluck,* Der Schutz von Unternehmensdaten im Umweltinformationsgesetz, NVwZ 1994, 1048; *Guckelberger,* Rechtsbehelfe zur Durchsetzung des Umweltinformationsanspruchs, UPR 2006, 89; *Gurlitt,* Konturen eines Informationsverwaltungsrechts, DVBl 2003, 1119; *Kloepfer,* Umweltrecht als Informationsrecht, UPR 2005, 41; *Louis,* Die deutschen Informationsfreiheitsgesetze zehn Jahre nach der Umsetzung der Aarhus-Konvention durch die Richtlinie 2003/4/EG, NuR 2013, 77; *Pützenbacher/Sailer,* Der Zugang zu Umweltinformationen bei Kommunen und Landesbehörden nach der Neufassung des Umweltinformationsgesetzes, NVwZ 2006, 1257; *Rothfuchs,* Zum effektiven Rechtsschutz des in seinem Betriebs- oder Geschäftsgeheimnissen Betroffenen bei drohendem Zugang seines Konkurrenten zu Umweltinformationen, UPR 2006, 343; *Ruttloff,* Gestaltende und verwaltende Legislativorgane, NVwZ 2013, 701; *Schmidt/Hungeling,* Der Informationsanspruch nach dem UIG – unterschätztes Risiko für Unternehmen? NuR 2010, 449; *Schomerus/Schrader/Wegener,* Kommentar zum UIG, 2. Aufl 2002; *Schomerus/Scheel,* Agrarsubventionen als Gegenstand des Umweltinformations- und Informationsfreiheitsrechts, ZUR 2010, 188; *Wegener,* Aktuelle Fragen der Umweltinformationsfreiheit, NVwZ 2015, 609; *Zschiesche/Sperfeld,* Zur Praxis des neuen Umweltinformationsrechts, ZUR 2011, 72.

Informationsfreiheitsgesetze: *Berger/Roth/Scheel,* JFG, Kommentar, 2006; *Berger/Schirmer,* Informationsfreiheit und Finanzaufsicht, DVBl 2015, 608; *Bohne,* Die Informationsfreiheit und der Anspruch von Datenbankbetreibern auf Zugang zu Gerichtsentscheidungen, NVwZ 2007, 656; *Bräutigam,* Das deutsche Informationsfreiheitsgesetz aus rechtsvergleichender Sicht, DVBl 2006, 950; *Bohne/Eifert/Groß,* Verwaltungsinformation und Informationsrichtigkeit, DÖV 2007, 717; *Ekardt/Exner/Beckmann,* Schutz von Betriebs- und Geschäftsgeheimnissen in den neuen Informationsfreiheitsgesetzen, Vr 2007, 404; *Fehling,* Freier Informationszugang zwischen öffentlichen und privaten Interessen, DVBl 2017, 79; *Fluck/Theuer,* Informationsfreiheitsrecht mit Umweltinformations- und Verbraucherinformationsrecht, Kommentar, Loseblatt; *Friedersen/Lindemann,* Das Informationsfreiheitsgesetz für das Land Schleswig-Holstein, NordÖR 2001, 89; *Guckelberger,* Informationszugang zu Telefonlisten von Behörden, NJW 2017, 1210; *Gusy,* Informationszugangsfreiheit – Öffentlichkeitsarbeit – Transparenz, JZ 2014, 171; *Just/Sailer,* Informationsfreiheit und Vergaberecht, DVBl 2010, 418; *Kloepfer/Greve,* Das Informationsfreiheitsrecht und der Schutz von Betriebs- und Geschäftsgeheimnissen, NVwZ 2011, 577; *Korn,* Akteneinsicht und Informationsfreiheit im Steuerrecht, DÖV 2012, 232; *Kugelmann,* Das Informationsfreiheitsgesetz des Bundes, NJW 2005, 3609; *Masing,* Transparente Verwaltung – Konturen eines Informationsverwaltungsrechts, VVDStRL 2003, 377; *Melzian,* Das Recht der Öffentlichkeit auf Zugang zu Dokumenten der Gemeinschaftsorgane, 2004; *Püschel,* Informationen des Staates als Wirtschaftsgut, 2005; *Raabe/Helle-Meyer,* Informationsfreiheit und Verwaltungsverfahren, NVwZ 2004, 641; *Ramsauer,* Das Urheberrecht und Geschäftsgeheimnisse im UIG und IFG, AnwBl 2013, 410; *Raue,* Informationsfreiheit und Urheberrecht, JZ 2013, 280; Rossi, Das Informationsfreiheitsrecht in der gerichtlichen Praxis, DVBl 2010, 554; *Roth,* Anm zu BVerwG NVwZ 2012, 21 (Zugang zu Stellungnahme des BMJ), DVBl 2012, 183; *Schmitz/Jastrow,* Das Informationsfreiheitsgesetz des Bundes, NVwZ 2005, 984; *Schoch,* IFG, Kommentar, 2. Aufl 2016; *ders,* Rechtsprechungsentwicklung, NVwZ 2017, 97; *ders,* Zugang zu amtlichen Informationen nach dem IFG, Jura 2012, 203; *ders,* Informationszugang im parlamentarischen Bereich, NVwZ 2015, 1; *C. Sellmann/S. Augsberg,* Chancen und Risiken eines Bundesinformationsfreiheitsgesetzes, WM 2006, 2293; *Schomerus/Tokmitt,* Informationsfreiheit durch Zugangsvielfalt, DÖV 2007, 985; *Ziekow/Debus/Musch,* Bewährung und Fortentwicklung des Informationsfreiheitsrechts, 2013.

Verbraucherinformationsgesetz: *Albers/Ortler,* Verbraucherschutz und Markttransparenz im Recht der Verbraucherinformation, GewArch 2009, 225; *Beck,* VIG, Kommentar, 2009; *Beyerlein/Borchert,* VIG, Kommentar, 2010; *Böhm/Freund/Voit,* VIG, Kommentar, 2009; *Böhm/Lingenfelder/Voit,* Verbraucherinformation auf dem Prüfstand, NVwZ 2011, 198; Domeier/Matthes, VIG, 2010; *Gurlit,* Europäisches Plazet für behördliche Verbraucherinformation, NVwZ 2013, 1267; *Hartwig/Memmler,* Das Verbraucherinformationsgesetz in der Praxis, ZLR 2009, 51; *Holzner,* Die Pankower „Ekelliste", NVwZ 2010, 489; *Kube,* Die Macht der Information – Konsultation, Information, Rechte der Betroffenen, ZLR 2007, 165; *Leible* (Hrsg), Verbraucherschutz und Geheimhaltungsbedürfnis als Antipoden im VIG, 2010; *Mühl-*

bauer, Rechtsschutz gegen behördliche Entscheidungen nach dem Verbraucherinformationsgesetz, DVBl 2009, 354; *Pfeiffer/Heinke/Portugall,* Rechtsvergleichende Untersuchung des Verbraucherinformationsrechts in Deutschland, Belgien, Dänemark Frankreich, Großbritannien Irland, Schweden und den Vereinigten Staaten von Amerika, 2010; *Schoch,* Neue Entwicklungen im Verbraucherinformationsrecht, NJW 2010, 2041; *ders,* Das Gesetz zur Änderung des Rechts der Verbraucherinformation, NVwZ 2012, 1497; *Wollenschläger,* Staatliche Verbraucherinformation als neues Instrument des Verbraucherschutzes, VerwArch 2011, 20; *Wustmann,* Der Geheimhaltungsgrundsatz nach § 4 Abs 3 S 3 VIG und das Akteneinsichtnahmerecht, ZLR 2009, 161; *Zilkens,* Bereichsspezifisches Informationszugangsrecht im Verbraucherschutz: Das neue VerbraucherinformationsG, NVwZ 2009, 1465.

Übersicht

I. Allgemeines

1 **1. Inhalt. a) Akteneinsichtsrecht.** Die Vorschrift regelt das Recht auf Akteneinsicht während des Verwaltungsverfahrens und erkennt (nur) den Beteiligten (§ 13) einen nicht vom Ermessen der Behörde abhängigen Anspruch darauf zu, soweit die Kenntnis der Akten zur Geltendmachung oder Verteidigung ihrer rechtlichen Interessen erforderlich ist. In Abs 2 wird die Verpflichtung zur Gewährung von Akteneinsicht zugunsten von Geheimhaltungsinteressen eingeschränkt. Die Regelungen lehnen sich an §§ 99, 100 VwGO aF an.[1] Vor Inkrafttreten des VwVfG wurde bei Fehlen ausdrücklicher Bestimmungen überwiegend angenommen, dass die Entscheidung über die Gewährung von Akteneinsicht auch gegenüber den Verfahrensbeteiligten in das Ermessen der Behörden gestellt sei.[2] Da die Beteiligten ohne vorherige Akteneinsicht von ihrem Recht, zur Sache gehört zu werden (§ 28), nicht sinnvoll Gebrauch machen können, zählt das Akteneinsichtsrecht zu den zentralen Rechten in einem rechtsstaatlichen Verfahren. Viele Klagen von Rechtsanwälten zeigen, dass es in der Praxis hier häufig zu Problemen kommt.[3]

1a **b) Auskunfts- und Informationsansprüche.** Die Vorschrift regelt nur das Recht auf Akteneinsicht. Auskunfts- und Informationsansprüche werden damit grundsätzlich nicht begründet, sie ergeben sich aber aus § 25 (näher § 25 Rn 14) und aus den Informationsfreiheitsgesetzen (Rn 45 ff), den Umweltinformationsgesetzen (76 ff) und dem Verbraucherinformationsgesetz (Rn 83 ff) sowie aus speziellen Vorschriften des Fachrechts (zB § 24 Abs 4 AsylG; § 4 PresseG, § 2 Abs 1 S 1 VIG; § 68 Abs 2 S 2 BPersVG). Der EGMR hat einen allgemeinen Informationsanspruch für relevante Informationen von erheblichem öffentlichen Interesse aus Art 10 EMRK angenommen.[4] Fachrechtlich begründete Auskunftsansprüche fallen idR nicht unter § 44a VwGO,[5] sie lassen sich deshalb auch unabhängig von etwaigen sonstigen Verwaltungsverfahren durchsetzen.

1b **2. Verpflichtung zum Führen von Akten.** Mittelbar ergibt sich aus § 29 die Verpflichtung der Behörden zu einer ordnungsgemäßen Aktenführung. Akten iS des § 29 Abs 1 S 1 sind nach Ordnungsgesichtspunkten zusammengestellte Urkunden und sonstige Unterlagen. Dazu gehören ohne Einschränkungen auch Dokumente in elektronischer Form (Zum Einsichtsrecht in elektronische Behördenakten Bachmann/Pavlitschko MMR 2004, 370). Zu der Verpflichtung gehört, dass alle wesentlichen Vorgänge, die für Verwaltungsverfahren, insb auch für

[1] Die in BVerfG 101, 106 = NJW 2000, 1175 gemachten Vorgaben sind inhaltlich auch für die Beschränkung des Akteneinsichtsrecht nach Abs 2 beachtlich (vgl Rn 24 ff).

[2] Vgl BVerwGE 7, 153; 12, 296; 30, 154; OVG Münster 14, 199; MuE 126 f; **aA** Ule/Becker 41; Kopp 85.

[3] Bohl, Der „ewige Kampf" des Rechtsanwalts um die Akteneinsicht, NVwZ 2005, 133.

[4] EGMR NVwZ 2016, 211; vorrangig ist aber auf die nationalen Anspruchsgrundlagen zurückzugreifen.

[5] Zum Anspruch nach § 24 Abs 4 AsylG VGH Mannheim, U v 1.12.2015, A 11 S 490/15, juris.

das rechtliche Gehör der Beteiligten und für die Entscheidung der Behörde von Bedeutung sein können, in Niederschriften oder Aktenvermerken festzuhalten, dh „aktenkundig" zu machen sind.[6] Diese Verpflichtung umfasst das **Gebot der Aktenmäßigkeit** des Verwaltungsverfahrens, also die Pflicht der Behörden, überhaupt Akten zu führen,[7] ferner das **Gebot der Vollständigkeit** der Akten, das Gebot der Aktenerhaltung, wonach Akten dauerhaft aufbewahrt werden müssen (Gebot der Aktenstabilität) und schließlich das Verbot der Aktenverfälschung (des „Frisierens" von Akten), positiv ausgedrückt das Gebot der Führung wahrheitsgetreuer Akten.[8] Die Umsetzung dieser Gebote steht im Organisationsermessen der Behörden. Das gilt grundsätzlich auch für die Frage, ob Akten in Papierform oder elektronisch geführt werden (näher Britz in Grundlagen II, § 26 Rn 79). Zur Einsicht in **elektronische Akten** s Rn 40 ff.

1c Besondere Bedeutung kommt dem **Vollständigkeitsgebot** zu. Es verpflichtet dazu, sämtliche wesentlichen Vorgänge zu dokumentieren und so aufzubewahren, dass sie ohne weiteres auf das konkrete Verwaltungsverfahren bezogen und zur Kenntnis genommen werden können (VGH Kassel ZBR 1990, 185 für Auswahlerwägungen im beamtenrechtlichen Beförderungsverfahren). Das Vollständigkeitsgebot umfasst die Verpflichtung, **Vorkehrungen gegen eine Beseitigung** von Aktenteilen zu treffen, zB durch ein Inhaltsregister oder durch eine **Paginierung.**[9] Es verbietet die Führung informeller Nebenakten (Geheimakten) ebenso wie die Entfernung oder Verfälschung von Aktenteilen (Knack/Henneke 7). Die Verletzung der Pflicht zur ordnungsgemäßen Aktenführung kann eine Beweislastumkehr zur Folge haben (OVG Greifswald NordÖR 2001, 129).

2 **3. Verfassungsrechtliche Bezüge.** Das Recht auf Akteneinsicht ist wesentlicher Teil der im Rechtsstaat grundsätzlich unverzichtbaren Mitwirkungsmöglichkeiten der Beteiligten eines Verfahrens und Ausfluss der in Art 1 Abs 1 GG garantierten Menschenwürde, mit der ein Verwaltungsverfahren nicht vereinbar wäre, welches die Betroffenen über die bereits gesammelten tatsächlichen und rechtlichen Grundlagen der zu treffenden Entscheidungen im Unklaren ließe. Soweit ein Verwaltungsverfahren den Gewährleistungsbereich von Grundrechten betrifft, ist das Recht auf Akteneinsicht zugleich Folge bzw Teil dieser Gewährleistung.[10] Das Akteneinsichtsrecht der Betroffenen ist deshalb über den Anwendungsbereich des VwVfG hinaus notwendiger Bestandteil jedes rechtstaatlichen Verfahrens;[11] es ist insoweit **Ausfluss des Rechtsstaatsprinzips,** weil der Bürger ohne Kenntnis vom Inhalt der seine Verwaltungsverfahren betreffenden Akten seine Rechte nicht wirksam wahrnehmen könnte. Das gilt uU auch bereits im Vorfeld des Verwaltungsverfahrens (BVerwGE 118, 270).

3 Die Akteneinsicht dient insb **der Verwirklichung** des **rechtlichen Gehörs** gem § 28 bzw nach entsprechenden fachgesetzlichen Vorschriften und allgemeinen Rechtsgrundsätzen[12] und der **Waffengleichheit** der Beteiligten (Mayer 70;

---

[6] VGH Kassel ZBR 1990, 185; StBS 30, 32; Knack/Henneke 7; zu förmlichen Verfahren auch § 68 Abs 4 und § 93.

[7] BVerfG NJW 1983, 2135; BVerwG NVwZ 1988, 621; StBS 5, 30; Knack/Henneke 7.

[8] Zu den Anforderungen im Einzelnen s § 4 RegR, ferner Hufen/Siegel, Rn 381 ff; StBS 5, 30 ff.

[9] VG Karlsruhe, Urt v 26.7.2011, 6 K 2797/10, juris.

[10] BVerwGE 92, 136: Anspruch auf Einsicht in Prüfungsprotokolle, Prüfungsgutachten und Korrekturbemerkungen aus Art 12 GG; VGH München NVwZ 1990, 775; Laubinger VerwArch 1984, 75, 79; Hufen NJW 1982, 2163; Knack/Henneke 8; im Ergebnis wohl auch Blümel VerwArch 1982, 7 mwN; vgl auch BVerfG NJW 1991, 41.

[11] Obermayer/Funke-Kaiser 3; Knack/Henneke 8; StBS 4; Schoch, JFG § 2 Rn 42; s auch unten Rn 5.

[12] BVerfG NVwZ 2010, 954; BVerwGE 30, 157; OVG Lüneburg MDR 1975, 788; vgl allg auch BVerfG 63, 59 = NJW 1983, 1043; BGH NJW 1990, 1614; StBS 4; Knack/

Kopp 173; MB 10; StBS 4) sowie der **Fairness im Verfahren;** sie soll zugleich auch den Beteiligten die effektive Mitwirkung bei der Wahrheitsfindung der Behörde gem § 26 Abs 2 ermöglichen (vgl BVerwGE 15, 132). Darüber hinaus ist die Akteneinsicht in der Demokratie ein notwendiger Bestandteil der **öffentlichen Kontrolle** der Verwaltung und wesentliche Voraussetzung eines Vertrauensverhältnisses zwischen Bürger und Behörde (Kopp 191 ff).

4. Anwendungsbereich. a) Unmittelbare Anwendbarkeit. Unmittelbar gilt die Vorschrift nur in Verfahren, die nach § 9 auf den Erlass eines VA oder den Abschluss eines öffentlichrechtlichen Vertrages gerichtet sind. Sie gilt ferner nur für die Akteneinsicht durch Beteiligte des Verfahrens (§ 13) und nur **während des anhängigen Verfahrens,** dh nicht vor Beginn und nicht mehr nach Abschluss des Verfahrens.[13] Da sich die Akteneinsicht nur auf die das konkrete Verwaltungsverfahren betreffenden Akten bezieht, kommt sie vor dem Beginn des Verfahrens ohnehin nicht in Betracht. Nach der hier (vgl § 9 Rn 30) vertretenen Auffassung endet das Verwaltungsverfahren erst mit Unanfechtbarkeit des VA, weshalb das Akteneinsichtsrecht mit dem Erlass des VA noch nicht endet. Unabhängig davon gilt die Vorschrift gem § 79 auch für das Widerspruchsverfahren, nicht dagegen für das anschließende gerichtliche Verfahren, für das nach den jeweiligen Prozessordnungen spezielle, zumeist noch weiter gehende Vorschriften (zB §§ 99, 100 VwGO) gelten. Die Vorschrift gilt gem § 2 Abs 3 Nr 2 auch für **Prüfungsverfahren.** In den Verwaltungsverfahrensgesetzen der Länder ist das Akteneinsichtsrecht in Detailfragen teilweise abweichend geregelt. 4

b) Entsprechende Anwendung. Sinngemäß-analog anzuwenden ist § 29 als **Ausdruck allgemeiner Rechtsgedanken** auch auf Verfahren, die an sich gem § 2 von der Anwendung des VwVfG ausgenommen sind, für die aber entsprechende Rechtsvorschriften fehlen (vgl zB BVerwGE 92, 137 allg zur Einsicht in Prüfungsprotokolle, Prüfungs- und Korrekturvermerke usw, mit Einschränkungen auch auf **behördliche Auskünfte** (Auskünfte; BVerwGE 74; allg auch Knemeyer JZ 1992, 348) sowie auf **verwaltungsprivatrechtliche Handlungen** der Verwaltung zur Erfüllung öffentlicher Aufgaben.[14] 5

c) Spezielle Regelungen im VwVfG. Sonderbestimmungen, die § 29 vorgehen und dessen Anwendung ausschließen oder einschränken, gelten gem Abs 1 S 3 für die Akteneinsicht in **Massenverfahren.** Danach haben in den Fällen der §§ 17, 18 nur die Vertreter den Anspruch auf Akteneinsicht, nicht die Beteiligten selbst (s auch unten Rn 20). Einschränkungen gelten außerdem für die Akteneinsicht in **Planfeststellungsverfahren** (§ 72 Abs 1 letzter Halbs). Im Hinblick auf die Regelungen zur Planauslegung (§ 73 Abs 3) steht die zusätzliche Gewährung von **Akteneinsicht im Ermessen** der Planfeststellungsbehörde, was aber nicht bedeutet, dass Akteneinsicht allein im Hinblick auf die Planauslegung verweigert werden dürfte (s § 72 Rn 53). Dafür steht das Recht auf **Einsicht in die ausgelegten Pläne** nicht nur formell Beteiligten, sondern allen Betroffenen zu. S auch § 73 Rn 93 ff; § 72 Rn 22. Zur Bedeutung der Akteneinsichts- und Informationsrechte im Steuerrecht s Korn DÖV 2012, 232. 6

d) Akteneinsicht und Auskunft. Der Anspruch auf Akteneinsicht umfasst grundsätzlich keine Auskünfte und Erläuterungen.[15] Obwohl Akteneinsicht und 6a

---

Henneke 8; Kopp 83 zugleich unter Hinweis darauf, dass dem rechtlichen Gehör auch die mündliche Bekanntgabe der entscheidungserheblichen Tatsachen genügen würde.

[13] BVerwGE 67, 304; OVG Koblenz NVwZ 1992, 384; VG Berlin NVwZ 1984, 576; StBS 38; Obermayer/Funke-Kaiser 24; BVerwGE 118, 270 hat demgegenüber aus verfassungsrechtlichen Gründen einen Auskunftsanspruch vor Beginn eines Verfahrens nach dem PBefG angenommen. Solche Fälle können heute auch über eine analoge Anwendung der §§ 25 Abs 2, 29, 71c gelöst werden.

[14] Ziekow 2; Achterberg JA 1985, 510; v Zezschwitz NJW 1983, 1981; **aA** StBS 14.

[15] So auch Knack/Henneke 6.

Auskunft gleichermaßen als Ausfluss eines Rechts auf Information gelten können, wird letztere nicht erfasst. Das folgt auch aus der Systematik des Gesetzes, das Auskunftsrechte in § 25 regelt. Die Vorschrift überlässt es den Beteiligten selbst, welche Informationen sie den für das Verfahren geführten Akten entnehmen. Das Akteneinsichtsrecht bezieht sich zwar auf den **vollständigen Aktenbestand, geht darüber aber nicht hinaus.** Demgegenüber betreffen die Informationsfreiheitsgesetze, die Umweltinformationsgesetze und das Verbraucherinformationsgesetz die Information als solche, die grundsätzlich nach Wunsch des Antragstellers sowohl durch Akteneinsicht als auch durch Auskunft und Bereitstellung der gewünschten Daten bereitgestellt werden kann (vgl § 1 Abs 2 IFG; 3 Abs 2 UIG, s hierzu unten Rn 45 ff).

7 **5. Spezialgesetzlich geregelte Akteneinsichtsrechte.** Die deutsche Rechtsordnung gewährt – wenig systematisch und sehr unübersichtlich – in einer ganzen Fülle von speziellen Rechtsvorschriften Rechte auf Einsichtnahme in von der öffentlichen Hand geführte Akten (s näher unten Rn 9). Diese speziellen Vorschriften des Fachrechts treten, soweit sie sich überhaupt überschneiden können, grundsätzlich **neben das verfahrensbezogene Akteneinsichtsrecht** aus § 29 und schließen dieses nicht aus. Sie haben gegenüber dem Recht aus § 29 den Vorzug, dass § 44a VwGO einer gerichtlichen Geltendmachung nicht entgegensteht.[16] So gewährt zB § 78 Abs 2 HmbPersVG den Personalräten einen Anspruch auf Einsichtnahme in die nicht anonymisierten Bruttolohn- und Gehaltslisten (OVG Hamburg PersR 2012, 129). Umgekehrt ist die Geltendmachung der speziellen Rechte auf Akteneinsicht oder Information anders als das Akteneinsichtsrecht nach § 29 idR kostenpflichtig (s unten Rn 50, 53). Zum Auskunftsanspruch gegenüber Nachrichtendiensten Scheffczyk/Wolff NVwZ 2008, 1316. **Ausgeschlossen** wird die Anwendung der Regelungen ganz oder teilweise aber durch **verfahrensrechtliche Sonderregelungen,** in denen gerade das Akteneinsichtsrecht während des Verwaltungsverfahrens abweichend geregelt wird. Um derartige vorrangige Regelungen handelt es sich zB bei § 72 Abs 1 oder § 10a 9. BImSchV. Die neuere Informationsgesetzgebung lässt dagegen das Recht auf Akteneinsicht im Verwaltungsverfahren grundsätzlich unberührt.

8 **a) Besondere Informationsgesetzgebung.** Im Zuge der Umsetzung der Aarhus-Konvention[17] (vgl Oestreich Vw 2006, 29) haben Bund und Länder **Umweltinformationsgesetze** (näher unten Rn 51 ff) und nach europäischem Vorbild darüber hinaus allgemeine **Informationsfreiheitsgesetze** erlassen (s unten Rn 45 ff). In bestimmten Teilbereichen existieren daneben schon seit langem spezielle Regelungen. Akteneinsichts- und Informationsrechte über bei Behörden verfügbare Verbraucherinformationen vermittelt auch das **Verbraucherinformationsgesetz** (VIG, hierzu näher Rn 54 ff). Im Bereich des Naturschutzrechts haben **anerkannte Naturschutzverbände** in naturschutzrechtlich relevanten Verfahren gem § 63 BNatSchG das Recht auf Einsichtnahme in gutachtliche Stellungnahmen. Der Begriff der gutachtlichen Stellungnahme ist aber weit zu ziehen; er umfasst neben Gutachten im engeren Sinn auch Stellungnahmen der Beteiligten, die gutachtlichen Charakter haben.[18]

9 **b) Bereichsspezifische Regelungen.** Akteneinsichtsrechte und teilweise auch Auskunftsrechte finden sich im **Schulrecht** in Bezug auf die über den Schüler geführten Akten und Aktenbestandteile (zB § 120 Abs. 7 SchulG NW); nach § 9

[16] VG Aachen, B v 17.7.2008, 9 L 214/08, juris; **aA** RÖ § 44a Rn 2.

[17] Übereinkommen über den Zugang zu Informationen, die Öffentlichkeitsbeteiligung an Entscheidungsverfahren und den Zugang zu Gerichten in Umweltangelegenheiten, in Kraft seit dem 30. Oktober 2001.

[18] S zum Umfang des Einsichtsnahmerechts nach § 60 BNatSchG aF zB Gellermann NVwZ 2002, 1025 (1032).

HGB ist die Einsichtnahme in das **Handelsregister** Jedermann gestattet; gleiches gilt nach § 79 BGB für das **Vereinsregister** und nach § 1563 BGB für das **Güterrechtsregister.** Zur Akteneinsicht beim **Standesamt** näher Sachse StAZ 2008, 188. Die Einsichtnahme in das **Grundbuch** erfordert ein berechtigtes Interesse, vgl § 12 GBO. Spezielle Akteneinsichtsrechte bestehen außerdem im Beamtenrecht, wonach der einzelne Beamte berechtigt ist, Einsicht in seine **Personalakten** zu nehmen (vgl § 110 BBG).[19] Gleiches gilt für Soldaten (§ 29 SG). Das Kommunalrecht regelt Informationsansprüche von Rats- und Kreistagsmitgliedern (vgl Bracht NVwZ 2016, 108). Für das Strafverfahren ist das **Akteneinsichtsrecht des Verteidigers** (nicht des Beschuldigten selbst) in § 147 StPO geregelt (vgl Tz 185 ff RiStBV). Akteneinsichtsrechte von Abgeordneten sind zT in den Landesverfassungen geregelt (vgl VerfGH Berlin NVwZ 2016, 688), solche in die Strafvollzugsakten sind in § 185 StVollzG geregelt; Auskunftsrechte aus dem Verkehrszentralregister in § 30 Abs 8 StVG und aus dem Bundeszentralregister in §§ 30 ff BZRG. Die Krankenhausgesetze der Länder sehen teilweise Auskunfts- und Einsichtsrechte in **Krankenakten** vor (vgl zB § 13 HmbKrG). Zum Anspruch auf Auskunft über die Berufshaftpflichtversicherung des Rechtsanwalts s § 51 Abs 6 S 2 BRAO). Der EuGH hat aus der VO (EG) Nr 1371/2007 einen **Anspruch der Fahrgäste im Eisenbahnverkehr** hergeleitet, jederzeit Informationen über Anschlussverbindungen, Verspätungen usw als Echtzeitinformationen zu erhalten.[20]

c) Akteneinsicht nach dem Stasi-Unterlagen-Gesetz. Ein spezielles Akteneinsichtsrecht für Betroffene sieht das sog Stasi-Unterlagen-Gesetz[21] hinsichtlich der beim Bundesbeauftragten für die Unterlagen des Staatssicherheitsdienstes verwalteten Stasi-Akten vor. **Jedermann hat ein Auskunftsrecht** darüber, ob über ihn Unterlagen vorhanden sind (§§ 1, 12 ff StUG). Soweit Informationen vorhanden sind, besteht nach § 3 StUG ein **spezielles Akteneinsichtsrecht** von Betroffenen, das bei Verweigerung vor dem Verwaltungsgericht mit der Verpflichtungsklage durchgesetzt werden kann.[22] 9a

d) Informationspflichten nach den Landespressegesetzen. Die Behörden sind nach den Landespressegesetzen (vgl zB § 4 HmbPrsseG) verpflichtet, den Vertretern der Presse und des Rundfunks die der Erfüllung ihrer öffentlichen Aufgabe dienenden Auskünfte zu erteilen. Dieser Anspruch ist unabhängig von sonstigen Auskunfts-, Informations- und Akteneinsichtsrechten. Der Begriff der Behörde wird im Presserecht weit verstanden; er umfasst auch private Unternehmen der Daseinsvorsorge, die von der öffentlichen Hand beherrscht werden (eigenständiger presserechtlicher Behördenbegriff).[23] Zur Frage des Geheimnisschutzes BVerwG NVwZ 2015, 1388. 9b

6. Akteneinsicht nach Ermessen. Soweit § 29 nicht eingreift und positivrechtliche Regelungen[24] nicht bestehen, steht die Gewährung von Akteneinsicht grundsätzlich im pflichtgemäßen Ermessen der zuständigen Behörde. Die Behörde kann – unter Beachtung des öffentlichen und privaten Interesses an der Geheimhaltung von Vorgängen – also Akteneinsicht auch ohne gesetzliche Grund- 10

---

19 Hierzu näher Schellenbach, BeamtenR Rn 511; Battis BBG § 110 Rn 1 ff.

20 EuGH NVwZ 2013, 355 zu Art 8 Abs 2 der VO (EG) Nr 1371/2007 des Europäischen Parlaments und des Rates v 23.10.2007 über die Rechte und Pflichten der Fahrgäste im Eisenbahnverkehr.

21 Stasi-Unterlagengesetz (StUG) v 20.12.1991 (BGBl I S. 2272) mit Änderungen.

22 Näher Schmidt/Dörr, StUG Kommentar 1993; Stoltenberg, StUG Kommentar 1993, § 3; Weberling StUG Kommentar 1993, § 3.

23 BGH NJW 2005, 1720; NVwZ 2016, 551 für kommunales Wasser- und Energieversorgungsunternehmen.

24 Zweifelhaft ist, ob auch die Informationsfreiheitsgesetze den Ermessensanspruch verdrängen, dies meint Schoch IFG Einl 38. Der Frage dürfte in der Praxis allerdings nur geringe Bedeutung zukommen.

lage dann gewähren, wenn keine speziellen Regelungen bestehen (StBS 18; Knack/Henneke 11). Der Einzelne hat einen **Anspruch auf ermessensfehlerfreie Entscheidung** über die Gewährung von Akteneinsicht allerdings grundsätzlich nur, soweit er ein **berechtigtes Interesse** geltend machen kann.[25] Ein Recht auf Akteneinsicht aus wissenschaftlichem Interesse besteht grundsätzlich nicht;[26] ebenso nicht auf Grund des Informationsrechts der Presse aus Art 5 I GG;[27] anders hinsichtlich Umweltinformationen VG Stade DVBl 1993, 1372; zur Einsicht in Strafakten BVerfG NJW 1988, 405 und Schäfer/Jekewitz NStZ 1985, 198 und 395. Auf den Anspruch auf ermessensfehlerfreie Entscheidung sind die Betroffenen nach hM in den **Verfahren nach der Abgabenordnung** verwiesen (vgl BFHE 143, 503). Die AO normiert im Unterschied zum VwVfG keinen Anspruch auf Akteneinsicht. Ob diese Rechtslage tatsächlich mit dem geltenden Verfassungsrecht vereinbar ist, wie die hM zur AO meint,[28] erscheint zweifelhaft.

10a Das berechtigte Interesse kann zu einer **Ermessensreduzierung auf Null** führen; es besteht dann unabhängig von einem Verwaltungsverfahren ein Recht auf Akteneinsicht. Letzteres kommt insbesondere in Betracht, wenn dies zur sachgerechten Wahrnehmung von Rechten, insbesondere von Grundrechten erforderlich ist.[29] Das berechtigte Interesse muss substantiiert vorgetragen werden.[30] Eine Ermessensreduzierung auf Null wird im Verfahren nach der AO auch bei Vorliegen eines berechtigten Interesses nicht regelhaft angenommen (BFHE 202, 231, st Rspr), was verfassungsrechtlich Bedenken auslöst. Anders in Verfahren zur Steuerberaterprüfung (FG Hamburg EFG 2004, 852). **Ansprüche Dritter und früherer Beteiligter** auf Akteneinsicht können sich außerdem als Nachwirkung des abgeschlossenen Verfahrens (vgl OVG Koblenz NVwZ 1992, 384) mit der Folge ergeben, dass der **Ermessensspielraum** der Behörde in diesen Fällen idR **auf Null reduziert** ist, wenn die Kenntnis des Akteninhalts Voraussetzung für eine wirksame Rechtsverfolgung ist.[31]

II. Akteneinsicht im EU-Recht

11 **1. Allgemeines.** Das Recht auf Akteneinsicht ist im EU-Recht teilweise ausdrücklich geregelt (Art 18 Abs 3 VO Nr 4064/89 (Fusionskontrollverfahren), Art 7 VO Nr. 2423/88 (Antidumpingrecht), teilweise als Ausprägung des Anspruchs auf rechtliches Gehör anerkannt.[32] Als Ausdruck des Grundsatzes „guter Verwaltung" wird das Akteneinsichtsrecht in Art. 41 Abs 2 GRCharta garantiert (vgl Grzeszick EuR 2006, 161, 164). Der vom Europäischen Bürgerbeauftragten ausgearbeitete und vom Europäischen Parlament gebilligte (rechtlich nicht bindende) Europäische Kodex für gute Verwaltungspraxis anerkennt das Recht auf Akteneinsicht (Zur Förderung „gute Verwaltung" durch Kodizes Bourquain, DVBl 2008, 1224).

---

[25] HM, vgl BVerwGE 67, 304; 61, 15; BVerwG NJW 1983, 2954; VGH Mannheim VBlBW 2014, 355; OVG Koblenz NVwZ 1992, 384; VGH Minden NVwZ 1989, 266; OVG Münster UPR 1989 152; BGH NJW 2015, 3648; Schoch IFG, Einl 38; StBS 18; Knack/Henneke 11.

[26] S BVerfG NVwZ 1986, 462; BVerwG NJW 1986, 1277; JZ 1985, 48; OVG Koblenz DVBl 1983, 601; Bayer JuS 1989, 191.

[27] BVerwGE 70, 315; BVerwG DÖV 1986, 475; DVBl 1991, 490; Groß RiA 1993, 14.

[28] S näher BFHE 202, 231 mwN; zu eng FG RhPf, EFG 2010, 930; OVG Berlin-Brandenburg, B v 1.8.2005, 9 S 2.05, juris; Polenz NJW 2009, 1921.

[29] BVerwGE 118, 270 für den Auskunftsanspruch vor Antragstellung nach PBefG.

[30] BVerwG NVwZ 1994, 72; VGH München BayVBl 1988, 404.

[31] BVerwGE 30, 159f; 61, 23; 69, 278 mwN; BVerwG NJW 1981, 535 und 2270; DVBl 1984, 1078; OVG Hamburg NJW 1983, 2405; OVG Münster NVwZ 1989, 266; VG Köln DVBl 1980, 385; VG Braunschweig NJW 1987, 459; WB III § 156e; UL § 25 Rn 1.

[32] Haibach NVwZ 1998, 456.

2. Direkter Vollzug. Das Unionsrecht vermittelt durch Art. 15 Abs 3 AEUV und durch Art 42 GRCh gegenüber den Organen der Union ein **allgemeines Recht auf Akteneinsicht** ohne Rücksicht auf die Anhängigkeit eines konkreten Verwaltungsverfahrens.[33] Dieses Recht ist inzwischen in der VO (EG) Nr 1049/2001 v 30.5.2001 – sog **Transparenzverordnung** (NJW 2001, 3172) ausgeformt. Außerdem ist das Akteneinsichtsrecht als Teil des Anspruchs auf rechtliches Gehör und des Rechts auf eine gute Verwaltung zugleich ein **allgemeiner Rechtsgrundsatz** des Unionsrechts.[34] Liegen Geheimhaltungsgründe vor, so muss die Möglichkeit einer teilweisen Akteneinsicht in Betracht gezogen werden (EuGH NVwZ 2004, 462). Kritisch zum praktischen Umgang der Kommission mit dem Transparenzgebot und zur Rspr des EuGH (EuGH NVwZ 2015, 1273) Brauneck NVwZ 2016, 489. 11a

3. Indirekter Vollzug. Trotz der weitergehenden Rechte auf Akteneinsicht und Information im direkten Vollzug bleibt § 29 beim indirekten Vollzug des Unionsrechts (s hierzu Einf II Rn 24) grundsätzlich anwendbar, zumal weitergehende Akteneinsichtsrechte dadurch nicht ausgeschlossen werden, sondern neben das Akteneinsichtsrecht des § 29 treten und zT weit darüber hinausgehen. Zu den weitergehenden Akteneinsichtsrechten nach den Informationsfreiheitsgesetzen und den Umweltinformationsgesetzen s näher Rn 45 ff. Zu berücksichtigen ist ferner, dass nach der Rspr ein allgemeiner Anspruch auf ermessensfehlerfreie Entscheidung über weitergehende Akteneinsichtsrechte anerkannt ist, wenn ein entsprechendes berechtigtes Interesse geltend gemacht wird (s oben Rn 10). 11b

III. Pflicht der Verwaltung zur Aktenführung

1. Allgemeines. Aus dem Rechtsstaatsprinzip und auch aus dem Anspruch der Beteiligten auf Akteneinsicht folgt die Verpflichtung der Behörden, im Hinblick auf die bei ihr anhängigen bzw betriebenen Verwaltungsverfahren Akten in einer Weise zu führen, die eine Akteneinsicht iS des Abs 1 und eine spätere Verwertung in einem etwa nachfolgenden Gerichtsverfahren ermöglichen.[35] Die Aktenführungspflicht ist danach eine **Dokumentationspflicht,** die alle Vorgänge im Rahmen des Verwaltungsverfahrens, die für das Verfahren irgendeine Relevanz haben können, im Interesse der Nachvollziehbarkeit und späteren internen wie externen Kontrolle verfügbar halten soll. Dieser Pflicht korrespondiert allerdings grundsätzlich **kein einklagbares Recht auf ordnungsgemäße Aktenführung;** die Einhaltung der Pflicht muss vielmehr aufsichtsrechtlich sichergestellt werden. 12

2. Einzelheiten der Aktenführungspflicht. a) Aktenbegriff. In verfahrensrechtlicher Hinsicht zu unterscheiden sind Verfahrensakten und sonstige Akten, insbesondere **Generalakten.**[36] In den personalführenden Behörden wer- 12a

---

[33] Vgl EuGH EuGRZ 2015, 575; EuGHE 2000, I-1, 64 ff; Schoch NVwZ 2015, 1; Bauer, S 32; Raabe/Helle-Meyer NVwZ 2004, 641.

[34] S hierzu näher Gassner DVBl 1995, 16, 20: verfahrensakzessorisches und verfahrenskonstituierendes Recht; v Danwitz, Europäisches Verwaltungsrecht, 428; Gornig/Trüe JZ 2000, 395, 405; Haibach NVwZ 1998, 456; Kuntze VBlBW 2001, 5, 9 mwN.

[35] Zur Aktenführung als rechtsstaatliches Gebot BT-Drs 17/11473, S 38; MSU 35; s schon Max Weber, Wirtschaft und Gesellschaft, 1. HlbBd, Nachdruck 2005, Kap III § 3 Nr 7: „Es gilt (unter der Bedingung einer legalen Herrschaft mittels bureaukratischen Verwaltungsstabs) das Prinzip der Aktenmäßigkeit der Verwaltung, auch da wo mündlicher Erörterung tatsächlich Regel oder geradezu Vorschrift ist".

[36] Als Generalakten werden Sammlungen von Vorgängen bezeichnet, die sich auf die Amtsführung im Allgemeinen beziehen. Welche Generalakten zu führen sind und welche Vorgänge in die Generalakten aufgenommen werden müssen, ist zumeist in behördlichen Verfügungen geregelt (zB Generalaktenverfügung NRW). Die Führung von Generalakten durch die Notare ist in landesrechtlichen Dienstordnungen geregelt.

den außerdem noch **Personalakten** geführt, die sich auf die Rechtsverhältnisse des im Behördenbereich eingesetzten Personals beziehen. Als **Verfahrensakten** bezeichnet man die Gesamtheit der zu einem konkreten Verwaltungsverfahren eingereichten oder objektiv auf dieses bezogenen Vorgänge, unabhängig davon, ob sie in einem Aktenstück oder einer Datei zusammengefasst oder wie sie zugeordnet worden sind (sog **materieller Aktenbegriff**).[37] Die Vorgänge müssen entweder auf irgendeine Weise materialisert sein (Schriftstücke, handschriftliche Vermerke, Pläne, Fotos, Karten sonstige Abbildungen, Filme, Ton- und Videoaufzeichnungen, Mikrofilme, Disketten) oder unabhängig vom Speichermedium in elektronischer Form vorhanden sein (zB E-Mails, aus Anlass des Verfahrens erstellte oder übersandte Dateien).[38] Nicht zu den Akten gehören dagegen sonstige bewegliche Gegenstände (Beweisstücke, Asservate).[39] Andere Vorgänge (zB Telefonate) müssen, wenn sie relevanten Inhalt haben, durch schriftliche Vermerke aktenkundig gemacht werden.

12b Auf das **Speichermedium** kommt es für den Aktenbegriff grundsätzlich nicht an. Auch datenschutzrechtliche Bestimmungen schränken den Aktenbegriff nicht ein. Problematisch sind Gesamtdateien, in denen Informationen nicht individuell gespeichert sind, sondern für eine Vielzahl von Personen, die bestimmte Kriterien erfüllen, und in denen die individuellen Informationen nur als Datensatz unter vielen erscheinen.[40] Hier gilt grundsätzlich das **Trennungsprinzip,** wonach bei Gesamtdateien die auf den konkreten Fall bezogenen Daten abgetrennt werden oder umgekehrt die nicht auf den Fall bezogenen Daten unkenntlich gemacht werden müssen.

12c **b) Gebot der Richtigkeit und Vollständigkeit.** Für die Aktenführung gilt zunächst das Gebot der Richtigkeit.[41] Es geht dabei nicht darum, dass die dokumentierten Aussagen oder Feststellungen inhaltlich zutreffen, sondern dass sie **vollständig und wahrheitsgetreu dokumentiert** werden. Schriftstücke müssen unverfälscht und unverändert zu den Akten genommen werden, Vermerke in der Form, in der sie zu Papier gebracht wurden. Wurden also etwa Erklärungen oder Einschätzungen später korrigiert, werden die korrigierten nicht aus der Akte entfernt, vielmehr wird die Korrektur zusätzlicher Akteninhalt. Für den Fall des Medienwechsels muss sichergestellt werden, dass die Umwandlung ordnungsgemäß durchgeführt wird, so dass eine bildliche und inhaltliche Übereinstimmung gewährleistet wird (vgl § 7 Abs 1 S 2 EGovG). Hierzu hat das Bundesamt für Sicherheit in der Informationstechnik Technische Regeln aufgestellt **(TR RESISCAN).**[42]

12d **c) Dauer der Aufbewahrung.** Das Gebot der Vollständigkeit der Aktenführung bedeutet, dass alle Vorgänge, die materiell zum Akteninhalt eines konkreten Verwaltungsverfahrens gehören, **vollständig verfügbar gehalten** werden müssen und zwar in der Weise, dass die Vollständigkeit auch einer Überprüfung zugänglich ist. Werden Papierakten geführt, so müssen alle materiell dazu gehörenden Vorgänge in diese Papierakte aufgenommen und zum Zweck der Nachvollziehbarkeit paginiert (mit Seitenzahlen versehen) werden. Zur **Fehleranfälligkeit** eines Systems der Aktenführung mit der Folge der Annahme eines

---

[37] AllgM, vgl StBS 7; Knack/Hennecke 21; Obermayer/Funke-Kaiser 57; MSU 39; Herbeck DVBl 2015, 471, 472; OVG Münster NVwZ-RR 2015, 387, demgegenüber bezeichnet der formelle Aktenbegriff nur die in einer Akte zusammengefassten Schriftstücke.

[38] Hufen/Siegel, Rn 379; StBS 8; Guckelberger VerwArch 2006, 62, 86.

[39] So auch VG Sigmaringen (Urt v 20.5.2015 – 5 K 5439/14, juris) für den Aktenbegriff nach § 14 UAG BW. Für Beweisstücke und Asservate wird man ein Recht auf Augenscheineinnahme allerdings analog § 29 Abs 1 annehmen müssen.

[40] Vgl StBS 11 f.

[41] Hierzu Engelien-Schulz, Grundsätze der Aktenführung, UBWV 2014, 270.

[42] Zu den dabei auftretenden technischen Problemen Berlit NVwZ 2015, 197, 198.

Organisationsverschuldens OLG Lüneburg DVBl 2015, 919. Nicht im VwVfG geregelt ist die Frage, **für welchen Zeitraum** die Akten nach der Beendigung eines Verwaltungsverfahrens aufbewahrt und verfügbar gehalten werden müssen. Insoweit kann es zu einem Zielkonflikt mit den Löschungsregelungen des Datenschutzrechts kommen.[43]

3. Besonderheiten der elektronischen Aktenführung. In der Praxis werden bereits derzeit Akten häufig entweder nur noch in elektronischer Form geführt oder parallel zur Papierakte in elektronischer Form (sog **Parallelakten** oder **Hybridakten**). Das im Sommer 2013 erlassene EGovG (s näher Einf I Rn 35d; § 3a Rn 3) sieht in § 6 Satz 1 EGovG sogar vor, dass die Behörden des Bundes ihre Akten elektronisch führen sollen. Dabei soll nach § 6 S 3 EGovG durch „geeignete technisch-organisatorische Maßnahmen nach dem Stand der Technik" sichergestellt werden, dass die Grundsätze ordnungsgemäßer Aktenführung eingehalten werden. Der Aufwand für die Umstellung wird erheblich sein (vgl die Aufstellung in BT-Drs 17/11473 S 28). Insbesondere muss die **Vollständigkeit** der elektronischen Akte gegen willkürliche Entnahmen, gegen die Führung von unzulässigen Nebenakten und auch die **Authentizität** gegen nachträgliche Verfälschungen gesichert werden. 12e

a) Überwindung der Medienbrüche. Zur Vermeidung der Führung von Parallel- oder Hybridakten ist es erforderlich, alle materiell zu einer Verfahrensakte gehörenden Vorgänge (s oben Rn 12a) in einem einheitlichen Speichermedium verfügbar zu halten. Sollen die Akten elektronisch geführt werden, ist deshalb ein **Scanvorgang erforderlich**, wenn Vorgänge in Papierform zur Akte gelangen. Bei diesem Scannvorgang muss die inhaltliche und bildliche Identität (§ 7 Abs 1 S 2 EGovG) sichergestellt und anschließend die Authentizität der Datei auf geeignete Weise gesichert werden. Insbesondere beim ersetzenden Scannen sind hier strenge Anforderungen zu stellen, weil die Papierdokumente, wenn sie nicht zurückgegeben werden, später vernichtet werden sollen (§ 7 Abs 2 EGovG). 12f

b) Probleme der elektronischen Dateistrukturen. Probleme ergeben sich, wenn die materiell zu einem Verwaltungsverfahren gehörenden Vorgänge nicht in einer Verfahrensdatei, sondern – zusammen mit Daten aus anderen Verwaltungsverfahren – in **nach anderen Kriterien aufgebauten Dateistrukturen** aufbewahrt werden. Das ist insbesondere in Massenverfahren mit vielen gleichen oder ähnlichen Inhalten der Fall. Wie eine Behörde die Akten der bei ihr geführten Verwaltungsverfahren führt, steht zwar grundsätzlich in ihrem verfahrens- und organisationsrechtlichen **Ermessen.** Aus der Pflicht zur Führung von Verfahrensakten und dem Anspruch auf Akteneinsicht (s unten) folgt aber die Verpflichtung, die Dateien in einer Weise zu strukturieren und verfügbar zu halten, die nicht nur eine **Generierung der konkreten Verfahrensakte** ermöglicht, sondern auch eine hinreichende Transparenz der Dateistrukturen zur **Kontrolle ihrer Vollständigkeit.** 12g

IV. Anspruch auf Akteneinsicht (Abs 1)

1. Gegenstand der Akteneinsicht. Das Recht auf Akteneinsicht bedeutet, dass den Beteiligten auf Wunsch Einsicht in die **von der Behörde geführten Akten,** soweit sie das Verfahren betreffen, sowie in sonstige von der Behörde im Wege der Amtshilfe **beigezogenen Akten anderer Behörden,** Gerichtsakten usw[44] zu gewähren ist, soweit deren Kenntnis zur Geltendmachung oder Vertei- 13

---

[43] Zu diesem Problem näher Grundmann/Greve NVwZ 2015, 1726.

[44] Begr 53; UL § 25 Rn 1; StBS 10; MB 10: als Folgerung aus dem Grundsatz der Waffengleichheit; **aA** noch MuE 127: in beigezogene Akten nur mit Zustimmung der Behörde, um deren Akten es sich handelt.

digung ihrer Rechte und rechtlichen Interessen erforderlich ist. **Nicht der Akteneinsicht unterliegen** Akten, die nur gleich oder ähnlich liegende **Parallelfälle oder Musterfälle betreffen** oder nur allgemeine, wenn auch für das konkrete Verfahren anwendbare **Verwaltungsvorschriften;** insoweit besteht nur ein Recht auf Bekanntgabe;[45] nicht erfasst werden ferner Berichte (BVerwG NVwZ 1984, 445; dazu Günther ZBR 1984, 161), auch nicht Akten, die nur mittelbaren Bezug zum Verfahren haben, soweit dieses den Beteiligten betrifft, der die Akten einsehen will, **zB in Verfahren zur Besetzung einer Beamtenstelle** oder zur Vergabe von Genehmigungen usw aus einem zahlenmäßig begrenzten Kontingent die **Akten bzgl der Mitbewerber.**[46]

14 **a) Formelle Verfahrensakten.** Ausgangspunkt des Akteneinsichtsrechts sind die bei der Behörde für das konkrete Verwaltungsverfahren geführte Akten **(formelle Verfahrensakten).** Führt die Behörde – in Papierform oder elektronisch – für die bei ihr geführten Verwaltungsverfahren jeweils individuelle Akten, so sind diese Gegenstand des Anspruchs auf Akteneinsicht. Sind sie materiellinhaltlich vollständig, wird der Anspruch mit der Gewährung der Einsichtnahme in diese Akten erfüllt. Als das Verfahren betreffend sind dem Zweck der Regelung entsprechend sind zunächst einmal die unmittelbar für ein Verfahren angelegten oder dazu beigezogenen Akten (einschließlich aller Urkunden, zB auch Zustellungsnachweise) anzusehen.[47]

14a **b) Materielle Verfahrensakten.** Der materielle Aktenbegriff (s oben Rn 12a) wird relevant, wenn sich die förmlich für das konkrete Verfahren geführten Akten als unvollständig erweisen. Dann erstreckt sich der Anspruch auch auf die Vorlage bzw die Möglichkeit zur Einsichtnahme in die weiteren das konkrete Verwaltungsverfahren betreffenden Vorgänge, also auf alle Vorgänge, die zur Verfahrensakten im materiellen Sinn gehören.[48] Die Behörde hat es nicht in der Hand, solche Akten oder Aktenteile, deren sie sich im Rahmen des Verfahrens tatsächlich bedient, durch Unterlassen einer förmlichen Einbeziehung aus dem Geltungsbereich des § 29 herauszuhalten. Regelmäßig gehören deshalb auch solche Akten bzw Aktenbestandteile dazu, die ersichtlich für **die Entscheidung von Bedeutung** sein können, insb auch Vorakten in derselben Angelegenheit; dies auch dann, wenn die Behörde sie nicht oder noch nicht zu den Akten des anhängigen Verfahrens genommen hat. Wenn der Beteiligte geltend macht, dass die ihn betreffende Verfahrensakte nicht vollständig sei, ihm also zur materiellen Verfahrensakte gehörende Vorgänge vorenthalten worden seien, so muss er dies substantiieren. Einen Anspruch auf Ausforschung im Hinblick auf mögliche weitere relevante Vorgänge gibt es nicht. Auch ein Anspruch auf **Beiziehung von Akten anderer Behörden** kann aus § 29 **nicht abgeleitet** werden, da die Vorschrift sich nur auf Akten bezieht, die die Behörde selbst ihrer Entscheidung zugrunde legen will bzw legt (ebenso Knack/Henneke 22). Eine Pflicht zur Beiziehung von Akten kann sich jedoch uU aus § 24 Abs 1, § 26 Abs 2 S 1 ergeben.

15 **2. Erforderlichkeit der Kenntnis des Akteninhalts (Abs 1 S 1). a) Rechtliches Interesse.** Der Akteneinsicht unterliegen nach Abs 1 S 1 die Verfahrensankten nicht schlechthin, sondern nur soweit, als für die Beteiligten deren Kenntnis zur Geltendmachung oder Verteidigung ihrer rechtlichen Interessen erforderlich ist. Soweit die Erforderlichkeit nicht ohne weiteres erkennbar bzw aus den Umständen und dem Zusammenhang offensichtlich hervorgeht, muss der Beteiligte substantiiert darlegen, inwiefern und wozu die Kenntnis der

---

[45] BVerwGE 61, 15; 61, 40; Jellinek NJW 1981, 2235; Knack/Henneke 23.
[46] Vgl BVerwG NVwZ 1984, 445; dazu Günther ZBR 1984, 161; DVBl 1984, 53.
[47] StBS 10, 41; Knack/Henneke 22; Obermayer/Funke-Kaiser 19.
[48] Zu den Ausnahmen bei Entscheidungsentwürfen unten Rn 18 ff.

Akteneinsicht erforderlich ist.[49] Ein rechtliches Interesse eines Beteiligten ist dann gegeben, wenn die Einsichtnahme zu dem Zweck dient, die **Voraussetzungen für ein rechtlich relevantes Verhalten** nach dem Ergebnis der Einsichtnahme **zu klären** oder eine gesicherte Grundlage für die Verfolgung eines Anspruchs zu schaffen (Begr s 53; ebenso Knack/Henneke 25).

Die Erforderlichkeit kann **uU** auch **nur für Teile der Akten** begründet sein („soweit"); dann beschränkt sich der Anspruch auf Akteneinsicht gem Abs 1 auf diese Teile (StBS 50; Knack/Henneke 25). Wenn Gründe nach Abs 2 nicht entgegenstehen, ist es in solchen Fällen idR gleichwohl zweckmäßig, den gesamten Akteninhalt zur Einsichtnahme zur Verfügung zu stellen; **andernfalls** muss, wenn eine Aussonderung der für die Einsicht an sich zur Verfügung zu stellenden Aktenteile oder die Herstellung von Kopien mit entsprechenden Auslassungen, Schwärzungen usw nicht möglich ist, der Betroffene **in anderer Weise** über den Inhalt der Akten **informiert werden.** 15a

b) Klärungsbedarf. Ausreichend ist, dass der Beteiligte nach den Umständen davon ausgehen darf, dass der Akteninhalt für die Vertretung seines Standpunktes bzw seiner Interessen wesentliches enthält. Für die Beurteilung der Erforderlichkeit der Kenntnis bestimmter Akten oder Aktenteile ist nicht die Auffassung der Behörde, auch nicht ihre Auffassung hins der für die Entscheidung maßgeblichen Rechtssätze und die insoweit erheblichen Tatsachen, maßgeblich; vielmehr ist die Frage gerichtlich voll überprüfbar. Ausreichend ist, dass Akten oder Aktenteile, wenn auch uU im Hinblick auf eine andere Rechtsauffassung, **für Anträge oder für Ausführungen** der Beteiligten zu Sach- oder Rechtsfragen **von Bedeutung sein können.** Insofern gilt Entsprechendes wie für die Frage der Erheblichkeit von Tatsachen gem § 28 Abs 1 im Hinblick auf das rechtliche Gehör (s dazu § 28 Rn 29). Dies muss auch deshalb gelten, weil der Zweck der Akteneinsicht wesentlich auch darin besteht, den Beteiligten die Kenntnisse zu vermitteln, die sie für die sinnvolle und zweckentsprechende Ausübung ihres Rechts auf Gehör benötigen (Becker/König 46; Ule/Becker 41; Kopp 83, 120). 16

Ausgeschlossen von der Akteneinsicht sind nur solche Akten, die unter keinem denkbaren Gesichtspunkt für die Entscheidung von Bedeutung sein können (ebenso Knack/Henneke 25), insb keinen konkreten Bezug zu dem anhängigen Verfahren oder die im Verfahren zu treffende Entscheidung haben können. Dies ist etwa bei missbräuchlichen, offensichtlich querulatorischen Begehren der Fall. **Nicht ausreichend,** um die Erforderlichkeit zu begründen, ist der Umstand, dass die Akten einen parallelen Fall, ein fremdes Musterverfahren, betreffen. Insoweit fehlt es schon an der Voraussetzung, dass der Akt das Verfahren betreffen muss (s auch oben Rn 14). 17

3. Ausnahme bei Entscheidungsentwürfen (Abs 1 S 2). a) Allgemeines. Nach Abs 1 S 2 sind Entscheidungsentwürfe und Arbeiten zur unmittelbaren Vorbereitung der Entscheidungsfassung vom Anspruch auf Akteneinsicht ausgenommen. Zweck dieser Ausnahme ist es, zu vermeiden, dass durch die Einsicht in Entwürfe usw, deren Bedeutung für das Verfahren die Beteiligten oft nicht beurteilen können, Verwirrung und Missverständnisse entstehen, die das Verfahren belasten, ohne die Klärung von entscheidungserheblichen Fragen zu fördern, zT aber auch, dass (ua um dies zu vermeiden) Entwürfe und Vorarbeiten überhaupt nicht zu den Akten genommen werden. Die Regelung steht andererseits jedoch einer Bekanntgabe oder auch Übersendung von Entscheidungsentwürfen an die Beteiligten zur Stellungnahme nicht entgegen. 18

---

[49] Vgl VGH München NJW 1988, 1615; Knack/Henneke 25; vgl auch VGH Mannheim NJW 1984, 1911; OVG Koblenz NJW 1984, 1914; StBS 48: auch, damit ein Missbrauch ausgeschlossen wird.

18a **b) Begriff des Entwurfs.** Entwürfe und sonstige Vorarbeiten für die zu treffende Entscheidung sind diejenigen Ausarbeitungen, aus denen die Entscheidung entwickelt werden soll. Erfasst werden Entscheidungsvorschläge sowie Formulierungsskizzen der mit der Ausarbeitung der Entscheidung befassten Bediensteten. **Nicht als Entscheidungsentwürfe** oder Arbeiten zur unmittelbaren Vorbereitung der Entscheidung anzusehen sind **Aktenvermerke, Berichte, Stellungnahmen,** auch solche anderer Behörden, die nur entscheidungserhebliche Tatsachen, Vorgänge usw betreffen, aber noch nicht Entscheidungsvorschläge, Weisungen uä zum Inhalt der Entscheidung enthalten (aA offenbar Berlin GewArch 1971, 155); auch nicht **Gutachten, Auskünfte** usw (VGH Mannheim NJW 1969, 2254 zu Gutachten über die Beurteilung von Prüfungsleistungen), Randbemerkungen zu Prüfungsarbeiten uä; wohl aber **Beratungsprotokolle,** soweit sie Entscheidungsvorschläge betreffen.

19 **c) Zeitliche Begrenzung.** Die Ausnahme gilt **nur für den Zeitraum bis zum Erlass der Entscheidung,** die durch die Entwürfe bzw Vorarbeiten vorbereitet wird. Danach verlieren die Vorarbeiten ihre Entwurfsqualität. Sie dokumentieren dann nur noch die Überlegungen, die zur Entscheidung geführt haben und sind für die Rekonstruktion des Entscheidungsvorgangs von Bedeutung. Im weiteren Verfahren, insb auch **im Rechtsbehelfsverfahren,** gelten auch für die Entwürfe usw der Vorinstanz die allgemeinen Bestimmungen über die Akteneinsicht.[50]

20 **4. Berechtigter Personenkreis. a) Beteiligte.** Zur Akteneinsicht berechtigt sind grundsätzlich nur die am konkreten Verfahren, für das die Akten von Bedeutung sind, Beteiligten iS des § 13.[51] Hierzu zählen, wie sich ua daraus ergibt, dass Abs 1 rechtliche Interessen ausreichen lässt, auch diejenigen Beteiligten, zu deren Hinzuziehung die Behörde nicht verpflichtet gewesen wäre, die sie aber tatsächlich hinzugezogen hat (§ 13 Abs 2 S 1), außerdem gem § 63 BNatSchG anerkannte Naturschutzvereine in bestimmten umweltrechtlichen Verfahren (VG Darmstadt NuR 1991, 393; s auch § 13 Rn 15). Soweit Beteiligte im Verfahren **durch einen Bevollmächtigten vertreten** werden, **behalten sie selbst** neben dem Bevollmächtigten das Recht auf Akteneinsicht und können von der Behörde nicht auf das Recht ihres Bevollmächtigten verwiesen werden. Etwas **anderes gilt** allerdings im **Massenverfahren** bei einer Vertretung nach §§ 17 f (Abs 1 S 3).

20a **Problematisch** ist die Anwendbarkeit auf Personen, die im Hinblick auf eine evtl Beteiligung am Verfahren Akteneinsicht begehren, zB weil sie entweder an einem anhängigen Verwaltungsverfahren beteiligt werden wollen oder weil sie die Einleitung eines Verwaltungsverfahrens durch Antragstellung erwägen. Hier dürfte § 29 unanwendbar sein (StBS 37; v Danwitz Jura 1994, 285); der insoweit interessierte Bürger wird in diesen Fällen aber einen Anspruch haben, weil sich das Ermessen in diesen Fällen auf Null reduzieren wird (s Rn 10a).

21 **b) Nicht unmittelbar Beteiligte.** Rechte sonstiger, am Verfahren nicht iS von § 13 oder nicht mehr (vgl OVG Koblenz NVwZ 1992, 384 = DVBl 1991, 1367) beteiligter Personen auf Akteneinsicht können aus § 29 nicht – jedenfalls nicht unmittelbar, sondern allenfalls analog – hergeleitet werden.[52] § 29 schließt andererseits aber die Gewährung der Akteneinsicht und die Erteilung von Auskünften durch die Behörde an Dritte nicht aus, sofern ein Geheimhaltungsbedürfnis (vgl § 30) dem nicht entgegensteht (BVerwGE 74, 119). Die Gewährung

---

[50] StBS 53; Knack/Henneke 24; **aA** UL § 25 Rn 1; MB 1.

[51] BVerwGE 61, 24; 67, 303; 84, 376; BVerwG DVBl 1990, 707.

[52] BVerwGE 84, 376; BVerwG NVwZ 1984, 445; OVG Koblenz DVBl 1991, 1367; VGH München BayVBl 1984, 758; NJW 1980, 198; OVG Münster NJW 1985, 1107; UL § 25 Rn 1.

von Akteneinsicht und die Erteilung von Auskünften steht in diesen Fällen grundsätzlich **im Ermessen** der zuständigen Behörde.[53] S auch Rn 10.

5. Einsichtnahme in Verwaltungsvorschriften. Verwaltungsvorschriften, Dienstanweisungen, Technische Regelwerke usw. werden vom Akteneinsichtsrecht nach § 29 nur erfasst, wenn und soweit die Behörde sich im konkreten Verwaltungsverfahren auf sie berufen und ggfs ihrer Entscheidung zugrunde legen will.[54] Eine hiervon unabhängige Einsichtnahme in Verwaltungsvorschriften, Ermessensrichtlinien uä ist in der Klarschrift nicht geregelt. Ein Anspruch besteht grundsätzlich bei Vorliegen eines berechtigten Interesses auch auf Auskünfte über das Bestehen und den Inhalt von Verwaltungsvorschriften einschließlich sog technischer Regelwerke (s zum Begriff § 24 Rn 24), wie zB der TA-Luft, sofern diese nicht ohnehin veröffentlicht sind (BVerwGE 69, 278; BVerwG NJW 1985, 1234; weitergehend BVerwGE 61, 23 und 44: Anspruch). 22

Ein **berechtigtes Interesse ist jedenfalls dann gegeben,** wenn es in einem konkreten Verwaltungsverfahren auf den Inhalt solcher Vorschriften ankommen kann. Umstritten, richtigerweise aber zu bejahen ist ein berechtigtes Interesse auch für Personen, die beruflich mit Angelegenheiten zu tun haben, für die die Vorschriften von unmittelbarer Bedeutung sind, oder, wie bei Rechtsanwälten, die Dritte in derartigen Angelegenheiten beraten oder vor Behörden und/oder Gerichten vertreten.[55] Dagegen besteht nach hM kein nach wie vor allgemeiner Anspruch auf Veröffentlichung (näher § 40 Rn 47). 22a

6. Beginn und Dauer des Akteneinsichtsrechts. Nach Abs 1 haben nur die Beteiligten des Verwaltungsverfahrens (§ 13) den Anspruch auf Akteneinsicht. Aus der Koppelung an die Beteiligtenstellung folgt auch zugleich der Zeitraum, in dem der Anspruch besteht. Es entsteht für den Antragsteller mit der Antragstellung (nach anderer Auffassung mit der Entscheidung über die Eröffnung des Verfahrens aufgrund der Antragstellung); für die übrigen Beteiligten nach § 13 Abs 1 Nr 1–3 entsteht das Recht mit der **Eröffnung des Verwaltungsverfahrens,** für die Beteiligten nach § 13 Abs 1 Nr 4 mit der Hinzuziehung nach § 13 Abs 2. Das Recht auf Akteneinsicht besteht über den Zeitpunkt des Erlasses des VA hinaus **bis zur Unanfechtbarkeit des VA,**[56] weil der Abschluss des Verfahrens erst für den Zeitpunkt der Unanfechtbarkeit angenommen wird (s § 9 Rn 30). Die Gegenmeinung[57] führt vor allem für die Zeit vor Erhebung des Widerspruchs bzw der Klage zu schwer hinnehmbaren Ergebnissen. Denn gerade nach Bekanntgabe des VA bzw Zustellung des Widerspruchsbescheides ist die Akteneinsicht für die Entscheidung des Betroffenen über die Frage, ob er Widerspruch einlegen bzw Klage erheben soll, von maßgeblicher Bedeutung. Es wäre mit den verfahrensrechtlichen Vorwirkungen des Art 19 Abs 4 GG nicht vereinbar, wenn der Betroffene in dieser entscheidenden Überlegungsphase keinen Anspruch auf Akteneinsicht hätte. 23

V. Ausnahmen vom Recht auf Akteneinsicht (Abs 2)

1. Allgemeines. Abs 2 sieht in den drei näher bezeichneten Fallgestaltungen Ausnahmen vom Recht auf Akteneinsicht vor. Die Ausnahmen sind angesichts der großen rechtsstaatlichen Bedeutung der Akteneinsicht **restriktiv** zu handhaben.[58] 24

---

53 BVerwGE 30, 154; 67, 300; BVerwG DVBl 1984, 1078; VGH München BayVBl 1988, 404; **aA** OLG Hamm NStZ 1986, 236: nur, wenn durch Gesetz vorgesehen.

54 StBS § 25 Rn 18; enger wohl MSU 40; OLG Lüneburg GewArch 2010, 245.

55 **AA** allerdings BVerwG NJW 1981, 535; VGH Mannheim DVBl 1980, 89 = JuS 1979, 673 m Anm Schulze-Osterloh.

56 Str, wie hier die wohl hM, vgl Knack/Henneke 19; MSU 50 mwN.

57 StBS 38; Ziekow 2; FKS 4; Obermayer/Funke-Kaiser 10.

58 VGH München NVwZ 1990, 778; MB 16.

Die Aufzählung ist **abschließend.** Durch die Fassung des Abs 2 („insoweit") wird klargestellt, dass die Ausnahme nicht notwendig für sämtliche das Verfahren betreffende Akten gilt, sondern nur für solche Akten bzw **Teile von Akten,** uU auch nur einzelne Aktenblätter, Zeilen oder einzelne Worte, für die die Ausschlussgründe zutreffen. Im Einzelfall reicht auch die Unkenntlichmachung oder **Anonymisierung** einzelner Namen oder Vorgänge aus (vgl VGH München NVwZ 1990, 778). Zur Frage, ob die Beschränkungen sachlich gerechtfertigt und mit der Verfassung vereinbar sind, s Wimmer DVBl 1985, 777.

25 **a) Keine Verpflichtung zur Weigerung.** Auch und soweit die rechtlichen Voraussetzungen gem Abs 1 S 2 oder Abs 2 für die Verweigerung der Akteneinsicht vorliegen, ist die Behörde nach § 29 nur befugt, nach ihrem **Ermessen** die Akteneinsicht zu verweigern, nicht dagegen auch verpflichtet, sofern kein Fall der Ermessensreduktion auf Null vorliegt (StBS 51; Knack/Henneke 27; enger wohl Obermayer/Funke-Kaiser 27). Eine Verpflichtung kann sich jedoch aus anderen Vorschriften, insb auch aus § 30 sowie aus Vorschriften außerhalb der VwVfG, insb auch aus in der Sache berührten Grundrechten anderer Verfahrensbeteiligter oder Dritter (vgl Laubinger VerwArch 1982, 81), ergeben (dies ist in den Fällen des Abs 2 auch meist der Fall). Die Behörde hat, sofern solche Verpflichtungen nicht die Akteneinsicht schlechthin ausschließen, bei ihrer Ermessensentscheidung das Für und Wider sorgfältig und unter Berücksichtigung der Bedeutung der Akteneinsicht für das rechtliche Gehör und die Sachaufklärung abzuwägen.[59]

26 **b) Strenger Maßstab.** Grundsätzlich sind die Ausnahmetatbestände eng auszulegen und das Ermessen großzügig zu handhaben. Es ist insb und – auch im Interesse der Vermeidung unnötiger Prozesse – nicht zu rechtfertigen, Beteiligten in Verwaltungsverfahren Akteneinsicht zu verweigern, wenn und soweit sie in einem nachfolgenden gerichtlichen Verfahren dann ohnehin Anspruch auf Akteneinsicht haben (Rauschning JuS 1993, 554). **Die Entscheidung,** dass die Akteneinsicht ganz oder zT verweigert wird, **hat VA-Qualität**[60] (s § 35 Rn 111) und ist nach § 39 den Betroffenen gegenüber zu begründen; dabei genügt nach § 37 Abs 2 eine mündliche Begründung, die jedoch ebenso wie die Entscheidung selbst auf Verlangen schriftlich zu bestätigen ist. S zur Begründung bei bestehenden Geheimhaltungspflichten auch unten § 28 Rn 17.

27 **c) Pflicht zur Information auf andere Weise.** Wird die Akteneinsicht aus einem der in Abs 2 genannten Gründe verweigert, so bedeutet dies nicht, dass die Betroffenen insoweit völlig schutzlos gestellt würden. Vielmehr ist die Behörde in diesen Fällen verpflichtet, die Beteiligten zur Wahrung des rechtlichen Gehörs über den wesentlichen Inhalt der Akten auf andere geeignete Weise zu unterrichten. Der Verlust des Akteneinsichtsrechts muss also auf geeignete Weise kompensiert werden. Dies folgt aus Art 19 Abs 4, dessen Gewährleistung auf den Bereich des Verwaltungsverfahrens ausstrahlt (s AK-GG-Ramsauer Art 19 Abs 4 Rn 129 ff). Erweist sich die Verweigerung der Akteneinsicht als ganz oder teilweise berechtigt, so muss dem Betroffenen der wesentliche Inhalt der Akten bzw betroffenen Aktenteile durch die **Erstellung eines Aktenauszugs** oder auf andere geeignete Weise mitgeteilt werden.

28 **2. Beeinträchtigung der Aufgabenerfüllung (Abs 2 1. Alt). a) Allgemeines.** Nach Abs 2 kann die Behörde Akteneinsicht ua verweigern, soweit dadurch die ordnungsgemäße Erfüllung ihrer Aufgaben im Allgemeinen oder im Hinblick auf das konkret in Frage stehende Verfahren gefährdet würde. Diese

---

59 VGH München NVwZ 1990, 778; vgl auch Schatzschneider NVwZ 1988, 223; BVerwGE 7, 285; 75, 9; ferner unten Rn 35.

60 Begr 54; Guckelberger VerwArch 2006, 62, 75; vgl BVerwGE 31, 301, 307; aA VGH München NVwZ 1990, 775, 776; offen gelassen Obermayer/Funke-Kaiser 57.

Ausnahmeregelung greift nur ein, wenn die mit der Gewährung der Akteneinsicht notwendigerweise verbundenen Beeinträchtigungen bei Zugrundelegung eines strengen Maßstabes nicht hinnehmbar erscheinen.[61] Die verfassungsrechtlich nicht unbedenkliche Regelung dient vor allem dem **Schutz der Funktionsfähigkeit der Behörde** vor übermäßiger Belastung durch Verlangen nach Akteneinsicht (Begr 53), zB in Massenverfahren (UL § 25 Rn 5; v Mutius DVBl 1978, 665).

Allgemeine Erschwernisse reichen nicht aus. Erforderlich ist im Hinblick auf die Bedeutung der Akteneinsicht für das Verfahren, insb auch für das rechtliche Gehör der Beteiligten, eine **konkrete und unmittelbare Beeinträchtigung** der Aufgabenerfüllung (VGH München NVwZ 1990, 778; Knack/Henneke 28). Die Verweigerung der Akteneinsicht muss in jedem Fall auf hinreichend gewichtige, konkret darzulegende Gründe gestützt werden, die „plausibel" gemacht[62] und dem Betroffenen auch mitgeteilt werden müssen (s oben Rn 26) und zu denen er vor der endgültigen Verweigerung der Akteneinsicht grundsätzlich auch gehört werden muss. 29

b) Beeinträchtigung des Verfahrensziels. Mit der Regelung wird der Behörde auch die Möglichkeit gegeben, Akteneinsicht in Fällen zu verweigern, in denen die Kenntnis des Akteninhalts den **Erfolg des Verfahrens gefährden** könnte,[63] zB im Vollstreckungsrecht und im Polizeirecht, wenn die Erreichung des Verfahrenszwecks zwingend voraussetzt, dass der Anlass dem Betroffenen zunächst verborgen bleibt (Begr 53; UL § 25 Rn 5; StBS 59; Knack/Henneke 28), oder in denen eine in der Sache gebotene rasche **Entscheidung unangemessen verzögert** würde; ebenso auch, wenn durch das Bekanntwerden bestimmter Umstände aus den Akten die Arbeitsweise oder Erkenntnisquellen von Staatsschutzbehörden uä oder anderen Behörden (vgl VGH München NVwZ 1990, 778: hins bestimmter Informationsquellen uU auch eines Gesundheitsamts) bekannt würden, deren Funktionsfähigkeit davon abhängt, dass diese geheim bleiben (vgl BVerwGE 74, 116). 30

c) Schutz von Informationsquellen. In Betracht kommen auch Beschränkungen, die sich daraus ergeben, dass eine Behörde zur Wahrung ihrer Funktionsfähigkeit ihre Informationsquellen, die Namen von Informanten usw, auf deren Hilfe sie zur Erfüllung ihrer Aufgaben angewiesen ist, geheim halten muss.[64] In derartigen Fällen sind an das Geheimhaltungsbedürfnis strenge Anforderungen zu stellen; nur ausnahmsweise wird der Schutz der Informationsquelle dem Akteneinsichtsrecht des Betroffenen vorgehen. **Die Ablehnung** oder Beschränkung der Akteneinsicht ist in solchen Fällen **nachvollziehbar zu begründen.**[65] Dabei ist auch darzulegen, weshalb in diesen Fällen eine Anonymisierung zum Schutz des Informanten nicht ausreichend ist. 31

d) Sonstige Gründe. In Betracht kommt nur eine außergewöhnliche, **übermäßige Inanspruchnahme der Diensträume oder des Personals,** das für das Heraussuchen der Akten und die Beaufsichtigung der Akteneinsicht usw benötigt wird, uU aber auch die länger dauernde Nicht-Verfügbarkeit der betrof- 32

---

[61] VGH München NVwZ 1990, 778; MB 19.

[62] BVerwGE 74, 116; 84, 388; zT **aA** VGH München NVwZ 1990, 778: Glaubhaftmachung wie bei § 99 VwGO ist nicht erforderlich.

[63] VGH München NVwZ 1990, 778; v Mutius DVBl 1978, 665; Knack/Henneke 28.

[64] VGH München NVwZ 1990, 778 zugleich zu Grenzen des Informantenschutzes; vgl auch BVerwGE 84, 375.

[65] Vgl BVerwGE 74, 116; 84, 388: die Gründe sind so einleuchtend darzulegen, dass sie unter Berücksichtigung rechtsstaatlicher Belange als triftig anerkannt werden können; abzulehnen ist jedoch die Auffassung, dass es auch genügt, wenn die Darlegung jedenfalls im gerichtlichen Verfahren erfolgt; s auch BVerwGE 66, 233; 75, 1; 81, 100; zT **aA** VGH München NVwZ 1990, 778: Glaubhaftmachung wie bei § 99 VwGO ist nicht erforderlich.

fenen Akten für die im Verfahren zu treffenden Entscheidungen und eine durch die Akteneinsicht bedingte **Verzögerung des Verfahrens,** die im Hinblick auf dringliche öffentliche Interessen oder Interessen Dritter nicht vertretbar erscheint. Der Umstand, dass die Akten dem Behördenleiter oder dem Sachbearbeiter vorliegen, ist dagegen kein Grund für die Verweigerung der Akteneinsicht; er kann allenfalls für den Zeitpunkt der Akteneinsicht von Bedeutung sein (UL § 25 Rn 5; Widhofer-Mohnen Vr 1980, 288; StBS 61).

33 **Allgemeine Behinderungen und Verzögerungen** der Arbeit der Behörde müssen idR in Kauf genommen werden, sofern dadurch nicht die Erfüllung besonders eilbedürftiger Aufgaben betroffen wird. Belastungen können die Verweigerung nur rechtfertigen, wenn sie nicht durch geeignete organisatorische Maßnahmen (zB durch Begrenzung der Akteneinsicht auf bestimmte Zeiten, Inanspruchnahme der Amtshilfe anderer Behörden, Vervielfältigung bestimmter Aktenteile, sofern die Beteiligten sich zur Übernahme der Kosten bereit erklären, Anheimgabe der Bestellung gemeinsamer Vertreter usw) auf ein verträgliches Maß verringert werden können. Eine allgemeine Belastung des Dienstbetriebs durch die Akteneinsicht rechtfertigt die Verweigerung nicht; insoweit muss die Verwaltung ggf durch die Einstellung zusätzlichen Personals, die Bereitstellung, erforderlichenfalls Anmietung usw, von Räumen Vorsorge treffen.

34 **3. Nachteile für Bund und Länder (Abs 2, 2. Alt).** Abs 2 sieht als weitere Ausnahme in Anlehnung an die § 100 iVm § 99 VwGO und in Übereinstimmung mit dem vor Inkrafttreten des VwVfG geltenden Recht[66] vor, dass die Akteneinsicht auch dann verweigert werden kann, wenn das Bekanntwerden des Inhalts der Akten dem Wohle des Bundes oder eines Landes Nachteile bereiten würde. Der Begriff des **Nachteils** für das Wohl des Bundes bzw Landes ist derselbe wie in § 5 Abs 2 Nr 2. Vgl dazu im Einzelnen § 5 Rn 23. Nachteile idS können auch **solche fiskalischer** Art sein, wenn dadurch die Funktionsfähigkeit des Staates in Frage gestellt wird.[67] Ob ein Nachteil gegeben ist oder droht, ist **gerichtlich voll überprüfbar** (vgl VGH München BayVBl 1978, 86; NVwZ 1990, 779). Wegen der Parallelität der Regelungen ist die Rspr zu § 99 Abs 1 S 2 VwGO auch hier entsprechend heranzuziehen (Begr 53; BVerwGE 74, 119; Knack/Henneke 29). Vgl zum Erfordernis einer **hinreichenden Begründung,** wenn die Behörde sich auf Erfordernisse des Staatsrechts beruft, auch oben Rn 29, zur erforderlichen **Glaubhaftmachung** der Gründe unten Rn 35. Das **Wohl des Bundes** und eines Landes erfordert insb die Aufrechterhaltung der äußeren und inneren Sicherheit und der öffentlichen Ordnung sowie die Abwehr jeder Beeinträchtigung und Gefährdung der Sicherheit und die Vermeidung jeder erheblichen Störung der öffentlichen Ordnung. Eine konkrete, unmittelbare Gefährdung steht grundsätzlich einer Beeinträchtigung gleich.

35 **Die Verweigerung der Akteneinsicht** zur Verhinderung von Nachteilen für das Wohl des Bundes oder eines Landes ist nach dem klaren Wortlaut der Regelung auch dann zulässig, wenn sie zur Folge hat, dass ein Beteiligter an der wirksamen Verfolgung legitimer Ansprüche gegen den Staat oder einen anderen öffentlichen Rechtsträger gehindert wird,[68] es sei denn, dass die Berufung auf die Ausnahmeregelung für die Behörde nur ein Vorwand ist oder nur zu dem Zweck erfolgt, den Bürger an der Verfolgung solcher Ansprüche zu hindern (Begr 53; MB 18; Widhofer-Mohnen Vr 1980, 288; Knack/Henneke 20). Auch in derartigen Fällen muss die Behörde jedoch bei ihrer Entscheidung **das Für und Wider sorgfältig abwägen** und bei einer evtl Ablehnung ihre Gründe so einleuchtend darlegen, dass sie unter Berücksichtigung rechtsstaatlicher Belange als

---

[66] VGH Mannheim DVBl 1974, 819; Obermayer VerwR 2. Aufl 155; Kopp 86 f.

[67] StBS 63; Widhofer-Mohnen Vr 1980, 288; Knack/Henneke 29.

[68] Vgl VGH Mannheim DVBl 1974, 819; Knack/Henneke 29; zT offenbar **aA** Begr 53.

triftig anerkannt werden können.[69] In begründeten Fällen kommt ein Anspruch des Bürgers auf Entschädigung für die ihm entstehenden Nachteile unter dem Gesichtspunkt des enteignungsgleichen Eingriffs oder der Aufopferung in Betracht.

4. Ausnahme wegen Geheimhaltungsinteressen (Abs 2, 3. Alt). Eine Verweigerung der Akteneinsicht ist nach Abs 2 auch zulässig und in der Regel auch geboten, soweit Geheimhaltungspflichten entgegenstehen.[70] Die § 99 Abs 1 VwGO nachgebildete Vorschrift dient dem Schutz berechtigter Geheimhaltungsinteressen. Die besondere Erwähnung („namentlich") berechtigter Interessen Beteiligter oder Dritter dient nur der Klarstellung. Geschützt sind sowohl Vorgänge, Informationen usw aus dem staatlichen wie auch aus dem privaten Bereich, für die aber vor allem die spezielle Regelung des § 30 gilt. **Geheimhaltungsinteressen sind vielfach spezialgesetzlich** geregelt. Insoweit ergibt sich die Möglichkeit einer Verweigerung der Akteneinsicht bereits aus dem bereichsspezifischen besonderen Verwaltungsrecht, vgl zB §§ 39 ff PostG; § 9 KWG; § 16 BStatG; § 139b Abs 1 GewO. Soweit **Datenschutzgesetze** oder andere spezielle Rechtsnormen Auskünfte aus Datensammlungen ganz oder teilweise verbieten, unterliegen diese auch nicht der Akteneinsicht.[71] 36

a) Geheimhaltungsinteressen der öffentlichen Hand. Abs 2 stellt ähnlich wie § 5 Abs 2 S 2 den durch besondere gesetzliche Bestimmungen begründeten Pflichten (vgl dazu als allgemeine Vorschrift auch § 30) solche **Geheimhaltungspflichten** gleich, die zwar nicht gesetzlich vorgesehen sind, sich aber **aus dem Wesen eines Vorgangs,** dh den in den Akten festgehaltenen Tatsachen, besonderen Umständen usw, insb auch im Hinblick auf die Verpflichtung des Staates gem Art 1 GG zum Schutz der Menschenwürde und des Persönlichkeitsbereichs sowie auf berechtigte Vermögensinteressen oder sonstige schutzwürdige Interessen ergeben. Im Einzelnen kann wie zu § 5 Abs 2 S 2 auch hier auf die Rspr zu § 99 Abs 1 S 2 VwGO aF zurückgegriffen werden.[72] Der Begriff der **Betriebs- und Geschäftsgeheimnisse,** der in § 30 für die Beteiligten verwendet wird, passt auf die Geheimhaltungsinteressen von Betrieben der öffentlichen Hand nur bedingt.[73] Gleichwohl wird man bei einer den Privaten vergleichbaren Interessenlage ein Geheimhaltungsinteresse bejahen können.[74] 37

Grundsätzlich geheimhaltungsbedürftig sind die Akten der für die innere oder äußere **Sicherheit des Staates tätigen Behörden,** wenn und soweit aus den Akten Arbeitsweise und geheime Erkenntnisquellen ersichtlich wären (vgl BVerwGE 74, 116; VG Koblenz GewArch 1975, 294), auch zB **Angaben zur Identität eines Behördeninformanten** bzw sog V-Mannes,[75] nicht jedoch idR der Inhalt der gegebenen Informationen als solcher. Geheimhaltungsinteressen dürfen sich beziehen auf **vertrauliche Auskünfte,** die auf Grund schutz- 37a

---

[69] Vgl BVerwGE 74, 116; 84, 388; BVerwG NVwZ 1983, 407.

[70] Ebenso zum früheren Recht WB III 3. Aufl § 156 IVe; Obermayer VerwR 2. Aufl 155; MDH 66 ff zu Art 103 GG; BayObLGZ 56, 117; Kopp 86 f.

[71] Vgl Knack/Henneke 32; allgemein auch Riegel, Datenschutz in der Bundesrepublik Deutschland, 1988; Klinger/Kunkel, Sozialdatenschutz in der Praxis, 1990; Wallerath 9 I 3.

[72] Vgl BVerwGE 31, 306; 74, 116; 75, 1 zu § 96 StPO; OVG Berlin DÖV 1987, 743; OVG Bremen DÖV 1987, 744; OVG Münster, NVwZ 2015, 1549.

[73] Ausführlich Polenz DÖV 2010, 350 mit Nachweisen aus der Rspr.

[74] Abgelehnt zB im Rahmen des Auskunftsanspruchs nach dem IFG für das Interesse einer sozialen Krankenversicherung an der Geheimhaltung von Zahlungen des Unternehmers vor der Insolvenz, vgl OVG Hamburg NordÖR 2009, 258.

[75] Vgl BVerwG NVwZ 2010, 1493 zum Informantenschutz nach § 99 VwGO; VGH München BayVBl 1987, 145; 1988, 210; VG Gießen NVwZ 1992, 401; VG Ansbach GewArch 1979, 20; Obermayer/Funke-Kaiser 44; enger offenbar Knack/Henneke 31: nicht, wenn vertrauliche Auskünfte offenbar falsch sind.

würdigen Vertrauens darauf, dass sie vertraulich bleiben, gegeben wurden, zB die von einer IHK eingeholten vertraulichen Auskünfte über einen Bewerber für eine öffentliche Bestellung als Sachverständiger (OVG Koblenz DVBl 1977, 425).

37b **Prüfungsakten** gehören nach heute hM nicht zu den ihrem Wesen nach geheim zu haltenden Unterlagen,[76] ebenfalls nicht **Personalakten** eines Beamten, die ein Mitbewerber um einen Beförderungsposten einsehen möchte und in denen auch Angaben bzgl anderer Bewerber enthalten sind.[77] Dass ein Vorgang unter die allg Verpflichtung zur Amtsverschwiegenheit (zB nach § 37 Abs 1 BeamtStG, § 67 BBG) fällt, macht ihn deshalb allein noch nicht zu einem geheimzuhaltenden Vorgang.[78]

38 **b) Private Geheimhaltungsinteressen.** Aus dem privaten Bereich stehen einer Akteneinsicht im Wesentlichen dieselben Gründe entgegen, die auch eine Geheimhaltungspflicht der Behörde gem § 30 begründen, soweit nicht im Einzelfall im Rahmen der hier gebotenen **Güter- und Interessenabwägung** das Informationsinteresse des Beteiligten, der die Akteneinsicht begehrt, überwiegt. Der Akteneinsicht grundsätzlich entgegen steht zB die Verpflichtung der Behörde zu vertraulicher Behandlung von Informationen, deren Weitergabe wegen ihres streng persönlichen Charakters für die Betroffenen unzumutbar wäre;[79] von Informationen über den **Gesundheitszustand** von Personen,[80] über **„familiäre Verhältnisse"** (Begr 53), **Einkommens- und Vermögensverhältnisse,**[81] **Betriebs- und Geschäftsgeheimnisse** (vgl KG ZIP 1986, 1614) uä (Begr 53; vgl auch § 30).

39 **Soweit die Geheimhaltung** ausschließlich **im Interesse bestimmter Betroffener** liegt, kann eine Verweigerung der Akteneinsicht grundsätzlich dann nicht darauf gestützt werden, wenn diese Betroffenen der Akteneinsicht **zustimmen,** da in diesem Fall keine Geheimhaltungspflicht mehr besteht; **anders wenn** zugleich **ein öffentliches Interesse** an der Geheimhaltung besteht, sowie in besonders gelagerten Fällen, zB wenn die Zustimmenden vor sich selbst geschützt werden müssen, zB wegen Selbstmordgefahr.[82]

VI. Ort, Art und Weise der Akteneinsicht (Abs 3)

40 **1. Ort der Akteneinsicht. a) Grundsatz.** Die Akteneinsicht ist nach Abs 3 S 1 grundsätzlich bei der Behörde, die das Verfahren führt, dh **in deren Amtsräumen** zu gewähren. Welche Räumlichkeiten die aktenführende Behörde zur Verfügung stellt, steht in ihrem pflichtgemäßen Ermessen. Die Räume müssen

---

[76] BVerwGE 91, 269 = NVwZ 1993, 677, unter ausdrücklicher Aufgabe der früheren Rspr; BVerwGE 92, 137; 95, 237 ff; BVerwG NVwZ 1993, 681; OVG Koblenz NJW 1968, 1899; OVG Münster NJW 1972, 2243; VGH München DÖV 1978, 336; 1986, 151; VG Berlin NVwZ 1982, 578; Kopp/Schenke § 99 Rn 9; Knack/Henneke 31.

[77] BVerwG NJW 1976, 204 und 1364; VG Düsseldorf DöD 1980, 70.

[78] Vgl Kopp/Schenke § 99 Rn 8; zT **aA** VGH Kassel NVwZ 1994, 398; DVBl 1994, 592: nur Einsicht, nicht auch Ablichtungen; ferner VGH Kassel DVBl 1994, 593.

[79] BVerwGE 74, 119: Folgerung aus Art 2 Abs 1, Art 1 Abs 1 GG; vgl auch BVerfGE 65, 46; 67, 144; DVBl 1990, 1041.

[80] Vgl OVG Münster DÖV 1974, 105 zur Einsichtnahme in Krankengeschichten, deren Kenntnis eine vorhandene Selbstmordpsychose verstärken könnte; ferner BGH NJW 1989, 764 = JZ 1989, 440: nur eingeschränktes Einsichtsrecht für Patienten in Krankenunterlagen nach psychiatrischer Behandlung; Bundschuh/Siemer-Weidner ArztR 1989, 338; Widhofer-Mohnen Vr 1980, 289; Obermayer/Funke-Kaiser 41; StBS 73; Knack/Henneke 33; **aA** BVerwGE 82, 45 = VBlBW 1989, 411 m Anm v Lutterotti; BVerwG NVwZ 1989, 1171; VGH München NVwZ 1990, 777; MB 21.

[81] Vgl BGH NJW 1984, 740; **aA** offenbar OLG Karlsruhe NJW 1982, 2507: Akteneinsicht in Prozesskostenhilfeverfahren auch hins der persönlichen und wirtschaftlichen Verhältnisse; abzulehnen.

[82] OVG Münster DÖV 1974, 105; vgl auch VGH München NJW 1988, 1615.

nach Größe, Ausstattung und sonstigen Umständen hierfür geeignet sein. Der Raum muss nicht zwingend mit einem Kopiergerät ausgestattet sein; allerdings sollten bestehende Kopiermöglichkeiten genutzt werden können. Nach Abs 3 S 2 sind die Behörden befugt, im Einzelfall nach pflichtgemäßem Ermessen (§ 40) **auch andere Regelungen** zu treffen, insb auch die Akten an andere Behörden, einschließlich der deutschen Auslandsvertretungen (ebenso Knack/Henneke 35), zu versenden, damit diese im Weg der **Amtshilfe** nach § 5 (vgl VGH München NVwZ 1987, 614; Obermayer/Funke-Kaiser 50) bzw nach entsprechenden Vorschriften des Landesrechts die begehrte Einsicht in die Akten gewähren. Dies wird auf Wunsch des Beteiligten regelmäßig in Betracht kommen, um einen erheblichen Aufwand wegen langer Anfahrtswege zu vermeiden.

b) Überlassung zur Einsicht. Die Überlassung oder Übersendung von Akten zum Zweck der Einsichtnahme steht im Ermessen der Behörde (Abs 3 S 2), die dabei neben den Interessen des Beteiligten auch die Verfügbarkeit und das Verlustrisiko berücksichtigen darf.[83] Da in Abs 3 S 2 2. HS von „weiteren Ausnahmen" die Rede ist, darf die Behörde die Darlegung eines berechtigten Interesses an einer Übersendung verlangen. Wegen des typischerweise geringen Verlustrisikos wird vor allem die Überlassung zur Einsicht **in Kanzlei- und Büroräume** bevollmächtigter Rechtsanwälte und anderer Amtsträger in Betracht kommen,[84] wie dies auch für den Verwaltungsprozess in § 100 Abs 2 S 2 VwGO vorgesehen ist. Eine Beschränkung auf diesen Personenkreis ist in Abs 3 aber nicht vorgesehen. Soweit die Erfüllung der Aufgaben nicht beeinträchtigt wird und auch sonstige Gesichtspunkte nicht entgegenstehen, wird die Verweigerung einer Ausnahme nach S 2 ermessensfehlerhaft sein (UL § 25 Rn 8). 40a

2. Art und Weise der Akteneinsicht. Die Behörde entscheidet grundsätzlich im Rahmen ihres pflichtgemäßen Verfahrensermessens (§ 10) über die Art und Weise der Akteneinsicht. Grenze des Ermessens ist neben dem Gleichheitssatz die Zumutbarkeit. Das gilt insbesondere für die Bestimmung von **Zeitpunkt und Zeitraum** der Akteneinsicht, aber auch für die Frage, ob die Akteneinsicht wegen einer Verlustgefahr nur unter Aufsicht gewährt werden soll. Auch die Frage, ob die verfügbaren Akten **elektronisch oder online** zur Verfügung gestellt werden sollen, ist Ermessenssache. Dabei ist vor allem der Grundsatz der **Waffengleichheit** zu berücksichtigen. Auch die Gewährung der Akteneinsicht durch die Herstellung und **Übersendung von Kopien** durch die Behörde gegen Übernahme der Kosten[85] steht im Ermessen der zuständigen Behörde,[86] die auf entsprechenden Antrag hin prüfen muss, ob dem öffentliche Interessen (Überlastung usw) entgegenstehen. Zweifelhaft ist, ob die Ablehnung des Antrags auf Übersendung von Kopien anstelle der Akteneinsicht selbständig überprüfbar ist (verneinend VG Gießen NVwZ-RR 2011, 271: § 44a VwGO). 41

3. Zulässigkeit von Abschriften und Ablichtungen. Anders als nach § 25 Abs 5 SGB X ist ein Recht der Beteiligten, Abschriften und Ablichtungen von Akten und Aktenteilen herzustellen, nicht ausdrücklich vorgesehen. Gleiches gilt für die Herstellung von Ablichtungen für Beteiligte. Der insoweit lediglich bestehende allgemeine **Anspruch auf ermessenfehlerfreie Entscheidung**[87] der 41a

---

[83] OVG Magdeburg, B v 5.1.2012, 8 R 14/11, juris.

[84] Begr 53; ABegr 7; OVG Münster NJW 1980, 722; UL § 25 Rn 9; StBS 81 mwN.

[85] WBS II § 60 Rn 96; Erichsen/Ehlers § 13 Rn 35; StBS 85; Knack/Henneke 36; Wallerath 9 I 3; enger UL § 25 Rn 8 falls sich bei der Behörde eine entsprechende Einrichtung befindet.

[86] StBS 85; Knack/Hennecke 36; offen OVG Bautzen, B v 31.5.2011, 4 A 2/10, juris; zu eng wohl OVG Magdeburg, Urt v 14.4.2011, 2 L 118/09, juris (Anspruch auf Kopien nur bei unzumutbarer Erschwerung der Akteneinsicht).

[87] OVG Bautzen, B v 31.5.2011, 4 A 2/10, juris; StBS 85; Ziekow 8; FKS 30; Knack/Henneke 36.

Behörde verdichtet sich zugunsten der Beteiligten regelmäßig **zu einem Anspruch, wenn ein Kopiergerät zur Verfügung steht,** weshalb der Wunsch, auf eigene Kosten Ablichtungen herstellen zu dürfen, nur bei Vorliegen besonderer Gründe abgelehnt werden darf. Dabei kann der zeitliche Aufwand für die Überwachung des Kopiervorgangs eine Rolle spielen. Steht zB ein Münzfotokopierer zur Verfügung, so können die Beteiligten darauf verwiesen werden, Fotokopien selbst herzustellen.

42 **4. Einsicht in elektronisch geführte Akten.** Derzeit werden Akten zumeist noch in Papierform geführt. Die elektronische Aktenführung ist aber im Vormarsch.[88] Schon jetzt muss gem § 71e S 1 das über eine einheitliche Stelle iSv § 71a geführte Verfahren auf Verlangen in elektronischer Form abgewickelt werden (s § 71e Rn 4 ff), was – zumindest teilweise – die Führung der Akten in elektronischer Form voraussetzt.[89] Am 1.1.2020 tritt § 6 S 1 E-Government-Gesetz (EGovG)[90] in Kraft, wonach die Behörden des Bundes ihre Akten elektronisch führen sollen. Unabhängig von dieser Verpflichtung führen einige Bundesbehörden bereits jetzt, ebenso wie einige Landesbehörden, ihre Akten elektronisch. In welcher **Form Einsicht** in elektronisch geführte Akten gewährt wird, steht im **Ermessen** der Behörde. Besondere technische Geräte sind daher nicht unbedingt erforderlich. Es genügt grundsätzlich ein Ausdruck oder zB eine Wiedergabe am Bildschirm, wie sie der Behörde bei einer elektronisch geführten Akte ohnehin möglich sein muss.[91] **§ 8 EGovG** sieht für die Einsichtnahme – entsprechend den Gerichtsprozessordnungen (§ 100 Abs 2 VwGO, § 299 Abs 3 ZPO) – vier Möglichkeiten vor: Es kann ein **Aktenausdruck** zur Verfügung gestellt werden, die elektronischen Dokumente können auf einem **Bildschirm wiedergegeben** werden, sie können als elektronisches Dokument **übermittelt** werden, oder es kann der **elektronische Zugriff** auf den Inhalt der Akten gestattet werden. Einen Anspruch auf Akteneinsicht begründet § 8 EGovG nicht, er regelt nur die genannten Formen der Akteneinsicht. Dabei wurde auf die Festlegung datensicherheitsrechtlicher Anforderungen, wie sie zB in § 100 Abs 2 S 4 u 5 VwGO oder § 299 Abs 3 S 3 u 4 ZPO für die Gestattung des elektronischen Zugriffs und die elektronische Übermittlung vorgesehen sind, verzichtet. Dies wird im Hinblick auf das verfassungsrechtliche Gebot zur normenklaren und verbindlichen Regelung der Datensicherheit kritisiert.[92] Die Behörde wird den gebotenen Datenschutz bei ihrer Ermessensausübung jedenfalls berücksichtigen müssen. Im Übrigen darf sie eine bestimmte gewünschte Form der Akteneinsicht nur verweigern, wenn diese für sie technisch nicht möglich oder mit einem unverhältnismäßigen Aufwand verbunden wäre. In den Fällen der Abwicklung des Verfahrens über eine einheitliche Stelle gem §§ 71a ff wird, wenn für das Verfahren die elektronische Form nach § 71e S 1 verlangt wird, ein Ausdruck der elektronisch geführten Akten idR nicht ausreichen, weil das Verfahren grundsätzlich auch „aus der Ferne" soll geführt werden können (Art 8 Abs 1 Dienstleistungs-RL).

---

88 Vgl Franz, Die elektronische Personalakte, PersR 2011, 193; Weiß, Digitale Patientenakte – vorerst im Versuchsstadium, DMW 2011, 1295; Schürger/Kersting/Viefhues, Die elektronische Gerichtsakte – aktuelle Entwicklungen, NJW 2010, NJW-aktuell Nr 12, 16; Hansen, Drei Jahre elektronischer Rechtsverkehr- Zwischenbilanz aus Anwendersicht, DRiZ 2010, 128.

89 Reichelt, LKV 2010, 97, 100.

90 Art 1 des Gesetzes zur Förderung der elektronischen Verwaltung sowie zur Änderung weiterer Vorschriften v 25.7.2013, BGBl I S 2749; zum Inkrafttreten s Art 31; iÜ vgl § 3a Rn 3 ff.

91 Zu Recht wird indes darauf hingewiesen, dass die elektronische Akte auch für Außenstehende verständlich bleiben muss, was durch die Benutzeroberfläche und sonstige Software sicherzustellen ist; siehe Britz in Grundlagen II § 26 Rn 77 mwN.

92 Müller-Terpitz/Rauschhaus, MMR 2013, 10, 15; Habammer/Denkhaus, MMR 2013, 358, 362.

VII. Rechtsfolgen einer Verletzung des Akteneinsichtsrechts, Rechtsbehelfe

1. Verfahrensfehler. Die Versagung der Akteneinsicht unter Verletzung des § 29 bzw des Rechts auf fehlerfreie Ausübung des den Behörden eingeräumten Ermessens (zB hins Ort und Zeit der Akteneinsicht, Überlassung von Akten in die Kanzlei usw) stellt einen Verfahrensfehler dar. Soweit die Beteiligten nicht auf andere Weise durch die Behörde ausreichend informiert wurden, liegt darin zugleich eine **Verletzung des Rechts auf Gehör** nach § 28. Der Fehler führt idR nicht zur Nichtigkeit des später erlassenen VA (Obermayer/Funke-Kaiser 55). Deshalb kommt eine Heilung des Fehlers gem § 45 Abs 1 Nr 3 insbes im Widerspruchsverfahren und eine Unbeachtlichkeit des nicht geheilten Fehlers gem § 46 in Betracht, wenn die Verletzung rechtlichen Gehörs und des Akteneinsichtsrechts das Ergebnis offensichtlich nicht beeinflusst haben (s § 46 Rn 36). Die nicht durch Ausnahmegründe gedeckte oder ermessensfehlerhafte Verweigerung der Akteneinsicht stellt außerdem eine **Amtspflichtverletzung** dar und kann Schadensersatzansprüche nach § 839 BGB, Art 34 GG auslösen (LG Aachen NVwZ 1989, 293). 43

2. Rechtsschutzfragen. a) Grundsatz. Umstritten ist, ob Rechtsschutz gegen die Verweigerung der Akteneinsicht von den Beteiligten gem **§ 44a VwGO** erst zusammen mit dem Rechtsschutz gegen die Hauptsache zu gewähren ist. Dies wird von der wohl hM angenommen.[93] Diese Auffassung berücksichtigt aber nicht hinreichend die **eigenständige Bedeutung des Akteneinsichtsrechts** für die Beteiligten, die sich aus ihrer aktiven Rolle im Verwaltungsverfahren ergibt. Eine Kompensation durch den später möglichen Rechtsschutz in der Hauptsache ist schon wegen der Regelung in § 46 zweifelhaft. Außerdem ist es angesichts der selbständigen Durchsetzbarkeit sonstiger Akteneinsichtsansprüche (unten Rn 45 ff) nicht (mehr) sinnvoll, den aus § 29 folgenden Anspruch auszunehmen. Deshalb ist entgegen der traditionellen Auffassung die Möglichkeit einer selbständigen Durchsetzung des Akteneinsichtsrechts durch die Beteiligten, auch im Wege des Rechtsschutzes nach § 123 VwGO, zu bejahen.[94] Damit erst wird zugleich der durch den Einfluss des Europarechts erheblich gestiegenen Bedeutung des Rechts auf rechtliches Gehör und auf Akteneinsicht Rechnung getragen. 44

b) Selbständiger Rechtsschutz. Unabhängig von § 44a VwGO können Betroffene Akteneinsichtsrechte gerichtlich durchsetzen, soweit diese auf eigenständige Rechtsgrundlagen, etwa den Informationsfreiheits- oder Umweltinformationsrechten oder auf das Verbraucherinformationsgesetz gestützt sind (s unten Rn 45). Diese Ansprüche können sich auch auf Akten in laufenden Verwaltungsverfahren beziehen (vgl § 4 IFG). **Betroffene Dritte** können die Entscheidung über die Akteneinsicht ohnehin unbeschadet des § 44a VwGO stets selbstständig anfechten, wenn die Gewährung der Akteneinsicht für sie selbstständige, von der Entscheidung in der Hauptsache unabhängige Nachteile haben kann, zB weil damit dann ihre Geschäftsgeheimnisse Dritten bekannt würden (vgl BVerfG NJW 1988, 403). Entsprechendes gilt auch für **vorbeugende Unterlassungsklagen.** 44a

---

[93] BVerwG NJW 1982, 120; OVG Magdeburg, B v 5.1.2012, 8 R 14/11, juris; VGH München BayVBl 1995, 631; Kopp/Schenke, § 44a Rn 4a; Knack/Henneke 37; UL § 25 Rn 10; Obermayer/Funke-Kaiser 57 f; jetzt auch Ziekow 17 für die Verweigerung innerhalb eines Verwaltungsverfahrens.

[94] So auch MB 25; RÖ § 44a Rn 3b; Plagemann NJW 1978, 2261; enger BVerfG NJW 1991, 445; VG Freiburg, B v 20.11.2009, 4 K 2096/09; FKS 33; StBS 86: nur bei Erschwerung des effektiven Rechtsschutzes.

VIII. Die Informationsfreiheitsgesetze

45 **1. Allgemeines. a) Informationsfreiheitsgesetzgebung in Bund und Ländern.** Seit 2006 ist das Informationsfreiheitsgesetz des Bundes (IFG)[95] in Kraft. Einige Bundesländer hatten schon zuvor eigene Informationsfreiheitsgesetze erlassen, die einen allgemeinen Anspruch auf einen verfahrensunabhängigen Informationszugang zu Unterlagen der jeweiligen öffentlichen Landesverwaltung vermitteln. Ziel solcher Gesetze ist eine erhöhte Transparenz des Verwaltungshandelns und eine Stärkung der demokratischen Beteiligungsrechte des Bürgers.[96] Damit sollen die kameralistischen Beschränkungen durch das Prinzip der beschränkten Aktenöffentlichkeit, das auch § 29 zugrunde liegt (Arkantradition),[97] ausgeglichen werden.

46 Inzwischen haben die meisten Länder Informationsfreiheitsgesetze bzw Informationszugangsgesetze erlassen oder jedenfalls in Vorbereitung. Bereits in Kraft getreten sind derartige Gesetze in **Berlin,**[98] **Brandenburg,**[99] **Bremen,**[100] **Hamburg,**[101] **Mecklenburg-Vorpommern,**[102] **Nordrhein-Westfalen,**[103] **Rheinland-Pfalz,**[104] **Saarland,**[105] **Sachsen-Anhalt,**[106] **Schleswig-Holstein,**[107] **Thüringen**[108] und **Baden-Württemberg.**[109] Gesetzgebungsvorhaben bestehen in Bayern, Hessen und Niedersachsen.[110] In Sachsen wurde der Gesetzesentwurf[111] abgelehnt. Überdies hat Bayern das sog Gesetz über die elektonische Verwaltung

---

[95] Gesetz zur Regelung des Zugangs zu Informationen des Bundes (Informationsfreiheitsgesetz – IFG) v 5. September 2005 (BGBl I, S 2722). Zur Entstehungsgeschichte Schmitz/Jastrow, NVwZ 2005, 984.

[96] Vgl Amtl Begründung BT-Drs 15/4493, S 6; s auch BVerwG NVwZ 2012, 251, 252; in § 1 BerlFG wird als Zweck die Förderung der demokratischen Meinungs- und Willensbildung und die Kontrolle des staatlichen Handelns genannt.

[97] Schoch in Anm zu BVerwG NVwZ 2012, 251, NVwZ 2012, 254.

[98] Gesetz zur Förderung der Informationsfreiheit im Land Berlin (Berliner Informationsfreiheitsgesetz – IFG) vom 15. Oktober 1999 (GVBl 1999, Nr 45, S 561); vgl hierzu die Darstellung bei Partsch, Das Gesetz zur Förderung der Informationsfreiheit in Berlin, LKV 2001, 98 ff.

[99] Akteneinsichts- und Informationsgesetz (AIG) vom 10. März 1998, GVBl Brandenburg I S 46; hierzu Partsch, Brandenburgs Akteneinsichts- und Informationsgesetz (AIG) – Vorbild für Deutschland?, NJW 1998, 2559.

[100] Gesetz über die Freiheit des Zugangs zu Informationen für das Land Bremen (Bremer Informationsfreiheitsgesetz – BremIFG) vom 16. Mai 2006, GBl Bremen 2006 S 263.

[101] Hamburgisches Transparenzgesetz v 19.6.2012 (GVBl S 271); kommentiert von Maatsch/Schnabel, 2015.

[102] Gesetz zur Regelung des Zugangs zu Informationen für das Land Mecklenburg-Vorpommern (Informationsfreiheitsgesetz – IFG M-V) vom 10. Juli 2006, GVOBl M-V 2006, S 556.

[103] Gesetz über die Freiheit des Zugangs zu Informationen für das Land Nordrhein-Westfalen (Informationsfreiheitsgesetz Nordrhein-Westfalen – IFG NRW) vom 27. November 2001, GV NRW S 806.

[104] Landesgesetz über die Freiheit des Zugangs zu Informationen (Landesinformationsfreiheitsgesetz – LIFG) v 26.11.2008 (GVBl S 296).

[105] Saarländisches Informationsfreiheitsgesetz (SIFG) vom 12.7.2006; Gesetz Nr 1596, ABl Saarl S 1624, geändert durch G v 18.11.2010 (ABl d Saarl I 2588).

[106] Informationszugangsgesetz Sachsen-Anhalt (IZG LSA) v 19.6.2008 (GVBl LSA S 242).

[107] Informationszugangsgesetz für das Land Schleswig-Holstein – IZG-SH) vom 19.1.2012, GVOBl 2012, 89.

[108] Thüringer Informationsfreiheitsgesetz (ThürIFG) v 14.12.2012 (GVBl S 464).

[109] Gesetz zur Regelung des Zugangs zu Informationen in Baden-Württemberg (Landesinformationsfreiheitsgesetz - LIFG) v 17.12.2015 (GBl 2015 S 1201).

[110] Bayern, Entwurf (LT-Dr 17/7550), Hessen, Entwurf (LT-Dr 18/1895); Niedersachsen (LT-Dr 17/278).

[111] Sachsen, Entwurf (LT-Dr 5/9012).

in Bayern erlassen,[112] welches in Art. 36 BayEGovG einen allgemeinen Auskunftsanspruch vorsieht. Dies jedoch ua nur unter der Voraussetzung eines berechtigten Interesses.

b) Verfahrensunabhängigkeit der Informationen. Während das VwVfG und das SGB X vom Prinzip der beschränkten Aktenöffentlichkeit ausgehen und § 29 wie auch § 25 SGB X der Sicherung des Anspruchs auf rechtliches Gehör im Verwaltungsverfahren dienen, haben sich unter dem Einfluss des Unionsrechts und des internationalen Rechts allgemeinere und von konkreten Verwaltungsverfahren unabhängige Ansprüche auf Information und Akteneinsicht entwickelt (vgl Gurlit DVBl 2003, 1119). Ziel ist es, **Einsichtswünsche und Informationsinteressen der Bevölkerung** zu befriedigen, soweit nicht gegenläufige Interessen, insbesondere Geheimhaltungspflichten entgegenstehen. Ohne thematische Beschränkungen und ohne Geltendmachung von rechtlich geschützten Interessen vermitteln die Informationsfreiheitsgesetze einen Anspruch auf Auskunft, Akteneinsicht oder Beschaffung von Aktenauszügen. 47

c) Verhältnis zu anderen Informationsansprüchen. Problematisch ist das Verhältnis zwischen den Ansprüchen aus dem IFG bzw den entsprechenden Ländergesetzen und den Ansprüchen aus dem UIG bzw den Umweltinformationsgesetzen der Länder sowie schließlich den Ansprüchen aus dem Verbraucherinformationsgesetz (VIG). Teilweise (zB § 1 Abs 3 IFG) ist die **Subsidiarität** positiv geregelt, wonach die allgemeinen Ansprüche aus den Infomationsfreiheitsgesetzen hinter spezielle Anspruchsgrundlagen zurücktreten (näher Schoch, IFG, § 1 Rn 158 ff). Die **Subsidiarität gilt nicht in Bezug auf das Akteneinsichtsrecht nach § 29** und auch nicht in Bezug auf die diversen **Registergesetze** und ebenfalls nicht für das Verhältnis zum **presserechtlichen Auskunftsanspruch.**[113] Soweit keine positive Regelung besteht, schließen sich die Ansprüche weder gegenseitig aus, noch können Beschränkungen und Versagungsgründe eines Gesetzes ohne weiteres auf die übrigen Gesetze übertragen werden (vgl § 3 Abs 1 S 2 UIG, s auch BT-Dr 15/3406 S 15). Diese Frage ist aber **umstritten.**[114] 48

2. Anspruchsberechtigte. Den Anspruch hat nach § 1 Abs 1 S 1 IFG „Jeder". Er steht damit grundsätzlich sämtlichen natürlichen und juristischen Personen zu. Die Landesgesetze enthalten für ihren Anwendungsbereich teilweise Einschränkungen (zB in Hamburg auf Unionsbürger oder Unions-(Wohn-)Sitz beschränkt, vgl § 2 HmbIFG). Nach neuerer und zutreffender Auffassung können auch juristische Personen des öffentlichen Rechts anspruchsberechtigt sein.[115] 49

3. Anspruchsverpflichtete. Nach § 1 Abs 1 S 1 IFG sind die **Behörden des Bundes** verpflichtet, die begehrten Auskünfte zu erteilen bzw die Akteneinsicht zu gewähren oder die Aktenauszüge herzustellen. Sonstige Bundesorgane und -einrichtungen sind dies nach § 1 Abs 1 S 2 IFG nur, soweit sie **öffentlich-rechtliche Verwaltungsaufgaben** wahrnehmen. Natürliche oder juristische Personen des Privatrechts stehen Behörden gleich, soweit sich eine Behörde dieser zur Erfüllung öffentlich-rechtlicher Aufgaben bedient (vgl § 1 Abs 1 S 3 IFG; zur Beleihung siehe § 1 Rn 58). 50

a) Behördenbegriff. Dem Behördenbegriff in § 1 Abs 1 S 2 IFG liegt (wie auch § 1 Abs 4, s hierzu § 1 Rn 51 ff) ein **funktionales Verständnis** zugrunde, 51

---

112 Gesetz über die elektronische Verwaltung in Bayern (Bayrisches E-Government-Gesetz – BayEGovG) v 22.12.2016 (GVBl S 458).

113 So ausdrücklich BVerwG NVwZ 2013, 431; siehe auch Schoch NVwZ 2017, 97, 98.

114 Nach BVerwG NVwZ 2009, 1113 sollen Ansprüche, die nach dem UIG nicht gewährt werden, auch nach anderen Gesetzen nicht geltend gemacht werden können; **aA** die Lit, vgl Landmann/Rohmer, UIG § 3 Rn 29; Schomerus/Tolkmitt DÖV 2007, 985.

115 VGH München NVwZ 2016, 1107; dies war bisher unter Hinweis auf die Amotshilfe abgelehnt worden, vgl Schoch NVwZ 2017, 93, 99.

weshalb er sich auf alle Stellen bezieht, die öffentliche Aufgaben wahrnehmen.[116] Verlangt wird „das erforderliche Maß an Selbständigkeit, auch hinsichtlich der sächlichen und personellen Ausstattung" und die Ermächtigung zu Entscheidungen im eigenen Namen (BVerwGE 70, 4 Rn 29). Anders als nach § 1 Abs 4 wird hier aber eine Außenwirkung des Handelns nicht verlangt.[117] Welche Aufgaben dem Bereich der öffentlichen Verwaltung zuzurechnen sind, ist materiell und im wesentlichen negativ durch Abgrenzung von anderen Staatsfunktionen zu bestimmen (BVerwGE 141, 122, Fn 13).

51a Der **Behördenbegriff** ist tendenziell **weit zu verstehen.** Auch Organe der mittelbaren Staatsverwaltung und rechtlich selbständige Verwaltungsträger,[118] Organe der Legislative und der Judikative können grundsätzlich Verwaltungsaufgaben wahrnehmen.[119] Zum Zugang zu Informationen des Bundeskanzleramts OVG Berlin-Brandenburg NVwZ 2012, 1196. Auch Bundesministerien, die Stellungnahmen gegenüber einem Petitionsausschuss verfassen, gehören dazu (BVerwG NVwZ 2012, 251 m zust Anm Schoch). Eine **Ausnahme für Regierungshandeln wird nicht anerkannt.**[120] Ansprüche können sich auch auf Informationen über Bundestagsabgeordnete beziehen.[121] Verpflichtet zur Gewährung des Zugangs ist nach § 7 Abs 1 S 1 IFG diejenige Behörde, der die **Verfügungsberechtigung über die Informationen** zusteht. Das ist grundsätzlich diejenige Behörde, die die Informationen selbst erhoben bzw generiert oder gesammelt hat. Die lediglich faktische Verfügungsmöglichkeit reicht nicht aus.[122] Auch der Bundesrechnungshof zählt zu den verpflichteten Behörden (BVerwG NVwZ 2013, 431). Auch der **wissenschaftliche Dienst des Bundestages** ist – auch soweit es um die Unterstützung von Abgeordneten im Rahmen ihres Mandats geht – grundsätzlich informationspflichtig.[123]

52 **b) Abweichende Landesregelungen.** Die Informationsfreiheitsgesetze der Länder gehen im Grundsatz ebenfalls von einem weiten Kreis der Anspruchsverpflichteten aus, sehen aber teilweise auch erhebliche Einschränkungen vor. In den Bundesländern bestehen aufgrund der unterschiedlichen Organisationsstrukturen zwar Unterschiede, der Informationsanspruch bezieht sich grundsätzlich jedoch auf alle Einrichtungen, deren Tätigkeit als „Verwaltungstätigkeit" zu qualifizieren ist (dazu § 1 Rn 5).

53 **4. Anspruchsinhalt.** Der Anspruch bezieht sich nach § 1 Abs 1 S 1 IFG auf den **Zugang zu Informationen.** Die Behörde kann darüber Auskunft erteilen, Akteneinsicht gewähren oder Informationen in sonstiger Weise zur Verfügung stellen (§ 1 Abs 2 S 1 IFG). In sonstiger Weise können die Informationen zB als elektronische Dokumente bereitgestellt werden. Letzteres wird in der Praxis häufiger vorkommen, zumal sich die gesetzlich vorgesehenen Geheimhaltungsinteressen einfacher wahren lassen.[124] Der Antragsteller hat nach § 1 Abs 2 S 2 IFG grundsätzlich die **Wahl zwischen Auskunft, Akteneinsicht und der Her-**

---

[116] BVerwGE 141, 122 Rn 11 (Bundesministerium); BVerwGE 70, 4 Rn 29 (Püfungsausschüsse der Kammern sind keine Behörden). S hierzu auch § 1 Rn 53.

[117] BVerwGE 141, 122 Rn 18; Schoch NVwZ 2015, 1.

[118] Auch zB der WDR ist Behörde, vgl OVG Münster NVwZ 2012, 288.

[119] Ausführlich Schoch NVwZ 2015, 1, 3: Jede eigenständige Organisationseinheit des Staates, die eigenverantwortlich Verwaltungsaufgaben erledigt.

[120] BVerwG DVBl 2012, 176 m Anm Roth; siehe auch Schoch NVwZ 2015, 1, 5ff.

[121] Hierzu näher BVerwG NVwZ 2015, 669 m Anm Gurlit.

[122] Deshalb steht einem Bundesministerium die Verfügungsbefugnis über eine einem Petitionsausschuss gegenüber gegebene Information zu (BVerwG NVwZ 2012, 251, 253).

[123] BVerwG NVwZ 2015, 1603 gegen OVG Berlin/Brandenburg ZUM 2014, 346; wie BVerwG bereits Schoch NVwZ 2015, 1, 6.

[124] Schmitz/Jastrow NVwZ 2005, 984, 989; zum Problem der inhaltlichen Richtigkeit Britz/Eifert/Groß DÖV 2007, 717.

stellung eines Aktenauszugs. Begehrt der Antragsteller eine bestimmte Art des Informationszugangs, so darf ihm diese nur aus wichtigem Grund auf eine andere Art gewährt werden, wozu nach § 1 Abs 2 S 3 IFG aber auch ein deutlich höherer Verwaltungsaufwand zählt. Zur **Weiterverwendung** der erhaltenen Informationen s §§ 1 ff IWG sowie die RL 2013/37/EU v 26.6.2013 (ABl L 175/1).

5. Anspruchsvoraussetzungen. a) Begriff der Information. Der Anspruch auf Zugang nach dem IFG und den entsprechenden Gesetzen der Länder richtet sich auf **sämtliche amtlichen Informationen** (vgl § 2 Nr 1 IFG). Dabei handelt es sich nicht nur um amtlich erstellte, sondern um sämtliche irgendwie aktenkundigen, archivierten oder sonst vorhandenen Informationen, die **amtlichen Zwecken dienen,** unabhängig davon, in welcher Form sie aufbewahrt bzw gespeichert werden. Der Anspruch richtet sich grundsätzlich nur auf **vorhandene Informationen,** eine Pflicht zur Wiederbeschaffung vernichteter oder gelöschter Informationen oder abgegebener Akten besteht grundsätzlich nicht.[125] Zum Begriff des Vorhandenseins s OVG Schleswig NordÖR 2005, 208. Grundsätzlich kommt es nicht darauf an, auf welche Weise sie in den Amtsbereich der verpflichteten Behörden gelangt sind. Auch von der Behörde selbst hergestellte Dokumente, zB **Verwaltungsvorschriften** oder Stellungnahmen eines Ministeriums,[126] gehören dazu. Zum Anspruch auf **Zugang zu Gerichtsentscheidungen** Bohne NVwZ 2007, 656. Die landesrechtlichen Informationsfreiheitsgesetze enthalten teilweise Einschränkungen des Informationsanspruchs gegenüber bestimmten Behörden und Stellen (vgl zB §§ 5, 6 HmbTransparenzgesetz). 54

b) Unbeachtlichkeit der Motivation des Anspruchstellers. Allen Informationsfreiheitsgesetzen ist gemeinsam, dass sie einen **Zugang ohne Angabe von Gründen** und unabhängig von einer verfahrensrechtlichen Stellung des Antragstellers gewähren. Da der Anspruch **voraussetzungslos** gewährt wird, enthalten die Gesetze detaillierte Regelungen über die Anspruchsgrenzen, also darüber, unter welchen Voraussetzungen ein Anspruch ausgeschlossen bleiben soll.[127] 55

6. Anspruchsgrenzen. a) Besondere öffentliche Belange (§ 3 IFG). In § 3 IFG werden Ausnahmen vom Informationsanspruch wegen der Gefährdung bestimmter öffentlicher Interessen normiert. Die wenig systematische Aufzählung von Ausschlussgründen und entgegenstehenden öffentlichen Belangen ist abschließend. Das Vorliegen eines Ausschlussgrundes muss angesichts des gesetzlichen Regel-Ausnahme-Verhältnisses vor Gericht von der Behörde dargelegt werden.[128] Liegen die Voraussetzungen eines Ausschlusses vor, erfolgt **keine Abwägung** mehr; die Rechtsfolge des Ausschlusses ist dann vielmehr zwingend. Die Gesetze der Länder enthalten teilweise abweichende und weitergehende Einschränkungen, teilweise auch Abwägungserfordernisse. 56

aa) Schutz internationaler Beziehungen (§ 3 Nr 1 lit a) IFG). Die Rspr räumt der Verwaltung bei der Bewertung der Frage, ob die Informationen nachteilige Auswirkungen auf internationale Beziehungen haben können, einen gewissen **Beurteilungsspielraum** ein, weil der Bundesregierung bei der Regelung der auswärtigen Beziehungen ein weiter eigener Gestaltungsspielraum zusteht.[129] Die Beantwortung der Frage, ob das Bekanntwerden diesbezüglicher Informationen nachteilige Auswirkungen haben „kann“, erfordert eine plausible, 57

---

125 OVG Berlin/Brandenburg NVwZ 2012, 1196.

126 BVerwG NVwZ 2012, 251 m zust Anm Schoch.

127 Voßkuhle, Der Wandel von Verwaltungsrecht und Verwaltungsprozessrecht in der Informationsgesellschaft, in: Hoffmann-Riem/Schmidt-Aßmann (Hg), Verwaltungsrecht in der Informationsgesellschaft, S. 384 f.

128 VG Berlin, Urteil vom 19. Juni 2014 – 2 K 212.13 –, juris Rn 55.

129 BVerwG DVBl 2010, 120; OVG Berlin/Brandenburg, Urteil vom 28. Juni 2013 – OVG 12 B 9.12 –, juris Rn 27.

nachvollziehbare und wiederum nur eingeschränkt überprüfbare Prognose, nach der die Möglichkeit nachteiliger Auswirkungen besteht.[130] Der erforderliche Kausalzusammenhang zwischen dem Bekanntwerden der Information und den Nachteilen kann sich auch daraus ergeben, dass gerade die Bundesregierung als pflichtige Stelle die begehrten Informationen bekanntmacht.[131]

58 **bb) Sicherheitsinteressen (§ 3 Nr 1, 2, 8).** Reichlich unsystematisch sind in § 3 diverse Sicherheitsinteressen aufgeführt. Soweit es um den Schutz der inneren und äußeren Sicherheit (§ 3 Nr 1 lit c) IFG geht, räumt die Rspr der Bundesregierung einen Beurteilungsspielraum ein.[132] Vom Schutz umfasst sind dabei die freiheitlich-demokratische Grundordnung sowie der Bestand und die Sicherheit des Bundes und der Länder einschließlich der Funktionsfähigkeit des Staates und seiner Einrichtungen.[133] Ebenfalls geschützt sind militärische und sonstige sicherheitsempfindliche Belange der Bundeswehr (Nr 1 lit b)).[134] Der Anspruch auf Informationszugang ist ferner ausgeschlossen gegenüber den Nachrichtendiensten (Nr 8, näher BVerwG NVwZ 2013, 1285).

59 Der Begriff der Gefährdung der **öffentlichen Sicherheit** durch das Bekanntwerden der begehrten Information (Nr 2) ist wie im allgemeinen Polizeirecht zu verstehen,[135] so dass sich hier eine Überschneidung mit Nr 1 lit c) hinsichtlich des Schutzes der Funktionsfähigkeit staatlicher Einrichtungen ergibt. Umfasst wird ferner auch der Jugendschutz.[136] **Umstr** ist die Frage, ob auf Grundlage des IFG die Herausgabe von **Diensttelefonlisten** verlangt werden kann.[137] Dies wird inzwischen wohl überwiegend mit Hinweis auf Sicherheitsbedenken bzw mögliche Beeinträchtigungen der Funktionsfähigkeit abgelehnt,[138] teilweise werden Gefahren für die Sicherheit der Behördenmitarbeiter verneint;[139] zT wird schon die Eigenschaft als amtliche Information verneint.[140]

60 **cc) Schutz behördlicher Beratungen und einzelner Kontrollaufgaben (§ 3 Nr 3 lit b), d), e)).** Zum Schutz behördlicher Beratungen s unten Rn 66 zu § 4 IFG. Der Ausschlussgrund in § 3 Nr 3 lit d) dient sowohl der Abwehr von Gefahren für die ordnungsgemäße Erfüllung der den benannten Behörden obliegenden Aufsichts- und Kontrollaufgaben als auch dem Schutz des Wettbewerbs, indem konkurrierende Unternehmen nicht durch amtliche Informationen über andere Unternehmen Vorteile erhalten.[141] Angesichts des Ausnahmecharakters sind wiederum Anforderungen an die Darlegung befürchteter nachteiliger Wirkungen des Bekanntwerdens zu stellen, bloße Befürchtungen, die beaufsichtigten Institute könnten ihre freiwillige Kooperation einschränken, reichen bspw nicht aus.[142] Der

---

130 BVerwG DVBl 2010, 120.

131 BVerwG DVBl 2010, 120; VG Berlin, Urteil vom 19.6.2014 – 2 K 221.13 –, juris Rn 39.

132 OVG Berlin/Brandenburg NVwZ 2012, 1196 zur Einsicht in den Terminkalender der Bundeskanzlerin mit Hinweis auf den prognostischen Charakter der Einschätzung.

133 OVG Berlin/Brandenburg NVwZ 2012, 1196, 1199.

134 Dazu VG Stuttgart ZfBR 2011, 728.

135 VG Köln ZUM 2013, 906; VG Potsdam LKV 2014, 571.

136 VG Köln ZD 2015, 45 zum Anspruch (bejaht) auf Aushändigung einer Kopie eines indizierten Videofilms durch die Bundesprüfstelle für jugendgefährdende Medien.

137 Zum Stand in der Rspr Schoch NVwZ 2017, 93, 101; Debus NJW 2015, 981.

138 OVG Münster K&R 2015, 673; VG Potsdam LKV 2014, 571.

139 VG Regensburg DuD 2015, 123; s a VG Neustadt (Weinstraße) LKRZ 2015, 11: Sicherheit nicht gefährdet, Anspruch aber mit Hinweis auf § 5 IFG verneint; ferner VG Berlin, Urteil vom 23.9.2013 – 2 K 294.12 –, juris Rn 52f zum Anspruch auf die Herausgabe von Namen und Büroanschriften der an einer bestimmten Entscheidung beteiligten behördlichen Mitarbeiter.

140 VG Ansbach ZD 2014, 492.

141 VGH Kassel DÖV 2010, 568.

142 VGH Kassel DÖV 2010, 568; s a VGH Kassel DVBl 2012, 701.

Schutz von Angelegenheiten der externen Finanzkontrolle (lit e)) umfasst in erster Linie die Prüfungs- und Beratungstätigkeit des Bundesrechnungshofes.[143]

61 **dd) Fiskalische Interessen (§ 3 Nr 6 IFG).** Die Regelung soll sicherstellen, dass die öffentlichen Stellen des Bundes oder der Sozialversicherungsträger bei fiskalischem Handeln nicht schlechter stehen als private Akteure, mit denen sie am Markt in einem Konkurrenzverhältnis stehen.[144] Die Beeinträchtigung muss hinreichend wahrscheinlich sein (BVerwGE 150, 383); die insoweit erforderliche Prognose ist gerichtlich vollständig überprüfbar.[145] Aus der unterschiedlichen Formulierung („geeignet wäre") im Vergleich zu den übrigen Tatbeständen folgt kein anderer Maßstab für die Gefährdungsprognose.[146] Geschützt sind so zB die Mitgliederdaten eines Sozialversicherungsträgers (VGH München DVBl 2009, 323). Der Ausschlussgrund gilt nicht nur bei erwerbswirtschaftlicher Tätigkeit, sondern auch bei Bedarfsdeckungsgeschäften.[147] Entscheidend ist, dass das Bekanntwerden der Informationen geeignet wäre, die Gewinnerzielung des wie ein privater Dritter auftretenden Staates zu vereiteln bzw zu gefährden.[148]

62 **ee) Schutz gerichtlicher Verfahren und Ermittlungen (§ 3 Nr 1 lit g)).** Die Regelung soll die Funktionsfähigkeit der Rechtspflege gegenüber Beeinträchtigungen durch das Bekanntwerden verfahrensrelevanter Informationen sicherstellen und schützt neben der Unabhängigkeit der Gerichte auch den ordnungsgemäßen Ablauf des gerichtlichen Verfahrens.[149] Anwendbar ist der Ausnahmetatbestand angesichts des eindeutigen Wortlauts und des Schutzzwecks nur auf laufende, nicht auf erst bevorstehende Gerichtsverfahren (BVerwG NVwZ 2011, 235). Hinsichtlich der Darlegung der Gefährdungslage sind auch hier gewisse Anforderungen zu beachten (vgl oben Rn 60 zu lit d)). Bloße allgemeine Hinweise oder die fernliegende Möglichkeit einer Beeinträchtigung reichen nicht aus, sondern es müssen Tatsachen vorgetragen werden, auf deren Grundlage die Vermutung gerechtfertigt erscheint, das Bekanntwerden der Informationen werde das Verfahren bzw die Ermittlungstätigkeit beeinträchtigen.[150]

63 **ff) Besondere Geheimhaltungsinteressen (§ 3 Nr 4, 7 IFG).** Der Anspruch auf Informationszugang ist ferner ausgeschlossen, wenn eine Geheimhaltungs- oder Vertraulichkeitspflicht insbes gesetzlich oder berufsrechtlich ausdrücklich angeordnet ist (Nr 4), eine bloße dementsprechende Übung reicht nicht aus.[151] Eine derartige Pflicht folgt zB aus § 9 KWG (VGH Kassel NVwZ 2015, 1302). Das öffentliche Interesse an der Wahrung von Betriebs- und Geschäftsgeheimnisse Dritter entspricht dem Interesse nach § 6 S 2 IFG (BVerwGE 150, 383).

64 **b) Behördliche Entscheidungsprozesse (§§ 3 Nr 3 lit b), 4 IFG).** Weitere Ausschluss- und Ablehnungsgründe für den Anspruch auf Informationszugang sind zugunsten behördlicher Ermittlungen und Beratungen vorgesehen. § 3 Nr 3 lit b) IFG schließt dabei den Anspruch zwingend aus, während § 4 IFG lediglich einen als Soll-Vorschrift ausgestalteten Ablehnungsgrund zugunsten der Behörde enthält.

65 Die weite Fassung des § 3 Nr 3 lit b) IFG beruht wohl auf einem Redaktionsversehen, das die Rspr mit Hinweis auf die parallele Regelung in § 8 UIG sowie auf den Zweck, den Vorgang der Entscheidungsfindung ieS innerhalb der Behör-

---

143 BVerwG NVwZ 2013, 431, 432.
144 BVerwG, NVwZ 2015, 675.
145 BVerwG, NVwZ 2015, 675.
146 BVerwG VR 2015, 179.
147 VG Hamburg, Urteil vom 24. Januar 2012 – 11 K 1996/10 –, juris Rn 47.
148 BVerwG, NVwZ 2015, 675.
149 OVG Berlin/Brandenburg NVwZ-RR 2015, 126.
150 BVerwG DÖV 2015, 445; VGH Kassel DVBl 2012, 701.
151 OVG Berlin-Brandenburg, B v 21.4.2015 – OVG 12 N 88.13 –, juris Rn 5 f.

de zu schützen, dadurch korrigiert, dass sie die „notwendige Vertraulichkeit“ als einschränkendes Kriterium in § 3 Nr 3 lit a) IFG auch auf die behördlichen Beratungen bezieht.[152] Dass der Anspruch nur ausgeschlossen ist, „solange“ nachteilige Auswirkungen zu befürchten sind, bedeutet einerseits, dass der Anspruch nur aufgeschoben ist (OVG Münster, Urt v 2.6.2015, 15 A 2062/12, juris), schließt andererseits nicht aus, dass der Ausschluss auch über das Verfahrensende hinaus fortdauern kann (BVerwG NVwZ 2011, 1072).

66 **Vergleichsweise eng gefasst** ist der Ablehnungsgrund in § 4 IFG. Er erfasst lediglich Entscheidungsentwürfe sowie „Arbeiten und Beschlüsse zu ihrer unmittelbaren Vorbereitung“ und setzt weiter voraus, dass durch die begehrte Herausgabe der Information der Erfolg der Entscheidung oder bevorstehender behördlicher Maßnahmen vereitelt würde. Die Vorschrift gilt – anders als § 3 Nr 3 lit b) IFG – nur während laufender Verwaltungsverfahren (BVerwG NVwZ 2011, 1072). In § 4 Abs 1 S 2 IFG wird zudem klargestellt, dass die Ergebnisse einer Beweiserhebung sowie Gutachten und Stellungnahmen Dritter „regelmäßig“ nicht zu den nach S 1 geschützten vorbereitenden Maßnahmen und Beschlüssen gehören.[153] Die Vorschrift eröffnet zwar **keinen Beurteilungsspielraum** für die Verwaltung, erfordert aber eine Prognose über die Möglichkeit einer Vereitelung. Sie ist nicht strikt, sondern gilt nur für den Regelfall („soll“); sieht aber **keine Güter- und Interessenabwägung** vor.

67 **c) Personenbezogene Daten (§ 5 IFG).** Anders als bei §§ 3 u 4 ist der Ausschlussgrund des § 5 Abs 1 S 1 IFG ein relativer, der nicht eingreift, wenn die Informationsinteressen des Antragstellers das Geheimhaltungsinteresse des betroffenen Dritten überwiegen oder wenn letzterer der Herausgabe der Information zugestimmt hat. Für die in § 5 Abs 1 S 2 IFG durch die Bezugnahme auf § 3 Abs 9 BDG genannten persönlichen Daten gilt dagegen ein absoluter Schutz, der nicht von einer Interessenabwägung abhängig ist.[154] Nach § 5 Abs 2 IFG geht der Schutz der Interessen des Dritten vor, soweit die Informationen im Zusammenhang mit einem **Dienst- oder Amtsverhältnis oder einem Mandat** in Zusammenhang stehen und bei Informationen, die nach anderen Vorschriften einem Berufs- oder Amtsgeheimnis unterliegen. Dieser jedenfalls für das Mandat rechtspolitisch problematische Ausschluss soll die Dienst- und Amtssphäre schützen. Insoweit ist die Gegenausnahme nach § 5 Abs 4 IFG zu beachten, nach der bestimmte Informationen (Namen, Titel usw) nicht dem Ausschluss des Abs 2 unterfallen. Schließlich enthält § 5 Abs 3 IFG eine widerlegbare Vermutung zugunsten des Informationsinteresses.

68 **d) Geistiges Eigentum, Urheberrechte (§ 6 S 1 IFG).** Kein Anspruch auf Informationszugang besteht, wenn und soweit der Schutz geistigen Eigentums entgegensteht. Dabei geht es vor allem um den Schutz des Urheberrechts im Hinblick auf die Erstveröffentlichung und die Verwertung.[155] Die Regelung ist auch auf Betriebs- und Geschäftsgeheimnisse der öffentlichen Hand anzuwenden und wird insoweit nicht durch § 3 Nr 6 IFG ausgeschlossen.[156] Der Zugang zu Informationen, die zugleich Betriebs- und Geschäftsgeheimnisse darstellen, setzt nach § 6 S 2 IFG die Zustimmung des Betroffenen voraus.[157] Das Verfahren der

---

152 OVG Münster ZLR 2011, 113 mwN, bestätigt durch BVerwG NVwZ 2011, 1072; OVG Berlin/Brandenburg, B v 21.4.2015 – OVG 12 N 88.13 –, juris Rn 8.

153 Nach hM soll es sich insoweit um eine gesetzliche Vermutung handeln; krit hierzu Schoch, IFG, § 4 Rn 33 mwN.

154 Dabei handelt es sich um die besonders sensiblen Daten wie Herkunft, politische Einstellung, religiöse Überzeugungen, Gesundheit usw (Schoch, IFG, § 5 Rn 41).

155 Näher Ramsauer AnwBl 2013, 410, 415.

156 OVG Münster DVBl 2013, 981.

157 Zum Begriff der Betriebs- und Geschäftsgeheimnisse und der Orientierung an § 17 UWG näher Kiethe/Groeschke WRP 2006, 303; Sellmann/Augsberg WM 2006, 2293; Krit Ekardt/Exner/Beckmann VR 2007, 404.

Beteiligung Dritter richtet sich in diesen Fällen nach § 8 IFG. Zur Pflicht zur Geheimhaltung nach § 9 KWG s VGH Kassel ESVGH 1, 62. Es ist allerdings davon auszugehen, dass ein Behördenmitarbeiter, der in Erfüllung seiner Dienstpflichten ein urheberrechtlich geschütztes Werk geschaffen hat, in der Regel seinem **Dienstherrn jedenfalls die Nutzungsrechte einräumt**, die zur Erfüllung der Informationspflichten nach dem IFG erforderlich sind.[158] Urheberrechten der Behörden wird durch § 6 IFG **kein genereller Vorrang** eingeräumt.[159]

e) Betriebs- und Geschäftsgeheimnisse (§ 6 IFG). aa) Begriffe. Auch Betriebs- und Geschäftsgeheimnisse können einem Auskunftsanspruch entgegenstehen. Das gilt auch für solche der öffentlichen Hand (OVG Münster DVBl 2013, 981). Betriebs- und Geschäftsgeheimnisse sind alle auf ein Unternehmen bezogenen Tatsachen, Umstände und Vorgänge, die nicht offenkundig, sondern nur einem begrenzten Personenkreis zugänglich sind und an deren Nichtverbreitung das Unternehmen ein berechtigtes Interesse hat.[160] **Betriebsgeheimnisse** beziehen sich dabei eher auf Informationen über Produktion und die technisch-organisatorischen Abläufe in Produktion und Vertrieb, über technische Daten und Verfahren usw, **Geschäftsgeheimnisse** auf Informationen über den wirtschaftlichen, finanziellen Bereich eines Unternehmens. Erfasst werden Informationen über Umsätze, Erträge, Kunden, Kalkulationen, vertragliche Vereinbarungen, Strategien, Bewertungen von Markt- und Konkurrenzsituationen usw. Auch vertragliche Verhandlungen als solche können ein Geschäftsgeheimnis darstellen.[161] 69

bb) Keine Offenkundigkeit. Die Informationen über Betrieb bzw Unternehmen dürfen nicht offenkundig sein. Offenkundig sind Informationen, die von dem Betroffenen selbst bereits der Öffentlichkeit zugänglich gemacht wurden, etwa im Rahmen eines Insolvenzverfahrens.[162] 70

cc) Geheimhaltungsinteresse. Aus dem Begriff des Geheimnissen folgt, dass der Unternehmer ein Geheimhaltungsinteresse haben muss. Das ist nicht der Fall, wenn und soweit er in die Weitergabe eingewilligt hat bzw zur Einwilligung verpflichtet ist. Es besteht ein berechtigtes Interesse, wenn die Offenlegung der Informationen geeignet ist, der Konkurrenz exklusives technisches oder kaufmännisches Wissen – bspw Umsatzzahlen[163] – zugänglich zu machen und dadurch die Position des Betroffenen am Markt zu verschlechtern.[164] Der Anspruch kann aber bspw auf die Herausgabe der Informationen ohne Angaben zu Preisen, Kundennummern etc beschränkt sein.[165] 71

dd) Schutz, Abwägung. Während § 6 S 2 IFG keine Einschränkungen des Schutzes von Betriebs- und Geschäftsgeheimnissen vorsieht, enthalten einige Landesgesetze ähnlich wie § 9 Abs 1 S 1 UIG Abwägungsklauseln, wonach das Geheimhaltungsinteresse auf der einen und das Informationsinteresse der Öffentlichkeit (nicht des Antragstellers) auf der anderen Seite gegeneinander abgewogen werden müssen. 72

7. Der Trennungsgrundsatz. Um die Einschränkung des einfachgesetzlichen Informationsanspruchs möglichst gering zu halten, wurden zT flankierende 73

---

158 BVerwG NVwZ 2015, 1306.

159 BVerwG NVwZ 2015, 1306; Ramsauer AnwBl 2013, 410,

160 Allg Ansicht, vgl BVerfGE 128, 1, 56; 115, 205, 230; BVerfG NVwZ 2014, 1652, 1661; Ramsauer AnwBl 2013, 410.

161 So BVerfG NVwZ 2014, 1652, 1661 für Verhandlungen über den Verkauf von Kriegswaffen. Hierzu näher Glawe NVwZ 2014, 1632.

162 VG Berlin, Urt v 21.10.2010 – 2 K 89.09 –, juris Rn 30.

163 VG Köln, Urt v 24.11.2011 – 13 K 1549/10 –, juris Rn 58.

164 OVG Münster DVBl 2014, 464: verneint für einen Mietvertrag über Teile des Flughafengeländes Tempelhof.

165 VG Stuttgart ZfBR 2011, 728.

Regelungen zur Aktenführung erlassen. So schreibt zB das Informationsfreiheitsgesetz des Landes Schleswig-Holstein in § 15 IFG-SH vor, dass die Behörden geeignete organisatorische Vorkehrungen treffen, damit Informationen, die den Ausnahmeregelungen der §§ 9 bis 12 IFG-SH unterfallen,[166] möglichst ohne unverhältnismäßigen Aufwand abgetrennt werden können **(Trennungsgrundsatz).** § 12 des Berliner IFG gewährt auch bei Vorliegen der Schranken der §§ 5–11 Berliner IFG dann Akteneinsicht, wenn geheimhaltungsbedürftige Akteneile unkenntlich gemacht oder abgetrennt werden können. Die Umsetzung eines solchen Trennungsgebotes betrifft also insbesondere die Form der Aktenführung, wodurch es zu einer Ergänzung des sich mittelbar aus § 29 VwVfG ergebenen Gebotes der Vollständigkeit und der **Führung wahrheitsgetreuer Akten** (Rn 1a) um das Trennungsgebot kommt: nun ist nicht nur das Gebot der Vollständigkeit und das Gebot der Führung wahrheitsgetreuer Akten zu berücksichtigen, sondern im Hinblick auf das IFG-SH auch das Trennungsgebot. In ersten Erfahrungsberichten haben sich zT Regelungen als problematisch erwiesen, die das Verhältnis der einzelnen Freiheitsinformationsgesetze zum VwVfG klären sollten. So besteht im IFG-Brandenburg zB eine generelle Ausnahme vom Anwendungsbereich des Akteneinsichtsrechts für laufende Verwaltungsverfahren, was im Hinblick auf das dadurch entstehende unterschiedliche Transparenzniveau zu Recht kritisiert wurde.[167]

74 **8. Antragsverfahren, Kosten.** Der Informationszugang erfordert einen grundsätzlich formlosen Antrag bei der zuständigen (vgl § 7 IFG) Behörde. Diese soll über den Antrag unverzüglich, spätestens innerhalb eines Monats (§ 8 IFG) entscheiden, sofern nicht die Zustimmung Dritter (§ 8 IFG) erforderlich ist. Die Entscheidung ergeht formlos, sofern nicht Dritte beteiligt sind, im zuletzt genannten Fall ergeht die Entscheidung auch dem Dritten gegenüber schriftlich. Die **Entscheidung hat VA-Qualität** (Schoch IFG § 7 Rn 42 mwN) und unterliegt gerichtlicher Kontrolle im Rahmen einer möglichen Anfechtungsklage des Dritten (Berger/Schirmet DVBl 2015, 608, 613) oder einer Verpflichtungsklage auf Gewährung der beantragten Auskunft bzw. des Informationszugangs (Schmitz/Jastrow NVwZ 2005, 984, 990). Zur Frage der Nachholbarkeit eines nach § 8 IFG erforderlichen Anhörungsverfahrens[168] durch das Gericht OVG Münster DVBl 2013, 981.

75 **Umstritten** war zunächst die Frage, ob für den Rechtsschutz stets der **Verwaltungsrechtsweg** eröffnet ist[169] oder ob es darauf ankommt, in welchem Sachzusammenhang Akteneinsicht bzw Auskunft begehrt wird.[170] Inzwischen ist diese Frage zugunsten der Verwaltungsgerichtsbarkeit geklärt.[171] Während einfache Auskünfte kostenfrei erteilt werden können, ist für die Gewährung von Akteneinsicht bzw für die Fertigung von Aktenauszügen eine Gebühr zu verlangen.

---

[166] Die §§ 9–12 IFG-SH betreffen den Schutz öffentlicher Belange und Rechtsdurchsetzung (§ 9), den Schutz des behördlichen Entscheidungsprozesses (§ 11) und den Schutz personenbezogener Daten (§ 12), hierzu Nordmann, Die Gemeinde 2000, S. 40 ff; Friedersen, NordÖR 2001, 89 (90).

[167] Dix, Akteneinsicht und Informationszugang in Brandenburg, in: Bundesministerium für Wirtschaft und Technologie (Hg), Bürgerkommunen im Netz. Tagungsband des 2. Media & Komm-Fachkongresses am 11./12.6.2001 in Esslingen, S 222 ff.

[168] Nach VGH Kassel NVwZ 2012, 710 soll die Anhörung Dritter nur für den Fall einer positiven Entscheidung nötig sein.

[169] So zutreffend OVG Hamburg ZIP 2012, 492; NordÖR 2009, 258; VGH Kassel, B v 15.12.2011, 6 B 1926/11, juris; OVG Münster ZIP 2008, 1542.

[170] So BFH ZIP 2011, 883; Bartone jurisPR-SteuerR 13/2012.

[171] Vgl BVerwG NVwZ 2012, 1563. Das BVerwG hatte die Frage wegen der abweichenden Auffassung des BFH dem GemSOGB vorgelegt. Daraufhin hat der BFH mitgeteilt, dass er an seiner gegenteiligen Auffassung nicht mehr festhalte. Das führte zur Erledigung des Verfahrens vor dem GemSOGB.

Vor Klageerhebung ist die Durchführung eines **Widerspruchsverfahrens** obligatorisch (§ 9 Abs 4 IFG). Im Hinblick auf Geheimhaltungsinteressen muss ggfs durch das Gericht ein sog **in-camera-Verfahren** durchgeführt werden, damit vermieden wird, dass möglicherweise geheimhaltungspflichtige Informationen im Gerichtsverfahren offengelegt werden müssen.[172]

IX. Die Umweltinformationsgesetze

1. Allgemeines. Die Umweltinformationsgesetze des Bundes und der Länder regeln den Zugang zu Umweltinformationen außerhalb eines Verwaltungsverfahrens **grundsätzlich abschließend** (vgl BVerwG NuR 2009, 481). In Bezug auf Umweltdaten hat der Antragsteller einen unmittelbaren Anspruch auf **Auskunft** und auf **Einsicht** in entsprechende Akten und sonstige Unterlagen nach den Umweltinformationsgesetzen des Bundes und der Länder.[173] Das Umweltinformationsgesetz (UIG)[174] wurde in verspäteter Umsetzung der europäischen Richtlinie über den freien Zugang zu Informationen über die Umwelt[175] erlassen.[176] Zentrales Element ist der in § 4 Abs 1 UIG festgelegte Rechtsanspruch auf Zugang zu allen umweltrelevanten Daten einer Behörde für jedermann.[177] Eines besonderen persönlichen oder rechtlichen Interesses bedarf es hierbei nicht. Das UIG beschränkt das Akteneinsichtsrecht auf **umweltrelevante Daten.** Einschränkungen sind aus Gründen der **Geheimhaltung** vorgesehen.[178] An der Umsetzung der UI-RL ist vielfach Kritik geübt worden;[179] auch eine Beanstandung durch den EuGH hat es gegeben.[180] Im Mittelpunkt der Diskussion stand der Begriff des Vorverfahrens, den die UI-RL in Art 3 Abs 2 Sp 3 verwendet und der durch den deutschen Gesetzgeber sehr weit gefasst umgesetzt wurde.[181] Die **Änderungen des UIG** durch G v 27.7.2001 (BGBl I 1950) tragen den Bedenken inzwischen Rechnung (s Koch/Siebel-Huffmann NVwZ 2001, 1081, 1088). Mittlerweile haben die Länder eigene Umweltinformationsgesetze erlassen, die sich allerdings weitgehend am UIG orientieren oder auf das UIG verweisen. 76

2. Voraussetzungen. Der Anspruch auf freien Zugang zu Informationen über die Umwelt setzt grundsätzlich **kein besonderes rechtliches Interesse** voraus. Der Einzelne muss nicht darlegen, welches Interesse er an den begehrten Umwelt- 77

---

172 BVerwG ZUR 2009, 322; Wegener NVwZ 2015, 609, 615.

173 Vgl Erichsen NVwZ 1992, 417; Kremer NVwZ 1990, 843; v Schwanenflügel DVBl 1991, 93; Blumenberg NuR 1992, 8; Bieber DÖV 1991, 862; Winter RuW 1991, 453; Engel NVwZ 1992, 111; Stollmann NVwZ 1995, 146; Kremer LKV 1994, 349; Turiaux NJW 1994, 2319; Scherzberg DVBl 1994, 217; Kramer UIG, 1994.

174 Umweltinformationsgesetz, BGBl 1994 I S 1490.

175 Richtlinie 2003/4/EG v 28.1.2003 über den Zugang der Öffentlichkeit zu Umweltinformationen (ABl L 41 v 14.2.2003, S 26).

176 Vgl Fluck/Theuer, Umweltinformationsrecht UIG, Loseblatt-Kommentar 1994; Schomerius/Schrader/Wegener, Umweltinformationsgesetz, 1995; Turiaux, Umweltinformationsgesetz, Kommentar, 1995; Röger, Umweltinformationsgesetz, Kommentar, 1995; Kummer/Schumacher, Umweltinformationsgesetz, 1997; Moormann in: Landmann/Rohmer, Umweltrecht, Loseblatt-Kommentar 1995 ff.

177 Gem § 2 UIG unterfallen dem Anspruch nicht nur Behörden, sondern auch natürliche oder juristische Personen des Privatrechts, die öffentlich-rechtliche Aufgaben im Bereich des Umweltschutzes wahrnehmen und die der Aufsicht von Behörden unterstellt sind (BVerwG NuR 2006, 174).

178 OVG Schleswig NordÖR 2005, 528.

179 Zur unmittelbaren Wirkung der RL VGH Kassel ZUR 2006, 259; VG Stuttgart NuR 2006, 194.

180 EuGH NVwZ 1998, S. 945; DVBl 1999, S. 1494, vgl hierzu Schrader, NVwZ 1999, S. 40 ff; Turiaux, EuZW 1998, S. 716 ff.

181 Hierzu Turiaux, Das deutsche Umweltinformationsgesetz auf dem Prüfstand des EG-Rechts, EuZW 1998, 716.

informationen hat. Der Anspruch richtet sich gegen Behörden sowie gegen natürliche und juristische Personen des Privatrechts, soweit sie öffentlich-rechtliche Aufgaben im Bereich des Umweltschutzes wahrnehmen und der Aufsicht von Behörden unterliegen (§ 2 UIG). Ausgenommen sind die in § 3 UIG aufgeführten Behörden (oberste Bundes- oder Landesbehörden im Rahmen einer Normerlasstätigkeit, Gerichte und Strafverfolgungs- und Disziplinarbehörden). Bei der Verpflichtung von Legislativorganen ist danach zu differenzieren, ob Legislativfunktionen oder Administrativfunktionen wahrgenommen werden.[182]

78 **a) Umweltinformationen.** Das UIG beschränkt das Akteneinsichtsrecht auf umweltrelevante Daten. Das sind nach § 3 Abs 2 UIG alle Daten über den Zustand der Umweltmedien Boden, Wasser, Luft sowie den Naturhaushalt und über Tätigkeiten, die zu einer Beeinträchtigung dieser Schutzgüter führen können, sowie schließlich über Tätigkeiten, die zum Schutz der Umwelt dienen. Der **Begriff der umweltrelevanten Daten** muss im Hinblick auf die Umweltinformations-RL verstanden werden und ist **tendenziell weit zu fassen.**[183] Teile der Rechtsprechung und Literatur sind eher zurückhaltend.[184] Die §§ 7, 8 UIG enthalten Regelungen über Ausschlüsse und Beschränkungen des Anspruchs aus Gründen gegenläufiger Geheimhaltungsinteressen, die zT unklar gefasst sind und zu erheblichen Anwendungsproblemen führen können.

79 **b) Einschränkungen durch öffentliche Belange.** In § 8 UIG sind die Einschränkungen des Informationsanspruchs zum Schutz öffentlicher Belange geregelt.[185] Die Einschränkungen stehen unter einem Abwägungsvorbehalt. So ist in § 8 Abs 1 UIG geregelt, dass ein Antrag abzulehnen ist, soweit das Bekanntgeben der begehrten Information nachteilige Auswirkungen auf die **internationalen Beziehungen, Verteidigung,** bedeutsame Schutzgüter der **öffentlichen Sicherheit, Vertraulichkeit von Beratungen,** Durchführung eines **Gerichtsverfahrens** oder den Zustand der Umwelt hätte, es sei denn, das öffentliche Interesse an der Bekanntgabe überwiegt. Der Zugang zu Umweltinformationen über Emissionen kann überhaupt nur unter Berufung auf Belange der Verteidigung, internationale Beziehungen oder sonst bedeutsame Schutzgüter der öffentlichen Sicherheit abgelehnt werden. Auch § 8 Abs 2 UIG steht unter **Abwägungsvorbehalt.** Danach ist ein Antrag abzulehnen, wenn er offensichtlich missbräuchlich gestellt wurde, zu unbestimmt ist und nicht präzisiert wird, sich auf interne Mitteilungen bezieht, bei einer Stelle gestellt wird, die nicht über die begehrten Informationen verfügt, sich auf Material, das gerade vervollständigt wird, noch nicht abgeschlossene Schriftstücke oder noch nicht aufbereitete Daten bezieht.

80 **c) Einschränkungen zum Schutz sonstiger Belange.** Auch die Einschränkungen des § 9 Abs 1 UIG zum Schutz sonstiger Belange stehen unter einem Abwägungsvorbehalt, bei dem das öffentliche Interesse an der Bekanntgabe mit dem Schutz der beeinträchtigten Belange abzuwägen ist.[186] Dabei handelt es sich um den Schutz personenbezogener Daten, Rechte am geistigen Eigentum, insbesondere Urheberrechte sowie Betriebs- und Geschäftsgeheimnisse.[187] Auch hier ist das öffentliche Interesse am Zugang zu Umweltinformationen über Emissionen besonders hervorgehoben; ihm kann nur ein erhebliches Interesse

[182] EuGH NVwZ 2012, 491; hierzu Ruttloff NVwZ 2013, 701.

[183] BVerwGE 130, 223; 108, 369, 372. Nach EuGH NVwZ 2011, 156 (Stichting Natur en Milieu) umfasst der Begriff auch Informationen, die im Rahmen eines Zulassungsverfahrens für Pflanzenschutzmittel im Hinblick auf Belastungshöchstgrenzen übermittelt wurden.

[184] Überblick bei Louis NuR 2013, 77, 79. Weitere Nachweise bei Voßkuhle in Hoffmann-Riem/Schmidt-Aßmann, S 383.

[185] Überblick bei Louis NuR 2013, 77, 82; Wegener NVwZ 2015, 609, 612.

[186] Hierzu näher Ramsauer AnwBl 2013, 410, 418 f.

[187] OVG Koblenz NVwZ 2013, 376 (Sicherheitsbericht).

von Betroffenen am Schutz personenbezogener Informationen entgegengehalten werden (zur Abwägung OVG Münster DVBl 2015, 251).

d) Abwägungsvorbehalt. Der Schutz entgegenstehender öffentlicher Belange steht nach § 8 Abs 1, 2 UIG unter einem Abwägungsvorbehalt. Dasselbe gilt nach § 9 Abs 1 S 1 UIG auch für den Schutz sonstiger Belange. Ob öffentliche oder sonstige Belange betroffen sind, ist einer vollständigen gerichtlichen Kontrolle zugänglich. Insoweit trifft die auskunftsverpflichtete Behörde aber eine Darlegungslast.[188] Liegen danach schutzwürdige Interessen vor, müssen diese gegen das Informationsinteresse der Öffentlichkeit abgewogen werden. Auch die Abwägungsentscheidung ist vollen Umfangs überprüfbar. Unabhängig davon sind die von den Geheimhaltungsinteressen nicht berührten Informationen herauszugeben (Trennungsprinzip). 81

3. Verfahren. Der Anspruch auf Informationen nach dem UIG ist mit einem **Antrag** gegenüber der verpflichteten Behörde (§ 9 UIG) geltend zu machen. Sind Belange und Interessen Dritter betroffen, so sind diese im Verwaltungsverfahren anzuhören (§ 9 Abs 1 3 UIG). Liegen die Voraussetzungen vor, so sind die Informationen binnen zwei Monaten zu geben; anderenfalls ist ein **ablehnender Bescheid** zu erteilen. Nach dieser in § 5 UIG vorgesehenen Verfahrensweise wird die erbetene Information im Wege schlichthoheitlichen Handelns gegeben; ein Bescheid muss dem nicht vorangehen. Anders ist die Lage dann, wenn die Behörde den Antrag abgelehnt hat; in diesem Fall muss der Betroffene nach erfolglosem Widerspruchsverfahren Verpflichtungsklage auf Erteilung eines positiven Bescheides erheben (VG Frankfurt aM NVwZ 2006, 1321). Die Übermittlung von Informationen ist nach § 10 UIG kostenpflichtig. Zur **Höhe der Gebühren** für die Bereitstellung EuGH NVwZ 2015, 1588. 82

X. Das Verbraucherinformationsgesetz

1. Allgemeines. Das im **Jahre 2012 neu erlassene** Verbraucherinformationsgesetz (VIG)[189] erweitert die Informationsmöglichkeiten von Verbrauchern über Erzeugnisse im Sinne des Lebens- und Futtermittelrechts und Verbraucherprodukte iS des ProdSG und soll damit angesichts bekannt gewordener Missstände in der Lebensmittelproduktion einen Beitrag zur Lebensmittelsicherheit leisten.[190] Es vermittelt den Verbrauchern einen **Anspruch auf Informationen** gegenüber den im Bereich des LFGB zuständigen Behörden, **ohne dass diese ein berechtigtes Interesse darlegen** müssen. Die Gewährung eines voraussetzungslosen Informationsanspruchs gegenüber allen Stellen, die öffentlich-rechtliche Aufgaben im Hinblick auf den Verbraucherschutz wahrnehmen, soll gleichzeitig der Markttransparenz dienen. Das VIG steht gemeinsam mit dem UIG und dem IFG im Zusammenhang der Steigerung der Transparenz von Verwaltungshandeln.[191] Zum Verhältnis zu den Informationsfreiheits- und Umweltinformationsgesetzen Zilkens NVwZ 2009, 1465, 1467. 83

Bei der Anwendung des VIG sind die **spezielleren Regelungen insbesondere des Lebensmittelrechts** zu berücksichtigen, die allerdings idR eine andere gesetzgeberische Zielsetzung verfolgen. So geht es bei § 40 LFGB in erster Linie um Gefahrenabwehr.[192] Ähnliches gilt für die Regelung der Lebensmittelkontrollen gem VO (EG) Nr. 882/2004 über amtliche Kontrollen zur Überprüfung der Einhaltung des Lebensmittel- und Futtermittelrechts sowie der Bestim- 84

---

188 VGH Kassel NVwZ 2014, 533.

189 Gesetz zur Verbesserung der gesundheitsbezogenen Verbraucherinformation v 17.10. 2012 (BGBl I 2166, 2725), damit wurde das Gesetz v 5.11.2007 (BGBl I, 2558) abgelöst.

190 BT-Drs 16/5404, S. 7. Überblick über die Neuerungen bei Schoch NVwZ 2012, 1497.

191 Albers/Ortler GewArch 2009, 225; Wustmann BayVBl 2009, 5.

192 Hierzu näher Wollenschläger VerwArch 2011, 20, 27 mwN.

mungen über Tiergesundheit und Tierschutz v 29.4.2004 (ABl L 191) sowie für Art 10 der Basisverordnung,[193] der nach der Rspr des EuGH aber für weitergehende nationale Regelungen keine Sperrwirkung auslöst.[194]

85 **2. Voraussetzungen.** Der Anwendungsbereich des VIG umfasst gemäß § 1 VIG im wesentlichen Informationen über **Erzeugnisse** iS des Lebens- und Futtermittelgesetzbuchs (LFBG) und **Verbraucherprodukte,** die § 2 Nr 26 Produktsicherheitsgesetz (ProdSG) unterfallen.[195] Der Anwendungsbereich wird im übrigen näher bestimmt durch die Regelungen in § 2 VIG, der die einbezogenen Daten in § 2 Abs 1 VIG und die informationspflichtigen Stellen in § 2 Abs 2 VIG regelt (s auch VG Oldenburg CVBl 2014, 330). Der Anspruch setzt eine vorherige Richtigkeitsprüfung nicht voraus (BVerwG NVwZ 2015, 1297).

86 **3. Beschränkungen.** Der Informationsanspruch wird begrenzt durch **Ausschluss- und Beschränkungsgründe** (§ 3 VIG).[196] Das Gesetz unterscheidet entgegenstehende öffentliche Belange in § 3 Satz 1 Nr 1 VIG und entgegenstehende private Belange in § 3 Satz 1 Nr 2 VIG, wobei letztere überwiegend unter einem **Abwägungsvorbehalt** stehen.[197] Abgewogen werden dann die privaten Belange gegen das öffentliche Interesse an der Bekanntgabe (§ 3 Satz 2 VIG). Weitere Ablehnungsgründe finden sich in § 4 Abs 3 und 4 VIG; in den Fällen des § 4 Abs 5 VIG (Informationen lassen sich auch aus anderen Quellen beschaffen) steht die Ablehnung im Ermessen der Behörde. Danach Die Grenzen des Anspruchs sind **gerichtlich überprüfbar,** sowohl vom Antragsteller als auch von einem Dritten, der die Preisgabe der Informationen verhindern will.

87 **4. Verfahren.** Die Informationserteilung setzt einen schriftlichen hinreichend bestimmten Antrag voraus (§ 4 Abs 1 VIG). Die Gewährung der Information erfolgt in einem **zweistufigen Verfahren.** Nach Antragseingang prüft die Behörde, ob der Anwendungsbereich des VIG eröffnet ist und ob Ausschluss- oder Beschränkungsgründe vorliegen und nach § 3 VIG der Informationserteilung entgegenstehen. Sind die Belange Dritter betroffen, eröffnet die Behörde diesen die Möglichkeit zur Stellungnahme. Hinsichtlich der Beteiligung Dritter verweist § 5 Abs 1 VIG auf das VwVfG. Die **Entscheidung erfolgt durch VA** (§ 5 Abs 2 VIG), gegen den Widerspruch und Klage zulässig sind.[198] Darin wird auch über das Ob und das Wie der Auskunftserteilung verbindlich entschieden. Die auf der zweiten Stufe dann folgende tatsächliche **Informationsbereitstellung ist als Realakt** zu qualifizieren (§ 6 VIG). Rechtsschutz gegen die Verweigerung einer Information ist mittels Widerspruch (auch dann, wenn die Entscheidung durch eine oberste Bundesbehörde getroffen wird) und Verpflichtungsklage zu erlangen. Eines Widerspruchs bedarf es nicht, wenn der Widerspruch landesrechtlich nicht mehr vorgeschrieben ist (zutreffend Mühlbauer DVBl 2009, 355, 356).

88 **5. Verbraucherinformation von Amts wegen.** Der Fall der sog **Pankower Ekelliste** hat zu Auseinandersetzungen darüber geführt, ob auch die Veröffentlichung von Informationen von Amts wegen auf das VIG gestützt werden kann. Dies war nach der alten Rechtslage grundsätzlich zu bejahen.[199] Allerdings war

---

193 Verordnung (EG) Nr 178/2002 zur Festlegung der allgemeinen Grundsätze und Anforderungen des Lebensmittelrechts, zur Errichtung der Europäischen Behörde für Lebensmittelsicherheit und zur Festlegung von Verfahren zur Lebensmittelsicherheit (ABl L Nr 178/2002).

194 EuGH NVwZ 2013, 1002 (Berger); hierzu Gurlit NVwZ 2013, 1267.

195 Damit wurde der Anwendungsbereich des VIG neu geregelt; zur früheren Rechtslage VG Stuttgart VuR 2009, 317.

196 Hierzu auch VG Oldenburg DVBl 2014, 330.

197 Hierzu Schoch NVwZ 2012, 1497, 1498.

198 Mühlbauer DVBl 2009, 355; Wustmann BayVBl 2009, 5.

199 S zur alten Rechtslage Schoch NJW 2010, 2241; Schink DVBl 2011, 253; **aA** Holzner NVwZ 2010, 489; Becker/Blackstein NJW 2011, 490; Ossenbühl NVwZ 2011, 1357.

insoweit der Schutz der Grundrechte und damit der Grundsatz der Verhältnismäßigkeit zu berücksichtigen.[200] Nach neuer Rechtslage ist dies nicht mehr anzunehmen. Insoweit gibt es eine Information der Öffentlichkeit von Amts wegen nur nach § 40 LFGB unter den dort genannten Voraussetzungen sowie nach den landesrechtlichen Bestimmungen, etwa nach den Transparenzgesetzen (zB Hamburg).

§ 30 Geheimhaltung

Die Beteiligten haben Anspruch darauf, dass ihre Geheimnisse,[8] insbesondere die zum persönlichen Lebensbereich gehörenden Geheimnisse[9] sowie die Betriebs- und Geschäftsgeheimnisse,[9a] von der Behörde nicht unbefugt[12] offenbart[10] werden.

Parallelvorschriften: § 30 AO; § 35 SGB I; §§ 67 ff SGB-X

Schrifttum: *App,* Auskünfte der Finanzämter an die Gewerbebehörden mit dem Ziel einer Gewerbeuntersagung, LKV 1993, 192; *André,* Schutz der Sozialdaten und rationales Verwaltungshandeln, DVP 1993, 3; *Berg,* Geschäftsgeheimnisse, Akteneinsicht und Drittbeteiligung im Kartellverwaltungs- und -beschwerdeverfahren, Diss Berlin 1984; *Bittmann,* Das Sozialgeheimnis im Ermittlungsverfahren, NJW 1988, 3118; *Breuer,* Schutz von Betriebs- und Geschäftsgeheimnissen im Umweltrecht, NVwZ 1986, 171; *Bull,* Datenschutz contra Amtshilfe, DÖV 1979, 261; *Cosack/Tomerius,* Betrieblicher Geheimnisschutz und Interesse des Bürgers an Umweltinformationen bei Aktenvorlage im Verwaltungsprozeß, NVwZ 1993, 841; *Ekardt/Exner/Beckmann,* Schutz von Betriebs- und Geschäftsgeheimnissen in den neuen Informationsfreiheitsgesetzen, VR 2007, 404; *Eilers/Roeder,* Die Verletzung des Steuergeheimnisses bei der internationalen Rechtshilfe, wistra 1987, 92; *Engel,* Der freie Zugang zu Umweltinformationen nach der Informationsrichtlinie der EG und der Schutz von Rechten Dritter, NVwZ 1992, 111; *Felix,* Kollision zwischen Presse-Informationsrecht und Steuergeheimnis, NJW 1978, 2134; *Fischer/Schaaf,* Offenbarung steuerlicher Daten gegenüber Gewerbeuntersagungsbehörden, GewArch 1990, 337; *Frank,* Der Schutz von Unternehmensgeheimnissen im Öffentlichen Recht, 2009; *Gola,* Der Personalaktenschutz im öffentlichen Dienst, RiA 1994, 1; *Grigg,* Amtsverschwiegenheit – Schutz der Parteien – Amtshaftung, ZfV 1982, 13; *Groll,* Steuergeheimnis und abgabenrechtliche Offenbarungsbefugnis, NJW 1979, 90; *Haus,* Sozialdatenschutz in gerichtlichen Verfahren, NJW 1988, 3126; *Heckel,* Behördeninterne Geheimhaltung, NVwZ 1994, 224; *Krause/Steinbach,* Steuer- und Sozialgeheimnis im Gewerberecht, DÖV 1985, 549; *Kühne,* Innerbehördliche Schweigepflicht von Psychologen, NJW 1977, 1478; *Kunkel,* Die Rechtsfolgen unzulässigen Offenbarens eines Geheimnisses, insb des Sozialgeheimnisses durch die Behörde, VBlBW 1992, 47; *Meyer,* Verletzung des Steuergeheimnisses (§ 30 AO) im Rahmen des gewerblichen Untersagungsverfahrens gemäß § 35 GewO, GewArch 1985, 319; *Podlech,* Die Bedeutung des Sozialgeheimnisses für das sozialgerichtliche Verfahren, ZfSH/SGB 1985, 1; *Polenz,* Betriebs- und Geschäftsgeheimnisse der öffentlichen Hand, DÖV 2010, 350; *Rossi,* Das Informationsfreiheitsrecht in der gerichtlichen Praxis, DVBl 2010, 554; *Roßnagel* (Hg), Handbuch Datenschutz, 2003; *Rothfuchs,* Zum effektiven Rechtsschutz des in seinen Betriebsgeheimnissen Betroffenen bei drohendem Zugang seines Konkurrenten zu Umweltinformationen, UPR 2006, 343; *Karsten Schmidt,* Drittschutz, Akteneinsicht und Geheimnisschutz im Kartellverfahren, 1992; *Schnapp,* Amtshilfe, behördliche Mitteilungspflichten und Geheimhaltung, NJW 1980, 2165; *Stadler,* Der Schutz von Unternehmensgeheimnissen im Zivilprozeß, NJW 1989, 1202; *Steinberg,* Schutz von Geschäfts- und Betriebsgeheimnissen im atomrechtlichen Genehmigungs- und Aufsichtsverfahren, UPR 1988, 1; *Taeger,* Die Offenbarung von Betriebs- und Geschäftsgeheimnissen, 1988; *Walter,* Zur Auskunftspflicht der Sozialbehörden und Arbeitsämter in Ermittlungs- und Strafverfahren, NJW 1978, 868.

Übersicht

[200] Wollenschläger VerwArch 2011, 20, 29 mwN.

I. Allgemeines

1 **1. Inhalt des § 30.** Die Vorschrift regelt den **Anspruch der Beteiligten auf Geheimhaltung** der sie persönlich betreffenden Tatsachen, Umstände usw, die nach den herrschenden Auffassungen oder nach besonderen Rechtsvorschriften, insb auch nach den Wertungsmaßstäben der Art 1, 2, 12 und 14 GG, als „persönliche" oder sonst „private" Angelegenheiten zu betrachten sind, die „andere nichts angehen". Die Regelung lehnt sich an § 203 Abs 2 StGB an. Mit dem Anspruch der Beteiligten wird zugleich die objektiv-rechtliche Verpflichtung der Behörden auf Wahrung der Geheimnisse der Beteiligten begründet. Zugleich dient sie auch **der Herstellung eines Vertrauensverhältnisses** zwischen Bürger und Behörde, das Voraussetzung für eine sinnvolle Zusammenarbeit im Verwaltungsverfahren und damit auch für die **Effizienz des Verwaltungshandelns** ist (Begr 54; UL § 23 Rn 8; Knack/Henneke 2).

1a **2. Verfassungsrecht, Europarecht.** Die Vorschrift ist Ausfluss des Rechtsstaatsprinzips und des Persönlichkeitsrechts der Betroffenen auf Schutz ihrer Geheimnisse, insb auch des **Rechts auf informationelle Selbstbestimmung** im Zusammenhang mit den in einer Sache berührten Grundrechten.[1] Der Anspruch auf die Geheimhaltung persönlicher Daten in Verwaltungsverfahren ist auch ungeschriebener **Grundsatz des europäischen Verwaltungsverfahrensrechts** (Schwarze DVBl 1996, 881; Gassner DVBl 1995, 16) und gilt deshalb auch insoweit, als das Verwaltungsverfahren der Umsetzung von Rechtsvorschriften des EU-Rechts dient.[2]

2 **3. Anwendungsbereich. a) Unmittelbarer Geltungsbereich.** § 30 gilt unmittelbar nur für Verwaltungsverfahren nach dem VwVfG und gibt nur den Beteiligten (§ 13) eines anhängigen Verwaltungsverfahrens (§ 9) einen Anspruch

---

[1] BVerfG 67, 142 = NJW 1984, 2271; 80, 373; BVerwGE 74, 119; StBS 2; Knack/Henneke 3; Obermayer/Funke-Kaiser 2; Schulze-Fielitz DVBl 1982, 338; Spanner DVBl 1984, 1004. Vgl allg zum Schutz personenbezogener Daten iwS BVerfG 89, 69 = NJW 1993, 2365; zu sich aus den Grundrechten ergebenden besonderen Schutzpflichten Kopp NJW 1994, 1753; zum Geheimnisschutz im Verfahren auch Cosack/Tomerius, NVwZ 1993, 841.

[2] EuGHE 1995, I-865, Rn 25; StBS 30; Gornig/Trüe JZ 2000, 395, 446.

auf Wahrung ihrer „Geheimnisse" durch die Behörden. Die Regelung gilt an sich unmittelbar nur bis zum Abschluss des Verwaltungsverfahrens. Nach dem Zweck der Vorschrift, der insb auch darin besteht, das Vertrauen des Bürgers zu schützen, ist § 30 aber jedenfalls zumindest analog auch **über den Abschluss eines Verwaltungsverfahrens hinaus, anwendbar,** obwohl damit die Beteiligtenstellung der Verfahrensbeteiligten endet (ebenso Papier NJW 1985, 12; Knack/Henneke 7; StBS 5). Die Verwaltungsverfahrensgesetze der Länder enthalten weitgehend gleich lautende Vorschriften. Soweit einige Bundesländer (Baden-Württemberg, Nordrhein-Westfalen) ihre entspr Vorschriften aufgehoben haben, gelten die allgemeinen Grundsätze, die einen vergleichbaren Mindestschutz gewährleisten.

b) Entsprechende Anwendung. § 30 ist als **Ausdruck eines allgemeinen Rechtsgrundsatzes** sinngemäß-analog, soweit keine Sonderregelungen bestehen, die gem § 1 oder § 2 vorgehen, entsprechend seinem Zweck und als Ausdruck eines allgemeinen Rechtsgedankens und insb auch als Folgerung aus Art 1, 2, 12 und 14 GG (vgl BVerfG 27, 344) **auch auf Geheimnisse Dritter anzuwenden,** die im Zusammenhang mit einem Verwaltungsverfahren zur Kenntnis der Behörde gelangen, zB von Zeugen, Sachverständigen, Informanten, Familienangehörigen der Beteiligten, Bevollmächtigten und Vertretern der Beteiligten usw.[3] Dafür spricht nicht zuletzt auch die **Parallele zur Akteneinsicht,** bei der gem § 29 Abs 2 ebenfalls die entsprechenden Dritten in den Schutzbereich mit einbezogen sind (Knack/Henneke 7). 3

Die Verpflichtung zur Wahrung der Geheimnisse des Bürgers gilt nicht nur für die Behörde, die das Verfahren geführt hat, sondern **für alle Behörden,** die, wie auch immer amtlich oder außeramtlich Kenntnis von Geheimnissen eines Bürgers erlangt haben oder erlangen, einschließlich der Behörden, die sonst nicht unter das VwVfG fallen.[4] Eine Geheimhaltungspflicht obliegt etwa auch dem Landtagspräsidenten im Hinblick auf personenbezogene Informationen über Landtagsabgeordnete, von denen er im Rahmen des Vollzugs des NAbgG Kenntnis erhält.[5] 4

Darüber hinaus muss § 30 als Ausdruck eines vor allem auch verfassungsrechtlich begründeten **allgemeinen Rechtsgedankens** auch außerhalb des Anwendungsbereichs des VwVfG und ohne notwendigen Zusammenhang mit einem Verwaltungsverfahren gem § 9 sinngemäß-analog **auch auf sonstiges öffentlichrechtliches Verwaltungshandeln** angewandt werden[6] auch auf Verfahren zum Erlass von VOen oder Satzungen, sowie grundsätzlich auch auf privatrechtliche (fiskalische) Handlungen der Verwaltung zur Erfüllung öffentlicher Aufgaben (Achterberg JA 1985, 510; v Zezschwitz NJW 1983, 1881). 5

c) Spezielle Regelungen. Nicht berührt werden von § 30 **sonstige Geheimhaltungsvorschriften** zum Schutz bestimmter öffentlicher Interessen oder von Interessen Dritter, zum Schutz des Bestandes des Bundes und der Länder usw, zB § 30 Abs 2 AO (s dazu BVerwG DVBl 1982, 696) und die **Vorschriften des Beamtenrechts** über die **Amtsverschwiegenheit.** Das gilt sowohl für den Fall, dass sie strengere Geheimhaltungspflichten enthalten, als auch dann, wenn sie als speziellere Normen Einschränkungen des Geheimhaltungsanspruches enthalten. Anwendbar bleiben auch die **Datenschutzgesetze,** die sich heute nicht mehr nur wie früher (vgl VGH München BayVBl 1987, 119) grundsätzlich nur auf „Daten" ieS beziehen, sondern zT auch auf sonstige Informationen (vgl zB Büllesbach NJW 1991, 2593; Dammann NVwZ 1991, 640). 6

---

3 UL § 23 Rn 8; Obermayer/Funke-Kaiser 9 ff; Knack/Henneke 7; StBS 5, 24.
4 Str; vgl idS auch StBS 5, 25.
5 OVG Lüneburg NdsVBl 2008, 226 für die Umsetzung von § 27 Abs 3 NAbgG.
6 BVerwG MDR 1983, 344; StBS 6; Knack/Henneke 7.

7 **d) Konkordanz.** Da § 30 das Verbot „unbefugter" Offenbarung enthält, wird sich im Regelfall eine Abweichung der damit geregelten Rechte und Pflichten von bereichsspezifischen spezielleren Regeln nicht ergeben. Wie letztere ist auch § 30 stets vor dem Hintergrund der betroffenen grundrechtlichen Gewährleistungen zu verstehen und auszulegen. In diesem Zusammenhang sind auch die vielfältigen Bestimmung des **Datenschutzrechts** von Bedeutung (s Roßnagel (Hg), Handbuch Datenschutzrechts, Kap 4 ff).

II. Geheimhaltungsanspruch

8 **1. Begriff des Geheimnisses.** Geheimnisse iS von § 30 sind alle Tatsachen, Umstände, Vorgänge usw, die nur einem begrenzten Personenkreis bekannt sind und an deren Wahrung der Geheimnisträger ein schutzwürdiges Interesse hat[7] und die **auf Grund bestehender Rechtsvorschriften** oder nach **allgemeiner Anschauung,** insb auch unter Berücksichtigung der im Verfassungsrecht vorgegebenen Wertungen, **Dritte „nichts angehen"** (MuLö BayVBl 1990, 765). Das setzt idR einen personalen Bezug des Geheimnisses voraus (StBS 9; Obermayer/Funke-Kaiser 15f). Der Begriff entspricht dem Geheimnisbegriff des Strafrechts gem § 203 Abs 2 StGB (Knack/Henneke 8) und des Prozessrechts gem § 170 GVG; er schließt den Begriff der **geheimzuhaltenden Vorgänge** iS von § 5 Abs 2 S 2 und § 29 Abs 2 mit ein. Er ist wie dieser in tatsächlicher und rechtlicher Hinsicht **gerichtlich voll überprüfbar;** die Behörde hat insoweit keinen Beurteilungsspielraum (vgl VGH München NVwZ 1990, 778; StBS 7). Maßgeblich sind nicht allein die Vorstellungen des Beteiligten; die Geheimnisse müssen auch objektiv unter Berücksichtigung vor allem auch der Wertungsvorgaben des Verfassungsrechts (s oben Rn 1) geheimhaltungswürdig sein (StBS 8; Knack/Henneke 9).

9 **a) Persönlichkeitssphäre.** Zu den Geheimnissen iS von § 30 gehören grundsätzlich alle **Privatgeheimnisse,** die unter den Schutz der Persönlichkeits- und Intimsphäre fallen (VGH München BayVBl 1978, 870; BVerwGE 50, 264) zB die **gesundheitlichen** (vgl zu Patientendaten auch BVerwGE 82, 60 – zweifelhaft, soweit das BVerwG im konkreten Fall die Weitergabe für zulässig hält), **familiären** und **wirtschaftlichen** Verhältnisse einer Person (vgl UL § 23 Rn 9; zu Ehescheidungsakten auch BVerfG 27, 353), frühere Verfehlungen usw; **nicht dagegen** schlechthin alle den Bürger persönlich betreffenden Tatsachen und Umstände.[8]

9a **b) Betriebs- und Geschäftsgeheimnisse.** Zu den Geheimnissen zählen weiter Betriebs- und Geschäftsgeheimnisse, also Tatsachen, die im Zusammenhang mit einem Geschäftsbetrieb stehen, nur einem begrenzten Personenkreis bekannt sind und an deren Geheimhaltung der Unternehmer ein schutzwürdiges wirtschaftliches Interesse hat.[9] Für Unternehmen bezeichnen Geschäfts- und Betriebsgeheimnisse gleichzeitig abschließend die von § 30 geschützten Geheimnisse (Länderausschuss NVwZ 1986, 284). Dabei versteht man unter dem Begriff des **Betriebsgeheimnisses** die Tatsachen, die die technische Seite des Unternehmens betreffen, wie zB **Produktionsmethoden** und **Verfahrensabläufe;** von dem Begriff des **Geschäftsgeheimnisses** werden die Geheimnisse des kaufmännischen Bereichs des Unternehmens umfasst, zB **Kalkulationen, Marktstrategien, Kundenlisten** (Länderausschuss NVwZ 1986, 284; BVerfGE 115, 205). Im Einzelnen kann zur Abgrenzung wegen der Identität des Schutzobjekts

---

[7] Länderausschuss NVwZ 1986, 284; MB 7; Knemeyer NJW 1984, 2243; Obermayer/Funke-Kaiser 15; StBS 8; Knack/Henneke 8.

[8] Meyer-Teschendorf ZBR 1979, 266; sehr eng BVerfG 65, 45; Wilde BayVBl 1986, 231.

[9] BVerfGE 115, 205; OVG Schleswig NordÖR 2007, 166; Vgl auch BGH NJW 1977, 1062; BayObLG NJW 1991, 439.

auch auf die Rspr und das Schrifttum zu § 203 Abs 2 StGB,[10] dem die Vorschrift nachgebildet ist, und zu § 170 GVG zurückgegriffen werden (Meyer-Teschendorf ZBR 1979, 267).

c) Mehrheit der Betroffenen. Beziehen sich geheimhaltungsbedürftige Tatsachen uä zugleich auf mehrere Personen, so sind sie schon dann geheimzuhalten, wenn die Voraussetzungen für eine der beteiligten Personen erfüllt sind und eine Offenbarung nicht möglich ist, ohne deren Rechte zu verletzen (**aA** offenbar VGH München BayVBl 1990, 214). Sind die Informationen ihres persönlichen Charakters entkleidet, handelt es sich also um statistische oder anonyme Daten, so fallen sie nicht unter den Begriff des Geheimnisses. Gleiches gilt für Informationen, die allgemein oder jedenfalls einer unbestimmten Vielzahl von Personen bekannt sind. 9b

2. Unbefugte Offenbarung von Geheimnissen. a) Begriff der Offenbarung. Erfasst werden alle Formen der Offenbarung von Geheimnissen, außer schriftlichen oder mündlichen Mitteilungen oder Äußerungen auch zB die Gewährung von **Akteneinsicht** (vgl dazu § 29 Rn 36 ff), die Erteilung von **Auskünften,** konkludentes Verhalten usw, uU sogar Schweigen (beredtes Schweigen). Die Offenbarung muss nicht notwendig in typisch dienstlichen Zusammenhängen erfolgen. Ausreichend sind **Mitteilungen im privaten Kreis,** die Angabe auf einem Beleg für eine Geldüberweisung, dass die Zahlung als Sozialleistung erfolgt (BVerwG NJW 1995, 410), Mitteilungen innerhalb der Behörde an nicht dienstlich mit der Sache befasste Bedienstete[11] usw, gleichgültig zu welchen Zwecken; angesichts der allgemeinen Fassung der Vorschrift auch im Verhältnis der Behörden untereinander (ebenso UL § 23 Rn 10; Papier NJW 1985, 12; StBS 15), insb auch im Rahmen der Amtshilfe[12] (s insoweit unten Rn 14). 10

Unerheblich ist, **ob** die Offenbarung des Geheimnisses **bewusst oder vorsätzlich** erfolgt; um eine Offenbarung eines Geheimnisses handelt es sich auch dann, wenn ein Geheimnis einem Dritten durch **fahrlässiges Verhalten** eines Bediensteten der Behörde bekannt wird (UL § 23 Rn 10; Knack/Henneke 11), zB wenn ein Dritter von einem offen herumliegenden Schriftstück Kenntnis nehmen kann (ebenso Knack/Henneke 11). 11

b) Begriff der Befugnis. Befugt ist eine Offenbarung, wenn sie entweder durch **Rechtsvorschriften,** durch **Einwilligung** des Berechtigten oder durch allgemeine **Rechtsgrundsätze** gerechtfertigt ist.[13] Kein Grund, der eine Offenbarung von Geheimnissen rechtfertigt, ist der Umstand, dass ein Geheimnis ohnehin bereits vielen Personen bekannt geworden ist, sofern der Geheimnischarakter nicht bereits entfallen ist (vgl Rn 9a). Solange die Betroffenen nicht selbst auf weitere Geheimhaltung verzichten, muss die Behörde auch solche Tatsachen als geheim behandeln und darf sie nicht gewissermaßen „amtlich bestätigen";[14] sie darf allenfalls ohne eigene Stellungnahme auf Äußerungen Dritter in der Pres- 12

---

[10] S dazu allg auch OLG Schleswig NJW 1985, 1091, in der entschiedenen Sache jedoch mit kaum vertretbarem Ergebnis.

[11] Obermayer/Funke-Kaiser 30; Knemeyer NJW 1984, 2244; Knack/Henneke 11; Heckel NVwZ 1994, 224.

[12] StBS 7 und 23 – unter Hinweis darauf, dass bei der Amtshilfe jedoch häufig bei der bei § 30 vorzunehmenden Güter- und Interessenabwägung – das Informationsinteresse der ersuchenden Behörde überwiegt –; Obermayer/Funke-Kaiser 43 ff; Schwan VerwArch 1975, 132 jetzt auch Knack/Henneke 14 **aA** Bullinger NJW 1978, 2126; Steinbömer DVBl 1981, 341; Meyer-Teschendorf ZBR 1979, 261.

[13] OVG Schleswig NordÖR 2007, 166.

[14] Vgl OLG München NJW 1986, 162; im Wesentlichen auch StBS 21 und Knack/Henneke 16: außer wenn die Tatsachen so offenkundig sind, dass sie den Charakter als Geheimnisse verloren haben; ähnlich Begr 54; OLG Frankfurt NVwZ 1982, 215: kein Geheimnisschutz mehr.

se usw zur Sache hinweisen. Etwas anderes gilt für den Fall der Offenkundigkeit, weil dann der Charakter eines „Geheimnisses" verloren ist und die Schutzwürdigkeit entfällt. Das bedeutet allerdings keine Ermächtigung für eine Information der Allgemeinheit.

13 **aa) Rechtsvorschriften.** Rechtsvorschriften können die Behörde zur Weitergabe von Informationen berechtigen oder verpflichten. Voraussetzung ist, dass die fraglichen Bestimmungen Ausdruck einer Abwägung seitens des Gesetzgebers in Bezug auf die kollidierenden Interessen der Geheimhaltung einerseits und der Offenbarung andererseits sind. Vor diesem Hintergrund müssen solche Rechtsvorschriften auch ausgelegt werden. **Beispiele:** § 35 Abs 2 SGB I; § 30 AO; §§ 117 ff SGB XII; § 47 BAföG; § 23 WoGG; §§ 35 ff StVG. Die Regelung über die Akteneinsicht nach § 29 Abs 2 stellt keine Befugnisnorm dar, weil sie sich ihrerseits an den Maßstäben des § 30 orientieren muss.

14 **bb) Amtshilfe als Rechtfertigung? Umstritten** ist, ob die Weitergabe von Informationen durch die Verpflichtung zur Amtshilfe gerechtfertigt werden kann. Dies wird teilweise angenommen.[15] Die hM geht demgegenüber zutreffend davon aus, dass § 30 eine Vorschrift iSd § 5 Abs 2 S 2 darstellt und dass die ersuchte Behörde eine anderweitige Ermächtigung braucht, wenn sie Informationen offenbart, die unter § 30 fallen.[16] Anderenfalls besteht die Gefahr, dass der Geheimhaltungsschutz unterlaufen wird, für den auch die ersuchte Behörde verantwortlich ist.

15 **cc) Zustimmung.** Die Zustimmung der Beteiligten kann die Offenbarung rechtfertigen, soweit diese über die Geheimnisse allein verfügen können.[17] Betrifft das Geheimnis mehrere Personen, so müssen sie sämtlich zustimmen. Eine nachträgliche Zustimmung reicht grundsätzlich aus (StBS 17). Die Zustimmung ist nicht notwendig ausdrücklich zu erteilen, es muss aus dem Verhalten der Betroffenen aber eindeutig hervorgehen, dass sie im Rahmen eines bestimmten Verwaltungsverfahrens auf ihr Geheimhaltungsrecht verzichten.

16 **dd) Allgemeine Rechtsgrundsätze.** Allgemeine Rechtsgrundsätze können ebenfalls dazu führen, dass die Offenbarung nicht unbefugt iSd § 30 ist. Dies ist dann anzunehmen, wenn eine Interessen- und Güterabwägung ergibt, dass die Offenbarung zur **Wahrung höherrangiger Rechtsgüter** der Allgemeinheit oder Einzelner erforderlich ist.[18] Umstritten ist, ob auch fiskalische Interessen die Offenbarung rechtfertigen können (bejahend Koch 25 zu § 30 AO; verneinend Mössner DVBl 1987, 1233). Richtigerweise wird eine Rechtfertigung durch gewichtige fiskalische Interessen nicht grundsätzlich ausgeschlossen; maßgebend sind die Umstände des Einzelfalls.

17 **3. Geschützter Personenkreis.** § 30 gilt nach dem Wortlaut der Vorschrift für **die Beteiligten** (§ 13) eines Verfahrens. Als solche sind über den Wortlaut hinaus **auch andere Personen** anzusehen, deren Geheimnisse im Rahmen dieses oder eines anderen Verwaltungsverfahrens bekannt oder aktenkundig ge-

---

[15] VGH Kassel NVwZ 2003, 755; Knack/Henneke 14; Bullinger NJW 1978, 2126; UL § 23 Rn 10; Knemeyer NJW 1984, 2241.

[16] StBS 23; Obermayer/Funke-Kaiser 44; Erichsen/Ehlers § 13 Rn 39; Cehner 107 ff; Knack/Henneke 14.

[17] Begr 54; BVerfG 27, 344; UL § 23 Rn 10; Länderausschuss NVwZ 1986, 284; StBS 17; Obermayer/Funke-Kaiser 33ff.

[18] Vgl Begr 54; ebenso BVerwGE 35, 227; 49, 93; 84, 379; BVerwG DVBl 1981, 505; 1992, 298; VGH Mannheim DVBl 1992, 1309; OVG Hamburg NJW 1981, 697; VGH München BayVBl 1987, 119 zu Mitteilungen des Gesundheitsamts über Bedenken hins der Fahrtauglichkeit; OVG Schleswig NordÖR 2007, 166; Länderausschuss für Immissionsschutz NVwZ 1986, 284; OLG Celle NJW 1990, 1802; StBS 20; Knack/Henneke 15; Obermayer/Funke-Kaiser 47; UL § 23 Rn 10; wenn der Grundsatz der Verhältnismäßigkeit nicht entgegensteht; BVerfG 32, 380; 80, 374.

worden sind. Das gilt auch für Verfahren, die bereits abgeschlossen sind und auch für die Geheimnisse Dritter, die nicht iSd § 13 beteiligt sind oder waren.[19]

III. Rechtsfolgen der Verletzung der Geheimhaltungspflicht

1. Rechtsfolgen hinsichtlich der späteren Entscheidung. Der im Verlauf des Verwaltungsverfahrens erlassene VA ist bei einem Verstoß gegen Geheimhaltungspflichten nur dann rechtswidrig, wenn der VA auf diesem Fehler beruht. Das ist nur dann anzunehmen, wenn die rechtswidrig erlangte Kenntnis von einem Geheimnis den Inhalt der Entscheidung beeinflusst hat und der Verstoß zum Verwertungsverbot führt (StBS 28). Dies dürfte ein eher seltener Ausnahmefall sein. Zum **Verwertungsverbot** siehe § 26 Rn 10. Typischerweise führt der Verstoß gegen Geheimhaltungspflichten im Rahmen eines Verwaltungsverfahrens zu einer selbständigen Beschwer außerhalb des Verfahrens. Die Verletzung der Geheimhaltungspflicht kann außerdem die **Besorgnis der Befangenheit** des handelnden Bediensteten begründen und dadurch auch weitere Konsequenzen für das Verwaltungsverfahren haben (StBS 28). 18

2. Rechtsschutz bei Verletzung der Geheimhaltungspflicht. Die unbefugte Offenbarung eines Geheimnisses iSd § 30 löst idR den **allgemeinen Abwehranspruch**[20] aus, dessen Geltendmachung durch § 44a VwGO nicht ausgeschlossen wird. Auch für Beteiligte gilt § 44a VwGO hier nicht.[21] weil die Verletzung des Geheimhaltungsanspruchs eine selbstständige rechtliche Beeinträchtigung enthält, die idR unabhängig vom Ausgang des Verwaltungsverfahrens ist. Möglich ist die Geltendmachung eines **Unterlassungsanspruchs** bei drohender Verletzung (Kopp/Schenke vor § 40 Rn 33) oder eines **Folgenbeseitigungsanspruchs,** der sich zB auf die Verpflichtung zur Rückforderung unbefugt herausgegebener Unterlagen beziehen kann. Auch die Verpflichtung zum Widerruf einer unter Verletzung der Geheimhaltungspflicht aufgestellten Behauptung kommt in Betracht (StBS 28). 19

3. Sonstige Rechtsfolgen. Die unbefugte Offenbarung von Geheimnissen kann **strafrechtliche Konsequenzen** haben, wenn und soweit die Tatbestände zB der §§ 203 Abs 2, 204, 353a ff StGB verletzt sind. Im Übrigen kann die Verletzung von Geheimhaltungspflichten für den handelnden Beamten disziplinarrechtliche Konsequenzen haben und zu einem Schadensersatzanspruch wegen **Amtspflichtverletzung** (Art 34 GG iVm 839 BGB führen, der auch Schmerzensgeld umfassen kann (UL § 23 Rn 11; StBS 28; Kunkel VBlBW 1992, 49; MB 25). 20

Abschnitt 2. Fristen, Termine, Wiedereinsetzung

§ 31 Fristen und Termine

(1) **Für die Berechnung von Fristen und für die Bestimmung von Terminen gelten die §§ 187 bis 193 des Bürgerlichen Gesetzbuchs[14] entsprechend, soweit nicht durch die Absätze 2 bis 5 etwas anderes bestimmt ist.**

---

[19] Ebenso Papier NJW 1985, 12; StBS 5, 24; VG Berlin U v 16.11.2011, 1 L 294.11, juris Rn 21.

[20] S hierzu BVerwGE 94, 100 = NVwZ 1994, 275; Ramsauer JuS 1995, 60; ders Assessorexamen, Rn 25.01.

[21] VGH München BayVBl 1985, 631; Knack/Henneke 17; VGH Kassel DÖV 1988, 468; einschränkend StBS 27 f.

(2) **Der Lauf einer Frist, die von einer Behörde gesetzt wird, beginnt mit dem Tag, der auf die Bekanntgabe der Frist folgt, außer wenn dem Betroffenen etwas anderes mitgeteilt wird.**[28]

(3) **Fällt das Ende einer Frist auf einen Sonntag, einen gesetzlichen Feiertag oder einen Sonnabend, so endet die Frist mit dem Ablauf des nächstfolgenden Werktags.**[29] **Dies gilt nicht, wenn dem Betroffenen unter Hinweis auf diese Vorschrift ein bestimmter Tag als Ende der Frist mitgeteilt worden ist.**[29]

(4) **Hat eine Behörde Leistungen nur für einen bestimmten Zeitraum zu erbringen, so endet dieser Zeitraum auch dann mit dem Ablauf seines letzten Tages, wenn dieser auf einen Sonntag, einen gesetzlichen Feiertag oder einen Sonnabend fällt.**[33]

(5) **Der von einer Behörde gesetzte Termin ist auch dann einzuhalten, wenn er auf einen Sonntag, gesetzlichen Feiertag oder Sonnabend fällt.**[34]

(6) **Ist eine Frist nach Stunden bestimmt, so werden Sonntage, gesetzliche Feiertage oder Sonnabende mitgerechnet.**[36]

(7) **Fristen, die von einer Behörde gesetzt sind, können verlängert werden.**[38] **Sind solche Fristen bereits abgelaufen, so können sie rückwirkend**[41] **verlängert werden, insbesondere wenn es unbillig wäre, die durch den Fristablauf eingetretenen Rechtsfolgen bestehen zu lassen. Die Behörde kann die Verlängerung der Frist nach § 36 mit einer Nebenbestimmung verbinden.**

Parallelvorschriften: § 108 AO; § 26 SGB-X; § 27 VwGO; § 222 ZPO; § 17 FGG; § 54 FGO; §§ 64 ff SGG; §§ 42 f StPO; §§ 187–193 BGB

Die §§ 187–193 BGB haben den Wortlaut:

§ 187 Fristbeginn. (1) Ist für den Anfang einer Frist ein Ereignis oder ein in den Lauf eines Tages fallender Zeitpunkt maßgebend, so wird bei der Berechnung der Frist der Tag nicht mitgerechnet, in welchen das Ereignis oder der Zeitpunkt fällt.

(2) Ist der Beginn eines Tages der für den Anfang einer Frist maßgebende Zeitpunkt, so wird dieser Tag bei der Berechnung der Frist mitgerechnet. Das Gleiche gilt von dem Tage der Geburt bei der Berechnung des Lebensalters.

§ 188 Fristende. (1) Eine nach Tagen bestimmte Frist endigt mit dem Ablauf des letzten Tages der Frist.

(2) Eine Frist, die nach Wochen, nach Monaten oder nach einem mehrere Monate umfassenden Zeitraum – Jahr, halbes Jahr, Vierteljahr – bestimmt ist, endigt im Falle des § 187 Abs 1 mit dem Ablauf desjenigen Tages der letzten Woche oder des letzten Monats, welcher durch seine Benennung oder seine Zahl dem Tage entspricht, in den das Ereignis oder der Zeitpunkt fällt, im Falle des § 187 Abs 2 mit dem Ablauf desjenigen Tages der letzten Woche oder des letzten Monats, welcher dem Tage vorhergeht, der durch seine Benennung oder seine Zahl dem Anfangstag der Frist entspricht.

(3) Fehlt bei einer nach Monaten bestimmten Frist in dem letzten Monat der für ihren Ablauf maßgebende Tag, so endigt die Frist mit dem Ablauf des letzten Tages dieses Monats.

§ 189 Berechnung einzelner Fristen. (1) Unter einem halben Jahr wird eine Frist von sechs Monaten, unter einem Vierteljahr eine Frist von drei Monaten, unter einem halben Monat eine Frist von 15 Tagen verstanden.

(2) Ist eine Frist auf einen oder mehrere ganze Monate und einen halben Monat gestellt, so sind die 15 Tage zuletzt zu zählen.

§ 190 Fristverlängerung. Im Falle der Verlängerung einer Frist wird die neue Frist von dem Ablauf der vorigen Frist an berechnet.

§ 191 Berechnung von Zeiträumen. Ist ein Zeitraum nach Monaten oder nach Jahren in dem Sinne bestimmt, dass er nicht zusammenhängend zu verlaufen braucht, so wird der Monat zu 30, das Jahr zu 365 Tagen gerechnet.

§ 192 Anfang, Mitte, Ende des Monats. Unter Anfang des Monats wird der Erste, unter Mitte des Monats der 15., unter Ende des Monats der letzte Tag des Monats verstanden.

§ 193 Sonn- und Feiertag; Sonnabend. Ist an einem bestimmten Tage oder innerhalb einer Frist eine Willenserklärung abzugeben oder eine Leistung zu bewirken und fällt der bestimmte Tag oder der letzte Tag der Frist auf einen Sonntag, einen am Erklärungs- oder Leistungsort staatlich anerkannten allgemeinen Feiertag oder einen Sonnabend, so tritt an die Stelle eines solchen Tages der nächste Werktag.

Schrifttum: *App,* Überblick über die Berechnung von Fristen nach dem VwVfG, VR 1993, 3; *Henneke,* Form- und Fristfragen beim Telefax, NJW 1998, 2194: *Johlen,* Zur Berechnung der Frist des § 3 Abs 2 S 2 BauGB und des § 73 Abs 5 S 1 VwVfG, BauR 1994, 561; *Kment,* Die Stellung nationaler Unbeachtlichkeits-, Heilungs- und Präklusionsvorschriften im europäischen Recht, EuR 2006, 201; *Kopp,* Wiedereinsetzung und Nachsicht bei Versäumung materiellrechtlicher Fristen, BayVBl 1977, 33; *Krause,* Wie lang ist ein Monat? – Fristberechnung ab Beispiel des § 5 Abs 3 VwVfG, NJW 1999, 1448; *Linhart,* Fristen und Termine im Verwaltungsrecht, 3. Aufl 1996; *Müller,* Geltung des § 186 BGB für die gesamte Rechtsordnung, NJW 1964, 1116; *Schroeter,* Die Fristenberechnung im Bürgerlichen Recht, JuS 2007, 29; *Sendler,* Anwendung allgemeiner Vorschriften des BGB im Verwaltungsverfahren, NJW 1964, 2137; *Steimel,* Aus der Praxis: Die zu spät abgegebene Hausarbeit, JuS 1982, 289; *Tetzlaff,* Eine verwaltungsrechtliche Fristenlektüre, VR 2004, 224; *Ule,* Zur rechtlichen Bedeutung von Ausschlussfristen im Verwaltungsprozess, BB 1979, 1009; *Volbers,* Fristen und Termine 710 Aufl 2003; *Zigltrum,* Grundfälle zur Berechnung von Fristen und Terminen gem §§ 187 ff BGB, JuS 1986, 705, 784.

Zu Präklusionsvorschriften: *K. Brandt,* Präklusion im Verwaltungsverfahren, NVwZ 1997, 233; *Christ,* Präklusion von Einwendungen anerkannter Naturschutzvereinigungen im Planfeststellungsverfahren, juris-PR- BVerwG 2/2012 (zu BVerwGE 140; *Haupt,* Ausschlussfristen im Einwendungsverfahren des öffentlichen Rechts, 1988; *Niedzwicki,* Präklusionsvorschriften des öffentlichen Rechts im Spannungsfeld zwischen Verfahrensbeschleunigung, Einzelfallgerechtigkeit und Rechtsstaatlichkeit, 2007; *Oexle,* Zur materiellen Verfassungsmäßigkeit materieller Präklusionsnormen im Recht der Länder, BayVBl 2004, 265; *S. Quaas,* Die Behördenpräklusion, 2006; *Siegel,* Die Behördenpräklusion und ihre Vereinbarkeit mit dem Verfassungsrecht und dem Gemeinschaftsrecht, DÖV 2004, 589; *Stüer/Rieder,* Präklusion im Fernstraßenrecht, DÖV 2003, 473; *Thiel,* Zur verfassungsrechtliche Zulässigkeit der materiellen Präklusion im Fachplanungsrecht, DÖV 2001, 814.

Übersicht

I. Allgemeines

1 **1. Inhalt.** Die Vorschrift regelt die **Berechnung von Fristen und Terminen,** soweit diese für Verwaltungsverfahren (§ 9; s jedoch auch unten Rn 2) von Bedeutung sind. Das Gesetz knüpft hier an die vor Inkrafttreten des VwVfG hM an, wonach die **Vorschriften des BGB als Ausdruck allgemeiner Rechtsgrundsätze** im Zweifel auch für die Berechnung von Fristen und Terminen im Verwaltungsrecht anzuwenden waren.[1] Abs 1 schreibt in Übereinstimmung damit die entspr Anwendung der Vorschriften des BGB über Fristen und Termine vor. Die Abs 2–5 enthalten in Anlehnung an einige Sonderregelungen (zB §§ 124 RVO; § 115 FlurBG aF; §§ 108 f AO 1977) ergänzend einige eigenständige Regelungen, die sich aber inhaltlich ebenfalls an die Vorschriften des BGB anleh-

[1] Vgl BVerwGE 44, 47; BVerwG DVBl 1970, 417; RGZ 113, 240; F 174; vgl auch §§ 108 f AO.

nen. Im Zweifel kann daher auch insoweit auf die Rspr zu §§ 187 ff BGB zurückgegriffen werden. Die **Vorschrift regelt nur die Berechnung,** nicht die Befugnis zur Setzung von Fristen. Für materiellrechtliche Fristen ist nach den Grundsätzen des Vorbehalts des Gesetzes stets eine **gesetzliche Ermächtigung** der Behörde erforderlich.[2] Die Befugnis der Behörde zur Setzung von Fristen innerhalb eines Verwaltungsverfahrens folgt dagegen grundsätzlich aus ihrer **Verfahrensherrschaft** (s Rn 7).

2. Verfassungsrecht. Die Möglichkeit der federführenden Behörde, den Beteiligten Fristen zu setzen und diese bei Bedarf auch zu verlängern, stellt keine unangemessene Beeinträchtigung von Rechtspositionen der Betroffenen dar. Weil Grundrechtspositionen auch durch Fristsetzungen in Verwaltungsverfahren berührt werden können, dürfen keine unangemessen kurzen Fristen gesetzt werden, deren Einhaltung den Beteiligten nicht möglich oder nicht zumutbar ist. Dieselben Anforderungen ergeben sich aus dem Rechtsstaatsprinzip und dem daraus folgenden Gebot einer fairen Verfahrensgestaltung. Von Bedeutung ist insoweit vor allem Abs 7, wonach die von der Behörde selbst gesetzten Fristen verlängert werden können. Hiervon muss im Interesse der Beteiligten Gebrauch gemacht werden, wenn sich zB im Nachhinein herausstellt, dass die gesetzte Frist infolge besonderer Umstände nicht in zumutbarer Weise eingehalten werden konnte. Auch eine Verletzung des aus Art 19 Abs 4 GG folgenden Grundrechts auf effektiven Rechtsschutz, das auch auf das Verwaltungsverfahren ausstrahlt,[3] kann eintreten, wenn die Verwaltung Fristen setzt, die von den Betroffenen bei Anlegung aller zumutbaren Sorgfalt nicht eingehalten werden können. 2

3. Vereinbarkeit mit EU-Recht. Die Möglichkeit der Behörden, innerhalb eines Verwaltungsverfahrens Fristen zu setzen, ist auch mit den Vorgaben des EU-Rechts vereinbar. Deshalb ist die Vorschrift grundsätzlich auch **im Bereich des indirekten Vollzugs von Unionsrecht anwendbar.** Allerdings sind die Einschränkungen durch das Diskriminierungsverbot und das Effektivitätsgebot (s hierzu Einf II Rn 28) zu beachten. Danach müssen Fristen in Verwaltungsverfahren so bemessen sein, dass von den unionsrechtlich gebotenen Mitwirkungsrechten in effektiver Weise Gebrauch gemacht werden kann.[4] Außerdem ist es geboten, bei der Bemessung von Fristen gegenüber Beteiligten aus den Mitgliedstaaten der Union Erschwernisse bei der Einhaltung der Fristen aus dem Ausland zu berücksichtigen. Im Übrigen bestehen gegen die Anwendung im Bereich des indirekten Vollzugs keine Bedenken.[5] Allerdings sieht das Unionsrecht in Einzelfällen eine Fristverlängerung bzw die Unbeachtlichkeit einer Fristversäumung lediglich in Fällen **höherer Gewalt oder anderer außergewöhnlicher Umstände** vor.[6] In derartigen Fällen kommt bei der Umsetzung des EU-Rechts eine Verlängerung der Fristen nach § 31 Abs 7 oder eine Wiedereinsetzung nach § 32 nicht in Betracht (OVG Lüneburg AUR 2010, 269). 2a

4. Anwendungsbereich. a) Unmittelbar. Die Vorschrift gilt unmittelbar nur im Anwendungsbereich des VwVfG für Verwaltungsverfahren iSd § 9. Die Verwaltungsverfahrensgesetze der Länder enthalten gleich lautende Regelungen. Sie gilt teilweise für gesetzliche und behördlich gesetzte Fristen gleichermaßen, **teilweise (Abs 2, 4–7) nur für behördliche Fristen** (s Rn 5 ff). Die Vorschrift 3

---

[2] BayVerfGH NVwZ 1986, 292; FG Kiel NJW 1980, 87; StBS 13 mwN; Knack/Henneke 12.

[3] AK-GG-Ramsauer Art 19 Abs 4 Rn 129.

[4] Die Zulässigkeit von Ausschlussfristen für die Geltendmachung von Einwendungen im Rahmen von unionsrechtlich gebotenen Verbandsbeteiligungen bejahend BVerwGE 140, 149 m Anm Christ, jurisPR-BVerwG 2/2012.

[5] StBS 58; FKS 5. Zur Zulässigkeit nationaler Fristenregelungen im Bereich des indirekten Vollzugs EuGH NJW 1999, 129; NVwZ 1998, 833.

[6] So zB in Art 40 Abs 4 VO (EG) 1782/2003 für bestimmte Agrarbeihilfen.

gilt nur, soweit keine abweichenden Regelungen vorrangig sind. Dies ist etwa bei § 41 Abs. 2 S 2 der Fall, wonach der dort genannte Zeitpunkt der Bekanntgabe auch dann maßgeblich ist, wenn er auf einen Sonn- oder Feiertag fällt (s § 41 Rn 42).

3a **b) Analoge Anwendung.** Obwohl § 31 im Teil II des VwVfG über das Verwaltungsverfahren ieS (§ 9) steht, sind die hier getroffenen Regelungen zumindest analog im Zweifel auch auf die Berechnung von Fristen oder Terminen im **Bereich der sonstigen öffentlichen Verwaltung** anwendbar,[7] sofern hier keine Besonderheiten gelten.[8] § 31 gilt außerdem gem § 79 auch im **Widerspruchsverfahren** nach §§ 68 ff VwGO. In Verträgen gem §§ 54 ff können für Fristen und Termine abweichende Regelungen getroffen werden, hilfsweise gelten im Zweifel auch hier die Bestimmungen gem § 31 (Knack/Henneke 17). Für das Handeln der Behörden **im Bereich des Privatrechts** und des **Verwaltungsprivatrechts** gelten die §§ 187–193 BGB unmittelbar, nur hilfsweise gilt § 31 hier analog, soweit das Handeln der Erfüllung öffentlicher Aufgaben dient. Die wohl hM wendet im Bereich des Fiskalrechts und des Verwaltungsprivatrechts dagegen allein die §§ 186 ff BGB unmittelbar an (StBS 3; Knack/Henneke vor § 31 Rn 9).

II. Allgemeines zu Fristen und Terminen

4 **1. Begriffliches.** Die Vorschrift enthält keine eigenständige Begriffsbestimmung für Fristen und Termine. Allgemein wird angenommen, dass das Gesetz die Begriffe mit demselben Inhalt verwendet, der sich zu den §§ 186 ff BGB herausgebildet hat.[9] **Fristen** iS der Vorschrift sind **festgelegte Zeiträume,** die der Behörde, den Beteiligten (§ 13) oder Dritten für bestimmte Verfahrenshandlungen zur Verfügung stehen. Voraussetzung ist, dass Anfangs- und Endpunkt des Zeitraums bestimmt (zB „am 1.6.2002") sind oder sich jedenfalls für den Betroffenen genau bestimmen lassen (zB „innerhalb eines Monats"). Dieses ist nicht der Fall, wenn bestimmte Verfahrenshandlungen zB „umgehend" oder „unverzüglich" (ohne schuldhaftes Zögern, vgl § 121 BGB) zu erfolgen haben.[10] **Termine** sind von einer Behörde festgesetzte oder durch Gesetz **bestimmte Zeitpunkte** für ein bestimmtes Handeln oder für den Eintritt einer Rechtswirkung.[11] Ist eine Frist bestimmt, so muss etwas innerhalb eines Zeitraums, ist ein Termin bestimmt, so muss es zu einem bestimmten Zeitpunkt geschehen (Knack/Henneke 8; UL § 29 Rn 1). Eine Frist muss nicht notwendig aus einem einzigen zusammenhängenden Zeitraum bestehen.

5 **2. Arten von Fristen.** Die Rechtsordnung kennt eine Fülle unterschiedlicher Arten von Fristen, für die jeweils auch unterschiedliche Regeln gelten. Die Vorschrift enthält einige Bestimmungen, die sowohl für behördlich festgesetzte als auch für gesetzlich bestimmte Fristen gelten (Abs 1 u 3 S 1) und solche, die schon nach dem Wortlaut unmittelbar nur für behördliche Fristen gelten (Abs 2, 3 S 2 u Abs 4–7).[12] Die Regelungen in § 32 gelten dagegen nur für gesetzliche Fristen.

6 **a) Gesetzliche und behördliche Fristen. Gesetzliche Fristen** sind solche, die durch Rechtsnormen (Gesetz, VO oder Satzung; VwV reichen dagegen nicht aus) festgelegt sind. Dabei kommt es nicht darauf an, ob der Fristbeginn

---

[7] StBS 3; Knack/Henneke vor § 31 Rn 9; FKS 3.

[8] Ob bei Kammerwahlen wahlspezifische Besonderheiten gelten, wie VG Berlin, LKV 2008, 478, meint, erscheint zweifelhaft; s auch Rn 29a.

[9] VGH München NJW 1991, 1250; StBS 5; Ziekow 2.

[10] OVG Magdeburg, U v 23.6.2010, 3 L 475/08, juris; OVG Koblenz NJW 1993, 2457.

[11] Vgl VGH München NJW 1991, 1250, 1251.

[12] Vgl OVG Münster NVwZ-RR 2002, 342; Ziekow 1.

unmittelbar durch Rechtsnorm geregelt ist (zB bei Antragstellung jeweils bis spätestens 31.12. eines Jahres) oder ob die Rechtsnorm den Zeitraum durch Festlegung von Anfangs- und Endpunkt bestimmt (zB Klagerhebung innerhalb eines Monats nach Zustellung des Widerspruchsbescheides). **Gesetzliche Fristen stehen nicht zur Disposition** der Beteiligten; die Behörde kann ihren Lauf zwar auslösen (zB die Frist in § 70 VwGO durch Bekanntgabe des VA), nicht aber die Frist selbst setzen (unklar insoweit Obermayer/Funke-Kaiser 10). Gesetzliche Fristen können auch von der Behörde grundsätzlich nicht verändert, auch nicht verlängert werden, sofern im Gesetz nicht ausnahmsweise etwas anderes bestimmt ist (zB Verlängerung der Geltungsdauer von Baugenehmigungen nach den LBauOen). Im Übrigen kommt allein die **Wiedereinsetzung in den vorigen Stand** (vgl § 32 bzw § 60 VwGO) im Falle unverschuldeter Fristversäumnis in Betracht, sofern es sich nicht um uneigentliche sog Präklusionsfristen (s unten Rn 8 ff) handelt.

Behördliche Fristen sind dagegen solche, die von der Behörde selbst gesetzt, 6a
dh bemessen werden (dürfen). Sie stehen zur Disposition der federführenden Behörde und können (ggfs müssen) nach § 31 Abs 7 von der Behörde verlängert werden, uU auch rückwirkend. Sie beziehen sich grundsätzlich auf das Verwaltungsverfahren und die in diesem Rahmen stattfindenden Ereignisse. Da in diesem Rahmen die Besonderheiten und Erfordernisse des jeweiligen Verfahrens, insbes auch die Eilbedürftigkeit, zu berücksichtigen sind, kommen hier auch zB nach Stunden bemessene Fristen (Abs 6) oder der Ablauf an einem Sonn- oder Feiertag (Abs 3 S 2, Abs 5) in Betracht. Die Bemessung von behördlichen Fristen ist **Ausfluss der Verfahrensherrschaft** und des allgemeinen Verfahrensermessens (§ 10); besondere Ermächtigungen sind insoweit daneben nicht erforderlich.

b) Materiellrechtliche und verfahrensrechtliche Fristen. Die Unter- 7
scheidung zwischen materiellrechtlichen und verfahrensrechtlichen Fristen entspricht derjenigen im Prozessrecht (vgl Kopp/Schenke § 57 Rn 1). Als **verfahrensrechtliche Fristen** werden solche bezeichnet, deren Bedeutung sich im Ablauf eines konkreten Verwaltungsverfahrens erschöpft. Sie berühren anders als die materiellrechtlichen Fristen nicht unmittelbar die materiellrechtliche Position der Beteiligten. Die Unterscheidung hat Bedeutung für die Präklusionsfristen (s unten Rn 9) sowie für die Erforderlichkeit einer gesetzlichen Grundlage. Soweit die Behörde Fristen nur im Rahmen eines Verwaltungsverfahrens setzt, bedarf sie hierfür **keiner besonderen Ermächtigung;** die Befugnis der Behörde zur Setzung von Verfahrensfristen folgt vielmehr aus ihrer allgemeinen Verfahrensherrschaft (StBS 13). Für **Fristen mit materiellrechtlichem Charakter** gilt die Vorschrift grundsätzlich nicht (OVG Münster NVwZ-RR 2002, 342). Für diese ist nach den allgemeinen Grundsätzen des Gesetzesvorbehalts stets eine **gesetzliche Ermächtigung erforderlich.**[13] Für die Berechnung materiellrechtlicher Fristen gelten die §§ 187 ff BGB; lediglich ergänzend können für die Ausfüllung etwaiger Lücken die Berechnungsbestimmungen der Vorschrift herangezogen werden.

c) Eigentliche und uneigentliche Fristen. Die Unterscheidung zwischen 8
eigentlichen (echten) und uneigentlichen Fristen stammt aus dem Prozessrecht. Als **eigentliche Fristen** werden danach diejenigen bezeichnet, die den Beteiligten für die Vornahme von Verfahrenshandlungen regulär zur Verfügung stehen (zB Widerspruchsfrist gem § 70 VwGO; Klagefrist gem § 74 VwGO) oder von der Behörde gesetzt werden. Als **uneigentliche Fristen** werden diejenigen gesetzlichen Fristen bezeichnet, die weder von der Behörde nach § 31 Abs 7 verlängert werden können, noch eine Wiedereinsetzung in den vorigen Stand zulas-

[13] BVerwG NVwZ 1994, 575; VGH München NVwZ 1986, 290; StBS 13; Knack/Henneke 19; eine Ausnahme soll nach VGH Mannheim NVwZ 1995, 278 für die materiellrechtlich nicht geregelte staatliche Leistungsgewährung gelten.

sen (StBS 8). Die uneigentlichen Fristen haben einen **strikten Charakter;** ihre Versäumung kann nur unter ganz engen Voraussetzungen (höhere Gewalt usw) folgenlos bleiben (s Rn 13). Der Begriff wird normalerweise mit dem Begriff **Ausschlussfrist bzw Präklusionsfrist gleichgesetzt** (vgl Knack/Henneke 21), teilweise wird aber auch ein Unterschied zwischen Ausschlussfristen im weiteren und im engeren Sinne gemacht.[14]

III. Ausschluss- und Präklusionsfristen

9 **1. Begriff der Präklusionsfrist.** Für das Verwaltungsverfahren von großer Bedeutung sind die im Fachrecht häufiger vorgesehenen materiellen oder formellen Ausschluss- bzw Präklusionsfristen, die nicht verlängert werden können und nach deren Ablauf gem § 32 Abs 5 eine **Wiedereinsetzung in den vorigen Stand nicht möglich** ist (s auch näher § 32 Rn 6). Nach der oben (Rn 8) dargestellten Unterscheidung handelt es sich um **uneigentliche Fristen.** Nach Ablauf einer verfahrensrechtlichen Ausschlussfrist können die entsprechenden Rechtshandlungen nicht mehr wirksam vorgenommen werden; die Verfahrenshandlung ist unzulässig (StBS 10). Tritt materielle Präklusion ein, verliert der Betroffene darüber hinaus die materielle Rechtsposition, zB einen Anspruch, mit der Folge, dass er diese auch im gerichtlichen Verfahren nicht mehr wirksam geltend machen kann. **Zweifelhaft** ist, ob die Präklusion zu einem **Verlust der Antragsbefugnis** bzw der Klagebefugnis führt oder im Rahmen der Begründetheitsprüfung insoweit den Erfolg der Klage ausschließt.[15]

Ob eine Frist eine Ausschlussfrist ist, ist zwar grundsätzlich Auslegungsfrage, die nicht nur nach dem Wortlaut, sondern auch nach dem **Zweck der Regelung** zu beantworten ist.[16] Der Zweck muss ein solches Gewicht haben, dass er die Präklusionswirkungen rechtfertigen kann. Wegen der einschneidenden Wirkungen des Ausschlusses ist eine hinreichend **eindeutige Regelung zu verlangen.**[17] Im Zweifel ist davon auszugehen, dass eine Frist keinen Ausschlusscharakter hat. Um eine Ausschlussfrist handelt es sich nur dann, wenn „der Zweck der gesetzlichen Regelung mit **der Fristbeachtung steht und fällt**"[18] oder wenn vorgesehen ist, dass das materielle Recht im Falle einer Fristversäumung erlischt.[19] Der Umstand allein, dass eine Frist den Zweck hat, der Behörde zu einem möglichst frühen Zeitpunkt eine Übersicht darüber zu verschaffen, welche Forderungen voraussichtlich zu erfüllen sein werden, rechtfertigt nicht die Annahme, dass die Frist eine Ausschlussfrist ist.[20]

10 **2. Verfassungsrechtliche Voraussetzungen.** Wegen der einschneidenden Folgen von Ausschlussfristen bedürfen diese stets nicht nur einer besonderen **gesetzlichen Grundlage** und einer **verfassungsrechtlichen Rechtfertigung.**[21]

---

[14] So soll es sich bei § 73 Abs 4 nach StBS § 73 Rn 94 um eine Präklusionsfrist im weiteren Sinne handeln, was die Möglichkeit einer Wiedereinsetzung nicht ausschließe (s näher unten Rn 10 sowie § 73 Rn 92 ff).

[15] Die Frage hat nur geringe praktische Bedeutung. Für Wegfall der Klagebefugnis OVG Bautzen SächsVBl 1997, 120; VGH Kassel NVwZ-RR 1991, 171; VGH München NJW 1980, 723; Brandt NVwZ 1997, 235; Wahl/Schütz in Schoch § 42 Rn 251; **aA** BVerwGE 60, 299; VGH Mannheim DVBl 1992, 438; Kopp/Schenke § 42 Rn 179: Prüfung im Rahmen der Begründetheit.

[16] VGH Mannheim NVwZ-RR 2011, 605, juris Rn 22.

[17] OVG Saarlouis LKRZ 2009, 316 für die Auslegung der Fristbestimmung nach § 1 Abs 3 S 1 der VO zur Ausführung des SchülerförderungsGSaar.

[18] OVG Münster NVwZ 1984, 387; MB 19 zu § 32.

[19] BVerwGE 21, 261; 24, 156; BVerwG Buchh 427.6 § 30 BFG Nr 1; OVG Berlin NJW 1975, 1530; OVG Münster NVwZ 1984, 387.

[20] OVG Münster NVwZ 1984, 387; MB § 32 Rn 19.

[21] BVerfG NJW 1986, 1603; BVerwGE 72, 368; 74, 369; BVerwG NJW 1997, 2966.

Der Ausschlusscharakter einer Frist muss sich hinreichend eindeutig aus den maßgeblichen Rechtsnormen ergeben. Voraussetzung ist weiter, dass die Ausgestaltung als Präklusionsfrist verfassungsrechtlich zulässig ist. Dies setzt voraus, dass ein besonderes öffentliches Interesse daran besteht, dass selbst bei unverschuldeter Fristversäumung keine Wiedereinsetzung in den vorigen Stand stattfindet. Dies kann zB der Fall sein, wenn ein Gesetz (oder eine VO) vorsieht, dass zu einem bestimmten Zeitpunkt über Zulassungsansprüche mehrerer Bewerber bei begrenzter Kapazität entschieden werden muss.[22] Das öffentliche Interesse muss nach dem Verhältnismäßigkeitsprinzip den generellen Ausschluss einer Wiedereinsetzung in den vorigen Stand rechtfertigen (vgl auch § 32 Rn 64).

3. Unionsrechtliche Einschränkungen. Seit der Entscheidung des EuGH vom 15.10.2015[23] stehen die deutschen Präklusionsvorschriften (wieder) auf dem Prüfstand. Mit dieser Entscheidung hat der EuGH die deutschen Präklusionsnormen **im Bereich des Art 11 UVP-RL und des Art 25 IE-RL für unvereinbar mit dem Unionsrecht** erklärt. Das betrifft zwar unmittelbar nur die Bestimmungen in § 2 Abs 3 UmwRG und § 73 Abs 4 S 3 (s dort Rn 89 ff), die Bedeutung der Entscheidung reicht aber weit darüber hinaus.[24] Sie erfasst insbesondere auch die Präklusionsregelung in § 10 Abs 3 S 4 BImSchG und stellt die Möglichkeiten eines effizienten Verwaltungsverfahrens durchaus infrage. Soweit das deutsche Recht die Präklusion von Verbandseinwendungen denselben Regelungen unterworfen hatte wie diejenige von Individualbetroffenen, hatte es bereits zuvor erhebliche Bedenken gegeben (s auch § 73 Rn 93). Die Entscheidung des EuGH geht nun aber weit darüber hinaus und hält die aktuellen Präklusionsnormen im Anwendungsbereich der Richtlinien für unionsrechtswidrig.. 11

4. Einzelfälle. Als Präklusionsfristen werden angesehen die **Jahresfrist des § 48 Abs 4,** nach deren Ablauf eine Rücknahme des VA nicht mehr zulässig ist. Gleiches gilt für die **Zweimonatsfrist des § 36 Abs 2 S 2 BauGB**. Ebenfalls keine Wiedereinsetzung wird gewährt bei der Frist nach **§ 7 Abs 1 S 4, § 30a VermG.**[25] Zur Ausschlussfrist (15.5.2012) für die Einreichung eines Investitionsplans nach der **Betriebsprämienregelung** OVG Lüneburg Rd L 2012, 70. Präklusionsfristen werden auch angenommen für verschiedene Fristen im Zusammenhang mit der Bewerbung um und der **Vergabe von Studienplätzen.**[26] Auch im Prüfungsrecht sind Präklusionsfristen etwa für die Wiederholung von Prüfungen denkbar.[27]. Auch die **Frist nach § 16 EEG 2004** ist eine Ausschlussfrist (BVerwG NVwZ 2014, 1237). 12

Auch **Antragsfristen** nach den **beamtenrechtlichen Beihilfevorschriften** des Bundes (§ 54 Abs 1 BBhV) und der Länder[28] werden teilweise als Ausschlussfristen angesehen, weil sie zum Erlöschen des materiellen Beihilfeanspruchs führen. Die Ausgestaltung der landesrechtlichen Beihilferegelungen ist **unterschiedlich.** Ausdrückliche gesetzliche Regelungen fehlen zumeist.[29] Die Rspr 12a

---

[22] VGH Mannheim DVBl 1988, 406 für Bewerbungsfristen für die Zulassung zum Studium; StBS 9.

[23] Entscheidung auf Antrag der Kommission in der Rs C 137/14, NVwZ 2015, 1665.

[24] Siegel NVwZ 2016, 337.

[25] BVerwG Buchh 428.7 § 7 VZOG.

[26] VG Gelsenkirchen, B v 29.9.2015, 6z L 1806/15, juris, zu WE 3 Abs 2 S 1, Abs 7 S 2 VergabeVO.

[27] VGH Mannheim DVBl 2002, 207; VG Berlin, B v 5.8.2014, 3 L 483.14, juris zur Frist für die Anmeldung zur Nachprüfung in der Sekundarstufe I in Berlin.

[28] Die Antragsfristen variieren zwischen 1 und 2 Jahren; sie sind idR in den landesrechtlichen Beihilfeverordnungen (zB § 17 Abs 10 HBeihVO) geregelt, finden sich aber teilweise auch in den Beamtengesetzen (zB § 80 Abs 6 HmbBG).

[29] In § 6a Abs 2 BVO BW wird die Jahresfrist ausdrücklich als Ausschlussfrist bezeichnet, in § 17 Abs 3 S 2 BeihVO Saarland wird umgekehrt eine Wiedereinsetzung ausdrücklich zugelassen.

geht im Hinblick auf den beamtenrechtlichen Fürsorgegrundsatz davon aus, dass eine Wiedereinsetzung oder jedenfalls eine Durchbrechung der Ausschlusswirkung bei höherer Gewalt (s unten Rn 12b) auch dann in Betracht kommt, wenn es sich bei der Antragsfrist um eine Ausschlussfrist handelt,[30] knüpft diese aber an strenge Voraussetzungen.[31]

13 **5. Ausnahmen von der Ausschlusswirkung.** Obwohl bei Präklusionsfristen die Wiedereinsetzung in den vorigen Stand grundsätzlich nicht möglich ist, werden unter bestimmten sehr engen Voraussetzungen Ausnahmen von der Präklusionswirkung gemacht. Dies galt bisher etwa für § 73 Abs 4 bzw in den entsprechenden Fachplanungsregelungen[32] für verspätete **Einwendungen in Planfeststellungsverfahren**[33] und gem § 10 Abs 3 S 4 BImSchG für verspätete Einwendungen im **Anlagengenehmigungsverfahren.**[34] Diese Rspr ist infolge der EuGH-Rechtsprechung (s oben Rn 11) inzwischen überholt. Dies ist ferner der Fall, wenn die Ausschlusswirkung **nicht mit Treu und Glauben** vereinbar wäre.[35] Ein weiterer Ausnahmefall ist die Verpflichtung zur **Nachsicht bei höherer Gewalt.**[36] **Umstritten** ist die Anerkennung einer Ausnahme in Fällen, in denen die Fristversäumnis auf **staatliches Fehlverhalten** zurückzuführen ist.[37] Diese Ausnahme beruht auf dem Folgenbeseitigungsgedanken, der im Bereich des Sozialrechts zur Anerkennung eines sog **sozialrechtlichen Herstellungsanspruches** geführt hat (BSGE 57, 288, 290). Die Anerkennung eines solchen Herstellungsanspruchs, der zu Unbeachtlichkeit der Fristversäumnis führt, erfolgt im allgemeinen Verwaltungsverfahrensrecht nur sehr zögernd.[38]

IV. Berechnung von Fristen und Bestimmung von Terminen (Abs 1)

14 **1. Anwendung der Regelungen des BGB.** Nach Abs 1 sind, soweit in Abs 2–6 nichts anderes bestimmt ist, auch im Verwaltungsverfahrensrecht grundsätzlich die §§ 187–193 BGB entspr anzuwenden. Insoweit kann die Rspr zu diesen Vorschriften auch für das Verwaltungsverfahrensrecht herangezogen werden (vgl BVerwGE 44, 45; BVerwG DVBl 1970, 417). **Fristen** sind **nach Stunden, Tagen, Wochen, Monaten** usw zu bemessen.[39] Eine Anordnung, wonach etwas „unverzüglich" zu geschehen hat, ist keine wirksame Fristbestimmung (OVG Münster NVwZ-RR 1993, 59). **Unverzüglich** bedeutet, dass die Handlung ohne schuldhaftes Zögern durchzuführen ist (§ 121 Abs 1 BGB).

---

[30] Nach VGH München (B v 20.1.2012, 14 ZB 11.1379, juris) kann Wiedereinsetzung in die Jahresfrist des § 54 Abs 1 S 1 BBhV gewährt werden, obwohl es sich um eine Präklusionsfrist handele.

[31] VGH Kassel LKRZ 2012, 472 (bei höherer Gewalt, angenommen bei Verlust eines Briefs auf dem Postweg); VG Saarlouis NVwZ-RR 2010, 588 (Erkundigungspflichten); VG Stuttgart, U v 3.11.2008 – 12 K 1005/08 (bei Krankheit und Alter nur ausnahmsweise).

[32] § 17 Abs 4 FStrG; § 10 Abs 4 LuftVerfG; § 29 Abs 4 PbefG; § 20 Abs 2 AEG; § 43a Nr 7 EnWG.

[33] BVerwGE 118, 15; BVerwG NVwZ 1997, 489; OVG Münster NuR 2011, 67; s auch § 73 Rn 97.

[34] OVG Münster ZUR 2010, 316.

[35] OVG Koblenz NVwZ 1989, 381; VG Stuttgart, U v 3.11.2008, 12 K 1005/08, juris, für Präklusion nach Beihilferecht; KG Berlin NJW RR 1997, 643; StBS 10.

[36] BVerwG NJW 1986, 207; Knack/Henneke 28.

[37] OVG Berlin-Brandenburg, ZOV 2012, 102 für Jahresfrist nach dem RVermG; VG Stuttgart, Urt v 3.11.2009, 12 K 1005/08, juris, für Versäumung der Antragsfrist der BeihilfeVO.

[38] Vgl BVerwG NJW 1997, 71, 75; für Wohngeld VG Bremen NVwZ-RR 1996, 272; allg Pietzner/Müller VerwArch 1994, 603; StBS 8.

[39] Zum Begriff des Kalendermonats (zB § 44 SGB I) s näher Lilge, SGB I – Kommentar, § 44 Rn 27 ff.

15 **2. Beginn der Frist.** Für die Bestimmung des Fristbeginns gelten gem Abs 1 die Regelungen des § 187 BGB. Danach sind zwei Fälle zu unterscheiden: Ist vorgesehen, dass der Fristbeginn durch ein Ereignis im Laufe eines Tages ausgelöst wird (erster Fall), wird dieser Tag, an dem dieses Ereignis stattfindet, bei der Fristberechnung nicht mitgezählt (§ 187 Abs 1 BGB). Soll die Frist dagegen mit dem Beginn eines Tages zu laufen beginnen (zweiter Fall), wird dieser erste Tag mitgezählt (§ 187 Abs 2 BGB).

16 **a) Fristbeginn nach § 187 Abs 1 BGB.** Nicht mitgezählt wird der Tag der Zustellung, Bekanntgabe bzw Bekanntmachung bei der Berechnung der **Rechtsbehelfsfristen,** Fristen für die Geltendmachung von Einwendungen (zB gem § 73 Abs 4) und ähnlicher Fristen; ebenso nicht bei der Berechnung **von Bekanntmachungsfristen,** zB gem § 41 Abs 2 und Abs 4 S 3 oder gem § 73 Abs 5 S 1 oder nach vergleichbaren Bestimmungen in anderen Gesetzen (vgl GemSOBG NJW 1972, 2035); dasselbe müsste an sich auch für die Berechnung von Auslegungsfristen (zB nach § 73 Abs 3 S 1) und ähnlichen Fristen gelten (so zutreffend UL § 40 Rn 17). Die hM geht demgegenüber für **Auslegungsfristen** (zB nach § 73 Abs 3 S 1) davon aus, dass **der erste Tag der Auslegung mitzählt,** weil die Auslegung üblicherweise zu Beginn der Geschäftszeiten eines Tages anfängt (GemSOGB BVerwGE 40, 363).

16a **b) Fristbeginn nach § 187 Abs 2 BGB.** Der erste Tag wird nach § 187 Abs 2 BGB dann mitgerechnet, wenn nach dem maßgeblichen Fachrecht der **Beginn eines Tages** für den Anfang der Frist maßgeblich sein soll. Nach hM ist § 187 Abs 2 auch auf die Monatsfrist bei der **Auslegung von Unterlagen** zB nach § 3 Abs 2 BauGB bzw nach § 73 Abs 3 anzuwenden (s hierzu § 73 Rn 36 ff). Grundgedanke ist, dass die Auslegung typischerweise mit der Öffnung der Behörde am Morgen des ersten Auslegungstages beginnt, nicht dagegen mit einem Ereignis, welches in den Lauf eines Tages fällt. Dem Umstand, dass die Öffnung der Büros auch Ereignisse sind, die in den Lauf eines Tages fallen, wird unter teleologischen Aspekten hier keine entscheidende Bedeutung beigemessen.

17 **c) Sonderfall Lebensalter.** Bei der Berechnung des Lebensalters wird gem § 187 Abs 2 S 2 BGB der **Tag der Geburt mitgezählt,** obwohl es sich bei der Geburt um ein Ereignis handelt, das in den Lauf eines Tages fällt. Das bedeutet, dass das erste Lebensjahr bereits am Tage vor der ersten Wiederholung des 1. Geburtstages vollendet wird und entsprechend jedes weitere Lebensjahr jeweils am Tag vor dem entsprechenden Geburtstag. Wer also am 1. Oktober geboren ist, vollendet somit das 18. Lebensjahr an einem 30. September und ist daher am 1. Oktober bereits volljährig. Entsprechend vollendet er auch an einem 30. September das 65. Lebensjahr und tritt, falls er Beamter ist, mit Ablauf des Monats September in den Ruhestand (Beispiel nach Knack/Henneke 35; vgl auch BVerwGE 30, 167).

18 **3. Ende der Frist. a) Allgemeines.** Für das Ende einer Frist kommt es bei einer nach Tagen bestimmten Frist gem § 188 Abs 1 BGB auf den Ablauf des letzten Tages der Frist an. Das gilt auch dann, wenn die Zeit nicht ausdrücklich als Frist bezeichnet ist.[40] Ist eine Frist nach Wochen, Monaten oder einem mehrere Monate umfassenden Zeitraum bestimmt, kommt es nach § 188 Abs 2 BGB für deren Ende darauf an, ob nach den oben (Rn 15) dargestellten Regeln der erste Tag mitgezählt wird, oder nicht.

18a **Wird der erste Tag nicht mitgezählt,** weil die Frist ausgelöst wird durch ein Ereignis, das in den Lauf eines Tages fällt (§ 187 Abs 1 BGB), so endet die Frist mit Ablauf des Tages, der durch seine Bezeichnung dem Tag entspricht, an

[40] Bsp § 101a Abs 1 S 3 GWB: „Ein Vertrag darf erst 15 Kalendertage nach Absendung … geschlossen werden."

dem die Frist begonnen hat. Wird also eine Monatsfrist durch die Bekanntgabe eines VA am 17. des Monats ausgelöst, so endet sie mit dem Ablauf des 17. des Folgemonats; eine Wochenfrist, die durch Zustellung am Montag einer Woche ausgelöst wird, endet mit dem Ablauf des Montags der Folgewoche. **Wird dagegen der erste Tag mitgezählt,** weil die Frist nach der maßgeblichen Vorschrift mit dem Beginn eines Tages ausgelöst wird (§ 187 Abs 2 BGB), so endet die Frist mit dem Ablauf desjenigen Tages, der dem Tag vorangeht, der durch seine Bezeichnung dem Tag entspricht, an dem die Frist beginnt, also gegenüber der oben dargestellten Regelung einen Tag früher. Beginnt also die Auslegung eines Plans nach § 73 Abs 3 am 17. eines Monats, so endet in diesem Fall die Monatsfrist bereits am 16. eines Folgemonats. Wird eine Wochenfrist durch den Beginn eines Tages ausgelöst, so endet eine am Dienstag ausgelöste Frist mit dem Ablauf des Montags in der folgenden Woche.

b) Beispiel. Erhält zB eine Behörde am 22.9.1999 **Kenntnis von Tatsachen,** die die Rücknahme eines VA rechtfertigen, so kann sie den VA gem § 48 Abs 4 S 1 nur bis spätestens zum Ende des 22.9.2000 – maßgeblich ist insoweit gem § 43 Abs 1 iVm mit den gesetzlichen Vorschriften über die Bekanntgabe von VAen der Zeitpunkt des Zugangs des Rücknahme-VA, nicht der Aufgabe zur Post usw (s § 43 Rn 34) – zurücknehmen (Beispiel nach UL § 29 Rn 15). Hier ist allerdings zu berücksichtigen, dass die Voraussetzungen für das Vorliegen der Kenntnis nach § 48 Abs. 4 sehr eng verstanden werden (hierzu näher § 48 Rn 152 ff).

19 **c) Sonderregelungen für das Monatsende.** Da die Vorschrift des § 188 Abs 2 BGB eine Fristberechnung in solchen Fällen nicht ermöglicht, in denen dem Monat des Fristendes der dem Beginn entsprechende Tag fehlt, bedurfte es für diese Fälle einer besonderen Regelung. **Fehlt** bei einer nach Monaten bzw mehreren Monaten (zB auch ein Jahr, ein Vierteljahr) bestimmten Frist in dem letzten Monat der für ihren Ablauf maßgebliche **letzte Tag des Monats,** so endet die Frist gem § 188 Abs 3 BGB mit dem letzten Tag dieses Monats. Eine am 31.1.2007 beginnende Monatsfrist endet danach also am 28.2.2007 (vgl Palandt BGB § 188 Rn 2). Bei einer durch ein Ereignis gem § 187 Abs 2 BGB im Laufe des 31.1.2007 ausgelösten Frist ist in einem solchen Fall gem § 188 Abs 3 BGB ebenfalls am 28.2.2007 Fristende.

20 **4. Wahrung von Fristen. a) Fristwahrende Handlung.** Maßgebend für die Wahrung einer gesetzlichen oder behördlichen Frist ist die Vornahme der in Frage stehenden Handlung vor Ablauf der Frist, bei Verfahrenshandlungen, die gegenüber der Behörde vorzunehmen sind, zB die Stellung eines Antrags, der Zeitpunkt des **Eingangs des Antrags usw bei der zuständigen Behörde.** Bei notwendiger Verfahrensgemeinschaft (vgl § 9 Rn 47 ff) genügt, da der fleißige Streitgenosse auch die faulen vertritt, Fristwahrung durch einen Streitgenossen (s § 9 Rn 53). Zum maßgeblichen Zeitpunkt der Bekanntgabe von VAen und behördlichen Mitteilungen beim Bürger s § 41.

21 **aa) Antrag bei unzuständiger Stelle. Umstritten** ist, ob es genügt, wenn ein Antrag bei einer unzuständigen Stelle – rechtzeitig – gestellt wird und diese den Antrag bzw die Sache erst nach Ablauf der Frist an die zuständige Behörde **weiterleitet.** Die hM geht davon aus, dass nur der Eingang bei der zuständigen Behörde die Frist wahrt.[41] Eine Fristwahrung durch Antragstellung bei der unzuständigen Behörde kommt deshalb nur dann in Betracht, wenn dies gesetzlich besonders vorgesehen ist (zB bei gesetzlicher Annahme- und Weiterleitungspflicht). UU kommt in derartigen Fällen jedoch **Wiedereinsetzung gem § 32**

---

[41] BVerwGE 19, 363 f; FG Hamburg EFG 1996, 959; StBS § 22 Rn 50; Knack/Henneke 77.

in Betracht.[42] Allerdings wird die falsche Adressierung bei richtiger Rechtsmittelbelehrung idR schuldhaft sein. Wird ein an eine nicht zuständige Behörde adressiertes Schreiben in eine Briefannahmestelle eingelegt, welche sowohl für die nicht zuständige als auch für die an sich zuständige Behörde Annahmestelle ist, so ist es nur bei der nicht zuständigen Behörde eingegangen (vgl OLG Frankfurt NJW 1988, 2811).

bb) Nachholung vor Ergehen einer behördlichen Entscheidung. Unabhängig von der Möglichkeit bzw Gewährung einer Fristverlängerung gem Abs 7 ist die Versäumung behördlicher Fristen grundsätzlich ohne verfahrensrechtliche Folgen, wenn die Handlung, für die die Frist gesetzt wurde, **jedenfalls noch vor der abschließenden Entscheidung** der Behörde in der Sache, dh vor Bekanntgabe der Entscheidung (s § 9 Rn 30 ff), **nachgeholt** wird (vgl auch zum Prozessrecht BVerwG DÖV 1985, 485 mwN; Kopp/Schenke § 57 Rn 14). 21a

b) Zeitpunkt des Eingangs. Da ein Antragsteller im Verwaltungsverfahren das **Recht hat, Fristen voll, dh bis 24 Uhr** des maßgeblichen Tages, auszunützen,[43] ist für die Fristwahrung nicht maßgeblich, wann bei üblichem Verlauf mit Kenntnisnahme zu rechnen ist, sondern allein, wann der Antrag tatsächlich in die **Verfügungsgewalt der Behörde** gelangt ist. Anders als bei der Frage des Zugangs von Willenserklärungen nach § 130 BGB kommt es nicht darauf an, ob zu diesem Zeitpunkt mit einer Kenntnisnahme zu rechnen war. Die Frist ist demnach auch gewahrt, wenn ein Schriftstück am letzten Tag der Frist nach Dienstschluss in den **Nachtbriefkasten,** bei Fehlen eines solchen in den **normalen Hausbriefkasten** der Behörde eingeworfen wird,[44] wenn ein Fernschreiben nach Dienstschluss eingeht,[45] beim Einlegen in das **Postschließfach**[46] oder in das bei der Post für das Gericht eingerichtete **Postsammelfach.**[47] 22

aa) Schriftliche Antragstellung. Wird der Antrag schriftlich gestellt, kommt es nicht darauf an, wann ein für die Behörde handelnder Amtsträger der Behörde davon Kenntnis erlangt (BVerfG 69, 381; BGHZ 101, 376; Oebbecke DVBl 1987, 873), sondern darauf, wann der Antrag oder das sonstige Schreiben in die **Verfügungsgewalt der Behörde**[48] – Briefkasten (BVerwGE 18, 52), Postschließfach (BVerwG DVBl 1961, 827), Postsammelfach (RÖ VwGO § 81 Rn 6), Postfach beim Postamt,[49] Posteinlaufstelle der Behörde (vgl BVerfGE 57, 117, auch wenn dort ein Hinweis angebracht ist, dass Fristsachen anderswo abzugeben sind) **gelangt** (BSG 42, 140, 280; Oebbecke DVBl 1987, 873), auch wenn der Briefkasten oder das Postfach usw erst am folgenden Tag geleert werden (BVerfG NJW 1976, 747). **Eingeschriebene Sendungen** gehen im Rechtssinn erst mit der Übergabe zu, nicht schon mit der Hinterlegung eines 23

---

42 Vgl OVG Bremen NVwZ 1982, 456; OLG Zweibrücken NJW 1982, 1008.

43 Vgl BVerfGE 40, 44; 41, 327; 42, 128; 51, 355; 52, 207 unter Hinweis auf § 222 Abs 1 ZPO, § 188 BGB; BVerwGE 62, 337; Knack/Henneke 37.

44 BVerfGE 42, 128, 131; BVerwGE 18, 52; BFH 123, 122; NJW 1975, 1384; BGH NJW 1981, 1216; 1984, 1237: wenn kein Nachtbriefkasten vorhanden, genügt Einwurf in den Tagesbriefkasten, auch wenn mit Leerung nicht mehr zu rechnen; OLG Hamm NJW 1976, 747; Kopp/Schenke § 74 Rn 11; Kopp BayVBl 1977, 34.

45 BVerfG 41, 323, 327 f.

46 BSGE 48, 12; MDR 1978, 83; Kl 405; **aA** RÖ VwGO 6 zu § 81; RGZ 141, 401: maßgeblich, wann mit Kenntnisnahme zu rechnen ist.

47 VGH München BayVBl 1983, 439; Kopp/Schenke § 74 Rn 11.

48 Vgl BVerfGE 52, 209; 57, 117; 60, 243; 69, 381; BVerwGE 18, 52; BVerwG NJW 1984, 788; BGHZ 80, 62; BAG NJW 1986, 1373; VGH München BayVBl 1983, 439.

49 BVerwG NJW 1984, 783; BSG MDR 1978, 83; BGH NJW 1984, 1237; 1986, 2646: sobald in das Postfach einsortiert, auch wenn zu diesem Zeitpunkt Leerung nicht mehr zu erwarten; VGH München BayVBl 1983, 439: jedenfalls, wenn der Zugang vor Beginn und über das Ende der Dienstzeit bei Gericht hinaus geöffnet ist; zT enger BVerwGE 10, 193; BSG 42, 140.

Benachrichtigungszettels,[50] und zwar auch dann nicht, **wenn die Behörde es zu vertreten hat,** dass die Sendung erst so spät abgeholt wurde (BVerfGE 41, 27; Kopp/Schenke VwGO § 74 Rn 11); in Fällen der letztgenannten Art kommt jedoch idR Wiedereinsetzung gem § 32 oder nach anderen Vorschriften oder Nachsicht bzw Fristverlängerung in Betracht; **anders** bei missbräuchlicher Verzögerung.[51] Gleiches gilt für postlagernde Sendungen (BSG 27, 239: erst mit Abholung).

24 **Die Übergabe** eines Antrags **an einen unzuständigen Behördenbediensteten** stellt noch keine wirksame Antragstellung dar, bevor der Antrag nicht in den normalen Geschäftsgang der zuständigen Behörde gelangt (vgl BVerwGE 46, 261 mwN; wenn Unzuständigkeit nicht erkennbar, aber idR Wiedereinsetzung nach § 32). Entsprechendes gilt für die Übergabe eines Antrags **außerhalb des Dienstgebäudes,** selbst an den an sich zuständigen Beamten, da die Antragstellung bei der Behörde als Institution erfolgen muss.[52] Eine **Ausnahme** ist jedoch **in Eilfällen** für die Übergabe eines Antrags auf einstweilige Regelung an einen für die Entscheidung zuständigen Amtsträger (auch in dessen Privatwohnung) anzuerkennen.

25 **bb) Elektronische Datenübermittlung.** Die Benutzung moderner Kommunikationsformen wie **Telegramm, Telefax, Telekopie oder E-Mail** ist im Verwaltungsverfahren grundsätzlich zulässig, soweit die Behörde bzw die Beteiligten entsprechende technische Geräte bereithalten. Dies wird für die elektronische Übertragung durch § 3a Abs 1 ausdrücklich klargestellt. Probleme ergeben sich aber, wenn es darum geht, wem eine Übertragungsstörung zugerechnet werden muss, wie sie bewiesen werden kann und wenn es darum geht, den Absender sicher zu identifizieren.[53] Deshalb erfüllen die Anforderungen der **Schriftform** nur diejenigen neuen Kommunikationsformen, die eine hinreichend sichere **Identifikation des Absenders** ermöglichen. Dies ist zB für das Telefax inzwischen allgemein anerkannt, aber auch hinsichtlich des Telegramms (Kopp/Schenke § 81 Rn 9; StBS § 22 Rn 32 mwN). Für die **elektronische Übermittlung** von Dokumenten (E-Mail und andere Internet-Dienste) gilt das gem § 3a nur insoweit, als zwischen den Beteiligten die elektronische Kommunikation eröffnet worden ist und zur Erfüllung der Schriftform eine **qualifizierte Signatur** verwendet wird (s § 3a Rn 6 ff). Ohne entsprechende Vorkehrungen erfüllen E-Mails die Voraussetzungen der Schriftlichkeit nicht, weil sie den Aussteller nicht hinreichend sicher erkennen lassen und ihre unverfälschte Übermittlung nicht sichergestellt ist.[54]

25a **cc) Einheitliche Stelle.** Wird ein Verwaltungsverfahren nach §§ 71a ff abgewickelt, kommt es nach § 71b Abs 2 S 2 für den Eingang von Anträgen, Stellungnahmen, Erklärungen usw des Antragstellers auf den **Zeitpunkt des Eingangs bei der einheitlichen Stelle** an, nicht auf den Zeitpunkt, zu dem diese an die zuständige Behörde weitergeleitet worden sind. Diese hat die Anträge,

---

[50] BVerwGE 36, 127; BVerwG NJW 1983, 2344; BAG NJW 1986, 1373; Kopp/Schenke § 74 Rn 11; **aA** offenbar BFH BStBl II 1976, 76.

[51] OVG Münster MDR 1971, 1048; offen BVerwG NJW 1983, 2344.

[52] Vgl BVerwGE 46, 261; ebenso Knack/Henneke 77.

[53] Zur anwaltlichen Sorgfaltspflicht beim Telefax OVG Berlin-Brandenburg NJW 2012, 101.

[54] S hierzu näher § 3a Rn 6 ff, aus der Zeit vor Inkrafttreten des 3. VwVfÄndG Ewer/Schürmann NVwZ 1990, 336; Ebnet, Rechtsprobleme bei der Verwendung des Telefax, NJW 1992, 2985; Roßnagel, Digitale Signaturen im Rechtsverkehr, NJW-CoR 1994, 96; Mellullis, Zum Regelungsbedarf bei der elektronischen Willenserklärung, MDR 1994, 109; Pape/Notthoff, Prozeßrechtliche Probleme bei der Verwendung von Telefax, NJW 1996, 4417; Bröhl, Rechtliche Rahmenbedingungen für neue Informations- und Kommunikationsdienste, CR 1997, 37; Rosenbach, Verfahrensrechtliche Rahmenbedingungen für den Einsatz der elektronischen Datenverarbeitung in der Verwaltung, NWVBl 1997, 121.

Erklärungen usw **unverzüglich an die zuständige Behörde weiterzuleiten.** Soweit es um Bearbeitungsfristen für die zuständige Behörde geht, insbesondere um den Eintritt der Fiktionswirkung nach § 42a, beginnen diese allerdings nicht mit dem Eingang bei der einheitlichen Stelle zu laufen, sondern erst in dem Zeitpunkt, in dem sie bei der zuständigen Behörde vorliegen. Insoweit gilt allerdings die Fiktion des § 71b Abs 2 S 1, wonach Anträge, Erklärungen usw am dritten Tag nach dem Eingang bei der einheitlichen Stelle als bei der zuständigen Behörde eingegangen gelten (s näher § 71b Rn 20).

c) Nachweis der Fristwahrung. Der Zeitpunkt der Antragstellung wird idR durch den Einlaufvermerk **(Eingangsstempel)** der Behörde bewiesen (BGH VersR 1982, 652). Der **Gegenbeweis ist zulässig,** etwa wenn dieser verfälscht wurde oder nach den Umständen des Falles nicht den wirklichen Eingangszeitpunkt wiedergibt, etwa in Fällen einer Zustellung nach Dienstschluss, wenn kein Nachtbriefkasten vorhanden ist, wenn der Mechanismus des Nachtbriefkastens nicht sicher funktioniert, wenn der Briefkasten nachweislich nicht regelmäßig geleert wird bzw im konkreten Fall nicht geleert wurde, wenn Zustellung in das Postfach erfolgte und die Möglichkeit besteht, dass der Antrag auch schon vorher eingelegt wurde (s auch BGH VersR 1982, 652; OVG München BayVBl 1983, 439). Grundsätzlich genügt es, dass ein **früherer Zugang glaubhaft gemacht** wird; ausreichend ist danach die hohe Wahrscheinlichkeit, dass die Datumsangabe des Eingangsstempels unzutreffend ist. 26

d) Behördlich verursachte Fristversäumung. Fristversäumung ist entgegen der wohl hM im Hinblick auf den Zweck von Fristbestimmungen, der Rechtssicherheit zu dienen, auch dann anzunehmen, wenn die Einhaltung einer gesetzlichen oder behördlichen Frist für die Geltendmachung eines Anspruchs durch einen Umstand, den die Behörde zu vertreten hat, pflichtwidrig verhindert wurde;[55] zB durch verzögerndes Verhalten eines Amtswalters. In solchen Fällen ist jedoch idR **Wiedereinsetzung** gem § 32 oder **Nachsicht** bzw, bei behördlichen Fristen, **rückwirkende Verlängerung der Frist** gem § 31 Abs 7 zu gewähren. Dasselbe gilt, wenn die Behörde die Fristüberschreitung aus anderen Gründen zu vertreten hat, weil die Ursache dafür in ihrem Bereich liegt, zB weil für Eingänge nach Dienstschluss kein Briefkasten vorhanden ist (str; vgl § 32 Rn 28) oder weil die Behörde von einer Einschreibsendung keine Kenntnis erhält, weil sie ihr Postfach, in dem ein Benachrichtigungszettel darüber liegt, nachmittags nicht mehr leert.[56] 27

V. Beginn einer behördlich gesetzten Frist (Abs 2)

1. Grundsatz. Während Abs 1 allgemeine Regelungen über die Berechnung von Fristen enthält, die sowohl für gesetzliche als auch für behördlich gesetzte Fristen gelten, enthält Abs 2 nur Bestimmungen **für behördlich gesetzte Fristen.** Dabei handelt es sich um Fristen, die den Beteiligten oder auch Behörden im Rahmen eines laufenden Verwaltungsverfahrens, insbesondere zur Anhörung nach § 28, von der federführenden Behörde für Stellungnahmen, Erklärungen oder andere Verfahrenshandlungen gesetzt werden, nach deren Ablauf die Behör- 28

---

[55] **AA** BVerwGE 9, 26, 203; BSG 32, 60; NJW 1987, 2184; vgl auch OVG Koblenz NVwZ 1989, 381: Treu und Glauben kann es einer Behörde nach Maßgabe der besonderen Umstände des Einzelfalles verbieten, sich auf die Nichteinhaltung einer **Ausschlussfrist** zu berufen; ähnlich BVerfG 75, 183: beruht die Verspätung auf der Verletzung der richterlichen Fürsorgepflicht, so ist sie nach dem Gebot fairer Verhandlungsführung als unerheblich anzusehen.

[56] **AA** BFH BStBl II 1976, 76; str; vgl allg auch BSG 14, 246; 22, 260; 32, 65; VG Neustadt NVwZ-RR 1994, 63: Behörde kann sich nicht auf eine Fristversäumung berufen, die sie selbst maßgeblich verschuldet.

de idR ausgebliebene Antworten bzw Stellungnahmen nicht mehr abwarten muss, sondern zur Sache entscheiden darf.

28a Die Setzung einer verfahrensrechtlichen Frist ist wegen fehlender Außenwirkung **kein VA,** sondern eine rein verfahrensrechtliche Maßnahme (s näher unten Rn 42). Das gilt nach allerdings bestrittener Auffassung (**aA** StBS 25) auch dann, wenn sie im Rahmen eines Bescheides erfolgt. Etwas anderes kann nur gelten, wenn mit der Fristsetzung ein Rechtsverlust verbunden wäre, zB bei einer materiellen Präklusion. Die Fristsetzung bedarf **keiner besonderen gesetzlichen Grundlage,** soweit an ihren Ablauf nicht Rechtsverluste oder andere Nachteile geknüpft werden sollen, sondern erfolgt auf der Grundlage der allgemeinen Verfahrensherrschaft der federführenden Behörde; ihre **Bemessung steht im pflichtgemäßen Ermessen** der federführenden Behörde, die dabei den Grundsatz der Verhältnismäßigkeit zu beachten hat.

28b Nach Abs 2 beginnt eine von einer Behörde gesetzte Frist normalerweise mit dem **Tag, der auf die Bekanntgabe folgt.** Die behördliche Frist wird danach nur in Lauf gesetzt, wenn sie dem Betroffenen bekannt gegeben wird. Die Regelung entspricht damit derjenigen für gesetzliche Fristen nach Abs 1, die durch ein Ereignis (zB Zustellung, Bekanntgabe usw) in Gang gesetzt werden, das in den Lauf eines Tages fällt (§ 187 Abs 1 BGB). Insoweit hat Abs 2 nur deklaratorischen Charakter, da das Setzen einer Frist stets ein Ereignis ist, das in den Lauf eines Tages fällt. Voraussetzung dafür, dass die von einer Behörde gesetzte Frist zu laufen beginnt, ist in jedem Fall die **ordnungsgemäße Bekanntgabe** der Fristsetzung nach den für Bekanntgaben geltenden Vorschriften, bei förmlicher Zustellung nach dem VwZG. Insoweit gelten auch für behördliche Fristsetzungen grundsätzlich **dieselben Vorschriften wie für VAe.** Bei Verletzung zwingender Zustellungsvorschriften oder Grundsätze ist die Zustellung gem § 8 VwZG erst in dem Zeitpunkt bewirkt, zu dem der Empfänger das Schriftstück nachweislich erhalten hat.[57] Insoweit gilt für behördliche Fristen nichts anderes als für gesetzliche Fristen, insb auch Rechtsbehelfsfristen.

28c **2. Anderweitige Regelung.** Die Regelung in Abs 2 stellt klar, dass die Behörde bei den von ihr zu setzenden Fristen berechtigt ist, den Fristbeginn abweichend von § 187 Abs 1 BGB durch **entsprechende Mitteilung** für einen konkreten Fall **anders zu regeln,** zB vorzusehen, dass die Frist ab einem bestimmten Ereignis laufen soll; in diesem Fall **geht die behördliche Bestimmung vor.** Wenn die Behörde keine abweichende Regelung trifft, zählt gem Abs 2 – ebenso wie bei gesetzlichen Fristen gem § 187 Abs 1 BGB – der Bekanntgabetag nicht mit. Eine am 1.2.1990 bekanntgegebene Monatsfrist beginnt daher am 2.2.1990, null Uhr, und endet somit am 1.3.1990 nachts 24 Uhr. Zum Begriff der Bekanntgabe s § 41 Rn 6.

VI. Die Montagsregelung (Abs 3)

29 **1. Grundzüge.** Abs 3 regelt den Fall, dass das Ende einer (gesetzlichen oder behördlichen) Frist nach den Berechnungsregeln in Abs 1 u 2 an sich auf einen Sonnabend, Sonntag oder gesetzlichen Feiertag fallen würde. In diesem Fall verlängert sich die Frist automatisch bis zum Ablauf des folgenden Montags bzw bei Feiertagen des folgenden Werktages. Die Bestimmung **entspricht § 193 BGB bzw § 222 Abs 2 ZPO,** erweitert die dort getroffenen Regelungen jedoch auf alle Fristen (ebenso zum früheren Recht BVerwGE 44, 45) und erfasst damit auch zB Fristen zur Vornahme von tatsächlichen Handlungen (StBS 34), wie den

---

[57] S näher § 41 Rn 77; OVG Lüneburg NVwZ-RR 2007, 78; vgl zur Verletzung von Zustellungsvorschriften zB VGH Kassel NJW 1990, 467; Knack/Henneke 31 f. Wegen der Heilungsmöglichkeit des § 8 VwZG sind die älteren Entscheidungen zum Scheitern der Zustellung teilweise überholt.

Abbruch eines Hauses. **Abs 3 gilt nur für Fristen,** nicht auch für Termine (VGH München BayVBl 1990, 693). Die Regelung gilt grundsätzlich auch für Ausschluss- bzw Präklusionsfristen (OVG Lüneburg NVwZ-RR 2006, 258), nicht dagegen für die Drei-Tages-Frist nach § 41 Abs. 2.[58]

2. Abweichende Fristbestimmung. Die Vorschrift lässt abweichende Regelungen durch die Behörde zu. Eine abweichende Regelung in einem VA ist jedoch nach der ausdrücklichen Regelung des Abs 3 S 2 nur dann wirksam, wenn sie unter Hinweis auf § 31 Abs 3 erfolgt; andernfalls verbleibt es beim Grundsatz des Abs 3 S 1. Abweichungen können sich aus speziellen Regelungen ergeben (zB nach Abs 4 für Leistungen), uU **auch aus der Natur der Sache,** zB im Hinblick auf die Art der zu erbringenden Leistung, hins der Leistungspflicht und/oder hins der Verpflichtung der Behörde zur Annahme der Leistung auch am Sonnabend usw, sind aber im Zweifel nicht anzunehmen. Aus dem Regelungszweck des Abs 3 folgt, dass eine Behörde eine abweichende **Fristbestimmung auf einen Sonnabend, Sonntag oder Feiertag** nur vornehmen darf, wenn gesetzliche Regelungen dazu ermächtigen oder jedenfalls **gewichtige sachliche Gründe** dies erfordern. Anderenfalls wäre eine derartige Fristbestimmung ermessensfehlerhaft. 29a

3. Voraussetzung der Montagsregelung. Das **Ende einer Frist** wird durch einen **Feiertag** nur dann hinausgeschoben, wenn der betreffende Tag gerade an dem Ort, an dem die Handlung vorzunehmen, der Antrag zu stellen ist, nach Bundes- oder Landesrecht ein allgemeiner **gesetzlicher Feiertag** ist; dass er am Ort der Absendung eines Schreibens ein gesetzlicher Feiertag ist, genügt nicht (vgl BAG NJW 1989, 1181). Nicht als Feiertag iS des Abs 3 anzusehen ist – auch wenn die Behördenbediensteten aufgrund landesrechtlicher Regelungen dienstfrei haben – der **24. Dezember** (BVerwG NJW 1993, 1941; BAG NZA 1984, 300), der **31. Dezember** und – auch nicht in Köln – **der Rosenmontag** (BPatG GRUR 1978, 711). UU besteht jedoch Anspruch auf Wiedereinsetzung gem § 32, wenn dem Betroffenen die Fristversäumung nicht als Verschulden zuzurechnen ist (BGH VersR 1980, 928; NJW 1992, 184; Knack/Henneke 67). 30

Abs 3 S 1 betrifft nur das Fristende und ist für die Bestimmung des Beginns einer Frist nicht entsprechend anwendbar (StBS 34; Linhart 38; s auch § 41 Rn 42). Auch wenn der 3. Tag nach Aufgabe eines Briefes zur Post gem § 41 Abs 2 VwVfG oder nach ähnlichen Vorschriften auf einen Samstag, Sonntag oder Feiertag fällt, so gilt dieser und nicht der nächstfolgende Werktag als Bekanntgabetag.[59] 31

Erfolgt eine Zustellung oder eine Bekanntgabe also an einem Sonnabend, so beginnt auch die Frist an diesem Tag zu laufen, nicht erst am folgenden Montag. Allerdings wird in diesen Fällen der Sonnabend selbst gem § 187 Abs 2 BGB nicht mitgezählt (s Rn 18). **Umstritten** ist, ob die Montagsregelung des Abs 3 auch für die **Bekanntgabefiktion des § 41 Abs 2** gilt. Richtigerweise ist dies zu verneinen, weil es sich nicht um eine Frist handelt (VGH München NJW 1991, 1250). 32

VII. Ende der Frist bei behördlichen Leistungen (Abs 4)

Die sog Montagsregelung des Abs 3 S 1 gilt gem Abs 4 nicht für den Fall, dass eine Behörde Leistungen für einen bestimmten Zeitraum zu erbringen hat. En- 33

---

[58] S näher § 41 Rn 42; OVG Lüneburg NVwZ-RR 2007, 78; NJW 2011, 1529.

[59] BSG NJW 2011, 1099; BFH NJW 2000, 1742; 1986, 968; OVG Lüneburg NVwZ-RR 2007, 78; OVG Münster NVwZ 2001, 1171; FG Hamburg EFG 1981, 488; Linhard 38; StBS 35; Knack/Henneke vor § 31 Rn 4; wohl auch Harbich BayVBl 1985, 96; offen BVerwG NJW 1983, 2345; **aA** Knack/Henneke § 41 Rn 41; Obermayer/Funke-Kaiser 34; MB 14 zu § 41; Offergeld NJW 1977, 1513; s auch § 41 Rn 42.

det der Leistungszeitraum also an einem Sonnabend, Sonntag oder an einem Feiertag, so muss die Behörde ihre Leistung gleichwohl bis zu diesem Zeitpunkt erbracht haben. Hauptanwendungsfall für Abs 4 sind Geldleistungspflichten, die nach spezialgesetzlicher Regelung innerhalb eines bestimmten Zeitraumes zu erbringen sind. Für die meisten Zahlungspflichten folgt dies allerdings auch bereits aus spezielleren Regelungen, zB für Sozialleistungen aus § 26 Abs 4 SGB X.

Erfordert die von der Behörde zu erbringende Leistung **persönliche Handlungen von Behördenbediensteten,** so werden durch Abs 5 grundsätzlich – außer, wenn sich ausnahmsweise aus der Natur der Sache im Hinblick auf die Art der Leistung etwas anderes ergibt – **keine Dienstleistungen außerhalb der Dienststunden** erforderlich (vgl StBS 40); vielmehr ist in solchen Fällen das Erforderliche idR an einem Tag vorher zu tun bzw zu veranlassen.

VIII. Sonderregelung bei behördlich gesetzten Terminen (Abs 5)

34 **1. Keine Anwendung der Montagsregelung.** Abs 5 stellt klar, dass Termine anders als Fristen nach Abs 3 S 1 auch dann einzuhalten sind, wenn sie auf einen der genannten Tage fallen. Die sog Montagsregelung des Abs 3 (bzw des § 193 BGB) gilt hier also nicht. Da es bei den von einer Behörde gesetzten Fristen typischerweise um Einzelfälle geht, bei denen die besonderen Umstände eine entscheidende Rolle spielen, darf hier – anders als bei den gesetzlichen Fristen – die Möglichkeit, eine Frist an einem Sonntag enden zu lassen, nicht ausgeschlossen werden.

35 **2. Zulässigkeit der Terminsbestimmung.** Ob die Bestimmung eines Termins für einen Sonntag usw zulässig ist, ist nicht § 31, sondern Rechtsvorschriften außerhalb des VwVfG zu entnehmen. Eine Terminsbestimmung auf einen Sonn- oder Feiertag kann nach hM nicht auf das Verfahrensermessen des § 10 gestützt werden.[60] Im Zweifel ist eine derartige Terminbestimmung, die nicht durch besondere Umstände, etwa besondere Dringlichkeit oder weil bestimmte Erkenntnisse nur an einem solchen Tag (etwa Feststellung der Besucherzahl eines Ausflugslokals) gewonnen werden können, gerechtfertigt ist, ermessensfehlerhaft; ein gleichwohl festgesetzter Termin ist zwar idR – anders uU gem § 44 bei schwerwiegender und offensichtlicher Fehlerhaftigkeit, insb bei „reiner" Willkür, vgl § 44 Rn 50 – nicht unbeachtlich, die Beteiligten haben aber Anspruch auf Absetzung bzw Verlegung des Termins.

IX. Nach Stunden berechnete Fristen (Abs 6)

36 **1. Grundsatz.** Abs 6 enthält für die nach Stunden bestimmten Fristen eine Sonderregelung gegenüber Abs 3 S 1. Die Regelung schreibt abweichend von der für das Prozessrecht nach § 57 Abs 2 VwGO, § 222 Abs 3 ZPO geltenden Regelung vor, dass bei nach Stunden bestimmten Fristen **auch Sonntage usw mitzurechnen** sind. Die Regelung wurde im Hinblick auf die typischerweise bei einer nach Stunden berechneten Frist bestehenden Dringlichkeit getroffen. Hauptanwendungsfall ist die bei der Gefahrenabwehr sehr kurz bemessene Stundenfrist (zB „innerhalb von 24 Stunden").

37 **2. Voraussetzungen.** Nach Abs 6 kommt es nur darauf an, dass eine Frist nach Stunden bemessen ist. Die Vorschrift geht davon aus, dass eine Stundenfrist nur in dringlichen Fällen gesetzt wird. **Liegt ein dringlicher Fall nicht vor** oder werden die Beteiligten dadurch, dass sie bestimmte Handlungen an Sonntagen usw vornehmen müssten, unzumutbar belastet, ohne dass dies durch hinreichend gewichtige öffentliche Interessen geboten wäre, so ist die **Fristbestim-**

---

[60] StBS 41; ZKW 29. Für Gefahrenabwehrmaßnahmen ergeben sich entsprechende Ermächtigungen aus dem einschlägigen Polizei- und Ordnungsrecht.

mung ermessensfehlerhaft. Der Fehler führt nur zur Nichtigkeit, wenn die gebotenen Handlungen usw wegen des Sonntags usw überhaupt nicht möglich oder zulässig sind (§ 44 Rn 39 ff) oder die Fristbestimmung sonst offensichtlich schwer fehlerhaft ist.

X. Verlängerung von Fristen (Abs 7)

1. Allgemeines. Eine Verlängerung durch die Behörde sieht das Gesetz nur 38 bei **behördlichen Fristen** vor. Gesetzliche Fristen können, soweit sich nicht aus besonderen gesetzlichen Vorschriften etwas anderes ergibt, durch die Behörde nicht verlängert werden (BVerwGE 43, 237; Knack/Henneke 70); wurde eine gesetzliche Frist schuldlos versäumt, kommt nur eine **Wiedereinsetzung** nach § 32 in Betracht, sofern keine Präklusionsfrist vorliegt. Bei gesetzlichen uneigentlichen Fristen (s oben Rn 8), insb bei gesetzlichen **Ausschlussfristen,** sind Verlängerung oder Wiedereinsetzung nach § 32 nur möglich, wenn sie (ausnahmsweise) ausdrücklich durch eine Rechtsvorschrift zugelassen sind.[61] Wurde die Frist ohne Verschulden des Betroffenen **infolge höherer Gewalt** versäumt, so ist grundsätzlich auch eine unverzüglich nach Wegfall des Hindernisses vorgenommene Handlung noch als rechtzeitig anzusehen;[62] das gleiche gilt, wenn besondere Umstände des Einzelfalles vorliegen, welche die Anwendung der Frist für den Betroffenen als **außergewöhnliche Härte** erscheinen ließen, die durch den Zweck der Frist nicht geboten oder im Hinblick darauf nicht vertretbar erschiene,[63] oder wenn die Berufung auf die Fristversäumung angesichts der besonderen Umstände des Falles **gegen Treu und Glauben** verstoßen würde.[64]

2. Verlängerung behördlicher Fristen. a) Ermessensentscheidung. Eine 39 Verlängerung behördlicher Fristen steht gem Abs 7 im Ermessen der Behörde, sofern nicht durch Gesetz etwas anderes bestimmt ist (vgl BVerwGE 67, 51); sie kann **auch formlos** erfolgen. Die Betroffenen haben grundsätzlich einen Anspruch darauf, dass die Behörde über einen entsprechenden Antrag unter Berücksichtigung aller von ihnen dafür geltend gemachten oder der Behörde selbst bekannten oder von ihr gem § 24 festzustellenden Gründe nach pflichtgemäßem Ermessen (§ 40) entscheidet. Das Ermessen ist mangels weiterer Tatbestandsvoraussetzungen auch dann eröffnet, wenn ein Antrag auf Verlängerung einer behördlichen Frist nicht begründet wird;[65] ggf wären der Behörde bekannte oder von ihr ermittelte Umstände zu berücksichtigen.

b) Maßstab für die Ermessensentscheidung. Die Ermessensentscheidung 39a hat zu berücksichtigen, dass sie für die behördlich gesetzten Fristen an die Stelle der bei gesetzlichen Fristen allein möglichen Wiedereinsetzung tritt. Die Voraussetzungen, unter denen eine Verlängerung erfolgt, dürfen also **nicht strenger sein als bei der Wiedereinsetzung** nach § 32. Sprechen erhebliche, ggf von den Betroffenen in entspr Anwendung von § 32 Abs 2 S 2 glaubhaft gemachte, Gründe, die bei gesetzlichen Fristen eine Wiedereinsetzung gem § 32 rechtferti-

---

61 Vgl BVerwG NVwZ 1996, 399; 1988, 1128; NVwZ-RR 1999, 162; VGH München BayVBl 1982, 369; OVG Münster NVwZ 1984, 387; Knack/Henneke § 32 Rn 70 f.

62 Vgl BVerfG DÖV 1986, 32; BGH NJW 1982, 2779; RGZ 166, 246; RAG 11, 210; Kramer NJW 1978, 1416; Kopp BayVBl 1977, 35; Kopp/Schenke § 57 Rn 15; Jäckle NJW 1984, 2132 Fn 22; offen VGH München BayVBl 1982, 369; BGH NJW 1982, 2779: wenn kein Verschulden, darf sich der Versicherungsträger ua nicht auf die Fristversäumung berufen.

63 Vgl BVerwG DÖV 1986, 32 – zu § 33 AsylG: analog §§ 58 Abs 2, 60 Abs 3, 76 VwGO –; Berlin NJW 1975, 1530; Kopp BayVBl 1977, 35 mwN; ferner VGH München BayVBl 1982, 369; BAG NJW 1982, 1664.

64 OVG Koblenz NVwZ 1989, 381; VGH Mannheim DÖV 1994, 484; VG Neustadt NVwZ-RR 1994, 63; vgl auch BVerfG 75, 183.

65 **AA** OVG Berlin-Brandenburg NVwZ-RR 2014, 950 f.

gen würden, für die Verlängerung, so ist eine **Ermessensreduzierung auf Null** anzunehmen; es besteht ein Anspruch auf Verlängerung;[66] eine Ablehnung wäre in diesem Fall ermessensfehlerhaft. Entsprechendes gilt, wenn die Nichtverlängerung unbillig wäre (StBS 51), ferner wenn eine Frist wegen unklarer Fristsetzung (Fristbestimmung) versäumt wurde (BVerwG NJW 1994, 2779) oder wenn ein **Berufen auf die Fristversäumung gegen Treu und Glauben** verstoßen würde (vgl VGH Mannheim DÖV 1994, 484; StBS 10).

Da die Entscheidung über eine Fristverlängerung eine Ermessensentscheidung der Behörde darstellt, kann sie, wie in S 3 klargestellt ist, auch **mit einer Nebenbestimmung** gem § 36 Abs 2 **verbunden** werden. Welche Nebenbestimmungen in Betracht kommen, hängt von der Art der Handlung ab, für die die Frist gesetzt ist. Die neue Frist läuft im Zweifel, wenn die Behörde nichts anderes bestimmt, vom Ablauf der vorangegangenen Frist an (UL § 29 Rn 18 unter Hinweis auf § 190 BGB).

40 Die in Abs 7 S 2 angesprochenen Gesichtspunkte der **Billigkeit im Hinblick auf die Rechtsfolgen** und ähnliche Gründe („insbesondere") sind entgegen der Fassung des S 2 nach dem Zweck der Regelung nicht Voraussetzung der rückwirkenden Verlängerung, sondern Gesichtspunkte, die die Behörde bei ihrer Entscheidung besonders zu berücksichtigen hat und bei deren Vorliegen idR zugunsten des Betroffenen zu entscheiden ist, wenn keine wesentlichen Gesichtspunkte dagegen sprechen. Eine nachträgliche Fristverlängerung kommt insb auch sonst aus den Gründen gem Abs 2 S 2 **wegen Unbilligkeit** aus persönlichen oder sachlichen Gründen in Betracht.[67] Soweit die Fristverlängerung in Rechte Dritter eingreift, müssen andererseits grundsätzlich auch die Voraussetzungen einer Rücknahme oder eines Widerrufs gem §§ 48f erfüllt sein (ebenso Knack/Henneke 72; StBS 52).

41 **3. Rückwirkende Verlängerung.** Eine Verlängerung kann auch noch nach Ablauf der Frist gewährt werden (Abs 7 S 2; vgl auch § 109 Abs 1 S 2 AO); dies gilt jedenfalls dann, wenn die Verlängerung rechtzeitig, dh vor Ablauf der First beantragt worden war und die Voraussetzungen für eine Verlängerung gegeben sind (vgl Kopp/Schenke § 57 Rn 13), nach str Auffassung außerdem aber auch bei **Antragstellung erst nach Ablauf der Frist,** da S 2 insoweit keinen Unterschied macht, und insb dann, wenn Gründe entspr § 32 vorliegen, da die Folgen für die Betroffenen nicht einschneidender sein können als bei Versäumung gesetzlicher Fristen.[68]

XI. Verfahrens- und Rechtsschutzfragen

42 **1. Rechtsnatur der Festsetzung. Umstritten** ist, ob die Fristsetzung innerhalb eines Verwaltungsverfahrens durch die Behörde als verfahrensrechtlicher VA oder nur als vorbereitende Maßnahme anzusehen ist. Die Frage ist nicht von besonderer praktischer Bedeutung, weil auch bei Annahme einer VA-Qualität die Entscheidung idR nicht selbständig anfechtbar ist. Soweit es sich um Entscheidungen über rein verfahrensrechtliche Fristen handelt, wird man wegen des

---

[66] Ebenso UL § 29 Rn 18; Knack/Henneke 71; Steimel JuS 1982, 291; Kopp BayVBl 1977, 36; vgl ähnlich zu § 130a VwGO auch BVerwG NJW 1994, 673; VG Frankfurt NVwZ 1991, 459; VG Potsdam, B v 2.8.2006, 12 L 409/06, juris.

[67] S zB VG Berlin, B v 12.4.2010, 3 L 128/10, juris, zur Versäumung der Anmeldungsfrist für eine Klassenfahrt in der Schule; Knack/Henneke 71.

[68] OVG Münster WissR 1998, 369; VG Frankfurt NVwZ-RR 1991, 453; StBS 49; für eine mögliche Fristverlängerung von Amts wegen: Knack/Henneke 70, 72; weitergehend Obermayer/Funke-Kaiser 44: Es ist idR zugunsten des Betroffenen zu entscheiden, wenn nicht wesentliche Gründe dagegen sprechen; vgl zum Prozessrecht auch BGHZ – GrS – 83, 217 – nicht erforderlich, dass die Fristverlängerung während noch offener Frist beantragt wurde; Kopp/Schenke § 57 Rn 13; **aA** RGZ 156, 386.

vorbereitenden Charakters eine VA-Qualität nicht anzunehmen haben.[69] Weder der Umstand, dass es sich bei der Fristbestimmung und der Fristverlängerung um Ermessensentscheidungen handelt, noch dass die Fristverlängerung nach Abs 7 S 3 mit Nebenbestimmungen versehen werden kann, zwingt zur Annahme der Rechtsnatur eines VA.

2. Ermessensentscheidung. Das Setzen und das Verlängern bzw Verkürzen einer behördlichen Frist steht im Ermessen der zuständigen Behörde. Diese ist dabei an allgemeine rechtsstaatliche Grundsätze gebunden, kann aber in diesem Rahmen Gesichtspunkte der Beschleunigung und der Verwaltungseffizienz zur Geltung bringen. 43

a) Bestimmtheit. Fristen bzw Termine **müssen jedenfalls hinreichend bestimmt** (vgl OVG Koblenz NVwZ 1993, 1000: „umgehend" ist zu unbestimmt) und **angemessen** sein, insb den Beteiligten für die Vornahme der ihnen gebotenen Handlungen bzw der in ihrem Interesse liegenden Handlungen, Vorbereitungen usw ausreichend Zeit lassen. Soweit mit dem Zweck des Verfahrens vereinbar, sollen nach allgemeinen Grundsätzen Termine auch **grundsätzlich nicht auf Sonntage, Feiertage oder Sonnabende** gelegt, bzw Fristen nicht so festgesetzt werden, dass die Beteiligten zu Handlungen an diesen Tagen gezwungen werden. 43a

b) Angemessenheit. Fristen müssen so bemessen sein, dass sie vom Betroffenen mit zumutbarem Aufwand eingehalten werden können. Dabei ist auch zu berücksichtigen, welche Zeiträume üblicherweise für die maßgebliche Handlung eingeräumt werden bzw zur Verfügung stehen. Die Festsetzung zu kurzer Fristen bzw die zu kurzfristige Anberaumung von Terminen sind fehlerhaft. Die Betroffenen haben in derartigen Fällen Anspruch auf Verlängerung der Frist bzw Verlegung des Termins, wenn sie rechtzeitig einen entsprechenden Antrag stellen. **Stellen sie keinen solchen Antrag,** obwohl ihnen dies ohne weiteres möglich und zumutbar wäre, so können sie grundsätzlich den Verfahrensfehler nachträglich auch mit Rechtsbehelfen nicht mehr geltend machen. Ist der den Beteiligten zur Verfügung stehende Zeitraum so kurz, dass auch ein Antrag auf Verlängerung bzw Verlegung nicht mehr rechtzeitig gestellt werden kann, so ist die Festsetzung nichtig und unbeachtlich (str). Zur **Angemessenheit einer Frist** vgl BVerwGE 15, 3; 28, 6, 25; 38, 19. 44

3. Rechtsbehelfe. Die Festsetzung von behördlichen Fristen und Terminen kann, unabhängig davon, ob sie den Betroffenen gegenüber durch VA erfolgt, von den Beteiligten (§ 13) nach § 44a VwGO grundsätzlich **nicht gesondert angefochten** werden, etwa wegen unangemessener Kürze bzw Kurzfristigkeit. Entsprechend kann auch die Festsetzung längerer Fristen oder späterer Termine grundsätzlich nur im Rahmen eines Rechtsbehelfs in der Angelegenheit, für die die Fristsetzung oder Terminbestimmung gelten soll, erzwungen werden, bei Untätigkeit hins des Erlasses eines VA gem § 75 VwGO. Gleiches gilt hins der Setzung von Fristen für das Handeln Dritter, zB für die Beseitigung einer Störung, die sich zu Lasten des Antragstellers auswirkt, durch VA. 45

§ 32 Wiedereinsetzung in den vorigen Stand

(1) **War jemand ohne Verschulden[20] verhindert,[17] eine gesetzliche Frist[16] einzuhalten, so ist ihm auf Antrag Wiedereinsetzung in den vorigen Stand zu gewähren. Das Verschulden eines Vertreters ist dem Vertretenen zuzurechnen.[33]**

---

[69] So VGH München BayVBl 1984, 629; StBS 25, allerdings mit der Einschränkung, dass die Fristbestimmung nicht in einem Bescheid erfolgt; **aA** Knack/Henneke 79; Linhorst 15.

(2) **Der Antrag**[40] **ist innerhalb von zwei Wochen**[43] **nach Wegfall des Hindernisses zu stellen. Die Tatsachen zur Begründung des Antrags sind bei der Antragstellung oder im Verfahren über den Antrag glaubhaft zu machen.**[53] **Innerhalb der Antragsfrist ist die versäumte Handlung nachzuholen.**[42] **Ist dies geschehen, so kann Wiedereinsetzung auch ohne Antrag gewährt werden.**[47]

(3) **Nach einem Jahr seit dem Ende der versäumten Frist**[55] **kann die Wiedereinsetzung nicht mehr beantragt oder die versäumte Handlung nicht mehr nachgeholt werden, außer wenn dies vor Ablauf der Jahresfrist infolge höherer Gewalt**[57] **unmöglich war.**

(4) **Über den Antrag auf Wiedereinsetzung entscheidet die Behörde, die über die versäumte Handlung zu befinden hat.**[58 ff]

(5) **Die Wiedereinsetzung ist unzulässig, wenn sich aus einer Rechtsvorschrift ergibt, dass sie ausgeschlossen ist.**[64]

Parallelvorschriften: § 27 SGB X; § 110 AO; § 60 VwGO; §§ 233 ff ZPO; § 210 BauGB

Schrifttum: *Heiß,* Wiedereinsetzung in den vorigen Stand bei Verschulden von Behördenbediensteten, BayVBl 1984, 646; *Jaekel,* Fristversäumung und Ausschluß der Wiedereinsetzung, IFLA 1982, 98 ff, 108 ff; *Ganter,* Wiedereinsetzung in die Widerspruchsfrist, VBlBW 1984, 402; *Gundel,* Keine Durchbrechung nationaler Verfahrensfristen zugunsten von Rechten aus nicht umgesetzten EG-RL, NVwZ 1998, 910; *Guttenberg,* Öffentliche Zustellung und Wiedereinsetzung in den vorigen Stand, MDR 1993, 1049; *Klemm,* Wiedereinsetzung im steuerlichen Verwaltungsverfahren, NVwZ 1988, 102; *Kopp,* Wiedereinsetzung und Nachsicht bei Versäumung materiellrechtlicher Fristen, BayVBl 1977, 33; *ders,* Der eilige Gesetzgeber, DVBl 1977, 29; *Linhart,* Fristen und Termine im Verwaltungsrecht, 3. Aufl 1996; *Müller,* Die Rechtsprechung des BGH zur Wiedereinsetzung in den vorigen Stand, NJW 1998, 497; 2000, 322; *Pape/Notthoff,* prozeßrechtliche Probleme bei der Verwendung von Telefax, NJW 1996, 417; *v Preutz,* Die Rspr des BGH zur Wiedereinsetzung in den vorigen Stand, NJW 2003, 858; *Schmidt,* Vorfristiger Widerspruch und Wiedereinsetzung in den vorigen Stand, DÖV 2001, 857; *H. A. Wolff,* Überschneidungen der Wiedereinsetzung in den vorigen Stand (§ 60 VwGO) mit dem Wiederaufgreifen des Verfahrens (§ 51 VwVfG), NVwZ 1996, 559.

Übersicht

I. Allgemeines

1. Inhalt. Die Vorschrift regelt die **Wiedereinsetzung bei Versäumung gesetzlicher Fristen.** Dabei handelt es sich um Fristen, die sich aus Gesetzen, VAen oder Satzungen ergeben, über die die Behörde deshalb nicht verfügen, sie insbesondere nicht selbst setzen und verlängern darf.[1] Die Regelung lehnt sich eng an § 60 VwGO und an vereinzelte sondergesetzliche Vorschriften an (vgl zB § 210 BauGB, § 110 AO 1977; Begr 55 mwN) und folgt weitgehend der schon vor Erlass des VwVfG anerkannten Rechtslage, für die ein Anspruch auf Wiederersetzung unter bei unverschuldeter Fristversäumung und rechtzeitiger Nachholung nach Wegfall des Hindernisses trotz Fehlens ausdrücklicher Rechtsvorschriften anerkannt war.[2] 1

2. Verfassungsrechtliche Bedeutung. Das Recht auf Wiedereinsetzung in unverschuldet versäumte Fristen ist ein **grundlegendes Erfordernis** jedes 2

[1] StBS 8; Knack/Henneke 12; Obermayer/Funke-Kaiser 5.

[2] Vgl BVerwGE 21, 48; Kopp/Schenke § 60 Rn 2; Rotter DVBl 1971, 379; s aber zur bish str Frage der Wiedereinsetzung bei Versäumung materiellrechtlicher Fristen unten Rn 5f.

rechtsstaatlichen Verfahrens, insb auch Ausfluss des Anspruchs Betroffener auf ein **faires Verfahren**[3] und auf Gehör in diesem Verfahren,[4] und der Wahrung der durch Art 2 Abs 1 GG verbürgten Handlungsfreiheit bzw anderer durch spezielle Grundrechte geschützter Rechte bzw Rechtsgüter, die vom Verfahren betroffen werden (vgl BVerfG 60, 296, 300). Es wird außerdem, soweit die Versäumung von Fristen auch für ein uU nachfolgendes gerichtliches Verfahren nicht mehr reparable Folgen hat, was die Regel ist, mittelbar auch durch **Art 19 Abs 4 GG** gewährleistet (vgl BVerfG 60, 266; BayVBl 1977, 33).

2a **Die Voraussetzungen** des Rechts auf Wiedereinsetzung sind das **Ergebnis einer Abwägung** der Prinzipien des materiellen Grundrechtsschutzes, der Einzelfallgerechtigkeit und des effektiven Rechtsschutzes mit dem ebenfalls im Rechtsstaatsprinzip und im Grundsatz der Effektivität des staatlichen Handelns sowie ggf des Rechtsschutzes Dritter begründeten Grundsätzen der **Rechtssicherheit** und des Rechtsfriedens.[5] § 32 beruht insofern wie § 60 VwGO auf einem Kompromiss zwischen den Anforderungen der Rechtssicherheit und der Einzelfallgerechtigkeit. Die getroffene Abgrenzung trägt, auch soweit in einer Sache Grundrechte betroffen sind, den verfassungsrechtlichen Anforderungen Rechnung.[6] Auch der Umstand, dass ein Grundrecht betroffen ist, hat nicht zur Folge, dass an die Voraussetzungen einer Wiedereinsetzung ein weniger strenger Maßstab zu legen wäre (BVerfG 60, 269; BVerwG NVwZ 1985, 35).

3 **3. Europarecht. a) Direkter Vollzug.** Die Möglichkeit einer Wiedereinsetzung in eine gesetzliche Frist für den Fall der unverschuldeten Versäumung der Frist durch den Betroffenen ist **auch im Anwendungsbereich des EU-Rechts** geboten. Insoweit ist die Wiedereinsetzung ein auch für das Unionsrecht maßgebliches Institut.[7] Ausdrücklich findet sich die Möglichkeit einer Wiedereinsetzung in Art 45 Abs 2 Prot. der Satzung des EuGH. Allerdings müssen strenge Maßstäbe angelegt werden, soweit es um die Durchsetzung von EU-Recht geht (EuGHE 1998, I-2655, 2659).

3a **b) Indirekter Vollzug.** Strenge Maßstäbe müssen grundsätzlich auch angelegt werden, wenn unionsrechtliche Umsetzungsvorschriften die Einhaltung von Fristen verlangen, also im Bereich des indirekten Vollzugs von Unionsrecht. Insbesondere müssen Effizienzgebot und Diskriminierungsverbot (s hierzu Einf II Rn 28) beachtet werden.[8] Umgekehrt hat der EuGH in seiner Entscheidung vom 15.10.2015 **die Einwendungspräklusion,** bei der im übrigen auch eine Wiedereinsetzung in den vorigen Stand nicht zulässig ist (s § 30 Rn 11), für den Bereich der UVP-RL und der IE-RL für **unzulässig** erklärt (EuGH NVwZ 2015, 1665). Hierzu näher § 30 Rn 11, § 73 Rn 89 ff). Das bedeutet indessen nicht, dass die gesetzliche Regelung von Präklusionsfristen, bei deren Versäumung eine Wiedereinsetzung nicht in Betracht kommt, auch im übrigen generell unzulässig wäre. Vielmehr wird man von einer Unzulässigkeit lediglich im Bereich des von den genannten Richtlinien erfassten Anlagen- und Planfeststellungsrechts auszugehen haben.

4 **4. Begriff der Wiedereinsetzung.** Wiedereinsetzung iS von § 32 ist die ausdrückliche oder stillschweigende **Entscheidung der Behörde,** dass ein Beteiligter nach Ablauf einer gesetzlichen Frist in den vorigen Stand, also in das Stadium vor dem Ablauf zurückversetzt wird. Er wird dann so behandelt, als sei

---

[3] BVerfG NJW 2000, 709; BVerwG NVwZ 2001, 94; FKS 2.

[4] Vgl BVerfG 25, 166; 26, 318; 31, 390; 34, 156; 35, 298; 37, 97 und 102; 38, 40.

[5] Vgl BVerfG 49, 252; 60, 267, 300; BVerwG NVwZ 1985, 35; Obermayer/Funke-Kaiser 2; StBS 1.

[6] BVerfG 35, 48; 49, 252; 60, 269 ff; NJW 1990, 1747; BVerwG NVwZ 1985, 34.

[7] S hierzu näher EuGHE I 1995, 4069.

[8] EuGHE 1995, I-4069; StBS 48; FKS 1 f.

eine an sich bereits abgelaufene Frist noch nicht verstrichen mit der Folge, dass er die Verfahrenshandlung, für die die Frist an sich bereits abgelaufen ist, innerhalb einer Frist von zwei Wochen nachholen darf. Die verspätete, dh nach Ablauf der dafür gesetzlich vorgesehenen Frist, vorgenommene Verfahrenshandlung wird im Falle der Widereinsetzung **als fristgerecht behandelt,** wenn sie innerhalb der Zwei-Wochen-Frist nachgeholt wird, mit der Folge, dass der Weg für eine Entscheidung der Behörde über die in Frage stehende Verfahrenshandlung wieder in dem Stadium eröffnet wird, wie er vor Fristablauf gegeben war („voriger Stand"). Auch wenn eine Sache bereits bei Gericht anhängig ist, kann die Wiedereinsetzung für Fristen des Verwaltungsverfahrens **nur von der zuständigen Behörde,** ggf auch der Widerspruchsbehörde, nicht dagegen vom Gericht gewährt werden (vgl Kopp/Schenke § 70 Rn 13; **aA** BVerwG BayVBl 1983, 476); das Gericht kann jedoch ggf **über den Mangel hinwegsehen** und den Antrag als rechtzeitig gestellt behandeln.

5. Anwendungsbereich. a) Unmittelbare Anwendbarkeit. Die Vorschrift gilt für alle **gesetzlichen Fristen** (s zum Begriff § 31 Rn 4ff) im Anwendungsbereich des VwVfG, einschl der **materiellrechtlichen Fristen** außerhalb eines konkreten Verwaltungsverfahrens,[9] insb für Fristen zur Antragstellung gem § 22, durch die ein Verfahren eingeleitet werden soll, wie zB für die Antragsfrist gem § 21 Abs 1 BauGB, für durch Gesetz oder eine sonstige Rechtsvorschrift vorgesehene **Einwendungsfristen,** zB gem § 73 Abs 4 (s § 73 Rn 88), und für die **Wiedereinsetzungsfrist** nach Abs 2 selbst.[10] Es muss sich um Fristen handeln, die innerhalb eines Verwaltungsverfahrens beachtlich sind. Keine Frist liegt vor, wenn an eine Verfahrenshandlung, zB ein Antragserfordernis, lediglich zukünftige Rechtsfolgen geknüpft sind und eine Rückwirkung, insbes eine rückwirkende Leistungsgewährung ausgeschlossen ist.[11] Für Fristen im Verwaltungsprozess gilt § 60 VwGO, nicht § 32. **Unanwendbar** ist die Vorschrift auch für die Wiedereinsetzung in die **Widerspruchsfrist** des § 70 VwGO. Insoweit gilt gem. § 70 Abs. 2 VwGO ebenfalls § 60 VwGO (s auch unten Rn 12). 5

Nicht anwendbar ist die Vorschrift auf die sog **uneigentlichen Fristen,** die **echten Ausschluss- oder Präklusionsfristen**[12] (s zum Begriff § 31 Rn 10f), zB nach Abs 3 und 5, es sei denn, dass die insoweit maßgeblichen Vorschriften eine Wiedereinsetzung zulassen;[13] ebenso nicht auf **von der Behörde gesetzte Fristen** (hier kommt nur eine Verlängerung nach § 31 in Betracht, vgl § 31 Rn 6) und nicht für **Fristen des Vertragsrechts,** zB Widerrufs- oder Kündigungsfristen nach §§ 54ff. Ein Berufen auf die Versäumung einer behördlichen Frist oder einer vereinbarten Widerrufs- bzw Kündigungsfrist verstößt jedoch, wenn die Frist ohne Verschulden versäumt wurde, idR **gegen Treu und Glauben** und ist dann unbeachtlich mit der Folge, dass die unverschuldet verspätete Handlung gleichwohl noch als rechtzeitig zu behandeln ist (BVerfG 69, 386). Insoweit besteht ein Unterschied zu den Fristen, für die Wiedereinsetzung oder Verlängerung infrage kommen (s § 31 Rn 12, 24). Aus ähnlichen Gründen besteht bei, durch höhere Gewalt verursachter Versäumung einer Ausschlussfrist ein 6

---

9 BVerwGE 60, 309; BFH BB 1981, 782; BSG 64, 153 zur Beitrittsfrist zur Sozialversicherung; OVG Münster DÖV 1982, 168; OVG Bremen DÖV 1981, 882; OVG Münster NVwZ 1984, 387; StBS 6; Knack/Henneke 12; Kopp BayVBl 1977, 35; Kopp/Schenke § 60 Rn 3; Obermayer/Funke-Kaiser 6; vgl auch BSG MDR 1989, 675.

10 Ganz hM, vgl BVerfG 22, 83; Kopp/Schenke § 60 Rn 3; Klemm NVwZ 1989, 107.

11 OVG Bautzen, B v 17.6.2014, 3 D 100/13, juris Rn 10.

12 BVerwG NJW 1997, 2966; VGH Mannheim NVwZ-RR 2011, 605, juris Rn 22; OVG Lüneburg DVBl 2007, 703; allg Auffassung.

13 Dies nimmt VGH München (B v 20.1.2012, 14 ZB 11.1379, juris) zB für die Jahresfrist des § 54 Abs 1 S 1 BBhV an; OVG Münster NVwZ 1984, 387; StBS 6; Kopp BayVBl 1977, 33.

ungeschriebener, gleichwohl aber verfassungsrechtlich gebotener Anspruch auf Nachsicht.[14] Gleiches gilt, wenn die Ursache der Fristversäumung im Bereich der Behörde liegt (vgl § 31 Rn 13).

7 **b) Entsprechende Anwendung.** Als Ausdruck eines allgemeinen Rechtsgedankens sind die Regelungen über die Wiedereinsetzung in den vorigen Stand sinngemäß-analog grundsätzlich auch in anderen Fällen einer Versäumung gesetzlicher Fristen anwendbar, die nicht unter das VwVfG oder sonstige ausdrückliche gesetzliche Vorschriften über die Wiedereinsetzung fallen,[15] außerdem auch analog (da solche Fristen nicht strenger bindend sein können als gesetzliche Fristen) auf in **allgemeinen Verwaltungsvorschriften festgelegte Fristen,** wenn diese sonst für die ein Verfahren führende Behörde strikt bindend sind.[16]

8 **Umstritten** ist, ob die Regelung als Ausdruck allgemeiner rechtsstaatlicher Grundsätze und da das VwVfG – anders als die ZPO (vgl § 251a und §§ 330 ff, 338 ZPO) – keine andere Möglichkeit vorsieht, mit der ein Betroffener sonst seine Rechte wirksam wahren könnte, **auch auf die Versäumung von Terminen,** insb des Termins zu einer mV, analog angewendet werden kann. Dies ist dann zu bejahen, wenn es sich um einen gesetzlich bestimmten Termin handelt, für den eine Verschiebung aufgrund des allgemeinen Verfahrensermessens der Behörde bzw entsprechend § 31 Abs 7 nicht möglich erscheint, weil es jedenfalls für den Fall der unverschuldeten Versäumung eines Termins, der keine Präklusionswirkung haben soll, eine Möglichkeit der Reaktion auf die Versäumung geben muss.[17]

9 Auch auf die **nachträgliche Beseitigung formeller Mängel** einer zwar fristgerecht, aber fehlerhaft vorgenommenen Verfahrenshandlung, zB wenn ein Antrag nicht formgerecht gestellt worden war, ist die Regelung entsprechend anzuwenden (vgl Knack/Henneke 10; str), ebenso auf die **Nachholung einer** aufgrund besonderer gesetzlicher Vorschriften innerhalb einer bestimmten Frist vorzunehmenden **Begründung,** Glaubhaftmachung usw (sehr str) bzw das Nachschieben einzelner Gründe, zB einzelner Wiedereinsetzungsgründe nach § 32 Abs 2 S 2, nach Ablauf einer gesetzlichen Begründungsfrist usw, bei im übrigen fristgerecht gestellten Anträgen uä.[18]

10 **Anwendbar** ist die Vorschrift auch für die **verspätete Einzahlung von Kostenvorschüssen** uä in Fällen, in denen aufgrund besonderer gesetzlicher Vorschriften die nicht rechtzeitige Zahlung usw zur Folge hat, dass der Antrag usw als zurückgenommen gilt bzw sonstige, auf andere Weise nicht mehr heilbare verfahrensrechtliche Nachteile eintreten.

11 **Umstritten** ist die entsprechende Anwendbarkeit auf **fristgebundene Handlungen von Behörden.** Man wird hier differenzieren müssen: Bei fristgebundenen Handlungen und Maßnahmen der federführenden Behörde zB nach § 48 Abs 4 usw kommt eine Wiedereinsetzung nach Sinn und Zweck der Regelung nicht in Betracht. Soweit eine Behörde aber als Beteiligte eines Verwaltungsverfahrens (vgl § 13 Rn 10) eine gesetzliche Frist versäumt, ist § 32 anwendbar, wenn keine Ausschlussfrist vorliegt.[19]

---

[14] BVerwGE 66, 99, 105; StBS 9; ähnlich Koblenz NVwZ 1989, 381; UL § 29 Rn 3.

[15] Ähnlich StBS § 31 Rn 3; enger UL § 29 Rn 4.

[16] Str, wie hier VGH Kassel, B v 24.7.2013, 9 A 1238/12, juris Rn 30; VGH Mannheim NVwZ 1995, 278; StBS 8 **aA** Knack/Henneke 12; Obermayer/Funke-Kaiser 7 unter Hinweis auf BVerwG NVwZ 1994, 575.

[17] Str, vgl UL § 29 Rn 4; für das Verwaltungsprozessrecht, wo die Probleme ähnlich liegen, Kopp/Schenke § 60 Rn 5; für den Termin zur Vernehmung eines Zeugen auch Dittmar NJW 1982, 209; **aA** VGH München NVwZ-RR 2000, 779; Obermayer/Funke-Kaiser 7; StBS 8; ZKW 7.

[18] Vgl BVerwGE 46, 292; BFH NJW 1986, 279 – nur Erläuterungen und unwesentliche Ergänzungen können jederzeit noch nachgeschoben werden –; Kopp/Schenke § 60 Rn 4; str; **aA** offenbar BVerwG BayVBl 1976, 29.

[19] VGH Mannheim NVwZ-RR 2006, 136; Knack/Henneke 11; StBS 9.

c) Speziellere Regelungen. Gem § 1 gilt die Regelung nur vorbehaltlich inhaltsgleicher oder entgegenstehender Bestimmungen in anderen Gesetzen oder VOen oder Satzungen aufgrund von Bundesgesetzen. Solche Rechtsvorschriften können uU eine Wiedereinsetzung auch an strengere Voraussetzungen knüpfen oder auch gänzlich ausschließen. Ein völliger Ausschluss der Wiedereinsetzung, wie er bei den sog Präklusions- oder Ausschlussfristen gegeben ist, bedarf einer besonderen Rechtfertigung, die auch verfassungsrechtlichen Anforderungen standhält (s hierzu näher Rn 64; § 31 Rn 10). Zu den spezielleren Regelungen gehören § 70 Abs 2 VwGO für die Widerspruchsfrist, wonach für die Wiedereinsetzung § 60 Abs 1–4 VwGO gilt, § 210 BauGB für Fristen des BauGB oder auf Grund des BauGB; § 134 FlurbG für das Flurbereinigungsverfahren. Es besteht die Tendenz, speziellere Regelungen abzubauen und auf diese Weise das Recht der Wiedereinsetzung zu vereinheitlichen. So wurden zB die Spezialregelungen in § 20 WPflG, § 12 ZDG aufgehoben. 12

II. Wiedereinsetzung in den vorigen Stand (Abs 1)

1. Versäumnis einer gesetzlichen Frist (S 1). Voraussetzung für die Wiedereinsetzung ist grundsätzlich, dass die für die in Frage stehende Verfahrenshandlung maßgebliche **gesetzliche Frist tatsächlich versäumt** wurde. Die Behörde muss idR (Ausnahmen s Rn 14) auch wegen etwaiger Kostenfolgen von Amts wegen prüfen, ob eine Fristversäumung wirklich vorliegt.[20] Dies setzt voraus, dass die Frist wirksam gesetzt wurde, zB durch wirksame Zustellung, Bekanntgabe usw. Auf den Grund der Versäumung kommt es in diesem Zusammenhang noch nicht an. Eine Frist ist auch dann als versäumt anzusehen, wenn ihre Einhaltung durch pflichtwidriges Verhalten eines Amtswalters der Behörde, bei der die Frist zu wahren war, oder aus einem sonst von der Behörde zu vertretenden Grund verhindert wurde (str, s § 31 Rn 27). 13

Ist die Feststellung der Fristwahrung mit erheblichen Schwierigkeiten verbunden, so kann die Behörde auf eine Prüfung verzichten und Wiedereinsetzung gewähren, sofern die Voraussetzungen vorliegen. Im Zweifel ist jedoch zugunsten des Betroffenen anzunehmen, dass seine glaubhaft gemachten Behauptungen über die Wahrung der Frist zutreffen, und die Frist gewahrt ist.[21] Dies gilt auch, wenn der Zeitpunkt des Eingangs nicht mehr nachweisbar ist, weil die Behörde den **Briefumschlag nicht zu den Akten** genommen hat.[22] Zur Frage, wann ein Antrag im Rechtssinne als eingereicht anzusehen ist s auch § 31 Rn 22. Der **Eingangsstempel** der Behörde ist ein widerlegbarer Beweis für den Zeitpunkt des Eingangs (BGH VersR 1982, 652, zugleich auch zu den an den Nachweis in Zweifelsfällen zu stellenden Anforderungen; vgl auch BGH VersR 1984, 442). 14

Bei einer Fristversäumung nach vorheriger Rücknahme einer **zunächst rechtzeitig durchgeführten Verfahrenshandlung** handelt es sich streng genommen nicht mehr um eine versäumte Frist; für die erneute Vornahme der Handlung kommt eine Wiedereinsetzung selbst dann nicht in Betracht, wenn die übrigen Voraussetzungen dafür gegeben sind und die Rücknahme der rechtzeitigen Verfahrenshandlung auf einem unverschuldeten Irrtum beruht (BGH NJW 1991, 2839; BVerwG NVwZ 1997, 1210). Eine Bindung an eine Rücknah- 15

---

[20] Vgl Kopp/Schenke § 60 Rn 6; **aA** VGH München BayVBl 1970, 223: die Frage kann dahingestellt bleiben, wenn jedenfalls Wiedereinsetzungsgründe vorliegen.

[21] Vgl BVerwG NJW 1969, 1731; BSG NJW 1973, 535; VGH München BayVBl 1975, 561; OVG Hamburg NVwZ-RR 1995, 122; s auch BVerwG DÖV 1972, 798 und DVBl 1982, 645: Verschulden muss nach den vorgetragenen Gründen mit überwiegender Wahrscheinlichkeit auszuschließen sein.

[22] BVerwG NVwZ 1994, 575; OVG Schleswig NJW 1994, 2841; OVG Hamburg NVwZ-RR 1995, 122.

meerklärung tritt allerdings nicht ein, wenn sie für das Gericht und für den Prozessgegner sogleich als Versehen offenbar gewesen und deshalb nach Treu und Glauben als unwirksam zu behandeln ist (BVerwG NVwZ-RR 2005, 739).

16 **a) Begriff der gesetzlichen Frist.** Gesetzliche Fristen sind solche, die nicht von einer Behörde, sondern unmittelbar durch Gesetz, Rechtsverordnung oder Satzung bestimmt sind. Die Festlegung einer Frist in einer VwV reicht hierzu zwar nicht aus, insoweit kommt aber eine entsprechende Anwendung des § 32 in Betracht, wenn die VwV für die Behörde eine vergleichbare Bindungswirkung entfaltet (s Rn 7). Die Frist muss durch Rechtsvorschriften so bestimmt sein, dass ihr Ablauf und ihre Länge einer Einflussnahme durch eine Behörde entzogen sind. Unschädlich ist, wenn der Beginn der Frist durch eine Maßnahme der Behörde ausgelöst wird. Keine Rolle spielt auch, ob es sich bei der gesetzlichen Frist um eine **verfahrensrechtliche oder eine materiellrechtliche Frist** handelt. Auch die sog uneigentlichen Fristen, insbes. die Ausschluss- oder Präklusionsfristen, sind gesetzliche Fristen, allerdings ist bei ihnen eine Wiedereinsetzung ausgeschlossen, wenn es sich um echte Ausschlussfristen handelt (s § 31 Rn 9 ff).[23]

17 **b) Hindernis. aa) Dauer.** Der Betroffene muss **während der noch laufenden Frist gehindert** gewesen sein, die Verfahrenshandlung rechtzeitig vorzunehmen. Die Hinderungsgründe müssen ursächlich, mindestens mitursächlich für die Versäumung der Frist gewesen sein **(adäquate Kausalität). Umstritten** ist, ob die Wiedereinsetzung auch dann möglich ist, wenn das Hindernis zwar vor dem Ablauf der Frist wegfällt, dem Betroffenen aber weniger als zwei Wochen Frist verbleiben. Nach Sinn und Zweck der Vorschrift, insb auch des S 1 des Abs 2, der eine **Überlegungsfrist von 2 Wochen** einräumt, ist die Frage zu bejahen.[24] Die hM geht demgegenüber davon aus, dass bei Wegfall des Hindernisses während des Laufs der Frist eine Wiedereinsetzung nur möglich ist, wenn die verbleibende Frist zu kurz ist, um die erforderliche Handlung noch vorzunehmen.[25]

18 **bb) Breites Spektrum von Hinderungsgründen.** Das Hindernis braucht nicht in einem Umstand der Außenwelt zu liegen. Auch **Unkenntnis, Irrtum,**[26] **fehlende Beherrschung der deutschen Sprache** usw können Hinderungsgründe sein; jedoch ist in diesen Fällen die Verschuldensfrage besonders streng zu prüfen (BVerfG NVwZ 1992, 262; Ziekow 8). Hinderungsgrund ist immer auch zB das **Fehlen eines Nachtbriefkastens** oder eines anderen auch nachts zugänglichen Briefkastens am Amtsgebäude der Behörde; das **Fehlen der Beteiligungsfähigkeit** (§ 11), sofern es nicht schon ohnehin zur Folge hat, dass Fristen gar nicht in Lauf gesetzt wurden; ebenso das **Fehlen der Verfahrenshandlungsfähigkeit** (§ 12), wenn kein gesetzlicher Vertreter usw vorhanden ist; **fehlende Kenntnis** hins des Vorliegens der tatsächlichen Voraussetzungen der in Frage stehenden Verfahrenshandlung, zB bei Ersatzzustellung **vom Ergehen**

---

[23] VGH München (B v 20.1.2012, 14 ZB 11.1379, Rn 7 juris) nimmt die Möglichkeit einer Wiedereinsetzung in die Jahresfrist des § 54 Abs 1 S 1 BBhV an.

[24] Str, wie hier VGH München BayVBl 1980, 183; Kopp/Schenke § 60 Rn 7; Gottwald FamRZ 1987, 926; Leisner Jura 1990, 123; Ziekow 6.

[25] BVerwG NVwZ-RR 1999, 472; NJW 1976, 74: VBlBW 1985, 177; VGH München NJW 1982, 2660; StBS 14; differenzierend Obermayer/Funke-Kaiser 10; für den Fall, dass noch ausreichend Zeit – im entscheidenden Fall noch 8 Tage – blieb, so dass die Fristwahrung zumutbar war, auch BGH NJW 1976, 627; vgl auch BVerfG NJW 1971, 2217: 24 Stunden ausreichend; BVerwGE 88, 66; 43, 78: 4 Tage ausreichend; OLG Stuttgart MDR 1976, 509: jedenfalls Wiedereinsetzung, wenn Wegfall des Hindernisses so spät, dass Fristwahrung nur noch durch telegrafische Rechtsmitteleinlegung möglich gewesen wäre.

[26] S unten Rn 30; **aA** zur irrigen Beurteilung oder Unkenntnis der Rechtslage BFH BStBl II 1971, 111; vgl auch Klemm NVwZ 1989, 103 mwN.

eines VA, durch den aufgrund besonderer gesetzlicher Vorschriften eine Frist in Lauf gesetzt wurde.[27]

cc) Wegfall des Hindernisses. Wegfall des Hindernisses ist anzunehmen, sobald der Betroffene selbst die in Frage stehende Handlung vornehmen bzw eine andere Person mit ihrer Vornahme betrauen kann (UL § 30 Rn 6). Kein Wegfall liegt vor, wenn der Hinderungsgrund zwar wegfällt, ein anderer aber an seine Stelle tritt (zB Rückkehr von Auslandsreise und anschließende schwere Erkrankung). 19

2. Fehlendes Verschulden (Abs 1 S 1). a) Maßstab. Die Wiedereinsetzung hat zur Voraussetzung, dass die Fristversäumung unverschuldet war. Verschulden idS liegt dann vor, wenn der Betroffene bzw sein Vertreter (s Rn 33) die gebotene und nach den Umständen **zumutbare Sorgfalt** nicht eingehalten hat, dh diejenige Sorgfalt außer acht gelassen hat, die für einen gewissenhaften, seine Rechte und Pflichten sachgemäß wahrenden Verfahrensbeteiligten geboten ist und ihm nach den gesamten Umständen zuzumuten war.[28] **Auch leichte Fahrlässigkeit** schließt die Wiedereinsetzung aus (Klemm NVwZ 1989, 104). Die Anforderungen an die Sorgfaltspflicht dürfen angesichts der Bedeutung der Wiedereinsetzung für den verfassungsrechtlich gewährleisteten Rechtsschutz der Betroffenen (s oben Rn 2) jedoch nicht überspannt werden.[29] 20

Im Gegensatz zum objektivierten Fahrlässigkeitsmaßstab des BGB ist auf die **konkreten Verhältnisse** einschließlich **höchstpersönlicher Umstände** des Betroffenen abzustellen.[30] **Bei einem Rechtsanwalt, Steuerberater** (in Abgabensachen) usw sind grundsätzlich höhere Anforderungen zu stellen als bei einem juristischen Laien,[31] bei einer im Umgang mit Behörden und Gerichten erfahrenen Person höhere als bei einer unerfahrenen, unbeholfenen Person (BSG NJW 1975, 1383; ähnlich StBS 15). Wesentlich kommt es immer auf die konkreten Umstände des Einzelfalles an. Auszugehen ist von einem verfahrensrechtlichen Verschuldensbegriff, d. h. die für einen gewissenhaften Verfahrensbeteiligten nach objektiven Maßstäben gebotene Sorgfalt muss eingehalten werden. 20a

Zumutbarkeitsmaßstab. Es kommt darauf an, ob dem Beteiligten nach den Umständen des Falles ein Vorwurf daraus gemacht werden kann, dass er die Frist versäumt hat (BVerwGE 50, 254; BayVBl 1990, 378 mwN), zB dass er vom Wegfall des Hindernisses keine Kenntnis erlangt hat und dadurch die Frist versäumt hat (BGH NJW 1985, 1744; BAG NJW 1986, 2785: Kenntnis vom Weg- 21

---

27 Vgl BVerwGE 44, 108; BVerfG 25, 166; 26, 319; 34, 156; 37, 93; 37, 100; 38, 38 zur fehlenden Kenntnis vom Ergehen eines durch Niederlegung bei der Postanstalt während der Abwesenheit des Empfängers zugestellten Bescheids; BVerwG NVwZ 1988, 348; VGH München BayVBl 1972, 497; VGH Mannheim NJW 1978, 719; StBS 15 ff.

28 BVerwG NJW 1990, 3103; DVBl 1978, 888; NVwZ-RR 1990, 87 mwN; BFH BStBl II 1977, 769; StBS 15; Knack/Henneke 18; Klemm NVwZ 1989, 104; vgl auch BVerwGE 50, 254; BVerwG NJW 1984, 1251, 2593; VGH München BayVBl 1982, 251; BGH NJW 1985, 1711; zu weitgehend BFH 119, 208: entschuldigt nur, wenn auch äußerste, den Umständen des Falles angemessene und vernünftigerweise zu erwartende Sorgfalt die Fristversäumung nicht hätte verhindern können.

29 Vgl BVerfG 25, 166; 31, 390; 37, 96; 38, 38; 40, 91; 41, 334; 54, 84; BVerfG NJW 1991, 2208; 1991, 2277; BayVerfGH NJW 1982, 2661 mwN; BVerwGE 58, 104 mwN; BGH NJW 1982, 533; BFH HFR 1961, 157; BStBl II 1982, 166; Klemm NVwZ 1989, 104.

30 Vgl StBS 15; Kopp/Schenke § 60 Rn 9; Bier in Schoch § 60 Rn 19; Klemm NVwZ 1989, 104 mwN; enger FKS 17: Objektiver Maßstab unter Berücksichtigung subjektiver Kriterien.

31 BVerwGE 49, 255; BAG NJW 1989, 2708; Münster NVwZ 1991, 490; Klemm NVwZ 1989, 106 mwN; StBS 15; zT **aA** Knack/Henneke 20: es ist nicht darauf abzustellen, ob jemand (zufällig) besondere Sach- oder Rechtskenntnis besitzt; dennoch ist an die Gruppe der Rechtskundigen ein höherer Anspruch zu stellen, als an Laien.

fall des Hindernisses oder Kennen müssen); bzw nicht alle ihm **(persönlich) zumutbaren Anstrengungen** unternommen hat, um das Hindernis schnellstmöglich zu beseitigen, zB bei einem der deutschen Sprache nicht mächtigen **Ausländer,** dass er sich nicht rechtzeitig um eine Übersetzung des ihm zugestellten VA bemüht hat.[32] Nicht erforderlich ist, dass der Betroffene (oder sein Vertreter), wenn er für einen fristgebundenen, rechtzeitig gestellten Antrag uä von der Behörde keine **Eingangsbestätigung** erhält, überprüft, ob der Antrag fristgerecht eingegangen ist;[33] dies gilt unabhängig davon, ob bei der Behörde Eingangsbestätigungen üblich sind oder nicht. Tut jemand zur Fristwahrung mehr, als von ihm verlangt werden konnte, und macht er dabei einen Fehler, so begründet dies kein die Wiedereinsetzung ausschließendes Verschulden (BGH NJW 1990, 188; Knack/Henneke 19).

22 **b) Beweispflicht.** Die Beweispflicht für fehlendes Verschulden trifft **grundsätzlich den Bürger** (vgl BAG NZA 1990, 538). Ist jedoch Verschulden des Beteiligten oder seines Vertreters auszuschließen, so geht die Unaufklärbarkeit der Gründe für den verspäteten Zugang nicht zu Lasten des Bürgers (BAG NZA 1990, 538). An die Beweisführung sind keine überzogenen Anforderungen zu stellen. Wenn andere Beweismittel fehlen, der Bürger aber substantiiert unter Angabe von Tatsachen glaubhaft darlegt, dass er alles seinerseits Erforderliche getan hat, wird davon auszugehen sein, dass kein Verschulden vorliegt.

23 **c) Kausalität und Verschulden bei Mitwirkung Dritter.** Verschulden iS von § 32 Abs 1 ist nicht nur etwaiges Alleinverschulden, sondern **auch bloßes Mitverschulden.**[34] Kausalität und Verschulden entfallen nicht deshalb, weil ein Dritter, zB die Post, wenn sie bei einem unzulänglich adressierten Brief bei der Ermittlung der Adresse rascher gearbeitet oder mehr Sorgfalt angewandt hätte (BVerwG BayVBl 1990, 378) oder ein unzuständiges Gericht oder eine sonst unzuständige Stelle, an die der Antrag, die Erklärung usw irrtümlich adressiert war, die Fristversäumung noch verhindern hätte können, zB durch (noch möglichen) rechtzeitigen Hinweis auf noch fehlende notwendige Förmlichkeiten[35] oder durch Weiterleitung des Antrags usw an die zuständige Behörde usw.[36]

24 **Zusätzliches Fremdverschulden** ist unbeachtlich. Weder Verursachung noch Verschulden werden dadurch berührt, dass auch ein Dritter oder eine Behörde pflichtwidrig **schuldhaft gehandelt** hat (vgl BVerwGE 55, 66), selbst wenn der Verursachungsbeitrag des Dritten überragende („wesentliche oder prägende“) Bedeutung hatte (BVerwGE 55, 67), oder wenn der Verfahrensgegner oder ein Dritter durch **arglistiges Verhalten** die Fristwahrung verhindert hat.[37] Anders uU, wenn die Fristversäumung ihre Ursache ausschließlich im Bereich der Behörde hat; dann gelten nach hM die Fristen als gewahrt, die Säumnis ist

[32] BVerwG BayVBl 1978, 474; NJW 1990, 3103; BVerfG 40, 100; 42, 146; BSG DÖV 1989, 356; BGH VersR 1989, 1318; FamRZ 1989, 1282; VG Kassel NJW 1977, 543.

[33] Vgl BGH NJW 1986, 1330; offen OVG Münster NVwZ-RR 1990, 378.

[34] VGH Mannheim NJW 1978, 719; OLG Hamm MDR 1977, 948; OLG Düsseldorf FamRZ 1978, 730; Knack/Henneke 19.

[35] Vgl BVerwGE 55, 66; BVerwG Buchh 310 § 60 VwGO Nr 132; BFH 90, 395; BAG NJW 1987, 3274 mwN; **aA** zum Sozialrecht BSG 60, 85; NJW 1987, 2184: grundsätzlich ein Herstellungsanspruch des Bürgers darauf, dass er so gestellt wird, wie er stünde, wenn die Behörde alles ihr Mögliche getan hätte.

[36] BVerwGE 55, 66; BGH NJW 1978, 1165; 1979, 877; BFH 90, 395: wer das Risiko unrichtiger Adressierung schuldhaft übernimmt, kann zu seiner Entschuldigung auch nicht geltend machen, dass der unrichtige Adressat bei schnellerer Bearbeitung des Vorgangs die Sache noch rechtzeitig an die richtige Stelle hätte weiterleiten können; VGH Mannheim NVwZ-RR 1994, 474; zT **aA** BSG – GrS – 38, 249 mwN.

[37] VGH München VerwRspr 10, 632; wohl auch BVerwGE 55, 67 für den Fall, dass durch die Arglist für den Betroffenen eine nicht voraussehbare Lage geschaffen wurde; in Fällen der letztgenannten Art fehlt es jedoch ohnehin schon am Verschulden.

jedenfalls nicht verschuldet.[38] **Zum Verschulden Bevollmächtigter** oder von **Hilfskräften** s unten Rn 33f.

d) Beispiele. Bei **Antragstellung** usw **bei einer unzuständigen Stelle** liegt Verschulden idR vor, wenn dem Betroffenen die zuständige Behörde bekannt war oder bei entsprechender Sorgfalt von ihm ohne Schwierigkeiten hätte festgestellt werden können. Dass die angegangene unzuständige Stelle noch ausreichend Zeit gehabt hätte, den Antrag an die zuständige Stelle weiterzuleiten, kann den Antragsteller nicht entlasten, es sei denn, die unzuständige Stelle ist spezialgesetzlich verpflichtet, den Antrag unverzüglich weiterzuleiten. Auch unzureichende Sprachkenntnisse können unter besonderen Umständen (zB kein Dolmetscher verfügbar) eine Wiedereinsetzung rechtfertigen (BVerfG NVwZ-RR 1996, 120 mwN). 25

aa) Verzögerungen im Postlauf. Kein Verschulden bei Absendung zu einem Zeitpunkt, in dem bei der üblichen normalen Beförderungsdauer mit rechtzeitigem Eingehen gerechnet werden konnte.[39] **Bei einem einfachen Brief** darf der Absender sich auf **die üblichen Brieflaufzeiten** oder auf eine Auskunft des Postamtes verlassen, sofern der Brief ordnungsgemäß adressiert und frankiert war.[40] Dies gilt selbst bei an sich nicht ungewöhnlichen Verzögerungen, zB bei besonderen Witterungsverhältnissen, an Wochenenden, in „Stoßzeiten vor oder nach Feiertagen" usw,[41] anders wohl auch in Zeiten eines lange vorher angekündigten oder angedrohten **Poststreiks** von mehreren Tagen.[42] Bei **eingeschriebenen Briefen** muss der Absender dagegen **mit einer Verzögerung rechnen,** insb auch damit, dass der Brief nur während der Dienststunden zugestellt werden kann, und deshalb den Brief entsprechend früher aufgeben (vgl BVerwG BayVBl 1974, 681). Bei **Absendung eines Antrags usw kurz vor Ablauf** der zu wahrenden Frist trifft den Antragsteller usw eine erhöhte Sorgfaltspflicht.[43] **Verschulden liegt zB** vor, wenn ein Schreiben so spät abgesandt wird, dass nur unter besonders günstigen Umständen, nicht aber bei normalem Beförderungsverlauf, mit fristgerechtem Eingehen gerechnet werden kann.[44] Fehler der Post können dem Absender grundsätzlich nicht zugerechnet werden (BVerwG NVwZ 1990, 753). 26

Verschulden liegt dagegen vor wenn die Verspätung darauf zurückzuführen ist, dass die Sendung **nicht ordnungsgemäß frankiert** oder die Sendung nicht als Brief, sondern als Päckchen gesandt wurde;[45] ferner bei **unzulänglicher**

---

[38] Vgl BSG NJW 1987, 2184: das Verhalten eines Behördenbediensteten, das zum verspäteten Eingang eines Schreibens führt, ist dem Rechtsuchenden nicht zuzurechnen; OVG Lüneburg NJW 1994, 1299; ferner BVerfG 75, 183: keine Präklusion verspäteten Vorbringens, wenn die Verspätung ihre Ursache in der Verletzung der Fürsorgepflicht des Gerichts hat.

[39] BVerfG 41, 27; 44, 306; 45, 362; 46, 406; 50, 397, 399; 51, 149, 354; 53, 29 und 151; 54, 84; 62, 221 und 334; NJW 1983, 560, 1479; BVerfG NJW 1979, 641; 1980, 769; BFH 132, 396; NJW 1991, 1704; BGH VersR 1981, 1160; BAG NJW 1978, 1495; BayObLG NJW 1978, 1488; vgl ferner BVerwG BayVBl 1973, 474: Aufgabe am vorletzten Tag der Frist genügt bei nicht weit entfernten Orten; BAG NJW 1990, 2405: zwei Tage nach Absendung genügen bei relativ nahe gelegenen Orten; VGH München BayVBl 1974, 682: bei nahe gelegenen Orten mit günstiger Verbindung uU auch am letzten Tag vor Ablauf der Frist; zweifelhaft.

[40] Vgl BGH NJW-RR 1990, 508; BFH NJW 1991, 1704: auch wenn die Brieflaufzeiten bei früheren Briefsendungen in Einzelfällen überschritten wurden; BVerfG 41, 27, 344, 359; 42, 260; 51, 146, 352; 53, 25, 148; 62, 221, 334.

[41] Vgl BVerfG 41, 27; 44, 307; 54, 84; NJW 1980, 769; BAG NJW 1978, 1495; NJW 1995, 548; BayObLG NJW 1978, 1489; zweifelhaft; **aA** BGH VersR 1980, 928.

[42] BGH NJW 1993, 1333; BAG NJW 1975, 1144; VGH Kassel NJW 1993, 750; OVG Berlin NJW 1994, 3112; sehr zweifelhaft; **aA** BAG NJW 1995, 548.

[43] BGH NJW 1995, 1431; BAG NJW 1994, 743; OVG Hamburg NordÖR 2000, 29.

[44] BVerwG DÖV 1972, 798; VGH München BayVBl 1974, 682.

[45] Vgl BGH VersR 1969, 753 zur allerdings engeren Fassung des § 233 aF ZPO; **aA** BAG NJW 1990, 2405.

Adressierung eines mit der Post beförderten Schreibens vor,[46] zB wenn die **Postleitzahl** nicht angegeben wurde,[47] wenn die genaue Adresse, zB nur die Behörde, München und ‚Abholfach', nicht aber auch der Zustellbezirk angegeben wird.[48] **Kein Verschulden** liegt dagegen vor, wenn die Adresse zwar unvollständig war, der Brief aber so frühzeitig abgesandt wurde, dass er trotz Unvollständigkeit der Anschrift und der dann notwendigen Sonderbehandlung bei der Postzustellung üblicherweise noch rechtzeitig zugehen hätte müssen.

27 **Fehlt es am Zugang** eines rechtzeitig abgesandten Schreibens, so ist Wiedereinsetzung zu gewähren, da Fehler des Postunternehmens bei der Beförderung oder Zustellung nicht dem Absender zugerechnet werden dürfen. **Nicht ausreichend ist die bloße Behauptung** der rechtzeitigen und ordnungsgemäßen Absendung für die Annahme eines unverschuldeten Hinderungsgrundes nicht aus. Da Briefe im normalen Postlauf regelmäßig den Empfänger erreichen, müssen an die **Darlegung strenge Anforderungen** gestellt werden, anderenfalls würden Fristbestimmungen ihre Wirkung weitgehend verfehlen. Zu verlangen sind je nach Sachverhalt detaillierte und plausible Ausführungen zur Anfertigung und Absendung des Schriftstücks und ggfs ein entsprechendes Beweisangebot.[49]

28 **bb) Störungen im Bereich des Empfängers. Kein Verschulden** ist anzunehmen, wenn der Betroffene, der die Frist zu wahren gehabt hätte, von der Sendung, die die Frist in Gang gesetzt hat, keine Kenntnis erlangt hat, weil eine **dritte Person,** die nicht Bevollmächtigter des Betroffenen ist, die Zustellung in Empfang genommen und nicht weitergegeben hat (vgl BVerwGE 44, 108; VGH Mannheim NJW 1978, 719), zB weil der Benachrichtigungszettel über die Niederlegung des Schriftstücks zwischen Werbeprospekte geraten war (FG Köln NJW-RR 1994, 703), oder weil auf dem Briefumschlag ein **falsches Zustellungsdatum vermerkt** wurde und dem Betroffenen nicht zum Vorwurf gemacht werden kann, dass er sich darauf verlassen hat, weil für die Einreichung kein **Nachtbriefkasten** (vgl BVerwGE 3, 355) oder **sonstiger Briefkasten** (vgl BVerwGE 18, 51; BVerwG NJW 1962, 1268); zur Verfügung stand und die Verspätung dadurch bedingt ist (vgl BVerwGE 18, 51). Letzteres gilt selbst dann, wenn der Betroffene **wusste, dass kein Briefkasten** vorhanden ist, da er jedenfalls das Recht hat, die Frist (24 Uhr!) voll auszunützen (vgl BVerfG 51, 355; 62, 337; BVerwG Buchh 310 § 60 Nr 28).

29 **cc) Krankheit. Kein Verschulden** liegt vor, wenn der Betroffene ernsthaft **erkrankt** war und infolge davon die Frist nicht selbst wahren oder einen Bevollmächtigten beauftragen konnte (UL § 30 Rn 7; vgl auch BVerwGE 25, 243); wenn dem Betroffenen infolge besonderer Umstände (zB Erkrankung der Ehefrau, die sonst alle Schreibarbeiten erledigt, starke berufliche Anspannung, Unerfahrenheit, hohes Alter usw) die Dinge über den Kopf gewachsen waren.[50]

30 **dd) Irrtum, Unkenntnis. Kein Verschulden** liegt auch vor, wenn sich der Betroffene in einem **entschuldbaren Rechts- oder Tatsachenirrtum** befunden hat,[51] insb wenn auch eine nach Sachlage im Hinblick auf mögliche Zweifel

---

[46] BVerwG BayVBl 1989, 122; NJW 1990, 1747; BayVBl 1990, 378.

[47] OLG Düsseldorf NJW 1994, 2841; **aA** noch OLG Stuttgart 1982, 2832.

[48] (BVerwG NJW 1990, 1747; BayVBl 1990, 378; Verschulden bei Verwechslung der Straßenangabe (zB Rheinlandstraße statt Rheinstahlstraße) ist Frage des Einzelfalls; nach BVerwG BayVBl 1989, 122 kein Verschulden, wenn der Zustellbezirk zutreffend war.

[49] FG München BB 2009, 1907 m Anm Lühn.

[50] Anders VGH München BayVBl 1982, 251 hins der Zurechnung des Anwaltsverschuldens gem Abs 1 S 2 bei Arbeitsüberlastung eines Rechtsanwalts infolge der Übernahme zu vieler Mandate; s dazu unten Rn 33 ff.

[51] Vgl BVerwGE 53, 139; 61, 313; BVerwGE NJW 1970, 773; BVerwGE 50, 248: Irrtum über die Form, in der Widerspruch einzulegen ist; BGH FamRZ 1989, 1282 m Anm Hausmann: Irrtum hins Form und Frist; zT **aA** BFH 123, 395: Irrtum über Fristbeginn bzw über den Fristlauf; Klemm NVwZ 1989, 103 mwN.

gebotene Rückfrage bei einem Rechtsanwalt bzw bei der Behörde, die den VA erlassen hat, ihn in dem Irrtum bestärkt hat. Gleiches gilt, wenn die **Auslegung** einer Vorschrift durch die Rspr noch nicht geklärt ist (vgl BVerwGE 49, 255) und der Betroffene mit einer anderen Auslegung als der, die er für richtig hielt, nicht rechnen musste (vgl BGH NJW 1978, 890), nicht dagegen, wenn der Betroffene Vorschriften nicht kannte und sich auch nicht in geeigneter, zuverlässiger Weise darüber informiert hat.[52]

Hat der Betroffene sich in derartigen Fällen bei einer Person erkundigt, auf deren Sachkunde er vertrauen durfte, und eine **falsche Auskunft** erhalten, so stellt dies idR einen Wiedereinsetzungsgrund dar (vgl BVerwGE 43, 335; Knack/Henneke 25); dasselbe gilt zB, wenn ein Bürger, der einen schriftlich zu stellenden Antrag nur mündlich gestellt hat, darauf vertraute, alles Erforderliche getan zu haben, weil man ihn sonst sicher auf einen etwaigen Formmangel, der für den den Rechtsbehelf entgegennehmenden Beamten ja offensichtlich sein musste, hingewiesen hätte (vgl BVerwGE 50, 254), oder wenn ein Bürger auf eine ihm gewährte, an sich rechtlich nicht mögliche und daher unwirksame Verlängerung einer Frist durch eine Behörde vertraut hat und dadurch die Frist versäumt hat (vgl BVerwGE 43, 240). **30a**

Ein **Irrtum über die Erfolgsaussichten** eines Antrags, von Einwendungen usw ist grundsätzlich **kein Wiedereinsetzungsgrund;**[53] **anders** jedoch nach § 45 Abs 3, wenn der Irrtum die Folge des **Fehlens einer erforderlichen Begründung** bzw einer erforderlichen Anhörung ist (s § 45 Abs 3, dazu § 45 Rn 1 ff). Auch sonstige subjektive Fehlvorstellungen berechtigen grundsätzlich nicht zur Wiedereinsetzung, es sei denn der Irrtum wurde durch die Behörde maßgeblich hervorgerufen oder ist aus anderen Gründen dem Betroffenen nicht zuzurechnen.[54] Unverschuldet ist hingegen die **fehlende Kenntnis vom Ergehen eines Bescheids,** der im Weg einer ordnungsgemäßen Ersatzzustellung einem Dritten übergeben wurde, der ihn nicht weitergegeben hat (BVerwGE 44, 108), oder der während der Abwesenheit von der ständigen Wohnung durch Niederlegung bei der Postanstalt zugestellt wurde; **anders,** wenn der Betroffene von der Unzuverlässigkeit des Dritten wusste und gleichwohl nichts unternommen hat (vgl BVerwG MDR 1977, 431; VGH Mannheim NJW 1978, 122), oder wenn die mangelnde Kenntnis dadurch zumindest **mitverschuldet** ist, dass der Betroffene keinen ordnungsgemäßen Briefkasten für die Aufnahme von Sendungen, Benachrichtigungen über abzuholende Sendungen usw besitzt (vgl BVerfG 41, 335; BVerwG NJW 1977, 543). **30b**

ee) Abwesenheit. Wer eine ständige Wohnung hat, braucht, wenn er vorübergehend abwesend ist,[55] keine besonderen Vorkehrungen hins möglicher **31**

[52] Vgl BVerwGE 60, 313; VGH München NJW 1991, 125: auf die Auskunft eines Stationsreferendars bei Gericht darf ein Rechtsanwalt sich nicht verlassen; BGH VersR 1982, 672; FamRZ 1989, 1282; VGH München BayVBl 1973, 15 zur Unkenntnis hins der Vorschriften über die Berechnung der Rechtsmittelfristen; vgl auch BVerwG NJW 1983, 1923: ein Irrtum über den Beginn der Rechtsbehelfsfrist bei Zustellung durch Niederlegung ist entschuldbar, wenn der Beteiligte sich durch ein entsprechendes Verhalten der Behörde bestärkt fühlen musste; OVG Lüneburg NVwZ-RR 2014, 334, 336: Irrtum der Gemeinde, dass Verlängerung der behördlichen Stellungnahmefrist auch für Einwendungen gelte ist selbst verschuldet; offen gelassen: VGH Mannheim NuR 2006, 298 f.

[53] BVerwG DÖV 1990, 256 zu einem Irrtum über die Mangelhaftigkeit eines VA und über Erfolgsaussichten eines Rechtsbehelfs dagegen; vgl auch BVerwG Buchh 310 § 60 VwGO Nr 159; NVwZ-RR 1989, 591; Knack/Henneke 24 mwN.

[54] Vgl VGH München, U v 14.10.2014, ZfW 2015, 90, juris Rn 37 ff.

[55] Dies gilt etwa für Urlaub, auch außerhalb der allgemeinen Urlaubszeit, vgl BVerfG 40, 91; 41, 332; NJW 1993, 847; VGH Mannheim DÖV 1979, 303; VGH München NJW 1982, 251 –, Geschäftsreise usw.

Zustellungen zu treffen;[56] **anders** bei **voraussehbarer längerer Abwesenheit** (vgl VGH München BayVBl 1974, 595); oder wenn besondere Umstände vorliegen, die für den Betroffenen Anlass hätten sein müssen, besondere Vorkehrungen zu treffen,[57] zB wenn der Betroffene selbst auf rasche Entscheidung gedrängt hat und ihm eine **Entscheidung angekündigt** war,[58] oder wenn er aus anderen Gründen, etwa weil, wie er wusste, eine abschließende Besprechung bereits stattgefunden hat, mit einer alsbaldigen Zustellung rechnen musste;[59] grundsätzlich nicht dagegen, wenn der Betroffene nur allgemein von der Anhängigkeit einer Sache oder einer bevorstehenden Klage wusste oder wissen hätte können und müssen.[60] Verschulden liegt idR auch vor, wenn ein Beteiligter seinem Prozessbevollmächtigten eine Anschriftsänderung nicht mitteilt und dadurch eine Frist versäumt wird (BGH MDR 1978, 749; VGH München NVwZ 1982, 266).

32 **ff) Sonstige Gründe. Unverschuldet** ist eine Fristversäumung, wenn die Person, die die Frist zu wahren hat, **nicht verfahrenshandlungsfähig** (§ 12) ist und ein Vertreter für sie nicht bestellt ist.[61] Grundsätzlich **kein Verschulden** liegt vor, wenn mehrere Wohnungsinhaber oder sonstige Mitbewohner in einem kleinen Miethaus nur einen **gemeinsamen Briefkasten** besitzen und ein Mitbewohner versehentlich einen Brief oder eine Benachrichtigung an sich genommen hat (BVerwG NVwZ 1988, 348); **anders** jedoch uU, wenn es schon früher wegen des gemeinsamen Briefkastens zu Schwierigkeiten gekommen und deshalb auch künftig damit zu rechnen war. **Verschulden** ist dagegen anzunehmen, wenn der Betroffene deshalb keine Kenntnis von dem Inhalt des Schreibens hat, weil die **Annahme verweigert** wird oder auf einen Benachrichtigungszettel hin die Sendung nicht abgeholt wird.

33 **3. Verschulden der Vertreter und Bevollmächtigten (Abs 1 S 2).** Das Verschulden eines gesetzlichen Vertreters, Bevollmächtigten oder Vertreters nach §§ 14 ff ist, wie Abs 1 S 2 in Übereinstimmung mit der hM zum Prozessrecht[62] klarstellt, dem durch diesen vertretenen Beteiligten **wie eigenes Verschulden zuzurechnen.** Eine Zurechnung erfolgt auch dann, wenn es im Verfahren um höchstpersönliche und/oder verfassungsrechtlich geschützte Rechte geht, zB in Kriegsdienstverweigerungssachen[63] oder in Asylsachen (BVerfG 60, 253 mwN). Bei fehlender oder unwirksamer Vollmacht erfolgt keine Zurechnung, auch wenn die Behörde den angeblich Bevollmächtigten vorläufig als Vertreter zugelassen hat (vgl BGH NJW 1987, 440). **Nicht Vertreter** iS von Abs 1 S 2 ist der

---

[56] Vgl BVerfG 25, 166; 34, 154 zur sechswöchigen Abwesenheit einer Studentin, obwohl diese vor Erlass des in Frage stehenden Bußgeldbescheids polizeilich vernommen worden war; ferner BVerfG 26, 320; 37, 102, 38, 40; 40, 91, 186; 41, 335; NVwZ-RR 1990, 87 zur vierwöchigen urlaubsbedingten Abwesenheit eines Wehrpflichtigen, dessen Antrag auf Anerkennung als Kriegsdienstverweigerer abgelehnt worden war und der für die Zustellung des Bescheids nur einen Zustellungsbevollmächtigten benannt, nicht aber für die rechtzeitige Widerspruchseinlegung gesorgt hatte; VGH München BayVBl 1980, 183.

[57] Vgl BVerwG MDR 1977, 431; VGH Mannheim NJW 1978, 719; BGH JZ 1977, 762; NJW 1978, 427.

[58] Vgl BVerwG DÖV 1976, 167; VGH Mannheim NJW 1975, 50.

[59] Vgl BVerfG 41, 335; BVerwG NVwZ-RR 1995, 613; BGH VersR 1982, 652; Ziekow 9; FKS 21.

[60] Ebenso Knack/Henneke 28; offen BVerwG NJW 1975, 1574; zT weitergehend BGH JZ 1977, 762 zum Prozessrecht.

[61] Vgl LG Frankfurt NJW 1976, 757; Niemeyer NJW 1976, 742 mwN, auch zur abw A: Fristen laufen nicht; str.

[62] Vgl BVerwGE 53, 141; 55, 63; BVerwG BayVBl 1984, 763; NJW 1977, 773.

[63] Vgl BVerwGE 49, 258; 53, 141; BVerwG NVwZ 1982, 35; BVerfG 35, 46 zugleich unter Bejahung der Verfassungsmäßigkeit; BVerwGE 60, 253; 49, 258; BVerwG NVwZ 1985, 34; BGH 121, 164; 122, 123; NJW 1984, 1992; BSG 11, 160; **aA** Grunsky NJW 1977, 1694.

Bote, ebenso nicht (außer bei Vorliegen einer Bevollmächtigung) **die Ehefrau, Familienangehörige** oder sonstige Dritte, auch wenn oder soweit Zustellungen an sie wirksam vorgenommen werden können.

a) Anwaltsverschulden. aa) Allgemeines. Verschulden des Bevollmächtigten ist dem Beteiligten entspr § 85 Abs 2 ZPO **zuzurechnen, solange das Mandat besteht.** Die Zurechenbarkeit endet mit dem Zeitpunkt des Wirksamwerdens einer Niederlegung des Mandats (vgl BGHZ 43, 138). War zu diesem Zeitpunkt eine Frist jedoch bereits in Lauf gesetzt, so hätte der Bevollmächtigte den Mandanten darüber unterrichten müssen. Hat er dies schuldhaft unterlassen, so ist dieses Verschulden dem Mandanten zuzurechnen und schließt die Wiedereinsetzung aus (vgl VGH München BayVBl 1977, 221). Wurde an einen nicht oder nicht mehr **bevollmächtigten Anwalt** zugestellt und hat dieser den Betroffenen nicht verständigt, so muss sich dieser ein etwaiges Verschulden des Anwalts **nicht** mehr zurechnen lassen (BGH NJW 1980, 999). Zu beachten ist, dass Anwaltsverschulden nicht vorliegt, wenn das Fehlverhalten seine Angestellten **(Hilfspersonen)** trifft und der Rechtsanwalt selbst diese hinreichend sorgfältig ausgesucht, angeleitet, organisiert und überwacht hat (s unten Rn 37). 34

bb) Einzelfälle. Verschulden des bevollmächtigten Anwalts ist gegeben, wenn dieser die übliche Sorgfalt eines ordentlichen Anwalts nicht angewandt hat;[64] dabei dürfen jedoch die Anforderungen nicht überspannt werden (BGH NJW 1982, 2670; 1985, 1711). Die Beachtung der Sorgfaltspflichten muss nach der konkreten Sachlage zumutbar sein (BGH NJW 1985, 1711). **Verschulden** ist zB anzunehmen, wenn die Fristversäumung dadurch entstanden ist, dass ein Rechtsanwalt Rechtsmittelfristsachen nicht gesondert von normalen Wiedervorlagesachen notierten ließ (BVerwG BayVBl 1985, 124), ebenso, wenn er bei einem Rechtsmittelauftrag an einen anderen Anwalt die Angaben über das Zustellungsdatum nicht überprüft hat (BGH NJW 1985, 1709), wenn sich ohne weitere Nachprüfung auf die handschriftliche Änderung eines Eingangsstempels verlassen hat (BGH NJW 1985, 1710), ebenso, wenn er in einer Asylsache eine Klage, zu der er nach der ihm erteilten Vollmacht ermächtigt war, nicht wenigstens vorsorglich erhoben hat, sondern eine Weisung abwarten wollte (BVerwG NVwZ 1984, 571), oder wenn er nicht ausreichend sichergestellt hat, dass eine **Mitteilung** den Mandanten **zuverlässig** und rechtzeitig erreicht.[65] Gleiches gilt, wenn er zumutbare Anstrengungen unterlassen hat, um die neue Anschrift seines Mandanten festzustellen (VGH München BayVBl 1979, 637; 1980, 541) oder einen Schriftsatz **unkontrolliert unterzeichnet** hat (BVerwGE 55, 65) oder bei einer zur Unterzeichnung vorgelegten Rechtsmittelschrift nicht geprüft hat, ob sie an das richtige Gericht adressiert ist (BGH VersR 1981, 1126) oder mit einem **ausländischen Mandanten** nicht in einer Sprache verkehrt hat, die dieser versteht (OVG Münster NJW 1981, 1855). 35

cc) Arbeitsüberlastung des Prozessbevollmächtigten. Arbeitsüberlastung des Prozessbevollmächtigten ist nur dann ein Grund, der dessen Verschulden ausschließen kann, wenn sie unvorhersehbar war, nach den Umständen des Falles Abhilfe nicht möglich war und der Prozessbevollmächtigte **alles seinerseits Mögliche getan** hat, um dadurch bedingte Fristversäumungen zu vermeiden.[66] 36

---

[64] Allg zur Sorgfaltspflicht eines Anwalts hins der Wahrung von Fristen s auch BVerwG NJW 1984, 2542; BayVBl 1989, 221; BGH NJW 1980, 1846; 1985, 1709, 1710; KG AnwBl 1982, 71.

[65] BVerwG NJW 1982, 2425; NVwZ 1984, 571; vgl auch BVerwGE 66, 240: bei Asylbewerbern grundsätzliche Verpflichtung auch zur Wiederholung eines Benachrichtigungsversuchs; ähnlich VGH Mannheim VBlBW 1982, 16; **aA** OVG Koblenz NJW 1983, 1509: einmalige briefliche Rückfrage genügt.

[66] Zu eng OVG München NJW 1981, 1855: kein Entschuldigungsgrund, wenn ein Anwalt zu viele Mandate übernommen hat und dadurch überlastet ist; offen BVerwG BayVBl 1985, 187; BGH VersR 1975, 40; NJW 1985, 1178.

Nicht Voraussetzung für die Zurechnung des Verschuldens ist, dass der Rechtsanwalt die betroffene Sache selbst bearbeitet; die Zurechnung tritt auch dann ein, wenn ein Bevollmächtigter – zB bei Bevollmächtigung einer Sozietät, der andere Sozius – nur die Übermittlung eines Schriftstücks übernommen hat (BFH NJW 1984, 1992).

37 **b) Verschulden von Hilfspersonen.** Das Verschulden von Hilfspersonen eines Bevollmächtigten, Vertreters oder Organs ist diesem (und damit dem Beteiligten) **nur dann zuzurechnen,** wenn ihn ein **Auswahl- oder Überwachungsverschulden** trifft. Dies ist der Fall, wenn der (für den konkreten Rechtsstreit) Bevollmächtigte, Vertretungsberechtigte usw diese nicht mit der erforderlichen Sorgfalt ausgewählt, angeleitet und überwacht hat und bei (Anwälten) durch eine zweckmäßige Büroorganisation, insb auch hins der Ausgangskontrolle, insb der Postausgangskontrolle,[67] allgemein durch Organisationsanweisungen oder durch Weisung im Einzelfall (vgl BAG NZA 1990, 538) das Erforderliche zur Verhinderung von Fristversäumnissen getan hat.[68] **Entsprechendes gilt** für das **Verschulden sonstiger dritter Personen,** die in der Sache **nicht bevollmächtigt sind,**[69] auch eines Angestellten, in der Sache nicht bevollmächtigten Rechtsanwalts, dem die Sache nicht zur selbständigen Erledigung übertragen war (BGH NJW 1985, 1178), sowie für das Verschulden eigener, nicht zur Vertretung in dem in Frage stehenden Verfahren berechtigter **Hilfspersonen des Beteiligten** selbst[70] und für **Hilfspersonal eines Bevollmächtigten** oder Vertreters, der nicht Anwalt ist (str; bejahend für Verbandsvertreter BSG 6, 1).

38 Unter den genannten Voraussetzungen kann insb ein Rechtsanwalt zB auch die **Terminüberwachung,**[71] die Berechnung von im Bürobetrieb häufig vorkommenden Fristen,[72] die **Unterschriftenüberwachung** (BGH NJW 1975, 56; VersR 1979, 823) uä, etwa die Sicherstellung, dass nochmals geschriebene Seiten ordnungsgemäß in Schriftsätze eingefügt werden,[73] an qualifiziertes Büropersonal delegieren. **Kein Anwaltsverschulden** ist auch zB anzunehmen, wenn ein Anwalt eine von ihm angeordnete, im Rahmen üblicher Büroerledigungen liegende wichtige **Korrektur in einem Schriftsatz** nach Unterschriftsleistung nicht mehr selbst nachprüft, sondern die Erledigung einer zuverlässigen Angestellten überlässt (BGH NJW 1982, 2670 und 2671; Ostler NJW 1982, 2671).

39 **c) Zurechnung bei Behörden.** Ähnlich wie bei den Bevollmächtigten von Beteiligten ist auch bei Behörden danach zu **differenzieren,** ob Vertretungsberechtigung vorliegt oder nicht. Während das Verschulden von in der Sache nicht zur Vertretung der Behörde berechtigten und **zuständigen Behördenbediens-**

---

[67] Vgl BGH VersR 1980, 871, 973; NJW 1983, 834, 885; 1988, 32: Verwechslung der Telefaxnummer durch eine sonst zuverlässige Angestellte ist dem Anwalt nicht als Verschulden anzurechnen; BVerwG BayVBl 1989, 221; BSG NVwZ 1988, 767.

[68] BVerwGE 44, 104; 55, 62; BVerwG DÖV 1978, 618; 1981, 180; BAG NJW 1982, 72; BVerwG Buchh 310 § 60 VwGO Nr 46, 80, 107; 310 § 58 VwGO Nr 23; BFH NJW 1983, 1872; BSG 6, 1; BGH NJW 1976, 627; 1979, 876; VersR 1983, 753, 838, 988 und 1984, 166: auf eine fachlich ausgebildete und generell auf ihre Zuverlässigkeit überprüfte Fachkraft darf sich ein Anwalt verlassen; 1984, 286; BAG NZA 1990, 538; VGH Kassel NVwZ 1993, 750.

[69] Vgl BVerwG BayVBl 1985, 187; BGH NJW 1974, 1511; BFH NJW 1984, 1992.

[70] BVerwGE 44, 109; BVerwG DÖV 1972, 790; 1974, 348; BFH NJW 1983, 1872: wenn die Hinzuziehung sachgerecht war und die Hilfsperson in zumutbarer Weise unterwiesen und beaufsichtigt worden war; **aA** zum Büroversehen bei Unternehmen im Abgabenrecht BFH BStBl II 1969, 263; Klemm NVwZ 1989, 106.

[71] BGHZ 43, 148; VersR 1983, 753, 839, 988; 1984, 166, 286; Heiß BayVBl 1984, 646; Ostler NJW 1980, 460; allerdings nicht bei Rechtsmittelbegründungsfristen: OVG Saarland NJW 2012, 100.

[72] BVerwG NJW 1982, 224, 2458; Buchh 310 § 60 VwGO Nr 49 S. 15.

[73] Ostler NJW 1980, 460; **aA** insoweit OLG München NJW 1980, 480.

teten der Behörde bzw dem Rechtsträger, für den diese handelt, nach denselben Grundsätzen, wie sie für das Anwaltsverschulden gelten,[74] zuzurechnen ist, gilt dies bei **anderen Bediensteten** nur bei mangelhafter Auswahl, Anleitung oder Überwachung[75] sowie bei Fehlen ausreichender organisatorischer Maßnahmen (sog **Überwachungs-, Auswahl, oder Organisationsverschulden**) zur Sicherstellung der Einhaltung von Fristen (vgl VGH München BayVBl 1973, 240) zuzurechnen. Wenn und soweit diese Voraussetzungen erfüllt sind, ist das Verschulden von Behördenbediensteten, auch solcher, die, ohne vertretungsberechtigt zu sein, mit der Überwachung und Beachtung von Fristen befasst sind, der Behörde nicht zuzurechnen.[76] Der zuständige Beamte darf sich in einer Behörde mit einer geordneten Versendungsorganisation darauf verlassen, dass zum Versand bestimmte Schriftsätze zum unverzüglichen Versand gelangen; er braucht nicht – ebenso wenig wie ein Anwalt in einer geordneten Anwaltskanzlei – persönlich kontrollieren, ob tatsächlich versandt wurde.[77]

III. Formelle Voraussetzungen gem Abs 2

1. Antrag auf Wiedereinsetzung. Nach Abs 1 S 2 ist der Antrag auf Wiedereinsetzung in den vorigen Stand innerhalb von zwei Wochen nach Wegfall des Hindernisses zu stellen. Innerhalb dieser Frist ist nach Abs 2 S 3 auch die versäumte Handlung nachzuholen. Tatsächlich ist die Nachholung innerhalb der Zwei-Wochen-Frist das Entscheidende, weil gem Abs 2 S 4 Wiedereinsetzung auch ohne förmlichen Antrag gewährt werden kann bzw muss (vgl Rn 50), sofern Wiedereinsetzungsgründe glaubhaft gemacht worden sind (Abs 2 S 2). Unterbleibt also eine Antragstellung, so muss jedenfalls die versäumte Handlung unter Angabe von Wiedereinsetzungsgründen innerhalb der Frist nachgeholt werden. 40

Umstritten ist, ob für den in Abs 1 Satz 1 vorgesehenen Antrag auf Wiedereinsetzung dieselben Formvorschriften wie für die versäumte Handlung (vgl für das Prozessrecht Bier in Schoch § 60 Rn 57) gelten. **Die hM geht von Formlosigkeit aus.**[78] Hierauf kommt es im Ergebnis jedoch nicht an, weil in Übereinstimmung mit § 60 Abs 2 VwGO[79] ein Antrag auf Wiedereinsetzung nach § 32 Abs 2 Satz 4 überhaupt nicht erforderlich ist. Ausreichend ist es nach richtiger Auffassung (s. Rn 50), wenn die Verfahrenshandlung innerhalb der Frist nachgeholt wird (§ 32 Abs 2 Satz 3) und die Gründe für die Wiedereinsetzung geltend gemacht werden, sofern sie der Behörde nicht schon bekannt sind. Der Antrag kann auch dann noch gestellt werden, wenn die Behörde **in der Sache bereits** 41

[74] BVerwG VRspr 11, 749; OVG Münster DÖV 1974, 825; Heiß BayVBl 1984, 646.

[75] BVerwGE 44, 109; BFH BStBl II 1982, 131; II 1983, 335; NVwZ 1983, 763: es muss eindeutig geregelt sein, wer für die Einhaltung von Fristen verantwortlich ist; BSG SGb 1988, 292: Verschulden, wenn keine Postausgangskontrolle für fristgebundene Schriftstücke eingerichtet ist; Heiß BayVBl 1984, 646; BL 4 zu § 233 ZPO.

[76] BVerwG NJW 1982, 2458; Buchh 310 § 60 VwGO Nr 49 S. 15; Heiß BayVBl 1984, 646; **aA** anscheinend München BayVBl 1973, 240.

[77] So wohl auch MSU 57; **aA** VGH München BayVBl 1973, 240: Anordnung der Wiedervorlage nach Auslauf zur Kontrolle erforderlich; vgl allg auch BGH VersR 1980, 871; 1980, 973; NJW 1983, 885; s allg zur Wiedereinsetzung bei sog „Büroversehen" auch Ostler NJW 1980, 460; Förster NJW 1980, 432; Klemm NVwZ 1989, 106 mwN.

[78] StBS 33; Klemm NVwZ 1989, 107: Antrag formfrei und nur die in jedem Fall erforderliche Nachholung der Verfahrenshandlung in der Sache ggf formbedürftig; vgl auch Knack/Henneke 56: Antrag formfrei, kann auch konkludent gestellt werden; grundsätzlich müssen jedoch jedenfalls die Wiedereinsetzungsgründe vorgebracht gemacht werden; Ziekow 16.

[79] Hierzu Kopp/Schenke § 60 Rn 24; Bier in Schoch § 60 Rn 66 mwN; **aA** zu § 60 BVerwG NJW 2000, 1967.

entschieden hat.[80] Betrifft die Wiedereinsetzung nicht das Verfahren als solches, sondern nur Einwendungen, so können diese nach Abschluss des Verfahrens nur noch im Rechtsbehelfsverfahren geltend gemacht werden (BVerwGE 60, 309).

42 **Zwingende Voraussetzung** ist die **Nachholung der Verfahrenshandlung** während der Antragsfrist, anderenfalls ist auch der Antrag unzulässig (vgl StBS 35; Knack/Henneke 62; BSG NJW 1957, 1007); im Antrag auf Wiedereinsetzung kann jedoch in vielen Fällen auch die Nachholung der versäumten Handlung selbst gesehen werden (vgl BVerfG 88, 118, 127). Ist die versäumte **Handlung bereits vorgenommen,** so bedarf es keiner erneuten Vornahme.

43 **2. Die Zwei-Wochen-Frist.** Die Frist zur Antragstellung und/oder zur Nachholung der versäumten Rechtshandlung beginnt mit dem Wegfall des Hindernisses, dh mit dem Zeitpunkt, in dem dem Betroffenen die Fristversäumung und der Wegfall des Hindernisses **bekannt wurde** oder **bekannt hätte sein können und müssen,** wenn er die erforderliche Sorgfalt bei der Beachtung und Prüfung der Erfordernisse der Fristwahrung angewandt hätte,[81] und er demgemäß frühestens in der Lage war, den Wiedereinsetzungsantrag zu stellen bzw durch einen Bevollmächtigten stellen zu lassen. **Liegen mehrere Umstände** vor, die jeder für sich allein die Fristwahrung hindern, so beginnt die Frist erst dann zu laufen, wenn alle diese Umstände weggefallen sind (Knack/Henneke 56). Beruht dagegen die Verhinderung auf dem **Zusammenwirken zweier oder mehrerer Umstände,** von denen keiner für sich allein an der Fristwahrung gehindert hätte, so genügt bereits der Wegfall eines dieser Umstände, um die Frist in Lauf zu setzen (BGH NJW 1990, 188; Knack/Henneke 56).

44 **Die Zwei-Wochen-Frist beginnt** unabhängig davon, ob dem Betroffenen bekannt ist, dass sie durch den Wegfall des Hindernisses ausgelöst wurde. Eine Belehrung hierüber ist nicht erforderlich (Klemm NVwZ 1989, 107). Der Betroffene wird vielmehr so behandelt, als laufe die ursprüngliche Frist nach Wegfall des Hindernisses noch 2 Wochen weiter.

45 **Die Antragsfrist gilt auch** für die **Geltendmachung der Wiedereinsetzungsgründe,** nicht dagegen für deren Glaubhaftmachung. Vorgetragen werden müssen innerhalb der Antragsfrist die Tatsachen, die zur Begründung des Wiedereinsetzungsantrags dienen sollen,[82] sowie diejenigen, aus denen sich ergibt, dass der Antragsteller nach Behebung des Hindernisses die Wiedereinsetzung rechtzeitig (Abs 2 S 1) beantragt hat (BVerwG BayVBl 1985, 286; BGH MDR 1979, 1019; BAG NJW 1973, 214). Eine **Ausnahme** von der Darlegungspflicht besteht nur hins solcher **Gründe,** die für die Behörde **offensichtlich** sind und daher keiner Darlegung bedürfen.[83] Nach Ablauf der Frist sind nur noch bloße Verdeutlichungen und Ergänzungen zum Sachvortrag zulässig, soweit dieser die wesentlichen Punkte bereits anspricht – der Antragsteller ist gem § 25 S 1 erforderlichenfalls auf die Notwendigkeit einer Ergänzung seines Vortrags hinzuweisen –, nicht jedoch das Nachschieben völlig neuer Gründe.[84]

---

[80] OVG Koblenz VRspr 27, 210; Knack/Henneke 59; Klemm NVwZ 1989, 108; **aA** offenbar Papier NJW 1980, 321; die gegenteilige Auffassung ist mit rechtsstaatlichen Grundsätzen jedoch nicht vereinbar.

[81] Vgl BGH NJW 1971, 1704; 1991, 1179; NJW-RR 1990, 379: Zeitpunkt, in dem er die Fristversäumung erkennen hätte können; OLG Hamm NJW 1977, 2078; s auch oben Rn 20 ff zum Verschulden, dieses kann sich auch auf die Unkenntnis des Wegfalles des Hinderungsgrundes beziehen.

[82] BVerwGE 49, 254 mwN; BVerwG NJW 1976, 74 mwN; DÖV 1980, 767; 1981, 636; ZBR 1981, 320; BFH 124, 141; OVG Koblenz NJW 1972, 2326; VGH München BayVBl 1983, 595; OLG Celle MDR 1976, 336; kritisch Klemm NVwZ 1989, 108.

[83] BVerwG NJW 1976, 74; DVBl 1983, 996; BayVBl 1985, 286; Buchh 310 § 60 VwGO Nr 86; BGH NJW 1979, 109; VGH München BayVBl 1978, 246.

[84] BFH 124, 141; NJW 1986, 279; BStBl II 1985, 586; BGH NJW 1979, 876; 1991, 1892; OVG Koblenz NJW 1972, 2326; Klemm NVwZ 1989, 108 mwN.

Eine **Wiedereinsetzung in die Zwei-Wochen-Frist** ist grundsätzlich möglich, wenn auch diese Frist ohne Verschulden nicht eingehalten werden konnte (BVerwG DVBl 1986, 287; VGH München BayVBl 1978, 246; Klemm NVwZ 1989, 107). Dies gilt auch insoweit, als der Betroffene gehindert war, die Gründe für die unverschuldete Fristversäumung rechtzeitig geltend zu machen. Die bloße Unkenntnis der Zwei-Wochen-Frist ist aber nicht ausreichend. 46

3. Wiedereinsetzung von Amts wegen (S 4). Die Behörde kann bzw muss (s unten Rn 50) die Wiedereinsetzung auch von Amts wegen gewähren, wenn die versäumte Rechtshandlung innerhalb der für einen Antrag geltenden Frist nachgeholt wird und Wiedereinsetzungsgründe entweder glaubhaft gemacht wurden oder der Behörde ohnehin bekannt sind. Damit ist eine Wiedereinsetzung auch dann möglich, wenn der betroffene Bürger von der Versäumung der Frist keine Kenntnis hatte. Der Betroffene braucht in diesem Fall auch dann keinen Antrag zu stellen, wenn er nachträglich von der Verspätung Kenntnis erlangt;[85] aus demselben Grund ist in diesem Fall auch ein verspäteter Wiedereinsetzungsantrag unschädlich. 47

Die **Wiedereinsetzung von Amts wegen** ist auch dann zulässig, wenn der Betroffene den Antrag bzw die Nachholung der Verfahrenshandlung in der Frist des Abs 2 S 1 bewusst unterlässt, weil er die Verfahrensfrist für gewahrt hält[86] oder mit Wiedereinsetzung von Amts wegen rechnet (vgl BAG NJW 1989, 2708). 48

Gegen den Willen des Betroffenen ist eine Wiedereinsetzung – etwa zum Zweck der Verböserung im Rechtsbehelfsverfahren – **nicht zulässig** (vgl BAG NJW 1989, 2708). Der Betroffene kann den einmal gestellten Wiedereinsetzungsantrag auch **zurücknehmen,** solange eine Entscheidung darüber noch nicht erfolgt ist (Klemm NVwZ 1989, 107 mwN mit dem zutreffenden Hinweis darauf, dass in solchen Fällen die Rücknahme des Sachantrags näher liegt). 49

Umstritten ist, ob die Behörde bei der Entscheidung über eine Wiedereinsetzung von Amts wegen gem S 4 einen Ermessensspielraum hat. Trotz der Formulierung („kann") ist die Auffassung vorzuziehen, dass sie **keinen Ermessensspielraum** hat, sondern die Wiedereinsetzung von Amts wegen gewähren muss, wenn die sonstigen Voraussetzungen (mit Ausnahme des Antrags auf Wiedereinsetzung) erfüllt sind.[87] Die Formulierung „kann" bedeutet hier wie in § 60 Abs 2 S 4 VwGO nur die Befugnis, nicht aber eine Ermächtigung zu einer Ermessensentscheidung. 50

4. Angabe der Wiedereinsetzungsgründe. a) Geltendmachung. Die Wiedereinsetzungsgründe müssen innerhalb der Wiedereinsetzungsfrist vorgetragen und bis zur Entscheidung über die Wiedereinsetzung glaubhaft (§ 294 ZPO) gemacht werden (Abs 2 S 2). Dies gilt **auch bei Wiedereinsetzung von Amts wegen** nach Abs 2 S 4, soweit sich der Wiedereinsetzungsgrund und die sonst erforderlichen Angaben nicht schon aus der in Frage stehenden Rechtshandlung oder den Umständen ihrer Vornahme ergeben. Dazu gehören auch die für die Entscheidung notwendigen Angaben über die Frist, den Hinderungsgrund, darüber, wann der Hinderungsgrund weggefallen ist (vgl OLG Düsseldorf NJW 1984, 2901 zu § 45 StPO), und die Tatsachen, aus denen sich ergibt, dass der 51

---

[85] Klemm NVwZ 1989, 107: Wiedereinsetzung von Amts wegen auch dann zulässig, wenn der Beteiligte die Verspätung kennt, aus welchen Gründen auch immer aber keinen Wiedereinsetzungsantrag stellt; s aber zur Geltendmachung und Glaubhaftmachung der Wiedereinsetzungsgründe unten Rn 51.

[86] Klemm NVwZ 1989, 107; **aA** BGH zit in: HHSp AO 122 zu § 110: nicht anwendbar; die bewusst verspätete Vornahme der Verfahrenshandlung enthält auch nicht stillschweigend einen Antrag auf Wiedereinsetzung.

[87] VGH Kassel NVwZ-RR 1993, 434; Klemm NVwZ 1989, 108; HHSp FGO 67 zu § 56; Ziekow 19; Obermayer/Funke-Kaiser 40; **aA** StBS 38; Knack/Henneke 63; UL § 30 Rn 5; Quaas/Zuck, Prozesse in Verwaltungssachen, § 2 Rn 243; offen FKS 40.

Antragsteller die Wiedereinsetzung nach Wegfall des Hindernisses rechtzeitig beantragt bzw die Handlung rechtzeitig nachgeholt hat. Als Tatsachen kommen hier vor allem die Lebensumstände in Betracht, aus denen sich die unverschuldete Verhinderung ergibt (Klemm NVwZ 1989, 107). **Bei Fristversäumung durch einen Anwalt** oder durch eine Behörde muss auch vorgetragen werden, inwieweit organisatorische Maßnahmen zur Sicherstellung der Einhaltung von Fristen getroffen waren, insb auch die damit befassten Bediensteten sorgfältig ausgewählt, angeleitet und überwacht waren und kein Anlass bestand (evtl frühere Vorkommnisse), an ihrer Zuverlässigkeit zu zweifeln.[88]

52 **Kein besonderer Vortrag** ist erforderlich, soweit die **Wiedereinsetzungsgründe offensichtlich** sind, sich zB schon aus der in Frage stehenden Rechtshandlung und den Umständen ihrer Vornahme ergeben,[89] oder für die Behörde sonst, etwa aus dem Poststempel auf dem Briefumschlag ersichtlich sind,[90] allgemein, jedenfalls aber der Behörde bekannt sind oder sonst innerhalb der 2-Wochen-Frist für die Behörde erkennbar sind (BVerwG DVBl 1983, 996 zu einem Fall einer Wiedereinsetzung von Amts wegen; BVerwG DÖV 1973, 647 mwN). Zur Darlegungspflicht bei Wiedereinsetzungsanträgen nach dem BundesentschädigungsG s auch BVerfG NJW 1984, 2148; BGH RzW 1971, 510; Schwarz NJW 1984, 2138.

53 **b) Glaubhaftmachung. aa) Allgemeines.** Anders als die Geltendmachung der Wiedereinsetzungsgründe kann die Glaubhaftmachung auch nach Ablauf der 2-Wochen-Frist und **auch noch im Widerspruchsverfahren** erfolgen (vgl BVerfG 41, 338). Die Behörde kann für die Glaubhaftmachung **eine Frist setzen** (vgl BVerfG 41, 339) und nach deren Ablauf entscheiden. Zur Glaubhaftmachung nach Ablauf der Frist, jedoch bevor die Behörde entscheidet, s § 31 Rn 21a. Glaubhaft gemacht sind die geltend gemachten Hinderungsgründe für die Einhaltung der Frist, wenn die dafür maßgeblichen Tatsachen und Umstände als **überwiegend wahrscheinlich** erscheinen (BVerwG DÖV 1972, 798; DVBl 1982, 645; Klemm NVwZ 1989, 108). Eine zweifelsfreie Überzeugung ist nicht erforderlich. Sind die Gründe für den verspäteten Zugang eines Antrages nicht aufzuklären, Verschulden des Verfahrensbeteiligten bzw seines Vertreters aber auszuschließen, so ist Wiedereinsetzung zu gewähren (BAG NJW 1990, 2707).

53a **bb) Mittel zur Glaubhaftmachung.** In Betracht kommen nicht nur die in § 26 Abs 2 genannten Beweismittel, sondern alles, was der Herstellung der erforderlichen Plausibilität dient. Die Glaubhaftmachung kann zB auch durch die Vorlage einer **amtlichen Auskunft** der Post über die normalen Brieflaufzeiten (BVerfG 41, 27, 358; 42, 259; 54, 86), durch Bestätigungen und Bescheinigungen Dritter, zB Krankheitsbescheinigungen (Klemm NVwZ 1989, 108) oder in anderer geeigneter Weise erfolgen. UU genügt, wenn andere Mittel zur Glaubhaftmachung nicht zur Verfügung stehen, auch eine **schlichte Erklärung des Betroffenen,** insb wenn es sich – zB bei Urlaub in der allgemeinen Ferienzeit – um einen ausgesprochen naheliegenden, der Lebenserfahrung entsprechenden Versäumungsgrund handelt und kein Anlass besteht, an der Richtigkeit des vorgebrachten Sachverhalts zu zweifeln;[91] dies gilt selbst für eine nicht persönlich

---

[88] Vgl VGH München BayVBl 1973, 240 zum Behördenverschulden; s auch oben Rn 39; zu weitgehend BGH VersR 1982, 144: keine Wiedereinsetzung, wenn die Möglichkeit, dass die Fristversäumung verschuldet ist, offen bleibt.

[89] Vgl BGH NJW 1979, 110; 1986, 2646: Glaubhaftmachung entbehrlich, wenn der Wiedereinsetzungsgrund sich ohne weiteres aus den Akten ergibt; BFH BStBl II 1985, 586; Koblenz NJW 1972, 2326; Klemm NVwZ 1989, 108 mwN; Knack/Henneke 56.

[90] BVerwG BayVBl 1973, 474; Klemm NVwZ 1989, 108; BVerwG DÖV 1976, 168; ähnlich BGH NJW 1979, 109, 1989.

[91] Vgl BVerfG 26, 315; Klemm NVwZ 1989, 108 mwN; **aA** KG NJW 1974, 657.

abgegebene, sondern **in einem Schriftsatz des Bevollmächtigten** enthaltene entsprechende Erklärung.[92] Die Versicherung an Eides statt erhöht die Glaubhaftigkeit idR nur geringfügig. Die Anforderungen sind umso höher, je weniger der Grund nach der allgemeinen Lebenserfahrung wahrscheinlich ist. Ungewöhnliche Geschehensabläufe lassen sich idR auch durch eine eidesstattliche Versicherung nicht glaubhaft machen.

cc) Hinweispflicht der Behörde. Die Verpflichtung zur Glaubhaftmachung der zur Begründung des Antrags dienenden Tatsachen enthebt die zuständige Behörde nicht der Pflicht, gem § 25 ggf **auf die Unvollständigkeit** bzw Ergänzungsbedürftigkeit des Vortrags des Betroffenen zur Wiedereinsetzung **hinzuweisen.**[93] Eine eigene Aufklärung der Richtigkeit der vorgetragenen Hinderungsgründe mit dem Ziel der Herstellung der Glaubhaftigkeit muss die Behörde dagegen nicht vornehmen. Insoweit stellt Abs 2 S 2 eine Sonderregelung gegenüber der Amtsaufklärungspflicht nach § 24 dar (Obermayer/Funke-Kaiser 37). 54

IV. Ausschlussfrist für die Wiedereinsetzung gem Abs 3

1. Ausschlussfrist. Der Antrag auf Wiedereinsetzung kann nach Abs 3 grundsätzlich **nur innerhalb eines Jahres** gestellt werden. Entsprechendes gilt auch für die Wiedereinsetzung von Amts wegen. Auch die versäumte Handlung kann nach Ablauf der Jahresfrist, wie S 1 klarstellt, nicht mehr nachgeholt werden, die nach Ablauf der Jahresfrist unzulässig ist (StBS 41). Die Jahresfrist ist eine Ausschlussfrist (vgl BVerwGE 58, 103; zum Begriff § 31 Rn 9), deren Lauf eine Belehrung darüber nicht voraussetzt. Zur Verfassungsmäßigkeit der Ausschlussfrist vgl BVerfG 55, 158. Bei Versäumung der Jahresfrist ist eine **Wiedereinsetzung nicht möglich,** auch wenn die Frist unverschuldet versäumt wurde (StBS 41; Klemm NVwZ 1989, 108; Ziekow 20). In Fällen höherer Gewalt wird nicht Wiedereinsetzung gegen die Versäumung der Frist des Abs 3 gewährt, vielmehr bleibt der Wiedereinsetzungsantrag gegen die versäumte Handlung nach Abs 1 weiterhin zulässig (vgl BVerwGE 58, 103). Zur Möglichkeit einer **Nachsichtgewährung** trotz Versäumung der Ausschlussfrist, insb wenn die Ursache in der Sphäre der Verwaltung liegt, s § 31 Rn 13. 55

2. Fristberechnung. Die Jahresfrist läuft ab dem Ende der versäumten Frist für die vorzunehmende Verfahrenshandlung. Fällt das Hindernis für diese Handlung in einem zeitlichen Abstand von weniger als einem Monat zum Ablaufzeitpunkt der Jahresfrist weg, so steht dem Antragsteller nur eine entsprechend verkürzte Frist für Antragstellung und Begründung zur Verfügung (Klemm NVwZ 1989, 108). Auf das Andauern der Hinderungsgründe kommt es ebenso wenig an, wie auf die Kenntnis von der Frist. 56

3. Höhere Gewalt. Der Begriff der „höheren Gewalt" ist enger zu verstehen als der Begriff „ohne Verschulden".[94] Er setzt allerdings nicht notwendig ein von außen kommendes Ereignis voraus.[95] Höhere Gewalt liegt vor bei außergewöhnlichen Ereignissen, die nach den Umständen des Falles auch durch die größte vernünftigerweise dem Betroffenen unter Anlegung subjektiver Maßstäbe – na- 57

---

[92] Vgl BVerfG 26, 315; 38, 40; 40, 92 zu § 45 aF StPO; enger BVerfG 41, 337, 340 zu § 45 nF StPO im Hinblick darauf, dass die Neufassung der Vorschrift keine Frist für die Glaubhaftmachung mehr vorsieht; auch in diesen Entscheidungen wird es jedoch ausdrücklich als zulässig angesehen, dass das Gericht sich ggf mit schlichten Erklärungen begnügt.

[93] Vgl BGH VersR 1977, 1100; Hartmann NJW 1978, 1458; Klemm NVwZ 1989, 108 mwN.

[94] Vgl BVerwG NVwZ 2014, 292 (§ 16 EEG), juris Rn 30; BVerwG NJW 1986, 207, 208; BVerfG NJW 2008, 429.

[95] Vgl BVerfG NJW 2008, 429; BVerwG NJW 1986, 207, 208; OVG Lüneburg NVwZ-RR 2014, 334, 337; OVG Münster, U v 9.12.2009, 8 D 10/08.AK, juris Rn 209.

mentlich unter Berücksichtigung seiner Lage, Bildung und Erfahrung – zumutbare Sorgfalt nicht abgewendet werden konnte.[96] Der Begriff der höheren Gewalt entspricht dem Begriff der **Naturereignisse oder anderer unabwendbaren Zufälle** in § 233 Abs 1 ZPO aF;[97] daher kann zur näheren Bestimmung auch auf die Rspr der Zivilgerichte zu § 233 aF ZPO zurückgegriffen werden. Vgl zum – differenzierten – Begriff der höheren Gewalt im EU-Recht BVerwG DÖV 2004, 838, 839; NJW 1990, 1435, 1437. Höhere Gewalt kann in besonders gelagerten Fällen auch in einer **irreführenden Belehrung oder Auskunft der Behörde** nach § 25 oder sonstigem treuwidrigen Verhalten zu sehen sein.[98]

V. Entscheidung über die Wiedereinsetzung

58 **1. Zuständigkeit (Abs 4).** Der Wiedereinsetzungsantrag ist nach Abs 4 an die Behörde zu richten, die auch **für die Entscheidung über die nachzuholende Handlung** zuständig ist. Ihr gegenüber ist auch die versäumte Handlung vorzunehmen. Dies gilt auch dann, wenn die Behörde, die für die Entscheidung über die Handlung, zB über den Antrag nach § 22, zuständig ist, den in Frage stehenden Antrag uä in der Sache bereits als verspätet abgelehnt hat. Das Verfahren kann auch in diesem Fall, ohne dass es einer erneuten Antragstellung bedürfte, trotz der bereits getroffenen Entscheidung einfach fortgeführt werden, wenn die Wiedereinsetzung gewährt wird.

59 **2. Form und Wirkung der Entscheidung. a) Entscheidung durch VA.** Für das Wiedereinsetzungsverfahren und die Form der Entscheidung sind die Vorschriften maßgeblich, die für die nachgeholte Handlung gelten. Die Entscheidung über die Wiedereinsetzung erfolgt nach hM durch VA.[99] Den übrigen Beteiligten ist gem § 28 vorher zur Frage der Wiedereinsetzung **rechtliches Gehör** zu gewähren. Die Behörde kann nach ihrer Wahl über die Wiedereinsetzung gesondert oder zusammen mit der Entscheidung in der Hauptsache im Rahmen des das Verfahren abschließenden VA entscheiden – dies ist meist der zweckmäßigere Weg – oder, wenn sie Wiedereinsetzung gewährt, auch durch (eine die Zulässigkeit bejahende) **Teilentscheidung** über die Zulässigkeit des bei ihr in der („Haupt"-)Sache gem § 22 gestellten Antrags. Hatte die Behörde bereits über die Hauptsache entschieden, so wird diese Entscheidung unwirksam, wenn sie nunmehr Wiedereinsetzung gewährt.

60 **b) Ausdrückliche oder stillschweigende Entscheidung.** Die Behörde muss über die Wiedereinsetzung nicht ausdrücklich entscheiden; die Wiedereinsetzung kann **auch stillschweigend** im Rahmen der Sachentscheidung gewährt werden.[100] Die Sachentscheidung muss aber idR erkennen lassen, dass Wiedereinsetzung gewährt wurde, zB durch Erwähnung in den Gründen der Entscheidung in der Sache bzw der Entscheidung über die Zulässigkeit des Antrags.[101] Ausreichend soll es sogar sein, dass die Behörde zur Sache entschieden hat (BVerwGE 60, 314; zweifelhaft). Besteht Streit über die Wiedereinsetzung, so ist eine isolierte Vorabentscheidung über die Wiedereinsetzung sinnvoll. Auch die gesonderte Ent-

---

[96] StBS 41; MSU 70; vgl BVerfG NJW 2008, 429; BVerwG U v 10.12.2013, 8 C 25/12, juris Rn 30; NJW 1986, 207, 208.

[97] BVerwG NVwZ 2014, 292 (§ 16 EEG) juris Rn 30; BVerwG NJW 1986, 207, 208.

[98] OVG Münster DVBl 2010, 724, juris Rn 209; OVG Lüneburg NVwZ-RR 2014, 334, 337; vgl BVerwG NJW 1997, 2966 (zu § 27 SGB X); MSU 70; vgl zur entspr Lage im Prozessrecht Kopp/Schenke § 60 Rn 28.

[99] OVG Bremen NVwZ 1982, 456; RÖ VwGO 6 zu § 70; Knack/Henneke 72; StBS 45; UL § 30 Rn 11; Obermayer/Funke-Kaiser 45; **aA** für das abgabenrechtliche Verfahren BFHE 159, 103. Wegen der mangelnden Bindungswirkung der Entscheidung über die Wiedereinsetzung für ein späteres gerichtliches Verfahren ist die VA-Qualität zweifelhaft.

[100] BVerwGE 60, 314; NJW 1981, 698; Knack/Henneke 67; Jarass JuS 1984, 354.

[101] BVerwGE 60, 314; StBS 44; MB 15; UL § 30 Rn 10; Kopp/Schenke § 70 Rn 13.

scheidung der Behörde über die Frage der Wiedereinsetzung ist als VA anzusehen.[102] Welchen Weg die Behörde wählt, steht in ihrem Ermessen (§ 40).

c) Wirkung der Wiedereinsetzung. Die Wiedereinsetzung bewirkt, dass die Behörde verpflichtet ist, wieder so und in dem Stand der Dinge in der Sache zu entscheiden, wie sie vor der Fristversäumung entscheiden konnte (s oben Rn 4). Die Entscheidung über die Wiedereinsetzung entfaltet **keine Bindungswirkung**[103] weder für die höhere Instanz noch die Gerichte. Vielmehr ist die Frage der Verfristung eines Rechtsbehelfs oder eines Antrags stets als Vorfrage für die Entscheidung in der Sache selbst zu behandeln. 61

d) Schicksal eines bereits erlassenen VA. Umstritten ist, ob ein VA, der bereits vor der Wiedereinsetzung in den vorigen Stand in der Sache ergangen ist, ohne weiteres gegenstandslos wird (so die hM)[104] oder ob das Verfahren wieder aufgegriffen und der VA formell aufgehoben werden muss.Der hM ist zuzustimmen. Eine deklaratorische Aufhebung des VA ist aus Gründen der Rechtsklarheit gleichwohl wünschenswert. 62

3. Rechtsbehelfe. Die Beteiligten haben gegen die Gewährung oder Versagung der Wiedereinsetzung, auch soweit die Behörde darüber durch gesonderten Beschluss entschieden hat, nach § 44a VwGO **keine gesonderten Rechtsbehelfe,** sondern können die Fehlerhaftigkeit der Entscheidung nur im Rahmen eines Rechtsbehelfs in der Hauptsache geltend machen.[105] **Umstritten** ist die Rechtslage, wenn die Behörde im Rahmen einer **Teilentscheidung über die Zulässigkeit** einer Sachentscheidung in der Hauptsache entschieden hat; in diesem Fall sind gegen diese Zwischenentscheidung die allgemeinen Rechtsbehelfe, insb auch die Verpflichtungsklage auf Gewährung von Wiedereinsetzung (vgl Klemm NVwZ 1989, 109), gegeben, weil diese Entscheidung nicht nur eine Verfahrenshandlung iS von § 44a VwGO ist, sondern für nachfolgende Verfahrensstufen Bindungswirkung entfaltet.[106] 63

VI. Spezialgesetzlicher Ausschluss der Wiedereinsetzung (Abs 5)

1. Allgemeines. Abs 5 enthält einen **Vorbehalt zugunsten von Rechtsvorschriften** außerhalb des VwVfG, die eine Wiedereinsetzung ausdrücklich (zB § 43 Abs 1 EEG) oder doch nach Sinn, Zweck und Regelungszusammen- 64

---

[102] OVG Bremen NVwZ 1982, 455; UL § 30 Rn 10; StBS 45; Sachs NVwZ 1982, 422; Krause 321; vgl auch VGH Mannheim NJW 1972, 461; **aA** BFH NJW 1990, 2407; Klemm NVwZ 1989, 109: kein VA, da nur mittelbare Rechtswirkung.

[103] BVerwGE 48, 48; 60, 314; BVerwG DVBl 1982, 1097; BGH DVBl 1981, 396; BFH 147, 407; NJW 1990, 2407; Klemm NVwZ 1989, 108 mwN; zur entsprechenden Entscheidung der Widerspruchsbehörde auch OVG Bremen DÖV 1981, 882; VGH Mannheim NJW 1980, 2290; v Mutius 197; Kopp/Schenke § 60 Rn 12; **aA** für VAe ohne Doppelwirkung BVerwGE 15, 307; BVerwG DVBl 1982, 1097; DVBl 1972, 423; BayVBl 1973, 557; RÖ VwGO 6, 8 zu § 70; Wallerath DÖV 1970, 657: Berücksichtigung nur, wenn ausdrücklich im Verfahren gerügt; nach anderer Auffassung kann die WE nur noch nach den Grundsätzen über die Rücknahme begünstigender VAe zurückgenommen werden, vgl Klemm NVwZ 1989, 108 mwN.

[104] BVerwGE 11, 323; BVerwG NJW 1990, 573; NJW 1990, 1806; BGH NJW 1982, 887 mwN; StBS 46; Knack/Henneke 59; Kopp/Schenke § 70 Rn 12; OVG Koblenz VRspr 27, 120; Klemm NVwZ 1989, 108; **aA** Papier NJW 1980, 321: keine Wiedereinsetzung mehr nach Ergehen der Entscheidung in der Hauptsache.

[105] VGH Mannheim DÖV 1981, 228; RÖ VwGO § 44a Rn 3; im Ergebnis zum Abgabenrecht auch Klemm NVwZ 1989, 109 mwN; Knack/Henneke 72; **aA** VGH Mannheim DVBl 1982, 207.

[106] StBS 45; **aA** UL § 30 Rn 11, wo zwischen einer Entscheidung über die Zulässigkeit einer Sachentscheidung in der Hauptsache und einer Entscheidung über die Wiedereinsetzung nicht unterschieden wird; Klemm NVwZ 1989, 109 mwN.

hang (OVG Münster NWVBl 1991, 280; NVwZ 1992, 183) ausschließen, zB im **Wahlrecht,** wo die Möglichkeit der Wiedereinsetzung den Ablauf des Wahlverfahrens in Frage stellen könnte. Die Regelung dient der Klarstellung. Von ihr wurde mit der Einführung von **Präklusionsfristen** (vgl § 31 Rn 9) Gebrauch gemacht. Sie ist über den Wortlaut hinaus auch auf Rechtsvorschriften anzuwenden, die besondere **Beschränkungen** des Rechts auf Wiedereinsetzung vorsehen. Solche Vorschriften können sich in förmlichen Gesetzen befinden, aber auch in auf gesetzlicher Grundlage erlassenen **Rechtsverordnungen**. Auch in einer förmlichen **Satzung** kann eine Präklusion vorgesehen werden, anderenfalls hätte es wegen des Subsidiaritätsprinzips (§ 1 Abs 1) einer solchen Regelung nicht bedurft. Nicht ausreichend ist aber eine Verwaltungsvorschrift.[107]

65 **2. Verfassungsrechtliche Rechtfertigung.** Die Vereinbarkeit von Vorschriften nach Abs 5 mit dem Rechtsstaatsprinzip und etwa in der Sache betroffenen **Grundrechten,** insbes auch mit Art 19 Abs 4 GG (vgl BVerfGE 52, 266; 55, 158) setzt stets eine besondere **sachliche Rechtfertigung** voraus.[108] Eine derartige Rechtfertigung kann sich zB in Verteilungsverfahren ergeben, in denen Entscheidungen nur schwer rückgängig gemacht werden können (zB numerus-clausus-Verfahren).[109] Präklusionsfrist ist auch die **Zweimonatsfrist des § 36 Abs 2 S 2 BauGB.** Ebenfalls keine Wiedereinsetzung wird gewährt bei der Frist nach **§ 7 Abs 1 S 4, § 30a VermG.**[110] Zur Ausschlussfrist (15.5.2012) für die Einreichung eines Investitionsplans nach der **Betriebsprämienregelung** OVG Lüneburg Rd L 2012, 70. Präklusionsfristen ohne Wiedereinsetzung sind auch die Betreibensfristen in §§ 33, 81 AsylG. Die **Einwendungspräklusion** in § 10 Abs 3 S 4 BImSchG, § 73 Abs 4 S 3 im Planfeststellungsverfahren und in § 2 Abs 3 UmwRG ist nach EuGH NVwZ 2015, 1665 **nicht mit Unionsrecht vereinbar** (s hierzu auch § 31 Rn 11, § 73 Rn 89 ff). Zu den Präklusionsfristen bei Beihilfeanträgen im **Beamtenrecht** näher § 31 Rn 12a.

66 **3. Ausnahmen von der Ausschlusswirkung.** Der Ausschluss in Fällen der Präklusionsfristen gilt nicht uneingeschränkt Zur Frage der **Nachsichtgewährung in besonders gelagerten Fällen** trotz Ausschlusses einer Wiedereinsetzung s § 31 Rn 13, allg auch BVerfG 55, 158; zu **Ausnahmen** auf Grund von **Treu und Glauben** (§ 242 BGB), insb in besonderen Härtefällen, BVerwGE 24, 154; DÖV 1975, 137; OVG Berlin NJW 1975, 1530 mwN und krit Anm v Morner. Str ist der Ausschluss für § 10 Abs 3 TEHG (Erling/Ahlhaus DVP 2005, 404).

Abschnitt 3. Amtliche Beglaubigung

§ 33 Beglaubigung von Dokumenten

(1) **Jede Behörde ist befugt,[15] Abschriften von Urkunden, die sie selbst ausgestellt hat, zu beglaubigen.[12] Darüber hinaus sind die von der Bun-**

---

[107] BVerwG NVwZ 1994, 575; Ziekow 25.

[108] BVerwGE 72, 368, 371 f zur Ausschlussfrist nach § 28 Abs 2 FeststG – auch wenn der Antragsteller die sein Antragsrecht begründenden Umstände nicht gekannt hat; der für die Antragsfrist sprechende Grund ist angemessen –; BayVerfGH BayVBl 1986, 143 zur Anmeldung bei der ZVS für die Studienplatzverteilung im Hinblick auf die hier bestehende Notwendigkeit einer alsbaldigen endgültigen Entscheidung; allg offenbar auch BVerfG 70, 278 zur Ausschlussfrist für die Antragstellung auf Lohnsteuerausgleich; VGH München BayVBl 1982, 369 zur Ausschlussfrist für die Geltendmachung der Prüfungsunfähigkeit auch bei Nichterkennbarkeit des Prüfungsmangels.

[109] VG Gelsenkirchen, B v 29.9.2015, 6z L 1806/15, juris, zu WE 3 Abs 2 S 1, Abs 7 S 2 VergabeVO.

[110] BVerwG Buchh 428.7 § 7 VZOG.

desregierung durch Rechtsverordnung bestimmten Behörden im Sinne des § 1 Abs. 1 Nr. 1 und die nach Landesrecht zuständigen Behörden befugt, Abschriften zu beglaubigen, wenn die Urschrift von einer Behörde ausgestellt ist oder die Abschrift zur Vorlage bei einer Behörde benötigt wird, sofern nicht durch Rechtsvorschrift die Erteilung beglaubigter Abschriften aus amtlichen Registern und Archiven anderen Behörden ausschließlich vorbehalten ist; die Rechtsverordnung bedarf nicht der Zustimmung des Bundesrates.

(2) **Abschriften dürfen nicht beglaubigt werden,**[19] **wenn Umstände zu der Annahme berechtigen, dass der ursprüngliche Inhalt des Schriftstücks, dessen Abschrift beglaubigt werden soll, geändert worden ist, insbesondere wenn dieses Schriftstück Lücken, Durchstreichungen, Einschaltungen, Änderungen, unleserliche Wörter, Zahlen oder Zeichen, Spuren der Beseitigung von Wörtern, Zahlen und Zeichen enthält oder wenn der Zusammenhang eines aus mehreren Blättern bestehenden Schriftstücks aufgehoben ist.**[19]

(3) **Eine Abschrift wird beglaubigt durch einen Beglaubigungsvermerk,**[22] **der unter die Abschrift zu setzen ist. Der Vermerk muss enthalten**

1. **die genaue Bezeichnung des Schriftstücks, dessen Abschrift beglaubigt wird,**
2. **die Feststellung, dass die beglaubigte Abschrift mit dem vorgelegten Schriftstück übereinstimmt,**
3. **den Hinweis, dass die beglaubigte Abschrift nur zur Vorlage bei der angegebenen Behörde erteilt wird, wenn die Urschrift nicht von einer Behörde ausgestellt worden ist,**
4. **den Ort und den Tag der Beglaubigung, die Unterschrift des für die Beglaubigung zuständigen Bediensteten und das Dienstsiegel.**

(4) **Die Absätze 1 bis 3 gelten entsprechend für die Beglaubigung von**

1. **Ablichtungen, Lichtdrucken und ähnlichen in technischen Verfahren hergestellten Vervielfältigungen,**
2. **auf fototechnischem Wege von Schriftstücken hergestellten Negativen, die bei einer Behörde aufbewahrt werden,**
3. **Ausdrucken elektronischer Dokumente,**[29]
4. **elektronischen Dokumenten,**[32]
   a) **die zur Abbildung eines Schriftstücks hergestellt wurden,**
   b) **die ein anderes technisches Format als das mit einer qualifizierten elektronischen Signatur verbundene Ausgangsdokument erhalten haben.**

(5) **Der Beglaubigungsvermerk muss zusätzlich zu den Angaben nach Absatz 3 Satz 2 bei der Beglaubigung**

1. **des Ausdrucks eines elektronischen Dokuments, das mit einer qualifizierten elektronischen Signatur verbunden ist, die Feststellungen enthalten,**
   a) **wen die Signaturprüfung als Inhaber der Signatur ausweist,**
   b) **welchen Zeitpunkt die Signaturprüfung für die Anbringung der Signatur ausweist und**
   c) **welche Zertifikate mit welchen Daten dieser Signatur zugrunde lagen;**
2. **eines elektronischen Dokuments den Namen des für die Beglaubigung zuständigen Bediensteten und die Bezeichnung der Behörde, die die Beglaubigung vornimmt, enthalten; die Unterschrift des für die Beglaubigung zuständigen Bediensteten und das Dienstsiegel**

nach Absatz 3 Satz 2 Nr. 4 werden durch eine dauerhaft überprüfbare qualifizierte elektronische Signatur ersetzt.

Wird ein elektronisches Dokument, das ein anderes technisches Format als das mit einer qualifizierten elektronischen Signatur verbundene Ausgangsdokument erhalten hat, nach Satz 1 Nr. 2 beglaubigt, muss der Beglaubigungsvermerk zusätzlich die Feststellungen nach Satz 1 Nr. 1 für das Ausgangsdokument enthalten.

(6) **Die nach Absatz 4 hergestellten Dokumente stehen, sofern sie beglaubigt sind, beglaubigten Abschriften gleich.**[33]

(7) **Jede Behörde soll von Urkunden, die sie selbst ausgestellt hat, auf Verlangen ein elektronisches Dokument nach Absatz 4 Nummer 4 Buchstabe a oder eine elektronische Abschrift fertigen und beglaubigen.**[34 ff]

Parallelvorschriften: § 29 SGB X; §§ 39, 42 BeurkG

Schrifttum: *Blaschke,* Notarielle Beurkundung, öffentliche Beglaubigung und Schriftform, Jura 2008, 890; *v Campenhausen/Christoph,* Amtliche Beglaubigungen der öffentlich-rechtlich korporierten Kirchen im weltlichen Recht, DVBl 1987, 984; *Luther,* Beglaubigungen und Legalisationen im zwischenstaatlichen vertraglosen Verkehr und nach Staatsvertragsrecht, MDR 1986, 10; *Rossnagel,* Die elektronische Signatur im Verwaltungsrecht, DVBl 2001, 221; *Schröder,* Die Akzeptanz amtlich beglaubigter Dokumente im Bundesstaat, DÖV 2009, 280; *Vollmer,* Zur Anfertigung einer elektronisch beglaubigten Abschrift, RNotZ 2008, 307.

Übersicht

I. Allgemeines

1. Inhalt. Die Vorschrift betrifft die Beglaubigung von Abschriften, die von Urkunden gemacht worden sind (Abs 1). Die Vorschrift gilt entsprechend für andere Formen der Vervielfältigung (Abs 4). Durch die Beglaubigung wird lediglich die **Übereinstimmung der Abschrift mit einer Urkunde** bestätigt. Auf den Inhalt der Urkunde, insbesondere deren Richtigkeit, kommt es nicht an. Die Vorschrift regelt die Befugnis von Behörden, derartige Beglaubigungen (Bestätigungen) vorzunehmen. Abs 2 macht eine Ausnahme von dem Grundsatz, dass der Inhalt der Urkunde (Vorlage) im Zuge des Beglaubigungsverfahrens nicht überprüft werden muss. Ist nämlich nach den Umständen anzunehmen, dass der ursprüngliche Inhalt der Urkunde (Vorlage) verändert worden ist, besteht ein Beglaubigungsverbot. Abs 3 regelt den Inhalt des Beglaubigungsvermerks, der auf der Abschrift anzubringen ist. 1

a) Eigenurkunden, Fremdurkunden. Die Vorschrift unterscheidet zwischen der Beglaubigung der Abschriften von Urkunden, die sie selbst ausgestellt hat **(Eigenurkunden)** und von anderen Urkunden **(Fremdurkunden).** Jede Behörde ist nach Abs 1 S 1 grundsätzlich befugt Abschriften der von ihr selbst ausgestellten Urkunden zu beglaubigen, steht diese Befugnis bei der Beglaubigung von Fremdurkunden nur bestimmten Behörden zu, auf Bundesebene nur den in der **BeglaubigungsVO** v 13.3.2003 (BGBl I S 361) bezeichneten Behörden und nur unter den in Abs 1 S 2 genannten Voraussetzungen zu. Für die Landesregelungen zur Beglaubigung von Fremdurkunden s näher Schröder DÖV 2009, 280. 1a

b) Materiellrechtlicher Charakter. Obwohl die §§ 33 und 34 als Abschnitt 3 im Teil II über das Verwaltungsverfahren stehen, handelt es sich der Sache nach um materiellrechtliche Regelungen über Beglaubigungsbefugnisse, die nur in einem sehr losen Zusammenhang mit dem Verwaltungsverfahren ieS des § 9 steht und die als sog **annexe Materie** nur aus Gründen der Zweckmäßigkeit in das VwVfG hineingenommen wurde. Insb ergibt sich aus dem Zweck der Regelung, dass sie Zulässigkeit von Beglaubigungen **unabhängig von einem konkreten Verfahren** iS von § 9 regelt.[1] 2

2. Kein Anspruch auf Beglaubigung. Die Vorschrift bestimmt lediglich die Befugnis der Behörde zur Vornahme von Beglaubigungen. Über die Frage, unter welchen Umständen ein Anspruch des Bürgers auf Vornahme einer Beglaubigung besteht, sagt sie unmittelbar nichts. Auch eine objektivrechtliche Verpflichtung ist nicht geregelt. Die Frage nach einem Anspruch auf Beglaubigung ist deshalb nach allgemeinen Grundsätzen zu beantworten. Liegt die Befugnis zur Beglaubigung vor, so entscheidet die zuständige Behörde im Rahmen ihres pflichtgemäßen Ermessens (§ 40), ob sie einem Antrag auf Beglaubigung stattgibt. Es entspricht allgemeiner Auffassung, dass der Bürger nur einen **Anspruch** 3

[1] Knack/Henneke vor § 33 Rn 7; StBS 3; weitergehend Obermayer/Funke-Kaiser 17: unerheblich, ob die Ausstellung der Urkunde eine Tätigkeit darstellt, die unter das VwVfG fällt.

auf ermessensfehlerfreie Entscheidung über sein Beglaubigungsbegehren hat, soweit die angegangene Behörde überhaupt zur Beglaubigung befugt ist.[2] Ist die Beglaubigung in einem konkreten Verwaltungsverfahren vor derselben Behörde erforderlich, wird stets eine **Ermessensreduzierung auf Null** anzunehmen sein (StBS 19; Knack/Henneke 9; vorsichtiger Obermayer/Funke-Kaiser 27). Im übrigen dürfte die Verweigerung einer Beglaubigung ermessensfehlerfrei nur zulässig sein, wenn sich die Verweisung auf eine sachnähere Behörde aufdrängt.

4 **3. Anwendungsbereich. a) Unmittelbarer Geltungsbereich.** Die Vorschrift gilt gem § 1 und § 2 nur für amtliche Beglaubigungen durch Behörden im Anwendungsbereich des VwVfG (Obermayer/Funke-Kaiser 6). Da alle Bundesländer inzwischen eigene Verwaltungsverfahrensgesetze erlassen haben, gilt die Regelung unmittelbar nur für Bundesbehörden (Knack/Henneke vor § 33 Rn 3). Entsprechende Regelungen finden sich für die Eigenurkunden in sämtlichen Verfahrensgesetzen der Länder. Die Regelungen der Länder über die Beglaubigung von Fremdurkunden sind sehr unterschiedlich (unten Rn 18). Die Ausstellungsbefugnis umfasst traditionell die Befugnis, von den ausgestellten Urkunden auch beglaubigte Abschriften herzustellen. Welche Behörden zur Beglaubigung von Fremdurkunden ermächtigt sind, ist naturgemäß in den Ländern unterschiedlich geregelt.

5 **Unberührt** bleibt die Befugnis zu **behördeninternen Beglaubigungen** ausschließlich für den eigenen Gebrauch durch die beglaubigende Behörde,[3] oder für den internen Gebrauch einer anderen Behörde, etwa im Zusammenhang mit einer dieser geleisteten **Amtshilfe.** Sie werden von der Vorschrift nicht erfasst. Es ist daher allgemein (und insb auch, ohne dass es insoweit einer besonderen Ermächtigung bedürfte) zulässig, dass der Sachbearbeiter einer Behörde auf einer Abschrift, Ablichtung usw, die er für den verwaltungsinternen Gebrauch zu den Akten nimmt, vermerkt, dass die Abschrift usw mit dem Original übereinstimmt. Insoweit handelt es sich um keine amtliche Beglaubigung iS von § 33.

6 **b) Speziellere Regelungen.** Die durch Rechtsverordnung eröffnete Befugnis von Bundesbehörden zur Erteilung beglaubigter Abschriften von Fremdurkunden kann für bestimmte Bereiche gem § 1 durch Vorschriften des Bundesrechts auch eingeschränkt, ausgeschlossen oder bestimmten Behörden vorbehalten werden, indem ein **Beglaubigungsmonopol** geschaffen wird, durch Rechtsvorschriften des Landesrechts gem § 33 Abs 1 S 2 jedoch nur für Abschriften aus amtlichen Registern (zB dem Liegenschaftskataster) und Archiven (vgl Begr 101; ABegr 8). Von der in Abs 1 S 2 vorgesehen Möglichkeit der Einführung von sog **Beglaubigungsmonopolen,** indem die Beglaubigung auf einzelnen Gebieten bestimmten Behörden vorbehalten wird, ist in Bund und Ländern in vielfältiger Weise Gebrauch gemacht worden (vgl zB § 2 PStG).[4]

7 **Nicht berührt** wird durch die §§ 33, 34 die **Befugnis der Notare** gem § 20 BNotO zur Beglaubigung von Unterschriften, Handzeichen und Abschriften. Die Befugnis der Notare zur Beglaubigung von Urkunden ist inhaltlich nicht beschränkt. Der Bürger hat die Wahl zwischen einer amtlichen Beglaubigung und der Beglaubigung durch einen Notar. Die Kosten einer Beurkundung durch einen Notar sind im Gesetz über die Kosten in Angelegenheiten der freiwilligen Gerichtsbarkeit, kurz Kostenordnung einheitlich geregelt.

---

[2] UL § 31 Rn 5; Obermayer/Funke-Kaiser 26; Knack/Henneke 9; StBS 12, 19 ff, MB vor § 33 Rn 8.

[3] Begr 55; Schröder DÖV 2009, 280; UL § 31 Rn 8; Obermayer/Funke-Kaiser 16; Knack/Henneke vor § 33, 4.

[4] StBS 18 ff.

Zu **Beurkundungen durch Auslandsvertretungen** s § 10, § 13 und § 16 KonsularG.

c) Entsprechende Anwendung. Als Kodifizierung ungeschriebenen Rechts und als **Ausdruck allgemeiner Rechtsgrundsätze** ist die Vorschrift – jedoch ohne die Zuständigkeitsbeschränkungen nach Abs 1 S 2 – grundsätzlich sinngemäß auch auf Fälle anwendbar, die nicht unter das VwVfG bzw entsprechende Bestimmungen des Landesrechts oder besondere Rechtsvorschriften fallen (Knack/Henneke vor § 33 Rn 7), auch auf Beglaubigungen durch Behörden fremder Staaten oder internationaler oder zwischenstaatlicher Organisationen (Knack/Henneke vor § 33 Rn 8; vgl auch Stephan NJW 1974, 1596). Aufgrund des Körperschaftsstatuts der öffentlichrechtlich korporierten Kirchen ist der Staat verpflichtet, auch **kirchliche Beglaubigungen** als amtliche Beglaubigungen iS von § 65 BeurkG anzuerkennen (v Campenhausen/Christoph DVBl 1987, 984). 8

4. Erfasste Urkunden. Die Vorschrift gilt nur für Beglaubigungen von Abschriften, Ablichtungen, Computerausdrucken, Vervielfältigungen, Negativen usw von Urkunden, die entweder von einer Behörde ausgestellt worden sind (amtliche Urkunden) oder zur Vorlage bei einer Behörde benötigt werden. Für die Beglaubigung von Privaturkunden im allgemeinen privaten Rechtsverkehr sind die Notare bzw die Gerichte zuständig; insoweit räumt § 33 keine Befugnisse ein. Zum **Begriff der Urkunde** s § 26 Rn 33a. Als von einer Behörde ausgestellte Urkunden sind auch öffentlichrechtliche, **schriftlich abgefasste Verträge** gem §§ 54 ff anzusehen, an denen die Behörde bzw der durch sie vertretene Rechtsträger als Vertragspartner beteiligt ist, da auch hier der Grund der Regelung zutrifft, dass die Behörde den Inhalt der Urkunde sachlich beurteilen kann. 9

5. Begriff der amtlichen Beglaubigung. Die amtliche Beglaubigung iSd § 33 ist die amtliche Bestätigung der Übereinstimmung einer Kopie, Abschrift usw mit einem Original. Die Beglaubigung ist zu unterscheiden einerseits von der **öffentlichen Beurkundung,** zB gem § 128 BGB, die sich auf zivilrechtliche Verträge uä bezieht und grundsätzlich den Gerichten und Notaren vorbehalten ist, andererseits von der **öffentlichen Beglaubigung,** zB gem § 129 BGB, bei der die Unterschrift unter einer privatrechtlichen Erklärung von der dafür zuständigen Behörde (zB dem Jugendamt gem § 59 KJHG) oder einem zuständigen Beamten oder Notar beglaubigt wird. 10

Eine **öffentliche Beglaubigung** liegt dann vor, wenn eine eigens dazu ermächtigte Urkundsperson (idR ein Notar, s aber § 63 BeurkG) die **Echtheit einer Unterschrift** oder eines Handzeichens oder die Richtigkeit einer Abschrift in der dafür vorgeschriebenen Form amtlich bezeugt (Mecke, BeurkundungsG § 65 Rn 1; v Campenhausen/Christoph DVBl 1987, 985). Demgegenüber umfasst der Begriff der **amtlichen Beglaubigung** alle diejenigen Beglaubigungen, die von einer Behörde vorgenommen werden und die keine öffentlichen Beglaubigungen sind (v Campenhausen/Christoph DVBl 1987, 985). 11

Anders als die öffentliche Beglaubigung, deren Zeugnis eine öffentliche Urkunde iS des § 415 Abs 1 ZPO darstellt, besitzt die amtliche Beglaubigung grundsätzlich nicht die uneingeschränkte Beweiskraft öffentlicher Urkunden (§ 65 Satz 2 BeurkG); die **Beweiskraft der amtlichen Beglaubigung beschränkt** sich vielmehr auf den in dem Beglaubigungsvermerk angegebenen **Verwendungszweck.**[5] Als Ausnahme von diesem Grundsatz sieht § 65 Satz 3 BeurkG jedoch ausdrücklich vor, dass in den beiden dort genannten Fällen bestimmte beglaubigte Abschriften eine uneingeschränkte Beweiskraft entfalten. 11a

---

[5] UL § 31 Rn 3; Höfer/Huhn/von Schuckmann, Beurkundungsgesetz und ergänzende Vorschriften, 1972, § 65 Rn 3; v Campenhausen/Christoph DVBl 1987, 785.

Amtliche Beglaubigungen können eine durch Gesetz vorgeschriebene öffentliche Beurkundung oder Beglaubigung grundsätzlich nicht ersetzen (UL § 31 Rn 3).

12 **6. Rechtsnatur der amtlichen Beglaubigung.** Die Beglaubigung bzw der Beglaubigungsvermerk, der auf die Urkunde gesetzt wird, sind als solche keine VAe, sondern Wissenskundgebungen[6] und auch ihrerseits öffentliche Urkunden iS der §§ 415, 417, 418 ZPO, § 271 StGB (BVerwG BayVBl 1987, 123; Knack/Henneke vor § 33 Rn 2). **Umstritten** ist die Frage, ob **die Entscheidung,** ob eine amtliche Beglaubigung vorgenommen wird und ggf mit welchem Inhalt, **VA-Qualität** hat. Dies ist wegen der Selbständigkeit des Beglaubigungsverfahrens und der damit idR verbundenen Entscheidung über einen Beglaubigungsantrag zu bejahen (Knack/Henneke vor § 33 Rn 6; UL § 31 Rn 4). S hierzu auch näher § 35 Rn 24.

13 **7. Verfassungsrechtliche Gesichtspunkte.** Die Zuständigkeit des Bundesgesetzgebers für die Regelung der §§ 33, 34 ergibt sich aus dem Zusammenhang mit der Regelung der Erfüllung von Verwaltungsaufgaben im Vollzug von Bundesrecht gem § 1. Dadurch ist andererseits bedingt, dass nur die Beglaubigung von Abschriften usw von Urkunden, die von Behörden im Rahmen ihrer Zuständigkeit nach § 1 ausgestellt worden sind, bzw die zur Vorlage bei solchen Behörden benötigt werden (§ 33), sowie von Unterschriften in Schriftstücken mit ähnlicher Zweckbestimmung (§ 34) erfasst werden. Für alle **sonstigen amtlichen Beglaubigungen** ist grundsätzlich, dh vorbehaltlich speziellerer Regelungen, Landesrecht maßgeblich (StBS 5).

14 **Für Bundesbehörden** ist eine Befugnis zur Beglaubigung von Urkunden usw jedoch nach den Grundsätzen verfassungskonformer Auslegung auch nach allgemeinem ungeschriebenen Recht gem Art 30, 83 ff GG **nur bei Sachzusammenhang** der in Abs 1 genannten Art mit der Erfüllung von Bundesaufgaben anzuerkennen.

II. Befugnis zur amtlichen Beglaubigung (Abs 1)

15 **1. Bundesbehörden.** Abs 1 ermächtigt die Behörden zur Vornahme von amtlichen Beglaubigungen, verpflichtet sie jedoch nicht dazu. Die zuständigen Behörden entscheiden über Beglaubigungsbegehren nach pflichtgemäßem **Ermessen.**

16 Die Zuständigkeit für Beglaubigungen ist in Abs 1 S 1 nur für die Beglaubigung von Urkunden, die eine Behörde selbst ausgestellt hat **(Eigenurkunden)** geregelt; für andere Urkunden **(Fremdurkunden)** verweist Abs 1 S 2 auf Rechtssätze außerhalb des VwVfG und ermächtigt die Bundesregierung zum Erlass entsprechender RechtsVOen. Durch § 1 der BeglaubigungsVO v 13.3. 2003 BGBl I S. 361 wurden **alle Bundesbehörden** iSd § 1 Abs 1 Nr 1 als zuständig auch für Beglaubigungen bestimmt, sofern ihre Tätigkeit nicht nach § 2 Abs 2 oder 3 von der Anwendung des VwVfG ausgenommen ist (Knack/Henneke vor § 33 Rn 3).

17 **2. Landesbehörden.** Die Bestimmung der Zuständigkeit von Landesbehörden für Beglaubigungen nach dem VwVfG ist Sache des Landesrechts. § 33 stellt insoweit nur die Kompetenz der Länder für die Zuständigkeitsbestimmung klar, da sich insoweit aus § 1 Zweifel ergeben könnten; eine **Ermächtigung von Landesorganen** zur Regelung der Zuständigkeit durch RechtsVO kann daraus nicht entnommen werden. Grundsätzlich ist für die Ausfüllung der Vorschrift ein **Landesgesetz** oder eine VO auf Grund eines Landesgesetzes erforderlich. Die Freistellung vom Erfordernis der **Zustimmung des Bundesrates** in S 2,

---

[6] UL § 31 Rn 4; StBS 4; Knack/Henneke vor § 33 Rn 6; v Campenhausen/Christoph DVBl 1987, 985; K 6 zu § 91; unklar WBS II § 46 Rn 8; F 210: „beurkundender VA".

2. Halbs war im Hinblick auf Art 80 Abs 2 GG erforderlich; sie hat, da Abs 1 S 2 ohnehin derzeit im Hinblick auf die Regelungen in den Verwaltungsverfahrensgesetzen der Länder gegenstandslos ist, keine aktuelle Bedeutung. Die Verwaltungsverfahrensgesetze der Länder regeln entsprechend Abs 1 zunächst die Zuständigkeit der Behörden zur Beurkundung von Eigenurkunden; für die Beglaubigung von Fremdurkunden finden sich die Regelungen in Zuständigkeitsverordnungen.

Die **Zuständigkeit für Beglaubigungen** sind derzeit geregelt für: 18
- Baden-Württemberg durch VO v 16.8.1977 (GBl S. 382);
- Bayern durch VO (BeglV) v 10.11.1977 (GVBl S. 585);
- Berlin durch Zweites Gesetz zur Änderung des Gesetzes v 16.12.1987 (GVBl S. 2746);
- Brandenburg durch VO v. 8.7.1993 (GVBl II S. 334);
- Bremen durch VO v 28.3.1977 (GBl S. 197);
- Hamburg durch Anordnung v 23.11.1977 (Amtl Anz S. 1831);
- Hessen durch VO zur Bestimmung der zu Beglaubigungen befugten Behörden v 31.8.1978 (GVBl I S. 513);
- Mecklenburg-Vorpommern durch VO v 9.6.1992 (GVOBl S. 333);
- Niedersachsen durch ZuständigkeitsVO zur Ausführung des Vorläufigen VwVfG für das Land Niedersachsen v 1.2.1977 (GVBl S. 17);
- Nordrhein-Westfalen durch VO v 19.4.1977 (GVBl S. 180);
- Rheinland-Pfalz durch G v 21.7.1978 (GVBl S. 597), geändert durch G v 26.3.1980 (GVBl S. 71);
- das Saarland durch VO über die Befugnis zur amtlichen Beglaubigung v 12.1.1977 (ABl S. 86);
- Sachsen durch BeglaubigungsVO v 1.4.1998 (SächsGVBl S. 154);
- Sachsen-Anhalt durch § 3 Abs 2 der Allgemeinen Zuständigkeitsverordnung für die Gemeinden und Kreise zur Ausführung von Bundesrecht v 7.5.1994 (GVBl S. 568);
- Schleswig-Holstein durch VO v 12.2.2003 (GVOBl S. 45);
- Thüringen durch § 4 der Zweiten ThürVO zur Bestimmung von Zuständigkeiten im Geschäftsbereich des Thür. Innenministeriums v 12.2.1992 (GVBl S. 66).

Fraglich ist, ob **Verwaltungsbehörden berechtigt** sind, dass Urkunden vorgelegt werden, die nur von bestimmten Behörden oder Stellen beglaubigt worden sind und ob sie **Dokumente zurückweisen** dürfen, weil sie zwar beglaubigt worden sind, aber nicht von den jeweils angegebenen Stellen. Diese Frage hat erhebliche praktische Bedeutung, weil Bürger sich typischerweise um kostengünstige und möglichst einfache Beschaffung von beglaubigten Urkunden bemühen und dann möglicherweise von der Zurückweisung Nachteile haben. Es erscheint zweifelhaft, ob die Zurückweisung von beglaubigten Dokumenten allein auf das **allgemeine Verfahrensermessen** der Behörden (§ 10) gestützt werden kann.[7] Etwas anderes ist es, wenn bestimmte Formen der Beglaubigung in Rechtsvorschriften verlangt werden. In jedem Fall wird es berechtigter Gründe bedürfen, eine Beglaubigung durch bestimmte Stellen zu verlangen. 18a

III. Beglaubigungsverbot (Abs 2)

1. Allgemeines Beglaubigungsverbot. Abs 2 enthält ein Beglaubigungsverbot für solche Fälle, in denen der Verdacht der Verfälschung des Originals durch nachträgliche unbefugte Änderung besteht. Die Regelung soll einem Missbrauch der amtlichen Beglaubigung zur Vertuschung von Fälschungen vorbeugen (Begr 55). Die Aufzählung einzelner **Verdachtsgründe** (Lücken usw) ist 19

---

[7] Kritisch insoweit zutreffend Schröder, DÖV 2009, 281.

nur beispielhaft („insbesondere"), nennt aber jedenfalls die wichtigsten Gründe. Unter **„Zusammenhang eines aus mehreren Blättern bestehenden Schriftstücks"** iS von Abs 2 ist der durch das die Urkunde ausstellende Organ mittels eines versiegelten Bandes, Klebestreifens uä hergestellte Zusammenhang zu verstehen (K 10 zu § 91). Liegt auch nur eine der in Abs 2 näher bezeichneten Voraussetzungen oder ein vergleichbarer Tatbestand vor, so darf die Behörde die Abschrift nicht beglaubigen, dh sie **muss die Beglaubigung ablehnen,** wenn sich nicht aus anderen Gründen zweifelsfrei ergibt, dass eine Fälschung ausgeschlossen ist. Es muss sich aber immer um konkrete, angebbare Umstände handeln, die bei objektiver Betrachtung zur Annahme, dass eine Änderung vorgenommen wurde oder vorgenommen worden sein könnte, berechtigen. Nur für diesen Fall gilt das strikte Verbot gem Abs 2.

20 Die Umstände müssen zur Annahme einer Verfälschung berechtigen. Ausreichend ist insoweit ein **begründeter Verdacht.** Die Behörde ist **nicht verpflichtet, Ermittlungen** zur Klärung **durchzuführen.**[8] Da die Behörde auch beim Nichtvorliegen von Verbotsgründen nach Abs 2 zur Vornahme einer Beglaubigung nicht verpflichtet ist (s oben Rn 3), ist es zudem jedenfalls nicht ermessensfehlerhaft, wenn sie die Beglaubigung in Verdachtsfällen ablehnt, ohne weitere Beweise zu erheben (ebenso Obermayer/Funke-Kaiser 31). Insofern sind die Maßstäbe des § 24 nicht anwendbar.

21 **2. Rechtsfolgen. Umstritten** ist die Frage, welche Folgen ein Verstoß gegen das Beurkundungsverbot des Abs 2 hat. Die Kategorien der Rechtswidrigkeit bzw Nichtigkeit passen hier nur bedingt (vgl Obermayer/Funke-Kaiser 48), weil es nicht um die Qualifizierung eines VA geht. Entscheidend ist vielmehr, ob der Verstoß gegen Abs 2 die **Beweiskraft der amtlichen Beglaubigung** ohne weiteres entfallen lässt. Dies ist bei einem Verstoß gegen Abs 3 (vgl Rn 26) grundsätzlich nicht der Fall (s auch Knack/Henneke 10; anders Obermayer/Funke-Kaiser 48).

IV. Form der Beglaubigung (Abs 3)

22 **1. Beglaubigungsvermerk.** Abs 3 regelt **Form und Inhalt des Beglaubigungsvermerks.** Die Vorschrift dient der Sicherung des Beweiswerts. Der Beglaubigungsvermerk ist grundsätzlich unmittelbar unter die Abschrift und so, dass für nachträgliche Einfügungen kein Raum mehr ist, zu setzen. Ist die letzte Seite der Abschrift bis zum untersten Rand beschrieben, so sollten, wenn irgend möglich, wenigstens die ersten Worte des Beglaubigungsvermerks noch auf diese Seite gesetzt werden (Knack/Henneke 11). Dem **Erfordernis der genauen Bezeichnung** (Nr 1) des Schriftstücks, dessen Abschrift, Ablichtung usw (s Abs 4) beglaubigt wird, wird idR auch dadurch genügt, dass der **Beglaubigungsvermerk auf die Rückseite** der Abschrift (usw) gesetzt wird.

23 **2. Mehrzahl von Blättern.** Besteht die zu beglaubigende Abschrift aus mehreren Blättern, so muss grundsätzlich ein **Beglaubigungsvermerk auf jedes einzelne Blatt** gesetzt werden, auch soll die Art der beglaubigten Urkunde im Vermerk festgehalten werden. Nach dem Rundschreiben des Bundesinnenministers v 8.12.1976 – GMBl S. 684 sind außerdem die verschiedenen Blätter derart miteinander zu verbinden, dass eine Trennung ohne merkbare Beschädigung nicht möglich ist, und die **Verbindungsstellen zu siegeln.**

24 Eine ordnungsgemäße Beglaubigung liegt nicht vor, wenn der beglaubigende Bedienstete auf die letzte Seite einer mehrseitigen Abschrift den Beglaubigungsvermerk setzt, die restlichen Seiten aber erst später abgeschrieben und von der Kanzlei vorgeheftet werden (BGH NJW 1973, 1973).

---

[8] Ebenso Obermayer/Funke-Kaiser 31; StBS 26.

Betrifft die zu beglaubigende Abschrift eine **Urschrift, die Fehler wie zB Löcher, Durchstreichungen, Verbesserungen usw aufweist,** so sind diese auch in der zu beglaubigenden Abschrift kenntlich zu machen; auch der Beglaubigungsvermerk muss in geeigneter Weise darauf eingehen. 25

3. Folgen eines Verstoßes. Eine Verletzung der Formerfordernisse gem Abs 3 hat grundsätzlich die **Unwirksamkeit des Beglaubigungsvermerks** zur Folge[9] mit der Konsequenz, dass es sich bei der dem Schriftstück nicht um eine beglaubigte Abschrift, Kopie usw handelt. Dies gilt insb, wenn die Angabe der beglaubigten Behörde, das Dienstsiegel (offen OVG Münster DÖV 1978, 334) oder die Unterschrift fehlen.[10] Daneben kann eine Verletzung **Haftungsansprüche** Dritter unter dem Gesichtspunkt einer Amtspflichtverletzung begründen. Mängel des Beglaubigungsvermerks können grundsätzlich nicht rückwirkend beseitigt oder korrigiert werden (StBS 31). 26

4. Muster. Der Bundesminister des Innern hat mit Rundschreiben v 8.12. 1976 (GMBl S. 684) für den Beglaubigungsvermerk folgendes **Muster** empfohlen, das durch Rundschreiben vom 1.10.2004 (GMBl 2005, 4) weiterentwickelt wurde: 27

„Hiermit wird amtlich beglaubigt, dass die vor-/umstehende Abschrift/ Ablichtung mit der vorgelegten Urschrift/Ausfertigung beglaubigten/einfachen Abschrift/Ablichtung der/des

....

(Bezeichnung des Schriftstückes)

übereinstimmt

Die Beglaubigung wird nur zur Vorlage bei

....

(Behörde)

erteilt.

Berlin, den .... Bundesministerium des Innern

(Siegel) Im Auftrag

....

(Unterschrift)

V. Ablichtungen, Vervielfältigungen, Negative, elektronische Dokumente (Abs 4)

1. Allgemeines. Abs 4 stellt den in Abs 1–3 genannten Abschriften von Urkunden **andere Formen der Vervielfältigung** sowie Negative gleich. Die Regelung soll den vielfältigen Formen moderner Herstellung von Texten Rechnung tragen und ist daher insoweit extensiv auszulegen. Erfasst werden nicht nur Ausdrucke aus modernen Textvorbereitungsanlagen, sondern auch solche, die auf dem Weg moderner Datenübermittlung zustandegekommen sind. Dies wird mit der Neufassung des Abs 4 durch das 3. VwVfÄndG klargestellt. 28

2. Beglaubigung elektronischer Dokumente sowie von Ausdrucken. Die Neufassung des Abs 4 stellt in Nr 3 klar, dass auch die Beglaubigung eines Ausdrucks eines elektronischen Dokuments zulässig ist und regelt in dem neu geschaffenen Nr 4 die Möglichkeit der Beglaubigung von elektronischen Dokumenten, die zur Abbildung eines Original-Schriftstücks angefertigt werden, bei der also aus einem herkömmlichen Schriftstück eine beglaubigte Ausfertigung in 29

---

[9] Allg Meinung, vgl StBS 31; Knack/Henneke 16; Obermayer/Funke-Kaiser 48.

[10] UL § 31 Rn 10; vdGK 4.5 unter Hinweis auf RGZ 135, 359; Obermayer/Funke-Kaiser 36; StBS 31; MB 8; str; **aA** die 5. Auflage: Ungültigkeit nur bei Fehlen wesentlicher Elemente, sonst grundsätzlich nur eine Minderung des Beweiswertes.

elektronischer Form hergestellt wird (a) und solchen mit qualifizierter Signatur versehenen elektronischen Dokumenten, deren mit einer Signatur versehenes Original bei einer Umformatierung verloren geht (b). Für die Beglaubigung in diesen Fällen sind in Abs 5 u 6 weitere Anforderungen aufgestellt worden.

VI. Zusätzliche Anforderungen an die Beglaubigung bei elektronischen Originalen (Abs 5)

30 **1. Allgemeines.** Der mit dem 3. VwVfÄndG neu geschaffene Abs 5 enthält zusätzliche Anforderungen für die Beglaubigung in den Fällen des Abs 4 Nr 3 u 4, in denen entweder aus einem Schriftstück ein elektronische Ausfertigung hergestellt oder umgekehrt aus einem elektronischen Dokument ein Schriftstück hergestellt wird oder in denen ein signiertes elektronisches Dokument infolge einer notwendig werdenden Umformatierung verloren geht und als beglaubigtes Exemplar erhalten bleiben soll.

31 **2. Anforderungen im Falle des Abs 4 Nr 3.** Voraussetzung einer Beglaubigung eines Ausdrucks eines elektronischen Dokuments nach Abs 4 Nr 3 ist, dass das Dokument selbst über eine **qualifizierte elektronische Signatur** (s dazu näher § 3a Rn 14 ff) verfügt; diese Signatur muss gültig sein, anderenfalls ist eine Beglaubigung eines Ausdrucks nicht möglich. Nach Abs 5 Nr 1 muss der Beglaubigungsvermerk über die Angaben nach Abs 3 hinaus die Feststellungen enthalten, wen die Signaturprüfung als Inhaber der Signatur ausweist, zu welchem Zeitpunkt die Signatur an dem Dokument angebracht worden ist, und welche Zertifizierung der Signatur zugrunde lag. Zweck dieser Feststellung ist die Prüfung der Authentizität des Dokuments mit Hilfe der Signatur. Geprüft wird deshalb, ob die Signatur gültig war, ob also ein noch gültiger Signaturschlüssel verwendet wurde, und ob das Zertifikat ausreichend ist. Authentizität bedeutet hier lediglich, dass das Dokument von einer Person hergestellt bzw versandt worden ist, die einen Zugang zu dem Signatur-Schlüssel hatte.

32 **3. Besondere Anforderungen in den Fällen des Abs 4 Nr 4.** Die Regelung in Abs 4 Nr 4 ermöglicht in den dort geregelten Fällen eine Beglaubigung in elektronischer Form. Sie erfolgt durch den Beglaubigungsvermerk iS des Abs 3 und durch eine zusätzliche qualifizierte elektronische Signatur des Dokuments durch den beglaubigenden Bediensteten, durch die Unterschrift und Dienstsiegel ersetzt werden. Für den Fall des Abs 4 Nr 4b, also die Beglaubigung eines Dokuments, dessen Original durch Umformatierung verloren geht, verlangt Abs 5 S 2 klarstellend, dass die Ergebnisse der Signaturprüfung des untergehenden Originals in die amtlichen Festsetzungen aufgenommen werden müssen.

VII. Gleichstellung mit beglaubigten Abschriften (Abs 6)

33 Die Regelung in dem durch das 3. VwVfÄndG neu geschaffenen Abs 6 stellt klar, dass die nach Abs 4 u 5 hergestellten beglaubigten Ausfertigungen in elektronischer Form beglaubigten Abschriften gleichstehen. Diese Regelung war zuvor in Abs 4 S 2 enthalten und wurde zur Klarstellung ans Ende gesetzt. Bei auf fototechnischem Weg von Schriftstücken hergestellten Aufnahmen (Mikrofilm, Mikrofiche) ist in einem Verfilmungsprotokoll zu bestätigen, dass sie mit dem Original übereinstimmen (StBS 32).

VIII. Fertigung und Beglaubigung elektronischer Dokumente und Abschriften auf Verlangen (Abs 7)

34 **1. Allgemeines.** Der durch Art 3 des Gesetzes zur Förderung der elektronischen Verwaltung vom 25.7.2013 (BGBl I, 2749, s hierzu Einf I Rn 35d) angefügte Abs 7 ergänzt den § 33 um einen **grundsätzlichen Anspruch auf Ferti-**

gung und Beglaubigung elektronischer Dokumente bzw. Abschriften. Der Gesetzgeber wollte damit eine vollständige elektronische Verfahrensabwicklung im Rechtsverkehr – sowohl im Kontakt mit Behörden als auch im Zivilrecht – befördern (vgl Begründung Gesetzentwurf, BT-Drs 17/11 473, S 50). Zur Befugnis jeder Behörde, die von ihr ausgestellten Urkunden zu beglaubigen (Abs 1 S 1) tritt somit die entsprechende Verpflichtung, eine (Fertigung und) Beglaubigung elektronischer Dokumente und Abschriften auf Verlangen vorzunehmen.

2. Voraussetzungen. Die Regelung betrifft nur die von der jeweiligen Behörde ausgestellten Urkunden, also **Eigenurkunden** (Rn 1a). Die Behörde soll die Fertigung und Beglaubigung elektronischer Dokumente und elektronischer Abschriften auf Verlangen des Bürgers vornehmen. Der Antrag kann auf die bloße Fertigung eines elektronischen Dokuments bzw. einer elektronischer Abschrift beschränkt werden, ohne dass eine Beglaubigung verlangt werden muss. Erforderlich ist ein **Antrag, der hinreichend bestimmt** sein muss. Weitere Anforderungen sind nicht vorgesehen, insbesondere ist keine schriftliche Antragstellung erforderlich. Die Geltendmachung eines besonderen **berechtigten Interesses ist nicht erforderlich.** Allenfalls bei erkennbar missbräuchlicher Antragstellung kann eine Ablehnung gerechtfertigt sein. 35

3. Inhalt des Anspruchs. Von selbst ausgestellten Urkunden muss die Behörde zum einen auf entsprechenden Antrag hin ein **elektronisches Dokument** nach Abs 4 Nr 4a) fertigen und beglaubigen, also ein Papierdokument in ein elektronisches Dokument umwandeln und nach Maßgabe von Abs 5 S 1 Nr 2 beglaubigen (Rn 29, 32). Zum anderen hat sie, soweit verlangt, **elektronische Abschriften** zu fertigen und zu beglaubigen. Dies betrifft zunächst den Fall des Abs 4 Nr 4b), mithin die Beglaubigung eines umformatierten, mit einer elektronischen Signatur verbundenen elektronischen Dokuments, das sodann zu vervielfältigen und unter Beachtung von Abs 5 S 1 Nr 2, S 2 zu beglaubigen (Rn 32) ist. Darüber hinaus dürfte aber auch ein Anspruch auf Fertigung und Beglaubigung von jeglicher in Form eines elektronischen Dokuments von der Behörde ausgestellter Urkunde umfasst sein. 36

4. Einschränkungen des Anspruchs. Die Vorschrift vermittelt als **Soll-Regelung** für den Regelfall einen gerichtlich durchsetzbaren Anspruch auf Herstellung und Beglaubigung. Der Anspruch besteht nur im Ausnahmefall nicht, also dann nicht, wenn die Behörde im Einzelfall aufgrund besonderer Gründe berechtigt ist, die Herstellung und Beglaubigung abzulehnen. Dies kann etwa wegen besonderer technischer Schwierigkeiten der Fall sein. Arbeitsüberlastung kann nur zu einer Verzögerung berechtigen. Im Übrigen trägt die Soll-Regelung insbesondere dem Umstand Rechnung, dass die erforderlichen technischen Voraussetzungen (noch) nicht bei allen Behörden vorliegen. 37

5. Kosten. Die Vorschrift regelt die Frage nicht, ob auch Kosten erhoben werden dürfen. Dies wird wie auch sonst bei Beglaubigungen aber nach den allgemeinen Gebührenvorschriften der Fall sein. Ein Anspruch auf kostenfreie Herstellung oder Beglaubigung besteht danach nicht. 38

§ 34 Beglaubigung von Unterschriften

(1) **Die von der Bundesregierung durch Rechtsverordnung bestimmten Behörden im Sinne des § 1 Abs. 1 Nr. 1 und die nach Landesrecht zuständigen Behörden sind befugt, Unterschriften zu beglaubigen, wenn das unterzeichnete Schriftstück zur Vorlage bei einer Behörde oder bei einer sonstigen Stelle, der auf Grund einer Rechtsvorschrift das unterzeichnete Schriftstück vorzulegen ist, benötigt wird.**[3] **Dies gilt nicht für**[6]

1. Unterschriften ohne zugehörigen Text,
2. Unterschriften, die der öffentlichen Beglaubigung (§ 129 des Bürgerlichen Gesetzbuchs) bedürfen.

(2) **Eine Unterschrift soll nur beglaubigt werden, wenn sie in Gegenwart des beglaubigenden Bediensteten vollzogen oder anerkannt wird.**[7]

(3) **Der Beglaubigungsvermerk ist unmittelbar bei der Unterschrift, die beglaubigt werden soll, anzubringen. Er muss enthalten**[8]

1. die Bestätigung, dass die Unterschrift echt ist,
2. die genaue Bezeichnung desjenigen, dessen Unterschrift beglaubigt wird, sowie die Angabe, ob sich der für die Beglaubigung zuständige Bedienstete Gewissheit über diese Person verschafft hat und ob die Unterschrift in seiner Gegenwart vollzogen oder anerkannt worden ist,
3. den Hinweis, dass die Beglaubigung nur zur Vorlage bei der angegebenen Behörde oder Stelle bestimmt ist,
4. den Ort und den Tag der Beglaubigung, die Unterschrift des für die Beglaubigung zuständigen Bediensteten und das Dienstsiegel.

(4) **Die Absätze 1 bis 3 gelten für die Beglaubigung von Handzeichen entsprechend.**[11]

(5) **Die Rechtsverordnungen nach Absatz 1 und 4 bedürfen nicht der Zustimmung des Bundesrates.**[12]

Parallelvorschriften: § 30 SGB X; §§ 39, 40 BeurKG

Schrifttum: S zu § 33.

Übersicht

I. Allgemeines

1 **1. Inhalt des § 34.** Die Vorschrift regelt die **amtliche Beglaubigung von Unterschriften** und Handzeichen in Schriftstücken, die zur Vorlage bei Behörden und diesen insoweit gleichgestellten Stellen (iS des Abs 1) bestimmt sind. Eine nach gesetzlichen Vorschriften erforderliche **öffentliche Beglaubigung** (§ 129 BGB, § 4 BeurkG) kann dadurch **nicht ersetzt** werden. Die Vorschrift entspricht weitgehend der für die Beglaubigung von Abschriften usw getroffenen Regelung in § 33, insoweit gelten die Ausführungen zu § 33 auch hier. Zur allgemeinen Befugnis der Behörden zur Beglaubigung von **Unterschriften in eigenen Schriftstücken** und für bei ihnen einzureichende Schriftstücke s unten Rn 5. In welchen Fällen eine Beglaubigung erforderlich ist, ergibt sich aus der Vorschrift nicht. Insoweit gelten die Anforderungen des jeweiligen Fachrechts.[1]

[1] Vgl zB OVG Saarlouis, B v 17.5.1993, 8 R 91/91 zum jagdrechtlichen Beglaubigungserfordernis. Zum internationalen Urkundenverkehr s Bindseil DBotZ 1992, 275.

2. Anwendungsbereich. Die Vorschrift gilt wie § 33 nur für amtliche Beglaubigungen von Unterschriften durch Behörden im Anwendungsbereich des VwVfG (vgl § 33 Rn 4 ff). Die Regelung erfasst nur die Beglaubigung für die in Abs 1 näher bezeichneten Zwecke der **Vorlage bei einer Behörde oder bei einer sonstigen Stelle.** Behörden idS sind nur Behörden gem § 1 (StBS 7). Unklar ist, was unter **sonstigen Stellen** zu verstehen ist. Im Hinblick auf die allgemeine Fassung des Begriffs sind darunter auch im Bereich des Privatrechts tätige Dienststellen von Verwaltungsträgern und „Dienststellen" privater Einrichtungen zu verstehen. Voraussetzung ist insoweit aber, anders als bei der Vorlage bei Behörden, dass eine durch eine Rechtsvorschrift begründete Verpflichtung zur Vorlage besteht (so auch StBS 10). In Betracht kommen, da anders eine Zuständigkeit des Bundes zur Regelung nicht begründet wäre, nur **Verpflichtungen kraft Bundesrechts** (str; **aA** Obermayer/Funke-Kaiser 11: auch aufgrund Landesrechts). 2

II. Befugnis zur amtlichen Beglaubigung (Abs 1 S 1)

1. Gesetzliche Beglaubigungsbefugnis. Abs 1 beschränkt die Befugnis zur Beglaubigung von Unterschriften auf bestimmte Behörden, die dafür ausdrücklich durch VO des Bundes oder durch Landesrecht für zuständig erklärt worden sind. Dadurch soll ua eine Überlastung anderer Behörden vermieden werden (Begr 56). Die unmittelbare Befugnis folgt gleichwohl aus Abs 1, da die Zuständigkeitsverordnung nur die Zuständigkeit regelt. Voraussetzung für die Beglaubigung ist, dass die Unterschrift sich auf einen Text beziehen kann. Die Beglaubigung von Blankounterschriften ist unzulässig (Abs 1 S 2 Nr 1). Zu Beglaubigungen durch **kirchliche Einrichtungen** bzw Behörden s Campenhausen/Christoph DVBl 1987, 984. 3

Verhältnis zur Beglaubigungsbefugnis nach § 33: Die gem § 33 Abs 1 zur Beglaubigung von Abschriften usw für zuständig erklärten Behörden sind nicht zugleich auch für die Beglaubigung von Unterschriften zuständig; vielmehr bedarf es gem Abs 1 einer ausdrücklichen Zuständigkeitsbestimmung auch für die Beglaubigung von Unterschriften; diese kann jedoch gemeinsam mit der Regelung nach § 33 Abs 1 getroffen werden. Im Übrigen gilt das zu § 33 Ausgeführte (s § 33 Rn 15 ff). Für den Bereich des Bundes ist die Zuständigkeitsbestimmung durch § 1 Nr 2 der VO zur Bestimmung der zu Beglaubigungen befugten Behörden v 3.1.1977 (BGBl I S. 52) erfolgt. Zuständig sind danach sämtliche Behörden des Bundes und der bundesunmittelbaren Körperschaften, Anstalten und Stiftungen. Zu den Zuständigkeitsregelungen in den Ländern s § 33 Rn 17. 4

2. Beglaubigungen für den eigenen Gebrauch. Zweifelhaft ist, ob sich aus der Regelung in Abs 1 ergibt, dass die nicht durch VO ermächtigten Behörden keinerlei Beglaubigungen durchführen dürfen, oder ob ihr Recht zur Beglaubigung für interne Zwecke unberührt bleiben sollte. Da § 33 und § 34 das Recht der amtlichen Beglaubigung nicht abschließend regeln (vgl MuE 131 f) und ein erhebliches praktisches Bedürfnis für die Zuständigkeit der Behörden in diesen Fällen besteht, ist über Abs 1 hinaus eine solche **Befugnis zu bejahen.**[2] Für die Beglaubigung von **Unterschriften in schriftlichen Ausfertigungen von VAen** ergibt sich die Zulässigkeit schon aus § 37 Abs 3 (s § 37 Rn 31). Im Einzelnen ist auch auf eine Beglaubigung in den genannten Fällen jedoch § 34 sinngemäß anzuwenden. 5

---

[2] Ebenso Obermayer/Funke-Kaiser 9; StBS 9; Knack/Henneke 9; vor § 33 Rn 3; vgl auch § 33 Rn 7; **aA** UL § 31 Rn 11 unter Hinweis auf das Fehlen einer dem § 33 Abs 1 S 1 entsprechenden Vorschrift in § 34 und auf das Erfordernis eines Vermerks gem § 34 Abs 3 S 2 Nr 3.

III. Beglaubigungsverbote (Abs 1 S 2)

6 Nach Abs 1 S 2 ist eine Beglaubigung in den in Nr 1 und 2 genannten Fällen schlechthin verboten und ausgeschlossen. Durch das Verbot einer Beglaubigung von Unterschriften ohne zugehörigen Text in Nr 1 **(Gebot des Textbezugs)** soll einem **Missbrauch** durch nachträgliche Einfügung eines Textes **vorgebeugt** werden. **Nr 2** verbietet die amtliche Beglaubigung wegen der damit verbundenen **Verwechslungsgefahr** in Fällen, in denen eine öffentliche Beglaubigung erforderlich ist. Die Regelung trägt dem Umstand Rechnung, dass die amtliche Beglaubigung eine durch Rechtsvorschrift vorgeschriebene öffentliche Beglaubigung nicht ersetzen kann. **Verstöße gegen Abs 1 S 2** haben die Unwirksamkeit der Beglaubigung zur Folge.

IV. Anwesenheitsgebot (Abs 2)

7 Nach Abs 2 soll eine Beglaubigung nur erfolgen, wenn sie in Gegenwart des beglaubigenden Bediensteten vollzogen oder anerkannt wird. Diese Regelung entspricht § 40 Abs 1 BeurkG. Sie soll sicherstellen, dass die Unterschrift tatsächlich von demjenigen geleistet wurde, für den sie beglaubigt wird. Durch die Fassung der Vorschrift als **Soll-Bestimmung** (vgl § 40 Rn 64) wird der Behörde jedoch die Möglichkeit gegeben, in Fällen, in denen insoweit jeder **Zweifel an der Echtheit der Unterschrift ausgeschlossen** ist, von diesem Erfordernis abzusehen (Knack/Henneke 14: wenn auch ein Missbrauch nicht zu befürchten ist; enger Obermayer/Funke-Kaiser 20; StBS 15). Dies muss dann jedoch gem Abs 3 Nr 2 im Beglaubigungsvermerk angegeben werden. Ein Verstoß gegen die Bestimmung des Abs 2 führt zur Unwirksamkeit der Beglaubigung (StBS 15).

V. Form der Beglaubigung (Abs 3)

8 **1. Inhalt des Beglaubigungsvermerks.** Die Regelung über den Beglaubigungsvermerk in Abs 3 entspricht weitgehend § 33 Abs 3; vgl dazu § 33 Rn 22 ff. Als genaue **Bezeichnung desjenigen, dessen Unterschrift beglaubigt wird,** ist iS von Abs 3 S 2 idR der Name, ggf aber auch der **Künstlername** oder eine andere Bezeichnung, die oftmals eine genauere Bezeichnung darstellt als der Name selbst, zu verstehen (Knack/Henneke 15). Der Hinweis gem Nr 3, dass die Beglaubigung nur zur Vorlage des Schriftstückes bei einer Behörde oder bei einer sonstigen Stelle erfolgt, erfordert **nicht notwendig eine genaue Bezeichnung der Behörde** oder anderen Stelle. Es genügt auch zB der allgemeine Hinweis, dass die Beglaubigung zur Vorlage bei einer Behörde, zB der Steuerbehörde, erfolgt. **Sonstige Stellen** sind alle nichtbehördlichen privaten oder öffentlichen Einrichtungen, denen auf Grund einer Rechtsvorschrift bestimmte Schriftstücke mit amtlich beglaubigter Unterschrift vorzulegen sind (MB 2; Knack/Henneke 16). Besteht das zu unterzeichnende Schriftstück aus **mehreren Blättern,** so sind diese fest miteinander zu vereinen und die Verbindungsstellen zu siegeln; insoweit gilt das Gleiche wie für aus mehreren Blättern bestehende zu beglaubigende Abschriften (vgl § 33 Rn 23).

9 Der Bundesminister des Innern hat mit Rundschreiben v 8.12.1976 (GMBl S. 684) für den Beglaubigungsvermerk folgendes **Muster** empfohlen, das durch Rundschreiben vom 1.10.2004 (GMBl 2005, 4) weiterentwickelt wurde:

„Die/Das vorstehende Unterschrift/Handzeichen ist von

....

(Vorname, Familienname, ggfs. Geburtsname)

wohnhaft in ....

(Ort, Straße und Hausnummer)

persönlich bekannt – ausgewiesen durch ....

....

(Personalausweis, Paß)

Vor mir vollzogen – anerkannt – worden.
Dies wird hiermit amtlich beglaubigt.
Die Beglaubigung wird nur zur Vorlage bei

....

(Behörde oder Stelle)

erteilt.

Berlin, den (Siegel) Bundesministerium des Innern
Im Auftrag

....

(Unterschrift)

2. Rechtsfolgen bei Verstößen. Verstöße gegen die formellen Erfordernisse für den Beglaubigungsvermerk gem Abs 3 haben die **Nichtigkeit** (Ungültigkeit) **der Beglaubigung** zur Folge; dies gilt insb auch für das Fehlen eines Hinweises gem Abs 3 Nr 4 auf die Behörde oder Stelle, bei der die Vorlage erfolgen soll (ebenso Knack/Henneke 19; **unklar** Obermayer/Funke-Kaiser 34), außerdem kommen uU Schadensersatzansprüche aus **Amtshaftung** in Betracht. 10

VI. Beglaubigung von Handzeichen (Abs 4)

Abs 4 stellt hins einer Beglaubigung **Handzeichen** (vgl § 126 BGB) den Unterschriften gleich. Die Vorschrift regelt nicht die Frage, wann ein Handzeichen (Kreuze, Striche, Initialen) anstelle einer Unterschrift ausreichend ist. Deshalb kommt es nach Abs 4 nicht darauf an, die Voraussetzungen für eine Unterzeichnung durch bloßes Handzeichen, etwa Schreibunkundigkeit, zu prüfen (ebenso StBS 19). 11

VII. Rechtsanwendung des Bundes (Abs 5)

Die Bestimmung des Abs 5, wonach die Rechtsverordnungen des Bundes über die für die Beglaubigung von Unterschriften zuständigen Behörden der Zustimmung des Bundesrats nicht bedürfen, war im Hinblick auf Art 80 Abs 2 GG für erforderlich gehalten worden. Sie **läuft gegenwärtig leer,** da die Rechtsverordnung sich auf Bundesbehörden beschränkt und die Bundesländer eigene Regelungen getroffen haben. 12

Teil III. Verwaltungsakt

Abschnitt 1. Zustandekommen des Verwaltungsaktes

§ 35 Begriff des Verwaltungsaktes

Verwaltungsakt[2] ist jede Verfügung, Entscheidung oder andere hoheitliche Maßnahme,[59] die eine Behörde[65] zur Regelung[88] eines Einzelfalls[118] auf dem Gebiet des öffentlichen Rechts[70] trifft und die auf unmittelbare Rechtswirkung nach außen[124] gerichtet ist. Allgemeinverfügung[157] ist ein Verwaltungsakt, der sich an einen nach allgemeinen Merkmalen bestimmten oder bestimmbaren Personenkreis[101] richtet oder die öffentlich-rechtliche Eigenschaft einer Sache[164] oder ihre Benutzung durch die Allgemeinheit betrifft.

Parallelvorschriften: § 31 SGB X; § 118 AO; § 23 EGGVG

Schrifttum allgemein: *Appel/Melchinger,* Rechtsanwendung und feststellender VA, VerwArch 1993, 349; *Axer,* VA unter Berichtigungsvorbehalt, DöV 2003, 271; *Bachof,* Verwaltungsakt und innerdienstliche Weisung, in: Laforet-FS 1952, 285; *Baczak,* Der gebundene VA unter Verhältnismäßigkeitsvorbehalt, VerwArch 2014, 142; *Brede,* Der VA mit Dauerwirkung, 1997; *Blunk/Schröder,* Rechtsschutz gegen Scheinverwaltungsakte, JuS 2005, 602; *Bryde,* Die Kontrolle von Schulnoten in verwaltungsrechtlicher Dogmatik und Praxis, DÖV 1981, 193; *Caspar,* Der fiktive VA, AöR 2000, 131; *Ehlers,* Existenz, Wirksamkeit und Bestandskraft von VAen, FS Erichsen, 2004, 1; *Emmerich-Fritsche,* Kritische Thesen zur Legaldefinition des VA, NVwZ 2006, 762; *Engert,* Die historische Entwicklung des Rechtsinstituts VA, 2002; *Erfmeyer,* Die Rechtsnatur „heimlicher" behördlicher Maßnahmen DÖV 1999, 719; *Felix,* Der VA mit Dauerwirkung – eine sinnvolle Kategorie des Allgemeinen Verwaltungsrechts?, NVwZ 2003, 385; *Fiedler,* Die materiell-rechtlichen Bestimmungen des VwVfG und die Systematik der verwaltungsrechtlichen Handlungsformen, AöR 1980, 79; *Heyle,* Die individuell-abstrakte Regelung des allgemeinen Verwaltungsrechts, NVwZ 2008, 390; *Hufen,* Verwaltungsprozessrecht: Rechtsschutz gegen Prüfungsentscheidungen, JuS 2013, 191; *Jäckel,* Keine Titelfunktion des Grundverwaltungsaktes hinsichtlich des Erlasses eines Vollziehungskostenbescheides, NVwZ 2014, 1625; *Jungkind,* Verwaltungsakte zwischen Hoheitsträgern, 2008; *Jutzi,* Droht die „Parzellierung" des öffentlich-rechtlichen Hausrechts?, LKRZ 2009, 16; *Kirchhof,* Der VA auf Zustimmung, DVBl 1985, 651; *Koehl,* Zur VA-Qualität von kommunalaufsichtlichen Widerspruchsbescheiden, BayVBl 2003, 331; *König,* Der feststellende VA, BayVBl 1987, 261; *Kopp,* Zum Rechtsschutz des Bürgers gegenüber innerdienstlichen Weisungen durch die Gerichte und im Verwaltungsverfahren, BayVBl 1976, 719; *Kracht,* Feststellender VA und konkretisierende Verfügung, 2002; *Krause,* Rechtsformen des Verwaltungshandelns, 1974; *Linhart,* Der Bescheid, 1994; *Löwer,* Die Zeugnisnote – ein VA, DVBl 1980, 952; *Manssen,* Privatrechtsgestaltung durch Hoheitsakt, 1994; *Michl/Roos,* Das öffentlich-rechtliche Hausverbot, LKRZ 2012, 50; *Mißling,* Das Hausverbot in öffentlichen Gebäuden, NdsVBl 2008, 267; *Morgenroth,* Bewertungen einzelner Prüfungsleistungen als VA, NVwZ 2014, 32; *Müller-Franken,* Der VA-Begriff der VwGO beim Handeln von Landes- und Kommunalbehörden, VerwArch 1999, 552; *Peine,* Sonderformen des VA, JA 2004, 417; *Pöcker,* Das Verfahrensrecht wirtschaftsverwaltungsrechtlicher Verteilungsentscheidungen – Der einheitliche Verteilungs-VA, DÖV 2003, 193; *Robbers,* Schlichtes Verwaltungshandeln, DÖV 1987, 272; *Röben,* Funktionen des VA: Vom Gesetzesvollzug zur Gestal-tung, VerwArch 2008, 46; *Roth,* der verwaltungsgerichtliche Organstreit, 2001; *Sanden,* Der vorsorgliche VA, DÖV 2006, 811; *Schenke,* Formeller oder materieller VA-Begriff, NVwZ 1990, 1009; *Schmidt-Aßmann,* Die Lehre von den Rechtsformen des Verwaltungshandelns, DVBl 1989, 533; *Schmidt-De Caluwe,* Die Wirksamkeit des VA, VerwArch 1999, 48; *Schönrock,* Rechtsqualität von Auswahlentscheidungen im Stellenbesetzungsverfahren, ZBR 2013, 26; *M. Schröder,* Verlängerungs-VA und ÄnderungsVA, NVwZ 2007, 532; *Schoch,* Die behördliche Befugnis zum Handeln durch VA, Jura 2010, 670; *Schwerdtner,* Die Weisung – Innerdienstlicher Rechtsakt oder anfechtbarer VA?, VBlBW 1996, 209; *Steinweg,* Zeitlicher Regelungsgehalt des VA, 2006; *Stelkens,* Verpflichtung zur Duldung – Notwendigkeit einer Duldungsanordnung?, NuR 1983, 261; *Tanneberg,* Die Zweistufentheorie, 2010; *Ule,* Probleme des verwaltungsgerichtlichen Rechtsschutzes im besonderen Gewaltverhältnis, VVDStRL 1957, 133; *Voßkuhle,* Der relative VA – eine unzulässige Handlungsform, SächsVBl 1995, 54; *Waldhoff,* Allgemeines Verwaltungsrecht, Kommunalrecht: Verwaltungsakt, kommunale Organisationshoheit und Privatisierung, JuS 2012, 479; *Wehr,* Der VA mit Dauerwirkung, BayVBl 2007, 385; *Widmann,* Abgrenzung zwischen VA und Realakt, Diss 1996; *Winkler,* Normenumschaltende VAe, DVBl 2003, 1490.

Zu polizeilichen Maßnahmen, Vollstreckungsmaßnahmen: *Deger,* Platzverweise und Betretungsverbote gegen Mitglieder der Drogenszene und anderer offener Szenen, VBlBW 1996,90; *Enders,* Der vollzogene Grund-VA als Gegenstand der Vollstreckungsabwehr neben dem Leistungsbescheid, NVwZ 2000, 1232; *Felix/Schmitz,* Die unmittelbare Ausführung von Gefahrenabwehrmaßnahmen, NordÖR 2003, 133; *Finger,* Polizeiliche Standardmaßnahmen und ihre Durchsetzung, JuS 2005, 116; *Lambiris,* Klassische Standardbefugnisse im Polizeirecht, 2002; *Lisken/Denninger,* Handbuch des Polizeirechts, 3. Aufl 2001; *Köhler,* Die unmittelbare Ausführung einer vollzugspolizeilichen Maßnahme, BayVBl 1999, 582; *Pietzner,* Unmittelbare Ausführung als fiktiver VA, VerwArch 1991, 291; Peglau, *Poscher,* VA und Verwaltungsrecht in der Vollstreckung, VerwArch 1998, 111; *Poscher/Rusteberg,* Die Klausur im Polizeirecht, JuS 2012, 26; *Rasch,* Der Realakt insb im Polizeirecht, DVBl 1992, 207; *Schenke,* Die Rechtsnatur einer erkennungsdienstlichen Maßnahme nach § 81b 2. Alt. StPO, JZ 2006, 707; *Selmer/Gersdorff,* Verwaltungsvollstreckungsverfahren, 1996; *Szechenyi,* Das Verhältnis zwischen Grundverwaltungsakt, Zwangsmittelandrohung und Kostenentscheidung am Beispiel der Erledigung und des vorläufigen Rechtsschutzes, BayVBl 2013, 9.

Zum vorläufigen VA: *Axer,* VA unter Berichtigungsvorbehalt, DÖV 2003, 271; *Beaucamp,* Zur Notwendigkeit vorläufiger VAe, JA 2010, 247; *Brüning,* Berichtigung „Vorläufiger VAe" DVBl 2002, 1650; *Di Fabio,* Vorläufiger VA bei ungewissem Sachverhalt, DÖV 1991, 629; *Ehlers,* Rechtsfragen des Subventionsrechts, DVBl 2014, 1; *Eschenbach,* Der vorläufige VA – praxistaugliche Neuschöpfung oder Fortbildung praeter legem?, DVBl 2002, 1247; *Heimpel,* Der Bauvorbescheid, 2012; *Kemper,* Der vorläufige VA, 1990; *Koch,* Vorläufige VAe im Gaststättenrecht, GewArch 1992, 374; *F. J. Kopp,* Vorläufiges Verwaltungsverfahren und vorläufiger Verwaltungsakt, 1992; *Losch,* Der vorsorgliche VA, NVwZ 1995, 235; *Martens,* Vorläufige Regelungen durch VA, DÖV 1987, 992; *Peine,* Der vorläufige VA, DÖV 1986, 849; *Rennert,* Regelungen unter Vorbehalt im Subventionsrecht, in: Fenzel/Kluth/Rennert, Neue Entwicklungen im Verwaltungsverfahrens- und prozessrecht im Jahre 2010, 79; *Sanden,* Der vorläufige VA, DÖV 2006, 811; *Schimmelpfennig,* Vorläufige VAe, 1989; *Schmehl,* Der Regelungsgehalt des vorläufigen VA, VR 1998, 373; *Schmidt-de Caluwe,* Vorläufige VAe im Arbeitsförderungsrecht, NZS 2001, 240; *U. Schröder,* Der vorläufige VA, JURA 2010, 255.

Zur Allgemeinverfügung: *Beaucamp,* Verwaltungsrechtliche Fragen rund um das Verkehrszeichen, JA 2008, 612; *Fluck,* Die Sachgenehmigung, DVBl 1999, 496; *ders,* Die Zulassungsbedürftigkeit von Pflanzenschutzmittel-Importen im deutschen und europäischen Recht; NuR 1999, 86; *Gornig,* Die sachbezogene hoheitliche Maßnahme, 1985; *Laubinger,* Das „Endiviensalat-Urteil" – eine Fehlentscheidung? Zum Begriff der Allgemeinverfügung iSv § 35 Satz 2 VwVfG, FS Rudolf, 2001, 305; *Kämper,* Die Festsetzung der Luftraumstruktur über der BRD, ZLW 2013, 599; *Maurer,* Wasserrecht, Allgemeinverfügung und Rechtsverordnung, VBlBW 1987, 361; *Niehues,* Das Dilemma der Regelung des Einzelfalles nach dem VwVfG, NJW 1980, 2386; *Ramsauer,* Abgrenzung von Allgemeinverfügung und Rechtsverordnung, Juridica 2014, 69; *Rebler,* Das Verkehrszeichen – ein Grenzgänger des Verwaltungsrechts, DRiZ 2008, 210; *Schäfer,* Benutzungsregelung gemeindlicher öffentlicher Einrichtungen auf der Grundlage des § 35 S 2 3. Altern VwVfG, 1986, zugl Diss Göttingen; *Schoch,* Die Allgemeinverfügung (§ 35 Satz 2 VwVfG), Jura 2012, 26; *U. Stelkens,* Das Recht der öffentlichen Sachen, Vw 2013, 493; *Strohs,* Abwehr alkoholbedingter Gefahren, 2013; *Wandschneider,* Die Allgemeinverfügung in Rechtsdogmatik und Rechtspraxis, 2009; *Weidemann/Barthel,* Rechtsschutz gegen Verkehrszeichen, JA 2014, 115; *Zimmer,* Das mißverstandene Verkehrszeichen, DÖV 1980, 116.

Zum VA im Unionsrecht; transnationaler VA: *Becker,* Der transnationale VA, DVBl 2001, 855; *K. Bieback,* Zertifizierung und Akkreditierung, 2008; *Burbaum,* Rechtsschutz gegen transnationales Verwaltungshandeln, 2003; *Dünchheim,* Verwaltungsrechtsschutz gegen sog „transnationale VAe" und transnationales Verwaltungshandeln, DVP 2004, 22; *Glaser,* Die Entwicklung des Europäischen Verwaltungsrechts aus der Perspektive der Handlungsformenlehre, 2013; *Iwand,* Föderale Kompetenzverschiebungen beim Vollzug von

Gemeinschaftsrecht, 2008; *Kment,* Grenzüberschreitendes Verwaltungshandeln, 2010; *Linke,* Europäisches Internationales Verwaltungsrecht, 2001; *Michaels,* Anerkennungspflichten im Wirtschaftsverwaltungsrecht der Europäischen Gemeinschaften und der Bundesrepublik Deutschland, 2004; *Kahl,* Der Europäische Verwaltungsverbund – Strukturen – Typen – Phänomene, Staat 2011, 352; *Kemper,* Der transnationale VA im Kulturgüterschutz, NuR 2012, 751; *S. Koch,* Die grenzüberschreitende Wirkung von nationalen Genehmigungen für umweltbeeinträchtigende industrielle Anlagen, 2010; *Koehl,* Europäischer Führerscheintourismus: Eine aktuelle Bestandsaufnahme, NZV 2015, 7; *Lehr,* Staatliche Lenkung durch Handlungsformen, 2010; *D. Rabe,* Der „Verwaltungsakt" nach deutschem und nach spanischem Recht, 2012; *Ruffert,* Der transnationale VA, Vw 2001, 453; *ders,* Überlegungen zu den Rechtsformen des Verwaltungshandelns im europäisierten Verwaltungsrecht, FS Krause, 2006, 215; *Schroeder,* Bindungswirkungen von Entscheidungen nach Art 249 EG im Vergleich zu denen von VA nach deutschem Recht, 2006; *Vogt,* Die Entscheidung als Handlungsform des Europäischen Gemeinschaftsrechts, 2005.

Übersicht

I. Allgemeines

1 **1. Bedeutung der Vorschrift.** Die Vorschrift enthält eine **Definition des VA-Begriffs,** die bei Anwendung des VwVfG zugrunde zu legen ist. Wenn also in den §§ 36 ff von einem VA die Rede ist, gilt die hier gegebene Definition. Darüber hinaus bestimmt die Definition mittelbar den Anwendungsbereich eines wesentlichen Teils des VwVfG, da die §§ 9 ff nur anwendbar sind auf Verwaltungsverfahren, die sich auf den Erlass eines VA oder auf den Abschluss eines öffentlich-rechtlichen Vertrages (§ 54) richten. Schließlich ist die Vorschrift zentrales Element der Handlungsformenlehre im Verwaltungsrecht, weil sich die übrigen Handlungsformen in Abgrenzung zu den Begriffsmerkmalen des VA entwickelt haben und bestimmen lassen (s unten Rn 36).

2 **a) Einheitlicher VA-Begriff.** Die Begriffsmerkmale des § 35 gelten bundeseinheitlich. Die Verwaltungsverfahrensgesetze der Länder enthalten gleich lautende Definitionen. Soweit sonstige Rechtsvorschriften den Begriff des VA bzw synonyme Begriffe wie Anordnung, Verfügung usw verwenden, ohne dafür nähere Definitionen zu geben, legen sie den VA-Begriff dieser Vorschrift zugrunde. Das gilt auch im Hinblick auf ältere Gesetze wie etwa die VwGO. Im Hinblick darauf, dass dem Begriff des VA gem §§ 42, 68 ff, 113 VwGO wesentliche Bedeutung als Anknüpfungspunkt für das verwaltungsgerichtliche Verfahren nach der VwGO zukommt, sowie darauf, dass durch die Aufnahme einer Legaldefinition in das VwVfG und in die Verfahrensgesetze der Länder kein neuer, abweichender Begriff des VA geschaffen werden sollte (MuE 135 f; Begr 56), ist im Zweifel davon auszugehen, dass der **Begriff des VA in allen Gesetzen im selben Sinn zu verstehen** ist.[1] Wenn in Bestimmungen des Bundes oder der Länder von VAen die Rede ist, sind deshalb grundsätzlich Maßnahmen gemeint, die die Begriffsmerkmale des § 35 erfüllen.

3 **b) Formeller und materieller VA-Begriff.** In § 35 wird der VA-Begriff materiell durch bestimmte Merkmale definiert (s näher unten Rn 51 ff). Der Vorschrift liegt damit ein **materieller VA-Begriff** zugrunde. Das bedeutet, dass eine bestimmte Verwaltungsmaßnahme unabhängig von ihrer Bezeichnung als VA behandelt werden muss, wenn sie die Merkmale erfüllt, und dass umgekehrt ein VA nicht schon deshalb vorliegt, weil er als solcher bezeichnet wird

[1] Vgl Vogel BayVBl 1977, 619; Wendt JA 1980, 29; Bley DOK 1978, 806; StBS 11.

(s aber unten Rn 3a). Die Maßgeblichkeit der materiellen Kriterien gilt aber nicht uneingeschränkt. Spezialgesetzlich können **abweichende Regelungen** getroffen werden. Die Gesetzgeber in Bund und Ländern sind nicht gehindert, auch solche Maßnahmen als VA zu bezeichnen und den für VAe geltenden Regelungen zu unterwerfen, die nach den materiellen Kriterien eigentlich keine VAe sein können und umgekehrt Verwaltungshandlungen, die die materiellen VA-Kriterien erfüllen, nicht als VAe zu bezeichnen und damit vom VA-Regime auszunehmen.[2] Da das VwVfG nur subsidiär gilt, sind gesetzliche Spezialregelungen zum VA-Begriff ohne weiteres zulässig.

3a **Setzt die Verwaltung den Anschein eines VA,** so kann die Maßnahme damit zwar nicht zu einem VA werden, wohl aber im Hinblick auf die Anfechtbarkeit durch den Betroffenen wie ein VA behandelt werden. Dies gilt etwa für den Fall einer (unzutreffenden) **Bezeichnung einer Maßnahme als VA,**[3] sowie für solche Maßnahmen, die zwar nicht explizit als VAe bezeichnet sind, aber implizit mit den typischen formellen Eigenschaften eines VA ausgestattet sind (zB Formulierung, Androhung von Verwaltungszwang, Rechtsmittelbelehrung usw). Das gilt auch für Maßnahmen, die nicht von einer Verwaltungsbehörde, sondern in ihrem Auftrag und unter ihrem Briefkopf von einem (gesetzlich nicht ermächtigten) **privaten Geschäftsbesorger** erstellt und versandt werden.[4] In diesen Fällen reicht die formale Qualifikation und Zurechenbarkeit aus, um das Bedürfnis nach Rechtsschutz auszulösen und insoweit eine Anfechtbarkeit anzunehmen, auch wenn dadurch der Behörde gewissermaßen die Möglichkeit zugestanden wird, Einfluss auf den zu wählenden Rechtsbehelf zu nehmen.[5]

4 **c) Rechtsfolgen der Qualifizierung als VA.** Die Vorschrift selbst beschränkt sich auf die Bestimmung der materiellen Kriterien eines VA. Die Rechtsfolgen dieser Einordnung ergeben sich daraus, dass viele andere Vorschriften an den VA-Begriff anknüpfen. Ob eine Maßnahme VA-Qualität hat, ist nicht nur für das **maßgebliche Verfahren** für den Erlass (§§ 9 ff) und die **Voraussetzungen des verwaltungsgerichtlichen Rechtsschutzes** (§§ 42, 68, 113 VwGO) von Bedeutung, sondern darüber hinaus für eine Fülle von Fragen des materiellen Rechts, so etwa für die Wirksamkeit (§ 43), die Bestandskraft, Abänderbarkeit (§§ 48 ff), Vollstreckbarkeit (§§ 6 ff VwVG), Anfechtbarkeit usw. Da die Wirksamkeit des VA grundsätzlich nicht davon abhängig ist, ob er dem materiellen Recht entspricht, weil idR **auch der rechtswidrige VA wirksam** ist (s näher § 43 Rn 3a), gestaltet ein VA dem Adressaten und den sonstigen Betroffenen gegenüber die materielle Rechtslage (s auch unten Rn 9). Deshalb spricht man auch von einem **Akt singulärer Rechtsetzung.** In seiner Wirksamkeit und der damit gegebenen Verbindlichkeit unabhängig vom materiellen Recht liegt die wesentliche Bedeutung des VA, die ihn von den übrigen Handlungsformen unterscheidet.

5 **2. Historische Entwicklung des VA-Begriffs.** Der VA ist als Rechtsfigur in der verwaltungsrechtlichen Dogmatik gleichsam **induktiv aus der Verallgemeinerung typischer Merkmale** von Verfügungen, insbesondere des Polizei- und

---

[2] Dies ist zB mit der Einordnung von Bebauungsplänen als Satzungen in § 10 Abs 1 BauGB (Vgl Schenke NVwZ 1990, 1009, 1012) und mit der Festlegung von Flugrouten nach § 27a Abs 2 LuftVO als RVO (Vgl Sydow/Fiedler DVBl 2006, 1420, 1423) geschehen. In diesen Zusammenhang gehört auch die Ersetzung behördlicher Entscheidungen durch Parlamentsentscheidung – Südumfahrung Stendal (BVerfGE 95, 1; StBS § 9 Rn 95).

[3] FKS 6, StBS 16 mwN.

[4] BVerwG DVBl 2012, 49 für den Fall eines von einer GmbGH in Eigenregie erstellten Gebührenbescheides, der zwar den zuständigen Zweckverband als Erlassbehörde ausweist, aber (auftragsgemäß) vollständig durch die GmbH erarbeitet und erlassen wurde; s a HessLSG MDR 1986, 790 für die Eröffnung des Sozialgerichtswegs im Falle eines Schreibens, mit dem eine privatrechtliche Vereinigung den Rechtsschein eines VA gesetzt hatte.

[5] **AA** VG Wiesbaden NVwZ-RR 2007, 613.

Ordnungsrechts, entstanden. Deshalb haftet dem VA-Begriff nach wie vor eine gewisse Unschärfe an, und zwar sowohl was seine intentionalen Grundstrukturen anlangt, als auch im Hinblick auf den Bereich der begrifflich erfassten Hoheitsakte (s dazu Emmerich-Fritsche NVwZ 2006, 762). Die damit gegebene Flexibilität zeigt sich daran, dass bestimmte Verwaltungshandlungen anders als früher nicht mehr als VAe angesehen werden[6] und dass sich neu entstehende Handlungsweisen in das System der Handlungsformen sachgerecht einordnen lassen.

a) Klassische Definition. Eine der ersten klassischen Definitionen des VA stammt von O. Mayer.[7] Danach ist der VA ein „der Verwaltung zugehöriger Ausspruch, der dem Unterthanen gegenüber im Einzelfall bestimmt, was für ihn Rechtens sein soll" (Deutsches Verwaltungsrecht Bd I, 1. Aufl 1895, 95). Danach enthält der VA einen verbindlichen singulären Rechtssatz, der entweder ein **Gebot, ein Verbot, eine Erlaubnis** oder die **verbindliche Feststellung** von Eigenschaften, Rechten oder Rechtsstellungen usw enthält. Das Vorbild ist die klassische Polizeiverfügung, mit der durch Anordnungen die öffentliche Sicherheit und Ordnung aufrecht erhalten oder durch die Erteilung bzw Versagung von Genehmigungen ein genehmigungsbedürftiges Verhalten geregelt wird. 6

b) Erweiterung des VA-Begriffs aus Gründen des Rechtsschutzes. 7
Während die Rechtsprechung lange Zeit von dem Bemühen geprägt war, durch eine Ausdehnung des VA-Begriffs auch den Rechtsschutz möglichst weit zu ziehen,[8] spielt diese Überlegung heute keine maßgebliche Rolle mehr, weil Schutz gegen Rechtsbeeinträchtigungen unabhängig von der Handlungsform der Verwaltung garantiert wird (Art 19 Abs 4 GG). Die VA-Qualität einer Maßnahme spielt nur noch für die Art und Weise des Rechtsschutzes, insbesondere für die Klagearten und den vorläufigen Rechtsschutz eine Rolle[9] (s insoweit vor allem die Rspr zu Maßnahmen in Sonderstatusverhältnissen unten Rn 135 ff).

c) Rückkehr zum engen VA-Begriff. Der Sache nach ist die Definition bis heute unverändert geblieben, auch wenn § 35 für die Definition andere Begriffe verwendet und die Dogmatik des VA-Begriffs in Randbereichen weiterentwickelt wurde. § 25 Abs 1 MRVO 165 enthielt zwar eine präziser formulierte, sachlich aber nicht abweichende Definition. Die VwGO verzichtete auf eine eigene Begriffsbestimmung, auch um Raum für eine Weiterentwicklung des Begriffs zu lassen. Das VwVfG übernahm den überkommenen Begriff im Wesentlichen so, wie er seinerzeit vorgefunden wurde und präzisierte lediglich den Begriff der Allgemeinverfügung in § 35 S 2, ohne insoweit allerdings Klarheit zu bringen (s Rn 158 ff). Der Gesetzgeber des VwVfG hat mit den Begriffsmerkmalen des VA in § 35 die zuvor bereits in Rspr und Schrifttum zu §§ 42, 113 VwGO entwickelten Kriterien lediglich aufnehmen und positivieren wollen. Die Entwicklung ist indessen dabei nicht stehen geblieben. Da die VwGO heute in § 40 Abs 1 Rechtsschutz unabhängig von der Form des Verwaltungshandelns eröffnet, konnte manche Erweiterung des VA-Begriffs, die lediglich das Ziel verfolgte, angemessenen Rechtsschutz zu eröffnen, wieder zurückgenommen werden[10] (vgl Rn 42 ff). 8

3. Funktionen des VA. Mit dem Begriff des VA werden Maßnahmen zusammengefasst, die im Rahmen des Gesetzesvollzugs und der Erledigung von Verwaltungsaufgaben bestimmte Zwecke bzw Funktionen erfüllen.[11] Dabei wird unterschieden zwischen der sog Konkretisierungs- und Umsetzungsfunktion, zT auch als 9

[6] So etwa Realakte im Polizeirecht, s Rn 45.

[7] Näher Schmidt-de Caluwe, Der VA in der Lehre Otto Mayers, 1999.

[8] Vgl zB BVerwGE 26, 161, 164 (Schwabinger Krawalle); Zur Entwicklung: Engert, Die historische Entwicklung des Rechtsinstituts Verwaltungsakt, 2002, S 170.

[9] Erichsen/Ehlers § 21 Rn 4; Maurer § 9 Rn 38.

[10] Schmidt-Aßmann/Hoffman-Riem, Grundlagen § 35 Rn 13.

[11] Vgl etwa Koch/Rubel/Heselhaus, § 3 Rn 10 ff.

Individualisierungsfunktion bezeichnet (StBS 31), der Titel- und Vollstreckungsfunktion und der verfahrensrechtlichen bzw Rechtsschutzfunktion. Teilweise wird zusätzlich die Gestaltungsfunktion des VA hervorgehoben. Nicht alle dieser Funktionen kommen bei jedem VA zum Zuge. So fehlt etwa einem feststellenden VA die Titel- und Vollstreckungsfunktion, weil er keinen vollstreckbaren Inhalt hat (s Rn 92f). Im Zentrum der Funktionszuschreibungen steht die **Verbindlichkeit aufgrund hoheitlichen Geltungsanspruchs.** Die Behörde muss in dem VA für den Adressaten zum Ausdruck bringen, dass sie seine Rechte bzw seine Rechtsposition verbindlich regeln will. In diesem Sinne handelt es sich bei dem VA auch um eine hoheitliche Willenserklärung, die allerdings wegen ihres einseitig hoheitlichen Charakters besser als Bewirkungserklärung bezeichnet werden sollte.

10 **a) Konkretisierungs- und Umsetzungsfunktion.** Der VA ist das klassische Instrument zum Gesetzesvollzug, also zur Umsetzung allgemeiner Rechtsnormen durch einen Rechtsbefehl im Einzelfall. Die Verwaltung vollzieht Gesetz und Recht, indem sie dem einzelnen Bürger gegenüber diejenigen Rechte und Pflichten festsetzt, die sich für ihn aus den jeweils maßgeblichen Rechtsnormen ergeben. Ob sie dabei von Amts wegen oder auf Antrag tätig werden darf oder muss (vgl § 22), spielt dabei keine Rolle. Um **Vollzugsakte** in diesem Sinne handelt es sich nicht nur dann, wenn die Behörde eine **Ermessensentscheidung** treffen muss, also im Falle einer eigenverantwortlichen Gestaltungsentscheidung, sondern auch bei **gesetzeskonkretisierenden Vollziehungsverfügungen** von Behörden, dh Gebots- oder Verbotsverfügungen und ähnlichen Verfügungen, die ein schon in einer Rechtsnorm enthaltenes Gebot oder Verbot für den Einzelfall konkretisieren und dadurch nicht nur die Voraussetzungen für die Vollstreckbarkeit herstellen (s unten Rn 11), sondern auch die für den konkreten Fall geltende Rechtslage in verbindlicher Weise feststellen und dem Betroffenen den Einwand, dass er nicht verpflichtet sei, abschneiden.[12]

11 **b) Titelfunktion, Vollstreckungsfunktion.** Soweit ein VA einen vollstreckbaren Inhalt hat, ist er nach den Regeln der Verwaltungsvollstreckungsgesetze des Bundes und der Länder ohne vorherige Bestätigung durch eine gerichtliche Entscheidung vollstreckbar. Die Verwaltung kann sich durch Erlass eines VA also ihren Vollstreckungstitel selbst schaffen, um das materielle Recht im Einzelfall wirksam durchzusetzen. Wird zB eine Gaststätte ohne die nach § 2 GastG erforderliche Genehmigung betrieben, so ist dies rechtswidrig und nach § 28 Abs 1 Nr 1 GastG sogar ordnungswidrig. Es können deshalb Bußgelder verhängt werden. Um die Fortführung des Betriebs zu verhindern, muss aber zunächst eine Untersagungsverfügung nach § 15 Abs 2 GewO ergehen. Erst dieser VA kann **Grundlage für eine Verwaltungsvollstreckung** sein. Ähnliches gilt, wenn ein Bürger einen Abgabentatbestand verwirklicht. Zumeist setzt die Leistungspflicht des Bürgers einen Abgabenbescheid voraus. Erst mit dem Erlass eines solchen VA entsteht die Zahlungspflicht; zugleich verschafft sich die Behörde die Möglichkeit, die Abgabenforderung durchzusetzen und zu vollstrecken.

12 **Voraussetzung der Vollstreckbarkeit** ist allerdings grundsätzlich, dass der VA unanfechtbar oder sofort vollziehbar ist (vgl § 6 VwVG). Die **Unanfechtbarkeit**

---

[12] Vgl BVerwGE 78, 7; BVerwG DVBl 1990, 540 und 583; Buchh 442.03 § 18 StVZO Nr 1; 442.03 § 52 GüKG Nr 1; 451.20 § 14 GewO Nr 2; GewArch 1991, 68: Vollziehungsverfügung zur Erzwingung der Anmeldung des Gewerbes gem § 14 GewO; VGH München DVBl 1992, 1608; BayVBl 1989, 753; DÖV 1982, 251; VGH Mannheim NVwZ 1985, 493; OVG Münster NJW 1987, 1934; Mußmann GewArch 1986, 126; Kopp GewArch 1986, 41. **Beispiele** hierfür sind die Entscheidung der Behörde, dass eine vom Bürgen aufgrund öffentlichen Rechts gestellte Kaution verfallen ist (BVerwGE 82, 278); die Aufforderung zur Abgabe einer Steuererklärung, zu deren Abgabe der Betroffene bereits aufgrund Gesetzes verpflichtet ist (Jäckle NJW 1984, 2132), sowie die Aufforderung, der Meldepflicht nachzukommen (vgl OVG Münster NVwZ 1990, 181).

setzt voraus, dass der VA mit regulären Rechtsbehelfen (Widerspruch, Klage) nicht mehr angefochten werden kann (s näher § 43 Rn 7 f). Die **sofortige Vollziehbarkeit** (auch sofortige Vollziehung) kann gem § 80 Abs 2 Nr 1–3 VwGO in bestimmten Fällen kraft Gesetzes eintreten, gem § 80 Abs 2 Nr 4 VwGO bei besonderer Dringlichkeit aber auch von der Behörde selbst angeordnet werden. Der Betroffene hat demgegenüber die Möglichkeit, durch Anträge nach § 80 Abs 4, 5 VwGO zu erreichen, dass die **aufschiebende Wirkung** von Widerspruch und Klage angeordnet bzw wiederhergestellt wird. Im Übrigen, also soweit ein Sofortvollzug weder durch Gesetz noch durch die Behörde besonders angeordnet ist, kann der Betroffene durch die bloße Erhebung des Widerspruchs bzw der Klage die Wirkung des VA suspendieren (§ 80 Abs 1 VwGO) und dadurch eine Vollstreckung oder sonstige Durchsetzung bis zu einer abschließenden Entscheidung darüber verhindern.

c) Verfahrensfunktion, Rechtsschutzfunktion. Da das VwVfG jedenfalls unmittelbar nur auf Verwaltungsverfahren anwendbar ist, die auf den Erlass von VAen gerichtet sind (von den Verfahren auf Abschluss öffentlich-rechtlicher Verträge abgesehen), wird mit der Qualifizierung der Maßnahme als VA auch über das Bestehen der verfahrensrechtlichen Rechte und Garantien nach den §§ 9 ff entschieden. Ähnliches gilt auch für den verwaltungsgerichtlichen Rechtsschutz: Zwar ist heute gem § 40 Abs 1 VwGO die Gewährung von verwaltungsgerichtlichem Rechtsschutz als solchem nicht mehr davon abhängig, ob sich der Bürger gegen einen VA wendet oder einen VA erstrebt. Für Klage- und Antragsverfahren, die sich gegen einen VA oder auf Erlass eines VA richten, gelten aber vielfältige Besonderheiten (zB der Suspensiveffekt des §§ 80, 80a VwGO, das Erfordernis des Vorverfahrens gem §§ 68 ff VwGO, Vollstreckung von Urteilen in Anfechtungs- und Verpflichtungssachen gem §§ 170 ff VwGO). Kein Unterschied besteht nach heute hM mehr hinsichtlich des Erfordernisses einer **Klagebefugnis** (§ 42 Abs 2 VwGO), nachdem die hM nunmehr § 42 Abs 2 VwGO auch auf die allgemeine Leistungsklage und die Feststellungsklage entsprechend anwendet.[13] 13

4. Formelle Rechtmäßigkeitsvoraussetzungen. Das VwVfG regelt die Voraussetzungen für den Erlass von VAen von einigen Ausnahmen abgesehen[14] nur in verfahrensrechtlicher Hinsicht und auch insoweit nur unvollständig und nur subsidiär für den Fall, dass das Fachrecht keine vorrangigen Bestimmungen trifft. Die materiellen Anforderungen an die Rechtmäßigkeit ergeben sich aus dem Fachrecht und dem höherrangigen Recht, insbesondere dem Verfassungsrecht und dem Europarecht. Die formellen Anforderungen an den Erlass eines VA ergeben sich aus den Regelungen über die **Zuständigkeiten, das Verfahren und die Form.** Auch insoweit sind Regelungen wegen der Subsidiarität des allgemeinen Verwaltungsverfahrensrechts (§ 1 Abs 1) zunächst im maßgeblichen Fachrecht zu suchen, also in denjenigen Rechtsvorschriften, auf die sich der VA stützt. Soweit das Fachrecht keine Regelungen enthält, sind das VwVfG bzw die entsprechenden Verfahrensgesetze der Länder einschlägig. 14

a) Zuständigkeiten. Die Rechtmäßigkeit eines VA setzt voraus, dass er von der zuständigen Behörde erlassen worden ist. Zu unterscheiden sind die sachliche, die örtliche und die instanzielle Zuständigkeit. Die Verbandskompetenz stellt keine Zuständigkeitskategorie im Rechtssinne dar (Rn 15a). Die **sachliche Zuständigkeit** bezeichnet die Verwaltungsaufgaben, die einer Behörde zur regelmäßigen Erledigung durch Rechtsvorschrift, teilweise auch durch Verwaltungsanordnung[15] 15

---

[13] Vgl Kopp/Schenke § 42 Rn 62 ff; krit Ramsauer, Assessorprüfung 16.06a; 18.05.

[14] Materiellrechtliche Bestimmungen (sog annexe Regelungen) enthalten zB §§ 37, 43, 48, 49.

[15] Eine Verwaltungsvorschrift reicht aus, wenn und soweit es sich um die Regelung sachlicher Zuständigkeiten von Behörden desselben Rechtsträgers handelt; s zB die Zuständigkeitsanordnungen des Senats der Freien und Hansestadt Hamburg.

zugewiesen worden sind.[16] Dabei geht es nicht um die Binnenzuständigkeiten, also die Arbeitsaufteilung innerhalb der Behörde auf Abteilungen oder Dezernate, sondern um die Zuständigkeit der Behörde als solcher. Bei der **örtlichen Zuständigkeit** geht es um die Frage, für welchen räumlich abgrenzbaren Bereich eine Behörde die in ihrer sachlichen Zuständigkeit befindlichen Aufgaben wahrzunehmen hat. Sie ist in § 3 für den Fall geregelt, dass das Fachrecht keine speziellen bereichsspezifischen Regelungen enthält. Die **instanzielle Zuständigkeit** betrifft die Frage, welche Behörde in einem hierarchisch gegliederten Verwaltungsaufbau die Aufgabe (zunächst) zu erledigen hat. Regelmäßig ist die unterste Verwaltungsbehörde instanziell zuständig,[17] soweit nicht etwas anderes besonders geregelt ist, oder eine übergeordnete Behörde von einem ihr besonders eingeräumten **Evokationsrecht**[18] Gebrauch macht und die Sache im Rahmen dieser Befugnis an sich zieht.

15a Bei der **Verbandskompetenz** geht es nicht um die Zuständigkeit der einzelnen Behörden, sondern um die Zuständigkeit des „Verbands", dh des rechtlich **selbständigen Trägers öffentlicher Verwaltung,** dem die Behörde angehört.[19] Da die Verbandskompetenz nicht an der Behörde, sondern beim Rechtsträger ansetzt, kommt es zu **Überschneidungen:** Bei fehlender Verbandszuständigkeit, wenn etwa eine Bundesbehörde eine Maßnahme ergreift, die nur von einer Behörde eines Landes ergriffen werden dürfte oder wenn eine Landesbehörde unbefugt in einem anderen Bundesland tätig wird, handelt zugleich auch die sachlich und/oder örtlich unzuständige Behörde.[20] Problematisch ist die fehlende Verbandszuständigkeit vor allem dann, wenn eine Behörde Rechte geltend macht bzw durchzusetzen versucht, die einem anderem Verwaltungsträger (Bund, Land, Gemeinde, Kammer) zustehen.[21] Dann geht es zugleich um die **materielle Frage der Inhaberschaft des Rechts** bzw des Anspruchs, nicht nur um die Frage der formellen Zuständigkeit für das geltend gemachte oder ausgeübte Recht.[22]

16 Das VwVfG enthält **nur Bestimmungen über die örtliche Zuständigkeit** (s § 3), während sich die sachliche Zuständigkeit im Wesentlichen aus dem Fachrecht und die instanzielle aus dem Organisationsrecht ergibt. Wegen der Vielfältigkeit der Aufgaben und der zT sehr differenzierten Zuständigkeitsregelungen eignet sich das VwVfG nicht für Regelungen dieser Art. Mittelbar finden sich Regelungen über den Umgang mit Zuständigkeitsfehlern, insbesondere zur Heilung und Unbeachtlichkeit in den §§ 45, 46. Erst recht ist es nicht Sache des Verfahrensrechts, Fragen der Verbandszuständigkeit zu regeln.

17 **b) Verfahren.** Die formelle Rechtmäßigkeit eines VA setzt voraus, dass dieser unter Beachtung der maßgeblichen Verfahrensvorschriften erlassen wurde. Dabei geht es grundsätzlich nicht um die Beachtlichkeit interner Anordnungen über Verfahrensweisen und Abläufe, sondern um die Beachtung derjenigen gesetzlichen Bestimmungen, die das Verwaltungsverfahren nach außen steuern und dem **Schutz von Rechten und Interessen der Beteiligten und sonst Betroffenen** dienen. Verstöße gegen Verwaltungsvorschriften können nur im Rahmen des Anspruchs auf Gleichbehandlung zur Rechtswidrigkeit führen (s näher § 40 Rn 93). So führen vor allem Fehler bei der vorgeschriebenen **Öffentlichkeitsbeteiligung** nach § 9 UVPG oder der Beteiligung von Bürgern, bei der **Anhö-**

---

[16] FKS § 3 Rn 6; StBS § 3 Rn 8; WBS § 84 Rn 13; Detterbeck § 10 Rn 575.
[17] StBS § 3 Rn 10; Bull/Mehde Rn 387; Erichsen/Ehlers § 8 Rn 36; FKS § 3 Rn 8.
[18] Erichsen/Ehlers § 7 Rn 36; WBS § 84 Rn 44 ff.
[19] Zur Verbandskompetenz näher Oldiges DÖV 1989, 873; zu den Folgen fehlender Verbandskompetenz s § 44 Rn 14.
[20] Vgl zB BVerwGE 90, 25, 35; OVG Münster NJW 1989, 2906.
[21] Oldiges DÖV 1989, 873; Maurer § 21 Rn 45.
[22] StBS § 3 Rn 12; Oldiges DÖV 1989, 873.

rung und bei der **Begründung** eines VA idR zur formellen Rechtswidrigkeit; sie sind allerdings nach § 45 teilweise heilbar und nach § 46 teilweise unbeachtlich. Die Anforderungen an die Bestimmtheit eines VA (vgl § 37 Abs 1) sind nicht verfahrensrechtlicher, sondern materieller Natur. Die Anforderungen an die Bekanntgabe (§ 41) betreffen nicht die Rechtmäßigkeit, sondern die Wirksamkeit (§ 43) des VA.

c) Form. aa) Grundsatz der Formfreiheit. Das VwVfG geht nach § 37 Abs 2 vom Grundsatz der Formlosigkeit aus. Dh wenn das Fachrecht nicht eine bestimmte Form, insbesondere Schriftform, vorschreibt, kann der VA formlos, dh mündlich, schriftlich oder durch Handzeichen oder andere Zeichen erlassen werden. Wenn er schriftlich oder elektronisch erlassen wird, muss er allerdings die Formvorschriften des § 37 Abs 3, 5 u 6 erfüllen, anderenfalls ist er formell fehlerhaft, uU sogar nichtig (§ 44 Abs 2 Nr 1). Außerdem kann der Adressat eines mündlichen VA verlangen, dass dieser schriftlich bestätigt wird, wenn hieran ein berechtigtes Interesse besteht (§ 37 Abs 2 S 2). 18

Nicht als VA ist, soweit durch Gesetz nicht ausnahmsweise (s zB § 42a) etwas anderes bestimmt ist, **das bloße Schweigen einer Behörde** nach Kenntnisnahme von einem Sachverhalt oder auf einen Antrag auf Erlass eines VA anzusehen, es sei denn, es liegen besondere Umstände vor, die zweifelsfrei konkludent für das Gegenteil sprechen, zB bei den selbst errechneten Steuern (BVerwGE 19, 68). Entsprechendes gilt für die behördliche Duldung eines bestimmten Verhaltens, Zustandes usw (sog **passive Duldung,** vgl auch Rn 63); **anders,** wenn die Behörde (im Fachrecht ist idR Schriftlichkeit Voraussetzung) erklärt, das Verhalten usw zu dulden (**aktive Duldung,** vgl OVG Münster BauR 2010, 1213: VA), oder wenn ein Gesetz, wie zB § 17 AuslG aF[23] der Duldung diese Bedeutung zuerkennt (vgl allg Wasmuth/Koch NJW 1990, 2435). VA kann zB auch die schriftliche Erklärung einer Behörde sein, etwas nicht zu beanstanden (VGH Mannheim NJW 1990, 3164). 19

bb) Spezielle Formvorschriften. Das Fachrecht enthält an vielen Stellen besondere Regelungen über die Form eines VA, die aufgrund der Subsidiarität des VwVfG (vgl § 1 Abs 3) vorgehen und in ihrem Anwendungsbereich allein maßgeblich sind. Insbesondere wird im Fachrecht vielfach **Schriftform** verlangt (so zB im Bereich des gesamten Bauordnungsrechts und im Anlagenrecht), vor allem aus Gründen der Beweisbarkeit. Zu den Anforderungen und den Funktionen des Schriftformerfordernisses s § 37 Rn 21a. Auch das VwVfG verlangt an diversen Stellen Schriftform, so zB für VAe im förmlichen Verfahren (§ 69 Abs 2) und im Planfeststellungsverfahren (§ 74 Abs 1 iVm § 69 Abs 2). Nach § 73 Abs 3 VwGO muss außerdem der Widerspruchsbescheid schriftlich ergehen. 20

5. Materielle Rechtmäßigkeitsvoraussetzungen. a) Erfordernis einer Ermächtigungsgrundlage. Ob ein VA einer gesetzlichen Ermächtigung bedarf, ist eine Frage des Gesetzesvorbehalts.[24] Danach ist eine gesetzliche Grundlage jedenfalls bei solchen VAen erforderlich, die zu Rechtsbeeinträchtigungen von Bürgern führen, also bei belastenden VAen.[25] Eine strikte Beschränkung der Reichweite des Gesetzesvorbehalts auf die Eingriffsverwaltung wird nicht mehr angenommen.[26] Das VwVfG enthält, abgesehen von einigen speziellen Vorschriften (zB §§ 48, 49, 49a) keine allgemeine Ermächtigung zum Erlass von VAen; 21

---

[23] Vgl BVerwG InfAuslR 1981, 98; VG Braunschweig NVwZ 1990, 655; vgl auch OVG Münster NVwZ 1990, 333.

[24] Zum Gesetzesvorbehalt näher MD Art 20 Abs 3 Rn 79 ff mwN.

[25] Erichsen/Ehlers § 2 Rn 40; Jarass/Pieroth, Art 20 Rn 29.

[26] BVerfGE 40, 237, 249; 95, 267, 307; Kloepfer JZ 1984, 685, 687; Hoffmann-Riem, AöR 2005, 5, 10; Erichsen/Ehlers § 2 Rn 42; FKS 13; Maurer § 6 Rn 11.

insbesondere stellt § 35 keine Grundlage für den Erlass von VAen dar.[27] Insoweit sind allein die Vorschriften des materiellen Rechts maßgeblich. Für VAe, die keine Beeinträchtigungen von Rechten des Adressaten oder von Dritten zur Folge haben, ist eine gesetzliche Ermächtigungsgrundlage nicht erforderlich. Hier soll die allgemeine Berechtigung zu hoheitlichem Handeln ausreichen. Ein Totalvorbehalt für alle Hoheitsakte der Verwaltung mit Außenwirkung besteht insofern nicht.[28] Für **Subventionen (Beihilfen)** wird zB nach nationalem Recht lediglich verlangt, dass die Finanzmittel zu einem bestimmten Zweck in einem Haushaltstitel bereitgestellt werden und die zuständige Behörde Richtlinien über die Vergabe der Subventionen aufstellt.[29] Für die Rückforderung von Beihilfen bietet das **Unionsrecht idR keine gesetzliche Grundlage.** Allein der Umstand, dass eine Behörde nach EU-Recht verpflichtet ist, eine Subvention zurückzufordern, schafft die fehlende Rechtsgrundlage nicht.[30]

22 **Das Fehlen einer gesetzlichen Ermächtigung** wird nicht dadurch unbeachtlich, dass sich der Betroffene mit der Entscheidung durch VA einverstanden erklärt („sich unterwirft").[31] Einen **VA auf Unterwerfung gibt es nicht.** Der Satz „volenti non fit iniuria" gilt im Bereich des Gesetzesvorbehalts nicht. Ein **Verzicht des Bürgers** auf Rechte führt nicht automatisch zur Rechtmäßigkeit einer objektiv rechtswidrigen Maßnahme. Das öffentliche Recht dient stets auch dem öffentlichen Interesse, auch soweit private Interessen geschützt und subjektive Rechte eingeräumt werden. Wenn sich der Bürger einer Eingriffsmaßnahme unterwirft, dann nur um Schlimmeres zu verhindern oder um in den Genuss von Vorteilen zu gelangen, die ihm für den Fall des Einverständnisses in Aussicht gestellt werden. Allerdings ist es denkbar, dass ein Betroffener belastende Nebenbestimmungen zu einem VA hinnimmt, um in den Genuss einer für ihn günstigen Hauptentscheidung zu gelangen (s hierzu § 36 Rn 49a, § 22 Rn 29a), oder dass er auf die Erhebung des Widerspruchs gegen einen rechtswidrigen VA oder auf die Geltendmachung von Ansprüchen verzichtet (s zum Verzicht näher § 53 Rn 50 ff).

23 **b) Erfordernis doppelter Ermächtigung.** Der Erlass eines belastenden VA setzt im Grundsatz nach heute hM[32] nicht nur voraus, dass für die getroffene rechtliche Regelung **in materieller Hinsicht** eine gesetzliche Grundlage besteht, sondern auch dafür, dass die Behörde **in der Form eines VA** handeln darf.[33] Dies ist besonders für die Geltendmachung von Leistungsansprüchen dem Bürger gegenüber von Bedeutung. Hier ist nicht nur das Vorliegen eines öffentlich-rechtlichen Anspruchs der Behörde (zB auf Zahlung eines Geldbetrages) Voraussetzung, sondern auch eine Ermächtigung der Behörde, diesen Anspruch durch VA festzusetzen.[34] Eine solche Ermächtigung lässt sich allerdings idR be-

---

[27] Allg Meinung, vgl BVerwGE 144, 306 (zu § 5 UnterhVorschG); 139, 125 (Haftung aufgrund Schuldbeitritts für eine Erstattungsschuld iSv § 49a ausreichend) zweifelhaft; StBS 26; Knack/Henneke vor § 35 Rn 38; Detterbeck Rn 592 ff; Kracht, S 245.

[28] Erichsen/Ehlers § 2 Rn 42; FKS 13; Maurer § 6 Rn 11.

[29] BVerwGE 6, 282, 287; 90, 112, 120; OVG Weimar DVBl 2011, 242; WBS § 18 Rn 13; **aA** Huber, Konkurrenzschutz im Verwaltungsrecht, 1981, 500; Maurer § 6 Rn 21.

[30] OVG Weimar DVBl 2011, 242; Schoch Jura 201, 670, 676 gegen OVG Berlin-Brandenburg NVwZ 2006, 104.

[31] Differenzierend StBS 231, Sachs VerwArch 1985, 398.

[32] BVerwGE 21, 270, 272; 18, 283, 285; insgesamt hierzu Schoch Jura 2010, 670; Druschel, Die Verwaltungsaktsbefugnis, 1999.

[33] BVerwG NJW 1991, 242; VGH München BayVBl 2005, 183; StBS 28; Erichsen/Ehlers § 22 Rn 28 f; Schoch Jura 2010, 670, 674; Schenke JuS 1979, 888; WBSK I § 45 Rn 14; zT **aA** die ältere Rspr, vgl BVerwGE 28, 1, 9; 18, 283, 285; Maurer § 10 Rn 5.

[34] VGH Mannheim NVwZ 1990, 388; VGH München BayVBl 1993, 374.

reits der materiellen **Ermächtigungsgrundlage** durch Auslegung entnehmen,[35] insb wenn die materielle Regelung eine Ermessensentscheidung erfordert (StBS 28). Sie fehlt aber bei Ansprüchen aus öffentlich-rechtlichen Verträgen. Allein das Vorhandensein einer materiell-rechtlichen Regelung im Bereich des Über-Unterordnungsverhältnisses (Subordinationsverhältnis) lässt noch nicht auf die Ermächtigung zum Handeln durch VA schließen.[36]

Ausnahmen vom Erfordernis einer besonderen Handlungsermächtigung sind anerkannt im Bereich des **Beamtenverhältnisses**[37] und in den Fällen, in denen sich die Rückforderung als actus contrarius der Gewährung darstellt **(Kehrseitentheorie).**[38] Die zuletzt genannte Fallgruppe wird nunmehr im Wesentlichen durch § 49a erfasst (vgl § 49a Rn 1). Das BVerwG hat neuerdings eine Ausnahme auch für die **Fälle des Schuldbeitritts** zu einer der Rückforderung nach § 49a unterliegenden Schuld anerkannt.[39] Allein der Umstand, dass eine Behörde nach **EU-Recht** verpflichtet ist, eine Subvention zurückzufordern, schafft noch nicht die sonst fehlende Rechtsgrundlage für einen Rückforderungsbescheid.[40] 23a

c) Ermächtigung für feststellende VAe. aa) Ermächtigungserfordernis. Bisher nicht restlos geklärt ist die Frage, ob Behörden auch für verbindliche Feststellungen einer Rechtslage durch VA einer besonderen gesetzlichen Ermächtigung bedürfen. Feststellende VAe sind solche, durch die keine Gebote oder Verbote ausgesprochen, sondern bestimmte rechtserhebliche Eigenschaften einer Person oder einer Sache oder das Bestehen oder Nichtbestehen bestimmter Rechtsverhältnisse oder von Teilen von ihnen verbindlich festgestellt werden.[41] Das BVerwG geht von dem Grundsatz aus, dass eine Ermächtigung jedenfalls immer dann erforderlich ist, wenn der VA etwas feststellt, was der Betroffene erkennbar nicht für rechtens hält.[42] Hieraus folgt zunächst nur, dass keine Ermächtigung erforderlich sein soll, wenn die **Rechtsauffassung des Betroffenen bestätigt** wird.[43] Ergänzt man diese Formulierung um das Erfordernis der Feststellung innerhalb eines Rechtsverhältnisses, so kommt es darauf an, ob sich die Feststellung im Einzelfall für den Bürger **als belastende Maßnahme darstellen,** also eine Rechtsbeeinträchtigung auslösen kann.[44] Das hängt nicht nur vom konkreten Inhalt der Feststellung ab, sondern auch davon, welche Funktion sie erfüllen soll, ob sie zB zum Anknüpfungspunkt für uU belastende Maßnahmen ihm gegenüber genommen wird. 24

---

35 BVerwGE 108, 1, 3; 97, 117, 119; BVerwG NVwZ 2012, 1123 mwN (Auskunftsverlangen des Eisenbahn-Bundesamtes gegenüber der Deutschen Bahn AG lässt sich auf § 5a Abs 5 S 1 Nr 1 AEG stützen); VGH Mannheim NVwZ 1994, 1135.

36 OVG Lüneburg NJW 1996, 2947; OVG Schleswig NJW 1994, 1889; StBS 33; Knack/Henneke vor § 35 Rn 38; **aA** die ältere Rspr, vgl VGH Mannheim NJW 1991, 2365; OVG Münster NJW 1990, 2901.

37 BVerwGE 109, 365; 71, 357; 52, 185; Knack/Henneke vor § 35 Rn 39; Maurer § 10 Rn 7; zweifelnd Schoch Jura 2010, 670, 674. Anders soll dies bei der Rückforderung von Versorgungsbezügen gegenüber Dritten sein, zB nach dem Tod des Versorgungsempfängers VGH Mannheim NVwZ 1989, 892; OVG Münster DVBl 1985, 195.

38 Vgl BVerwGE 30, 79; 40, 89; BVerwG NVwZ 1984, 36; Knack/Henneke vor § 35 Rn 39; **aA** Erichsen/Ehlers § 22 Rn 29.

39 BVerwGE 139, 125 (Orthopädie-Technik).

40 OVG Weimar DVBl 2011, 242; Schoch Jura 201, 670, 676 gegen OVG Berlin-Brandenburg NVwZ 2006, 104.

41 Zum Begriff des feststellenden VA Appel/Melchinger VerwArch 1993, 349, 369; König BayVBl 1987, 261; Kracht, Feststellender VA und konkretisierende Verfügung, 2002.

42 BVerwGE 119, 123. Entsprechendes gilt, wenn einem Antrag auf Feststellung entsprochen wird (Jeremias DVBl 2014, 1047).

43 BVerwGE 119, 123; 72, 265; BVerwG NVwZ 1992, 665; krit StBS 220.

44 BVerwGE 72, 265; 96, 160, 162; BVerwG NJW 1987, 969; in der Sache ebenso VGH München BayVBl 2000, 470; OVG Münster NWVBl 1991, 271.

24a **bb) Anforderungen an die Ermächtigung. Umstritten** ist, welche Anforderungen an eine (im konkreten Fall für notwendig erachtete) Ermächtigung für verbindliche Feststellungen durch VA gestellt werden müssen. Die hM lässt es zu Recht ausreichen, wenn sich der **Ermächtigung durch Auslegung** entnehmen lässt, dass sie nicht nur bestimmte Ge- und Verbote, sondern darüber hinaus auch damit in Zusammenhang stehende verbindliche Feststellungen erfassen sollen.[45] Sieht das Gesetz eine Genehmigung vor, so liegt darin idR auch die Ermächtigung, den Inhalt einer erteilten Genehmigung klarzustelllen.[46] Die Auslegung hat sich dabei an den Steuerungszielen zu orientieren, die mit der Ermächtigung verfolgt werden. Dabei dürfen die Erfordernisse des praktischen Gesetzesvollzugs berücksichtigt werden. Die zu enge Gegenansicht lässt eine Ermächtigung zu Eingriffen als Grundlage einer behördlichen Feststellung nicht ausreichen.[47] Zu weitgehend wäre es, darauf abzustellen, ob in allgemeinen Verwaltungsvorschriften die Voraussetzungen einer solchen Feststellung konkretisiert werden.[48]

25 **cc) Ansprüche auf feststellende VAe?** Nach der oben (Rn 24) dargestellten hM kann ein feststellender VA ohne besondere gesetzliche Grundlage ergehen, wenn der Betroffene eine solche Feststellung beantragt, der Gegenstand der Feststellung seiner Disposition unterliegt und ein berechtigtes Interesse an der Feststellung besteht.[49] Für derartige Feststellungen besteht häufig ein praktisches Bedürfnis, weil Zweifel und Unsicherheiten in Bezug auf die Rechtslage beseitigt werden können. Dies ist etwa bei Rechten und Rechtspositionen der Fall, auf die der Antragsteller auch verzichten könnte. Für eine vom Antrag abweichende verbindliche Feststellung ist dagegen eine gesetzliche Ermächtigung erforderlich. Wird der Antrag abgelehnt, stellt sich nur die Frage nach einem Anspruch auf die Feststellung. Fehlt es an einer gesetzlichen Grundlage, so **besteht grundsätzlich kein Anspruch.**[50] Anders wenn sich eine Ermächtigung durch Auslegung ermitteln lässt; dann wird bei Bestehen eines berechtigten Interesses ein Anspruch anzunehmen sein.

26 **d) Ermächtigung für Verfahrensentscheidungen.** Entscheidungen der federführenden Behörde im Rahmen eines Verwaltungsverfahrens, die der Vorbereitung der abschließenden Verwaltungsentscheidung dienen, haben idR keine VA-Qualität, weil es normalerweise an der für den VA erforderlichen Außenwirkung (s unten Rn 76) fehlt. Ihre Wirkungen sind typischerweise auf die Vorbereitung und Förderung des Verwaltungsverfahrens begrenzt (Anberaumung von Terminen, Setzen von Fristen für Stellungnahmen, Beiziehung von Akten usw). Derartige Maßnahmen bedürfen keiner besonderen Ermächtigungsgrundlage, weil sie ihre **Grundlage in der allgemeinen Verfahrensherrschaft** der federführenden Behörde finden, wonach die Behörde berechtigt und verpflichtet ist, das Verfahren nach ihrem Ermessen (vgl § 10 Rn 6) einfach, zweckmäßig und zügig durchzuführen. Gegen unselbständige Verfahrensakte sind Rechtsbehelfe (Widerspruch und Anfechtungsklage) nicht gegeben (§ 44a VwGO).

---

[45] BVerwGE 119, 123; 117, 134; 114, 226; StBS 220; der Ermächtigung zum Erlass eines auf Leistung oder Gestaltung gerichteten VA kann – gleichsam als Minus – auch eine Ermächtigung zum Erlass entsprechender Feststellungen entnommen werden (BVerwG NJW 1977, 1838; Knack/Henneke 92).

[46] VGH Mannheim, B v 16.2.2016, 10 S 1160/16, juris, unter Hinweis auf VGH Mannheim NJW 1993, 1219.

[47] VG Dessau NuR 1997, 465; OVG Münster NVwZ-RR 1991, 419; VGH München NVwZ 1983, 550.

[48] So wohl Stolterfoth in GS für Trzaskalik, 69, 82.

[49] Bejahend BVerwG NJW 1986, 1120; NJW 2004, 1191, 1192; VGH Mannheim NVwZ 1983, 100; VGH München GewArch 1981, 18; Knack/Henneke 92.

[50] BVerwGE 118, 319; VGH Mannheim NJW 2007, 1706; StBS 220.

Etwas anderes gilt für **selbständige Verfahrensakte,** die eine eigenständige und unmittelbare Bindungswirkung entfalten.[51] Dabei handelt es sich idR um solche Entscheidungen, für die § 44a VwGO eine selbständige Anfechtbarkeit im Regelfall ausschließt. Soweit sie nach § 44a S 2 VwGO selbständig anfechtbar sind, müssen sie über eine materielle Ermächtigungsgrundlage verfügen und deren Voraussetzungen erfüllen. Für Entscheidungen anderer Behörden gilt Entsprechendes: IdR wird ihnen wegen ihres lediglich vorbereitenden Charakters die VA-Qualität fehlen. Soweit sie selbständig durchsetzbar sind oder Nichtbeteiligte beeinträchtigen, benötigen sie eine gesetzliche Grundlage. 27

6. Tatbestandsvoraussetzungen der Ermächtigungsgrundlage. Die Rechtmäßigkeit des VA setzt voraus, dass sämtlichen formellen und materiellen Tatbestandsvoraussetzungen der Ermächtigungsnorm erfüllt sind. Dabei ergeben sich die formellen Voraussetzungen für den VA zumeist aus dem VwVfG oder aus ergänzendem Fachrecht und nicht aus der materiellen Ermächtigungsnorm, die sich zumeist auf den materiellen Ermächtigungstatbestand beschränkt. Das Prinzip der **Verhältnismäßigkeit ist grundsätzlich kein selbständiges Tatbestandsmerkmal** von Ermächtigungsnormen,[52] soweit kein Ermessen oder andere Entscheidungsspielräume eröffnet werden (s unten Rn 27b). Würde ein VA bei Anwendung der Ermächtigungsgrundlage zu einer unverhrältnismäßigen Beeinträchtigung im Einzelfall führen, so ist eine verfassungskonforme Einschränkung der Ermächtigungsgrundlage zu prüfen. Kommt eine solche nicht in Betracht und führt die Anwendung der Ermächtigungsgundlage im Einzelfall zwingend, dh ohne die Möglichkeit einer Ausnahme oder Befreiung, zum Erlass eines VA mit unverhältnismäßigen Beeinträchtigungen, ist diese Ermächtigungsgrundlage idR mit höherrangigem Recht nicht vereinbar. 27a

7. Rechtsfolgen der Ermächtigungsgrundlage. Eine Ermächtigungsgrundlage kann bei Erfüllung der Tatbestandsvoraussetzungen den Erlass eines VA mit einem bestimmten Inhalt als zwingende Rechtsfolge vorsehen. Man spricht dann von striktem Recht oder beim VA von einer strikt gebundenen Entscheidung. Eine Ermächtigung kann aber der Verwaltung auch einen Entscheidungsspielraum (Ermessen, Beurteilungsspielraum, planerischen Gestaltungsspielraum, Einschätzungsprärogativen usw) einräumen, von dem dann die zuständige Behörde unter Beachtung der Ziele der Ermächtigung Gebrauch machen muss. In diesem Fall ist zusätzlich das Vorliegen von Fehlern bei der Ausübung des Ermessens usw zu prüfen (s näher § 40). 27b

II. Der VA im Vollzug von EU-Recht

1. Allgemeine Grundlagen. In den letzten Jahren treten die Konturen eines Europäischen Verwaltungsverbunds (s hierzu näher Einf II Rn 34) mit vertikalen und horizontalen Strukturen immer deutlicher zutage. Dies erfordert die Ausbildung einheitlicher exekutivischer Handlungsformen nicht nur im Verhältnis der Mitgliedstaaten untereinander, sondern auch im Verhältnis von Mitgliedstaaten zu den Organen der EU selbst. Die Bemühungen um eine Harmonisierung verfolgen zum einen das Ziel, Mindeststandards für Verwaltungsverfahren im Interesse des Rechtsschutzes und der „guten Verwaltung" zu setzen (s hierzu Einf II Rn 46 ff), zum anderen aber auch Klarheit über die Reichweite der Geltung von Entscheidungen von Organen der EU und anderer Mitgliedstaaten im Unionsraum zu schaffen. 28

Ansätze zu einem System der Handlungsformen finden sich im unmittelbaren EU-Recht bereits. Neben dem **Beschluss** nach Art 288 Abs 4 AEUV als 29

---

[51] BVerwGE 111, 246, 251; Ziekow 34.

[52] Hierzu ausführlich Barczak VerwArch 2014, 142 mit Beispielen aus der Rspr.

Instrument der Kommission zur verbindlichen Regelung, der dem VA am ehesten vergleichbar ist, kennt das Verwaltungsrecht der EU auch **verwaltungsrechtliche Verträge.** Obwohl diese in Art 288 AEUV keine ausdrückliche Erwähnung gefunden haben, kann die Rechtsform des Verwaltungsvertrags als anerkannt gelten.[53] In Art 272, 340 AEUV werden sie vorausgesetzt, im Sekundärrecht teilweise sogar vorgeschrieben.[54] In Art 288 AEUV sind ferner mit der **Empfehlung** und der **Stellungnahme** auch Maßnahmen ohne verbindlichen Regelungsgehalt vorgesehen. Man wird diese Handlungsformen als Erscheinungsformen schlichten Verwaltungshandelns ansehen können, das auch auf EU-Ebene grundsätzlich in Betracht kommt. In der Praxis spielt das vor allem bei der Herausgabe von Informationen und bei informellem Verwaltungshandeln eine Rolle.

30 **2. Der Beschluss im direkten Vollzug des Europarechts.** Das Unionsrecht kennt mit dem Beschluss in Art 288 Abs 4 AEUV ein dem VA weitgehend vergleichbares Instrument zum direkten Gesetzesvollzug (s allgemein zur Unterscheidung von direktem und indirektem Vollzug Einf II Rn 36 ff). Der Beschluss wird wie der VA durch Bekanntgabe wirksam (Art 297 Abs 2 AEUV), er entfaltet eine vergleichbare Verbindlichkeit, bedarf einer Begründung (Art 296 AEUV), ist gem Art 299 AEUV auch vollstreckbar und – was hinsichtlich der Vergleichbarkeit wohl das Wichtigste ist – er kann nach der Rspr des EuGH auch unanfechtbar werden mit der Folge, dass er mit seinem Regelungsgehalt unabhängig von seiner Rechtmäßigkeit gültig sein kann. Das ergibt sich ähnlich wie im deutschen Recht für den VA daraus, dass er nach Ablauf der Klagefrist des Art 263 Abs 6 AEUV nicht mehr angefochten werden kann, sowie mittelbar auch aus Art 277 AEUV.[55]

31 Die **instrumentelle Vergleichbarkeit** von Beschluss und VA bedeutet nicht, dass beide Instrumente sich auch in ihrem Anwendungsbereich entsprächen. Vielmehr ist der Anwendungsbereich des Beschlusses weiter als derjenige des VA. Der Beschluss iSd Art 288 Abs 4 AEUV ist nicht auf das Verwaltungsrecht beschränkt, sondern kann auch in Bereichen ergehen, die in Deutschland dem Verfassungsrecht zuzurechnen wären. Ferner werden die Merkmale der einseitigen hoheitlichen Regelung, der Außenwirkung und des Einzelfalls auf der EU-Ebene teilweise anders verstanden (StBS 348 ff). Die Unterschiede betreffen aber eher Detailfragen, die die Gemeinsamkeiten umso mehr hervortreten lassen,[56] die sich insbesondere im Hinblick auf die ausgelösten **Bindungswirkungen** und die **begrenzte Aufhebbarkeit** ergeben.[57]

32 **3. Der VA im indirekten Vollzug des Europarechts. a) Autonome Bestimmung von Handlungsformen.** Es kann als anerkannt gelten, dass der VA ein zulässiges Instrument zum indirekten Vollzug von Unionsrecht darstellt.[58] Das EU-Recht überlässt die Auswahl der zu seiner Umsetzung einzusetzenden Instrumente im Regelfall den Mitgliedstaaten **(Grundsatz der verfahrensrechtlichen Autonomie)** und verlangt insoweit nur eine dem Effektivitätsgebot und dem Diskriminierungsverbot entsprechende Umsetzung (Art 4 Abs 3 EUV). Als

---

[53] v. Danwitz, Europäisches Verwaltungsrecht, 253 ff; Bauer, in Grundlagen II § 36 Rn 22; Szczekalla, in Terhechte, § 5 Rn 39.

[54] So etwa Art 88, 108 VO (EG/Euratom) Nr 1605/2002 des Rates v 25.6.2002 über die Haushaltsordnung für den Gesamthaushaltsplan der EG.

[55] EuGHE 2001, I-1197 Rn. 31 – Nachi; 1997, I-585, Rn 21 – Wiljo; 1994, I-833 Rn 15 – Deggendorf; 1978, 1881; Streinz Art 241 Rn 11; Schwarze Art 241 Rn 7; Callies/Ruffert, Art 234 Rn 14; Schroeder S. 25 ff; StBS Rn 345; FKS 76.

[56] Zur Diskussion um die Vergleichbarkeit Vogt, Die Entscheidung als Handlungsform des Gemeinschaftsrechts, 82 ff; Schwarze Art 249 Rn 32; zur Zweistufentheorie im EU-Recht bei Abschluss von Verwaltungsverträgen EuGHE 2002, II-609 Rn 188.

[57] S hierzu ausführlich Schroeder, Bindungswirkungen, S. 40 ff.

[58] S hierzu nur StBS 354; Schweitzer, Europäisches Verwaltungsrecht, 1991, 59.

Instrument zum Vollzug von EU-Recht eignet sich der VA deshalb prinzipiell ebenso wie zum Vollzug nationalen Rechts. Zweifel können insoweit lediglich aufkommen, soweit das deutsche Recht weitgehende Regelungen über die Heilung (§ 45) und Unbeachtlichkeit (§ 46) von Verfahrensfehlern enthält und außerdem vorsieht, dass auch rechtswidrige VAe wirksam sind (§ 43) und nach Ablauf der Anfechtungsfristen nicht mehr angefochten werden können (§§ 70, 74 VwGO). Inwieweit die nationalen Regelungen über die Behandlung von VAen einer Modifizierung bedürfen, wenn es um den indirekten Vollzug von EU-Recht geht, muss jeweils im Einzelfall geklärt werden.

b) Wirksamkeitsfragen. Gegen die **Wirksamkeit rechtswidriger VAe,** 33
also unabhängig von ihrer Vereinbarkeit mit dem maßgeblichen Recht, werden derzeit auch im Rahmen des indirekten Vollzugs von Unionsrecht keine ernsthaften Bedenken erhoben, sofern jedenfalls **effektive Möglichkeiten bestehen,** einen der Rechtslage und **den Anforderungen des Unionsrechts entsprechenden Zustand herzustellen.** Diese Möglichkeit ist mit den Vorschriften über Widerruf und Rücknahme im Prinzip gegeben. Allerdings sind insoweit gewisse Modifizierungen der Regelungen über die Rücknahme rechtswidriger VAe (s § 48 Rn 45a) und über die Anfechtung belastender VAe, insb im Hinblick auf den Vertrauensschutz und die nach deutschem Recht erforderliche Klagebefugnis gem § 42 Abs 2 VwGO erforderlich.[59] Die **Bestandskraft von VAen** nach Ablauf der Anfechtungsfrist des § 70 VwGO bzw des § 74 VwGO dürfte ebenfalls mit den Vorgaben des Unionsrechts vereinbar sein. Anzeichen dafür, dass der EuGH insoweit Einschränkungen des Prinzips der Unanfechtbarkeit vornehmen würde (sog **Emmott'sche Fristenhemmung**), haben sich im Ergebnis nicht bestätigt.[60] Auch das unmittelbar anwendbare Unionsrecht kennt den Eintritt der Unanfechtbarkeit von Beschlüssen, die im direkten Vollzug von Unionsrecht von Organen der Union erlassen werden.[61]

4. Der transnationale VA. a) Begriff. Als transnationale VAe werden sol- 34
che Maßnahmen mit VA-Qualität bezeichnet, deren Wirkung sich nicht in der Verbindlichkeit innerhalb des Souveränitätsbereichs desjenigen Staates erschöpft, in dem sie erlassen worden ist, sondern darüber hinausgeht. Dabei geht es nicht nur um die Wirksamkeit nationaler **Genehmigungen emittierender Anlagen,** die faktische Auswirkungen auf das Territorium anderer Staaten haben können, sondern in erster Linie um die **transnationale Verbindlichkeit** von Genehmigungen, die bestimmte Aktivitäten auch in anderen Mitgliedsstaaten der EU zulassen oder für die Zulassungsentscheidung ganz oder teilweise bindend sind. Diese VAe können nur durch die Behörden desjenigen Staates aufgehoben oder geändert werden, die sie erlassen haben.[62] Hier zeigt sich die besondere Bedeutung der europäischen Verwaltungszusammenarbeit (s §§ 8a ff), da Gründe, eine Genehmigung aufzuheben oder zu modifizieren, in einem Mitgliedstaat entstehen können, der selbst darauf nur begrenzt reagieren kann.[63] Der transnationale VA bildet damit eine **Ausnahme vom Grundsatz der Begrenzung der**

---

[59] S zur Frage einer Modifizierung der Klagebefugnis im Hinblick auf die Vorgaben des Unionsrecht Everling NVwZ 1993, 215; Schoch NVwZ 1999, 457; Ruthig BayVBl 1997, 289; Frenz DVBl 1995, 412; Trinantafyllou DVBl 1997, 196; weitergehend v Danwitz DVBl 1998, 426; Wahl/Schütz in Schoch vor § 42 Abs 2 Rn 128; Gellermann DÖV 1996, 436.

[60] Die Entscheidung EuGHE I-1991, 4269 (Emmott'sche Fristenhemmung) ist nicht verallgemeinerungsfähig, vgl EuGHE I-1997, 6783 = NVwZ 1998, 833; s hierzu näher Gundel NVwZ 1998, 910; Müller-Franken DVBl 1998, 758; Valentin EFG 2006, 299.

[61] EuGHE 1983, 2633, 2699; 2006, I-8559 (8606).

[62] Ausführlich Kment, 461; Classen VVDStRL 2007, 365, 395; Blum NZV 2008, 176; Becker DVBl 2001, 855.

[63] Die transnationale Wirkung eines VA eines anderen Mitgliedstaates der EU mindert nationale Maßnahmen zur Gefahrenabwehr grundsätzlich nicht.

Wirksamkeit auf den Erlass-Staat. Er entfaltet vielmehr auch in anderen Staaten Wirkungen mit der Folge, dass er dort ggf auch umgesetzt bzw beachtet werden muss (wirkungsbezogene Transnationalität).[64] Wirksamkeit und Pflicht zur Beachtung haben ihre rechtliche Grundlage entweder allgemein in Staatsverträgen oder für die EU im **Unionsrecht.**

34a Teilweise werden als transnationale VAe auch solche VAe bezeichnet, die unter Beteiligung von Behörden bzw Organen mehrerer Staaten zustande kommen **(behördenbezogene oder kooperative Transnationalität).** Die Terminologie ist uneinheitlich, die Erscheinungsformen sind vielfältig. Zumeist wird unterschieden zwischen echten bzw **unmittelbaren transnationalen VAen** (auch transnationaler VA ieS), die ohne weiteres Wirkungen über den Bereich des Erlass-Staates hinaus haben, und den mittelbar transnationalen **VAen unter Anerkennungsvorbehalt** (transnationaler VA iwS). Unmittelbare Transnationalität setzt voraus, dass der VA seine Wirksamkeit und Bindungswirkung auch in anderen Staaten entfalten kann, ohne dass es dort jeweils eines besonderen Anerkennungsaktes bedarf. Sie beruht entweder unmittelbar auf Unionsrecht oder auf einer innerstaatlichen Geltungsanordnung, zu der die jeweiligen Staaten kraft Unionsrechts oder internationalen Rechts verpflichtet sind. Der transnationale VA unter Anerkennungsvorbehalt entfaltet nur in solchen Staaten Wirksamkeit, die eine Anerkennungsentscheidung treffen, zu der sie allerdings nach Unionsrecht oder nach internationalem Recht verpflichtet sind.[65] In der EU werden transnationale VAe idR im Rahmen einer horizontalen Kooperation der Mitgliedstaaten und/oder einer vertikalen Kooperation mit Organen der EU erlassen (s hierzu auch Einf II Rn 34 ff).

34b **b) Unmittelbare (echte) transnationale Geltung.** Unmittelbare oder auch echte Transnationalität kommt praktisch nur im Bereich der Union vor. Haben mitgliedstaatliche Regelungen eine unionsweite Geltung, müssen sie in jedem Mitgliedstaat praktisch wie eigene Entscheidungen behandelt werden. Geht es um Genehmigungen, kann von einer **Unionslizenz** (single license) gesprochen werden. In diesen Fällen ist ein weiteres Anerkennungsverfahren in anderen Mitgliedstaaten nicht mehr erforderlich bzw zulässig. Im **Banken- und Versicherungswesen** etwa greift das „single-license-Verfahren". Mit der Zulassung in einem Mitgliedstaat ist zugleich die „Betriebserlaubnis" für sämtliche anderen Mitgliedsstaaten verbunden (vgl § 53b KWG).[66] Die Kontrolle der betrieblichen Tätigkeit, zB. im Insolvenz- oder Sanierungsfall, obliegt dem Staat der Zulassung, also dem Heimatstaat.[67] Ähnliches gilt auch im **Wertpapierrecht,** so ordnet Art 17 der Prospektrichtlinie (RL 2003/71 RG) an, dass von einem Mitgliedsstaat gebilligte Prospekte keiner weiteren Billigungsverfahren in anderen Mitgliedstaaten mehr bedürfen. Im **Straßenverkehrsrecht** finden sich transnationale VAe. Ausländische Führerscheine werden nach § 29 Abs 1 FeV in Deutschland anerkannt, allerdings mit einer zeitlichen Beschränkung dann, wenn der Erlaubnisinhaber seinen Wohnsitz in die EU verlegt.

---

[64] S hierzu näher StBS 357; Schmidt-Aßmann, Lerche-FS 513; ders DVBl 1993, 924, 935; Wahl/Groß DVBl 1998, 2; Ruffert Vw 2001, 453; Erichsen/Ehlers § 21 Rn 71; Fastenrath Vw 1998, 277, 301; Neßler NVwZ 1995, 863; Becker DVBl 2001, 855; Dünchheim DVP 2004, 202; Zuleeg VVDStRL 1994, 165, Sydow DÖV 2006, 66.

[65] Zumeist löst der Erlass eines transnationalen VA mit Anerkennungsvorbehalt in den übrigen Mitgliedstaaten eine Sperrwirkung aus, die verhindert, dass in den Mitgliedstaaten divergierende Entscheidungen transnationale Anerkennung beanspruchen, vgl Sydow, DÖV 2006, 66; Röhl, in Grundlagen II, § 30 Rn 50 ff.

[66] Zu transnationalen Wirkungen in Drittländern nach § 53c KWG vgl Kment, Grenzüberschreitendes Verwaltungshandeln, 2010, 489 ff.

[67] Art 3 I und II für Sanierungsmaßnahmen und Art 9 I, Art 10 für Liquidationsmaßnahmen der RL 2001/24/EG; vgl dazu auch Lindemann, in: Boos/Fischer/Schulte-Mattler, Kreditwesengesetz 3. Auflage 2008, § 46d Rn 1 ff.

Echte transnationale Wirkung[68] entfaltet auch die allerdings eher seltene transnationale Genehmigung im **Personen- und Güterbeförderungsrecht.**[69] Andere Verkehrsbereiche wie zB das Luftverkehrsrecht kennen sowohl die automatische Anerkennung (Art. 15 MusterV-Luft), als auch Anerkennungsentscheidungen mit Prüfvorbehalt (Art. 16 MusterV-Luft).[70] Transnationale Verwaltungsentscheidungen finden sich auch im **Produkt- und Lebensmittelsicherheitsrecht.** Typischerweise wird die Einhaltung europäischer Standards durch Zertifizierung oder Kennzeichnung der Produkte festgelegt. Maßgeblich ist in der EU die **„CE-Kennzeichnung";** die damit gekennzeichneten Güter und Waren gelten als uneingeschränkt verkehrsfähig. Weder Einfuhr noch Verbreitung dürfen von den übrigen Mitgliedsstaaten beschränkt oder behindert werden.[71] Die ebenfalls häufig statuierten Gleichwertigkeitsklauseln haben zwar Anerkennungspflichten zur Folge, fallen aber nicht unter den Begriff des transnationalen VA im engeren Sinne.[72] **34c**

c) VA unter Anerkennungsvorbehalt. aa) Aufenthalts- und Asylrecht. **34d** Praktisch wichtigstes Beispiel dürfte derzeit die Anerkennung von Entscheidungen im Bereich des Aufenthaltsrechts sein. Das sog **Schengen-Visum** nach Art 10 des Schengen-Durchführungsübereinkommens (SDÜ) führt im Prinzip zu einem Aufenthaltsrecht in sämtlichen Schengenstaaten.[73] Danach erkennen alle Mitgliedstaaten des Schengen-Raums Aufenthaltserlaubnisse grundsätzlich ohne eigene Prüfung an, die von einzelnen von ihnen ausgestellt wurden, und erteilen ggf auf dieser Grundlage eigene Aufenthaltstitel (vgl zB § 38a AufenthG). Zur Bindungswirkung einer ausländischen **Flüchtlingsanerkennung** BVerwGE 150, 29.

bb) Zulassung von Arzneimitteln und Chemikalien. Im Arzneimittelrecht sehen die sog Arzneikodices 2001 (RL 2001/82/EG und RL 2001/83/EG) vor, dass für ein Medikament zunächst in einem Mitgliedstaat ein Zulassungsverfahren durchgeführt wird. In den übrigen Mitgliedstaaten kommt es danach nur noch zu **nachgelagerten Anerkennungsverfahren,** in denen nur eine begrenzte Prüfung stattfinden darf. Für den negativen Ausgang des nachgelagerten Anerkennungsverfahrens ist ein besonderes Divergenzbereinigungsverfahren vorgesehen, damit am Ende eine einheitliche Entscheidung über die Zulassung für die gesamte EU erreicht wird. Hier liegt wegen der Notwendigkeit mitgliedstaatlicher Anerkennungsentscheidungen noch keine echte Transnationalität vor.[74] Ein ähnliches Verfahren ist in der **Pestizid-RL** 91/414/EWG (vgl § 15b PflanzenschutzG) und in der **Biozid-Richtlinie** RL 98/8/EG für bestimmte Chemikalien (vgl §§ 12a ff ChemG) vorgesehen. Weiteres aktuelles Beispiel ist die **Freisetzungsgenehmigung** für genetisch veränderte Organismen.[75] **34e**

---

[68] StBS EuR Rn 182 nehmen eine „echte" transnationale Wirkung von VAen nur an, wenn sie unmittelbar unionsrechtlich angeordnet sind, ohne dass es eines nationalen gesetzlichen Umsetzungsaktes bedürfte. Dies ist unglücklich, weil es für die echte Transnationalität nicht auf den Geltungsgrund, sondern auf die tatsächlich unmittelbare Geltung ankommt.

[69] S Art 3a der EWGV 684/92 (Personenbeförderung), sowie Art 3 der EWGV 881/92 (Güterbeförderung) bzw Art 1 der RL 95/18 EG betreffend der Genehmigung von Eisenbahnunternehmen.

[70] Vgl Kment Grenzüberschreitendes Verwaltungshandeln, S 477 ff.

[71] Vgl Art 3 Abs 5 RL 1999/36 EG (ortsbewegliche Druckgeräte zum Transport gefährlicher Güter), Art 4 RL 88/378/EWG (Spielzeugrichtlinie).

[72] Vgl zur Unterscheidung auch: Koch, Die grenzüberschreitende Wirkung von nationalen Genehmigungen für umweltbeeinträchtigende industrielle Anlagen, 2010, S 129 ff.

[73] S hierzu näher Huber NVwZ 1996, 1069.

[74] S näher Sydow DÖV 2006, 66, 68.

[75] In Umsetzung der RL 2001/18/EG (Freisetzungs-Richtlinie) erteilt das Bundesamt für Verbraucherschutz nach §§ 14 ff GenTG iVm der Gentechnik-BeteiligungsVO Genehmigungen für die Freisetzung, vgl dazu Schmieder, UPR 2005, 49; Lienhard NuR 2002, 13.

34f **cc) Anerkennung von Fahrerlaubnissen.** Im Fahrerlaubnisrecht sieht Art 2 I der EG-Führerschein-RL[76] vor, dass die von den Mitgliedstaaten ausgestellten Führerscheine in allen Mitgliedstaaten anerkannt werden[77] (vgl § 28 I FeV). In Erkenntnis der Missbrauchsproblematik und zur Bekämpfung des **Führerschein-Tourismus** sieht Art 11 IV UAbs 2 der 3. Führerschein-RL der Europäischen Gemeinschaften (Richtlinie 2006/126/EG) vor, dass ein Mitgliedstaat die Anerkennung der Gültigkeit eines Führerscheins ablehnt, der von einem anderen Mitgliedstaat einer Person im Falle eines Wohnsitzverstoßes oder nach vorherige Fahrerlaubnisentziehung oder -beschränkung im Inland ausgestellt wurde (vgl §§ 28 ff FeV).[78] Die Richtlinie verbietet es einem Mitgliedstaat, die einem Unionsbürger nach Ablauf einer Sperrfrist für die **Wiedererteilung der Fahrerlaubnis** in einem anderen Mitgliedstaat erworbene Fahrerlaubnis nicht anzuerkennen, wenn der Unionsbürger seinen Wohnsitz in dem anderen Mitgliedstaat hat.[79]

35 **dd) Anerkennung von Berufsqualifikationen.** Diplome, akademische Grade usw müssen nach Maßgabe der Berufsanerkennungsrichtlinie (RL 2005/36/EG) grundsätzlich in allen anderen Mitgliedstaaten akzeptiert werden.[80] Dies dient der Durchsetzung der Dienstleistungs- und der Niederlassungsfreiheit. Gem Art 4 Abs 1 RL 2005/36/EG kann der Begünstigte im Aufnahmestaat denselben Beruf wie den, für den er im Herkunftsland qualifiziert ist, aufnehmen und ausüben, wenn seine Berufsqualifikation anerkannt (worden) ist. Die Anerkennung setzt voraus, dass die Tätigkeiten vergleichbar sind. Maßgeblich ist hier, ob die abgelegten Prüfungen und Zulassungskontrollen denen des eigenen Mitgliedstaates gleichwertig sind (Art 13, 4 Abs 2 RL 2005/36/EG). Die Gleichwertigkeit der Ausbildungsnachweise wird durch die Voraussetzungen des Art 13 Abs 1 S 2, Abs 2 herbeigeführt. Bei angenommener Gleichwertigkeit muss der Mitgliedstaat auf eigene Kontrollen verzichten,[81] die Berufsqualifikation im eigenen Staat somit anerkennen. Zur Erleichterung der ständigen Ausübung des **Rechtsanwaltsberufs** in einem anderen Mitgliedsstaat wurde die RL 98/5/EWG erlassen. Nach Art 3 RL 98/5/EWG ist als nationale Behördenentscheidung die Eintragung in ein Verzeichnis vorgesehen.

35a **ee) Nationale Anerkennungsverfahren** sind damit nicht grundsätzlich ausgeschlossen. So sieht die Art 14 der RL 2005/36 EG vor, dass der Aufnahmestaat Eignungsprüfungen oder Anpassungslehrgänge verlangen kann, wenn es zwischen den Mitgliedsstaaten Unterschiede in Ausbildungsdauer, -inhalt oder im Umfang der reglementierten Berufstätigkeit gibt (vgl zB § 22c HwO). Ist ein Anerkennungsverfahren nach nationalem Recht obligatorisch, sind für EU-Angehörige in der Regel **Gleichwertigkeitsklauseln** vorgesehen, die eine Anerkennung erleichtern. Entsprechende Regelungen finden sich sowohl im Landesrecht[82] als auch im Bundesrecht bspw in der Laufbahnbefähigungsaner-

---

76 RL 2006/126/EG.

77 EuGHE I-2004, 5205; EuGH NJW 2006, 2173; näher Heilbronner NJW 2007, 1089.

78 VGH München, B v 16.2.2016, 11 CE 16.15, juris, zur Möglichkeit einer vorläufigen Feststellung der fehlenden Fahrerlaubnis nach § 28 FeV und zur fehlenden Möglichkeit einer vorläufigen Feststellung einer bestehenden Fahrerlaubnis im Streit um die Anerkennung einer ausländiischen Fahrerlaubnis. Überblick über die aktuelle Rspr bei Koehl NZV 1015, 7.

79 EuGH NJW 2012, 1935 mit Anmerkung von Dauer NJW 2012, 1940; Geiger DAR 2012, 325.

80 Pernice/Kadelbach DVBl 1996, 1101, 1110.

81 Sydow, Verwaltungskooperation in der Europäischen Union, 2004, S 30.

82 ZB § 9 BremPPV, nachdem Prüfingenieure aus dem Ausland neben der Tätigkeitsanzeige einen Nachweis über die Gleichwertigkeit der Ausbildung zu bringen haben; § 4 Abs 2, 3 HmbArchG für die Anerkennung von Berufsabschlüssen einer Architektenausbildung.

kennungsverordnung, die EU-Bürgern auch den Weg zur Laufbahn im Öffentlichen Dienst des Bundes eröffnet. Für die Vergabe von Aufträgen an Architekten verweist die VOF in § 23 auf die Anerkennungsgesetze der Länder. Diese sehen entweder einen Nachweis über die Berufsqualifikation vor, oder für den Fall einer fehlenden Reglementierung im Herkunftsstaat, einen Nachweis über berufspraktische Tätigkeit, vgl zB § 9 Abs 2 HmbArchG.

Der Behörde verbleibt bzgl. der Anerkennung bzw der Zulassung der Tätigkeit **zumeist kein Entscheidungsspielraum.** Bei der Bestellung Öffentlicher Sachverständiger gem. § 36a GewO ist die Berechtigung im Herkunftsstaat als Sachverständiger tätig zu sein ausreichend für den Nachweis der Sachkunde nach nationalem Recht. Entsprechende Bescheinigungen sind – ohne weitere Prüfung – anzuerkennen (vgl § 36a I 2 Nr 1 GewO). 35b

III. Der VA im System der Handlungsformen

1. Der VA im Verhältnis zu anderen Handlungsformen. Der VA stellt das zentrale Element im System verwaltungsrechtlicher Handlungsformen dar. Die übrigen Handlungsformen der Verwaltung haben sich im Wesentlichen um den VA-Begriff herum entwickelt und lassen sich materiell durch das **Fehlen bestimmter für den VA typischer Merkmale** charakterisieren. Für das schlichthoheitliche Handeln ist zB das Fehlen einer Regelung typisch, für innerdienstliche Anordnungen das Fehlen der Außenwirkung, für vertragliche Regelungen das Fehlen der Einseitigkeit, für VO und Satzung das Fehlen der Einzelfallbezogenheit, für privatrechtliches Handeln das Fehlen der Öffentlichrechtlichkeit usw. Allerdings gilt das nur insoweit, als der **Gesetzgeber** selbst generell oder im Einzelfall keine andere Zuordnung vorgenommen hat. Wie bereits oben (Rn 3) dargelegt, ist der Gesetzgeber selbst nicht gehindert, für bestimmte von ihm selbst vorgesehene Maßnahmen oder für seine eigene Normsetzung eine **von den materiellen Kriterien abweichende Qualifizierung** vorzunehmen bzw anzuordnen. 36

Das VwVfG regelt neben dem VA nur den Verwaltungsvertrag (§§ 54 ff). Das schlichthoheitliche Handeln in seinen vielfältigen Erscheinungsformen ist dagegen verfahrensrechtlich im VwVfG gar nicht und im Fachrecht auch nur rudimentär geregelt. Gleiches gilt für Regelungen im Innenbereich der Verwaltung (s unten Rn 125 ff). Für normatives Handeln der Verwaltung, also den Erlass von Rechtsverordnungen und Satzungen, gelten die Regelungen des Verfassungsrechts bzw des Kommunalrechts. Für die verfahrensrechtlich nicht näher geregelten Handlungsformen stellt sich jeweils die Frage, ob die formellen und materiellen Anforderungen an die Rechtmäßigkeit von VAen auch für sie Geltung beanspruchen können, ob zB eine analoge Anwendung in Betracht kommt.[83] Neuerdings wird in der Literatur versucht, die Handlungsformenlehre weiter zu entwickeln und dabei weitere Kategorien zu bilden.[84] Ob diese Bemühungen erfolgreich sein werden, hängt vor allem davon ab, ob sich die neuen Kategorien hinreichend eindeutig bestimmten Rechtsregeln zuordnen lassen. 37

2. Abschluss von Verträgen. Verträge kommen durch übereinstimmende Willenserklärungen der Vertragsparteien zustande. Das gilt auch für Verträge iS von §§ 54 ff. Die auf einen Vertragsabschluss gerichtete Willenserklärung der Behörde ist kein VA, auch wenn es um den Abschluss eines Verwaltungsvertrags 38

---

[83] Ebenso StBS § 1 Rn 155 ff; Knack/Henneke vor § 9 Rn 7; weiter wohl FKS Einl Rn 63. Gegen eine analoge Anwendung der §§ 44 ff in der Bauleitplanung Möller NordÖR 2009, 242.

[84] So zB Fehling, Grundlagen II, § 38, für das informelle Verwaltungshandeln; Ernst, Die Verwaltungserklärung, 2008, für die verwaltungsrechtliche Willenserklärung. S auch Szczekalla, Handlungsformen im europäischen Verwaltungsrecht, in Terhechte, § 5.

geht (vgl § 54 Rn 21). Es handelt sich dann vielmehr um eine öffentlich-rechtliche Willenserklärung, auf die zunächst die Vorschriften des VwVfG und ergänzend gem § 62 S 2 die Regelungen der §§ 116 BGB anwendbar sind.[85] Auch die Entscheidung der Behörde, mit einem Partner, dem gegenüber sie auch einen VA erlassen könnte, einen Vertrag zu schließen, ist selbst mangels Außenwirkung kein VA. Zu den verwaltungsrechtlichen Verträgen s näher §§ 54 ff.

38a **3. Schlichthoheitliches Handeln. a) Erscheinungsformen.** Gemeinsam ist den Erscheinungsformen schlichthoheitlichen Handelns das Fehlen einer verbindlichen Regelung (s hierzu Rn 88). Im Übrigen ist schlichthoheitliches Handeln derart vielfältig, dass es schwer fällt, generell geltende formelle und materielle Regeln zu finden. Die Kategorie des schlichthoheitlichen Handelns umfasst nicht nur hoheitliche **Realakte,** zu denen auch das öffentlich-rechtlich Informationshandeln in seinen vielfältigen Ausprägungen gerechnet werden kann (s näher Einf I Rn 71 ff), sondern auch das weite Spektrum **informeller Absprachen und Vereinbarungen** innerhalb oder außerhalb von Verwaltungsverfahren (Einf I Rn 74) und die nicht regelnden **verwaltungsrechtlichen Willenserklärungen** (s unten Rn 44). Ob sie einer gesetzlichen Ermächtigung bedürfen, lässt sich ebenso wenig allgemein beantworten wie die Frage, ob die auf VAe zugeschnittenen verfahrensrechtlichen Anforderungen analog auf sie angewendet werden können.

39 **aa) Realakt.** Als Realakte werden solche Verwaltungsmaßnahmen bezeichnet, die nicht auf das Bewirken einer Rechtsfolge, sondern **auf einen tatsächlichen Erfolg gerichtet** sind (zB öffentlicher Straßen- und Sielbau, die Durchführung einer Abschiebung, einer Sicherstellung, die Teilnahme der Polizei oder Feuerwehr am Straßenverkehr, s auch Rn 91).[86] Maßgeblich für die Abgrenzung zum VA ist der fehlende Regelungsgehalt, allerdings muss ein Realakt auch nicht auf einen Einzelfall beschränkt sein oder einseitig erfolgen (Maurer § 15 Rn 1). Schwierigkeiten bereitet bei Realakten die Einordnung als öffentlich-rechtliche oder privatrechtliche Tätigkeit.[87] Davon hängt ab, vor welchem Gericht im Falle der Rechtswidrigkeit der Maßnahme Folgenbeseitigungs-, Unterlassens-, Schadensersatz-, oder Entschädigungsansprüche geltend gemacht werden können. Solange keine Rechte und Rechtsgüter Dritter beeinträchtigt werden, bedürfen **Realakte keiner speziellen Ermächtigungsgrundlage.** Kommt es zu einer rechtswidrigen Schädigung, stellt sich die Haftungsfrage. Etwas anderes gilt für Realakte, bei denen Rechtsbeeinträchtigungen nicht ungewollt oder zufällig „passieren", sondern von vornherein einkalkuliert werden müssen. Für sie ergibt sich wie für belastende VAe ein Ermächtigungserfordernis, wenn es tatsächlich zu einem Eingriff kommt. Das ist bei den damit ausgelösten faktischen Beeinträchtigungen aber nicht immer leicht festzustellen, weil es hierbei auch auf die **Reichweite grundrechtlicher Gewährleistungen** ankommt.[88] So ermächtigen § 35 Abs 1 S 2 ProdSG die Behörden zur Warnung vor Produkten bei Gefahren für Gesundheit und Sicherheit oder §§ 35, 38 StVO die Polizei zur Inanspruchnahme von Sonderrechten (Blaulicht usw). S näher Einf I Rn 72.

40 **bb) Informelle Absprachen.** Informales Verwaltungshandeln, zu dem als wichtigste Erscheinungsform die informelle Absprache zählt, findet man nicht

---

[85] Näher Ernst, Die Verwaltungserklärung, 2007, der allerdings eine Abgrenzung zur einfachen verwaltungsrechtlichen Willenserklärung vornehmen will (S 89).

[86] Bull/Mehde § 7 Rn 280; Erichsen/Ehlers § 3 Rn 58; FKS 54; Rasch DVBl 1992, 207; WBSK I § 57 Rn 1.

[87] Zum sog hybriden Verwaltungshandeln vgl Scherer NJW 1989, 2724.

[88] Beispielhaft BVerfG NJW 2002, 2626 (Osho) für Warnung vor Sekten und BVerfG NJW 2002, 2621(Glykol) für Produktwarnung; Schink DVBl 2011, 253; kritisch Kahl, Der Staat 43, 167; Huber JZ 2003, 290.

selten vor Erlass, gelegentlich sogar an Stelle einer behördlichen Entscheidung.[89] Besondere Bedeutung haben informelle Absprachen bei großen Projekten im Wirtschaftsverwaltungs- und Umweltrecht, zB im Vorfeld einer Genehmigungserteilung oder einer nachträglichen Anordnung nach dem BImSchG.[90] Als **Form kooperativen Verwaltungshandelns** sind derartige Absprachen nach zutreffender hM[91] **im Grundsatz ohne besondere gesetzliche Ermächtigung zulässig,** rechtlich allerdings nicht verbindlich.[92] Gerade dadurch unterscheiden sie sich vom öffentlich-rechtlichen Vertrag, dessen Regelungen nicht ohne weiteres auf informelle Absprachen angewendet werden können (s näher § 54 Rn 24 ff). Allerdings werden durch informelle Absprachen und Vereinbarungen regelmäßig faktische Bindungen herbeigeführt.[93] Diese Bindungen können insbesondere Auswirkungen auf die Rechtmäßigkeit der späteren Umsetzungsentscheidung (VA oder öffentlich-rechtlicher Vertrag) haben, soweit der Behörde ein Entscheidungsspielraum zusteht (Einf I Rn 74; § 40 Rn 82, 86).

cc) **Verwaltungsrechtliche Willenserklärungen** sind auf die Herbeiführung einer Rechtsfolge auf dem Gebiet des Verwaltungsrechts gerichtet.[94] Sie können vom Bürger (Steuererklärung, Antrag im Verwaltungsverfahren, Zustimmung zum mitwirkungsbedürftigen VA usw) oder von der Verwaltung (Zusagen, Verwaltungsvorschriften, gemeindliches Einvernehmen usw) abgegeben werden. Der VA umfasst alle Merkmale einer Willenserklärung, umgekehrt weist eine Willenserklärung nicht notwendigerweise alle Merkmale eines VA auf (Kluth NVwZ 1990, 608 f). Die bloße verwaltungsrechtliche Willenserklärung **entfaltet** anders als der VA **keine Verbindlichkeit,** sondern löst lediglich gesetzlich vorgesehene Rechtsfolgen aus. Das VwVfG enthält, abgesehen von § 62 S 2 keine Regelungen zu Willenserklärungen. Ob und inwieweit die Vorschriften des VwVfG analog anwendbar sind, ist noch nicht allgemein geklärt.[95] Für ihre Auslegung sind §§ 133, 157 BGB entsprechend anzuwenden.[96] Grds gilt, dass Willenserklärungen formfrei sind. Für VAe gelten indes §§ 37 Abs 2 und für den Zugang die Regelungen in §§ 43, 41. (Vgl zur Abgrenzung zum VA auch Rn 105). 41

b) Der VA als vorgeschalteter Entscheidungsakt? Problematisch ist, ob und ggfs in welchen Fällen anzunehmen ist, dass der Entscheidungsakt, der einem nicht regelnden schlichthoheitlichem Handeln (Realakt) notwendigerweise vorausgeht, VA-Qualität hat. So geht der Erteilung oder Verweigerung einer **Auskunft** stets die Entscheidung darüber voraus, ob dem Betroffenen die gewünschte Auskunft erteilt werden soll oder nicht, einer **Geldleistung** die Entscheidung darüber, ob die Zahlung geleistet werden soll, dem Schlagstockeinsatz der Polizei die Entscheidung darüber, dass diese Form des unmittelbaren 42

---

89 Erichsen/Ehlers § 37 Rn 5; Fehling, Grundlagen II, § 38; Bohne VerwArch 1984, 343; StBS § 9 Rn 172; Maurer § 15 Rn 14; Kautz, Absprachen im Verwaltungshandeln, 2002; Bulling DÖV 1989, 277; Rossen-Stadtfeld VerwArch 2006, 23.

90 Rybak, Rechtsstaat am Verhandlungstisch, 2007; Kantz, Absprachen im Verwaltungsrecht, 2002; Lübbe-Wolff NuR 1989, 295; Bohne VerwArch 1984, 343; Henneke NuR 1991, 267; Tegethoff BayVBl 2001, 644; Boner VerwArch 1987, 241; Ossenbühl UTR 1987, 27.

91 Fehling, Grundlagen II § 38 Rn 69 ff; **aA** Schoch, Handbuch des Staatsrechts, § 37 Rn 133; Huber ZG 245, 254.

92 Maurer § 15 Rn 20; Erichsen/Ehlers § 37 Rn 7.

93 Die Herbeiführung dieser faktischen Bindung ist gerade das Ziel der Absprachen; s hierzu Fehling, Grundlagen II § 38, Rn 8.

94 OVG Münster NVwZ 1987, 608; Erichsen/Ehlers § 28 Rn 1 mwN; Ernst, Die Verwaltungserklärung, 2008, passim; Kluth NVwZ 1990, 608, 609.

95 Hierzu ausführlich Ernst, Die Verwaltungserklärung, 2008, S 451 ff.

96 BVerwGE 49, 244, 247; 108, 1, 6; OVG Weimar NVwZ-RR 2003, 232; Krause VerwArch 1970, 297, 322.

Zwangs zur Anwendung kommen soll (vgl BVerwGE 26, 161 – Schwabinger Krawalle). Gleiches gilt für die Entscheidung über den Antrag auf Akteneinsicht, die Sammlung und Aufbewahrung erkennungsdienstlicher Unterlagen oder die Ablehnung ihrer Vernichtung. Eine vergleichbare Frage stellt sich bei der **Abgabe schuldrechtlicher Willenserklärungen.** So geht dem Abschluss des öffentlich-rechtlichen Vertrages die Entscheidung darüber voraus, dass eine auf den **Vertragsschluss** gerichtete Willenserklärung abgegeben werden soll. Gleiches gilt etwa für die Erklärung der **Aufrechnung** in den Fällen des § 19 BAföG. In diesen Fällen stellt sich jeweils die Frage, ob die dem Handeln vorausgehende Entscheidung bereits VA-Qualität hat. Diese Frage hat vor allem Bedeutung für die Form des verwaltungsgerichtlichen Rechtsschutzes.

43 **aa) Bisher herangezogene Kriterien.** In der älteren Literatur und Rspr wurde zumeist ein vorgelagerter konkludent erlassener VA angenommen.[97] Teilweise wird auch darauf abgestellt, **ob ein Antrag abgelehnt wird (dann VA)** oder ob die beantragte schlichthoheitliche Maßnahme ohne weiteres durchgeführt wird (dann kein VA).[98] Bei Zahlungen wird zumeist ein vorgeschalteter verbindlicher Gewährungsakt angenommen, zB in der **Auszahlung der Aufwandsentschädigung** für die Teilnahme an einer Sitzung ohne vorangegangene Entscheidung darüber;[99] in der „einfachen" Auszahlung der beantragten Sozialhilfeleistung uä, ohne dass darüber vorher durch Bescheid entschieden wurde **(Schalter-VA);**[100] in der Überweisung eines Geldbetrags ohne vorherige ausdrückliche Entscheidung durch VA darüber;[101] in der **Zahlung von Zinsen** auf von der Behörde zu erstattende Geldbeträge;[102] in der **Rückzahlung** (Erstattung) zuviel bezahlter Lohnsteuer im Rahmen des Lohnsteuerjahresausgleichs[103] oder zu viel bezahlter Rundfunkgebühren (**aA** OVG Münster DÖV 1982, 124: kein VA); in der **Rechnungstellung** mit hoheitlicher Zahlungsaufforderung (BVerwG NVwZ 1988, 51) bzw in der **Zusendung einer Kostenrechnung** für hoheitliche Maßnahmen[104] oder für Gebühren;[105] in der **Honorarabrechnung** einer von der Kassenärztlichen Vereinigung damit beauftragten Zentrale für Leistungen des ärztlichen Notfalldienstes (BSG NJW 1993, 813). Bei Verweigerung einer Auskunft kommt es, sofern keine besondere fachrechtlichen Regelungen bestehen (näher § 29 Rn 45 ff) darauf an, ob damit **verbindlich über das Bestehen eines Auskunftsanspruchs entschieden** oder lediglich die Erteilung spontan abgelehnt worden ist;[106] ebenso bei der Verweigerung der

---

[97] BVerwGE 31, 301, 306; 74, 115; BVerwG NJW 1990, 2761.

[98] BVerwGE 26, 169; offengelassen BVerwGE 77, 268; VGH Kassel NJW 1993, 3011 für Ablehnung der Vernichtung von Unterlagen, weitere Bsp bei StBS 101.

[99] OVG Berlin NVwZ 1982, 253; Knack/Henneke 85; kritisch Renck NVwZ 1982, 236.

[100] BSG NVwZ 1987, 927 unter Aufgabe der früheren abw Auffassung; OVG Berlin NVwZ 1982, 253; Knack/Henneke 85 mwN.

[101] Ruland JuS 1987, 919; Kopp DVBl 1990, 1189; Knack/Henneke 85.

[102] Vgl BVerwG DVBl 1993, 1363 Klage auf Zinszahlung als Klage auf Erlaß eines entsprechenden Zinsbescheids zu behandeln.

[103] BFH NJW 1974, 1784 mwN: auch bei irrtümlicher Auszahlung an einen falschen Empfänger; vgl auch BGH NJW 1978, 1385.

[104] BVerwGE 48, 248 zu einer Kostenrechnung über Abschleppkosten; VGH München BayVBl 1984, 559; 1988, 180: als Kostenbescheid zu verstehen.

[105] BVerwG NVwZ-RR 1990, 439: Gebührenrechnung des Schornsteinfegers für das Ausbrennen von Kaminen.

[106] BVerwGE 31, 306; 74, 118; BVerwG DVBl 1990, 711; BGH NJW 1987, 259; BFH BStBl II 1975, 673; VGH Mannheim DVBl 1992, 1309 zur Auskunft an den Betroffenen über ihn betreffende gespeicherte Daten; OVG Bremen NVwZ 1983, 358; NJW 1987, 2392; VGH München BayVBl 1972, 364; 1983, 402: Ablehnung als VA; BayVBl 1984, 758; NVwZ 1990, 778; VGH Mannheim NVwZ-RR 1993, 466; Kunkel VBlBW 1992, 47; zur Ablehnung einer Auskunft unter Hinweis auf das Steuergeheimnis auch BFH NJW 1979, 735; Martens NVwZ 1982, 483 mwN; vgl auch BFH 108, 520; im Ergebnis auch

Akteneinsicht.[107] Ablehnung mit Rechtsmittelbelehrung deutet idR auf Verbindlichkeit hin (BVerwGE 77, 268; ähnlich wohl StBS 99 ff zur Vernichtung erkennungsdienstlicher Unterlagen).

bb) Maßgeblichkeit des Fachrechts. Richtigerweise kann es weder darauf ankommen, ob die Entscheidung über die Vornahme eines tatsächlichen Handelns positiv oder negativ ausgeht, oder ob sie eine Ermessensbetätigung erfordert oder nicht. Auch Ermessensentscheidungen müssen nicht notwendig in der Form eines VA getroffen werden. Vielmehr ist darauf abzustellen, ob das **maßgebliche Recht** dem Bürger einen **unmittelbaren Anspruch auf das begehrte schlichthoheitliche Handeln** einräumt, oder ob sich der Anspruch auf den Erlass eines VA richtet. Aus Sicht der Verwaltung ist zu fragen, ob sie zu einem schlichthoheitlichen Handeln ermächtigt wird oder auch zu einer verbindlichen Entscheidung durch VA über ein solches Handeln. Dies ist durch Auslegung der maßgeblichen Vorschriften zu ermitteln. Teilweise ist im Fachrecht vorgesehen, dass ein solches Handeln den vorherigen Erlass eines VA voraussetzt.[108] So ist zB die Entscheidung über das Ob und Wie einer Auskunftserteilung nach dem IFG (vgl § 7 IFG), VIG ein VA, die Informationserteilung selbst in Ermangelung einer eigenständigen Regelung Realakt (Mühlbauer DVBl 2009, 354, 355; Wustmann BayVBl 2009, 5, 9). Dasselbe wird für die Entscheidung auf einen Antrag nach § 4 UIG gelten (Ziekow/Debus in Fluck/Theuer, Informationsfreitsrecht, Stand 5/2010, UIG, § 6 Rn 35 ff, 49; **aA** Scherzberg in Fluck/Theuer, UIG § 4 Rn 13). 44

c) Unmittelbare Zwangs- und Vollzugsmaßnahmen. Zweifelhaft ist, ob und unter welchen Voraussetzungen unmittelbare Zwangs- oder Vollzugsmaßnahmen heute noch als VAe anzusehen sind. Dies gilt etwa für die Ausübung sofortigen oder unmittelbaren Zwangs durch eine Behörde;[109] für polizeiliche oder sonstige hoheitliche Vollzugsmaßnahmen als Maßnahmen zur Durchsetzung eines entsprechenden stillschweigenden Gebots oder Verbots,[110] zB den Knüppelschlag als Vollzug eines Platzverweises (BVerwGE 26, 165 hatte dies noch als VA angesehen); für die zwangsweise Vorführung zur Musterung (BVerwGE 82, 244); für das Aufbrechen eines Kfz durch die Polizei;[111] für das Abschleppen bzw die Veranlassung des Abschleppens eines falsch geparkten Kfz;[112] für die Foto- und Videoüberwachung und die Polizeibegleitung einer Demonstration (VG Bremen NVwZ 1989, 895); für die Inbesitznahme eines Grundstücks für den Wegebau;[113] für die Sammlung, Aufbewahrung oder Vernichtung erkennungsdienstlicher Unterlagen wie Fingerabdrücke, Lichtbilder uä auf Antrag des Betroffe- 45

Robbers DÖV 1987, 276, der Handlungen dieser Art nur als VA-ähnliche behandeln will; **aA** König BayVBl 1993, 268; kritisch ME VerwArch 1969, 388; Erichsen/Ehlers § 36 Rn 1; Bettermann DVBl 1969, 703; Fiedler NJW 1981, 2098.

107 BVerwG NJW 1982, 120; VGH München NVwZ 1990, 776: kein VA, da keine Regelungswirkung.

108 So wird über Anträge über Auskünfte nach dem VIG durch VA entschieden (§ 4 VIG).

109 Differenzierend StBS 93: VAe, soweit sie Rechte und Pflichten festsetzen; s auch die folgenden Beispiele; **aA** Pietzner VerwArch 1991, 291: keine VAe, sondern Verwaltungsrealakte; ebenso König BayVBl 1993, 268.

110 BVerwGE 26, 164; OVG Lüneburg NVwZ 1990, 787; **aA** Stern 4 IV 2b, aa; Renck JuS 1970, 113 und BayVBl 1973, 268; Robbers DÖV 1987, 276: bloße Realhandlung.

111 OVG Münster DAR 1980, 223; Kowalczyk/Knemeyer BayVBl 1985, 31; Schäfer BayVBl 1989, 742; **aA** offenbar Obermayer/Funke-Kaiser 28 zu § 9.

112 BVerwG NJW 1978, 656; 1982, 348; BayVBl 1989, 248; VGH Kassel NVwZ 1987, 911; OVG Münster NJW 1982, 2277; zT **aA** für den Fall, daß der Adressat nicht sofort erreicht werden kann, Schäfer BayVBl 1989, 742.

113 Vgl MuLö BayVBl 1982, 573: VA, wenn zugleich als verbindliche Feststellung des entsprechenden gemeindlichen Anspruchs gewollt; **aA** offenbar VGH Kassel NVwZ 1982, 565: nur tatsächliche Handlung.

nen;[114] für Grenzvermarkungen;[115] für die Aufstellung eines Verkehrsschildes (BVerwGE 102, 316). Hier ist sorgfältig zwischen der eigentlichen Maßnahme und der vorangehenden oder konkludent erfolgenden Anordnung zu unterscheiden. Fehlt es an letzterer und kann sie auch bei lebensnaher Betrachtungsweise nicht konkludent in der Maßnahme selbst gesehen werden, liegt kein VA vor (vgl etwa BVerwG NJW 1997, 2534: Einsatz verdeckter Ermittler ist kein VA; näher Rn 113).

46 **4. Normatives Handeln der Verwaltung.** Probleme bereitet die Abgrenzung des VA zu den vielfältigen Formen normativen Handelns der Verwaltung.[116] Behörden können gesetzlich ermächtigt sein, Rechtsverordnungen zu erlassen, unterstaatliche Körperschaften und Anstalten des öffentlichen Rechts kann die Autonomie verliehen sein, Satzungen zu erlassen, schließlich können Behörden Verwaltungsvorschriften erlassen, die teilweise Außenwirkung haben können. Für diese Handlungsformen **gilt das VwVfG grundsätzlich nicht;** es ergeben sich aber Abgrenzungsprobleme zum VA, insbesondere zur Allgemeinverfügung nach § 35 S 2 (s zB VGH Mannheim NVwZ 2003, 115 mwN).

47 **a) Rechtsverordnungen.** Rechtsverordnungen sind Gesetze im materiellen Sinne, die von bestimmten Organen der Exekutive (zB Regierungen, Minister) auf der Grundlage und im Rahmen einer **besonderen gesetzlichen Ermächtigung** erlassen werden.[117] Zum Wesensmerkmal der Verordnung gehört, dass der Verordnungsgeber von einer ihm durch ein formelles Gesetz des Bundes oder eines Landes übertragenen Ermächtigung Gebrauch gemacht hat. Das ermächtigende Gesetz muss Inhalt, Zweck und Ausmaß der Ermächtigung hinreichend genau bezeichnen (Art 80 Abs 1 S 2 GG). Rechtsverordnungen erlauben eine im Vergleich zum Parlamentsgesetz schnellere Anpassung an die Veränderung tatsächlicher Verhältnisse und ermöglichen somit eine Entlastung des parlamentarischen Gesetzgebers.[118] Insbesondere im Umweltrecht sind RVOen von erheblicher Bedeutung (BImSchVOen und VOen zur Konkretisierung des KrWG). Die Vorschriften des VwVfG lassen sich auf Rechtsverordnungen grundsätzlich nicht übertragen. Eine fehlerhafte Rechtsverordnung ist im Regelfall nichtig;[119] sie wird von den Gerichten dann auf den konkreten Fall schlicht nicht angewendet. Zur Pflicht zur Aufhebung bei Wegfall der Voraussetzungen BVerwG NVwZ 2016, 609 für TrinkwasserschutzVO.

48 **b) Satzungen.** Satzungen sind ebenso wie Rechtsverordnungen abgeleitete Rechtsquellen, die allerdings im Unterschied zu diesen ausschließlich von **unterstaatlichen Körperschaften** (ggfs auch Anstalten) des öffentlichen Rechts (zB Kommunen, berufsständische Kammern, Sozialversicherungsträger) im Rahmen der ihnen durch ein Gesetz verliehenen Autonomie erlassen werden, und zwar

---

[114] Vgl BVerwGE 11, 181; 26, 169; 66, 192; BVerfGE 16, 94; VGH München NJW 1984, 2236; BayVBl 1983, 182; 1986, 337; 1993, 212; VGH Kassel DVBl 1993, 616: Ablehnung der Vernichtung als VA, Verpflichtungsklage auf dahingehende Entscheidung der Behörde; OVG Münster DÖV 1964, 278: die Ablehnung des entsprechenden Antrags ist VA; s auch Kopp/Schenke § 179 Rn 7; **aA** OVG Münster DÖV 1964, 278 zur Ablehnung der Vernichtung der Akten über eine Unterbringung; König BayVBl 1993, 268: eine sonstige Handlung, ein entsprechendes Begehren ist mit der allg Leistungsklage zu verfolgen.

[115] BVerwG DÖV 1972, 174; s auch BayObLG BayVBl 1982, 28: der Vermessungsnachweis ist ein VA; zum sog Veränderungsnachweis der Katasterbehörde s auch unten Rn 52.

[116] S zB aus rechtsvergleichender Sicht Pünder, Exekutive Normsetzung in den Vereinigten Staaten von Amerika und der Bundesrepublik Deutschland, 1995.

[117] Erichsen/Ehlers § 2 Rn 49; Maurer § 4 Rn 20 f; v Danwitz Jura 2002, 93.

[118] V Danwitz Jura 2002, 93, 94.

[119] Sog Nichtigkeitsdogma, vgl Maunz/Schmidt-Bleibtreu/Klein/Bethge, BVerfGG, Stand 2011, § 78 Rn 7; Ipsen, Rechtsfolgen der Verfassungswidrigkeit von Norm und Einzelakt, 1980, 23; Neuerdings wird versucht, die Folgen von Rechtsverstößen differenziert zu bewerten, vgl Schnelle, Eine Fehlerfolgenlehre für Rechtsverordnungen, 2007; Breuer, Nichtiges Gesetz und vernichtbarer VA, DVBl 2008, 555.

zur Regelung von **Angelegenheiten im Rahmen ihrer Selbstverwaltung** und mit Wirkung für die ihnen angehörenden oder unterworfenen Personen.[120] Praktische Bedeutung haben Satzungen vor allem in der gemeindlichen Selbstverwaltung (zB Hauptsatzungen, Bebauungspläne, Haushaltssatzung). Daneben finden sich Satzungen aber auch zur Regelung von Rechtsverhältnissen im Bereich der funktionalen Selbstverwaltung (Sozialversicherungsträger, Hochschulen, Anstalten etc).

Anders als Verwaltungsvorschriften können Satzungen **Außenwirkung** entfalten und die **Grundlage für Eingriffe** in Rechtspositionen von Bürgern sein (BVerfGE 94, 372, 380; BVerfG GesR 2012, 360). Problematisch kann die Abgrenzung zu Rechtsverordnungen sein, weil die unterstaatlichen Körperschaften des öffentlichen Rechts auch Adressaten gesetzlicher Verordnungsermächtigungen sein können. Ermächtigungen zum Erlass von **Regelungen im eigenen Wirkungskreis sind stets Satzungsermächtigungen.** Ermächtigung der Gemeinden auf dem Gebiet der öffentlichen Sicherheit in den Polizeigesetzen der Länder (zB über Sperrbezirke) sind VO-Ermächtigungen, solche über die Erhebung von Abgaben (zB in den KAG der Länder) sind Satzungsermächtigungen. 48a

c) Verwaltungsvorschriften. Verwaltungsvorschriften sind Regelungen mit Bindungswirkung innerhalb einer Verwaltungsorganisation. Ihre Bezeichnung ist sehr unterschiedlich. Teilweise werden sie als Allgemeine Verwaltungsvorschriften bezeichnet,[121] teilweise als Erlasse,[122] als (Dienst-)Anweisungen,[123] (Rund-) Verfügungen[124] oder (Technische) Anleitungen[125] bezeichnet. Entweder handelt es sich um Anordnungen **gegenüber nachgeordneten Behörden** oder **Anordnungen der Behördenleitung** oder auch nur einzelner Vorgesetzter an unterstellte Abteilungen oder Mitarbeiter.[126] Durch Verwaltungsvorschriften wird das Handeln der Verwaltung im Rahmen der Gesetze intern gesteuert. Ihr möglicher Inhalt ist außerordentlich vielfältig. Unterscheiden lassen sich verwaltungsinterne Anordnungen (Organisationserlasse, Verfahrensanordnungen, Verhaltensanweisungen), ermessenslenkende Verwaltungsvorschriften, norminterpretierende und normkonkretisierende Vorschriften.[127] Auch **Pläne ohne unmittelbare Außenwirkung** können in einem weiteren Sinn den Verwaltungsvorschriften zugeordnet werden.[128] 49

aa) Ermessenslenkende Verwaltungsvorschriften. Um eine gleichmäßige Anwendung von Ermessensermächtigungen zu gewährleisten, werden innerhalb der Behörden oder auch darüber hinaus für nachgeordnete Behörden Ermessensrichtlinien erlassen. Sie können bis ins Einzelne gehende Regelungen darüber treffen, wie bestehende Ermessensspielräume (bzw Beurteilungsspielräume) ausgeübt werden sollen.[129] Auf solche Richtlinien kann sich der Einzelne nicht un- 49a

---

[120] BVerfGE 33, 125, 156; Maurer § 4 Rn 24; Bull/Mehde § 6 Rn 220.

[121] So zB die Allgemeine Verwaltungsvorschrift zum BAföG (BAföGVwV).

[122] So zB die Windenergieerlasse der Länder (näher Saurer NVwZ 2016, 201 auch zur Bindungswirkung dieser Erlasse).

[123] So zB die Dienstanweisung zur Durchführung des Familienleistungsausgleichs nach dem X. Abschnitt des Einkommenssteuergesetzes (DA-FamEStG).

[124] Rundverfügung des Landes Rheinland-Pfalz zur Einkommensbesteuerung der Land- und Forstwirte.

[125] So zB die Technischne Anleitungen zur Reinhaltung der Luft (TA Luft) und zum Schutz gegen Lärm (TA Lärm).

[126] StBS § 1 Rn 212; Remmert Jura 2004, 728; Maurer § 24 Rn 1.

[127] Erichsen/Ehlers § 2 Rn 65.

[128] BVerwGE 128, 278; BVerwG NVwZ 2014, 64 zur Rechtsnatur von Luftreinhalteplänen; Jarass BImSchG § 47 Rn 47.

[129] Überblick bei Rogmann, Die Bindungswirkung von Verwaltungsvorschriften, 1998, 15 ff; StBS § 1 Rn 215.

mittelbar berufen; verlangen kann der Einzelne nur Gleichbehandlung mit anderen (zur sog Selbstbindung der Verwaltung § 40 Rn 77).

49b **bb) Norminterpretierende Verwaltungsvorschriften.** Dabei handelt es sich um Anweisungen zur Auslegung und Anwendung von Gesetzen vor allem bei unbestimmten Rechtsbegriffen, für die ein Entscheidungsspielraum iSd normativen Ermächtigungslehre (s hierzu näher § 40 Rn 10) nicht eröffnet ist (Bsp BAföGVwV). Derartige Vorschriften sind für die Gerichte nicht verbindlich; der Einzelne kann sich deshalb gegen Maßnahmen gerichtlich zur Wehr setzen, die zwar den Verwaltungsvorschriften entsprechen, aber keine zutreffende Auslegung und Anwendung des Gesetzes zur Folge haben.

49c **cc) Normkonkretisierende Verwaltungsvorschriften.** Die Figur der normkonkretisierenden Verwaltungsvorschriften ist von der Rspr für solche Vorschriften entwickelt worden, für die angenommen wird, dass sie eine gerichtlich nur begrenzt überprüfbare Konkretisierung unbestimmter Rechtsbegriffe enthalten (näher § 40 Rn 99 ff). Dies wird etwa angenommen für Verwaltungsvorschriften auf der Grundlage des § 48 BImSchG, wie zB die TA Luft oder die TA Lärm.[130] Diese Ansicht ist allerdings nicht unumstritten.[131]

IV. Die Begriffsmerkmale des VA

50 **1. Grundzüge, Regelungstechnik. a) Leitbild des VA.** Der Gesetzgeber hat in der Vorschrift den Versuch unternommen, diejenigen materiellen Begriffsmerkmale festzulegen, die regelmäßig vorliegen müssen, damit eine Maßnahme als VA angesehen werden kann mit der Folge, dass auf sie die verfahrensrechtlichen und prozessualen Regelungen für VAe zur Anwendung kommen. Die nachfolgend behandelten Begriffsmerkmale müssen deshalb nach **Sinn und Zweck der Vorschrift** so ausgelegt werden, dass sie zu einer Qualifizierung im Hinblick auf das gesetzgeberische Leitbild des VA beitragen können. Dabei ist zu berücksichtigen, dass heute – anders als in der Zeit vor dem Inkrafttreten des GG und der Generalklausel des § 40 VwGO – die Einordnung einer Maßnahme als VA nicht mehr erforderlich ist, um den Rechtsschutz gegen sie zu eröffnen (s oben Rn 8, 42). Soweit eine Maßnahme im Fachrecht als VA bezeichnet und damit dem für VAe geltenden Rechtsregime unterstellt wird, ist diese **spezielle Qualifizierung vorrangig.** Soweit sich Abgrenzungsprobleme ergeben, ist stets zu berücksichtigen, dass der **VA-Begriff ein Zweckbegriff** ist, der im Hinblick auf die für den VA typischen Wirkungen und Funktionen (s Rn 9 ff) ausgelegt werden muss.[132] Ob einer gesetzlich vorgesehenen Maßnahme, zB einem Plan, einer Schulnote, einem Organisationsakt, Verkehrszeichen oder der Ablehnung einer Auskunft, VA-Qualität zukommt oder nicht, lässt sich deshalb nicht allein anhand der Begriffsmerkmale des § 35 entscheiden, sondern muss stets auch danach beurteilt werden, ob der Maßnahme nach der gesetzlichen Regelung gerade die VA-typischen Funktionen zukommen sollen. Dass es dabei Abgrenzungsprobleme gibt, erklärt manche begriffliche Unstimmigkeit und Unklarheit in der Lehre zum VA-Begriff.

51 **b) Bedeutung der äußeren Form.** Wie bereits dargelegt (oben Rn 3), sind die Merkmale des VA materieller Natur. Ob sie vorliegen, ist nach dem **objektiven Erklärungswert** der Maßnahme zu beurteilen. Auf die Vorstellungen des Urhebers kommt es nur insoweit an, als diese ihren Niederschlag in der von der Außenwelt wahrnehmbaren Maßnahme gefunden hat. Maßgebend ist der Empfängerhorizont,[133] wobei nicht auf die individuellen Fähigkeiten und Eigenschaften des Adressaten, sondern auf eine Person mit durchschnittlichen Er-

---

[130] BVerwGE 129, 209; 114, 342; 110, 216; hierzu näher Jarass BImSchG § 48 Rn 42.
[131] S Kritik bei Koch GK § 48 Rn 71 ff.
[132] BVerwGE 3, 258, 262; 43, 248, 250; FKS 2.
[133] BVerwGE 12, 87, 91; BVerwGE 115, 274.

kenntnisfähigkeiten abzustellen ist. Dabei kommt es nicht nur auf die **äußere Form** der Entscheidung an, sondern **auch auf den Inhalt und die Gesamtumstände,** unter denen die Entscheidung getroffen wird (zB Gefährderanschreiben,[134] Merkblatt für Stadtmusikanten[135] als VA).

Wird eine Entscheidung, die materiell die Merkmale des VA-Begriffs nicht erfüllt, in die **äußere Form eines VA** gekleidet, so ist sie aus Gründen des effektiven Rechtsschutzes (Art 19 Abs 4 GG) für die Anfechtung wie ein VA zu behandeln. Der Betroffene kann also Widerspruch und Anfechtungsklage erheben, obwohl die materiellen Voraussetzungen des § 35 nicht erfüllt sind. Insoweit ist der VA-Begriff in §§ 42, 68, 113 VwGO also weiter als derjenige in § 35. Wird in der äußeren Form eines VA eine Regelung getroffen, ist also ein Bescheid mit Rechtsmittelbelehrung oder Vollstreckungsandrohung verbunden, so wird die Maßnahme dadurch zwar nicht zu einem VA, sie **muss aber jedenfalls für die Anfechtung wie ein VA behandelt** werden (s auch oben Rn 3a).[136] 52

aa) Auf die Bezeichnung als VA, Verfügung, Bescheid, Anordnung usw **kommt es nicht an,**[137] ebenso nicht darauf, dass bzw ob der entsprechende Akt den in vielen Gesetzen vorgesehenen VA-Typen, wie Genehmigung, Erlaubnis, Anordnung usw entspricht und in der etwa durch Gesetz vorgeschriebenen Form ergeht, sondern ausschließlich darauf, dass für die Adressaten und/oder sonstige unmittelbar Betroffene aus dem Akt selbst oder den Umständen seines Erlasses objektiv erkennbar ist, dass eine einseitige und „konkrete", verbindliche, der Rechtsbeständigkeit fähige Regelung kraft hoheitlicher Gewalt gewollt ist.[138] Sofern die oben dargelegten Voraussetzungen erfüllt sind, ist ggf auch ein in höflicher Briefform abgefasstes Schreiben als VA anzusehen.[139] Im Zweifel ist jedoch zugunsten des Bürgers anzunehmen, dass ein nicht als VA „deklarierter" und für die Betroffenen nach Treu und Glauben (s unten Rn 16) auch nicht ohne weiteres als VA erkennbarer Akt kein VA ist.[140] Auch die Verletzung einer durch besondere Rechtsvorschriften vorgeschriebene Form (vgl § 37 Abs 2) berührt nicht den Charakter eines Aktes als VA, sondern führt ggf zur Rechtswidrigkeit des VA, uU sogar zur Nichtigkeit (OVG Münster NVwZ 1993, 76); anders, wenn ein Akt überhaupt nicht von einer Behörde ausgeht oder einer Behörde zurechenbar ist oder wenn er erkennbar nicht ernst gemeint ist (sog „Nicht-VA"). 53

bb) Objektiver Erklärungswert. Maßgeblich für die Beurteilung, ob ein behördlicher Akt ein VA ist, ist im Zweifel nicht das, was die Behörde gewollt oder gedacht hat (innerer Wille oder auch Fehlen eines solchen), sondern 54

---

134 OVG Lüneburg NordÖR 2005, 536.

135 VGH Mannheim NJW 1987, 1839.

136 BVerwGE 78, 3 für Widerspruchsbescheid, der vorhergehende einfache Rechnung als VA bezeichnet; BVerwGE 84, 274 für Rückforderung versehentlich geleisteten Wohngeldes an den Erben; BVerwGE 122, 58 für den Widerruf des Einverständnisses zur dienstherrenübergreifenden Versetzung; BVerwG DVBl 2012, 49 für Gebührenbescheid einer GmbH im Auftrag der Behörde unter ihrem Briefkopf; OVG Lüneburg DVBl 1954, 297 für Räumungsverfügung gegenüber privatem Pächter; Kopp/Schenke Anh § 42 Rn 5; Maurer § 10 Rn 8 mwN; **aA** VG Wiesbaden NVwZ-RR 2007, 613 für die Bewertung einer Teilleistung im Ersten Juristischen Staatsexamen: die Behörde dürfe nicht mit der formalen Gestaltung einer Maßnahme darüber entscheiden können, welche Klage zu erheben wäre. Richtigerweise ist ein solcher „Formenmissbrauch" als Frage der Rechtmäßigkeit in der Begründetheit zu entscheiden, vgl VGH München NVwZ 2000, 222, 223.

137 Vgl Ziekow 9; Detterbeck, Allg Verwaltungsrecht § 10 Rn 425; Erichsen/Ehlers § 21 Rn 16; Krebs VerwArch 1978, 231, 235.

138 BVerwGE 13, 99; 44, 2; 57, 161; Schwerdtfeger JuS 1969, 520.

139 Vgl BVerwGE 29, 310; BVerwG Buchh 232 § 55 BBG Nr 13 (dort verneint); OVG Bremen NVwZ 1982, 264.

140 Renck NVwZ 1982, 237; FG Düsseldorf NVwZ 1986, 1056: Mit „Fotokopie" überschriebener Berechnungsbogen kein VA.

der objektive Erklärungswert,[141] dh wie der Bürger unter Berücksichtigung der äußeren Form, Abfassung, Begründung, Beifügung einer Rechtsbehelfsbelehrung[142] und aller sonstigen ihm bekannten oder erkennbaren Umstände[143] nach Treu und Glauben bei objektiver Auslegung analog §§ 157, 133 BGB die Erklärung oder das Verhalten der Behörde verstehen durfte bzw musste.[144] Maßgeblich kommt es dabei auf den **„Empfängerhorizont"** an (Kluth NVwZ 1990, 610). UU sind auch nachträgliche, den Beteiligten bekannt werdende Umstände (BFH NVwZ-RR 1989, 521), insb zB auch auf das spätere **Ergehen eines Widerspruchsbescheids** zur Sache und die Begründung des Widerspruchbescheids, zu berücksichtigen;[145] dies auch deshalb, weil der Widerspruchsbescheid dem VA die gem § 79 Abs 1 Nr 1 maßgebliche Gestalt gibt.[146] Qualifiziert zB die mit der Gemeinde nicht identische Widerspruchsbehörde im Widerspruchsbescheid eine Rechnung der Gemeinde als VA, so ist die so (um-)gestaltete Rechnung als VA zu werten.[147]

55 **Auch für die Auslegung des VA** zur Bestimmung seines Inhalts[148] kommt es grundsätzlich auf den **„Empfängerhorizont"** an (Kluth NVwZ 1990, 610), dh darauf, wie Adressaten und Drittbetroffene (BVerwGE 88, 286) den VA nach Treu und Glauben unter Berücksichtigung der bekannten und erkennbaren Umstände[149] verstehen mussten bzw durften; **Unklarheiten** gehen **zu Lasten der Verwaltung.**[150] Soweit dies mit diesem Grundsatz vereinbar ist, ist davon auszugehen, dass die Behörde den VA **im Zweifel im Einklang mit dem Gesetz,** das sie zum Erlass des VA ermächtigt, und mit sonstigen einschlägigen Rechtsvorschriften und Rechtsgrundsätzen verstanden wissen wollte.[151]

56 **Maßgeblich für die Beurteilung** eines behördlichen Akts als VA ist letztlich immer, ob der Akt sich nach objektiver Betrachtung als verbindliche, auf die Setzung einer Rechtsfolge gerichtete (BVerwGE 72, 268; OVG Schleswig

---

141 BVerwGE 49, 244; 99, 101.

142 BVerwGE 60, 228; 69, 377; 74, 17; 77, 271; 80, 364; BFH NVwZ 1987, 1118; VGH Mannheim DÖV 2014, 582; Geiger BayVBl 1987, 107.

143 BVerwGE 49, 247; 81, 110; BFH NJW 1987, 920; 1990, 3231 mwN.

144 BVerwGE 48, 281; 49, 247; 60, 147; 60, 228; 67, 305; 78, 3; 84, 220; 123, 292; BVerwG DVBl 2012, 49; NJW 2012, 2901; NJW 1996, 1073; BFH 146, 340; NJW 1990, 3231 mwN; BGH NJW 1985, 1336; BVerwG NJW 1987, 1836 mwN: übergebenes „Merkblatt für Straßenmusikanten" als VA; BVerwG NVwZ 1990, 535; Geiger BayVBl 1987, 107; Erichsen/Ehlers § 21 Rn 15.

145 BVerwGE 61, 164, 168: Auslegung eines Schreibens im Licht des später ergangenen Widerspruchsbescheids; BVerwG DVBl 1990, 375: Auslegung eines VA unter Heranziehung der Gründe, mit denen der Widerspruch eines Drittbetroffenen zurückgewiesen worden war.

146 Vgl BVerwGE 61, 168; 78, 3; 84, 220; BVerwG NVwZ 1988, 51; BVerwG NVwZ-RR 1990, 619; Ipsen/Koch JuS 1992, 815.

147 BVerwGE 61, 168; kritisch Renck BayVBl 1988, 407 und NVwZ 1989, 117; Martens NVwZ 1988, 684; **aA** VGH München NVwZ 1990, 776: der Charakter einer Rechtshandlung kann nicht dadurch bestimmt werden, was Dritte nachträglich rechtswidrig hineinlegen.

148 BVerwGE 60, 228 mwN; 67, 234, 308; 115, 274; BVerwG DVBl 1983, 810; BayVBl 1985, 373; NVwZ 1987, 598.

149 Dazu gehören bei einer Bewilligung insbesondere die dieser vorausgehenden Anträge und zugrundeliegenden Rechtsnormen, vgl BVerwG AUR 2014, 466.

150 BVerwGE 41, 306; 48, 281; 52, 293; 60, 229; BVerwG NJW 2012, 2901; NJW 1996, 1073 für ein als Beitragsrechnung bezeichnetes Schreiben; BVerwG DÖV 1987, 293 mwN; BGH NJW 1983, 1986; OVG Berlin-Brandenburg NVwZ-RR 2010, 908; VGH München BayVBl 1984, 214; NVwZ 1990, 776; OVG Münster NVwZ 1993, 76: dies gilt auch hins etwaiger Zweifel, die sich daraus ergeben können, dass die Form nicht eingehalten wurde; VGH Mannheim VBlBW 1991, 340; Knack/Henneke 23.

151 Vgl Kluth NVwZ 1990, 610; ferner VGH München BayVBl 1980, 501: Auslegung des VA auch im Einklang mit dem Grundsatz der Verhältnismäßigkeit.

NJW 1993, 252) und auf Rechtsbeständigkeit hin abzielende und von der Behörde erkennbar so gewollte Regelung darstellt oder nicht.[152] Soweit das anzuwendende Recht eine Regelung durch VA vorsieht, ist im Zweifel davon auszugehen, dass die Behörden eine solche treffen und nicht nur eine (letztlich unverbindliche) Meinung äußern oder eine Handlung ohne Anspruch auf abschließende Verbindlichkeit vornehmen wollte.[153] Im umgekehrten Fall, wenn das Gesetz keine Entscheidung durch VA vorsieht und eine solche auch nicht nach Sinn und Zweck einer Regelung als vom Gesetz gewollt oder zugelassen erscheint, ist **im Zweifel** anzunehmen, dass die Behörde auch keine verbindliche und abschließende Regelung treffen wollte.

c) Ermächtigung und Rechtsnatur. Ob eine Rechtsgrundlage für den Erlass eines VA vorhanden ist, dh dafür, dass die Behörde sich zu einer Regelung der Rechtsform der VA bedienen durfte, ist für die Frage der Rechtsnatur eines Aktes als VA grundsätzlich nicht entscheidend.[154] Im Zweifel ist jedoch eine Maßnahme als VA anzusehen, wenn sie in einem Bereich ergeht, in dem die Behörde zum Erlass von VAen ermächtigt ist und sich aus dem Akt selbst und aus den Umständen seines Erlasses nichts anderes ergibt. Fehlt die erforderliche Rechtsgrundlage, so ist der VA fehlerhaft und allein schon deshalb gem §§ 42, 113 aufzuheben (BVerwGE 30, 214; BVerwG MDR 1980, 344); er bleibt gleichwohl ein VA (BVerwG NVwZ 1985, 264). Entsprechendes gilt wegen des äußeren Anscheins – im Gegensatz zu Nicht-VAen – auch für nichtige VAe (s unten Rn 16). 57

Wird also dem **Pächter einer Bahnhofsgaststätte** gegenüber per Bescheid der (seinerzeit noch mit Hoheitsmacht ausgestatteten) Bahndirektion eine Räumungsverfügung erlassen, so handelt es sich um einen VA, obwohl im Rahmen des privatrechtlichen Pachtverhältnisses nur eine Kündigung in Betracht gekommen wäre (OVG Lüneburg DVBl 1954, 297). Es kommt nämlich nicht darauf an, ob eine Regelung in VA-Form erfolgen durfte (was eine Frage der Rechtmäßigkeit ist), sondern allein darauf, **welche Regelung die Behörde treffen wollte und welcher Handlungsform** sie sich deshalb in erkennbarer, von den Betroffenen nach Treu und Glauben auszulegender Weise (vgl unten Rn 16) zu Recht oder zu Unrecht bedient hat (so auch StBS 13). Dies kann wie alle Rechtmäßigkeitsvoraussetzungen des VA nicht Kriterium der Definition des VA sein, sondern nur eine Frage der Rechtmäßigkeit und dementsprechend der Begründetheit einer Anfechtungs- oder Verpflichtungsklage. 58

2. Verfügung, Entscheidung oder andere hoheitliche Maßnahme. Es muss eine Verfügung, Entscheidung oder andere hoheitliche Maßnahme mit Entscheidungscharakter vorliegen. Soweit auf die Hoheitlichkeit der Maßnahme abgestellt wird, ist dieses Merkmal nach der hier vertretenen Auffassung mit **„Maßnahme auf dem Gebiet des öffentlichen Rechts“** (s unten Rn 71 ff) identisch. Andere sehen darin zusätzlich zur Öffentlich-Rechtlichkeit das Merkmal der Einseitigkeit der Maßnahme bzw das Erfordernis einer Maßnahme in einem Über- Unterordnungsverhältnis.[155] Die erforderlichen Abgrenzungen las- 59

---

152 BVerwGE 79, 293; BVerwG DVBl 1983, 345; BSGE 44, 114; OVG Koblenz BauR 2010, 1213: „aktive Duldung“ baurechtswidriger Zustände ist VA; OVG Münster DÖV 1987, 116; vgl auch BVerwG DVBl 1970, 866.

153 **Anders** OVG Berlin-Brandenburg NVwZ-RR 2010, 908: die als Bank firmierende Anstalt des öffentlichen Rechts habe Sorge dafür zu tragen, dass ihr Zahlungsverlangen unmissverständlich als hoheitliche Regelung zu erkennen sei.

154 Vgl zum Ermächtigungserfordernis BVerwG NVwZ 1985, 264; BVerwGE 84, 274; BSGE 61, 11; BFH NVwZ 1987, 1118; Zimmer DÖV 1980, 120.

155 StBS 104; Erichsen/Ehlers, § 21 Rn 17; FKS 83; hiergegen zutreffend Jungkind, VAe zwischen Hoheitsträgern, 2008, 30; anders auch MB 26; Emmerich-Fritsche NVwZ 2006, 762.

sen sich aber auch ohne die Heranziehung des Attributs „hoheitlich" vornehmen. Steuerungswirkung kommt im Ergebnis nur den Begriffen „Verfügung, Entscheidung, Maßnahme" insoweit zu, als in ihnen zum Ausdruck gelangt, dass es sich um eine einseitige (hoheitliche) Regelung handeln muss.

60 **a) Abgrenzung zum Vertrag.** Der VA, auch der mitwirkungsbedürftige VA, unterscheidet sich von einer in einem öffentlich-rechtlichen Vertrag getroffenen Regelung durch das **Merkmal der Einseitigkeit.** Die Abgrenzung kann schwierig sein, weil der Entscheidungsspielraum des Vertragspartners auch bei Vertragsabschlüssen ggfs sehr gering sein kann. Wird dem Betroffenen die in Aussicht genommene Regelung lediglich zur Unterschrift vorgelegt, ohne dass zuvor ein Aushandlungsprozess stattgefunden hat, so kommt es darauf an, ob die Gesamtumstände einschließlich der Formulierung auf eine einseitige Regelung oder auf eine zweiseitige Vereinbarung schließen lassen. **VA-Qualität** haben auch die behördlichen Entscheidungen im Zusammenhang mit einvernehmlichen, scheinbar **vertragsähnlichen Regelungen,** wenn das entscheidende Element eine behördliche Regelung ist, der der betroffene Bürger lediglich zustimmt.[156]

61 **b) Konkludentes Handeln.** VAe können auch in einem konkludenten Verhalten zu sehen sein,[157] zB im **Handzeichen eines Polizeibeamten** zur Verkehrsregelung; im **Lichtzeichen,** zB Rotlicht einer Verkehrsampel. Im **Angebot auf Abschluss eines Darlehensvertrags** kann die Bewilligungsentscheidung als VA enthalten sein;[158] ebenso kann in der (unbaren) **Auszahlung von Krankengeld** ein entsprechender Bewilligungsbescheid,[159] im **Bewirken der Herausgabe eines Pflegekindes** ohne familiengerichtlichen Herausgabetitel die hoheitliche Inobhutnahme (VGH München NJW 2014, 715) zu sehen sein. Ferner kann in einem VA konkludent eine weitere Regelung enthalten sein, zB in der **Rückforderung einer Subvention** die stillschweigende Rücknahme des Bewilligungsbescheides;[160] in der **Räumungsanordnung** bzgl einer Obdachlosenunterkunft zugleich der Widerruf der Einweisung;[161] in der **Ausweisung** eines Ausländers zugleich die konkludente Aufhebung eines früher erlassenen Ausreiseverbots (BVerwG NVwZ 1988, 184); in der Stellung eines **Antrags auf Eintragung einer Sicherungshypothek** kann zugleich die verbindliche Feststellung enthalten sein, dass die gesetzlichen Voraussetzungen der Vollstreckung gegeben sind (BFH NVwZ 1987, 360); im **Rücktritt von einem privatrechtlichen Vertrag** über die Vermietung der Stadthalle der Widerruf der Entscheidung über die Überlassung der Stadthalle; in der **vorbehaltslosen Entgegennahme einer Steuererklärung** bei Abgaben, bei denen eine förmliche Festsetzung nicht vorgesehen oder nicht üblich ist;[162] in der **Entgegennahme der Mitteilungen der Molkereien** über die Summe der Referenzmengen[163]

---

[156] BVerwGE 25, 72; 60, 210; BVerwG NJW 1977, 1838; OVG Lüneburg NJW 1978, 2260; VG Schleswig NJW 1982, 348; Kopp/Schenke Anh § 42 Rn 14.

[157] VGH München BayVBl 1976, 176; WBSK I § 45 Rn 37; F 210; vgl auch BGH NJW 1978, 1385.

[158] BVerwG NVwZ-RR 2012, 628, wo das Angebot gegenüber der Hausbank des Antragstellers abgegeben und die Hausbank dabei als Empfangsbotin angesehen wurde.

[159] BSG NVwZ 1987, 927; NVwZ-RR 2011, 984; Kopp/Schenke Anh § 42 Rn 25; s a Möhlenkamp VersR 2013, 544; Wiesner SGb 1982, 229.

[160] BVerwGE 62, 5; 67, 305; 126, 254; BVerwG NVwZ 1985, 489 mwN; DVBl 1978, 212; VGH Mannheim NVwZ 1988, 186; Kopp/Schenke Anh § 42 Rn 24.

[161] OVG Berlin NVwZ-RR 1990, 195; BSG 48, 122; DVBl 1988, 449 mwN; MuLö 1990, 509; Kopp DVBl 1990, 728; **aA** Seibert 196.

[162] Vgl BFHE 142, 534 Rn 16; kritisch Renck JuS 1970, 114; MB 40; Amelung JZ 1987, 744; **aA** zur Entgegennahme einer Beitragszahlung in der Sozialversicherung BSG 15, 124; 17, 175; 41, 298; Krause NJW 1979, 1072 mwN.

[163] BFH AgrarR 1985, 154; BVerfG NJW 1986, 148: VA gegenüber den Milch anliefernden Landwirten.

und der Entgegennahme der Anmeldung der Summen der Abgaben, welche die Molkereien gem § 11 MGVO dem Hauptzollamt überweisen müssen (BFHE 143, 525; s auch BVerfG DVBl 1986, 566).

VA ist die im **Prüfungszeugnis** zum Ausdruck kommende Entscheidung über das Bestehen oder Nichtbestehen einer Prüfung und das Ergebnis der Prüfung insgesamt und ggf in einzelnen Prüfungsteilen (BVerwG 27, 360; 35, 111; Steininger GewArch 1984, 261; s näher unten Rn 100f); die **Mitteilung einer ungünstigen Auswahlentscheidung** an einen Bewerber um eine zur Bezeichnung ausgeschriebene Beamtenstelle (Beförderungsstelle);[164] das höfliche Schreiben der Schulbehörde, das nach dem Zusammenhang als **verbindliche Aufforderung zur Zahlung von Schulgeld** erkennbar ist (VGH München BayVBl 1990, 470); die verbindliche **„Mitteilung",** dass eine bestimmte Art der Prüfung als nicht zulässig angesehen wird (BVerwGE 39, 346); die **Fotokopie** eines Schreibens, das die Regelung eines Einzelfalles enthält, wenn im Zusammenhang mit den für den Betroffenen erkennbaren Umständen der Übersendung oder Übergabe eine entsprechende Regelung als Zielsetzung erkennbar ist (vgl FG Niedersachsen NVwZ-RR 1993, 229). 62

c) Schweigen als VA? Nicht als VA ist, soweit durch Gesetz nicht ausnahmsweise etwas anderes bestimmt ist, das bloße Schweigen einer Behörde auf einen Antrag auf Erlass eines VA anzusehen, es sei denn, es liegen besondere Umstände vor, die zweifelsfrei konkludent für das Gegenteil sprechen, zB bei den selbst errechneten Steuern (BVerwGE 19, 68). Entsprechendes gilt für die behördliche Duldung eines bestimmten Verhaltens, Zustandes usw (sog **passive Duldung,** vgl auch StBS 81); **anders,** wenn die Behörde förmlich erklärt, ein bestimmtes Verhalten usw zu dulden **(aktive Duldung),** oder wenn ein Gesetz, wie zB § 17 AuslG aF[165] der Duldung diese Bedeutung zuerkennt (vgl allg Wasmuth/Koch NJW 1990, 2435). VA ist zB auch die schriftliche Erklärung einer Behörde, etwas nicht zu beanstanden (VGH Mannheim NJW 1990, 3164). 63

d) Fingierte (fiktive) VAe. Fiktive VAe gelten unmittelbar kraft Gesetzes als erlassen, ohne dass es einer Handlung einer Behörde bedarf, wenn die gesetzlichen Voraussetzungen vorliegen. Somit handelt es sich nicht um eine „Maßnahme",[166] sondern um ein pflichtwidriges Nicht-Entscheiden, das hier die Zurechnung zu einer Behörde begründet (BVerwGE 124, 47). An die Stelle des Erlasses tritt die Verwirklichung des gesetzlichen Tatbestandes, regelmäßig der Ablauf einer Frist nach Antragstellung (s zur **fiktiven Genehmigung § 42a Rn 2 ff**). Einer Bekanntgabe bedarf es zur Wirksamkeit in Abweichung von § 43 nicht. Fingiert wird nicht nur **der Erlass** eines VA, sondern auch die **Wirksamkeit** gegenüber dem Antragsteller, nicht aber einer Bekanntgabe an sonstige Beteiligte.[167] Auf die Billigung des Inhalts des VA durch die Behörde kommt es nicht an. Den Eintritt der Fiktionswirkung kann die Verwaltung nur durch fristgemäße Entscheidung verhindern. Eine Rechtmäßigkeitsfiktion besteht nicht (vgl § 42a Rn 16). Die Vorschriften über Widerruf und Rücknahme sind entsprechend anwendbar (vgl § 42a Rn 18). 64

3. Maßnahme einer Behörde. a) Allgemeines. VA kann – abgesehen vom Sonderfall des fiktiven VAs (s oben Rn 64) – nur eine Maßnahme sein, die von 65

---

[164] BVerwGE 80, 127; BVerfG NJW 1990, 501; **aA** Schnellenbach DöD 1990, 153, 155; kritisch Bracher ZBR 1989, 142: auch die Auswahlentscheidung sei kein VA OVG Saarlouis NVwZ 1990, 687: kein VA bei Mitteilung der Absicht einen Dienstposten zu übertragen.

[165] Vgl BVerwG InfAuslR 1981, 98; VG Braunschweig NVwZ 1990, 655; vgl auch OVG Münster NVwZ 1990, 333.

[166] VG Karlsruhe NVwZ 2005, 112, 113; Caspar AöR 2000, 131, 138; StBS 66.

[167] StBS 66 ff; **aA** Peine JA 2004, 417, 418.

einer real existierenden Behörde erlassen worden ist bzw. einer solchen zugerechnet werden kann.[168] Behörde iS der Vorschrift ist nur eine Verwaltungsbehörde, also eine Stelle, die Aufgaben der öffentlichen Verwaltung unter Einsatz obrigkeitlicher Gewalt erfüllt.[169] Insoweit ist der **Behördenbegriff in § 1 Abs 4** zugrunde zu legen (s hierzu näher § 1 Rn 4). Die Zurechenbarkeit kann sich auch daraus ergeben, dass die Behörde einen privaten Geschäftsbesorger mit der Erstellung und Versendung von VAen unter dem Briefkopf der Behörde beauftragt. Sie setzt nicht voraus, dass die Einschaltung des Privaten rechtlich zulässig ist.[170]

66 **b) Organisatorische und funktionelle Zuordnung.** Behörden sind nur solche Einrichtungen und Stellen, die der öffentlichen Verwaltung organisatorisch und funktionell zugeordnet sind. Dies gilt für die Verwaltungsstellen der unmittelbaren Staatsverwaltung in Bund und Ländern sowie die Organe der mittelbaren Staatsverwaltung, der Selbstverwaltungskörperschaften, auch für **beliehene Unternehmer,** zB der TÜV bei der Kfz-Zulassungsprüfung nach § 29 StVZO (vgl Kopp/Schenke Anh § 42 Rn 21), den **Stadtrat** bzw Gemeinderat bei der ihm vom Gesetz zugewiesenen Entscheidung über die Gültigkeit einer Kommunalwahl (OVG Münster DVBl 1981, 874); die Organe einer Gemeinde bei der Zulassung oder Zurückweisung eines Bürgerantrags nach §§ 2, 20b bwGemO (VGH Mannheim DÖV 1988, 476); **Ausschüsse** mit Entscheidungsbefugnissen (s hierzu näher); die Organe einer **Kirchengemeinde** im Bereich der ihr vom Staat zuerkannten Hoheitsbefugnisse, zB hins der Umbettung eines Toten im kirchlichen Friedhof (OVG Münster DÖV 1991, 1021). Demgegenüber ist der Immissionsschutzbeauftragte eines Unternehmens nach § 53 BImSchG keine Behörde und auch keiner Behörde zugeordnet.

67 **Die Rechtswirksamkeit der Errichtung** oder Einrichtung der handelnden Behörde und die Begründung ihrer Zuständigkeiten, die Bestellung der Organe, die Ernennung der für sie handelnden Organwalter und die Übertragung hoheitlicher Befugnisse **ist für den Behördenbegriff unerheblich.**[171] Auch die durch eine nichtige Rechtsvorschrift oder sonst fehlerhaft errichtete Behörde ist Behörde, sofern sie jedenfalls organisatorisch und/oder funktionell der Verwaltung zuzurechnen ist und ihre Tätigkeit die äußeren Merkmale öffentlicher Verwaltungstätigkeit erfüllt. Gleiches gilt grundsätzlich bei dienstrechtlich fehlerhafter Bestellung eines Amtswalters (BVerwGE 34, 81, 95); anders, wenn eine Person oder Einrichtung bei objektiver Betrachtung der öffentlichen Verwaltung nicht zugerechnet werden kann (zB Hauptmann von Köpenick). Die von fehlerhaft errichteten Behörden erlassenen VAe sind, sofern kein Fall des § 44 vorliegt, wirksam, aber rechtswidrig.[172]

68 **c) Ausstattung mit Hoheitsrechten.** Behörde iS des § 35 kann nur eine Stelle oder eine Einrichtung sein, die überhaupt auf irgendeinem Tätigkeitsfeld bzw in irgendeinem Aufgabenbereich mit Hoheitsmacht ausgestattet ist. Ob es sich um staatliche Behörden oder um solche unterstaatlicher Körperschaften,

---

[168] Vgl BVerwGE 140, 245; 50, 18; Erichsen/Ehlers § 21 Rn 18; Obermayer/Funke-Kaiser 31; Ule 32 Anh II; UL § 48 Rn 3.

[169] Vgl BVerfGE 9, 182; 17, 41; ferner Schnapp, in: Wertenbruch-FS 1984, 144: Behörden sind diejenigen Organe eines Trägers öffentlicher Verwaltung, welche mit sog Außenzuständigkeit zu konkreten Rechtshandlungen auf dem Gebiet materieller Verwaltungstätigkeit ausgestattet sind.

[170] BVerwGE 140, 245 für Erstellung von Gebührenbescheiden durch GmbH für einen Zweckverband.

[171] Diese Problematik hat sich insb bei fehlerhaft gegründeten Zweckverbänden in den neuen Ländern ergeben, vgl BVerwG NVwZ 2003, 995; OVG Weimar LKV 2006, 181; s näher Erichsen/Ehlers § 21 Rn 23 mwN.

[172] BVerwG NVwZ 2003, 995; BVerwG LKV 2004, 27; OVG Weimar LKV 2006, 181; StBS 93; Saugier, Der fehlerhafte Zweckverband, 2001, 116.

Anstalten oder Stiftungen des öffentlichen Rechts handelt, ist unerheblich. **Keine Behörden** iS von § 35 sind staatliche und andere (zB kommunale, kirchliche uä) Einrichtungen und Stellen, **die ausschließlich auf dem Gebiet des Privatrechts** und (nur) in den Formen des Privatrechts tätig werden. Dies gilt insbesondere für privatrechtlich verselbständigte Gesellschaften öffentlich-rechtlicher Träger, soweit nicht ausnahmsweise eine Beleihung vorliegt.

d) Gerichte, Parlamente. Keine Behörden iS der Regelung sind auch die 69
Parlamente in ihrer Funktion als Organe der Gesetzgebung und die Gerichte in ihrer Funktion als Organe der Rechtsprechung; **anders, soweit deren Organe funktionell Verwaltungsaufgaben wahrnehmen** und deshalb insoweit als „Behörden" tätig werden, zB der Präsident eines Gerichts bei der Ausübung des Hausrechts (WBSK I § 45 IV Rn 27),[173] das Präsidium bei der Geschäftsverteilung, der Bundestagspräsident bei der Ausübung der Polizeigewalt und des Hausrechts im Bundestagsgebäude oder der Diensthoheit über die Bundestagsbeamten (vgl BVerfGE 108, 251; 118, 277) oder bei der Erstattung von Wahlkampfkosten an die Parteien (BVerfGE 73, 1); ein Untersuchungsausschuss des Parlaments.[174]

4. Maßnahme auf dem Gebiet des öffentlichen Rechts. Der Begriff des 70
VA setzt immer ein Handeln auf dem Gebiet des öffentlichen Rechts, dh ein Handeln aufgrund einer wirklichen oder vermeintlichen – oder zumindest vorgeschützten oder behaupteten – öffentlich-rechtlichen Befugnis voraus.[175] Der Begriff des öffentlichen Rechts ist dabei auch in § 35 **im engeren Sinn des Verwaltungsrechts** zu verstehen. Nicht darunter fällt außer der Tätigkeit der Behörden auf dem Gebiet und in den Formen des Privatrechts auch die Tätigkeit auf dem Gebiet des **Verfassungsrechts** (s unten Rn 84), **des Strafrechts, des Völkerrechts, des inneren Kirchenrechts** usw. Vgl insoweit auch § 1 Rn 5 ff.

a) Abgrenzung zum Privatrecht. Nicht als VAe anzusehen sind alle Hand- 71
lungen, Erklärungen usw, die eine Behörde im Rahmen ihrer privatrechtlichen Tätigkeit und in den Formen des Privatrechts vornimmt bzw abgibt, zB der Abschluss oder die Kündigung eines Miet- oder Pachtvertrags bzw die Entscheidung der Behörde darüber, wenn und soweit der Zweck ausschließlich im **fiskalischen Bereich,** dh im Bereich der **sog fiskalischen Hilfsgeschäfte** und der **Teilnahme am (Privat-)Rechts- und Wirtschaftsverkehr,** der **Nutzung und Verwaltung eigenen Vermögens** uä, liegt, zB die Entscheidung der Gemeinde über die Verpachtung des Eigenjagdbezirks der Gemeinde (VGH München Rd L 1989, 122). **Anders,** wenn die Behörde primär oder zumindest zugleich **unmittelbar öffentlich-rechtliche Regelungen trifft.**[176] Ist dies der Fall, so kann die Maßnahme öffentlich-rechtlich (vgl zB BVerwGE 82, 282: öffentlich-rechtlicher Vertrag) oder zweistufig ausgestaltet sein, wobei VA dann nur die vorgeschaltete Entscheidung, ob und wem gegenüber gehandelt wird, und die Bestimmung des wesentlichen Inhalts der Handlung ist (Zwei-Stufen-Theorie, vgl unten Rn 77).

---

[173] VG Neustadt NJW 2011, 3317.

[174] Vgl BVerwG Buchholz 310 § 40 VwGO Nr 305; VGH Kassel NVwZ-RR 1996, 683; OVG Münster NVwZ 1987, 609; zT **aA** OVG Lüneburg DÖV 1986, 210; beachte nunmehr § 36 PUAG: Zuständigkeit des BGH; für Zuständigkeit der LVerfG im Übrigen Kopp/Schenke § 40 Rn 35.

[175] Ähnlich Erichsen/Ehlers § 21 Rn 40: Regelung kann nur hoheitlichen Charakter tragen; Kopp/Schenke Anh § 42 Rn 13; Ule 32 Anh I 2 ff; Obermayer/Funke-Kaiser 24.

[176] Vgl BVerwGE 82, 282 zur Abgabe von Getreide aus Marktordnungsbeständen zu Subventionszwecken; Kopp BayVBl 1980, 609; zur Vergabe öffentlicher Aufträge unten Rn 39. Die öffentlich-rechtliche Zielsetzung allein reicht nicht aus (GemSOGB BVerwGE 74, 368).

72 **aa) Privatrechtliche Maßnahmen** sind zB die **Rechnungsstellung** in einer privatrechtlichen Angelegenheit (vgl BVerwG VRsp 25, 93; anders, wenn dies nach den Umständen als öffentlich-rechtliches Zahlungsgebot zu verstehen ist, s oben Rn 14); die Verpflichtung des **Sozialhilfeträgers** gegenüber einem Vermieter **zur Zahlung der Miete** für die vom Bedürftigen gemietete Wohnung;[177] die Erklärung einer **Aufrechnung** im Rahmen privatrechtlicher Beziehungen;[178] die **Auslobung einer Belohnung** durch die Polizei;[179]die Entscheidung über eine Auskunft in einer privatrechtlichen Angelegenheit (BSG NVwZ 1987, 259). **Etwas anderes gilt jedoch dann,** wenn die in Frage stehenden, an sich privatrechtlichen Akte (unzulässigerweise und daher rechtswidrig) **in der Form eines VA** mit dem Anspruch auf Verbindlichkeit kraft öffentlichen Rechts ergehen[180] oder in einer Weise in Erscheinung treten, dass sie **nach Treu und Glauben** vom Bürger so zu verstehen sind (Bettermann DVBl 1954, 97).

73 **bb) Öffentlich-rechtliche Maßnahmen** sind wegen ihrer Zuordnung zu öffentlich-rechtlichen Normen die Entscheidungen über die Begründung eines Ausbildungsverhältnisses mit dem Staat als **Rechtsreferendar außerhalb des Beamtenverhältnisses** (BAG NJW 1990, 663), die (den Übergang privatrechtlicher Ansprüche auf eine Behörde bewirkende) **Überleitungsanzeige** nach § 93 SGB XII;[181] die **Überleitungsmitteilung** gem § 23 Abs 3 S 1 GüKG (BVerwG DÖV 1980, 49; NVwZ 1982, 628); die **Ausübung des Vorkaufsrechts** durch eine Gemeinde gem §§ 24 ff BauGB;[182] die auf Abschluss eines privatrechtlichen Vertrags mit einem Dritten gerichtete **Ersatzvornahme** der Gemeindeaufsichtsbehörde im eigenen Wirkungskreis der Gemeinde;[183] die **Zusammenschaltungsanordnung** nach § 37 Abs 1 S 1 TKG, durch die ein privatrechtlicher Vertrag zwischen den Adressaten gestaltet wird;[184] die Abgabe von **Interventionsgütern** aus Marktordnungsbeständen zu bestimmten Sonderbedingungen;[185] **der Erlass** und die **Stundung** einer öffentlich-rechtlichen Schuld[186] die Genehmigung eines nach öffentlichem Recht genehmigungsbedürftigen privatrechtlichen Rechtsgeschäft usw, zB **die Genehmigung der Kündigung** des Arbeitsverhältnisses eines Schwerbehinderten,[187] eines Pachtvertrags über einen Kleingarten (BVerwGE 4, 317; s a BVerfGE 52, 1); die Genehmigung **von privatrechtlichen Tarifen,** zB von **Verkehrstarifen** ua[188]

---

[177] BVerwG DÖV 1994, 829; zT **aA** für die **Mietgarantie** VGH München NJW 1990, 1868; OVG Bremen NJW 1990, 1313.

[178] St Rspr seit BVerwGE 66, 218; 132, 250; BSGE 32, 78; WBSK I § 55 Rn 154; Kopp/Schenke Anh § 42 Rn 15.

[179] VG Düsseldorf, Beschluss vom 11. September 2014 – 22 K 4626/13 –, juris: Beurteilung allein nach §§ 657 ff BGB; Stober DÖV 1979, 859.

[180] BVerwGE 13, 307; 30, 211; BVerwG NVwZ 1985, 264; 1988, 51; Zimmer DÖV 1980, 120.

[181] BVerwGE 56, 300; 58, 209; 62, 156; 82, 321; 90, 246.

[182] BVerwG NJW 1994, 178; gleiches gilt für die Vorkaufsrechte in anderen Gesetzen, zB Naturschutzrecht, vgl VGH Mannheim NVwZ 1992, 898; 1983, 556.

[183] Vgl OVG Münster NWVBl 1989, 400: VA gegenüber der Gemeinde, privatrechtlicher Vertrag mit dem Dritten; str.

[184] OLG Düsseldorf Urt v 11.1.2012, VI-U 17/11, juris.

[185] BVerwGE 40, 85; 82, 282; **anders** jedoch, wenn keine solche Zweckbestimmung erkennbar ist; vgl auch VGH Kassel NVwZ 1985, 662 zum Verkauf von Interventionsware durch die Bundesanstalt für landwirtschaftliche Marktordnung.

[186] BVerwGE 69, 237; Buchh 401.0 § 163 Nr 1 S 2 und Nr 2 S 10; sehr zweifelhaft; anders jedenfalls in Gleichordnungsverhältnissen und allgemein bei privatrechtlichen Schulden.

[187] BVerwGE 48, 264; 81, 84; 90, 275; OVG Münster NVwZ 1990, 573; OVG Lüneburg DÖV 1990, 81; Kopp DÖV 1980, 510.

[188] Vgl BVerwGE 30, 137; 69, 110; 75, 147; 109, 87; BVerwG NJW 1990, 1804; DÖV 1994, 962; Dörschuk, Typen und Tarifgenehmigungen im Verwaltungsrecht, 1988: VA gegenüber den Unternehmen, nicht gegenüber dem Dritten, auf deren privatrechtliche

(BVerwG NVwZ 1991, 59)[189] oder die behördliche Zustimmung dazu, zB zur Kündigung einer Arbeitnehmerin gem § 9 MutterSchG (BVerwGE 10, 148; 54, 277; Kopp DÖV 1980, 510); die **Ermächtigung** eines Arbeitnehmers in einem Rüstungsunternehmen **zum Umgang mit Verschlusssachen** (BVerwG DVBl 1988, 580; OVG Münster NJW 1985, 281); der im Zweifel in der Zusendung einer **Kostenrechnung für Abschleppkosten** durch die Polizei zu sehende Kostenbescheid (VGH München BayVBl 1984, 559; 1988, 180).

cc) Insbesondere: Ausübung des Hausrechts. Öffentlich-rechtlich und 74
damit als VA ist nach heute hM auch die Ausübung des Hausrechts durch den Behördenleiter oder seinen Stellvertreter zu qualifizieren, **soweit diese der Sicherung der Zweckbestimmung** einer in den Formen des öffentlichen Rechts tätigen Einrichtung dient.[190] Das gilt auch für die Ausübung des Hausrechts durch Organe der Legislative[191] oder der Judikative. Während früher vor allem darauf abgestellt wurde, in welchem Zusammenhang der Betroffene die Einrichtung aufgesucht hatte, als ihm gegenüber vom Hausrecht Gebrauch gemacht wurde,[192] wird die Ausübung heute ganz überwiegend einheitlich als öffentlich-rechtlich eingestuft, weil und soweit es um die Sicherung der öffentlich-rechtlichen Zweckbestimmung der Einrichtung geht.[193] **Umstritten** ist nach wie vor, ob der Rechtsweg in diesen Fällen stets zu den allgemeinen Verwaltungsgerichten oder zur jeweiligen Fachgerichtsbarkeit führt.[194] Öffentlich-rechtlich eingestuft wird auch die auf das Hausrecht und die Sitzungsgewalt gestützte **Untersagung einer Tonbandaufnahme** über die öffentliche Sitzung eines Gemeinderats gegenüber einem Journalisten,[195] die Anordnung einer **Einlasskontrolle** und das **Verbot, in provozierender Aufmachung** das Gebäude zu betreten.[196] Maßgeblich sind in erster Linie die Form, in der das Verbot ergeht, und der objektive Erklärungswert der Maßnahme.[197]

Rechtsverhältnisse die genehmigten Tarife angewandt werden; vgl auch BVerwG NJW 1990, 1804: berechtigtes Interesse der betroffenen Versicherungsnehmer für eine Nichtigkeitsfeststellungsklage hins der Genehmigung zu bejahen.

189 Vgl BVerwG NJW 2011, 2530; VGH Kassel NVwZ 1990, 879.

190 OVG Münster NVwZ-RR 1989, 316; OVG Bremen NJW 1990, 931; VGH Kassel NJW 1990, 1250; OVG Schleswig NVwZ 1994, 301; OVG Hamburg NVwZ 2014, 1196; OVG Koblenz DVP 2014, 347; VG Neustadt LKRZ 2010, 178 (auch zum Rechtsweg zu den Verwaltungsgerichten); Knemeyer VBlBW 1982, 247; WBSK I § 22 Rn 47; Erichsen/Weiß Jura 1993, 103.

191 Vgl VG Berlin NJW 2002, 1063; implizit auch BVerfG NJW 2005, 2843; Schoch NVwZ 2015, 1, 5.

192 Vgl BVerwGE 35, 103; BGH MDR 1970, 614: VA nur dem gegenüber, der die Behörde zur Wahrnehmung öffentlich-rechtlicher Belange aufsucht, sonst privatrechtlich, zB bei Ausschluss eines Handelsvertreters; ähnlich BGHZ 33, 230: privatrechtlich, wenn, wie bei der Hinausweisung eines Fotografen aus dem Standesamt, die öffentliche Zweckbestimmung des Gebäudes nicht berührt wird; VGH Mannheim NJW 1994, 2500: ein im Zusammenhang mit einer arbeitsrechtlichen Kündigung ausgesprochenes Hausverbot ist privatrechtlich.

193 BVerwG NJW 2011, 2530 für Hausrecht des Gerichtspräsidenten; s a Jutzi LKRZ 2009, 16; Michl/Roos LKRZ 2010, 50.

194 Für Verwaltungsgerichtsbarkeit OVG Münster NJW 2011, 2379 bei Hausverbot in den Räumen eines Jobcenters, ebenso OVG Bremen NordÖR 2013, 264, OVG Hamburg NJW 2014, 1196 und LSG Hamburg, Beschluss vom 15. Juli 2013 – L 4 AS 175/13 B –, juris; für Fachgerichtsbarkeit BSG DVP 2011, 393; BSG NZS 2014, 918 (mit zutreffend krit Anm Nolte NZS 2014, 919): jedenfalls dann Fachgerichtsbarkeit, wenn zwischen Behörde und Adressaten des Hausverbots ein Rechtsverhältnis besteht und Streitigkeiten aus diesem Rechtsverhältnis den Fachgerichten zugewiesen sind.

195 BVerwGE 85, 283; s a OVG Saarlouis LKRZ 2010, 433.

196 OVG Berlin-Brandenburg NJW 2011, 3317 für das Verbot, die Kleidung der Hells Angels im Gerichtsgebäude während eines einschlägigen Prozesses zu tragen.

197 VGH München DVBl 1981, 1010; OLG Karlsruhe DÖV 1980, 100 = DVBl 1980, 78; Knemeyer BayVBl 1981, 152; Ehlers DÖV 1977, 737; Bethge Vw 1977, 313; Stern 3 I

74a Die **Befugnis zum Erlass eines Hausverbots** bzw eines Hausverweises ergibt sich bei Fehlen besonderer gesetzlicher Ermächtigungen, wie sie etwa in Art 40 Abs 2 S 1 GG für den BT-Präsidenten, § 62 Abs 1 S 3 HRG für die Hochschulleitung, in den Gemeindeordnungen für die Leitung der Gemeindeverwaltung geregelt sind, aus der Sachkompetenz der Behörde als Annexkompetenz;[198] in einigen Bundesländern, zB in Hamburg, auch unmittelbar aus der **polizeilichen Generalklausel.** Teilweise wird auch angenommen, das Hausrecht sei gewohnheitsrechtlich anerkannt.[199] Störungen der ordnungsgemäßen Erfüllung der öffentlichen Aufgaben schließen andererseits jedoch grundsätzlich die **Befugnis auch zu privatrechtlichen Hausverboten** uä gem §§ 903, 1004 BGB nicht aus, wenn und soweit die Maßnahme nicht primär – oder zumindest auch – subjektive öffentliche Rechte des Betroffenen, zB das Recht, sich auch persönlich mit einem Antrag usw an die Behörde zu wenden (vgl OVG Hamburg MDR 1957, 188), berührt (vgl auch BVerwGE 35, 103 und BGHZ 33, 230). Dies dürfte aber nur ausnahmsweise der Fall sein.

75 **b) Zweistufige Rechtsverhältnisse (Zwei-Stufen-Theorie).** Seit langem anerkannt ist, dass in bestimmten Konstellationen Rechtsverhältnisse zweistufig abgewickelt werden: Auf einer ersten Stufe (Entscheidungsstufe) handelt die Verwaltung öffentlich-rechtlich, auf einer zweiten Stufe (Umsetzungsstufe) dann in den Formen des Privatrechts, insb durch den Abschluss privatrechtlicher Verträge. Die solche Rechtsverhältnisse betreffenden Handlungen, Rechte und Streitigkeiten müssen dann jeweils einer Stufe zugeordnet werden, damit sie nach dem richtigen Rechtsregime (Privatrecht oder öffentliches Recht) behandelt werden können. **In welchen Fällen** zweistufige Rechtsverhältnisse angenommen werden, **ist zT umstritten.**[200] Sofern das Fachrecht keine rechtlichen Vorgaben enthält, ist es grundsätzlich Sache der Verwaltung selbst, ob sie Rechtsverhältnisse nach dem Muster der Zweistufentheorie ausgestaltet oder nicht.

76 **aa) Fiskalische Hilfsgeschäfte, Beschaffungswesen. Umstritten** ist die Anwendbarkeit der Zweistufentheorie auf die sog fiskalischen Hilfsgeschäfte, mit denen die Verwaltung sich die für die Erledigung ihrer Aufgaben notwendigen Güter und Dienstleistungen beschafft. Die hM[201] in Deutschland ordnet die Erteilung von Aufträgen zur Beschaffung von Gütern und Dienstleistungen (zB Kaufverträge, Dienstverträge, Werkveträge usw) **allein dem Privatrecht**[202] zu. Maßgebend für diese Annahme ist der Gedanke, dass Beschaffungsverträge auch von Privatleuten abgeschlossen werden können und dass insoweit hinsichtlich der Rechtsnatur jedenfalls im Grundsatz kein Unterschied besteht. Mithin ist es Sache der Verwaltung, unter Beachtung des Haushaltsrechts und der einschlägi-

---

1 bb; vgl idS wohl auch VGH München BayVBl 1986, 271; Erichsen DÖV 1977, 737; Ronellenfitsch VerwA 1982, 465; **aA** offenbar BVerwGE 35, 103; 47, 247; BGHZ 33, 230; MDR 1970, 614 und die ältere Rspr, die auf den Zweck des Besuchs abstellte; vgl auch Brüning DÖV 2003, 389; Michl/Roos LKRZ 2010, 50.

[198] OVG Münster NWVBl 2011, 440; OVG Bremen NordÖR 2013, 264; vgl Bethge Vw 1977, 330; Zeiler DVBl 1981, 1004f mwN.

[199] BVerwG NJW 2011, 2530 (Hausrecht des Gerichtspräsidenten) auch zu den Grenzen des Hausrechts.

[200] S zB zur Auftragsvergabe Rn 75ff; zu fiskalischen Hilfsgeschäften Rn 82; zur Veräußerung/Verpachtung von Vermögensgegenständen im Zshg mit Grundstücksveräußerungen nach § 89 BauGB, iRv sog „Einheimischenmodellen" und bei der Einräumung von Weiterverwertungsrechten nach § 3 IWG – s hierzu mwN StBS Rn 127f.

[201] BVerwGE 129, 9 mwN; BVerfGE 116, 135; vgl auch OLG Brandenburg NVwZ 1999, 1144; Erichsen/Ehlers § 3 Rn 48; Ennuschat/Ulrich NJW 2007, 2224: Byok NJW 1998, 2774; Thieme/Correll DVBl 1999, 884.

[202] Etwas anderes kann gelten, wenn mit der Auftragsvergabe selbst unmittelbar öffentlich-rechtliche Ziele verfolgt werden. Dann kommt die Einordnung als Verwaltungsvertrag in Betracht.

gen Vergabeordnungen ggfs Ausschreibungen vorzunehmen und dann eine Auswahl unter den Anbietern der benötigten Leistungen zu treffen. Die hiernach maßgeblichen Auswahlbestimmungen seien zwar öffentlich-rechtlicher Natur, dienten aber nicht dem Schutz der Bewerber bzw der Konkurrenten.

Die Gegenmeinung[203] nimmt an, dass die Auftragsvergabe nach der Zweistufentheorie zu behandeln sei. Danach ist die Auswahlentscheidung unter mehreren Anbietern der zu beschaffenden Güter oder Dienstleistungen wegen ihrer öffentlich-rechtlichen Bindungen (Haushaltsrecht, Vergaberegelungen) dem öffentlichen Recht zuzuordnen (erste Stufe), während auf der zweiten Stufe mit dem ausgewählten Anbieter ein zivilrechtlicher Vertrag abgeschlossen wird (zum Vergaberecht Einf I Rn 52 ff). Folgt man dieser Meinung, stellt sich die Frage, ob die **Auswahlentscheidung (Zuschlag)** auf der ersten Stufe als VA einzustufen ist. Dies wird von der hM mit der Begründung verneint, dass es sich nur um die interne Vorbereitung des (privatrechtlichen) Vertrags handele.[204] 77

bb) Entscheidungen im Vergaberecht. Überschreitet das Auftragsvolumen für Güter oder Dienstleistungen den jeweils geltenden Schwellenwert (siehe Einf I Rn 52c), gelten nicht nur die besonderen Auswahlregelungen des Vergaberechts, die nicht berücksichtigten Anbieter können auch eine Kontrolle des Auswahlverfahrens erreichen. In diesem sog **Oberschwellenbereich** sieht das GWB die Möglichkeit einer öffentlich-rechtlichen Überprüfung durch Vergabekammern vor, gegen deren Entscheidungen die Vergabesenate der Oberlandesgerichte angerufen werden können.Die **Entscheidungen der Vergabekammern** (§§ 102, 104 GWB) sind **öffentlich-rechtlicher Natur**.[205] Vergabekammern sind keine Gerichte, sondern mit weitgehender Unabhängigkeit ausgestattete **Verwaltungsbehörden**. Einrichtung, Organisation und Besetzung dieser Kammern sind in §§ 105 f GWB geregelt; das Verfahren richtet sich nach GWB bzw nach dem VwVfG oder entsprechenden Landesvorschriften.[206]. Die Entscheidungen der Vergabekammern können zwar **VA-Qualität**[207] haben, ihre Überprüfung ist aber speziell geregelt. Sie erfolgt durch die Vergabesenate des zuständigen OLG. Der Verwaltungsrechtsweg ist nicht eröffnet. 77a

cc) Handeln im Zusammenhang mit Auftragsvergabe. Problematisch ist die Einordnung von Maßnahmen einer Behörde im Zusammenhang mit Beschaffungsfragen, so etwa über die **Führung von Listen** mit Unternehmen oder Personen, die als Auftragnehmer in Betracht kommen. Die hM ordnet derartiges Handeln idR dem Privatrecht zu. Das soll auch für den Anspruch eines Unternehmers auf Aufnahme in die **Liste der Abschleppunternehmen,** die von der Polizei regelmäßig beauftragt werden, gelten.[208] Gleiches wird angenommen für die Führung von „schwarzen Listen" mit Personen, die von der Auftragsvergabe 77b

---

[203] StBS 124; MSU 55; Maurer § 3 Rn 23; Eyermann VwGO § 40 Rn 49; Hermes JZ 1997, 909, 915; Huber JZ 2000, 877, 882; Sodan/Ziekow § 40 Rn 340; Wollenschläger DVBl 2007, 589; Englisch VerwArch 2007, 410.

[204] BVerwGE 129, 9; BVerfGE 116, 135; OVG Münster NwVBl 2007, 190; OVG RhPf ZfBR 2005, 590; Erichsen/Ehlers § 3 Rn 48; Ennuschat/Ulrich NJW 2007, 2224: bejahend Hermes JZ 1997, 909, 915; Huber JZ 2000, 877, 882; Sodan/Ziekow § 40 Rn 340; Wollenschläger DVBl 2007, 589; Englisch VerwArch 2007, 410; Druschel JA 2008, 514.

[205] Ziekow/Spiegel, ZfBR 2004, 30.

[206] S hierzu OLG Brandenburg NVwZ 1999, 1144; Byok NJW 1998, 2774, 2778; Thieme/Correll DVBl 1999, 884, 888.

[207] Näher Tanneberg, Die Zweistufentheorie, 2010, 168 ff.

[208] BVerwG DÖV 1973, 244; OLG Karlsruhe NVwZ 1982, 397 unter Bezugnahme auf BGHZ NJW 1967, 1911: privatrechtlich; ebenso OLG Hamm NVwZ-RR 2003, 31; s a VGH München NVwZ-RR 2004, 392 zum behaupteten Anspruch eines Bestattungsredners gegenüber der Bestattungsanstalt, auf eine gleichmäßige Berücksichtigung bei der Auftragsvergabe hinzuwirken: ordentlicher Rechtsweg. S auch Kopp/Schenke VwGO § 40 Rn 25b mwN.

ausgeschlossen werden sollen **(Auftragssperren),**[209] ebenso die Entscheidung über die Zulassung von Firmen als **Lieferanten** für einen **Träger der Sozialversicherung** bzw für die bei diesem versicherten Personen.[210] **Überzeugender** wäre es, dies im Sinn der **Zweistufenlehre** als eine öffentlich-rechtliche Vorfrage der Auftragsvergabe zu behandeln. Die Zweistufenlehre ordnet die Zulassung zu öffentlichen Anstalten und Einrichtungen dem öffentlichen Recht zu (s unten Rn 79) Öffentlich-rechtlich ist dementsprechend die **Zusage** einer Behörde oder eines Gerichts an einen privaten Herausgeber, ihm **Entscheidungen zur Veröffentlichung** zu überlassen.[211] Problematisch ist die lediglich in VwV geregelte Zulassung als Subventionsbetreuer.[212]

78 **dd) Subventionsfälle (Beihilfen). Öffentlich-rechtlich** ist nach der von H. P. Ipsen entwickelten Zwei-Stufen-Theorie die Entscheidung über die Zuerkennung von öffentlichen Leistungen, zB Subventionen (Beihilfen) in Form von Darlehen, Bürgschaften uä zu Vorzugsbedingungen im Hinblick auf die verfolgten öffentlichen Zwecke (dh die Entscheidung über das „Ob" der Leistung), auch wenn Abwicklung des Subventionsverhältnisses selbst und die nähere Regelung der Modalitäten (das „Wie"), zB des Zinssatzes im Rahmen der Vergünstigung,[213] der Rückzahlungsraten, eines besonderen Kündigungsrechts usw dann im Rahmen eines privatrechtlichen Darlehensvertrags oä erfolgt;[214] ebenso die Entscheidung über die Bereitstellung von Siedlungsland im Rahmen eines staatlichen Siedlungsprogramms,[215] anders zumeist bei der Vergabe verlorener Zuschüsse (BVerwG NJW 1977, 1838; BGH 57, 130, 133; OLG Naumburg NVwZ 2001, 354). In zweistufig ausgestalteten Subventionsverhältnissen ist auch die ggf konkludent in der Rückforderung der Subvention zu sehende **Aufhebung der Subventionsbewilligung,**[216] ebenso die **Aufforderung zur Rückzahlung** der zu Unrecht erhaltenen oder aus anderen Gründen inzwischen nicht mehr gerechtfertigten Vergünstigung usw, auch vom Erben, Vermögensübernehmer usw, **öffentlich-rechtlich.**[217] Das setzt aber grundsätzlich voraus, dass auch die Bewilligung in den Formen des öffentlichen Rechts erfolgt ist.[218]

79 **ee) Zulassung zu und Benutzung von öffentlichen Einrichtungen.** Anerkannt ist auch die Möglichkeit der Verwaltung, die Zulassung und Benutzung der von ihr betriebenen öffentlichen Einrichtungen zweistufig auszugestalten. **Öffentlich-rechtlich** ist **der Anspruch auf Zulassung** zur Benutzung

---

[209] BVerwGE 5, 325; OVG Lüneburg NordÖR 2006, 197 für Ausschluss eines Unternehmers von weiteren Aufträgen

[210] Vgl Schulin JZ 1986, 481; Kopp/Schenke § 40 Rn 20; **aA** GSOGB BGHZ 97, 312 = NJW 1986, 2359; GSOGB NJW 1988, 2295 und 2297; NJW 1990, 1527: privatrechtlich.

[211] Vgl. BVerwGE 104, 105 (letztlich Bestätigung von VG Hannover NJW 1993, 3282; OVG Bremen DVBl 1989, 314 – zweifelhaft; offen gelassen bei VGH Stuttgart DVBl 2013, 916.

[212] BVerwGE 75, 109 (öffentlich-rechtlich); **aA** BGH NJW 1977, 628; OLG Düsseldorf DÖV 1981, 537: privatrechtlich.

[213] BGH NVwZ 1988, 472; OVG Münster NVwZ 1988, 452.

[214] BVerwGE 52, 165; 61, 299; 82, 282; VGH Kassel NVwZ 1990, 880; OLG Frankfurt DVBl 1980, 382; OLG Schleswig NVwZ 1988, 761; Jarass JuS 1980, 117; Kopp/Schenke § 40 Rn 20; enger OVG Münster NVwZ 1984, 523; OVG Koblenz NVwZ 1993, 281; krit Ehlers VerwArch 1983, 112, 119; Weißenberger GewArch 2009, 465 mwN.

[215] OVG Koblenz NVwZ 1993, 281; Kopp/Schenke § 40 Rn 20.

[216] BVerwGE 62, 5; BVerwG DVBl 1978, 212; DÖV 1981, 440.

[217] Kopp/Schenke § 40 Rn 21 mwN; **aA** für die Rückforderung versehentlich weitergezahlten Wohngeldes vom Erben BVerwGE 84, 274.

[218] Problematisch deshalb OVG Berlin NVwZ 2006, 104; krit hierzu Weißenberger GewArch 2009, 465, 466.

einer öffentlichen Einrichtung im Rahmen ihrer Zweckbestimmung oder aufgrund eines durch die Mitgliedschaft in der Körperschaft, die Träger der Einrichtung ist, vermittelten Statusrechts,[219] auch wenn das Benutzungsverhältnis selbst im Übrigen privatrechtlich geregelt ist.[220] Öffentlich-rechtlich ist danach die Entscheidung über die Überlassung eines gemeindeeigenen Festsaals oder einer kommunalen Turnhalle für private Veranstaltungen im Rahmen des Widmungszwecks (BVerwGE 31, 368; 32, 333); die Zulassung eines Schaustellers, Verkäufers usw zu einem **kommunalen Jahrmarkt,** Festplatz usw;[221] auch die **Zulassung zu staatlich anerkannten** (anders bei nur staatlich genehmigten) **Privatschulen.**[222] Nach hM kann das Benutzungsverhältnis auch dann privatrechtlich ausgestattet sein, wenn ein Anschluss- und Benutzungszwang besteht.[223]

Richtigerweise hängt der öffentlich-rechtliche Charakter der Zulassungsentscheidung davon ab, ob der Antragsteller einen **öffentlich-rechtlichen Anspruch** auf Zulassung oder zumindest auf ermessensfehlerfreie Entscheidung über die Zulassung hat. Dies lässt sich bejahen, wenn der Anspruch aus einer Gemeindeordnung folgt, aber auch dann, wenn der Anspruch auf Zulassung zu einer öffentlichen Einrichtung im Rahmen des Widmungszwecks aus Art 3 Abs 1 GG folgt.[224] Soweit die Zulassung zu Zwecken verlangt wird, die außerhalb des Widmungszwecks liegen, geht es in Wahrheit nicht um die Benutzung einer öffentlichen Einrichtung, sondern nur um die allgemeine Nutzung von Räumlichkeiten und Einrichtungen, die als solche neutral ist. In diesen Fällen kommt es auf die konkrete Ausgestaltung der Zulassung durch den Träger der Einrichtung an.[225] 80

Problematisch ist die Annahme eines **Zulassungsanspruchs** zur Benutzung öffentlicher Einrichtungen dann, wenn diese nicht unmittelbar durch einen öffentlichen Rechtsträger betrieben wird, sondern durch eine privatrechtlich verselbständigte juristische Person, die sich ganz oder überwiegend in Eigentum der öffentlichen Hand befindet. Dies gilt etwa für die Zulassung zu Dienstleistungen der Post, der Postbank (s hierzu Müssig NJW 1991, 472; Gramlich JuS 1991, 88) und der **Bahn** (s Kopp/Schenke § 40 Rn 19a) sowie zu sonstigen Einrichtungen und Programmen der sog Daseinsvorsorge. S hierzu näher § 2 Rn 54. Im Falle einer Organisationsprivatisierung oder einer funktionellen Privatisierung (s zu den Begriffen Einf I Rn 87) besteht grds ein **Verschaffungsanspruch** gegen 81, 82

---

[219] VGH München BayVBl 1980, 300, bestätigt durch BVerwG NJW 1980, 1863.

[220] BVerwGE 31, 368; 32, 333; VGH München NJW 2013, 249 mwN; s auch Kopp/Schenke § 40 Rn 16; zur Möglichkeit der Regelung durch öffentlich-rechtlichen Vertrag auch StBS § 54 Rn 45.

[221] Vgl BVerwG HGZ 2012, 412; OVG Münster NVwZ 1987, 519; Widera Vw 1986, 20; Roth WuV 1985, 52; BGH NVwZ 1984, 265; BayVerfGH NVwZ 1984, 232; OVG Koblenz DÖV 1986, 153; VGH München BayVBl 1982, 656; GewArch 1986, 241; offen VGH Mannheim NVwZ 1984, 255; OVG Hamburg GewArch 1987, 303; OVG Koblenz NVwZ 1987, 519 und VG Neustadt GewArch 2008, 361 zur Zulassung zu einem nach § 69 GewO festgesetzten und von der Gemeinde veranstalteten Markt: kann auch privatrechtlich sein; ähnlich VG Schleswig GewArch 2011, 356.

[222] BVerwGE 17, 41; BVerwG NJW 1964, 368; 45, 118; s auch Kopp/Schenke § 40 Rn 18; **aA** BGH DVBl 1962, 70: privatrechtlich.

[223] BVerwGE 123, 159; BGH 115, 311; OVG Lüneburg NVwZ 1999, 566; LG Berlin NVwZ-RR 2004, 397; krit Erichsen/Ehlers S 3 Rn 38 ff; v Danwitz JuS 1995, 1, 5.

[224] Verneint für Schiffsausrüster auf dem Schleusengelände in BVerwGE 39, 236; bejaht für Nutzung der Räume des Rathauses für Zwecke der Landespressekonferenz (OVG Bremen NJW 1990, 931); Vergabe von Räumen in städischem Kongresszentrum (BVerwG NJW 1990, 134); vgl OVG Lüneburg NordÖR 2007, 164 zur Herleitung des Anspruchs aus Kommunalrecht oder § 5 PartG iVm Art 3 Abs 1 GG; s a Frenz Vr 2012, 1.

[225] Vgl BVerwGE 91, 135 (Bonner Hofgartenwiese für Versammlung); VGH Mannheim DÖV 189, 30 (kein Anspruch auf Überlassung von Schulhallen zu Übernachtungszwecken an politischen Parteien).

den öffentlichen Träger der Einrichtung.[226] Nach BVerfGE 128, 226 (Fraport) sollen auch gemischtwirtschaftliche **Unternehmen, die von der öffentlichen Hand beherrscht werden,** der unmittelbaren Grundrechtsbindung unterliegen, so dass ein (auf dem zivilrechtlichen Weg zu verfolgender) Anspruch unmittelbar gegenüber der fraglichen Einrichtung in Betracht kommt; dies schließt aber das Rechtsschutzbedürfnis für eine Einwirkungsklage grds nicht aus.[227] Im Falle einer vollständigen materiellen Privatisierung besteht ein öffentlich-rechtlicher Zulassungsanspruch nicht mehr. Zu beachten sind in diesem Zusammenhang aber die rechtlichen Grenzen der materiellen Privatisierung.[228]

83 **ff) Weitere zweistufige Rechtsverhältnisse.** Mit der Zweistufentheorie erfassen lassen sich auch die Entscheidung über die **Erteilung eines** dem Privatrecht unterliegenden **Lehrauftrags** an einer Universität, sofern für diese Entscheidung öffentliches Recht maßgeblich ist oder die entscheidende Behörde, wenn auch zu Unrecht, jedenfalls die Form des VA wählt (BVerwGE 52, 314); die von einer Behörde mit einem Antragsteller getroffene **„Vereinbarung" über die diesem zuerkannten Leistungen** (BVerwGE 25, 72; BVerwG DVBl 1973, 932).

84 **c) Abgrenzung zum Verfassungsrecht.** Nur Maßnahmen auf dem Gebiet des Verwaltungsrechts können VA-Qualität haben. Die Abgrenzung zu Maßnahmen auf dem Gebiet des Verfassungsrechts erfolgt nach hM ähnlich wie bei der Abgrenzung von verwaltungs- und verfassungsrechtlichen Streitigkeiten nach § 40 VwGO (s hierzu näher Kopp/Schenke § 40 Rn 31 ff) nach wie vor nach der Theorie von der **doppelten Verfassungsunmittelbarkeit.** Danach ist es weder hinreichend noch notwendig, dass die Maßnahme in der Verfassung vorgesehen ist. Vielmehr muss es sich erstens um eine **Maßnahme eines Verfassungsorgans,** dh eines nach der Verfassung mit Rechten und Pflichten ausgestatteten Organs handeln, die zweitens **durch das Verfassungsrecht geprägt wird.**[229]

85 **aa) Verfassungsrechtlich** iSd § 35 sind die **Beantwortung parlamentarischer Anfragen** in Bundes- oder Landesparlamenten und **Weisungen von Bundesbehörden** nach Art 84, 85 GG.[230] Verfassungsrechtlich ist die Ernennung der Mitglieder von Bundes- und Landesregierungen, die Entlassung einzelner Minister, die Entscheidung über die Aufnahme diplomatischer Beziehungen, über den Einsatz der Streitkräfte, über das Rederecht in den Parlamenten, über Maßnahmen des Parlamentspräsidenten während der Debatten (weitere Bsp bei Kopp/Schenke § 40 Rn 32 ff).

86 **bb) Verwaltungsrechtlich** sind, da es sich nicht um spezifisch verfassungsrechtliche Akte im dargelegten Sinn handelt, die **Maßnahmen** des Bundestagspräsidenten in Ausübung der **Polizeigewalt im Bereich des Bundestages** (vgl OVG Münster NVwZ 1987, 609); die Ernennung eines Richters aufgrund der Wahl durch den **Richterwahlausschuss** des Parlaments;[231] die Entscheidung über die Auszahlung von **Abgeordnetendiäten** (BVerwG NJW 1985, 2341); über die **Zulassung von Sendezeiten** an Parteien und Wählergemeinschaf-

---

[226] BVerwG NJW 1990, 134; VGH Mannheim ESVGH 53, 251; VG Stuttgart VBlBW 2009, 233; Roth, Die kommunalen öffentlichen Einrichtungen, 1998, 37; Ehlers DÖV 1986, 897, 901.

[227] OVG Hamburg DVBl 2014, 1069.

[228] BVerwG NVwZ 2009, 1305: Privatisierung eines Weihnachtsmarktes, zweifelhaft.

[229] BVerfGE 20, 18, 23; 84, 290 (297); BerlVerfGH NJW 1996, 2567; Klenke NVwZ 1995, 644; FL 13; UL § 48 Rn 2; Leiner DVBl 1990, 1243; Hufen § 11 Rn 49.

[230] BVerfGE 81, 310 (Kalkar II); BVerwG BayVBl 1992, 720; Schulte VerwArch 1990, 415.

[231] Vgl BVerfGE 24, 268; VGH Kassel DVBl 1990, 306; kritisch Leiner DVBl 1990, 1242.

ten,[232] über die **Eintragung** in **das Wählerverzeichnis.**[233] Bis zur Einführung der §§ 17, 36 PUAG, die die Zuständigkeit des BGH begründen, waren nach hM auch Entscheidungen über Maßnahmen des Zeugniszwangs in Verfahren vor parlamentarischen Untersuchungsausschüssen als verwaltungsrechtlich zu qualifizieren.[234] **Keine verfassungsrechtlichen Handlungen** sind auch die Entscheidungen im Zusammenhang mit **Kommunalwahlen.**[235]

Verwaltungsrechtlich sind auch die Entscheidungen über die Verleihung 87
von **Auszeichnungen und Orden**[236] und über die Genehmigung der Annahme ausländischer Orden und Ehrenzeichen (FL 14 zu § 1 VwVfG mwN). Dasselbe gilt für (Entscheidungen über) **Gnadenakte;**[237] dies gilt auch dann, wenn die Entscheidung durch Verfassungsrecht einem Verfassungsorgan, zB dem Bundespräsidenten, vorbehalten ist oder die entsprechende Befugnis in dessen Namen ausgeübt wird. Keine VAe, sondern privatrechtliche Akte sind die **Verleihung des Sportabzeichens** (BVerwGE 18, 118) und des **Ehrenpreises der Landwirtschaftskammer** (VGH München AgrarR 1981, 351).

5. Maßnahme zur Regelung. Wesentlich für den Begriff des VA ist, dass 88
dieser nach seinem objektiven Sinngehalt auf eine unmittelbare, für die Betroffenen **verbindliche Festlegung** von Rechten und Pflichten oder eines Rechtsstatus gerichtet ist,[238] dh darauf, mit dem Anspruch unmittelbarer Verbindlichkeit[239] und mit der Bestandskraft fähiger Wirkung[240] unmittelbar subjektive Rechte der Betroffenen zu begründen, zu konkretisieren und zu individualisieren (BVerwGE 79, 293), aufzuheben, abzuändern oder verbindlich festzustellen,[241] oder aber darauf, die Begründung, Aufhebung, Abänderung oder Feststellung unmittelbar verbindlich abzulehnen. Eine **Baugenehmigung** etwa ist dabei sowohl eine feststellende als auch eine verfügende Regelung. Zum Begriff des subjektiven Rechts s Einf Rn 63 ff.

Die Maßnahme muss nach ihrem objektiven Sinngehalt auf **unmittelbare** 89
Rechtswirkung gerichtet sein; dass sie lediglich tatsächliche Auswirkungen auf geschützte Rechtspositionen des Bürgers hat, genügt nicht;[242] ebenso grundsätzlich nicht, dass sie **mittelbare rechtliche Auswirkungen** auf geschützte Rechts-

---

232 BVerwGE 35, 344; BVerfGE 7, 104; 14, 137; vgl auch BVerfGE 40, 308; 64, 312; Kopp/Schenke § 40 Rn 34.

233 BayVerfGH BayVBl 1979, 129; Kopp/Schenke § 40 Rn 33; vgl nunmehr auch BVerfG NVwZ 1988, 818; MD 28 zu Art 19 Abs 4 GG; **aA** BVerfG BayVBl 1968, 131: Rechtsschutz gegen Entscheidungen im Rahmen des Wahlverfahrens nur im Rahmen der Wahlprüfung.

234 Vgl Kopp/Schenke § 40 Rn 35 mwN.

235 OVG Münster DVBl 1981, 875: Entscheidung des Rats über die Gültigkeit einer Kommunalwahl als VA.

236 WBSK I § 45 Rn 36; Obermayer/Funke-Kaiser 38 str; **aA,** außer wenn die Voraussetzungen rechtlich normiert sind; Ule 32 Anh VII 3; SG 2 II A; vgl auch BVerwGE 18, 118: die Verleihung des Sportabzeichens ist ein rein privatrechtlicher Akt.

237 BVerwGE 49, 201 mwN; s ferner BVerfG NJW 2001, 377 Gnadenakte unterliegen nicht der gerichtlichen Überprüfung, da es kein Recht auf Begnadigung gebe, dass durch die Ablehnung verletzt werden könne (st Rspr); Erichsen JK GG Art I/3; StBS § 1 Rn 192 ff; WBSK I § 45 Rn 34; **anders** zum Widerruf von Gnadenakten (gerichtlich überprüfbar) BVerfG 30, 108; differenzierend Stern 3 I 4b; s a Knack/Henneke 76.

238 Vgl BVerwGE 60, 145; 77, 271; 81, 260; Erichsen/Ehlers § 21 Rn 24 unter Hinweis auf die Formel Otto Mayers, der Festlegung, „was … Rechtens sein soll".

239 Vgl BVerwGE 31, 306; 61, 168.

240 BVerwGE 78, 3.

241 Vgl BVerwGE 69, 377; 77, 271; 79, 293; 80, 364; 135, 209; BSG 14, 106; 17, 175; 18, 273; 21, 54; 25, 258 und 282; 32, 157; Ule 32 Anh I 5; Lorenz 271 mwN; s auch oben 41; zu feststellenden VAen s auch unten 92 ff.

242 BVerwGE 60, 145; 81, 260; OVG Lüneburg DVBl 1990, 883; Erichsen/Ehlers § 21 Rn 26.

positionen hat (BVerwG DÖV 1992, 970). Für die Ermittlung des Sinngehalts ist nicht der innere, sondern der erklärte Wille der Behörde maßgeblich, so wie er sich für den Empfänger unter Berücksichtigung der ihm erkennbaren Umstände bei objektiver Würdigung der Erklärung darstellen muss, dabei gehen Unklarheiten zu Lasten der Behörde.[243] Dem Erfordernis der Rechtserheblichkeit entspricht auf Seiten der Betroffenen eine durch Rechtsnormen begründete bzw durch Rechtsnormen geschützte Rechtsposition, die durch den VA berührt wird. Eine solche Rechtsposition kann auch öffentlichen Rechtsträgern zukommen (vgl zB BVerwGE 80, 201), zB **Selbstverwaltungsträgern** im Verhältnis zum aufsichtsführenden Staat, außerdem zB auch natürlichen Personen und Personenmehrheiten in ihrer Eigenschaft **als Organe in Organschaftsverhältnissen.**[244]

90 **Regelung ist auch die Ablehnung** der Begründung, Aufhebung usw eines subjektiven Rechts, einer Pflicht, eines Rechtsstatus einer Sache gegenüber einem Bürger insb auch die Ablehnung eines darauf gerichteten Antrags[245] bzw die Ablehnung eines beantragten VA oder die Versagung bzw Ablehnung eines von Amts wegen zu erlassenden VA; **anders die Ablehnung einer Handlung, die nicht VA** ist,[246] sofern der Ablehnung nicht ihrerseits Regelungswirkung zukommt, weil mit ihr zugleich verbindlich entschieden wird, dass ein Anspruch auf die Handlung nicht besteht oder weil die Ablehnung durch das Fachrecht als VA ausgestaltet ist (z B §§ 5, 6 UIG).[247] **Kein VA** ist mangels verbindlicher Regelung ferner die sog **Nichtabhilfemitteilung,** die den Betroffenen darüber informiert, dass seinem Widerspruch von der Ausgangsbehörde nicht abgeholfen werden könne und daher die Weiterleitung an die Widerspruchsbehörde erfolge (BVerwGE 140, 245).

91 **a) Mitteilungen, Gutachten, Warnungen, Empfehlungen. Keine Regelungen** sind Erklärungen oder Handlungen einer Behörde, denen nach Inhalt, Zusammenhang oder näheren Umständen **ein Regelungs- und Bindungswille fehlt,** zB die lediglich faktische **(passive) Duldung** eines bauordnungswidrigen oder polizeiwidrigen Zustandes; (bloße) **Mitteilungen,**[248] zB die Mitteilung, dass gegen ein bestimmtes Vorhaben oder Verhalten keine Bedenken bestehen (vgl OLG Düsseldorf NVwZ-RR 1993, 452); **Absichtserklärungen** (BVerwGE 76, 50; s jedoch zur VA-Qualität der Mitteilung der Absicht der Eintragung in die Handwerksrolle bzw der Löschung Rn 103 ff); **Auskünfte;**[249] **anders** die sog **Anrufungsauskunft** der Steuerbehörden nach § 42e EStG;[250] **Berichte des Luftfahrt-Bundesamtes** über die Ursachen eines Luftunfalls;[251] **Empfehlungen;**[252] **Erklä-**

---

[243] BVerwGE 99, 101.

[244] Zum Erlass eines VA gegenüber Hoheitsträgern OVG Schleswig NordÖR 2000, 214 StbS 178 ff; ausführlich Jungkind, passim; s auch Müller-Franken VerwArch 1999, 552.

[245] BVerwGE 55, 285; 69, 377; 77, 271; 79, 293, 296; BVerwG DÖV 1981, 68; OVG Berlin NVwZ 1981, 253.

[246] Vgl VG Frankfurt NJW 2011, 2747.

[247] S dazu Kopp/Schenke, Anh § 42 Rn 40 ff.

[248] BVerwGE 75, 113 = NVwZ 1987, 315; s aber BVerwGE 80, 127: sog Negativmitteilung an nicht berücksichtigten Bewerber auf eine Beamtenstelle ist VA; dazu **aA** OVG Magdeburg ZBR 2014, 431; s a BVerfG NVwZ-RR 2014, 329: Konkurrentenmitteilung im Berufungsverfahren ist VA.

[249] BVerwGE 31, 306; BSG 14, 104; 25, 66, 220; 37, 180; 44, 114 für eine Auskunft über die Unfallversicherungspflicht, die für einen in der Zukunft liegenden Zeitraum erteilt worden war und damit weder Regelungscharakter noch Einzelfallbezug besaß, davon unabhängig sei die Frage nach möglichen Amtshaftungsansprüchen aufgrund der unzutreffenden Auskunft; BFH 126, 358 = DVBl 1979, 561; VGH München BayVBl 1984, 758; **aA** LG Stuttgart VBlBW 1981, 329.

[250] BFHE 225, 50; hierzu näher Werder/Dannecker BB 2013, 284; Schulze Grotthoff BB 2009, 2123; Bergkämper DB 2009, 1684.

[251] BVerwGE 14, 323.

[252] BVerwGE 53, 106; 71, 183 – Arzneimittel-Transparenzliste.

rungen, die eine Behörde im Verwaltungsprozess abgibt,[253] sofern sich nicht aus dem Inhalt der Erklärung und den Umständen etwas anderes ergibt; **Ermahnungen;** zB gegenüber einem Richter wegen politischer Betätigung (VG Schleswig NJW 1985, 1099) oder die Ermahnung durch einen Beamten an einen Besucher, nicht einfach in das Dienstzimmer „hereinzuschneien", ohne anzuklopfen; Ermahnungen und Verwarnungen aufgrund von Eintragungen ins Fahreignungs-Bewertungssystem nach § 4 Abs. 5 StVG;[254] **Hinweise** auf bereits bestehende Regelungen;[255] **Informationen;**[256] bloße **Meinungsäußerungen;**[257] formlose **Missbilligungen** des Verhaltens eines Behördenbediensteten (Beamter oder Angestellter) durch einen Behördenleiter, soweit es sich nicht um eine sog. qualifizierte Missbilligung iSd Disziplinarrechts handelt;[258] **Verkehrswertgutachten** der Gutachterausschüsse für Grundstückswerte (näher Jakob NVwZ 2011, 1419, 1420, auch zum Rechtsschutz); **Vorschläge** (auch zB der Vorschlag eines Beamten zur Beförderung); **Warnungen;**[259] wie zB die sog **Gefährderansprache bzw -anschreiben** (OVG Lüneburg NJW 2006, 391). **Umstr** ist die Qualifizierung von Aufforderungen an (Ruhestands-)Beamte, sich einer erneuten amtsärztlichen Untersuchung zu unterziehen sowie sich zur Wiederberufung in das Beamtenverhältnis einzufinden.[260] Grundsätzlich kein VA ist auch die als Hinweis auf bestehende Handlungsmöglichkeiten zu verstehende **Androhung eines VA,** es sei denn, es handelt sich um die Androhung eines Zwangsmittels iSd verwaltungsvollstreckungsrechtlichen Regelungen.[261]

b) Bescheinigungen, Feststellungen, Auskünfte. Behördliche Regelungen enthalten solche Bescheinigungen oder Feststellungen, durch die Rechtsverhältnisse oder einzelne Rechte oder Pflichten verbindlich und in einer auf Rechtsbeständigkeit angelegten Weise festgestellt werden.[262] Dann handelt es sich um feststellende VAe, anderenfalls nur um die Bekundung von Wissen oder von Meinungen. Problematisch sind vor allem die Fälle, in denen nicht unmittelbar 92

---

[253] BVerwGE 74, 15; OVG Münster NVwZ-RR 1990, 435; zT **aA** BVerwG NVwZ 1988, 724 zur sachlichen Einlassung einer Behörde auf eine Verpflichtungsklage auf Erlass eines VA.

[254] S noch zu § 4 StVG aF BVerwG DÖV 2007, 305.

[255] VG Darmstadt NVwZ 2013, 1300 m Anm Kaienburg zu sog Notices to Airmen (NOTAMs), mit denen auf bestehende Flugverbote hingewiesen wird.

[256] BVerwG NJW 1992, 1641: Nachweis von Unternehmensberatern; BVerwG NVwZ-RR 1991, 200: Leitfaden mit Informationsmaterial der Bundeswehr keine anfechtbare Maßnahme; OVG Magdeburg Kunst und Recht 2014, 22: Eintragung in Lost-Art-Datenbank ist nicht-regelndes, staatliches Informationshandeln (nicht rechtskräftig).

[257] BSGE 14, 106; 21, 54; 31, 226; 42, 179 = NJW 1977, 77.

[258] Vgl OVG Lüneburg DVBl 2013, 397; s a VG Minden NWVBl 2006, 66 zu einer von der Zahnärztekammer ausgesprochenen Missbilligung ggü einem Zahnarzt: VA.

[259] BVerwGE 82, 76 (Jugendsekten); 48, 264; zugleich auch zur Abgrenzung von einer Weisung gem § 36 StVO; BVerwG NJW 1991, 1766 (Warnung vor glykolhaltigem Wein); weitere Bsp bei Di Fabio JZ 1993, 689; Philipp, Behördliche Warnungen, passim; zur sog Gefährderansprache Jötten/Tams JuS 2008, 436.

[260] BVerwGE 111, 246 (mwN zum Streitstand): jedenfalls regelmäßig kein VA mangels Regelungsqualität bzw mangels Außenwirkung; NVwZ 2012, 1438; OVG Koblenz DöD 2003, 173; **aA** zum Hess Landesrecht VG Wiesbaden, Urteil vom 8. April 2013 – 3 K 719/11.WI –, juris.

[261] Zur Abgrenzung s VGH München BayVBl 2015, 17; Kopp/Schenke Anh § 42 Rn. 32.

[262] BVerwGE 58, 37; 72, 232; 72, 265 (auch zum Erfordernis einer Rechtsgrundlage); 79, 291: Bescheinigung über die gem § 20 Abs 4 AsylVfG aF kraft Gesetzes eintretende Aufenthaltsgestattung (heute §§ 55, 63 AsylG); VGH Mannheim NVwZ-RR 1992, 480 zur Feststellung des Status einer Wohnung als Hauptwohnsitz durch VA; Erichsen/Ehlers § 21 Rn 51; Kopp/Schenke Anh § 42 Rn 28; Kopp GewArch 1986, 41; König BayVBl 1987, 261; Knack/Henneke 92 mwN.

Rechte und Pflichten festgestellt werden, sondern tatsächliche oder rechtliche Umstände, die sich auf Rechte und Pflichten auswirken.

92a **Kriterien für die Beurteilung,** ob eine Feststellung nur als einfache Feststellung gemeint ist oder als „regelnde Feststellung" (BVerwGE 72, 232) rechtsverbindlich und damit als VA gewollt ist, sind außer dem Wortlaut vor allem der Zusammenhang, in dem sie getroffen wird, insb ob Rechte oder Pflichten, auf die sie sich bezieht, strittig sind bzw als klärungsbedürftig angesehen werden.[263] Ein Indiz für einen feststellenden VA ist auch, wenn eine derartige **Feststellung im Gesetz vorgesehen** ist[264] oder in einem besonderen Verfahren erfolgt (BVerwGE 75, 101). Umgekehrt bedeutet das Fehlen der jedenfalls idR erforderlichen gesetzlichen Grundlage[265] nicht notwendig, dass der Bescheinigung bzw Feststellung die Verbindlichkeit seitens der Behörde nicht zugedacht ist.[266] Vielmehr kann die Behörde nach st Rspr im Rahmen einer Handlungs-, insb Eingriffsbefugnis auch einen feststellenden VA erlassen.[267]

92b **aa) Keine feststellenden VAe** sind etwa die **Fiktionsbescheinigung** nach § 81 Abs 5 AufenthG (BVerwG NVwZ-RR 2010, 330; OVG Münster ZAR 2009, 278 m Anm Pfersich), die zwar die Wirkung der Antragstellung bescheinigen soll, ohne aber insoweit eine Verbindlichkeit zu entfalten, ebenso wenig die Bescheinigung über den Eintritt der Genehmigungsfiktion nach § 42a Abs 3 (s § 42a Rn 30) oder die Bestätigung des Eingangs eines Antrags oder der Vollständigkeit der Unterlagen (s § 42a Rn 25). Kein VA liegt ferner vor, wenn sich die Rechtsfolge bereits **unmittelbar aus dem Gesetz** ergibt und es daher keiner Einzelfallentscheidung durch die zuständige Behörde bedarf (BVerwG LKV 2011, 558 zu § 28 FeV), es sei denn, die Voraussetzungen werden als strittig und klärungsbedürftig angesehen (vgl VGH Mannheim DÖV 1982, 703). Kein VA ist auch die Feststellung der Dienstunfähigkeit zur Vorbereitung beamtenrechtlicher Maßnahmen.[268]

93 **bb)** Als **feststellende VAe** sind anzusehen die **verbindliche Auskunft** nach § 89 Abs 2 AO (BFH NVwZ 2017, 406), die förmliche Feststellung durch eine Behörde, dass bestimmte Wohnräume dem **Zweckentfremdungsverbot** unterliegen (BVerwGE 72, 265); dass ein Bauwerk **Denkmalseigenschaft** hat (VGH Mannheim DÖV 1982, 703); dass ein von einer Person behauptetes oder innegehaltenes **Wasserbenutzungsrecht erloschen** ist (VGH Mannheim NVwZ 1982, 570); dass eine bestimmte Art und Weise der **Abnahme der Fahrprüfung nicht zulässig** ist (BVerwGE 39, 346); Feststellung nach § 28 FeV, dass eine **Fahrerlaubnis nicht besteht**;[269] dass eine im Rahmen eines hoheitlich gestalteten Rechtsverhältnisses gestellte **Kaution verfallen ist** (BVerwGE 82, 282); die **Feststellung der Staatsangehörigkeit** nach § 30 StAG;[270] die (verbindliche) Feststellung, dass ein Vorhaben die Gemeinnützigkeit nicht entfallen lässt (sog **Unbedenklichkeitsbescheinigung**);[271] die **Geeignetheitsbestätigung** nach § 33c Abs. 3

[263] BVerwGE 34, 353; 72, 367; 135, 209; OLG Düsseldorf EnWZ 2014, 564.

[264] WBSK I § 46 Rn 10 differenziert hier zwischen „selbstständigen" feststellenden VAen aufgrund einer allgemeinen Ermächtigungsgrundlage bzw Generalermächtigung und unselbstständigen feststellenden VAen zB aufgrund einer Spezialermächtigung.

[265] Vgl BVerwGE 143, 203: erforderlich, wenn die Behörde „etwas als rechtmäßig feststellt, was der Betroffene erklärtermaßen nicht für rechtens hält" (st Rspr).

[266] BVerwGE 57, 162; ThürOVG ZOV 2014, 271.

[267] BVerwGE 72, 265; 117, 133 (Feststellung des Erlöschens einer Genehmigung nach § 18 Abs 2 BImSchG); BVerwG NVwZ-RR 2014, 958; s a BVerwG NVwZ 2014, 1594; differenzierend StBS 220.

[268] OVG Berlin-Brandenburg IÖd 22 015, 9 (Polizeidienst).

[269] VGH München, B v 16.2.2016, 11 CE 16.15, juris, im Zusammenhang mit dem Streit um die Gültigkeit einer im Ausland erworbenen Fahrerlaubnis.

[270] OVG Sachsen StAZ 2014, 306.

[271] BVerwGE 57, 162 = NJW 1979, 1726; BVerwG NJW 1980, 718.

GewO (vgl nur VGH Mannheim GewArch 2014, 86); die amtliche **Feststellung der Bevölkerungszahl** einer Gemeinde;[272] die Feststellung des Besoldungsdienstalters eines Beamten (BVerwGE 19, 19); die **Anerkennung als Asylbewerber** (BVerwGE 75, 101); als **Kriegsdienstverweigerer** (BVerwGE 65, 288; 69, 91); als **Schwerbehinderter** (BVerwGE 72, 10; 81, 86); die **Gleichstellung** nach § 2 Abs 3 SGB IX (vgl BSG NZA 2015, 90); die Feststellung, dass die Voraussetzungen für ein sog **„Einfrieren" der Leistungen** nach § 48 Abs. 3 SGB X vorliegen (BSG SozR 3–3100 § 62 Nr 4); die sog **Anrufungsauskunft** des Finanzamts nach § 42e EStG, auf die der Arbeitgeber einen Anspruch hat.[273] Auch die Feststellung der **Nichtigkeit eines VA** ist selbst als VA zu qualifizieren.[274] Hierzu und zu dem Anspruch auf Feststellung der Nichtigkeit näher § 43 Rn 46, § 44 Rn 64.

Feststellende VAe sind auch der sog **Veränderungsnachweis der Katasterbehörde;**[275] die Feststellung der **Genehmigungsbedürftigkeit** nach § 34c GewO (BVerwG NVwZ 1991, 267); die sog **Abgeschlossenheitsbescheinigung,** mit der die Behörde dem Antragsteller bestätigt, dass eine Wohnung iS des Wohnungseigentumsrechts abgeschlossen ist und insoweit deshalb der Eintragung als Eigentum nichts entgegensteht;[276] die Bescheinigung über die kraft Gesetzes eintretende **Aufenthaltsgestattung** gem § 20 Abs 4 AsylVfG aF (BVerwGE 79, 293); die förmliche Feststellung über das **Erlöschen der Aufenthaltserlaubnis kraft Gesetzes,** wenn dies zwischen den Beteiligten streitig ist;[277] die entsprechende Eintragung im Pass (VG Augsburg NVwZ 1987, 258); die Feststellung durch die Meldebehörde, dass eine bestimmte Wohnung **Hauptwohnung** iS des Melderechts ist (vgl BVerwG NJW 1999, 2688; VG Gießen DVBl 2011, 316); s aber zur bloßen Eintragung in das Melderegister Rn 59; die **Feststellung der Wohnraumqualität** iS des Zweckentfremdungsrechts anzusehen sind und dem Verbot der Zweckentfremdung von Wohnräumen unterliegen;[278] dass **diplomatischer Schutz** durch geeignete Maßnahmen oder auch zB durch Anrufung eines internationalen Schiedsgerichts gewährt wird (offen BVerwGE 62, 14); die Stellung eines **Antrags auf Eintragung einer Sicherungshypothek** beim zuständigen AG durch die Behörde, da darin zugleich die Feststellung enthalten ist, dass die gesetzlichen Voraussetzungen der Vollstreckung erfüllt sind.[279] VA-Qualität hat auch die **Standortbescheinigung der Bundesnetzagentur** für Mobilfunkfeststationen gem §§ 4 f BEMFV (vgl OVG Sachsen BauR 2009, 1782). 94

Steuerbescheinigungen von Verwaltungsbehörden haben idR Regelungsqualität;[280] die Bescheinigung iSv § 7i Abs 2 EStG iVm den landesrechtlichen Bestimmungen, dass es sich bei einem Gebäude um ein Baudenkmal handelt (vgl BFHE 205, 87); die Bescheinigung für die **Befreiung von der** 95

---

[272] VGH Kassel NVwZ 1993, 497; Poppenhäger NVwZ 1993, 444.

[273] BFHE 225, 50 = NJW 2009, 3118; BFH, Urt v 7.5.2014, VI R 28/13, juris.

[274] HM, BVerwGE 84, 314; ausführlich BFH NVwZ 2015, 163 unter Aufgabe seiner früheren Auffassung; siehe auch Anm Müller-Franken NVwZ 2015, 168.

[275] VGH München BayVBl 1985, 122; **kein VA** dagegen hins der Aufnahme der tatsächlichen Nutzungsart in das Liegenschaftskataster VG Meiningen ThürVBl 2011, 234.

[276] **Anders** die hM, vgl BVerwG NJW 1990, 848 mwN; BGH-Vorlagebeschluss NJW 1991, 1611 = BayVBl 1991, 347 m Anm Bötsch: nur eine Wissenserklärung; VGH München BayVBl 1990, 536; 1992, 310 nur ein urkundlicher Nachweis gegenüber dem Grundbuchamt.

[277] VGH Mannheim VBlBW 1997, 230; VG Aachen, Urteil vom 11. Dezember 2013 – 4 K 2051/12 –, juris.

[278] BVerwGE 72, 268: VA, jedoch rechtswidrig, da die Feststellung nicht durch VA getroffen werden durfte.

[279] St Rspr, vgl BFH BFH/NV 2008, 1990..

[280] Vgl BVerwGE 90, 353; BVerwG NVwZ 1987, 216; NJW 1994, 337 und 393; NJW 2007, 711; vgl auch BVerwGE 79, 171.

Grunderwerbssteuer (**aA** VGH Mannheim KStZ 1982, 200: bloßes Beweismittel ohne Regelungscharakter); nach §§ 82i und k EStDV über steuerbegünstigte Aufwendungen für Baudenkmäler (VGH Mannheim DVBl 1986, 188; DÖV 1981, 803; die **„Bezeichnung" eines Verteidigungsvorhabens** nach § 1 Abs 3 LBG;[281] die **Zustimmung zur Mitwirkung** eines Wehrpflichtigen **im Katastrophenschutz** (BVerwGE 54, 240; BVerwG DÖV 1991, 28).

96 **Regelungswirkung hat** idR auch die Ausstellung eines sog **Negativattests,** wonach ein bestimmtes Vorhaben, eine bestimmte Tätigkeit zulässig ist bzw keiner Genehmigung, Erlaubnis usw bedarf,[282] zB nach § 74 Abs 7 zur Entbehrlichkeit von Planfeststellung und Plangenehmigung,[283] das Negativattest nach § 23 Abs 2 BauGB aF, dass eine Teilungsgenehmigung nach § 19 BauGB nicht erforderlich ist; die **Mitteilung** an eine Flughafengesellschaft, dass bestimmte nach § 45 Abs 2 LuftVG angezeigte Erweiterungsmaßnahmen bei einem Flughafen **nicht genehmigungspflichtig** sind (BVerwG NJW 1980, 718: zugleich VA, der als Genehmigung der Maßnahmen anzusehen ist); die **Verständigung der Betroffenen** nach § 1 Abs 1 S 2 des Gesetzes zur Vereinfachung des Planfeststellungsverfahrens für Fernmeldelinien v 24.9.1935 (RGBl S 1177) von einem geplanten Vorhaben (BVerwGE 77, 136); die **Mitteilung,** dass das **Genehmigungsverfahren ohne Sachentscheidung abgeschlossen** wird, da keine Genehmigung erforderlich ist (BVerwGE 81, 110); die **Mitteilung** einer Gemeinde an den Käufer eines Grundstücks, dass das **Vorkaufsrecht** gem § 24 Abs 4 S 1 BauGB **nicht ausgeübt** wird (Böhle BayVBl 1986, 43).

97 **c) Wiederholende Verfügungen, Zweitbescheide.** Während die Ablehnung des Wiederaufgreifens und der sog Zweitbescheid Regelungen treffen und deshalb VA-Qualität haben, gilt dies nicht für die nur wiederholende Verfügung, mit der die Behörde der Sache nach lediglich auf eine bereits in der Vergangenheit getroffene Regelung hinweist, ohne in der Sache eine neue Regelung zu treffen. Die Abgrenzung lässt sich nicht immer leicht vornehmen. Sie hängt vom objektiven Erklärungswert des jeweiligen Bescheids ab. In der Regel wird das erneute Tätigwerden der Behörde durch einen Antrag eines Betroffenen ausgelöst; notwendig ist dies aber nicht. Es kann auch vorkommen, dass die Behörde – etwa nach einer internen Kontrolle oder Revision – von Amts wegen in einer an sich abgeschlossenen Sache neu tätig wird.

97a **aa) Ablehnung des Wiederaufgreifens.** Wenn ein Betroffener nach Abschluss eines Verwaltungsverfahrens den Antrag stellt, den unanfechtbar gewordenen VA aufzuheben oder abzuändern, liegt darin der Antrag, das abgeschlossene Verwaltungsverfahren wieder aufzunehmen und in eine neue Sachprüfung einzusteigen. Hierzu ist die Behörde grundsätzlich nur unter den strengen Voraussetzungen des § 51 verpflichtet; im übrigen steht das Wiederaufgreifen in ihrem Ermessen (s näher § 48 Rn 77; § 49, Rn 23). Wenn die Behörde das Wiederaufgreifen – aus welchen Gründen auch immer ablehnt, trifft sie **keine neue Sach-**

---

[281] BVerwGE 74, 123; BVerwG DÖV 1993, 531; Laubinger VerwArch 1986, 434; Paal BayVBl 1981, 243; Geiger DÖV 1982, 648; BayVBl 1987, 106; 1990, 505 mwN; Dehner BayVBl 1986, 660; Koch JA 1987, 205; im Verhältnis zur betroffenen Gemeinde auch BVerwGE 74, 124 m Anm Brodersen JuS 1987, 154; BVerwG NJW 1986, 2451; BVerwG DVBl 1989, 1051; vgl auch Robbers DÖV 1987, 272, der solche Akte zT VAen gleichsetzt; **aA** noch BVerwG DVBl 1983, 345, in BVerwGE 74, 124 jedoch nunmehr zT aufgegeben; VGH München BayVBl 1981, 241; DÖV 1982, 646; Lang NuR 1981, 158; Geiger BayVBl 87, 106 weist gegenüber BVerwGE 74, 124 zutreffend darauf hin, dass die Frage der Qualifikation als VA nur einheitlich beantwortet werden kann und die Frage des „wem gegenüber" eine Frage der Klagebefugnis nach § 42 Abs 1 VwGO ist.

[282] BGH GRUR 1986, 79; StBS 83; **aA** Müller/Giessler GWB 5 vor § 51.

[283] BVerwGE 64, 325; BVerwG BayVBl 1985, 155: zugleich VA, der die Baumaßnahmen zulässt; s näher § 74 Rn 175 ff.

entscheidung, auch wenn sie Gründe dafür anführt, weshalb sie das Verfahren nicht wieder aufgreifen will bzw den vorangegangenen VA für zutreffend hält. Sie erlässt dann aber einen Bescheid, der VA-Qualität hat, weil mit ihm das Wiederaufgreifen des Verfahrens abgelehnt wird (BVerwG NVwZ 2002, 482). Der Betroffene kann mit Widerspruch und Verpflichtungsklage versuchen, ein Wiederaufgreifen und dann eine günstigere Sachentscheidung zu erlangen (s hierzu näher § 48 Rn 81).

bb) Neue Sachprüfung, Zweitbescheid. Greift die Behörde auf Antrag oder von Amts wegen das an sich unanfechtbar abgeschlossene Verfahren wieder auf und tritt sie damit in eine neue Sachprüfung ein, endet dieses Verfahren idR mit einem neuen VA. Dieser kann eine gegenüber dem früheren bereits unanfechtbar gewordenen VA **abweichende Sachregelung** treffen oder aber **trotz neuer Sachprüfung zum selben Ergebnis** gelangen. Dann spricht man von einem Zweitbescheid.[284] In beiden Fällen ist in der Sache ein neuer VA ergangen, gegen den der Betroffene den regulären Rechtsschutz erlangen kann (Widerspruch und Klage). Der unanfechtbare VA aus der Vergangenheit steht nicht entgegen.[285] 98

cc) Wiederholende Verfügung. Übermittelt die Behörde – aus welchem Grund auch immer – dem Betroffenen ein Schreiben, in dem der Inhalt des bereits erlassenen VA wiederholt wird, so hat diese wiederholende Verfügung keine Regelung zum Inhalt und deshalb auch keine VA-Qualität (App DStZ 2008, 263 mwN). Der Sache nach wird damit lediglich auf die bestehende Regelung hingewiesen. Hatte der Betroffene ein Wiederaufgreifen des Verfahrens und eine Abänderung des unanfechtbaren VA beantragt, kann in der wiederholenden Verfügung zugleich eine Ablehnung dieses Antrags liegen.[286] In diesen Fällen wird aber regelmäßig eine Begründung für die Ablehnung des Wiederaufgreifens gegeben werden müssen. Gegen diese Ablehnung kann der Betroffenen vorgehen (s oben Rn 97a). 98a

d) Zusagen, Zusicherungen. Eine Zusicherung ist nach § 38 die verbindliche Zusage des Erlasses oder Nichterlasses eines VA (s hierzu näher § 38 Rn 7). Die Zusicherung ist ein Unterfall der Zusage. Wenn die Behörde sich zu einem anderen Verhalten (Tun, Dulden oder Unterlassen) verbindlich selbst verpflichtet, handelt es sich um eine Zusage im engeren Sinn. Die Rechtsnatur von Zusicherungen, aber auch von Zusagen ist **umstritten.** Von einer älteren Auffassung in der Literatur[287] werden sie als Verwaltungsvorakte, teilweise auch als bloße Verwaltungserklärungen angesehen. Zwar hätten sie eine Regelungswirkung, aus § 38 Abs 2 folge aber, dass der Gesetzgeber selbst sie als Aliud zum VA habe regeln wollen. Tatsächlich hat der Gesetzgeber die Rechtsnatur der Zusicherung wie auch der Zusage bei Erlass des VwVfG nicht regeln wollen (§ 38 Rn 8). Die hM sieht **Zusicherungen heute als VAe** an, weil sie verbindliche Regelungen über ein zukünftiges Verhalten enthalten (s hierzu näher § 38 Rn 8f). Dasselbe muss auch für Zusagen eines sonstigen Verwaltungshandelns gelten, da es auf die Regelung einer verbindlichen Verpflichtung und nicht auf deren Inhalt ankommt.[288] 99

---

284 Teilweise wird auch die abweichende neue Entscheidung als (positiver) Zweitbescheid bezeichnet (Detterbeck Verwaltungsrecht Rn 773.

285 Vgl BVerwGE 39, 233; 42, 358; 44, 334; 53, 14; 57, 345; 69, 94; BVerwG NVwZ 1982, 50; 1985, 341; DVBl 1993, 737; BVerfGE 27, 297; BGH DÖV 1973, 92; VGH Kassel NVwZ 1985, 282; OVG Lüneburg NJW 1985, 507; OVG Schleswig DÖV 1994, 394; Schenke NJW 1982, 490; Erichsen/Ehlers § 21 Rn 29.

286 Erichsen/Ehlers § 21 Rn 29; Detterbeck Verwaltungsrecht Rn 772. Nicht immer wird in einer wiederholenden Verfügung die konkludente Ablehnung eines Wiederaufgreifens enthalten sein.

287 Vgl etwa Peine, Verwaltungsrecht Rn 876; Maiwald BayVBl 1977, 452.

288 Zutreffend Detterbeck Verwaltungsrecht Rn 521; Guckelberger DÖV 2004, 364. Ebenso die der Entscheidung nach § 767 ZPO entsprechende Feststellung, dass die Vollstre-

100 **e) Prüfungsentscheidungen, Zeugnisse, Schulnoten.** Unter welchen Voraussetzungen hoheitliche Entscheidungen im Bereich des Prüfungswesens VA-Qualität haben, lässt sich nicht einheitlich beurteilen. Regelmäßig lassen sich Entscheidungen über das Bestehen oder Nichtbestehen einer Prüfung als VA einordnen. Für die Bewertung einzelner Prüfungsleistungen oder einer Gesamtleistung kommt es auf das jeweils einschlägige Prüfungsrecht, insbesondere die **einschlägige Prüfungsordnung** an (BVerwG NJW 2012, 2901). Im Hinblick auf die Bedeutung der Prüfung wird zwischen berufsrelevanten Prüfungen, auf die Art 12 GG Anwendung findet, und sonstigen Prüfungen unterschieden (näher zu Anforderungen an Prüfungsverfahren § 40 Rn 121 ff).

100a **aa) Ausbildungsabschlüsse.** Entscheidungen über den Abschluss eines öffentlich-rechtlichen Bildungsgangs[289] (**Abitur, Fachabitur Realschulabschluss**) haben nach allgemeiner Auffassung VA-Charakter, weil sie einen für das Berufsleben und für weitere Ausbildungen relevanten Status vermitteln.[290] Gleiches gilt für die Entscheidung über das Bestehen einer **Gesellen- oder Meisterprüfung** nach §§ 31 ff, 45 ff HwO oder über andere berufsbildende Abschlüsse, mit denen ein beruflicher Status vermittelt wird., der für den Zugang von Berufsfeldern von Bedeutung ist, ebenso für Entscheidungen über den **Abschluss einer Hochschulausbildung** (Diplom, Bachelor, Magister, Referendar- oder Assessorprüfung, Ärztliche Prüfung, Promotion, Habilitation). Sie werden nach einhelliger Meinung **als VA eingestuft.**[291] Auch Entscheidungen über das Bestehen oder Nichtbestehen anderer Prüfungen werden unabhängig von ihrer Berufsrelevanz als VA einzustufen sein, soweit sie öffentlich-rechtlich geregelt sind und ihr Bestehen nach geltendem Recht für bestimmte von der allgemeinen Handlungsfreiheit umfasste Betätigungen von Bedeutung sind (Führerscheinprüfung, Jägerprüfung, beamtenrechtliche Laufbahnprüfung, Steuerberaterprüfung usw).[292]

100b **bb) Modul- und Zwischenprüfungen, Nichtversetzung.** Die Rechtsqualität von Teil- und Zwischenprüfungen wird nicht einheitlich beurteilt. Hier kommt es auf die rechtliche Ausgestaltung der Teil-Prüfung an. Zutreffend hat das BVerwG die **mündliche Prüfung** einer juristischen Staatsprüfung nicht als selbständig anfechtbaren Prüfungsteil gewertet.[293] Diese Einschätzung dürfte auch für andere Formen von unselbständigen Prüfungsteilen in anderen Prüfungen gelten.[294] Anderes dürfte für Prüfungsteile gelten, mit denen konzeptionell verselbständigte Ausbildungsabschnitte (Stationen) abgeschichtet werden, wenn sie **rechtlich und formal mit einer gewissen Selbständigkeit** ausgestattet sind und einen eigenständigen Aussagewert haben (zB selbständiges Zeugnis). Hier dürfte auch Art 19 Abs 4 eine selbständige Überprüfbarkeit gebie-

---

ckung aus einem VA unzulässig ist, vgl OVG Koblenz NJW 1982, 2277; s auch Kopp/Schenke § 167 Rn 35; **aA** OVG Münster DÖV 1976, 675.

289 Zu anerkannten Privatschulen, die rechtlich als genehmigte Ersatzschulen angesehen werden können, s BVerwG, NVwZ-RR 1994, 95; Ramsauer/Stallbaum BAföG, 6. Aufl 2016, § 2 Rn 38: staatliche Beleihung zur Erteilung von Zeugnissen.

290 BVerwGE 88, 111 (Abitur); BVerwGE 1, 260; 8, 272 (Versetzungszeugnis, Nichtversetzungszeugnis); VG Braunschweig NVwZ-RR 2004, 576 (Realschulabschluss); VG Aachen, U v 11.12.2009, 9 K 2158/08, juris (Hauptschulabschluss); nicht dagegen nach OVG Koblenz, AS 15, 34 (mangels Regelung) das gymnasiale Abgangszeugnis.

291 BVerwGE 95, 237, 249 (Habilitation); StBS 204; Obermayer/Funke-Kaiser 53 ff; Knack-Henneke 46 ff.

292 BVerwGE 11, 165 (Laufbahnprüfung); BFHE 195, 19 (Steuerberaterprüfung).

293 BVerwGE 96, 126; ähnlich OVG Bautzen SächsVBl 2002, 90, das auf den Erlass eines besonderen Prüfungsbescheides abstellt.

294 BVerwG, B v 25.3.2003, 6 B 8/03, juris (Diplom-Vorprüfung); OVG Münster, U v 25.9.2014, 14 A 1872/12, juris (Magisterarbeit).

ten.[295] Hierzu wären Zeugnisse über Referendarstationen in der juristischen Ausbildung, je nach Ausgestaltung aber auch abschichtbare Module einer Gesamtausbildung, die in die spätere Abschlussbewertung eingehen.

Zwischenprüfungen, die den Übergang in den folgenden Studienabschnitt ermöglichen, werden wie die **Entscheidung über die Nichtversetzung** in die nächsthöhere Klasse als VAe angesehen.[296] 100c

cc) Gesamtnoten, Einzelnoten. Allgemeine Aussagen über die VA-Qualität von Benotungen lassen sich nur schwer treffen, weil insoweit idR die einschlägige **Prüfungsordnung** maßgeblich ist (BVerwG NJW 2012, 2901). Allerdings lassen sich einige weitgehend gültige Feststellungen treffen. So wäre es problematisch, zwischen der Rechtsnatur der Entscheidung über das Bestehen einer Prüfung und derjenigen über die Abschlussnote zu unterscheiden, von der Note das Bestehen allein abhängt. Wenn die Prüfungsordnung vorsieht, dass die Prüfung mit dem Erreichen einer bestimmten Notenschwelle bestanden ist, dann wird man in der Endnotenfestsetzung nicht lediglich ein Begründungselement sehen dürfen.[297] Die hM sieht die **Gesamtnote einer Prüfung bzw eines Zeugnisses** insgesamt als integralen Bestandteil der Entscheidung über das Bestehen oder Nichtbestehen und damit als **Regelungsbestandteil** des VA an, dessen Überprüfung im Widerspruchsverfahren und mit einer einer Verpflichtungsklage auf Notenverbesserung zulässig ist.[298] 101

Einzelnoten in Prüfungsverfahren haben nach allerdings nicht unumstrittener hM[299] wegen ihrer Unselbständigkeit **idR keine VA-Qualität.**[300] Das gilt auch dann, wenn die Prüfungsordnung einen festen Anrechnungsfaktor für diese Noten festlegt. Insoweit ist der Prüfling darauf angewiesen, im Rahmen einer Anfechtung der Endnote der Prüfung die fehlerhafte Bewertung der Einzelnote zu rügen. Dies gilt etwa für einzelne **Klausuren** (Aufsichtsarbeiten) oder **Hausarbeiten** in einer Prüfung. Insoweit wird der Regelungscharakter von einzelnen Benotungen und Bewertungen, die nur in eine Endentscheidung eingehen, verneint, weil derartige Bewertungen lediglich bestimmte Qualifikationen zwar empirisch feststellen, aber nicht verbindlich festlegen könnten.[301] Derartige **Noten in einzelnen Fächern** werden danach lediglich als Elemente der Begründung eines VA angesehen, gegen die Rechtsschutz nur auf dem Wege einer Leistungsklage gewährt werden könne.[302] Soweit davon abweichend auch einzelne besonders wichtige Einzelnoten als selbständige Regelungen und damit entweder als selbständige VAe oder als selbständig anfechtbare Teile von VAen angesehen werden,[303] ist dem 101a

---

[295] VG Hamburg NVwZ-RR 2012, 892 (Ausweisung von unentschuldigten Fehlstunden im Schulzeugnis); VG Braunschweig NVwZ-RR 2004, 576 (Bewertung des Sozialverhaltens in Realschulabschlusszeugnis); Sodan/Ziekow, § 42 Rn 269.

[296] BVerwGE 56, 155; VGH Mannheim NVwZ-RR 1993, 358; StBS 204.

[297] So die wohl hM, vgl Morgenroth NVwZ 2014, 32 mwN.

[298] BVerwGE 88, 111; OVG Münster, B v 30.4.2012, 19 B 494/12, juris; BeckOK Rn 179.

[299] Überblick bei Morgenroth NVwZ 2014, 32; **aA** zB OVG Münster NVwZ-RR 2001, 384 zu einer für das Bestehen einer Ausbildung entscheidenden Einzelnote.

[300] VGH München BayVBl 2011, 212 (für Bewertung der Studienarbeit in der juristischen Schwerpunktprüfung); ebenso VG Wiesbaden NVwZ-RR 2007, 13 für Einzelbewertungen der mündlichen Prüfung.

[301] StBS 204; Grupp JuS 1983, 351, 353; Koch/Rubel III Rn 11.

[302] VGH Kassel DVBl 1990, 546; VGH München NJW 1988, 2632; VGH Mannheim DÖV 1982, 164; OVG Koblenz DÖV 1980, 614; OVG Münster DÖV 1975, 358.

[303] BVerwGE 57, 130; 73, 376; BVerwG NVwZ 1992, 56; DÖV 1995, 79; OVG Münster, B v 27.3.2009, 19 E 1140/08 – juris: nur Zeugnis insgesamt; demgegenüber VGH Mannheim DVBl 1990, 933: auch Einzelnoten, sofern sie für bestimmte Berechtigungen, zB die Zulassung zu einem bestimmten Studiengang von Bedeutung sind; BVerwG NJW 1993, 1027; OVG Münster NVwZ 1985, 595 zur Gesamtnote einer berufsqualifizierenden

nicht zuzustimmen. Dem insoweit gebotenen effektiven Rechtsschutz wird aber auch damit Rechnung getragen, dass eine Korrektur im Wege der Leistungsklage eröffnet wird. Eine eigenständige Regelungswirkung lässt sich idR nicht damit begründen, dass die Note in bestimmten Verwendungszusammenhängen für den Prüfling besondere Bedeutung hat. Vielmehr kommt es für die Regelungswirkung auf die rechtliche Ausgestaltung der Bewerungsentscheidung, nicht auf die praktische Bedeutung für den Prüfling an.[304]

101b **dd) Sonstige Zulassungs- und Eignungsentscheidungen.** VA-Qualität hat die Entscheidung über die **Zulassung zu einer Prüfung** im Rahmen einer öffentlich-rechtlichen Ausbildung. Gleiches gilt für die **„Empfehlung" der Schulkonferenz,** nach der ein Schüler ohne weitere Prüfungen etwa zum Besuch eines Gymnasiums zugelassen wird, wenn sie die aufnehmende Schule rechtlich bindet.[305]

102 **f) Aufnahme in Register, Verzeichnisse, Dateien.** Bei behördlichen Eintragungen in Register, Verzeichnisse, Listen usw kommt es für die Rechtsqualität auf deren Rechtsfolgen an. VA-Qualität liegt idR dann vor, wenn **die Eintragung konstitutiv** für Rechte oder Rechtstellungen ist oder die Rechtstellung der Betroffenen in anderer Weise unmittelbar berührt.[306] **Umstritten** ist die Frage, ob die bloße Beweiswirkung einer Eintragung für die VA-Qualität ausreichend ist. Die Frage kann nur für solche Fälle bejaht werden, in denen ein Gesetz die Eintragung gerade zu diesem Zweck vorsieht (ähnlich BVerwGE 39, 103; Obermayer/Funke-Kaiser 57; enger StBS 87). Wo zwischen Eintragung und vorausliegendem **Entscheidungsakt** über die Eintragung unterschieden werden kann, kommt es auf den **Publizitätsakt** an, also auf die Frage, was dem Betroffenen gegenüber bekannt gegeben wird.[307]

103 **VA-Qualität wird zB angenommen für die Eintragung** oder Löschung eines Berufsausbildungsvertrags in das amtliche **Verzeichnis der Berufsausbildungsverträge** (BVerwGE 65, 109; 69, 162) und von Rechten in das Wasserbuch (BVerwGE 37, 103). Bei der **Eintragung oder Löschung in der Handwerksrolle** kommt es nach heute hM darauf an, ob ihnen jeweils eine entsprechende Mitteilung vorausgegangen ist, die als verbindliche Entscheidung darüber, dass die Voraussetzungen dafür erfüllt sind, angesehen werden kann (und damit als VA).[308] Nur wenn Eintragung oder Löschung aus der Rolle ohne vorherige Mitteilung erfolgen, liegt in ihnen direkt der VA. Die Eintragung einer Person in das **Melderegister** bzw die Streichung oder Berichtigung einer Eintragung ist grds kein VA;[309] die Eintra-

Prüfung; VGH München BayVBl 1984, 629; NVwZ-RR 1990, 358; mwN. BVerwGE 73, 376; BVerwG ZBR 1978, 72; VGH München BayVBl 1984, 629.

304 BVerwGE 57, 130; OVG Münster VRspr 24, 936; allg auch Lässig DÖV 1983, 876; Stauf RiA 1983, 179.

305 So StBS 204; Beaucamp NVw 2009, 280; Wallrabenstein DVBl 2010, 147.

306 BVerwGE 77, 271; BVerwG DÖV 2007, 305; VGH Kassel NJW 1980, 356; OVG Lüneburg DÖV 2014, 1064; Sauthoff NVwZ 1994, 21; StBS 87; Knack/Henneke 63.

307 Ähnlich Kopp/Schenke Anh § 42 Rn 36: kein VA bei fehlender Mitteilung an Betroffene.

308 BVerwGE 88, 123; 95, 364; BVerwG DVBl 1992, 1172; **aA** VGH Mannheim NVwZ-RR 1992, 473; OVG Hamburg NVwZ-RR 1992, 184; Wehr BayVBl 2000, 197; BVerwG NVwZ 1988, 151: die Eintragung ist idS VA; ferner VGH Mannheim NVwZ-RR 1993, 183: die Mitteilung über die beabsichtigte Löschung entzieht die Rechtsposition noch nicht, sondern eröffnet nur ein förmliches Verfahren zur Prüfung der Löschungsvoraussetzungen.

309 Vgl VGH München NVwZ 1998, 1318; OVG Münster NVwZ-RR 1999, 503; OVG Greifswald NVwZ-RR 2000, 93; OVG Lüneburg DÖV 2014, 1064; VGH Mannheim NVwZ 1993, 797: Feststellung der Eigenschaft als Hauptwohnung als VA möglich, anschließende Berichtigung des Melderegisters als Vollzug der Feststellung ist schlichtes Verwaltungshandeln; Knack/Henneke 63; StBS 86; **aA** VGH Kassel NVwZ 1990, 182: Mittei-

gung einer Auskunftssperre aber ist ein VA.[310] VA-Qualität hat die Eintragung einer Sache in ein amtliches **Verzeichnis** national wertvoller Kulturgüter (OVG Lüneburg NVwZ 1993, 79). Die **Eintragung eines Denkmals** in die Denkmalliste wird von der heute hM nur dann als VA angesehen, wenn sie für die Denkmaleigenschaft **konstitutiv** ist, nicht dagegen im sog ipso-jure-System, in dem die Denkmaleigenschaft schon kraft Gesetzes besteht und die Eintragung nur deklaratorisch erfolgt,[311] sofern die Eintragung nicht andere Rechtsfolgen auslöst.[312] Die Eintragung einer Straße in das **Straßenbestandsverzeichnis** wird in Bayern, Niedersachsen und Sachsen als beurkundender VA angesehen, weil nach den landesrechtlichen Vorschriften verbindlich über die Öffentlichkeit der Straße entschieden wird. Im Übrigen fehlt einer solchen Eintragung der Regelungscharakter (Sauthoff Öffentliche Straßen, Rn 277 ff mwN). Bei Eintragungen in **Baulastverzeichnisse** ist idR VA-Qualität anzunehmen.[313]

Nicht um VAe handelt es sich bei Eintragungen in **verwaltungsinterne Listen, Register** usw, die nicht zumindest auch der unmittelbaren Begründung, Aufhebung oder Feststellung der Rechte Betroffener oder als rechtliche Voraussetzung dafür dienen, wie die Aufnahme eines Lehramtsbewerbers oder eines Bewerbers um eine Taxi-Erlaubnis in die entsprechende **Warteliste für Bewerber.**[314] Kein VA ist daher zB die Eintragung (bzw die Entscheidung über die Eintragung) von Entscheidungen von Verwaltungsbehörden und Gerichten über Verkehrsverstöße eines Bürgers **in das Fahreignungsregister**[315] (BVerwGE 77, 271), das ausschließlich als Tatsachengrundlage für die Vorbereitung neuerlicher Entscheidungen dieser Stellen dient;[316] auch die Unterrichtung über den Punktestand ist mangels der Bestandskraft fähigen Regelungsgehalts kein VA.[317] Gleiches gilt für die Eintragung in das Gesamtzentralregister gem § 149 GewO (Knack/Henneke 63) und in das **Geburtenregister** (OVG Hamburg, StAZ 2010, 183, für den Erwerb der deutschen Staatsangehörigkeit). Anders, wenn die Eintragung unmittelbar eine Rechtsposition des Bürgers berührt, wie die Sammlung und Registrierung persönlicher Daten (BVerfG 65, 41 – Volkszählungsurteil); die Aufnahme **erkennungsdienstlicher Unterlagen** wie Fingerabdrücke, 104

lung über die Berichtigung des Melderegisters ist wegen der Folgen für die Ausübung des Wahlrechts VA; VGH Mannheim NVwZ-RR 1991, 359: Verpflichtungsklage auf Berichtigung des Melderegisters hins der Eigenschaft als Hauptwohnung.

310 BVerwGE 126, 140.

311 Die Differenzierung nach konstitutiver oder deklaratorischer Wirkung entspricht inzwischen der hM, vgl OVG Berlin LKV 1998, 152; VGH Kassel NVwZ-RR 1993, 462; VG Dessau LKV 2000, 268; VG Weimar ThürVBl 2001, 45; Knack/Henneke 63; Moench/Oetting NVwZ 2000, 146, 153; Niebaum/Eschenbach DÖV 1994, 12, 18; StBS 87; **aA** Steinberg NVwZ 1992, 14, 18; Kummer, Denkmalschutz als gestaltender VA, 1981, 69; Voraufl.

312 Zur Frage der Zulässigkeit feststellender Verwaltungsakte Moench/Oetting, NVwZ 2000, 149, 153.

313 So die hM, vgl OVG Bremen NVwZ 1998, 1322; OVG Lüneburg NVwZ 1999, 1013; OVG Münster NVwZ 1996, 275; Knack/Henneke 63; Kluth/Neuhäuser NVwZ 1996, 739; **aA** Mannheim NJW 1993, 678; StBS 88 mwN.

314 **AA** BVerwG DVBl 1990, 867 = NVwZ-RR 1990, 619 zur Aufnahme in die Warteliste für Lehramtsbewerber: kein VA.

315 Das Fahreignungsregister wird vom Kraftfahrtbundesamt auf der Grundlage von § 28 StVG geführt zur Speicherung der in § 28 Abs 2 StVG aufgeführten Daten. Es hat das frühere Verkehrszentralregister abgelöst; die Rechtsverhältnisse haben sich in verfahresrechtlicher Hinsicht dadurch aber nicht wesentlich geändert. Änderungen gibt es im Punktesystem. Hierzu Fromm NZV 2015, 64.

316 BVerwGE 74, 268, 271: da weder Regelung noch Außenwirkung; ebenso Knack/Henneke 63; StBS 88. Teilw **aA** BGHZ 183, 35: Eintragung eines Berufsverbots ist Justizverwaltungsakt.

317 BVerwG DÖV 2007, 305; Fromm NZV 2015, 64.

Lichtbilder von Personen, die Straftaten begangen haben oder sich einer Straftat verdächtig gemacht haben, zu präventivpolizeilichen Zwecken in eine Kartei. **Umstritten** ist die Qualität der Entscheidungen über eine weitere Aufbewahrung bzw Entfernung dieser Unterlagen (BVerwG NJW 1997, 2535). Die wohl hM nimmt VA-Qualität an.[318] Keine VA-Qualität hat der Aktionsplan zur Feinstaubreduzierung nach § 47 BImSchG (VGH München ZUR 2005, 433).

105 **g) Rechtsgeschäftliche Handlungen. aa) Willenserklärungen** (s auch Rn 41) einer Behörde, wie die Kündigung eines Vertrages, die Erklärung der Aufrechnung (BVerwGE 66, 218), die Geltendmachung eines Zurückbehaltungsrechts, die Fristsetzung und Stundung von Forderungen im Rahmen allgemeiner verwaltungsrechtlicher Schuldverhältnisse, haben nach hM mangels eigenen verbindlichen Regelungsgehalts **keine VA-Qualität** (Jarass NVwZ 1987, 90); **anders** ggf bei auch sonst durch VA gestalteten Über- und Unterordnungsverhältnissen, wenn sie in der Form und mit dem Ziel einer verbindlichen Regelung erfolgen (vgl BVerwG NVwZ 1988, 51).

106 **bb) Aufforderungen. Keine VAe** sind die Übersendung einer einfachen **Kostenrechnung** über die Kosten des Abschleppens eines PKW ohne hoheitliches Zahlungsgebot (BVerwGE 48, 264); gewöhnliche **Zahlungsaufforderungen** und sonstige Rechnungsstellungen.[319] **Anders,** wenn die Übersendung der Rechnung nach den Umständen als Zahlungsgebot oder Gebührenfestsetzung zu verstehen ist;[320] eine als VA **(Leistungsbescheid)** ergehende förmliche Zahlungsaufforderung.[321]

107 **cc) Mitteilungen, Leistungen. Keine VAe** sind auch zB **Fälligkeitsmitteilungen** (vgl OVG Saarlouis LKRZ 2014, 151); ebenso wenig **Besoldungsmitteilungen** an einen Beamten, außer wenn ein anderer Wille für den Betroffenen hinreichend erkennbar ist (BVerwGE 48, 283; anders Feststellungsbescheide über bestimmte Besoldungsparameter wie zB das Besoldungsdienstalter, s dazu mwN OVG Saarlouis Schütz BeamtR ES/C V 5 Nr 66); **Kassenanweisungen;**[322] bloße **Auszahlungen** am Schalter zum Vollzug vorangegangener Bewilligungsbescheide uä, da hier regelmäßig keine verbindliche Festlegung von Rechten und Pflichten erfolgt;[323] die Erklärung der **Aufrechnung;**[324] die Ausübung eines öffentlich-rechtlichen **Zurückbehaltungsrechts;**[325] die **Kündigung** eines öffentlich-rechtlichen Vertrages durch die Behörde oder die Geltendmachung eines **Anpassungsverlangens** nach § 60. Der Umstand, dass eine **Regelung nur als vorläufig** gedacht ist, schließt ihren Charakter als VA nicht aus, wenn sie jedenfalls als einseitig für den Bürger verbindlich gewollt ist.

108 **Als VA anzusehen ist** dagegen der Erstattungsbescheid, mit dem die Behörde einen Anspruch gegen einen Bürger verbindlich festsetzt und Leistungen

---

318 VGH Kassel NVwZ-RR 1995, 661; Knack/Henneke 59; **aA** Kopp/Schenke Anh § 42 Rn 35; offen VGH München BayVBl 1993, 211.

319 BVerwGE 29, 311; 41, 305; 48, 281; BVerwG NVwZ 2006, 703; VGH Mannheim DVBl 2010, 196; OVG Magdeburg KStZ 2011, 135; VGH München IÖD 2014, 81; s zum „Rückruf" der Bezüge eines Beamten auch VGH München ZBR 1981, 227.

320 VGH München BayVBl 1984, 559; 1987, 500; 1988, 180.

321 Vgl BVerwGE 66, 218; BVerwG NVwZ 1984, 168.

322 BVerwGE 24, 273; OVG Münster DÖV 1974, 599; VGH München BayVBl 1981, 239: die Zusendung dient nur der Information ohne Regelungsintention.

323 BSGE 25, 280; 32, 150; Wendt JA 1980, 29 mwN; Krause NJW 1979, 1012; anders (Annahme eines konkludenten VA durch Auszahlung) für den Fall, dass vor oder zumindest mit der Auszahlung keine ausdrückliche, den Anspruch begründende Entscheidung ergangen ist VG München Urteil vom 01. März 2011 – M 16 K 11.96 –, juris.

324 BVerwGE 66, 218 = NJW 1983, 776; BFH 149, 482 = NVwZ 1987, 1118; FG München NVwZ 1984, 472; StBS 138; Glose DÖV 1990, 147; MuLö BayVBl 1990, 511; anders, wenn die Aufrechnung durch Bescheid erklärt wird, BFH NVwZ 1987, 1119.

325 OVG Münster DVBl 1983, 1074; OVG Berlin-Brandenburg OVGE 33, 282.

zurückfordert. Erfolgt diese **Rückforderung in der Form eines VA,** also zB mit der Androhung von Vollstreckungsmaßnahmen oder mit einer Rechtsmittelbelehrung, dann handelt es sich auch dann um einen VA, wenn die festgesetzte Forderung privatrechtlicher Natur ist oder gar nicht besteht. Ob und unter welchen Voraussetzungen die Behörde materiell berechtigt ist, irrtümlich geleistete Beträge durch VA zurückzuverlangen, ist von der Frage, ob ein VA erlassen wurde, zu unterscheiden. Für die **materielle Berechtigung** ist maßgebend, ob eine gesetzliche Ermächtigungsgrundlage (zB § 49a) besteht. Grundsätzlich ist die Behörde berechtigt, eine aufgrund eines VA geleistete Zahlung auch durch VA wieder zurückzuverlangen (sog **Kehrseitentheorie**). Problematisch und umstritten ist die Rechtslage, wenn die aufgrund des VA geleisteten Zahlungen irrtümlich an Dritte gelangt sind. Hier wird teilweise eine bloß privatrechtliche Bereicherung des Dritten, auch des Erben, angenommen (BVerwG JZ 1990, 862; BGHZ 71, 180), teilweise auch ein öffentlich-rechtlicher Erstattungsanspruch.[326] VA ist ferner auch die Anrechnung einer Vorauszahlung, da mit der Anrechnungsverfügung über den zu erstattenden bzw noch zu leistenden Betrag entschieden wird.[327]

h) Verfahrenshandlungen. aa) Unselbständige. Keine VAe sind idR – im Gegensatz zu den selbständigen Verfahrensentscheidungen iS von § 44a S 2 VwGO[328] – die unselbständigen Verfahrenshandlungen (iS von § 44a S 1 VwGO) ohne eigenen Regelungsgehalt,[329] zB die **Einleitung eines Verwaltungsverfahrens** (VGH München NVwZ 1988, 743; BVerwGE 141, 196); ebenso wenig die **Einstellung des Verfahrens** ohne Sachentscheidung (OVG Münster NWVBl 1996, 357; vgl auch VGH Kassel ZBR 2013, 391 zum Abbruch eines beamtenrechtlichen Bewerbungsverfahrens). Kein VA ist auch die Aufforderung, im Hinblick auf die Entscheidung über eine etwaige Entziehung der Fahrerlaubnis einer **medizinisch-technischen Untersuchung zu unterziehen;**[330] ebenso wenig der an einen Bewerber um eine Hochschullehrerstelle gerichtete Ruf (BVerwG DVBl 1998, 643), der nur **Berufungsverhandlungen** auslöst; die nicht erzwingbare bzw bei Nichtbefolgung nur mit allg Beweisnachteilen bei der Beweiswürdigung verbundene (vgl OVG Lüneburg DVBl 1990, 884; NVwZ 1990, 1195) **Aufforderung** an einen Prüfling zum Nachweis einer krankheitsbedingten Prüfungsunfähigkeit ein **amtsärztliches Attest vorzulegen;**[331] die Aufforderung an einen Beamten, sich zur Prüfung der Dienstfähigkeit gem § 46 Abs 7 BBG gesundheitlich untersuchen zu lassen;[332] die Aufforderung der Ausländerbehörde zur Untersuchung einer behaupteten Traumatisierung (VG Berlin NVwZ 2001, 232) die **Aufforderung zu weiterem Vortrag,** zB bestimmte 109

---

326 Vgl Maurer JZ 1990, 863; Martens NVwZ 1993, 27; zu „überzahlten" Beamtenbezügen BVerwGE 52, 72; 81, 303: Rückforderungsbescheid zulässig, auch wenn der Beamte im Zeitpunkt des Erlasses des VA nicht mehr im Dienst ist; VGH Mannheim NVwZ 1989, 892: jedoch nicht zulässig, auch vom Erben mit VA zurückzufordern.

327 BFHE 182, 506; 227, 327; FG SH EFG 2014, 2014.

328 Vgl Knack/Henneke 66; Martens NVwZ 1982, 483; MB 18 zu § 97; Kopp/Schenke § 44a Rn 8 ff.

329 Vgl BVerwG NJW 1982, 120; DVBl 1993, 51; VGH Kassel NVwZ-RR 1995, 47; VGH München NVwZ-RR 2010, 677 zum bayerischen Wasserrecht; vgl auch BSG NVwZ 1989, 902: jedenfalls nicht gesondert anfechtbar.

330 BVerwGE 34, 250; BVerwG BayVBl 1995, 59; OVG Hamburg, VRS 104, 465; VGH München NJW 1986, 1562; 1987, 2455; BayVBl 1987, 109; NVwZ 1990, 776; OVG Lüneburg DVBl 1990, 884.

331 BVerwG NVwZ-RR 1993, 252; vgl auch VGH Kassel NVwZ-RR 1995, 47.

332 BVerwGE 34, 250 = NJW 1970, 1989; BVerwG NVwZ 2001, 436, 438; **anders** OVG Lüneburg NVwZ 1990, 1195 für die entsprechende Aufforderung an einen Beamten im Zwangspensionierungsverfahren gem § 44 Abs 6 BBG: VA, da das materielle Recht eine Pflicht statuiert, deren Nichtbefolgung sanktioniert werden kann.

Angaben in einem Antrag näher zu spezifizieren;[333] die Aufforderung zur Vorlage eines Keimgutachtens iRe immissionsschutzrechtlichen Genehmigungsverfahrens;[334] die **Ladung zu einer Anhörung** gem § 28 oder zu einer mündlichen Verhandlung gem § 67 Abs 1 S 2 ff; die öffentliche **Bekanntmachung der Planauslegung** gem § 73 Abs 5, die Einräumung der Möglichkeit zu Einwendungen usw im Planfreistellungsverfahren; die **Anordnung eines Erörterungstermins** (VGH München NVwZ 1990, 776); die an einen Beamten mitgeteilte Feststellung, er werde für dienstunfähig gehalten (OVG Berlin-Brandenburg IÖD 2015, 9); **sonstige unselbständige Verfahrensanordnungen** im Rahmen anhängiger bzw vorausgegangener Verwaltungsverfahren, die nur der Vorbereitung eines VA dienen, nicht selbständig erzwingbar sind und der Nachprüfung erst im Rahmen des das Verfahren abschließenden VA unterliegen.[335]

110 **Umstritten** ist die VA-Qualität der Entscheidung über die **Ablehnung eines Antrags auf Akteneinsicht** eines Verfahrensbeteiligten. Hier kommt es darauf an, ob dem Anspruch der Beteiligten auf Akteneinsicht selbständige Bedeutung neben dem eigentlichen Verwaltungsverfahren, dem er dienen soll, beigemessen werden muss. Die wohl hM nimmt hier zu Recht **VA-Qualität** an.[336] Der Durchsetzung eines Anspruchs auf Akteneinsicht innerhalb eines anhängigen Verfahrens wird nach hM allerdings idR § 44a VwGO entgegenstehen.[337] Etwas anderes gilt jedenfalls dann, wenn die Akteneinsicht außerhalb eines laufenden Verwaltungsverfahrens, zB auf der Grundlage des **IFG, des UIG** bzw entsprechenden Landesnormen oder des **VIG** begehrt wird (näher § 29 Rn 45 ff). Hier wird über den Antrag **stets durch VA** entschieden (vgl §§ 7 Abs 2, 8 Abs 2, 9 Abs 1 IFG).

111 **bb) Selbständige Verfahrenshandlungen** verfügen über eine eigenständige Regelungswirkung, die sich nicht in der Vorbereitung einer Entscheidung erschöpft. **Als VAe** anzusehen sind zB **die selbständig erzwingbare Anordnung** einer ärztlichen Untersuchung eines Beamten nach § 44 Abs 6 BBG;[338] das **Auskunftverlangen** gem § 17 Abs 1 HwO (OLG Hamm NVwZ-RR 1993, 244); die **Festsetzung der Anmeldefrist** für eine Prüfung (**aA** VGH München BayVBl 1984, 629). Ausnahmsweise soll auch die regelmäßig bloß vorbereitende **Aufforderung zur Mitwirkung** VA-Qualität haben, wenn über den Umfang einer gesetzlichen Mitwirkungspflicht verbindlich entschieden wird (VGH Mann-

---

[333] Vgl BFH 146, 99 = NVwZ 1987, 174; Schmidt-Liebig DStR 1987, 1592; **aA** zu § 160 § 1 AO BFH 140, 518 = BStBl II 1984, 750; Martens NVwZ 1987, 109: VA, der zwar nicht selbständig erzwingbar ist, aber doch jedenfalls eine Rechtspflicht konkretisiert.

[334] OVG Lüneburg NVwZ-RR 2013, 988.

[335] BVerwGE 34, 248 = NJW 1970, 1989; OVG Münster NVwZ 1982, 252 mwN; VGH München BayVBl 1990, 62; Ule 32 Anh I 5a; Kopp 233; zT **aA** Martens NVwZ 1987, 109: VA, wenn zur Konkretisierung einer durch Gesetz vorgesehenen Auskunftspflicht; unerheblich dagegen insoweit, ob selbständig vollstreckbar. Kein VA sollte auch die mittlerweile wegen Aussetzung der Wehrpflicht nicht mehr relevante formlose Ladung zur Musterung sein, dazu BVerwGE 82, 244; NJW 1984, 2541; OVG Lüneburg NVwZ 1990, 1195.

[336] BVerwGE 50, 259; VG Lüneburg NdsVBl 1997, 14; wohl auch StBS § 29 Rn 86; **aA** § 35 Rn 87; VGH München NVwZ 1990, 775; Kopp/Schenke Anh § 42 Rn 45; Steiner JuS 1984, 858; s auch § 29 Rn 44; offen BVerwGE 82, 47.

[337] Vgl Kopp/Schenke Anh § 42 Rn 45; **aA** Steike NVwZ 2001, 868, 871; VGH München BayVBl 1995, 631 für den Fall, dass ein Rechtsverlust droht.

[338] BVerwGE 34, 250; OVG Lüneburg DVBl 1990, 883 mwN wegen Sanktionen bei Nichtbefolgung; ebenso OVG Koblenz NVwZ-RR 1990, 154 = DöD 1990, 71; offen BVerwG DVBl 1981, 503; vgl auch BVerwG DVBl 1980, 882; BGH NJW 1980, 692; **aA** auch VGH Kassel DVBl 1994, 1084 zu der an einen wegen eines Dienstunfalls vorzeitig in den Ruhestand versetzten Beamten gerichteten Anordnung einer Untersuchung zur Feststellung der Dienstfähigkeit.

heim DÖV 2014, 582).[339] Aufgrund der besonderen Ausgestaltung in §§ 132 ff TKG sind ferner die **Anordnungen der Bundesnetzagentur** ua bzgl der Auswahl des Vergabeverfahrens VA (BVerwGE 134, 368). Zur VA-Qualität der Entscheidung über die **Hinzuziehung** als Beteiligter nach § 13 Abs 2 s § 13 Rn 28.

i) Mitwirkungsakte anderer Behörden. Das Fachrecht sieht nicht selten vor, dass vor Erlass eines VA durch die federführende Behörde Entscheidungen anderer Behörden ergehen müssen, die Voraussetzung für die letztlich zu treffende Sachentscheidung sind. Ob derartige Entscheidungen, die in einem gestuften Verfahren auf den Vorstufen der Sachentscheidung getroffen werden müssen, selbst VA-Qualität haben oder nicht, hängt von der rechtlichen Ausgestaltung der Mitwirkung ab (gegen VA Erichsen/Ehlers § 21 Rn 64). Maßgebend ist insoweit nicht die Frage, ob die mitwirkende Behörde eine Teilregelungsbefugnis hat, sondern die gesetzliche **Ausgestaltung der Mitwirkung.** Handelt es sich um einen VA, so ist ein selbständiges Verwaltungsverfahren durchzuführen, das sich seinerseits an den Regelungen der §§ 9 ff zu orientieren hat. 112

IdR handelt es sich bei Entscheidungen im Vorfeld um **Verwaltungsinterna,** so zB die Entscheidung der Gemeinde über das **Einvernehmen nach § 36 BauGB** (BVerwG NVwZ 1986, 556; Ersetzung des fehlenden Einvernehmens durch höhere Verwaltungsbehörde ist der Gemeinde gegenüber VA, vgl VGH Kassel NVwZ 2001, 823), bei der **Zustimmung nach § 9 Abs 2 FStrG** (BVerwGE 16, 116), bei der Entscheidung des Bundesverkehrsministers über die **Trassenführung nach § 16 FStrG** (BVerwG NVwZ 1996, 1011) oder die Führung von Bundeswasserstraßen (BVerwGE 72, 15). Keine VA-Qualität haben grundsätzlich die (positiven oder negativen) **Entscheidungen von Richterwahlausschüssen,** auch wenn sie zwingende Voraussetzung für die Ernennung eines Richters sind.[340] 112a

VA-Qualität haben dagegen zB **Ausnahmeentscheidungen** nach § 8 Abs 9 FStrG (BVerwG NJW 1986, 2205), regelmäßig auch die **Befreiungsentscheidungen** nach den Landesbauordnungen (OVG Münster DVBl 1999, 788), anders die Entscheidungen über Befreiungen nach § 31 Abs 2 BauGB. **Materielle Teilentscheidungen** haben grundsätzlich nur dann VA-Charakter, wenn sie als Teilentscheidungen mit Bindungswirkung gesetzlich vorgesehen sind (zB § 46 Abs 3 BAföG). Anderenfalls können sie allenfalls VAe in formeller Hinsicht sein, weil sie der Form nach wie VAe ausgestaltet sind (s hierzu oben Rn 3). Die Behörde ist von sich aus grundsätzlich aber nicht berechtigt, Teilentscheidungen auf dem Weg zu einem End-VA bereits als VAe zu erlassen.[341]

j) Vollstreckungs- und Vollzugsmaßnahmen. aa) Allgemeine Abgrenzung. Maßnahmen zur Vollstreckung von VAen sind selbst VAe, soweit sie selbständig über die Art und Weise der Vollstreckung oder über Einwendungen gegen die Vollstreckung entscheiden. VAe sind demzufolge die **Androhung**[342] und die **Festsetzung eines Zwangsmittels,**[343] zB die Abschiebungsandrohung nach 113

---

[339] VGH Mannheim DÖV 2014, 582; Martens NVwZ 1987, 106,109.

[340] BVerwGE 102, 174, 177; zur Bedeutung s auch OVG Hamburg NordÖR 2013, 21; OVG Lüneburg NVwZ 2016, 786; Gärditz ZBR 2011, 109.

[341] BVerwG UPR 2010, 449 für eine Entscheidung über die Vorbelastung des Wassers gegenüber Abgabepflichtigen.

[342] BVerwGE 49, 120; 82, 246; 122, 293; BVerwG NVwZ 1991, 792: Abschiebungsanordnung ist VA; NVwZ 1998, 393; VGH München DÖV 1982, 84; OVG Schleswig GewArch 1992, 232; NVwZ-RR 1993, 409; Kopp/Schenke § 167 Rn 16 mwN. Keine VA-Qualität hat demgegenüber der zB im HambVwVfG vorgesehene „Hinweis" auf die Möglichkeit der Anwendung von Zwangsmitteln; vgl auch VGH München BayVBl 2015, 17.

[343] Soweit die Festsetzung als gesonderte Vollstreckungsvoraussetzung im jeweiligen VwVG vorgesehen ist, vgl etwa BVerwG NVwZ 1997, 381; NVwZ 1998, 393; OVG Koblenz DÖV 1986, 1030 (selbstständiger VA); **anders** nach bay Recht VGH München

§ 35 AsylG, § 59 AufenthG bzw § 7 FreizügG/EU;[344] kein VA soll dagegen die Ankündigung der Abschiebung nach § 60a Abs 5 AufenthG nach dem Erlöschen bzw dem Widerruf einer Duldung sein.[345] Keine Vollstreckungsmaßnahmen, wohl aber VAe, sind **Duldungsverfügungen** zur Ermöglichung der Vollstreckung.[346] Bei der **Ersatzvornahme** ist zu unterscheiden: VA ist die Festsetzung der Ersatzvornahme.[347] Die Ersatzvornahme selbst ist dagegen kein VA, sondern Realakt.[348] Gleiches gilt auch für die **Abschiebung** eines Ausländers als Realakt.[349] Auch die Vollstreckungsanordnung und der Vollstreckungsauftrag nach § 3 VwVG werden von der hM nicht als VAe angesehen;[350] ebenso nicht die Mahnung, die nach § 3 Abs 3 VwVG der Vollstreckung vorausgehen soll (OVG Koblenz NJW 1982, 2276). **Umstritten war die VA-Qualität** von Anträgen der Vollstreckungsbehörden bei Gerichten, zB des Antrags auf Eintragung einer Sicherungshypothek gem § 4 VwVG iVm § 322 AO (für VA BFH BStBl II 1986, 236) oder der Antrag auf Zwangsversteigerung (für VA BFH BStBl II 588). Richtigerweise liegt hierin mangels verbindlicher Regelungswirkung kein VA.[351]

114 **bb) Polizeiliche Standard-Maßnahmen.** Die Rechtsqualität polizeilicher Standard-Maßnahmen nach den Polizeigesetzen der Länder ist nach wie vor **umstritten.** Sie lässt sich nicht einheitlich beurteilen. Vielmehr ist zwischen anordnenden bzw **regelnden und vollziehenden Standardmaßnahmen** zu unterscheiden.[352] Soweit es um die Anordnung von Geboten oder Verboten geht, liegen Regelungen und damit auch VAe vor. Dies gilt zB für den **Platzverweis** (OVG Bremen NVwZ 1999, 314), die **Vorladung,** das **Anhalten** einer Person, die **Befragung** zum Zwecke der Identitätsfeststellung oder die Anordnung der Herausgabe zum Zwecke der **Sicherstellung.** Insoweit besteht weitgehend Einigkeit.[353] Auch die Sicherstellung als solche wird wegen des damit begründeten Verwahrungsverhältnisses als VA eingestuft (Kopp/Schenke Anh § 42 Rn 35). Keine VA-Qualität weisen demgegenüber diejenigen Standardmaßnahmen auf, die dem Betroffenen keine besonderen Verhaltenspflichten auferlegen, sondern unmittelbare Eingriffswirkung erzeugen, wie zB die **Identitätsfeststellung.**

115 Umstritten ist nach wie vor, ob in den **übrigen polizeilichen Standardmaßnahmen** wie etwa einer Durchsuchung neben dem unzweifelhaft vorliegenden Realakt zugleich ein VA in der Form einer Duldungsverfügung gegenüber dem Pflichtigen zu sehen ist.[354] Die Beantwortung dieser Frage hat

---

BayVBl 1975, 302; DÖV 1986, 619; ähnlich nach nw Recht VG Köln NVwZ 1985, 202; vgl ferner Kopp/Schenke § 167 Rn 16; StBS 165 mwN.

[344] BVerwG NVwZ 1988, 260; OVG Bremen InfAuslR 2011, 18; VGH Mannheim InfAuslR 2014, 365.

[345] OVG Hamburg NordÖR 2009, 133; Erteilung und Widerruf einer Duldung dagegen haben VA-Qualität, vgl OVG Greifswald NordÖR 2008, 89.

[346] Vgl etwa OVG Magdeburg NuR 2012, 505.

[347] OVG Koblenz NVwZ 1986, 762 = DÖV 1986, 1030; zT anders in Bayern, s Kopp/Schenke § 167 Rn 16.

[348] VGH Kassel NVwZ 1982, 514; Schoch JuS 1995, 307, 311; StBS 165.

[349] VGH Mannheim VBlBW 1995, 67; OVG Hamburg NordÖR 2009, 133; VG Leipzig ZAR 1994, 188.

[350] BVerwG DÖV 1961, 182; BSG NJW 1987, 1846; StBS 166.

[351] So auch die mittlerweile hM, vgl OVG Greifswald NordÖR 2010, 166; OVG Münster ZfIR 2012, 656; VG München, Urteil vom 13. Dezember 2012 – M 10 K 12.3325 –, juris; offen StBS 166.

[352] Selmer/Gersdorf, 28; Lisken/Denninger F Rn 43; Lemke, Verwaltungsvollstreckungsrecht, 75; Lambiris, 118 ff.

[353] Felix/Schmitz NordÖR 2003, 133, 135; Rachor in: Lisken/Denninger 3. Aufl Kap F Rn 49.

[354] So VGH München BayVBl 1997, 634; VGH Mannheim DVBl 2011, 626 zur Ingewahrsamnahme; vgl auch BayVerfGH NVwZ 2006, 1284; Selmer/Gersdorf 29 ff; Kopp/

praktische Konsequenzen für die maßgeblichen Ermächtigungsgrundlagen: Ermächtigt die Norm des Polizeigesetzes nur zum Erlass einer Standardmaßnahme als VA, dann müssen neben den Voraussetzungen der Standardmaßnahme zugleich auch die Voraussetzungen einer unmittelbaren Ausführung vorliegen, wenn der Pflichtige unbekannt, abwesend oder nicht handlungsfähig ist und ihm gegenüber ein VA deshalb nicht erlassen werden kann.[355] Jedenfalls fehlt es an einer Regelung, wenn die Polizei tatsächlich tätig wird, ohne dass der Betroffene davon Kenntnis hat, zB durch die verschiedenen Formen der **verdeckten Informationserhebung** (VGH Mannheim DVBl 1997, 367).

cc) Unmittelbare Ausführung. Umstritten ist nach wie vor die Rechtsnatur der sog unmittelbaren Ausführung. Dabei handelt es sich um Maßnahmen zur Gefahrenabwehr, die durchgeführt werden, ohne dass dem an sich Pflichtigen gegenüber zuvor eine Anordnung ergangen wäre. Die meisten Polizeigesetze der Länder lassen die unmittelbare Ausführung von Maßnahmen zu, wenn auf andere Weise eine unmittelbar bevorstehende Gefahr oder eine Störung nicht abgewehrt werden könnte (vgl zB § 7 Abs 1 HmbSOG). Dies ist der Fall, wenn entsprechende Anordnungen dem oder den Pflichtigen gegenüber nicht bekannt gegeben werden können, weil sie unbekannt, abwesend oder nicht handlungsfähig (§ 12) sind. Auch die Verwaltungsvollstreckungsgesetze der meisten Länder sehen entsprechend der Regelung in § 6 Abs 2 VwVG die Anwendung von Verwaltungszwang ohne vorausgehenden VA vor, wenn der sofortige Vollzug zur Abwehr einer rechtswidrigen Straftat bzw Ordnungswidrigkeit oder zur Abwendung einer drohenden Gefahr notwendig ist, sofern die Behörde dabei innerhalb ihrer Befugnisse bleibt. 116

Die **Frage nach der Rechtsnatur** von unmittelbarer Ausführung und Sofortvollzug hat keine große praktische Bedeutung mehr, seit die Rspr für die spätere Feststellung der Rechtswidrigkeit praktisch identische Voraussetzungen aufstellt (BVerwGE 109, 203; BVerwG NVwZ 2000, 63). Die wohl hM geht inzwischen davon aus, dass derartige Maßnahmen keinen Regelungsgehalt haben und deshalb **Realakte** seien.[356] Begründet wird dies zT mit der Erwägung, ein Adressat sei für den Erlass eines VA in den Fällen der unmittelbaren Ausführung idR gerade nicht greifbar. Diese Überlegung **vermag nicht zu überzeugen.** Richtig ist zwar, dass ein nicht Anwesender nicht tatsächlich dazu gezwungen werden muss, die unmittelbare Ausführung einer Maßnahme zu dulden. Ähnlich wie bei der **Sicherstellung,** durch die in Abwesenheit des Betroffenen ein öffentlich-rechtliches Verwahrungsverhältnis begründet wird (s oben Rn 114), muss aber auch sonst entscheidend sein, ob die Maßnahme nach ihrem äußeren Erscheinungsbild derart in den Rechtskreis eines Betroffenen eingreift, dass sie einer vorherigen Anordnung bedarf, die dem Betroffenen später bekannt gegeben werden kann bzw muss (VGH Kassel NVwZ-RR 2008, 784). Dies wird zB bei der Räumung einer Wohnung im Wege der unmittelbaren Ausführung anzunehmen sein, nicht aber zB bei der Observation oder dem Einsatz verdeckter Ermittler (BVerwG NJW 1997, 2534) oder in den sonstigen Fällen der Beseitigung einer vom Pflichtigen geschaffenen Gefahrenlage. 117

Schenke Anh § 42 Rn 35; **aA** VG Hamburg, Urteil vom 15. September 2014 – 2 K 2225/14 –, juris: Ingewahrsamnahme ist kein VA; abl StBS 96; Heckmann, in: Becker/Heckmann/Kempen/Manssen, Bay Polizei- und Sicherheitsrecht, Rn 291; **offen** VGH München BayVBl 2012, 657.

[355] Ausf Lambiris, S. 123 ff mwN.

[356] OVG Münster NVwZ-RR 2000, 429; StBS 93; Pietzcker in: Schoch, § 42 Abs 1 Rn 34; Kopp/Schenke Anh § 42 Rn 36; MSU 105; Felix/Schmitz, NordÖR 2003, 133, 135; Heckmann, in: Becker/Heckmann/Kempen/Manssen, Bay Polizei- und Sicherheitsrecht, Rn 278; **aA** VGH München BayVBl 1997, 634; Erfmeyer DÖV 1999, 719; Jahn JuS 1998, 833, 836; Köhler BayVBl 1999, 582; offen OVG Münster NWVBl 1997, 306.

118 **6. Regelung eines Einzelfalles. a) Allgemeines.** Mit dem Merkmal des Einzelfalles soll der VA von der Rechtsnorm abgegrenzt werden, die ebenfalls Regelungen mit Außenwirkung auf dem Gebiet des öffentlichen Rechts treffen können. S 2 stellt klar, dass auch die dort genannten Allgemeinverfügungen als Einzelfallregelungen angesehen und damit vom VA-Begriff erfasst werden (s zu der **Allgemeinverfügung** näher Rn 157 ff). Die Einordnung auf der Skala zwischen abstrakt-genereller und individuell-konkreter Regelung wird entsprechend dem Charakter des VA als einem Zweckbegriff unter pragmatisch geprägten Aspekten vorgenommen.

119 **Die Abgrenzung** nach den oben angeführten materiellen Kriterien kommt aber nur dann zum Zuge, wenn der Gesetzgeber nicht selbst eine hiervon abweichende Einordnung vorgenommen hat oder wenn die Verwaltung ihre Maßnahme – berechtigterweise oder nicht – in die äußere Form einer Rechtsnorm gekleidet hat. So handelt es sich zB beim Bebauungsplan schon nach der speziellen Regelung in § 10 BauGB um eine Satzung, ohne dass es darauf ankäme, ob der Plan nach den allgemeinen Grundsätzen als Allgemeinverfügung oder als Rechtsnorm einzustufen wäre. Die Schwierigkeit der Abgrenzung ergibt sich zT daraus, dass der **Gesetzgeber grundsätzlich die Wahl** hat, ob er eine Regelung durch VA oder VO vorsieht.[357] Auch den Behörden stehen zur Durchsetzung ihrer Ziele gelegentlich beide Möglichkeiten zur Verfügung, dh sie können wählen, ob sie durch VAe iS von § 35 sich unmittelbar mit Geboten, Verboten usw an bestimmte, konkrete Personen bzw zumindest an eine in diesem Sinn bestimmbaren Personenkreis wenden oder unmittelbar bestimmte Rechtsverhältnisse an einer Sache regeln (dinglicher VA), oder aber, ob sie durch einen Rechtssatz eine Regelung für eine unbestimmte Zahl von Fällen gegenüber einer unbestimmten Mehrzahl von Personen treffen.

120 **b) Abgrenzung nach der Form.** Für die Abgrenzung von VAen (insb auch Allgemeinverfügungen nach S 2) und Verordnungen usw kommt es primär auf die äußere Form der in Frage stehenden Regelung, nicht auf deren abstrakten oder konkreten Inhalt, an.[358] Auf den **Inhalt** einer Regelung ist nur dann abzustellen, wenn die Form (zB „Anordnung") mehrdeutig ist (vgl VGH München BayVBl 1980, 210); auch ein offensichtlicher Formenmissbrauch, um den Rechtsschutz einzuschränken, zB die Verwendung der Gesetzesform[359] oder VO-Form hat nicht zur Folge, dass ein Gesetz als Satzung oder eine VO bzw Satzung als VA angesehen werden könnte.[360] Die **Rechtsnatur von Plänen** der Raumordnung und Landesplanung ist in den verschiedenen Ländern höchst unterschiedlich geregelt.[361]

121 **c) Materielle Abgrenzungskriterien.** Was genau unter Regelung eines Einzelfalls zu verstehen ist, ist umstritten.[362] Offenbar hatte auch der Gesetzgeber

---

[357] Vgl BVerwG DÖV 1985, 118; VGH München NVwZ 1985, 502; zu verfassungsrechtlichen oder strukturlogischen Grenzen dieser Befugnis v Mutius, in: Wolff-FS 1973, 177; vgl auch Schenke NVwZ 1990, 1009.

[358] BVerfGE 11, 16; 34, 307; BVerwGE 30, 287; 70, 77; BVerwG NVwZ 1985, 39; VGH Mannheim VBlBW 1987, 377 m Anm Maurer VBlBW 1987, 361; WBSK I § 25 Rn 54 und § 45 Rn 72 f; Obermayer, VA und innerdienstl Rechtsakt 54 f; Stern 4 IV 2 dd; Maurer VBlBW 1987, 361; **aA** Kopp/Schenke Anh § 42 Rn 48: maßgeblich sind materielle Kriterien; ebenso die früher hM, zB VGH München BayVBl 1971, 155; 1972, 359; Ule VwGO 147; Obermayer NJW 1980, 2380.

[359] Vgl VGH München NVwZ 1995, 115; OVG Hamburg NVwZ 1985, 51: Verstoß gegen Art 3 GG, wenn Gesetzesform, um die verwaltungsgerichtliche Kontrolle auszuschalten; ferner BVerfGE 70, 35 = NJW 1985, 2370 zu „satzungsvertretenden Gesetzen".

[360] Zweifelnd VGH München BayVBl 1978, 84; **aA** hins des Rechtsschutzes gegen „satzungsvertretende" Gesetze BVerfGE 70, 35; s dazu Kopp/Schenke § 47 Rn 21.

[361] S hierzu den Überblick bei Koch/Hendler 5. A 2009, Kap 5.

[362] Allg zum Begriff der Regelung eines Einzelfalles s auch BVerwGE 75, 113 – Verwaltungsvorschriften sind keine Einzelfallregelung; BVerwG DÖV 1985, 108; v Mutius, in:

keine klaren Vorstellungen, zumal bis zum Erlass des VwVfG die unterschiedlichsten Auffassungen dazu vertreten wurden. Übereinstimmung besteht jedoch dahin, dass durch das Einzelfallerfordernis zunächst einmal **individuell-konkrete** Regelungen (A wird verpflichtet, ein Gebäude einzureißen) erfasst werden. Nach einhelliger Auffassung werden aber auch individuell-abstrakte Regelungen erfasst (A wird verpflichtet, Abfall durch die öffentlichen Abfallentsorgungssysteme entsorgen zu lassen). Eindeutig ist weiter, dass das Einzelfallkriterium **jedenfalls abstrakt-generelle Regelungen,** wie sie für Rechtsnormen typisch sind, ausgeschlossen sein sollen.

Problematisch bleibt vor allem der Bereich der **generell-konkreten** Maßnahmen, zu denen auch die **Allgemeinverfügungen** nach S 2 gehören (s unten Rn 157 ff). Soweit derartige Maßnahmen nicht durch den Gesetzgeber selbst eindeutig zugeordnet werden (wie zB der Bebauungsplan, der nach § 10 BauGB als Satzung erlassen wird) und die äußere Form der Maßnahme keine eindeutige Einordnung zulässt, bleiben einige Bereiche, in denen die Zuordnung schwierig ist (zB Verkehrszeichen). Siehe hierzu näher Rn 170. Für die Frage, ob ein Akt ein VA ist, kommt es nach Wortlaut, Sinn und Zweck des § 35 nur darauf an, ob die Maßnahme zur „Regelung eines Einzelfalles" idS erfolgt, dh von der Behörde erkennbar als solche Regelung gewollt ist, nicht darauf, ob auch die rechtlichen Voraussetzungen für eine solche Regelung gegeben sind. Letzteres ist eine Frage der Rechtmäßigkeit des Aktes, nicht seiner Qualifikation als VA; im Zweifel kann jedoch als Indiz angenommen werden, dass die Behörde die rechtlich zulässige Form wählt (Grundsatz der gesetzmäßigen Auslegung von Hoheitsakten; vgl auch Schenke NVwZ 1990, 1009). Anhaltspunkt kann in Zweifelsfällen auch die **Geltungsdauer** eines Aktes sein (vgl Maurer § 9 Rn 19; Jarass NVwZ 1987, 98); Regelungen, die nur für sehr kurze Zeit, etwa einige Tage, gedacht sind, sind oft im Zweifel als VAe zu qualifizieren.[363] 122

d) Einzelfälle. VA, nicht Rechtsetzungsakt oder Mitwirkung an einem Rechtsetzungsakt, ist im Verhältnis zur rechtsetzenden Körperschaft – anders im Verhältnis zum normunterworfenen Bürger[364] – die Genehmigung (bzw Versagung der Genehmigung) einer VO oder Satzung sowie deren Aufhebung oder Änderung durch die Aufsichtsbehörde.[365] VA ist auch die Genehmigung privatrechtlicher Tarife ua[366] nicht dagegen die Allgemeinverbindlicherklärung von Tarifverträgen nach § 5 TVG gegenüber den Tarifvertragsparteien und den sog Außenseitern.[367] 123

7. Außenwirkung. Die Verfügung, Entscheidung oder sonstige hoheitliche Maßnahme muss nach ihrem objektiven Sinngehalt darauf gerichtet sein, Au- 124

Wolff-FS 1973, 207; Obermayer NJW 1980, 2386; Jaag, Die Abgrenzung zwischen Rechtssatz und Einzelakt, 1985; Maurer VBlBW 1987, 361; Ehlers DVBl 1987, 974; Jarass NJW 1987, 98; Kopp/Schenke Anh § 42 Rn 51.

363 Vgl auch BVerwGE 12, 87 – vorübergehendes, im Rundfunk bekanntgegebenes Verkaufsverbot für Endiviensalat wegen Seuchengefahr; Jarass NVwZ 1987, 18; Maurer § 9 Rn 19.

364 BVerwG NVwZ-RR 1993, 513; OVG Bremen NordÖR 2001, 20; Bachof, in: Weber-FS 1974, 525 f.

365 BVerwGE 34, 304; 75, 146; 126, 233; OVG Münster WissR 1984, 295: Anfechtungsklage einer Fakultät gegen Satzungsoktroi; OVG Lüneburg GewArch 2015, 36; Bachof, in: Weber-FS 1974, 524 f: der VA gegenüber der Körperschaft und der Rechtsetzungsakt fallen nur äußerlich zusammen; s auch Müller-Franken VerwArch 1999, 552.

366 BVerwGE 30, 135; 69, 110; 75, 148; BVerwG DVBl 1994, 1241 = DÖV 1994, 962: VA jedoch nur gegenüber dem Unternehmer, nicht auch gegenüber dem Kunden.

367 BVerfGE 34, 316; 44, 340; 55, 24; 64, 215: ein Rechtsetzungsakt eigener Art zwischen autonomer Regelung und staatlicher Rechtsetzung gegenüber den nicht tarifgebundenen Arbeitgebern und -nehmern; BVerwGE 80, 355; BVerwG NVwZ-RR 2015, 69; BAG AP Nr 12 zu § 5 TVG; Bettermann, in: Nipperdey-FS 1965 II 739; Renck JuS 1982, 338; Mäßen/Maurer NZA 1996, 121.

ßenwirkung zu entfalten.[368] Dies bedeutet, dass die getroffene hoheitliche Regelung nicht nur darauf abzielt, wie zB eine verwaltungsinterne Anweisung, im Bereich der Behörden **(behördlicher Innenbereich)** Wirkungen zu zeigen, sondern dass unmittelbar die Rechtsposition von Personen in ihrem allgemeinen Status als Bürger verbindlich gestaltet oder festgestellt werden soll.

125 **Keine selbständig anfechtbaren VAe** sind Maßnahmen, die nicht auf eine unmittelbare Begründung oder Veränderung eines Rechtsverhältnisses bzw einer Rechtsposition gerichtet sind, deren Regelungswirkung vielmehr ausschließlich verwaltungsinterne Bedeutung hat.[369] Ihre Regelungswirkung erschöpft sich in einer Konkretisierung bestehender Sonderstatusverhältnisse, ohne die betroffenen Personen als unabhängige selbständige Rechtsträger in ihren Rechtspositionen zu beeinträchtigen.

126 Mit dem Merkmal der Außenwirkung der Regelung werden solche Maßnahmen ausgeschlossen, die keine **Rechtsbetroffenheit** bei einem anderen Rechtsträger, insb bei einem Bürger, auslösen. Durch das Erfordernis des Gerichtetseins werden solche Rechtswirkungen ausgeschlossen, die lediglich eine mittelbare, zufällige Folge der Regelung sind. Die **Außenwirkung muss** nach dem objektiven Sinngehalt des VA intendiert, dh **Gegenstand der Regelung sein**[370] und im konkreten Fall zur Eigenschaft des Aktes als hoheitliche Regelung hinzutreten. Trotz gewisser Überschneidungen mit dem Merkmal der Regelung (s oben Rn 88 ff) bleibt die Außenwirkung als Abgrenzungskriterium entgegen zweifelnder Stimmen in der Lit[371] unverzichtbar. Nicht maßgebend ist, wie sich die Maßnahme uU im Einzelfall tatsächlich auswirkt (BVerwGE 60, 145; 81, 260). Eine lediglich **mittelbare Außenwirkung genügt nicht;** insb genügt es auch nicht, dass ein Akt tatsächlich Folgen hat oder solche damit verbunden sein können.[372]

127 **a) Vorbereitungsmaßnahmen, gestufte Verfahren.** Die Außenwirkung fehlt idR für vorangehende behördliche Akte, wenn ein Gesetz für eine Regelung **mehrere aufeinander folgende Akte** vorsieht, von denen nur der letzte Akt dem Bürger bekannt gegeben wird; im Zweifel hat dann nur die letzte, dem Bürger gegenüber bekannt gegebene Maßnahme VA-Qualität; bei den übrigen fehlt es idR an der Außenwirkung (BVerwGE 139, 309 zum Krankenhausbedarfsplan). Kein VA ist mangels einer verpflichtenden Außenwirkung die einem Beamten gegenüber ausgesprochene **Anordnung, sich zur Klärung seiner Dienstfähigkeit ärztlich untersuchen zu lassen.**[373] Hier können allerdings aus der Weigerung im Verfahren negative Schlüsse gezogen werden. Mangels Außenwirkung für den Betroffenen hat auch die Benennung der zuständigen Aufnahmeeinrichtung durch die zentrale Verteilungsstelle gegenüber der nach Landesrecht zuständigen Stelle (Weiterleitungsverfügung nach § 46 Abs 2 AsylG) keine VA-Qualität.[374]

128 **b) Mitwirkungshandlungen anderer Behörden,** die das Gesetz als Voraussetzungen für den Erlass eines VA vorsieht, sind nur dann selbständige VAe, wenn das Gesetz für die Mitwirkungshandlungen ein selbständiges Verwaltungsverfah-

---

[368] So die Formel des BVerwG, vgl BVerwGE 81, 258; BVerwG NVwZ 2012, 1483.

[369] BVerwGE 36, 194; 45, 42; 60, 145; 135, 209; BVerwG NJW 1978, 1821; VGH München BayVBl 1981, 464.

[370] BVerwGE 41, 258; 60, 145; 81, 260; Beschorner NVwZ 1986, 361; Ehlers NVwZ 1990, 106 Fn 12.

[371] StBS 146 f.

[372] BVerwGE 60, 145, 146; Menger VerwArch 1977, 176; Günther ZBR 1978, 84; Erichsen DVBl 1982, 96; Weidemann DVBl 1981, 114; zT **aA** Ule 32 V 2; Schütz BayVBl 1981, 609.

[373] BVerwG NVwZ 2012, 1483 auch zu den Voraussetzungen für die Anordnung.

[374] OVG Münster Beschluss vom 04. September 2014 – 18 A 792/14 –, juris.

ren vorgesehen hat. Handelt es sich dagegen um einen nur verwaltungsintern bleibenden Rechtsakt, so fehlt diesem die Außenwirkung auch dann, wenn er für die federführende Behörde Bindungswirkung entfaltet. In derartigen Fällen kann der Bürger grundsätzlich nur den ihm gegenüber ergehenden abschließenden Akt als VA anfechten, während die **Mitwirkung** der anderen Behörden sich ihm gegenüber nur als **Verwaltungsinternum** oder jedenfalls als gem § 44a VwGO nicht gesondert anfechtbarer Akt darstellt.[375] Deshalb ist auch die Erhebung einer Verpflichtungsklage auf die Mitwirkungshandlung unzulässig. Der Betroffene muss auf den Erlass der Endentscheidung klagen. Gehört die zur Mitwirkung berufene Behörde einem anderen Rechtsträger an, so ist dieser Rechtsträger notwendig zum Verfahren hinzuzuziehen (§ 13 Abs 2); im Verwaltungsprozess liegt ein Fall notwendiger Beiladung vor. Ein stattgebendes Urteil ersetzt wegen der Bindungswirkung der Rechtskraft auch für den Beigeladenen (§ 121 VwGO) die fehlende Zustimmung.[376] S zur Ersetzung der Zustimmung zB der Gemeinde nunmehr § 36 Abs 3 BauGB.

aa) Maßnahmen ohne Außenwirkung. Keine VAe im Verhältnis zum Bürger sind mangels Außenwirkung Zustimmungen, Genehmigungen uä anderer Behörden beim Erlass sog mehrstufiger VAe, zB die **Unbedenklichkeitserklärung** des Bundesministers zu einem Verzicht auf die Staatsangehörigkeit (BVerwG NJW 1986, 2205); die Feststellung der Vertriebenen- und Flüchtlingseigenschaft auf Ersuchen und gegenüber einer Leistungsbehörde (OVG Münster DVBl 1999, 1221); die **Zustimmung** oder die Versagung des Bundesministers zur Einbürgerung eines Ausländers;[377] die **Zustimmung der Gemeinde,** die bisher Dienstherr eines Beamten war, zur Versetzungsverfügung der Gemeinde, an die der Beamte versetzt wird (Fiedler/Fink DÖV 1988, 323); die Zustimmung der Ausländerbehörde zur Erteilung eines **Sichtvermerks** durch die Auslandsvertretung (BVerwGE 70, 127); das **gemeindliche Einvernehmen** nach § 36 BauGB;[378] die **Zustimmung der Straßenbaubehörde** nach § 9 Abs 2 FStrG zu einer Baugenehmigung. 129

Nicht als VA anzusehen sind im Verhältnis zum Bürger – anders jedoch im Verhältnis zum antragstellenden Rechtsträger – **die Genehmigung von Satzungen** und **Verordnungen** (s Kopp/Schenke § 42 Rn 88) und die **Allgemeinverbindlicherklärung** eines Tarifvertrags im Verhältnis zu den Tarifvertragspartnern (s o Rn 123). Für den Bürger stellt sich eine derartige Genehmigung als Teil des Normsetzungsverfahrens dar, dessen Ergebnis – die Verordnung bzw Satzung – erst die Regelungen mit Außenwirkung entfaltet. Ebenso ist Außenwirkung bei Entscheidungen von Kollegialorganen idR erst mit dem von dem damit betrauten Organ vorgenommenen **Vollzug des Beschlusses,** zB bei Gemeinderatsbeschlüssen mit dem Vollzug durch den Bürgermeister, nicht schon mit dem Beschluss als solchem, verbunden (Brugger JuS 1990, 567; Leiner DVBl 1990, 1243). Entsprechendes gilt für **Beschlusswahlen,** die durch VA vollzogen werden (vgl § 92 Rn 2), und in sonstigen Fällen, in denen **zunächst Entscheidungen** ergehen, denen nach den maßgebenden Rechtsvorschriften oder nach ihrem Inhalt erst, nachdem weitere Voraussetzungen erfüllt sind, der VA folgt. 130

---

375 Vgl BVerwGE 26, 40 ff; 28, 147; 34, 68; 67, 173; 77, 180; Buchh 406.1 § 36 BBauG Nr 5; BayVBl 1986, 729 = NVwZ 1986, 556; NJW 1987, 2178; VGH München BayVBl 1979, 24; Erichsen/Ehlers § 21 Rn 63; Kopp GewArch 1970, 121; **aA** für den Fall, dass die mitwirkende Behörde einen eigenen Sachbereich zu wahren hat, Ule 32 Anh I 6; Obermayer VerwR 82; vgl auch VG München BayVBl 1975, 422.

376 BVerwGE 34, 67; 67, 174; 70, 129; 70, 271; 72, 168; 74, 19; 77, 180; VGH München, Beschluss vom 29. Januar 2014 – 10 CS 13.1996 –, juris; Kopp/Schenke § 44a Rn 6.

377 BVerwGE 67, 174; 70, 129; s dazu auch Wagner DVBl 1987, 924.

378 BVerwGE 22, 342 = NJW 1966, 513; NVwZ 1985, 566; NVwZ 1986, 556 = BayVBl 1986, 729; VGH München NVwZ-RR 2014, 693; s a Schoch NVwZ 2012, 777.

131 **bb) Maßnahmen mit Außenwirkung.** Um **VAe** handelt es sich dagegen, wenn die Entscheidung der zur Mitwirkung berufenen Behörde dem Betroffenen **als selbständiger VA** eröffnet wird, auch wenn diese Bekanntgabe zusammen mit dem Haupt-VA erfolgt, **oder wenn** ihr nach den dafür maßgeblichen Rechtsvorschriften **selbständige** Bedeutung zukommt (BVerwG DVBl 1981, 1069 zu § 7 Abs 2 S 1 BBG). Dies ist zB bei der Dispensentscheidung nach § 9 Abs 8 FStrG (BVerwGE 16, 301) der Fall, ferner bei der Ausübung des Selbsteintrittsrechts nach Art 3 Abs 2 Dublin-II-VO aufgrund der erheblichen Auswirkungen für den Asylantragsteller, die die Bestimmung des zuständigen Mitgliedstaates haben kann (VG Bremen, Gerichtsbescheid vom 10. April 2014 – 1 K 61/14 –, juris). Gleiches gilt wegen ihrer unmittelbaren Auswirkung für die **Zustimmung der Betreuungsbehörde** zur Kündigung eines Schwerbehinderten (vgl OVG Lüneburg DÖV 2013, 996) und die **Genehmigung privatrechtlicher Tarife,** zB von Verkehrstarifen, Versicherungstarifen, Entgeltgenehmigungen uä.[379] Als VA angesehen wird auch die Standortbescheinigung für Sendeanlagen nach der BEMFV.[380]

132 **c) Verwaltungsinterne Weisungen, Pläne. Keine VAe** sind mangels unmittelbarer Rechtserheblichkeit gegenüber dem Bürger verwaltungsinterne Weisungen, Anordnungen usw, die sich unmittelbar nur im Innenbereich der Verwaltung auswirken, selbst wenn sich im weiteren daraus Folgerungen für den Bürger ergeben,[381] zB Weisungen übergeordneter an nachgeordnete Behörden oder von Vorgesetzten gegenüber Organwaltern.[382] Keine VA-Qualität mangels Außenwirkung haben auch interne Pläne, wie zB Luftreinhaltepläne und Aktionspläne („Pläne für kurzfristig zu ergreifende Maßnahmen") nach § 47 BImSchG;[383] ebenso Richtlinien für die Vergabe von Fördermitteln.[384] Gleiches gilt für Weisungen des Bundes im Rahmen der Auftragsverwaltung nach Art 85 GG;[385] die **Plan- und Linienführungsbestimmung** des Bundesverkehrsministers gem § 16 Abs 1 FStrG;[386] ebenso für einen beamtenrechtlichen **Beförderungsvorschlag.**[387]

133 **d) Amtshilfe. Keine VAe** sind im Verhältnis zum Bürger idR auch Entscheidungen über die Gewährung von Amtshilfe oder über „spontane" Hilfeleistungen zugunsten anderer Behörden, zB über die Weitergabe von Informationen (OVG Berlin NJW 1978, 1644 zur Weitergabe dienstlicher Erkenntnisse und von Akten des Verfassungsschutzes an die Einstellungsbehörde: nur Feststellungsklage;

---

[379] Umstr ist in diesem Zusammenhang das Vorliegen der Klagebefugnis der Endnutzer/Versicherungsnehmer/Kunden usw: **ablehnend** BVerwGE 30, 135; 67, 110; 75, 147; 95, 133; 117, 93 mit dem Hinweis auf Gestaltungsspielräume und erforderliche Umsetzungsakte; BVerwG Buchh 442.41 LuftVZO Nr 4 S 13; Buchh 310 § 42 Nr 75; VGH München VRS 1980, 239; **bejahend** BVerwGE 100, 230 und OVG Münster NuR 2014, 116 m Anm Lemberg 124, mit Hinweis auf die in bestimmten Fällen unmittelbar privatrechtsgestaltende Wirkung; BGH NVwZ-RR 2008, 154.

[380] OVG Koblenz NVwZ 2010, 1439.

[381] BVerwGE 39, 345; BVerwG NJW 1986, 2205; VGH München BayVBl 1992, 469; Erichsen/Ehlers § 21 Rn 44; Erichsen/Hoffmann-Becking JuS 1971, 144, 146; Kopp BayVBl 1976, 419; Beschorner NVwZ 1986, 361.

[382] BVerwGE 39, 345: die Weisung des Ministeriums gegenüber dem TÜV hins der Abnahme von Prüfungen ist kein VA gegenüber den Fahrschulen; BVerwGE 112, 63; 141, 151; OVG Greifswald NordÖR 2012, 54 (für fachaufsichtliche Weisung).

[383] BVerwGE 128, 278; BVerwG NVwZ 2012, 1175.

[384] BVerwGE 58, 45; 104, 220; BVerwG NVwZ 2003, 1384; VGH Mannheim NuR 2014, 794.

[385] Lerche BayVBl 1987, 321; vgl auch BVerfGE 81, 310; 104, 249.

[386] BVerwGE 48, 60; 148, 373: „Charakter einer vorbereitenden Grundentscheidung mit allein verwaltungsinterner Bedeutung" (mwN).

[387] S zu Entscheidungen im Stellenbesetzungsverfahren näher Schönrock ZBR 2013, 26.

zweifelhaft; vgl auch OVG Bautzen NVwZ-RR 2009, 410); anders, wenn sich die erbetene oder spontan erfolgende Handlung unabhängig vom Amtshilfeanlass dem Bürger gegenüber als VA darstellt, wie zB die Weigerung der im Weg der Amtshilfe ersuchten Behörden, eine für ein Verfahren als Beweismittel benötigte Urkunde zur Verfügung zu stellen. Zur **Rechtsnatur** des Amtshilfeersuchens nach der EU-BeitrRL Hartmann DÖV 2011, 142: Feststellender VA gegenüber Schuldner – zweifelhaft.

e) Maßnahmen in Sonderstatusverhältnissen. aa) Allgemeines. Schwierig ist die Abgrenzung von VAen einerseits und Regelungen ohne Außenwirkung andererseits in den sog Sonderstatusverhältnissen. Dabei handelt es sich um Rechtsverhältnisse, in denen der Bürger zum Staat in eine besondere Beziehung tritt, die beiderseits spezielle Rechte und Pflichten zur Folge hat. Zu diesen Sonderstatusverhältnissen zählen das **Beamtenverhältnis** einschließlich Soldaten-, Wehrpflicht- und Richterverhältnis, das Strafgefangenenverhältnis, der **Status von Schülern und Studenten** und ähnliche Rechtsverhältnisse, nicht jedoch das Benutzungsverhältnis in öffentlichen Einrichtungen der Daseinsvorsorge. In der Vergangenheit hatte sich für diese der Begriff **„besondere Gewaltverhältnisse"** herausgebildet,[388] die dadurch gekennzeichnet waren, dass verwaltungsgerichtlicher Rechtsschutz nur begrenzt zu erreichen war, nämlich nur dann, wenn der Betroffene in seinem Sonderstatus selbst (Grundverhältnis) betroffen war. Maßnahmen im sog Betriebsverhältnis waren dagegen der gerichtlichen Kontrolle vollständig entzogen (Ule VVDStRL 1957, 133, 157). Diese Sichtweise der Dinge ist seit der Strafgefangenenentscheidung[389] überholt. Heute ist anerkannt, dass es kein rechtsfreies Gewaltverhältnis mehr geben kann und verwaltungsgerichtlicher Rechtsschutz auch gegenüber Maßnahmen im Betriebsverhältnis gegeben ist, sofern subjektive Rechte beeinträchtigt werden. Allerdings werden nicht sämtliche Maßnahmen im Sonderstatusverhältnis als VAe angesehen, auch dann nicht, wenn sie an sich Regelungen iSd § 35 enthalten. Vielmehr hat sich die Differenzierung zwischen Grund- und Betriebsverhältnis insoweit erhalten, als es um die Abgrenzung zwischen Maßnahmen mit VA-Qualität und anderen geht. 134

bb) Differenzierung nach Grund- und Betriebsverhältnis. VAe sind Anordnungen und sonstige Einzelfallregelungen im Rahmen von Sonderverhältnissen, die nicht der Regelung des inneren Betriebs der Einrichtung (des sog Betriebsverhältnisses) dienen, sondern unmittelbar auf die Bestätigung oder Veränderung der persönlichen Rechtsstellung[390] des betroffenen Beamten, Schülers usw (sog Grundverhältnis) abzielen oder, wie zB die Verweigerung einer Aussagegenehmigung, Rechte Dritter berühren.[391] Keine VAe sind insb die an einen Beamten allein in seiner Eigenschaft als **Amtsträger und Glied der Verwaltung** gerichteten, auf organisationsinterne Wirkung zielenden Weisungen des 135

---

388 Ausf Loschelder, vom besonderen Gewaltverhältnis zur öffentlichen Sonderverbindung, 1982; Ule VVDStRL 1957, 133.

389 BVerfGE 33, 1; hierzu Schenke JuS 1982, 906; Luethe DVBl 1986, 440; StBS 198.

390 BVerwGE 65, 270: „Maßnahmen, die geeignet sind, den Beamten in seiner individuellen Rechtsphäre zu verletzen, in der er dem Dienstherren nicht ausschließlich als Amtswalter und Glied der Verwaltung, sondern als Träger eigener Rechte gegenübertritt"; ähnlich BVerwGE 60, 146; 81, 260 zur Umsetzung (kein VA) in Abgrenzung zu Abordnung und Versetzung; dazu auch BVerwG NVwZ 2012, 1481; Buchh 232 § 54 BBG Nr 6; ZTR 2007, 410; WBSK I § 45 Rn 76: Anordnungen, die nicht das amtliche, sondern das persönliche und insbesondere das grundrechtliche Rechtsverhältnis betreffen oder auf dieses einwirken. Krit zur Differenzierung nach Grund- und Betriebsverhältnis Erichsen/Ehlers § 21 Rn 46.

391 BVerwGE 34, 254; 66, 39; ebenso für Aussagegenehmigung für Bundesminister BVerwGE 109, 258; offen BVerwG NJW 1983, 2243 zur Weisung des Behördenleiters an den Beamten, über eine Sache zu schweigen.

Dienstherrn und die auf die **Art und Weise der dienstlichen Verrichtung** bezogenen innerorganisatorischen Maßnahmen der Behörde, in deren Organisation der Beamte eingegliedert ist.[392] Maßgeblich für die VA-Qualität von Maßnahmen im Sonderstatusverhältnis ist nicht allein, dass das Grundverhältnis beeinträchtigt ist; die Maßnahme muss vielmehr auf die Beeinträchtigung des Grundverhältnisses abzielen. Eine nur tatsächliche Beeinträchtigung, die nicht Gegenstand der Regelung selbst ist, sondern nur eine Folgewirkung darstellt, kann zwar vom Betroffenen mit Rechtsbehelfen abgewehrt, nicht aber als VA angefochten werden.

136 **cc) Beamtenrecht.** Im Beamtenrecht haben **Außenwirkung** und damit **VA-Qualität** zB die **Ernennung** sowie deren **Ablehnung;**[393] die **Versetzung** an eine andere Behörde desselben oder eines anderen Dienstherrn;[394] **nicht dagegen die Umsetzung** eines Beamten innerhalb einer Behörde, auch wenn dies mit einem Ortswechsel verbunden ist oder mit sonstigen unmittelbaren Auswirkungen hins des gesellschaftlichen Status, der Beförderungsaussichten, des Dienstwagens, der Tätigkeit usw oder sich die Frage der Zumutbarkeit stellt.[395] VA ist danach auch **nicht** die bloße **Übertragung von Aufgaben** eines höherwertigen sog Beförderungsdienstpostens, auf den bei Bewährung mit einer entsprechenden Beförderung gerechnet werden kann.[396] Die Qualifizierung als VA setzt insoweit voraus, dass ein anderes statusrechtliches Amt oder ein anderes Amt im abstrakt-funktionalen Sinn (zB Regierungsrat bei der Baubehörde), nicht aber nur ein anderes Amt im konkret-funktionellen Sinn (zB Leiter des Baureferats anstelle des Sozialreferats) übertragen wird (BVerwG ZBR 1985, 118). Danach kommt es für die Qualifizierung des Einsatzes eines Realschullehrers an einer Volksschule darauf an, ob damit ein Behördenwechsel verbunden ist.[397] Ferner liegt ein VA aufgrund der Änderung des Amtes im statusrechtlichen Sinn auch in der Übertragung eines **Amtes einer anderen Laufbahn,** auch wenn damit kein Behördenwechsel verbunden ist (BVerwGE 65, 274). VA ist ferner die **Entlassung** (BVerwGE 19, 332); die Übertragung eines **höherwertigen Dienstpostens,** zB als Leiter einer Behörde[398] sowie die **Abberufung** von einem sol-

---

392 Vgl BVerwGE 60, 146; BVerwG BayVBl 1989, 569; Pietzcker in Schoch § 42 Abs 1 Rn 48; Knack/Henneke 38; Kösling NVwZ 1994, 457.

393 BVerwGE 19, 33; 23, 295; 62, 173; NVwZ-RR 2014, 653; zur Ablehnung BVerwG DVBl 1985, 1233.

394 BVerwGE 60, 147; 65, 270; OVG Saarlouis RiA 1985, 260 mwN; OVG Lüneburg GewArch 2010, 74; OVG Magdeburg LKV 2015, 48; Kremer NVwZ 1983, 7 mwN.

395 St Rspr seit BVerwGE 60, 147: bloße Veränderungen des Aufgabenbereichs eines Beamten, insb bloße „Umsetzungen", sind, solange diesem ein dem statusrechtlichen Amt entsprechender Dienstposten verbleibt, kein VA; BVerwG Buchholz 310 § 123 VwGO Nr 15; OVG Saarlouis NVwZ 1986, 769: kein VA, auch wenn mit Fehlverhalten des Beamten begründet; OVG Bautzen DöD 2004, 225; **anders** OVG Münster ZBR 2013, 421 für Sonderfall des § 4 PostPersRG. Entscheidend ist der dienstrechtliche Behördenbegriff, nicht der personalvertretungsrechtliche Dienststellenbegriff (BVerwG NVwZ-RR 2012, 441; OVG Hamburg NordÖR 2013, 25).

396 BVerwG 60, 144; 75, 141; OVG Saarlouis NVwZ 1990, 688 mwN; VGH Kassel NVwZ 1982, 638 unter Aufgabe jeder früheren abw Rspr; OVG Berlin NVwZ-RR 2002, 593; Günther NVwZ 1986, 700 mwN; ders, ZBR 1983, 51 Fn 89; 1990, 288; ders DÖV 1984, 161; Wittkowski NJW 1993, 818: nur allg Leistungsklage auf Freimachung des infolge der erfolgten Dienstpostenübertragung besetzten Dienstpostens und Übertragung des Dienstpostens auf den Kläger; s a Sächsisches Oberverwaltungsgericht, Beschluss vom 07. Juli 2010 – 2 B 430/09 –, juris: Änderung des Aufgabenbereichs eines Oberstaatsanwalts ist kein VA; Peter JuS 1992, 1047; vgl auch Schnellenbach DöD 1990, 155.

397 OVG Berlin ZBR 1987, 375; VG Frankfurt NVwZ-RR 1989, 566; **aA** noch VGH Kassel NVwZ-RR 1981, 67.

398 Britz DÖV 1982, 232, ua unter Hinweis darauf, daß damit zugleich idR eine Vorentscheidung hins einer evtl Beförderung erfolgt; Wagner VR 1986, 226.

chen;[399] die **Beförderung** (BVerwGE 80, 127); die (verfassungsrechtlich gebotene, vgl BVerfG NJW 1990, 501) **Mitteilung** an den Unterlegenen für eine Beamtenstelle bzw Beförderungsstelle, **dass ein anderer dafür ausgewählt** wurde und demnächst befördert werden wird;[400] die Entscheidung über die **Zulassung zum Aufstieg** in die nächsthöhere Laufbahn (OVG Münster NVwZ-RR 1990, 621); die **Aufnahme in eine Warteliste** der Lehramtsbewerber für die Anstellung.[401]

Umstritten sind Maßnahmen, die sich auf die Möglichkeiten von Forschung und Lehre sowie von Nebenverdiensten auswirken. Einerseits wird VA-Qualität angenommen bei Änderungen des Aufgabenbereichs mit dem Hinweis auf die Auswirkungen auf den Professoren als Grundrechtsträger (Art 5 Abs 3 S 1 GG),[402] andererseits sollen **Organisationsakte einer Universität,** auch wenn sie bspw aufgrund der Neustrukturierung eines Fachbereichs oder der Zusammenlegung verschiedener Universitätskliniken verbunden sind mit dem Entzug bestimmter Aufgaben[403] oder der Beschränkung der Befugnisse der Institutsvorstände(VGH München BayVBl 1978, 573) kein VA sein, selbst wenn der Aufgabenentzug in der **Abberufung** eines Universitätsprofessors **von der Leitung eines wissenschaftlichen Instituts** besteht.[404] Begründet wird dies damit, dass Umstrukturierungsmaßnahmen vergleichbar seien mit der Geschäftsplanänderung einer Behörde und damit nur interne Wirkungen entfalteten.[405] 137

Maßgeblich für die Abgrenzung ist auch hier, ob die Maßnahme ihrem objektiven Sinngehalt nach darauf gerichtet ist, ihre Wirkung gerade in der individuellen Rechtssphäre des Beamten zu entfalten. Nicht jede Organisationsmaßnahme mit Wissenschaftsrelevanz ist daher VA, nur weil sie Auswirkungen auf die Wissenschaftsfreiheit des Grundrechtsträgers hat.[406] VA ist aber die Änderung der Dienstaufgaben des Universitätsprofessors, wenn damit Einfluss auf das von ihm in Forschung und Lehre vertretene Fach genommen wird; dem Universitätsprofessor kommt damit – anders als sonstigen Beamten – in einem bestimmten Umfang ein Recht am Amt im konkret-funktionellen Sinn zu.[407]

Kein VA ist demnach mangels intendierter Außenwirkung für den grundrechtlich geschützten Kernbereich des vertretenen Faches die **Zuteilung von Assistenten**[408] und die **Zuweisung von Sachmitteln** an einen Universitätsprofessor (VGH Kassel 31, 60); kein VA ist auch die von der Schulaufsicht vefügte **Weisung gegenüber einem Lehrer,** die von ihm vorgenommene Bewertung einer Klausur überprüfen zu lassen, selbst wenn damit eine diskrimierende

---

399 BVerwGE 14, 87; OVG Münster ZBR 1973, 313 zur Abberufung des Leiters einer Behörde; sehr str; **aA** BVerwGE 60, 145; s a OVG Schleswig NVwZ-RR 2007, 187: Widerruf der Bestellung zur Gleichstellungsbeauftragten ist VA.

400 BVerwGE 80, 127 = NJW 1989, 227; DöD 1989, 267; Günther ZBR 1990, 288; 1991, 261; Peter JuS 1992, 1044 mwN; zweifelhaft; vgl die Kritik von Schnellenbach DöD 1990, 155; die Auswahlentscheidung selbst ist kein vollzugsfähiger VA (Schönrock ZBR 2013, 26 ff).

401 Vgl OVG Münster DVBl 1991, 65; zT **aA** BVerwG DVBl 1990, 867 = NVwZ-RR 1990, 619: Nicht-Aufnahme kein VA, außer, wenn als abschließende Regelung zu verstehen.

402 OVG Lüneburg DVBl 2000, 713 mwN.

403 BVerwGE 98, 334.

404 VGH Mannheim DVBl 1990, 269: kein VA, wenn ein Fachhochschullehrer von der Leitung des Rechenzentrums abberufen wird.

405 VGH München Schütz BeamtR ES/E IV Nr 28.

406 Vgl VGH Mannheim NVwZ-RR 1999, 636: VA nur, wenn die Umstrukturierungsmaßnahme auf eine Änderung der Rechtsstellung des Professors gerichtet ist; **anders** VGH Kassel NVwZ 1986, 857 mit Hinweis auf grundrechtsbezogene Besonderheiten des Hochschulrechts in Abgrenzung zum sonstigen Beamtenrecht.

407 VGH Mannheim IÖD 1999, 270; OVG Lüneburg DVBl 2000, 117 mwN; NordÖR 2004, 405 (letztlich aufrecht erhalten von BVerfGE 122, 89).

408 OVG Münster NVwZ-RR 1997, 475; offen gelassen von BVerwG, Beschluss vom 23. Mai 1997 – 6 B 101/96 –, juris.

Wirkung verbunden sein sollte;[409] **anders** dagegen im Einzelfall die Zuweisung eines anderen, nicht für Strahlungsexperimente geeigneten Vorlesungssaals (vgl VG München, Beschluss vom 12. Juni 2014 – M 3 S 14.2047 –, juris).

138 Eine **dienstliche Beurteilung** berührt durchaus die persönlichen Rechte des Beamten; mangels Regelungswirkung handelt es sich aber nicht um einen VA (BVerwGE 49, 351). Der einzelne Beamte hat aber einen **Anspruch auf Korrektur** fehlerhafter dienstlicher Beurteilungen (BVerwGE 49, 352). Die Entscheidung über einen entsprechenden **Abänderungsantrag** wird von der hM als VA angesehen.[410] VA-Qualität hat die Anordnung einer **dienstärztlichen Untersuchung,** wenn bei Nichtbefolgung spezielle Sanktionen drohen;[411] die **Festsetzung** des allgemeinen **Dienstalters** eines Beamten;[412] Entscheidungen über Besoldung bzw **Dienstbezüge,** wie zB die Festsetzung des Gehalts eines Beamten (BVerwGE 48, 283); die Einbehaltung eines Teils des Gehalts (OVG Lüneburg NVwZ 1990, 1195 mwN); Rückforderung von überzahlten Dienstbezügen (BVerwGE 40, 238; 52, 72; 81, 303); die Geltendmachung eines mit dem Dienst zusammenhängenden **Schadensersatzanspruchs** durch Leistungsbescheid gegen den Beamten (BVerwGE 18, 285; 21, 271); die Entscheidung über die Bewilligung von **Erholungsurlaub, Sonderurlaub** usw (BVerwGE 51, 216; 53, 25); die Zusage der **Umzugskostenerstattung** (BVerwGE 81, 149); die Anerkennung eines Unfalls **als Dienstunfall** (BVerwGE 51, 220); die **Festsetzung des Pflichtstundenmaßes** für einen Lehrer;[413] die Übertragung amtsanwaltlicher Aufgaben (OVG Greifswald NordÖR 1999, 26); die **Untersagung einer Beschäftigung** oder Erwerbstätigkeit eines Ruhestandssoldaten nach § 20a Abs 2 SG (BVerwGE 84, 194); die **Weisung an den Gerichtsvollzieher** seitens des aufsichtsführenden Richters, bestimmte **Gebühren,** die er für seine Tätigkeit erhebt, **niedriger anzusetzen** (BVerwG DöD 1987, 137); die **Aufforderung** an den Gerichtsvollzieher, bestimmte von diesem erhobene, nach seiner Auffassung ihm zustehende **Auslagen zu erstatten** (BVerwGE 65, 262, 279); die Versetzung eines Gerichtsvollziehers in den Innendienst (BVerwGE 65, 270 – zweifelhaft); der Ausspruch der **Missbilligung eines Verhaltens** (vgl Czermak BayVBl 1989, 201) bzw die **nicht-disziplinarrechtliche Rüge** des Verhaltens eines Beamten durch den Vorgesetzten (VG Schleswig NJW 1985, 1099 zur Ermahnung eines Richters wegen politischer Betätigung); **nicht dagegen** der **Entzug der Verschlusssachenermächtigung;**[414] ebenso nicht die Anordnung an Richter, eine Robe zu tragen (BVerwGE 65, 270; BVerwGE 67, 228), oder die Regelung der Dienstzeiten (BVerwGE 86, 161).

139 **Maßnahmen, die nicht auf Außenwirkung abzielen,** sind solche Akte in Sonderstatusverhältnissen, die keine unmittelbaren rechtlichen **Auswirkungen auf die persönliche Rechtsstellung** der Betroffenen haben sollen, sondern diese **ausschließlich in ihrer Funktion als Organwalter** uä einer öffentlichen Einrichtung betreffen, wie **Weisungen** an einen Beamten bezüglich der Erledigung einer bestimmten Angelegenheit, die Weisung, an einem bestimmten Verfahren mitzuwirken oder sich der Mitwirkung, zB wegen tatsächlicher oder vermeintlicher Befangenheit gem § 21 oder aus anderem Grund, zu enthalten; die Zuweisung eines anderen Dienstzimmers (VG Bayreuth

---

409 OVG Hamburg DVBl 2014, 1337; hierzu Waldhoff JuS 2015, 383.

410 BVerwGE 28, 192; 49, 352; StBS 135; **aA** Kopp/Schenke Anh § 42 Rn 43.

411 BVerwGE 34, 250; offen BVerwG DVBl 1981, 503; OVG Lüneburg DVBl 1990, 883 mwN; ferner DVBl 1980, 882; BGH NJW 1980, 692.

412 BVerwG ZBR 1964, 310; OVG Lüneburg VRspr 24, 793; ebenso zur Festsetzung des Besoldungsdienstalters VGH München BayVBl 1981, 239.

413 VGH Kassel ZBR 1970, 124; VG Schleswig DVBl 1978, 117; anders bei genereller Festsetzung, vgl BVerwGE 21, 293.

414 BVerwGE 81, 258 = NVwZ 1989, 1055, **aA** BVerwGE 53, 134.

ZBR 2006, 430); die **Festlegung der Lehrverpflichtung** für einen Lehrer; die **Ungültigerklärung einer Schulaufgabe** durch den Schulleiter im Verhältnis zum Lehrer, der die Aufgabe gestellt hat (VGH München BayVBl 1986, 729); die Untersagung eines Vortrags eines Gewerkschaftsvertreters im Rahmen des Unterrichts und/oder die Ablehnung des entsprechenden Antrags des Klassenlehrers auf dessen Zulassung (VGH Kassel NVwZ-RR 1993, 483); die **Regelung der Vertretung** eines Amtsträgers (BVerwGE 63, 178); die Nichtzuziehung eines Beamten zu einer Besprechung zu Fragen, die in dessen Zuständigkeit fallen (BVerwGE 63, 177); die **Zuweisung bestimmter Hilfskräfte** usw; mangels unmittelbarer Auswirkung auf die Rechtsstellung der davon (nur mittelbar) Betroffenen auch die **Bewertung eines Dienstpostens** bzw die Ablehnung der Höherstufung eines Dienstpostens;[415] die **Einweisung in eine Planstelle,** wenn die Dauer und Höhe der Dienstbezüge dadurch nicht berührt wird (VGH München BayVBl 1978, 56); anders bei Übertragung eines höherwertigen Dienstpostens. Keine VA-Qualität soll auch die Entscheidung über die Verwendung eines Richters auf Probe im Rahmen des § 13 DRiG haben (BVerwGE 102, 81).

dd) Schulrecht. Außenwirkung und damit VA-Qualität hat die Entscheidung über die **Aufnahme eines Schülers** in eine öffentliche Schule (OVG Schleswig NJW 1993, 953); die **Versetzung eines Schülers** in die nächst höhere Klasse;[416] die **Entlassung eines Schülers** aus der Schule als Ordnungsmaßnahme;[417] die **Überweisung eines Schülers** in eine andere Schule (BVerwG DVBl 1966, 882; OVG Lüneburg NordÖR 2007. 320); die **Umsetzung** (Versetzung) eines Schülers als Schulstrafe oder Ordnungsmaßnahme in eine **Parallelklasse;**[418] die Anordnung von Disziplinarmaßnahmen in der Schule,[419] die **Zulassung eines Schulbuchs** für den Gebrauch an den Schulen (VGH München NVwZ-RR 1993, 357); die **Einführung bestimmter Schulbücher** an einer bestimmten Schule (offen BVerwGE 61, 168). 140

Keine Außenwirkung und damit auch keine VA-Qualität haben Maßnahmen, die lediglich die **interne Ordnung** in der Schule betreffen, also zB die Entscheidung über den Ausfall einer Unterrichtsstunde, über **„Hitzefrei“,** über den Ausschluss eines Schülers von einzelnen Unterrichtsstunden wegen Störens; über die Durchführung von Schulausflügen, über **Nachsitzen,** sowie die Terminierung von **Klassenarbeiten,**[420] die Festlegung von Hausaufgaben usw, die Anordnung, dass die Schüler einer Klasse einen von ihnen verschmutzten **Raum** reinigen müssen (OVG Schleswig NJW 1993, 952). **Problematisch** ist die Qualifizierung von **organisatorischen Maßnahmen** innerhalb der Schule, wie zB die Schaffung oder Abschaffung von Parallelklassen, das Angebot an Fächern, die Auslagerung von Unterricht in andere Schulen usw.[421] 141

---

415 BVerwGE 36, 194, 225; 38, 269; 41, 253; BVerwG ZBR 1978, 199; DÖV 1979, 59; OVG Hamburg DVBl 1970, 692; Seewald DÖV 1980, 60; Mayer DVBl 1970, 693; anders uU die damit verbundene Ablehnung einer Beförderung oder einer Anwartschaft auf Beförderung des Antragstellers, vgl OVG Hamburg DVBl 1970, 692.

416 BVerwGE 56, 155 = NJW 1979, 229; VG Darmstadt NVwZ-RR 1999, 380.

417 VGH Mannheim NVwZ 1995; 593; VGH München NVwZ-RR 1998, 239; BayVBl 2013, 118.

418 OVG Koblenz DÖV 1994, 397; VGH München BayVBl 1985, 631 mwN; BayVBl 1993, 599; DÖV 1990, 753; VGH Mannheim NVwZ 1984, 810: VA nur, wenn als Schulstrafe verfügt; ebenso Theuersbacher NVwZ 1988, 891 Fn 55.

419 OVG Lüneburg DVBl 1973, 280 zu einem Verweis; VGH Mannheim NVwZ 1984, 808 zum „Nachsitzen“; VGH Kassel DÖV 1968, 663; **aA** zum „Nachsitzen“ RÖ VwGO § 42 Rn 82; zweifelnd auch Theuersbacher NVwZ 1988, 891 Fn 55.

420 Anders für die Entscheidung, eine versäumte Klausur nachzuholen, OVG Münster NVwZ-RR 2000, 432, zweifelhaft.

421 OVG Hamburg NordÖR 2004, 438: Auflösung der Parallelklasse kein VA.

142 **ee) Hochschulrecht. VA-Qualität** haben im Hochschulverhältnis die Begründung, Änderung und Beendigung der Zugehörigkeit zur Hochschule **(Immatrikulation, Exmatrikulation),** die Zulassung zu einzelnen Lehrveranstaltungen, für die ein besonderes Zulassungsverfahren vorgesehen ist (interner numerus clausus); die **Zulassung zu Prüfungen,** die Entscheidungen über die Prüfungen selbst usw (s auch Pietzcker in: Schoch § 42 Abs 1 Rn 54). **Keine VAe** sind dagegen die Entscheidungen der Hochschullehrer über Einzelheiten der Lehre, über Klausurtermine, über die Themenwahl, über die Zuordnung zu einzelnen Teilkursen usw. Für die Einordnung kommt es vor allem auf die Bedeutung an, die die Entscheidung für den Status des einzelnen Studenten hat. **Problematisch** ist unter diesem Aspekt die Einordnung sog **studienbegleitender Leistungskontrollen,** also die Bewertung von Klausuren, Hausarbeiten oder mündlichen Prüfungen, die zum Erwerb der erforderlichen Voraussetzungen für die Zulassung zur Abschlussprüfung erforderlich sind. Unter dem Aspekt des angemessenen Rechtsschutzes und der Gewährleistung von Rechtssicherheit werden sie teilweise als selbständige feststellende VAe angesehen.[422]

143 **ff) Anstalten, öffentliche Einrichtungen.** Im Anstaltsrecht hat sich die Unterscheidung von Grund- und Betriebsverhältnis nicht durchgesetzt. Hier werden Maßnahmen, die die Rechtstellung des Einzelnen berühren, idR als VAe angesehen. **VA-Qualität** hat die **Einweisung eines Obdachlosen** in eine Unterkunft im Obdachlosenheim oder die Räumungsanordnung hins dieser Unterkunft (OVG Berlin NVwZ-RR 1990, 195); die **Anordnung der Räumung** eigenmächtig bezogener Räume in einer Obdachlosenunterkunft (VGH Mannheim NVwZ-RR 1992, 20); die **Umquartierung eines Obdachlosen** in einem als öffentlich-rechtliche Anstalt betriebenen Obdachlosenheim in andere Räume;[423] die **Räumungsanordnung für ein Asylbewerberwohnheim** (VGH Mannheim NVwZ 1993, 207); die **Hinausweisung** eines Besuchers aus einem Museum, einem Dienstgebäude, im Rahmen der **Anstaltspolizei;** das **Verbot** an Beamte, Schüler usw, eine bestimmte außerschulische **Veranstaltung zu besuchen.**

144 **f) Organschaftliche Maßnahmen. Streitig** ist, ob auch Maßnahmen, die im Rahmen von **Kommunalverfassungsverhältnissen** und ähnlichen Rechtsverhältnissen organschaftliche Rechte der Mitglieder oder von mit solchen Rechten ausgestatteten Organen[424] berühren, als VAe anzusehen sind.[425] Die hM geht davon aus, dass Maßnahmen in diesem Bereich keine VA-Qualität haben und Streitigkeiten unter Organen desselben Rechtsträgers, also zB zwischen Bürgermeister und Gemeinderat oder zwischen einzelnen Fraktionen des Gemeinderates, zwischen Konzil und Universitätspräsident, zwischen Mitgliedern des Rundfunkrates (weitere Bsp bei StBS 191 ff) sog Organ- und Innenrechtsstreitigkeiten sind. Maßnahmen, die Behörden und Organe untereinander erlassen, haben danach lediglich internen Charakter, ihnen fehlt die Außenwirkung; sie können deshalb grundsätzlich **keine VA-Qualität** haben.[426] Dies bedeutet allerdings nicht, dass sie einer gerichtlichen Kontrolle gänzlich entzogen sind.

---

[422] Vgl VGH Kassel, NVwZ 1989, 890; näher oben Rn 100 ff.

[423] VGH Mannheim NJW 1993, 1027; BVerwG NJW 1964, 315; VGH München, B v 10.11.2014 – 4 CS 14.2196 –, juris.

[424] S Kopp/Schenke § 42 Rn 44; Dolde, in: Menger-FS 1985, 427.

[425] Dies wird bejaht von Seewald, in: Steiner, Besonderes Verwaltungsrecht IB Rn 215a S 89; Bleutge, Der Kommunalverfassungsstreit 1970, 159; Kopp BayVBl 1977, 518; DVBl 1988,1080; im Wesentlichen auch Dolde, in: Menger-FS 1985, 427.

[426] BVerwG NVwZ-RR 1994, 352; VGH Mannheim NVwZ 1993, 396; OVG Münster DVBl 1991, 495; OVG Saarlouis NVwZ 1987, 914; Pietzner in: Schoch § 42 Abs 1 Rn 61 mwN; Ehlers NVwZ 1990, 106; Bauer/Krause JuS 1996, 413; Kopp/Schenke Anh § 42 Rn 86; **aA** Kassel NVwZ-RR 1996, 409; Martensen JuS 1995, 1077.

Soweit die internen Maßnahmen einzelne Organe des Rechtsträgers in wehrfähigen Rechten beeinträchtigen, kann das betroffene Organ gerichtlichen Rechtsschutz für sich in Anspruch nehmen.[427] Etwas anderes gilt in den Fällen, in denen eine Behörde wegen ihrer besonderen Funktion ihrem eigenen Rechtsträger gegenüber hoheitlich tätig wird (vgl OVG Münster NVwZ 1992, 186: Bauaufsichtsbehörde der Gemeinde erteilt dieser eine Baugenehmigung). In derartigen Fällen wird die handelnde Behörde dem öffentlich-rechtlichen Adressaten gegenüber wie gegenüber einem Privaten tätig; entsprechend haben diese Maßnahmen auch VA-Qualität (so auch StBS 190).

Nicht um VAe handelt es sich idR bei Handlungen, Unterlassungen, die **keine wehrfähigen Organrechte** iS von Individualrechten von natürlichen Personen auf ein Amt oder aus einem Amt in ihrer Eigenschaft als Organwalter betreffen, sondern nur **Kompetenzen und Befugnisse eines Organs,** dh Kompetenzen und Befugnisse, deren Träger nicht eine oder auch mehrere natürliche Personen sind, sondern das Organ als solches, das im Verfahren nur durch einen Organwalter (organschaftliche Vertretung) vertreten wird.[428] Soweit Organrechte als eigene wehrfähige Rechte des Organs betroffen sind, wird verwaltungsgerichtlicher Rechtsschutz gewährt. Allerdings geht die hM mangels VA-Qualität derartiger Maßnahmen nur von der Möglichkeit einer Leistungsklage aus. 145

Beschlüsse von Kollegialorganen haben **gegenüber den Personen, die an ihrem Erlass mitwirken** oder (nach ihrer Auffassung) zu Unrecht von der Mitwirkung daran ausgeschlossen wurden, grundsätzlich nur dann Außenwirkung, wenn damit in eigene subjektive (wehrfähige) Organrechte des Mitglieds eingegriffen wird (OVG Koblenz DVBl 1985, 177). Dies kann bei Mitgliedern von Kommunalvertretungsgremien und anderen Selbstverwaltungsorganen der Fall sein, soweit es um ihre verfahrensrechtlichen Mitwirkungsrechte geht, nicht aber hinsichtlich der in der Sache gefassten Beschlüsse, zB der gegen die Stimme eines Gemeinderatsmitglieds oder ohne seine Mitwirkung gefasste Beschluss eines Gemeinderats über eine allgemeine Angelegenheit der Gemeinde.[429] Daher kann zB das nach seiner Auffassung zu Unrecht **wegen Befangenheit** von der Mitwirkung an einem Gemeinderatsbeschluss ausgeschlossene Gemeinderatsmitglied nur die Entscheidung über seinen Ausschluss, nicht auch den später in der zur Beschlussfassung anstehenden Sache ergehenden Beschluss angreifen, der ihm gegenüber kein VA ist.[430] 146

Überwiegend wird eine **VA-Qualität abgelehnt** zB für die **Bestellung** oder **Wahl von Organen** durch die Mitglieder der Organe einer Körperschaft des öffentl Rechts, autonomer Ausschüsse usw;[431] die Entscheidung über die **Bil-** 147

---

[427] Vgl BVerwG NJW 1992, 927; Ehlers NVwZ 1990, 101; vgl auch Martensen JuS 1995, 989.

[428] Dolde, in: Menger-FS 1985, 427; vgl auch Bethge DVBl 1980, 824; Papier DÖV 1980, 297.

[429] Vgl VGH München JZ 1977, 129; OVG Koblenz DVBl 1985, 177 **aA** OVG Münster NVwZ-RR 1997, 52 u NVwZ-RR 1998, 325: die Mitglieder haben ein Recht darauf, dass ihre Stimme ihrem Wert entsprechend gewertet wird, anders nur, wenn die fehlerhafte Mitwirkung eines möglicherweise aus individuellen Gründen befangenen Ratsmitgliedes geltend gemacht wird, da in diesem Fall der Ausschluss andere Zwecke verfolge.

[430] Vgl VGH München JZ 1977, 129, wo jedoch auch die Klage gegen den Ausschluss nicht zugelassen wurde; vgl auch OVG Koblenz NVwZ 1985, 283; OVG Lüneburg NdsVBl 2014, 102.

[431] VGH München BayVBl 1981, 87; 1984, 77; 1988, 83; OVG Bremen NVwZ-RR 1990, 1193 zur Ablehnung des Rede- und Antragsrechts für fraktionslose Ratsmitglieder; Stern 4 VIII 1; Stahl DVBl 1972, 770: keine VAe; vgl auch OVG Saarlouis DVBl 1977, 1001, OVG Münster DVBl 1981, 874 und Dageförde DVBl 1976, 241: Ungültigerklärung der Wahl als VA.

dung, Aufhebung und Besetzung eines **Ausschusses;**[432] die Feststellung des Amtsverlustes eines Gemeinderatsmitglieds durch den Gemeinderat;[433] den **Ausschluss von einer Sitzung** wegen Störungen bzw von der Teilnahme an einer Beratung und/oder Abstimmung **wegen Befangenheit** uä durch Beschluss des Gemeinderats;[434] die **Zulassung** eines Gemeinderatsmitglieds **als Zuhörer** zur Sitzung eines Ausschusses, in dem er nicht Mitglied ist, und die Verweigerung der Zulassung (VGH München BayVBl 1983, 729); die **Aufnahme** eines Punktes **in die Tagesordnung** des Gemeinderats im Verhältnis zum Antragsteller und zu den übrigen Gemeinderatsmitgliedern;[435] die Entscheidung des Gemeinderats, dass **über einen Antrag abgestimmt** werden soll (VGH Kassel NVwZ 1988, 82); die Feststellung durch Beschluss des Gemeinderats, dass ein bestimmtes Mitglied des Gemeinderats die **Verschwiegenheitspflicht verletzt** hat (VG Minden NVwZ 1983, 495; VG Stuttgart, Urteil vom 16. Mai 2007 – 7 K 3581/06 –, juris zur „ernstlichen Mahnung").

VA ist dagegen die **Verhängung eines Ordnungsgeldes,** bspw durch den Bürgermeister oder den Gemeinderat einer Gemeinde, etwa aufgrund einer Verletzung der Verschwiegenheitspflicht durch das Gemeinderatsmitglied. Zwar knüpft die Verhängung von Sanktionen an die behauptete Verletzung von Obliegenheiten aus dem rein organinternen Bereich an, die Maßnahmen sind aber jedenfalls im Fall des Ordnungsgeldes als vollstreckungsbewehrte Vermögenssanktion unmittelbar darauf gerichtet, den Betroffenen in seiner außermandatlichen Rechtsstellung zu berühren.[436]

Kein VA ist, da eine Fraktion des Parlaments oder Gemeinderats keine Behörde ist, der **Ausschluss aus einer Fraktion** (Erdmann DÖV 1988, 908); ebenso nicht die **Wahl eines Fraktionsvorsitzenden** durch eine Fraktion; gleichwohl ist für entsprechende Streitigkeiten der Verwaltungsrechtsweg gegeben.[437] Ob in diesen Fällen ein Organstreit geführt werden kann, hängt nicht an der VA-Qualität der Maßnahme sondern davon ab, ob wehrfähige Rechte der Organmitglieder verletzt werden (vgl Rn 48).

148 **g) Organisationsakte.** Organisationsakte der Verwaltung haben **keine einheitliche Rechtsnatur,** sie können vielmehr, je nach der Form, in der sie erfolgen, und nach den damit verbundenen Auswirkungen als VAe, Allgemeinverfügung, VO oder auch als verwaltungsinterner Akt ergehen, wie zB die Entscheidung der ZVS (heute: Stiftung für Hochschulzulassung), Studienplätze nur im Wege eines Vergabeverfahrens zu vergeben (vgl BVerwGE 80, 376: kein

---

432 VGH München BayVBl 1993, 81 zur Neubildung eines Ausschusses des Gemeinderats und zur Zuteilung weiterer Sitze an eine Fraktion; VGH München NVwZ-RR 2000, 810; VG Regensburg, Beschluss vom 19.9.2013 – RN 3 S 13.1463 –, juris.

433 VGH München DÖV 1981, 144 wohl aufgrund der landesgesetzlichen Regelung, die den Verlust qua Gesetz vorsieht; **anders** BVerwG KommJur 2015, 134 für den Fall des Beschlusses des Stadtrats über den Ausschluss eines Ratsmitglieds; OVG Koblenz LKRZ 2011, 475.

434 VGH Kassel NVwZ 1982, 44; VGH Mannheim VBlBW 1983, 342; VGH München BayVBl 1988, 16; vgl auch OVG Koblenz LKRZ 2009, 343; OVG Lüneburg NdsVBl 2014, 102; UL § 12 Rn 18; VA ist dagegen der Ausschluss eines Nicht-Mitglieds, s nur VG Würzburg, Urteil vom 19.12.2007 – W 2 K 07.1146 –, juris.

435 VGH Mannheim NVwZ 1984, 660 und 664; VGH München NVwZ 1988, 84: kein VA, nur im Weg der allg Leistungsklage erzwingbar; VG Regensburg GewArch 2015, 75 (dort allerdings im Einzelfall für eine Steuerberaterkammer anders entschieden: Ablehnung des Antrags als VA).

436 VG Düsseldorf, Urteil vom 14.8.2009 – 1 K 6465/08 –, juris mwN; s a VG Ansbach, Urteil vom 27.5.2014 – AN 4 K 13.00919 –, juris: Rüge ggü Gemeinderatsmitglied ist VA aufgrund des disziplinarischen Charakters der Verfügung.

437 Erdmann DÖV 1988, 908 mwN, auch zur Gegenmeinung; vgl allg auch OVG Münster NVwZ 1989, 496.

VA) **oder** wie zB idR die **Errichtung,** Aufhebung oder Verlegung **einer Behörde.**[438] Zunächst wird man darauf abheben müssen, ob die Organisationsmaßnahme in einer bestimmten Form, zB als Gesetz, VO oder als Satzung erlassen wurde. Ist eine Rechtsqualität danach nicht festzustellen, wird zwischen VA und verwaltungsinterner Maßnahme abzugrenzen sein.

aa) Änderung, Aufhebung, Auflösung und Abwicklung öffentlicher Einrichtungen. Organisationsentscheidungen dieser Art werden idR als Maßnahme mit Außenwirkung und damit auch mit VA-Qualität angesehen, so etwa im Hinblick auf das Recht des Bürgers auf eine schickliche[439] Beerdigung die Einrichtung bzw **Widmung eines Friedhofs** bzw die Entwidmung eines Friedhofs oder Nutzungsbeschränkungen für Grabstätten (BVerwG NVwZ 1993, 674); im Hinblick auf das Recht der Bürger aus Art 2 Abs 1 GG auf Kommunikation die Widmung bzw **Entwidmung von Straßen;** im Hinblick auf das Erziehungsrecht der Eltern und das Recht der Schüler auf Bildung die Entscheidung über **Eröffnung bzw Schließung einer Schule;**[440] die **Auflösung aller Oberstufen** an den bisherigen Gymnasien bei gleichzeitiger Errichtung einer Oberstufenschule (VGH Kassel NVwZ 1984, 114); die jahrgangsweise **Umwandlung eines Gymnasiums** in eine Gesamtschule;[441] die **Einführung der 5-Tage-Woche** an einer Schule (OVG Münster DVBl 1976, 948; s auch Rn 167); nicht dagegen bloße Akte schulischer Binnenorganisation wie die Schließung einzelner Parallelklassen bzw die Neuaufteilung der Schüler auf eine reduzierte Anzahl von Parallelklassen.[442] VA-Qualität hat weiter die Errichtung oder Schließung öffentlicher Einrichtungen, zB eines Schlachthofes;[443] die **Einführung eines Diplomstudiengangs** für ein bestimmtes Gebiet an der Universität durch den Minister (BVerwG NVwZ 1989, 859); die Festlegung der **Frist zur Beendigung** eines Studiums, wenn der Studiengang aufgehoben wird (VG Berlin, Urteil vom 18. September 2014 – 3 K 466.13 –, juris); die **Übertragung einer öffentlichen Einrichtung** auf einen kirchlichen oder privaten Träger (**aA** zur Übertragung der Trägerschaft an einem kommunalen Kindergarten auf einen kirchlichen Träger OVG Münster NWVBl 1989, 440: kein VA); die Zuteilung oder Änderung einer **Hausnummer oder Straßenbezeichnung.**[444] 149

bb) Maßnahmen zur Ordnung des kommunalen Bereichs. Maßnahmen zur Ordnung des kommunalen Bereichs haben idR VA-Qualität, soweit sie nicht förmlich durch Erlass eines Gesetzes oder einer VO erfolgen, auch zB die **Errichtung, Auflösung** oder **Kreisfreierklärung einer Gemeinde** gegenüber der betroffenen Gemeinde und dem Landkreis, dem sie bisher angehörte, nicht dagegen auch gegenüber dem Bürger; (nur) im Verhältnis zu den betroffenen Gemeinden **Gebiets- und Bestandsänderungen von Gemeinden,** sofern sie nicht durch Rechtsnorm erfolgen, gegenüber den betroffenen Gemein- 150

---

438 Vgl OVG Berlin DVBl 1992, 288, hins des entschiedenen Falles jedoch zweifelhaft.

439 Vgl Art 149 BayVerf oder entsprechende einfachgesetzliche Regelungen bzw Gewohnheitsrecht und wohl auch aufgrund von Art 1 Abs 1 GG bzw Art 2 Abs 1 iVm Art 1 Abs 1 GG.

440 BVerwGE 18, 40; OVG Koblenz NVwZ 1986, 1036; OVG Münster DVBl 1989, 1272 = DÖV 1990, 442; OVG Bremen NVwZ 1986, 1038 besprochen von Hufen JuS 1988, 410; s im Einzelnen auch unten Rn 109.

441 OVG Hamburg DVBl 1980, 486; NJW 1980, 2146.

442 VGH München BayVBl 1993, 185; OVG Hamburg NordÖR 2004, 438; VG Hamburg, Beschluss vom 30.7.2013 – 15 E 2482/13 –, juris.

443 VGH Kassel DÖV 1989, 358; zT **aA** BGH DVBl 1970, 135: kein VA, wenn auf die Benutzung kein Anspruch besteht.

444 VA gegenüber dem Hauseigentümer, s VGH München BayVBl 1983, 20; OVG Münster NVwZ-RR 2012, 541; OVG Münster NJW 1987, 2695: auch gegenüber den Mietern, str.

den, nicht auch gegenüber den Gemeindebürgern;[445] die **Namensgebung für eine Gemeinde** und die Änderung des Namens einer Gemeinde (VGH München DVBl 1981, 223: VA gegenüber der Gemeinde); die **Änderung von Schulbezirken,** sofern sie nicht formell durch Rechtssatz erfolgt.[446]

151 **cc) Behördenintern wirkende Organisationsmaßnahmen.** Behördenintern wirkende Organisationsmaßnahmen haben keine VA-Qualität, wie die **Umorganisation innerhalb von Behörden,**[447] die **Einrichtung neuer Behörden** – im Gegensatz zur Einführung neuer Behördenarten mit neuen Zuständigkeiten gegenüber dem Bürger, die jedenfalls hins der Zuständigkeitsregelungen eines Rechtssatzes bedarf[448] –, die **Verlegung von Behörden** und die **Auflösung** (Aufhebung) von Behörden, soweit es sich um staatliche Behörden handelt, auch im Verhältnis zu den „betroffenen" Gemeinden (VGH München BayVBl 1972, 580 zur Änderung eines Standesamtsbezirks im Verhältnis zu der Gemeinde); ebenso wenig die **Änderung des Zuständigkeitsbereichs von Behörden,** da insoweit kein allgemeines Recht des Bürgers oder sonstiger Rechtsträger besteht (vgl VGH München BayVBl 1975, 115).

152 **h) Maßnahmen gegenüber Behörden. aa) Behörden desselben Rechtsträgers.** Behördeninterne Anweisungen über Art und Weise der Aufgabenerledigung sind **keine VAe**, unabhängig davon, ob sie gegenüber Beamten oder Angestellten ergehen, weil (und soweit) sie unmittelbar nur den Betriebsablauf betreffen und damit nur der **Konkretisierung von Dienstpflichten** dienen.[449] Gleiches gilt grundsätzlich für Regelungen gegenüber unter- oder gleichgeordneten **Behörden desselben Rechtsträgers**. Auch sie haben mangels Außenwirkung grundsätzlich keine VA-Qualität.[450] Das gilt nicht nur gegenüber der Behörde bzw Stelle, an die sich die Maßnahme unmittelbar richtet, sondern auch gegenüber den Bürgern, die – etwa bei Weisungen – von der Umsetzung betroffen sind (s näher oben Rn 132), auch, soweit es sich in der Sache um Aufsichtsmaßnahmen handelt und auch, wenn sich die Maßnahme gegen ein **Organ desselben Rechtsträgers** richtet, der mit eigenen wehrfähigen Rechten ausgestattet ist (zu solchen sog organschaftlichen Maßnahmen s **näher oben Rn 144 ff**). Etwas anderes kann nur gelten, wenn es sich bei dem Adressaten der Maßnahme zugleich um eine **rechtsfähige Gliedkörperschaft** des Rechtsträgers handelt (zB Maßnahme der Universitätsleitung gegen die mit eigener Rechtsfähigkeit ausgestattete Studentenschaft).

152a **Die VA-Qualität kann zu bejahen sein,** wenn sich die Regelung zwar an eine Behörde oder Stelle desselben Rechtsträgers richtet, aber nicht deren öffentlich-rechtliche Zuständigkeit betrifft, sondern einen nicht hoheitlich geregelten Aufgabenbereich. Dies kann etwa bei der Erteilung von Erlaubnissen (zB Baugenehmigungen,[451] Sondernutzungserlaubnissen oder gewerberechtliche Festset-

---

[445] BVerwGE 18, 154; OVG Koblenz NVwZ 1983, 304; s auch Rn 111.

[446] VGH München BayVBl 1972, 580; **aA** VGH Kassel NVwZ 1984, 116; Theuersbacher NVwZ 1988, 888.

[447] OVG Münster DVBl 1968, 660; ferner BVerwG DÖV 1966, 766: Umorganisation in einer Klinik, die einem Arzt die Leitung eines Bereichs, den er bisher auch für die Behandlung von eigenen Privatpatienten benützen konnte, entzieht, ist ihm gegenüber ein VA; str.

[448] S Kopp VVDStRL 1971, 264; **aA** BVerwG BayVBl 1972, 161; für den Bereich der Leistungsverwaltung auch VGH München BayVBl 1969, 139; 1970, 408; vgl auch BVerfGE 8, 167.

[449] Zur Abgrenzung von Grund- und Betriebsverhältnissen in Sonderstatusverhältnissen s Rn 134 ff.

[450] Vgl StBS Ziekow 51;

[451] Bei der Genehmigung baulicher Anlagen des Bundes und der Länder sehen die Landesbauordnungen idR anstelle einer Baugenehmigung ein bloße Zustimmung vor, welche jedoch wegen ihres Eingreifens in die kommunalen Selbstverwaltungsaufgaben auch VA-Charakter hat, vgl VGH Kassel, NVwZ 1995, 1010; Simon/Busse, BayBO, Art 73 Rn 199;

zung von Märkten[452]), aber auch bei anderen Regelungen[453] der Fall sein. In diesen Fällen besteht kein Unterschied zwischen einem an einem Privaten gerichteten VA und der gegenüber der Behörde oder Stelle erlassenen Regelung gleichen Inhalts.[454]

bb) Aufsichtsmaßnahmen gegenüber Bundesländern. Führen die Länder Bundesgesetze als eigene Angelegenheit aus (Art 84 GG), übt der Bund die Rechtsaufsicht aus; bei der Bundesauftragsverwaltung unterstehen die Länder darüber hinaus den Weisungen der zuständigen obersten Bundesbehörden (Art 85 Abs 3 GG). Maßnahmen des Bundes im Rahmen dieser Aufsichtsbefugnisse haben nach hM **keine VA-Qualität**, weil sie nicht verwaltungsrechtlicher, sondern verfassungsrechtlicher Natur sein.[455] Insoweit ist jedenfalls das VwVfG auf derartige Maßnahmen nicht anwendbar. 153

cc) Aufsicht gegenüber Selbstverwaltungskörperschaften. Soweit es um Maßnahmen im Rahmen der Aufsicht über Selbstverwaltungskörperschaften (Kommunen, berufsständische Kammern, Sozialversicherungsträger) geht, muss danach differenziert werden, ob es sich – im dualistischen Aufgabenmodell[456] – um **Selbstverwaltungsaufgaben oder Staatsaufgaben** (Aufgaben im übertragenen Wirkungskreis), im monistischen Aufgabenmodell um **freie Aufgaben, Pflichtaufgaben oder um Weisungsaufgaben** handelt. Bei Selbstverwaltungsaufgaben berühren Aufsichtsmaßnahmen die **Autonomie** der Selbstverwaltunskörperschaft, bei den Aufgaben im übertragenen Wirkungskreis werden die Behörden der Selbstverwaltungskörperschaft dagegen als untere staatliche Verwaltungsbehörden tatig, die in die **staatliche Hierarchie** eingebunden sind. Dann nämlich spricht viel dafür, die Selbstverwaltungskörperschaften insoweit wie untere staatliche Behörden des Landes zu behandeln. 154

Ist der eigene Wirkungskreis betroffen, also im Bereich der Selbstverwaltungsaufgaben (bzw der freien oder Pflichtaufgaben), haben Anordnungen und sonstige unmittelbar rechtserhebliche Maßnahmen, auch zB förmliche Beanstandungen[457]) der Aufsichtsbehörden gegenüber Gemeinden und anderen öffentlich-rechtlichen Körperschaften. **VA-Qualität.**[458] Problematisch ist die Frage, wie Weisungen im Bereich der Staatsaufgaben bzw – im monistischen Modell – der Weisungsaufgaben zu behandeln sind. In diesem Bereich hat auch eine Ersatzvornahme, die als Maßnahme der Aufsichtsbehörde gegenüber einer Körperschaft vorgenommen wird, hat VA-Qualität. Dies gilt nicht nur dann, wenn sie auf den Erlass eines VA gerichtet ist bzw in einem solchen besteht, indem die Aufsichtsbehörde damit zugleich uno actu einen VA sowohl gegenüber der Körperschaft als auch gegenüber dem Bürger, dem gegenüber die Körperschaft den nunmehr ersetzten VA zu erlassen gehabt hätte (OVG Münster DVBl 1989, 155

Stüer, Bau- und Fachplanungsrecht, 5. Auflage 2015, Rn 2576; Große-Suchsdorf, NBauO, § 74 Rn 20 ff; Hornmann, HBO, § 69 Rn 37 ff.

452 VGH Kassel NVwZ-RR 2003, 345 (Marktfestsetzung durch Gemeinde ist VA, auch wenn diese selbst Veranstalterin ist).

453 BVerwGE 101, 47 (Restitutionsbescheid); VGH München NuR 2005, 783 (Enteignungsbeschluss).

454 StBS 190 mwB.

455 BVerfGE 102, 167 und BVerwG NVwZ 1998, 500 (Weisung zur straßenrechtlichen Einstufung verfassungsrechtlich); StBS 177.

456 Die beiden Modelle beziehen sich auf das Kommunalrecht, das in den Ländern entweder dualistisch oder monistisch ausgestaltet ist (vgl nur Maurer, Allgemeines Verwaltungsrecht, 3 23 Rn 16 mwN. Die Unterschiede sind in der Praxis eher gering.

457 Vgl VGH Mannheim VBlBW 1989, 332; OVG Münster NVwZ-RR 1990, 243.

458 BVerwGE 19, 121; 52, 315; BVerwG NVwZ 2016, 72; OVG Münster DVBl 1981, 227; NVwZ-RR 1990, 243; VGH München BayVBl 1984, 659; NJW 1989, 790; VGH Kassel DVBl 1990, 170; VGH Mannheim VBlBW 1989, 332; Müller-Franken VerwArch 1999, 552; Pietzcker in Schoch § 42 Abs 1 Rn 56 f; Erichsen DVBl 1985, 947.

1272), sondern **auch dann,** wenn die Ersatzvornahme **auf den Abschluss eines privatrechtlichen Vertrags** gerichtet ist, zu dessen Abschluss die Körperschaft vorher durch die Anordnung der Aufsichtsbehörde, die durch die Ersatzvornahme „vollzogen" wird, verpflichtet worden war.[459]

156 **Im Bereich der staatlichen Aufgaben,** die den Kommunen oder auch anderen unterstaatlichen Körperschaften des öffentlichen Rechts zur Erfüllung nach Weisung übertragen sind,[460] haben Anordnungen (Weisungen) staatlicher Behörden (Aufsichtsbehörden) gegenüber den Organen selbständiger Rechtsträger (zB Gemeinden, Hochschulen) nach hM **idR keine VA-Qualität.**[461] Maßgebend ist hierfür die Überlegung, dass die unterstaatlichen Körperschaften im Weisungsbereich in die staatliche Verwaltung und das dort geltende Hierarchieprinzip einbezogen sind. **Etwas anderes gilt,** wenn und soweit diesen nach materiellem Recht (BVerwG NJW 1978, 1821; BayVBl 1989, 247) – so zB in Bayern gem Art 109 Abs 2 S 2 bayGemO[462] – auch insoweit eine in bestimmtem Umfang geschützte Rechtsstellung zuerkannt ist[463] oder soweit sie nicht zugleich in eigenen geschützten Rechten betroffen werden,[464] so insb, wenn in kommunale Selbstverwaltungsaufgaben eingegriffen wird,[465] auch zB in ihrer Stellung als Darlehensgeber (BVerwGE 52, 159: Aufforderung der Aufsichtsbehörde an eine Gemeinde, für Darlehen für den sozialen Wohnungsbau keine Zinsen zu erheben), als Dienstherr[466] oder als Träger einer eigenen Finanzhoheit.

V. Die Allgemeinverfügung (S 2)

157 **1. Begriff. a) Legaldefinition.** Die Regelung in S 2 enthält eine recht unvollkommene Legaldefinition des Begriffs der Allgemeinverfügung und stellt zugleich in Übereinstimmung mit dem früheren Recht[467] klar, dass die von S 2

---

459 Vgl OVG Münster NWVBl 1989, 400: VA gegenüber der Gemeinde, privatrechtlicher Vertrag der Aufsichtsbehörde mit dem Dritten; Schnapp, Die Ersatzvornahme in der Kommunalaufsicht, 1972, 80; **aA** Erichsen JK 90 GONW § 109 II 2.

460 OVG Münster DÖV 1986, 480 zu Anordnungen des Ministeriums gegenüber der Universität im staatlichen Aufgabenbereich; VGH Mannheim DVBl 1978, 276 zu Maßnahmen des Rektors einer Universität in seiner Eigenschaft als Organ der staatlichen Aufsicht gegen die Studentenschaft; Lippert DVBl 1978, 276.

461 BVerwG NJW 2008, 2135; BVerwG NVwZ 1995, 910; BVerwG NJW 1978, 1820; OVG Lüneburg NVwZ-RR 1997, 474; ggü Gemeinden jedoch nur, wenn diese nicht in ihren Selbstverwaltungsaufgaben betroffen ist, s hierzu Fn 484.

462 Vgl VGH München DVBl 1978, 148; soweit es sich um Anordnungen im Bereich der Ermessensverwaltung handelt, auch BVerwG NJW 1978, 1821; Reigl BayVBl 1985, 369 mit eingehender Erörterung der Probleme; vgl auch Erichsen DVBl 1985, 948 mwN; offen VGH Kassel DVBl 1990, 170; weitergehend Schröder JuS 1986, 371; WBS I § 45 Rn 84; Widtmann BayVBl 1978, 723: immer VA, jedoch fehlt für eine Anfechtung uU die Widerspruchs- oder Klagebefugnis nach § 42 Abs 2 VwGO; BVerwG DÖV 1995, 512 = DVBl 1995, 744: fachaufsichtliche Weisung gegenüber Gemeinde kein VA, jedenfalls fehlt aber Klagebefugnis; vgl auch Kopp/Schenke § 42 Rn 77; **aA** zu Anordnungen im Bereich der gebundenen Verwaltung BVerwG NJW 1978, 1821; unklar insoweit VGH München BayVBl 1985, 368.

463 BVerwGE 52, 151; BVerwG NJW 1978, 1827; DÖV 1982, 283; BayVBl 1989, 247; VGH München DVBl 1978, 148; OVG Lüneburg NVwZ 1982, 386; VG Köln NVwZ 1984, 745 zu einer Weisung im Bereich des Sonderordnungsrechts; Schröder JuS 1986, 371; Leidinger, in: Menger-FS 1985, 257; Erichsen DVBl 1985, 947; **aA** WBS II § 45 Rn 84; Widtmann BayVBl 1978, 723: immer VA; s auch BVerfG NVwZ 1989, 347.

464 BVerwGE 52, 159; 52, 315; VGH Mannheim VBlBW 1981, 19; Knemeyer BayVBl 1977, 130; Schmidt-Jortzig JuS 1979, 491; s auch Kopp/Schenke § 42 Rn 95.

465 Unstreitig; BVerwG NVwZ 1993, 675; BVerwGE 52, 313; 17, 87; OVG Münster ZUR 2013, 547; StBS Rn 182; BeckOK Rn 232.

466 BVerwG 52, 316: Ablehnung der Erteilung eines Lehrauftrags durch die zuständige Aufsichtsbehörde ist ein VA gegenüber der antragstellenden Universität.

467 Vgl Ule 32 Anh III 3; F 201.

erfassten abstrakt-generellen Regelungen VA-Qualität haben und nicht etwa Rechtsnormen sind. Nach der Legaldefinition des S 2 handelt es sich bei Allgemeinverfügungen um VAe, die sich an einen nach allgemeinen Merkmalen bestimmten oder bestimmbaren Personenkreis richten **(personenbezogene Allgemeinverfügung)** oder die öffentlich-rechtliche Eigenschaft einer Sache oder die Benutzung einer solchen Sache durch die Allgemeinheit betreffen **(sachbezogene Allgemeinverfügung).** Die damit getroffene Unterscheidung der Formen der Allgemeinverfügung ist nicht eindeutig und wirft diverse dogmatische und rechtspraktische Fragen auf.

b) Abgrenzungsfragen. Fragen ergeben sich bei der Abgrenzung von Allgemeinverfügung und Rechtsnormen auf der einen und regulären VAen auf der anderen Seite. Wird eine **Regelung in der Form eines Rechtssatzes** (Gesetz, Rechtsverordnung oder Satzung) getroffen.[468] kommt es nicht mehr auf die Frage an, ob dieser Rechtssatz auch als Allgemeinverfügung und damit als VA möglich gewesen wäre. Die Allgemeinverfügung wird gelegentlich gleichgesetzt mit dem Fall, dass eine Mehrzahl von VAen in einem Bescheid zusammengefasst werden, also mit einer **Bündelung von VAen** an eine Mehrzahl von Personen.[469] Diese Gleichsetzung ist unzutreffend. Für Allgemeinverfügungen ergeben sich verfahrensrechtlichen Besonderheiten, die für den Sammel-VA nicht gelten (s unten Rn 159). Deshalb darf die Frage, ob es sich bei einer Maßnahme um ein Bündel von gleichen VAen oder eine Allgemeinverfügung handelt, idR nicht offen bleiben. Auch können VAe, obwohl sie in einem einzigen Bescheid erlassen werden, ein eigenes Schicksal nehmen, was bei der Allgemeinverfügung zumeist nicht der Fall ist. Im Übrigen gelten allerdings die für VAe bestimmten Regelungen des VwVfG auch für Allgemeinverfügungen (StBS 271), weshalb eine Allgemeinverfügung bspw auch Gegenstand einer Zusicherung sein kann.[470] 158

2. Sonderregelungen für Allgemeinverfügungen. a) Verfahrensrecht. Das VwVfG enthält spezielle Regelungen für Allgemeinverfügungen in Bezug auf die **Anhörung,** die idR unterbleiben kann (§ 28 Abs 2 Nr 4), die **Begründung,** auf die idR ebenfalls verzichtet werden kann (§ 39 Abs 2 Nr 5) und vor allem die **Bekanntgabe,** die nach § 41 Abs 3 S 2 öffentlich erfolgen kann (vgl § 41 Rn 48). Schon im Hinblick darauf ist die Verwaltung nicht frei bei der Entscheidung darüber, ob sie durch VA oder durch Allgemeinverfügung entscheidet. Soweit sich nicht schon aus der Ermächtigungsgrundlage selbst ergibt, dass eine Allgemeinverfügung erlassen werden darf (so etwa bei den sachbezogenen Allgemeinverfügungen, s hierzu Rn 165), müssen **gesteigerte Anforderungen** an den Erlass von Allgemeinverfügungen auf der Grundlage allgemeiner Ermächtigungen gestellt werden. 159

b) Prozessrecht. Grundsätzlich gilt für Allgemeinverfügungen, dass sie wie sonstige VAe mit **Widerspruch und Anfechtungsklage** angefochten werden können. Die Anfechtungsfristen (§§ 70, 74 VwGO) beginnen jeweils mit der Bekanntgabe, die nach § 41 Abs 3 S 2 auch in Form einer öffentlichen Bekanntgabe erfolgen darf. Der **Lauf der Anfechtungsfristen** wird dadurch gegenüber allen Betroffenen zur selben Zeit ausgelöst, sofern fachrechtlich nichts anderes bestimmt ist.[471] Der **Suspensiveffekt** von Widerspruch und Anfechtungsklage 160

---

468 Vgl Mutius, in: Wolff-FS 1973, 215; Krebs VerwArch 1978, 235; Zimmer DÖV 1980, 120; ferner § 47 Rn 2. Allg zum dinglichen VA s auch BVerwGE 70, 77 = NVwZ 1985, 39; VG Sigmaringen NVwZ-RR 1995, 327 zur Abgrenzung Einzelverfügung/Allgemeinverfügung; Niehues DÖV 1965, 319; DVBl 1982, 317; Martens NVwZ 1982, 481; zur historischen Entwicklung Wandschneider, 2009, passim.

469 So etwa OVG Lüneburg NVwZ-RR 2005, 93 für die Räumungsverfügung gegenüber den Teilnehmern einer Wagenburg-Aktion.

470 BVerwGE 97, 323; zweifelnd Grziwotz MittBayNot 2013, 429 mwN.

471 So nimmt das BVerwG für Verkehrsschilder etwas anderes an, s unten Rn 170.

gegen eine Allgemeinverfügung (§ 80 Abs 1 VwGO) wirkt grundsätzlich wie auch sonst bei VAen nur relativ, dh nur für den jeweiligen Kläger bzw Widerspuchsführer, nicht automatisch auch für andere Betroffene. Gleiches gilt auch für die **Kassation der Allgemeinverfügung** im Verwaltungsprozess. Es gibt hier allerdings Ausnahmen. So gilt dies nicht für **Verkehrsschilder,** bei denen die Wirksamkeit aus Gründen, die in der Natur der Sache liegen, nur allgemein und auch nicht rückwirkend entfallen kann. Deshalb ist insoweit auch eine Kassation nur insgesamt gegenüber allen Betroffenen möglich. Die **Gestaltungswirkung des stattgebenden Anfechtungsurteils** kann erst dann eintreten, wenn das Verkehrszeichen tatsächlich demontiert worden ist (StBS 335). Das Gericht kann analog § 113 Abs 1 S 2 VwGO die Verpflichtung der Behörde zur Demontage aussprechen.[472]

161 **3. Personenbezogene Allgemeinverfügungen.** Die personenbezogene Allgemeinverfügung richtet sich an einen nach allgemeinen Merkmalen bestimmten Kreis von Adressaten aus Anlass einer bestimmten konkreten Situation. Während die Adressaten nur nach allgemeinen Merkmalen bestimmt bzw bestimmbar sind, ist der Anlass der Allgemeinverfügung ein konkreter Einzelfall; denkbar sind aber auch mehrere konkrete Einzelfälle. Nicht die Unbestimmtheit des Personenkreises,[473] sondern die **Konkretheit des geregelten Sachverhalts** unterscheidet die personenbezogene Allgemeinverfügung von der Rechtsnorm. Hierzu gehören insbesondere anlassbezogene Regelungen, wie das **präventive Versammlungsverbot,**[474] die **Auflösung einer Versammlung,** das über den Rundfunk verbreitete Verbot, Endiviensalat zu verkaufen,[475] Abgabeverbote für Glasbehältnisse im Straßenkarneval,[476] die vorläufige Sicherung eines Überschwemmungsgebietes nach Art 47 BayWG[477] und ähnliche Regelungen,[478] die sich auf konkretisierte Sachverhalte beziehen.[479] Ferner sind **Anordnungen im Frequenzvergabeverfahren** durch die Bundesnetzagentur nach § 61 TKG Allgemeinverfügungen,[480] die der Anfechtung durch die Betroffenen unterliegen (§ 44a findet keine Anwendung). Zur Einordnung von **Verkehrszeichen** (Rn 170).

162 **a) Abgrenzung zu Rechtsnormen.** Gerade bei der personenbezogenen Allgemeinverfügung stellt sich das Problem der Abgrenzung zu Rechtsnormen in besonderer Schärfe, weil klare Kriterien für die Konkretheit des geregelten Sachverhalts fehlen. Hier hat sich noch keine klare Linie herausgebildet. Die Allge-

---

472 VGH Kassel NVwZ-RR 2006, 832, 833.

473 So aber Vogel BayVBl 1977, 620; Obermayer/Funke-Kaiser 127; NJW 1980, 2386; Manssen NZV 1992, 465; zT **aA** BVerwGE 27, 181; NJW 1969, 809: VA kann auch eine Regelung für „wen immer es angeht" bezüglich erst in der Zukunft liegender Konkretisierungsfälle sein.

474 BVerfG NVwZ 2016, 244 (Heidenau); OLG München NVwZ 2000, 467; StBS 284; Obermayer/Funke-Kaiser 127.

475 BVerwGE 12, 87, 90 = NJW 1961, 2077; StBS 286; kritisch Laubinger, FS Rudolf, 2003, 305 mit dem zutreffenden Hinweis, dass die Betroffenen im Zeitpunkt des Verbotes nicht wirklich feststellbar gewesen wären. Hier wird man auf den singulären Anlass abstellen müssen.

476 Vgl OVG Münster GewArch 2012, 265; Heckel NVwZ 2012, 88.

477 VG Augsburg, Urteil vom 19.2.2013 – Au 3 K 12.1265 –, juris.

478 Regelungswirkung und damit der Charakter als Allgemeinverfügung fehlte im Einzelfall bei den sog NOTAMs (Notices to Airmen) und Hinweisen der Deutsche Flugsicherung GmbH mit dem Inhalt, angesichts der Vulkanaschekonzentration in der Luft würden im Allgemeinen keine Flugverkehrskontrollfreigaben erfolgen: VG Darmstadt NVwZ 2013, 1300.

479 Zu der Feststellung der Voraussetzungen für die Aktivierung der Vorschriften über das Dosenpfand s Winkler DVBl 2003, 1490, zugleich als Bspr von BVerwG DVBl 2003, 544.

480 BVerwGE 134, 368; BVerwG NVwZ 2012, 168, 174; Müller-Terpitz K&R 2002, 75.

meinverfügung richtet sich zwar an eine unbestimmte Zahl von Personen, erlaubt aber nicht darüber hinaus die Regelung einer unbestimmten Zahl von Fällen. Vielmehr bleibt sie – jedenfalls im Kern – eine Einzelfallregelung.[481]

Keine Allgemeinverfügung, sondern eine abstrakt-generelle Regelung ist zB das Verbot der Veranstaltung oder Vermittlung von Glückspielen in Telemedien.[482] Auch Anordnungen nach § 23 AufenthG werden nicht als Allgemeinverfügung eingestuft (zu § 32 AuslG: BVerwGE 100, 335, 339 = NVwZ-RR 1997; 317), ebenso wenig die allgemeine Festsetzung der Pflichtstundenzahl für Lehrer, anders nach hM die öffentlich bekannt gemachte allgemeine Ausnahmegenehmigung nach § 23 LSchlG.[483] Zur Rechtswidrigkeit eines an „Personen der Punk-Szene" als Allgemeinverfügung gerichteten Aufenthaltsverbots VGH Mannheim NVwZ 2003, 115. 162a

b) Abgrenzung zu Sammel-VAen. Von Sammelverfügungen spricht man idR bei dem Erlass eines an eine Vielzahl von Adressaten gerichteten Bescheides oder einer Vielzahl gleichlautender Bescheide an eine feststehende Zahl von Personen. Allerdings ist der Sprachgebrauch hier nicht eindeutig.[484] Ein Sammel-VA stellt lediglich ein Bündel von einzelnen inhaltlich gleichen VAen gegenüber einer bestimmten, nicht nur bestimmbaren Zahl von Personen dar (OVG Bremen DVBl 1991, 877). Der Unterschied zwischen Sammel-VAen und personenbezogenen Allgemeinverfügungen ist nicht einfach zu bestimmen. Typischerweise ist bei Erlass einer personenbezogenen Allgemeinverfügung der Kreis der Adressaten zwar bestimmbar, aber für die erlassende Behörde idR nicht zB zahlenmäßig bestimmt. Bei Sammelverfügungen ist demgegenüber die Zahl der Adressaten typischerweise bestimmt (WBSK I § 45 Rn 71). So werden etwa im Falle der Auflösung einer Versammlung auch Personen betroffen, die erst später zu der Versammlung hinzukommen wollen. 163

4. Sachbezogene Allgemeinverfügungen. a) Allgemeines. Bei den sog sachbezogenen Allgemeinverfügungen wird unterschieden zwischen solchen, die Bestimmungen der öffentlich-rechtlichen Eigenschaft einer Sache treffen oder solchen, die die Benutzung einer Sache durch die Allgemeinheit betreffen. Die für die Allgemeinverfügung wesentliche Konkretheit der Regelung wird hier durch den Bezug zu **einer konkreten Sache** hergestellt (Maurer § 9 Rn 31). **VA-Qualität** haben außerdem die sog **intransitiven Zustandsregelungen,** dh sachbezogene VAe, die nicht primär Rechtsbeziehungen zwischen Personen und dem Staat regeln, sondern bestimmte rechtserhebliche Eigenschaften (einen „Rechtszustand") einer Sache begründen, aufheben, abändern oder feststellen (zB die **wegerechtliche Widmung**) und dadurch, dass diese Eigenschaften Voraussetzung für die Anwendbarkeit bestimmter Rechtssätze sind, die daran anknüpfen, Rechte und/oder Pflichten einer unbestimmten Vielzahl von Personen regeln und insofern auch diesen Personen gegenüber VAe sind.[485] 164

b) Verhältnis zum Begriff des dinglichen VA. Der Begriff des dinglichen VA findet sich im VwVfG nicht. Es handelt sich um eine Begriffsschöpfung der Literatur zur Bezeichnung solcher VAe, deren Regelungsgehalt sich in derart qualifizierter Weise auf eine bestimmte Sache bezieht, dass die Bindungswirkung sich bei einem Wechsel der Eigentumsverhältnisse bzw der Inhaberschaft der Sache 165

---

[481] OVG Saarlouis, NVwZ 2011, 190.

[482] OVG Saarlouis, NVwZ 2011, 190.

[483] OVG Greifswald NordÖR 2000, 66; OVG Bautzen NJW 1999, 2986; OVG Magdeburg NJW 1999, 2982; StBS 304.

[484] Vgl Erichsen/Ehlers § 21 Rn 35; WBSK I § 45 Rn 71; StBS 277.

[485] Niehues DÖV 1965, 319; WBSK I § 45 Rn 81 f; ME VerwArch 1968, 366; v Mutius DVBl 1974, 904; Krebs VerwArch 1978, 233; Kopp BayVBl 1970, 233; s auch Kopp/Schenke § 42 Rn 170; ablehnend VGH München BayVBl 1978, 505; Obermayer NJW 1980, 2386.

automatisch auf den **Rechtsnachfolger** erstreckt.[486] Dies ist anzunehmen, wenn eine entsprechende Wirkung gesetzlich angeordnet ist (zB für Baugenehmigungen,[487] zT auch für Abriss- bzw Beseitigungsverfügungen, vgl Knack/Henneke 96 mwN). Teilweise wird darüber hinaus auch eine Erstreckung der Bindungswirkung dinglicher VAe aus Gründen der Natur der Sache, eben wegen der Dinglichkeit der Wirkung angenommen (s näher § 9 Rn 61). Auch die sachbezogene Allgemeinverfügung könnte als dinglicher VA eingestuft werden, weil es um die öffentlich-rechtliche Eigenschaft einer Sache oder ihrer Benutzung unabhängig von konkreten Personen geht (so früher auch WB SK II § 75 Rn 17). Allerdings wird der Begriff des dinglichen VA zumeist in einem weiteren Sinne verwendet.

166 **c) Einzelfälle. Allgemeinverfügungen** sind zB die **Widmung eines Weges** für den öffentlichen Verkehr, und zwar nicht nur gegenüber dem Baulastträger, dem Eigentümer des Straßengrundes und den Anliegern,[488] sondern – ähnlich wie ein Verkehrszeichen – auch den Verkehrsteilnehmern gegenüber, für die durch die Widmung einschließlich der nach dem Straßen- und Wegerecht mit ihr zwingend verbundenen **Einstufung** Rechte und Pflichten begründet werden (vgl Erichsen/Ehlers § 21 Rn 37); die **Umstufung** sowie die **Einziehung eines Weges,** die ebenfalls nicht nur den Anliegern,[489] sondern auch sonstigen interessierten Verkehrsteilnehmern das Recht auf Benützung der Straße nimmt;[490] die **Festsetzung einer Bushaltestelle** mit Halteverbot gem § 12 Abs 3 Nr 4 StVO (VGH Mannheim NVwZ-RR 1990, 60 mwN); eine **Verkehrsmarkierung** mit Anordnungscharakter (OVG Bremen VRS 1984, 232); die Eintragung eines Denkmals in die Denkmalliste (OVG Bremen NVwZ 1983, 234); die **Schutzbereichsanordnung** nach § 2 SchBerG;[491] die Erklärung einer Örtlichkeit **zum militärischen Sicherheitsbereich** nach § 2 Abs 2 S 2 UZwGBw[492] im Hinblick auf die damit verbundenen Einschränkungen der Benutzbarkeit von Grundstücken; die **Festlegung eines Tieffluggebiets** für Bundeswehrübungen (VG Oldenburg NJW 1989, 1942); **nicht dagegen die Festlegung von Flugrouten,** die nach § 27a LuftVO iVm §§ 29 ff LuftVG als Rechtsverordnung erfolgt.[493] Allgemeinverfügung ist die Zuteilung und **Änderung von Straßennamen** (ein an sich adressatloser VA, bei dem die Betroffenen jedoch Anspruch auf Berücksichtigung ihrer Interessen haben),[494] nicht aber die (Neu-)Zuteilung einer **Hausnummer;**[495] die Anordnung gem § 4 Abs 2 LSchlG über die **Öffnungszeiten der Apotheken** (VGH München NJW 1986, 1564); die Abrundungsverfügung für ein **Jagdgebiet** (OVG Münster AgrarR 1983, 139); die Anordnung nach

---

486 S zu diesem Begriffsverständnis näher Maurer § 9 Rn 56, krit Erichsen/Ehlers § 21 Rn 37; krit Dietlein, Nachfolge im öffentlichen Recht, 1999, S. 237 ff mwN.

487 So zB StBS 259; Guckelberger VerwArch 1999, 499; wohl auch Knack/Henneke 96.

488 BVerwGE 47, 144 = NJW 1975, 841; OVG Koblenz NJW 1987, 1284 mwN; VGH München BayVBl 1988, 497; Sauthoff, Öffentliche Straßen, 2010, Rn 65; **aA** Obermayer NJW 1980, 2386.

489 BVerwGE 94, 100 = NVwZ 1994, 275 (Bargteheide); BVerwGE 54, 3; Sauthoff, Öffentliche Straßen, 2010, Rn 175, 235.

490 Nach hM wird aber nur der Anlieger in seinen subjektiven Rechten betroffen, nicht der normale Verkehrsteilnehmer, vgl Sauthoff, Straße und Anlieger, 2003 Rn 379 ff mwN. Anders ist die Rechtslage bei Verkehrszeichen, vgl BVerwG NJW 2004, 698; **aA** noch OVG Hamburg NordÖR 2003, 307.

491 BVerwGE 70, 77; VGH Mannheim NVwZ 1989, 978; Lang DVBl 1969, 549; ebenso offensichtlich auch BVerwG BayVBl 1979, 543; **aA** OVG Koblenz DÖV 1982, 125.

492 BVerwG DVBl 1990, 704; VG Schleswig NJW 1987, 87; Beck DÖV 1987, 990.

493 BVerwGE 111, 276; BVerwG NVwZ 2015, 656 .

494 Vgl VGH Mannheim NVwZ 1992, 196; VGH München NVwZ-RR 1996, 344; OVG Münster DÖV 2008, 296; Sodan/Ziekow § 42 Rn 285.

495 (Dinglicher) VA iSv S 1: VGH München NVwZ 1983, 353; wohl auch OVG Schleswig SchlHA 1992, 94; Ehlers DVBl 1970, 493; Niehues DVBl 1982, 318; Brugger JuS 1990, 567 mwN; offen VGH München BayVBl 1988, 496.

§ 25a NatSchG BW aF über die **Benutzungsmöglichkeiten** eines besonders geschützten Biotops.[496]

167 **Allgemeinverfügung ist auch,** sofern nicht eine Regelung in Form einer Rechtsverordnung erfolgt, die **Aufhebung einer öffentlichen Anstalt** oder sonstigen öffentlichen Einrichtung; die **Errichtung** (Widmung) und **Schließung** (Entwidmung) eines **Friedhofs** (BVerwG NVwZ 1993, 675), **die Eröffnung oder Schließung** eines **Schlachthofs** (VGH Kassel DÖV 1989, 358); eines **Verkehrsflughafens** (BVerwGE 82, 246 = NVwZ 1990, 262; VGH München NVwZ-RR 1994, 241); einer **Schule,**[497] nicht nur im Verhältnis zum Schulträger, sondern auch gegenüber den Lehrern, den Schülern und den Eltern der Schüler;[498] die **Aufteilung einer Schule** in zwei oder mehrere selbständige Schulen; die **Zusammenlegung von Gymnasien;**[499] die **Einführung der 5-Tage-Woche** an einer Schule, ebenfalls gegenüber Schulträgern, Lehrern, Schülern und Schülereltern;[500] die **Umwandlung eines Gymnasiums** in eine Gesamtschule (OVG Hamburg NJW 1980, 2146); die **Errichtung eines Studiengangs** an einer Hochschule (vgl VGH Kassel NVwZ 1988, 850).

168 **Als Allgemeinverfügung** ergeht die Regelung des **Betriebs eines Verkehrsflughafens** (VGH München NVwZ-RR 1994, 241; nicht dagegen die Festlegung von Fluguouten, die durch Rechtsverordnung); die **Festsetzung der Öffnungszeiten** einer öffentlichen Einrichtung (OVG Münster KStZ 1970, 30 zur Regelung der Öffnungszeiten eines Schlachthofs); die Festsetzung einer **Veranstaltung nach § 69 GewO;**[501] die Erhöhung der **Krankenhauspflegesätze** im Verhältnis zu den Krankenhausträgern (BVerwGE 60, 154; VGH München BayVBl 1977, 605) und zu selbstzahlenden Patienten (OVG Lüneburg NJW 1978, 1211); die **Zulassung eines Schulbuchs** für den Gebrauch in Schulen (vgl BVerwGE 61, 164; 79, 298).

169 Allgemeinverfügung ist auch, sofern durch Gesetz nichts anderes vorgesehen ist, im Verhältnis zu den betroffenen Gemeinden, Landkreisen uä die Verfügung von **Gebiets- und Bestandsänderungen von Gemeinden**[502] und die **Kreisfreierklärung** einer Gemeinde (VGH München BayVBl 1965, 59), sofern die insoweit maßgeblichen Rechtsvorschriften – was die Regel ist – nur den Gemeinden, nicht aber auch den Gemeindebürgern eine geschützte Rechtsstellung gegenüber diesen Akten einräumen.

170 **5. Verkehrszeichen. a) Allgemeines.** Verkehrsschilder sowie andere Verkehrszeichen nach §§ 41 ff StVO werden inzwischen allgemein als VAe in der

---

[496] VGH Mannheim NVwZ 2004, 119 im Hinblick auf den engen räumlich begrenzten Bereich; NJW 1998, 2236.

[497] BVerwG DVBl 1979, 812; VGH München NVwZ-RR 1993, 355; OVG Koblenz DÖV 1986, 482 = NVwZ 1986, 1036; OVG Bremen NVwZ 1986, 1038.

[498] BVerwGE 18, 40; BVerfGE 51, 268; OVG Münster DVBl 1989, 1272; OVG Lüneburg DÖV 1974, 285; VGH Kassel NVwZ 1984, 115; OVG Koblenz NVwZ 1986, 1036; OVG Bremen NVwZ 1986, 1038; Knack/Henneke 131; Lüke NJW 1968, 81; Krebs VerwArch 1978, 232; Hufen JuS 1988, 410.

[499] OVG Münster DVBl 1992, 448.

[500] OVG Münster DVBl 1976, 948; Erichsen/Krebs VerwArch 1976, 379; Krebs VerwArch 1978, 232; **aA** hins des Verhältnisses zu Schülern und Eltern Kassel HessVG Rspr 1976, 21.

[501] Str, wie hier Wirth GewArch 1986, 186; aA StBS 295 mit der Erwägung, dass die Festsetzung nur dem Antragsteller gegenüber bekannt zu geben sei und die an der Teilnahme interessierten Interessenten sich nur darauf berufen könnten. Das ist nicht überzeugend, weil mit der Zulassung unmittelbar Ansprüche Dritter begründet werden.

[502] BVerwGE 18, 154; Koblenz NVwZ 1983, 304: auch keine Feststellungsklage des Bürgers; zT **aA** Obermayer BayVBl 1958, 69; SG 3 I A: VA gegenüber den betroffenen Gemeinden, VO gegenüber den Gemeindebürgern; Knemeyer BayVBl 1972, 180 mwN: immer VO.

Form von **Allgemeinverfügungen mit Dauerwirkung** angesehen.[503] Der Grund hierfür liegt wohl vor allem darin, dass in Verkehrszeichen ein Ersatz für entsprechende Verkehrsregelungen durch Vollzugspolizisten gesehen wurde.[504] Die früher vor allem vom VGH München vertretene Gegenmeinung, wonach es sich um Rechtsverordnungen handele,[505] ist weitgehend aufgegeben worden. Allerdings löst die Einordnung als VA eine Reihe von Problemen aus, deren Lösung das Verkehrszeichen der Sache nach wieder in die Nähe der VO gerückt hat. Nahe liegt es wohl, eine sachbezogene Allgemeinverfügung in Bezug auf die (straßenverkehrsrechtliche) Benutzung einer Sache, nämlich des öffentlichen Weges, durch die Allgemeinheit anzunehmen.[506]

171 **b) Bekanntgabe.** Bekannt gegeben wird das Verkehrszeichen nach heute hM durch die Aufstellung nach den Regeln der StVO, die insoweit als Sonderbestimmungen gegenüber § 41 angesehen werden. Mit der Aufstellung gilt es gegenüber sämtlichen Verkehrsteilnehmern als bekannt gegeben.[507] Damit wird es nach heute hM gegenüber sämtlichen Verkehrsteilnehmern gleichermaßen wirksam (§ 43), auch gegenüber solchen, die tatsächlich noch keine Gelegenheit hatten, das Verkehrszeichen zur Kenntnis zu nehmen.[508] Zur **abweichenden Frist für die Anfechtbarkeit** s unten Rn 173. Die lediglich **theoretische Möglichkeit der Kenntnisnahme** soll nach der neueren Rspr ausreichen. Zu den Anforderungen an die Sichtbarkeit und zur Nachschaupflicht des Verkehrsteilnehmers näher § 41 Rn 47. Dies gilt auch für diejenigen Personen, die zB als Halter eines Kfz eine Zustandsverantwortlichkeit trifft und die auch dann, wenn sie lediglich als Pflichtige für eine etwaige Verwaltungsvollstreckung angesehen werden. Praktische Bedeutung erlangt diese Frage vor allem bei der Ersatzvornahme gegenüber dem Halter und bei mobilen Verkehrszeichen.[509] Hier ist etwa im Rahmen der Entscheidung über die Kosten der Grundsatz der Verhältnismäßigkeit zu beachten.[510]

172 **c) Dauer der Wirksamkeit.** Grundsätzlich bleibt ein Verkehrsschild so lange wirksam, bis es aufgrund entsprechender Anordnung der zuständigen Straßenverkehrsbehörde abgebaut wird. Der **actus contrarius der Aufstellung** beseitigt die Wirksamkeit. **Problematisch** ist, ob das Verkehrsschild im Hinblick auf das Sichtbarkeitsprinzip auch dann seine Wirksamkeit verlieren kann, wenn es infolge Verwitterung, Beschädigung, Entfernung durch Unbefugte oder infolge anderer Umstände (Straßenmarkierungen sind wegen geschlossener Schneedecke nicht sichtbar) nicht erkennbar ist. In der Konsequenz der neuen Auffassung der Rspr (BVerwGE 102, 316) dürfte es liegen, selbst in Fällen unbefugter Beseitigung nicht ein Ende der äußeren Wirksamkeit anzunehmen. Verstöße müssen in diesen Fällen allerdings

---

503 BVerwG NJW 2011, 246; BVerwGE 102, 316, 318; 92, 32 (Sonderfahrstreifen für Linienbusse); 59, 221, 224 (Geschwindigkeitsbeschränkung auf Autobahn); OVG Hamburg NordÖR 2000, 330 für Geschwindigkeitsbeschränkung auf Autobahn; ebenso BVerwG NVwZ 2007, 340 für Seeschifffahrtszeichen nach § 5 SeeschifffahrtsstraßenO.

504 Dies spielt heute noch vor allem bei der Anwendung von § 80 Abs 2 Nr 2 VwGO eine Rolle, vgl Kopp/Schenke § 80 Rn 64.

505 VGH München NJW 1978, 1988.

506 So die wohl hM, vgl StBS 330 ff.

507 BVerwGE 154, 365; 130, 383; BVerwG NJW 2011, 246; VGH Mannheim JZ 2009, 738; OVG Hamburg, NordÖR 2004, 399; OVG Schleswig NVwZ 2003, 647.

508 So insb BVerwGE 102, 316 = JZ 1997, 780 m Anm Hendler; VGH Kassel NJW 1999, 2057; OVG Hamburg NordÖR 2004, 399; **aA** Bitter/Konow NJW 2001, 1386.

509 Vgl VGH Kassel NJW 1997, 1023; OVG Münster NVwZ-RR 1996, 59; OVG Hamburg NordÖR 2004, 399; Mehde Jura 1998, 297; zu streng Hendler JZ 1997, 782. Einschränkungen gelten nach Landesrecht für den Fall, dass der Halter zB infolge Diebstahls die Möglichkeit der Einflussnahme verloren hat.

510 Bei mobilen (befristeten) Schildern wird verlangt, dass sie mindestens drei Tage vor Eintritt der Wirksamkeit aufgestellt werden (OVG Hamburg NordÖR 2009, 156 unter Aufgabe der Wochenendklausel; VGH Kassel NJW 1997, 1083).

sanktionslos bleiben. Dies erscheint indessen unter rechtsstaatlichen Aspekten fragwürdig. Das aus dem Rechtsstaatsprinzip folgende **Sichtbarkeitsprinzip** verlangt im Grundsatz, dass Verkehrszeichen jederzeit erkennbar sein müssen. Die Fiktion der Bekanntgabe an sämtliche Verkehrsteilnehmer würde überzogen, wenn man die Verkehrsteilnehmer auch für verpflichtet halten wollte, sich an Verkehrsschildern zu orientieren, die mit zumutbaren Mitteln nicht (mehr) wahrnehmbar sind.[511]

d) Anfechtbarkeit. Als VA ist ein Verkehrsschild mit Widerspruch und Anfechtungsklage anfechtbar. Nach der Rspr ist jeder Verkehrsteilnehmer **unabhängig vom Wohnsitz klagebefugt** (BVerwG NJW 2004, 698). Eine qualifizierte Betroffenheit (häufige Benutzung des Weges usw) ist nicht erforderlich. Ausreichend ist, dass nicht ausgeschlossen werden kann, dass das Verkehrsschild auch ihn als Verkehrsteilnehmer betreffen könnte. **173**

An sich müsste die Widerspruchsfrist gem § 70 VwGO mit der Bekanntgabe beginnen und damit nicht mehr im Zeitpunkt der erstmaligen Möglichkeit der Kenntnisnahme, sondern im **Zeitpunkt der Aufstellung.** Da die Aufstellung nicht mit Rechtsmittelbelehrung erfolgen kann, gilt die Jahresfrist des § 58 Abs 2 VwGO.[512] Davon abweichend soll die Anfechtungsfrist nach der neuen Rspr des BVerwG[513] erst mit der **erstmaligen Möglichkeit der Kenntnisnahme** beginnen. Dies sei ein Gebot des Art 19 Abs 4 GG, da anderenfalls solche Verkehrsteilnehmer, die das Verkehrszeichen erst später als ein Jahr nach seiner Aufstellung zur Kenntnis nehmen können, gar nicht anfechten könnten. Eine Wiedereinsetzung in den vorigen Stand gem § 60 VwGO würde jedenfalls an § 60 Abs 3 VwGO scheitern. Ob Art 19 Abs 4 GG eine solche Bestimmung der Anfechtungsfrist verlangt, erscheint indes zweifelhaft, weil den Betroffenen im Falle der Rechtswidrigkeit des Schildes die Möglichkeit bliebe, eine Rücknahme des VA nach § 48 Abs 1 VwVfG zu beantragen. Hier wäre dann aus Gründen des effektiven Rechtsschutzes eine Ermessensreduzierung auf Null anzunehmen mit der Folge, dass dem Betroffenen ein der Anfechtungsklage entsprechender Rechtsschutz zur Verfügung stünde, da in beiden Fällen keine rückwirkende Aufhebung des Verkehrsschildes in Betracht kommt. **174**

e) Regelungsinhalt, Prüfungsmaßstäbe. Zu beachten ist, dass Verbotsschilder auch Gebote enthalten können[514] und umgekehrt Gebotsschilder Verbote.[515] Maßgeblich ist die Sach- und Rechtslage im **Zeitpunkt der gerichtlichen Entscheidung.**[516] Liegen die Voraussetzungen der StVO für die Anordnung einer verkehrsregelnden Maßnahme vor, so steht die Anordnung im Ermessen der zuständigen Straßenverkehrsbehörde. Die Voraussetzungen für die Aufstellung sind idR gerichtlich voll überprüfbar (OVG Schleswig NordÖR 2004, 216 für § 45 Abs 9 StVO). **175**

6. Anstalts- oder Benutzungsordnungen. Umstritten ist, ob auch die allgemeine Regelung der Benutzung öffentlicher Einrichtungen durch Benutzungsordnungen als Regelung der Benutzung einer Sache durch die Allgemeinheit iSd § 35 S 2 angesehen werden kann. Dies wird von einer jüngeren Auffassung angenommen, die deshalb anstaltliche Benutzungsordnungen, sofern sie nicht als Satzungen oder Rechtsverordnungen erlassen werden und nicht nur innerbehördliche Bedeutung haben, als Allgemeinverfügungen einstuft (zB Lö- **176**

---

511 So jetzt auch StBS 336; ähnlich: OVG Münster NJW 2005, 1142, 1143; Rebler BayVBl 2004, 554, 558.

512 VGH Mannheim JZ 2009, 738.

513 BVerwG JZ 2011, 152.

514 So enthalten Halteverbote das Gebot, ein verbotswidrig haltendes oder abgestelltes Fahrzeug zu entfernen (BVerwG DÖV 1978, 374).

515 OVG Schleswig NordÖR 2004, 216 für das in Zeichen 240 (Fahrradweg) enthaltene Verbot, mit dem Fahrrad die Straße zu benutzen.

516 BVerwGE 92, 32, 35; OVG Hamburg NordÖR 2000, 330.

wer DVBl 1985, 938). Es erscheint zweifelhaft, ob damit die Möglichkeiten der Allgemeinverfügung nicht überspannt werden. Soweit es um die Regelung der Benutzung öffentlicher Einrichtungen geht, steht nicht die Benutzung einer Sache im Vordergrund, sondern der mit der Einrichtung verfolgte Zweck, der mit der „Sache" möglicherweise nur wenig zu tun hat, sich jedenfalls in der Benutzung einer Sache nicht erschöpft.

VI. Spielarten des VA

177 **1. Vielfalt der Erscheinungsformen.** Die Vielfalt unterschiedlichster Erscheinungsformen von VAen erlaubt eine ebensolche Vielfalt von Einteilungsmöglichkeiten. VAe lass sich einteilen nach dem Regelungsgehalt, nach der Form, nach den Adressaten, nach ihren Wirkungen, nach ihrer Abänderbarkeit, nach den Entscheidungsspielräumen der Verwaltung. Im folgenden werden nur solche Formen behandelt, die sich in die klassischen Kategorien schwer einordnen lassen und deshalb spezifische rechtliche Fragen aufwerfen.

178 **2. Vorläufige VAe. a) Begriff, Grundproblematik.** Unter dem Begriff des vorläufigen VA werden sehr unterschiedliche Regelungen zusammengefasst, denen gemeinsam ist, dass sie erstens **vorläufiger Natur** sind, dh dass sie sich gleichsam automatisch, insbesondere ohne einen besonderen Widerruf, **mit der endgültigen Regelung erledigen** und damit ihre Wirksamkeit iSv § 43 Abs 2 verlieren, und zweitens, trotz ihrer Vorläufigkeit von der hM als **VA sui generis** eingestuft werden.[517] Im Hinblick auf Voraussetzungen, Bindungswirkungen und Verhältnis zu den im VwVfG regulär vorgesehenen Instrumenten zur Bewirkung einer Vorläufigkeit von Regelungen (§ 36 Abs 2, § 38, § 49 Abs 2, 3), können sie nicht ohne weiteres gleich behandelt werden. Vielmehmer gelten für VAe mit vorläufigen Regelungen uU sehr unterschiedliche gesetzliche Regelungen bzw rechtliche Grundsätze. Nach wie vor ist der Umgang mit vorläufigen VAen **in vielen Punkten umstritten**, insbesondere im Hinblick auf ihre Zulässigkeit und ihre rechtsdogmatische Behandlung.

178a **b) Vorläufige Regelungen im Fachrecht. aa) Unechte vorläufige VAe.** Als unechte vorläufige VAe lassen sich viele Regelungen im Fachrecht bezeichnen, die insbesondere im Rahmen von Zulassungsverfahren den Antragstellern vor Erteilung der (endgültigen) Zulassung erlauben, das zulassungspflichtige Vorhaben bereits ganz oder teilweise vorläufig ins Werk zu setzen. Hierzu zählen etwa die vorläufige Unterschutzstellung im Denkmalrecht;[518] Zulassung vorzeitigen Beginns nach § 8a BImSchG;[519].

179 **bb) Echte vorläufige VAe.** Bei einem echten vorläufigen VA wird die beantragte Regelung, idR begünstigender VA, bereits erlassen, aber ganz oder teilweise unter den Vorbehalt einer späteren endgültigen Entscheidung gestellt. Vorläufige Regelungen in VAen sind im Fachrecht häufig bereichsspezifisch **zugelassen.** Beispiele sind etwa die einstweilige Erlaubnis nach § 20 PBefG, die vorläufige Rentenfestsetzung nach § 62 Abs 1 SGB VIII[520] sowie die vorläufige Erlaubnis nach § 11 GastG.[521] Hierher gehören auch die Regelungen über die Zulassung des vorzeitigen Beginns von Vorhaben (zB § 24a 9. BImSchV, § 37 KrWG, § 17 VHG) und

---

[517] So die wohl hM; vgl BVerwGE 135, 238 (ebenfalls zum Subventionsrecht); OVG Münster NVwZ 1991, 589; StBS Rn 244; Knack/Henneke 121; Sanden DÖV 2006, 811; offen StBS 250; Schimmelpfennig BayVBl 1989, 69; Tiedemann DÖV 1983, 815; Götz JuS 1983, 921; krit gegen die Rechtsfigur überhaupt Gündisch NVwZ 1984, 489; Henke DVBl 1983, 1247.

[518] OVG Münster BauR 1991, 194.

[519] StBS Rn 35, 244.

[520] BSGE 106, 43.

[521] VG München, B v 23.4.2007, M 16 E 07.1377, juris. Ausführlich hierzu mit weiteren Bsp StBS Rn 243 ff.

die Befugnis der Regulierungsbehörde zu vorläufigen Maßnahmen nach § 130 TKG.[522]. Vorbehaltsklauseln können auch konkludent zugelassen sein.[523] So sind zB im Polizeirecht **vorläufige Regelungen zur Gefahrenabwehr** zulässig.[524] In den spezialgesetzlich vorgesehenen Fällen ist zumeist auch bestimmt, welches Schicksal der VA im Fall der endgültigen Entscheidung nehmen wird.

c) Vorläufige Regelungen ohne Ermächtigung im Fachrecht. Die hM erkennt grundsätzlich auch die Möglichkeit vorläufiger Regelungen ohne spezielle gesetzliche Grundlage im Fachrecht an. Ausgangsfall für die Rspr war ein Subventionsbescheid, der vorbehaltlich der Ergebnisse einer Betriebsprüfung erlassen worden war. Die spätere Aufhebung nach negativem Ergebnis der Betriebsprüfung wäre uU an der Jahresfrist des § 48 Abs 4 gescheitert. Das BVerwG nahm an, einer Aufhebung des vorläufig erlassenen VA bedürfe es nicht; der vorläufige VA sei ohne weiteres durch die endgültige negative Entscheidung abgelöst bzw ersetzt worden (BVerwGE 67, 99). Die im Subventionsrecht entwickelte hM geht davon aus, dass vorläufige VAe auch ohne besondere gesetzliche Grundlage zulässig sind, wenn ein sachlicher Grund dafür besteht, von einer endgültigen Regelung abzusehen.[525] Der sachliche Grund wird idR darin gesehen, dass die für die endgültige Regelung erforderlichen tatsächlichen Feststellungen nicht zeitnah getroffen werden können. Danach steht es im **pflichtgemäßen Ermessen** der Verwaltung, ob sie zugunsten eines Antragstellers einen vorläufigen VA erlässt oder die endgültige Sachverhaltensaufklärung abwartet (Axer DÖV 2003, 271, 275). An sich könnte die Vorläufigkeit eines VA durch die **Beifügung von Nebenbestimmungen** zu einem VA gem § 36 (ausführlich § 36 Rn 8b) oder durch die Beifügung eines Widerrufsvorbehalts erreicht werden (Bader/Ronellenfitsch 153). Deshalb bedarf es einer besonderen Figur des vorläufigen VA eigentlich nicht. Im übrigen kann die Vorläufigkeit jedenfalls nur für begünstigende VAe gelten; für belastende VAe bleibt eine gesetzliche Grundlage zwingend erforderlich.[526]. 180

3. Der vorsorgliche VA. Auch der Begriff des vorsorglichen VA ist vom BVerwG in einer recht speziellen Fallgestaltung entwickelt worden. Es ging um die vorsorgliche Ablehnung eines Antrags auf Zustimmung der Hauptfürsorgestelle zur Kündigung eines Schwerbehinderten, dessen Schwerbehinderteneigenschaft in einem anderen Verfahren aber noch nicht endgültig festgestellt worden war, für den Fall, dass diese Eigenschaft tatsächlich festgestellt werden sollte.[527] Auch bei dieser Rechtsfigur hat es in der Literatur (s F.J. Kopp 86 ff) Streit darüber gegeben, ob es sich ähnlich wie beim vorläufigen VA wiederum um einen VA sui generis handeln soll (vgl Losch NVwZ 1995, 235, 238) oder um einen VA mit Nebenbestimmung, und zwar mit einer aufschiebenden Bedingung (sowohl Martens NVwZ 1991, 1043; ähnlich Püttner JZ 1989, 846). Auch hier muss gelten, dass mit der Entdeckung einer neuen Rechtsfigur keine neuen Handlungsspielräume eröffnet werden. Ob VAe mit einer Vorsorglichkeitsklausel, die jedenfalls ähnlich wie eine aufschiebende Bedingung wirkt, erlassen werden dürfen, ist nach dem jeweiligen Fachrecht zu entscheiden. 181

---

522 Hierzu Vorlagebeschluss des BVerwGE 150, 74.

523 S zB BSG DVBl 2002, 1057 zu Honorarbescheiden der Ärzte, s auch Losch NVwZ 1995, 235, 237.

524 StBS 250: auch Gefahrenerforschungseingriff; s auch Di Fabio DÖV 1991, 629; Götz NVwZ 1994, 652.

525 BVerwGE 135, 238 unter Fortführung von BVerwGE 67, 99; OVG Münster NVwZ 1991, 588 (Vorbehalt einer Betriebsprüfung); FKS 27 ff; Bumke in Grundlagen II § 35 Rn 110.

526 So auch Knack/Henneke 123; Kemper 94; Erichsen/Ehlers § 14 Rn 47; Bader/Ronellenfitsch 153.

527 BVerwGE 81, 84, 94 = NVwZ 1989, 1172.

182 **4. Der mitwirkungsbedürftige VA.** Ein sog mitwirkungsbedürftiger VA liegt dann vor, wenn die behördliche Entscheidung materiellrechtlich eine Mitwirkungshandlung des Bürgers erfordert.[528] Regelmäßig besteht diese Mitwirkung in der Stellung eines Antrags, der zum einen Verfahrenshandlung ist, gleichzeitig aber zumeist auch eine materielle Zustimmung zu der beantragten Regelung enthält (s § 22 Rn 23).[529] Ob eine Mitwirkung erforderlich ist, entscheidet das Fachrecht. Die Mitwirkungspflicht besteht idR bei der Erteilung von Genehmigungen, Erlaubnissen, Befreiungen etc.[530] Die beantragte Regelung wird indes einseitig durch die Behörde getroffen, wodurch sich der mitwirkungsbedürftige VA insoweit von einem Vertrag iSd § 54 unterscheidet (zur Abgrenzung s § 54 Rn 21).[531] Die Begründung einer notwendigen Mitwirkung resultiert ua daraus, dass dem Bürger auch Begünstigungen nicht gegen seinen Willen aufgedrängt werden dürfen **(materielles Aufdrängungsverbot).**[532] Die Differenzierung zwischen formeller und materieller Mitwirkung hat vor allem systematische Bedeutung. Es kommt jedoch selten vor, dass ein formelles Antragserfordernis unabhängig von einer materiellen Zustimmung geregelt ist. Die hM geht zu Recht davon aus, dass das Fehlen sowohl der formellen als auch der materiellen Mitwirkungshandlung zur Rechtswidrigkeit, nicht zur Nichtigkeit des VA führt.[533] Etwas anderes kann im Falle der fehlenden materiellen Zustimmung gelten, wenn der VA die persönliche Rechtsstellung des Bürgers betrifft, etwa bei der Ernennung von Beamten oder bei der Einbürgerung (StBS 239).

183 **5. Der dingliche VA.** Der Begriff des dinglichen VA entstammt der Literatur und wurde vereinzelt von der Rspr übernommen (s auch Rn 165). Gemeint sind damit Einzelfallregelungen, die in erster Linie durch ihren Bezug zu einer bestimmten Sache geprägt sind und daher den Rechtskreis betroffener Personen nur mittelbar berühren (sog. „intransitive Wirkungen", VGH Mannheim NJW 1981, 1749, 1750). Die meisten dinglichen VAe werden dabei als Unterfall der sachbezogenen Allgemeinverfügung iSv S 2 eingeordnet.[534] Des Weiteren fallen nach teilweise vertretener Auffassung (s StBS Rn 259; abl Maurer § 9 Rn 57) darunter VAe, die einen qualifizierten Sachbezug in der Art aufweisen, dass sie unabhängig von den Eigenschaften der beantragenden Personen ergehen, insbesondere ohne Zuverlässigkeitsprüfung (zB die Baugenehmigung, vgl StBS 259 f).[535] Zweifelhaft angesichts des Vorbehalts des Gesetzes erscheint die weitreichende Annahme, aus dem Sachbezug des VA ergebe sich auch dessen Wirkung für und gegen etwaige Rechtsnachfolger.[536] Diese Wirkung muss vielmehr ge-

---

[528] FKS 39, StBS 229; Zur Genese des Begriffs s Hühne, Die Bedeutung der Mitwirkung des Privaten für das Zustandekommen eines mitwirkungsbedürftigen VA, 1991, 30 ff.

[529] Erichsen/Ehlers § 15 Rn 18; zT anders StBS § 22 Rn 19.

[530] Weitere Beispiele FKS 40.

[531] Bull/Mehde Rn 716; Maurer § 14 Rn 19.

[532] WBSK I § 60 Rn 16; StBS § 22 Rn 28.

[533] StBS 239; FKS 39; BVerwGE 19, 284, 287; BVerwG NVwZ 1998, 401.

[534] VGH Mannheim NJW 1981, 1749; VGH München NVwZ-RR 2010, 833; VG Hannover, Urteil vom 3. März 2011 – 10 A 6277/09 –, juris; wohl auch BVerwG NVwZ 1986, 834: Widmung als dinglicher VA; krit Martens NVwZ 1982, 480; s a Emmerich-Fritsche NVwZ 2006, 762.

[535] In der Rspr wurden ferner als dingliche VAe angesehen: immissionsschutzrechtliche Genehmigung: BVerwGE 84, 209; Planfeststellungsbeschluss betreffend den Neubau einer Landstraße: OVG Münster, Urteil vom 04. November 2010 – 12 A 1193/08 –, juris; kein VA dagegen die abfallrechtliche Planfeststellung oder -genehmigung für eine Deponie, da sie an die Zuverlässigkeit des Betreibers anknüpft: VG Ansbach, Urteil vom 21. Oktober 2009 – AN 11 K 08.01 990 –, juris; weitere Nachweise bei StBS 261.

[536] So grundlegend insb aufgrund von Zweckmäßigkeitserwägungen BVerwG NJW 1971, 1624; die Ansicht hat sich in der Rspr in der Folge durchgesetzt, vgl etwa VGH Kassel NVwZ 1998, 1315 mwN; VG Düsseldorf, Beschluss vom 22. Juli 2009 – 17 L 745/09 –, juris.

setzlich angeordnet sein oder sich dem Fachrecht zumindest durch Auslegung entnehmen lassen (StBS 260 mwN). Die Bezeichnung als „dinglich" bringt dabei keinen weitergehenden Erkenntnisgewinn, zumal Inhalt und Grenzen des Begriffs auch nach jahrzehntelanger Diskussion nicht befriedigend geklärt werden konnten (vgl zum Stand in Lit u Rspr Maurer § 9 Rn 57).

§ 35a Vollständig automatisierter Erlass eines Verwaltungsaktes

Ein Verwaltungsakt kann vollständig durch automatische Einrichtungen erlassen werden, sofern dies durch Rechtsvorschriften zugelassen ist und weder ein Ermessen noch ein Beurteilungsspielraum besteht.

Parallelvorschriften: § 31a SGB X; § 155 AO

Schrifttum allgemein: *Beirat Verwaltungsverfahrensrecht,* Automatisiert erlassene VAe und Bekanntgabe über Internetplattformen – Fortentwicklung des Verfahrensrechts im Zeichen der Digitalisierung: Wie können verfahrensrechtliche Standards gewahrt werden? NVwZ 2015, 1114; *Braun Binder,* Vollautomatisierte Verwaltungsverfahren im allgemeinen Verwaltungsverfahrensrecht?, NVwZ 2016, 960; *Braun Binder,* Vollständig automatisierter Erlass eines VA und Bekanntgabe über Behördenportale, DÖV 2016, 891; *Bull,* Der „vollständig automatisiert erlassene" VA – Zur Begriffsbildung und rechtlichen Einhegung von „E-Government", DVBl 2017, 409; *Schmitz/Prell,* Neues zum E-Government, NVwZ 2016, 1273; *Siegel,* Automatisierung des Verwaltungsverfahrens, DVBl 2017, 24.

Übersicht

I. Allgemeines

1. Inhalt und Zielsetzung. Die durch das StModernG im Jahre 2016 neu in das VwVfG eingefügte Vorschrift regelt die grundsätzliche Möglichkeit und die Voraussetzungen für die Zulässigkeit des vollständig automatischen Erlasses von 1

VAen. Sie hat insoweit sowohl eine **Klarstellungsfunktion** als auch eine **Steuerungsfunktion.** Anders als in § 3a geht es nicht allein um die Übermittlung elektronischer Dokumente, insbesondere von elektronischen VAen, sondern um die vollständig automatisch ablaufende Herstellung und Absendung eines VA (unten Rn 8 ff). Der Einsatz moderner Datenverarbeitungsanlagen im Herstellungsprozess von VAen war schon bisher zulässig und auch weithin üblich (vgl § 37 Rn 38ff). Dabei ging man – zumeist stillschweigend – davon aus, der Erlass von elektronisch generierten VAen lasse sich auf eine hierauf gerichtete menschliche Willensentscheidung, etwa dem Starten des Programms, der Einspeisung von Daten oder eine andere manuelle Tätigkeit zurückführen.[1] Ein solcher **„Knopfdruck"** wurde zwar in der Praxis nicht konkret identifiziert, aber doch stillschweigend unterstellt. Offen blieb auch, ob die Zurückführbarkeit eines elektronisch generierten Bescheides auf eine konkrete menschliche Willensentscheidung für den Erlass eines VA rechtlich erforderlich war.

2 **a) Klarstellungsfunktion.** Mit dem neu eingefügten § 35a wird klargestellt, dass Verwaltungsakte unter bestimmten Voraussetzungen auch gänzlich **ohne menschliches Zutun** zustandekommen können und erlassen werden dürfen, dass derartige Bescheide VA-Qualität haben und dass die Vorschriften über VAe anwendbar sind (BT-Drs 18/8434 S 122). Es ist danach jedenfalls in den von § 35a erfassten Fällen nicht (mehr) erforderlich, nach einer persönlichen Entscheidung eines Amtswalters zu forschen, auf die sich der elektronische VA zurückführen lässt. Unabdingbare begriffliche Voraussetzung bleibt aber, dass sich der **VA einer bestimmten Verwaltungsbehörde zurechnen** lässt. Lässt er die erlassende Behörde nicht erkennen, ist er gem § 44 Abs 2 Nr 1 nichtig.

3 **b) Begrenzungsfunktion.** Die Neuregelung dient nicht nur eine Klarstellung. Sie sieht zwar den Erlass von VAen vor, ohne dass sich dieser Vorgang auf eine konkrete menschliche Entscheidung zurückführen lässt, macht diese Art des Vorgehens aber von zwei rechtlichen Voraussetzungen abhängig, nämlich von einer **Zulassung durch Rechtsvorschrift** (unten Rn 12) und von einer **strikten Rechtsgebundenheit** des VA (unten Rn 13). Liegen diese nicht vor, ist ein vollständig automatisierter Erlass eines VA rechtswidrig (unten Rn 20), ohne dass allerdings die VA-Qualität damit entfiele. Die bisher bestehende Unsicherheit darüber, ob bei einem mit Hilfe automatischer Einrichtungen erlassenen VA eine Rückführbarkeit auf die Willensentscheidung eines Amtswalters erforderlich ist oder nicht, ist damit geklärt: Liegen die Voraussetzungen des § 35a nicht vor, ist die Rückführbarkeit einers VA auf die konkrete Entscheidung eines Amtswalters erforderlich. Das Verdikt der Rechtswidrigkeit wegen Verstoßes gegen § 35a kann nur vermieden werden, wenn der VA auf eine Entscheidung einer autorisierten Person in der Behörde rückführbar ist (unten Rn 20).

4 **2. Anlass der Regelung, Gesetzgebungsverfahren.** Anlass für die Neuregelung war die Absicht des Gesetzgebers, das in der AO geregelte Besteuerungsverfahren zu modernisieren, insbesondere die Möglichkeit zu schaffen, aus steuerrechtlichen Anmeldungen und Erklärungen unmittelbar Bescheide und damit VAe zu generieren (BT-Dr 18/7457). In der Abgabenverwaltung wurden schon bisher in weiten Bereichen Bescheide erlassen, deren Regelungsinhalt und Regelungsanlass weitgehend durch **mathematische Programme (Algorithmen)** gesteuert wurde. Im Zuge einer weiteren Elektronisierung von Verwaltungsentscheidungen sollen nunmehr Steuerbescheide gänzlich ohne menschliches Zutun erstellt und erlassen werden, wenn sich die Angaben elektronisch eingereichter Erklärungen den Behördenentscheidungen ohne weitere Prüfung zugrunde legen lassen (vgl BT-Drs 18/7457 S 48). Um ein derartiges Vorgehen insbesondere

---

[1] Freilich wurde diese Möglichkeit idR als gegeben erachtet und nicht näher hinterfragt; zum Zurechnungsproblem Braun Binder NVwZ 2016, 960, 963; Bull DVBl 2017, 409.

in bestimmten sog **unechten Massenverfahren**[2] zu ermöglichen, sollte die AO entsprechend geändert werden.[3] Diese Zielsetzung hätte eine Regelung im VwVfG an sich nicht erfordert. Weil aber ein rechtspolitisches Interesse an einer möglichst weitgehenden **verfahrensrechtlichen Harmonisierung** mit den anderen beiden Säulen des Verfahrensrechts, dem VwVfG und dem SGB X (zu den drei Säulen s Einf I Rn 1 f), besteht, wurden dem § 155 Abs 4 AO entsprechende Vorschriften – allerdings mit bereichsspezifischen Modifizierungen[4] – in das SGB X (§ 31a) und in das VwVfG eingefügt (BT-Dr 18/8434). Zu den Bemühungen um eine Harmonisierung im Gesetzgebungsverfahren Schmitz/Prell NVwZ 2016, 1273, 1274). Die Regelungen in § 155 AO gehen weit über § 35a hinaus (vgl Braun Binder DÖV 2016, 891, 893).

3. Anwendungsbereich. a) Unmittelbar. Die Regelung gilt unmittelbar nur im Anwendungsbereich des VwVfG (vgl § 1, 2). Die Verwaltungsverfahrensgesetze der Länder enthalten wortgleiche Regelungen. Das Fachrecht kann die Zulässigkeit vollständig automatisiert erlassener VAe abweichend regeln, was auch im Regelungsvorbehalt zum Ausdruck kommt. Zur Reichweite des Regelungsvorbehalts s unten Rn 12. 5

b) Analoge Anwendbarkeit? Da § 35a den vollständig automatisierten Erlass eines VA ua von der Zulassung durch eine Rechtsvorschrift abhängig macht, stellt sich die Frage nach einer analogen Anwendbarkeit grundsätzlich nicht oder allenfalls in Bezug auf Teilelemente der Regelung, etwa das Erfordernis einer strikt gebundenen Entscheidung. Auch insoweit **dürfte sie zu verneinen** sein. Unabhängig davon, welche Anforderungen bisher an den bestimmenden Einfluss von Amtswaltern gestellt wurden,[5] gibt es für eine Einschränkung der bisherigen Praxis außerhalb des VwVfG keine hinreichenden Gründe. 5a

4. Verfassungsrechtliche Bedeutung. Die Neuregelung wirft einige verfassungsrechtliche Fragen auf, die aber wegen des fachrechtlichen Vorbehalts für die Zulassung vollständig automatisiert erlassener VAe die Verfassungsmäßigkeit der Vorschrift nicht infrage stellen, sondern in erster Linie **Anforderungen an die fachrechtliche Zulassung** stellen. Die Regelung in § 35a ist verfassungsrechtlich unbedenklich. Weder das Rechtsstaatsprinzip noch die Grundrechte verlangen zwingend, dass ein VA konkret der Entscheidung einer natürlichen Person zugerechnet werden muss. Der vollständig autmatisiert erlassene VA muss allerdings wie jeder andere VA zwingend (vgl § 44 Abs 2 Nr 1) einer Verwaltungsbehörde und damit auch einem Rechtsträger zugerechnet werden können (s oben Rn 2), damit hinreichender Rechtsschutz gewährleistet ist. Auch durch den VA verursachte Schäden lassen sich dann ohne konkrete Zurechnung zu einer Person im Wege der Amtshaftung geltend machen.[6] 6

5. Unionsrecht. Die EU kennt im direkten Vollzug bisher die vollständig automatisiert erlassene Entscheidung nicht. Bestimmungen des Primärrechts verlangen, dass die Verantwortlichkeit für Entscheidungen stets festgestellt werden kann. Unter dieser Voraussetzung steht das Unionsrecht auch im Bereich des indirekten Vollzugs einer Umsetzung durch vollständig automatisiert erlassene VAe nicht entgegen, wenn die allgemeinen rechtsstaatlichen **Mindestanforderungen einer** 7

---

[2] Braun Binder NVwZ 2016, 962, Siegel DVBl 2017, 26.

[3] Zu dem Regelungskonzept in § 155 AO (Automatisierung und Risikomanagement) Braun Binder NVwZ 2016, 960 ff.

[4] Zu diesen als rechtsstaatliche Forderungen Beirat Verwaltungsverfahrensrecht NVwZ 2015, 1114.

[5] Gegen einen vollständig automatisierten Erlass von Bescheiden wurden bisher keine durchgreifenden Einwendungen erhoben, vgl Bader/Ronellenfitsch 1.

[6] Zum objektivierten Verschulden: OLG Koblenz NVwZ-RR 2003, 168; MüKo § 839 Rn. 292.

guten Verwaltung (Art. 41 GrCh) eingehalten werden. Das bedeutet, dass dieses Instrument nicht in dafür ungeeigneten Rechtsbereichen eingesetzt werden darf. Hierfür sieht § 35a mit dem Regelungsvorbehalt und der Begrenzung auf striktes Verwaltungshandeln hinreichende Sicherheitsvorkehrungen vor.

II. Begriff

8 **1. Begriff des vollständig automatisiert erlassenen VA. a) VA-Begriff.** Die Vorschrift knüpft an den allgemeinen VA-Begriff des § 35 an und betrifft deshalb nur Entscheidungen, welche die Begriffsmerkmale eines VA (vgl § 35 Rn 50) sämtlich erfüllen, ohne dass ihnen eine auf den konkreten Fall bezogene Entscheidung von Amtsträgern der Behörde zugrunde liegen. Wegen der in § 35a vorgesehenen einschränkenden Zulässigkeitsvoraussetzungen ist es erforderlich, die erfassten VAe von den regulären VAen abzugrenzen. Maßgeblich für die Abgrenzung ist, ob er „vollständig durch automatische Einrichtungen erlassen" wird.

9 **b) Automatische Einrichtungen.** Der Begriff der automatischen Einrichtungen entspricht dem in §§ 28 Abs 2 Nr 4, 37 Abs 5 und 39 Abs 2 Nr 3. Es muss sich um **technische Einrichtungen** handeln, die in der Lage sind, den Inhalt des VA selbständig, dh **ohne manuelle Eingaben** von Amtsträgern, zu generieren, den VA auch der Form nach ohne manuelle Steuerung ordnungsgemäß zu erstellen und schließlich auch für den Erlass aus einem bestimmten Anlass bzw zu einem bestimmten Zeitpunkt selbständig Sorge zu tragen.[7] Dass diese automatischen Einrichtungen ihrerseits „von Menschenhand" entwickelt, gebaut, programmiert und eingesetzt werden, ändert nichts. Maßgeblich ist, dass in den Erlassvorgang als solchen nicht durch natürliche Personen eingegriffen wird.

10 **c) Vollständig erlassen.** Erfasst werden nur VAe, bei denen der gesamte Entscheidungs- und Erlassvorgang vollständig durch automatische Einrichtungen und ohne manuelle Eingriffe gesteuert wird. Der **Begriff des Erlasses** ist allerdings im Gesetz nicht näher definiert. Er findet sich in §§ 36 Abs 2, 37 Abs 2, 3, 5 und nunmehr auch in § 24 Abs 1 S 3 und soll danach nicht nur das **Zustandekommen** des VA, sondern auch die **Entäußerung** durch Bekanntgabe umfassen, nicht aber das vorangehende Verwaltungsverfahren, das zum Erlass eines VA führt und durch den Erlass abgeschlossen wird. Es stellt sich die Frage, ob § 35a nur diejenigen Fälle erfasst, bei denen auch das Verwaltungsverfahren vor dem eigentlichen Erlass vollständig automatisch und ohne Zutun von Amtswaltern abgelaufen ist, oder ob auch Fälle erfasst werden sollen, bei denen im **Vorfeld des Erlasses** – etwa im Rahmen einer Anhörung oder der Sachverhaltsaufklärung – Amtswalter am Werk waren. Entscheidend dürfte sein, dass der konkrete VA ohne manuelle Eingriffe und eine auf den Erlass gerichtete Entscheidung eines Amtswalters erlassen wird. Die Daten, auf die beim automatisierten Erlass zugegriffen wird, müssen nicht selbst automatisch generiert worden sein.

10a **2. Verhältnis zum schriftlichen und elektronischen VA.** Die Vorschrift bezieht sich auf vollständig automatisiert erlassene VA und **unterscheidet nicht** danach, ob dieser VA als schriftlicher, elektronischer VA oder als sonstiger VA erlassen wird. Sie **erfasst vielmehr alle Formen** von VAen, die automatisiert erlassen werden können, insbesondere auch unabhängig davon, ob sie schriftlich durch automatischen Postversand oder elektronisch nach den Regeln des § 3a erlassen werden. Sie stellt auch an den schriftlichen oder den elektronischen Erlass **keine zusätzlichen Anforderungen**, steht aber den Verfahrenserleichterungen für schriftliche oder elektronische VAe nach § 37 nicht im Wege. Es ist auch nicht erforderlich, dass VAe nach § 35a in großer Zahl gleichsam in unech-

[7] „Nur wenn auch der Impuls zum Erlass durch ein technisches Programm bewirkt wird, kann von „vollständiger" Automatisierung gesprochen werden" (Bull DVBl 2017, 409).

ten Massenverfahren erlassen werden. Maßgeblich ist allein, dass Adressat, Inhalt und Anlass des VA frei von Entscheidungen der Amtsträger bleiben.

III. Voraussetzungen

1. Allgemeines. Die Vorschrift begrenzt die Zulässigkeit vollautomatisch erlassener VAe auf Fälle, in denen diese Art des Erlasses durch Rechtsvorschriften zugelassen ist und in denen der Behörde weder ein Ermessen noch ein Beurteilungsspielraum eingeräumt wird. Soweit die Regelung gegenüber dem Fachrecht subsidiär ist (vgl § 1 Abs 1) hat sie danach keine eigenständige Zulassungswirkung. Wenn das Fachrecht nämlich eine Zulässigkeit vorsieht, dann wird dieses zugleich auch die Voraussetzungen (ggf auch abweichend) bestimmen, unter denen ein vollständig automatisierter Erlass eines VA zulässig ist. 11

2. Zulassung durch Rechtsvorschrift. Der vollständig automatisierte Erlass eines VA ist im Anwendungsbereich des VwVfG nur zulässig, wenn und soweit er durch Rechtsvorschrift zugelassen ist. Als Rechtsvorschriften in diesem Sinn kommen **Gesetze und Rechtsverordnungen, aber auch Satzungen** in Betracht. Für eine Begrenzung auf Gesetze und Rechtsverordnungen[8] bestehen keine hinreichenden Anhaltspunkte.[9] Die Zulassung durch Verwaltungsvorschriften ist hingegen nach dem eindeutigen Wortlaut ausgeschlossen. Fraglich ist, welche **Anforderungen an die Zulassung durch Rechtsvorschrift** gestellt werden müssen bzw dürfen. Eine ausdrückliche Zulassung wird nicht verlangt werden können. Wenn also auf der Grundlage des bisherigen Rechts bereits Bescheide vollständig automatisiert „erlassen" wurden, ohne dass hiergegen Bedenken erhoben worden sind, wird man davon ausgehen können, dass § 35a diese bisher als legal angesehene Praxis nicht einschränken sollte. 12

3. Strikte Gesetzesbindung. a) Kein Ermessen oder Beurteilungsspielraum. Weitere Voraussetzung für den vollständig automatisierten Erlass von VAen ist, dass für die erlassende Behörde kein Ermessen und kein Beurteilungsspielraum bestehen darf. Damit soll sichergestellt werden, dass rechtlich **gebotene Würdigung der Umstände des Einzelfalls** nicht im Zuge der automatisierten Bearbeitung unterbleibt. Freilich hat diese Voraussetzung jedenfalls dann lediglich Appellcharakter, wenn die Zulassung durch Gesetz oder Rechtsverordnung erfolgt, weil sie dann nämlich aufgrund des Subsidiaritätsprinzips des § 1 Abs 1 durch das speziellere Fachrecht verdrängt wird. 13

b) Andere Formen von Entscheidungsspielräumen. Die Regelung schließt nicht nur VAe aus, deren Ermächtigung ein Ermessen bzw einen Beurteilungsspielraum vorsehen. Sie erfasst nach Sinn und Zweck der Regelung auch andere Formen von Entscheidungsspielräumen wie etwa Einschätzungsprärogativen oder das Regulierungsermessen.[10] Umgekehrt erscheint eine Beschränkung auf solche Fälle geboten, in denen **tatsächlich ein Spielraum** besteht (aA Braun Binder DÖV 2016, 891, 894). Diese Einschränkung wird zwar kaum praktisch werden, weil sich etwa eine Ermessensreduzierung auf Null in den hier relevanten unechten Massenverfahren regelmäßig nicht ergeben wird, dürfte aber gleichwohl dem Sinn und Zweck der Regelung entsprechen. 14

IV. Verfahrensfragen

1. Besonderheiten des automatisierten Verfahrens. Grundsätzlich richtet sich das Verwaltungsverfahren auch bei vollständig automatischem Erlass nach den allgemeinen für VAe geltenden Vorschriften. Das bedeutet, dass die Rege- 15

---

[8] So wohl Schmitz/Prell NVwZ 2016, 1276; Bader/Ronellenfitsch 11.
[9] Braun Binder DÖV 2016, 891, 893; Bull DVBl 2017, 409, 411.
[10] Hierzu näher § 40 Rn 8 ff.

lungen über das rechtliche Gehör, über Akteneinsicht, über Amtsermittlung und über die Begründung von VAen grundsätzlich gelten (missverständlich Braun Binder DÖV 2016, 891, 894). Allerdings sind für den Erlass von VAen durch automatische Einrichtungen zumeist von Verfahrenserleichterungen vorgesehen, die ursprünglich nur für den Erlass von VAen im teilautomatisierten Verfahren eingeführt worden waren, aber auch für VAe Geltung haben, die vollständig automatisch erlassen werden.

16 **a) Untersuchungsgrundsatz (§ 24 Abs 1 S 3).** Die mit dem StModernG eingeführte Regelung in § 24 Abs 1 S 3 soll sicherstellen, dass bei einem automatisierten Erlass von VAen auch Besonderheiten des Einzelfalls, die von Beteiligten eines Verwaltungsverfahrens vorgebracht werden, berücksichtigt werden und nicht im Zuge der automatisierten Bearbeitung „unter den Tisch fallen." Die Vorschrift ist zugleich ein Beleg dafür, dass es für den vollständig automatisierten Erlass von VAen keine besonderen Verfahrenserleichterungen außerhalb der allgemeinen Vorschriften gibt.

17 **b) Anhörung (§ 28 Abs 2 Nr 3, 4).** Für den vollständig automatisierten Erlass von VAen ist von Bedeutung, dass unter den Voraussetzungen des § 28 Abs 2 Nr 3 und 4 im Verwaltungsverfahren von einer Anhörung abgesehen werden kann, wenn entweder von den Angaben eines Beteiligten nicht zu seinen Ungunsten abgewichen werden soll, was regelmäßig bei automatisierten Verfahren auch nicht der Fall sein wird, oder wenn die Behörde gleichartige VAe in größerer Zahl mit Hilfe automatischer Einrichtungen erlassen will. Auch im zuletzt genannten Fall kommt es aber darauf an, dass eine Anhörung nach den Umständen des Falles nicht geboten erscheint (näher § 28 Rn 67 ff).

18 **c) Verzicht auf Unterschrift und Namenswiedergabe, Verwendung von Schlüsselzeichen (§ 37 Abs 5).** Die Formerleichterungen des § 37 Abs 5 betreffen nur den schriftlichen VA. Das bedeutet, dass ein VA bei elektronischer Bekanntgabe nur erfasst wird, wenn ein Schriftformäquivalent nach § 3a Abs 2 für die Bekanntgabe gewählt wird.

19 **d) Verzicht auf Begründung (§ 39 Abs 2 Nr 1, 3).** Nach § 39 Abs 2 Nr 1 und 3 kann ein vollständig automatisch erlassener VA auf eine Begründung verzichten, wenn damit einem Antrag vollständig entspricht, ohne in Rechte eines Dritten einzugreifen, und wenn eine Begründung in Fällen einer größeren Zahl gleichartiger VAe, die mit Hilfe automatischer Einrichtungen erlassen wird, nicht geboten ist.

20 **2. Rechtsfolgen bei Fehlen der Vorausssetzungen des § 35a.** Wird ein VA vollständig mit automatischen Einrichtugen erlassen, obwohl die Voraussetzungen des § 35a fehlen, so ist er **rechtswidrig, aber nicht nichtig.**[11] Nichtigkeit tritt nur ein, wenn der VA die erlassene Behörde nicht erkennen lässt.

§ 36 Nebenbestimmungen zum Verwaltungsakt

(1) **Ein Verwaltungsakt, auf den ein Anspruch besteht,[41] darf mit einer Nebenbestimmung nur versehen werden, wenn sie durch Rechtsvorschrift zugelassen ist[43] oder wenn sie sicherstellen soll, dass die gesetzlichen Voraussetzungen des Verwaltungsaktes erfüllt werden.[44]**

(2) **Unbeschadet des Absatzes 1 darf ein Verwaltungsakt nach pflichtgemäßem Ermessen[47] erlassen werden mit**

1. **einer Bestimmung, nach der eine Vergünstigung oder Belastung zu einem bestimmten Zeitpunkt beginnt, endet oder für einen bestimmten Zeitraum gilt (Befristung);[15]**

[11] Siegel, DVBl 2017, 26; Schmitz/Prell, NVwZ 2016, 1276.

2. einer Bestimmung, nach der der Eintritt oder der Wegfall einer Vergünstigung oder einer Belastung von dem ungewissen Eintritt eines zukünftigen Ereignisses abhängt (Bedingung);[19]
3. einem Vorbehalt des Widerrufs[23]
oder verbunden werden mit
4. einer Bestimmung, durch die dem Begünstigten ein Tun, Dulden oder Unterlassen vorgeschrieben wird (Auflage);[29]
5. einem Vorbehalt der nachträglichen Aufnahme, Änderung oder Ergänzung einer Auflage.[38]

(3) **Eine Nebenbestimmung darf dem Zweck des Verwaltungsaktes nicht zuwiderlaufen.**[54]

Parallelvorschriften: § 32 SGB X; § 120 AO

Schrifttum allgemein: *Badura,* Schutz Dritter durch Nebenbestimmungen einer Planfeststellung oder Genehmigung, in: Lukes-FS 1989, 3; *Beaucamp,* Zur Notwendigkeit vorläufiger VAe, JA 2010, 247; *Bünte/Knödler,* Die Beschäftigungserlaubnis für ausländische Arbeitnehmer als Nebenbestimmung zu Aufenthaltstitel, Aufenthaltsgestattung und Duldung, NVwZ 2010, 1328; *Eschenbach,* Der vorläufige Verwaltungsakt – praxistaugliche Schöpfung praeter legem?, DVBl 2002, 1247; *Fickert,* Die Anordnung von Schutzauflagen in der Planfeststellung, in: BVerwG-FS 1978, 153; *Franßen,* Über bedingungsfeindliche VAe, Diss Münster 1969; *Fluck,* Genehmigungszusätze, nachträgliche Anordnungen und Aufhebung der Genehmigung im Planungsrecht, DVBl 1992, 831; *Heitsch,* Neben- und Inhaltsbestimmungen bei begünstigenden VAen, DÖV 2003, 367; Krüger, Nebenbestimmungen zu VAen, VR 2014, 162; *Leiner,* Zulässigkeit und Umfang nachträglicher Auflagen zur Anlagengenehmigung, NVwZ 1991, 844; *Lenz,* Die Befristung der Wirkungen der Ausweisung, NVwZ 2013, 624; *Mößle,* Der VA mit Nebenbestimmungen im Planungsrecht und der verwaltungsrechtliche Rechtsschutz, BayVBl 1982, 193, 231; *Reimer,* Wider den Begriff der Nebenbestimmung, Vw 2012, 491; *Remmert,* Nebenbestimmungen zu begünstigenden VAen, VerwArch 1997, 112; *Rumpel,* Abschied von der „modifizierenden Auflage" im Umweltverwaltungs- und Umweltstrafrecht, NVwZ 1988, 502; *Schmehl,* Die Abgrenzung zwischen echter Auflage und Inhaltsbestimmung der Genehmigung, UPR 1998, 334; Schröder, Der vorläufige VA, JURA 2010, 255; *Stelkens,* Das Problem Auflage, NVwZ 1985, 469; *Tegethoff,* Nebenbestimmung in umweltrechtlichen Zulassungsentscheidungen, 2001; *Tietzsch,* Nebenbestimmungen zur Sanierungsgenehmigung: Mietobergrenzen, NVwZ 2002, 435; *Weyreuther,* Modifizierende Auflagen, DVBl 1984, 365.

Rechtsschutz gegen Nebenbestimmungen: *Brüning,* Ist die Rspr zur isolierten Anfechtbarkeit von Nebenbestimmungen wieder vorhersehbar?, NVwZ 2002, 1081; *Labrenz,* Die neuere Rspr des BVerwG zum Rechtsschutz gegen Nebenbestimmungen – falsch begründet, aber richtig, NVwZ 2007, 161; *Laubinger,* Die Anfechtbarkeit von Nebenbestimmungen, VerwArch 1982, 345; *Pietzcker,* Rechtsschutz gegen Nebenbestimmungen – unlösbar?, NVwZ 1995, 15; *Rennert,* Regelungen unter Vorbehalt im Subventionsrecht, in: Fenzel/Kluth/Rennert, Neue Entwicklungen im Verwaltungsverfahrens- und prozessrecht im Jahr 2010, 2010; *Schenke,* Rechtsschutz, gegen Nebenbestimmungen bei Wirtschaftsverwaltungsakten, WuV 1982, 142; *Schmidt,* Zur Anfechtbarkeit von Nebenbestimmungen, NVwZ 1996, 1188; *ders,* Rechtsschutz gegen Nebenbestimmungen, VBlBW 2004, 81; *Schneider,* Nebenbestimmungen und Verwaltungsprozeß, 1981; *Sieckmann,* Die Anfechtbarkeit von Nebenbestimmungen zu begünstigenden VAen, DÖV 1998, 525; *Stadie,* Rechtsschutz gegen Nebenbestimmungen eines begünstigenden VA, DVBl 1991, 613; *Störmer,* Rechtsschutz gegen Inhalts- und Nebenbestimmungen, DVBl 1996, 81; *ders,* Die aktuelle Rspr zur Anfechtbarkeit von Nebenbestimmungen, NWVBl 1996, 169.

Übersicht

I. Allgemeines

1. Inhalt der Vorschrift. Die Vorschrift regelt in Abs 1 die Zulässigkeit von Nebenbestimmungen zu VAen, auf die ein Anspruch besteht und in Abs 2 die Zulässigkeit von Nebenbestimmungen zu Ermessens-VAen. Sie enthält in Abs 2 zugleich Legaldefinitionen für die wichtigsten Nebenbestimmungen. Rechtlich handelt es sich primär um Regelungen des materiellen Rechts, die als sog **annexe Materie** in das VwVfG aufgenommen wurden, die allerdings auch verfahrensrechtlich eine erhebliche Bedeutung haben, weil sie das Verwaltungsverfahren um praktisch wichtige Möglichkeiten ergänzen. Die Vorschrift entspricht im Wesentlichen dem vor Erlass des VwVfG geltenden Recht[1] und nimmt die überkommene Entscheidung zwischen der Zulässigkeit von Nebenbestimmungen bei gebundenen VAen einerseits (Abs 1) und bei in das Ermessen der Behörde gestellten VAen andererseits (Abs 2) wieder auf. **Kompetenzrechtlich problematisch** ist an sich, dass es im Geltungsbereich der Verfahrensgesetze der Länder bei der Anwendung von Bundesrecht zu einer Modifizierung bundesrechtlicher 1

[1] Vgl BVerwG BayVBl 1974, 703 unter Bezugnahme auf § 32 EVwVfG; Menger VerwArch 1973, 207 mwN; WBS I § 47 Rn 1 mwN; Obermayer VerwR 91 ff.

Regelungen aufgrund von Landesrecht kommt. Dies ist indessen jedenfalls insoweit unbedenklich, als die Bestimmungen der Länder mit denen des VwVfG wortgleich sind und deshalb nichts anderes zulassen als die bundesrechtliche Regelung selbst.[2]

2 **a) Problem der Ermächtigungsnorm.** Umstritten ist, ob § 36 selbst die Behörden unter den in dieser Vorschrift näher geregelten Voraussetzungen zur Beifügung von Nebenbestimmungen materiellrechtlich ermächtigt (so zB Schneider, Nebenbestimmungen 42f; MB 33) oder nur die entsprechenden Befugnisse, die die Behörden aufgrund der im konkreten Fall anwendbaren Fachgesetze und allgemeinen Rechtsgrundsätze haben, näher bestimmt, konkretisiert und ggf auch einschränkt mit der Folge, dass zusätzlich eine den Erfordernissen der Gesetzmäßigkeit, insb auch des Vorbehalts des Gesetzes genügende, gesetzliche Ermächtigung außerhalb des VwVfG erforderlich ist.[3] Zutreffend erscheint die Annahme, dass § 36 die Berechtigung der Behörde zum Erlass des Haupt-VA voraussetzt und von der Grundüberlegung ausgeht, dass Nebenbestimmungen (lediglich) dazu führen, dass dem Adressaten oder sonst Betroffenen anstelle einer uneingeschränkten Regelung ein „Minus" gewährt wird. Die Beifügung belastender Nebenbestimmungen muss sich im **Ermächtigungsrahmen des Haupt-VA** bewegen. § 36 konkretisiert diesen Bereich lediglich und enthält insoweit eine akzessorische Ermächtigung.

3 Ist für den Haupt-VA eine **materielle Ermächtigung entbehrlich,** wie dies zB im Bereich der Leistungsverwaltung für den Erlass von Subventionsentscheidungen angenommen wird, so ist davon auszugehen, dass der Haupt-VA im pflichtgemäßen Ermessen der zuständigen Behörde steht, die dabei gem Art 3 Abs 1 GG insbesondere an eine einheitliche Verwaltungspraxis gebunden ist. Im Rahmen der hiernach zu treffenden Ermessensentscheidung können dem Haupt-VA gem § 36 Abs 2 Nebenbestimmungen beigefügt werden (ähnlich StBS 138). Auch insoweit kommt es also auf die Berechtigung zum Erlass des Haupt-VA an. Ist für diesen eine besondere gesetzliche Grundlage nicht erforderlich, dann bedeutet dies, dass im Rahmen des bestehenden Befugnisbereichs auch belastende Nebenbestimmungen als Minus zur Hauptregelung zulässig sind (vgl auch StBS 132).

4 **b) Zweck von Nebenbestimmungen.** Die Beifügung von Nebenbestimmungen zu einem VA dient der Anpassung der mit dem Haupt-VA beabsichtigten Regelung an die besonderen Gegebenheiten des Einzelfalls, insb an die im konkreten Fall betroffenen **öffentlichen Interessen** und an die Erfordernisse des **Schutzes der Rechte Dritter,** einschließlich in der Sache berührter Grundrechte, ggf aber auch der Rechte des durch den in Frage stehenden VA Begünstigten selbst, dem die Behörde nach dem Grundsatz der Verhältnismäßigkeit eine beantragte Genehmigung usw nicht versagen darf, wenn entgegenstehenden öffentlichen Interessen oder betroffenen Rechten oder schutzwürdigen Interessen Dritter auch durch Nebenbestimmungen hinreichend Rechnung getragen werden kann. Zu den vielfältigen Einsatzmöglichkeiten von Nebenbestimmungen näher Heitsch DÖV 2003, 368.

5 **2. Zulässigkeit nach Unionsrecht. a) Direkter Vollzug.** Für den direkten Vollzug von Unionsrecht hat der EuGH die Möglichkeit der Beifügung von Nebenbestimmungen anerkannt (vgl EuGH NVwZ 1998, 263 – Textilwerke Deggendorf).

6 **b) Indirekter Vollzug.** Die in § 36 zugelassene Beifügung von Nebenbestimmungen ist mit Unionsrecht **grundsätzlich vereinbar,** soweit nicht im

---

[2] Im Ergebnis ebenso StBS 154, allerdings unter Hinweis auf die Annexkompetenz; ebenso wohl auch Knack/Henneke 2.

[3] So zB Kirchhof DVBl 1985, 654; Erichsen/Ehlers § 23 Rn 12ff; StBS 132, Knack/Henneke 15.

Einzelfall besondere europarechtliche Regelungen gelten (so auch StBS 153). Das Unionsrecht sieht aber für bestimmte Fälle Sonderregelungen vor. Dies gilt etwa für den Ausschluss von Nebenbestimmungen nach § 9 Zollkodex oder für die Verpflichtung zur Beifügung von Nebenbestimmungen nach Art 9 IVU-RL (EuGH NVwZ 1991, 973; Pernice/Kadelbach DVBl 1996, 1100). Nach Art 11 Abs 1 DLR müssen Genehmigungen im Anwendungsbereich der Dienstleistungsrichtlinie grundsätzlich unbefristet erteilt werden. Dies ist bei der Ausgestaltung und Anwendung des nationalen Rechts zu beachten (Ziekow GewArch 2007, 219).

3. Dreistufige Prüfung. Die Prüfung der Zulässigkeit von Nebenbestimmungen zu einem VA erfolgt in drei Stufen. Auf der ersten Stufe ist zu prüfen, ob sich die Zulässigkeit nach **besonderen Rechtsvorschriften** richtet. Diese gehen den Regelungen des § 36 stets vor. Bestehen besondere Rechtsvorschriften, kommt die Anwendung des § 36 nur noch insoweit in Betracht, als keine abschließende Regelung gegeben ist, was durch Auslegung ermittelt werden muss. Fehlt es an speziellen gesetzlichen Regelungen, so ist auf der zweiten Stufe zu fragen, ob es sich bei dem Haupt-VA um eine **gebundene oder um eine Ermessensentscheidung** handelt. Im zuerst genannten Fall richtet sich die Zulässigkeit von Nebenbestimmungen allein nach Abs 1, im zuletzt genannten nach Abs 2. Die Entscheidung, ob die Behörde von der Möglichkeit zum Erlass von Nebenbestimmungen Gebrauch macht und welche Nebenbestimmung sie ggf zur Sicherung der Erfüllung der gesetzlichen Voraussetzungen oder bei Ermessensentscheidungen analog Abs 1 im Rahmen der Ermessensermächtigung vorsieht, steht in ihrem **pflichtgemäßen Ermessen** (dritte Stufe), sofern durch Rechtsvorschriften nichts anderes bestimmt ist (OVG Münster NJW 1983, 2834; StBS 115; Knack/Henneke 18; MB 21). Beschränkungen des Ermessensspielraums bis hin zur Ermessensreduzierung auf Null können sich im konkreten Fall aber aus den Ermessenszwecken sowie aus den Grundsätzen der Verhältnismäßigkeit und der Zumutbarkeit ergeben (ebenso StBS 117; Knack/Henneke 24 mwN). 7

II. Begriff der Nebenbestimmung

1. Akzessorische Regelung zu einem Haupt-VA. Der Begriff der Nebenbestimmung wird in der Vorschrift nicht definiert. Er knüpft an den überkommenen Begriff der Nebenbestimmung an und wird in Abs 2 nur indirekt durch die Aufzählung und Definition der wichtigsten Typen von Nebenbestimmungen umschrieben. Nebenbestimmungen sind danach Regelungen, die auf einen bestimmten Haupt-VA dergestalt bezogen sind, dass sie zwar einerseits mit dem (Haupt-)VA stehen und fallen (strenge Akzessorietät),[4] ohne dass sie andererseits aber integrale Inhaltsbestimmungen des (Haupt-)VA selbst darstellen.[5] **Keine Nebenbestimmungen** sind danach zB **Auflagen gem § 15 VersG,** da sie mangels einer Zulassungspflicht von Versammlungen und Aufzügen nicht mit einem Haupt-VA verbunden sind.[6] Keine Nebenbestimmungen sind auch die **Verpflichtungen nach § 12a Abs. 2–4 AufenthG,** die Ausländern im Hinblick auf die Wohnsitznahme auferlegt werden können. Ihnen fehlt die für Nebenbestimmungen typische Akzessorietät. 8

Während Bedingung, Befristung und Widerrufsvorbehalt nur in Bezug auf die Hauptregelung eines VA überhaupt formulierbar sind und wirksam werden kön- 8a

---

[4] Die Fortgeltung räumlicher Beschränkungen bei Erlöschen der Aufenthaltsgestattung nach § 56 Abs 3 AsylG stellt dagegen keine Ausnahme vom Prinzip der Akzessorietät dar, weil derartige Beschränkungen nicht durch Nebenbestimmungen verfügt werden.

[5] Krit zu dieser Begriffsbestimmung Reimer Vw 2012, 491, 496, wonach alle Nebenbestimmungen stets auch Inhaltsbestimmungen sind.

[6] OVG Bautzen DÖV 2002, 529; s auch BVerfG NJW 2001, 1409.

nen, enthalten Auflagen Regelungen, die inhaltlich selbständige Rechte und Pflichten begründen oder ändern (zB die einer Aufenthaltserlaubnis beigefügte Auflage, keine selbständige Erwerbstätigkeit auszuüben, oder die einer Gaststättenerlaubnis beigefügte Auflage, Schallschutzfenster einzubauen). Gleichwohl setzt auch eine Auflage nach Abs 2 Nr 4 voraus, dass sie mit einem Haupt-VA erlassen wird oder – bei zulässigem späterem Erlass der Auflage – auf ihn bezogen wird.

9 **a) Abgrenzung zu Inhaltsbestimmungen.** Inhaltsbestimmungen liegen vor, wenn es sich nicht um bloße Einschränkungen einer Zulassung oder zusätzliche selbständige Regelungen handelt, sondern von dem zur Genehmigung (Erlaubnis, Zulassung usw) vorgelegten Antrag inhaltlich abgewichen wird. Die Abgrenzung erfordert eine genaue Bestimmung des Antragsgegenstandes. Keine Nebenbestimmung iS der Vorschrift liegt also vor, wenn ein VA mit einem anderen Inhalt als beantragt erlassen worden ist, wenn etwa das genehmigte Vorhaben in Gegenstand und Umfang **vom Genehmigungsantrag abweichend** näher festgelegt wird,[7] also zB anstelle des beantragten Bürohauses ein Wohnhaus genehmigt wird. Es liegt dann weder eine Nebenbestimmung noch eine nur teilweise Genehmigung vor; genehmigt wird dann vielmehr etwas, das **gegenüber dem Antrag ein Aliud** ist (zur Zulässigkeit s § 22 Rn 41). Dies gilt nach der Rspr auch dann, wenn die inhaltliche Abweichung der Genehmigung von dem gestellten Antrag vergleichsweise untergeordnete Teile der Anlage betrifft[8] und auch wenn die Abweichungen als Auflagen bezeichnet werden, wie zB in den Fällen der sog **modifizierenden Auflagen.**[9]

10 **aa) Zulässigkeit von Inhaltsbestimmungen.** Ein VA, der etwas anderes genehmigt als das, was beantragt wurde, ist rechtswidrig, soweit nicht das Fachrecht eine vom Antrag abweichende Zulassung (Genehmigung, Erlaubnis usw) ausnahmsweise zulässt (s näher § 22 Rn 41); der Fehler kann aber geheilt werden, wenn der Antragsteller die erteilte Genehmigung akzeptiert. Hiervon kann ausgegangen werden, wenn der Antragsteller von der inhaltlich gegenüber dem Antrag abweichenden Zulassung Gebrauch macht, ohne dass deutlich wird, dass er mit der abweichenden Zulassung nicht einverstanden ist.

11 **Schutzvorkehrungen** nach § 74 Abs 2 S 2 können ebenso wie sonstige Festlegungen für ein Vorhaben in **Planfeststellungsbeschlüssen** auch klassische Nebenbestimmungen sein. Regelmäßig wird es sich aber um Inhaltsbestimmungen handeln, weil sie den Planfeststellungsbeschluss inhaltlich gegenüber dem Antrag modifizieren (s hierzu näher § 74 Rn 142). Demgegenüber ist bei der Anordnung von Schutzbestimmungen und sonstigen Vorkehrungen etwa zur Umsetzung der naturschutzrechtlichen Eingriffsregelung in **Anlagen- oder Baugenehmigungsverfahren** danach zu differenzieren, ob sich diese im Rahmen des Antrags verwirklichen lassen. So kann etwa die Verpflichtung, für ein mit einem Eingriff verbundenes Vorhaben an anderer Stelle **Ausgleichsmaßnahmen** zu ergreifen, als (aufschiebende) Bedingung oder als Auflage, nicht aber als Inhaltsbestimmung ausgestaltet werden, während **Vermeidungsmaßnahmen,** zB die Verschiebung der geplanten baulichen Anlage oder der Einsatz besonderer Baustoffe usw, nur als Inhaltsbestimmung, nicht aber als Auflage oder Bedingung formuliert werden.

12 **bb) Abgrenzungskriterien.** Maßgeblich für die Abgrenzung ist nicht die Formulierung der Bestimmung, auch nicht Art und Umfang der Abweichung

---

7 S hierzu näher Heitsch DÖV 2003, 367, 368; Schmehl UPR 1998, 334.

8 ZB VGH Mannheim VBlBW 1994, 23: Bestimmung, die Zapfhähne einer Tankstelle mit einer Gaspendelanlage auszurüsten; BVerwG NVwZ 1984, 366: Auflage, eine Pipeline zu ummanteln; nicht überzeugend dagegen BVerwGE 69, 37: Auflage zu Genehmigung eines Kraftwerks, kein schwefelarmes Heizöl zu verwenden.

9 S hierzu unten Rn 74.

vom Antrag, sondern die mit der Bestimmung **durch die Behörde gesetzte Rechtsfolge:**[10] Die Auflage muss von der Behörde im Falle der Nichtbefolgung mit den Mitteln des Verwaltungszwangs durchgesetzt werden, die Nichtbefolgung einer Inhaltsbestimmung führt dagegen dazu, dass der Adressat sich auf die Genehmigung nicht mehr berufen kann, er also insoweit ohne Genehmigung handelt. In vielen Fällen kann die Behörde ihr Ziel also entweder mit einer selbständig durchsetzbaren Auflage, einer Bedingung oder mit einer Inhaltsbestimmung erreichen. Dies ist durch **Auslegung der getroffenen Regelung** zu ermitteln. So kann in dem Fall BVerwG NVwZ 1984, 366 die Verpflichtung des Betreibers einer Anlage, eine Pipeline zu ummanteln, als Auflage ausgestaltet werden mit der Folge, dass die Genehmigung auch ohne Ummantelung der Pipeline zunächst wirksam ist, sie kann ferner als aufschiebende Bedingung erlassen werden mit der Folge, dass die Genehmigung erst mit der Ummantelung ihre innere Wirksamkeit erlangt, und sie kann schließlich als Inhaltsbestimmung ausgestaltet sein mit der Folge, dass sich die Genehmigung von vornherein nur auf eine Anlage mit ummantelter Pipeline bezieht.[11]

cc) Einzelfälle. Umstritten ist die Einordnung der Festlegung von Abschaltzeiten für Windkraftanlagen aus Gründen des Naturschutzes. Richtigerweise wird man derartige Regelungen als Einschränkungen der Genehmigung und damit als Inhaltsbestimmungen anzusehen haben;[12] teilweise geht die Rspr hier aber von Auflagen aus.[13] 13

b) Die Abgrenzung zu Zweckbestimmungen iSd § 49 Abs 3, wie sie zB Subventions- bzw Beihilfebescheiden beigefügt wird, ist problematisch. Mit der Zweckbestimmung soll ein bestimmter Einsatz zugewendeter Mittel sichergestellt werden. Wird die Zweckbestimmung verfehlt, so kann die zuständige Behörde nach § 49 Abs 3 Nr 1 vorgehen und den Zuwendungs-VA widerrufen. Da die Zweckverfehlung nicht automatisch zur Unwirksamkeit des VA führt, kann die Zweckbestimmung nicht als Bedingung eingestuft werden (StBS 102). Ob sie als Auflage anzusehen ist, hängt davon ab, ob eine selbständige Durchsetzbarkeit der Zweckbestimmung in Betracht kommt. Der Gesetzgeber ist in § 49 Abs 3 offensichtlich davon ausgegangen, dass die Zweckbestimmung nicht notwendigerweise zugleich eine Auflage darstellt, anderenfalls wäre die Regelung in § 49 Abs 3 Nr 1 überflüssig gewesen. 14

c) Abgrenzung zu Hinweisen. Keine Nebenbestimmungen sind mangels unmittelbarer Rechtserheblichkeit die vielfach in VAen enthaltenen – in manchen Fällen auch gesetzlich vorgeschriebenen – **Hinweise auf die bestehende Rechtslage.** Das gilt etwa für die Fälle, in denen auf gesetzliche Verpflichtungen nach Zivilrecht oder öffentlichem Recht hingewiesen wird, die zu beachten sind, wenn von dem VA Gebrauch gemacht wird, usw.[14] aber auch für gesetzliche 15

---

[10] Zu weitgehend OVG Weimar, B v 10.2.2015 – 1 EO 356/14, juris, wonach der Behörde in gewissen Grenzen ein Gestaltungsspielraum im Hinblick auf die Abgrenzung von Inhalts- und Nebenbestimmung zukommen soll. Der Gestaltungsspielraum kann sich – anders als bei der Auswahl der Nebenbestimmung selbst – nur auf die Inhalte beziehen, nicht auf deren rechtsdogmatische Einordnung.

[11] Wenig wirkungsvoll wäre es zB, in den Fällen des § 2 Abs 4 S 2 StVG die Fahrerlaubnis mit der Auflage zu versehen, dass der Kraftfahrer eine Sehhilfe benutzen müsse; hier wäre eine inhaltliche Beschränkung strenger und wirksamer. Während nach dem AuslG eine Aufenthaltserlaubnis mit der Auflage verbunden werden konnte, keine selbständige oder vergleichbare unselbständige Erwerbstätigkeit auszuüben, wäre heute nur noch eine entsprechende Inhaltsbestimmung nach § 21 AufenthG zulässig.

[12] OVG Berlin-Brandenburg NuR 2012, 370;

[13] Ausführlich OVG Weimar, B v 10.2.2015, 1 EO 356/14, juris unter Hinweis auf OVG Magdeburg, U v 13.3.2014, 2 L 212/11, juris.

[14] BVerwGE 51, 60; 60, 275; 71, 50, 52; Mannheim NVwZ 1985, 433; OVG Münster VRspr 7, 177; Knack/Henneke 11; StBS 93; Obermayer 56; MB 6f.

Beschränkungen einer erteilten Erlaubnis usw, zB auf eine nach den maßgeblichen Rechtsvorschriften vorgesehene zeitliche Beschränkung der Geltungsdauer, eine schon kraft Gesetzes gegebene allgemeine Widerruflichkeit, eine schon durch Gesetz angeordnete Vorläufigkeit der Regelung (vgl Jäckle NJW 1984, 2132).

16 Dies gilt etwa für den in **Baugenehmigungen** enthaltenen Hinweis, dass die Genehmigung erlischt, wenn nicht innerhalb des gesetzlich festgelegten Zeitraums von ihr Gebrauch gemacht wird. Baugenehmigungen enthalten neuerdings häufig auch Hinweise auf die für das Vorhaben zusätzlich erforderlichen Genehmigungen. Hinweise finden sich oft in Aufenthaltserlaubnissen, die je nach Zweckbestimmung einen unterschiedlichen Inhalt haben und etwa in unterschiedlicher Weise zu einer Beschäftigung berechtigen (s unten Rn 28).

17 **d) Abgrenzung zu gesetzlichen „Nebenbestimmungen."** Ist ein **VA schon kraft Gesetzes befristet** oder steht er schon kraft Gesetzes unter einer aufschiebenden bzw auflösenden Bedingung (zB § 75 Abs 4; § 49 Abs 2 GewO) oder unter einem Widerrufsvorbehalt (zB § 18 WHG), so handelt es sich nicht um Nebenbestimmungen iSd Vorschrift; deshalb ist der Begriff der „gesetzlichen Nebenbestimmung" irreführend. Die Regelungen des § 36 sind nicht anwendbar. Einer administrativen Nebenbestimmung iSd § 36 bedarf es in diesen Fällen nicht, weil die entsprechenden Rechtswirkungen schon kraft Gesetzes eintreten (zB das Erlöschen der Planfeststellung im Fall des § 75 Abs 4). Wird einem VA gleichwohl eine entsprechende Nebenbestimmung beigefügt, so ist danach zu unterscheiden, ob diese nur deklaratorische Wirkung haben soll und deshalb lediglich als Hinweis auf die Rechtslage anzusehen ist oder ob die Nebenbestimmung eine selbständige Regelung darstellen soll. Letzteres ist insbesondere anzunehmen, wenn sie inhaltlich von dem unmittelbaren gesetzlichen Regelungsgehalt abweicht, zB eine Bedingung vorsieht oder die Widerruflichkeit einschränkt. In diesen Fällen können administrative Nebenbestimmungen gegenüber den entsprechenden gesetzlichen „Nebenbestimmungen" eigenständige Regelungswirkungen entfalten.[15] Das dürfte eine allerdings eher seltene Fallkonstellation sein und praktisch nur vorkommen, wenn es um Auflagen geht, die selbständig durchsetzbare Pflichten enthalten.

18 **e) Abgrenzung zum vorläufigen VA.** Dogmatische Schwierigkeiten bereitet die Einordnung sog vorläufiger VAe. Es handelt sich um Einzelfallregelungen, mit denen von vornherein nur eine einstweilige Regelung getroffen wird, die bis zu einem endgültigen VA gelten soll.[16] Sie werden teilweise als VAe sui generis angesehen, teilweise als VAe mit atypischen Nebenbestimmungen. Da vorläufige Regelungen sowohl in der Eingriffsverwaltung als auch in der Leistungsverwaltung vorkommen und in beiden Bereichen auch ein Bedürfnis für sie besteht, kann eine einheitliche dogmatische Einordnung nicht gelingen, s hierzu näher § 35 Rn 177 ff. Bei der Abgrenzung zu Nebenbestimmungen kann es nur um begünstigende VAe mit vorläufigem Charakter gehen. Fällen dieser Art ist gemeinsam, dass im Zeitpunkt der Entscheidung eine abschließende Regelung noch nicht getroffen werden kann, weil die Prüfung der tatsächlichen Voraussetzungen dafür noch nicht abgeschlossen werden kann. Es gibt in diesen Fällen nur die Möglichkeit, zunächst eine vorläufige Entscheidung zu treffen oder so lange zu warten, bis eine endgültige Entscheidung getroffen werden kann.

19 **aa) Spezialermächtigungen für vorläufige VAe.** Vorläufige Regelungen sind in einigen Gesetzen ausdrücklich vorgesehen.[17] Diese Regelungen lassen

---

[15] MSU 50; einschränkend wohl StBS 33.

[16] Rennert, Regelungen unter Vorbehalt im Subventionsrecht, 79, 80 mwN, spricht von Eilentscheidungen der Verwaltung.

[17] ZB §§ 11 f GastG; § 8a BImSchG; § 20 PBefG; § 17 WHG; § 37 KrWG.

sich überwiegend als spezialgesetzlich geregelte Nebenbestimmungen einordnen, zT aber auch als Ermächtigungen zum Erlass von VAen sui generis. So dürfte es sich bei § 11 Abs 1 GastG eher um die Zulassung einer Bedingung („bis zur Erteilung der Erlaubnis") und eines Widerrufsvorbehalts („auf Widerruf") handeln. Die einstweilige Erlaubnis nach § 20 Abs 1 PBefG ist zwar kraft Gesetzes befristet (§ 20 Abs 2 PBefG) und mit einem Widerrufsvorbehalt ausgestattet (§ 20 Abs 1 S 1 PBefG), hat aber bereits stärker den Charakter einer Regelung sui generis.

bb) Vorläufige VAe ohne gesetzliche Spezialermächtigung. Als Nebenbestimmung zur Regelung der Vorläufigkeit eines begünstigenden VA kommt ein **Widerrufsvorbehalt** (Abs 2 Nr 3) ebenso in Betracht wie eine **auflösende Bedingung** (Abs 2 Nr 2). Für beide Formen der Nebenbestimmungen ist Voraussetzung, dass sie entweder notwendig sind, um die Voraussetzungen für den Erlass des VA zu schaffen (Abs 1) oder dass sie sich im Rahmen pflichtgemäßen Ermessens halten. Sie haben außerdem den Nachteil, dass sie idR nur mit Wirkung für die Zukunft möglich sind.[18] Allerdings ist der Katalog der Nebenbestimmungen in Abs 2 nicht abschließend (s unten Rn 51). Deshalb kommen auch noch weitere – atypische – Formen von Nebenbestimmungen in Betracht, für die allerdings auch gilt, dass sie die Voraussetzungen von Abs 1 oder Abs 2 oder spezieller gesetzlicher Ermächtigungen erfüllen müssen, wie zB der von der Rspr für das Subventionsrecht entwickelte Korrekturvorbehalt (s unten Rn 63). 20

cc) Vorbehalt späterer oder abschließender Prüfung. Der vorläufige begünstigende VA hat das Ziel, den Adressaten bereits vor der möglicherweise noch länger dauernden abschließenden Prüfung in den Genuss der günstigen Regelung kommen zu lassen. Dieser **Vorbehalt abschließender Prüfung** findet seine Rechtfertigung im Gedanken der 2. Alt des Abs 1, weil eine andere als vorläufige Regelung vor Abschluss der Prüfung nicht möglich wäre. Der Adressat hat hiervon nur Vorteile, muss allerdings den späteren Verlust der günstigen Regelung in Kauf nehmen, wenn sich bei nach abschließender Prüfung herausstellt, dass die Begünstigung ganz oder teilweise unberechtigt gewährt wurde (s auch zum Korrekturvorbehalt im Subventionsrecht Rn 63). Demgegenüber ist der **Vorbehalt einer späteren Nachprüfung** problematisch, soweit er einen Schutz des sonst berechtigten Vertrauens in den Fortbestand des VA ausschließt bzw einschränkt. Hierfür wird idR eine spezielle gesetzliche Grundlage erforderlich sein.[19] Letzteres ist etwa bei einem Steuerbescheid der Fall, der nach § 164 AO unter dem **Vorbehalt späterer Nachprüfung** steht.[20] 21

2. Nachträgliche Anordnung von Nebenbestimmungen. Grundsätzlich ist eine nachträgliche Anordnung von Nebenbestimmungen nur aufgrund einer **speziellen gesetzlichen Ermächtigung** (zB § 5 GastG), sonst nur unter den Voraussetzungen von **Widerruf und Rücknahme** (§§ 48, 49) zulässig (s oben Rn 38, 56). Anders als zB in § 32 Abs 2 Nr 5 SGB X und § 120 Abs 2 Nr 3 AO ist in § 36 die Möglichkeit eines Vorbehalts nachträglicher Befristungen oder Fristverkürzungen, Bedingungen usw oder der Rücknahme des VA nicht vorgesehen. Für den Fall, dass sich nachträglich ergeben sollte, dass wesentliche tatsächliche oder rechtliche Voraussetzungen des VA gefehlt haben bzw nicht eintreten, ergibt sich diese Möglichkeit aber mittelbar aus Abs 2 Nr 3,[21] sofern die Voraussetzungen für einen entsprechenden Widerrufsvorbehalt erfüllt sind. 21a

---

[18] S hierzu näher Schröder, JURA 2010, 255, 259; Beaucamp JA 2010, 247.

[19] So etwa OVG Lüneburg, DVBl 2017, 450, für Änderungsvorbehalt bei Verpflichtung zu Ersatzzahlungen nach § 15 Abs 6 S 3, 4.

[20] In BFH NVwZ 1997, 103 als Nebenbestimmung bezeichnet; zustimmend StBS 92.

[21] Vgl ebenso im Ergebnis Meßerschmidt NVwZ 1984, 567; Kloepfer Vw 1975, 306.

21b **a) Gesetzliche Grundlagen.** Die nachträgliche Anordnung einer Befristung, Bedingung, Auflage setzt eine gesetzliche Grundlage voraus. Derartige Ermächtigungen finden sich an vielen Stellen im Fachrecht, so etwa in § 5 GastG für die **gaststättenrechtliche Erlaubnis,** in § 17 Abs 1 S 3 AtomG für **atomrechtliche Genehmigung,**[22] in § 12 Abs 2 S 2 AufenthG für die **Aufenthaltserlaubnis,**[23] in § 34 Abs 1 S 2 GewO für das **Pfandleihgewerbe,** in § 67 Abs 4 S 2 FeV für nachträgliche Sehtests im **Fahrerlaubnisrecht,** in § 2 Abs 2 S 2 AÜG für die **Erlaubnis zur Arbeitnehmerüberlassung,** in § 31 Abs 6 S 2 FuttMV für die Registrierung von Betrieben, in § 10 Abs 1 FahrzeugteileVO, ferner in § 19 S 3 GenTG für die Genehmigung des Betriebs **gentechnischer Anlagen** oder das Inverkehrbringens gentechnischer Produkte.

21c **Im Bau-, Planungs- und Anlagenrecht** sind nachträgliche Nebenbestimmungen vorgesehen zB in den Landesbauordnungen (vgl § 72 III MBauO) bei nicht vorhergesehenen Gefahren; in § 75 Abs 2 S 2 zur Vermeidung nicht vorhergesehener Wirkungen von Planfeststellungsbeschlüssen auf Rechte anderer, in § 9 Abs 1 S 4 LuftSiG für die Zulassung von Luftsicherheitsplänen, in § 16 Abs 3 BBergG für die Bewilligung bei bergfreien Bodenschätzen und in § 56 BbergG bei bergrechtlichen Betriebsplänen.[24] Schließlich können gem § 4 Abs 7 TEHG Genehmigungen durch nachträgliche Anordnungen angepasst werden (§ 17 BImSchG) und gem § 14 Abs 6 S 1 WHG zu Lasten des Gewässerbenutzers nachträgliche Nebenbestimmungen erlassen werden, wenn dies zum Schutz der Rechte Dritter erforderlich ist.

21d **b) Voraussetzungen von Widerruf oder Rücknahme. Zulässig** sind nachträgliche Nebenbestimmungen ferner dann, wenn insoweit die Voraussetzungen eines Widerrufs gem § 49, einer Rücknahme gem § 48 oder einer Abänderung des VA (bzw der diesem beigefügten Nebenbestimmung) im Wiederaufnahmeverfahren nach § 51 gegeben sind.[25] Sie stellt, auch wenn sie förmlich nicht als solche in Erscheinung tritt, sondern eine solche gerade vermeidet (vgl Knack/Henneke 31) sachlich immer eine **teilweise Aufhebung des ursprünglichen VA dar, verbunden mit einem teilweisen Neuerlass eines VA** mit teilweise anderem Inhalt (OVG Schleswig NVwZ 1994, 553; WBSK I § 47 Rn 31), für die alle Voraussetzungen einer rechtmäßigen Ausübung des Widerrufsrechts – bzw des Rücknahmerechts – (s oben Rn 56) und zusätzlich auch des Erlasses des neuen VA (insb das Vorliegen einer Rechtsgrundlage für die beabsichtigte Regelung) erfüllt sein müssen.[26]

21e **Wenn** die (zulässige) **nachträgliche Anordnung von Nebenbestimmungen** für die Betroffenen im Vergleich zu einem gänzlichen Widerruf bzw einer gänzlichen Rücknahme des VA den weniger belastenden Eingriff darstellt, ist die Behörde nach dem Grundsatz der Verhältnismäßigkeit verpflichtet, diesen Weg zu gehen. Die durch einen VA Begünstigten haben in diesem Fall einen entsprechenden Anspruch, zumindest aber ein **formelles subjektives Recht darauf,** dass die Behörde vor einer Entscheidung über einen evtl gänzlichen Widerruf die Möglichkeit nachträglicher weiterer Auflagen usw berücksichtigt.

---

[22] Nicht vorgesehen ist in § 17 AtomG eine nachträgliche Befristung. Zu der Frage einer nachträglichen Befristung durch Gesetz s Koch NJW 2000, 1529; Langenfeld DÖV 2000, 929; Kühne/Brodowski, NJW 2002, 1458.

[23] Vgl zum früheren Recht in § 7 Abs 4 AuslG BVerwG DVBl 1982, 306.

[24] Hierzu OVG Magdeburg, Urt v 7.12.2016, 2 L 17/14, juris, auch zur Reichweite.

[25] OVG Schleswig NVwZ 1994, 553; BVerwG BayVBl 1992, 442: nachträgliche Auflagen dürfen die durch einen begünstigenden VA erlaubte Tätigkeit nicht unmöglich machen und „die Grenze zu den Rücknahme- und Widerrufsvorschriften mißachten"; BVerwG BayVBl 1986, 474; Obermayer VerwR 2. Aufl 125 f.

[26] BVerwG DÖV 1979, 293; Meßerschmidt NVwZ 1984, 567 f mwN; s ferner oben Rn 12.

III. Anwendungsbereich, spezielle Regelungen

1. Unmittelbarer Anwendungsbereich. a) Haupt-VA im Anwendungsbereich des Gesetzes. Die Vorschrift regelt unmittelbar nur die Zulässigkeit von Nebenbestimmungen zu VAen im Anwendungsbereich des VwVfG. Die Verwaltungsverfahrensgesetze der Länder enthalten gleich lautende Vorschriften (vgl zB § 36 HmbVwVfG). Voraussetzung ist außerdem, dass die Verfügung, der eine Nebenbestimmung beigefügt werden soll, die Rechtsnatur eines VA iSd § 35 hat (Haupt-VA). VAe idS sind auch **fingierte (fiktive) VAe,** denen allerdings Nebenbestimmungen nur nachträglich und damit nur bei entsprechender fachgesetzlicher Grundlage (s unten Rn 88 ff) beigefügt werden können (BVerwG DVBl 1982, 306). Die Vorschrift ist **auf öffentlichrechtliche Verträge nicht, auch nicht analog anwendbar.**[27] Insoweit sind gem § 62 S 2 die Regelungen des BGB, insbes § 158 BGB, maßgeblich. Allerdings stellen sich bei der Inhaltskontrolle von Verwaltungsverträgen vergleichbare Fragen (s näher § 56 Rn 16 ff). Auch **vorläufige VAe** (s Rn 18) können mit Nebenbestimmungen versehen werden; allerdings darf die Vorläufigkeit selbst nicht auf einer Nebenbestimmung (zB einem Widerrufsvorbehalt) beruhen. 22

b) Begünstigender oder belastender VA. Abs 1 ist nur anwendbar, wenn auf den Haupt-VA ein Anspruch besteht; ausreichend ist insoweit, wenn sich der Anspruch aus einer Ermessensreduzierung auf Null ergibt. Hieraus folgt, dass Abs 1 nur begünstigende VAe betrifft. Wird dagegen ein Ermessens-VA mit einer Nebenbestimmung versehen, so ist dies **nach Abs 2 auch bei belastenden VA zulässig,** soweit es sich nicht um Auflagen handelt, die nach Abs 2 Nr 4 nur bei begünstigenden Ermessens-VAen zulässig sind. 23

2. Analoge Anwendbarkeit. Als **Ausdruck allgemeiner Rechtsgrundsätze** sind § 36 und die entspr Vorschriften des Landesrechts im Zweifel sinngemäß auch auf Verwaltungsverfahren anwendbar, für die andere ausdrückliche Regelungen über Zulässigkeit und Inhalt von Nebenbestimmungen fehlen bzw nur lückenhafte Regelungen bestehen. Das gilt sowohl für die in Abs 2 aufgeführten Arten von Nebenbestimmungen als auch für die Voraussetzungen, unter denen sie einem VA beigefügt werden können, insbes für die Regelung, wonach Ermessens-VAe mit Nebenbestimmungen verbunden werden können, soweit diese den Zwecken der Ermächtigung entsprechen. Zur ergänzenden Heranziehung der Regelungen der Vorschrift bei fachrechtlichen Sonderregelungen s unten Rn 46. 24

3. Vorbehalt spezieller Regelungen. a) Subsidiarität. Das Fachrecht enthält eine Fülle spezieller Regelungen für Nebenbestimmungen und darüber hinaus auch für Inhaltsbestimmungen zu Haupt-VAen. Gem § 1 Abs 2 gilt § 36 nur vorbehaltlich gleicher oder entgegenstehender Regelungen in anderen Rechtsvorschriften des Bundes und ist daher nur dann und nur insoweit anwendbar, als nicht andere „inhaltsgleiche oder entgegenstehende" Rechtsvorschriften Zulässigkeit und Inhalt von Nebenbestimmungen bereits regeln, zB nur bestimmte Nebenbestimmungen zulassen usw oder die Behörde unter näher bezeichneten Voraussetzungen (vgl zB § 74 Abs 2 S 2) zur Aufnahme bestimmter Nebenbestimmungen verpflichten. Darüber hinaus enthält das Fachrecht auch Regelungen über die Zulässigkeit nachträglicher Beifügung von Nebenbestimmungen zu Haupt-VAen. In § 36 ist eine Ermächtigung zu nachträglichen Nebenbestimmungen nicht enthalten; ohne fachrechtliche Ermächtigung können sie nur unter den Voraussetzungen von Rücknahme oder Widerruf des Haupt-VA beigefügt werden. 25

---

[27] Hierzu näher Christmann, S. 70 ff mwN.

26 **b) Ergänzende Anwendbarkeit.** Wenn spezielle gesetzliche Regelungen vorliegen, ist **durch Auslegung zu ermitteln, ob diese abschließenden Charakter** haben oder durch die allgemeinen Regelungen in § 36 ergänzt werden (Knack/Henneke 15; StBS 9f). Lassen Wortlaut und Zielsetzung der Norm keinen eindeutigen Schluss zu, so ist im Zweifel davon auszugehen, dass das Fachrecht keine abschließende Regelung enthält, sondern für die ergänzende Heranziehung der allgemeinen Regelungen des § 36 Raum lässt. Etwas anderes gilt dann, wenn mit einer fachrechtlichen Beschränkung auf bestimmte Arten von Nebenbestimmungen bestimmte gesetzgeberische Zwecke verfolgt werden,[28] sowie in den Fällen teilweiser Nebenbestimmungsfeindlichkeit (zB § 9 Abs 1 S 2 AufenthG; § 15 Abs 4 PBefG).

27 **c) Nebenbestimmungsfeindlichkeit.** Die Unzulässigkeit von Nebenbestimmungen kann sich auch **aus allgemeinen Rechtsgrundsätzen,** insb auch aus dem Zusammenhang und dem Zweck einer Rechtsvorschrift und aus der Natur der VAe, zu denen sie ermächtigt, ergeben. VAe, die **Statusänderungen** bewirken (StBS 12), wie die **Einbürgerung,**[29] die **Ernennung** zum Beamten auf Lebenszeit (BVerwG NVwZ 2016, 85 – bedingungsfeindlich), die **Namensänderung** usw (MuE 139), die **Approbation** (BVerwG NJW 1999, 1798; WBSK I § 47 Rn 23), außerdem idR **privatrechtsgestaltende VAe** von Rechtsgeschäften nach Privatrecht sind nebenbestimmungsfeindlich, weshalb die eine entsprechende Bedingung, Auflage usw nicht zulässig wäre.[30] Der Umstand allein, dass ein VA rechtsgestaltenden Charakter hat, schließt dagegen Nebenbestimmungen nicht grundsätzlich aus (**aA** Wolnicki NVwZ 1994, 872). Auch Allgemeinverfügungen sind nicht als solche grundsätzlich nebenbestimmungsfeindlich.[31] Auch die **Akzessorietät der Nebenbestimmungen** hat nicht zur Folge, dass Nebenbestimmungen nur den Adressaten des begünstigenden VA belasten könnten (s **aA** Wolnicki NVwZ 1994, 872).

28 **4. Ausländer-, Asyl- und Staatsangehörigkeitsrecht. a) Abgrenzung zu Inhaltsbestimmungen und Hinweisen.** Bei Aufenthaltserlaubnissen nach dem AufenthG ist zunächst zu prüfen, ob es sich um eine „echte“ Nebenbestimmung oder nur um einen Hinweis oder eine Inhaltsbestimmung handelt. Diese Abgrenzung ist deshalb von großer praktischer Bedeutung, weil die Aufenthaltserlaubnisse sich je nach Zweckbestimmung des Aufenthalts inhaltlich unterscheiden und der Hinweis auf Zweckbestimmung oder Inhalt keine Nebenbestimmung darstellt. Berechtigt eine Aufenthaltserlaubnis bereits kraft Gesetzes zu einer **Erwerbstätigkeit** (zB nach § 9 Abs 1 S 2 AufenthG), so muss dies aus dem Aufenthaltstitel ersichtlich sein (§ 4 Abs 2 S 2 AufenthG). Hier wird regelmäßig lediglich hingewiesen; einer Nebenbestimmung bedarf es nicht.[32] Gleiches gilt für kraft Gesetzes bestehende **Beschäftigungsverbote** (§ 4 Abs 3 S 1 AufenthG)[33] auch im Bereich der Duldung (§ 84 Abs 1 Nr 3 AufenthG).[34]

29 **b) Spezielle Regelungen.** Nach § 7 Abs 2 S 1 AufenthG ist die **Aufenthaltserlaubnis** unter Berücksichtigung des beabsichtigten Aufenthaltszwecks **zwin-**

[28] Knack/Henneke 15; insbesondere kann die Erwähnung einer bestimmten Art von Nebenbestimmung unspezifisch gemeint sein (dann keine abschließende Regelung) oder spezifisch die anderen Arten von Nebenbestimmungen ausschließen.

[29] BVerwGE 27, 266; OVG Hamburg NJW 1975, 1902; StBS 12; Knack/Henneke 16.

[30] BVerwG DVBl 1981, 922; BGH NJW 1981, 980; Franßen §§ 18ff; differenzierend StBS 12; Knack/Henneke 16.

[31] StBS 8; **aA** VG Potsdam NVwZ 1994, 925; so teilweise auch Knack/Henneke 16 für die Widmung.

[32] Vgl Kluth/Hund/Maaßen, ZuwanderungsR, 2008, § 9 AufenthG Rn 109; krit Bünte/Knödler NVwZ 2010, 1328 unter Hinweis auf den Empfängerhorizont.

[33] VGH Mannheim VBlBW 2006, 113; OVG Koblenz, 15.3.2007, juris.

[34] OVG Münster NVwZ-RR 2007, 60; krit Bünte/Knödler, NVwZ 2010, 1328, 1329.

gend zu befristen; gleiches gilt für die **Duldung** nach § 60a AufenthG (Funke-Kaiser in GK-AufenthG § 60a Rn 53, 262). Nach **§ 12 Abs 2 S 1 AufenthG** kann die Erteilung eines Visums oder einer Aufenthaltserlaubnis mit **Bedingungen**[35] erteilt und verlängert werden, nach § 12 Abs 2 S 2 **auch nachträglich mit Auflagen**[36], insbesondere zur räumlichen Beschränkung verbunden werden. Diese Regelungen sind nicht abschließend, sondern lassen für eine ergänzende Anwendung des § 36 Raum (Kluth/Hund/Maaßen, Zuwanderungsrecht, § 4 Rn 34). Demgegenüber ist die Beifügung von Nebenbestimmungen zu einer **Niederlassungserlaubnis** nach § 9 Abs 1 AufenthG nur in besonders geregelten Fällen (zB § 23 Abs 2 S 4 AufenthG) zulässig. Nach § 61 Abs 1 S 2 AufenthG kann auch eine **Duldung** mit Auflagen und Bedingungen erteilt werden. Die Regelung in § 21 AufenthG schließt dagegen eine Auflage, wonach eine selbständige Tätigkeit nicht gestattet ist, aus. Mangels Haupt-VA keine Ermächtigung für Nebenbestimmungen enthält § 12 Abs 4 AufenthG, wonach auch der erlaubnisfreie Aufenthalt eines Ausländers von Bedingungen und Auflagen abhängig gemacht werden kann. Eine Durchbrechung der Akzessorietät enthält § 51 Abs 6 AufenthG, wonach **räumliche Beschränkungen** auch nach Wegfall des Aufenthaltstitels erhalten bleiben. Daraus dürfte indes nicht folgen, dass es sich bei der Beschränkung um einen selbständigen VA handelt.[37] Zwingend zu befristen ist nach neuerer Rspr[38] auch die Ausweisung auf der Grundlage der §§ 53 ff AufenthG, obwohl die Sperrwirkungen der Ausweisung nach § 11 Abs 1 S 3 AufenthG an sich nur auf Antrag befristet werden. Die **Befristung der Ausweisungswirkungen** wird heute nicht mehr als Nebenbestimmung angesehen, sondern als selbstständiger VA.[39]

5. Nebenbestimmungen im Bau-, Umwelt- und Planungsrecht. a) Baugenehmigungen. Keine substantiell abweichenden Regelungen enthalten die Landesbauordnungen, soweit sie vorsehen, dass **Baugenehmigungen** mit Nebenbestimmungen versehen werden können (vgl zB § 72 Abs 3 HBauO). Hiermit werden entgegen dem teilweise missverständlichen Wortlaut keine gegenüber § 36 hinausgehenden Regelungen getroffen. Das bedeutet, dass Nebenbestimmungen zu Baugenehmigungen nur zulässig sind, wenn sie entweder die Genehmigungsfähigkeit des Vorhabens sicherstellen sollen oder im Rahmen einer Ermessensentscheidung über Ausnahmen bzw Befreiungen erlassen werden (vgl Reichel/Schulte, Hdb Bauordnungsrecht § 14 Rn 40). 30

b) Anlagengenehmigungen nach BImSchG. Für **Anlagengenehmigungen** nach BImSchG enthält § 12 BImSchG für Nebenbestimmungen eine **abschließende Regelung,** weshalb § 36 insoweit nicht anwendbar ist.[40] Nach § 12 Abs 1 BImSchG dürfen zwar Bedingungen und Auflagen beigefügt werden, soweit dies zur Erfüllung der Genehmigungsvoraussetzungen erforderlich ist, Befristungen aber nach § 12 Abs 2 S 1 BImSchG nur auf Antrag, Widerrufsvorbehalte nach § 12 Abs 2 S 2 BImSchG nur bei Anlagen zu Erprobungszwecken. 31

c) Planfeststellung. Im Planfeststellungsrecht enthält die Bestimmung über **Schutzvorkehrungen nach § 74 Abs 2 S 2 keine abschließende Regelung** von Nebenbestimmungen zu Planfeststellungsbeschlüssen und Plangenehmigun- 32

---

35 VGH Mannheim InfAuslR 2014, 42 zur Unzulässigkeit einer auflösenden Bedingung, wonach die Aufenthaltserlaubnis mit Beendigung eines Beschäftigungsverhältnisses erlischt.

36 Derartige Auflagen sind isoliert anfechtbar, vgl. BVerwGE 100, 335, 337)

37 BVerwGE 130, 148 Rn 13; VGH München BayVBl 2007, 567 aA VGH Mannheim VBlBW 1994, 449; wohl auch StBS 110.

38 BVerwGE 143, 277; hierzu näher Lenz NVwZ 2013, 624 insbesondere auch zur Frage der Länge der Frist.

39 BVerwG NVwZ 2012, 1485; NVwZ 2013, 365; StBS 110; Lenz NVwZ 2013, 624; anders noch Voraufl.

40 Allg Ansicht, vgl OVG Münster NVwZ-RR 2002, 342; OVG Kassel NVwZ-RR 2002, 341; Jarass BImSchG § 12 Rn 2 mwN.

gen.[41] Im Rahmen des Planungsermessens können vielmehr auch unabhängig von § 74 Abs 2 S 2 dem Planfeststellungsbeschluss Nebenbestimmungen beigefügt werden (s näher § 74 Rn 141 ff). Auch die Regelung nachträglicher **Schutzvorkehrungen nach § 75 Abs 2 S 2** schließt die Möglichkeit, nachträglich (allerdings nur unter den Voraussetzungen der §§ 48, 49) Nebenbestimmungen zu erlassen, nicht aus, zumal der Begriff der Schutzvorkehrungen ein anderer ist als derjenige der Nebenbestimmungen.[42] Im Übrigen ist danach zu unterscheiden, ob sie Nebenbestimmungen iSd § 36 sind oder Inhaltsbestimmungen des Planfeststellungsbeschlusses (s oben Rn 5).

33 **d) Naturschutzrecht.** Im Naturschutzrecht sehen die landesrechtlichen Vorschriften regelmäßig vor, dass eine naturschutzrechtliche Befreiung mit Nebenbestimmungen versehen werden kann (zB § 78 Abs 2 NatSchG BW, Art 49 BayNatSchG). Gleiches gilt für Einzelfallanordnungen zum Artenschutz (vgl § 27 HmbNatSchG). Die Übertragung kann ferner unter Bedingungen erteilt, mit Auflagen oder einem Widerrufsvorbehalt verbunden werden. Darüber hinaus bestehen keine Sonderregelungen, die über § 36 hinaus gehen (vgl Kunig/Paetow/Versteyl, KrW-AbfG § 16 Rn 51 ff).

34 **e) Atomrecht, Bergrecht.** Im **Atomrecht** sind Nebenbestimmungen in § 17 AtomG geregelt. Genehmigungen können gemäß § 17 Abs 1 S 2 AtG inhaltlich beschränkt und mit Auflagen verbunden werden. Daneben sind nachträgliche Auflagen möglich, wenn dies zur Erreichung der Schutzzwecke des AtG erforderlich ist. Allerdings ist eine **Befristung** von Genehmigungen nach § 7 AtomG nicht vorgesehen. Das gilt auch für eine nachträgliche Befristung. Da die Befristung ausdrücklich ausgenommen ist, kann insoweit auch nicht auf § 36 zurückgegriffen werden. Die Frage, ob eine nachträgliche Befristung durch ein Gesetz entschädigungslos eingeführt werden kann, ist umstritten.[43] Die in §§ 74 Abs 2, 75 Abs 2 vorgesehenen **Schutzvorkehrungen** gehen über den Bereich der Nebenbestimmungen hinaus (s § 74 Rn 141 ff). Für Nebenbestimmungen zu **bergrechtlichen Betriebsplänen** enthält § 56 BbergG eine Spezialregelung.[44]

35 **6. Gewerbe-, Gaststätten-, Handwerksrecht.** Gemäß § 5 GastG kann die **Gaststättenerlaubnis** jederzeit unter einer Auflage erteilt werden. Nach § 12 Abs 3 GastG sind zudem nachträgliche Anordnungen möglich. Diese Regelungen sind indes nicht abschließend, so dass grundsätzlich alle Nebenbestimmungen des § 36 zulässig sind (Metzner, GastG § 5 Rn 21). Im Anwendungsbereich der **Gewerbeordnung** sind zahlreiche Spezialvorschriften zur Zulässigkeit insbes von Auflagen und Befristungen zu finden.[45] Zu Nebenbestimmungen nach § 33c Abs 3 S 3 GewO s VGH Mannheim GewArch 2014, 86. Daneben ist ein Rückgriff auf die weiteren Nebenbestimmungen des § 36 zwar grundsätzlich möglich, aber nur, soweit Gewerbe- und Berufsfreiheit (Art 12 Abs 1 GG) dies zulassen (im Einzelnen Schulze-Werner, GewArch 2004, 9). Die **Handwerksordnung** sieht Nebenbestimmungen (Auflage, Bedingung, Befristung) bei der Ausnahmebewilligung in § 8 Abs 2 HwO vor.

36 **7. Polizei- und Ordnungsrecht, Versammlungsrecht.** In den landesrechtlichen Vorschriften des allgemeinen Polizei- und Ordnungsrechts sind idR keine Genehmigungen, Erlaubnisse usw vorgesehen, weshalb Nebenbestimmungen eine geringe praktische Relevanz haben. Etwas anderes gilt für die spezielle-

---

[41] So aber wohl StBS 140 mit der Begründung, § 36 Abs 2 erfasse nicht die Fälle des Planungsermessens. Wie hier MSU 105.

[42] VGH Mannheim NVwZ-RR 2012, 340 (Stuttgart 21).

[43] Näher Koch NJW 2000, 1529; Kühne NJW 2002, 1458; Langenfeld DÖV 2000, 929.

[44] Hierzu und zur Reichweite OVG Magdeburg, Urt v 7.12.2016, 2 L 17/14, juris.

[45] §§ 33a Abs 1 S 1, 33c Abs 1 S 3 und Abs 3 S 3, 33d Abs 1 S 2, 33i Abs 1 S 2, 34 Abs 1 S 2, 34a Abs 1 S 2, 34b Abs 3 und 34c Abs 1 S 2 GewO.

ren Vorschriften des Gefahrenabwehrrechts. Das **Waffenrecht** etwa sieht in § 9 Abs 1 WaffG die inhaltliche Beschränkungen waffenrechtlicher Erlaubnisse aus Gründen der Gefahrenabwehr vor. § 9 Abs 2 WaffG ermächtigt zur Erteilung von Auflagen und Befristungen ebenfalls (nur) aus Gründen der Gefahrenabwehr. Auflagen dürfen nach § 9 Abs 2 S 2 WaffG **auch nachträglich** gemacht werden. Ein Ausschluss von (dort nicht genannten) Bedingungen und Widerrufsvorbehalten (§ 36 Abs 2 Nr 2, 3) dürfte damit nach der Zielsetzung der Norm nicht verbunden sein (BT-Drs 14/7758 S 87). Gleiches gilt für § 9 Abs 1 S 2 LuftSiG.

Im **Versammlungsrecht** sind sog Auflagen zu Versammlungen üblich. Nach 37 § 15 Abs 1 VersG handelt es sich jedoch **nicht um echte Auflagen** iSd § 36, sondern um sog **beschränkende Verfügungen.** Die Auflage ist eine eigenständige Verfügung mit der Rechtsnatur eines VA, mit der bestimmte Versammlungen Beschränkungen unterworfen werden. Es handelt sich nicht um Nebenbestimmungen, da Versammlungen wegen der Erlaubnisfreiheit nicht genehmigungspflichtig sind und die Auflagen daher nicht von einem Grund-VA abhängig sind (Lisken/Denninger, Hdb des Polizeirechts J Rn 348). Im übrigen führe die Verfügungen nach § 15 Abs 1 VersG nicht selten dazu, dass die Versammlung bzw der Aufzug nur in einer ganz anderen Weise und mit einer ganz anderen Route stattfinden kann als ursprünglich angemeldet.[46]

IV. Zulässigkeit bei Anspruch auf Haupt-VA (Abs 1)

1. Grundzüge der Regelung. a) Keine Einschränkung des Anspruchs. 38 Abs 1 regelt die Zulässigkeit von Nebenbestimmungen für den Fall, dass auf den VA ein Anspruch besteht. Die Bestimmung betrifft damit nur die Beifügung von Nebenbestimmungen zu einem für den Antragsteller begünstigenden Haupt-VA, dies allerdings unabhängig davon, ob dieser für einen Dritten zugleich auch belastend ist. Die Vorschrift stellt klar, dass bei Bestehen eines Anspruchs auf den Haupt-VA die Beifügung von Nebenbestimmungen grundsätzlich unzulässig ist: Nur dann, wenn durch die Nebenbestimmung erst die Voraussetzungen für den Anspruch auf den Haupt-VA hergestellt werden, oder wenn eine Rechtsvorschrift die Beifügung von Nebenbestimmungen trotz Bestehens eines Anspruchs vorsieht, kann danach von dem Instrument der Nebenbestimmung Gebrauch gemacht werden (Bsp § 35 Abs 5 S 2 BauGB; hierzu BVerwG NuR 2013, 121). Obwohl Abs 1 nur von VAen, auf die ein Anspruch besteht, spricht, ist die Regelung analog auch hins der gesetzlichen Voraussetzungen von **Ermessensentscheidungen** gem zu Abs 2 anwendbar (BVerwG NJW 1982, 1956).

b) Arten zulässiger Nebenbestimmungen. Abs 1 schreibt keine bestimm- 39 ten Nebenbestimmungen vor, sondern verweist insoweit offenbar auf die in Abs 2 genannten Nebenbestimmungen.[47] In Betracht kommt insb eine auflösende Bedingung, uU auch mit Rückwirkung (Kopp DVBl 1989, 238), oder ein Widerrufsvorbehalt, aber auch zB eine Auflage, bei deren Nichterfüllung dann ggf gem § 49 Abs 2 Nr 1 auch ein Widerruf des begünstigenden VA möglich ist. Für die **Anerkennung weiterer Nebenbestimmungen,** wie sie das BSG in DVBl 1988, 453 erwägt, besteht dagegen wohl **kein Bedürfnis** (**aA** offenbar Bieback DVBl 1988, 454). In den Fällen des Abs 1 ist nur eine Nebenbestimmung zulässig, die sicherstellen kann, dass die zunächst noch nicht erfüllten gesetzlichen Voraussetzungen – bzw bei analoger Anwendung der Regelung auf Ermessensentscheidungen (s oben Rn 37) die von der Behörde als Voraussetzung

---

[46] Vgl. etwa BVerfG NVwZ 2013, 570; NVwZ 2004, 90: Ortsfeste Versammlung anstelle von angemeldeten Aufzug.

[47] Unklar insoweit BSG DVBl 1988, 452: durch Nebenbestimmungen sicherzustellen, dass die getroffene Regelung nur bei Eintritt dieser Voraussetzungen wirksam wird oder wirksam bleibt; zur Frage, ob die Aufzählung in Abs 2 abschließend ist.

für ihre Entscheidung angesehenen Erfordernisse – erfüllt werden. Die Behörde muss die Beschränkungen gem Abs 1 grundsätzlich auch dann beachten, wenn der Betroffene darauf verzichtet (OVG Lüneburg NJW 1978, 2260; Knack/Henneke 23) bzw der beabsichtigten Nebenbestimmung jedenfalls zustimmt.

40 **2. Zulässigkeit aufgrund besonderer Rechtsvorschriften.** Das Fachrecht enthält in Gesetzen, VOen und Satzungen häufig Regelungen über die Zulässigkeit von Nebenbestimmungen (s oben Rn 10 ff). Zumeist unterscheiden sie sich inhaltlich nicht von § 36, gehen ihnen aber wegen des Vorbehalts in § 1 Abs 1 gleichwohl vor.[48] Zu den inhaltsgleichen Bestimmungen zählen vor allem die Vorschriften über die Zulässigkeit von **Nebenbestimmungen zu Baugenehmigungen** in den Landesbauordnungen. Diese enthalten nicht etwa eine generelle Ermächtigung zur Beifügung von Nebenbestimmungen iSd Abs 1, sondern lediglich die Berechtigung der Baugenehmigungsbehörden, Nebenbestimmungen beizufügen, soweit dies entweder zur Herstellung der Genehmigungsfähigkeit des Vorhabens erforderlich ist oder soweit die Erteilung der Baugenehmigung (etwa wegen der Erforderlichkeit von Ausnahmen oder Befreiungen) im Ermessen der Behörde steht.

41 **3. Herstellung der gesetzlichen Voraussetzungen eines VA.** Fehlt eine spezielle Ermächtigung, darf einem VA, auf dessen Erlass ein Anspruch besteht, eine Nebenbestimmung nur dann und nur insoweit beigefügt werden, als dadurch „sichergestellt" wird, dass die gesetzlichen Voraussetzungen des VA erfüllt werden.[49] Die Regelung ist auch auf gebundene VAe anzuwenden, die die Behörde von Amts wegen erlässt, ebenso grundsätzlich auch auf VAe, für die an sich durch das anwendbare Fachgesetz Nebenbestimmungen allgemein ausgeschlossen sind. Ihr Zweck besteht vor allem darin, es der Behörde im Interesse des Bürgers oder auch im öffentlichen Interesse zu ermöglichen, in sachlich besonders gerechtfertigten Fällen ausnahmsweise abschließende Sachentscheidungen auch schon zu einem Zeitpunkt zu treffen, zB eine Genehmigung zu erteilen, eine Leistung (vgl BSG DVBl 1988, 451) zu bewilligen, in dem noch nicht alle gesetzlichen Voraussetzungen dafür erfüllt oder nachgewiesen sind.[50] Dieses Vorgehen setzt voraus, dass die erforderlichen Feststellungen nicht innerhalb angemessener Zeit getroffen oder die erforderlichen tatsächlichen Voraussetzungen nicht bereits vor Erlass des VA geschaffen werden können.

42 **a) Sicherstellung der Voraussetzungen.** Die Regelung dient dazu, bestehende Hindernisse für den Erlass eines begünstigenden VA, auf den bei Erfüllung der gesetzlichen Voraussetzungen ein Anspruch besteht, aus dem Weg zu räumen. Auf diese Weise soll vermieden werden, dass der Antrag zunächst abgelehnt werden muss, weil die gesetzlichen Voraussetzungen noch nicht sämtlich vorliegen. **Nur die Voraussetzungen im Zeitpunkt des Erlasses** des VA oder für einen jedenfalls überschaubaren Zeitraum und hins bereits hinreichend konkretisierbarer und konkretisierter Erfordernisse dürfen durch Nebenbestimmungen sichergestellt werden.[51] Das gilt auch für Dauer-VAe. Wie ein Vergleich mit § 49 Abs 2 Nr 2 und 3 zeigt, erlaubt die Vorschrift keine Nebenbestimmungen, die lediglich sicherstellen sollen, dass die gesetzlichen Voraussetzungen künftig nicht

---

[48] Vgl nur § 3 Abs 2 u § 5 GastG; § 12 Abs 2, § 15 Abs 2 AuslG; § 19b Abs 1 WHG; § 8 Abs 1 TKG.

[49] BVerwG NJW 1998, 94 für Nebenbestimmungen zu Zweckentfremdungsgenehmigungen; WBSK I § 47 Rn 22; Heitsch DÖV 2003, 367, 369; s auch Begr 57; MuE 137: keine Abweichung vom früheren Recht.

[50] Vgl MuE 139; BSG DVBl 1988, 451; Heitsch DÖV 2003, 367, 372; Wendt JA 1980, 33; Knack/Henneke 18: insb in Fällen, in denen der begehrte VA sonst abzulehnen wäre und sich die in Betracht kommende nicht zweckbeeinträchtigende Nebenbestimmung, zB eine Auflage, demgegenüber als das mildere Mittel darzustellen vermag.

[51] Vgl OVG Lüneburg, Urt v 10.1.2017, 4 LC 198/15, juris: kein Änderungsvorbehalt bei Festsetzung von Ersatzzahlungen nach § 15 Abs 6 S 4 BnatSchG.

wegfallen, sondern andauern. Ein **Widerrufsvorbehalt für den Fall späterer Rechts- oder Tatsachenänderungen ist unzulässig;**[52] auf geänderte Umstände muss ggfs mit Widerruf reagiert werden. Etwas anderes gilt allenfalls, wenn im Zeitpunkt der Entscheidung bereits konkret zu erwarten ist, dass die anspruchsbegründenden Voraussetzungen alsbald wegfallen werden (BVerwG DÖV 1988, 300; Knack/Henneke 20).

b) Einzelfälle. In Betracht kommen zur Sicherstellung der gesetzlichen Voraussetzungen des VA nach Abs 1 zB bei der Erteilung einer Gaststättenerlaubnis eine Bedingung oder Auflage, vor Aufnahme des Betriebs bestimmte unerlässliche bauliche Veränderungen vorzunehmen (vgl MuE 139); bei der Bewilligung laufender Zahlungen die (auflösende) Bedingung, in bestimmten Zeitabständen eine **Lebensbescheinigung** vorzulegen (vdGK 2.1); bei der vorläufigen Bewilligung bestimmter Leistungen der Vorbehalt, dh die rückwirkend auflösende Bedingung, dass nicht eine nähere Prüfung ergibt, dass wesentliche Anspruchsvoraussetzungen in Wirklichkeit nicht gegeben sind,[53] oder bei der Genehmigung bestimmter Vorhaben die Auflage, einzelne **Genehmigungsunterlagen nachzubringen,**[54] und mit der Möglichkeit des Widerrufs für den Fall, dass sich aus den Unterlagen ergeben sollte, dass das Vorhaben nicht allen gesetzlichen Anforderungen entspricht. 43

4. Ermessensentscheidung. a) Auswahl- und Entschließungsermessen. Auch in den Fällen des Abs 1 steht die Entscheidung über die Beifügung von Nebenbestimmungen zum Haupt-VA im (Verfahrens-)Ermessen der zuständigen Behörde. Das gilt sowohl für die Frage, mit welchen Nebenbestimmungen konkret die Einhaltung der gesetzlichen Voraussetzungen sichergestellt werden soll, als auch – in Grenzen –, ob überhaupt anstelle der Ablehnung eines Antrags der Versuch gemacht werden soll, die Einhaltung der gesetzlichen Bestimmungen durch Nebenbestimmungen sicherzustellen. Insoweit wird das Ermessen häufig zugunsten des Betroffenen reduziert sein (s auch unten Rn 49). 44

b) Verhältnis zum Untersuchungsgrundsatz. Für die Frage, ob die Behörde verpflichtet ist – auch im Interesse eines Antragstellers, für den die Forderung, dass alle Voraussetzungen des VA schon vor dessen Erlass erfüllt bzw nachgewiesen sein müssen, uU eine unverhältnismäßige Härte darstellen könnte – von dieser Ermächtigung Gebrauch zu machen, kommt es vor allem auch auf das in der Sache anwendbare **materielle Recht** an. Trotz der allgemeinen Fassung der Vorschrift kann diese jedoch nicht als allgemeine Ermächtigung der Behörden angesehen werden, nach Ermessen von der Erfüllung oder genaueren Prüfung zwingender Genehmigungsvoraussetzungen usw abzusehen und stattdessen sich mit Nebenbestimmungen zufrieden zu geben, die sicherstellen, dass in Zukunft diese Voraussetzungen erfüllt werden.[55] Insb darf die Behörde wesentliche Voraussetzungen des in Frage stehenden VA nicht auf Nebenbestimmungen „abschieben" und damit letztlich offen lassen.[56] 45

V. Nebenbestimmungen zum Ermessens-VA (Abs 2)

1. Allgemeines. a) Anwendungsbereich. Abs 2 enthält zunächst nur eine **Legaldefinition** der wichtigsten Nebenbestimmungen. Zweifelhaft ist, ob Abs 2 46

---

[52] BVerwGE 153, 301 (Anerkennung einer privaten Ersatzschule);; BSG DVBl 1988, 451 mwN; StBS 122; Knack/Henneke 20.

[53] Vgl BSG DVBl 1988, 451, wo jedoch keine Bedingung angenommen wird, sondern das Gericht zur Annahme einer Nebenbestimmung besonderer Art neigte.

[54] Vgl OVG Lüneburg DVBl 1982, 966; 1984, 299: Auflage, einen Nachweis über die Sicherheit der Anlage nachzubringen; s dazu auch BVerwG DÖV 1982, 823.

[55] OVG Greifswald NordÖR 2014, 485; ebenso StBS 124 f; Knack/Henneke 45

[56] OVG Lüneburg DVBl 1984, 229; Heitsch DÖV 2003, 367, 372.

auch eine Ermächtigung zur Beifügung von Nebenbestimmungen zu VAen enthält, deren Erlass oder näherer Inhalt in das Ermessen der Behörde gestellt ist. Hierfür spricht der Wortlaut („darf erlassen werden"), der allerdings auch auf das „pflichtgemäße Ermessen" verweist. Die Vorschrift ermächtigt also nur nach Maßgabe des fachrechtlich eingeräumten Ermessens und stellt insoweit klar, dass in diesem Rahmen Nebenbestimmungen **grundsätzlich ohne besondere gesetzliche Ermächtigung** zulässig sind.[57] Das gilt auch dann, wenn für den Haupt-VA (zB die Bewilligung einer Subvention) keine gesetzliche Ermächtigung erforderlich ist.[58] Die Regelung gilt analog auch für VAe, hins derer die Behörde einen **Beurteilungsspielraum** oder einen **planerischen Gestaltungsspielraum** hat.[59] Die Entscheidung über die Beifügung einer Nebenbestimmung ist hier wie bei Abs 1 (im Rahmen der durch das anzuwendende Recht gezogenen Grenzen und des Abs 3) grundsätzlich Sache der Behörde. Die Formulierung („unbeschadet des Abs 1") macht zugleich klar, dass Abs 1 auch für Ermessens-VAe anwendbar ist (StBS 132).

47 **b) Verhältnis zum materiellen Recht.** Die Frage, ob die Ermächtigung zum Erlass von Nebenbestimmungen unmittelbar aus § 36 Abs 2 oder aus dem materiellen Recht folgt, ist **umstritten.**[60] In erster Linie folgt die Ermächtigung zum Erlass von Nebenbestimmungen aus denjenigen Vorschriften, die der Behörde hins des Haupt-VA Ermessen einräumen. Die Befugnis, uU einen VA gänzlich abzulehnen oder nur mit einem engeren Inhalt zu erlassen, schließt grundsätzlich immer auch die Befugnis zu einem Erlass mit lediglich einschränkenden Nebenbestimmungen mit ein. Hinsichtlich der gesetzlichen Voraussetzungen des in Frage stehenden VA gelten jedoch auch bei VAen gem Abs 2 die Erfordernisse gem Abs 1 (BVerwG NJW 1982, 1956; StBS 132). Auch Abs 2 ermächtigt die Behörde nicht zu einer Ausdehnung des gesetzlichen Ermessensrahmens.[61]

48 **c) Rechte des Betroffenen.** Die **Zustimmung des Betroffenen** ist **nicht erforderlich** (BVerwG GewArch 1977, 263: kein VA auf Unterwerfung); sie kann andererseits aber auch eine nach allgemeinem Recht für den Haupt-VA und insoweit mittelbar auch für eine Nebenbestimmung erforderliche (s oben Rn 2) gesetzliche **Ermächtigung grundsätzlich**[62] **nicht ersetzen** oder entbehrlich machen.[63] Grundsätzlich ist der Betroffene jedoch gem § 28 **zu hören,** weil nur so geklärt werden kann, ob er auch angesichts der beabsichtigten belastenden Nebenbestimmungen gleichwohl am VA interessiert ist und nicht ggf eine andere Beschränkung oder Nebenbestimmung vorziehen würde (vgl auch unten Rn 85; allg auch § 40 Rn 56 ff). Andererseits kann die Beifügung bestimmter Nebenbestimmungen auch **aufgrund entsprechender Rechte**

---

57 Erichsen/Ehlers § 23 Rn 14; ebenso StBS 137; FKS 77; einschränkend Knack/Henneke 24 f (für Auflage zweifelhaft); im Ergebnis ebenso zum früheren Recht BVerwGE 38, 298; 61, 126; 62, 100.

58 StBS 138; FKS 78; Humberg GewArch 2006, 462, 454; zweifelnd Knack 25.

59 AA wohl StBS 141, wonach das Planungsermessen nicht erfasst werden soll.

60 Unmittelbar Abs 2 als Ermächtigung sehen an Schneider 42 f; MB 33; die materielle Ermächtigung des Haupt-VA sehen als Ermächtigung an StBS 137; Knack/Henneke 24; BVerwG NVwZ 2000, 820; offen OVG Münster NVwZ 1999, 556. Primär ist auf das Fachrecht abzustellen, weil dieses auch die Ermessensmaßstäbe bestimmt.

61 BVerwG NJW 1978, 1394; NVwZ 1988, 147; DVBl 1989, 517; VGH München DÖV 1985, 266; Knack/Henneke 25.

62 Einschränkend BVerwGE 146, 271 für die freiwillig übernommene Verpflichtung eines Ausländers, jede Veränderung seiner ehelichen Lebensgemeinschaft mitzuteilen.

63 VGH München DÖV 1985, 266: die Zulässigkeit von Nebenbestimmungen kann durch die Zustimmung der Betroffenen nicht erweitert werden; Kirchhof DVBl 1985, 654; wohl auch Knack/Henneke 25; **aA** offenbar zu Subventionen BVerwG NVwZ 1984, 63; OVG Lüneburg NVwZ 1988, 450; Weides JuS 1985, 369: die Zustimmung des Betroffenen berechtigt die Behörde zur Beifügung einer Nebenbestimmung.

Dritter, deren Schutz sie dienen sollen[64] oder als Frage des Grundsatzes der Verhältnismäßigkeit geboten sein. Dies gilt grundsätzlich auch zum Schutz lediglich nur formell, insb wegen Fehlens einer erforderlichen Genehmigung rechtswidriger („illegaler") Rechtspositionen Dritter, für die die Betroffenen aufgrund der materiellrechtlichen Situation billigerweise Schutz erwarten können.[65]

Besteht die Möglichkeit anstelle der Ablehnung eines begünstigenden VA den begehrten VA mit einer Nebenbestimmung zu erlassen, so hat der Antragsteller einen **Anspruch auf ermessensfehlerfreie Entscheidung,** der sich zu seinen Gunsten auch auf Null reduzieren kann. Dies ist der Fall, wenn den betroffenen öffentlichen Interessen bzw Interessen oder Rechten Dritter auch durch geeignete Nebenbestimmungen ausreichend Rechnung getragen werden kann[66] und auch keine anderen gewichtigen Gründe gegen die Gewährung der Vergünstigung sprechen. 49

d) Nebenbestimmung durch Unterwerfung? Umstritten ist, ob und ggfs in welchem Umfang sich der Adressat eines begünstigenden VA, insbesondere eines Subventions-VA, ohne besondere gesetzliche Grundlage weitergehenden belastenden Nebenbestimmungen unterwerfen kann. **Diese Frage ist zu verneinen.**[67] Auch im Bereich der zustimmungsbedürftigen begünstigenden VAe kann sich der Begünstigte nicht beliebigen belastenden Nebenbestimmungen unterwerfen. Vielmehr muss die Behörde auch dann über die Beifügung von Nebenbestimmungen nach pflichtgemäßem Ermessen entscheiden, wenn der Betroffene sich mit weitergehenden Nebenbestimmungen einverstanden erklärt hat. Für die Ausübung des pflichtgemäßen Ermessens gilt, dass Nebenbestimmungen nur dann zulässig sind, wenn sie zum Haupt-VA in einem sachlichen und angemessenen Zusammenhang stehen, insbesondere dazu dienen, die Voraussetzungen für die Begünstigung zu schaffen oder zu sichern. 50

2. Die Formen möglicher Nebenbestimmungen. a) Keine abschließende Regelung. Abs 2 enthält neben einer allgemeinen Ermächtigung zur Beifügung von Nebenbestimmungen bei ErmessensVAen zugleich auch **Legaldefinitionen** der wichtigsten in Betracht kommenden Nebenbestimmungen. Die Regelung lässt nach hM grundsätzlich andere Arten von Nebenbestimmungen zu.[68] So kann etwa der in der Rechtsprechung entwickelte **Korrekturvorbehalt** (s unten Rn 63) als eine Sonderform des Widerrufsvorbehalts zulässig sein. Die meisten in einzelnen Gesetzen vorgesehenen oder in der Praxis üblichen Regelungen, die im Zusammenhang mit VAen getroffen werden, lassen sich entweder unter die in Abs 2 genannten Arten, insb auch unter Abs 2 Nr 3 als Vorbehalt eines Teilwiderrufs (s unten Rn 61) einordnen, oder aber sie stellen überhaupt keine Nebenbestimmungen iS von § 36, sondern in der Vorschrift nicht genannte inhaltliche Beschränkungen (Qualifikationen) des VA, auf den sie sich beziehen, dar.[69] 51

---

[64] Vgl BVerwGE 45, 235; BVerwG DVBl 1990, 594; OVG Lüneburg DVBl 1989, 834; NuR 1987, 375; VGH Mannheim DÖV 1972, 642; GewArch 1983, 89; BauR 1978, 46; Knack/Henneke 26.

[65] Vgl BVerwGE 51, 33; 52, 126; 88, 144; BVerwG Buchh 406 § 5 BImSchG Nr 5.

[66] BVerwGE 60, 276; DVBl 1990, 646; VGH München BauR 1978, 46; OVG Münster NJW 1984, 2116; VGH Mannheim VBlBW 1983, 24; WBSK I § 47 Rn 22; Obermayer VerwR 93.

[67] Krit auch Sachs VerwArch 1985, 398, 412; StBS § 44 Rn 71; offen Knack/Henneke § 35 Rn 112; positiv dagegen Erichsen VerwArch 1970, 174. S auch Renck JuS 1971, 77; Kirchhof DVBl 1985, 654.

[68] StBS 2; Knack/Henneke 7; **aA** MB 24; Obermayer/Funke-Kaiser 1.

[69] Vgl WBSK I § 47 Rn 15; Hoffmann DVBl 1977, 514; Laubinger VerwArch 1982, 358; Maurer 12 Rn 16; Schachel Jura 1981, 455; Langer JA 1990, 28; Rumpel BayVBl 1987, 577; **aA** insoweit Weyreuther DVBl 1969, 232, 295.

52 **b) Maßgeblichkeit des materiellen Gehalts.** Maßgebend für die Zuordnung zu den hier genannten Typen von Nebenbestimmungen ist **nicht die Bezeichnung** der Regelung als Befristung, Bedingung usw, sondern der materielle Gehalt.[70] Die in Gesetzen – vor allem in älteren Gesetzen vor Erlass des VwVfG – verwendete **Terminologie und der Sprachgebrauch** der Behörden stimmen nicht immer mit den Definitionen in Abs 2 überein, insb wird der Ausdruck Bedingung häufig auch als Oberbegriff auch für andere Nebenbestimmungen gebraucht.[71] Oft werden einem VA auch Bedingungen, Auflagen usw unter einer allgemeinen Sammelbezeichnung beigefügt, der nicht zu entnehmen ist, welche der im Einzelnen beigefügten Nebenbestimmungen als Bedingungen, Auflagen usw zu verstehen sind. Die nähere Abgrenzung ist in diesen Fällen Auslegungsfrage (Erichsen/Ehlers § 23 Rn 9); insb kommt es darauf an, wie die getroffene Regelung **nach ihrem objektiven Erklärungswert** und den sonst den Betroffenen bekannten Umständen nach Treu und Glauben zu verstehen ist (vgl auch BVerwG DVBl 1981, 260; NJW 1986, 660; 1989, 54); **im Zweifel** ist die für die Betroffenen **weniger belastende Art** (zB Auflage statt Bedingung) anzunehmen (Knack/Henneke 7).

53 **3. Befristung (Abs 2 Nr 1).** Befristung bedeutet entspr § 163 BGB die Festsetzung eines **dem Datum nach bestimmten Zeitpunkts** (zB 31.12.2010) oder doch eines bestimmbaren Zeitpunktes (zB Ostersonntag 2004; innerhalb eines Jahres nach Zustellung usw) als Voraussetzung für den Eintritt, die Dauer oder die Beendigung der (inneren) Rechtswirkungen eines VA.[72] Ausreichend ist, wenn die Bestimmbarkeit erst später eintritt (zB der 1. Prüfungstermin im Jahr 2003), ebenso, wenn die Frist von einem konkret bezeichneten Ereignis abhängig ist, dessen Eintreten nach Einschätzung der Behörde gewiss ist, auch wenn der Zeitpunkt des Eintretens bei Erlass einer Nebenbestimmung noch ungewiss ist. Um eine Befristung handelt es sich deshalb zB, wenn eine Erlaubnis für einen Verkaufsstand auf einem öffentlichen Platz für die Zeit bis zum alljährlich auf dem Platz stattfindenden Frühjahrsmarkt oder wenn einem Beamten eine Nebentätigkeit für die Dauer der Ausübung eines bestimmten Amtes, zB als Bürgermeister, erteilt wird (Knack/Henneke 32). Ist jedoch nach der auch den Beteiligten erkennbaren Auffassung der Behörde der **Eintritt des Ereignisses ungewiss,** von dem der Ablauf oder Beginn einer Frist abhängt, so handelt es sich nicht um eine Befristung, sondern um eine **Bedingung.**[73] Dass die Beteiligten von der Erwartung ausgehen, das Ereignis werde tatsächlich eintreten, genügt nicht (Knack/Henneke 32; zT **aA** VGH München BayVBl 1980, 49).

54 **Keine Befristung** iS von Nr 1 liegt vor **bei einer kraft Gesetzes** oder nach allgemeinen Rechtsgrundsätzen bestehenden Fristabhängigkeit eines VA, zB bei aufgrund gesetzlicher Vorschrift vorgesehener **beschränkter Geltungsdauer** bestimmter Erlaubnisse (ebenso Knack/Henneke 35). Dies ist etwa bei verschiedenen Genehmigungen für den Fall vorgesehen, dass von ihnen nicht innerhalb einer bestimmten Frist Gebrauch gemacht wird (vgl § 73 HBauO für Baugenehmigungen und Vorbescheide; § 75 Abs 4 für Planfeststellungsbeschlüsse). Dies gilt auch dann, wenn im VA auf diese Befristung hingewiesen wird, **anders,**

[70] Das bedeutet nicht, dass für eine vom Sprachgebrauch abweichende Auslegung gewichtige Gründe sprechen müssen, vgl BGH DVBl 2001, 809 für den Fall, dass in einer Baugenehmigung der Nachweis der Erschließung verlangt wird.

[71] Vgl BVerwG NJW 1986, 600.

[72] BVerwGE 60, 269; BSG DVBl 1988, 452; VGH München BayVBl 1980, 49; ZfW 1977, 51; Laubinger WuV 1982, 121; Knack/Henneke 32; Erichsen/Ehlers § 23 Rn 5; WBSK I § 47 Rn 4; ebenso zum bish Recht M 90; Obermayer VerwR 91.

[73] BVerwGE 60, 275 = DVBl 1981, 264: Befristung, wenn hinreichende Gewissheit besteht, dass das Ereignis eintritt; Laubinger WuV 1982, 121: eine Befristung, wenn nach menschlichem Ermessen mit dem Eintritt zu rechnen ist.

wenn die Befristung **mit eigenem Geltungsanspruch** als Nebenbestimmung in den VA aufgenommen wird. Nicht um eine Befristung iS von § 36 Abs 2 Nr 1 handelt es sich auch bei der Aufforderung in einem VA, einer bestimmten Verpflichtung, die kraft Gesetzes besteht oder sich aus dem VA ergibt, innerhalb einer bestimmten Frist nachzukommen; ebenso wenig bei der dem Bürger gegenüber erklärten Selbstverpflichtung der Behörde **zu einem befristeten Aufschub der zwangsweisen Durchsetzung** eines VA.

Die Befristung ist vor allem ein Mittel, um den Erfordernissen des Grundsatzes 55
der Verhältnismäßigkeit Rechnung zu tragen, wenn die künftige Entwicklung der maßgeblichen Sach- oder Rechtslage im Zeitpunkt des Erlasses noch nicht hinreichend übersehbar ist.[74] Sie kommt deshalb zB in Betracht bei der **Aufenthaltserlaubnis** für Ausländer, bei **Sperrstundenerlaubnissen** für Gaststätten, bei wegerechtlichen **Sondernutzungserlaubnissen,** die idR nicht unbefristet bzw ohne Widerrufsvorbehalt eingeräumt werden dürfen (vgl zB § 8 Abs 2 S 1 FStrG), aber auch zB bei der **Ausnahmebewilligung** nach § 8 HwO, um dem Antragsteller die Möglichkeit zu geben, innerhalb eines bestimmten Zeitraums die Meisterprüfung nachzuholen (Faber GewArch 1987, 6; Stober NJW 1989, 573).

Nachträgliche Veränderungen einer festgesetzten Frist sind zugunsten des 56
Adressaten grundsätzlich zulässig, erfordern jedoch einen neuen VA, dessen Erlass wiederum im Ermessen der Behörde steht. Zur nachträglichen Befristung einer „Altausweisung" BVerwG NVwZ 2015, 1210. Vgl insoweit auch zu sog Kettenverwaltungsakten, insb zu Genehmigungen, die jeweils nur für kurze Zeiträume erteilt werden, jedoch im Regelfall immer wieder erneuert werden, § 48 Rn 18; zum Prüfungsumfang bei der Verlängerung Schröder, ferner Kloepfer DVBl 1972, 371. Eine **nachträgliche Verkürzung** einer Frist ist **nur zulässig,** wenn sie durch Gesetz ausdrücklich zugelassen ist (zB nach § 5 GastG) oder wenn die Voraussetzungen für eine Rücknahme oder einen Widerruf des VA gegeben sind (BVerwGE 65, 174).

4. Bedingung (Abs 2 Nr 2). a) Begriff. Bei einer Bedingung hängt entspr 57
§ 158 BGB der Eintritt (aufschiebende Bedingung) oder die Beendigung (auflösende Bedingung) der mit dem VA erstrebten Wirkungen (innere Wirksamkeit) von einem **zukünftigen ungewissen Ereignis ab,** also von einem Ereignis, von dem im Zeitpunkt des Erlasses des VA ungewiss ist, ob es überhaupt eintreten wird.[75] Maßgeblich sind auch hier wie bei der Befristung die Vorstellungen der Behörde in Bezug auf die Ungewissheit des Ereignisses. Zu unterscheiden sind die **aufschiebende Bedingung,** bei der die innere Wirksamkeit des Haupt-VA erst eintritt, wenn die Bedingung eingetreten ist bzw erfüllt wurde,[76] und die **auflösende Bedingung,** deren Eintritt unmittelbar den Wegfall der inneren Wirksamkeit des Haupt-VA auslöst. Der Umstand, dass die Herbeiführung des Ereignisses vom Willen eines Beteiligten abhängt (sog „unechte" Bedingung oder **Potestativbedingung**), schließt die Annahme einer Bedingung nicht aus (BVerwGE 29, 265: Baugenehmigung unter der Bedingung, dass Kfz-Einstellplätze geschaffen werden). Als zulässig anzusehen sind auch Bedingungen, die die **Wirkungen des VA rückwirkend entfallen** lassen, zB eine Bedingung, bei deren Eintritt der VA rückwirkend wegfällt und daher zB die damit bewilligte Leistung grundsätzlich zurückzuerstatten ist (Kopp F.J. DVBl 1989, 238).

---

[74] BVerwGE 60, 276; DVBl 1990, 646; zweifelhaft VG Oldenburg GewArch 1986, 229, wonach eine Befristung der Erlaubnis nach § 33i GewO zur Prüfung, ob ein Versagungsgrund für die Erlaubnis besteht, nicht zulässig sein soll; vgl Kopp DVBl 1989, 241.

[75] BVerwGE 29, 261; M 90; Erichsen/Ehlers § 23 Rn 6; WBSK I § 47 Rn 6; K 9; Knack/Henneke 32.

[76] BVerwG, B v 8.12.2011, 3 B 39/11, juris, zum Eintritt der Gestattungswirkung einer unter aufschiebender Bedingung stehenden Genehmigung.

58 **b) Wirkungen.** Die Wirkungen des VA treten bei der aufschiebenden Bedingung erst mit dem Eintritt der Bedingung ein. Bei der auflösenden Bedingung entfallen sie automatisch, ohne dass es einer hierauf gerichteten Entscheidung, Feststellung usw bedarf. Hierdurch können Rechtsunsicherheiten entstehen, weil deren Eintritt nicht stets ohne weiteres erkennbar sein muss. Wegen des automatischen Wegfalls der Wirkungen des Haupt-VA sind auflösende Bedingungen in vielen Fällen verfassungsrechtlich problematisch (zB Wegfall einer Aufenthaltsgenehmigung, wenn der Ausländer eine selbständige Tätigkeit oder eine vergleichbare unselbständige Tätigkeit ausübt).Wird der Eintritt einer Bedingung von der Behörde oder einem Beteiligten **gegen Treu und Glauben herbeigeführt oder vereitelt,** so ist § 162 BGB entspr anzuwenden (BVerwGE 9, 92; 11, 352; 31, 200; 68, 159). Wird das Eintreten einer Bedingung treuwidrig vereitelt, so wird der Betroffene so behandelt, als sei die Bedingung eingetreten (BVerwGE 68, 159 mwN).

59 **c) Abgrenzungsfragen.** Ob es sich bei einer Nebenbestimmung um eine **Bedingung oder um eine Auflage** handelt, darf nicht allein aufgrund der Bezeichnung beurteilt werden. Maßgebend ist der Wille der Behörde, wie er sich für den Adressaten unter Würdigung der Gesamtumstände darstellt (näher unten Rn 73). **Nicht um Bedingungen** iS der Nr 2 handelt es sich bei inhaltlichen Beschränkungen eines VA, die sich bereits **unmittelbar aus gesetzlichen Vorschriften** oder allgemeinen Rechtsgrundsätzen ergeben und auf die im VA nur hingewiesen wird. Dies gilt auch für VAe, denen Nebenbestimmungen wie nach **Nr 2.1 ANBest-K** beigefügt sind (BVerwGE 152, 211), oder deren Wirkungen nach ihrem Inhalt oder kraft Gesetzes enden (vgl zB § 3 Abs 1 GastG, wonach eine Gaststättenerlaubnis erlischt, wenn von ihr innerhalb eines Jahres kein Gebrauch gemacht wird). Gleiches gilt auch für **vorläufige VAe,** bei denen die Vorläufigkeit nicht durch eine auflösende Bedingung oder Befristung sichergestellt ist, was ebenfalls möglich ist (vgl Kopp F.J. DVBl 1989, 238; Kopp DVBl 1990, 728), sondern die gegenstandslos werden, sobald die endgültige Entscheidung getroffen wird und sie damit durch diese „abgelöst" werden.[77]

60 **Umstritten** ist, ob es sich bei den sog **vorsorglichen VAen** um solche handelt, denen eine auflösende Bedingung, nämlich der Erlass eines anderen VA, beigefügt worden ist,[78] zB die Bewilligung einer **Sozialleistung unter dem Vorbehalt,** dass das Verfahren des Versorgungsamts zur Feststellung der Schwerbehinderteneigenschaft führt. Maßgeblich ist insoweit jedoch immer die konkrete Regelung, die die Behörde trifft, und nach der auch zu beurteilen ist, ob es sich um eine auflösende Bedingung, eine inhaltliche Beschränkung oder um den Widerrufsvorbehalt handelt.

61 **5. Vorbehalt des Widerrufs (Abs 2 Nr 3). a) Allgemeines.** Der Widerrufsvorbehalt gibt der Behörde die Befugnis, bei Vorliegen bestimmter, im VA selbst oder in Rechtsvorschriften näher bezeichneter Umstände oder nach den allgemeinen für die sachgemäße Ausübung des Ermessens geltenden Grundsätzen, den VA, dem der Widerrufsvorbehalt beigefügt ist, ganz oder teilweise gem § 49 Abs 2 Nr 1 oder nach entsprechenden Vorschriften für die Zukunft[79] zu widerrufen und dadurch seine Wirksamkeit zu beenden.[80] Bis zu diesem Zeit-

---

[77] S auch oben Rn 9, ferner BFH NJW 1993, 2445; Kopp/Schenke § 80 Rn 41; im Ergebnis auch Begr 57.

[78] So Püttner JZ 1989, 846; **aA** BVerwGE 81, 84 = NVwZ 1989, 1172: keine auflösende Bedingung; krit Langer JA 1990, 41.

[79] Der Vorbehalt rückwirkenden Widerrufs würde gegen § 49 Abs 2 verstoßen, wonach ein Widerruf nur für die Zukunft zulässig ist; anders, wenn ein Fall des § 49 Abs 3 vorliegt, oder soweit durch eine Rechtsvorschrift, auch zB des EU-Rechts, etwas anderes bestimmt ist, vgl BVerwGE 95, 223 = NVwZ 1995, 167.

[80] Vgl BVerwGE 95, 223; M 90; Erichsen/Ehlers § 23 Rn 7; WBSK I § 47 Rn 9.

punkt bleibt der VA voll wirksam; insb berührt der Widerrufsvorbehalt für sich allein noch nicht den Bestand oder die Wirksamkeit des VA. Der Widerrufsvorbehalt begründet die Möglichkeit des späteren Widerrufs (§ 49 Abs 2 Nr 1) und schränkt damit ein Vertrauen in den Fortbestand des VA ein (Maurer § 12 Rn 7).

Der Widerruf selbst erfolgt durch **Erlass eines neuen VA,** der selbständig mit Rechtsbehelfen anfechtbar ist. Durch diesen wird der ursprüngliche VA aufgehoben oder – bei nur teilweisem Widerruf – abgeändert. Der Widerrufsvorbehalt ermöglicht es grundsätzlich auch, dem ursprünglichen VA zusätzliche Regelungen, auch **weitere Nebenbestimmungen,** hinzuzufügen (vgl unten Rn 91). Er ist im Zweifel, dh wenn im Widerrufsvorbehalt nichts anderes bestimmt ist, nur für die Zukunft zulässig. Die aufschiebende Wirkung eines gegen den Widerruf eines VA aufgrund eines Widerrufsvorbehalts eingelegten Rechtsbehelfs hat gem § 80 Abs 1 VwGO zur Folge, dass der ursprüngliche VA vorläufig weiterhin für die Behörde, die Beteiligten und Dritte maßgeblich bleibt. 62

b) Korrekturvorbehalt als Sonderform. Im Subventionsrecht ist mit dem VA unter Korrekturvorbehalt eine Sonderform des Widerrufsvorbehalts und des **vorläufigen VA** entwickelt worden.[81] Diese Nebenbestimmung findet ihre Grundlage in Abs 1, wenn sich bei der Entscheidung über einen Antrag einige für den Umfang einer Bewilligung maßgeblichen Voraussetzungen entweder gar nicht oder nicht innerhalb einer vertretbaren Zeit feststellen lassen, weshalb der Antrag anderenfalls, dh ohne den Korrekturvorbehalt, abgelehnt werden müsste. Im **Hinblick auf den Korrekturvorbehalt ist der VA damit vorläufig;** die spätere Schlussentscheidung führt zu seiner Erledigung, ohne dass es einer besonderen Aufhebung bedürfte. Schutzwürdiges Vertrauen kann sich nicht bilden, soweit der Korrekturvorbehalt reicht. Vom regulären Widerrufsvorbehalt unterscheidet er sich vor allem dadurch, dass er eine Korrektur auch mit Wirkung für die Vergangenheit ermöglicht. 63

c) Anwendbarkeit. Nr 3 betrifft nur den konstitutiven Widerrufsvorbehalt und ist daher **auf VAe nicht anwendbar, die bereits kraft Gesetzes** und ohne dass es dafür eines besonderen Widerrufsvorbehalts bedürfte, widerruflich oder sonst aufhebbar oder abänderbar sind (vgl auch § 49 Abs 2 Nr 1, der ausdrücklich zwischen dem Widerrufsvorbehalt und der Zulassung des Widerrufs durch Rechtsvorschrift unterscheidet). Wenn die Zulässigkeit eines Widerrufs sich bereits unmittelbar aus einer gesetzlichen Regelung ergibt, bedarf es keiner Nebenbestimmung zum Haupt-VA. Einer entsprechenden Regelung im VA kommt in diesem Fall idR **nur deklaratorische Bedeutung,** nicht aber unmittelbare Rechtserheblichkeit zu; **anders,** wenn durch den Widerrufsvorbehalt ein Widerruf an besondere, engere oder weitere Voraussetzungen gebunden würde, als sie die gesetzliche Regelung vorsieht (vgl BVerwGE 95, 224: Begrenzung des Widerrufs auf den Fall der Nichteinhaltung einer Verpflichtung). 64

Keines Widerrufs und entsprechend auch keines Widerrufsvorbehalts bedarf es idR auch bei VAen, die nach ihrem Zweck und Inhalt wesentlich und offensichtlich – gewissermaßen als **Geschäftsgrundlage** – in zulässiger Weise an bestimmte Voraussetzungen oder an eine bestimmte Situation gebunden sind, sobald diese Voraussetzungen entfallen bzw die Situation nicht mehr gegeben ist. Dies kann auch dann der Fall sein, wenn dem VA keine ausdrückliche Bedingung beigefügt worden ist. Ist die Bedingtheit für den Betroffenen ohne weiteres klar erkennbar, ist von einer stillschweigenden Bedingung des VA auszugehen. 65

d) Zulässigkeit eines Widerrufsvorbehalts. Die Beifügung eines Widerrufsvorbehalts setzt voraus, dass er entweder gesetzlich zugelassen ist (§ 36 Abs 1 1. Alt), oder erforderlich ist, um die Voraussetzungen für den Haupt-VA zu schaf- 66

---

[81] BVerwGE 135, 238; hierzu näher Rennert, Regelungen unter Vorbehalt im Subventionsrecht, 79, 82 mwN. Siehe näher § 35 Rn 178.

fen (§ 36 Abs 1 2. Alt), oder, dass der Haupt-VA im Ermessen der Behörde steht (§ 36 Abs 2). Die Möglichkeit eines künftigen Wegfalls der Voraussetzungen reicht für den ersteren Fall nicht aus (BVerwG NVwZ 2016, 699). In letzterem Fall muss die Beifügung des Widerrufsvorbehalts aufgrund zulässiger Ermessenserwägungen erfolgen, nicht allein, um für die Zukunft freiere Hand zu haben (OVG Münster NVwZ 1993, 76). **Umstritten** ist, ob der **Widerrufsvorbehalt** dem Haupt-VA **rechtmäßig** beigefügt worden sein muss. Nach zutreffender hM ist die Behörde nicht gehindert, trotz materiell rechtswidrigen Vorbehalts einen Widerruf auszusprechen, wenn der VA mit dem Vorbehalt unanfechtbar geworden ist.[82] Allerdings wird die Rechtswidrigkeit des Widerrufsvorbehalts uU bei der Ermessensentscheidung über den Widerruf zu berücksichtigen sein (s unten § 49 Rn 37).

67 **Die Voraussetzungen für den Widerruf** müssen nach hM[83] im Widerrufsvorbehalt nicht notwendig näher präzisiert werden. Dies gilt auch dann, wenn sich die in Betracht kommenden Widerrufsgründe nicht bereits aus einer gesetzlichen Regelung ohne weiteres ergeben. Dem **Erfordernis der Bestimmtheit** wird vielmehr durch die Begrenzung auf die Entscheidung im VA genügt (VGH München NJW 1986, 1564). Der Widerrufsvorbehalt kann andererseits aber auf bestimmte Widerrufsgründe beschränkt oder mit einer Bedingung oder Befristung verbunden werden.[84] Jedenfalls im Rahmen der Ermessensentscheidung über den Widerruf ist zu prüfen, ob der Widerruf durch dasjenige öffentliche Interesse gerechtfertigt wird, das für die Zulässigkeit des Widerrufsvorbehalts maßgeblich war.

68 **6. Auflage (Abs 2 Nr 4). a) Allgemeines.** Mit einer Auflage wird dem Begünstigten des Haupt-VA ein Tun, Dulden oder Unterlassen auferlegt. Hieraus folgt, dass die Auflage nur (jedenfalls auch) begünstigenden VAen beigefügt werden kann (Knack/Henneke 40; StBS 82). Die Auflage ist eine zusätzlich mit einem VA verbundene, **selbständig erzwingbare hoheitliche Anordnung** (BVerwG DVBl 1982, 376; VGH Kassel NVwZ-RR 1990, 132). Sie ist nicht integrierter Bestandteil des VA, sondern tritt selbständig zum Hauptinhalt eines VA hinzu und ist für dessen Bestand und Wirksamkeit ohne unmittelbare Bedeutung.[85] Auflagen sind auf ein bestimmtes **Tun, Dulden oder Unterlassen gerichtet;**[86] in einer atomrechtlichen Genehmigung, dass zum Schutz des Kernkraftwerks ein mit Waffen ausgerüsteter Werkschutz eingerichtet werden muss (BVerwG DÖV 1990, 256); in einer Fahrerlaubnis, dass in bestimmten Zeitabständen der Nachweis anhaltender Alkoholabstinenz erbracht werden muss (OVG Koblenz NJW 1990, 1194).

69 **Selbständig erzwingbare Rechte Dritter** werden durch Auflagen nur in den Fällen begründet, in denen eine Auflage speziell zum Schutz dieser Dritten in den VA aufgenommen wurde und nicht nur im Interesse des Gemeinwohls oder der Allgemeinheit.[87] Ob dies der Fall ist, ist nach den allgemeinen Grundsätzen über die Auslegung von VAen zu ermitteln. Soweit eine Auflage

---

82 BVerwG NVwZ 1987, 498; BFH NVwZ 1983, 640; VGH Mannheim BWVBl 1994, 27; StBS § 49 Rn 40; UL § 63 Rn 6; **aA** Maurer § 11 Rn 41; Knack/Henneke § 49 Rn 43; Erichsen/Brügge Jura 1999, 496, 498.

83 BVerwGE 25, 91; 32, 12; VGH München NJW 1986, 1564; Eichberger GewArch 1983, 105 mwN; Knack/Henneke 38; StBS 78; mißverständlich BVerwGE 66, 65; **aA** K 11; Gern-Wachenheim JuS 1980, 277.

84 OVG Münster MDR 1979, 963; VGH Mannheim GewArch 1973, 244; Knack/Henneke 38.

85 BVerwGE 41, 180; 55, 135; Erichsen/Ehlers § 23 Rn 8 f; M 90; Obermayer VerwR 91; WBSK I § 47 Rn 13; Mößle BayVBl 1982, 194.

86 BVerwG DVBl 1982, 306; WBSK I § 47 Rn 12, zB die Auflage in einer Gaststättenerlaubnis für eine Diskothek, dass die Besucherzahl eine bestimmte Zahl nicht überschreiten darf (BVerwG NVwZ-RR 1990, 404 = DÖV 1990, 571).

87 Ebenso Knack/Henneke 42; vgl auch BGH NJW 1993, 1580; **aA** Sieder/Zeitler, WHG, 18 zu § 17 WHG: Dritte können die Erfüllung einer Auflage nicht verlangen.

Rechte Dritter begründet oder schon kraft Gesetzes bestehende Rechte Dritter konkretisiert und präzisiert, kann der begünstigte Dritte ihre Geltendmachung und Durchsetzung, soweit dazu VAe erforderlich sind, mit dem Antrag auf diese und mit der **Verpflichtungsklage,** sonst mit der allgemeinen **Leistungsklage** (s Kopp/Schenke § 42 Rn 13), **uU** auch mit einer **zivilrechtlichen Unterlassungsklage** erzwingen.

b) Rechtsnatur. Umstritten ist, ob Auflagen **selbständige VAe** sind[88] oder nur Bestandteile von VAen, dh der durch VAe geschaffenen Hauptsacheregelungen.[89] Nach zutreffender Auffassung sind sie VAe, die jedoch an den Haupt-VA, dem sie beigefügt werden, gebunden und insoweit **akzessorisch** sind (so wohl auch Knack/Henneke 41). Wird der Haupt-VA aufgehoben, so entfällt auch die Auflage. 70

c) Beispiele. Auflage in einem Zuwendungsbescheid, zur Erfüllung des Zuwendungszwecks die „Allgemeinen Nebenbestimmungen für Zuwendungen zur Projektförderung an Gemeinden" zu beachten,[90] in einer Aufenthaltserlaubnis, das Geld für die Rückfahrt in das Heimatland anzusparen (BVerwGE 64, 285 = DÖV 1982, 451); der Zusatz in einer Aufenthaltserlaubnis, dass diese nicht zur Arbeitsaufnahme berechtigt (LSG Darmstadt NJW 1981, 543; Schickedanz BayVBl 1982, 44); Auflage zu einer Duldung nach § 61 Abs 1 AufenthG, keine Ausbildung aufzunehmen (OVG Hamburg NordÖR 2005, 342); die die einer Baugenehmigung beigefügte Verpflichtung, nicht herstellbare Kfz-Stellplätze abzulösen (OVG Hamburg NOrdÖR 2003, 498; OVG Hamburg NordÖR 1999, 377). Gegenstand der Auflage kann auch eine vom Begünstigten zu erbringende **Gegenleistung** sein (BVerwGE 55, 135 = NJW 1978, 1020; DÖV 1974, 381; Mößle BayVBl 1982, 194). 71

Keine Auflagen iS der Nr 4 sind bloße **Hinweise im VA** auf bestehende gesetzliche Verpflichtungen oder deren bloße Wiederholung in einem VA, auch wenn sie in den Verfügungssatz des VA aufgenommen werden; ebenso nicht die sog **modifizierenden Auflagen** (s unten Rn 74) und sonstige „Auflagen", die nicht zum Inhalt des VA hinzutreten, sondern dessen Zweck festlegen (OVG Koblenz NVwZ-RR 1993, 208). Keine Auflage stellt auch die Festlegung eines Bewilligungszeitraums dar (OVG Münster NVwZ 2001, 693). Keine Auflage ist auch die Festlegung von Emissionsrichtwerten als Zielwerten, wenn für den Fall der Überscheitung lediglich ein Auflagenvorbehalt vorgesehen ist.[91] 72

d) Abgrenzung von Auflage und Bedingung. Am klarsten kommt die Unterscheidung nach wie vor in der klassischen Formulierung C. F. v Savignys (System des heutigen römischen Rechts, Bd III, 1840 S. 231) zum Ausdruck: „Die Bedingung suspendiert, zwingt jedoch nicht, der Modus (die Auflage) zwingt, suspendiert aber nicht." Ist bei einer in einem VA getroffenen Regelung unklar, ob eine Bedingung gem Nr 2 oder nur eine – für den Betroffenen idR weniger belastende – Auflage gem Nr 4 vorliegt, so kommt es darauf an, ob der Empfänger nach Sinn und Zweck der Regelung und den Gesamtumständen davon ausgehen muss, dass die Erfüllung der Nebenbestimmung für das Fortbe- 73

---

[88] StBS 83; Stelkens NVwZ 1985, 470; Hufen/Siegel Rn 528 ff; UL § 50 Rn 13; WBSK I § 47 Rn 13; Erichsen/Ehlers § 23 Rn 9; Obermayer/Funke-Kaiser 43; wohl auch Knack/Henneke 41.

[89] MB 1, 19; Weyreuther DVBl 1984, 368 Fn 25; Laubinger WuV 1982, 148; Lange AöR 1977, 361; Schenke WuV 1982, 146; 1983, 184; Mößle BayVBl 1982, 232; Fehn DÖV 1988, 202; zT **aA** Erichsen Jura 1990, 217: Maßnahmen mit Regelungscharakter, aber keine VAe.

[90] OVG Münster NWVBl 2005, 344; bei Bezugnahme auf Nr 2.1 dieser Nebenbestimmungen wird dagegen eine auflösende Bedingung angenommen (OVG Weimar LKV 2011, 520; wohl auch VGH Mannheim ESVGH 59, 123.

[91] OVG Münster, B v 14.11.2014, 2 A 767/14, juris, zur Unzulässigkeit solcher Zielwerte, wenn mit deren Überschreitung mit hoher Wahrscheinlichkeit gerechnet werden muss.

stehen der Hauptregelung essentiell sein soll (WBSK I § 47 Rn 14; Obermayer VerwR 92). **Im Zweifel** ist **eine Auflage anzunehmen,** da diese für den Betroffenen weniger belastend ist.[92] ZB ist die **Nebenbestimmung zu einer Gaststättenerlaubnis,** dass den Gästen zumindest eine Toilette zur Verfügung gestellt werden muss, für die Betroffenen erkennbar eine (aufschiebende) Bedingung, vor deren Erfüllung die Gaststätte nicht betrieben werden darf; die Bestimmung, dass zu den bereits vorhandenen 10 Toiletten binnen angemessener Frist eine weitere zu errichten ist, dagegen im Zweifel nur eine Auflage. Letzteres gilt – schon aus Gründen der Unverhältnismäßigkeit – für die einer **Aufenthaltserlaubnis beigefügte Nebenbestimmung** „selbständige Erwerbstätigkeit nicht gestattet“ oder „nur gültig zum Studium an ...“,[93] ferner für die Maßgabe in einem Zuwendungsbescheid „die Verdingungsordnung für Bauleistungen (VOB) zu beachten ...“[94] oder „den Nachweis der Mittelverwendung für den festgelegten Verwendungszweck bereitzuhalten ...“.[95]

74 **e) Abgrenzung zu sonstigen Inhaltsbestimmungen. Keine Nebenbestimmungen** iS des § 36 sind, auch wenn sie als solche bezeichnet werden, die sog „modifizierenden“ Auflagen,[96] dh ergänzende, nämlich mit dem VA integrativ verbundene Regelungen, die den Inhalt des VA betreffen.[97] Um eine solche inhaltliche „Beschränkung“ und nicht um eine Nebenbestimmung iS von § 36 handelt es sich idR, wenn ein VA dadurch inhaltlich verändert wird (BVerwGE 35, 318; 70, 161; BVerwG NVwZ 1984, 366), wenn also ein VA mit anderem Inhalt ergeht als beantragt (der ergangene VA also im Vergleich zum beantragten VA ein aliud darstellt, vgl Weyreuther DVBl 1984, 365) oder wenn bei einem VA bestimmte typische, normalerweise damit verbundene Rechtsfolgen ausgeschlossen oder modifiziert werden;[98] außerdem auch zB wenn zusätzlich zu einem VA ein weiterer, damit gekoppelter selbständiger VA ergeht, der den VA einschränkt. Die sog **modifizierende Auflage** (Weyreuther DVBl 1984, 365) stellt danach keine Nebenbestimmung, sondern eine Inhaltsbestimmung dar.

75 **Als inhaltliche Beschränkung anzusehen** ist es zB, wenn eine Baugenehmigung für ein Haus mit Giebeldach beantragt war, die Behörde aber nur ein Haus mit Flachdach genehmigt (Weyreuther DVBl 1969, 297; Knack/Henneke 47); eine Einfuhrerlaubnis, die mit der Maßgabe erteilt wird, dass sie nur für Einfuhren aus bestimmten, näher bezeichneten Ländern gilt; wenn anstelle der beantragten (endgültigen) Erlaubnis eine nur **vorläufige Erlaubnis** erteilt wird (vgl Tiedemann DÖV 1981, 788; ferner BVerwGE 45, 109; BFH NJW 1993, 2445). Gleiches gilt für die Gewährung einer Subvention mit der Maßgabe, dass

---

[92] BVerwG DVBl 1988, 299; OVG Lüneburg GewArch 1981, 344; Erichsen/Ehlers § 23 Rn 9; Knack/Henneke 43; Erichsen Jura 1990, 215; Weyreuther DVBl 1969, 232; StBS 88; differenzierend Obermayer/Funke-Kaiser 24; vgl auch Roellecke DÖV 1968, 333; Johlen DVBl 1989, 290.

[93] VG Berlin InfAuslR 2002, 122.

[94] BVerwG NJW 2001, 1440.

[95] OVG Magdeburg, NVwZ 2000, 585.

[96] BVerwG Buchh 407.4 § 9 Nr 13 S 13; VGH Kassel DÖV 1978, 137; Weyreuther DVBl 1984, 365; Rumpel BayVBl 1987, 577; NVwZ 1988, 502; Obermayer/Funke-Kaiser 26; Laubinger VerwArch 1982, 362 Fn 55; Maurer § 12 Rn 16; WBSK I § 47 Rn 15; **aA** offenbar Wallerath DVBl 1984, 368.

[97] Jäckle NJW 1984, 2132; StBS 98; Knack/Henneke 47; Heitsch DÖV 2003, 367, 368; **aA** insoweit offenbar BVerwGE 45, 109; s zum Rückforderungsvorbehalt BVerwGE 62, 1.

[98] Vgl BVerwGE 36, 154; 41, 181; 85, 27; BVerwG BayVBl 1974, 702; NVwZ 1984, 317; NJW 1982, 2269; VGH München BayVBl 1980, 20; OVG Münster DVBl 1976, 801; VGH Kassel DÖV 1978, 137; GewArch 1984, 206; Bremen BRS 36 Nr 179; LSG Stuttgart NVwZ 1982, 464; Weyreuther DVBl 1969, 232, 295; 1984, 368; Laubinger VerwArch 1982, 352 – mit eingehender Definition –; StBS 96 ff; Hoffmann DVBl 1977, 514; Keller NJW 1979, 1490; vgl auch BVerwGE 56, 138.

eine **Abtretung** des Auszahlungsanspruchs **ausgeschlossen** ist (vgl OVG Münster DÖV 1991, 564); eine **Planfeststellung** mit besonderen Regelungen für die Ausgestaltung des Vorhabens, zB der Böschungen und des Entwässerungssystems (BVerwG NVwZ 1993, 366 – zur Planfeststellung für eine Abfalldeponie); eine Planfeststellung mit der „Auflage", dass die Straße tiefer als geplant gelegt werden muss (Mößle BayVBl 1982, 197); ein Vertriebenenausweis mit eingeschränkter statt voller Betreuungsberechtigung.[99] Um eine derartige inhaltliche Beschränkung handelt es sich außerdem, wenn mit der Genehmigung für eine Halle die Auflage verbunden wird, eine **Rauchabzugsanlage** einzubauen (OVG Münster NVwZ 2000, 1319), eine über das Nachbargrundstück führende **Pipeline feuerhemmend zu ummanteln** (BVerwG NVwZ 1984, 366 = BayVBl 1984, 372), oder dass bestimmte **Lärmgrenzwerte** eingehalten werden;[100] wenn eine Feuerungsanlage mit der „Maßgabe" genehmigt wird, dass nur **Heizöl mit einem bestimmten Schwefelgehalt** verwendet werden darf;[101] wenn eine **Aufenthaltserlaubnis** mit der Maßgabe erteilt wird, dass eine **Arbeitsaufnahme nicht gestattet** wird (VGH Mannheim VBlBW 1984, 88; VG Stuttgart, Urt v 21.5.2007 – 4 K 2086/07, juris).

Um Auflagen iS des § 36 Abs 2 Nr 4 handelt es sich, wenn einem Vertriebe- 76
nenausweis ein **Sperrvermerk** gem § 15 Abs 4 BVFG aF beigefügt wird (BVerwGE 70, 161 = NVwZ 1985, 212); wenn eine Baugenehmigung mit der Pflicht zur **Stellplatzablösung** versehen wird, wenn eine Gaststättenerlaubnis mit der Maßgabe erteilt wird, dass Pornofilme nicht vorgeführt werden dürfen (**aA** BVerwG GewArch 1985, 169: eine modifizierende Auflage); wenn mit der Genehmigung eines Bauwerks die Auflage verbunden wird, dass gleichzeitig ein anderes Bauwerk auf dem Grundstück renoviert wird (vgl Kopp BayVBl 1985, 670). **Keine Auflage** iS von Nr 4, sondern **Bestimmung des Zwecks** der Bezüge und damit Bestimmung des Inhalts des VA und nach früherer Terminologie eine „modifizierende" Auflage ist auch die Auflage bestimmter Studienleistungen oder Ausbildungsfortschritte bei der Gewährung von Anwärterbezügen nach § 59 Abs 5 BBesG iV und Tz 59.5.2 BBesGVwV (OVG Koblenz DÖV 1993, 400; ähnlich BVerwG NVwZ 1993, 373). Zur Abgrenzung von Auflagen und Inhaltsbestimmungen s auch Rumpel BayVBl 1987, 583 und Maurer 12 Rn 13 mwN; Langer JA 1990, 28; Heitsch DÖV 2003, 367, 368.

7. Auflagenvorbehalt (Abs 2 Nr 5). Der Vorbehalt nachträglicher Auflagen 77
bzw der Änderung oder Ergänzung von Auflagen gibt der Behörde die **Befugnis zu entsprechenden Anordnungen** – einschließlich einer Erweiterung und Verschärfung bestehender Auflagen (BVerwG BayVBl 1982, 601) – nach Erlass des VA. Dies ist vor allem in Fällen von Bedeutung, in denen sich die Auswirkungen eines Vorhabens im Zeitpunkt der Entscheidung der Behörde noch nicht voll übersehen lassen. **Nr 5 ist an sich überflüssig,** da die nachträgliche Anordnung weiterer Auflagen sich sachlich immer als teilweiser Widerruf des ursprünglichen VA darstellt und daher die Behörde denselben Zweck immer auch durch einen entsprechenden Widerrufsvorbehalt gem Nr 3 erreichen kann.[102]

---

[99] Vgl BVerwGE 71, 161: zulässige Einschränkung; **aA** BVerwGE 55, 40 = Buchh 412.3 § 1 BVFG Nr 21: die Betreuungsberechtigung ist untrennbar mit der Statusfeststellung als Vertriebener verbunden.

[100] BVerwG NVwZ 1984, 366, offensichtlich unter teilweiser Aufgabe der gegenteiligen Auffassung in BayVBl 1974, 379, wo eine modifizierende Auflage angenommen worden war.

[101] BVerwGE 69, 37 = NVwZ 1984, 371: keine Auflage, auch keine modifizierende Auflage; die Vorinstanz VGH Mannheim VBlBW 1982, 176 hatte eine gewöhnliche Auflage angenommen.

[102] Vgl OVG Schleswig NVwZ 1994, 553; Obermayer VerwR 92; **aA** StBS 89; Heitsch DÖV 2003, 367, 368; Knack/Henneke 45 f: kein teilweiser Widerruf. Allg zum Auflagenvorbehalt s auch Kloepfer Vw 1975, 295 ff; Leiner NVwZ 1991, 844.

Ähnlich wie der Widerrufsvorbehalt ist auch der Vorbehalt nachträglicher Auflagen nicht zulässig, wenn er allein den Zweck hat, der Behörde allgemein freie Hand zu verschaffen oder eine weniger sorgfältige Prüfung der Entscheidungsvoraussetzungen zu „kompensieren" (vgl Knack/Henneke 45). Wie beim Widerrufsvorbehalt (s oben Rn 61 ff) und aus den gleichen Gründen **bedarf** es auch beim Auflagenvorbehalt **keiner näheren Präzisierung** der Voraussetzungen.[103]

VI. Verbot zweckwidriger Nebenbestimmungen (Abs 3)

78 **1. Erlass von Nebenbestimmungen als Ermessensentscheidung. a) Allgemeines.** Das Verbot zweckwidriger Nebenbestimmungen ist Ausdruck des Gebots der Ausübung pflichtgemäßen Ermessens. Die Beifügung von Nebenbestimmungen zu einem Haupt-VA steht grundsätzlich im Ermessen der zuständigen Behörde. Das gilt auch für die Fälle des Abs 1, in denen die Nebenbestimmung dazu dient, die Voraussetzungen für den Haupt-VA erst zu schaffen. Nach Abs 1 ist das Ermessen erst eröffnet, wenn diese Voraussetzung erfüllt ist. Das Ermessen hat sich wie auch sonst an den Zwecken der Ermächtigung zu orientieren und kann im Einzelfall auch auf Null reduziert sein.

79 **b) Akzessorietät der Ermessenszwecke.** § 36 enthält abgesehen von der Regelung für gebundene VAe in Abs 1 keine näheren Festlegungen oder Umschreibungen der Zwecke, zu deren Verwirklichung oder Wahrung Nebenbestimmungen zulässig sind, sondern begnügt sich insoweit mit der negativen Abgrenzung in Abs 3, dass „dem Zweck des VA zuwiderlaufende Nebenbestimmungen" ausgeschlossen sind.[104] Maßgebend sind insoweit die allgemeinen Grundsätze für die Ermessensausübung gem § 40 in Verbindung mit dem im konkreten Fall, insb auch für den Haupt-VA, anwendbaren Recht. Nebenbestimmungen sind danach **nur** dann zulässig, **wenn sie dem Zweck des VA** in der Hauptsache bzw der gesetzlichen Regelungen, die für den Erlass des VA maßgeblich sind, **dienen;**[105] nicht ausreichend ist es, dass die Nebenbestimmung irgendeinem legitimen Verwaltungszweck dient (BVerwG BayVBl 1986, 89; Jarass JuS 1980, 117; ebenso zum früheren Recht auch BVerwGE 51, 166). Bedingungen und Auflagen sowie sonstige Nebenbestimmungen müssen ihre Rechtfertigung in dem Zweck des Gesetzes und der vom Gesetzgeber gewollten Ordnung der Rechtsmaterie finden.[106]

80 **2. Maßgeblichkeit der materiellen Ermächtigung. Ihre materiellrechtliche Grundlage** finden Nebenbestimmungen, soweit durch Gesetz nichts anderes vorgeschrieben oder zugelassen ist, in den Bestimmungen, die auch die Ermächtigung zum Erlass des VA in der Hauptsache enthalten oder sonst beim Erlass des VA zu beachten sind (s oben Rn 2; vgl auch WBSK I § 47 Rn 24). Sie müssen sich deshalb **auch im Rahmen der Zwecksetzung des Haupt-VA**

---

[103] **AA** MB 23; Knack/Henneke 45: der Widerrufsvorbehalt muss entweder die spätere Belastung umschreiben oder die Gründe und Zielsetzungen darlegen, unter denen eine spätere Belastung erlaubt ist.

[104] Vgl zum Verbot der Zweckwidrigkeit im selben Sinn zum früheren Recht BVerwGE 36, 147; 55, 140; BVerwG NJW 1979, 1113; Roellecke DÖV 1968, 333; Obermayer VerwR 2. Aufl 125.

[105] OVG Münster NWVBl 2012, 146 für das Denkmalschutzrecht. Zum insoweit geltenden Koppelungsverbot s auch Breuer NVwZ 112, 114.

[106] BVerwGE 36, 147; 51, 166; 56, 261; BVerwG NJW 1977, 449; 1979, 113; VGH Mannheim ZfW 1988, 347; VGH Kassel NVwZ 1994, 189; Roellecke DÖV 1968, 341; Erichsen/Ehlers § 23 Rn 15; WBSK I § 47 Rn 25 f; Menger VerwArch 1973, 207 mwN; s allg auch OVG Münster NJW 1976, 688; VG Schleswig NJW 1982, 349; Weides NJW 1981, 842; **aA** MuE 139.

und der für diesen maßgeblichen gesetzlichen Regelung halten[107] **und sachbezogen und sachgerecht** sein (BVerwGE 36, 147 und 154; OVG Münster DVBl 1985, 532). Somit kann für sie letztlich auch nur dieselbe ratio legis, dh auch dieselben Zwecke und dieselben Rechtsvorschriften und Rechtsgrundsätze, zu denen § 36 nur ergänzend hinzukommt, maßgeblich sein, wie für die Gesamtregelung.[108] Deshalb sind Nebenbestimmungen zu wegerechtlichen Sondernutzungserlaubnissen auf bestimmte straßenrechtliche,[109] bauplanerische und baupflegerische Erwägungen[110] begrenzt.[111]

a) Zweckzusammenhang, Kopplungsverbot. Nebenbestimmungen müssen mit dem VA, dem sie beigefügt, zumindest insofern in einem Zweckzusammenhang stehen, als sie die Schaffung oder Beseitigung von Umständen zum Ziel haben, deren Fehlen bzw Vorhandensein die Verwaltung sonst zwingen oder im Rahmen des ihr zukommenden Ermessensspielraums berechtigen würden, die in der Hauptsache in Betracht kommende Regelung zu versagen oder mit einem für die Betroffenen ungünstigeren Inhalt zu treffen.[112] Das sog Koppelungsverbot (vgl § 56 Rn 16 ff) gilt als **allgemeiner Rechtsgrundsatz** insoweit auch für die Beurteilung der Zulässigkeit von Nebenbestimmungen.[113] ZB ist eine Zahlungsauflage in einer Genehmigung zur Zweckentfremdung von Wohnraum nur zum Zweck der wenigstens teilweisen Kompensation der durch die Zweckentfremdung entstehenden Mehraufwendungen für die Schaffung von Wohnraum zulässig und findet deshalb ihre Grenze in den von dem Vorhaben ausgehenden Nachteilen (BVerfG 55, 259; BVerwG DÖV 1993, 164). 81

Zweckzusammenhang. Nebenbestimmungen zu begünstigenden VAe sind somit, sofern sie nicht lediglich sicherstellen sollen, dass die gesetzlichen Voraussetzungen des VA erfüllt werden (dazu oben Rn 41), nur dann zulässig, wenn und soweit sie der Verhinderung, Beseitigung oder Minderung von Nachteilen dienen, die sich sonst aus dem VA bzw dem Gebrauch, den der Adressat oder Dritte davon machen können, für die Allgemeinheit oder Einzelne ergeben können.[114] Zwischen dem VA und den möglichen Nachteilen muss dabei ein **adäquater Kausalzusammenhang** iS der in der Rspr des BVerwG aufgestellten Grundsätze (vgl BVerwGE 41, 186) bestehen. Unzulässig wäre danach zB die mit einem Baudispens verbundene Bedingung der Bezahlung ausstehender Steuerschulden, zulässig dagegen eine Befreiung von der Verpflichtung zur Schaffung eines Stellplatzes unter der Auflage, dass statt dessen ein Beitrag zur Errichtung 82

---

[107] BVerwGE 36, 147 und 154; VG Karlsruhe NJW 1994, 1979; Erichsen/Ehlers § 23 Rn 15; Schachel, Nebenbestimmungen 117 f; ders, Jura 1981, 458; Knack/Henneke 29; MB 33.

[108] BVerwGE 26, 302; 41, 183; BGH NJW 1984, 2698; Menger VerwArch 1975, 207 f mwN; Erichsen/Ehlers § 23 Rn 15; Schachel DVBl 1980, 1040; StBS 143 ff; MB 33; offen BVerwGE 36, 145; **aA** VGH Kassel NVwZ 1987, 902; Pappermann/Löhr/Andriske, Recht der öffentlichen Sachen, 1987, 93: uU auch „zuständigkeitsfremde" Gesichtspunkte.

[109] BVerwGE 47, 284; 56, 68; NJW 1981, 472; VGH Mannheim NVwZ-RR 2000, 837; OVG Saarlouis NVwZ-RR 1999, 218; OVG Lüneburg NJW 1986, 864; OVG Münster NVwZ 1988, 270; VGH München NVwZ 1985, 207; Löhr NVwZ 1983, 20.

[110] BVerwE 47, 293; VGH Kassel NVwZ 1987, 902.

[111] BVerwGE 104, 331 = DVBl 1997, 1118 zur Unzulässigkeit von Gesichtspunkten, die der Abfallvermeidung dienen; s ausführlich Sauthoff, Öffentliche Straßen, Rn 361 ff mwN.

[112] Vgl Obermayer VerwR 125; WBSK I § 47 Rn 26: „wenn durch Bedingungen oder Auflagen Versagungsgründe ausgeräumt werden"; zur vergleichbaren Problematik bei verwaltungsrechtlichen Verträgen auch BVerwGE 41, 183.

[113] BVerwG NJW 1986, 600; DVBl 1982, 307; OVG Lüneburg NJW 1978, 2260; WBSK I § 47 Rn 25; Knack/Henneke 30; Jarass JuS 1980, 117.

[114] Vgl auch BGH NJW 1984, 2698: Auflagen nur zur Schaffung oder Beseitigung von Verhältnissen, deren Fehlen oder Vorhandensein somit der Behörde berechtigten Anlaß geben könnte, den Antrag abzulehnen.

einer gemeindlichen Kfz-Abstellfläche geleistet wird (BVerwG NJW 1986, 600). Abs 3 regelt insofern nur einen Grenzfall.

83 **b) Einzelfälle. Zulässig** ist zB auch die mit der Stundung einer Forderung verbundene Auflage, dass **Zinsen** zu zahlen sind (BVerwGE 38, 298; 61, 126); die Auflage in der Aufenthaltsgenehmigung, dass das Geld für die Kosten einer Rückreise in die Heimat anzusparen ist (BVerwG DVBl 1982, 307). **Als zulässig** angesehen hat das BVerwG auch die zeitliche Befristung einer wasserrechtlichen Genehmigung, um eine Entschädigungspflicht zu vermeiden, die sonst uU bei einem Widerruf (vgl § 49 Abs 5) in Betracht käme (BVerwG NJW 1988, 148). Es ist jedoch höchst **zweifelhaft,** ob hier nicht das Verbot einer Ausweitung des Entscheidungsrahmens über die Ermächtigung zum Erlass des VA hinaus entgegensteht und ob es sich, was sehr nahe liegt, nicht überhaupt **um einen sachfremden Zweck** handelt, nicht in der Ordnung des Wasserrechts begründet ist; anders wohl, wenn die Befristung durch die Unüberschaubarkeit der Entwicklung bedingt ist und wenn nach Ablauf der Frist eine neue Genehmigung zu für den Betroffenen vertretbaren Bedingungen in Betracht kommt.

84 **Nicht zulässig** sind Nebenbestimmungen, die über den **gesetzlichen Rahmen der Ermächtigung** zum Erlass des Haupt-VA **hinausreichen** und ihn im Ergebnis ausweiten, indem sie der Behörde weitere Befugnisse geben, die außerhalb der Ermächtigung zum Erlass des Haupt-VA liegen. Dies gilt **zB** für eine Nebenbestimmung zur Aufnahme eines Beamten in eine besondere Ausbildung, wenn die Nebenbestimmung eine **Rückzahlungspflicht** hins der Ausbildungskosten bei vorzeitigem Ausscheiden auch für den Fall vorsieht, dass den Kosten der Ausbildung eine adäquate Gegenleistung des Begünstigten gegenüberstand (vgl BVerwGE 52, 187; Krebs VerwArch 1979, 81), oder für die **Befristung einer Erlaubnis, um** anlässlich der dann anstehenden erneuten Erteilung wiederum die **Zahlung einer vollen erneuten Erlaubnisgebühr** oder eine **„Ablöse"** für die Nicht-Inanspruchnahme eines „Heimfallrechts hins der aufgrund der ursprünglichen Erlaubnis errichteten Anlagen" durch die Genehmigungsbehörde verlangen zu können (vgl Kopp ZfW 1989, 185).

VII. Verfahrensfragen, Rechtsschutz

85 **1. Verfahrensfragen. a) Akzessorietät der formellen Voraussetzungen.** Die Vorschrift selbst schreibt für Nebenbestimmungen keine bestimmte Form vor. Die **Formerfordernisse** ergeben sich aus den Vorschriften, die für den Haupt-VA, dem die Nebenbestimmungen beigefügt werden, gelten. Wenn für den Haupt-VA Schriftlichkeit vorgeschrieben ist, gilt dies auch für beigefügte Nebenbestimmungen. Dies gilt unabhängig von der Frage, ob Nebenbestimmungen Teil des VA, dem sie beigefügt sind, oder selbständige, mit dem Haupt-VA akzessorisch verbundene VAe sind. Auch sonst gelten für sie jedenfalls grundsätzlich alle für VAe maßgeblichen Vorschriften, so zB das Erfordernis hinreichender **Bestimmtheit** gem § 37 Abs 2,[115] der **Anhörungspflicht** gem § 28 (Knack/Henneke 8), der **Begründungspflicht** gem § 39 (OVG Lüneburg NVwZ 1989, 1181) usw.

86 **b) Ausdrücklichkeit.** Grundsätzlich ist für die Annahme einer Nebenbestimmung eine ausdrückliche Regelung in oder ergänzend zu einem VA erforderlich.[116] Allerdings kann sich die Nebenbestimmung auch aus dem Gesamtzusammenhang des VA ergeben, sofern dies für die Adressaten bzw Betroffenen

---

115 BVerwGE 38, 209; BVerwG NVwZ 1990, 856; KG NVwZ 1993, 304; OVG Münster DVBl 1976, 800.

116 OVG Münster NVwZ 1991, 588; VGH Mannheim NVwZ 1989, 383; zweifelnd StBS 27.

hinreichend klar erkennbar ist (**aA** noch Voraufl). Auch setzen Nebenbestimmungen keine ausdrückliche Kennzeichnung mit den in § 36 vorgesehenen Bezeichnungen voraus, dh als Befristung, Bedingung usw. Zulässig und leider weithin üblich sind unspezifische Bezeichnungen wie „unter Vorbehalt" (vgl VGH Mannheim DVBl 1991, 777), „mit der Maßgabe, dass" oder aufgrund eines allgemeinen „Vorspanns", wie „folgende Auflagen, Bedingungen usw". Stets müssen sie in erkennbarem Zusammenhang mit dem Inhalt und Zweck des Haupt-VA stehen, wobei die Grenze zu schon kraft allgemeinen Rechts bestehenden Beschränkungen oft zweifelhaft sein kann und eine Frage der Auslegung des VA im konkreten Fall ist.[117] So kann zB je nach den Umständen, die Erteilung einer Erlaubnis mit der **Maßgabe, dass noch einzelne Voraussetzungen nachgewiesen werden müssen,** als VA mit einer entsprechenden Auflage, aufschiebenden Bedingungen oder unter einem Widerrufsvorbehalt[118] für den Fall, dass der Antragsteller nicht in der Lage sein sollte, die noch fehlenden Nachweise nachzubringen, angesehen werden.

Es ist grundsätzlich Sache der Behörde, **klar, bestimmt, verständlich und** 87
widerspruchsfrei zum Ausdruck zu bringen, was gemeint ist und gelten soll (BSG DVBl 1988, 451). Unklarheiten gehen zu Lasten der Verwaltung.[119] Lässt eine Nebenbestimmung oder Klausel mehrere Auslegungen zu, so muss sich die Verwaltung diejenige Auslegung entgegenhalten lassen, die die Betroffenen vernünftigerweise zugrunde legen dürfen, ohne die Unbestimmtheit oder Unvollständigkeit des VA willkürlich zu ihren Gunsten auszunutzen (BSG 42, 189; 48, 125; DVBl 1988, 451 ff). So war die einer Aufenthaltserlaubnis nach altem Recht häufig beigefügte Bestimmung: „Selbständige Erwerbstätigkeit und vergleichbare unselbständige Erwerbstätigkeit nicht gestattet" idR als Auflage und nicht etwa als Bedingung zu verstehen.

2. Rechtsschutzfragen. a) Klageart. Die Rechtsprechung hat die lange 88
heftig umstrittene[120] Frage nach der richtigen Klageart gegen belastende Nebenbestimmungen inzwischen **grundsätzlich iS der Anfechtungsklage** entschieden,[121] allerdings ohne die dogmatischen Probleme dieser Auffassung überzeugend zu bewältigen.[122] Die überkommene Auffassung ging davon aus, dass nur die Auflage selbständig anfechtbar sei, alle anderen Nebenbestimmungen konnten danach einer gerichtlichen Überprüfung nur dadurch zugeführt werden, dass der Betroffene eine Verpflichtungsklage auf dem Erlass eines Haupt-VA ohne die belastende Nebenbestimmung erhebt.[123] Die heute hM geht ganz überwiegend davon aus, dass es für die Anfechtbarkeit nicht auf die Art der Nebenbestimmung ankommen soll, sondern vielmehr eine **isolierte Anfechtungsklage gegen sämtliche Formen von Nebenbestimmungen** zulässig

---

[117] Vgl BSG 7, 726; WBSK I § 47 Rn 25 ff.

[118] Dass ein Widerrufsvorbehalt wegen fehlender Rückwirkung im Subventionsrecht nicht das Mittel der Wahl sein muss, steht auf einem anderen Blatt, missverständlich Rennert, Regelungen unter Vorbehalt im Subventionsrecht, 79, 85.

[119] BSG 37, 160 = SozR 4600 § 143 f Nr 1; DVBl 1988, 451; Knack/Henneke 8; vgl zum objektiven Erklärungswert § 35 Rn 17.

[120] Stadie DVBl 1991, 613; Pietzcker NVwZ 1995, 15; Remmert VerwArch 1997, 112; Labrenz NVwZ 2007, 161; Hufen, Verwaltungsprozessrecht, § 14 Rn 46.

[121] Vgl vor allem BVerwGE 60, 269; BVerwGE 112, 221 = NVwZ 2001, 429; jetzt zustimmend StBS 59.

[122] Von einem „Durchschlagen des gordischen Knotens", wie Erichsen/Ehlers § 23 Rn 3, 16 meinen, kann nicht die Rede sein. Allerdings hat der pragmatische Umgang der Rspr mit der Frage die Probleme weitgehend in Grenzen gehalten.

[123] OVG Berlin NVwZ 2001, 1059: Ausdrückliche Bedingung nicht selbständig anfechtbar; Tietzsch NVwZ 2002, 435; Knack/Henneke 56; Pietzcker NVwZ 1995, 15, 20; ders in Schoch § 42 Rn 120 mwN; Störmer DVBl 1996, 81; Schmidt, NVwZ 1996, 1188; anders nun derselbe in VBlBW 2004, 81, 83; Remmert VerwArch 1997, 134.

ist.[124] Lediglich die Begründetheit einer Anfechtungsklage hänge – von Rechtswidrigkeit und Rechtsverletzung abgesehen – davon ab, ob der Rest-VA sinnvoller- und rechtmäßigerweise ohne die angefochtene Nebenbestimmung bestehen bleiben könne.

89 **aa) Kritik.** Diese Auffassung kann allerdings weder befriedigend erklären, weshalb eine zulässige Anfechtungsklage erfolglos bleiben soll, obwohl die Voraussetzungen des § 113 Abs 1 S 1 für die Begründetheit vorliegen, noch kann sie das Problem des durch die Anfechtungsklage ausgelösten Suspensiveffekts befriedigend lösen. Gelangt man nämlich zur Zulässigkeit der Anfechtungsklage gegen die belastende Nebenbestimmung, dann entfaltet diese gem § 80 Abs 1 VwGO aufschiebende Wirkung. Der Betroffene kann im Schutze des Suspensiveffekts von der uneingeschränkten begünstigenden Regelung des Haupt-VA Gebrauch machen.[125] Das Problem, dass die isolierte Aufhebung der Nebenbestimmung möglicherweise in eine einheitliche Ermessensentscheidung eingreift und ein Entscheidungstorso zurückbleibt, lässt sich dagegen wohl durch Annahme der Rechtswidrigkeit und damit der Rücknehmbarkeit des verbliebenen Rest-VA in den meisten Fällen bewältigen (StBS 57; Pietzcker in Schoch § 42 Abs 1 Rn 134).

90 **bb) Praktische Bedeutung.** Außerhalb des vorläufigen Rechtsschutzes ist die praktische Bedeutung des Meinungsstreits eher gering, zumal in vielen Fällen eines engen inhaltlichen Zusammenhangs eine Inhaltsbestimmung des Haupt-VA anzunehmen ist.[126] Auch im Widerspruchsverfahren spielt der Streit keine Rolle. Der Widerspruchsführer kann, wenn die Widerspruchsbehörde die gleichen Entscheidungsbefugnisse wie die Ausgangsbehörde hat und insb auch zu Ermessensentscheidungen befugt ist, immer auch die Aufhebung einer ihn belastenden Nebenbestimmung oder modifizierenden Auflage beantragen. Die Widerspruchsbehörde muss dem Antrag stattgeben, wenn der Widerspruchsführer Anspruch auf Erlass des VA ohne die in Frage stehende Nebenbestimmung hat; im übrigen liegt die Stattgabe in ihrem Ermessen. Sie kann auch die angegriffene Nebenbestimmung durch eine andere ersetzen.

91 **cc) Umdeutung der Klage.** Liegen die genannten Voraussetzungen für eine isolierte Aufhebung der Nebenbestimmung nicht vor, ist eine Anfechtungsklage gem § 88 VwGO in eine **Verpflichtungsklage** auf Erlass eines neuen VA (uU, wenn der Kläger „hilfsweise" auch den VA mit Nebenbestimmung jedenfalls behalten möchte, zB eine Aufenthaltserlaubnis mit einer Befristung, auf Erlass eines weiteren VA) **ohne die belastende Nebenbestimmung,** oder auf Neuverbescheidung (VGH Mannheim NVwZ 1990, 390) umzudeuten. Ist die in Frage stehende Nebenbestimmung rechtswidrig und werden dadurch Rechte des Klägers verletzt, so hat die Klage insoweit Erfolg.

92 **b) Besonderheiten der Drittanfechtung. aa) Grundsatz Wahlfreiheit.** In ihren Rechten betroffene Dritte hatten nach früher hM[127] grundsätzlich die

---

[124] BVerwGE 112, 221; 60, 274; 81, 186; OVG Bremen NordÖR 2011, 275; OVG Münster NVwZ 1993, 488 zu einer auflösenden Bedingung; VGH München BayVBl 1980, 40; WBSK I § 47 Rn 29; Ule 32 II 2; StBS 59; Kopp/Schenke § 42 Rn 22; Laubinger VerwArch 1982, 367; Schenke JuS 1983, 182; Obermayer/Funke-Kaiser 47; Maurer § 12 Rn 24.

[125] Nach Erichsen/Ehlers § 23 Rn 19 muss dieser Nachteil wegen der Vorteile der Anfechtungslösung hingenommen werden.

[126] S zB BVerwG NVwZ 1984, 371 – Schwefelarmes Heizöl; VGH Mannheim VBlBW 1994, 23 – Gaspendelanlage.

[127] BVerwGE 51, 15 = DÖV 1976, 783 auch dazu, dass die Verpflichtungsklage, da sie die Anfechtung mit einschließt, das Eintreten der Unanfechtbarkeit des VA im übrigen verhindert; BVerwGE 56, 254 = NJW 1979, 1112; BVerwG DVBl 1979, 585; NJW 1980, 1066; 1985, 3034; Keller NJW 1979, 1490 mwN.

Wahl, ob sie Anfechtungsklage wegen Fehlens der in Frage stehenden Nebenbestimmung gegen den begünstigenden VA erheben oder aber Verpflichtungsklage (Bescheidungsklage) auf entsprechende Ergänzung des VA. Diese Auffassung ist inzwischen aufgegeben worden. Die Betroffenen haben nach heute hM[128] idR nur noch die Verpflichtungsklage auf Ergänzung des Planfeststellungsbeschlusses durch eine Nebenbestimmung zu ihrem Schutz; etwas anderes gilt nur dann, wenn es ihnen nur um eine Nebenbestimmung geht, die einen wesentlichen, für die Ausgewogenheit der Regelung insgesamt relevanten Teil des VA betrifft.

bb) Planergänzungsanspruch. Bei Planfeststellungsbeschlüssen besteht nach der neueren Rspr bei fehlenden Schutzauflagen zugunsten betroffener Dritter ausschließlich ein **Anspruch auf Planergänzung,** der im Wege einer Verpflichtungsklage geltend zu machen ist. Eine Anfechtung des Haupt-VA ist nur dann zulässig, wenn die erforderliche Planergänzung die Grundzüge oder die Ausgewogenheit der Planung berühren würde, und deshalb letztlich eine **neue Planfeststellung insgesamt** erforderlich wäre.[129] In jedem Falle kommt eine Aufhebung nach § 75 Abs 1a nur noch dann in Betracht, wenn die Behebung des Mangels weder durch eine Planergänzung, noch durch ein ergänzendes Verfahren möglich ist. Ist die Behebung des Mangels durch ein ergänzendes Verfahren möglich, so hat das Gericht den Planfeststellungsbeschluss nicht aufzuheben, sondern dessen Rechtswidrigkeit und Nichtvollziehbarkeit festzustellen (BVerwGE 109, 370 = NVwZ 1996, 1016). 93

cc) Rechtsschutz nach Unanfechtbarkeit. Nachdem der Haupt-VA unanfechtbar geworden ist, können Drittbetroffene einen Anspruch auf Anordnung von Nebenbestimmungen nach vorheriger Antragstellung bei der zuständigen Ausgangsbehörde und ggf Widerspruchseinlegung **nur noch mit der Verpflichtungsklage** geltend machen. Die Verpflichtungsklage ist entsprechend den oben dargelegten Grundsätzen auf Verpflichtung zur Anordnung bestimmter Nebenbestimmungen oder jedenfalls der erforderlichen Nebenbestimmungen zu richten, wenn der Kläger Anspruch darauf hat und das Unterbleiben der Anordnung ihn in seinen Rechten verletzt, andernfalls auf ermessensfehlerfreie Entscheidung der Behörde. Soweit besondere Rechtsgrundlagen (zB § 75 Abs 2 S 2) fehlen, kommt, da die Anordnung sich dem durch den Haupt-VA Begünstigten gegenüber als Teilrücknahme oder Teilwiderruf darstellt (s Rn 91) idR nur der letztgenannte Anspruch in Betracht. **Für das Vorverfahren** ergeben sich hier keine Besonderheiten. 94

dd) Vor Erlass des Haupt-VA. Nur die Verpflichtungsklage nach vorangegangenem Verfahren vor der zuständigen Behörde und ggf nach Durchführung des Vorverfahrens steht Drittbetroffenen zur Verfügung, wenn noch kein Haupt-VA ergangen ist und auch ein auf einen solchen gerichtetes Verfahren nicht anhängig ist, zB wenn Straßenanlieger auf Anordnung von Schutzvorkehrungen zu ihrem Schutz im Zusammenhang mit einem Straßenbauvorhaben klagen, für das kein Planfeststellungsverfahren durchgeführt wurde oder wird, in dem sie diesen Anspruch geltend machen hätten können oder könnten (s zur Zulässigkeit solcher Klagen auf „isolierte" Auflagen in derartigen Fällen zB BVerwGE 44, 239; 62, 246; allg auch § 22 Rn 43). Im Übrigen gilt das oben Dargelegte hier entsprechend. 95

---

[128] Vgl für Planfeststellungen den Grundsatz des Vorrangs des Planergänzungsanspruchs, vgl zB BVerwGE 56, 133; ähnlich BVerwGE 71, 151; 84, 45; 85, 49; 90, 53; BVerwG BayVBl 1986, 154; NVwZ 1988, 535; BVerwG NVwZ 1993, 362; VGH München NVwZ 1994, 186; UPR 1993, 235; Kühling/Herrmann, Fachplanungsrecht Rn 645; Geislinger BayVBl 1994, 73.

[129] BVerwGE 56, 135; 71, 160; 90, 42; DVBl 1986, 418; NVwZ 1993, 267 = DÖV 1993, 433; VGH München BayVBl 1990, 151.

VIII. Durchsetzung der Beachtung von Nebenbestimmungen

96 **1. Auflagen. Erfüllt der Betroffene eine Auflage nicht,** bzw nicht innerhalb einer ihm gesetzten Frist, oder handelt er ihr zuwider, so hat die Behörde die Möglichkeit, die Erfüllung bzw Beachtung der Auflage nach den für VAe geltenden Vorschriften des Verwaltungsvollstreckungsrechts (vgl §§ 9 ff VwVG) zu **erzwingen;**[130] die **Auflage** stellt insoweit die **Grundverfügung iS von § 6 VwVG** dar (StBS 84). Außerdem hat die Behörde, vorbehaltlich besonderer gesetzlicher Bestimmungen, gem § 49 Abs 2 Nr 2 die Befugnis, statt die Erfüllung zu erzwingen, ggf den begünstigenden VA, mit dem die Auflage verbunden ist, (ganz oder teilweise) zu **widerrufen** (vgl § 49 Abs 2 Nr 2; s hierzu § 49 Rn 38 f), bzw den Widerruf des VA, mit dem die Auflage verbunden ist, gem § 49 Abs 2 Nr 1 bzw nach vergleichbaren Vorschriften mit einem entsprechenden Hinweis (der kein VA ist), **anzudrohen.** Welche der beiden genannten **Möglichkeiten** die Behörde wählt, steht in ihrem **pflichtgemäßen Ermessen** (§ 40). Allerdings darf von der Widerrufsmöglichkeit erst Gebrauch gemacht werden, wenn die Durchsetzung der Auflage im Wege der Verwaltungsvollstreckung wenig aussichtsreich erscheint. Zum Widerruf aufgrund der Nichterfüllung einer rechtswidrig beigefügten Auflage s § 49 Rn 38.

97 **2. Durchsetzung anderer Nebenbestimmungen.** Bedingungen und Befristungen sind naturgemäß **weder vollstreckungsfähig, noch vollstreckungsbedürftig.** Lässt der Betroffene die Bedingung durch sein Verhalten eintreten, so hat dies den Wegfall des Haupt-VA (bei der auflösenden Bedingung) oder den Eintritt der Wirksamkeit des Haupt-VA (bei der aufschiebenden Bedingung) zur Folge. Führt der Betroffene den Eintritt einer aufschiebenden Bedingung nicht herbei, indem er das zur Herbeiführung erforderliche Handeln unterlässt, so bleibt der VA wirkungslos, entfaltet also keine innere Wirksamkeit (s hierzu § 43 Rn 6). Gegen ein erlaubnispflichtiges Handeln, dem die Erlaubnis fehlt, weil die aufschiebende Bedingung, mit der die Erlaubnis verbunden war, nicht eingetreten oder umgekehrt die auflösende Bedingung eingetreten ist, kann die Behörde im Übrigen nach allgemeinem Recht **aufgrund ihrer fachgesetzlichen Befugnisse einschreiten,** hilfsweise nach Ordnungsrecht. Sie kann uU auch Folgenbeseitigungsansprüche, Erstattungsansprüche usw geltend machen und durchsetzen (vgl auch Maurer § 8 Rn 15; Ramsauer, Assessorprüfung Rn 33.23).

98 **3. Nebenbestimmungen zugunsten Dritter.** Dritte, zu deren Gunsten einem VA eine Nebenbestimmung beigefügt wurde, haben, wenn und soweit damit ein subjektives Recht bzw eine subjektive Rechtsposition für sie begründet wurde, nach Maßgabe des insoweit für behördliches Einschreiten geltenden allgemeinen materiellen Rechts **Anspruch auf ermessensfehlerfreie Entscheidung** der zuständigen Behörde über Maßnahmen zur Sicherstellung der Einhaltung der Nebenbestimmung. Im Einzelfall kommt aufgrund der zugrunde liegenden materiellrechtlichen Vorschriften oder allgemein aufgrund einer Ermessensreduzierung auf Null, auch ein Anspruch unmittelbar auf Einschreiten der Behörde zur Durchsetzung der Nebenbestimmung in Betracht. Der Anspruch ist nach vorheriger Antragstellung bei der zuständigen Behörde und ggf Durchführung des Vorverfahrens gem § 68 VwGO im Weg der **Verpflichtungsklage,** ggf in der Form der Bescheidungsklage durchsetzbar (OVG Lüneburg NUR 1999, 353 für den Anspruch auf Vollzug einer Auflage aus einem Planfeststellungsbeschluss). Für die Behörden stellt die **Durchsetzung** von Nebenbestimmungen, die dem Schutz Dritter dienen, grundsätzlich eine **Amtspflicht** dar, bei deren Verletzung Ansprüche aus Amtshaftung nach § 839 BGB, Art 34 GG in Betracht kommen (BGH NJW 1986, 2309).

---

[130] Vgl BVerfG NJW 1989, 1663; M 90; WBSK I § 47 Rn 13; StBS 84; Knack/Henneke 42.

4. Zivilrechtliche Aspekte. Neben den Ansprüchen des geschützten Dritten gegenüber der Behörde oder auch stattdessen kommen häufig auch zivilrechtliche, im Zivilrechtsweg durchsetzbare Ansprüche in Betracht. Dies gilt zB für Ansprüche aus dem allgemeinen Nachbarrecht, wenn der bestimmtes Verhalten oder eine bestimmte Anlage auf einem Nachbargrundstück legitimierende VA noch nicht oder nicht mehr wirksam ist, weil eine aufschiebende Bedingung noch nicht eingetreten ist oder eine dafür gesetzte Frist noch nicht abgelaufen ist, oder umgekehrt eine auflösende Bedingung eingetreten oder die Geltungsfrist für den VA abgelaufen ist, noch nicht bzw nicht mehr wirksam ist. 99

Bei **Auflagen zugunsten eines Dritten** erkennt die Rspr dem begünstigten Bürger gegen den „Störer" bzw Betreiber, der eine Anlage oä unter Nichteinhaltung der im Genehmigungsbescheid dafür zu seinen, des Dritten, Gunsten enthaltenen Auflage betreibt, auch einen unmittelbaren, vom allgemeinen Recht, zB von den besonderen Voraussetzungen des Nachbarrechts nach § 906 BGB bzw von §§ 823 Abs 2, 1004 Abs 1 S 2 BGB unabhängigen, **zivilrechtlichen Unterlassungsanspruch aus der Auflage** zu seinen Gunsten zu (BGH NJW 1993, 1580 = JuS 1993, 773). 100

§ 37 Bestimmtheit und Form des Verwaltungsaktes; Rechtsbehelfsbelehrung

(1) **Ein Verwaltungsakt muss inhaltlich hinreichend bestimmt sein.**[5]

(2) **Ein Verwaltungsakt kann schriftlich, elektronisch, mündlich oder in anderer Weise erlassen werden.**[18] **Ein mündlicher Verwaltungsakt ist schriftlich oder elektronisch zu bestätigen,**[22] **wenn hieran ein berechtigtes Interesse besteht und der Betroffene dies unverzüglich verlangt.**[25] **Ein elektronischer Verwaltungsakt ist unter denselben Voraussetzungen schriftlich zu bestätigen; § 3a Abs. 2 findet insoweit keine Anwendung.**

(3) **Ein schriftlicher oder elektronischer Verwaltungsakt muss die erlassende Behörde erkennen lassen**[29] **und die Unterschrift**[32] **oder die Namenswiedergabe des Behördenleiters,**[35] **seines Vertreters oder seines Beauftragten enthalten. Wird für einen Verwaltungsakt, für den durch Rechtsvorschrift die Schriftform angeordnet ist, die elektronische Form verwendet, muss auch das der Signatur zugrunde liegende qualifizierte Zertifikat oder ein zugehöriges qualifiziertes Attributzertifikat die erlassende Behörde erkennen lassen.**[35a] **Im Fall des § 3a Absatz 2 Satz 4 Nummer 3 muss die Bestätigung nach § 5 Absatz 5 des De-Mail-Gesetzes die erlassende Behörde als Nutzer des De-Mail-Kontos erkennen lassen.**

(4) **Für einen Verwaltungsakt kann für die nach § 3a Abs. 2 erforderliche Signatur durch Rechtsvorschrift die dauerhafte Überprüfbarkeit vorgeschrieben werden.**[37a]

(5) **Bei einem schriftlichen Verwaltungsakt, der mit Hilfe automatischer Einrichtungen erlassen wird,**[39] **können abweichend von Absatz 3 Unterschrift und Namenswiedergabe fehlen.**[40] **Zur Inhaltsangabe können Schlüsselzeichen**[41] **verwendet werden, wenn derjenige, für den der Verwaltungsakt bestimmt ist oder der von ihm betroffen wird, auf Grund der dazu gegebenen Erläuterungen den Inhalt des Verwaltungsaktes eindeutig erkennen kann.**

(6) **Einem schriftlichen oder elektronischen Verwaltungsakt, der der Anfechtung unterliegt, ist eine Erklärung beizufügen, durch die der Beteiligte über den Rechtsbehelf, der gegen den Verwaltungsakt gegeben ist, über die Behörde oder über das Gericht, bei denen der Rechts-**

behelf einzulegen ist, den Sitz und über die einzuhaltende Frist belehrt wird (Rechtsbehelfsbelehrung). Die Rechtsbehelfsbelehrung ist auch der schriftlichen oder elektronischen Bestätigung eines Verwaltungsaktes und der Bescheinigung nach § 42a Absatz 3 beizufügen.

Parallelvorschriften: §§ 119 AO, 33 SGB X

Schrifttum allgemein: *App,* Zur Adressierung und Bekanntgabe von kommunalen Steuerbescheiden und Bescheiden über andere Kommunalabgaben, KStZ 2005, 205; *Benrath,* Die Verständlichkeit des Verwaltungsakts, VerwArch 2011, 547; *Haus,* Zugangsverweigerung und Bestimmtheitsgrundsatz, NVwZ 2002, 432; *Hufeld,* Die Vertretung der Behörde, 2003; *Kamphausen/Kampmann,* Bestimmtheit und Begründung von Verwaltungsakten, insbesondere der Bauverwaltung, BauR 1986, 403; *Kappeler,* Unbestimmte Aufenthaltsverbote gegen Angehörige der Drogenszene, BayVBl 2001, 336; *Kunig,* Zur „hinreichenden Bestimmtheit" von Norm und Einzelakt, Jura 1990, 496; *Mankowski,* Formzwecke, JZ 2010, 662; *Polomski,* Der automatisierte VA, 1993; *Popper,* Rechtsprobleme der automatisierten Verwaltung, DVBl 1977, 509; *Rieker,* Die unrichtige Rechtsbehelfsbelehrung im sozialrechtlichen Verfahren, NZS 2012, 814; *Stuttmann,* Der Miteigentümer im Verwaltungsprozess, NVwZ 2004, 805; *v Mutius,* Zu den Formerfordernissen automatisierter Verwaltungsentscheidungen, VerwArch 1976, 116; *Volk,* Bestimmtheit von VAen nach § 37 Abs 1 VwVfG, 2002; *Weber,* Folgen der Nichtbeachtung des Bestimmtheitsprinzips, VR 2008, 217; *Wegmann,* Form und Zustellung von beamtenrechtlichen Bescheiden, BayVBl 1981, 40; *Wendehorst,* Das neue Gesetz zur Umsetzung der VerbraucherrechteRL, NJW 2014, 577; *Wiethaup,* Zum Grundsatz der Bestimmtheit von Verwaltungsakten und Leistungsurteilen bei Lärmstörungen, GewArch 1973, 8.

Zum elektronischen VA: *Britz,* Von der elektronischen Verwaltung zur elektronischen Verwaltungsjustiz, DVBl 2007, 993; *Dietlein/Heinemann,* eGovernment und elektronischer VA – Ein Überblick über das 3. VwVfÄndG, NWVBl 2005, 43; *Heckmann,* Das Gesetz zur Förderung der elektronischen Verwaltung, ZRP 2013, 42; *Hoffmann/Tadlich/Warnecke,* E-Postbrief: Rechtsfragen elektronischer Behördenkommunikation, MMR 2011, 775; *Müller-Terpitz/Rauchhaus,* Das E-Government-Gesetz des Bundes, MMR 2013, 10; *Redeker,* Der elektronisch übermittelte VA, NVwZ 1986, 545; *Schmitz/Schlatmann,* Digitale Verwaltung? – Das Dritte Gesetz zur Änderung verwaltungsverfahrensrechtlicher Vorschriften, NVwZ 2002, 1281; *Schulz,* Die Fortentwicklung der Schriftformäquivalente im Verwaltungsverfahrensrecht, DÖV 2013, 882; siehe auch die Nachweise bei § 3a.

Übersicht

I. Allgemeines

1. Inhalt. Die Vorschrift enthält in Abs 1 das materiellrechtliche Erfordernis hinreichender inhaltlicher **Bestimmtheit,** in Abs 2 den Grundsatz der **Formfreiheit** des VA, statuiert zugleich für mündlich erlassene VA einen **Anspruch** 1

auf schriftliche Bestätigung des Betroffenen, und regelt im übrigen in den Abs 3–5 **Formerfordernisse** für schriftliche und elektronische VAe. Unter welchen Voraussetzungen elektronische VAe ein gesetzlich angeordnetes **Schriftformerfordernis** erfüllen, ist in dem 2013 umfassend novellierten § 3a Abs 2 geregelt. Im Jahre 2013 wurde durch das PlVereinhG in einem neuen Abs 6 eine Regelung über die Pflicht zur Beifügung einer **Rechtsbehelfsbelehrung** aufgenommen. Die Vorschrift wird hinsichtlich der Verpflichtung zur schriftlichen Begründung von VAen durch § 39 und hinsichtlich der Folgen einer unterbliebenen oder fehlerhaften Rechtsbehelfsbelehrung durch §§ 58 VwGO ergänzt. Weitere Formvorschriften für besondere Verfahrensarten enthalten die §§ 69 und 74 sowie zahlreiche speziellere Vorschriften (s unten Rn 18a). Im Einzelnen entsprechen die Regelungen im Wesentlichen der bereits vor Inkrafttreten des VwVfG herrschenden Rechtsauffassung.[1]

2 **2. Verfassungsrechtliche Bedeutung.** Das Erfordernis hinreichender Bestimmtheit und die genannten Formvorschriften dienen vor allem der Rechtsklarheit und Rechtssicherheit, außerdem auch der Abgrenzung der **Entscheidungswirkungen** einschließlich der Bestandskraft der VAe von dem (für die Vollstreckung bzw Vollziehung maßgeblichen) **Entscheidungsinhalt** (MuE 141; Kopp 136f). Das Bestimmtheitserfordernis folgt aus dem Rechtsstaatsprinzip und hat insoweit Verfassungsrang, als damit ein **rechtsstaatlicher Mindeststandard** verlangt wird,[2] was der Zusatz „hinreichend" zum Ausdruck bringen soll. Das schließt es nicht aus, dass das Fachrecht strengere Anforderungen an die Bestimmtheit stellt.

2a **3. Der elektronisch erlassene VA.** Mit der durch das 3. VwVfÄndG eingefügten Regelung in Abs 3 werden die Voraussetzungen für die Form elektronischer VAe iSd § 3a festgelegt. Die Regelung wurde durch das Gesetz zur Förderung der elektronischen Kommunikation (s Einf I Rn 35d) 2013 ergänzt. Abs 3 unterscheidet die Fälle der „normalen" elektronischen VAe und solche elektronisch erlassenen VAe, für die durch Rechtsvorschrift die Schriftform angeordnet worden ist (Abs 3 S 2). Während für erstere wie beim schriftlichen VA lediglich die erlassende Behörde erkennbar sein und der Name des Behördenleiters bzw seines Vertreters oder Beauftragten wiedergegeben werden muss, ist im zweiten Fall auch das der Signatur zugrunde liegende Zertifikat bzw ein qualifiziertes Attributzertifikat erkennbar sein (s unten Rn 35a). Außerdem stellt Abs 4 klar, dass die dauerhafte Überprüfbarkeit für die nach § 3a Abs 2 erforderliche qualifizierte Signatur vorgeschrieben werden kann.

3 **4. Anwendungsbereich. a) Unmittelbare Anwendbarkeit.** Die Vorschrift gilt für sämtliche VAe im Geltungsbereich des VwVfG sowie auch für **Zusicherungen** gem § 38 und für **Nebenbestimmungen** iS des § 36. Die Anwendbarkeit des Bestimmtheitserfordernisses nach Abs 1 ist nicht auf schriftliche oder elektronische VAe begrenzt, sondern erfasst auch sämtliche in mündlicher oder in anderer Weise erlassenen VAe (Abs 2 S 1), zB solche durch Handzeichen, durch Verkehrszeichen usw. Abs 2 gilt unmittelbar nur für mündliche VAe; zur Frage, ob auch in anderer Weise erlassene VAe bestätigt werden müssen, siehe unten Rn 22. Die neu gefassten Abs 3 u 4 gelten nur für schriftliche und elektronische VAe; hier ist eine entsprechende Anwendung auf andere VAe nicht möglich. Allerdings wird aus Abs 1 herzuleiten sein, dass auf andere Weise als schriftlich erlassene VAe einer mit Hoheitsmacht ausgestatteten Behörde zuzurechnen sein müssen (s Rn 8).

---

[1] Vgl zur Bestimmtheit von VAen zB BVerwGE 17, 192; 41, 306; 42, 306; VGH München NJW 1982, 2571; F 219 und 249; zur Frage der Form BVerwGE 26, 164; 31, 306; 45, 192; F 217.

[2] BVerwG NVwZ 2012, 1413 (Kalkwerk); OVG Münster NWVBl 1996, 69; StBS 5.

b) Analoge Anwendbarkeit. Als **Ausdruck allgemeiner Rechtsgrundsätze** sind § 37 und die entspr Vorschriften des Landesrechts im Zweifel sinngemäß auch in Verfahren anwendbar, die nicht unter die allgemeinen Verfahrensgesetze fallen und für die keine oder nur lückenhafte Regelungen bestehen. Dies gilt etwa für Entscheidungen von Behörden im Kartellrecht und kommt etwa auch in Bereichen in Betracht, die sonst von der Geltung des VwVfG ausgenommen sind.[3] Zweifelhaft ist dies nur hinsichtlich des Anspruchs gem Abs 2 S 2 (bzw den entspr Bestimmungen der Landesgesetze) auf schriftliche oder elektronische Bestätigung von in anderer Weise erlassenen VAen und hins der Anforderungen nach den neu gefassten Abs 3 u 4. Infolge der Bedeutung und der Beispielswirkung der entsprechenden Regelungen durch die Verwaltungsverfahrensgesetze ist jedoch zu erwarten, dass die Praxis von der in diesen Gesetzen zum Ausdruck gekommenen neueren Auffassung ausgehen wird. 3a

II. Formerfordernisse und Bestimmtheit im Europarecht

1. Bestimmtheit als Rechtsgrundsatz des EU-Rechts. Als Ausprägung des Gebots der Rechtssicherheit ist der Bestimmtheitsgrundsatz allgemeiner Rechtsgrundsatz im Unionsrecht.[4] Der Bestimmtheitsgrundsatz verlangt, dass verlangt, dass Rechtsakte der Gemeinschaft einen eindeutigen Regelungsgehalt haben, der ihre Anwendung für die Betroffenen vorhersehbar macht und es ihnen ermöglicht, den Umfang der ihnen auferlegten Verpflichtungen genau zu erkennen.[5] Partiell werden im direkten Vollzug insofern höhere Anforderungen an die Bestimmtheit einer Entscheidung der Kommission nach Art 288 Abs 4 AEUV verlangt, als dass Allgemeinverfügungen iSd § 35 S. 2 nicht möglich sind. Ein nach allgemeinen Merkmalen bestimmbarer Adressatenkreis genügt dem europäischen Bestimmtheitsgrundsatz nicht (StBS 139). 4

2. Formlosigkeit, Schriftformerfordernis. Der Grundsatz der Formlosigkeit gilt auf der Ebene des EU-Rechts nicht. Grundsätzlich verlangt das Unionsrecht im direkten Vollzug schon wegen der Begründungspflicht **Schriftlichkeit** von VAen (vgl Gornig/Trüe JZ 1993, 884, 888); dies dürfte weitgehend auch für den direkten Vollzug gelten. Konkretisierende Grundsätze für elektronische Entscheidungen kennt das EU-Recht nicht. Es ist davon auszugehen, dass insofern die allgemeinen Grundsätze gelten. 4a

3. Indirekter Vollzug. Die Regelungen des § 37 sind auf die Fälle des indirekten Vollzugs von Unionsrecht durch deutsche Behörden anwendbar. Sie entsprechen sowohl dem europarechtlichen Bestimmtheitsgrundsatz[6] als auch den allgemeinen Anforderungen, die europarechtlich an die Schriftlichkeit von VAen gestellt werden. Allerdings kann Unionsrecht im Einzelfall hinsichtlich der Form des zu erlassenden VA gegenüber § 37 strengere Anforderungen stellen. Solche Regelungen sind allenfalls partiell zu finden, etwa in Art. 6 Abs. 2 Zollkodex (Schriftformerfordernis bei schriftlichem Antrag). Vereinzelt bestehen allgemeine Formanforderungen (Art. 8 Abs 1 Dienstleistungsrichtlinie). 4b

III. Das Bestimmtheitsgebot (Abs 1)

1. Grundsatz. Hinreichende Bestimmtheit eines VA bedeutet, dass der Inhalt der getroffenen Regelung, der Entscheidungssatz ggfs im Zusammenhang mit 5

---

[3] Vgl für das Justizkostenrecht BVerwG, Beschl v 27.4.2016, 5 KSt 1/16; OVG Saarlouis, Beschl v 21.11.2016, 1 D 291/16, juris, für das Rundfunkgebührenrecht.

[4] Grabitz/Hilf Art. 249 Rn. 99; Grabitz, NJW 1989. 1776; EuGH, Rs. 169/80, Gandran Frères, Slg. 1981, 1931/1942.

[5] EuGHE 1981, 1931, 1942 (Gondrand Frères); EuGHE 2003, I-5121, 5191, Rn 89 (Prosciutto di Parma).

[6] Zum europarechtlichen Bestimmtheitsgrundsatz s näher EuGHE II 1997, 1185 = EuZW 1997, 696; StBS 79.

den Gründen (vgl VGH Kassel NVwZ-RR 1993, 303) und den sonstigen bekannten oder ohne weiteres erkennbaren Umständen, **für die Beteiligten** gem § 13 (BVerwG NJW 1993, 1667), insb für die Adressaten des VA so **vollständig, klar und unzweideutig** erkennbar sein muss, dass sie ihr Verhalten danach richten können,[7] und dass auch die mit dem Vollzug betrauten oder sonst mit der Angelegenheit befassten Behörden und deren Organe den Inhalt etwaigen Vollstreckungsmaßnahmen oder sonstigen weiteren Entscheidungen zugrunde legen können. Unklarheiten und Mehrdeutigkeiten gehen zu Lasten der Behörde.[8] Entgegen verbreiteter Auffassung handelt es sich bei dem Erfordernis hinreichender Bestimmtheit um ein materielles Erfordernis, keine formelle Rechtmäßigkeitsvoraussetzung. Der Maßstab für die notwendige Bestimmtheit ergibt sich letztlich aus dem materiellen Recht, insbesondere auch aus dem Verfassungsrecht.

6 **a) Erkennbarkeit des Regelungsinhalts.** Die Erkennbarkeit des Inhalts der Regelung aufgrund einer Auslegung des VA unter Berücksichtigung der weiteren Umstände und nach Treu und Glauben genügt. Im Einzelnen richten sich der **Maßstab** für die notwendige Bestimmtheit eines VA nach dem jeweiligen Regelungsgehalt des VA und den Besonderheiten des jeweils anzuwendenden und mit dem VA umzusetzenden materiellen Rechts[9] sowie nach den konkreten **Umständen des Einzelfalles.**[10] Es ist nicht erforderlich, dass sich der Inhalt eines VA allein aus dem Anordnungssatz präzise ergibt; vielmehr sind neben den bekannten oder ohne weiteres erkennbaren Umständen ist vor allem die dem VA beigefügte Begründung (§ 39) zur Auslegung des Regelungsinhalts heranzuziehen.[11] Ist in der Sache ein Widerspruchsbescheid ergangen, so genügt es, wenn dieser die erforderliche Bestimmtheit herstellt (BVerwGE 122, 29).

6a **Zulässig sind auch Bezugnahmen** im VA auf gegenüber den Beteiligten früher ergangene VAe, ihnen bekannte und ihnen vorliegende oder jederzeit zugängliche Unterlagen, Pläne, technische Regelwerke usw (Knack/Henneke 13). Es muss, ohne dass dazu erst besondere Überlegungen, Rückfragen usw erforderlich sein dürfen, erkennbar sein, dass es sich bei dem in Frage stehenden Akt um einen VA handelt und auf welche Angelegenheit sich der VA bezieht, von wem etwas, was und wann (vgl VGH München BayVBl 1986, 177) verlangt wird bzw wem etwas, was und wann gewährt oder versagt wird, wem gegenüber etwas und was festgestellt wird usw.[12]

7 **b) Objektiver Erklärungswert.** Bei der Ermittlung des Inhalts der Regelung ist nicht auf die subjektiven Vorstellungen der Personen abzustellen, die

---

[7] BVerwGE 131, 259, 263; 31, 18; 38, 211; BVerwG GewArch 2014, 121: Bestimmtheitsanforderungen an glücksspielrechtliche Untersagungsverfügung; BVerwG, B v 13.10.2010, 7 B 50/10, juris; NJW 1993, 1667; NVwZ 1990, 866; OVG Münster NVwZ-RR 1990, 409; NVwZ-RR 1993, 234: Baugenehmigung für vorübergehende Unterbringung von Asylbewerbern zu unbestimmt; VGH München NJW 1982, 2571; BayVBl 1993, 275; 1994, 151; NVwZ-RR 1994, 690; VGH Kassel NJW 1984, 1645; NVwZ 1989, 486; DÖV 1993, 82; WBSK I § 48 Rn 34; Lorenz 274; Knack/Henneke 11; StBS 11; Ehlers Vw 2004, 255, 263.

[8] BVerwGE 104, 301, 317; BVerwG NVwZ-RR 1997, 248; Knack/Henneke 14.

[9] BVerwGE 84, 335 = NVwZ 1990, 658 zu einem Baugebot; BVerwG NVwZ 2013, 78: Anforderungen an Duldungsverfügung nach § 44 EnWG richten sich nach Informationsinteresse der Betroffenen; auch die Frage der Vollstreckbarkeit der Regelung spielt eine wichtige Rolle, vgl BVerwG, B 13.10.2010, 7 B 50/10, juris.

[10] BVerwGE 84, 335; BVerwG NJW 1993, 1667; VGH München BayVBl 1993, 275; OVG Münster UPR 1988, 229; Martens NVwZ 1990, 625; Knack/Henneke 13.

[11] BVerwGE 114, 160; BVerwG NJW 1988, 506; BGH NVwZ-RR 1999, 262; OVG Münster NWVBl 2004, 314. Vgl im Einzelnen auch die Beispiele bei Knack/Henneke 18 ff und Kunig Jura 1990, 496, zum Abgabenrecht auch die Beispiele bei Martens NVwZ 1990, 625.

[12] BVerwGE 17, 192; 31, 15; BFH 112, 452; 114, 156; 120, 217; 155, 26 = BStBl II 1989, 221; OVG Münster NVwZ-RR 1990, 409; VGH Kassel NJW 1984, 1645; WBSK I § 48 Rn 34; F 219 f und 249; Knack/Henneke 11.

innerhalb der Behörde die Entscheidung getroffen oder den VA verfasst haben, sondern auf den objektiven Erklärungswert und Erklärungsinhalt des den Betroffenen schriftlich, elektronisch, mündlich oder in anderer Weise als Inhalt des VA Mitgeteilten, so wie sich dieses den Betroffenen darstellt und nach Treu und Glauben (§ 157 BGB) verstanden werden darf und muss. Bei Zweifeln ist unter Heranziehung der Gründe und Berücksichtigung der bekannten Umstände **auszulegen** (BVerwGE 119, 282). Verbleibende **Unklarheiten gehen zu Lasten der Behörde.**[13] Nicht um Unbestimmtheit iS von Abs 1, sondern ggf um inhaltliche Rechtswidrigkeit handelt es sich, wenn ein VA eine nach materiellem Recht gebotene Beschränkung, zB eine zeitliche Befristung der Geltungsdauer, nicht enthält (BVerwG BayVBl 1993, 409).

2. Bestimmtheit hinsichtlich des VA-Charakters. Das Gebot hinreichender Bestimmtheit bezieht sich auch auf den Rechtscharakter der Maßnahmen als VA (Knack/Henneke 11). Soll eine Maßnahme VA-Qualität haben, muss sie nach ihrem objektiven Erklärungswert unter Berücksichtigung aller Umstände **für den Adressaten erkennen** lassen, dass ihm gegenüber eine verbindliche Regelung getroffen werden soll. Unklarheiten gehen dabei zu Lasten der Verwaltung.[14] Für die hinreichende Bestimmtheit eines VA ist insoweit die **Bezeichnung** als Bescheid, Anordnung, Verfügung, Entscheidung usw nicht zwingend erforderlich (WBS II § 48 Rn 31), idR jedoch im Interesse der Rechtsklarheit zumindest zweckmäßig. Auch ein **Schreiben in höflicher Briefform** kann genügen (BVerwGE 41, 306). Es darf aber für die Adressaten des VA und für sonstige Betroffene kein ernsthafter Zweifel bestehen, dass eine einseitige, unmittelbar verbindliche **hoheitliche Regelung** getroffen wird; andernfalls liegt überhaupt kein VA, sondern lediglich eine andere Willensäußerung oder ähnliches vor.[15] Ein Widerspruchsbescheid muss sich selbst nicht als solchen bezeichnen; auch eine Rechtsmittelbelehrung ist nicht zwingend erforderlich. Ausreichend ist, wenn der Wille der Behörde, eine Entscheidung über den Widerspruch zu treffen, den Beteiligten bei verständiger Würdigung ohne weiteres erkennbar ist.[16] 8

a) Erkennbarkeit bei feststellendem VA. Besondere Probleme ergeben sich bei feststellenden VAen, weil hier keine Ge- oder Verbote oder Erlaubnisse ausgesprochen, sondern rechtliche oder tatsächliche Aussagen getroffen werden. Feststellende VAe „sind durch ein spezifisches Abgrenzungsbedürfnis gegenüber bloße Begründungselementen eines Bescheides gekennzeichnet. Was die Behörde mit verbindlicher Wirkung festsetzen will, muss sich entweder aus dem Tenor des Bescheides oder aus sonstigen Umständen klar und unmissverständlich ergeben."[17] 8a

b) Rechtsfolgen bei Zweifeln. Ist es für den Betroffenen nicht zweifelsfrei erkennbar, ob es sich um einen VA handelt oder nicht, stellt sich die Frage, ob die (vorsorgliche) Anfechtung der Maßnahme bzw Entscheidung durch den Betroffenen auch bei im Ergebnis fehlender VA-Qualität zulässig ist oder die Klage in einem solchen Fall als unzulässig mit der Kostenfolge nach § 155 Abs 5 VwGO abzuweisen ist. 8b

3. Bestimmtheit hinsichtlich der Adressaten. Soweit das Fachrecht keine besonderen bereichsspezifischen Anforderungen an die Bezeichnung des Adressa- 9

---

[13] BVerwGE 41, 306; BVerwG; Buchh 238.90 Reise- und Umzugskosten Nr 47; VGH Kassel NVwZ-RR 1993, 303; F 219, 249; Knack/Henneke 14.

[14] In dubio contra stipulatorem, vgl BVerwGE 135, 209 Rn 21 (Montabaur); BVerwGE 99, 101, 103 (Beitragsrechnung kein VA).

[15] BVerwGE 41, 306; zu automatisierten VAen im selben Sinn auch OVG Münster DÖV 1974, 599; v Mutius VerwArch 1976, 116.

[16] BVerwG, B v 11.4.2011, 2 B 17.10, juris.

[17] BVerwGE 135, 209 (Montabaur): Keine verbindliche Entscheidung über Zielabweichung.

ten stellt, ergeben sich aus § 37 Mindestanforderungen. Grundsätzlich müssen Adressaten in einem schriftlich erlassenen VA so genau angegeben werden, dass eine Verwechslung mit anderen Personen nicht möglich ist. Dies erfordert je nach Fallgestaltung Namen, Adresse, in Zweifelsfällen auch das Geburtsdatum (etwa im Ausländerrecht, wenn bei den Namen Verwechslungsgefahr besteht) und ggf weitere Angaben. Adressat idS ist derjenige, an den sich der VA nach seinem **objektiven Erklärungswert** richtet (vgl § 13 Abs 1 Nr 2). Es ist danach ausreichend, dass sich die Person des Adressaten durch Auslegung hinreichend genau bestimmen lässt, wobei es auf den **Empfängerhorizont** ankommt.[18] Je nach Art des in Frage stehenden VA können jedoch auch eine Bezeichnung der Betroffenen nach generellen Merkmalen (vgl § 35 S 2 zur Allgemeinverfügung) oder andere Formen einer Abgrenzung des Kreises der Adressaten usw genügen, wenn daraus im konkreten Fall ohne Zweifel folgt, wer gemeint ist, dh die Betroffenen dies ohne Schwierigkeiten klar und unzweifelhaft erkennen können,[19] wenn auch uU erst aufgrund ausgelegter Pläne, allgemein zugänglicher Lagepläne, Stadtpläne usw, und wenn auch der Zweck des VA nicht eine konkret-individuelle, namentliche Bezeichnung erfordert (zB bei personenbezogenen Erlaubnissen uä hins des Erlaubnisnehmers). Ausreichend bestimmt ist zB auch ein ohne Namensnennung oder Adressangabe an den Fahrer oder Halter eines mit dem amtlichen Kennzeichen bezeichneten Kfz gerichteter VA (VGH Mannheim DÖV 1990, 482).

9a Fallen **formeller Adressat** und **inhaltlicher Adressat** auseinander, so muss dem VA eindeutig zu entnehmen sein, wer von beiden inhaltlich bzw der Sache nach Adressat des VA sein soll. Dies ist etwa im Falle der Rechtsnachfolge von Bedeutung.[20] Nicht ausreichend ist es etwa, wenn der Adressat lediglich als Vertreter des Schuldners zur Erfüllung der Abgabenschuld aufgefordert wird.[21] Unklarheiten bei der Angabe des Adressaten können wegen mangelnder Bestimmtheit zur Nichtigkeit des VA führen.[22]

9b **a) Juristische Personen, Gesellschaften, Gemeinschaften.** Juristische Personen usw. sind mit ihrer Firmenbezeichnung aufzuführen; die Rechtsform als solche muss dabei ebenso wenig angegeben werden wie die organschaftlichen Vertreter. Es muss aber deutlich werden, dass die juristische Person als solche Adressat ist und nicht eine dort angestellte oder tätige natürliche Person. Gleiches gilt für Gesellschaften, die im Rechtsverkehr unter ihrer Firma handeln können, wie etwa die GmbH, die OHG und die KG. Hier muss jeweils ebenfalls deutlich im Bescheid zum Ausdruck kommen, ob er sich an die Gesellschaft als solche richtet oder an einen Geschäftsführer, Inhaber, Eigentümer usw als natürliche Person. Ist die Firmenbezeichnung fehlerhaft, so ist dies unschädlich, wenn keine Verwechslungsgefahr besteht.

9c Soll sich der Bescheid an eine **BGB-Gesellschaft** richten, so ist zu differenzieren: Tritt die BGB-Gesellschaft unter einer eigenen Bezeichnung nach außen im Rechtsverkehr auf, so kann die Behörde einen VA auch **an die Gesellschaft als solche** richten; sie ist nicht darauf angewiesen, sämtliche BGB-Gesellschafter

---

[18] BVerwG NVwZ 2012, 1413 (Baustoff- und Kalkwerk).

[19] BFH NJW 1977, 167; NVwZ 1994, 98: aus dem Bescheid selbst muß erkennbar sein, gegen wen die damit getroffene Regelung gerichtet ist; VGH Mannheim VBlBW 2014, 147: Bestimmbarkeit des Adressatenkreises bei versammlungsrechtlicher Allgemeinverfügung; VGH Kassel NJW 1984, 1645; VGH München BayVBl 1984, 180; OVG Bremen NJW 1985, 2660; VGH Mannheim DÖV 1990, 482; FG Düsseldorf NVwZ 1984, 752.

[20] BVerwG NVwZ 2012, 1413 (Baustoff- und Kalkwerk).

[21] VGH München NJW 1984, 195; vgl auch VGH München NJW 1984, 626; Fischer-Hüftle BayVBl 1984, 394; Preißer NVwZ 1987, 869; weniger eng dagegen offenbar BFH NVwZ 1987, 929.

[22] Insbes im Steuerrecht, wenn nicht klar ist, wer Steuerschuldner ist, vgl BFH NVwZ 1995, 102; NVwZ-RR 1991, 660; NJW 1987, 920.

namentlich aufzuzählen.[23] Dies folgt daraus, dass die BGB-Gesellschaft nach der Rspr inzwischen im Rechtsverkehr unter eigenem Namen auftreten kann und insoweit der OHG gleichgestellt worden ist.[24] Richtet die Behörde den VA gleichwohl namentlich an **die Mitglieder der BGB-Gesellschaft,** so muss sie deutlich machen, diese **als Gesellschafter** berechtigt oder verpflichtet werden sollen.[25] Ob sich der VA gegen die BGB-Gesellschaft als solche oder gegen die einzelnen Gesellschafter zu richten hat, ist eine Frage des materiellen Rechts.

Bei **Wohnungseigentümergemeinschaften, Bauherrengemeinschaften und Erbengemeinschaften** wird teilweise hier noch verlangt, dass die Mitglieder als Adressaten eines VA einzeln namentlich aufgeführt werden müssen.[26] Nach neuerer Auffassung reicht die Sammelbezeichnung „Wohnungseigentümergemeinschaft Anton-Günther-Straße" oder „Erbengemeinschaft R"[27] aus, weil und soweit die dazugehörenden Personen eindeutig identifizieren lassen,[28] da die Sammelbezeichnung im Zweifel so auszulegen ist, dass die jeweils dazu gehörenden Personen gemeint sind (OVG Bremen NJW 1985, 2660). Werden die Adressaten namentlich genannt, ist ein Hinweis auf ihre Stellung als Mitglieder einer Erbengemeinschaft, Wohnungseigentümergemeinschaft usw erforderlich. Dies kann sich indessen auch aus dem Zusammenhang ergeben (BVerwG DVBl 1994, 811). S zur Zustellung solcher VAe und zur Frage, welche Adressierung für eine wirksame Zustellung oder Bekanntgabe eines VA genügt, insb auch **Rechtsbehelfsfristen in Lauf** setzt, § 41 Rn 27. Bedenklich BFH 146, 358 = NVwZ 1987, 926: „Herrn und Frau Müller", obwohl Herr Müller bereits verstorben ist. 9d

b) Personenmehrheiten. Soll ein VA an mehrere Adressaten gerichtet werden, etwa ein Abgabenbescheid an mehrere Pflichtige, stellt sich neben dem Problem der inhaltlichen Bestimmtheit auch das **Problem der Bekanntgabe.** Der VA muss sich zunächst inhaltlich an sämtliche Adressaten richten; dh es muss aus ihm hervorgehen, welche Personen (ggfs zu welchen Anteilen) in Anspruch genommen werden sollen (OVG Lüneburg FEVS 55, 10). Richtet die Behörde den VA inhaltlich nicht an sämtliche nach materiellem Recht verpflichteten Personen oder richtet sie ihn – uU zusätzlich – an materiell nicht verpflichtete Personen, so liegt insoweit kein Fehler in der inhaltlichen Bestimmtheit, sondern ein materiellrechtlicher Fehler vor. Richtet die Behörde den VA zwar inhaltlich an sämtliche Adressaten, gibt sie den VA aber nicht allen gegenüber bekannt, so liegt weder ein formeller noch ein materieller Fehler, sondern ein Bekanntgabemangel vor: Der VA kann nur nämlich nur denjenigen gegenüber wirksam werden (§ 43), denen er bekannt gegeben worden ist (§ 41). 10

Grundsätzlich müssen sämtliche Personen, die nach dem Willen der Behörde in der Sache Adressaten sein sollen, **namentlich aufgeführt** werden. Fehlt es daran, so richtet sich der VA nur an diejenigen Personen, bei denen das der Fall ist. Richtet sich der VA an **Ehepartner,** verzichtet er aber auf die namentliche Nennung beider Partner (zB „Eheleute May" oder „Herrn May und 10a

---

[23] BFHE 179, 211, 214; BFH NVwZ-RR 1999, 104; StBS 17; Knack/Henneke 23; die frühere entgegengesetzte Rspr (BFHE 128, 14; OVG Bautzen NVwZ 1998, 656) dürfte damit überholt sein.

[24] BGH NJW 2001, 1056.

[25] VGH Mannheim NJW 2007, 105; VG Schleswig NVwZ-RR 2007, 130: StBS 16.

[26] So für Abgabenbescheide an Wohnungseigentümergemeinschaft noch BVerwG DVBl 1994, 810; VGH Kassel NJW 1984, 1645) oder an Erbengemeinschaft VGH München BayVBl 1984, 186.

[27] BVerwG DVBl 1994, 810; VGH München BayVBl 1998, 404; s auch BGH NJW 1977, 1686; **aA** noch BFHE 98, 531, 535; VGH Mannheim VBlBW 1983, 408; VG Potsdam NVwZ 1999, 214.

[28] BVerwG DVBl 1994, 810; OVG Münster, B v 21.2.2008 – 7 B 107/08 für baurechtliche Verfügung gegenüber Wohnungseigentümergemeinschaft; OVG Bremen NJW 1985, 2660; Meyer NVwZ 1986, 517.

Frau"), so ist dies für die hinreichende Bestimmtheit unschädlich.[29] Zur Frage, ob Bekanntgabe gegenüber einem Ehepartner ausreichend ist, s § 41 Rn 30ff. Bei **Lebensgefährten und Familienangehörigen** ist die Adressierung an einen mit entsprechendem Zusatz („Herrn Müller und Lebensgefährtin" oder „Familie Müller") dagegen idR nicht ausreichend (**aA** StBS 15).

11 **c) Rechtsnachfolge.** Problematisch ist, welche Anforderungen an die Adressierung von Rechtsnachfolgern zu stellen sind. Soweit es um Erbengemeinschaften geht, treten die Rechtsnachfolger einzelner Mitglieder in diese ein; einer besonderen Nennung bedarf es deshalb nicht. Im Übrigen wird man die namentliche Nennung verlangen müssen, wenn es jedenfalls im Grundsatz möglich ist, die konkreten Rechtsnachfolger zu ermitteln. Es wird also nicht ausreichen, einen VA an „den Rechtsnachfolger des Herrn May" zu adressieren (**aA** offenbar FG Münster EFG 2001, 6, 9; offen StBS 18).

12 **4. Bestimmtheit hinsichtlich des Regelungsinhalts. a) Grundsatz.** Auch die in der Sache selbst durch den VA getroffene Regelung muss hinreichend klar, verständlich und in sich widerspruchsfrei sein.[30] Der Entscheidungsinhalt muss idS für die Adressaten nach Art und Umfang **aus sich heraus verständlich** sein (BVerwG NVwZ 1990, 866) und den Adressaten in die Lage versetzen, zu erkennen, was genau von ihm gefordert wird bzw was in der ihn betreffenden Sache geregelt oder verbindlich durch den VA (Feststellungsbescheid) festgestellt wird.[31] **Wenn der VA einen vollstreckbaren Inhalt hat,** muss er darüber hinaus so bestimmt sein, dass er Grundlage für Maßnahmen zu seiner zwangsweisen Durchsetzung sein kann.[32] **Nicht erforderlich** ist, dass der vollstreckbare Inhalt der Regelung getrennt von den übrigen Teilen des VA, insb auch von der Begründung, in einem besonderen Entscheidungssatz zusammengefasst ist, der alle wesentlichen Punkte vollständig und aus sich allein heraus verständlich wiedergibt. Es genügt, dass aus dem gesamten Inhalt des VA und aus dem Zusammenhang, vor allem aus der von der Behörde gegebenen Begründung des VA,[33] aus den Beteiligten bekannten näheren Umständen des Erlasses (BVerwG DVBl 1976, 211; VGH Kassel NVwZ 1989, 165), den dem Erlass **vorausgegangenen Anträgen** usw, im Weg einer an den Grundsätzen von Treu und Glauben orientierten Auslegung hinreichende Klarheit gewonnen werden kann.[34] Dass die gebotene Bestimmtheit (erst) durch einen **Rückgriff auf Unterlagen,** die sich bei den Akten befinden, hergestellt werden kann, **genügt grundsätzlich nicht** (**aA** BSG 24, 164; kritisch dazu Lorenz 274).

12a Enthält ein VA einander **widersprechende Regelungen** oder widersprechen die getroffenen anderen den Betroffenen gegenüber erfolgten Regelungen in einer Weise, dass auch im Weg der Auslegung nicht feststellbar ist, was nun gelten soll, so fehlt es an der erforderlichen Bestimmtheit.[35] Der VA ist dann zwar

---

[29] Knack/Henneke 25; BFH NJW 1997, 151; BFH 134, 396 = BStBl II 1982, 208; NVwZ 1986, 157 zu Einkommensteuerbescheiden bei Zusammenveranlagung; StBS 165; MB 7; **aA** für Abgabenbescheide VGH Mannheim NVwZ 1986, 139 und Knack/Henneke 22.

[30] BFH NJW 1987, 359; VGH Kassel NVwZ 1987, 991; OVG Koblenz KStZ 1988, 185; NVwZ 1990, 399 mwN.

[31] BVerwGE 84, 338 = NVwZ 1990, 656; OVG Koblenz NVwZ 1993, 1006.

[32] BVerwG NVwZ 1990, 866; OVG Magdeburg NVwZ 1995, 614 zur Zwangsgeldandrohung.

[33] BGH NVwZ 1986, 506; VGH Kassel NVwZ-RR 1993, 303; VGH München BayVBl 1993, 345; 1995, 86; Obermayer/Funke-Kaiser 9.

[34] BVerwG BayVBl 1974, 347; DVBl 1976, 221; 1989, 469 zur hinreichenden Bestimmtheit einer Fahrtenbuchauflage; VGH Kassel NVwZ 1989, 165 zur Bestimmtheit eines Teilwiderrufs, welche Bescheide bzw in welchem Umfang sie widerrufen werden; VGH München BayVBl 1982, 436 = NJW 1982, 2571; Erichsen/Ehlers § 22 Rn 37.

[35] VGH München BayVBl 1982, 631; BayVBl 1984, 150; 1995, 85; VGH Mannheim NVwZ 1988, 184 – eine Ausweisungsverfügung ist wegen Verstoßes gegen das Bestimmt-

existent, aber **unwirksam** (VGH München NJW 1982, 2571). Dagegen sind **Unklarheiten, Unvollständigkeiten, Widersprüche in der Begründung** des VA oder in sonstigen im VA mit enthaltenen Hinweisen nur dann iS des Abs 1 erheblich, wenn dadurch auch die getroffene Regelung selbst unklar, unvollständig oder widerspruchsvoll wird.

b) Einzelfälle. aa) Hinreichende Bestimmtheit angenommen. Hinreichend bestimmt sind zB die Anordnung, leerstehende Räume, die dem Zweckentfremdungsverbot unterliegen, wieder wohnlich zu nutzen bzw nutzen zu lassen (VGH Kassel DÖV 1993, 82); die **Androhung unmittelbaren Zwangs** ohne nähere Konkretisierung von Art und Weise der Zwangsmittelanwendung (OVG Münster NVwZ-RR 1993, 138); das Verbot, **Transparente mit beleidigendem Inhalt** zu benutzen (OLG Köln MDR 1980, 80); hinreichend bestimmt ist auch eine Anordnung nach § 26 Abs 1 S 1 BImSchG, dass ein Messgutachten über die von einer Anlage ausgehende Lärmemission zu erstatten ist, auch wenn sie keine näheren Angaben über das Messprogramm und den Messumfang enthält (BVerwG DVBl 1983, 943); eine naturschutzrechtliche Auflage, in einem Tiergehege bestimmte **Bäume „zu erhalten bzw in ihrer Funktionsfähigkeit zu sichern"** (OVG Saarlouis, B v 10.10.2011, 2 A 34/11, juris); ein Abgabennachforderungsbescheid für mehrere Jahre, der nur den Zeitraum angibt und (nur) den Gesamtbetrag ausweist, nicht jedoch den Betrag aufgliedert (VGH Mannheim VBlBW 1984, 119). Vgl auch OVG Lüneburg NordÖR 2002, 121: **Keine zentimetergenauen Angaben** in naturschutzrechtlicher Verfügung erforderlich; Toleranz von 50 cm bei Bezeichnung eines Biotops jedenfalls zulässig. 13

bb) Hinreichende Bestimmtheit verneint. Nicht hinreichend bestimmt ist zB ein Vorbescheid, der die Zulässigkeit eines Vorhabens in einer Nebenbestimmung davon abhängig macht, dass es **sich einfügen** muss (OVG Münster UPR 1989, 457); eine Baugenehmigung, bei der wegen Fehlens oder Unvollständigkeit der Bauvorlagen der Umfang der Genehmigung nicht eindeutig erkennbar ist;[36] die Anordnung, eine **ihrer Art nach nicht bezeichnete Steuer** zu zahlen;[37] Grundsteuer zu zahlen, wenn unklar bleibt, für welche Grundstücke oder, bei mehreren Grundstücken, wie der verlangte Gesamtbetrag sich auf die einzelnen Grundstücke verteilt (OVG Koblenz NVwZ 1990, 399); die Anordnung, die Untersagung, Kinder und Jugendliche insbesondere an ihrer Wohnanschrift oder auf dem Schulweg **planmäßig zu beobachten** (VG Hamburg, Urt v 10.2.2017, 9 K 6154/14, juris); einen **ordnungsgemäßen Zustand** herzustellen (PrOVG 77, 457; 79, 140); die Anordnung, einen Ventilator **gegen Lärm zu isolieren** (OVG Münster 16, 263) oder den Lärm einer Kegelbahn zu beschränken (vgl BVerwGE 31, 15; VGH Mannheim GewArch 1971, 257); eine Baugenehmigung für die **„vorübergehende" Unterbringung** von Asylbewerbern (OVG Münster NVwZ-RR 1993, 234); eine Baugenehmigung für **„Einzel- und Großhandel"** (BVerwG NVwZ 1989, 379); eine Baugenehmigung für eine Mehrzwecknutzung (OVG Münster BauR 2005, 1459); die Eintragung eines Weges in das Wegebestandsverzeichnis **ohne Angabe der Flurnummer** oder sonstiger Anhaltspunkte hins der Lage, Länge usw (vgl BVerwG NdsMBl 1994, 1052; enger VGH München BayVBl 1990, 627: ohne Angabe der Flurnummer zu unbestimmt und deshalb sogar nichtig); die schlichte Forderung 14

heitsgebot rechtsfehlerhaft, wenn ein gegen den betroffenen Ausländer zuvor erlassenes und nach wie vor bestehendes Ausreiseverbot nicht gleichzeitig aufgehoben wird; F 249.

[36] VGH Kassel, B v 30.1.2012, 4 B 2379/11, juris (mit Bezug auf Nachbarrechte).

[37] BFH NVwZ 1986, 792; ähnlich BFH NVwZ 1986, 792: die Festsetzung einer Kirchensteuer ist nur dann ihrer Art nach hinreichend bestimmt, wenn sich aus dem Steuerbescheid ergibt, für welche Konfessionszugehörigkeit Kirchensteuer erhoben wird; vgl ferner BGH 154, 439 = BStBl II 1989, 12 mwN.

naturschutzrechtlicher Ersatzmaßnahmen für eine mengenmäßig bestimmte Versiegelungsfläche (BVerwG NVwZ 2001, 562, 564); das naturschutzrechtliche Verbot, **„fremdländische Gehölze"** anzusiedeln (VG Frankfurt NuR 2010, 667); eine Regelung „für **Betriebe, die zu Waldschäden führen** können" (vgl OVG Münster NVwZ 1984, 452: angesichts des wissenschaftlichen Streits um die Schadensursachen zu unbestimmt); eine Fristbestimmung nicht nach Tagen, Wochen usw, sondern mit **„umgehend".**[38] **Zweifelhaft** ist die Frage der hinreichenden Bestimmtheit verschiedentlich bei der Beschreibung der Zuweisung von Beamten zu privaten Unternehmen.[39]

15 **c) Teilregelungen, vorläufige Regelungen.** Nicht ausgeschlossen wird durch Abs 1 die Möglichkeit von Teilregelungen und vorläufigen Regelungen, die zunächst nur über einen Teil der insgesamt zu entscheidenden Fragen und/oder vorbehaltlich ggf erforderlicher weiterer VAe erfolgen.[40] Aus dem Erfordernis der Bestimmtheit ergibt sich jedoch auch für diese Fälle, dass für die Betroffenen nicht nur der Inhalt der getroffenen konkreten Regelung, sondern auch der Umstand erkennbar sein muss, dass diese noch nicht die abschließende Regelung darstellt, durch einen **Hinweis auf Unvollständigkeit bzw Vorläufigkeit.**[41] Dies kann insb auch im Hinblick auf die Frage der Zulässigkeit des späteren VA von Bedeutung sein, wenn die Betroffenen mit einem weiteren VA nicht rechnen mussten.

Umstritten ist die Frage, ob in einer **Baugenehmigung über die zulässige Nutzung abschließend entschieden** werden muss oder ob einzelne Nutzungen einem späteren Genehmigungsverfahren vorbehalten werden können. Diese Frage ist insbesondere bei größeren Anlagen mit einer Mehrzahl unterschiedlicher Nutzungen von Bedeutung.[42] Richtigerweise wird eine Rahmennutzungsregelung für die gesamte bauliche Anlage bereits in der Baugenehmigung enthalten sein müssen, damit sie hinsichtlich der Auswirkungen als hinreichend bestimmt angesehen werden kann. Kein Verstoß gegen das Bestimmtheitsgebot des Abs 1 liegt vor bei VAen, die analog § 111 VwGO in einer Sache **nur dem Grunde nach** entscheiden, die Höhe des zu leistenden Betrags uä dagegen zunächst noch offen lassen (vgl Sieder/Zeitler, WHG, 23 zu § 45 WHG aF). Entsprechendes gilt für sog. **Grundlagenbescheide.** Unter den genannten Voraussetzungen sind auch zB VAe zulässig, die zunächst nur die erforderliche Maßnahme als solche bezeichnen und vorschreiben, ohne den zunächst nicht bekannten oder jedenfalls im Augenblick nicht ‚greifbaren', etwa weil nicht auffindbaren, Adressaten zu benennen, oder die überhaupt ‚an wen es angeht', ergehen. Zur näheren Bestimmung insoweit bedarf es dann eines weiteren VA.

16 **d) Wahlfreiheit für Betroffene. Zulässig** sind auch VAe, die zunächst **nur das Ziel festlegen,** dass der Adressat durch eigene Maßnahmen erreichen muss (zB die Anordnung, dass der Lärm einer Anlage einen bestimmten Höchstwert nicht übersteigen darf), die ihm aber hinsichtlich der einzusetzenden Mittel, dh der zur Verwirklichung dieses Zieles zu treffenden Maßnahmen **Wahlfreiheit lassen** und häufig auch schon im Hinblick auf den verfassungsrechtlichen

---

[38] OVG Koblenz NVwZ 1993, 1006; anders zu „unverzüglich", § 31 Rn 14.

[39] OVG Lüneburg, B 18.5.2011, 5 ME 81/11; juris, Zuweisung einer Fernmeldeobersekretärin zu einem privaten Tochterunternehmen der Telekom als „Sachbearbeiterin Backoffice" hinreichend; s auch OVG Münster, B v 8.11.2011, 1 B 829/11, juris.

[40] Vgl BVerwGE 24, 23; 70, 365; 72, 300; DÖV 1979, 143; 1976, 288; Erichsen/Ehlers § 21 Rn 67.

[41] BVerwGE 70, 365; 72, 300; OVG Lüneburg DVBl 1982, 32; NVwZ 1987, 342; VGH München DVBl 1984, 882; Martens DÖV 1987, 998; Knack/Henneke 29.

[42] BVerwG GewArch 2012, 45; bejahend OVG Lüneburg DVBl 2012, 371; eher verneinend VGH Mannheim BauR 2011, 1642.

Grundsatz der Verhältnismäßigkeit lassen müssen.[43] Dies gilt auch für Nebenbestimmungen zu Planfeststellungsbeschlüssen aus Gründen der Problembewältigung (VGH München NuR 1981, 64) und für **Baugebote** (vgl BVerwGE 84, 338 = NVwZ 1990, 658). Ein Baugebot ist danach schon dann hinreichend bestimmt, wenn es die Verpflichtung des Eigentümers ausspricht, innerhalb einer angemessenen Frist die notwendigen Maßnahmen für eine Bebauung seines Grundstücks zu ergreifen, die sich im Rahmen der im jeweiligen Einzelfall zulässigen baulichen Nutzung hält. Die dem Eigentümer offen stehenden Möglichkeiten, sein Grundstück in Übereinstimmung mit geltendem Baurecht baulich zu nutzen, darf ein Baugebot nicht einschränken. Zum Baugebot darf dem Eigentümer auch aufgegeben werden, innerhalb einer bestimmten Frist einen notwendigen Bauantrag zu stellen.

5. Rechtsfolgen von Verletzungen des Bestimmtheitsgebots. a) Rechtswidrigkeit. Ein VA, der gegen das Gebot hinreichender Bestimmtheit verstößt, ist **materiell rechtswidrig,** aber nicht zwingend bereits nichtig. Ein nicht hinreichend bestimmter VA verletzt die Rechte des **Adressaten bzw Betroffenen** und kann, wenn keine Heilung eintritt, allein deshalb erfolgreich angefochten werden. Auf die mangelnde Bestimmtheit kann sich der Betroffene stets berufen, der **Drittbetroffene** nur dann, wenn sich die Unbestimmtheit auf solche Merkmale bezieht, deren genaue Regelung erforderlich ist, um Verstöße gegen Rechtspositionen gerade des Dritten auszuschließen.[44] 17

b) Nichtigkeit. Nicht jeder Verstoß gegen das Gebot hinreichender Bestimmtheit hat die Nichtigkeit des VA zur Folge, sondern, wenn kein Fall des § 44 Abs 2 vorliegt, nur derjenige Verstoß, der **schwer und offensichtlich** ist.[45] Nichtig ist ein VA wegen Unbestimmtheit zB, wenn er unverständlich und deshalb undurchführbar ist (OVG Koblenz NVwZ 1990, 399) oder wenn nicht erkennbar ist, wer durch ihn verpflichtet werden soll (vgl VGH Mannheim NVwZ 1990, 1096) und/oder in welchem Umfang bzw in welcher Höhe. 17a

c) Heilbarkeit. Soweit ein VA wegen Unbestimmtheit nicht schon nichtig, sondern nur rechtswidrig ist, kann der Mangel durch nachträgliche Klarstellungen, die grundsätzlich in derselben Form erfolgen müssen, wie sie auch für den VA selbst gilt, **mit Rückwirkung geheilt** werden (vgl OVG Koblenz NVwZ 1990, 399), auch durch einen insoweit fehlerfreien Widerspruchsbescheid und selbst noch im Verwaltungsprozess (BVerwG NVwZ-RR 2006, 589). Anders bei Nichtigkeit des VA (vgl VGH Mannheim NVwZ 1990, 1096). **Bloße Unrichtigkeiten** iS von § 42, uU auch falsche Bezeichnungen, können gem § 42 jederzeit von Amts wegen oder auf Antrag berichtigt werden, wenn offensichtlich ist, wer bzw was gemeint ist (vgl BFH NVwZ 1993, 1230). 17b

IV. Erlassformen, Bestätigungspflicht (Abs 2)

1. Formfreiheit (Abs 2 S 1). a) Grundsatz. Nach Abs 2 S 1 kann ein VA schriftlich, elektronisch, mündlich oder in anderer Weise erlassen werden. Die Be- 18

---

[43] BVerwGE 31, 18; BVerwG BayVBl 1992, 442: Auflage für Gaststätte, daß während der Nachtzeit der Richtwert von 35 dB A nicht überschritten werden darf; OVG Lüneburg NVwZ-RR 2011, 400; OVG Bremen NordÖR 2001, 206 für Sanierungsverfügung; VGH Mannheim VBlBW 1982, 97; WBSK I § 48 Rn 34; F 249; vgl auch Obermayer VerwR 2. Aufl 121: der VA darf den Betroffenen nicht die Auswahl zwischen mehreren zur Verfügung gestellten Mitteln lassen.

[44] OVG Münster BauR 2003, 674; VGH Kassel, ZIP 2008, 1520.

[45] BFH BStBl II 1986, 834; VGH München BayVBl 1994, 151; VGH Kassel NJW 1984, 1645 mwN; NVwZ 1989, 484; OVG Koblenz NVwZ 1990, 333 mwN; OVG Münster NVwZ-RR 1993, 234; Martens NVwZ 1990, 624; str; zT **aA** OVG Münster NJW 1989, 1086 mwN.

stimmung enthält damit den Grundsatz der Formfreiheit. Das VwVfG schreibt in Übereinstimmung mit der schon vor seinem Erlass hM[46] für VAe keine bestimmte Form vor, insb auch nicht die Schriftform, sondern überlässt die Wahl der Form grundsätzlich dem **Ermessen der Behörde.** Die Vorschrift entspricht insoweit § 10, wonach auch für das sonstige Verwaltungsverfahren selbst keine besondere Form vorgeschrieben ist. Formfreiheit besteht gem § 1 wie nach dem bish Recht jedoch nur dann und nur insoweit, als für bestimmte VAe nicht allgemein oder in bestimmten Fällen durch besondere Rechtsvorschriften eine bestimmte Form vorgeschrieben ist oder sich aus der Natur des VA oder den Umständen seines Erlasses ergibt.

18a **b) Abweichungen vom Grundsatz der Formfreiheit.** Für viele wichtige Gebiete (vgl auch § 69 Abs 2 und § 74 Abs 1 iVm § 69 Abs 2) ist im Interesse der Rechtssicherheit durch Gesetz die **Schriftform oder eine strengere Form** zwingend vorgesehen.[47] Das Erfordernis der Schriftform kann sich uU auch aus der Art des VA (BSG 13, 270; 21, 54 – zur Beitragsanforderung im Rahmen des KindergeldG –; Lorenz 274) oder mittelbar daraus ergeben, dass durch eine Rechtsvorschrift die **Zustellung des VA** oder eine **schriftliche Begründung vorgeschrieben** ist (zB beim Widerspruchsbescheid gem § 73 Abs 3 S 1 VwGO). Ein Beurkundungserfordernis besteht zB für die Beamtenernennung durch Aushändigung der Urkunde (§ 10 Abs 2 BBG); für die Einbürgerung bzw Entlassung aus der Staatsangehörigkeit durch Ausstellung einer entsprechenden Urkunde (§ 16 bzw § 23 StAG). Zu den **Rechtsfolgen bei Verstößen** gegen Formvorschriften s Rn 36.

19 **2. Schriftform und andere Formen des VA.** Will oder muss die Behörde den VA schriftlich erlassen, muss sie die Anforderungen an die Schriftform einhalten; anderenfalls ist der VA ist der VA nur in sonstiger Weise (zB mündlich, elektronisch, in Textform oder durch Zeichen) oder gar nicht erlassen. Dem Schriftformerfordernis kommt deshalb eine erhebliche Bedeutung zu. Die Voraussetzungen, unter denen ein elektronischer VA die Anforderungen der Schriftform erfüllt, ergeben sich aus § 3a Abs 2. Textform (s unten Rn 19c) ist mit der Schriftform sind nicht identisch und reicht nur in den gesetzlich besonders geregelten Fällen.

19a **a) Schriftform des VA.** Die Anforderungen an einen schriftlich erlassenen VA ergeben sich aus der allerdings **durch Abs 3 u 5 wesentlich modifizierten** Regelung in § 126 BGB, die auch dem Begriff der Schriftlichkeit des VwVfG zugrunde liegt. Danach muss „die Urkunde von dem Aussteller eigenhändig durch Namensunterschrift oder mittel notariell beglaubigten Handzeichens unterzeichnet sein.“ Das **Erfordernis einer Urkunde,** also eines Dokuments bedeutet, dass die Erklärung durch Schriftzeichen auf Papier oder einem ähnlichen Datenträger materialisiert (verkörpert) sein muss. Pläne, Bilder und Zeichnungen können inkludiert sein. Auf die Sprache und auf die Schrift (lateinische, kyrillische oder arabische) kommt es für den Schriftlichkeitsbegriff nicht an, wohl aber für die Anforderungen des § 23. Außerdem muss die Urkunde grundsätzlich **(zu den Ausnahmen s Abs 5)** durch **eigenhändige Namensunterschrift** des Behördenleiters, seines Stellvertreters oder Beauftragten unterschrieben sein. „Unterschrieben“ bedeutet, dass die Unterschrift die Erklärung abschließen muss. Unterhalb der Unterschrift dürfen keine Erklärungsteile mehr vorhanden sein; anderenfalls ist die Schriftform nicht gewahrt.[48]

19b Ein **Telefax (Funkfax, Computerfax oder Ferrarifax)** eines unterschriebenen Dokuments erfüllt nach hM das Schriftformerfordernis, obwohl der Emp-

---

[46] BVerwGE 26, 164; BSG 13, 270; 21, 54; F 199, 277 ff; WBS II § 48 Rn 25; Obermayer VerwR 108; Lorenz 274.

[47] (vgl zB § 31 Abs 1 AsylG).

[48] BGHZ 113, 48, 50; BGH MDR 2011, 1460; NJW 1994, 2300.

fänger nur die Fernkopie einer Urkunde erhält, auf der die Original-Unterschrift nur wiedergeben wird (s näher unten Rn 28). Gleiches gilt für das **Telegramm.** Bei einer Fotokopie kommt es darauf an, ob nach den Umständen anzunehmen ist, dass sie den Original-VA darstellen soll; das wir nur in Ausnahmefällen anzunehmen sein. Die Unterzeichnung muss eigenhändig sein; eine Unterschrift durch **Signaturpad** reicht nicht aus.[49] **Umstritten** is, ob eine Übermittlung eines Schriftstücks als **eingescannte pdf-Datei** per Mail das Schriftformerfordernis erfüllen kann. Das ist richtigerweise **zu verneinen,** weil ein elektronischer VA vorliegt (StBS 59; Bauer/Heckmann § 41 Rn 54 mwN).

b) Textform des VA. Als in sonstiger Weise erlassen gilt ein VA, der nur die Erfordernisse der durch § 126b BGB neu geschaffenen Textform erfüllt.[50] Die Textform reicht in den Fällen aus, in denen das Fachrecht dies – idR anstelle der Schriftform – vorsieht.[51] Sie ist erfüllt, wenn der Inhalt des VA in einer **Urkunde** oder in anderer **dauerhafter Weise materialisiert** ist. Insoweit soll es ausreichen, wenn der VA auf einem Datenträger des Empfängers abgespeichert wird; eine weitere Materialisierung wird nicht verlangt.[52] Die Person des Erklärenden, also der für die Behörde **handelnde Amtswalter,** muss (neben der erlassenden Behörde) erkennbar sein und der **Abschluss der Erklärung,** also des VA-Textes, durch Nachbildung der Unterschrift oder auf andere Weise (zB durch den Hinweis: „dieser VA ist nicht unterschrieben) erkennbar gemacht werden. Wie bei der Schriftform dürfen unterhalb des gekennzeichneten Abschlusses der Erklärung, hier des VA, keine Erklärungsteile mehr vorhanden sein; anderenfalls ist die Textform nicht gewahrt.[53] 19c

c) Elektronischer Erlass des VA. Wegen seiner wachsenden Bedeutung hat der elektronische VA seit der Änderung des Abs 2 durch das 3. VwVfÄndG besondere Hervorhebung gefunden. Von einem elektronischen VA kann man sprechen, wenn ein **elektronisches Dokument auf elektronischem Weg übermittelt** wird. Die bloße elektronische Herstellung reicht nicht (heute werden die meisten schriftlichen Dokumente zunächst elektronisch hergestellt und erhalten dann durch Ausdruck ihre Papierform). Auch die bloße elektronische Übermittlung reicht nicht. So werden Telegramm und Telefax auch auf elektronischem Weg übermittelt, aber von der hM als schriftliche Dokumente angesehen (s oben Rn 19). Das elektronische Dokument muss vielmehr nach dem Willen der Behörde den **Original-VA darstellen** (StBS 65). Das ist dann der Fall, wenn es nicht nur um eine parallele oder Vorab-Information über den VA geht, sondern sich der Erlass in der Übermittlung des elektronischen Dokuments erschöpft. Das gilt nicht nur bei unmittelbaren E-Mail-Nachrichten der Fall, sondern auch bei Dokumenten, die solchen E-Mails angehängt sind, wenn eine schriftliche Übermittlung des Originals nicht beabsichtigt ist. Ein elektronisch erlassener VA erfüllt die Anforderungen des Schriftformerfordernisses unter den Voraussetzungen des § 3a Abs 2. Hierfür ist nach der Novellierung durch das G zur Förderung der elektronischen Verwaltung im Jahre 2013 eine qualifizierte elektronische Signatur nicht mehr zwingend erforderlich; ausreichend sind vielmehr auch die übrigen in § 3a Abs 2 S 4 genannten Vorgehensweisen, insbesondere unter Nutzung der DE-Mail-Funktionen (s näher § 3a Rn 240 ff). 19d

d) Mündlicher Erlass des VA. Mündlich wird der VA erlassen, wenn er durch die Stimme (uU verstärkt durch Lautsprecher oder Megaphon) einer na- 19e

---

[49] OLG München NJW 2012, 3584; Schmitz NVwZ 2013, 410.
[50] Zur Textform Wendehorst NJW 2014, 577; Brändle Versorgungswirtschaft 2014, 38.
[51] Vgl etwa § 108 Abs 1 GewO; § 55 TKG.
[52] Bei einer Übermittlung per E-Mail soll es ausreichend sein, dass die E-Mail auf dem Online-Provider verfügbar ist und die Möglichkeit zur Speicherung und Ausdruck besteht, vgl. Staudinger/*Kaiser* § 355 Rn 60, Palandt/*Heinrichs* § 126b Rn 3.
[53] BGH MDR 2011, 1460.

türlichen Person gegenüber einem oder mehreren Adressaten in der für diese hörbaren Weise zur Kenntnis gebracht wird. Grundsätzlich kann ein VA mündlich **nur gegenüber Anwesenden** erlassen werden. Von der wohl hM wird auch der fernmündlich, dh per Telefon erlassene VA dem mündlichen gleichgestellt.[54] Ob es sich beim fernmündlichen VA auch um einen mündlichen handelt, spielt für die Gesetzesanwendung keine Rolle, wenn (wie hier) der Bestätigungsanspruch des Abs 2 S 2 analog auch auf in sonstiger Weise erlassene VAe angewandt wird (s unten Rn 22). Eine auf **Anrufbeantworter** gesprochene Mitteilung wird man jedenfalls nicht als mündlichen VA ansehen können;[55] ein solcher VA ist in sonstiger Weise erlassen.[56]

20 **e) In sonstiger Weise erlassener VA.** Zu den in sonstiger Weise erlassenen VA gehören solche in der durch § 126b BGB neu geschaffenen **Textform** (s oben Rn 19c), bei der insbesondere auf die eigenhändige Unterschrift verzichtet wird[57] fernmündlich, dh **per Telefon** erlassene VAe, solche, die durch bloßes Verhalten, etwa durch Zeichen erlassen werden (Verkehrsregelungen durch Polizeibeamte), durch maschinelle Zeichen wie **Lichtzeichen** von Verkehrsampeln und anderen Verkehrseinrichtungen, in bestimmten Fällen durch **konkludentes Handeln** Behörde,[58] wie die Auszahlung oder Überweisung von öffentlichen Leistungen (zB der sog Schalter-VA[59]), die Eintragung in ein öffentliches Register[60] oder unter Umständen sogar durch die **Übersendung der Fotokopie** eines VA.[61] Maßgeblich ist in diesen Fällen, dass für den Adressaten und sonstigen Betroffenen nach den Gesamtumständen des Erlassens der Charakter des Aktes als VA, dh als verbindliche hoheitliche Regelung, und die Behörde, die den VA erlässt, erkennbar sein muss; Abs 3 S 1 enthält insoweit einen allgemeinen, auch hier sinngemäß anzuwendenden Rechtsgedanken.

21 **Durch bloßes Stillschweigen** auf einen Antrag kann grundsätzlich kein VA erlassen werden, auch wenn der Antragsteller der Behörde mitgeteilt hat, dass er Schweigen als Zustimmung (bzw Ablehnung) ansehen werden. Wird infolge behördlicher Untätigkeit aufgrund spezieller gesetzlicher Vorschriften der Erlass eines VA fingiert (§ 42a), so hat nicht die Behörde ihn erlassen; es liegt deshalb kein Fall des § 37 Abs 2 vor. Für den fingierten (oder fiktiven) VA[62] gelten besondere Regelungen (s § 42a Rn 9); auch dort ist eine schriftliche Bestätigung vorgesehen (§ 42a Abs 3).

22 **3. Schriftliche Bestätigung mündlicher VAe (Abs 2 S 2).** Abs 2 S 2 gibt den Betroffenen bei Bestehen eines berechtigten Interesses einen Anspruch auf schriftliche Bestätigung des VA. Die Regelung betrifft unmittelbar nur mündlich

---

[54] VGH München BayVBl 2000, 149; VHG Mannheim NVwZ 1992, 898; OVG Münster NWVBl 1996, 222; StBS 77; Knack/Hennecke 38; FKS 27; in § 13 Abs 4 ArbeitssicherstellungsG und § 18 VerkehrssicherstellungsG; enger OLG Hamm NJW 1972, 1769 und Knack/Henneke 38: fernmündliche Erklärungen können mündlich erlassenen VAen nur dann gleichstehen, wenn der Adressat den für die Behörde anrufenden Amtsträger erkennen kann.

[55] Anders wohl StBS 78.

[56] KG NJW 1990, 1804; StBS 78.

[57] Thalmair NJW 2011, 14; Zenker JZ 2007, 816; Röger NJW 2004, 1764.

[58] Erichsen/Ehlers § 14 Rn 49, § 22 Rn 33; ebenso zum bish Recht BVerwGE 26, 164; VG Hannover NJW 1984, 1644; differenzierend Krause 202 ff.

[59] BVerwGE 28, 358; **aA** VGH Kassel FEVS 19, 304; Krause 354.

[60] BVerwGE 37, 104; WBSK I § 45 Rn 44; F 210, zweifelnd Krause 354. Kein VA sind allerdings Registereintragungen, die lediglich interner Natur sind (Verkehrszentralregister) oder der Archivierung oder der bloßen Publizität dienen. Näher hierzu § 35 Rn 104).

[61] FG Niedersachsen NVwZ-RR 1993, 229.

[62] BVerwGE 31, 274; BVerwG NJW 1975, 1240; 1982, 2788; OVG Lüneburg NJW 1968, 1692; Schmaltz NJW 1968, 1078; Steiner DVBl 1970, 34; **aA** OVG Münster NJW 1968, 170; Obermayer DVBl 1969, 237.

erlassene VAe; zweifelhaft, richtigerweise aber zu bejahen ist, ob sie **analog auf in anderer Form ergangene VAe** (zB fernmündlich, durch Nachricht auf Anrufbeantworter, durch Zeichen, konkludentes Verhalten) anwendbar ist. Dies wird teilweise unter Hinweis auf die Entstehungsgeschichte verneint (Knack/Henneke 48), ist aber jedenfalls dann zu bejahen, wenn der Zweck der Vorschrift, Rechtssicherheit und Rechtsgewissheit zu schaffen, in gleichem Maße wie bei mündlichen VAen zutrifft und die Betroffenen ein **vergleichbares Interesse** an einer schriftlichen Bestätigung haben (nicht etwa bei Lichtzeichen von Straßenverkehrseinrichtungen). Nach einer vermittelnden Auffassung (StBS 85) steht die Bestätigung in diesen Fällen im Ermessen der Verwaltung.

Die **Bestätigung stellt keinen Neuerlass des VA** dar[63] und auch keinen Zweitbescheid, sondern ist eine lediglich schlichthoheitliche Maßnahme, die Beweiszwecken dient; auf sie finden jedoch die Bestimmungen über schriftliche VAe gem Abs 3 Anwendung.[64] Da mit der schriftlichen Bestätigung idR auch die bei einem mündlichen VA fehlende Rechtsmittelbelehrung nachgeholt wird, richtet sich der Zeitpunkt des Eintritts der Bestandskraft dann nach der Monatsfrist, wenn nicht zuvor die Jahresfrist des § 58 Abs 2 VwGO schon abgelaufen war.[65] Nur wenn bzw soweit die Bestätigung inhaltlich von dem ursprünglichen VA abweicht und die Abweichung nicht auf einem offensichtlichen und für die Betroffenen iS von § 42 erkennbaren Versehen beruht, ist sie idR als selbständiger neuer VA anzusehen,[66] dessen Aufhebung auch nach den §§ 48, 49 zu beurteilen ist. 23

a) Berechtigtes Interesse. Das in S 2 geforderte berechtigte Interesse an einer schriftlichen Bestätigung kann rechtlicher, wirtschaftlicher oder auch ideeller Natur sein (Knack/Henneke 49); es ist bei einem **durch einen VA Betroffenen idR zu bejahen,** es sei denn, dass die Sache sich in der Zwischenzeit bereits erledigt hat und sich daraus auch keine weiteren Folgerungen mehr für die Gegenwart ergeben können, die ein Interesse im dargelegten Sinn begründen (zB Wiederholungsgefahr, Schadensersatzansprüche, Fortdauer einer diskriminierenden Wirkung). 24

b) Unverzügliches Verlangen. Der Antrag auf schriftliche Bestätigung muss unverzüglich gestellt werden, dh ohne schuldhaftes Zögern (§ 121 Abs 1 BGB), nachdem der Betroffene vom Ergehen des VA Kenntnis erlangt hat. Gegen die Ablehnung des Antrags auf Bestätigung, die (im Gegensatz zur Bestätigung selbst) von der hM als VA angesehen wird (str, vgl § 35 Rn 92), sind die normalen **Rechtsbehelfe** gegeben, ebenso gegen eine Bestätigung, die vom ursprünglichen VA abweicht und daher idR als Erlass eines neuen VA zu werten ist. 25

4. Die schriftliche Bestätigung elektronischer VAe (Abs 2 S 3). Mit dem durch das 3. VwVfÄndG neu eingefügten Abs 2 S 3 wird klargestellt, dass die Betroffenen auch die schriftliche Bestätigung elektronisch erlassener VAe verlangen können, wenn die Voraussetzungen des Abs 2 S 2 vorliegen, wenn also ein berechtigtes Interesse besteht und das Bestätigungsverlangen unverzüglich erfolgt. Die Regelung gilt sowohl für die Bestätigung von elektronischen VAen mit qualifizierter Signatur als auch für solche ohne diese. Damit wird es möglich, dass ein elektronischer VA, der nach § 3a Abs 1 ohne eine qualifizierte Signatur nach § 3a Abs 2 erlassen wurde, auch ohne eine solche Signatur schriftlich bestätigt werden kann und muss, wenn der Betroffene es beantragt. Dies erleichtert den elektronischen Rechtsverkehr ohne qualifizierte Signatur. An das Vorliegen 26

[63] Vgl OVG Münster NVwZ 1994, 549; NWVBl 1997, 306.
[64] Ebenso MB 25; Knack/Henneke 50.
[65] OVG Bremen, B v 13.3.2012, 1 B 29/12, juris.
[66] Ebenso StBS 41; Knack/Henneke 50; **aA** Wallerath 7 IV 2; MB 17: kein VA mangels fehlender Finalität des Handelns.

eines berechtigten Interesses werden derzeit keine besonderen Anforderungen gestellt werden dürfen.

V. Formerfordernisse bei schriftlichen und elektronischen VAen (Abs 3)

27 **1. Inhalt der Regelung.** Abs 3 stellt in Abweichung von den Regelungen des § 126 BGB (BVerwGE 45, 189, 192) für VAe, die schriftlich oder elektronisch erlassen werden, bestimmte **Mindesterfordernisse** auf. Diese gelten sowohl für die nach besonderen gesetzlichen Vorschriften schriftlich zu erlassenden VAe (einschließlich der Zusicherungen gem § 38) als auch für VAe, für die die Behörde aus freien Stücken nach Abs 2 S 1 die Schriftform oder die elektronische Form wählt; dass ein VA auch mündlich erlassen werden könnte, hat nicht zur Folge, dass an die Schriftlichkeit deshalb geringere Anforderungen zu stellen wären. Abs 3 ist außerdem **auch auf die schriftliche Bestätigung** mündlicher VAe nach Abs 2 S 2 anwendbar. Analog Abs 2 S 2 ist ein entsprechender Anspruch auf schriftliche Bestätigung auch bei in anderer als mündlicher Form ergangenen VAen anzuerkennen.[67]

28 **Schriftlichkeit** bedeutet die **Verkörperung einer Gedankenerklärung** mit Hilfe von Schriftzeichen auf einem Datenträger in einer ohne weiteres lesbaren Form (s oben Rn 19). Der Schriftform genügt auch ein **Telegramm, Fernschreiben, Telefax** oder **Telebrief,** außerdem auch zB das **gerichtliche Protokoll,** das die Erklärung enthält, mit der der Vertreter einer Behörde die in Frage stehende Erlaubnis uä zur Niederschrift erklärt hat.[68] Zulässig sind und der Schriftform genügen auch **(schriftliche) Verweisungen im VA** auf beigefügte **Pläne, Diagramme** und auf bestimmte vorausgegangene Anträge, Schreiben oder auch schriftlich den Beteiligten gegenüber ergangene **VAe,** nicht dagegen auf Mikrofiche, Disketten uä (Müller-Ibold 192). Eine Unterschrift muss eigenhändig sein; die Unterschrift mittels Signaturpads reicht nicht aus.[69]

28a **Elektronisch erlassen** ist ein VA, wenn er unter den Voraussetzungen des § 3a Abs 1 dem Empfänger übermittelt worden ist (s oben Rn 19a). Die elektronischen VAe sind durch das 3. VwVfÄndG in Abs 3 aufgenommen worden, um auch insoweit die elektronische Form der schriftlichen ausdrücklich gleichzustellen. Von Abs 3 S 1 werden elektronisch erlassene VAe **auch dann erfasst, wenn sie nicht über eine qualifizierte Signatur verfügen,** also nur nach § 3a Abs 1 erlassen wurden. Sie müssen in jedem Fall die ausstellende Behörde erkennen lassen und eine Wiedergabe des Namens des Behördenleiters oder seines Vertreters bzw Beauftragten enthalten. Die Voraussetzungen, unter denen ein elektronischer VA gesetzlich angeordnete Schriftformerfordernisse erfüllt, sind in § 3a Abs 2 geregelt.

29 **2. Erkennbarkeit der Behörde (Abs 3 S 1).** Das Erfordernis, dass die den VA erlassende Behörde erkennbar sein muss, dient einerseits der Rechtssicherheit (auch zu Beweiszwecken) und der Klarstellung, dass es sich um einen VA handelt, hat andererseits aber vor allem auch Bedeutung im Hinblick auf Rechtsbehelfe, deren Einlegung wesentlich erschwert wäre, wenn die Ausgangsbehörde nicht ohne weiteres erkennbar ist. Das Erfordernis der Erkennbarkeit der erlassenden Behörde folgt bereits aus Abs 1 und ist insoweit auch auf VAe anwendbar, die nicht in schriftlicher Form ergehen; hier muss die erlassende Behörde zumindest aus den Umständen des Ergehens des VA ersichtlich sein. Nach dem auf-

---

[67] Vgl Rn 22; **aA** Badura, in: Boorberg-FS 1977, 211; Obermayer/Funke-Kaiser 29; MB 19; Knack/Henneke 48; differenzierend StBS 45.

[68] EVwVfG BT-Dr 7/910 zu § 37; BVerwGE 97, 323 zur Zusicherung; BVerwG NVwZ 2000, 1186; StBS 36c.

[69] OLG München NJW 3584; Schmitz NVwZ 2013, 410.

grund des Gesetzes über die Förderung der elektronischen Verwaltung neu angefügten Abs 3 S 3 muss in den Fällen des § 3a Abs 2 S 4 Nr 3 die Signatur des Diensteanbieters die erlassende Behörde erkennen lassen.

Die Behörde, dh die konkrete, den VA erlassende Behörde (zB „Landratsamt München"), **muss aus dem VA selbst erkennbar sein,** dh aus der Kopfleiste, dem Text oder einem beigefügten Stempel oder Siegel (StBS 97: zB Beglaubigungsvermerk; Knack/Henneke 54). Dass die Behörde aus den Umständen, zB aus dem Poststempel, ersichtlich ist, genügt nicht. Erforderlich ist auch – wie sich auch schon nach Abs 1–2 ergibt –, dass aus dem Schreiben, das den VA enthält, zweifelsfrei hervorgeht, dass die Behörde als Behörde, dh hoheitlich und nicht etwa im Fiskalbereich, handelt (BVerwGE 41, 306). Der VA muss die ausstellende Behörde grundsätzlich **mit ihrer amtlichen Bezeichnung** angeben, jedenfalls aber sie so bezeichnen, dass Zweifel ausgeschlossen sind, um welche Behörde es sich handelt (zB nicht nur „Das Landratsamt", sondern „Das Landratsamt München"), er darf auch **keine widersprechenden gleichrangigen Angaben** über die ausstellende Behörde enthalten zB Angabe der Behörde im Briefkopf und der Aufsichtsbehörde bei der Unterschrift und im Siegel. 30

3. Unterschrift bzw Namenswiedergabe (Abs 3 S 1). Das Erfordernis der Unterschrift bzw Namenswiedergabe dient drei Zielen. Erstens soll im Interesse der Rechtssicherheit gewährleistet werden, dass nicht (noch) unfertige, noch nicht als endgültige Entscheidung gedachte Schreiben, insb Entwürfe, als VA „ergehen" – sog **„Beweisfunktion";**[70] zweitens soll damit eindeutig erkennbar sein, dass der Inhalt des VA durch die Unterschrift bzw die Namenswiedergabe abgeschlossen wird, dass also der vollständige Inhalt des VA von der Erklärung gedeckt wird, **(Vollständigkeitsfunktion)** und drittens im Interesse des Bürgers wie auch der Verwaltung selbst sicherstellen, dass VAe nur von den nach der internen Organisation der Behörde zuständigen „zeichnungsberechtigten" und damit für die Handlung verantwortlichen Amtsträgern bzw nur mit deren Billigung erlassen werden – sog **Garantiefunktion** (OVG Weimar NVwZ-RR 1995, 253), und dient insofern auch der Identifizierung des verantwortlichen Sachbearbeiters.[71] 31

a) Unterschrift. Die ausdrückliche Erwähnung der Unterschrift in Abs 3 schließt es nicht aus, dass entspr der früheren Rspr[72] **das Fehlen einer Unterschrift** dann als **unbeachtlich angesehen** wird, wenn aus den gesamten Umständen, zB aus einem Begleitschreiben, das den Anforderungen des Abs 3 genügt,[73] zweifelsfrei hervorgeht, dass es sich um eine abschließende, für den Bürger bestimmte Entscheidung und nicht lediglich um einen Entwurf, der noch einer abschließenden Entscheidung, der Zustimmung des Behördenleiters usw bedarf, handelt.[74] **Etwas anderes** gilt grundsätzlich für VAe, für die durch Gesetz die **Form einer Urkunde** vorgeschrieben ist (F 238 f; Knack/Henneke 6; Lorenz 275), zB für die **Beamtenernennung** durch Aushändigung der Urkunde 32

---

[70] BVerwGE 45, 194; BGH NJW 1984, 2533; v Mutius VerwArch 1976, 120.

[71] Vgl auch AG Hersbruck NJW 1994, 306 mit zust Anm Redeker: zwar weist StBS 100 zutreffend darauf hin, dass derjenige, der unterschreibt, nicht notwendig entschieden hat, er hat aber durch die Unterschrift die Verantwortung übernommen.

[72] BVerwGE 36, 296; 45, 193 f; BFH 62, 263; 75, 425; BSG 13, 271; enger OVG Münster VRspr 5, 889.

[73] Vgl idS BGH NJW 1986, 1760 und BVerwG NVwZ 1991, 1193 aA jetzt Knack/Henneke 58.

[74] So wohl BVerwG NJW 1993, 1667; VGH München NVwZ 1987, 729; Badura, in: Boorberg-FS 1977, 217; Obermayer/Funke-Kaiser 26f; Wendt JA 1980, 30: nur rechtswidrig-aufhebbar; Knack/Henneke 56; **aA** VGH München BayVBl 1985, 154 = NVwZ 1985, 430; vgl insofern auch BGH NJW 1984, 2533; MuE 162: Fehlen der Unterschrift ist ein schwerwiegender Mangel.

(§ 10 Abs 2 BBG); für die **Einbürgerung** bzw Entlassung aus der Staatsangehörigkeit durch Ausstellung einer entsprechenden Urkunde (§ 16 bzw § 23 StAnG).

33 **Unterschrift bedeutet eigenhändige Unterzeichnung** durch eine natürliche Person mit ihrem Namen.[75] Unterzeichnung mit der **Behördenbezeichnung,** etwa Stadtamt X, Rechtsamt Y, **genügt nicht** (vgl BVerwGE 3, 56). Hins des Unterschriftserfordernisses gelten dieselben Grundsätze wie für die Unterschrift bei Anträgen und gerichtlichen Klagen (vgl dazu Kopp/Schenke § 81 Rn 5). Die Unterschrift **braucht nicht lesbar zu sein,** muss aber einen individuellen Bezug zum Namen erkennen lassen.[76] Entgegen der bisherigen zu Recht strengeren Rspr wird heute eine **Paraphe teilweise für ausreichend gehalten.**[77] Damit wird der Funktion der Unterschrift (s Rn 31) nicht hinreichend Rechnung getragen. Die Unterschrift muss grundsätzlich unter dem Text des VA stehen und idS den VA abschließen;[78] anders allenfalls hins der Rechtsbehelfsbelehrung, für Anlagen, auf die im Text des VA Bezug genommen wird, und für allgemeine Hinweise.

34 **Wer als Behördenleiter,** dessen Vertreter oder Beauftragter **unterschriftsberechtigt** (zeichnungsbefugt) ist, ergibt sich aus der internen Organisation der Behörde; dass die interne Zuständigkeitsregelung insoweit durch Rechtssatz erfolgt oder jedenfalls in geeigneter Weise bekannt gemacht ist (zB durch Aushang in den Amtsräumen), ist auch nach Abs 3 nicht erforderlich.[79]

35 **b) Namenswiedergabe des Behördenleiters.** Der Unterschrift ist die Namenswiedergabe gleichgestellt. Unter Namenswiedergabe ist die maschinengeschriebene (VGH München NVwZ 1985, 430), faksimilierte,[80] mit einem Stempel mit dem Schriftzug oder auch in Druckschrift gestempelte[81] oder gedruckte[82] und von der Kanzlei **beglaubigte Namenswiedergabe** zu verstehen.[83] Nach anderer Auffassung (vgl Obermayer/Funke-Kaiser 27), der zuzustimmen ist, da das Gesetz zur Namenswiedergabe nicht ausdrücklich weitere Erfordernisse nennt, genügt auch eine schlichte mit dem Zusatz „gez." versehene Namenswiedergabe, dh Wiedergabe jedenfalls des Familiennamens (GemSOBG NJW 1980, 172). Der **Beglaubigungsvermerk** muss die Übereinstimmung der Namenswiedergabe mit der handschriftlichen Unterschrift[84] in dem bei der Behörde

---

[75] ZT **aA** Knack/Henneke 5: die Unterschrift muss, da Abs 3 nicht wie das bürgerliche Recht Eigenhändigkeit vorschreibt, nicht eigenhändig sein.

[76] Vgl BVerwGE 43, 114; OLG Oldenburg MDR 1988, 253 = NJW 1988, 2812.

[77] So BVerwG Buchh 316 § 37 VwVfG Nr 12; **aA** Knack/Henneke 55; VGH München NVwZ 1987, 729; vgl auch OLG Köln NJW 1988, 2805; anders zur Paraphe auf der bei den Akten verbleibenden Urschrift.

[78] Vgl Kopp/Schenke § 81 Rn 6; zT **aA** BSG NJW 1995, 550 = NVwZ 1994, 830: Teile der mit einem VA getroffenen Regelung können auch der Unterschrift nachfolgen. Nach StBS 102 soll die Unterschrift Text auf der Rückseite eines Bescheides erfassen, sofern ein Zusammenhang mit dem Text der Vorderseite besteht; zweifelhaft.

[79] Allg zur Zeichnungsbefugnis in Behörden Hufeld, Die Vertretung der Behörde, 2003, 55; s Kübler, Die Zeichnungsbefugnis im Verwaltungsrecht, Diss Berlin 1970, zur Zeichnungsbefugnis von Rechtsreferendaren, die einer Behörde zur Ausbildung zugewiesen sind und denen die entsprechende Befugnis zumindest konkludent übertragen wurde, bejahend Grabrucker BayVBl 1991, 332.

[80] VGH München BayVBl 1985, 154 = NVwZ 1985, 430; OLG Saarbrücken NJW 1973, 2041: faksimilierte Unterschrift genügt in jedem Fall.

[81] Vgl zu Bußgeldbescheiden OLG Saarbrücken NJW 1973, 2041; OLG Frankfurt NJW 1976, 337; StBS 105.

[82] VGH München NVwZ 1985, 430; F 238 Fn 5.

[83] VGH München BayVBl 1985, 154 = NVwZ 1985, 430; vgl auch GSOBG BVerwGE 58, 359; BVerwGE 81, 35; zT **aA** StBS 105; Knack/Henneke 57; Redeker NVwZ 1986, 546: Beglaubigungsvermerk auf der Urschrift nicht erforderlich; anders gem § 2 VwZG nur für die Zustellung einer beglaubigten Abschrift.

[84] Vgl BGH RzW 1968, 222; DÖV 1981, 723; NJW 1984, 1533; VGH München BayVBl 1985, 154; WBSK I § 48 Rn 26; StBS 40: Paraphierung genügt in diesem Fall.

verbleibenden Original bestätigen und selbst von dem Beamten oder Angestellten, der die Beglaubigung vornimmt, unterschrieben werden. Vgl zur Beglaubigung § 34 Rn 3ff; zum Erfordernis jedenfalls der Beglaubigung für die Zustellung einer beglaubigten Abschrift § 2 VwZG (dazu auch StBS 107). Unterschrift oder Namenswiedergabe auf den als VA übersandten oder übergebenen Abschriften können, sofern jedenfalls das bei der Behörde verbleibende Original ordnungsgemäß unterschrieben bzw mit der Namenswiedergabe versehen ist, jederzeit nachgeholt werden (StBS 53). Der fehlerhafte Beglaubigungsvermerk ist unwirksam, der Mangel kann nicht rückwirkend beseitigt werden; die Beglaubigung kann aber insgesamt wiederholt werden (StBS § 33 Rn 31).

4. Anforderungen an elektronische VAe nach Abs 3 S 2. Der durch das 3. VwVfÄndG neu eingefügte Abs 3 S 2 stellt besondere Anforderungen an VAe, die nach § 3a Abs 2 elektronisch erlassen werden, für die aber durch Rechtsvorschrift die **Schriftform angeordnet** worden ist. Da nach § 3a Abs 2 der elektronische Erlass eines VA mit qualifizierter Signatur der durch Rechtsnorm angeordneten Schriftform genügt, muss hierauf bei der Regelungen der Formerfordernisse entsprechend Rücksicht genommen werden. Deshalb verlangt Abs 3 S 2, nicht nur die **qualifizierte Signatur** (s hierzu § 3a Rn 14), sondern darüber hinaus, dass das der qualifizierten Signatur zugrunde liegende qualifizierte Zertifikat die erlassende Behörde erkennen lassen muss. 35a

5. Bestätigung nach De-Mail-Gesetz (Abs 2 S 3). Durch Art 3 des Gesetzes zur Förderung der elektronischen Verwaltung wurde Abs 3 durch einen neuen S 3 ergänzt, der eine Voraussetzung für das Schriftformerfordernis bei VAen im Fall ihrer elektronischen Übertragung nach dem De-Mail-Gesetz enthält. Die neu geschaffene Möglichkeit der Erfüllung des Schriftformerfordernisses durch Versendung einer De-Mail-Nachricht nach § 5 Abs 5 De-Mail-Gesetz ohne qualifizierte elektronische Signatur (§ 3a Abs 2 S 4 Nr 3) gilt erst ab dem 1.7.2014 (s hierzu § 3a Rn 27). Für diesen Fall regelt Abs 2 S 3, dass die Bestätigung nach § 5 Abs 5 De-Mail-Gesetz die erlassende Behörde als Nutzer des De-Mail-Kontos erkennen lassen muss. Damit die **Unverfälschtheit der Bestätigung** jederzeit nachprüfbar ist, bestätigt der Diensteanbieter des Senders die Verwendung einer sicheren Anmeldung nach § 4 De-Mail-Gesetz durch eine **qualifizierte elektronische Signatur.** Anderenfalls ist das Schriftformerfordernis nicht erfüllt, (s auch § 3a Rn 30). 35b

6. Rechtsfolgen von Formverstößen. Die Vorschrift enthält keine eigene Regelung über die Rechtsfolgen von Formverstößen. Deshalb gelten insoweit die allgemeinen Regeln. Danach führt ein Formverstoß grundsätzlich zur Rechtswidrigkeit des VA, der nach § 45 heilbar ist und nach § 46 unbeachtlich sein kann. Zur Nichtigkeit führt der Formverstoß gem § 44 nur dann, wenn einer der in § 44 Abs 2 genannten Nichtigkeitsgründe vorliegt oder der Fehler nach § 44 Abs 1 gravierend ist und für jedermann offensichtlich. Letzteres muss differenziert betrachtet werden. 36

a) Die fehlende Erkennbarkeit der Behörde. Ist die Behörde, die den VA erlassen hat, nicht erkennbar, hat dies in Übereinstimmung mit dem bish Recht gem § 44 Abs 2 Nr 1 die **Nichtigkeit** des betroffenen VA zur Folge. Die Erkennbarkeit der Behörde ist stets eine Grundvoraussetzung für die Annahme eines VA, der als Hoheitsmaßnahme nur identifizierbar ist, wenn es für den Adressaten ersichtlich ist, dass er von einer Behörde stammt, und der aus Gründen des Rechtsschutzes auch einer bestimmten existierenden Behörde zugeordnet werden können muss. 36a

b) Fehlende Unterschrift. Trotz der ausdrücklichen Hervorhebung der Notwendigkeit der Unterschrift bzw der Namenswiedergabe führt die Verletzung des Unterschriftserfordernisses nicht automatisch zur Nichtigkeit, wenn sich 36b aus den Umständen zweifelsfrei ergibt, dass es sich um einen „fertigen VA" und nicht möglicherweise nur um einen irrtümlich zum Versand gelangten Entwurf handelt.[85] Sonst hat das Fehlen einer Unterschrift oder Namenswiedergabe bzw der dafür maßgeblichen Mindesterfordernisse die Nichtigkeit des VA nur bei VAen, für die die **Form einer Urkunde** vorgeschrieben ist, zur Folge, bei anderen VAen dagegen nur die Rechtswidrigkeit.[86]

37 **Als unerheblich** anzusehen ist grundsätzlich ein Verstoß gegen das Erfordernis, dass die **Unterschrift vom Behördenleiter,** seinem Vertreter oder einem von ihm Beauftragten geleistet werden muss bzw der VA die entsprechende Namenswiedergabe enthalten muss. Für die Wirksamkeit und Rechtmäßigkeit eines VA genügt es, wenn der VA die Unterschrift (bzw Namenswiedergabe) eines bei der Behörde beschäftigten, **mit Verwaltungsaufgaben betrauten Beamten** oder Angestellten – nicht etwa eine Raumpflegerin oder einer zufällig im Amtsgebäude anwesenden Person uä (vgl BFH 125, 347) – trägt, selbst wenn dieser nach der internen Organisation der Behörde für die in Frage stehende Angelegenheit nicht zuständig oder nicht zeichnungsbefugt ist.[87] Der Umstand, dass die Unterschrift von einer dazu nicht befugten Person geleistet wurde, ist, anders als das Fehlen der Unterschrift, für Außenstehende nicht ohne weiteres erkennbar; der **Verletzung interner Zuständigkeitsregelungen** kann daher im Verhältnis zum Bürger, der durch einen VA in seinen Rechten betroffen wird (abgesehen allenfalls von Fällen bewusster Kollision), keine Außenwirkung zukommen (vgl auch § 14 Rn 22 zu den Grundsätzen der Anscheinsvollmacht).

VI. Dauerhafte Überprüfbarkeit der Signatur (Abs 4)

37a Mit dem durch das 3. VwVfÄndG eingefügten Abs 4 wird klargestellt, dass die dauerhafte Überprüfbarkeit der nach § 3a Abs 2 erforderlichen qualifizierten Signatur durch Rechtsvorschrift angeordnet werden kann. Das Erfordernis einer dauerhaften Überprüfbarkeit der Signatur wird also durch Abs 4 selbst nicht aufgestellt, vielmehr setzt dies eine besondere Anordnung in einer Rechtsvorschrift voraus. Damit soll für VAe von besonderer Bedeutung, insbesondere für Dauer-VAe, sichergestellt werden können, dass sie auch über lange Zeiträume hinweg hinreichend beweiskräftig bleiben. Für den Normalfall der angeordneten Schriftform wird dies nicht verlangt, weil der technische Aufwand derzeit noch relativ groß ist. Dauerhafte Überprüfbarkeit wird derzeit angenommen, wenn der Zertifizierungsdienstanbieter sicherstellt, dass die von ihm ausgestellten qualifizierten Zertifikate nicht nur für einen angegebenen Gültigkeitszeitraum, sondern **mindestens 30 Jahre nach dem Ende des Gültigkeitszeitraums eines Zertifikats** in einem Verzeichnis nach § 5 Abs 1 S 2 SigG geführt werden. Für diesen Zeitraum muss die Dokumentation nach § 10 SigG aufbewahrt werden (vgl BT-Dr 13/7385 S. 2446).

VII. Verwendung automatischer Einrichtungen (Abs 5)

38 **1. Zweck der Regelung.** Abs 5 (vor Erlass des 3. VwVfÄndG handelte es sich um Abs 4) sieht eine Ausnahme vom Erfordernis der Unterschrift bzw Na-

---

[85] Vgl FG Niedersachsen NVwZ 1993, 229; im einzelnen oben Rn 32; vgl zur ähnlichen Situation bei Fehlen der Unterschrift des Bürgers bei schriftlichen Anträgen gem § 22.

[86] VGH München NVwZ 1987, 729 mwN; Wendt JA 1980, 30; Obermayer/Funke-Kaiser 31; Knack/Henneke 70.

[87] BFH 132, 219 = BStBl II 1981, 404; VGH München BayVBl 1990, 212: keine drittschützende Funktion des Geschäftsverteilungsplans; Offerhaus NJW 1979, 631; str; enger BFH 125, 347 = BStBl II 1978, 595: jedenfalls dann unerheblich, wenn die Kompetenzüberschreitung nicht schwerwiegend ist; allg zur Überschreitung der Zeichnungsbefugnis auch Nissen RWP SG 1.3, S. 1833; **aA** wohl Obermayer/Funke-Kaiser 31: rechtswidrig-aufhebbar; für Zusicherungen iS von § 38 auch BVerwGE 26, 36; 49, 248 = DVBl 1976, 221: ungültig.

menswiedergabe und gewisse Erleichterungen auch hins des Inhalts für VAe vor, die „mit Hilfe automatischer Einrichtungen", insb unter Verwendung von EDV-Anlagen „erlassen" werden. Die Regelung trägt **den besonderen Erfordernissen des „Massenbetriebs"** und des **Einsatzes** der technisch modernen **Datenverarbeitungsanlagen** Rechnung, die Schlüsselzeichen verwenden und bei denen Unterschriften vielfach eine bloße Formsache wären, während andererseits Zweifel, ob schon ein fertiger VA oder nur ein Entwurf vorliegt, weitestgehend ausgeschlossen sind (BVerwG NJW 1993, 1667; BFH 133, 252). Die Regelung ist, auch soweit sie sich auf die Frage der Unterschrift bezieht, **verfassungsrechtlich** unbedenklich (BVerfG NJW 1994, 575; BFH 133, 250 = BB 1981, 1386; Knack/Henneke 65).

2. Automatisch erstellte VAe. Unter Abs 5 fallen nur VAe, bei denen auch 39
schon **die Regelung als solche automatisch erstellt** wird (vgl Redeker NVwZ 1986, 545; Ehlers Jura 1991, 340), **nicht** auch in üblicher Weise **vervielfältigte,** gleichlautende **Bescheide (aA** Knack/Henneke 65) oder unter Verwendung **von Speicherschreibgeräten** erstellte Bescheide, **außerdem** auch nicht im Wesentlichen mittels elektronischer Datenverarbeitung gefertigte **Bescheide,** in denen die Behörde aber handschriftlich oder maschinenschriftlich so wesentliche Änderungen oder Hinzufügungen vorgenommen hat, dass sie in der Sicht des Empfängers **ihren prägenden Charakter** als „mit Hilfe einer automatischen Einrichtung erlassene VAe" **verlieren** (BVerwG NJW 1993, 781 und 1667), sowie auch Bescheide in Angelegenheiten, **die sich** ihrer Art nach für eine Entscheidung unter Verwendung **automatischer Einrichtungen** unter Verzicht auf eine abschließende Kontrolle, die in der Unterschrift oder Namenswiedergabe zum Ausdruck kommt, nicht eignen.[88] Nicht rechtlich geboten, aber im Interesse der Rechtsklarheit und Rechtssicherheit zweckmäßig ist ein Hinweis im VA, dass er mit Hilfe einer Datenverarbeitungsanlage gefertigt wurde und ohne Unterschrift gültig ist (BVerwG NJW 1993, 1667).

3. Verzicht auf das Erfordernis der Unterschrift bzw Namenswieder- 40
gabe. Anders als bei sonstigen und auch bei formularmäßig erstellten VAen bedarf es bei automatisch hergestellten VAen keiner Unterschrift und Namenswiedergabe, da in solchen Fällen die Behörde als solche als Urheber anzusehen ist, nicht notwendig ein einzelner Bediensteter. Deshalb reicht es in derartigen Fällen aus, dass der VA die erlassende Behörde erkennen lässt. Darüber hinaus sind Unterschrift und Namenswiedergabe entbehrlich; sie werden vom Rechtsverkehr auch nicht erwartet. Demgegenüber verlangt Art 14 des Europäischen Kodex für gute Verwaltung die Namenswiedergabe des mir der Angelegenheit betrauten Sachbearbeiters. Trotz der bestehenden rechtspolitischen Bedenken gegen VAe, die keinen individualisierten Aussteller mehr erkennen lassen, ist die Vorschrift wegen des heute unabdingbaren Einsatzes von Maschinen in der Massenverwaltung nicht verzichtbar.

4. Verwendung von Schlüsselzeichen. Schlüsselzeichen sind Zahlen, 41
Abkürzungen, Symbole uä Zeichen, die für bestimmte Feststellungen, Begründungen usw stehen und deren **Bedeutung in besonderen, dem VA beigegebenen Erläuterungen** erklärt wird. Auch unter Verwendung von Datenverarbeitungsanlagen usw erstellte VAe müssen jedenfalls aus sich selbst, ggf aufgrund von dem VA beigefügter Erläuterungen, für den Bürger noch hinlänglich verständlich sein (BVerwG DVBl 1972, 955: die Zeichen müssen vom Durchschnittsempfänger verstanden werden können; AG Hersbruck NJW 1984, 2426), insb auch den Erfordernissen des Abs 1 genügen. Abgesehen von der Sonderre-

[88] Vgl StBS 57 unter Hinweis auf BVerwGE 45, 193: nicht anwendbar, wenn ein Gesetz die Schriftform vorschreibt, um die Behörde vor besonderer Übereilung zu schützen; s auch BVerwGE 45, 193.

gelung gem Abs 4 gelten im Übrigen auch für automatisch hergestellte VAe **die allgemeinen Vorschriften** und Bestimmungen über VAe (OVG Münster DÖV 1975, 599; v Mutius VerwArch 1976, 116 mwN).

VIII. Rechtsbehelfsbelehrung (Abs 6)

42 **1. Pflicht zur Rechtsbehelfsbelehrung.** Der durch das PlVereinhG 2013 neu eingefügte Abs 6 verpflichtet die Behörde, einem schriftlich oder elektronisch erlassenen anfechtbaren VA eine Rechtsbehelfsbelehrung beizufügen. Eine derartige allgemeine Verpflichtung bestand im Anwendungsbereich des VwVfG bisher nur für einzelne Bereiche, nämlich nach dem (durch das PlVereinhG aufgehobenen) § 59 VwGO aF für Bundesbehörden, nach § 73 Abs 3 VwGO für Widerspruchsbescheide, nach § 74 Abs 4 S 2 für Planfeststellungsbeschlüsse und in diversen Gesetzen des Fachrechts (zB § 21 Abs 1 Nr 7 9. BImSchV). Das VwVfG selbst enthielt – anders als die Verfahrensgesetze für die Finanz- und Sozialverwaltung – keine derartige Pflicht.

43 **In der Praxis** wurden den VAen schon in der Vergangenheit regelmäßig Rechtsbehelfsbelehrungen beigefügt, zum einen weil es im Interesse der Betroffenen liegt, wenn ihnen mitgeteilt wird, an wen sie sich innerhalb welcher Frist wenden müssen, um Rechtsschutz gegen den VA in Anspruch nehmen zu können, zum anderen weil es im Interesse der Behörde liegt, die bei Fehlen einer Rechtsbehelfsbelehrung nach § 58 Abs 2 VwGO regelmäßig einschlägige lange Jahresfrist für die Anfechtung des VA zu vermeiden und frühzeitig Rechtssicherheit zu erhalten. Schließlich liegt es bei VAen mit Drittwirkung im Interesse des Begünstigten, dass die Phase der Unsicherheit darüber, ob noch mit einer Anfechtung zu rechnen ist, möglichst kurz bleibt. Die teilweise gegenüber der Einführung einer Pflicht zur Rechtsbehelfsbelehrung geäußerte Kritik[89] ist unberechtigt.

44 **2. Anwendungsbereich. a) Anfechtbare VAe.** Die Pflicht zur Beifügung von Rechtsmittelbelehrungen betrifft nach der ausdrücklichen Regelung in Abs 6 S 1 zunächst einmal **schriftliche und elektronische VAe**, die der Anfechtung unterliegen. Dies ist grundsätzlich bei sämtlichen VAen der Fall, die belastende Wirkung haben können, also für die Adressaten nicht ausschließlich begünstigenden Charakter haben (BT-Drs 17/9666 S 18). Insoweit kommt es darauf an, wem der VA bekannt gegeben bzw zugestellt werden soll. Wird etwa eine Genehmigung wie beantragt erteilt, so bedarf es keiner Rechtsbehelfsbelehrung, wenn die Genehmigung nur dem Begünstigten gegenüber bekannt gegeben wird. Wird sie auch **Drittbetroffenen gegenüber** bekannt gegeben, ist eine Rechtsbehelfsbelehrung erforderlich.[90]

45 **b) Schriftliche oder elektronische VAe.** Die Vorschrift erfasst nach ihrem Wortlaut nur schriftliche und elektronische VAe (s hierzu oben Rn 20) und bezieht **VAe in Textform nicht ausdrücklich** in den Anwendungsbereich ein. Allerdings dürfte insoweit eine planwidrige Lücke vorliegen. Nach der Zielsetzung der Vorschrift ist eindeutig, dass sämtliche verkörperten VAe, die der Anfechtung unterliegen, auch mit einer Rechtsbehelfsbelehrung zu versehen sind. Da es bei VAen in Textform keiner schriftlichen Bestätigung bedarf, werden sie auch nicht von Abs 6 S 2 erfasst. Deshalb ist es geboten, Abs 6 S 1 entsprechend auf sie anzuwenden.

46 **c) Schriftliche oder elektronische Bestätigung eines VA.** Nach Abs 6 S 2 ist die Rechtsbehelfsbelehrung auch der schriftlichen oder elektronischen Bestätigung eines VA beizufügen. Damit werden vor allem die Fälle des Abs 2

---

[89] Schönenbroicher VBlBW 2012, 445. Hierzu zutreffend Schmitz/Prell NVwZ 2013, 745, 752.

[90] So auch Schmitz/Prell NVwZ 2013, 745, 752.

S 2 und 3 erfasst, in denen die Betroffenen eine derartige Bestätigung verlangen. Gleiches gilt nach Abs 6 S 2 auch in den Fällen des § 42 Abs 3, in denen der Eintritt der **Genehmigungsfiktion zu bescheinigen** ist, wenn betroffene Dritte dies verlangen, weil die Bescheinigung insoweit die Funktion einer schriftlichen Bestätigung übernimmt. Die Regelung war erforderlich, weil die Bestätigungen als solche keine VA-Qualität haben und deshalb von Abs 6 S 1 nicht erfasst werden.

3. Inhalt der Rechtsbehelfsbelehrung. a) Ordentliche Rechtsbehelfe. 47
Zu belehren ist nur über ordentliche Rechtsbehelfe, also solche, die regulär gegen den VA gegeben sind, nicht über formlose oder außerordentliche Rechtsbehelfe wie Möglichkeiten einstweiligen Rechtsschutzes, Gegenvorstellungen, Dienst- und Sachaufsichtsbeschwerden usw (s hierzu näher § 79 Rn 19 ff). Als ordentliche Rechtsbehelfe werden im Verwaltungsverfahren idR entweder der **Widerspruch** (§§ 79 f, §§ 68 ff VwGO) oder die **verwaltungsgerichtliche Klage** (§ 81 VwGO) in Betracht kommen.

b) Mindestanforderungen. Abs 6 S 1 enthält auch inhaltliche Anford- 48
erungen an die Rechtsbehelfsbelehrung. Sie orientiert sich dabei an dem aufgehobenen § 59 VwGO und regelt **vier Mindestanforderungen** an die ordnungsgemäße Rechtsbehelfsbelehrung.[91] Danach muss die Belehrung den Rechtsbehelf bezeichnen, der gegen den VA regulär gegeben ist, den richtigen Adressaten des Rechtsbehelfs, also entweder die Verwaltungsbehörde oder das Gericht, dessen Sitz und die einzuhaltende Frist. Die Regelung korrespondiert mit § 58 Abs 1 VwGO. Deshalb lassen sich die für diese Vorschrift entwickelten Grundsätze zur Auslegung heranziehen. Zu belehren ist erstens über den zulässigen **Rechtsbehelf** (Widerspruch, Klage). Die Belehrung muss zweitens Angaben über die **Behörde oder das Gericht,** bei dem der Rechtsbehelf angebracht werden muss. Im Falle des Widerspruchs ist dies nach § 70 Abs 1 VwGO die Ausgangsbehörde, die den VA erlassen hat, im Falle der Klage ist dies das zuständige Gericht, idR das örtlich, sachlich und instanziell zuständige Verwaltungsgericht. Drittens muss über den **Sitz der Behörde bzw des Gerichts** belehrt werden. „Sitz" bedeutet nicht notwendig auch die Adresse, sondern nur den Ort. Eine Adresse ist erforderlich, soweit sie zu Identifizierung der Behörde oder des Gerichts notwendig ist. Schließlich ist viertens über die **Frist zu belehren, innerhalb der der Rechtsbehelf** bei der Behörde oder dem Gericht angebracht werden muss. IdR wird es sich entweder um die Monatsfrist nach § 70 VwGO oder um die Monatsfrist nach § 74 Abs 1 VwGO handeln.

c) Belehrung über die Form? Umstritten ist die Frage, ob auch über die 49
möglichen **Formen der Einlegung des Rechtsbehelfs** belehrt werden muss. Die Vorschrift enthält hierzu keine Regelung. Dies entsprach in der Vergangenheit einer weit verbreiteten Praxis. Es wurde belehrt über die Einlegung des Widerspruchs oder die Erhebung der Klage „schriftlich oder zur Niederschrift". Seit es aber diverse Möglichkeiten elektronischer Einlegung des Rechtsbehelfs gibt, die regional unterschiedlich sein können, ist es für die Verwaltung kaum mehr möglich, ohne ganz erheblichen Aufwand die im Einzelfall möglichen Formen der Einlegung des Rechtsbehelfs aufzuzählen. Da aber eine unrichtigen oder unvollständige Belehrung über die Form nach der Rspr idR zur Jahresfrist führt (Kopp/Schenke VwGO § 58 Rn 12), birgt eine Belehrung über die Form erhebliche Risiken.

---

[91] Wenn die Rechtsbehelfsbelehrung zusätzliche Informationen enthält, ist dies grundsätzlich unschädlich, soweit diese zutreffend sind und keinen abschreckenden Effekt haben, etwa durch die Darlegung eines Kostenrisikos usw.

49a **Nach zutreffender hM gehören Formerfordernisse nicht** zum notwendigen Mindestinhalt einer Rechtsbehelfsbelehrung.[92] Der Belehrung komme nur eine Anstoßfunktion zu; zur Frage der Form müsse der Betroffene ggfs weitere Informationen einholen. Die Gegenmeinung verweist auf die inzwischen verbreitet eröffneten elektronischen Zugang und hält eine Belehrung über die Form für geboten.[93] Der hM ist zu folgen: Angesichts der inzwischen herrschenden Unübersichtlichkeit über die Möglichkeiten elektronischer Rechtsbehelfe kann eine diesbezüglicher Verpflichtung nicht aus allgemeinen Rechtsgrundsätzen hergeleitet werden.

49b **d) Beispiel für eine Rechtsbehelfsbelehrung.** Eine Rechtsbehelfsbelehrung, mit der die vier Mindestanforderungen erfülllt werden, könnte lauten: Gegen diesen Bescheid kann binnen eines Monats nach Bekanntgabe (ggf Zustellung) Widerspruch beim Oberkreisdirektor des Kreises …., mit Sitz in …. (Ort, Straße) erhoben werden. Oder: Gegen diesen Bescheid kann binnen eines Monats nach Bekanntgabe (ggfs nach Zustellung) Klage beim Verwaltungsgericht … in … (Ort Straße) erhoben werden. Weitere Beispiele finden sich in der Bekanntmachung des BMI (GMBl 2013, 1150).

50 **4. Rechtsfolgen fehlerhafter oder unterlassener Rechtsbehelfsbelehrung.** Die Rechtsbehelfsbelehrung muss – anders als dies etwa bei verwaltungsgerichtlichen Urteilen nach § 117 Abs 2 Nr 6 VwGO der Fall ist – nicht Bestandteil des Regelungsinhalts eines VA sein,[94] sondern ist dem VA nur „beizufügen". Das bedeutet, dass sie auch nicht von den Unterschriften oder der Namenswiedergabe der entscheidenden Person gedeckt sein muss. Daraus folgt auch weiter, dass das Fehlen der Rechtsbehelfsbelehrung oder ihre Fehlerhaftigkeit **keine Auswirkungen auf die Rechtmäßigkeit des VA** selbst hat (so auch BT-Drs 17/9666 S 18), was im Übrigen auch der allgemeinen Auffassung zur Rechtsmittelbelehrung im Prozessrecht entspricht (vgl Kopp/Schenke VwGO § 58 Rn 3).

51 **Die Folgen** einer fehlenden oder fehlerhaften Rechtsbehelfsbelehrung ergeben sich vielmehr allein aus § 58 Abs 2 VwGO. Danach **entfällt die reguläre Anfechtungsfrist** des § 70 VwGO in den Fällen des Widerspruchs und des § 74 Abs 1 VwGO in den Fällen der Klagerhebung. An die Stelle der in diesen Vorschriften vorgesehenen Monatsfrist tritt die **Jahresfrist des § 58 Abs 2 VwGO,** die mit der Bekanntgabe des VA beginnt. Die Jahresfrist ist eine Ausschlussfrist, für die eine Wiedereinsetzung in den vorigen Stand nach § 60 VwGO nicht möglich ist. Lediglich in den Fällen des § 58 Abs 2 S 1 2. HS VwGO kommt eine Wiedereinsetzung in Betracht; in diesen Fällen gilt § 60 Abs 2 VwGO entsprechend.

52 **Vor dem Ablauf der Jahresfrist** kann das Anfechtungsrecht trotz fehlender oder fehlerhafter Rechtsbehelfsbelehrung durch Verzicht oder Verwirkung verloren gehen. Insoweit gelten die allgemeinen Grundsätze (vgl näher § 53 Rn 41 ff). Unzulässig kann eine Anfechtung auch in den Fällen werden, in denen der Anfechtungsberechtigte sich vertraglich verpflichtet hat, nicht anzufechten (pactum de non petendo). Die Behörde ist bei versehentlicher Unterlassung der Rechtsbehelfsbelehrung oder im Falle der Beifügung einer unvollständigen oder unrichtigen Rechtsbehelfsbelehrung nicht gehindert, den **VA erneut mit einer richtigen Rechtsbehelfsbelehrung** bekannt zu geben bzw wo erforderlich zuzustellen und dadurch den Lauf der Monatsfrist des § 70 Abs 1 VwGO bzw des § 74 Abs 1 VwGO auszulösen.[95]

---

[92] BVerwGE 50, 248, 251; BVerwG NVwZ-RR 2010, 36; OVG Bremen NordÖR 2013, 41; StBS 180; Bader/Ronellenfitsch 88; Kopp/Schenke VwGO § 58 Rn 12.

[93] OVG Koblenz, Urt v 8.3.2012, 1 A 11258/11, juris; Voraufl.

[94] Ob sich dies schon aus der Überschrift ergeben würde, wie es in BT-Drs 17/9666 S 18 heißt, erscheint zweifelhaft. Aber die Formulierung „beifügen" dürfte hinreichend eindeutig sein.

[95] Kopp/Schenke VwGO § 58 Rn 8; für die Sozialverwaltung BSGE 69, 9, 14; Rieker NZS 2012, 814, 816.

§ 38 Zusicherung

(1) **Eine von der zuständigen[18] Behörde erteilte Zusage, einen bestimmten Verwaltungsakt später zu erlassen oder zu unterlassen (Zusicherung),[7 ff] bedarf zu ihrer Wirksamkeit der schriftlichen Form.[20] Ist vor dem Erlass des zugesicherten Verwaltungsaktes die Anhörung Beteiligter[25] oder die Mitwirkung einer anderen Behörde[27] oder eines Ausschusses auf Grund einer Rechtsvorschrift erforderlich, so darf die Zusicherung erst nach Anhörung der Beteiligten oder nach Mitwirkung dieser Behörde oder des Ausschusses gegeben werden.**

(2) **Auf die Unwirksamkeit der Zusicherung finden, unbeschadet des Absatzes 1 Satz 1, § 44, auf die Heilung von Mängeln bei der Anhörung Beteiligter und der Mitwirkung anderer Behörden oder Ausschüsse § 45 Abs. 1 Nr. 3 bis 5 sowie Abs. 2, auf die Rücknahme § 48, auf den Widerruf, unbeschadet des Absatzes 3, § 49 entsprechende Anwendung.[31]**

(3) **Ändert sich nach Abgabe der Zusicherung die Sach- oder Rechtslage[37] derart, dass die Behörde bei Kenntnis der nachträglich eingetretenen Änderung die Zusicherung nicht gegeben hätte oder aus rechtlichen Gründen nicht hätte geben dürfen, ist die Behörde an die Zusicherung nicht mehr gebunden.[36]**

Parallelvorschriften: § 34 SBG X; § 204 AO

Schrifttum: *Bäcker,* Bindendes, Allzubindendes – Zur Akzessorietät der öffentlichrechtichen Zusage, VerwArch 2012, 558; *Baumeister,* Die Zusicherung – ein Muster ohne Bindungswert?, DÖV 1997, 229; *Bracher,* Die bauaufsichtliche Zusage der Duldung formell und materiell rechtswidriger baulicher Anlagen, ZfBR 1987, 127; *Dossmann,* Die Bebauungsplanzusage, 1985; *Erfmeyer,* Bindungswirkung rechtswidriger allgemeiner Zusagen in entsprechender Anwendung der §§ 38 Abs 2, 48 VwVfG, DVBl 1999, 1625; *Ermisch,* Bau- und immissionsschutzrechtlicher Vorbescheid – taugliche Instrumente zur Rechtssicherung für den Vorhabenträger? NordÖR 2013, 482; *Fiedler,* Funktion und Bedeutung öffentlichrechtlicher Zusagen im Verwaltungsrecht, 1977; *Fischer,* Dispositionsvertrauen gegenüber dem Gesetzgeber und der Verwaltung – dargestellt am Beispiel der Zusagen im Steuerrecht, DÖV 1979, 773; *Groh,* Die Zusicherung als sichere Handlungsform in der kooperierenden Verwaltung? DÖV 2012, 582; *Guckelberger,* Behördliche Zusicherungen und Zusagen, DÖV 2004, 357; *Günther,* Über Einstellungs- und Beförderungszusicherungen, ZBR 1982, 193; *Haentjes,* Zusagen im Planungsrecht – ein verlässliches Instrument? LKV 2011, 17; *Hailbronner,* Die Zusage auf Einhaltung des objektiven Rechts, DVBl 1979, 767 ff; *Hebeler/Schäfer,* „Versprechungen" der Verwaltung, Jura 2010, 881; *Jacobs,* Die Abgrenzung der verwaltungsrechtlichen Zusage von Auskunft und Vorbescheid, Jura 1985, 23; *Jochum,* Verbindliche Auskunft in Steuersachen – Bestandskraft und Korrektur, FS Fiedler, 2011, 793; *Kellner,* Vertrauensschutz in kleiner Münze – Staatshaftungsrechtliche Aspekte der Zusicherung nach § 38 VwVfG, NVwZ 2013, 482; *F. Kirchhof,* Die Methoden zur Sicherung zukünftigen Verwaltungshandelns, FS Spindler, 2011, 463; *Kloepfer/Lenski,* Die Zusicherung im Zuwendungsrecht, NVwZ 2006, 501; *Krebs,* Zur Anwendbarkeit des VwVfG auf verwaltungsbehördliche Zusagen, VerwArch 1978, 85; *Martens,* Rechtsprechung zum Verwaltungsverfahrensrecht, Zusicherung und Zusage, NVwZ 1983, 717; *ders,* Verweigerte Zusicherung, JuS 1988, 776; *Noll,* Die Inaussichtstellung von Fördermitteln in Zeiten akuter Finanznot – Ein folgenreicher Eingriff in das Haushaltsrecht? ThürVBl 2005, 145; *Obermayer,* Rechtsprobleme der allgemeinen verwaltungsrechtlichen Zusage, in: Maunz-FS 1981, 247; *Pünder,* Die voreilige Subventionszusage, JA 2004, 467; *Schmid,* Zur Rechtswirksamkeit von Auskünften, Bescheinigungen und Beiträgen im Kommunalabgabenrecht, KStZ 1984, 61; *Steinberg,* Die Selbstbindung der Finanzverwaltung. Verbindliche Auskünfte, Zusicherungen und Zusagen, 1981; *Stelkens,* Probleme der Zusicherung, NVwZ 1987, 471; *Werder/Dannecker,* Entwicklungen bei der verbindlichen Auskunft, BB 2013, 284; *Wieland/Tiedge,* Die „Freihalteerklärung" im Konkurrentenstreitverfahren, DÖD 2011, 221.

Übersicht

I. Allgemeines

1. Inhalt. Die Vorschrift definiert den **Begriff der Zusicherung** für den Bereich des Verwaltungsverfahrensrechts und schreibt generell die **Schriftform und die Zuständigkeit** der Behörde als Voraussetzungen der Wirksamkeit einer Zusicherung vor. Die Zusicherung nach Abs 1 S 1 ist ein **Unterfall der allgemeinen behördlichen Zusage,** mit der die Behörde ein bestimmtes künftiges Verhalten (Tun, Dulden oder Unterlassen) rechtlich verbindlich verspricht. Die Zusicherung ist nämlich eine Zusage, die sich auf den späteren **Erlass oder die spätere Unterlassung eines VA** bezieht. Zusagen, die sich auf ein sonstiges Verhalten beziehen, sind in § 38 nicht unmittelbar geregelt (zur Frage der entsprechenden Anwendbarkeit s unten Rn 5). Insgesamt ist die Regelung lückenhaft. Keine Aussage trifft die Vorschrift zB zur Frage, wann eine Zusicherung gegeben werden darf bzw muss sowie wann ein Anspruch auf eine Zusicherung besteht. Zu der Frage, welche Anforderungen an eine rechtmäßige Zusicherung in materieller und in formeller Hinsicht zu stellen sind, finden sich in Abs 1 S 2 und in den Abs 2, 3 nur unvollständige Regelungen. Die umstrittene Frage der Rechtsnatur ist ebenfalls nicht ausdrücklich geregelt worden (s Rn 8). Die Regelung entspricht weitgehend der schon vor Inkrafttreten des VwVfG hM,[1] die jedoch hins der Form es grundsätzlich als ausreichend ansah, wenn die Zusicherung in der gleichen Form erfolgte, die auch für den endgültigen VA maßgeblich war, zT sogar überhaupt Formfreiheit annahm.[2] 1

2. Verfassungsrechtliche Fragen. Die Zusicherung ist als Instrument der Verwaltung mit dem Verfassungsrecht vereinbar, auch soweit vorgesehen ist, dass die Zusicherung eines rechtswidrigen VA wirksam sein kann. Als Ausfluss des Grundsatzes des Vertrauensschutzes und der Rechtssicherheit ist eine Zusicherung mit dem Prinzip der Gesetzmäßigkeit der Verwaltung vereinbar, zumal die Möglichkeit besteht, rechtswidrige VAe zurückzunehmen, zu widerrufen oder sie in den Fällen des Abs 3 als unwirksam anzusehen. 2

3. Europarecht. a) Direkter Vollzug. Im Recht der EU ist das Institut der Zusicherung nur rudimentär geregelt. Der Sache nach kann zB die verbindliche Zolltarifauskunft nach Art 12 des Zollkodex als eine Art Zusicherung verstanden werden. In der Rspr des EuGH ist die Verbindlichkeit einer Zusage anerkannt, wenn die Erklärung von der zuständigen Behörde im Rahmen ihrer abgegeben wird und hinreichend konkret ist.[3] Nicht geklärt ist, ob Schriftlichkeit zwingende Voraussetzung für die Verbindlichkeit einer Zusicherung ist (offen gelassen von EuGH Slg 1983 I S. 1507 – Klöckner). Allerdings ist zu beachten, dass der EuGH bei der Anerkennung schutzwürdigen Vertrauens grundsätzlich restriktiv ist und selbst eine schriftliche Mitteilung der Kommission für die Entstehung schutzwürdigen Vertrauens nicht ausreichen lässt.[4] 3

b) Indirekter Vollzug. Es ist derzeit davon auszugehen, dass der Anwendung des § 38 auch im Bereich des indirekten Vollzugs von Unionsrecht (s hierzu 3a

[1] Vgl BVerwGE 3, 203; 23, 36; 26, 36; 48, 172; 49, 248; BVerwG GewArch 1978, 303; BGHZ 23, 36; BSG 14, 107; 18, 237; 23, 252; 25, 220; BFH BStBl; 1971 II 122; 1983 II 280; F 171 f; Pieper VerwArch 1968, 217 ff; Lorenz 272.

[2] Vgl BVerwGE 26, 35; BGHZ 23, 36; WBSK I § 53 Rn 17.

[3] EuGHE 1983, 1507, 1529; 1966, 530; EuG, Slg 1998, I-A-449 und II-1305 – Mellett.

[4] V. Danwitz, Europäisches Verwaltungsrecht, 2008; S. 558.

Einf II Rn 38) nichts entgegensteht. Etwas anderes kann gelten, wenn sich die Zusage auf den Erlass eines europarechtswidrigen VA bezieht oder umgekehrt auf die Unterlassung eines europarechtlich gebotenen VA. In diesen Fällen kommt eine Verpflichtung zur Rücknahme der Zusicherung nach § 48 in Betracht, wobei sich das Ermessen auf Null reduzieren kann (s § 48 Rn 7, 13). Als spezielle Regelung ist Art 12 Zollkodex zu erwähnen, der iVm § 6 ZollverwG verbindliche Zolltarif. und Ursprungsauskünfte vorsieht, die eine Verbindlichkeit für drei bis sechs Jahre haben.

4 **4. Anwendungsbereich. a) Unmittelbare Anwendbarkeit.** Die Vorschrift gilt unmittelbar nur im Anwendungsbereich des VwVfG und gem § 1 nur vorbehaltlich besonderer Rechtsvorschriften des Bundesrechts, die auch abweichende Bestimmungen treffen können. Die Verwaltungsverfahrensgesetze der Länder enthalten jeweils wortgleiche Regelungen. Die unmittelbare Anwendbarkeit beschränkt sich außerdem auf die **Zusage des Erlasses bzw der Unterlassung von VAen,** nicht auch anderen hoheitlichen Verhaltens, auch nicht auf die Zusage eines Vertragsabschlusses. Die Vorschrift gilt unabhängig davon, ob der Erlass des zugesicherten VA selbst im Ermessen der Verwaltung steht oder ob ein Anspruch auf den Erlass besteht. Sie gilt nur für Zusagen **bestimmter VAe** (s unten Rn 13) einschließlich der **Allgemeinverfügungen** (§ 35 S 2).[5] Auch Planungsentscheidungen können Gegenstand einer Zusicherung sein; allerdings ist hier zu beachten, dass derartige Zusicherungen Dritten gegenüber keine Wirkung entfalten können.[6]

4a **b) Spezielle Regelungen.** Für bestimmte Bereiche können Zusicherungen durch das Fachrecht ausgeschlossen sein. Dies ist zB im **Beamtenrecht** für die Besoldung (§ 2 Abs 2 BBesG) und die Versorgung (§ 3 Abs 2 BeamtVG) geschehen. Im Übrigen BVerwGE 106, 129, 133 für Zusicherung der Einstellung; OVG Münster sollen Zusicherungen im Beamtenrecht zulässig sein (zB NWVBl 1996, 108, 110 für die Zusicherung der Beihilfefähigkeit). Die hM nimmt auch die Zusicherungsfähigkeit von **Allgemeinverfügungen** an.[7] Der BFH nimmt an, dass im **Steuerrecht** Zusicherungen nur in den gesetzlich (zB § 204 AO) geregelten Sonderfällen (zB § 42e EStG) zulässig seien.[8] Die Funktion der Zusicherung wird im Abgabenrecht vor allem durch das Institut der **verbindlichen Auskunft** erfüllt.[9] Zu den verbindlichen Auskünften nach § 89 AO und der Zusage nach §§ 204 ff AO im Abgabenrecht und zur Sicherung zukünftigen Verwaltungshandelns im Sozialrecht Kirchhof in FS Spindler, 463, 466, 468.

4b **Problematisch** ist die Frage, ob und inwieweit spezialgesetzliche Regelungen gegenüber § 38 **abschließende Sonderregelungen** enthalten. Dies ist durch Auslegung der speziellen gesetzlichen Regelungen zu ermitteln und im **Zweifelsfall zu verneinen.** So entfalten etwa die Regelungen über Vorbescheide im Baurecht keine Ausschlusswirkung für § 38. Gleiches hat für § 9 BImSchG zu gelten. Die §§ 87 Abs 3, 88 Abs 2 AuslG aF stellten keine abschließende Regelung von Einbürgerungszusagen dar (VGH Mannheim InfAuslR 1995, 116). Demgegenüber dürften die Regelungen des Abgabenrechts und des Sozialrechts abschließend sein und einen Rückgriff auf die Vorschrift nicht erlauben.

---

[5] BVerwGE 97, 323 für die Zusage eines Verkehrszeichens; Knack/Henneke 9 f; Guckelberger DÖV 2004, 357, 358.

[6] BVerwGE 128, 87.

[7] Umstr ist die Frage, ob Verkehrszeichen als Allgemeinverfügungen zusicherungsfähig sind; bejahend BVerwGE 97, 323 = DVBl 1995, 746; StBS 20; Knack/Henneke 10; verneinend OVG Lüneburg NVwZ 1985, 436.

[8] BFHE 159, 114, 117; krit StBS 49 ff.

[9] Hierzu Werder/Dannecker BB 2013, 284 mwN aus der Rspr des BFH.

c) Analoge Anwendbarkeit. Umstritten ist, inwieweit die Vorschrift als Ausdruck eines allgemeinen Rechtsgedankens entsprechend auch auf Zusicherungen des Erlasses oder Nichterlasses von Verwaltungsakten außerhalb des Anwendungsbereichs des VwVfG anwendbar ist, soweit durch Rechtsvorschriften nichts anderes bestimmt ist, zB in Kommunalabgaberecht. Dies wird man jedenfalls für die Fälle vergleichbarer Interessenlagen bejahen können.[10] Für die Zusage (s unten Rn 6 ff) ist die analoge Anwendbarkeit ebenfalls umstritten (s unten Rn 6b zur ablehnenden hM). 5

5. Die Zusage. Die verwaltungsrechtliche Zusage ist im VwVfG nur insoweit geregelt, als sie sich auf den Erlass oder Nichterlass eines VA bezieht. Sie ist aber als allgemeines Instrument der Verwaltung anerkannt. Es handelt sich um die verbindliche **öffentlich-rechtliche Selbstverpflichtung** im Hinblick auf ein bestimmtes künftiges Verhalten. Ihr Ziel ist es, dem Bürger Planungssicherheit in Bezug auf das künftige Verhalten der Verwaltung zu geben; insoweit dient sie wie auch die speziellere Zusicherung der Rechtssicherheit, Rechtsklarheit und dem Vertrauensschutz (WBSK I § 53 Rn 10a). Die wirksame Zusage begründet deshalb für ihren Inhaber einen **durchsetzbaren Rechtsanspruch** auf das zugesagte Verhalten, und zwar selbst dann, wenn das Gesetz einen solchen Anspruch gerade nicht vorsieht. Die Abgabe einer Zusage steht im **Ermessen** der Verwaltung. Ihre **Rechtsnatur ist umstritten.** Eine eindeutige Auffassung hat sich noch nicht entwickelt.[11] Es erscheint auch zweifelhaft, ob Zusagen angesichts der unterschiedlichen Fallgestaltungen einheitlich zu behandeln sein können. In der Diskussion wird zudem nicht immer klar zwischen Zusicherung und Zusage unterschieden. Mangels Verbindlichkeit keine Zusage ist der „Ruf" auf eine Professorenstelle (BVerwG DVBl 1998, 643: nur Absichtserklärung). 6

a) Beispiele. Speziell geregelt ist in §§ 204 ff AO die Zusage einer bestimmten abgabenrechtlichern Behandlung von Sachverhalten; weitere spezielle Regelungen finden sich in §§ 45 FilmfördG in Bezug auf die Gewährung einer Förderung. Beamtenrechtliche Regelungen schließen Zusagen teilweise aus (vgl § 2 Abs 2 BBesG; § 3 Abs 2 BeamtVG). Unzulässig ist auch die Zusage der Aufstellung eines Bebauungsplans, weil ein diesbezüglicher Anspruch nicht begründet werden kann (§ 2 Abs. 3 BauGB). Bei **Einstellungs- und Beförderungszusagen,**[12] die allerdings im Hinblick auf das Gebot der Bestenauslese nur unter bestimmten engen Voraussetzungen zulässig sind,[13] dürfte es sich um die Zusicherung eines VA handeln; ebenso bei der Zusage der **Umzugskostenvergütung nach § 3 BUKG**[14] und der **Anerkennung der Beihilfefähigkeit** von Heilbehandlungskosten im Beamtenrecht.[15] Wesentliche Bedeutung haben auch die nach wie vor üblichen **Berufungszusagen und Bleibezusagen** für die Ausstattung von Hochschullehrern mit Mitarbeitern und Sachmitteln,[16] deren 6a

---

[10] Vgl zur analogen Anwendbarkeit im Kommunalabgabenrecht, auch soweit die Anwendbarkeit des VwVfG des Landes ausgeschlossen ist, bejahend Allesch DÖV 1990, 277; MB 36; eher auf den Rechtsgedanken der §§ 204 ff AO zurückgegriffen; Gegen die entsprechende Anwendung der AO und für eine Analogie zu § 38 auch VG Düsseldorf, KStZ 2004, 78; positiv zur analogen Anwendbarkeit Bader/Ronellenfitsch 11.

[11] Guckelberger, DÖV 2004, 357 (359); Maurer, § 9 Rn 60; aA WBSK I § 53 9 (Verwaltungsvorakt).

[12] Grellert, Zusicherungen im Beamtenrecht, 1964, S. 25; Günther, ZBR 1988, 181; vgl auch Battis, BBG, 2009, § 22 Rn 42 ff.

[13] VG Gera, NVwZ-RR 2005, 271 und Battis (Fn 11) § 22 Rn. 46 f.

[14] Zur Rechtsnatur der Umzugskostenzusage: BVerwG Beschl v 20.7.2006, Az 2 B 13/06 – juris; Martens, NVwZ 1983, 717 (718).

[15] Vgl § 7 Abs 1 der Verordnung zur Durchführung des § 33 des Beamtenversorgungsgesetzes (Heilverfahrensverordnung) idF vom 8.8.2002.

[16] S hierzu Kloepfer, JZ 1999, 161; Pauly SächsVBl 1996, 233. Kluth/Reinhard, WissR 2004, 288.

Verbindlichkeit neuerdings in den Hochschulgesetzen einiger Länder eingeschränkt worden ist.[17]

6b **b) Wirksamkeitsvoraussetzungen. Umstritten** ist die entsprechende **Anwendbarkeit** des § 38 auf Zusagen, die nicht auf den Erlass eines VA gerichtet sind,[18] zB auf Vornahme eines Realakts (VGH Mannheim NVwZ 1991, 80), auf Erlass einer VO oder Satzung oder auf Vornahme einer schlichthoheitlichen oder auch privatrechtlichen Handlung der Verwaltung.[19] Da das Gesetz in § 38 eine Regelung nur für solche Zusagen getroffen hat, die sich auf VAe beziehen, stellt sich die Frage, welche Regelungen auf sonstige Zusagen anwendbar sind. Im Grundsatz würde es sich anbieten, insoweit auf die Grundsätze aus der Zeit vor dem Erlass des VwVfG zurückzublicken und diese auf Zusagen weiterhin anzuwenden.[20] Allerdings war die Rechtslage auch vor Erlass des VwVfG in Bezug auf Zusagen, die sich nicht auf VAe richteten, nicht eindeutig. Das gilt nicht nur für die Rechtsnatur der Zusage, sondern auch für die Frage der Rechtmäßigkeits- bzw Wirksamkeitsvoraussetzungen und ihrer Bindungswirkungen.

6c **aa) Mündliche Zusagen. Zutreffend** geht die wohl hM davon aus, dass Zusagen, die sich nicht auf den Erlass bzw Nichterlass von VAen beziehen, **nicht ohne weiteres dem Schriftformerfordernis** und den übrigen Voraussetzungen des § 38 unterworfen werden können.[21] Mündlich gegebene Zusagen dürfen nicht schlicht unbeachtlich und folgenlos bleiben, wenn sie mit dem erforderlichen Rechtsbindungswillen gegeben werden und sich nach den Gesamtumständen ein Vertrauen des Empfängers der Zusage in die Verbindlichkeit rechtfertigen lässt. Wie weit ein solches Vertrauen gerechtfertigt ist, dürfte von den Umständen des Einzelfalls und vom Inhalt der Zusage abhängen. Insoweit wird man das allgemeine **Vertrauensschutzprinzip** im Einzelfall zu konkretisieren haben.

6d **bb) Schriftliche Zusagen.** Soweit eine nicht auf den Erlass bzw Nichterlass eines VA, sondern auf schlicht-hoheitliches Handeln (Tun, Dulden oder Unterlassen) gerichtete Zusage schriftlich erteilt wird, stellt sich die Frage, ob diese eine gegenüber der mündlichen Zusage höhere Verbindlichkeit für sich in Anspruch nehmen kann. Dies wäre der Fall, wenn insoweit eine analoge Anwendung des § 38 erfolgen könnte. Angesichts des Umstandes, dass die Abgrenzung zwischen VA und schlicht-hoheitlichem Handeln in vielen Fällen nicht einfach ist (s § 35 Rn 38 ff), spricht viel dafür, jedenfalls die schriftlich gegebene Zusage wie eine Zusicherung zu behandeln und insoweit die Regelungen des § 38 analog anzuwenden. Das würde auf der einen Seite bedeuten, dass auch Zusagen den Verbindlichkeitsgrad von Zusicherungen erreichen können, auf der anderen Seite, dass sie sich auch an den Wirksamkeitserfordernissen der Zusicherungen messen lassen müssten.

II. Begriff und Rechtsnatur, Abgrenzungsfragen

7 **1. Begriff.** Zusicherungen iS des § 38 sind nach der Legaldefinition des Abs 1 Zusagen auf Erlass oder Unterlassung eines VA. Es handelt sich um die **verbind-**

---

[17] Vgl § 48 Abs 5 LHG Baden-Württemberg, instruktiv hierzu VGH Mannheim, VBlBW 2009, 69.

[18] Bejahend wohl; MB 36; StBS 48 einschränkend Knack/Henneke 4 und 35: Analogie nur wenn Realhandeln im Zusammenhang mit VA steht. Sonst keine Analogie mangels planwidriger Reglungslücke, nur Anwendung ungeschriebener Rechtsgrundsätze; ablehnend FKS 3; Bader/Ronellenfitsch 11.

[19] Vgl BFH BStBl II 1983, 462; NJW 1982, 219 zur Zusage, daß ein bestimmter Sachverhalt in bestimmter Weise beurteilt würde; Robbers DVBl 1987, 275 zu schlicht hoheitlichen Handlungen; Mayer, Zusagen 31; MB 36; enger Stelkens NVwZ 1985, 480.

[20] So die wohl hM, vgl Knack/Henneke 35.

[21] BVerwGE 103, 219; 83, 225; BVerwG NVwZ 1996, 1219; Knack/Henneke 35; differenzierend StBS 47.

liche Erklärung der Verwaltung, dass sie unter den angegebenen Voraussetzungen einen bestimmten VA erlassen oder nicht erlassen werde. Sie sind von sonstigen Zusagen, die sich auch auf andere Handlungen als VAe, zB schlicht-hoheitliches Handeln usw beziehen können, zu unterscheiden und stellen damit eine **verbindliche Selbstverpflichtung** der Behörde, künftig einen bestimmten VA zu erlassen oder nicht zu erlassen, dar.[22] Ob in diesem Sinn eine Zusicherung vorliegt, ist **durch Auslegung zu ermitteln.**[23] Sie entfaltet ihre Verbindlichkeit auch dann, wenn sie sich auf den Erlass eines rechtswidrigen VA bezieht, sofern die Wirksamkeitsvoraussetzungen des Abs 1 erfüllt sind (s Rn 17) und keine Nichtigkeit nach § 44 vorliegt. Allerdings kommt im Falle der Rechtswidrigkeit der Zusicherung eine Rücknahme nach § 48 in Betracht (näher Rn 35).

Der **Inhalt der Zusicherung** richtet sich wie beim regulären VA nach dem objektiven Sinngehalt der behördlichen Erklärung, wie er für den Adressaten unter Berücksichtigung aller Umstände erkennbar ist **(objektiver Erklärungswert).**[24] Gesetzliche Begrenzungen, etwa hinsichtlich der Dauer der Wirksamkeit des zugesicherten VA (zB einer Baugenehmigung) gelten auch für die Zusicherung.[25] Die Geltung der Zusicherung kann grundsätzlich nicht weiter reichen als die Geltung des zugesicherten VA. Eine Zusicherung muss sich stets auf einen iS des § 37 Abs 1 bereits hinreichend **bestimmten künftigen VA** beziehen.[26] **Keine Zusicherungen** sind rein abstrakte Erklärungen einer Behörde, die keinen konkreten Sachverhalt betreffen oder nur hypothetischen Charakter haben; ebenso nicht zB die bloße Bekanntgabe einer Planung (BVerwGE 63, 166), die bloße Duldung einer baulichen Anlage (OVG Lüneburg NuR 1994, 357), die Äußerungen in einem Betriebsprüfungsbericht (BFHE 176, 160). Keine Zusicherung ist auch der Zusatz in einem Einberufungsbescheid: „Von der Anordnung, in der dienstlichen Unterkunft zu wohnen, sehe ich ab" (VGH Mannheim RsprD 1995, Beil 3 B1). 7a

2. Rechtsnatur der Zusicherung. Vor Erlass des VwVfG war die Rechtsnatur der Zusicherung wie der Zusage umstritten.[27] Da das VwVfG diesen Streit nicht normativ entscheiden sollte (vgl BT-Dr 7/19 S. 559), dauert der Streit um die Rechtnatur der Zusicherung an. Teilweise wird sie als VA, teilweise als verwaltungsrechtliche Willenserklärung bzw Verwaltungsvorakt angesehen.[28] Nach heute **hM sind Zusicherungen als VAe anzusehen,** weil sie die materiellen Kriterien des § 35 erfüllen, auch wenn sie die zugesicherte Regelung selbst noch nicht enthalten.[29] Unabhängig davon gelten für sie im Hinblick auf die primär auf die Zukunft gerichteten Wirkungen zT besondere Grundsätze, die sich aus 8

---

[22] VG Köln NVwZ 1984, 676; Erichsen/Ehlers § 21 Rn 61 f. Der „Ruf" auf eine Professorenstelle stellt noch keine Zusicherung der Anstellung dar (BVerwG DVBl 1998, 643).

[23] BVerwGE 74, 15, 17; BVerwG LKV 2011, 131; OVG Bautzen, B v 23.11.2010, 2 B 40/10 zur Zusicherung eines Dienstpostens.

[24] BVerwGE 102, 81, 84 = NJW 1997, 1248; VGH Mannheim NVwZ 2000, 1304.

[25] StBS 26; wohl auch OVG Münster AgrarR 1983, 72; **aA** VGH München BayVBl 1978, 735.

[26] Das gilt auch für die Unterlassung: OVG Weimar ThürVBl 2008, 105: Zusicherung des Bürgermeisters, den Abriss eines Wochenendhauses zu verhindern.

[27] Vgl Zeider, Gutachten S 47; Bericht über die Verhandlungen des 44. DJT, NJW 1962, 1854, 1855.

[28] BSG 38, 52, 44, 120; BFH 126, 359; UL § 49 Rn 1, WBSK I § 53 Rn 9: Verwaltungsvorakt; offen gelassen Erichsen/Ehlers § 21 Rn 62; Weides 1 I 3; König Vr 1990, 403: eine verwaltungsrechtliche Willenserklärung ohne Regelungscharakter; vgl ferner Palauro 101: ein verwaltungsrechtliches Schuldverhältnis eigener Art.

[29] BVerwG NVwZ 1987, 46; NVwZ 1986, 1011; VGH Mannheim NVwZ 1991, 79; OVG Münster NVwZ 1987, 251; StBS 33; Knack/Henneke 21; Obermayer/Funke-Kaiser 6; Bader/Ronellenfitsch 13; wohl auch FW 5; Bull/Mehde § 19 Rn 783; Guckelberger DÖV 2004, 357, 359.

dem Wesen der Regelung ergeben.[30] Da es in den meisten Fällen auf die Rechtsnatur nicht ankommt, hat die Rspr die Frage nach der Rechtsnatur teilweise schlicht offen gelassen.[31] **VA** ist auch die Ablehnung eines Antrags auf Zusicherung sowie eine in einer Zusicherung ggf ausdrücklich oder **konkludent erhaltene verbindliche Feststellung** eines Rechts (BVerwGE 64, 26: die Umzugskostenzusage an einen Beamten enthält zugleich als VA die Anerkennung, dass der Umzug erforderlich ist).

9 **3. Abgrenzung zu Auskünften, Hinweisen, informellen Absprachen.** Keine Zusicherungen sind allgemeine Ankündigungen, Auskünfte, Erklärungen, Hinweise zu Rechtsfragen oder sonstigen Fragen, die für das künftige Verhalten der Behörde von Bedeutung sind oder sein können, oder auch hins der rechtlichen Beurteilung eines bestimmten Sachverhalt.[32] Während die **Zusicherung** eine **verbindliche Erklärung** darstellt (BSG 56, 249; NJW 1995, 550), gerichtet auf Erlass oder Unterlassung eines VA, handelt es sich bei der Ankündigung um eine Absichtserklärung (Bemühensklausel), bei der Auskunft um eine „Wissenserklärung", die sich in der Mitteilung des Wissens erschöpft und sich vom VA durch das Fehlen einer Regelung unterscheidet.[33] Eine Zusicherung setzt einen hinreichend deutlich zum Ausdruck gelangenden **Rechtsbindungswillen** voraus.[34] Ob eine behördliche Erklärung mit dem für eine Zusicherung oder für eine Zusage erforderlichen Bindungswillen abgegeben wurde, ist durch Auslegung nach der im öffentlichen Recht entsprechend anwendbaren Regel des § 133 BGB zu ermitteln; maßgebend ist danach der erklärte Wille, wie ihn der Empfänger bei **Würdigung des objektiven Erklärungswerts und der Begleitumstände,** insbesondere des Zwecks der Erklärung, verstehen musste.[35] Das gilt auch für Ankündigungen in gerichtlichen Verfahren (BVerwGE 74, 15). So soll in einem „Ruf" auf eine Professorenstelle noch keine Zusicherung der Einstellung liegen, weil das Ziel nur die Aufnahme von Verhandlungen usw sei (BVerwG DÖV 1998, 740).

10 **a) Politische Absichtserklärungen.** Erklärungen der Regierung oder der Verwaltung ohne einen entsprechenden Rechtsbindungswillen reichen für die Annahme einer Zusicherung nicht aus, auch wenn mit ihnen **Erwartungen in Bezug auf ein künftiges Verhalten** geweckt werden und uU berechtigtes Vertrauen geschaffen wird.[36] Auskünfte, Hinweise vermitteln daher unter gewöhnlichen Umständen (OVG Münster NVwZ-RR 1990, 435) keinen Anspruch auf entsprechendes Verhalten,[37] auch nicht unter dem Gesichtspunkt der Folgenbesei-

---

[30] BVerwG NVwZ 2003, 997; 1986, 1011; 1987, 46; BFHE 159, 114; BSG 25, 220; 56, 249 mwN; DVBl 1994, 1245; OVG Münster NVwZ 1987, 251; NWVBl 1992, 205; VGH Mannheim NVwZ 1991, 79; Hamburg ZBR 1985, 207 – kein ausschließlich begünstigender VA; Maurer JuS 1976, 491; Obermayer/Funke-Kaiser 6ff; Stelkens NVwZ 1987, 471 mwN; StBS 29 ff; Krebs VerwArch 1978, 89 f; zur Zusicherung der Übernahme der Umzugskosten im Beamtenrecht auch BVerwGE 64, 24 = NJW 1982, 1474; 81, 149 = NVwZ 1989, 1172; BVerwG NVwZ 1987, 806 f; 1989, 173; differenzierend Krause 299; **aA** WBSK I § 53 Rn 9: „nicht unbedingt" dem VA-Regime zuzuordnen.

[31] BVerwG Beschl v 17.5.2004 – 9 B 111/03 – juris; BVerwGE 97, 323, 326 = NVwZ 1995, 1977.

[32] Vgl zur Mitteilung, daß gegen ein bestimmtes Vorhaben oder Verhalten keine Bedenken bestehen, OLG Düsseldorf NVwZ-RR 1993, 452.

[33] BSG NJW 1995, 550; BGHZ 117, 83 = DVBl 1992, 560.

[34] OVG Münster, Beschl v 13.11.2008 – 6 E 1292/08.

[35] BVerwG, Beschl v 10.11.2006 – 9 B 17/06.

[36] ZB OVG Berlin JZ 2005, 675 m Anm Möllers JZ 2005, 677 zur aufgegebenen Verlängerung der zuvor angekündigten Förderung von Sozialwohnungen; s auch Roth, NJW 2009, 566.

[37] BVerwG ZOV 2009, 49; NJW 1982, 1340; BSG 25, 220; OVG Münster NVwZ 1990, 435; VGH München 20, 126; OVG Koblenz VRspr 18, 325; vgl auch BVerwGE 48, 172; zT **aA** BVerwG NVwZ 1983, 677: die Bezeichnung einer behördlichen Erklärung als Auskunft schließt ihre Verbindlichkeit nicht aus.

tigung iwS.[38] Soweit die Behörde in Bezug auf die zu treffende Entscheidung jedoch einen Ermessensspielraum hat, muss sie nach **Treu und Glauben** bei der Ausübung des Ermessens auch das damit begründete Vertrauensschutzinteresse berücksichtigen. Eine von der Behörde allgemein gegebene **Gleichbehandlungszusage** führt deshalb auch dann zur Ermessensbindung, wenn sie nicht den Rechtscharakter einer Zusicherung hat (VGH Kassel NVwZ 1995, 394).

b) Informelle Absprachen. Nicht als Zusicherung anzusehen sind auch Erklärungen oder Ankündigungen, die im Rahmen informeller Verhandlungen oder Absprachen innerhalb oder außerhalb von Verwaltungsverfahren von Mitarbeitern einer Behörde abgegeben werden. Hier **fehlt die rechtliche Verbindlichkeit,** weil in informellen Verhandlungen beide Seiten davon ausgehen, dass die in einem solchen informellen Rahmen abgegebenen Willensbekundungen zwar ernst gemeint sind und durchaus ein gewisses Vertrauen rechtfertigen, aber **nicht von einem Rechtsbindungswillen getragen** werden. Das gilt selbst dann, wenn die informellen Abmachungen schriftlich fixiert werden, wie das etwa bei Mediationsergebnissen idR der Fall ist (s Einf I Rn 77 ff). Werden Abmachungen dagegen schriftlich mit Rechtsbindungswillen getroffen, liegt idR eine vertragliche Verpflichtung der Behörde vor, nicht aber eine Zusicherung. 11

4. Abgrenzung zu unmittelbaren Sachregelungen. Keine Zusicherungen, sondern reguläre VAe, sind Entscheidungen einer Behörde über Ansprüche von Bürgern auf behördliches Handeln, das sich als künftige Vollziehung iwS eines gedanklich vorausliegenden gegenwärtigen VA darstellt (ebenso Knack/Henneke 5 und 9), zB die Entscheidung, dass eine beantragte Subvention gewährt wird (vgl OVG Münster DVBl 1984, 1081), dass einem Bürger diplomatischer Schutz gewährt wird (vgl BVerfG 55, 353). Erforderlich für den Begriff der Zusicherung ist, dass der zugesicherte VA erst in Aussicht gestellt, aber noch nicht erlassen wird[39] Häufig ist es Auslegungsfrage, ob ein Akt eine Zusicherung oder bereits eine Sachregelung ist.[40] Entsprechendes gilt zB, wenn in einer Sache bereits abschließend entschieden worden ist, jedoch noch eine Urkunde ausgestellt werden muss, die erst ausgestellt wird, wenn die dafür vorgeschriebene Gebühr bezahlt ist (OVG Münster NVwZ 1985, 661). Keine Zusicherung ist auch der **Freistellungsbescheid** im Erschließungsbeitragsrecht gem § 135 Abs 5 S 2 BauGB, der zwar eine der Zusicherung ähnliche Wirkung entfaltet, nämlich zur Nichterhebung des Beitrags verpflichtet, aber nach seiner Konstruktion einen **vorweggenommenen Erlass** des Beitrags darstellt und damit eine Sonderregelung trifft. 12

a) Vorbescheide. Nicht als Zusicherungen anzusehen sind trotz ihrer zT ähnlichen Wirkung auch VAe, die aufgrund besonderer materiellrechtlicher Vorschriften bestimmte, im Gesetz näher geregelte Bindungswirkungen hins nachfolgender weiterer VAe haben, wie zB Vorbescheide,[41] zB im Baurecht (vgl § 75 MBauO); im Immissionsschutzrecht gem § 9 BImSchG oder im Atomrecht gem 13

---

[38] ZT **aA** hins der Versäumung einer Frist infolge einer unrichtigen Auskunft BVerwGE 38, 336; BSG DVBl 1973, 793.

[39] BVerwGE 87, 45; OVG Berlin NVwZ 1986, 599: die Zusage stellt eine bestimmte Regelung in Aussicht, der Bescheid trifft sie; ähnlich BVerwG NVwZ 1987, 46; VG Köln NVwZ 1984, 676 mit sehr eingehender Erörterung der Probleme; StBS 17; Degenhardt DVBl 1981, 997; Stelkens BauR 1978, 165.

[40] Vgl OVG Münster NVwZ 1985, 119: die Bewilligung einer Zuwendung, die in einen Finanzierungsplan eingestellt ist, kann ggf auch als Zusicherung einer späteren Bewilligung anzusehen sein; ähnlich BVerwG DÖV 1984, 589 zum Abgabenverzicht, BVerwG NVwZ 1987, 46 zur Zulassung zu einer öffentlichen Einrichtung.

[41] BVerwG NVwZ 1985, 341; OVG Berlin NVwZ 1986, 579; Goerlich NVwZ 1985, 90; Knack/Henneke 8.

§ 7a AtomG usw.[42] Mit einem Vorbescheid wird nach nunmehr ganz hM nicht eine künftige Genehmigung zugesagt, sondern über einen Teil der in der Genehmigung zu entscheidenden Fragen vorweg, gleichwohl aber schon bindend, entschieden.[43] Damit wird ein **Ausschnitt aus dem feststellenden Teil** der Genehmigung, auf den sich der Antrag auf Erteilung des Vorbescheids bezieht und über den nach den maßgeblichen Vorschriften gesondert durch Vorbescheid entschieden werden kann, vorweg festgelegt und ein Teilaspekt des umfassenden Genehmigungstatbestandes mit definitiver Regelungswirkung erledigt,[44] weshalb im Genehmigungsverfahren dann nur noch die Umsetzung des feststellenden Vorbescheids in eine Gestattung erfolgt. Der Vorbescheid enthält, auch soweit für sein Ergehen eine vorläufige positive Gesamtbeurteilung des gesamten Vorhabens Voraussetzung ist, keine konkludente Zusage, die Behörde werde sich auch bei der abschließenden Prüfung der Anlage an der bei der Vorprüfung gewonnenen Beurteilung ausrichten, wenn sich keine anderen Erkenntnisse ergeben;[45] anders, wenn der Vorbescheid, was uU Auslegungsfrage ist, zugleich als Konzeptgenehmigung (s unten Rn 14) ergeht und idS über die reguläre Vorbescheidsregelung hinausgeht. Ähnliche Funktion wie der Vorbescheid hat im Baurecht auch die Bebauungsgenehmigung.

14 **b) Teil- und Konzeptgenehmigungen.** Teilgenehmigungen und ähnliche Teil-VAe sind keine Zusicherungen. Sie sind **echte Genehmigungen,** die sich von einer Vollgenehmigung lediglich durch ihren beschränkten Inhalt unterscheiden. Anders als beim Vorbescheid ist bei Teilgenehmigungen zumeist ein **vorläufiges positives Gesamturteil** hinsichtlich des gesamten Vorhabens nicht nur Voraussetzung, sondern auch tatsächlich Teil der erlassenen Regelung, dh wird vom Regelungsgehalt der Teilgenehmigung mit umfasst und bindet damit die Behörde grundsätzlich auch hins der für das Gesamtvorhaben noch erforderlichen weiteren Teilgenehmigungen uä.[46] Das Ausmaß der Bindung hängt dabei entscheidend vom Gegenstand der Teilgenehmigung (vgl VGH Kassel DVBl 1991, 223), von der tatsächlichen Ausgestaltung der Teilgenehmigung, dh ihrem konkreten Inhalt, den maßgeblichen gesetzlichen Vorschriften und den von der Behörde angebrachten Vorbehalten, insb Befristungen, Bedingungen, Widerrufsvorbehalten usw ab. So bindet zB die Teil-Baugenehmigung zur Errichtung des Rohbaus eines Gebäudes die Behörde auch hinsichtlich der grundsätzlichen Genehmigungsfähigkeit des Vorhabens sowie insb auch hins des Standorts und der Nutzungsart (VGH Kassel DVBl 1991, 223). Die **Bindungswirkung des positiven Gesamturteils** einer Teilgenehmigung ist allerdings entsprechend seiner Vorläufigkeit **eingeschränkt.** Sie entfällt ganz oder teilweise (vgl Wieland DVBl 1991, 616), wenn sich bei der späteren Detailprüfung noch nicht geneh-

---

[42] BVerwGE 48, 242; 68, 241; 69, 2 = NJW 1984, 1473; 70, 372 = NVwZ 1985, 341; 72, 300 = NVwZ 1986, 208; BVerwG NVwZ-RR 1994, 17; OVG Lüneburg NJW 1982, 1772; OVG Münster BauR 1982, 50; Krause 297; Degenhardt DVBl 1981, 994; Ossenbühl NJW 1980, 1353; 1981, 377 mwN; Schmidt-Aßmann, in: BVerwG-FS 1978, 580; vgl auch BVerwGE 24, 23; DVBl 1981, 408.

[43] BVerwGE 69, 1, 3; 68, 241, 243; VGH München BayVBl 1993, 275; Koch/Hendler, Baurecht, § 24 Rn 31; Dürr JuS 1984, 770.

[44] BVerwG NVwZ 1985, 342; OVG Lüneburg NJW 1982, 1772; NVwZ 1985, 507; VGH München BayVBl 1993, 275; Jarass, BImSchG § 9 Rn 2. Zur Frage, ob sich ein Vorbescheid gegen eine Veränderungssperre durchsetzt, BVerwGE 69, 1.

[45] **AA** OVG Münster NJW 1979, 381; Selmer/Schulze-Osterloh, JuS 1981, 395; allg zur Bindungswirkung von Vorbescheiden und Teilgenehmigungen auch Glitz, Grundprobleme von Vorbescheid und Teilgenehmigung im Immissionsschutzrecht, 1985, 32 mit Fn 78.

[46] Grundlegend BVerwGE 72, 300, 306 = NVwZ 1986, 208; 88, 286 = NVwZ 1993, 178; 92, 189 = NVwZ 1993, 578; BVerwG NVwZ-RR 1994, 17; Jarass JuS 1984, 355; Breuer VerwArch 1981, 266; zT **aA** VGH Mannheim NJW 1979, 2528; zur Entwicklung von Teil- und Konzeptgenehmigungen Roßnagel DÖV 1995, 624, 627.

migter Anlagenteile ergibt, dass die ursprüngliche Planung nicht durchführbar ist, oder wenn sich die maßgebliche Sach- und Rechtslage, auch zB aufgrund neuer wissenschaftlicher Erkenntnisse oder **neuer technische Entwicklungen** (BVerwGE 92, 189), ändert und nunmehr weiteren Teilgenehmigungen entgegensteht (BVerwG NVwZ 1985, 341; 1986, 210; Goerlich NVwZ 1985, 90).

Keine Zusicherung ist trotz ihrer entfernt damit vergleichbaren Bindungswirkung auch die sog **Konzeptgenehmigung** (Konzeptbescheid); die nach hM auch dann zulässig ist, wenn sie vom Gesetz nicht ausdrücklich vorgesehen ist.[47] Mit einem Konzeptbescheid wird die grundsätzliche Genehmigungsfähigkeit oä der gesamten genehmigungspflichtigen Anlage verbindlich festgestellt.[48] Die Bindungswirkung ist nach Inhalt und Ausmaß vom Inhalt der einzelnen Konzeptgenehmigung, auch zB von den dafür geltenden einzelgesetzlichen Vorschriften abhängig. 15

5. Abgrenzung zu vorläufigen VAen. Keine Zusicherungen, sondern Sachentscheidungen durch VA sind auch vorläufige Regelungen (s § 9 Rn 18; § 35 Rn 178) und andere in einer Sache vorausgegangene VAe, zB vorausgegangene zeitlich begrenzte Erlaubnisse für eine bestimmte Tätigkeit bei sog Ketten-VAen. Auch aus derartigen VAen können sich aber uU nach dem auch im öffentlichen Recht geltenden Grundsatz von Treu und Glauben ähnliche Bindungswirkungen hins weiterer VAe, die in einem logischen Folgeverhältnis zur getroffenen Regelung stehen, ergeben (vgl allg BVerwGE 63, 216; zu sog Ketten-VAen auch § 48 Rn 26). 16

6. Abgrenzung zu Regelungen in öffentlichrechtlichen Verträgen. 16a
Wenn sich die Behörde in einem öffentlichrechtlichen Vertrag zum Erlass eines VA verpflichtet, handelt es sich nicht um eine Zusicherung, sondern um eine vertragliche Verpflichtung, die dem Regime des Vertragsrechts und damit den §§ 54 ff unterliegt. Auf derartige vertragliche Verpflichtungen **findet § 38 keine Anwendung.**[49] In besonderen Fällen kann allerdings eine Zusicherung auch zum Gegenstand eines Vertrages gemacht werden in der Weise, dass die Behörde damit gewissermaßen bereits einen Teil ihrer vertraglichen Verpflichtung erfüllt und **in Erfüllung dieser Pflicht die Zusicherung** abgibt (so dürfte OVG Greifswald NJW 2003, 3146 zu verstehen sein). Dann ist § 38 zumindest analog anwendbar.[50] Dies dürfte aber die Ausnahme sein.

III. Die besonderen Wirksamkeitsvoraussetzungen gem Abs 1 S 1

1. Mindestvoraussetzungen der Wirksamkeit. Über die Regelungen des § 44 hinaus sind Zusicherungen auch dann nichtig und damit unwirksam, wenn sie die beiden in Abs 1 bestimmten Mindestvoraussetzungen nicht erfüllen, nämlich die Zuständigkeit und die Schriftform. Im Wortlaut des Abs 1 S 1 gelangt nur unvollkommen zum Ausdruck, dass neben der Schriftform auch die Zuständigkeit der Behörde nicht nur Voraussetzung für die Rechtmäßigkeit, sondern auch für die Wirksamkeit der Zusicherung ist. Dies ergibt sich aber aus Abs 2, wonach § 44 „unbeschadet des Abs 1 S 1" Anwendung finden soll. Nach Abs 1 sind weitergehend als gem § 44 Abs 2 Nr 3 und Abs 3 Nr 1 die sachliche und örtliche (vgl 17

---

47 Dabei wird allerdings nicht der Begriff der Konzeptgenehmigung verwendet; vielmehr wird zumeist von einer Teilgenehmigung mit positivem vorläufigem Gesamturteil (s oben Rn 14) gesprochen, vgl BVerwGE 92, 185, 189; Roßnagel DÖV 1995, 624, 627; StBS § 35 Rn 188; Knack/Henneke § 35 Rn 114.

48 BVerwGE 72, 305; 70, 372; 78, 178; 80, 213; 92, 189 = NVwZ 1993, 578.

49 HM, vgl StBS 52; teilweise für analoge Anwendbarkeit Guckelberger DÖV 2004, 357, 364.

50 BVerwG MJW 1988, 663; OVG Greifswald NJW 2003, 3146; VGH Mannheim NVwZ-RR 1999, 636; Guckelberger DÖV 2004, 357, 363.

§ 3) **Zuständigkeit der Behörde** und die **Schriftform** unabdingbare Voraussetzung der Wirksamkeit und damit auch der Verbindlichkeit einer Zusicherung.[51] § 37 geht insoweit über die gem Abs 2 S 1 im übrigen auch auf Zusicherungen entsprechend anwendbaren **Nichtigkeitsgründe** des § 44 hinaus.

18 **2. Zuständigkeit der Behörde (Abs 1 S 1).** Die Zusicherung muss von der zuständigen Behörde gegeben werden. Zuständig ist grundsätzlich diejenige Behörde, die den zugesicherten VA erlassen müsste (StBS 62; Knack/Henneke 12). Eine von einer unzuständigen Behörde abgegebene Zusicherung ist unwirksam, ohne dass es auf die Voraussetzungen des § 44 ankäme. **Fraglich** ist, ob die Wirksamkeit der Zusicherung darüber hinaus voraussetzt, dass die **innerhalb der Behörde zuständige Person** gehandelt hat. Dies wurde vor Inkrafttreten des VwVfG von der hM für die Wirksamkeit der Zusicherung verlangt.[52] Das VwVfG hat diese Auffassung aber nicht aufgegriffen und in Abs 1 ausdrücklich nur die Zuständigkeit der Behörde verlangt. Daraus folgert die hM zu Recht, die Wirksamkeit der Zusicherung setze die Einhaltung der Zuständigkeitsordnung innerhalb der Behörde nicht voraus.[53] Allerdings wird verlangt werden müssen, dass der Bedienstete, der die Zusicherung abgibt, für die Behörde zu Entscheidungen dieser Art nach außen **handlungs- bzw vertretungsbefugt** ist.[54] Insoweit kann nichts anderes gelten als generell für VAe, die der Behörde auch nur dann zugerechnet werden können, wenn sie von einer hierzu generell autorisierten Person erlassen werden (s näher Guckelberger DÖV 2004, 357 (360).

19 Für **interne Zuständigkeits- und Beteiligungsregelungen** gelten ähnliche Grundsätze. Maßgebend ist auch hier nicht die interne Zuständigkeitsverteilung, sondern die Zuständigkeit zur Außenvertretung.[55] Das gilt auch dann, wenn zB der Bürgermeister ohne die vorherige Einschaltung des intern zuständigen Rates gehandelt hat. Dies verlangt auch das Prinzip des Vertrauensschutzes. Der Adressat einer Zusicherung muss sich nicht über die Kompetenzverteilung innerhalb einer kommunalen Körperschaft informieren.

20 **3. Schriftform (Abs 1 S 1).** Das Erfordernis der Schriftform[56] ist für die Zusicherung essentiell; es gilt aber nur für Zusicherungen, **nicht auch für die Ablehnung** einer Zusicherung.[57] Durch das Erfordernis der Schriftform als Voraussetzung der Wirksamkeit einer Zusicherung soll vor allem Unklarheiten und Meinungsverschiedenheiten über das Bestehen und den Inhalt von Zusicherungen vorgebeugt werden; es dient insoweit (wie die Schriftlichkeit von VAen allgemein) der Rechtssicherheit und Rechtsgewissheit. Da es sich dabei jedoch nicht um eine zwingende Folgerung aus allgemeinen Rechtsgrundsätzen handelt, ist eine entsprechende Anwendung in anderen Bereichen, für die das Erfordernis der Schriftform nicht ausdrücklich durch Rechtsvorschrift vorgesehen ist, nicht möglich. Zu den **Anforderungen an die Schriftform** im Einzelnen vgl § 37 Abs 3. **Einfache Schriftform genügt** auch in den Fällen, in denen für den zugesagten

---

[51] UL § 10 Rn 13; StBS 39; Obermayer/Funke-Kaiser 21; Knack/Henneke 12, 13, 27; MB 24; **aA** zum Abgabenrecht Mayer, Die Zusage 116 und 156: Nichtigkeit nur in krassen Fällen sachlicher Unzuständigkeit.

[52] BVerwGE 26, 31, 36; BVerwG NJW 1976, 303; Kimminich JuS 1963, 268, 272; BFH 132, 219, heute noch UL § 49 Rn 4.

[53] StBS 40; Knack/Henneke 12; Bettermann in BVerwG-FS 1978, 66.

[54] BVerwGE 103, 219; StBS 65; Obermayer/Funke-Kaiser 22; FKS 27; Guckelberger DÖV 2004, 357, 360; aA Knack/Henneke 12; Hufeld, Die Vertretung der Börde, S. 143; Maywald BayVBl 1977, 449.

[55] VGH Mannheim NVwZ 1990, 892; StBS 63; Knack/Henneke 12; Erichsen Jura 1991, 111; **aA** BVerwG NVwZ 1987, 46.

[56] OVG Münster, B v 2.11.2011, 6 A 2677/10, juris, für die Zusicherung einer beamtenrechtlichen Ernennung.

[57] BVerwG NVwZ 1986, 1011; Knack/Henneke 13; **aA** Stelkens NVwZ 1987, 471, StBS 116.

VA eine besondere Form, zB die Aushändigung einer Urkunde, vorgeschrieben ist (vgl Knack/Henneke 13). Fehlt es der Zusicherung an der Schriftform, ist sie unwirksam, ohne dass es auf die Voraussetzungen des § 44 ankäme. Eine in elektronischer Form abgegebene Zusicherung genügt den Voraussetzungen des Abs 1, wenn die Anforderungen des § 3a Abs 2 erfüllt sind (s § 3a Rn 14).

4. Nebenbestimmungen. Eine Zusicherung kann mit Nebenbestimmungen versehen werden.[58] Da die Abgabe der Zusicherung insgesamt im Ermessen der Behörde steht, richtet sich die Befugnis, sie mit Nebenbestimmungen zu versehen, nach § 36 Abs 2 unabhängig davon, ob ein VA zugesichert wird, auf den ein Anspruch besteht, oder nicht. Nicht ausgeschlossen ist also, dass (was vielfach im Interesse der Rechtsklarheit zweckmäßig ist) die Zusicherung ausdrücklich bestimmte **Vorbehalte, Bedingungen** usw enthält oder nur für den Fall des Eintritts bestimmter Tatsachen gemacht wird.[59] 20a

IV. Rechtmäßigkeitsvoraussetzungen, Anspruch auf Zusicherung

1. Allgemeines. Bei Zusicherungen sind Rechtmäßigkeitsvoraussetzungen und Wirksamkeitsvoraussetzungen besonders streng zu unterscheiden. Zusätzlich zu den allgemeinen Nichtigkeitsgründen nach § 44 sind Zusicherungen nämlich auch dann nichtig und damit unwirksam, wenn sie die Mindestvoraussetzungen des Abs 1 S 1 (Zuständigkeit und Schriftform) nicht erfüllen (s Rn 17 ff). Ein Verstoß gegen die übrigen Rechtmäßigkeitsvoraussetzungen führt nur unter den besonderen Voraussetzungen des § 44 zur Nichtigkeit. 21

2. Problem der gesetzlichen Ermächtigung. Fraglich ist, ob § 38 selbst eine Ermächtigung zur Erteilung einer Zusicherung enthält oder eine solche voraus. Diese Frage spielt allerdings in der Praxis keine Rolle. Denn jedenfalls umfasst die Ermächtigung zum Erlass des VA idR auch die Ermächtigung, eine hierauf bezogene Zusicherung abzugeben. Soweit eine ausdrückliche Regelung fehlt, ergibt sich die Befugnis also entweder aus § 38 direkt (so StBS 86) oder aus der jeweiligen fachgesetzlichen Ermächtigung zum Erlass des VA, auf den sich die Zusicherung bezieht. Das bedeutet, dass eine Zusicherung rechtmäßig nur abgegeben werden kann, wenn die zusichernde Behörde auch den zugesicherten VA erlassen dürfte. Das gilt auch im Hinblick auf die sachliche und örtliche Zuständigkeit der Behörde für die Erteilung von Zusicherungen (Knack/Henneke 12; s auch unten Rn 18). Wenn durch Gesetz insoweit nichts anderes bestimmt ist, steht die Erteilung einer Zusicherung im **Ermessen der Behörde** (s Rn 24). 22

3. Allgemeine Rechtmäßigkeitsvoraussetzungen. Grundsätzlich gelten für die Zusicherung dieselben Rechtmäßigkeitsvoraussetzungen wie für den Erlass des zugesicherten VA selbst. Das gilt sowohl in formeller wie in materieller Hinsicht. Die Beachtlichkeit materiellrechtlicher Anforderungen des späteren VA folgt daraus, dass rechtmäßigerweise nur rechtmäßiges Verhalten zugesichert werden kann. Die Beachtlichkeit der Vorschriften des VwVfG folgt bereits aus dem VA-Charakter der Zusicherung, wenn man mit der hM (s Rn 8) diese als VA ansieht, im Übrigen aus Abs 1 S 2, Abs 3. Darüber hinaus sind aber **weitere formelle und materielle Anforderungen** zu beachten, die sich aus dem speziellen Zusicherungscharakter der Maßnahme ergeben. Da die Zusicherung, auch soweit sie einen gebundenen VA betrifft, im **Ermessen** der zuständigen Behörde steht, muss die für den Erlass des späteren VA zuständige Behörde von 23

---

[58] VGH Mannheim, Urt v 6.5.2009, 13 S 2428/08 – juris, zu einer befristeten Einbürgerungszusage.

[59] ZB auschiebend bedingte Zusicherung der Aufnahme eines Schulanfängers für den Fall, dass vorrangige Bewerber absagen, VG Berlin, Urt v 11.7.2008, Az: 13 S 2428/08 – juris.

ihrem Ermessen fehlerfreien Gebrauch machen. Außerdem sind die besonderen Anforderungen des Abs 1 und des Abs 2 zu beachten. Die Zusicherung kann **ausdrücklich,** uU aber auch **konkludent** gegeben werden.[60] Maßgeblich ist insoweit die Auslegung der Erklärung analog § 133 BGB. Grundsätzlich müssen Zusicherungen so gegeben werden, dass Zweifel am Charakter als Zusicherung sich nicht ergeben können.[61]

24 **4. Anspruch auf Zusicherung.** Soweit gesetzlich nichts anderes vorgesehen ist, steht die Erteilung einer Zusicherung im **pflichtgemäßen Ermessen** der Behörde.[62] Der Bürger hat jedoch nach den allgemeinen Grundsätzen über die Ausübung des Ermessens (s § 40 Rn 52ff) jedenfalls einen **Anspruch auf ermessensfehlerfreie Entscheidung,** wonach die Behörde aufgrund sorgfältiger Abwägung seines Interesses an der Zusicherung gegen die Gründe, die gegen eine Zusicherung sprechen, über seinen Antrag entscheiden muss.[63] Die Behörde kann eine Zusicherung auch von Amts wegen geben. Hat der Antragsteller ein **berechtigtes Interesse** an der Zusicherung, so muss grundsätzlich auch ein **Anspruch auf eine Zusicherung** gem § 38 anerkannt werden, wenn die materiellrechtlichen Voraussetzungen für den entsprechenden VA gegeben sind. Das Ermessen der Behörde kann sich in diesem Fall auf Null reduzieren. Entsprechendes gilt für die Zusicherung der Behörde, **einen** bestimmten, vom Bürger befürchteten VA zu unterlassen, dh nicht zu erlassen (vgl § 35 Rn 100).

24a **Umstritten** ist, **unter welchen Voraussetzungen** sich das Ermessen bei Vorliegen eines berechtigten Interesses dergestalt auf Null reduzieren kann, dass ein **Anspruch auf Zusicherung** entsteht. Dies ist jedenfalls dann anzunehmen, wenn in einem anderen Verwaltungsverfahren der Erlass eines begünstigenden VA von der vorherigen Erteilung der Zusicherung abhängig gemacht wird (OVG Lüneburg NdsVBl 1999, 262; StBS 112). Richtigerweise ist entgegen der hM[64] aber auch darüber hinaus eine Ermessensreduzierung auf Null anzunehmen, wenn ein berechtigtes Interesse an der Zusicherung besteht. Es ist nicht einzusehen, weshalb der Betroffene in solchen Fällen, in denen er auch eine gerichtliche Feststellung erreichen könnte, nicht auch einen Anspruch auf eine entsprechende Zusicherung haben sollte.

25 **5. Anhörung der Beteiligten (Abs 1 S 2, 1. Alt).** Die Regelung in Abs 1 S 2 stellt sicher, dass eine für einen VA vorgeschriebene Anhörung Beteiligter auch für den Fall der Zusicherung dieses VA durchzuführen ist. Dies gilt nicht nur für die Anhörung Beteiligter nach § 28, sondern auch für alle sonstigen durch Rechtsnorm für den zuzusichernden VA vorgesehenen Anhörungspflichten. Unerheblich sind dagegen insoweit lediglich verwaltungsinterne, nicht rechtssatzmäßige Regelungen (vgl BVerwG DVBl 1976, 221; ebenso Knack/Henneke 15 mwN). Diese Regelung stellt eine notwendige Konsequenz der Bindungswirkung der Zusicherung dar und dient der Sicherung der Verfahrens-

---

[60] OVG Münster NVwZ 1985, 118: der Bescheid über die Bewilligung einer Zuwendung, der einen Finanzierungsplan enthält, in den weitere von derselben Behörde zu vergebende Mittel eingestellt sind, kann uU auch als Zusicherung der späteren Bewilligung dieser Mittel zu verstehen sein.

[61] ZT **aA** offenbar BSG DVBl 1994, 1245: In einem Hinweis auf einem Ablehnungsbescheid, nach Anerkennung als Asylberechtigter stehe rückwirkendes Kindergeld ab Einreise zu, kann eine Zusicherung iS von § 34 SGB X liegen.

[62] BVerwG NVwZ 1986, 1011; BFH NJW 1962, 320; VG Köln NVwZ 1984, 676; Stelkens NVwZ 1987, 472; Günther ZBR 1982, 196; Knack/Henneke 22.

[63] StBS 22; **aA** BVerwG NVwZ 1986, 1011; 1987, 471: soweit gesetzlich nicht anders bestimmt, kein Anspruch auf eine Zusicherung, auch nicht auf ermessensfehlerfreie Entscheidung darüber, ob eine Zusicherung gegeben wird; kritisch dazu Stelkens NVwZ 1987, 471; teilweise weiter: Knack/Henneke 21: Anspruch bei Ermessensreduzierung auf Null.

[64] StBS 111; Knack/Henneke 22; WBSK I § 53 Rn 14.

rechte derjenigen, die am Verwaltungsverfahren für den Erlass des zugesicherten VA später beteiligt sein werden (vgl Begr 102).

Die Regelung des Abs 1 S 2 regelt zwar ausdrücklich nur die Anhörung Beteiligter. Entgegen dem insoweit nicht ganz klaren Wortlaut der Vorschrift sind **betroffene Dritte** aber nicht nur gem § 28 zu hören, sondern zum Verfahren in vollem Umfang und mit denselben Rechten wie auch sonst im Verwaltungsverfahren nach §§ 9 ff, zB auch mit dem Recht auf Akteneinsicht usw, als Beteiligte gem § 13 zuzuziehen (ebenso Obermayer/Funke-Kaiser 29; Knack/Henneke 16); Abs 1 S 2 spricht ausdrücklich von der Anhörung „Beteiligter" und setzt damit die Zuziehung Betroffener als Beteiligte voraus. 26

6. Mitwirkung anderer Behörden und Stellen (Abs 1 S 2, 2. Alt). Die Zusicherung darf erst gegeben werden, wenn sämtliche Behörden und/oder Ausschüsse beteiligt worden sind, die nach gültigen Rechtsvorschriften im Falle des Erlasses des zugesicherten VA beteiligt werden müssten. Als Rechtsvorschriften kommen auch hier nur außenwirksame Rechtsnormen (Gesetze, Rechtsverordnungen, Satzungen) in Betracht, Verwaltungsvorschriften reichen nicht aus. Erfasst werden **sämtliche Formen der Mitwirkung,** nicht nur die Zustimmung und das Einvernehmen, sondern auch andere Formen, zB das Benehmen, die bloße Anhörung usw. Die Beteiligung muss zwingend erforderlich sein; steht sie im Ermessen der zu sichernden (dh für den Erlass des späteren VA zuständigen) Behörde, so kann diese auch von einer Beteiligung absehen, wenn sie hierfür sachliche Gründe hat. 27

7. Rechtsfolgen der Verletzung formellen Rechts. a) Zuständigkeits- und Schriftformverstoß. Nach Abs 1 S 1 sind die Zuständigkeit der Behörde und die Schriftform **unabdingbare Voraussetzung der Wirksamkeit** und damit auch der Verbindlichkeit einer Zusicherung (vgl auch Abs 2 S 1). Nicht von der zuständigen Behörde (BVerwG NVwZ 1987, 46 zur Umzugskostenzusage) oder nicht in schriftlicher Form gegebene Zusicherungen sind wirkungslos; sie binden die Behörde nicht und geben dem Bürger keinen Anspruch auf Erlass des zugesicherten VA bzw auf Unterbleiben des VA, dessen Unterlassung zugesichert wurde. Dies gilt auch dann, wenn dem Bürger die Unzuständigkeit bzw das Formerfordernis nicht bekannt war. Die Heilungsmöglichkeit nach § 45 gibt es nicht, § 46 greift nicht ein. 28

b) Verstoß gegen Anhörungs- und Mitwirkungspflichten gem Abs 1 S 2. Unterbleibt die nach Abs 1 S 2 gebotene Beteiligung und Anhörung betroffener Dritter bzw die erforderliche Mitwirkung anderer Behörden usw, so hat dies – anders als die Verletzung der Erfordernisse der Zuständigkeit und der Form nach Abs 1 S 1 – **nicht automatisch die Unwirksamkeit** zur Folge; vielmehr sind die Folgen gem Abs 2 nach den allgemeinen Grundsätzen, die gem §§ 44 ff für VAe gelten, zu beurteilen, insb auch die Möglichkeit einer evtl Heilung des Mangels durch Nachholung der Beteiligung gem § 45, uU auch einer Unbeachtlichkeit gem § 46. Nichtigkeit (Unwirksamkeit) der Zusicherung ist in diesen Fällen nur ausnahmsweise anzunehmen.[65] IdR hat die Verletzung von S 2 nur die Rechtswidrigkeit der Zusicherung zur Folge (ebenso Knack/Henneke 20). 29

c) Zusicherung unter Vorbehalt. Unerheblich ist das Unterbleiben der Beteiligung betroffener Dritter oder mitwirkungsberechtigter Behörden usw dann, wenn die Zusicherung ausdrücklich unter dem Vorbehalt der Rechte Dritter bzw der Zustimmung usw der insoweit zuständigen Behörden usw erfolgt (ebenso Knack/Henneke 20; ebenso nun auch StBS 75) Da in diesem Fall Dritte, 30

---

[65] VGH München UPR 1990, 68; StBS 51; Knack/Henneke 15, 20; WBSK I § 53 Rn 21; **aA** zum früheren Recht BVerwG ZBR 1967, 311; VGH München DÖV 1991, 34: Zusicherung einer Baugenehmigung, die ohne das erforderliche Einvernehmen mit der Gemeinde gegeben wurde, ist unwirksam.

andere Behörden, Ausschüsse usw durch die Zusicherung nicht in ihren Rechten bzw Mitwirkungsbefugnissen betroffen bzw präjudiziert werden, ist ihre Anhörung usw vor der Entscheidung über die Zusicherung auch nicht geboten. Abs 1 S 2 schließt die Zulässigkeit von dergestalt durch einen entsprechenden Vorbehalt eingeschränkten Zusicherungen nicht aus, sondern gilt nur für den Normalfall abseits bindender Zusicherungen. Die Befugnis der Behörde zu Zusicherungen unter Vorbehalt ergibt sich insoweit aus ihrer Ermessensfreiheit (vgl § 10), vorausgesetzt, dass einer Einschränkung der Zusicherung im dargelegten Sinn nicht berechtigte Interessen dessen, dem die Zusicherung gegeben werden soll, entgegenstehen (vgl oben Rn 24), oder dieser zustimmt.

V. Entsprechende Anwendung sonstiger Vorschriften gem Abs 2

31 **1. Allgemeines.** Abs 2 erklärt die Vorschriften über die Unwirksamkeit eines VA, die Heilung von Mängeln, die Rücknahme und den Widerruf ausdrücklich für Zusicherungen nach § 38 für entspr anwendbar. Da § 38 die Frage offen lassen sollte, ob die Zusicherung einen VA darstellt, lässt sich aus Abs 2 nicht auf den fehlenden VA-Charakter schließen. Vielmehr war eine besondere Verweisung auf die für die Bindungswirkung einer Zusicherung besonders bedeutsamen Vorschriften über VAe notwendig, um deren Anwendbarkeit sicherzustellen. Sieht man in der Zusicherung einen VA, so dient die Regelung nur der Klarstellung.

32 **Über die Verweisungsnorm des Abs 2 hinaus anwendbar** sind nach allg Ansicht der erst im Gesetzgebungsverfahren eingefügte § 45 Abs 3 (Knack/Henneke 28), § 46 (Obermayer/Funke-Kaiser 56; StBS 84; Knack/Henneke 30; MB 23), §§ 47, 50 und 51, außerdem auch die §§ 48 und 49, soweit ihre Anwendbarkeit nicht durch § 38 Abs 3 modifiziert wird (StBS 90; Knack/Henneke 29). Entsprechendes gilt für diesen Vorschriften entsprechende Vorschriften in anderen Gesetzen, die gem § 1 vorgehen. Es ist kein Grund ersichtlich, der auch eine sinngemäße Anwendung ausschließen könnte, soweit es sich auch bei diesen Regelungen um den **Ausdruck allgemeiner Rechtsgedanken** handelt (ebenso VGH Mannheim NVwZ 1991, 80; vgl auch Obermayer/Funke-Kaiser 52).

33 **2. Bindungswirkung.** Mit der Verweisung auf die §§ 44 und 48 wird zugleich klargestellt, dass auch eine rechtswidrige Zusicherung, sofern sie nicht nach dem allgemeinen Recht (§ 44) oder nach Abs 1 S 1 (s oben Rn 28) nichtig ist, bis zur Aufhebung volle Bindungswirkung hat.[66] Die Möglichkeit einer Anfechtung wegen Irrtums besteht nicht (BVerwGE 97, 323 = NJW 1995, 1977). Der Bürger, der auf die Zusicherung vertraut hat und insoweit schutzwürdig ist, hat ggf einen Ausgleichsanspruch nach § 38 Abs 2 iVmit § 48 Abs 3 (VGH München BayVBl 1982, 567).

34 **Die Regelung in § 38 nimmt in Kauf,** dass durch rechtswidrige Zusicherungen subjektive öffentliche Rechte geschaffen werden, die das Gesetz nicht vorsieht. Kein Nichtigkeitsgrund ist bei einer Zusicherung, dass sie subjektive Rechte in Fällen begründet, in denen nach den sonst maßgeblichen Rechtsvorschriften an sich nur eine Verpflichtung der Behörde im öffentlichen Interesse gegeben ist, bzw irrtümlich vom Bestehen solcher Rechte ausgeht und deren Beachtung durch die Behörde zusichert (vgl BVerwGE 49, 244 = DVBl 1976, 221 zur Zusicherung der Einhaltung nicht nachbarschützender Vorschriften).

35 **3. Rücknahme und Widerruf.** Eine rechtswidrig gegebene Zusicherung kann nur unter den Voraussetzungen des § 48 zurückgenommen werden. Insoweit gelten gegenüber der für sonstige VAe geltenden **Rücknahme keine Be-**

---

[66] WBSK I § 53 Rn 21; ebenso zum bish Recht BFH BStBl III 1963, 271 und 574; NJW 1966, 2036; Schollen DVBl 1968, 415 f; Redeker DVBl 1973, 745; **differenzierend** BVerwG DVBl 1966, 859; Kellner 44. DJT 60 ff: Anspruch auf Erfüllung, wenn der auf die Zusage vertrauende Bürger sonst unerträglich benachteiligt würde.

sonderheiten. Anders beim späteren Widerruf einer Zusicherung. Hier ist zu differenzieren: Der ausdrückliche Vorbehalt zugunsten von Abs 3 („unbeschadet des Absatzes 3") schließt die Anwendung von § 49 Abs 2 Nr 3 und 4 aus. Dies ergibt sich daraus, dass **Abs 3 eine abschließende Regelung** enthält. Da die Zusicherung gerade für die Zukunft gelten soll und insoweit auch ein gewisses Vertrauen in den Bestand gerechtfertigt ist, können spätere **Änderungen der Sach- oder Rechtslage** nur dann einen Widerruf rechtfertigen, wenn die Behörde die Zusicherung in Kenntnis der neuen Sach- und Rechtslage nicht gegeben hätte oder nicht hätte geben dürfen.[67] S näher unten Rn 40.

Da die §§ 48f nur für entspr anwendbar erklärt werden, ist es bei Vorliegen von Rücknahme- bzw Widerrufsgründen nicht erforderlich, dass die Behörde die Zusicherung ausdrücklich zurücknimmt oder widerruft; vielmehr genügt es, wenn sie das Vorliegen von Rücknahme- bzw Widerrufsgründen erst im Rahmen des Verfahrens über den zugesicherten VA berücksichtigt. Eine alsbaldige ausdrückliche Rücknahme bzw ein ausdrücklicher Widerruf kann wegen der **Jahresfrist** des § 48 Abs 4 bzw des § 49 Abs 3 S 2 notwendig sein, um ein **schutzwürdiges Vertrauen** der Betroffenen auf den Bestand der Zusicherung auszuschließen und um ihnen die Möglichkeit zu geben, sich auf den Umstand einzustellen, dass sie mit dem zugesicherten VA nicht mehr rechnen können, außerdem auch im Hinblick auf einen evtl Ausgleichsanspruch gem Abs 3 iVmit § 48 Abs 3. 35a

VI. Wegfall der Bindung gem Abs 3

1. Allgemeines. Abs 3 enthält eine spezielle Regelung für den Wegfall der Bindungswirkung einer Zusicherung bei späterer Änderung der Sach- und Rechtslage. Damit wird eine **Spezialregelung gegenüber § 49 Abs 2 Nr 3 u 4** getroffen, die die Anwendung der genannten Widerrufstatbestände ausschließt (vgl Rn 35). Die Regelung trägt dem Umstand Rechnung, dass Zusicherungen grundsätzlich in Anbetracht einer bestimmten Sach- und Rechtslage gegeben werden. Die entsprechende Beschränkung der Bindungswirkung ist eine Folge der **Rechtsgrundsätze über die Geschäftsgrundlage,** wie sie vor allem im Vertragsrecht des BGB entwickelt wurden, heute aber allgemein auch im öffentlichen Recht anerkannt werden und auch schon nach dem bish Recht auch für Zusicherungen galten.[68] Vgl auch BVerwGE 63, 165 zur Beendigung einer Verwendungszusage für einen Beamten im Hinblick darauf, dass dieser aus in seiner Person liegenden und von ihm zu vertretenden Gründen die für die vorgesehene Verwendung erforderliche Eignung verloren hat. 36

2. Begriff der Änderung der Sach- oder Rechtslage. In Betracht kommt eine nachträgliche Änderung von Tatsachen (Sachlage) sowie eine nachträgliche Änderung der für den Erlass des zugesicherten VA relevanten Rechtsnormen (Rechtslage). Die nachträgliche Änderung der Rechtsprechung zählt grundsätzlich nicht dazu (vgl § 49 Rn 49). Maßgebend sind nur Änderungen solcher Tatsachen bzw Rechtsnormen, die dem zugesicherten VA bei seinem Erlass zugrunde gelegt wurden bzw werden mussten. Dazu gehören auch Tatsachen, die für die Ermessensausübung von Bedeutung sind. Die **Änderung der Subventionspolitik** und der politischen Präferenzen oder der Umstand, dass die Aufsichtsbehörde die Sache überprüft hat können danach den Wegfall der Bindungswirkung nach Abs 3 nicht rechtfertigen.[69] Eine unvorhergesehene **Ver-** 37

---

[67] Begr 102; BVerwGE 97, 323 = NJW 1995, 1977; StBS 96.

[68] Vgl BVerwGE 97, 323 = NJW 1995, 1977; BSG 19, 251; 23, 252; VGH München BayVBl 1974, 15; VGH Mannheim DVBl 1975, 871; OVG Münster DVBl 1974, 477; OVG Lüneburg NJW 1977, 73; FG Düsseldorf EFG 1981, 298 mwN; FG Köln EFG 1989, 428.

[69] StBS 99; **aA** OVG Lüneburg NJW 1977, 774; NVwZ-RR 1994, 12.

schlechterung der Haushaltslage kann dagegen die Bindungswirkung der Zusicherung entfallen lassen.[70] Die **nachträgliche Erkenntnis** der Behörde, dass sie die Zusicherung aufgrund falscher tatsächlicher oder rechtlicher Voraussetzungen gegeben hat, steht einer Änderung der Sach- oder Rechtslage nicht gleich (VGH Mannheim NVwZ 1991, 79; StBS 99), kann aber ggf die Rücknahme oder den Widerruf gem §§ 48 f rechtfertigen (Knack/Henneke 34).

38 **Erheblich** ist nur eine Änderung der Sach- oder Rechtslage, die „Geschäftsgrundlage" für die Zusicherung war; insoweit hat die Rspr der Zivilgerichte zu Änderungen der Geschäftsgrundlage, die nunmehr in § 313 BGB nF ihren Niederschlag gefunden hat, Bedeutung auch für die Auslegung und Anwendung des Abs 3.[71] Wurde eine **Zusicherung** ausdrücklich oder doch sinngemäß gerade **auch für den Fall einer evtl Änderung der Sach- oder Rechtslage** gegeben, so ist Abs 3 nicht anwendbar.[72] **Unabhängig** von den Voraussetzungen des Abs 3 gilt eine Zusicherung, die sich auf einen **befristeten VA** bezieht, auch selbst grundsätzlich nur befristet (VGH München BayVBl 1978, 735). Betrifft die Änderung der Sach- und Rechtslage nur Teile der Zusicherung, so bleibt die Behörde im Übrigen gebunden, soweit den restlichen Teilen selbständige Bedeutung zukommt, ohne dass dadurch ihr Sinn und Zweck verändert würde (vgl auch OVG Lüneburg NJW 1977, 773; ferner hins der Zusage eines Realaktes Krebs VerwArch 1978, 85). Die Grundsätze über die **Teilnichtigkeit von VAen** (vgl § 44 Abs 4) sind insoweit entsprechend anwendbar (s dazu § 44 Rn 60).

39 **3. Relevanz der Änderung. a) Zusicherung wäre nicht gegeben worden.** Bei der nach Abs 3, 1. Alt maßgeblichen Frage, ob die Behörde auch bei Kenntnis der nachträglichen Änderung die Zusicherung gegeben hätte, ist nicht auf den hypothetischen subjektiven Willen bzw die Meinung der für die Behörde handelnden Amtsträger abzustellen, sondern darauf, ob bei **objektiver Betrachtungsweise,** die sich am Sinn und Zweck der Rechtssätze, deren Vollzug oder Wahrung der zugesicherte VA (bzw die Unterlassung eines VA) dient, orientiert, zu erwarten wäre, dass die Zusicherung nicht gegeben worden wäre (BVerwGE 97, 323, 330). Anhaltspunkte dafür können die gegenwärtige Praxis der Behörde in ähnlichen Fällen, bei Gesetzesänderungen auch die dafür maßgeblichen Gründe sein (Knack/Henneke 33). Ist die Zusicherung gerade zur Absicherung gegen eine erwartete Änderung der Sach- und Rechtslage gegeben worden, liegen die Voraussetzungen des Abs 3 in dieser Alternative nicht vor (StBS 103).

40 **b) Zusicherung dürfte nicht mehr gegeben werden.** Nach Abs 3, 2. Altern entfällt die Bindungswirkung einer Zusicherung, ohne dass es insoweit noch wie bei der 1. Alternative auf das hypothetische Vorhaben der Behörde ankäme, jedenfalls dann, wenn die Zusicherung infolge einer inzwischen eingetretenen **Änderung der Sach- oder Rechtslage** nunmehr rechtlich nicht mehr zulässig wäre, insb auch, weil der zugesicherte VA nach dem nunmehr geltenden Recht bzw wegen der veränderten Umstände nicht mehr rechtmäßig ergehen könnte. Maßgeblich für die Beurteilung ist das gegenwärtige Recht, nicht das Recht im Zeitpunkt der Abgabe der Zusicherung. Auf Fälle, in denen die Zusicherung schon im Zeitpunkt ihrer Abgabe unzulässig war, ist Abs 3 nicht, auch nicht analog, anwendbar; die Behörde hat in diesen Fällen nur die Möglichkeit einer Rücknahme oder eines Widerrufs gem §§ 48 f, soweit die Voraussetzungen dafür gegeben sind (Knack/Henneke 34).

---

[70] So jedenfalls OVG Berlin JZ 2005, 672 gegen OVG Berlin DVBl 2003, 1333; hierzu auch Kloepfer/Lenski NVwZ 2006, 501.

[71] Vgl auch BVerwG NVwZ 1982, 316; Redeker DVBl 1973, 745; Pieper VerwArch 1968, 241: die Änderung muss jedenfalls wesentlich sein und in die Substanz der bisherigen Regelung eingreifen; s auch § 60 Rn 1 ff.

[72] Ebenso Knack/Henneke 32; vgl auch BVerwGE 64, 24 = NVwZ 1982, 315 zur beamtenrechtlichen Umzugskostenzusage.

41 **c) Einzelfälle.** Nach BVerwG DÖV 2002, 82 entfällt die Bindungswirkung einer Kommandierungszusage gegenüber einem Soldaten im Hinblick auf die spätere Notwendigkeit von Auslandseinsätzen. Nicht ausreichend ist dagegen die spätere Änderung der Rspr (Obermayer/Funke-Kaiser 59). S auch BVerwGE 93, 320, 322.

42 **4. Rechtsfolgen. a) Grundsatz: Wegfall der Bindungswirkung.** Eine Änderung der Sach- oder Rechtslage gem Abs 3 führt kraft Gesetzes zum Entfallen der Bindungswirkung, ohne dass es dazu noch weiterer Akte oder Erklärungen der Behörde bedürfte. Insbesondere ist eine förmliche **Aufhebung der Zusicherung nicht erforderlich.** Eine entsprechende Mitteilung an die Betroffenen ist jedoch nobile officium der Behörde, insb, wenn nicht auszuschließen ist, dass diese weiterhin auf die Zusicherung vertrauen. Das Unterlassen der Mitteilung kann auch Ansprüche aus Amtshaftung zur Folge haben. In der Berufung der Behörde auf den Wegfall der Bindung liegt idR auch **kein Verstoß gegen Treu und Glauben** (VGH München BayVBl 1974, 15; StBS 107); Ausnahmen in besonders gelagerten Fällen sind jedoch denkbar, so insb zB, wenn die Zusicherung Teil einer gegenseitigen Verpflichtung war, die der Bürger seinerseits bereits erfüllt hat und wenn seine Leistung nicht mehr ohne weiteres rückgängig gemacht werden kann (BVerwG NVwZ-RR 1993, 643).

43 **b) Ausnahme: Anpassung der Zusicherung.** Trotz der allgemeinen Fassung der Vorschrift hat eine iS des Abs 3 rechtserhebliche Änderung der Sach- oder Rechtslage nicht in allen Fällen zur Folge, dass eine früher gegebene Zusicherung schlechthin unbeachtlich wird. Vielmehr wird die Behörde dadurch entspr den für eine Änderung der Geschäftsgrundlage geltenden Grundsätzen sowie nach dem Grundsatz der Verhältnismäßigkeit nur insoweit von ihrer Verpflichtung aus der Zusicherung frei, als die Zusicherung unter den neuen Verhältnissen nicht mehr gegeben würde oder gegeben werden könnte. Kann der eingetretenen Änderung auch mit einer bloßen **Anpassung der Zusicherung** in ausreichendem Maße Rechnung getragen werden, so bleibt die Zusicherung mit den sich insoweit ergebenden Änderungen wirksam (OVG Lüneburg NJW 1977, 773). Vgl insoweit auch § 60 Abs 1 S 1, dessen Grundgedanken auch hier gelten. Wenn der betroffene Bürger an Rechtsklarheit hins der Fortgeltung der Zusicherung in nunmehr angepasster Form ein berechtigtes Interesse hat, hat er analog § 44 Abs 5 Anspruch auf eine entsprechende Regelung bzw Feststellung durch VA.

44 Wenn die **geänderte Sach- oder Rechtslage** nunmehr den Erlass eines VA entsprechend der ursprünglichen Zusicherung nicht gänzlich ausschließt, sondern der Behörde insoweit **Ermessen** einräumt, muss die Behörde grundsätzlich, soweit dies nach § 40 möglich ist, bei ihrer Entscheidung das durch die unwirksam gewordene Zusicherung evtl begründete Vertrauensinteresse des Betroffenen berücksichtigen.[73]

45 **c) Anspruch auf Schadensausgleich.** Ist eine Entscheidung iS der früheren Zusicherung nicht mehr möglich, stellt sich die Frage, ob der Betroffene, **soweit sein Vertrauen** auf den Bestand der Zusicherung **schutzwürdig** war, wegen der vergleichbaren Interessenlage und der verfassungsrechtlichen Qualität des Schutzes des Vertrauens des Bürgen auf den Bestand von Hoheitsakten in entspr Anwendung von § 48 Abs 3 bzw § 49 Abs 5 Anspruch auf Ausgleich des ihm dadurch entstandenen Schadens geltend machen kann. Dies wird von der hM verneint.[74] Zur Mög-

---

[73] Vgl StBS 107; zu weitgehend Redeker DVBl 1973, 745: Anspruch auf Erfüllung der Zusicherung, wenn der zugesicherte VA jedenfalls rechtlich zulässig, wenn auch nunmehr unzweckmäßig ist.

[74] UL 49 IV; Lange WuV 1979, 30; StBS 108 – unter Hinweis auf den entsprechenden Vorbehalt zu § 49 in Abs 2 „unbeschadet des Abs 3" und den Umstand, daß der Gesetzge-

lichkeit eines Amtshaftungsanspruchs bei Nichteinhaltung der Zusicherung Kellner NVwZ 2013, 482.

§ 39 Begründung des Verwaltungsaktes

(1) **Ein schriftlicher oder elektronischer sowie ein schriftlich oder elektronisch bestätigter Verwaltungsakt ist mit einer Begründung zu versehen.**[17] **In der Begründung sind die wesentlichen tatsächlichen und rechtlichen Gründe mitzuteilen, die die Behörde zu ihrer Entscheidung bewogen haben.**[18] **Die Begründung von Ermessensentscheidungen soll auch die Gesichtspunkte erkennen lassen, von denen die Behörde bei der Ausübung ihres Ermessens ausgegangen ist.**[25]

(2) **Einer Begründung bedarf es nicht,**[31]

1. **soweit die Behörde einem Antrag entspricht oder einer Erklärung folgt**[37] **und der Verwaltungsakt nicht in Rechte eines anderen eingreift;**[38]
2. **soweit demjenigen, für den der Verwaltungsakt bestimmt ist oder der von ihm betroffen wird, die Auffassung der Behörde über die Sach- und Rechtslage bereits bekannt oder auch ohne Begründung für ihn ohne weiteres erkennbar ist;**
3. **wenn die Behörde gleichartige Verwaltungsakte in größerer Zahl**[46] **oder Verwaltungsakte mit Hilfe automatischer Einrichtungen**[47] **erlässt und die Begründung nach den Umständen des Einzelfalls**[48] **nicht geboten ist;**
4. **wenn sich dies aus einer Rechtsvorschrift ergibt;**[49]
5. **wenn eine Allgemeinverfügung öffentlich bekannt gegeben wird.**[54]

Parallelvorschriften: § 121 AO; § 35 SGB X

Schrifttum: *Becker-Kavan,* Rechtliche Fragen der Dienstaufsichtsbeschwerde, 2017; *Callies,* Gerichtliche Kontrolldichte und institutionelle Begründungspflicht im Europarecht – ein Kompensationsverhältnis, FS Götz, 2005, 239; Classen, Gute Verwaltung im Recht der EU, 2008, § 4; *Dechsling,* Rechtsschutz und Begründungspflicht, DÖV 1985, 714; *Dolzer,* Zum Begründungsgebot im geltenden Verwaltungsrecht, DÖV 1985, 9; *Eisenberg,* Die Anhörung des Bürgers im Verwaltungsverfahren und die Begründungspflicht für Verwaltungsakte, 1999; *Gern/Schönhoff,* Begründungspflicht kommunaler Kollegialentscheidungen, VBlBW 1985, 43; *Groß,* Das Kollegialprinzip in der Verwaltungsorganisation, 1999; *ders,* Plädoyer für eine Begründungspflicht von Polizeiverordnungen, NordÖR 2015, 467; *Günther,* § 39 Absatz 1 Satz 1 VwVfG und die Begründung von Entscheidungen mit Beurteilungsspielraum, NWVBl 1991, 181; *Kischel,* Die Begründung, 2003; *ders,* Folgen von Begründungsfehlern, 2004; *Koenig,* Der Begründungszwang in mehrpoligen Verwaltungsrechtsverhältnissen am Beispiel umweltrelevanter Entscheidungen, AöR 1992, 514; *Lampert,* Die Pflicht zur Begründung von VAen, DVP 2000, 390; *Lindner/Jahr,* Der unzureichend begründete VA, JuS 2013, 673; *Lücke,* Begründungszwang und Verfassung – Zur Begründungspflicht der Gerichte, Behörden und Parlamente, 1987; *Malorny,* Die Pflicht zur Begründung von Verwaltungsakten, Diss Speyer 1981; *Müller-Franken,* Die Begründung von Prüfungsentscheidungen bei Berufszugangsprüfungen, VerwArch 2001, 507; *Müller-Ibold,* Die Begründungspflicht im europäischen Gemeinschaftsrecht und im deutschen Recht, 1990; *Rühl,* Der Umfang der Begründungspflicht von Petitionsbescheiden, DVBl 1993, 14; *Saurer,* Die Begründung im deutschen, europäischen und US-amerikanischen Verwaltungsverfahrensrecht, VerwArch, 2009, 364; *Scheffer,* Begründungspflicht bei Personalentscheidungen, NVwZ 2007, 779; *Schmidt,* Rechtsschutz gegen ein Begründungsdefizit bei Verwaltungsentscheidungen über öffentliche Interessen, DÖV 1976, 577; *Schoch,* Begründung von VAen, Jura 2005, 757; *Schwab,* Folgen einer Verletzung der Begründungspflicht nach § 39 VwVfG, DÖV 1993, 249; *ders,* Die Begründung bei Ermessens- und Beurteilungsentscheidungen, DöD 1994, 80; *Stemmler,* Zur Bedeu-

---

ber dem Vorschlag des DAV, § 49 Abs 5 für entsprechend anwendbar zu erklären, nicht gefolgt ist; **aA** Redeker DVBl 1973, 745; s auch VGH München BayVBl 1982, 567.

tung der Anhörungs- und Begründungspflicht im Umlegungsverfahren nach dem BauGB, ZfBR 2002, 259; *K. Towfigh,* Die Pflicht zur Begründung von Verwaltungsentscheidungen nach deutschem und englischem Recht und ihre Europäisierung, 2007.

Schrifttum zum Nachschieben von Gründen: *Axmann,* Das Nachschieben von Gründen im Verwaltungsrechtsstreit, 2001; *Brischke,* Heilung fehlerhafter VAe im verwaltungsgerichtlichen Verfahren, DVBl 2002, 429; *Durner,* Die Befugnis zur Nachbesserung fehlerhafter VAe, VerwArch 2006, 345; *R. P. Schenke,* Das Nachschieben von Ermessenserwägungen – BVerwGE 106, 351, JuS 2000, 230; *ders,* Das Nachschieben von Gründen nach dem 6. VwGOÄndG, VerwArch 1999, 232.

Übersicht

I. Allgemeines

1 **1. Inhalt.** Die Vorschrift sieht in Abs 1 allgemein eine **Begründungspflicht** für schriftliche, elektronische sowie schriftlich oder elektronisch bestätigte (§ 37 Abs 2, 3) VAe vor und stellt **Anforderungen an den Inhalt der Begründung** (s zum Begriff des elektronischen VA näher § 37 Rn 2a). Die Regelungen in Abs 1 entsprechen für schriftliche VAe dem schon vor Inkrafttreten des VwVfG geltenden Recht.[1] Abs 2 lässt **Ausnahmen von der Begründungspflicht** zu. Darüber hinaus sieht § 45 eine nunmehr zeitlich nicht mehr durch den Abschluss des Verwaltungsverfahrens begrenzte Möglichkeit vor, die Begründung nachzuholen und den VA dadurch zu heilen. Ein nicht geheilter Begründungsmangel führt zur formellen Rechtswidrigkeit des VA, ist aber nach § 46 unbeachtlich, wenn offensichtlich ist, dass er sich auf das Ergebnis nicht ausgewirkt hat.[2] Diese Regelungen haben zusammengenommen die Bedeutung des Begründungserfordernisses in Abs 1 wesentlich geschmälert (s insoweit § 46 Rn 2). Sie werden deshalb teilweise als verfassungsrechtlich bedenklich angesehen (s § 45 Rn 5; § 46 Rn 4f). Unabhängig davon sind sie jedenfalls rechtspolitisch verfehlt.[3]

2 **a) Formelle Begründung.** Die Vorschrift regelt nur die formelle Begründungspflicht, dh die an die verfahrensrechtlich korrekte Begründung eines VA zu stellenden Anforderungen. Diesen ist bereits genügt, wenn die Begründung die wesentlichen tatsächlichen und rechtlichen Gründe enthält, die die Behörde tatsächlich zu ihrer Entscheidung bewogen haben (Abs 1 S 2). Maßgeblich ist hierfür die **Übereinstimmung der Begründung mit den tatsächlichen Gründen,** die der Entscheidung zugrunde liegen. Es kommt also nicht darauf an, ob die Begründung Überlegungen enthält, die den VA rechtlich tragen können, sondern darauf, die tatsächlichen Erwägungen der Behörde zu dokumentieren, damit der Betroffene ggfs Rechtsbehelfe prüfen kann.[4] Fehlt die Begrün-

[1] Vgl Begr 60; BVerfG 6, 44 (Elfes); 30, 21; 40, 276, 286; 49, 66; BVerwGE 5, 98; 8, 236; 10, 43; 19, 252; 22, 217; 38, 194; 57, 6; 75, 239; BVerwG DÖV 1981, 77; BSG 11, 116; 17, 83; 27, 38; VGH Kassel NVwZ 1985, 675; F 238; Ule/Becker 44 ff; Schick JuS 1971, 1 ff; Rupp ZRP 1971, 233; Lorenz 275; Kopp 47 ff, 90 ff, 122, 160; Müller-Ibold 133.

[2] Vgl OVG Bautzen NVwZ 2007, 847 für Unbeachtlichkeit des Begründungsmangels einer Auswahlentscheidung, wenn sich die maßgeblichen Erwägungen aus einem internen Auswahlvermerk ergeben.

[3] StBS § 45 Rn 103 ff; Kischel, Folgen von Begründungsfehlern, 80 ff, 155 ff.

[4] Knack/Henneke 8; StBS 30; Kischel, Folgen, 11; K. Towfigh 16 ff.

dung oder ist sie unzureichend, kommt eine Heilung nach § 45 Abs 1 Nr 2 in Betracht.

b) Materielle Gründe. In materieller Hinsicht kommt es auf die für die Verwaltungsentscheidung angegebenen Gründe idR nur insoweit an, als diese den Gegenstand der Regelung bestimmen oder die Ausfüllung eines Entscheidungsspielraums der Verwaltung betreffen. Das Fehlen einer formell ordnungsgemäßen Begründung rechtfertigt noch nicht die Annahme eines Ermessensfehlers, ist aber Indiz dafür, dass auch materiell keine ausreichenden Gründe vorhanden sind (vgl BVerwG DVBl 1992, 1430). Fehlt es an einer Betätigung von (Verwaltungs-, Beurteilungs- oder Planungs-)Ermesssen, führt dies zur Rechtswidrigkeit des VA. Ein Nachschieben von Gründen ist nur im Rahmen von § 114 S 2 VwGO zulässig, soweit es um eine Ergänzung geht[5] (s näher § 40 Rn 120, 139 ff). 3

2. Funktionen der Begründung von VAen. Die Begründungspflicht ist Ausdruck der „guten Verwaltung". Sie hat in erster Linie **Rechtsschutz- und Akzeptanzfunktion:** Sie soll insb die Beteiligten (§ 13) über die Gründe, die für die Entscheidung der Behörde maßgeblich waren, informieren, um sie zu überzeugen[6] oder aber ihnen die Möglichkeit zu geben, sich über evtl Rechtsbehelfe gegen die Entscheidung schlüssig zu werden und ihre Rechte damit wirksam zu wahren.[7] Die Begründungspflicht ist außerdem „Antwort" auf das Vorbringen der Beteiligten (§ 13) und ist deshalb Ausdruck des modernen diskursiven Verständnisses einer Verwaltung, die den Bürger als Partner und nicht als Untertanen begreift. Sie hat deshalb auch die Funktion, dieses partnerschaftliche Verständnis zum Ausdruck zu bringen (StBS 1) und ist damit zugleich eine Ausprägung auch des **Grundsatzes der Verfahrensfairness** (Müller-Ibold 138). 4

Darüber hinaus dient die Begründungspflicht auch der **Selbstkontrolle der Behörden** bzw der für sie handelnden Amtsträger[8] sowie der Kontrolle der Verwaltung durch Aufsichtsbehörden, Rechtsbehelfsinstanzen und Gerichte (Dokumentations- und Kontrollfunktion)[9] und auch durch die Öffentlichkeit, der gegenüber die Verwaltung sich im demokratischen Staat durch die Rechtmäßigkeit, Sachlichkeit und Zweckmäßigkeit ihres Handelns legitimieren muss. Nicht zuletzt soll die Begründungspflicht die Behörden auch zu sorgfältigen Ermittlungen und zur Auseinandersetzung mit dem Vorbringen der Beteiligten zwingen[10] und der Rechtssicherheit und Rechtsgewissheit durch die Abgrenzung und nähere Bestimmung des Inhalts des VA dienen (Müller-Ibold 141; Kopp DVBl 1983, 399). 4a

3. Verfassungsrecht. Die verfassungsrechtliche Bedeutung der Begründungspflicht wird in der rechtspolitischen Diskussion, aber auch in der Praxis der 5

---

[5] BVerwG NVwZ 2007, 470: keine erstmalige Ermessensausübung im gerichtlichen Verfahren; näher Kopp/Schenke § 114 Rn 49.

[6] Kischel 52; zur Akzeptanz auch Becker NVwZ 1993, 1130; K. Towfigh 12: Erleichterung der Rechtsdurchsetzung. Zur Legitimation des Verwaltungshandelns durch Akzeptanz und die Bedeutung der Begründungspflicht dafür auch Präve DÖV 1990, 18; StBS 1.

[7] Vgl BVerwGE 6, 44; 61, 200; 75, 239; 83, 356; 91, 262: erst eine nähere Begründung eröffnet wirksamen Rechtsschutz iSv Art 19 Abs 4 S 1 GG; VGH München DVBl 1992, 1046; UL § 1 Rn 10; Dolzer DÖV 1985, 9; Kopp 122; AK-GG-Ramsauer Art 19 Abs 4 Rn 135.

[8] Garantie- und Klarstellungsfunktion, vgl BVerwGE 91, 267; Kopp 225; Kischel, Folgen S 8, 45; K. Towfigh 13.

[9] BVerwGE 38, 194; 62, 340; 91, 268 = NVwZ 1993, 677; BVerwG DÖV 1981, 72; BVerfG 39, 354; VRspr 11, 879; BSG 27, 38; Kassel NVwZ 1985, 675; NVwZ-RR 1993, 361; KG NJW 1979, 2575; Lorenz 275; Kopp 91, 160; Kontrollfunktion der Begründung, vgl Schick JuS 1971, 3; Dolzer DÖV 1985, 9.

[10] BSGE 17, 83; BayVBl 1993, 441; ME 41 II 3; Kischel 40; Lorenz 275; Kopp 90 mwN; vgl auch § 28 Rn 1.

Verwaltungsgerichte unterschätzt. Vor allem die aktuelle Beschleunigungsgesetzgebung hat zu einer vorschnellen Preisgabe von wichtigen Elementen der Begründungspflicht geführt. Es erscheint deshalb notwendig, die verfassungsrechtlichen Grundlagen und die verwaltungsrechtlichen Funktionen klar herauszustellen. Dabei sind die formellen und die (in § 39 nicht weiter geregelten) materiellen Begründungserfordernisse zu unterscheiden. Diese Unterscheidung ist vor allem für die Zulässigkeit der Nachholung der Begründung und das Nachschieben von Gründen bedeutsam.

5a **Die Begründungspflicht** stellt ein wesentliches Erfordernis jedes rechtsstaatlichen Verfahrens dar[11] und ist deshalb **Ausfluss des Rechtsstaatsprinzips.** Sie ist außerdem Ausfluss des **Demokratieprinzips** insoweit, als sie die Transparenz staatlichen Handelns sichert.[12] Schließlich ist sie unverzichtbarer Teil des **Grundrechtsschutzes** durch Verfahren und deshalb, wenn in der Sache Grundrechte betroffen sind, eine notwendige Folge aus diesen,[13] insb aus Art 1 Abs 1 GG, wonach der Einzelne nicht zum Objekt staatlichen Handelns gemacht werden darf,[14] sowie aus den jeweils betroffenen einzelnen Grundrechten,[15] außerdem, weil die Begründung des VA eine unverzichtbare Voraussetzung für **effektiven Rechtsschutz** ist, auch aus Art 19 Abs 4 GG.[16] Das gilt insbes dann, wenn man davon ausgeht, dass auch „striktes" materielles Recht Verwaltungsentscheidungen nicht abschließend determinieren kann (vgl hierzu § 40 Rn 18). Ausnahmen von der Begründungspflicht darf der Gesetzgeber deshalb nur für solche Fälle vorsehen, in denen entweder diese grundrechtlichen Positionen des Bürgers auf andere Weise bereits hinreichend gesichert sind oder in denen öffentliche Interessen ein solches Gewicht haben, dass sie die Einschränkung zu rechtfertigen vermögen.

5b Die **Einschränkungen der Begründungspflicht** in Abs 2 dürften mit den Vorgaben des Verfassungsrechts vereinbar sein.[17] Sie betreffen sämtlich Fälle, in denen entweder die Bedeutung der Begründung für den Betroffenen gemindert ist (Nr 1 u 2) oder eine Begründung wegen der besonderen Umstände auf Schwierigkeiten stößt (Nr 3, 5). Im Hinblick auf Nr 3 ist allerdings eine verfassungskonforme Auslegung der Norm (nach den Umständen des Einzelfalls geboten) erforderlich. In bestimmten Fällen des Abs 2 Nr 5 wird man § 37 Abs 2 S 2 analog heranziehen können, um dem Betroffenen die Möglichkeit zu geben, sich über die Gründe der Allgemeinverfügung zu informieren.

6 **4. Europarecht.** Die Begründungspflicht für VAe entspricht einem **allgemeinen Rechtsgrundsatz des Unionsrechts,**[18] wonach die Begründung von

---

[11] Begr 60 mwN; BVerfG 6, 44 (Elfes); 40, 276, 286; 49, 66; BVerwGE 87, 150; BVerwG NVwZ 1986, 375; BFH 147, 298; VGH München DVBl 1992, 1047; Kischel 64 ff; Rothkegel NVwZ 1992, 313; Müller-Ibold 136 mwN; K. Towfigh 4 ff.

[12] Kischel, Die Begründung, 14.

[13] BVerwGE 91, 262 = NVwZ 1993, 677; 87, 150 = NVwZ 1991, 384; Laubinger VerwArch 1982, 75; Müller-Ibold 151 mwN; Kischel 64 ff; Rothkegel NVwZ 1992, 313; ferner Hufen NJW 1982, 2163: Freiheit von „unbegründetem" Zwang.

[14] BVerfG 6, 44 (Elfes); MDH 66 ff zu Art 103 GG; Kopp 47 f mwN, insb auch unter Hinweis auf das Verbot, Menschen zu einem Objekt des Verfahrens zu machen; vgl auch Kassel NVwZ 1985, 675; DÖV 1993, 480; kritisch Dolzer DÖV 1985, 12; Müller-Ibold 148.

[15] Vgl BVerfG 84, 34, 46 = NVwZ 1999, 2005.

[16] BVerfGE 84, 34, 49; BVerwGE 75, 239; 84, 388; BVerwG DVBl 1990, 710; DÖV 1993, 482: dient auch der Selbstkontrolle der Verwaltung; VGH Mannheim VBlBW 1989, 337; DÖV 1993, 780; Knack/Henneke 10; v Danwitz Jura 1994, 285; Dolzer DÖV 1985, 97 – Begründungspflicht als Annexgarantie aus Art 19 Abs 4 GG –; Kischel 87; Müller-Ibold 139, 143.

[17] FKS 15; Knack/Henneke 35 mwN; krit Dechsling DÖV 1985, 714; Kischel, Begründung 231 ff.

[18] S Schwarze, Europäisches Verwaltungsrecht II, 1333; Classen, Gute Verwaltung § 4; Gornig/Trüe JZ 1993, 884, 934; JZ 2000, 501 ff; Haibach NVwZ 1998, 456; s auch StBS 121.

Entscheidungen ein Element guter Verwaltung ist (vgl Art 296 AEUV; Art 41 Grundrechte-Charta, Art 18 Europäischer Kodex für gute Verwaltung). Die Regelungen des Abs 1 stellen eine Ausprägung dieses Rechtsgrundsatzes dar. Zu beachten ist, dass das Europarecht eine generelle Begründungspflicht unabhängig von der konkreten Handlungsform statuiert (StBS 123).

a) Direkter Vollzug. Für den direkten Vollzug durch Organe der EU folgt die Begründungspflicht zunächst aus der für alle Rechtsakte der EU geltenden Regelung in Art 296 Abs 2 AEUV, für Verwaltungsentscheidungen nunmehr unmittelbar auch aus dem in Art 41 Abs 2 Grundrechte-Charta garantierten **Recht auf gute Verwaltung,** das gem Art 6 EuV zum Primärrecht gehört (s näher Einf II Rn 13). Die Begründungspflicht ist Voraussetzung für die effektive Rechtskontrolle sämtlicher Rechtsakte durch den EuGH, soweit Entscheidungen der Kommission und ihrer Agenturen in Rede stehen, geht es darüber hinaus aber auch um die allgemeinen Funktionen der Begründung von Verwaltungsentscheidungen (s oben Rn 4). 6a

b) Indirekter Vollzug. Das Unionsrecht stellt grundsätzlich keine weitergehenden Anforderungen an die Begründungspflicht, als sie in § 39 vorgesehen sind,[19] wobei es allerdings die Begründungspflicht nicht auf belastende VAe beschränkt, sondern auch die **Ablehnung begünstigender VAe** einbezieht. Deshalb kann die Regelung auch beim indirekten Vollzug des Unionsrechts (s hierzu Einf II Rn 38) zur Anwendung kommen. Geprüft werden muss daher stets, ob der Katalog der Ausnahmen von der Begründungspflicht in Abs 2 dem Unionsrecht vollen Umfangs entspricht. Dem muss ggfs im Einzelfall im Rahmen des Ermessens Rechnung getragen werden, indem eine etwa europarechtlich gebotene Begründung trotz Vorliegens der Ausnahmevoraussetzungen des Abs 2 gegeben wird. 7

5. Anwendungsbereich. a) Unmittelbare Anwendbarkeit. § 39 gilt unmittelbar nur für **schriftliche und elektronische VAe**[20] sowie gem § 37 Abs 2 S 2 für schriftlich oder elektronisch bestätigte VAe im Anwendungsbereich des VwVfG gem §§ 1 f. Anders als nach § 28 kommt es nicht darauf an, ob der VA **belastender oder begünstigender** Natur ist.[21] Die Bestimmungen der Verwaltungsverfahrensgesetze der Länder sind insoweit wortgleich. **Mündliche VAe** bedürfen dagegen grundsätzlich keiner Begründung (VGH Mannheim NVwZ 1989, 163). Gleiches gilt für in anderer Weise, zB durch Handzeichen erlassene VAe. Für sie entsteht die Begründungspflicht erst mit der schriftlichen Bestätigung. Entgegen dem insoweit zu engen Wortlaut gilt Abs 1 **nicht nur für Ermessens-VAe,** sondern auch für streng gebundene Entscheidungen. Die Begründungspflicht bezieht sich nicht nur auf Sachentscheidungen in der Form eines VA, sondern auch auf Verfahrens-VAe,[22] auch zB auf die Entscheidung gem § 28 Abs 2, 3 und 39 Abs 2, dass von einer Anhörung oder Begründung abgesehen wird,[23] unabhängig davon, ob sie nach § 44a VwGO selbständig anfechtbar sind oder nicht. 8

---

[19] BVerwG NVwZ 1999, 303, 305; FKS 17.

[20] Durch das 3. VwVfG-ÄndG wurde geregelt, dass die Vorschrift auch auf elektronische VAe (zum Begriff s § 3a) anwendbar ist, und zwar unabhängig davon, ob sie mit einer qualifizierten Signatur iS des § 3a Abs 2 versehen sind.

[21] StBS 6; Knack/Henneke 10; näher K. Towfigh 25.

[22] OVG Münster NJW 1978, 1765; NVwZ 1982, 326; VGH Kassel NVwZ-RR 1989, 113; Knack/Henneke 14; str; **aA** VGH Mannheim DÖV 1981, 973 mit dem nicht überzeugenden Hinweis darauf, daß § 39 im III. Teil 1. Abschnitt des VwVfG steht, der sich nur auf VAe beziehe, die materiellrechtliche Regelungen treffen; ebenso Müller-Ibold 190.

[23] VGH Kassel NVwZ-RR 1989, 113; Rothkegel DÖV 1982, 813; Mandelartz DVBl 1983, 114 mwN; allg auch BVerwGE 81, 95: die Entscheidung nach § 30 LuftVG, daß kein

9 **Die Begründungspflicht** bezieht sich auch auf **VerfahrensVAe** ohne materiellen Inhalt, unabhängig davon, ob diese nach § 44a VwGO angefochten werden können oder nicht.[24] Sie bezieht sich aber nicht auf **Entscheidungen über die Verfahrensführung** der federführenden Behörde, soweit es sich nicht ausnahmsweise um VAe handelt.[25] VAe in Form von **Kollegialentscheidungen,** dh Entscheidungen von Ausschüssen uä. Diese, sind, soweit durch Gesetz oder sonstige Rechtsnormen, insb auch durch die Geschäftsordnung nichts anderes bestimmt ist, im Zweifel **vom Vorsitzenden zu begründen.**[26] Dieser ist dabei jedoch an das Ergebnis der Erörterungen und der Meinungsbildung im Kollegium gebunden (Knack/Henneke 16), insb, soweit darin eine Mehrheitsauffassung zum Ausdruck gekommen ist. Bei Zweifeln und Meinungsverschiedenheiten muss im Gremium über die Begründung abgestimmt werden.[27] Auf **Zusicherungen** nach § 38 ist die Vorschrift, wenn man Zusicherungen nicht ohnehin als VAe ansieht (s § 38 Rn 8), zumindest sinngemäß anwendbar,[28] außerdem auch auf **Nebenbestimmungen** (§ 36) zu VAen (OVG Lüneburg NVwZ 1990, 1181).

10 **b) Analoge Anwendbarkeit. Umstritten** ist, ob die Begründungspflicht aus § 39 Abs 1 sowie der entsprechenden Vorschriften des Landesrechts als Ausdruck **allgemeiner Rechtsgrundsätze** eines rechtsstaatlich geordneten Verfahrens analog anwendbar ist, die nicht unter die allgemeinen Verfahrensgesetze fallen und für die auch keine sonstigen Regelungen bestehen. Insoweit wird nach der Rechtsnatur der Maßnahmen und danach differenziert werden müssen, ob die mit der Begründung verbundenen Funktionen (Akzeptanz, Rechtsschutz, Kontrolle, s oben Rn 4) eine analoge Anwendung aufdrängen (zur Bescheidung einer **Dienstaufsichtsbeschwerde** Becker-Kavan S 180 ff). Eine Anwendung der Vorschrift auf Rechtsnormen (Rechtsverordnungen und Satzungen) ist mangels vergleichbarer Interessenlage und Zielrichtung grundsätzlich nicht möglich.[29] Auch aus EU-Recht folgt eine solche Pflicht grundsätzlich nicht.[30] Insoweit gelten die speziellen Vorschriften des Fachrechts (zB § 2 Abs 4, § 2a BauGB).

10a **aa) VAe außerhalb des Geltungsbereichs des VwVfG.** In der Literatur wird die analoge Anwendbarkeit auf VAe außerhalb des Anwendungsbereichs des VwVfG inzwischen ganz überwiegend angenommen.[31] Die Rspr ist demgegenüber zurückhaltender.[32] Für mündliche VAe, denen insoweit auch in anderer Weise ergehende VAe (Zeichen usw) gleichgestellt werden müssen, wird dem Zweck der Begründungspflicht dadurch genügt, dass die Betroffenen nach § 37 Abs 2 S 2 eine schriftliche Bestätigung verlangen können, die der Begründungspflicht unterliegt (weitergehend Hufen/Siegel Rn 474). Auf in anderer Form, zB

---

förmliches Genehmigungsverfahren durchgeführt werden soll, bedarf der Begründung; **aA** VGH Mannheim DÖV 1981, 971: nur für materiellrechtliche Entscheidungen.

[24] VGH Kassel NVwZ-RR 1989, 113; OVG Münster NVwZ 1982, 326; Knack/Henneke 14; FKS 3.

[25] Anders wohl K. Towfigh 44 ff.

[26] Dolzer DÖV 1985, 17; StBS 7; Knack/Henneke 16; Groß 294.

[27] Müller-Ibold 223; Dolzer DÖV 1985, 17; Groß, 294; Gern/Schönhoff VBlBW 1985, 43; StBS 18; Knack/Henneke 16. Vgl allg zur Begründungspflicht bei Kollegialentscheidungen Dolzer DÖV 1985, 16; Gern/Schönhoff VBlBW 1985, 44; Müller-Ibold 222.

[28] Maiwald BayVBl 1977, 452; Müller-Ibold 165.

[29] ThürVerfG NVwZ-RR 1999, 55; VerfG LSA LKV 1995, 75; StGH Baden-Württemberg NJW 1975, 1205; **aA** VerfG MW NordÖR 2007, 353 (Kreisreform); StBS 25; Groß NordÖR 2015, 467.

[30] EuGHE I 1997, 3395; krit Redeker/Karpenstein NJW 2001, 2825.

[31] Schmidt-Aßmann in Schoch, Einl Rn 206; Koenig AöR 1992, 514, 524; Widmann, Abgrenzung zwischen VA und eingreifendem Realakt, 1996, 59; vorsichtiger Ziekow 2; StBS 17 ff; **aA** Obermayer 12.

[32] BVerwGE 105; 89, 92; 192, 174, 177; 70, 270, 275 für vorgeschaltete Entscheidungen.

durch Zeichen, ergehende VAe ist grundsätzlich § 37 Abs 2 S 2 analog anwendbar (s § 37 Rn 22) mit der Folge, dass die schriftliche Bestätigung nach § 39 Abs 1 zu begründen ist (Knack/Henneke 14). Keine Anwendung findet § 39 auf die Bescheinigung des Eintritts der Genehmigungsfiktion nach § 42a Abs 3.

bb) Vorbereitende Entscheidungen. Problematisch ist die entsprechende Anwendung der Vorschrift auf Entscheidungen von anderen Behörden oder vorgeschalteten Gremien, die zwar für die Endentscheidung eine Bindungswirkung entfalten, aber keine Außenwirkung haben. Hier gibt es **keine einheitliche Linie.** Teilweise wird eine analoge Anwendung angenommen. Die Rspr ist zurückhaltend.[33] Maßgeblich muss sein, ob die Interessenlage der Beteiligten eine Begründungspflicht erfordert. **Keiner Begründungspflicht** nach § 39 unterliegen Kollegialentscheidungen, die lediglich Voraussetzung für den Erlass eines VA sind, zB Entscheidungen von **Richterwahlausschüssen,** die der Ernennung vorausgehen müssen.[34] Insoweit ist es Aufgabe der zuständigen Behörde, die Begründungspflicht zu erfüllen. 11

cc) Sonstiges hoheitliches Handeln. Entsprechend anwendbar ist § 39 auf **Gnadenentscheidungen** (Gnadenakte) von Behörden,[35] ferner – soweit man darin bzw „vorgeschaltet" (vgl § 35 Rn 42), nicht ohnehin VAe sieht – auch auf einseitige öffentlich-rechtliche oder uU auch privatrechtliche **Maßnahmen, die ähnlich wie VAe wirken** und insb auch in ähnlicher Weise unmittelbare, einseitige Auswirkungen auf geschützte Rechtspositionen Dritter haben, wie zB die **Umsetzung eines Beamten;** die **Vergabe öffentlicher Aufträge;**[36] die im Verfahren zur Entziehung der Fahrerlaubnis an den Fahrerlaubnisinhaber gerichtete **Aufforderung zur Beibringung eines medizinisch-psychologischen Gutachtens.**[37] Grundsätzlich analog anwendbar – jedoch mit der sich von der Sache her ergebenden Beschränkung von Petitionsbescheiden auf eine Information hins der Art der Erledigung – ist die Begründungspflicht auch auf **Petitionsbescheide,**[38] nicht dagegen die Kündigung eines verwaltungsrechtlichen Vertrages (s § 60 Rn 15 mwN). Realakte (schlicht-hoheitliche Handlungen) bedürfen nur dann einer Begründung, wenn über sie ähnlich wie bei einem VA entschieden wird und sie ähnlich wirken. Zur Begründung bei der **Normsetzung** Kischel, Begründung S. 260 ff; Redeker/Karpenstein NJW 2001, 2825. 12

6. Speziellere Regelungen. a) Allgemeines. Inhaltsgleiche oder abweichende Bestimmungen gehen der allgemeinen Regelung des VwVfG vor. Speziellere Vorschriften können die Begründungspflicht nicht nur abweichend und strenger regeln, sondern, soweit die oben (Rn 5) dargelegten verfassungsrechtlichen Grundsätze dies zulassen, auch einschränken oder gänzlich ausschließen (vgl auch Begr 61; Knack/Henneke 19; MB 13). Ausschluss oder Beschränkungen können sich dabei auch aus dem Sinn und Zweck einer Vorschrift oder aus dem Zusam- 13

---

[33] Ablehnend OVG Münster NWVBl 2010, 314 zur sog Negativmitteilung im beamtenrechtlichen Auswahlverfahren, zweifelhaft.

[34] BVerwGE 105, 89; 102, 174; OVG Hamburg NordÖR 2013, 21: jedenfalls dann keine Begründungspflicht, wenn geheime Abstimmung; ähnlich OVG Lüneburg NVwZ 2016, 786 (Plausibilität); s auch OVG Münster NVwZ 1982, 326 für Wahl von Kommunalbeamten; StBS 7; Knack/Henneke 16; Gärditz ZBR 2011, 109.

[35] Str, wie hier StBS § 1 Rn 192; **aA** OVG Berlin NVwZ 1983, 681 unter Hinweis auf die Rspr zur Nicht-Justitiabilität von Gnadenentscheidungen.

[36] Vgl EuGHE I-1999, 7671 = NJW 2000, 569; Vergabekammer Bund NJW 2000, 151; Höfler/Bert NJW 2000, 3310; Rengeling, in: Lukes-FS 1989, 181 mwN; Pietzcker, Der Staatsauftrag als Instrument des Wirtschaftshandelns, 1978, 390.

[37] S OVG Koblenz NJW 1994, 2436: insb die Zweifel der Behörde an der Eignung müssen im Anforderungsschreiben dargetan werden.

[38] Röhl DVBl 1993, 14 mwN; vgl auch BVerfGE 13, 90; BVerfG NJW 1992, 3033: auch aus Art 17, 19 Abs 4, 103 GG keine weitergehende Begründungspflicht; BayVerfGH NVwZ 1988, 820; BVerwG NJW 1976, 637; OVG Münster DVBl 1978, 895.

menhang im Weg der Auslegung ergeben.[39] Zu prüfen ist jeweils, ob die spezielleren Regelungen abschließenden Charakter haben oder Raum für eine ergänzende Heranziehung des § 39 lassen.[40] Wird in speziellen Regelungen lediglich allgemein eine Begründungspflicht normiert, ohne dass diese inhaltlich ausgeformt wurde, so stellt sich die Frage, ob die **Einschränkungen des Abs 2** anwendbar sind. Dies ist anders als im Hinblick auf Abs 1 S 2, 3 (FKS 7) im Zweifel zu verneinen.[41]

13a **b) Spezielle Begründungspflichten in VwVfG und VwGO.** Das VwVfG selbst und die VwGO enthalten einige speziellere Regelungen. So ist die Begründungspflicht im **förmlichen Verwaltungsverfahren** in § 69 Abs 2 S 1 speziell geregelt; die dortigen Regelungen gelten gem § 74 Abs 1 S 2 auch für **Planfeststellungsverfahren.** Die Ausnahmeregelungen des Abs 2 sind hier nicht anwendbar (näher § 69 Rn 9). Für **Widerspruchsbescheide** enthält § 73 Abs 3 VwGO zwar eine besondere Regelung über die Begründungspflicht, hinsichtlich des Inhalts und Umfangs der Begründung ist § 39 Abs 1 aber entsprechend anwendbar, nicht dagegen Abs 2 hinsichtlich der Ausnahmen.[42] Für die Begründung der **Anordnung der sofortigen Vollziehbarkeit** eines VA nach § 80 Abs 2 Nr 4 VwGO gilt § 80 Abs 3 VwGO als Spezialnorm. Insoweit ist § 39 nicht anwendbar.[43]

13b **c) Spezielle Begründungspflichten im Fachrecht.** Das Fachrecht enthält diverse bereichsspezifische Begründungspflichten, die entweder selbständige Vollregelungen sind oder nur ergänzenden Charakter haben. Letzteres gilt etwa für die Verpflichtung zur Angabe des Verwendungszwecks bei der Ausübung des **Vorkaufsrechts** nach § 24 Abs 3 S 2 BauGB.[44] Vollregelungen enthalten dagegen § 4 S 2 FlurbG für die Anordnung der **Flurbereinigung,** § 10 Abs 7 BImSchG iVm § 21 8. BImSchV für die **Anlagengenehmigung** nach § 4 BImSchG und, § 31 Abs 1 S 2 AsylG für die **Entscheidung über Asylanträge**. Spezielle Begründungspflichten finden sich auch in § 11 Abs 1 USchadG für Entscheidungen nach dem **Umweltschadensrecht.**

14 **d) Spezialgesetzlicher Ausschluss der Begründungspflicht.** Ist eine Begründungspflicht spezialgesetzlich ausgeschlossen, kommt eine analoge Anwendung des § 39 mangels planwidriger Lücke idR nicht in Betracht. Dies wird durch Abs 2 Nr 4 letztlich nur klargestellt (s unten Rn 49). Hier ist allerdings die verfassungsrechtliche Zulässigkeit des Ausschlusses zu prüfen, für die eine besondere Rechtfertigung erforderlich ist. Ausgeschlossen ist die Begründungspflicht zB nach den Beamtengesetzen für die Versetzung sog politischer Beamter in den **einstweiligen Ruhestand** gem § 54 Abs 1, § 59 BBG[45] und nach Kommunalwahlrecht idR für die **Abwahl des Bürgermeisters** bzw die Abberufung von Hauptverwaltungsbeamten;[46] ebenso idR für die **Entscheidungen der Richterwahlausschüsse;**[47]

---

[39] BVerwG NVwZ 1988, 629; Knack/Henneke 19.

[40] So zB OVG Magdeburg UPR 2011, 157, für Begründungspflicht bei Ausübung des Vorkaufsrechts nach § 24 Abs 3 S 2 BauGB.

[41] Ebenso StBS 10; Knack/Henneke 19; Obermayer 11.

[42] Kopp/Schenke § 73 Rn 11 mwN.

[43] Kopp/Schenke § 80 Rn 84; FKS 9.

[44] OVG Magdeburg UPR 2011, 157.

[45] BVerwGE 19, 337; 82, 363 mwN; BVerwG NVwZ 1993, 91; VGH Kassel NVwZ 1985, 675: verfassungsrechtlich zweifelhaft; zumindest eine allgemeine Begründung, wie sie sogar, wenn Geheimnisse betroffen sind, gegeben werden muß (s Rn 51), erscheint erforderlich, **aA** zur Verfassungsmäßigkeit BVerfG 7, 166; 8, 356: zulässig, da der Grund offensichtlich ist und eine Erörterung auch nicht im Interesse der Betroffenen wäre; jedenfalls ist die Regelung aber auch nicht analog für die Ablehnung einer Beförderung auf einen Posten für einen politischen Beamten anwendbar.

[46] BVerwGE 56, 171; Henneke Jura 1988, 374.

[47] Vgl BVerwGE 105, 89; VG Schleswig NVwZ 1992, 240. Hier folgt die Rechtfertigung ua aus dem Umstand, dass die Entscheidungen von Richterwahlausschüssen selbst noch keine endgültige Regelung treffen.

zT auch für Telefonüberwachungsanordnungen nach dem G zu Art 10 GG,[48] nach § 50 Abs 4 S 3 AsylG für Entscheidungen über die **Verteilung von Asylbewerbern.**[49]

7. Begründungspflicht bei Prüfungsentscheidungen. Für Prüfungsentscheidungen schließt § 2 Abs 3 Nr 2 die unmittelbare Anwendung der Vorschrift aus. Deshalb fallen auch pädagogische Bewertungen und die Benotung der Prüfungsleistungen[50] nicht unmittelbar unter § 39. Es gelten im Grundsatz die allgemeinen verfassungsrechtlichen Anforderungen an faire Prüfungsverfahren. Danach gilt für Prüfungsentscheidungen grundsätzlich eine **allgemeine Begründungspflicht,** die meist unmittelbar aus Art 19 Abs 4 GG hergeleitet wird.[51] Im Einzelnen differenziert die Rspr zwischen Prüfungen, die für den Zugang zu einem Beruf wichtig werden (berufsbezogene Prüfungen) und anderen Prüfungen, die nicht unmittelbar den Schutzbereich des Art 12 Abs 1 GG berühren (zB Fahrprüfungen, Jägerprüfungen, Motorbootführerschein, Sportanglerprüfungen usw). Für die zuerst genannten **berufsbezogene Prüfungen** gelten auch hinsichtlich der Begründungspflicht strengere Maßstäbe (BVerwGE 91, 268 = NVwZ 1993, 677). Dies bedeutet allerdings nicht, dass bei anderen Prüfungen auf eine Begründung vollständig verzichtet werden dürfte.[52] Deshalb gelten die für die berufsbezogenen Prüfungen aufgestellten Grundsätze in abgeschwächter Form auch für andere Prüfungen, die auf die Rechtspositionen des Bürgers Einfluss haben (s auch § 2 Rn 52a). 15

a) Begründungsanforderungen im Einzelnen. Prüfungsentscheidungen müssen zwar nicht allen Einzelheiten, aber doch in den für das Ergebnis ausschlaggebenden Punkten begründet werden. Fehlt eine Begründung, so muss sie auf Verlangen des Prüflings (ggfs in einem Zwischenverfahren, vgl § 2 Rn 56) **nachgeholt** und, falls substantiierte Gegenvorstellungen erhoben werden, auch **ergänzt** werden.[53] Art und Umfang der Begründung müssen sich vor allem daran orientieren, dass die Begründung Voraussetzung für die gerichtliche Nachprüfung der Prüfungsentscheidung und damit für effektiven Rechtsschutz ist. Bei mündlichen Prüfungen, deren genauer Ablauf naturgemäß schwer rekonstruierbar ist, setzt eine effektive Kontrolle voraus, dass Aufgaben bzw Fragen, Prüfungsverlauf, die wichtigsten Vorzüge bzw schwerwiegende Fehler und Mängel der erbrachten Leistung und ihre Gewichtung durch die Prüfer im Prüfungsgutachten, in einem Prüfungsprotokoll oder in anderer geeigneter Weise dokumen- 16

---

48 OVG Münster NJW 1983, 2349: soweit Anordnungen nach diesem Gesetz nicht bekanntgegeben werden müssen, müssen sie auch nicht begründet werden; VG Bremen NVwZ-RR 1993, 78.

49 VGH Kassel NVwZ 1985, 674: die Behörde muss die Gründe spätestens im gerichtlichen Verfahren bekanntgeben.

50 So jedenfalls im Ergebnis BVerwGE 91, 262 = NVwZ 1993, 677; s allg auch Niehues/Fischer, Prüfungsrecht, 5. Aufl 2010, zu Bewertungen vgl Rn 520 ff zur Begründung von Prüfungsentscheidungen Rn 703 ff; Pietzcker, Verfassungsrechtliche Anforderungen an die Ausgestaltung staatlicher Prüfungen, 1975, 142 mwN; Müller-Ibold 173; **aA** Dolzer DÖV 1985, 14; StBS § 2 Rn 123; offenbar auch VGH Kassel NVwZ 1985, 675.

51 BVerwGE 99, 185, 192; 91, 262, 264; VGH Kassel DVBl 1997, 621; OVG Münster NVwZ-RR 1994, 585; OVG Bautzen SächsVBl 1999, 65; ausf Müller-Franken VerwArch 2001, 507 insbes unter Hinweis auf Art 12 GG; Kischel 249 ff; StBS § 2 Rn 131; Obermayer 10; K. Towfigh 62 ff.

52 Kischel 251 ff; weniger streng VGH Kassel HessVGRspr 1982, 62: es genügt, daß die maßgeblichen Erwägungen in der Korrektur der Arbeit und/oder in den Prüfungsakten festgehalten werden und der Prüfling Gelegenheit hat, nach der Prüfung Einsicht zu nehmen; OVG Münster DVBl 1990, 545 mwN; VGH München DVBl 1992, 1046: es genügt, daß ein Prüfungskandidat die Gründe für die Prüfungsentscheidung insofern erfährt, als es nötig ist, um seine Rechte sachgemäß geltend zu machen; dafür genügen auch allgemeine Aussagen und die Verweisung auf Randbemerkungen.

53 BVerwG NVwZ 2001, 922; NVwZ-RR 2000, 503; Brehm NVwZ 2000, 880.

tiert werden und dem Kandidaten, jedenfalls wenn er dies alsbald nach der Prüfung verlangt, mündlich bekanntgegeben werden.[54]

16a **b) Protokollpflicht.** Die Rechtsschutzgarantie des Art 19 Abs 4 GG gebietet grundsätzlich eine Ausgestaltung des Prüfungsverfahrens, die eine spätere effektive gerichtliche Kontrolle ermöglicht.[55] Dies wird in erster Linie[56] durch eine Protokollierung des Prüfungsgeschehens sichergestellt. Das Prüfungsprotokoll selbst **darf stichwortartig ausfallen** und kann übliche Abkürzungen enthalten.[57] Es muss zwingend nur die **Gegenstände der Prüfung,** die **beteiligten Personen, Ort und Zeit der Prüfung** sowie **besondere Vorkommnisse** umfassen. Weitere Punkte, etwa die Antworten des Prüflings, müssen, sofern keine besonderen Vorschriften dies verlangen, nicht notwendigerweise im Protokoll aufgeführt werden.[58] Insoweit reicht es, wenn der Ablauf der Prüfung im einzelnen auf andere Weise rekonstruierbar ist (s auch § 2 Rn 52a). Ob auch die Notizen und Unterlagen eines Prüflings zu den Akten zu nehmen sind, ist eine Frage der Umstände (BVerwG NVwZ 2006, 378).

16b **c) Leistungsbezogene Bewertung.** Bewertungsgutachten zu Prüfungsleistungen (Voten) müssen, wenn auch nur in kurzen Stichworten eine sachliche Auseinandersetzung mit dem Inhalt der Prüfungsarbeit erkennen lassen, die über die eigentliche Notenfestsetzung hinausgeht.[59] Sind die handschriftlichen Prüferbemerkungen nicht oder nur schwer lesbar, so kann der Kandidat grundsätzlich eine „Leseabschrift" verlangen.[60] Ob, wenn eine schriftliche Arbeit von zwei oder mehr Prüfern zu bewerten ist, die jeweils anderen Prüfer ihr Votum in Kenntnis der Bewertung der vorher befassten Prüfer abgeben dürfen und dann auch die Begründung der Prüfungsentscheidung dem Rechnung tragen muss, hängt von der jeweiligen Prüfungsordnung ab. Ein bloßes „Einverstanden" mit der Bewertung eines anderen Prüfers genügt bei schriftlichen Arbeiten jedoch jedenfalls nur, wenn aus den Korrekturbemerkungen des Prüfers ersichtlich ist, dass er die Leistung auch selbständig gewürdigt hat.[61]

II. Form und Inhalt der Begründungspflicht (Abs 1)

17 **1. Form der Begründung.** Die Begründungspflicht bezieht sich nur auf schriftliche und elektronische sowie schriftlich oder elektronisch bestätigte VAe. Das gilt für letztere unabhängig davon, ob sie mit einer qualifizierten Signatur iS des § 3a Abs 2 versehen sind. Zum Begriff des elektronischen VA s näher § 37

[54] Vgl BVerwGE 91, 268 = NVwZ 1993, 677; 95, 251 zT weniger streng Niehues NJW 1991, 3003; Müller-Ibold 173; Kröpil JuS 1989, 249; zur früheren, inzwischen **überholten Rspr** s BVerwG DVBl 1990, 545, wonach die Bekanntgabe der Note sowie bei schriftlichen Arbeiten außerdem, daß dem Kandidaten die Einzelheiten aus den Korrekturzeichen und Korrekturbemerkungen in der Arbeit, in die dem Prüfling Einsicht gewährt wird, ersichtlich sind, genügt; Müller-Ibold 173; zu eng Müller-Franken VerwArch 2001, 517, 526.

[55] St Rspr, vgl BVerwG NVwZ 2006, 478; BVerwG NJW 1995, 494, BVerwG NJW 1996, 267.

[56] Weitere, idR aber nur zusätzliche Vorkehrung ist zB die Teilnahme weiterer Personen an einer Prüfung.

[57] OVG Saarlouis NVwZ-RR 2007, 250.

[58] BVerwGE 38, 324; 41, 155; BFH 147, 298; UL § 52 Rn 9; Müller-Ibold 173; allg auch § 29 Rn 11; **aA** VGH München VGHE Bd 58, 11. Entsprechendes gilt für die Entscheidung über eine Habilitation, vgl BVerwGE 95, 237 = DVBl 1994, 1355.

[59] VGH Mannheim NVwZ-RR 1990, 419; ähnlich BVerwG Buchh 421.0 Sonderausgabe Prüfungsrecht Nr 218 S 482 und 427 Nr 60 und 75; BFH 147, 298.

[60] BVerwG Buchh 421.0 Nr 175 Sonderausgabe PrüfungsR Nr 324; VGH Mannheim NVwZ-RR 1990, 419.

[61] BVerwGE 91, 268 = NVwZ 1993, 678; BVerwG Buchh 421.0 Prüfungswesen Nr 263; unklar insoweit VGH Mannheim NVwZ-RR 1990, 420: uU genügt ein bloßes „Einverstanden"; ähnlich VGH München DVBl 1992, 1046.

Rn 2a. Die Begründung ist ein wesentlicher Bestandteil des VA und bedarf daher grundsätzlich derselben Form wie der VA im übrigen, dh schriftliche VAe sowie gem § 37 Abs 1 S 2 schriftlich bestätigte VAe sind schriftlich zu begründen (BVerwGE 91, 262 = NVwZ 1993, 67). **Für elektronische bzw elektronisch bestätigte VAe** gilt, dass sie auch in dieser Form mit einer Begründung zu versehen sind. Wird eine Begründung später nachgeholt (vgl § 45 Abs 1 Nr 2), so kann anstelle der elektronischen auch eine schriftliche Begründung gegeben werden und umgekehrt, sofern die Voraussetzungen des § 3a Abs 2 gegeben sind.

Dem Schriftformerfordernis genügen uU auch **zeichnerische Darstellungen, Pläne** usw, auf die im VA Bezug genommen wird;[62] außerdem auch **Bezugnahmen** auf vorangegangene VAe, Schreiben der Behörde oder auch der Betroffenen, Gutachten usw, die dem Adressaten gegenüber ergangen sind oder ihnen und etwa betroffenen Dritten ohne weiteres zugänglich sind, nicht dagegen Bezugnahmen auf Mikrofiche, Computerdisketten usw, die zur Kenntnisnahme der Informationen besondere technische Vorrichtungen erfordern (Müller-Ibold 192), oder auf mündliche Besprechungen, telefonische Ausführungen usw, insb auch nicht auf mündliche oder telefonische Ausführungen, die eine Behörde macht, um sich eine Begründung nach § 39 zu „sparen". 17a

2. Inhalt der Begründung (Abs 1 S 2). a) Gründe, die die Behörde bewogen haben. Anzugeben sind die „Gründe, die die Behörde zu ihrer Entscheidung bewogen haben. Maßgeblich für das verfahrensrechtliche Begründungserfordernis ist damit die Behördensicht.[63] Ob die für die Behörde maßgebenden Gründe einer Überprüfung in rechtlicher oder tatsächlicher Hinsicht standhalten, ist in diesem Zusammenhang unerheblich. Die Begründungspflicht bezieht sich also nicht auf die Angabe materiell-rechtlich tragfähiger Gründe, sondern auf die für die Behörde im konkreten Fall **tatsächlich maßgeblichen Gründe,** auch wenn sie im Ergebnis nicht haltbar sein sollten.[64] Sind diese nicht tragfähig, führt das idR auch zu einer materiellen Rechtswidrigkeit des VA, nicht aber zu einem Verstoß gegen das Begründungserfordernis. Die Begründung muss **auf den konkreten Fall** abstellen und darf sich nicht in formelhaften allgemeinen Darlegungen erschöpfen, was gerade wegen der heutzutage vielfältig verfügbaren Textbausteine nicht selten vorkommt. Eine lediglich formale, formelhafte oder inhaltlich abstrakte und nichtssagende Begründung genügt nicht.[65] Zulässig sind aber sog **Formularbegründungen,** dh standardisierte Begründungen, sofern sie den inhaltlichen Anforderungen hinreichenden Bezugs auf den konkreten Fall genügen, und **Begründungen mit Hilfe von sog Schlüsselzeichen,** vorausgesetzt, dass dem Bescheid ein Schlüsselzeichenverzeichnis beigefügt ist und die Gründe mit dessen Hilfe unschwer erkennbar sind.[66] 18

b) Wesentliche rechtliche und tatsächliche Gründe. aa) Tragende Gründe. In der Begründung muss die Behörde nicht auf alle denkbaren oder im Verfah- 18a

---

[62] BVerwG NVwZ 1987, 504; Müller-Ibold 192 mwN; Knack/Henneke 17.

[63] Kischel, Folgen, S 8; FKS 22. Ebenso für das bish Recht BVerwGE 10, 37; 38, 194; BVerwG DÖV 1981, 77; NVwZ 1986, 375; BVerfG 6, 44; 39, 204; KG NJW 1979, 2575; vdGK 5, B 271 f; Schick JuS 1971, 1; Kopp 51 ff, 90, 122 mwN.

[64] Ausführlich Kischel, Folgen von Begründungsfehlern, S. 2 ff, 9 mit der zutreffenden Erwägung, dass der Bürger anhand der Begründung soll prüfen können, ob er den VA akzeptieren kann, und mit Nachweisen für die Gegenposition, zB Schenke NVwZ 1988, 1; Koenig AöR 1992, 513, 523.

[65] OVG Münster NVwZ 1982, 326; DÖV 1983, 987; OVG Lüneburg NJW 1984, 1139, 1641; VGH Mannheim DVBl 1989, 378; Obermayer 23.

[66] BVerwGE 44, 218; StBS § 37 Rn 134; MB 3; Müller-Ibold 195; enger offenbar Knack/Henneke 18: bei „automatisierten" VAen muß, was gem § 37 Abs 4 für den Verfügungssatz gilt, auch für die Begründung gelten.

ren angesprochenen Fragen,[67] wohl aber auf alle für die Entscheidung wesentlichen Fragen eingehen.[68] Es geht um die **aus der Sicht der Behörde tragenden Gründe.** Welche Gründe in diesem Sinn tragend sind, ergibt sich aus der von der Behörde für die Entscheidung herangezogenen Rechtsgrundlage, deren Tatbestandsvoraussetzungen erfüllt sein müssen. Deshalb gehört zu einer Begründung grundsätzlich auch die **Angabe der Rechtsgrundlage** der Entscheidung, jedenfalls dann, wenn die Betroffenen und die Gerichte sonst darüber im Unklaren gelassen würden.[69] Davon ausgehend verlangt eine konsistente Begründung die Darlegung, das und weshalb die Tatbestandsvoraussetzungen der Rechtsgrundlage vorliegen. Die Darlegung darf sich nicht auf **rechtliche Fragen,** also etwa Auslegungsfragen, beschränken, sondern muss auch den **zugrunde gelegten Sachverhalt** umfassen. Falls Sachverhaltsfragen im Verwaltungsverfahren umstritten waren, gehören hierzu auch die Gründe, die für die **Überzeugungsbildung** maßgeblich waren.

19 **bb) Berücksichtigung des Parteivorbringens.** Zu den wesentlichen Gründen, die die Behörde zu ihrer Entscheidung bewogen haben, gehört auch die Begründung dafür, weshalb die Behörde abweichendem Vorbringen der Beteiligten nicht gefolgt ist.[70] Wenn die Beteiligten in ihrem Vorbringen während des Verfahrens in sachlicher oder rechtlicher Hinsicht Positionen bezogen und begründet haben, die eine andere Entscheidung zur Folge hätten haben müssen, so ist dieser Vortrag ebenfalls zu würdigen, obwohl es sich im engeren Sinn nicht um die tragenden Erwägungen handelt.

20 **cc) Gründe für verfahrensrechtliches Vorgehen.** Keine Einigkeit besteht darüber, ob und in welchem Umfang die Gründe sich auch mit Verfahrensfragen befassen müssen, also mit der Frage, weshalb weitere Gutachten nicht eingeholt, Personen nicht ausgeschlossen, Anhörungen nicht durchgeführt oder dritte Personen nicht beteiligt wurden. Richtigerweise müssen Gründe insoweit jedenfalls dann angegeben werden, wenn im konkreten Fall die Vorgehensweise der Behörde umstritten war, wenn also ein Beteiligter eine bestimmte Vorgehensweise verlangt hatte, die Behörde diesem Wunsch aber nicht gefolgt war.[71] Das gilt jedenfalls dann, wenn die Vorgehensweise das Ergebnis beeinflusst haben kann.

21 **c) Erforderliche Begründungstiefe. aa) Abgestufte Anforderungen.** Die an Inhalt und Umfang der Begründung zu stellenden Anforderungen sind je nach den Besonderheiten des jeweiligen Rechtsgebiets, der Art des in Frage stehenden VA und der für die Entscheidung im konkreten Fall maßgeblichen Gründe den vom VA betroffenen Rechten, insb Grundrechten, und dem Ausmaß, in dem sie betroffen werden, sowie nach den besonderen Umständen des Falles verschieden.[72] Hat die Entscheidung praktisch **Ausnahmecharakter, so sind gesteiger-**

---

[67] BVerwGE 74, 205; 75, 92; 83, 356; 91, 268 = NVwZ 1993, 677; BVerwG BayVBl 1980, 440; DVBl 1982, 198; NVwZ 1986, 375; OVG Koblenz VRspr 25, 102; VGH München BayVBl 1983, 372; VGH Mannheim NVwZ 1983, 552; VGH Kassel DVBl 1994, 597; Broß VerwArch 1985, 432; Feuchthofen DVBl 1984, 170.

[68] BVerwGE 81, 369; 91, 268; BVerwG NVwZ 1990, 770 mwN; NVwZ-RR 1989, 560; NVwZ 1988, 525; NVwZ 1995, 590 hins Einbeziehung in PKK-Verbot.

[69] VGH Mannheim VBlBW 2007, 62 (juris Rn 29); StBS 50; MSU 31; Obermayer/Funke-Kaiser 27; Hufen/Siegel 483; einschränkend BVerwGE 71, 354.

[70] BVerwG DVBl 1982, 198; VGH Mannheim NVwZ 1983, 552; OVG Kassel NVwZ-RR 1994, 601 = DVBl 1994, 594: Abweichung von der Vorschlagsliste der Professoren im Berufungsverfahren bedarf besonderer Begründung; VGH Mannheim NuR 1984, 102; Müller-Ibold 20; Obermayer/Funke-Kaiser 22.

[71] So auch StBS 53; enger MSU 32 („in der Regel nicht"); noch enger wohl Obermayer/Funke-Kaiser 28.

[72] St Rspr, vgl BVerwGE 22, 217; 38, 194; 57, 6; 71, 72; 74, 205; 79, 71; 84, 388; BVerwG NVwZ 1986, 375, 921; DVBl 1990, 711; OVG Münster NWVBl 1989, 250; OVG Magdeburg NVwZ 1995, 614 hins Zwangsgeldandrohung; Knack/Henneke 20; Erichsen/Ehlers § 14 Rn 52; Kopp 51; Schoch DÖV 1984, 403; Hufen/Siegel 472.

te Anforderungen an die Begründung zu stellen.[73] S zur Begründung der **dienstlichen Beurteilung** durch den Vorgesetzten BVerwGE 60, 298; BVerwG DÖV 1993, 1051: es genügt eine plausible, nachvollziehbare allgemeine Bewertung. Hierzu gehören auch Gründe, die eine **Abweichung von Beurteilungsbeiträgen** der unmittelbaren Vorgesetzten bzw Erstbeurteiler rechtfertigen.[74] Auch muss die Behörde es näher begründen, wenn sie bei einer **Bewerberauswahl** aufgrund eines Auswahlwettbewerbs mit Platzziffern einen Bewerber mit günstigerer Platzziffer nicht berücksichtigt (BVerwG DÖV 1981, 77).

Eine **Verringerung der Begründungsanforderungen** ist anzunehmen, soweit das Gesetz allein auf Gesichtspunkte der Zweckmäßigkeit verweist (vgl BVerwGE 71, 72). So brauchen zB bei einem an einen von mehreren Miteigentümern gerichteten Abgabenbescheid die Erwägungen für die Ausübung des **dem Gläubiger zukommenden Auswahlermessens** grundsätzlich nicht dargelegt zu werden.[75] Vgl allg zu rein behördeninternen Zweckmäßigkeitserwägungen auch BVerwGE 57, 6; zur Verteilung der Asylbewerber im Bundesgebiet VGH Kassel DVBl 1990, 1070; zur Bestimmung der Ausreisefrist für abgelehnte Asylsuchende auch BVerwG Buchh 402.25 § 28 AsylG Nr 1; Müller-Ibold 224 mwN. 22

bb) Nachvollziehbarkeit der Begründung. Die Begründung muss aus sich für die Betroffenen heraus verständlich sein (Müller-Ibold 198 mwN), ohne dass sie umfangreiche Vergleiche mit dem vorangegangenen Schriftverkehr usw anstellen müssen.[76] Allerdings sind grundsätzlich auch **die den Beteiligten bekannten Umstände zu berücksichtigen** (OVG Lüneburg NJW 1984, 1702), wie der gestellte Antrag, vorangegangene Schreiben (Obermayer/Funke-Kaiser 24), vorher schon gegebene Hinweise, Ermahnungen usw, vorausgegangene Gespräche usw (BVerwG NVwZ 1992, 683), uU auch nachfolgende Erläuterungen[77] sowie grundsätzlich auch die Begründung eines in der Sache später ergangenen **Widerspruchsbescheids.**[78] Was den Beteiligten bekannt oder ohne weiteres erkennbar ist, braucht nach Abs 2 Nr 2 nicht wiederholt zu werden.[79] Ist die Begründung in zentralen Punkten widersprüchlich, führt dies zur Fehlerhaftigkeit (Ziekow 5). 23, 24

3. Begründung von Ermessensentscheidungen (Abs 1 S 3). Die dargelegten Grundsätze gelten auch für Ermessens- und für Beurteilungs- sowie Planungsentscheidungen (BVerwG NVwZ-RR 1991, 63; VGH Mannheim NVwZ 1998, 86; Müller-Ibold 212 f mwN). Die Begründungspflicht ist insoweit zwar in einer **Soll-Vorschrift** enthalten; dies bedeutet aber, dass nur in Ausnahmefällen von einer Darlegung der Ermessens- bzw Beurteilungs- oder Planungserwägungen abgesehen werden darf.[80] Bei Ermessensentscheidungen sind nach Abs 1 S 3 **auch die für die Abwägung maßgeblichen Erwägungen** sowie die Gründe, die dazu geführt haben, dass bestimmten Gesichtspunkten der Vor- 25

---

73 OVG Münster VWVBl 2011, 436 für Begründung von Schulversuchen; OVG Lüneburg, Urt v 10.5.2011, 1 LC 30/09, juris, für Erhöhung der Gebühr von Prüfingenieur.

74 OVG Hamburg, B v 11.1.2012, 5 Bs 213/11 – zitiert nach juris für Abweichung der Beurteilung von dienstlicher Stellungnahme des Vorsitzenden.

75 BVerwG NJW 1993, 1667; vgl auch VGH München DVBl 1986, 777; BayVBl 1987, 244.

76 VGH München NJW 1981, 1002; Müller-Ibold 199; mit zu geringen Anforderungen FG Niedersachsen EFG 1985, 268.

77 Vgl § 45 Abs 1 Nr 2.

78 BVerwG NVwZ 1988, 525; VGH Mannheim NVwZ 1990, 1187.

79 BVerwGE 38, 194 f; 83, 357; BVerwG NVwZ 1986, 375; VGH München DÖV 1986, 383.

80 OVG Hamburg GewArch 1983, 193; OVG Lüneburg NJW 1984, 1138; StBS 66; Obermayer 30; Dechsling DÖV 1985, 714; krit Dolzer DÖV 1985, 9. S auch unten Rn 30.

rang gegeben wurde, anzugeben.[81] Die Begründung muss substantiiert, schlüssig und nachvollziehbar sein.[82] Die Gründe, die für die Entscheidung maßgebend waren, müssen zwar nicht in allen Einzelheiten, aber doch jedenfalls in den **Grundzügen,** benannt werden (BVerwGE 91, 265 = NVwZ 1993, 677). Vgl hins lediglich behördeninterner Zweckmäßigkeitserwägungen bei der Rücknahme eines VA BVerwGE 57, 6. Erleichterungen gelten zB auch hins der Dauer einer gesetzten Ausreisefrist (zT **aA** VGH Mannheim DVBl 1987, 55; s dazu unten Rn 40).

26 **a) Begründung der Ermessensbetätigung.** In jedem Fall muss aus der Begründung ersichtlich sein, dass die Behörde Ermessen ausgeübt und dabei die Interessen der Betroffenen berücksichtigt und abgewogen hat (BVerwGE 57, 1; Knack/Henneke 29; OVG Münster NJW 1989, 479), von welchen Tatsachen sie ausgegangen ist und welche rechtlichen Beurteilungsmaßstäbe sie angewandt hat (BVerwGE 62, 340; VGH München NJW 1982, 2686). Insb muss für die Betroffenen aus der Begründung, ggf im Zusammenhang mit den ihnen bekannten oder für sie offensichtlichen Umständen, auch hinreichend erkennbar sein, dass die Behörde sich bewusst war, dass ihr in der Sache ein Ermessens- (bzw Beurteilungs- oder planerischer Gestaltungsspielraum) zukommt und sie davon Gebrauch gemacht hat (Müller-Ibold 312), dass sie die gesetzlichen Grenzen des Ermessens gesehen und von ihrem Ermessen pflichtgemäßen Gebrauch gemacht hat (OVG Münster NJW 1989, 478 mwN). Der betroffene Bürger muss aufgrund der Begründung in der Lage sein, die Erfolgsaussichten eines etwa von ihm beabsichtigten Rechtsbehelfes ausreichend zu beurteilen (OVG Münster NJW 1989, 479 mwN). Je weiter der Ermessens- bzw Beurteilungsspielraum der Behörde ist, desto eingehender muss die Behörde ihre Entscheidung begründen.[83]

27 **b) Auswahlentscheidungen.** Grundsätzlich zu begründen sind auch Auswahlentscheidungen, mit denen entweder unter verschiedenen Handlungsalternativen oder unter verschiedenen Personen nach sachlichen Gesichtspunkten eine Auswahl zu erfolgen hat. Teilweise handelt es sich dabei um Ermessensentscheidungen **(Auswahlermessen),** teilweise aber auch um **Beurteilungsentscheidungen,** wenn etwa unter verschiedenen Bewerbern der nach Eignung, Befähigung und fachlicher Leistung beste ausgewählt werden muss, teilweise auch um sog Koppelungsentscheidungen mit Ermessens- und Beurteilungselementen. In diesen Fällen sind die Gründe für die Auswahl anzugeben (s OVG Münster NJW 1989, 478), zB, warum bei mehreren Bewerbern um eine Professorenstelle die Entscheidung auf einen bestimmten Bewerber gefallen ist (vgl auch VGH Kassel NVwZ-RR 1993, 361: Begründungspflicht des Ministers bei Abweichung von der Vorschlagsliste der Universität); **streitig** hingegen, wenn von mehreren **Wehrpflichtigen** gerade bestimmte Personen zu einer Wehrübung einberufen wurden,[84] warum der Minderjährige und nicht seine Eltern zu einem **Kostenbeitrag** zu der nach § 91 Abs 1 Nr 4 KJWG gewährten Erziehungshilfe herangezogen werden (OVG Münster NJW 1989, 479).

---

[81] BVerwGE 84, 388; 91, 268 = NVwZ 1993, 677; BFH 133, 1 = NJW 1981, 2600; NJW 1989, 1383; OVG Münster BauR 1981, 363; NVwZ 1984, 600; 1989, 765; OVG Lüneburg NJW 1984, 1702; NVwZ 1985, 121; ebenso zum früheren Recht BVerwGE 19, 144; 335; 22, 217; vgl auch Ule VerwArch 1971, 129 ff; Rupp ZRP 1971, 233; v Welck ZRP 1971, 124.

[82] Vgl BVerfG 85, 36; DÖV 1983, 528; BVerwGE 91, 262; VGH München BayVBl 1992, 660; 1993, 311.

[83] VGH Kassel NVwZ 1983, 552 mwN; StBS 61; Dechsling DÖV 1985, 715; HHSp 10; Scheffler DÖV 1977, 771; Müller-Ibold 215 mwN; Knack/Henneke 30; **aA** Dolzer DÖV 1985, 13; Walcke-Wulffen 80 ff.

[84] Wolf DVBl 1988, 1226; **aA** BVerwGE 71, 72; 79, 71 = NVwZ 1988, 628.

c) Beurteilungs- und Planungsentscheidungen. Abs 1 S 3 gilt entspr auch für Beurteilungs- und auch für Planungsentscheidungen, im Rahmen des § 69 Abs 2 auch für Planfeststellungsbeschlüsse,[85] und für VAe, die wesentlich durch Wertungen und Bewertungen politischer, wirtschaftlicher oder pädagogischer Art bestimmt sind.[86] Vgl allg zum Begriff und zur Bedeutung eines der Behörde vom Gesetz eingeräumten Beurteilungsspielraums § 40 Rn 99ff. Auch bei solchen VAen muss die Begründung die maßgeblichen Tatsachen, die für die Entscheidung als erheblich angesehen wurden, und die tragenden Erwägungen erkennen lassen.[87] Insoweit gelten dieselben Grundsätze wie für Ermessensentscheidungen. 28

4. Intendiertes Ermessen und Soll-Vorschriften. Nicht als Ausnahmeregelungen im engeren Sinn iS von Nr 4, wohl aber als Regelungen, die für den Regelfall eine wesentliche **Reduktion der Anforderungen** zur Folge haben, sind gesetzliche Vorschriften anzusehen, die **für typische Situationen** eine bestimmte Entscheidung dergestalt vorgeben, dh „intendieren", dass sich eine Begründung der Ermessensentscheidung im Regelfall weitgehend erübrigt und grundsätzlich nur in Ausnahmefällen, die eine andere Entscheidung erfordern können bzw könnten, notwendig erscheint (s hierzu näher § 40 Rn 65). Soweit ein Gesetz **von einem Regelfall ausgeht** und dafür eine bestimmte Entscheidung vorsieht, bedarf es nach der Rspr grundsätzlich nur in vom im Gesetz vorausgesetzten Regelfall abweichenden Fällen einer eingehenderen Begründung.[88] Für die vom Gesetz idS als Regelfall vorgesehene sog „intendierte" Entscheidung genügt idR ein Hinweis auf das Gesetz und die dort für den Regelfall vorgesehene Regelung sowie, soweit Ausnahmen möglich sind, darauf, dass für eine andere Entscheidung keine Gründe vorgebracht oder ersichtlich waren;[89] **anders, wenn Besonderheiten** im Vergleich zum Regelfall erkennbar sind oder jedenfalls von einem Beteiligten solche Besonderheiten geltend gemacht werden; dann muss die Behörde sich damit in der Begründung des VA auseinandersetzen, insb näher begründen, wenn – und warum – sie gleichwohl keinen Anlass sieht, anders als vom Gesetz intendiert zu entscheiden.[90] **Dieselben Grundsätze** wie für die Begründung von „intendierten" Entscheidungen gelten auch für die Begründung von Entscheidungen aufgrund von **Soll-Vorschriften.** 29

[85] Vgl BVerwG DVBl 1987, 584; Broß VerwArch 1984, 432; Heinze NVwZ 1986, 88; Steinberg/Berg/Wickel, Fachplanungsrecht, 3. Aufl 2000, § 5 Rn 5.

[86] BVerwGE 62, 340; VGH München BayVBl 1990, 181; Scheffler DÖV 1977, 771; Günther NWVBl 1991, 181 mwN; Müller-Ibold 216f mwN; vgl auch BVerwGE 39, 204.

[87] BVerwGE 39, 204; 62, 340; 91, 268; BVerwG DVBl 1982, 30; OVG Koblenz VRspr 25, 164 zur Eignung und Befähigung eines zu Habilitierenden für die Forschung und Lehre; weniger streng BVerwGE 19, 128: kein Anspruch auf umfassende Begründung der Einzelnoten bei Mißlingen der Reifeprüfung; vgl auch VGH München NJW 1982, 2686: die Begründung muß so viel aussagen, wie erforderlich ist, damit der Prüfling seine Rechte sachgemäß verteidigen kann und sich ein zuverlässiges Urteil bilden kann, ob allgemeingültige Bewertungsmaßstäbe verletzt wurden oder sachfremde Erwägung eine Rolle gespielt haben.

[88] BVerwGE 91, 82, 90; 105, 55 = NJW 1998, 2233; 72, 5 = NJW 1986, 738 zu einer Ausnahme aus Härtegründen; BVerwGE 82, 363; VGH München NVwZ 2001, 931, 933; OVG Münster NVwZ 1986, 138 zur Ablehnung einer erneuten Befassung mit der Sache gem § 48 VwVfG.

[89] BVerwGE 72, 5 = NJW 1986, 739; 85, 177 = NVwZ 1991, 170; 91, 90 mwN; VG Braunschweig NVwZ-RR 1993, 261: für die Entlassung eines Probebeamten wegen mangelnder Eignung genügen grundsätzlich Ausführungen, warum der Betroffene als nicht geeignet angesehen wird; BVerwG BayVBl 1987, 219: wenn die Ermessensausübung vom Gesetz in Richtung auf Ablehnung vorgezeichnet ist, bedarf es grundsätzlich keiner darüber hinausgehenden Abwägung des Für und Wider; BSG SozR 4100 § 92 AFG Nr 1 S 4; BFH BStBl II 1988, 172; BFH NJW 1989, 1989 – „ungeprüfte Ermessensentscheidung" –; BGH NJW 1992, 448; Müller-Ibold 210 mwN; zT **aA** Stelkens NVwZ 1989, 339.

[90] BVerwGE 91, 90; BVerwG BayVBl 1987, 279; Knack/Henneke 32.

30 **5. Ausnahmen von der Begründungspflicht bei Ermessen.** Die Fassung des Abs 1 S 3 als Soll-Vorschrift bedeutet lediglich, dass **nur in besonders gelagerten Ausnahmefällen ein** (ggf auch nur teilweises) Absehen von einer Begründung gerechtfertigt sein kann,[91] etwa weil näheres Eingehen auf bestimmte Umstände wichtigen öffentlichen Interessen oder Belangen der Betroffenen widersprechen würde (vgl unten Rn 50f). Die Rspr behandelt so die Soll-Vorschrift praktisch als Muss-Vorschrift und lässt Ausnahmen praktisch nur unter den Voraussetzungen des Abs 2 zu.[92] Ob darüber hinaus weitere Ausnahmen von der Pflicht zur Darlegung von Ermessens-, Beurteilungs- oder Planungserwägungen anzuerkennen sind, erscheint fraglich.Ein praktisches Bedürfnis für weitere Ausnahmen dürfte es kaum geben.

III. Ausnahmen von der Begründungspflicht (Abs 2)

31 **1. Grundzüge. a) Allgemeines.** Abs 2 gibt der Behörde vor allem aus Gründen der Vereinfachung des Verwaltungshandelns die Befugnis – keine Verpflichtung –, in bestimmten Fällen von einer Begründung ganz oder teilweise abzusehen. Die Ausnahmen gem Abs 2 beruhen vor allem auf wirklichen, zT aber auch nur vermeintlichen Erfordernissen und Interessen der **Verwaltungsökonomie** (vgl Müller-Ibold 153 mwN; Lücke 102). Ob diese auch im Licht der Verfassung Vorrang vor der im Rechtsstaat grundsätzlich gebotenen Begründungspflicht beanspruchen können, kann nur nach den Besonderheiten des konkreten Falles beurteilt werden. Die Aufzählung **ist abschließend.**[93] Die Entscheidung, von der Ausnahmemöglichkeit Gebrauch zu machen, liegt auch bei Vorliegen der ausdrücklich genannten Ausnahmetatbestände des Abs 2 **im Ermessen** (§ 40) der Behörde. Da das Absehen von einer Begründung selbst kein VA, sondern nur eine verfahrensrechtliche Entscheidung ohne eigene Außenwirkung ist, bedarf sie selbst keiner eigenen Begründung.[94] Die Ausnahmen gem Abs 2 gelten nicht für Widerspruchsbescheide;[95] insoweit enthält § 73 Abs 3 S 1 eine abschließende Regelung. Gleiches gilt für VAe im förmlichen Verfahren und für Planfeststellungsbeschlüsse (§ 69 Abs 2).

32 **b) Ausnahmecharakter.** Im Hinblick auf die überragende Bedeutung der Begründungspflicht im Rechtsstaat sind die Ausnahmen des Abs 2 **eng auszulegen,** zumal im Widerspruchsverfahren entsprechende Ausnahmen nicht vorgesehen sind, die Verwaltung also hier ohnehin die Gründe offenlegen muss, die für ihre Entscheidung maßgeblich waren,[96] und es daher **idR zweckmäßiger** ist, zur Vermeidung von unnötigen Rechtsbehelfsverfahren den Betroffenen die Gründe schon mit dem VA mitzuteilen oder sie jedenfalls in entspr Anwendung von § 45 Abs 1 Nr 2 alsbald bekanntzugeben (vgl VGH München BayVBl 1987, 372). Die Ausnahmebestimmungen gem Abs 2 gelten, wenn und soweit sich die

---

[91] BVerwGE 84, 388 = DVBl 1990, 711 zu einer Auskunft, die den Verfassungsschutz betrifft; OVG Lüneburg NJW 1984, 1139; NVwZ 1985, 121; StBS 33ff.

[92] Vgl BVerwG DÖV 1982, 77; ZBR 1982, 87; BFH BB 1981, 1022 = BStBl II 1981, 494; VGH Mannheim NVwZ 1983, 554; VGH Kassel HessVGRspr 1985, 38; Müller-Ibold 212f; Obermayer/Funke-Kaiser 30.

[93] Str, wie hier StBS 115; Knack/Henneke 33; Obermayer/Funke-Kaiser 43; Dechsling DÖV 1985, 719; Schwab 157; Ziekow 7.

[94] VGH Mannheim DÖV 1981, 971; StBS 115; Knack/Henneke 33: da gesetzliche Ausnahme, muss ein Verzicht auf eine Begründung nicht begründet werden; s allg auch oben Rn 14f; **aA** Rothkegel DÖV 1982, 511.

[95] Ebenso Knack/Henneke 33; Wolf DVBl 1988, 1226; Obermayer/Funke-Kaiser 42; StBS 127; **aA** vgl allg BVerwGE 82, 338; DVBl 1988, 1225 unter Hinweis auf den Grundsatz der Einheit von Ausgangsverfahren und Widerspruchsverfahren.

[96] Vgl BVerfG 6, 49ff; VGH München BayVBl 1987, 372; Wolf DVBl 1988, 1226; Müller-Ibold 147; Dechsling DÖV 1985, 719; Knack/Henneke 34f; StBS 44; Ziekow 7.

Ausnahmegründe **nur auf Teile** eines VA bzw auf einzelne Voraussetzungen beziehen, auch **nur für diese,** nicht für den gesamten VA (MB 8; Pickel 3; Müller-Ibold 172); dies ergibt sich zT schon aus dem Wortlaut („soweit"), im übrigen aus dem Charakter der Entscheidung über das Unterbleiben einer Begründung als Ermessensentscheidung iVmit dem **Grundsatz der Verhältnismäßigkeit.**

c) Keine Ausnahme für Eilfälle. Nicht vorgesehen sind in § 39 Abs 2 Ausnahmen von der Begründungspflicht allein aufgrund der Eilbedürftigkeit einer Entscheidung. Auch bei **Entscheidungen in Eilfällen** ist es idR aber zunächst, soweit dies nach den Umständen des Falles anders nicht ohne erhebliche Nachteile möglich erscheint, grundsätzlich als **ausreichend** anzusehen, wenn die Begründung nur kurz und bündig erfolgt.[97] Eine eingehendere Begründung muss dann jedoch grundsätzlich **nachgeholt** werden, sobald dies möglich ist. Die Gründe, die nach § 28 Abs 1 Nr 1, 1. Altern ein Absehen von der Anhörung Beteiligter rechtfertigen, gelten insoweit für eine Beschränkung der Begründungspflicht sinngemäß und vorbehaltlich der Verpflichtung zu nachträglicher Begründung auch hier. Eine zumindest **summarische Begründung** im dargelegten Sinn, ist jedoch angesichts der klaren Regelung des § 39 auch bei Eilentscheidungen idR unverzichtbar (Müller-Ibold 187). Auch eine analoge Anwendung von § 28 Abs 2 Nr 1 ist insoweit nicht möglich. 33

d) Zulässigkeit eines Verzichts? Teilweise wird die Auffassung vertreten, der Betroffene könne auf eine Begründung wirksam verzichten (zB OVG Lüneburg NVwZ 1989, 1181; StBS 119). Dieser Standpunkt ist rechtsdogmatisch nicht überzeugend, da die **Begründung nicht ausschließlich im Interesse der Betroffenen** geboten ist (s oben Rn 4). Erforderlich ist deshalb eine Begründung auch dann, wenn die Betroffenen darauf verzichten.[98] Die Begründung kann in diesem Fall jedoch idR sehr knapp ausfallen (vgl oben Rn 20f). Obwohl § 39 diese Möglichkeit nicht ausdrücklich vorsieht, erscheint es im Hinblick auf § 45 Abs 1 Nr 2 vertretbar, wenn die Behörde einen VA nur mit knappen Hinweisen auf die Sachlage und die maßgeblichen Rechtsvorschriften begründet[99] und sich im Übrigen zu einer ausführlichen Begründung bereit erklärt, wenn die Betroffenen dies wünschen.[100] 34

2. Antragsgemäße Entscheidung (Nr 1). Nr 1 trägt in Übereinstimmung mit dem bereits früher geltenden Recht (vgl Obermayer VerwR 109) dem Umstand Rechnung, dass bei VAen, die einem Antrag in vollem Umfang stattgeben bzw den eigenen Erklärungen des Betroffenen folgen und Rechte Dritter nicht berühren, idR kein erhebliches Interesse an der Mitteilung der Gründe besteht. Die Vorschrift ist verfassungsrechtlich unbedenklich (zT **aA** Dechsling DÖV 1985, 718). **Dies schließt** jedoch nicht aus, dass die Verweigerung einer Begründung **bei Vorliegen besonderer Umstände** ermessensfehlerhaft sein kann, zB weil ein Antrag oder eine Erklärung offensichtlich aufgrund eines Missverständnisses abgegeben wurde (Dechsling DÖV 1985, 714). Nr 1 ist angesichts des eindeutigen Wortlauts trotz Gleichartigkeit der Interessenlage **nicht** analog **auf ausschließlich begünstigende VAe,** die von Amts wegen erlassen werden, 35

---

[97] Müller-Ibold 220; weitergehend BFH BStBl II 1983, 621; 1988, 234: uU genügt ein Hinweis auf die Rechtsgrundlage.

[98] MuE 147; vdGK 4; Knack/Henneke 60; Obermayer/Funke-Kaiser 44; MB 11; Pickel 2; Müller-Ibold 188; Hufen/Siegel 476.

[99] Vgl zum Prüfungsrecht zB BVerwG Buchh 421.0 Nr 218 Sonderausgabe Prüfungsrecht 432; ferner VGH Kassel NVwZ 1990, 419: knappe, stichpunktartige Begründung genügt.

[100] Kopp 51; vgl auch BVerwGE 22, 217; 38, 194; BVerwG NVwZ 1986, 375: die Begründung kann uU auch sehr kurz sein; eine nähere Begründung kann auch noch im Prozeß nachgeschoben werden.

anwendbar, wenn die Behörde damit nicht einer Erklärung der Betroffenen folgt (Dechsling DÖV 1985, 720; Obermayer/Funke-Kaiser 49; MB 17).

36 **a) Antrag** iS der Vorschrift ist nur der Antrag iS von § 22 und § 65, nicht auch eine bloße Anregung an die Behörde, allgemein oder auch in einem bestimmtem Sinne tätig zu werden.[101] Anregungen können aber als „Erklärungen" zu werten sein. **Erklärungen** iS der Vorschrift sind alle Äußerungen und sonstigen Ausführungen zur Sache, die nicht Antragstellung sind und die der Betroffene in der Erkenntnis und dem Bewusstsein abgibt, dass die Behörde sie bei ihrer Entscheidung berücksichtigen wird oder kann,[102] insb die tatsächlichen Angaben zur Sache (vgl auch § 28 Abs 2 Nr 3), zB die Steuererklärung (Begr 60), aber auch zB Ausführungen, welche die Zulässigkeit des Antrags, die Verfahrenshandlungsfähigkeit des Antragstellers (§ 12) usw betreffen. Nicht unter Nr 1 fallen aber sonstige Erklärungen zur Sach- und Rechtslage (StBS 78).

37 **b) Keine Abweichung.** Nach Wortlaut und Zweck der Regelung ist Nr 1 **nur anwendbar,** soweit die Behörde aus einem Antrag bzw einer Erklärung **für den Beteiligten günstige Schlüsse** zieht und damit seinen offensichtlichen Erwartungen voll Rechnung trägt.[103] Keine volle Entsprechung idS liegt idR bei unbestimmten Anträgen, zB auf angemessene Entschädigung oder auf Entscheidung nach Ermessen der Behörde, vor (Knack/Henneke 36). **Nicht als antragsgemäße** Entscheidung anzusehen ist es auch, wenn nur einem **hilfsweise gestellten** Antrag stattgegeben wurde, nicht aber dem primär gestellten Hauptantrag;[104] ebenso, wenn einem Antrag nur teilweise oder mit belastenden Nebenbestimmungen oder unter inhaltlicher Modifizierung stattgegeben wurde, ferner wenn ein **Antrag** nur **unter Vorbehalt** gestellt wurde, etwa weil der Antragsteller der Auffassung war, überhaupt keiner Genehmigung zu bedürfen, aber in der Antragstellung den einzigen Weg sah, den Widerstand der Behörde zu überwinden, und nunmehr zur Klärung der für ihn wegen Wiederholungsgefahr bedeutsamen Frage Rechtsmittel ergreifen will.[105]

38 **c) Kein Eingriff in Rechte Dritter.** Weitere Voraussetzung für das Absehen von einer Begründung ist, dass der VA nicht in Rechte anderer eingreift, wie dies bei VAen mit Dritt- bzw Doppelwirkung die Regel ist. **Der Begriff des Eingriffs** ist derselbe wie in § 28 Abs 1 (s hierzu § 28 Rn 24). Lediglich mittelbare Auswirkungen wirtschaftlicher Art genügen nicht (Müller-Ibold 176; vgl auch BVerfG 16, 27). **Umstritten** ist die Frage, ob ein VA, der in Rechte Dritter eingreift, nur gegenüber dem betroffenen Dritten oder auch gegenüber dem Antragsteller, dessen Antrag er stattgibt bzw dessen Erklärung die Behörde folgt, und gegenüber sonstigen Beteiligten zu begründen ist. Die wohl hM geht davon aus, dass die Begründungspflicht nur gegenüber dem betroffenen Dritten besteht.[106] Dass der Eingriff in Rechte eines anderen mit dessen Zustimmung erfolgt, hebt die Begründungspflicht nicht auf (Müller-Ibold 176; **aA** Pickel 3a).

39 **3. Erkennbarkeit der Gründe für den Betroffenen (Nr 2).** Die Ausnahme in Nr 2 trägt ähnlichen Erwägungen Rechnung wie Nr 1; insoweit gilt auch das zu Nr 1 Ausgeführte entsprechend. Auch diese Regelung entspricht dem

---

[101] Obermayer/Funke-Kaiser 47; Ziekow 8; **aA** Müller-Ibold 175: auch bloße Anregungen.

[102] StBS 78; MB 14; Müller-Ibold 175.

[103] „Folgt", vgl Obermayer/Funke-Kaiser 49; Knack/Henneke 36; Müller-Ibold 176: die Behörde muss den im Antrag oder der Erklärung zum Ausdruck gebrachten Entscheidungserwartungen in jeder Hinsicht entsprechen; str.

[104] Müller-Ibold 176: die Behörde muss in diesem Fall begründen, warum sie nicht entsprechend dem Hauptantrag entschieden hat; Pickel 3a; StBS 81; Knack/Henneke 36.

[105] Vgl VGH München BayVBl 1966, 171; bestätigt in BVerwGE 27, 253.

[106] StBS 83: nur gegenüber dem belasteten Dritten; ebenso FKS 38; Ziekow 9; **aA** Müller-Ibold 176.

bereits früher geltenden Recht.[107] Durch die Fassung der Vorschrift („soweit") wird klargestellt, dass – wie auch bei Nr 1 – die Ausnahme uU auch für Teile der Begründung in Betracht kommt (Müller-Ibold 179 mwN), zB hins der einem Ausländer gesetzten Ausreisefrist, wenn dafür ein Monat angesetzt ist und kein Grund ersichtlich ist, dass nach der Lebenserfahrung eine längere oder kürzere Frist angemessen sein könnte (vgl VGH Mannheim DVBl 1987, 55). Nr 2 erfasst vor allem Fälle, in denen den Beteiligten die Auffassung der Behörde aus den Erörterungen der Sache mit den Beteiligten im Verfahren (vgl VGH Mannheim NVwZ 1992, 898), aus der Vorkorrespondenz mit der Behörde oder aus vorangegangenen Verfahren oder Entscheidungen bekannt ist.

a) Adressaten oder Betroffene. Hinsichtlich der Erkennbarkeit der Auffassung der Behörde kommt es auf diejenigen Beteiligten (§ 13 Abs 1) an, an die die Behörde den VA richten will (Adressaten) oder die von ihm betroffen werden und deshalb hinzugezogen worden sind. Ist der VA mehreren Personen gegenüber bekannt zu geben, so ist es ausreichend, wenn er denjenigen gegenüber begründet wird, bei denen die Voraussetzungen des Abs 2 Nr 2 nicht vorliegen. 40

b) Kenntnis iS von Nr 2 erfordert, dass den Betroffenen die wesentliche Sach- und Rechtslage, von der die Behörde ausgeht, und die rechtlichen Erwägungen der Behörde – diese, wenn auch nicht in bezug auf konkrete Rechtsvorschriften, so doch zumindest in allgemeiner Form iS einer „Parallelwertung in der Laiensphäre" –, bei Ermessensentscheidungen auch die wesentlichen Ermessenserwägungen, bekannt sind (MB 19; Pickel 3b; Müller-Ibold 178; ähnlich StBS 93; Knack/Henneke 38). Soweit diese Voraussetzungen nicht voll erfüllt sind, genügt nach der 2. Alternative der Nr 2 allerdings auch **Erkennbarkeit,** die hier häufig gegeben ist. Dass die Kenntnis von der Behörde selbst herrührt und es sich nicht nur um Zufallskenntnisse handelt, ist nicht erforderlich (**aA** Schick JuS 1971, 5; Müller-Ibold 178). Andererseits genügt es jedoch nicht und wäre als **Umgehung der Begründungspflicht** unzulässig, wenn die Behörde den Betroffenen vorweg mündlich oder telefonisch über die Gründe unterrichtet, um sich eine schriftliche Begründung zu ersparen.[108] 41

c) Erkennbarkeit. Der positiven Kenntnis der Gründe ist die Erkennbarkeit gleichgestellt. Insofern ist aber ein **strenger Maßstab** geboten (ebenso Knack/Henneke 40). Die Gründe müssen für die Beteiligten so deutlich sein, dass sich Zweifel vernünftigerweise nicht ergeben können („ohne weiteres erkennbar"). Grundsätzlich ist dafür erforderlich, dass der VA von seiner rechtlichen Struktur und dem zugrunde liegenden Sachverhalt her einfach gelagert ist (Müller-Ibold 178) und die für die Entscheidung maßgeblichen tatsächlichen und rechtlichen Gesichtspunkte ohne weiteres und insb ohne die Notwendigkeit von Rückfragen, von weiteren Erkundigungen usw ohne weiteres einsichtig sind (Müller-Ibold 178 mwN). Besondere Kenntnisse oder eine Berufserfahrung dürfen nicht erwartet werden, können aber, wenn im Einzelfall vorhanden, berücksichtigt werden (FKS 40; Knack/Henneke 40). 42

Für die Erkennbarkeit kommt es auf die **Sicht des Adressaten** des VA und etwaiger sonst durch den VA in ihren Rechten Betroffener unter Berücksichtigung auch ihrer größeren oder geringeren intellektuellen Fähigkeiten, soweit sie für die Behörde erkennbar sind, nicht auf die Sicht der Behörde[109] oder Dritter an. In Grenzfällen und Zweifelsfällen ist zumindest ein allgemeiner Hinweis 43

---

[107] Vgl BVerwGE 10, 37; 12, 20; 22, 217; 38, 194; 61, 210 = DVBl 1981, 464; VGH München BayVBl 1975, 81; VG Frankfurt NJW 1968, 226; Müller-Ibold 178.

[108] StBS 92; Müller-Ibold 178 mwN; Knack/Henneke 38; vgl auch BVerfG 40, 286 = NJW 1976, 38; zT **aA** BFH BStBl II 1981, 4; Klein 4.

[109] BSG SGb 1981, 179; FG Nürnberg EFG 1978, 524; TK 7, Klein 4; Müller-Ibold 178.

geboten, der dem Betroffenen sagt, welche der ihm an sich bekannten Umstände oder Erwägungen konkret für die Entscheidung maßgeblich waren; dies gilt insb auch dann, wenn mehrere Gründe in Betracht kommen.

44 **d) Offenkundigkeit. Keine nähere Begründung,** sondern grundsätzlich nur ein Hinweis auf die maßgeblichen Rechtsvorschriften, ist nach den vorstehend dargelegten Grundsätzen idR erforderlich bei VAen, **deren Voraussetzungen** und Anlass für die Betroffenen im Wesentlichen offenkundig oder ohne weiteres einsichtig sind.[110] Das gilt zB für die **Aufforderung zur Einschulung** eines Kindes oder für die Anordnung einer regulären Außenprüfung gem § 193 AO (vgl BFH 138, 407: ein Hinweis auf § 193 AO genügt).

45 **4. Vielzahl gleichartiger VAe, maschinell erstellte VAe (Nr 3).** Die in Nr 3 vorgesehene Ausnahme von der allgemeinen Begründungspflicht gem Abs 1 soll vor allem Gesichtspunkten der Verfahrensökonomie bzw technischen Erfordernissen des Einsatzes von Datenverarbeitungsanlagen Rechnung tragen. Sie entspricht im Wesentlichen dem bish Recht (vgl WBS I § 48 Rn 35). Allerdings reicht die Gleichartigkeit von VAen in größerer Zahl oder der Umstand, dass VAe mit Hilfe automatischer Einrichtungen erlassen werden, zur Freistellung von der Begründungspflicht nicht aus. Durch den Vorbehalt, dass die Behörde nur dann von einer Begründung absehen darf, wenn eine solche auch nach den **Umständen des Einzelfalles** nicht geboten ist, wird dabei einer einseitigen, mit rechtsstaatlichen Grundsätzen schwerlich zu vereinbarenden Anwendung zu Lasten des Bürgers vorgebeugt.

46 **a) Gleichartige VAe in größerer Zahl.** Die VAe müssen nicht zur selben Zeit erlassen werden; ausreichend ist, wenn sie fortlaufend erlassen werden (Knack/Henneke 44). Gleichartige VAe idS sind insb zB **Formularbescheide,** die aus sich heraus verständlich sind (MuE 146; StBS 96; Pickel 3c; Müller-Ibold 180; Knack/Henneke 44), wie die Anforderung eines Kostenvorschusses (VGH München BayVBl 1975, 81), die Aufforderung zur Abgabe einer Steuererklärung, zum Erscheinen zur Schuleinschreibung, zur Musterung usw, Gehalts- und Ruhegehaltsberechnungen uä; **nicht** dagegen zB **Rentenbescheide (aA** Knack/Henneke 44), **Steuerbescheide,** Asylbescheide und ähnliche VAe, die jeweils auf anderen, wenn auch uU vergleichbaren Sachverhalten beruhen, die im Einzelfall aber auch nach Voraussetzungen und Folgen sehr unterschiedlich sein können;[111] insoweit sind aber uU gleichartige Begründungen, ggf auch unter Verwendung sog Textbausteine, zulässig (Stelkens NVwZ 1982, 82; StBS 60; Knack/Henneke 45; vgl auch BVerfG NJW 1982, 29). Eine bestimmte **Mindestzahl** wird **nicht** verlangt. Vielmehr ist ausreichend, dass die Gleichartigkeit auf einer Fallkonstellation beruht, die sich typischerweise häufig wiederholt.

47 **b) VAe mit Hilfe automatischer Einrichtungen.** Diese Alternative der Nr 3 erfasst nicht sämtliche VAe, die etwa mit Hilfe von EDV-Anlagen erstellt werden, sondern nur solche VAe, die im Wesentlichen automatisch erstellt werden, deren Erstellung also ganz oder teilweise programmgesteuert erfolgt. Die Erstellung von VAen an PCs oder vernetzten Schreibautomaten fällt nicht darunter (ebenso Knack/Henneke 45), weil insoweit lediglich das Erstellen des Textes (Textbausteines usw) und der Ausdruck erleichtert werden. Dies ist für Abs 2 Nr 3 nicht ausreichend. Die Voraussetzungen für diese Ausnahme sind eng auszulegen.

48 **c) Umstände des Einzelfalles.** Umstände des Einzelfalles, die gem Nr 3 Halbs 2 eine Begründung entbehrlich erscheinen lassen können, sind vor allem

---

[110] BVerwGE 83, 357; BVerwG NVwZ 1986, 375; VGH München BayVBl 1985, 724; GewArch 1987, 296.

[111] Vgl Müller-Ibold 180; Stelkens NVwZ 1982, 82.

Gründe, die mit den in Nr 1 und 2 genannten vergleichbar sind.[112] Es kommt darauf an, ob bei Würdigung der berechtigten Interessen der Betroffenen eine Begründung entbehrlich ist, zB weil sie offenkundig oder sonst für die Betroffenen unschwer erkennbar ist. Nicht erforderlich ist, dass es sich um besondere, außergewöhnliche Umstände handelt. Da die Beteiligten idR ein schutzwürdiges Interesse daran haben, die Gründe zu erfahren, die für die Entscheidung der Behörde maßgeblich waren, kann als Umstand iS von Nr 3 außer den schon unter Nr 1 oder 2 fallenden Gründen wohl nur in Betracht kommen, dass der VA ausschließlich begünstigenden Charakter hat oder die Betroffenen auf eine Begründung ausdrücklich verzichten. Ist eine Begründung zum Verständnis des VA geboten, so muss sie gegeben werden (Knack/Henneke 46; Ehlers Jura 1991, 341).

5. Besondere Rechtsvorschriften (Nr 4). Nr 4 wiederholt den schon in § 1 enthaltenen Vorbehalt zugunsten besonderer Rechtsvorschriften, geht jedoch insofern darüber hinaus, als danach **auch Vorschriften des Landesrechts (einschließlich des Satzungsrechts)** Ausnahmen auch in Verfahren vor Bundesbehörden begründen können (Knack/Henneke 47; Pickel, Lehrbuch 276; Müller-Ibold 183; **aA** offenbar MB 23). Fälle dieser Art dürften allerdings praktisch kaum vorkommen. Die Vorschrift hat damit in erster Linie deklaratorischen Charakter (StBS 100). 49

a) Allgemeine Anforderungen an den Ausschluss. Eine ausdrückliche Regelung über die Entbehrlichkeit einer Begründung ist nicht notwendig. Es genügt, dass sich die Entbehrlichkeit aus dem Zweck oder Zusammenhang einer Vorschrift ergibt.[113] Voraussetzung ist aber stets das Vorliegen einer besonderen verfassungsrechtlichen Rechtfertigung für den Ausschluss. Als **Beispiele** s § 77 Abs 2 AufenthG; § 66 BauGB und § 22 Abs 5 S 3 und 4 AsylG; zur Verfassungsmäßigkeit dieser Vorschrift vgl Müller-Ibold 183 f. Eine Ausnahme gilt auch für Abhörmaßnahmen nach dem G zu Art 10 GG (vgl Müller-Ibold 186 f), jedoch nicht mehr nach der Aufhebung der Maßnahmen nach Wegfall des Anordnungsgrundes (Müller-Ibold 187; **aA** OVG Münster NJW 1983, 2349). Die hM nimmt die Entbehrlichkeit einer Begründung auch bei der Versetzung politischer Beamter in den einstweiligen Ruhestand nach § 54 BBG bzw entspr § 30 BeamtStG an (BVerwG NVwZ-RR 1993, 90). Durch besondere gesetzliche Vorschriften kann die Begründungspflicht sowohl gänzlich ausgeschlossen als auch nur eingeschränkt werden. In keinem Falle darf aber der Ausschluss der Begründungspflicht dazu führen, dass dem Betroffenen der Rechtsschutz unmöglich gemacht oder unzumutbar erschwert wird (vgl BVerwGE 75, 13; OVG Bremen NJW 1987, 2393). 50

b) Geheimhaltungsvorschriften. aa) Anwendbarkeit der §§ 29, 30. Die Begründung eines VA darf **nicht Tatsachen offenbaren, die** von der Behörde auch sonst, zB nach § 30, geheim zu halten oder vertraulich zu behandeln sind, und die gem § 29 Abs 2 auch der Akteneinsicht nicht unterliegen. Soweit speziellere Vorschriften fehlen, ist die Behörde analog § 29 Abs 2 und § 30 von näheren Angaben von Gründen auch im Rahmen der Begründungspflicht gem § 39 befreit und darf insoweit auch keine Gründe angeben, wenn und soweit das Bekanntwerden von Gründen **dem Wohle des Bundes oder eines Landes** 51

[112] Vgl Müller-Ibold 181 unter Hinweis auf Begr 60, wo als einziges Beispiel aus sich heraus verständliche Formularbescheide erwähnt werden, die an sich idR auch schon unter Nr 2 fallen.

[113] Begr 61; BVerfGE 79, 68; 84, 389; BVerwGE 71, 72; 79, 68 = NVwZ 1988, 629 zu § 23 Abs 1 S 4 aF WPflG, hier jedoch im Ergebnis nicht überzeugend; BVerwG NJW 1990, 2765; 1993, 1667 mwN; Knack/Henneke 47; Scheffler DÖV 1977, 771; BGH NVwZ 1991, 1022; **aA** StBS 101.

Nachteile bereiten könnte[114] oder die Gründe **ihrem Wesen nach** oder wegen schutzwürdiger privater Interessen **geheimzuhalten** sind (Kopp 50). Insoweit kann auch für die Begründungspflicht nichts anderes gelten, als gem § 30 oder ähnlichen Bestimmungen sonst allgemein für Behörden und gem § 29 Abs 2 für die Akteneinsicht gilt.

52 **bb) Darlegung des Geheimhaltungsinteresses.** Das Absehen von Gründen wegen Geheimnisschutzes ist rechtfertigungsbedürftig. Deshalb muss ggf zB die Bundeswehr, wenn sie gem § 30 Abs 1 LuftVG von dem normalen formellen Genehmigungsverfahren aus Geheimhaltungsgründen bei einem Militärflughafen abweichen will, in der Begründung ihrer Entscheidung nicht militärische Geheimnisse offenbaren, sondern **auf die Geheimhaltungsbedürftigkeit hinweisen** und diese sowie die übrigen Gründe ihrer Entscheidung unter Berücksichtigung der Bedeutung der Begründungspflicht im Rechtsstaat, erforderlichenfalls auch in Form einer allgemeineren Umschreibung, so „einleuchtend darlegen, dass die Beteiligten sie unter Berücksichtigung rechtsstaatlicher Belange noch als triftig anerkennen" können (BVerwGE 84, 388; vgl auch BVerwG NVwZ 1989, 752).

53 **cc) Schutz des Betroffenen. Zweifelhaft** ist die Befugnis der Behörde zum Absehen einer Begründung aufgrund von **Art 1 Abs 1, Art 2 Abs 1 und 2 GG** und der aus diesen Bestimmungen abzuleitenden Schutzpflicht der Behörden gegenüber dem Bürger iVmit dem Grundsatz der Güterabwägung bei Begründungen, mit deren **Kenntnis** für die Betroffenen **schwerwiegende Folgen,** zB **psychische Schäden** oder die ernsthafte Gefahr solcher Schäden, verbunden sein können, die auch unter Berücksichtigung der Bedeutung der Begründungspflicht nicht zu rechtfertigen wären (vgl Knack/Henneke 22; Müller-Ibold 189, 222), zB wenn zu befürchten ist, dass dadurch eine Selbstmordpsychose ausgelöst würde. Derartige Überlegungen können lediglich Art und Umfang der Begründung einschränken, insbesondere vorsichtige Formulierungen nahelegen, nicht aber die Begründungspflicht gänzlich ausschließen. UU muss die Begründung wenigstens einem Vertreter des Betroffenen, einem Anwalt, Arzt oder einer anderen Vertrauensperson eröffnet werden (Müller-Ibold 195).

54 **6. Öffentlich bekanntgegebene Allgemeinverfügungen (Nr 5).** Nr 5 soll vor allem den bei öffentlicher Bekanntgabe typischerweise auftretenden Schwierigkeiten bzw der Untunlichkeit der Beifügung einer Begründung in solchen Fällen Rechnung tragen (VGH Mannheim VBlBW 1989, 337; Knack/Henneke 49). Die Regelung entspricht im Wesentlichen der früheren Rechtslage. Dabei ist offenbar vor allem an die gem § 35 S 2 ebenfalls als Allgemeinverfügungen anzusehenden dinglichen VAe, wie die straßenrechtliche Widmung (VGH München NVwZ-RR 1989, 226, VGH München NVwZ-RR 1996, 334) sowie an Verkehrszeichen (VGH München BayVBl 1987, 372) usw, gedacht. Zum **Begriff der Allgemeinverfügung** s § 35 Rn 158 ff, zum Begriff der öffentlichen Bekanntgabe § 41 Rn 46 ff.

55 **Soweit** sich die Regelung auch auf **andere Fälle öffentlich bekanntgegebener Allgemeinverfügungen** bezieht, bei denen die Beifügung einer Begründung keine nennenswerten Schwierigkeiten bereitet – vgl insoweit auch § 41 Abs 2 S 2 – erscheint die Vereinbarkeit mit rechtsstaatlichen Grundsätzen zweifelhaft. Zumindest ist das Absehen von einer Begründung in solchen Fällen idR ermessensfehlerhaft. Im übrigen kommt bei Vorliegen eines berechtigten Interesses die Verpflichtung zur individuellen Begründung analog § 37 Abs 2 in Betracht, weil die Betroffenen die Möglichkeit haben müssen, die Erfolgsaussichten von etwaigen Rechtsbehelfen abzuschätzen.

---

[114] So im Ergebnis auch BVerwGE 66, 233; 75, 1; Müller-Ibold 186 ff; enger StBS 101; BVerfG NJW 1988, 403 = NVwZ 1988, 237; MB 23; Pickel 3d; Klein 4.

IV. Folgen der Verletzung der Begründungspflicht

1. Allgemeines. Eine Verletzung der Begründungspflicht gem § 39 führt zur **Rechtswidrigkeit** des betroffenen VA,[115] grundsätzlich jedoch nicht zur Nichtigkeit iS von § 44. Etwas anderes könnte allenfalls gelten, wenn das Fehlen einer Begründung im Zusammenhang mit anderen Umständen als Anzeichen für die offensichtliche Willkürlichkeit des VA zu werten ist. Kein Verstoß gegen § 39, sondern ein materieller Verstoß gegen § 40 liegt vor, wenn der VA zwar eine Begründung enthält, die auch die tatsächlichen Erwägungen der Behörde wiedergibt, diese aber inhaltlich fehlerhaft sind. Umgekehrt liegt ein Verstoß gegen § 39 auch dann vor, wenn der VA zwar in materiellrechtlich einwandfreier Weise begründet worden ist, die angeführte Begründung aber nicht den wirklichen Beweggründen der Behörde entspricht. Bei Ermessensentscheidungen führt das Fehlen einer Begründung regelmäßig auch zur **Ermessensfehlerhaftigkeit** (§ 40) und damit auch zur materiellen Rechtswidrigkeit des VA, wenn sich aus den Umständen nicht eindeutig das Gegenteil ergibt (im einzelnen § 40 Rn 86; ebenso VGH Mannheim DVBl 2014, 604; OVG Lüneburg NZV 2012, 100; StBS 28; Knack/Henneke 61). 56

Für den Lauf von Rechtsbehelfsfristen ist das Fehlen der Begründung oder der Umstand, dass ein VA erst später begründet wird (anders als das Fehlen einer Rechtsbehelfsbelehrung, vgl § 58 Abs 1 VwGO), **ohne Bedeutung** (hM, vgl Knack/Henneke 63); ggf wird dadurch jedoch bei Versäumung von Fristen gem § 45 Abs 3 ein Anspruch auf Wiedereinsetzung gem § 32 oder nach anderen Vorschriften, insb nach § 60 VwGO, begründet. Zur Frage, ob der einzelne Betroffene einen materiellrechtlichen Anspruch auf die Begründung hat, s Kischel, Folgen S 145 ff. 57

2. Nachholung der Begründung. Die Begründung kann nach Maßgabe des § 45 Abs 1 Nr 2 nachgeholt werden, indem der VA nachträglich um die fehlende oder unvollständige Begründung ergänzt wird. Es darf nur diejenige Begründung nachgeholt werden, die dem VA tatsächlich zugrunde lag. Die Nachholung stellt (sofern sie nicht zugleich den Inhalt der Entscheidung verändert, vgl Kopp/Schenke § 113 Rn 49, 60 ff) keinen VA und auch **keine Neuvornahme des VA,** zu dem sie gegeben wird, dar. Eine Nachholung der Begründung oder ihre Ergänzung kann vom Betroffenen **idR nicht erzwungen** werden (vgl auch VGH München BayVBl 1985, 278; zT **aA** Knack/Henneke 64). Wird die Begründung erst im Widerspruchsverfahren oder im Laufe des gerichtlichen Verfahrens gegeben, kann dies für die Behörde Kostennachteile haben, wenn das gerichtliche Verfahren daraufhin für erledigt erklärt wird (**aA** für die Erledigung im Widerspruchsverfahren die hM, vgl § 80 Rn 18, 31). Die Nachholung der Begründung ist **vom Nachschieben von Gründen** iS des § 114 S 2 VwGO **zu unterscheiden** (s § 45 Rn 21). Letztere kommt nur in Betracht, wenn die Ermessenserwägungen defizitär waren, nicht aber, wenn sie vollständig fehlten (BVerwG NVwZ 2007, 470). 58

3. Unbeachtlichkeit von Begründungsmängeln. Die Rechtswidrigkeit des VA wegen eines nicht nach § 45 geheilten Verstoßes gegen § 39 hat nicht die Aufhebung des VA im Verwaltungsprozess zur Folge, wenn offensichtlich ist, dass der Fehler die Entscheidung in der Sache nicht beeinflusst hat (§ 46). Dies ist bei **streng gebundenen Entscheidungen** regelmäßig anzunehmen. Bei Ermessens-, Beurteilungs- und Planungsentscheidungen ist die Unbeachtlichkeit des Fehlers zunächst nur in den Fällen einer **Ermessensreduktion auf Null** anzunehmen (s § 46 Rn 30), darüber hinaus auch dann, wenn aufgrund der konkre- 59

---

[115] VG Braunschweig NVwZ 1988, 187; StBS 27; Knack/Henneke 61; Lange 126 – rechtswidrig unabhängig von der inhaltlichen Richtigkeit.

ten Umstände offensichtlich ist, dass der Fehler ohne Einfluss geblieben ist (vgl § 46 Rn 34). Der Begriff der **Offensichtlichkeit** ist hier sehr eng auszulegen (s § 46 Rn 36). Auch in den Fällen des **intendierten Ermessens** kommt es idR auf Begründungsmängel nicht an (OVG Greifswald, B v 19.1.2016, 3 L 161/11, juris).

§ 40 Ermessen

Ist die Behörde ermächtigt,[4, 60] nach ihrem Ermessen[16, 60] zu handeln, hat sie ihr Ermessen entsprechend dem Zweck der Ermächtigung auszuüben[73 ff] und die gesetzlichen Grenzen[91] des Ermessens einzuhalten.

Parallelvorschriften: § 114 VwGO; § 39 SGB I; § 5 AO; § 54 Abs 2 SGG; § 102 FGO

Schrifttum allgemein zu Entscheidungsspielräumen: *Bachof,* Beurteilungsspielraum, Ermessen und unbestimmter Rechtsbegriff im Verwaltungsrecht, JZ 1955, 97; *ders,* Neue Tendenzen in der Rechtsprechung zum Ermessen und zum Beurteilungsspielraum, JZ 1972, 641; *Beaucamp,* Ermessens- und Beurteilungsfehler im Vergleich, JA 2012, 193; *Beckmann,* Das Verhältnis der verwaltungsrechtlichen Kontrolldichte zur gesetzlichen Regelungsdichte, DÖV 1986, 505; *Erichsen,* Art 3 Abs 1 GG als Grundlage von Ansprüchen des Bürgers gegen die Verwaltung, VerwArch 1980, 289; *Hoffmann-Riem,* Die Eigenständigkeit der Verwaltung, in: Grundlagen, Bd. I, 623; *E. Hofmann,* Abwägung im Recht, 2007; *Hoppe,* Gerichtliche Kontrolldichte, in: BVerwG-FS 1978, 295; *Jesch,* Unbestimmter Rechtsbegriff und Ermessen in rechtstheoretischer und verfassungsrechtlicher Sicht, AöR 1957, 163; *Klein,* Die Kongruenz des verwaltungsrechtlichen Ermessensbereiches und des Bereiches rechtlicher Mehrdeutigkeit, AöR 1957, 7; *Kment,* Beurteilungsspielraum und Ermessen, JuS 2015, 193; *Koch,* Unbestimmte Rechtsbegriffe und Ermessensermächtigungen im Verwaltungsrecht, 1979; *Kokott,* Beweislastverteilung und Prognoseentscheidungen bei der Inanspruchnahme von Grund- und Menschenrechten, 1993; *Lange,* Ermessens- und Beurteilungsspielräume als Transformatoren von Innen- und Außenrecht, NJW 1992, 1193; *Neupert,* Rechtmäßigkeit und Zweckmäßigkeit, 2011; *Pache,* Tatbestandliche Abwägung und Beurteilungsspielraum, 2001; *ders,* Die Kontrolldichte in der Rspr des EuGH, DVBl 1998, 380; *Peters,* Die Ausfüllung von Spielräumen der Verwaltung durch Wirtschaftlichkeitserwägungen, DÖV 2001, 749; *Ramsauer,* Rechtsschutz durch nachvollziehende Kontrolle, FS BVerwG 2003, 699; *ders,* Zur Kontrolldichte im Verwaltungsprozess, GS Kopp, 2007, 72; *Rode,* § 40 VwVfG und die deutsche Ermessenslehre, 2003; *Rupp,* Grundfragen der heutigen Verwaltungsrechtslehre, 2. Aufl 1991, 177; *Scholz/Schmidt-Aßmann,* Verwaltungsverantwortung und Verwaltungsgerichtsbarkeit, VVDStRL 1976, 145, 221; *Ule,* Zur Anwendung unbestimmter Rechtsbegriffe im Verwaltungsrecht, in: Jellinek-GedS 1955, 309.

Speziell zum Ermessen: *Alexy,* Ermessensfehler, JZ 1986, 701; *Beaucamp,* Ermessen der Verwaltung: Frei? Pflichtgemäß? Reduziert? Intendiert?, JA 2006, 74; *Bettermann,* Rechtsgleichheit und Ermessensfreiheit, Staat 1962, 79; *Beuermann,* Intendiertes Ermessen, 2002; *Borowski,* Intendiertes Ermessen, DVBl 2000, 149; *Bleckmann,* Ermessensfehlerlehre, 1997; *Brinktrine,* Verwaltungsermessen in Deutschland und England, 1997; *Brühl,* Die Behandlung des Verwaltungsermessens in Bescheid und Urteil, JuS 1995, 249; *Bullinger,* Das Ermessen der öffentlichen Verwaltung, JZ 1984, 1001; *ders* (Hg), Verwaltungsermessen im modernen Staat, 1986; *Evers/Rapp,* Zur Beweis- und Feststellungslast bei Ansprüchen auf Gewährung von Ermessensleistungen, NVwZ 1991, 549; *Gern,* Die Ermessensreduzierung auf Null, DVBl 1987, 1194; *Grote,* Ermessenslehre und Ermessenspraxis in Frankreich, NVwZ 1986, 269 *Held-Daab,* Das freie Ermessen, 1996; *Hill,* Verfahrensermessen der Verwaltung, NVwZ 1985, 449; *Kaffenberger,* Das intendierte Verwaltungsermessen, 2002; *Kellner,* Einiges zum behördlichen Ermessen, DÖV 1969, 309; *Klüsener,* Die Bedeutung der Zweckmäßigkeit neben der Rechtmäßigkeit in § 68 Abs 1 S 1 VwGO, NVwZ 2002, 816; *Kruse,* Über das Ermessen im Verwaltungs- und Steuerrecht, FS Erichsen, 2004, 77; *Laub,* Die Ermessensreduzierung in der verwaltungsgerichtlichen Rechtsprechung, 1999; *Ludwigs,* Das Regulierungsermessen als Herausforderung für die Letztentscheidungsdogmatik im Verwaltungsrecht, JZ 2009, 290; *Mehde/Hansen,* Das subjektive Recht auf Bauordnungsverfügungen im Zeitalter der Baufreistellung, NVwZ 2010, 14; *Pabst,* Intendiertes Ermessen und Normauslegung, VerwArch 2002, 540; *Pietzcker,* Der Anspruch auf ermessensfehlerfreie Entscheidung, JuS 1982, 106; *Rode,* § 40 VwVfG und die deutsche Ermessenslehre, 2003; *Schenk,* Befeiungsermessen, 1998; *Waechter,* Polizeiliches Ermessen zwischen Planungsermessen und Auswahlermessen, VerwArch 1997, 299; *Wegmann,* Zur Ermessensausübung bei Abbruchverfügungen, NVwZ 1984, 777.

Speziell zum Regulierungsermessen: *Attendorn,* Die BNetzA und die Rechtsprechung des BVerwG zur „Frequenzregulierung", NVwZ 2012, 135; *ders,* Das Regulierungsermessen, MMR 2009, 238; *Broemel,* Regulierungskonzepte als Kontrollmaßstab in der TK-Regulierung, JZ 2014, 286; *Eifert,* Regulierungsstrategien, in Grundlagen I § 19; *Ellinghaus,* Die Regulierungsverfügung in der verwaltungsgerichtlichen Praxis, CR 2009, 87; *Franzius,* Wer hat das letzte Wort im Telekommunikationsrecht, DVBl 2009, 409; *Gärditz,* Regulierungsermessen und verwaltungsgerichtliche Kontrolle, NVwZ 2009, 1005; *Frenzel,* Das Regulierungsverwaltungsrecht als öffentliches Recht der Netzwirtschaften, JA 2008, 868; *v Lewinski,* Völlige Unabhängigkeit von Aufsichts- und Regulierungsbehörden – Umsetzungsmöglichkeiten für ministerialfreie Eingriffsverwaltung im deutschen Verwaltungsrecht – DVBl 2013, 339; *Ludwigs,* Das Regulierungsermessen als Herausforderung für die Letztentscheidungsdogmatik im Verwaltungsrecht, JZ 2009, 290; *Masing,* Grundstrukturen eines Regulierungsverwaltungsrechts, Vw 2003, 1; *ders.,* Regulierungsverantwortung und Erüllungsverantwortung, VerwAsch 2004, 151; *Oster,* Normative Ermächtigungen im Regulierungsrecht, 2010; *Pflug,* Eisenbahnregulierung zwischen öffentlichem und Privatrecht, 2012; *Petersen,* Wettbewerbsbehörden als subsidiäre Regulierungsbehörden, Verw 2015, 29; *Proelss,* Das Regulierungsermessen – eine Ausprägung des behördlichen Letztentscheidungsrechts? AöR 2011, 402; *Sachs/Jasper,* Regulierungsermessen und Beurteilungsspielräume – Verfassungsrechtliche Grundlagen, NVwZ 2012, 49; *Schramm,* Einseitiges informelles Verwaltungshandeln im Regulierungsrecht, 2016; *Waldhoff,* Allgemeines Verwaltungsrecht und Wirtschaftsverwaltungsrecht: Regulierungs- und Rechtsfolgeermessen, JuS 2015, 286; *Wieland,* Regulierungsermessen im Spannungsverhältnis zwischen deutschem und Unionsrecht, DÖV 2011, 705; *Winkler,* Bundesnetzagentur und Beurteilungsspielraum DVBl 2013, 156.

Speziell zum Beurteilungsspielraum: *Bamberger,* Behördliche Beurteilungsermächtigungen im Lichte der Bereichsspezifik des Verwaltungsrechts, VerwArch 2002, 217; *Bieler/Lorse,* Die dienstliche Beurteilung, 5. Aufl 2012; *Di Fabio,* Verwaltungsvorschriften als ausgeübte Beurteilungsermächtigung, DVBl 1992, 1338; *Erichsen,* Die sog unbestimmten Rechtsbegriffe als Steuerungs- und Kontrollmaßgaben, DVBl 1985, 22; *Fricke/Schütte,* Die gesundheitliche Eignung für eine Verbeamtung, DÖD 2012, 121; *Grünewald,* Beurteilungsspielräume und Regelungskompetenzen der Ärztekammer, DÖV 2012, 185; *Hain,* Unbestimmter Rechtsbegriff und Beurteilungsspielraum – ein dogmatisches Problem rechtstheoretisch betrachtet, FS Stark, 2007, 36; *Hartung,* Beurteilungsspielraum der Vergabestelle bei der Ausfüllung unbestimmter Rechtsbegriffe, VergabR 2006, 567; *Hoffmann-Riem,* Kontrolldichte und Kontrollfragen beim nationalen und europäischen Schutz von Grundrechten, EuGRZ 2006, 493; *Hofmann,* Der Beitrag der neueren Rechtsprechung des BVerfG zur Dogmatik des Beurteilungsspielraums, NVwZ 1995, 740; *Hwang,* Beurteilungsspielraum zugunsten außerrechtlicher Bewertung? Kritische Bemerkungen zur Einräumung behördlicher Beurteilungsspielräume im Umwelt- und Telekommunikationsrecht, VerwArch 2012, 356; *Kellner,* Der sog Beurteilungsspielraum in der verwaltungsgerichtlichen Prozeßpraxis, NJW 1966, 857; *Kment/Vorwalter,* Beurteilungsspielraum und Ermessen, JuS 2015, 193; *Kroh,* Risikobeurteilung im Gentechnikrecht, DVBl 2000, 102; *Lange,* Ermessens- und Beurteilungsspielräume als Transformatoren von Innen- und Außenrecht, NJW 1992, 1193; *Pache,* Tatbestandliche Abwägung und Beurteilungsspielraum, 2001; *Ramsauer,* Rechtsschutz durch nachvollziehende Kontrolle, FS BVerwG, 2003, 699; *ders,* Zur Kontrolldichte im Verwaltungsprozess, in GS Kopp, 2007, 72; *ders,* Zum Nachweis der praktischen Tätigkeit für die Eintragung in die Architektenliste, NordÖR 2013, 15; *Schild,* Zu Beurteilungsspielräumen im Medienrecht – Eine kritische Bestandsaufnahme, AfP 2012, 526; *Schmidt-Aßmann,* Die Kontrolle der Verwaltungsgerichte: Verfassungsrechtliche Vorgaben und Perspektiven, DVBl 1997, 281; *Schulze-Fielitz,* Neue Kriterien für die verwaltungsgerichtliche Kontrolldichte bei der Anwendung unbestimmter Rechtsbegriffe, JZ 1993, 772; *Wolff,* Die behördliche Auswahl zwischen mehreren Bewerbern um eine bergrechtliche Berechtigung, UPR 2005, 409.

Speziell zu Einschätzungsprärogativen: *Bick,* Die Rspr des BVerwG zum Artenschutzrecht, NuR 2016,73; *Bickenbach,* Die Einschätzungsprärogative des Gesetzgebers, 2014; *Brandt,* Tötungsrisiko und Einschätzungsprärogative, NuR 2013, 482; *E. Gassner,* Die naturschutzfachliche Einschätzungsprärogative, ein ungerechtfertigtes Vorrecht, DVBl 2012, 1479; *Gellermann,* Zugriffsverbote des Artenschutzrechts und behördliche Einschätzungsprärogative, NuR 2014, 597; *Jakob/Lau,* Beurteilungsspielraum und Einschätzungsprärogative, NVwZ 2015, 241; *Kahl/Burs,* Beurteilungsspielräume der Verwaltung im Naturschutzrecht, DVBl

2016, 1157, 1222; *Nolte,* Genehmigungsbehördliche Einschätzungsprärogative bei der Prüfung artenschutzrechtlicher Verbotstatbesstände, jurisPR-BVerwG 9/2014 Anm 3.

Speziell zu Prüfungsentscheidungen: *Adam,* Die Kontrolldichte-Konzeption des EuGH und deutscher Gerichte, 1993; *Barton,* Bewertungsfehler im Staatsexamen, NVwZ 2013, 555; *Berkemann,* Die „eingeschränkte" richterliche Kontrolle schulischer Leistungsbeurteilungen, RdJB 1986, 258; *Birnbaum,* Aktuelle Entwicklungen im Prüfungsrecht, Dok zum 17. Deutscher Verwaltungsgerichtstag, 2014, 98; *Fischer,* Aktuelle Entwicklungen im Prüfungsrecht, Dok zum 17. Deutscher Verwaltungsgerichtstag, 2014, 71; *Kopp,* Die Neubewertung fehlerhaft bewerteter Prüfungsaufgaben, BayVBl 1990, 684; *ders,* Grenzen des Beurteilungsspielraumes bei Prüfungen, JuS 1995, 468; *Kröpil,* Zur Behandlung von Verfahrens- und Bewertungsrügen in juristischen Prüfungen, NdsVBl 2014, 29; *Müller-Franken,* Die Begründung von Prüfungsentscheidungen bei Berufszugangsprüfungen, VerwArch 2001, 507; *Muckel,* Verwaltungsgerichtliche Kontrolle von Prüfungsentscheidungen, WissR 1994, 107; *Niehues/Fische/Jeremias,* Prüfungsrecht, 6. Aufl 2014; *Premer,* Rechtsschutz bei der Jägerprüfung, LKRZ 2012, 404; *Rozek,* Neubestimmung der Justitiabilität von Prüfungsentscheidungen, NVwZ 1992, 343; *Scherzberg,* Behördliche Entscheidungsprärogativen im Prüfungsverfahren?, NVwZ 1992, 31; *Streinz/Hammerl,* Der praktische Fall: Prüfungsüberprüfung, JuS 1993, 663; *Theuersbacher,* Die gerichtliche Kontrolle im Multiple-Choice-Verfahren der staatlichen ärztlichen und pharmazeutischen Prüfungen, BayVBl 1984, 129, 166; *Wagner,* Das Prüfungsrecht in der aktuellen Rechtsprechung, DVBl 1990, 183; *Wimmer,* Gibt es gerichtlich unkontrollierbare „prüfungsspezifische" Bewertungsspielräume?, in: Redeker-FS 1993, 531; *Zimmerling/Brehm,* Die Entwicklung des Prüfungsverfahrensrechts seit 1991, NVwZ 1997, 451; *Zimmermann,* Online-Prüfungen – Rechtliche Grundlagen und Konzeptionierung, WissR 2012, 312.

Speziell zum Planungsermessen: *Erbguth,* Neue Aspekte zur planerischen Abwägungsfehlerlehre? DVBl 1986, 1230; *Ibler,* Die Schranken planerischer Gestaltungsfreiheit im Planfeststellungsrecht, 1988, zugl Diss Göttingen 1988; *ders,* Die behördlichen Abwägungsspielräume bei Bauleitplanung und Planfeststellung, JuS 1990, 7; *Johlen,* Besonderheiten des Rechtschutzes gegenüber Planfeststellungen, in: Redeker-FS 1993, 487; *Kühling/Herrmann,* Fachplanungsrecht 2. Aufl 2000; *Rubel,* Planungsermessen, 1982; *Ramsauer,* Planfeststellung ohne Abwägung?, NVwZ 2008, 944; *Sauthoff,* Planerische Abwägungen im System straßen- und wegerechtlicher Entscheidungen, NVwZ 1995, 119; *Steinberg,* Das Nachbarrecht der öffentlichen Anlagen – Nachbarschutz gegen Planfreistellungen und sonstigen Anlagen der öffentlichen Hand, 1988; *Wegener,* Die Bedeutung des Planungsermessens, Vw 1981, 300; *Weyreuther,* Rechtliche Bindung und gerichtliche Kontrolle planender Verwaltung im Bereich des Bodenrechts, BauR 1977, 293.

Speziell zum normativen Ermessen: *Badura,* Das normative Ermessen bei Erlass von Rechtsverordnungen und Satzungen, GS Martens 1987, 25; *Bickenbach,* Die Einschätzungsprärogative des Gesetzgebers, 2014; *v Danwitz,* Die Gestaltungsfreiheit des Verordnungsgebers, 1989; *Hofmann/Türk,* Die Ausübung übertragener Normsetzungsbefugnisse durch die Europäische Union, ZG 2012, 105; *Nagel,* Die Rechtskonkretisierungsbefugnis der Exekutive: Ermessenkategorien und verwaltungsgerichtliche Kontrolldichte, 1993, zugleich Diss Konstanz 1993; *Schmidt,* Gesetzesvollziehung durch Rechtsetzung, 1969; *Schönemann,* Grenzen des Gestaltungsspielraums für die Normsetzung, NWVBl 2012, 329; *Seibert,* Die Einwirkung des Gleichheitssatzes auf das Rechtssetzungs- und Rechtsanwendungsermessen der Verwaltung, FG BVerwG 2003, 535; *Steinbach,* Gesetzgebung und Empirie, Staat 2015, 267.

Übersicht

I. Allgemeines

1 **1. Inhalt.** Die Vorschrift regelt die Ausübung des Ermessens in Fällen, in denen der Behörde in den maßgebenden Rechtsvorschriften oder Rechtsgrundsätzen für eine von ihr zu treffende Entscheidung ein **Ermessensspielraum** eingeräumt ist. Sie entspricht der auch schon vor Inkrafttreten des VwVfG hM, wonach im demokratischen Rechtsstaat das einer Behörde eingeräumte Ermessen nicht frei, sondern pflichtgemäßes Ermessen ist (vgl BVerfGE 14, 105, 114; BVerfG NJW 1978, 2446, 2447), das sich am jeweiligen **Zweck der Ermächtigung** zu orientieren hat und die gesetzlichen Grenzen, die für die Ausübung des Ermessens gelten, nicht überschreiten darf.[1] Zentrale Voraussetzung für die Ausübung des Ermessens ist deshalb die Feststellung der Ermessenszwecke (s unten Rn 73 f).

2 **a) Entwicklung des Verwaltungsermessens.** Erst nach dem Zweiten Weltkrieg setzte sich in Rspr und Literatur eine Differenzierung zwischen dem Beurteilungsspielraum auf der Tatbestandsseite und dem Verwaltungsermessen auf der Rechtsfolgeseite durch.[2] Vorher ging man von einem einheitlichen Spielraum aus, der teilweise auch als der gerichtlichen Kontrolle völlig entzogen angesehen wurde. Hinsichtlich der Justiziabilität wurde auf der Tatbestandsseite teilweise zwischen bestimmten Tatsachenbegriffen und unbestimmten Rechtsbegriffen unterschieden. Diese Unterscheidung wurde aber zu Recht aufgegeben, weil man erkannte, dass auch empirische Begriffe mehr oder weniger unbestimmt sind.

3 **b) Verhältnis zu § 114 VwGO.** In der Formulierung lehnt sich die Vorschrift – wenig glücklich – an die prozessrechtliche Regelung in § 114 VwGO an, ohne dabei den grundlegenden Unterschied zu berücksichtigen, der sich daraus ergibt, dass § 114 VwGO die Nachprüfung des Ermessens durch die Verwaltungsgerichte betrifft, während sich § 40 auf die **Grenzen der behördlichen Ermessensentscheidung** und damit auf den Inhalt dieses Ermessens bezieht.[3] Nicht ausdrücklich geregelt ist deshalb in § 40 die praktisch wichtige Frage der Sachgemäßheit der Ermessensausübung iS der Zweckmäßigkeit (zB gem § 68 VwGO) innerhalb der in § 40 allein angesprochenen Rechtmäßigkeitserfordernisse, ebenso wenig das Problem der Angemessenheit, Gerechtigkeit, Billigkeit

[1] Vgl BVerwGE 19, 335; 29, 235; 30, 313; 45, 24; BVerfG 9, 147; 14, 105; NJW 1979, 1113; Knack/Henneke 7. 47; WBSK I § 31 Rn 49; Obermayer VerwR 2. Aufl 60, 65; Menger VerwArch 1973, 207; Roellecke DÖV 1968, 377.

[2] Überblick über die Entwicklung bei Ramsauer GS Kopp, 2007, 72.

[3] Vgl Kopp/Schenke § 114 Rn 1 mwN; allg auch v Unruh NVwZ 1988, 695.

der zu treffenden Regelung (vgl Kopp/Schenke § 114 Rn 1), auch nicht die Frage, wann ein Recht des Bürgers auf ermessensfehlerfreie Ausübung des Ermessens anzuerkennen ist. Zu den ebenfalls nicht ausdrücklich geregelten **Folgen von Ermessensfehlern** s unten Rn 94 ff.

2. Unmittelbarer Anwendungsbereich. a) Ermessensentscheidungen. 4 Die Vorschrift gilt nach ihrem Wortlaut dann, wenn die Behörde ermächtigt ist, nach ihrem Ermessen zu handeln. Aus der systematischen Stellung imTeil III des Gesetzes folgt, dass ihre unmittelbare Anwendbarkeit auf das Handeln durch VA beschränkt ist. Der unmittelbare Anwendungsfall liegt also vor, wenn eine Norm des einfachen Rechts die Behörde zu einer Ermessensentscheidung ermächtigt, ihr damit die Möglichkeit einräumt, bei Vorliegen bestimmter Tatbestandsvoraussetzungen unter verschiedenen denkbaren bzw zulässigen Rechtsfolgen zu wählen. Die Vorschrift gilt sowohl für das **Entschließungsermessen,** also für die Frage, ob ein VA erlassen werden soll, als auch für das **Auswahlermessen**, also für die Frage, welche von verschiedenen zulässigen Regelungen gegen welche von verschiedenen in Betracht kommenden Personen getroffen werden sollen.

b) Verfahrens- und Organisationsermessen. Die Vorschrift differenziert al- 4a lerdings nicht zwischen Ermächtigungen des materiellen Rechts und solchen des Verfahrensrechts, die im Rahmen des Verwaltungsverfahrens im Vorfeld der abschließenden Entscheidung durch VA die Gestaltung des Verwaltungsverfahrens betreffen (ABegr 8). **Anwendbar** ist die Vorschrift deshalb auch auf Entscheidungen, die von Behörden im Rahmen ihres Verfahrensermessens zB nach § 10 oder § 28 Abs 2 getroffen werden.[4] Das gilt unabhängig davon, ob diese Entscheidungen VA-Qualität haben und ob sie nach § 44a VwGO einer unmittelbaren Rechtskontrolle entzogen sind oder nicht. Die Vorschrift verlangt nur ein Handeln im Rahmen eines auf Erlass eines VA gerichteten Verwaltungsverfahrens.

c) Ermessen ohne fachgesetzliche Grundlage. Anwendbar ist die Vor- 5 schrift auch dann, wenn die Verwaltung außerhalb des Geltungsbereichs des Gesetzesvorbehalts VAe ohne fachgesetzliche Grundlage erlässt, also etwa im Bereich der leistenden Verwaltung, in dem gelegentlich Leistungen durch VA erbracht werden, für die es im einfachen Gesetzesrecht keine materielle Ermächtigungsgrundlage gibt.[5] In diesen Fällen liegt zwar keine „Ermächtigung" im Rechtssinne vor, wohl aber eine „Berechtigung". Bei Fehlen einer gesetzlichen Grundlage muss sich die Entscheidung an allgemeinen **Grundsätzen der Sachgerechtigkeit, dem Gleichheitssatz, der Verhältnismäßigkeit** usw. orientieren, die idR durch Verwaltungsvorschriften und eine ermessenslenkende Praxis konkretisiert werden. Die Ermessenszwecke können sich auch – wie im Subventionsrecht nach wie vor von der hM anerkannt – aus dem Vorhandensein eines entsprechenden Haushaltstitels und der erforderlichen Vergaberichtlinien ergeben.

3. Analoge Anwendbarkeit auf andere Handlungsformen. a) Verwal- 6 tungsverträge. Anwendbar ist die Vorschrift auch auf Entscheidungen im Rahmen eines Verwaltungsverfahrens, das auf den Abschluss eines Verwaltungsvertrags gerichtet ist. Zwar ist der Verwaltungsvertrag nicht im III. Teil des Gesetzes geregelt, über § 62 S 1 kommt es nach allgemeiner zutreffender Auffassung aber gleichwohl zu einer Anwendbarkeit, auch wenn sich die gerichtliche Kontrolle eines Verwaltungsvertrags nicht nach § 114 VwGO richtet.

b) Schlichtes Verwaltungshandeln. Als Ausdruck eines allgemeinen 6a **Rechtsgedankens** kann die Vorschrift analog auch auf schlichtes Verwaltungshandeln im Bereich des öffentlichen Rechts angewendet werden, sofern dabei VA-ähn-

---

[4] Ebenso Rothkegel DÖV 1982, 512; Hill NVwZ 1985, 450; Obermayer/Funke-Kaiser 8; Knack/Henneke 39; StBS 47.

[5] StBS 31: frei gestaltende Verwaltung; Knack/Henneke 34: Verwaltungshandeln im gesetzesfreien Raum, s auch unten Rn 47.

liche Verwaltungsentscheidungen getroffen werden.[6] Das gilt etwa für die verwaltungsrechtlichen Willenserklärungen (näher § 35 Rn 41 ff), etwa für die Entscheidung, ob ein öffentlich-rechtliches Zurückbehaltungsrecht ausgeübt werden soll.[7]

6b **c) Verwaltungsprivatrechtliches Handeln. Umstritten** ist, inwieweit die Grundgedanken des § 40 auch für das verwaltungsprivatrechtliche Handeln der Behörden Geltung beanspruchen können. Da in diesem Bereich nicht hoheitlich gehandelt wird, kommt eine unmittelbare Anwendung nicht in Betracht. Die Zivilrechtsprechung neigt dazu, im Verwaltungsprivatrecht lediglich allgemeine Grundsätze des Verfassungsrechts, nicht aber Vorschriften des allgemeinen Verwaltungsrechts oder des Verfahrensrechts entsprechend heranzuziehen (BGHZ 155, 166 = NJW 2003, 2451). Dabei wird nicht hinreichend berücksichtigt, dass diese Verfassungsgrundsätze in § 40 für Verwaltungshandeln eine einfachgesetzliche Ausprägung gefunden haben. Deshalb sollte die Vorschrift im Verwaltungsprivatrecht analog angewandt werden.[8]

7 **d) Rechtsverordnungen und Satzungen. Keine Anwendung** finden kann die Vorschrift auf Verfahren zum Erlass von Rechtsverordnungen und Satzungen.[9] In diesen Fällen wird die Gestaltungsfreiheit des Normgebers auch als **normatives Ermessen**[10] bezeichnet. Zwar bestehen idR dem administrativen Ermessen vergleichbare einfachgesetzliche Zweckvorgaben, an denen die Legislativentscheidung ausgerichtet werden müsste.[11] Dem Verordnungsgeber müssen etwa die Ermächtigungszwecke gem Art 80 Abs 1 S 2 GG bzw entspr Landesverfassungsrecht hinreichend genau vorgegeben werden. Gleichwohl passen die Vorgaben des § 40 im Regelfall auf die Normsetzung nicht[12] Sowohl der Entscheidungsprozess als auch dessen gerichtliche Kontrolle weisen gegenüber dem Administrativermessen Unterschiede auf, die auch eine entsprechende Anwendung des § 40 im Grundsatz ausschließen.[13] Wie weit hier die gerichtliche Kontrolle gehen kann, richtet sich nach den gesetzlichen Vorgaben, die für den Verordnungs- bzw Satzungsgeber bestehen. So kann es Fälle geben, in denen die Normsetzung durch den Gesetzgeber selbst vergleichbaren Bindungen unterworfen worden ist. Dies ist etwa bei dem Erlass von Bebauungsplänen (§ 10 BauGB) der Fall.

8 **4. Analoge Anwendbarkeit auf andere Spielräume. a) Beurteilungsermächtigungen.** Die Vorschrift regelt unmittelbar nur das Verwaltungsermessen. Dabei ging der Gesetzgeber von der Vorstellung aus, dass der Verwaltung ein Ermessensspielraum auf der Rechtsfolgeseite einer dem Konditionalschema (Wenn-Dann) entsprechenden Rechtsnorm eingeräumt wird. Die analoge Anwendbarkeit der Vorschrift auch auf Beurteilungsermächtigungen (unten Rn 21 ff) ist **nach wie vor umstritten**. Die überkommene hM[14] lehnt eine

---

[6] So offensichtlich auch ABegr 8; ebenso Rothkegel DÖV 1982, 513; Lange NJW 1992, 1194; Knack/Henneke 21; StBS 47 f.

[7] OVG Münster DVBl 1983, 1074; StBS 48.

[8] OVG Lüneburg NJW 1977, 450 zu einer privatrechtlichen Gebührenregelung für bestimmte Benutzungsverhältnisse; Knack/Henneke 21; Obermayer/Funke-Kaiser 9; ebenso Rothkegel DÖV 1982, 513; Achterberg JA 1985, 510; v Zetzschwitz NJW 1983, 510.

[9] Hierzu näher v Danwitz, Die Gestaltungsfreiheit des Verordnungsgebers, 189; Maurer DÖV 1993, 184.

[10] Handelt es sich um Entscheidungen des parlamentarischen Gesetzgebers, ist von Legislativermessen die Rede.

[11] Ziekow 4 zum normativen Ermessen.

[12] StBS 48; vgl näher AK-GG-Ramsauer Art 80 Rn 55a mwN.

[13] Badura, GS Martens, 25; v Danwitz, Die Gestaltungsfreiheit an Verordnungsgebers, 161 ff; Ossenbühl NJW 1986, 2805; zT **aA** VerfG Greifswald NordÖR 2007, 353 (Kreisreform MV); zu den Abwägungsentscheidungen bei der Rechtssetzung Hofmann, S. 385 ff.

[14] MSU Rn 46; BeckOK Rn 27; Kment/Vorwalter JuS 2015, 193; Lange NJW 1992, 1193; Maurer § 7 Rn 55.

analoge Anwendung der Vorschrift (ebenso wie des § 114 VwGO)[15] auf Beurteilungsermächtigungen ab. Insbesondere die Rechtsprechung wendet für die gerichtliche Überprüfung nur **richterrechtlich entwickelte Kontrollformeln**[16] an, die sich vor allem am jeweiligen Rechtsbegriff orientiert, aber keine klaren dogmatischen Strukturen aufweist (s näher unten Rn 115 ff). Diese Kontrollformeln hat der Gesetzgeber in § 4 Abs 2 UmwRG übernommen, ohne erkennen zu lassen, ob damit eine Abkehr von der Fehlerlehre des § 114 VwGO verbunden sein soll. Die insbesondere in der Literatur vertretene Gegenmeinung betont zutreffend, dass es zwischen Ermessens- und Beurteilungsermächtigungen rechtssystematisch keinen wesentlichen Unterschied gebe, die eine unterschiedliche Behandlung rechtfertigen könnten.[17]

Für eine analoge Anwendung der Vorschrift sprechen die deutlich besseren Argumente. Die Voraussetzungen für eine Analogie liegen vor: Herstellung und Kontrolle von Beurteilungsentscheidungen (unten Rn 115 ff) sind gesetzlich nicht geregelt; es liegt also eine Lücke vor. Sie kann wegen **struktureller Vergleichbarkeit** der Entscheidungsspielräume und der Bedeutung der Entscheidungszwecke durch die analoge Anwendung der Vorschrift geschlossen werden. Die normtheoretische Vergleichbarkeit ist schon verschiedentlich untersucht worden.[18] Hinzu kommt, dass neuere Rechtsfiguren wie Planungs- und Regulierungsentscheidungen (unten Rn 8c, d) eine Trennung zwischen Tatbestands- und Rechtsfolgenseite kaum noch zulassen. Schließlich ist eine derartige Trennung auch dem Unionsrecht weitgehend fremd (unten Rn 15 ff).[19] 8a

Die praktischen Auswirkungen des Streits sind gering, weil sich die Kontrollformeln der hM (oben Rn 8) auch als Ausprägung des Regelungsprogramms des § 40 (bzw des § 114 VwGO) verstehen lässt. Das dürfte auch der Grund dafür sein, dass der Streit in der Praxis kaum eine Rolle spielt und in der Kommentarliteratur die Beurteilungsspielräume stets im Rahmen des § 40 bzw des § 114 VwGO abgehandelt werden.[20] Gerade die stark fallbezogene, sektoral geprägte Rechtsprechung lässt sich bruchlos in die Systematik des § 40 einordnen und auf diese Weise auch besser erklären. Sektorale Besonderheiten lassen sich auch im Rahmen von § 40 berücksichtigen. 8b

b) Planungsentscheidungen. Wegen der wesentlichen Gleichartigkeit der Probleme und der der Regelung zugrundeliegender Rechtsgedanken (unten Rn 25 ff) ist § 40 aber analog auf Fälle anzuwenden, in denen der Verwaltung aufgrund gesetzlicher Vorschriften oder nach allgemeinen Rechtsgrundsätzen ein **planerischer Gestaltungsspielraum** eingeräumt worden ist (zB für Planfeststellungsbeschlüsse gem § 74).[21] Das im Planungsrecht allgemein geltende **Abwägungsgebot** kann insoweit als planungsrechtliche Ausprägung des § 40 angesehen werden (s hierzu näher unten Rn 156 sowie § 74 Rn 95 ff). 8c

c) Regulierungsentscheidungen. Die Bundesnetzagentur verfügt bei einer Vielzahl von Regulierungsentscheidungen etwa nach dem TKG über einen rela- 8d

---

[15] Sodan/Ziekow § 114 Rn 39 mwN; FKS, VwGO, § 114 Rn 92; **aA** (für Anwendbarkeit des § 114 VwGO) zutreffend Kopp/Schenke § 114 Rn 3 mwN.

[16] BVerfGE 129, 1; 84, 34; BVerfG NVwZ 2013, 500; BVerwG NVwZ 1993, 677.

[17] Herdegen JZ 1992, 747; Bullinger, JZ 1984, 1001; Smeddinck DÖV 1998, 370; so auch Sodan/Ziekow § 114 Rn 199; Detterbeck § 8 Rn 378, wenn auch eine analoge Anwendung des § 114 im Ergebnis ablehnend.

[18] Herdegen JZ 1992, 747; Pache, Tatbestandliche Abwägung und Beurteilungsspielraum, 2001, 457 ff.

[19] Frenz, Handbuch Europarecht Band 5, Wirkungen und Rechtsschutz, § 3 Rn 2856f; Kadelbach, Allgemeines Verwaltungsrecht unter europäischem Einfluss, 1999, S 453; Grabitz NJW 1989, 1778; Pagenkopf NVwZ 1993, 220.

[20] StBS 158; Kopp/Schenke, VwGO, § 114 Rn 23 ff; MSU § 40 Rn 43 ff; Sodan/Ziekow § 114 VwGO Rn 286 ff.

[21] Obermayer/Funke-Kaiser § 74 Rn 16; **aA** jetzt Knack/Henneke 28.

tiv weiten Entscheidungsspielraum. Dabei geht es nicht nur um die Auswahl unter mehreren Enstscheidungsalternativen, sondern auch um weitgehend autonome Bewertungen der Sachverhalte, insbesondere des Marktgeschehens, der Marktbeherrschung und der wirtschaftlichen Auswirkungen bestimmter Regulierungsmaßnahmen. Die Regulierungsbehörde hat hier sehr komplexe Netzverhältnisse in den Blick zu nehmen, ihre Entscheidungen sind gerichtlich schon wegen dieser hohen Komplexität nur schwer überprüfbar. Aus diesem Grund wird das Regulierungsermessen teilweise als eigenständige Kategorie bei den Spielraumentscheidungen eingestuft (s unten Rn 28 ff).

8e **d) Einschätzungsprärogativen.** Es ist derzeit noch nicht abschließend geklärt, ob und ggf wondurch sich Einschätzungsprärogativen, die das BVerwG derzeit für verschiedene Tatbestandselemente von Rechtsnormen im Bereich des Umweltrechts, insbes des Naturschutzrechts annimmt, vom herkömmlichen Beurteilungsspielraum unterscheiden (s unten Rn 31). Richtigerweise wird man Einschätzungsprärogativen wegen ihrer Rechtfertigung mit den Grenzen gerichtlicher Ermittlung wissenschaftlicher Sachverhalte als eigenständige Kategorie behandeln müssen (unten Rn 31 f).

9 **5. Verfassungsrechtliche Problematik. a) Kontrolldichte und Rechtsschutz.** Unter der Geltung des GG hat sich in Deutschland eine Praxis strikter Kontrolle von Administrativentscheidungen mit hoher Kontrolldichte etabliert. Leitend waren hierfür rechtspolitisch die Erfahrungen der Vorkriegszeit, die verfassungsrechtlich ihren Niederschlag vor allem in Art 19 Abs 4 gefunden haben. Das Anliegen einer strikten Verwaltungskontrolle als Ausfluss der Rechtsschutzgarantie fand seinen dogmatischen Ausdruck in der normativen Ermächtigungslehre und dem Grundsatz der Letztentscheidungskompetenz der Gerichte (s unten Rn 17). Nicht zuletzt unter dem Einfluss des Unionsrechts kommt es allmählich zu einer behutsamen **Neuausrichtung der Praxis gerichtlicher Kontrolle.** In manchen Bereichen der Verwaltung sind die Anforderungen an die Entscheidungen und damit auch an deren Kontrolle derart komplex geworden, dass eine am Dogma strikter Kontrolle orientierte Gerichtspraxis an Grenzen stößt. Wo die gesetzlichen Maßstäbe fehlen oder wo die gesetzlichen Vorgaben ohne Steuerungskraft bleiben, kann auch die gerichtliche Kontrollaufgabe nicht wirklich erfüllt werden.[22]

10 **b) Die normative Ermächtigungslehre. aa) Entwicklung.** Der Umfang der verfassungsrechtlich gebotenen Kontrolle der Verwaltung durch die Verwaltungsgerichte ist seit Inkrafttreten des GG stets umstritten gewesen. Nachdem in der Literatur zunächst die Auffassung vorherrschend war, den Gerichten stehe grundsätzlich nur eine eingeschränkte Kontrollbefugnis zu,[23] setzte sich vor allem aufgrund der Rechtsprechung des BVerfG (BVerfGE 39, 334, 354; 39, 89, 136) und des BVerwG (vgl zB NVwZ 1991, 568) die Auffassung durch, dass **jede Einschränkung der Kontrolle** durch die Verwaltungsgerichte einer zulässigen **gesetzlichen Ermächtigung** bedarf, soweit die Rechtsnorm nicht die Verwaltung zur Letztentscheidung ermächtigt (normative Ermächtigungslehre). Dies bedeutet, dass die sog **Letztentscheidungskompetenz,** also das Recht, in der Sachentscheidung „das letzte Wort" zu haben, nur dann bei der Verwaltung liegt und von den Gerichten respektiert werden muss, wenn diese vom Gesetzgeber

---

[22] Letzteres ist deshalb problematisch, weil die Rechtsschutzgarantie Existenz und Umfang rechtlicher Positionen voraussetzt. Wenn und soweit die jeweilige Rechtsnorm Spielräume lässt, kann sich die Rechtsschutzgarantie im Grunde auch nur auf eine mit diesen Spielräumen belastete Position beziehen, vgl Ramsauer, Rechtsschutz durch nachvollziehende Kontrolle, FS BVerwG, 2003, 699, 714.

[23] Vgl Ule VwPr § 2 I: Vertretbarkeitslehre; Bachof, JZ 1972, 208: Beurteilungsspielraum; WBSK I § 31 Rn 23: Einschätzungsprärogative; vgl dazu Ule, in: Jellinek-GedS 1955, 309; VerwArch 1985, 15; WuV 1977, 87; Kopp BayVBl 1983, 679; Bleckmann DVBl 1990, 500; ähnlich Bachof JZ 1972, 208; Erichsen DVBl 1985, 22; Pache, passim.

aufgrund verfassungsrechtlich haltbarer Gründe der Verwaltung übertragen worden ist.[24] In allen anderen Fällen liegt diese bei den Gerichten, die dann berechtigt sind, im Rahmen ihrer Rechtskontrolle die Entscheidung in der Sache praktisch selbst zu treffen.

bb) Erkennbarkeit der normativen Ermächtigung. Die Anerkennung eines der gerichtlichen Nachprüfung teilweise verschlossenen Spielraums der Behörden ist vor allem im Bereich des **Beurteilungsspielraums** auf der Tatbestandsseite von Rechtsnormen umstritten, weil es für diesen in den Gesetzen häufig an hinreichend klar erkennbaren Zuweisungen fehlt (s Rn 17), während **Ermessensermächtigungen** auf der Rechtsfolgeseite an entsprechenden Formulierungen im Gesetz zumeist leicht erkennbar sind (idR „kann", „darf" usw). Für **Planungsentscheidungen,** deren Eigenständigkeit relativ spät erkannt wurde (s unten Rn 149 ff), war die Notwendigkeit eines planerischen Gestaltungsspielraums von Anfang an anerkannt.[25] Heftige Diskussionen hat die sich andeutende Anerkennung eines sog **Regulierungsermessens** durch das BVerwG ausgelöst, das möglicherweise noch größere Spielräume zulässt als bisher für Ermessen und Beurteilungspielräume anerkannt waren (s unten Rn 28 f). Noch nicht restlos geklärt ist die Frage, wie diejenigen Spielräume einzuordnen sind, die auf **strukturell-empirischen Unschärfen** bei der Sachverhaltsaufklärung beruhen (s unten Rn 31). 11

c) Rechtsschutz- und Kontrollaufgabe der Gerichte. Der Begriff des Rechtsschutzes hat den Blick dafür verstellt, dass in den Bereichen, in denen Rechtsschutz gegen Verwaltungsakte gewährt werden muss, die Aufgabe der Gerichte in einer Kontrolle dieser Verwaltungsakte liegt. Es ist in diesen Fällen nach den Prinzipien der Gewaltenteilung nicht Aufgabe der Gerichte, originäre Entscheidungen zum Gesetzesvollzug zu treffen, sondern die getroffenen Verwaltungsentscheidungen zu kontrollieren und sie im Fall einer Rechtsverletzung aufzuheben und nur im Verpflichtungsprozess im Falle der Spruchreife die Verwaltung zu einer bestimmten Entscheidung zu verpflichten. **Kontrolle von VAen heißt Fehlerkontrolle.**[26] Dies bedeutet an sich, dass die von der Verwaltung bereits getroffene Entscheidung kritisch nachvollzogen werden muss und nur dort und insoweit korrigiert werden darf, als sie den normativen Vorgaben nicht gerecht wird. 12

aa) Abhängigkeit der Kontrolldichte von der Regelungsdichte. Die Kontrolldichte muss dabei der Dichte der normativen Vorgaben entsprechen (BVerfG NVwZ 2011, 1062). Die Vorgaben entfalten jeweils ganz unterschiedliche Steuerungskraft und lassen dementsprechend **unterschiedlich viel Spielraum.** Einige sind derart stringent, dass nur eine einzige Entscheidung im Einzelfall mit ihnen vereinbar erscheint, andere dagegen lassen durchaus verschiedene Entscheidungen gleichberechtigt nebeneinander zu, und zwar unabhängig davon, ob sie von der hM als Beurteilungsermächtigungen angesehen werden oder nicht.[27] Alle in Rechtssätzen verwendeten Begriffe entbehren in geringerem oder größerem Umfang der Bestimmtheit mathematischer Symbole (vgl v Olshausen JuS 1973, 219). Schon angesichts dieser fließenden Übergän- 13

---

[24] Schmidt-Aßmann in M/D Art 19 Abs 4 Rn 185; Schmidt-Aßmann/Groß NJW 1993, 617; Schulze-Fielitz JZ 1993, 772; ders in Dreier (Hg), GG, Art 19 Abs 4 Rn 116 ff; Maurer § 7 Rn 34 ff. Krit hierzu Ramsauer, FS BVerwG, 699, 718; GS Kopp, 72.

[25] BVerwGE 34, 301, 304; 48, 56, 59; 56, 110, 116: „Planung ohne planerischen Gestaltungsspielraum ist ein Widerspruch in sich".

[26] Ramsauer FS BVerwG S. 699, 718; ähnlich Hoffmann-Riem, Grundlagen § 10 Rn 81 ff.

[27] Pache, Abwägung, S. 20 ff; Ramsauer FS BVerwG S. 699, 718; ähnlich auch Schulze-Fielitz in Dreier, Art 19 Abs 4 Rn 120; nun auch Hoffmann-Riem in Grundlagen, § 10 Rn 89 ff.

ge[28] ist die Unterscheidung zwischen bestimmten und unbestimmten Rechtsbegriffen nicht weiterführend. Dem verfassungsrechtlichen Kontrollauftrag der Gerichte entspricht es weit mehr, in jedem Falle des Gesetzesvollzugs nur eine **nachvollziehende Kontrolle**[29] durchzuführen, deren Dichte von der jeweils anzuwendenden gesetzlichen Ermächtigung abhängt. Soweit die anzuwendenden Vorschriften nur eine geringe Steuerungswirkung entfalten und dadurch Spielräume eröffnen, sollten sich die Gerichte darauf beschränken, ob diese eingehalten worden sind. Umgekehrt sollte eine konsequente Kontrolle der Grenzen des jeweils eröffneten Spielraums durchgeführt werden.

14 **bb) Kontrolldichte im Spektrum der Gewaltenteilung.** Bei sämtlichen Formen von Entscheidungsspielräumen der Verwaltung geht es verfassungsrechtlich um dieselben Fragen, nämlich um den notwendigen **Umfang der Gesetzesbindung** und um den gebotenen **Umfang der Kontrolle** von Entscheidungen durch die Verwaltungsgerichte. Beide Fragen hängen eng miteinander zusammen: Die Gesetzgebung muss die wesentlichen Fragen so detailliert regeln, dass die Verwaltung ihre Entscheidungen in Bindung an Gesetz und Recht treffen und die Rechtsprechung die Administrativentscheidungen am Maßstab von Gesetz und Recht kontrollieren kann. Der Umfang der Gesetzesbindung ist nicht von der rechtskonstruktiven Ausgestaltung des Spielraums als Ermessen, Beurteilungsspielraum oder Planungsermessen abhängig, sondern hängt entscheidend davon ab, in welchem Umfang der Gesetzgeber für den Verwaltungsvollzug Spielräume gelassen hat (s hierzu Ramsauer GS Kopp, 2007, 72). Soweit die hM für die Eröffnung von Spielräumen tragfähige Gründe verlangt,[30] betrifft dies letztlich die Pflicht, die wesentlichen Fragen gesetzlich zu regeln.

II. Entscheidungsspielräume und Kontrolldichte im Europarecht

15 **1. Zur Unterscheidung von Tatbestand und Rechtsfolge.** Das Unionsrecht kennt anders als das deutsche Recht **keine klare Unterscheidung** von Ermessen, Beurteilungsspielräumen und Planungsermessen.[31] Vielmehr sind in der Rspr des EuGH bei der Auslegung und Anwendung von Vorschriften keine klaren Unterschiede hinsichtlich der bestehenden Spielräume erkennbar. Die Begriffe „Ermessensspielraum" und „Beurteilungsspielraum" werden nicht einheitlich verwendet; dies gelangt auch in der Terminologie zum Ausdruck.[32] Die Entscheidungen lassen allerdings erkennen, dass nach der Rspr des EuGH Entscheidungsspielräume der Verwaltung nicht von einer speziellen Übertragung einer Letztentscheidungskompetenz auf die Verwaltung abhängen, sondern im Rahmen des direkten Vollzugs von Unionsrecht praktisch stets in Betracht gezogen werden müssen. Der EuGH gesteht den Organen der EU damit **stets einen gewissen Beurteilungs- oder Gestaltungsspielraum** zu, dessen Reichweite

---

[28] Vgl insoweit auch BVerwG DVBl 1991, 49; Kirchhof NJW 1986, 2279; Sendler, in: Ule-FS 1987, 356.

[29] S hierzu näher Ramsauer, BVerwGFS 699, 718.

[30] BVerfGE 88, 56; 61, 82; 64, 279; 84, 49; 84, 77; BVerfG NVwZ 2011, 1062, 1065; BVerwG NVwZ 2012, 1047 (Rn 37); Obermayer/Funke-Kaiser 63f; Schulze-Fielitz JZ 1993, 772; zT **aA** BVerwGE 39, 305; 59, 216; 61, 186; 62, 341; 75, 279; DVBl 1982, 31; 1987, 314; Bachof JZ 1972, 209; Erichsen DVBl 1985, 26: mit Art 19 Abs 4 GG ohne weiteres vereinbar.

[31] BVerwG NVwZ 2016, 161 (Schengen-Visum); aus dem reichhaltigen Schrifttum hierzu s nur Grabitz NJW 1989, 1776, 1778; Pache 373; Streinz, Europarecht, 8. Aufl 2008, Rn 598; s auch StBS 8.

[32] EuGHE 1964, 645, 669 (Bernusset); 1965, 859, 878; 1983, 2421, 2436 (Detti); EuGH DVBl 1986, 92; Rengeling/Middeke/Gellermann, Handbuch § 7 Rn 103ff.

sich allerdings nicht allgemein bestimmen lässt.[33] Eine uneingeschränkte Kontrolle iS einer Selbstentscheidung durch den EuGH ist nach Art 261 EU nur in bestimmten besonders geregelten Fällen vorgesehen. In der Rspr des EuGH kommt insoweit nicht nur eine andere Kontrollpraxis zum Ausdruck, sondern auch ein **abweichendes gerichtliches Kontrollkonzept,** bei dem eine nachvollziehende Kontrolle in Vordergrund steht.[34] Die Kontrollintensität orientiert sich an den maßgeblichen rechtlichen Vorgaben, die entweder sehr strikt oder sehr offen formuliert sein können, und nach der Bedeutung der zu entscheidenden Fragen, insbesondere der Eingriffsintensität.

2. Indirekter Vollzug von Unionsrecht. Gleichwohl kann § 40 auch in den Fällen des indirekten Vollzugs von Unionsrecht zur Anwendung kommen. § 40 enthält keine Regelung darüber, in welchen Fällen Ermessensspielräume bestehen, sondern setzt derartige Spielräume voraus. Auch regelt die Vorschrift – anders als § 114 VwGO – nicht die Kontrolle der Ermessensentscheidungen, sondern die Frage, wie die Behörden bei Ermessensermächtigungen verfahren sollen. Schließlich verlangt die Vorschrift keine strikte Trennung von Ermessen auf der Rechtsfolgenseite und Beurteilungsspielräumen auf der Tatbestandsseite. Vielmehr ist eher im Gegenteil davon auszugehen, dass diese Formen von Spielraum rechtsdogmatisch durchaus auf einen Nenner gebracht werden können.[35] Dies gilt vor allem deshalb, weil die Spielräume beim Ermessen, Beurteilungsspielraum und beim Planungsermessen eine weitgehend einheitliche finale Struktur aufweisen, was auch eine einheitliche Fehlerlehre ermöglicht (s hierzu näher unten Rn 22 ff). 16

III. Entscheidungsspielräume der Verwaltung

1. Allgemeines. Die Verwaltungsrechtsdogmatik unterscheidet herkömmlich zwischen Entscheidungsspielräumen auf der Tatbestandsseite, die als **Beurteilungsspielräume** bezeichnet werden, und solchen auf der Rechtsfolgeseite, die mit dem Begriff **Ermessensspielräume** gekennzeichnet werden.[36] Bei den sog Koppelungsvorschriften handelt es sich um solche, die im Tatbestand Beurteilungsspielraum eröffnen und auf der Rechtsfolgeseite eine Ermessensentscheidung vorsehen (s unten Rn 21). Nicht in diese überkommene Systematik passen die **planerischen Entscheidungsspielräume,** die im modernen Verwaltungsrecht von den beiden herkömmlichen Kategorien unterschieden werden und bei denen eine Differenzierung nach Tatbestand und Rechtsfolge nicht oder jedenfalls nicht ohne weiteres möglich ist (s näher unten Rn 149). Ähnliche Probleme stellen sich bei der Einordnung des sog **Regulierungsermessens** (s unten Rn 28 f). 17

Teilweise werden weitere Kategorien von Spielräumen gebildet.[37] Neuerdings erkennt die Rspr zunehmend Spielräume aufgrund von strukturell empirischen **Unschärfen bei der Sachverhaltsermittlung** an, die als eigene Kategorie verstanden werden können. Hierzu könnten bestimmte **administrative Prog-** 17a

---

[33] Allg Ansicht, vgl nur Schwarze, Europäisches Verwaltungsrecht, I, 281; Pache DVBl 1998, 384; Bleckmann, Europarecht, Rn 862; Rengeling/Middeke/Gellermann, § 7 Rn 103; Pagenkopf NVwZ 1993, 220.

[34] Näher Pache, Tatbestandliche Abwägung und Beurteilungsspielraum, 2002, 373; s auch Ramsauer FS BVerwG, 699, 709.

[35] Dies wird heute wieder deutlicher gesehen, vgl Hoffmann-Riem, Grundlagen I, § 10 Rn. 85; so bereits früher Koch, Unbestimmte Rechtsbegriffe, 136 ff.

[36] Vgl BVerwGE 72, 38, 53; BVerwG NJW 1999, 2056; OVG Mannheim DÖV 1995, 424; UL § 55 Rn 2; StBS 32 ff; Obermayer/Funke-Kaiser 4; Eifert ZJS 2008, 336; weitere Ausdifferenzierungen des Beurteilungsspielraums bei Schmidt-Aßmann in MD Art 19 Abs 4, Rn 188 ff; krit zu Recht Koch, Unbestimmte Rechtsbegriffe, 136 ff, insbes 186: Ermessen als Ermächtigung zur Tatbestandsergänzung; MB 17; ähnlich Smeddinck DÖV 1998, 370.

[37] Vgl etwa Schmidt-Aßmann in MD Art 19 Abs 4 GG, Rn 188 ff.

nosen gehören, die von der Rspr nur auf bestimmte Prognosefehler hin kontrolliert werden, oder auch **naturschutzfachliche Bewertungen** im Rahmen artenschutzrechtlicher Entscheidungen.[38] Hiervon geht die Rspr neuerdings bei der Kontrolle von Sachverhaltsfeststellungen der Verwaltung aus, wenn diese auf bestimmten fachgutachterlichen Aussagen bzw Feststellungen beruhen. Hierbei handelt es sich nicht um echte Spielräume, sondern um eine **Zurücknahme der Kontrolle** im Hinblick auf die **Amtsermittlung** des Sachverhalts.[39]

18 **2. Ermessen.** Ermessen bedeutet, dass das Handeln der Behörde nicht schon durch die Rechtsvorschriften eindeutig und abschließend vorgezeichnet und determiniert ist und die Behörde nur die Aufgabe hätte, die entsprechenden Tatsachen unter einen Tatbestand zu subsumieren, sondern dass die insoweit maßgeblichen Rechtsvorschriften der Behörde einen gewissen **Spielraum bei der Setzung einer bestimmten Rechtsfolge** lassen. Die Gerichte dürfen die Entscheidung insoweit nur auf Ermessensfehler hin prüfen.[40] Das Ermessen kann sich auf die Frage des „Ob" des Handelns der Behörde beziehen, bei VAen also auf die Frage, ob ein Verfahren nach § 9 eingeleitet wird, ob der beantragte oder von der Behörde von Amts wegen beabsichtigte VA erlassen wird, usw **(Entschließungsermessen),** und auf die Frage des „Wie" des Handelns, insb die Bestimmung des näheren Inhalts einer Entscheidung, zB die Frage, welche Nebenbestimmungen dem VA beigefügt werden, sowie wer von mehreren Pflichtigen in Anspruch genommen werden soll **(Auswahlermessen).**

19 **a) Ermessensermächtigung.** Ob und ggf in welcher Hinsicht der Behörde in einer Sache ein Ermessensspielraum zukommt, ist letztlich eine Frage der Auslegung der einschlägigen Vorschriften, insb der gesetzlichen Ermächtigung zum Erlass des in Frage stehenden VA. § 40 enthält keine derartige Ermächtigung, sondern setzt grundsätzlich eine **Ermächtigung im Fachrecht** voraus. Das Fehlen näherer Normierung der Voraussetzungen eines VA spricht idR dafür, dass der Erlass in das Ermessen der Behörde gestellt ist (OVG Koblenz NVwZ-RR 1991, 575; s auch unten Rn 60). Nicht zwingend notwendig ist eine besondere gesetzliche Grundlage. Ist die Behörde zB berechtigt, außerhalb des Geltungsbereichs des Gesetzesvorbehalts (s hierzu Rn 60) einen VA zu erlassen, so ist sie gleichwohl verpflichtet, sich bei ihrer Entscheidung an § 40 zu orientieren. Die Ermessenszwecke ergeben sich in diesen Fällen aus dem Grundsatz der Sachgerechtigkeit und dem Willkürverbot. Zulässigkeit und Notwendigkeit einer Ermessensentscheidung können sich auch aus der Natur der Sache ergeben, zB wenn die Kapazität einer Schule, das zur Verfügung stehende Kontingent usw, nicht für alle Bewerber ausreicht und eine Auswahl getroffen werden muss.[41]

20 **b) Ermessenszwecke.** Ermessen iS von § 40 bedeutet nie Beliebigkeit, sondern immer, auch wenn das Gesetz, das dazu ermächtigt, dies nicht ausdrücklich sagt, **pflichtgemäßes Ermessen** (BVerwGE 18, 363; 49, 184; Knack/Henneke 47), dh ausschließlich nach sachlichen, am **Zweck der Ermächtigung und den Wertungen der Rechtsordnung,** insb auch des Verfassungsrechts orientiertes Ermessen (vgl unten Rn 34 ff). Je nach den maßgeblichen Rechtsvor-

---

[38] BVerwGE 145, 40 (Bielefeld-Steinhagen).

[39] Hierzu bereits Ramsauer, FS BVerwG, Rechtsschutz durch nachvollziehende Kontrolle – Bermerkungen zu Methoden und Technik verwaltungsgerichtlicher Entscheidungsfindung, 2003, 669 ff.

[40] Vgl BVerwGE 44, 159; DVBl 1982, 30; Obermayer VerwR 88 ff; Rupp VVDStRL 34, 217; Kopp DÖV 1966, 317; Herdegen JZ 1991, 263; Ossenbühl, in: Redeker-FS 1993, 55; Schmidt-Aßmann/Groß NVwZ 1993, 617; Burgi JZ 1994, 656; Erbguth DVBl 1993, 651 mwN; Hoppe/Schlarmann, Raumordnungs- und LandesplanungsR, 2. Aufl 1992, Rn 511.

[41] VGH Kassel NVwZ-RR 1992, 361; Krebs ZRP 1984, 226; Ehlers DVBl 1993, 865; Theuersbacher NVwZ 1993, 632 auch zu den Auswahlkriterien.

schriften, insb auch nach der gesetzlichen Vorschrift, die dazu ermächtigt, kann das der Behörde vom Gesetz eingeräumte Ermessen uU nach Inhalt, Zweck und Ausmaß sehr eng oder auch umgekehrt sehr weit sein, so dass nahezu jede Entscheidung, die in der Sache geeignet und zweckmäßig ist, auch als ermessensgerecht und ermessensfehlerfrei angesehen werden muss, sofern nicht im konkreten Fall besondere Umstände vorliegen (vgl BVerwG NJW 1993, 1661 zur Auswahl eines Pflichtigen bei einem Gesamtschuldverhältnis).

3. Beurteilungsspielraum. Der Beurteilungsspielraum bezieht sich von der Systematik her auf die Entscheidung über das Vorliegen eines Tatbestandsmerkmals im Einzelfall, also auf die Auslegung und Anwendung einzelner Rechtsbegriffe im Tatbestand einer Rechtsnorm. Es handelt sich stets um Begriffe, deren Auslegung und Anwendung im Einzelfall besondere wertende Entscheidungen erfordern, weshalb zumeist auch von unbestimmten Rechtsbegriffen die Rede ist. Diese Bezeichnung ist indessen missverständlich, weil damit der Eindruck erweckt wird, es gebe daneben auch unbestimmte Tatsachenbegriffe. Das ist indessen im Bereich des Gesetzesvollzugs nicht der Fall, weil jeder Begriff, der sich im Tatbestand einer Norm befindet, ein Rechtsbegriff ist. 21

a) Beurteilungsermächtigung. Ein Beurteilungsspielraum ergibt sich, ähnlich wie beim Ermessen nur dann, wenn und insoweit als das Gesetz der Behörde die Entscheidung über das Vorliegen oder Nichtvorliegen eines Tatbestandsmerkmals mit der Maßgabe überträgt, dass ihre unter wertender Abwägung aller betroffenen Belange getroffene Entscheidung (Beurteilung) grundsätzlich letztverbindlich sein und nur in Grenzen der Kontrolle durch die Gerichte unterworfen sein soll.[42] Wenn bzw soweit ein Gesetz einen derartigen Beurteilungsspielraum vorsieht, ist die **Nachprüfungskompetenz des Gerichts beschränkt** (s im Einzelnen unten Rn 115 ff). Das Gericht muss, wenn diese Schranken überschritten sind, eine vertretbare Beurteilung durch die Behörde noch nicht stattgefunden hat oder die Beurteilung sonst den Ermächtigungszwecken nicht gerecht wird, bei einer Anfechtungsklage den VA aufheben und bei der Verpflichtungsklage die Verpflichtung der Behörde zur Neubescheidung aussprechen (s im einzelnen Kopp/Schenke § 113 Rn 195 ff). Ein Beurteilungsspielraum im dargelegten Sinn ist nach derzeitiger Rspr nur dann anzunehmen, wenn der Gesetzgeber der Behörde in verfassungsrechtlich zulässiger Weise einen solchen gerichtlich grundsätzlich nur beschränkt nachprüfbaren Spielraum zuweist oder überlässt[43] (s Rn 99 ff). 22

b) Beurteilungszwecke. Aufgabe der Verwaltung ist es, die in den zu vollziehenden Rechtsvorschriften in genereller, abstrakter Form vorgezeichneten, ihr zum Vollzug oder zur Beachtung aufgegebenen Regelungen an Hand der vorgegebenen Ziele, Zwecke und sonstigen Kriterien nach sachlichen Gesichtspunkten **im Hinblick auf den zu entscheidenden Fall zu Ende zu denken,** und zwar so, dass die dabei angewandten Kriterien und die dabei zugrunde gelegten Maßstäbe als allgemeine Regel auch für andere gleichliegende Fälle Anwendung finden könnten.[44] Für die Verwaltungsentscheidung ist die bei den unbestimmten Rechtsbegriffen meist im Vordergrund stehende Frage 23

---

[42] Vgl BVerfG NVwZ 1993, 670; BVerwGE 62, 336; zur verfassungsrechtlichen Rechtfertigung BVerfGE 84, 53 = NJW 1991, 2005; vgl auch BVerfGE 64, 279; 83, 148; AK-GG-Ramsauer Art 19 Abs 4 GG Rn 111.

[43] Vgl BVerwGE 39, 19; 57, 130; 59, 215; 62, 336; BVerfGE 72, 199; BVerwG NVwZ 1991, 569; NVwZ-RR 1994, 95; BGHZ 46, 382; BFHE 81, 577; OVG Lüneburg DVBl 1991, 1995; Ule DVBl 1973, 756; 1974, 918; Erichsen/Ehlers § 11 Rn 45; Maurer § 7 Rn 26 ff; Tettinger DVBl 1982, 421; krit zur Regel-Ausnahme-Konzeption WBSK I § 31 Rn 20; Stern 17 I 4 mwN; Bachof JZ 1955, 97; 1972, 208 ff; Koch DVBl 1983, 1125; Jarass NVwZ 1987, 99; Redeker NVwZ 1992, 309.

[44] Vgl Kopp/Schenke § 114 Rn 12; Ramsauer, GS Kopp, S. 72.

der Justitiabilität, dh der Nachprüfbarkeit der getroffenen Entscheidungen in tatsächlicher und rechtlicher Hinsicht durch die Gerichte und der dafür ggf bestehenden Beschränkungen nur mittelbar im Hinblick auf die Frage, ob die getroffene Entscheidung einer gerichtlichen Nachprüfung standhalten würde, von Bedeutung.

24 **c) Kombinierte Tatbestände (Koppelungsentscheidungen).** Nach hM handelt es sich bei unbestimmten Rechtsbegriffen und bei den Beschränkungen der gerichtlichen Nachprüfung unbestimmter Rechtsbegriffe um die Anerkennung einer vom Gesetzgeber verfügten Beschränkung der gerichtlichen Nachprüfung der Beurteilung und Wertung eines gegebenen Sachverhalts durch die zuständige Behörde. Soweit jedoch in einer Vorschrift der Beurteilungsspielraum auf der Tatbestandsseite mit einer Ermessensregelung auf der Rechtsfolgenseite verbunden ist (sog Kombinations- oder Koppelungstatbestand) und für die Auslegung des unbestimmten Rechtsbegriffs dieselben Kriterien maßgeblich sind wie für die Beurteilung der Ermessensentscheidung, zu der die Behörde durch die in Frage stehende Vorschrift ermächtigt ist, wird der Unterschied zu Ermessensentscheidungen verwischt und ergeben sich für die behördliche Entscheidung und die gerichtliche Nachprüfung praktisch dieselben Voraussetzungen und Beschränkungen wie für Ermessensentscheidungen.[45] Die Regelung wird in diesen Fällen im Ergebnis weitgehend zur Ermächtigung zur **Ermessensausübung, die sich am unbestimmten Begriff zu orientieren hat** (vgl BVerwGE 40, 356). Gleichwohl sollten Beurteilungsspielraum und Ermessen im Interesse der Rechtsklarheit auseinandergehalten und unterschieden werden und insb auch getrennt und nacheinander geprüft werden.[46] Dies gilt insbes deshalb, weil die Bewertungsmaßstäbe für die Ausfüllung von Ermessen und Beurteilungsspielraum meist unterschiedlich sind.[47]

24a **d) Prüfungsentscheidungen.** Eine **Sonderform der Beurteilungsentscheidungen** stellen die Prüfungsentscheidungen dar. Bei der Prüfungsentscheidung wird zwar auch eine reguläre Beurteilung der gezeigten Leistungen anhand der von der Prüfungsordnung oder anderen Vorschriften vorgegebenen Kriterien vorgenommen. Darüber hinaus spielt aber das Prüfungsverfahren eine ganz wesentliche Rolle, weil dieses sich ebenfalls an den allgemeinen Maßstäben des Prüfungsrechts, insbesondere an der Chancengleichheit orientieren muss (s unten Rn 128 ff) und Fehler auf die Prüfungsentscheidung selbst durchschlagen können.

25 **4. Planungsermessen.** Von Planungsermessen oder planerischem Gestaltungsspielraum ist die Rede, wenn das Gesetz der Verwaltung die Aufgabe übertragen hat, Entscheidungen unter Berücksichtigung einer Vielzahl von Belangen bzw Interessen mit dem Ziel einer zukunftsorientierten, langfristigen Steuerung zu treffen. Im Anwendungsbereich des VwVfG geht es dabei im Wesentlichen um raumrelevante Planungen in **Planfeststellungs- und Plangenehmigungsverfahren** (§§ 72 ff), während die klassischen Planungsverfahren der Raumordnung und Bauleitplanung nicht vom VwVfG erfasst werden, weil sie nicht in der Form des VA erfolgen. In Betracht kommen darüber hinaus noch Schutzge-

[45] So ausdrücklich GemSOBG BVerwGE 39, 355: erhebliche Härte" iS von § 131 AO (heute: § 227 Abs 1 AO) ist ein unbestimmter Rechtsbegriff, der Inhalt und Grenzen auch der pflichtgemäßen Ermessensausübung beim Billigkeitserlass bestimmt; ähnlich BVerwGE 72, 1; BVerwG NJW 1988, 1804; 1991, 107.

[46] Obermayer/Funke-Kaiser 4; vgl idS auch BVerwGE 39, 197; 45, 323; 84, 89; BVerwG NJW 1990, 1061; 1992, 1578; BSG SGb 1987, 125; OVG Lüneburg GewArch 1991, 227; VGH Mannheim GewArch 1992, 1440.

[47] Vgl OVG Lüneburg GewArch 1991, 227: das Bedürfnis bei der Bedürfnisprüfung bei der öffentlichen Bestellung von Sachverständigen gem § 36 GewO ist ein „unbestimmter Rechtsbegriff" und somit tatbestandliche Voraussetzung für die nachfolgende Ermessensentscheidung.

bietsausweisungen, deren Plancharakter allerdings umstritten ist,[48] sowie einzelne weitere Planungsentscheidungen mit Raumbezug.[49]

a) Planungsermächtigung. Die Ermächtigung zur Ausübung des Planungsermessens ergibt sich jeweils aus dem anwendbaren Fachplanungsgesetz. Die modernen Fachplanungsgesetze enthalten ausdrücklich eine Abwägungsklausel, in der die Ermächtigung zur Abwägung der betroffenen Interessen unter Berücksichtigung der spezifischen Ziele des Fachplanungsgesetzes geregelt ist; zB § 17 S 2 FStrG, § 18 S 2 AEG, § 14 Abs 1 S 2 WaStrG. Allerdings setzt die Anerkennung eines planerischen Gestaltungsspielraums eine ausdrückliche Abwägungsklausel nicht voraus. Ausreichend ist vielmehr, dass das Gesetz eine Planung, insbesondere eine Planfeststellung, vorsieht.[50] Zwar handelt es sich bei letzteren idR nicht um eine **originäre Planung,** weil Gegenstand der Planfeststellung der vom Antragsteller eingereichte Plan ist, sondern um eine **nachvollziehende Planung.**[51] Gleichwohl ist hier aber ein planerischer Gestaltungsspielraum mit der Folge anerkannt, dass es idR keinen Anspruch auf Planfeststellung gibt. 26

b) Planungsziele. Die Ziele, an denen sich die Planungsentscheidung zu orientieren hat, ergeben sich in erster Linie **aus dem jeweiligen Fachplanungsgesetz** (zB FStG, AEG, PBefG usw). Darüber hinaus sind aber in der Abwägung auch sämtliche Ziele beachtlich, die den materiellen Vorschriften zugrunde liegen, an denen sich die Fachplanung im Übrigen zu orientieren hat (s hierzu näher § 74 Rn 67). Dabei stehen die Ziele nicht immer gleichwertig nebeneinander; vielmehr sind einzelne Ziele bzw Belange mit besonderem Gewicht ausgestattet, weshalb es einer besondere Rechtfertigung bedarf, sie im Rahmen der Abwägung hintan zu stellen (vgl näher § 74 Rn 114 ff). Auch ist eine Abwägung auf der Grundlage der Planungsziele erst zulässig, wenn die Voraussetzungen für die Planfeststellung im Übrigen vorliegen. 27

5. Regulierungsermessen. Umstritten ist, ob neben den beschriebenen Kategorien von Ermessen, Beurteilungsspielraum und Planungsermessen als **eigenständige Kategorie** das Regulierungsermessen anerkannt werden muss. Das BVerwG[52] hat mit Billigung des BVerfG[53] für bestimmte Entscheidungen der Regulierungsverwaltung von Regulierungsermessen als selbständiger Kategorie gesprochen.[54] Ein solches soll der Bundesnetzagentur als Regulierungsbehörde zustehen, wenn sie einem Anbieter in ihrem Zuständigkeitsbereich (Energie, 28

---

48 Die hM geht hier von einem Normsetzungsermessen aus (vgl BVerwGE 119, 312), wendet aber das Abwägungsgebot des Planungsrechts an (Lütkes/Ewer, BNatSchG, 2011, § 22 Rn 5; Schumacher/Fischer-Hüfte, BNatSchG, 2. Aufl 2010, § 22 Rn 10).

49 Zweifelhaft ist dies für die naturschutzrechtliche Abwägungsentscheidung nach § 15 Abs 5 BNatSchG (BVerwGE 85, 348; VGH Mannheim NVwZ 1992, 998; anders für den Anwendungsbereich der Eingriffsregelung im Rahmen von § 35 BauGB BVerwG NVwZ 2002, 1112); anerkannt dagegen für schulorganisatorische Entscheidungen hins der Errichtung, Zusammenlegung oder Auflösung von Schulen,(BVerwG NJW 1979, 828; NVwZ 1992, 1202).

50 Nach BVerwG NVwZ 2007, 700 besteht bei der Zulassung von bergrechtlichen Betriebsplänen kein Planungsermessen, umstritten ist, ob dies auch für atomrechtlichen Planfeststellungsbeschlüssen für Endlager nach § 9b AtG zu gelten hat; ausführlich zum Streitstand Ramsauer NVwZ 2008, 944 (946).

51 Zur planerischen Gestaltungsfreiheit bei den nachvollziehenden Planungentscheidungen s Wahl/Dreier NVwZ 1999, 606, 608; Hoppe/Just DVBl 1997, 789, 792; Jarass DVBl 1998, 1202; Kühling/Herrmann Rn 318 ff; Steinberg/Berg/Wickel, § 3 Rn 86; Ziekow, Praxis des Fachplanungsrechts, 647.

52 BVerwG NVwZ 2008, 575 (577), BVerwG N&R 2008, 140; hierzu näher Ludwigs JZ 2009, 290; Attendorn, MMR 2009, 238; Franzius DVBl 2009, 409.

53 BVerfG MMR 2012, 186.

54 In anderen Bereichen ist nur von einem begrenzten Beurteilungsspielraum die Rede (vgl BVerwGE 156, 75 Rn 13).

Telekommunikation, Post, Bahn) eine Maßnahme nach § 9 Abs 2 TKG auferlegt, etwa einem anderen Unternehmen den Zugang zum Netz ermöglicht.[55] Das Regulierungsermessen setze dort ein, wo der Behörde durch Gesetz (§§ 21 und 30 TKG) ermessensleitende Vorgaben auferlegt werden. Es bezieht sich **nicht nur auf die Marktanalyse, sondern auch auf die Marktdefinition.**[56] Die durch unbestimmte Rechtsbegriffe gesteuerte Abwägung nach § 21 Abs 1 S 2 TKG könne nach Ansicht des BVerwG nicht von der sich daran anschließenden Ermessensbetätigung getrennt werden (BVerwG NVwZ 2008, 575, 577).

29 **a) Regulierungsermächtigung als selbständige Kategorie?** Die Annahme des Regulierungsermessens als selbständige Kategorie ist in der Literatur auf erhebliche Kritik gestoßen.[57] Einerseits wird angenommen, dass die gesetzlich vorgegebenen Spielräume für die Regulierungsverwaltung auch in die bestehenden Kategorien eingeordnet werden könnten. Andererseits wird darauf hingewiesen, dass der vom BVerwG angenommene **sehr weite Spielraum** mit den Anforderungen des effektiven Rechtsschutzes nach Art 19 Abs 4 GG nicht in Einklang zu bringen sei.[58] Schließlich ist nicht eindeutig, ob das BVerwG das Regulierungsermessen als eigenständigen Typus behördlicher Entscheidungsspielräume (mit einer eigenen Fehlerlehre) ansieht oder darin einen Unterfall des Planungsermessens sieht.[59] Für die Praxis ist diese Frage nach der Kategorisierung indes von untergeordneter Bedeutung, weil es in der Sache um die Reichweite der Entscheidungsspielräume bzw der Kontrolle durch die Verwaltungsgerichte geht. Es spricht manches dafür, insoweit eine **Parallele zum Planungsrecht** zu ziehen, da auch bei der Regulierung ein komplexes Interessengeflecht beherrscht und mit einer Zukunftsorientierung gestaltet werden muss.[60] Das legt es nahe, die Abwägungsfehlerlehre des Planungsrechts als Kontrollmaßstab heranzuziehen.[61]

30 **b) Regulierungsziele.** Die Ziele, an denen sich die Ausübung des Regulierungsermessens zu orientieren hat, ergeben sich aus dem jeweiligen Regulierungsgesetz und mittelbar aus den unionsrechtlichen Vorgaben für die Netzverwaltung. Danach geht es vor allem um die **Schaffung und Stabilisierung einer ausgewogenen Marktstruktur** und die Vermeidung marktbeherrschender Stellungen sowie um die Funktionsfähigkeit des jeweiligen Netzes. In der Regulierungsverwaltung ist eine Bandbreite unterschiedlicher Ziele den entsprechenden Gesetzen vorangestellt (zB §§ 1, 2 TKG, § 1 EnWG). Hauptsächlich geht es darum, den Interessen der Nutzer (Verbraucher) durch Gewährleistung eines hohen Niveaus der angebotenen Leistungen und Dienstleistungen zu dienen. Die Schaffung von Wettbewerbsimpulsen ist dabei ein wesentliches Mittel der Regulierungsverwaltung.[62] Mit der umfangreichen ausdrücklichen Normierung des Zwecks der einzelnen Gesetze ist regelmäßig die gesetzgeberische Intention verbunden, bei Zweifelsfragen in der Anwendung des Gesetzes der zielorientierten Ausführung einen besonderen Wert beizumessen (vgl Begr Entwurf TKG 1996, BT-Drs 13/3609, S. 36).

---

55 Zum Umfang der sektorspezifischen Regulierung der Telekommunikationsmärkte, Schütz, in Beck'scher TKG-Kommentar, 3. Aufl. 2006, § 9 Rn 2 ff.

56 Winkler DVBl 2013, 156.

57 Gärditz NVwZ 2009, 1005; Attendorn MMR 2009, 238; Durner DVBl 2012, 299; zT **aA** Wieland DÖV 2011, 705.

58 S hierzu etwa v Lewinski DVBl 2013, 339, 342.

59 So etwa Ludwigs JZ 2009, 290, 292.

60 So nunmehr auch BVerwG NVwZ 2014, 942; krit zu diesem Ansatz Broemel JZ 2014, 286; Winkler DVBl 2013, 156.

61 In diese Richtung könnte BVerwGE 131, 41; BVerwG NVwZ 2010, 1359 zu verstehen sein.

62 Schuster, in Beck'scher TKG-Kommentar, 3. Aufl 2006, § 2 Rn 5.

6. Einschätzungsprärogativen. a) Begriff. Der Begriff der Einschätzungsprärogative wird in der Rechtsprechung und vor allem in der Literatur bisher nicht eindeutig verwandt. Teilweise werden damit Entscheidungsspielräume des Gesetzgebers bezeichnet, wobei sich der Begriff dann mit dem normativen Ermessen überschneidet, teilweise allgemein Entscheidungsspielräume der Verwaltung, wobei sich der Begriff dann leicht mit dem des Beurteilungsspielraums überschneidet. Ansätze zu einer belastbaren Dogmatik gibt es bisher lediglich im Bereich der **naturschutzfachlichen Einschätzungsprärogative**, für die Abgrenzungskriterien zu allgemeinen Beurteilungsentscheidungen gesucht werden. Dabei geht es im wesentlichen um die Identifizierung von **kognitiven Spielräumen** im Rahmen der Sachverhaltserfassung, deren rechtliche Kontrolle an empirisch-praktische Grenzen stößt. Nach dem Muster der naturschutzfachlichen Einschätzungsprärogativen lassen sich **auch in anderen Bereichen des Fachrechts** Rechtsnormen finden, bei deren Anwendung die Verwaltung vor vergleichbaren Problemen steht, weshalb eine Heranziehung dieser Rechtsfigur dann naheliegt. Dies gilt etwa für vergleichbare Probleme im Wasserrecht.[63] 31

Rechtsdogmatisch ist es schwer, für die Figuren des klassischen Beurteilungsspielraums auf der einen und einer empirisch-fachlichen Einschätzungsprärogative auf der anderen Seite belastbare Abgrenzungskriterien zu identifizieren, weil sich beide auf die fachliche Bewertung von Tatbestandsmerkmalen beziehen und regelmäßig prognostische Elemente aufweisen. Deshalb dürften die Unterschiede in der Praxis eher gradueller als prinzipieller Natur sein.[64] Immerhin lässt sich feststellen, dass es bei der administrativen Einschätzungsprärogative um die Bewältigung empirisch-wissenschaftlicher Erkenntnisprobleme geht, während es beim Beurteilungsspielraum um die der Verwaltung überlassene normative Bewertung von Elementen eines Tatbestandsmerkmals geht. Der Annahme einer Einschätzungsprärogative liegt also die Einschätzung des Gerichts zugrunde, dass eine weitere Aufklärung des Sachverhalts auch mit Hilfe von (weiterem) externen Sachverstand nicht sinnvoll möglich ist. Aus der **spezifischen Rechtfertigung der Einschätzungsprärogative**[65] dürfte folgen: Lassen sich die kognitive Unschärfen infolge neuer wissenschaftlich gesicherter Erkenntnisse ausräumen, dürfte die Einschätzungsprärogative entfallen.[66] Hierin könnte der maßgebliche Unterschied zum klassischen Beurteilungsspielraum zu sehen sein.[67] Das bedeutet zugleich, dass sich naturschutzfachliche Einschätzungsprärogativen grundsätzlich auch innerhalb von Beurteilungs- oder Planungsentscheidungen befinden können. 31a

b) Naturschutzfachliche Einschätzungsprärogative. Im Naturschutzrecht hat sich die Rspr aus einer umfassenden Kontrolle bestimmter komplexer naturwissenschaftlicher Fragen zurückgezogen und beschränkt sich bei der Kontrolle derartiger Entscheidungen seither auf eine Fehlerkontrolle. Entwickelt zunächst für die **naturschutzrechtliche Eingriffsregelung,**[68] wurde eine Einschätzungs- 31b

---

[63] Nachweise bei Jakob/Lau NVwZ 2015, 241, 245.

[64] Die Lehre von der Einschätzungsprärogative bedeutet ein behutsames Abrücken von der normativen Ermächtigungslehre, nach der die Gesetzesanwendung unabhängig von den gegebenen Unschärfen grundsätzlich den Gerichten zugewiesen ist (krit hierzu bereits Ramsauer, FS BVerwG 699; GS Kopp 2007, 72.

[65] Hierauf stellt auch Nolte, jurisPR-BVerwG 9/2014 Anm 3 in der Besprechung von BVerwG NVwZ 2014, 524 ab.

[66] Vgl BVerwG NVwZ 2014, 524, 525: „Wenn und solange die ökologische Wissenschaft sich insoweit nicht als eindeutiger Erkenntnisgeber erweist, fehlt es den Gerichten an der auf besserer Erkenntnis beruhenden Befugnis, eine naturschutzfachliche Einschätzung der sachverständig beratenden Zulassungsbehörde als „falsch" und „nicht rechtens" zu beanstanden." Ebenso BVerwGE 145, 40 (A 33 Bielefeld-Steinhagen).

[67] Näher Jacob/Lau NVwZ 2015, 241.

[68] BVerwGE 121, 72, 83 (Ortsumgehung Michendorf): „Der Planfeststellungsbehörde seht, sofern Landesrecht keine näheren Vorgaben enthält, im Rahmen der naturschutzrechtlichen

prärogative auch auf einzelne empirischen Fragen im Bereich des in §§ 45f BNatSchG geregelten **besonderen Artenschutzes** ausgedehnt.[69] Auch im Bereich des Schutzes von FFH-Gebieten (§ 34 BNatSchG) hat das BVerwG für die Bewertung von **Kohärenzsicherungsmaßnahmen** eine Einschätzungsprärogative anerkannt.[70] Kein derartiger Spielraum ist bisher für die Verträglichkeitsprüfung nach § 34 Abs 1 BNatSchG anerkannt worden. Hier darf kein vernünftiger Zweifel daran verbleiben, dass das Vorhaben gebietsverträglich ist.[71] Die **Kontrolle von Einschätzungsentscheidungen** entspricht im Grundsatz derjenigen von Beurteilungsentscheidungen. Allerdings müssen die Besonderheiten der Bewältigung der gerade empirischen Unschärfen berücksichtigt werden. Anders als bei Beurteilungsspielräumen geht es um die Berücksichtigung empirischer Erkenntnisgrenzen und der begrenzten Möglichkeit einer Methodenkritik.[72] Eingesetzt werden muss aber die „besten einschlägigen wissenschaftlichen Erkenntnisse.[73]

32 **7. Prognoseentscheidungen.** Der Prognosecharakter einer Entscheidung als solche eignet sich weder zur Rechtfertigung noch zur Charakterisierung von Entscheidungsspielräumen.[74] Vielmehr wohnt dem größten Teil der Ermächtigungsgrundlagen des Verwaltungsrechts ein prognostisches Element inne, ohne dass deshalb bereits die Annahme eines besonderen administrativen Entscheidungsspielraums gerechtfertigt wäre. Bei den Fällen, in denen die Rechtsprechung bisher einen Entscheidungsspielraum bei Prognosen angenommen hat, handelt es sich sämtlich um solche, die **entweder als Beurteilungsentscheidungen oder als Planungsentscheidungen** anzusehen sind[75] oder aufgrund **empirischer Unschärfen** nicht weiter aufgeklärt werden sollen (siehe hierzu näher Rn 31).

32a **a) Prüfungsumfang.** Besteht für die fragliche Prognose ein derartiger Entscheidungsspielraum, dann hat das Gericht die fehlerfrei erstellte Prognose, sofern sie nicht durch die Entwicklung überholt ist, grundsätzlich die „prognostizierten tatsächlichen Umstände" als „voraussichtlich eintretende Tatsachen hinzunehmen".[76] Voraussetzung ist eine sorgfältige Erhebung der zugrundezulegenden

---

Engriffsregelung bei der Bewertung der Eingriffswirkungen eines Vorhabens und ebenso bei der Bewertung der Kompensationswirkung von Vermeidungs-, Ausgleichs- und Ersatzmaßnahmen, insbesondere was deren Quantifizierung betrifft, eine naturschutzfachliche Einschätzungsprärogative zu." Zu den erfassten Fällen s Jacob/Lau NVwZ 2015, 241, 243 ff.

[69] Für die Planfeststellung BVerwGE 131, 274 (A 30 Bad Oeynhausen); für die Anlagengenehmigung BVerwGE 147, 118 (Beeinträchtigung des Rotmilans durch WEA).

[70] BVerwGE 130, 299 (Hess Lichtenau II), wo allerdings letztlich eine strengere Kontrolle der Einschätzungsentscheidung vorgenommen wird.

[71] EuGHE 2004, I-7405 Rn 59; BVerwGE 128, 1 (Westumfahrung Halle); 130. 299 (Hess Lichtenau II).

[72] BVerwG NVwZ 2014, 714 (A 20 – Bad Segeberg): Bsp für Fehler bei empirischer Aufklärung.

[73] BVerwGE 148, 373 (Umfahrung Bad Segeberg) im Hinblick auf die „faunistische Potentialanalyse".

[74] Ebenso Ziekow 19.

[75] So zutreffend und ausdrücklich BVerwGE 132, 372 für den Bereich des Bau- und Planungsrechts; siehe auch BVerwGE 82, 295; 64, 242; 71, 166: „Beurteilungsspielraum der Behörde, ob und wie lange abzuwarten ist, wie sich neu erteilte Taxengenehmigungen auswirken, ähnlich BVerwGE 75, 234 zur künftigen Entwicklung des Luftverkehrs; BVerwGE 90, 208 zur Kostenbelastung der Zahlungspflichtigen bei Wahl einer anderen Berechnungsgrundlage für die Abrechnung künftig anfallender Kosten.

[76] BVerwGE 56, 110; 56, 121; 69, 272; 72, 286; 75, 234; 87, 355; BVerwG NVwZ 1990, 862; VGH Mannheim NJW 1987, 917; OVG Münster DVBl 1983, 1018; VGH München BayVBl 1984, 959: Das Gericht darf nicht der wirtschaftspolitischen und energiepolitischen Entscheidung der Regierung eine eigene Prognose entgegensetzen; VGH München UPR 1990, 114; Hoppe, in: BVerwG-FS 1978, 306 und in: Redeker-FS 1993, 385; Steiner DVBl 1981, 982; Ossenbühl, in: Menger-FS 1985, 731; vgl auch BVerfGE 88, 60.

Daten **(Prognosegrundlage)** und die Verwendung einer dem Stand der Wissenschaft entsprechenden Berechnungsmodells **(Prognosemethode).** Die zu stellenden Anforderungen sind dabei umso strenger, je gewichtiger die betroffenen Rechtsgüter, insb auch im Licht des Verfassungsrechts sind, und je größer und schwerwiegender die Nachteile sind, die für den Fall drohen, dass die Prognose sich als unzutreffend erweist (vgl VGH Mannheim DVBl 1993, 1221).

b) Einzelfälle. Für **Verkehrsprognosen** im Planfeststellungsrecht nimmt die Rspr einen gewissen Spielraum an. Sie sind danach „mit den zu ihrer Zeit verfügbaren Erkenntnismitteln unter Beachtung der dafür erheblichen Umstände sachgerecht, dh methodisch fachgerecht" zu erstellen.[77] Die Prüfungsbefugnis des Gerichts soll sich danach auf die geeignete fachspezifische Methodenwahl, die Grundannahmen und die hinreichende Begründung des Prognoseergebnisses beschränken.[78] Soweit die Prognosegrundlagen lediglich darauf überprüft werden sollen, ob sie „unrealistisch" sind, geht diese Einschränkung zu weit. 32b

IV. Gemeinsame Fragen administrativer Entscheidungsspielräume

1. Allgemeines. Inhalt und Grenzen des Ermessens bzw des der Behörde eingeräumten Beurteilungs-, Planungs- und Prognosespielraums werden im Einzelfall durch die unmittelbare **Ermächtigungsnorm,**[79] außerdem aber auch durch sonstige Sätze des geschriebenen und ungeschriebenen Rechts bestimmt, die für die Entscheidung „einschlägig" sind, insb auch durch Sätze des Verfassungsrechts, vor allem der **Grundrechte** sowie durch die daraus abzuleitenden Wertungsprinzipien.[80] Der Gesetzgeber muss aber unabhängig davon, ob es sich um Akte der Eingriffs- oder Leistungsverwaltung handelt, zumindest die „wesentlichen" Fragen durch förmliches Gesetz geregelt haben (sog **Wesentlichkeitstheorie**).[81] 33

2. Zwecke der Ermächtigung. Maßgebend für die inhaltliche Ausfüllung administrativer Entscheidungsspielräume sind in erster Linie die Zwecke der Ermächtigung. Sie sollen die finale Steuerung der Entscheidung bewirken, wenn der Tatbestand der Norm im übrigen erfüllt und der Spielraum eröffnet ist. Stets handelt es sich um mindestens zwei Zwecke, zwischen denen ein Spannungsverhältnis besteht: Die Berücksichtigung des einen erfolgt nahezu zwangsläufig auf Kosten der Berücksichtigung des anderen Zwecks. Vor allem bei Ermächtigungsnormen, die nicht dem Ordnungsrecht zugerechnet werden können, sind aber auch wesentlich mehr Zwecke denkbar, die in einem komplexen Wirkungsgefüge zueinander stehen können. Über die berücksichtigungsbedürftigen Zwecke werden dann die tatsächlichen Umstände definiert, die in die Entscheidung einbezogen werden müssen. Problematisch ist Frage der Zulässigkeit von **Wirtschaftlichkeitserwägungen** zusätzlich zu den speziellen gesetzlichen Ermächtigungszwecken.[82] 34

---

[77] BVerwG B v 15.3.2013, 9 B 30/12, juris für Verkehrsprognosen.
[78] BVerwGE 134, 308, Rn 96; BVerwGE 107, 313, 326.
[79] Zutreffend Eifert, ZJS 2008, 336 ff.
[80] BVerwGE 3, 121; 10, 199; 18, 250; 24, 22, 156; 59, 108; 76, 246; 77, 171; BVerwG NJW 1990, 1433; NVwZ 1996 199 (200); NVwZ 2008, 1249; BVerfG 8, 72; 1, 175; 20, 160; 76, 79; 80, 91; DVBl 1994, 1405; BVerfG NVwZ 2006, 682; OVG Bremen NVwZ 1982, 567; Maurer, § 7 Rn 23; kritisch WBS I § 31 Rn 39 ff mwN.
[81] Vgl zB BVerfGE 46, 283; 41, 295; 45, 417; 47, 78; 51, 287; 56, 155; 57, 137; BVerwGE 57, 360; Maurer § 6 Rn 12 ff; s auch Kopp/Schenke § 42 Rn 125.
[82] BVerwGE 124, 187; Gröpl VerwArch 2002, 459; Peters DÖV 2001, 749; s auch Ramsauer, in Hoffmann-Riem/Schmidt-Aßmann, Verwaltungsverfahrensrecht und VwVfG, 387, 410.

35 **a) Zwecke im Polizei- und Ordnungsrecht.** In den älteren Ermächtigungsnormen aus dem Bereich des Ordnungsrechts (zB den polizeilichen Generalklauseln) fehlt es idR an einer ausdrücklichen Benennung der maßgeblichen Ermächtigungszwecke. Sie wurden für entbehrlich gehalten, weil im Sicherheits- und Ordnungsrecht die Ermächtigungszwecke idR auf der Hand liegen: Es geht einerseits um eine möglichst **wirksame Abwehr von Gefahren** bzw Beseitigung von Störungen der öffentlichen Sicherheit und Ordnung, andererseits um eine möglichste Schonung der Rechtspositionen der betroffenen Bürger, in die zur Abwehr eingegriffen werden müsste. Der **klassischen Mittel-Zweck-Relation** liegt damit ein **Zielkonflikt** zugrunde. Der Ausgleich zwischen beiden Zwecken ist unter Beachtung des Gleichheitssatzes und des Prinzips der Verhältnismäßigkeit vorzunehmen. Auch im Ordnungsrecht können aber auch weitere Ermessenszwecke eine Rolle spielen. Das ist etwa dann der Fall, wenn weitere Personen im Rahmen der Gefahrenabwehr eine Rolle spielen, die entweder als polizeipflichtige Personen in Anspruch genommen werden können oder deren Rechte durch die polizei- bzw ordnungsrechtliche Maßnahme geschützt werden sollen.

36 Eine wichtige Rolle spielen diese Ermessenszwecke auch bei der von der Behörde zu treffenden **ordnungsrechtlichen Störerauswahl.** Hier hat nicht nur die Polizei einen gewissen Auswahlspielraum, auch die Ordnungsbehörden müssen bei mehreren Störern eine Auswahl treffen. Auch hier hat sich die Behörde in erster Linie von dem Aspekt der **effektiven Gefahrenabwehr** bzw Störungsbeseitigung leiten zu lassen.[83] Wenn allerdings sowohl die Heranziehung des Handlungs- als auch die **Heranziehung des Zustandsstörers** eine effektive Gefahrenabwehr versprechen, ist jedenfalls im Grundsatz **vorrangig der Handlungsstörer** heranzuziehen.

37 **b) Ermächtigungszwecke in der Sozialverwaltung.** Im Bereich der leistenden Verwaltung, in der es um die Gewährung von Sozialleistungen geht, ergeben sich die Ermächtigungszwecke für etwaige Ermessensentscheidungen zumeist aus den Sozialleistungsgesetzen selbst. Darin wird idR festgelegt, welche Ziele mit den jeweiligen Sozialleistungen verfolgt werden, insbesondere welcher **spezifische Bedarf** durch die vorgesehenen Leistungen befriedigt werden soll (zB beim BAföG der ausbildungsgeprägte Bedarf). Aus dieser generellen Zielsetzung lassen sich idR auch die Zwecke erschließen, die mit den – eher seltenen – Ermessensermächtigungen im Sozialleistungsbereich verfolgt werden.

38 **c) Ermächtigungszwecke in der steuernden Verwaltung.** In den modernen Gesetzen der lenkenden bzw steuernden Verwaltung werden die Ermächtigungszwecke **zumeist ausdrücklich genannt** (zB §§ 1, 2 BNatSchG; § 1 Abs 5 u 6 BauGB; § 13 Abs 2 PBefG). Soweit dies nicht der Fall ist, müssen sie durch Auslegung ermittelt werden. Dabei ist die Ermächtigungsnorm selbst auszulegen; allerdings können sich aus den Zielsetzungen des gesamten Gesetzes wichtige systematische Auslegungskriterien ergeben. Gleichwohl verbleiben zT erhebliche Schwierigkeiten und Unsicherheiten, wie zB im Bereich der Sondernutzungen im Straßen- und Wegerecht.[84] Soweit es um **Subventionen ohne materielle gesetzliche Grundlage** geht, folgen die Ermächtigungszwecke aus der Konkretisierung im Haushaltstitel, der die Mittel bereitstellt.[85] Die Vergaberichtlinien, die von der zuständigen Behörde aufgestellt werden, dürfen die aus dem Haushaltstitel folgenden Subventionszwecke nur präzisieren bzw konkretisieren, nicht aber inhaltlich verändern. Das bedeutet, dass sie objektivrechtlich

---

[83] VGH Mannheim DVBl 2013, 594 zur Heranziehung nach § 9 BBodSchG.
[84] Vgl BVerwG NJW 1997, 408; Sauthoff, Öffentliche Straßen, 2010, 361 ff.
[85] Oldiges NVwZ 2001, 280, 626; Rodi, Subventionsrechtsordnung, 2000; Bultmann, Beihilfenrecht und Vergaberecht, 2004, 43 ff.

weder über die Zwecksetzungen hinausgehen noch hinter ihnen zurückbleiben dürfen. Die praktische Problematik folgt hier daraus, dass der Bürger aus den Bestimmungen von Haushaltstiteln keine subjektiven Rechte herleiten kann. Er bleibt nach hM vielmehr im Bereich der Subventionen bei fehlender gesetzlicher Grundlage auf die Geltendmachung des Anspruchs auf Gleichbehandlung beschränkt.[86]

3. Gleichbehandlungsgebot. Schranken ergeben sich für die Ausfüllung des Spielraums aus dem Gleichbehandlungsgebot und den Differenzierungsverboten des Art 3 GG,[87] die alle nicht sachlich fundierten Differenzierungen ausschließen und außerdem im Zusammenhang mit einer bestimmten Verwaltungspraxis eine gewisse Selbstbindung der Verwaltung (s unten Rn 42 ff) bewirken.[88] In der Praxis stellt das Postulat der Gleichbehandlung ein wesentliches Moment jeder Ermessensentscheidung dar, weil die im Einzelfall zu treffende **Entscheidung verallgemeinerungsfähig** sein muss. Die einer einzelnen Entscheidung zugrunde liegenden Gesichtspunkte müssen sich in einer Regel formulieren lassen, die eine allgemeine Gültigkeit für sich in Anspruch nehmen kann. 39

a) Verbot zweckwidriger Differenzierungen. Die Beschränkung auf die Zwecke der Ermächtigung führt regelmäßig bereits dazu, dass andere Gesichtspunkte, die also nicht den Zwecken der Ermächtigung entsprechen, unberücksichtigt bleiben müssen und deshalb eine unterschiedliche Behandlung von Fällen ohnehin nicht rechtfertigen können. Insoweit dient die Bindung an die Ermächtigungszwecke zugleich auch dem **Gebot der Gleichbehandlung.** Gleichwohl spielt das Verbot sach- bzw zweckwidriger Differenzierungen noch eine wichtige Rolle, insb dann, wenn die Ermächtigungsnorm die Zwecke nicht hinreichend deutlich erkennen lässt oder wenn es an einer materiellen Ermächtigung fehlt.[89] In derartigen Fällen müssen die zulässigen Ermessenszwecke entweder im Wege verfassungskonformer Auslegung bestimmt oder unmittelbar aus den allgemeinen Grundsätzen der Rechtsordnung, insbesondere der Verfassung, und aus den Sachgesetzlichkeiten des Regelungsbereichs hergeleitet werden. Hier sind auch die absoluten Differenzierungsverbote des Art 3 Abs 2, 3 GG zu beachten. 40

b) Chancengleichheit. Beschränkungen des Ermessens ergeben sich insb auch durch den aus Art 3 GG abgeleiteten Grundsatz der Chancengleichheit,[90] der in vielfältigen Fallkonstellationen zu beachten ist. So findet der Grundsatz Anwendung zB bei **Wahlen,**[91] bei der **Zulassung von Parteien zu Wahlsendungen** in Rundfunk und Fernsehen,[92] seien sie redaktionell gestaltet[93] oder von den Parteien selbst hergestellt (Werbespots); bei der Zulassung zu numerus-clausus-gebundenen Studienfächern (vgl BVerwG DVBl 1982, 303), der **Zulas-** 41

---

[86] S hierzu näher Bultmann, Beihilfenrecht und Vergaberecht, 2004, 223 ff.

[87] BVerwGE 42, 156; 70, 335; BVerwG DÖV 1981, 82; BVerfG NJW 1985, 2020 mwN; DVBl 1992, 147; Knack/Henneke 62.

[88] BVerfG 9, 147; 18, 363; NJW 1978, 2448; BVerwGE 58, 51; BVerwG NJW 1979, 508, 1113; DÖV 1981, 1063; BayVBl 1977, 181.

[89] Vgl zur Bedeutung des Art 3 GG im Subventionsrecht Jarass, Wirtschaftsverwaltungsrecht, 3. Aufl 1997, § 10 Rn 48 ff; zum Grundsatz der Sachgerechtigkeit vgl Kassel NVwZ-RR 1992, 361; BezG Erfurt LKV 1993, 236; Theuersbacher NVwZ 1993, 632; ferner auch BGH NJW 1993, 1599.

[90] Vgl BVerfG 37, 352; 79, 218; 84, 42; BVerwGE 70, 144, 151; 92, 137.

[91] BVerfG NVwZ 1988, 817; NJW 1994, 40; BVerwGE 75, 77 und 85 mwN; OVG Hamburg NJW 1994, 68 = JuS 1994, 705; VGH München BayVBl 1978, 467.

[92] VGH München NVwZ 1991, 581; NVwZ-RR 1991, 152. Zur Zulässigkeit einer Differenzierung nach der Bedeutung der Parteien s näher BVerfGE 63, 251; 48, 271, 277, zur Unzulässigkeit des Ausschlusses nicht verbotener Parteien von der Wahlwerbung s OVG Hamburg NJW 1994, 69.

[93] Zum Gleichheitssatz bei redaktionell gestalteten Wahlsendungen s OVG Bremen, NordÖR 2003, 298; OVG Münster NJW 2002, 3417.

sung zu Messen und Märkten als Schausteller oder Marktbeschicker (s hierzu auch § 70 Abs 3 GewO),[94] bei der **Zulassung von weiteren Taxi-Unternehmern.**[95] Ein weiterer wesentlicher Anwendungsbereich des Grundsatzes der Chancengleichheit ist das Prüfungsrecht (s unten Rn 37124 ff). Der Grundsatz der Chancengleichheit erfordert **sachgerechte Differenzierungskriterien** bei der Auswahl von Personen aus einer Mehrzahl von Bewerbern. Hierzu zählen auch Gesichtspunkte des Vertrauensschutzes,[96] Treu und Glauben sowie[97] der **Grundsatz der Priorität** bei Zulassungsverfahren, zB für Taxis, insb wenn andere gleichfalls sachgemäße Entscheidungskriterien nicht verfügbar oder nicht praktikabel sind,[98] nach dem **Grundsatz „bekannt und bewährt",** uU iVmit einem „Rotationssystem", bei der Zulassung von Schaustellern zu einem Festplatz oder von Markthändlern zu einem öffentlichrechtlich geregelten Markt,[99] ferner den Grundsatz, dass das Ermessen nicht zur Umgehung zwingender gesetzlicher Vorschriften missbraucht werden darf (BVerwGE 52, 191); das **Gebot der Folgenbeseitigung**[100] iwS und schließlich das **Koppelungsverbot,** dh das Verbot, Ermessensentscheidungen von Leistungen uä des Bürgers abhängig zu machen, die mit der in Frage stehenden Entscheidung in keinem inneren Zusammenhang stehen.[101]

---

[94] BVerwG NVwZ 1984, 552: jedenfalls so, daß nicht nur die schon bisher Zugelassenen nach dem Grundsatz „bekannt und bewährt" auch wiederum immer zugelassen werden, sondern auch Neubewerber eine Zulassungschance in einem zeitlich erkennbaren Turnus haben; OVG Münster GewArch 1991, 113 mwN; NVwZ-RR 1994, 157; VGH Mannheim DVBl 1991, 940 im Verhältnis 2:1 genügt; VGH München GewArch 1991, 230; OVG Bremen NVwZ-RR 1994, 24.

[95] BVerwGE 64, 238 = NJW 1982, 1168.

[96] BVerfG DÖV 1978, 918 = NJW 1978, 2447 zur Verlängerung einer bisher stets immer wieder problemlos verlängerten Genehmigung; BVerwGE 56, 257; 59, 108; 70, 136; BVerwG DVBl 1982, 844; NJW 1979, 1113; VGH Mannheim DÖV 1980, 612; VGH München BayVBl 1987, 754.

[97] Vgl BVerwGE 52, 159: die Behörde muss bei der Ausübung ihres Ermessens ihr vorangegangenes Verhalten berücksichtigen; offen BVerwGE 53, 27; vgl ferner BVerwG NVwZ 1984, 741; Kopp/Schenke § 113 Rn 229; Bull DVBl 1971, 583; VGH München BayVBl 1987, 754.

[98] BVerwG DÖV 1988, 925; 1991, 349; s § 13 Abs 2 S 2 PBefG nF, wo nunmehr für Taxis allgemein als Regel der Grundsatz der Priorität vorgeschrieben ist; s dazu auch BVerwGE 82, 295; BVerwG DÖV 1990, 349; vgl allg auch BVerfG DVBl 1992, 145 zum Erfordernis einer normativen Ordnung der Zulassung; BVerwGE 51, 240; 82, 295 auch zur Bedürfnisprüfung und der dafür erforderlichen Prognose; Salzwedel NVwZ 1989, 825; Selmer JuS 1990, 674 zur Zulassung von Taxis. Krit zum Prioritätsprinzip Voßkuhle, Die Verwaltung 1999, 21 (23).

[99] BVerwG NVwZ 1984, 585; OVG Münster GewArch 1991, 113 mwN; 1991, 229: ausreichend, wenn von drei Standplätzen zwei nach dem Prinzip „bekannt-bewährt" vergeben werden und einer an einen Neubewerber; VGH Mannheim DVBl 1991, 940 = NVwZ-RR 1991, 133: grundsätzlich ist eine Orientierung an „bekannt und bewährt" zulässig, aber auch neue Bewerber müssen eine reale Chance haben; OVG Hamburg NVwZ-RR 1993, 248: Zulässige Ablehnung, weil kein attraktives Angebot; Schmidt-Preuß, Kollidierende Privatinteressen im Verwaltungsrecht, 1992, 408; VGH Mannheim NVwZ 1992, 133: grundsätzlich Losentscheid.

[100] BVerwG NVwZ-RR 1993, 65: hat die Genehmigungsbehörde über einen Bauantrag aufgrund einer Rechtsänderung nunmehr nach Ermessen zu entscheiden, so ist das Ermessen regelmäßig auf Null reduziert, wenn dem Antragsteller die Baugenehmigung vor Inkrafttreten der Rechtsänderung zu Unrecht vorenthalten worden ist und nachträglich keine Umstände eingetreten sind, die eine Ermessensausübung zuungunsten des Antragstellers rechtfertigen; BVerwGE 78, 266 = NVwZ 1988, 355.

[101] BVerwGE 42, 338; 67, 177 = NJW 1984, 70; vgl auch BVerwGE 67, 177 und OVG Münster JZ 1979, 805: zulässig, die Einbürgerung eines Ausländers davon abhängig zu machen, dass der Betroffene ein Stipendium zurückzahlt, das er im Rahmen der Entwicklungshilfe erhalten hatte.

42 **4. Selbstbindung der Verwaltung. a) Ständige Praxis.** Ein willkürliches Abweichen der Behörden von ihrer eigenen bzw der sonst allgemein von den Behörden im Geltungsbereich des Gesetzes (OVG Münster NJW 1979, 508) bisher in vergleichbaren Fällen eingehaltenen und auch weiterhin beabsichtigten ständigen Praxis[102] in besonders gelagerten Fällen – uU auch schon von der Entscheidung in einem einzigen vergleichbaren Einzelfall – ist unzulässig, sofern die dieser Praxis zugrunde liegenden Erwägungen der Zielsetzung der vom Gesetz eingeräumten Ermächtigung entsprechen[103] und auch nicht aus anderen Gründen zu rechtswidrigen Ergebnissen führen. Eine Selbstbindung an eine rechtswidrige Verwaltungspraxis gibt es nach derzeit allgemeiner Auffassung grundsätzlich nicht **(keine Gleichheit im Unrecht).**[104] Die hM ist jedenfalls dann problematisch, wenn die Verwaltung die rechtswidrige Praxis beibehalten und nicht zu einer rechtmäßigen Praxis zurückkehren will.

43 **Maßgeblich ist die Praxis der zuständigen Behörde.** Keine Selbstbindung wird durch das Handeln unzuständiger oder sonst anderer Behörden in vergleichbaren Fällen begründet (BVerwG NVwZ 1994, 581). Es ist deshalb grundsätzlich zulässig, dass **unterschiedliche Behörden** hinsichtlich derselben Rechtsnorm eine **unterschiedliche Ermessenspraxis** haben.[105] Wenn bzw soweit der Bürger jedoch auf die Praxis einer Behörde, die er für zuständig halten durfte, konkret vertraut hat und seine Dispositionen danach ausgerichtet hat, ist dieses Vertrauen nach allgemeinen Gesichtspunkten bei Entscheidungen zu berücksichtigen. Zulässig ist dagegen eine Änderung der Praxis aus vertretbarem Grund und mit Wirkung ex nunc, oder, wenn von der Sache her geboten, mit einer angemessenen Übergangsregelung.[106]

44 **b) Richtliniengeleitete Praxis. aa) Allgemeines.** Die Grundsätze der Selbstbindung der Verwaltung gelten als Folge aus dem Gleichbehandlungsgebot auch für ein Abweichen von sonst **regelmäßig befolgten**[107] **Richtlinien** oder sonstigen normkonkretisierenden oder ermessenslenkenden Verwaltungsvorschriften,[108] sofern diese sich im Rahmen des Gesetzes halten,[109] nicht zu rechtswidrigen

---

102 BVerwGE 2, 281; 4, 155; 15, 196; 31, 212; 39, 355; 55, 352; 57, 182; 75, 93: das Abweichen von der Verwaltungspraxis in vergleichbaren Fällen verletzt Art 3 Abs 1 GG; BVerwG NJW 1979, 1898; WBSK I § 31 Rn 51; kritisch Bachof JZ 1972, 645.

103 BVerwGE 31, 212; 34, 282; 57, 182; BVerwG DÖV 1981, 82.

104 BVerwGE 34, 283 = NJW 1970, 675; 92, 153; BVerwG DÖV 1993, 867; NVwZ 1986, 756; NVwZ-RR 1990, 365, 431; BVerfG NJW 1970, 657; VGH München NVwZ 1985, 506.

105 So kann die Ermessenspraxis hinsichtlich der Gewährung von Sondernutzungen in den Bezirksämtern der Stadt Hamburg unterschiedlich sein, soweit keine vereinheitlichende Richtlinie besteht, vgl Hagmann, DÖV 2006, 323; StBS 130; v Mangoldt/Klein/Starck, Grundgesetz 5. Aufl 2005, Art 3 Rn 247.

106 Vgl BVerwGE 46, 89; OVG Saarlouis NJW 2004, 1680 zu Übergangsregelungen bei der Diplomvergabe; VGH Mannheim NVwZ 1991, 1194; Knack/Henneke 69; zu einer Übergangsregelung auch OVG Münster NWVBl 1991, 420.

107 BVerwGE 44, 6; 72, 205; BVerwG DVBl 1982, 197: technische Richtlinien als „antizipierte" Verwaltungspraxis; NJW 1980, 75; DÖV 1991, 472: „indizielle" Bedeutung technischer Richtlinien für eine sachverständige Beurteilung; VGH Mannheim NJW 1991, 2363: „praktizierte Selbstbindung"; Scheffler DÖV 1980, 238.

108 BVerwGE 58, 49; 61, 18; 71, 342; 76, 259; BVerwG NVwZ 1988, 65; VGH München DÖV 1980, 458; OVG Münster DVBl 1990, 545; NWVBl 1990, 128; VGH Mannheim DVBl 1994, 484; Osterloh JuS 1990, 100; Erichsen/Ehlers § 20 Rn 21; WBSK I § 24 Rn 26; ferner BVerwGE 72, 320 = NVwZ 1986, 208; Hill NVwZ 1989, 401; v Danwitz VerwArch 1993, 73; Maurer § 24 Rn 10.

109 BVerwGE 32, 278; 34, 282; 36, 313; 45, 200; 52, 213; 58; 49; 71, 342; BVerwG NJW 1979, 1879: eine gesetzwidrige Praxis ist jederzeit zu korrigieren; OVG Berlin NVwZ 1982, 48: bei Divergenz von Richtlinie und Gesetz ist nur das Gesetz maßgeblich; kein Anspruch auf Wiederholung gesetzwidrigen Handelns.

Ergebnissen führen (BFH NVwZ 2002, 1407; BVerwG DVBl 1981, 1083) und nicht infolge veränderter Umstände überholt sind (BVerwGE 71, 348). Weicht die Praxis generell von der Richtlinie ab, so verliert sie ihre ermessenslenkende Wirkung; es kommt im Rahmen des Art 3 Abs 1 GG dann nur noch auf die Praxis an.[110] Eine **Abweichung** von einer rechtmäßigen richtliniengeleiteten Praxis **muss durch hinreichende sachliche Gründe gerechtfertigt sein.**[111] Zulässig sind uU auch unterschiedliche Beurteilungsmaßstäbe für unterschiedliche Beurteilungszeiträume (BVerwG DVBl 1981, 1063 zu Prüfungen), sofern nicht der Zweck der Regelung verlangt, dass jedenfalls eine gewisse Kontinuität gewahrt bleibt, und gewichtige Gründe eine generelle Änderung angezeigt sein lassen. Häufig werden **unbestimmte Rechtsbegriffe durch Verwaltungsrichtlinien näher konkretisiert** und „operabel" gemacht.[112] Diese Richtlinien und sonstigen ermessenslenkenden Verwaltungsvorschriften binden grundsätzlich nur die Behörden, an die sie gerichtet sind, nicht dagegen unmittelbar auch die Gerichte, selbst wenn sie aufgrund ausdrücklicher gesetzlicher Ermächtigungen ergangen sind. Für Letztere ergibt sich eine Bindung nur mittelbar über die Verpflichtung der Behörden und der Gerichte zur Beachtung von Art 3 Abs 1 GG, wenn und soweit sich eine der Richtlinie entsprechende Praxis tatsächlich herausgebildet hat.[113]

45 **bb) Antizipierte Verwaltungspraxis.** Ermessenslenkende Verwaltungsvorschriften dürfen nicht wie Gesetze ausgelegt werden.[114] Maßgeblich ist vielmehr dasjenige Verständnis der Verwaltungsvorschriften, das die Behörde selbst ihrer Entscheidungspraxis zugrunde legt. Anderes dürfte für den Fall der sog antezipierten Verwaltungspraxis gelten, wenn sich nämlich **aufgrund einer Richtlinie noch keine Praxis gebildet** hat.[115] Hier stellt sich das Problem der erstmaligen Anwendung (StBS 112; Maurer § 24 Rn 22). Für die Anwendung der Richtlinien und sonstiger Verwaltungsvorschriften gelten die allgemeinen Grundsätze über die Ermessensausübung (BVerwGE 58, 52); zu berücksichtigen ist dabei insb auch die tatsächliche Verwaltungspraxis, soweit diese vom Richtliniengeber zumindest geduldet wird.[116] Als Folge einer geänderten Verwaltungspraxis kann sich uU auch eine konkludente Änderung des Inhalts einer Richtlinie oder sonstigen Verwaltungsvorschrift ergeben.[117]

---

[110] BVerwGE 143, 50 (Rücknahme der Bewilligung von Finanzhilfen für Straßenbau).

[111] BVerwGE 20, 294; 46, 90; 70, 142; OVG Münster NVwZ 1984, 600; Maurer § 24 Rn 20 ff; Knack/Henneke 71; Lange NJW 1992, 1195.

[112] S zum Begriff der „schädlichen Umwelteinwirkungen" in §§ 4 ff BImSchG die zu § 48 BImSchG ergangene TA-Luft; zum „Begriff Stand der Technik" Nicklisch NJW 1982, 2633.

[113] Maßgeblich ist deshalb die praktische Handhabung der VwV durch die Verwaltung; vgl StBS 111; Wahl NVwZ 1991, 412; Gerhardt NJW 1989, 2233; Rupp JZ 1991, 1034. Erichsen/Ehlers § 20 Rn 21; Ossenbühl DVBl 1993, 758 mwN zu normkonkretisierenden Verwaltungsvorschriften; Wolf DÖV 1992, 849, 860; Jarass NJW 1987, 1222; dazu, dass Verwaltungsvorschriften zur Umsetzung von EU-Richtlinien in nationales Recht nicht genügen, zB EuGHE 1991, 2567; Rupp JZ 1991, 1034.

[114] BVerwGE 58, 521; 86, 55; 88, 143: nur als Anhaltspunkte, nicht wie Rechtsnormen; **aA** zu sog „gesetzesvertretenden" Richtlinien uä, die für eine Übergangszeit als Gesetzesersatz dienen, BVerwG DÖV 1981, 679; **anders** auch die gesetzesauslegenden VwV, vgl BFH NVwZ 2002, 1407.

[115] BVerwGE 52, 193, 199; BVerwG DVBl 1982, 196.

[116] BVerwGE 34, 280; 44, 6; 44, 138; 52, 199; 58, 50; BVerwG DVBl 1981, 1063; 1982, 197, 198; DÖV 1982, 81; NVwZ-RR 1990, 620; OVG Münster DVBl 1990, 545; 1992, 921; Kluth NVwZ 1990, 611.

[117] Kluth NVwZ 1990, 611; vgl auch BFH NVwZ-RR 1990, 121: § 176 Abs 2 AO gewährt dem Steuerpflichtigen nur Schutz im Hinblick auf die fortdauernde Geltungskraft von Verwaltungserlassen, nicht aber davor, dass die Finanzverwaltung bei vertretbarer Auslegung weiterhin bestehender Verwaltungsvorschriften ihre ursprüngliche Rechtsansicht im Einklang mit der tatsächlichen Rechtslage bei Erlass eines Änderungsbescheides aufgibt.

cc) Berücksichtigung der Besonderheiten des Einzelfalls. Richtlinien oder sonstige Verwaltungsvorschriften gelten nur für den Regelfall. Dies gilt auch dann, wenn es in der Richtlinie bzw den Verwaltungsvorschriften nicht ausdrücklich zum Ausdruck gelangt, insbesondere wenn keine besonderen Ausnahmeregelungen enthalten sind. Es entspricht allgemeiner Auffassung, dass derartige Regelungen für die Berücksichtigung der **Besonderheiten atypischer Fälle** Spielraum lassen müssen[118] und im Zweifel auch so zu verstehen sind, selbst wenn sie nicht ausdrücklich Ausnahmemöglichkeiten vorsehen. Soweit sie dies explizit ausschließen, sind sie fehlerhaft und rechtswidrig. Eine entsprechende Praxis kann für die auf diese Weise (rechtswidrig) erfassten atypischen Fälle keinen Anspruch auf Gleichbehandlung begründen (BVerwG DVBl 1983, 999). Die Behörde hat deshalb bei Vorliegen einer Richtlinie stets von sich aus zu prüfen, ob die vorgesehene Regelung unter Berücksichtigung der gesetzlichen Ermächtigung oder sonstiger rechtlicher Vorgaben auf den Einzelfall passt oder ob eine Abweichung geboten ist, um dem Einzelfall angemessen Rechnung zu tragen. 46

dd) Anspruch auf Bekanntgabe. Umstritten ist, ob und in welchem Umfang der Bürger einen Anspruch auf Bekanntgabe bestehender Richtlinien bzw auf Einsichtnahme hat (s hierzu auch § 29 Rn 22). Die wohl hM nimmt einen solchen Anspruch nach allgemeinen Grundsätzen nur an, wenn im Rahmen eines konkreten Verwaltungsverfahrens die Kenntnis der Richtlinien zur angemessenen Geltendmachung der eigenen Rechtsposition erforderlich ist.[119] Diese Auffassung ist zu eng. Richtigerweise ist ein Anspruch auf Bekanntgabe von Richtlinien stets anzuerkennen, wenn und soweit hierfür ein **berechtigtes Interesse** geltend gemacht werden kann (s hierzu näher § 29 Rn 22). Unabhängig davon kann sich ein Anspruch aus den Informationsfreiheitsgesetzen ergeben (§ 29 Rn 45 ff). 47

5. Verhältnismäßigkeit. Schranken ergeben sich auch aus dem Grundsatz der Verhältnismäßigkeit bzw des Übermaßverbots.[120] Die Ermessensentscheidung darf nicht außer Verhältnis zu dem Zweck der gesetzlichen Ermächtigung stehen.[121] Weitere Schranken ergeben sich aus dem (im Grundsatz der Verhältnismäßigkeit mit enthaltenen oder jedenfalls damit im Zusammenhang stehenden) 48

---

[118] BVerwGE 70, 142; BVerwG DVBl 1983, 999; VGH München NuR 1991, 489; Lange NJW 1992, 1195.

[119] OVG Berlin DVBl 1976, 266; Lübbe-Wolf DÖV 1980, 594; Krebs VerwArch 1979, 271; Lange NJW 1992, 1196 mwN; Gusy DVBl 1979, 720; Oldiges NJW 1984, 1930; Jellinek NJW 1981, 2235; Wittling, Die Publikation der Rechtsnormen einschließlich Verwaltungsvorschriften 1991; Erichsen/Ehlers § 20 Rn 23; Pitschas/Aulehner BayVBl 1990, 423; Wolff DVBl 1988, 1228; NVwZ 1990, 1049; **enger** BVerwGE 61, 15: nur Anspruch auf Auskunft, begrenzt auf Rechtsanwälte im Rahmen eines konkreten Verfahrens; offen, ob auch der nicht durch einen Anwalt vertretene Bürger; BVerwGE 69, 278: grundsätzlich Ermessen und nur, wenn berechtigtes Interesse; BVerwG NJW 1985, 1234: Anspruch nur, wenn für die Rechtsverfolgung erforderlich und anders nicht erreichbar; sonst Ermessen der Behörde; Knack/Henneke 72: nur Anspruch Betroffener; BVerwG NVwZ-RR 1990, 208: kein aus dem Grundgesetz herzuleitender Anspruch auf Überlassung gemeindeeigener Verwaltungsvorschriften.

[120] Vgl BVerfGE 35, 400; BVerfG NJW 1978, 2442; 1985, 2019; BVerwGE 1, 163; 30, 313; 44, 159; 51, 115; 54; 62; 56, 123; 59, 108; 62, 219; 70, 56; 78, 289; 81, 358; BVerwG NVwZ 1983, 227; 1985, 109; GewArch 1992, 24: kein Widerruf der Erlaubnis, wenn Abmahnung oder Auflage genügen; OVG Lüneburg NVwZ 1990, 787; Knack/Henneke 73.

[121] BVerwGE 65, 178; BVerwG BayVBl 1991, 570; VGH München BayVBl 1982, 53; VGH Kassel NJW 1983, 2280; WBSK I § 30 Rn 13; Ibler JuS 1990, 14; vgl auch BayVerfGH BayVBl 1982, 653: die Regelung darf keine übermäßige, zu dem angestrebten Zweck im krassen Missverhältnis stehende Belastung begründen; VGH München BayVBl 1982, 564: die Mittel-Zweck-Relation darf nicht sachwidrig sein.

Grundsatz der Zumutbarkeit[122] und dem (aus dem Gleichheitsgebot und dem Grundsatz der Verhältnismäßigkeit abzuleitenden) **Grundsatz der Systemgerechtigkeit,** wonach bei staatlichen Eingriffen und bei der Verteilung staatlicher Leistungen der Kreis der Belasteten bzw der Begünstigten und die Auswahl der verfügten Mittel unter Beachtung des Eingriffs- bzw Leistungszwecks sachgemäß abgegrenzt bzw bestimmt werden müssen.[123] Nach dem Grundsatz der Systemgerechtigkeit darf die Behörde zB bei **Vorgehen gegen Schwarzbauten** in einem größeren Gebiet nicht wahllos einzelne Bauherren herausgreifen, sondern muss nach einem Gesamtkonzept vorgehen, auch wenn sie zunächst (auch im Hinblick auf die Klärung offener Fragen im Rechtsmittelverfahren) nur bei Einzelnen beginnt.[124]

49 **6. Reduktion von Entscheidungsspielräumen. a) Allgemeines.** Auch bei Entscheidungen, die an sich von der gesetzlichen Ermächtigung her in das Ermessen der Behörde gestellt sind, kann sich aus dem Zusammenhang mit anderen Rechtsvorschriften oder angesichts der besonderen Umstände des konkreten Falles ergeben, dass schon aus rechtlichen Gründen **nur eine einzige Entscheidung** in Betracht kommt (Di Fabio VerwArch 1995, 214). Im zuerst genannten Fall handelt es sich überhaupt nicht mehr um eine Frage des Ermessens, weil die Entscheidung schon durch andere Rechtssätze zwingend determiniert ist. Die Behörde ist damit in gleicher Weise gebunden wie bei der Anwendung strikten Rechts.[125] Im zweiten Fall wird das Ermessen zwar nicht schon durch andere Rechtssätze ausgeschlossen. Es ergibt sich aber dieselbe Wirkung dadurch, dass angesichts der besonderen Umstände des konkreten Falles jede andere Entscheidung ermessensfehlerhaft wäre. Auch in diesem Grenzfall bleibt schon aus (auch von den Verwaltungsgerichten gem § 114 VwGO nachprüfbaren) Rechtsgründen für eine eigentliche Ermessensentscheidung kein Spielraum mehr; vielmehr ist die Behörde wie bei einer unmittelbar schon durch Rechtssätze determinierten Entscheidung gehalten, die einzig zulässige Entscheidung zu treffen.[126]

50 **b) Selbstbindung.** Eine Reduktion des Ermessens auf Null kommt in den Fällen der Selbstbindung der Verwaltung in Betracht, insbes wenn die Behörde ihr Ermessen durch eine **bestimmte Verwaltungspraxis** in vergleichbaren Fällen gebunden hat.[127] Die Bindung erfolgt in diesen Fällen durch das **Gebot der Gleichbehandlung** nach Art 3 Abs 1 GG. Die Behörde ist danach gehindert, ihr Ermessen entgegen einer bisher geübten Praxis in Einzelfällen ohne zureichenden Grund auszuüben (BVerwGE 31, 212; VGH Mannheim NVwZ 1991, 1199). Dabei ist im Grundsatz gleichgültig, ob die Praxis auf der Grundlage von Verwaltungsvorschriften zustande gekommen ist (s oben Rn 44) oder ob sich die **Berufungsfälle** auf andere Weise ergeben haben. In Einzelfällen kann aber auch das bloße Vorhandensein einer Verwaltungsvorschrift ausreichen, um einen Anspruch auf Gleichbehandlung zu begründen (sog antezipierte

---

[122] BVerfGE 69, 244; 84, 72; BSG NJW 1990, 1556.

[123] BVerwG NJW 1979, 392, 590; Erichsen VerwArch 1980, 293; allg auch BVerwGE 34, 115. Zu einem ökonomischen Verständnis der Verhältnismäßigkeit Fehling VerwArch 2004, 443, 455; krit Arnauld JZ 2000, 276.

[124] BVerwGE 92, 360; VGH München BayVBl 1983, 244; VGH Kassel NVwZ-RR 1992, 346; OVG Saarlouis NVwZ 1988, 60.

[125] Vgl BVerwGE 39, 237; 57, 6; 62, 242; 69, 94; BVerwG NJW 1981, 2714; NVwZ 1985, 109; BSG 28, 83; OVG Berlin NJW 1983, 778; Obermayer/Funke-Kaiser 50; Gern DVBl 1987, 1194; Kopp/Schenke § 114 Rn 6.

[126] Vgl BVerwGE 37, 113, 305; 62, 242; BVerwG DVBl 1981, 2714; 1982, 306; NVwZ 1990, 774; BSG 28, 83; WBSK I § 31 Rn 67; Hoffmann-Becking DVBl 1970, 850 f; Erichsen/Ehlers § 11 Rn 64; Martens JuS 1962, 245; Ossenbühl NJW 1981, 378; Kopp/Schenke § 114 Rn 6.

[127] S näher Gern DVBl 1987, 1199; Di Fabio VerwArch 1995, 214; StBS 104; Maurer § 24 Rn 21; Knack/Henneke 64.

Verwaltungspraxis; s Rn 45). Im Übrigen aber kommt es für die Selbstbindung stets auf die Verwaltungspraxis an, nicht auf die Richtlinien bzw Verwaltungsvorschriften, deren Auslegung grundsätzlich nicht Sache der Gerichte ist (s auch StBS 117). Die Behörde hat allerdings grundsätzlich die Möglichkeit, sich für die Zukunft von einer in der Vergangenheit geübten Praxis zu lösen und **für künftige Fälle ihr Ermessen in anderer Weise** zu betätigen. Hier kommt es nur darauf an, dass dargelegt werden kann, dass die Neuausrichtung der Ermessenspraxis für die Zukunft eine allgemeine ist und nicht nur für den einen zur Entscheidung stehenden Fall vorgenommen wird.

c) Verhältnismäßigkeit. Eine Reduktion des Ermessens auf Null kann sich 51
im Einzelfall auch daraus ergeben, dass sich die zur Verfügung stehenden Entscheidungsmöglichkeiten deshalb verringern, weil alle übrigen zu unzulässigen, weil unverhältnismäßigen oder unzumutbaren Ergebnissen führen. Da von dem Ermessen nur in einer den Betroffenen nicht unverhältnismäßig belastenden Weise Gebrauch gemacht werden darf, scheiden Handlungsalternativen aus, deren Auswahl nicht ermessensfehlerfrei wäre. Insoweit werden allerdings in Rspr und Lit unterschiedliche Positionen vertreten. Während die **ältere Auffassung** eine Ermessensschrumpfung auf Null nur in solchen Fällen annimmt, in denen andere Entscheidungen den Betroffenen in **unzumutbarer Weise** beeinträchtigen,[128] geht eine **neuere Auffassung** davon aus, dass eine Reduktion auf Null stets schon dann anzunehmen ist, wenn **Handlungsalternativen sachlich nicht hinreichend begründbar** sind.[129] Dieser Auffassung ist zuzustimmen. Wenn die in Betracht kommenden Handlungsalternativen dem Zweck der Ermächtigung nicht mehr in angemessener Weise gerecht werden, scheiden sie aus, unabhängig davon, ob sie den Betroffenen außerdem in besonders schwerer Weise belasten würden. Dies ist mit der wohl hM anzunehmen, wenn es um ein ordnungsbehördliches **Einschreiten gegen eine andauernde Störung subjektiver Rechte** etwa von Nachbarn durch rechtswidrige bauliche Anlagen geht.[130]

7. Subjektive Rechte. a) Anspruch auf fehlerfreie Entscheidung. Der 52
Einzelne kann Ermessensfehler nur rügen, wenn und soweit er ein subjektives öffentliches Recht auf eine ermessensfehlerfreie Entscheidung hat. Dieses Recht auf eine ermessensfehlerfreie Entscheidung kann sich in erster Linie aus der Ermessensermächtigung selbst ergeben. Nach der **Schutznormlehre** (s näher Einf I Rn 57 ff) ist Voraussetzung dafür, dass die Ermessensermächtigung jedenfalls auch die Interessen des Einzelnen zu schützen bestimmt ist. Insofern bestehen keine besonderen Unterschiede zur Herleitung subjektiver Rechte aus strikten Rechtsnormen. Der Ermessensfreiheit der Behörde entspricht dann das formelle subjektive Recht des in seinen Rechten betroffenen Bürgers auf ermessensfehlerfreie Entscheidung;[131] dem Beurteilungsspielraum entspricht dann das Recht auf eine Entscheidung aufgrund einer von sachfremden Gesichtspunkten und Erwägungen freien, alle wesentlichen Tatsachen und Erfahrungssätze berücksichtigenden Beurteilung und Wertung der in dem unbestimmten Rechts-

---

128 S hierzu näher BVerwGE 11, 95; 28, 233, 238, die Problematik spielt vor allem im Baurecht eine wesentliche Rolle.

129 S hierzu insbes die Rspr zum Anspruch auf bauordnungsrechtliches Einschreiten, BVerwGE 78, 40, 46, BVerwG NVwZ-RR 1997, 271; NVwZ 1998, 395; Gerhard in Schoch § 114 Rn 27; Eyermann § 114 Rn 32, beide allerdings mit der schwer begründbaren Forderung nach Offensichtlichkeit.

130 So die wohl hM, vgl zuletzt OVG Hamburg, NordÖR 2010, 29: OVG Münster BauR 2009, 1716; VGH Mannheim VBlBW 1986, 23 wohl auch OVG Lüneburg UPR 1988, 73; mwN; Ramsauer NordÖR 2006, 282, 285 **aA** VGH München, BayVBl 2008, 436; weitere Nachweise bei Mehde/Hausen NVwZ 2010, 14 ff.

131 BVerfG 60, 41; 69, 169; BVerwGE 37, 113; 48, 174; 61, 22; BVerwG NJW 1985, 2019; WBSK I § 31 Rn 66; UL § 55 Rn 7.

begriff nur in allgemeiner Form abgegrenzten entscheidungserheblichen Frage[132] Ein **reduzierter Anspruch** auf eine lediglich willkürfreie Ermessensentscheidung besteht nach der Rspr dann, wenn es um bestimmte Auswahlentscheidungen im Rahmen von Verwaltungsverfahren geht, die nur im öffentlichen Interesse getroffen werden.[133]

53 **Voraussetzung für den Anspruch** auf fehlerfreie Ermessensausübung ist, dass die Tatbestandsvoraussetzungen der Ermessensnorm erfüllt sind. Nur wenn die Behörde objektiv-rechtlich berechtigt ist, eine Ermessensentscheidung zu treffen, kann der betroffene Einzelne ein Recht darauf haben, dass diese Entscheidung ermessenfehlerfrei erfolgt. Geht es um den Erlass einer belastenden Maßnahme, zB einer Untersagungsverfügung, einer Abrissverfügung oder eines Handlungsgebots, so kann der von der Maßnahme unmittelbar Betroffene idR verlangen, dass von einem in der Ermächtigung vorgesehenen Ermessen fehlerfrei Gebrauch gemacht wird.[134] Etwas anders gilt ausnahmsweise dann, wenn das Ermessen ausschließlich im öffentlichen Interesse auszuüben ist.[135]

54 **b) Anspruch auf fehlerfreie Abwägung und Prognosen.** Dem Anspruch auf ermessensfehlerfreie Entscheidung entspricht bei Planungsentscheidungen, Planfeststellungen, Plangenehmigungen und vergleichbaren Entscheidungen (auch zB der Entscheidung über eine Schulauflösung, vgl BVerwG NVwZ 1992, 1203) der Anspruch auf fehlerfreie Abwägung seiner Rechte oder schutzwürdigen Interessen (BVerwGE 90, 49; 90, 100; Kopp/Schenke § 42 Rn 91), bei Prognoseentscheidungen darauf, dass die Entscheidung, soweit sie seine Rechte oder schutzwürdigen Interessen berührt, auf einer sorgfältig erstellten, realistischen Tatsachengrundlage, einer hinreichend leistungsfähigen Prognosemethode und einer sachgemäßen Abwägung aller Wahrscheinlichkeiten und möglichen Folgen beruht (vgl Kopp/Schenke § 42 Rn 91).

55 **c) Anspruch bei Ermessensreduzierung.** Besteht ein Anspruch auf ermessensfehlerfreie Entscheidung, so verdichtet sich dieser zu einem strikten Anspruch im Falle einer Ermessensreduzierung auf Null. Im Falle einer Verpflichtungsklage liegt dann **Spruchreife** vor (§ 113 Abs 5 VwGO). Dies ist in den Vornahmefällen von großer Bedeutung (s oben Rn 49 ff).

56 **8. Bedeutung von Verfahrensvorschriften. a) Allgemeines.** Die Einhaltung der Vorschriften des Verwaltungsverfahrensrechts und der allgemeinen, zT dem ungeschriebenen Recht angehörenden Verfahrensgrundsätze spielt bei Ermessensentscheidungen eine besondere Rolle. Anders als bei den streng gebundenen Entscheidungen, bei denen Verfahrensfehler idR gem § 46 nicht zur Aufhebung des VA führen (s § 46 Rn 30), lässt sich bei Ermessensentscheidungen regelmäßig nicht feststellen, dass sich Verfahrensfehler offensichtlich nicht auf die Entscheidung ausgewirkt haben[136] (zu den Ausnahmen s § 46 Rn 34). Das Verfahrensrecht bietet mittelbar eine gewisse Garantie für die sachgemäße Ausübung des Ermessens und der sachgemäßen Ausfüllung von Beurteilungsspielräumen

---

[132] Vgl OVG Münster NWVBl 1995, 28; UL § 55 Rn 7; Kopp/Schenke § 114 Rn 30.

[133] BVerwG NVwZ 2012, 1416 zu der Zulassung von Verlagsprodukten als Hilfsmittel im juristischen Prüfungsverfahren.

[134] BVerwGE 39, 235; VGH Mannheim VBlBW 1982, 90; Kopp/Schenke § 42 Rn 93; zum Begriff des subjektiven Rechts bzw rechtlichen Interesses s Einf I Rn 57 ff.

[135] BVerwG NVwZ 1988, 628 zu § 21 Abs 1 WPflG: Verstöße kommen insbesondere bei einseitigen informellen Absprachen der Behörde in Betracht (vgl § 35 Rn 40, Einf I Rn 76). Eine Einberufung zur Wehrübung dient nur dem Interesse einer optimalen Personalbedarfsdeckung der Bundeswehr und nicht zugleich auch privaten Interessen der Wehrpflichtigen; ähnlich BVerwGE 71, 63; VG Freiburg DVBl 1986, 1168: da die Regelungen des Personalstrukturgesetzes ausschließlich im öffentlichen Interesse liegen, kein Anspruch interessierter Offiziere auf fehlerfreie Ermessensentscheidung.

[136] Vgl auch BVerwG 68, 267, 75; Obermayer/Funke-Kaiser 45.

durch die Verwaltung, so wie auch die Nachprüfung der Einhaltung des Verwaltungsverfahrensrechts durch die Aufsichts- und Rechtsbehelfsbehörden und durch die Verwaltungsgerichte einen gewissen Ersatz für die fehlende Möglichkeit unmittelbarer Kontrolle darstellt (vgl BVerwG NVwZ 1995, 494).

Besondere Bedeutung gewinnen die Vorschriften und Grundsätze des Verwaltungsverfahrensrechts, die dem Schutz der Betroffenen dienen. Dies gilt insb für das Erfordernis der **Unparteilichkeit** der zur Entscheidung berufenen Amtsträger (§ 20 Rn 6) und für die Verpflichtung zur **Anhörung der Beteiligten** (§ 28) und für die **Begründung der Entscheidung** (§ 39). Die Mitwirkung eines ausgeschlossenen oder befangenen Amtsträgers im Verfahren stellt nicht nur einen Verfahrensfehler (§ 20 Rn 66; § 21 Rn 13) und eine Verletzung des Gleichheitsgebots (§ 20 Rn 6), bei Prüfungen auch der Chancengleichheit (s oben Rn 124) dar, wenn und soweit die Möglichkeit von Auswirkungen auf die Sachentscheidung nicht auszuschließen ist, sondern zugleich grundsätzlich auch einen Verstoß gegen § 40.[137] Entsprechendes gilt, wenn die Behörde eine in der Sache gebotene Prüfung der Umweltverträglichkeit nach dem UVG unterlassen hat.[138] Zur Bedeutung der Verletzung von Verfahrensvorschriften im Prüfungsrecht s Rn 128ff. 57

b) Indizwirkung mangelhafter Begründung. Das Fehlen einer nach § 39 vorgeschriebenen förmlichen Begründung ist Indiz für das Vorliegen rechtserheblicher Ermessens- oder Beurteilungsmängel, ohne dass das Gericht insoweit noch weitere Nachforschungen anstellen müsste.[139] Das gilt jedenfalls dann, wenn die Behörde den Begründungsmangel nicht heilt (§ 45) oder die tragenden Gründe nicht spätestens im gerichtlichen Verfahren offenlegt.[140] Wenn die Begründung nicht zu allen Punkten ein ausreichendes Bild gibt, muss das Gericht allerdings von sich aus ermitteln, ob Ermessensfehler vorliegen; es darf Defizite jedoch nicht mit zusätzlich eigenen Erwägungen „nachbessern".[141] Fehlerhaft ist die Ermessensentscheidung jedenfalls dann, wenn die Behörde die Gründe, die für sie maßgeblich waren, auch nachträglich nicht bekannt gibt und nicht darlegen kann (Beweislast der Behörde), dass sie tatsächlich alle für ihre Entscheidung wesentlichen Gesichtspunkte gekannt, abgewogen und bei ihrer Entscheidung berücksichtigt hat.[142] Zu **Ausnahmen** von der Abwägungs- und Begründungspflicht bei Entscheidungen aufgrund von **„Soll"-Vorschriften** und bei **„intendierten" Entscheidungen** s unten Rn 64ff. 58

---

[137] BVerwG NVwZ 1988, 527 = DÖV 1988, 563; ferner VGH Mannheim NVwZ 1990, 348; Kopp BayVBl 1990, 685.

[138] VGH München DVBl 1994, 1199; zT **aA** BVerwG NJW 1981, 239; VGH Mannheim NVwZ-RR 1993, 376: der Bürger hat keinen Anspruch auf Durchführung einer Umweltverträglichkeitsprüfung.

[139] BVerfGE 85, 36; 88, 60; BVerwGE 75, 214; BVerwG NVwZ 1993, 570 und 572; NVwZ 1988, 525; DVBl 1990, 1172; VGH München BayVBl 1992, 660; 1993, 311; OVG Schleswig NVwZ 1992, 71; VGH Kassel DVBl 1990, 1070; VGH Mannheim NVwZ 1991, 1205: bei Prüfungsentscheidungen ohne ausreichende Begründung auch kein „Nachschieben" von Gründen; Becker NJW 1993, 1132.

[140] Vgl auch OVG Lüneburg BauR 1986, 692: eine Abbruchsanordnung ist wegen eines Ermessensfehlers rechtswidrig, wenn eine Ermessensbetätigung der Bauaufsichtsbehörde nicht erkennbar ist, obwohl konkrete Anhaltspunkte für die Angemessenheit einer Ausnahme bestehen.

[141] BVerwGE 82, 2.

[142] VGH Kassel DVBl 1990, 1070; zT großzügiger BVerwGE 74, 251 und BVerwG DÖV 1991, 471: vermag die Begründung des Planfeststellungsbeschlusses die erforderliche planerische Abwägung nicht zu tragen, so hat das Gericht, wenn eine Sache zu einer solchen Prüfung Anlaß bietet, zu prüfen, ob sich aus anderen Gründen feststellen lässt, dass die Behörde die erforderliche Abwägung getroffen und damit den Anforderungen, die das Abwägungsgebot stellt, entsprochen hat.

59 **c) Anforderungen an die Begründungspflicht.** Anforderungen an die Begründungspflicht bei Ermessensentscheidungen sind deshalb strenger als bei strikt gebundenen Entscheidungen, weil die Begründung zugleich die Grundlage der gerichtlichen Kontrolle des ermessensspezifischen Abwägungsprozesses darstellt.[143] Formelhafte, nicht auf den konkreten Fall bezogene Begründungen reichen hier grundsätzlich nicht aus (vgl OVG Lüneburg NJW 1984, 1641). Der Umstand, dass die Entscheidung der Behörde teilweise auf prognostischen Erkenntnissen beruht, schließt eine gerichtliche Überprüfung nicht aus (vgl BVerfGE 88, 60 = DVBl 1993, 485). Die Verwaltung muss nachvollziehbar darlegen, auf welche Tatsachen und Erfahrungen aus ihrer eigenen Sphäre und auf welche wissenschaftlichen Erkenntnisse Dritter sie zur prognostischen Beurteilung zurückgreift. Hat sie ihre Prognose nachvollziehbar begründet, ist für eine Beweiserhebung durch Sachverständige regelmäßig nur noch Raum, soweit die tatsächlichen Grundlagen oder die Methode der Prognose substantiiert angegriffen werden.

V. Das Ermessen

60 **1. Die Ermessensermächtigung. a) Allgemeines.** Im Bereich des Gesetzesvorbehalts setzt eine Betätigung von Ermessen voraus, dass der Behörde in der anzuwendenden Rechtsnorm Ermessen eingeräumt wird, also eine Ermächtigung zu einer Ermessenentscheidung vorhanden ist. Ob eine Vorschrift der Behörde Ermessen einräumt, ist eine Frage der Auslegung.[144] Auszugehen ist vom Wortlaut; daneben ist aber auch der Zusammenhang, in dem die Vorschrift steht, zu berücksichtigen. Außer dem Wort „Ermessen" (zB in § 4 Abs 2 BSHG oder in § 22 S 1 und § 36 Abs 2 VwVfG) **sprechen** Worte wie **„kann", „soll", „darf", „ist befugt"** uä in einer Vorschrift idR für das Vorliegen eines Spielraums, innerhalb dessen die Behörde ihre Entscheidungen nach pflichtgemäßem Ermessen zu treffen hat.[145] Zwingend ist das aber nicht, weshalb in jedem Fall eine sorgfältige Interpretation der Norm erforderlich ist. Auch bei scheinbar auf die Einräumung eines Ermessensspielraums hinweisenden Rechtsvorschriften kann sich aus dem Zweck der Regelung oder aus dem Zusammenhang mit anderen Vorschriften, insb auch des Verfassungsrechts, eine strikte Bindung ergeben.[146] Dies ist zB bei § 35 Abs 2 BauGB in Bezug auf die Zulassung von nicht privilegierten Vorhaben im Außenbereich, der trotz des Wortlauts („können") kein Ermessen eröffnet, der Fall.[147]

61 **Eine Ermessensermächtigung ist im Zweifel anzunehmen,** wenn eine Rechtsvorschrift nur allgemein eine Genehmigung usw vorschreibt oder die Behörde zum Erlass eines VA ermächtigt, ohne die Voraussetzungen dafür näher zu regeln.[148] Dies ist zB bei der Befristung der Einreise- und Aufenthaltssperre nach § 11 Abs 1 S 3 AufenthG im Falle von Ausweisung und Abschiebung hin-

---

143 S zB BVerwGE 62, 340; Kopp VerwArch 1970, 250; zu den Anforderungen an die Begründungspflicht bei behördlichen Beurteilungsspielräumen ua BVerfGE 88, 60; BVerwGE 75, 214; zu den Anforderungen bei Prüfungsentscheidungen BVerwGE 91, 262; 95, 251 s auch Müller-Franken VerwArch 2001, 507.

144 BVerwG DVBl 1981, 977; Weidemann DVBl 1992, 1573; Schöpfer NVwZ 1991, 551; Knack/Henneke 26.

145 Vgl BSG NJW 1985, 698; OVG Münster NVwZ 1989, 1177 zu „darf"; Erichsen/Ehlers § 11 Rn 56; WBSK I § 31 Rn 45; M 29 f.

146 Vgl BVerfG 8, 72; 20, 160; BVerwGE 3, 121; 10, 199; 18, 250; 25, 161; 40, 323; 42, 28; 49, 23; BVerwG DÖV 1992, 635; VG Aachen NVwZ 1987, 258; einschränkend WBSK I § 31 Rn 46; Scheerbarth DVBl 1960, 185 ff.

147 Vgl BVerwGE 18, 250 = NJW 1964, 1973; st Rspr.

148 Vgl BVerwGE 16, 226; OVG Münster NVwZ 1986, 1040; VGH München BayVBl 1987, 305; DÖV 1991, 941; OVG Lüneburg NuR 1990, 177; OVG Koblenz NJW 1990, 1555; DÖV 1990, 620.

sichtlich der Bemessung der Frist der Fall. Entsprechendes gilt idR für die Vergabe, Verteilung usw von Genehmigungen, Zulassungen uä bei nur begrenzt zur Verfügung stehenden Kontingenten, Studienplätzen uä bei einer Überzahl von Bewerbern.[149]

Eine strikte Gesetzesbindung wird umgekehrt regelmäßig anzunehmen sein, wenn das Gesetz lediglich Versagungsgründe formuliert (zB § 4 GastG) oder in denen das Gesetz die Zulassung eines bereits von den Freiheitsgewährleistungen der Grundrechte erfassten Verhaltens von einer präventiven Zulassungsentscheidung abhängig macht. Gleiches gilt, wenn das Gesetz lediglich die Feststellung der Rechtslage durch VA vorsieht.[150] In derartigen Fällen ist idR ein Anspruch des Bürgers gegeben, auch wenn dies im Gesetz nicht ausdrücklich zum Ausdruck gelangt (zB Anspruch auf Erteilung von Baugenehmigungen, wenn das Vorhaben allen öffentlichrechtlichen Vorschriften entspricht). 62

b) „Kann-Vorschriften" bedeuten idR, dass der Behörde dadurch ein Ermessen eingeräumt wird. In manchen Rechtsvorschriften bedeutet „kann" – ebenso uU auch das Wort „darf" – allerdings auch nur die Zuständigkeit bzw Befugnis der Behörde, eine im Gesetz für diesen Fall vorgesehene bestimmte Entscheidung zu treffen, zu der sie dann, wenn die rechtlichen Voraussetzungen dafür erfüllt sind, auch zugleich verpflichtet ist.[151] Ob Ermessen oder lediglich eine Ermächtigung idS gemeint ist, ist Auslegungsfrage. Dieselbe Folge kann sich uU im Ergebnis aber auch daraus ergeben, dass eine als „Kann"-Vorschrift formulierte Norm im Rahmen der Rechtsordnung, insb auch als Folge aus Grundentscheidungen der Verfassung, nur als bindende Regelung verstanden werden kann (vgl § 35 Abs 2 BauGB, s dazu Rn 60). 63

c) „Soll-Vorschriften". Die Regelungen in einer Rechtsvorschrift, dass eine Behörde sich in bestimmter Weise verhalten soll, bedeutet idR eine strikte Bindung für den Regelfall und gestattet **Abweichungen nur in atypischen Fällen,** in denen konkrete, nicht von der Behörde selbst zu vertretende (BVerwGE 42, 29) Gründe für das Abgehen von der Norm sprechen.[152] Die Behörde darf von der Regel nur in Fällen abweichen, in denen die für den Normalfall geltende Regelung von der ratio legis offenbar nicht mehr gefordert wird (BVerwG NJW 1990, 1377). Ob ein Fall idS atypisch ist, ist **gerichtlich voll nachprüfbar.**[153] Mit der Formulierung einer Sollvorschrift kann allerdings auch zum Ausdruck gebracht werden, dass die Beteiligten bzw Betroffenen keinen Anspruch darauf haben sollen, dass die Behörde die in der Rechtsnorm vorgesehene Rechtsfolge setzt und dass sich auf Abweichungen kein Rechtsbehelf stützen lässt.[154] Das ist bei materiellrechtlichen Normen allerdings nur selten der Fall. 64

d) Intendiertes Ermessen. aa) Problematik. Ähnlich wie Soll-Vorschriften sind auch Vorschriften zu verstehen, die zwar die Behörde zu einer Ermessensentscheidung ermächtigen, gleichzeitig aber ausdrücklich oder doch nach Sinn und Zweck hinreichend deutlich zu erkennen geben, dass nach dem Willen des Gesetzgebers die **Entscheidung im Regelfall in einem bestimmten** 65

---

149 VGH Kassel NVwZ-RR 1992, 361; Krebs ZRP 1984, 226; Ehlers DVBl 1993, 865; Theuersbacher NVwZ 1993, 632; Kopp/Schenke § 114 Rn 44.

150 So etwa die katasterliche Grenzfeststellung nach Landesvermessungsrecht, vgl OVG Koblenz, U v 13.1.2016 – 1 A 10955/13, juris.

151 BVerwGE 44, 342; BSGE 51, 294; BSG DVBl 1987, 245; NVwZ-RR 1991, 2; Maurer § 7 Rn 7.

152 BVerwGE 64, 323; 68, 242; 78, 105; 84, 220, 232; 88, 8; 90, 93, 278; BVerwG NJW 1984, 70; 1987, 1222; NVwZ 1987, 631; DVBl 1987, 242; 1990, 278; OVG Magdeburg LKV 1994, 27; OVG Lüneburg NJW 1985, 2348; OVG Münster 15, 84; VGH Mannheim DÖV 1980, 730; VGH Kassel NVwZ 1984, 802; WBSK I § 31 Rn 41.

153 BSG DVBl 1987, 243; VGH Kassel NVwZ-RR 1993, 434; Obermayer 14.

154 VGH Kassel NVwZ 1984, 802.

Sinn ergehen soll (sog „intendierte" Entscheidung).[155] Die Rechtsfigur des intendierten Ermessens ist zwar im Vordringen begriffen, nach wie vor aber **umstritten.**[156] Nach der Rechtsprechung bedarf es in Fällen, in denen die Behörde den Intentionen des Gesetzes für den Regelfall folgen will und auch keine Gründe ersichtlich bzw geltend gemacht sind, die für eine abweichende Entscheidung sprechen könnten, grundsätzlich **keiner näheren Begründung** der Entscheidung; es genügt, wenn die Behörde auf das Gesetz und die in diesem für den Regelfall vorgesehene Entscheidung sowie darauf verweist, dass besondere Umstände, die eine andere Beurteilung oder Entscheidung rechtfertigen könnten, nicht ersichtlich sind.[157] Eine weiter gehende Begründung ist nur in solchen Fällen erforderlich, wenn Besonderheiten des Falles, die eine andere Beurteilung erfordern könnten, entweder für die Behörde offensichtlich sind, oder von den Beteiligten vorgetragen werden.

66 **bb) Beispiele für intendiertes Ermessen.** Die Fälle, in denen die Rspr angenommen hat, in der Ermessensermächtigung sei eine bestimmte Entscheidung für den Regelfall intendiert, sind vielfältig.[158] So ist zB die in § 135 Abs 5 S 1 BauGB bei der Entscheidung über einen **Erlass der Abgabenforderung wegen unbilliger Härte** vorgesehene Ermessensausübung durch das Gesetz dahin intendiert, dass von einem Erlass nur ausnahmsweise dann abgesehen werden darf, wenn dies trotz der unbilligen Härte wegen besonderer, berücksichtigungsfähiger und gewichtiger Gründe gerechtfertigt ist (BVerwG NVwZ 1987, 601). Ähnlich sollen **Befreiungsvorschriften** (zB § 31 Abs 2 BauGB; § 67 BNatSchG) einer rechtlichen Unausgewogenheit begegnen, die sich ergeben kann, wenn aufgrund der besonderen Umstände des jeweiligen Einzelfalls Anwendungsbereich und materielle Zielrichtung einer Vorschrift nicht miteinander übereinstimmen. Zum intendierten Ermessen bei **Widerruf** und **Rücknahme** von VAen s § 48 Rn 78; § 49 Rn 28 ff; bei der **Auswahl des Gebührenschuldners** OVG Hamburg NordÖR 2001, 306; bei Erlass einer ordnungsrechtlichen **Beseitigungsanordnung** OVG Berlin NuR 2002, 365. Auch bei der Entscheidung über eine **erkennungsdienstliche Behandlung** zur Strafverfolgungsvorsorge nach § 81b 2. Alt StPO hat die Rspr[159] ein intendiertes Ermessen angenommen, wenn die Behandlung für Zwecke des Erkennungsdienstes notwendig und die Maßnahme nicht unverhältnismäßig ist.

67 **e) Offenes Ermessen.** In gewissem Sinn das Gegenteil zu intendierten Entscheidungen stellen Ermessensermächtigungen dar, für die die gesetzliche Ermächtigung nicht nur keinerlei näheren Maßstäbe vorgibt, sondern der Behörde freie Wahl zwischen allen sachlich geeigneten, praktikablen und zweckmäßigen Lösungen lässt, sofern nicht besondere Umstände vorliegen, die sich der Behörde aufdrängen oder von einem Beteiligten geltend gemacht werden (BVerwG NJW 1993, 1669). Dies gilt idR zB für die Entscheidung, welcher von

---

[155] Vgl BVerwGE 66, 25; 82, 363: die Entscheidung kann einfach an die Erfüllung der tatbestandsmäßigen Voraussetzungen anknüpfen; BVerwGE 91, 90; BVerwG DVBl 1990, 707; NVwZ 1994, 1383; NJW 1987, 1564; BFH NJW 1989, 1383; Volkmann DÖV 1996, 282; Borowski DVBl 2000, 149; Knack/Henneke 37.

[156] BVerwGE 61, 25; 66, 25; 72, 6; 82, 363; BVerwG NJW 1987, 1465; DVBl 1983, 1107; 1992, 1491; BFH NJW 1989, 1383; StBS 30: „größte Zurückhaltung geboten"; Obermayer/Funke-Kaiser 16: „strenge Anforderungen"; Erichsen/Ehlers § 11 Rn 57; kritisch Stelkens NWVBl 1989, 339; ablehnend Maurer § 7 Rn 12; ausf Beuermann, 53 ff.

[157] BVerwGE 72,5; 82, 363; BVerwG NVwZ 1994, 383; OVG Münster NVwZ 1986, 138.

[158] BVerwGE 40, 201; 48, 127; 91, 90: zur Rücknahme eines VA gem § 45 Abs 1 SGB X; BVerwG NVwZ 1987, 601; 1993, 583; BayVBl 1987, 219 mwN.

[159] OVG Lüneburg Nds VBl 2017, 21; VGH Mannheim DVBl 2013, 529.

mehreren Gesamtschuldnern analog § 421 BGB in Anspruch genommen werden soll.[160]

68 **Fehlt es an einer gesetzlichen Ermächtigung** überhaupt, so ist § 40 nicht unmittelbar anwendbar. Soweit die Verwaltung überhaupt ohne gesetzliche Grundlage handeln darf, trifft sie aber auch und zwar stets Ermessensentscheidungen. Der Begriff **„freies Ermessen"** (Knack/Henneke 31) **ist auch hier verfehlt,** weil es im Bereich der öffentlichen Verwaltung nur rechtlich gebundenes und damit pflichtgemäßes Ermessen gibt. Die Regelung in § 40 ist auf Ermessensentscheidungen ohne spezielle gesetzliche Ermächtigung mit der Maßgabe anwendbar, dass die zuständige Behörde die leitenden **Ermessenszwecke selbst setzen** darf, soweit sie sich im Rahmen der Rechtsordnung, insbes der Grundsätze der Gleichbehandlung und der Verhältnismäßigkeit bewegt (StBS 31). Die gerichtliche Kontrolle beschränkt sich in diesen Fällen auf die Einhaltung des gewissermaßen selbst gesetzten Ermessensrahmens. Zur Subventionsvergabe s aber oben Rn 38.

69 **2. Die Ermessensreduzierung auf Null. a) Mögliche Gründe.** Wie bereits oben (Rn 49) dargestellt, kann sich das Ermessen im **Einzelfall, aber auch für bestimmte Fallgruppen** auf Null reduzieren (Ermessensschrumpfung) mit der Folge, dass im konkreten Fall nur eine einzige Entscheidung mit dem Zweck der Ermächtigung vereinbar ist. Ob dies der Fall ist, unterliegt uneingeschränkter gerichtlicher Kontrolle. Zwei Fallgruppen sind zu unterscheiden: Die Ermessensreduzierung auf Null aufgrund der Selbstbindung der Verwaltung (s oben Rn 70) und aufgrund eines Wegfalls zulässiger Entscheidungsalternativen etwa wegen Unverhältnismäßigkeit oder wegen Wegfalls von zulässigen Gründen für die Entscheidungsalternativen. Während bei Selbstbindung Probleme vor allem im Bereich des Tatsächlichen liegen, sind die Konstellationen der zweiten Gruppe umstritten.

70 **b) Selbstbindung der Verwaltung.** Die Verwaltung kann sich bei der Ausübung des Ermessens bzw des Beurteilungsspielraums dergestalt selbst binden, dass sie verpflichtet ist, im konkreten Fall eine bestimmte Entscheidung zu treffen. Diese Selbstbindung folgt aus Art 3 Abs 1 GG,[161] wonach von dem Ermessen nicht in einer Weise Gebrauch gemacht werden darf, bei der Gleiches ungleich oder Ungleiches gleich behandelt wird. Die Selbstbindung kann sich aus vorangehenden Einzelentscheidungen ergeben, die mit dem konkreten Fall in den für das Ermessen wesentlichen Punkten übereinstimmen (sog **Berufungsfälle**), sie kann aber auch aus ermessenslenkenden Verwaltungsvorschriften folgen, die den Sachbearbeiter zu einem bestimmten Handeln veranlassen sollen **(richtliniengeleitete Ermessensentscheidung).**

70a **Einschränkungen der Selbstbindung** folgen aus der unberührt bleibenden Berechtigung der Verwaltung, eine bestimmte **Praxis für die Zukunft umzustellen bzw zu ändern.**[162] Eines besonderen Grundes oder Anlasses bedarf es dafür nicht; ausreichend ist, dass es eine Neubewertung der Interessenlage gibt. Hierfür muss es dann allerdings konkrete Anhaltspunkte geben, damit der Verwaltung nicht die Möglichkeit gegeben wird, im konkreten Einzelfall eine Änderung der Praxis nur vorzuschützen, in anderen Folgefällen aber nach der alten

---

[160] BVerwGE 31, 213; BVerwG NJW 1990, 2761; 1993, 1661 mwN: Heranziehung jeweils der ersten im Datensatz angeführten Person als Schuldner der Fehlbelegungsabgabe bei mehreren als Gesamtschuldner Verpflichteten unbedenklich, sofern nicht besondere Umstände des Einzelfalls dies ausnahmsweise als unbillig erscheinen lassen und eine abweichende Ermessensausübung gebieten; BVerwG NJW 1993, 781: Heranziehung nach freiem, lediglich durch das Willkürverbot und offenbare Unbilligkeit begrenzten Ermessen.

[161] S hierzu Maurer § 24 Rn 21; Detterbeck Rn 334.

[162] OVG Bautzen BImSchG-Rspr § 20 Nr 56 – juris: Keine berechtigte Erwartung in Fortdauer einer Duldung aus Gründen der Verhältnismäßigkeit.

Praxis zu verfahren. Einschränkungen der Selbstbindung ergeben sich auch daraus, dass **unterschiedliche Behörden** im Rahmen ihrer Kompetenzen eine unterschiedliche Verwaltungspraxis ausprägen können.[163]

71 **c) Wegfall von Entscheidungsalternativen.** Eine Reduzierung des Ermessens auf Null kommt in den Fällen in Betracht, in denen die Entscheidung deshalb alternativlos ist, weil sich **keine andere Entscheidung mit den Zwecken der Ermächtigung begründen** ließe. Da jede Ermessensentscheidung pflichtgemäß getroffen werden muss, kommen Entscheidungsmöglichkeiten nicht in Betracht, die sich nicht mit sachgerechten Erwägungen hinreichend rechtfertigen lassen. Das bedeutet nicht nur, dass für die Entscheidung überhaupt Gründe ins Feld geführt werden müssen, sondern auch, dass diese im Hinblick auf das **Prinzip der Verhältnismäßigkeit** hinreichend tragfähig sein müssen.

72 **Umstritten** ist die Frage, wann sich bei Bauordnungsverfügungen, insbesondere bei Abrissverfügungen des Bauordnungsrechts, das Ermessen der Verwaltung auf Null reduziert. Dies wird für diejenigen Fälle kontrovers diskutiert, in denen eine Baugenehmigung erfolgreich angefochten wurde und die **Abrissverfügung dem Schutz von Nachbarrechten dient.** Hier wird inzwischen zu Recht überwiegend eine Reduzierung des Ermessens angenommen,[164] von der Gegenmeinung unter Hinweis auf die Möglichkeit eines zivilrechtlichen Vorgehens verneint.[165] Eine Reduzierung des Ermessens wird ferner für die Fälle der Deregulierung im Bauordnungsrecht diskutiert, in denen für die Errichtung baulicher Anlagen keine Genehmigung mehr erforderlich ist, weil hier dem Nachbarn infolge der Genehmigungsfreiheit Rechtsschutzmöglichkeiten genommen werden.[166] Auch für die Ersetzung des rechtswidrig versagten **gemeindlichen Einvernehmens** wird zutreffend eine Reduzierung auf Null angenommen (VGH NVwZ-RR 2012, 58).

73 **3. Die Ausübung des Ermessens. a) Zweck der Ermächtigung als Leitlinie.** § 40 stellt in Übereinstimmung mit der bereits zuvor hM (vgl BVerfG 9, 147; BVerwGE 19, 335; 29, 235; 30, 313; 51, 120, 166) klar, dass Behörden von einer Ermächtigung, nach ihrem Ermessen zu handeln, nur nach Maßgabe des Gesetzeszwecks Gebrauch machen dürfen,[167] dh, dass die zu treffende Entscheidung **ihre Rechtfertigung in den Zwecken des Gesetzes** und der vom Gesetzgeber gewollten Ordnung der Materie finden muss (BVerwG DVBl 1982, 307). Das Ermessen darf nur in sachlicher, dh in einer dem Zweck des jeweiligen Gesetzes entsprechenden Weise, ausgeübt werden (BVerwGE 70, 153; BVerwG NVwZ 1990, 766). Für selbständige („autonome") Zweckmäßigkeitserwägungen ist Raum nur im Rahmen des Zwecks der Ermächtigung.[168]

---

163 Zur unterschiedlichen Praxis unterschiedlicher Behörden s Oldiges NVwZ 1987, 737, 742; Rechenbach NVwZ 1987, 383; MDHS, 66 Art 3 Abs 1, Rn 442.

164 OVG Hamburg NordÖR 2010, 29; OVG Magdeburg, Beschl v 26.5.2009, juris; VGH Kassel BauR 2000, 873, 876; OVG Münster NVwZ-RR 2000, 205; OVG Bautzen NVwZ 1997, 922; VGH Mannheim NVwZ-RR 1995, 490; wohl auch OVG Saarlouis BauR 2006, 2015.

165 OVG Lüneburg NdsVBl 2009, 44; NVwZ-RR 2008, 374, st Rspr; krit zu Recht Mehde/Hansen NVwZ 2010, 14, 16.

166 Ausführlich Mehde/Hansen NVwZ 2010, 14; Debus Jura 2006, 487; Kanther NVwZ 2003, 689; Martini, DVBl 2001, 1488; früher bereits Mampel NVwZ 1999, 385 und Schmalz NdsVBl 1995, 241.

167 Vgl BVerfGE 38, 369; 49, 147; Henseler DVBl 1982, 397; s auch BVerwGE 51, 166; 38, 90; VG Schleswig NJW 1980, 1296: Prüfung, ob die Ermessenserwägungen mit dem Zweck des Gesetzes vereinbar sind.

168 BVerfG 25, 112; OVG Lüneburg VRspr 25, 213; Schmidt NVwZ 1985, 169; zT **aA** VGH Kassel NJW 1982, 2280 unter Hinweis auf die Einheit der Rechtsordnung.

74 **aa) Zweck der Ermächtigung.** Die Zwecke der Ermächtigungsnorm können durch das übrige Recht ergänzt werden, auch zB durch einschlägige völkerrechtliche Vereinbarungen (BVerwGE 66, 278; 91, 331), einschlägige EU-Richtlinien, auch wenn diese noch nicht ins nationale Recht umgesetzt sind (s BVerwG DVBl 1982, 294; vgl andererseits BVerwGE 91, 331), außerdem durch die sich aus dem Verfassungsrecht, insb auch aus den Grundrechten[169] ergebenden Zwecke (WBSK I § 31 Rn 51; ferner Kopp, in: Wilburg-FS 1975, 143 ff), soweit ihre Wahrung in der konkreten Ermessensentscheidung geboten ist.[170]

74a **Welche Zwecke** mit einer Ermächtigungsgrundlage konkret verfolgt werden, ist durch Auslegung zu ermitteln. Im Bereich des **Polizei- und Ordnungsrechts** geht es regelmäßig um die Wiederherstellung bzw Sicherung der öffentlichen Sicherheit und Ordnung auf der einen und die möglichst schonende Behandlung der Rechtspositionen von Betroffenen auf der anderen Seite. Bei Gesetzen, die nicht nur einen rein ordnungsrechtlichen, sondern darüber hinaus oder ausschließlich steuernden und/oder verteilenden Charakter haben, geht es um die jeweiligen **bereichsspezifischen Steuerungszwecke,** die für die Ermessensentscheidung beachtlich sind.[171] S hierzu zB OVG Schleswig NordÖR 2002, 122: Auswahl des Beseitigungspflichtigen nach Effektivität, wirtschaftlicher Leistungsfähigkeit, Zumutbarkeit und Verursachungsbeitrag.

75 **bb) Berücksichtigungsgebote.** Dazu gehören außer den unmittelbaren, durch öffentliche Interessen bestimmten Zwecken, denen eine Regelung dient, auch zB sog gesetzliche „Berücksichtigungsgebote", die die Behörde nicht strikt binden, sondern sie nur verpflichten, den entsprechenden Gesichtspunkt bei ihrer Entscheidung zu berücksichtigen (BVerfGE 61, 58). Zulässig und geboten ist danach zB bei der Entscheidung über die Erteilung einer **Sondernutzungserlaubnis** nach Straßen- und Wegerecht die Berücksichtigung aller verkehrsbezogenen Gesichtspunkte, einschließlich solcher, die sich auf den Schutz des Umfelds beziehen, nicht dagegen auch von sonstigen öffentlichen oder privaten Interessen, so nützlich und sinnvoll diese an sich auch sein mögen,[172] sofern das Fachrecht diese nicht besonders zulässt (vgl zB § 19 HambWegeG). Zum sog **Rücksichtnahmegebot bei Schulversuchen** OVG Münster NWVBl 2011, 436. Danach sind Schulversuche wegen der damit verbundenen Nachteile besonders begründungsbedürftig. Beim Auswahlermessen des Dienstherrn im Falle von Versetzungsentscheidungen gegen den Willen der Beamten kommt es wesentlich auf die nach dem Fürsorgeprinzip zu berücksichtigenden persönlichen Belange der Beamten an.[173]

76 **cc) Fiskalische Interessen. Umstritten** ist die Frage, in welchem Umfang fiskalische Interessen bei Ermessensentscheidungen berücksichtigungsfähig sind. Hier ist zu differenzieren zwischen den **primären Zwecken der Ermächtigung** und der **Berücksichtigung von Effizienzgesichtspunkten** ohne Beeinträchtigung der Effektivität der Zielerreichung im Übrigen. Als primär zu berücksichtigendes öffentliches Interesse kommen fiskalische Interessen in Betracht, wenn es um die Geltendmachung von Ansprüchen auf Geld oder teilbare Sachleistungen geht. Nach der überkommenen klassischen Auffassung gehören

---

[169] BVerwGE 48, 302; 61, 35; 91, 140; DVBl 1995, 47; BVerfG 80, 93; StBS 63.

[170] Schmidt NVwZ 1985, 169; vgl auch BVerwG NVwZ 1990, 766: einem Beamten darf die Nebentätigkeitsgenehmigung von seinem Dienstherrn nur aus Gründen versagt werden, die Bezug zu seiner Amtsführung haben, nicht aus arbeitsmarktpolitischen Gründen.

[171] Vgl zB zur Begrenzung einer Entscheidung über die wegerechtliche Sondernutzung auf wegerechtliche Gesichtspunkte OVG Lüneburg NJW 1986, 863; VGH Kassel NVwZ 1994, 189, 190; 1987, 902. Erweiterung der Ermächtigungszwecke in § 19 HmbWegeG.

[172] VG Karlsruhe NJW 1994, 1977; ungenau OVG Berlin NVwZ 1991, 1299: alle „sachgerechten" Gründe.

[173] BVerwG NVwZ 2013, 797 für den Fall eines Punktesystems zur Auswahlentscheidung.

fiskalische Interessen jedenfalls für den Bereich des Ordnungsrechts nicht zu den Zwecken der Ermächtigung.[174] Davon zu trennen ist die Berechtigung und haushaltsrechtliche **Verpflichtung zu effizientem und kostengünstigem Handeln.** Dies gehört nicht nur im Verwaltungsverfahren zu den grundlegenden Maximen (§ 10), sondern auch im Hinblick auf die materielle Entscheidung zwischen mehreren möglichen Vorgehensweisen.[175] Die Effizienz des Verwaltungshandelns spielt nicht nur für das Verwaltungsverfahren sondern auch materiellrechtlich eine Rolle. Dies folgt schon aus den **allgemeinen Grundsätzen des Haushaltsrechts.**

77 **b) Ermessenslenkende Verwaltungsvorschriften.** Sie dienen dem Ziel einer gleichmäßigen Ermessensausübung sowie deren Steuerung innerhalb der Behördenhierarchie. Sie sind grundsätzlich zulässig[176] und mit der Ermächtigung einer Behörde, nach Ermessen zu entscheiden, grundsätzlich vereinbar, soweit sie sich ihrerseits am Zweck der Ermächtigung orientieren und sachgerecht sind.[177] Richtlinien entheben die Behörde jedoch nicht der Verpflichtung zu einer eigenverantwortlichen Ermessensentscheidung unter sachlicher Abwägung aller einschlägigen **Gesichtspunkte des konkreten Falles,** sondern geben ihr nur – vor allem im Innenverhältnis zum Richtliniengeber und im Interesse der Gleichbehandlung gleicher Sachverhalte – Anhaltspunkte für die gegenüber dem Bürger zu treffende Entscheidung.[178] Weist ein Fall **wesentliche Besonderheiten** auf im Vergleich zum Regelfall, auf den die Richtlinien zugeschnitten sind, so muss die Behörde dies bei ihrer Ermessensanwendung berücksichtigen und ggf von der Richtlinie abweichend entscheiden.[179] Wenn und soweit Richtlinien selbst ermessensfehlerhaft sind oder ihre Anwendung im konkreten Fall den besonderen Ermessenserfordernissen nach § 40 nicht genügt, kann auch ihre an sich sonst korrekte Anwendung die Ermessensfehlerhaftigkeit des betroffenen Handelns nicht verhindern (OVG Schleswig NVwZ 1993, 911).

78 Es besteht **kein unmittelbarer Anspruch auf Einhaltung** ermessenslenkender Richtlinien. Ein Anspruch auf Gleichbehandlung besteht usw nur insoweit, als die Richtlinien praktisch umgesetzt werden und deshalb **Grundlage einer Verwaltungspraxis** sind (s Rn 44). Eine Ausnahme ist anerkannt für die Einführung neuer Richtlinien, für die sich noch keine Verwaltungspraxis gebildet hat. In solchen Fällen ist davon auszugehen, dass sich die Praxis der Richtlinie entsprechend entwickeln wird (sog **antizipierte Verwaltungspraxis**).[180]

---

[174] Vgl StBS 65; Drews/Wacke/Vogel/Martens, Gefahrenabwehr, S. 381.

[175] Vgl BVerwGE 139, 150; BVerwG NVwZ 2012, 557, 566 (BAB A 281, Bremen, Wesertunnel) zur Abwägungserheblichkeit im Planungsrecht; aus der Literatur zB Papier in Hoffmann-Riem/Schmidt-Aßmann, Effizienz, 231, 240; Schmidt-Aßmann daselbst S. 245, 246; Waechter VerwArch 1997, 298, 327; ausf Burgi, Wirtschaftlichkeit im Verwaltungsrecht, FS Schnapp, 2004, 53; differenzierend Obermayer/Funke-Kaiser 31.

[176] Lange NJW 1992, 1196; Erichsen/Ehlers § 11 Rn 56; Knack/Henneke 70 f; s auch oben Rn 45; allg zu typisierenden Verwaltungsvorschriften auch BVerfG 78, 214 = NJW 1989, 666; Osterloh JuS 1990, 100; Rupp JZ 1991, 1034; Hill NVwZ 1989, 401; v Danwitz VerwArch 1993, 73; Maurer § 7 Rn 14.

[177] BVerwGE 65, 188; 66, 268; 70, 142; BVerwG NVwZ-RR 1991, 32; NVwZ 1991, 32; NJW 1991, 650 mwN; OVG Münster NJW 1981, 936; NVwZ 1984, 600; DÖV 1985, 205; OVG Koblenz NVwZ 1984, 533; VGH Mannheim NVwZ 1984, 329; Di Fabio DVBl 1992, 1338; Osterloh JuS 1990, 100 mwN.

[178] BVerwGE 70, 142; BVerwG NJW 1991, 650 mwN; OVG Münster NVwZ 1984, 600; bedenklich VGH Koblenz NVwZ 1984, 553: zusätzlich eigene Ermessenserwägungen nur, wenn der konkrete Fall Besonderheiten aufweist; ähnlich BVerwGE 70, 142.

[179] BVerwG NJW 1991, 651; NVwZ-RR 1989, 330; NVwZ-RR 1989, 762.

[180] S hierzu BVerwGE 52, 193, 199 m Anm Götz DVBl 1979, 883; Pietzcker NJW 1981, 2090; WBSK I § 24 Rn 26.

c) Betätigung des Ermessens. Die eigentliche Betätigung des Ermessens besteht in einer **Abwägung** der nach den Zwecken der Ermächtigung maßgebenden Gesichtspunkte gegen- und untereinander. Die Herstellung der Ermessensentscheidung lässt sich dabei in zwei Phasen unterteilen, die zwar in der Praxis nicht zeitlich voneinander getrennt werden können, aber wegen der Unterschiede des Vorgehens unterschieden werden sollten. Die erste Phase betrifft die **Ermittlung des maßgeblichen Sachverhalts.** In Anlehnung an das Planungsrecht kann auch von der Zusammenstellung des Abwägungsmaterials gesprochen werden. In dieser Phase müssen diejenigen Gesichtspunkte festgestellt und ggfs ermittelt werden, die nach den Ermächtigungszwecken für die Entscheidung wichtig sind. In der zweiten Phase erfolgt sodann die **Gewichtung und Abwägung** der maßgeblichen Gesichtspunkte gegen- und untereinander mit dem Ziel einer Entscheidung, die sämtlichen beteiligten Gesichtspunkten soweit als möglich Rechnung trägt. Insoweit stellt auch die Betätigung des allgemeinen Verwaltungsermessens wie die Planungsentscheidung eine Optimierungsaufgabe dar. 79

aa) Ermittlung des Sachverhalts. Voraussetzung für die korrekte Ausübung des Ermessens ist die vollständige und zutreffende Feststellung des entscheidungsrelevanten Sachverhalts. Die Behörde muss nach § 24 **grundsätzlich von Amts wegen** alle Feststellungen treffen, die erforderlich sind, um die nach den Zwecken der Ermächtigung für die Ermessensentscheidung relevanten Gesichtspunkte abwägen zu können. Beschränkungen der Pflicht zur umfassenden Aufklärung und Beweiserhebung bedürfen der gesetzlichen Grundlage. Derartige Einschränkungen ergeben sich uU bei der Verletzung gesteigerter Mitwirkungspflichten der Beteiligten (zB § 82 AufenthG), können aber auch schon bei Nichterfüllung allgemeiner Mitwirkungspflichten eintreten (vgl § 24 Rn 20). Von diesen Ausnahmen abgesehen führt die unvollständige oder unkorrekte Sachverhaltsermittlung zu einem Ermessensdefizit und damit zu einem Ermessensfehler (s unten Rn 89). 80

bb) Entscheidungen bei ungewissem Sachverhalt. Bleibt die Tatsachengrundlage trotz der gebotenen (vgl § 24) Aufklärungsbemühungen im Einzelfall zweifelhaft, so ist es idR nicht ermessensfehlerhaft, wenn die Behörde diesen Umstand bei ihrer Ermessensentscheidung berücksichtigt; dies kann auch zB zu Lasten eines Beteiligten ausschlagen, der für die in Frage stehende Tatsache die **materielle Beweislast** (s hierzu § 24 Rn 39 ff) trägt.[181] Zulässig ist dieses Vorgehen aber erst, nachdem alle und Lage der Dinge zumutbaren Möglichkeiten der Aufklärung des Sachverhalts ausgeschöpft worden sind (BVerwG DVBl 1988, 295). S zur ebenfalls zulässigen Berücksichtigung behördeninterner Zweckmäßigkeitserwägungen BVerwGE 57, 6. Bei Irrtum über für die Entscheidung wesentliche Tatsachen[182] liegt ein Ermessensfehler vor. Soweit nach der Ermächtigung **Prognosen** über zukünftige Abläufe erforderlich sind, gehört nur die Schaffung der dieser Prognose zugrunde zu legenden Tatsachen und die Beschaffung einer tauglichen **Prognosemethode** in dem Bereich der Sachverhaltsermittlung (hierzu BVerwGE 148, 373 – Bad-Segeberg; s auch Rn 32). 81

---

[181] Vgl BVerwG DVBl 1983, 1013; NJW 1987, 859: es ist nicht ermessensfehlerhaft, wenn die Einbürgerung wegen bestehender Zweifel hins des Bekenntnisses zur freiheitlich-demokratischen Grundordnung abgelehnt wurde; BVerwG DVBl 1987, 373; BVerfG NJW 1975, 1641: Zweifel an der Verfassungstreue eines Bewerbers um Einstellung in den öffentlichen Dienst rechtfertigen die Ablehnung.

[182] Vgl OVG Lüneburg DÖV 1982, 513; Thedieck DÖV 1982, 515; zT **aA** zu irrigen Vorstellungen von Gemeinderatsmitgliedern bei der Beschlussfassung über einen Bebauungsplan BVerwGE 64, 33 = NJW 1982, 591: subjektive Motive und innere Vorstellungen nicht erheblich; maßgeblich allein die objektiv in die Abwägung einzustellenden Gesichtspunkte und das Abwägungsergebnis.

82 **cc) Vermeidung zweckwidriger Erwägungen.** Die Behörde darf bei ihrer Entscheidung oder Handlung keine sachfremden Gesichtspunkte, Erwägungen usw berücksichtigen bzw sich von solchen Gesichtspunkten leiten lassen. Dies ist der Fall, wenn in die Abwägung Gesichtspunkte einbezogen werden, die den Zwecken der Ermächtigung nicht entsprechen.[183] Auch deshalb erfordert eine Ermessensentscheidung zunächst eine sorgfältige **Analyse der maßgeblichen Ermessenszwecke.** Bereits die Berücksichtigung einzelner Gesichtspunkte, die diesen Zwecken nicht entsprechen, führt idR zum Ermessensfehlgebrauch. Außerdem darf sie nicht gegen die **Grundsätze des objektiven Willkürverbots** verstoßen (BVerfGE 25, 205; 27, 306; Knack/Henneke 55). Böse Absicht, Willkür im subjektiven Sinn (BVerwGE 42, 146; BVerwG NJW 1979, 1113), **Befangenheit oder Parteilichkeit**[184] oder sonstige von der Rechtsordnung missbilligte subjektive Motive oder Haltungen des Amtsträgers, der den VA erlässt, schließen grundsätzlich die Annahme aus, dass der betroffene VA auf der gebotenen sachgemäßen Abwägung des Für und Wider aller für die Entscheidung einschlägigen Gesichtspunkte beruht.[185]

83 **dd) Gewichtung und Abwägung.** Die Behörde muss alle einschlägigen Tatsachen und sonstigen Gesichtspunkte mit dem ihnen bei objektiver Betrachtung zukommenden Gewicht in Ansatz bringen und abwägen (BVerwGE 82, 249). Entscheidungen, bei denen die Behörde zwar alle einschlägigen Tatsarchen und Gesichtspunkte berücksichtigt, einzelnen davon aber ein Gewicht beimisst, das ihnen nach objektiven, am Zweck des Gesetzes und sonstiger einschlägiger Rechtssätze und Rechtsgrundsätze, insb auch im Hinblick auf etwa betroffene Grundrechte,[186] orientierten **Wertungsgrundsätzen** nicht zukommt, sind ermessensfehlerhaft und damit rechtswidrig.[187] Ob die (isolierte) Gewichtung der einzelnen Belange zutreffend und angemessen ist, lässt sich allerdings zumeist nicht isoliert sondern nur im Zusammenhang mit der Betrachtung der Tatsachengrundlage (zB dem Verkehrsaufkommen bei Bewertung von Lärm) oder im Zusammenhang mit der Abwägung beurteilen.

84 **Ermessensfehlerhaft** ist danach die Ausweisung eines Ausländers, bei der die Behörde den an sich jedenfalls im Grundsatz zulässigen (vgl BVerwGE 59, 108; 61, 34, 112) Gesichtspunkt der **Generalprävention** berücksichtigt, diesen Gesichtspunkt aber „so verselbständigt, dass andere Umstände des Falles von vornherein als bedeutungslos zurücktreten“ (BVerwGE 61, 112); die Ablehnung der Verlängerung einer bisher problemlos immer wieder verlängerten Erlaubnis, ohne dass dabei das **Vertrauensschutzinteresse** des Betroffenen angemessen berücksichtigt wird;[188] das Vorgehen gegen einen „Schwarzbauer“, wenn die Behörde, um gegen „wildes“ Bauen in einem Gebiet vorzugehen, ohne Plan und **ohne Gesamtkonzept,** das Willkür ausschließt, wahllos einzelne Grundstückseigentümer herausgreift.[189] Die

---

[183] Vgl BVerwGE 95, 15; 60, 75; 70, 153; Maurer § 7 Rn 17; WBSK I § 31 Rn 63.

[184] VG Sigmaringen VBlBW 1984, 420; allg zur Verpflichtung zur sachlichen, unparteiischen, ausschließlich am Gesetzeszweck orientierten Ermessensausübung auch Püttner DöD 1989, 279.

[185] BVerwGE 58, 187; BFH BB 1981, 1021; OVG Berlin NVwZ 1983, 481: Durchsetzung privater Interessen, WBSK I § 31 Rn 64; ferner BVerwGE 57, 187 zu einem Fall rein schikanöser Mißachtung verständlicher Wünsche des Betroffenen.

[186] Vgl BVerwGE 91, 140; BVerfG 50, 202; 56, 319; 76, 121; VerfGHNW DVBl 1993, 429: wenn betroffene Grundrechte nicht hinreichend berücksichtigt wurden.

[187] BVerwGE 34, 301; 45, 310; 48, 63; 56, 122; 61, 35, 112 mwN, 304; 75, 216; 81, 137; 87, 341; DÖV 1981, 427; NuR 1981, 64; VGH München BayVBl 1982, 498; 1984, 180; 1990, 150; vgl auch BVerwGE 56, 123: die Abwägung darf zur objektiven Gewichtung einzelner Belange nicht außer Verhältnis stehen.

[188] BVerwG DÖV 1979, 294; BVerfG DÖV 1978, 918; Weber DÖV 1978, 371 mwN.

[189] BVerwGE 92, 360; BVerwG DVBl 1992, 1242; VGH München BayVBl 1983, 244; OVG Koblenz NVwZ 1984, 597; VGH Kassel NJW 1984, 318; NVwZ-RR 1992, 346;

Behörde darf bei der Entscheidung über die Ausübung eines vorbehaltenen Widerrufsrechts oder über die Vollstreckung eines VA nicht unberücksichtigt lassen, wenn der VA **offensichtlich rechtswidrig** ist, oder die Nichtberücksichtigung von **Härtegesichtspunkten** (BVerwGE 52, 83; 91, 140). Ermessensfehlerhaft ist es auch, bei Maßnahmen zur Behebung **betriebsinterner Spannungen** im Beamtenverhältnis das **Verschulden** nicht zu berücksichtigen (BVerfG NVwZ 2017, 51).

4. Ermessensfehler. a) Allgemeines. Für die rechtliche Kontrolle einer bereits getroffenen Ermessensentscheidung hat sich anhand des § 40 und des § 114 VwGO eine **Fehlerlehre** entwickelt, in der weitgehend einheitliche Kriterien und Begriffe verwendet werden. Nach § 40 hat die Behörde ihr Ermessen entsprechend dem Zweck der Ermächtigung auszuüben und die gesetzlichen Grenzen des Ermessens einzuhalten. Im Zweifel ist die **Behörde beweispflichtig,** dass sie ihr Ermessen ausgeübt hat (BVerwG DVBl 1983, 998), die ihr vorgegebenen Ermessensschranken nicht überschritten und ihr Ermessen sachgemäß und nicht fehlerhaft ausgeübt hat. Dabei kommt es bei VAen wesentlich auf die **Begründung des VA** (§ 39) an. Daneben können auch andere Umstände, insb auch der Inhalt der Akten, eine Rolle spielen.[190] S in diesem Zusammenhang auch einerseits zur Bedeutung einer schlüssigen, substantiell nachvollziehbaren Begründung der Entscheidung der Behörde und andererseits zu Begründungsmängeln als Indiz für die Fehlerhaftigkeit der getroffenen Ermessensausübung oder Beurteilung seitens der Behörde oben Rn 56ff. 85

b) Ermessensnichtgebrauch. Die Behörde muss das ihr zukommende Ermessen tatsächlich betätigen und darf nicht entsprechende Überlegungen, aus welchen Gründen auch immer, schon von vornherein unterlassen (Ermessensnichtgebrauch oder der Ermessensunterschreitung; vgl Erichsen/Ehlers § 11 Rn 61). Ermessensfehlerhaft ist idS eine Entscheidung zB dann, wenn die Behörde eine **in Wahrheit nicht bestehende Beschränkung** ihres Ermessensspielraums (oder Gebundenheit ihrer Entscheidung oder Handlung) annimmt,[191] zB sich durch ein von ihr falsch ausgelegtes Gesetz,[192] eine nichtige Rechtsvorschrift, eine rechtswidrige Richtlinie,[193] eine zu Unrecht als bindend erachtete Praxis (BVerwG DÖV 1976, 570), gebunden erachtet (BVerwG DVBl 1984, 532; Lüneburg NJW 1984, 1641), oder sich gar nicht bewusst ist, dass ihr in der Sache ein Ermessensspielraum zukommt[194] und dass sie eine Ermessensentscheidung zu treffen hat (BVerwGE 61, 110), oder aus anderen Gründen überhaupt keine oder keine eigene (vgl VGH Mannheim DVBl 1987, 953) Ermessensent- 86

OVG Saarlouis NVwZ 1986, 60 mwN; OVG Lüneburg NVwZ 1994, 249; Kopp/Schenke § 114 Rn 41; s auch oben Rn 39.

190 BVerwG NJW 1981, 241, 2139; vgl auch BVerwGE 82, 257.

191 BVerwGE 15, 199; 23, 122; 40, 244; 45, 316; 48, 84; 68, 102; 75, 230; BVerwG NVwZ 1993, 571 mwN: eine fehlerhafte Abwägung bei einer Planfeststellung kann im Einzelfall darin begründet sein, dass sich eine Planfeststellungsbehörde zu Unrecht an Vorstellungen anderer Planungsträger gebunden erachtet hat; OVG Münster NJW 1985, 1042; OVG Lüneburg NVwZ-RR 1993, 304; VGH Mannheim NVwZ-RR 1990, 543; WBSK I § 31 Rn 59.

192 Vgl VGH Mannheim DÖV 1980, 383; VGH München BayVBl 1978, 670; VGH Kassel NVwZ 1984, 262; 1988, 745; Erichsen/Ehlers § 11 Rn 61.

193 Schleswig NVwZ 1993, 911; Kopp/Schenke § 114 Rn 14; allg zur Zulässigkeit ermessens- oder beurteilungslenkender Richtlinien auch oben Rn 577.

194 BVerwGE 48, 84; 61, 110; 68, 320; BVerwG NVwZ 1987, 226; 1988, 526; DVBl 1982, 304; NVwZ-RR 1991, 2 mwN; OVG Lüneburg DÖV 1985, 76; VGH Kassel NVwZ 1990, 881; OVG Hamburg NVwZ 1990, 687; OVG Münster NWVBl 1992, 404; OVG Schleswig NVwZ-RR 1992, 70 und 338; VGH München BayVBl 1987, 305; Steinberg GewArch 1991, 169.

scheidung trifft bzw keine eigenen Ermessenserwägungen anstellt.[195] Unschädlich ist Ermessensnichtgebrauch bei Entscheidungen aufgrund von **Sollvorschriften** und bei **intendierten Entscheidungen,** die im Regelfall keine (weiteren) Ermessensabwägungen mehr erfordern, sofern kein Ausnahmefall vorliegt (s oben Rn 65).

87 **Entsprechendes gilt,** wenn die zur Ermessensentscheidung berufene Behörde keine eigenen Ermessenserwägungen anstellt, sondern auf **Weisung einer anderen Behörde** oder eines Vorgesetzten entscheidet, der (bzw dem) der entscheidungserhebliche Sachverhalt nicht vollständig bekannt ist oder die (der) bei ihrer (seiner) Weisung nicht für den Erlass eines ermessensfehlerfreien VA relevanten Gesichtspunkte beachtet hat.[196] Anders, wenn die Weisung ihrerseits allen Anforderungen genügt, die an eine ermessensfehlerfreie Entscheidung zu stellen sind (OVG Münster NVwZ 1993, 289). Entscheidungen aufgrund von ermessenslenkenden **Verwaltungsvorschriften,** die auf einer generellen Ermessensabwägung beruhen, sind grundsätzlich zulässig, sofern die Besonderheiten des Einzelfalls berücksichtigt wurden, s Rn 77.

88 **c) Ermessensfehlgebrauch.** Ein Fehlgebrauch des Ermessens liegt vor, wenn die Behörde von dem ihr vom Gesetz eingeräumten Ermessen nicht im Sinne des Gesetzes, dh der im einzelnen Gesetz und in der Rechtsordnung insgesamt zum Ausdruck kommenden **Zwecksetzungen und Zweckvorgaben** (s oben Rn 73f), Gebrauch macht (Erichsen/Ehlers § 11 Rn 61; MK 9 IV 2; Knack/Henneke 51). Dies kann einmal dadurch geschehen, dass die Behörde nicht sämtliche Gesichtspunkte berücksichtigt, die dem Zweck der Ermächtigung entsprechen (Ermessensdefizit), zum anderen dadurch, dass andere Gesichtspunkte, die dem Zweck der Ermächtigung nicht entsprechen berücksichtigt werden (Sachwidrigkeit).

89 **aa) Ermessensdefizit.** Die Behörde muss als Voraussetzung ihrer Entscheidung bzw ihres Handelns **alle** dafür vom Zweck der Ermächtigung her relevanten **Tatsachen umfassend ermitteln** (s zB BVerwGE 90, 278) und bei der Entscheidung alle Ergebnisse dieser Ermittlungen und alle sonst einschlägigen wesentlichen Gesichtspunkte berücksichtigen. Gleiches gilt bei unvollständigen, falsch gedeuteten oder jedenfalls nicht hinreichend zuverlässig und eigenverantwortlich festgestellten Sachverhalten. Ermessensfehlerhaft sind demnach insb zB VAe, bei deren Erlass die Behörde von nicht hinreichend durch sorgfältige Ermittlungen vollständig und umfassend ermittelten festgestellten und gesicherten (BVerwG DVBl 1986, 1009) oder in **Wahrheit nicht vorliegenden Tatsachen** oder rechtlichen Voraussetzungen ausgeht.[197] Damit weist das Ermessensdefizit eine Nähe zum Aufklärungsdefizit nach § 24 auf. Was die Behörde nach § 24 nicht weiter aufklären muss, kann auch kein Ermessensdefizit begründen (OVG Hamburg, NordÖR 2005, 347).

90 **bb) Sachfremde Erwägungen.** Die Behörde darf bei ihrer Entscheidung keine Gesichtspunkte tatsächlicher oder rechtlicher Art berücksichtigen, die nach

[195] BVerwGE 57, 4; 61, 110; 82, 257; 87, 341; BVerwG NVwZ 1986, 553: Widerruf der Rechtsberatungserlaubnis fehlerhaft, wenn die Behörde dabei nicht erwägt, ob von der Kann-Ermächtigung, eine Abwicklungsfrist zu gewähren, Gebrauch gemacht werden soll; VGH Kassel NVwZ 1990, 881; OVG Münster DÖV 1985, 205; VGH Mannheim NVwZ-RR 1990, 543 mwN.

[196] Vgl BVerwG ZBR 1992, 374; Münster BauR 1992, 347 = NWVBl 1992, 249; Maier BayVBl 1990, 647 zu VAen aufgrund von Weisungen vorgesetzter Behörden; Knack/Henneke 50; Brandner DÖV 1990, 970; Allgaier ZBR 1992, 369.

[197] WBSK I § 31 Rn 58: Bezeichnung als „Vorermessensfehler"; zT enger BVerwG DÖV 1993, 832 zu VAen mit Planungscharakter: das Unterlassen von Ermittlungen, die der Behörde nicht bekannt waren und sich ihr auch nicht hätten aufdrängen müssen, ist unschädlich.

Sinn und Zweck des zu vollziehenden Gesetzes (s oben Rn 82) oder aufgrund anderer Rechtsvorschriften oder allgemeiner Rechtsgrundsätze dabei keine Rolle spielen dürfen.[198] Sie darf insbes nicht von unzutreffenden, in Wahrheit nicht gegebenen tatsächlichen oder rechtlichen Voraussetzungen ausgehen.[199] Unzulässig ist danach auch ein **Verstoß gegen das sog Koppelungsverbot,** dh eine Betätigung des Ermessens, die ganz oder zT der Wahrnehmung von Aufgaben dient, für die die Behörde nicht zuständig ist oder die von der die Ermessensbefugnis einräumenden Vorschrift nicht erfasst wird. **Sachfremd ist zB** die Erteilung einer Ausnahmegenehmigung nach dem LSchlG zur Abwehr einer allgemeinen Gefahr für die öffentliche Sicherheit und Ordnung (BVerwGE 65, 167, 169) oder der Ausschluss eines Gewerbetreibenden von einem Markt wegen dessen Familienstand (BVerwG NVwZ 1984, 585), die Nichtberücksichtigung eines Beamtenbewerbers wegen befürchteter Beihilfeansprüche für kranke Angehörige (OVG Greifswald NordÖR 2001, 364) oder die Berücksichtigung anderer als wegerechtlicher Belange bei einer Entscheidung über eine Sondernutzungserlaubnis (OVG Lüneburg NJW 1986, 863).[200] Sind Mittel oder **Kapazitäten begrenzt,** müssen von Anfang an Art 3 Abs 1 GG entsprechende Auswahlkriterien gelten. **Nicht sachfremd** ist zB die Berücksichtigung **fiskalischer Interessen** bei Widerruf und Rücknahme von Zuwendungsbescheiden,[201] **anders** zB aber bei Wohnsitzauflage für einen anerkannten Flüchtling wegen Art 26 6 FK (BVerwGE 130, 148).

d) Ermessensüberschreitung. Ermessensüberschreitung liegt vor, wenn die Behörde, gleich aus welchem Grund, sich nicht im Rahmen der ihr vom Gesetz gegebenen Ermächtigung hält, zB eine Entscheidungsfreiheit hins der Voraussetzungen oder des Inhalts eines VA in Anspruch nimmt, die ihr aufgrund des zu vollziehenden Gesetzes oder im Hinblick auf andere einschlägige Rechtsvorschriften (auch des Verfassungsrechts) und allgemeine Rechtsgrundsätze nicht zukommt.[202] Eine unzulässige Ermessensüberschreitung liegt zB vor, wenn die Behörde gegen zwingende Gesetzesvorschriften (BVerwGE 52, 190; Knack/Henneke 46) oder Rechtsgrundsätze (BVerwG GewArch 1988, 191) verstößt oder einem VA eine **nicht zulässige Nebenbestimmung** beifügt (VGH München BayVBl 1973, 440; Knack/Henneke 46). 91

aa) Unverhältnismäßigkeit. Die Ausübung des Ermessens darf nicht zu einer unverhältnismäßigen Beeinträchtigung eines Betroffenen führen. Dies ist der Fall, wenn die durch die Entscheidung hervorgerufene Beeinträchtigung der Rechtsposition des Betroffenen durch andere gegenläufige Interessen, die mit der Entscheidung zulässigerweise verfolgt werden, nicht zu rechtfertigen ist. Die Entscheidung darüber setzt die Feststellung voraus, welche (grundrechtlich geschützte) Rechtsposition des Betroffenen berührt wird und wie intensiv diese Beeinträchtigung ist. Sodann ist zu prüfen, ob die Ermessensentscheidung den Rahmen der verhältnismäßigen Abwägung überschreitet. 92

---

198 Vgl zB BVerwGE 82, 257; BVerwG NVwZ 1990, 766; Henseler NVwZ 1987, 777.

199 BVerwGE 75, 253; 82, 363; 90, 47, 278; BVerwG UPR 1989, 273; NJW 1980, 2044; DVBl 1990, 1172; DVBl 1991, 1274; OVG Münster DVBl 1981, 831; VGH Kassel ZBR 1989, 378; VGH Mannheim GewArch 1992, 446; DVBl 1990, 1046 und 1069; NVwZ-RR 1992, 350; VGH München NVwZ 1990, 575: Ermessensfehler, wenn das Abwägungsmaterial unzulänglich ermittelt wurde; Knack/Henneke 52; BVerwGE 90, 300; 91, 140; BVerwG JZ 1993, 409; DVBl 1990, 1171; VGH München BayVBl 1984, 180: wenn die Behörde von einem in wesentlichen Punkten unvollständigen Sachverhalt ausgeht.

200 BVerwGE 42, 339; 55, 135 und 259; 65, 143; BGH NJW 1972, 1657; OVG Münster 22, 201; Knack/Henneke 56; F 99, 294; s auch § 56 Rn 19a.

201 BVerwGE 105, 55; OVG Weimar NVwZ-RR 1999, 435; allgemein zur Zulässigkeit fiskalischer Erwägungen Peters DÖV 2001, 749.

202 BVerwGE 34, 241; BVerwG DVBl 1980, 962; VGH München BayVBl 1973, 440; Stern 17 I 3 mwN; WBSK I § 31 Rn 57; Knack/Henneke 58.

93 **bb) Gleichheitswidrigkeit.** Die Ausübung des Ermessens darf nicht gegen das Gebot der Gleichbehandlung verstoßen. Dies ist der Fall, wenn von einer (rechtmäßigen) **Verwaltungspraxis** im Einzelfall ohne zureichenden Grund abgewichen wird. Dabei ist es unerheblich, ob diese Praxis sich aufgrund einer **Verwaltungsvorschrift** (Richtlinie usw) gebildet hat oder ob sie auf der schlichten Behandlung von Einzelfällen (sog **Berufungsfälle**) entstanden ist. Ein Anspruch auf Gleichbehandlung mit einer bestehenden Verwaltungspraxis setzt aber voraus, dass diese Praxis rechtmäßig ist (keine Gleichheit im Unrecht), dass der zu entscheidende Fall in wesentlicher Beziehung gleich liegt und dass die Behörde diese Praxis nicht für die Zukunft aus sachlichen Gründen aufgeben bzw ändern will.

94 **5. Rechtsfolgen von Ermessensfehlern. a) Allgemeines.** Ein VA, der einen Ermessensfehler aufweist und damit gegen § 40 verstößt, ist idR rechtswidrig, in schweren Fällen, insb bei offensichtlicher Willkür, nichtig (§ 44). Dies gilt jedenfalls dann, wenn der Ermessensfehler nicht später zB durch das Nachschieben von Gründen geheilt wird (§ 114 S 2 VwGO) oder unbeachtlich ist, weil die Ermessensentscheidung alternativ mit fehlerfreien Überlegungen begründet ist. Grundsätzlich ist es zulässig, eine Ermessensentscheidung auf verschiedene Überlegungen zu stützen, die jede für sich das Ergebnis tragen sollen. Die Unbeachtlichkeit eines Fehlers nach § 46, die bei Ermessensentscheidungen nur ausnahmsweise in Betracht kommt, ändert an der Rechtswidrigkeit nichts (s hierzu näher § 46 Rn 1).

95 **b) Heilung. aa) Maßgeblichkeit des § 114 S 2 VwGO.** Nach früher geltendem Recht war nach Abschluss des Widerspruchsverfahrens eine Heilung von Ermessens- und Beurteilungsmängeln durch Nachholen der erforderlichen Sachverhaltsfeststellungen und fehlerfreier Ermessenserwägungen bzw Beurteilungen nicht mehr möglich. Seit der Änderung des § 114 VwGO durch das 6. VwGO-ÄnderungsG ist eine Heilung der Entscheidung durch Korrektur bzw Ergänzung einer fehlerhaften bzw unvollständigen Ermessensentscheidung **auch noch im Verwaltungsprozess** möglich (s § 45 Rn 33f). Diese Regelung hat berechtigte Kritik hervorgerufen.[203] Sie dürfte zwar verfassungsrechtlich haltbar sein (§ 45 Rn 35), ist rechtspolitisch aber verfehlt, weil die klare Trennung zwischen Verwaltungsprozess und Verwaltungsverfahren aufgegeben wird und die Gefahr einer prozesstaktisch motivierten Heilung von Ermessensentscheidungen besteht.

96 **bb) Voraussetzung einer Heilung.** Voraussetzung einer Heilung nach Abschluss des Verwaltungsverfahrens, insbes des Widerspruchsverfahrens ist es aber auch nach der gegenwärtigen Rechtslage, dass in der Sache, also materiell, eine neue, insgesamt **fehlerfreie Ermessensentscheidung nachgeholt** wird, die allerdings ihren Niederschlag nicht in einer formell neuen Entscheidung finden muss. Die Behörde muss aber **dokumentieren,** dass sie die erforderliche Abwägungsentscheidung intern unter Vermeidung des Fehlers nachgeholt hat. Die bloße Verteidigung der Entscheidung gegen den Vorwurf von Fehlern etwa im Laufe des Verwaltungsprozesses reicht nicht aus, auch wenn die vorgetragenen Erwägungen ihrerseits sachgerecht sind. § 114 S 2 VwGO regelt nur die prozessuale Zulässigkeit des Nachschiebens von Gründen, nicht aber die Form, in der dies zu geschehen hat.[204] Konsequenterweise wird man verlangen müssen, dass das Nachschieben von Gründen durch eine entsprechende **Ergänzung der Begründung** des VA erfolgt.

97 **cc) Heilung im Revisionsverfahren. Umstritten** ist, ob eine Heilung des Ermessensfehlers auch noch im Revisionsverfahren möglich ist, oder ob die Hei-

---

[203] Vgl die Hinweise bei R. P. Schenke VerwArch 1999, 232.
[204] S hierzu auch Gerhardt in Schoch § 114 Rn 12e.

lung spätestens bis zum Abschluss der Berufungsinstanz erfolgen muss (s hierzu § 45 Rn 36f). Eine Heilung wird teilweise mit der Begründung auch im Revisionsverfahren noch für möglich gehalten, dass die ursprünglich vorgesehene entsprechende Beschränkung im Gesetzgebungsverfahren entfallen ist (§ 45 Rn 37). Dem wird indessen zu Recht entgegengehalten, dass dem Revisionsverfahren eine sachliche Veränderung des Streitstoffes fremd ist und eine Notwendigkeit, hiervon abzugehen, weder ersichtlich ist noch vom Gesetzgeber gesehen worden ist. Die Frage wird aber nur geringe praktische Bedeutung erlangen. Sie ist für die Parallelproblematik der Heilung formeller Mängel wie zB der Begründung inzwischen beantwortet (vgl § 45 Rn 37).

c) Unerheblichkeit. Unerheblich und ohne Auswirkungen auf die Recht- 98
mäßigkeit der Entscheidung oder des Handelns der Behörde sind Ermessensfehler, bei denen auszuschließen ist, dass sie sich auf die Entscheidung bzw das Handeln ausgewirkt haben bzw auswirken konnten oder könnten (vgl § 46 Rn 36). Die **fehlerhafte Ermessensausübung** der Ausgangsbehörde wird außerdem, wenn und soweit die Widerspruchsbehörde die gleiche Entscheidungskompetenz hat wie die untere Behörde, dh zB nicht durch Gesetz auf eine bloße Nachprüfung in rechtlicher Hinsicht beschränkt ist, durch eine fehlerfreie Ermessensausübung und Entscheidung der Widerspruchsbehörde in der Sache im Rahmen eines Widerspruchsverfahrens geheilt.[205]

VI. Beurteilungsspielräume

1. Die Beurteilungsermächtigung. Von einer Beurteilungsermächtigung 99
wird gesprochen, wenn eine Rechtsnorm auf der **Tatbestandsseite** der zuständigen Behörde bei der Auslegung der dort verwendeten unbestimmten Rechtsbegriffe einen **Spielraum eigenverantwortlicher Entscheidungen** überlässt, der nur einer eingeschränkten gerichtlichen Überprüfung zugänglich ist.[206] Die überkommene Dogmatik nimmt eine klare begriffliche Unterscheidung zwischen Spielräumen auf der Tatbestandsseite, die als Beurteilungsspielräume bezeichnet werden, und solchen auf der Rechtsfolgenseite, die vom Begriff des Ermessens erfasst werden, vor. Die Möglichkeit einer klaren rechtsdogmatischen Trennung ist indessen heute ebenso zweifelhaft wie die teilweise immer noch betonten Unterschiede zwischen der Herstellung und der Kontrolle von Ermessens- und Beurteilungsentscheidungen.[207] Das gilt nicht zuletzt im Hinblick darauf, dass diese Unterscheidung auf der Ebene des Unionsrechts nicht vorgenommen wird.[208]

Problematisch ist die Frage, ob sich das **Konzept der Letztentschei-** 100
dungskompetenz, die für den Regelfall der Gesetzesanwendung bei den Gerichten liegen soll und vom Gesetzgeber nur in Ausnahmefällen der Verwaltung zugewiesen werden darf, auf Dauer haltbar ist.[209] Einiges spricht dafür, das Konzept der Letztentscheidungskomptetenz, das auf der normativen Ermächtigungslehre beruht, zu flexibilisieren, indem die Spielräume der Verwaltung bei der Auslegung und Anwendung des Rechts stärker an der Offenheit der im Tatbestand einer Norm verwendeten Begriffe orientiert werden. Es ist dann eine Frage

[205] BVerwGE 61, 110; 67, 180; 81, 358 mwN; BVerwG DVBl 1990, 1351; Kopp/Schenke § 114 Rn 20; vgl auch § 79 Abs 1 Nr 1 VwGO: „der ursprüngliche Verwaltungsakt in der Gestalt, die er durch den Widerspruchsbescheid gefunden hat".

[206] Vgl BVerwGE 16, 116, 129; 72, 38, 53; Maurer § 7 Rn 31; Knack/Henneke 91; StBS 32ff.

[207] So bereits Koch, Unbestimmte Rechtsbegriffe, S 102ff; Bullinger JZ 1984, 1001; Martens JuS 1987, 103; Bamberger VerwArch 2002, 197, 232.

[208] Vgl EuGHE 1965, 859, 878; Grabitz NJW 1989, 1776; v Danwitz 331; Kadelbach 444; Streinz Rn 525; StBS 8; s näher oben Rn 15f.

[209] Pache S. 69ff; AK-GG-Ramsauer Art 19 Abs 4 Rn 111; Ramsauer FS BVerwG 2003, 699ff; ders GS Kopp 72.

der richterlichen Zurückhaltung, unter welchen Voraussetzungen die Auslegung und Anwendung einer Norm korrigierend eingegriffen werden soll.

101 **a) Kriterien für Beurteilungsspielräume.** Nach welchen Kriterien entschieden werden kann, ob und in welchem Umfang eine Rechtsnorm der Behörde einen Beurteilungsspielraum einräumt, ist eine Frage der Auslegung.[210] Der Wortlaut einer Vorschrift gibt darüber nur selten Auskunft, deshalb kann es auf ihn allein nicht ankommen.[211] Ob der Gesetzgeber die Letztentscheidungskompetenz der Verwaltung übertragen wollte, ist nach Sinn und Zweck der Norm unter Berücksichtigung auch der Natur der Sache[212] sowie der maßgeblichen Verfahrensvorschriften zu untersuchen. Die bloße Verwendung eines sehr unbestimmten Rechtsbegriffs (zB „Gefahr") reicht nicht. Vielmehr ist die Frage, ob der Gesetzgeber die Letztentscheidungskompetenz (zulässigerweise) der Verwaltung zugewiesen hat, aus einer Betrachtung der Vorschrift insgesamt zu beantworten. Dabei kommt den Gründen, die eine derartige Zuweisung verfassungsrechtlich rechtfertigen können, eine wesentliche Bedeutung zu.

Fachwissen und allgemeine demokratische Legitimation der Verwaltung können die Annahme von Beurteilungsspielräumen **nicht rechtfertigen.** „Nicht die Legitimation des Organs, sondern der aus Besonderheiten der Materie folgende Sachgrund kann eine Letztentscheidungsbefugnis der Verwaltung rechtfertigen," meint das BVerwG.[213] Dem ist auf der Basis der normativen Ermächtigungslehre sicher zuzustimmen, weil anderenfalls ihre Grundlage entfiele. Diese Aussage schließt auch nicht aus, dass die Gerichte bei der Kontrolle administrativer Entscheidungen Sachverstand und Legitimation der Verwaltung berücksichtigen und würdigen.

102 **b) Gremienentscheidungen.** In vielen Fällen verlangt die gesetzliche Ermächtigung, dass auf Grund eines persönlichen Eindrucks unter Berücksichtigung einer besonderen fachlichen Erfahrung entschieden wird. Soweit es dem Gesetzgeber gerade darauf ankommt, dass dieser höchstpersönliche Eindruck maßgeblich sein soll, liegt zumeist eine Beurteilungsermächtigung vor, damit das Gericht nicht seine eigene wertende Erkenntnis an die Stelle derjenigen der Behörde setzt. Ein Indiz hierfür ist, wenn die Entscheidung einem nach fachlichen oder legitimatorischen Gesichtspunkten **besonders zusammengesetzten Gremium** übertragen wurde.[214] Anhaltspunkte dafür, dass der Gesetzgeber der Behörde einen Beurteilungs-, Planungs-, Prognose- oder Risikobeurteilungsspielraum einräumen wollte, sind im übrigen die **besondere Qualifikation** der

---

210 BVerwG NVwZ 1991, 568; BVerwG DVBl 1981, 497; Wahl NVwZ 1991, 410, vgl auch BVerwGE 59, 215.

211 OVG Münster DÖV 1979, 411; VGH München BayVBl 1984, 753; s auch Rn 100.

212 BVerfG NVwZ 1993, 670 zu wesentlich von einer fachlichen Prognose abhängenden Entscheidungen; enger insoweit das Verständnis der Entscheidung bei Schmidt-Aßmann/Groß NVwZ 1993, 621; dazu auch Schulze-Fielitz JZ 1993, 778; BVerfG 61, 114; 80, 360; 83, 148; 84, 50 zu Prüfungsentscheidungen; Seebass NJW 1992, 612 Fn 35; Gusy Jura 1991, 635 und Schulze/Fielitz JZ 1993, 779 (für mündliche Prüfungen ua wegen der Nicht-Rekonstruierbarkeit der Prüfungssituation und der Chancengleichheit der Prüflinge).

213 BVerwG NVwZ 2014, 450, 541 mit Verneinung eines Spielraums für die Frage der ethischen Vertretbarkeit von Tierversuchen.

214 Vgl BVerwGE 61, 186; 62, 340; 72, 206; 77, 78 mwN; 91, 211 und 223 zur Bundesprüfstelle; BVerwG DVBl 1986, 565; 1991, 49; VGH Kassel NJW 1987, 1436; OVG Berlin NJW 1988, 364; OVG Münster NVwZ 1991, 396; Jarass NVwZ 1987, 99; Knack/Henneke 101; Bamberger VerwArch 2002, 197, 242; **aA** zu der einem repräsentativ zusammengesetzten Sachverständigenausschuss übertragenen Beurteilung, ob etwas ein national wertvolles Kulturgut ist, BVerwG NJW 1993, 3280; ähnlich BVerwGE 94, 307; s auch BVerfG 83, 130 zur Beurteilung, ob eine Schrift jugendgefährdend ist.

mit der Beurteilung betrauten Amtsträger, zB der Fachprüfer;[215] die Maßgeblichkeit von Erwägungen, die außerhalb des rechtlich exakt erfassbaren Bereichs liegen, insbesondere die Bedeutung persönlicher Erfahrungen und Bewertungen **(Höchstpersönlichkeit);**[216] das Fehlen hinreichend bestimmter Entscheidungsvorgaben in der gesetzlichen Ermächtigung (BVerfG 49, 124; 88, 61); die **Unvertretbarkeit** einer Bewertung sowie die **Unwiederholbarkeit** der entscheidungserheblichen Situation, zB einer mündlichen oder praktischen Prüfung.[217] Zur gerichtlichen Überprüfung von Entscheidungen der **Richterwahlausschüsse** OVG Hamburg NordÖR 2013, 21; OVG Lüneburg NVwZ 2016, 786.

c) Eignungs-, Leistungsprüfungen. Ein gerichtlich nur beschränkt überprüfbarer Beurteilungsspielraum wird von der Rspr zB angenommen für die (prüfungsspezifische) **Bewertung von Prüfungsleistungen,** insb der Gewichtung von Vorzügen oder Mängeln im Rahmen des Gesamtergebnisses (s zu Prüfungen näher unten Rn 121 ff). Dieser Spielraum bezieht sich nach heute ganz hM nicht darauf, ob Fragen richtig, vertretbar oder falsch beantwortet wurden.[218] Die früher in der Rspr vertretene engere Auffassung ist seit BVerfG 84, 34 und 59 als überholt anzusehen.[219] Ein Spielraum besteht danach nur noch insoweit, als es bei der Entscheidung um einen gerade dem Prüfer bzw dem Prüfungsgremium übertragenen höchstpersönlichen Akt wertender Erkenntnis geht. Soweit die Bewertungsgrundlagen dagegen wissenschaftlich bzw empirisch nachprüfbar sind, besteht kein Spielraum (s hierzu näher unten Rn 145). Zum Antwortspielraum eines Prüflings OVG Saarlouis NVwZ 2001, 942. 103

d) Eignungs- und Leistungsbeurteilungen in öffentlich-rechtlichen Dienstverhältnissen. aa) Allgemeines. Ein Beurteilungsspielraum wird traditionell anerkannt in Ernennungsverfahren für die Beurteilung der **fachlichen und persönlichen Eignung und Befähigung** eines Beamten, Richters oder Soldaten für einen bestimmten Posten oder für bestimmte Aufgaben.[220] Das gilt auch für den **Leistungsvergleich** zwischen zwei oder mehreren Bewerbern um einen beamtenrechtlichen Dienstposten. Auswahlentscheidungen dieser Art dürfen grundsätzlich nur auf Gesichtspunkte gestützt werden, die Eignung, Befähigung und fachliche Leistung der Bewerber betreffen (BVerfG NVwZ 2013, 573). Hierzu bedarf es der Festlegung des Anforderungsprofils im Vorfeld der Auswahlentscheidung.[221] Handelt es sich um Bewerber, die bereits im öffentlichen Dienst tätig wa- 104

---

215 BVerfG 84, 34 = NJW 1991, 2005; enger BVerfG NVwZ 1993, 669 = DVBl 1993, 485: spezieller Sachverstand allein ist kein zwingendes Indiz.

216 Vgl BVerfG 84, 51; 88, 57; BVerwGE 91, 268, 274; VGH München BayVBl 1984, 753; Grupp JuS 1983, 355 mwN.

217 Schulze-Fielitz JZ 1993, 773 mwN.

218 BVerfG 84, 34 = NJW 1991, 2005, 2008: Beurteilungsspielraum, jedoch grundsätzlich beschränkt auf prüfungsspezifische „pädagogische" Wertungen; BVerwGE 95, 237 zur Bewertung einer Habilitationsschrift; BVerwG NVwZ 1992, 55; 1992, 657; im wesentlichen zustimmend Niehues NJW 1991, 3001; Theuersbacher BayVBl 1991, 649; Die Rspr wurde fortgeführt durch BVerwGE 91, 265 = JZ 1993, 798 m Anm Goerlich; BVerwG NJW 1995, 977; VGH München DVBl 1992, 1047; OVG Münster DVBl 1992, 1050; Streinz/Hammerl JuS 1993, 663; Pietzcker JZ 1991, 1084; Knack/Henneke 95 ff mwN.

219 Vgl zB BVerwGE 70, 149; 73, 378; 78, 55; Kassel DVBl 1991, 771; VGH München BayVBl 1991, 371 zur Überprüfung der Fähigkeiten eines Bewerbers um die Erlaubnis zur Ausübung der Heilkunde als Heilpraktiker; VGH Mannheim DÖV 1982, 165.

220 BVerwGE 140, 384 (sicherheitsrechtliche Eignung); 111, 22 (Republikaner); 80, 224 zur Auswahl für Laufbahnaufstieg; BVerwGE 81, 369; 83, 253 zur Ablösung eines Soldaten von seinem Dienstposten wegen mangelnder Eignung oder Leistung; BVerwG NVwZ 2016, 327 zum Beurteilungsspielraum bei der Sicherheitsüberprüfung; BVerwG DÖV 1980, 200, 228; NVwZ 1990, 161; NVwZ-RR 1990, 620; VGH Mannheim DVBl 1984, 276.

221 BVerfG NVwZ 2013, 573, 2011, 746; ausf hierzu Bernhardt, Ex-ante-Transparenz im Verwaltungsverfahren, 2011, 98 ff.

ren, müssen für die Beurteilung von Eignung, Befähigung und fachlicher Leistung aber die **aktuellen dienstlichen Beurteilungen** zugrunde gelegt werden.[222] Der Beurteilungsspielraum soll sich auch auf die Beurteilung der **Verfassungstreue** eines Beamten beziehen.[223] Die Eignungsentscheidung ist nach Art 33 Abs 2 GG grundsätzlich auf das **Amt im statusrechtlichen Sinn** zu beziehen und nicht auf einen konkreten Dienstposten (BVerwG NVwZ 2014, 75). Sind mehrere Bewerber beurteilungsfehlerfrei als „im wesentlichen gleich geeignet" einzustuft worden, dürfen auch sonstige sachliche Gesichtspunkte bzw Kriterien berücksichtigt werden.[224] Auch die bevorzugte Berücksichtigung von Frauen ist auf Fälle gleicher Qualifikation beschränkt (OVG Münster NVwZ 2017, 807).

104a **bb) Dienstliche Beurteilungen.** Spielraum hat der Dienstherr auch bei der Beurteilung der Bewährung eines Beamten (BVerwG DVBl 1983, 1108, 1114) insb im Rahmen dienstlicher Beurteilungen eines Beamten, Soldaten oder Richters.[225] Dabei ist es Sache des Beurteilers, auf der Grundlage von dienstlichen Stellungnahmen **(Beurteilungsbeiträgen)** des unmittelbaren Dienstvorgesetzten und ggf **eigenen geeigneten Feststellungen**[226] eine dienstliche Beurteilung zu erstellen, die auch dem Erfordernis der Vergleichbarkeit mit anderen Beurteilungen Rechnung trägt. Dienstliche Beurteilungen müssen in einer die gerichtliche Nachprüfung ermöglichenden Weise klar abgefasst sein. Zulässig sind, sofern fachrechtliche Regelungen nicht entgegenstehen, anstelle von textlichen Bewertungen auch ausdifferenzierte **Punktesysteme** und sog. **Ankreuzverfahren.** Das BVerwG verlangt aber im Unterschied zur Bewertung von einzelnen Eignungs-, Befähigungs- und Leistungselementen beim Gesamturteil der dienstlichen Beurteilung eine gesonderte Begründung, damit seine Herleitung erkennbar wird.[227]

105 **e) Bewertungen mit planerischem Einschlag.** In vielen Fällen hat der Gesetzgeber der Behörde Entscheidungen mit einem stark zukunftsorientierten, planerischen Einschlag übertragen. Die damit übertragene gestalterische Optimierungsaufgabe soll nicht in die Letztentscheidungskompetenz der Gerichte fallen. Ein Beurteilungsspielraum wurde angenommen zB bei der Beurteilung der **Entwicklung des Luftverkehrs** (BVerwGE 75, 219, 234), des **Straßenverkehrs** (BVerwGE 87, 355), des **Wohnungsmarktes** (BVerwGE 80, 113, 120), sowie bei der Beurteilung, welches von mehreren geeigneten Krankenhäusern in die Zielplanliste **(Krankenhausbedarfsplan)** aufzunehmen ist;[228] ferner hins der Angemessenheit **sozialhilferechtlicher Regelsätze;**[229] hins der Frage,

---

[222] BVerfGE 110, 304; BVerfG NVwZ 17, 46 (zu weitgehend aber, soweit nur „zwingende Gründe" einen Rückgriff auf Einzelfeststellungen zulassen sollen); BVerwGE 140, 83 (Beförderungsranglisten für Zollinspektoren); BVerwGE 138, 102, 116 = NVwZ 2011, 358 (Richterbeförderung); hierzu Lindner NVwZ 2012, 547. Zur Inzidenten Kontrolle dienstlicher Beurteilungen BVerfG NVwZ 2016, 764.

[223] BVerwGE 111, 22 (Republikaner); 61, 176, 194 (Verfassungstreue); BVerfGE 39, 354 (Extremistenbeschluss); vgl auch BAG NJW 1981, 703; 1983, 782: nachprüfbar nur, ob die belastenden Umstände objektiv geeignet sind, Zweifel zu rechtfertigen.

[224] BVerwG NVwZ 2013, 1227, 1232 (eine Entwicklungsprognose gehört allerdings zur Eignung).

[225] BVerfG NVwZ 2002, 1368, auch zum Kontrollmaßstab; BVerwGE 60, 245: ein Akt wertender Erkenntnis; BVerwGE 62, 138; 79, 87; 86, 59; BVerwG NVwZ 2015, 526, 527 (BND); OVG Münster NVwZ 1990, 623; VGH München BayVBl 1990, 370.

[226] Zur Bedeutung von Bewerbergesprächen BVerwG NVwZ 2017, 167, 169.

[227] BVerwG NVwZ 2016, 1262.

[228] OVG Koblenz DVBl 1982, 1010; **aA** BVerwGE 62, 86 = DVBl 1981, 975 mit wenig überzeugender, formalistischer Begründung; vgl Steiner DVBl 1981, 982.

[229] BVerwG NVwZ 1994, 1214: die verwaltungsgerichtliche Überprüfung der durch ministeriellen Runderlass festgesetzten sozialhilferechtlichen Regelsätze erstreckt sich in tatsächlicher Hinsicht darauf, ob die Regelsatzfestsetzung sich auf ausreichende Erfahrungs-

welche Betreuungsrelation zur Berechnung der Ausbildungskapazität an einer Hochschule für die Zulassung in Numerus-clausus-Fächern anzunehmen ist **(Curricularnormwert);**[230] hins der nach § 13 Abs 4 PBefG zu entscheidenden Frage, ob die Zulassung weiterer Taxi-Fahrzeuge die **Funktionsfähigkeit des örtlichen Taxi-Gewerbes** bedroht;[231] ebenso – allerdings ohne nähere Begründung – für die **Funktionsfähigkeit des Rettungsdienstes** OVG Hamburg, NordÖR 2006, 203, sowie bei Entscheidungen über die Frage, ob der Erteilung einer Erlaubnis zur Personenförderung **öffentliche Rücksichten** iS von § 13 Abs 2 PBefG entgegenstehen (BVerwG NJW 1989, 3234); ob ein Bewerber die Gewähr dafür bietet, ein **öffentliches Verkehrsbedürfnis** im Bereich des Güterfernverkehrs iS von § 10 Abs 3 GÜKG nach bestimmten Maßstäben am besten zu befriedigen (BVerwG NJW 1989, 1749); ob in einem Gebiet mit den vorhandenen Verkehrsmitteln iS von § 13 Abs 2 Nr 2a PBefG **der Verkehr befriedigend bedient** werden kann bzw ob durch die Eröffnung einer neuen Buslinie öffentliche Verkehrsinteressen iS von § 13 Abs 2 Nr 6 PBefG beeinträchtigt werden (BVerwGE 82, 260); hins der **Klassifizierung einer Straße** in Bezug auf die Frage, wob eine Straße überwiegend dem örtlichen, überörtlichen oder dem Fernverkehr dient.[232]

f) Verwaltungspolitische und Risikoentscheidungen. Ein von den Gerichten nicht weiter überprüfbarer Entscheidungsspielraum ist idR auch anzunehmen bei Entscheidungen verwaltungspolitischer Art (Schulze-Fielitz JZ 1993, 773), wie zB der Entscheidung über den **Bau oder Ausbau von Straßen,** die Errichtung oder den **Ausbau von Hochschulen** (vgl insoweit aber BVerfG 33, 333, wonach Ausbildungskapazitäten grundsätzlich zu erweitern sind, wenn sonst wegen numerus clausus beschränkte Berufsausbildungen nicht realisiert werden können). Aufgrund der Natur der Sache wird idR ein gewisser, allerdings je nach den betroffenen Rechtsgütern (Leben, Gesundheit, Sachgüter) und nach der Art und Höhe etwaiger Gefahren engerer oder weiterer Bewertungs- und Entscheidungsspielraum der Fachbehörden auch bei sog **Risikoentscheidungen** anerkannt, zB im Atomrecht und im Gentechnikrecht.[233] 106

g) Einzelfälle. aa) Beurteilungsspielraum angenommen: Entscheidung über die **Wehrdienstfähigkeit** einer Person (BVerwGE 31, 152; BayVBl 1985, 123); die Eignung eines Mitarbeiters in einem Rüstungsbetrieb als Geheimnisträger (OVG Münster NVwZ 1985, 125; sehr zweifelhaft); die Entscheidung über die Erteilung eines sog **Schengen-Visums** (BVerwG NVwZ 2016, 161); die Frage, ob bei einem **Berufssoldaten ein Sicherheitsrisiko** anzunehmen ist, das die Entziehung des Sicherheitsbescheids rechtfertigt (BVerwGE 83, 91); die **Bewer-** 107

---

werte stützen kann, und in bezug auf die der Festsetzung zugrundeliegenden Wertungen darauf, ob diese vertretbar sind.

[230] Vgl BVerfG 85, 36: Beurteilungsspielraum, der aber den Erfordernissen einer rationalen Abwägung genügen muss und eine entsprechende normative Regelung (KapazitätsVO) erfordert; volle gerichtliche Nachprüfung, ob die Zulassungszahlen nach der KapazitätsVO richtig berechnet wurden; im übrigen nur Prüfung, ob den Erfordernissen rationaler Abwägung genügt ist; kritisch dazu Sachs JuS 1992, 1060; vgl auch Brehm/Zimmerling NVwZ 1992, 340.

[231] BVerwGE 64, 242; 79, 213; 82, 295 = JuS 1990, 674 m Anm Selmer; BVerwGE 83, 208; BVerwG DÖV 1988, 923; NJW 1989, 3235; Langer NJW 1990, 1331; Kopp/Schenke § 114 Rn 26; **aA** Schulze-Fielitz JZ 1993, 776.

[232] OVG Schleswig DVBl 1994, 1202; **aA** BVerwG NVwZ 1985, 109 = DVBl 1984, 338; VGH München NVwZ 1991, 590; VGH Kassel NVwZ-RR 1989, 338; OVG Koblenz 18, 438: voll gerichtlich nachprüfbar.

[233] BVerwGE 72, 316 f, 320 f; vgl dazu jedoch auch BVerfG 80, 265, wo die Frage der verfassungsrechtlichen Zulässigkeit eines Beurteilungsspielraums ausdrücklich offen gelassen wird; zum Gentechnikrecht OVG Berlin UPR 1999, 31; allg dazu Wilke Jura 1992, 189.

tung eines Dienstpostens;[234] die Notwendigkeit von **Tiefflugübungen der Luftwaffe** gem § 30 Abs 1 S 3 LuftVG (BVerwGE 146, 176), die Frage, ob ein Hochschulbediensteter nicht ausgelastet ist und deshalb einen Lehrauftrag in seinem Hauptamt ausüben kann (OVG Münster DVBl 1990, 546); hins des besonderen **pädagogischen Interesses** iS von **Art 7 Abs 5 GG** als Voraussetzung der Errichtung einer Privatschule als Ersatzschule;[235] der didaktischen und pädagogischen **Eignung von Schulbüchern** und anderen Lernmitteln im Hinblick auf ihre Zulassung für den Schulgebrauch;[236] der Frage, ob ein Film ein Prädikat iS des VergnügungssteuerG verdient, dh Feststellung der **Eigenschaft eines Films** durch die Filmbewertungsstelle als im Sinne eines Prädikats förderungswürdig;[237] der Bewertung eines Films als guter Unterhaltungsfilm (VG Wiesbaden NJW 1988, 356 mit eingehender Begründung; OVG Berlin NJW 1988, 365); der **Bewertung einer Schrift bzw eines Kunstwerks, Films usw** durch die Bundesprüfstelle als jugendgefährdend;[238] der Beurteilung gem § 13 StVollzG, ob bei einem Strafgefangenen **Entweichens- und Ausbruchsgefahr** besteht;[239] ob **Saatgut landeskulturellen Wert** iS von § 42 SaatVGG hat;[240] ob Wein die erforderlichen[241] Eigenschaften aufweist **(Sinnenprüfung von Wein);**[242] ob ein Antragsteller die **Berufsbefähigung eines Architekten** erworben hat (BVerwGE 59, 213, 217); ob ein Bewerber um **Zulassung als freier Börsenmakler** für diesen Beruf geeignet ist (BVerwGE 72, 195; anders BVerwG NVwZ 91, 269 hins des Beurteilungsspielraums des Börsenvorstands; Sendler, in: Ule-FS 1987, 354); ab welchem Alter einem Mitglied eine **Beitragsermäßigung wegen „hohen Alters"** gem § 5 Abs 3 und 4 der Beitragsordnung der Steuerberaterkammer Köln zu gewähren ist (OVG Münster NWVBl 1990, 202: Einschätzungsprärogative des Vorstandes der Steuerberaterkammer); ob einem Rechtsreferendar eine **Erfolgsprognose für das 2. Staatsexamen** gestellt werden kann (VGH Mannheim NJW 1987, 917); ob die Voraussetzungen des Ausnahmefalles, soweit sie ausschließlich von pädagogischen Wertungen hins der Lernfähigkeit uä – anders hins sonstiger Voraussetzungen – abhängen, für die **Zulassung zu einer zweiten Wiederholungsprüfung** gegeben sind;[243] ob Schulbücher pädagogisch geeignet

---

[234] BVerwGE 36, 218; BVerwG JR 1973, 258; Mayer ZBR 1971, 233.

[235] BVerfG 88, 61 = NVwZ 1993, 670; Schmidt-Aßmann/Groß NVwZ 1993, 617; im wesentlichen im Ergebnis auch Jach DÖV 1990, 509 und Theuersbacher NVwZ 1993, 635 mwN – auch zum Begriff des pädagogischen Interesses im übrigen; **aA** für volle gerichtliche Überprüfbarkeit VGH Kassel NVwZ 1984, 119; vgl auch Geis DÖV 1993, 22.

[236] BVerwGE 61, 164; 79, 309; BVerwG BayVBl 1990, 440; NVwZ 1984, 104; VGH München NVwZ-RR 1993, 357.

[237] VGH Kassel NJW 1987, 1436: Beurteilung ist fehlerhaft, wenn der Ausschuss dem erkennbaren Anspruch des Films nicht ausreichend Beachtung schenkt.

[238] Vgl BVerwGE 91, 211, 217, 223 = NJW 1993, 1490: Beurteilungsprärogative der pluralistisch zusammengesetzten Bundesprüfstelle für die Abwägung mit der Kunstfreiheit, unter Aufgabe von BVerwGE 77, 83 = NJW 1987, 1429; OLG Köln NJW 1994, 1418; VG Köln NJW 1992, 402; allg dazu auch Würkner NVwZ 1992, 3 und 309; Würkner/Kerst-Würkner NJW 1993, 1446; Schulze-Fielitz JZ 1993, 772; Geis JZ 1993, 792; Gusy JZ 1993, 796.

[239] BGH NJW 1982, 1058; KG NJW 1979, 2574 unter Hinweis auf die amtliche Begründung der Vorschrift; sehr zweifelhaft; **aA** Treptow NJW 1978, 2228.

[240] BVerwGE 62, 336 = DVBl 1982, 29; 68, 336; anders BVerwGE 81, 17 hins der Vertretbarkeit der Auswirkungen eines Pflanzenschutzmittels auf den Naturhaushalt.

[241] Maßgebend VO (EG) Nr 1493/1999 v 17.5.1999 über die gemeinsame Marktorganisation für Wein (Ab. L 179 S 1) m sp Änderungen.

[242] BVerwGE 129, 27 unter Aufgabe der bisherigen Rspr, vgl BVerwGE 94, 307.

[243] VGH München BayVBl 1986, 26: ein Akt wertender Erkenntnis, der Prüfungsentscheidungen und fachlich-pädagogischen Beurteilungen vergleichbar ist; zT **aA** Maurer § 7 Rn 43 ff; Streinz/Hammerl JuS 1993, 668.

sind (BVerwGE 79, 309 = NVwZ 1988, 928); ob die besonderen pädagogischen Voraussetzungen für eine **Versetzung eines Schülers** in die höhere Klasse hins der Beurteilung der Gründe für ein Leistungsdefizit und hins der Prognose für die höhere Klasse gegeben sind.[244]

bb) Beurteilungsspielraum verneint: Als in rechtlicher und tatsächlicher Hinsicht gerichtlich voll überprüfbar hat die Rspr dagegen zB die Auslegung und Anwendung von Begriffen wie die **Zumutbarkeit des Läutens von Kirchenglocken,**[245] der Lärm-Auswirkungen uä einer Straße, eines Flughafens usw iS von § 74 Abs 2 S 2 VwVfG, § 9 Abs 2 LuftVG uä Vorschriften (BVerwGE 69, 276; 87, 361), einer **Feuerwehrsirene** (BVerwGE 79, 260) oder des **Lärms eines Sportplatzes** (BVerwGE 81, 200) oder einer **Gaststätte** (OVG Münster NVwZ-RR 1995, 27) für die Umgebung angesehen; ob ein bestimmtes Verhalten die öffentliche **Sicherheit und Ordnung** iS des Polizeirechts stört (vgl BVerwG DVBl 1980, 506) oder die **Sicherheit des Straßenverkehrs** gefährdet oder beeinträchtigt (BVerwG BayVBl 1982, 246); ob die öffentliche Ordnung das Verbot öffentlicher Veranstaltungen anlässlich einer Staatstrauer erfordert (BVerwG DVBl 1970, 504); ebenso abgelehnt beim **Verunstaltungsbegriff** im Bauordnungsrecht (BVerwG NVwZ 1984, 303); beim Begriff des **wichtigen Grundes iS von § 3 Abs 1 NamensÄndG** für eine Namensänderung;[246] ob ein wichtiger oder unabweisbarer Grund iS von § 7 Abs 3 BAföG für einen **Wechsel der Studienfachrichtung** gegeben ist; ob ein **Arzneimittel wirksam** iS von §§ 1, 8 Abs 1 Nr 2, 24 Abs 1 Nr 3, 25 Abs 2 Nr 4 AMG und iS von § 5 Abs 2 AMG **unbedenklich** ist (vgl allg Di Fabio VerwArch 1990, 198); ob bei der Einfuhr von Schweinefleisch aus einem bestimmten Land iS von § 15 Abs 1 Kleintier-EinfuhrVO zu befürchten ist, dass eine **Tierseuche eingeschleppt** wird;[247] ob **Tierversuche ethisch vertretbar** sind (BVerwG NVwZ 2014, 450: demokratische Legitimation der Verwaltung rechtfertigt noch keinen Spielraum); ob **Anhaltspunkte für einen Verdacht** iS von § 2 Abs 1 des G zu Art 10 GG für das Abhören eines Telefongesprächs gegeben sind;[248] ob Belange der Bundesrepublik iS von § 9 StAG einer **Einbürgerung** entgegenstehen (vgl BVerwGE 77, 167); ob eine **Gefährdung erheblicher Belange** der Bundesrepublik iS von § 7 Abs 1 Nr 1 PassG gegeben ist, die eine Beschränkung rechtfertigt (VG Frankfurt NVwZ 1990, 402); ob die **Dauerhaftigkeit eines Lininenverkehrsangebots** als öffentliches Verkehrsinteresse iSv § 13 Abs 2 Nr 2 PBefG anzusehen ist (BVerwGE 148); ob eine **Prüfung gleichwertig** iS von § 3 Abs 2 Nr 1 BÄO ist (OVG Münster DÖV 1991, 655); ob ein ausländischer **akademischer Grad gleichwertig** ist (VGH München BayVBl 1984, 753); ob Prüfungsanforderungen bzw Prüfungen materiell gleichwertig sind.[249] ob **Unwürdigkeit** iS von § 4 Abs 1b und c des AkadGrG vorliegt (Mannheim NJW 1981, 2023); ob eine Sache ein **Kulturdenkmal** ist, weil an ihrer Erhaltung und Pflege aus wissenschaftlichen, künstlerischen und städtebaulichen oder anderen Gründen ein öffentliches Interesse besteht;[250] ob ein Bauwerk **denkmalschutzwür-** 108

[244] VGH Mannheim NVwZ-RR 1993, 358; VGH München BayVBl 1993, 599; zu „Ausnahme-, Härte- und ähnlichen Regelungen" in anderen Bereichen s Rn 109.

[245] BVerwGE 68, 67; 87, 362; OVG Lüneburg NVwZ 1991, 801.

[246] BVerwGE 40, 358; wohl auch BVerwG NJW 1981, 2174; Mannheim NJW 1991, 3297: durch Abwägung des Für und Wider zu bestimmen.

[247] BVerwG DÖV 1984, 558 mit dem nur zT zutreffenden Hinweis, dass es sich in derartigen Fällen überhaupt nur um die Feststellung gegenwärtiger Tatsachen handele.

[248] BVerwG JZ 1991, 511; OVG Münster DVBl 1983, 1020: keine natürliche Überprüfungssperre; vgl auch Schlink NJW 1989, 111.

[249] BVerwGE 32, 155; 36, 361; 55, 104; 64, 142; 64, 153 = NJW 1983, 35; BVerwG NJW 1983, 470; **aA** VGH Mannheim DVBl 1984, 273: Beurteilungsspielraum.

[250] VGH München BayVBl 1979, 119; OVG Koblenz DVBl 1985, 407.

dig ist;[251] ob die **Abwanderung von Kulturgut** einen wesentlichen Verlust für den deutschen Kulturbesitz bedeuten würde (VGH Mannheim NJW 1987, 1440); ob die **besondere öffentliche Zweckbestimmung** einer Anlage des Bundes oder eines Landes eine Abweichung von baurechtlichen Vorschriften gem § 37 Abs 1 BauGB erforderlich macht;[252] ob der **notwendige Lebensunterhalt** einer Person iS des § 27a Abs 1 BVG als **gesichert** anzusehen ist;[253] was unter dem **Einsatz eigener Mittel** in angemessenem Umfang iS von § 84 Abs 1 S 1 BSHG, der von einem Sozialhilfeempfänger verlangt werden kann, zu verstehen ist, und wann diese Voraussetzung als erfüllt angesehen werden kann;[254] ob eine **besondere Marktsituation iS** von § 8 Abs 3 MühlenstrukturG gegeben ist und ob eine Maßnahme zur **Sicherung der Versorgung der Bevölkerung** notwendig ist (BVerwG Buchh 451.54 Nr 7); ob eine Investition **volkswirtschaftlich besonders förderungswürdig** iS des InvZulG ist;[255] ob eine Investition iS des § 6b EStG geeignet ist, zur **Verbesserung der Unternehmensstruktur** eines Wirtschaftszweiges beizutragen oder einer breiten Eigentumsstreuung zu dienen ob eine **Erfindung volkswirtschaftlich wertvoll** ist (BFH NJW 1983, 2960); ob eine Prüfungszeitverlängerung oder eine sonstige Prüfungserleichterung und ggf welche als **Ausgleich für Lärmstörungen** während einer Prüfung oder für persönliche Handicaps eines Prüflings erforderlich bzw die gewährte Prüfungszeitverlängerung ausreichend ist.[256]

109 **Gerichtlich voll nachprüfbar** ist auch, ob Schutzvorkehrungen gem § 7 Abs 2 Nr 3 AtomG dem **Stand der Wissenschaft und Technik** entsprechen und erforderlich sind;[257] ob die Erfordernisse der **Umweltverträglichkeit** iS des UVPG gewahrt sind (offen Steinberg DVBl 1990, 1373); ob **schädliche Umwelteinwirkungen,** Gefahren oder erhebliche Nachteile bzw erhebliche Belästigungen iS von § 3 Abs 2, § 5 Abs 1 oder § 41 Abs 1 BImSchG zu befürchten sind;[258] ob ein bestimmter **Eingriff in die Natur** iS von § 14 Abs 1 BNatSchG

---

[251] BVerwGE 24, 60, 63; OVG Lüneburg NVwZ 1983, 231; OVG Koblenz DVBl 1984, 287, 407.

[252] OVG Lüneburg BRS 46 Nr 157; str, **aA** Brügelmann/Dürr BauGB, § 37 Rn 18.

[253] BVerwGE 35, 179, 182; 69, 161: ein unbestimmter Rechtsbegriff, dessen Auslegung und Anwendung voll der gerichtlichen Überprüfung unterliegt.

[254] OVG Münster, FEVS 38, 64.

[255] Frotscher JuS 1984, 694 Fn 32 mwN; Koch BayVBl 1983, 328; vgl auch BVerfG 67, 141; BVerwG BB 1978, 1238; OVG Münster NJW 1985, 1973.

[256] BVerfG NJW 1993, 917: voll nachprüfbar; ebenso nunmehr BVerwG NVwZ 1994, 486 = JZ 1994, 460 m krit Anm v Püttner; VGH Mannheim NVwZ 1994, 599; Rozek BayVBl 1993, 505; **aA**, aber inzwischen überholt BVerwGE 85, 327: Nachprüfung nur daraufhin, ob die durch den Grundsatz der Chancengleichheit gezogenen Grenzen eingehalten, insb, ob die zusätzlich gewährte Prüfungszeit angemessen und vertretbar ist; ferner, mit überzeugenden Argumenten, Püttner JZ 1994, 462.

[257] Wohl **aA** BVerfGE 61, 115: die Gerichte haben solche Feststellungen und Bewertungen nur auf ihre Rechtmäßigkeit hin zu überprüfen, nicht aber ihre eigenen Bewertungen an deren Stelle zu setzen; ähnlich BVerwGE 72, 316 (Wyhl) = NVwZ 1986, 208: das Gericht darf nur prüfen, ob die Beurteilung der Behörde auf willkürfreien Annahmen und ausreichenden Ermittlungen beruht; die Behörde darf sich jedoch nicht einfach der herrschenden Auffassung anschließen, sondern muss sich selbst eine Meinung bilden und zu diesem Zweck alle vertretbaren Meinungen berücksichtigen und abwägen; BVerwGE 81, 191: Beurteilungsspielraum wie bei § 7 Abs 2 Nr 5 AtomG für die prognostische Einschätzung einschlägiger Entwicklungen und Geschehensabläufe; BVerwG NVwZ 1989, 1168; zT **aA** insoweit Breuer NuR 1987, 49 und NVwZ 1988, 111; Lübbe-Wolff DÖV 1987, 896; s dazu auch Kopp/Schenke § 86 Rn 5a.

[258] BVerwGE 51, 15; 55, 253; 71, 154; BVerwG BayVBl 1987, 662; Frotscher JuS 1983, 779; Jarass DVBl 1983, 725; **aA** BVerwGE 24, 32; NJW 1978, 1450; OVG Lüneburg NVwZ 1985, 357; VGH München BayVBl 1990, 149; vgl auch BVerfG DVBl 1982, 944; NJW 1982, 2173: das Gericht darf nicht seine Beurteilung an die Stelle der Beurteilung der Behörde setzen.

nF vorliegt und die damit verbundene Beeinträchtigung der Natur **nicht ausgleichbar** ist;[259] ob die Voraussetzungen für die Bekanntgabe **(Anordnung) eines Smog-Alarms** gegeben sind (Jarass NVwZ 1987, 99); ob die „sonstigen **Auswirkungen**" eines **Pflanzenschutzmittels** iS von § 15 Abs 1 Nr 3 lit b PflSchG 1986 **„wissenschaftlich vertretbar"** sind;[260] ob die **Gefahr erheblicher Nachteile** uä iS von § 67 iVmit § 5 BImSchG besteht;[261] ob ein **Krankenhaus** iS von § 8 Abs 1 S 2 iVmit § 1 Abs 1 KHG **bedarfsgerecht, leistungsfähig und kostengünstig** ist;[262] ob das **Leistungsangebot der niedergelassenen Ärzte ausreichend** iS von § 29 Abs 5 S 2 ZulassungsO für Ärzte, § 368a Abs 8 S 1 RVO ist;[263] ob ein besonderer Einzelfall und Gründe des **öffentlichen Gesundheitsinteresses** iS des § 3 BÄO gegeben sind (BVerwGE 45, 165); ob die Erteilung der Erlaubnis zur vorübergehenden Ausübung des ärztlichen Berufs im **Interesse der ärztlichen Versorgung der Bevölkerung** liegt;[264] ob die Ausübung der Heilkunde durch einen Heilpraktiker eine **Gefahr für die Volksgesundheit** iS von § 2 Abs 1 DVO zum HeilpraktikerG bedeutet;[265] ob eine **ärztliche Behandlung** oder Verordnung **unwirtschaftlich** ist (vgl BSG NJW 1985, 698); ob ein **dienstliches Bedürfnis** für die Versetzung eines Beamten oder Soldaten besteht (BVerwGE 26, 65; 43, 215 f; hier ist aber die Faktorenlehre zu beachten, vgl Kellner DÖV 1972, 807); ob **zwingende dienstliche Gründe** für ein Verbot der Dienstausübung eines Soldaten gem § 22 SoldG vorliegen (BVerwG NJW 1978, 1598); ob die Voraussetzungen der **Kriegsdienstverweigerung** erfüllt sind;[266] ob ein **Bedürfnis** für eine **schulorganisatorische Maßnahme** besteht;[267] ob die **örtlichen Gegebenheiten** es gem Art 11 Abs 2 bayVoSchG zulassen, versuchsweise eine Grundschule mit je 2 Jahrgangsstufen in einer Klasse zu führen;[268] ob eine **Unbilligkeit** iS von § 25 Abs 1 WoBindG 1974 vorliegt (BVerwGE 62, 263); ob die **Einziehung einer Steuer unbillig iS von § 131 Abs 1 § 1 AO** aF – heute § 227 Abs 1 AO – wäre;[269] ob ein **Verzicht** gem § 63 Abs 3, 2. Altern. nwGemO auf die **Erhebung spezieller Entgelte** für von der Gemeinde erbrachte Leistungen „geboten" ist (OVG Münster DÖV 1990, 615; anders hins der Frage, ob ein Verzicht iS von § 63 Abs 3 nwGemO vertretbar ist); ob eine **„außergewöhnliche Härte"** iS von § 13 Abs 3 des Staatsvertrags

---

259 Vgl BVerwGE 85, 348; VGH Mannheim NVwZ 1992, 999; zT anders bei der **Abwägung** nach § 19 Abs 3 S 1 BNatSchG aF, vgl BVerwG NVwZ 2002, 1112.

260 BVerwGE 81, 1 = NVwZ-RR 1990, 134; **aA** Ule DVBl 1990, 1187.

261 BVerwGE 55, 253 (Voerde); **aA** OVG Lüneburg DVBl 1985, 1323 (Buschhaus).

262 BVerwG NJW 1986, 796; 1987, 2320; vgl auch BVerwGE 62, 86; BVerwG NJW 1984, 525 (zweifelhaft).

263 **AA** BSG NJW 1985, 698: gerichtlich nicht voll nachprüfbarer Beurteilungsspielraum.

264 BVerwGE 65, 22 = NJW 1982, 2621; anders BSG NJW 1985, 697 zur Frage, ob das Leistungsangebot der frei praktizierenden Ärzte iS von § 29 Abs 5 S 2 ZulassungsO für Ärzte ausreichend ist: ein Beurteilungsspielraum der Behörde.

265 BVerwGE 66, 371; **aA** München DVBl 1991, 66: gerichtlich nur beschränkt nachprüfbarer Beurteilungsspielraum des Amtsarztes aufgrund einer Überprüfung.

266 BVerwGE 49, 309; 61, 50; 69, 92; BVerwG NVwZ 1982, 619.

267 OVG Münster DÖV 1979, 411; ähnlich OVG Koblenz DÖV 1986, 482.

268 **AA** VGH München BayVBl 1981, 719: nur beschränkt gerichtlich nachprüfbar.

269 BVerwGE 84, 89; BVerwG NJW 1990, 1061; 1992, 1578; VGH Mannheim VBlBW 1992, 220; GewArch 1992, 440; OVG Lüneburg GewArch 1991, 227: Rechtsanwendung und Ermessensbetätigung zu trennen; Kopp/Schenke § 114 Rn 27; allg auch BVerwGE 39, 755; zT **aA** GemSOBG BVerwG 39, 355: eine einheitliche Entscheidung zusammen mit der Ermessensentscheidung, bei der die Behörde sich zugleich am umbestimmten Rechtsbegriff der Unbilligkeit zu orientieren hat – sog Kombinations- oder Koppelungstatbestand; ähnlich BVerwG NJW 1991, 1076; vgl auch BVerwGE 72, 1: einheitliches Ermessen.

über die Vergabe der Studienplätze vorliegt;[270] ob ein Absehen von der Erhebung eines Erschließungsbeitrags nach § 135 Abs 5 S 1 BauGB **„im öffentlichen Interesse oder zur Vermeidung unbilliger Härten** geboten ist";[271] **ob ein Straßenbauvorhaben** usw iS des Straßen- und Wegerechts **straßenrechtlich geboten** ist (s BVerwGE 48, 56; 75, 232; 84, 131; 85, 51; s auch § 74 Rn 45); ob ein **Ausnahmefall** vorliegt, der **bei einer Soll-Vorschrift** das Abweichen von der Regel rechtfertigt oder erfordert (BSG DVBl 1987, 242; VGH Kassel NVwZ-RR 1993, 436).

110 **Gerichtlich voll nachprüfbar** ist auch, ob eine Handlung, Veranstaltung oder ein VA **gegen die guten Sitten** verstößt (BVerwGE 64, 282; 71, 30; 84, 317); die Entscheidung über die **Unzuverlässigkeit** eines Gewerbetreibenden zB im Hinblick auf § 35 GewO vorliegt (VGH Mannheim DVBl 1993, 1221; VGH Kassel NVwZ-RR 1991, 146); ob ein Bewerber um eine gewerberechtliche Erlaubnis die **erforderliche Sachkunde** besitzt;[272] ob ein öffentlich zu bestellender **Sachverständiger** die nach § 36 Abs 1 GewO für die Bestellung erforderliche **besondere Sachkunde** besitzt;[273] ob die Voraussetzungen für eine **Ausnahmebewilligung nach § 8 HwO** gegeben sind;[274] ob die Voraussetzungen für die Asylgewährung, insb ob die Gefahr einer **politischen Verfolgung,** gegeben sind;[275] ob eine **ärztliche Behandlung unwirtschaftlich** ist (vgl BSG NJW 1985, 698); ob einem Versicherten eine Tätigkeit zumutbar ist (vgl BSG NJW 1985, 698); ob ein Bedürfnis für eine **Sperrzeitverkürzung** besteht (BVerwG GewArch 1977, 26; OVG Münster NVwZ 1986, 66); ob ein dringendes Bedürfnis für den **Anschluss- und Benutzungszwang** in Bezug auf eine gemeindliche Einrichtung besteht;[276] ob ein Anschluss **unzumutbar** ist (VGH München DÖV 1983, 217 für eine öffentliche Entwässerungseinrichtung); ob die Voraussetzungen für die **Körung eines Bullen** nach § 5 Abs 1, 3 und 4 TierZuchtG gegeben sind;[277] ob die **Anforderungen des § 24 Abs 4 TierSchNutztV** erfüllt sind (BVerwG NVwZ 2017, 404); ob eine Sache ein **national wertvolles Kulturgut** ist (BVerwG NJW 1993, 3290: auch wenn ein repräsentativ zusammengesetzter Sachverständigenausschuss dies beurteilt); ob bei einem Gegenstand **Erheblichkeit für die deutsche Kultur** iS des KulturschutzG anzunehmen ist (VG Hannover NVwZ-RR 1991, 643); ob die **Auswirkungen eines Pflanzenschutzmittels** auf den Naturhaushalt nach dem Stand der wissenschaftlichen Erkenntnis vertretbar sind (BVerwGE 81, 17); ob das Wohl der Allgemeinheit die **Festsetzung eines Wasserschutzgebiets** gem § 51 WHG erfordert [278] und wie dieses Gebiet im Einzelnen abzugrenzen ist (BVerwG DÖV 1984, 466); ob von einer bestimmten Wassernutzung eine Beeinträchtigung des

---

[270] OVG Hamburg DVBl 1982, 473; OVG Münster NVwZ 1985, 364; **aA** BSG NJW 1982, 2631 zum Begriff des „besonderen Härtefalles" iS von § 182c S 3 RVO aF; vgl auch BSG NJW 1985, 698.

[271] Vgl dazu auch BVerwG JuS 1993, 700 m Anm Selmer: geboten bedeutet in diesem Zusammenhang, dass § 135 Abs 5 BauGB geeignet sein muss, um § 127 Abs 1 BauGB zurücktreten zu lassen.

[272] BVerwG NVwZ 1991, 268: auch wenn die Behörde bei der Entscheidung insoweit von einem Fachausschuss beraten wird, der die Sachkunde in einem „prüfungsähnlichen" Verfahren prüft; **aA** für die Gleichwertigkeit einer praktischen Tätigkeit mit einer Architektenausbildung BVerwGE 59, 213, 217; VGH Mannheim GewArch 1994, 289.

[273] BVerwG NVwZ 1991, 269 – unter Hinweis auf die fehlende Bindung der Behörde an das Urteil des Prüfers –; **aA** VGH Mannheim GewArch 1988, 91.

[274] VGH München BayVBl 1990, 312; **aA** hins der notwendigen Kenntnisse und Fertigkeiten VGH München BayVBl 1984, 369.

[275] BVerwGE 39, 197; 57, 130.

[276] OVG Lüneburg OVGE ML 25, 375; **aA** Wortmann NWVBl 1989, 365; Hill, Gutachten DJT 90, 94.

[277] BVerwG NVwZ 1991, 568.

[278] BVerwG NVwZ 1990, 972; OVG Koblenz ZfW 1999, 102.

Wohls der Allgemeinheit iS von § 6 WHG zu erwarten ist;[279] ob **überwiegende Gründe des Allgemeinwohls** iS von § 7 Abs 1 bwStrG bzw ähnlicher straßenrechtlicher Vorschriften vorliegen (VGH Mannheim DÖV 1982, 206); ob Gründe des öffentlichen Wohles die **Befreiung von Festsetzungen eines Bebauungsplanes** gem § 31 Abs 2 S 1 2. Altern BauGB – erfordern (BVerwG NJW 1979, 940).

Problematisch ist die Nachprüfbarkeit von Begriffen, die die Verwaltung im Rahmen einer aufgrund eigener Richtlinien entwickelten Verwaltungsübung anwendet, soweit die Richtlinien der Konkretisierung von Rechtsnormen dienen, die ihrerseits keine Beurteilungsermächtigung vorsehen. Hier ist richtigerweise kein Spielraum anzunehmen.[280] 110a

2. Herstellung der Beurteilungsentscheidung. a) Ermittlung der Beurteilungsmaßstäbe. Soweit Bewertungsmaßstäbe sich nicht aus dem jeweiligen Fachgesetz ergeben, sind sie insb aus dem Zweck, dem die bei der Entscheidung anzuwendende Rechtsnorm im Verhältnis zur konkreten Situation und zu den Problemen, die durch die Entscheidung bewältigt werden sollen, dient, und im Hinblick auch auf etwa in der Sache betroffene Grundrechte und allgemeine Verfassungssätze abzuleiten. Insoweit unterscheidet sich die Maßstabsbildung nicht von der Auslegungsarbeit der Gerichte.[281] Allgemeine Bewertungsgrundsätze und die daraus abgeleiteten abstrakten „Vorgaben" für die Bewertung müssen im Lichte allgemein anerkannter wissenschaftlicher oder praktischer Erkenntnisse jedenfalls vertretbar sein. 111

b) Ermittlung der sachlichen Beurteilungsgrundlage. Hier gelten dieselben Grundsätze wie für die Herstellung von Ermessensentscheidungen. Es sind dabei mindestens zwei Arbeitsvorgänge zu unterscheiden. Der erste besteht in der Ermittlung der erforderlichen Beurteilungsgrundlagen (Zusammenstellung des Beurteilungsmaterials). Auch hier kommt es darauf an, dass sämtliche dem Zweck der Beurteilungsermächtigung entsprechenden Gesichtspunkte erhoben, dh zusammengetragen, ermittelt und festgestellt werden. Welche Gesichtspunkte das sind, ergibt die Auslegung der jeweils maßgeblichen Ermächtigungsnorm. Soweit die Beurteilung eine Prognose erfordert, muss eine Entscheidung über das Prognoseverfahren getroffen und sodann die hierfür **erforderliche Tatsachengrundlage** geschaffen werden. Dies erfordert teilweise wissenschaftliche Spezialkenntnisse, die von der zuständigen Behörde in geeigneter Weise aggregiert werden müssen, uU durch Hinzuziehung von sachverständigen Personen, Gutachtern usw. Bei der Ermittlung der Beurteilungsgrundlage sind wie beim Ermessen sämtliche Gesichtspunkte heranzuziehen, die dem Zweck der Ermächtigung entsprechen, umgekehrt ist alles außer Betracht zu lassen, was nach dem Zweck der Ermächtigung unberücksichtigt bleiben muss. So ist es zB bei der Ermittlung der juristischen Qualifikation eines Kandidaten in einer juristischen Staatsprüfung nicht gerechtfertigt, Fragen zu stellen, die in keinem Zusammenhang mit den geforderten Kenntnissen stehen.[282] 112

---

[279] BVerwGE 81, 348 = DVBl 1989, 500 auch zur Frage, wieweit dabei auch nicht wasserhaushaltsrechtliche Gesichtspunkte zu berücksichtigen sind.

[280] ZT **aA** für sog normkonkretisierende Richtlinien offenbar BVerwGE 72, 320 – Wyhl: auch für die Verwaltungsgerichte bindend; s dazu und zur Abschwächung dieser Auffassung in der neueren Rspr Kopp/Schenke § 86 Rn 5a mwN; allg auch Kind DÖV 1988, 89; ferner BSG 48, 88.

[281] Vgl zB BVerwG NVwZ 1985, 731: bei der Bestimmung, was als wichtiger Grund iS von § 7 Abs 3 BAföG anzusehen ist, sind auch die Grundrechte und die sich aus diesen und aus anderen Verfassungsgrundsätzen ergebenden allgemeinen Wertungen zu berücksichtigen; VGH Kassel NVwZ 1987, 1436; s Ramsauer/Stallbaum/Sternal, BAföG, § 7 Rn 46 ff.

[282] ZB BVerwGE 78, 55 = NVwZ 1987, 977 – Frage nach Hauptstadt von Mali.

113 **c) Abwägungsentscheidung.** Der zweite Arbeitsschritt besteht in der Bewertung der erhobenen Beurteilungsgrundlage. Hier ist ähnlich wie bei der Ermessensentscheidung (s oben Rn 79) eine Gewichtung sämtlicher maßgeblicher Gesichtspunkte durchzuführen. Dabei sind alle gesetzlich vorgegebenen Beurteilungsgrundsätze und Maßstäbe zu beachten, ferner auch solche allgemeinen Grundsätze der Bewertung, die sich aus Beurteilungsrichtlinien ergeben, sofern diese ihrerseits fehlerfrei sind, sowie solche, die als allgemeine Beurteilungsgrundsätze anerkannt sind (zB Grundsatz der Fairness, der Chancengleichheit im Prüfungsverfahren, Grundsatz der Verhältnismäßigkeit, der Gleichbehandlung usw). Die entscheidende Aufgabe besteht in der Bildung eines Beurteilungsmaßstabs, an dem die Sachgesichtspunkte gemessen werden können.

114 **d) Verfahrensrechtliche Anforderungen. aa) Allgemeines.** Bei der Herstellung der Beurteilungsentscheidung sind in sämtlichen Arbeitsschritten die formellen Vorgaben für die Zuständigkeit, die Form und das Verfahren zu beachten. Diese Vorgaben können sich nicht nur aus dem Gesetz ergeben, sondern auch aus Verwaltungsvorschriften und sonstigen verwaltungsinternen Anweisungen. Wegen der besonderen Bedeutung der formellen Anforderungen an die Beurteilungsentscheidung können sich aus Verstößen gegen beachtliche Regelungen der Zuständigkeit, des Verfahrens und der Form zugleich materielle Fehler der Beurteilungsentscheidung ergeben (s oben Rn 57).

114a **bb) Verfahren bei Personalauswahlentscheidungen.** Beamtenrechtliche Ernennungen, insbesondere Beförderungen, erfordern regelmäßig zuvor eine Auswahlentscheidung unter mehreren Bewerbern, die idR slle einen **Anspruch aus Art 33 Abs 2 GG** auf gleichen Zugang zu öffentlichen Ämtern und damit auf eine sachgerechte Auswahlentscheidung auf der Grundlage von **Eignung, Befähigung und fachliche Leistung** haben (Leistungsprinzip, vgl BVerfGE 56, 146). Hierbei spielen nicht nur die Bewertung der einzelnen Kriterien eine wesentliche Rolle, sondern auch die Beachtung der Vorgaben für ein **sachgerechtes Auswahlverfahren.** Auch das Verfahren dient dem Schutz des Bewerberverfahrensanspruchs der potentiellen Bewerber.[283]

114b Für den Regelfall besteht nach den Vorschriften des Beamtenrechts[284] eine **Ausschreibungspflicht** für öffentliche Ämter.[285] Dies ist eine verfahrensrechtliche Konsequenz aus Art 33 Abs 2 GG. Über **Art und Umfang** der gebotenen Ausschreibung (intern-extern) und die Reichweite der im Rahmen des Organisationsermessens des Diensthern liegenden zulässigen Ausnahmen besteht, soweit keine speziellen Regelungen greifen, keine Einigkeit.[286] In der Ausschreibung sind die Kriterien festzulegen, nach denen später die Auswahl erfolgen soll **(Anforderungsprofil).** Die Festlegung des Profils steht im Ermessen des Dienstherrn;[287] Fehler führen grundsätzlich auch zur Fehlerhaftigkeit des Auswahlverfahrens selbst.[288] Das Anforderungsprofil führt zu einer inhaltlichen Einschränkung der Beurteilungskriterien bei der späteren Auswahlentscheidung.[289]

---

[283] BVerfGE 73, 280, 296.

[284] Vgl zB § 8 BBG; § 10 HmbBG.

[285] Vgl zB OVG Bremen NordÖR 2010, 35.

[286] Vgl BVerfG NVwZ 2007, 693; Ausführlich Neuhäuser NJW 2013, 176 mwN; Dreier, GG Art 33 Rn 39; Battis BBG § 8 Rn 3 mwN.; Bernhardt, Ex Ante-Transparenz 110.

[287] Dabei dürfen nicht die Anforderungen eines konkreten Dienstpostens (Amt im konkret-funktionalen Sinn) zugrunde gelegt werden (VGH München NVwZ 2015, 604 m Anm Helmke NVwZ 2015, 606).

[288] BVerfG NVwZ 2008, 69.

[289] Hierzu näher Bernhardt, Ex Ante-Transparenz, 203 ff mit der Differenzierung nach sog k. o.-Kriterien und Bewertungskriterien.

Der Abbruch des Auswahlverfahrens ist nur dann zulässig, wenn er aus sachlich gerechtfertigten Gründen erfolgt.[290]

Die Auswahl ist dann nach dem **Prinzip der Bestenauslese** zwischen denjenigen Personen zu treffen, die sich im Ausschreibungsverfahren beworben haben. **114c** Anderen Kriterien als der Eignung, Befähigung und fachlicher Leistung darf nur Bedeutung beigemessen werden, wenn sich aus dem Vergleich anhand von unmittelbar leistungsbezogenen Gesichtspunkten kein Vorsprung von Bewerbern ergibt.[291] **Das Auswahlverfahren** selbst ist zumeist nur in Verwaltungsvorschriften festgelegt; gelegentlich besteht auch nur eine entsprechende Verwaltungsübung. Eine wesentliche Bedeutung kommt bei der Bewertung der Qualifikation der Bewerber aus dem öffentlichen Dienst den **aktuellen dienstlichen Beurteilungen** zu.[292] Ergänzend sind aber auch weitere Verfahren zur Feststellung der Qualifikation zulässig, wie etwa das persönliche Bewerbergespräch, Assessments, Rollenspiele, Gruppendiskussionen usw.[293]

Die **gerichtliche Kontrolle** beamtenrechtlicher Auswahlentscheidungen endet grundsätzlich mit der Ernennung eines Bewerbers. **114d** Dies wird mit dem **Grundsatz der Ämterstabilität** begründet, der allerdings im Falle einer echten Rechtsschutzvereitelung auch durchbrochen werden darf.[294] Hierauf muss bereits im Auswahlverfahren angemessen Rücksicht genommen werden. Dieser Umstand führt in der Praxis dazu, dass die gerichtliche Kontrolle im wesentlichen in das Vorfeld der Ernennungsentscheidung, also unmittelbar zur Auswahlentscheidung selbst, verlegt werden muss. Dies geschieht regelmäßig im **Rahmen des einstweiligen Rechtsschutzes,** mit dem der unterlegenen Bewerber ein vorläufiges Verbot einer Ernennung des Konkurrenten erwirken kann.[295]

3. Gerichtliche Kontrolle von Beurteilungsentscheidungen. Wenn und soweit den Behörden ein Beurteilungsspielraum eingeräumt ist, prüfen die Gerichte die von der Behörde vorgenommene Beurteilung und Wertung eines Sachverhalts als unter den in Frage stehenden unbestimmten Rechtsbegriff fallend oder nicht, grundsätzlich nur auf **Beurteilungsfehler** hin nach. **115** Nach einer nach wie vor **verbreiteten Formulierung,**[296] die inzwischen für den Anwendungsbereich des UmwRG sachlich vergleichbar in **§ 4a Abs 2 UmwRG**[297] enthalten ist, richtet sich die Prüfung auf Beurteilungsfehler darauf,
– ob die Behörde für die ihr gestellte Aufgabe eine den rechtlichen, insb auch den verfassungsrechtlichen, Anforderungen genügende materiellrechtliche und verfahrensrechtliche **Rechtsgrundlage** zur Verfügung hatte,[298]

---

290 BVerfG NVwZ-RR 2009, 344; BVerwGE 101, 112, 115 (für den Fall einer Veränderung des Aufgabenbereichs der ausgeschriebenen Stelle); BVerwG NVwZ 2015, 1066; für das privatrechtliche Auswahlverfahren der öffentlichen Hand BAGE 135, 213, 221.

291 BVerfG NVwZ 2008, 69 (psychologischer Dienst).

292 BVerfGE 138, 102, 116 (OLG-Präsident Koblenz); BVerwGE 110, 304; BVerfG NVwZ 2013, 573 (zu weitgehend aber, soweit nur „zwingende Gründe" einen Rückgriff auf Einzelfeststellungen zulassen sollen); BVerwGE 138, 102 = NVwZ 2011, 358 (Richterbeförderung); hierzu Lindner NVwZ 2012, 547; s auch VGH München NVwZ 2015, 286.

293 Zu den Verfahren näher die Leitfäden der Landespersonalverwaltungen (zB des hamburgischen Personalamts unter hamburg.de).

294 BVerwGE 138, 102 (Präsident OLG Koblenz); hierzu Wieland/Seulen DÖD 2011, 69.

295 BVerfG NVwZ 2007, 1178; BVerwGE 118, 374; Kopp/Schenke, VwGO § 123 Rn 5 mwN.

296 Vgl BVerwGE 97, 203, 209; BVerwG 1995, 740; VGH München BayVBl 1993, 310; VGH Mannheim NVwZ-RR 1993, 358; StBS 223; hierzu ausf Bamberger VerwArch 2002, 227 ff.

297 Zum Anwendungsbereich des UmwRG näher § 75 Rn 99.

298 Vgl BVerfG 84, 34 = NJW 1991, 2005 zu berufsqualifizierenden Prüfungen.

– ob das vorgeschriebene oder nach allgemeinen Rechtsgrundsätzen gebotene **Verfahren** im konkreten Fall, jedenfalls soweit es dem Schutz von Personen in der Rechtsposition des Klägers dient, eingehalten wurde,
– ob die Behörde den insoweit maßgeblichen unbestimmten Rechtsbegriff und den Sinn und Zweck der Ermächtigung (OVG Lüneburg DVBl 1991, 1004 = NVwZ-RR 1991, 578) oder den gesetzlichen Rahmen, zutreffend gesehen und **nicht verkannt hat,**[299]
– ob die Behörde von einem zutreffenden und vollständig ermittelten **Sachverhalt** ausgegangen ist[300] (BVerwG NVwZ-RR 1990, 620),
– ob die Behörde bei ihrer Entscheidung die dabei zu berücksichtigenden **Gesichtspunkte angemessen und vertretbar gewichtet** oder mit einem Gewicht berücksichtigt hat, das ihnen bei objektiver, am Zweck des Gesetzes und sonstiger einschlägiger Rechtssätze (vgl oben Rn 34, 73) und an einschlägigen allgemeinen Wertungsgrundsätzen orientierter Betrachtung nicht zukommt (BVerwG NJW 1995, 977).

116 Diese Prüfungskriterien, die vor allem für die Kontrolle von Prüfungsentscheidungen entwickelt worden sind, geben den Kontrollmaßstab zwar im Ergebnis einigermaßen zutreffend wieder, lassen aber die Systematik der Beurteilungsfehlerlehre nicht hinreichend erkennen. Außerdem berücksichtigen sie nicht hinreichend, dass insoweit **kein wesentlicher Unterschied zu der Ermessensfehlerlehre** besteht.[301] Bei systematischer Betrachtung sind wie bei der Ermessenskontrolle folgende Beurteilungsfehler zu prüfen: Nichtgebrauch der Beurteilungsermächtigung **(Beurteilungsausfall)** insbesondere bei irrtümlicher Annahme einer strikten Bindung, sachlich-inhaltliche Fehler der Beurteilungsentscheidung **(Beurteilungsfehlgebrauch),** mit den Alternativen Beurteilungsdefizit und zweckwidrige Erwägungen, sowie die Überschreitung des Beurteilungsrahmens **(Beurteilungsüberschreitung).** Zu der zuletzt genannten Fehlerkategorie gehören Abweichungen von vorgegebenen Beurteilungskategorien oder anderen Bewertungsvorgaben.

117 **a) Nichtgebrauch der Beurteilungsermächtigung.** Die Behörde muss den ihr zustehenden Beurteilungsspielraum erkennen und durch eine eigene Abwägungsentscheidung ausfüllen, anderenfalls liegt ein Beurteilungsausfall vor. Dabei ist unerheblich, worauf der Nichtgebrauch der Beurteilungsermächtigung beruht, ob die Behörde sich **irrtümlich für gebunden erachtet** hat oder ob der **Spielraum schlicht übersehen** wurde. Beurteilungsfehler dieser Art können vor allem dann auftreten, wenn für das Tatbestandsmerkmal einer Norm noch nicht geklärt ist, ob es einen Spielraum eröffnet oder nicht. In diesem Fall kann es sich für die Behörde anbieten, vorsorglich eine Beurteilungsentscheidung zu treffen und zu begründen. Für den Nichtgebrauch der Beurteilungsermächtigung gelten die zum Ermessensnichtgebrauch entwickelten Grundsätze (s oben Rn 86).

118 **b) Beurteilungsfehlgebrauch.** Die zuständige Behörde muss die Beurteilung in einer dem Zweck der Ermächtigung entsprechenden Weise vornehmen. Dazu gehört zunächst die sachgerechte Ermittlung der Beurteilungsgrundlage. Hierbei sind sämtliche Gesichtspunkte zu erheben und in die Abwägung einzustellen, die dem Zweck der Beurteilungsermächtigung entsprechen, anderenfalls liegt ein **Beurteilungsdefizit** vor. Soweit die Ermittlungen ein besonderes Fachwissen voraussetzen, müssen Fachleute und ggfs auch externe Sachverständi-

[299] BVerwGE 68, 336; 91, 266; BVerwG NVwZ 1982, 101; NJW 1983, 1108; 1984, 1248; NVwZ-RR 1990, 620; BGH NJW 1982, 1059; VGH München BayVBl 1993, 311.

[300] BVerwGE 60, 245; 62, 340; 68, 337; 70, 143; 72, 315; 73, 378; 77, 75; 91, 266; BVerwG NVwZ-RR 1990, 620 zur Frage eines Ermittlungsdefizits.

[301] StBS 223; Herdegen JZ 1991, 747, 750; zutreffend auch Bamberger VerwArch 2002, 217, 232.

ge herangezogen werden.[302] Ein Fehlgebrauch der Beurteilungsermächtigung liegt auch vor, wenn Gesichtspunkte berücksichtigt werden, die nach dem Zweck der Ermächtigung keine Rolle hätten spielen dürfen. Dann nämlich handelt es sich um **sachwidrige Erwägungen.** Welche Beschränkungen die Ermessensermächtigung insoweit enthält, lässt sich nicht immer leicht feststellen. So ist etwa die Berücksichtigung von anderen als wegerechtlichen Gesichtspunkten bei der Entscheidung über Sondernutzungen unzulässig.[303] Das dürfte bei Fehlen besonderer Regelungen (wie zB § 19 HmbWG) auch für umfassende Übertragung von Sondernutzungsrechten aus fiskalischen Gründen gelten (sog Werbenutzungsverträge).[304] Es Kann ein Fehlgebrauch der Beurteilungsermächtigung sein, wenn eine beamtenrechtliche Auswahlentscheidung sich nicht am statusrechtlichen Amt, sondern am konkreten Dienstposten orientiert.[305]

Soweit Prognosen erforderlich sind (etwa die zukünftige Verkehrsentwicklung usw), ist von den Gerichten nachzuprüfen, ob die Behörde bei ihrer Prognose von zutreffenden Abgrenzungen, Daten, Werten, Zahlen usw ausgeht bzw ausgegangen ist, alle erreichbaren Daten berücksichtigt bzw berücksichtigt hat;[306] ob die Behörde sich einer **wissenschaftlich vertretbaren Methode** bedient bzw bedient hat und ihre Entscheidung „in einer der Materie angemessenen und methodisch einwandfreien Weise" erarbeitet bzw erarbeitet hat.[307] 119

4. Die Folgen von Beurteilungsfehlern. Die Fehlerhaftigkeit einer Beurteilungsentscheidung führt zur Rechtswidrigkeit des VA, soweit keine Heilung (§ 45) herbeigeführt wird. Beurteilungsdefizite können analog § 114 S 2 VwGO auch im gerichtlichen Verfahren noch durch ein Nachschieben von Gründen ausgeglichen werden. Eine vollständig fehlende Begründung darf aber nicht nachgeschoben werden (BVerwG NVwZ 2007, 470 für Ermessen). Ein Fehler ist unter den Voraussetzungen des § 46 unbeachtlich und kann nicht zur Aufhebung des VA führen (s hierzu § 46 Rn 14 ff). Unerheblich sind zB Mängel der Sachverhaltsfeststellung, des Verfahrens, der Abwägung und Wertung, die sich auf das Ergebnis offensichtlich nicht auswirken können bzw nicht ausgewirkt haben 120

---

[302] S auch VGH Kassel NJW 1987, 1436: die Ablehnung eines Prädikats durch die Filmbewertungsstelle Wiesbaden ist rechtswidrig, wenn die zur Filmbegutachtung berufenen Ausschüsse dem erkennbaren Anspruch des Films nicht ausreichend Beachtung schenken; BVerwG NJW 1987, 1431: der bloße Umstand, dass die Bundesprüfstelle ohne weiteres von einer Tatsache ausgegangen ist, zu deren Feststellung sie einen Sachverständigen hätte heranziehen müssen, führt nicht zur Rechtswidrigkeit und Aufhebung der Indizierungsentscheidung; das Gericht kann die Indizierungsentscheidung hinsichtlich der Tatsachengrundlage vielmehr nur dann beanstanden, wenn es seinerseits deren Unrichtigkeit festgestellt hat.

[303] Vgl. dazu ausführlich Schmidt, NVwZ 1985 167; **aA** VGH Mannheim, NVwZ-RR 1997, 677.

[304] VGH München DVBl 2009, 735; VG Karlsruhe, Urt v 21.10.2008 – Az 8 K 836/08 – juris.

[305] BVerwG NVwZ 2014, 75 auch für die Ausnahmen. Eine Auswahlentscheidung für ein Richteramt darf sich also zB nicht an den Spezialkenntnissen orientieren, die für die vorgesehene Verwendung in einem Gericht erforderlich sind. Dies wäre im übrigen schon deshalb unzulässig, weil nicht der Dienstherr, sondern das Präsidium des Gerichts über die spätere Verwendung entscheidet.

[306] BVerwGE 72, 286; 75, 234; BSG DVBl 1990, 212: alle wesentlichen Fakten müssen rechtsfehlerfrei festgestellt und alle wesentlichen Umstände hinreichend gewürdigt worden sein; Tettinger DVBl 1982, 427; s auch Rn 108.

[307] BVerwGE 72, 286; 75, 234; Hoppe, in: BVerwG-FS 1978, 106; Tettinger DVBl 1982, 427; s allg zu den Erfordernissen von Prognoseentscheidungen auch Nierhaus DVBl 1977, 19; vgl auch Hoppe, in: Redeker-FS 1993, 386 Fn 36 mwN: bei der Prüfung von Prognosen zu beanstanden sind – ohne Evidenzvorbehalt – die unzureichende Ermittlung von den der Prognose zugrundeliegenden Prognosedaten, die fehlende Plausibilität und Schlüssigkeit des Prognoseschlusses von vorhandenen Daten auf die Prognose, die mangelnde Qualität der Prognosemethoden und mangelnde Konsistenz in der Methodenanwendung.

können.[308] Ob eine mögliche Kausalität idS auszuschließen ist, ist jedoch nach objektiven Gesichtspunkten zu beurteilen.[309]

VII. Prüfungsentscheidungen

121 **1. Allgemeines. a) Bewertungsspielräume bei Prüfungsentscheidungen.** Bei Prüfungsentscheidungen handelt es sich um einen spezifischen Typus von Beurteilungsentscheidungen. Die Rechtfertigung für die hier anerkannten Bewertungsspielräume folgt aus dem Umstand, dass Prüfungsentscheidungen typischerweise bestimmten Prüfern oder Prüfungsgremien als **höchstpersönliche Akte wertender Erkenntnis** übertragen worden sind. Die eigentliche Prüfungsentscheidung bildet zwar idR nur den **Schlusspunkt des Prüfungsverfahrens**, für das zwar nach § 2 Abs 2 Nr 2 die Verfahrensbestimmungen des VwVfG nur begrenzt anwendbar sind, dessen Fehler aber auf die Prüfungsentscheidungen durchschlagen können. Darin liegt zugleich auch das Besondere an Prüfungsentscheidungen: Es kommt nicht allein darauf an, dass die Bewertung der Leistung als solche fehlerfrei erfolgt; vielmehr ist auch von Bedeutung, dass das gesamte Verfahren, in dem die Leistungen erbracht werden, rechtlich einwandfrei abgelaufen ist, dass das **Anforderungsprofil** der Prüfung den gesetzlichen Vorgaben entspricht und dass die Grundsätze der **Chancengleichheit und der Fairness im Prüfungsverfahren** gewahrt sind.

121a **b) Berufsbezogene und sonstige Prüfungen.** Bei den rechtlichen Anforderungen an Prüfungsverfahren und Prüfungsentscheidungen wird unterschieden zwischen solchen Prüfungen, die wegen ihrer Bedeutung für eine berufliche Tätigkeit dem Schutzbereich des Art 12 GG unterstehen **(berufsrelevante Prüfungen),** und andere Prüfungen, die lediglich den allgemeinen Schutz des Art 2 Abs 1 GG genießen. Für die berufsbezogenen Prüfungen gelten nach der Rspr des BVerfG strengere Maßstäbe, weil es sich dabei regelmäßig um Einschränkungen der Berufswahlfreiheit durch subjektive Zugangsbeschränkungen handelt.

121b **aa) Berufsbezogene Prüfungen.** Erfasst werden sämtliche öffentlich-rechtlich geregelten Prüfungen, die erfolgreich absolviert werden müssen, um eine für die Ausübung eines Berufs erforderliche Qualifikation zu erreichen **(erforderliche Prüfungen).** Darüber hinaus gehören aber auch alle Prüfungen dazu, die für die Ausübung eines Berufs typischerweise erwartet oder sogar verlangt werden, ohne rechtlich notwendig zu sein. Gleiches gilt für Prüfungen, mit denen eine besondere Qualifikation nachgewiesen wird **(qualifizierende Prüfungen).**

Der Bereich der berufsbezogenen Prüfungen ist weit zu ziehen. Er umfasst nicht nur die klassischen öffentlich-rechtlich geregelten Zugangsprüfungen zu geregelten Berufen aller Art (zB Gesellenprüfungen und Meisterprüfungen im Handwerk, Hochschulprüfungen wie Bachelor-, Master- und Diplomprüfungen, Promotion, Habilitation[310]), sondern auch alle Prüfungen, die auf dem Weg dorthin absolviert werden müssen, also auch Semesterabschlussprüfungen, Zwischenprüfungen und Zugangsprüfungen. Weiter gehören dazu auch alle Prüfungen im Rahmen allgemeinbildender Schulabschlüsse, die auf dem Weg zu einer Berufsqualifikation erreicht werden müssen (Hauptschulabschluss, Abitur, Fachabitur) sowie etwaige Zugangsprüfungen für berufsbezogene Ausbildungen.

121c **bb) Sonstige Prüfungen.** Nicht zu den berufsbezogenen Prüfungen gehören nur solche öffentlich-rechtlichen Prüfungen, die lediglich Voraussetzung für

---

[308] BVerfGE 84, 47, 55 = NJW 1991, 2008; BVerwGE 84, 44 = NJW 1990, 927; 91, 270; BVerwG NVwZ 1990, 925; DVBl 1994, 158.

[309] Vgl Kopp BayVBl 1990, 684; DVBl 1991, 990; zT **aA** BVerfG 84, 47 = NJW 1991, 2008; VGH Mannheim NVwZ 1991, 1205; Kopp BayVBl 1990, 684; DVBl 1991, 990.

[310] BVerfG NVwZ 2015, 431 zur Habilitation als Berufszulassungsprüfung.

bestimmte Freizeitaktivitäten sind, wie etwa Pkw- oder Motorradführerscheinprüfungen, Jagdschein, Angelschein, Tauchschein. Da diese Prüfungen im Einzelfall aber auch Bedeutung für die Berufsausübung haben können (zB bei Kraftfahrern, Berufsanglern usw) sind kaum Fälle denkbar, in denen eine Prüfung schon von ihrem Gegenstand her keinerlei Berufsbezug aufweist.

c) Allgemeine Prüfungsgrundsätze. Für Prüfungen gelten die allgemeinen Grundsätze eines rechtsstaatlichen Verwaltungsverfahrens (Müller-Ibold 173), und die ebenfalls überwiegend von der Rechtsprechung und vom Schrifttum entwickelten allgemeinen Prüfungsgrundsätze.[311] Diese Grundsätze gelten im Prinzip bereits unabhängig von der einschlägigen Prüfungsordnung, die aber die Grundsätze im einzelnen näher ausformen und konkretisieren kann. 122

aa) Grundsatz der Chancengleichheit. Von wesentlicher Bedeutung für sämtliche Prüfungen ist der Grundsatz der Chancengleichheit im Prüfungsverfahren.[312] Dieser Grundsatz verlangt einheitliche Regeln für Form und Verlauf von Prüfungen. Die Rahmenbedingungen und die Anforderungen müssen gleichartig sein..[313] Folgerungen aus dem Grundsatz der Chancengleichheit sind zB, dass eine allgemein vorgesehene **Anonymität** nicht im Einzelfall durchbrochen werden darf;[314] dass Prüfer grundsätzlich selbst nach Kenntnis- und Erfahrungsstand für die Abnahme der Prüfung, insb auch die Beurteilung der Prüfungsleistungen **hinreichend qualifiziert sind;**[315] dass die vorgegebene **Prüfungszeit nicht wesentlich unter- oder überschritten** wird;[316] dass den Prüflingen nicht wesentlich **unterschiedliche Vorbereitungszeiten** zur Verfügung stehen, weil sie zu wesentlich unterschiedlichen Zeiten vor der Prüfung von den Schwerpunktgebieten erfahren, denen die Prüfungsaufgaben entnommen werden (OVG Bremen DÖV 1990, 442); dass das **Schwierigkeitsniveau der Prüfung** sich nicht ohne dass dafür hinreichende Gründe bestehen, wesentlich von dem vorangegangenen oder nachfolgenden Prüfungen unterscheidet; dass nicht einzelne Prüflinge oder Gruppen von Prüflingen bei der Bewertung ihrer Leistungen bevorzugt werden.[317] 123

Besondere Prüfungshandicaps,[318] zB körperliche oder andere Behinderungen, von Prüflingen[319] und **Störungen des Prüfungsablaufs** müssen zur Sicherung der Chancengleichheit durch Gewährung zusätzlicher Prüfungszeit, Erlaubnis der Benutzung besonderer Hilfsmittel usw ausgeglichen werden.[320] Zu den 123a

---

311 Vgl BVerwGE DVBl 1981, 583 = DÖV 1981, 581; OVG Münster NJW 1982, 1346; DVBl 1992, 1050; VGH München NJW 1982, 1347; BayVBl 1980, 86.

312 Hierzu näher Lindner BayVBl 1999, 100.

313 St Rspr, vgl BVerfG 79, 211; 84, 52; BVerwGE 91, 273; 92, 137; 87, 258; BVerwG NVwZ 2016, 541, 542; 1993, 686; 1994, 486 durch die ursprünglichen Prüfer erfolgen muss; BVerwG NVwZ 1994, 486: durch Lärmstörung verletzt; BVerfG 84, 34, 55; 84, 59: verletzt, wenn als richtig oder vertretbare Antworten nicht als richtig oder vertretbar gewertet werden; VGH Mannheim DVBl 1990, 546: Grundsatz der Wettbewerbsgleichheit.

314 Zur Frage der Sanktionierung der Durchbrechung der Anonymität BVerwG NVwZ 2012, 1188: Nur bei Auswirkungen.

315 BVerwGE 95, 244 = NVwZ 1994, 1209; OVG Münster DVBl 1990, 545.

316 Vgl VGH Mannheim DVBl 1992, 1055 zu einer von vornherein beabsichtigten Überschreitung der Prüfungszeit von über 60%.

317 BVerwG NVwZ 1984, 307: verboten ist nicht nur Benachteiligung, sondern auch Bevorzugung von Kandidaten, da sie auch diese idR für die Nichtbevorzugten erfolgsmindernd auswirkt.

318 Ausführlich dazu und mit Einzelfällen aus der Rspr VG Saarlouis Urt v 5.3.2009 1 K 643/08; zum Nachteilsausgleich bei Schülern mit Dyskalkulie ThürOVG Beschl v 17.5.2010 1 EO 854/10 – zitiert nach juris.

319 BVerwG NVwZ 2016, 541, 542 Anspruch eines Behinderten auf Anpassung der Prüfungsbedingungen aus dem Gebot der Chancengleichheit.

320 BVerfG NJW 1993, 917 sowie BVerwGE 65, 323 und 94, 64 zur Beeinträchtigung durch Lärmstörung und zum Anspruch auf Zeitausgleich; zur Schreibzeitverlängerung bei

insoweit bestehenden Möglichkeiten unten Rn 131. Aus dem Gebot der Chancengleichheit folgt aber **kein Anspruch auf Notenschutz,** dh kein Anspruch auf eine günstigere Benotung der Leistung im Hinblick auf eine Behinderung. Wird gleichwohl ein behindertengerechter Maßstab angelegt und eine Leistung im Hinblick auf eine Behinderung (zB Legasthenie) besser beurteilt und benotet, als dies nach dem allgemein angelegten Maßstab der Fall wäre, so ist es grundsätzlich zulässig, diesen Umstand auf dem Zeugnis zu vermerken.[321]

124 **bb) Verhältnismäßigkeit, Sachbezogenheit.** Organisation des Prüfungsverfahrens, Auswahl und Begrenzung des Prüfungsstoffs sowie Prüfungsmaßstäbe müssen sich an den **Zielen der Prüfung** orientieren, Eignung und Befähigung für bestimmte Tätigkeiten oder Einsatzmöglichkeiten festzustellen. Sie müssen insoweit zur Feststellung der zu prüfenden Eigenschaften und Fähigkeiten **geeignet, erforderlich und verhältnismäßig** sein und dürfen von den Prüflingen insb nichts verlangen, was über diesen Bereich hinausgeht. Das gilt für auch für den Prüfungsstoff, der auf die Ziele der Prüfung bezogen sein muss.[322]

125 **cc) Fairness im Prüfungsverfahren.** Weitere Beschränkungen für Beurteilungen insb, jedoch nicht ausschließlich bei Prüfungen, ergeben sich auch zB aus dem Grundsatz der Fairness bei Prüfungen;[323] dem **Gebot der Sachlichkeit**[324] bei Prüfungen als Folgerung aus dem Rechtsstaatsprinzip, dem Gebot der Chancengleichheit und dem Fairnessgrundsatz,[325] der zB auch verletzt wird durch Äußerungen des Prüfers oder sonstiges **unangemessenes Prüferverhalten,** durch das der Prüfling einer psychologischen Belastung ausgesetzt wird, die das Bild seiner Leistungsfähigkeit verfälschen und dadurch die Chancen des Prüflings mindern können;[326] ebenso bei **Befangenheit des Prüfers;**[327] außerdem auch aus sonstigen allgemeinen Prüfungs- und Bewertungsgrundsätzen.[328]

---

nicht genügend Anzahl von Sachverhalten NdsFG EFG 2008, 1156; BVerwG DVBl 1989, 381; NVwZ 1984, 247; NVwZ 1984, 308; 1987, 593; 1994, 486; OVG Münster DVBl 1992, 1055; VGH Mannheim NVwZ 1994, 578; allg. zu Schreibzeitverlängerungen auch Niehues/Fischer, Schul- und Prüfungsrecht, Bd 2 Rn 405 f.

321 So ausdrücklich BVerwG NVwZ 2016, 541, 543 für die Berücksichtigung einer Legasthenie bei der Bewertung von Abiturleistungen.

322 BVerwGE 78, 55 Zur Unzulässigkeit der Frage: „Wie heißt die Hauptstadt von Mali?" in einer juristischen Prüfung.

323 BVerwGE 92, 132; 55, 355 = NJW 1978, 2408: Verletzung durch spöttische oder in anderer Weise verletzende Kommentierung von Prüfungsleistungen während der Prüfung durch den Prüfer; BVerwGE 70, 143; 78, 55 = NVwZ 1987, 978; OVG Münster NVwZ 1988, 458; DVBl 1992, 1053.

324 Dazu BVerfGE 84, 34 (Chancengleichheit als Ausfluss der Berufsfreiheit); BVerwGE 70, 143.

325 BVerwGE 55, 358; 70, 145; 92, 135; BVerwG DVBl 1987, 1223; DÖV 1983, 817; OVG Münster NVwZ 1988, 458; VGH Mannheim DVBl 1990, 945; Streinz/Hammerl JuS 1993, 665; Wagner DVBl 1993, 184.

326 BVerwGE 107, 363 (Äußerungen des Prüfers: „Hier werden keine Noten verschenkt, sind Sie sich dessen bewusst? Wenn Sie mir nochmal 11, 12 Punkte liefern, sind Sie gnadenlos weg …"); VGH München VGHE 58, 11 zu einem Fall, indem der Prüfer bei einem Referat, mit dem die vorgesehene Zeit nicht ausgefüllt wurde, mit der Fortsetzung der Prüfung 10 Minuten lang abwartete, bis die reguläre Vortragszeit abgelaufen war; Niehues/Fischer, Schul- und Prüfungsrecht, Bd 2 Rn 328; weitere Bsp bei Streinz/Hammerl JuS 1993, 665 mwN.

327 BVerwGE 92, 135: Verletzung des Gebots der Sachlichkeit, wenn der Prüfer die Prüfungsleistung nicht mit innerer Distanz und frei von Emotionen zur Kenntnis nimmt; BVerwGE 93, 50; Niehues/Fischer, Schul- und Prüfungsrecht, Bd 2, Rn 336.

328 Vgl BVerwGE 8, 272; 57, 130; 61, 210: „Schreibversehen" dürfen nicht zum Nachteil des Kandidaten gewertet werden; BVerwGE 70, 145; 73, 378; BVerwG NVwZ 1985, 187; DÖV 1979, 413; 1982, 943; BVerfG DVBl 1980, 481.

Grundsätzlich nicht zu berücksichtigen sind bei der Bewertung von Prüfungsleistungen Mängel der zur Prüfung vorbereitenden Ausbildung (BVerwG NVwZ 1994, 188); dies gilt allerdings nur, wenn bzw soweit von den Prüflingen erwartet werden kann, dass sie sich die erforderlichen Kenntnisse und Fertigkeiten auf andere Weise erwerben (vgl Kopp JuS 1995, 469). Außerdem aber ist der Durchschnitt der Prüfungsleistungen im Regelfall idR zugleich ein Indiz dafür, was und welche Leistungen erwartet werden können.

2. Materielle Anforderungen an die Prüfung. a) Sachgerechter Prüfungsstoff. Bei der Frage, ob die Behörde die gesetzlichen Vorgaben für die ihr vom Gesetz übertragene Entscheidung oder den gesetzlichen Rahmen verkannt hat (vgl oben Rn 101 f), wird auch geprüft, ob der Rahmen dessen, was zum Prüfungsstoff gehören darf, verkannt worden ist, etwa weil Prüfungsfragen oder Prüfungsaufgaben keinen hinreichenden **sachlichen Zusammenhang mit dem Ziel der Prüfung** und den Anforderungen des Berufs, dem die Ausbildung dient, aufweisen, oder weil die Prüfungsanforderungen in keinem angemessenen Verhältnis zu den Inhalten der Ausbildung bzw der gebotenen beruflichen Qualifikation stehen[329] oder weil die **Eignung der Prüfungsaufgabe** oder einzelner Fragestellungen unter diesen Gesichtspunkten verkannt wird (VGH München 39, 54; Kopp BayVBl 1990, 205), oder weil die **Aufgabenstellung** aus anderen Gründen **fehlerhaft** war (vgl BVerwG NJW 1988, 2318: wenn bei einer Antwort-Wahl-Frage (multiple-choice) irrtümlich davon ausgegangen worden war, dass nur eine Antwort zutreffend ist, tatsächlich aber mehrere Antworten richtig sind). Prüfungsmängel liegen vor bei unklaren, missverständlichen oder irreführenden Aufgabenstellungen oder bei Fragen, deren Beantwortung fachfremde Spezialkenntnisse voraussetzt (s Bsp in Fn 290). Ggf dürfen die Antworten insoweit nicht bewertet werden (BVerwGE 84, 73 = NJW 1991, 2008). Zur Verpflichtung der Prüfer zur Einhaltung der durch eine Rechtsvorschrift festgelegten oder nach dem Zweck der Prüfung zu bestimmenden Abgrenzung des Prüfungsgegenstandes und zur Bestimmung des maßgeblichen Sinns von Prüfungsfragen auch Kopp BayVBl 1990, 205. 126

b) Verhältnismäßigkeit. Nicht nur die Prüfungsentscheidung selbst, auch die Regelungen des Prüfungsverfahrens unterliegen jedenfalls dann, wenn es um berufsbezogene Prüfungen geht, dem Grundsatz der Verhältnismäßigkeit. Das bedeutet, dass das Verfahren in einer Weise ausgestaltet sein muss, die den Anforderungen an Geeignetheit, Erforderlichkeit und Proportionalität genügen muss, wobei der Normgeber allerdings einen weiten Spielraum hat(BVerwG NVwZ 2014, 86). Das bedeutet, dass Regelungen, wonach das Nichtbestehen von Teilprüfungen zu einem Nichtbestehen der Gesamtprüfung führen können, sachlich gerechtfertigt und vertretbar sein müssen (BVerwG NVwZ 2014, 86 für die universitäre Schwerpunktprüfung im Ersten juristischen Staatsexamen). 126a

c) Bewertungsmaßstäbe. Bei der Entscheidung müssen die spezialgesetzlich vorgegebenen und die allgemein geltenden Bewertungsgrundsätze und -maßstäbe sowie ggfs Bewertungsrichtlinien beachtet werden, anderenfalls liegt ein Fehler vor. Nach allgemeinen Grundsätzen ist das durchschnittliche Bewertungs- oder Notenniveau Ausgangs- und Orientierungspunkt für die Bewertung der Leistungen des einzelnen Kandidaten bei der Bewertung der einzelnen Prüfungsleistungen.[330] Anerkannt ist weiter ein allgemeiner Bewertungsgrundsatz für 127

---

[329] BVerwGE 78, 55 = NVwZ 1987, 977: „Wie heißt die Hauptstadt von Mali" im juristischen Staatsexamen; FG Hamburg, EFG 2004, 1166: Zulässigkeit der Einbeziehung von Fragen zur Ökosteuer in Steuerberater-Prüfung.

[330] VGH Mannheim DVBl 1995, 1356; Brehm/Becker NVwZ 1994, 750; Kopp JuS 1995, 750.

Prüfungen, wonach vertretbare und mit gewichtigen Argumenten **folgerichtig begründete Lösungen nicht als falsch gewertet** werden dürfen.[331]

Keine allgemeine Regel lässt sich demgegenüber zu der Frage aufstellen, in welchem Verhältnis positive Kenntnisse über den Prüfungsstoff zu den Fähigkeiten stehen müssen, Probleme eigenständig zu durchdenken und methodisch fehlerfrei eigene Lösungen bzw Standpunkte zu entwickeln. Insoweit kommt es entscheidend auf das Ziel der Prüfung und die konkreten Bewertungskriterien an. So kann bei manchen Prüfungsverfahren die Feststellung des **zuverlässigen Erwerbs positiver Kenntnisse** im Vordergrund stehen, bei anderen kann es demgegenüber wesentlich um Fähigkeit zu selbständigem Denken und zur **Entwicklung eigenständiger Problemlösungen** gehen. Für letztere wird als allgemeiner Bewertungsmaßstab wohl auch der Satz anzusehen sein, dass bei einer „falschen Weichenstellung" in einer Prüfungsarbeit **folgerichtige Ersatzausführungen** vom Prüfer berücksichtigt und als positiv bewertet werden müssen (VGH Mannheim BWVBl 1989, 390). Entsprechendes gilt auch sonst für **Hilfsüberlegungen** („Hilfsgutachten"), die zwar bei der vertretenen zutreffenden Lösung nicht mehr notwendig wären, bei einer vertretbaren anderen Hauptlösung aber erforderlich wären. Bei einer falschen „Weichenstellung" in der Prüfungsarbeit des Prüflings bei der Bewertung der Arbeit sind **auch Ersatzausführungen** zu berücksichtigen und zu bewerten.[332]

128 **3. Das Prüfungsverfahren. a) Beschränkte Anwendung des VwVfG.** Wie sich aus § 2 Abs 3 S 2 ergibt, gelten für das Prüfungsverfahren nur die dort genannten Bestimmungen. Im übrigen ist das Prüfungsverfahren zwar Verwaltungsverfahren, aber stets unter Berücksichtigung der prüfungsspezifischen Besonderheiten. Darüber hinaus sind Prüfungsverfahren üblicherweise in Prüfungsordnungen besonders ausgestaltet, um eine gleichmäßige Durchführung zu gewährleisten. Zumindest analog anwendbar, soweit durch Gesetz, VO oder Satzung nicht eine unmittelbare Anwendung vorgeschrieben ist, sind auch in Prüfungsverfahren zB die §§ 81 ff über die **ehrenamtliche Tätigkeit** (**aA** MB 21), ferner § 28 über das Recht des Prüflings auf Anhörung im Prüfungsverfahren und zu den Prüfungsergebnissen (vgl BVerfGE 84, 34, 59; BVerwGE 91, 262), § 40 über sachgemäße, beurteilungsfehlerfreie Bewertung der Prüfungsleistungen, § 39 über das Recht auf hinreichend detaillierte Begründung der Bewertung der Prüfungsleistungen, insb auch der dafür gegebenen Noten.[333]

128a **b) Bedeutung der Prüfungsordnungen.** Einzelheiten des Prüfungsverfahrens sind idR in den aufgrund von Gesetzen als VOen oder Satzungen erlassenen Prüfungsordnungen für die verschiedenen Prüfungen geregelt. Bei berufsbezogenen Prüfungen wird wegen ihrer Bedeutung für Art 12 Abs 1 GG eine rechtssatzmäßige Ausgestaltung der Prüfungsordnung jedenfalls in den Grundzügen verlangt werden müssen. Soweit solche Prüfungsbestimmungen fehlen oder lückenhaft sind, gelten die vor allem von der Rspr für Prüfungsverfahren entwickelten allgemeinen Rechtsgrundsätze. Diese dienen, soweit sie Ausdruck verfassungsrechtlicher Grundsätze, insb des Rechtsstaatsprinzips, der Grundrechte, insbes Art 3, 12 u 19 Abs 4 GG (vgl BVerwG NJW 1996, 2670) sind, zugleich als Maßstab für die Regelungen der Prüfungsordnungen.

---

[331] BVerfGE 84, 55, 59; BVerwG NVwZ-RR 2013, 44; NVwZ 1993, 677; NJW 1993, 342; Seebass NJW 1992, 615; Barton NVwZ 2013, 555, 557; **aA** insoweit, aber nunmehr als überholt anzusehen, die ältere Rspr.

[332] Vgl BVerwG BayVBl 1995, 280; VGH Mannheim VBlBW 1989, 390: Bewertung einer Prüfung fehlerhaft, wenn dies nicht geschieht.

[333] Vgl zB BVerfG 84, 34, 59 = NVwZ 1991, 870; BVerwGE 91, 262 = NVwZ 1993, 677).

c) Zuständigkeiten im Prüfungsverfahren. aa) Zuständige Behörde. Das Prüfungsverfahren muss von der zuständigen Behörde durchgeführt werden. Soweit Rechtsnormen vorsehen, dass bestimmte besonders zusammengesetzte Gremien im Prüfungsverfahren bestimmte Teilaufgaben übernehmen, ist es Sache der zuständigen Behörde, diese Gremien einzusetzen und nach Maßgabe der geltenden Bestimmungen personell zu besetzen. Das gilt sowohl für die Aufgabe, die Prüfungsleistungen zu bewerten als auch für die vorgelagerte Aufgabe, die Prüfungsanforderungen (Prüfungsfragen, Prüfungsstoff) zu bestimmen. Bereits die Prüfungsaufgaben müssen von der zuständigen Stelle bzw dem **zuständigen Gremium** ausgewählt werden (OVG Münster NVwZ-RR 1994, 585), 128b

bb) Zuständige Prüfer. Grundsätzlich müssen die bestellten Prüfer die Prüfungsleistungen **höchstpersönlich zur Kenntnis nehmen und selbst bewerten** (zur Unzulässigkeit einer Delegation OVG Münster DVBl 2015, 52). Bei schriftlichen Prüfungen ist innerhalb enger Grenzen die Zuziehung von **Hilfspersonen zur Vorkorrektur** oder zu sonstigen Hilfsdiensten bei der Bewertung von Prüfungsleistungen zulässig (BVerwG NJW 1990, 464). 128c

cc) Persönliche und fachliche Anforderungen an Prüfer. Prüfer müssen nach Vorbildung, Erfahrung und Funktion (vgl BVerwGE 91, 262; 95, 244) für die Beurteilung der Prüfungsleistung **hinreichend qualifiziert** sein.[334] In persönlicher Hinsicht müssen Prüfer **zuverlässig** sein. Sie müssen Gewähr dafür bieten, dass sie die Aufgaben des Prüfungsgeschäfts ordnungsgemäß und den einschlägigen Vorschriften entsprechend erfüllen. In fachlicher Hinsicht müssen sie Gewähr dafür bieten, dass sie den Prüfungsstoff soweit beherrschen, dass ihnen ein sachgerechtes Urteil über die Prüfungsleistungen möglich ist. Insoweit besteht, wenn spezielle Regelungen des Prüfungsrechts fehlen, ein gewisser Spielraum der Prüfungsbehörde im Rahmen ihres Organisationsermessens, der aber überschritten wird, wenn die Gesamtumstände darauf schließen lassen, dass die persönliche und fachliche Eignung des Prüfers fehlt. 129

dd) Befangenheit. Für befangene Prüfer gelten gem § 2 Abs 3 Nr 2 zunächst einmal die Regelungen der §§ 20, 21 über ausgeschlossene Personen und Besorgnis der Befangenheit; bei Prüfungskommissionen gilt § 20 Abs 4.[335] Keine unmittelbare Anwendung findet die Regelung des § 71 Abs 3 über die Ablehnung eines Ausschussmitglieds wegen der Besorgnis der Befangenheit. In Prüfungen, in denen die Leistungen nicht anonym erbracht und bewertet werden, wird man dem Kandidaten aber auch ohne spezialgesetzliche Regelung das **Recht zur Ablehnung eines befangenen Prüfers** zuzugestehen haben (vgl Kopp BayVBl 1994, 109). Insoweit kommt deshalb eine entsprechende Heranziehung des § 71 Abs 3 in Betracht, wenn spezielle Regelungen in der Prüfungsordnung fehlen. Soweit die Gründe hierfür bereits vor der Prüfung bekannt sind, wird man verlangen müssen, dass der Prüfling ihm bekannte Ablehnungsgründe bereits vor Beginn der Prüfung geltend macht (Brehm/Zimmerling NVwZ 1997, 453 mwN). 129a

d) Ablauf des Prüfungsverfahrens. Als besondere Verfahrensgrundsätze für Prüfungen anzusehen sind zB die vor allem aus dem Prinzip der Chancengleichheit abzuleitenden Grundsätze über die Gestaltung der Prüfung sowie das Vorgehen in Fällen fehlender oder eingeschränkter Prüfungsfähigkeit eines Kandidaten und bei äußeren Störungen der Prüfung,[336] zB bei durch Lärm verursachten Prüfungsbe- 130

---

334 Vgl VGH Mannheim NZwZ 2001, 937; auch BVerwGE 95, 244: keine uneingeschränkte Mitwirkung fachfremder Fakultätsmitglieder bei der Beurteilung einer Habilitation; Niehues/Fischer, Schul- und Prüfungsrecht, Bd 2, Rn 302, 304.

335 Vgl BVerwG NVwZ 1985, 576; OVG Münster DÖV 1981, 587; Kopp BayVBl 1994, 109; Niehues/Fischer, Schul- und Prüfungsrecht, Bd 2, Rn 330.

336 Vgl BVerwG NJW 1985, 447; DVBl 1991, 56; Buchh 421.0 Prüfungsrecht Nr 17 und 19; Buchh 421.0 Prüfungswesen Nr 85: Prüfungsbehinderung wegen einer plötzlich eintre-

hinderungen, und über die nach besonderen Rechtsvorschriften bzw aufgrund der allgemeinen verfahrensrechtlichen Mitwirkungspflicht bestehende Verpflichtung zur grundsätzlich unverzüglichen Geltendmachung von Prüfungsmängeln. Zu den Prüfungen muss grundsätzlich **rechtzeitig geladen werden,** so dass die Kandidaten sich darauf einstellen können, also unter zutreffender Angabe des Prüfungsortes und des Prüfungsraums (OVG Münster NWVBl 1996, 132) sowie unter Beachtung angemessener Ladungszeiten.[337] Allerdings geht die Rspr davon aus, dass der Fehler der nicht rechtzeitigen Ladung sofort gerügt werden muss, wenn er später gegen das Prüfungsergebnis eingewandt werden soll.[338] Grundsätzlich müssen den Kandidaten mit der Ladung zur Prüfung auch die Namen und ggf Funktionen usw der einzelnen Prüfer mitgeteilt werden. Hierauf hat der Prüfling jedenfalls dann einen Anspruch, wenn dies auch sonst der Praxis entspricht.

131 **aa) Krankheiten, Behinderungen.** Der Grundsatz der Chancengleichheit gebietet es, auf persönliche leistungsrelevante Handicaps bei der Ausgestaltung des Prüfungsverfahrens **in angemessener Weise Rücksicht** zu nehmen, zB durch Zulassung eines Prüfungsrücktritts, Gewährung einer Prüfungszeitverlängerung, Bestellung von Schreibhilfen.[339] Maßgeblich ist insoweit, ob dem Prüfling zugemutet werden kann, auf die jeweilige individuelle Befindlichkeit selbst auf geeignete, angemessene Weise zu reagieren, oder die Chancengleichheit nur durch entsprechende Sonderregelungen im Prüfungsverfahren gewahrt werden kann. Das gilt zB für Behinderung durch Sehstörungen, beschränkte Fähigkeit zu langem Sitzen oder zu längerem Schreiben (vgl VGH Mannheim NVwZ 1994, 598 zu Beeinträchtigungen infolge eines Wirbelbruchs). Der bei Einschränkungen der Prüfungsfähigkeit eines Kandidaten gewährte Ausgleich muss zur Herstellung oder Erhaltung der Chancengleichheit geeignet und – im Hinblick auf die Art und das Ausmaß des auszugleichenden Nachteils usw der gewährten Zeit oder des sonstigen Ausgleichs für die bestehenden körperlichen usw Behinderungen oder Prüfungsstörungen – angemessen sein.[340] Eine Änderung des Bewertungsmaßstabs im Hinblick auf das Vorliegen einer Behinderung (behindertengerechter Bewertungsmaßstab, **Notenschutz**) ist zwar grundsätzlich zulässig, wird aber durch den Grundsatz der Chancengleichheit nicht geboten. Wird ein solcher Notenschutz gewährt, ist es nach der Rspr grundsätzlich zulässig, dies auf dem Zeugnis zu vermerken,[341] weil anders eine Vergleichbarkeit der Zeugnisse nicht sinnvoll gewährleistet werden kann.

132 **bb) Störungsfreier Ablauf.** Die Prüfungsbehörde bzw die Prüfer müssen für den störungsfreien äußeren Ablauf der Prüfung sorgen und Störungen, zB durch Baulärm (BVerwG JZ 1994, 460) oder mangelhafte Beheizung (BVerwG NJW 1996, 2439) abstellen. Soweit dies nicht möglich ist, müssen sie den betroffenen Prüfungskandidaten einen angemessenen Ausgleich, zB durch Prüfungszeitverlängerung oder auf andere geeignete Weise, gewähren.[342] Störungen müs-

---

tenden Sehstörung; VGH Mannheim GewArch 1979, 198 zur Prüfungsunfähigkeit wegen hohen Fiebers.

337 OVG Münster NVwZ-RR 1996, 207; **aA** noch OVG Münster DVBl 1992, 1052.

338 S hierzu Brehm/Zimmerling NVwZ 1997, 451 mwN.

339 BVerfGE 84, 34, 59; BVerwGE 85, 327; BVerwG NJW 1991, 442; OVG Weimar LKV 2010, 427 (Dyskalkulie); OVG Schleswig SchlHAnz 1994, 79; VG Saalouis, Urt v 5.3.2009 – 1 K 643/08, juris (Bewegungseinschränkungen der linken Hand führt nicht zur Schreibzeitverlängerung); NdsFG EFG 2008, 1156 (Schreibzeitverlängerung wegen fehlender Sachverhalte); Niehues/Fischer, Schul- und Prüfungsrecht, Bd 2, Rn 405.

340 Vgl BVerfG NJW 1993, 917; BVerwG JZ 1994, 460 m krit Anm Püttner; NJW 1991, 442; VGH Mannheim DVBl 1990, 546; zur Berechnung der Ausgleichszeit vgl OVG Münster DVBl 1992, 1054.

341 BVerwG NVwZ 2016, 541, 543 für den Fall eines Legasthenikers im Abitur.

342 Vgl BVerfG BayVBl 1993, 495; BVerwGE 94, 64; 85; 323; 69, 48; OVG Münster NJW 1982, 1344; Niehues/Fischer, Schul- und Prüfungsrecht, Bd 2, Rn 467.

sen, wenn sie nicht offensichtlich sind, unverzüglich gerügt werden (BVerwGE 96, 126; BVerwG NJW 1996, 2439).

cc) Verhalten der Prüfer. Es stellt einen Beurteilungsfehler dar, wenn der Prüfer während einer mündlichen Prüfung dem Prüfungsgeschehen **nicht seine ungeteilte Aufmerksamkeit** widmet oder sonst sein Urteil auf einer unvollständigen Kenntnis des Sachverhalts beruht (OVG Münster NJW 1987, 972; ähnlich BVerwGE 70, 143). Prüfer müssen im Prüfungsverfahren außerdem die **erforderliche Sachlichkeit** walten lassen (OVG Münster NVwZ 1993, 94), sie müssen insbes gegenüber den Prüflingen die erforderliche Unbefangenheit haben (BVerwGE 107, 363, 366). Zynische oder grob unsachliche Bemerkungen während einer mündlichen Prüfung oder in den Randbemerkungen an einer Prüfungsarbeit begründen die Fehlerhaftigkeit einer Bewertung unter dem Aspekt des Verstoßes gegen das Gebot der **Fairness im Prüfungsverfahren.**[343] 133

dd) Protokollierung. Für die Begründung[344] einer mündlichen Prüfungsleistung ist zudem eine Protokollierung der mündlichen Prüfung unerlässlich (BVerwG NJW 1996, 2670). Das Protokoll muss deshalb jedenfalls bei berufsbezogenen Prüfungen so geführt werden, dass eine **Rekonstruktion des Verlaufs der Prüfung** in einem nachfolgenden gerichtlichen Verfahren möglich ist (BVerwG DVBl 1994, 641). Allerdings wird es idR ausreichen, dass die gestellten Fragen aus dem Protokoll entnommen werden können; eine vollständige Protokollierung der Antworten würde die Möglichkeiten idR überspannen.[345] Problematisch ist, unter welchen Voraussetzungen Mängel der Protokollierung zur Fehlerhaftigkeit der Prüfungsentscheidung führen können 134

ee) Rücktritt von der Prüfung. Für die Zulässigkeit eines Rücktritts von der Prüfung oder von einzelnen Prüfungsteilen sowie für die Folgen eines Rücktritts gelten zunächst einmal die Vorschriften der jeweiligen Prüfungsordnung. Insoweit ist lediglich zu prüfen, ob die Prüfungsordnung die rechtsstaatlichen Mindestvoraussetzungen erfüllt. Fehlen Regelungen, so ist ein Rücktritt – anders als sonst idR die Rücknahme von Anträgen – im Zweifel **nur aus wichtigem Grund,** insb wegen Krankheit, zulässig (Haas VBlBW 1985, 161). Falls der Rücktritt nicht geregelt ist, ergibt sich seine Zulässigkeit bei Vorliegen eines wichtigen Grundes aus allgemeinen Grundsätzen. Außerdem gilt für den Rücktritt der **Grundsatz der Unverzüglichkeit.** Es besteht die Obliegenheit des Prüflings, sich über das Vorliegen eines zum Rücktritt berechtigenden Grundes unverzüglich Klarheit zu verschaffen und unverzüglich zurückzutreten, wenn die den wichtigen Grund begründenden Tatsachen für ihn erkennbar werden.[346] Anderenfalls wird das Rücktrittsrecht verwirkt. Grundsätzlich muss eine krankheitsbedingte Prüfungsunfähigkeit vor Beginn der Prüfung geltend gemacht werden (BVerwG DÖV 1993, 484: uU zur Prüfung unter Vorbehalt zuzulassen, wenn die Verweigerung der Prüfung nicht zumutbar), grundsätzlich aber jedenfalls vor Bekanntgabe des Prüfungsergebnisses.[347] 135

4. Die Prüfungsentscheidung. a) Teilnoten, Gesamtnoten. Als Prüfungsentscheidung ist grundsätzlich die das Prüfungsverfahren abschließende Entscheidung anzusehen. In dieser werden die Ergebnisse sämtlicher Prüfungstei- 136

---

343 Niehues/Fischer, Schul- und Prüfungsrecht, Bd 2, Rn 329 mwN.

344 OVG Berlin-Brandenburg NVwZ-RR 2014, 686, keine Fehlerhaftigkeit wegen fehlernder Unterschriften unter dem Protokoll.

345 Ausführlich hierzu Niehues/Fischer, Schul- und Prüfungsrecht, Bd 2, Rn 455.

346 BVerwG DÖV 2003, 726; NVwZ-RR 1994, 442; 1997, 103; DVBl 1994, 640, 1364.

347 BVerwGE 80, 282; 94, 64; BVerwG DÖV 1993, 484; 1995, 116; DVBl 1991, 59; 1994, 64; NVwZ-RR 1994, 443; Buchh 421.0 Prüfungswesen Nr 124: sofort geltend zu machen, außer bei krankheitsbedingter Fehleinschätzung; OVG Münster NWVBl 1989, 376; DVBl 1992, 1053.

le entweder getrennt aufgeführt (zB Abiturnoten) oder zusammengefasst und nach einem bestimmten Algorithmus zu einer Endnote verrechnet. Nach manchen Prüfungsordnungen kommt es aber anstelle einer mathematischen Berechnung der Endnote zu einer bewertenden Gesamtnotenbildung. Es gibt auch Prüfungsordnungen, die sowohl die abschließende Vergabe von Einzelnoten als auch von einer oder mehreren Endnoten vorsehen.

137 **b) Begründungserfordernisse.** Grundsätzlich müssen Prüfungsentscheidungen begründet werden. Soweit es um **schriftliche Arbeiten** geht, hat die Begründung grundsätzlich, dh soweit Prüfungsordnungen nicht zulässigerweise etwas anderes regeln, schriftlich zu erfolgen. Dabei sind die wesentlichen Erwägungen, insbesondere die Vor- und Nachteile, die Stärken und Schwächen der Arbeit darzulegen und die Bewertung als Ergebnis einer Abwägung nach den allgemeinen Bewertungsgrundsätzen (s oben Rn 124 ff) darzustellen (s hierzu näher auch § 39 Rn 16 ff). Inzwischen kann als allgemein anerkannt gelten, dass auch die Bewertung mündlicher Prüfungsleistungen grundsätzlich begründet werden muss.[348] Die Begründung einer **mündlichen Prüfungsleistung** hat idR zunächst ebenfalls mündlich zu erfolgen. Ggfs kann die Begründung in einem prüfungsspezifischen Nachverfahren (s unten Rn 142) noch ergänzt und vervollständigt werden (BVerwG NVwZ 2001, 922; NVwZ-RR 2000, 503).

138 **c) Bekanntgabe. Die abschließende Prüfungsentscheidung** muss nach Maßgabe der jeweils geltenden Prüfungsordnung bekannt gegeben, uU auch sogar zugestellt werden. Die Bekanntgabe ist Voraussetzung für den Eintritt der Wirksamkeit (§ 43) und für die Möglichkeit, Rechtsschutz in Anspruch zu nehmen. Ob auch bereits Teilleistungen bekannt gegeben werden dürfen oder müssen, ist auf der Grundlage der jeweiligen Prüfungsordnung zu entscheiden. Enthalten diese Bestimmungen darüber keine Regelungen, besteht jedenfalls kein Anspruch auf die Bekanntgabe von Teilleistungen, es sei denn, es hat sich eine entsprechende Übung herausgebildet, auf deren Grundlage ein Anspruch auf Gleichbehandlung besteht.

139 **5. Rechtsschutz gegen Prüfungsentscheidungen. a) Allgemeines.** Für den Rechtsschutz gegen Prüfungsentscheidungen gelten grundsätzlich die allgemeinen Vorschriften über Rechtsbehelfe. Soweit es sich bei den Prüfungsentscheidungen um VAe handelt (vgl § 35 Rn 101), sind Widerspruch und Verpflichtungsklage (idR in der Form einer Bescheidungsklage) zulässig; teilweise wird auch eine isolierte Anfechtungsklage für zulässig gehalten.[349] Modifiziert wird der Rechtsschutz durch das vorgeschaltete verwaltungsinterne Kontrollverfahren. Erst nach dessen Durchführung, uU auch im Widerspruchsverfahren, kann regulärer verwaltungsgerichtlicher Rechtsschutz gewährt werden. Dieses Kontrollverfahren verbessert die Möglichkeiten des Prüflings, eine Überprüfung seiner Bewertung zu erreichen, vor allem deshalb, weil damit eine echte Bewertungskontrolle erfolgt und die Entscheidung nicht nur auf Rechtsfehler kontrolliert wird.

140 **b) Verbot der Verschlechterung des Prüfungsergebnisses.** Grundsätzlich gilt für Prüfungen anders als sonst (vgl § 79 Rn 52 ff) im Rechtsschutzverfahren das Verbot der Verschlechterung des Prüfungsergebnisses aus Anlass der Überprüfung (Verbot der reformatio in peius). Die **Neubewertung** einer schriftlichen Prüfungsleistung soll nach der neuesten Rspr sogar zu einer **Verschlechterung des Prüfungsergebnisses** führen können. Das Verbot der prüfungsrechtlichen reformatio in peius gilt danach nur eingeschränkt, nämlich nur insoweit, als es um die Bewertungsmaßstäbe geht. Neu entdeckte Fehler oder Mängel können

---

[348] BVerwG NJW 1996, 2670; hierzu näher Hösch JuS 1997, 602; ferner Brehm/Zimmerling NVwZ 1997, 453.

[349] BVerwGE 88, 114; BVerwG BayVBl 1994, 443 für Sonderfälle; s auch Kopp/Schenke § 42 Rn 30.

dagegen bei einer Neubewertung zu einer Abwertung und damit zu einer Verschlechterung führen.[350]

c) Das verwaltungsinterne Kontrollverfahren. Zur effektiven Geltendmachung von Einwendungen gegen nach § 114 VwGO von den Gerichten nicht weiter überprüfbare Beurteilungen ist es erforderlich, dass die Prüfer mit den Einwendungen des Betroffenen gegen das Ergebnis konfrontiert werden und Gelegenheit haben, ihre Bewertungsentscheidung zu überprüfen. Diese Überprüfung findet in einem verwaltungsinternen Kontrollverfahren statt.[351] Das Kontrollverfahren kann im Rahmen des Widerspruchsverfahrens oder auch als verselbständigtes Zwischenverfahren durchgeführt werden, wie das etwa nach § 14 JAPO in Bayern der Fall ist. Auch in diesem Fall können etwaige Fehler des Zwischenverfahrens selbst nur im Rahmen des Widerspruchsverfahrens oder nachfolgenden Klageverfahrens gegen die Prüfungsbewertung geltend gemacht werden (BVerwG NVwZ 2013, 83). 141

Ausgelöst wird das Kontrollverfahren durch Einwendungen des Betroffenen gegen die Prüfungsentscheidung.[352] **Keine besondere Substantiierung** kann verlangt werden, wenn und soweit die Prüfungsentscheidung selbst nicht weiter begründet worden ist. In so einem Fall kann der Betroffene ohne weiteres verlangen, dass die Begründung nachträglich gegeben wird.[353] Vorher ist idR eine Substantiierung der Einwendungen nicht möglich. Die Behörde muss zu entsprechenden Gegenvorstellungen Gelegenheit geben.[354] Dazu ist insbesondere die Mitteilung der tragenden Gründe erforderlich (BVerwGE 99, 185). Auch das verwaltungsinterne Kontrollverfahren muss **sachgerecht ausgestaltet** sein und dem Prüfer Gelegenheit geben, seine eigene Prüfungsentscheidung zu überdenken und eine sachgerechte Stellungnahme abzugeben (BVerwG NVwZ-RR 2013, 44). 142

6. Gerichtliche Prüfung auf Beurteilungsfehler. Im Klageverfahren und zumeist auch im vorgeschalteten Widerspruchsverfahren kommt es nicht mehr zu einer inhaltlichen Kontrolle und Korrektur der Prüfungsentscheidung, sondern nur zu einer Rechtskontrolle, dh zur Kontrolle auf Beurteilungsfehler. Diese können darauf beruhen, dass das Prüfungsverfahren fehlerhaft durchgeführt wurde oder auch darauf, dass ein materieller Beurteilungsfehler vorliegt. 143

a) Bedeutung von Verfahrensfehlern. Mängel im Verfahren können zur Rechtswidrigkeit der Prüfungsentscheidung führen. Zum Antwortspielraum des Prüflings s OVG Saarlouis NVwZ 2001, 942; Barton NVwZ 2013, 555, 557. Voraussetzung ist aber, dass sie sich auf das Prüfungsergebnis ausgewirkt haben können.[355] Zum Erfordernis besonderer verfahrensrechtlicher Vorkehrungen und ihrer Einhaltung, wenn die besondere Struktur eines Verwaltungsverfahrens oder die Art der zu treffenden Entscheidungen – wie dies zB bei sog Multiple- 144

[350] BVerwG NJW 2000, 1055; hierzu krit Hufen JuS 2000, 926; anders noch BVerwG 1993, 686; krit Schlette DÖV 2002, 816; ausführlich Niehues/Fischer, Schul- und Prüfungsrecht, Bd 2, Rn 691.

[351] BVerfG 84, 55 und BVerwG NVwZ 2013, 44; BVerwGE 91, 266; 92, 136; OVG Münster, Urt v 18.4.2012, 14 A 2687/09, juris; dazu Barton NVwZ 2013, 555; Müller-Franken VerwArch 2001, 507; Schlette DÖV 2002, 816.

[352] BVerfG 84, 45 = NJW 1991, 2005; BVerwGE 99, 185; 91, 274; 92, 136; BVerwG DVBl 1988, 584; OVG Koblenz NJW 2003, 3073; Muckel NVwZ 1992, 348; Kopp JuS 1990, 945.

[353] VG Berlin, Beschl v 30.7.2004 – 12 A 32.04 (juris); **aA** wohl BFH NVwZ-RR 2000, 295.

[354] Vgl BVerfG 84, 45 = NJW 1991, 2005; BVerwGE 91, 274; 92, 136 – sämtliche Entscheidungen betreffen Prüfungsverfahren; s auch § 79 Rn 15.

[355] BVerwGE 84, 34; 78, 280, 284; BVerwG NVwZ 2013, 44; OVG Münster, Urt v 18.4.2012, 14 A 2687/09, juris; hierzu Barton NVwZ 2013, 555, 559.

Choice-(Antwort-Wahl-) Prüfungen der Fall ist – die Gefahr typischer und absehbarer Fehler mit sich bringt, sowie ggf zum Anspruch der Betroffenen auf Fehlerausgleich, wenn der Sache nach die Möglichkeit eines Ausgleichs besteht, zB durch Unbeachtetlassen der fehlerhaften Prüfungsfragen und der gegebenen Antworten (BVerfG 84, 73).

145 **b) Materielle Beurteilungsfehler.** Da der Nichtgebrauch der Beurteilungsermächtigung bei Prüfungsentscheidungen normalerweise nicht in Rede steht, geht es vor allem um den Fehlgebrauch der Beurteilungsermächtigung und um die Überschreitung des Beurteilungsspielraums. Bei der Frage, ob die Behörde, bzw der eingesetzte Prüfer, von einem zutreffenden Sachverhalt ausgegangen ist, kommt es nicht nur darauf an, ob die richtige Prüfungsarbeit bewertet wurde (oder eine Verwechslung vorliegt), sondern auch darauf, dass die richtige Aufgabenstellung zugrunde gelegt wurde,[356] sowie darauf, dass der Prüfer sich über die zugelassene Bearbeitungszeit, die Hilfsmittel und die sonstigen Prüfungsbedingungen nicht im Unklaren war. Zu den vom Gericht **uneingeschränkt zu überprüfenden** tatsächlichen Voraussetzungen idS gehört bei Prüfungen auch die Frage, in welchem Sinn der Kandidat die Prüfungsfrage oder die Aufgabe verstehen musste oder durfte,[357] außerdem die Frage, ob eine gegebene Antwort oder die Bearbeitung einer Frage richtig oder falsch bzw zumindest **vertretbar** ist[358] oder ob der gewählte **Lösungsaufbau** vertretbar ist (BVerwG DVBl 1993, 56; fehlerhaft ist die schematische Verwendung einer sog **Musterlösung** durch den Prüfer, die wesentliche Aspekte nicht oder nicht zutreffend behandelt oder von der Sache her vertretbare Gesichtspunkte nicht berücksichtigt).

146 **aa) Kontrolle der Richtigkeit.** Zur fachwissenschaftlichen Beurteilung, ob eine Antwort richtig, falsch oder vertretbar ist, muss das Gericht ggf Sachverständige zuziehen.[359] Insoweit besteht kein Bewertungsspielraum; das Gericht hat vielmehr eine vollständige Kontrolle der Prüfungsentscheidung vorzunehmen. Lässt sich die Frage, ob eine Antwort richtig oder falsch ist, nicht eindeutig klären, wird man von der Vertretbarkeit der Antwort und damit davon ausgehen müssen, dass insoweit keine fehlerhafte Leistung vorliegt.

147 **bb) Kontrolle der Bewertung.** Nur auf die Vertretbarkeit hin nachprüfbar sind bei Prüfungsentscheidungen, sofern sie substantiell und nachvollziehbar begründet sind (BVerfGE 88, 60; BVerwGE 91, 262, grundsätzlich **nur die prüfungsspezifischen Wertungen** und Bewertungen der Prüfungsleistung, insb die Einschätzung des Schwierigkeitsgrades und der Angemessenheit der Prüfungsaufgabe bzw des in der Prüfung Verlangten und die Beurteilung, was an Kenntnissen, Fertigkeiten usw von den Kandidaten im Hinblick auf die Art der Ausbildung usw vernünftigerweise erwartet werden kann und ggf muss,[360] die Bewertung der Darstellung, Argumentation usw, die Gewichtung der einzelnen Prüfungsteile allein und im Zusammenhang der gesamten Prüfung (VGH Kassel

---

356 BVerwGE 70, 177 = NVwZ 1985, 187; 73, 378.

357 „Antwortspielraum" des Prüflings, vgl BVerfGE 84, 55; BVerwGE 91, 266; OVG Münster DVBl 1992, 1052; VG Oldenburg NVwZ 1993, 329: mehrdeutige Fragen, die mehrere Lösungen zulassen, dürfen nicht zu Lasten des Prüflings gehen; Kopp BayVBl 1990, 205: es ist fehlerhaft, wenn bei unklarer Aufgabenstellung ein vertretbares Verständnis der Aufgabe nicht oder als falsch bewertet wird; offen insoweit BVerfG 80, 46; vgl auch Niehues NJW 1991, 3001: volle Nachprüfung, ob eine Aufgabe mehrdeutig, unverständlich oder unlösbar ist.

358 BVerfGE 84, 34, 55, 59: angemessener Antwortspielraum; BVerwGE 91, 266; 92, 13.

359 BVerfGE 84, 55; BVerwG NVwZ 1993, 687 – anders jedoch grundsätzlich bei juristischen Prüfungen.

360 Vgl BVerfGE 80, 1, 24 (Multiple Choice); 84, 34, 45 (juristische Staatsprüfung); 84, 59, 72 (Mulitple Choice); s zur Frage des „Bewertungsniveaus" aufgrund des Zwecks der Prüfung und der für die Bewertung maßgeblichen Notenskala Kopp JuS 1995, 468.

DVBl 1995, 85). Dies gilt auch für die Notengebung, soweit sie im Hinblick auf die gezeigten Leistungen jedenfalls plausibel und vertretbar ist (VGH Kassel DVBl 1993, 85).

148 **c) Wiederholung oder Neubewertung.** Bei Verfahrensfehlern muss, soweit ein Ausgleich nicht mehr im Rahmen desselben Prüfungstermins möglich ist, die Prüfung bzw der **betroffene Teil grundsätzlich wiederholt** werden, wenn die Prüfungsleistung anders nicht feststellbar ist; eine bloße Neubewertung kommt hier idR nicht in Betracht.[361] Anders ist dies beim Beurteilungsfehlern im Falle von schriftlichen Prüfungsarbeiten, bei denen die Leistung feststeht und nur eine **Neubewertung** erforderlich ist. **Bei Versäumung eines Teils einer Prüfung,** zB wegen Krankheit, kann der Prüfling, wenn durch Gesetz oder Prüfungsordnung insoweit nichts anderes bestimmt ist, im Hinblick auf den Grundsatz der Chancengleichheit grundsätzlich die vollständige Wiederholung der Prüfung beanspruchen, er muss sich in allen Fällen die bereits abgelegten Prüfungsteile anrechnen zu lassen (BVerwG DVBl 1991, 759: Verlangen nach Wiederholung der ganzen Prüfung innerhalb weiter Grenzen zulässig; Zumutbarkeitsüberlegungen treten demgegenüber grundsätzlich zurück; BVerwG DÖV 1995, 118).

VIII. Planungsermessen

149 **1. Der planerische Gestaltungsspielraum.** Die überkommene Unterscheidung von Spielräumen auf der Tatbestandsebene (Beurteilungsspielraum) und auf der Rechtsfolgenseite (Ermessen) versagt bei der Einordnung des planerischen Gestaltungsspielraums, weil Planungsermächtigung insoweit keine Konditionalstruktur, sondern eine Finalstruktur aufweisen. Zwar ist der planerische Gestaltungsspielraum erst eröffnet, wenn die Voraussetzungen des jeweiligen Fachplanungsgesetzes erfüllt sind, die Planungsentscheidung kann aber nicht als schlichte Rechtsfolgenentscheidung begriffen werden.[362]

150 **2. Die Planungsermächtigung.** Für die Aufstellung von Plänen, insbesondere der räumlichen Fachplanung, für den Erlass von Planfeststellungsbeschlüssen (§§ 72ff) usw räumt der Gesetzgeber der zuständigen Behörde typischerweise ein Planungsermessen bzw einen planerischen Gestaltungsspielraum ein. Dies muss **nicht notwendig ausdrücklich** geschehen. Es entspricht vielmehr allg Ansicht, dass mit der Planung notwendig ein Planungsspielraum verbunden sein muss, weil **Planung ohne planerischen Gestaltungsspielraum ein Widerspruch in sich** wäre.[363] So besteht ein planerischer Gestaltungsspielraum zB immer dann, wenn ein Fachplanungsgesetz den Erlass eines Planfeststellungsbeschlusses vorsieht.[364] Eine **Ausnahme** liegt insoweit nur bei der **Feststellung des Rahmenbetriebsplans** nach § 52 BBerGG vor, bei dem es sich aber an sich nur um eine Genehmigung handelt, die formal als Planfeststellung ausgestaltet worden ist. Auch bei Plänen der Raumordnung besteht eine planerischer Gestaltungsspielraum, und zwar unabhängig von ihrer Rechtsnatur.[365]

---

361 BVerwG B v 5.12.2016, 6 B 17/16, juris; VGH München NJW 1982, 2627; vgl allg auch Schmaltz DVBl 1990, 1120.

362 S hierzu näher Koch VerwArch 1997, 9, 22; Bartlsperger in: Erbguth (Hg), Abwägung im Recht, 1996, 79ff.

363 So die Formulierung seit BVerwGE 34, 301, 304; 48, 56, 59; 56, 110, 116.

364 Hierzu ausführlich Ramsauer NVwZ 2008, 944; **aA** OVG Lüneburg NordÖR 2007, 26; BVerwG NVwZ 2007, 833 jeweils zu § 9a AtomG (Planfeststellung für atomare Endlager). Die Frage dürfte sich durch das Standortauswahlgesetz (StandAG) erledigt haben (s hierzu Wiegand NVwZ 2014, 830).

365 Erbguth/Schoeneberg, Raumordnungs- und Landesplanungsrecht, 2. Aufl 1992, Rn 80, 185.

151 **3. Die Planungsentscheidung.** Eine einheitliche Rechtsnatur von Planungsentscheidungen gibt es nicht. Sie können in der Form eines Gesetzes,[366] einer Rechtsverordnung, Satzung (vgl § 10 BauGB), eines VA oder eines Verwaltungsinternum ergehen. Im Rahmen des VwVfG geht es im Wesentlichen um **Planfeststellungsbeschlüsse** nach §§ 72 ff, die in der Rechtsform von VAen bzw Allgemeinverfügungen erlassen werden. Voraussetzung für ihren Erlass ist, dass eine **Ermächtigung in einem Fachplanungsgesetz** (zB § 17 FStrG; § 20 AEG; § 28 PBefG; § 8 LuftVG; § 35 Abs 2 KrWG) besteht. Diese Ermächtigungen eröffnen der zuständigen Behörde einen planerischen Gestaltungsspielraum, der jede Planungsentscheidung auszeichnet. Das bedeutet indessen nicht, dass sich Planentscheidungen über das geltende Recht hinwegsetzen dürften.[367] Soweit nicht ausnahmsweise (wie zB in § 38 BauGB) etwas anderes geregelt ist, müssen alle strikten gesetzlichen Vorgaben eingehalten werden. Erst in diesem Rahmen eröffnet sich der planerische Gestaltungsspielraum. Anders als bei der Bauleitplanung hat sich die Planfeststellung aber auf die mit dem Antrag vorgelegten Pläne zu beziehen, eigene Gestaltungsmöglichkeiten hat die Planfeststellungsbehörde kaum (vgl § 72 Rn 12).

152 **4. Die Plankontrolle. a) Allgemeines.** Wie bereits dargelegt (vgl Rn 34), weisen Ermessen, Beurteilungsspielraum und planerischer Gestaltungsspielraum (Planungsermessen)[368] im Hinblick auf ihre Orientierung an Ermächtigungszwecken eine einheitliche Struktur auf. Planungsakte sind deshalb grundsätzlich nach denselben Grundsätzen wie Ermessensentscheidungen (s oben Rn 85 ff) und die Auslegung und Anwendung unbestimmter Rechtsbegriffe (s oben Rn 115 ff) zu überprüfen. Die Rspr hat hierfür das planungsrechtliche **Abwägungsgebot** entwickelt. Geboten ist eine gerechte Abwägung aller von der Planung berührten öffentlichen und privaten Belange gegen- und untereinander[369] nach Maßgabe des **Grundsatzes der Konflikt- und Problembewältigung.**[370] Danach ist es Aufgabe der gerichtlichen Planungskontrolle, zunächst festzustellen, ob eine ausreichende Planrechtfertigung besteht, sodann zu untersuchen, ob der rechtliche Rahmen für die Planung eingehalten wurde, und schließlich zu prüfen, ob den Erfordernissen des Abwägungsgebots ausreichend Rechnung getragen wurde.

153 **b) Die Planrechtfertigung.** Ein Gebot der Planrechtfertigung enthalten die Fachplanungsgesetze nicht ausdrücklich. Die Rspr hat dieses im Bereich der Bauleitplanung aus § 1 Abs 3 BauGB folgende Gebot gleichwohl auf die Fachplanung übertragen. Jede Planung muss danach durch die Ziele der Ermächtigung grundsätzlich als solche gerechtfertigt werden.[371] Nicht erforder-

---

366 BVerfGE 95, 1 (Umfahrung Stendal); krit Repkewitz VerwArch 1997, 153.

367 Zur Unterscheidung formeller und materieller Konzentrationswirkung s näher § 74 Rn 18.

368 Die Begrifflichkeiten differieren; s BVerwGE 90, 96, 99; 48, 56, 59; Ziekow, Praxis des Planungsrechts, Rn 646.

369 BVerwGE 34, 309; 38, 63; 41, 77; 45, 314; 48, 63; 52, 343; 56, 123; 57, 301; 58, 156; 59, 256; 61, 301 mwN. Das Abwägungsgebot gilt für jede Planung unabhängig von einer positivrechtlichen Normierung; BVerwGE 62, 349, 353; 64, 270; 67, 78 = NJW 1983, 2459; 69, 270; 72, 18; 75, 232; 77, 174; 81, 132, 147; 82, 249; 87, 342; 90, 96, 100; VGH Mannheim NVwZ-RR 1993, 342 = VBlBW 1992, 428; VGH München BayVBl 1990, 149; Kühling/Herrmann, Fachplanungsrecht, 2000, Rn 174; Ramsauer DÖV 1981, 37; Heinze NVwZ 1986, 87; Knack/Henneke § 74 Rn 98 ff; Koch DVBl 1983, 1125.

370 BVerwGE 48, 56, 68 (B 42); 56, 110, 116 (Flughafen Frankfurt); 57, 297, 300 (B 469); 61, 295, 304 (L 1066); 69, 34; 87, 341; 90, 99; BVerwG UPR 1984, 166; DVBl 1987, 1274; VGH Mannheim NVwZ-RR 1993, 342; Sendler WuV 1985, 211.

371 Vgl BVerwGE 45, 309, 312; 48, 56, 60; 56, 110, 118; 85, 44, 50; OVG Hamburg NordÖR 1998, 33; ausführlich Ramsauer/Bieback NVwZ 2002, 277.

lich ist, dass das Vorhaben zur Verwirklichung der Ziele des Fachplanungsgesetzes zwingend erforderlich ist, ausreichend ist, dass das Vorhaben **„vernünftigerweise geboten"** ist. Ob dies der Fall ist, ist nicht im Rahmen der Abwägung, sondern von den Gerichten in eigener Verantwortung selbst zu entscheiden.

Die Planrechtfertigung muss sich an den **Zielen des jeweiligen Fachplanungsgesetzes** orientieren. Eine neue Verkehrsstrecke ist danach vernünftigerweise nur geboten, wenn mit einem hinreichenden Bedarf zu rechnen ist. Das bedeutet aber nicht, dass bei der Ausgestaltung die Hauptziele eines Fachplanungsgesetzes stets ausschlaggebend sein müssten;[372] vielmehr richtet sich die konkrete Ausgestaltung, insbes die Trassenführung, allein nach dem Abwägungsgebot bzw den Planungsleitsätzen. **Reichweite** und **Funktion der Planrechtfertigung** sind **umstritten,** weil eine endgültige Rechtfertigung der Planung immer erst möglich ist, wenn aufgrund der Abwägungsentscheidung das Vorhaben in seiner konkreten Gestalt feststeht (s hierzu näher § 74 Rn 43). 154

c) Beachtung des rechtlichen Rahmens für die Planung. Jede Planung muss sich an den vorgegebenen rechtlichen Rahmen halten. Grundsätzlich muss auch eine Planungsentscheidung sämtliche Vorschriften beachten, die auch sonst für das Verwaltungshandeln gelten. Die in § 75 Abs 1 geregelte (formelle) **Konzentrationswirkung** macht zwar weitere Zulassungs- oder Genehmigungsentscheidungen entbehrlich, stellt aber nicht von der Beachtung des materiellen Rechts frei (s § 75 Rn 14). Nur soweit Planungen ausdrücklich von der Beachtung strikten Rechts freigestellt worden sind, kann darauf verzichtet werden (vgl zB § 38 BauGB für qualifizierte Fachplanungen). Soweit bestimmte Vorschriften strikt zu beachten sind, spricht man auch von **Planungsleitsätzen** (s hierzu § 74 Rn 60). 155

d) Beachtung des Abwägungsgebots. Alle Planungsentscheidungen unterliegen den Anforderungen des Abwägungsgebots, unabhängig davon, ob dies ausdrücklich gesetzlich normiert ist oder nicht.[373] Das planerische Abwägungsgebot hat in seinem Kern **Verfassungsrang** und kann deshalb insoweit auch nicht substanziell eingeschränkt oder gar abgeschafft werden (vgl näher § 74 Rn 95). Das Abwägungsgebot stellt außerdem die planungsrechtliche Variante der Regelungen in § 40 dar. Die Anforderungen des Abwägungsgebots entsprechen weitgehend den Anforderungen der Ermessensausübung.[374] 156

Das Abwägungsgebot stellt Anforderungen nicht nur an den fertigen Plan, also das **Abwägungsergebnis,** sondern auch an die Planung als Vorgang, den sog **Abwägungsvorgang.** Das Verhältnis von Abwägungsvorgang und Abwägungsergebnis ist nach wie vor nicht restlos geklärt und in der Literatur umstritten (s hierzu näher § 74 Rn 97 f). Für Satzungen nach dem BauGB wird an diese Unterscheidung angeknüpft (§§ 214 ff BauGB). Danach können bestimmte Mängel im **Abwägungsvorgang** für die Wirksamkeit eines Bebauungsplans unerheblich sein.[375] Das Planfeststellungsrecht enthält in § 75 Abs 1a eine Einschränkung der Plankontrolle, wonach Fehler im Abwägungsvorgang nur beachtlich sind, wenn sie sich auf das Abwägungsergebnis ausgewirkt haben (können). Hierzu und zu den Modifizierungen aufgrund der Rspr des EuGH s § 75 Rn 27 ff. Entscheidend ist, dass das gesamte Prüfungsprogramm des Abwägungs- 157

---

[372] So offenbar aber OVG Hamburg NordÖR 1998, 33 m krit Anm Laskowski.

[373] Vgl BVerwGE 64, 270; BVerwG DVBl 1981, 933; ausf Ramsauer NVwZ 2008, 944.

[374] Kühling/Herrmann, Fachplanungsrecht, Rn 329; Steinberg/Berg/Wickel, Fachplanungsrecht, § 3 Rn 86; Ziekow, Praxis des Fachplanungsrechts, Rn 646.

[375] Kritisch zur Regelung ua Erbguth, DVBl 2004, 802; Battis, BauGB § 214 Rn 12 ff (mwN).

gebots zunächst auf den Abwägungsvorgang zu beziehen ist, dass aber dabei auftretende Fehler nur insoweit zur Rechtswidrigkeit der Planung führen, als dieser Fehler seinen Niederschlag in der Planung selbst gefunden hat oder jedenfalls gefunden haben kann (vgl § 75 Rn 24).

158 **5. Elemente des Abwägungsgebots. a) Abwägungsausfall** liegt vor, wenn die Behörde überhaupt **keine Planungsentscheidung** unter Abwägung der nach dem Zweck der Ermächtigung zu berücksichtigenden öffentlichen und privaten Belange trifft bzw getroffen und dabei die gebotenen Abwägungen vorgenommen hat.[376] Dass die Behörde ihrer Entscheidung über das Vorhaben schließlich die Planvorlagen des Antragstellers ganz oder teilweise zugrunde legt und feststellt, begründet allein noch keinen Abwägungsausfall. Vielmehr liegt es im Wesen der Planfeststellung, dass sich die Entscheidung der Planfeststellungsbehörde auf die mit dem Antrag vorgelegten Pläne bezieht. Modifizierungen dieser Pläne sind nur insoweit zulässig, als sie sich durch Nebenbestimmungen sicherstellen lassen.

159 **b) Abwägungsdefizit.** Ein Abwägungsdefizit liegt vor, wenn die Zusammenstellung des Abwägungsmaterials fehlerhaft vorgenommen wurde. Hier ist zu prüfen, ob die Behörde bei ihrer Planungsentscheidung von **zutreffenden und vollständigen Voraussetzungen** bzw Vorgaben ausgeht bzw ausgegangen ist,[377] zB, wegen der unterschiedlichen Auswirkungen der Einstufung auf die betroffenen privaten Belange bei der Planfeststellung für eine Straße von einer zutreffenden Einstufung der Straße als Orts-, Staats- oder Bundesstraße. Die Belange werden idR **im Rahmen der UVP** zusammengetragen (s hierzu § 63 Rn 15 ff). Weiter ist zu prüfen, ob die Behörde alle die für ihre Entscheidung maßgeblichen **wesentlichen Belange bzw Interessen**[378] rechtlich zutreffend und vollständig erkannt und vollständig ermittelt (BVerwGE 90, 47) und festgestellt hat;[379] ob die Behörde bei ihrer Planung bzw Plangenehmigung alle betroffenen Belange, die nach Lage der Dinge zu berücksichtigen sind bzw waren – einschließlich sich bietender planerischer Alternativen,[380] in die von ihr vorzunehmende Abwägung eingestellt und gewürdigt hat[381] und andererseits auch **keine sachfremden Belange,** Interessen oder Gesichtspunkte berücksichtigt hat als solche, die mit dem Zweck der vorliegenden Planung und den damit zu lösenden Problemen unmittelbar nichts zu tun haben. Problematisch ist in diesem Zusammenhang die Frage, wie weit die **Aufklärungspflicht der zuständigen Behörde** geht. Grundsätzlich kann sie sich darauf beschränken, diejenigen Fragen aufzuklären, die sich nach Lage der Dinge bei dem konkreten Vorhaben vernünftigerweise jedem Fachmann stellen; ferner jene, auf die sie im Rahmen des Verwaltungsverfahrens rechtzeitig hingewiesen worden ist, oder die auf andere Weise während des Verfahrens zutage treten. Gesichtspunkte dagegen, von

---

376 BVerwGE 45, 316: Planung fehlerhaft, wenn die Behörde ihre Freiheit zur Berücksichtigung aller einschlägigen Belange vorweg durch Absprachen über die weitere Verfahrensgestaltung rechtswidrig eingeschränkt hat; BVerwGE 75, 230; BVerwG NVwZ 1993, 571: Planung fehlerhaft, wenn zu Unrecht Bindung an Vorstellungen eines anderen Planungsträgers angenommen wird; s auch BVerwG NVwZ 1992, 1203.

377 BVerwG UPR 2001, 144, 146; OVG Lüneburg NVwZ-RR 1993, 345.

378 BVerwG DVBl 1995, 238; 1979, 877; 1982, 302; Ziekow, Praxis des Fachplanungsrechts, Rn 656; Bauer JuS 1990, 11 mwN.

379 VGH München DVBl 1990, 150; Ibler JuS 1990, 8 und 10 mwN; Hoppe/Beckmann DVBl 1987, 1250; Kügel, Der Planfeststellungsbeschluß und seine Anfechtung, 1985, 144.

380 BVerwGE 69, 273; 81, 136 mwN; BVerwG NVwZ 1992, 1203; siehe ferner § 74 Rn 120.

381 BVerwGE 48, 56; 77, 133; 87, 341; BVerwG NVwZ 1992, 1203: alle Belange in die Abwägung einzustellen, die nach Lage der Dinge berührt werden.

denen nach Lage der Dinge nur die Betroffenen selbst Kenntnis haben, muss die Behörde nicht von sich aus näher untersuchen.

c) Abwägungsfehleinschätzung. Es ist zwar schwierig, die Abwägungsfehleinschätzung in der Praxis von der Abwägungsdisproportionalität klar abzugrenzen. Gleichwohl stellt die Abwägungsfehleinschätzung eine eigenständige Kontrollstufe dar. Die Planungsbehörde muss nämlich bei der Zusammenstellung des Abwägungsmaterials nicht nur die Gesichtspunkte als solche erkennen, sondern auch ihr Gewicht als solches, dh unabhängig von einem Vergleich mit anderen Belangen, und ihre Reichweite richtig beurteilen. Ist dies nicht der Fall, so führt dies zur Fehlerhaftigkeit der Planung. Zu prüfen ist hier, ob die Behörde **das Gewicht** und die Bedeutung der einzelnen betroffenen öffentlichen und privaten Belange **verkennt bzw verkannt** hat[382] oder mit sachgerechter Gewichtung in die Abwägung eingestellt hat (BVerwGE 85, 348 = NVwZ 1991, 364). Zu prüfen ist nur, ob einzelnen Belangen eine Bedeutung beigemessen wird, die zu der ihnen tatsächlich zukommenden Gewichtigkeit außer Verhältnis steht.[383] 160

d) Abwägungsdisproportionalität. Im Rahmen des Abwägungsgebots ist weiter zu prüfen, ob die Behörde alle betroffenen öffentlichen und privaten Belange[384] miteinander und gegeneinander unter Beachtung des Grundsatzes der Verhältnismäßigkeit abgewogen hat[385] und den Ausgleich zwischen diesen Belangen nicht in einer Weise vorgenommen hat, die zur objektiven Gewichtigkeit der betroffenen Belange außer Verhältnis steht.[386] In diesem Rahmen ist auch zu prüfen, ob die Behörde bei der Abwägung der Belange zu einem für alle Betroffenen **zumutbaren Ergebnis** gelangt ist. Nicht erforderlich ist, dass die für die (schließlich festgesetzte bzw anerkannte, zB genehmigte) Planung sprechenden Gesichtspunkte eindeutig überwiegen (BVerwGE 75, 253); dies gilt auch im Verhältnis zu sich bietenden anderen **Planungsalternativen.**[387] Die Gewichtung der einzelnen von der Planung betroffenen Belange unterliegt nur einer beschränkten gerichtlichen Kontrolle.[388] Überschritten ist der Planungsspielraum, wenn der Ausgleich zwischen den von der Planung berührten Belangen in einer Weise vorgenommen wurde, der zur objektiven Gewichtigkeit einzelner Belange außer Verhältnis steht.[389] Neben dem Prinzip der Verhältnismäßigkeit ist die Einhaltung des planrechtlichen Gebots der Rücksichtnahme und des Gebots der Konfliktbewältigung zu prüfen. Das Vorhandensein von Planungsalternativen führt nur in engen Grenzen zur Rechtswidrigkeit der Planung. 161

---

[382] Vgl zB BVerwGE 48, 56 = NJW 1975, 1373; VGH München BayVBl 1990, 150.

[383] München BayVBl 1990, 150 unter Bezugnahme auf BVerwGE 75, 251: das Gericht muss prüfen, ob die Behörde die Belange mit dem notwendigen Gewicht in der Abwägung eingestellt hat und ob etwaige Mängel sich auf das Ergebnis ausgewirkt haben können.

[384] BVerwG DVBl 1995, 238, 244; vgl dazu auch VGH Mannheim NJW 1984, 1701: Berücksichtigung der betroffenen privaten Belange auch dann, wenn das Gesetz, aufgrund dessen die Planung erfolgt, dies nicht ausdrücklich umschreibt.

[385] BVerwGE 85, 348 = NVwZ 1991, 364; BVerwG DVBl 1995, 242; 1992, 1233; BVerwG UPR 1993, 235; Knack/Henneke § 74 Rn 130.

[386] Vgl BVerwGE 34, 309; 62, 340; 64, 270; 71, 171; 75, 237, 245; 87, 341; BVerwG NVwZ 1992, 1203; VGH München BayVBl 1981, 18; 1984, 628; VGH Mannheim NJW 1984, 1701; NVwZ-RR 1993, 342 – unter Einhaltung der Grenzen der ihr obliegenden Gewichtung; Theuersbacher NVwZ 1993, 632.

[387] BVerwGE 104, 144; 100, 238, 249; 69, 273; 75, 214, 253; 81, 128, 136; Ziekow, Praxis des Fachplanungsrechts, Rn 697.

[388] Vgl BVerwGE 34, 301; 59, 253; 75, 214, 253; BVerwG UPR 1989, 273: die bewertende Gewichtung der von der Planung betroffenen öffentlichen und privaten Belange ist wesentliches Element der planerischen Gestaltungsfreiheit.

[389] BVerwGE 34, 309; 48, 56; 56, 122; 71, 171; 75, 214, 216, 253 (Flughafen Erdinger Moos I); 81, 128, 137 (Abfallbeseitigung); 87, 332, 341 (Erdinger Moos II); OVG Koblenz NVwZ 1988, 371; VGH Mannheim NVwZ-RR 1993, 342.

162 **aa) Gebot der Rücksichtnahme.** In der Planung ist auf schutzwürdige Belange der von dem Vorhaben Betroffenen soweit als möglich Rücksicht zu nehmen. Insbesondere dürfen den Betroffenen keine unzumutbaren Nachteile entstehen (s hierzu ausführlich § 74 Rn 150 ff). Zu den schutzwürdigen Belangen gehören sämtliche rechtlich geschützten Interessen, die nach Lage der Dinge abwägungserheblich sind.

163 **bb) Gebot der Konfliktbewältigung.** Für alle Planungsentscheidungen gilt das Gebot, dass die jeweilige Planung die durch sie hervorgerufenen Konflikte selbst durch Vorkehrungen bewältigen muss, soweit diese Bewältigung nicht abwägungsfehlerfrei einem nachfolgenden Verfahren überlassen werden darf. Dieses aus dem Recht der Bauleitplanung stammende Gebot[390] wurde jedenfalls im Grundsatz auch in das Fachplanungsrecht und damit in das Planungsfeststellungsverfahren übernommen.[391] Teilweise ist auch vom Grundsatz der Problembewältigung die Rede (BVerwGE 61, 307, 311; 80, 184, 188). Danach ist es **abwägungsfehlerhaft,** wenn für die durch die Planung hervorgerufenen Probleme **keine Lösungen in der Planung selbst** gefunden werden und diese stattdessen in der Hoffnung auf später nachfolgende Verfahren oder Steuerungsmöglichkeiten unbewältigt bleiben. Dies gilt jedenfalls dann, wenn die Möglichkeit einer Bewältigung in der Planung selbst besteht und spätere Steuerungsmöglichkeiten den erforderlichen Schutz für betroffene Belange nicht oder nur eingeschränkt bieten können.

164 **cc) Planungsalternativen.** Das Abwägungsgebot stellt der Planfeststellungsbehörde zwar eine Optimierungsaufgabe. Ob aber tatsächlich die beste Lösung gefunden worden ist, unterliegt nicht der gerichtlichen Kontrolle. Ein Plan ist erst dann fehlerhaft, wenn sich der Behörde eine andere Lösung, zB ein anderer Standort für das geplante Vorhaben, als „offensichtlich" besser geeignet aufdrängen musste (BVerwGE 75, 237); nach der Rspr sollen mögliche **Alternativlösungen** nur dann berücksichtigt werden müssen, wenn sie sich aufdrängen oder **zumindest nahe liegen.**[392] Entsprechendes gilt für einzelne Voraussetzungen von VAen, die auf Planungen aufbauen, zB für die Planfeststellung für eine Straße, soweit dem verkehrsmäßigen Aufschließungsbedarf landesplanerische Vorgaben zugrunde gelegt werden (BVerwG NVwZ 1990, 862 mwN).

165 **6. Folgen von Planungsfehlern.** Fehler eines Planfeststellungsbeschlusses führen nur in engen Grenzen zur Rechtswidrigkeit einer Planungsentscheidung, rechtswidrige Planungsentscheidungen nur in engen Grenzen zur Aufhebung des Planfeststellungsbeschlusses **(Grundsatz der Planerhaltung).**[393] Außerdem können nicht alle rechtswidrigen Planungsentscheidungen von den Betroffenen mit Erfolg angefochten werden. Durch eine Fülle komplizierter Regelungen über die Unbeachtlichkeit von Planungsfehlern und ein differenziertes Reaktionsinstrumentarium ist das Fehlerfolgenrecht bei Planungsentscheidungen recht unübersichtlich geworden.[394]

166 **a) Heilung von Planungsfehlern.** Grundsätzlich kommt auch bei Planentscheidungen eine Heilung von Planungsfehlern in Betracht. Insbesondere gilt

---

[390] Vgl zB OVG Berlin DVBl 1984, 147; BVerwGE 34, 67, 334, 338; 47, 144, 155; 69, 30; Weyreuther BauR 1975, 1, 5.

[391] Vgl Sendler, WiVerw 1985, 211; vgl auch Groh, Konfliktbewältigung im Bauplanungsrecht, 1988, 63.

[392] BVerwGE 104, 144, 151; 100, 238, 249; BVerwG UPR 1989, 273; VGH Mannheim NVwZ-RR 1993, 342.

[393] Zum Grundsatz der Planerhaltung s näher Hoppe DVBl 1996, 12; ders DVBl 1997, 1407; Sendler DVBl 2005, 659; Kment, AöR 130 (2005), 570; Gaentzsch, DVBl 2000, 741.

[394] Vgl näher Hoppe DVl 1996, 12; Ossenbühl DVBl 1995, 904; Bonk NVwZ 1997, 320; Bracher DVBl 1997, 625; Hatje DÖV 1997, 477; Schenke NJW 1997, 81.

dies für solche Fehler, die durch eine **Planergänzung** behoben werden können (s hierzu näher § 75 Rn 31). Allerdings stellt sich bei Planungsverfahren wegen ihres besonderen Entwicklungscharakters, bei dem einzelne Fragen im Rahmen eines längeren Planungsprozesses abgeschichtet werden, die Frage, ob ein Fehler, der in einer frühen Phase aufgetreten ist, nur durch Nachholung bzw Wiederholung des gesamten Planungsprozesses an oder durch eine bloße Nachholung des korrekten Teilaktes geheilt werden kann (s hierzu näher § 75 Rn 31).

b) Unbeachtlichkeit von Fehlern. Unerheblich sind nach der durch das GenBeschlG eingeführten Regelung des § 75 Abs 1a Mängel im Vorgang der Planung bzw Abwägung, die sich **auf das Ergebnis nicht ausgewirkt haben können.**[395] Soweit Mängel nicht die Planung als ganze berühren, dh sich auf die Grundstruktur des gesamten Vorhabens nicht ausgewirkt haben können, ist eine fehlerhafte Planung nur insoweit – in den Teilen – aufzuheben (vgl Kopp/Schenke § 113 Rn 193), nach § 113 Abs 5 S 1 VwGO zu der konkret gebotenen rechtlichen Ergänzung zu verpflichten.[396] Die Verfassungsgerichte berücksichtigen Planungsmängel grundsätzlich nur, wenn die Feststellungen und Überlegungen der Behörde offensichtlich fehlerhaft oder eindeutig widerlegbar oder aber verfassungswidrig sind.[397] 167

c) Berufung auf Planungsfehler. Auch im Falle einer objektiv rechtswidrigen Planung hat eine gegen einen Planfeststellungsbeschluss gerichtete Anfechtungsklage nicht ohne Weiteres Erfolg. Letzterer setzt vielmehr voraus, dass die objektiv rechtswidrige Planung **Rechte des Klägers verletzt.** Gerade bei der Anfechtung von Planfeststellungsbeschlüssen durch betroffene Dritte führt aber nicht jede objektive Rechtsverletzung auch zu einer Verletzung subjektiver öffentlicher Rechte. Vielmehr ist insoweit danach zu differenzieren, ob der Kläger von einer enteignungsrechtlichen Vorwirkung des Planfeststellungsbeschlusses betroffen wird (**qualifizierte Betroffenheit,** vgl § 75 Rn 79) oder nur in einem abwägungserheblichen Belang (**schlichte Betroffenheit,** vgl § 75 Rn 72). Nur der qualifiziert Betroffene kann sämtliche Fehler eines Planfeststellungsbeschlusses rügen, der schlicht Betroffene nur diejenigen Vorschriften, die speziell seinem Schutz dienen.[398] Zur Möglichkeit von anerkannten Naturschutz- und Umweltschutzvereinen, ohne eigene Rechtsverletzung Planfeststellungsbeschlüsse anzugreifen **(altruistische Vereinsklage)** s § 73 Rn 90 ff. 168

d) Aufhebung oder Planergänzung? Wird ein Fehler nicht geheilt und ist er auch nicht unbeachtlich, so stellt sich die Frage, ob er zur Aufhebung des Plans führen kann oder lediglich zu einer Feststellung seiner Rechtswidrigkeit bzw zu einem Anspruch auf Planergänzung. **IdR wird nur ein Anspruch auf Planergänzung** gem § 75 Abs 1a in Betracht kommen. Anderes gilt nur dann, wenn die Ergänzung nicht ohne eine Veränderung der **Grundzüge der Planung** möglich ist (s näher § 75 Rn 66). 169

§ 41 Bekanntgabe des Verwaltungsaktes

(1) **Ein Verwaltungsakt ist demjenigen Beteiligten bekannt zu geben, für den er bestimmt ist oder der von ihm betroffen wird.**[27] **Ist ein Bevollmächtigter bestellt, so kann die Bekanntgabe ihm gegenüber vorgenommen werden.**[34]

---

395 S bereits BVerwGE 75, 251; VGH München BayVBl 1990, 150.
396 BVerwGE 41, 180; 51, 27; 56, 133; s dazu auch Kopp/Schenke § 42 Rn 32.
397 Vgl zB BVerfG DVBl 1990, 419; NWVBl 1991, 313; s dazu Hoppe, in: Redeker-FS 1993, 385.
398 BVerwGE 48, 56, 66; 67, 74; 72, 15; 74, 109; OVG Koblenz ZUR 1995, 146; krit hierzu Ramsauer, DÖV 1981, 37.

(2) **Ein schriftlicher Verwaltungsakt,[40] der im Inland durch die Post übermittelt wird, gilt am dritten Tag[42] nach der Aufgabe zur Post als bekannt gegeben. Ein Verwaltungsakt, der im Inland oder in das Ausland elektronisch übermittelt wird, gilt am dritten Tag nach der Absendung als bekannt gegeben.[38] Dies gilt nicht, wenn der Verwaltungsakt nicht oder zu einem späteren Zeitpunkt zugegangen ist; im Zweifel hat die Behörde den Zugang des Verwaltungsaktes und den Zeitpunkt des Zugangs nachzuweisen.[43]**

(2a) **Mit Einwilligung des Beteiligten kann ein elektronischer Verwaltungsakt dadurch bekannt gegeben werden, dass er vom Beteiligten oder von seinem Bevollmächtigten über öffentlich zugängliche Netze abgerufen wird. Die Behörde hat zu gewährleisten, dass der Abruf nur nach Authentifizierung der berechtigten Person möglich ist und der elektronische Verwaltungsakt von ihr gespeichert werden kann. Der Verwaltungsakt gilt am Tag nach dem Abruf als bekannt gegeben. Wird der Verwaltungsakt nicht innerhalb von zehn Tagen nach Absendung einer Benachrichtigung über die Bereitstellung abgerufen, wird diese beendet. In diesem Fall ist die Bekanntgabe nicht bewirkt; die Möglichkeit einer erneuten Bereitstellung zum Abruf oder der Bekanntgabe auf andere Weise bleibt unberührt.**

(3) **Ein Verwaltungsakt darf öffentlich bekannt gegeben werden, wenn dies durch Rechtsvorschrift zugelassen ist.[44] Eine Allgemeinverfügung darf auch dann öffentlich bekannt gegeben werden, wenn eine Bekanntgabe an die Beteiligten untunlich ist.[46]**

(4) **Die öffentliche Bekanntgabe eines schriftlichen oder elektronischen Verwaltungsaktes wird dadurch bewirkt, dass sein verfügender Teil ortsüblich bekannt gemacht wird.[49] In der ortsüblichen Bekanntmachung ist anzugeben, wo der Verwaltungsakt und seine Begründung eingesehen werden können.[53] Der Verwaltungsakt gilt zwei Wochen nach der ortsüblichen Bekanntmachung als bekannt gegeben.[54] In einer Allgemeinverfügung kann ein hiervon abweichender Tag, jedoch frühestens der auf die Bekanntmachung folgende Tag bestimmt werden.**

(5) **Vorschriften über die Bekanntgabe eines Verwaltungsaktes mittels Zustellung bleiben unberührt.[56]**

Parallelvorschriften: § 37 SGB X; § 122 AO; s a die VwZGe des Bundes und der Länder.

Schrifttum allgemein: *App,* Zur richtigen und vollständigen Adressierung bei der Bekanntgabe von VAen, KKZ 2005, 145; *Blümel,* Öffentliche Bekanntmachung von VA in Massenverfahren, VerwArch 1982, 5; *Drescher,* Der übergangene Bevollmächtigte, NVwZ 1988, 680; *Drescher,* Beweisfragen bei der Behauptung des Nichtzugangs eines mittels einfachen Briefs übersandten VA (§ 41 II VwVfG), NVwZ 1987, 771; *Ehlers,* Rechtsfragen der Existenz, der Wirksamkeit und der Bestandskraft von VAen, FS Erichsen, 2004, 1; *Gundlach/Frenzel/Schirmeister,* Der Insolvenzverwalter als Adressat eines Abgabenbescheides, DStR 2004, 1008; *Gusy,* Die ladungsfähige Anschrift des Obdachlosen – VGH Kassel NJW 1990, 138 –, JuS 1992, 28; *Hebeler,* Wann bestehen Zweifel am Zugang eines schriftlichen, mittels einfachen Brief übersandten VA?, DÖV 2006, 112; *Karst/Otten,* Zur Bekanntgabe von VAen an die GmbH im Konkurs, NVwZ 1994, 979; *Kopp,* Gesetzliche Regelungen zur Bewältigung von Massenverfahren, DVBl 1980, 320; *Niehues,* Die Bekanntgabe dinglicher VAe, DVBl 1982, 377; *Ohler/Kruis,* Die Bekanntgabe inländischer VAe im Ausland, DÖV 2009, 93; *Preißer,* Die Bekanntgabe von VAen gegenüber Ehegatten: Ein Problem des öffentlichen Rechts?, NVwZ 1987, 867; *Schoch,* Die Bekanntgabe des VA, JURA 2010, 23; *Stein,* Bekanntgabeformen von VAen, DVP 2006, 441; *Stuttmann,* Der Miteigentümer im Verwaltungsprozess, NVwZ 2004, 805; *Rail,* Bekanntgabe von VAen nach § 41 Abs 2 VwVfG und nach § 4 Abs 1 VwZG, BayVBl 1986, 389; *Weiler,* Der Zugang von Willenserklärungen, JuS 2005, 788; *Witting,* Einstufung und Umstufung öffentlicher Straßen, DVBl 2010, 408.

Schrifttum zur elektronischen Bekanntgabe: *Boehme-Neßler,* Eletronic Government: Internet und Verwaltung. Visionen, Rechtsprobleme, Perspektiven, NVwZ 2001, 374; *Burgard,* Das Wirksamwerden empfangsbedürftiger Willenserklärungen im Zeitalter moderner Telekommunikation, AcP 1995, 74; *Catrein,* Moderne elektronische Kommunikation und Verwaltungsverfahrensrecht, NWVBl 2001, 50; *Dankert,* HamburgGateway. Das digitale Tor zur Stadt, DuD 2003, 9; *Eifert,* Electronic Government, 2005; *Geis,* Elektronische Kommunikation mit der öffentlichen Verwaltung, K&R 2003, 21; *Heckmann,* E-Government im Verwaltungsalltag, K&R 2003, 425; *Hawalitschek,* Fallstricke aus Sicht der Finanzverwaltung bei der Zustellung von Steuerbescheiden nach dem Verwaltungszustellungsgesetz gemäß § 122 Abs. 5 AO, DStR 2015, 21; *Herwig,* Zugang und Zustellung in elektronischen Medien, MMR 2001, 145; *Püschel,* Hamburg auf dem Weg zur elektronischen Verwaltung, NordÖR 2004, 59; *Rosenbach,* Elektronische Datenverarbeitung und das VwVfG, NWVBl 1997, 326; *Roßnagel,* Das elektronische Verwaltungsverfahren, NJW 2003, 469; *Schmitz,* Änderungen des Verwaltungsverfahrensrechts durch moderne Informationstechniken, FSBVerwG, 2004, 677; *Schmitz/Schlatmann,* Digitale Verwaltung? – Das Dritte Gesetz zur Änderung verwaltungsverfahrensrechtlicher Vorschriften, NVwZ 2002, 1281; *Ultsch,* Zugangsprobleme bei elektronischen Willenserklärungen, NJW 1997, 3007.

Schrifttum zur Bekanntgabe durch Abruf aus Behördenportal: *Ahrendt,* Alter Zöpfe neu geflochten – Das materielle Recht in der Hand von Programmierern, NJW 2017, 537; *Braun Binder,* Vollständig automatisierter Erlass eines VA und Bekanntgabe über Behördenportale, DÖV 2016, 891; *dies,* Elektronische Bekanntgabe vonVAen über Behördenportale, NVwZ 2016, 342; *dies,* Vollautomatisierte Verwaltungsverfahren im allgemeinen Verwaltungsverfahrensrecht? NVwZ 2016, 960; *Bull,* Der „vollständig automatisiert erlassene" Verwaltungsakt – Zur Begriffsbildung und rechtlichen Einhegung von „E-Government", DVBl 2017, 409; *Schmitz/Prell,* Neues zum E-Government, NVwZ 2016, 1273; *Siegel,* Automatisierung des Verwaltungsverfahrens, DVBl 2017, 24; *Zaumseil,* Die Modernisierung des Besteuerungsverfahrens, NJW 2016, 2769.

Schrifttum zur Zustellung: *Allesch,* Zustellungsmängel und Wirksamkeit von VAen, NVwZ 1993, 544; *Bambey,* Massenverfahren und Individualzustellung, DVBl 1984, 374; *Ebnet,* Die Entwicklung des Telefaxrechts seit 1992, JZ 1996, 507; *Fischer,* Die Zustellung im Verfahrensrecht, JuS 1994, 416, 510; *Humberg,* Reform des Verwaltungszustellungsrechts des Bundes, VR 2006, 325; *Kintz,* Zustellung und Frist in der öffentlichrechtlichen Arbeit, JuS 1997, 1115; *Kremer,* Die neuerliche Reform des Verwaltungszustellungsgesetzes des Bundes, NJW 2006, 332; *Langohr,* Ist die Zustellung des Widerspruchsbescheids an den Bevollmächtigten zwingend?, DÖV 1987, 138; *Nies,* Zustellungsreformgesetz – Ein Überblick über das neue Recht, MDR 2002, 69; *Pape/Notthoff,* Prozeßrechtliche Probleme bei der Verwendung von Telefax, NJW 1996, 417; *Petersen,* Zustellung und Bekanntgabe von Beitragsbescheiden an Personenmehrheiten, KStZ 1988, 41; *Redeker,* Der elektronisch übermittelte VA, NVwZ 1986, 545; *Rosenbach,* Das neue Verwaltungszustellungsgesetz (VwZG) des Bundes, DVBl 2005, 816; *Schwachheim,* Zugangsfiktion (§ 10 II AsylG) und behördliche Belehrung: Eine kritische Betrachtung der jüngsten Rspr des BVerfG, NVwZ 1994, 970; *Schwarz,* Kein Zugang bei Annahmeverweigerung des Empfangsboten?, NJW 1994, 891; *Spranger,* Die Auswirkungen von Zustellungsmängeln auf die Wirksamkeit von VAen, BayVBl 2000, 359; *Steiner/Steiner,* Beweisprobleme durch das neue Zustellungsreformgesetz, insbes aus verwaltungsverfahrens- und prozessrechtlicher Sicht, NVwZ 2002, 437; *Tegethoff,* Die Novellierung des Verwaltungszustellungsrechts, NdsVBl 2007, 1; *ders.,* Das neue Verwaltungszustellungsrecht, JA 2007, 131; *Zoller,* Die Mikro-, Foto- und Telekopie im Zivilprozeß, NJW 1993, 429.

Übersicht

I. Allgemeines

1 **1. Inhalt.** Die Vorschrift schreibt in Abs 1 die Bekanntgabe des VA an die Beteiligten (Adressaten und sonstige Betroffene) vor und enthält in Abs 2–5 Regelungen über die Art und Weise sowie den Zeitpunkt der Bekanntgabe. Die Bekanntgabe ist nicht nur Pflicht der Behörde, sondern nach § 43 Abs 1 S 1 auch Voraussetzung für das Wirksamwerden eines VA; sie wird dadurch zu einem zentralen Erfordernis des Verwaltungsverfahrens. Erst mit der Bekanntgabe an zumindest einen Betroffenen wird der VA existent, vorher ist er bloßes Internum (Knack/Henneke 6). Vom Existentwerden des VA ist das Wirksamwerden zu unterscheiden, das jedem Beteiligten gegenüber erst mit der Bekanntgabe an ihn ausgelöst wird (**äußere Wirksamkeit,** vgl § 43 Rn 5). Die Bekanntgabe des VA ist außer für die Wirksamkeit gegen oder zugunsten des betroffenen Bürgers vor allem auch für den Lauf der Widerspruchsfrist (§ 70 VwGO) von Bedeutung (s § 79 Rn 24).

1a **Eine Definition der Bekanntgabe** enthält das VwVfG nicht, sondern setzt sie voraus. Zum Begriff s näher unten Rn 6. Die Abs 2–4 enthalten lediglich eine Reihe unvollständiger **Regelungen über Art und Weise** der Bekanntgabe sowie den Zeitpunkt, zu dem die Bekanntgabe bewirkt ist bzw als bewirkt gilt. Auch das Verhältnis der Bekanntgabe zu dem für Willenserklärungen (zB Anträge) maßgeblichen **Begriff des Zugangs** (vgl § 130 BGB) ist nicht geregelt (s hierzu näher Rn 80 ff). Für die spezialgesetzlich geregelten **Zustellung** (vgl VwZG sowie die entspr Vorschriften der Länder) wird in Abs 5 nur klargestellt, dass die Vorschriften über die Bekanntgabe durch Zustellung unberührt bleiben. Abs 2 wurde durch das 3. VwVfÄndG neu gefasst. Dabei wurde der Zeitpunkt der Bekanntgabe elektronisch übermittelter VAe geregelt (vgl Rn 13).

2 **2. Verfassungsrecht.** Der in Abs 1 aufgestellte Grundsatz, dass VAe an die Beteiligten, für die sie bestimmt sind, sowie an sonstige Betroffene bekanntzugeben sind und **erst mit der Bekanntgabe Wirksamkeit erlangen,**[1] ist eine zwingende Folge des Rechtsstaatsprinzips, des Grundrechtsschutzes und der Rechtsschutzgarantie des Art 19 Abs 4 GG (BVerwG NJW 1984, 189). Die Art und Weise der Bekanntgabe muss den Erfordernissen, die sich aus Art 19 Abs 4 GG ergeben, genügen. Eine geheime Verwaltung, die ihre Entscheidungen den Betroffenen nicht mitteilt, bevor sie mit der Vollziehung beginnt, wäre mit den Grundprinzipien des GG nicht vereinbar. Das schließt allerdings nicht aus, dass in bestimmten sachlich begründeten **Ausnahmefällen die Bekanntgabe nachträglich** erfolgen kann, wenn ein Gesetz dies in zulässiger Weise vorsieht (vgl zB § 5 G10). VAe, die den Betroffenen überhaupt nicht mitgeteilt werden, also nicht einmal im Nachhinein, sind unter der Geltung des GG nicht zulässig; sie wären mit Art 1 Abs 1 GG nicht vereinbar.

2a **3. Europarecht. a) Direkter Vollzug.** Auch im direkten Vollzug von Unionsrecht durch Organe der EU ist die Bekanntgabe bzw die Veröffentlichung von Entscheidungen Voraussetzung für die Wirksamkeit. Das Erfordernis der Bekanntgabe ist in **Art 297 Abs 2 AEUV** für Beschlüsse und solche Richtlinien geregelt, für die nicht nach Art 297 Abs 2 AEUV eine Veröffentlichung im Amtsblatt der EG vorgesehen ist. Auch ergibt sich aus Art 297 Abs 2 AEUV, dass die **Bekanntgabe Voraussetzung für die Wirksamkeit** ist. Besondere Regelungen über die Art und Weise Bekanntgabe enthält das Unionsrecht nicht.

---

[1] Vgl BFH NVwZ 1994, 207; VGH Mannheim NVwZ-RR 1993, 359; OVG Münster NVwZ 1992, 991.

Nach der Rspr des EuGH erfordert Bekanntgabe die Möglichkeit der Kenntnisnahme;[2] eine besondere Unterscheidung zwischen Bekanntgabe und Zugang kennt das Unionsrecht nicht. Insgesamt kommt es für das EU-Recht vor allem auf das Ergebnis der Bekanntgabe, nämlich die Möglichkeit der Kenntnisnahme an, während Formalien nur eine untergeordnete Rolle spielen. Ähnlich wie nach § 8 VwZG sind auch nach EU-Recht Fehler bei der Bekanntgabe unbeachtlich, wenn der Empfänger die Entscheidung tatsächlich erhalten hat; von diesem Zeitpunkt an läuft dann auch die Klagefrist des Art 263 Abs 6 AEUV.[3]

b) Indirekter Vollzug. Für den indirekten Vollzug von Unionsrecht durch die Organe der deutschen Verwaltung gilt die Vorschrift nach dem Grundsatz der Verfahrensautonomie der Mitgliedstaaten unmittelbar, soweit nicht das Unionsrecht abweichende Regelungen enthält oder vorschreibt. Das Sekundärrecht enthält vereinzelt das Erfordernis einer Bekanntgabe (zB Art 6 Abs 2 Zollkodex) mit **besonderen Formerfordernissen.**[4] Problematisch kann die öffentliche Bekanntgabe sein, die allerdings nach Abs 2 nur zulässig ist, wenn dies durch eine besondere Rechtsvorschrift angeordnet ist. Hier sind schon nach nationalem Verfassungsrecht strenge Anforderungen zu stellen. Für die Fiktionsregelungen in Abs 2 und 4 ergeben sich im Hinblick auf das EU-Recht derzeit keine Bedenken. 2b

4. Anwendungsbereich. a) Unmittelbare Anwendbarkeit. Die Vorschrift gilt unmittelbar nur für die Bekanntgabe von VAen, dh von verfahrensabschließenden Sachentscheidungen wie auch von verfahrensrechtlichen VAen (zB der Beiladung gem § 13 Abs 1 Nr 4, Abs 2) im Geltungsbereich des VwVfG. Die Verwaltungsverfahrensgesetze der Länder enthalten im Wesentlichen gleich lautende Regelungen; einzelne Abweichungen bestehen hinsichtlich der Regelungen in Abs 2–5. **Keine Anwendung** findet die Vorschrift **auf fingierte VAe** nach § 42a, die mit Erfüllung des gesetzlichen Tatbestandes als erlassen gelten. Insoweit kommt auch eine analoge Anwendung auf die Bestätigung der Genehmigungsfiktion nicht in Betracht. 2c

b) Analoge Anwendbarkeit. Die Regelungen über die Bekanntgabe gelten entsprechend für **Zusicherungen** nach § 38, soweit diese nicht ohnehin als VAe angesehen werden (s § 38 Rn 8), ebenso für die **schriftliche Bestätigung** eines mündlich oder in anderer Weise erlassenen VA gem § 37 Abs 2 S 2 sowie für die **Anordnung der sofortigen Vollziehbarkeit** gem § 80 Abs 2 Nr 4 VwGO (StBS 14). Zweifelhaft ist, ob die Vorschrift, soweit keine besonderen Rechtsvorschriften bestehen, analog auch auf bloße Verfahrensanordnungen und auf behördliche Willenserklärungen, zB auf die Kündigung eines öffentlichrechtlichen Vertrages anzuwenden ist. Die Frage ist nur für **selbständig anfechtbare Maßnahmen** im Verwaltungsverfahren zu bejahen, im Übrigen aber zu verneinen.[5] Das Rechtsstaatsprinzip fordert die Bekanntgabe unselbständiger Verfahrenshandlungen grundsätzlich nur insoweit, als dies Voraussetzung für die ausreichende Gewährung rechtlichen Gehörs oder des verwaltungsgerichtlichen Rechtsschutzes ist. **Für Willenserklärungen im Verwaltungsverfahren gilt das Zugangserfordernis,** sie müssen entspr § 130 BGB dem Empfänger zugehen; neben den besonderen Voraussetzungen des Zugangs (s Rn 80 ff) müssen die besonderen Voraussetzungen einer Bekanntgabe nicht erfüllt sein.[6] 3

Als **Ausdruck allgemeiner Rechtsgrundsätze** sind **nur die Regelungen in Abs 1** und die entspr Vorschriften des Landesrechts über die Verpflichtung 4

---

[2] EuGHE 1973, 215.
[3] EuGHE 1972, 787 Rn 18 – Geigy; Bockey, Die Entscheidung in der EG, 1998, 111.
[4] Zu Art 6 Abs 2 S 3 Zollkodex vgl BFH NVwZ-RR 2006, 160.
[5] BVerwGE 71, 72; StBS 10.
[6] OVG Berlin-Brandenburg, B v 31.7.2009, OVG 10 S 36/08, juris; StBS 12, **aA** Kluth NVwZ 1990, 612.

zur Bekanntgabe von VAen sinngemäß auch auf VAe anwendbar, für die die Bekanntgabe nicht ausdrücklich vorgeschrieben ist. Dagegen sind die Regelungen über den **Zeitpunkt der Bekanntgabe in Abs 2** und in **Abs 3, 4** über die öffentliche Bekanntgabe wegen ihres speziellen Charakters grundsätzlich auf andere Fälle **nicht analog anwendbar.**[7] Sie enthalten zwar Regelungen, die sich an auch sonst übliche Vorschriften in den Verwaltungszustellungsgesetzen und in anderen Gesetzen anlehnen; die entsprechenden Festlegungen bedürfen aber, da sie Rechte des Bürger berühren, einer ausdrücklichen rechtssatzmäßigen Anordnung. Bei Fehlen ausdrücklicher Regelungen über die Bekanntgabe eines VA sind deshalb allein die allgemeinen Grundsätze über den Zugang von Willenserklärungen entspr § 130 BGB (s Rn 80 ff) maßgeblich.[8]

5 **5. Speziellere Regelungen.** Soweit das Fachrecht für die Bekanntgabe speziellere Regelungen enthält, gehen sie denen des § 41 vor. Keine Anwendung findet die Vorschrift deshalb dann, wenn Rechtsvorschriften die **Zustellung** des VA vorschreiben. Dies ist in Abs 5 ausdrücklich und überflüssigerweise klargestellt. In diesen Fällen richtet sich die Bekanntgabe allein nach den abschließenden Regelungen des maßgeblichen VwZG (s hierzu näher Rn 56 ff). Sonderregelungen bestehen auch für das **förmliche Verfahren** (§ 69) oder das **Planfeststellungsverfahren** (§ 74 Abs 4, 5), ferner für das **Asylverfahren** (§§ 10, 31 AsylG); sowie für **Verkehrszeichen,** die mit der Aufstellung bekanntgemacht werden (Sichtbarkeitsprinzip).[9] S zu den Besonderheiten bei der Bekanntgabe von Verkehrszeichen näher Rn 47. Besondere Regelungen gelten auch für die Bekanntgabe von Ernennungen im Recht des öffentlichen Dienstes, deren Wirksamkeit idR die **Übergabe der Ernennungsurkunde** erfordert (vgl §§ 8 Abs 2 BeamtStG, 10 Abs 2 BBG;). Gleiches gilt für die Einbürgerungsurkunde nach § 16 StAG.

II. Das Institut der Bekanntgabe

6 **1. Begriff der Bekanntgabe.** Das VwVfG gibt selbst keine Definition des Begriffs der Bekanntgabe eines VA, knüpft aber offensichtlich auch an § 37 Abs 2 an, der bestimmt, dass VAe schriftlich, elektronisch, mündlich oder in anderer Weise erlassen werden. Daraus folgt, dass Art und Weise der Bekanntgabe von der Erlassform abhängen (FKS 7). Aus § 41 und anderen Bestimmungen (zB § 69 Abs 2) ergibt sich, dass in Übereinstimmung mit der schon vor Inkrafttreten des VwVfG hM (BVerwGE 22, 14; 29, 329) unter Bekanntgabe allgemein die **Eröffnung des VA gegenüber dem Betroffenen,** dh der Tatsache des Ergehens und des Inhalts des VA, mit Wissen und Willen der Behörde, die den VA erlässt,[10] dh eines für die Behörde handelnden Amtsträgers, nach den dafür maßgeblichen Rechtsvorschriften zu verstehen ist. Da die Behörde die Kenntnisnahme selbst nicht bewirken kann, reicht insoweit wie bei der zivilrechtlichen Willenserklärung die Möglichkeit der Kenntnisnahme aus. Zentrale Voraussetzung ist insoweit bei schriftlichen und elektronischen VAen der **Zugang gem § 130 BGB** (s unten Rn 80).

6a **Der verfügende Teil des VA** muss dem Empfänger zugehen, um eine wirksame Bekanntgabe auszulösen; der Zugang der übrigen Teile, insbesondere der Begründung ist nur dann erforderlich, wenn der verfügende Teil ohne Kenntnis

---

[7] OVG Münster, B v 18.2.2011, 12 A 1915/10, juris; OVG Berlin-Brandenburg, B v 31.7.2009, OVG 10 S 36/08, juris.

[8] VGH München UPR 2001, 38; OVG Bautzen SächsVBl 1999, 162; StBS 12.

[9] Vgl BVerwGE 97, 214, 220; BVerwG DAR 2016, 285 (zu den unterschiedlichen Voraussetzungen für die Nachschaupflicht); NJW 1996, 3027; hierzu näher § 35 Rn 171.

[10] BVerwGE 22, 14; BVerwG DÖV 1991, 27 mwN; Buchh 340 § 9 VwZG Nr 12; BFH BStBl II 1975, 894; NVwZ 1994, 207; BayObLG BayVBl 1986, 186; VGH Mannheim NVwZ-RR 1993, 359; VG Köln NVwZ 1987, 83; UL § 53 Rn 4; Allesch NVwZ 1993, 545; StBS 53 **aA** offenbar BGH NVwZ 1990, 104: nur in Ausnahmefällen mangels Bekanntgabewillens unwirksam.

der Begründung nicht verständlich oder nicht hinreichend bestimmt (§ 37) ist. Im übrigen ist das **Fehlen der Begründung,** der Rechtsmittelbelehrung oder etwaiger Anlagen für das Auslösen der Wirksamkeit (§ 43 Abs 1) **unschädlich** (StBS 66). Allerdings muss bei einem unvollständigen Zugang des VA der verfügende Teil derart übermittelt worden sein, dass der Empfänger gleichwohl von der Vollständigkeit der übermittelten Regelung ausgehen muss. Sind etwa in einem Bescheid mehrere Regelungen zusammengefasst, von denen nur einzelne zugehen, andere aber nicht, dann ist die Bekanntgabe insgesamt gescheitert, weil der Empfänger nur einen Regelungstorso erhalten hat. **Nicht ausreichend** ist auch die **Bekanntgabe eines Entwurfs des VA,** auch dann nicht, wenn der später erlassene VA mit diesem identisch ist (StBS 55). Dies gilt auch für die telefonische Vorabmitteilung des Inhalts eines VA, der schriftlich erlassen werden soll oder muss.

a) Bekanntgabe durch die Behörde. Die Bekanntgabe eines VA muss von der zuständigen Behörde veranlasst werden. Nicht ausreichend ist, dass Dritte, zB die Adressaten, den VA weiteren Personen zur Kenntnis bringen, auch wenn das Original eines schriftlichen VA übergeben wird. **Nicht notwendig** ist demgegenüber, dass die Bekanntgabe durch die **Behörde selbst** vorgenommen wird. Ausreichend ist, wenn sie auf Veranlassung der erlassenden Behörde und mit deren Wissen und Willen durch eine andere Behörde oder auch einen Dritten als Boten erfolgt.[11] In den Fällen des § 71a kann die Bekanntgabe auch durch die einheitliche Stelle vorgenommen werden. Nicht erforderlich ist auch, dass die erlassende Behörde, die die Zustellung veranlasst oder vornimmt, für die Sachentscheidung selbst auch zuständig ist. Problematisch ist demgegenüber die Wirksamkeit der Bekanntgabe, wenn sie ohne Wissen und Willen der erlassenden Behörde erfolgt.[12] Die Bekanntgabe muss grundsätzlich **dem Empfänger selbst** gegenüber erfolgen; wird der VA einem Dritten gegenüber für den Empfänger bekannt gegeben, so reicht dies nur aus, wenn der Dritte **Vertreter, Bevollmächtigter oder Empfangsbote** des einzelnen Adressaten oder Betroffenen ist (s näher Rn 34 ff). 7

b) Bekanntgabewille. aa) Gezielte individuelle Bekanntgabe. Für alle Formen der Bekanntgabe, die sich letztlich stets auf die Art und Weise der Eröffnung des VA gegenüber dem Betroffenen beziehen, gilt, dass ein Bekanntgabewille der Behörde erforderlich ist, der sich auf die Bekanntgabe gerade dem einzelnen Betroffenen gegenüber beziehen muss. Der zunächst, zB bei abschließender Zeichnung einer Aktenverfügung zu einem Bescheid vorhandene **Bekanntgabewille kann wieder aufgehoben werden,** allerdings nur bis zu dem Zeitpunkt, zu dem der Bescheid den Bereich der Behörde verlässt (BFH NVwZ 2001, 599); die spätere Aufgabe des Bekanntgabewillens ist unbeachtlich; insoweit kommt nur ein Widerruf der Willenserklärung analog § 130 Abs 1 S 2 BGB in Betracht, der dem Empfänger aber vorher oder zumindest gleichzeitig zugehen muss. Das lediglich **zufällige Bekanntwerden** der Tatsache, dass ein VA ergangen ist, oder auch des Inhalts des VA, **genügt nicht;**[13] ebenso nicht eine Mitteilung ohne Wissen und Willen der Behörde, die den VA erlässt, von dritter Seite, zB durch einen andern Beteiligten oder eine nicht dafür zuständige oder jedenfalls nicht mit Wissen und Willen der den VA erlassenden Behörde handelnde Behörde,[14] ebenso nicht lediglich „private" 7a

[11] BVerwGE 39, 345; 436, 78; BVerwG, B v 16.11.2010, Buch 402.44 VersG Nr 18; BFH NVwZ 1994, 207; Lorenz 278; StBS 54.

[12] Vgl BVerwG DVBl 1984, 781: die Zustellung durch eine dafür nicht zuständige Behörde hat weder die Unwirksamkeit oder Anfechtbarkeit des VA noch die Unwirksamkeit der Zustellung zur Folge.

[13] BVerwGE 22, 14; BFHE 147, 205 = NVwZ 1987, 632: versehentliche Absendung durch eine dazu nicht befugte Person genügt nicht; BayObLG BayVBl 1986, 186; VGH München NVwZ 1984, 184; 29, 321; FKS 8; MB 2.

[14] BVerwG Buchh 402.240 § 45 AuslG 1990 Nr 11; UL § 53 Rn 4; MB 2; Kopp/Schenke § 57 Rn 4.

Mitteilungen (UL § 53 Rn 4) oder private Kenntniserlangung. Gleiches gilt für die **informatorische Übermittlung** des VA per Telefax vorab (OVG Hamburg NJW 1997, 2616; StBS 86, 99) oder die Übersendung eines **mit „Entwurf" überschriebenen Aktendoppels** (OVG Bautzen, B v 12.1.2012, 2 A 81/11, juris). Zur Unwirksamkeit der Bekanntgabe und damit des Bescheids führt aber auch die rechtzeitige Aufgabe des Bekanntgabewillens nur, wenn sie eindeutig dokumentiert worden ist (BFH NVwZ 1990, 104). Fehlt es tatsächlich an einem Bekanntgabewillen, was von der Behörde zu beweisen wäre, ist eine wirksame Bekanntgabe nicht erfolgt.[15]

7b **bb) Maßgeblicher Behördenvertreter.** Für den Bekanntgabewillen kommt es auf den Willen eines für die Behörde zeichnungsbefugten Organwalters an. Das sind neben dem Leiter der Behörde (bzw dem Leitungsgremium) und seinen Vertretern diejenigen, denen zur Vertretung der Behörde nach außen hin **Vertretungsmacht (Zeichnungsbefugnis)** übertragen worden ist **(Amtswalter).** Ob ein zur Vertretung der Behörde nach außen berechtigter Amtswalter für den konkreten VA zuständig ist, kann nicht entscheidend sein, weil die Zuständigkeitsverteilung innerhalb einer Behörde für den Adressaten idR nicht durchschaubar ist (BVerwGE 26, 31, 36; ebenso StBS 54 iVm § 35 Rn 53). Etwas anders gilt nur, wenn das Gesetz auf bestimmte Qualifizierungen des Organwalters abstellt. Auf das Dienstverhältnis oder die interne Geschäftsverteilung kommt es nicht an. Der Amtsträger muss aber nach seiner Stellung grundsätzlich zu einer Bekanntgabe befugt sein.[16] Die Veranlassung der Bekanntgabe durch eine offensichtlich gänzlich dafür „unzuständige" Person, zB eine Raumpflegerin, die den Bescheid auf dem Schreibtisch findet und in den Postauslauf gibt, wäre unwirksam.

7c **c) Bewirken des Zugangs.** Die Bekanntgabe setzt unabhängig von der jeweiligen Form den Zugang des VA voraus.[17] Eine mündliche oder konkludente **Verfügung unter Anwesenden** wird mit der **sinnlichen Wahrnehmung** durch den Empfänger wirksam (Palandt § 130 Rn 14 mwN). Fehlt dem Empfänger (zB wegen des Konsums von Alkohol oder Drogen) vorübergehend die Geschäfts- und Handlungsfähigkeit, so wird die Bekanntgabe unter Anwesenden in dem Zeitpunkt bewirkt, zu dem er nach Wiedererlangung der Geschäfts- und Handlungsfähigkeit die Möglichkeit der Kenntnisnahme hat (BVerwG NJW 1994, 2633). Bei verkörperten Verfügungen bedeutet Zugang entsprechend § 130 BGB, dass der VA tatsächlich derart in den **Machtbereich des Adressaten** gelangt, dass dieser bei gewöhnlichem Verlauf und unter normalen Umständen die **Möglichkeit der Kenntnisnahme** hat.[18] Es ist weder erforderlich, dass der Adressat das Schriftstück tatsächlich zur Kenntnis genommen hat, noch dass er es besonders in Besitz genommen hat. In diesem Fall kommt es auch auf eine vorübergehend fehlende Handlungsfähigkeit nicht an.

8 **aa) Machtbereich des Empfängers.** In den Machtbereich des Empfängers ist das Schriftstück gelangt, wenn es **ihm selbst oder einem Bevollmächtigten übergeben** worden ist oder wenn es in einer Weise in seinen Bereich gelangt ist, in dem er unter normalen Umständen die **Möglichkeit hat, vom Inhalt Kenntnis zu nehmen.** Zum Machtbereich des Empfängers gehört zunächst der Briefkasten bzw der für die Post bestimmte Türschlitz (BGH NJW 2011, 2440), die Wohnung oder das Geschäftslokal selbst, das Postfach des Empfängers, in den Fällen des § 3a Abs 1 auch das E-Mail-Postfach. Bei einer längeren Abwesenheit zB bei Inhaftierung stellt sich das Problem des Wohnsitzes (OVG Münster NJW 2011, 2683).

---

[15] StBS 53, zur späteren Aufgabe des Bekanntgabewillens StBS 60, wo auf die Möglichkeit nach § 130 Abs 1 S 2 BGB abgestellt wird.

[16] BFHE 132, 319 = NVwZ 1987, 632; StBS 54.

[17] OVG Bautzen UPR 2012, 40 (Regionalplan Südwestsachsen).

[18] StBS 62; Knack/Henneke 24; Maurer § 9 Rn 69; zum Zugang siehe auch Weiler JuS 2005, 788.

bb) Möglichkeit der Kenntnisnahme. Der VA muss auf eine Weise in den Machtbereich des Empfängers gelangt sein, dass die Kenntnisnahme durch den Empfänger möglich und **unter normalen Umständen zu erwarten** ist (BGH NJW-RR 2011, 1185). Da auf die normalen Umstände abzustellen ist, kommt es auch nicht darauf an, ob der Empfänger tatsächlich (zB durch Urlaub, Krankheit usw) gehindert ist, von der Erklärung Kenntnis zu nehmen. Da die Verwaltungssprache nach § 23 die **deutsche Sprache** ist, kann sich eine Person, die des Deutschen nicht mächtig ist, nicht darauf berufen, sie habe deshalb nicht Kenntnis nehmen können. 8a

cc) Zeitpunkt der Kenntnisnahmemöglichkeit. Wird das Schriftstück mit dem VA in den Briefkasten gelegt, ist der Zugang zu dem Zeitpunkt bewirkt, zu dem die **Kenntnisnahme** (Leerung des Briefkastens) nach der Verkehrsanschauung und den allgemeinen Umständen **typischerweise zu erwarten** ist (BVerwG, B v 22.2.1994, 4 B 212/93, juris). Bis 18 Uhr eingeworfene Briefe sollen danach noch am selben Tage zugehen (Palandt § 130 Rn 6). Bei Postfächern ist auf den üblichen Abholtermin abzustellen (OLG Stuttgart NJW-RR 2001, 423). 8b

d) Bekanntgabe im Ausland. Fraglich ist, ob für das Bewirken einer Bekanntgabe im Ausland rechtliche Besonderheiten gelten. Richtigerweise ist dies zu verneinen, da es sich (anders als bei der Zustellung) bei dem Bewirken des Zugangs um einen tatsächlichen Vorgang handelt und nicht um die Ausübung von Hoheitsmacht.[19] Außerdem wird die Bekanntgabe von der Behörde **im Inland veranlasst** und von örtlichen Postunternehmen im Ausland nur tatsächlich ausgeführt. Dies zeigt sich besonders deutlich bei einer Bekanntgabe in elektronischer Form im Ausland,[20] gilt aber auch für die Bekanntgabe von VAen in Schrift- oder Textform. Auch der Gesetzgeber geht von der Möglichkeit einer Bekanntgabe im Ausland durch die Post aus, wie sich aus der **Regelung in § 71b Abs 6** ergibt, wonach in den dort genannten Fällen der VA als einen Monat nach der Aufgabe zur Post als bekannt gegeben gilt. Die Bekanntgabefiktion des Abs 2 gilt bei einer Bekanntgabe im Ausland im übrigen nicht (unten Rn 38). Allerdings kann der **Beweis des ersten Anscheins** für eine Bekanntgabe im Ausland binnen eines Monats Anwendung finden, wenn der Empfänger den VA tatsächlich erhalten hat.[21] Zum Beweis des ersten Anscheins näher § 24 Rn 52. 8c

2. Formen der Bekanntgabe. Bekanntgabe ist ein Oberbegriff und erfasst **sämtliche Formen** zulässiger Eröffnung des VA gegenüber den Betroffenen, also sowohl die **mündliche Mitteilung** als auch die **schriftliche Übersendung** durch ein Postdienstleistungsunternehmen, die **elektronische Übermittlung** (Abs 2) in den Fällen der Zugangseröffnung nach § 3a oder – unter engen Voraussetzungen – auch die **öffentliche Bekanntgabe** (Abs 3). Erfasst wird auch die **Zustellung,** bei der es sich nach Abs 5 um eine besonders formalisierte Art der Bekanntgabe handelt (s unten Rn 56ff). Die Voraussetzungen einer wirksamen Zustellung sind im VwZG und den entspr Landesgesetzen abschließend geregelt (s näher Rn 56ff). § 41 schreibt keine bestimmte Form der Bekanntgabe von VAen vor, anders § 69 Abs 2 und § 74 Abs 1 iVm § 69 Abs 2 für förmliche Verwaltungsverfahren bzw Planfeststellungsverfahren. Auch Abs 2–5 regeln nur einzelne Aspekte der Bekanntgabe von VAen in besonderen Fällen. Ähnliches gilt für die Sonderregelungen über die Bekanntgabe von VAen, vor allem in den sog. Massenverfahren (vgl zB §§ 69 Abs 2 S 2–5; 74 Abs 5). 9

---

[19] Ebenso StBS 218; zT **aA** Ohler/Kruis DÖV 2009, 93, die einwenden, es sei unklar, ob die Bekanntgabe durch den ausländischen Staat nur (stillschweigend) geduldet werde oder ob eine völkerrechtliche Berechtigung dazu anerkannt sei.

[20] Dies räumen auch Ohler/Kruis DÖV 2009, 93, 95, ein.

[21] OVG Hamburg, U v 2.3.2012, 1 Bf 209/08, juris. Erforderlich ist allerdings die Typizität des Geschehensablaufs, vgl BVerwG DÖD 2011, 235; BGH NJW 2010, 1072.

10 **a) Form der Bekanntgabe. aa) Schriftlicher VA.** Nicht besonders geregelt ist die **unmittelbare Übergabe** eines schriftlich abgefassten VA an den Andressaten durch einen Bediensteten der erlassenden Behörde oder eine andere mit der Übergabe beauftragte Person, etwa einem **Boten, Kurier** oder ein **Postunternehmen.** Zulässig ist nach heute hM auch die Bekanntgabe schriftlicher VAe mittels **Telegramm, Telefax** oder **Fernschreiben. Telefax, Funkfax** und **Ferrari-FAX** werden – anders als die Übermittlung eines VA als **pdf-Datei** per Mail nicht als elektronische Bekanntgabe angesehen.[22]

10a **bb) Mündlicher VA. Wenn keine besondere Form der Bekanntgabe vorgeschrieben** oder im Hinblick auf die Natur des VA oder die besonderen Umstände des Falles geboten ist, so kann (zB anstelle der mündlichen) auch eine **telefonische Bekanntgabe** an die Betroffenen bzw deren Bevollmächtigte ausreichen, grundsätzlich jedoch **nicht an sonstige Personen,** die die Mitteilung erst an die Betroffenen weitergeben sollen, auch nicht die Eröffnung des VA auf einen **Anrufbeantworter** (KG NJW 1990, 1804). Etwas anderes kann gelten, wenn die Verwendung des Anrufbeantworters zwischen der Behörde und dem Adressaten vereinbart worden ist (StBS § 37 Rn 78). Zu den Anforderungen an eine **elektronische Übermittlung** s § 37 Rn 2a. Zur Zustellung an **Obdachlose** ohne Wohnung vgl Gusy JuS 1992, 28 und Kopp/Schenke § 82 Rn 4.

10b **cc) Ermessen.** Wenn und soweit durch Rechtsvorschriften nicht eine bestimmte Form der Bekanntgabe vorgeschrieben ist (zB Zustellung, vgl Erichsen/Ehlers § 11 Rn 56) oder sich aus der Art des VA (vgl § 37 Abs 2) nichts anderes ergibt, ist die Entscheidung über die **Form der Bekanntgabe dem Ermessen der Behörde** (§ 10) überlassen.[23] Die Bekanntgabe kann danach, je nach Art des bekanntzugebenden VA, durch Zustellung einer Ausfertigung des VA mit PZU, Aufgabe mit einfachem oder eingeschriebenem Brief, Aushändigung, durch elektronische Übermittlung, durch mündliche Verkündigung, uU sogar durch konkludentes Verhalten erfolgen.

11 Wählt die Behörde eine bestimmte Form der Bekanntgabe, zB die förmliche Zustellung des VA, so muss sie die dafür **gesetzlich vorgeschriebenen Förmlichkeiten beachten,** auch wenn sie berechtigt wäre, den VA statt in der gewählten Form auch auf andere Weise, insbesondere formlos bekanntzugeben.[24] Die Verwendung einer bestimmten Formel bei der Bekanntgabe ist nicht erforderlich. Bekanntgabe ‚zur Kenntnis' ist an sich nicht korrekt, genügt jedoch; anders die **Zustellung lediglich einer Ablichtung** des VA ‚zur Kenntnis'.[25] Die Behörde muss, sofern sie sich nicht besonderer gesetzlich geregelter Formen bedient oder die gesetzlichen Regelungen keine näheren Bestimmungen enthalten, entspr § 130 BGB jedenfalls eine Form wählen, die dem Adressaten oder sonstigen Betroffenen bzw deren Vertreter oder Bevollmächtigten hinreichende und angemessene **Gelegenheit zur Kenntnisnahme** gibt.[26]

11a **b) Bekanntgabe elektronischer VAe.** Die Vorschrift enthält keine Bestimmungen darüber, welche Voraussetzungen für eine wirksame Bekanntgabe eines elektronischen VA erfüllt sein müssen. Abs 2 S 2 enthält eine Bestimmung nur für den Zeitpunkt; Abs 4 betrifft nur den Sonderfall der öffentlichen Bekanntga-

---

[22] Zum Funkfax BVerwG NJW 2006, 1986; zum Computer-FAX GemOGB BGHZ 144, 160; zum Ferrari-FAX BFHE 245 484; zur Übermittlung als pdf-Datei § 37 Rn 19b.

[23] BFH NJW 1990, 3231; Redeker NVwZ 1986, 547; Weides 10 III; Achterberg, Allg VerwR § 21 Rn 173; Behn SozVers 1981, 60; Drescher NVwZ 1988, 683; ebenso zum früheren Recht BSG 21, 54; F 220; Lorenz 276.

[24] VGH Koblenz DVBl 1983, 955; OVG Schleswig DVBl 1993, 890; MB 33; TK 4 zu § 122 AO; UL § 53 Rn 9; Drescher NVwZ 1988, 683; für die AO ausdrücklich § 122 Abs 5 AO.

[25] **AA** BFH II 1975, 894; VG Köln NVwZ 1987, 84.

[26] BFH NJW 1990, 3231 mwN; vgl auch HessStGH NVwZ 1989, 1154; BVerwGE 26, 130 = NJW 1967, 1244; Kluth NVwZ 1990, 612.

be. Auch § 3a enthält keine ausdrücklichen Regelungen über die Bekanntgabe, sondern nur über die Zulässigkeit der elektronischen Kommunikation. Aus Abs 2 S 2 kann man herleiten, dass der elektronische VA übermittelt worden sein muss; Abs 2 S 3 spricht vom Zugang.

aa) Zugangseröffnung. Voraussetzung für die elektronische Bekanntgabe ist erstens, dass der Empfänger iS des § 3a Abs 1 den Zugang für elektronische Dokumente eröffnet hat. Maßgeblich ist insoweit die Verkehrsanschauung, die ständigem Wandel unterliegt. Derzeit wird man von der Eröffnung des Zugangs noch **nicht schon dann** ausgehen dürfen, **wenn der Empfänger über ein E-Mail-Account verfügt und die Adresse bekannt ist.** Etwas anderes gilt, wenn der Empfänger der Behörde die E-Mail-Adresse der Behörde mitgeteilt hat und wenn bereits in der Vergangenheit darüber korrespondiert wurde (s auch § 3a Rn 10f). Liegt eine DE-Mail-Adresse vor, wird man daraus regelmäßig den Schluss ziehen können, der Zugang solle eröffnet werden. 11b

bb) Zugang. Zweitens ist erforderlich, dass die Mail mit dem elektronischen Dokument die Mail-Adresse des Empfängers tatsächlich **in lesbarer Form erreicht.** Wird die Nachricht durch einen **Sicherheitsfilter** (zB einen Virenscanner oder ein Spam-Mail-Schutzprogramm) abgefangen, stellt sich die Frage, ob gleichwohl von einem Zugang ausgegangen werden darf. Richtigerweise wird man darauf abstellen müssen, ob die Befürchtung, es handele sich um eine durch Viren verseuchte Datei oder eine Spam-Mail, nach den hierfür maßgeblichen Anhaltspunkten berechtigt war oder nicht.[27] Aus der Zugangseröffnung wird eine **Obliegenheit zur Benachrichtigung** des Absenders hergeleitet (StBS 108). 11c

cc) Störungen. Problematisch ist, wem Störungen in der Kommunikation zugerechnet werden müssen, wenn etwa die Anlage des Empfängers defekt ist, das Postfach überfüllt ist oder wenn die Software nicht kompatibel ist, weil der Empfänger ein anderes, uU auch veraltetes Programm verwendet, mit dem sich die Nachricht nicht öffnen lässt. Grundsätzlich wird man **nach Risikosphären differenzieren** müssen. So wird sich jemand, der den Zugang eröffnet hat, nicht mit aktueller Software ausstatten müssen; das Risiko, dass das Dokument nicht lesbar ist, trägt dann idR der Absender.[28] Andererseits wird er dafür sorgen müssen, dass Dokumente, die sich vom Umfang her im Rahmen des üblichen halten, auch nicht wegen Überfüllung des Postfachs nicht angenommen werden. Im übrigen lässt Abs 2 S 3 dem Empfänger den Nachweis, dass ein Dokument nicht oder nicht zu dem regelhaft anzunehmenden Zeitpunkt zugegangen ist. Bleiben Zweifel, hat die Behörde den Zugang zu beweisen. 11d

c) Keine Ersatzbekanntgabe. Die Regelungen über die Zustellung (§§ 3 Abs 2, 5 Abs 2 VwZG, s unten Rn 56 ff) sehen im Interesse der Verwaltungsvereinfachung die Möglichkeit einer **Ersatzzustellung** vor, wonach, wenn der Adressat nicht in seiner Wohnung angetroffen wird, das zuzustellende Schriftstück auch durch Übergabe an eine andere in der Wohnung oder im Haus angetroffene Person, durch die beurkundete Einlegung in den Briefkasten oder durch Niederlegung bei der Post wirksam zugestellt wird. Eine **vergleichbare Ersatzbekanntgabe gibt es nicht.** Hierfür besteht auch kein Bedürfnis, da für die Bekanntgabe die normale Übersendung an die Postanschrift ausreicht, sofern das Schriftstück in den Machtbereich des Empfängers gelangt. Die Übersendung eines VA an eine nicht mehr zutreffende Anschrift des Adressaten begründet allerdings auch dann keine wirksame Bekanntgabe, wenn die Anschrift noch im Melderegister geführt wird und möglicherweise ein Melderechtsverstoß gegeben ist (OVG Schleswig NVwZ 2002, 358). 12

---

[27] Ähnlich Bauer/Heckmann 73.

[28] HM, vgl StBS 93; Roßnagel NJW 2003, 469, 473; Schmitz/Schlatmann NVwZ 2002, 1281, 1285; **aA** Bauer/Heckmann 76.

13 **3. Zeitpunkt der Bekanntgabe. a) Schriftlicher VA.** Im Grundsatz ist die Bekanntgabe im **Zeitpunkt des Zugangs** (s Rn 7b) als bewirkt anzusehen. Dieser Zeitpunkt lässt sich häufig nur schwer feststellen. Der Zeitpunkt, in dem ein VA als im Rechtssinn bekannt gegeben anzusehen ist und gem §§ 41 Abs 1, 43 Abs 1 wirksam wird, ist deshalb für die schriftliche und elektronische Bekanntgabe teilweise durch **besondere Rechtsvorschriften** näher bestimmt (vgl Abs 2 und Abs 4 S 3, ferner zB § 4 Abs 1 VwZG und die entspr Bestimmungen der Verwaltungszustellungsgesetze der Länder, für „Massen-VAe" auch zB § 69 Abs 2 S 4). Danach ist vielfach ein vom Zeitpunkt des tatsächlichen Zugangs abweichender Bekanntgabezeitpunkt als maßgeblich anzusehen. Für die mündliche Bekanntgabe enthält die Vorschrift dagegen keine Regelungen. Insoweit gelten die zivilrechtlichen Grundsätze über den Zugang von Willenserklärungen unter Anwesenden.

14 **b) Mündlicher VA.** Die mündliche Bekanntgabe eines VA sowie die meisten Formen von in anderer Weise – etwa durch Handzeichen – erlassenen VAen, sind **nur Anwesenden gegenüber** möglich (vgl KG NJW 1990, 1804; ferner § 37 Rn 20). Der Empfänger muss den Inhalt der Regelung sinnlich wahrnehmen.[29] Die Mitteilung an einen Abwesenden, dass mündlich ein VA erlassen wurde, genügt nicht, ist im Regelfall aber selbst als (erstmaliger) Erlass des VA dem Betroffenen gegenüber anzusehen. Bei einer in einer mV zu Protokoll abgegebenen Erklärung reicht die Übersendung der Sitzungsniederschrift aus. Zulässig ist auch die fernmündliche telefonische) Bekanntgabe. Eine Mitteilung, die auf einem **Anrufbeantworter oder einer Sprachbox** aufgesprochen wurde, stellt keine mündliche Bekanntgabe dar, da diese nur unter Anwesenden möglich ist.[30] Es handelt sich aber um eine Bekanntgabe auf andere Weise, wenn der Empfänger den Anrufbeantworter oder die Sprachbox tatsächlich abhört,[31] was allerdings im Streitfall kaum beweisbar sein dürfte.

15 **4. Wirkung der Bekanntgabe. a) Rechtliche Existenz.** Vor der Bekanntgabe an zumindest einen Betroffenen ist ein VA noch nicht erlassen, dh liegt grundsätzlich überhaupt noch kein VA vor.[32] Teilweise wird demgegenüber angenommen, schon die Entäußerung (zB Aufgabe zur Post) bringe den VA zur Entstehung.[33] Auch die Bindung der Behörde an den VA tritt erst mit der Bekanntgabe an den Adressaten oder zumindest einen durch den VA Betroffenen ein; **bis dahin kann die Behörde einen VA jederzeit noch ändern** oder uU auch auf den Erlass des VA überhaupt verzichten, anschließend nur noch nach Maßgabe der §§ 48 ff. Mit der ersten Bekanntgabe an einen Betroffenen erlangt der VA formale Existenz (teilweise ungenau auch als äußere Wirksamkeit bezeichnet), und kann daher grundsätzlich von allen Personen, die davon in ihren Rechten betroffen werden, mit Rechtsbehelfen angegriffen werden, auch wenn

---

[29] Ob er den sachlichen Gehalt auch versteht, ist demgegenüber entgegen StBS 96 (mwN aus dem Bereich des Zivilrechts) nicht maßgeblich. Nach StBS 96 muss grds der VA als solcher verstanden werden. Allerdings kann eine Ausnahme gelten, wenn die Behörde davon ausgehen durfte, ihre Erklärung wurde richtig verstanden.

[30] Vgl KG NJW 1990, 1803; VGH München BayVBl 2000, 149; ähnlich – auf vorherige Gestattung dieser Übermittlungsform abstellend – StBS 100.

[31] So wohl auch StBS 100; die Auffassung, wonach eine Bekanntgabe durch Aufsprechen auf einen Anrufbeantworter oder eine Sprachbox gar nicht erfolgen kann (s KG NJW 1990, 1803, VGH München BayVBl 2000, 149) wird aufgegeben.

[32] OVG Münster NVwZ 1992, 991; VGH Kassel DVBl 1993, 617; VGH Mannheim NVwZ-RR 1993, 359; NVwZ 1994, 385; OVG Koblenz DVBl 1983, 955; VGH München BayVBl 1981, 242; StBS 3.

[33] Nach BFHE 132, 219 wird in diesem Fall ein VA uU auch vor der Bekanntgabe existent, jedoch noch nicht wirksam; BSGE 15, 180; 21, 54; BFHE 147, 205; BFH NVwZ 1994, 98; UL § 53 Rn 2.

die persönliche Bekanntgabe ihnen gegenüber noch aussteht.[34] Die Rechtsbehelfsfristen laufen allerdings erst mit individueller Bekanntgabe (Dehner BayVBl 1986, 665).

b) Äußere Wirksamkeit. Von der rechtlichen Existenz der VA ist die (äußere) Wirksamkeit gegenüber den einzelnen in ihren Rechten dadurch Betroffenen zu unterscheiden. Diese Wirksamkeit des VA tritt grundsätzlich für den Adressaten des VA und die sonst durch den VA in ihren Rechten oder rechtlichen Interessen betroffenen Personen erst mit der ordnungsgemäßen **individuellen Bekanntgabe** ein. Erst zu diesem Zeitpunkt erlangt der VA dem Einzelnen gegenüber (äußere) Wirksamkeit ohne Rücksicht darauf, ob der VA an andere Betroffene bereits vorher bekannt gegeben wurde oder erst später bekannt gegeben wird. Grundsätzlich werden mit dem Eintreten der äußeren Wirksamkeit einem Betroffenen gegenüber für diesen auch die **Rechtsbehelfsfristen** in Lauf gesetzt (vgl § 58 VwGO), sofern dafür nicht noch weitere Erfordernisse (zB eine ordnungsgemäße Rechtsbehelfsbelehrung) Voraussetzung sind. 16

c) Doppelte Bekanntgabe. Wird ein VA einem Beteiligten nach erfolgter erster Bekanntgabe nochmals bekannt gegeben, etwa weil die Behörde nicht sicher ist, ob die erste Bekanntgabe den Betroffenen erreicht hat, so ist die **zweite Bekanntgabe ohne rechtliche Bedeutung** und setzt deshalb insb auch Rechtsbehelfsfristen nicht erneut in Lauf;[35] anders, wenn die frühere Bekanntgabe nicht wirksam erfolgt war. Entsprechendes gilt, wenn ein VA nacheinander einem Beteiligten oder Betroffenen und seinem Bevollmächtigten oder mehreren Bevollmächtigten eines Beteiligten oder Betroffenen bekannt gegeben wird (Knack/Henneke § 43 Rn 31). Auch in diesem Fall setzt die erste wirksame Bekanntgabe die Rechtsbehelfsfristen in Lauf. Die Bindungswirkungen des VA treten für die Behörde grundsätzlich für jeden einzelnen Betroffenen gesondert ein. 17

5. Begriff des Erlasses. Von der Bekanntgabe eines VA iS von § 41 ist der Erlass eines VA zu unterscheiden. Der Begriff des Erlasses ist unscharf. Er wird in Vorschriften (zB § 9) selten verwendet. Teilweise wird das Existentwerden des VA an den Erlass, nicht an die Bekanntgabe geknüpft (s oben Rn 15). Teilweise wird auch die Auffassung vertreten, mit dem Erlass des VA finde das Verwaltungsverfahren seinen Abschluss (zB UL § 53 Rn 1). Richtigerweise ist davon auszugehen, dass der Erlass des VA **verfahrensrechtlich keine Auswirkungen** hat. Er kann mit der Bekanntgabe zeitlich zusammenfallen, zB bei mündlich oder telefonisch bekannt gegebenen VAen, notwendig ist dies aber nicht. Bei VAen, die durch Übersendung eines Schriftstücks, das den VA enthält, bekannt gegeben werden, ist der Erlass des VA bereits mit der Aufgabe zur Post oder mit dem **Verlassen des Machtbereichs der Behörde** auf andere Weise abgeschlossen (vgl BVerfG 63, 86; UL § 53 Rn 2), wenn die Behörde also ihrerseits alles getan hat, was zur Bewirkung der Bekanntgabe erforderlich ist. Die Bekanntgabe des VA erfolgt erst dann mit Zugang der Sendung beim Adressaten. 18

6. Treuwidriges Verhalten des Empfängers. a) Vereitelung der Bekanntgabe. Die Vorschriften über die Bekanntgabe eines VA als Voraussetzung der Wirksamkeit des VA und über die Zulässigkeit evtl Rechtsbehelfe gegen den VA werden durch die in der Rspr[36] entwickelten **Grundsätze der Verwirkung** des Rechts zur Einlegung von Rechtsbehelfen ergänzt und zT modifiziert. Nach diesen Grundsätzen muss ein Betroffener, der vom Ergehen 19

---

[34] BVerwGE 13, 7; BVerwG NJW 1983, 608; NVwZ 1994, 897; VG Bremen NVwZ 1994, 1236.

[35] BVerwG DVBl 1979, 821; Knack/Henneke 5.

[36] Vgl BVerwGE 44, 214; BVerwG BayVBl 1987, 761; 1998, 693; NJW 1988, 839; NVwZ 1994, 897; OVG Hamburg NVwZ-RR 1993, 110; VGH München BayVBl 1991, 339; Knack/Henneke 29.

eines VA Kenntnis hat oder Kenntnis haben könnte und müsste, sich uU so behandeln lassen, als wäre ihm der VA ordnungsgemäß bekannt gegeben worden, auch wenn rechtlich betrachtet an sich keine ordnungsgemäße Bekanntgabe nach § 41 Abs 1, § 43 Abs 1 stattgefunden hat.[37] Wenn also der Empfänger die **Annahme des Schriftstücks verweigert** oder den **Einwurf des Schriftstücks** in den Briefkasten durch Beseitigung des Namens oder auf andere Weise **vereitelt,** dann muss er sich uU so behandeln lassen, als sei der VA bekannt gegeben worden. Entsprechendes gilt grundsätzlich auch dann, wenn der Adressat Zustellungen usw dadurch verhindert, dass er unter **Verstoß gegen besondere gesetzliche Verpflichtungen**[38] oder verkehrsübliche Gepflogenheiten ein Zugehen verhindert (vgl BGH NJW 1991, 109: unzureichende Empfangsadresse am Briefkasten). Dies setzt aber voraus, dass seitens des Adressaten ein vorwerfbarer Verstoß gegen spezielle gesetzliche Verpflichtungen vorliegt. Die bloße Nichterfüllung der Verpflichtungen des Melderechts reicht hierzu nicht aus. Besondere für die Bekanntgabe relevante Pflichten folgen dagegen zB aus § 51b BImSchG und aus § 10 Abs 4 AsylG.

19a **b) Verweigerung der Kenntnisnahme. Die Bekanntgabe eines VA erfolgt,** soweit gesetzlich nicht ausnahmsweise etwas anderes bestimmt ist (zB bei der Beamtenernennung), grundsätzlich **ohne Rücksicht auf die Bereitschaft des Adressaten zur Kenntnisnahme.** So ist ein Schreiben auch dann als zugegangen anzusehen, wenn der Empfänger einen bei ihm eingegangenen Brief ungeöffnet liegen lässt,[39] oder wenn er einen eingeschriebenen Brief, über den er durch einen Benachrichtigungszettel ordnungsgemäß (vgl VGH Kassel DVBl 1989, 894) informiert wurde, bei der Post nicht abholt, weil er mit einem bestimmten Inhalt rechnet, den er nicht zur Kenntnis nehmen möchte,[40] oder einen Empfangsboten veranlasst, eine Annahme zu verweigern.[41]

20 **7. Nachweis der Bekanntgabe.** Besteht Streit über die Frage, ob ein bestimmter VA bekanntgegeben wurde, so trägt **im Zweifel die Behörde die Beweislast** für die Tatsache der (ordnungsgemäßen) Bekanntgabe.[42] Dies gilt auch für die Fälle des Abs 2, in denen der Zugang fingiert wird (s Rn 40ff), sofern **berechtigte Zweifel** bestehen (Rn 40b). Die Behörde kann den Beweis mit allen nach § 26 zulässigen Beweismitteln führen und bei der Beweiswürdigung auch die Einlassungen des Adressaten und ihre Plausibilität sowie die Glaubwürdigkeit des Adressaten berücksichtigen.[43] Bei der Würdigung der Plau-

---

[37] BVerwGE 44, 214; 78, 89; BVerwG NJW 1988, 532; 1991, 1182; BayVBl 1994, 374; VGH Kassel NJW 1981, 2315; OVG Hamburg GewArch 1992, 300.

[38] Vgl BVerwGE 85, 213, 216 zur Pflicht nach § 24 Abs 6 WPflG, Wohnsitzwechsel zu melden.

[39] UL § 53 Rn 6; MB 2; Skouris VerwArch 1974, 272; StBS 62.

[40] Vgl BVerfGE 25, 158, 166; BayVerfGH VRspr 25, 528; OVG Münster MDR 1977, 1049; BGHZ NJW 1977, 200; BGHZ 67, 277 = NJW 1977, 194; NJW 1982, 2604; LSG NW NJW 1990, 407: Adressat muß sich so behandeln lassen, als wäre der Brief zugegangen; auch keine Wiedereinsetzung; **aA** Hermann DÖV 1970, 845ff; vgl auch BGH NJW 1978, 426: der Beginn einer Notfrist kann durch arglistige Vereitelung der Zustellung, die sie in Gang setzen soll, nicht herbeigeführt werden, denn der an der Zustellung Interessierte hat die Möglichkeit, gleichwohl gem § 186 ZPO ordnungsgemäß zuzustellen; ferner BSG NJW 1967, 598; OLG Celle NJW 1974, 138.

[41] Vgl BAG NJW 1993, 1093; zT **aA** Schwarz NJW 1994, 891.

[42] BVerfG MDR 1977, 202; BFH NVwZ 1990, 704; NJW 1990, 465 = NVwZ 1990, 284; VGH Kassel DVBl 1993, 617: wenn Zugang nicht erweislich ist, ist der VA als nicht wirksam iS von § 43 anzusehen; OVG Münster KStZ 1995, 80; VG Bremen NVwZ 1994, 1236; Klemm NVwZ 1989, 103 mwN.

[43] Vgl zu den an den Bürger ggf zu stellenden Fragen auch zB BFH NVwZ 1990, 704; zur Frage, ob der Empfänger bei behaupteter Divergenz zwischen dem Datum in den Akten und dem Datum des Freistempelaufdrucks uU den Briefumschlag vorlegen muß, auch BFHE 134, 213 = BStBl II 1982, 102.

sibilität spielt eine gewichtige Rolle, wie sehr das behauptete Geschehen von den üblichen Abläufen abweicht.

a) Substantiiertes Bestreiten. Führen die Ermittlungen, die von der Behörde auf der Grundlage von § 24 und § 26 durchzuführen hat, nicht zur Klärung des Sachverhalts (vgl BFH NVwZ 1990, 704), so muss die Behörde grundsätzlich dem Bürger Glauben schenken, wenn der Bürger **glaubhaft konkrete Tatsachen** vorträgt, wonach er den VA nicht oder erst zu einem späteren Zeitpunkt erhalten hat.[44] Während der Adressat nach früherer Rspr sein Vorbringen nach Lage des Einzelfalles derart substantiieren und glaubhaft machen musste, dass zumindest **ernsthafte Zweifel am Zugang** bestehen,[45] geht die heute hM davon aus, dass es **idR ausreicht, wenn der Adressat den Zugang bestreitet,** weil er den Nicht-Zugang kaum ernsthaft darlegen oder nachweisen kann (BVerwG NVwZ 2017, 565, s auch unten Rn 40b). 21

b) Wiederholung der Bekanntgabe. Ist es nicht möglich, die bestehenden Zweifel, ob der VA zugegangen ist, zu beseitigen, so bleibt nur die Möglichkeit, die Bekanntgabe des VA zu wiederholen (BayVerfGH VRspr 25, 529). Auch sonst ist im Zweifel die **nochmalige Bekanntgabe** bzw die Anerkennung des vom Betroffenen angegebenen Zugangszeitpunkts der einfachere und daher nach § 10 S 2 auch vorzuziehende Weg. Etwas anderes gilt, wenn es für Rechte Dritter oder aus anderen Gründen auf den Zeitpunkt der ersten – umstrittenen – Bekanntgabe besonders ankommt. Zu Zweifeln über den Zeitpunkt des Zugangs von zur Post aufgegebenen VAen s auch unten Rn 48 ff, von elektronisch übermittelten VAen (Redeker NVwZ 1986, 548). 22

8. Rechtsfolgen fehlerhafter Bekanntgabe. a) Unwirksamkeit. Die Bekanntgabe eines VA, die in anderer als der vorgeschriebenen Form (zB mündliche Bekanntgabe statt vorgeschriebener Zustellung) vorgenommen wird oder die unter Verletzung wesentlicher Verfahrensvorschriften oder allgemeiner Rechtsgrundsätze erfolgt, ist grundsätzlich unwirksam und hat auch zur Folge, dass die **äußere Wirksamkeit des VA** (s hierzu § 43 Rn 5 f) demjenigen gegenüber, dem bekannt gegeben werden sollte, **nicht eintreten kann.** Der VA ist **dem Betroffenen gegenüber** unwirksam. Fehlt es an einer wirksamen Bekanntgabe überhaupt, dh ist auch anderen Personen gegenüber nicht wirksam bekannt gegeben worden, ist der betroffene VA ein bloßes Verwaltungsinternum, nicht etwa ein nichtiger VA.[46] 23

Fälle unwirksamer Bekanntgabe sind zB die mündliche Eröffnung eines VA gegenüber nicht anwesenden Beteiligten (vgl oben Rn 14); fernmündliche Mitteilung eines VA, für den die Schriftform vorgeschrieben ist (vgl BSG 21, 54; Lorenz 276); fehlende Übereinstimmung der Ausfertigung mit der Urschrift; Zustellung außerhalb des Geltungsbereichs des GG unter Verletzung völkerrechtlicher Grundsätze, die **Bekanntgabe an einen Geschäftsunfähigen** oder be- 24

---

[44] BFH NJW 1976, 2040; VGH Mannheim NJW 1986, 210; VG Bremen NVwZ 1994, 1236: glaubhafter, substantiierter Vortrag, dass er den ihm zugedachten Bescheid nicht bekommen hat, bewirkt Zweifel am Zugang iS des § 41 Abs 2, letzter Halbs; vgl auch BFHE 134, 213 = BStBl II 1982, 102; s näher Hebeler DÖV 2006, 112.

[45] VGH Mannheim NJW 1986, 210; VG Bremen NVwZ 1994, 1236; Klemm NVwZ 1989, 103 mwN. Zur Frage, wann berechtigte Zweifel bestehen, Hebeler DÖV 2006, 112.

[46] BVerwG NVwZ 1987, 330; 1989, 1173; BFH BStBl II 1974, 367; OVG Koblenz NVwZ 1987, 899; StBS 224; offenbar weniger streng BVerwG NVwZ 1992, 565; BGH NJW 1982, 189; VGH Kassel NVwZ 1986, 138: grundsätzlich nur die Folge, daß Rechtsbehelfsfristen nicht zu laufen beginnen; ebenso anscheinend Knack/Henneke 61 f; Allesch NVwZ 1993, 544 unter Bezugnahme auf BVerwG NVwZ 1992, 565; s auch Allesch BayVBl 1991, 653; für den Fall, dass der Adressat jedenfalls den VA nachweislich erhalten hat, auch BVerwG NVwZ 1989, 1173 und BFH 155, 472 = NJW 1989, 2496.

schränkt Geschäftsfähigen (s näher Rn 29) statt an dessen gesetzlichen Vertreter;[47] die Bekanntgabe eines die Erben in ungeteilter Erbengemeinschaft betreffenden VA an die **Erbengemeinschaft statt an jeden einzelnen Miterben; anders** nunmehr die Bekanntgabe einer gegen eine **BGB-Gesellschaft** gerichteten Verfügung, die seit BGHZ 146, 341 nicht mehr gegen alle Gesellschafter gerichtet werden muss (s auch § 37 Rn 9c); die Bekanntgabe nur einer einzigen Ausfertigung an mehrere Adressaten.[48] S aber zu den sog **zusammengefassten Bescheiden** unten Rn 30. Dies gilt auch dann, wenn die Art der Bekanntgabe, deren Erfordernisse nicht erfüllt wurden, nicht gesetzlich vorgeschrieben ist, sondern, zB förmliche Zustellung, nur zulässigerweise angeordnet worden war (VGH München BayVBl 1982, 630).

25 **b) Kein Lauf von Rechtsbehelfsfristen.** Sonstige, weniger schwere Verstöße berühren grundsätzlich die Existenz und Wirksamkeit des VA nicht, soweit gesetzlich nichts anderes vorgeschrieben ist;[49] sie haben jedoch zur Folge, dass Rechtsbehelfsfristen nicht in Lauf gesetzt werden.[50] UU haben die Betroffenen auch Anspruch auf **Wiedereinsetzung** gegen eine dadurch verursachte Fristversäumung, wenn sie ohne ihr Verschulden vom Ergehen des VA keine Kenntnis erlangt haben (§§ 60, 70 Abs 2 VwGO). **Keine Auswirkungen** auf die Wirksamkeit einer Bekanntgabe, auf den Lauf von Fristen usw haben **bloße Ungenauigkeiten, irrtümliche Bezeichnungen** uä, sofern sie nicht zur Folge haben, dass der Adressat auch bei verständiger Auslegung nicht zu erkennen vermag, wen oder was die Zustellung betrifft (BVerwG Buchh 310 § 102 VwGO Nr 6). Ohne Folgen ist auch die **Zustellung durch eine örtlich unzuständige** Behörde (BVerwG DVBl 1984, 781).

26 **c) Heilung bei fehlerhafter Bekanntgabe?** Die Heilung einer fehlgeschlagenen Bekanntgabe kann grundsätzlich nur durch **Nachholung der Bekanntgabe** in ordnungsgemäßer Form erfolgen. Eine rückwirkende Heilung ist nicht möglich (StBS 231). Bei einem Bekanntgabemangel ist die Bekanntgabe gescheitert; die Bekanntgabe ist in einem solchen Fall erst zu dem Zeitpunkt bewirkt, zu dem der Empfangsberechtigte das zuzustellende **Schriftstück nachweislich erhalten** hat.[51] Der Mangel einer Bekanntgabe an eine nicht bevollmächtigte Person wird geheilt, wenn dieser Person nachträglich Vollmacht erteilt wird (BGH NJW 1980, 990). Zur Heilung einer unzulässigen öffentlichen Bekanntgabe eines VA s VGH Mannheim VBlBW 1991, 340. **§ 9 Abs 1 VwZG** bzw die entsprechenden landesrechtlichen Vorschriften sind analog auch auf die mündliche oder telefonische Bekanntgabe anzuwenden. Sie gelten außerdem über den Wortlaut hinaus **auch für sonstige Mängel der Bekanntgabe** eines VA, nicht dagegen bei einer falschen Adressierung,[52] für eine Zustellung ohne die erforderliche Übergabe der Ausfertigung zum Alleinbesitz[53] oder für die Zustellung an einen nicht Verfahrenshandlungsfähigen (VGH München NJW 1984, 333; 926, 2845). **Umstritten** ist, ob

---

[47] OVG Hamburg DVBl 1982, 218; StBS 50, 234: der VA wird rechtlich nicht existent; Heilung nur, wenn er an einen Empfangsberechtigten gelangt.

[48] VGH München BayVBl 1982, 630; **aA** Allesch NVwZ 1993, 544 zur Zustellung nur einer einzigen Ausfertigung an Ehegatten; vgl auch BVerwG NVwZ 1992, 565; VGH Mannheim NVwZ-RR 1992, 396.

[49] Vgl BVerwGE 25, 3; NVwZ 1989, 1173; BGH NJW 1982, 189; BSG NJW 1972, 2103; VGH Kassel NVwZ 1986, 138.

[50] BVerwG NVwZ 1989, 1173; VGH Kassel NVwZ 1986, 179.

[51] BVerwGE 71, 217; BFHE 184, 232 = NVwZ 1998, 998; StBS 232; UL § 35 Rn 10; Ziekow 21.

[52] Vgl VG Gießen NVwZ-RR 1990, 412 zur Adressierung an die geschäftsführende Gesellschafterin einer BGB-Gesellschaft statt an die einzelnen Gesellschafter.

[53] VGH München BayVBl 1982, 631; NVwZ 1987, 900; OVG Koblenz NVwZ 1987, 800; Preißer NVwZ 1987, 810; Allesch NVwZ 1993, 545; **aA** BVerwGE 16, 165; BVerwG NJW 1988, 1612; VGH München NVwZ 1987, 900; VGH Kassel NVwZ 1986, 137, 138.

Heilung anzunehmen ist, wenn ein zwingend dem Bevollmächtigten gegenüber bekannt zu gebender VA dem Beteiligten persönlich bekannt gegeben wird, der den VA an seinen Bevollmächtigten weiterreicht.[54] Diese Frage spielt für das allgemeine Verwaltungsverfahren keine Rolle, weil ein VA nach § 41 Abs 1 S 2 auch dem Vertretenen gegenüber bekannt gegeben werden kann.

III. Bekanntgabe an Beteiligte (Abs 1 S 1)

1. Bekanntgabe an Adressaten und betroffene Beteiligte. Die Bekanntgabe erfolgt nach Abs 1 an die Beteiligten (§ 13), für die der VA bestimmt ist, dh die idS die **Adressaten** des VA sind, oder die von ihm entsprechend seinem Inhalt, dh der mit dem VA von der Behörde verfügten Regelung, „betroffen sind", wenn der VA ihnen gegenüber gem § 43 wirksam wird **(sonstige Betroffene).** Die Beteiligtenstellung als solche ist nicht ausreichend. Dabei ist zu beachten, dass die Bekanntgabe an einen Adressaten oder Betroffenen noch nicht die Wirksamkeit des VA auch schon für die übrigen Beteiligten gem § 43 herbeiführt, sondern es insoweit erst noch der Bekanntgabe gem § 41 auch an diese bedarf.[55] Erst die Bekanntgabe an den einzelnen Beteiligten löst für diesen die Wirksamkeit des VA und ggfs Rechtsbehelfsfristen aus (Knack/Henneke § 43 Rn 31). Das schließt jedoch nicht aus, dass alle Betroffenen den VA anfechten können, sobald der VA jedenfalls *einem* Beteiligten bekanntgegeben wurde und damit existent geworden ist und auch die übrigen Beteiligten oder Betroffenen uU durch Untätigkeiten ihr Recht auf Rechtsbehelfe gegen den VA durch Verwirkung verlieren können (OVG Koblenz NVwZ 85, 666). 27

Grundsätzlich ist eine förmliche Adressierung des VA an den Betroffenen, dem bekannt gegeben werden soll, erforderlich. Deshalb genügt es für die Bekanntgabe nach § 41 Abs 1 nicht, dass betroffene Dritte aus einem formell an eine andere Person adressierten VA, zB an den Ehepartner, ersehen können, dass sie durch den VA ebenfalls in ihren Rechten betroffen werden.[56] Der wirksamen Bekanntgabe steht nicht entgegen, dass der Adressat die Behörde über seine wahre Identität getäuscht hat (BVerwG NVwZ 2014, 1679 für erschlichene Einbürgerung). 28

Zulässig ist es aber, an mehrere Personen gerichtete VAe in einem Bescheid zusammenzufassen **(zusammengefasste Bescheide).** Für diese Fälle ist **umstritten,** ob jedes Mitglied der Personenmehrheit stets eine eigene Ausfertigung erhalten muss, wie dies für den Fall der Zustellung (s unten Rn 56 ff) anzunehmen ist. In jüngerer Zeit wird von der wohl überwiegenden Meinung angenommen, dies sei – an-ders als bei der Zustellung – bei der Bekanntgabe zusammengefasster Bescheide nicht erforderlich.[57] Richtigerweise wird man demgegenüber aus rechtsstaatlichen Gründen im Regelfall eine Bekanntgabe an jeden einzelnen Adressaten verlangen müssen, sofern kein Fall der Bekanntgabebevollmächtigung (Rn 31) vorliegt.[58] Anderenfalls ist es schwerlich zu rechtfertigen, dass der VA diesen Personen gegenüber Wirksamkeit entfalten soll, ohne dass sichergestellt ist, dass sie den VA auch tatsächlich zur Kenntnis nehmen können.

---

[54] Bejahend BVerwG NJW 1988, 1612; BFHE 155, 472; verneinend BSG NVwZ 1990, 1108; VGH München NJW 1984, 2845; VG Potsdam NVwZ 1999, 214; StBS 234.

[55] S § 43 Rn 11; ebenso Knack/Henneke 7, 8; **aA** RÖ § 70 Rn 2b: der Eintritt der Wirkung des VA gegenüber dem Dritten ist unabhängig davon, ob der VA auch diesem bekanntgegeben wird.

[56] Knack/Henneke 7; **aA** BVerwG DÖV 1976, 353; ähnlich OVG Münster 27, 301 zu einem an einen (anderen) Miteigentümer adressierten VA hins der Sache, auf die sich der VA bezieht.

[57] BVerwG NVwZ 1992, 565; VGH München BayVBl 1998, 404; nun auch StBS 77; dem folgend auch FKS 22; siehe auch unten Rn 30a.

[58] Petersen KStZ 1988, 41, 45; Preißler NVwZ 1987, 871.

29 **2. Bekanntgabe bei fehlender Handlungsfähigkeit.** Bei Geschäftsunfähigen und beschränkt Geschäftsfähigen ist grundsätzlich an den gesetzlichen Vertreter bekanntzugeben bzw zuzustellen; eine Zustellung an den Geschäftsunfähigen selbst ist **unwirksam;**[59] der Mangel kann durch Genehmigung seitens des gesetzlichen Vertreters geheilt werden.[60] Die Bekanntgabe kann auch dadurch wirksam werden, dass der Handlungsunfähige im Zeitpunkt der (Wieder-) Erlangung der Handlungsfähigkeit Kenntnis hat oder erhält (BVerwG NJW 1994, 2633). Soweit beschränkt Geschäftsfähige gem § 12 Nr 2 **verfahrenshandlungsfähig** sind, kann auch die Zustellung an sie selbst erfolgen. Zur Frage, ob für sie nach EU-Recht gleichwohl ein Vertreter bestimmt werden muss, s oben Rn 7. Ausreichend ist die Bekanntgabe an einen von mehreren Vertretern (Obermayer/Funke-Kaiser 29). Problematisch ist dies beim Vorgehen gegen **minderjährige Störer** in Fällen unmittelbar bevorstehender Gefahr. Hier wird zT die Bekanntgabe an den Minderjährigen trotz fehlender Handlungsfähigkeit angenommen (VGH München DÖV 1984, 433). Richtigerweise wird in diesen Fällen im Wege der **unmittelbaren Ausführung** bzw des Sofortvollzugs vorzugehen sein (Schenke, Polizeirecht Rn 412). Zur **Beweislast** bei fehlender Handlungsfähigkeit VGH Mannheim NuR 2006, 440.

30 **3. Bekanntgabe an mehrere Beteiligte. a) Grundsatz.** Ist in einem Verwaltungsverfahren nach Abs 1 S 1 eine Bekanntgabe an mehrere Adressaten und/oder Betroffene erforderlich, so muss, sofern diese keinen gemeinsamen Bevollmächtigten oder sich gegenseitig zu Bevollmächtigten bestellt haben, der VA jedem von ihnen gesondert bekannt gegeben werden.[61] Das bedeutet, dass grundsätzlich **jedem von ihnen eine eigene Ausfertigung** ausgehändigt oder übersandt werden muss.[62] In der Praxis kommt es vor, dass mehrere an verschiedene Personen gerichtete VAe in einem Bescheid zusammengefasst werden **(zusammengefasste Bescheide, Sammelbescheide)** und trotz fehlender Bevollmächtigung (s unten Rn 31) nur eine Ausfertigung einem einzelnen Mitglied dieser Personenmehrheit übersandt wird, gegenüber den übrigen Mitgliedern aber eine gesonderte Bekanntmachung unterbleibt. Einer **Erbengemeinschaft** als solcher gegenüber kann nicht bekannt gegegeben werden, weil es ihr an einer (Teil-) Rechtsfähigkeit fehlt (s § 11 Rn 13a). Insoweit muss ein VA stets einzelnen Miterben bekannt gegeben werden.

30a Während bei der **förmlichen Zustellung Einigkeit** darüber besteht, dass auf das Erfordernis einzelner Ausfertigungen nicht verzichtet werden kann,[63] ist es bei der **einfachen Bekanntgabe umstritten,** ob und wann die Übermittlung einer (einzigen) Ausfertigung an einen von mehreren Beteiligten ausreicht. Soweit keine gesetzliche Regelung besteht, die dies zulässt (vgl zB § 10 Abs 3 AsylG, § 155 Abs 7 AO), wird von der hM[64] die Auffassung vertreten, die **Übermittlung einer einzigen Ausfertigung** reiche aus, wenn alle Mitglieder einer Personen-

[59] BVerwGE 23, 15; BVerwG NJW 1992, 2633; BayVBl 1994, 535; OVG Schleswig NVwZ-RR 1994, 485 mwN; OVG Hamburg DÖV 1981, 928; VGH München NJW 1984, 926; 1984, 2845; 1984, 333: auch wenn die Geschäftsunfähigkeit nicht bekannt war; zur Zustellung an einen beschränkt Geschäftsfähigen Engelhard/App VwZG § 7 Rn 6; offen BVerwG NJW 1982, 540.

[60] BVerwG NJW 1994, 2663; VGH Mannheim NuR 2006, 440: bloße Kenntnisnahme eines später bestellten Vertreters reicht nicht.

[61] Proksch BayVBl 1970, 399; Preißer NVwZ 1987, 809; StBS 75; zT **aA** VGH Kassel NVwZ 1980, 138; wohl auch BVerwG NVwZ 1992, 565; Allesch NVwZ 1993, 544.

[62] VGH Mannheim VBlBW 1984, 114; OVG Koblenz NVwZ 1987, 899; StBS 75; FKS 22.

[63] HM, vgl OVG Koblenz NVwZ 1987, 899; VGH München NVwZ 1987, 900; allerdings kommt hier eine Heilung in Betracht, vgl Kopp/Schenke § 56 Rn 8.

[64] BVerwG NVwZ 1992, 656; VGH München BayVBl 1998, 404; VGH Kassel NVwZ 1984, 246; ebenso StBS 75 ff.

mehrheit Gelegenheit hätten, den VA zur Kenntnis zu nehmen. Davon solle jedenfalls ausgegangen werden können, wenn ein Mitbesitz (§ 866 BGB) sicher angenommen werden kann.[65] Es stellt sich die Frage, wie im Nachhinein festgestellt werden soll, ob tatsächlich Gelegenheit zur Kenntnisnahme bestanden hat. Problematisch sind insbesondere die später kaum aufklärbaren Fälle fahrlässiger oder gar vorsätzlicher Unterlassung der Kenntnisverschaffung unter Eheleuten, sonstigen Familienangehörigen oder Miteigentümern. Diese Auffassung überzeugt deshalb nicht.[66] Aus Gründen der Rechtsklarheit und Rechtssicherheit ist deshalb im Grundsatz zu verlangen, dass alle Adressaten eines Sammelbescheides eine eigene Ausfertigung erhalten, sofern kein Fall einer (uU allerdings) **konkludent erteilbaren Empfangsbevollmächtigung** gegeben ist.[67]

b) Bevollmächtigung. Bekanntgabe an einen Bevollmächtigten reicht aus, 31
wenn ein gemeinsamer Bevollmächtigter für alle Adressaten bestellt ist und die Zustellung bzw Bekanntgabe an diesen erfolgt,[68] oder wenn sich alle Adressaten bzw Betroffenen gegenseitig zu Bevollmächtigten bestellt haben;[69] außerdem bei Zustellung an Bevollmächtigte, wenn die Zustellung oder Bekanntgabe jedenfalls an einen von mehreren erfolgt.[70]

Die Bestellung eines gemeinsamen Bevollmächtigten kann **auch konklu-** 32
dent erfolgen oder nach den Grundsätzen der Anscheinsvollmacht gegeben sein.[71] Eine **Anscheinsvollmacht** kommt insbesondere in Betracht, wenn die betreffende Person bereits in der Vergangenheit mit Vollmacht für die Vertretenen aufgetreten ist, oder wenn die Vertretenen das vollmachtlose Handeln der Person in nach außen erkennbarer Weise gebilligt oder geduldet haben. Im Zweifel kann eine konkludente Bevollmächtigung oder eine Anscheinsvollmacht jedoch **nicht** bereits in der Tatsache einer **gemeinsamen Antragstellung** – auch nicht bei Ehegatten (vgl Preißer NVwZ 1987, 870) oder Miteigentümern – gesehen werden (ebenso StBS 77), ebenso nicht allein aufgrund der Tatsache, dass die Adressaten in einer gemeinsamen Wohnung wohnen, einen gemeinsamen Hausstand haben oder in Erbengemeinschaft miteinander verbunden sind.[72] **Nicht ausreichend** ist, sofern eine Bevollmächtigung fehlt, die Bekanntgabe eines an die Miteigentümer eines Grundstücks gerichteten VA an den **Verwalter** des Hauses oder Grundstücks.[73] Demgegenüber wird heute die Bekanntgabe der Löschungsankündigung nach § 13 Abs 3 HwO gegenüber einer ins Handwerksregister eingetragenen BGB-Gesellschaft nur an den nach dem Gesellschaftsvertrag **allein vertretungsberechtigten Gesellschafter** statt an alle Gesellschafter als ausreichend angesehen werden müssen, weil die BGB-Gesellschaft inzwischen eine erhebliche Verselbstständigung erfahren hat (s hierzu näher § 12 Rn 13). Glei-

---

[65] BVerwG NVwZ 1992, 565; VGH München BayVBl 1998, 404; auch StBS 75.

[66] So auch BFH NVwZ 1986, 156; BFHE 146, 196 (198).

[67] BFHE 143, 491, 491 = NVwZ 1986, 156; ebenso StBS 77; Preißer NVwZ 1987, 867, 871.

[68] BVerwG DÖV 1958, 1751; VGH München BayVBl 1982, 630; OVG Bremen NJW 1985, 2660; VGH Kassel NVwZ 1987, 898: Zustellung einer Ausfertigung an den Bevollmächtigten genügt.

[69] BFH BStBl II 1987, 542; FG München NVwZ-RR 1990, 526; StBS 77.

[70] BVerwG NJW 1987, 2824; BVerfG NJW 1990, 1105; VGH München BayVBl 1982, 630; **aA** FG München EFG 1987, 219; Preißer NVwZ 1987, 870.

[71] Vgl BFH BStBl II 1991, 123; VGH Mannheim NVwZ-RR 1989, 597; OVG Münster NVwZ 1990, 794.

[72] Vgl BFH NJW 1997, 151; StBS 76; zT **aA** – unter Berufung auf die Lebenserfahrung – BVerwG NVwZ 1988, 1228; 1992, 565; BFH 124, 408; NJW 1990, 3230 = BB 1990, 1472; Petersen KStZ 1988, 45; OVG Münster NVwZ 1990, 794.

[73] BVerwG DVBl 1994, 810; Saarlouis NVwZ 1993, 902; **aA** BVerwGE 51, 291: die Zustellung an einen von mehreren Miteigentümern ist ausreichend, wenn dieser der zustellenden Stelle gegenüber als Verwalter des im Miteigentum stehenden Grundstücks aufgetreten ist.

ches wird für **nichtrechtsfähige Vereine** oder **Wohnungseigentümergemeinschaften** zu gelten haben.

33 **4. Übergangene Betroffene; Anspruch auf Bekanntgabe.** Weder § 41 noch § 43 regeln die Frage abschließend, welche Folgen sich ergeben, wenn ein VA einem in seinen Rechten Betroffenen nicht oder nicht ordnungsgemäß bekanntgegeben wird. Nach § 43 Abs 1 wird der VA an sich in diesem Fall **dem Betroffenen gegenüber nicht wirksam.** Trotzdem kann ein in seinen Rechten betroffener Beteiligter nach hM – sofern der VA jedenfalls durch Bekanntgabe an irgendeinen anderen Betroffenen schon existent geworden ist – dagegen bereits die in der Sache gegebenen normalen **Rechtsbehelfe** einlegen (VGH Mannheim DVBl 1975, 552), grundsätzlich ohne an die normalen Rechtsbehelfsfristen gebunden zu sein (BVerwGE 44, 300, 343). Der übergegangene Betroffene kann unabhängig davon die **Bekanntgabe des VA an sich verlangen** (beantragen) und, wenn die Behörde dem Antrag nicht stattgibt, durch Einlegung von Rechtsbehelfen bzw im Wege einer Leistungsklage erzwingen. Aus denselben Gründen hat bei einem **VA mit Doppelwirkung,** zB einer Baugenehmigung, der Begünstigte Anspruch auf Bekanntgabe des VA auch an die durch den VA Belasteten, zB bei einer Baugenehmigung auch an die Nachbarn, damit der VA auch diesen gegenüber bindend und unanfechtbar wird.[74] Dieser Anspruch bezieht sich **auch** auf die Beifügung einer ordnungsgemäßen **Rechtsbehelfsbelehrung** gem § 58 Abs 1 VwGO, da andernfalls der VA nicht nach Ablauf der normalen Rechtsbehelfsfristen unanfechtbar werden könnte.

IV. Bekanntgabe an Bevollmächtigte (Abs 1 S 2)

34 **1. Ermessensentscheidung.** Abs 1 S 2 stellt klar, dass dem Bekanntgabeerfordernis nach Abs 1 S 1 auch durch Bekanntgabe an den Bevollmächtigten genügt werden kann (s dazu auch § 14 Rn 30). Eine Verpflichtung der Behörde, einen VA dem Bevollmächtigten bekanntzugeben, ist damit anders als im Verwaltungsprozess nach § 67 Abs 3 S 2 VwGO und anders als bei der Zustellung nach vorgelegter Vollmacht nach § 8 Abs 1 S 3 VwZG nach dem Wortlaut („kann") nicht verbunden. Vielmehr stellt die Vorschrift es in das **Ermessen** der zuständigen Behörde, ob sie an den beteiligten Betroffenen selbst oder an dessen Bevollmächtigten bekanntgibt. Die Vorschrift ist also eine echte Ermessensnorm.[75] Auf das Vorliegen der schriftlichen Vollmacht kommt es danach nicht an. Damit enthält die Vorschrift eine **Abweichung von § 14 Abs 3,** wonach sich die Behörde im Rahmen des Verwaltungsverfahrens an den Bevollmächtigten wenden „soll", also nur in Ausnahmefällen direkt an den Beteiligten selbst (s hierzu § 14 Rn 25 ff). Hieraus wird teilweise geschlossen, dass sich auch das in § 14 Abs 1 S 2 eingeräumte Ermessen auf Ausnahmefälle reduziere, also im Regelfall an den Bevollmächtigten bekanntgegeben werden müsse. Diese – möglicherweise sinnvolle – Harmonisierung der beiden Vorschriften findet indessen im Gesetz keine ausreichende Stütze.[76]

---

[74] StBS 34; Gusy GewArch 1988, 322; wohl auch Hufen/Siegel Rn 455; **aA** Obermayer/Funke-Kaiser 20.

[75] BVerwGE 105, 288, 292; BFHE 204, 403; BSG NVwZ 1986, 421; VGH Mannheim NVwZ-RR 2007, 154; OVG Lüneburg InfAuslR 2008, 78; StBS 39; UL § 17 Rn 11 ff, § 53 Rn 3; Knack/Henneke 17: § 41 Abs 1 S 2 ist lex specialis gegenüber § 14 Abs 3; ebenso BGH 131, 271 f zu § 122 Abs 1 S 3 AO jedenfalls für den Fall, daß „weder eine schriftliche Vollmacht des Bevollmächtigten zur Entgegennahme von Steuerbescheiden vorgelegen hat, noch die Steuerpflichtigen auf andere Weise zu erkennen gegeben haben, daß sie eine Bekanntgabe an ihren Berater wünschen".

[76] BVerwGE 105, 288; VGH Kassel NVwZ-RR 1993, 443; ebenso Drescher NVwZ 1988, 681; vgl auch VGH Münster NVwZ-RR 1990, 442, zugleich zu § 22 Abs 7 AsylG; MB 10; VGH Mannheim VBlBW 1987, 29.

2. Ermessensreduktion. Die Regelung des Abs 1 S 2 bedeutet nicht, dass die Behörde zwischen dem Beteiligten selbst und seinem Bevollmächtigten frei wählen könnte. Vielmehr wird nach pflichtgemäßem Ermessen idR eine Bekanntgabe an den Bevollmächtigten vorzunehmen sein, wenn dieser auch im übrigen im Verwaltungsverfahren tätig war. Die Behörde darf den Beteiligten selbst also **nicht überraschen,** wenn sie davon ausgehen muss, dass dieser mit einer Bekanntgabe an ihn selbst nicht rechnet. Ein Ermessensfehler führt allerdings nicht zur Unwirksamkeit der Bekanntgabe, sofern der Vollmachtgeber den VA tatsächlich erhalten hat (OVG Münster NVwZ-RR 1997, 77), sondern nur dazu, dass die Rechtsbehelfsfristen nicht in Lauf gesetzt werden. Ggfs kommt auch eine Wiedereinsetzung (§§ 70, 60 VwGO) in Betracht (StBS 16). 35

3. Begriff des Bevollmächtigten. Die Vorschrift in Abs 1 S 2 knüpft an den Begriff in § 14 an. Bevollmächtigter iS der Regelung ist **auch der Empfangsbevollmächtigte** gem § 15. Entscheidend ist, dass tatsächlich eine Bevollmächtigung gegeben ist. Zu den Sonderfällen der Anscheins- oder Duldungsvollmacht s Rn 37. Nicht ohne weiteres als Bevollmächtigter auch des Grundstücksverkäufers ist jedoch zB hins des gemeindlichen Vorkaufsrechts der den Verkauf beurkundende Notar anzusehen (vgl VG Frankfurt NJW 1988, 9). 36

Die Bekanntgabe kann auch an einen sog **Empfangsboten,** der vom Adressaten zur Empfangnahme ermächtigt ist oder aufgrund einer Rechtsvorschrift oder nach allgemeiner Verkehrsübung dazu als befugt angesehen wird – zB ein Familienangehöriger –, sofern er zur Entgegennahme bereit ist (vgl BAG NJW 1993, 1093; s dazu auch oben Rn 12), erfolgen; außerdem auch an einen **Anscheins- oder Duldungsbevollmächtigten,**[77] dh eine Person, die mit Duldung des Vertretenen den Anschein erweckt, als sei sie bevollmächtigt (s im einzelnen § 14 Rn 22). Als Inhaber einer derartigen Anscheinsvollmacht werden zT Eheleute untereinander (VGH Mannheim NVwZ 1989, 597) oder andere Hausgenossen angesehen. Hier ist indessen Vorsicht geboten, weil die Verhältnisse durchaus untypisch sein können. Zur Anscheinsvollmacht eines Kraftfahrers, der mit der Abholung der Post beauftragt ist, s VGH München BayVBl 1982, 213. Für Vertreter nach §§ 16–18 gilt die Bestimmung nicht; bei Vorliegen einer Gesetzlichen Vertretung darf also nicht an die Vertretenen bekannt gegeben werden. 37

V. Zeitpunkt der Bekanntgabe (Abs 2)

1. Allgemeines zum Zeitpunkt der Bekanntgabe von VAen. Das Gesetz geht für den Regelfall davon aus, dass ein VA in dem Zeitpunkt bekannt gegeben wird, in dem er dem Adressaten iS des § 130 BGB zugeht. Insoweit kann auf die umfangreiche zivilrechtliche **Rechtsprechung zum Zugang** von Willenserklärungen zurückgegriffen werden. Das gilt insbesondere für die Bekanntgabe von VAen gegenüber Anwesenden (oben Rn 7c) und für die von Abs 2 nicht erfassten Fälle der Bekanntgabe gegenüber Abwesenden (unten Rn 80a). Für die Übermittlung von VAen durch die Post im Inland sowie für die elektronische Übermittlung von VAen **enthält Abs 2 Sondervorschriften,** mit denen im Interesse der Verwaltungsvereinfachung und der Rechtsklarheit der Zeitpunkt der Bekanntgabe fingiert bzw vermutet wird. 38

2. Abs 2 als Sonderregelung des Bekanntgabezeitpunkts. Abs 2 enthält einige allerdings unvollständige Bestimmungen über den Zeitpunkt der Bekanntgabe eines VA für bestimmte Bekanntgabeformen. Diese Regelungen sind vor allem für den Lauf von Rechtsbehelfsfristen von Bedeutung. Sie stellen im Interesse der Verwaltungsvereinfachung und der Rechtssicherheit für den Regelfall 39

---

[77] VGH München BayVBl 1982, 214; kritisch Linhart BayVBl 1982, 214; StBS 51; Obermayer/Funke-Kaiser 26.

nicht auf den Zeitpunkt des zumeist nur schwer nachweisbaren tatsächlichen Zugangs ab, sondern enthalten für bestimmte Fallkonstellationen die **Fiktion bzw Vermutung eines Zugangs drei Tage nach Absendung.** Diese Regelungen sind nicht Ausdruck allgemeiner Rechtsgedanken oder Gerechtigkeitserwägungen. Deshalb sind sie **nicht analogiefähig.**

39a **a) Bekanntgabe bei Übermittlung durch die Post im Inland (Abs 1 S 1).** Bei Bekanntgabe eines schriftlichen VA gilt ein durch die Post im Inland übermittelter VA mit dem **dritten Tag nach der Aufgabe zur Post** als bekannt gegeben. Dies gilt auch dann, wenn der Behörde bekannt ist, dass der **Adressat verreist** ist.[78] Ist ein **Nachsendeantrag** gestellt, so liegt keine ordnungsgemäße Bekanntgabe vor, wenn noch an die ursprüngliche Adresse zugestellt wird (Offerhaus NJW 1978, 91).Diese Regelung betrifft nach Sinn und Zweck nicht nur VAe, für die durch Rechtsvorschrift die Schriftform angeordnet ist, sondern auch für alle anderen VAe, die als Schriftstücke durch die Post übermittelt werden. Der Begriff der Post ist funktional zu verstehen, dh die Vorschrift gilt nicht nur für die Übermittlung durch die Deutsche Post AG, sondern auch durch andere Postdienstleister, nicht aber für die Übermittlung durch Boten, auch dann nicht, wenn die Boten privatrechtlich eingesetzt werden (hierzu siehe unten Rn 61af). Inland ist die Landfläche der Bundesrepublik Deutschland einschließlich der Inseln.

39b **Für die Berechnung der Drei-Tages-Frist** gilt § 187 Abs 1 BGB, da der Beginn durch ein Ereignis ausgelöst wird, welches im Laufe eines Tages eintritt (Aufgabe zur Post). Der Absendetag wird deshalb nicht mitgezählt. Damit gilt die Bekanntgabe als am dritten darauf folgenden Tag bewirkt. Der Zeitpunkt der Aufgabe zur Post wird regelmäßig durch einen **behördlichen „Ab-Vermerk"** in den Akten hinreichend belegt, kann aber auch auf andere Weise nachgewiesen werden.

40 **aa) Fiktionswirkung zugunsten des Adressaten (Abs 1 S 1).** Der dritte Tag ist gem Abs 2, da es sich insoweit um eine gesetzliche Fiktion zugunsten des Adressaten handelt, auch dann maßgeblich, wenn die Sendung dem Adressaten nachweislich bereits früher zugegangen ist.[79] Das gilt nach der zu § 41 Abs 2 und auch zu § 37 Abs 2 SGB X[80] (nicht dagegen nach zu § 122 Abs 2 Nr 1 AO)[81] ganz überwiegend vertretenen Auffassung auch dann, wenn es sich um **einen Sonntag, Samstag oder Feiertag** handelt.[82] Die nach § 31 Abs 3 iVmit § 193 BGB geltende Regelung, wonach erst der folgende Werktag als Zustellungstag gelten würde, ist nach hM nicht anwendbar.[83]

40a **bb) Späterer Zugang, Zweifelsregelung (Abs 2 S 3).** Nach Abs 2 S 3 1. HS gilt die Drei-Tages-Regelung nicht, wenn der VA dem Adressaten tatsächlich gar nicht oder zu einem späteren Zeitpunkt zugegangen ist. In Abs 2 S 3 2. HS heißt es hierzu, „im Zweifel" habe die Behörde den Zugang und den Zeitpunkt des Zugangs nachzuweisen. Diese Regelung ist nach wie vor Gegen-

[78] BVerwG MDR 1977, 431; ähnlich zum Arbeitsrecht BAG NJW 1989, 606.

[79] BVerwGE 22, 11; BVerfG DÖV 1965, 861; BayVerfGH VRspr 25, 529; BFH NJW 1970, 80; Schmitz/Schlatmann NVwZ 2002, 1281; Laubinger FS König, 2004, 517, 534, weist zu Recht darauf hin, dass es sich im Übrigen nur um eine Vermutungsregel handelt (s Rn 45).

[80] BSG NJW 2011, 1099.

[81] **AA** insoweit der BFH in st Rspr, vgl BFHE 203, 26; hierzu krit Weber/Aberle, DStR 2008, 1315.

[82] OVG Lüneburg NVwZ-RR 2007, 78.

[83] HM, vgl OVG Lüneburg NVwZ-RR 2007, 78; VGH München NJW 1991, 1250; VGH Mannheim VBlBW 1992, 138; BFHE 146, 27 (**aA** allerdings BFHE 203, 26); Obermayer/Funke-Kaiser 35; Pietzner/Ronellenfitsch § 49 Rn 10; Meissner in Schoch § 56 Rn 44; **aA** Knack/Henneke 35; StBS 133: § 31 Abs 3 anwendbar.

stand von **Auslegungskontroversen,** die sich insbesondere auf das Verhältnis von Abs 2 S 1 zu S 3 beziehen. Teilweise wird angenommen, die Regelung des Abs 2 S 1 schließe lediglich zugunsten des Adressaten die Möglichkeit aus, einen früheren Zeitpunkt als den dritten Tag nach der Aufgabe zur Post als Bekanntgabezeitpunkt anzunehmen, habe aber keine rechtliche Bedeutung zulasten des Adressaten, wenn dieser einen späteren Zeitpunkt des Zugangs behaupte.[84] Diese Position ist nicht überzeugend. Richtigerweise wird mit der hM anzunehmen sein, dass Abs 2 S 3 der **Behörde nur dann die Beweislast** aufbürdet, wenn es tatsächlich „Zweifel" an der Richtigkeit der Annahme einer Bekanntgabe am dritten Tag nach der Aufgabe zur Post gibt. Dabei ist zu differenzieren:

Behauptet der Adressat, das Schriftstück mit dem **VA nicht erhalten** zu haben, so wird zumeist ein Zweifelsfall vorliegen, da der Adressat keine Möglichkeit hat, den Nichterhalt des Schriftstücks mit dem VA nachzuweisen.[85] In diesem Fall muss die Behörde deshalb idR umgekehrt die Bekanntgabe nachweisen, was zumeist schwierig sein wird, wenn der Empfang des VA sich nicht aus den Umständen des Falles ergibt. **Behauptet der Adressat** dagegen, er habe das Schriftstück mit dem **VA später erhalten,** so wird man diese Behauptung als solche nicht ausreichen lassen können, um einen Zweifelsfall iS des Abs 2 S 3 zu begründen. Denn tatsächlich entspricht ein Postlauf von maximal drei Tagen dem Regelfall; ein späterer Zugang setzt einen atypischen Geschehensablauf voraus. Dabei dürfen die **Anforderungen an die Begründung** eines solchen Geschehensablaufs **nicht überspannt** werden, denn der Beförderungsablauf liegt zu einem wesentlichen Teil nicht in der Einfluss- und Erkenntnissphäre des Adressaten.[86] 40b

Legt der Adressat plausibel dar, dass ihm die Sendung nicht oder (zB wegen eines sog Brückentages, eines Poststreiks oder anderer Zustellprobleme)[87] erst zu einem späteren Zeitpunkt zugegangen ist, so liegt ein Zweifelsfall vor, in welchem die Behörde die Beweislast trifft. Ein solcher **atypischer Geschehensablauf** ist dargelegt, wenn Voraussetzungen für eine mögliche Verzögerung des üblichen Postlaufs gegeben sind (OVG Münster NWVBl 1996, 233). Hat die Behörde den Vermerk über die Aufgabe eines Bescheides zur Post versehentlich unterlassen **(fehlender Ab-Vermerk),** so hat sie nach Abs 2 den Zugang des Bescheides oder den Zeitpunkt des Zugangs nachzuweisen, wenn der Empfänger den Zugang oder den von der Behörde behaupteten Tag des Zugangs bestreitet; ein qualifiziertes Bestreiten ist dann nicht erforderlich.[88] Die Rspr verlangt für die Behauptung, der Bescheid sei gar nicht zugegangen, nur ein Minimum an Substantiierung;[89] andererseits darf die gesetzlich vorgesehene Beweislastverteilung (s o Rn 20) nicht durch insoweit zu hohe Anforderungen umgekehrt werden (BFH HFR 2001, 1134). Schlichtes Bestreiten des Zugangs reicht nicht aus, wenn sich aus dem Verhalten des Adressaten ergibt, dass er vom VA Kenntnis hat und kein Rücklauf festzustellen ist (OVG Münster, B v 20.7.2011, 12 A 2652/10, juris). 40c

b) Elektonische Bekanntgabe (Abs 2 S 2). aa) Begriff. Für Abs 2 S 2 kommt es auf die elektronische Übermittlung an, nicht auf die Frage, ob ein 41

---

[84] StBS 127.

[85] Vgl BVerwG NVwZ 2017, 565 Rn 18; OVG Lüneburg NVwZ-RR 2007, 365; OVG Münster NVwZ 2004, 120; Bader/Ronellenfitsch 81.1; Knack/Henneke 33. Anderes gilt, wenn ein Dritter den Zugang mit Nichtwissen bestreitet, vgl BVerwG NVwZ 2017, 565.

[86] BFH HFR 2001, 1134.

[87] S hierzu OVG Greifswald, B v 19.10.2011, 2 L 101/09, juris.

[88] VGH Mannheim NVwZ-RR 1992, 339; VG Bremen NVwZ-RR 1996, 550.

[89] Vgl OVG Lüneburg NVwZ-RR 2007, 365; OVG Münster NVwZ 2004, 120; Man wird aber auch hier eine hinreichende Plausibilität der Behauptung, das Schriftstück sei nicht eingegangen verlangen müssen, weil die Wirkung der Regelung sonst stets ausgehebelt werden könne.

elektronisches Dokument übermittelt wird. Deshalb ist die Regelung richtigerweise nicht nur auf den elektronischen VA anwendbar, sondern auch auf schriftliche VAe, die lediglich elektronisch übermittelt werden. Erfasst wird danach auch die Bekanntgabe eines schriftlichen VA als **Funkfax, Computerfax, Telefax** oder **Ferrarifax** ebenso wie die Übermittlung eines VA im Anhang zu einer E-Mail. Voraussetzung hierfür ist aber, dass der Empfänger die Übermittlung durch Telefax zugelassen hat, was aber bei der Mitteilung einer Telefax-Nr auf dem Briefkopf regelmäßig anzunehmen ist.[90] Übertragungsfehler gehen idR zu Lasten des Absenders, der im Zweifel auch die Bekanntgabe beweisen muss.[91] Die Telefax-Übermittlung muss mit **Bekanntgabewillen** erfolgen, die bloße Vorabinformation über den Inhalt eines auf dem Postweg folgenden Dokuments reicht nicht aus (OVG Hamburg NJW 1997, 2616).

41a **bb) Drei-Tages-Frist.** Für den elektronisch übermittelten VA (s hierzu näher § 3a Rn 13; § 37 Rn 2a) regelt Abs 2 den Zeitpunkt der Bekanntgabe in Anlehnung an die für schriftliche VAe geltende Dreitagesfrist. Danach gelten elektronisch übermittelte VAe als am **dritten Tage nach der Absendung** bekannt gegeben (s hierzu Rn 42f). Hier wird zutreffend nicht zwischen Bekanntgabe im Inland und im Ausland unterschieden. Voraussetzung für eine wirksame elektronische Bekanntgabe ist, dass der Empfänger hierfür einen **Zugang eröffnet hat (§ 3a Abs 1)** und das übermittelte Dokument auch in einer für ihn lesbaren Form öffnen kann (§ 3a Rn 7ff). Zu den gesetzgeberischen Gründen für die Drei-Tage-Regelung *Schmitz/Schlatmann* NVwZ 2002, 1281, 1288. Auch im Falle des elektronisch übermittelten VA hat der Adressat nach Abs 2 S 3 die Möglichkeit, den Nichterhalt oder einen späteren Erhalt des VA darzulegen mit der Folge, dass die Behörde im Zweifel den Zugang und den Zeitpunkt des Zugangs beweisen müsste.

42 **3. Allgemeine Regelungen über den Zugangszeitpunkt.** Soweit Abs 2 nicht eingreift und auch sonst keine besonderen Vorschriften darüber bestehen, ist nicht der Zeitpunkt, in dem der Empfänger Kenntnis nimmt, maßgeblich, sondern analog § 130 BGB der Zeitpunkt, in dem das zuzustellende **Schriftstück in den Machtbereich des Empfängers gelangt** und bei gewöhnlichem Verlauf und normaler Gestaltung der Verhältnisse mit der Kenntnisnahme durch den Empfänger zu rechnen ist;[92] bei Einlegen in den Briefkasten bzw das Postfach der Zeitpunkt, zu dem normalerweise mit Leerung bzw Abholung gerechnet werden kann.[93] Das ist beim Postfach am Wochenende nur dann der Fall, wenn der Empfänger das Postfach am Wochenende üblicherweise leert oder hierzu verpflichtet ist (FG Stuttgart NVwZ 2002, 383). Bei einer **Bekanntgabe auf andere Weise,** zB durch das Aufsprechen auf einen Anrufbeantworter oder eine Mailbox, kommt es auf den **Zeitpunkt der tatsächlichen Wahrnehmung** an; dass sich eine Nachricht auf einem Anrufbeantworter oder auf einer Mailbox befindet, bedeutet noch nicht den Zugang, obwohl an sich die Möglichkeit einer Kenntnisnahme besteht. IdR muss ein Empfänger nämlich nicht damit rechnen, dass ihm gegenüber ein VA auf diesem Wege bekannt gegeben wird.

---

[90] Schmitz/Schlatmann NVwZ 2002, 1281, 1288; StBS 82: Zulassung der Übermittlung auch durch Eintrag im Telefonbuch oder auf andere Weise.

[91] Vgl BFH NVwZ 1999, 220; StBS 82: Die bloße OK-Meldung auf der Absenderseite reicht zum Beweis nicht aus. Unterlässt der Empfänger die Herstellung eine Ausdrucks des übermittelten Schriftstücks, so kann darin eine Bekanntgabevereitelung liegen.

[92] BVerwGE 10, 293; 13, 7; BVerwG Buchholz 316 § 41 VwVfG Nr 2; BFH BayVBl 1990, 699; BAG NJW 1984, 165; 1989, 606; OVG Schleswig NordÖR 2001, 353; VGH München BayVBl 1985, 154; Redeker NVwZ 1986, 548; Kopp/Schenke § 57 Rn 6; BGH LM Nr 2 zu § 130 BGB; BSG 25, 31; 27, 239; Kluth NVwZ 1990, 612.

[93] VGH München BayVBl 1971, 427; VGH Kassel NJW 1968, 1979.

VI. Bekanntgabe durch Abruf aus Behördenportal (Abs 2a)

1. Anlass und Grundzüge der Regelung. Abs 2a wurde durch das **St-ModernG** mit Wirkung zum 1.1.2017 eingefügt. Anlass waren die Neuregelungen in der AO zur Modernisierung des Besteuerungsverfahrens,[94] die im Interesse einer Vereinheitlichung der Verfahrensgesetze auch zu einer Anpassung des VwVfG und des SGB X Anlass gaben.[95] Das Besteuerungsverfahren wird bereits heute in weiten Teilen elektronisch abgewickelt. Es bedeutet dort eine weitere wesentliche Erleichterung, wenn die elektronisch generierten Bescheide nicht mehr individuell bekannt gegeben werden müssen, sondern nur noch in einem Behördenportal zum Abruf durch den Steuerpflichtigen selbst (bzw in der Regel durch seinen Steuerberater) bereitgestellt werden. Die praktische Bedeutung der Regelung wird im Bereich des VwVfG zunächst eher gering bleiben. 43

2. Voraussetzungen (Abs 2a S 1). Die Möglichkeit einer Bekanntgabe durch Abruf ist an strenge Voraussetzungen geknüpft, um den Adressaten nicht zu überfordern. Sie setzt nicht nur eine Einwilligung voraus, sondern auch einen Abruf innerhalb einer 10-Tages-Frist nach elektronischer Benachrichtigung. Außerdem muss das Behördenportal bestimmte Voraussetzungen erfüllen und das abgerufene Dokument muss für den Adressaten lesbar und speicherbar sein. 43a

a) Elektronischer VA. Die Möglichkeit einer Bekanntgabe über ein Behördenportal ist durch Abs 2a nur für elektronische VAe eröffnet. Damit schließt die Vorschrift an den Begriff in § 37 Abs 3 bzw an den Begriff des elektronischen Dokuments in § 3a Abs 1 an. Ein elektronischer VA liegt nur dann vor, wenn das **Original des VA nicht als materialisiertes Dokument existiert,** sondern lediglich als Datei auf einem Datenträger. Dass es möglich ist, das Dokument auch auszudrucken, ändert an seinem elektronischen Charakter nichts, weil es sich dann nur um Abdrucke handelt. Danach ist auch ein schriftlich auf Papier abgefasster VA, der an eine E-Mail als Anhang gehängt wird, kein elektronischer VA, (ebensowenig wie Telefax, Telekopie oder Telegramm). 43b

b) Einwilligung des Adressaten. aa) Einwilligungserklärung. Voraussetzung einer Bekanntgabe nach ist die Einwilligung des Adressaten. Sie muss vor dem Bekanntgabevorgang erteilt und vom Adressaten oder seinem Bevollmächtigten erklärt worden sein. Die Einwilligung ist eine empfangsbedürftige Willenserklärung des Empfängers, bedarf aber keiner besonderen Form. Sie muss sich auf Verwaltungsakte einer bestimmten Behörde (oder auch mehrerer Behörden) beziehen und kann **auch eingeschränkt und befristet erteilt** werden. Sie ist jederzeit durch entsprechende Erklärung gegenüber der Behörde widerruflich, auch wenn der elektronische VA bereits im Portal bereitgestellt wurde. Da der Empfänger nicht verpflichtet ist, einen bereitgestellten VA abzurufen und die Bekanntgabe bei Nichtabruf scheitert, kann sich die Behörde ohnehin nicht darauf verlassen, dass die Einwilligung fortbesteht. 43c

bb) Grundsatz der Freiwilligkeit. Die neu eingeführte Bekanntgaberegelgung folgt dem strikten Grundsatz der Freiwilligkeit. Daraus folgt nicht nur, dass der Empfänger nicht zu einer Einwilligungserklärung gezwungen werden darf, sondern auch, dass er nicht mittelbar unter Druck gesetzt werden darf, seine Einwilligung zu erklären. Deshalb dürfen etwa eingesetzte Risikomanagement-Systeme, die automatisiert erlassene VAe (hierzu § 35a) oder die ihnen zugrunde liegennden Erklärungen nach bestimmten Kriterien stichprobemartig prüfen, in der Verweigerung der Einwilligung kein Auswahlkriterium sehen. 43d

---

[94] BT Drs. 18/7457.

[95] S hierzu näher die Stellungnahme des Beirats Verwaltungsverfahrensrechts beim BMI in NVwZ 2015, 1114; Braun Binder DÖV 2016, 891.

43e **c) Abruf über öffentlich zugängliche Netze.** Die Bekanntgabe nach Abs 2a zeichnet sich dadurch aus, dass sie von einem aktiven Tun des Empfängers, nämlich vom Abruf des VA durch ihn, abhhängig ist. Zwar muss ein Empfänger auch sonst an einer Bekanntgabe mitwirken, etwa durch Bereithalten eines Briefkastens oder die Eröffnung eines elektronischen Zugangs, hier muss aber ein wesentlicher **Teil des Transports durch den Empfänger selbst** durch den Abruf bewirkt werden. Damit stellt sich die Frage, wann der Abruf erfolgreich bewirkt ist, insbesondere wenn es Störungen beim Speichervorgang auf der Empfängerseite gibt.

43f **aa) Öffentlich zugängliches Netz; Internetportale.** Das Gesetz geht in Abs 2a davon aus, dass die Behörde den elektronischen VA dem Empfänger über ein Internet- bzw Behördenportal zugänglich macht. Das Gesetz verlangt nicht, dass das Portal von der erlassenden Behörde selbst betrieben wird. Das Portal muss zwar allgemein zugänglich sein; nach Abs 2a S 2 muss aber sichergestelllt werden, dass der Abruf nur durch die berechtigte Person erfolgen kann. Behördenportale existieren bereits für viele Behörden. Die Begrenzung des Zugriffs kann etwa wie beim Elster-Portal über eine Login-Funktion sichergestellt werden.

43g **bb) Tatsächlicher Abruf durch den Empfänger.** Nach Abs 2a S 1 wird die Bekanntgaber nur bewirkt, wenn der vorgesehene Empfänger des VA diesen über das Behördenportal tatsächlich abruft. Wenn der Empfänger den VA nicht abruft, misslingt die Bekanntgabe unabhängig davon, aus welchem Grund der Abruf unterbleibt. Die Grundsätze über die arglistige Vermeidung der Bekanntgabe (oben Rn 19 f) gelten hier nicht. Ein potentieller Empfänger kann also seine Einwilligung erklären, dann den eingestellten VA aber doch nicht abrufen, ohne dass ihm der Arglistvorwurf gemacht werden könnte.

43h **3. Authentifizierung und Speicherfähigkeit (S 2).** Die Behörde muss nach Abs 2a S 2 auf geeignetem Weg sicherstellen, dass der Abruf nur nach **Authentifizierung der berechtigten Person** möglich ist und der elektronische VA vom Empfänger gespeichert werden kann. Kann der Empfänger die Datei mit dem elektronischen VA nicht auf seinem elektronischen Gerät speichern, ist der Abruf gescheitert. Die Speicherung muss in einem Format erfolgen können, das dem Empfänger auch eine Kenntnisnahme und Weiterverwendung ermöglicht. Wenn die Behörde den Abruf nur durch die berechtigte Person nicht hinreichend sichergestellt hat, diese aber den VA tatsächlich abgerufen hat, berührt das die Wirksamkeit der Bekanntgabe nicht. Auch die in Abs 2a S 3 vorgesehene Benachrichtigung ist in diesem Fall nicht Wirksamkeitsvoraussetzung für die Bekanntgabe.

43i **4. Zeitpunkt der Bekanntgabe (Abs 2a S 3).** Der elektronische VA gilt nach Abs 2a S 3 am Tag nach dem Abruf als bekannt gegeben. Maßgeblich ist naturgemäß der **erstmalige Abruf.** Dieser muss von der Behörde elektronisch erfasst und protokolliert werden. Eine Vermutung des Abrufs reicht nicht aus, um die Fiktion auszulösen. Die Fiktion des Bekanntgabezeitpunkts gilt unabhängig davon, ob und wann der Empfänger vom Inhalt der abgerufenen Datei Kenntnis genommen hat. Die Möglichkeit einer Kenntnisnahme und Weiterverwendung der gespeicherten Datei reicht aus.

43j **5. Scheitern der Bekanntgabe, Wiederholung (S 4, 5).** Erfolgt der Abruf nicht innerhalb eines Zeitraums von 10 Tagen nach der elektronischen Absendung einer Benachrichtigung über die Abrufmöglichkeit, ist die Bekanntgabe gescheitert. Dabei kommt es auf den Grund für das Unterbleiben des Abrufs nicht an. Die Frist kann nicht verlängert werden. Ein erneuter Versuch der Bekanntgabe auf diesem Weg durch eine erneute Benachrichtigung ist aber nach der ausdrücklichen Regelung in S 5 zulässig.

VII. Zulässigkeit der öffentlichen Bekanntgabe (Abs 3)

1. Allgemeines. Abs 3 regelt die Frage, in welchen Fällen ein VA öffentlich bekanntgegeben werden darf. Anders als Abs 4, der nur für schriftliche VAe gilt, erfasst Abs 3 auch in anderer Form erlassene VAe (Knack/Henneke 43). Die öffentliche, dh den einzelnen Betroffenen gegenüber nicht konkret-individuell erfolgende Bekanntgabe in der Form des Abs 3 ist, da sie idR kaum eine Gewähr dafür bietet, dass die Betroffenen tatsächlich Kenntnis erlangen, **nur in Ausnahmefällen zulässig,** in denen sie durch **Rechtsvorschrift** aus hinreichend gewichtigen Gründen ausdrücklich zugelassen ist (Abs 3 S 1). **Allgemeinverfügungen** können nach Abs 3 S 2 auch ohne besondere Rechtsvorschrift öffentlich bekanntgegeben werden, wenn eine Bekanntgabe an den Beteiligten untunlich wäre.[96] Die öffentliche Bekanntgabe gem Abs 3 und 4 ist **zu unterscheiden von der öffentlichen Zustellung** gem § 10 VwZG, die nur dann in Betracht kommt, wenn die Behörde sich nach sorgfältiger Prüfung überzeugt hat, dass alle übrigen Zustellungsarten nicht zum Erfolg führen (s näher unten Rn 74). Eine Verpflichtung zur öffentlichen Bekanntgabe nach § 41 Abs 3 u 4 enthält die Vorschrift nicht; soweit durch Rechtsvorschriften nichts anderes bestimmt ist, lässt sich eine solche Verpflichtung auch bei dinglichen VAen nicht aufgrund der Natur der Sache herleiten.[97] 44

2. Zulassung durch Rechtsvorschrift (Abs 3 S 1). Die öffentliche Bekanntgabe gem Abs 3 S 1 ist nur zulässig, wenn sie durch Rechtvorschrift zugelassen worden ist. Damit trägt die Vorschrift dem Umstand Rechnung, dass die öffentliche Bekanntgabe für den einzelnen Betroffenen idR wesentlich problematischer ist, weil sie die Kenntniserlangung und damit den **effektiven Rechtsschutz** (Art 19 Abs 4 GG) wesentlich erschwert. Das bloße **Unbekanntsein des Aufenthalts reicht nicht** aus. Der Gesetzgeber ist nur dann befugt, eine öffentliche Bekanntmachung vorzusehen, wenn hierfür **besondere Rechtfertigungsgründe** vorliegen. Solche liegen idR in Massenverfahren vor, wenn die Einzelbekanntgabe mit einem erheblichen Verwaltungsaufwand verbunden wäre und die Adressaten zudem zu einer bestimmten Zeit mit dem Erlass des VA rechnen können, ferner bei besonders eiligen Bekanntgaben. Rechtvorschriften, in denen die öffentliche Bekanntgabe vorgesehen ist, finden sich zB im förmlichen Verfahren (§ 69 Abs 2 S 2), im Planfeststellungsverfahren (§ 74 Abs 5), im Anlagengenehmigungsverfahren (§ 10 Abs 8 BImSchG), im Umlegungsverfahren (§ 50 BauGB) und im UVP-Feststellungsverfahren (§ 3a S 2 UVPG). sowie in den Regelungen zur öffentlichen Bekanntgabe der Widmung in den Straßen- und Wegegesetzen.[98] 45

3. Öffentliche Bekanntgabe bei Allgemeinverfügungen (Abs 3 S 2). 46
Abs 3 S 2 ergänzt die nach anderen Rechtsvorschriften vorgesehenen Fälle zulässiger öffentlicher Bekanntgabe dahin, dass diese Möglichkeit für Allgemeinverfügungen (§ 35 S 2) allgemein auch dann eröffnet wird, wenn die (individuelle) **Bekanntgabe an die Beteiligten unmöglich oder untunlich** ist. Unmöglich ist die individuelle Bekanntgabe zB bei adressenlosen VAen wie etwa der straßenrechtlichen Widmung (zur Sonderregelung für Verkehrszeichen Rn 47). **Untunlich** bedeutet, dass die individuelle Bekanntgabe wegen der Natur des in

---

[96] OVG Münster NWVBl 2010, 326; WBSK I § 48 Rn 28: wenn öffentliche Bekanntmachung „angebracht ist"; vgl zu den Anforderungen an eine öffentliche Zustellung auch München BayVBl 1989, 246.

[97] **AA** Niehues DVBl 1982, 321 wegen der bei dinglichen VAen gegebenen „Ringsumwirkung". S aber allg zur Notwendigkeit hinreichender Publizität bei dinglichen VAen Kopp BayVBl 1970, 233.

[98] Teilweise handelt es sich bei den genannten VAen ohnehin um Allgemeinverfügungen, für die eine öffentliche Bekanntgabe auch nach Abs 3 S 2 in Betracht käme, wenn eine andere Form der Bekanntgabe unmöglich oder untunlich wäre.

Frage stehenden VA nicht möglich oder jedenfalls mit **erheblichen Schwierigkeiten** verbunden wäre,[99] etwa weil nicht mit Sicherheit feststellbar ist, wer betroffen ist, oder weil die Anschrift Betroffener nicht bekannt ist und nicht leicht ermittelt werden kann, usw.[100] Der Umstand allein, dass die Bekanntgabe an eine große Zahl Beteiligter bzw Betroffener einen erheblichen Verwaltungsaufwand verursachen würde, kann ein Indiz sein, reicht aber allein nicht aus.[101] Vgl auch zur Befugnis bzw Verpflichtung der Behörde, ggf für die Bestellung eines besonderen Vertreters zu sorgen, §§ 15 ff.

46a Ist die individuelle Bekanntgabe der Allgemeinverfügung unmöglich oder untunlich, so darf die **Allgemeinverfügung öffentlich bekannt gegeben** werden. Zu den Voraussetzungen einer öffentlichen Bekanntmachung trifft Abs 4 besondere Regelungen, die sich von den strengeren Bestimmungen über die öffentliche Bekanntmachung im Planfeststellungsverfahren und im förmlichen Verfahren unterscheiden. Danach ist in den Fällen des Abs 3 nämlich (nur) eine **„ortsübliche Bekanntmachung"** vorzunehmen (s unten Rn 48). Diese gelten, soweit fachrechtlich nichts anderes angeordnet ist. Zur Zulässigkeit einer öffentlichen Bekanntgabe einer Allgemeinverfügung zur **Untersagung von Sportwetten** im Internet OVG Münster NWVBl 2010, 326.

47 **4. Verkehrszeichen. a) Straßenverkehrsrechtliche Sonderregelung.** Für die Bekanntgabe von Verkehrszeichen gelten die speziellen Regelungen und Grundsätze des Straßenverkehrsrechts. Die Bekanntgabe von Verkehrszeichen erfolgt danach nicht – wie früher zT angenommen – im Augenblick der individuellen Kenntnisnahme, sondern durch die **Aufstellung bzw Anbringung des Zeichens** derart, dass der durchschnittliche Verkehrsteilnehmer das Zeichen unschwer zur Kenntnis nehmen kann **(Sichtbarkeitsprinzip).** Voraussetzung ist, dass ein durchschnittlicher, nicht notwendig ortskundiger Verkehrsteilnehmer bei Beachtung der im Verkehr erforderlichern Sorgfalt das Verkehrszeichen zur Kenntnis nehmen kann[102] Die Aufstellung als solche bewirkt die Bekanntgabe gegenüber der Allgemeinheit, also **gegenüber jedermann,** unabhängig davon, ob die Möglichkeit der Kenntnisnahme tatsächlich besteht oder – mangels Ortsanwesenheit – nicht besteht.[103] Damit werden Verkehrszeichen, die von der hM als Dauer-VA in der Form der Allgemeinverfügung angesehen werden (s näher § 35 Rn 171) rechtssystematisch den Rechtsnormen angenähert[104] (s näher § 35 Rn 173 mwN).

47a **b) Abweichende Anfechtungsfrist.** Konsequenterweise müsste das Abstellen auf die Aufstellung bzw Anbringung bedeuten, dass gem § 58 Abs 2 VwGO für die Anfechtung durch Jedermann eine Jahresfrist zu laufen beginnt, und zwar unabhängig von der konkreten Möglichkeit der Kenntnisnahme. Das BVerwG[105] geht allerdings nunmehr im Hinblick auf Art 19 Abs 4 GG davon aus, dass die Anfechtungsfrist für einen Betroffenen erst zu dem Zeitpunkt zu laufen beginnt,

---

[99] OVG Münster NWVBl 2010, 326; VGH Mannheim NVwZ 1989, 980; Ziekow 16; FKS 31.

[100] StBS 152; Knack/Henneke 44; **aA** Obermayer RiA 1976, 106.

[101] Ebenso StBS 154; Ziekow 16; im Ergebnis auch Obermayer/Funke-Kaiser 51; FKS 31; str; **aA** offenbar MB 21.

[102] Vgl BverwGE 130, 383; BVerwG NJW 2016, 2353 auch zum Sorgfaltsmaßstab und zur Beweislast.

[103] BVerwGE 102, 316; VGH Mannheim JZ 2009, 738; OVG Hamburg NordÖR 2009, 156 (157); VGH Kassel, NJW 1999, 2057; OVG Schleswig NVwZ-RR 2003, 647; StBS § 35 Rn 333; Knack/Henneke 55; Ziekow 14; Schoch/Schmidt-Aßmann/Pietzner, § 70 Rn 16.

[104] Kritisch hierzu BVerfG, Kammerbeschluss NJW 2009, 3642; OVG Lüneburg NJW 2007, 1609; Schoch JURA 2011, 23, 27; Bitter/Goos JZ 2009, 740; Mehde NJW 1999, 767; Kopp/Schenke § 70 Rn 6b; Funke/Kaiser § 70 Rn 5.

[105] BverwGE 138, 21; gegen VGH Mannheim JZ 2009, 738.

zu dem er als **Verkehrsteilnehmer das Verkehrsschild zum ersten Mal wahrnehmen kann.** Danach fallen Bekanntgabe und Beginn der Anfechtungsfrist auseinander. Ob dies im Hinblick auf Art 19 Abs 4 GG tatsächlich geboten ist, erscheint zweifelhaft, weil andere Möglichkeiten bestehen, dem Rechtsschutzbedürfnis Rechnung zu tragen (näher § 35 Rn 171).[106]

Die Bekanntgabe mit der Aufstellung wird konsequenterweise auch für anlassbezogene **mobile Verkehrsschilder** gelten müssen mit der Folge, dass das Verkehrszeichen mit der Aufstellung auch denjenigen gegenüber als bekannt gegeben gilt, die ihre Fahrzeuge bereits zuvor im (späteren) Geltungsbereich abgestellt haben. Allerdings wird man zugunsten der Betroffenen berücksichtigen müssen, dass diese im Zeitpunkt des Abstellens der Fahrzeuge von dem später aufgestellten Verkehrszeichen noch keine Kenntnis haben können; deshalb wird man ihnen **erst nach Ablauf einer Frist** einen Vorwurf machen können (s auch § 35 Rn 172).[107] Dieses Problem wird man auf der Grundlage der inzwischen wohl hM zur Bekanntgabe von Verkehrszeichen nur dadurch lösen können, dass im Rahmen des Ermessens bei der Vollstreckung auf die nachteiligen Folgen für den Betroffenen verzichtet wird, dem die Nichtbefolgung der Anordnung nicht vorgeworfen werden darf. Nach der Rspr ist diese Frist idR dann gewahrt, wenn zwischen dem Aufstellen des Verkehrsschildes und der Abschleppanordnung **drei Tage** liegen.[108] Die Frist kann bei landesrechtlichen Besonderheiten auch länger sein.[109] 47b

VIII. Form der öffentlichen Bekanntgabe (Abs 4)

1. Allgemeines. Abs 4 enthält eine Regelung für die öffentliche **Bekanntgabe schriftlicher VAe.** Bei VAen, die nicht in schriftlicher Form ergehen, richtet sich die Form der öffentlichen Bekanntgabe nach der Art des VA (MB 24); sie erfolgt je nachdem zB durch Bekanntgabe im Rundfunk,[110] durch Ausrufen, Zeichen (zB Aufstellung eines Verkehrszeichens; s oben Rn 47) oder auch konkludent (zB durch Verkehrsübergabe einer Straße). Es muss eine Art und Weise der Bekanntgabe gewählt werden, die im konkreten Fall gewährleistet, dass ein möglichst großer Teil der Betroffenen Kenntnis erlangt. Seit dem Inkrafttreten des PlVereinhG soll gem § 27a **zusätzlich** eine **Veröffentlichung auf der Internet-Seite** der Behörde erfolgen. Diese durch das PlVereinhG eingeführte Verbesserung der Wahrnehmbarkeit öffentlicher und ortsüblicher Bekanntmachungen dient der Erleichterung der Kenntnisnahme durch die Öffentlichkeit. 48

2. Ortsübliche Bekanntmachung (Abs 4 S 1). Abs 4 regelt die öffentliche Bekanntgabe eines VA durch ortsübliche Bekanntmachung des verfügenden Teils. Diese ist **zu unterscheiden von der öffentlichen Bekanntmachung** iS von § 63 Abs 3 S 2, die für die Bekanntgabe von VAen im förmlichen Verfahren und in Planfeststellungsverfahren gem § 69 Abs 2 bzw § 74 Abs 5 sowie für sonstige Bekanntgaben gem § 67 Abs 2, § 69 Abs 2 und 3, § 72 Abs 2 und § 73 in bestimmten Fällen vorgeschrieben oder zugelassen ist, weil für letztere strengere Anforderungen gelten (§ 63 Rn 12f). Nach Abs 4 ist bei der öffentlichen Be- 49

---

106 Kritisch auch Ehlers JZ 2011, 155.

107 Zur Pflicht des Fahrers bzw Halters, sich in bestimmten Abständen über die Fortdauer der Zulässigkeit des Parkens zu informieren Mehde Jura 1998, 297; OVG Hamburg HmbJVBl 1995, 3; VGH Kassel NJW 1997, 1023.

108 So die hM dem BVerwGE 102, 316, folgend; vgl OVG Hamburg NordÖR 2009, 156.

109 So zB OVG Hamburg DÖV 1995, 783: zwischen Aufstellung und Abschleppvorgang müssen drei Werktage und ein Wochenende liegen; s auch OVG Hamburg NordÖR 2004, 399; auf das Wochenende verzichtet OVG Hamburg NordÖR 2008, 292, zweifelhaft.

110 BVerwGE 12, 91: Verkaufsverbot für Endiviensalat wegen angenommener Seuchengefahr; Jarass NVwZ 1987, 99: Smog-Alarm; allg MB 27.

kanntgabe nicht notwendig der gesamte VA mit Begründung und Rechtsbehelfsbelehrung gem S 2, sondern nur der Teil, der die getroffene Regelung als solche enthält, dh der **Entscheidungssatz,**[111] die **Angabe der Behörde,** die entschieden hat, und die **Bezeichnung der Adressaten** bzw der **sonst Betroffenen** ortsüblich bekanntzumachen. Der bekanntzumachende VA muss **jedenfalls im Original unterschrieben** sein, ebenso der Vermerk über die Bekanntgabe.[112] Ist eine bestimmte Dauer des Aushangs vorgeschrieben, so ist auch dies in dem Vermerk darüber festzuhalten (BGH DÖV 1981, 723).

50 **3. Anforderungen an die Bekanntmachung.** Die Anforderungen, die für die ortsübliche Bekanntmachung erfüllt werden müssen, insb die Art, die notwendige Dauer eines evtl Aushangs an der Gemeindetafel, usw (Knack/Henneke 24), ergeben sich primär aus den dafür maßgeblichen Rechtsvorschriften, grundsätzlich aus Vorschriften des Landesrechts (VGH München DVBl 1978, 183), für Gemeinden meist aus den entsprechenden **Bekanntmachungssatzungen,**[113] die idR die Veröffentlichung in bestimmten **Amtsblättern oder Tageszeitungen** und/oder Anschlag an Amtstafeln uä vorschreiben (Ziegler DVBl 1987, 280). **Alternative Bekanntmachungsformen sind unzulässig** (zB in Tageszeitung A oder Tageszeitung B; Amtsblatt oder Tageszeitung A). Ergänzend soll gem § 27a eine Veröffentlichung auf der Internetseite der Behörde erfolgen.

50a **Bei Fehlen positiver Regelungen** sind die **Gepflogenheiten (Praxis) am Sitz der Behörde** maßgeblich,[114] insb auch die Gepflogenheiten der Behörde selbst, die die Bekanntgabe vornimmt, zB Bekanntgabe in Tageszeitungen, im Rundfunk (vgl BVerwGE 12, 87). Soll die Bekanntgabe an einem anderen Ort erfolgen, sind die dort geltenden Vorschriften und die dortigen Gepflogenheiten maßgeblich (Knack/Henneke 50). Zu berücksichtigen ist grundsätzlich auch die Art des bekanntzugebenden VA. Ist der Aushang an der Amtstafel als ortsüblich anzusehen, so muss das auszuhängende **Schriftstück unterschrieben** sein (vgl BGH DÖV 1981, 722). Sind mehrere Bekanntmachungsformen als ortsüblich anzusehen, müssen sie **im Zweifel kumulativ** angewendet werden.

51 **a) Räumlicher und persönlicher Bereich.** Abs 4 regelt nicht ausdrücklich, welcher räumliche Bereich von der Bekanntmachung erfasst werden muss. Nach allgemeinen Grundsätzen ist, soweit sich aus besonderen Rechtsvorschriften (vgl zB § 73) oder aus der Natur des in Frage stehenden VA nichts anderes ergibt, dieser Bereich nicht notwendig identisch mit den Orten, an denen mögliche Betroffene wohnen oder an denen sie sich aufhalten könnte, vielmehr fällt er **im Zweifel** mit dem **örtlichen Zuständigkeitsbereich der Behörde** zusammen, die den VA erlässt. In diesem Bereich muss der VA ortsüblich bekannt gemacht werden, um eine öffentliche Bekanntgabe iSd Abs 4 zu bewirken, deren Wirkung räumlich nicht begrenzt ist.[115]

51a Richtet sich der VA, der ortsüblich bekanntgemacht werden soll, nicht an individuell bestimmte Personen (Allgemeinverfügung), so ist der **Kreis der Betroffenen** zumindest generell so zu umschreiben, dass jedermann ohne größere Schwie-

---

[111] Mit dem vollen Wortlaut; str; ebenso Blümel VerwArch 1982, 12 mwN; MB 29; StBS 156 ff; Schwarz/Schwan 33 zu § 122 AO; **aA** BVerwGE 67, 206; VGH München BayVBl 1982, 242; Knack/Henneke 51.

[112] Vgl BGH DÖV 1981, 722: Unwirksamkeit der Zustellung, wenn der Vermerk über den Aushang nicht unterzeichnet ist.

[113] OVG München DVBl 1978, 183: zweifelhaft wegen der fehlenden ‚Außenwirkung' von Geschäftsordnungen; vgl auch VGH München BayVBl 1977, 465.

[114] OVG Münster NWVBl 2010, 326; RdL 2003, 177; StBS 160; Niehues DVBl 1982, 312; Maßgeblichkeit des Kommunalrechts nur, wenn es an einer entsprechenden Übung fehlt: Knack/Henneke 50 unter Bezugnahme auf VGH München BayVBl 1978, 83.

[115] Dieser Hinweis war erforderlich, weil die Ausführungen über den Einzugsbereich der ortsüblichen Bekanntmachung offenbar missverstanden werden konnten (StBS 138).

rigkeiten (wenn auch uU erst mit Hilfe eines Ortsplans, des Grundstückskatasters oder durch Einsichtnahme in einen ausgelegten Plan) mit hinreichender Sicherheit feststellen kann, ob der VA auch für ihn gilt oder nicht. Die Zulässigkeit der öffentlichen Bekanntgabe bedeutet, sofern durch Gesetz nichts anderes bestimmt ist, grundsätzlich auch eine Freistellung der Behörde von der Verpflichtung, die Adressaten des VA individuell, grundsätzlich namentlich, im VA zu bezeichnen.

b) Schutz von Daten und Geheimnissen. Obwohl Abs 4 insoweit nicht 52 ausdrücklich eine Ausnahme vorsieht oder einen Vorbehalt macht, gilt auch für die öffentliche Bekanntgabe eines VA das Verbot einer unbefugten Offenbarung von Geheimnissen gem § 30.[116] Dadurch wird zB auch die öffentliche Bekanntgabe von Prüfungsergebnissen und Prüfungsnoten grundsätzlich ausgeschlossen (**aA** VGH München BayVBl 1984, 629 zur öffentlichen Bekanntgabe schlechter Prüfungsnoten).

c) Angabe der Einsichtsmöglichkeit (Abs 4 S 2). Die Bekanntgabe muss 53 gem Abs 4 S 2 zugleich angeben, wo der VA und seine Begründung eingesehen werden können; fehlt ein entsprechender Hinweis, so ist die Bekanntgabe und entsprechend als Folge auch der betroffene VA nicht wirksam (Knack/Henneke 51). Für die Einsichtnahme genügt es, wenn innerhalb der Dienststunden dafür **angemessen Gelegenheit** gegeben wird.[117]

4. Bekanntgabefiktionen (Abs 4 S 3 und 4). Zur Berechnung der für die 54 Bekanntgabe maßgeblichen Fristen s näher § 31 Rn 15 ff. Bei **kürzerer Bekanntgabedauer** (zB bei vorzeitiger Abnahme eines Anschlags von der Amtstafel) als vorgeschrieben, ist die Bekanntgabe nicht wirksam (ebenso Knack/Henneke 50); eine **längere Dauer** ist dagegen unschädlich,[118] der VA gilt jedoch gleichwohl schon nach Ablauf der Frist von zwei Wochen als bekanntgegeben (Knack/Henneke 50). Erfolgt die Bekanntgabe durch Veröffentlichung in mehreren Zeitungen, durch Aushang an mehreren Orten uä, so ist für die Bestimmung des Zeitpunkts, an dem die Bekanntgabe als erfolgt gilt, der **letzte Bekanntmachungsakt** maßgeblich (so offenbar auch ABegr 8); Fristen für den Aushang uä einer Bekanntmachung sind dagegen für jeden Bereich, für den der Aushang erfolgt, gesondert zu berechnen. Wegen der Bedeutung des Fristablaufs für das Wirksamwerden des VA muss – auch im Interesse der Rechtssicherheit und Rechtsklarheit – analog § 15 Abs 3 S 3 VwZG der **Tag des Aushängens und der Tag der Abnahme** auf dem Schriftstück bzw nach dessen Abnahme auf einem an dessen Stelle aufzuhängenden Schriftstück **vermerkt** werden.

In Eilfällen, zB bei der **Gefahrenabwehr,** wenn es auf möglichst sofortiges 55 Wirksamwerden des VA ankommt, scheidet eine schriftliche Bekanntgabe grundsätzlich aus, da nach Abs 4 S 4 die Bekanntgabe frühestens am folgenden Tag wirksam werden könnte; VAe können deshalb hier nur **mündlich,** durch den **Rundfunk** oä, bekanntgegeben werden (Knack/Henneke 52).

IX. Bekanntgabe durch Zustellung (Abs 5)

1. Allgemeines. Der Vorbehalt zugunsten besonderer Vorschriften über die 56 Zustellung betrifft nur die förmliche Zustellung nach den Verwaltungszustellungs-

---

[116] Vgl BVerfG NJW 1988, 2031 zum Verbot der öffentlichen Bekanntmachung einer Entmündigung wegen Verschwendung oder Trunksucht; Finger, Öffentliche Zustellung und Datenschutz bei familienrechtlichen Verfahren, NJW 1985, 2684; ohne Verweis auf § 30 im Ergebnis auch Knack/Henneke 60.

[117] BVerwG BayVBl 1986, 153; OVG Lüneburg BBauBl 1970, 320; **aA** VGH Kassel VRspr 20, 680: nicht ausreichend; vgl auch München BayVBl 1974, 533: nur an 4 Vormittagen in der Woche genügt nicht.

[118] StBS 185; offenbar enger Knack/Henneke 50: eine kürzere Überschreitung ist unschädlich.

gesetzen des Bundes bzw der Länder. Die Regelung soll klarstellen, dass die Vorschriften über die förmliche Zustellung in den (ursprünglich wesentlich älteren) Verwaltungszustellungsgesetzen unberührt bleiben. Dies ergibt sich indessen schon daraus, dass die Zustellungsvorschriften spezieller sind. Deshalb kommt auch eine analoge Anwendung des § 41 auf Zustellungen nicht in Betracht. Die Zustellung erfolgt bei von Bundesbehörden erlassenen VAen nach dem VwZG des Bundes, bei von Landesbehörden erlassenen VAen – auch im Bereich des Vollzugs von Bundesrecht – nach den Gesetzen des jeweiligen Landes (BVerwGE 39, 259).

56a **Durch das ZustellungsreformG**[119] wurde das VwZG des Bundes zunächst im Jahre 2001 novelliert. Dabei wurde ua § 3 VwZG an die geänderten Bestimmungen in §§ 177–189 ZPO angepasst; ferner wurde die Möglichkeit einer Heilung in § 9 durch Aufhebung des § 9 Abs 2 erweitert.[120] Obwohl eine fehlerhafte Zustellung nicht in eine Bekanntgabe umgedeutet werden kann (Rn 58), führt die Heilung idR zum selben Ergebnis (s näher Rn 77). Im Jahr 2005 hat der Bund ein **neues Verwaltungszustellungsgesetz** erlassen,[121] an das die Länder ihre Gesetze inzwischen weitgehend angepasst haben. Die Verwaltungszustellungsgesetze gelten vorbehaltlich besonderer gesetzlicher Zustellungsvorschriften, die bereichsspezifisch Sonderregelungen enthalten (zB § 10 AsylG). Für die Zustellung in **gerichtlichen Verfahren ist das VwZG nicht anwendbar;** insoweit richteten sich Zustellungen allein nach §§ 166ff ZPO iVm § 173 VwGO.

57 **a) Begriff der Zustellung. In der Grundform** ist die Zustellung nach der Definition in § 166 ZPO bzw § 2 VwZG **die Bekanntgabe**[122] eines schriftlichen oder elektronischen Dokuments in einer **gesetzlich besonders bestimmten Form.** Wie die Bekanntgabe setzt sie den Zustellungswillen der Behörde voraus, der sich idR in einer Zustellungsverfügung niederschlägt.[123] Sie ist als besonders formalisierte Form der Bekanntgabe nur dann erforderlich, wenn dies gesetzlich vorgeschrieben ist (vgl zB § 73 Abs 3 VwGO für Widerspruchsbescheide), kann aber auch sonst behördlich angeordnet werden (vgl § 1 Abs 2 VwZG; s unten Rn 58). Ein schriftliches Dokument wird idR zugestellt, indem eine Ausfertigung, dh eine mit einem Ausfertigungsvermerk mit Unterschrift des ausfertigenden Beamten versehenen Abschrift oder Kopie des bei der Behörde verbleibenden Originals der Urkunde, ausgehändigt bzw übermittelt wird. Die Zustellung einer Ablichtung oder Abschrift lediglich mit dem Vermerk „zur Kenntnisnahme" genügt nicht.[124] Die **Ausfertigung muss beglaubigt** sein. Eine Fotokopie mit fotokopiertem Beglaubigungsvermerk genügt nicht.[125] Die Zustellung kann nach § 5a VwZG auch elektronischem Weg gegen Empfangsbekenntnis erfolgen (Rn 73b).

58 **b) Zustellung anstelle der Bekanntgabe.** Förmliche Zustellung idS ist durch zahlreiche Gesetze für bestimmte VAe vorgeschrieben, gem § 69 Abs 2 und § 74 Abs 1 iVm § 69 Abs 2 auch für VAe im **förmlichen Verwaltungsver-**

---

119 Gesetz zur Reform des Verfahrens bei der Zustellung im gerichtlichen Verfahren v 25.6.2001 (BGBl I, 1206).

120 S hierzu näher Nies MDR 2002, 69; Engelhardt/App, § 9 VwZG Rn 2.

121 Verwaltungszustellungsgesetz v 12.8.2005 (BGBl I S. 2354), zuletzt geändert am 11.12.2008 (BGBl I S 2418). S hierzu Rosenbach DVBl 2005, 816; Kremer NJW 2006, 332; Tegethoff, NdsVBl 2007, 1.

122 Ursprünglich war statt Bekanntgabe der Begriff „Übermittlung" vorgesehen (BT-Dr 15/5216). Damit wäre aber nicht hinreichend zum Ausdruck gelangt, dass es zunächst um die Aushändigung geht; **aA** allerdings Sadler, VwZG Einl Rn 4; s auch EuGH NJW 2006, 975.

123 BVerwGE 16, 165; Kintz JuS 1997, 1115; Engelhardt/App § 1 VwZG Rn 6.

124 BFH BStBl II 1975, 894; VG Köln NVwZ 1987, 83; dazu, daß der Vermerk zur Kenntnisnahme ausreicht, auch BVerwG NJW 1988, 1612.

125 BGHZ 100, 234, 237; BFH NVwZ-RR 2000, 263; s zu den Einzelheiten näher Engelhardt/App § 2 VwZG Rn 9.

fahren und im **Planfeststellungsverfahren,** sowie nach § 73 Abs 3, § 56 Abs 2 VwGO auch für **Widerspruchsbescheide.** Eine entsprechende Verpflichtung ergibt sich dagegen auch aus § 74 VwGO nicht allgemein für VAe, gegen die unmittelbar die Klage zum Verwaltungsgericht zulässig ist (Kopp/Schenke § 74 Rn 4). Die Behörde kann nach ihrem Ermessen auch ohne Verpflichtung einen VA im Wege der Zustellung bekannt geben. Dies kommt zB dann in Betracht, wenn der **Aufenthalt des Adressaten nicht ermittelt** werden kann und andere Formen der Bekanntgabe keinen Erfolg versprechen. Da die öffentliche Bekanntgabe nicht zulässig ist, bleibt idR nur die öffentliche Zustellung gem § 10 VwZG (VGH Mannheim VBlBW 1991, 340). Auch dann, wenn die Beweisbarkeit der Bekanntgabe wichtig ist, kommt eine Zustellung in Betracht, weil diese idR dokumentiert ist. Zu beachten ist, dass auch im Falle einer freiwillig gewährten Zustellung eine **fehlerhafte Zustellung nach hM nicht in eine fehlerfreie Bekanntgabe umgedeutet** werden kann.[126] Allerdings kommt diesem Umstand keine besondere Bedeutung mehr zu, weil etwaige Fehler der Zustellung nach § 8 VwZG geheilt werden, wenn der Empfänger das Schriftstück nachweislich erhalten hat.[127]

c) Zustellung an Beteiligte selbst oder Bevollmächtigte. Grundsätzlich ist 59
an Beteiligte oder Betroffene persönlich zuzustellen. Ist für das Verwaltungsverfahren ein Bevollmächtigter (§ 14) bestellt, so muss der VA nach § 7 Abs 1 S 2 VwZG bzw nach den entsprechenden landesrechtlichen Bestimmungen **zwingend dem Bevollmächtigten** zugestellt werden, sofern er eine **schriftliche Vollmacht** vorgelegt hat. Eine unmittelbar an den Beteiligten bzw Betroffenen gerichtete Zustellung ist in diesem Fall nicht wirksam.[128] **Dies gilt auch dann, wenn die Zustellung nicht vorgeschrieben** ist, die Behörde aber diese Form gewählt hat (OVG Koblenz DVBl 1983, 955). Solange der Bevollmächtigte eine schriftliche Vollmacht noch nicht vorgelegt hat, kann die Zustellung sowohl an den Beteiligten bzw Betroffenen selbst als auch an den Bevollmächtigten wirksam erfolgen. Die Zustellung an einen Vertreter ist allerdings nur wirksam, wenn dieser tatsächlich bevollmächtigt ist; handelt es sich um einen vollmachtlosen Vertreter, ist die Zustellung unwirksam; es kommt allerdings eine Heilung nach § 8 VwZG in Betracht.

d) Zustellung an mehrere Adressaten. Grundsätzlich muss ein VA an je- 60
den Adressaten gesondert zugestellt werden, sofern gesetzlich nichts anderes bestimmt ist.[129] Das bedeutet zugleich, dass jeder Adressat in den Besitz einer eigenen Ausfertigung gelangen muss.[130] Das gilt auch für die Zustellung an Ehegatten (BFHE 143, 491), sofern keine Zustellungsbevollmächtigung des jeweils anderen Ehegatten vorliegt, was teilweise angenommen (BFHE 100, 171), aber nicht ohne weiteres vermutet wird.[131] In einem solchen Fall muss – wie allgemein in Fällen der Zustellungsbevollmächtigung – deutlich gemacht werden, dass die Zustellung an den Empfänger nicht nur an ihn als Adressaten, sondern zugleich

---

[126] OVG Münster NVwZ-RR 1995, 623; OVG Schleswig NVwZ-RR 1994, 22; StBS 68; Engelhardt/App § 1 VwZG Rn 6.

[127] Für diesen Zeitpunkt gilt die Bekanntgabevermutung des § 41 nicht; Engelhardt/App § 1 Rn 6.

[128] Vgl § 14 Rn 31; BVerfG 1978, 1575; BVerwG NJW 1988, 1612; OVG Lüneburg NJW 2009, 1834 StBS § 14 Rn 21 f; Knack/Henneke § 14 Rn 15; Redeker NJW 1976, 1118; Engelhardt/App § 8 VwZG Rn 3; Drescher NVwZ 1988, 683; vgl auch BFHE 155, 472 = NJW 1989, 2496 – auch zur Heilung, wenn der Bevollmächtigte den VA jedenfalls nachweislich erhalten hat.

[129] BFHE 109, 221; VGH Mannheim NVwZ 1984, 249; Engelhardt/App § 2 VwZG Rn 2, 9.

[130] BFH NVwZ 1996, 207; OVG Münster NVwZ-RR 1995, 623; Stuttmann NVwZ 2004, 805, 807; Engelhardt/App § 2 VwZG Rn 2, 9.

[131] BVerwG NJW 1993, 2884; Engelhardt/App § 2 VwZG Rn 10; Kintz JuS 1997, 1116.

an ihn als Bevollmächtigten erfolgen soll (Engelhardt/App § 2 VwZG Rn 10). **Bei teilrechtsfähigen Personengesellschaften,** wie OHG, KG, bei Parteien, bei der **BGB-Gesellschaft,** bei **Wohnungseigentümergemeinschaften** (OVG Münster WuM 2004, 114), wie bei nicht rechtsfähigen Vereinen gilt, dass eine Zustellung nicht an sämtliche Mitglieder erforderlich ist, wenn diese Gesellschaften usw als solche am Rechtsverkehr teilnehmen; ausreichend ist, dass an die vertretungsberechtigten Personen zugestellt wird (StBS 80). **Anders** ist dies **bei BGB-Gesellschaften, die als solche nicht im Rechtsverkehr auftreten** (OVG Greifswald NVwZ-RR 2002, 805), bei ungeteilten Erbengemeinschaften, bei Miteigentümern usw. In diesen Fällen muss jedem Mitglied gegenüber gesondert eine Zustellung erfolgen.[132]

61 **2. Die Wirkung der Zustellung.** Ein VA wird mit der Zustellung wie bei der einfachen Bekanntgabe wirksam (§ 43 Abs 1). Eine **fehlerhafte Zustellung setzt keine Fristen** in Lauf, hindert aber idR nicht das Existentwerden der Entscheidung überhaupt (Kopp/Schenke § 56 Rn 8) und damit auch nicht die Möglichkeit einer Anfechtung. Eine Heilung von Zustellungsmängeln für den Fall, dass der Adressat das Schriftstück tatsächlich erhalten hat (§ 8 VwZG), war früher nur insoweit möglich, als die Zustellung nicht eine Klagefrist, Berufungs-, Revisions- oder Rechtsmittelbegründungsfrist beginnen ließ (§ 9 Abs 2 VwZG aF). Nach der Neuregelung des Zustellungsrechts tritt in allen Fällen einer fehlerhaften Zustellung eine Heilung zu dem Zeitpunkt ein, zu dem der Empfänger das Schriftstück nachweislich erhält.

61a **Praktisch wichtig** sind die Zustellung durch die gem § 33 PostG beliehenen **Postdienstleistungsunternehmen** mit Zustellungsurkunde (ZU) nach § 3 VwZG, ferner die Zustellung mit eingeschriebenem Brief gem § 4 VwZG, gegen Empfangsbekenntnis (EB) nach § 5 VwZG sowie die öffentliche Zustellung nach § 10 VwZG. Zuzustellen ist idR an den Adressaten selbst, bei Vorliegen einer schriftlichen Vollmacht aber nur an den Bevollmächtigten (§ 7 VwZG), bei beschränkt Geschäftsfähigen oder Geschäftsunfähigen an ihren gesetzlichen Vertreter (§ 6 VwZG).

62 **3. Zustellung durch die Post mit Zustellungsurkunde (ZU). a) Zustellung durch Übergabe.** Die Zustellung durch die gem § 33 PostG insoweit beliehenen Postdienstleistungsunternehmen mit ZU erfolgt auf die Weise, dass die Behörde das zuzustellende Dokument in einem verschlossenen Umschlag der Post (oder einem anderen Lizenznehmer nach § 5 PostG) mit dem Zustellungsauftrag und einem vorbereiteten Vordruck der Zustellungsurkunde übergibt (§ 3 Abs 1 VwZG).[133] Der Postbedienstete übergibt das Schriftstück dem Empfänger, beurkundet die Zustellung und leitet die Urkunde an die Behörde zurück. Trifft der Zusteller den Adressaten selbst nicht an, kommt einen Ersatzzustellung gem § 3 Abs 2 VwZG iVm §§ 178 ff ZPO in Betracht (s unten Rn 64 ff).

63 **b) Die Zustellungsurkunde.** Eine ordnungsgemäß ausgefüllte Zustellungsurkunde ist Wirksamkeitsvoraussetzung für die Zustellung nach § 3 VwZG. Der notwendige Inhalt einer gültigen Zustellungsurkunde ist in § 182 ZPO geregelt. Hierzu zählt die **Angabe der Geschäftsnummer** (des Aktenzeichens) des Verwaltungsverfahrens ebenso zwingend erforderlich wie die **nähere Bezeichnung des Schriftstücks,** die eine eindeutige Aussage darüber erlaubt, dass Gegenstand

[132] Vgl VGH München BayVBl 1982, 630; VGH Kassel NJW 1984, 1646; der an eine Miteigentümergesellschaft gerichtete Bescheid ist inhaltlich fehlerhaft; ähnlich VGH München NJW 1984, 626 und VGH Kassel BWVPr 1989, 209 zur Zustellung an eine Erbengemeinschaft; VG Gießen NVwZ-RR 1990, 412 zur Zustellung an eine BGB-Gesellschaft bzw nur an den geschäftsführenden Gesellschafter.

[133] Zu den nicht begründeten Zweifeln an der Wirksamkeit von Zustellungen nach der Privatisierung BVerfG NJW 1997, 1772; Engelhardt/App § 3 VwZG Rn 1 mwN.

der Zustellung auch tatsächlich das zuzustellende Schriftstück war (BFHE 125, 107; Engelhardt/App § 3 VwZG Rn 33). Werden in einem Umschlag mehrere Schriftstücke zugestellt, so müssen sie auf der ZU alle angegeben werden. Fehlt es an diesen Voraussetzungen, ist die Zustellungsurkunde nicht aussagekräftig, die Zustellung ist dann gescheitert (OVG Hamburg HmbJVBl 1996, 77). Das Gleiche gilt, wenn es zB an einer wirksamen **Unterschrift** des Postbediensteten fehlt. Zu beachten ist, dass das in der Praxis verbreitete Abzeichnen der Urkunde mit einem **Namenskürzel (Paraphe) nicht ausreicht.** Die ordnungsgemäß erstellte Postzustellungsurkunde entfaltet die Wirkungen, insbesondere die Beweiskraft einer öffentlichen Urkunde iSd § 418 ZPO (BVerwG NJW 1986, 2127). Es besteht aber die Möglichkeit des Gegenbeweises (s zB OVG Münster DVBl 2009, 451; Engelhardt/App § 3 VwZG Rn 35 mwN).

c) Die Ersatzzustellung. Da die Übergabe des Dokuments durch den Postbediensteten an den Empfänger häufig nicht möglich ist, weil dieser in seiner Wohnung nicht angetroffen wird, spielen die verschiedenen Formen der Ersatzzustellung durch den Postbediensteten in der Praxis eine wichtige Rolle. Die **Formen der Ersatzzustellung sind nunmehr zentral in den §§ 177 ff ZPO geregelt.** Die dort getroffenen Regelungen gelten zwar unmittelbar nur für die gerichtlich angeordneten Zustellungen, werden aber aufgrund der Verweisung im VwZG und den Zustellungsgesetzen der Länder auch auf Zustellungsaufträge der Behörden angewandt. 64

aa) Ersatzzustellung in Wohnung oder Geschäftsraum. Wird der Adressat in seiner Wohnung nicht angetroffen, so kann die Zustellung nach § 178 Abs 1 Nr 1 auch an einen erwachsenen **Familienangehörigen,** an eine in der Familie beschäftigte Person, insbes an eine nicht nur vorübergehend beschäftigte Hausangestellte[134] oder an einen erwachsenen ständigen Mitbewohner erfolgen. Volljährigkeit ist dafür nicht erforderlich; allgemein wird ein Mindestalter von 14 Jahren angenommen (Engelhardt/App § 3 Rn 8). Bei der Zustellung in den Geschäftsräumen des Adressaten kann das Schriftstück auch an eine im Betrieb bzw Unternehmen **dauerhaft beschäftigte Person** zugestellt werden (§ 178 Abs 1 Nr 2 ZPO), bei der Zustellung in Gemeinschaftseinrichtungen (s unten Rn 66) an den **Leiter und seine Vertreter** (§ 178 Abs 1 Nr 3 ZPO). Die in § 178 Abs 1 Nr 1 ZPO genannten Ersatzempfänger sind nach hM zur Annahme des Schriftstücks verpflichtet, weshalb der Postbedienstete das Schriftstück im Falle der Weigerung nach § 179 ZPO in der Wohnung oder im Geschäftslokal zurücklassen darf (Engelhardt/App § 3 VwZG Rn 8). 65

Wohnung idS ist unabhängig vom Wohnsitz die Räumlichkeit, in der der Adressat **tatsächlich wohnt,** insbesondere auch schläft (BGH NJW-RR 1997, 1161). Dass der Empfänger in der Wohnung gemeldet ist, reicht allein nicht aus. **Vorübergehende Abwesenheit** zB bei längerem Urlaub ist unschädlich (BVerwG NJW 1991, 1904), anders aber bei Wohnungswechsel, Getrenntleben und längerer Abwesenheit zB wegen Verbüßung einer Freiheitsstrafe.[135] Etwas anderes muss gelten, wenn der Empfänger der Behörde eine andere Wohnanschrift mitgeteilt hat, unter der ihm während der vorübergehenden Abwesenheit zugestellt werden soll (Engelhardt/App § 3 Rn 20). Erfasst werden von § 178 Abs 1 ZPO auch **Gemeinschaftseinrichtungen,** in denen der Zustellungsempfänger wohnt, wie zB Altersheime, Wohnheime, Krankenhäuser, Kasernen usw. Der bloße Anschein einer Wohnung, zB aufgrund eines Namens- 66

---

[134] Nach FG Berlin 1986, 344 soll es ausreichen, wenn es sich um die Putzfrau handelt. Dies dürfte nur dann ausreichen, wenn sie nicht nur vorübergehend, sondern regelmäßig in der Wohnung tätig ist.

[135] OVG Münster NJW 2011, 2683 für mehrmonatige Freiheitsstrafe; ebenso BGH NJW 1978, 1858.

schildes, der Eintragung im Melderegister oder der Angabe einer Adresse usw allein begründet noch keine Wohnung (FG Münster NJW 1985, 1184).

66a **Geschäftsräume** sind diejenigen Räume eines selbständigen Gewerbetreibenden oder freiberuflich Tätigen (zB Architekten, Arzt usw), der vom Adressaten erkennbar für seine Gewerbe- und Berufsausübung genutzt wird (OLG Frankfurt MDR 1999, 498). An Gewerbetreibende kann nach Wahl sowohl in der Wohnung als auch in ihrem Geschäftslokal, dort auch an Mitarbeiter, wenn sie in einem dauernden Dienstverhältnis stehen (VGH München NJW 1991, 1249) zugestellt werden. Dies gilt unabhängig davon, ob sich das Schriftstück auf den privaten oder geschäftlichen Bereich bezieht. Der Begriff des Gewerbetreibenden umfasst alle Personen, die eine selbständige Erwerbstätigkeit ausüben, also auch Freiberufler.

67 **bb) Ersatzzustellung durch Einlegen in den Briefkasten.** Ist eine Zustellung nach § 178 Abs 1 Nr 1 oder Nr 2 ZPO nicht möglich, weil weder der Adressat noch weitere geeignete Personen angetroffen werden, so kann das Schriftstück nach dem neu gefassten § 180 ZPO auch in einen zu der Wohnung oder zum Geschäftslokal gehörenden Briefkasten eingelegt werden. Voraussetzung dafür ist, dass der **Briefkasten des Adressaten nach außen erkennbar für den Postempfang eingerichtet** ist, was idR durch die Anbringung des Namens erfolgt,[136] und dass der Briefkasten in der allgemein üblichen Art für eine sichere Aufbewahrung geeignet ist. Letzteres setzt voraus, dass der **Briefkasten abgeschlossen und auch sonst hinreichend funktionsfähig** ist. Sofern der Briefkasten sich ohne Schlüssel öffnen lässt, liegen die Voraussetzungen des § 180 ZPO nicht vor. Unzulässig ist eine Zustellung durch Einlegen in den Briefkasten auch dann, wenn nach den Umständen davon auszugehen ist, dass der Briefkasten nicht oder jedenfalls nicht regelmäßig geleert wird, was anzunehmen ist, wenn er etwa überquillt oder sich sonst ein Schriftstück nicht mehr sicher einlegen lässt. In solchen Fällen scheidet diese Zustellungsform aus (Engelhardt/App § 3 Rn 31).

68 Die **Ersatzzustellung durch Einlegen** in den Briefkasten stellt eine **wesentliche Neuerung** durch das ZustReformG dar, weil sie die Niederlegung bei der Post in vielen Fällen entbehrlich werden lässt. Gleichwohl ist sie **rechtspolitisch nicht unbedenklich,** weil sie die Gefahr eines Verlustes des zuzustellenden Schriftstücks aus dem funktionsfähigen Briefkasten jedenfalls teilweise dem Adressaten aufbürdet. Allerdings konnte dies auch bisher schon im Falle der Niederlegung mit der Benachrichtigung geschehen, die auf gewöhnliche Weise in den Briefkasten eingelegt wurde. Voraussetzung für die Wirksamkeit der Zustellung ist, dass der Postbedienstete das Einlegen des Schriftstücks in den Briefkasten in einer dem § 182 ZPO genügenden Weise protokolliert.

69 **cc) Ersatzzustellung durch Niederlegung.** Niederlegung des Schriftstücks nach § 181 ZPO kommt nur in Betracht, wenn eine reguläre Zustellung ebenso wenig durchführbar ist wie eine Ersatzzustellung durch die Einlegung in den Briefkasten nach § 180 ZPO bzw in den Fällen des § 178 Abs 1 Nr 3 ZPO an den Leiter einer Gemeinschaftseinrichtung. Voraussetzung ist, dass eine **Mitteilung über die Niederlegung** in der für gewöhnliche Briefe üblichen Weise in den Machtbereich des Empfängers gelangt ist. Ausreichend ist hier, dass die Mitteilung „in der bei gewöhnlichen Briefen üblichen Weise abgegeben oder, wenn das nicht möglich ist, an der Tür der Wohnung, des Geschäftslokals oder der Gemeinschaftseinrichtung befestigt wird; Kenntnisnahme des Empfängers ist nicht erforderlich. Den Beweis für die ordnungsgemäße Zustellung durch Niederlegung erbringt nur eine ordnungsgemäß ausgefüllte **Zustellungsurkunde.**

---

[136] Es muss sich um einen individuellen Briefkasten mit Zuordnung zu einer Wohnung oder einem Geschäftslokal handeln. Briefkästen von Gemeinschaftsunterkünften reichen nicht aus, auch wenn sie individuell zuzuordnen sind.

Das Schriftstück gilt mit der Abgabe der schriftlichen Mitteilung als zugestellt (§ 181 Abs 1 S 2 ZPO). Auf den Zeitpunkt der tatsächlichen Kenntnisnahme bzw der Möglichkeit dazu kommt es nicht an (VGH München BayVBl 1981, 660; BayObLG MDR 1990, 346; Kopp/Schenke § 56 Rn 35). Der Tag der Mitteilung ist auch dann maßgeblich, wenn dies ein Samstag ist und eine Abholung frühestens am darauffolgenden Montag möglich ist (vgl zur früheren Rechtslage BayVerfGH NJW 1982, 2661).

Die Niederlegung kann wahlweise **beim Amtsgericht oder einer von der** 70
Post bestimmten Stelle erfolgen (§ 181 Abs 1 S 1 ZPO). Die von der Post bestimmte Stelle kann auch eine Postagentur sein (BGH NJW 2001, 832). Dort ist es drei Monate lang zur Abholung aufzubewahren und danach an den Absender zurückzusenden. Voraussetzung der Wirksamkeit einer Zustellung durch Niederlegung bei der Post ist auch in diesem Fall, dass die Mitteilung über die Niederlegung in den **Zugriffsbereich des Empfängers** gekommen ist, nicht aber, dass dieser von der Mitteilung Kenntnis genommen hat.[137] Die Mitteilung muss zwingend den **Namen des Adressaten** enthalten (Engelhardt/App § 3 Rn 34).

dd) Zustellungsfiktion bei verweigerter Annahme. Wird die Annahme 71
des zuzustellenden Schriftstücks unberechtigt verweigert, so gilt das Schriftstück nach § 179 ZPO gleichwohl als zugestellt, wenn das Schriftstück vom Postbediensteten in der Wohnung oder in den Geschäftsräumen zurückgelassen wird. Ist keine Wohnung bzw kein Geschäftsraum vorhanden, so ist das Schriftstück schlicht an den Adressaten zurückzusenden. Unberechtigt ist die Annahmeverweigerung, wenn es hierfür keinen berechtigten Grund gibt. Ein solcher könnte im Fall der Zustellung zur Unzeit angenommen werden. Eine Spezialregelung trifft § 10 Abs 1 AsylG.[138]

4. Die Zustellung mittels eingeschriebenen Briefes. Bei Zustellung mit- 72
tels eingeschriebenen Brief liegt ein ordnungsgemäßer Zugang dann vor, wenn die AGB der Deutschen Post AG (die im Zuge der Postprivatisierung die frühere PostO abgelöst haben) beachtet wurden.[139] Zu unterscheiden sind **Übergabe-Einschreiben** (§ 4 Abs 1 VwZG) und **Einschreiben mit Rückschein** (§ 4 Abs 2 VwZG). Die Zustellung kann auch durch **Übergabe an den Ehepartner** des Empfängers (BayVerfGH NJW 1982, 2661), den Lebenspartner (BGH NJW 1990, 1666), ein Familienmitglied (BayVerfGH NJW 1982, 2661; OLG Celle NJW 1971, 1227) oder einen sonstigen „Ersatz-Empfänger" (BayVerfGH NJW 1982, 2661) bewirkt werden, auch wenn das Schreiben den Empfänger tatsächlich auch später nicht erreicht (BayVerfGH NJW 1982, 2661). Der Beweis der Zustellung wird regelmäßig durch den **Rückschein** erbracht (FG Hamburg NordÖR 2005, 213). **Noch nicht als Zugang** anzusehen ist die bloße **Benachrichtigung** des Empfängers, dass ein Einschreibbrief bei der Post hinterlegt ist und zur Abholung bereit liegt.[140] Entsprechendes gilt für Briefe, die in ein abgeschlossenes Postfach eingelegt werden.[141] Wird der Brief nicht abgeholt, so liegt kein Zugehen im Rechtssinn vor (BVerwGE 36, 127; BayVerfGH NJW 1982, 2661). Zu **treuwidriger Nichtabholung** s aber oben Rn 19. Einwurf-

---

137 BVerwGE 85, 215: Keine Wirksamkeit, wenn keine tatsächlich vom Adressaten bewohnte Wohnung mehr am Zustellort; BayObLG MDR 1990, 346. S auch oben Rn 12.

138 S hierzu OVG Weimar DVBl 2001, 1012; OVG Münster NVwZ-RR 2001, 409.

139 BVerwGE 39, 261; NJW 1977, 2092; BayVerfGH NJW 1982, 2661.

140 BVerwGE 23, 127 = NJW 1971, 443; 36, BVerwG NJW 1971, 446; BVerfG 22, 12 f.; BayVerfGH VRspr 25, 527 mwN; NJW 1982, 2661; BGH VersR 1971, 272; BSG 27, 239; NZA 1991, 38; BFH 110, 235.

141 OVG Münster MDR 1977, 1048; VGH München VGHE 28, 32: Zugang erst, wenn abgeholt.

einschreiben reichen als wirksame Zustellung nicht aus, weil hier lediglich ein Einlieferungsnachweis gegeben werden kann.[142]

73 **5. Zustellung mittels Empfangsbekenntnis. a) Formen.** Nach § 5 VwZG können nicht nur ein Schriftstücke, sondern auch elektronische Dokumente gegen Empfangsbekenntnis zugestellt werden. Bei der Zustellung eines schriftlichen Dokuments wird dem Empfänger dieses persönlich (idR in einem geschlossenen Umschlag) ausgehändigt; der Empfänger hat ein mit Datum versehenes Empfangsbekenntnis zu unterschreiben (§ 5 Abs 1 VwZG). Nach § 5 Abs 2 VwZG **gelten hier die §§ 177–181 ZPO über die Ersatzzustellung** entsprechend; die Dokumentationspflichten des § 5 Abs 2 S 2 VwZG sind zu beachten. An Behörden, öffentliche Körperschaften, Rechtsanwälte und die übrigen in § 5 Abs 4 VwZG abschließend aufgezählten Funktionsträger kann die Übermittlung des Dokuments auch auf andere Weise, zB durch einfachen Brief, per **Telefax** (s hierzu auch BFH NVwZ 2003, 252) oder auch elektronisch gegen Empfangsbekenntnis erfolgen. Nach § 5 Abs 5 VwZG kann ein Dokument auch „im Übrigen“, dh an andere als die in § 5 Abs 4 VwZG genannten Personen, elektronisch zugestellt werden, sofern der Empfänger hierfür einen Zugang eröffnet hat (s hierzu § 3a Rn 6). Eine Verpflichtung hierzu besteht nach § 71e für den Fall, dass der Antragsteller in Verfahren nach § 71a eine elektronische Abwicklung verlangt. Die Zustellung nach § 5 Abs 5 VwZG hat allerdings zwingend mit elektronischer Signatur zu erfolgen (s hierzu § 3a Rn 17). Für die elektronische Zustellung gilt im übrigen § 5 Abs 6.

73a **b) Zeitpunkt der Zustellung** Maßgeblich ist grundsätzlich das **Datum des Empfangsbekenntnisses,** dh nicht notwendig der Zeitpunkt des tatsächlichen Zugangs,[143] außer wenn es nachweislich unrichtig ist (VGH Kassel DVBl 1989, 894), bei Behörden und Gerichten außerdem das Datum des **Eingangsstempels** (BVerwG Buchh 310 § 70 VwGO Nr 5). Es genügt nicht, dass das zuzustellende Schriftstück in den Bereich der Kanzlei oder der Behörde gelangt ist; es muss auch von einem dafür zuständigen Bediensteten als zugestellt angenommen und in Empfang genommen sein.[144] Die Ausfüllung des Empfangsbekenntnisses wird allerdings nicht mehr als Wirksamkeitsvoraussetzung der Zustellung nach § 5 VwZG angesehen.[145]

73b **6. Elektronische Zustellung (§ 5a VwZG).** Nach dem durch das De-Mail-Gesetz 2011 eingefügten § 5a VwZG kann eine Zustellung gegenüber den in § 5 Abs 4 VwZG genannten Personen und gem § 5 Abs 5 VwZG gegenüber anderen, die einen entsprechenden Zugang eröffnet haben, auf elektronischem Weg vorgenommen werden, wenn die Mail durch Übermittlung eines akkreditierten Dienste-Anbieter in ein spezielles **De-Mail-Postfach** des Adressaten erfolgt. Der Dienste-Anbieter ist verpflichtet, eine Abholbestätigung zu erzeugen, die dann den vollen Beweis der Zustellung erbringt (hierzu näher § 3a Rn 27 ff).

74 **7. Öffentliche Zustellung (§ 10 VwZG).** Die recht seltene öffentliche Zustellung ist nur in den Fällen des § 10 Abs 1 VwZG zulässig. Voraussetzung ist,

---

142 BVerwGE 112, 78; Engelhardt/App § 4 Rn 2 unter Hinweis auf die Amtl Begr BT-Dr 15/5216 S 12.

143 BVerwG DVBl 1971, 418; NJW 1979, 1998; BayVBl 1980, 249; OVG Greifswald NVwZ 2002, 113; BGH VersR 1983, 1080 – zugleich zu den strengen Anforderungen an einen Gegenbeweis –; BGHZ 57, 160; NJW 1979, 2566; BFH BayVBl 1990, 699: wenn das Empfangsbekenntnis nicht ausgefüllt wurde, tatsächlicher Zugang maßgeblich; zur Zustellung an Rechtsanwälte nunmehr auch BVerwGE 58, 109; BVerwG DÖV 1984, 776 – bei Annahme an einem Samstag, Fristbeginn am Sonntag.

144 BFH NVwZ 2000, 356; VGH Mannheim GewArch 1985, 133.

145 BGH, NJW 2005, 3216; ausf Engelhardt/App § 5 Rn 3.

dass sämtliche anderen Zustellungsmöglichkeiten nicht zum Erfolg führen können.[146] Das gilt insbesondere auch für die Auslandszustellung (§ 10 Abs 2 Nr 1 VwZG). Im Planfeststellungverfahren ersetzt die öffentliche Bekanntmachung nach § 74 Abs 5 S 2 die individuelle Zustellung, wenn mehr als 50 Zustellungen erfolgen müssten (vgl § 74 Rn 195 ff). Die öffentliche Zustellung erfolgt nach § 10 Abs 2 Satz 1 VwZG auf Anordnung eines zeichnungsberechtigten Beamten durch **Aushang des Schriftstücks** oder gem § 10 Abs 2 Satz 2 VwZG durch Aushang einer Benachrichtigung, in der angegeben wird, dass und wo das Schriftstück eingesehen werden kann. Zum Mindestinhalt der Benachrichtigung OVG Hamburg NordÖR 2001, 133. Der Aushang hat an einer von der Behörde allgemein hierzu vorgesehenen Stelle für einen **Zeitraum von zwei Wochen** (§ 10 Abs 2 S 6 VwZG) **bei Ladungen von einem Monat,** stattzufinden. Dabei wird der erste Tag nicht mitgezählt (§ 187 Abs 1 BGB). Der Tag des Aushängens und der Tag der Abnahme sind vom zuständigen Beamten auf dem Schriftstück zu vermerken (§ 15 Abs 3 Satz 3 VwZG); der Vermerk mit vollem Namen (BGHZ 80, 320) zu unterschreiben; bloßes Namenskürzel oder Paraphe genügen nicht (Engelhardt/App § 10 Rn 11).

Die Öffentliche Zustellung nach § 10 VwZG ist nur zulässig, wenn die **Anschrift nicht in zumutbarer Weise ermittelt werden** kann. Eine Behörde muss sich, bevor sie den Weg der öffentlichen Zustellung einschlägt, durch die nach Sachlage gebotenen Ermittlungen Gewissheit darüber verschaffen, dass der Aufenthaltsort des Zustellungsempfängers nicht nur ihr, sondern allgemein unbekannt ist.[147] Den Anforderungen an die Prüfungspflicht wird die Behörde in aller Regel gerecht, wenn sie versucht, die Anschrift des Adressaten durch die Polizei bzw durch das Einwohnermeldeamt zu ermitteln.[148] Ist anzunehmen, dass sich der Empfänger in einem anderen Staat aufhält, muss der Versuch unternommen werden, die Anschrift im Wege des zwischenstaatlichen Informationsaustauschs zu ermitteln.[149] 75

8. Zustellung im Ausland. a) Zustellungsarten. Eine Zustellung außerhalb Deutschlands kann auf den in § 9 VwZG genannten Wegen erfolgen.[150] Sie entsprechen im wesentlichen §§ 183 f ZPO. Danach kann wirksam nur **mit Zustimmung der dort herrschenden Staatsgewalt** zugestellt werden.[151] Die erforderliche Zustimmung kann im Einzelfall, allgemein oder auch im Rahmen völkerrechtlicher Abkommen erteilt werden. Darin wird idR auch geregelt, auf welche Weise die Zustellung bewirkt werden darf. Der Nachweis der Zustellung erfolgt nach § 9 Abs 2 entweder durch den Rückschein, oder das Zeugnis der ersuchten Behörde; bei elektronischer Zustellung durch ein mit Datum und Unterschrift versehenes Empfangsbekenntnis. Ist ein inländischer Zustellungsbevollmächtigter vorhanden,[152] reicht die Zustellung im Inland an diesen. ie Bescheinigung über die Zustellung muss den Zeitpunkt und den Namen der Person enthalten, an den das Schriftstück übergeben wurde (BVerwGE 109, 115 = NJW 2000, 683). Richtigerweise kommt auch bei fehlerhaften Aus- 76

---

146 BFH NVwZ-RR 2001, 77; BVerwG NVwZ 1999, 178.

147 VGH München BayVBl 1989, 246; BGHZ 149, 311.

148 Vgl auch BFH 102, 20 = BStBl II 1971, 555; BayObLG BayVBl 1984, 121; VGH München BayVBl 1989, 248.

149 BFH NVwZ 2010, 1384.

150 Unterschieden werden in § 9 Abs. 1 VwZG die Zustellung durch Einschreiben mit Rückschein (Nr 1) oder durch elektronische Übermittlung (Nr 4), beides soweit völkerrechtlich zulässig, sonst auf entsprechendes Ersuchen durch die Behörden des fremden Staates oder durch eine konsularische bzw. diplomatische Vertretung (Nr 2) oder in bestimmten Fällen durch das Auswärtige Amt (Nr. 3).

151 BSG NJW 1973, 1064; StBS 218; Ohler/Kruis DÖV 2009, 93, 97.

152 Soweit gesetzlich vorgesehen ist, kann die Behörde anordnen, dass ein inländischer Empfangsbevollmächtigter zu benennen ist (vgl zB § 9 Abs 3 VwZG).

landszustellungen eine Heilung von Zustellungsmängeln nach § 8 VwZG in Betracht.[153]

b) Internationale Zustellungsabkommen. Zustellungen im Ausland aufgrund **internationaler Abkommen** oder bilateraler Verträge erfolgen idR durch Vermittlung des Auswärtigen Amtes, im Bereich der Zuständigkeiten der Konsulate auch unmittelbar über diese. S im einzelnen G v 20.7.1981 (BGBl I 665). Zur Bekanntgabe von VAen im Ausland unter Inanspruchnahme der Amtshilfe s auch § 4 Rn 8. Zur **Bekanntgabe** von VAen im **Ausland** vgl das **Europäische Übereinkommen** über die Zustellung von Schriftstücken in Verwaltungssachen im Ausland.[154] Zu weiteren zweiseitigen Abkommen über Zustellungen im Ausland Engelhardt/App § 10 Rn 10.

77 **9. Heilung von Zustellungsmängeln. a) Grundsatz.** Die Heilung von Zustellungsmängeln richtet sich nach § 8 VwZG. Danach gilt ein Schriftstück als in dem Zeitpunkt zugestellt, in dem der Empfänger es tatsächlich erhalten hat, auch wenn gegen zwingende Zustellungsvorschriften verstoßen wurde oder die formgerechte Zustellung nicht nachgewiesen werden kann. Diese Heilungsmöglichkeit besteht grundsätzlich bei sämtlichen Zustellungsmängeln und ist heute in ihrem Anwendungsbereich nicht mehr beschränkt.[155] Die Bedeutung von Zustellungsmängeln und des Instituts der Zustellung im Verhältnis zur bloßen Bekanntgabe insgesamt wird durch die weitgehende Heilungsmöglichkeit stark relativiert.

77a **b) Zustellungsempfänger.** Die Heilung setzt voraus, dass der Empfänger das Schriftstück tatsächlich erhalten hat. Zustellungsempfänger ist grundsätzlich der, an den sich das Schriftstück richtet, außerdem derjenige, an den die Zustellung nach Gesetz gerichtet ist oder gerichtet werden kann.[156] Im Falle einer gesetzlichen Vertretung ist der gesetzliche Vertreter der Zustellungsempfänger.[157] Eine Zustellung ist auch gegenüber einem Empfangsvertreter möglich. Empfangsvertreter ist zunächst ein vom Adressaten zur Entgegennahme des Schriftstücks Bevollmächtigter (s Rn 83). Für den Fall, dass weder der Adressat selbst noch ein Bevollmächtigter anzutreffen ist, kann nach allg A auch an einen Ersatzempfänger zugestellt werden. Als Ersatzempfänger sind Familienangehörige, Ehegatten oder Lebensgefährten sowie andere Personen, die sich in den Räumlichkeiten des Adressaten aufhalten und Nachbarn zu betrachten, wenn die Umstände des Einzellfalls die berechtigte Annahme begründen, dass sie zur Annahme berechtigt sind.[158]

78 **c) Tatsächlicher Erhalt des Schriftstücks.** Voraussetzung für die Heilung ist der Nachweis des tatsächlichen Erhalts des Schriftstücks. Der Empfangsberechtigte hat das Schriftstück tatsächlich erhalten, wenn es ihm zugegangen ist. Der Empfang mit der Möglichkeit der Kenntnisnahme reicht aus; Kenntnisnahme selbst ist ebenso wenig erforderlich wie die Inbesitznahme (BVerwGE 104, 301, juris Rn 27). **Umstritten** ist, ob für die Heilung nach § 8 VwZG die Übergabe einer Fotokopie des zuzustellenden Schriftstücks ausreichend ist. Dies

---

[153] Ohler/Kruis DÖV 2009, 93, 100.

[154] BGBl 1981 II 533; wiedergegeben in Engelhardt/App, VwZG, Anh h; dazu – insb auch zu den Aufgaben der Gemeinden nach diesem Abkommen – Korber BayVBl 1983, 301; allg Merkblatt des BMF über die zwischenstaatliche Amtshilfe bei der Steuererhebung, wiedergegeben in Hb für Verwaltungszwangsverfahren, 1989.

[155] Vor der Reform des Zustellungsrechts (Rn 56a) war die Heilung nach § 9 Abs 2 VwZG aF ausgeschlossen, „wenn mit einer Zustellung eine Frist für die Erhebung der Klage, eine Berufungs-, Revisions- oder Rechtsmittelfrist beginnt". Hierzu OVG Hamburg DVBl 1985, 960; NVwZ-RR 1990, 442.

[156] Engelhardt/App/Schlatmann, § 2 VwZG Rn 8.

[157] Vgl. nur BVerwGE, 23, 15.

[158] Bader/Ronellenfitsch, § 4 VwZG Rn 5.

ist spätestens seit der Neufassung des VwZG im Jahr 2006 abzulehnen. Der Gesetzgeber erklärt in der entsprechenden Gesetzesbegründung zu § 2 VwZG ausdrücklich, dass die Übersendung einer bloßen Fotokopie noch keine Zustellung bewirkt.[159] Hierfür spricht auch der Wortlaut des § 8 VwZG, der sich eindeutig auf die tatsächliche Zustellung „des Dokumentes" bezieht. Dokumente iSd VwZG sind allein zustellungsfähige Dokumente iSv § 2 VwZG.[160] Hieraus ergibt sich, dass eine Heilung nur bei Übergabe dieses klar definierten Schriftstücks eintritt. Der Gegenansicht, wonach eine Kopie genügt, da der Zweck der Bekanntgabe, eine zuverlässige Kenntnis des Inhalts eines Schriftstückes zu erlangen, durch eine Kopie in gleichem Maße erreicht würde,[161] kann angesichts des Wortlauts der Vorschrift nicht gefolgt werden.[162] Enthält eine Fotokopie demgegenüber eine **Beglaubigung** und entspricht sie auch ihrem Inhalt und ihrer Qualität nach dem Original, ist davon auszugehen, dass sie dem Adressaten gleich dem Original eine zuverlässige und vollständige Kenntnis verschafft.[163] Durch eine Beglaubigung wird die Authentizität des übermittelten Schriftstücks vermittelt, wie sie einer einfachen Kopie gerade fehlt. Es erscheint daher nur sachgerecht, die Heilungswirkung des § 8 VwZG grundsätzlich auch bei Übergabe einer beglaubigten Kopie anzunehmen.

d) Rechtsfolgen. Findet eine Heilung nicht statt, weil der Adressat den VA nicht nachweislich erhalten hat, so kann der VA dem Adressaten gegenüber **nicht wirksam** werden. **Rechtsbehelfsfristen** werden nicht in Lauf gesetzt. Um das Wirksamwerden des VA oder Widerspruchsbescheids zu bewirken, ist eine erneute Zustellung bzw Bekanntgabe erforderlich. Die Folgen einer fehlerhaften Zustellung entfallen aber unabhängig von § 8 VwZG und von vergleichbaren Regelungen, wenn der Adressat bzw der Betroffene **die Handlungen vorgenommen** hat, die ihm durch den in Frage stehenden VA aufgegeben waren oder für die der VA maßgeblich war, zB, ohne dass er den Mangel gerügt hat, den gegen den betroffenen VA in Betracht kommenden Rechtsbehelf eingelegt hat,[164] und sich aus der fehlerhaften Bekanntgabe keine weiteren Nachteile mehr für ihn ergeben.[165] Er kann sich dann nachträglich nicht mehr darauf berufen, dass die Bekanntgabe fehlerhaft war (vgl Kopp/Schenke § 56 Rn 8).[166] Wird der Rechtsbehelf nachträglich wieder zurückgenommen, so kann er später nach Ablauf der Rechtsmittelfrist jedoch nicht nochmals erneut unter Berufung darauf, dass die fehlerhafte Zustellung keine Frist in Lauf gesetzt habe, eingelegt werden. Die fehlerhafte Zustellung ist auch dann unbeachtlich, wenn dies spezialgesetzlich geregelt ist (vgl § 10 AsylG). 79

---

[159] BT-Drs. 15/5216, 11.

[160] MSU, § 8 VwZG Rn 6.

[161] BVerwGE 104, 301; OVG Hamburg NVwZ 2005, 235; BFHE 192, 200; **aA** BGHZ 100, 234; BSG NVwZ 1990, 1108; OVG Schleswig-Holstein, B v 8.4.2015, 2 LA 20/15, juris Rn 10.

[162] Engelhardt/App § 8 Rn 5; Bitter NVwZ 1999, 147; FKS VwZG § 8 Rn 7, s auch Amtl Begr BT-Dr 15/5216 S 11.

[163] So der Umkehrschluss aus BSG, NVwZ 1990, 1108, 1109; BFH, B v 7.11.2008, X B 55/08, BeckRS 2008, 25 014 302; Engelhardt/App/Schlatmann, § 2 VwZG Rn 6; Fehling/Kastner/Störmer, § 8 VwZG Rn 7; Hawalitschek DStR 2015, 21, 22.

[164] Vgl OVG Münster NVwZ 1995, 395; VGH München BayVBl 1979, 733 mwN; **enger** OVG Hamburg DVBl 1982, 2118: dies gilt nicht bei Zustellung an einen nicht empfangsbereiten Dritten; VGH München NJW 1984, 2845: gilt nicht bei Zustellung an einen nicht Verfahrenshandlungsfähigen; **aA** VGH München BayVBl 1982, 630; Preißer NVwZ 1987, 871: nur, wenn jedenfalls die Übergabe erfolgt war.

[165] VGH München NJW 1984, 2845; VGH Kassel NVwZ 1986, 131; VG Regensburg BayVBl 1976, 761; Linhart APF 1983, 116 Fn 45; vgl auch BGH NJW 1980, 990.

[166] BGH, NJW 1996, 1351; OLG Köln, GRUR 1987, 404; Musielak/Voit, § 295 ZPO Rn 8; MüKo ZPO Rn 43; Thomas/Putzo/Reichold Rn 8.

X. Zugang und Eingang von Erklärungen

80 **1. Die Begriffe Eingang und Zugang.** Anträge, Erklärungen usw, die gegenüber Behörden abgegeben werden sollen, müssen bei der zuständigen Behörde eingehen. Von „Eingang" bzw „eingehen" ist die Rede zB in §§ 23 Abs 4, 42a Abs 2 S 1, 71b Abs 2 S 1). In anderen Vorschriften ist von „Zugang" bzw „zugehen" die Rede (§ 15 S 2), bei Erklärungen heißt es auch gelegentlich, sie müssten „abgegeben" werden. Die Begriffe „Eingang" und „Zugang" oder „Abgabge" werden zwar verwendet, aber nicht definiert. Der Begriff der Bekanntgabe (§ 41) ist auf den VA zugeschnitten; die hierzu getroffenen Regelungen sind nicht übertragbar. Soweit es um Verfahrenshandlungen der Beteiligten (Anträge, Antragsrücknahme, Willenserklärungen usw) geht, kommt es nicht auf die Bekanntgabe gegenüber dem Erklärungsgegner an, sondern auf den Eingang bzw den Zugang.

80a Soweit besondere gesetzliche Regelungen fehlen, ist davon auszugehen, dass im Verwaltungsverfahrensrecht die **Begriffe Eingang und Zugang synonym** verwendet werden und dass es für beide Begriffe entsprechend § 130 BGB auf den Zugang ankommt. Der Begriff des Zugangs ist dabei in einer dem bürgerlichen Recht entsprechenden Weise auszulegen (näher Weiler JuS 2005, 788). Danach werden Willenserklärungen gegenüber Abwesenden in dem Zeitpunkt wirksam, in welchem sie zugehen. Diese Regelungen sind nach § 130 Abs 3 BGB auch dann anzuwenden, wenn die Willenserklärung einer Behörde gegenüber abzugeben ist.

81 **2. Zeitpunkt des Zugangs bei Behörden. a) Einwurf in Briefkasten.** Wird ein Schreiben einem Mitarbeiter der Behörde nicht persönlich ausgehändigt, sondern vom Absender oder der Post in den dafür vorgesehenen Briefkasten eingeworfen, so stellt sich die Frage, ob es schon im Zeitpunkt des Einwurfs zugegangen ist oder erst zu dem Zeitpunkt, zu dem die Post üblicherweise den Briefkästen, bei Postfächern diesen entnommen wird. Dies ist im allgemeinen Geschäftsverkehr während der üblichen Geschäftszeiten der Fall, nicht etwa nachts oder am Wochenende. Für den Zeitpunkt des Zugangs bei einer Behörde kommt es demgegenüber allein auf den **Zeitpunkt des tatsächlichen Eingangs** an; die Dienstzeiten der Behörde spielen keine Rolle. Entscheidend ist vielmehr, ob bzw wann das Schriftstück in den **Machtbereich der Behörde** gelangt ist.[167] Hat die Behörde einen eigenen Briefkasten bzw ein eigenes Postfach,[168] so kommt es auf den Zeitpunkt an, zu dem das Schriftstück dort eingelegt wird. Wird also ein Schriftstück **vor 24 Uhr in den Briefkasten der Behörde** eingeworfen, ist noch im Laufe dieses Tages eingegangen, auch wenn nach dem üblichen Geschäftsverkehr erst mit einer Kenntnisnahme am folgenden Tag gerechnet werden kann (näher § 31 Rn 22). Das gilt auch dann, wenn eine Behörde keinen fristwahrenden Briefkasten eingerichtet hat.[169] Es kommt demgegenüber nicht auf den Zeitpunkt an, zu dem der zuständige Behördenmitarbeiter das Schreiben selbst in die Hand bekommt (zB RGZ 135, 252; BGH NJW 1990, 386). Zur **Fiktion des Zugangs** bei **Einschaltung der einheitlichen Stelle** s § 71b Abs 2 (§ 71b Rn 6).

81a Der **Eingangsstempel der Behörde** ist grundsätzlich geeignet, den Nachweis von Ort und Zeit des Eingangs eines Schriftstücks zu erbringen (OVG Bremen NordÖR 2014, 450). Das gilt jedenfalls dann, wenn Vorkehrungen dafür

---

[167] BVerwGE 91, 334 für Widerspruch nach § 69 VwGO; OVG Weimar LKV 2011, 284.

[168] Zweifelhaft ist, ob eine zentrale Annahmestelle für Behörden ausreichend ist, verneinend OVG Weimar LKV 2011, 284, auch zur Frage der Beweislast.

[169] Insoweit besteht also kein Unterschied zur Fristwahrung im Prozessrecht, vgl BGHZ 80, 62; Knack/Henneke 3 31 Rn 22.

getroffen worden sind, dass die nach Dienstschluss, aber vor Mitternacht eingehende Post dem Vortag zugeordnet werden können. Der Absender ist im übrigen berechtigt, gegenüber den Aussagen des Eingangsstempels den **Gegenbeweis** zu führen (StBS § 22 Rn 50). Für sog Einwurfeinschreiben gelten dieselben Grundsätze. Andere Einschreiben, die mangels Anwesenheit dem Adressaten oder einem Empfangsvertreter nicht übergeben werden können, gehen nicht schon dann zu, wenn von der Benachrichtigung Kenntnis genommen werden kann (Palandt § 130 Rn 6); anders im Falle der Zustellung nach § 180 ZPO.

b) Zugang in anderen Fällen. Wird ein Schriftstück per Telefax übermittelt, so ist nach der Rspr der Zugang zu dem Zeitpunkt anzunehmen, zu dem das **Telefax im Empfangsgerät empfangen und gespeichert** wird; auf den Zeitpunkt, zu dem es ausgedruckt wird, soll es nicht ankommen.[170] Das bedeutet, dass der Empfang im Risikobereich des Absenders, der Ausdruck aber im Risikobereich des Empfängers liegt. **Elektronische Dokumente** sind nach § 130 Abs 3 ZPO eingereicht, sobald die zum Empfang bestimmte Einrichtung sie in lesbarer Form (s § 3a Rn 13a) aufgezeichnet hat. Wenn Schriftform einzuhalten ist, müssen die Voraussetzungen des § 3a Abs 2 erfüllt sein (näher § 3a Rn 14 ff). 82

c) Zugang bei Zwischenschaltung von Dritten. Der Zugang kann auch durch die Möglichkeit der Kenntnisnahme seitens solcher Personen bewirkt werden, die entweder als Empfangsvertreter oder als Empfangsboten tätig werden. Die Empfangsbevollmächtigung ist in § 7 VwZG geregelt. § 7 Abs 1 S 2 VwZG verpflichtet die Behörde, an einen Bevollmächtigten zuzustellen, wenn dieser eine schriftliche Vollmachtsurkunde vorlegen kann. Nach § 7 Abs 1 S 1 VwZG steht es im pflichtgemäßen **Ermessen der Behörde**, auf eine Vollmachtsurkunde zu verzichten, wenn ein Bevollmächtigter anderweitig benannt wurde.[171] Bei der Ermessensentscheidung hat die Behörde die Umstände des Einzellfalls und den mutmaßlichen Willen des Adressaten zu berücksichtigen.[172] Für den Zeitpunkt des Zugangs kommt es dann darauf an, wann der Empfangsbevollmächtigte seinerseits beim üblichen Verlauf vom Inhalt des Schreibens Kenntnis nehmen kann (s oben Rn 82). Auf die Kenntnisnahme seitens des vertretenen Adressaten selbst kommt es dagegen nicht an. Beim **Empfangsboten** ist die Lage anders. Hier kommt es darauf an, zu welchem Zeitpunkt nach dem üblichen Verlauf die Weiterleitung an den Adressaten erwartet werden durfte; auf die tatsächliche Weiterleitung kommt es dagegen nicht an, weil diese im Risikobereich des Empfängers liegt.[173] Eine falsche, verspätete oder unterlassene Weiterleitung geht zu Lasten des Adressaten. Empfangsbote ist, wer vom Adressaten zur Entgegennahme von Schriftstücken bestellt worden ist oder nach allgemeiner Verkehrsanschauung als bestellt anzusehen ist (zB Ehegatten, Familienangehörige, Lebenspartner usw). 83

§ 42 Offenbare Unrichtigkeiten im Verwaltungsakt

Die Behörde kann Schreibfehler, Rechenfehler und ähnliche offenbare Unrichtigkeiten in einem Verwaltungsakt jederzeit berichtigen.[15] Bei berechtigtem Interesse des Beteiligten ist zu berichtigen.[16] Die Behörde ist berechtigt, die Vorlage des Dokuments zu verlangen, das berichtigt werden soll.[17]

Parallelvorschriften: § 38 SGB X; § 129 AO; § 118 VwGO; § 138 SGG; § 107 FGO; § 319 ZPO

---

[170] BGHZ 167, 214 unter Aufgabe von BGHZ 101, 276, 280; s auch StBS 51.
[171] Fehling/Kastner/Störmer, § 7 VwZG Rn 2.
[172] BFHE, 204, 403.
[173] BVerwG NVwZ-RR 22012, 628; BGH NJW-RR 89, 757.

Schrifttum: *Bilsdorfer,* Die Korrekturvorschriften der AO, NJW 1982, 2408; *Birkenfeld,* Die Berichtigung von Steuerverwaltungsakten nach § 129 AO id Rspr des BFH, DStR 1991, 729; *Gerber,* Berichtigung von VAen wegen offenbarer Unrichtigkeiten, BB 1985, 1998; *Jachmann,* Die Berichtigung offenbar unrichtiger VAe gem § 42 VwVfG, Diss Regensburg, 1993; *Kraus,* Die Berichtigung von VAen wegen offenbarer Unrichtigkeit gem § 42 VwVfG und § 129 AO, ThürVBl 2007, 1; *Kuhfus,* Die Berichtigung offenbarer Unrichtigkeit nach § 129 AO, 1999; *ders,* Offenbare Unrichtigkeit iS des § 129 AO, EFG 2010, 546; *Martens,* Die Rspr zum VwVfG (I 3. Offenbare Unrichtigkeit), NVwZ 1990, 624; *Musil,* Die Berichtigung von VAen wegen offenbarer Unrichtigkeiten gemäß § 42 VwVfG und § 129 AO, DÖV 2001, 947; *Schmidt,* Korrekturen von VAen im Steuerprozess, 1999; *Schumann,* Offenbare Unrichtigkeiten beim Erlass eines VA, RWP 1980, 223.

Übersicht

I. Allgemeines

1 **1. Inhalt.** Die Vorschrift gibt den Behörden im Interesse der Rechtsklarheit und der Verfahrensökonomie die Befugnis zur Berichtigung offenbarer (offensichtlicher) Unrichtigkeiten in VAen. Sie entspricht dem bereits vor dem Inkrafttreten des VwVfG geltenden Recht.[1] § 38 SGB X enthält eine gleich lautende Regelung; ähnliche Regelungen enthalten § 118 VwGO, § 107 FGO, § 138 SGG und § 319 ZPO; auf die Rspr und das Schrifttum dazu kann zurückgegriffen werden. Die praktisch besonders wichtige Regelung in § 129 AO weicht dagegen ab, weil sie weitere Unrichtigkeiten erfasst.[2]

2 Grundsätzlich kann ein bereits erlassener VA auch von der Behörde nur noch im **Rechtsbehelfsverfahren** bzw nur durch **Widerruf, Rücknahme oder Wiederaufgreifen** nach §§ 48–51 geändert werden; anders ein noch nicht erlassener, dh noch nicht existent gewordener und daher nur als Entwurf und Verwaltungsinternum anzusehender VA, der bis zur Bekanntgabe jederzeit noch in jeder Richtung abgeändert werden kann. § 42 sieht in Anlehnung an § 118 VwGO (BSG NVwZ-RR 1991, 1) für Schreib- und Rechenfehler sowie andere offenbare Unrichtigkeiten eines bereits erlassenen VA die **Möglichkeit einer klarstellenden Berichtigung** vor. Das bedeutet, dass der sachliche Gehalt des VA durch die Berichtigung nicht berührt wird, weil der VA schon in seiner nicht berichtigten Fassung genau das aussagte, was durch die Berichtigung klargestellt

[1] Vgl BVerwGE 21, 316; 40, 216; BVerwG DÖV 1970, 747; JZ 1973, 122; BGH MDR 1977, 751; OVG Bremen DÖV 1974, 353; Begr 38; Krause 170; F 223, 237.

[2] BVerwG NVwZ 1986, 198; Bilsdorfer NJW 1982, 2409; Martens NVwZ 1990, 628; StBS 13; Knack/Henneke 1; Näher zu § 129 AO Kuhfus, EFG 2010, 546.

wird. Die Berichtigung hat deshalb nur **Klarstellungsfunktion** (BVerwG DÖV 1970, 747; BSG NVwZ 1991, 1; StBS 2; Knack/Henneke 4).

2. Anwendungsbereich. a) Unmittelbare Anwendbarkeit. § 42 gilt unmittelbar nur für schriftlich oder elektronisch erlassene VAe und gem § 37 Abs 2 S 2 schriftlich oder elektronisch bestätigte VAe im Geltungsbereich des VwVfG. Die Verwaltungsverfahrensgesetze der Länder enthalten gleich lautende Vorschriften. § 42 gilt auch für Zusicherungen gem § 38 und Nebenbestimmungen gem § 36 sowie für Planfeststellungsbeschlüsse (BVerwG NVwZ 2000, 553). Die Berichtigungsmöglichkeit betrifft **nicht nur für den Entscheidungssatz (Tenor)** eines VA, sondern auch andere Teile, insb auch die **Begründung** eines VA. Unerheblich ist für die Anwendbarkeit auch, ob sich die Berichtigung formell zugunsten oder zu Lasten des Beteiligten auswirkt (BFH NVwZ 1984, 334), ebenso, ob die Unrichtigkeit auf einem Versehen der Behörde beruht oder auf ein Versehen eines Beteiligten, zB auf unrichtige Angaben, zurückzuführen ist (Herden/Gmach NJW 1988, 2011; StBS 5). Da es sich stets nur um eine Klarstellung handelt, stellt sich auch die Frage der Zumutbarkeit nicht (StBS 6; **aA** offenbar WBSK I § 49 Rn 19). 3

b) Entsprechende Anwendbarkeit. Als **Ausdruck eines allgemeinen Rechtsgedankens gilt** § 42 sinngemäß auch für mündlich oder auf andere Weise erlassene VAe sowie für andere öffentlich-rechtliche Handlungen der Verwaltung, insb auch für öffentlichrechtliche Verträge, außerdem auch für privatrechtliche Akte der Verwaltung, soweit keine speziellen Rechtsvorschriften eingreifen. Voraussetzung ist aber stets das Vorliegen einer bloßen Unrichtigkeit; auf Fehler des VA ist § 42 demgegenüber nicht, auch nicht entsprechend, anwendbar. Weitergehende nachträgliche Änderungen, ausgenommen eine Nachholung oder Ergänzung der Begründung nach § 45 Abs 1 Nr 1, sind nur nach Maßgabe der allgemeinen Vorschriften und nur durch einen neuen VA in der Sache möglich (vgl §§ 48 ff). 4

II. Voraussetzungen der Berichtigung

1. Unrichtigkeit in einem VA. Eine Unrichtigkeit iS des § 42 liegt vor, wenn in der **Formulierung des VA** etwas anderes ausgesagt wird, als die Behörde gewollt hat, oder etwas nicht ausgesagt wurde, was sie gewollt hat (zB auch versehentliche Auslassungen, vgl BGH NJW 1964, 1858; Obermayer/Funke-Kaiser 5 und 25; StBS 7; Knack/Henneke 6); nicht dagegen, wenn der Behörde bei ihrer Willensbildung (insb der Tatsachenfeststellung, Tatsachenwürdigung oder Rechtsanwendung) ein Fehler unterlaufen ist.[3] Unrichtigkeit ist also die mangelnde Übereinstimmung von Wille und Erklärung (BVerfGE 34, 7; BVerwGE 40, 216; Knack/Henneke 6). Die **Unrichtigkeit als solche stellt keine Fehlerhaftigkeit** des VA dar, da dieser mit dem wahren, allerdings nur unvollkommen zum Ausdruck gelangten Inhalt wirksam ist.[4] Umgekehrt gilt: Liegt ein materieller Fehler des VA vor, so ist § 42 nicht anwendbar, auch dann nicht, wenn dieser offensichtlich ist (StBS 15 ff). Problematisch ist die Lage, wenn aufgrund eines **Fehlers in einem EDV-Programm** ein offenbar unrichtiger VA erlassen wird. Hier kommt eine entsprechende Anwendung des § 42 nur in Betracht, wenn der Fehler einem Rechenfehler des Sachbearbeiters vergleichbar ist (BVerwG NJW 1976, 532; **aA** StBS 18). 5

---

[3] BVerwG DÖV 1970, 447; BFH NVwZ 1984, 334; 1985, 448; 1988, 869: nicht Mängel, die auf fehlerhafter Rechtsanwendung beruhen; BFH NVwZ 1993, 512; BSG 24, 264; NVwZ-RR 1991, 1; Erichsen/Ehlers § 22 Rn 3; UL § 59 Rn 9; Knack/Henneke 7 f.

[4] OVG Münster, B v 29.10.2010, 7 B 1293/10, juris, für unzutreffende Bezeichnung eines Vorhabens in einem Zurückstellungsbescheid; OVG Berlin-Brandenburg, B v 21.1. 2010, OVG 9 N 1/09, juris, für falsche Flurstücksbezeichnung.

6 **Auch eine nicht gewollte Unklarheit** stellt eine Unrichtigkeit dar. § 42 gilt nicht nur für Unrichtigkeiten im Entscheidungssatz des VA, sondern auch in seiner Begründung und in der Rechtsbehelfsbelehrung gem § 58 VwGO. Dementsprechend erfasst der **Begriff der Berichtigung** Ergänzungen, Streichungen und sonstige nachträgliche Änderungen eines ergangenen VA, die der Herstellung der Übereinstimmung des Gesagten mit dem erkennbar mit dem VA Gewollten dienen und nicht darüber hinausgehen. Zur Abgrenzung von Unklarheiten usw, die ohne weiteres durch Auslegung behoben werden können, von Unrichtigkeiten iS von § 42 vgl BFH NVwZ 1987, 360.

7 **Nicht um Unrichtigkeiten** iS von § 42 handelt es sich bei **Rechtswidrigkeitsgründen** iS von §§ 42 Abs 2, 113 Abs 1 VwGO bzw von § 48 und bei Nichtigkeitsgründen iS von §§ 43 Abs 3, 44. Die Anwendbarkeit von § 42 ist auch ausgeschlossen, wenn es sich um Fehler nicht nur im „äußeren Erscheinungsbild des VA", dh im Ausdruck, handelt, sondern bei der Willensbildung der Behörde, zB **Mängel der Sachaufklärung,** oder bei der **Tatsachenwürdigung,** zB Rechtsirrtum, Denkfehler usw (BFH NVwZ 1990, 703). Es genügt insoweit für die Unanwendbarkeit von § 42, dass bei einer Unrichtigkeit die Möglichkeit von Mängeln in der Willensbildung nicht auszuschließen ist (BFH NVwZ 1990, 703).

8 **2. Offensichtlichkeit.** Die Unrichtigkeit muss offensichtlich oder doch unschwer aus den Umständen der Verkündung, aus anderen Teilen des VA oder aus den Beteiligten sonst bekannten Umständen erkennbar sein.[5] Das ist der Fall, „wenn sich der **Irrtum aus dem Sinn- bzw Gesamtzusammenhang** des VA selbst oder den Vorgängen bei seiner Bekanntgabe ergibt. Entscheidend ist, dass „den Beteiligten aus einer solchen Konstellation heraus die Unrichtigkeit ohne weiteres auffällt" (BVerwG NVwZ 1986, 198). Diese engen Voraussetzungen der Berichtigung folgen nicht nur aus Wortlaut, Sinn und Zweck der Regelung, sondern auch aus § 43 Abs 1 S 2, wonach ein VA mit dem Inhalt wirksam wird, mit dem er bekanntgegeben wird,[6] und aus den für die Auslegung von VAen geltenden Grundsätzen, sondern vor allem auch aus einer **verfassungskonformen Auslegung** unter Berücksichtigung des rechtsstaatlichen Grundsatzes des Vertrauensschutzes (Mössner DVBl 1987, 1233).

9 **a) Erkennbarkeit aus dem Inhalt des VA.** Die Offensichtlichkeit muss sich grundsätzlich aus dem Inhalt des VA selbst, zB aus einem Vergleich des Entscheidungssatzes mit der Begründung (§ 39) ergeben; sie kann sich aber uU auch aus den sonstigen Umständen, die den Betroffenen bekannt sind oder deren Bedeutung für die Auslegung des VA offensichtlich ist, hervorgehen.[7] **Umstritten** ist, ob für die Frage der Erkennbarkeit auf die persönlichen **Erkenntnismöglichkeiten des Adressaten** bzw sonst vom VA Betroffenen im konkreten Fall (Mössner DVBl 1987, 1233), oder auf den „objektiven Empfängerhorizont" abzustellen ist. Richtigerweise kommt es darauf an, „ob sich **die Unrichtigkeit jedermann aufdrängen muss,** der in die Lage des Beteiligten versetzt wird und von daher urteilt, ob der VA unrichtig ist".[8]

10 Das Erfordernis der Offensichtlichkeit gilt **auch für Schreib- und Rechenfehler** („und ähnliche offenbare Unrichtigkeiten"; vgl BSG NVwZ-RR 1991, 1; StBS 25 f), die deshalb nur dann im Weg einer einfachen Berichtigung korrigiert

---

[5] BVerwG NVwZ 1986, 198; UL § 59 Rn 12; Schröcker NJW 1968, 2035.

[6] Vgl Martens NVwZ 1990, 628; Mössner DVBl 1987, 1233 zu dem § 43 entsprechenden § 124 AO.

[7] BVerwG NVwZ 1986, 198: die Umstände, die einen VA unrichtig machen, müssen nicht sämtlich aus dem VA selbst zu ersehen sein; dazu auch Martens NVwZ 1987, 469; 1990, 628; ebenso Knack/Henneke 10.

[8] BVerwG NVwZ 1986, 198; BSG NVwZ-RR 1991, 1: nach Erkenntnisvermögen eines „verständigen" Bürgers; ebenso StBS 24; Knack/Henneke 10; zu weit gehend wohl BVerwG NVwZ 2000, 553.

werden können, wenn sie für die Betroffenen aus dem Inhalt des VA, insb auch aus der Begründung oder sonstigen ihnen bekannten Umständen **ohne weiteres ersichtlich** sind.[9] Dies ist zB der Fall, wenn die Behörde bei einem einfachen Rechenvorgang zu einem offensichtlich falschen Ergebnis kommt und das richige Ergebnis für jedermann unschwer zu ermitteln ist, ferner dann wenn ein sinnntstellender oder sinnverändernder Schreibfehler aus dem Gesamtzusammenhang unschwer entdeckt und die richtige Aussage unter den konkreten Umständen für Jedermann ohne weiteres erkannt werden kann. Dies gilt auch, wenn die Ursache der Unrichtigkeit in einem **Fehler der Programmierung** einer EDV-Anage oder der Dateneingabe liegt.[10]

b) Einzelfälle. Offensichtlichkeit idS liegt zB vor bei **falscher Schreibweise** des Familiennamens, falscher Angabe des Vornamens oder der Adresse des Adressaten oder Dritter, wenn hins der Identität kein Zweifel möglich ist (BFH BStBl II 1974, 724), **falscher Bezeichnung der Hausnummer** eines Hauses oder Flurnummer eines Grundstücks, wenn offensichtlich ist, welches Haus bzw welches Grundstück gemeint ist; **unzutreffender Bezeichnung einer Nebenbestimmung** als Auflage anstelle der offensichtlich gemeinten Bedingung (Knack/Henneke 9), unrichtiger Wiedergabe von Parteivorbringen in der Begründung eines VA (vgl Schuhmacher NJW 1969, 967); ebenso wohl auch bei aus einem Bescheid klar ersichtlicher **doppelter Berücksichtigung eines Freibetrags** (BFH 156, 59) oder bei Angabe des Betrags eines BAföG-Stipeniums in einer Höhe, von der schlechthin nicht angenommen werden kann, dass sie zutreffend beziffert sein könnte. 11

Keine Offensichtlichkeit ist dagegen zB anzunehmen bei fehlender Übereinstimmung der Ausfertigung des VA mit der bei der Behörde verbleibenden Urschrift (**aA** offenbar WBSK I § 49 Rn 62 sofern dies keinen Mangel darstellt) oder mit dem Inhalt der Akten (Mössner DVBl 1987, 123); ebenso nicht bei einem mechanischen Fehler bei der Erstellung des EDV-Programms (**aA** BFH NVwZ 1985, 448), bei einem für den Betroffenen **nicht erkennbaren Fehlgriff** in einer Tabelle uä, einer falschen Ausfüllung des Eingabebogens in die EDV-Anlage (**aA** BFH NJW 1978, 392; NVwZ 1984, 334; 1985, 448), der Nicht-Anwendung einer Vorschrift (BFH NVwZ 1984, 334), der **Übernahme falscher Angaben** des Bürgers und deren Zugrundelegung bei der Entscheidung (**aA** Bilsdorfer NJW 1982, 2409); anders, wenn sich daraus für den Inhalt der Entscheidung keine Zweifel ergeben können. Zu weiteren Beispielen, in denen der BFH Offensichtlichkeit bejaht hat, sie jedoch jedenfalls nach den für § 42 maßgeblichen Grundsätzen (s oben Rn 9) verneint werden muss, vgl Martens NVwZ 1990, 628; StBS 26; Knack/Henneke 14. 12

III. Verfahren der Berichtigung

1. Allgemeines. Die Berichtigung erfolgt entweder von **Amts wegen oder auf Antrag** eines Betroffenen. Sie ist nach S 1 jederzeit – auch nach Einlegung von Rechtsbehelfen oder nach Eintritt der Unanfechtbarkeit des VA – durch die 13

---

[9] Vgl Mössner DVBl 1987, 1233; zT **aA** BVerwG Buchh 427.3 § 335a LAG Nr 65; BSG NVwZ-RR 1991, 1.

[10] BFH NVwZ 1984, 334: einfache Berichtigung auch bei lediglich mechanischen Versehen; BVerwG NVwZ 1993, 511: die Eintragung einer falschen Kennziffer im Eingabewertbogen kann eine offenbare Unrichtigkeit sein; BFH NVwZ 1993, 511: einfache Berichtigung, wenn die Behörde zunächst übersehen hatte, daß bereits ein Grundlagenbescheid vorlag; Koch zu § 129 AO: Berichtigung auch, wenn ein Bescheid vom Inhalt der Akten abweicht; Mössner DVBl 1987, 1233 – unter Hinweis auf § 124 Abs 1 S 2 AO – entsprechend § 43 Abs 1 S 2 VwVfG –, wonach ein VA abweichend vom früheren Rechtszustand mit dem Inhalt wirksam wird, mit dem er bekanntgegeben wird; ähnlich Martens NVwZ 1990, 628.

Ausgangsbehörde, im Rechtsbehelfsverfahren auch durch die Rechtsbehelfsbehörde, auch zum (allerdings nur formellen) Nachteil des Betroffenen (BVerwGE 21, 316), möglich und **wirkt auf den Zeitpunkt des Erlasses des VA zurück,** dh es gilt die neue Fassung.[11] Zuständig ist diejenige Behörde, die den zu berichtigenden VA erlassen hat.

14 Die **Berichtigung ist kein VA.**[12] Auch die Entscheidung über die Berichtigung stellt keinen VA dar, weil sie keine Regelungswirkung entfaltet. Dies gilt unabhängig davon, ob von Amts wegen oder auf Antrag berichtigt wird. Auch die Ablehnung einer beantragten Berichtigung ist kein VA (str, wie hier Knack/Henneke 20; Obermayer/Funke-Kaiser 24; **aA** StBS 43), weil die Berichtigung selbst lediglich eine unselbstständige Verfahrenshandlung darstellt. Es bedarf deshalb vor der Berichtigung keiner Anhörung der Beteiligten; auch eine Begründung ist nicht erforderlich, kann aber sinnvoll sein.

15 **2. Berichtigung von Amts wegen (S 1).** Die Berichtigung von Amts wegen steht im **Ermessen** der Behörde (BSG NVwZ-RR 1991, 2; Knack/Henneke 15). Bei gänzlich unbedeutenden Unrichtigkeiten wird sie unterbleiben können, ebenso bei bereits im wesentlichen vollzogenen VAen, wenn die Beteiligten im Rahmen des Vollzugs von einem zutreffenden Inhalt ausgegangen sind.

16 **3. Berechtigte Interessen (S 2).** Die Beteiligten haben, sofern sie ein berechtigtes Interesse an der Berichtigung haben, nach S 2 **Anspruch auf Berichtigung** (UL § 59 Rn 16; TK 6 zu § 92 AO). Ein berechtigtes Interesse ist insb anzunehmen, wenn durch die Berichtigung eine Rechtsposition formell verbessert oder die Durchsetzung eines Rechts erleichtert wird (vgl BVerwG DVBl 1968, 222), zB, wenn der VA zur Vorlage bei Behörden benötigt wird und nicht auszuschließen ist, dass sich sonst zum Nachteil des Beteiligten Zweifel ergeben könnten. **Nicht schutzwürdig** ist das Vertrauen Betroffener auf iS von § 42 offensichtlich unrichtige Aussagen in einem VA (BVerwGE 40, 212); es kann daher auch nicht gegen eine Berichtigung geltend gemacht werden, ebenso auch nicht gegen den Entzug einer vermeintlich erlangten Rechtsposition.

17 **4. Berichtigungsvermerk auf dem VA (S 3).** S 3 ermächtigt die Behörde, von den Beteiligten die Vorlage des VA zu verlangen, damit sie die Berichtigung darauf vermerken kann. Die Wirksamkeit der Berichtigung ist jedoch nicht davon abhängig, dass sie gem S 3 auf der Urschrift und den – ggf nach S 3 von den Beteiligten zur Anbringung des Vermerks zurückzufordernden – Ausfertigungen vermerkt wird (ebenso Knack/Henneke 19). Die Berichtigung kann auch durch einfaches Schreiben erfolgen (Knack/Henneke 19). Die **Aufforderung zur Vorlage des VA** zur Berichtigung ist ein ggf mit den Mitteln des Verwaltungszwangs durchsetzbarer VA (StBS 38; Knack/Henneke 19).

IV. Rechtsbehelfe gegen die Berichtigung

18 **1. Rechtsbehelfe gegen Berichtigung.** Eine unter **Verletzung der Grenzen** des § 42 vorgenommene Berichtigung (etwa, weil die Unrichtigkeit nicht offenbar war) stellt eine sachliche Abänderung des VA dar, die nach den allgemeinen Vorschriften **anfechtbar ist** (vgl Ule VwGO 400; RGZ 110, 429; **aA** RGZ 122, 334: es bleibt bei der ursprünglichen Fassung). Eine zulässige Berichtigung selbst ist dagegen ebenso auch die Entscheidung der Behörde, eine Berichtigung vorzunehmen, weder als VA anfechtbar, noch lässt sie sich mit einer Unterlassungsklage angreifen, da für diese das Rechtsschutzbedürfnis fehlen wird.

---

[11] BVerwG JZ 1973, 122; DÖV 1970, 747; UL § 59 Rn 15; WBSK I § 49 Rn 63; Knack/Henneke 21.

[12] Vgl VGH München BayVBl 1997, 310; StBS 32; Knack/Henneke 20; Obermayer/Funke-Kaiser 24; **aA** BSG NJW 1966, 129.

Sie eröffnet daher auch keine neuen Rechtsbehelfe und auch keine neuen Rechtsbehelfsfristen gegen den berichtigten VA (BFH BStBl II 1974, 760), es sei denn, dass erst die Berichtigung eine Beschwer durch diesen erkennen lässt. Rechtsbehelfe gegen den berichtigten VA erfassen automatisch auch die Berichtigung, da der VA nur in der berichtigten Form weiterbesteht (s oben Rn 13). Die Entscheidung über derartige Rechtsbehelfe kann den VA auch hins des berichtigten Teils ändern oder aufheben, erstreckt sich aber nicht auf den Berichtigungsbescheid, sondern macht diesen allenfalls inhaltlich gegenstandslos.

2. Rechtsbehelfe bei Ablehnung der Berichtigung. Umstritten ist, ob bei Unterlassung bzw Ablehnung einer Berichtigung eine Verpflichtungsklage oder eine allgemeine Leistungsklage erhoben werden kann. Dies hängt von der Beurteilung der Rechtsnatur der Entscheidung ab. Richtigerweise ist die allgemeine Leistungsklage statthaft.[13] Die Gegenauffassung (StBS 43) gerät in einen Widerspruch, wenn sie die Rechtsform der Berichtigung davon abhängig machen will, ob ein Antrag auf Berichtigung gestellt wurde oder nicht. 19

§ 42a Genehmigungsfiktion

(1) **Eine beantragte Genehmigung gilt nach Ablauf einer für die Entscheidung festgelegten Frist als erteilt (Genehmigungsfiktion),**[2] **wenn dies durch Rechtsvorschrift angeordnet und der Antrag hinreichend bestimmt ist.**[9] **Die Vorschriften über die Bestandskraft von Verwaltungsakten und über das Rechtsbehelfsverfahren gelten entsprechend.**[15]

(2) **Die Frist nach Absatz 1 Satz 1 beträgt drei Monate, soweit durch Rechtsvorschrift nichts Abweichendes bestimmt ist.**[23] **Die Frist beginnt mit Eingang der vollständigen Unterlagen.**[25] **Sie kann einmal angemessen verlängert werden, wenn dies wegen der Schwierigkeit der Angelegenheit gerechtfertigt ist.**[28] **Die Fristverlängerung ist zu begründen und rechtzeitig mitzuteilen.**

(3) **Auf Verlangen ist demjenigen, dem der Verwaltungsakt nach § 41 Abs. 1 hätte bekannt gegeben werden müssen, der Eintritt der Genehmigungsfiktion schriftlich zu bescheinigen.**[30]

Schrifttum: *Abromeit/Droste,* Zur Unzulänglichkeit der Umsetzung der Genehmigungsfiktion nach Art. 13 Abs. 4 der Dienstleistungsrichtlinie im deutschen Verwaltungsverfahrensrecht, DÖV 2013, 133; *Bernhardt,* Fingierte Genehmigungen nach der Dienstleistungsrichtlinie – Möglichkeiten der Regelung und Einschränkung, GewArch 2009, 100; *Biermann,* Verfahrens- und Entscheidungsfristen – Sinnvolle Instrumente zur Beschleunigung von Verwaltungsverfahren oder „Irrweg der Fiktionen"?, NordÖR 2009, 377; *Broscheit,* Rechtsnatur der Fiktionsbescheinigung nach § 42 Abs 3 VwVfG, DVBl 2014, 342; *ders,* Die Vollständigkeit der Antragsunterlagen als Maßstab für den Beginn der Fiktionsfrist, GewArch 2015, 209; *Bullinger,* Verwaltung im Rhythmus von Wirtschaft und Gesellschaft, JZ 1991, 53; *Cancik,* Fingierte Rechtsdurchsetzung?, DÖV 2011, 1; *Caspar,* Der fiktive Verwaltungsakt – Zur Systematisierung eines aktuellen verwaltungsrechtlichen Instituts, AöR 125 (2000), 131; *Degenhart,* Genehmigungsfreies Bauen und Rechtsschutz in der Nachbarschaft, NJW 1996, 1433; *Ernst/Pinkl,* Genehmigungsfiktion und Fiktionsbescheinigung nach § 42a VwVfG, Jura 2013, 685; *Guckelberger,* Die Rechtsfigur der Genehmigungsfiktion, DÖV 2010, 109; *Hullmann/Zorn,* Probleme der Genehmigungsfiktion im Baugenehmigungsverfahren, NVwZ 2009, 756; *Jachmann,* Die Fiktion im öffentlichen Recht, 1998; *Jäde,* Die verwaltungsverfahrensrechtliche Genehmigungsfiktion, UPR 2009, 169; *Kluth,* Die Genehmigungsfiktion des § 42a VwVfG – verfahrenrechtliche und prozessuale Probleme, JuS 2011, 1078; *Krajewski,* Anforderungen der Diensleistungsrichtlinie an Genehmigungsregelungen und ihre Umsetzung im deutschen Recht, NVwZ 2009, 929; *Oldiges,* Der

[13] Str; wie hier UL § 59 Rn 17: Erzwingung einer Berichtigung allenfalls mit der allg Leistungsklage; ebenso Knack/Henneke 20; **aA** zur Ablehnung einer beantragten Berichtigung StBS 43.

fiktive VA, UTR 2000, 41; *Ramsauer,* Änderungsbedarf im Verwaltungsverfahrensrecht aufgrund der Dienstleistungs-Richtlinie, NordÖR 2008, 417; *Saurer,* Fiktionstatbestände im vereinfachten Baugenehmigungsverfahren, DVBl 2006, 605; *Schlachter/Ohler,* Europäische Dienstleistungsrichtlinie – Handkommentar, 2008; *Schliesky* (Hrsg), Die Umsetzung der EU-Dienstleistungsrichtlinie in der deutschen Verwaltung. Teil 1: Grundlagen, 2008; *Schmitz/Prell,* Verfahren über eine einheitliche Stelle – Das Vierte Gesetz zur Änderung verwaltungsverfahrensrechtlicher Vorschriften, NVwZ 2009, 1; *Siegel,* Der virtuelle VA, VerwArch 2014, 521; *Uechtritz,* Die allgemeine verwaltungsverfahrensrechtliche Genehmigungsfiktion des § 42a VwVfG. DVBl 2010, 684; *Vigaranan,* Die Genehmigungsfiktion im Allgemeinen Verwaltungsrecht, 2015; *Weidemann/Barthel,* Die Genehmigungsfiktion und das 4. VwVfÄndG, JA 2011, 221; *Ziekow,* Die Umsetzung der Dienstleistungsrichtlinie im Verwaltungsverfahrensrecht, WiVerw 2008, 176; *ders,* Die Auswirkungen der Dienstleistungsrichtlinie auf das deutsche Genehmigungsverfahrensrecht, GewArch 2007, 179 und 217.

Übersicht

I. Allgemeines

1. Inhalt. Die Vorschrift enthält erstmals im deutschen Verfahrensrecht eine positive Regelung für VAe, die nach Ablauf bestimmter Fristen fingiert werden. Sie wurde durch das 4. VwVfÄndG neu in das VwVfG eingeführt und dient vor allem der Umsetzung von Art 13 Abs 4 der Dienstleistungs-RL (s hierzu Einf I Rn 35 f; § 71a Rn 1). Schon bisher gab es im deutschen Recht fingierte Genehmigungen. So sind im Bereich des Bauordnungsrechts der Länder im Zuge der Deregulierung durchweg Regelungen eingeführt worden, nach denen eine Baugenehmigung als erteilt gilt, wenn über den Genehmigungsantrag nicht innerhalb einer bestimmten Zeit entschieden worden ist.[1] Rechtspolitisch sind **Fiktionstatbestände bisher eher kritisch** beurteilt worden, weil sie häufig nur zu einer Schein-Beschleunigung führen und dem Antragsteller ein beachtliches Aufhebungsrisiko aufbürden.[2] Auch die damit verbundene Rechtsunsicherheit wird beklagt.[3] 1

a) Begriff der fingierten Genehmigung. Die beantragte Genehmigung gilt mit Fristablauf (Abs 2) unmittelbar kraft Gesetzes „als erteilt". Es wird damit also die Erteilung der Genehmigung fingiert (BT-Drs 16/10493, S 16). Hieraus ist zu folgern, das die **Fiktion eines VA** vorgesehen ist.[4] Die Gegenmeinung nimmt an, dass (nur) eine analoge Anwendung der Vorschriften über den VA stattfinden soll.[5] Die Frage dürfte keine praktische Bedeutung haben. Der Antragsteller wird damit so behandelt, als sei ihm ein VA, nämlich die Genehmigung, erteilt worden. Da die Erteilung nur den Fristablauf voraussetzt, bedarf es zur Wirksamkeit der Genehmigung **keiner Bekanntgabe** nach § 41 mehr. Dies wird durch Abs 3 bestätigt, wonach der Inhaber der Genehmigung im Nachhinein eine Bescheinigung über die fingierte Genehmigung verlangen kann. Hierin liegt eine **Modifizierung des § 43 Abs 1,** wonach ein VA mit seiner Bekanntgabe wirksam wird. Die Fiktion betrifft damit den Erlass und die Bekanntgabe des VA, nicht aber seine Rechtmäßigkeit, wie sich aus Abs 1 S 2 mittelbar ergibt (s unten Rn 16). 2

Die Fiktion ist von der **gesetzlichen Vermutung** zu unterscheiden. Während die Vermutung sich typischerweise auf Ungewissheiten bei der Sachverhaltsermittlung bezieht, indem das Risiko der Aufklärung einer Seite zugewiesen wird, handelt es sich bei der Fiktion um die Schaffung einer normativen Realität.[6] 2a

---

[1] Überblick bei Saurer DVBl 2006, 605.

[2] Sauter BayVBl 1998, 2; Jäde GewArch 1995, 187; Koch NordÖR 2006, 56.

[3] S die Gesetzesfolgenabschätzung 1999 des Landes Rheinland-Pfalz, L-Dr 14/1147; s auch FKS 9; Bullinger JZ 1991, 53.

[4] BVerwGE 91, 7, 10; Ziekow 5: Uechtritz DVBl 2010, 684.

[5] So FKS 16; Jachmann, 249; Caspar AöR 2000, 131, 140; Kluth, Die Genehmigungsfiktion, 61, 70.

[6] Ausführlich Jachmann, 47 ff; zusammenfassend Kluth, Die Genehmigungsfiktion, 61 f; auch Ernst/Pinkl Jura 2013, 685.

Letzteres ist auch bei der **unwiderleglichen Vermutung** nicht der Fall, bei der im Grunde an bestimmte Tatbestandsvoraussetzungen eine bestimmte Rechtsfolge zwingend geknüpft wird, und zwar im Hinblick darauf, dass bei deren Vorliegen typischerweise eine Konstellation gegeben ist, die diese Rechtsfolge rechtfertigt.

3 **b) Eintritt der Wirksamkeit.** Die Wirksamkeit der fingierten Genehmigung tritt dem Antragsteller gegenüber sofort ein. Sind keine Dritten betroffen, ist die Genehmigung auch sofort unanfechtbar.[7] **Gegenüber Dritten,** die durch die Genehmigung möglicherweise in ihren Rechten beeinträchtigt werden, wird die Fiktion dagegen nicht unmittelbar wirksam. Ihnen gegenüber beginnt mit dem Eintritt der Fiktion auch **keine Anfechtungsfrist** zu laufen, weil diese eine Bekanntgabe voraussetzt. Zur Frage, ob Dritte einen Anspruch auf Bekanntgabe ihnen gegenüber haben, s unten Rn 31. Die Wirksamkeit der fingierten Genehmigung tritt **unabhängig von der Vereinbarkeit mit dem objektiven Recht** ein. Dies folgt schon aus dem Wesen der fingierten Genehmigung, wird aber durch die Regelungen in Abs 1 S 2 bestätigt. Eine **Grenze liegt bei der Nichtigkeit** nach § 44. Denn da die Genehmigung nur als erteilt gilt, kann ihre Wirksamkeit nicht über die eines tatsächlich erteilten VA hinausgehen. Ein solcher könnte in den Fällen des § 44 ebenfalls keine Wirkungen entfalten (s unten Rn 16).

4 **2. Zielsetzung der Vorschrift.** Die Vorschrift dient in erster Linie der Umsetzung der Dienstleistungs-RL, ist aber nicht auf deren Anwendungsbereich beschränkt. Sie bezweckt eine **Beschleunigung** der Genehmigungsverfahren, indem sie die Nichteinhaltung von zuvor festgelegten Bearbeitungsfristen für Genehmigungsanträge sanktioniert. Tatsächlich handelt es sich nach den bisherigen Erfahrungen mit Bearbeitungsfristen um das vermutlich wirksamste Mittel, die Einhaltung von Bearbeitungsfristen sicherzustellen. Fehlt es an einer solchen Reaktion auf die Fristenüberschreitung, haben selbst die gesetzlich festgelegten Fristen häufig nur Appellcharakter. Sie bezweckt außerdem die Herstellung von Transparenz des Verfahrens im Interesse besserer **Planbarkeit von Vorhaben,** da der Antragsteller hinreichend sicher absehen kann, wann spätestens mit einer Entscheidung über sein Vorhaben gerechnet werden kann.

5 **3. Vereinbarkeit mit Verfassungsrecht.** Obwohl die Regelung eine Durchbrechung der Prinzipien der Gewaltenteilung[8] und der Gesetzmäßigkeit der Verwaltung zulässt bzw anordnet, weil die Genehmigung unabhängig vom Willen der Verwaltung und unabhängig davon als erteilt gilt, ob nach Maßgabe des objektiven Rechts eine Genehmigung hätte erteilt werden dürfen, wird man einen Verstoß gegen höherrangiges Recht, insbesondere gegen das Rechtsstaatsprinzip, nicht annehmen können. Die Regelung zielt nicht auf das Entstehen rechtswidriger VAe ab, sondern nimmt diese lediglich in solchen Fällen in Kauf, in denen die Verwaltung ihrerseits in rechtswidriger Weise nicht innerhalb der festgesetzten Fristen entscheidet. Die Vorschrift dient der Beschleunigung und damit auch dem wirksamen Verwaltungsvollzug, der ebenfalls ein verfassungsrechtliches Gebot darstellt.

6 Die **Vorschrift überlässt es dem Fachrecht,** in welchen Fällen eine Genehmigung nach Ablauf der Bearbeitungsfrist als erteilt gelten soll. Deshalb ist die Frage, ob der Eintritt einer Genehmigungsfiktion auch um den Preis möglicherweise rechtswidriger Genehmigungen hingenommen werden soll, vom Fachgesetzgeber zu entscheiden. Dieser hat diese Frage unter **Abwägung der widerstreitenden Gesichtspunkte** zu beantworten, wobei es im Bereich der

---

[7] OVG Hamburg NordÖR 211, 142.

[8] Weil der Gesetzesvollzug durch Erlass von VAen grundsätzlich Sache der Verwaltung ist; ausführlich Bullinger JZ 1991, 53, 56.

Dienstleistungs-RL um die Frage geht, ob eine andere Regelung (als die fiktive Genehmigung) durch einen „**zwingenden Grund des Allgemeininteresses,** einschließlich eines berechtigten Interesses Dritter, gerechtfertigt ist" (Art 13 Abs 4 S 2 DL-RL). Der hier zur Verfügung stehende Spielraum ist relativ weit.[9] Gründe, die den Gesetzgeber veranlassen dürfen, von der Einführung einer Genehmigungsfiktion abzusehen, sind zB die Interessen Dritter sowie die Gewährleistung von Sicherheit und Ordnung in besonders wichtigen Bereichen.[10]

4. Anwendungsbereich. a) Unmittelbare Anwendbarkeit. Die Vorschrift gilt unmittelbar nur im Anwendungsbereich des VwVfG; die Länder haben entsprechende Vorschriften erlassen. Sie wurde zwar aus Anlass der Umsetzung der Dienstleistungs-RL erlassen, ist aber in ihrem Anwendungsbereich auf die von der Richtlinie erfassten Fälle nicht beschränkt. Auch gilt sie **nicht nur für die von §§ 71a ff erfassten Verwaltungsverfahren.** Vielmehr setzt ihre Anwendbarkeit lediglich voraus, dass eine Rechtsvorschrift den Eintritt einer Genehmigungsfiktion vorsieht. Dies gilt auch für Regelungen, die bereits vor Inkrafttreten der Vorschrift eine Genehmigungsfiktion vorsahen.[11] Als Rechtsvorschriften kommen neben förmlichen Gesetzen auch Rechtsverordnungen auf gesetzlicher Grundlage in Betracht. **Keine Anwendung** findet die Vorschrift, wenn gesetzlich zwar eine Fiktion (gilt als erlaubt) angeordnet wird, nicht aber ein VA fingiert wird (zB die Fiktion des erlaubten oder geduldeten Aufenthalts nach §§ 81 Abs 3, 4, 84 Abs 2 S 2 AufenthG). 7

b) Analoge Anwendung. Die Abs 1 S 2 und Abs 3 enthalten allgemeine Rechtsgedanken und sind deshalb auch außerhalb des Anwendungsbereichs des Gesetzes analog anwendbar. Es liegt im Wesen einer fingierten Genehmigung, dass sie als fiktiver VA im Wesentlichen den allgemeinen Regelungen für VAe unterliegt. Auch der Anspruch auf eine schriftliche Bescheinigung des Eintritts der Genehmigungsfiktion ist in jedem Fall gegeben, in dem eine derartige Fiktion eintritt. **Keine Analogie** ist hinsichtlich des Eintritts der fingierten Genehmigung bei Fristablauf in Fällen möglich, in denen dies nicht gesetzlich besonders angeordnet ist. Fehlt es an einer solchen Anordnung, so kann eine Fiktionswirkung nicht, auch nicht analog Abs 1 S 1 eintreten. Es bleibt dann bei den allgemeinen Grundsätzen, wonach eine Überschreitung gesetzlicher Bearbeitungsfristen Schadensersatzansprüche auslösen und zur Erhebung einer Untätigkeitsklage (§ 75 VwGO) berechtigen kann.[12] 8

c) Unmittelbare Anwendbarkeit der Dienstleistungsrichtlinie? Zweifelhaft ist, ob die in der Vorschrift vorgesehene Fiktion im Anwendungsbereich der Dienstleistungsrichtlinie auch dann eintreten kann, wenn der Fachgesetzgeber über die Anwendbarkeit des § 42a trotz Ablaufs der Umsetzungsfrist noch nicht entschieden hat. Art 13 Abs 4 Dienstleistungs-RL selbst hat keinen unmittelbar vollziehbaren Inhalt, insbesondere weil es an der Festsetzung einer Bearbeitungsfrist fehlt, deren Festlegung gerade Sache der Mitgliedstaaten ist. Da nach Abs 2 aber insoweit eine Frist von 3 Monaten gelten soll, wenn das Fachrecht keine Festlegungen trifft, kommt es in Betracht, den Eintritt der Genehmigungsfiktion unmittelbar aus Art 13 Abs 4 DLR iVm § 42a herzuleiten.[13] Dies setzt aber voraus, dass der Fachgesetzgeber eine Entscheidung über die Anwendbarkeit des § 42 überhaupt unterlassen hat, obwohl nach der DL-RL eine Verpflichtung hierzu bestand.[14] 8a

---

[9] S hierzu Bernhardt, GewArch 2009, 100 (102).

[10] Amtl Begr, vgl BT-Dr 16/10 493, S. 15.

[11] So zutreffend Guckelberger DÖV 2010, 109, 113.

[12] OVG Lüneburg NVwZ-RR 2009, 663; OVG Hamburg NordÖR 2009, 425.

[13] Zur unmittelbaren Anwendung von Richtlinien s Einf II Rn 32. Für eine unmittelbare Anwendbarkeit neuerdings auch ein Beitrag von Abromeit/Droste DÖV 2013, 133, 139.

[14] So auch Bernhardt, GewArch 2009, 100, 103; Knack/Henneke § 71a Rn 11.

II. Voraussetzungen der fingierten Genehmigung (Abs 1 S 1)

9 **1. Genehmigungstatbestand.** Abs 1 S 1 setzt ein Verwaltungsverfahren voraus, in dem ein Antrag gestellt worden ist, der sich auf die Erteilung einer Genehmigung richtet. Die Vorschrift ist nur auf **Antragsverfahren** anwendbar. Sie ist außerdem nur auf **Genehmigungsverfahren** anwendbar, also auf Verfahren, die sich auf die Genehmigung eines Verhaltens oder eines Vorhabens richten. Andere begünstigende VAe werden nicht erfasst. Nicht entscheidend ist, ob ein Anspruch auf die Genehmigung besteht oder ob die Erteilung der Genehmigung im Ermessen der Verwaltung steht. Die Vorschrift differenziert nicht zwischen sog Kontrollerlaubnissen (präventiven Verboten mit Genehmigungsvorbehalt) und sog Ausnahmebewilligungen (repressiven Verboten mit Befreiungsvorbehalt).[15] Ein **Verzicht auf die Fiktionswirkung** im Vorhinein ist grundsätzlich nicht zulässig, weil er das europarechtlich vorgegebene Beschleunigungsziel unterlaufen könnte (so auch Knack/Henneke 9).

10 **2. Anordnung durch Rechtsvorschrift. a) Normative Anordnung.** Die Genehmigungsfiktion muss für den Fall der Überschreitung der Bearbeitungsfrist in einer Rechtsvorschrift angeordnet worden sein. Als Rechtsvorschriften kommen nicht nur **Gesetze,** sondern auch **Rechtsverordnungen** und **Satzungen** in Betracht, nicht dagegen Verwaltungsvorschriften. Die Rechtsvorschrift muss – nicht notwendig ausdrücklich – vorsehen, dass die Genehmigung mit Ablauf der festgesetzten Bearbeitungsfrist als erteilt gilt. Es ist danach Sache des Fachrechts zu bestimmen, ob und in welchen Fällen der Ablauf einer bestimmten Bearbeitungsfrist dazu führt, dass die beantragte Genehmigung als erteilt gelten soll. Art 13 Abs 4 S 1 DL-RL sieht eine solche Genehmigungsfiktion im Anwendungsbereich der Dienstleistungs-RL als Regelfall vor. Bund und Länder sind danach gehalten, im Fachrecht jedenfalls im Anwendungsbereich der DL-RL derartige Fiktionen vorzusehen, sofern nicht ein Fall des Art 13 Abs 4 S 2 DL-RL angenommen werden kann (s näher Rn 6).

10a **b) Einzelne Anordnungen im Fachrecht.** Bundesrechtliche Anordnungen der Anwendung finden sich mittlerweile in § 49 Abs 2a S 6 KrW/AbfG, §§ 26 Abs 2 S 5, 29a Abs 4 S 5 BImSchG, § 11 Abs 3 AEG, § 15 Abs 1 S 5 PBefG, § 12 Abs 5 GenTG, § 23a Abs 4 S 2 EnWG, § 8 Abs. 5a S 1 TierSchG, § 2 Abs 6a FStrG § 6 Abs. 4 S 4; § 10 Abs 2 S 2, § 6 Abs 4 S 4 BauGB, § 22 Abs 5 S 4, § 145 Abs 1 BauGB § 116 Abs 2 GWB, § 18 I S 3 SigG, § 5 V S 5 FahrlG, § 19b Abs 1 S 5 ChemG, § 5 Abs 3 S 8; § 10 Abs 1 S 9 TEHG, § 53a Abs 2 InfSchG. Ferner finden sich Widmungsfiktionen nach § 2 Abs 6a FStrG und entsprechenden Regelungen in den Landesstraßengesetzen.

11 **3. Hinreichend bestimmter Antrag. a) Bestimmtheit, Vollständigkeit.** Der Eintritt der Genehmigungsfiktion nach Abs 1 S 1 setzt voraus, dass der Genehmigungsantrag „hinreichend bestimmt" ist. Dies ist der Fall, wenn auch die Genehmigungsbehörde über den Antrag abschließend hätte entscheiden können. Es muss eindeutig feststellbar[16] sein, auf welchen Gegenstand, zB auf welches Vorhaben, sich der Antrag beziehen soll, und dass auch tatsächlich eine Genehmigung begehrt wird (s hierzu § 22 Rn 35). Da die Bearbeitungsfrist nach Abs 2 S 2 erst mit **Vollständigkeit des Antrags** (hierzu näher unten Rn 26 ff.) zu laufen beginnt, wird sich die Frage der hinreichenden Bestimmtheit in der Praxis selten stellen, weil ein vollständiger Antrag regelmäßig zugleich hinreichend bestimmt sein wird. Der Antrag muss nicht nur hinreichend bestimmt sein, son-

---

[15] Bernhardt, GewArch 2009, 100, 105; Zu Kontrollerlaubnissen und anderen Genehmigungen näher Gromitsaris, DÖV 1997, 401; Maurer, § 9 Rn 51 ff.

[16] So auch Guckelberger DÖV 2010, 109, 114; zu eng Ziekow 13, der hinreichende Bestimmtheit schon bei Auslegungsbedürftigkeit ausschließt.

dern Entscheidungsreife haben, was typischerweise eine hinreichende Bestimmtheit einschließt.[17]

b) Eingeschränkte Entscheidungsreife. Problematisch kann sein, ob ein Antrag auch dann den Fristbeginn auslöst, wenn zwar gewisse Unklarheiten verblieben sind oder noch Unterlagen hätten nachgefordert werden können, die **Unklarheiten aber durch zulässige Inhalts- oder Nebenbestimmungen** (s § 36 Rn 4 ff) zur Genehmigung hätten bewältigt werden können. Hier muss man differenzieren. Dass ein Antrag zu einem Teil entscheidungsreif ist, wird den Fristbeginn und damit auch die Fiktion nicht auslösen können. Wenn die Behörde aber tatsächlich keine Unterlagen nachgefordert hat und der Antrag mit den vorliegenden Unterlagen entscheidungsreif war, zB weil unter Beifügung von Nebenbestimmungen genehmigungsfähig, dann wird die Bearbeitungsfrist laufen und ggfs die Fiktionswirkung (ohne die möglichen Nebenbestimmungen) eingreifen, sofern das Fachrecht insoweit keine Einschränkungen enthält. Da es für die fingierte Genehmigung nicht darauf ankommt, ob die Genehmigung hätte erteilt werden dürfen, kann es auch nicht darauf ankommen, ob sie nur unter Beifügung von Nebenbestimmungen hätte erteilt werden dürfen. 12

c) Vorlage bei der zuständigen Behörde. Die Bearbeitungsfrist beginnt nur zu laufen, wenn der Antrag mit vollständigen Unterlagen bei der zuständigen Behörde vorliegt. Die Einreichung bei einer unzuständigen Behörde löst den Fristbeginn nicht aus, unabhängig davon, ob eine Pflicht zur Weiterleitung an die zuständige Behörde besteht oder nicht und unabhängig davon, ob tatsächlich weitergeleitet wurde.[18] Ist letzteres der Fall, beginnt die Frist mit der erfolgten Vorlage bei der zuständigen Behörde. Wenn der Antrag über eine einheitliche Stelle gestellt wird, gilt § 71b Abs 2. 12a

4. Ablauf der festgesetzten Frist. Die Genehmigungsfiktion tritt ein, wenn über den Antrag nicht innerhalb einer für die Entscheidung festgesetzten Frist entschieden wird. Welche Frist maßgebend ist, ergibt sich aus Abs 2 bzw aus dem jeweiligen Fachrecht. Aus Abs 2 ergibt sich mittelbar auch, dass die Frist nur dann zu laufen beginnt, wenn der **Antrag der zuständigen Behörde** vorliegt oder bei der einheitlichen Stelle (§ 71a) eingereicht wurde. Im zuletzt genannten Fall gilt der Antrag nach § 71b Abs 2 als am dritten Tag nach Eingang bei der einheitlichen Stelle bei der zuständigen Behörde eingegangen (s unten Rn 25). Ein bei einer unzuständigen Behörde gestellter Antrag kann den Lauf der Frist nicht in Gang setzen und deshalb auch nicht zu einer Genehmigungsfiktion führen. Im Übrigen gilt die Genehmigung „nach Ablauf" der gesetzten Frist als erteilt, dh nach Ablauf desjenigen Tages, an dem die Frist endet. Für die Berechnung der Frist s unten Rn 23 ff. 13

Bescheide, die nach Ablauf der gesetzten Frist und damit nach Eintritt der Genehmigungsfiktion beim Antragsteller ankommen, **gehen ins Leere.** Enthält der gleichwohl noch erlassene Bescheid die erwünschte Genehmigung, handelt es sich um eine wiederholende Verfügung, die rechtlich ohne Bedeutung bleibt. Enthält der Bescheid eine Ablehnung, ist diese wegen der zwischenzeitlich eingetretenen Genehmigungsfiktion obsolet und unbeachtlich. Insbesondere kann der Ablehnung nach ihrem Erklärungswert regelmäßig **nicht die konkludente Rücknahme der fingierten Genehmigung** entnommen werden, weil hierfür besondere, für den Adressaten erkennbare Anhaltspunkte vorliegen müssten, an denen es in dieser Fallkonstellation idR fehlt.[19] Insoweit ist die Situation uU anders zu beurteilen als dann, wenn eine Behörde einen selbst erlassenen VA 14

[17] FKS 14; BT-Dr 16/10 493, S 16.
[18] StBS 50; Guckelberger DÖV 2010, 109, 114; Ernst/Pinkl Jura 2013, 685, 688.
[19] So auch StBS 49 unter Berufung auf OVG Hamburg NordÖR 2011, 142; MSU 39; Hullmann/Zorn NVwZ 2009, 756

durch einen neuen ersetzt (s § 48 Rn 29a). Auch eine Umdeutung kommt insoweit nicht in Betracht.

III. Entsprechende Anwendung der Vorschriften über Bestandskraft und Rechtsbehelfsverfahren (Abs 1 S 2)

15 **1. Wirksamkeit, Bestandskraft und ihre Durchbrechungen.** Nach Abs 1 S 2 sind die Vorschriften über die Bestandskraft von VAen entsprechend anwendbar. Vorschriften, die ausdrücklich die „Bestandskraft von VAen" regeln, gibt es nicht. Gemeint sind aber gleichwohl hinreichend eindeutig die §§ 43 ff über die Wirksamkeit des VA und ihre Durchbrechungen, die danach „entsprechend", dh unter Berücksichtigung des Fiktionscharakters des VA, angewendet werden müssen. Danach tritt gem § 43 Abs 1 S 1 die (äußere) Wirksamkeit des VA mit dem Ablauf der Frist ein, ohne dass eine Bekanntgabe an den Antragsteller oder an Dritte erforderlich wäre. Der VA wird entsprechend § 43 Abs 1 S 1 mit dem Regelungsinhalt wirksam, der sich ergeben hätte, wenn der Antrag positiv beschieden worden wäre. Der Antrag muss hinreichend bestimmt sein, sonst greift die Fiktion nach Abs 1 S 1 nicht ein. Das schließt die Möglichkeit, einzelne Unklarheiten durch Auslegung zu klären, nicht aus.

16 **a) Keine Rechtmäßigkeitsfiktion.** Wie sich aus der entsprechenden Anwendbarkeit des § 43 Abs 2 ergibt, tritt die Wirksamkeit mit Fristablauf ohne Rücksicht darauf ein, ob ein VA rechtmäßig gewesen wäre, mit dem über den Antrag auf Genehmigung positiv entschieden worden wäre. Mit der Anordnung einer Genehmigungsfiktion wird also nicht zugleich auch die Vereinbarkeit der Genehmigung mit dem objektiven Recht fingiert.[20] Vielmehr folgt aus § 43 Abs 2, dass die fingierte Genehmigung ohne Rücksicht auf die Rechtmäßigkeit der Genehmigung wirksam wird, wie das bei einer normal erteilten Genehmigung auch der Fall gewesen wäre. Hieraus folgt zugleich, dass die **Nichtigkeit** des VA nach § 44 **zugleich die Grenze für die Wirksamkeit** eines fingierten VA darstellt. Wenn ein VA, mit dem die Genehmigung antragsgemäß erteilt worden wäre, nach § 44 nichtig wäre, dann ist der fingierte VA auch nichtig.[21] Dabei bedeutet „entsprechende" Anwendung des § 44, dass **nur Nichtigkeitsgründe nach § 44 Abs 1 und Abs 2 Nr 4 und 6 eingreifen können,** weil die übrigen auf eine fingierte Genehmigung nicht passen. Auch § 44 Abs 3 ist nicht entsprechend anwendbar. Das gilt auch für § 44 Abs 3 Nr 4, da die Fiktionswirkung unabhängig davon eintritt, ob zuvor eine andere Behörde beteiligt wurde oder nicht. § 44 Abs 4 und 5 sind entsprechend anwendbar. Zur Vermeidung der Nichtigkeit eines fiktiven VA ist eine Umdeutung nach § 47 möglich.

17 **b) Keine entsprechende Anwendbarkeit von §§ 45, 46.** Die Vorschriften über die Heilung und über die Unbeachtlichkeit von Verfahrensfehlern sind auf die fingierte Genehmigung nicht entsprechend anwendbar, weil es bei ihr nicht zu formellen Fehlern kommen kann. Das gilt auch insoweit, als die Vorschriften die Heilung einer fehlenden Mitwirkung von Ausschüssen oder anderer Behörden oder die Unbeachtlichkeit von Zuständigkeitsverstößen vorsehen. Da die Fiktionswirkung nach Abs 1 S 1 einen vollständigen Antrag bei der zuständigen Behörde erfordert, ist eine Heilung in den Fällen des § 45 weder möglich noch nötig; die Unbeachtlichkeit von Verstößen gegen Vorschriften über Zuständigkeiten, Verfahren und Form ergibt sich bereits aus der Fiktionswirkung als solcher.

---

[20] Schmitz/Prell NVwZ 2009 1, 7; FKS 17.

[21] So auch Knack/Henneke 6; Kluth, Die Genehmigungsfiktion, 61, 74; Hullmann/Zorn NVwZ 2009, 756, 758 mit allerdings problematischen Beispielen.

c) Entsprechende Anwendbarkeit der §§ 48 ff. aa) Anwendbarkeit. Grundsätzlich anwendbar sind die §§ 48 ff. auf den fingierten VA. Ebenso wie ein tatsächlich erlassener VA kann auch ein fingierter VA nach § 48 zurückgenommen oder unter den Voraussetzungen des § 49 widerrufen werden.[22] Auch ein Wiederaufgreifen nach § 51 kommt in Betracht, wenn die entsprechenden Voraussetzungen vorliegen. Insoweit weist der fingierte VA **keine höhere Stabilität** auf als ein tatsächlich erlassener. Dies sollte auch mit der Formulierung in Abs 1 S 2 zum Ausdruck gebracht werden.[23] Dabei kommt eine entsprechende Anwendung nur von § 48 Abs 1, 3, 4, 5 in Betracht, da die von § 48 Abs 2 erfassten VAe nicht unter § 42a fallen. Ähnliches gilt für § 49 Abs 3, für den es im Rahmen des § 42a ebenfalls keine Anwendungsmöglichkeiten gibt. 18

bb) Aufhebungsermessen. Problematisch ist, in welcher Weise von dem Ermessen Gebrauch gemacht werden darf, das durch §§ 48, 49 eingeräumt wird. Soweit das nationale Recht bisher fingierte VAe vorsah, konnten diese im Falle der Rechtswidrigkeit jedenfalls unter angemessener Berücksichtigung des **Schutzes berechtigten Vertrauens**[24] von der zuständigen Behörde zurückgenommen werden. Von dieser Möglichkeit ist in der Praxis auch häufig Gebrauch gemacht worden, wenn die Behörde den Ablauf der Bearbeitungsfrist rechtzeitig bemerkt und die Rücknahme erklärt hat, bevor der Antragsteller ein Vertrauen in die fingierte Genehmigung durch den Beginn der Ausführung betätigen konnte (vgl StBS § 48 Rn 34). 19

cc) Bedeutung der Dienstleistungs-RL. Jedenfalls in den Fällen, die unter die Dienstleistungs-RL fallen, stellt sich die Frage deshalb in besonderer Weise, weil die Regelung des Art 13 Abs 4 DL-RL, wonach die Genehmigung bei Fristablauf als erteilt gilt, durch die rechtliche und praktische Umsetzung nicht unterlaufen werden darf (Art 4 Abs 3 EUV). Das Gesetz hat insoweit keine Regelung getroffen, sondern die **Frage der Ermessensentscheidung der Rechtspraxis überlassen** (BT-Dr 16/10493, S 16). Richtigerweise wird eine Rücknahme fingierter Genehmigungen im Anwendungsbereich der DL-RL allein wegen ihrer Rechtswidrigkeit nicht in Betracht kommen. Dies könnte nämlich faktisch zur Unwirksamkeit der Fristenregelung des Art 13 Abs 4 S 1 DL-RL führen, wodurch die Ziele der DL-RL unterlaufen würden, im Interesse der Beschleunigung und der Planbarkeit von Vorhaben in diesem Bereich die Einhaltung der vorgegebenen Bearbeitungsfristen sicherzustellen.[25] Nach Sinn und Zweck der Vorgaben in Art 13 Abs 4 S 1 DL-RL kommt deshalb eine Rücknahme fingierter Genehmigungen im Bereich der Richtlinie analog zu Art 13 Abs 4 S 2 DL-RL nur in Betracht, wenn sie durch zwingende Gründe des Allgemeininteresses gerechtfertigt wird. 19a

2. Entsprechende Anwendung der Vorschriften über Rechtsbehelfsverfahren. a) Grundsatz. Nach Abs 1 S 2 sind auch die Vorschriften über Rechtsbehelfsverfahren gegen fingierte VAe entsprechend anzuwenden. Das bedeutet, dass Drittbetroffene gegenüber dem fingierten VA dieselben Rechtsbehelfe haben, die sie sonst gegenüber einer ordnungsgemäß erlassenen Genehmigung gehabt hätten. Im Regelfall handelt es sich, soweit allgemein statthaft (siehe § 79 Rn 35), um den Widerspruch (§ 68 VwGO, § 79 VwVfG), nach erfolglosem Widerspruchsverfahren um die Anfechtungsklage (§ 42 VwGO). Vorausset- 20

---

[22] OVG Sachsen BauR 2006, 1108 mwN.

[23] Amtl Begr, vgl BT-Dr 16/10493, S 16.

[24] Zu der umstrittenen Frage, ob im Rahmen der Ermessensentscheidung nach § 48 Abs 3 der Schutz berechtigten Vertrauens berücksichtigt werden muss, s § 48 Rn 137.

[25] Zur Verhinderung einer „Flucht in die Rücknahme" Ziekow, Möglichkeiten zur Verbesserung der Standortbedingungen, 2007, S 102; s auch Guckelberger DÖV 2010, 109, 116: „im Lichte des Gemeinschaftsrechts".

zung ist wie beim regulären VA das Vorliegen einer Widerspruchs- bzw Klagebefugnis (§ 42 Abs 2 VwGO). Dass der VA dem Drittbetroffenen nicht bekannt gegeben worden ist, hindert die Zulässigkeit eines Widerspruchs bzw einer Anfechtungsklage nicht.

21 **b) Rechtsbehelfsfristen.** Mangels Bekanntgabe gegenüber Drittbetroffenen gilt weder die Widerspruchsfrist von einem Monat nach § 70 VwGO noch – in Fällen unmittelbarer Statthaftigkeit der Klage – die Klagefrist von einem Monat nach § 74 VwGO. Auch die **Jahresfrist des § 58 Abs 2 VwGO gilt nicht** und kann auch nicht analog herangezogen werden, weil die Vorschrift jedenfalls die Bekanntgabe an den Betroffenen voraussetzt.[26] Abs 3 sieht zwar vor, dass denjenigen, denen der VA nach § 41 Abs 1 hätte bekannt gegeben werden müssen, der Eintritt der Genehmigungsfiktion auf Verlangen zu bescheinigen ist. Damit ist das Problem aber noch nicht gelöst, da Drittbetroffene vom Eintritt der Genehmigungsfiktion idR keine Kenntnis haben werden und deshalb auch keine Bescheinigung verlangen werden.

21a **c) Verwirkung.** Drittbetroffene können allerdings ihr Widerspruchsrecht (oder ihr Klagerecht) nach allgemeinen Grundsätzen verwirken (s näher zur Verwirkung § 53 Rn 41 ff). Verwirkung ist nach der Rspr bei Nachbarklagen anzunehmen, wenn der Nachbar nicht spätestens innerhalb eines Jahres Widerspruch erhebt, gerechnet von dem Zeitpunkt an, von dem er Gelegenheit gehabt hätte,[27] von der Existenz des VA Kenntnis zu nehmen. Dies wird bei Vorhaben, die mit Bauarbeiten verbunden sind, jedenfalls in dem Zeitpunkt anzunehmen sein, in dem der Nachbar Kenntnis vom Beginn der Arbeiten erlangt hat oder hätte erlangen können.[28] Der Grundgedanke dieser **Rspr kann auf andere Genehmigungen nicht ohne weiteres übertragen werden,** weil die Verwirkung im Baurecht nicht nur auf der Möglichkeit der Kenntnisnahme, sondern auch auf dem nachbarlichen Gemeinschaftsverhältnis beruht, das Nachbarn nach Treu und Glauben gewisse Obliegenheiten zumutet. Nur in ähnlich gelagerten Verhältnissen kommt eine Verwirkung durch bloße Untätigkeit des betroffenen Dritten in Betracht.

22 **d) Anspruch auf Bekanntgabe. Fraglich** ist, ob der Inhaber der fingierten Genehmigung die Bekanntgabe an Drittbetroffene **mit Rechtsmittelbelehrung verlangen** kann mit der Konsequenz, dass dem Drittbetroffenen gegenüber anstelle einer evtl sonst maßgeblichen Verwirkungsfrist von einem Jahr die Monatsfrist des § 70 VwGO für die Erhebung des Widerspruchs gilt. Dies wird man anzunehmen haben, weil insoweit nichts anderes gelten darf als bei regulär erlassenen VAen, die auch im Nachhinein Nachbarn und anderen Drittbetroffenen bekannt gegeben werden können.[29] Dass dem Antragsteller und anderen Betroffenen gegenüber nur eine Bescheinigung vorgesehen ist (Abs 3), spricht nicht gegen die Möglichkeit und uU sogar für eine Verpflichtung zur Bekanntgabe an Drittbetroffene. Dem Antragsteller gegenüber ist eine Bekanntgabe entbehrlich, da die Wirksamkeit ihm gegenüber dadurch nicht ausgelöst werden kann. Der Drittbetroffene darf demgegenüber nicht schlechter, aber auch nicht besser stehen als im Falle eines regulären Erlasses des VA. Ob die Behörde die fingierte Genehmigung dem Drittbetroffenen gegenüber bekannt gibt, **steht in ihrem Ermessen.** Dieses Ermessen wird aber im Regelfall zugunsten des Inhabers der Genehmigung **auf Null reduziert** sein, es sei denn, die Verwaltung beabsich-

---

[26] StBS § 35 Rn 67; Ziekow 13; Caspar AöR 2000, 131, 146; Schmitz/Prell NVwZ 2009, 1, 8; Guckelberger DÖV 2010, 109, 117.

[27] BVerwG NJW 1974, 1260, 1262; OVG Münster, Urt v 4.9.2008, Az: 7 A 2358/07 – juris; VGH Mannheim VBlBW 1992, 103; Dürr DÖV 2001, 625, 637.

[28] BVerwG NVwZ NVwZ 1988, 532; OVG Münster, Beschl v 7.8.2000, Az: 10 B 920/00 – juris.

[29] Jäde ZfBR 1996, 241, 245 für die Genehmigungsfiktionen im Baurecht.

tigt, die fingierte Genehmigung nach § 48 zurückzunehmen oder nach § 49 zu widerrufen (s hierzu Rn 18). Der Inhaber der fingierten Genehmigung wird deshalb von der Behörde im Regelfall die Bekanntgabe mit Rechtsmittelbelehrung verlangen können.

IV. Bestimmung und Berechnung der Bearbeitungsfrist (Abs 2)

1. Drei-Monats-Frist (Abs 2 S 1). Im Grundsatz ist es **Sache des Fachrechts,** für das darin vorgesehene Genehmigungsverfahren Bearbeitungsfristen festzulegen. Diese sollen im Anwendungsbereich der Dienstleistungs-RL vorab festgelegt und bekannt gemacht werden sowie angemessen sein (Art 13 Abs 3 S 1 DL-RL). Abs 2 S 1 verlangt, dass die Festlegung der Frist durch Rechtsvorschrift erfolgt; eine Verwaltungsvorschrift ist danach nicht ausreichend.[30] Das Fachrecht kennt bereits an verschiedenen Stellen Regelungen über Bearbeitungsfristen (zB § 10 Abs 6a BImSchG; § 61 Abs 2 HBauO, 8 Abs 5a S 3 TierSchG, § 15 Abs 1 S 5 PbefG). Die Dienstleistungs-RL verlangt vom Gesetzgeber in Bund und Ländern, dass in ihrem Anwendungsbereich jeweils Fristen festgelegt werden, die Komplexität und Bearbeitungsaufwand angemessen berücksichtigen. Außerdem muss die Postlaufzeit und die Regelung des § 71b Abs 6 S 1 berücksichtigt werden (s unten). 23

Trifft das Fachrecht keine Aussage über die Bearbeitungsfrist, so gilt gem Abs 2 S 1 eine **Bearbeitungsfrist von 3 Monaten.** Diese Frist lehnt sich an § 75 VwGO an und soll eine gewisse Signalwirkung für die Festlegungen im Fachrecht entfalten.[31] Die Drei-Monats-Frist ist eine Durchschnittsfrist, von der ausgehend sich für komplexere Verfahren längere und für einfachere Verfahren kürzere Bearbeitungsfristen rechtfertigen lassen. Bei der Fristbestimmung ist in diesem Zusammenhang stets auch die **Postlaufzeit** für Zustellungen bzw Bekanntgaben im Ausland einzurechnen. In diesem Zusammenhang ist zu berücksichtigen, dass nach § 71b Abs 6 S 1 im Anwendungsbereich des § 71a (s § 71a Rn 16) ein schriftlicher VA, der durch die Post in das Ausland übermittelt wird, einen Monat nach Aufgabe zur Post als bekannt gegeben gilt. Das bedeutet, dass bei einer Bearbeitungsfrist von drei Monaten **tatsächlich nur zwei Monate** für die Bearbeitung zur Verfügung stehen. Die Postlaufzeit wird bei elektronischer Bekanntgabe zwar nicht in Abzug gebracht, weil insoweit nur eine Frist von drei Tagen läuft (§ 41 Abs 2 S 2); da der Empfänger aber entscheiden kann, ob er eine elektronische oder eine postalische Bekanntgabe wünscht, muss stets mit der Postlaufzeit gerechnet werden. 24

2. Fristbeginn (Abs 2 S 2). a) Eingang bei der Behörde. Die festgelegte Bearbeitungsfrist beginnt zu laufen, wenn der Antrag bei der zuständigen Behörde vorliegt und sämtliche erforderlichen Unterlagen vollständig sind. Eingang bedeutet wie auch sonst bei Anträgen **grundsätzlich Zugang;** dafür kommt es darauf an, wann der Antrag derart in den Machtbereich des Empfängers gelangt ist, dass unter normalen Umständen mit einer Kenntnisnahme zu rechnen ist (vgl § 41 Rn 81). Der Antrag muss **bei der zuständigen Behörde** eingegangen sein; der Eingang bei einer unzuständigen Behörde löst die Frist nicht aus, auch wenn der Antrag später an die zuständige Behörde weitergeleitet wird. Bei Abwicklung des Verfahrens über eine einheitliche Stelle gilt die **Eingangsfiktion** des § 71b Abs 2 S 1). 25

b) Vollständigkeit der Unterlagen. Die Frist beginnt erst, wenn alle erforderlichen Unterlagen der Behörde vollständig vorliegen. Hier kommt es nach allgemeiner Auffassung auf die **objektive Vollständigkeit** der Unterlagen nach Maßgabe des geltenden Rechts an.[32] Welche Unterlagen erforderlich sind, um 26

---

[30] Vgl Bernhardt, GewArch 2009, 100, 101.
[31] BT-Dr 16/10493, S 16.
[32] MSU 58; StBS 75; Knack/Henneke 10; Schmitz/Prell NVwZ 2009, 1, 8; Broscheit GewArch 2015, 209.

die Entscheidungsreife eines Antrags herbeizuführen, hängt also von dem Vorhaben oder Verhalten ab, um dessen Genehmigungsfähigkeit es geht. Insoweit muss der Antrag zusammen mit den beigefügten Unterlagen nicht nur das Vorhaben sachlich-inhaltlich hinreichend definieren (Abs 1 S 1), sondern auch so viele Informationen zu den Einzelheiten des Vorhabens oder Verhaltens enthalten, dass die Behörde nach dem **Maßstab des Zulassungstatbestandes** in die Prüfung des Zulassungsantrags eintreten kann.[33]

26a **Maßgebend sind die gesetzlichen Vorlagepflichten,** die sich für das jeweilige Zulassungsverfahren aus dem Fachrecht ergeben. So ist zB der Umfang der im bauordnungsrechtlichen (BauVorlVOen der Länder) und im BImSchG-Genehmigungsverfahren (9. BImSchV) vorzulegenden Unterlagen relativ genau geregelt, in anderen Zulassungsverfahren dagegen mitunter weniger genau (und weniger weit gehend). Die Regelung in Abs 2 S 2 soll dem Antragsteller keine zusätzlichen Vorlagepflichten aufbürden, sondern macht den Fristbeginn lediglich davon abhängig, dass bestehende Vorlagepflichten, soweit sie bei Antragstellung ersichtlich sind, erfüllt werden.[34]

27 **c) Bestätigung der Vollständigkeit.** Für den Antragsteller stellt sich das Problem, Klarheit über die Vollständigkeit der Unterlagen zu erhalten. Eine Verpflichtung der Behörde, die Vollständigkeit der Unterlagen zu bestätigen oder zu bescheinigen, enthält die Vorschrift nicht. Auch im Anwendungsbereich des Verfahrens über eine einheitliche Stelle stellt die zuständige Behörde nach § 71b Abs 3 S 1 dem Antragsteller eine Empfangsbestätigung aus, in der ua das Datum des Eingangs und die Bearbeitungsfrist mitzuteilen sind,[35] nicht aber die Vollständigkeit der Unterlagen festgestellt wird. Das schließt aber eine Bestätigung der Vollständigkeit nicht aus, wie sie heute schon in der Praxis weit verbreitet ist.[36] Sofern sich aus dem Fachrecht keine entsprechende Verpflichtung ergibt, lässt sie sich aber aus der **Sollbestimmung des § 25 Abs 2 S 2** herleiten, wonach die Behörde jedenfalls im Regelfall unverzüglich nach Eingang des Antrags Auskunft über die Vollständigkeit der Antragsunterlagen geben soll.[37]

27a **aa) Unzutreffende Bestätigung. Umstritten** ist, welche Auswirkungen eine unzutreffende Bestätigung der Vollständigkeit der Unterlagen auf den Fristbeginn hat. Die **Bestätigung ist kein VA,** weil sie keine Regelung enthält, sondern lediglich eine Mitteilung über den Fristbeginn. Teilweise wird vertreten, auch bei Vorliegen einer behördlichen Bestätigung komme es allein auf die objektive Vollständigkeit der Unterlagen an, weil von der Bestätigung keine Bindungswirkung ausgehe.[38] Unabhängig davon kommt aber in Betracht, von einem **verfahrensrechtlichen Vertrauenstatbestand** auszugehen, der bei der Frage nach der Auslösung der Frist zu berücksichtigen ist[39]

27b **bb) Unvollständiges Nachforderungsverlangen.** Problematisch ist darüber hinaus, ob die Frist auch ausgelöst wird, wenn die Behörde einzelne Unterlagen nachfordert und sich erst später herausstellt, dass noch weitere Unterlagen hätten vorgelegt werden müssen. Hier wird man differenzieren müssen: Regelmäßig wird man aus der bloßen Nachforderung von Unterlagen allein noch nicht den Schluss ziehen dürfen, dass bei Vorlage der verlangten Unterlagen Vollständigkeit gegeben ist. Etwas anderes kann sich aber aus den Umständen ergeben. Auch ein

---

33 Ähnlich Jäde UPR 2009, 169, 171, der zwischen formeller und materieller Vollständigkeit der Antrags differenziert.

34 OVG Hamburg NordÖR 2011, 142; ähnlich MSU 59; StBS 76; teilweise weiter gehend Jäde UPR 2009, 169, 171.

35 Diese Regelung setzt die Vorgabe aus Art 13 Abs 5 DL-RL um.

36 Bernhardt GewArch 2009, 100, 103.

37 Hierauf weist MSU 61 zutreffend hin.

38 So etwa MSU 62; StBS 77; Schmitz/Prell NVwZ 2009, 1, 8.

39 Vgl OVG Hamburg NordÖR 2009, 425 (Moorburg).

konkludentes Erklärungsverhalten kann einen Vertrauenstatbestand schaffen (OVG Hamburg NordÖR 2011, 142).

3. Verlängerungsmöglichkeit (Abs 2 S 3, 4). Die Behörde hat nach Abs 2 S 3 die Möglichkeit, die Bearbeitungsfrist ein (einziges) Mal angemessen zu verlängern, wenn dies wegen der Schwierigkeit der Angelegenheit gerechtfertigt ist. Während es grundsätzlich zunächst Sache des Gesetzgebers ist, für die einzelnen Genehmigungstatbestände eine angemessene Bearbeitungsfrist vorab festzulegen, ist es Sache der Behörde, über die einmalige Verlängerung der Bearbeitungsfrist zu entscheiden, wenn dies geboten ist. 28

a) Voraussetzungen der Verlängerung. aa) Rechtfertigung durch Schwierigkeit der Angelegenheit. Die Verlängerung der Frist setzt voraus, dass die Schwierigkeit der Angelegenheit eine Entscheidung innerhalb der regulären Zeitspanne nicht möglich erscheint. Die Schwierigkeit der Angelegeneheit darf sich nicht allein aus der Materie selbst ergeben, weil diese schon bei der regulären Bemessung der Frist berücksichtigt worden ist. Sie muss sich also aus den Besonderheiten des Einzelfalls ergeben, etwa weil ein (weiteres) Gutachten oder eine empirische Untersuchung erforderlich werden. Personalengpässe und Überlastung der Behörde rechtfertigen eine Verlängerung nicht. 28a

bb) Angemessene Verlängerung. Die Verlängerung muss angemessen sein. Maßgeblich sind hier vor allem die Gründe, die für die Überschreitung ursächlich sind. Wird etwa eine Untersuchung durch einen Sachverständigen erforderlich, so darf die Verlängerung die voraussichtliche Dauer der Begutachtung und der anschließenden Bewertung und Entscheidung umfassen. Nicht überzeugend ist es, wenn vertreten wird, dass die Verlängerung die Regelfrist nicht überschreiten dürfe.[40] Diese Einschränkung findet im Gesetz keine Stütze und dürfte auch mit Sinn und Zweck der Verlängerung schwerlich zu vereinbaren sein.[41] 28b

b) Entscheidung über die Verlängerung. aa) Zeitpunkt, Schriftlichkeit. Die Entscheidung über die Verlängerung muss innerhalb der noch laufenden regulären Frist getroffen und dem Antragsteller bekannt gegeben werden. Es kommt insoweit also nicht auf die Entscheidung der Behörde über die Verlängerung an, sondern um ihren Zugang beim Antragsteller.[42] Die Mitteilung hat schriftlich (**Textform ist ausreichend,** da Schriftform nicht angeordnet ist) oder elektronisch zu erfolgen, was sich daraus ergibt, dass sie zu begründen ist.[43] Nach Ablauf der regulären Frist ist eine Verlängerung nicht mehr möglich. Fraglich ist, ob auch eine mündliche, insbesondere **fernmündliche Mitteilung** der Fristverlängerung innerhalb der Frist ausreicht, wenn die schriftliche oder elektronische Mitteilung mit Begründung unverzüglich nachgeholt wird. Dies ist zu bejahen. Eine mündliche Vorabmitteilung genügt den gesetzlichen Zielen und entspricht praktischen Bedürfnissen, weil sie das Verlängerungserfordernis möglicherweise erst kurze Zeit vor dem Ablauf der Bearbeitungsfrist herausstellen und eine schriftliche Verlängerung wegen des möglicherweise längeren Postlaufs nicht mehr innerhalb der Frist bekannt gegeben werden kann.[44] 29

bb) Begründungspflicht. Die Verlängerung muss nach Abs 2 S 3 begründet und grundsätzlich rechtzeitig mitgeteilt werden. Die Begründung muss sich auf die besonderen Schwierigkeiten der Angelegenheit beziehen, die die Fristverlängerung erforderlich machen, und auf die Angemessenheit der Verlängerung. Allgemeine Floskeln und formelhafte Ausführungen reichen nicht aus. Im Fall 29a

---

[40] So aber MSU 68; Knack/Henneke 13; Obermayer/Funke-Kaiser 20; wohl auch Jarass DVBl 2009, 205, 209.

[41] So auch StBS 83.

[42] OVG Hamburg NordÖR 2009, 425 (Moorburg); Jarass, DVBl 2009, 205, 210.

[43] So auch FKS 24.

[44] StBS 87; einschränkend MSU 75.

einer gänzlich fehlenden Begründung kann eine Verlängerung der Frist nicht wirksam erfolgen. **Umstritten** ist, ob eine Begründung auch **nach Ablauf der regulären Frist nachgeholt** werden kann.[45] Eine unvollständige Begründung kann jedenfalls analog § 45 ergänzt werden.

29b **cc) Rechtsnatur.** Die Entscheidung über die Verlängerung hat als Maßnahme innerhalb des Verwaltungsverfahrens **keine VA-Qualität,** weil die Verlängerung der Bearbeitungsfrist keine Regelung enthält, sondern nur die Mitteilung, dass die Bearbeitung des Antrags eine bestimmte weitere Zeit in Anspruch nehmen werde. Dass damit auch die Frist, nach deren Ablauf eine Fiktionswirkung droht, verlängert und der Eintritt der Wirkung hinausgeschoben wird, ist nicht das Ergebnis einer Regelung, sondern eine faktische Folge. Es wird auch nicht verbindlich über die Berechtigung der Verlängerung entschieden. Ob die Verlängerung gerechtfertigt ist, muss objektiv beurteilt werden und enthält keine Feststellung, die etwa in Bestandskraft erwachsen könnte.

V. Bescheinigung bei Genehmigungsfiktion (Abs 3)

30 **1. Anspruch auf Bescheinigung.** Nach Abs 3 ist demjenigen, dem der VA normalerweise bekannt zu geben wäre, auf Verlangen eine Bescheinigung über die Genehmigungsfiktion auszustellen. Die Vorschrift gilt auch bei Eintritt der Genehmigungsfiktion aufgrund fachrechtlicher Anordnung (OVG Hamburg NordÖR 2011, 142). Die **Bescheinigung ist kein VA,** weil sie nichts regelt, sondern nur eine Bestätigung über den Eintritt der Fiktion enthält.[46] Wird etwa die Bescheinigung irrtümlich in der Annahme ausgestellt, die Fiktionswirkung sei eingetreten, obwohl dies in Wahrheit nicht der Fall ist, so bleibt dies folgenlos, weil die Bescheinigung keine eigene Wirksamkeit entfaltet und mangels VA-Qualität auch nicht bestandskräftig werden kann. Besteht Streit über den Eintritt der Fiktion, kann der Antragsteller eine allgemeine Leistungsklage auf Ausstellung der Bescheinigung erheben; zulässig dürfte darüber hinaus aber auch eine Klage auf Feststellung sein, dass die Fiktion eingetreten ist. Hilfsweise könnte der Antragsteller in diesen Fällen eine Verpflichtungsklage auf Erteilung der Genehmigung erheben. Die Behörde darf dem Anspruch auf Erteilung der Bescheinigung **nicht den Einwand unzulässiger Rechtsausübung** entgegenhalten, wenn sie die Absicht hat, die Fiktion zurückzunehmen (OVG Hamburg NordÖR 2011, 142).

31 **2. Ansprüche Dritter?** Diejenigen, denen die reguläre Genehmigung sonst hätte bekannt gegeben werden müssen, haben ebenfalls einen Anspruch auf Ausstellung einer Bescheinigung über den Eintritt der Fiktion. Dabei handelt es sich idR um diejenigen, die am Verwaltungsverfahren beteiligt waren (§ 13). Andere Drittbetroffene haben den Anspruch auf eine Bescheinigung nach Abs 3 grundsätzlich nicht. Das schließt aber nicht aus, dass die Behörde auch ihnen auf Verlangen eine Bescheinigung über die Fiktion ausstellt, wenn sie ein rechtliches Interesse geltend machen. Die Erteilung steht aber im **Ermessen** der Verwaltung, das sich uU aber auf Null reduzieren kann. Im Übrigen stehen den Drittbetroffenen, die nicht am Verfahren beteiligt waren, die Rechte aus dem jeweils einschlägigen **Informationsfreiheitsgesetz** und dem jeweiligen **Umweltinformationsgesetz** zu (s hierzu näher § 29 Rn 51).

---

[45] Hierfür wohl StBS 87; ablehnend Knack/Henneke 13.

[46] So auch FKS 25; Knack/Henneke 14; Broscheit DVBl 2014, 342.

Abschnitt 2. Bestandskraft des Verwaltungsaktes

§ 43 Wirksamkeit des Verwaltungsaktes

(1) **Ein Verwaltungsakt wird gegenüber demjenigen, für den er bestimmt ist[10] oder der von ihm betroffen wird,[11] in dem Zeitpunkt wirksam, in dem er ihm bekannt gegeben wird.[34] Der Verwaltungsakt wird mit dem Inhalt wirksam, mit dem er bekannt gegeben wird.**

(2) **Ein Verwaltungsakt bleibt wirksam, solange und soweit er nicht zurückgenommen, widerrufen, anderweitig aufgehoben oder durch Zeitablauf oder auf andere Weise erledigt ist.[40]**

(3) **Ein nichtiger Verwaltungsakt ist unwirksam.[46]**

Parallelvorschriften: § 39 SGB X; § 124 AO

Schrifttum allgemein: *Broß,* Zur Bindung der Zivilgerichte an Verwaltungsentscheidungen, VerwArch 1987, 91; *Dietlein,* Nachfolge im öffentlichen Recht, 1999; *Ehlers,* Rechtsfragen der Existenz, der Wirksamkeit und der Bestandskraft von VAen, FS Erichsen, 2004, 1; *Felix,* Der VA mit Dauerwirkung, NVwZ 2003, 385; *Fluck,* Die „Legalisierungswirkung" von Genehmigungen als ein Zentralproblem öffentlich-rechtlicher Haftung für Altlasten, VerwArch 1988, 406; *ders,* Probleme des gestuften Baugenehmigungsverfahrens, VerwArch 1989, 223; *Gaentzsch,* Konkurrenzen paralleler Anlagengenehmigungen, NJW 1986, 2787; *Guckelberger,* Rechtsnachfolgeprobleme im Baurecht, VerwArch 1999, 499; *Haueisen,* Unterschiede in den Bindungswirkungen von Verwaltungsakt, öffentlichrechtlichem Vertrag, gerichtlichem Vergleich und Urteil, NJW 1963, 1329; *ders,* Anfechtbarkeit und Bestandskraft von Verwaltungsakten mit mehreren Betroffenen, NJW 1966, 2340; *Heitsch,* „Verfestigung" des vorläufigen positiven Gesamturteils trotz Aufhebung der 1. Teilgenehmigung nach Atomrecht?, UPR 1994, 250; *Ipsen,* Verbindlichkeit, Bestandskraft und Bindungswirkungen von VAen, Vw 1984, 169; *Jarass,* Konkurrenz, Konzentration und Bindungswirkung von Genehmigungen, 1984; *Jesch,* Die Bindung des Zivilrichters an VAe, 1956; *Knöpfle,* „Tatbestands-" und „Feststellungswirkung" als Grundlage der Verbindlichkeit von gerichtlichen Entscheidungen und VAen, BayVBl 1982, 225; *Kopp,* Mittelbare Betroffenheit im Verwaltungsverfahren und Verwaltungsprozeß, DÖV 1980, 504; *Lämmle,* Konkurrenz paralleler Genehmigungen, 1991; *O. Mayer,* Zur Lehre von der materiellen Rechtskraft in Verwaltungssachen, AöR 1907, 1; *Nolte/Niestedt,* Grundfälle zur Rechtsnachfolge im öffentlichen Recht, JuS 2000, 1172; *Peine,* Die Legalisierungswirkung, JZ 1990, 201; *Randak,* Bindungswirkungen von VAen, JuS 1992, 33; *Reimer,* Zur Rechtsnachfolge im öffentlichen Recht, DVBl 2011, 201; *ders,* Die Erledigung des VA, Vw 2015, 259; *Schenke,* Rechtsprobleme gestufter Verwaltungsverfahren am Beispiel von Bauvorbescheid und Baugenehmigung, DÖV 1990, 489; *Ruffert,* Die Erledigung von VAen „auf andere Weise", BayVBl 2003, 33; *Schmidt-de Caluwe,* Die Wirksamkeit des VA, VerwArch 1999, 49; *D Schroeder,* Zur Dogmatik der Bindungswirkung von VAen, DÖV 2009, 217; *dies,* Bindungswirkungen von Entscheidungen nach Art 249 EG im Vergleich zu denen von VAen nach deutschem Recht, 2006; *Seibert,* Die Bindungswirkung von VAen, 1989; *Stadie,* Unmittelbare Wirkung von EG-Richtlinien und Bestandkraft von VAen, NVwZ 1994, 435; *Steinweg,* Zeitlicher Regelungsgehalt des VA 2006; *Tezner,* Das Rechtskraftproblem im Verwaltungsrecht, VerwA 1910, 128, 442; *Vogel,* Die Lehre vom Verwaltungsakt nach Erlaß der Verwaltungsverfahrensgesetze, BayVBl 1977, 617; *Wehr,* Der VA mit Dauerwirkung, BayVBl 2007, 285.

Speziell zur Bestandskraft: *Annacker,* Der fehlerhafte Rechtsakt im Gemeinschafts- und Unionsrecht, 1998; *Beaucamp,* Überprüfung bestandskräftiger VAe durch die Zivilgerichte, DVBl 2004, 352; *Braun,* Die präjudizielle Wirkung bestandskräftiger VAe, 1981; *Bullinger,* Zur Bestandskraft belastender VAe, JZ 1963, 466; *Beaucamp,* Überprüfung bestandskräftiger VAe durch die Zivilgerichte, DVBl 2004, 352; *Epiney,* Neuere Rspr des EuGH, NVwZ 2007, 407; *Erichsen/Knoke,* Bestandskraft von VAen, NVwZ 1983, 185; *Domke,* Rechtsfragen der Bestandskraft von VAen, 1989; *Gärditz,* Die Bestandskraft gemeinschaftsrechtswidriger VAe, NWVBl 2006, 441; *Glaser,* Die Entwicklung des Europäischen Verwaltungsrechts aus der Perspektive der Handlungsformenlehre, 2013; *Jeromin,* Die Bestandskraft von VAen im Amtshaftungsprozeß, NVwZ 1991, 543; *Kirchhof,* Der bestandskräftige Steuerbescheid im Steuerverfahren und im Steuerstrafverfahren, NJW 1985, 2977; *Kopp,* Die Bestandskraft von VAen, DVBl 1983, 392; *Lenze,* Die Bestandskraft von VAen nach der Rspr des EuGH, VerwArch 2006, 49; *Rennert,* Die Bestandskraft rechtswidriger VAe und Gemeinschaftsrecht, DVBl 2007, 400; *Rößler,* Nochmals: Der bestandskräftige Steuerbescheid im Steuerverfahren und im Steuerstrafverfahren, NJW 1986, 972; *Schenke,* Probleme der Bestandskraft von VAen, DÖV 1983, 320; *Schroeder,* Bindungswirkungen von Entscheidungen von Art 249 EG im Vergleich zu denen von VAen nach deutschem Recht, 2006; *Steiner,* Zum Anwendungsbereich der verfahrensrechtlichen Regelungen über die materielle Bestandskraft von VAen (§§ 48, 49 VwVfG), VerwArch 1992, 479; *Treffer,* Zur Bestandskraft eines erledigten Verwaltungsakts, Vr 1994, 300; *Weiß,* Bestandskraft materiell belastender VAe und Europäisches Gemeinschaftsrecht, DÖV 2008, 477; *Zaumseil,* Die Bestandskraft von Steuerverwaltungsakten, VR 2017, 73.

Übersicht

I. Allgemeines

1. Inhalt. Die Vorschrift regelt Beginn und Dauer der Wirksamkeit von VAen gegenüber den Adressaten und sonstigen Betroffenen. Ihr liegt die Grundvorstellung zugrunde, dass die **Wirksamkeit des VA nicht von seiner Rechtmäßigkeit abhängt** (s unten Rn 3a). Die Wirksamkeit beginnt mit der Bekanntgabe (§ 41) und dauert bis zu seiner Aufhebung oder Erledigung an. Indem in Abs 3 klargestellt wird, dass nichtige VAe (vgl § 44) keine Wirksamkeit entfalten können (s unten Rn 46ff), wird zugleich deutlich gemacht, dass Rechtsverstöße, die nicht zur Nichtigkeit führen, der Wirksamkeit nichtentgegen stehen. Der **Begriff der Wirksamkeit** selbst wird nicht weiter definiert (s unten Rn 3ff). Vielmehr geht § 43 von dem Begriff der Wirksamkeit aus, der sich schon vor Inkrafttreten des VwVfG in der hM herausgebildet hatte. Wirksamkeit ist zu unterscheiden von der Bestandskraft und der Vollziehbarkeit von VAen (s unten Rn 29ff). Die **Voraussetzungen der Wirksamkeit** sind nicht nur in § 43, sondern daneben vor allem in § 41 sowie in den Verwaltungszustellungsgesetzen des Bundes und der Länder und in anderen Bestimmungen des Fachrechts gere- 1 gelt.[1] Zur Wirksamkeit von VAen in Ausnahmefällen auch bei fehlender oder fehlerhafter Bekanntgabe unten Rn 46.

1a **2. Verfassungsrecht.** Die Regelung in Abs 1, wonach ein VA erst mit seiner Bekanntgabe wirksam wird, ist Ausfluss des Rechtsstaatsprinzips, der grundrechtlichen Gewährleistungen und der Rechtsschutzgarantie des Art 19 Abs 4 GG. Mit diesen Prinzipien wäre es nicht vereinbar, wenn ein VA regelmäßig dem Betroffenen gegenüber wirksam werden könnte, ohne dass dieser Gelegenheit gehabt hätte, ihn zur Kenntnis zu nehmen und ggfs um Rechtsschutz vor den Gerichten nachzusuchen. Nur in Ausnahmefällen kann es gerechtfertigt sein, Maßnahmen zu ergreifen, ohne dem Betroffenen zuvor eine entsprechende Verfügung zu erlassen (unmittelbare Ausführung). Das gilt insbesondere dann, wenn Maßnahmen im öffentlichen Interesse rasch ergriffen werden müssen.

1b Die impliziten Regelungen des Abs 2 über die Wirksamkeit auch rechtswidriger VAe sind **verfassungsrechtlich unbedenklich.**[2] Sie sind insbesondere mit dem Rechtsstaatsprinzip und den grundrechtlichen Gewährleistungen vereinbar. Es ist nach deutschem Verfassungsrecht nicht zu beanstanden, wenn das Gesetz die Bindung der Verwaltung an das materielle Recht nach Eintritt der Unanfechtbarkeit des VA im Grundsatz zurücktreten lässt. Die darin liegenden Einschränkungen der Prinzipien von Vorrang und Vorbehalt des Gesetzes sind aus Gründen der Rechtssicherheit und des Rechtsfriedens, die ebenfalls aus dem Rechtsstaatsprinzip folgen, gerechtfertigt. Allerdings dürfen insbes die Regelungen über die Unanfechtbarkeit und die Bestandskraft von VAen **nicht zu unzumutbaren Beschränkungen der Einzelfallgerechtigkeit** führen.[3] Dies ist bei der Auslegung der Vorschriften, insbes auch der Auslegung und Anwendung der Regelungen über Widerruf und Rücknahme, zu berücksichtigen.

1c **3. Anwendungsbereich.** Die Vorschrift gilt unmittelbar nur für VAe im Anwendungsbereich des VwVfG. Die Verwaltungsverfahrensgesetze der Länder enthalten wortgleiche Regelungen. Soweit ausdrückliche Regelungen fehlen, sind § 43 und die entspr Vorschriften des Landesrechts als **Ausdruck allgemeiner Rechtsgrundsätze,** wie sie insb auch den entspr Bestimmungen der Prozessordnungen zugrunde liegen, sinngemäß anwendbar. Sinngemäß ist die Vorschrift auch **auf VA-ähnliche Handlungen,** insb auf Beschlüsse gegenüber Organen in Organrechtsverhältnissen, sofern diese nicht ohnehin als VAe zu qualifizieren sind (s § 35 Rn 145 ff), anwendbar.[4] Dies gilt etwa für das Wirksamwerden dienstlicher Beurteilungen mit der Bekanntgabe (BVerwGE 113, 255), ebenso auf nicht als VAe zu qualifizierende **Weisungen** uä im inneradministrativen Bereich (vgl § 35 Rn 153). **Nicht möglich** ist eine sinngemäße Anwendung auf verwaltungsrechtliche **Verträge** (insoweit gilt § 59), auf sonstige schlichthoheitliche Handlungen, auf **Rechtsverordnungen** und Satzungen und **privatrechtliche Handlungen** trotz zT gleicher Probleme und gemeinsamer rechtsstaatlicher Grundgedanken. § 43 gilt auch für die Fortgeltung von VAen der ehemaligen DDR gem Art 19 S 1 EinigungsV.[5]

---

[1] Vgl StBS 163, 174 ff; zT abweichend Drescher NVwZ 1988, 680: § 43 regelt allein die materielle Wirkung der Bekanntgabe, § 41 die formellen Voraussetzungen.

[2] S hierzu näher AK-GG-Ramsauer Art 19 Abs 4 Rn 90. Zur Bedeutung der Bestandskraft für die Zivilgerichte Beaucamp DVBl 2004, 352.

[3] Vgl näher MD Art 19 Abs 4 Rn 235; BK-Schenke Art 19 Abs 4 Rn 127.

[4] OVG Münster 28, 214; OVG Lüneburg HessStGZ 1987, 464; VGH München BayVBl 1988, 83; **aA** Schoch JuS 1987, 789; Fehrmann NWVBl 1989, 418; Papier DÖV 1980, 299.

[5] Rengeling DVBl 1992, 222; Kunig ZLR 1992, 46; vgl auch BezG Dresden LKV 1992, 305; **aA** Berlin LKV 1992, 299: VAe der ehemaligen DDR verlieren grundsätzlich ihre Wirkung mit dem Außerkrafttreten der Rechtsgrundlagen, auf denen sie beruhen, ohne dass sie durch Einzelentscheidungen aufgehoben werden müssen.

II. Wirksamkeit im EU-Recht

1. Direkter Vollzug. Die EU verfügt zwar noch nicht über ein eigenes Verwaltungsverfahrensgesetz, sondern nur über bereichsspezifische Verfahrensregelungen (s näher Einf II Rn 36). Das EU-Recht kennt aber die Verbindlichkeit von Beschlüssen von Organen der EU im Rahmen des direkten Vollzugs gem Art 288 Abs 4 AEUV. **Beschlüsse** werden nach Art 297 Abs 3 AEUV **mit der Bekanntgabe an den Adressaten wirksam.** Auch wenn das Instrument der Entscheidung nur begrenzt mit dem VA vergleichbar ist, zeigen sich hier deutliche Parallelen. Aus dem Umstand, dass nach Art 263 Abs 6 AEUV die Klagefrist zwei Monate beträgt, lässt sich herleiten, dass mit Eintritt der Unanfechtbarkeit eine dem deutschen Recht ähnliche Form der **Bestandskraft der Entscheidung** eintritt.[6] Aus der formellen Bestandskraft können Aufhebungsverbote, die in einem Rechtsbehelfsverfahren zu beachten sind, aus der materiellen Bestandskraft Abweichungsverbote folgen. Die Rechtswidrigkeit der Entscheidung kann dann auch in anderen Verfahren grundsätzlich nicht mehr geltend gemacht werden. Das gilt jedenfalls insoweit, als der Adressat die Möglichkeit hatte, die Entscheidung innerhalb der Frist anzufechten (Classen in Schulze/Zuleeg, § 4 Rn 32). 2

2. Indirekter Vollzug. a) Grundsatz. Die Regelungen über die Wirksamkeit auch von rechtswidrigen VAen sowie über die Unanfechtbarkeit nach dem Ablauf der Anfechtungsfristen der §§ 70, 74 VwGO) sind jedenfalls **im Prinzip mit den Vorgaben des EU-Rechts vereinbar.**[7] Auch das EU-Recht enthält den Grundsatz der zeitlich begrenzten Anfechtbarkeit, wonach ein Rechtsakt nach Fristablauf gewissermaßen bestandskräftig wird mit der Folge, dass es im Regelfall nicht mehr auf die Frage der Übereinstimmung mit dem Recht ankommt.[8] Insoweit kennt auch das EU-Recht bestandskraftabhängige Aufhebungsverbote.[9] Dass in § 263 Abs 6 AEUV für die Anfechtung eine Zweimonatsfrist vorgesehen ist, berührt die nationalen Regelungen über die Anfechtungsfristen nicht. Sie können deshalb ebenso wie die Folgen der Unanfechtbarkeit jedenfalls grundsätzlich **auch bei indirektem Vollzug von Unionsrecht** (s hierzu Einf II Rn 38) zugrunde gelegt werden.[10] Der Geltungsvorrang des Unionsrechts führt nicht dazu, dass jeder Verstoß gegen Unionsrecht die Wirksamkeit ausschließt oder die Nichtigkeit des VA zur Folge hat (BVerwG NVwZ 2000, 1039). 2a

b) Einschränkungen der Bestandskraft. Nach anfänglich unklarer Rechtsprechung kann heute als gesichert gelten, dass die **Mitgliedstaaten berechtigt** sind, im Interesse des Rechtsfriedens und der Rechtssicherheit Regelungen über den Eintritt der Unanfechtbarkeit von Entscheidungen und damit über die Bestandskraft auch rechtswidriger Entscheidungen zu treffen.[11] Trotz grundsätzlicher Anerkennung der Bestandskraft unanfechtbarer VAe im Rahmen des indirekten Vollzugs hat der EuGH immer häufiger Einschränkungen des Grundsatzes 2b

---

[6] Ausführlich hierzu Schroeder, Bindungswirkungen, S. 43 ff mwN aus der Rspr des EuGH.

[7] Vgl zuletzt BFH NVwZ 2011, 253 mwN für das abgabenrechtliche Verfahren; Weiß DÖV 2008, 477 mwN.

[8] EuGHE 2006, I-8559 (Arcor); 1999, I-4501 Rn 55 (Shell); 1994 I-2555 Rn 48 (BASF); Epiney NVwZ 2007, 407, 411; Annacker 93; Erichsen/Ehlers § 22 Rn 1; umfassend Schroeder, Bindungswirkungen, passim.

[9] Ausführlich Schroeder S 40 ff, die im Vergleich zur deutschen Rechtslage wesentliche Ähnlichkeiten feststellt; ferner Rennert DVBl 2007, 400; Weiß DÖV 2008, 477; Gärditz NWVBl 2006, 441.

[10] EuGHE 2004 I-837, 868 (Kühne & Heitz); OVG Koblenz NVwZ 1999, 198; StBS 26; v Danwitz, Europäisches Verwaltungsrecht, 544 mwN; Rennert DVBl 2007, 400.

[11] Glaser § 16 C I (S 482 ff).

der Wirksamkeit von VAen bei Verstößen gegen Unionsrecht vorgenommen, die sich allerdings nur schwer systematisieren lassen.[12] So hat der EuGH etwa angenommen, dass VAe, die gegen EU-Recht verstoßen, nicht die Grundlage für weitere VAe bilden dürfen (EuGH NVwZ 1999, 2355 – Ciola). Auch **hat der EuGH die Bestandskraft nicht gelten lassen,** wenn ein VA unter Verstoß gegen EU-Recht erlassen worden ist und die angerufenen nationalen Gerichte die hiergegen erhobene Klage abgewiesen haben, ohne die Vorlagepflicht nach Art 267 AEUV zu beachten.[13] Stellt sich aufgrund einer späteren Entscheidung des EuGH heraus, dass das nationale Gericht das EU-Recht falsch angewandt hatte, muss diesem Fehler in einem späteren auf Korrektur der Entscheidung gerichteten Verfahren jedenfalls dann Rechnung getragen werden, wenn der Betroffene unverzüglich nach Kenntnisnahme von der Entscheidung eine Korrektur beantragt.[14] Zur beschränkten Bindungswirkung eines **VA über die Entbehrlichkeit einer UVP** EuGH NuR 2015, 321 (Gruber).

2c **c) Pflicht zum späteren Wiederaufgreifen.** Bei einer Gesamtbetrachtung ist festzustellen, dass der EuGH dem Aspekt der Rechtssicherheit einen geringeren Stellenwert einräumt als die der deutschen Rechtspraxis entspricht. Dies gilt auch für Fälle einer **nachträglichen Änderung des Unionsrechts,** die auch in der Vergangenheit geregelte Sachverhalte nicht notwendig ausnehmen muss.[15] Zwar dürfte die in der Entscheidung zut **(Emmott'schen Fristenhemmung)**[16] angedeutete Einschränkung der Geltungskraft nationaler Anfechtungsfristen gegen VAe auf der Grundlage des nationalen Rechts wegen mangelhafter Umsetzung von Richtlinien **inzwischen wieder aufgegeben** worden sein.[17] Damit ist bis auf weiteres davon auszugehen, dass es bei dem Grundsatz der Verfahrensautonomie der Mitgliedstaaten (s Einf II Rn 39) bleibt und sich Fristen nur an dem aus Art 4 Abs 3 EUV folgenden Effektivitätsgebot und dem Diskriminierungsverbot des Unionsrechts (s Einf II Rn 40) messen lassen müssen. Europarechtlich gebotenen Einschränkungen kann durch Widerruf oder Rücknahme Rechnung getragen werden.[18] Wie die Entscheidung des EuGH zur Freizügigkeit[19] zeigt, wird es bei der Entscheidung über ein Wiederaufgreifen häufiger zu einer Reduzierung des Ermessens auf Null kommen, soweit Grundfreiheiten betroffen sind.

III. Wirksamkeit des VA

3 **1. Begriff der Wirksamkeit. a) Allgemeines.** Die Vorschrift definiert den Begriff der Wirksamkeit eines VA nicht, sondern regelt lediglich Beginn und Ende der Wirksamkeit eines VA. Sie gilt – ohne klare Unterscheidung – sowohl für die **äußere Wirksamkeit** (Rn 5) als auch für die **innere Wirksamkeit,** die in Abs 1 S 2 angesprochen wird (Rn 6). Zwar ist in Abs 1 nur von der Wirksamkeit gegenüber Adressaten und Betroffenen die Rede, Wirksamkeit entfaltet der

[12] BVerfG NVwZ 2012, 1033: Frage nach der Bestandskraft unionsrechtswidriger VAe ist vom EuGH bisher nicht erschöpfende beantwortet; ausführlich v Danwitz, Europäisches Verwaltungsrecht, 546 ff.

[13] EuGHE 2006, I-8559 (Arcor); 2008, I-411 (Kempter); 2004, I-837 (Kühne & Heitz). Die nationalen Gerichte sind nicht immer vorlagefreudig; vgl BFHE 230, 501: keine Vorlage der Frage nach der Durchbrechung der Bestandskraft unionsrechtswidriger Steuerbescheide.

[14] Zu der Konstellation näher Lenze VerwArch 2006, 49; Rennert DVBl 2007, 400, 403.

[15] EuGHE 2010, I-131 (Papenburg); Glaser § 16 C II (S 486 mwN).

[16] EuGHE 1991, I-4269, 4299.

[17] Vgl EuGHE 2006, I-8559 (Arcor); 1997, I-6783 Rn 43 (Fantask) = NJW 1998, 833; so auch Ehlers FS Erichsen S 14.

[18] EuGHE 2004, I-837 m Anm Frenz DVBl 2004, 373 (Kühne & Heitz); BFH NVwZ 2011, 253, 255 für das abgabenrechtliche Verfahren.

[19] EuGH NVwZ 2013, 273 (Byankov); hierzu Epiney NVwZ 2013, 614, 621.

VA aber unter den genannten Bedingungen auch für die Behörde sowie ggfs auch für den Rechtsnachfolger. Aus der Wirksamkeit des VA folgt weiterhin auch für Dritte, also über den Kreis der unmittelbar Beteiligten hinaus, die sog **Tatbestandswirkung** (Rn 16) und uU eine **Feststellungswirkung** (Rn 26). Zur Dogmatik der Bindungswirkungen näher D. Schroeder DÖV 2009, 217.

b) Unabhängigkeit von der materiellen Rechtslage. Ein VA entfaltet seine Wirksamkeit grundsätzlich unabhängig davon, ob die getroffene Regelung mit dem materiellen Recht übereinstimmt[20] Der VA begründet den Betroffenen gegenüber ein rechtlich relativ selbstständiges Rechtsverhältnis, aus dem sich Rechte und Pflichten ergeben können, und welches das materiell-rechtliche Rechtsverhältnis überlagert. Das gilt nicht nur für den Fall der Unanfechtbarkeit, sondern bereits nach Eintritt der Wirksamkeit. Etwas anderes gilt nur im Fall der Nichtigkeit (Abs 3). Die Zivilgerichte nehmen demgegenüber nur eine sehr eingeschränkte Bindungswirkung an (vgl BGHZ 158, 19, 22). 3a

2. Rechtliche Existenz. Rechtliche Existenz erlangt ein VA durch die **Bekanntgabe an mindestens einen Betroffenen.**[21] Vorher handelt es sich lediglich um ein Verwaltungsinternum, um einen Entwurf ohne rechtliche Bedeutung. Durch die Bekanntgabe an jedenfalls einen (ersten) Adressaten oder Betroffenen wird er existent und kann bereits von diesem Zeitpunkt an mit Rechtsbehelfen angegriffen werden, unabhängig davon, ob er dem einzelnen Beteiligten gegenüber bereits durch Bekanntgabe Wirksamkeit erlangt hat (BVerwG NJW 1983, 608). Vor Bekanntgabe liegt ein VA im Rechtssinn noch nicht vor;[22] dh die Behörde kann daher die beabsichtigte Regelung noch in jeder Weise abändern oder auch gänzlich darauf verzichten. Die rechtliche Existenz der VA wird teilweise auch als äußere Wirksamkeit bezeichnet. Dies ist missverständlich, weil die äußere Wirksamkeit die individuelle Bekanntgabe an den Betroffenen voraussetzt. Zulässig werden Rechtsbehelfe aber erst, wenn mit der Bekanntgabe an den Rechtsbehelfsführer auch eine individuelle Betroffenheit eintritt. 4

3. Äußere Wirksamkeit. Die äußere Wirksamkeit des VA tritt jeweils erst mit der Bekanntgabe an den einzelnen Betroffenen ein; deshalb gibt es idR keinen einheitlichen Zeitpunkt für ihren Eintritt.[23] Sie bedeutet Bindung des Adressaten bzw Betroffenen an den VA, auch wenn die konkret getroffene Regelung, etwa wegen einer aufschiebenden Bedingung oder Befristung, erst später relevant wird, was eine Frage der inneren Wirksamkeit ist (s Rn 6). Sie tritt also unabhängig vom Inhalt der konkret getroffenen Regelung für den Adressaten des VA und die sonst durch den VA in ihren Rechten betroffenen Personen mit der **ordnungsgemäßen Bekanntgabe** an sie – dh individuell an jeden einzelnen von ihnen – ein, und zwar nach Abs 1 S 1 mit dem Zeitpunkt der Bekanntgabe an sie (VG Schleswig NordÖR 2002, 151). Ein **Bekanntgabefehler** führt nicht zur Rechtswidrigkeit des VA, sondern hindert den Eintritt der Wirksamkeit gegenüber dem Adressaten schlechthin (näher hierzu Ehlers FS Erichsen 3 ff). Ob der VA anderen Betroffenen vorher bekannt gegeben wurde oder erst später bekannt gegeben wird und daher für diese zu einem anderen Zeitpunkt Wirk- 5

---

[20] OVG Hamburg NordÖR 2002, 469.

[21] OVG Münster NVwZ 1992, 991; OVG Koblenz NVwZ 1985, 667; StBS 164 f; Maurer § 9 Rn 66; Erichsen/Ehlers § 22 Rn 15.

[22] So nunmehr auch Knack/Henneke § 41 Rn 5; zT **aA** UL § 53 Rn 2: vor Entäußerung, zB durch Aufgabe zur Post; hiergegen zu Recht Ehlers FS Erichsen S 3.

[23] Teilweise wird nicht zwischen Existenz und äußerer Wirksamkeit unterschieden (vgl etwa StBS 164; Erichsen/Ehlers § 22 Rn 15. Dies ist nicht überzeugend, weil für die Existenz die äußere Wirksamkeit gegenüber nur einem einzigen Betroffenen ausreicht. Zutreffend ist allerdings, dass die Anfechtbarkeit eines existenten VA durch einen Betroffenen zwar Betroffenheit (zB bei Dritten), nicht aber die Bekanntgabe ihm gegenüber notwendig voraussetzt.

samkeit erlangt, ist insoweit unerheblich. Grundsätzlich werden mit dem Eintreten der äußeren Wirksamkeit einem Betroffenen gegenüber diesen auch die **Rechtsbehelfsfristen** bereits in Lauf gesetzt (vgl § 58 VwGO), sofern dafür nicht noch weitere Erfordernisse (zB eine ordnungsgemäße Rechtsbehelfsbelehrung) Voraussetzung sind.

5a **Allgemeinverfügungen** (§ 35 S 2) können gem § 41 Abs 3 S 2 auch öffentlich bekannt gegeben werden, wenn eine Bekanntgabe an einzelne Betroffene untunlich ist. Sie entfalten dann ihre Wirksamkeit gegenüber allen, auch gegenüber denen, die sie aktuell nicht zur Kenntnis genommen haben oder zur Kenntnis nehmen konnten. Teilweise enthält das Fachrecht auch besondere Regelungen über die öffentliche Bekanntgabe von VAen (zB § 10 Abs 8 BImSchG). Zur Frage, wann ein VA in der Form der Allgemeinverfügung erlassen werden darf, s § 35 Rn 160). Für **Verkehrsschilder** gilt die Sonderregelung in § 41 StVO, wonach sie mit der Aufstellung gegenüber allen bekannt gegeben sind (sog **Sichtbarkeitsprinzip**).[24] Hierzu näher § 35 Rn 172.

6 **4. Innere Wirksamkeit.** Innere Wirksamkeit eines VA bedeutet, dass der VA die in der konkreten Regelung enthaltenen **materiellen Rechtswirkungen bzw Rechtsfolgen,** und zwar sowohl die allgemeinen Bindungs- als auch Tatbestands- und ggfs Feststellungswirkungen, tatsächlich auslöst.[25] Die innere Wirksamkeit ist in Abs 1 S 2 angesprochen, wonach der VA mit dem Inhalt wirksam wird, mit dem er bekannt gegeben wurde. Sie hat die durch individuelle Bekanntgabe ausgelöste **äußere Wirksamkeit des VA zur Voraussetzung** und tritt im Regelfall zusammen mit der äußeren Wirksamkeit ein,[26] kann aber je nach Inhalt des VA auch erst zu einem späteren Zeitpunkt eintreten. Die innere Wirksamkeit tritt insbesondere später ein, wenn die im VA getroffene Regelung von einer aufschiebenden Befristung oder Bedingung abhängig gemacht worden ist.[27] Sie kann auch als Folge der aufschiebenden Wirkung eines Rechtsbehelfs gem § 80 VwGO oder auf Grund entsprechender behördlicher oder gerichtlicher Entscheidung zunächst suspendiert sein (Knack/Henneke 12).

7 **5. Bestandskraft.** Das VwVfG verwendet den Begriff der Bestandskraft zwar in der Überschrift des 2. Abschnitts, trifft aber insoweit jedenfalls **keine ausdrückliche Regelung.** Es ist davon auszugehen, dass der Begriff der Bestandskraft mit dem Inhalt übernommen worden ist, der sich vor dem Inkrafttreten des VwVfG gebildet hatte. Entstanden ist der Begriff der Bestandskraft von VAen in Anlehnung an den Begriff der Rechtskraft von Urteilen,[28] mit dem er allerdings nicht gleichgesetzt werden darf, weil die Rechtskraft alle Beteiligten des Rechtsstreits strikt bindet, während die Bindung eines bestandskräftigen VA gegenüber der Behörde begrenzt ist, weil ihr die Möglichkeit insbes von Widerruf und Rücknahme zu Gebote stehen (s näher Rn 29 ff).

8 Die **Bestandskraft** tritt grundsätzlich **unabhängig von der Rechtmäßigkeit** des VA ein. Sinnvoll ist die Unterscheidung von **formeller Bestandskraft,** die eintritt, wenn der VA mit den regulären Rechtsbehelfen (Widerspruch, Klage) nicht mehr angefochten werden kann (s Rn 29), und **materieller Be-**

---

[24] BVerwGE 154, 365; 102, 316; VGH Mannheim JZ 2009, 738; OVG Hamburg NordÖR 2009, 156; OVG Schleswig NVwZ-RR 2003, 647.

[25] Vgl BVerwGE 3, 1; 55, 215; BVerwG ZBR 1981, 15; NVwZ 1983, 608; VG Schleswig NordÖR 2002, 151; Ziekow 2.

[26] BVerwGE 13, 1, 7; BVerwG NVwZ 1983, 608; Knack/Henneke 6; WBSK I § 48 Rn 3; Ehlers FS Erichsen S 10.

[27] BVerwGE 57, 69; Maurer § 9 Rn 66, § 12 Rn 15; Ehlers FS Erichsen S 11; **aA** StBS 168 mit der Erwägung, dass ja auch die Befristung oder die Bedingung selbst zunächst wirksam werden müssten, um die aufschiebende Wirkung zu entfalten; ebenso Schmidt-de Caluwe VerwArch 1999, 49, 63.

[28] Maurer § 11 Rn 3; WBSK I § 50 Rn 7: Parallelbegriff.

standskraft, mit der die materielle Bindung der Beteiligten an die getroffene Regelung des VA bezeichnet wird (s Rn 31). Die materielle Bindung durch den bestandskräftigen VA findet ihre Grenze in der Möglichkeit und ggfs der Verpflichtung der Behörde, den VA im Rahmen der gesetzlichen Bestimmungen, insbes der §§ 48 ff, nachträglich zu modifizieren oder gar aufzuheben.

6. Personelle Reichweite der Wirksamkeit. Zur Frage, welchen Personen gegenüber Bindungswirkungen eintreten, enthält die Vorschrift nur unvollkommene Regelungen. In Abs 1 ist von denjenigen, für die der VA bestimmt ist **(Adressaten),** und von denjenigen, die von ihm betroffen sind **(Betroffene),** die Rede. Damit wird die Formulierung in § 41 Abs 1 aufgenommen. An den Begriff der Beteiligung (§ 13) wird merkwürdigerweise nicht angeknüpft. Über die Frage der Wirksamkeit für Rechtsnachfolger (s unten Rn 13) und über die Bindung der Behördenseite (s unten Rn 12) fehlen ausdrückliche Regelungen. 9

a) Adressaten. Bestimmt ist der VA für die Adressaten (s näher § 41 Rn 27). Maßgeblich ist nicht, wer nach den Regelungen des materiellen Rechts verpflichtet werden könnte, auch nicht, wer als Empfänger des VA bezeichnet worden ist, sondern derjenige, für den nach dem Inhalt der getroffenen Regelungen unmittelbar Rechte oder Pflichten begründet werden **(materieller Adressatenbegriff).** Dabei handelt es sich **notwendigerweise um einen Beteiligten** nach § 13 Abs 1 Nr 1 oder 2, auch wenn eine Beteiligtenstellung vor Erlass des VA nicht formell begründet worden sein sollte, was ein Verfahrensfehler wäre. Ein VA muss mindestens einen, kann aber auch mehrere Adressaten haben. Ohne Adressaten kann ein VA nur in den Fällen des § 35 S 2 (Allgemeinverfügung) erlassen werden (s hierzu § 35 Rn 158). 10

b) Betroffene. Ob eine Person von einem VA betroffen wird, richtet sich nach dem materiellen Regelungsgehalt. Anders als der Adressat des VA ist der **Betroffene nicht notwendig auch Beteiligter** iSd § 13;[29] diese Stellung erhält ein Betroffener nämlich nur durch die Hinzuziehung nach § 13 Abs 2. Da der VA nach § 41 nur den betroffenen „Beteiligten" bekannt gegeben wird, kann es sowohl nicht betroffene Beteiligte, als auch nicht beteiligte Betroffene, also durch die materielle Regelung an sich Betroffene geben, denen gegenüber der VA mangels Bekanntgabe nicht wirksam wird. Bedeutung hat dies vor allem in den Fällen der **VAe mit Drittwirkung.** Ob ein VA Drittwirkung erzeugt, hängt vom Umfang seiner Regelungswirkung ab.[30] So müssen zB betroffene Nachbarn die einem Bauherrn erteilte Baugenehmigung erst dann gegen sich gelten lassen, wenn sie ihnen bekannt gegeben worden ist. Allerdings ist in diesen Fällen die Möglichkeit der **Verwirkung des Widerspruchsrechts** zu beachten.[31] Wird der VA dem Nachbarn gegenüber bekannt gegeben, ohne dass ihm die Beteiligtenstellung (durch Hinzuziehung nach § 13 Abs 2) eingeräumt worden ist, so liegt ein Verfahrensfehler vor, der aber den Eintritt der Wirksamkeit grds nicht verhindert. S zur Frage, ob die Bekanntgabe als solche bereits eine Hinzuziehung bewirkt, § 13 Rn 24. 11

c) Behörden und deren Träger. Keine Regelung gefunden hat in § 43 die Bindungswirkung von VAen gegenüber der erlassenden Behörde und dem Träger dieser Behörde, idR der Körperschaft, Anstalt oder Stiftung des öffentlichen Rechts. Das Gesetz geht stillschweigend davon aus, dass die mit der Wirksamkeit des VA eintretenden Bindungswirkungen auch den Rechtsträger erfassen, dem 12

---

[29] StBS 92; Seibert, Bindungswirkung S. 250; FKS 13.

[30] BVerwG NVwZ 2013, 726: Keine Regelungswirkung der Frequenzvergabe auf Dritte, die Störungen durch die spätere Nutzung der Frequenzen befürchten.

[31] BVerwGE 44, 294 = NJW 1974, 1260; 72, 309: IdR bei Nachbarn 1 Jahr nach objektiver Möglichkeit der Kenntnisnahme; WBS II § 46 VII Rn 26.

die erlassende Behörde angehört.[32] Dem entspricht es, dass das Gesetz die entscheidende Behörde zwar nicht als Beteiligte iSd § 13 bezeichnet, aber als geborenen Beteiligten voraussetzt (vgl § 13 Rn 17). Die Wirksamkeit des VA und damit seine Bindungswirkung gegenüber der Behörde tritt **ohne Rücksicht auf die Anfechtbarkeit** ein und hat zur Folge, dass die Behörde den Inhalt der selbst gesetzten Regelung gegen sich gelten lassen muss, solange der VA nicht (in einem neuen Verfahren und unter den Voraussetzungen der §§ 48 ff) geändert, aufgehoben worden ist oder sich sonst erledigt hat. Im sachlichen Geltungsbereich dürfen von der Behörde keine neuen VAe erlassen werden, die inhaltlich abweichen (StBS 41). Dies gilt auch dann, wenn die Abweichung materiellrechtlich an sich geboten wäre. In einem solchen Fall muss der wirksam gewordene VA zunächst in einem neuen Verfahren aufgehoben oder geändert werden, wenn die Behörde abweichende Regelungen erlassen will. Zur Frage, ob im Erlass eines neuen VA die stillschweigende Aufhebung bzw Abänderung des alten VA gesehen werden kann, s § 48 Rn 29.

13 **7. Wirksamkeit von VAen gegenüber Rechtsnachfolgern.** Die Frage der Wirksamkeit von VAen gegenüber Rechtsnachfolgern des Adressaten und sonstigen Betroffenen ist im VwVfG nicht geregelt. Es handelt sich ebenso wie bei der materiellen Betroffenheit durch einen VA um eine **Frage des materiellen Verwaltungsrechts,** bei der unterschieden wird zwischen Nachfolgefähigkeit und Nachfolgetatbestand (s näher § 13 Rn 58 ff). Für die Erstreckung der Wirksamkeit eines VA auf Personen, die am Verwaltungsverfahren nicht beteiligt waren, kann an diese Kriterien angeknüpft werden: Die Wirksamkeit eines VA gegenüber einem Rechtsnachfolger setzt zunächst eine Regelung mit einem nachfolgefähigen Inhalt voraus und sodann das Vorliegen eines gesetzlichen Nachfolgetatbestandes, der die Erstreckung der Wirksamkeit erlaubt,[33] wie er zB in den Landesbauordnungen für die Geltung von Baugenehmigungen enthalten ist (vgl zB § 69 Abs 2 S 2 HBauO). Aus dem einfachen Recht muss sich auch die Antwort auf die Frage ergeben, ob der **Rechtsvorgänger** aus der auf den Rechtsnachfolger erstreckten Regelung **weiterhin verpflichtet** bleibt.[34]

13a **a) Nachfolgefähigkeit. Höchstpersönliche Rechte und Pflichten** sind **nicht nachfolgefähig.** Sie gehen mit dem Tod der natürlichen Person unter. Höchstpersönliche Rechte knüpfen dergestalt an die Person ihres Trägers an, dass ihre Übertragbarkeit schon ihrem Wesen nach ausgeschlossen ist. Dies gilt zB für höchstpersönliche Erlaubnisse wie die Aufenthaltsgenehmigung eines Ausländers nach §§ 4 ff AufenthG, die Anerkennung als Asylberechtigter nach Art 16a GG, die Fahrerlaubnis nach § 2 StVG, den Waffenschein nach § 35 WaffG sowie für die Personalkonzessionen des Wirtschaftsverwaltungsrechts, wie zB die Genehmigung nach § 2 GastG usw. Keine Höchstpersönlichkeit liegt bei der Eintragung in die Handwerksrolle vor (vgl §§ 6 ff HwO).

13b **b) Nachfolgetatbestand.** Gesetzliche Nachfolgeregelungen finden sich nicht nur im Fachrecht, sondern auch im Zivilrecht. Dabei ist zu unterscheiden zwischen der Einzelrechtsnachfolge in bestimmte Rechtspositionen bzw Rechtsverhältnisse (etwa aufgrund einer Eigentumsübertragung) und der Gesamtrechtsnachfolge in sämtliche Rechtspositionen des Rechtsvorgängers. Das Verwaltungsverfahrensrecht enthält keine eigenständigen Nachfolgetatbestände, sondern knüpft hier im Wesentlichen an spezialrechtliche Regelungen, auch des Zivilrechts, an.

13c **aa) Die Gesamtrechtsnachfolge.** Die wichtigsten Tatbestände sind der Erbfall gem § 1922 BGB, die Firmenübernahme nach § 25 HGB, einzelne Fälle der

---

[32] Kopp DVBl 1983, 392, 400; ebenso StBS 93.
[33] Zustimmend FKS 14 f; Obermayer/Funke-Kaiser 11.
[34] Offengelassen von OVG Lüneburg NVwZ 2014, 1465 für die Rechtsnachfolge aufgrund von § 89 Abs 2 S 3 NdsBauO.

Verschmelzung nach §§ 2ff UmwG, der Vermögensübertragung nach §§ 174ff UmwG, die spezialgesetzlich angeordnete Funktionsnachfolge im öffentlichen Recht (vgl zB BVerwG NVwZ 2001, 807) sowie früher die Vermögensübernahme nach dem inzwischen aufgehobenen § 419 BGB aF. Es wird grundsätzlich der gesamte Bestand der übergangsfähigen Rechte einer Person erfasst, soweit diese nicht höchstpersönlicher Natur sind und deshalb auch von der Gesamtrechtsnachfolge ausgeschlossen bleiben. Der Rechtsnachfolger tritt idR auch in Rechte und Pflichten ein, die bereits eine Konkretisierung in einem VA gefunden haben und damit in die Stellung des Adressaten eines VA bzw des sonstigen Betroffenen, soweit ihm der VA bereits bekannt gegeben worden war. Dass der Rechtsnachfolger im Falle der Gesamtrechtsnachfolge auch in öffentlichrechtliche Pflichtenstellungen des Rechtsvorgängers einrückt, wird als ein **allgemeiner Rechtsgrundsatz** angesehen und bedarf deshalb keiner besonderen rechtlichen Anordnung.[35]

bb) Die Einzelrechtsnachfolge. Das Einrücken eines Nachfolgers in die durch einen VA konkretisierten Rechte und Pflichten setzt grundsätzlich eine gesetzliche Regelung voraus, deren Nachfolgetatbestand erfüllt sein muss. Ausdrückliche Regelungen finden sich im Fachrecht recht selten (vgl zB die landesrechtlichen Regelungen für Baugenehmigungen). Umstritten ist, ob und in welchem Umfang darüber hinaus davon auszugehen ist, dass gesetzliche Regelungen bei sachbezogenen Regelungen stillschweigend eine Rechtsnachfolge vorsehen bzw zulassen. In diesen Fällen ist dann häufig – allerdings wegen der Begriffsbestimmung in § 35 S 2 ungenau – von dinglichen VAen die Rede (vgl zB StBS § 35 Rn 259 Maurer § 9 Rn 56). 13d

Maßgeblich ist grundsätzlich das **materielle Recht.** Gleichwohl nimmt hier die überkommene Auffassung in Rspr und Literatur auch ohne besondere gesetzliche Grundlage gegenwärtig eine Erfassung des Rechtsnachfolgers an **bei sachbezogenen VAen,** insb auch bei grundstücksbezogenen VAen auch für die Fälle der Rechtsnachfolge auf Grund Rechtsgeschäfts, zB bei einer Baugenehmigung auch des Käufers des Grundstücks, für das die Baugenehmigung erteilt wurde, sobald die Auflassung erklärt ist und Nutzungen und Lasten auf ihn übergegangen sind.[36] Diese Position wird dem Stand der heutigen Dogmatik zur Gesetzmäßigkeit der Verwaltung nicht mehr gerecht. Vielmehr ist mit der in der jüngeren Zeit zunehmend vertretenen Auffassung davon auszugehen, dass für jede Einzelrechtsnachfolge eine **gesetzliche Grundlage erforderlich** ist, der Nachfolgetatbestand allerdings nicht ausdrücklich geregelt sein muss, sondern auch konkludent zum Ausdruck gelangen kann.[37] 13e

cc) Einzelfälle. Angenommen wird eine Rechtsnachfolge zB in **Baugenehmigungen** einschließlich ihrer **Nebenbestimmungen** (OVG Hamburg DÖV 1981, 32), naturschutzrechtliche Befreiungen (VGH München NJW 1999, 2914), Altlastenfreistellungen (vgl mwN Spoerr/Hildebrandt LKV 1999, 168). **Umstritten,** von der hM aber auch ohne besondere gesetzliche Anordnung[38] bejaht, wird derzeit auch eine **Rechtsnachfolge in baurechtliche Beseitigungsverfügungen,**[39] in naturschutzrechtliche Beseitigungsverfügungen (VGH 13f

---

[35] BVerwGE 125, 325, 333; VGH Mannheim BauR 2009, 485; OVG Bremen NordÖR 2009, 367; Reimer DVBl 2011, 201, 204; kritisch: Rixen JZ 2007, 171.

[36] Vgl die Nachweise bei Dietlein, Rechtsnachfolge im öffentlichen Recht, 1999, 237ff; Fluck, DVBl 1999, 496 (498); Peine JuS 1997, 984; Stadie DVBl 1990, 501; Schink VerwArch 1991, 357; Rumpf VerwArch 1987, 269; WBS I § 42 Rn 53ff.

[37] Kobes, VIZ 1998, 481; Michel LKV 2000, 465 (mwN); StBS § 35 Rn 261; Reimer DVBl 2011, 201, 204.

[38] Die meisten LBauOen enthalten inzwischen entsprechende Regelungen, vgl zB § 89 Abs 2 S 3 NdsBauO; hierzu OVG Lüneburg NVwZ 2014, 1465.

[39] OVG Berlin-Brandenburg, Beschl. v. 13.1.2006, Az: 10 S 25.05 – juris; VGH München BayVBl 2000, 662; OVG Münster NVwZ-RR 1998, 159; **aA** Schoch JuS 1994, 1026.

Mannheim NVwZ 1992, 392) und in Stilllegungsverfügungen nach § 20 Abs 2 BImSchG an (VGH Kassel NVwZ 1998, 1315). **Verneint** wird die Rechtsnachfolge zu Recht in die Zwangsmittelandrohung[40] und das Nutzungsverbot.[41] Weitere Bsp bei Guckelberger VerwArch 1999, 499).

IV. Folgen der Wirksamkeit

14 **1. Bindungswirkungen. a) Allgemeines.** Wirksamkeit bedeutet zunächst, dass die Beteiligten an die im VA getroffene Regelung gebunden werden. Schon vor Eintritt der Unanfechtbarkeit und damit der Bestandskraft des VA ist die Behörde bzw ihr Rechtsträger in einer der Bindungswirkung gem § 318 ZPO vergleichbaren[42] Weise an die getroffene und bekannt gegebene Regelung (§ 43 Abs 2 und 3) gebunden,[43] solange der VA Bestand hat (BVerwGE 60, 117), also nicht gem § 44 nichtig ist. Für die Adressaten und sonstigen Betroffenen wie für die Behörde bedeutet dies, dass sie sich an die getroffene Regelung halten müssen **(Beachtungsgebot),** auch wenn sie diese für unberechtigt halten. Für Adressaten und Betroffene gilt, dass sie sich idR nur durch Widerspruch und Klage sowie ggfs vorläufig durch Anträge nach §§ 80, 80a VwGO von der Bindungswirkung befreien können. Für die Behörde gilt, dass sie den VA den Adressaten und Betroffenen gegenüber nur unter den Voraussetzungen der §§ 48 ff oder des speziellen Fachrechts aufheben darf **(Aufhebungsverbot)** und dass sie, solange sich die Sach- und Rechtslage nicht geändert hat, auch keine abweichenden Entscheidungen erlassen darf **(Abweichungsverbot).** Dies gilt nicht nur für befehlende und gestaltende VAe, sondern auch für feststellende VAe.[44]

14a **aa) Beachtungsgebot.** Die Behörde, die den VA erlassen hat (für andere Behörden ergeben sich Bindungen nur aus einer Tatbestands- und Feststellungswirkung, s unten Rn 16, 26), muss sich an die darin getroffene Regelung halten, solange sie wirksam, insbesondere nicht aufgehoben worden ist (s unten Rn 40b, 45), unabhängig davon, ob sie diese später noch für rechtens oder für sinnvoll hält. Sie muss zB die in einem wirksamen VA bewilligten bzw festgesetzten Leistungen erbringen, auch wenn darauf materiell-rechtlich möglicherweise kein Anspruch besteht. Hat sie die Überzeugung gewonnen, dass die Erbringung der Leistung materiell-rechtlich nicht zulässig ist, so bleibt nur der Weg, den VA nach §§ 48 ff bzw nach Fachrecht wieder aufzuheben. Problematisch ist, ob hinsichtlich eines belastenden VA eine Vollzugspflicht besteht.

14b **bb) Aufhebungsverbot.** Nach seiner Bekanntgabe und dem damit verbundenen Eintritt der Wirksamkeit steht der VA nicht mehr zur uneingeschränkten Disposition der Behörde. Vielmehr ist eine vollständige oder teilweise Aufhebung ebenso wie eine inhaltliche Abänderung nur zulässig, soweit das Gesetz in §§ 48 ff oder im einschlägigen Fachrecht hierzu ermächtigt. Das gilt grundsätzlich auch für den Fall, dass die Betroffenen (Begünstigte und/oder Belastete) der Aufhebung zustimmen; allerdings werden in diesen Fällen die Voraus-

---

[40] OVG Münster, NJW 1980, 415; VGH Mannheim NVwZ 1991, 686.

[41] OVG Hamburg NVwZ-RR 1997, 11; **aA** OVG Magdeburg, JMBl LSA 2002, 342; OVG Berlin-Brandenburg; Beschl v 13.1.2006, Az: 10 S 25.05 – juris.

[42] WBS II § 50 Rn 2; Kopp DVBl 1983, 395; vgl auch Ipsen Vw 1984, 171; Fluck VerwArch 1988, 411; Laubinger VerwArch 1988, 241; Schenke DÖV 1990, 489.

[43] BVerwG DVBl 1978, 212; 1981, 640; 1982, 222; Seibert 192; Krause VerwArch 1980, 46; Fluck VerwArch 1988, 411; 1989, 223; NVwZ 1990, 535; Laubinger VerwArch 1988, 241; Schenke DÖV 1990, 489; Reichelt, Der Vorbescheid im Verwaltungsverfahren 1989; Kopp DVBl 1991, 727; zT **aA** – unter Berufung auf Besonderheiten des materiellen Rechts – zum baurechtlichen Vorbescheid BVerwGE 48, 244; 68, 243; BVerwG NVwZ 1989, 863.

[44] Seibert 192; hM; zT **aA** BFH 134, 194; OVG Koblenz VRspr 1980, 1004; VGH München BayVBl 1982, 52; Kohlmann DVBl 1990, 191: da feststellende VAe materielle Rspr iS von Art 92 GG seien.

setzungen für eine Aufhebung idR vorliegen oder (zB durch Verzicht) geschaffen werden können.

cc) Abweichungsverbot. Solange der VA wirksam ist, darf die Behörde vorbehaltlich der §§ 48 ff in derselben Sache auch keine inhaltlich abweichenden Entscheidungen treffen.[45] Etwas anderes gilt nur, wenn dies gesetzlich vorgesehen ist, wie etwa im **USchadG.** Von einer Abweichung kann man aber nur sprechen, wenn sich der neue VA in einem inhaltlichen (teilweisen) Widerspruch zum ersten VA steht; eine Ergänzung oder Konkretisierung ist noch keine Abweichung. **Umstritten** ist die Frage, ob das Abweichungsverbot auch gilt, wenn ein Zulassungsantrag (zB Baugenehmigung) durch VA abgelehnt wurde und nun ein **neuer Zulassungsantrag** gestellt wird. Die Rspr nimmt in diesen Fällen zutreffend an, dass eine frühere Ablehnung eines Antrags der inhaltlichen Prüfung eines späteren gleichen oder ähnlichen Antrags nicht entgegensteht, sofern die frühere Ablehnung nicht gerichtlich bestätigt wurde.[46] 14c

b) Sachlicher Umfang der Bindungswirkung. Die Bindung gilt sachlich ähnlich wie bei Urteilen (vgl Kopp/Schenke § 121 Rn 18) **nur für den Tenor (Entscheidungssatz)** des VA, nicht auch für die Begründung (§ 39), auch nicht für die wesentlichen Gründe und die Beurteilung von Vorfragen, insb vorausliegender Rechtsverhältnisse. Der Tenor ist jedoch zur näheren Bestimmung dessen, was durch den VA bzw die (ebenso als VA anzusehende) Ablehnung eines VA entschieden bzw geregelt wird, unter Heranziehung der Gründe auszulegen und hins seines näheren Inhalts und seiner Bedeutung näher abzugrenzen (Ziekow 3). Außerdem ist bei der näheren Bestimmung des Inhalts und der Bindungswirkung, insb der Tatbestands- und Feststellungswirkung, auch das materielle Recht, auf Grund dessen der VA ergangen ist und an das er anknüpft, soweit der VA damit in Übereinstimmung steht, mit heranzuziehen (BVerwG NVwZ 1990, 559). 15

aa) Bestimmung des Regelungsgehalts. Das Bestimmtheitsgebot (§ 37 Abs 1) soll sicherstellen, dass sich der Regelungsgehalt aus dem VA hinreichend klar und eindeutig ergibt. Ausreichend ist insoweit, dass sich Inhalt und Umfang der Regelung durch **Auslegung** ermitteln lassen, wobei die Begründung des VA (§ 39) und seine gesetzliche Ermächtigung herangezogen werden dürfen. Maßgeblich ist idR der Empfängerhorizont (s § 37 Rn 5 ff). So ergibt sich zB aus § 13 BImSchG, dass eine immissionsschutzrechtliche Genehmigung andere Genehmigungen weitgehend ersetzt, ohne dass dies besonders angeordnet werden müsste. In anderen Fällen muss das Verhältnis durch Auslegung geklärt werden (zB das Verhältnis von der Erlaubnis nach dem GastG und einer auf die Gaststätte bezogenen Baugenehmigung).[47] 15a

bb) Änderungen der Sach- und Rechtslage. Ein VA bleibt grundsätzlich auch dann wirksam, wenn sich die ihm zugrunde liegende Sach- oder Rechtslage geändert hat. Es besteht dann allerdings idR die Möglichkeit der Behörde, den VA auf der Grundlage des § 49 bzw dem Fachrecht aufzuheben oder zu ändern und die Möglichkeit des Adressaten und sonstiger Betroffener, gem § 51 Abs 1 Nr 1 die Aufhebung oder Änderung und nach § 49 zumindest eine Ermessensentscheidung darüber zu verlangen. Gleichsam automatisch entfällt die Wirksamkeit eines VA im Falle der Änderung der Sach- und Rechtslage nur dann, wenn sich die getroffene Regelung dadurch erledigt (s unten Rn 42). 15b

---

[45] OVG Münster NVwZ-RR 2003, 327.

[46] BVerwGE 84, 11, 14 (Rn 18) unter Hinweis auf BVerwGE 48, 271 (für abgelehnten Baugenehmigungsantrag); VGH München BayVBl 1989, 312; BGHZ 90, 17 für abgelehnte Abbaugenehmigung; Gaentzsch NJW 1986, 2787, 2792.

[47] OVG Bremen NVwZ 1994, 80; VGH München GewArch 2004, 491; OVG Schleswig, B v 8.2.2002, 1 L 85/01, juris; StBS 56; MSU 21.

16 **2. Tatbestandswirkung. a) Allgemeines.** Wie gerichtliche Urteile (vgl Kopp/Schenke § 121 Rn 5 ff) können auch VAe, sofern sie nicht nichtig sind (vgl BGH NJW 1993, 1581), über die einfache Bindungswirkung inter partes (oben Rn 14) hinaus auch Tatbestands- und Feststellungswirkungen[48] entfalten.[49] Beide Begriffe dienen zur Bezeichnung bestimmter Bindungswirkungen von VAen über den Kreis der Verfahrensbeteiligten iS von § 13, deren Rechte und Pflichten durch den VA begründet, geändert oder verbindlich festgestellt werden, und der Behörde bzw des Rechtsträgers, dem diese angehört, hinaus **gegenüber sonstigen Personen, Behörden und Rechtsträgern** sowie insb auch gegenüber allen Gerichten.[50] Die Tatbestands- und Feststellungswirkungen eines VA treten schon mit seinem Existentwerden ein, sind also unabhängig von der Frage der Anfechtbarkeit des VA durch die Beteiligten.

17 **Die Terminologie ist uneinheitlich.** Im Unterschied zu den Begriffen der Tatbestands- bzw Feststellungswirkung werden die Begriffe der **Wirksamkeit, Verbindlichkeit, Maßgeblichkeit,** neuerdings auch **Beachtlichkeit** (StBS 141) eines VA auch zur Bezeichnung der Bindungswirkung sowohl gegenüber den Beteiligten und den Behörden bzw deren Rechtsträgern als auch gegenüber Dritten, anderen Behörden, Rechtsträgern und Gerichten gebraucht.[51] Der Begriff der Tatbestandswirkung trägt für die damit bezeichnete Bindungswirkung in der Tat nicht zur Klarheit bei, wird aber seit vielen Jahren hierfür verwandt und kann deshalb nicht ohne weiteres ersetzt werden. S zur Tatbestandswirkung ausländischer VAe im deutschen Recht auf Grund des internationalen öffentlichen Rechts auch VGH Mannheim NVwZ 1986, 397 (wegen der Tatbestandwirkung der Entziehung des Doktorgrades im Heimatland auch Widerruf der Genehmigung der Führung des Doktorgrades in der Bundesrepublik).

18 **b) Inhalt.** Tatbestandswirkung bedeutet, dass außer der Behörde, die den VA erlassen hat, und dem Rechtsträger, dem sie angehört, sowie den Verfahrensbeteiligten iS von § 13, denen gegenüber der VA nach § 43 Abs 1 wirksam geworden ist, **auch alle anderen Behörden** und öffentlich-rechtlichen Rechtsträger[52] sowie grundsätzlich auch **alle Gerichte**[53] die **Tatsache, dass der VA erlassen wurde** und rechtlich existent ist, auch in anderen Entscheidungen als maßgeblich zugrunde legen müssen. Das gilt auch dann, wenn der VA nicht auf Grund

---

[48] S allg zur Tatbestands- und Feststellungswirkung von VAen Knöpfle BayVBl 1982, 225; Braun, Die präjudizielle Wirkung bestandskräftiger VAe, 1981; Krebs VerwArch 1979, 231; Kopp DVBl 1983, 400; Erichsen/Knoke NVwZ 1983, 188; Kirchhof NJW 1985, 2977; Seibert, Die Bindungswirkung von VAen, 1989, 193; Kopp/Kopp BayVBl 1994, 230.

[49] Vgl mit zT abweichenden Definitionen und Abgrenzungen der Begriffe BVerwGE 50, 282; 59, 345; 60, 117; BayVerfGH NVwZ 1982, 555; VGH München NVwZ 1982, 387; Erichsen/Ehlers § 22 Rn 17 ff; WBS I § 20 Rn 63, 64; § 48 Rn 8; § 50 Rn 5; Obermayer VerwR 102, 241; Knöpfle BayVBl 1982, 225; Kopp DVBl 1983, 400; Fluck VerwArch 1988, 411; Randak JuS 1992, 54.

[50] Vgl BVerwGE 50, 282; 59, 345; 60, 117; BVerwG NVwZ 1987, 498; BGHZ 73, 117 = NJW 1975, 597; 103, 34 = NJW 1988, 1026; 112, 368 = NJW 1991, 700; NJW 1993, 1980; Knöpfle BayVBl 1982, 226; WBS I § 20 Rn 63 ff; Erichsen/Knoke NVwZ 1983, 188; Erichsen/Ehlers § 22 Rn 22; Maurer § 11 Rn 8; Wegmann BayVBl 1985, 419; Peine JZ 1990, 212 zugleich zur Legalisierungswirkung; Schröder DVBl 1991, 280.

[51] Vgl zB Erichsen/Ehlers § 22 Rn 17, wo zwischen der Bindungswirkung und der Tatbestandswirkung nicht besonders unterschieden wird; Knöpfle BayVBl 1982, 236, der die Tatbestandswirkung mit der Maßgeblichkeit gleichsetzt und den Begriff auf die Fälle beschränkt, in denen ein VA ausdrücklich Tatbestandsmerkmal einer Rechtsvorschrift ist, wie zB in § 218 BGB.

[52] Vgl zB BGH NJW 1987, 773; Erichsen/Ehlers § 22 Rn 17 ff; Peine JZ 1990, 207; Randak JuS 1991, 37; StBS 142; Knack/Henneke 17; WBSK I § 48 Rn 8.

[53] Vgl zB BGH NJW 1993, 290; BayObLG DÖV 1979, 380; Knack/Henneke 20 ff. Zur umstrittenen Bedeutung der Bestandskraft für die Zivilgerichte Beaucamp DVBl 2004, 352 mwN.

von Bundesrecht, sondern von einer Landesbehörde auf Grund von Landesrecht erlassen wurde.[54] Nach den Grundsätzen des internationalen öffentlichen Rechts müssen grundsätzlich auch alle Behörden und Gerichte fremder Staaten und internationaler und supranationaler Organisationen[55] die Tatsache, dass der VA existiert und einen bestimmten Inhalt hat,[56] als gegeben und maßgeblich hinnehmen. Insoweit findet eine über die Beteiligten hinausgehende Bindung an die Tatsache der Existenz des VA statt, sobald dieser innere Wirksamkeit erlangt hat und solange er sie behält (BVerwGE 74, 320);[57] dies auch dann, wenn der VA rechtswidrig, jedoch nicht nichtig, ist;[58] anders, wenn das Berufen auf den VA rechtsmissbräuchlich wäre.[59]

c) Wirkungen. Aufgrund der Tatbestandswirkung müssen alle Behörden, Gerichte und Rechtsträger **den erlassenen VA,** dh die mit dem VA getroffene Regelung, **ihren eigenen Entscheidungen** ohne inhaltliche Prüfung der Richtigkeit der darin getroffenen Regelung **zugrundelegen.**[60] Liegt zB für eine rechtswidrige bauliche Anlage eine wirksame Baugenehmigung vor, so darf nicht davon ausgegangen werden, dass die Genehmigungsvoraussetzungen nicht vorgelegen haben. Solange eine Person zB in die Architektenliste eingetragen ist, kann ihre Architekteneigenschaft nicht von anderen Behörden in Zweifel gezogen werden. Die **Tatsache, dass der VA ergangen ist,** und die durch den VA getroffene Regelung oder Feststellung ist weiteren Entscheidungen ohne Prüfung der Rechtmäßigkeit zugrunde zu legen.[61] ZB bindet die Entscheidung der Verwaltungsbehörde über das Vorliegen eines Dienstunfalls auch die Gerichte, die über Schadensersatzansprüche aus Anlass des Unfalls zu entscheiden haben (BGH NJW 1993, 1790). 19

aa) Besonderheiten im Bau- und Anlagenzulassungsrecht. Zweifelhaft ist, ob eine Behörde bei der Entscheidung über den Erlass einer Abrissverfügung von der materiellen Illegalität allein deshalb ausgehen darf, weil ein auf die Anla- 20

---

[54] Erichsen/Knoke NVwZ 1983, 191; Korn DVBl 1983, 400; Bleckmann NVwZ 1986, 1; Kopp KKZ 1994, 193; Kopp/Kopp BayVBl 1994, 230; Randak JuS 1992, 35.

[55] Kramp, Die Begründung und Ausübung staatlicher Zuständigkeit für das Verbot länderübergreifender Fusionen nach geltendem Völkerrecht, 1993, 24; Groß JZ 1994, 599; Kopp KKZ 1994, 193; vgl ferner Mannheim VGH NVwZ 1986, 397.

[56] Vgl BVerwG NJW 1986, 1629; zT offenbar **aA** für deklaratorisch-feststellende VAe WBS I § 20 Rn 64, 65; gegen diese Einschränkungen Knöpfle BayVBl 1982, 228.

[57] BVerwGE 59, 345; 60, 117; 74, 320; BVerwG NVwZ 1988, 152 und 941; BGH NJW 1993, 1790; VGH München DÖV 1985, 447; DÖV 1992, 886; VG Hamburg NVwZ 1988, 282; Knöpfle BayVBl 1982, 216; Maurer § 11 Rn 8; Wegmann BayVBl 1985, 419; Kirchhof NJW 1985, 2977: für die Dauer der Bestandskraft steht fest, dass die festgesetzte die richtige Steuerschuld ist; Broß VerwArch 1987, 91; Peine JZ 1990, 201.

[58] BVerwGE 4, 331; 59, 345; 60, 117; 66, 315; 72, 8; BayVerfGH NVwZ 1982, 555; BGHZ 7, 132; DVBl 1979, 275; VGH München NVwZ 1982, 387; DÖV 1992, 886; Zöller § 13 GVG Rn 45 ff; WBS I § 20 Rn 64; zT **aA** für die Bindung der Zivilgerichte BGHZ 112, 365; NJW 1992, 1384: auch die Bestandskraft eines VA hindert die Zivilgerichte nicht, wenn der VA nicht Gegenstand eines Verfahrens war und vom Gericht bestätigt worden ist.

[59] Vgl VGH München NVwZ 1982, 987; allg Musielak JA 1982, 7 mwN; zu einem besonders gelagerten Fall auch BVerwG DVBl 1990, 218: keine Bindung des Sozialversicherungsträgers durch die Eintragung in die Handwerksrolle hins der Handwerkereigenschaft, wenn das Gewerbe offensichtlich nicht handwerksmäßig betrieben wird.

[60] Erichsen/Ehlers § 22 Rn 19; WBSK I § 48 Rn 8.

[61] BVerwGE 151, 129, juris Rn 18; 94, 98 (Bewilligung von Kindergeld); 133, 347 (denkmalrechtliche Genehmigung); BVerwG NVwZ 2011, 1390 (Gewerbesteuermessbescheid); ; NVwZ 2004, 1242 (Befreiungsentscheidung); OVG Saarluis NVwZ-RR 2011, 654: Bindungswirkung der Einbürgerungsbehörde an Bestehen eines Aufenthaltstitels; BSG DVBl 1990, 218 mwN: Bindungswirkung der Eintragung in die Handwerksrolle auch für die Kassenzugehörigkeit in der Sozialversicherung, außer wenn das Gewerbe ganz offensichtlich nicht handwerksmäßig betrieben wird..

ge gerichteter **Genehmigungsantrag unanfechtbar abgelehnt** worden ist.[62] Dies hat das BVerwG zutreffend abgelehnt.[63] Ähnliches muss gelten, wenn sich die Ablehnung der Baugenehmigung nicht auf das bereits errichtete konkrete Bauwerk bezogen hat, sondern auf ein noch nicht verwirklichtes Bauvorhaben, auch wenn es dem später ohne Baugenehmigung verwirklichten weitgehend entspricht. Mit der Ablehnung eines Bauantrags wird nicht zugleich die Rechtswidrigkeit des Vorhabens bindend festgestellt, anderenfalls könnte sie sich auf unbestimmte Zeit wie eine Bausperre auswirken.[64]

21 **bb) Widerruf und Rücknahme.** Die Tatbestandswirkung eines VA hindert die zuständige Behörde nicht, diesen unter den Voraussetzungen der §§ 48 ff VwVfG oder nach allgemeinen Rechtsgrundsätzen durch einen Zweitbescheid (§ 35 Rn 98) aufzuheben oder abzuändern (Kopp NVwZ 1994, 1). Dies gilt selbst dann, wenn der VA durch ein rechtskräftiges Urteil bestätigt worden ist (BVerwGE 70, 110; 82, 272; Kopp/Schenke § 121 Rn 13 und 21). Daher kann zB ein Antragsteller, dessen Bauantrag abgelehnt wurde, seinen Bauantrag jederzeit, dh auch ohne dass eine Änderung der Sach- oder Rechtslage eingetreten ist, wiederholen. Der wiederholte Antrag ist nicht von vornherein infolge der Tatbestandswirkung oder der Bestandskraft der früheren Ablehnung unzulässig; die Behörde kann sich idR nicht auf die Bestandskraft der Ablehnung berufen.[65]

22 **d) Reichweite.** Die Tatbestandswirkung von VAen entspricht hins der damit verbundenen Bindungswirkung im Wesentlichen der von gerichtlichen Urteilen.[66] Einzelheiten sind stark umstritten. Sie gilt jedenfalls **zu Gunsten der Betroffenen** – anders, soweit sie sich zu deren Lasten auswirkt (vgl BVerwGE 87, 399) – grundsätzlich auch für die Strafbarkeit bzw Bußgeldpflichtigkeit von Verstößen gegen VAe (sog **Verwaltungsakzessorietät im Strafrecht**).[67] Ob die Tatbestandswirkung auch für die Beurteilung der Rechtswidrigkeit von VAen im Bereich der Amtshaftung nach § 839 BGB, Art 34 GG zu einer **Legalisierungswirkung** führt, ist **umstritten.**[68] Gleiches gilt für den Bereich der Enteignungs- bzw Aufopferungsentschädigung.[69] Die hier zT in der Rspr des BGH

---

[62] So VG Köln DÖV 1990, 101; Martens NJW 1983, 1996; Kopp DVBl 1983, 399; offen, BVerwGE 84, 14 f = DVBl 1990, 207; Erichsen/Knoke NVwZ 1983, 185, 192; Ortloff NJW 1987, 1665, 1670; auch Ehlers FS Erichsen S. 13.

[63] BVerwGE 48, 275 (unter Berufung auf Art. 14 GG); später die verfassungsrechtliche Argumentation offenlassend BVerwGE 84, 11.

[64] BVerwGE 48, 271, 278; Ortloff NJW 1987, 1665, 1670; Finkelnburg/Ortloff/Otto, Öffentliches Baurecht Bd II 6. Aufl. 2010, § 7 S 113.

[65] OVG Lüneburg NVwZ 1985, 431: der Wiederholung des Antrags kann die Bestandskraft allein, sofern der VA nicht durch rechtskräftiges Urteil bestätigt wurde, nicht entgegengehalten werden. Anders möglicherweise bei Missbrauch.

[66] Vgl BVerfG 60, 269; BGH NJW 1993, 1790; Kopp DVBl 1983, 395; zT **aA** für VAe, die nicht durch gerichtliche Urteile bestätigt wurden, BGHZ 86, 359; 90, 23; 95, 37; 113, 18 = NJW 1991, 1168; NJW 1993; vgl auch Johlen DVBl 1989, 289.

[67] Vgl zum Umweltstrafrecht Kloepfer, Umweltrecht, § 7 Rn 12 ff; Erichsen/Ehlers, § 22 Rn 22; Sparwasser/Engel/Voßkuhle, Umweltrecht, § 9 Rn 241 ff; allgemein Kirchhof NJW 1985, 2977; Kopp/Schenke § 113 Rn 11 mwN; Knöpfle BayVBl 1982, 228; WBS I § 20 Rn 64 mwN; Rößler NJW 1986, 972; Wüterich NStZ 1987, 106; zT **aA** BVerfG 87, 399 = NJW 1993, 581; DVBl 1993, 150; BGHSt NJW 1982, 189.

[68] Überblick bei Beaucamp DVBl 2004, 352. Der BGH verneint bisher in st Rspr eine Legalisierungswirkung (BGHZ 117, 159; 113, 17; 99, 23; BGH NJW 1983, 2823 jedenfalls dann, wenn der VA nicht Gegenstand einer verwaltungsgerichtlichen Kontrolle gewesen ist; **aA** dagegen zu Recht BVerwG DVBl 1983, 628; Erichsen/Ehlers § 22 Rn 22; Berkemann DVBl 1986, 181; JR 1992, 18; Ortloff NJW 1987, 670; Broß VerwArch 1987, 106, 110; Jeromin NJW 1991, 543; Lege NJW 1990, 871; mit Einschränkungen auch BGHZ 86, 359; NJW 1983, 1795; 1987, 831; Kopp/Schenke § 113 Rn 12; OLG München NVwZ 1995, 198.

[69] ZT **aA** BGHZ 113, 13; NJW 1984, 1170; NVwZ 1986, 76; WBS I § 20 Rn 64.

anerkannten Einschränkungen und Ausnahmen sind mit der Funktion des VA schwerlich vereinbar; ihre Verfassungsmäßigkeit ist, soweit sie nicht ausschließlich durch Gesetz vorgesehen sind, zweifelhaft (vgl BVerfG 60, 269).

e) Dauer. Die Tatbestandswirkung ist reguläre Folge der äußeren und inneren Wirksamkeit des VA und in gewissem Sinn ein wesentlicher Bestandteil davon; sie bedarf deshalb anders als ihr Ausschluss keiner besonderen Anordnung durch Rechtsvorschriften.[70] Die Tatbestandswirkung eines VA kann ähnlich wie die Feststellungswirkung dadurch, dass Rechtsvorschriften an sie anknüpfen, über diese unmittelbare Wirkung hinaus Bedeutung erlangen. Dies ist zB bei den sog dinglichen VAen die Regel. Die **Tatbestandswirkung beginnt idR mit dem Erlass** des VA (§§ 39, 41), dh nicht erst mit dessen Unanfechtbarkeit oder Bestandskraft (Randak JuS 1992, 30); ausnahmsweise, wenn nach dem Inhalt des VA oder auf Grund von Rechtsvorschriften die innere Wirksamkeit des VA erst später eintritt oder die Vollziehbarkeit nach § 80 Abs 1, 4 oder 5 VwGO aufgeschoben ist, erst mit der inneren Wirksamkeit bzw der Vollziehbarkeit des VA (vgl Knöpfle BayVBl 1982, 229). 23

3. Erweiterte besondere Tatbestandswirkung. Manche Rechtsvorschriften knüpfen ausdrücklich oder konkludent bestimmte weitere (dh sich nicht aus dem Inhalt des VA ergebende) Rechtsfolgen nicht an den Inhalt eines VA, sondern ohne Rücksicht auf den näheren Inhalt lediglich an die Tatsache als solche, dass ein bestimmter VA ergangen ist, zB das Unwirksamwerden einer vorläufigen Erlaubnis bei einer Entscheidung über die Erteilung oder Versagung der endgültigen Erlaubnis; eine Kürzung der Beamtenanwärterbezüge, wenn die Prüfung nicht bestanden wurde (BVerwGE 81, 300 = DÖV 1989, 907); das Ausscheiden aus dem juristischen Vorbereitungsdienst mit Ablegen der Prüfung auf Grund einer besonderen Regelung, unabhängig davon, ob die Prüfung bestanden wurde oder nicht;[71] der Anspruch eines **Schwerbehinderten** gem § 4 Abs 1 und 4 SchwbG 1986 bzw § 3 Abs 4 SchwbG 1977 iVmit dem einschlägigen Landesrecht auf Befreiung von **Rundfunkgebühren,**[72] auf **Landesblindengeld**[73] usw.[74] 24

Bei dieser erweiterten besonderen Tatbestandswirkung handelt es sich um keine sich aus dem Wesen oder Inhalt des VA ergebenden Folgen, sondern um Folgen, die eine besondere gesetzliche Anordnung voraussetzen und erfordern, für die das Ergehen des VA nur Tatbestandsmerkmal und Anknüpfungspunkt ist, und die daher auch nur nach näherer Maßgabe der konkreten gesetzlichen Regelung eintreten können. Im Zweifel, dh wenn und soweit die insoweit anwendbaren Rechtsvorschriften nichts anderes bestimmen, setzt die erweiterte besondere Tatbestandswirkung die innere Wirksamkeit, vielfach aber auch darüber hinaus Unanfechtbarkeit oder die sofortige Vollziehbarkeit (§ 80 Abs 2 VwGO) des in Frage stehenden VA voraus. 25

4. Feststellungswirkung. Während die Tatbestandswirkung nur die durch den VA getroffene Regelung als solche erfasst, ist ausnahmsweise mit manchen VAen **auf Grund besonderer gesetzlicher Vorschriften** (vgl auch BVerwG DVBl 1990, 206: auf Grund und nach Maßgabe des materiellen Rechts) eine sog Feststellungswirkung verbunden, die auch der eigentlichen Entscheidung voraus- 26

---

[70] BVerwGE 60, 117; WBS I § 20 Rn 63.

[71] Vgl BVerwGE 72, 207 = DVBl 1986, 470; 81, 300; VGH München BayVBl 1972, 617; **aA** Knöpfle BayVBl 1982, 229 Fn 49.

[72] BVerwGE 66, 315; 72, 8; BVerwG NVwZ 1993, 586; DVBl 1985, 1317; 80, 65; Kopp DÖV 1980, 506; str; **aA** OVG Bremen ZfS 1981, 83; VGH München BayVBl 1982, 52.

[73] BVerwGE 80, 66; OVG Lüneburg DÖV 1990, 485: Bindung auch an die Feststellung, dass der Antragsteller nicht blind ist.

[74] BVerwGE 66, 315; 72, 8; 90, 65; BVerwG DÖV 1992, 829; BSG 52, 174; BFH 145, 546; 152, 490; 158, 378; 164, 200.

liegende Elemente, zB tatsächliche Feststellungen, auf denen der VA beruht, oder die Beurteilung vorgreiflicher Inzidentfragen (vgl WBS I § 20 Rn 65: „in dem Akt implizit getroffene Feststellungen“) mit in die Bindungswirkung einbezieht.[75] So ist zB die Feststellungswirkung einer bestandskräftigen Häftlingshilfebescheinigung nach § 10 Abs 4 HHG für die Entscheidung über die Ausschlussgründe nach § 16 Abs 2 StrRehaG bindend,[76] gem § 1 Abs 3 BVFG die Feststellung des Status als Vertriebener auch für den Ehegatten.[77]

27 **Die Feststellungswirkung tritt nur dann und nur insoweit ein,** als dies **durch die besonderen Rechtsvorschriften** bestimmt ist.[78] Der Umstand allein, dass der Erlass eines VA die Beantwortung bestimmter Vorfragen voraussetzt, führt noch nicht zu einer Feststellungswirkung in Bezug auf diese.[79] Soweit in den maßgeblichen Rechtsvorschriften nichts anderes bestimmt ist, hat auch die Feststellungswirkung die innere und äußere Wirksamkeit des VA, vielfach darüber hinaus auch die Unanfechtbarkeit oder sofortige Vollziehbarkeit zur Voraussetzung.

28 Eine Feststellungswirkung bzw eine zumindest vergleichbare Wirkung kommt **auch Rechtsbehelfsentscheidungen** (§ 73, § 113 iVm § 121 VwGO), durch die ein VA aufgehoben oder abgeändert wird, hins der für die Aufhebung oder Abänderung maßgeblichen Gründe für eine erneute Entscheidung der Behörde erster Instanz in der Sache zu,[80] ebenso auch für eine neue Entscheidung der **Rechtsbehelfsbehörde** selbst, wenn die Sache erneut nach einer weiteren Entscheidung der Erstbehörde wieder bei ihr anhängig wird.[81] Im Einzelnen gilt für die **Voraussetzungen und den Umfang** der Bindungswirkungen von Rechtsbehelfsentscheidungen im Wesentlichen dasselbe wie für zurückverweisende Rechtsmittelentscheidungen gem § 130 Abs 2 bzw § 144 Abs 6 VwGO. Die Bindungswirkung reicht insb in keinem Fall weiter als diese. Sie entfällt **bei Änderung der Rechtslage,** aber auch bei Änderung der obergerichtlichen Rechtsprechung; außerdem auch, wenn und soweit im konkreten Fall Rücknahme-, Widerrufs- oder Wiederaufgreifensgründe gem §§ 48 ff eine Abweichung rechtfertigen.

V. Bestandskraft

29 **1. Formelle Bestandskraft.** Formelle Bestandskraft tritt ein, wenn der VA unanfechtbar wird.[82] Unanfechtbarkeit eines VA bedeutet, dass in der durch den VA geregelten Sache nach den insoweit maßgeblichen Vorschriften (insb nach der VwGO) **keine ordentlichen Rechtsbehelfe** mehr gegeben sind, sei es, weil alle in Betracht kommenden Rechtsbehelfe bereits ausgeschöpft wurden, sei es,

[75] Vgl BVerwGE 21, 312; 34, 90; 35, 318; 40, 104; 70, 156; BVerwG NJW 1986, 1629; 1995, 70; DÖV 1993, 1094; WBS I § 20 Rn 65; Maurer § 11 Rn 9; Erichsen/Ehlers § 22 Rn 23 ff; Obermayer VerwR 102; zu einem Grenzfall auch BVerwGE 50, 289.

[76] BVerwGE VIZ 2003, 202; ZOV 2006, 178.

[77] BVerwGE 70, 159; 78, 139; Buchh 412.3 § 1 BVFG Nr 31.

[78] BVerwG DVBl 1984, 1227; 1990, 206; Seibert 130; Scherzberg DVBl 1991, 92.

[79] BVerwG NVwZ-RR 2016, 471: keine Bindungswirkung eines Straßenbaubeitragsbescheides im Hinblick auf die dort vorausgesetzte Baulandqualität eines Anliegergrundstücks.

[80] BVerwG DVBl 1971, 590; Kopp/Schenke § 73 Rn 24 ff; str; vgl auch zur vergleichbaren Bindungswirkung zurückverweisender Rechtsmittelentscheidungen im Prozessrecht Kopp/Schenke § 130 Rn 12 ff.

[81] Kopp/Schenke § 73 Rn 27; **aA** BVerwGE 10, 183; 21, 142; vgl auch vdGK 3.2 zu § 119: uU Verstoß gegen Treu und Glauben, wenn die Widerspruchsbehörde nunmehr von einer anderen Auffassung ausgeht.

[82] BVerfG 60, 269; BVerwG DVBl 1981, 939; DÖV 1982, 941; VGH Kassel NJW 1981, 2315; Erichsen/Ehlers § 22 Rn 24; Maurer § 11 Rn 4; Erichsen/Knoke NVwZ 1983, 186; Kopp DVBl 1983, 395 mwN; Merten NJW 1983, 1995; Schenke DÖV 1983, 321; Korber DVBl 1984, 405; Martens NVwZ 1985, 158; Rn 427 f; Ipsen Vw 1984, 168.

dass die Betroffenen die dafür vorgesehenen Fristen nicht genutzt haben.[83] Wie die Wirksamkeit tritt auch die Bestandskraft nicht für und gegen alle Betroffenen ein, sondern ist **für jeden Adressaten oder Betroffenen individuell** zu prüfen. Dass ein Betroffener den VA angefochten hat, hindert den Eintritt der Unanfechtbarkeit und damit der Bestandskraft den übrigen gegenüber grundsätzlich nicht.[84] Mit der Unanfechtbarkeit erlangt der VA zugleich formelle Bestandskraft. Die Unanfechtbarkeit tritt ohne Rücksicht auf Rechtmäßigkeit oder Rechtswidrigkeit des VA ein, soweit der VA nicht nichtig ist. Sie ist Ausdruck des Gebots der Rechtssicherheit und des Rechtsfriedens und damit eine Folge des Rechtsstaatsprinzips.[85]

a) Maßgebliche Regelungen. Die Regelungen über die Unanfechtbarkeit 30
eines VA sind nicht im VwVfG enthalten, wo nur in einzelnen Bestimmungen (vgl § 51) auf die Unanfechtbarkeit Bezug genommen wird, sondern **befinden sich in der VwGO** und ggf in anderen Prozessordnungen oder in sondergesetzlichen Bestimmungen. Die Unanfechtbarkeit eines VA kann je nach dem Zeitpunkt der Bekanntgabe des VA an verschiedene Betroffene zu unterschiedlichen Zeitpunkten eintreten.[86] **Keine Besonderheiten** gelten jedenfalls im Grundsatz für VAe, die im Rahmen des **indirekten Vollzugs von Unionsrecht** Rechte oder Pflichten nach dem EU-Recht berühren, insb auch für VAe, die nach Auffassung eines Betroffenen gegen noch nicht oder erst verspätet in nationales Recht umgesetzte EU-Richtlinien gem Art 288 Abs 3 AEUV verstoßen und die er deshalb mit Rechtsbehelfen angreifen will.[87]

b) Wirksamkeit, Voraussetzung der Bestandskraft. In Bestandskraft kann 30a
ein VA einem Adressaten oder Betroffenen gegenüber grundsätzlich nur erwachsen, wenn er diesem bekannt gegeben und dadurch ihm gegenüber iS des Abs 1 wirksam geworden ist. Die Wirksamkeit muss bis zum Eintritt der Unanfechtbarkeit andauern. Hat sich der VA dagegen vor Eintritt der Unanfechtbarkeit erledigt, so kommt eine Anfechtung mangels Beschwer nicht mehr in Betracht. In diesen Fällen kann der VA auch nicht mehr unanfechtbar werden (BVerwG NVwZ 2009, 122). Insoweit kommt es nicht darauf an, ob der VA vor der Erledigung bereits angefochten worden war oder nicht. Allerdings wird von einer Erledigung idR nicht auszugehen sein, wenn der VA noch irgendwelche relevanten Auswirkungen hat.[88]

2. Materielle Bestandskraft. a) Umfang. Die materielle Bestandskraft ei- 31
nes VA bedeutet, dass Behörde und Beteiligte (§ 13) grundsätzlich **an die im VA getroffene Regelung gebunden** sind (Randak JuS 1992, 35) und eine Aufhebung oder Änderung nicht mehr im Rahmen normaler Rechtsbehelfe, sondern nur noch nach Maßgabe besonderer gesetzlicher Bestimmungen sowie nach den §§ 48–51 möglich ist.[89] Sie setzt grundsätzlich die formelle Bestands-

---

[83] Vgl OVG Koblenz BauR 1973, 305; Ehlers FS Erichsen 13; WBS II § 50 Rn 7; Postier NVwZ 1985, 95; so bereits Bettermann, in: Wolff-FS 1973, 467.

[84] BVerwG NVwZ 2012, 1126 für den Fall der Anfechtung eines Planfeststellungsbeschlusses.

[85] BVerfG 60, 269 f; 32, 308; Menger VerwArch 1975, 88; Kopp DVBl 1983, 393.

[86] WBS II § 50 Rn 10; Erichsen/Knoke NVwZ 1983, 186; bei trennbarem Inhalt des VA uU auch unterschiedlich für einzelne Teile (vgl BVerwGE 69, 258).

[87] Siehe zu der vereinzelt gebliebenen Entscheidung EuGHE 1991, 4269 (Emmott'sche Fristenhemmung), wonach Rechtsbehelfe erst ab ordnungsgemäßer Umsetzung der Richtlinie in das nationale Recht laufen sollen, Gundel NVwZ 1998, 910.

[88] So zB die inzwischen beendete Sicherstellung eines Kfz für den Streit um die Kosten der Sicherstellung, vgl BVerwG NVwZ 2009, 122.

[89] BVerwGE 49, 248; BVerwG DVBl 1982, 1997; BVerfG 60, 269; Krause 179; Martens DVBl 1968, 324; JuS 1975, 72; Obermayer VerwR 104; Knöpfle BayVBl 1982, 2271; Erichsen/Knoke NVwZ 1983, 188; Kirchhof NJW 1985, 2977; 1986, 1315; Rößler

kraft voraus, die mit Unanfechtbarkeit eintritt und insoweit an sich nur den Bürger betrifft. Allerdings tritt die Bindungswirkung des VA gegenüber der erlassenden Behörde bereits mit dem Erlass ein. Die Bindung bezieht sich grundsätzlich **nur auf den Entscheidungssatz,** nicht auf die wesentlichen Gründe des VA, ebenso wenig auf Vorfragen und präjudizielle Rechtsverhältnisse, sofern diese nicht ausnahmsweise von einer gesetzlich angeordneten Feststellungswirkung (s Rn 26) erfasst werden. Die Entscheidungsgründe sind jedoch ähnlich wie bei Urteilen (Kopp/Schenke § 121 Rn 18) zur Auslegung des Entscheidungssatzes heranzuziehen.

32 **b) Neue Entscheidungen.** Ob die Bestandskraft auch einer abweichenden Entscheidung in einem neuen Verwaltungsverfahren entgegensteht, hängt vom jeweiligen **Entscheidungsgegenstand** ab. Insbesondere bei neuen Antragsverfahren in Bezug auf denselben oder einen ähnlichen Antragsgegenstand ist stets zu prüfen, ob eine ablehnende Entscheidung aus der Vergangenheit noch entgegensteht. Maßgeblich ist insoweit zunächst das Fachrecht, das insbesondere die **Wirksamkeit ablehnender Entscheidungen** beschränken kann.[90] Nach allgemeinen Grundsätzen des Verwaltungsverfahrensrechts steht die Ablehnung eines Antrags einer späteren neuen Antragstellung jedenfalls dann nicht entgegen, wenn sich die Voraussetzungen zwischenzeitlich im Hinblick auf die Ablehnungsgründe geändert haben (zB sind Unterlagen vervollständigt, Änderungen am Antragsinhalt vorgenommen oder Ablehnungsgründe ausgeräumt worden. Grundsätzlich ist auch ein **Zweitbescheid** nur nach Rücknahme, Widerruf oder Wiederaufgreifen des Verfahrens zulässig (s näher § 48 Rn 6; 49 Rn 4). Zu Ausnahmen bei schwerwiegenden Rechtsnachteilen VGH Kassel NuR 2011, 214 (wasserrechtliche Erlaubnis).

33 **c) Zeitpunkt.** Die Bestandskraft in diesem engeren Sinn ist idR mit dem **Eintritt der Unanfechtbarkeit** eines nicht nichtigen VA verbunden[91] und hat diese zur Voraussetzung. Die bereits zuvor eintretende Bindungswirkung des VA für die Behörde (s oben Rn 14) muss nicht als Folge der materiellen Bestandskraft erklärt werden (StBS 54). Bei mehreren Beteiligten tritt die Bestandskraft eines VA jedem (einzelnen) gegenüber mit dem Zeitpunkt ein, in dem der VA ihm gegenüber unanfechtbar wird, nicht erst mit dem Zeitpunkt, in dem er auch für den letzten Beteiligten unanfechtbar wird.[92] Anders als die Bestandskraftwirkung eines VA greifen Tatbestands- und Feststellungswirkung sowie die Bindung der Behörde grundsätzlich schon mit dem Existentwerden, also mit der Bekanntgabe des VA gegenüber dem ersten Beteiligten. Die Bestandskraft bindet analog § 121 VwGO nur die Beteiligten und die Behörde bzw den Verwaltungsträger (mit allen ihm zugehörigen Behörden, Ämtern usw), denen das Handeln der Behörde zuzurechnen ist, und ihre Rechtsnachfolger (Schöndorf BayVBl 1984, 492; Kopp/Schenke § 121 Rn 23 ff).

VI. Beginn der Wirksamkeit (Abs 1)

34 **1. Maßgeblichkeit der Bekanntgabe.** Abs 1 stellt klar, dass ein VA einem Adressaten oder sonst durch ihn in seinen Rechten oder rechtlichen Interessen Betroffenen gegenüber (erst) in dem Zeitpunkt wirksam wird, in dem er ihm

---

NJW 1986, 972; Kopp DVBl 1983, 397; GewArch 1986, 177; Knack/Henneke vor § 43 Rn 31; Merten NJW 1983, 1996.

[90] Vgl zB BVerwG BauR 2010, 1562; OVG Bautzen BauR 2010, 1210 für Entscheidung über neuen Baugenehmigungsantrag.

[91] Vgl BVerfG 60, 269; BVerwGE 79, 297; BVerwG DVBl 1982, 1097; VGH Kassel NJW 1981, 2315; Erichsen/Knoke NVwZ 1983, 188; Kopp DVBl 1983, 395.

[92] Vgl Rn 5; zT **aA** Erichsen/Knoke NVwZ 1983, 188; StBS 21: erst mit allseitiger Unanfechtbarkeit.

bekannt gegeben wird.[93] Bloßes „Bekanntwerden" des VA reicht nicht (s § 41 Rn 7). Es gilt also der **Grundsatz der relativen Wirksamkeit:** Die Wirksamkeit tritt für jeden Betroffenen erst zu dem Zeitpunkt ein, zu dem ihm gegenüber die Bekanntgabe bewirkt worden ist. Die Bekanntgabe an einen anderen Betroffenen bewirkt zwar, dass der VA rechtlich existent und insofern auch wirksam (OVG Münster NVwZ 1992, 991) wird, dh nicht mehr als lediglich verwaltungsinterner Vorgang ohne Rechtserheblichkeit gegenüber den Betroffenen anzusehen ist, und dass er **auch schon Gegenstand eines Rechtsbehelfs** sein kann.[94] Erst mit der Bekanntgabe an den einzelnen Adressaten bzw Betroffenen selbst erlangt der VA auch ihm gegenüber Wirksamkeit, und zwar grundsätzlich unabhängig davon, ob und wann der VA auch anderen Betroffenen gegenüber bekannt gegeben und damit wirksam wird. Erst mit der individuellen Bekanntgabe an den Betroffenen beginnen für ihn ggf auch Rechtsbehelfsfristen und sonstige Fristen (zB nach § 58 Abs 2 VwGO) zu laufen, usw.

Etwas anderes gilt, wenn nach dem Fachrecht die Wirksamkeit von der Be- 34a
kanntgabe an alle oder an mehrere abhängig ist. Dies ist etwa bei **Verkehrszeichen** der Fall, für deren Bekanntgabe das sog **Sichtbarkeitsprinzip** gilt (näher § 35 Rn 171). Danach gilt ein Verkehrszeichen gegenüber allen Verkehrsteilnehmern, wenn es in der Weise aufgestellt ist, dass ein durchschnittlicher Verkehrsteilnehmer bei Einhaltung der nach § 1 StVO erforderlichen Sorgfalt zur Kenntnis nehmen kann.[95]

**2. Wirksamkeit bei fehlender oder fehlerhafter Bekanntgabe? Um- 35
stritten** ist, ob VAe auch ohne wirksame Bekanntgabe an die Betroffenen wirksam werden können, wenn ein Handeln diesen gegenüber zur Gefahrenabwehr oder Störungsbeseitigung unerlässlich ist, ihnen aber der VA nicht, nicht wirksam oder jedenfalls nicht rechtzeitig bekannt gegeben werden könnte, zB die Anordnung zum Abschleppen eines falsch geparkten Kfz, das den Verkehr gefährdet; sofort notwendige Maßnahmen bei einem Mineralölunfall, wenn die dafür Verantwortlichen nicht sofort erreichbar sind; bei notwendiger sofortiger Sicherstellung einer herrenlosen Sache; die Ingewahrsamnahme eines Volltrunkenen oder eines Minderjährigen usw. Soweit dies in der Literatur angenommen wird,[96] ist dem entgegenzutreten. Richtigerweise ist die **wirksame Bekanntgabe Voraussetzung** für den Eintritt der Wirksamkeit. Notsituationen lassen sich mit dem Instrumentarium der **unmittelbaren Ausführung** des Polizeirechts und des Vollstreckungsrechts hinreichend bewältigen. Allerdings kann es unabhängig von diesen Möglichkeiten den Beteiligten und auch der Behörde nach Treu und Glauben verwehrt sein, sich auf die fehlende oder fehlerhafte Bekanntgabe zu berufen.[97]

3. Verwirkung des Widerspruchsrechts bei fehlender Bekanntgabe. 36
Bei Vorliegen besonderer Umstände kann die Anwendung der Grundsätze der Verwirkung (hierzu näher § 53 Rn 41 ff) im Ergebnis dazu führen, dass ein Widerspruchsführer oder Kläger so behandelt werden muss, als sei ihm der VA in

---

[93] BVerwG NJW 1970, 263; StBS 165, 179; Erichsen/Ehlers § 22 Rn 14; UL § 56 Rn 6; ebenso die früher hM, vgl BVerwGE 29, 321; DVBl 1981, 403; WBS II § 48 Rn 23; Skouris VerwArch 1974, 264 ff.

[94] HM, vgl BVerwGE 44, 294; BVerwG DVBl 1969, 268; NVwZ 1994, 896. Die Wirksamkeit eines VA tritt damit nicht erst mit der Bekanntgabe an alle Adressaten oder Betroffenen ein (OVG Münster NVwZ 1992, 991).

[95] BVerwGE 154, 365; 130, 393; zum Sorgfaltsmaßstab § 35 Rn 171.

[96] Vgl im Ergebnis auch Robbers DÖV 1987, 276 mwN (Fn 42), der die in Frage stehenden Maßnahmen jedoch nur analog zu VAen behandeln will; s auch München GewArch 1981, 234; Schwabe NJW 1983, 370.

[97] BVerwGE 44, 298 f; 78, 89; OVG Hamburg GewArch 1992, 300; Schenke VerwProzR Rn 676; Kopp/Schenke § 74 Rn 19 ff mwN.

dem Zeitpunkt bekannt gegeben worden, in dem er davon sichere Kenntnis erlangt hat oder hätte erlangen können und müssen. Im nachbarlichen Gemeinschaftsverhältnis wird idR nach **Ablauf eines Jahres** nach Beginn der Baumaßnahmen Verwirkung des Anfechtungsrechts von Nachbarn angenommen.[98] Einer wirksamen Bekanntgabe gleichzuachten ist es, wenn der Betroffene **treuwidrig eine Bekanntgabe vereitelt,** zB einen Einschreibbrief, von dessen Ankunft er informiert wurde, nicht bei der Post abholt, weil er mit einem bestimmten Inhalt rechnet (s hierzu näher § 41 Rn 19). Aus den entsprechenden Gründen sind auch **Widerruf oder Rücknahme** eines jedenfalls existent gewordenen begünstigenden VA mit Doppelwirkung auch dann nur noch unter den erschwerten Voraussetzungen der für die Rücknahme bzw den Widerruf begünstigender VAe geltenden Grundsätze (§§ 44 Abs 1 S 2, Abs 2–4; 45 Abs 2–4) zulässig, wenn es an einer Bekanntgabe fehlt. Die Verwaltung darf sich die erleichterte Rücknahme- bzw Widerrufsmöglichkeit nicht dadurch erhalten, dass sie VAe den dadurch Begünstigten nicht bekannt gibt.

37 **4. Schwebende Unwirksamkeit?** Das Verwaltungsrecht kennt anders als das bürgerliche Recht und das Verwaltungsvertragsrecht (vgl § 58 Rn 19) **keine schwebende Unwirksamkeit von VAen,** die durch nachträgliche Genehmigung oder Zustimmung geheilt werden kann. VAe sind entweder gültig und wirksam – wenn auch ggf anfechtbar – oder nichtig.[99] Hiervon ist die Noch-nicht-Wirksamkeit noch nicht erlassener VAe oder für einzelne Betroffene noch nicht durch Bekanntgabe (§§ 41 Abs 1, 43 Abs 1) wirksam gewordener VAe zu unterscheiden. Solche VAe sind aber dem Bürger gegenüber nicht schwebend unwirksam, sondern überhaupt noch nicht wirksam, dh ihm gegenüber noch keine VAe; sie können erst mit ihrem Erlass bzw ihrer wirksamen Bekanntgabe oder durch Heilung des Mangels der Bekanntgabe Wirksamkeit erlangen. Dies gilt auch zB für VAe, die einem Handlungsunfähigen (§ 12) persönlich bekanntgegeben wurden.[100]

38 **5. Mehrere Beteiligte.** Wie sich aus § 43 in Übereinstimmung mit der bisher hM ergibt, tritt die äußere Wirksamkeit eines VA den einzelnen Betroffenen gegenüber und damit auch der Beginn von Rechtsbehelfsfristen grundsätzlich erst mit der Bekanntgabe und damit uU zu unterschiedlichen Zeitpunkten ein.[101] Die Wirksamkeit kann deshalb auch eine nur relative sein, dh nur einzelnen Betroffenen gegenüber bestehen, anderen gegenüber nicht, oder im Verhältnis zwischen mehreren Betroffenen zueinander bestehen oder nicht bestehen. Dies ist zB der Fall im Verhältnis zwischen dem Bauherrn, der eine Bauerlaubnis erhalten hat, und einzelnen Nachbarn, dem sie bekanntgegeben wurde, nicht jedoch gegenüber einem Nachbarn, dem sie nicht ordnungsgemäß bekanntgegeben wurde und daher nicht nach § 43 Abs 1 wirksam ist. Bei mehreren Beteiligten ergeben sich daraus uU unterschiedliche Zeitpunkte für den Beginn der Wirksamkeit.[102]

39 **Härten,** die sich daraus für den durch einen VA mit Doppelwirkung Begünstigten ergeben können, werden dadurch gemildert, dass der Begünstigte im Re-

---

[98] BVerwGE 44, 294: Verwirkung des Widerspruchsrechts gem §§ 70, 74 iVm § 58 Abs 2 VwGO nach Ablauf eines Jahres, gerechnet von der objektiven Möglichkeit der Kenntnisnahme an; BVerwGE 72, 309; BFH 106, 137.

[99] Kirchhoff DVBl 1985, 659; Elster, Begünstigende VAe mit Bedingungen, Einschränkungen und Auflagen 1979, 69; Hoffmann DVBl 1977, 516; nach dem jeweiligen Fachgesetz differenzierend StBS 169, 183 f; offen BVerwG NJW 1982, 2273; **aA** BVerwGE 20, 36; WBS II § 46 Rn 37: bis zur Genehmigung schwebend unwirksam.

[100] Vgl VGH München DÖV 1984, 433; Ziekow 12; Knack/Henneke 7; differenzierend StBS 183; **aA** MB 12.

[101] BVerwGE 44, 297; 55, 215; ähnlich zur Unanfechtbarkeit BVerwG BayVBl 1984, 632.

[102] BVerwG NJW 1970, 263; Knack/Henneke 31; StBS 165, 179 f; **aA** UL § 56 Rn 6.

gelfall die **Bekanntgabe an den Drittbetroffenen erzwingen** und damit erreichen kann, dass der VA auch diesem gegenüber wirksam und nach Ablauf der Rechtsbehelfsfrist auch unanfechtbar wird (vgl § 41 Rn 33). Außerdem können Drittbetroffene sich dann nicht mehr auf die fehlende Bekanntgabe und die sich daraus ergebende Unwirksamkeit des VA berufen, wenn sie dieses Recht verwirkt haben.

VII. Dauer und Ende der Wirksamkeit (Abs 2)

1. Allgemeines. Die Regelung stellt klar, dass ein nicht nichtiger VA seine Wirksamkeit unabhängig von der Frage der Rechtmäßigkeit grundsätzlich bis zum **Ende der Wirksamkeit** aufgrund eines der in Abs 2 genannten bzw vergleichbaren Umstände behält. Die Regelung betrifft nicht nur die äußere, sondern zugleich auch die innere Wirksamkeit des VA. Wird ein VA zurückgenommen, widerrufen oder in anderer Weise aufgehoben, so endet mit der äußeren zugleich auch die innere Wirksamkeit. Tritt ein befristeter VA wegen Zeitablaufs oder ein bedingter VA mit Eintritt der auflösenden Bedingung oder auf andere Weise außer Kraft, dann endet umgekehrt mit der inneren Wirksamkeit auch die äußere Wirksamkeit. Die Aufzählung der Gründe für das Ende der Wirksamkeit ist nicht abschließend („oder in anderer Weise"). Als **VA mit Dauerwirkung** wird ein VA bezeichnet, dessen innere Wirksamkeit nach der getroffenen Regelung (zB Genehmigung, Gewerbeuntersagung usw) über einen längeren Zeitraum andauert (StBS 224; Wehr BayVBl 2007, 285). 40

2. Widerruf und Rücknahme. Wird ein VA ganz oder teilweise widerrufen bzw zurückgenommen, so endet seine Wirksamkeit mit dem Eintritt der Wirksamkeit des Widerrufs bzw der Rücknahme gegenüber den vom Ausgangs-VA betroffenen Personen. Dies ist regelmäßig der Zeitpunkt der Bekanntgabe (§ 41). Gleiches gilt auch für den **Neuerlass eines abändernden VA.**[103] Als actus contrarius teilt die Aufhebung oder Änderung eines VA dessen Rechtsnatur. Die Wirksamkeit des Widerrufs- oder Rücknahme-VA kann durch die aufschiebende Wirkung eines Rechtsbehelfs (zB Widerspruch) nach § 80 Abs 1 VwGO suspendiert sein. Die Wirksamkeit des ursprünglichen VA dauert dann weiter an. Ob die Wirksamkeit des ursprünglichen VA vom Zeitpunkt der Bekanntgabe von Widerruf bzw der Rücknahme oder auch mit Wirkung für die Vergangenheit entfällt, hängt davon ab, ob der Aufhebung rückwirkende Kraft beigelegt ist.[104] 40a

3. Anderweitige Aufhebung. a) Widerspruchsverfahren. Als Fälle anderweitiger Aufhebung kommen die Aufhebung des VA im Widerspruchsverfahren durch **Widerspruchsbescheid** (§ 73 VwGO) oder durch **Abhilfebescheid** (§ 72 VwGO) in Betracht. Auch insoweit gilt der Grundsatz, dass die Aufhebung des VA aufgrund der Klage eines einzelnen Betroffenen nur dann auch allen übrigen Betroffenen gegenüber wirkt, wenn über die Wirksamkeit des VA nur einheitlich entschieden werden kann;[105] im Regelfall wirkt die **Aufhebung eines VA nur relativ,** dh demjenigen gegenüber, dem der Aufhebungs-VA gegenüber erlassen wird. Die Gestaltungswirkung des Anfechtungsurteils tritt allerdings erst mit der Rechtskraft des Anfechtungsurteils ein; bis dahin bleibt es bei der Wirksamkeit des angefochtenen VA, sofern nicht die aufschiebende Wirkung des Rechtsbehelfs nach §§ 80, 80a VwGO diese Wirkung für die Dauer 40b

---

[103] VGH Mannheim ESVGH 61, 246; wohl auch BVerwG NVwZ 2012, 1547, 1552 (TKG).

[104] StBS 197; dies kann etwa bei der Rücknahme nach § 48, aber auch beim Widerruf nach § 49 Abs 3 bzw nach speziellen Rechtsvorschriften der Fall sein.

[105] Insoweit kommt den übrigen die Aufhebung jedenfalls faktisch zugute, vgl Kopp/Schenke, § 121 Rn 23.

des Verfahrens ausgeschlossen hat. Der Aufhebung des VA im gerichtlichen Verfahren steht die **Feststellung seiner Rechtswidrigkeit** gem § 113 Abs 1 S 4 VwGO gleich;[106] hier allerdings bleibe die Bestandskraft der Entscheidung den übrigen gegenüber nach hM unberührt.[107] Auch die Aufhebung des VA nach einem **Wiederaufgreifen** des Verfahrens (§ 51) gehört hierher (s näher § 51 Rn 18).

b) Gerichtliche Kassation. Die Beendigung der Wirksamkeit kann auch durch Aufhebung des VA im Rechtsbehelfsverfahren durch das Verwaltungsgericht erfolgen, bei **Teilanfechtung** uU auch nur teilweise (vgl BFH NVwZ 1990, 600), soweit die verbleibenden restlichen Teile ohne Beeinträchtigung von Sinn und Zweck eines selbstständigen Bestandes fähig sind. Die Wirksamkeit des aufgehobenen VA entfällt in diesen Fällen erst mit Unanfechtbarkeit der aufhebenden Entscheidung; sie erfolgt automatisch (Kassation), ohne dass es weiterer Maßnahmen bedürfte. Nicht die Wirksamkeit, wohl aber die Vollziehbarkeit iwS einschließlich des Rechts, von einer Genehmigung uä Gebrauch zu machen, wird als Folge der **aufschiebenden Wirkung** eines Rechtsbehelfs nach § 80 VwGO vorläufig suspendiert (s hierzu näher Kopp/Schenke § 80 Rn 22).

40c **4. Erledigung durch Zeitablauf. a) Bedingung, Befristung.** Die Wirksamkeit eines VA entfällt auch in den Fällen, in denen der VA zwar nicht aufgehoben wird, seine (innere) Wirksamkeit (s oben Rn 6) aber durch Zeitablauf entfällt. Dies ist dann der Fall, wenn dem VA eine auflösende Bedingung (§ 36 Abs 2 Nr 2) beigefügt ist und diese Bedingung eintritt, oder im Falle einer beigefügten Befristung (§ 36 Abs 2 Nr 1) bei Fristablauf.[108] Bedingung oder Befristung müssen dem VA als **Nebenbestimmung wirksam beigefügt** worden sein. Auf die Rechtmäßigkeit der Beifügung kommt es grundsätzlich nicht an, sofern keine Nichtigkeit gegeben ist. Problematisch ist der Prüfungsumfang bei Verlängerung der Frist (s § 36 Rn 18).

40d **b) Gesetzliche Erlöschensklauseln.** Eine Erledigung durch Zeitablauf kann auch kraft Gesetzes eintreten, wenn die Wirksamkeit des VA kraft Gesetzes zeitlich begrenzt ist oder schon kraft Gesetzes bei Eintritt bestimmter tatbestandlich geregelten Voraussetzungen entfallen soll. So ist etwa die Wirksamkeit von Bauvorbescheiden in den Landesbauordnungen zumeist auf zwei Jahre (in Hamburg auf ein Jahr. Die Wirksamkeit von Baugenehmigungen entfällt nach den Bestimmungen der Landesbauordnungen, wenn mit dem genehmigten Vorhaben nich innerhalb einer bestimmten Frist begonnen worden ist. Auch für viele andere Genehmigungen gelten gesetzliche Erlöschensklauseln, zB für Planfeststellungsbeschlüsse (§ 75 Abs 4), Gaststättenerlaubnisse (§ 8 GastG), wenn nicht innerhalb bestimmter Fristen von der Genehmigung Gebrauch gemacht wird (BVerwG NVwZ 1987, 1081).

41 **5. Erledigung auf andere Weise.** Auch ohne förmliche Aufhebung durch die Verwaltung oder ein Gericht und ohne Rücksicht auf einen Zeitablauf kann ein VA seine Wirksamkeit verlieren. Mit der Formulierung „Erledigung auf andere Weise" werden solche **Ausnahmefälle** zusammengefasst, in denen sich die tatsächlichen oder rechtlichen Verhältnisse in einer Weise entwickeln, die der Regelungswirkung des VA eindeutig die Grundlage entzieht. Da es sich um eine Art Sammeltatbestand handelt, der sehr unterschiedliche Erledigungsfälle erfassen soll, sind hier seiner Anwendung strenge Maßstäbe anzulegen.[109]

---

[106] BVerwG NVwZ 2002, 853; Kopp/Schenke § 113 Rn 107 mwN.

[107] BVerwG NVwZ 2012, 1126 für den Planfeststellungsbeschluss.

[108] OVG Weimar LKV 2011, 520: teilweise Unwirksamkeit eines Subventions-VA wegen Eintritts der entsprechenden auflösenden Bedingung, wenn sich die Projektkosten gegenüber dem Finanzierungsplan ermäßigen.

[109] So zutreffend BVerwG NVwZ 2014, 1597 (keine Erledigung einer Baugenehmigung bei Unterbrechung der Nutzung der Anlage).

a) Wegfall von Bezugselementen der Regelung. Eine Erledigung des VA auf andere Weise tritt bei einem VA mit einer **höchstpersönlichen Regelung** ein bei **Wegfall der Berechtigten oder Verpflichteten.**[110] Anders, wenn die Rechte und Pflichten aus dem VA auf den Rechtsnachfolger übergehen (s zur Rechtsnachfolge oben Rn 13). Gegenstandslosigkeit kann auch eintreten durch den **Wegfall des Regelungsobjekts.**[111] Dies ist der Fall, wenn zB das Gebäude, auf das sich eine Abrissverfügung bezieht, durch Naturgewalten zerstört wird, oder der Betrieb, auf den sich eine Zulassung bezieht, endgültig aufgegeben oder wenn, ein Haupt-VA aufgehoben wird, auf den der VA akzessorisch bezogen ist (zB bei Nebenbestimmungen),[112] oder wenn eine vorläufige Regelung durch eine endgültige ersetzt wird.[113] **Bauvorbescheide** und **Teilbaugenehmigungen erledigen sich nicht** durch Erlass der Baugenehmigung für das Vorhaben (OVG Hamburg NordÖR 2016, 63). 41a

b) Gebrauchmachen, Erfüllung, Vollziehung. Grundsätzlich nicht zur Erledigung führt es, wenn der VA erfüllt, befolgt bzw umgesetzt wird. So bleibt ein Leistungsbescheid (Abgaben, Kosten usw) auch dann wirksam, wenn der Pflichtige die Leistung erbracht hat, weil der VA weiterhin den Rechtsgrund für die Leistung darstellt (BVerwG DVBl 1978, 212). Gleiches gilt, wenn von einer Baugenehmigung oder einer anderen Zulassungsentscheidung Gebrauch gemacht wird, weil der VA den Inhaber einer genehmigten Anlage gegen die Geltendmachung der Rechtswidrigkeit der Anlage schützt. Dies liegt daran, dass der VA in diesen Fällen auch nach der Vollziehung, Vollstreckung oder nach dem Gebrauchmachen seine feststellende Wirkung behält. 41b

Nicht zur Erledigung führt auch die **Vollziehung eines VA**, soweit von dem VA noch weiterhin Folgen für das Vollstreckungsverfahren ausgehen können (BVerwG NVwZ 2009, 122). Das gilt auch dann, wenn eine Rückgängigmachung der Vollziehung oder eine Folgenbeseitigung nicht mehr in Betracht kommt (Kopp/Schenke § 113 Rn 104). So kann der VA zB die Grundlage für einen Bescheid über die Vollstreckungskosten sein; Einwendungen gegen die Rechtmäßigkeit des VA sind bei der **Anfechtung des Kostenbescheids** deshalb unbeachtlich. Das bedeutet zugleich, dass nach heute hM **auch der vollzogene VA noch bestandskräftig werden kann,** wenn er nicht innerhalb der Anfechtungsfristen vom Betroffenen angefochten wird (BVerwG NVwZ 2009, 122). 41c

c) Änderung der Sach- und Rechtslage. Für dem Verlust der Wirksamkeit und damit die Erledigung wegen einer Änderung der Sach- und Rechtslage kommt es darauf an, ob der VA nach seinem Inhalt und Zweck und ggf im Zusammenhang mit den gesetzlichen Vorschriften, auf denen er beruht, Geltung auch für den Fall der veränderten Umstände beansprucht oder nicht. So entfallen bei einer Veränderungssperre nach § 14 Abs 3 BauGB Wirksamkeit und Bindungswirkung eines Bauvorbescheids auch dann nicht, wenn der Vorbescheid wegen eines Nachbarwiderspruchs noch nicht bestandskräftig ist.[114] Vgl zur Beschränkung der Geltung von Zusicherungen nach § 38 Abs 3 näher § 38 Rn 36ff. 42

---

110 BVerwGE 84, 274 = NJW 1990, 2482: Bewilligung von Wohngeld erledigt sich mit dem Tod des Berechtigten. Juristische Personen fallen mit dem Abschluss ihrer Liquidation weg.

111 BVerwGE 140, 221 Rn 43 (Keine Erledigung eines Leistungsbescheids zur Zahlung des Versteigerungsbetrages für Mobilfunklizenz, wenn später die Zuteilung einer Mobilfunklizenz widerrufen wird).

112 Vgl BVerwGE 134, 368.

113 S BVerwG MMR 2009, 531 (Vorläufige Entgeltgenehmigung der Bundesnetzagentur); s auch BVerwGE 67, 99, 103; VGH Mannheim NVwZ-RR 2006, 154; StBS § 35 Rn 249.

114 OVG Lüneburg NVwZ 1990, 685; vgl auch VG Arnsberg NVwZ 1990, 592: auch kein Widerruf wegen nachträglich erlassener Veränderungssperre.

42a **aa) Grundsatz.** Grundsätzlich gilt, dass eine Änderung der für den Erlass des VA maßgeblichen Sach- oder Rechtslage die **Wirksamkeit des VA unberührt** lässt, soweit sie nicht ausnahmsweise zur Gegenstandslosigkeit des VA führt oder durch Gesetz nicht ausnahmsweise etwas anderes bestimmt ist.[115] Die Behörden sind bei Änderung der Sach- oder Rechtslage lediglich befugt, den VA unter den Voraussetzungen des § 49 zu widerrufen bzw als Teilwiderruf abzuändern. Die Betroffenen haben in diesen Fällen einen **Anspruch auf Widerruf** oder Abänderung belastender VAe oder zumindest auf erneute Entscheidung (sog Zweitbescheid), soweit sich das Widerrufsermessen auf Null reduziert (s hierzu § 49 Rn 23). Entsprechendes gilt für sog Prognoseentscheidungen (s zum Begriff § 40 Rn 31), wenn sich später die für den VA maßgebliche Prognose als unzutreffend erweist; auch in diesem Fall wird der betroffene VA idR nicht gegenstandslos – und grundsätzlich auch nicht rechtswidrig –, sondern kann bzw muss den veränderten Voraussetzungen angepasst werden.

42b **bb) Aufhebung der Rechtsgrundlage.** Auch wenn die Rechtsgrundlage, auf welcher der VA ergangen ist, durch den Gesetzgeber aufgehoben wird oder als Folge der Bildung neuen, abweichenden Gewohnheitsrechts oder neuer ungeschriebener Rechtsgrundsätze (vgl § 49 Rn 49) ihre Geltung verliert, bleibt die **Wirksamkeit eines VA grundsätzlich unberührt.** Gleiches gilt für den Fall das ein Verfassungsgericht die maßgebliche Norm für ungültig erklärt.[116] oder im Fall der Ungültigerklärung einer untergesetzlichen Rechtsvorschrift im Verfahren nach § 47 VwGO (vgl Kopp/Schenke § 183 Rn 6). Auch **Änderungen der Rspr** lassen früher ergangene VAe grundsätzlich unberührt und geben nur allenfalls, soweit sie zugleich Ausdruck neu entstandener allgemeiner Rechtsgrundsätze sind, Anlass zum Widerruf der VA gem § 49 Abs 2 Nr 4 oder nach entsprechenden Vorschriften oder allgemeinen Grundsätzen oder zur Wiederaufnahme der Verfahren gem § 51 Abs 1 Nr 1 oder entsprechender Vorschriften (vgl Martens NVwZ 1989, 629; Bogs, in: Martens-GS 1987, 297).

43 **cc) Bedeutung für Zulassungsentscheidungen.** Änderungen der Sach- und Rechtslage haben auf die Wirksamkeit Baugenehmigungen und auf Genehmigungen nach § 4 BImSchG **grundsätzlich keinen Einfluss**. Derartige Genehmigungen verlieren lediglich ihre verfügende Wirkung mit der Fertigstellung des genehmigten Vorhabens. Die feststellende Wirkung der Bau- und Anlagengenehmigungen, mit der dem Vorhaben attestiert wird, dass es im Zeitpunkt ihrer Erteilung mit allen zu prüfenden öffentlich-rechtlichen Vorschriften in Einklang stand, bleibt davon unberührt und gilt im Grundsatz für die gesamte Lebensdauer einer baulichen Anlage.

43a **Bei Unterbrechung oder Aufgabe der Nutzung** von genehmigten oder planfestgestellten Anlagen stellt sich die Frage, ob die zugrunde liegende Bau- bzwAnlagengenehmigung oder Planfeststellung ihre Wirksamkeit insoweit verlieren kann.. Teilweise wird angenommen, dass die Aufgabe der Nutzung für einen **Zeitraum von mehr als zwei Jahren** die Wirksamkeit der Baugenehmigung insoweit zum Erlöschen bringt.[117] Richtigerweise ist anzunehmen, dass erst eine **endgültige Aufgabe der Nutzung** bzw ein wirksamer Verzicht auf die Nutzungserlaubnis die Wirksamkeit entfallen lässt.[118] Dies soll sogar gelten, wenn

---

[115] Vgl zB BVerwG BayVBl 1990, 509; Kluth NVwZ 1990, 613; Kopp BayVBl 1989, 652; 1990, 524; zT **aA** Schenke BayVBl 1990, 107.

[116] Vgl § 79 Abs 2 BVerfGG; ferner BSGE 61, 187; Martens NVwZ 1990, 629.

[117] BVerwG NVwZ 1996, 379; Beschl v 27.9.2007, Az: 4 B 36/07 – juris; VGH Mannheim BauR 2003, 1539.

[118] BVerwG NVwZ 2001, 557 (Aufgabe einer militärischen Nutzung); VGH Mannheim NVwZ 2014, 1597 (gescheiterte Nutzungsänderung); OVG Lüneburg BauR 2011, 1154; NVwZ-RR 2009, 910; VGH Mannheim, BauR 2009, 1182; OVG Berlin-Brandenburg LKV 2005, 227; OVG Weimar, DVBl. 2000, 826; näher Bringewat NVwZ 2011, 733.

Gleisanlagen zwar nicht entwidmet, wohl aber außer Betrieb gestellt und abgebaut oder verfallen waren.[119]

dd) Wegfall des Regelungsanlasses. Ein VA, mit dem eine Zulassung erfolgt, erledigt sich idR dann, wenn die Zulassungspflicht aufgrund einer Änderung der Rechtslage nachträglich entfällt. Nach § 18 Abs 2 BImSchG erlischt die Anlagengenehmigung mit **Aufhebung des Genehmigungserfordernisses** (s näher BVerwGE 117, 133). Gleiches gilt für den Wegfall sonstiger Regelungsanlässe. Eine **Asylberechtigung** erledigt sich durch Einbürgerung des Ausländers (OVG Münster DÖV 2008, 65). Gleiches gilt für einen dem früheren Ausländer zuvor erteilten Aufenthaltstitel, der im Falle der Rücknahme der Einbürgerung auch nicht wieder auflebt (BVerwGE 139, 337). Die **Befreiung von Studiengebühren** erledigt sich mit dem Inkrafttreten eines neuen rechtlichen Systems der Studiengebühren, in dem auch die Befreiung neu gestaltet worden ist (OVG Hamburg NordÖR 2012, 22). Ein angefochtener Einberufungsbescheid erledigt sich mit **Ablauf der darin festgesetzten Dauer des Dienstes** auch, wenn die Vollziehung ausgesetzt war (BVerwG NVwZ-RR 1992, 250). 44

d) Verzicht, Antragsrücknahme. Die Beteiligten können eine Erledigung herbeiführen, zB bei antragsbedürftigen VAen, solange der VA noch nicht unanfechtbar geworden ist, durch **Rücknahme des Antrags,** sofern eine Rücknahme zulässig und nicht spezialgesetzlich ausgeschlossen ist (siehe hierzu § 22 Rn 65 ff), bei begünstigenden VAen, deren Bestand nicht zugleich auch im öffentlichen Interesse oder im rechtlich geschützten Interesse Dritter liegt, auch durch **Verzicht des Berechtigten** auf den VA bzw auf Rechte aus dem VA.[120] Dies gilt jedenfalls insoweit, als ein Verzicht nicht spezialgesetzlich ausgeschlossen oder eingeschränkt ist (so zB nach BVerwG, Urt.v. 17.11.2016, 6 C 36/15, juris) für **Verzicht auf waffenrechtliche Erlaubnis** nach Einleitung eines Rücknahmeverfahrens). Eine neue Antragstellung führt regelmäßig nicht zur Erledigung des aufgrund eines alten Antrags erlassenen VA.[121] Die vorübergehende Unterbrechung der Benutzung einer Anlage führt nicht zum Erlöschen der Zulassung, wenn ihr nicht ein endgültiger Verzichtswille zugrunde liegt.[122] Zum Verzicht s näher § 53 Rn 50 ff. 45

e) Funktionslosigkeit. Die Wirksamkeit eines VA kann auch durch Eintritt der Funktionslosigkeit entfallen. Ein solcher Fall kann nach der Rspr eintreten, wenn alle Beteiligten einen VA als obsolet ansehen und davon ausgehen, dass die Sach- und Rechtslage auf dem Boden einer neuen „Geschäftsgrundlage" zu beurteilen sei.[123] Zur Funktionslosigkeit von genehmigten oder planfestgestellten Anlagen s oben Rn 43a. 45a

VIII. Nichtige VAe (Abs 3)

1. Unwirksamkeit nichtiger VAe. a) Grundsatz. Ein nichtiger VA ist unwirksam, er entfaltet die mit ihm beabsichtigten Rechtswirkungen weder für die Behörde noch für die Adressaten oder Dritte, ebenso auch keine Bindungswirkung für andere Behörden und für Gerichte (s im Verhältnis zu Zivilgerichten 46

---

119 BVerwGE 111, 108 (Bahnstrecke Uelzen-Stendal); ähnlich zur Frage der Funktionslosigkeit einer Bahnstrecke VGH Mannheim DVBl 2017, 395.

120 BVerwGE 84, 209 (Erlöschen einer immissionsschutzrechtlichen Genehmigung bei Verzicht); BGH MDR 2016, 1175 (Verzicht auf Fachanwaltsbezeichnung); VGH Mannheim NVwZ 1995, 280.

121 BVerwG NVwZ 2012, 1547, 1550 zur Entgeltgenehmigung nach TKG.

122 BVerwGE NVwZ 2014, 1597 (alte Genehmigung bleibt idR bestehen, wenn Antrag auf Genehmigung einer neuen Nutzung abgelehnt wird).

123 So der Leitsatz von BVerwGE NVwZ 1998, 729 für den Fall einer neuen Baugenehmigung, die beantragt und erteilt wurde, weil die Beteiligten (irrtümlich) vom Eintritt der Unwirksamkeit wegen Zeitablaufs ausgegangen waren.

auch zB BGH NJW 1993, 1581; DVBl 1983, 1150). Aus der fehlenden Wirksamkeit folgt, dass der nichtige VA **von niemandem befolgt oder beachtet werden muss bzw darf**[124] sowie nicht vollzogen werden kann und darf (BGH NJW 1986, 1108), auch wenn und solange er nicht formell aufgehoben oder seine Nichtigkeit nicht gem § 44 Abs 5 oder im Verwaltungsrechtsweg gem § 43 VwGO verbindlich festgestellt wird. In Ausnahmefällen kann jedoch die Berufung auf die Nichtigkeit als **unzulässige Rechtsausübung** unbeachtlich sein (BVerwG NVwZ 1982, 194: der Bürger, der Antrag auf Grundsteuererlass gestellt hat, kann sich nicht darauf berufen, dass der Grundsteuerbescheid nichtig ist, weil er nicht erkennen lässt, gegen wen er gerichtet ist).

47 **b) Nichtigkeit.** Untern welchen Voraussetzungen die Nichtigkeit eines VA anzunehmen ist, ergibt sich abschließend aus § 44. Die Nichtigkeit besteht idR **von Anfang an;** sie kann aber uU auch die Folge erst nachträglich eintretender Nichtigkeitsgründe sein (vgl auch Schenke DÖV 1990, 496: Nichtigkeit, wenn eine Leistung nachträglich unmöglich wird). Trotz der insoweit wenig klaren Terminologie des Gesetzes, die äußere und innere Wirksamkeit nicht unterscheidet, ist anzunehmen, dass die **Nichtigkeit sowohl die äußere als auch die innere Wirksamkeit** betrifft. Der nichtige VA erlangt – bzw behält – weder die äußere Wirksamkeit noch löst er die von der Behörde damit angestrebten Rechtsfolgen aus (Knack/Henneke 42). Eine Heilung von Fehlern nichtiger VAe ist grundsätzlich nicht möglich. Auch eine nachträgliche Genehmigung durch die zuständige Behörde kann grundsätzlich – anders, wenn das Gesetz insoweit etwas anderes vorsieht (zB § 11 Abs 2 BeamtStG, § 11 Abs 1 BBG) – die Nichtigkeit nicht heilen; sie kann aber uU, was Auslegungsfrage ist, als Neuvornahme des in Frage stehenden VA, dh als neuer VA gedeutet werden.

48 **2. Rechtsbehelfe gegen nichtige VAe.** Die Nichtigkeit eines VA kann gem § 44 Abs 5 von der Behörde durch feststellenden Bescheid, bzw gem § 43 VwGO auch durch ein Gericht im Rahmen einer Feststellungsklage, außerdem inzident als Vorfrage von allen Gerichten und Behörden, jederzeit, auch noch nach Ablauf der Rechtsbehelfsfristen, festgestellt werden. Die Betroffenen haben grundsätzlich einen Anspruch auf diese Feststellung durch die Behörde, der mit einer **Verpflichtungsklage,** oder unmittelbar durch ein Gericht, der mit einer **Feststellungsklage** durchgesetzt werden kann, sofern ein berechtigtes Interesse besteht. Da ein nichtiger VA zumindest einen Rechtsschein erzeugt und Nichtigkeit immer zugleich auch Rechtswidrigkeit bedeutet, haben die Betroffenen (genauer: diejenigen, die bei Rechtswirksamkeit des VA in ihren Rechten betroffen wären) nach hM auch gegen nichtige VAe dieselben Rechtsbehelfe wie gegen rechtswidrig-anfechtbare VAe, insb den Widerspruch gem §§ 68 ff VwGO und die **Anfechtungsklage** gem §§ 74 ff VwGO.[125] Aus denselben Gründen, die für die Zulässigkeit der allgemeinen Rechtsbehelfe sprechen, ist auch die Zulässigkeit einer **Rücknahme** nichtiger VAe gem § 48, uU auch eines Widerrufs gem § 49, zu bejahen.

49 **3. Abgrenzung zu Nicht-VAen.** Von nichtigen VAen, die zwar nicht die intendierten Wirkungen haben, aber doch jedenfalls den Rechtsschein von VAen erzeugen und deshalb auch aufgehoben oder für nichtig erklärt werden können usw, sind die sog Nicht-VAe zu unterscheiden. Dabei handelt es sich um Akte,

---

[124] Vgl BVerwGE 23, 238; BVerwG NVwZ 1982, 194; DÖV 1982, 411; DVBl 1990, 701: nichtig, mithin unwirksam; BFH NVwZ 1982, 216; BGHZ 24, 386; NJW 1975, 1402; DVBl 1983, 1150; BSG 21, 80; 24, 15; 28, 113; OLG München NVwZ 1982, 150; VG Berlin NVwZ 1988, 757; F 227; WBS II § 49 Rn 43; M 109; Erichsen/Ehlers § 22 Rn 8.

[125] BVerwGE 18, 155; BFH NVwZ 1987, 359; BSG DVBl 1990, 210; VGH München BayVBl 1975, 117; 1976, 239; Ule 32 II 1; Pietzcker in Schoch § 42 Abs 1 Rn 18; Kopp/Schenke § 42 Rn 3.

denen nach § 35 auch dem äußeren Anschein nach die VA-Qualität fehlt. Nichtige VAe unterscheiden sich von solchen dadurch, dass sie jedenfalls als Hoheitsakt existent und dem Schein nach auch ein VA sind, während dem Nicht-VA zB wegen fehlender Ernstlichkeit des Gewollten, weil überhaupt kein Bezug zur öffentlichen Gewalt gegeben ist oder wegen fehlender Zurechnungsmöglichkeit zu einer Behörde jede öffentlich-rechtliche Qualität fehlt oder mangels wirksamer Bekanntgabe an zumindest einen Adressaten bzw Betroffenen eine wesentliche Voraussetzung für das Existentwerden fehlt.

Ist **bei einem Nicht-VA der Schein der „Amtlichkeit"** nicht auszuschließen, so haben die Betroffenen dagegen dieselben Rechtsbehelfe wie gegen nichtige VAe;[126] auch sonst bestehen in diesem Fall dieselben Möglichkeiten einer Feststellung der Nichtigkeit, Rücknahme usw wie bei nichtigen VAen. Nicht ausgeschlossen werden durch Abs 3 andere als die durch den VA intendierten oder kraft Gesetzes mit einem VA, dem innere Wirksamkeit zukommt, verbundenen Rechtsfolgen. Dies gilt zB für **Schadensersatzpflichten wegen Amtspflichtverletzung** im Zusammenhang mit dem VA oder auch durch Erlass des nichtigen VA. 50

§ 44 Nichtigkeit des Verwaltungsaktes

(1) **Ein Verwaltungsakt ist nichtig, soweit er an einem besonders schwerwiegenden Fehler leidet[8] und dies bei verständiger Würdigung aller in Betracht kommenden Umstände offensichtlich ist.**[12]

(2) **Ohne Rücksicht auf das Vorliegen der Voraussetzungen des Absatzes 1 ist ein Verwaltungsakt nichtig,**

1. **der schriftlich oder elektronisch erlassen worden ist, die erlassende Behörde aber nicht erkennen lässt;**[32]
2. **der nach einer Rechtsvorschrift nur durch die Aushändigung einer Urkunde erlassen werden kann, aber dieser Form nicht genügt;**[36]
3. **den eine Behörde außerhalb ihrer durch § 3 Abs. 1 Nr. 1 begründeten Zuständigkeit erlassen hat, ohne dazu ermächtigt zu sein;**[38]
4. **den aus tatsächlichen Gründen niemand ausführen kann;**[39]
5. **der die Begehung einer rechtswidrigen Tat verlangt, die einen Straf- oder Bußgeldtatbestand verwirklicht;**[43]
6. **der gegen die guten Sitten verstößt.**[47]

(3) **Ein Verwaltungsakt ist nicht schon deshalb nichtig, weil**

1. **Vorschriften über die örtliche Zuständigkeit nicht eingehalten worden sind, außer wenn ein Fall des Absatzes 2 Nr. 3 vorliegt;**[52]
2. **eine nach § 20 Abs. 1 Satz 1 Nr. 2 bis 6 ausgeschlossene Person mitgewirkt hat;**[53]
3. **ein durch Rechtsvorschrift zur Mitwirkung berufener Ausschuss den für den Erlass des Verwaltungsaktes vorgeschriebenen Beschluss nicht gefasst hat oder nicht beschlussfähig war;**[55]
4. **die nach einer Rechtsvorschrift erforderliche Mitwirkung einer anderen Behörde unterblieben ist.**[59]

(4) **Betrifft die Nichtigkeit nur einen Teil des Verwaltungsaktes, so ist er im Ganzen nichtig, wenn der nichtige Teil so wesentlich ist, dass die Behörde den Verwaltungsakt ohne den nichtigen Teil nicht erlassen hätte.**[60]

---

[126] BFH NVwZ 1986, 157; Kopp/Schenke § 42 Rn 3 mwN; Erichsen/Ehlers § 22 Rn 8; Blunk/Schroeder JuS 2005, 606; **aA** BVerwG NVwZ 1987, 330: nur Feststellungsklage hins der sich daraus ergebenden Rechte und Pflichten, nicht auch Anfechtungsklage nach § 42 VwGO.

(5) **Die Behörde kann die Nichtigkeit jederzeit von Amts wegen feststellen; auf Antrag ist sie festzustellen, wenn der Antragsteller hieran ein berechtigtes Interesse hat.**[64]

Parallelvorschriften: § 40 SGB X; § 125 AO

Schrifttum: *Alscher,* Willensmängel bei kollegialem Verwaltungshandeln, NJW 1972, 18; *Annacker,* Der fehlerhafte Rechtsakt im Gemeinschafts- und Unionsrecht, 1998; *Badura,* Die Form des Verwaltungsaktes, in: Boorberg-FS 1977, 216; *Breuer,* Nichtiges Gesetz und vernichtbarer VA, DVBl 2008, 555; *Erbel,* Die Unmöglichkeit von Verwaltungsakten, 1972; *Grave,* Zur Problematik des an einen Toten gerichteten Beitragsbescheides einer Gemeinde, KStZ 1978, 7; *Grimm,* Verfahrensfehler als Grundrechtsverstöße, NVwZ 1985, 865; *Hill,* Der fehlerhafte VA und seine Folgen im Verwaltungsrecht, 1986; *Hufen/Siegel,* Fehler im Verwaltungsverfahren, 5. Aufl 2013; *W. Jellinek,* Der fehlerhafte Staatsakt und seine Wirkungen, 1908; *Ladenburger,* Verfahrensfehlerfolgen im französischen und im deutschen Verwaltungsrecht, 1999; *Papier,* Der verfahrensfehlerhafte Staatsakt, 1973; *Scharf,* Zur Frage der Inexistenz von Rechtsakten im Gemeinschaftsrecht, EuZW 2004, Schenke, Rechtsschutz gegen nichtige Verwaltungsakte, JuS 2016, 97; 333; *Schiedeck,* Die Nichtigkeit von VAen nach § 44 Abs 1 VwVfG, 1993; *ders,* Die Nichtigkeit von VAen gem § 44 VwVfG, JA 1994, 483; *Schladebach,* Der nichtige VA, VerwArch 2013, 188; *Schnapp,* Die Folgen von Verfahrensfehlern im Sozialrecht, SGb 1988, 309; *ders,* Die Nichtigkeit des VA – Qualität oder Qualifikation?, DVBl 2000, 247; *Schnapp/Cordewener,* Welche Rechtsfolgen hat die Fehlerhaftigkeit eines VA?, JuS 1999, 39; *Steinbach,* Evidenz als Rechtskriterium, AöR 2015, 367; *Stelkens,* Renaissance des nichtigen VA im Straßenverkehrsrecht?, NJW 1980, 2174; *Stober,* Zur Teilnichtigkeit im öffentlichen Recht, JA 1979, 416; *Wahl/Pietzcker,* Verwaltungsverfahren zwischen Verwaltungseffizienz und Rechtsschutzauftrag, VVDStRL 1983, 151 ff, 193 f; *Weber,* Nichtigkeit des VA bei Fehlen der Unterschrift, SaarlKommZ 1985, 32; *Will/Rathgeber,* Die Nichtigkeit von Verwaltungsakten gem § 44 VwVfG, JuS 2012, 1057; *Winkler,* Die absolute Nichtigkeit von Verwaltungsakten, 1960; *H. J. Wolff,* Die Nichtigkeit von Verwaltungsakten, MDR 1951, 523.

Übersicht

I. Allgemeines

1 **1. Inhalt des § 44.** Die Vorschrift regelt als annexe Materie zum Verwaltungsverfahrensrecht die **Nichtigkeit von VAen,** dh die Frage, in welchen Fällen eine Verletzung des formellen oder des materiellen Rechts die Nichtigkeit und damit gem § 43 Abs 3 auch die Unwirksamkeit des davon betroffenen VA zur Folge hat. Die Regelung steht dabei in systematischen Zusammenhang mit § 43, wonach die bloße Fehlerhaftigkeit bzw Rechtswidrigkeit eines VA seine Wirksamkeit nicht berührt. Nur Fehler, die infolge ihrer Schwere nach § 44 zur Nichtigkeit führen, lassen die Wirksamkeit des VA nach § 43 Abs 3 entfallen. **Zweck der Regelung** ist vor allem die Wahrung der **Gesetzmäßigkeit der**

Verwaltung und der **Rechtsschutz der Betroffenen.** Die Vorschrift folgt im Wesentlichen der bereits vor Inkrafttreten des VwVfG hM.[1] Der Evidenzgedanke geht vor allem auf O. Mayer zurück und wurde von J. Hatschek erstmals in der heute geläufigen Form formuliert.[2]

2 **a) Begriff. Nichtigkeit bedeutet Unwirksamkeit** der getroffenen Regelung (§ 43 Abs 3) von Anfang an (BVerwG DVBl 1990, 702). Ein nichtiger VA ist ein VA, der die Begriffsmerkmale nach § 35 erfüllt, aber die von der Behörde beabsichtigten Regelungs- bzw Rechtswirkungen wegen rechtlicher Fehler nicht auslöst. Auch ein Glaube des Adressaten an die Wirksamkeit wird dann nicht geschützt (WBSK I § 49 Rn 41). Nichtigkeit setzt jedoch immerhin die Existenz eines VA voraus und ist insofern von dem Fehlen der VA-Eigenschaft eines Aktes bei sog **Nicht-VAen** (s § 43 Rn 49) zu unterscheiden.[3] Auf den Nicht-VA ist das VwVfG nicht anwendbar. Es handelt sich um Akte, die sich einem Hoheitsträger unter keinem rechtlichen Gesichtspunkt als VA zurechnen lassen,[4] insbesondere weil ein Hoheitsträger sie nicht erlassen (bekannt gegeben) hat, wie zB bei versehentlich abgesandten Entwürfen, angemaßter Hoheitsmacht Privater usw. Auch der **Schein-VA** ist ein Nicht-VA, bei dem der Betroffene aber die Möglichkeit haben muss, den Anschein durch Rechtsbehelfe zu vernichten.[5]

2a Von nichtigen VAen sind auch die **gegenstands- oder funktionslosen VAe** zu unterscheiden. Bei letzteren fällt ihre innere Wirksamkeit, dh die Wirksamkeit der getroffenen Regelungen auf Grund äußerer Ereignisse und unabhängig von ihrer Fehlerhaftigkeit weg. Gegenstandslose Regelungen entfalten keine Rechtswirkungen für Adressaten und (ursprünglich) Betroffene (mehr). Sie sind deshalb auch grundsätzlich nicht anfechtbar, weil es an der Möglichkeit einer Rechtsverletzung fehlt.

3 **b) Systematik.** Eine umfassende Regelung der Fehlerprüfung und Fehlerfolgen von VAen enthält das VwVfG nicht; geregelt werden nur Teilaspekte wie etwa die Heilung von formellen Fehlern in § 45 und die Unbeachtlichkeit bestimmter Mängel in § 46; diese Vorschriften gelten aber jeweils nur für solche Fehler, die nicht zur Nichtigkeit nach § 44 führen. Aus dem systematischen Regelungszusammenhang mit § 43, insbes mit dessen Abs 3, folgt, dass Rechtsverstöße eines VA zwar zur Rechtswidrigkeit führen, seine Wirksamkeit aber grundsätzlich unberührt lassen. Erst wenn der Verstoß nach den Regelungen des § 44 zur Nichtigkeit führt, entfällt die Wirksamkeit, und zwar von Anfang an.

3a Die Vorschrift trifft in Abs 2 zunächst für spezielle Fallgestaltungen eine Regelung, nach der die dort genannten Rechtsverstöße unabhängig von den Voraussetzungen des Abs 1 zur Nichtigkeit führen. In Abs 3 wird sodann geregelt, welche Verstöße wiederum unabhängig von den Voraussetzungen des Abs 1 nicht zur Nichtigkeit führen. Erst wenn weder ein Fall des Abs 1 noch ein Fall des Abs 2 vorliegt, ist die Nichtigkeit eines VA nach Abs 1 zu prüfen. Das bedeutet,

---

[1] Zu der im Gesetzgebungsverfahren geäußerten Kritik an der generalklauselartigen Umschreibung der Nichtigkeit s Ule/Becker S 50; Spanner JZ 1970, 671, 673; Feneberg DVBl 1965, 222, 224; hierzu Rietdorf DVBl 1964, 333.

[2] Näheres bei Schladebach VerwArch 2013, 188 mit Hinweis auf Julius Hatschek, Lehrbuch des deutschen und preßischen Verwaltungsrechts, 7. Aufl 1931, 102 („wenn er den Missbrauch der Organisation auf der Stirn"…).

[3] Es ist deshalb ungenau, wenn man von einem „rechtlich nicht vorhandenen VA" spricht.

[4] BVerwGE 140, 245; StBS 5; Detterbeck Verwaltungsrecht Rn 538; Schladebach VerwArch 2013, 188, 195.

[5] Obwohl der Adressat die mangelnde Zurechenbarkeit nicht erkennen kann, etwa wenn ein Privater sich nach außen wie eine Behörde geriert wie zB bei privat aufgestellten Verkehrsschildern, die den Eindruck der Hoheitlichkeit erwecken sollen, wird man diese als Schein-VAe und damit als Nicht-VAe einstufen müssen. Zur Möglichkeit des Rechtsschutzes gegen ScheinVAe Blunk/Schroeder JuS 2005, 602.

dass die in Abs 3 genannten Verstöße auch dann nicht zur Nichtigkeit führen, wenn sie schwerwiegend und offensichtlich sind.[6] Die in den Abs 2 und 3 geregelten Fälle lassen sich darüber hinaus auch als Maßstab dafür heranziehen, wann der Gesetzgeber Fehler als schwerwiegend ansieht.

2. Verfassungsrecht. Die Regelungen des § 44 über die Nichtigkeit von VAen, die unter besonders schweren und offensichtlichen Fehlern leiden, entsprechen einem **Gebot des Verfassungsrechts.** Es ist zwar mit dem Rechtsstaatsprinzip und dem daraus folgenden Prinzip der Gesetzmäßigkeit der Verwaltung vereinbar, wenn ein VA trotz Rechtswidrigkeit seine Wirksamkeit behält, weil das Gesetz dem ebenfalls aus dem Rechtsstaatsprinzip folgenden Gedanken der Rechtssicherheit, des Rechtsfriedens und der Effektivität der Verwaltung insoweit den Vorrang einräumen darf. Beim Vorliegen schwerer Fehler erscheint es aber geboten, den Gesichtspunkt der Rechtssicherheit durch die Anerkennung einer Wirksamkeit und einer Bestandskraft gegenüber dem Geltungsanspruch des materiellen Rechts zurücktreten zu lassen. 4

3. EU-Recht. a) Direkter Vollzug. Die Vorschrift entspricht den Anforderungen des Europarechts. Die Unterscheidung der schlicht fehlerhaften Maßnahmen von einer gesteigerten Fehlerhaftigkeit, die zur Nichtigkeit der Maßnahme führt, wurde im Unionsrecht schon frühzeitig anerkannt (EuGHE 1957, 83, 126). Seither kann auch für das Unionsrecht als anerkannt gelten, dass Maßnahmen, die an besonders schweren und offensichtlichen Fehlern leiden, nicht wirksam werden können.[7] Sie werden auch teilweise **als Nichtakte bezeichnet** (EuGHE 1974, 177, 190 – Kortner-Schots). Allerdings ist unklar, wann ein Fehler derart schwer wiegt, dass er zur Nichtigkeit führen muss.[8] 4a

b) Indirekter Vollzug. Sie ist auch im Bereich des indirekten Vollzugs von Unionsrecht anwendbar. Der Geltungsvorrang des Unionsrechts führt nicht dazu, dass jeder Verstoß gegen Unionsrecht zur Nichtigkeit führt.[9] Allerdings kann ein Verstoß gegen bestimmte Regelungen des Unionsrechts so schwer wiegen, dass er die Nichtigkeit zur Folgen haben muss. Zur **Nichtigkeit nach EU-Recht** wegen Verstoßes gegen Art 108 Abs 2 EG AEUV (früher Art 88 Abs 2 EG) EuGH NJW 1993, 49. **Für transnationale VAe** (s zum Begriff § 35 Rn 34), die in einem anderen Staat erlassen worden sind, kommt es bei der Frage der Nichtigkeit nicht auf § 44 an, sondern grundsätzlich auf die im **Ursprungsland geltenden Rechtsvorschriften.**[10] Die Frage ist insbesondere dann von Bedeutung, wenn es im Ursprungsland an einer dem § 44 Abs 1 entsprechenden Regelung fehlt, die Nichtigkeitsfälle zB enumerativ aufgezählt worden sind. Es kann deshalb sein, dass auch grob fehlerhafte transnationale VAe beachtlich sind. Allerdings kann einem transnationaler VA zB wegen eines qualifizierten Verstoßes gegen EU-Recht die **grenzüberschreitende Verbindlichkeit fehlen.**[11] Dies wird maßgeblich davon abhängen, welche Verbindlichkeitsregelungen das Fachrecht getroffen hat. 4b

4. Anwendungsbereich. a) Unmittelbare Geltung. § 44 gilt unmittelbar nur für VAe im Geltungsbereich des VwVfG, außerdem gem § 79 auch für Widerspruchsbescheide (§ 73 VwGO) und gem § 38 Abs 2 mit Einschränkungen auch für Zusicherungen (Günther ZBR 1982, 197); allgemein auch für den 5

---

[6] StBS 158; Knack/Henneke 10; Bauer/Heckmann 8; s auch näher Rn 7.
[7] EuGH NJW 1987, 3074; EuZW 1994, 436; Schwarze II Rn 960 ff.
[8] S näher v Danwitz, Europäisches Verwaltungsrecht, S. 388.
[9] BVerwG NVwZ 2000, 1039; hierzu auch Ehlers, Das VwVfG im Spiegel der Rspr der Jahre 1998–2003, Vw 2004, 255, 260.
[10] WBSK I § 49 Rn 49; Sydow JuS 2005, 204; Neßler NVwZ 1995, 863; noch unentschieden wohl StBS 11 wonach auch offen ist, wer die Nichtigkeit bzw Verbindlichkeit feststellen darf.
[11] Insoweit sind viele Fragen noch nicht geklärt, vgl Schmidt-Aßmann DVBl 1993, 924, 936.

Bereich der ehemaligen DDR und für dort früher ergangene VAe (OVG Bautzen NVwZ 1993, 488). Die Vorschrift gilt unmittelbar ferner nur für VAe der Bundesverwaltung; wortgleiche Regelungen finden sich aber in den Verwaltungsverfahrensgesetzen der Länder. Gem § 1 Abs 1 und 2 gilt § 44 für VAe nur vorbehaltlich inhaltsgleicher oder entgegenstehender Bestimmungen, dh wenn bzw soweit keine vorgehenden Sondervorschriften bestehen. Sonderbestimmungen idS sind nicht nur Vorschriften, die ausdrücklich bestimmen, in welchen Fällen Nichtigkeit gegeben ist, sondern auch Vorschriften, die nach Sinn, Zweck und Zusammenhang die Frage der Nichtigkeit für einen bestimmten Bereich oder Fragenkomplex abschließend regeln. **Vorgehende Sonderbestimmungen,** die § 44 ausschließen, bestehen zB im **Beamtenrecht** (vgl zB § 11 Abs 1 BeamtStG, § 18 NBG; dazu BVerwGE 81, 284).

6 **b) Entsprechende Geltung.** Abs 1 u 5 sind als **Ausdruck eines allgemeinen Rechtsgedankens** sinngemäß-analog auch auf sonstige einseitige Verwaltungshandlungen anwendbar, die nach Anschein oder Wirkung mit VAen vergleichbar sind (Ehlers NVwZ 1990, 108), soweit ausdrückliche Regelungen fehlen (BVerwGE 75, 65 = NVwZ 1987, 230). Dies gilt (entgegen Knack/Henneke 11) zB für **Nicht-VAe** (s zum Begriff § 43 Rn 49) und für infolge grundlegend veränderter Umstände oder wegen Wegfalls des vorangegangenen Grund-VA (analog § 111 VwGO;) gegenstandslos oder **funktionslos gewordene VAe** (vgl Schenke DÖV 1990, 495); **verwaltungsinterne Akte,** beamtenrechtliche Weisungen ohne Außenwirkung;[12] **Beschlüsse von Gemeindeorganen,** einer Personalvertretung usw (BVerwGE 75, 62 = NVwZ 1987, 230), außerdem auch zB für **Bußgeldbescheide** nach dem OwiG.[13]

6a **Keine analoge Anwendung** der in § 44 getroffenen Regelungen kommt mangels Regelungslücke und vergleichbarer Interessenlage für **verwaltungsrechtliche Verträge** in Betracht. Wirksamkeit und Nichtigkeit verwaltungsrechtlicher Verträge in Fällen von Rechtsverstößen haben in § 59 eine besondere Regelung erfahren. Für subordinationsrechtliche Verträge verweist § 59 Abs 2 Nr 1 allerdings auch auf § 44 Abs 1. Auch auf **Rechtsnormen,** insbesondere auf Rechtsverordnungen und Satzungen ist die Vorschrift **nicht analog anwendbar,** weil sie der Sache nach vom Grundsatz der Wirksamkeit des Rechtsaktes auch bei Fehlerhaftigkeit ausgeht, der für Rechtsnormen grundsätzlich nicht oder jedenfalls nicht uneingeschränkt gilt.[14] Für Rechtsnormen gilt im Gegenteil der Grundsatz der Nichtigkeit bei sämtlichen Verstößen gegen höherrangiges Recht unabhängig von ihrer Schwere **(Nichtigkeitsdogma),**[15] der allerdings in neuerer Zeit durch spezielle fachrechtliche Regelungen (vgl zB §§ 214 ff BauGB; § 4 GemO Baden-Württemberg) über die Unbeachtlichkeit oder die Rügebedürftigkeit von bestimmten Verstößen stark eingeschränkt ist.[16]

II. Nichtigkeit auf Grund schwerer und offensichtlicher Fehler (Abs 1)

7 **1. Allgemeines.** Abs 1 knüpft für die Abgrenzung der Nichtigkeit von der einfachen Rechtswidrigkeit, die nur Aufhebbarkeit und uU Rücknehmbarkeit

---

[12] VG Berlin NVwZ 1988, 757 zur dienstlichen Anordnung eines bestochenen Vorgesetzten; Ehlers NVwZ 1990, 108 mit Fn 36; str.

[13] OLG Oldenburg NVwZ 1992, 607; Knack/Henneke 11.

[14] Knack/Henneke 12; **aA** wohl OVG Hamburg NordÖR 2009, 262 für Verfahrensfehler eines Bebauungsplans; hiergegen zutreffend Möller NordÖR 2009, 242 (244).

[15] Allg Meinung, vgl Maurer, Allg Verwaltungsrecht, § 13 Rn 17; Detterbeck Verwaltungsrecht Rn 839; krit Ossenbühl NJW 1986, 2805.

[16] Vgl BVerfGE 103, 332, 388 für NaturschutzVOen; allg Maurer FS Bachof, 1984, 215; ders Allgemeines Verwaltungsrecht, § 4 Rn 41a; Ossenbühl NJW 1986, 233; Morlok, Folgen von Verfahrensfehlern am Beispiel von kommunalen Satzungen, 1988.

des VA zur Folge hat, an die überkommene sog **Evidenztheorie**[17] an, nach der es auf die Schwere und Offenkundigkeit des Fehlers ankommt.[18] Dieser Grundsatz gilt, wie sich aus dem Zusammenhang von Abs 1 und Abs 2 und 3 ergibt, nur **subsidiär,** dh nur soweit ein VA nicht bereits ohne Rücksicht auf die Offenkundigkeit des Fehlers[19] nach Abs 2 als nichtig oder umgekehrt nach Abs 3 gerade nicht als nichtig anzusehen ist.[20] Deshalb ist die Frage der Nichtigkeit nach Abs 1 erst nach der Prüfung des Abs 2 bzw 3 zu beantworten. Im übrigen ist auch Abs 1 im Lichter der Sonderregelungen der Abs 2 und 3 auszulegen.

2. Besonders schwerwiegende Fehler. Fehler iSd Abs 1 sind solche, die in einem so schwerwiegenden Widerspruch zur geltenden Rechtsordnung und den ihr zugrunde liegenden Wertvorstellungen der Gemeinschaft stehen, dass es unerträglich wäre, wenn der VA die mit ihm intendierten Rechtswirkungen hätte.[21] Maßgebend ist nicht primär der Verstoß gegen bestimmte (wenn auch uU zwingende, vgl BVerwG DVBl 1974, 564) Rechtsvorschriften als solcher, sondern der Verstoß gegen die der Rechtsordnung insgesamt oder in bestimmter Hinsicht zugrunde liegenden und diese **tragenden Zweck- und Wertvorstellungen,** insb auch gegen tragende Verfassungsprinzipien, und das Ausmaß des Widerspruchs zu diesen.[22] Der Verstoß muss nach Art und Ausmaß ein Gewicht haben, dass eine Einschränkung des Gebots der Gesetzmäßigkeit der Verwaltung zugunsten der Stabilität des VA und damit der Rechtssicherheit nicht mehr gerechtfertigt erscheint.[23] Deshalb kommt es auch nicht entscheidend auf den Rang der Rechtsvorschrift an, gegen die der VA verstößt; nicht nur der Verstoß gegen Verfassungsrecht führt zur Nichtigkeit. Gleiches muss auch für den Verstoß gegen Rechtsnormen der Europäischen Union gelten. Auch hier kann nicht jeder Verstoß als derart schwerwiegend angesehen werden, dass er zwingend zur Nichtigkeit führen müsste.[24] 8

---

[17] Vgl Begr 63; BVerwGE 35, 343; 70, 43; BVerwG NVwZ 1987, 230; DÖV 1978, 405; NJW 1978, 508; DVBl 1974, 564 mwN; BSG 24, 165; 25, 256; BVerfG 34, 25; BGHZ 21, 294; MDR 1977, 946; Erichsen/Ehlers § 22 Rn 4; Maurer, § 11 Rn 7; Obermayer VerwR 117; WBS II § 49 Rn 9 ff; StBS 102, 122; Knack/Henneke 9.

[18] Krit, weil das Merkmal der Offenkundigkeit zu unbestimmt sei, WBS II § 49 Rn 12; F 226; Lorenz 278 f; aus jüngerer Zeit Leisner DÖV 2007, 669.

[19] BVerwG DVBl 1990, 702; OVG Münster NVwZ 1985, 286; Knack/Henneke 10.

[20] S VGH München BayVBl 1976, 237; BGHZ 21, 294; WBS II § 49 Rn 24 ff.

[21] BVerwG NVwZ 1984, 578: bei einem offenkundigen und grundlegenden Widerspruch zur geltenden Rechtsordnung; NJW 1985, 2658: besonders schwerwiegend iS des § 44 Abs 1 sind nur solche Rechtsfehler, die deshalb mit der Rechtsordnung unter keinen Umständen vereinbar sein können, weil sie tragenden Verfassungsprinzipien oder den der Rechtsordnung immanenten Wertvorstellungen widersprechen; VGH München BayVBl 1994, 53: Nichtigkeit, wenn so schwerwiegender Verstoß gegen die Rechtsordnung, dass es unerträglich wäre, wenn der VA die intendierten Rechtswirkungen hätte; Knack/Henneke 14: wenn das Gewicht des Fehlers derart ist, dass es mit der rechtsstaatlichen Ordnung und den Anforderungen an eine ordnungsgemäße Verwaltung unvereinbar erscheint, dem VA den Anschein der Wirksamkeit oder auch nur eine vorläufige Geltung zu lassen.

[22] Vgl BVerwGE 8, 332; BVerwG DVBl 1985, 624; BGH NVwZ-RR 2008, 154; Vogel BayVBl 1977, 622; Knack/Henneke 14: das Gewicht des Fehlers entscheidet sich nach den verletzten Werten, der rechtsethischen oder gesellschaftlichen Bedeutung der verletzten Rechtsnorm und dem Ausmaß der Verletzung.

[23] OVG Magdeburg, Urt v 15.3.2011, 8 K 8.09, juris: wenn die an eine ordnungsmäßige Verwaltung zu stellenden Anforderungen in so erheblichem Maße verletzt werden, dass von niemandem erwartet werden kann, den Verwaltungsakt als verbindlich anzuerkennen, nicht schon deswegen, weil er einer gesetzlichen Grundlage entbehrt oder die in Frage kommenden Rechtsvorschriften unrichtig angewendet worden sind; vgl BVerwG, Beschl v 11.5.2000 – BVerwG 11 B 26.00, juris.

[24] StBS 109 allerdings mit der Einschränkung, dass bei Abweichungen von der Rpsr des EuGH ein schwerwiegender Fehler vorliegen soll; offen BVerwGE 104, 289, 295; BVerwG NVwZ 2000, 1039.

9 **a) Anhaltspunkte für die Beurteilung.** Anhaltspunkte für die Beurteilung geben die in Abs 2 und 3 ausdrücklich geregelten Fälle, außerdem auch die Regelungen des § 45 Abs 1. Es muss sich grundsätzlich um Fehler handeln, einerseits die denen in **Abs 2 an Tragweite und Schwere vergleichbar** sind, die andererseits aber schwerer wiegen als die in Abs 3 genannten Mängel (Begr BT-Dr 7/910 S. 64; BVerwG DVBl 1985, 624). Ferner ist im Wege der systematischen Auslegung aus § 45 trotz des ausdrücklichen Hinweises, dass die Regelung für nichtige VA nicht gilt, zu folgern, dass die in § 45 Abs 1 aufgezählten **heilbaren Mängel im Regelfall nicht so schwerwiegend** sind, dass sie Nichtigkeit zur Folge haben; dies ist vielmehr nur in besonders gelagerten schweren Fällen anzunehmen, in denen insb auch der Zweck der verletzten Vorschrift durch Nachholung der unterlassenen Verfahrenshandlung nicht mehr erreicht werden könnte, etwa bei rechtsmissbräuchlichem Vorgehen der Behörde in der Absicht, den Betroffenen die Möglichkeit der Inanspruchnahme rechtzeitigen gerichtlichen Rechtsschutzes zu nehmen oder zu erschweren.

10 **b) Beispielsfälle. Als schwere Fehler** iS von Abs 1 sind idR Verstöße gegen ausnahmslos geltende **zwingende gesetzliche Verbote** oder Gebote und vergleichbare Regelungen oder grundlegende rechtsethische und rechtslogische Grundsätze anzusehen (s unten Rn 43 ff; zweifelnd WBS II § 49 Rn 30 ff), sofern diese Ausdruck bestimmter für die Rechtsordnung grundlegender Zweck- und Wertvorstellungen sind, zB eine im Widerspruch zu §§ 30 ff BBG erfolgende Kündigung eines Beamten (M 109; F 247 f); ein an eine Frau gerichteter Musterungsbescheid (WBS II § 49 Rn 33 unter Hinweis auf Art 12a GG, wonach Wehrpflicht nur für Männer zulässig ist); eine positive Prüfungsentscheidung, der keinerlei sachlich relevante Leistungen zugrunde liegen;[25] sonstige **offensichtliche Gefälligkeits-VAe** denen keinerlei rechtfertigender Sachverhalt zugrunde liegt. Schwere Fehler idS liegen ferner vor bei krasser **absoluter sachlicher Unzuständigkeit** der Behörde, bei **völliger Unbestimmtheit** oder Unverständlichkeit, bei absoluter rechtlicher Unmöglichkeit oder bei einem hoheitlichen Handeln auf Gebieten, auf denen der Behörde ersichtlich keinerlei Hoheitsmacht zusteht. Nichtigkeit ist auch bei **Verkehrsschildern** anzunehmen, die einen **amtlichen Charakter nicht hinreichend** erkennen lassen oder nicht auf einer behördlichen Anordnung beruhen (VG Koblenz, Urt v 16.4.2007, Az: 4 K 1022/06.KO – juris).

11 **Kein Nichtigkeitsgrund** ist dagegen ein **unzulässiger Verzicht** auf eine öffentliche Abgabe, den der Bürger aber angesichts der besonderen Umstände des Falles als zulässig ansehen konnte;[26] ein **grober Schätzungsfehler** bei der Feststellung von Besteuerungsgrundlagen (BFH NJW 1990, 2582), mögliche **Fehler eines ärztlichen Gutachtens,** auf den die Versetzung in den Ruhestand gestützt wird (OVG Münster, B v 20.1.2012, 1 A 1226/10, juris) oder die dingliche Inanspruchnahme eines Grundstückseigentümers wegen eines Erschließungsbeitrags nach § 134 Abs 2 BauGB, obwohl eine persönliche Beitragspflicht nicht entstanden war (vgl BVerwG NJW 1985, 2658: **Beitragsbescheid** ist infolge eines Versehens **an einen Nichteigentümer** ergangen, der ihn hat bestandskräftig werden lassen). Kein Nichtigkeitsgrund ist auch, dass ein VA auf Grund einer arglistigen **Täuschung oder Drohung** erlassen wurde,[27] etwa wenn eine

---

[25] Berlin DVBl 1979, 355 zu einer Diplomarbeit; OVG Koblenz GewArch 1992, 428 zu einer Prüfung, für die der Kandidat sich nicht angemeldet hatte und an der er auch nicht teilgenommen hatte.

[26] BVerwG NJW 1984, 2114 m Anm Selmer JuS 1984, 815; OVG Lüneburg DÖV 1986, 282; OVG Koblenz NVwZ 1986, 68; Knack/Henneke 26.

[27] BVerwG DVBl 1985, 624 unter Hinweis auf § 48 Abs 2 S. 3 Nr 1 VwVfG; ebenso VGH Mannheim DÖV 2014, 211 zu einer unter Verwendung falscher Personalien erschlichenen Einbürgerung; StBS 117.

Erlaubnis unter Angabe falscher Personalien erschlichen wird.[28] Das gilt nach der Rspr auch für den Fall einer **erschlichenen Einbürgerung.**[29] Verfahrensfehler, wie zB Fehler bei der nach § 28 gebotenen Anhörung, führen idR nicht zur Nichtigkeit (Guckelberger Jus 2011, 577). Zu VAen, die auf eine aus rechtlichen oder tatsächlichen Gründen **unmögliche Leistung** uä gerichtet sind, s auch unten Rn 39 ff und 43 ff. Ein **Verstoß gegen Unionsrecht** führt erst dann zur Nichtigkeit, wenn es mit den Zielen und Grundsätzen der EU nicht vereinbar wäre, dass der VA trotz des Verstoßes wirksam ist (BVerwG NVwZ 2000, 1039).

3. Offenkundigkeit des Fehlers. Zusätzlich zur besonderen Schwere des Fehlers verlangt Abs 1 im Interesse der Rechtssicherheit – gewissermaßen als Ersatz für die Klärung der Frage der Rechtswidrigkeit in einem Rechtsbehelfsverfahren – und zum Schutz des Vollzugsinteresses der Verwaltung gegenüber einer zu weitgehenden „Selbstjustiz" des Bürgers, aber auch im Interesse des Vertrauensschutzes des Bürgers (BVerwGE 84, 316 = NVwZ 1990, 668), dass der Fehler offenkundig sein muss. Offenkundigkeit bedeutet, dass die schwere Fehlerhaftigkeit des VA für einen unvoreingenommenen, mit den in Betracht kommenden Umständen vertrauten, verständigen Beobachter ohne weiteres ersichtlich sein muss, sich geradezu aufdrängen muss.[30] Dem VA muss die **Fehlerhaftigkeit „auf die Stirn geschrieben"** sein (vgl BSG 17, 83), dh es darf die ernsthafte Möglichkeit, dass der VA doch rechtmäßig sein könnte, nach Lage der Dinge, für einen unvoreingenommenen, urteilsfähigen, weder besonders sach- noch rechtskundigen, aber aufgeschlossenen Durchschnittsbetrachter nicht bestehen.[31] Kenntnis der verletzten Rechtsvorschriften oder Rechtsgrundsätze ist nicht Voraussetzung; es genügt, dass iS der strafrechtlichen Theorie der **Parallelwertung in der Laiensphäre** ein gerecht und billig denkender, aufgeschlossener Staatsbürger ohne weitere Ermittlungen oder besondere rechtliche Überlegungen zu dem Schluss kommen muss, **dass der VA unmöglich rechtens sein kann.**[32] 12

Nicht erforderlich ist Allgemeinkundigkeit der Nichtigkeit bzw **Erkennbarkeit für Dritte,** die mit den Umständen des Falles nicht vertraut sind. Es ist ausreichend, dass die mit den näheren Umständen vertrauten Personen, insb die Beteiligten (§ 13), aber auch andere Angehörige des Personenkreises, dem der Betroffene angehört (zB Beamte, Grundeigentümer, vgl Knack/Henneke 29), die besondere Fehlerhaftigkeit ohne weiteres erkennen können; sei es aus dem Inhalt oder der Form des VA, sei es auf Grund der besonderen Umstände seines Erlasses (zB Kenntnis, dass eine Namensverwechslung vorliegt oder dass der VA nicht von einem Amtsträger gefertigt wurde). Die Offenkundigkeit muss sich auf die Fehlerhaftigkeit beziehen. Nicht ausreichend für Abs 1 ist es deshalb, wenn ein VA nicht oder nicht mehr als solcher erkennbar ist, zB ein Verkehrszeichen, das entfernt wurde (vgl Krebs VerwArch 1977, 29) oder so verwittert, ver- 13

---

[28] VG Karlsruhe, Urt v 9.8.2011, 8 K 1402/11, juris; etwas anderes wird gelten, wenn die Person, auf die die Erlaubnis ausgestellt worden ist, gar nicht existiert oder aus anderen Gründen ersichtlich nicht Trägerin der Erlaubnis sein kann.

[29] BVerwGE 130, 209; BVerwG NVwZ 2014, 1679 für die Einbürgerung eines pakistanischen Staatsangehörigen unter einem Alias-Namen. Ähnlich Zur Widerruflichkeit s § 49 Rn 18c.

[30] Vgl OVG Lüneburg DÖV 1986, 382; Martens NVwZ 1987, 464; 1990, 624.

[31] MuE 153; OVG Münster NVwZ 1988, 74; StBS 126; UL § 57 Rn 9; WBS II § 49 Rn 5; Knack/Henneke 28; Maurer § 10 Rn 32; das VG Frankfurt (BauR 2011, 1470) hat für die Erhöhung einer GFZ von 2,0 auf 8,5 im Wege der Befreiung Nichtigkeit angenommen; im Hinblick auf Offenkundigkeit zweifelhaft.

[32] Vgl Stelkens NJW 1980, 2175; Knack/Henneke 28 f; auch deshalb kann eine später ergangene Gerichtsentscheidung nicht nachträglich die Nichtigkeit eines VA herbeiführen, vgl BVerwG Buchh 316 § 44 VwVfG Nr 102.

schmutzt oder mit Schnee bedeckt ist, dass es nicht mehr zu erkennen ist. In derartigen Fällen ist vielmehr von einem Nicht-VA auszugehen.

14 **4. Beispiele. a) Zuständigkeitsfehler. aa) Örtliche Unzuständigkeit.** Für Fehler der örtlichen Zuständigkeit gelten die Abs 2 und 3, wonach nur Verstöße gegen die Zuständigkeit nach § 3 Abs 1 Nr 1 zur Nichtigkeit führen (Abs 2 Nr 3), andere Verstöße dagegen nicht (Abs 3 Nr 1). Das gilt auch dann, wenn sie schwerwiegend sind (BVerwGE 90, 35). Die besondere Bedeutung der Zuständigkeitsregelung in § 3 Abs 1 Nr 1 liegt in der spezifischen Beziehung der örtlich zuständigen Behörden zu den in ihrem Bereich befindlichen ortsgebundenen Rechtsverhältnisse.

15 **bb) Sachliche Unzuständigkeit.** Die offensichtliche Verletzung der sachlichen Zuständigkeit der Behörden führt nur dann zur Nichtigkeit, wenn die mit dem VA geregelte Angelegenheit unter keinem sachlichen Gesichtspunkt Bezug zum Aufgabenbereich der handelnden Behörde hat und dies auch offenkundig ist, insb auch **bei offenkundig fehlender Ressortzuständigkeit** (sog Ressortverwechslung),[33] zB bei Entscheidung der Behörde eines mit gänzlich anderen Aufgaben betrauten Ressorts, zB Finanzamt statt Baubehörde, Forstamt statt Finanzamt.[34] Die Aufstellung eines Verkehrszeichens durch die Forstbehörde (anstelle der an sich zuständigen Verkehrsbehörde) dürfte nicht zur Nichtigkeit führen; ebenso wenig die Aufstellung durch Bürgermeister anstelle von Landrat (VG Wiesbaden, LKRZ 2008, 336).

16 **cc) Beispiele für Nichtigkeit.** Nichtig sind VAe (nicht nur örtlich) **absolut unzuständiger Behörden,** dh von Behörden, die unter keinem denkbaren Gesichtspunkt für den VA zuständig bzw zu seinem Erlass befugt sein können,[35] so bei **offenkundig fehlender hoheitlicher Gewalt,** zB bei hoheitlichem Handeln auf fremdem Staatsgebiet ohne Zustimmung der dort herrschenden Gewalt (BVerwG VRspr 25, 538; BSG NJW 1973, 1064); **bei offenkundig fehlender Verwaltungskompetenz,**[36] zB **Parteienverbot durch eine Behörde** statt durch das BVerfG; Verhängung schwerer Strafen nach dem StGB durch eine Behörde; die Entscheidung über einen zivilrechtlichen Rechtsstreit durch eine Behörde (OLG München NVwZ 1982, 150). Nichtigkeit ist idR auch anzunehmen **bei offenkundig fehlender Verbandskompetenz,** dh bei Entscheidung der Behörde eines anderen Rechtsträgers im Vollzug von Recht, für dessen Vollzug die handelnde Behörde unter keinem denkbaren Gesichtspunkt zuständig sein kann,[37] zB bei Entscheidung einer Bundesbehörde statt einer Landesbehörde im Vollzug von Landesrecht, da das GG zwar gem Art 83 ff GG einen Landesvollzug von Bundesrecht, nicht jedoch einen Bundesvollzug von Landesrecht kennt.[38] Offenkundig nichtig sind auch **Entscheidungen von**

---

[33] VGH Kassel NVwZ-RR 1989, 631; VG Freiburg NVwZ 1990, 594; Knack/Henneke 16.

[34] BVerwGE 49, 371; OVG Lüneburg, Beschl v 4.9.2009 – juris; StBS 170; F 233; M 110; wohl auch UL § 57 Rn 12.

[35] BVerwG DVBl 1974, 565 mwN; BSG 19, 132; 24, 168; BayObLG BayVBl 1973, 242; OLG München NVwZ 1982, 150; VG Freiburg NVwZ 1990, 594; WBS II § 49 Rn 30; F 245; M 104, 110; Erichsen/Ehlers § 22 Rn 6.

[36] VGH Kassel NVwZ-RR 1991, 227; prOVG 50, 248; WBS II § 49 Rn 34; Knack/Henneke 16.

[37] BVerwG DÖV 1972, 173; BGHZ 20, 119; VGH Kassel NVwZ-RR 1991, 226; VG Wiesbaden LKRZ 2008, 336 (Aufstellung eines Verkehrszeichens durch Bürgermeister anstelle des Landrats); Knack/Henneke 15; F 230; WBS II § 49 Rn 35; Oldiges DÖV 1989, 882.

[38] **AA** BVerwGE 82, 21 zum Vollzug im Rahmen einer Planfeststellung nach Bundesrecht mit dem Hinweis, Landesrecht werde hier nur „beachtet", nicht vollzogen; kritisch dazu Kopp BayVBl 1973, 85: wohl nur unter dem Gesichtspunkt einer Annex-Zuständigkeit des Bundes vertretbar.

Landesbehörden in anderen Bundesländern, wenn und soweit die Voraussetzungen einer entsprechenden Kompetenzausdehnung offensichtlich nicht gegeben sind,[39] ähnlich Entscheidungen von **Kommunalbehörden anstelle der zuständigen Staatsbehörde** im Vollzug;[40] des Bürgermeisters der Gemeinde A statt der Gemeinde B bei Vollzug des Rechts seiner Gemeinde;[41] **nicht dagegen** bei Entscheidung der Behörde des Landes A statt einer Behörde des Landes B im Vollzug von Bundesrecht;[42] bei dem von einer Mitgliedsgemeinde eines Gemeindeverwaltungsverbands statt von diesem Verband erlassenen Beitragsbescheid.

dd) Keine Nichtigkeit tritt idR ein bei einer **Verletzung sonstiger Zuständigkeitsregelungen,** denen der ausschließliche Charakter fehlt, führt idR nicht zur Nichtigkeit. Dies ist zB der Fall, wenn eine Behörde entscheidet, die zwar nicht im Regelfall, wohl aber ausnahmsweise oder im Rechtsbehelfsverfahren zur Entscheidung berufen sein kann (so zur sachlichen Zuständigkeit BVerwGE 49, 371; WBS II § 49 Rn 38). Gleiches gilt, wenn die **Ausgangsbehörde über den Widerspruch** entscheidet, ohne hierzu befugt zu sein (OVG Münster, B v 16.2.2012, 1 A 2219/10, juris). Nicht schwer bzw offensichtlich ist auch die Fehlerhaftigkeit eines VA, der unter Verletzung der Zuständigkeit im Instanzenzug ergangen ist,[43] und zwar auch dann, wenn an Stelle der zuständigen Behörde eine nachgeordnete Behörde gehandelt hat;[44] ebenso nicht, wenn anstelle der allgemein zuständigen Behörde eine nur unter bestimmten im konkreten Fall nicht vorliegenden Voraussetzungen zuständige Behörde gehandelt hat, zB die Polizei anstelle der Ordnungsbehörde.[45] **Keine Nichtigkeit** tritt ein bei Verletzung der Zuständigkeitsabgrenzung durch Gesetz oder Satzung zwischen Bürgermeister und Gemeinderat (WBS II § 49 Rn 40Nicht nichtig ist auch die **Entscheidung des Vorsitzenden** oder eines Ausschussmitglieds anstelle des Ausschusses. Rechtlich unerheblich ist eine Verletzung (lediglich) verwaltungsinterner Aufgabenabgrenzungen, die nur auf Verwaltungsanordnung und nicht auf Gesetz beruhen.[46] 17

b) Schwere Verfahrensfehler. Für die Nichtigkeit als Folge von schweren Verfahrensverstößen gelten primär die Sonderregelungen der Abs 2 und 3. Auch bei besonderem Grundrechtsbezug der verletzten Verfahrensvorschrift bzw des verletzten Verfahrensgrundsatzes ist Nichtigkeit allenfalls in besonders gelagerten Fällen anzunehmen (zT **aA** für Fälle, in denen Art und Gewicht des Verfahrensfehlers offensichtlich sind, v Mutius NJW 1982, 215). 18

aa) Mängel der Willensbildung. Nichtigkeit ist anzunehmen zB bei VAen eines offensichtlich **geisteskranken Amtsträgers,** sofern nicht überhaupt ein Nichtakt vorliegt;[47] bei VAen, die durch **unmittelbaren Zwang** (vis absoluta) herbeigeführt wurden;[48] bei VAen, die durch **Nötigung** iS von § 52 Abs 1 19

---

39 Vgl § 3 Rn 8; Kopp/Kopp BayVBl 1994, 229; Kopp KKZ 1994, 193.

40 VGH Kassel NVwZ-RR 1991, 227; OVG Münster DVBl 1976, 395; NJW 1979, 1057; DÖV 1979, 102; MB 5 zu § 3.

41 BVerwG DÖV 1972, 173; OVG Lüneburg DÖV 1973, 683; OVG Münster NJW 1979, 1058; WBS II § 49 Rn 35; zT weitergehend BGHZ 54, 162; F 230.

42 BVerwGE 90, 35 – zur Entscheidung der wegen Studienwechsel nicht mehr zuständigen Behörde eines anderen Bundeslandes –; BVerwG NVwZ 1993, 481; OVG Lüneburg DÖV 1973, 683; vgl auch BVerwGE 90, 35; **aA** offenbar OVG Münster NJW 1979, 1059; zweifelhaft vor allem für den Vollzug vom Bundesrecht gem Art 83, 84 GG.

43 BVerwGE 30, 138; 49, 371; WBS II § 49 Rn 35.

44 VGH Mannheim VBlBW 1973, 91; WBS II § 49 Rn 39; **aA** F 232.

45 OLG Stuttgart VRS 1980, 464: Aufstellung eines Verkehrszeichens durch die Polizei, obwohl keine Gefahr im Verzug war, führt nicht zur Nichtigkeit.

46 WBS II § 49 Rn 40; StBS 172; OLG Zweibrücken DÖV 1972, 106.

47 Auch bei nicht erkennbarer Geisteskrankheit; **aA** Jellinek 273; F 233; M 111: nur anfechtbar.

48 M 110; Obermayer VerwR 122; **aA** F 242.

StGB erzwungen wurden (F 242; **aA** WBS II § 49 Rn 20: ein Nicht-VA; s auch Alscher NJW 1972, 803); **nicht dagegen** bei VAen, die lediglich von Mängeln der Willensbildung betroffen sind, die bei privatrechtlichen Willenserklärungen (nur) ein Anfechtungsrecht nach §§ 119 ff BGB begründen würden (M 111; zT auch Obermayer VerwR 2. Aufl 122; vgl allg auch Alscher NJW 1972, 800), insb bei **arglistiger Täuschung oder Bestechung;**[49] zB eine durch bewusstes Verschweigen von Vorstrafen oder durch eine Täuschung über die wahre Identität **erschlichene Einbürgerung.**[50]

20 **bb) Nichthinzuziehung von Betroffenen. Keine Nichtigkeit** hat grundsätzlich das Unterlassen der Hinzuziehung von Betroffenen zur Folge. Dies gilt anders als im Verwaltungsprozess im Falle einer unterbliebenen notwendigen Beiladung auch für den Fall der notwendigen Hinzuziehung.[51]

21 **cc) Fehlende oder fehlerhafte Mitwirkungshandlungen. Nicht nichtig** sind idR, soweit durch Gesetz (vgl zB §§ 16, 23 StAG) nichts anderes bestimmt ist, wie aus § 45 Abs 1 Nr 1 zu folgern ist, VAe, die ohne die erforderliche Mitwirkung des betroffenen Bürgers erlassen wurden, insb antragsbedürftige VAe, wenn kein Antrag gestellt wurde;[52] ebenso sog „zweiseitige" VAe, bei denen der Antrag oä zugleich eine für die Entscheidung wesentliche und unerlässliche Zustimmung zum VA mit einschließt, wie bei der Ernennung zum Beamten, der Einbürgerung usw[53] und bei **VAen,** bei denen die auf Grund einer gesetzlichen Vorschrift **erforderliche Zustimmung** Betroffener oder Berechtigter **fehlt.**[54] Dasselbe gilt, wenn der **Antrag** oder die sonst in Frage stehende wesentliche Mitwirkungshandlung wegen **fehlender Unterschrift unwirksam** war[55] oder wegen Irrtums, arglistiger Täuschung oder Drohung **angefochten** wurde[56] oder von **einem Geschäftsunfähigen** gestellt worden war.[57] Sofern ein Antrag nicht zwingend vorgeschrieben ist, ist das Fehlen des Antrags uU überhaupt ohne Bedeutung, insb wenn der Begünstigte von der in Frage stehenden Erlaubnis usw Gebrauch macht.[58]

---

[49] BVerwG DVBl 1985, 624: arg aus § 48 Abs 2 Nr 1 VwVfG; uU ergibt sich hier Nichtigkeit jedoch gem § 44 Abs 2 Nr 6 oder wegen Verstoßes gegen ein gesetzliches Verbot, s unten Rn 45 f.

[50] BVerwG NVwZ 2014, 1679 (Angabe falscher Personalien); Rey JuS 1993, 263: nicht nichtig, da nicht offensichtlich, außer wenn für die Behörde ohne weiteres durchschaubar; **aA** Montag JuS 1992, 646.

[51] OVG Münster NVwZ 1988, 74; zT **aA** Raeschke-Kessler/Eilers NVwZ 1988, 40.

[52] VGH Kassel NVwZ 1985, 499; Meyer NVwZ 1986, 517; StBS 107; differenzierend nach der Bedeutung des Antrags Pietzner/Ronellenfitsch § 38 Rn 6; Stelkens NuR 1985, 220; Knack/Henneke 17: Nichtigkeit wenn der VA ohne den Antrag und die Unterlagen inhaltlich nicht ausreichend konkretisiert ist; **aA** BSG 12, 268; 52, 245; UL § 57 Rn 13: Nichtigkeit; differenzierend Lorenz 281 mwN: schwebend unwirksam.

[53] **AA** BVerwG DÖV 1972, 174; Lorenz 281; Mayer, die Zusage nach der AO, 1991, 80: VA nichtig, weil in diesen Fällen, ua auch wegen der belastenden Wirkung des VA, die Mitwirkung so bedeutsam ist, dass der VA unter keinen denkbaren Umständen als mit der Rechtsordnung vereinbar angesehen werden könnte; offen gelassen in BVerwGE 30, 187; Obermayer VerwR 2. Aufl 122.

[54] BVerwGE 104, 289 (Bewilligung einer Vergütung für Aufgabe der Milcherzeugung ohne die nach § 3 Abs 2 MAVV erforderliche Zustimmung des Verpächters); Pappermann/Löhr JuS 1980, 37 mwN; Weides JuS 1985, 369; grundsätzlich auch Kirchhof DVBl 1985, 559 f; **aA** BVerwGE 30, 169; UL § 48 Rn 21.

[55] BFH NJW 1992, 2175; FG Niedersachsen NVwZ-RR 1993, 222.

[56] UL § 57 Rn 8; die Anfechtung lässt im übrigen die Mitwirkungshandlung zwar rückwirkend entfallen, für die Offensichtlichkeit des Mangels der Mitwirkung kommt es aber auf den Zeitpunkt der Bekanntgabe an (zutr VG Hannover, U v 12.5.2014, 13 A 7701/13, juris).

[57] UL § 57 Rn 13; Pappermann/Löhr JuS 1980, 37.

[58] BVerwGE 11, 18; VGH München BayVBl 1969, 105; WBS II § 46 Rn 37; Hablitzel BayVBl 1974, 392; Kopp VerwArch 1970, 233 Fn 56; zT **aA** VGH Kassel 23, 74; Dölker BayVBl 1974, 400: nichtig.

Kein Nichtigkeitsgrund ist idR auch das **Fehlen der Vertretungsmacht** des angeblichen Vertreters, der den Antrag gestellt hatte (VGH München BayVBl 1975, 139). Der VA hat in diesem Fall aber keine Wirkung gegenüber dem angeblich Vertretenen, sofern dieser den Antrag nicht genehmigt. Kein Nichtigkeitsgrund ist grundsätzlich auch der Umstand, dass eine gem § 28, § 68 Abs 2, § 73 Abs 6 oder nach anderen Vorschriften gebotene Anhörung der Betroffenen unterblieben ist.[59] Entsprechendes gilt bei Verstößen gegen das Gebot einer mV gem § 67 Abs 1 oder nach entsprechenden Vorschriften (BVerwG NVwZ 1984, 578). 22

Kein Nichtigkeitsgrund ist, vorbehaltlich abweichender gesetzlicher Regelungen, auch das **Fehlen der Genehmigung der Aufsichtsbehörde;**[60] sofern allerdings die Betroffenen im VA selbst oder in anderer Weise auf das Erfordernis der (noch ausstehenden) Genehmigung hingewiesen wurden, ist der VA bis zur Erteilung der Genehmigung noch nicht wirksam. Zur **fehlenden Mitwirkung anderer Behörden** uä s allg unten Rn 58 ff; § 45 Rn 31 f. 23

c) Sonstige schwere formelle und inhaltliche Mängel. Nichtig sind auch sonstige VAe, die unter offensichtlichem und schwerem Verstoß gegen wesentliche Grundsätze des formellen oder materiellen Rechts erlassen wurden (WBS II § 49 Rn 32; vgl auch BVerwGE 8, 649), zB bei Entscheidung durch VA statt durch VO oder in sonstigen Fällen **groben Formenmissbrauchs,**[61] **bei reiner Willkür** (BVerwGE 35, 343), oder wenn die Behörde sich über Vorschriften bewusst hinwegsetzt, um dem Betroffenen die Möglichkeit rechtzeitigen Rechtsschutzes zu nehmen und vollendete Tatsachen zu schaffen. 24

aa) Verletzung des Schriftformerfordernisses. Die Verletzung des Schriftformerfordernisses führt idR zur Nichtigkeit, außer wenn die Schriftform ausnahmsweise lediglich Ordnungs- und Beweiszwecken dient.[62] Voraussetzung ist, dass die VAe unter Verletzung der durch Gesetz (vgl § 77 Abs 1 S 1 AufenthG; § 10 Abs 7 BImSchG) zwingend vorgeschriebenen Schriftform, zB mündlich, ergangen sind.[63] Fehlt dem VA die gem § 37 Abs 3 bzw nach entspr Vorschriften vorgeschriebene **Unterschrift** oder Namenswiedergabe, so kommt Nichtigkeit nur in Betracht, wenn nach den Umständen anzunehmen ist, dass der VA durch den zuständigen Bediensteten tatsächlich erlassen werden sollte.[64] Nicht Nichtigkeit, sondern nur schlichte Rechtswidrigkeit hat das Fehlen einer vorgeschriebenen oder sonst erforderlichen Begründung des VA zur Folge (Knack/Henneke 20). 25

bb) Unklarheit, Unbestimmtheit. Nichtig sind inhaltlich nicht hinreichend bestimmte (§ 37 Abs 1) VAe, wenn die bestehende Unbestimmtheit offensichtlich ist (VGH Kassel NVwZ 1989, 484; OVG Koblenz NVwZ 1990, 399 mwN) und auch nicht durch Auslegung behoben werden kann,[65] einschließlich 26

---

[59] BVerwG DVBl 1974, 565; M 105; F 236; ebenso zu § 67 Abs 1 S 1 BVerwG NVwZ 1984, 578: Entscheidung ohne gebotene mV ist kein Nichtigkeitsgrund; zu § 73 Abs 6 Hoppe/Schlarmann, Rechtsschutz bei der Planung von Straßen und anderen Verkehrsanlagen, 2. Aufl 1981, Rn 93; s § 73 Rn 47; **aA** zu § 73 Abs 6, wenn der Erörterungstermin überhaupt unterblieben ist, UL § 40 Rn 38; Knack/Henneke § 73 Rn 117; Heigl in: Boorberg-FS 268.

[60] Vgl § 44 Abs 3 Nr 4; § 45 Abs 1 Nr 5; BGH NJW 1984, 2578; **aA** zum früheren Recht M 87; Obermayer 2. Aufl 119.

[61] Obermayer VerwR 2. Aufl 120; Krause 192; vgl auch BSG 17, 142; Lorenz 280.

[62] Vgl BGHZ 114, 315; Badura, in: Boorberg-FS 1977, 216; Knack/Henneke 20; UL § 57 Rn 11 MB 13; enger WBS II § 49 Rn 41.

[63] VGH München BayVBl 1973, 295; ArbG Heilbronn NZA 1985, 364; Dölker BayVBl 1974, 402; F 237; WBS II § 49 Rn 41; UL § 57 Rn 11; str.

[64] ZT **aA** BGHZ 90, 328; Badura, in: Boorberg-FS 218; Knack/Henneke 21: nur, wenn die Unterschrift Bestandteil eines besonders qualifizierten Formanforderung.

[65] BFH 112, 452; 114, 156; 120, 217; 154, 439; 155, 24 = BStBl II 1989, 220; NJW 1987, 920; NJW 1984, 195; NVwZ 1986, 581; NVwZ-RR 1993, 234; VGH München

solcher VAe, die zwar den Bereich der Behörde verlassen haben, aber **mangels eindeutiger Adressierung** nicht bekannt gegeben werden können[66] oder bei denen unklar ist, wer daraus verpflichtet werden soll. Nichtig sind danach alle VAe, die **in wesentlichen Punkten unklar, widersprüchlich, unsinnig oder unverständlich** sind,[67] zB ein Abgabenbescheid, der die Art der festgesetzten Abgabe (BFH NVwZ 1986, 792), den Beitragsschuldner oder den Beitragsbetrag (OVG Koblenz NVwZ 1990, 399, mwN) nicht bezeichnet, oder ein Kirchensteuerbescheid, dem nicht zu entnehmen ist, für welche Konfessionszugehörigkeit die Steuer erhoben wird (BVerwG NVwZ 1986, 792); ein Bußgeldbescheid, der gegen das Verbot widersprüchlichen Verwaltungshandelns sowie einer zweimaligen Ahndung durch die Bußgeldbehörde verstößt (OLG Oldenburg NVwZ 1992, 607); **anders** idR lediglich einander widersprechende mehrere VAe (vgl auch Martens NVwZ 1989, 628).

27 **cc) Fehlendes Bezugssubjekt oder -objekt. Nichtig** sind auch VAe, deren Subjekt oder Objekt nicht oder nicht mehr existiert bzw weggefallen ist, zB wenn ein **VA gegenüber einem Verstorbenen** eine höchstpersönliche Leistung festsetzt, oder wenn unklar bleibt, ob die Verpflichtung auch für den Rechtsnachfolger gelten soll (BFH NVwZ 1994, 98); oder wenn ein inzwischen **abgerissenes Gebäude unter Denkmalschutz** gestellt wird.[68] Nicht nichtig soll dagegen der versehentlich an einen **Nichteigentümer gerichtete Erschließungsbeitragsbescheid** sein (BVerwG NJW 1985, 2658). Diese Entscheidung darf nicht verallgemeinert werden. Wird der Bescheid an eine Person gerichtet, die mit dem Grundstück in keinerlei Beziehung stand und steht, wird Nichtigkeit anzunehmen sein. Anders ist die Lage dann zu beurteilen, wenn der Adressat (Mit-)Eigentümer war oder lediglich mangels Eintragung noch nicht ist.

28 **dd) Fehlende Eignung.** Die fehlende Eignung einer im VA getroffenen Regelung zur Erreichung des angestrebten Zwecks führt als solche grundsätzlich noch nicht zur Nichtigkeit des VA, sondern nur zur Rechtswidrigkeit. Dies gilt selbst dann, sofern es sich nicht einmal um einen „Schritt in die richtige Richtung" handelt. Etwas anderes muss gelten, wenn die Regelung zur Erreichung des angestrebten Zieles **offensichtlich absolut ungeeignet** ist.[69] Dies setzt voraus, für jedermann ohne weiteres ersichtlich ist, dass die Regelung schlechthin ungeeignet ist, also zur Erreichung des Zwecks ernsthaft nicht in Betracht kommt.

29 **ee) Sonstige schwere Verstöße.** Nichtig sind VAe auch bei **anderen schweren Verstößen** gegen die der Rechtsordnung insgesamt oder einem einzelnen Gesetz zugrunde liegenden unverzichtbaren Zweck- und Wertvorstellungen (s oben Rn 8f); nicht dagegen, abgesehen von den in § 44 Abs 2 ausdrücklich genannten Fällen, bei sonstigen Verstößen gegen zwingende Rechtsvorschriften oder gesetzliche Verbote, mit Ausnahme von VAen, die mit Strafe oder Bußgeld bedrohtes Handeln oder Verhalten verlangen (insoweit greift Abs 2 Nr 5; vgl dazu unten Rn 43). Auch Fälle offensichtlich fehlender Erforderlichkeit und

---

NJW 1984, 626; BayVBl 1986, 177; 1988, 660; NVwZ-RR 1990, 407; OVG Kassel NVwZ 1987, 987; 1988, 1150; 1989, 484; Martens NVwZ 1990, 625 mwN; UL § 57 Rn 1; Fischer-Hüftle BayVBl 1984, 394; StBS 116.

[66] VGH München BayVBl 1982, 631: existent als VA, aber unwirksam; WBS II § 48 Rn 2; Preißer NVwZ 1987, 869.

[67] BSG 25, 256: Formularverwechslung; OVG Koblenz NVwZ 1990, 399 mwN; OVG Münster NVwZ 1986, 580; DÖV 1989, 685 m Anm Stüer DÖV 1989, 672; NVwZ 1989, 379 m Anm Martens NVwZ 1990, 625; NWVBl 1989, 93; OLG Oldenburg NVwZ 1992, 607 WBS II § 49 Rn 25; UL § 57 Rn 14; StBS 113f.

[68] OVG Münster NVwZ-RR 1990, 341 = NWVBl 1990, 199.

[69] Vgl VGH Kassel NVwZ 1982, 514 zu einer – vom Gericht allerdings nicht als VA angesehenen – Zwangsmittelandrohung ohne Fristsetzung: nichtig, da der Fristablauf als Voraussetzung der Vollstreckung nicht feststellbar ist.

offensichtlicher Unverhältnismäßigkeit führen zur Nichtigkeit. Die hätte etwa zu gelten für eine Abrissverfügung, weil für ein Wohnhaus keine ausreichende Zahl von Stellplätzen geschaffen wurde oder weil das Gebäude unter Verstoß gegen baurechtliche Bestimmungen genutzt wurde.

ff) Fehlen einer gesetzlichen Grundlage. Ist für den VA keine gültige Er- 30
mächtigungsgrundlage vorhanden, so ist zu differenzieren. Das **Fehlen einzelner Voraussetzungen** einer gesetzlichen Grundlage für die getroffene Regelung führt nicht zur Nichtigkeit. Vielmehr handelt es sich um den Regelfall der einfachen **materiellen Rechtswidrigkeit,** unabhängig davon, ob es um einen Aufklärungsfehler oder einen Rechtsanwendungsfehler geht.[70] Gleiches gilt regelmäßig bei **einfachen Verfahrensfehlern.** Nicht nichtig, sondern idR nur rechtswidrig-anfechtbar ist zB ein Grundsteuerbescheid, der ergeht, obwohl noch kein Grundsteuermessbescheid ergangen ist (BVerwG NVwZ 1982, 193); ebenso auch die Genehmigung einer nichtigen VO oder Satzung (BVerwGE 75, 147). Gleiches gilt auch dann, wenn die im VA vorgesehene **Rechtsfolge in keiner gesetzlichen Ermächtigung vorgesehen** ist.[71] Nicht nichtig sind auch VAe, die auf Grund einer Rechtsnorm ergingen, die (später) durch ein Verfassungsgericht, gem § 47 VwGO durch ein OVG oder durch den EuGH für nichtig erklärt wurde oder deren Nichtigkeit in einer gerichtlichen Entscheidung inzident festgestellt wurde.[72] Keine Nichtigkeit hat das OLG Hamm (NStZ 2015, 44) im Falle eines **Verkehrsschildes** angenommen, das nur für Elektrofahrzeuge einen Parkplatz vorsah, obwohl eine derartige Beschilderung nicht vorgesehen war.

Zur **Nichtigkeit** führt dagegen die **absolute Gesetzlosigkeit,** etwa wenn es 30a
sich um der hoheitlichen Betätigung offensichtlich fremde oder entzogene, gesetzlich **schlechterdings nicht zu rechtfertigende Akte** handelt.[73] Der Fehler muss schlechthin unerträglich für die Rechtsordnung sein (BVerwG NJW 1971, 578). Dies wäre etwa bei der hoheitlichen Verpflichtung zur Eheschließung der Fall oder bei der Anordnung eines operativen Eingriffs gegen den persönlichen Willen des Betroffenen oder etwa die Anordnung der Reinigung einer Straße mit einer Zahnbürste oder ähnlichen **Willkürakten** (Bsp aus der NS-Zeit). In neuerer Zeit sind VAe als nichtig angesehen worden, wenn besonders schwere Eingriffe trotz positiver Kenntnis fehlender wichtiger Voraussetzungen angeordnet wurden.[74]

III. Besondere Nichtigkeitsgründe (Abs 2)

1. Allgemeines. Abs 2 enthält eine **abschließende Aufzählung** (vgl 31
StBS 129) **absoluter Nichtigkeitsgründe,** bei deren Vorliegen weder Schwere noch Evidenz des Fehlers besonders geprüft werden müssen. Nichtigkeit ohne Rücksicht auf das Vorliegen der Voraussetzungen nach Abs 1, also insb auch bei

[70] BVerwG NJW 1984, 2114.

[71] BVerwGE 19, 287; NVwZ 1982, 193; BFH 134, 223; WBS II § 49 Rn 32; UL § 57 Rn 15; Knack/Henneke 26; **aA** Lorenz 280.

[72] BVerwGE 19, 284; 27, 141; Knack/Henneke 26; StBS 105; zT **aA** UL § 57 Rn 15: Nichtigkeit von VAen, die auf eine Norm gestützt sind, deren Nichtigkeit schon vor Ergehen des VA durch ein Gericht festgestellt worden war.

[73] BVerwGE 35, 343; OVG Lüneburg NJW 1998, 1168; ähnlich BFH 134, 223: Nichtigkeit, wenn die an eine ordnungsgemäße Verwaltung zu stellende Anforderungen in einem so erheblichen Umfang verletzt sind, dass von niemandem erwartet werden kann, ihn als verbindlich anzuerkennen.

[74] OVG Lüneburg NVwZ-RR 2013, 129 für straßenrechtliche Widmungsverfügung in Kenntnis der Rechtswidrigkeit, die den Eigentümer unter Missbrauch von Bestandskraftregelungen und Umgehung des Straßenrechts faktisch enteignet. Ähnlich BFHE 194, 1, 5 für bewusst überzogene Strafschätzung der Besteuerungsgrundlagen.

fehlender Offensichtlichkeit des Mangels (BVerwG NVwZ 1990, 668), ist in den in Abs 2 genannten Fällen immer gegeben. Das Gesetz hat damit zur Vereinfachung des Vollzugs und zur Vermeidung von Abgrenzungsschwierigkeiten nach Abs 1 einige Fehler benannt, in denen **Mindestvoraussetzungen,** unter denen nach rechtsstaatlichen Gesichtspunkten eine Wirksamkeit fehlerhafter VAe hingenommen werden kann, fehlen.

32 **2. Fehlende Erkennbarkeit der erlassenden Behörde (Nr 1).** Das Erfordernis, dass bei einem schriftlichen oder elektronischen VA die Behörde erkennbar sein muss, die ihn erlassen hat, gehört gem § 37 Abs 3 zu den Mindestformerfordernissen eines schriftlichen oder elektronischen VA (vgl auch WBS II § 48 Rn 25). Nr 1 trägt vor allem dem Umstand Rechnung, dass Rechtsbehelfe gegen einen VA schwierig, wenn nicht unmöglich sind, wenn die ausstellende Behörde nicht bekannt ist (Begr 69), und dass vielfach nicht einmal mit Sicherheit feststellbar ist, ob überhaupt eine Behörde gehandelt hat (vgl OVG Schleswig NordÖR 2002, 239) und ein VA vorliegt oder nicht, sowie ob nicht eine absolut unzuständige Behörde den VA erlassen hat. Nicht zwingend erforderlich ist, dass die Behörde im Briefkopf genannt wird; ausreichend ist, wenn sie im Bescheid überhaupt genannt wird (OVG Weimar NVwZ-RR 1995, 253).

33 **a) Erkennbarkeit.** Trotz der allgemeinen Fassung der Vorschrift und des Sinns der Schriftlichkeit eines VA, der darin besteht, dass alle wesentlichen Elemente **aus dem entsprechenden Schriftstück selbst,** grundsätzlich aus dem Kopf, dem Rubrum oder einem entsprechenden Zusatz bei der Unterschrift, ersichtlich sein müssen, tritt Nichtigkeit nach Abs 2 Nr 1 nicht ein, wenn der Betroffene dem Bescheid insgesamt entnehmen kann, welche Behörde gehandelt hat. Außerdem genügt es, um die Anwendung des Abs 2 auszuschließen, dass die erlassende Behörde aus dem Text des VA, ggf im Wege der Auslegung, oder aus dem Umschlag, dem Poststempel bei Selbststemplern, der Zustellungsurkunde usw (VGH Mannheim VBlBW 1988, 439; Knack/Henneke 33) zweifelsfrei festgestellt werden kann. Nicht ausreichend ist dagegen idR, wenn allein dem Betroffenen, etwa auf Grund vorangegangener Gespräche, die Zuordnung des VA zu einer bestimmten Behörde möglich ist.

34 **Der fehlenden Erkennbarkeit gleich** steht es, wenn zwar die Behörde angegeben ist, diese aber nach den Umständen des Falles offensichtlich nicht die ausstellende Behörde gewesen sein kann, oder wenn eine nicht existierende Behörde angegeben ist. Gleiches gilt, wenn in einem VA mehrere unterschiedliche Behörden als Aussteller in Betracht kommen. Angabe der Behörde nur nach einer **generellen Bezeichnung,** zB Landratsamt, **genügt nicht,** wenn es mehrere Behörden dieser Art gibt und dem VA nicht zweifelsfrei entnommen werden kann, welche davon den VA erlassen hat. Ist nicht erkennbar, ob überhaupt eine Behörde gehandelt hat, so fehlt es schon an der Eigenschaft als VA.

35 **b) Entsprechende Anwendung?** Die Regelung des Abs 2 Nr 1 ist **nicht entsprechend anwendbar** auf das **Fehlen der Unterschrift** bzw der Namenswiedergabe, wie sie in § 37 Abs 3 vorgeschrieben ist. Allerdings entfaltet ein nicht unterschriebener bzw mit Namensangabe versehener Bescheid keine Wirksamkeit, wenn nach den näheren Umständen seines Erlasses angenommen werden muss, dass der Akt noch nicht als endgültige Entscheidung der Behörde gewollt war, sondern erst den Entwurf eines VA darstellt.[75] Das gilt insb auch dann, wenn für einen VA die **Form der Urkunde vorgeschrieben** ist. Nr 1 gilt unmittelbar nur für schriftliche oder elektronische VAe sowie für die schriftli-

---

[75] S oben Rn 26; § 37 Rn 32; v Wulffen SGB-X § 40 Rn 12; weitergehend Weber Saarl Kommunalzeitschrift 1985, 34: immer nichtig; Nachholung nur als Neuvornahme des VA, auch nicht gem § 42 unbeachtlich; **aA** VGH München NVwZ 1987, 729; Stelkens BauR 1978, 161; MB 23 zu § 37; Badura, in: Boorberg-FS 1977, 218: idR nur anfechtbar.

che oder elektronische Bestätigung eines in anderer Form ergangenen VA gem § 37 Abs 1 S 2 (Knack/Henneke 34) und ist als Ausdruck eines allgemeinen Rechtsgedanken **analog anwendbar** auch auf **mündliche oder in anderer Weise erlassene VAe,** wenn für die Betroffenen auch aus den Umständen des Erlasses nicht mit hinreichender Sicherheit erkennbar ist, ob eine Behörde und ggf welche Behörde die Regelung getroffen hat.[76]

3. Verstoß gegen das Erfordernis einer Urkundenaushändigung (Nr 2). Nr 2 betrifft – in Übereinstimmung mit der schon früher hM (vgl F 239; Obermayer VerwR 2. Aufl 117, 120) – die eher seltenen Fälle, in denen nach den maßgeblichen Rechtsvorschriften die Aushändigung einer Urkunde einen konstitutiven, unerlässlichen Teil des Erlasses des VA selbst bildet (Ziekow 12). Dies gilt vor allem für die **Einbürgerung** gem § 16 StAG (OVG Münster NVwZ 1986, 936), für die dieses Erfordernis vor allem im Hinblick auf die Bedeutung der Entscheidung und im Interesse der Rechtssicherheit zwingend vorgeschrieben ist (WBS II § 49 Rn 25). Für die Wirksamkeit von **Ernennungen im Beamtenrecht** bestehen Sonderbestimmungen (vgl § 10 Abs 2 BBG; § 11 Abs 1 Nr 1 BeamtStG), die grundsätzlich vorgehen (BVerwGE 81, 284); str ist hier ua auch, ob bei einer Beamtenernennung ohne Aushändigung der Ernennungsurkunde die Ernennung nicht nur nichtig iS der entspr Regelungen des Beamtenrechts, die eine rückwirkende Heilung zulassen, ist, sondern eine „Nichternennung", dh ein Nicht-VA vorliegt.[77] 36

Nicht unter die Regelung fallen VAe, bei denen die Ausstellung einer Urkunde **nur Legitimations- oder Beweiszwecken** dient, zB die Reisegewerbekarte, der Führerschein, die Gaststättenerlaubnis usw (vgl Obermayer/Funke-Kaiser 33; Ehlers DÖV 1991, 480). Im Zweifel ist anzunehmen, dass eine Rechtsvorschrift nur diese Form meint. Auf die Verletzung solcher und anderer Formvorschriften ist Nr 2 auch nicht analog anwendbar. 37

4. Örtliche Unzuständigkeit nach § 3 Abs 1 Nr 1. a) Ortsgebundene Rechte. Nr 3 trägt – im Einklang mit der vor Erlass des VwVfG hM[78] – der besonderen Bedeutung der örtlichen Zuständigkeit für die in § 3 Abs 1 Nr 1 genannten Fälle besonderer Ortsgebundenheit von VAen Rechnung (s dazu näher § 3 Rn 19a, 20). Sie ist über den insoweit zu engen Wortlaut hinaus auch auf Fälle anzuwenden, in denen die Zuständigkeit durch andere Rechtsvorschriften im gleichen Sinn wie in § 3 Abs 1 Nr 1 geregelt ist (ebenso Knack/Henneke 36; vgl auch München BayVBl 1976, 726; ferner Art 44 Abs 1 Nr 3 BayVwVfG). Auf die **Verletzung der sachlichen Zuständigkeit** und der nicht unter dem Gesichtspunkt der „belegenen Sache" begründeten örtlichen Zuständigkeit ist Nr 3 dagegen **nicht, auch nicht analog anwendbar;** insoweit verbleibt es bei der Regel des Abs 1. Zur Nichtigkeit bei krassen Verstößen gegen Zuständigkeitsbestimmungen s oben Rn 14. Im Zweifel, insb bei fehlender Offenkundigkeit, ist nicht Nichtigkeit, sondern nur einfache Rechtswidrigkeit, uU Unerheblichkeit anzunehmen. 38

b) Fehlende Ermächtigung. Nichtigkeit nach Abs 2 Nr 3 setzt voraus, dass die nach § 3 Abs 1 Nr 1 unzuständige Behörde zu ihrem Handeln nicht ermächtigt ist. Hier kommt vor allem die Ermächtigung zum Handeln in Fällen der Eil- und Notzuständigkeit (vgl zB § 3 Abs 4) in Betracht (StBS 142; Knack/Henneke 37). Die Ermächtigung muss grundsätzlich wirksam sein; auf die Rechtmäßigkeit kommt es dagegen nicht an (StBS 138; weiter OVG Münster NVwZ 1993, 75). 38a

---

[76] Obermayer/Funke-Kaiser 30; **aA** Knack/Henneke 34; FKS 16.
[77] So StBS 134; Wagner DÖV 1988, 283; **aA** Knack/Henneke 35: nur nichtig.
[78] Vgl VGH München BayVBl 1976, 726; BayVerfGH 4, 9 f; F 229 f, 235; WBS II § 49 Rn 26; Obermayer VerwR 2. Aufl 119.

39 **5. Tatsächliche objektive Unmöglichkeit (Nr 4). a) Allgemeines.** Nr 4 entspricht dem allgemeinen Rechtsgrundsatz, dass niemand zu objektiv unmöglichen Leistungen verpflichtet ist oder werden kann.[79] Die Regelung gilt nach dem Wortlaut unmittelbar **nur für die objektive tatsächliche Unmöglichkeit,** dh dass nach dem gegenwärtigen Stand der Wissenschaft, Technik usw niemand den VA ausführen könnte. Sie ist **zumindest analog** auch auf solche Fälle anwendbar, in denen eine Leistung zwar technisch usw möglich ist, jedoch mit einem **so hohen Aufwand** oder mit **so großen Schwierigkeiten** verbunden wäre, dass niemand sie vernünftigerweise in Betracht ziehen würde.[80] Da es auf die Offensichtlichkeit der Unmöglichkeit nicht ankommt, kann sich diese auch erst später im Zuge der Erfüllung oder Vollstreckung herausstellen (StBS 145). Bloße **Unzumutbarkeit** hat idR nur die Fehlerhaftigkeit, nicht die Nichtigkeit des VA zur Folge. Um einen Fall objektiver Unmöglichkeiten handelt es sich auch, wenn die geforderte Leistung usw zwar an sich möglich ist, **der VA dem Betroffenen aber keine Möglichkeit dazu lässt.**[81] Die mangelnde Eignung eines VA oder der durch den VA gebotenen Handlung usw zur Erreichung des mit dem VA verfolgten Zwecks fällt nicht unter den Begriff der Unmöglichkeit iS von Nr 4; sie kann aber ebenfalls die Nichtigkeit des VA zur Folge haben, wenn hierin ein schwerer und offensichtlicher Fehler gem Abs 1 liegt (s Rn 28).

40 **b) Rechtliche Unmöglichkeit.** Rechtliche Unmöglichkeit **reicht grundsätzlich nicht aus** (StBS 146). Es führt also nicht zur Nichtigkeit, wenn der VA Anordnungen trifft, die aus rechtlichen Gründen nicht ausgeführt werden darf, sofern kein Fall des Abs 2 Nr 5 vorliegt (Bsp: Keine Nichtigkeit einer nur an einen von mehreren Miteigentümern gerichteten Abrissverfügung; s Rn 42a). **Umstritten** ist, ob Nichtigkeit gem Abs 2 Nr 4 eintritt, wenn die rechtliche Unmöglichkeit sich ebenso kategorisch auswirkt wie die tatsächliche Unmöglichkeit.[82] Maßgeblich ist insoweit nicht ohne weiteres die Frage der Vollstreckbarkeit, sondern die **Frage, ob der Pflichtige die Leistung unter keinen Umständen bewirken kann.** Dies ist etwa der Fall bei der Einbürgerung einer Person, die bereits die deutsche Staatsangehörigkeit besitzt (VGH München VerwRspr 1961 Nr 83) oder bei beamtenrechtlichen Maßnahmen gegenüber einem Nichtbeamten (StBS 115, 146). Die Verpflichtung eines Ausländers, seine Wiedereinbürgerung im Heimatland herbeizuführen, ist rechtlich nicht unmöglich.[83] Die Verpflichtung ist allerdings nicht vollstreckbar, wenn der Betroffene darlegt, dass ihm die Erfüllung tatsächlich nicht möglich ist.

41 **c) Begriff der Ausführung.** Der Begriff der Ausführung in Nr 4 ist im **weitesten Sinn** zu verstehen. Betroffen sind nicht nur VAe, die eine bestimmte Leistung oder Handlung gebieten, sondern auch solche, die auf eine Unterlassung gerichtet sind, sowie uU auch gestaltende oder feststellende VAe, die Berechtigungen begründen oder feststellen uä, die auf etwas objektiv Unmögliches

[79] KreisG Dresden NVwZ 1993, 601 zu einem Gebührenbescheid, der auf eine nicht mehr gültige Währungseinheit ausgestellt ist; OLG Stuttgart NJW 1988, 1616; Erichsen/Ehlers § 22 Rn 5; ebenso zum bisherigen Recht F 242; Obermayer VerwR 2. Aufl 121; Erbel, Die Unmöglichkeit von VAen, 1972.

[80] Ebenso Knack/Henneke 38; Ziekow 14; **aA** StBS 140; Obermayer/Funke-Kaiser 39; FKS 19; v Wulffen SGB-X § 40 Rn 14.

[81] Vgl VGH Kassel NVwZ 1982, 514: eine Zwangsmittelandrohung ohne Fristsetzung ist nichtig, weil sie dem Betroffenen keine Möglichkeit lässt, sie zu befolgen, bevor uU Vollzugsmaßnahmen eingeleitet werden; im entschiedenen Fall zweifelhaft.

[82] Vgl Kreisgericht Dresden NVwZ 1993, 601: ein auf DDR-Mark ausgestellter Zahlungsbescheid ist nichtig, da der Leistung nach Einführung der D-Mark als alleiniges Zahlungsmittel dauernde Rechtshindernisse entgegenstehen; **aA** StBS 146.

[83] So auch StBS 148; **aA** VGH Mannheim NVwZ 1994, 1233.

gerichtet sind (ABegr 9). **Nichtig sind zB VAe** bezüglich einer nicht existierenden Person (hier wird es idR schon an einer wirksamen Bekanntgabe fehlen, vgl StBS 111, 143) oder eines nicht existierenden Objekts; dies jedenfalls dann, wenn es sich um höchstpersönliche VAe bzw nur für ganz bestimmte Objekte gewollte Regelungen handelt (s oben Rn 27), zB die Entziehung der Fahrerlaubnis eines Verstorbenen (s oben Rn 39); die Unterschutzstellung eines nicht mehr existierenden Denkmals (OVG Münster NWVBl 1990, 199); die Abbruchverfügung hins. eines bereits beseitigten Bauwerks, die Planfeststellung für einen Plan, der mit der tatsächlichen Örtlichkeit in wesentlichen Punkten nicht übereinstimmt.[84] Kein Fall des Abs 2 Nr 4 liegt vor, wenn in einer Baugenehmigung, die auf ein Baugesuch zurückgeht, die Größe des Baugrundstücks unrichtig angegeben ist.

d) Subjektive Unmöglichkeit. Nicht anwendbar ist Nr 4 auf die Fälle der subjektiven Unmöglichkeit (Unvermögen), wenn also (nur) der Adressat des VA oder ein sonstiger Betroffener aus wirtschaftlichen, finanziellen oder anderen in seiner Person liegenden Gründen die durch den VA ihm auferlegte Leistung usw nicht erbringen kann, wohl aber die Leistung uä objektiv möglich wäre und von einem Dritten erbracht werden könnte. In solchen Fällen ist die Frage der Nichtigkeit ausschließlich nach Abs 1 zu beurteilen (M 111; Knack/Henneke 39). Nichtig sind nach Abs 1 VAe wegen subjektiven Unvermögens des Betroffenen **ausnahmsweise** dann, wenn ein VA **höchstpersönliche Leistungen** uä betrifft, die der Betroffene aus Gründen, die er nicht zu vertreten hat, wie Krankheit, Alter usw, offensichtlich nicht in der Lage ist, zu erbringen, und die gleichwohl zu fordern, offensichtlich dem Sinn und Zweck der gesetzlichen Ermächtigung, auf die sich der VA stützt, nicht entsprechen kann (ebenso Knack/Henneke 25). 42

Keine Nichtigkeit liegt vor bei Anordnungen, die der **Pflichtige mangels Berechtigung nicht erfüllen kann** (zB der Verpflichtete darf nicht ohne Zustimmung der übrigen Miteigentümer den Abriss durchführen), weil in derartigen Fällen die erforderliche Berechtigung nachträglich geschaffen werden kann, zB durch Erlass von Duldungsverfügungen usw.[85] Nebenbestimmungen zu einer Genehmigung uä sind idR auch dann wirksam, wenn der Erlaubnisnehmer wegen entgegenstehender Rechte Dritter rechtlich nicht in der Lage ist, sie zu erfüllen. Die Nebenbestimmung verpflichtet in diesen Fällen den Erlaubnisnehmer usw ja nicht unbedingt, sondern nur für den Fall, dass er von der Genehmigung Gebrauch macht, was allein in seinem Willen steht (BVerwG DÖV 1966, 701). 42a

6. Verlangen strafbaren bzw ordnungswidrigen Handelns (Nr 5). a) Strafbarkeit. Abs Nr 5 ist eine notwendige Folge der Einheit der Rechtsordnung und soll zugleich den Betroffenen Konflikte ersparen, die sich aus der Befolgung eines VA im Hinblick auf das Straf- oder Ordnungswidrigkeitsrecht ergeben könnten. Die Regelung entspricht der schon vor Erlass des Gesetzes hM.[86] Durch die Fassung der Vorschrift ist klargestellt, dass es **allein** auf **die objektive Tatbestandsmäßigkeit** und **Rechtswidrigkeit** der in Frage stehenden Handlung, nicht auf subjektive Elemente, insb auch nicht auf ein etwaiges Verschulden (das im Hinblick darauf, dass der Betroffene etwas ihm durch Hoheitsakt verbindlich Aufgetragenes tun würde, zweifelhaft sein könnte) ankommt (ebenso StBS 150; Knack/Henneke 40). Soweit im Einzelfall **Rechtfertigungs-** 43

[84] Vgl PrOVG 28, 381; F 242; zT **aA** BVerwG NVwZ 1992, 554 = DVBl 1992, 568.
[85] OVG Lüneburg NJW 1994, 3309; VGH Mannheim VBlBW 1994, 310; v Kalm DÖV 1996, 463.
[86] Vgl WBS II § 49 Rn 27; F 247; Obermayer VerwR 2. Aufl 121; OLG Celle NJW 1969, 2250.

gründe gegeben sind, ist auch der VA wirksam, zB ein VA, der eine Handlung gebietet, die nach den Grundsätzen des übergesetzlichen Notstandes gerechtfertigt ist (ebenso Knack/Henneke 40). Keine Nichtigkeit ist gegeben, wenn das verlangte Verhalten durch den VA selbst gerechtfertigt wird **(Legalisierungswirkung).** Allerdings ist umstritten, wann der VA eine derartige Wirkung entfalten kann.[87] Der Streit spielt vor allem im Bereich des Umweltstrafrechts eine wichtige Rolle.

44 **b) Begriff des Verlangens.** Abs Nr 5 gilt dem Wortlaut nach nur für VAe, die die Begehung einer Straftat oder Ordnungswidrigkeit „verlangen", also dazu verpflichten. Dasselbe muss aber auch dann gelten, wenn ein VA die Begehung einer entsprechenden Tat erfordert oder erlaubt, letzteres zumindest dann, wenn die Rechtswidrigkeit der Gestattung offensichtlich ist (so zum bish Recht OLG Celle NJW 1969, 2250 zur Erlaubnis für ein strafbares Glücksspiel). Nicht unter Nr 5 fällt es, wenn die Behörde selbst mit ihrem Handeln einen Straftatbestand verwirklicht oder wenn sie ihn lediglich ermöglicht oder zulässt (v Wulffen SGB X § 40 Rn 15).

45 **c) Sonstige Rechtswidrigkeit.** Auf andere Fälle rechtswidrigen Handelns ist Abs Nr 5 nicht, auch nicht analog, anwendbar. Das gilt insb für Fälle sog rechtlichen Unvermögens, in denen der Betroffene aus rechtlichen Gründen nicht in der Lage ist, einem Gebot, Verbot usw nachzukommen, von einer Erlaubnis Gebrauch zu machen usw.[88]

46 VAe, die einen Verstoß **gegen ein gesetzliches Verbot** verlangen oder zulassen, sind nur unter den Voraussetzungen des Abs 1 nichtig.[89] Keine Nichtigkeit tritt ein, wenn der durch den VA Verpflichtete seine Pflicht nur nach Zustimmung durch Dritte erfüllen kann (zB Eigentümer benötigt Zustimmung von Miteigentümern oder Mietern usw). In diesen Fällen kann die zivilrechtliche Möglichkeit noch bis zum Beginn des Vollstreckungsverfahrens hergestellt werden, zB durch Erlass von Duldungsverfügungen usw.[90] Unschädlich ist es auch, wenn der in Frage stehende VA nur vorbehaltlich der Zustimmung eines anderen, die zur rechtmäßigen Ausführung erforderlich ist, ergeht oder erkennbar nur eine Teilregelung gegenüber einem Adressaten trifft, die durch eine entsprechende Duldungsverfügung usw gegen die übrigen Mitberechtigten, ohne deren Zustimmung sonst der Verpflichtete nicht handeln könnte, ergänzt werden soll.[91]

47 **7. Verstoß gegen die guten Sitten (Nr 6).** Nr 6 entspricht dem allgemeinen, in § 138 BGB zum Ausdruck gekommenen, aber auch im öffentlichen Recht geltenden Grundsatz, dass sittenwidrige Rechtshandlungen keine Rechtswirkungen haben.[92] Im Einzelnen ist die Abgrenzung umstritten und wird auch in Nr 6 nicht weiter geklärt. In Übereinstimmung mit der bisher hM sind entgegen der insoweit nicht ganz klaren Fassung der Nr 6 nicht nur VAe als nichtig anzusehen, die selbst nach Inhalt oder Zweck gegen die guten Sitten verstoßen, sondern auch solche, die dem Bürger sittenwidriges Verhalten gebieten oder

---

[87] S hierzu näher StBS § 43 Rn 149.

[88] Begr 64; Obermayer VerwR 2. Aufl 121: Nichtigkeit bei Verstoß gegen ein gesetzliches Verbot; vgl auch BVerwGE 8, 332; BayObLGZ 1970, 192.

[89] VGH Mannheim UPR 1990, 355; WBS II § 49 Rn 33; Knack/Henneke 26; MB 14; zu Zusicherungen vor Inkrafttreten des VwVfG auch BVerwGE 48, 166; 49, 359 mwN; **aA** zu Zusicherungen Knack/Henneke § 38 Rn. 25: die Auffassung, dass die Zusicherungen, die gegen gesetzliche Verbote verstoßen, nichtig seien, lässt sich nach § 38 VwVfG nicht mehr aufrechterhalten; solche Zusicherungen sind rechtswidrige VAe.

[90] Inzwischen ganz hM und stRspr, vgl. BVerwGE 40, 101, 103 mwN.

[91] BVerwGE 40, 101; VGH München BayVBl 1977, 403; prOVG 72, 284; OVG Münster OVG ML 26, 141; OVG Saarbrücken BRS 20 Nr 213; F 248.

[92] Begr 64; Erichsen/Ehlers § 22 Rn 5; Kirchberg NVwZ 1983, 142; enger F 247.

erlauben,[93] oder die in sittenwidriger Weise herbeigeführt, insb zB erschlichen, wurden (vgl BGH NJW-RR 1987, 831).

a) Begriff der Sittenwidrigkeit. Sittenwidrigkeit bedeutet, dass der VA das **Anstandsgefühl aller billig und gerecht Denkenden** verletzt.[94] Dabei ist nicht nur auf die in der Gesellschaft vorherrschenden Auffassungen über sittengemäßes Verhalten, sondern **vor allem auch auf das Wertesystem** des GG abzustellen (Obermayer/Funke-Kaiser 44; Sack NJW 1985, 761; Knack/Henneke 42). Nicht erforderlich ist ein Verstoß gegen tragende, allgemein anerkannte Grundsätze der Moral oder Ethik, oder gar, dass sich die Behörde mit dem Erlass des VA außerhalb der Grundlagen des moralischen und ethischen Empfindens stellt. Was als gute Sitten anzusehen ist, ist den sozialethischen Wertvorstellungen zu entnehmen, die in der Rechtsgemeinschaft als maßgebliche Ordnungsvoraussetzungen anerkannt sind.[95] Es genügt ein **Widerspruch zu Mindestanforderungen anständigen, redlichen Verhaltens,** wie sie in der Rspr zu §§ 138, 242 BGB entwickelt wurden, insb auch ein Widerspruch zu grundlegenden Wertungsmaßstäben des GG (VGH München BayVBl 1976, 237), zB Nötigung zur Eheschließung, zur Annahme eines bestimmten religiösen Bekenntnisses (vgl F 247), antisemitische Maßnahmen, die Ausnutzung einer Notlage des Bürgers, der auf die in Frage stehende Entschädigung angewiesen war (Degenhart NVwZ 1982, 74), die Durchführung von Veranstaltungen, die mit der Menschenwürde nicht vereinbar sind.[96] 48

b) Maßstab. Bei der Beurteilung, ob ein Verstoß gegen die guten Sitten vorliegt, ist ein durchschnittlicher Maßstab anzuwenden (VGH München BayVBl 1976, 238). Ein Verstoß ist nur dann anzunehmen, wenn die Abweichung von der **herrschenden Rechts- und Sozialmoral** erheblich ist und der Handelnde sich der Sittenwidrigkeit seines Tuns bewusst war oder bewusst sein musste. **Bloße Sittenwidrigkeit des Motivs** macht einen VA idR nicht nichtig (vgl auch zur ähnlich liegenden Situation bei Verträgen BVerwGE 42, 342f; BGH NJW 1958, 1772); ebenso wenig nicht ohne weiteres schon der Umstand, dass der VA mit sittenwidrigen Mitteln erwirkt, wurde, zB durch Täuschung, Drohung oder Bestechung.[97] Es kann sich in Fällen der letztgenannten Art aber Nichtigkeit nach Abs 1 ergeben, insb wenn die inkriminierenden Umstände den Beteiligten bekannt oder doch für sie erkennbar sind. 49

c) Willkürmaßnahmen. Nichtig gem Nr 6 sind auch auf **reiner Willkür** beruhende VAe, insb VAe, für die kein denkbarer sachlicher Grund spricht oder die in grober Außerachtlassung elementarer Grundsätze eines rechtsstaatlichen Verfahrens erlassen wurden (vgl M 70, 104, 110; MDH 66ff zu Art 103 GG); ebenso VAe, die einen **groben Verstoß gegen das Kopplungsverbot** enthal- 50

[93] BVerwGE 84, 314 = NVwZ 1990, 668 zur Erlaubnis sog peep-shows nach § 35a Abs 1 GewO; OVG Hamburg NVwZ-RR 1993, 793; Obermayer/Funke-Kaiser 45; StBS 155; Discher JuS 1991, 642; vgl zur vergleichbaren Situation bei Urteilen auch BGH NJW-RR 1987, 831; **aA** Knack/Henneke 44: würde wegen der sich laufend ändernden Auffassungen über sittengemäßes Verhalten zu große Rechtsunsicherheit zur Folge haben.

[94] BGH NJW 1990, 1356; VGH München BayVBl 1976, 227; VG Berlin NVwZ 1988, 757; StBS 154.

[95] BVerwGE 64, 276, 282; 71, 30 zu § 33a GewO; BVerwGE 71, 36 zu § 4 Abs 1 Nr 1 GastG zugleich mit der Klarstellung, dass BVerwGE 49, 160 insoweit nicht alle wesentlichen Belange nennt; BVerwGE 84, 317 = NVwZ 1990, 668; VG Berlin NVwZ 1988, 757.

[96] BVerwGE 64, 274; 64, 280; 84, 314 = NVwZ 1990, 668: auch bei Peep-Show anzunehmen, zweifelhaft; OVG Münster GewArch 1983, 363; Gern NJW 1983, 1585; Redeker BayVBl 1985, 73 mwN; VGH Mannheim NVwZ 1988, 640 mit einer Übersicht zur Rspr und zum Schrifttum; zur Verfassungsmäßigkeit auch BVerfG NJW 1987, 3246; vgl auch VGH München NVwZ 1992, 78.

[97] VGH Mannheim DVBl 1990, 1098; Montag JuS 1992, 645; Knack/Henneke 44; zT **aA** Obermayer VerwR 2. Aufl 122: Nichtigkeit des durch Drohung oder Zwang gegen den Amtsträger herbeigeführten VA.

ten,[98] auch etwa, weil die Gegenleistung sittenwidrig ist oder für einen zu missbilligenden Zweck bestimmt ist, oder weil die Behörde mit der Forderung der Gegenleistung eine Zwangslage des Betroffenen ausnützt.

IV. Nicht zur Nichtigkeit führende Verstöße (Abs 3)

51 **1. Allgemeines.** Abs 3 enthält einen **nicht abschließenden Katalog** wichtiger Fälle, in denen die Fehlerhaftigkeit des VA nicht dessen Nichtigkeit zur Folge haben, auch wenn der Fehler vielleicht sonst iS von Abs 1 als schwer oder offenkundig gewertet werden könnte. Die genannten Fälle sind vielmehr zugleich als Beispiele für die Beurteilung ähnlicher Fälle gedacht. Die Nichtigkeit kann sich jedoch auch in den in Abs 3 genannten Fällen durch das Hinzutreten weiterer Umstände gem Abs 1 oder Abs 2 ergeben („nicht schon deshalb nichtig").

52 **2. Verletzung der örtlichen Zuständigkeit (Nr 1).** Nr 1 stellt klar, dass eine Verletzung der Vorschriften über die örtliche Zuständigkeit abgesehen von den Fällen des Abs 2 Nr 3 nicht zur Nichtigkeit führen. Das gilt auch für eine Verletzung der Verbandszuständigkeit (Oldiges DÖV 1989, 873, 882), für die das vor Inkrafttreten des VwVfG umstritten war (StBS 160 ff). Im Übrigen entspricht die Regelung der schon früher hM.[99] Zum Begriff der örtlichen Zuständigkeit s § 3 Rn 4. Zu den Folgen einer **Verletzung der sachlichen Zuständigkeit** s oben Rn 17 und 38. In Fällen absoluter Unzuständigkeit kann sich die Nichtigkeit des VA aus Abs 1 ergeben (s oben Rn 14). Nach § 46 bleibt eine Verletzung von Vorschriften über die örtliche Zuständigkeit uU überhaupt ohne Rechtsfolgen (s § 46 Rn 22).

53 **3. Mitwirkung ausgeschlossener Personen (Nr 2). a) Grundsatz.** Nr 2 regelt, ebenfalls vorbehaltlich etwa hinzukommender weiterer Gesichtspunkte, die Folgen der rechtswidrigen Mitwirkung von Personen, die gem § 20 Abs 1 S 1 Nr 2–6 ausgeschlossen sind.[100] Allein wegen der Unzulässigkeit der Mitwirkung eines Amtsträgers soll danach die Nichtigkeit nicht eintreten; es müssen vielmehr weitere Gesichtspunkte hinzutreten. Die Regelung ist auch auf die entsprechenden Ausschlussgründe nach anderen, gem dem Vorbehalt in § 1 zugunsten inhaltsgleicher oder entgegenstehender Vorschriften aufrechterhaltenen Bestimmungen anzuwenden; ebenso auf den Ausschluss auf Grund besonderer Anordnung oder Entscheidung gem § 21, § 65 Abs 1 und § 71 Abs 3 oder auf Grund vergleichbarer Vorschriften.[101]

54 **b) Einschränkungen.** Wie sich aus dem allgemeinen Vorbehalt in Abs 3 („nicht schon deshalb nichtig") ergibt, erfasst Nr 2 nur Fälle, in denen die besonderen in § 20 Abs 1 S 1 Nr 2–6 genannten Beziehungen bzw Befangenheit iS des § 21 den VA nicht offensichtlich wesentlich beeinflusst haben.[102] **Bei offensichtlicher Parteilichkeit** der Entscheidung kann deshalb ungeachtet der Nr 2 Nichtigkeit nach Abs 1 anzunehmen sein (vgl UL § 12 Rn 23). Ausgeschlossen

---

[98] VGH München BayVBl 1976, 237, in der Sache freilich wohl zu weitgehend, weil ein grober Verstoß nicht ersichtlich ist; BGH VRspr 24, 715 mwN auch zur Rspr des RG; s zum Koppelungsverbot auch § 56 Rn 16, zu Nebenbestimmungen zum VA auch § 36 Rn 53.

[99] BayVerfGHE 4, 9; VGH München BayVBl 1976, 726; WBS II § 49 Rn 30; BGHZ 4, 11; Obermayer VerwR 2. Aufl 119.

[100] Ebenso zum früheren Recht F 234; Kopp SGb 1994, 235.

[101] Vgl BSG SGb 1994, 232 im Anm Kopp: Mitwirkung von Beamten, die von einem Beteiligten wegen Besorgnis der Befangenheit abgelehnt werden können, ist kein Nichtigkeitsgrund, auch wenn nicht auszuschließen ist, dass das Verhalten des Beamten den Ausgang des Verfahrens beeinflusst hat.

[102] StBS 178; Kopp SGb 1994, 235 auch zur Frage der Kausalität des Verhaltens für die Entscheidung der Behörde.

ist die Anwendung der Nr 2 auf die Fälle des **Handelns in eigener Sache** gem § 20 Abs 1 S 1 Nr 1 oder nach entsprechenden Vorschriften. Insoweit bleibt es bei der Regelung des Abs 1 (ebenso Knack/Henneke 49; v Wulffen SGB-X § 40 Rn 19). Umstritten ist, ob zu den von Nr 2 erfassten **Mitwirkungshandlungen** auch die Einwirkung auf Ermittlungen oder Verfahrensentscheidungen oder auf Mitwirkungsakte anderer Behörden zählt. Maßgeblich dürfte sein, ob der Tätigkeitsbeitrag der ausgeschlossenen Person als Teil des regulären Verwaltungsverfahrens erscheint; insoweit wird nicht nur die Mitwirkung an der Endentscheidung erfasst (Knack/Henneke 49, aA wohl StBS 187). Erfasst werden dürfte auch die Mitwirkung an der Entscheidung eines Ausschusses. Dass insoweit nur Behördenbedienstete gemeint seien, lässt sich der Vorschrift nicht entnehmen (**aA** StBS 178). Allerdings gilt auch hier, dass die Vorschrift Nichtigkeit nicht ausschließt, wenn Anhaltspunkte dafür vorliegen, dass die ausgeschlossene Person nicht unparteiisch entschieden hat, auch wenn ihre Stimme dabei nicht den Ausschlag gegeben hat.[103]

4. Fehlende, fehlerhafte Beschlussfassung eines Ausschusses (Nr 3). 55
Nr 3 trägt dem Umstand Rechnung, dass der Mangel in diesen Fällen idR den Beteiligten nicht bekannt ist und die Annahme der Nichtigkeit des VA mit den Erfordernissen der Rechtssicherheit und ggf des Vertrauensschutzes nicht vereinbar wäre. Die Regelung entspricht der schon früher hM.[104] Nicht unter Nr 3, sondern unter Nr 4 fallen Mängel der Beschlussfassung von Ausschüssen, die selbst Behördeneigenschaft iS des § 1 Abs 3 haben (StBS 183; Knack/Henneke 50). Nicht als Ausschuss iS von Nr 3 anzusehen ist auch der Personalrat (s § 1 Rn 54; die Vorschrift ist darauf aber analog anzuwenden (BVerwGE 68, 193).

Beschlüsse iS der Vorschrift sind sowohl solche, auf denen der VA unmittelbar beruht und deren „Vollzug“ er darstellt, als auch sonstige Beschlüsse, mit denen ein bei der Behörde gebildeter Ausschuss einem beabsichtigten VA zustimmt oder dazu Stellung nimmt (Knack/Henneke 50; letzteres ist aber im Hinblick auf die Fassung der Vorschrift „für den Erlass … vorgeschrieben“, zweifelhaft). Dem Fehlen eines Beschlusses ist die Nichtigkeit des Beschlusses sowie eine etwa noch vor Erlass des VA erfolgte Aufhebung gleichzusetzen. Zur Beschlussfähigkeit von Ausschüssen und den Beschlusserfordernissen s §§ 90 f. 56

Auf die Art der Mitwirkungshandlung kommt es grundsätzlich nicht an. 57
Die Mitwirkung kann, je nach der im konkreten Fall anwendbaren Vorschrift, in einer erforderlichen **Zustimmung,** Genehmigung ua oder auch in einer vorgeschriebenen bloßen **Anhörung** bestehen.[105] **Unerheblich** ist, auf **welches Stadium** des Verfahrens sie sich bezieht, insb ob auf die Sachverhaltsermittlung oder die Entscheidung selbst, und ob sie im Rahmen des Verfahrens der entscheidenden Behörde oder als Bestandteil des Verfahrens einer anderen Behörde vorgeschrieben ist (Knack/Henneke 50). Auf die besondere Schwere und Offenkundigkeit des Fehlers bei der Mitwirkung kommt es grundsätzlich nicht an.[106] Etwas anderes kann gelten, wenn weitere Umstände hinzutreten, etwa bei den Beteiligten bekannter oder vielleicht sogar von ihnen mit herbeigeführter Umgehung der erforderlichen Beschlussfassung. Zur Möglichkeit der Heilung des Mangels, sofern er nicht Nichtigkeit zur Folge hat, s § 45 Abs 1 Nr 4.

5. Fehlende Mitwirkung einer anderen Behörde (Nr 4). Nr 4 trifft eine 58
der Nr 3 entsprechende Regelung für die Fälle sog mehrstufiger VAe, die ohne

---

[103] Begr 64; F 234; UL § 12 Rn 4 ff; StBS 178; MB 3; Obermayer VerwR 2. Aufl 119: Nichtigkeit in jedem Fall; **aA** Obermayer//Funke-Kaiser 50.
[104] Vgl BSG 24, 162 = MDR 1966, 540; WBS II § 49 Rn 30; F 227.
[105] Knack/Henneke 50; Ziekow 19.
[106] StBS 158; Knack/Henneke 50; Ziekow 19; im Ergebnis auch MB 21.

die (auf Grund besonderer Rechtsvorschriften, nicht auf Grund von bloßen Verwaltungsanordnungen) erforderliche Mitwirkung anderer Behörden erlassen werden. Die Regelung entspricht der schon früher überwiegenden, wenn auch nicht unbestrittenen Auffassung.[107] Ähnlich wie bei Nr 3 **kommt es auf die Art der Mitwirkung nicht an** (MB 25; Knack/Henneke 51), ebenso nicht auf das Stadium des Verfahrens und die Stellung im Rahmen des Verfahrens.

59 **Auch die Nichtbeteiligung einer Behörde,** deren Zustimmung erforderlich ist, oder die Nicht-Berücksichtigung der Versagung einer erforderlichen Zustimmung machen idR den VA **nicht nichtig,** sondern nur sonst fehlerhaft und rechtswidrig, mit der Möglichkeit einer Heilung gem § 45 Abs 1 Nr 5. Sofern die Mitwirkung nur dem Erlass des VA vorgeschaltet ist und nicht in der Form einer **gemeinsamen Entscheidung** (zB nach § 3 Abs 2 S 4 letzter Halbs) vorgeschrieben ist, liegt auch bei Offensichtlichkeit des Verstoßes idR kein Fall der Nichtigkeit des betroffenen VA nach Abs 1 vor; ebenso bei Fehlen einer für den Erlass des VA **erforderlichen Genehmigung,** zB der Aufsichtsbehörde, was idR zur schwebenden Unwirksamkeit führt. **Nicht unter Nr 4** fällt eine lediglich durch interne Verwaltungsanordnung gebotene Beteiligung anderer Behörden; die Verletzung solcher Anordnungen berührt die Rechtmäßigkeit des VA nicht (BVerwG DVBl 1976, 221; M 104).

V. Teilweise Nichtigkeit eines VA (Abs 4)

60 **1. Grundsatz der Teilnichtigkeit.** Abs 4 stellt in bewusster Abweichung von § 139 BGB (vgl BT-Dr 7/910 S. 65), jedoch in Übereinstimmung mit der schon vor Erlass des VwVfG hM[108] klar, dass die teilweise Nichtigkeit eines VA **nicht notwendig die Nichtigkeit des ganzen VA** zur Folge hat, sondern im Zweifel der Teil, der nicht von dem Nichtigkeitsgrund betroffen ist, wirksam bleibt. Im Interesse der Rechtssicherheit und des öffentlichen Interesses am Bestand der Hoheitsakte sollen die von der Nichtigkeit nicht betroffenen Teile nach Möglichkeit aufrechterhalten bleiben (Begr 65; F 250; WBS II § 49 Rn 69; entspr zur Teilnichtigkeit von Rechtsnormen BVerfG 17, 148).

61 **2. Maßgeblicher Behördenwille.** Bei der nach Abs 4 als maßgebliches Kriterium genannten Frage, ob die Behörde den VA auch ohne den nichtigen Teil erlassen hätte, ist, ähnlich wie bei vergleichbaren Regelungen (zB in § 38 Abs 3), entsprechend dem Zweck der Bestimmung nicht auf den subjektiven oder hypothetischen Willen der Behörde bzw die Meinung der für diese handelnden Amtsträger abzustellen. Maßgeblich ist vielmehr, ob **bei objektiver Betrachtungsweise,** die sich am Sinn und Zweck der Rechtssätze, deren Vollzug der VA dient, orientiert, zu erwarten ist, dass eine Behörde jedenfalls auch die verbleibende Regelung getroffen hätte oder aus Rechtsgründen hätte treffen müssen.[109] Vgl auch § 38 Rn 36 ff; die dort gemachten Ausführungen gelten hier entsprechend.

62 **3. Teilbarkeit des VAs.** Wesentlich iS der Vorschrift ist der nichtige Teil insb dann, wenn der verbleibende Teil keine selbstständige Bedeutung hat oder durch

---

[107] Vgl BVerwG DÖV 1972, 174; WBS II § 49 Rn 30; **aA** F 236 f.

[108] Vgl OVG Lüneburg OVG ML 23, 391; OLG München NVwZ 1982, 150; WBS II § 49 Rn 69; F 250; M 109.

[109] OVG Münster DVBl 1991, 1366; Knack/Henneke 55: nicht die tatsächliche Auffassung der handelnden Behörde, sondern der mutmaßliche Wille einer sachgemäß entscheidenden Behörde; Laubinger VerwArch 1982, 367: wie sich eine vernünftige, rechtlich denkende und sachlich entscheidende Behörde verhalten hätte; StBS 192; WBS II § 49 Rn 66; Obermayer 2. Aufl 120; Erichsen/Ehlers § 22 Rn 11; **aA** offenbar BSG 30, 219; MB 27: subjektiver Maßstab; einschränkend Maurer § 10 Rn 50: Nur bei Ermessensentscheidungen ist der mutmaßliche Wille der Behörde ausschlaggebend.

die Nichtigkeit des anderen Teils **einen anderen Sinn erhalten** und dadurch den Zweck verfehlen würde, den der VA insgesamt erfüllen sollte.[110] Im Einzelnen ist dabei auf dieselben Gesichtspunkte abzustellen, wie sie auch für die Teilaufhebung eines VA durch das Verwaltungsgericht im Rahmen eines Aufhebungsurteils gem § 113 VwGO gelten. Zur Teilbarkeit eines Planfeststellungsbeschlusses im Hinblick auf Ersatzmaßnahmen s BVerwG NVwZ 2001, 563, 564.

Besteht eine Rechtspflicht zum Erlass des VA ohne den nichtigen Teil, zB weil der Antragsteller kraft Gesetzes oder weil jede andere Entscheidung ermessensfehlerhaft wäre (s § 40 Rn 49 f), Anspruch auf Erlass eines VA ohne die beigefügte nichtige Bedingung usw hat, ist **stets** von der **Wirksamkeit** des nicht von der Fehlerhaftigkeit betroffenen, rechtlich allein möglichen „Teils" auszugehen.[111] Trennbarkeit ist ferner zu bejahen, wenn mehrere Verfügungen, zwischen denen kein zwingender innerer Zusammenhang besteht, nur äußerlich in einem VA zusammengefasst sind. 63

VI. Feststellung der Nichtigkeit (Abs 5)

1. Feststellung der Nichtigkeit durch die Behörde. Abs 5 ermächtigt die Behörde zur Feststellung der Nichtigkeit eines VA. Dies gilt auch für die Teilnichtigkeit gem Abs 4. Die Regelung lehnt sich an § 43 Abs 1 VwGO an und entspricht dem früheren Recht.[112] Obwohl die Nichtigkeit eo ipso Unwirksamkeit bedeutet (§ 43 Abs 3), besteht doch vielfach, vor allem in Zweifelsfällen, ein praktisches Bedürfnis für eine verbindliche Feststellung. Die Feststellung erfolgt durch **(feststellenden) VA,**[113] ebenso die Ablehnung eines Antrags auf Feststellung (Knack/Henneke 59). Insoweit besteht auch keine Ausnahme in den Fällen, in denen die Behörde, die den nichtigen VA erlassen hat, nunmehr selbst auch dessen Nichtigkeit festzustellen hat. Die Möglichkeit nach Abs 5 schließt die Anfechtungsklage gegenüber dem nichtigen VA ebenso wenig aus, wie die Erhebung einer Feststellungsklage nach § 43 VwGO.[114] S hierzu näher Rn 69. 64

Zweifelhaft ist, ob auch die Wirksamkeit eines VA in analoger Anwendung des Abs 5 positiv festgestellt werden kann. Die bejahende Auffassung geht von der Prämisse aus, dass die Behörden allgemein ermächtigt seien, die Frage der Wirksamkeit als actus contrarius zur Feststellung der Nichtigkeit auch positiv zu klären (Schenke JuS 2016, 98). Dies ist indessen außerhalb von Sonderstatusverhältnissen wie zB dem Beamtenverhältnis sehr **zweifelhaft** (vgl BVerwGE 72, 265; BVerwG NVwZ 1991, 267; StBS 203). Deshalb sprechen gewichtige Gründe gegen eine entsprechende Anwendung des Abs 5. Zulässig dürfte eine derartige positive Feststellung nur sein, wenn die Behörde aus anderen Gründen (Gesetz, VO, Satzung oder allg Rechtsgrundsätzen) zu verbindlichen Feststellungen ermächtigt ist. 65

2. Voraussetzungen der Feststellung. Bei Vorliegen eines berechtigten Interesses an der Feststellung hat der Bürger einen ggf mit der Verpflichtungsklage verfolgbaren Anspruch auf Feststellung der Nichtigkeit des VA gem Abs 5.[115] Die Feststellung gem Abs 5 ist jederzeit zulässig und kann jederzeit beantragt werden, auch noch nach Einlegung eines Rechtsbehelfs (Widerspruch, Klage) und **auch nach Ablauf der Fristen** für die Erhebung des Widerspruchs bzw einer An- 66

[110] Vgl Erichsen/Ehlers § 22 Rn 11; Laubinger VerwArch 1982, 360.

[111] Vgl OVG Münster DVBl 1991, 1366; Knack/Henneke 55; WBS II § 49 Rn 45 für die Auflage; Erichsen/Ehlers § 22 Rn 11; Kopp/Schenke § 113 Rn 15 f; s auch § 36 Rn 63.

[112] Vgl BFH DVBl 1973, 894.

[113] BVerwG DVBl 1990, 210; Knack/Henneke 59; Hauck/Haines 31 zu § 40; Zwerger/Scheerer/Buschmann, SGB 10, Sp 40 Anm 6; nunmehr auch Obermayer/Funke-Kaiser 63.

[114] HM, vgl StBS 199; **aA** MB 30.

[115] BVerwG DÖV 1982, 411; StBS 200.

fechtungsklage (Knack/Henneke 61; ebenso Kopp/Schenke § 43 Rn 20f). Nur eine unanfechtbar gewordene bzw rechtskräftige Bestätigung des VA, dessen Nichtigkeit der Bürger behauptet, durch das Urteil eines Verwaltungsgerichts steht einer späteren Feststellung der Nichtigkeit entgegen, sofern diese nicht auf erst nachträglich eingetretenen Gründen beruht (ebenso Knack/Henneke 61); ebenso die unanfechtbar gewordene Ablehnung eines Feststellungsantrags gem Abs 5 (Knack/Henneke 61).

67 **a) Zuständigkeit.** Zuständig ist die Behörde, die im Zeitpunkt der Entscheidung auch für den Erlass des VA zuständig wäre, bei Behördenwechsel daher uU eine andere Behörde als die, die den VA erlassen hat (Knack/Henneke 57), außerdem aber daneben immer auch **die Behörde, die den nichtigen VA erlassen hat** und, sobald ein Widerspruchsverfahren anhängig geworden ist, auch die Widerspruchsbehörde. Antragsberechtigt ist nicht nur der Adressat des VA, sondern jeder, der durch den VA betroffen wird.

68 **b) Berechtigtes Interesse.** Berechtigte Interessen sind nicht nur die rechtlichen Interessen, sondern auch wirtschaftliche, ideelle und vergleichbare Interessen. Das berechtigte Interesse an der Feststellung der Nichtigkeit ist bei Anträgen der durch den VA betroffenen Beteiligten, deren Rechte oder rechtliche Interessen vom Bestand bzw der Nichtigkeit des VA abhängen, grundsätzlich zu bejahen. Hat sich der VA nach seinem Inhalt oder Zweck bereits erledigt, wird ein berechtigtes Interesse entspr der Rspr zu § 43 und zu § 113 Abs 1 S 4 VwGO (vgl dazu Kopp/Schenke § 113 Rn 129ff) grundsätzlich nur anzuerkennen sein, wenn eine **Wiederholung** zu befürchten ist, wenn **Schadensersatzansprüche** in Betracht kommen, für die die Klärung von Bedeutung ist, oder wenn sonstige fortbestehende **Auswirkungen** des VA, zB ein damit verbundener diskriminierender Vorwurf, zu befürchten oder zu erwarten sind.

69 **3. Sonstige Rechtsschutzmöglichkeiten.** Bei Vorliegen eines berechtigten Interesses kann der Bürger anstelle eines ggfs durch die Verpflichtungsklage durchzusetzendes Anspruchs auf Feststellung durch die Behörde auch gem § 43 Abs 1 VwGO unmittelbar **Klage auf Feststellung** der Nichtigkeit erheben. Beide Möglichkeiten stehen gleichberechtigt nebeneinander, insb wird auch das berechtigte Interesse an einer Feststellung nach Abs 5 nicht durch die Möglichkeit der entspr Feststellungsklage nach § 43 VwGO ausgeschlossen oder umgekehrt (BSG NVwZ 1989, 902). Außerdem haben die Betroffenen bis zum Ablauf der Rechtsbehelfsfristen auch die allgemeinen Rechtsbehelfe **(Widerspruch bzw Anfechtungsklage)** nach denselben Vorschriften, wie sie auch für lediglich rechtswidrige, nicht nichtige VAe gelten. Die Betroffenen können unter diesen drei Möglichkeiten frei wählen (BSG DVBl 1990, 210 = NVwZ 1989, 2910). Sowohl der Antrag nach Abs 5 als auch die Nichtigkeitsfeststellungsklage und die Anfechtungsklage sind auch in Bezug auf Nicht-VAe (s dazu § 43 Rn 49) zulässig, sofern deren Eigenschaft als solche nicht so offensichtlich ist, dass sich jede Klarstellung erübrigt.[116]

70 Außer der Feststellung der Nichtigkeit eines VA gem Abs 5 haben die Behörden auch die Möglichkeit der **Rücknahme** und **des Widerrufs des betroffenen VA** gem §§ 48f (s zur Rücknahme § 48 Rn 19, zum Widerruf § 49 Rn 14). Vor allem in Zweifelsfällen, in denen Erstattungsansprüche gem § 48 Abs 3 oder § 49 Abs 5 nicht in Betracht kommen, ist dieser Weg vielfach der einfachere, und daher im Rahmen des Verfahrensermessens nach § 10 vorzuziehen.

---

[116] BFH NVwZ 1986, 157 = BStBl II 1987, 472; NJW 1987, 920; Dehner BayVBl 1986, 665 **aA** BVerwG DVBl 1987, 629 = BayVBl 1987, 217: bei Nicht-VAen nur Feststellungsklage gem § 43 VwGO hins der Rechtsfolgen für die Betroffenen; Kopp/Schenke § 42 Rn 2.

§ 45 Heilung von Verfahrens- und Formfehlern

(1) **Eine Verletzung von Verfahrens- oder Formvorschriften, die nicht den Verwaltungsakt nach § 44 nichtig macht, ist unbeachtlich, wenn**
1. **der für den Erlass des Verwaltungsaktes erforderliche Antrag nachträglich gestellt wird;**[15]
2. **die erforderliche Begründung nachträglich gegeben wird;**[18]
3. **die erforderliche Anhörung eines Beteiligten nachgeholt wird;**[23]
4. **der Beschluss eines Ausschusses, dessen Mitwirkung für den Erlass des Verwaltungsaktes erforderlich ist, nachträglich gefasst wird;**[28]
5. **die erforderliche Mitwirkung einer anderen Behörde nachgeholt wird.**[31]

(2) **Handlungen nach Absatz 1 können bis zum Abschluss der letzten Tatsacheninstanz eines verwaltungsgerichtlichen Verfahrens nachgeholt werden.**[33]

(3) **Fehlt einem Verwaltungsakt die erforderliche Begründung oder ist die erforderliche Anhörung eines Beteiligten vor Erlass des Verwaltungsaktes unterblieben und ist dadurch die rechtzeitige Anfechtung des Verwaltungsaktes versäumt worden, so gilt die Versäumung der Rechtsbehelfsfrist als nicht verschuldet.**[48] **Das für die Wiedereinsetzungsfrist nach § 32 Abs. 2 maßgebende Ereignis tritt im Zeitpunkt der Nachholung der unterlassenen Verfahrenshandlung ein.**[54]

Schrifttum allgemein: *Allesch,* Neue Chancen für die missglückte Vorschrift des § 45 III VwVfG?, NVwZ 2003, 444; *Beaucamp,* Heilung und Unbeachtlichkeit von formellen Fehlern im Verwaltungsverfahren, JA 2007, 117; *Bettermann,* Anfechtung von Verwaltungsakten wegen Verfahrensfehlern, Ipsen-FS 1977, 271; *Bracher,* Nachholung der Anhörung bis zum Schluß des verwaltungsgerichtlichen Verfahrens?, DVBl 1997, 534; *Brischke,* Heilung fehlerhafter VAe im verwaltungsgerichtlichen Verfahren, DVBl 2002, 429; *Bülow,* Die Relativierung von Verfahrensfehlern im Europäischen Verwaltungsverfahren und nach §§ 45, 46 VwVfG, 2007; *Burgi,* Die dienende Funktion des Verwaltungsverfahrens: Zweckbestimmung und Fehlerfolgenrecht in der Reform, DVBl 2011, 1317; *Christian,* Allgemeines Verwaltungsrecht: Heilung eines Anhörungsfehlers im Verwaltungsverfahren, JuS 2012, 671; *Durner,* Die behördliche Befugnis zur Nachbesserung fehlerhafter VAe, VerwArch 2006, 345; *Häußler,* Die Heilung von Anhörungsfehlern im gerichtlichen Verfahren, BayVBl 1999, 616; *Himmelmann/Höcker,* Formelle Rechtmäßigkeitsvoraussetzungen behördlicher Bescheide sowie Heilungsmöglichkeiten bei Verfahrensfehlern, Vr 2003, 79; *Hufen,* Heilung und Unbeachtlichkeit von Verfahrensfehlern, JuS 1999, 313; *Kahl,* Grundrechtsschutz durch Verfahren in Deutschland und in der EU, VerwArch 2004, 1; *Kischel,* Folgen von Begründungsfehlern, 2004; *Kment,* Nationale Unbeachtlichkeits-, Heilungs- und Präklusionsvorschriften und Europäisches Recht, 2005; *Kopp,* Die Heilung von Mängeln des Verwaltungsverfahrens, VerwArch 1970, 219; *Ladenburger,* Verfahrensfehlerfolgen im französischen und im deutschen Verwaltungsrecht, 1999; *Laubinger,* Heilung und Folgen von Verfahrens- und Formfehlern, VerwArch 1981, 333; *Martin,* Heilung von Verfahrensfehlern im Verwaltungsverfahren, 2004; *Meyer,* Die Kodifikation des Verwaltungsverfahrens und die Sanktion für Verfahrensfehler, NVwZ 1986, 513; *Müller-Ibold,* Die Begründungspflicht im europäischen Gemeinschaftsrecht und im deutschen Recht, 1990; *Niedobitek,* Rechtsbindung der Verwaltung und Effizienz des Verwaltungsverfahrens, DÖV 2000, 761; *Pietzcker,* Verfahrensrechte und Folgen von Verfahrensfehlern, FS Maurer, 2001, 695; *Roßnagel,* Verfahrensfehler ohne Sanktion?, JuS 1994, 927; *Rupp,* Bemerkungen zum verfahrensfehlerhaften VA, in: Bachof-FS 1984, 151; *Schenke,* Die Heilung von Verfahrensfehlern gem § 45 VwVfG, VerwArch 2006, 592; *Schmitz/Wessendorf,* Das GenBeschlG – Neue Regelungen im VwVfG und der Wirtschaftsstandort Deutschland, NVwZ 1996, 955; *Sodan,* Unbeachtlichkeit und Heilung von Verfahrens- und Formfehlern, DVBl 1999, 537; *Schlacke,* Bedeutung von Verfahrensfehlern im Umwelt- und Planungsrecht - unter besonderer Berücksichtigung des Gesetzesentwurfs zum UmwRG vom 5.9.2016, UPR 2016, 478; *Schnapp,* Die Folgen von Verfahrensfehlern im Sozialrecht, SGb 1988, 309; *Schnapp/Cordewener,* Welche Rechtsfolgen hat die Fehlerhaftigkeit eines VA?, JuS 1999, 147; *Schoch,* Die Heilung von Anhörungsmängeln im Verwaltungsverfahren, Jura 2007, 28.

Speziell zum Nachschieben von Gründen: *Bader,* Die Ermessensergänzung im Verwaltungsprozess, JuS 2006, 199; *Dolderer,* Die neu eingefügte „Ergänzung von Ermessenserwägungen im Verwaltungsprozess", DÖV 1999, 204; *Horn,* Das Nachschieben von Gründen und die Rechtmäßigkeit von VAen, Vw 1992, 203; *Kokott,* Europäisierung des Verwaltungsprozessrechts, Vw 1998, 335; *Lindner,* Darf der Dienstherr im beamtenrechtlichen Konkurrentenstreit die Gründe für die Auswahlentscheidung erstmals vor Gericht vortragen? NVwZ 2013, 547; *Rupp J.,* Nachschieben von Gründen in verwaltungsgerichtlichen Verfahren, 1987; *Schenke,* Rechtmäßigwerden rechtswidrig erlassener VAe, NVwZ 2015, 1341; *ders,* Das Nachschieben von Gründen im Rahmen der Anfechtungsklage, NVwZ 1988, 1; *R. P. Schenke,* Das Nachschieben von Ermessenserwägungen, JuS 2000, 230; *Schoch,* Nachholung der Begründung und Nachschieben von Gründen, DÖV 1984, 401.

Übersicht

I. Allgemeines

1. Inhalt. Die Vorschrift regelt die früher in Rspr und Lehre umstrittene (vgl Kopp VerwArch 1970, 219 ff) Frage der Möglichkeit einer **Heilung von Verstößen gegen Verfahrensvorschriften.** Im Interesse der Verfahrensökonomie sollen formelle Fehler geheilt werden können, soweit dies mit den Erfordernissen eines rechtsstaatlichen Verfahrens wirksamen Rechtsschutzes für die Betroffenen in der Sache vereinbar erscheint (Begr 65; MuE 158). § 45 lässt zu diesem Zweck in den in Abs 1 Nr 1–5 näher bezeichneten Fällen eine Heilung bestimmter Verfahrens- bzw Formmängel durch **Nachholung der fehlenden oder fehlerhaften Verfahrenshandlungen** zu (Abs 1). Diese Möglichkeit war früher durch Abs 2 aF zT in Übereinstimmung mit Forderungen im Schrifttum[1] gegenüber der insoweit uneinheitlichen Rspr der Verwaltungsgerichte auf die Zeit bis zum Abschluss des Widerspruchsverfahrens begrenzt. Diese Begrenzung wurde durch das GenBeschlG im Jahre 1996 abgeschafft. Nunmehr soll eine Heilung bis zum Abschluss der letzten Tatsacheninstanz eines verwaltungsgerichtlichen Verfahrens möglich sein, was zu erheblichen Bedenken Anlass gibt (s Rn 5). 1

Die Vorschrift ist gegenüber § 46 vorrangig. Die Heilungsmöglichkeit besteht unabhängig von einer Unbeachtlichkeit eines Fehlers gem § 46 (Knack/Henneke 14; StBS 18) bzw der Möglichkeit einer Umdeutung gem § 47. Unberührt bleibt auch die Möglichkeit der Bereinigung der durch den fehlerhaften VA entstandenen Situation durch Erlass eines sog Zweitbescheids. Soweit eine Heilung nicht (mehr) möglich ist und der Mangel auch nicht gem §§ 46, 47 oder nach allgemeinen Grundsätzen unbeachtlich ist, kommt nur der Erlass eines Zweitbescheides, idR mit Wirkung ex nunc, in Betracht (BVerwG BayVBl 1987, 220). In einem solchen Fall sind allerdings, sofern der VA nicht nichtig ist, die Beschränkungen gem § 48 zu beachten. 2

Nur die **Heilung der aufgezählten Verfahrens- und Formfehler** wird unmittelbar geregelt; als allgemeiner Rechtsgedanke kommt eine analoge Anwendung auf weitere Verfahrens- und Formfehler in Betracht, sofern die Schutzfunktion der Vorschriften nicht entgegensteht (unten Rn 8). Auf **Zuständigkeitsfehler** (unten Rn 9) und auf **materielle Fehler** ist sie nicht, auch **nicht analog anwendbar.** Sie setzt weiterhin voraus, dass der Fehler nicht derart schwerwiegend ist, dass er nach § 44 zur Nichtigkeit des VA führt. **Nichtige VA sind grundsätzlich nicht heilbar.** Führen Fehler zur Nichtigkeit, muss der VA vollständig neu erlassen werden. 3

2. Verfassungsrecht. a) Dienende Funktion des Verfahrensrechts. Die Regelungen des § 45 Abs 1 begegnen keinen verfassungsrechtlichen Bedenken. Dies gilt, obwohl die Ausgestaltung eines fairen Verwaltungsverfahrens ein Gebot 4

[1] Vgl Ule, Verwaltungsreform 53 ff; Ule/Becker 427; Ossenbühl DÖV 1964, 516; Kopp 96 ff, 129 ff, 153 ff, 162 ff, 198 ff, 215 ff, 246 ff; VerwArch 1970, 219 ff.

des Rechtsstaatsprinzips und ggfs grundrechtlicher Gewährleistungen ist, die durch die zu treffende Verwaltungsentscheidung berührt werden können.[2] Aus der im deutschen Verwaltungsrecht nach wie vor anerkannten dienenden Funktion des Verfahrensrechts folgt, dass verfahrensrechtliche Regelungen für den Schutz subjektiver Rechte regelmäßig nur insoweit relevant sind, als sich konkrete Auswirkungen auf die grundrechtlichen Schutzgüter ergeben.[3] Der Gesetzgeber hat deshalb einen weiten Spielraum bei der Ausgestaltung des Verwaltungsverfahrens und bei der Regelung der Folgen von Verstößen gegen Verfahrensnormen (StBS Rn 15). Etwas anderes gilt nur für solche Verfahrensvorschriften, die eine vom materiellen Recht unabhängige Funktion und Bedeutung haben **(absolute Verfahrensrechte).**[4]

5 **b) Heilung während des gerichtlichen Verfahrens (Abs 2).** Mit der Änderung des Abs 2 durch das GenBeschlG wurde die bisherige Beschränkung der Heilungsmöglichkeiten bei Verstößen nach Abs 1 auf die Zeit bis zum Abschluss des Vorverfahrens nach den §§ 68 ff VwGO bzw bis zur Klagerhebung aufgehoben. Nunmehr ist eine Heilung bis zum Abschluss der letzten Tatsacheninstanz des verwaltungsgerichtlichen Verfahrens (Rn 36) möglich. Die Neuregelung stellt eine Rechtslage wieder her, die vor dem Erlass des VwVfG der hM in der Rspr entsprach. Sie unterliegt gleichwohl **rechtspolitischen und verfassungsrechtlichen Bedenken,**[5] die allerdings in der Rspr nicht geteilt werden.[6] Die früher geltende zeitliche Beschränkung der Heilungsmöglichkeiten auf die Zeit bis zum Erlass des Widerspruchsbescheides bzw bei nicht erforderlichem Vorverfahren bis zur Erhebung der Klage beruhte auf dem Grundgedanken, dass bei Zulassung einer zeitlich späteren Nachholung von Verfahrenshandlungen idR die dem Verfahrensrecht zugrunde liegenden **Zwecke nicht mehr erreicht werden** können, und dass eine klare Trennung zwischen Verwaltungs- und gerichtlichen Verfahren notwendig sei (Kahl VerwArch 2004, 9: antiprozedurale Grundtendenz). Diese nach wie vor zutreffenden Überlegungen werden gegenüber unspezifischen Beschleunigungserwartungen von der Rspr nicht für ausschlaggebend gehalten. Da die Begründung von VAen (Abs 1 Nr 2) und die Anhörung von Beteiligten (Abs 1 Nr 3) verfassungsrechtlich gebotene Rechtsschutzfunktionen haben, die im Falle einer Nachholung im gerichtlichen Verfahren nur noch begrenzt erfüllt werden können, führt die Neuregelung hier zu Einschränkungen, die allerdings wegen des weiten Gestaltungsspielraums des Gesetzgebers die **Grenze zur Verfassungswidrigkeit noch nicht überschreiten,** sofern hinreichend strenge Anforderungen an die Nachholung gestellt werden (s Rn 20 ff). **Rechtspolitisch verfehlt** ist die Regelung wegen der Aufgabe der klaren Trennung zwischen Verwaltungsverfahren und Prozess gleichwohl, zumal Beschleunigungseffekte damit nicht verbunden sind.[7]

5a **3. Europarecht. a) Direkter Vollzug.** Die Heilung von Verfahrensfehlern im Laufe des Verwaltungsverfahrens ist auch im Bereich der direkten Unionsverwaltung zulässig und üblich. Dies gilt indes nicht ohne weiteres auch für eine Heilung während eines gerichtlichen Verfahrens. Bestimmungen des Verfahrens-

---

[2] BVerfG 52, 380, 389; 69, 315, 355; 89, 340, 342.

[3] Vgl BVerfGE 83, 111, 118; Ehlers Vw 2004, 255, 264.

[4] Bisher nur ausnahmsweise angenommen, zB BVerwGE 105, 348, 353; 116, 175.

[5] Vgl BT-Dr 13/271 u 272 des 16. Ausschusses; für verfassungswidrig wird die Erweiterung der Heilungsmöglichkeit auf die Phase des gerichtlichen Verfahrens gehalten von Bracher DVBl 1997, 534; Hatje DÖV 1997, 477, 481; Niedobitek DÖV 2000, 761, 768. Umfassenden Überblick über die Literatur bei Kaltenborn, Streitvermeidung und Streitbeilegung im öffentlichen Recht, 2007, § 1 Fn 38, § 7 I 1b.

[6] Vgl nur BVerwGE 106, 351; BVerwG NVwZ-RR 2010, 550 m Anm von Nolte (jurisPR-BVerwG 14/2010), auch unter Berücksichtigung des Wegfalls des Widerspruchsverfahrens in einigen Ländern.

[7] Kritisch aus jüngerer Zeit und mit Reformvorschlägen Burgi DVBl 2011, 1317.

rechts haben im EU-Recht nämlich einen höheren Stellenwert als nach deutschem Recht, wo ihnen wegen der weitgehenden materiellen Kontrolle im gerichtlichen Verfahren eine rein dienende Funktion zugeschrieben wird (s oben Rn 4). Wird den Anforderungen des Verfahrensrechts dagegen ein Eigenwert beigelegt, dann lässt sich die Zulassung einer Heilung im Laufe des gerichtlichen Verfahrens kaum rechtfertigen. Dem entspricht es, dass im gerichtlichen Verfahren beim **direkten Vollzug von Unionsrecht eine Heilung selten** ist. Die Rspr des EuGH ist zwar nicht ganz einheitlich; in der Mehrzahl der Fälle wird eine Heilung während des gerichtlichen Verfahrens aber abgelehnt[8] und nur in besonders gelagerten Einzelfällen zugelassen.[9] Einiges spricht dafür, dass gewisse bereichsspezifische Differenzierungen vorgenommen werden, dass aber auch der Frage eine Bedeutung zukommt, ob zB eine Begründung gänzlich fehlt oder nur in Teilbereichen unvollständig ist.[10]

b) Indirekter Vollzug. aa) Heilung nach Abs 1. Für die Anwendbarkeit der Vorschrift im Rahmen des indirekten Vollzugs von Unionsrecht ist zu differenzieren. Die **Regelungen des Abs 1** über die Heilung von Verfahrensfehlern können grundsätzlich auch im indirekten Vollzug von Unionsrecht (s hierzu Einf II Rn 38) Anwendung finden, solange der aus Art 4 Abs 3 EUV folgende Effektivitätsgrundsatz und das Diskriminierungsverbot beachtet werden.[11] Soweit das Unionsrecht allerdings selbständige, dh nicht nur dienende Verfahrensanforderungen aufstellt, sind diese grundsätzlich nach dem allgemeinen Subsidiaritätsprinzip des § 1 Abs 1 Nr 2 vorrangig. Das gilt auch für solche Verfahrensvorschriften, die der Umsetzung einer Richtlinie in deutsches Recht dienen, wie zB die Regelungen über die **Umweltverträglichkeitsprüfung** (s § 63 Rn 15 ff). Es kommt dann darauf an, ob die entsprechenden Vorschriften eigene Regelungen über die Heilung von Verfahrensfehlern enthalten oder ob sie durch die Regelungen des § 45 ergänzt werden. Nach Abschluss des Verwaltungsverfahrens wird der **Mangel einer fehlenden UVP** durch Nachholung regelmäßig **nicht mehr geheilt** werden können (BVerwGE 131, 352 – Putenmaststall, juris Rn 26). 5b

Dies ist zB bei einem Verstoß gegen die **Notifizierungspflicht** des § 108 AEUV für Beihilfen nicht der Fall; insoweit ist eine Heilung deshalb nicht möglich.[12] Die Regelung über die Möglichkeit einer Wiedereinsetzung in Abs 3 ist als solche europarechtlich zwar unbedenklich. Sie setzt aber gedanklich voraus, dass eine Heilung erst nach Erlass des VA bzw des Widerspruchsbescheides erfolgt und ist insoweit ebenso Bedenken ausgesetzt wie Abs 2. 5c

bb) Heilung nach Abschluss des Verwaltungsverfahrens? Umstritten ist eine Heilung nach Abschluss des Verwaltungs- bzw. Widerspruchsverfahrens bei Begründungs- und Anhörungsfehlern im Bereich des indirekten Vollzugs von Unionsrecht durch die Organe der Mitgliedstaaten. Hier wird mit der hM in der Literatur davon auszugehen sein, dass eine Heilung während des gerichtlichen Verfahrens **regelmäßig nicht den Vorgaben des EU-Rechts** entspricht.[13] Die Rspr verweist demgegenüber vor allem auf das Prinzip der verfahrensrechtlichen 5d

---

[8] EuGHE 1996, I-5151 = NVwZ 1997, 475 – Bremer Vulkan; 1995, II-2841 – France Aviation; s bereits EuGHE 1979, 321 – Frankreich/Kommission; Kahl VerwArch 2004, 20 mwN; Pietzcker FS Maurer 695, 704 f.

[9] Hierzu Pietzcker FS Maurer, 295, 703 unter Hinweis auf EuGHE 1984, 2323, 338 – Piccolino; 1988, 1399, 1440 – Sergio.

[10] Vgl etwa EuGHE 1996 II-1827 – Rendo.

[11] Ebenso StBS 167; WBS II § 49 Rn 65; Erichsen/Ehlers § 14 Rn 62.

[12] EuGHE 1991, I-5505 – FNCE; 1996, I-3547 Rn 67 – SFEI; Kahl VerwArch 2004, 26 mwN.

[13] Vgl EuGHE 2008, I-4911 zur UVP; Erbguth UPR 2000, 81, 92; Kahl JZ 2010, 668, 670; Classen Vw 1998, 307, 324; Kokott Vw 1998, 335, 367; wohl auch Schoch VBlBW 2000, 41; nun auch Erichsen/Ehlers § 14 Rn 62; FKS 10; **aA** StBS 165.

Autonomie der Mitgliedstaaten.[14] In den Bereichen, in denen die EU keine unmittelbar anwendbaren eigenen Verfahrensregelungen getroffen habe, bleibe es bei den nationalen Regelungen, damit auch bei der Heilung nach § 45. Diese Position vermag nicht mehr zu überzeugen, soweit sich im Unionsrecht bestimmte Verfahrensgrundsätze herausgebildet haben, die für den Vollzug von Unionsrecht allgemein Geltung beanspruchen. Die Funktion von Anhörung und Begründung im EU-Recht kann während des gerichtlichen Verfahrens jedenfalls im Regelfall nicht mehr erfüllt werden. Damit kann Abs 2 im indirekten Vollzug sowohl von unmittelbarem als auch von mittelbarem Unionsrecht (s hierzu Einf II Rn 38) idR keine Anwendung finden, soweit es um die Heilung gem Abs 1 Nr 2 u 3 während des gerichtlichen Verfahren geht. Es bleibt die Möglichkeit, dass der Fehler nach § 46 unbeachtlich ist (s hierzu § 46 Rn 5 ff). Für die Behörde bleibt die Möglichkeit, das Verwaltungsverfahren zu wiederholen, einen neuen VA ohne Verfahrensfehler zu erlassen und an die Stelle des formell fehlerhaften VA zu setzen. Dieser kann idR nachträglich in das gerichtliche Verfahren einbezogen werden,[15] wodurch sie die verfahrensökonomischen Nachteile einer Beschränkung der Heilungsmöglichkeiten weitgehend vermeiden lassen.

6 **4. Anwendungsbereich. a) Unmittelbare Anwendung.** Die Vorschrift regelt nur die Heilung der in Abs 1 genannten Verfahrensfehler von VAen durch Nachholung der betroffenen Verfahrenshandlung durch die Behörde bzw die Widerspruchsbehörde (s dazu unten Rn 40). Die Regelung gilt grundsätzlich auch für **Planfeststellungsbeschlüsse** nach § 75 (BVerwG NVwZ 2011, 1124 mwN) sowie sonst für Allgemeinverfügungen. Den VAen gleichgestellt sind insoweit **Zusicherungen** nach § 38 und **Nebenbestimmungen** nach § 36. Unmittelbar gilt die Vorschrift nur für VAe im Rahmen der allgemeinen Anwendbarkeit des VwVfG. § 45 steht gem § 1 unter dem allgemeinen Vorbehalt gleich lautender oder entgegenstehender Rechtsvorschriften, die die Möglichkeit einer Heilung ganz oder teilweise ausdrücklich oder nach Sinn, Zusammenhang und Zweck regeln oder uU auch ausschließen.[16]

6a Die **Verwaltungsverfahrensgesetze der Länder** enthalten im wesentlichen inhaltsgleiche Bestimmungen. Nicht alle Länder haben aber die zeitliche Ausdehnung der **Heilungsregelung des Abs 2** übernommen. So ist in § 45 Abs 2 VwVfG NW eine Heilung nur bis zum Abschluss der ersten Instanz eines verwaltungsgerichtlichen Verfahrens vorgesehen. Nach § 114 Abs 2 LVwG SH können Handlungen, deren Nichtvornahme bis zum Abschluss des Widerspruchsverfahrens von Beteiligten geltend gemacht worden sind, im gerichtlichen Verfahren nicht mehr nachgeholt werden.

7 Die Regelung in Abs 1 erfasst auch die **Heilung entsprechender Vorschriften anderer Gesetze,** die gem § 1 diesen vorgehen und ihre Anwendung ausschließen oder weitergehende Vorschriften enthalten. Dies ergibt sich daraus, dass in Abs 1 allgemein vom Antragserfordernis, von Begründung, Anhörung und Mitwirkung die Rede ist. Indirekt ergibt sich eine Erweiterung außerdem dadurch, dass die nachträgliche Anhörung eines Beteiligten gem Nr 3 auch sonstige Verstöße gegen Vorschriften heilen kann, die iwS dem rechtlichen Gehör dienen, wie die **Hinzuziehung** als Beteiligter, die **Akteneinsicht** usw (vgl BVerwGE 44, 17). Soweit in

[14] So BVerwG NVwZ 2008, 563 (567); BauR 2008, 784; siehe auch die Ausführungen zu so genannten „Autonomiethese" bei Kahl VerwArch 2004, 1, 13 ff, mwN.

[15] Von dieser Möglichkeit hat die Rspr vor der Änderung des Abs 2 bereits Gebrauch gemacht, um dem Gedanken der Prozessökonomie Rechnung zu tragen, vgl BVerwGE 85, 163, 166.

[16] Vgl ebenso zum früheren Recht BVerwGE 41, 64 f; s ferner BVerwGE 11, 205 mit Beispielen für absolute, nicht heilbare Verfahrensverstöße; BVerwGE 17, 280; 34, 138; 29, 282; 62, 114; BVerwG DVBl 1982, 583; BRS 33, 7; BauR 1980, 30; Becker NJW 1980, 1036; Redeker NJW 1980, 1598; StBS 4, 135.

dieser Hinsicht Verfahrensfehler vorliegen, können sie unmittelbar nach Abs 1 zusammen mit der Nachholung der ordnungsgemäßen Anhörung geheilt werden.

b) Analoge Anwendbarkeit von Abs 1. aa) Andere Verfahren. Eine analoge Anwendung von § 45 ist gerechtfertigt bei Fehlen entsprechender Vorschriften zur Heilung von Verfahrensfehlern in Verfahren, die zwar unter das VwVfG fallen, für die aber auf Grund besonderer Vorschriften ein anderer Rechtsweg als der Verwaltungsrechtsweg gem § 40 VwGO vorsieht, zB den ordentlichen Rechtsweg oder den Finanzrechtsweg (vgl § 79 Rn 7; **aA** Knack/Henneke § 79 Rn 13); außerdem auch zB auf das **Dienststrafverfahren** nach §§ 91 ff BDO,[17] ferner auf Verfahren zur Genehmigung nach dem Grundstücksverkehrsrecht, soweit für Streitigkeiten die Zivilgerichte zuständig sind (BGH NJW 1984, 2577). Zur Heilung bei Fehlen eines Antrags für die Anordnung des Sofortvollzugs nach § 80 Abs 5 VwGO s OVG Hamburg NVwZ 2002, 356. 8

Nicht analog anwendbar ist wegen der unterschiedlichen Zielsetzungen § 45 auf die Heilung von **Fehlern von Satzungen, Rechtsverordnungen**[18] sowie auf die Anordnung der sofortigen Vollziehbarkeit nach § 80 Abs 2 Nr 4 VwGO.[19] Für **verwaltungsrechtliche Verträge** trifft § 58 eine Sonderregelung. Nicht anwendbar ist § 45 auch auf den Fall, dass das **prüfungsrechtliche Nachverfahren,** auf das Prüflinge Anspruch haben, wenn das Gesetz nichts anderes bestimmt, insbes das Widerspruchsverfahren nicht dafür vorsieht, unterblieben ist (BVerwG DVBl 1994, 1363). **Umstritten** ist die analoge Anwendbarkeit auf das Nachholen einer nicht ausreichenden Begründung der **Anordnung des Sofortvollzugs** (abl StBS 37). Während eine starke Meinung die Anwendbarkeit aus Gründen der Verfahrensökonomie bejaht (zuletzt OVG Lüneburg, B v 15.4.2014 – 7 ME 121/13 –, juris mwN), lehnt die Gegenauffassung die Heilungsmöglichkeit richtigerweise unter Hinweis auf die Warn- und Appellfunktion des Begründungserfordernisses ab (OVG Magdeburg, B v 3.4.2013 – 1 M 19/13 –, juris; VGH Mannheim VBlBW 2012, 151 mwN). 8a

bb) Andere Verfahrensfehler. Als **Ausdruck eines allgemeinen Rechtsgedankens** ist die Heilung auch von in Abs 1 nicht genannten Verfahrensfehlern durch Nachholung der fehlenden bzw fehlerhaften Handlung analog § 45 Abs 1 nach ganz hM bis zum Erlass des VA bzw bis zum Erlass des Widerspruchsbescheides grundsätzlich möglich.[20] Dies gilt etwa für Fehler in der **Sachverhaltsaufklärung** (§§ 24, 26) und für die Mitwirkung von nach § 20 ausgeschlossenen oder nach § 21 **befangenen Amtsträgern** (s hierzu § 20 Rn 67). Trotz der Bedenken, die früher gegen die weitergehende Zulassung einer Heilung vorgebracht wurden, ist eine Heilbarkeit von Verfahrensfehlern in analoger Anwendung von Abs 1 anerkannt, soweit die Interessenlage vergleichbar ist.[21] Dies hat das BVerwG auch für den Fall einer **unterlassenen UVP-Vorprüfung** angenommen (BVerwGE 131, 352 – Putenmaststall, sofern landesrechtlich nichts anderes vorgesehen ist (vgl für NRW OVG Münster DVBl 2015, 993). S auch § 63 Rn 29. 9

---

[17] BVerwGE 83, 79: auch noch nach Stellung des Antrags auf gerichtliche Entscheidung gem § 95 Abs 3 S 1 BDO, da diese mit einer Klageerhebung nicht vergleichbar ist.

[18] OVG Saarlouis NuR 2012, 74: Keine analoge Geltung für Ausweisung von Schutzgebieten nach BNatSchG durch Satzung.

[19] Kopp/Schenke § 80 Rn 87; **aA** VGH Kassel DVBl 1984, 794; ähnlich OVG Bremen DÖV 1980, 572.

[20] So auch BVerwGE 60, 316; VGH München NVwZ-RR 1999, 119; OVG Münster NVwZ-RR 1995, 314; Erichsen/Ehlers § 14 Rn 59; StBS 135: Ausdruck eines allgemeinen Rechtsgrundsatzes; FKS 4; **aA** Knack/Hennecke 19; UL § 58 Rn 1.

[21] Vgl idS BVerwG DVBl 1994, 210; VGH München NVwZ-RR 1999, 119; OVG Münster NVwZ-RR 1995, 314; BGH NJW 1984, 2577; StBS 136 f; Bader NVwZ 1998, 674, 676; Erichsen/Ehlers § 14 Rn 59; für restriktive Auslegung: Knack/Henneke 21; **aA** WBS II § 49 Rn 65.

9a **cc) Zuständigkeitsfehler. Grundsätzlich keine analoge Anwendung** findet die Regelung auf Zuständigkeitsfehler.[22] Dies ergibt sich aus einem Gegenschluss zu Abs 1 Nr 5 sowie aus der Erwägung, dass eine Nachholung durch die zuständige Behörde eine Neuentscheidung voraussetzt. Das gilt auch für Verstöße gegen die örtliche Zuständigkeit, sofern diese nicht durch eine nachträgliche Zustimmung nach § 3 Abs 3 heilbar ist (BVerwG NVwZ 1987, 224.

10 **c) Keine analoge Anwendung von Abs 2.** Die in Abs 2 vorgesehene Heilung nach Erlass des Widerspruchsverfahrens ist einer analogen Anwendung nicht zugänglich, weil die erst 1996 geschaffene Regelung schwerlich als Ausdruck eines allgemeinen Rechtsgedankens angesehen werden kann. Die Regelung ist wegen ihrer die Bedeutung des Verfahrensrechts stark einschränkender Wirkung eng auszulegen und auf die in Abs 1 geregelten Fälle von Verfahrensfehlern zu begrenzen. **Nicht in Betracht** kommt auch eine **analoge Anwendung von § 45 Abs 3** bzw entsprechender Vorschriften, da es sich insoweit nicht um den Ausdruck eines allgemeinen Rechtsgedankens, sondern um eine Neuschöpfung des Gesetzgebers handelt, die dem früheren Recht fremd war und als Durchbrechung der Vorschriften der VwGO über die Unanfechtbarkeit von Verwaltungsakten nur durch Gesetz möglich ist.

11 **d) Besondere Regelungen.** Soweit fachrechtliche Vorschriften die Heilung regeln, insbesondere ausschließen oder von besonderen Voraussetzungen abhängig machen, gehen sie vor. Besondere Regelungen enthalten zB § 11 Abs 2 BeamtStG. Ausgeschlossen ist eine Heilung insb auch in Fällen, in denen die nachzuholende Verfahrenshandlung ihre rechtsstaatlich gebotene Funktion nicht mehr erfüllen könnte und insofern eine hinreichend **offene Entscheidungssituation nicht mehr gegeben** ist,[23] zB eine Nachholung der Anhörung der Hauptfürsorgestelle gem § 47 Abs 2 SchwbG mit heilender Wirkung.[24]

II. Heilung einzelner Verfahrens- und Formfehler (Abs 1)

12 **1. Grundsätze der Heilung.** Heilung iS des § 45 bedeutet, wie sich aus der Fassung der Vorschrift ergibt, dass ein Verfahrensfehler, iSd Abs 1 der vorbehaltlich der §§ 46 und 47 an sich die Rechtswidrigkeit des davon betroffenen VA zur Folge hat, **durch Nachholung der entsprechenden Verfahrenshandlung behoben** wird, dh der betroffene VA rechtmäßig wird[25] und der ursprüngliche Mangel in einem Rechtsbehelfsverfahren vor einer Behörde bzw vor dem Verwaltungsgericht nicht mehr mit Erfolg geltend gemacht werden kann und der Behörde auch keinen Anlass mehr für die Rücknahme des VA nach § 48 gibt. Durch die Nachholung muss sich der Zweck der Verfahrenshandlung uneingeschränkt erreichen lassen (BVerwGE 137, 199).

13 **a) Funktionale Grenzen der Heilung.** Wie sich aus der Systematik sowie aus Sinn und Zweck der Vorschrift ergibt, betrifft § 45 nur die Nachholung von Verfahrenhandlungen **nach Bekanntgabe eines VA;** bis zu diesem Zeitpunkt

---

[22] BVerwG DÖV 1969, 140; OVG Koblenz BRS 2006 Nr 118; VG Saarlouis, B v 15.3.2011, 2 L 2398/10, juris; StBS 146.; WB II § 72 IVa.

[23] BVerwGE 66, 291; OVG Münster NJW 1982, 1662; Hufen/Siegel, Rn 943 mit Beispielen; Knack/Henneke 13; Obermayer/Funke-Kaiser 16.

[24] BVerwG DVBl 1982, 583; ebenso BVerwGE 17, 280; 34, 138 zur entsprechenden Regelung der §§ 35 Abs 2, 36 Abs 2 SchwbG 1953, 1967; BVerwGE 66, 297 zur unterbliebenen Anhörung des Personalrats bei der Entlassung eines Beamten auf Probe gem § 74 nwPersonalvertretungsG; anders dagegen BVerwGE 68, 189 zur unterbliebenen Mitwirkung des Personalrats bei der Entlassung eines Beamten auf Widerruf gem §§ 87, 72 nwPersVG.

[25] BSG SozR 1200 § 34 Nr 13; OVG Münster NVwZ 1988, 740; Klein 2b; Obermayer/Funke-Kaiser 20.

kann grundsätzlich jeder Verfahrensfehler (dh auch andere als die in § 45 genannten Mängel) ohne weitere Beschränkungen korrigiert werden, zB auch das Tätigwerden eines nach § 20 ausgeschlossenen Amtsträgers durch die Fortführung des Verfahrens (ggf nach Überprüfung und Bestätigung oder nach Wiederholung der von dem ausgeschlossenen Amtsträger vorher vorgenommenen Handlungen) durch einen Amtsträger, dessen Tätigkeit keine Ausschlussgründe entgegenstehen. Nach allgemeinen Grundsätzen ist eine **Heilung nach Eintreten der Bestandskraft** eines VA **nicht mehr möglich** (BVerwG NVwZ 1988, 63). Anders, soweit die Voraussetzungen nach § 45 Abs 3 erfüllt sind und Wiedereinsetzung beantragt wurde; dann ist auch die Nachholung zB einer Anhörung noch möglich, bzw ist, wenn die Nachholung bereits erfolgt ist, rückwirkend Heilung anzunehmen. **Nicht mehr möglich** ist eine Heilung nach § 45 entsprechend dem Zweck der Regelung in Fällen, in denen der **VA sich vorher erledigt** hat und nur noch eine Feststellung der Rechtswidrigkeit des VA (bzw der Ablehnung oder Unterlassung eines VA) gem § 113 Abs 1 S 4 VwGO in Betracht kommt,[26] weil eine Abänderung des VA dann nicht mehr möglich ist. Dies gilt auch für das Nachschieben von Gründen (vgl Rn 21) gem § 114 S 2 VwGO (OVG Münster NVwZ 2001, 1424).

b) Rückwirkung der Heilung? Die **umstrittene Frage,** ob die Heilung auf den Zeitpunkt des Erlasses zurückwirkt, wird von der wohl hM bejaht.[27] Nach der zutreffenden Gegenmeinung tritt die **Heilung nur mit ex nunc-Wirkung** ein.[28] Die Frage ist nicht von großer praktischer Bedeutung, da auch die Vertreter einer ex-tunc-Wirkung annehmen, dass aus der früher bestehenden Rechtswidrigkeit Konsequenzen gezogen werden können (StBS 22). § 45 steht zB einem evtl Anspruch eines Betroffenen auf **Feststellung der Rechtswidrigkeit vor der Heilung** gem § 113 Abs 1 S 4 oder analog dazu durch das Verwaltungsgericht nicht entgegen, sofern die sonstigen Voraussetzungen für einen solchen Anspruch, insb auch das erforderliche berechtigte Interesse, dafür gegeben sind. Ebenso wenig steht § 45 **Schadensersatzansprüchen** wegen Amtspflichtverletzung im Hinblick auf Schäden, die als Folge des bis zur Heilung ja rechtswidrigen Handelns der Behörde eingetreten sind, entgegen. Für Prozesskosten sind §§ 155 Abs 5, 156 VwGO zu beachten, wenn ein Rechtsbehelf nur deshalb erfolglos bleibt, weil der Mangel nach Einlegung des Rechtsbehelfs geheilt wurde. Danach können der Behörde die Kosten auferlegt werden, wenn der Kläger nach der Heilung der Verfahrensfehler unverzüglich den Rechtsstreit in der Hauptsache für erledigt erklärt. 14

2. Nachträgliche Stellung des erforderlichen Antrags (Nr 1). Setzt der Erlass eines VA einen Antrag des Adressaten oder Betroffenen voraus (vgl § 22 Abs 2 Nr 2), so ist der ohne wirksamen Antrag erlassene VA fehlerhaft,[29] in Ausnahmefällen möglicherweise sogar nichtig. Wenn keine Nichtigkeit vorliegt, kann der fehlende Antrag nach Abs 1 Nr 1 ohne zeitliche Begrenzung nachträglich gestellt werden, sofern dies nach materiellem Recht nicht ausgeschlossen war. Abs 1 iVm Abs 2 lässt die Nachholung einer durch Gesetz vorgeschriebenen 15

---

[26] BVerwGE 68, 204; VGH Mannheim 1984, 808; Guckelberger JuS 2011, 577, 580; FKS 13; Knack/Henneke 13.

[27] Vgl Knack/Henneke 15; Maurer § 10 Rn 39; UL § 58 Rn 3; Hufen VwPR § 8 Rn 3; Ziekow 4; differenzierend nach der Art des Fehlers Messerschmidt NVwZ 1985, 877; BSG SozR 1200 § 34 Nr 13; Horn Vw 1992, 206; StBS 21; MB 12; wohl auch FG Köln EFG 1985, 477.

[28] Kischel, Folgen von Begründungsfehlern, 160 ff mit ausf Darstellung des Meinungsstandes, Hill, Das fehlerhafte Verfahren, 98; Hufen/Siegel 973, 957; nunmehr auch UL § 58 Rn 16; Obermayer/Funke-Kaiser 22; Schoch Jura 2007, 28, 32.

[29] BVerwGE 20, 35; 23, 237; VGH München BayVBl 1969, 105; Kopp VerwArch 1970, 233; s auch § 44 Rn 22.

und idS zwingend erforderlichen **Antragstellung ohne zeitliche Begrenzung** zu, mit der Folge, dass dadurch der bis dahin bestehende Mangel geheilt wird (VGH Kassel NVwZ 1985, 498). Obwohl das Vorliegen eines ordnungsgemäßen Antrages bei antragsbedürftigen VAen **eine wesentliche Voraussetzung der Zulässigkeit des Verfahrens** darstellt (s § 22 Rn 26 ff), heilt die nachträgliche Antragstellung diesen Mangel, weil das Antragserfordernis den Interessen und ggf dem Schutz des Betroffenen, von dessen Antrag die Rechtmäßigkeit des Verfahrens abhängig ist, dient (Begr 65).

16 **Nr 1 ist analog auch auf die nachträgliche Genehmigung** eines Antrages, der der Zustimmung des gesetzlichen Vertreters, der Genehmigung des Vormundschaftsgerichts usw bedarf, sowie auf die Genehmigung eines wegen fehlender Verfahrenshandlungsfähigkeit (§ 12) nicht wirksam gestellten Antrags durch den inzwischen voll verfahrenshandlungsfähig gewordenen Beteiligten (BVerwGE 43, 74) anwendbar (StBS 30); ebenso auf eine auf Grund gesetzlicher Vorschriften oder nach allgemeinen Rechtsgrundsätzen erforderliche Zustimmung eines Beteiligten zu einem (zustimmungsbedürftigen) VA. Man wird eine Heilung der fehlenden Antragstellung auch in einem konkludenten Handeln des Betroffenen sehen können, wenn keine besonderen Formvorschriften für die Antragstellung bestehen.[30]

17 **Nur die Antragstellung als Verfahrensvoraussetzung** wird von der Heilung erfasst. Die Versäumung materiellrechtlicher Antragsfristen wird dadurch nicht geheilt; insb wirkt die Antragstellung auch nicht in analoger Anwendung der Grundsätze des bürgerlichen Rechts über die Genehmigung zurück auf den Zeitpunkt der Einleitung des Verfahrens oder des Ergehens des VA (Begr 65). War eine Antragsfrist, die inzwischen abgelaufen ist, zu wahren, so tritt zwar mit nachträglicher Antragstellung nach Nr 1 Heilung hins des Erfordernisses ordnungsgemäßer Antragstellung (die nach Verfahrensrecht zu beurteilen ist) ein, **nicht aber Heilung hins der materiellen Fristversäumung;** insoweit kommt allenfalls Wiedereinsetzung nach § 32 in Betracht.

18 **3. Nachholung der Begründung des VA (Nr 2). a) Allgemeines.** Nach Abs 1 Nr 2 kann der Verstoß gegen das Erfordernis einer Begründung nach § 39 oder entspr spezielleren Vorschriften durch Nachholung geheilt werden, wenn die Begründung unvollständig ist oder gänzlich fehlt. Die nachträgliche Bekanntgabe der Gründe führt zur Unbeachtlichkeit des Verstoßes gegen die verfahrensrechtlichen Anforderungen des § 39. Die Heilung nach Nr 2 betrifft nur den Fall der nachträglichen Bekanntgabe (Nachholung) der Begründung, in dem diejenigen **Gründe, die für den Erlass des VA tatsächlich maßgebend** waren, in der gem § 39 gegebenen Begründung nicht oder nicht ausreichend wiedergegeben worden waren. Sie betrifft also **nicht den Fall des Nachschiebens von Gründen,** in dem die von der Behörde tatsächlich angestellten Erwägungen nachträglich korrigiert durch neue oder andere Erwägungen ergänzt oder ausgewechselt werden.[31] Während die Möglichkeit einer Nachholung der Begründung auch nach dem Erlass des Widerspruchsbescheides während eines verwaltungsgerichtlichen Verfahrens in § 45 nunmehr ausdrücklich vorgesehen ist, besteht über die Zulässigkeit eines Nachschiebens von Gründen nach Erlass des Widerspruchsbescheides nach wie vor keine Einigkeit (vgl Kopp/Schenke § 113 Rn 63 ff mwN). Die Möglichkeit des **Nachschiebens von Ermessenserwägungen** im verwaltungsgerichtlichen Verfahren ist nunmehr in § 114 S 2 VwGO ausdrücklich vorgesehen (s hierzu unten Rn 22).

---

[30] So FKS 17 für die später auf Erlass des nicht beantragten VA gerichtete Klage.

[31] Vgl BVerwGE 85, 241 m Anm Osterloh JuS 1991, 427; BVerwGE 64, 358; 71, 368; 80, 96: Durch das Nachschieben von Gründen darf der VA nicht in seinem Wesen verändert werden; s auch Maurer § 10 Rn 40; StBS 45; Schenke JZ 1996, 1069.

b) Kein Auswechseln der Begründung. Zulässig ist nach Nr 2 nur das Nachholen der Begründung bei vorher fehlender oder unzulänglicher Begründung gem § 39 oder nach entspr Vorschriften,[32] einschließlich der Ergänzung einer bisher unvollständigen Begründung,[33] nicht dagegen auch ein Auswechseln oder Ändern der Begründung eines zunächst anders begründeten VA.[34] **Nicht berührt** wird durch Nr 2 die ohne weiteres bestehende Befugnis der Behörde zur **Präzisierung und Klarstellung** der dem VA beigefügten Begründung (vgl BVerwGE 60, 252; 68, 150; 85, 165; Müller-Ibold 231 mwN). Letztere setzt aber voraus, dass der ursprüngliche VA bereits iS von § 39 Abs 1 ausreichend begründet war (insb nicht nur eine formelhafte, allgemeine Begründung, die zum konkreten Fall nichts aussagt, enthielt), und dass die nachträglichen Ergänzungen sich im Rahmen der ursprünglichen Begründungen halten.[35] 19

c) Form der Nachholung. Die Nachholung erfolgt durch die **nachträgliche Bekanntgabe der Gründe,** die für den VA bei Erlass maßgebend waren. Für die Bekanntgabe gelten die Bestimmungen des § 41. Bei schriftlichen VAen kann auch die Begründung **nur schriftlich nachgeholt** werden (ebenso Knack/Henneke 24). Entsprechendes gilt für elektronische oder elektronische bestätigte VAe (s hierzu näher § 3a). Die Nachholung der Begründung stellt **keine Neuvornahme des VA** dar und setzt daher auch keine neuen Rechtsbehelfsfristen in Lauf.[36] Erfolgt die Nachholung im Widerspruchsverfahren, so ist die Bekanntgabe der Gründe im Widerspruchsbescheid ausreichend.[37] Für den Lauf von Rechtsbehelfsfristen gilt § 45 Abs 3, wenn eine Beschwer erst durch die Begründung ersichtlich wird. Die Betroffenen haben in diesem Fall, wenn sie wegen des Fehlens einer Begründung Fristen versäumen, nach § 45 Abs 3 Anspruch auf Wiedereinsetzung (s dazu unten Rn 48). Soweit die Behörde nach § 39 bzw nach entsprechenden Vorschriften befugt war, gem § 39 Abs 2 oder nach anderen Vorschriften von einer Begründung abzusehen, ist § 45 Abs 1 Nr 1 nicht anwendbar. Die Nachholung unterliegt in derartigen Fällen keinerlei Beschränkungen (BVerfG 6, 44). Zum **Zeitpunkt der Nachholung** s unten Rn 33 ff. 20

d) Nachschieben von Gründen. Abs 1 Nr 2 **enthält keine Regelung** über die Zulässigkeit des Nachschiebens vom Gründen, womit das spätere **Abstützen eines VA** mit neuen Erwägungen bezeichnet wird, also mit Erwägungen, die im Zeitpunkt des Erlasses noch nicht angestellt worden waren.[38] Anders als bei der durch Abs 1 Nr 2 geregelten nachträglichen Vervollständigung der Begründung eines VA durch Angabe weiterer Gesichtspunkte, die bei Erlass des VA für die Entscheidung ausschlaggebend waren, handelt es sich beim Nachschieben von Gründen um ein prozessuales Problem (**aA** BVerwGE 141, 253; 147, 81: materiell-rechtliches bzw verfahrensrechtliches Problem). Allerdings 21

---

[32] BVerwGE 75, 120; DÖV 1981, 77: lediglich präzisierende Ausführungen; s auch OVG Lüneburg DVBl 1980, 885; NJW 1984, 1138; OVG Münster DVBl 1981, 936.

[33] OVG Münster NJW 1981, 936; VG Köln NJW 1981, 780; Knack/Henneke 26.

[34] VGH München BayVBl 1991, 246; StBS 46; Scheffler DÖV 1977, 773; Müller NJW 1978, 1354; Preusche DVBl 1992, 799; Obermayer/Funke-Kaiser 27. Die Rspr unterscheidet nicht immer hinreichend klar, vgl BVerwGE 61, 210 = DÖV 1982, 701; 68, 150; 91, 275 = NVwZ 1993, 681; OVG Lüneburg DVBl 1980, 880; OVG Münster NJW 1981, 936.

[35] Müller NJW 1978, 1355; MB 3; StBS 55; Kopp/Schenke § 113 Rn 63; BVerwGE 85, 167 und BVerwG NJW 1987, 1565: eine materiell unrichtige Begründung kann im Prozess berichtigt werden.

[36] Ausführlich hierzu Kischel, Folgen von Begründungsfehlern, 165 ff.

[37] Str, wie hier Erichsen/Ehlers § 14 Rn 60; **aA** Kischel, Folgen von Begründungsfehlern, 155 ff.

[38] Zur Unterscheidung der Vervollständigung der Begründung und dem Nachschieben von Gründen s näher Kischel, Folgen von Begründungsfehlern, 180 ff; Maurer § 10 Rn 40; StBS 45, 63; Ziekow 8.

wurde in der Vergangenheit teilweise aus § 45 Abs 1 Nr 2 iVm Abs 2 auch auf die Unzulässigkeit und Unbeachtlichkeit wesentlich neuen, von der ursprünglichen Begründung des VA abweichenden Vorbringens der Behörde im verwaltungsgerichtlichen Verfahren geschlossen.[39] Die ratio legis der Beschränkung des § 45 Abs 2 und die Aufgabe der Gerichte, die Verwaltung zu kontrollieren, nicht aber das Verwaltungshandeln fortzuführen und fehlerhafte Handlungen nachzubessern, sollten danach ein Nachschieben von Gründen ausschließen.[40] Allerdings sei die Behörde nicht gehindert, einen neuen VA mit ganz oder zum Teil neuer oder anderer Begründung zu erlassen[41] und zwar auch schon während des gegen den ursprünglichen VA anhängigen Prozesses und mit der Folge, dass der Kläger auch den neuen VA im Weg der Klageänderung in das anhängige Verfahren mit einbeziehen konnte (vgl BVerwGE 92, 145).

22 Mit der **Neuregelung in § 114 S 2 VwGO** durch das 6. VwGO-ÄndG hat sich der Streit um die Zulässigkeit des Nachschiebens von Gründen im Verwaltungsprozess jedenfalls teilweise erledigt (Neuregelung dient nach BVerwGE 147, 81, 141, 253 nur der Klarstellung). Nach § 114 S 2 kann die Verwaltungsbehörde ihre Ermessenserwägungen auch noch im Verwaltungsprozess ergänzen. Damit wird die grundsätzliche Zulässigkeit des Nachschiebens von Erwägungen auch für Ermessens-, Beurteilungs- und Planungsentscheidungen ausdrücklich anerkannt. Ergänzung bedeutet, dass bereits eine Begründung vorhanden sein muss, die durch zusätzliche Erwägungen gestützt wird. Die **Grenze des Nachschiebens** wird weiterhin dort zu ziehen sein, wo durch die zusätzlichen Begründungsteile der **VA in seinem Wesen verändert wird** (BVerwG NWVBl 2001, 298, 301 für Wechsel von strikt gebundenem zu Ermessens-VA) oder der **Rechtsschutz** für den Betroffenen **unzumutbar erschwert** wird.[42] Nach Erledigung eines VA können Ermessenserwägungen nicht mehr nachgeschoben werden (OVG Münster NVwZ 2001, 1424), bei VA mit Dauerwirkung ist das Nachschieben insoweit zulässig, als es mit Wirkung für die Zukunft erfolgt (BVerwGE 147, 81). Die nachgeschobenen Erwägungen müssen ihrerseits dem Bestimmtheitsgebot des § 37 Abs 1 entsprechen (BVerwGE 147, 81).

23 **4. Nachholung der Anhörung (Nr 3). a) Allgemeines.** Nr 3 regelt iVm Abs 2 die Frage, ob und bis zu welchem Zeitpunkt eine Nachholung der nach § 28 erforderlichen, zunächst ganz oder teilweise unterbliebenen oder sonst nicht ordnungsgemäßen (BVerwG NVwZ-RR 1991, 337) oder nicht ausreichenden (Knack/Henneke 31) Anhörung eines Beteiligten (vgl § 13) möglich ist. An sich kann die Anhörung der Beteiligten ihren verfahrensrechtlichen **Zweck nur dann voll erfüllen, wenn sie vor Erlass des VA** erfolgt (vgl BVerwGE 11, 195; Kopp 132). Gleichwohl lässt Nr 3 die Nachholung zu, um Rechtsbehelfe, die lediglich auf eine Verletzung des Rechts auf Gehör gestützt sind, nach Möglich-

---

[39] Müller NJW 1978, 1354 unter Hinweis auch auf BT-Dr 7/910; Rupp 13 ff; Schenke NVwZ 1988, 1; offen OVG Schleswig NVwZ 1992, 72; **aA** offenbar OVG Lüneburg DVBl 1980, 885; OVG Münster RiA 1983, 218; krit Hufen/Siegel Rn 967 mwN.

[40] Vgl idS BSG MDR 1987, 700; VGH Kassel NVwZ-RR 1993, 413: Nachholung, uU aber auch Änderung der Begründung bis zum Abschluss des Vorverfahrens; StBS 103; Rupp 13 ff; Schenke NVwZ 1988, 1; Schnapp DVBl 1987, 1178; SGb 1988, 314; Kopp 94 ff, 255; VerwArch 1970, 219; für Ermessensentscheidungen auch zB Schoch DÖV 1984, vgl auch VGH München BayVBl 1990, 536; zT **aA** die überwiegende Rspr (vgl nur BVerfGE 61, 210; BVerwG DÖV 1993, 722) für gebundene Entscheidungen und bei Ermessens- bzw Beurteilungsspielraum-Reduktion auf „Null", soweit der betroffene VA dadurch nicht in seinem Wesen geändert und die Rechtsverteidigung der Beteiligten unzumutbar beschränkt wird.

[41] BVerwGE 85, 166; StBS 48, 50, 67; Kopp/Schenke § 113 Rn 63 ff. Diese Möglichkeit wird auch durch die Regelung in § 114 VwGO nicht ausgeschlossen, vgl Ziekow 10.

[42] St Rspr, zuletzt BVerwGE 147, 81; näher Kischel, Folgen von Begründungsmängeln, 189; R. P. Schenke VerwArch 1999, 163; ders, JuS 2000, 230; Bader NVwZ 1999, 120; Dolderer DÖV 1999, 104; StBS 40 f; FKS 23.

keit einzuschränken. Im Einzelnen gilt hins der Nachholung der Anhörung dasselbe wie gem § 28; wie auch sonst nach § 28 bezieht sich die Nachholung sowohl auf Anhörung zu **Tatsachen** als auch zu **Rechtsfragen** sowie auf nach Auffassung der Behörde oder der Beteiligten **erst zu ermittelnde** Tatsachen hins der Frage, ob die Feststellung dieser Tatsachen für erforderlich gehalten wird.[43]

b) Analoge Anwendung auf andere Anhörungsfehler. Nr 3 betrifft nach dem Wortlaut zwar unmittelbar nur die nach § 28 oder nach entsprechenden Vorschriften gebotene Anhörung, ist über den Wortlaut hinaus analog aber auch auf andere Verfahrensregelungen anzuwenden, deren Zweck primär darin besteht, den Betroffenen im Verfahren rechtliches Gehör zu gewähren (ebenso Obermayer/Funke-Kaiser 11; ähnlich wohl StBS 70), so vor allem auch auf die **Zuziehung Betroffener gem § 13** zum Verfahren überhaupt, die Bestellung eines Vertreters von Amts wegen nach § 16, die **Akteneinsicht** gem § 29 usw,[44] außerdem auch auf die mV gem § 67 S 1 (BVerwG NVwZ 1984, 578; StBS § 68 Rn 33; Knack/Henneke 21), die Durchführung des **Erörterungstermins** nach § 73 Abs 6 (vgl BVerwGE 24, 32) usw. Auch Verstöße gegen derartige Verfahrensvorschriften sind gem Abs 1 Nr 3 dann als geheilt anzusehen, wenn die in Frage stehenden Verfahrenshandlungen nachgeholt wurden und anschließend den Betroffenen rechtliches Gehör gewährt wurde (vgl BVerwGE 44, 18). 24

Nicht unter Abs 1 Nr 3 fallen Vorschriften, die in keinem unmittelbarem Zusammenhang mit dem rechtlichen Gehör stehen, insb auch solche, die, wie die Regelung der **Zuständigkeiten,** des **Ausschlusses von Personen** (§§ 20 f), sowie weiterer Vorschriften, die nicht nur dem Schutz der Betroffenen, sondern auch der Sicherung des objektiven (vor allem in der Wahrung der Gesetzmäßigkeit der Verwaltung liegenden) Zwecks des Verfahrens dienen und an deren Einhaltung deshalb auch ein besonderes öffentliches Interesse besteht. 25

c) Anforderungen an die Nachholung. Eine Heilung des Fehlers tritt nur insoweit ein, als die Anhörung formell ordnungsgemäß erfolgt und ihre Funktion für den Entscheidungsprozess der Behörde uneingeschränkt erreicht werden kann (**funktionale Äquivalenz,** vgl auch Rn 42).[45] Dies setzt ua voraus, dass die Ergebnisse der Anhörung von der zur Entscheidung in der Sache berufenen Behörde nicht nur zur Kenntnis, sondern auch zum Anlass genommen werden, die **Entscheidung selbst kritisch zu überdenken.**[46] Deshalb wird der Anhörungsfehler durch die Einlegung des Widerspruchs noch nicht geheilt. Äußerungen und Stellungnahmen von Beteiligten auch in Anwesenheit von Behördenvertretern im gerichtlichen Verfahren stellen keine nachgeholte Anhörung iSd Abs 1 Nr 3 dar. Die Nachholung einer Anhörung kann **durch die Ausgangsbehörde** erfolgen, durch die **Widerspruchsbehörde** nur dann, wenn und soweit dadurch der gleiche Zweck voll erreicht werden kann. Dies wird regelmäßig der Fall sein, wenn die Widerspruchsbehörde denselben Prüfungsmaßstab hat wie die Ausgangsbehörde und nicht auf eine reine Rechtskontrolle beschränkt ist.[47] 26

---

[43] ZT **aA** OVG Münster NVwZ 1983, 617: eine wirksame Nachholung der Anhörung setzt voraus, dass der Sachverhalt vollständig aufgeklärt ist.

[44] Ebenso BVerwG NVwZ 1984, 578; Messerschmidt NVwZ 1985, 878; Obermayer/Funke-Kaiser 29; Ziekow 11; enger Knack/Henneke 21 mwN; vgl VGH München BayVBl 1990, 371 zur „Heilung" bei Gewährung der Akteneinsicht im Prozess.

[45] BVerwGE 137, VGH Kassel NVwZ 2012, 163; FKS 29: Vollwertige Gelegenheit zur Stellungnahme.

[46] VGH Kassel NVwZ-RR 2012, 163; Christian JuS 2012, 671; es muss eine neue und im Grundsatz ergebnisoffene inhaltliche Befassung stattfinden. Zu den psychologischen Grenzen Schoch Jura 2007, 28, 31.

[47] HM, vgl BVerwGE 66, 111, 114; BVerwG NVwZ 1984, 577 f; VGH München GewArch 1983, 205; StBS 78; Hufen JuS 1999, 313, 316; UL § 58 Rn 10; Ziekow 12; FKS 30; **aA** BVerwGE 66, 184, 187; Erichsen/Ehlers, § 14 Rn 60.

27 **Nicht ausreichend** ist die **Anhörung durch das Gericht;** sie stellt keine Nachholung durch die Behörde dar und führt deshalb nicht zur Heilung.[48] Auch in der **Erhebung des Widerspruchs** liegt noch keine Anhörung; erst mit der Entscheidung über den Widerspruch kann Heilung eintreten, wenn darin die in der Widerspruchsbegründung angegebenen Gesichtspunkte berücksichtigt werden (s unten Rn 41; zT **aA** BVerwGE 61, 50 = NJW 1981, 1683; vgl auch BVerwGE 85, 167). Dies schließt allerdings nach der Neufassung des Abs 2 nicht aus, dass die Behörde den Anhörungsmangel außerhalb des gerichtlichen Verfahrens im Verwaltungsverfahren behebt oder dass die Behörde den wegen fehlender ausreichender Begründung rechtswidrigen VA durch Erlass eines ordnungsgemäß begründeten neuen VA ersetzt und der neue VA während der Anhängigkeit des Prozesses gegen den ursprünglichen VA ohne neues Vorverfahren vom Kläger durch zulässige Klageänderung in seine Klage einbezogen wird.[49] Zu weit geht es etwa, eine schriftsätzliche Stellungnahme im gerichtlichen Verfahren ausreichen zu lassen (so aber OVG Lüneburg NVwZ-RR 2002, 822).

28 **5. Nachträgliche Beschlussfassung eines Ausschusses (Nr 4).** Abs 1 Nr 4 erkennt auch der nachträglichen Beschlussfassung heilende Wirkung zu, was früher str war (vgl Erichsen/Ehlers § 14 Rn 3). Damit ist zugleich klargestellt, dass die nahe liegende Gefahr, dass sich auf die Nachholung des Versäumten die Neigung, es bei den einmal Verlautbarten zu belassen, auswirkt, grundsätzlich eine Heilung nicht ausschließt (vgl VGH Kassel GewArch 1975, 295). Dies gilt allerdings nur dann, wenn das materielle Recht nicht die Beteiligung des Ausschusses vor Erlass des VA zwingend vorsieht. Hierzu zählen auch solche Fälle, in denen die nachträgliche Beteiligung den Zweck der Mitwirkung des Ausschusses nicht mehr erfüllen kann (StBS 95).

29 **In Nr 4 sind dieselben Fälle gemeint wie in § 44 Abs 3 Nr 3;** die Erläuterungen zu dieser Vorschrift gelten deshalb auch hier. Auch durch Nr 4 werden diejenigen Fälle, in denen ein ursprünglich wegen Beschlussunfähigkeit oder aus anderen Gründen gültiger oder jedenfalls rechtmäßiger Beschluss nicht zustande gekommen war, dem Fehlen eines Beschlusses gleichgestellt (Knack/Henneke 37), auch zB ein Beschluss, der wegen Beteiligung einer nach § 20 Abs 1 und 4 ausgeschlossenen Person rechtswidrig war (StBS 93; Knack/Henneke 37). Zum Begriff des Ausschusses s § 88, zu den formellen Erfordernissen der Beschlussfassung eines Ausschusses §§ 90 ff. Die Mitwirkung des Ausschusses muss durch eine Rechtsvorschrift vorgesehen sein (Knack/Henneke 37). Nicht erforderlich ist, dass der Ausschuss mit Außenwirkung am Verfahren beteiligt ist (str; **aA** Knack/Henneke 37 unter Hinweis auf BVerwGE 68, 189). Nr 4 ist zumindest analog auch auf die nachträgliche Beteiligung zB des Personalrats anwendbar.[50]

30 **Für den Fall einer nachträglichen abweichenden Beschlussfassung** gilt die Regelung **nicht;** die Zulässigkeit einer solchen erneuten Beschlussfassung und deren Auswirkungen auf das Verfahren sind nach den allgemeinen Grundsätzen zu beurteilen. Da Nr 4 nur die verfahrensrechtlichen Wirkungen einer nachträglichen Beschlussfassung regelt, bleiben **Vorschriften des materiellen Rechts,** die eine Nachholung ausschließen, **unberührt.**

31 **6. Nachholung der Beteiligung einer anderen Behörde (Nr 5).** Abs 1 Nr 5 enthält eine der Regelung in Nr 4 vergleichbare Regelung hins der heilen-

---

[48] Str, BSG NJW 2011, 1196 **aA** v Wulffen SGB X § 41 Rn 16.

[49] BVerwGE 91, 275 = NVwZ 1993, 677; Kopp/Schenke § 68 Rn 11.

[50] OVG Hamburg ZBR 1983, 305; s auch VGH Mannheim VBlBW 1991, 67: entsprechend dem Rechtsgedanken, **aA,** im Ergebnis jedoch übereinstimmend BVerwGE 68, 193 = NJW 1984, 1981 mwN; vgl auch BVerwGE 66, 291 = NJW 1983, 2516; **aA** Knack/Henneke 37.

den Wirkung einer nachträglichen Beteiligung anderer Behörden, dh der Anhörung, Einholung der Zustimmung oder sonstiger Mitwirkungshandlungen von Behörden, deren Mitwirkung auf Grund einer Rechtsvorschrift ein rechtlich relevanter Einfluss auf die Entscheidung zukommt.[51] Wenn bzw soweit die zu beteiligende Behörde ihrerseits für ihre Mitwirkungshandlung die Zustimmung usw einer anderen Behörde benötigt, gilt dies auch für die Nachholung dieser Mitwirkung (vgl OVG Saarlouis DÖV 1990, 154). Auch die Widerspruchsbehörde hat insoweit, sofern durch Gesetz nichts anderes bestimmt ist oder sich aus allgemeinen Rechtsgrundsätzen ergibt, keine weitergehenden Kompetenzen als die Ausgangsbehörde (vgl OVG Saarlouis DÖV 1990, 154).

Nur die durch Rechtsvorschriften gebotene Beteiligung wird von Abs 1 Nr 5 erfasst. Die Verletzung einer lediglich durch verwaltungsinterne Anordnung (Verwaltungsvorschrift) vorgeschriebenen Beteiligung einer anderen Behörde ist für die Rechtmäßigkeit des VA ohne Bedeutung und bedarf daher auch keiner Heilung (Knack/Henneke 38). Entsprechendes gilt auch für eine Mitwirkung lediglich **im Rahmen der Amtshilfe** (Knack/Henneke 38). Wie bei Nr 4 bedeutet die verfahrensrechtliche Möglichkeit der Heilung des Verfahrens nicht, dass damit auch etwaige maßgebliche Beschränkungen nach materiellem Recht gegenstandslos würden. **Voraussetzung der Heilung** ist, dass die Nachholung der Beteiligung ihren Zweck noch erfüllen kann. Dies ist nicht der Fall, wenn die federführende Behörde die Ergebnisse der Beteiligung nicht zum Anlass nimmt, den VA kritisch zu prüfen bzw zu überdenken. Erbringt die Beteiligung bei Ermessens-, Beurteilungs- oder Planungsentscheidungen neue Gesichtspunkte, so wird in materieller Hinsicht idR ein Nachschieben von entsprechenden Erwägungen erforderlich. 32

III. Zeitliche Beschränkung der Heilungsmöglichkeit (Abs 2)

1. Zeitliche Erstreckung der Heilungsmöglichkeit. Während in der Vergangenheit eine Nachholung der in Abs 1 genannten Verfahrensschritte auf die Zeit bis zum Abschluss des Verwaltungsverfahrens begrenzt war, ist nach Abs 2 nunmehr **bis zum Abschluss der letzten Tatsacheninstanz des gerichtlichen Verfahrens** möglich. Eine erfolgreiche Nachholung im Laufe des gerichtlichen Verfahrens führt nun ebenfalls zur „Unbeachtlichkeit" des Mangels. Ziel dieser Neuregelung, die einer Abschaffung jeder zeitlichen Beschränkung der Heilung – vorbehaltlich der Einschränkungen gem Rn 36 – gleichkommt, war es, die vermeintliche Fehleranfälligkeit von Verwaltungsverfahren zu verringern, um damit vor allem Genehmigungsverfahren im Ergebnis zu beschleunigen (BT-Dr 13/1445 S. 7; 13/3995). Es erscheint zweifelhaft, ob dieses Ziel mit der Neuregelung in Abs 2 erreicht werden kann,[52] jedenfalls ist der Preis für dieses Ziel eindeutig zu hoch, weil trotz des Gebots der funktionalen Äquivalenz die **konservierende Tendenz** späterer Nachholung unvermeidlich ist.[53] 33

a) Rechtspolitische Kritik. Die frühere Begrenzung der Heilungsmöglichkeit ging von dem zutreffenden Gedanken aus, dass eine Nachholung von Verfahrenshandlungen nach Klageerhebung bzw nach Abschluss des Vorverfahrens idR den **Zweck des Verfahrensrechts,** eine abschließende Entscheidung der Verwaltung in eigener Verantwortung zu ermöglichen und zu gewährleisten, nicht mehr erfüllen könnte, und insb die Gefahr besteht, dass die beteiligten 34

---

[51] MB 25; ebenso zum früheren Recht BVerwGE 62, 113; WBS II § 49 Rn 65; M 105; für das Widerspruchsverfahren auch Kopp VerwArch 1970, 227 Fn 3.

[52] StBS 12, 101, 103ff; Knack/Henneke 42; Schmitz/Wessendorf NVwZ 1996, 955, 957.

[53] Schoch NVwZ 1983, 249, 252 für die Anhörung; Kischel, Folgen von Begründungsfehlern, 156 für die Begründung; s auch FKS 36.

Behörden ihre Entscheidungen nicht mehr unbefangen und ohne **Rücksicht auf prozesstaktische Überlegungen** und auf die „Autorität" der Verwaltung, die im gerichtlichen Verfahren in gewissem Sinn auf dem Spiel steht, treffen.[54] Diese Ziele lassen sich nach der Abschaffung der zeitlichen Beschränkung nicht mehr oder jedenfalls nur noch begrenzt erreichen.

35 **b) Verfassungsrechtliche Bedenken.** Trotz der rechtspolitisch nahezu einhellig erhobenen Kritik wird man die Regelung im Ergebnis nicht als verfassungswidrig ansehen können, weil rechtsstaatliche Mindeststandards erhalten bleiben.[55] Dabei ist nicht nur zu berücksichtigen, dass die Neuregelung der Rechtslage vor dem Inkrafttreten des VwVfG entspricht, sondern auch, dass die Behörde bereits in der Vergangenheit durch Erlass eines verfahrensfehlerfreien Zweitbescheides, der dann in das anhängige verwaltungsgerichtliche Verfahren einbezogen werden konnte, der Sache nach eine ähnliche Möglichkeit hatte, wie sie nunmehr durch Abs 2 eingeräumt wird.

36 **2. Abschluss der letzten Tatsacheninstanz.** Zweifelhaft war für die alte Fassung des Abs 2, ob mit der Formulierung „Abschluss des verwaltungsgerichtlichen Verfahrens" eine Heilung auch in der **Revisionsinstanz** ermöglicht werden sollte. Eine Beschränkung auf die Zeit bis zur letzten Tatsacheninstanz, wie sie bereits im Gesetzgebungsverfahren zum Erlass des GenBeschlG vom Bundesrat vorgeschlagen worden war (BT-Dr 13/3995 S. 11) wurde seinerzeit aus nicht nachvollziehbaren Gründen (unzutr Hinweis auf BR-Dr 422/94) abgelehnt (BT-Dr 13/3995 S. 16). Durch das 3. VwVfGÄndG wurde später klargestellt, dass eine Heilung nach Abs 2 nur bis zum Abschluss der letzten Tatsacheninstanz zulässig ist. Damit ist der Streit dahin entschieden, dass eine Heilung in der Revisionsinstanz nicht möglich ist.

37 Die derzeitige Regelung bedeutet, dass eine Heilung jedenfalls im **Revisionsverfahren beim BVerwG nicht mehr möglich** ist; wohl aber dann, wenn das BVerwG als (einzige) Tatsacheninstanz tätig wird (§ 50 VwGO).

38 **3. Verwaltungsprozessuale Konsequenzen. a) Kosten bei Beendigung des Prozesses nach Heilung.** Wird eine Verfahrenshandlung iSd Abs 1 während des gerichtlichen Verfahrens nachgeholt und damit ein nach § 46 beachtlicher Mangel geheilt, so kann der Kläger die Klage nach § 92 Abs 1 VwGO zurücknehmen. Es tritt dann die Kostenfolge des § 155 Abs 4 VwGO ein, die auch im Rahmen des § 155 Abs 2 VwGO zu berücksichtigen ist (Kopp/Schenke § 155 Rn 11). Wird der Rechtsstreit nach der Heilung übereinstimmend für erledigt erklärt, so ist der Rechtsgedanke des § 155 Abs 5 VwGO auch im Rahmen der Kostenentscheidung nach § 161 Abs 2 VwGO maßgebend (Kopp/Schenke § 161 Rn 32). Das Gericht kann also in diesen Fällen stets die späte Heilung zugunsten des Klägers berücksichtigen. Ist der Fehler allerdings nach § 46 ohnehin nicht beachtlich, spielen Nachholung und Heilung im gerichtlichen Verfahren kostenrechtlich keine Rolle.

39 **b) Fortführung des Prozesses nach Heilung.** Wird der Prozess trotz erfolgreicher Heilung fortgeführt, so ist die Klage abzuweisen, wenn keine anderen Gründe als die erfolgreich geheilten Fehler durchgreifen können. Der VA ist dann so zu behandeln, als sei er von vornherein ohne den geheilten Fehler erlassen worden. Es kommt in diesem Fall nicht darauf an, auf welchen Zeitpunkt der Sach- und Rechtslage das Gericht im Übrigen abzustellen hat. Insoweit wirkt die

[54] Begr 66; OVG Münster DVBl 1993, 64; Kopp 137 mwN; VerwArch 1970, 224; ferner BVerwGE 11, 206; WBS II § 49 Rn 65.

[55] Str, wie hier StBS 105; Bonk NVwZ 1997, 324; Redeker NVwZ 1997, 625; **aA** Bracher DVBl 1997, 534; zT auch Schenke NJW 1997, 81 sowie für die Heilung in den Fällen des Abs 1 Nr 2 u 3 Knack/Henneke 42; ähnlich Obermayer/Funke-Kaiser 60; zweifelnd auch FKS 36 ff; Ziekow 18.

Heilung also stets auf den für die gerichtliche Beurteilung maßgeblichen Zeitpunkt zurück (s aber Rn 14).

IV. Nachholung der erforderlichen Handlung

1. Zuständige Behörde. § 45 regelt nicht, welche Behörde für die zur Heilung erforderliche Verfahrenshandlung zuständig ist bzw welcher Behörde gegenüber die in Frage stehende Handlung vorzunehmen ist. Insoweit gelten die allgemeinen Bestimmungen über die Entscheidungskompetenzen der Behörden, insb auch die §§ 68 ff VwGO.[56] Die Heilung erfordert nicht nur, dass die bisher fehlende oder unzulängliche Verfahrenshandlung fehlerfrei nachgeholt wird, sondern auch, dass, wenn bereits in der Sache entschieden wurde, die zuständige Behörde in der Sache entscheidet, ob es bei der getroffenen Entscheidung bleiben soll bzw ob und wie diese Entscheidung geändert werden soll.[57] Zuständig für die Nachholung der in Frage stehenden Verfahrenshandlung und für die Überprüfung der Entscheidung im dargelegten Sinn ist grundsätzlich die Behörde, deren Verfahren der Mangel betrifft, dh **idR die Ausgangsbehörde** als solche oder auch, nach Einlegung eines Widerspruchs, in ihrer Eigenschaft als Abhilfebehörde (§ 72 VwGO).[58] 40

Nach überwiegender Auffassung genügt es, wenn und soweit in der Sache der Widerspruch nach §§ 68 ff VwGO angesichts der umfassenden Funktion des Widerspruchsverfahrens auch, wenn die nunmehr einwandfreie Vornahme (Nachholung) der Verfahrenshandlung vor oder durch die Widerspruchsbehörde erfolgt und diese im Widerspruchsbescheid alle sich auf Grund der Nachholung ergebenden möglicherweise neuen Aspekte umfassend und in eigener Verantwortung prüft und insoweit nicht lediglich die Ergebnisse des fehlerhaften Verfahrens der Erstbehörde ohne nähere eigene Prüfung übernimmt.[59] Soweit gegen den in Frage stehenden VA ein Vorverfahren nach §§ 68 ff VwGO stattfindet, ist nach Abschluss des Abhilfeverfahrens gem § 72 VwGO, dh mit der Weiterleitung des Rechtsbehelfs an die Widerspruchsbehörde, grundsätzlich **allein die Widerspruchsbehörde** zuständig.[60] Eine Ausnahme gilt lediglich für die **Nachholung der Begründung;** diese kann sowohl von der Ausgangsbehörde als auch gem § 73 Abs 3 VwGO durch die Widerspruchsbehörde erfolgen (BVerwGE 66, 184, 187). Nach Erlass des Widerspruchsbescheides fällt die Zuständigkeit wieder an 41

---

[56] BVerwGE 66, 114 = NVwZ 1983, 284; BVerwG NVwZ 1984, 578; Martens NVwZ 1984, 557; str; zT **aA** BVerwGE 66, 184 = NJW 1983, 2044.

[57] BVerwGE 66, 184 = NJW 1983, 2044; OVG Koblenz DÖV 1979, 607; OVG Münster NJW 1978, 1764; VGH Kassel NVwZ-RR 1989, 114; VG Gießen NVwZ-RR 1993, 249 mit eingehender Darstellung der erforderlichen Schritte; Laubinger VerwArch 1981, 342; Mußgnug NJW 1979, 1359: Nachverfahren analog § 33a StPO.

[58] Maurer § 10 Rn 39; Pietzner/Ronellenfitsch, § 38 Rn 7.

[59] BVerwGE 58, 43; 66, 111, 114 = DVBl 1982, 1149; 66, 184 = NJW 1983, 2044 jedoch einschränkend bei Ermessensentscheidungen; BVerwG DVBl 1982, 1149; NVwZ 1984, 447, 578; DÖV 1983, 247, 286, 338; BSG SozR 1200 § 34 SGB I Nr 1; OVG Münster NVwZ 1985, 132 mwN; VGH Mannheim NVwZ 1988, 562; VGH Kassel NVwZ 1986, 683; VGH München BayVBl 1988, 497: Berücksichtigung bei der Nichtabhilfe und der Vorlage des Widerspruchs an die Widerspruchsbehörde genügt; Martens NVwZ 1984, 557; **aA** insoweit Hufen NJW 1982, 2166; Mandelartz DVBl 1983, 115; Erichsen/Weiß Jura 1987, 154: nur die Ausgangsbehörde; zT auch BVerwGE 54, 276; 66, 184 = NJW 1983, 2044 bei Ermessensentscheidungen wegen des Unterschieds zwischen Ermessenskontrolle und originärer Ermessensentscheidung nur Nachholung und nochmalige Überprüfung durch dieselbe Behörde, ggf im Abhilfeverfahren; vgl auch OVG Münster DVBl 1981, 690; Weides JA 1984, 659: zur Heilung einer unterbliebenen Anhörung muss noch eine „Rücksprache“ stattfinden; einschränkend auch Martens NVwZ 1982, 14.

[60] BVerwGE 54, 280; 66, 114; BVerwG NVwZ 1984, 579; Schoch NVwZ 1983, 255; StBS 80 f; Weides JA 1984, 859; jedenfalls auch eine Widerspruchsbehörde.

die Ausgangsbehörden (VGH Mannheim NVwZ-RR 1995, 476; StBS 57, 81). Ist kein Vorverfahren zulässig bzw noch kein Vorverfahren anhängig, so verbleibt es bei der Zuständigkeit der Behörde, die den VA erlassen hat.

42 **2. Verfahren. a) Grundsatz vollständiger Kompensation.** Die Heilung durch Nachholung muss in einer Art und Weise erfolgen, durch die die mit dem Fehler verbundenen Nachteile vollständig beseitigt werden (Hufen/Siegel Rn 943 ff). Die Heilung durch Nachholung ist nur in einem Verwaltungsverfahren möglich, das geeignet ist, zu einer Änderung des betroffenen VA zu führen **(Nachholverfahren).**[61] Daher kann zB bei Ermessensentscheidungen eine Heilung der Verletzung der Anhörungspflicht (§ 28) im Widerspruchsverfahren nicht erfolgen, wenn die Widerspruchsbehörde den VA nur im Hinblick auf Rechtmäßigkeit, nicht aber auf Zweckmäßigkeit hin nachprüfen kann. In derartigen Fällen muss die Widerspruchsbehörde entweder das Verfahren aussetzen, um Gelegenheit zur Nachholung und ggf Abhilfe zu geben, oder den Bescheid wegen des Verfahrensfehlers aufzuheben. Eine Nachholung, zB einer unterbliebenen Anhörung, **unmittelbar in einem gerichtlichen Verfahren** zB durch den Austausch von Schriftsätzen oder durch Stellungnahme in der mündlichen Verhandlung **genügt nicht.**[62]

43 **b) Nachholung im Widerspruchsverfahren. Umstritten** ist, ob die Durchführung eines Widerspruchverfahrens als solches insb in den Fällen des Abs 1 Nr 3 bereits eine Heilung bewirkt,[63] oder ob es zusätzlicher Maßnahmen bedarf. Richtigerweise ist davon auszugehen, dass **idR bereits die Durchführung eines Widerspruchsverfahrens** den Fehler einer unterbliebenen Anhörung heilt, wenn die Widerspruchsbehörde eine **umfassende Entscheidungskompetenz** hat. Das muss jedenfalls dann gelten, wenn der angefochtene Ausgangsbescheid über eine Begründung iSd § 39 verfügt.[64] Die Heilung von etwaigen Fehlern auch des Verwaltungsverfahrens ist nämlich einer der Hauptzwecke des Widerspruchsverfahrens. Ist in der Sache der Widerspruch nach §§ 68 ff VwGO gegeben, so bedarf es zur Durchführung der Nachholung grundsätzlich (zu Ausnahmen siehe im folgenden Absatz) keiner weiteren besonderen Handlungen, insb auch keines behördlichen Hinweises auf die Heilungsmöglichkeit. Es genügt idR, dass die Betroffenen die Entscheidung kennen und wissen, dass die Sache – wenn auch ggf erst auf Grund eines von ihnen dagegen eingelegten Widerspruchs – in jeder Hinsicht noch überprüft wird und dabei auch Mängel des Verfahrens vor der Ausgangsbehörde geheilt werden können, und dass sie auch wissen, dass sie mit ihrem Widerspruch und dann auch im Widerspruchsverfahren Gelegenheit erhalten, sich nochmals umfassend zur Sache und zu etwaigen Verfahrensmängeln sowie auch zu den Ergebnissen einer Nachholung von Verfahrenshandlungen zu äußern (§ 28), und dass die Abhilfebehörde (§ 72 VwGO) oder Widerspruchsbehörde in einem Abhilfe- bzw im Widerspruchsbescheid ihr Vorbringen berücksichtigen muss.[65]

---

[61] BVerwGE 68, 267 = NVwZ 1984, 578; VGH Kassel NVwZ 1989, 114; OVG Münster NVwZ-RR 1990, 567; VG Gießen NVwZ-RR 1993, 249; StBS 23; Knack/Henneke 32.

[62] BVerwGE 68, 275; BVerwG DÖV 1984, 775 = BayVBl 1984, 440 mwN; VGH Kassel NVwZ-RR 1991, 113; Knack/Henneke 45; s auch oben Rn 27; **aA** VGH München BayVBl 1983, 595; ebenso auch nicht die Nachholung in einem parallelen anderen Verfahren mit denselben Beteiligten.

[63] So die Rspr, vgl BVerwGE 66, 111, 114; 54, 276, 280; BVerwG NVwZ-RR 1991, 337; NJW 1987, 143; OVG Münster NVwZ 1985, 133; **aA** die hM in der Lit, vgl StBS 78; Knack/Henneke 33; Hufen/Siegel 952 ff; Schoch Vw 1992, 21, 44; inzwischen auch Obermayer/Funke-Kaiser 75.

[64] Nur dann kann angenommen werden, dass der Widerspruchsführer Gelegenheit hat, umfassend Stellung zu nehmen. Zur Heilungskompetenz der Widerspruchsbehörde Pietzner/Ronellenfitsch, § 38 Rn 19.

[65] Vgl VGH München BayVBl 1994, 52. Für die Kosten des Widerspruchsverfahrens gilt im Falle der Heilung § 80 Abs 1 S 2.

Etwas anderes gilt bei beschränkter Kontrollkompetenz der Widerspruchsbehörde. Dies ist der Fall, wenn sie auf eine reine Rechtskontrolle beschränkt ist oder wenn sie ihrer Entscheidung einen anderen Zeitpunkt zugrunde legen müsste. Dann vermag das Verfahren vor der Widerspruchsbehörde in den Fällen der Abs 1 Nr 2–5 eine Heilung nicht herbeizuführen, weil die Widerspruchsbehörde weder die Begründung vervollständigen kann noch die Ergebnisse einer nachgeholten Anhörung (Abs 1 Nr 3) oder Stellungnahme eines Ausschusses (Abs 1 Nr 4) oder einer anderen Behörde (Abs 1 Nr 5) angemessen berücksichtigen darf. Hierzu ist in diesen Fällen nur die Ausgangsbehörde in der Lage, die eine Heilung allerdings im Rahmen der Abhilfeentscheidung (§ 72 VwGO) oder dann herbeiführen kann, wenn sie mit der Widerspruchsbehörde identisch ist. In allen sonstigen Fällen muss die Widerspruchsbehörde das Verfahren aussetzen, um der Ausgangsbehörde Gelegenheit zu geben, den Fehler zu beheben. 44

c) Nachholung durch die Ausgangsbehörde. aa) Nachverfahren. Ist in der Sache kein Widerspruch gegeben bzw ist der Widerspruchsbescheid bereits ergangen oder hat die Widerspruchsbehörde auf Grund besonderer gesetzlicher Regelungen (zB Beschränkung auf eine Nachprüfung des VA nur in rechtlicher Hinsicht, unter Ausschluss von Ermessensfragen, s BVerwGE 66, 184 = NJW 1983, 2044) nicht die Entscheidungskompetenz, die ihr die Berücksichtigung der nachgeholten Handlung und des Vorbringens der Beteiligten dazu erlaubt, so bedarf es stets eines besonderen **Ergänzungs- oder Nachverfahrens vor der Ausgangsbehörde.**[66] Erforderlich ist ein effektives behördliches Verfahren nach Ergehen eines belastenden VA, dh ein Verfahren, in dem der Betroffene die für die Entscheidung der Behörde maßgeblichen Gründe erfährt, seine Einwände gegen Entscheidung und ihre Begründung – auch hins solcher Gesichtspunkte, die gem § 114 VwGO nicht der gerichtlichen Überprüfung zugänglich sind – vortragen und auf Irrtümer und Fehler der Verwaltungsentscheidung hinweisen kann und in dem die Behörde ihre Entscheidung im Licht der vorgetragenen Einwendungen usw in eigener Zuständigkeit überdenken kann (so für das Zwischenverfahren bei berufsrelevanten Prüfungen BVerwGE 91, 275 = NVwZ-RR 1993, 644; 92, 136 = NVwZ 1993, 682). 45

bb) Entscheidung nach Nachholung. Ähnlich wie im Abhilfeverfahren nach § 72 VwGO, dessen Grundsätze auch hier entsprechend anzuwenden sind, **bedarf** es nach erfolgter Nachholung immer einer **(weiteren, ergänzenden) Entscheidung** der zuständigen Behörde. Die Entscheidung kann gesondert erfolgen oder auch im Zusammenhang mit der Abhilfeentscheidung nach § 72 VwGO.[67] Wenn die Behörde auf Grund der nachgeholten Verfahrenshandlung zu keinem anderen Ergebnis kommt und keinen Anlass zur Aufhebung oder Änderung des ursprünglichen VA sieht, und dies für die betroffenen Beteiligten irgendwie auch erkennbar ist oder wird, ist eine **ausdrückliche neue Entscheidung durch VA nicht erforderlich** (ebenso Obermayer/Funke-Kaiser 17). Es muss aber mindestens aus den Akten, zB auf Grund eines Aktenvermerks, objektiv erkennbar und nachweisbar sein, dass die zuständige Behörde nach der Nachholung der vorher fehlenden Verfahrenshandlung die Entscheidung nochmals neu und unvoreingenommen überprüft hat.[68] 46

---

[66] Vgl BVerwGE 66, 184 = NJW 1983, 2044; OVG Münster DVBl 1981, 690; VGH Kassel 1987, 510; VG Gießen NVwZ-RR 1993, 249; Weides JA 1984, 660; Laubinger VerwArch 1981, 342; StBS 78.

[67] BVerwGE 66, 184 = NJW 1983, 2044; VGH München BayVBl 1988, 497.

[68] BVerwG NVwZ 1984, 447; Buchh 448.5 § 13 MustVO Nr 10 und 12: die Behörde muss erkennbar das nachträgliche Vorbringen neu und unvoreingenommen geprüft haben; OVG Münster NJW 1978, 1764: eine nach außen erkennbare Entscheidung auf Grund einer sachlichen Prüfung erforderlich; BVerwG NVwZ 1985, 132: dass im Vorlagebericht an die Widerspruchsbehörde darauf eingegangen wird, genügt.

47 **d) Bekanntgabe der Heilung?** Grundsätze der rechtstaatlichen Transparenz und Rechtssicherheit verlangen, dass der Betroffene das Ergebnis einer Überprüfung der Entscheidung auf der Grundlage des Ergebnisses der nachgeholten Verfahrenshandlungen in den Fällen des Abs 1 Nr 2–5 erfährt. Erfolgt die Heilung in einem Widerspruchsverfahren, so genügt analog zum Abhilfeverfahren nach § 72 VwGO auch die **entsprechende Mitteilung im Rahmen der Begründung des Widerspruchsbescheids,** sofern ein solcher ergeht. Als ausreichende Bekanntgabe ist es außerdem anzusehen, wenn die zuständige Ausgangs- bzw Widerspruchsbehörde den Betroffenen im Rahmen eines gerichtlichen Verfahrens, insb eines Verfahrens nach § 80 Abs 5 VwGO oder § 123 VwGO **das Ergebnis ihrer Überprüfung mitteilt.**[69] Die entsprechenden Erklärungen sind dann nicht nur prozessuale Äußerungen im Rahmen des gerichtlichen Verfahrens, sondern bei verständiger Würdigung zugleich hins des Ergebnisses der Nachprüfung Verfahrenshandlungen iS von § 44a VwGO.[70]

V. Fiktion mangelnden Verschuldens (Abs 3)

48 **1. Anspruch auf Wiedereinsetzung.** Nach Abs 3 gilt die Versäumung der Rechtsbehelfsfrist als nicht verschuldet, wenn wegen Unterbleibens der erforderlichen Begründung oder der erforderlichen Anhörung die rechtzeitige Anfechtung eines VA versäumt wurde. Damit vermittelt die Vorschrift in den Fällen des Abs 1 Nr 2 u 3 praktisch einen Anspruch auf Wiedereinsetzung (vgl Pahlmann NJW 1979, 99). Die wenig glücklich gefasste Vorschrift,[71] die § 126 Abs 3 AO 1977 nachgebildet ist und erst in den Ausschussberatungen eingefügt wurde, gibt zu zahlreichen Zweifelsfragen Anlass. Sie ist nach ihrem offensichtlichen Zweck trotz des Hinweises in S 2 auf § 32 Abs 2 nicht nur auf die Wiedereinsetzung gem § 32 (die für Rechtsbehelfe idR ohnehin nicht in Betracht kommt) anzuwenden, sondern zumindest analog auch auf die Wiedereinsetzung in die Widerspruchsfrist gem § 70 Abs 2 VwGO iVm § 60 Abs 1 bis 4 VwGO und in die Klagefrist gem § 74 VwGO.[72] Mit dieser Auslegung dürfte die Vorschrift auch nicht gegen Verfassungsrecht verstoßen.[73] Eine nach Eintreten der Bestandskraft erfolgte Nachholung zB der Anhörung wirkt für den Fall der Wiedereinsetzung rückwirkend als Heilung gem Abs 1. Nicht berührt wird von Abs 3 der Ausschluss einer Wiedereinsetzung gem § 58 Abs 2 und 60 Abs 2 VwGO (Knack/Henneke 52; MB 19).

49 **2. Fristversäumung wegen Verfahrensfehler (S 1).** Die Regelung erfasst nur Fälle, in denen ein Beteiligter die rechtzeitige Anfechtung des VA deshalb versäumt hat, weil dem VA die nach § 39 erforderliche Begründung fehlt oder die nach § 28 erforderliche Anhörung unterblieben ist. Sie wird nach Sinn und Zweck der Regelung auch dann anzuwenden sein, wenn die Anhörung und Begründung zwar nicht unterblieben sind bzw fehlen, sondern fehlerhaft durchgeführt wurden. Dann allerdings wird die Darlegung der Kausalität (Rn 50) idR schwierig. Die Vorschrift gilt über ihren Wortlaut hinaus auch für die Versäumung der Frist zur Erhebung der Verpflichtungsklage (Obermayer/Funke-Kaiser 65).

---

[69] VGH Kassel NVwZ-RR 1989, 113; OVG Lüneburg DVBl 1989, 887.

[70] BVerwGE 91, 275 = NVwZ 1993, 681; vgl auch VGH Kassel NVwZ-RR 1989, 113; OVG Lüneburg DVBl 1989, 887.

[71] Kopp DVBl 1977, 29; Müller-Ibold 238: „redaktionell verunglückt"; Allesch NVwZ 2003, 444: „Gesetzgebungsschrott".

[72] Kopp DVBl 1977, 29; ebenso OVG Bremen DÖV 1981, 882; StBS 153 f; MB 34; Müller-Ibold 238; Klemm NVwZ 1989, 105; Knack/Henneke 49: Wiedereinsetzung nach § 60 VwGO, nicht nach § 32 VwVfG.

[73] Näher zu den Problemen der Gesetzgebungskompetenz der Länder zur Modifizierung der bundesrechtlichen Regelung in § 70 VwGO Allesch NVwZ 2003, 444.

a) Fiktion mangelnden Verschuldens. Gem Abs 3 S 1 wird zum Schutz des durch den Verfahrensfehler benachteiligten Betroffenen (ABegr 9) bei Fehlen einer nach § 28 bzw § 39 oder nach entsprechenden Vorschriften erforderlichen Begründung bzw Anhörung das sonst grundsätzlich vom Betroffenen nachzuweisende bzw glaubhaft zu machende Fehlen eines Verschuldens (vgl § 32 Rn 33 ff; Kopp/Schenke § 60 Rn 9 ff) fingiert und ist daher nicht mehr besonders zu prüfen.[74] Nach dem Zweck der Vorschrift gilt dies nicht nur bei Fehlen von Gründen schlechthin, sondern auch bei Unvollständigkeit oder Unverständlichkeit der Gründe in einer für die Entscheidung, Rechtsbehelfe einzulegen, wichtigen Frage, außerdem auch bei inhaltlich völlig falschen Begründungen.[75] Entsprechendes gilt in Fällen einer unvollständigen oder nicht ordnungsgemäßen Anhörung (Knack/Henneke 51). Die Fiktion mangelnden Verschuldens gilt auch, wenn der Betroffene **durch einen Anwalt vertreten** war (StBS 155; Knack/Henneke 52). 49a

b) Kausalitätserfordernis. Die Regelung erspart den Betroffenen nicht die Darlegung, dass die Fristversäumung kausal auf die mangelhafte oder fehlende Begründung oder Anhörung zurückzuführen war.[76] Im Hinblick auf den besonderen Schutzzweck der Vorschrift sind aber an die Darlegung keine hohen Anforderungen zu stellen, weil die genannten Verfahrensfehler an sich, zumindest im Regelfall, die Einlegung eines Rechtsbehelfs nicht hindern, sondern allenfalls die Beurteilung der Erfolgsaussichten und die Begründung des Rechtsbehelfs erschweren und daher bei wörtlicher Auslegung Abs 3 sonst praktisch unanwendbar wäre.[77] Das Kausalitätserfordernis ist bereits dann erfüllt, **wenn nicht auszuschließen ist, dass der Betroffene bei Kenntnis** der Begründung bzw, wenn er angehört worden wäre, **den Rechtsbehelf ergriffen hätte.**[78] 50

Die Darlegungslast für die fehlende Kausalität im darlegten Sinn liegt gleichwohl jedoch **beim Betroffenen.**[79] Ausreichend ist die Darlegung, dass durch die fehlende Kenntnis der Gründe bzw dadurch, dass eine Anhörung nicht erfolgt war und deshalb wesentliche Gesichtspunkte im Verfahren (noch) nicht zur Sprache gekommen sind, die Entscheidung des Betroffenen darüber, ob er einen Rechtsbehelf einlegen und/oder wie er diesen begründen soll, erschwert wurde (vgl Obermayer/Funke-Kaiser 66). Da die Frage, ob der Betroffene diese Schwierigkeiten für erheblich genug halten durfte, um von einem Rechtsmittel zunächst abzusehen, als Frage etwaigen Verschuldens nach S 1 nicht zu prüfen ist, kommt es auch insoweit grundsätzlich nur auf die subjektiven Vorstellungen des Betroffenen an. 51

Ausreichend ist die Glaubhaftmachung, dass andere Gründe die Fristversäumnis nicht bewirkt haben. Dieser Verpflichtung genügt grundsätzlich auch schon ein **schlüssiger Vortrag;**[80] verbleibende Zweifel gehen dann zu Lasten 52

---

[74] Obermayer/Funke-Kaiser 64; MB 39; Müller-Ibold 238; Grüner IV S. 20; Pickel 6; HHSp 18 ff: fingiert fehlendes Verschulden; **aA** zum bish Recht bei fehlender Begründung BVerwG MDR 1977, 75: kein ausreichender Entschuldigungsgrund für die Wiedereinsetzung.

[75] FG Niedersachsen EFG 1979, 579; Klemm NVwZ 1989, 105; Knack/Henneke 51.

[76] StBS 156; FKS 45 f; v Wulffen SGB-X § 42 Rn 23.

[77] So BVerfG NVwZ 2002, 1392 gegen BGH NVwZ 2000, 1326; 2002, 509; zu dieser Kontroverse Allesch NVwZ 2003, 444; ferner BFHE 143, 106 = BStBl II 1985, 601; ähnlich FG Niedersachsen FGE 1985, 474; Knack/Henneke 50; Herden/Gmach NJW 1986, 33; **aA** wohl StBS 174.

[78] BGH NVwZ 2002, 509, 510; BFH 143, 106 = BStBl II 1985, 602; Müller-Ibold 238; Allesch NVwZ 2003, 444; Erichsen/Ehlers, § 14 Rn 59; Apitz DStR 1984, 585; MB 37 f; enger BHGZ 144, 210, aufgehoben durch BVerfG NVwZ 2001, 1392; StBS 156; weiter dagegen BVerfG NVwZ 2001, 1392; Knack/Henneke 50.

[79] FG Niedersachsen EFG 1987, 334; Müller-Ibold 238; TK 4; Schlücking BB 1982, 1727; MB 20: Darlegungslast bei der Behörde.

[80] FG Stuttgart EFG 1987, 156; MB 20; Müller-Ibold 238; Schlücking BB 1982, 1727.

der Behörde. Die Mitursächlichkeit einer mangelhaften Überprüfung des Bescheides ist idR unschädlich (Klemm NVwZ 1989, 105). Die Wiedereinsetzung kann damit praktisch nur dann verweigert werden, **wenn zweifelsfrei ausschließlich andere Gründe** für die Fristversäumung verantwortlich waren. Dies ist ein vor allem bei VAen mit Doppelwirkung, wenn ein anderer Beteiligter auf die Unanfechtbarkeit und Bestandskraft des VA vertraut hat, kaum befriedigendes Ergebnis. Im Zweifel ist zugunsten des Säumigen zu entscheiden.[81]

53 **c) Verfahren.** Für **Geltendmachung** und Glaubhaftmachung **der Wiedereinsetzungsgründe** gelten auch in den Fällen des Abs 3 die allgemeinen Erfordernisse. Der Betroffene muss innerhalb der Wiedereinsetzungsfrist des § 32 bzw des § 60 VwGO einen Wiedereinsetzungsantrag stellen bzw die versäumte Handlung nachholen (vgl hierzu § 32 Rn 42). Die Darlegung der Wiedereinsetzungsgründe kann sich wegen der Fiktion des S 1 auf die Kausalität beschränken.

54 **3. Beginn des Laufs der Wiedereinsetzungsfrist (S 2).** Die Frist, innerhalb deren die Wiedereinsetzung gem § 32 Abs 2 (bzw gem § 60 Abs 2 iVm §§ 70, 74 VwGO) zu beantragen ist, bzw die versäumte Handlung nachzuholen ist, beginnt gem Abs 3 S 2 mit der **Nachholung der unterlassenen Verfahrenshandlung,** dh mit der nachträglichen Bekanntgabe der Gründe des VA in der dafür vorgeschriebenen Form, bzw mit dem Abschluss der Nachholung der Anhörung (ebenso Knack/Henneke 53). Aus den oben zu Rn 42 dargelegten Gründen und im Hinblick auf den Zweck der Regelung ist als **Zeitpunkt der Anhörung** nicht der tatsächliche Vorgang einer mündlichen Anhörung oder des Eingangs einer schriftlichen Stellungnahme des Beteiligten bei der Behörde zu verstehen, sondern **erst der Zeitpunkt, in dem die Behörde dazu Stellung nimmt** und ggf Folgerungen daraus zieht, indem sie den betroffenen VA aufhebt, abändert oder bestätigt, oder es jedenfalls dem Beteiligten nach den Umständen des Falles klar wird oder werden musste, dass die Behörde es bei dem ergangenen VA belassen will.[82] Die Regelung in Abs 3 S 2 privilegiert den Betroffenen bei Vorliegen eines Verfahrensfehlers nach Abs 1 nicht unerheblich.[83]

§ 46 Folgen von Verfahrens- und Formfehlern

Die Aufhebung eines Verwaltungsaktes, der nicht nach § 44 nichtig ist,[24] kann nicht allein deshalb beansprucht werden,[41] weil er unter Verletzung von Vorschriften über das Verfahren,[16] die Form[21] oder die örtliche Zuständigkeit[22] zustande gekommen ist, wenn offensichtlich ist, dass die Verletzung die Entscheidung in der Sache nicht beeinflusst hat.[36]

Parallelvorschriften: § 42 SGB X; § 127 AO

Schrifttum: *Beaucamp,* Heilung und Unbeachtlichkeit von formellen Fehlern im Verwaltungsverfahren, JA 2007, 117; *Bettermann,* Die Anfechtung von VAen wegen Verfahrensfehlern, in: Ipsen-FS 1977, 271; *ders,* Anfechtbare und nichtanfechtbare Verfahrensmängel. Eine prozessrechtsvergleichende Studie zu § 46 VwVfG, § 127 AO und § 42 SGB-X, in: Menger-FS 1985, 709; *Burgi,* Die dienende Funktion des Verwaltungsverfahrens, Zweckbestimmung und Fehlerfolgenrecht in der Reform, DVBl 2011, 1317; *Degenhart,* Zum Aufhebungsanspruch des Drittbetroffenen beim verfahrensfehlerhaften VA, DVBl 1981, 201; *Dolde,* Verwaltungsverfahren und Deregulierung, NVwZ 2006, 857; *Gärditz,* Verwaltungs-

[81] BFH BStBl II 1985, 602; FG Baden-Württemberg EFG 1987, 155; HHSp 20; Koch 11; Apitz DStR 1984, 548; Klemm NVwZ 1989, 105.
[82] BVerfG NVwZ 2001, 1392; eher krit BGH NVwZ 2002, 509, 510.
[83] S hierzu den zunächst von BGHZ 144, 210 = NVwZ 2000, 1326, dann vom BVerfG NVwZ 2001, 1392 und dann erneut vom BGH NVwZ 2002, 509 entschiedenen Fall. Hierzu krit Allesch NVwZ 2003, 444.

gerichtlicher Rechtsschutz im Umweltrecht, NVwZ 2014, 1; *Grimm,* Verfahrensfehler als Grundrechtsverstöße, NVwZ 1985, 865; *Haug/Schadtle,* Der Eigenwert der Öffentlichkeitsbeteiligung im Planungsrecht, NVwZ 2014, 271; *Kahl,* Grundrechtsschutz durch Verfahren in Deutschland und in der EU, VerwArch 2004, 1; *Kment,* Nationale Unbeachtlichkeits-, Heilungs- und Präklusionsvorschriften und Europäisches Recht, 2005; *Ladenburger,* Verfahrensfehlerfolgen im französischen und im deutschen Verwaltungsrecht, 1999; *Rößler, Rupp,* Bemerkungen zum verfahrensfehlerhaften VA, in: Bachof-FS 1984, 151; *Schladebach,* Der nichtige Verwaltungsakt, VerwArch 2013, 188; *Schlecht,* Die Unbeachtlichkeit von Verfahrensfehlern im deutschen Umweltrecht, 2010; *Schoch,* Die Heilung von Anhörungsmängeln im Verwaltungsverfahren, Jura 2007, 28; *Seibert,* Die Beachtlichkeit von Fehlern im Verwaltungsverfahren gemäß § 46 VwVfG und die Konsequenzen für das verwaltungsgerichtliche Verfahren, in: Zeidler-FS 1987, 469; *Siems,* Das UVP-Verfahren: Drittschützende Wirkung oder doch „nur" reines Verfahrensrecht?, NuR 2006, 359; *Sodan,* Unbeachtlichkeit und Heilung von Verfahrens- und Formfehlern, DVBl 1999, 729; *Steiner,* Zum Stand des verwaltungsgerichtlichen Rechtsschutzes, BayVBl 2012, 129; *Ziekow,* Von der Reanimation des Verwaltungsverfahrensrechts, NVwZ 2005, 263.

Schrifttum zum unionsrechtsgeprägten Fehlerfolgenrecht: *Bunge,* Rechtsfolgen von Verfahrensfehlern bei der UVP, NuR 2014, 305; *Ekardt,* Nach dem Altrip-Urteil: Von der Klagebefugnis zu Verfahrensfehlern, Abwägungsfehlern und Individualklage, NVwZ 2014, 393; *Fellenberg,* Weiter frischer Wind aus Luxemburg – Zu den Klagemöglichkeiten im Umweltrecht, NVwZ 2015, 1721; *Greim,*Das Urteil des EuGH in der Rechtssache Altrip, NuR 2014, 81; *Kramer/Schüren,* EuGH-Entscheidung zum UmwRG: Das Aus für materielle Präklusion und tradititionelle Verfahrensfehlerfolgenlehre?, ZUR 2016, 400; *Ludwigs,* Anmerkung zu einer Entscheidung des EuGH v 15.10.2015 (C-17/14), NVwZ 2016, 1260; *Otto,* Rechtsschutz im Umweltrecht nach dem EuGH-Urteil com 15.10.2015 – C-137/14, NVwZ 2016, 292; *Schlacke,* Zur fortschreitenden Europäisierung des (Umwelt-)Rechtsschutzes, NVwZ 2014, 11; *Steiger,* Entgrenzte Gerichte? Die Ausweitung des subjektiven Rechts und der richterlichen Kontrollbefugnisse, VerwArch 2016, 497; *Storost,* Anmerkung zu einer Entscheidung des EuGH v 15.10.2015 (C-17/14), UPR 2016, 36.

Übersicht

I. Allgemeines

1 **1. Inhalt. a) Allgemeines.** Die Vorschrift sieht – unabhängig von den Möglichkeiten einer Heilung von Verfahrens- und Formfehlern nach § 45 – vor, dass die Rechtswidrigkeit wegen Verfahrens- und Formverstößen einschließlich der Verstöße gegen die örtliche Zuständigkeit einen Anspruch auf Aufhebung eines VA nicht begründen kann, „wenn offensichtlich ist, dass die Verletzung die Entscheidung in der Sache nicht beeinflusst hat". Die Regelung betrifft damit nur den Aufhebungsanspruch und **lässt die Rechtswidrigkeit des VA unberührt,** die sich aus dem nicht geheilten Verstoß gegen Verfahrens- bzw Formvorschriften nach wie vor zwingend ergibt.[1] Es stellt sich deshalb die Frage, ob durch die Vorschrift abgesehen vom Aufhebungsanspruch noch andere Folgen der Rechtswidrigkeit des VA, zB Schadensersatzansprüche usw, ausgeschlossen werden (s Rn 47). Damit zusammen hängt die Frage, ob bei Unbeachtlichkeit eines Form- oder Verfahrensfehlers eine Rechtsverletzung des Betroffenen ausscheidet.[2]

[1] StBS 1; UL § 58 Rn 25; Knack/Henneke 7; **aA** wohl Sachs in Grundlagen II § 31 Rn 64.

[2] So BVerwGE 65, 287; DVBl 1981, 683, 685; **aA** Schenke DÖV 1986, 305, 307; UL § 58 Rn 25.

b) Änderungen durch das GenBeschlG. Die Vorschrift ist durch das GenBeschlG im Jahre 1996 wesentlich umgestaltet worden. Nach der zuvor geltenden Fassung konnte die Aufhebung des VA wegen der oben genannten Fehler nicht beansprucht werden, „wenn keine andere Entscheidung in der Sache hätte getroffen werden können", also die getroffene Entscheidung der Behörde durch das materielle Recht zwingend vorgegeben war. Sie erfasste damit nur Fälle der **rechtlichen Alternativlosigkeit,** in denen der Verwaltung rechtlich kein Entscheidungsspielraum zustand. Abgesehen davon, dass der Gesetzgeber dabei von der methodisch überholten Vorstellung ausgegangen war, dass es bei der Gesetzesanwendung nur eine einzige richtige Entscheidung geben könne, erwies sich die Regelung als zu eng und unflexibel, da sie nur auf Fälle strikt gebundener Entscheidungen anwendbar war. Sie wurde von der hM auch auf solche Fälle angewandt, in denen sich der an sich gesetzlich eingeräumte Spielraum im Einzelfall auf Null reduziert hatte.[3] 2

Die **geltende Fassung** stellt nicht mehr auf die materiell-rechtliche Gebundenheit der Entscheidung als solche ab, sondern auf die **tatsächliche Alternativlosigkeit** der Entscheidung, also auf den **konkreten Einfluss des Fehlers** auf die Entscheidung in der Sache. Damit werden eine Rekonstruktion des Entscheidungsvorgangs und die Prüfung des Kausalzusammenhangs zwischen Fehler und Ergebnis erforderlich. Ziel der Neuregelung war eine Erweiterung des Anwendungsbereichs (BT-Dr 13/3995 S. 8). Unverändert geblieben ist die Zielsetzung der Vorschrift, wonach im Interesse der Verfahrensökonomie die Aufhebung allein wegen Fehlern im Verwaltungsverfahren ausgeschlossen werden soll, soweit dies mit dem Gebot effektiven Rechtsschutzes vereinbar ist (Begr 66; MuE 158; ebenso BVerwG NVwZ 1982, 618). 2a

Die ursprüngliche Regelung war den Vorschriften über die **Kontrolle im Revisionsverfahren** nachgebildet,[4] entsprach weitgehend der vor Erlass des Gesetzes herrschenden Auffassung[5] und beruhte wie die vergleichbaren Vorschriften des Prozessrechts (§ 563 ZPO, § 144 Abs 4 VwGO, § 170 Abs 1 S 2 SGG, § 126 Abs 4 FGO) auf verfahrensökonomischen Erwägungen.[6] Anderes galt für die Einbeziehung auch von Verstößen gegen die Vorschriften über die örtliche Zuständigkeit, die bis dahin – aus gutem Grund (vgl Menger System 29; Rößler NJW 1981, 437) – grundsätzlich als erheblich angesehen wurden.[7] 3

c) Modifizierungen aufgrund der EuGH-Rechtsprechung. Im Hinblick auf die Altrip-Entscheidung des EuGH[8] wurde § 4 UmwRG noch im Jahr 2015 durch das sog **Altrip-Gesetz**[9] geändert. Damit wurde die Konsequenz daraus gezogen, dass der EuGH die bis dahin überwiegende Rspr insb des BVerwG zur Relevanz von Verfahrensfehlern bei der Durchführung der UVP mit den Vorgaben des Art 11 UVP-RL bzw Art 25 IE-RL für unvereinbar erklärt hatte (s § 75 Rn 92). In seiner nunmehr geltenden Fassung sieht § 4 Abs 1 UmwRG vor, dass bestimmte Verfahrensfehler bei der Durchführung der UVP oder der UVP- 3a

[3] Vgl BVerwGE 62, 108, 116; BVerwG NJW 1988, 525; krit Hufen DVBl 1988, 69.
[4] Begr 66; BVerwGE 61, 49; 90, 33; BVerwG NJW 1981, 1683.
[5] Vgl BVerwGE 61, 49; 75, 228; BVerwG DVBl 1977, 349; NJW 1981, 1683; OVG Münster DÖV 1981, 585; OVG Lüneburg DÖV 1974, 67; VGH München BayVBl 1979, 568; BSG 28, 74; 26, 181; 42, 271; Bettermann, in: Ipsen-FS 1977, 295; Sendler AöR 1969, 150; Papier, Der verfahrensfehlerhafte Staatsakt, 1973, 16 ff; vgl auch BGH NVwZ 1984, 2577: ein allgemeiner Rechtsgedanke; Haueisen DÖV 1973, 656 f; Kopp 96 f und VerwArch 1970, 236 ff.
[6] BVerwGE 90, 33 unter Hinweis auf BVerwGE 61, 49; 65, 290; BFH 142, 547.
[7] Vgl zB BVerwGE 30, 138; 49, 201; BVerwG DÖV 1969, 140; Buchh 407.4 § 8 FStrG Nr 9; VGH München BayVBl 1979, 568.
[8] EuGH NVwZ 2014, 49; bestätigt und weiterentwickelt durch EuGH 15.10.2015 NVwZ 2015, 1665.
[9] Gesetz zur Änderung des UmwRG v 20.11.2015, BGBl I, 2069.

Vorprüfung als **absolute Verfahrensfehler** einzustufen sind und erklärt in § 4 Abs 1a für die übrigen Verfahrensfehler von UVP und UVP-Vorprüfung § 46 ausdrücklich für anwendbar, allerdings mit einer Modifizierung in § 4 Abs 1a S 2, wonach die **Kausaliät vermutet** wird, wenn sich nicht aufklären lässt, ob ein solcher Fehler die Entscheidung in der Sache beeinflusst hat oder nicht (näher unten Rn 25 ff). Zur Unanwendbarkeit von § 46 auf **Verstöße gegen die Dublin III-VO** siehe BVerfG NVwZ 2017, 470. Die Regelung gilt unmittelbar nur für die vom UmwRG erfassten Verfahrensfehler. Im Oktober 2015 griff der EuGH erneut in das deutsche Fehlerfolgenrecht ein: Nunmehr wurde auch die deutsche **Präklusionsregelung** insoweit für unanwendbar erklärt, als es um Verfahren im Anwendungsbereich der UVP-RL und der IE-RL geht.[10]

4 **2. Vereinbarkeit mit Verfassungsrecht. a) Rechtsstaatliche Grundsätze.** Die Vorschrift ist einerseits für den Bereich des Verfahrensrechts Ausfluss des verfassungsrechtlichen Grundsatzes der Verwaltungseffizienz und der **Verfahrensökonomie,** andererseits, soweit die Kontrolle des Verwaltungshandelns durch die Gerichte in Frage steht, auch des Grundsatzes der **Gewaltenteilung** und einer sinnvollen Abgrenzung der Aufgaben der Verwaltung von den Aufgaben der Gerichtsbarkeit im moderneren gewaltenteiligen Staat. Vermeidbarer Verfahrenswiederholungen sollen unterbleiben. Entscheidungen sollen nicht allein wegen eines Verfahrensfehlers aufgehoben werden, wenn ein Einfluss auf die Sachentscheidung ausgeschlossen werden kann. Die mit dem GenBeschlG eingeführte Neuregelung stellt nicht mehr darauf ab, ob ein VA mit dem selben Regelungsgehalt erneut erlassen werden müsste (so noch die alte Regelung, die insoweit auch den Grundsatz von Treu und Glauben für sich in Anspruch nehmen konnte),[11] sondern auf das Ergebnis einer **Rekonstruktion des Entscheidungsvorgangs:** Nur wenn sich ergibt, dass der Fehler die Entscheidung nicht beeinflusst hat, ist der Aufhebungsanspruch ausgeschlossen. **Der Fehler ist dann unwesentlich;** der Ausschluss des Aufhebungsanspruchs allein wegen dieses Fehlers stellt letztlich keine Verletzung der Rechtsschutzgarantie des Art 19 Abs 4 GG dar.

5 **b) Erforderlichkeit einer verfassungskonformen Auslegung.** Da § 46 eine Relativierung des Verfahrensrechts zur Folge hat, ist die Regelung **rechtspolitisch**[12] und **verfassungsrechtlich nicht unbedenklich.**[13] Sie führt zur Sanktionslosigkeit von Verfahrensfehlern und trägt damit zur Entdisziplinierung der Verwaltung bei. Sie begründet ferner die Gefahr, dass Bürger die im Interesse von Partizipation, Transparenz und Rechtsschutz geschaffenen Form- und Verfahrensgarantien verlieren. Dies ist bedenklich vor allem, wenn Grundrechte betroffen sind.[14] Zweifelhaft ist die Regelung außerdem auch im Hinblick auf die Abgren-

---

10 Urt des EuGH v 15.10.2015 – C 37/14 – NVwZ 2015, 1665.

11 „Dolo agit, qui petit quod statim redditurus est"; vgl Schenke DÖV 1986, 305; NVwZ 1988, 13; Kopp/Schenke § 113 Rn 58.

12 Vgl FKS 9 mit Kritik an der Begründung für die Neufassung; zur früheren Fassung bereits v Mutius, in: Menger-FS 1985, 597; Bettermann, in: Menger-FS 1985, 721; Hufen/Siegel Rn 625 ff; Schoch Vw 1992, 41; Erichsen DVBl 1978, 577; WBS II § 49 Rn 52; StBS 4 ff; Götz NJW 1976, 1428; Hufen NJW 1982, 2167; Rupp, in: Bachof-FS 1984, 159; Sendler NJW 1986, 1684 mwN; Maurer § 10 Rn 41 ff; ders, JuS 1976, 492; Kopp BayVBl 1980, 103 ff; WuV 1983, 16; Rößler DStZ 1977, 372; Knack/Henneke 10.

13 WBS II § 49 Rn 52; StBS 5 mwN; Renck BayVBl 1990, 703; v Olshausen DÖV 1979, 341; Wimmer DVBl 1985, 771; Rupp, in: Bachof-FS 1984, 151; Kopp VerwArch 1970, 219 ff; allg auch Krebs DVBl 1984, 115; **aA** BVerwGE 70, 147 = NVwZ 1985, 188; OVG Lüneburg DVBl 1981, 647; Ossenbühl NJW 1981, 377; NVwZ 1982, 471 mwN; Grimm NVwZ 1985, 871; Obermayer/Funke-Kaiser 12; v Mutius NJW 1982, 2159; Schenke DÖV 1986, 312 f mwN: verfassungskonform.

14 Zu weitgehend VG Arnsberg DVBl 1981, 648 – durch Münster NVwZ 1987, 983 aufgehoben –; Sellner BauR 1980, 396: jedenfalls insoweit verfassungswidrig; **aA** OVG Münster NVwZ 1987, 983; Ossenbühl NVwZ 1982, 471 mwN: auch soweit Grundrechte

zung der Gesetzgebungskompetenzen von Bund und Ländern. Die Regelung überschreitet gleichwohl nicht den Rahmen zulässiger gesetzlicher Ausgestaltung der Fehlerfolgen. Den verfassungsrechtlichen Bedenken kann (und muss) durch eine **verfassungskonforme Auslegung** Rechnung getragen werden.[15] Erforderlich ist vor allem, dass strenge **Anforderungen an die Offensichtlichkeit** der fehlenden Auswirkungen des Fehlers auf die Sachentscheidung gestellt werden (s unten Rn 37 ff). Hier besteht die Gefahr unzulässiger Prognosen.

3. Europarecht. a) Direkter Vollzug. Im Unionsrecht wird eine **Unterscheidung zwischen wesentlichen und unwesentlichen Verfahrensfehlern** vorgenommen, die sich daran orientiert, ob ein Fehler geeignet ist, sich auf den Inhalt einer Maßnahme auszuwirken **(harmless error principle).**[16] Umgekehrt kennt das Unionsrecht in größerem Umfang **absolute Verfahrensfehler,** die unabhängig von ihren konkreten Auswirkungen auf das Ergebnis einer Entscheidung rechtliche Relevanz beanspruchen können (vgl zB EuGH Slg I 1998, 1752; 1974, 491). Als solche werden regelmäßig Verstöße gegen Verfahrensvorschriften angesehen, die dem Schutz von Betroffenen dienen.[17] 5a

b) Indirekter Vollzug. Grundsätzlich ist die Vorschrift auch im indirekten Vollzug von Unionsrecht (s hierzu Einf II Rn 38) anwendbar, sofern der aus Art 4 Abs 3 EUV folgende Effektivitätsgrundsatz und das Diskriminierungsverbot (s Einf II Rn 40) nicht verletzt werden. Die auch im Unionsrecht wesentliche **Ergebnisrelevanz** ist allerdings auch eine **Frage der Kontrolldichte.** Dabei ist zu berücksichtigen, dass die vom EuGH bei der Überprüfung von Gemeinschaftsakten praktizierte **Kontrolldichte** derjenigen der nationalen Gerichte nicht ohne weiteres entspricht.[18] Wenn die nationalen Gerichte – wie in Deutschland derzeit noch weitgehend üblich – eine materielle Vollkontrolle von VAen vornehmen, weil Ermessens-, Beurteilungs- oder Planungsspielräume nur aufgrund besonderer Ermächtigung anerkannt sind (s hierzu § 40 Rn 9), dann ist die Frage nach der Wesentlichkeit von Verfahrensfehlern wegen rechtlicher Alternativlosigkeit (s unten Rn 25a) anders zu beurteilen als bei der Annahme grundsätzlich bestehender Spielräume und einer entsprechend zurückgenommenen materiellen Kontrolle.[19] 5b

c) Die Altrip-Rechtsprechung des EuGH. Beginnend mit seiner Entscheidung zur wasserrechtlichen Planfeststellung in der Sache der Gemeinde Altrip hat der EuGH[20] für die Fehler bei der Durchführung einer UVP und einer UVP-Vorprüfung strengere Regeln aufgestellt, als sie sonst im indirekten Vollzug gelten bzw gegolten haben. Ziel ist es wohl, auch im Interesse der Umsetzung der Aarhus-Konvention und der UVP-RL sowie der IE-RL der **betroffenen Öffentlichkeit** die Möglichkeit einzuräumen, in Rechtsschutzverfahren Fehler in einer 5c

---

betroffen, verfassungskonform; StBS 5 ff; Knack/Henneke 11 mwN: nicht verfassungswidrig, jedoch verfassungskonform eng auszulegen.

[15] StBS 8; Knack/Henneke 11; Bonk NVwZ 1997, 326; Ziekow 2; Haug/Schadtle NVwZ 2014, 271, 274; zur alten Fassung bereits Schenke VVDStRL 1983, 276; Stettner, Grundlagen der Kompetenzlehre 371.

[16] EuGHE 2001, I-5281 Rn 34 – Ismeri; 2000, I-8237 Rn 101 – Deutschland; s auch bereits EuGHE 1983, 2191; 1981, 2229; 1957, 9, 38; Erichsen/Ehlers § 14 Rn 67; FKS 11 f; weitere Nachweise bei Kahl VerwArch 2004, 22.

[17] Vgl zB EuGH Slg 1986, 911, 929; 1987, 755, 758; s auch Classen NJW 1995, 2457, 2459; Kahl VerwArch 2004, 23 für Anhörungs- und Begründungspflichten.

[18] Ähnlich wohl auch StBS § 45 Rn 158 ff; Ziekow NVwZ 2005, 263.

[19] Hierzu näher Ramsauer, Rechtsschutz durch nachvollziehende Kontrolle, FS BVerwG 2003, 699; s auch näher § 40 Rn 99 ff.

[20] EuGH NVwZ 2014, 49 zur Frage der Beachtlichkeit von Fehlern eines wasserrechtlichen Planfeststellungsverfahrens (s auch § 75 Rn 77a). Zur allgemeinen Bedeutung der Altrip-Entscheidung für Verfahrensfehler Gärditz NVwZ 2014, 1; Schlacke NVwZ 2014, 11; Ekardt NVwZ 2014, 393.

UVP oder einer UVP-Vorprüfung weitergehend zu rügen, als das nach der allgemeinen nationalen wie unionsrechtlichen Fehlerlehre der Fall wäre. Ob diese besondere Fehlerrelevanz auch über den Anwendungsbereich der UVP-RL und der IE-RL hinaus gelten wird, kann noch nicht als geklärt gelten.[21] Tatsächlich stehen die Anforderungen des EuGH in der Altrip-Entscheidung der Sache nach mit Fehlerrelevanzregelung in § 46 weitgehend in Einklang (s näher unten Rn 25 ff).

5d **Unabhängig von der Ergebnisrelevanz** kommt es nach der Altrip-Entscheidung für die Qualifizierung als wesentlicher Verfahrensfehler darauf an, welchen Stellenwert das Unionsrecht in dem jeweils maßgeblichen Bereich den Regelungen des Verfahrensrechts, insbesondere den Anhörungsrechten und den Begründungspflichten einräumt. Ein insoweit erhöhter Stellenwert und damit die Unanwendbarkeit des § 46 ist **bei schweren Verstößen** gegen die Pflicht zur Öffentlichkeitsbeteiligung im Rahmen der UVP (s § 63 Rn 15 ff) anzunehmen.[22] .Die insoweit überholte sehr restriktive Rspr des BVerwG ist schon in der Vergangenheit zu Recht kritisiert worden.[23]

6 **4. Anwendungsbereich. a) Allgemeines.** Die Vorschrift gilt unmittelbar nur im Anwendungsbereich des VwVfG, also nur für solche VAe, die im Rahmen eines nach dem VwVfG durchgeführten Verwaltungsverfahrens erlassen werden. Die Verwaltungsverfahrensgesetze der Länder enthalten im Wesentlichen gleich lautende Bestimmungen. Ihre Anwendbarkeit setzt weiter voraus, dass es im Verwaltungsverfahren tatsächlich zu einer Sachentscheidung gekommen ist. **Nicht anwendbar** ist § 46 **auf Verfahrensentscheidungen** der Behörden, dh auf Entscheidungen, mit denen ein Antrag aus verfahrensrechtlichen Gründen, etwa weil verspätet gestellt, ohne weitere die Entscheidung tragende Sachprüfung als unzulässig abgelehnt wird (VG Freiburg NVwZ 1994, 403). Erfasst werden grundsätzlich auch formelle Fehler in **Planfeststellungsverfahren,** was nunmehr in § 75 Abs 1a S 2, letzter HalbS ausdrücklich klargestellt wird, und in **Widerspruchsverfahren.** Rechtsvorschriften, welche die Fehlerfolgen abschließend regeln und entweder weitere Unerheblichkeitsgründe vorsehen oder umgekehrt die Aufhebung ohne Rücksicht auf die Entscheidungserheblichkeit des Fehlers für den VA vorsehen,[24] gehen vor.

7 **b) Erfasste Vorschriften. aa) Abschließende Regelung.** Die Regelung gilt nur für Verstöße gegen die Vorschriften über das Verwaltungsverfahren, die Form und die örtliche Zuständigkeit, **nicht auch für** Verstöße etwa gegen die **sachliche oder funktionale Zuständigkeit** oder gegen die Verbandskompetenz (näher Rn 14 ff). Wegen des Ausnahmecharakters und wegen Fehlens einer planwidrigen Lücke ist die Vorschrift insoweit auch nicht analog anwendbar. Es kommt nicht darauf an, ob es sich um Verstöße gegen Bestimmungen des VwVfG handelt. Erfasst werden vielmehr **auch Verstöße gegen entsprechende Vorschriften des Fachrechts,** die gem § 1 vorgehen und die Anwendung des VwVfG ausschließen und zwar auch, soweit sie abweichende, insbesondere auch weitergehende Regelungen enthalten.[25] Soweit es um die Verletzung von Vorschriften geht, die ausschließlich die Wahrung öffentlicher Interessen oder der Interessen anderer Beteiligter bezwecken und die nicht zumindest zugleich auch

---

[21] In diese Richtung etwa Ekardt NVwZ 2014, 393. Zur allgemeinen Bedeutung der Altrip-Entscheidung für Verfahrensfehler Gärditz NVwZ 2014, 1; Schlacke NVwZ 2014, 11.

[22] Vgl BVerwGE 141, 282 (BAB A 44): Der auf Unionsrecht beruhende § 4 UmwRG ist wegen des Verzichts auf das Kausalitätserfordernis als Sonderregelung zu § 46 anzusehen.

[23] Zu Recht wurde etwa die Entscheidung BVerwGE 100, 238, 247 kritisiert, worin ein Verstoß gegen die Vorschriften über die UVP für unbeachtlich gehalten wurde. Es wird in diesen Fällen aber zumeist auch schon bei der Anwendung des § 46 am Kriterium der Offensichtlichkeit fehlen, vgl Pietzcker FS Maurer, 695, 711.

[24] So etwa BVerwGE 141, 282 für § 4 UmwRG.

[25] BVerwG NVwZ 1988, 525; VGH Mannheim DVBl 2014, 449; Erichsen/Ehlers § 14 Rn 64.

dem Schutz desjenigen, um dessen Rechtsbehelf es im konkreten Fall geht, dienen, ist es den Betroffenen grundsätzlich schon nach dem allgemeinen Prozessrecht (vgl § 42 Abs 2 VwGO) verwehrt, einen Rechtsbehelf oder Ansprüche auf die Verletzung solcher Regelungen zu stützen. Auf § 46 kommt es in diesen Fällen nicht mehr an.[26]

bb) Absolute Verfahrensfehler. Keine Anwendung findet die Vorschrift auf absolute Verfahrensfehler, die vorliegen, wenn die verletzte Rechtsnorm unabhängig vom materiellen Recht Beachtung verlangt, also nicht nur eine dem materiellen Recht dienende Funktion hat. Deshalb war die Vorschrift auf das **Beteiligungsrecht anerkannter Naturschutzvereine** nach § 63 BNatSchG bzw den entsprechenden Landesvorschriften in der Vergangenheit nicht anwendbar.[27] Inzwischen ist das BVerwG aber von dieser Position im Hinblick auf die weitergehenden Klagemöglichkeiten anerkannter Naturschutzvereine in § 64 BNatSchG abgerückt.[28] Zu den absoluten Verfahrensvorschriften s unten Rn 18. 8

c) Entsprechende Anwendbarkeit auf andere Verfahren? Die Vorschrift ist als Ausnahmebestimmung grundsätzlich nicht analogiefähig.[29] Deshalb kann sie etwa auf **Rechtssetzungsverfahren keine Anwendung** finden.[30] Etwas anderes kann für interne dienstliche Verfahren des Beamtenrechts gelten. Die Regelung des § 46 aF wurde bisher als Ausdruck allgemeiner Rechtsgrundsätze, die schon bisher in der Rspr als ungeschriebenes Recht angewandt wurden, angesehen, die bei Fehlen besonderer Regelungen sinngemäß auch auf Fälle anzuwenden waren, die nicht unter diese Gesetze fielen (vgl BGH NJW 1984, 2577). So wurde die Vorschrift entsprechend auf interne dienstliche Entscheidungen angewendet, die wegen eines Fehlers im personalvertretungsrechtlichen Verfahren rechtswidrig waren (BVerwG Buchh 252, § 23 SBG Nr 1). Heute wird man eine analoge Anwendung von der Qualifizierung der jeweiligen Verfahrensvorschriften abhängig machen müssen. Danach kommt eine analoge Anwendung dann in Betracht, wenn mit der verletzten Zuständigkeits-, Verfahrens- oder Formvorschrift keine besondere Schutzfunktion für den Betroffenen verbunden ist.[31] 9

d) Materiellrechtliche Fehler. Auf materielle Fehler ist **die Vorschrift nicht,** auch **nicht analog anwendbar.**[32] Eine Analogie scheitert schon daran, dass die Interessenlage bei Vorschriften des materiellen Rechts idR nicht mit derjenigen bei Verfahrensvorschriften vergleichbar ist, weil es an der für das Verfahrensrecht typischen dienenden Funktion fehlt (s unten Rn 15). Die Unbeachtlichkeit materieller Rechtsverstöße kann sich nur aus dem materiellen Recht selbst (vgl zB § 214 Abs 2 BauGB), nicht aber aus dem Verfahrensrecht ergeben. 10

5. Verhältnis zu anderen Vorschriften. a) Heilungsvorschriften. Soweit die Heilung eines Mangels gem § 45 erfolgt ist, kommt § 46 nicht mehr zur Anwendung, weil der Fehler dann nach § 45 nachträglich entfallen ist und keine Bedeutung mehr für die Frage der Rechtmäßigkeit des VA haben kann.[33] Des- 11

---

[26] OVG Lüneburg DVBl 1981, 647; ebenso die hM zum bish Recht, vgl BVerwG 28, 269; 41, 64; 44, 239; DVBl 1982, 360; OVG Lüneburg DVBl 1977, 347; Kopp/Schenke § 42 Rn 81 ff; § 69 Rn 6.

[27] BVerwGE 105, 348, 353; Ehlers Vw 2004, 255, 265.

[28] BVerwGE 121, 72 (Ortsumgehung Michendorf); BVerwG NVwZ 2002, 1103; NVwZ 2003, 1120; dem folgend VGH Mannheim NuR 2012, 130.

[29] Ziekow 5; Erichsen/Ehlers § 14 Rn 64.

[30] OVG Saarlouis NuR 2012, 74 für Ausweisung eines Naturschutzgebietes durch Satzung.

[31] BVerwG 1.10.2007 – 3 B 15/07 – juris. Keine entsprechende Anwendung findet die Vorschrift auf Fehler der sachlichen Zuständigkeit, s unten Rn 23.

[32] StBS 36; UL § 58 Rn 21; FKS 14, 18; Ziekow 5.

[33] Begr 65; Erichsen/Ehlers § 14 Rn 63; Knack/Henneke 15; Obermayer/Funke-Kaiser 3; Detterbeck § 10 Rn 635; Rößler NJW 1981, 437; StBS 21, § 45 Rn 18; HHSp § 127 AO Rn 75.

halb ist bei Verfahrensfehlern immer zuerst zu prüfen, ob der Mangel nicht schon nach § 45 geheilt wurde (Begr 45), zB bei Fehlerhaftigkeit des Verfahrens infolge Mitwirkung eines befangenen Amtsträgers durch nochmalige Vornahme der betroffenen Handlung oder des betroffenen Verfahrensabschnitts durch einen nicht befangenen Amtsträger oder durch umfassende Neuentscheidung in der Sache durch die Widerspruchsbehörde.[34] Dies ist idR der Fall, wenn ein VA in einem **Widerspruchsverfahren bestätigt** wurde (s Kopp/Schenke § 79 Rn 1). Ist eine Heilung möglich, aber noch nicht erfolgt, so ist § 46 neben und alternativ zu § 45 anwendbar. Die Anwendung von § 46 ist dem Zweck der Vorschrift entsprechend nicht auf Fälle beschränkt, in denen eine Heilung nach § 45 nicht in Betracht kommt. Nur in dieser Konstellation stehen **§ 45 und § 46 nebeneinander.**[35] § 46 ist deshalb zB auch anwendbar, wenn zweifelhaft ist, ob eine Heilung möglich ist bzw wirksam erfolgt ist.

12 **b) Verzicht auf Rügerecht, Verwirkung.** Nicht mehr auf die evtl Unbeachtlichkeit eines Verfahrensmangels gem § 46 kommt es an, wenn und soweit der betroffene Bürger auf die Einhaltung der in Frage stehenden Vorschrift **wirksam verzichtet** hat oder sein **Rügerecht verwirkt** hat (Schenke DVBl 1996, 388). Eine Verwirkung von Rügerechten kommt etwa im **Prüfungsrecht** in Betracht, wenn der Prüfling bestimmte Prüfungsmängel, etwa die Besorgnis der Befangenheit eines Prüfers, nicht rechtzeitig rügt (OVG Koblenz DVBl 1999, 1597 – s hierzu auch § 2 Rn 56a). Nach den Grundsätzen des allgemeinen Verfahrensrechts können Beteiligte und sonstige Betroffene auf Verfahrensrechte, die ihnen auf Grund gesetzlicher Vorschriften oder nach allgemeinen Grundsätzen ausschließlich zur Wahrung und zum Schutz ihrer Interessen zuerkannt sind, grundsätzlich verzichten (zum Verzicht s näher § 53 Rn 50 ff.). Wenn bzw insoweit sie wirksam auf die Einhaltung von Verfahrensrechten, zB auf eine Anhörung, auf die Wahrung einer behördlichen Frist oder auf Rechtsbehelfe gegen die Entscheidung verzichten, können sie dann auch später nicht Rechtsbehelfe in der Sache auf eine Verletzung der entsprechenden Verfahrensrechte stützen. Gleichwohl eingelegte Rechtsbehelfe wären, soweit der Verzicht das Recht auf Einlegen der entsprechenden Rechtsbehelfe betrifft, grundsätzlich unzulässig, soweit er sonstige Verfahrensrechte betrifft, unbegründet, ohne dass es insoweit noch auf weitere Prüfungen materieller Voraussetzungen ankäme (vgl Kopp/Schenke § 74 Rn 21 ff).

13 **c) Materielle Präklusion.** Unberührt bleiben Regelungen, die im Fall nicht rechtzeitiger oder gänzlich unterbliebener Geltendmachung von Verfahrensfehlern zur **Präklusion** führen. Da die Rüge von Verfahrensfehlern im gerichtlichen Verfahren stets eine materielle Rechtsposition voraussetzt, entfällt die Rügefähigkeit auch bei Verlust der materiellen Rechtsposition durch Präklusion, zB nach § 73 Abs 4 S 3 (s hierzu näher § 73 Rn 63). In diesen Fällen fehlt es auch an der Fehlerrelevanz. Allerdings ist insoweit die Rspr des EuGH zu berücksichtigen, wonach jedenfalls im Anwendungsbereich der UVP-RL und der IVU-RL eine Präklusion nicht mit dem Unionsrecht vereinbar ist.[36]

II. Spezielle Fehlerfolgenregelungen

14 **1. Verfahrensfehler nach § 4 Abs 1 UmwRG.** In § 4 Abs 1 UmwRG ist für bestimmte Verfahrensfehler im Bereich des UVP-Rechts eine spezielle Regelung getroffen worden, wonach diese als **absolute Verfahrensfehler** einzustufen sind mit der Folge, dass sie unabhängig von der Ergebnisrelevanz zur Aufhebung

---

[34] BVerwG DÖV 1988, 563; VGH München NVwZ 1982, 514.
[35] VGH München NVwZ 1982, 514; Knack/Henneke 15; StBS § 45 Rn 15; Obermayer/Funke-Kaiser 3; zT offenbar **aA** Begr 65.
[36] EuGH NVwZ 2015, 1665; hierzu näher § 73 Rn 89 ff mwN.

der Sachentscheidung führen (s zu den absoluten Verfahrensfehlern unten Rn 18ff). Bereits § 4 UmwRG aF enthielt eine solche Regelung, war aber auf Fälle des vollständigen **Fehlens einer UVP bzw einer UVP-Vorprüfung** beschränkt. Die aktuelle Fassung, die das UmwRG durch das sog Altrip-Gesetz 2015 erhalten hat, erfasst über diese Fälle (nunmehr in § 4 Abs 1 Nr 1) hinaus auch die Fälle, in denen eine nach § 9 UVPG bzw § 10 BImSchG erforderliche **Öffentlichkeitsbeteiligung (vollständig) unterblieben** ist und nicht nachgeholt wurde (§ 4 Abs 1 Nr 2 UmwRG) sowie Fälle, in denen ein anderer (nicht geheilter) nach **Art und Schwere vergleichbarer Verfahrensfehler** vorliegt, also einer, der dem gänzlichen Fehlen einer UVP oder UVP-Vorprüfung bzw dem gänzlichen Fehlen der Öffentlichkeitsbeteiligung vergleichbar ist und der betroffenen Öffentlichkeit die Möglichkeit der gesetzlich vorgesehenen Beteiligung genommen hat (§ 4 Abs 1 Nr 3 UmRG).

a) Anwendungsbereich. Die Regelungen in § 4 Abs 1 UmwRG gelten nur im Anwendungsbereich des § 1 UmwRG, nicht auch darüber hinaus. Erfasst werden damit sämtliche Fälle, in denen nach dem UVPG oder nach den anderen in § 1 UmwRG genannten Gesetzen eine UVP oder eine UVP-Vorprüfung durchzuführen ist. Soweit nach der UVP-RL oder nach der IE-RL eine UVP für weitere Vorhaben verlangt wird, sind auch diese in den Geltungsbereich des § 4 UmwRG einzubeziehen. 14a

b) Absolute Verfahrensfehler. aa) Fehlen von UVP oder UVP-Vorprüfung. Ohne Rücksicht auf die Ergebnisrelevanz werden nach § 4 Abs 1 Nr 1 UmwRG das vollständige Fehlen einer nach dem UVPG, der UVPVO-Bergbau oder landesrechtlichen Vorschriften erforderlichen UVP oder einer erforderlichen UVP-Vorprüfung des Einzelfalls zur Feststellung der UVP-Pflicht (§ 3c UVPG) erfasst. Zur Frage der Nachholbarkeit der UVP-Vorprüfung und der damit verbundenen Heilung des Fehlers, die nach § 4 Abs 1b UmwRG unberührt bleibt, s § 45 Rn 9. Keine Rolle spielt die Frage, aus welchem Grund eine rechtlich gebotene UVP oder eine UVP-Vorprüfung unterblieben ist. Die Regelung ist also auch in den Fällen anwendbar, in denen die Behörde die Erforderlichkeit einer UVP aufgrund einer Vorprüfung nach § 3a S 4 UVPG fehlerhaft verneint. Dies wird in § 4 Abs 1 S 2 UmwRG ausdrücklich klargestellt. 14b

bb) Fehlen der Öffentlichkeitsbeteiligung. Ohne Rücksicht auf die Ergebnisrelevanz führt nach § 4 Abs 1 Nr 2 UmwRG auch das Fehlen einer nach § 9 UVPG bzw § 10 Abs 3 BImSchG erforderlichen Öffentlichkeitsbeteiligung zur Aufhebung der Sachentscheidung. Es reicht also nicht, wenn die übrigen Verfahrensschritte der UVP (s hierzu § 63 Rn 21ff) vorliegen. Fehlen der Öffentlichkeitsbeteiligung bedeutet, dass in den Fällen des § 9 Abs 1 UVPG bzw § 10 Abs 3 BImSchG das erforderliche **Offenlegungsverfahren überhaupt nicht stattgefunden hat**, der betroffenen Öffentlichkeit mithin keine Gelegenheit zur Äußerung zu dem Vorhaben gegeben worden ist. In den Fällen des § 9 Abs 3 UVPG bedeutet das Fehlen der Öffentlichkeitsbeteiligung, dass eine öffentliche Bekanntmachung des Vorhabens unterblieben ist und die betroffene Öffentlichkeit keine Gelegenheit zur Äußerdung hatte. Zur Frage der Nachholbarkeit s § 45 Rn 5b. Hat eine Öffentlichkeitsbeteiligung in der Sache stattgefunden, war sie aber fehlerhaft, so richten sich die Folgen nach § 4 Abs 1 Nr 3 UmwRG. 14c

cc) Vergleichbar schwere Fehler bei der Öffentlichkeitsbeteiligung. Hat eine Öffentlichkeitsbeteiligung zwar stattgefunden, war sie aber grob fehlerhaft, so führt dieser Fehler nach § 4 Abs 1 Nr 3 UmwRG ebenfalls zur Aufhebung ohne Rücksicht auf die Ergebnisrelevanz. Diese Regelung ergänzt § 4 Abs 1 Nr 2 und erfasst Fehler bei der Durchführung der Öffentlichkeitsbeteiligung, die nach Art und Schwere **dem vollständigen Fehlen der Öffentlichkeitsbeteiligung praktisch gleichkommen.** Hier werden sich einige 15 schwierige Abgrenzungsfragen stellen, weil nicht jeder Fehler der Öffentlichkeitsbeteiligung, etwa eine lückenhafte Auslegung von Unterlagen oder eine lückenhafte Information diese Schwere haben wird.[37]

15a **2. Verfahrensfehler nach § 4 Abs 1a UmwRG. a) Anwendbarkeit des § 46.** Die Vorschrift stellt in § 4 Abs 1a S 1 zunächst klar, dass für Fehler, die nicht unter § 4 Abs 1 UmwRG fallen, die Fehlerfolgenregelung des § 46 anzuwenden ist. Dieser **Klarstellung** bedurfte es, weil insbesondere im Planfeststellungsrecht teilweise eine Fehlerfolgenregelung praktiziert wurde, die sich nicht oder nicht hinreichend an § 46 orientiert hatte. Nunmehr ist ausdrücklich festgelegt, dass für Verfahrensfehler, die nicht unter § 4 Abs 1 UmwRG fallen, sich die Fehlerfolgen nach § 46 richten. Erfasst werden von der Regelung unmittelbar aber nur die Fehler bei Anwendung der in § 1 UmwRG genannten Vorschriften über die UVP bzw die UVP-Vorprüfung, keine sonstigen Fehler. Diese Einschränkung hat unmittelbare Konsequenzen allerdings nur für die Anwendbarkeit des § 4 Abs 1a S 2 UmwRG, da das Fehlerfolgenregime des § 46 sonst ohnehin gilt.

15b **b) Vermutungsregelung in § 4 Abs 1a S 2 UmwRG.** Im Anwendungsbereich des UmwRG gilt für die Verfahrensfehler des § 4 Abs 1a UmwRG nach S 2 eine Vermutungsregel. Danach wird, wenn sich die Ergebnisrelevanz eines Fehlers im gerichtlichen Verfahren nicht aufklären lässt, die Vermutung, dass der Fehler die Sachentscheidung beeinflusst hat. Diese Regelgung geht auf die Altrip-Entscheidng des EuGH zurück, der für den Bereich der UVP-RL und der IE-RL die Forderung aufgestellt hatte, dass die **Beweislast für die Kausalität** eines Fehlers bei der Behörde liegen müsse. Der Sache nach ist dies auch hier **lediglich eine Klarstellung**, da die Forderung nach einer Offensichtlichkeit der Ergebnisrelevanz (unten Rn 36ff) in § 46 zu keinen anderen Ergebnissen führen könnte als die neu eingeführte Vermutungsregelung in § 4 Abs 1a S 2 UmwRG.

15c **3. Fehlerregelung in § 75 Abs 1a.** Eine Sonderregelung haben Fehlerfolgen im Planfeststellungsrecht in § 75 Abs 1a gefunden. Diese Sonderregelung ist erforderlich, weil es sich bei den dort geregelten Fehlern um solche der Abwägung handelt, die nicht ohne weiteres unter das Verfahrensfehlerregime des § 46 gezogen werden können. Das gilt auch, soweit es sich bei den Abwägungsfehlern um solche des Abwägungsvorgangs handelt. Zu den Einzelheiten s näher § 75 Rn 23ff.

III. Voraussetzungen für die Unbeachtlichkeit von Fehlern

16 **1. Erfasste formelle Fehler.** Die Vorschrift erfasst nur die Verletzung von Vorschriften über das **Verfahren,** die **Form** und die **örtliche Zuständigkeit.** Auf andere Fehler ist sie nicht, auch **nicht entsprechend anwendbar** (allg M, vgl BVerwG NJW 2005, 2330, 2332; StBS 43; Ziekow 9). Das gilt insbesondere für die sachliche oder die Verbandszuständigkeit, die nach dem eindeutigen Wortlaut nicht erfasst werden. Der Wortlaut der Vorschrift knüpft an die klassische Dreiteilung der formellen Vorschriften (Zuständigkeit, Verfahren, Form) an. Nicht erforderlich ist, dass es sich um Vorschriften des VwVfG handelt; auch entsprechende Vorschriften in spezielleren und nach § 1 vorgehenden Gesetzen werden erfasst.

16a **Ausgeschlossen ist eine Unbeachtlichkeit** nach § 46 grundsätzlich, wenn mit dem Verfahrensfehler zugleich auch ein **Verstoß gegen materielles Recht** vorliegt,[38] zB bei Fehlen der Sachlegitimation der Behörde in der Sache, insb der

---

[37] Näher Landmann/Rohmer, UmwRG-Kommentar, § 4 UmwRG Rn 37ff mwN; Schmidt/Kremer ZUR 2007, 57..

[38] BVerwGE 90, 32; VGH Kassel NVwZ-RR 1994, 344; VG Koblenz NuR 2010, 812, 814; Hill 100ff; Martens NVwZ 1988, 684 und 689; Messerschmidt NVwZ 1985, 877; s auch oben Rn 9.

erforderlichen Ermächtigung zum Erlass des betroffenen VA (BVerwGE 90, 32); eines auch nach materiellem Recht erforderlichen Antrags[39] oder der nach materiellem Recht erforderlichen Zustimmung eines Drittbetroffenen oder eines öffentlichen Rechtsträgers, zB einer Gemeinde gem § 36 BauGB. Gleiches gilt für Verstöße gegen **selbständige Form-, Verfahrens- und Zuständigkeitsvorschriften.** Dabei handelt es sich um solche, die nach dem Sinn und Zweck keine bloß dienende Funktion haben, sondern unabhängig von der materiellen Richtigkeit der Entscheidung beachtet werden sollen. Bedeutung hat diese Einschränkung vor allem für die sog **absoluten Verfahrensfehler,** auf die § 46 nicht anwendbar ist (s unten Rn 18).

a) Verfahrensfehler. Verfahrensfehler iSd § 46 sind Verstöße gegen diejeni- 16b
gen Vorschriften, die für das Verfahren von seiner Eröffnung bis zur abschließenden Entscheidung der Behörde, also bis zum Erlass des VA, betreffen. Die Vorschrift gilt vorbehaltlich spezieller gesetzlicher Regelungen **für alle Verstöße** gegen das das Verfahren betreffende Recht, die nicht bereits vor Erlass des VA von der Ausgangsbehörde korrigiert oder später nach § 45 geheilt wurden und die **nicht die Nichtigkeit** des betroffenen VA gem § 44 zur Folge haben. Die Anwendbarkeit des § 46 ist nicht auf Verstöße gegen Verfahrensvorschriften des VwVfG beschränkt, sondern gilt auch für Verstöße gegen die verfahrensrechtlichen Bestimmungen der Fachgesetze,[40] die gem § 1 vorgehen, und für Verstöße gegen die allgemeinen Grundsätze des Verfahrensrechts. Auf die Schutzrichtung der Vorschriften kommt es nicht an. Allerdings können Verstöße gegen Vorschriften, auf die sich der Kläger zB bei Nachbarklagen nicht berufen kann, ohnehin nicht zur Rechtsverletzung führen. **Nicht anwendbar** ist § 46 auf die **Verletzung von bloßen Verwaltungsvorschriften** (Laubinger VerwArch 1981, 334; Knack/Henneke 21); soweit Verwaltungsvorschriften Ausdruck oder Folge allgemeiner Rechtsgrundsätze sind, kommt es nur auf eine Verletzung dieser, nicht der Verwaltungsvorschriften an.

aa) Erfasste Verfahrensfehler. Grundsätzlich anwendbar ist § 46 zB bei 17
Mitwirkung eines iS von § 20 Abs 1 Nr 2 oder 5 **befangenen Amtsträgers** (BVerwG DÖV 1988, 563; VGH München NVwZ 1982, 514; UL § 12 Rn 24); bei **Verletzung der Hinweispflicht** gem § 25 (OVG Lüneburg MDR 1983, 784); bei **unterbliebener Anhörung** eines Beteiligten;[41] bei Setzung unangemessen kurzer Fristen für eine Stellungnahme; bei Nichtbeteiligung an einer Beweisaufnahme im förmlichen Verfahren; bei rechtswidriger **Verweigerung der Akteneinsicht;** bei **fehlender oder unvollständiger Begründung** des VA gem § 39 (BVerwGE 78, 113 = NVwZ 1988, 829; Müller-Ibold 236 mwN); bei rechtswidriger **Nichtbeteiligung anderer Behörden** oder von Ausschüssen; in Planfeststellungsverfahren bei Verstößen gegen das Anhörungs- und Beteiligungsverfahren. Zweifelhaft ist die Anwendbarkeit bei Unterbleiben wichtiger Hinweise oder einer gebotenen Aufklärung.[42]

bb) Nicht erfasste Fehler. Nicht um Verfahrensfehler iSd § 46, sondern um 17a
Verletzungen materiellen Rechts handelt es sich bei **Sachverhaltsirrtümern, Subsumtionsfehlern** und sachlich **unzutreffenden Begründungen.**[43] Beim Verstoß gegen den **Bestimmtheitsgrundsatz** handelt es sich nicht um einen

[39] OVG Münster NVwZ 1986, 576; VGH Kassel NVwZ-RR 1994, 344.
[40] OVG Münster GewArch 1979, 331; StBS 19; Knack/Henneke 21.
[41] OVG Hamburg NVwZ-RR 1990, 440; **aA** v Wulffen SGB-X § 42 Rn 10.
[42] OVG Lüneburg, Urt v 15.4.2014, 12 LB 64/13, juris: VGH München ZfSch 2013, 177, jeweils für Fehler der Aufforderung, sich zur Prüfung der Fahreignung untersuchen zu lassen.
[43] BVerwGE 70, 144; Rozek NVwZ 1992, 33; zT **aA** VGH München NVwZ 1991, 499.

Verfahrens-, sondern um einen materiellen Fehler.[44] Gleiches gilt auch für Fehler in der Aufklärung des relevanten Sachverhalts, worin nicht nur ein Verstoß gegen die Pflicht zur Amtsermittlung liegt, sondern idR zugleich ein materiell-rechtliches Problem. Nach Sinn und Zweck der Regelung ist das Gericht durch § 46 auch nicht gehindert, den betroffenen VA ohne weitere Sachverhaltsermittlung usw aufzuheben, wenn die Behörde den rechtsstaatlichen Mindestanforderungen des Verfahrens nicht genügt und sich mehr oder weniger willkürlich darüber hinweggesetzt hat.[45]

18 **cc) Absolute Beteiligungsfehler. Keine Anwendung** findet § 46 auf Verstöße gegen solche Vorschriften, die zu sog absoluten Beteiligungsfehlern führen.[46] Dies ist nach der Rspr bei Vorschriften anzunehmen, die bestimmten Beteiligten in ihrem Interesse[47] oder im Interesse einer „besonderen Befriedigungs- und Konsensfunktion" (Ossenbühl NJW 1981, 378) eine vom Ausgang des Verfahrens unabhängige, selbstständig durchsetzbare, im Übrigen jedoch beschränkte (zB nur ein Anhörungsrecht) Verfahrensposition einräumen. Als Vorschriften, die nach ihrem offensichtlichen Sinn und Zweck die Anwendung von § 46 ausschließen, sind in der Vergangenheit die Vorschriften über die **Mitwirkungsrechte anerkannter Naturschutzverbände** gem § 63 BNatSchG (entspricht § 58 BNatSchG) in naturschutzrelevanten Planfeststellungsverfahren und in einigen sonstigen Verfahren angesehen worden.[48] Hiervon ist BVerwG NVwZ 2002, 1103, 1105 für solche Fälle abgerückt, in denen Verbände in der Sache selbst ein Klagerecht haben.

19 **Nicht anwendbar** ist § 46 **bei unterbliebener notwendiger Beteiligung** zB eines Hauptbeteiligten und bei unterbliebener Hinzuziehung im Falle der Notwendigkeit nach § 13 Abs 2, da dies nicht nur ein Verfahrens- oder Formfehler ist, sondern die Wirksamkeit des VA betrifft;[49] bei Fehlen des für die Einleitung des Verfahrens und für den VA notwendigen Antrags[50] oder einer sonst materiellrechtlich notwendigen Mitwirkung Dritter sowie anderer Behörden, insb auch von Aufsichtsbehörden (BGHZ 91, 172 = NJW 1984, 2577: das Fehlen einer erforderlichen **aufsichtsbehördlichen Genehmigung** ist nicht lediglich eine Verletzung von Verfahrensvorschriften), aber auch zB **des Personalrats** bei der Entlassung eines Beamten (Mannheim NVwZ 1990, 791); ebenso bei

---

[44] OVG Lüneburg, Urt v 15.4.2014, 12 LB 64/13, juris: Unbestimmtheit einer Untersuchungsanordnung zur Feststellung der Fahreignung.

[45] Vgl VGH München BayVBl 1990, 535: wenn der Behörde die für den Beitragsbescheid maßgeblichen Werte nicht sorgfältig ermittelt, sondern nur mehr oder weniger „gegriffen hat"; VG Düsseldorf NuR 1993, 399: wenn die Behörde unter Verstoß gegen den Untersuchungsgrundsatz den entscheidungserheblichen Sachverhalt nicht sachgerecht und vollständig ermittelt und auch nicht in der gebotenen Weise bewertet hat, obwohl sich die Notwendigkeit dazu aufdrängte; vgl auch Di Fabio DÖV 1995, 5; Hufen VerwPR § 38 Rn 35.

[46] BVerwG NJW 1982, 120; OVG Lüneburg DVBl 1981, 647; StBS 30; einschränkend Knack/Henneke 23; ebenso zum bish Recht BVerwGE 41, 64 mwN; 44, 239 mwN; Ossenbühl NJW 1981, 378; OVG Lüneburg DÖV 1974, 67.

[47] Vgl BVerwGE 41, 64; 44, 239; BVerwG NJW 1981, 240; Buchh 407.4 § 17 FStrG Nr 33 S 101.

[48] BVerwGE 105, 348, 353 = NVwZ 1998, 395; 102, 358 = NVwZ 1997, 905; Ehlers Vw 2004, 255, 265; **aA** Dolde NVwZ 1991, 961.

[49] Ebenso im Ergebnis Goerlich NVwZ 1985, 92; zT **aA** UL § 15 Rn 22; MB 13; vgl auch BFH 144, 157 = BStBl II 1985, 676: keine Aufhebung des betroffenen VA wegen der unterbliebenen Beteiligung, sondern nur Aussetzung des Verfahrens des Gerichts, damit die Behörde den VA dem noch Hinzuzuziehenden zustellen kann und dieser ggf dagegen klagen kann, abzulehnen.

[50] OVG Münster NVwZ 1986, 576; OVG Koblenz NVwZ 1986, 577; VGH Kassel NVwZ-RR 1994, 344; Martens NVwZ 1985, 877; s auch oben Rn 8 ff; nach **aA** soll dies nur gelten, wenn der Antrag auch materiellrechtliche Bedeutung hat.

Verletzung des **Rechts der Gemeinde aus § 36 BauGB.**[51] Aus der Regelung des § 4 UmwRG folgt auch, dass es einen absoluten Verfahrensfehler darstellt, wenn in einem Planfeststellungsverfahren die **Öffentlichkeitsbeteiligung** gem § 73 Abs 3 oder nach entsprechenden Vorschriften unterblieben ist.[52]

dd) Absolute Verfahrensfehler. Keine Anwendung findet die Vorschrift auch auf sog absolute Verfahrensfehler. Dabei handelt es sich um Verstöße gegen Verfahrensnormen, die unabhängig von ihrer Ergebnisrelevanz zu berücksichtigen sind, im Unterschied zu den absoluten Beteiligungsfehlern aber nur von materiell Betroffenen geltend gemacht werden können. **Grundrechtsrelevanz** einer Verfahrensvorschrift allein reicht zur Annahme eines absoluten Verfahrensfehlers nicht aus. Das gilt auch dann, wenn es sich um einen Fall vorverlagerten Grundrechtsschutzes durch Verfahren (BVerfGE 53, 31) handelt. Dies ist bei der Auslegung und Anwendung zu berücksichtigen,[53] macht sie jedoch nicht „automatisch" zu einer absoluten Verfahrensvorschrift, die die Anwendung des § 46 ausschließt.[54] Vielmehr geht es um Verstöße gegen **Verfahrensnormen mit besonderer Schutzfunktion.**[55] Um solche handelt es sich nach zutreffender neuerer Auffassung auch bei Verstößen gegen die **Verpflichtung zur Durchführung einer UVP.**[56] Dies ergibt sich nunmehr auch aus § 4 UmwRG, wonach derartige Verstöße selbständig rügefähig sind. (s dazu § 63 Rn 30 mwN). 20

b) Formfehler. Grundsätzlich anwendbar ist § 46 auch auf die Verletzung von Formvorschriften (ebenso Knack/Henneke § 37 Rn 70 und vor § 43 Rn 40); die Verletzung von Vorschriften über die Form wir ausdrücklich genannt. Allerdings kommen nur Formverstöße in Betracht, die nicht zur Nichtigkeit des VA führen. Praktisch kann es sich dabei, da eine Verletzung des durch Gesetz vorgesehen Erfordernisses des Erlasses des VA durch **Aushändigung einer Urkunde** (§ 44 Abs 2 Nr 2) immer, eine Verletzung der sonst in einem Gesetz vorgeschriebenen **Schriftform** idR die Nichtigkeit des VA zur Folge hat (s unten Rn 24), idR nur um eine **Verletzung weniger bedeutsamer Formvorschriften** handeln, zB von Vorschriften über die **Protokollführung** zu Beweiszwecken uä (**aA** Knack/Henneke 24: § 46 auch bei Verstößen gegen § 37 Abs 2 und 3 und gegen andere Vorschriften über die Form von VAen anwendbar). 21

c) Fehler hinsichtlich der örtlichen Zuständigkeit. Nach § 46 ist, sofern die übrigen Voraussetzungen gegeben sind, abweichend von früher anerkannten Rechtsgrundsätzen[57] grundsätzlich auch eine Verletzung der örtlichen Zustän- 22

---

[51] VGH München GewArch 1991, 238; ausführlich Jäde UPR 2011, 125 mwN.

[52] Vgl § 13 Rn 39; ferner zum Unterbleiben der Öffentlichkeitsbeteiligung in atomrechtlichen Verfahren OVG Lüneburg DVBl 1981, 647 und 1984, 235.

[53] Weitergehend Hoppe, in: BVerwG-FS 1978, 295: Grundrechtsrelevanz spricht im Zweifel für „absolute" Wirkung; Laubinger VerwArch 1982, 78; v Mutius NJW 1982, 2159; Dolde NJW 1982, 2159: bei schweren Verstößen ist der VA nichtig und deshalb § 46 unanwendbar.

[54] BVerwG NJW 1982, 120; VGH München NVwZ 1982, 513; OVG Lüneburg DVBl 1981, 647; OVG Münster NVwZ 1987, 983; Ossenbühl NJW 1982, 377; Laubinger VerwArch 1982, 77 f; Hufen NJW 1982, 2167; Steinberg DÖV 1982, 628; Goerlich DÖV 1982, 635; Stelkens NVwZ 1982, 1137; v Mutius NJW 1982, 2159; **aA** VG Arnsberg NJW 1981, 1572; Sellner BauR 1980, 396.

[55] Für soldatenrechtliche Erörterungspflicht: BVerwG Beschl v 28.4.2009, Az: 1 WB 29/08 – juris; VGH Mannheim DÖD 1994, 208; StBS 32.

[56] BVerwG NVwZ 2012, 557, 558 (Sonderregelung zu § 46); OVG Magdeburg ZUR 2009, 36, 38; Kment NVwz 2007, 274, 275 f.

[57] Vgl BVerwG NJW 1963, 1324; DÖV 1969, 140; BayVBl 1969, 97 und 282; Ule, Verwaltungsreform 75; F 231 ff; WBS II § 49 Rn 50; Kopp VerwArch 1970, 230; anders

digkeit **unerheblich.**[58] Nach dem Wortlaut und Sinn der Regelung gilt dies jedoch nur für solche Verletzungen von Vorschriften über die örtliche Zuständigkeit, **die nicht nach § 44 Abs 1 Nr 3 zur Nichtigkeit** führen. Auf das Fehlen einer erforderlichen gesetzlichen Regelung der Zuständigkeit (s § 3 Rn 7) ist § 46 weder unmittelbar noch analog anwendbar. S zum Begriff der örtlichen Zuständigkeit die Erläuterungen zu § 3.

23 Aus der besonderen Erwähnung der Vorschriften über die örtliche Zuständigkeit ergibt sich im Gegenschluss, dass die Regelung **nicht für die sachliche Zuständigkeit** (vgl § 3 Rn 5) einschließlich der **Verbandszuständigkeit** gilt[59] (zur Nichtigkeit in diesen Fällen s § 44 Rn 14), ebenso nicht bei Fehlen der für den mit dem VA geltend gemachten Anspruch erforderlichen Aktivlegitimation (BVerwGE 90, 25, 35; OVG Hamburg NVwZ-RR 1999, 633). Gegen die unmittelbare oder analoge Anwendung von § 46 bei Verletzung der sachlichen Zuständigkeit spricht ua auch, dass solche Verletzungen auch vor Erlass des VwVfG grundsätzlich als erheblich angesehen wurden, und nicht ersichtlich ist, dass das VwVfG insoweit davon abweichen wollte (vgl auch Begr 66). Das Fehlen der Erwähnung der sachlichen Zuständigkeit in § 46 kann deshalb auch nicht nur damit erklärt werden, dass das VwVfG auch sonst keine näheren Bestimmungen über die sachliche Zuständigkeit enthält. In Übereinstimmung mit dem früheren Recht ist daher auch künftig davon auszugehen, dass **Verstöße gegen die sachliche Zuständigkeit immer die Rechtswidrigkeit** des betroffenen VA begründen und zur Aufhebung im Rechtsbehelfsverfahren führen.

24 **2. Keine Nichtigkeit des VA. Ausgenommen** von der Anwendbarkeit des § 46 sind, wie die Vorschrift ausdrücklich besagt, **Verstöße, die die Nichtigkeit des VA zur Folge haben**. Insoweit führt die Vorschrift des § 44 über die Nichtigkeit zu einer wichtigen Einschränkung des § 46. Dies hat Bedeutung für die Verletzung schwerer Verfahrens- und Formvorschriften (s § 44 Rn 8 ff). Es sind sämtliche Fehler ausgeschlossen, die allein oder zusammen mit anderen Umständen die Nichtigkeit des VA zur Folge haben. Ist der VA nichtig, so kommt es nicht darauf an, ob sich einzelne Verfahrensfehler auf das Ergebnis ausgewirkt haben. Wesentlich und nicht nach § 46 unbeachtlich ist danach zB idR die Verletzung der durch Gesetz vorgesehenen Schriftform eines VA (vgl § 44 Rn 26).

25 **3. Keine Beeinflussung der Entscheidung durch den Fehler. a) Grundsätzliches.** Nach der früheren Fassung der Vorschrift kam es für die Unbeachtlichkeit des Fehlers auf die Frage an, ob keine andere Entscheidung in der Sache hätte getroffen werden können. Nach der geltenden Fassung ist demgegenüber die Frage entscheidend, ob sich der Fehler auf die Entscheidung ausgewirkt hat. Die damit verbundene Neukonzeption ist aus methodischer Sicht zu begrüßen, weil sie auch bei striktem Recht (s unten Rn 30) nicht mehr vom Postulat der

---

offenbar das Ordnungswidrigkeitenrecht, vgl OLG Düsseldorf NJW 1982, 1008: Unzuständigkeit der Behörde, die den Bußgeldbescheid erlassen hat, nicht relevant.

[58] BVerwGE 61, 45; 65, 287; OVG Hamburg NordÖR 1999, 412, 414; VGH Kassel VRS 1986, 398; vgl auch BVerwGE 65, 291: dies gilt auch dann, wenn im Ergebnis davon bei einer nachfolgenden Klage der gesetzliche Richter gem Art 101 Abs 1 S 2 GG abhängt; BVerwGE 71, 65; 90, 34: auch, wenn beim Vollzug von Bundesrecht die Behörde eines anderen Bundeslandes örtlich zuständig gewesen wäre; sehr zweifelhaft; zT **aA** Knack/Henneke 25.

[59] BVerwG NJW 2005, 2330; OVG Lüneburg NdsVBl 2006, 198; OVG Münster, DVBl 2009, 1587; VGH München NVwZ-RR 1997, 399; VGH Kassel DVBl 1992, 725; Knack/Henneke 22; Bettermann, in: Ipsen-FS 1977, 273; StBS 42; UL § 58 Rn 21; Schenke DÖV 1986, 315 zur instantiellen Zuständigkeit; MB 12; WBS II § 49 Rn 51; **aA** BSG 24, 137; 26, 179.

einzig richtigen Entscheidung ausgeht, sondern auch insoweit an der konkret getroffenen Entscheidung ansetzt.[60]

25a **aa) Rechtliche Alternativlosigkeit. Offensichtlich nicht ausgewirkt** hat sich der Fehler dann, wenn in der Sache ohnehin eine andere als die getroffene Entscheidung rechtlich nicht zulässig gewesen wäre, also in den Fällen rechtlicher Alternativlosigkeit (s unten Rn 30ff), dh wenn aus rechtlichen Gründen die Entscheidung auch unter Berücksichtigung des Verfahrensfehlers und des Zwecks der verletzten Verfahrensvorschrift jedenfalls im Ergebnis nicht anders ausfallen durfte.[61] Insoweit ermöglicht die Neuregelung die Erfassung sämtlicher Fälle, die auch bisher schon von § 46 erfasst wurden. Es handelt sich um alle Verfahren, in denen das materielle Recht nach hM[62] keinen Entscheidungsspielraum für die Behörde eröffnet, in denen also im Konfliktsfall das Verwaltungsgericht die letzte Entscheidung über das Vorliegen der Tatbestandsvoraussetzungen trifft (streng gebundene VAe). Hierzu gehören auch diejenigen Fälle, in denen die Norm zwar Ermessen, Beurteilungs- oder Planungsspielräume eröffnet, der Spielraum aber im konkreten Fall auf Null reduziert ist.

26 **bb) Fehlender Einfluss auf Willensbildung.** Darüber hinaus kann die Vorschrift nunmehr aber auch auf Fälle angewandt werden, in denen lediglich die **Rekonstruktion des Entscheidungsvorgangs** ergibt, dass sich der Fehler nicht auf das Ergebnis ausgewirkt hat.[63] Da die fehlende Auswirkung aber offensichtlich sein und an die Offensichtlichkeit ein strenger Maßstab angelegt werden muss, ist die Erweiterung des Anwendungsbereichs gering. Keinerlei Unterschied ergibt sich für diejenigen Stimmen, die schon für die frühere Fassung des § 46 verlangt hatten, dass es für die Frage der Alternativlosigkeit auf eine **mögliche Kausalität** des Fehlers für das Ergehen und/oder den Inhalt des betroffenen VA ankommt.[64] **Unerheblich** ist ein Verstoß nur dann, wenn er im konkreten Fall schlechthin nicht kausal für die Entscheidung sein, dh unter keinem denkbaren Gesichtspunkt **Einfluss darauf haben konnte.**[65]

27 **Erforderlich ist, dass jede Möglichkeit ausgeschlossen** ist, dass bei Einhaltung der Vorschrift die Entscheidung anders ausfallen hätte können.[66] Die

---

[60] Die Regelung kann deshalb auch als Ausdruck eines Methoden- und Richtungswechsels bei der verwaltungsgerichtlichen Kontrolle verstanden werden, vgl AK-GG-Ramsauer Art 19 Abs 4 Rn 110.

[61] Vgl BVerwGE 71, 65; OVG Münster, B v 2.2.2016, 16 B 1267/15, juris für formelle Fehler einer Fahrerlaubnisentziehung nach § 46 FeV wegen Fehlens von Ermessen; VGH München BayVBl 1981, 481.

[62] Zu dem Problem der Anerkennung strikten Rechts und der Letztentscheidungskompetenz der Gerichte s § 40 Rn 9ff.

[63] Missverständlich ist der hierfür gelegentlich gebrauchte Begriff der tatsächlichen Alternativlosigkeit, weil dieser das Ergebnis und nicht den Entscheidungsvorgang in den Blick nimmt. Dabei wird die Kausalität zu sehr von einem bestimmten (richtigen) Ergebnis her bestimmt.

[64] So zB BVerwGE 69, 256; 75, 228; 76, 214; BVerwG NJW 1983, 1507; NVwZ 1988, 530; VGH München NVwZ 1982, 510; BayVBl 1985, 399; OVG Münster DVBl 1992, 67; Obermayer/Funke-Kaiser 29; Seibert, in: Zeidler-FS 1987, 478; Achterberg 21 Rn 208; ebenso im wesentlichen StBS 23, 53; Dolde NVwZ 1991, 962; einschränkend Erichsen/Ehlers, § 13 Rn 36; **aA** Hufen/Siegel, Rn 983ff; Laubinger VerwArch 1981, 347; Hill, Das fehlerhafte Verfahren, 121; Meyer NVwZ 1986, 520: erforderlich allein die Alternativlosigkeit, jedoch keinerlei Kausalität.

[65] Nach Hufen/Siegel Rn 986 ist der Anwendungsbereich auf die Fälle rechtlicher Alternativlosigkeit zu beschränken. Hiergegen schon nach früherer Rechtslage zB VGH München NVwZ 1982, 513; Jäde UPR 1996, 392; anders auch Guckelberger JuS 2011, 577, 581.

[66] Vgl BVerwGE 69, 269; 78, 347 (jeweils zur Mitwirkung ausgeschlossener Bediensteter); BVerwG NVwZ 1986, 126 zu einem Fall örtlicher Unzuständigkeit; OVG Münster DÖV 1983, 987; VGH Mannheim DÖV 1980, 614; 1981, 585; NVwZ 1983, 567 NVwZ-

Vorschrift geht im Grundsatz von der Relevanz des Fehlers aus und führt nur dann zur Unbeachtlichkeit, wenn es offenkundig ist, dass der Fehler im Entscheidungsprozess der Behörde keine Rolle gespielt haben kann. Bleiben Zweifel, ist die Vorschrift nicht anwendbar. Erforderlich ist nicht nur Gewissheit, dass der Mangel sich nicht auf das Ergebnis ausgewirkt haben kann; dies muss darüber hinaus auch offenkundig, dh für Jedermann ohne weiteres erkennbar sein. Schon eine denkbare Alternative, auch die Möglichkeit eines Nicht-Erlasses des VA, schließt die Anwendung von § 46 aus.

28 **cc) Beispielsfälle.** Unerheblich ist ein Verfahrensfehler idS grundsätzlich insb auch dann, wenn der Zweck (dh der Rechtsschutzzweck) der verletzten Norm jedenfalls nachweislich **auf andere Weise zumindest gleich gut** und wirksam erreicht wurde.[67] Daher ist zB die Unterlassung einer gebotenen Anhörung der Beteiligten zu Fragen, die allenfalls für die Begründetheit eines Antrags von Bedeutung sein konnten, unerheblich, wenn der Antrag bereits wegen fehlender Zulässigkeitsvoraussetzungen abzulehnen war; dies auch dann, wenn die Behörde ihre Entscheidung irrtümlich mit dem Fehlen materieller Anspruchsvoraussetzungen begründet hat. Entsprechendes gilt, wenn die Kausalität durch spätere Handlungen oder Ereignisse „überholt" wurde.

29 **Unerheblich** ist ferner das **Fehlen einer Unterschrift** unter dem Protokoll über eine Prüfung, wenn feststeht, dass das Protokoll von der zuständigen Person richtig abgefasst wurde,[68] die **Mangelhaftigkeit der Bekanntmachung** über ein Vorhaben, wenn der Betroffene jedenfalls auf andere Weise Kenntnis erlangt hat und auch sonst im weiteren Verfahren nicht dadurch gehindert war, seine Rechte geltend zu machen.[69] Unerheblich sind Verfahrensmängel, deren **Kausalität** durch spätere Handlungen oder Ereignisse **neutralisiert** oder **überholt wurde;**[70] die **Beteiligung eines ausgeschlossenen Amtsträgers,** die offensichtlich keinen Einfluss auf das Ergebnis gehabt haben konnte (BVerwGE 69, 270); das **Unterbleiben der Anhörung eines Beteiligten** zu einer Frage, die für die Entscheidung unter keinem denkbaren Gesichtspunkt eine Rolle spielen hätte können (vgl BVerwGE 26, 267; Kopp/Schenke § 113 Rn 193 ff) oder die – etwa in einem Massenverfahren – ohnehin von Amts wegen oder auf Einwendungen anderer Beteiligter hin in jeder Richtung erörtert worden ist und zu der der Betroffene auch zur Begründung seines Rechtsmittels keine neuen Gesichtspunkte anzuführen vermag (vgl auch Lerche BayVBl 1980, 259 Anm 11); **anders** jedoch das Unterbleiben einer nach § 13 Abs 2 S 2 **notwendigen Hinzuziehung** oder das vollständige Unterbleiben des Öffentlichkeitsverfahrens gem § 73 Abs 3 bis 8.

30 **b) Strikt gebundene Entscheidungen.** Eine Verletzung von Vorschriften über das Verfahren, die Form oder die örtliche Zuständigkeit kann die Entscheidung in der Sache „offensichtlich" nicht beeinflusst haben, wenn der Behörde keinerlei Entscheidungsspielraum zustand. Zu dieser Fallgruppe gehören zum einen diejenigen Fälle, in denen das jeweils anwendbare materielle Recht der Verwaltung generell keinen Spielraum eröffnet, zum anderen aber auch diejenigen, in denen der an sich gegebene **Spielraum sich im konkreten Einzelfall auf Null reduziert** hat (allg Meinung, vgl StBS 61).

RR 1994, 376; DVBl 1990, 538; OVG Berlin ZMR 1982, 48; VGH München NVwZ 1982, 514; 1987, 244; OVG Koblenz DVBl 1985, 1076; Ossenbühl NJW 1981, 378; Ule, Recht im Wandel 75; StBS 26; ferner WBS II § 58 Rn 51.

[67] BVerwGE 71, 152 = NJW 1985, 3034; OVG Lüneburg DVBl 1984, 895; Wahl NVwZ 1990, 433.

[68] OVG Münster DVBl 1992, 1049 mwN: Mängel des Prüfungsprotokolls idR nicht kausal, weil die Prüfungsbewertung nicht auf der Grundlage des Protokolls erfolgt; M 104.

[69] BVerwGE 24, 29; 29, 285; anders jedoch, wenn eine „absolute" Verfahrensvorschrift verletzt wurde, s oben Rn 18 f.

[70] VGH München NVwZ 1982, 514; Kopp VerwArch 1970, 244.

Die Annahme einer rechtlichen Alternativlosigkeit, wonach keine andere Entscheidung in der Sache getroffen werden hätte können, ist nur möglich, wenn sich der Inhalt des VA zwingend aus Rechtsvorschriften ergibt. Dies wird von der hM angenommen, wenn die Norm weder ein Ermessen noch einen Beurteilungs- oder Planungsspielraum eröffnet. Ist dies der Fall, so vermögen nach § 46 auch etwaige im Verfahren unterlaufene Verfahrensfehler an diesem Ergebnis grundsätzlich nichts zu ändern.[71] Allerdings wird das Ausmaß der Gesetzesbindung überschätzt. Die von den Gerichten in diesen Fällen für sich in Anspruch genommene Letztentscheidungskompetenz[72] darf nicht darüber hinwegtäuschen, dass auch gebundene Entscheidungen letztlich ein **schöpferischer Vorgang** sind, bei dem nicht ohne weiteres auszuschließen ist, dass eine Behörde, wenn sie die für die Feststellung und Beurteilung des Sachverhalts und die Anwendung des Rechts relevanten Verfahrensbestimmungen eingehalten hätte, uU zu anderen Ergebnissen gekommen wäre,[73] und bei dem vor allem auch die Gerichte im gewaltenteiligen Staat nicht dazu berufen sind, unter dem Deckmantel richterlicher Entscheidungen nach Art von Aufsichtsbehörden Entscheidungen der Behörden nachzubessern und fehlende Feststellungen und Erwägungen nachzutragen.[74] 31

c) Ermessens-, Beurteilungs- und Planungsentscheidungen. aa) Regelfall. Bei Ermessensentscheidungen, Beurteilungsentscheidungen und Planungsentscheidungen ist im Regelfall die Möglichkeit **nicht auszuschließen,** dass die Behörde bei Beachtung des Verfahrensrechts **zu einer anderen Entscheidung in der Sache hätte kommen können.** Deshalb sind gem § 46 Verfahrens-, Form- und Zuständigkeitsfehler grundsätzlich relevant.[75] Auf den Zweck des Ermessens kommt es dabei nicht an (Bettermann, in: Ipsen-FS 1977, 276; StBS 60, 73); ebenso nicht, worauf sich das Ermessen bezieht (BVerwGE 71, 66: bei einem Einberufungsbescheid genügt, dass die Anordnung hins Ort oder Zeit der Gestellung für den Betroffenen günstiger ausfallen hätte können). 32

Entsprechendes gilt für Entscheidungen, die von der wertenden Ausfüllung eines der Behörde vom Gesetz eingeräumten Beurteilungsspielraums abhängen,[76] zB für **Prüfungsentscheidungen,** soweit Auswirkungen auf die pädago- 33

---

[71] BVerwGE 61, 45 = NJW 1981, 1684; 61, 116; BVerwG NVwZ 1982, 619; DÖV 1982, 745; 1985, 408; BSG 27, 148; 28, 74; OVG Hamburg DÖV 1984, 901; Bettermann, in: Ipsen-FS 1977, 276; ders, in: Menger-FS 1985, 714; Götz NJW 1976, 1428; UL § 58 Rn 23; Obermayer/Funke-Kaiser 30; StBS 48, 55; vgl auch BSG MDR 1987, 700: die Nachprüfung ist auf die mitgeteilten Ermessenserwägungen beschränkt; zT **aA** Degenhart DVBl 1981, 201.

[72] Zum Begriff der Letztentscheidungskompetenz s Schmidt-Aßmann in MDHS Art 19 Abs 4; AK-GG-Ramsauer Art 19 Abs 4 Rn 105.

[73] So bereits Kopp 94 ff; ders BayVBl 1977, 514; 1980, 103; VerwArch 1970, 219.

[74] Vgl in ähnlichem Sinn auch BGH MDR 1978, 402; BSG MDR 1977, 83; Martens NVwZ 1982, 14; Hufen DVBl 1978, 76 f mit FN 100 mwN; NJW 1982, 2167; Schenke DÖV 1982, 718; VBlBW 1982, 325; Hill, Das fehlerhafte Verfahren 120 f; Degenhart DVBl 1981, 207; ferner Schlink/Wieland DÖV 1982, 434.

[75] BVerwGE 61, 50; 61, 114; 62, 108; 68, 267; 71, 65; 78, 95; BVerwG NJW 1981, 1684; NJW 1986, 2450; BayVBl 1985, 123; VGH München NVwZ 1982, 513; OVG Münster DVBl 1978, 508; 1981, 689; OVG Koblenz DVBl 1985, 1076: auch bei Zuständigkeitsfehlern; Götz NJW 1976, 1428; Rößler NJW 1981, 437; StBS 19, 38, 43; Knack/Henneke 32 f; Skouris NJW 1980, 1722; MB 26; Ossenbühl NVwZ 1982, 471; zum Beurteilungsspielraum auch BVerwGE 44, 22; 61, 50; Rößler DStZ 1977, 372; ebenso zum bish Recht BVerwGE 49, 308; 61, 67; BSG 9, 280; 26, 179; 27, 158; Lorenz 259 Fn 22 mwN.

[76] BVerwGE 65, 289; 70, 148 = NVwZ 1985, 187; Schoch Vw 1992, 45; StBS 62, 75; Knack/Henneke 32; Grimm NVwZ 1985, 871; UL § 58 Rn 23; Schenke DÖV 1986, 316; zu Abwägungsentscheidungen auch Grimm NVwZ 1985, 871; Steinberg NVwZ 1980, 814; Rozek NVwZ 1992, 35; s ferner Erbguth DVBl 1986, 1235; Schmidt-Aßmann in MDH Art 19 Abs 4 GG Rn 212 mwN.

gische Bewertung nicht auszuschließen sind (BVerwGE 70, 148 = NVwZ 1985, 187). Dies gilt nicht nur, wenn die Behörde selbst nach Ermessen zu entscheiden hat oder ihr ein Beurteilungsspielraum eingeräumt ist, sondern zB auch dann, wenn am Verfahren ein Ausschuss oder eine andere Behörde iS von §§ 44 Abs 3 Nr 3 und 4, 45 Abs 1 Nr 4 und 5 mitwirkt und der Mitwirkungsakt deren Ermessen oder Beurteilung unterliegt.[77]

34 **bb) Ausnahmen** von diesem Grundsatz wurden schon früher von der hM in den Fällen anerkannt, in denen sich der formelle Fehler nachweislich nicht auf die Entscheidung ausgewirkt hat, auf die Entscheidung in der Sache also aus tatsächlichen Gründen ohne Einfluss geblieben ist.[78] **Beispiele:** Ein fehlerhafter **Verfahrensabschnitt wurde wiederholt** (BVerwGE 75, 214, 228), ein Bewertungsfehler im Prüfungsverfahren kann sich **rechnerisch nicht ausgewirkt** haben (BVerfG NJW 1991, 2005), die unterlassene weitere Aufklärung hätte keine weiteren Erkenntnisse zutage gefördert (BVerwGE 71, 150, 152), die von einem nach § 20 ausgeschlossenen Amtsträger erteilte **Weisung wurde nicht befolgt** (BVerwGE 69, 263), der Fehler wurde noch vor Abschluss des Verfahrens korrigiert,[79] oder angesichts der besonderen Umstände des Falles wäre jede andere als die getroffene Entscheidung ermessensfehlerhaft und der Ermessens- oder Beurteilungsspielraum daher im konkreten Fall auf Null reduziert.[80]

35 **cc) Neue Sachentscheidung im Widerspruchsverfahren.** Trotz der insoweit unklaren Fassung von § 46 sind alle in dieser Vorschrift genannten Beschränkungen jedoch dann ohne Bedeutung, wenn die Rechtsbehelfsbehörde dieselbe umfassende Entscheidungsbefugnis in der Sache hat wie die Ausgangsbehörde, daher auch ihr Ermessen bzw Beurteilung an die Stelle der fehlerhaft getroffenen Ausgangsentscheidung setzen kann und dies im konkreten Fall auch tut (BVerwGE 78, 347; BVerwG DVBl 1992, 1241; MB 13; Knack/Henneke 42). Dies ist aber im Widerspruchsverfahren die Regel.[81] Es ist nicht anzunehmen, dass § 46 an dieser Befugnis der Widerspruchsbehörde nach §§ 68 ff VwGO etwas ändern sollte. Verfahrensmängel werden jedoch nur dann geheilt, wenn die Widerspruchsbehörde so umfassend mit der Sache befasst wird, dass ein Fortwirken des Mangels ausgeschlossen ist, sie insb zB die betroffenen Tatsachen in eigener Verantwortung und unbeeinflusst von der ursprünglichen Entscheidung neu feststellt (das ist der richtige Kern der vom BVerwGE 66, 184 vertretenen Auffassung).

36 **4. Offensichtlichkeit fehlender Beeinflussung. a) Begriff.** Der Nachweis der fehlenden Kausalität allein reicht nicht aus; es muss vielmehr „offensichtlich" sein, dass der Fehler auf die Entscheidung in der Sache ohne Einfluss geblieben

---

[77] BSG 15, 266; Lorenz 260; zT **aA** BGH NJW 1984, 2578.

[78] Vgl BVerwGE 69, 270 = DVBl 1984, 1078; 75, 228: es muss zumindest die konkrete Möglichkeit bestehen, dass ohne den angenommenen Verfahrensfehler die Entscheidung anders ausgefallen wäre; zu weitgehend Lüneburg NVwZ 1985, 508: auch wenn nichts dazu vorgetragen, dass eine andere Entscheidung hätte ergehen können, wenn der Fehler nicht passiert wäre.

[79] Vgl BVerwGE 70, 154; VGH München DVBl 1985, 805: auch durch ein Änderungsverfahren, das zusammen mit dem ursprünglichen Verfahren zu einer einheitlichen Planungsentscheidung führt.

[80] BVerwGE 62, 116; BverwG NVwZ 1988, 525 = JuS 1988, 525 mit Anm Osterloh; Mannheim VBlBW 1989, 54; VGH München NVwZ 1982, 513; BayVBl 1981, 481; Münster DVBl 1981, 690; NVwZ 1985, 662; NVwZ-RR 1990, 574; OVG Koblenz DÖV 1979, 606; 1985, 588 zu einem Fall örtlicher Unzuständigkeit; OVG Hamburg NVwZ 1984, 463; Ossenbühl NJW 1981, 376, 378; Bettermann, in: Ipsen-FS 277; Rößler NJW 1981, 437 mwN; Scheuing NVwZ 1982, 491; Krebs DVBl 1984, 113; Schenke DÖV 1986, 316 mwN; StBS 61; v Danwitz Jura 1994, 286; enger UL § 58 Rn 23; Bettermann, in: Menger-FS 1985, 725; vgl auch VGH Mannheim VBlBW 1989, 54; MB 27.

[81] BVerwGE 67, 180; BSG DVBl 1985, 632 mwN; 1985, 637; SozR 1200 § 34 Nr 1 und 13; Kopp VerwArch 1970, 234 ff.

ist. Der **Begriff der Offensichtlichkeit** wird in der Literatur nicht einheitlich verstanden. Insbes besteht keine Einigkeit darüber, ob es insoweit auf den Betroffenen ankommt (so Knack/Henneke 35) oder auf denjenigen, der die Gesamtumstände und den Inhalt der Akten kennt.[82] Richtigerweise ist Offensichtlichkeit hier wie in § 75 Abs 1a (vgl § 75 Rn 26) entsprechend der zu § 214 Abs 3 BauGB entwickelten Rechtsprechung (vgl BVerwGE 64, 33 = NJW 1982, 591) zu verstehen. Danach ist die fehlende Ursächlichkeit eines Mangels dann offensichtlich ist, wenn sich dies **mit Hilfe von Akten oder sonstigen Unterlagen** objektiv eindeutig nachweisen lässt (einschränkend Knack/Henneke 34: die Beweismittel müssen dem Betroffenen zugänglich sein). Nicht ausreichend ist, wenn sich der fehlende Einfluss eines Fehlers zB nur durch eine Vernehmung der handelnden Behördenbediensteten als Zeugen feststellen ließe.[83]

Offensichtlichkeit der fehlenden Relevanz des Fehlers setzt weiter voraus, dass **jeder vernünftige Zweifel ausgeschlossen** ist, dass es bei Vermeidung des Fehlers zur selben Entscheidung in der Sache gekommen wäre. Da hier eine hypothetische Prognose erforderlich ist, kann es insoweit keine absolute Sicherheit geben. Gleichwohl muss im Hinblick auf die Bedeutung des Verfahrensrechts und auf die Effektivität des Rechtsschutzes ein **strenger Maßstab** angelegt werden.[84] Verbleiben auch nur leise Zweifel daran, dass es ohne den Fehler zur selben Entscheidung gekommen wäre, fehlt es an der erforderlichen Offensichtlichkeit. 37

b) Maßgeblicher Zeitpunkt der Beurteilung. Bei der Beurteilung, ob in der Sache eine andere Entscheidung hätte getroffen werden können, ist hins der dafür maßgeblichen Tatsachen und sonstigen maßgeblichen Erwägungen grundsätzlich von den Feststellungen und Erwägungen auszugehen, die bereits Gegenstand des dem Erlass des VA vorangegangenen Verfahrens waren, soweit diese nicht von dem Verfahrensfehler betroffen sind (ebenso Müller NJW 1978, 1354; Ossenbühl NJW 1981, 378; Hufen NJW 1982, 2167; wohl auch Grimm NVwZ 1985, 871; s auch Ossenbühl aaO: nur Tatsachen, die im maßgeblichen Zeitpunkt bereits vorhanden waren). 38

c) Ermittlungen zur Feststellung der Offensichtlichkeit? Zweifelhaft ist, ob Unerheblichkeit des Fehlers iS des § 46 auch dann anzunehmen ist, wenn die Frage, ob aus anderen Gründen ohnehin dieselbe Entscheidung hätte getroffen werden müssen, nicht schon auf Grund der Ergebnisse des durchgeführten Verfahrens, in dem der in Frage stehende VA ergangen ist, beurteilt werden kann, sondern hierzu erst neue Ermittlungen und Erwägungen erforderlich sind, die noch nicht Gegenstand des bisherigen Verfahrens waren und daher erst im Rahmen eines neuen, ergänzenden Verfahrens getroffen werden könnten.[85] **Hier ist zu differenzieren:** Für die Fälle, in denen die Unbeachtlichkeit des Fehlers aus 39

---

[82] So wohl Obermayer/Funke-Kaiser 34; **enger** wohl Maurer, § 10 Rn 41, der eine Parallele zur offensichtlichen Unrichtigkeit zieht.

[83] Vgl Schmitz/Wessendorf NVwZ 1996, 955, 958: Bekundungen der Behörde sind ohne Bedeutung, ebenso StBS 81.

[84] Insoweit besteht Einigkeit; vgl nur Schmitz/Wessendorf NVwZ 1996, 955, 958; Knack/Henneke 35; StBS 8, 84; Erichsen/Ehlers § 14 Rn 64.

[85] Vgl OVG Münster IÖD 2013, 230: Tatsachen und Erwägungen, die im Zeitpunkt des Erlasses des VA vorhanden waren; ähnlich Hufen NJW 1982, 2167; s auch Ossenbühl NJW 1981, 378; vgl auch Schlink/Wieland DÖV 1982, 434; Grimm NVwZ 1985, 871; Schenke DÖV 1986, 316; zu eng Müller NJW 1978, 1354: Berücksichtigung nur der Gesichtspunkte, die nach § 45 zulässigerweise nachgeschoben wurden oder sonst für das Gericht ohne weiteres, zB auf Grund einer gerichtsbekannten Behördenpraxis, erkennbar sind; **aA** zu gebundenen Entscheidungen BVerwGE 61, 45 = NJW 1981, 1684: es genügt, dass das Gericht selbst den Sachverhalt feststellen und die Beteiligten dazu hören kann; BVerwG NVwZ 1988, 61 zu einer gebundenen Entscheidung, die mit fehlender Zulässigkeit des Antrags begründet worden war und zu der die Behörde die Sache selbst noch nicht geprüft hatte.

dem Umstand folgt, dass in der Sache keine andere Entscheidung hätte getroffen werden dürfen (entspr § 46 aF), also **zur Feststellung rechtlichen der Alternativlosigkeit** ist eine weitere Aufklärung dieser Frage auch durch die Gerichte grundsätzlich zulässig. **In den übrigen Fällen** dagegen, in denen die Unbeachtlichkeit des Fehlers darauf beruht, dass die Entscheidung der Behörde durch den Fehler nicht beeinflusst wurde, ist wegen des Merkmals der Offensichtlichkeit nur auf die nach Aktenlage bekannten Umstände abzustellen.

40 **Voraussetzung für die Heranziehung neuer Tatsachen** usw ist in jedem Fall, dass, soweit der in Frage stehende VA von der Verwaltung, von der Behörde, die ihn erlassen hat, nicht darauf gestützt war, der VA dadurch, dass er nunmehr auf sie gestützt wird, **nicht in seinem Wesen geändert** wird, dh, dass der Gegenstand des Verfahrens derselbe bleibt und die Rechtsverteidigung der Betroffenen dadurch nicht wesentlich erschwert wird;[86] würde der VA durch die Berücksichtigung der neuen Gründe zu einer anderen Entscheidung, so ist nicht § 46, sondern allenfalls § 47 anwendbar.

IV. Rechtsfolgen

41 **1. Ausschluss des Aufhebungsanspruchs. a) Fortbestand der Rechtswidrigkeit.** Wie bereits oben dargelegt, schließt § 46 in seinem Anwendungsbereich den Anspruch des Betroffenen auf Aufhebung des VA aus, lässt aber die Rechtswidrigkeit des VA wegen des Verstoßes unberührt.[87] Nicht ausdrücklich geregelt ist die Frage, ob die Geltendmachung des von § 46 erfassten Mangels unzulässig ist oder ob ein auf die Aufhebung gerichtetes Begehren (nur) unbegründet ist, wenn es allein auf diese Mängel gestützt wird. Die Frage hat nur eine geringe praktische Bedeutung, weil die Klage in jedem Fall erfolglos bleibt.

42 **b) Prozessuale Auswirkungen.** Zweck und Entstehungsgeschichte der Bestimmung, insb auch die Anlehnung der Regelung an § 144 Abs 4 VwGO (vgl Begr 66), sprechen dafür, dass § 46 nicht die Zulässigkeit von auf die Verletzung der darin näher bezeichneten Verfahrensmängel gestützten Rechtsbehelfen betrifft, insbes auch nicht die Klagebefugnis gem § 42 Abs 2 VwGO berührt (s Kopp/Schenke § 42 Rn 178 f) bzw, für das Widerspruchsverfahren, die Widerspruchsbefugnis analog § 42 Abs 2 VwGO, sondern ausschließlich die **Begründetheit von Rechtsbehelfen.**[88] Da das Verfahrensrecht keine Bindung der Behörden und der Gerichte an die von den Beteiligten geltend gemachten Gründe kennt, wäre es auch zumindest ungewöhnlich, wenn gem § 46 die Frage der Erheblichkeit bestimmter Verfahrensmängel für die Entscheidung der Behörde und die Geltendmachung entsprechender Rügen schon für die Zulässigkeit eines Rechtsbehelfs oder eines Antrags maßgeblich sein sollte Nicht zuletzt erscheint die Auslegung von § 46 im dargelegten Sinn auch durch die Grundsätze **verfassungskonformer Auslegung** geboten, weil mit Art 19 Abs 4 GG nur Beschränkungen des Inhalts eines Rechts, nicht jedoch seiner gerichtlichen Geltendmachung vereinbar sind; für die § 46 entsprechenden Vorschriften der Verwaltungsverfahrensgesetze der Länder ergibt sich die gleiche Folge auch daraus, dass den Ländern hier die Kompetenz zu Regelungen des gerichtlichen Verfahrens fehlen würde, da die VwGO insoweit abschließende Regelungen trifft.

---

[86] Vgl die schon früher hM, zB BSG 3, 216; 11, 239; 14, 47; 17, 81; Obermayer VerwR 2. Aufl 123 f; M 105, 107; Kopp VerwArch 1970, 250.

[87] FKS 30.

[88] Ebenso VGH München BayVBl 1987, 244; Hufen DVBl 1999, 313, 319; Knack/Henneke 44; FKS 30; Stelkens NJW 1982, 1137; Krebs DVBl 1984, 109; Schenke DÖV 1986, 311 ff; weitergehend StBS 3: bei Offensichtlichkeit soll es bereits an der Klagebefugnis fehlen; **aA** VGH Kassel NVwZ-RR 1999, 304; im Ergebnis wie die hM, jedoch mit unzutreffender Begründung, auch BVerwG BayVBl 1985, 123: der VA ist rechtmäßig.

2. Geltung für Anfechtungsklagen. Die Vorschrift gilt unmittelbar nur für den Anspruch auf Aufhebung eines rechtswidrigen VA im Rahmen eines Anfechtungswiderspruchs gem § 68 VwGO bzw einer Anfechtungsklage gem §§ 42, 74, 113 VwGO gegen belastende VAe. Erfasst werden auch Anfechtungsklagen Dritter (StBS 11; Knack/Henneke 38 mwN), sofern diese Dritten überhaupt die fraglichen Verfahrensfehler rügen können, wozu es einer eigenen verfahrensrechtlichen Schutzposition bedarf (BVerwGE 71, 87; Hufen/Siegel Rn 847). Ob § 46 auch die Geltendmachung des Fehlers im Wege einer **Fortsetzungsfeststellungsklage** gem § 113 Abs 1 S 4 VwGO ausschließt, ist **umstritten.** Die Frage wird von der hM mit der Begründung verneint, § 46 schließe nur den Anspruch auf Aufhebung des VA aus, nicht aber sonstige Konsequenzen aus der Rechtswidrigkeit des VA.[89] Diese Position ist nicht überzeugend. Die Fortsetzungsfeststellungsklage ist die Fortsetzung einer erledigten Anfechtungs- oder Verpflichtungsklage. Es ist wenig konsequent, wenn eine derartige Klage, die im Ergebnis wegen § 46 erfolglos bleiben muss, nach Eintritt eines erledigenden Ereignisses als Fortsetzungsfeststellungsklage soll erfolgreich werden können (ähnlich wohl StBS 11). Im Übrigen dürfte es am Feststellungsinteresse fehlen. 43

3. Geltung für Verpflichtungsklagen. Umstritten, richtigerweise zu bejahen, ist die Anwendbarkeit der Vorschrift auf Verpflichtungsklagen. Teilweise wird vertreten, § 46 sei auf diese weder unmittelbar noch analog anwendbar.[90] Zutreffend ist, dass die Vorschrift einen materiell bestehenden Anspruch auf Erlass eines VA unberührt lässt. Gleiches gilt für Ansprüche auf ermessens- oder beurteilungsfehlerfreie Entscheidungen. Auf VAe, durch die derartige Ansprüche abgelehnt werden, ist § 46 dagegen entsprechend anwendbar.[91] Liegen im Verpflichtungsfall ablehnende VAe vor, deren formelle Fehler die Entscheidung in der Sache offensichtlich nicht beeinflusst haben, dann kann die Verpflichtungsklage jedenfalls nicht wegen dieser Fehler erfolgreich sein. Eine erfolgreiche Verpflichtungsklage setzt voraus, dass die entgegenstehenden, ablehnenden VAe aufgehoben werden können. § 46 ist deshalb der auch auf Verpflichtungsklagen anwendbare allgemeine Rechtsgedanke zu entnehmen, dass Verfahrensfehler, die bei einer Anfechtungsklage gem § 46 nicht zur Aufhebung des VA führen könnten, auch bei einer Verpflichtungsklage nicht zur Folge haben können, dass diese nicht iS von § 113 Abs 5 VwGO für eine abschließende Entscheidung in der Sache spruchreif wäre. Umgekehrt ist die Spruchreife iS von § 113 Abs 5 VwGO immer zu verneinen, wenn die Ablehnung eines begünstigenden VA dergestalt unter Verletzung von Verfahrens-, Form- oder Zuständigkeitsvorschriften erfolgt ist, dass offen bleibt, wie die Behörde ohne diesen Verfahrensmangel entschieden hätte (vgl Kopp/Schenke § 79 Rn 3, 6). 44

4. Geltung für die Rücknahme von VAen. Umstritten ist, ob § 46 auch die Möglichkeit der Behörde ausschließt, einen formell rechtswidrigen VA wegen dessen Fehlern der Betroffene die Aufhebung nicht verlangen kann, nach § 48 zurückzunehmen. Dieses Problem ist im Grunde erst mit der Neufassung des § 46 entstanden, weil bis dahin eine Rücknahme schon deshalb nicht in Betracht gekommen wäre, weil die Behörde materiell verpflichtet gewesen wäre, den in 45

---

89 UL § 58 Rn 25; Schenke DÖV 1986, 305; Hufen/Siegel 991; Guckelberger JuS 2011, 577, 582; offen BVerwGE 68, 276; wie hier FKS 33.

90 OVG Münster NJW 1979, 1058; NJW 1981, 936; Knack/Henneke 16; MB 7; StBS 11; Bader/Ronellenfitsch 9; vgl auch BVerwG DVBl 1985, 245 mwN; Weyreuther DÖV 1985, 128; vgl ferner BVerwGE 69, 92: für eine auf örtliche Unzuständigkeit und Verletzung des Rechts auf Anhörung gestützte Anfechtungsklage gegen die Nichtanerkennung als Kriegsdienstverweigerer fehlt das Rechtsschutzinteresse; der Bürger muss im Bereich der gebundenen Verwaltung Verpflichtungsklage erheben; **aA** Bettermann, in: Ipsen-FS 1977, 296; Hill, Das fehlerhafte Verfahren, 101.

91 Ähnlich UL § 58 Rn 25; Bettermann, in: Ipsen-FS 1977, 296 f; Hill 101.

der Sache zutreffenden VA mangels zulässiger Alternative wieder neu zu erlassen (so zu Recht Hufen/Siegel Rn 989). Seit aber der Anspruch auf Aufhebung eines rechtswidrigen VA schon dann ausgeschlossen ist, wenn die formellen Fehler sich im Ergebnis nicht ausgewirkt haben, kommt eine Rücknahme des formell rechtswidrigen VA nach § 48 in Betracht. Die praktische Bedeutung der Frage dürfte gering sein, weil die Behörde in der Praxis kaum einen Anlass sehen wird, einen Fehler, der nach § 46 unbeachtlich ist, weil er das Ergebnis nicht beeinflusst hat, durch Rücknahme zu beseitigen.

46 **Richtigerweise ist auch eine Rücknahme des fehlerhaften VA ausgeschlossen.** Ziel des § 46 ist es, formelle Fehler, die sich auf das Ergebnis nicht auswirken können, grundsätzlich unbeachtlich bleiben zu lassen.[92] Wenn der formelle Rechtsverstoß unbeachtlich ist, dann nur deshalb, weil er sich auf das Ergebnis und damit ggfs auch auf eine Willensbildung der Behörde „offensichtlich" nicht ausgewirkt hat. Die Behörde kann deshalb nur andere Motive haben, den formell rechtswidrigen VA zurückzunehmen, Gründe also, die mit dem Rechtsverstoß nichts zu tun haben. Diese Möglichkeit soll aber auch § 48 nicht eröffnen. Es ist deshalb im Grundsatz davon auszugehen, dass ein Fehler nach § 46 auch nicht zur Rücknahme führen kann. Nach der **Gegenmeinung** ist § 46 **nur im Fall der rechtlichen Alternativlosigkeit** ausgeschlossen.[93] § 46 soll die Behörde vor einem Aufhebungsbegehren des Betroffenen in den Fällen schützen, in denen seine materiellrechtliche Position offensichtlich nicht verletzt wurde. Sie soll aber einen rechtswidrigen Zustand nicht zementieren. Die Behörde kann deshalb von sich aus den rechtswidrigen VA zurücknehmen, wenn die Voraussetzungen des § 48 vorliegen.

47 **5. Ausschluss von Schadensersatzansprüchen. Umstritten** ist, ob die Unbeachtlichkeit nach § 46 auch dazu führt, dass ein Anspruch auf Schadensersatz zB wegen Amtspflichtverletzung ausgeschlossen ist. Dies wird teilweise mit der Begründung verneint, dass § 46 seinem Wortlaut nach nur den Aufhebungsanspruch, nicht aber Sekundäransprüche ausschließe (UL § 58 Rn 27; Schenke DÖV 1986, 305, 312). Diese Auffassung ist nicht überzeugend. Sie ist mit der Systematik des Schadensersatzrechts nicht vereinbar. Wenn der Betroffene einen formellen Fehler nicht mit Primäransprüchen abwehren kann, weil insoweit eine Rechtsverletzung fehlt, dann ist konsequenterweise auch ein Sekundäranspruch ausgeschlossen. Dies gilt entweder, weil keine Rechtsposition verletzt ist, oder weil es an der Kausalität der Rechtsverletzung für den Schaden fehlt.

§ 47 Umdeutung eines fehlerhaften Verwaltungsaktes

(1) **Ein fehlerhafter Verwaltungsakt kann in einen anderen Verwaltungsakt umgedeutet werden, wenn er auf das gleiche Ziel gerichtet ist,[13] von der erlassenden Behörde in der geschehenen Verfahrensweise und Form rechtmäßig hätte erlassen werden können[17] und wenn die Voraussetzungen für dessen Erlass erfüllt sind.[19]**

(2) **Absatz 1 gilt nicht, wenn der Verwaltungsakt, in den der fehlerhafte Verwaltungsakt umzudeuten wäre, der erkennbaren Absicht der erlassenden Behörde widerspräche[24] oder seine Rechtsfolgen für den Betroffenen ungünstiger wären als die des fehlerhaften Verwaltungsaktes.[26] Eine Umdeutung ist ferner unzulässig, wenn der fehlerhafte Verwaltungsakt nicht zurückgenommen werden dürfte.[27]**

---

[92] UL § 58 Rn 26; Schenke DÖV 1983, 320, 324; Hufen DVBl 1988, 69, 77; Skouris NJW 1980, 1723.

[93] StBS 12, 53, 57 ff; Knack/Henneke 41; Maurer § 11 Rn 18; MB 12; Hemmen VR 1993, 86.

(3) **Eine Entscheidung, die nur als gesetzlich gebundene Entscheidung ergehen kann, kann nicht in eine Ermessensentscheidung umgedeutet werden.**[28]

(4) **§ 28 ist entsprechend anzuwenden.**[31]

Parallelvorschriften: § 43 SGB X; § 128 AO

Schrifttum: *Kahl,* Grenzen der Umdeutung rechtsgeschäftlicher Erklärungen (§ 140 BGB), Diss Münster 1985; *Laubinger,* Die Umdeutung von VAen, VerwArch 1987, 207 und 345; *Kiefer,* Können rechtswidrige VAe widerrufen werden? NVwZ 2013, 1257; *Leopold,* Die Umdeutung fehlerhafter Verwaltungsakte, Jura 2006, 895; *Massoth,* Die Konversion von Verwaltungsakten, Diss Mainz 1954; *Mühlhaus,* Die (verkannten?) Auswirkungen der §§ 116, 117 BGB auf die Umdeutungen gem § 140 BGB, NJW 1994, 1049; *Müller,* Zum Einfluß der Verwaltungsverfahrensgesetze auf das verwaltungsgerichtliche Verfahren, NJW 1978, 1354; *Pickel,* Fehlerhafte VAe, SGb 1985, 532; *Prutsch,* Konversion von Straßenbaubeiträgen nach BBauG oder Kommunalabgabengesetz, DÖV 1981, 941; *Redeker,* Zum neuen Entwurf eines VwVfG, DVBl 1973, 746; *Schenke,* Die Umdeutung von VAen, DVBl 1987, 641; *Reder,* Die Auslegung von VAen, 2002; *Schütz,* Nachschieben von Gründen, Berichtigung der Bezeichnung und „Konversion" von Verwaltungsakten, MDR 1954, 459; *Weyreuther,* Zur richterlichen Umdeutung von VAen, DÖV 1985, 126; *Windthorst/ Lüdemann,* Die Umdeutung von VAen im Verwaltungsprozeß, NVwZ 1994, 244; *dies,* Die Umdeutung von VAen, BayVBl 1995, 357; *Wirth,* Umdeutung fehlerhafter VAe, 1991.

Übersicht

I. Allgemeines

1 **1. Inhalt.** Die Vorschrift regelt die **Umdeutung (Konversion).** Dabei wird ein fehlerhafter und damit rechtswidriger VA „ersetzt" durch eine andere Regelung, die der Sache nach bereits in ihm „enthalten" sein muss und mit deren Inhalt der VA der Rechtsordnung entspricht (s näher Rn 7). Sie beruht auf dem auch § 140 BGB zugrunde liegenden **allgemeinen Rechtsgedanken,** dass eine einmal getroffene rechtliche Regelung nicht unnötig wegen etwaiger Mängel rückgängig gemacht werden soll, wenn sie jedenfalls den Erfordernissen eines gleichwertigen anderen Aktes mit zulässigem Inhalt genügt (Begr 73; UL § 60 Rn 3; StBS 2). § 47 ergänzt insoweit zT die §§ 45 und 46 im Hinblick auf Fehler, bei denen weder eine Heilung noch Unbeachtlichkeit nach den genannten Vorschriften in Betracht kommt. Die rechtsdogmatische Konstruktion der Umdeutung und ihre Abgrenzung zur Auslegung bzw zum Nachschieben und Auswechseln von Gründen sind umstritten (s Rn 8). In der Praxis hat die Umdeutung nur geringe Bedeutung erlangt. Die Regelung folgt im Wesentlichen der schon früher hM.[1] Sie dient vor allem der Verfahrensökonomie, uU aber auch dem Schutz von Rechten der Beteiligten. Im Einzelnen ist die **Regelung unvollständig, unklar und zT widersprüchlich.**[2]

1a **2. Verfassungsrecht, Europarecht.** Die Umdeutung eines fehlerhaften VA in einen anderen rechtmäßigen VA ist verfassungsrechtlich wie europarechtlich unbedenklich. Insbesondere liegt darin keine Beeinträchtigung des Prinzips der Gesetzmäßigkeit der Verwaltung, weil die Entscheidung in der umgedeuteten Fassung mit der Rechtsordnung in Einklang steht. Abs 2 stellt sicher, dass der Wille der den VA erlassenden Behörde beachtet wird und in die Rechte Betroffener nicht eingegriffen wird. Schließlich ist auch europarechtlich im Rahmen des indirekten Vollzugs nichts gegen die Umdeutung einzuwenden, weil auch der umgedeutete VA mit dem Unionsrecht in Einklang stehen muss.[3] Etwas anderes könnte nur gelten, wenn die Umdeutung zur Umgehung zwingenden Verfahrensrechts führt.

2 **3. Anwendungsbereich. a) Unmittelbar.** Die Vorschrift gilt unmittelbar nur für die Umdeutung eines fehlerhaft-anfechtbaren VA in einen anderen VA im Anwendungsbereich des VwVfG. Unmittelbar anwendbar ist die Vorschrift auch auf **Widerspruchsbescheide**[4] gem § 73 VwGO und **Zusicherungen**

---

[1] Begr 66; ABegr 9; BVerwGE 35, 343; 48, 83; 62, 306; BVerwG NJW 1975, 2303; NVwZ 1982, 246; 1984, 645; VGH Mannheim VBlBW 1970, 75; OVG Münster VRspr 17, 115; VGH München BayVBl 1969, 105; F 254 Fn 2; Laubinger VerwArch 1987, 208; F 245; **aA** zur Umdeutung fehlerhafter VAe aus materiellrechtlichen Gründen BVerwGE 12, 9; WBS II § 49 Rn 67; Erichsen/Ehlers § 38 Rn 43; M 107.

[2] Laubinger VerwArch 1987, 207 und 345; Schenke DVBl 1987, 641; Erichsen/Ehlers § 22 Rn 12; Knack/Henneke 4.

[3] StBS 23; FKS 10: Effizienzgebot.

[4] HM, vgl VGH Mannheim NVwZ-RR 1991, 493; StBS 62 mwN; Knack/Henneke § 79 Rn 33.

gem § 38, soweit sie jeweils im Bereich der Bundesverwaltung ergehen. Die Verwaltungsverfahrensgesetze der Länder enthalten wortgleiche Bestimmungen. Voraussetzung der Umdeutung ist schließlich, dass sie **keine Änderung der Handlungsform** des VA bewirkt. Nicht möglich ist deshalb die Umdeutung eines VA in einen öffentlichrechtlichen Vertrag,[5] in einen privatrechtlichen Vertrag[6] oder in eine Rechtsverordnung oder Satzung.[7]

Die Regelung gilt nach zutreffender hM anders als die §§ 45 u 46 nicht nur für schlicht rechtswidrige, sondern **auch für nichtige VAe.**[8] Der Wortlaut enthält, anders als bei § 45 und § 46, keine solche Einschränkung; § 140 BGB gilt auch für nichtige Verträge. Unerheblich ist, ob ein VA aus materiellrechtlichen Gründen oder wegen eines Verstoßes gegen Verfahrensrecht fehlerhaft ist. Da die Umdeutung als Instrument zur Vermeidung von Rechtswidrigkeitsfolgen anzusehen ist, gilt die Vorschrift **nicht für rechtmäßige VAe** (Wirth, Umdeutung 162; Knack/Henneke 6). Ein etwaiges Interesse an einer Optimierung des VA muss die Behörde durch eine entsprechende Änderung des VA verfolgen. 3

Die Vorschrift enthält für die Umdeutung von VAen eine **abschließende Regelung.** Das gilt auch dann, wenn die Umdeutung durch ein Gericht vorgenommen werden soll (s unten Rn 9 ff). Im Verwaltungsverfahren nach dem VwVfG kommt eine Umdeutung nach allgemeinen Grundsätzen oder analog § 140 BGB daneben nicht mehr in Betracht.[9] Für die Behörde schließt die Möglichkeit der Umdeutung eines fehlerhaften VA die **Zulässigkeit einer Rücknahme** (oder eines Widerrufs) nicht aus (**aA** Laubinger VerwArch 1987, 353). 4

b) Analoge Anwendung. Soweit ausdrückliche Regelungen fehlen, sind § 47 und die entspr Vorschriften des Landesrechts als **Ausdruck allgemeiner Rechtsgrundsätze,** wie sie insb auch § 140 BGB zugrunde liegen, im Zweifel sinngemäß anwendbar. **Zweifelhaft** ist, ob die Umdeutung anderer Regelungen als solcher in der Form eines VA sich nach allgemeinen aus § 140 BGB hergeleiteten Rechtsgrundsätzen richtet oder nach § 47 in analoger Anwendung. Einigkeit besteht darin, dass Regelungen ohne VA-Qualität nicht analog § 47 in Regelungen mit VA-Qualität umgedeutet werden können.[10] Für die Umdeutung vertraglicher Regelungen wird gem § 62 auf § 140 BGB zurückzugreifen sein (OVG Münster NVwZ 1984, 655; UL § 60 Rn 2). Im Übrigen kommt aber eine Umdeutung anderer Maßnahmen auf dem Gebiet des öffentlichen Rechts in einer analogen Anwendung des § 47, der insoweit Ausdruck eines allgemeinen Rechtsgedanken ist, in Betracht.[11] Deshalb kommt nach hM unter den Voraussetzungen des § 47 auch eine Umdeutung durch Gerichte in Betracht (s unten Rn 10). 5

4. Begriff der Umdeutung. Umdeutung ist die Modifizierung der Regelung eines fehlerhaften VA dadurch, dass er als **VA mit gleichwertiger Regelung aufrecht erhalten** wird, der mit der Rechtsordnung vereinbar ist und den die Behörde, weil er auf das gleiche Ziel gerichtet ist, deshalb auch zweifellos 6

---

[5] VGH Mannheim NVwZ-RR 1990, 225; BAG 8, 267: keine Umdeutung einer nicht formgerechten Beamtenernennung in einen Anstellungsvertrag.

[6] Ebenso Obermayer 9; allg auch VGH München NJW 1978, 2413; VGH Mannheim NVwZ-RR 1990, 226; UL § 70 Rn 47.

[7] BVerwGE 18, 5; Obermayer 13; FKS 4.

[8] Begr 67; VGH Mannheim NVwZ 1985, 349; Laubinger VerwArch 1987, 358 mwN; Wirth 119; Ziekow 4; vgl auch BVerwGE 62, 306; zweifelnd Redeker DVBl 1973, 746; **aA** MB 8; Knack/Henneke 8; FKS 13.

[9] Windhorst/Lüdemann NVwZ 1994, 245; **aA** Weyreuther DÖV 1985, 126, wonach § 47 die Befugnis zu richterlicher Umdeutung nach § 140 BGB unberührt gelassen hat.

[10] Vgl zB VGH Mannheim NVwZ 1990, 226: Keine Umdeutung einer vertraglichen Regelung in einen VA; Knack/Henneke 5; StBS 25.

[11] Teilweise wird insoweit auch eine analoge Heranziehung des § 140 BGB befürwortet; vgl zB OVG Münster NVwZ-RR 1990, 676; Obermayer/Funke-Kaiser 15 für die Umdeutung von Willenserklärungen.

gewollt hätte, wenn sie sich des Fehlers bewusst gewesen wäre.[12] Die Umdeutung ist zu unterscheiden auch von einer bloßen **Berichtigung einer offenbaren** Unrichtigkeit gem § 42, die den VA als solchen unberührt lässt (Obermayer/Funke-Kaiser 16 z), und von einer bloßen **Auslegung** eines VA (MB 2; Obermayer/Funke-Kaiser 15).

7 **Das Nachschieben von Gründen** etwa nach § 114 S 2 VwGO stellt **keine Umdeutung** dar.[13] Sie ist vielmehr unabhängig von § 47 zulässig, sofern dadurch das Wesen und die Identität des VA nicht berührt werden.[14] Die Umdeutung **ändert den VA in seinem Entscheidungssatz,**[15] ggfs auch in seinem Wesen. Umstritten ist die Frage, ob der fehlerhafte VA im Falle der Umdeutung durch einen anderen VA ersetzt wird, oder ob der VA lediglich mit einer anderen Regelung aufrechterhalten bleibt.[16] Die Frage hat keine besondere praktische Bedeutung. Jedenfalls kann die Umdeutung den VA in seinem Wesen verändern, während das Nachschieben von Gründen den VA nur „saniert", ihn in seinem Wesen aber unberührt lässt.[17]

7a Nicht um **eine Umdeutung,** sondern nur um einen Fall schlichter Rechtsanwendung unter Berücksichtigung anderer Gründe, die den VA stützen können, handelt es sich daher zB, wenn ein **Beitragskostenbescheid** für eine Straße, der auf § 127 BauGB gestützt war, als Beitragsbescheid nach dem KAG aufrechterhalten wird;[18] wenn der **Entzug eines Passes** auf § 8 iVmit § 6 Abs 1 PassG statt auf § 48 nwVwVfG gestützt wird (**aA** OVG Münster NVwZ 1986, 936); wenn eine auf § 13 Abs 2 iVmit Abs 1 AuslG aF gestützte **Abschiebungsanordnung** gegen einen Ausländer auf Grund von § 10 Abs 2 AuslG aF aufrechterhalten wird (BVerwG NVwZ 1990, 673 = BayVBl 1990, 668).

8 **5. Rechtsnatur der Umdeutung. a) Erkenntnisakt oder VA.** Vor Inkrafttreten des VwVfG hatte die hM[19] die Umdeutung als reinen **Erkenntnisakt** angesehen. Im Hinblick auf die Erfordernisse der Rechtssicherheit und Rechtsgewissheit im Rechtsverkehr wird in der Umdeutung nach § 47 demgegenüber teilweise ein VA gesehen.[20] Die Umdeutung bzw die Möglichkeit einer Umdeutung (Umdeutungslage), wirke nicht schon kraft Gesetzes oder kraft allgemeiner Rechtsgrundsätze. Vielmehr bedürfe es dazu einer besonderen, als VA zu qualifizierenden Entscheidung der Behörde – ggf auch der Widerspruchsbehörde dar-

---

[12] Vgl Ule 57 III; UL § 60 Rn 4; Erichsen/Ehlers § 22 Rn 13; FKS 6.

[13] BVerwGE 62, 306 = NVwZ 1982, 244; 80, 96 = NVwZ 1989, 471; 95, 183; BVerwG NVwZ 1990, 673; 1992, 670; NVwZ-RR 1990, 445; VGH München BayVBl 1994, 152; Laubinger VerwArch 1987, 122; MB 3; StBS 9; Prutsch DÖV 1981, 943; Obermayer/Funke-Kaiser 16; Weyreuther DÖV 1985, 128; Schoch DÖV 1984, 402.

[14] BVerwGE 80, 97 = NVwZ 1989, 471; 95, 183; BVerwG NVwZ 1990, 673; zT **aA** offenbar OVG Münster NVwZ 1986, 936; vgl auch VGH München BayVBl 1994, 150.

[15] BVerwGE 80, 97; BVerwG NVwZ 1990, 673.

[16] So wohl BVerwG NVwZ 1993, 698; vgl auch BVerwGE 80, 96; BVerwG NJW 1981, 242; Martens Rn 508; StBS 4, 7; Obermayer/Funke-Kaiser 7; zT **aA** Laubinger VerwArch 1987, 222; Weyreuther DÖV 1985, 128.

[17] Obermayer/Funke-Kaiser 16; Weyreuther DÖV 1985, 128; Schoch DÖV 1984, 402.

[18] BVerwGE 80, 97 = NVwZ 1989, 471; BVerwG NVwZ-RR 1989, 497; NVwZ 1991, 999; 1992, 670; 1994, 297 = DÖV 1994, 529; DÖV 1995, 37; **aA** Prutsch DÖV 1981, 944.

[19] Vgl BVerwGE 48, 83; 62, 306; 73, 300; OVG Münster VRspr 17, 115; NVwZ-RR 1991, 267; OVG Berlin NVwZ-RR 1988, 7; VGH München NVwZ-RR 1991, 117; WBS II § 49 Rn 67.

[20] VGH München NVwZ 1984, 184; NVwZ-RR 1992, 507: ein VA, der sowohl die Anordnung der Umdeutung als zugleich auch den Erlass der anderen, mit dem ursprünglichen VA zielgleichen VA enthält; Wirth, Umdeutung 119, 161; Knack/Henneke 5 und 27; Weides 11 V; TK Nr 4 zu § 128 AO; Schenke DVBl 1987, 641; ders, NVwZ 1988, 5; Hauck/Haines 17 zu § 43; Windhorst/Lüdemann NVwZ 1994, 295 mwN; wohl auch Müller NJW 1979, 1357; im Ergebnis auch MB 17: wie ein VA zu behandeln.

über, für die die allgemeinen Vorschriften über VAe zu gelten hätten.[21] Das würde bedeuten, dass eine Umdeutung im gerichtlichen Verfahren nur entsprechend § 140 BGB möglich wäre. Demgegenüber geht die hM zu Recht davon aus, dass die Umdeutung als Instrument zur „Rettung" eines an sich fehlerhaften VA **nicht selbst als VA zu qualifizieren** ist.[22] Es könne nicht davon ausgegangen werden, dass der Gesetzgeber die Umdeutung in § 47 entgegen der zuvor hM zu diesem Institut habe konzipieren wollen (BVerwG NVwZ 1984, 645; StBS 6).

b) Konsequenzen. Müsste die Umdeutung ihrerseits als VA angesehen werden, stünde sie als Instrument nur der Behörde zu Gebote; gegen sie wären im übrigen die allgemeinen Rechtsbehelfe zulässig. Wegen ihrer nicht nur verfahrensrechtlichen, sondern auch materiellrechtlichen Wirkungen kann die Umdeutung **nicht lediglich als Verfahrenshandlung** iS von § 44a VwGO angesehen werden (unklar insoweit Kopp DÖV 1992, 275). Der Gesetzgeber ist bei Erlass des § 47 von der bis dahin üblichen Vorstellung von der Umdeutung als einem Instrument zur Erhaltung der Regelung eines rechtswidrigen VA ausgegangen. Nur bei diesem Verständnis kommt dem Instrument eine sinnvolle eigenständige Funktion zu. Könnte die Umdeutung nur durch den Erlass eines neuen VA erfolgen, dann würde sich das Ergebnis in nahezu allen Fällen auch auf andere Weise, nämlich durch Teilrücknahme nach § 48 erreichen lassen. 9

Als Instrument zur Erhaltung eines VA, der an sich wegen seiner Fehlerhaftigkeit aufzuheben wäre, gerade ohne den Erlass eines neuen VA kann nach der zutreffenden hM **die Umdeutung auch durch die Gerichte** erfolgen.[23] Teilweise wird allerdings die Zulässigkeit einer Umdeutung durch das Gericht nicht aus § 47, sondern aus einer Analogie zu § 140 BGB hergeleitet.[24] Dies ist indessen nicht überzeugend. Es ist vielmehr davon auszugehen, dass § 47 die **Umdeutung von VAen im Grundsatz abschließend** regelt. Hierfür spricht der systematische Zusammenhang mit § 46, der ebenfalls für gerichtliche Entscheidungen Geltung hat. Das Wort „kann" steht demnach nicht nur für eine Ermessensentscheidung der Verwaltung, sondern auch für die Möglichkeit der Gerichte, einen VA durch Umdeutung in einen solchen mit gleichwertiger Regelung zu erhalten (Maurer § 10 Rn 45). 10

Ein Gericht kann nur umdeuten, wenn sowohl für den fehlerhaften VA als auch für den umgedeuteten VA der **Rechtsweg** gegeben ist (OLG München NJW 1990, 516: keine Umdeutung einer Enteignung auf Grund § 85 Abs 1 11

---

[21] Vgl VGH München BayVBl 1992, 401: VA sowohl hins der Umdeutung als auch hins der Ersetzung des ursprünglichen VA durch einen anderen; MB 6; Müller NJW 1978, 1354; Wirth 161; **aA** Osterloh JuS 1986, 73; Prutsch DÖV 1981, 943: eine „Erklärung"; Laubinger VerwArch 1987, 348: die Umdeutung wirkt unmittelbar kraft Gesetzes; die Behörde kann nicht die Umdeutung vornehmen, sondern nur die kraft Gesetzes bereits erfolgte Umdeutung feststellen; WBS II § 49 Rn 67: „eine Konversion kann sowohl von der erlassenden oder der Beschwerde-Behörde als auch vom Betroffenen und vom Gericht vorgenommen werden.

[22] Unter den Voraussetzungen des § 47 VwVfG sind daher auch die Verwaltungsgerichte im Gerichtsverfahren ermächtigt, fehlerhafte Verwaltungsakte umzudeuten, vgl BVerwGE 126, 254; 115, 111, 114; 110, 111, 114; 108, 30, 35; 97, 245, 255; 62, 300, 306; 48, 81; BVerwG NVwZ 1984, 645; NVwZ 1990, 673; StBS 4 f; Gerhardt in Schoch § 113 Rn 22; Laubinger VerwArch 1987, 207, 345, 348; UL § 60 Rn 20; Maurer § 10 Rn 45; Erichsen/Ehlers § 22 Rn 13; Hufen/Siegel Rn 827; Weyreuther DÖV 1985, 126; Ziekow 1; FKS 8.

[23] BVerwGE 126, 254 (Parteispenden); 110, 111 (Asylverfahren); 97, 245, 255; BVerwG, B v 9.4.2009, 3 B 116/08, juris; BVerwG NVwZ 2002, 343, 344; StBS 10; Osterloh JuS 1986, 73; **aA** VGH München NVwZ 1984, 184; Gerhardt in Schoch § 113 Rn 22; Wirth 161; Knack/Henneke 30, 4; Obermayer/Funke-Kaiser 31; Lüdemann/Windthorst NVwZ 1994, 246.

[24] Weyreuther DÖV 1985, 126; wohl auch Knack/Henneke 30; **aA** Müller NJW 1978, 1357.

Nr 1 BauGB durch die Baulandkammer in eine Enteignung nach dem allgemeinen Enteignungsrecht, für die nicht die Baulandkammer, sondern das Verwaltungsgericht zuständig ist). Auch nach der hier vertretenen Auffassung, wonach § 47 den Behörden und den Gerichten unmittelbar die Befugnis bzw das Recht gibt, den fehlerhaften VA als durch den in Betracht kommenden fehlerfreien ersetzt anzusehen und davon bei weiteren Entscheidungen (zB Vollstreckungsmaßnahmen, der Entscheidung über eine Anfechtungsklage) auszugehen, ist die **Befugnis** der Ausgangsbehörde bzw der Rechtsbehelfsbehörde anzuerkennen, die Umdeutung durch einen feststellenden VA für alle Beteiligten **verbindlich festzustellen.**

II. Voraussetzungen der Umdeutung (Abs 1)

12 **1. Fehlerhafter VA.** Wie Abs 1 klarstellt, kommt eine Umdeutung nicht nur bei nichtigen VAen, für die sie bereits bisher unbestritten war, sondern in Übereinstimmung mit der schon bisher hM[25] auch bei lediglich aus Gründen des formellen oder materiellen Rechts[26] fehlerhaft-aufhebbaren VAen in Betracht.[27] Insoweit ist die Regelung Ausdruck eines allgemeinen Rechtsgrundsatzes (StBS 28). Rechtmäßige VAe können dagegen nach dem eindeutigen Wortlaut der Regelung nicht umgedeutet werden, weil damit das Ziel der Erhaltung eines VA, der sonst wegen Fehlerhaftigkeit unwirksam oder aufhebbar wäre, nicht erreicht werden könnte. Das Ziel, einen fehlerfreien VA in der Sache zu optimieren, ist im Wege der Umdeutung nicht erreichbar.[28] Deshalb darf der Fehler auch noch nicht geheilt sein. Bei der umzudeutenden Regelung muss es sich um einen VA handeln, Regelungen in anderen Rechtsformen, zB Satzungen, Rechtsverordnungen usw, unterliegen der Umdeutung nicht (StBS 25). Allerdings kommt eine entsprechende Anwendung auf **verwaltungsinterne Anordnungen,** denen die VA-Qualität nur wegen mangelnder Außenwirkung fehlt, in Betracht.

13 **2. Gleichheit des Ziels. a) Gleichartigkeit.** Der angestrebte Erfolg und die **Wirkungen** des VA, in den die Umdeutung erfolgt, müssen im Wesentlichen dieselben oder doch grundsätzlich gleichartig sein und insb demselben öffentlichen Interesse bzw denselben privaten Interessen dienen.[29] Nicht erforderlich ist, dass der umzudeutende und der umgedeutete VA im Regelungsgehalt identisch sind (VGH Mannheim NVwZ 1985, 349; Knack/Henneke 13). Dann würde es sich nicht mehr um eine Umdeutung handeln, sondern nur um ein Nachschieben von Gründen;[30] es genügt, dass der von der Behörde mit dem VA verfolgte Zweck der gleiche ist und auch die Auswirkungen für den Adressaten und Drittbetroffene die gleichen sind (vgl Begr 67: die gleiche materiellrechtliche Tragweite; Wirth 183; WBS II § 49 Rn 67; Knack/Henneke 13) und auch sonst keine wesentlichen rechtlichen Unterschiede bestehen (VGH Mannheim NVwZ 1985, 350; Knack/Henneke 14).

---

[25] BVerwGE 12, 9; WBS II § 49 Rn 67; F 107.

[26] Laubinger VerwArch 1987, 356; Obermayer/Funke-Kaiser 13; StBS 29; Grüner § 43; Knack/Henneke 7; MB 7; Pickel SGb 1985, 532; **aA** Prutsch DÖV 1981, 941.

[27] Begr 67; BVerwG NVwZ 1982, 245; VGH Mannheim NVwZ 1985, 349; StBS 29 ff; **aA** MB 8; Knack/Henneke 8: Umdeutung nichtiger VAe nicht möglich.

[28] BVerwGE 80, 96, 98; 98, 298, 304; BVerwG NVwZ 2002, 343, 344; VGH Mannheim NVwZ 1990, 692; StBS 29.

[29] BVerwGE 35, 342; 48, 85; VGH München BayVBl 1984, 401; Obermayer/Funke-Kaiser 18ff; StBS 34; Weyreuther DÖV 1985, 134: es dürfen keine wesentlichen Zielunterschiede bestehen; zT **aA** VGH München BayVBl 1982, 254: es dürfen keine Wesensunterschiede bestehen.

[30] Wirth 56; Laubinger VerwArch 1987, 222; Knack/Henneke 13; vgl auch BVerwGE 80, 96; BVerwGE DÖV 1994, 529.

b) Weniger weitgehendes Ziel. Wenn mit dem „anderen" VA nur ein weniger weitgehendes Ziel erreicht werden kann, ist dies unschädlich. Eine Umdeutung kommt im Gegenteil vor allem dann in Betracht, wenn der VA, in den umgedeutet wird, in dem fehlerhaften VA enthalten, dh eingeschlossen ist.[31] Ziele und Wirkungen des umgedeuteten VA dürfen jedoch jedenfalls nicht weiter reichen als beim ursprünglichen VA (vgl auch Abs 2: keine ungünstigeren Rechtsfolgen für die Betroffenen; **aA** offenbar Laubinger VerwArch 1987, 559), und es dürfen auch keine grundsätzlich unterschiedlichen „Gewichtungen" gegeben sein (BVerwG NJW 1975, 2309; Prutsch DÖV 1981, 944). 14

c) Beispiele. aa) Zulässige Umdeutung. Als zulässig angesehen wurde die Umdeutung der **Genehmigung** eines Bebauungsplans nach § 10 Abs 2 BauGB in eine Zustimmung nach § 125 Abs 2 BauGB (BVerwG NVwZ 1982, 246); der **Rücknahme eines VA** in einen Abhilfebescheid gem § 72 VwGO (VGH München BayVBl 1983, 212); der Rücknahme eines Zuwendungsbescheides nach § 17a StrRehaG in eine Aufhebungsentscheidung nach § 17 Abs 6 StrRehaG (OVG Magdeburg ZOV 2011, 258); der Rücknahme eines VA in den erneuten Erlass eines VA;[32] der Rücknahme eines infolge Eintritts einer auflösenden Bedingung unwirksam gewordenen VA in eine deklaratorische Aufhebung des VA und in einen Abrechnungsbescheid;[33] eines **Widerrufs** oder einer Rücknahme **in einen feststellenden VA,** dass die durch VA getroffene Regelung erloschen bzw entfallen ist;[34] einer formell fehlerhaften **fristlosen Entlassung** eines Beamten in eine fristgerechte Entlassung (BVerwGE NVwZ 1993, 698); eines Widerrufs einer **fehlerhaften Entscheidung** nach § 53 AuslG aF in einen Zweitbescheid (BVerwG NVwZ 2002, 343); eines **Erschließungsbeitragsbescheids** gem §§ 127 ff BauGB in einen Beitragsbescheid nach dem KommunalabgabenG.[35] 15

Zulässig ist weiter die Umdeutung eines **Widerspruchsbescheids** gegenüber einer Gemeinde in eine rechtsaufsichtliche Beanstandungsverfügung (VGH München BayVBl 1984, 401); eines **Vorausleistungsbescheids** in einen endgültigen Beitragsbescheid (VGH München NVwZ 1984, 184); eines **Gesamt-Beitragsbescheids** in einen Teil-Beitragsbescheid (vgl BVerwGE 68, 57); der Verlängerung einer befristeten Freigabe für den Bau eines Wasserkraftwerks in eine erneute Erteilung der Freigabe für einen gleichen Zeitraum (OVG Münster 13, 334); eines **Waffenbesitzverbotes** in Widerruf einer Waffenbesitzkarte (VGH München BayVBl 1984, 304); Umdeutung einer rechtswidrigen Verpflichtung zur Durchführung eines Auswahlverfahrens nach TKG in die Feststellung, dass ein Auswahlverfahren kraft Gesetzes durchzuführen ist;[36] ferner die Umdeutung einer fehlerhaften Aberkennung des Rechts, von einer **EU-Fahrerlaubnis** Gebrauch zu machen, in eine Feststellung der Ungültigkeit der Fahrerlaubnis im Inland.[37] Zur **Umdeutung einer Exmatrikulation** in einen Widerruf der vorläufigen Immatrikulation VG Hannover, B v 31.10.2011, 6 B 4475/11, juris. 15a

---

[31] VGH Mannheim NVwZ 1985, 350; Obermayer/Funke-Kaiser 18; WBS II § 49 Rn 67; StBS 33.

[32] OVG Lüneburg NVwZ 1990, 675 zur Rücknahme der Abhilfeentscheidung, mit der eine Überleitungsanzeige aufgehoben wurde, in eine neue Überleitungsanzeige.

[33] VGH Kassel, U v 29.3.2006, 6 UE 2874/04, juris; VG Köln, GB v 9.5.2014, 16 K 1156/12, juris.

[34] BVerwGE 110, 111; BVerwG, B v 9.4.2009, 3 B 116/08, juris;VGH Mannheim NVwZ 1985, 351; VGH München BayVBl 1990, 405.

[35] OVG Münster NVwZ-RR 1991, 265; **aA** BVerwGE 80, 96; BVerwG DÖV 1994, 529: keine Umdeutung, sondern bloßes Nachschieben von Gründen.

[36] BVerwG Buchh 442.066 § 40 TKG Nr 1.

[37] OVG Münster, Urt v 22.2.2012, 16 A 1456/08, juris; VG Saarlouis, Urt v 11.2.2011, 10 K 425/19.

16 **bb) Unzulässige Umdeutung.** Wegen Verschiedenheit des Ziels und weil die tatsächlichen Voraussetzungen andere sind, ist die **Umdeutung eines VA in eine VO** oder umgekehrt nicht zulässig (BVerwGE 18, 1); ebenso wenig die Umdeutung eines Beitragsbescheids auf der Grundlage einer Abrechnung für eine Erschließungseinheit in einen solchen auf der Grundlage einer Abrechnung für eine einzelne Straße (VGH München BayVBl 1982, 153); einer **Baugenehmigung in einen Bauvorbescheid** (VGH Kassel NVwZ 1986, 318); auch keine Umdeutung eines **„Dublin-Bescheides"** in die Ablehnung eines Zweitantrags (VG Regensburg, Urt v 14.11.2014, RN 5 K 14.30304, juris); der Rücknahme einer nach § 19 Abs 3 S 6 BauGB aF fingierten Teilungsgenehmigung in die Versagung einer Teilungsgenehmigung nach § 20 BauGB aF (BVerwGE 48, 85); der Anordnung der Einstellung bestimmter Leistungen in eine Rücknahme des diese Leistungen gewährenden VA (BVerwGE 12, 10); eines **Ablehnungsbescheids in die Rücknahme** der Bewilligung einer Subvention (BVerwGE 82, 242); eines Haftungsbescheids nach dem Vergnügungssteuerrecht in einen entsprechenden Steuerbescheid (OVG Münster 17, 115; Obermayer/Funke-Kaiser 20); eines Bescheids über **Aussetzungszinsen in einen Bescheid über Säumniszuschläge** (OVG Lüneburg NVwZ-RR 1989, 499: wegen der Verschiedenheit der Zwecke und der Verjährungsfristen); eines gegenüber einer Gemeinde erlassenen **Widerspruchsbescheids in eine aufsichtsrechtliche Ersatzvornahme-Verfügung** (VGH München NVwZ 1983, 161).

16a **cc) Umstrittene Fälle. Zweifelhaft** ist die Zulässigkeit der Umdeutung eines **Widerrufs in eine Rücknahme;**[38] hier wird man darauf abstellen müssen, ob die Wirkungen der Rücknahme im konkreten Fall weiter gehen als die des Widerrufs.[39] Außerdem muss die getroffene Ermessensentscheidung den VA auch in seinr umgedeuteten Form tragen (Kiefer NVwZ 2014, 1257). Die Umdeutung einer Rücknahme in einen Widerruf wird als zulässig angesehen (s unten Rn 26). Ebenfalls zweifelhaft ist die Zulässigkeit der Umdeutung einer **Untersagung des Führens von Kfz** gegenüber dem Inhaber einer für nicht ausreichend befundenen ausländischen Fahrerlaubnis in eine **Entziehung der Fahrerlaubnis** wegen nachträglich eingetretener Gründe,[40] weil für letztere andere Voraussetzungen zu prüfen sind. Zulässig ist dagegen die Umdeutung einer unzulässigen **Entziehung der Fahrerlaubnis in einen Feststellungsbescheid,** wonach die Erlaubnis nicht zum Führen von Kfz im Inland berechtigt (VGH Mannheim VBlBW 2008, 488). Zweifelhaft ist auch die Umdeutung einer unzulässigen Verlängerung einer Veränderungssperre nach § 17 Abs 1 S 3 BauGB in eine Erneuerung nach § 17 Abs 3 BauGB.[41]

17 **3. Gleichheit hinsichtlich Zuständigkeit, Verfahren und Form.** Die Behörde, die den Ausgangs-VA erlassen hat, muss für VAe der Art, in die umgedeutet werden soll, zuständig sein (**Identität der Zuständigkeit,** vgl VGH München BayVBl 1984, 304; StBS 37; Lüdemann/Windthorst BayVBl 1995, 357). Die Bestimmungen über Form und Verfahren müssen eingehalten worden sein. Durch diese Erfordernisse wird sichergestellt, dass jedenfalls die verfahrensrechtlichen und formellen Voraussetzungen erfüllt sein müssen, die die Behörde

---

[38] Ablehnend OVG Münster NVwZ 1988, 942.

[39] So etwa VG für die Umdeutung des Widerrufs einer Asylanerkennung in eine Rücknahme, vgl BVerwGE 108, 30 Hailbronner, AsylG § 73 Rn 38.

[40] So aber VG Braunschweig, Urt v 4.3.2009, Az: 6 A 128/08 – juris; zutreffend dazu VG Dresden, Urt v 5.11.2008, Az: 6 K 170/06 – juris.

[41] Ablehnend zunächst OVG Lüneburg BauR 2000, 73; Stelkens ZfBR 1980, 119, 125; Schenke WiVerw 1994, 253, 317; zustimmend dagegen nunmehr OVG Lüneburg BauR 2010, 67; für den Fall einer inhaltlichen Änderung; Schröter BauGB § 17 Rn 7; Jäde/Dirnberger/Weiß, BauGB/BauNVO, § 17 Rn 24.

beachten hätte müssen, wenn sie den VA schon ursprünglich in der nunmehr gewollten Gestalt hätte erlassen wollen.[42] Dazu gehört auch zB die nach einer Rechtsvorschrift etwa erforderliche **Beteiligung eines Ausschusses,** einer anderen Behörde usw (vgl VGH Mannheim NVwZ 1990, 789: keine Umdeutung einer fehlerhaften fristlosen Entlassung eines Beamten in eine Entlassung unter Einhaltung einer Frist, wenn dazu der Personalrat mitwirken hätte müssen). Man wird es aber als ausreichend ansehen können, wenn **fehlende Erfordernisse nach § 45 nachgeholt** worden sind. Unerheblichkeit eines Verfahrensfehlers nach § 46 reicht dagegen nicht aus. Weil die Rechtswidrigkeit des Ergebnisses dadurch nicht beseitigt wird. Strengere, im vorangegangenen Verfahren beachtete Formen, schließen in jedem Fall auch weniger strenge Formen ein (Obermayer/Funke-Kaiser 24; Knack/Henneke 11); ebenso genügt es, wenn den für den neuen VA gebotenen Vorschriften entsprechend verfahren wurde, obwohl dies für das ursprüngliche Verfahren nicht rechtlich geboten war.

Nicht zulässig ist die Umdeutung eines VA, der ohne Anhörung einer bestimmten Behörde erlassen wurde, in einen VA, der nur nach einer solchen Anhörung hätte erlassen werden dürfen; eines VA, der nicht mit einer Begründung versehen ist, in einen VA, der einer Begründung bedurft hätte (BVerwGE 48, 84; s aber zur Möglichkeit eines Nachschiebens von Gründen oben Rn 7); eines **Widerspruchsbescheids** in eine rechtsaufsichtliche Ersatzvornahme hins. des in Frage stehenden VA, die nur nach vorhergehender Beanstandung und Aufforderung des Landkreises, den fehlerhaften VA zu ändern, zulässig ist.[43] 18

4. Sonstige Voraussetzungen. a) Allgemeines. Außer den genannten Voraussetzungen müssen auch alle sonstigen formellen und materiellen Voraussetzungen des Erlasses des VA, in den die Umdeutung erfolgt, erfüllt sein (BVerwGE 48, 84; BSG NVwZ-RR 1989, 1). Dies gilt sowohl für die Zuständigkeit der Behörde für den Erlass eines VA der Art, in den der ursprüngliche VA nunmehr umgedeutet werden soll,[44] als auch für das Verfahren und die **materiellrechtlichen Erfordernisse** (vgl VGH München BayVBl 1982, 153; OVG Lüneburg NJW 1984, 2653; VGH Mannheim NVwZ 1985, 350), einschließlich des Erfordernisses, dass der VA, in den umgedeutet werden soll, nicht rechtswidrig wäre (vgl OVG Hamburg NVwZ 1990, 675), und die Befugnis der umdeutenden Behörde zum Erlass eines VA der in Frage stehenden Art. Maßgeblich ist insoweit die **Sach- und Rechtslage im Zeitpunkt der Umdeutung** (ebenso Knack/Henneke 12). Dass die rechtlichen oder tatsächlichen Voraussetzungen im Zeitpunkt des Ergehens des umzudeutenden VA gegeben waren bzw gegeben gewesen wären, genügt nicht (MB 12; Knack/Henneke 12; zT **aA** Münster KStZ 1992, 139). 19

b) Zuständigkeit. Für die Zuständigkeit der Behörde genügt es, dass die Behörde, die die Umdeutung vornimmt, für den Erlass des VA, in den umgedeutet werden soll, im Zeitpunkt der Umdeutung zuständig ist (vgl Prutsch DÖV 1981, 945). Zuständig ist insofern idR **auch die Widerspruchsbehörde,** wenn und solange der Widerspruch bei ihr anhängig ist, die **Aufsichtsbehörde** dagegen nur, wenn sie insoweit ein „Selbsteintrittsrecht" hat (Obermayer/Funke-Kaiser 29). Die Widerspruchsbehörde ist insoweit nicht nur für eine Umdeutung des von ihr erlassenen Widerspruchsbescheids zuständig und dazu befugt, sondern kann in einem bei ihr anhängigen Widerspruchsverfahren, statt gem § 79 Abs 1 Nr 1 VwGO nur über den Widerspruch zu entscheiden, mit ihrer Widerspruchsentscheidung auch den mit einem Widerspruch zu ihr angegriffenen VA 20

---

[42] VGH Mannheim NVwZ 1990, 789; VGH München NVwZ 1983, 161; BayVBl 1984, 401.

[43] VGH München NVwZ 1983, 162; zT **aA** VGH München BayVBl 1984, 401.

[44] S Obermayer/Funke-Kaiser 26; vgl auch StBS 10: die Umdeutung darf keine Erweiterung der Zuständigkeit voraussetzen; ebenso Knack/Henneke 10.

der Ausgangsbehörde umdeuten, was uU wegen der bei einer einfachen Widerspruchsentscheidung sonst erfolgenden Änderung des VA ex nunc wegen der Rückwirkung einer Umdeutung (s unten Rn 37) von Bedeutung sein kann. Wählt sie die Umdeutung, so muss sie dies aber klar zum Ausdruck bringen.

21 **c) Kein weiterer Prüfungsbedarf. Soweit** der neue VA, wenn auch teilweise, **Voraussetzungen** hat, **deren Vorliegen weiterer Ermittlungen bedarf,** ist die Umdeutung nicht möglich (VGH München BayVBl 1982, 630); denn es fehlt insoweit an einem hins. des (ursprünglichen) VA noch anhängigen Verfahren, in dem die fehlenden Ermittlungen, Anhörungen usw vorgenommen werden könnten; **anders uU,** wenn die Umdeutung im Rahmen eines noch in der Sache anhängigen Widerspruchsverfahrens gem §§ 68 ff VwGO erfolgt.

22 **d) Keine Wesensänderung. Unzulässig** ist eine Umdeutung insb auch dann, wenn der VA durch die Umdeutung in seinem Wesen geändert würde,[45] zB eine **Gebühr in einen Beitrag** oder in eine Steuer umgedeutet werden müsste (BVerwG NVwZ 1982, 621) oder ein Beitrag für ein Grundstück in einen Beitrag für ein anderes. War der für den VA erforderliche Sachverhalt im Zeitpunkt des Erlasses des umzudeutenden VA bzw des Ergehens des Widerspruchsbescheids noch gar nicht vorhanden, so kommt allenfalls eine Umdeutung mit Wirkung ab dem Zeitpunkt, in dem die Voraussetzungen erfüllt waren, in Betracht (enger VGH München BayVBl 1982, 630: keine Umdeutung in solchen Fällen).

III. Ausschluss der Umdeutung (Abs 2)

23 Abs 2 sieht in Übereinstimmung mit der schon vor Erlass des VwVfG hM[46] **drei Ausnahmen von der Zulässigkeit** einer Umdeutung gem Abs 1 vor. Der Ausschluss der Umdeutung für den (ersten) Fall, dass der VA mit seiner neuen Regelung der erkennbaren Absicht der Behörde widerspräche, dient der Wahrung der behördlichen Zielsetzungen und damit dem Schutz der Behörde. Die beiden letzten Fälle des Ausschlusses der Umdeutung dienen dem Schutz der Betroffenen.

24 **1. Widerspruch zur erkennbaren Zielsetzung.** Abs 2 S 1 1. Halbs verbietet Umdeutungen, die im Widerspruch zu der erkennbaren Absicht der Behörde stehen, die den ursprünglichen VA erlassen hat. Die Regelung folgt an sich schon aus dem Wesen der Umdeutung, Mit der nur Regelungen zur Geltung gebracht werden können, die in der ursprünglichen Regelung „enthalten" und damit auch von der Zielsetzung des VA erfasst sind. Abzustellen ist nicht auf den inneren Willen der Behörde bzw auf die subjektiven Auffassungen und Erwartungen der für diese handelnden Amtsträger, auf die **Zielsetzung des VA,** wie sie sich bei **objektiver Betrachtungsweise** nach Treu und Glauben aus dem VA selbst, der damit verbundenen Begründung und nach den Umständen des Erlasses für den Betrachter darstellen.[47] Soweit diese Voraussetzungen erfüllt sind,

---

[45] BVerwGE 64, 356; 67, 221; BVerwG NVwZ 1982, 621; VGH Mannheim 37, 125 mwN; NVwZ 1990, 789: Umdeutung der fehlerhaften fristlosen Entlassung eines Beamten in die Entlassung unter Einhaltung einer Frist jedenfalls dann, wenn der Entlassungsgrund nicht ausgewechselt wird.

[46] Vgl BVerwGE 12, 9; OVG Münster OVG ML 17, 115.

[47] VGH München NVwZ 1985, 215; Weyreuther DÖV 1985, 140: keine Wollensmutmaßungen, sondern objektivierte Betrachtung; MB 13; Spanner 128 Nr 12; Laubinger VerwArch 1987, 220; Knack/Henneke 16; zu eng BVerwGE 78, 165, 171: Kein Austausch der Ermächtigungsgrundlage aus § 50 SGB X durch § 92c BSHG; **aA** offenbar OVG Lüneburg NJW 1984, 2653; unklar Obermayer/Funke-Kaiser 36: Ob der andere VA nach den Grundsätzen einer rechtsstaatlichen Verwaltung hätte erlassen werden können. Diese Formulierung dürfte zu weit sein.

ist eine Umdeutung uU sogar gegen den Willen der Behörde, die den VA ursprünglich erlassen hat, zulässig (kritisch Obermayer/Funke-Kaiser 36).

Bei rechtlich gebundenen VAen fällt das Erfordernis, wonach die Umdeutung der Absicht der erlassenden Behörde nicht widersprechen darf, meist mit der schon nach Abs 1 zu prüfenden Voraussetzung zusammen, dass der neue VA auf dasselbe Ziel wie der ursprüngliche gerichtet sein muss. Bedeutung hat die Regelung dagegen vor allem **bei Ermessensentscheidungen.** Auch hier aber ist es nicht der Sinn der Regelung, der Behörde im Regelfall die Möglichkeit zu geben, ihre frühere Entscheidung zu korrigieren. Abs 2 S 1 soll nur Umdeutungen ausschließen, die bei verständiger Würdigung des ursprünglichen VA nach den gegebenen Umständen nach Treu und Glauben weder erwartet werden konnten noch mussten. 25

2. Ungünstigere Rechtsfolgen für den Betroffenen. Über den nicht ganz klaren Wortlaut hinaus ist nach Abs 2 S 1 2. Halbs eine Umdeutung auch dann **ausgeschlossen,** wenn sie (irgend-)einen Beteiligten des ursprünglichen Verfahrens – oder auch einen sonst Betroffenen – mit den sich daraus ergebenden Rechtsfolgen **stärker belasten** würde als der ursprüngliche VA;[48] ebenso, wenn der neue **VA weitere Personen,** die bisher noch nicht betroffen waren, **erstmals belasten** würde. Dabei kommt es nur auf diejenige Belastung an, die sich durch den neuen VA, dh durch die damit getroffene Regelung bzw als unmittelbare oder mittelbare (Knack/Henneke 17: auch mittelbare Auswirkungen) Folge davon, auch zB durch wirtschaftliche Auswirkungen (StBS 50; Knack/Henneke 17), ergibt. Ungünstigere Feststellungen in den Gründen (§ 39) sind insoweit idR nicht erheblich. Zulässig ist dagegen eine Umdeutung, die die Betroffenen **günstiger stellt,** zB die Umdeutung einer **Rücknahme** gem § 48 **in einen Widerruf** gem § 49,[49] vorausgesetzt, dass Dritte nicht zugleich stärker belastet werden. Zweifelhaft, im Ergebnis aber zu verneinen ist die Zulässigkeit einer Umdeutung auch dann, wenn den zusätzlichen Belastungen Vorteile gegenüberstehen. 26

Nicht als Belastung iS der Regelung ist es nach dem Zweck des § 47 auch anzusehen, wenn infolge der Umdeutung die Möglichkeit der erfolgreichen Geltendmachung der Nichtigkeit bzw Rechtswidrigkeit des ursprünglichen VA in einem Rechtsbehelfsverfahren entfällt (VGH Mannheim NVwZ 1985, 349; München BayVBl 1990, 405; Knack/Henneke 18). **Ungünstig und damit ausgeschlossen** ist die Umdeutung der Entlassung eines Beamten in die Rücknahme seiner Ernennung (BVerwGE 109, 68) oder des Widerrufs einer Genehmigung in eine Untersagungsverfügung (Obermayer/Funke-Kaiser 38). 26a

3. Keine Umdeutung bei Ausschluss der Rücknahme. Nach Abs 2 S 2 ist eine Umdeutung auch dann ausgeschlossen, wenn der fehlerhafte VA nicht nach § 48 oder nach entsprechenden Vorschriften **zurückgenommen werden dürfte.** Betroffen sind insb begünstigende VA, die wegen des damit verbundenen **Vertrauensschutzes** oder überwiegender anderer zugunsten des Betroffenen zu berücksichtigender Gesichtspunkte (s § 48 Rn 94 ff) nicht zurückgenommen werden dürfen, außerdem aber auch VAe, für deren Rücknahme die Jahresfrist des § 48 Abs 4 abgelaufen wäre (StBS 53; Obermayer/Funke-Kaiser 39). Soweit eine Rücknahme gem § 50 oder nach entsprechenden Vorschriften zulässig ist, ist auch eine Umdeutung zulässig (Knack/Henneke 19). 27

---

[48] OVG Münster OVG ML 17, 115; OVG Münster NVwZ 1988, 942; Prutsch DÖV 1981, 945 Knack/Henneke 18: keine Umdeutung eines Widerrufs in eine Rücknahme hiergegen: VG Potsdam NVwZ-RR 2003, 329.

[49] Vgl im Ergebnis MuLö BayVBl 1992, 639; anders im umgekehrten Fall der Umdeutung eines Widerrufs in eine Rücknahme OVG Münster NVwZ 1988, 942.

IV. Keine Umdeutung gebundener Entscheidungen in Ermessensentscheidungen (Abs 3)

28 **1. Allgemeines.** Abs 3 stellt klar, dass das Erfordernis der Betätigung des Ermessens durch das Instrument der Umdeutung nicht umgangen werden darf.[50] Soll also eine Regelung durch Umdeutung auf eine andere Ermächtigungsgrundlage gestützt werden, so kann auf eine danach erforderliche Betätigung pflichtgemäßen Ermessens nicht verzichtet werden. Fehlt es an einer Ermessensbetätigung, kann ein VA nicht in eine Ermessensentscheidung umgedeutet werden. Ausgeschlossen sind daher nicht nur VAe, die auf Grund von Ermächtigungen ergangen sind, die der Behörde für ihre Entscheidung keinen Ermessensspielraum (§ 40) einräumen, sondern auch VAe, hins derer die Behörde an sich einen **Ermessenspielraum oder Beurteilungsspielraum** gehabt hätte, sich dessen bei ihrer Entscheidung jedoch nicht bewusst war oder sich zu Unrecht gebunden betrachtet hatte. Gleichwohl ist nach allgemeinen Grundsätzen eine Umdeutung auch in einen Ermessens-VA zuzulassen, wenn nach den konkreten Umständen des Falles die getroffene Entscheidung zugleich die Einzige ist, die ohne Ermessensfehler getroffen werden könnte, der **Ermessensspielraum auf Null reduziert** ist, dh praktisch nicht besteht.[51]

29 **Für den umgekehrten Fall,** dass ein fehlerhaft auf eine Ermessensnorm gestützte **Ermessensentscheidung** in eine **gebundene Entscheidung** auf anderer Rechtsgrundlage umgedeutet wird, ist eine Umdeutung durch Abs 3 **nicht ausgeschlossen** (StBS 56). Insoweit kommt es vielmehr darauf an, ob das Ergebnis der Ermessensentscheidung der für den umgedeuteten VA maßgeblichen Rechtsgrundlage entspricht und Gleichwertigkeit vorliegt. Im Übrigen sind die Voraussetzungen der Abs 1, 2 u 4 zu prüfen.

30 **2. Auswechseln der Ermessensermächtigung.** Nicht durch Abs 3 ausgeschlossen wird die Umdeutung einer Ermessensentscheidung **in eine andere Ermessensentscheidung.**[52] Dies setzt aber voraus, dass die getroffene Ermessensentscheidung den Zwecken der im Wege der Umdeutung herangezogenen Ermächtigungsgrundlage entspricht.[53] Dies macht erforderlich, dass die Behörde bei der ursprünglichen Entscheidung bereits alle auch für den neuen VA zu berücksichtigenden Gesichtspunkte entsprechend berücksichtigt hat und die Rechtsposition der Betroffenen dadurch nicht verschlechtert, sondern allenfalls verbessert wird (s oben Rn 26). Ermessensentscheidungen gem Abs 3 sind Entscheidungen gleichzuachten, hins derer bzw hins der dafür maßgeblichen Voraussetzungen die Behörde **einen Beurteilungsspielraum hat** (Knack/Henneke 22).

V. Anhörung (Abs 4)

31 **1. Allgemeines.** Abs 4 schreibt die entsprechende Anwendung von § 28 vor. Dies bedeutet, dass diejenigen Beteiligten, deren Rechte durch die Umdeutung betroffen werden, vorher anzuhören sind, sofern nicht ein Ausschlussgrund nach § 28 Abs 2 vorliegt. Dadurch wird kein erneuter Anspruch auf Anhörung in der ursprünglich mit dem Erlass des VA, dessen Umdeutung erfolgen soll, abge-

---

[50] Begr 67; Knack/Henneke 20 f; ebenso zum früheren Recht BVerwGE 15, 199; 48, 81; BVerwG NJW 1975, 2309; DVBl 1982, 960; WBS II § 49 Rn 68; F 245; Prutsch DÖV 1981, 945.

[51] BVerwGE 48, 85; VGH München BayVBl 1987, 305; VGH Mannheim VBlBW 1970, 76; FG Mannheim EFG 1984, 86; UL § 60 Rn 19; Laubinger VerwArch 1987, 363; F 245; Götz 147; Wirth 206 mwN; Knack/Henneke 23; wohl auch Begr 67.

[52] StBS 43; Obermayer/Funke-Kaiser 41; zweifelnd Knack/Henneke 25.

[53] Knack/Henneke 25; Kiefer NVwZ 2013, 1257.

schlossenen Sache begründet. Vielmehr bezieht sich die Anhörung nur auf die Frage der Zulässigkeit und der Voraussetzungen der Umdeutung gem § 47 Abs 1–3; deshalb erklärt Abs 4 auch § 28 nur für entsprechend anwendbar.

2. Betroffenheit iS des § 28 Abs 1 liegt im Falle einer Umdeutung stets vor, wenn und soweit der ursprüngliche (fehlerhafte) VA Regelungen trifft, die Rechtspositionen der Beteiligten berühren. Da mit der Umdeutung die ursprüngliche Fehlerhaftigkeit der getroffenen Regelung behoben wird, sind sämtliche Beteiligten betroffen, deren Rechte von der umgedeuteten Regelung umfasst werden. 32

3. Verfahren. Art und Weise sowie Zeitpunkt der Anhörung sind in Abs 4 **nicht näher geregelt.** Sieht man in der Umdeutung einen VA, oder beabsichtigt die Behörde jedenfalls, durch Feststellungsbescheid darüber zu entscheiden, so kommen insoweit **die allgemeinen Bestimmungen** über das rechtliche Gehör zur Anwendung. Sieht man dagegen mit der hM (s oben Rn 8) in der Umdeutung keine selbstständige außenwirksame Maßnahme, so kann Abs 4 wohl nur so verstanden werden, dass **die Behörde** eine Umdeutung nur dann vornehmen und weiteren Maßnahmen zugrunde legen darf, wenn sie vorher die Betroffenen dazu gehört hat. **Für die Gerichte** ergibt sich die Pflicht zur Gewährung rechtlichen Gehörs schon aus dem für sie geltenden Verfahrensrecht. 32a

VI. Zuständigkeit, Verfahrenswirkungen

1. Allgemeines. Zuständigkeit und Verfahren für die Umdeutung eines VA richten sich nach den **allgemeinen Grundsätzen** für den Erlass von VAen. Abs 4 schreibt insoweit nur eine (weitere) **Anhörung** der Betroffenen vor. Soweit das Gericht eine Umdeutung vornimmt, müssen die Voraussetzungen des VwVfG für den Erlass von VAen nicht erfüllt sein. 33

2. Zuständigkeit. a) Ausgangsbehörde. Zuständig für die Umdeutung ist grundsätzlich die Ausgangsbehörde bzw, wenn der ursprüngliche VA von einer unzuständigen Behörde erlassen worden war, oder bei nachträglicher Änderung der Zuständigkeit, die Behörde, die nunmehr im Zeitpunkt der Umdeutung für den Erlass des VA, in den umgedeutet werden soll, zuständig ist (vgl auch § 48 Rn 162; Knack/Henneke 29). Dabei handelt es sich um diejenige Behörde, die allgemein zum Erlass eines VA der Art, in die umgedeutet werden soll, befugt ist, dh die nach dem maßgeblichen Recht dazu ermächtigte Behörde. Zum Prinzip der Identität der Zuständigkeiten s Rn 17. 34

b) Im Widerspruchsverfahren. Im Widerspruchsverfahren ist nach den allgemeinen Grundsätzen für die Umdeutung grundsätzlich die **Widerspruchsbehörde zuständig.**[54] In analoger Anwendung der Grundsätze über den Zweitbescheid (s § 35 Rn 98; ferner Kopp/Schenke § 72 Rn 8f) **behält die Ausgangsbehörde ihre Zuständigkeit** und Befugnis für eine Umdeutung auch dann, wenn ein Streit über den in Frage stehenden VA bei der Widerspruchsbehörde oder beim Gericht anhängig wird, oder wenn der VA durch rechtskräftiges Urteil bestätigt wurde. Ihre Zuständigkeit und Befugnis endet erst mit Rechtskraft bzw Unanfechtbarkeit der Aufhebung des VA. 35

c) Umdeutung durch das Gericht. Nach ganz hM kann eine Umdeutung **auch im gerichtlichen Verfahren** erfolgen. Danach ist auch das zulässigerweise gegen den VA angerufene Gericht zu einer Umdeutung berechtigt, indem es den angefochtenen VA mit einer anderen, gleichwertigen Regelung aufrecht erhält und die auf Aufhebung gerichtete Klage abweist.[55] Hier stellt sich die Frage, ob 35a

---

[54] StBS 10 und 62; MB 6; WBS II § 49 Rn 67; Martens JuS 1978, 764; Obermayer/Funke-Kaiser 28; Wirth 124; Prutsch DÖV 1981, 943.

[55] BVerwGE 110, 111, 114 = NVwZ 2000, 575; 108, 30, 35 = NVwZ 1999, 302.

die Umdeutung unter entspr Heranziehung des § 47 oder des § 140 BGB erfolgt (s oben Rn 10).

36 **3. Ermessen.** Soweit die Behörde die Umdeutung vornimmt, steht die Entscheidung darüber, ob der betroffene VA umgedeutet werden soll, in ihrem Ermessen.[56] Die Behörde entscheidet darüber von Amts wegen oder auf Antrag. Der an einer Umdeutung interessierte Bürger hat insoweit grundsätzlich nur das formelle subjektive Recht auf ermessensfehlerfreie Entscheidung, soweit der Ermessensspielraum im konkreten Fall nicht angesichts besonderer Umstände auf Null reduziert ist (s dazu § 40 Rn 49). Die **Umdeutung kann jederzeit vorgenommen werden,** auch noch während eines anhängigen verwaltungsgerichtlichen Verfahrens oder nach Unanfechtbarkeit des VA (Obermayer/Funke-Kaiser 33). Auch für den Antrag Betroffener auf Umdeutung gelten keine Fristen; allenfalls unterliegt das Antragsrecht nach allgemeinen Grundsätzen der Verwirkung.

37 **4. Ex-tunc-Wirkung.** Grundsätzlich wirkt die Umdeutung **auf den Zeitpunkt des Erlasses des ursprünglichen VA zurück.**[57] Eine Beschränkung der Rückwirkung durch die Behörde selbst ist nur nach Maßgabe des § 48 möglich. Sie ist im Zweifel nicht anzunehmen und müsste ausdrücklich erfolgen.

VII. Rechtsschutz gegen die Umdeutung

38 **1. Allgemeines.** Der Rechtsschutz gegen eine Umdeutung hängt ua von deren Rechtsnatur ab. Sieht man mit der hM (s oben Rn 8) die Umdeutung als einen Erkenntnis- oder Willensakt an, auf Grund dessen der ursprüngliche VA mit einer anderen Regelung weitergilt, so sind gegen die **Umdeutung als solche keine Rechtsbehelfe** gegeben.[58] Der Rechtsschutz richtet sich ggfs gegen den VA in seiner umgedeuteten Form. Das gilt auch, wenn die Umdeutung durch ein Gericht im Rechtsbehelfsverfahren durchgeführt wird. In Betracht kommt allenfalls eine Feststellungsklage mit dem Ziel, das Ergebnis der Umdeutung verbindlich feststellen zu lassen.Versteht man die Umdeutung nach § 47 entgegen der hM als VA, so stehen den Betroffenen gegen die entsprechende Entscheidung der Behörde die allgemeinen Rechtsbehelfe zu, die auch sonst gegen VAe gegeben sind.[59] Sie können gegen eine erfolgte Umdeutung, wenn diese für sie belastend wirkt oder sonst nicht so erfolgt ist, wie sie gewünscht hätten, geltend machen, dass die Voraussetzungen gem § 47 dafür nicht gegeben waren oder dass die Umdeutung zu einem anderen Ergebnis hätte führen müssen. Außerdem können sie den ursprünglichen VA angreifen, auch wenn und soweit dieser bereits unanfechtbar geworden ist; denn die Umdeutung stellt zugleich auch eine neue Entscheidung in der Sache, dh einen „Zweitbescheid", dar, durch den der ursprüngliche VA neu konstituiert wird, auch wenn er im Übrigen unberührt bleibt. Insofern ist auch die Situation anders als bei der Berichtigung von VAen gem § 42. Die Umdeutung würde konsequenterweise damit immer auch neue Rechtsbehelfsfristen in Bezug auf den ursprünglichen VA eröffnen.[60]

39 **2. Umdeutung durch ein Gericht.** Da die Umdeutung keine Änderung des Streitgegenstandes bewirkt (Obermayer/Funke-Kaiser 45), ändert sich die

---

[56] RÖ VwGO 38 zu § 108; Schenke DVBl 1987, 641; Martens JuS 1978, 764; Weides 11 V; Müller NJW 1978, 1357; StBS 30; Obermayer/Funke-Kaiser 28; **aA** Erichsen/Ehlers § 22 Rn 13; Laubinger VerwArch 1987, 345, 349.

[57] Prutsch DÖV 1981, 992; StBS 32; Knack/Henneke 33; MB 6 und 9; Weyreuther DÖV 1985, 126.

[58] **AA** wohl Obermayer/Funke-Kaiser 44.

[59] Obermayer/Funke-Kaiser 44; zT **aA** Kopp DÖV 1992, 275: Anfechtung analog § 44a VwGO nur zusammen mit dem umgedeuteten VA.

[60] Wirth, Umdeutung 222; **aA** Windthorst/Lüdemann NVwZ 1994, 246.

prozessuale Situation nicht wesentlich. Allerdings muss das Gericht die Beteiligten auf die Möglichkeit der Umdeutung hinweisen und den Betroffenen die Möglichkeit geben, das Verfahren für erledigt zu erklären.

§ 48 Rücknahme eines rechtswidrigen Verwaltungsaktes

(1) Ein rechtswidriger Verwaltungsakt kann, auch nachdem er unanfechtbar geworden ist, ganz oder teilweise mit Wirkung für die Zukunft oder für die Vergangenheit zurückgenommen werden.[48 ff] Ein Verwaltungsakt, der ein Recht oder einen rechtlich erheblichen Vorteil begründet oder bestätigt hat (begünstigender Verwaltungsakt), darf nur unter den Einschränkungen der Absätze 2 bis 4 zurückgenommen werden.[64 ff]

(2) Ein rechtswidriger Verwaltungsakt, der eine einmalige oder laufende Geldleistung[87] oder teilbare Sachleistung gewährt[88 f] oder hierfür Voraussetzung ist,[91] darf nicht zurückgenommen werden, soweit der Begünstigte auf den Bestand des Verwaltungsaktes vertraut hat[94 ff] und sein Vertrauen unter Abwägung mit dem öffentlichen Interesse an einer Rücknahme schutzwürdig ist.[98 ff] Das Vertrauen ist in der Regel schutzwürdig, wenn der Begünstigte gewährte Leistungen verbraucht[105 ff] oder eine Vermögensdisposition getroffen hat,[109] die er nicht mehr oder nur unter unzumutbaren Nachteilen rückgängig machen kann. Auf Vertrauen kann sich der Begünstigte nicht berufen, wenn er

1. den Verwaltungsakt durch arglistige Täuschung, Drohung oder Bestechung erwirkt hat;[112 ff]

2. den Verwaltungsakt durch Angaben erwirkt hat, die in wesentlicher Beziehung unrichtig oder unvollständig waren;[115 ff]

3. die Rechtswidrigkeit des Verwaltungsaktes kannte oder infolge grober Fahrlässigkeit nicht kannte.[121 ff]

In den Fällen des Satzes 3 wird der Verwaltungsakt in der Regel mit Wirkung für die Vergangenheit zurückgenommen.[131]

(3) Wird ein rechtswidriger Verwaltungsakt, der nicht unter Absatz 2 fällt, zurückgenommen, so hat die Behörde dem Betroffenen auf Antrag den Vermögensnachteil auszugleichen, den dieser dadurch erleidet, dass er auf den Bestand des Verwaltungsaktes vertraut hat, soweit sein Vertrauen unter Abwägung mit dem öffentlichen Interesse schutzwürdig ist.[133 ff] Absatz 2 Satz 3 ist anzuwenden. Der Vermögensnachteil ist jedoch nicht über den Betrag des Interesses hinaus zu ersetzen, das der Betroffene an dem Bestand des Verwaltungsaktes hat.[143] Der auszugleichende Vermögensnachteil wird durch die Behörde festgesetzt.[144] Der Anspruch kann nur innerhalb eines Jahres geltend gemacht werden; die Frist beginnt, sobald die Behörde den Betroffenen auf sie hingewiesen hat.[145]

(4) Erhält die Behörde von Tatsachen Kenntnis, welche die Rücknahme eines rechtswidrigen Verwaltungsaktes rechtfertigen, so ist die Rücknahme nur innerhalb eines Jahres seit dem Zeitpunkt der Kenntnisnahme zulässig.[146 ff] Dies gilt nicht im Falle des Absatzes 2 Satz 3 Nr. 1.

(5) Über die Rücknahme entscheidet nach Unanfechtbarkeit des Verwaltungsaktes die nach § 3 zuständige Behörde; dies gilt auch dann, wenn der zurückzunehmende Verwaltungsakt von einer anderen Behörde erlassen worden ist.[162 ff]

Parallelvorschriften: §§ 44 f SGB X; 130 AO

Schrifttum allgemein: *Axer,* VA unter Berichtigungsvorbehalt, DÖV 2003, 271; *Baumeister,* Der Beseitigungsanspruch als Fehlerfolge des rechtswidrigen VA, 2006; *Beaucamp,* Die Aufhebung bzw Änderung von VAen durch den Gesetzgeber, DVBl 2006, 1401; *Britz/Richter,* Die Aufhebung eines gemeinschaftsrechtswidrigen nicht begünstigenden VA, JuS 2005, 198; *Dolde,* Bestandsschutz im Immissionsschutzrecht, in: Bachof-FS 1984, 191; *Durner,* Die behördliche Befugnis zur Nachbesserung fehlerhafter VA, VerwArch 2006, 345; *Ebert,* Die Kollision von Ergebnissen in Prüfungs- und Rechtsbehelfsverfahren, LKV 2014, 18; *Ehlers,* Rechtsprobleme der Rückforderung von Subventionen, GewArch 1999, 305; *Ehlers/Kallerhoff,* Die Rücknahme von VAen, Jura 2009, 823; *Engst,* Rücknahme rechtswidriger VAe am Beispiel der Einbürgerung, JuS 2007, 225; *Felix,* Plädoyer für einen ehrlichen Umgang mit § 44 SGB X, NZS 2016, 401; *dies,* Der VA mit Dauerwirkung – eine sinnvolle Kategorie des Allgemeinen Verwaltungsrechts?, NVwZ 2003, 385; *Gagel,* Die Aufhebung von VAen mit Dauerwirkung bei Änderung der Verhältnisse, SGb 1990, 252; *Göldner,* Die Rücknahme rechtswidriger begünstigender VAe nach dem neuen Verwaltungsverfahrensrecht, DÖV 1979, 805; *Horn,* Der Aufhebungsanspruch beim VA mit Drittwirkung, DÖV 1990, 864; *Kaemmerer,* Die Rücknahme erschlichener Einbürgerungen – Tor zur Staatenlosigkeit?, DVBl 2006, 1015; *Knoke,* Rechtsfragen der Rücknahme von VAen, 1989; *Kopp,* Der Schutz des Vertrauens auf den Bestand von VAen im Wirtschaftsrecht, GewArch 1986, 177; *ders,* Die Neubewertung fehlerhaft bewerteter Prüfungsarbeiten, BayVBl 1990, 684; *Kopp F.J.,* VAe unter Vorbehalt und sonstige vorläufige VAe, DVBl 1989, 238; *Krausnick,* Grundfälle zu §§ 48, 49 VwVfG, JuS 2010, 594, 778; *Lenze,* Die Bestandskraft von VAen nach der Rspr des EuGH, VerwArch 2006, 49; *Locher,* Verstoß gegen Subventionsrichtlinien, JA 2004, 117; *Ludwigs,* Der Anspruch auf Rücknahme rechtswidriger belastender VAe, DVBl 2008, 1164; *A. Peters,* Die Ausfüllung der Spielräume der Verwaltung durch Wirtschaftlichkeitserwägungen, DÖV 2001, 749; *Pickel* VAe mit Dauerwirkung und ihre Aufhebung, SGb 1992, 294; *Richter,* Die Aufhebung von VAen auf Betreiben der Verwaltung und des Betroffenen, JuS 1990, 719; *Roßnagel,* Zum Bestandsschutz von Atomkraftwerken, JZ 1986, 716; *Schenke,* Rechtmäßigwerden rechtswidrig erlassener VAe, NVwZ 2015, 1341; ders, Der Anspruch des Verletzten auf Rücknahme des VA vor Ablauf der Anfechtungsfristen, FS Maurer, 2001, 723; *Schilder,* Grenzen der Zuwendungsrückforderung wegen Vergaberechtsverstoßes, NZBau 2009, 155; *Schwabe,* Das Wiederaufgreifen unanfechtbarer VAe, JZ 1985, 545; *Steitner,* Zum Anwendungsbereich der verwaltungsverfahrensrechtlichen Regelungen über die materielle Bestandskraft von VAen (§§ 48, 49 VwVfG), VerwArch 1992, 479; Uhle, Die Bindungswirkung des Widerspruchsbescheides, NVwZ 2003, 811; *Waldhoff,* Allgemeines Verwaltungsrecht: Widerruf eines VA bei Änderung von Hausnummern, JuS 2012, 958; *Wendt,* Rücknahme und Widerruf von VAen in Spezialgesetzen und im VwVfG, JA 1980, 85; *Zacharias,* Rücknahme und Widerruf von Vertragsgenehmigungen, NVwZ 2002, 1306.

Speziell zu § 48 Abs 4: *Burianek,* Rechtsfragen des § 48 Abs 4 VwVfG, Jura 1985, 518; *Gass,* Beginn der Jahresfrist des § 48 IV VwVfG nach gerichtlicher Aufhebung eines Rückforderungsbescheides? NVwZ 2016, 748; *Hendler,* § 48 IV VwVfG zwischen Praxisbedürfnissen und Rechtsdogmatik – BVerwG NJW 1985, 819 –, JuS 1985, 947; *Henning,* Wissenszurechnung im Verwaltungsrecht, 2003; *Kopp,* Die Ausschlußfrist des § 48 Abs 4 VwVfG nach rechtskräftiger Aufhebung eines Rücknahmebescheides, DVBl 1990, 663; *Schoch,* Die Frist zur Rücknahme begünstigender VAe nach § 48 IV 1 VwVfG, NVwZ 1985, 880; *Stadie,* Zur Auslegung des § 48 Abs 4 VwVfG, DÖV 1992, 247; *Stelkens,* Die Jahresfrist des § 48 Abs 4 VwVfG nach der Entscheidung des Großen Senates vom 19.12.1984, NuR 1987, 329; *Weides,* Die Jahresfrist für Rücknahme und Widerruf von begünstigenden VAen, DÖV 1985, 431.

Zum EU-Recht: *Brodale,* Die Rücknahme von VAen in Industriezulassungsverfahren im weitesten Sinn, 1993; *Englisch,* Anspruch auf Rücknahme gemeinschaftsrechtswidrig belastender VAe nach Eintritt der Bestandskraft, Vw 2008, 99; *Fastenrath,* Zum Vertrauensschutz bei Rücknahme gemeinschaftswidrig gewährter Beihilfen, JuS 1992, 1080; *Fischer,* Gemeinschaftsrechtliche Beihilfekontrolle und nationales Verwaltungsverfahrensrecht, NVwZ 1998, 87, JuS 1999, 749; *Frenz,* Rücknahme eines gemeinschaftswidrigen belastenden VA, DVBl 2004, 375; *Finck/Gurlit,* Die Rückabwicklung formell unionsrechtswidriger Beihilfen, jura 2011, 87; *Koenig/Kuehling,* Grundfragen des EG-Beihilfenrechts, NJW 2000, 1065; *Koenig/Pickartz,* Die aufschiebend bedingte staatliche Beihilfengewährung nach der Verfahrensverordnung in Beihilfesachen, NVwZ 2002, 151; *Lenze,* Die Bestandskraft von VAen nach der Rspr des EuGH, VerwArch 2006, 49; *Lindner,* Die EG-VerfahrensVO zur gemeinschaftsrechtlichen Beihilfekontrolle, BayVBl 2002, 193; *Ludwigs,* Die Accor-Entscheidung des EuGH, NVwZ 2007, 549; *Müller-Franken,* Gemeinschaftsrechtliche Fristenhemmung, richtlinienkonforme Auslegung und Bestandskraft von VAen, DVBl 1998, 758; *Pache,* Rechtsfragen der Aufhebung gemeinschaftswidriger nationaler Beihilfebescheide, NVwZ 1994, 318; *Pünder,* Die Vergabe öffentlicher Aufträge unter den Vorgaben des europäischen Beihilferechts, NZBau 2003, 530; *Rennert,* Bestandskraft rechtswidriger VAe und Gemeinschaftsrecht, DVBl 2007, 400; *Schoch,* Europäisierung des Verwaltungsrechts und des Verwaltungsprozessrechts, NordÖR 2002, 1; *Scholz,* Zum Verhältnis von europäischem Gemeinschaftsrecht und nationalem Verwaltungsverfahrensrecht, DÖV 1998, 261; *Schulze,* Vertrauensschutz im EG-Recht bei Rückforderung von Beihilfen, EuZW 1993, 279; *Schwarz,* Vertrauensschutz im Spannungsfeld von EuGH und BVerfG, Vw 2001, 397; *Suerbaum,* Die Europäisierung des nationalen Verwaltungsverfahrensrechts am Beispiel der Rückabwicklung gemeinschaftsrechtswidriger staatlicher Beihilfen, VerwArch 2000, 169; *Triantafyllou,* Zur „Europäisierung" des Vertrauensschutzes (insb § 48 VwVfG) – am Beispiel der Rückforderung staatlicher Beihilfen, NVwZ 1992, 436; *Vogt,* Rechtsprobleme des europäischen Beihilfenrechts, 2000.

Übersicht

I. Allgemeines

1 **1. Inhalt.** Die Vorschrift regelt die nachträgliche Aufhebung bzw Abänderung von **rechtswidrigen VAen.** Sie enthält, soweit sie eine Durchbrechung der Wirksamkeit bzw Bestandskraft von VAen zulässt und regelt, **Verfahrensrecht,** im übrigen **annexes materielles Recht** (BVerwG DÖV 1988, 560). VAe erlangen mit ihrer Bekanntgabe an die Betroffenen (§ 41) Wirksamkeit (§ 43) und nach Ablauf der Rechtsbehelfsfristen auch Unanfechtbarkeit und damit grundsätzlich im Interesse der Rechtssicherheit und des Rechtsfriedens sowie des Rechtsschutzes der Betroffenen Bestandskraft (§ 43 Rn 29 ff). Die §§ 48 ff lassen jedoch aus Gründen des öffentlichen Interesses und der Wahrung von Rechten Betroffener und Dritter unter bestimmten Voraussetzungen eine Durchbrechung der Wirksamkeit bzw Bestandskraft eines VA zu, indem sie die zuständige Behörde zur nachträglichen Aufhebung bzw Abänderung eines bereits erlassenen und uU sogar unanfechtbar gewordenen VA ermächtigen, im Einzelfall sogar verpflichten (s unten Rn 79). Die Regelung entspricht weitestgehend dem vor Erlass des VwVfG geltenden Recht.[1] Nach **Eintritt der Wirksamkeit** kommen Aufhebung oder Änderung von VAen außerhalb des Widerspruchsverfahrens vorbehaltlich spezieller Regelungen (s unten Rn 37 ff) und der Regelungen über das Wiederaufgreifen (§ 51) nur noch unter den Voraussetzungen der § 48 und § 49 in Betracht. Auf den Eintritt der Unanfechtbarkeit kommt es demgegenüber nicht an. Die Frage, ob der VA noch anfechtbar ist oder nicht, ist bei Prüfung der Zuständigkeit (Abs 5) sowie bei der Ermessensentscheidung

[1] BVerwGE 78, 169; 83, 197; NJW 1978, 508; BVerfG 59, 166; StBS 16 f; vgl zum bish Recht auch BVerwGE 50, 270; 54, 257; 57, 4; BVerwG ZLA 1978, 32; DVBl 1976, 222; 1982, 581; BVerfG 27, 297; Becker DÖV 1973, 379; WBSK I § 51 Rn 2 f; M 113 ff; Obermayer VerwR 2. Aufl 127 f; Erichsen/Ehlers § 24 Rn 3, 16; § 24 Rn 1.

über eine vom Betroffene beantragte Rücknahme zu berücksichtigen (s unten Rn 77 ff).

a) Entwicklung der Vorschrift. Die Vorschrift wurde bisher erst einmal geändert, nämlich durch das G v 2. 5. 96 (BGBl I S. 656), mit dem die Regelungen über den rückwirkenden Widerruf von Subventionsbescheiden aus § 44a BHO in § 49 integriert wurden. Dabei wurde zugleich die Erstattungsregelung in Abs 2 S 5–8 gestrichen, und zwar als Folgeänderung der Einführung einer allgemeinen Regelung über die **Erstattung von Leistungen** in § 49a. Die Erstattungspflicht ist nun für alle Fälle rückwirkender Unwirksamkeit von VAen, durch die Leistungen gewährt oder die Voraussetzungen für eine Gewährung von Leistungen geschaffen werden, einheitlich in § 49a geregelt. Einer besonderen Erstattungsregelung für den Fall der Rücknahme eines rechtswidrigen VA bedurfte es deshalb nicht mehr. 2

Die **Rechtswegbestimmung des Abs 6 aF** wurde ebenfalls aufgehoben. Obwohl Abs 6 aF von vornherein nur der Klarstellung dienen sollte und keine konstitutive Rechtswegzuweisung enthielt (vgl UL § 62 Rn 25), hatte er nicht zur Rechtsklarheit beigetragen und wurde deshalb als überflüssig angesehen (BT-Dr 13/1534 S. 6). Der **Verwaltungsrechtsweg** bleibt auch nach der Streichung des Abs 2 eröffnet, weil über den Entschädigungsanspruch durch VA entschieden werden muss (Knack/Henneke 121). Der Betroffene muss die Festsetzung eines Entschädigungsanspruchs nach wie vor nach Abs 3 S 4 zunächst bei der Behörde innerhalb eines Jahres (Abs 3 S 5) beantragen. Wird der Antrag abgelehnt oder wird die Entschädigung zu niedrig festgesetzt, so kann er nach erfolglosem Widerspruchsverfahren beim VG Verpflichtungsklage erheben. Zur Kritik s Rn 134. 3

Die Zuständigkeit der Zivilgerichte für Entschädigungsansprüche aus enteignungsgleichem oder enteignendem Eingriff wird durch die Aufhebung des Abs 6 nicht berührt (BT-Dr 13/1534 S. 6). Sie ergibt sich schon aus allgemeinen Grundsätzen bzw Regelungen, insbesondere aus einer entsprechenden Heranziehung von Art 14 Abs 3 S 4 GG sowie aus § 40 Abs 2 VwGO. Gleiches gilt für Schadensersatzansprüche wegen einer Amtspflichtverletzung nach § 839 BGB iVm Art 34 GG. Allerdings dürften derartige Ansprüche allenfalls in Ausnahmefällen in Betracht kommen, deshalb erscheint es sinnvoll, dass mit der Aufhebung des Abs 6 ein „falsches Signal" beseitigt worden ist. 4

b) Verfassungsrechtliche Zulässigkeit. Die Vorschrift soll der Verwaltung die Möglichkeit geben, VAe, die unter Verstoß gegen die Rechtsordnung erlassen worden sind, wieder aufzuheben und damit den Rechtsverstoß zu beseitigen. Sie betrifft nicht nur belastende, sondern auch begünstigende VAe und dient damit in erster Linie dem Prinzip der **Gesetzmäßigkeit der Verwaltung.** Dabei wird in differenzierter Weise auf die ebenfalls aus dem Rechtsstaatsprinzip[2] folgenden Grundsätze der **Rechtssicherheit**[3] und des **Vertrauensschutzes**[4] sowie etwa in der Sache betroffener Grundrechte (Kopp BayVBl 1980, 39) Rücksicht genommen. Die Vorschrift stellt die Rücknahme grundsätzlich in das Ermessen der Verwaltung, um sicherzustellen, dass insbesondere auch die Gesichtspunkte des Vertrauensschutzes angemessen berücksichtigt werden. Die Vorschrift dient außerdem der Verwirklichung des verfassungsrechtlichen **Gebots der Effizienz der Verwaltung** (BVerfG 59, 164 ff), die einen unverhältnismäßig hohen Kon- 5

---

[2] BVerfG 59, 167 = NJW 1983, 103; allg auch BVerfG 32, 308 = NJW 1972, 675; 60, 269; 74, 152; 80, 153; Knoke 205, 207; Menger VerwArch 1975, 88; F 173.

[3] Vgl BVerwGE 30, 154; BSG NJW 1987, 2462; Merten NJW 1983, 1996; allg auch BVerfG 60, 269.

[4] BVerwGE 83, 197; BVerwG DVBl 1986, 1205; NVwZ 1987, 44, 45; BVerfG 80, 153: sofern eine bestehende Befugnis beseitigt wird, muss der nach dem Rechtsstaatsprinzip gebotene Vertrauensschutz gewahrt bleiben; Becker DÖV 1973, 379; Merten NJW 1983, 1996.

trollaufwand treiben müsste, wenn sie für ihre Entscheidungen keinerlei Korrekturmöglichkeiten hätte.

6 **Die Regelung des Abs 3** stößt auf erhebliche **verfassungsrechtliche Bedenken,** sofern angenommen wird, dass damit jede Berücksichtigung des Vertrauensschutzes auf die Zuerkennung von Ausgleichsansprüchen beschränkt werden soll (s unten Rn 120 ff). Mit einem lediglich finanziellen Ausgleich lässt sich der Vertrauensschutz in Fällen des Abs 3 nämlich nicht immer gewährleisten, insbesondere, wenn das Entschädigungsverfahren zeitlich dem Rücknahmeverfahren nachfolgt (vgl Rn 134). Aus verfassungsrechtlichen Gründen sind deshalb die in Abs 2 genannten Gesichtspunkte eines schutzwürdigen Vertrauens mit dem Gewicht, das ihnen gegenüber dem im konkreten Fall auf dem Spiel stehenden öffentlichen Interesse zukommt, auch in Fällen des Abs 3 bei der **Betätigung des Rücknahmeermessens** zu berücksichtigen.[5] Die Notwendigkeit der Berücksichtigung des schutzwürdigen Vertrauens ergibt sich schon aus dem **Verfassungsrang** des Grundsatzes des Vertrauensschutzes, weshalb er notwendig bei jeder Entscheidung über die Rücknahme eines VA zu berücksichtigen ist.[6]

7 **2. Modifizierungen durch Europarecht. a) Direkter Vollzug.** Das Recht der EU enthält für den direkten Vollzug von EU-Recht (zum Begriff Einf II Rn 36) **keine allgemeinen Vorschriften** über die Rücknahme von VAen; in der Rspr des EuGH sind aber Grundsätze entwickelt worden, nach denen eine Aufhebbarkeit rechtswidriger Entscheidungen ähnlich wie das deutsche Recht möglich bzw notwendig ist.[7] Der EuGH bedient sich dabei einer **eigenständigen Terminologie.** Es wird zwar wie im deutschen Recht zwischen der Aufhebung von belastenden und begünstigenden Entscheidungen unterschieden, wobei bei letzteren in einer Abwägung[8] auch der Schutz berechtigten Vertrauens berücksichtigt wird.[9] Eine vergleichbar klare Unterscheidung zwischen Rücknahme rechtswidrig erlassener VAe und Widerruf wird dabei nicht vorge-

---

[5] Vgl BVerfGE 59, 167; 85, 79 zu § 15 Abs 5 BVFG aF, der nach seinem Wortlaut keinen Raum für die Berücksichtigung des Vertrauensgesichtspunkts lässt, vom BVerfG aber iS des Schutzes schutzwürdigen Vertrauens ausgelegt wurde; BVerwGE 68, 164; 83, 197; BVerwG NVwZ-RR 2001, 198; OVG Hamburg NVwZ-RR 1993, 323; OVG Münster NVwZ 1985, 662; 1988, 942; VGH Kassel NVwZ 1986, 58; VG Karlsruhe NJW 1994, 1979; wohl auch Obermayer/Funke-Kaiser 95; Schenke DÖV 1989, 369; Göldner DÖV 1979, 805; Osterloh JuS 1989, 239; Kopp GewArch 1986, 181; DVBl 1992, 1179; allg auch BVerwG DVBl 1985, 986; 1986, 1205; DÖV 1986, 1002; NVwZ 1988, 281 unter Hinweis auf BVerfGE 59, 152: der Vertrauensschutz kann als Folge aus dem Rechtsstaatsprinzip grundsätzlich nicht ausgeschlossen werden; BVerwGE 74, 152 und 80, 152; ähnlich VGH Mannheim NVwZ 1988, 859; vgl auch BVerwG DVBl 1993, 728; differenzierend v Danwitz Jura 1994, 287: Vertrauensschutz zu berücksichtigen, wenn der Ausgleichsanspruch gem Abs 3 keinen adäquaten Ausgleich darstellen würde; **aA** OVG Münster DVBl 1980, 887; VGH München NVwZ 1992, 992: nur Vermögensschutz nach Abs 3; wohl auch StBS 177; Erichsen/Ehlers § 24 Rn 36; Knack/Henneke 52; ebenso im Ergebnis Knoke 236, der die Regelung jedoch als verfassungswidrig und ungültig betrachtet.

[6] BVerfGE 59, 152, 166: Ausschluss der Berücksichtigung der Gesichtspunkte des Vertrauensschutzes wäre als Verstoß gegen das Rechtsstaatsprinzip verfassungswidrig; ähnlich BVerwG NVwZ 1988, 281: Vertrauensschutz kann grundsätzlich nicht ausgeschlossen werden, auch wenn die Behörde auf Grund besonderer gesetzlicher Regelung kein Ermessen hins der Rücknahme hat; ferner BVerwG BayVBl 1988, 281 zur Einziehung eines Vertriebenenausweises; vgl auch Kopp DVBl 1992, 1179.

[7] EuGHE 1965, 893, 911 – Lemmerz; nähere Darstellung bei Müller, Die Aufhebung von VAen unter dem Einfluss des EU-Rechts, 2000, 135 ff.

[8] EuGHE 1997, I 1999, 2022 Rn 39 (de Compte).

[9] EuGHE 1982, 749, 764 Rn 11 (Alpha Steel); 1987, 1005, 1037 Rn 14 (Coop d'Abruzzo). Zur Unterscheidung beim Vertrauensschutz zwischen Sach- und Rechtsirrtum des Betroffenen Rennert, DVBl 2007, 400, 403.

nommen. Allerdings geht der EuGH offenbar davon aus, dass eine Aufhebung mit Wirkung für die Vergangenheit nur bei von Anfang an rechtswidrigen VAen zulässig ist.[10] Schließlich wird eine Aufhebung nur innerhalb einer „angemessenen Frist" zugelassen, die aber nach den Umständen des Einzelfalls flexibel bestimmt wird und eher dem deutschen Institut der Verwirkung verwandt ist.[11]

b) Indirekter Vollzug. aa) Verfahrensautonomie der Mitgliedstaaten. Nach dem Grundsatz der Verfahrensautomomie der Mitgliedstaaten (s Einf II Rn 39) fällt die Regelung der Aufhebung von VAen, die im Rahmen des indirekten Vollzugs von unmittelbarem oder mittelbarem Unionsrecht (s hierzu Einf II Rn 38) erlassen worden sind, in die Kompetenz der Mitgliedstaaten, sofern keine bereichsspezifischen EU-Bestimmungen gelten. Die nationalen Vorschriften über die Rücknahme von VAen sind danach zwar im Bereich des indirekten Vollzugs von Unionsrecht grundsätzlich anwendbar, soweit es an eigenen Regelungen des Unionsrechts zur Aufhebung rechtswidriger VAe fehlt.[12] Insoweit entspricht es allgemeiner Auffassung, dass die Regelungen des nationalen Rechts über die Aufhebung rechtswidrig erlassener VAe auch anwendbar sind, wenn es um die Aufhebung von VAen geht, die unter Verstoß gegen Unionsrecht erlassen wurden.[13] Auch der mit einer Rücknahme einer erschlichenen Einbürgerung verbundene Verlust der Unionsbürgerschaft ist mit Unionsrecht grundsätzlich vereinbar.[14] 7a

bb) Modifizierungen des Rücknahmerechts durch EU-Recht. Der EuGH hat aber in einer Vielzahl von Entscheidungen wesentliche Modifizierungen der Rücknahmevoraussetzungen des § 48 verlangt.[15] Betroffen sind vor allem diejenigen Regelungen, die zu einer Einschränkung der Rücknahmemöglichkeit von europarechtswidrigen VAen führen können. Normative Grundlage für die Modifizierungen des § 48 ist Art 4 Abs 3 EUV. Nach dem hieraus abzuleitenden **Gebot der effektiven Umsetzung von EU-Recht** (effet utile) darf die gleichmäßige Durchsetzung des Unionsrechts in allen Mitgliedsländern – bei Subventionen insb auch eine Rückforderung von zu Unrecht erfolgten Zahlungen – nach dem aus Art 4 Abs 3 EUV folgenden Effektivitätsgrundsatz durch das nationale Verfahrensrecht nicht praktisch unmöglich gemacht werden.[16] 8

Das nationale Recht muss die **Möglichkeit eines Wiederaufgreifens** bieten.[17] Das führt zu verschiedenen Modifizierungen der rechtlichen Voraussetzungen der Rücknahme und der Ermessensspielräume der Verwaltung bei der Entscheidung über die Rücknahme. So darf die nach Unionsrecht gebotene Rücknahme eines VA weder durch **Gesichtspunkte des Vertrauensschutzes** (s unten Rn 94 ff) noch im Rahmen des **Rücknahmeermessens** (s unten Rn 77, 8a

---

[10] Müller, Die Aufhebung von VAen unter dem Einfluss des EU-Rechts, 2000, 138.

[11] EuGHE 1965, 893, 913 – Lemmerz (fünf Jahre); EuGHE 1987, 1005, 1037, Rn 15 – Coop d'Abruzzo (zwei Jahre).

[12] Solche Regelungen enthält zB die VO (EWG) Nr 2913/92 des Rates zur Festlegung des Zollkodex v 12.10.92 (ABl EG L 302) in Art 8 ff; hierzu näher Müller, Die Aufhebung von VAen unter dem Einfluss des EU-Rechts, 2000, 150 ff.

[13] St Rspr seit EuGHE 1983, 2633 Rn 19 – Deutsche Milchkontor; 1999, I 579 Rn 25 – Dilexport. In der Lit wird für die Rücknahme von Beihilfeentscheidungen nach vorheriger Entscheidung der Kommission allerdings daran gezweifelt, ob noch von einer echten Anwendung des § 48 die Rede sein kann, vgl Schmidt-Aßmann, FS BVerwG, 2003, 487, 497; Ehlers Vw 2004, 255, 259.

[14] BVerwG InfAuslR 2011, 207.

[15] S hierzu aus jüngerer Zeit EuGH DVBl 2004, 373 m Anm Frenz (Kühne u Heitz); grundlegend EuGHE 1989, 175 – Alcan I; 1997, I 1591 Rn 24 – Alcan II; hierzu BVerwGE 106, 328, 336. Übersicht über die Rspr bei Lenze VerwArch 2006, 49 ff.

[16] BVerwGE 95, 225 unter Bezugnahme auf EuGH NJW 1993, 979.

[17] EuGH NVwZ 2013, 273 (Byankov) im Hinblick auf das Freizügigkeitsrecht.

127), noch durch die **Jahresfrist** des Abs 4 (s hierzu unten Rn 146 ff) noch schließlich durch den Gesichtspunkt der **Entreicherung** (s hierzu § 49a Rn 18) verhindert werden.[18] Zwar wird die Gewährung von Vertrauensschutz nicht ausgeschlossen, da der Schutz berechtigten Vertrauens auch zu den Grundsätzen des EU-Rechts gehört (Einf II Rn 49). Soweit allerdings die EU-Kommission am Verfahren beteiligt ist, obliegt ihr auch die Berücksichtigung des Vertrauensschutzes. Das führt zu Modifizierungen des § 48 bei der Rücknahme von VAen, wegen eines Verstoßes gegen EU-Recht, die der EuGH aber mit der Arcor-Entscheidung (EuGHE 2006, I-8559) für mangels Anfechtung bestandskräftig gewordene relativiert hat (näher Ludwigs NVwZ 2007, 549).

9 **c) Modifizierungen im Beihilfenrecht. aa) Begriff der Beihilfe.** Der europarechtliche Begriff der Beihilfe ist weit.[19] Er zielt ab auf die Erfassung sämtlicher geldwerter Vergünstigungen an Unternehmen, die in einem wirtschaftlichen Wettbewerb stehen.[20] Zu den Beihilfen gehören zunächst die ohne materielle Gegenleistung als verlorene Zuschüsse oder in der Form von Prämien für ein aus Gründen des öffentlichen Interesses erwünschtes Verhalten gezahlten **Zuwendungen.** Die Praxis unterscheidet zwischen Projektbeihilfen und institutionellen Beihilfen.[21] Zu den Beihilfen müssen aber auch die **subventionierten Darlehen** gerechnet werden, also solche Darlehen, die wegen des gänzlichen oder teilweisen Verzichts auf marktübliche Absicherungen, auf marktübliche Zinsen oder wegen besonders günstiger Rückzahlungsbedingungen auf dem freien Markt nicht vergleichsweise günstig zu erhalten wären. Hierzu gehören auch die Fälle, in denen die öffentliche Hand selbst die Sicherung eines Kapitalmarktdarlehens übernimmt, etwa durch Übernahme einer Bürgschaft.[22]

9a **Nicht nur unmittelbare Leistungen** erfüllen den Begriff der Beihilfe. Ebenfalls zu den Beihilfen müssen die sog **Realförderungen** gezählt werden, in denen die Unterstützung darin liegt, dass die öffentliche Hand zu gegenüber dem freien Markt günstigeren Konditionen Austauschverträge abschließt, zB Flächen günstig vermietet oder verpachtet, Gegenstände günstig veräußert usw.[23] Schließlich kann eine Beihilfe auch durch die Einräumung von **Steuerbefreiungen und Steuervergünstigungen** gewährt werden.[24] Sämtlichen Formen der Beihilfen ist gemeinsam, dass einzelne Marktteilnehmer aus Gründen des öffentlichen Interesses unterstützt werden, um ein bestimmtes erwünschtes Verhalten damit zu erreichen. Wegen der Gefahr einer damit verbundenen Verzerrung des Wettbewerbs sind hier europarechtliche Einschränkungen zu beachten.

10 **bb) Form und Rechtsgrundlagen der Beihilfengewährung.** Zuwendungen werden idR aufgrund von VAen gewährt (Subventionsbescheide); in Betracht kommt auch ein entsprechender öffentlich-rechtlicher Vertrag. Für beide Formen gilt, dass die getroffenen Regelungen nicht gegen Gesetz und Recht verstoßen dürfen (Gesetzmäßigkeit im negativen Sinne, **Vorrang des Gesetzes**). In beiden Fällen stellt sich aber die Frage, ob und unter welchen Voraussetzungen die Gewäh-

---

18 S Rennert DVBl 2007, 400, 403; siehe näher Einf Rn 58 ff.

19 EuGH NVwZ 2002, 193.

20 Oldiges NVwZ 2001, 280; Sinnaeve, Die Rückforderung gemeinschaftswidriger Beihilfen, 1997, 28; Rodi, Die Subventionsrechtsordnung, 2000, 153; problematisch ist insoweit die Kulturförderung, s Koenig/Kühling, EuZW 2000, 197; zur Förderung des Rundfunks Bartosch EuZW 1999, 176.

21 S die VV-BHO zu § 23 BHO; s auch Bultmann, Beihilfenrecht und Vergaberecht, 45; zu institutionellen Beihilfen Puhl, Budgetflucht und Haushaltsverfassung, 1996, 98 ff.

22 Bultmann, Beihilfenrecht und Vergaberecht, 45; Möller, Staatsbürgschaften im Licht des EG-Beihilfenrechts, 2001.

23 Zur Abgrenzung dieser Form der Beihilfe zum Vergaberecht Bultmann, Beihilfenrecht und Vergaberecht, 111 ff.

24 Anders nach BVerwGE 138, 322 für Umlagen zur Finanzierung gemeinwirtschaftlicher Verpflichtungen des Zweckverbandes (hier: Tierkörperbeseitigung).

rung von Beihilfen einer gesetzlichen Grundlage bedarf. Die Frage nach der Reichweite des Grundsatzes der Gesetzmäßigkeit im positiven Sinne für Beihilfen **(Gesetzesvorbehalt für Subventionen)** ist **umstritten.** Derzeit existieren nur in einer vergleichsweise geringen Zahl von Fällen gesetzliche Grundlagen.[25] Die nach wie vor hM lässt für die Bewilligung von Beihilfen das Vorhandensein eines Haushaltstitels, in dem der Zweck der Beihilfe hinreichend genau umschrieben ist, und darauf bezogene Vergaberichtlinien ausreichen.[26] Nur in Ausnahmefällen, in denen eine Rechtsbeeinträchtigung Dritter, zB der Konkurrenten, zu besorgen ist, wird eine gesetzliche Grundlage verlangt.[27] Ein Teil der Literatur geht demgegenüber davon aus, dass stets eine gesetzliche Grundlage erforderlich sei.[28] Teilweise wird dies mit der sog Wesentlichkeitslehre begründet, teilweise wird auf die stets bestehende Möglichkeit einer Rechtsbeeinträchtigung von Konkurrenten durch Wettbewerbsverzerrungen hingewiesen.

cc) Materiellrechtliche Anforderungen des Unionsrechts. Materielle Regelungen über die Zulässigkeit von Beihilfen ergeben sich aus Art 107 AEUV. Die Regelung nimmt eine **Dreiteilung** vor. Nach Art 107 Abs 1 AEUV sind alle Beihilfen unzulässig, die den Wettbewerb verfälschen oder zu verfälschen drohen, soweit sie den Handel zwischen den Mitgliedstaaten beeinträchtigen. Art 107 Abs 2 AEUV enthält eine Aufzählung zulässiger Beihilfen. Dabei handelt es sich um solche an einzelne Verbraucher, solche zur Beseitigung von Schäden bei Naturkatastrophen und solche, die zum Ausgleich der Nachteile gewährt werden, die durch die Teilung Deutschlands verursacht wurden. Nach Art 107 Abs 3 AEUV schließlich können bestimmte Beihilfen zugelassen werden. Art 109 AEUV sieht vor, dass DurchführungsVOen erlassen werden können. 11

dd) Unionsrechtliches Kontrollverfahren. Das Verfahren der Beihilfeaufsicht ist in Art 108 AEUV geregelt. Hier ist eine Art **kooperatives Verwaltungsverfahren** vorgesehen, in dem die EU-Kommission und nationale Behörden zusammenwirken müssen.[29] In Art 108 Abs 3 AEUV ist die Unterrichtung der Kommission vor jeder Einführung von Beihilfen zwingend vorgeschrieben (Notifizierungspflicht). Die Kommission kann dann die Zulässigkeit der Beihilfe prüfen und ggfs das Untersagungsverfahren nach Art 108 Abs 2 AEUV einleiten. 11a

d) Die Rücknahme von Bewilligungsbescheiden. Während die EU eine Fülle von materiellen Vorschriften für Beihilfen erlassen hat, existieren für die Rücknahme von wegen eines Verstoßes gegen Art 107 AEUV rechtswidrigen Subventionsbescheiden, von einigen wenigen Ausnahmen abgesehen, keine besonderen Rechtsnormen des Unionsrechts.[30] Zur Verfahrensverordnung in Beihilfesachen s Koenig/Pickartz NVwZ 2002, 151. Das bedeutet, dass nach dem 12

---

[25] Subventionsgesetze sind etwa das MittelstandsförderungsG, das FilmförderungsG, das InvZulG. Auf Länderebene existieren viele speziellere Subventionsgesetze.

[26] BVerwGE 90, 112, 126; 58, 45, 48; Jarass NVwZ 1984, 473; Oldiges, NVwZ 2001, 280, 286; krit Bauer, DÖV 1983, 53.

[27] Jarass NVwZ 1984, 473; Rodi, Die Subvention als Instrument öffentlicher Zweckverwirklichung nach Völkerrecht, Europarecht und deutschem innerstaatlichem Recht, 2000, S 505; ähnlich auch Bultmann, Beihilfenrecht und Vergaberecht, 219, der Verwaltungsvorschriften als Grundlage ausreichen lassen will.

[28] Gurlit, Verwaltungsvertrag und Gesetz, 2000, 324 ff.

[29] So zutreffend Müller, Die Aufhebung von VAen unter dem Einfluss des EU-Rechts, 2000, 170 ff.

[30] Vgl allg zur Rücknahme von Subventionsbescheiden bei Rechtswidrigkeit wegen eines Verstoßes gegen EU-Recht, insb auch EuGHE 1980, 617; EuGH NJW 1981, 510; 1984, 2024; NVwZ 1990, 1162; Pache NVwZ 1994, 318; Knack/Henneke 24; StBS 261 ff; Fischer DVBl 1990, 1098; Schulze DVBl 1993, 279; Happe NVwZ 1993, 32; Triantafyllou NVwZ 1992, 436; Fastenrath JZ 1992, 1083; Stober JZ 1992, 1088; Bleckmann JZ 1992, 47; Schmidt-Räntsch EuZW 1990, 376; Ehlers DVBl 1991, 605; Dickersbach NVwZ 1996, 962; Jannasch VBlBW 1996, 163; Richter DÖV 1995, 846.

Grundsatz der **verfahrensrechtlichen Autonomie der Mitgliedstaaten** die Rückforderung von Beihilfen grundsätzlich nach nationalem Recht erfolgt. Wurde die Beihilfe durch VA bewilligt, erfordert die Rückforderung zuvor die Zurücknahme des Beihilfebescheides. Wurde sie vertraglich vereinbart, kommt eine Rückforderung durch VA nur in den Fällen des § 61 in Betracht. Hat ein **Beihilfeaufsichtsverfahren der EU-Kommission** nach Art 108 AEUV stattgefunden, kann die Vorschrift nur mit erheblichen Modifizierungen zur Anwendung kommen. Zur Pflicht zur Einleitung eines Prüfungsverfahrens durch die Kommission EuGH NVwZ 2001, 1021, zur Entscheidungsfrist EuGH NVwZ 2001, 661. Zu der – richtigerweise zu verneinenden – Frage, ob das Recht zur Rücknahme von Bewilligungsbescheiden der Verjährung unterliegt, OVG Lüneburg, Urt v 17.5.2011, 10 LB 156/08, juris.

13 **aa) Beteiligung der Kommission.** Entscheidet die Kommission selbst über die Rückforderung der Beihilfe, entfaltet diese Entscheidung für die spätere Rücknahme des VA durch die zuständige Behörde des Mitgliedstaats **Bindungswirkung** (EuGH EuZW 1997, 276; BVerwG EuZW 1998, 730). Vertrauensschutzgesichtspunkte müssen auf der Ebene der Entscheidung der EU-Kommission berücksichtigt werden; insoweit ist die Nichtigkeitsklage vor dem EuGH zulässig.[31] Für die Berücksichtigung von **Vertrauensschutz** ist dann im Rahmen des nationalen Rückabwicklungsverfahrens nach den §§ 48 ff praktisch kein Raum mehr.[32] Das in Abs 2 vorgesehene **Ermessen ist auf Null reduziert;** es kommt nicht mehr darauf an, ob die Jahresfrist des Abs 4 eingehalten wurde; für die **Fristenregelung in Abs 4** ist in diesen Fällen nicht anwendbar (s unten Rn 135). Hier ist der Bereich europarechtskonformer Auslegung bereits teilweise überschritten; es kommt zu einer echten Modifizierung der Regelungen des § 48.[33]

14 **bb) Rücknahme ohne Beteiligung der Kommission. Anders** ist die Lage in solchen Fällen, in denen kein Aufsichtsverfahren vorgesehen ist. Dann ist § 48 grundsätzlich ohne Modifikationen anwendbar. Das gilt auch für Abs 4 (vgl Pache NVwZ 1994, 325). Allerdings ist § 48 auch hier mit der Maßgabe anzuwenden, dass bei der Abwägung nach § 48 Abs 2 S 1 grundsätzlich das Vertrauen in den Bestand des VA gegenüber dem öffentlichen **Interesse an der einheitlichen und wirksamen Durchsetzung des EU-Rechts** als idR weniger gewichtig und daher idR nicht als schutzwürdig anzusehen ist, wenn die Beihilfe gewährt wurde, ohne dass das Verfahren gem Art 93 EG-V beachtet worden war.[34]

15 **3. Unmittelbarer Anwendungsbereich. a) Allgemeines.** Die Vorschrift gilt für die Rücknahme im Anwendungsbereich des VwVfG **rechtswidrig erlassener VAe.** Die Verwaltungsverfahrensgesetze der Länder enthalten gleich lautende Bestimmungen. Grundsätzlich sind die Regelungen auch auf VAe der ehemaligen DDR anwendbar.[35] Die Vorschrift gilt auch für sog **fiktive VAe** (s zum Begriff

---

[31] Hierzu näher Balnke, Vertrauensschutz im deutschen und europäischen Verwaltungsrecht, 2000, 538; Ehlers Vw 2004, 255, 259; ders GewArch 1999, 305, 308; auch Fischer JuS 1999, 749.

[32] Im Ergebnis enthält auch OVG Lüneburg AUR 2013, 230 keine Abweichung.

[33] Schmidt-Aßmann FS BVerwG 487, 497; Ehlers Vw 2004, 255, 259.

[34] BVerwGE 92, 86 = NJW 1993, 2764 unter Bezugnahme auf EuGH Slg 1990, 3453 Rn 16; BVerwGE 95, 213 unter Bezugnahme auf EuGH NVwZ 1993, 973; Rennert DVBl 2007, 400, 403 zu Modifizierungen des Vertrauensschutzes; zu § 48 Abs 4 außerdem auch zB Pache NVwZ 1994, 325; Schmidt-Räntsch EuZW 1990, 379; zT **aA** die frühere Rspr, vgl BVerwGE 74, 357 = NVwZ 1987, 44; Münster NVwZ 1993, 7; Kassel NVwZ 1990, 884: kein Ermessen der Behörde hins der Rücknahme; Koblenz NVwZ 1993, 82 = JZ 1992, 1084.

[35] Art 19 S 3 Einigungsvertrag, dazu auch VGH Mannheim VBlBW 1992, 150; VG Frankfurt LKV 1992, 28; VG Minden NVwZ 1991, 366; ferner StBS § 43 Rn 245; s aber zur außerordentlichen Aufhebbarkeit bei Unvereinbarkeit mit rechtsstaatlichen Grundsätzen

§ 42a; § 35 Rn 64), also solche, die nicht von einer Behörde tatsächlich erlassen worden sind, sondern auf Grund einer Rechtsvorschrift als ergangen fingiert werden.[36] Die materielle Rechtmäßigkeit fiktiver VAe wird ebenso geprüft wie bei regulär erlassenen VAen. Zur Anwendbarkeit auf **nichtige VAe** s unten Rn 18. Die Vorschrift gilt auch für die **Änderung bzw Aufhebung** von **Abhilfebescheiden** gem § 72 VwGO[37] und **Widerspruchsbescheiden** gem § 73 VwGO,[38] sofern sie rechtswidrig erlassen wurden, nicht dagegen für die Abhilfe oder die Widerspruchsentscheidung selbst (s unten Rn 35). Auch auf **Planfeststellungsbeschlüsse** ist sie (anders als § 51) grundsätzlich anwendbar (s Rn 42; § 72 Rn 18 ff). Sie gilt auch für die nachträgliche Änderung oder Aufhebung von rechtswidrigen **Nebenbestimmungen** gem § 36. Sie kann außerdem herangezogen werden für die nachträgliche Beifügung belastender Nebenbestimmungen, wenn dadurch die Rechtswidrigkeit des VA beseitigt werden soll (BVerwGE 91, 17, 22). S hierzu näher § 36 Rn 50. Anders als für das Wiederaufgreifen nach § 51 ist für die Rücknahme die **Unanfechtbarkeit des VA nicht Voraussetzung** (Begr 68). § 48 gilt auch für die **Rücknahme der Rücknahme** oder des Widerrufs.[39] Mit dem Wirksamwerden der Rücknahme oder des Widerrufs eines Rücknahme- oder Widerrufsbescheids lebt grundsätzlich der ursprüngliche VA wieder auf (BSG 58, 49; Maurer § 11 Rn 20; Knack/Henneke 39).

aa) Nachträglich rechtswidrig gewordene VA. Umstritten, richtigerweise zu verneinen ist die Frage, ob die Vorschrift auch auf rechtmäßig erlassene, aber nachträglich aufgrund einer (nicht rückwirkenden) Änderung der Sach- und Rechtslage **rechtswidrig gewordene VAe** (s hierzu auch unten Rn 57) anwendbar ist. Dies wird teilweise mit der Begründung angenommen, dass es – insbesondere bei sog Dauerverwaltungsakten – auch im Rahmen einer Anfechtungsklage zur Aufhebung eines rechtmäßig erlassenen VA wegen nachträglich eingetretener Rechtswidrigkeit kommen könne. Wenn eine erfolgreiche Anfechtung möglich sei, müsse auch eine Rücknahme möglich sein.[40] Diese Auffassung überzeugt indessen nicht.[41] Selbst in den Fällen, in denen im Rahmen der Anfechtungsklage ausnahmsweise auf einen Zeitpunkt nach der letzten Verwaltungsentscheidung abzustellen ist,[42] erscheint es nicht geboten, auch die Rücknahme auf rechtswidrig gewordene VAe zu beziehen. Insoweit steht für die Aufhebung durch die Verwaltung mit dem Widerruf ein anderes Instrument zur Verfügung. Hier darf die Systematik des VwVfG im Bereich von Widerruf und Rücknahme nicht durchbrochen werden (s hierzu unten Rn 34). **Etwas anderes** gilt nur für den Fall, dass der VA infolge einer Rechtsänderung **nachträglich als von Anfang an rechtswidrig** geworden anzusehen ist.[43] Das ist indes nur dann der Fall, wenn sich die maßgebliche Rechtslage mit Rückwirkung ändert. 15a

---

oder dem Einigungsvertrag Art 19 S 2 EVertrag, dazu StBS § 43 Rn 247, 249; s auch das Verwaltungsrechtliche Rehabilitierungsgesetz – VwRehaG (Art. 1 des 2. SED-UnBerG; BGBl I 1994 S. 1311).

[36] BVerwGE 48, 90; OVG Schleswig NordÖR 2005, 65; VGH Mannheim VBlBW 1984, 380; VGH München NVwZ 1992, 992; StBS 39, 57; Saurer, Die Fiktionstatbestände im Baugenehmigungsverfahren, DVBl 2006, 605, 610; Knack/Henneke 47: fingierte VAe besitzen keine stärkere Bestandskraft als normale VAe.

[37] OVG Lüneburg NVwZ 1980, 695.

[38] BVerwG NordÖR 2002, 362; danach ist allerdings die Ausgangsbehörde nicht zu einer isolierten Aufhebung des Widerspruchsbescheides befugt.

[39] Vgl BSG 58, 49; SGb 1986, 157; BFH NVwZ-RR 1990, 281; VGH Mannheim NVwZ 1992, 184; Knack/Henneke 39; MB 34; Maurer § 11 Rn 20.

[40] So insbes Schenke DVBl 1989, 433; ders JuS 1991, 547.

[41] So zutreffend die hM, vgl BVerwGE 84, 111; VGH Mannheim VBlBW 2002, 208; Erichsen/Ehlers § 24 Rn 6; Mager 124; Ziekow 6.

[42] S hierzu die Kritik und das Fazit von Felix NVwZ 2003, 385, 388 mwN.

[43] BVerwGE 143, 230; BVerwGNVwZ-RR 2009, 848; zustimmend StBS 54.

16 **bb) Gerichtlich bestätigter VA. Problematisch** ist die Anwendbarkeit der §§ 48 ff zugunsten eines Beteiligten auch bei ausschließlich belastenden VAen selbst bei **Bestätigung des VA durch gerichtliches Urteil.** In der Vergangenheit wurde überwiegend die Auffassung vertreten, ein bestätigendes Urteil stehe einer Rücknahme nicht entgegen[44] Inzwischen deutet sich eine Änderung der Rechtsprechung an. So ist nach BVerwG die Rücknahme gerichtlich bestätigter Ausweisungen unzulässig.[45] Gleiches gilt wegen der entgegenstehenden Rechtswirkung des Urteils grundsätz-lich bei Verpflichtung der Behörde zum Erlass des VA (VGH Mannheim NVwZ 2001, 460), sowie bei Bestätigung eines begünstigenden **VA mit Drittwirkung** durch rechtskräftige Abweisung einer dagegen gerichteten Anfechtungsklage, soweit ein nach §§ 48 ff ergehender VA zu Lasten eines Beteiligten ginge.[46] Wurde der ursprüngliche VA auf eine dagegen gerichtete Anfechtungsklage hin durch rechtskräftiges Urteil aufgehoben, so kann die Behörde bei unveränderter Sach- und Rechtslage wegen der erweiterten Rechtskraftwirkung des Urteils auch in diesem Fall **einen neuen VA** mit gleichem Inhalt, wie ihn der durch das Urteil aufgehobene VA hatte, grundsätzlich nicht mehr erlassen, außer wenn neben den materiellen Voraussetzungen für den Erlass des VA zugleich auch die **Voraussetzungen analog § 51 oder § 49 Abs 2** gegeben sind.[47]

17 **b) Anwendbarkeit auf vorläufige VAe.** Bei vorläufigen VAen handelt es sich um solche, die in ihrer Wirkung und Geltungsdauer **aufgrund einer gesetzlichen Ermächtigung** auf die Zeit bis zum Ergehen (dh zum Wirksamwerden) einer endgültigen Regelung beschränkt sind (s § 35 Rn 178) und deshalb einer endgültigen Regelung nicht entgegenstehen. Sie bedürfen daher auch keiner Rücknahme und keines Widerrufs, um den Weg für die endgültige Regelung frei zu machen,[48] oder aber sie sind mit dem Vorbehalt einer späteren Änderung versehen (vgl § 36 Rn 8). Ist ein idS vorläufiger VA ergangen, stellt die **endgültige Entscheidung** auch im Falle der Rechtswidrigkeit **idR keine Rücknahme** dar; der vorläufige VA findet vielmehr automatisch mit dem endgültigen VA seine Erledigung.[49] Dies bedeutet aber nicht, dass ein vorläufiger VA einer Rücknahme prinzipiell nicht zugänglich wäre.[50] Der Charakter der Vorläufigkeit führt vielmehr nur zu einer erleichterten Endentscheidung ohne Rücksicht auf die Anforderungen des § 48. Soweit § 48 zur Anwendung gelangt, kommt wegen der Vorläufigkeit dem Gesichtspunkt des **Vertrauensschutzes nur geringe Bedeutung** zu. Gleichwohl ist eine Rücknahme des vorläufigen VA aus anderen Gründen als denen, die die Vorläufigkeit begründen, nur unter den Voraussetzungen des § 48 möglich (s auch § 9 Rn 18).

---

44 Vgl zu § 51 BVerwGE 70, 110 m Anm Sachs JuS 1985, 447; BVerwGE 82, 272; BVerwG NJW 1990, 199; VGH Mannheim NVwZ 1989, 884; Erichsen/Knoke NVwZ 1983, 189; Kopp/Schenke § 121 Rn 13; Knack/Henneke 61; **aA** offenbar BVerfG NVwZ 1989, 141; MB 35; hins der Befugnis des Gerichts zur erneuten Sachprüfung eines Zweitbescheids auch BVerwG NVwZ 1989, 162, außer wenn ein Gericht gem § 113 Abs 5 VwGO die Verpflichtung zum Erlass des VA ausgesprochen hat.

45 BVerwGE 135, 137: Keine Rücknahme einer rechtskräftig bestätigten Ausweisung.

46 Vgl BVerwGE 91, 256 m krit Anm von Maurer JZ 1993, 574; Detterbeck NVwZ 1994, 35; differenzierend vgl Kopp/Kopp NVwZ 1994, 1; **aA** Maurer JZ 1993, 575: § 48 ohne Einschränkung anwendbar.

47 BVerwGE 91, 256 = NVwZ 1993, 672 m krit Anm von Maurer; **aA** StBS 11, § 49 Rn 37; kritisch dazu auch Kopp/Kopp NVwZ 1994, 1.

48 Kopp DVBl 1990, 729; Maurer § 9 Rn 63b; im Ergebnis auch BVerwGE 67, 99, 103.

49 BVerwGE 135, 238 zum Subventionsrecht, unter Hinweis auf BVerwGE 67, 99; Knoke 147 Fn 28; 239; Schimmelpfennig 139; Martens NVwZ 1985, 161; vgl Maurer § 9 Rn 63b; Jäckle NJW 1984, 2132; Tiedemann DÖV 1981, 786.

50 So zu Recht Kopp F.J. DVBl 1989, 238; Kopp DVBl 1990, 731.

c) Anwendbarkeit auf nichtige VAe. Die Vorschrift ist auf nichtige VAe **zumindest analog** anwendbar,[51] da auch nichtige VAe jedenfalls einen Rechtsschein erzeugen. Gegen die unmittelbare Anwendbarkeit von § 48 spricht § 43 Abs 2, wonach die Rücknahme auf wirksame VAe bezogen wird. Sie ist ebenso auch auf Nicht-VAe (s zum Begriff § 43 Rn 49) anwendbar, wenn das Fehlen der VA-Eigenschaft und der entsprechenden Verbindlichkeit als VA nicht offensichtlich ist.[52] Die Rücknahme steht in diesen Fällen alternativ neben der Befugnis zur Feststellung der Nichtigkeit gem § 44 Abs 5. Für die Anerkennung dieser Befugnis sprechen dieselben Gesichtspunkte, insb auch dieselben verfahrensökonomischen Gründe, wie für die Zulässigkeit der allgemeinen gegen fehlerhafte VAe gegebenen Rechtsbehelfe auch gegen nichtige VAe (s dazu § 44 Rn 64). Vor **allem in Grenzfällen und Zweifelsfällen** ist für die Behörden vielfach die Rücknahme der einfachere Weg. Der Gesichtspunkt des Vertrauensschutzes steht dabei gem § 48 Abs 2 S 3 Nr 3 im Regelfall der Rücknahme jedenfalls dann nicht entgegen, wenn die Nichtigkeit iS von § 44 Abs 1 offenkundig ist (vgl BVerwG DÖV 1981, 267); dann entfallen in diesen Fällen auch etwaige Ausgleichsansprüche gem § 48 Abs 3 (BGH DVBl 1982, 1093). 18

d) Rücknahme erledigter VAe? Zweifelhaft ist, ob auch erledigte VAe zurückgenommen werden können. Sie bedürfen wie nichtige VAe an sich zur Beendigung ihrer Rechtswirkungen keiner Rücknahme und keines Widerrufs, da die Wirkungen von selbst, eo ipso, enden, ohne dass es dazu eines neuen VA bedürfte.[53] Soweit Zweifel hins der Beendigung bestehen oder möglich erscheinen, kann die Behörde die Beendigung der Wirksamkeit des VA durch Fristablauf, Eintreten der auflösenden Bedingung usw bzw die dadurch entstandene Rechtslage idR durch einen **feststellenden VA** verbindlich klarstellen (VGH München BayVBl 1990, 405; Kopp BayVBl 1990, 524). Diese Feststellungsbefugnis ist Teil der Ermächtigung zum Erlass des VA auf dem jeweiligen Gebiet (s hierzu § 35 Rn 24). Ob daneben ein Bedürfnis für eine Rücknahmemöglichkeit besteht, erscheint fraglich. Wie bei nichtigen VAen würde es sich dabei auch hier nicht um eine Rücknahme oder einen Widerruf gem § 48 oder § 49, sondern der Sache nach um eine klarstellende Entscheidung auf Grund der allgemeinen Befugnisse der Behörde im Über- und Unterordnungsverhältnis handeln. Etwaiges **schutzwürdiges Vertrauen** der Betroffenen ist dabei ggf bei der (durch VA zu treffenden) Entscheidung über entstandene Folgenbeseitigungs- bzw Erstattungsansprüche zu berücksichtigen.[54] 19

e) Anwendbarkeit auf VAe in gestuften Verfahren. Die Grundsätze über die Rücknahme (bzw den Widerruf) eines nichtigen oder wegen Eintritts einer auflösenden Bedingung wirkungslos gewordenen VA gelten auch für VAe, die in sog gestuften Verwaltungsverfahren (s auch § 9 Rn 23a) auf Grund eines später aufgehobenen oder unwirksam gewordenen (vgl BVerwGE 72, 309) Grund-VA (Konzeptgenehmigung, Vorbescheid) ergangen sind, insb **für weitere Genehmigungen bzw Teilgenehmigungen.** Soweit gesetzlich nichts anderes bestimmt ist oder sich aus dem Zusammenhang der anwendbaren Vorschriften er- 20

---

[51] BFHE 147, 113 = NVwZ 1987, 533; BSG DVBl 1990, 210; OVG Münster NVwZ 1985, 286; VGH München NVwZ 1992, 76; BayVBl 1994, 52: zumindest analog; StBS 38, 57; UL § 61 Rn 11; Ziekow 11; wohl auch BGH DVBl 1982, 1093; **enger** Maurer § 11 Rn 16; Knack/Henneke 34; MB 15: nur als eine deklaratorisch wirkende „Rücknahme".

[52] Vgl BGH NVwZ-RR 1989, 523 zu mangels Bekanntgabe nicht wirksamen VA.

[53] Vgl BVerwGE 84, 274; BVerwG NJW 1990, 2482; VGH München BayVBl 1990, 405; Kopp BayVBl 1990, 524; **aA** offenbar BVerwGE 84, 111; BVerwG DVBl 1988, 1047; OVG Münster NVwZ 1988, 71; NVwZ-RR 1988, 1; Schenke DVBl 1989, 433 und BayVBl 1990, 107.

[54] Kopp BayVBl 1990, 524; allg BVerwGE 71, 85 = NVwZ 1985, 2456.

gibt, werden auch die späteren Teil-VAe (Teilgenehmigungen) mit dem Wegfall des Grund-VA (ähnlich wie sog Betrags-Urteile durch Aufhebung eines Grundurteils nach § 111 VwGO) grundsätzlich gegenstandslos und damit **ungültig und unwirksam,** ohne dass insoweit noch Raum für eine Rücknahme oder einen Widerruf wäre.[55] Nur wenn die Betroffenen die Folge-VAe (weiteren Teil-VAe) nach Treu und Glauben als in ihrer **Geltung vom Bestand des Grund-VA unabhängig** verstehen mussten und durften, kommt ein Widerruf in Betracht; in allen anderen Fällen muss bzw kann die Behörde entsprechend den oben dargelegten Grundsätzen nur, wenn es im Interesse der Rechtsklarheit erforderlich erscheint, die Rechtslage durch **feststellenden VA** klären.

21 **4. Entsprechende Anwendbarkeit. a) Grundsatz.** Bei Fehlen ausdrücklicher Regelungen über die Rücknahme von VAen in Bereichen, in denen die Verwaltungsverfahrensgesetze nicht anwendbar sind, ist § 48 heute als Ausdruck neuerer Rechtsüberzeugungen grundsätzlich mit seinen Grundgedanken **analog anwendbar,** sofern diese mit den allgemeinen Rechtsgrundsätzen übereinstimmen und als deren Positivierung angesehen werden können.[56] Dies trifft für Abs 1 und 2 zu, auch für die generelle **Bedeutung des Vertrauensschutzes** bei VAen, die nicht den unter Abs 2 fallenden VAen entsprechen.[57] Sinngemäß-analog **anwendbar ist auch Abs 1 S 2 iVm Abs 3,** wonach bei VAen, die nicht unter Abs 2 fallen, eine Rücknahme grundsätzlich im Ermessen der Verwaltung steht. Bei der Prüfung des Vertrauensschutzes oder etwa betroffener Grundrechte kann berücksichtigt werden, ob und in welchem Umfang etwaige Nachteile durch einen entsprechenden Ausgleich analog Abs 3 in Geld ausgeglichen werden können. Das Bestehen eines allgemeinen **Ausgleichsanspruchs** als wesentlicher Teil des Rechts der Rücknahme von VAen war früher zwar umstritten, muss heute aber analog zu Abs 3 unter dem Gesichtspunkt des enteignenden Eingriffs akzeptiert werden (s unten Rn 139 ff). Auch wenn die unterschiedliche Behandlung der Fälle des Abs 2 einerseits und des Abs 3 andererseits im Gegensatz zur Rspr vor Erlass des VwVfG stehen, sprechen keine grundsätzlichen rechtlichen Bedenken gegen eine analoge Anwendung von Abs 1 und Abs 3.[58]

22 **b) Einschränkungen der analogen Anwendbarkeit. Nicht entsprechend anwendbar** sind, da die Regelung derartiger Fristen dem Vorbehalt des Gesetzes unterliegt und deshalb nur vom Gesetzgeber getroffen werden kann, die Bestimmungen über die **Fristen in Abs 3 S 5 und Abs 4.** Soweit gesetzlich nichts anderes vorgeschrieben ist, wird die Zulässigkeit einer Rücknahme in zeitlicher Hinsicht nur durch die allgemeinen Grundsätze über die **Verwirkung** eingeschränkt.[59] In den Fällen, in denen für die Rücknahme spezialgesetzliche Regelungen bestehen, die nach der Subsidiaritätsregelung der Verwaltungsverfah-

---

55 BVerwGE 92, 185 = NVwZ 1993, 578; ebenso im wesentlichen Schenke DÖV 1990, 495, der Nichtigkeit bzw Rechtswidrigkeit der Folge-VAe analog § 44 Abs 4 annimmt; nach **aA** sind die Folge-VAe rechtswidrig und müssen aufgehoben werden; so insb in der Konsequenz von BVerwGE 72, 309; ähnlich Laubinger VerwArch 1989, 243: Aufhebung nach § 51 Nr 3; vgl auch BVerwG NVwZ 1989, 1170: Widerruf der Konzeptgenehmigung, wenn sich im Verfahren zum Erlass weiterer Folgegenehmigungen erweist, dass die Vollgenehmigung nicht mehr zulässig ist; zT ähnlich BVerwG NVwZ 1989, 52.

56 Vgl BVerfG 59, 167; BVerwGE 62, 5; 78, 142; 78, 169; 83, 197; Knack/Henneke 12; zT **aA** BVerwGE 71, 261; BVerwG Buchh 427.3 § 335a LAG Nr 76; Stelkens NVwZ 1986, 543.

57 BVerwGE 78, 142; 83, 197, 199; BVerwG NVwZ 1989, 144.

58 Vgl Ule/Becker 57 ff; Haueisen DÖV 1968, 15; Witten NJW 1968, 22; Frotscher DVBl 1976, 281 ff.

59 BVerwGE 44, 343; BVerwG NVwZ 1987, 47; NVwZ-RR 1994, 388 mwN: § 48 Abs 4 kein allgemeiner Rechtsgedanke; zeitliche Begrenzung bei Fehlen ausdrücklicher Vorschriften nur unter dem Gesichtspunkt der Verwirkung; s auch unten Rn 131.

rensgesetze Vorrang haben[60] kommt es für eine ergänzende Anwendung der Regelungen des § 48 darauf an, ob die Zulässigkeit der nachträglichen Aufhebung oder Änderung von VAen spezialgesetzlich eine abschließende Regelung gefunden hat (s unten Rn 37 ff).

c) Rücknahme von Maßnahmen ohne VA-Qualität. Die Vorschrift ist jedenfalls analog anwendbar auch auf solche Maßnahmen, die zwar einen Regelungscharakter haben, also verbindliche Entscheidungen über Rechte und Pflichten treffen, denen aber aus anderen Gründen die VA-Qualität fehlt. Dies gilt etwa für **Zusagen** (vgl VGH Mannheim NVwZ 1991, 80) sowie **Zusicherungen** iS von § 38 (so ausdrücklich § 38 Abs 2), soweit man diese nicht ohnehin als VAe ansieht (vgl § 38 Rn 6 ff), und für vergleichbare vertrauensbegründende einseitige Handlungen der Verwaltung auf Grund öffentlichen Rechts im Über- und Unterordnungsverhältnis (vgl OVG Hamburg NVwZ 1988, 73), zB auf **Verzichtserklärungen** einer Behörde ohne VA-Qualität, etwa den Verzicht einer Behörde auf Abgaben (OVG Lüneburg NVwZ 1986, 780). Die entsprechende Anwendung des § 48 setzt stets eine dem VA ähnliche Bindungswirkung voraus. Zu bejahen ist dies zB bei sog **Nicht-VAen,** die einer Behörde zuzurechnen sind und nicht ohne weiteres als solche erkennbar sind, wie versehentlich und ungewollt hinausgegangene VAe, ferner bei der **aktiven Duldung** eines bestimmten Verhaltens oder Zustandes,[61] bei einseitigen Maßnahmen im Beamten- oder Soldatenverhältnis oder ähnlichen **Sonderstatusverhältnissen,** soweit sie nicht als VAe qualifiziert werden,[62] zB die Entscheidung des Dienstherrn über die Gewährung von Urlaub, oder **in Organschaftsverhältnissen** (vgl § 35 Rn 145 f). 23

d) Keine Anwendbarkeit auf schuldrechtliche Willenserklärungen. 24
Zweifelhaft und im Ergebnis abzulehnen ist die Anwendbarkeit der §§ 48 f auf andere einseitige öffentlichrechtliche Verwaltungshandlungen der Verwaltung, die nicht VAe oder VA-ähnlich sind, zB auf öffentlichrechtliche Willenserklärungen im Rahmen des Abschlusses eines Verwaltungsvertrages (**aA** Kluth NVwZ 1990, 612), die Geltendmachung eines **Zurückbehaltungsrechts**[63] analog § 273 BGB, zB bei öffentlichrechtlichen Verträgen, Verwahrungsverhältnissen usw; die **Kündigung** von öffentlichrechtlichen Verträgen und das **Anpassungsverlangen** nach § 60. Insoweit kommt nur die entsprechende Heranziehung der Bestimmungen des BGB über Willenserklärungen in Betracht (s § 41 Rn 80 ff; § 60 Rn 3).

5. Begriff und Systematik der Rücknahme. a) Begriff. Rücknahme ist die vollständige oder teilweise Aufhebung (Beseitigung) oder Änderung eines **rechtswidrigen VA** durch einen neuen VA außerhalb eines Rechtsbehelfsverfahrens. Im Gegensatz bezeichnet das Gesetz in § 49 die Aufhebung rechtmäßiger VAe als Widerruf (vgl Begr BT-Dr 7/910, S. 67). Maßgeblich für die Unterscheidung ist grundsätzlich die **Rechtswidrigkeit im Zeitpunkt des Erlasses** des VA.[64] Die Regelungen in § 48 betreffen daher die rechtswidrig erlassenen VAe, nicht die später rechtswidrig gewordenen VAe. **Umstritten** und richtigerweise zu verneinen ist, ob eine erst später eingetretene Änderung der Rechts- oder Sachlage, die den VA in Widerspruch zum geltenden Recht treten lässt oder 25

---

[60] VGH Mannheim NVwZ 1984, 382: § 99 bwBauO durch 48 Abs 4 LVwVfG ergänzt; ähnlich OVG Lüneburg NVwZ 1985, 120; MB 22 und 69 f.

[61] Vgl VGH Mannheim NJW 1990, 3163 = NVwZ 1991, 86.

[62] Vgl § 35 Rn 83 f; zB truppendienstlichen Maßnahmen iS von § 17 Abs 3 WBO BVerwGE 83, 197.

[63] Zur Anwendbarkeit des Zurückbehaltungsrechts im öffentlichen Recht ausführlich Lampert, Verwalten durch Zurückbehalten, 2003.

[64] S näher unten Rn 34 mwN; zutreffend Ehlers Vw 2004, 255, 279; ders bereits in Vw 1998, 53, 70; aA allerdings zT die Rspr für Dauer-VAe, vgl BVerwGE BVerwGE 84, 111, 113; VGH Mannheim NVwZ-RR 2002, 621.

umgekehrt zur Folge hat, dass der ursprünglich rechtswidrig erlassene VA nunmehr rechtmäßig erlassen werden könnte, auch unter § 48 fällt oder ob insoweit nur ein Widerruf in Betracht kommt (s oben Rn 15). Umstritten ist auch, ob die Unbeachtlichkeit von formellen Fehlern nach § 46 einer Rücknahme entgegensteht (vgl § 46 Rn 45 f).

26 **b) Identität des Regelungsgegenstandes.** Eine Rücknahme liegt immer nur bei **Identität der Sache** vor, wenn der frühere VA entweder zu einem invariablen Tatbestand erging oder nach Inhalt und Zweck der getroffenen Regelung auch für den Fall einer Änderung der Sach- und Rechtslage Geltung beansprucht (VGH Mannheim NVwZ 1990, 986) und idS ein Dauer-VA ist, wie zB die Bauerlaubnis oder eine immissionsschutzrechtliche Genehmigung.[65] Die Ablehnung eines Antrags auf Erlass eines begünstigenden VA ist zwar immer VA, im Zweifel jedoch kein Dauer-VA (vgl BSG 58, 49). **Nicht um eine Rücknahme** mangels Identität der Sache, sondern um einen neuen, nicht den Beschränkungen des § 48 unterworfenen VA handelt es sich, wenn der neue VA zwar denselben allgemeinen Sachverhalt betrifft, jedoch gegenüber anderen Personen ergeht, die nicht Rechtsnachfolger der vom ursprünglichen VA betroffenen Personen sind. Insoweit gelten entsprechend die Grundsätze des Prozessrechts über die sachlichen und persönlichen Grenzen der Rechtskraft.[66] **Keine Anwendung** findet § 48 auf die Ablehnung der erneuten Vornahme eines zeitlich befristeten VA (sog Ketten-VA), **zB die Nichtverlängerung** einer bisher immer wieder verlängerten gewerberechtlichen Erlaubnis, zB einer Sperrstundenerlaubnis, einer Aufenthaltserlaubnis, da es sich in diesen Fällen nicht um die nachträgliche Aufhebung oder Änderung eines (denselben Gegenstand betreffenden) VA handelt.[67] Berechtigte Erwartungen des Bürgers im Hinblick auf das bisherige Verhalten der Behörde sind jedoch bei Ermessensentscheidungen grundsätzlich zu berücksichtigen.[68]

27 **c) Abgrenzung von Rücknahme und späterer Neuregelung.** Die Rücknahme eines VA bedeutet in sachlicher Hinsicht, dass durch einen späteren VA bzgl desselben Sachverhalts eine abweichende Regelung getroffen wird. Rücknahme und Neuregelung können in ein und demselben VA zusammenfallen, was auch meistens der Fall ist. IdR wird in einer **Neuregelung eine konkludente Rücknahme** zu sehen sein (s ausf Rn 29). Trotz der insoweit unklaren Fassung des § 48 (ähnlich auch des § 49 und des § 51) handelt es sich nicht um eine Rücknahme, wenn im Hinblick auf eine Änderung der Rechts- oder Sachlage eine neue Regelung durch einen neuen VA in einer Angelegenheit getroffen wird, die bisher nur im Hinblick auf eine bestimmte andere und nunmehr nicht mehr gegebene Sach- oder Rechtslage geregelt war (BVerwGE 69, 92). Das gilt auch dann, wenn der frühere VA bis zur Neuregelung formell fortbesteht und erst durch diese auch formell aufgehoben oder gegenstandslos wird (F 255; Redeker DVBl 1973, 746).

Keine Rücknahme liegt deshalb vor bei der Ablösung der Untersagung eines Gewerbes durch eine **Wiedergestattung,** nachdem die Voraussetzungen dafür

---

[65] VGH Mannheim NVwZ 1990, 986; Kopp BayVBl 1990, 525.

[66] S dazu Kopp/Schenke § 121 Rn 18 ff; für das Verwaltungsverfahrensrecht vgl Kopp DVBl 1983, 392.

[67] BVerwGE 37, 47; 78, 206; BVerwG NVwZ-RR 1990, 649; VGH Mannheim VBlBW 1990, 465; VGH Kassel InfAuslR 1990, 7; StBS 38, 119; vgl auch BVerfG NVwZ 1985, 259; OVG Lüneburg DVBl 1984, 572; zT **aA** BVerwG 52, 201; vgl auch Rittstieg NJW 1972, 2153.

[68] BVerfG 49, 168 = NJW 1978, 2446: die Behörde darf sich nicht zu ihrem bisherigen Verhalten in Widerspruch setzen; BVerwGE 52, 201; 63, 216; BVerwG DÖV 1979, 370; DVBl 1984, 572; OVG Lüneburg DVBl 1984, 572; VGH München BayVBl 1988, 567; VGH Mannheim VBlBW 1990, 465.

erfüllt sind, ebenso der Ablösung der Entziehung der Fahrerlaubnis durch **Wiedererteilung einer Fahrerlaubnis,** nachdem die Eignungsvoraussetzungen wieder gegeben sind (BVerwG DVBl 1964, 483), oder bei der **Anerkennung als Kriegsdienstverweigerer,** nachdem nunmehr neue Tatsachen (zB ein „Schlüsselerlebnis") eingetreten sind (BVerwGE 69, 93), sowie einer **Zurückstellung vom Wehrdienst** auf Grund des Zurückstellungsgrundes A, nachdem ein anderer, neuer Zurückstellungsgrund B geltend gemacht wird (BVerwGE 68, 154 = NVwZ 1984, 705).

d) Grundsatz der doppelten Deckung. § 48 ist primär eine Verfahrensvorschrift, die die Zulässigkeit der Durchbrechung der Bindungswirkung und ggf auch der Bestandskraft (s zum Begriff § 43 Rn 29 ff) regelt, zugleich aber als annexe Regelung zum Verfahrensrecht im Zusammenhang damit zT auch materielle Voraussetzungen der Rücknahme festlegt. Zu der verfahrensrechtlichen Zulässigkeit einer nachträglichen Änderung muss in jedem Fall immer auch deren **Zulässigkeit nach dem maßgeblichen materiellen Recht** im Zeitpunkt der Rücknahme hinzukommen.[69] Die §§ 48 ff ermächtigen die Behörde, sich in bestimmten Fällen über die **verfahrensrechtliche Bindung** an einen einmal erlassenen VA bzw über die Bestandskraft eines VA hinwegzusetzen; sie regeln außerdem auch die der Behörde in diesen Fällen zustehenden besonderen materiellrechtlichen Befugnisse zum **Erlass eines „Zweitbescheids"**, durch den ein vorangegangener VA aufgehoben oder abgeändert wird. **Hinzukommen muss aber stets die materielle Sachbefugnis** nach allgemeinem Recht, zB nach Baurecht, Gewerberecht usw. Auch wenn eine Rücknahme zulässig ist, ist sie nur dann rechtmäßig, wenn die Behörde auch nach dem im Zeitpunkt ihrer Entscheidung geltenden materiellen Recht ermächtigt ist, die mit der Rücknahme verbundene inhaltliche Regelung zu treffen.[70] Die §§ 48 ff geben den Behörden keine Befugnisse, die ihnen in der Sache nach dem für sie (sonst) maßgeblichen materiellen Recht nicht zukommen. 28

e) Form und Umfang der Rücknahme. aa) Erlass eines Rücknahme-VA. Die Rücknahme erfolgt durch einen neuen VA, den sog Rücknahmebescheid, der sich zwar auf den ursprünglichen VA bezieht, **rechtlich aber selbstständig** ist.[71] Der Rücknahme-VA ergeht Grund eines neuen selbstständigen Verfahrens und unterliegt grundsätzlich denselben Zuständigkeits-, Form- und Verfahrensvorschriften unterliegt wie der zurückgenommene VA (WBSK I § 51 Rn 94; Knack/Henneke 39), sofern und soweit diese im Zeitpunkt des Erlasses des Rücknahmebescheids noch in Geltung sind. Anderenfalls erfolgt die Rücknahme nach den nunmehr für VAe der in Frage stehenden Art geltenden Vorschriften und Rechtsgrundsätzen. Entsprechend sind am Rücknahmeverfahren auch die Beteiligten des ursprünglichen VA bzw deren Rechtsnachfolger im Zeitpunkt der Rücknahme zu beteiligen und auch die Rücknahmeverfügung an den ursprünglichen Adressaten bzw dessen Rechtsnachfolger zu adressieren. **Zur Zuständigkeit** für die Entscheidung über die Rücknahme s Rn 162 ff. Die Rücknahme kann **auf Antrag oder von Amts wegen** erfolgen, wobei ein Antrag idR nur zu erwarten ist, wenn es um die Rücknahme eines belastenden VA geht. Ein Antrag auf Wiederaufgreifen des Verfahrens nach § 51 wird regelmäßig zugleich einen Antrag auf Rücknahme enthalten. 29

---

[69] Sog Prinzip der doppelten Deckung, ähnlich nunmehr BVerwGE 74, 361 sowohl eine Verfahrensregelung als auch eine materielle Regelung; OVG Münster DÖV 1982, 705; Laubinger VerwArch 1982, 368; im Ergebnis auch BVerwGE 68, 153; 76, 260; BVerwG DVBl 1986, 1205; Hufen DVBl 1988, 74; vgl auch BFHE 151, 45; StBS 101.

[70] BVerwGE 60, 325; OVG Münster DÖV 1982, 705; Kopp BayVBl 1980, 102; wohl auch Laubinger VerwArch 1982, 368.

[71] WBSK I § 51 Rn 94; Knack/Henneke 38; vgl auch BVerwGE 90, 43.

29a **bb) Konkludente Aufhebung.** Nach allgemeiner Auffassung bedarf es keiner ausdrücklichen Aufhebung des ursprünglichen VA, eine Rücknahme kann vielmehr auch konkludent erfolgen.[72] Diese Form der Rücknahme ist in der Praxis sehr verbreitet, insbesondere wenn zugleich durch VA gewährte Leistungen zurückgefordert oder ein VA nachträglich mit einer Nebenbestimmung versehen wird (s unten Rn 30). **Fraglich ist, ob ein Rücknahmewille** für den Adressaten erkennbar sein muss, oder ob eine Rücknahme schon dann anzunehmen ist, wenn der neue VA im Widerspruch zu einem früheren rechtswidrigen VA ergeht und insoweit hins des Regelungsgegenstands jedenfalls eine andere Regelung trifft. Grundsätzlich wird ein Adressat davon ausgehen müssen, dass ein neuer VA ältere Regelungen abändert, soweit sie im Wege stehen. Das gilt jedenfalls dann, wenn der Adressat den Rücknahmewillen aufgrund der Gesamtsituation hinreichend klar erkennen kann (Hullmann/Zorn NVwZ 2009, 756). Das ist etwa bei einem VA nach Eintritt einer Genehmigungsfiktion nach § 42a regelmäßig nicht der Fall (s § 42a Rn 14).

29b Die Behörde kann also mit einer neuen Regelung eine Rücknahme bewirken, ohne den früheren VA ausdrücklich aufzuheben oder abzuändern.[73] Dies gilt selbst dann, wenn die Behörde, die den späteren VA erlassen hat, sich dieses Widerspruchs gar nicht bewusst war,[74] oder der spätere VA überhaupt von einer anderen Behörde auf Grund anderer Rechtsgrundlagen erlassen wurde.

Die Rückforderung einer Leistung soll nach hM im Zweifel konkludent die Rücknahme der Bewilligung mit einschließen.[75] Ähnlich stellt die **Nacherhebung von Erschließungsbeiträgen** zugleich eine entsprechende Änderung des ursprünglichen Heranziehungsbescheids dar (OVG Lüneburg NVwZ 1986, 104); die **Räumungsanordnung** für eine Obdachlosenunterkunft die **Rücknahme** (oder den Widerruf) der Zuteilung der Unterkunft (OVG Berlin NVwZ 1990, 195); eine **Ausweisungsverfügung** zugleich die Rücknahme eines Ausreiseverbots dar (vgl VGH Mannheim NVwZ 1988, 185), der erneute Erlass eines **Haftungsbescheids,** nachdem ein Haftungsbescheid für denselben Sachverhalt zurückgenommen worden war, die Rücknahme (oder den Widerruf) der Rücknahme (vgl BFH NVwZ 1986, 792), die Genehmigung einer **Nutzungsänderung,** nachdem die Nutzung vorher gänzlich untersagt worden war, die zumindest teilweise Rücknahme (Widerruf) der Untersagung,[76] die Versagung einer Baugenehmigung im Widerspruch zu einer vorher erteilten **Bebauungsgenehmigung** (Bauvorbescheid) zugleich eine Rücknahme oder einen Widerruf hins der Bebauungsgenehmigung.[77] Die Qualifizierung derartiger VAe als konkludente Rücknahme-VAe sagt noch nichts über die Rechtmäßigkeit

---

[72] AllgM, vgl BVerwGE 126, 254; BFHE 135, 27; StBS 244; MSU 99.

[73] BVerwGE 62, 5; 82, 242: die falsche Auslegung eines früheren VA stellt noch keine Rücknahme dar; BVerwG DVBl 1982, 1001; 1986, 563; 1992, 1171 zur nachträglichen Anordnung einer Auflage zu einer Gaststättenerlaubnis; BFH NVwZ 1986, 792; OVG Münster NVwZ 1993, 76; VGH Mannheim NVwZ 1988, 186; 1991, 80; NVwZ-RR 1993, 329: die nachträgliche Berichtigung einer fehlerhaften Festsetzung einer Verwaltungsgebühr ist nach §§ 48 f zu beurteilen; VGH Kassel NVwZ 1990, 881; ebenso KG NJW 1990, 48; StBS 101; wohl auch WBSK I § 52 Rn 7; **aA** Seibert 196; Obermayer Grundzüge 107; Götz NVwZ 1984, 481.

[74] ZT **aA** OVG Münster NVwZ 1993, 76: nur wenn dem neuen VA mit hinreichender Deutlichkeit entnommen werden kann, dass mit ihm die ursprünglich zuerkannte Rechtsposition entzogen werden soll.

[75] BVerwGE 67, 305; 62, 5; BVerwG NJW 1977, 1838 m abl Anm v Erichsen in VerwArch 1978, 303 und Menger VerwArch 1978, 93; OVG Koblenz DVBl 1982, 222; OVG Münster DÖV 1991, 561.

[76] Hausmann BayVBl 1988, 118; **aA** VGH München BayVBl 1987, 437.

[77] Kopp DVBl 1991, 727; **aA** Schenke DÖV 1990, 497; ebenso offenbar BVerwGE 68, 241 und DVBl 1989, 673, jedoch ohne Erörterung der Frage.

dieses Vorgehens aus. In vielen Fällen wird es jedenfalls an der erforderlichen Ermessensbetätigung fehlen.

cc) Nachträgliche Nebenbestimmungen. Die nachträgliche Beifügung belastender Nebenbestimmungen gem § 36 kann, sofern es keine spezielle Ermächtigungsgrundlage hierfür gibt (zB § 56 Abs 1 S 2 BBergG;[78] § 5 GastG) als **Sonderform der Teilrücknahme** jedenfalls nach § 48 oder § 49 in analoger Anwendung beurteilt werden.[79] UU ist aber eine für den Betroffenen nicht als solche erkennbare Rücknahme bzw ein solcher Widerruf und eine Rücknahme bzw ein Widerruf, bei der (dem) unklar bleibt, ob und ggf inwieweit dadurch ein früherer VA aufgehoben wird, wegen eines Ermessensnichtgebrauchs oder wegen Unbestimmtheit rechtswidrig und ggf nichtig. **Nicht um eine Rücknahme** (bzw einen Widerruf) handelt es sich dagegen, wenn ein vorläufiger VA lediglich durch die in ihm seinem Wesen entsprechende und insofern in ihm bereits konkludent vorbehaltene endgültige Regelung ersetzt wird;[80] anders bei Rücknahme aus anderen Gründen. Zu den rechtlichen Problemen der Rückforderung von durch VA bewilligten Zahlungen im Wege einer mit den Banken vereinbarten schlichten Rückbuchung vgl v Einem SGb 1988, 484. 30

dd) Teilrücknahme. Die Rücknahme kann sich auch auf einzelne Teile eines VA beschränken und diese aufheben oder abändern, sofern der VA eine **teilbare Regelung** enthält.[81] Die Teilrücknahme kann sich auch auf untergeordnete Regelungen des VA beziehen wie zB auf die Absenkung des Zinszuschusses in einem Förderbescheid.[82] Ist der VA insgesamt rechtswidrig, wird allerdings verlangt werden müssen, dass die Verwaltung entsprechende Ermessenserwägungen darüber anstellt, weshalb die Rücknahme nur teilweise erfolgt. Als (Teil-)Rücknahme idS stellt sich auch zB die nachträgliche Befristung (Beschränkung der Geltungsdauer eines fehlerhaften VA) oder die nachträgliche Anordnung sonstiger Nebenbestimmungen zu einem solchen VA gem § 36 oder der Ausschluss einzelner mit VA sonst idR vorhandener Wirkungen (BVerwGE 68, 159 zu einem Vertriebenenausweis) dar, **nicht dagegen eine bloße Änderung der Begründung** oder ein Nachschieben von Gründen zu einem VA, sofern dieser dadurch in seinem Regelungsgehalt nicht berührt wird (BVerwGE 21, 316), oder eine andere Beurteilung von Fragen, die für den früher ergangenen VA nur Vorfragen waren und deshalb von dessen Bindungswirkung nicht erfasst werden (BVerwGE 24, 175). 31

6. Wirkungen der Rücknahme. Der Rücknahme-VA führt zu einer (vollständigen oder teilweisen) Aufhebung des zurückgenommenen VA. Der Rücknahme-VA regelt, ob die Aufhebung mit Wirkung für die Vergangenheit oder nur für die Zukunft gelten soll. Die Aufhebungswirkung **setzt nur die Wirksamkeit des Rücknahme-VA voraus,** nicht dessen Unanfechtbarkeit.[83] Auch eine gegen den zurückgenommenen Bescheid gerichtete Klage erledigt sich nach dieser Rspr mit Eintritt der Wirksamkeit (§ 43) des Rücknahme-VA, nicht erst mit dessen Unanfechtbarkeit. Die Rspr lehnt eine Aussetzung eines laufenden Prozesses bis zum Eintritt der Unanfechtbarkeit der Rücknahme ab, wobei allerdings unklar bleibt, wie prozessual weiter verfahren werden soll, wenn der Rücknahme-VA in einem späteren Prozesss tatsächlich aufgehoben wird. 32

---

[78] Hierzu OVG Bautzen NuR 2001, 700: Subsidiarität des § 48.

[79] BVerwGE 91, 17, 22; DVBl 1986, 563; Durner VerwArch 2006, 345, 374.

[80] BVerwGE 67, 99 m Anm Götz in JuS 1983, 924; OVG Münster DÖV 1991, 561 m Anm v Martens NVwZ 1991, 1045; Henke DVBl 1983, 1247; Tiedemann DÖV 1983, 814; Knack/Henneke 38.

[81] Laubinger VerwArch 1982, 346.

[82] VG Dresden, Urt v 15.12.2005 Az: 3 K 2404/01 – juris.

[83] BVerwGE 129, 66 (Zuordnngsbescheid); BVerwG NVwZ 2009, 530 (Feststellungsbescheid nach dem KHG).

II. Verhältnis zu spezielleren Regelungen

33 **1. Verhältnis zu anderen Aufhebungsverfahren.** Verwaltungsrecht und Verwaltungsverfahrensrecht sehen eine Reihe von Verfahren vor, die der Aufhebung bzw nachträglichen Änderung von VAen dienen oder Eingriffe ohne Rücksicht auf die Wirksamkeit von VAen zulassen. Das Verhältnis der Rücknahmebestimmungen des § 48 sowie der entsprechenden Vorschriften der Länder zu diesen Regelungen ist jeweils im Einzelfall zu prüfen. Teilweise stehen diese Verfahren selbständig neben einem etwaigen Rücknahmeverfahren und schließen die ergänzende Anwendung des § 48 nicht aus (Ehlers Vw 2004, 255, 278), teilweise enthalten sie abschließende Regelungen, neben denen ein Rückgriff auf § 48 nicht möglich ist.

34 **a) Verhältnis zu Widerruf und Wiederaufgreifen.** Die Ermächtigung zur Rücknahme nach § 48 erfasst nach ganz hM nur die **von Anfang an rechtswidrigen VAe** (s Rn 57), ist also auf rechtmäßig erlassene VAe nicht anwendbar. Das gilt auch für den Fall, dass ein ursprünglich rechtmäßig erlassener VA später infolge der Änderung rechtlicher oder tatsächlicher Verhältnisse mit dem geltenden Recht nicht mehr vereinbar ist. In derartigen Fällen ist nach zutreffender hM nur ein Widerruf nach § 49, nicht aber eine Rücknahme nach 48 zulässig (vgl näher Rn 57 ff). Umgekehrt ist ein Widerruf auch rechtswidriger VAe nach § 49 aber grundsätzlich möglich (s § 49 Rn 5). Insoweit schließen sich die Vorschriften also nicht aus. Aus systematischen Gründen ist § 48 allerdings idR vor § 49 zu prüfen. Unter den Voraussetzungen des § 50 finden bei einer Rücknahme während eines laufenden Rechtsbehelfsverfahrens diejenigen Regelungen keine Anwendung, die den Schutz des Vertrauens betreffen. Unanwendbar sind nach der ausdrücklichen Regelung in § 50 dann die § 48 Abs 1 S 2, Abs 2–4. Die Sonderbestimmung des § 51 über das **Wiederaufgreifen des Verfahrens** schließt die Anwendung der Vorschriften über Widerruf und Rücknahme grundsätzlich nicht aus. Dies folgt bereits aus § 51 Abs 5, wonach die Vorschriften über Widerruf und Rücknahme unberührt bleiben.[84] Das bedeutet, dass ein Betroffener bei Fehlen der Voraussetzungen für ein Wiederaufgreifen des Verfahrens jedenfalls einen Anspruch auf ermessensfehlerfreie Entscheidung über die Rücknahme eines rechtswidrigen, ihn belastenden VA geltend machen kann (s näher Rn 79 ff).

35 **b) Verhältnis zum Rechtsbehelfsverfahren. Keine Anwendung** finden die §§ 48, 49 bei der Aufhebung oder Änderung von VAen im Widerspruchs- und Anfechtungsverfahren. Für die Abänderung bzw Aufhebung eines angefochtenen VA durch **Abhilfebescheid oder Widerspruchsbescheid** enthalten die §§ 68 ff VwGO Sonderregelungen, bei denen Fragen des Vertrauensschutzes grundsätzlich keine Rolle spielen. Das gilt auch für den Fall, dass das Widerspruchsverfahren bereits abgeschlossen ist und die zuständige Behörde im Zuge des Klageverfahrens die angefochtenen VAe aufheben will, um dem Begehren des Klägers zu entsprechen. **Rücknahmeverfahren und Widerspruchsverfahren** sind **unabhängig voneinander** und können nebeneinander durchgeführt werden.[85] Die Rspr geht allerdings davon aus, dass ein Antrag eines Betroffenen auf Rücknahme eines VA erst in Betracht kommt, wenn der VA für ihn unanfechtbar geworden ist; ein auf Rücknahme eines noch anfechtbaren VA gerichteter Antrag soll als Widerspruch anzusehen sein.[86] Umgekehrt soll ein Abhilfebescheid als Rücknahmebescheid verstanden werden können.[87] Gleich-

---

[84] BVerwG, Beschl v 23. 2. 04–5 B 104/03 – juris.

[85] S hierzu näher Schenke, FS Maurer, 723.

[86] So BVerwGE 115, 302 = NJW 2002, 1137. Dies setzt freilich die Zulässigkeit eines Widerspruchsverfahrens voraus.

[87] BVerwG NVwZ 2000, 195; VG Dessau ZOV 2002, 323; richtigerweise muss hier wohl ein Fall der Umdeutung angenommen werden.

wohl steht die Anhängigkeit eines Rechtsbehelfsverfahrens bzgl des VA, der gem § 48 zurückgenommen werden soll, einer Rücknahme nicht entgegen, wie schon § 50 zeigt.[88] Gleiches gilt jedenfalls zugunsten des Bürgers auch für ein in der Sache bereits ergangenes rechtskräftiges Urteil.[89] Erfolgt die Rücknahme während, dh nicht innerhalb, sondern außerhalb eines anhängigen Rechtsbehelfsverfahrens, kommt uU § 50 zur Anwendung (Johlen NJW 1976, 2156; s auch § 50 Rn 10f). Anwendbar sind die §§ 48ff auf die Aufhebung oder Änderung belastender VAe **trotz Unzulässigkeit eines Rechtsbehelfs**[90] oder hins nicht angegriffener **Teilregelungen** bzw zusätzlicher Regelungen usw, die sich als reformatio in peius (Verböserung) darstellen (s hierzu § 79 Rn 52ff) oder entgegen einem Verbot der reformatio in peius erfolgen.

c) Verhältnis zum Einschreiten nach Ordnungsrecht. Nicht berührt 36
werden durch §§ 48ff grundsätzlich die Befugnisse der Behörden zu einem Einschreiten nach dem allgemeinen Polizei- und Ordnungsrecht sowie zu Maßnahmen nach dem Enteignungsrecht.[91] Sie sind insb in Fällen von Bedeutung, in denen die Möglichkeiten nach §§ 48ff für die Erfüllung einer öffentlichen Aufgabe nicht genügen und weitergehende oder anders geartete Maßnahmen erfordern. Dies gilt zB für das **polizeiliche oder ordnungsbehördliche Einschreiten** gegen eine ordnungsgemäß genehmigte Veranstaltung, in deren Verlauf es zu Störungen der öffentlichen Sicherheit und Ordnung kommt, oder gegen eine aufgrund einer Baugenehmigung errichtete bauliche Anlage, von der Gefahren für die öffentliche Sicherheit ausgehen. Hier kann uU sogar eine **Abrissverfügung** in Betracht kommen, obwohl weder eine Rücknahme noch ein Widerruf der Genehmigung zulässig wäre.[92] Gleiches gilt für ein Waffenbesitzverbot nach § 41 Abs 2 WaffG (OVG Hamburg, B v 13.4.2011, 3Bf 86.10, juris). Die Regelungen des Polizei- und Ordnungsrechts setzen aber stets eine Gefahr voraus; bloße Rechtswidrigkeit, zB bloße Baurechtswidrigkeit einer Anlage, reichen nicht aus. Ob Vorschriften außerhalb der VwVfG hier eine Rechtsgrundlage bieten, ist grundsätzlich eine Frage des materiellen Rechts, nicht der §§ 48ff und entsprechender Verfahrensvorschriften. Bei rechtswidrigen, aber nicht rücknehmbaren VAen kann der Zweck uU auch durch Widerruf des VA erreicht werden (vgl § 49 Rn 12).

2. Verhältnis zu speziellen Rücknahmeregelungen. a) Grundsatz der 37
Subsidiarität. Wie alle anderen Vorschriften des Gesetzes gilt § 48 nur vorbehaltlich bestehender besonderer Regelungen in anderen bundesrechtlichen Vorschriften.[93] Spezielle Regelungen des Fachrechts zur Rücknahme rechtswidriger VAe gehen deshalb stets vor, unabhängig davon, ob sie strengere[94] oder weniger strenge Anforderungen an die Rücknahme stellen **(Vorrang der speziellen Vorschriften).** Gleiches gilt auch für landesrechtliche Spezialregelungen des Fachrechts gegenüber den Verwaltungsverfahrensgesetzen der Länder. Für den Vorrang spezieller

---

[88] BVerwG NVwZ 2002, 1252; hierzu ausführlich Uhle, NVwZ 2003, 811; Meister JA 2002, 851; Knack/Henneke 36 und 42.

[89] BVerwGE 70, 110 = NJW 1984, 280; kritisch Sachs JuS 1985, 447; vgl auch BVerwGE 91, 256 = NVwZ 1993, 672; dazu kritisch Maurer JZ 1993, 574; Kopp/Kopp NVwZ 1994, 1; Detterbeck NVwZ 1994, 35.

[90] ZB bei verspäteter Einlegung, s dazu BVerwG DÖV 1981, 267; Kopp/Schenke § 70 Rn 9.

[91] F 269f; Kopp GewArch 1986, 165.

[92] S zum Abriss baulicher Anlagen aus Gründen der Gefahrenabwehr näher Bielfeldt, DÖV 1989, 441, 444.

[93] BVerwG NJW 1978, 340; DVBl 1981, 640; 1982, 646; OVG Berlin FamRZ 1980, 949; Steiner VerwArch 1992, 479; UL § 61 Rn 2; Knack/Henneke 9, 10; Erichsen VerwArch 1978, 305ff; Göldner DÖV 1979, 808; Dommach DÖV 1981, 122.

[94] Vgl zB die Regelungen in § 5 Abs 1 BÄO; § 45 Abs 1 WaffG; § 15 Abs 1 GastG; § 33d Abs 4 GewO über die Rücknahme rechtswidrig erteilter Genehmigungen, s auch § 73 Abs 2 u 3 AsylG.

Regelungen kommt es auf die Bezeichnung als Rücknahme uä nicht an; es muss sich jedoch um nach Zweck und Funktion vergleichbare Regelungen handeln.

38 **Ergänzend anwendbar** bleiben die allgemeinen Regelungen des § 48, soweit das Fachrecht keine abschließende Regelung trifft.[95] Darüber hinaus kommt sogar eine modifizierende Wirkung der allgemeinen Vorschriften in Betracht, soweit die speziellen Regelungen des Fachrechts, ohne dass dafür hinreichend gewichtige Gründe erkennbar sind, eine Rücknahme zwingend vorschreiben oder für eine Berücksichtigung schutzwürdigen Vertrauens keinen Raum lassen.[96] Ob die spezielleren Vorschriften eine Anwendung des § 48 vollständig ausschließen oder ob sie durch die Reglungen des § 48 ergänzt bzw modifiziert werden, ist in vielen Fällen nicht klar genug geregelt. Die Frage muss bei Fehlen klarer Regelungen aus der Systematik sowie aus dem Sinn und Zweck der Bestimmung beantwortet werden. Dies hat zu vielen Zweifelsfragen und zu einer reichen Kasuistik geführt.[97]

39 **Die Unanwendbarkeit** der §§ 48 ff kann sich auch aus Sinn und Zweck und dem Zusammenhang spezialgesetzlicher Regelungen ergeben.[98] Dies ist im Zweifel anzunehmen bei der **Genehmigung von Verordnungen und Satzungen** durch die Rechtsaufsichtsbehörde[99] und bei VAen, die in gerichtsförmigen **besonderen Streitentscheidungsverfahren** ergehen. In der Vergangenheit wurde dies auch für **privatrechtsgestaltende VAe** angenommen, sobald die Gestaltungswirkung eingetreten war,[100] nicht jedoch, solange die endgültige Gestaltungswirkung noch nicht eingetreten war, insb zB der Genehmigung eines privatrechtlichen Rechtsgeschäfts.[101] Diese Position ist inzwischen mehr und mehr in Zweifel gezogen worden, nicht nur durch Untersuchungen in der Literatur,[102] sondern auch durch den Umstand, dass der Gesetzgeber selbst teilweise Rücknahmeregelungen für privatrechtsgestaltende VAe geschaffen hat. Es erscheint heute nicht mehr überzeugend, allein aus der privatrechtsgestaltenden

---

95 Vgl BVerwG NVwZ 1984, 518; OVG Lüneburg NVwZ 1985, 120; StBS 5; Ehlers Vw 2004, 255, 278; Steiner VerwArch 1992, 490; Knack/Henneke 12; Schnapp/Cardewener JuS 1999, 39, 42.

96 BVerfG 59, 128, 164; BVerwGE 66, 168 = NJW 1983, 695; vgl auch BVerwGE 78, 110; BVerwG NVwZ 1988, 350: Bestimmungen, die den Vertrauensschutz ausschließen, sind verfassungsrechtlich bedenklich; ähnlich StBS 4; Knack/Henneke 11; **aA** offenbar BVerwG NJW 1984, 2842, wo das Problem, insb auch der offensichtliche Widerspruch zu BVerfG 59, 164, jedoch offenbar nicht gesehen wird.

97 Ebenso Knack/Henneke 13; zT **aA** BVerwG NVwZ 1987, 694 m Anm Brodersen JuS 1987, 831; VGH München BayVBl 1992, 83; Stelkens NVwZ 1986, 543; vgl auch BVerwG NVwZ 1988, 2912; 1992, 1201; **aA** BVerwG NVwZ-RR 1994, 205.

98 BVerwG NVwZ 1985, 655; Weber BayVBl 1984, 269.

99 BVerwGE 90, 88; 75, 146 = DVBl 1987, 482 m Anm Steiner; BVerwG DVBl 1992, 1173; VGH München NVwZ 1983, 481: die Rücknahme der Genehmigung würde das Verfahren zur Aufhebung einer VO unterlaufen; es fehlt auch eine geeignete Möglichkeit zur Verkündung; OVG Münster DVBl 1993, 61: nur noch Änderung oder Aufhebung der Rechtsvorschrift; Knack/Henneke 53; StBS 10; wohl auch BVerwG DVBl 1992, 1173: kein zum Widerruf der Genehmigung einer Innungssatzung; **aA** Dolde BauR 1978, 157; NJW 1986, 823; Gierke ZfBR 1985, 23.

100 Lehre von der Bestandskraft privatrechtsgestaltender VAe, vgl RGZ 106, 142; BVerwGE 48, 92; BVerwG NJW 1978, 340, 388; F 270; auch noch WBSK I § 51 Rn 54. Teilweise wurden Einschränkungen für Fälle arglistigen Erschleichens gemacht, vgl Kiekebusch VerwArch 1966, 17, 56.

101 Vgl BVerwG NJW 1977, 210; 1978, 388, 340; DVBl 1975, 514; BAG AP § 13 SchwbG Nr 7; OVG Saarlouis FEVS 29, 158; einschränkend BGH NJW 1982, 1152; s auch oben 13; **aA** BVerwGE 29, 314; 48, 92; 54, 257; OVG Lüneburg DVBl 1970, 74; M 91; Krause 175; vgl auch BGH NVwZ 1991, 100: keine Rücknahme und kein Widerruf komplexer privatrechtsgestaltender VAe.

102 Grundlegend Steiner DVBl 1970, 34; später Erichsen Jura 1981, 542; Mannssen Privatrechtsgestaltung durch Hoheitsakt, 1994, 123; Knack/Henneke 115; Zacharias NVwZ 2002, 1306 mwN.

Natur auf die mangelnde Rücknahmefähigkeit zu schließen (s auch BVerwGE 54, 257, 262). Allerdings wird dem Vertrauensschutz im Rahmen des Abs 3 eine wesentliche Bedeutung zukommen (Zacharias NVwZ 2000, 1306).

Problematisch ist die Rücknahme auch bei VAen, die ein **komplexes Rechtsverhältnis auflösen,** das durch Rücknahme nicht wieder hergestellt werden kann,[103] zB die Nichtigerklärung eines Rechtsgeschäftes nach § 12 Abs 2 Nr 3 KartellG (Krause 175), oder die ein solches Rechtsverhältnis begründenden VAe;[104] bei der Genehmigung eines Rechtsgeschäfts, wenn die Gestaltungswirkung eingetreten ist und eine Aufhebung und Rückabwicklung nicht mehr möglich erscheint;[105] bei der Ausübung eines öffentlichrechtlichen **Vorkaufsrechts;** bei **VAen,** die **auf Grund eines rechtskräftigen Verpflichtungsurteils** gem § 113 Abs 4 S 1 VwGO oder Bescheidungsurteils gem § 113 Abs 5 S 2 VwGO ergangen sind, sofern die Rücknahme gegen die Bindungswirkung dieser Urteile verstoßen würde.[106] 39a

b) Ausländer- und Asylrecht, Staatsangehörigkeit. Umstritten, richtigerweise aber zu bejahen ist die ergänzende Anwendbarkeit von § 48 auf die Rücknahme der **Asylanerkennung** gem § 73 Abs 2, 3 AsylG.[107] Anders als für den Widerruf nach § 73 Abs 1 AsylG ist auch Abs 4 für die Rücknahme ergänzend anwendbar.[108] Auf die Rücknahme eines **Aufenthaltstitels** nach dem AufenthG ist § 48 mangels spezieller Regelungen ohne weiteres anwendbar;[109] sowohl § 51 Abs 1 Nr 3 AufenthG als auch die Zuständigkeitsregelungen in § 71 Abs 3 Nr 3, Abs 4 AufenthG gehen davon aus. Eigene spezielle Regelungen enthält § 52 AufenthG lediglich für den Widerruf (s hierzu § 49 Rn 18b). Auch die Rücknahme einer **Ausweisungsverfügung** lässt sich auf § 48 stützen. Die Möglichkeit, deren Wirkungen nach § 11 Abs 1 S 3 AufenthG zu befristen, schließt eine Rücknahme nicht aus (BVerwG NVwZ 2000, 688). Die früher umstrittene Frage, ob eine rechtswidrige **Einbürgerung** trotz ihrer statusbegründenden Wirkung und trotz Art 16 Abs 1 S 2 GG auf der Grundlage von § 48 zurückgenommen werden kann,[110] ist seit 2009 in § 35 StAG speziell und abschließend geregelt.[111] Allerdings 40

---

[103] Vgl BGH NVwZ 1991, 100; Krause 175; s unten 13a; **aA** Göldner DÖV 1979, 808.

[104] Vgl BVerwGE 35, 126; 48, 92.

[105] Vgl OVG Münster NVwZ 1987, 155; **aA** BVerwGE 48, 87 = NJW 1975, 1240; BVerwG Buchh 406.11 Nr 11; zur Bodenverkehrsgenehmigung auch VGH München NVwZ 1992, 76 = BayVBl 1992, 342; wohl auch BVerwG NJW 1988, 276; VGH Kassel UPR 1986, 71.

[106] Sauer DÖV 1971, 156 mwN; Krause 166; **aA** Schachtschneider VerwArch 1972, 278.

[107] Bejahend BVerwGE 112, 80; vgl auch BVerwGE 108, 30; VGH München BayVBl 1999, 566; VGH München BayVBl 2002, 87 (allerdings keine Rückwirkung einer Rücknahme nach § 73 Abs 2 AsylG); zT gegen Anwendbarkeit OVG Koblenz NVwZ 2001, Beil I 9. Zur ausnahmsweisen Zulässigkeit der Rücknahme trotz einer gerichtlich bestätigten Anerkennung wegen Urteilsmissbrauchs BVerwG NVwZ 2014, 664.

[108] Zweifelhaft; vgl VGH Mannheim, Urt v 12.8.2003 – A 6820/03 – juris; OVG Münster, B v 18.4.2002 – 8 A 1405/02 – juris.

[109] BVerwG NVwZ 2010, 1369, 1370; BVerwGE 98, 298; 65, 174 jeweils zum AuslG aF; BVerwG NVwZ 1995, 1119 zu §§ 7, 12 AuslG aF; VGH Kassel ZAR 2002, 154.

[110] **Bejahend** BVerfGE 116, 24; BVerwGE 130, 209; 118, 216 jeweils für den Fall einer durch Täuschung erwirkten Einbürgerung (nur unrichtige oder unvollständige Angaben ohne bewusste Täuschung sollten nach BVerwG, Beschl v 13.6.2007 – 5 B 132/07 nicht ausreichen); ferner auch OVG Hamburg NordÖR 2002, 165; VGH Kassel AuAS 2002, 76; NVwZ-RR 1999, 276; VGH Mannheim NVwZ 1990, 1198 mwN; OVG Münster DVBl 1994, 545; Rey JuS 1993, 263; offen BVerwG NVwZ-RR 1990, 220; **verneinend** OVG Berlin InfAuslR 2003, 211; PrOVGE 13, 408; Montag JuS 1992, 645.

[111] Die Regelung kodifiziert im wesentlichen die bisherige Rspr. Nach § 35 Abs 1, 3 StAG kommt eine Rücknahme nur innerhalb von 5 Jahren und nur dann in Betracht, wenn der VA durch arglistige Täuschung, Drohung oder Bestechung oder durch vorsätzlich unrichtige oder unvollständige Angaben wesentlich erwirkt worden ist. Das gilt nach § 35

kommt auch hier dem **Aspekt des Vertrauensschutzes** im Rahmen der Ermessensentscheidung eine wesentliche Bedeutung zu (vgl Rn 137).[112] Eine Begrenzung der Rücknahme auf Fälle der Erschleichung der Einbürgerung lässt sich aus dem systematischen Zusammenhang nicht begründen. Ergänzend anwendbar, soweit ausdrückliche entgegenstehende Regelungen fehlen, ist § 48 auch zB hins der Frage, ob der Einziehung eines zu Unrecht erteilten **Vertriebenenausweises** gem § 18 BVFG aF Vertrauensschutz entgegensteht.[113]

41 **c) Bau-, Umwelt- und Planungsrecht. aa) Baurecht.** Grundsätzlich anwendbar sind die dem § 48 entsprechenden Vorschriften der Länder auf die **Rücknahme von Baugenehmigungen,** Vorbescheiden und ähnliche Genehmigungsentscheidungen des Baurechts.[114] Die Landesbauordnungen der Länder enthalten heute keine eigenständigen Rücknahmevorschriften mehr. Fraglich ist, ob eine Rücknahme rechtswidrig erteilter Baugenehmigungen auch nach Errichtung der genehmigten baulichen Anlage noch zulässig ist. Dies ist Frage des Einzelfalls.[115] Vertrauensschutz wird typischerweise nach § 50 zu verneinen sein, wenn die Rücknahme im Laufe eines zulässigen Nachbarklage- oder -widerspruchsverfahrens erfolgt.[116] Wird eine Baugenehmigung mit der Begründung zurückgenommen, sie sei von Anfang an rechtswidrig gewesen, so ist umstritten, ob mangels entgegenstehender Anhaltspunkte davon auszugehen, dass die **Rücknahme mit Rückwirkung** erfolgen soll (OVG Münster BauR 2002, 1746), oder ob die Rückwirkung eindeutig zum Ausdruck gelangen muss (so OVG Bautzen LKV 2002, 417). Diese Frage kann für die Zulässigkeit einer Abrissverfügung entscheidende Bedeutung erlangen. Jedenfalls dann, wenn die Behörde zugleich die Beseitigung anordnet, dürfte hinreichend zum Ausdruck gebracht worden sein, dass die Rücknahme mit Rückwirkung erfolgen soll.

41a **bb) Umweltrecht.** Im Umweltrecht ist § 48 auf die Rücknahme von rechtswidrigen Genehmigungen regelmäßig anzuwenden, sofern nicht ausnahmsweise spezielle Vorschriften über die Rücknahme bestehen. Ein genereller Ausschluss der Rücknahme aus Gründen eines Vertrauens- oder Bestandsschutzes besteht nicht. Anwendbar ist § 48 etwa auf die Rücknahme rechtswidriger **Anlagengenehmigungen nach BImSchG;** die §§ 17 ff BImSchG sind zwar (ebenso wie § 17 Abs 2 AtomG) vorrangig, stellen aber keine abschließenden Regelungen dar.[117] Auch auf die Rücknahme rechtswidriger **Erlaubnisse und Bewilligungen des Wasserrechts** (s § 8 WHG) ist § 48 anwendbar.[118] Ergänzend dürfte § 48 auch auf die

---

Abs 2 StAG auch für den Fall drohender Staatenlosigkeit (bestätigt durch EuGH, Urt v 2.3.2010, C-135/08), wenn Verhältnismäßigkeit gewahrt bleibt).

[112] Hierzu EuGH, Urt v 2.3.2010, C-135/08 für den Fall drohender Staatenlosigkeit. Nach BVerwG InfAuslR 2011, 207 kann das Verhältnismäßigkeitsprinzip es im Einzelfall gebieten, dem Betroffenen eine Frist einzuräumen, die zuvor aufgegebene Staatsangehörigkeit zurückzuerlangen. Erfolgreich muss der Versuch dann aber nicht sein.

[113] BVerwGE 85, 80; BVerwG DVBl 1991, 1083; NVwZ 1992, 176: unmittelbare Anwendung der den § 18 BVFG insoweit ergänzenden Vorschrift des § 48 bzw der nach § 1 Abs 3 VwVfG an ihre Stelle tretenden entsprechenden landesrechtlichen Bestimmungen, soweit der Vertriebenenstatus Grundlage für Geld- oder Sachleistungen iSv § 48 Abs 2 ist, im Übrigen § 48 Abs 3 anwendbar.

[114] Große-Suchsdorf/Lindorf/Schmaltz/Wiechert, NdsBauO, § 75 Rn 75 ff; Simon/Busse, BayBauO Art 72 Rn 118; vgl auch OVG Münster NVwZ 1988, 943, allerdings mit dem nicht überzeugenden Hinweis auf die Feststellungswirkung erteilten Baugenehmigung, die auch bei deren materieller Rechtswidrigkeit jedenfalls eine Beseitigungsverfügung ausschließe. Zur Rücknahme einer rechtswidrigen Duldungsverfügung s OLG Hamburg OLGR 2001, 298.

[115] BVerwG NVwZ 1997, 272.

[116] BVerwG NVwZ 2002, 730.

[117] Jarass, BImSchG, § 21 Rn 39 mwN; Bender/Sparwasser/Vosskuhle, Umweltrecht, Kap 8 Rn 238; Kunig/Paetow/Versteyl, KrW/AbfG, 2. Aufl 2003, § 31 Rn 85.

[118] S zB Bender/Sparwasser/Vosskuhle, Umweltrecht, Kap 8 Rn 127.

Rücknahme nach § 31 WaStrG anwendbar sein.[119] Im WHG ist nur der Widerruf von Bewilligungen und Erlaubnissen speziell geregelt (§ 18 WHG).

42 **cc) Planfeststellungen. Umstritten, richtigerweise aber zu bejahen** ist die Anwendbarkeit auf Planfeststellungsbeschlüsse. Gegen die Anwendbarkeit wird eingewandt, dass insbesondere die speziellen Regelungen des § 75 Abs 2 einem Widerruf entgegenstünden.[120] Dies ist indessen nicht überzeugend. Vielmehr folgt aus dem Umkehrschluss aus § 72, wonach § 51 nicht anwendbar ist, dass die Rücknahme von Planfeststellungsbeschlüssen grundsätzlich zugelassen werden soll. Eine andere Frage ist allerdings, ob der auch im Rahmen von Abs 1 S 2, Abs 3 gebotene Vertrauensschutz (s unten Rn 137) im Einzelfall einer Rücknahme entgegensteht. Dies ist jedenfalls dann in Betracht zu ziehen, wenn die Gewährung eines Entschädigungsanspruchs nach Abs 3 nicht ausreicht, um die Nachteile für den Betroffenen auszugleichen. Auch wird ein Anspruch Dritter auf ermessensfehlerfreie Entscheidung über die Rücknahme idR nicht zum Erfolg führen können, wenn dem berechtigten Interesse des Dritten durch nachträgliche Anordnungen nach § 75 Abs 2 S 2 hinreichend Rechnung getragen werden kann (BVerwG NVwZ 1998, 281). Deshalb kommt eine Rücknahme eines rechtswidrigen Planfeststellungsbeschlusses grundsätzlich in Betracht.[121] Auf eine **Planänderung** nach § 76 sind die Regelungen der §§ 48, 49 nicht anwendbar (OVG Koblenz BauR 2004, 545).

43 **d) Öffentliches Dienstrecht, insbesondere Beamtenrecht.** Gänzlich ausgeschlossen werden §§ 48 ff zB durch die besonderen Vorschriften über die **Rücknahme von Beamtenernennungen**[122] durch § 14 BBG bzw § 12 BeamtStG. Das gilt auch für die **Versetzung in den Ruhestand.**[123] Eine vergleichbare Vorschrift enthält § 41 Abs 3 S 2 SG. Diese Vorschriften stellen nach Sinn und Zweck eine abschließende Regelung dar. Für die Rücknahme von Beihilfebescheiden sind § 48 und die entsprechenden Regelungen des Landesrechts dagegen ergänzend anwendbar.[124] Diese enthalten nach hM abschließende Sonderbestimmungen über die Aufhebung rechtswidriger Entscheidungen, nicht dagegen hinsichtlich sonstiger Entscheidungen des Beamtenrechts. Im Übrigen ist § 48 anwendbar; so zB für die Rücknahme einer rechtswidrigen Bewilligung von Trennungsgeld.[125] Auf das **Sonderstatusverhältnis** des Dienstherrn zu seinen Beamten als solches lässt sich die Rücknahme eines rechtswidrigen VA dagegen nicht (mehr) stützen.[126]

44 **e) Polizei- und Ordnungsrecht.** Anwendbar ist § 48 grundsätzlich auch auf die Rücknahme rechtswidrig erteilter ordnungsrechtlicher Genehmigungen, zB des Straßen- und Wegerechts oder des Versammlungsrechts. Gleiches gilt für die rechtswidrig erteilte Fahrerlaubnis, die neben der Fahrerlaubnisentziehung möglich ist.[127] Anerkannt ist die Anwendbarkeit ergänzend zu § 45 Abs 1 WaffG bei der **Rücknahme waffenrechtlicher Erlaubnisse** nach §§ 10, 21, 27 f WaffG. Die Vorschrift sieht eine zwingende Rücknahme ohne zeitliche Befristung vor; die Jahresfrist ist damit nicht anwendbar.[128] Gleiches gilt für § 34

---

[119] Offen gelassen von OVG Greifswald, Beschl v 16.6.2005 Az: 1 L 141/05.
[120] VGH Mannheim NVwZ-RR 2000, 87, 89; 1997, 682; NVwZ 1995, 179.
[121] BVerwGE 105, 6, 10; OVG Koblenz NJW 1986, 2779; OVG Münster NJW 1986, 2657; StBS § 72 Rn 113 ff; Ziekow 30; FKS § 72 Rn 20; Knack-Hennecke § 72 Rn 31.
[122] BVerwGE 81, 284 = NVwZ 1998, 757; ausführlich Günther, DÖD 1990, 281, 286.
[123] OVG Hamburg NordÖR 2013, 174 = NVwZ-RR 2013, 377.
[124] BVerwG NVwZ 1990, 673 mwN; VG Braunschweig ZBR 2004, 218.
[125] VG Gießen NVwZ-RR 2004, 275.
[126] VGH Mannheim DÖD 2011, 192.
[127] VGH Mannheim NVwZ 1995, 170.
[128] BVerwGE 101, 24, BVerwG DVBl 1996, 1439, 1441; Apel/Bushart, Waffenrecht, Bd. 2, § 45 Rn 1–6; s auch BVerwGE 97, 245, 254; 84, 17, 21 zu § 47 WaffG aF. Zum

SprengG. Die Vorschrift sieht ebenfalls die zwingende Rücknahme vor, schließt aber eine Rücknahme nach § 48 nicht aus (vgl BT-Dr 10/1232). Die Jahresfrist des Abs 4 findet Anwendung (Apel/Keusgen, Sprengstoffgesetz, Bd 2, § 34 Rn 3).

45 **f) Prüfungsrecht, Schulrecht, Hochschulrecht.** Die Regelungen über die Rücknahme rechtswidriger VAe sind im Prüfungsrecht grundsätzlich anwendbar. Die Unwiederholbarkeit der Prüfungssituation bei Prüfungen begründet kein grundsätzliches Rücknahme- oder Widerrufsverbot für **Prüfungsentscheidungen.**[129] Allerdings wird hier auf schutzwürdige Belange des Prüflings im Rahmen des Rücknahmeermessens Rücksicht genommen werden müssen.[130] Die **Rücknahme der Zulassung zu einer Prüfung** hat nicht zur Folge, dass auch die auf Grund der Zulassung erfolgte und bestandene Prüfung für nicht bestanden erklärt werden könnte (vgl VGH Mannheim NVwZ 1989, 382). Folgenbeseitigungsanspruch und Erstattungsanspruch schließen sich nicht gegenseitig aus; sie können auch nebeneinander bestehen.[131]

46 **g) Wirtschaftsverwaltungsrecht, freie Berufe.** Grundsätzlich ist § 48 auf die Rücknahme von Genehmigungen und Zulassungen des Wirtschaftsverwaltungsrechts anwendbar, soweit das Fachrecht keine speziellen Regelungen enthält. Neben den speziellen Bestimmungen des Fachrechts sind die allgemeinen Regelungen der Rücknahme grundsätzlich, dh vorbehaltlich anderweitiger Regelungen, ergänzend anwendbar. Zulässig ist etwa die Rücknahme einer rechtswidrig erteilten **Gaststättengenehmigung.**[132] § 15 GastG enthält keine abschließende Regelung. Die Zulässigkeit einer gewerberechtlichen Untersagungsverfügung nach § 35 GewO schließt die Möglichkeit einer Rücknahme einer rechtswidrig erteilten **Gewerbeerlaubnis** nicht aus; im Gegenteil ist nach § 35 Abs 8 GewO die Rücknahme einer für das Gewerbe erteilten Erlaubnis vorrangig.[133] Hat ein Handwerker die Meisterprüfung bestanden, so kommt ein Widerruf wegen zwischenzeitlich entfallener Kenntnisse und Fähigkeiten nicht in Betracht. Auf die **Löschung von Eintragungen in die Handwerksrolle** nach § 13 HwO ist § 48 nicht anwendbar. Die Eintragung bzw die Mitteilung darüber ist ein VA (vgl § 35 Rn 103), für dessen Aufhebung in § 13 HwO eine spezielle Regelung getroffen worden ist. Danach ist die Eintragung zu löschen, wenn die Voraussetzungen für die Eintragung nicht (mehr) vorliegen. Angesichts dieser strengen Regelung, die weder Vertrauensschutz noch eine Besitzstandswahrung oder Ermessen vorsieht,[134] bedarf es eines Rückgriffs auf § 48 nicht. Eine Rücknahme kommt dagegen bei Ausnahmebewilligungen nach §§ 8, 9 HwO in Betracht (Honig HwO § 13 Rn 7). Zu den speziellen Rücknahmevorschriften des Medienrechts s FKS 94.

Ausschluss des Verzichts auf eine waffenrechtliche Erlaubnis nach Einleitung eines Rücknahmeverfahrens BVerwG, Urt.v. 17.11.2016, 6 C 36/15, juris Rn. 11.

[129] BVerwG Buchh 237.7 § 20 NWLBG Nr 1 (Berücksichtigung des Vertrauensschutzes beim Rücknahmeermessen); VGH Mannheim NVwZ 1989, 882; Mehring BayVBl 1984, 714; Kopp JuS 1990, 945; für schriftliche Prüfungen auch Rozek JA 1989, 241; **aA** Weber BayVBl 1984, 269; zur Rücknahme des Ergebnisses einer Wiederholungsprüfung bei Erfolg des gegen die Erstentscheidung eingelegten Rechtsmittels Ebert LKV 2014, 18.

[130] BVerwG Buchh 237.7 § 20 NWLBG Nr 1; hier zeigt sich bereits, dass die vom BVerwG sonst zu § 48 Abs 3 vertretene Auffassung, wonach Vertrauensschutz allein durch Zuerkennung von Ausgleichsansprüchen berücksichtigt werden soll, nicht durchgehalten werden kann.

[131] Broß VerwArch 1985, 224; WBSK I § 52 Rn 37; Aulehner JA 1989, 452.

[132] VGH Kassel NVwZ-RR 1993, 407; Frotscher Wirtschaftsverwaltungsrecht, 3. Aufl 1999, S. 276.

[133] S hierzu auch OVG Schleswig GewArch 1994, 167 zum Widerruf.

[134] BVerwG GewArch 1972, 155; OVG Koblenz GewArch 1970, 277; Honig HwO § 13 Rn 10; Schliesky, Öffentliches Wirtschaftsrecht, S. 231.

Zur Zulässigkeit der Rücknahme einer rechtswidrig erteilten **Reisegewerbekarte** gem § 55 GewO s näher Laubinger/Repkewitz VerwArch 1998, 609, 612. Die Rücknahme einer rechtswidrig erfolgten Festsetzung von Messen, Märkten oder Ausstellungen (§§ 64ff) ist in § 69b GewO speziell geregelt; die Bestimmungen des § 48 können ergänzend herangezogen werden (Laubinger/Repkewitz VerwArch 1998, 609, 626). **Ausgeschlossen** ist ein ergänzender Rückgriff auf § 48 nach der Rspr dagegen bei der Rücknahme von **Genehmigungen nach dem SchornsteinfegerG,** das insoweit eine abschließende Regelung enthalten soll (BVerwG DVBl 1998, 139). **Anwendbar** sind die Regelungen über die Rücknahme von VAen dagegen idR im **Subventionsrecht.**[135] Keine Anwendung finden soll § 48 im Falle der Rückforderung einer rechtswidrig gewährten Vorfinanzierung der Ausfuhrerstattung für landwirtschaftliche Erzeugnisse auf der Grundlage von Art 6 VO (EWG) Nr 565/80 (ABl L 62/5).[136] Spezialvorschriften enthalten die §§ 18, 30 AMG für die zwingende Rücknahme der Erlaubnis und der Zulassung von Arzneimitteln. 46a

Freie Berufe. Spezialvorschriften, die nur eine Ergänzung durch die Regelungen des § 48 zulassen, finden sich in § 14 Abs 1, 3 BRAO für die Rücknahme der Zulassung zur **Rechtsanwaltschaft.** Die Vorschrift des § 46 Abs 3 S 2 StBerG über die Rücknahme der Zulassung von **Steuerberatern** ist als Spezialvorschrift zu § 130 Abs 2 AO anwendbar. § 48 ist hier unanwendbar. Die Vorschrift des § 3 Abs 1 HebG für die Rücknahme der Zulassung von Hebammen wird durch § 48 ergänzt. Auf die in einer Satzung speziell geregelte **Rücknahme** der Berechtigung zur Führung einer **Facharztbezeichnung** ist § 48 ergänzend anwendbar (VGH Mannheim MedR 2007, 192). Dagegen soll nach § 5 Abs 2 S 1 BÄO für den Widerruf der ärztlichen Approbation die Jahresfrist des § 49 Abs 2 S 2 iVm § 48 Abs 4 nicht gelte. Dies muss dann konsequenterweise auch für die **Rücknahme der Approbation** nach § 5 Abs 1 BÄO gelten. Honorarbescheide der Kassenärztlichen Vereinigung sollen nach BSG DVBl 2002, 1057 vorläufige Regelungen sein, auf deren Bestand nur in beschränktem Umfang vertraut werden dürfe. 46b

h) Sozialrecht. Für die Rücknahme von VAen im Sozialrecht gelten grundsätzlich die speziellen Regelungen des Fachrechts die in den besonderen Büchern des SGB an vielen Stellen zu finden sind (zB §§ 20, 53 BAföG). Ergänzend muss idR auf § 45 SGB X zurückgegriffen werden, soweit nicht ausnahmsweise eine abschließende Regelung angenommen werden muss.[137] § 45 SGB X sieht **keine Unterscheidung zwischen VAen,** die auf eine einmalige oder laufende oder teilbare **Sachleistung** gerichtet sind, und **sonstigen begünstigenden** VAen vor, weil er allein auf die Leistungs-VAe des Sozialrechts zugeschnitten ist. Deshalb ist auch ein Anspruch auf Ausgleich des Vermögensnachteils für enttäuschtes Vertrauen entbehrlich. Eine Rücknahme gegen Zahlung einer Entschädigung wäre bei Geld- oder Sachleistungen ebenso wenig wie bei feststellenden VAen sinnvoll, die die Grundlage von Leistungs- und Beitragsbescheiden bilden. Denkbar wäre dies allerdings bei anderen VAen des Sozialrechts wie der Zulassung eines Vertragsarztes oder der Genehmigung einer Betriebskrankenkasse. 47

---

[135] BVerwG NVwZ-RR 2004, 413; zur Rücknahme einer Feststellung eines Milchreferenzmengenübergangs OVG Koblenz Urt v 7.1.2004 – 8 A 10866/03 – juris, einer Investitionszulagenbescheinigung nach § 2 Abs 4 InvZulG 1979 auch BVerwGE 92, 81 = DVBl 1993, 727; BVerwG NVwZ-RR 1990, 178 und zu Art 45 Abs 3 S 2 BayVoSchG im Verfahren zur Rücknahme der Bewilligung eines Zuschusses für eine Schule hins des hier nur sehr lückenhaft geregelten Erstattungsanspruchs (MuLö BayVBl 1990, 509).

[136] BFH ZfZ 2001, 242; 2001, 273.

[137] BVerwG NVwZ-RR 1990, 251; insoweit würden allerdings ohnehin nur die Regelungen des SGB X Anwendung finden.

§ 45 enthält außerdem im Vergleich zu § 48 VwVfG zum Teil günstigere Regelungen für die Betroffenen: So entfällt nach Abs 2 Satz 3 Nr 2 der Vertrauensschutz nur dann, wenn der unrichtige oder unvollständige VA auf Angaben beruht, die der Begünstigte vorsätzlich oder grob fahrlässig gemacht hat, während § 48 Abs 2 Satz 2 Nr 2 VwVfG die Einschränkung nicht kennt. Gleichfalls günstiger sind die Beschränkungen der Rücknahme für die Vergangenheit in Abs 4 und die Rücknahme von VAen mit Dauerwirkung in Abs 3 im Vergleich zu den in § 48 VwVfG getroffenen Regelungen (Hauck/Noftz SGB X, § 45 Rn 14). Schließlich wird der Bürger durch § 44 Abs 2 SGB X bei den Folgen der Rücknahme günstiger gestellt, weil Nachteile für eine Zeit von bis zu vier Jahren rückwirkend ausgeglichen werden müssen.

III. Rücknahme rechtswidriger VAe (Abs 1)

48 **1. Grundzüge der Regelung.** Abs 1 enthält die Grundzüge der Regelungen über die Rücknahme rechtswidriger VAe. Sie trifft insbesondere die grundlegende Unterscheidung zwischen der Rücknahme belastender und begünstigender VAe. Der Grundsatz der freien Rücknehmbarkeit rechtswidriger VAe, wie er in Abs 1 S 1 zum Ausdruck gelangt, gilt nur für belastende VAe, während begünstigende VAe nach Abs 1 S 2 nur unter den besonderen Voraussetzungen der Abs 2–4 zurückgenommen werden können. Der Grund für diese Unterscheidung liegt auf der Hand: Während an einem Bestand rechtswidriger belastender VAe keinerlei schützenswertes Interesse bestehen kann, ist bei der Rücknahme rechtswidriger nicht belastender VAe das Interesse des Begünstigten am Fortbestand der Begünstigung zu berücksichtigen, soweit es schützenswert ist. Hierzu treffen die Abs 2–4 nähere Regelungen. Für belastende und begünstigende VAe gleichermaßen gilt, dass sie nur zurückgenommen werden können, wenn sie rechtswidrig sind (s unten Rn 50), und dass die Rücknahme im **pflichtgemäßen Ermessen** der zuständigen Behörde steht (s unten Rn 77 ff). Die Rücknahme erfolgt in beiden Fällen in einem selbständigen Verfahren, in dem die Zuständigkeit sich nach den allgemeinen Vorschriften richtet (s unten Rn 162 ff).

49 **a) Änderung, Teilrücknahme.** Die Befugnis zur Rücknahme **schließt die Befugnis zu Änderungen** mit ein.[138] Dazu gehört auch die nachträgliche Beifügung von **Nebenbestimmungen** nach § 36 zu dem VA, wenn dadurch Rechtmäßigkeit hergestellt werden kann. Eine **Teilrücknahme oder Teiländerung** ist nur zulässig, wenn bzw soweit der in Frage stehende VA hins seines Inhalts oder hins der idR damit verbundenen Folgen (vgl BVerwGE 68, 159; 85, 79) teilbar ist (Laubinger VerwArch 1982, 346) und die Voraussetzungen der Rücknahme (nur) hins des in Frage stehenden Teils erfüllt sind, auch zB die Beschränkung oder der Ausschluss bestimmter mit dem VA im Regelfall „automatisch" verbundener Begünstigungen (BVerwGE 68, 159 und 85, 79 zum teilweisen Entzug von mit dem Vertriebenenausweis idR verbundenen Vergünstigungen). Keine zulässige Teilrücknahme stellt die Untersagung bestimmter Aktivitäten einer genehmigten Tätigkeit dar, auch wenn diese im Verhältnis zu einer Rücknahme der Genehmigung als das mildere Mittel erscheint.[139] Keine zulässige Teilrücknahme ist auch die isolierte Rücknahme des Widerspruchsbescheides (BVerwG DVBl 2002, 1045).

49a **b) Nachträgliche Nebenbestimmungen.** Eine Form der teilweisen Rücknahme (oder des teilweisen Widerrufs) ist auch die nachträgliche Beifügung

---

[138] Vgl zB VG Dresden, Urt v 15.12.2005 Az: 3 K 2404/01 – juris zur Reduzierung des Zinszuschusses in einem Förderbescheid.

[139] So aber OVG Bautzen LKV 2007, 87 für den Fall der Untersagung der Beschäftigung bestimmter Lehrhkräfte an einer Privatschule anstelle eines Widerrufs der Genehmigung.

belastender Nebenbestimmungen zu einem begünstigenden VA.[140] Sofern das Fachrecht keine spezielle Ermächtigung hierfür einräumt (s hierzu ausf § 36 Rn 10 ff), kommt die nachträgliche Beifügung von Nebenbestimmungen deshalb nur unter den besonderen Voraussetzungen von Widerruf und Rücknahme in Betracht (s näher Rn 30). Ob § 48 oder § 49 einschlägig sind, hängt von der Begründung der Nebenbestimmung ab. Nur dann, wenn die Nebenbestimmung der (teilweisen) Beseitigung einer ursprünglichen Rechtswidrigkeit des VA dient, ist § 48 einschlägig. IdR wird es um die Anwendung der Widerrufsvorschrift gehen.

2. Rechtswidrigkeit des VA. Die Rücknahme eines VA nach § 48 ist nur zulässig, wenn der VA rechtswidrig ist.[141] Dies ist der Fall, wenn der VA **unter Verstoß gegen geltendes Recht erlassen** worden ist. Der Begriff der Rechtswidrigkeit ist derselbe wie in § 42 VwGO und § 113 VwGO (OVG Münster DÖV 1989, 456). Ist in einer Sache ein **Widerspruchsbescheid** ergangen, so beurteilt sich die Frage der Rechtswidrigkeit idR nach diesem (vgl § 79 Abs 1 Nr 1 VwGO). Zu einer isolierten Rücknahme allein des Widerspruchsbescheides ist die Ausgangsbehörde idR aber nicht befugt (BVerwG DVBl 2002, 1045). Die Rechtswidrigkeit kann in einer Verletzung des formellen Rechts, insb des Verfahrensrechts iS des § 9, oder des materiellen Rechts, des positiven Rechts wie des Gewohnheitsrechts oder allgemeiner Rechtsgrundsätze des ungeschriebenen Rechts,[142] auch des EU-Rechts,[143] uU auch des Völkerrechts, oder eines auf Grund des internationalen öffentlichen Rechts anzuwendenden Rechtsnorm des Rechts eines fremden Staates liegen. Eine **Verletzung subjektiver öffentlicher Rechte ist nicht erforderlich.** Es muss also nicht geprüft werden, ob Rechtsätze verletzt sind, die zugleich subjektive Rechte oder Verpflichtungen begründen oder begründen können oder die Behörde zu solchen Regelungen ermächtigen. Rechtswidrig kann **auch ein fiktiver VA** sein, zB eine kraft Gesetzes als erteilt geltende Genehmigung; dies ist sogar deshalb leicht möglich, weil vor Eintritt der Fiktion eine Prüfung gerade nicht stattfindet (OVG Schleswig NordÖR 2005, 65). S zum fiktiven VA näher § 35 Rn 65. Die Fiktionswirkung betrifft nur die Erteilung der Genehmigung, nicht auch deren Rechtmäßigkeit (BVerwG DVBl 1975, 513: die Wirkung erschöpft sich in der Fiktion des Vorganges der Genehmigungserteilung; eine über diese verfahrensrechtliche Funktion hinausgehende Bedeutung kommt ihr nicht zu). 50

a) Begriff der Rechtswidrigkeit. Für die Prüfung der Rechtswidrigkeit des VA gelten die allgemeinen Vorschriften und Grundsätze, wie sie auch für § 113 Abs 1 VwGO maßgebend sind. Maßgeblich ist die **objektive Rechtswidrigkeit,** die vorliegt, wenn der VA gegen Gesetze oder sonstiges Recht verstößt. Auf die Verletzung subjektiver öffentlicher Rechte kommt es nicht an; sie sind nur für einen etwaigen Anspruch auf ermesssensfehlerfreie Entscheidung über die Rücknahme von Bedeutung. Neben materiellen Fehlern können uU auch formelle Fehler eines VA die Rücknahme rechtfertigen. Bei einer Baugenehmigung können nur solche Fehler die Rechtswidrigkeit begründen, die nach der gesetzli- 51

---

[140] BVerwGE 91, 17, 22; Durner VerwArch 2006, 345, 374.

[141] Die Rechtswidrigkeit muss immer tatsächlich, dh nicht nur nach Überzeugung der Behörde, gegeben sein (BVerwGE 12, 353; 18, 168; 24, 294). Ob dies der Fall ist, wird freilich häufig erst in einem Rechtsbehelfsverfahren geklärt.

[142] BSG SozR 1300 § 44 Nr 17; vgl auch Lüneburg OVG NVwZ 1985, 499: eine Subvention ist auch bei Fehlen einer ausdrücklichen Regelung rechtswidrig, wenn sie durch den Subventionszweck nicht gerechtfertigt wird.

[143] Vgl zB BVerwGE 92, 81 = DVBl 1993, 727; s zu Richtlinien, die, wenn das nationale Recht nicht in angemessener Frist angepasst wird, uU wie Rechtsnormen anzuwenden sind, auch BVerwG DÖV 1986, 1092 = DVBl 1987, 94; Jarass NJW 1990, 2420; Knösels Vr 1992, 159; zT zweifelnd Papier DVBl 1993, 813.

chen Regelung Gegenstand des Genehmigungsverfahrens sein mussten.[144] Ist der rechtswidrige VA durch ein **rechtskräftiges Gerichtsurteil** bestätigt, kommt eine Rücknahme nur in Ausnahmefällen in Betracht, weil im Grundsatz die Rechtskraft der gerichtlichen Entscheidung einer Annahme der Rechtswidrigkeit entgegensteht.[145]

52 **aa) Formelle Fehler.** Wurde der VA unter Verletzung von Vorschriften des Verfahrensrechts erlassen, so ist er rechtswidrig. Das gilt sowohl für Verstöße gegen Zuständigkeitsvorschriften als auch für Verstöße gegen Vorschriften über das Verwaltungsverfahren und die Form der Entscheidung, setzt aber voraus, dass diese in Gesetzen, Verordnungen oder Satzungen enthalten sind. Verstöße gegen Bestimmungen in Verwaltungsvorschriften reichen grundsätzlich nicht aus (s aber unten Rn 54 für Verstöße gegen Vergaberichtlinien). Ist **Heilung** eingetreten, entfällt die Rechtswidrigkeit; eine Rücknahme ist damit ausgeschlossen.[146] Im Fall der **Unbeachtlichkeit** des Verfahrensverstoßes nach § 46 ist der VA zwar rechtswidrig. Dies führt aber nach zutreffender, wenn auch nicht unbestrittener Auffassung nicht dazu, dass der VA wegen dieser Rechtswidrigkeit zurückgenommen werden dürfte; vielmehr ist die Rücknahme bei Unbeachtlichkeit nach § 46 unzulässig (vgl § 46 Rn 45 ff).[147]

53 **bb) Materielle Fehler.** Die Rechtswidrigkeit kann darin bestehen, dass die Behörde das **geltende Recht falsch ausgelegt oder angewandt** hat oder bei der Entscheidung von einem Sachverhalt ausgegangen ist, der in Wahrheit gar nicht vorlag (BVerwGE 31, 222; Begr 68), oder dass sie die Bindungswirkung einer Zusicherung (BVerwGE 49, 244 = DVBl 1976, 220) oder eines in der Sache früher ergangenen oder für einzelne Entscheidungsvoraussetzungen präjudiziellen VA oder einer entsprechenden gerichtlichen Entscheidung nicht beachtet hat, außerdem auch in der rechtsfehlerhaften Betätigung von Ermessen, Beurteilungsspielraum oder Planungsermessen. Nicht zur Rechtswidrigkeit führen bloße Unrichtigkeiten iS von § 42, die der vereinfachten Berichtigung nach § 42 unterliegen und deshalb grundsätzlich eine Rücknahme des betroffenen VA nicht rechtfertigen können.

54 **Ein Verstoß gegen Verwaltungsvorschriften** kann als solcher nicht zur Rechtswidrigkeit eines VA führen. Lässt eine Behörde die für sie geltenden oder von ihr selbst erlassenen Verwaltungsvorschriften außer Acht oder wendet sie diese nicht ihrem Wortlaut oder ihrer Zielsetzung entsprechend an, so bleibt dies für den VA zunächst einmal folgenlos, sofern nicht der Sonderfall normkonkretisierender VV vorliegt.[148] Das gilt insbesondere für streng gebundene VAe. Ist der Verwaltung aber ein Entscheidungsspielraum eingeräumt, so kann sich die Rechtswidrigkeit aus einem **Verstoß gegen den Gleichbehandlungsgrundsatz** (Art 3 GG) ergeben, wenn die Behörde in vergleichbaren Fällen richtlinienkonform vorgegangen ist oder ein solches Vorgehen beabsichtigt.[149] Das gilt auch

---

[144] OVG Hamburg, NordÖR 2011, 338: dass das Vorhaben aus anderen Gründen nicht zulässig ist, spielt keine Rolle. Das gilt selbst dann, wenn die Behörde weitere Rechtsvorschriften geprüft hat, die nicht zum gesetzlichen Genehmigungstatbestand gehören.

[145] BVerwG NVwZ 2014, 664 m Anm Schoch für den Fall eines Urteilsmissbrauchs im Asylrecht.

[146] OVG Münster NVwZ 1988, 740 = NJW 1988, 2690; MB 12; Knack/Henneke 33.

[147] Ausführlich Schenke FS Maurer 723 ff.

[148] BVerwG NVwZ 2003, 1384; Ehlers Vw 2004, 255, 278; Erichsen VerwArch 1978, 308; UL § 58 Rn 21; StBS 52; unklar insoweit BVerwG NJW 1977, 1838; zT **aA** OVG Lüneburg 33, 55; zur Verletzung von Verwaltungsvorschriften, die „unmittelbare Auswirkung" haben, bzw sog normkonkretisierenden VwV vgl Jarass JuS 1999, 105, 107; Dommach DÖV 1981, 124.

[149] Vgl BVerwGE 52, 193; BVerwG NVwZ 2003, 1384; VGH München BayVBl 1982, 659; NVwZ 1990, 882; OVG Koblenz DVBl 1982, 219; OVG Bremen NVwZ 1988, 447; OVG Münster NJW 1981, 2597; OVG Lüneburg NVwZ 1985, 499; Götz NVwZ 1980, 481; Dorn DÖV 1988, 11.

für Richtlinien, denen der Betroffene sich „unterworfen" hat, indem er sich mit ihrer Anwendung einverstanden erklärt hat.[150]

Bei Ermessensentscheidungen kann die Rechtswidrigkeit auch durch **Ermessensfehler** iS von § 40 begründet sein,[151] insbesondere wenn die Behörde bei ihrer Entscheidung von unzutreffenden Tatsachen ausging. Ein Ermessensfehler liegt aber auch dann vor, wenn die Behörde ihr Ermessen gar nicht betätigt hat, zB weil sie sich irrtümlich für gebunden gehalten hat, oder ihrer Entscheidung sachfremde Erwägungen zugrunde gelegt hat, dh solche, die dem Zweck der Ermächtigung nicht entsprechen (s § 40 Rn 73 ff), oder wenn die Entscheidung gegen die Grundsätze der Verhältnismäßigkeit oder der Gleichbehandlung verstoßen hat. Entsprechendes gilt für Beurteilungs- und Planungsentscheidungen (s hierzu näher § 40 Rn 99 ff). 55

cc) Wegfall der Ermächtigungsgrundlage. VAe, deren Rechtsgrundlagen nachträglich wegfallen, bleiben grundsätzlich voll wirksam und werden auch nicht rechtswidrig.[152] Insoweit kommt nur ein Widerruf nach § 49 Abs 2 Nr 4 in Betracht. Etwas anders gilt, wenn durch Gesetz, etwa durch gesetzliche Überleitungsbestimmungen, etwas anders bestimmt ist oder die betroffenen VAe auf Grund besonderer Umstände obsolet wurden. Wurde durch Richterspruch des BVerfG, eines Verfassungsgerichts des Landes oder nach § 47 VwGO des OVG mit Gesetzeskraft oder Allgemeinverbindlichkeit **die Rechtsgrundlage** für **ungültig erklärt,** so berührt dies zwar die Wirksamkeit des ergangenen VA nicht unmittelbar.[153] Die betroffenen VAe, die auf die für ungültig oder unwirksam erklärte Norm gestützt werden, sind jedoch wegen fehlender Rechtsgrundlage **von Anfang an rechtswidrig** gewesen und können daher nach § 48 zurückgenommen werden.[154] Der Rücknahme stehen hier auch nicht § 79 BVerfGG, § 183 VwGO oder allgemeine Grundsätze entgegen (BSG NVwZ 1989, 998). Etwas anderes gilt dann, wenn nicht die Ungültigkeit der in Frage stehenden Rechtsnormen festgestellt wurde, sondern im Interesse der Funktionsfähigkeit der Verwaltung oder aus sonstigen übergeordneten Gründen **nur die Verfassungswidrigkeit** bzw Gesetzwidrigkeit der Ermächtigungsgrundlage und deren vorläufige Fortgeltung anerkannt oder sogar angeordnet wird.[155] In solchen Fällen kommt grundsätzlich nur ein Widerruf der betroffenen VAe analog § 49 Abs 2 Nr 4 in Betracht. 56

b) Maßgeblicher Zeitpunkt für die Rechtswidrigkeit. Die Rücknahme setzt grundsätzlich voraus, dass ein VA bereits im Zeitpunkt seines Erlasses rechtswidrig war, dass also die Behörde bei dem Erlass des VA gegen geltendes Recht verstoßen hat.[156] **Umstritten** ist die Rechtslage beim **VA mit Dauerwirkung.** Hier wird teilweise die Auffassung vertreten, es komme auch bei später eintretender Rechtswidrigkeit des VA eine Rücknahme vom Zeitpunkt 57

---

[150] BVerwG DVBl 1983, 810; OVG Lüneburg DÖV 1988, 36; VGH München NVwZ 1990, 882; kritisch Grawert DVBl 1981, 1029; Weides NJW 1981, 841.

[151] Vgl OVG Münster DÖV 1989, 456; MB 8; Lange NJW 1986, 2462.

[152] Vgl BVerwG NVwZ-RR 1990, 323: es gibt keinen Rechtssatz des Bundesrechts, nach welchem ein entstandener Beitragsanspruch deshalb nicht fortbestehen könnte, weil ein gesetzliches Tatbestandsmerkmal nachträglich mit Wirkung ex nunc weggefallen ist.

[153] Vgl § 79 BVerfGG; § 183 VwGO; Kopp/Schenke § 183 Rn 6; vgl auch OVG Münster NWVBl 1990, 12: die Bindungswirkung einer Teilungsgenehmigung entfällt nicht deshalb, weil der Bebauungsplan für ungültig erklärt wurde.

[154] BVerwGE 64, 62; BSG 61, 187 = NVwZ 1989, 998; Martens NVwZ 1990, 630.

[155] Vgl zB BVerfG 54, 159, 301; 73, 297; DVBl 1989, 247.

[156] Begr 68; BVerwGE 59, 160; Pieroth NVwZ 1984, 683; Maurer § 10 Rn 3; Dommach DÖV 1981, 124; Pickel NVwZ 1987, 455; Kopp BayVBl 1989, 652 und 1990, 524; Knack/Henneke 35 u vor § 43 Rn 48; Ehlers GewArch 1999, 312; Erichsen/Ehlers § 24 Rn 6; vgl auch StBS 49; **aA** Martens NVwZ 1989, 832; Schenke DVBl 1989, 433; BayVBl 1990, 107.

des Eintretens der Rechtswidrigkeit an in Betracht.[157] Diese Position überzeugt nicht. Eine Änderung der Sach- und Rechtslage nach Erlass des VA kann zwar dazu führen, dass die Regelung in Widerspruch zum geltenden Recht gerät, grundsätzlich aber nicht zur Rücknehmbarkeit des VA. Etwas anderes gilt nur in den Fällen, in denen sich eine Rechtslage ausnahmsweise rückwirkend ändert.[158] Die gegenteilige Auffassung, wonach § 48 auch auf nachträglich „rechtswidrig gewordene" VAe anwendbar ist, steht im Widerspruch zu § 49 Abs 2 Nr 3, 4. Sie ist systemwidrig, weil § 48, wie gerade die Regelungen in Abs 2 zeigen, auf den Erlasszeitpunkt abstellt. Sie hat sich zu Recht nicht durchgesetzt. Für sie gibt es auch nicht wirklich ein praktisches Bedürfnis, weil in den korrekturbedürftigen Fällen idR ein Rückgriff auf § 49 möglich ist.

58 **aa) Änderungen der rechtlichen Voraussetzungen.** Nachträgliche Änderungen der rechtlichen oder tatsächlichen Voraussetzungen eines VA können deshalb grundsätzlich, soweit durch spezielle gesetzliche Regelungen, zB durch Überleitungsvorschriften nichts anderes bestimmt ist, einen ursprünglich rechtmäßig erlassenen VA nicht rechtswidrig werden lassen, sondern nur Anlass und Rechtfertigung für einen **Widerruf** nach § 49 oder eine Wiederaufnahme nach § 51 sein,[159] nur in besonders gelagerten Fällen auch den **VA gegenstandslos** werden lassen,[160] oder nach dem Grundsatz der doppelten Deckung (s dazu oben Rn 27) eine Rücknahme dadurch ausschließen, dass nach dem nunmehr im Zeitpunkt der Rücknahme geltenden Recht die Behörde verpflichtet wäre, einen inhaltsgleichen VA sofort wieder zu erlassen.[161]Eine **Rechtsänderung, die den Erlass eines VA mit gleichem Inhalt ermöglichen würde,** beseitigt die Rechtswidrigkeit eines zuvor ohne ausreichende Rechtsgrundlage erlassenen VA nicht, sofern sie nicht mit entsprechender Rückwirkung ausgestattet ist.[162] Eine solche Rückwirkung kommt zB bei einer Heilung nach § 214 BauGB in Betracht (StBS § 44 Rn 28). Entsprechend den in § 47 und § 49 Abs 1 2. Halbs enthaltenen allgemeinen Rechtsgedanken ist in diesen Fällen aber eine Rücknahme des früheren VA für die Zeit ab dem Inkrafttreten des neuen Rechts nicht mehr zulässig.

59 **bb) Änderung des Sachverhalts.** Auch eine nachträgliche Änderung des Sachverhalts, der für den Erlass eines VA maßgebend war, kann nicht zur Rücknahme eines VA führen.[163] Nachträgliche Änderungen des Sachverhalts können

---

[157] So für rechtswidrig werdende Dauer-VAe VGH Mannheim VBlBW 2002, 208; OVG Münster NVwZ-RR 1988, 1; wohl auch BVerwG NVwZ 2012, 1547, 1553, die Frage allgemein aber letztlich offen lassend, weil jedenfalls im vorliegenden Fall verneint; aus der Lit vor allem Schenke DVBl 1989, 433; Schenke/Baumeister JuS 1991, 547, 550.

[158] BVerwGE 84, 111; Maurer § 11 Rn 11.

[159] Kopp BayVBl 1989, 652; 1990, 524; Lehner Vw 1993, 183; Knack/Henneke vor § 43 Rn 49; vgl allg auch Heilemann SGb 1994, 15; **aA** BVerwG NVwZ 1994, 375: Rücknahme der Pflegezulagebewilligung bei Besserung des Gesundheitszustands München NVwZ 1989, 378; Schenke DVBl 1989, 433; BayVBl 1990, 107; Schenke/Baumeister JuS 1991, 547; Ehlers VerwArch 1993, 175 Fn 181.

[160] Vgl BVerwG BayVBl 1990, 215: die rückwirkende Bewilligung einer Rente führt zur Rechtswidrigkeit eines Beihilfebescheides, der davon ausgeht, dass keine Rente bezogen wird; OLG Köln NJW 1988, 2119 m Anm Lange NStZ 1989, 122: die Anordnung des Anschluss- und Benutzungszwangs bezüglich einer Kanalisation macht die durch Baugenehmigung erteilte Berechtigung zur Einleitung von Abwässern in Gewässer gegenstandslos; vgl auch BVerwGE 66, 68; BVerwG DVBl 1982, 797; Kopp BayVBl 1989, 652; 1990, 524.

[161] In solchen Fällen kann idR auch eine Anfechtungsklage nicht mehr zum Erfolg führen, vgl BVerwG NVwZ 1991, 360; hierzu Schenke NVwZ 2015, 1.

[162] In BVerwGE 64, 218 wird der nachträglich erlassenen Beitragssatzung praktisch eine Rückwirkung beigelegt.

[163] Begr 68; BVerwG ZBR 1982, 350; OVG Münster NVwZ 1988, 94; Maurer § 10 Rn 3; § 11 Rn 11; Pickel NVwZ 1987, 455; Pieroth, Rückwirkung und Übergangsrecht, 1981, 217; Kopp BayVBl 1989, 43; 1990, 524; **unklar** BVerwGE 84, 111; BVerwG DVBl

zwar zu dem Ergebnis führen, dass die Regelung des VA im Widerspruch zum geltenden Recht steht, nicht aber, dass er als rechtswidrig erlassen angesehen werden kann. Eine nachträgliche Änderung der Sachlage kann auch dazu führen, dass der VA gegenstandslos wird (zB eine Abrissverfügung, wenn die Anlage durch Naturereignisse zerstört wird oder eine Gewerbeuntersagung bei Tod des Gewerbetreibenden). Wenn ein besonderes Bedürfnis besteht, kann der VA auf Antrag für gegenstandslos erklärt werden.[164] Die Änderungen können auch die innere Wirksamkeit (§ 43) der mit dem VA getroffenen Regelung entfallen lassen.[165] In allen anderen Fällen kommt nur ein Widerruf des VA in Betracht.

cc) Änderung der Rechtsprechung. Eine Änderung der Rechtsprechung ist einer Rechtsänderung nur dann gleichzuachten, wenn sie Ausdruck veränderter neuer Rechtsauffassungen ist (vgl § 49 Rn 50). Wenn und soweit sie nur diese Auslegung einer Vorschrift oder sonstiger Rechtsnormen klarstellt, ist auch die Frage der Rechtswidrigkeit nach ihr zu beurteilen, nicht nach der früheren abweichenden Rechtsprechung.[166] Die Fälle, in denen die Rspr[167] nachträgliche Rechtswidrigkeit angenommen hat, betreffen, soweit ersichtlich, zumeist VAe, die schon von ihrem Inhalt her zeitlich an die Fortdauer einer bestimmten Situation gebunden waren und deren Wirksamkeit bei Änderung dieser Situation daher entfiel, ohne dass es einer Rücknahme oder eines Widerrufs, sondern allenfalls einer Klarstellung durch feststellenden VA bedurfte.[168] Soweit VAe von den Betroffenen nach Treu und Glauben als nicht im dargelegten Sinne beschränkt und lediglich als vorläufige Regelungen gedacht verstanden werden durften, wäre nicht eine Rücknahme, sondern nur ein Widerruf in Betracht gekommen. 60

dd) Neue wissenschaftliche Erkenntnisse. Neue wissenschaftliche Erkenntnisse, zB hins der Gefährlichkeit radioaktiver oder elektromagnetischer Felder, von Lärm oder anderen Immissionen, die eine andere Beurteilung der sachlichen Voraussetzungen eines VA notwendig machen, insb bisher als gesichert geltende Annahmen widerlegen, können die Beurteilung des VA im Zeitpunkt seines Erlasses beeinflussen.[169] Ergeben sie, dass der VA im Lichte der nunmehri- 61

1994, 115; **aA** Schenke DVBl 1989, 634; BayVBl 1990, 107; Schenke/Baumeister JuS 1991, 547; Baumeister VerwArch 1992, 399 Fn 102; allg wohl auch Lange Jura 1980, 459.

[164] Kopp BayVBl 1989, 652; 1990, 525; s auch § 49 Rn 40 mwN; ebenso Maurer § 10 Rn 4; vgl auch BVerwG DÖV 1992, 875 = DVBl 1992, 1173: Widerruf der Genehmigung der Satzung einer Innung, wenn diese rechtswidrig geworden ist; zT **aA** BFH NVwZ 1989, 293: nachträglich bekannt gewordene Tatsachen, „deren Bedeutung für den Fall sich erst auf Grund einer Änderung der Rspr ergibt, können nur dann zu einer Änderung des Steuerbescheides führen, wenn ihre rechtzeitige Kenntnis die Entscheidung des Finanzamts mit einer an Sicherheit grenzenden Wahrscheinlichkeit beeinflusst hätte".

[165] Vgl BVerwGE 84, 274: die Bewilligung von Wohngeld findet mit dem Tod des Berechtigten „automatisch" ihr Ende, es bedarf dann keiner Aufhebung des Bewilligungsbescheids als Voraussetzung für die Rückforderung weiter erfolgter Zahlungen; BVerwGE 84, 111: „Rücknahme" der Bewilligung einer beamtenrechtlichen Beihilfe, für die durch die rückwirkende Bewilligung einer Rente die Grundlage entfiel; BVerwG DVBl 1994, 115: Entfallen der Pflegezulage bei unzweifelhafter grundlegender Besserung des Gesundheitszustands; OVG Münster NVwZ 1988, 71 zur „Rücknahme" der Bewilligung eines beamtenrechtlichen Witwenunterhaltsbeitrags, für den mit der Wiederverheiratung die Grundlage entfallen war; Münster NVwZ-RR 1988, 1: „Rücknahme" einer funktionsbedingten Stellenzulage eines Beamten nach Wegfall der Funktion.

[166] Ebenso StBS § 44 Rn 33; zT **aA** BFH NVwZ 1989, 293; vgl auch BFH 146, 496 = BStBl II 1986, 707.

[167] Vgl BVerwGE 84, 111; BVerwG DVBl 1988, 1047; OVG Münster NVwZ 1988, 71; NVwZ-RR 1988, 1.

[168] Kopp BayVBl 1990, 524; **aA** Schenke DVBl 1989, 433; BayVBl 1990, 107.

[169] Vgl BVerwGE 78, 141; s auch BVerwG NJW 1988, 2912: wenn nachträglich eine Gefährlichkeit bekannt wird, die sehr viel größer ist, als man zunächst wusste und wissen konnte.

gen Erkenntnisse nicht hätte ergehen dürfen, so ist der VA auch hins einer evtl Rücknahme als **von Anfang an rechtswidrig** anzusehen.[170] In solchen Fällen kommt auch allerdings ein Widerruf wegen veränderter Umstände in Betracht; s zur Befugnis der Behörde, grundsätzlich zwischen beiden Möglichkeiten zu wählen, § 49 Rn 46. Gleiches gilt, wenn bisher angenommene Tatsachen, auf Grund derer der VA erlassen wurde, sich nachträglich **auf Grund neuer Beweismittel als unzutreffend erweisen** oder sonst die dem VA zugrunde liegenden tatsächlichen Annahmen auf Grund bisher unbekannt gewesener Tatsachen erschüttert werden.

62 **3. Belastender oder begünstigender VA. a) Grundzüge.** Abs 1 Satz 1 betrifft nur die Rücknahme von belastenden VAen. Der Grundsatz der freien Rücknehmbarkeit von VAen gilt ohne Einschränkungen nur für ausschließlich belastende VAe, sofern keine Sonderregelungen bestehen. Für begünstigende VAe gelten im Hinblick auf die Grundsätze der Rechtssicherheit und des Vertrauensschutzes die wesentlichen Einschränkungen der Abs 2–4, die eine Rücknahme abweichend von Abs 1 in vielen Fällen ausschließen oder von einem Ausgleich der Nachteile abhängig machen. Begünstigende VAe können gem Abs 1 S 2 nur zurückgenommen werden, wenn die Voraussetzungen der Abs 2 bis 4 erfüllt sind. § 48 unterscheidet dabei abweichend vom früheren Recht zwischen einer Rücknahme von VAen, die auf eine Geldleistung oder teilbare Sachleistung gerichtet sind (Abs 2), und sonstigen VAen (vgl Abs 3). Während die Rücknahme von VAen der erstgenannten Art nach Abs 2 grundsätzlich ausgeschlossen ist, soweit ihr das schutzwürdige Vertrauen des Begünstigten entgegensteht, ist bei der Rücknahme sonstiger VAe das schutzwürdige Vertrauen des Begünstigten nach dem Wortlaut des Abs 3 nicht beachtlich; einem berechtigten Vertrauen soll lediglich durch die Zuerkennung eines Ausgleichsanspruchs Rechnung getragen werden. Der Unterschied zwischen den Regelungen in Abs 2 und Abs 3 ist indessen nicht grundlegend, weil auch Abs 3 den Vertrauensschutz nicht ausschließt (s Rn 137). Vielmehr geht der Gesetzgeber davon aus, dass den Begünstigten nach Abs 2 der Anspruch auf die Geldleistung (bzw teilbare Sachleistung) anstelle eines sonst evtl fälligen Ausgleichanspruchs belassen werden soll. Diese „saldierende“ Betrachtungsweise ist bei Abs 3 nicht möglich.

63 **Widerspruchsbescheide teilen den Rechtscharakter des VA,** den sie bestätigen; im Übrigen sind die dargelegten Differenzierungskriterien auch auf sie anzuwenden. Die Wirkungen des Widerspruchsbescheids erschöpfen sich in der getroffenen Entscheidung hins des angegriffenen VA; bei Aufhebung eines VA im Widerspruchsverfahren ist die Erstbehörde zugunsten des Widerspruchsführers an die für die Aufhebung maßgeblich gewesenen Gründe gebunden, wenn sie in der Sache einen neuen VA erlässt (str); ebenso die Widerspruchsbehörde, wenn sie in einem neuen Widerspruchsverfahren über diesen zu entscheiden hat.

64 **b) Begriff des begünstigenden VA.** Begünstigend ist nach der **Legaldefinition des Abs 1 S 2** ein VA dann, wenn er „ein Recht oder einen rechtlich erheblichen Vorteil begründet oder bestätigt“. Als bestätigend idS ist auch die verbindliche Feststellung eines Rechts durch feststellenden VA anzusehen.[171] Nicht begünstigend sind alle belastenden VAe, dh solche, die eine Rechtsverletzung in dem weiten Sinne des § 42 Abs 2 VwGO bewirken können; das ist dann der Fall, wenn eine Verletzung subjektiver Rechte möglich ist; nicht entscheidend ist dagegen, ob der Adressat aus irgendwelchen Gründen ein Interesse an

---

[170] Vgl Lange NJW 1986, 2462; Wagner DÖV 1987, 526; Gaentzsch NVwZ 1990, 507; StBS § 44 Rn 34f.

[171] Knoke 54; FKS 37; kritisch zur Unterscheidung begünstigender und nicht begünstigender VAe gem Abs 1 S 2 mit beachtlichen Gründen Krause NJW 1979, 1013.

der Belastung hat.[172] Zu dem Fall, dass ein VA den Betroffenen weniger belastet als möglich oder erwartet, s unten Rn 69. Maßgeblich ist, wenn ein Widerspruchsbescheid ergangen ist, der VA in der „Gestalt, die er durch den Widerspruchsbescheid erhalten hat". Eine lediglich tatsächliche Begünstigung oder Belastung genügt nicht (OVG Münster NJW 1987, 269, StBS 117). Begünstigend ist auch ein **VA, der eine Belastung aufhebt** oder mindert.[173] Zum Begriff des begünstigenden VA bei **VAen mit Drittwirkung** s unten Rn 73.

Nicht begünstigend ist ein VA, der **Pflichten begründet,** also Gebote und Verbote auferlegt, **Rechte entzieht** oder aufhebt oder zum Nachteil des Betroffenen verändert oder einschränkt (Knack/Henneke 60), **Verpflichtungen konkretisiert,**[174] selbst dann, wenn diese Konkretisierung im Interesse des Adressaten liegt, oder sonstige rechtlich erhebliche Nachteile begründet oder bestätigt. Gleiches gilt umgekehrt für die **Ablehnung der Begründung eines Rechts** oder eines rechtlich erheblichen Vorteils (zB bei Ablehnung eines beantragten VA)[175] und für einen zwar antragsgemäß ergangenen VA, soweit er unmittelbar zu einem vom Antragsteller nicht vorhergesehenen Nachteil bei einer anderen Leistungsart führt (BVerwGE 25, 194; Knoke 55). § 48 verwendet im Gegensatz zu verschiedenen sondergesetzlichen Regelungen und zur früheren Rspr den Begriff des belastenden VA nicht ausdrücklich; dieser Begriff ist jedoch in allen Bestimmungen des VwVfG und entsprechender Gesetze gemeint, die wie Abs 1 S 2 Regelungen über nicht begünstigende VAe enthalten, denn ein Drittes gibt es nicht.[176] 65

aa) Der Begriff rechtlich erheblichen Vorteils umfasst Rechte ieS und rechtlich geschützte Interessen,[177] dh jeden von der Rechtsordnung durch Sätze des öffentlichen Rechts[178] als schutzwürdig[179] anerkannten und **rechtlich geschützten Vorteil,** der aus dem VA erwächst.[180] Durch die Verwendung dieses Begriffs sollte einer zu engen Auslegung des Begriffs des Rechts in S 2 zum Nachteil des Bürgers vorgebeugt und zugleich eine Parallele zu dem vergleichbaren Begriffspaar ‚Rechte' und ‚rechtlich geschützte Interessen' hergestellt werden (Begr 68; ebenso MuE 165). Zu den Rechten iSd S 2 zählen alle subjektiven öffentlichen Rechte einschl des **Rechts auf ermessens- bzw beurteilungsfehlerfreie Entscheidung.** Es muss sich immer um rechtserhebliche Vorteile bzw Nachteile, nicht nur lediglich tatsächliche, wirtschaftliche, ideelle uä handeln. Die Vorteile oder Nachteile müssen sich unmittelbar aus dem VA ergeben (StBS 118; Knack/Henneke 69), dh die durch den VA getroffene Regelung müssen Rechte begründet, bestätigt oder festgestellt sein. Nur mittelbar damit im Zusammenhang stehende lediglich tatsächliche Vorteile oder Nachteile sind insoweit nicht maßgeblich; anders dagegen rechtliche Vorteile oder Nachteile, für 66

---

[172] OVG Münster NVwZ-RR 2012, 541 (Zuweisung von Hausnummern als belastender VA), hierzu Waldhoff JuS 2012, 958; NVwZ 1989, 72; StBS § 49 Rn 20.

[173] OVG Lüneburg NVwZ 1990, 675; WBSK I § 46 Rn 21; StBS 119; **aA** offenbar OVG Münster BRS 47, 483.

[174] OVG Münster NVwZ-RR 2012, 541; VGH München NVwZ 1983, 20.

[175] Begr 68; WBSK I § 46 Rn 20; Erichsen Jura 1981, 554; Wendt JA 1980, 87; Knoke 55; StBS 119; Erichsen/Ehlers § 24 Rn 11; Maurer § 9 Rn 48.

[176] **AA** VGH München BayVBl 1983, 20 = NVwZ 1983, 352; BayVBl 1988, 497; VGH Mannheim NJW 1979, 1671; Knoke 55.

[177] BT-Dr 7/910 S 68; OVG Münster NVwZ 1989, 72; Knoke 50.

[178] ZT **aA** Knoke 53: auch solche des Privatrechts, sofern sie durch VA begründet werden können. Kritik: das Problem besteht nur scheinbar. Soweit ein Recht durch VA begründet oder bestätigt werden kann, beruht es immer auch auf den Rechtsnormen, auf Grund derer der VA ergeht. Diese sind notwendig solche des öffentlichen Rechts.

[179] Vgl BVerwGE 15, 61; WBSK I § 51 Rn 22; Kopp/Schenke § 42 Rn 78 ff.

[180] VG Freiburg NJW 1976, 1765; WBSK I § 51 Rn 22; UL § 61 Rn 25; StBS 116: jedes von der Rechtsordnung als schutzwürdig anerkannte Individualinteresse; FKS 37.

die der in Frage stehende VA auf Grund ausdrücklicher rechtlicher Vorschriften oder als Folge aus der Natur der Sache rechtliche Voraussetzung ist.[181] Ebenso **unerheblich sind bloße Reflexwirkungen** des objektiven Rechts (Erichsen Jura 1981, 537; Knack/Henneke 69).

67 Bei **dinglichen VAen** (s zum Begriff § 35 Rn 166), **zB** der **Widmung einer Straße** für den allgemeinen Verkehr, sind als begünstigt bzw belastet nicht nur die unmittelbaren Adressaten uä, bei einer Widmung zB der Eigentümer des gewidmeten Grundstücks anzusehen, sondern auch Dritte, für die der VA Rechtswirkung erst über eine gesetzliche Vorschrift, die an ihn Rechtsfolgen „inter omnes" knüpft, auslöst, zB bei einer Straße die Verkehrsteilnehmer.[182] Bei einer Baugenehmigung ist auch der Grundstückseigentümer begünstigt, der nicht selbst den Bauantrag gestellt hat, aber mit der Antragstellung einverstanden war (OLG Köln NVwZ 1989, 288), wegen der positiven Auswirkungen hins der Bebaubarkeit des Grundstücks wohl aber auch unabhängig von seiner Zustimmung. Die **Zuweisung von Hausnummern** ist ein belastender VA, weil mit ihm die Verpflichtung verbunden ist, diese Nummer auch bei der Kennzeichnung des Grundstücks zu verwenden.[183]

68 **bb) Vorteilhaftigkeit der Regelung.** Ob eine Regelung rechtlich vorteilhaft ist, ergibt sich aus der **Verkehrsauffassung** und aus den allgemeinen Wertentscheidungen des Verfassungsrechts wie auch der Rechtsordnung im Übrigen; im Zweifel auch aus den subjektiven **Vorstellungen der Betroffenen** (deren schutzwürdige Interessen und Vertrauen §§ 48 ff schützen sollen), wenn sie der Behörde bekannt oder doch für sie erkennbar sind[184] oder von ihr unschwer festgestellt werden können. Begünstigend oder belastend ist zB je nach den Erwartungen der Betroffenen auch die durch VA getroffene **Feststellung der Wehrdienstunfähigkeit** oder Zivildienstunfähigkeit;[185] die **Festlegung eines Straßennamens,** der von den Anwohnern akzeptiert wurde, auf den sich diese eingerichtet haben und den sie beizuhalten wünschen;[186] die **Zuteilung einer Hausnummer;**[187] eine **Einfuhrgenehmigung,** die einen Vertrag wirksam werden lässt, auch wenn das Geschäft sich dann als Verlustgeschäft erweist (MB 21).

69 **cc) Geringere Belastung als zulässig oder geboten.** Belastet ein VA den Betroffenen weniger als möglich oder erwartet, so wird er dadurch allein nach zutreffender hM nicht schon zu einem begünstigenden VA.[188] Der **Nacherhe-**

---

[181] BVerwGE 85, 85 zum Vertriebenenausweis, soweit damit gem § 15 Abs 3 BVFG eine Feststellungswirkung für bestimmte Ansprüche auf Geld- und Sachleistungen verbunden ist; **aA** zur Zusage der Umzugskostenvergütung gem § 2 BUKG, die ua auch zur Folge hat, dass der Anspruch des Beamten auf Trennungsgeld entfällt, BVerwGE 81, 149 = NVwZ 1989, 1172: nur eine tatsächliche Auswirkung.

[182] Str; vgl Kopp/Schenke § 42 Rn 76, 115.

[183] OVG Münster NVwZ-RR 2012, 541; Waldhoff JuS 2012, 958.

[184] BVerwG DVBl 1986, 561; VGH Kassel NVwZ 1990, 384: ein im Wesentlichen begünstigender VA, da die dort geregelte Rekultivierung dem eigenen Wunsch des Antragstellers entspreche; Weber BayVBl 1984, 269 zu Prüfungsergebnissen; Kopp SGb 1987, 130; StBS 116; vgl auch BVerwGE 58, 39 zur Wehrdienstunfähigkeit; **aA** Knack/Henneke 69; MB 49: maßgebend allein die Rechtsordnung, nicht die Auffassung der Betroffenen.

[185] BVerwGE 58, 39; BVerwG DVBl 1982, 1001 mit zust Anm Busch: die Abänderung in „vorübergehend nicht zivildienstfähig" stellt die Teilrücknahme eines begünstigenden VA dar.

[186] VGH Mannheim BWVPr 1976, 202; vgl auch VGH München NJW 1988, 2826: kann rechtliche Nachteile zur Folge haben Knoke 51; Brugger JuS 1990, 569; vgl auch OVG Münster NJW 1987, 2695: keine Rechte der Anlieger betroffen.

[187] Vgl VGH München NJW 1988, 2826; **aA** VGH München BayVBl 1983, 20: weder begünstigend noch belastend; Knoke 51.

[188] BVerwGE 109, 283, 285 für die irrtümlich zu niedrige Festsetzung; BVerwG NVwZ-RR 2000, 367; StBS 123; **aA** WBSK I § 46 Rn 21; UL § 62 Rn 28, die in solchen Fällen eine stillschweigende Reduktion der Verpflichtung annehmen.

bung einer Abgabe steht deshalb § 48 Abs 2 nicht im Wege (BVerwGE 67, 134 = NVwZ 1983, 613). Als Begünstigung ist eine zu niedrige Belastung nur anzusehen, wenn durch die entsprechende Festsetzung uä zugleich ausdrücklich oder konkludent verbindlich klargestellt bzw sonst geregelt wurde oder der Bürger den VA jedenfalls nach Treu und Glauben so verstehen durfte, dass die Behörde auf weitergehende oder andersartige **zusätzliche Belastungen, zB höhere Gebühren, verzichtet**[189] bzw solche jedenfalls nicht (mehr) auferlegt werden würden und dem VA insofern eine der des Satzes ne bis in idem vergleichbare Konsumationswirkung zukommt.[190] Soweit ein belastender VA nach den vorstehenden Grundsätzen nicht als Verzicht oder Ausschluss weiterer Belastungen in der Sache verstanden werden kann, liegt kein begünstigender VA vor; Vertrauen kann insoweit nur im Rahmen der von der Behörde bei jeder Rücknahmeentscheidung zu treffenden **Ermessensentscheidung berücksichtigt werden**[191] (s hierzu auch unten Rn 77).

dd) Einzelfälle. Begünstigend kann die Auferlegung eines **Verwarnungsgeldes anstelle eines Bußgeldbescheides** sein, wenn es darum ging, ein Bußgeldverfahren zu vermeiden (KG NJW 1990, 1803); ebenso ein Beitragsbescheid, wenn damit zugleich ein höherer Beitrag ausgeschlossen werden soll (s oben Rn 69). In diesen Fällen kann dann **zwar die Belastung** als solche frei nach Abs 1 S 1 **zurückgenommen** werden, nicht aber – vorbehaltlich abweichender Regelungen in besonderen Rechtsvorschriften (vgl zB für Abgaben § 177 AO) – die Begünstigung, dh die Behörde kann nicht durch Aufhebung des belastenden Teils die Freiheit zurückgewinnen, durch einen neuen VA eine umso größere Belastung zu verfügen. Vgl auch OVG Lüneburg NVwZ 1990, 675: „Die Aufhebung eines belastenden VA ist immer ein begünstigender VA. Je nach den Umständen kann jedoch in der Aufhebung eines VA dann keine Begünstigung, die einer belastenden Neuregelung entgegensteht, gesehen werden, wenn die Aufhebung nach Treu und Glauben von den Betroffenen nicht als abschließende Regelung verstanden werden kann, so idR zB bei Aufhebung nur aus verfahrensrechtlichen Gründen (BFH NJW 1990, 1199)". 70

Der Auferlegung zusätzlicher Belastungen über einen bereits ergangenen belastenden VA hinaus kann unabhängig von § 48 **das Vertrauensprinzip** entgegenstehen.[192] Soweit jedoch der Bürger einen begünstigenden VA nach den für die Auslegung von VAen auch sonst geltenden Grundsätzen, insb nach Treu und Glauben, als **abschließende Regelung** eines Sachverhalts verstehen musste oder durfte, durch die weitere Belastungen gerade ausgeschlossen werden sollten, erscheint es aber aus Gründen der Sachnähe richtiger, den VA als insgesamt auch in dieser Hinsicht begünstigend iS von § 48 Abs 1 zu behandeln und damit auch die hier bereits von der gesetzlichen Regelung her vorgegebene Berücksichtigung schutzwürdigen Vertrauens anzuwenden, als die Betroffenen insoweit auf 71

---

[189] BGH NVwZ 1986, 792.

[190] BFH 147, 113 = NVwZ 1987, 533; 147, 215 = BStBl II 1986, 779 m Anm Herden/Gmach NJW 1987, 2790 zur Aufhebung eines VA mit dem Hinweis, dass diese „ersatzlos" erfolgt; BStBl II 1987, 405: auch ein belastender VA kann ein geeigneter Gegenstand für verfassungsrechtlich geschütztes Vertrauen sein; UL § 62 Rn 28; StBS 123; MB 14 zu § 49; Knack/Henneke 60; WBSK I § 51 Rn 21; Wallerath 7 II 2; Weides 29 I; Martens NVwZ 1985, 164; Jäckle NJW 1984, 2134; Weber BayVBl 1984, 269; vgl allg auch BVerwG NVwZ 1988, 938: auch ein nach seinem Tenor ausschließlich belastender VA kann ein geeigneter Gegenstand für geschütztes Vertrauen sein; BVerwG NVwZ 1989, 161; weitergehend zugunsten des Schutzes des Vertrauens der Betroffenen Maurer § 11 Rn 15; einschränkend BVerwGE 67, 134: im Zweifel keine Konsumtionswirkung.

[191] BVerwGE 79, 163; BVerwG NVwZ 1988, 938; KStZ 89, 213; Knack/Henneke 48; StBS 124.

[192] Vgl BVerwG NVwZ 1989, 938; 1989, 161; NVwZ-RR 1990, 324.

allgemeine Rechtsgrundsätze des Vertrauensschutzes als Folge aus dem Rechtsstaatsprinzip zu verweisen.

72 **c) Zugleich belastender und begünstigender VA.** Erhält ein VA für den einzelnen Betroffenen sowohl begünstigende als auch belastende Teile (Elemente), so kommt es darauf an, ob diese Teile rechtlich voneinander getrennt werden können oder untrennbar miteinander verbunden sind. Ist letzteres der Fall, ist der VA iS von Abs 1 S 2 **insgesamt als begünstigend** zu werten und die Rücknahme entsprechend an Abs 2–4 zu messen. Bei Teilbarkeit kommt es darauf an, ob die Rücknahme ausschließlich den belastenden Teil betrifft[193] oder dass der Begünstigte ausschließlich an der Beseitigung der Belastung interessiert und dafür bereit ist, die sich aus der Rücknahme des VA für ihn ergebenden Nachteile in Kauf zu nehmen.[194] Nicht maßgebend ist, ob die begünstigenden oder belastenden Teile überwiegen.[195] Wenn Begünstigungen und Belastungen in keinem unmittelbaren notwendigen inneren Zusammenhang miteinander stehen und nur äußerlich in einem VA zusammengefasst sind, kommt es darauf an, welcher Teil betroffen ist. Gleiches gilt, wenn die belastenden Wirkungen ohne Bedeutung für den Betroffenen sind oder wenn die Belastung nur Nebenbestimmungen (§ 36) betrifft[196] oder nur die mittelbare Folge eines begünstigenden VA, zB der Zusage einer Umzugskostenvergütung (BVerwGE 81, 149 = NVwZ 1989, 117). Nach den zu § 46 dargelegten Grundsätzen ist auch ein an sich begünstigender VA als belastend anzusehen, **soweit er weniger gewährt,** als der Bürger glaubt, beanspruchen zu können, bzw als ihm tatsächlich zusteht.[197]

73 **d) VAe mit Dritt- bzw Doppelwirkung. Zweifelhaft** ist die Einordnung von VAen, die einer Person gegenüber begünstigend, einer anderen gegenüber belastend sind. Ob diese als belastende oder begünstigende VAe zu behandeln sind, wird von der **hM**[198] **allein aus der Sicht des Adressaten** beurteilt. Begründet der VA für diesen einen Vorteil, ist er – trotz der belastenden Drittwirkung – ein begünstigender VA; umgekehrt liegt ein belastender VA vor, wenn er den Adressaten belastet, auch wenn er Dritten gegenüber begünstigend sein sollte. Diese Sichtweise wird ua mit § 50 begründet. Die Gegenauffassung geht davon aus, dass bei VAen mit Drittwirkung stets ein begünstigender VA vorliegen soll (Kopp DVBl 1983, 399 mwN).

74 **4. Rücknahme vor und nach Eintritt der Unanfechtbarkeit.** Die Regelung in Abs 1 S 1 stellt klar, dass die Rücknahme eines VA sowohl vor dem Eintritt der Unanfechtbarkeit möglich und uU sogar geboten ist als auch nach dem Eintritt der Unanfechtbarkeit. Die Frage der Unanfechtbarkeit spielt für die Rücknahme eines VA eine Rolle nur für die **Zuständigkeit** (Abs 5) und für die **Ermessensentscheidung** bei der Rücknahme eines belastenden VA (s Rn 77). Zur Frage der **Ermessensreduzierung bei Rücknahme von Unanfechtbar-**

---

193 BVerwG NVwZ 2012, 1547, 1554; VGH München VRspr 13, 529; UL § 61 Rn 27; Knack/Henneke 72; Erichsen Jura 1981, 538; Knoke 62; StBS 126.

194 Vgl BVerwGE 81, 149 und VGH München BayVBl 1984, 405: die Zusage der Umzugskostenvergütung ist als ausschließlich begünstigend zu sehen, auch wenn sie Nachteile hins des Trennungsgeldanspruchs zur Folge hat; vgl auch VGH München BayVBl 1994, 51: Die Einweisung eines Obdachlosen ist im Zweifel für den Eigentümer der Wohnung belastend, auch wenn er für die Nutzung ein Nutzungsentgelt erhält.

195 Knoke 62; zT **aA** offenbar BVerwG DÖV 1977, 106: Verkehrszeichen als belastend zu werten, wenn der belastende Charakter völlig überwiegt und die Begünstigung Einzelner nur eine Nebenwirkung ist.

196 Begr BT-Dr 7/910 S. 68; Knoke 47; Frotscher DVBl 1976, 283; StBS 125 für Nebenbestimmungen; zweifelhaft.

197 BVerwGE 71, 226: ein rechtswidriger, nicht begünstigender VA, wenn ein zu geringer Betrag bewilligt wurde; Martens NVwZ 1985, 464; 1986, 225; VGH Kassel NVwZ 1990, 384; ebenso im Ergebnis VGH Mannheim NVwZ 1986, 225.

198 BVerwG NVwZ 2012, 1547, 1554, StBS 122; Erichsen/Ehlers § 24 Rn 12; MB 47.

keit Rn 80. Da die Rücknahme ihrerseits durch VA erfolgt, ist Voraussetzung, dass der zurückzunehmende VA äußere Wirksamkeit (vgl § 43 Rn 5) erlangt hat, dh den Personen nach § 41 bekannt gegeben wurde, denen gegenüber auch die Rücknahme erfolgt. Solange eine Bekanntgabe noch nicht erfolgt ist, bedarf es noch keiner Rücknahme. Nach Abs 1 kann die Behörde einen rechtswidrigen VA grundsätzlich jederzeit – auch während eines anhängigen Rechtsstreits über den VA oder nachdem er bereits unanfechtbar geworden ist, und selbst nach Bestätigung durch ein gerichtliches Urteil[199] – ganz oder teilweise zurücknehmen.[200] Auch die Ungültigerklärung der Vorschrift, auf Grund deren der VA erlassen worden war, hat nach § 79 Abs 2 BVerfGG bzw § 183 VwGO weder eine Beschränkung noch eine Erweiterung der Befugnis der Behörde zur Rücknahme zur Folge, ebenso auch keine Verpflichtung dazu.[201] Die Entscheidung über die Rücknahme eines VA steht dabei nach § 48 grundsätzlich im Ermessen der Behörde. S zur Frage, ob § 48 für den Regelfall eine bestimmte Entscheidung vorgibt („intendiert") Rn 50.

5. Wirkung für Vergangenheit oder Zukunft. Der VA kann nach Abs 1 mit Wirkung für die Vergangenheit (ex-tunc-Wirkung) oder die Zukunft (ex-nunc-Wirkung) zurückgenommen werden. Es sind auch Zwischenformen (Wirkung ab einem bestimmten Datum bzw Termin) oder Kombinationen (zB teilweise Rückwirkung) denkbar. Damit stellt die Vorschrift die Bestimmung der Rücknahme in zeitlicher Hinsicht in das **Ermessen der Behörde.** Dies gilt für sämtliche Rücknahmetatbestände der Vorschrift, also sowohl für die Rücknahme eines belastenden als auch für die Rücknahme eines begünstigenden VA. Die Möglichkeit der rückwirkenden Aufhebung eines VA spielt eine wesentliche Rolle für die Rückabwicklung von Leistungen, weil die Erstattungsregelungen des § 49a nur für die Fälle der rückwirkenden Aufhebung anwendbar sind (s hierzu näher § 49 Rn 8). S zum Rückabwicklungsverhältnis näher unten Rn 173 ff). 75

Keine Auswirkungen hat die Rücknahme eines begünstigenden VA, zB einer Erlaubnis, auch wenn und soweit sie rückwirkend erfolgt, grundsätzlich auf die in einem Gesetz vorgesehene **Strafbarkeit uä eines Handelns** oder Verhaltens, das nach Strafrecht oder Ordnungswidrigkeitenrecht strafbar oder verfolgbar ist, wenn der Betroffene sich nicht mehr im Besitz des in Frage stehenden VA befindet. Dies gilt (außer, wenn der VA nichtig ist) selbst dann, wenn der Betroffene den VA iS von Abs 2 S 3 Nr 1 durch arglistige Täuschung, Drohung oder Bestechung erwirkt hatte und der VA deshalb zurückgenommen wurde, oder wenn jedenfalls das Vertrauen in den Bestand des VA analog Abs 2 S 3 Nr 1–3 nicht schutzwürdig war. **Umgekehrt entfällt die Strafbarkeit** bzw Bußgeldpflichtigkeit des Zuwiderhandelns gegen einen VA, wenn der VA mit Rückwirkung auf den Zeitpunkt der Zuwiderhandlung zurückgenommen wird.[202] 76

6. Ermessen bei Rücknahme belastender VA. a) Allgemeines. Die Entscheidung über die Rücknahme eines VA steht, sofern die rechtlichen Voraussetzungen gem § 48 Abs 1, 2 und 4 oder nach zu beachtenden Sondervorschriften erfüllt sind, grundsätzlich im Ermessen („kann") der zuständigen Be- 77

---

[199] BVerwGE 70, 110; 82, 272; BVerfG 23, 101; dazu Ule DVBl 1981, 1009, 1010; kritisch Sachs JuS 1985, 447; BGH DÖV 1973, 92.

[200] BVerwGE 82, 272; 85, 79; BVerwG NVwZ 1985, 265; OVG Münster NVwZ 1985, 661.

[201] BSG NVwZ 1989, 998; VGH München BayVBl 1989, 86; zT **aA** offenbar BVerwG NVwZ 1991, 31: Ermessensreduktion auf Null, wenn der VA auf Grund einer verfassungswidrigen Norm ergangen war.

[202] Vgl BayObLG NJW 1992, 1120: bei Aufhebung des Urteils, mit dem die Fahrerlaubnis entzogen wurde, im Wiederaufnahmeverfahren keine Bestrafung wegen Fahrens ohne Führerschein für die Zwischenzeit; str.

hörde (Begr 68). Adressaten und Betroffene eines belastenden VA haben einen **Anspruch auf ermessensfehlerfreie Entscheidung** über die Rücknahme, den sie mit einem entsprechenden Antrag (idR bei der Ausgangsbehörde, vgl Rn 81) und ggfs mit Verpflichtungsklage geltend machen können.[203] Zweck der Ermächtigung zur Ermessensentscheidung über die Rücknahme ist es, dem öffentlichen Interesse an der Rechtssicherheit (insbesondere nach Eintritt der Unanfechtbarkeit des VA) auf der einen und an der Beseitigung rechtswidriger Entscheidungen auf der anderen Seite Rechnung zu tragen.[204] Zum Ermessen bei der nachträglichen Entziehung des Doktorgrades OVG Münster, U v 10.2.2016, 19 A 991/12, juris.

78 **Umstritten** und nicht abschließend geklärt ist die Frage, ob und in welchem Umfang bei der Ermessensentscheidung auch **fiskalische Interessen** eine Rolle spielen dürfen. Die Frage ist grundsätzlich zu bejahen, soweit es darum geht, die Belastungen der öffentlichen Haushalte möglichst gering zu halten.[205] Insoweit sind finanzielle Interessen der öffentlichen Hand Teil des öffentlichen Interesses.[206] Behördenspezifische Fiskalinteressen dürfen dagegen nicht berücksichtigt werden, weil sie als kommerzielle Interessen nicht dem öffentlichen Interesse zugerechnet werden dürfen (s hierzu näher § 20 Rn 12b).

79 **b) Ermessensreduzierung auf Null.** Der Ermessensspielraum der Behörde kann angesichts der besonderen Umstände des konkreten Einzelfalls auf Null schrumpfen, mit der Folge, dass eine Rücknahme des rechtswidrigen VA erfolgen muss.[207] Dies kann bei rechtswidrigen VAen, die bereits unanfechtbar geworden sind, der Fall sein in Fällen der **Selbstbindung** der Verwaltung, wenn die Behörde in gleich gelagerten Fällen die VAe zurückgenommen hat oder eine entsprechende allgemeine hierauf gerichtete Weisung vorliegt und Art 3 GG die Gleichbehandlung verlangt[208] (s hierzu näher § 40 Rn 39 ff). Dass die Entscheidung auf einer **ungültigen Rechtsgrundlage** beruht, reicht allein zur Reduzierung des Ermessens nicht aus.[209]

79a **aa) Nach Eintritt der Unanfechtbarkeit.** Ist der VA unanfechtbar geworden, so kommt dem öffentlichen Interesse an der Aufrechterhaltung der Bestandskraft im Interesse der Rechtssicherheit regelmäßig eine erhebliche Bedeutung zu. Eine Reduktion kommt umgekehrt in Betracht, wenn ein Aufrechterhalten des VA **schlechthin unerträglich** wäre;[210] wenn Umstände vorliegen, die ein Festhalten am VA als Verstoß gegen die guten Sitten oder gegen **Treu**

---

203 BVerwG NVwZ 1985, 265 (Wohnungsbau); BVerwG DVBl 1989, 1196 (Prüfungsrecht); BFHE 157, 1 (Steuerbescheid); OVG Münster NVwZ 1986, 135; VGH Mannheim DVBl 1989, 886 (Prüfungsrecht); StBS 78; Knack/Henneke 48; Erichsen/Ehlers § 24 Rn 14 f; Krausnick JuS 2010, 594, 598: Erichsen/Knoke NVwZ 1983, 189.

204 BFHE 157, 1 (Steuerbescheid).

205 BVerwGE 92, 86 Rn 16; auch Knack/Henneke 54; näher A. Peters DÖV 2001, 749; **aA** StBS 185, jedenfalls soweit es um die Fälle des Abs 3 geht.

206 Vgl VG Dresden, Urt v 15.12.2005 Az 3 K 2404/01 – juris für die teilweise Rücknahme eines Förderbescheides.

207 Fallgruppen bei Ludwigs DVBl 2008, 1164, 1167; UL § 62 Rn 16; WBSK I § 51 Rn 80; Erichsen/Ehlers § 24 Rn 16; StBS 85; Knack/Henneke 62, 50; MB 20 und 48; Göldner DÖV 1979, 809; s auch oben Rn 5; allg zur Ermessensreduktion auf Null § 40 Rn 49.

208 BVerwGE 44, 336; BVerwG NVwZ 1985, 265 mwN; OVG Münster NVwZ 1986, 135 unter Hinweis auf BVerwGE 26, 155; VGH Mannheim NVwZ 1989, 884; Gern DVBl 1989, 1197; Knack/Henneke 50 mwN. In BVerwG NVwZ 2012, 1547, 1554 wird dieser Fall unter dem Aspekt der unerträglichen Wirkungen behandelt.

209 BVerwGE 132, 243; BVerwG IÖD 211, 122.

210 BVerwGE 95, 86, 92; 44, 333, 336; BVerwG NVwZ 2012, 1547, 1554; ZOV 2006, 178 für Rücknahme einer Ablehnung eines Antrags nach § 16 Abs 2 StrRehaG; VGH Mannheim NVwZ 2002, Beil Nr I 1, 11 für Wiederaufgreifen einer aufgrund Anwaltsverschuldens unanfechtbar gewordenen Abschiebungsandrohung; Knack/Henneke 50.

und Glauben erscheinen lassen;[211] ebenso, wenn sich die **Rechtswidrigkeit aufdrängen** musste (BVerwG NVwZ 2007, 709) oder die Behörde selbst in vorwerfbarer Weise dazu beigetragen hat, dass der Betroffene den VA unanfechtbar werden ließ (OVG Münster NVwZ 1986, 135). Bei VAen nach Abs 3 kommt nach zutreffender, aber umstrittener Auffassung (s näher Rn 137) eine Ermessensreduktion in Betracht, wenn das **Vertrauensschutzinteresse** des Betroffenen analog Abs 2 eindeutig und offensichtlich schwerer wiegt als das öffentliche Interesse an einer Rücknahme (BVerfG 59, 166) und ein finanzieller Ausgleich gem Abs 3 den Nachteil nicht ausgleichen könnte.[212] Eine Reduzierung des Ermessens auf Null kommt ferner in Betracht bei **Verstößen gegen EU-Recht.**[213]

bb) Vor Eintritt aus Unanfechtbarkeit. Umstritten ist, ob immer dann, 80
wenn ein belastender VA noch nicht unanfechtbar geworden ist, eine **Ermessensreduzierung auf Null** anzunehmen ist.[214] Hierfür spricht, dass der Aspekt der Rechtssicherheit vor Eintritt der Unanfechtbarkeit idR noch keine Rolle spielt.[215] In derartigen Fällen geht die Rspr teilweise davon aus, dass ein Antrag auf Rücknahme erst nach Unanfechtbarkeit in Betracht komme; vorher soll ein solcher Antrag als Widerspruch zu verstehen sein (BVerwGE 115, 302 = NJW 2002, 1137). Dem wird man nicht ohne Einschränkungen zustimmen können. Wenn der Bürger ein berechtigtes Interesse daran hat, anstelle eines Widerspruchsverfahrens ein Rücknahmeverfahren durchzuführen, kann der Rücknahmeantrag nicht mangels berechtigten Interesses unzulässig sein.[216] Etwas anderes gilt zB nach § 51, der ausdrücklich das Vorliegen eines unanfechtbaren VA voraussetzt. Im Unterschied zu § 48 vermittelt § 51 einen Anspruch auf Wiederaufgreifen und damit auf eine neue Sachentscheidung.

7. Anspruch auf ermessensfehlerfreie Entscheidung. Ein Bürger, der 81
durch einen unanfechtbar gewordenen VA in seinen Rechten betroffen ist, kann nach § 51 Abs 5 mit der Begründung, der ihn belastende VA greife rechtswidrig in seine Rechte ein, einen Antrag auf **Wiederaufgreifen des Verfahrens** stellen. Einen Anspruch auf das Wiederaufgreifen des Verfahrens hat er allerdings grundsätzlich nur unter den Voraussetzungen des § 51 Abs 1. Liegen diese Voraussetzungen nicht vor, so folgt aus der Regelung des § 51 Abs 5, wonach § 48 Abs 1 S 1 unberührt bleibt, dass ein Wiederaufgreifen unabhängig davon zulässig ist, wenn der VA rechtswidrig ist. Allerdings reicht die Behauptung der Rechtswidrigkeit des VA grundsätzlich nicht aus, um das Wiederaufgreifen durchzusetzen. Der Antragsteller hat, nämlich außerhalb der Fälle des § 51 Abs 1, auch soweit die rechtlichen Voraussetzungen gem § 48 für eine Rücknahme gegeben

---

211 BVerwG NVwZ 1985, 265; VGH Mannheim NVwZ 1989, 882; Gern DVBl 1987, 1197.

212 UL § 62 Rn 28; Maurer § 11 Rn 34; Schleicher DÖV 1976, 554; MB 4, 36; Göldner DÖV 1979, 805; zT **aA** offenbar Knack/Henneke 52; Erichsen/Ehlers § 24 Rn 36.

213 EuGH NVwZ 2004, 459 Rn 26 (Kühne & Heitz) ausführlich Ludwigs DVBl 2008, 1164, 1169; ferner Erichsen/Ehlers § 24 Rn 17; Britz/Richter JuS 2005, 198; Frenz DVBl 2004, 375; Ruffert JZ 2004, 620.

214 Für eine Reduzierung des Ermessens auf Null Obermayer/Funke-Kaiser 49; näher Baumeister, FS Schenke, 2011, 601 mwN unter Hinweis auf Schenke, FS Maurer, 2001, 723; Knoke S 130; gegen eine Reduzierung Knack/Henneke 62; MSU 68; Ludwigs DVBl 2008, 1164, 1169.

215 Hierauf weist BVerwG NVwZ 2002, 730 hin für den Fall der Rücknahme einer rechtswidrigen Baugenehmigung im Widerspruchsverfahren, wenn der Nachbarwiderspruch erfolgreich wäre..

216 HM; zT **aA** Maurer JuS 1976, 493; für den Fall, dass der VA noch nicht unanfechtbar ist, auch Schenke DÖV 1986, 313; BayVBl 1990, 110; Schenke/Baumeister NVwZ 1993, 3; gegen die Auffassung, die einen Anspruch auf Rücknahme bei Rechtswidrigkeit des VA schlechthin bejaht, zutreffend Göldner DÖV 1979, 805.

sind, grundsätzlich, dh soweit das Fachrecht keine abweichenden Regelungen enthält,[217] keinen Anspruch auf ein Wiederaufgreifen und die damit erstrebte Rücknahme, sondern nur ein **subjektives Recht auf ermessensfehlerfreie Ermessensausübung.**[218] Voraussetzung für den Anspruch ist in jedem Fall, dass der Antragsteller durch den VA in subjektiven öffentlichen Rechten betroffen ist, dh dass er für den Fall der Anfechtung nach § 42 Abs 2 VwGO klagebefugt wäre. Dies ist insbesondere in Fällen problematisch, in denen die Rücknahme eines VA beantragt wird, der einen Dritten begünstigt, also in den Nachbar- und Konkurrentenfällen.[219]

81a **a) Regelfall: Eingeschränkte Prüfungs- und Begründungspflicht.** Die Ablehnung des Antrags auf Rücknahme bzw Änderung (s oben Rn 47) eines unanfechtbar gewordenen VA nach §§ 51 Abs 5, 48 Abs 1 kann zwar nicht allein damit begründet werden, dass der Betroffene versäumt hat, Rechtsmittel gegen den VA einzulegen.[220] Grundsätzlich darf die Behörde die Ablehnung aber fehlerfrei **ohne nähere sachliche Prüfung**[221] damit begründen, dass der Bestandskraft des VA trotz der behaupteten Rechtswidrigkeit der Vorrang eingeräumt wird und für eine andere Beurteilung des Falles kein Anlass besteht.[222] Dafür sprechen vor allem die Gründe der **Rechtssicherheit** und der **Verfahrensökonomie** sowie die Überlegung, dass der belastete Bürger die Möglichkeit ordentlicher Rechtsbehelfe hätte oder, wenn der VA bereits unanfechtbar ist, gehabt hätte. Die Behörde muss nicht aus Anlass eines Rücknahmeantrags in eine intensive Prüfung der Frage eintreten müsste, ob der VA tatsächlich rechtswidrig ist. Gerade davor soll die Unanfechtbarkeit letztlich schützen.

81b **Dies gilt erst recht im Falle eines rechtskräftig bestätigten VA.** Zwar ist die Behörde trotz der Rechtskraft der klagabweisenden gerichtlichen Entscheidung im Rahmen ihres pflichtgemäßen Ermessens grundsätzlich berechtigt, das Verfahren wieder aufzugreifen und den gerichtlich bestätigten VA abzuändern oder aufzuheben.[223] Auch hier handelt die Behörde aber idR nicht ermessensfehlerhaft, wenn sie ein Wiederaufgreifen des Verfahrens, zu dem sie gem § 51 Abs 5 trotz der Rechtskraft der gerichtlichen Entscheidung grundsätzlich berechtigt ist (§ 51 Rn 52), unter Hinweis auf die rechtskräftige Bestätigung ablehnt. In derartigen Fällen bedarf es regelmäßig keiner näheren Auseinandersetzung mit der Sache. Typischerweise wird das Festhalten an einem gerichtlich bestätigten VA noch eher berechtigt sein als an einem VA, der nicht Gegenstand einer gerichtlichen Kontrolle war.

82 **b) Ausnahme: Weitergehende Prüfungspflichten.** Einer eingehenderen Prüfung und Abwägung des Für und Wider eines Wiederaufgreifens des Verfahrens bedarf es, wenn **besondere Umstände** vorliegen, die sich entweder der

---

217 Fachrecht kann sowohl einen Anspruch auf Rücknahme einräumen als auch umgekehrt einen Anspruch auf ermessensfehlerfreie Entscheidung einschränken, vgl BVerwGE 78, 338 für unbeachtlichen Asylfolgeantrag.

218 BVerwG NVwZ 1985, 265 (Wohnungsbau); BVerwG DVBl 1989, 1196 (Prüfungsrecht); BFHE 157, 1 (Steuerbescheid); OVG Münster NVwZ 1986, 135; VGH Mannheim DVBl 1989, 886 (Prüfungsrecht); StBS 78; Knack/Henneke 48; Erichsen/Ehlers § 24 Rn 14 f; Krausnick JuS 2010, 594, 598: Erichsen/Knoke NVwZ 1983, 189.

219 Vgl zB BVerwGE 80, 273: keine Anfechtung einer Studienplatzvergabe durch einen nicht zum Zuge gekommenen Studienplatzbewerber; **aA** Schenke NVwZ 1993, 723.

220 BVerwG NVwZ 1990, 700; BFH NVwZ 1990, 701; Knack/Henneke 40; zT **aA** der Einführungserlass zur AO 1977 BStBl I 1987, 664: bei nicht entschuldbarer Versäumnis der Rechtsbehelfsfrist keine Verpflichtung der Behörde, in eine Überprüfung des VA einzutreten.

221 OVG Berlin NVwZ 1988, 184; OVG Münster NVwZ 1986, 135; VGH Mannheim DVBl 1989, 886; v Mutius JK VwVfG § 51/2.

222 BVerwG NVwZ 1986, 294.

223 BVerfG InfAuslR 2008, 94; BVerwGE 111, 77, 82; BVerwG NVwZ 2000, 204.

Behörde aufdrängen oder vom Bürger substantiiert vorgetragen werden.[224] Diese Umstände werden idR materiellrechtlicher Natur sein, etwa wenn sich bei der Prüfung des Wiederaufgreifens ein besonders **qualifizierter Rechtsverstoß** ergibt, dessen Aufrechterhaltung allein aus Gründen der Rechtssicherheit und des Rechtsfriedens nicht hinnehmbar erscheint. Dabei kommt es etwa auf die **Schwere und Offensichtlichkeit des Rechtsverstoßes,**[225] **Zumutbarkeit**[226] der durch den VA für die Betroffenen und ggf für Dritte eingetretenen Situation, seit dem Erlass des VA eingetretene Änderungen der Sach- oder Rechtslage[227] oder Rechtsprechung und darauf an, weshalb die Rechtswidrigkeit des Verwaltungsaktes erst nach Ablauf der Rechtsbehelfsfrist vom Betroffenen geltend gemacht wird (mwN Ludwigs, DVBl 2008, 1164, 1172f). In Ausnahmefällen kommen auch **verfahrensrechtliche Gründe** in Betracht, wenn etwa wegen der Besonderheiten des Einzelfalls die Möglichkeit des Betroffenen, gegen den VA regulären Rechtsschutz zu erreichen, trotz der gesetzlichen Vorkehrungen wie Rechtsmittelbelehrungen, Wiedereinsetzung in den vorigen Stand, Prozesskostenhilfe usw eingeschränkt war.

Ist der VA gerichtlich bestätigt worden, so werden noch höhere Anforderungen gestellt werden müssen, weil es im Falle des Wiederaufgreifens zu einer Durchbrechung der Rechtskraft kommt. In diesen Fällen müssen die Umstände, die ausnahmsweise eine neue Sachentscheidung gebieten, in Bedeutung und Gewicht den in § 51 Abs 1 aufgeführten Gründen entsprechen.[228] Die Klärung einer unionsrechtlichen Frage durch den EuGH und die hierauf beruhende Änderung der höchstrichterlichen Rspr zugunsten des Betroffenen führen nicht automatisch zwingend zu einem Wiederaufgreifen des Verfahrens.[229] **82a**

c) Ermessensentscheidung, Anspruch auf Rücknahme. Verfahrensrechtlich richtet sich ein Antrag auf Rücknahme eines für rechtswidrig gehaltenen VA zunächst auf das Wiederaufgreifen des mit Unanfechtbarkeit abgeschlossenen Verwaltungsverfahrens. Praktisch fällt die Entscheidung, das Verfahren wieder aufzugreifen, mit der vollständigen oder teilweisen Rücknahme des VA bzw mit der Änderung des VA zusammen. Die Entscheidung, das Verfahren wieder aufzugreifen und den VA zurückzunehmen oder zu ändern, steht nach § 48 Abs 1 im Ermessen der zuständigen Behörde. Die Entscheidung über den Antrag ist in jedem Fall auch zu begründen (§ 39 Abs 1). Auch in den Fällen, in denen sich das Ermessen nicht auf Null reduziert, kann ein Ermessensfehler vorliegen, der sich auch wegen Verstoßes gegen den Grundsatz der Gleichbehandlung ergeben kann.[230] In den oben in den Rn 79 aufgeführten Sonderfällen wird das Ermessen allerdings idR auf Null reduziert sein mit der Folge, dass der VA zurückgenommen oder geändert werden muss. Ist der VA noch anfechtbar, **gehen Widerspruch und Anfechtungsklage vor** (Krausnick JuS 2010, 594, 598 mwN). **83**

---

224 Vgl BVerwGE 39, 231; 44, 338; BFH NVwZ 1990, 701.

225 Maurer JuS 1976, 493: Ablehnung wäre grundsätzlich ermessensfehlerhaft; Schenke BayVBl 1990, 110; unklar BVerwG NVwZ 1983, 152 zum Erschließungsbeitragsrecht: die Gemeinde ist verpflichtet, ein abgeschlossenes Heranziehungsverfahren wieder aufzugreifen, wenn „kein überzeugender Grund" erkennbar ist, der eine andere Ermessensentscheidung rechtfertigen könnte.

226 Vgl BVerwGE 44, 336; 59, 148; BVerwG NVwZ 1985, 265; VGH Mannheim NVwZ 1989, 884; Gern DVBl 1987, 1197.

227 BVerwGE 39, 232; BVerwG NVwZ 1985, 265; Gern DVBl 1987, 1197.

228 BVerwGE 135, 137, juris Rn 20; BVerwGE 95, 86.

229 BVerwGE 135, 137 für den Fall einer rechtskräftig bestätigten Ausweisung, die nicht offensichtlich gegen EU-Recht verstieß.

230 BVerwGE 44, 336; OVG Münster NVwZ 1986, 135; VGH Mannheim NVwZ 1989, 884.

IV. Rücknahme bei Gewährung von Geld- oder Sachleistungen (Abs 2)

84 **1. Allgemeines.** In rechtssystematischer Hinsicht handelt es sich bei Abs 2 nicht um einen eigenständigen Rücknahmetatbestand, sondern um Einschränkungen des durch Abs 1 eingeräumten Rücknahmeermessens für VAe, die auf die Gewährung von Geld- oder Sachleistungen gerichtet sind. Die Regelung dient auf der einen Seite dem Schutz berechtigten Vertrauens in den Bestand des begünstigenden VA, auf der anderen Seite aber auch dem öffentlichen Interesse an der Herstellung rechtmäßiger Zustände in den Fällen des Abs 2 S 3, in denen der VA gem Abs 2 S 4 „in der Regel mit Wirkung für die Vergangenheit" zurückgenommen werden soll (Begr 69). Die Regelung beruht im Wesentlichen auf dem Gedanken, dass die bei Geld- oder Sachleistungen betroffenen öffentlichen Interessen idR leichter zugunsten berechtigter Vertrauensinteressen des Betroffenen zurücktreten können und dass die Gewährung eines bloßen Vermögensschutzes entspr Abs 3 idR letztlich zu vergleichbaren Ergebnissen führen würde. Die in Abs 2 geregelten tatbestandlichen Voraussetzungen sind gerichtlich voll überprüfbar. Ein Rücknahmeermessen der zuständigen Behörde verbleibt deshalb nur dann, wenn weder Schutzwürdigkeit nach Abs 2 S 1 noch ein Regelfall nach Abs 2 S 4 vorliegt.

85 Die Regelung entspricht der schon früher hM.[231] Sie gilt **auch zugunsten öffentlicher Rechtsträger;**[232] ein überwiegendes Vertrauensinteresse – das auch ein öffentliches Interesse sein kann – kommt hier jedoch nur in Ausnahmefällen in Betracht, zB bei einer Gemeinde, die im Vertrauen auf eine Finanzierungszusage ein Vorhaben begonnen hat (ebenso Knoke 163; vgl auch OVG Koblenz NVwZ 1988, 449: Schutz einer Gemeinde nur bei ernstlicher Gefährdung ihrer wirtschaftlichen Existenz und der wirtschaftlichen Voraussetzungen für die Erfüllung wesentlicher Aufgaben).

86 **2. Geld- oder teilbare Sachleistung.** Abs 2 betrifft nur VAe, die derartige Leistungen gewähren oder Voraussetzung hierfür sind. Geld- bzw Sachleistungen usw iS von Abs 2 sind nur **öffentliche Leistungen,** nicht auch Leistungen Privater, die durch VA angeordnet werden. Nicht unter Abs 2 fällt auch **die Zustimmung** der Behörde zu solchen Leistungen Dritter oder die Genehmigung solcher Leistungen, auch nicht unter dem Gesichtspunkt einer Voraussetzung solcher Leistungen (OVG Berlin DVBl 1992, 285).

87 **a) Geldleistungen.** Geldleistungen iS von Abs 2 sind in Geld bezifferte oder jedenfalls ohne weiteres in Geld bezifferbare Leistungen (ebenso Knoke 144), zB die Bewilligung einer Subvention, außerdem aber auch zB der **Verzicht der Behörde** auf eine geschuldete oder jedenfalls uU zu erbringende Geldleistung, eine **Steuerbefreiung,**[233] die **Nicht-Erhebung** (BVerwGE 85, 89) oder **Stundung** einer Abgabenforderung usw.[234] Nicht unter Abs 2 fällt dagegen die zu

---

[231] Vgl Begr 69; BVerwGE 45, 235; 50, 270; BVerwG DVBl 1976, 222; BVerfG 18, 173; 59, 167 = DVBl 1982, 582; Grabitz DVBl 1973, 675; Kisker VVDStRL 32, 149; Püttner VVDStRL 32, 200.

[232] VGH Mannheim NVwZ 1991, 80; VG Köln NVwZ 1984, 537; Merten NJW 1983, 1996; Knoke 153; Grziwotz BayVBl 1990, 710; Kopp SGb 1989, 218; str; zT **aA** BVerwGE 23, 30; 27, 215; 36, 114; 60, 211 unter Hinweis auf den Grundsatz der Gesetzmäßigkeit der Verwaltung und das Gebot sachgemäßer Verwaltung öffentlicher Mittel; BSG SGb 1989, 216; OVG Koblenz NVwZ 1988, 448 = DVBl 1988, 456; StBS 137: idR kein Vertrauensschutz; Knack/Henneke 94; wohl auch Ossenbühl DÖV 1972, 27.

[233] Vgl BVerwGE 90, 326: wirtschaftlich betrachtet eine Subvention; je nach der konkreten Ausgestaltung kann eine Vorweg-Befreiung von noch nicht geschuldeten Abgaben auch ein VA, der Voraussetzung für die Geldleistung ist, sein.

[234] Ebenso StBS 127, 133 f; vgl auch OVG Lüneburg NVwZ 1986, 780: analoge Anwendung auf Abgabenverzicht; richtiger erscheint jedoch die Annahme einer unmittelbaren

geringe Festsetzung einer öffentlichrechtlichen Geld- oder Sachleistungspflicht im Übrigen, weil es sich insoweit nicht um einen begünstigenden VA handelt, sondern ausschließlich um einen belastenden VA (s Rn 67). Dies gilt allerdings dann nicht, wenn in der niedrigeren Festsetzung der konkludente Verzicht auf eine höhere Forderung liegt (s oben Rn 69).

b) Teilbare Sachleistungen. Als (teilbare) Sachleistungen sind nicht nur die Lieferung von Gütern uä anzusehen wie die Gewährung von **Heizmaterial, Bekleidung** und ähnlichen Leistungen, sondern auch sonstige Leistungen, wie die **Überlassung von Wohnräumen** (ebenso StBS 130; Obermayer/Funke-Kaiser 65), einer Dienstwohnung (Knoke 146) usw, die **Zulassung zu öffentlichen Einrichtung,** soweit im Rahmen der Benutzung bestimmte Gegenstände überlassen werden (Knoke 146), die **Bewilligung eines Krankenhausaufenthalts,** soweit derartige Leistungen auf Grund einer Bewilligung, Zulassung uä durch VA gewährt werden. Entscheidend ist der Zweck der Regelung und, wie ein Vergleich mit Abs 3 zeigt, ob es sich um Leistungen handelt, deren Erbringung für die öffentliche Hand **im Wesentlichen nur eine finanzielle Belastung** bedeutet und nicht eine Festlegung (Bindung) in Aufgabenbereichen, in denen fehlerhafte begünstigende VAe die Wahrnehmung uU vorrangiger öffentlicher Interessen gefährden können (vgl auch Begr 71; BVerwG DVBl 1990, 1058). Der Begriff der **Teilbarkeit von Sachleistungen** ist entsprechend dem Zweck der Regelung in einem allgemeinen Sinn zu verstehen, der in etwa dem Begriff der Vertretbarkeit (vgl § 91 BGB) des Zivilrechts entspricht. **Die Teilbarkeit** einer Leistung iS von Abs 2 kann sowohl **in sachlicher** als auch in **zeitlicher Hinsicht,** zB Gewährung für einen bestimmten Zeitraum, zB Zurverfügungstellung einer Dienstwohnung für bestimmte Zeit, bestehen (StBS 130). 88

Beispiele: Dem Zweck der Regelung entspricht es, trotz des Wortlauts auch die **Bewilligung eines Wintermantels** für einen Sozialhilfeempfänger oder eines Paars Schuhe als eine „teilbare" Sachleistung iS der Vorschrift anzusehen. **Keine Sachleistungen** iS von Abs 2 sind zB die Erteilung von **Gewerbeerlaubnissen** (Knoke 144), die Bewilligung von **Dienstleistungen** (StBS 128), **Befreiungsentscheidungen,** zB Befreiung von einem kommunalen Anschluss- und Benutzungszwang (VGH München DÖV 1984, 216), die Anerkennung einer Einrichtung als Beschäftigungsstelle für Zivildienstleistende (zT **aA** BVerwGE 90, 326 – wirtschaftlich betrachtet eine Subvention; zweifelhaft). 89

c) Gemischte VAe. Wenn ein VA sowohl Geld- und/oder Sachleistungen iS von Abs 2 betrifft als auch sonstige Regelungen enthält, ist Abs 2 nur insoweit anwendbar, als die Regelungen hins der Geld- und/oder Sachleistungen isoliert aufgehoben werden können. Andernfalls ist der gesamte VA als sonstiger VA iS von Abs 1 S 1 und Abs 3 zu behandeln. **Sind die Leistungen nicht teilbar,** so ist die Rücknahme nicht nach Abs 2, sondern nur nach Abs 3 möglich, wonach jedoch ähnliche Grundsätze wie in den Fällen des Abs 2 zur Anwendung kommen, insb auch das Vertrauen zu berücksichtigen ist (s unten Rn 135 ff). Die Unteilbarkeit der Leistung hat deshalb nur zur Folge, dass bei der Entscheidung über die Rücknahme auch die Möglichkeit der Gewährung eines Ausgleichsanspruchs nach Abs 3 zu berücksichtigen ist. Nach dem Zweck der Regeln muss zT dasselbe auch dann gelten, wenn eine Leistung zwar teilbar ist, die Teilung aber nicht in einer Weise möglich ist, wie die nach Abs 2 gebotene Interessenabwägung es an sich erfordern würde; auch in diesen Fällen muss dann der Ausgleich ggf gem Abs 3 erfolgen. 90

3. VA als Voraussetzung für Geld- oder Sachleistungen. Durch Abs 2 S 1 91
werden begünstigende VAe, die Voraussetzung für Geld- oder teilbare Sachleis-

---

Anwendbarkeit; vgl ferner BVerwG NVwZ 1985, 653 = NJW 1985, 1972: die Investitionszulage ist keine Steuervergünstigung, sondern eine Subvention; Piduch BayVBl 1989, 352.

tung sind, den VAen, die eine solche Leistung gewähren, **gleichgestellt,** da auch insoweit letztlich für den öffentlichen Rechtsträger nur Interessen des öffentlichen Haushalts auf dem Spiel stehen. Dabei handelt es sich um solche VAe, deren Zweck darin besteht, eine rechtliche Voraussetzung für eine solche Leistung zu schaffen, wie die Zuerkennung einer entsprechenden Rechtsstellung, **zB** die Festsetzung des **Besoldungsdienstalters** nach § 27 Abs 2 BBesG;[235] die **Bescheinigung** nach § 4 AuslInvG, die ausschließlich für steuerliche Vorteile von Bedeutung ist (StBS 129); die Investitionszulagebescheinigung nach § 2 InvZulG (BVerwGE 92, 84 = DVBl 1993, 728); **nicht dagegen** die beamtenrechtliche **Einweisung in die Planstelle;**[236] die **Erteilung von Sonderurlaub** unter Weiterzahlung der Bezüge, weil es insoweit nicht allein um Geldleistungen geht.

92 **Erfasst werden auch feststellende VAe,** wenn die Feststellung Voraussetzung für die Leistung ist, sowie VAe, die auf Grund besonderer gesetzlicher Bestimmungen unmittelbare Feststellungswirkung haben, wie zB **Messbescheide, Festsetzung von Einheitswerten** usw.[237] **Zu verneinen** ist dies heute für die Feststellungswirkungen eines **Vertriebenenausweises** im Hinblick auf die mit der Vertriebeneigenschaft verbundenen Ansprüche auf Geld- und Sachleistungen.[238] Im zuletzt genannten Fall sind jedenfalls die nicht unter Abs 2 fallenden Wirkungen von der Rücknahme auszunehmen, zB durch einen entsprechenden Vermerk im VA (BVerwG 85, 85 = DVBl 1990, 1057). Die zu niedrige Festsetzung einer Zahlungs- oder Leistungspflicht fällt nicht unter Abs 2, weil es sich insoweit nicht um einen begünstigenden VA handelt (s oben Rn 67).

93 **Liegt den Geld- oder Sachleistungen ein weiterer VA zugrunde,** so ist es eine Frage des anwendbaren materiellen Rechts, ob mit der Rücknahme des Grund-VA auch dieser VA gleichsam automatisch wegfällt oder gegenstandslos wird oder aber seinerseits erst zurückgenommen werden muss. Bedarf es insoweit einer besonderen Rücknahme (BVerwG DVBl 1990, 1059), so muss die dafür zuständige Behörde eine eigene Entscheidung nach § 48 in eigener Zuständigkeit treffen und dabei auch die Frage des schutzwürdigen Vertrauens grundsätzlich nochmals in eigener Verantwortung prüfen.[239] Soweit für die Rücknahme des Haupt-VA und der darauf gestützten weiteren VAe dieselbe Behörde zuständig ist, kann die Rücknahme des Grund-VA und der weiteren VAe ggf miteinander verbunden werden.

94 **4. Keine Rücknahme bei schutzwürdigem Vertrauen (Abs 2 S 1).** Nach Abs 2 S 1 darf der VA nicht zurückgenommen werden, soweit der Begünstigte auf den Bestand vertraut hat und das Vertrauen unter Abwägung mit dem öffentlichen Interesse an einer Rücknahme schutzwürdig ist. Das Ermessen des Abs 1 ist insoweit zwingend eingeschränkt. Die hiernach vorzunehmende Abwägung des Bestandsvertrauens mit dem öffentlichen Rücknahmeinteresse ist nicht Teil der Ermessensentscheidung, sondern gerichtlich voll überprüfbar. Bei der Entscheidung über die Schutzwürdigkeit spielen die Regelungen in Abs 2 S 2 und 3 eine wesentliche Rolle. Ziel dieser Regelungen ist es, die Schutzwürdigkeit idealtypisch zu konkretisieren. **Abs 2 S 2 und 3** enthalten **keine abschließende Aufzählung** der Fallgruppen, bei denen der Betroffene sich nach Abs 2 S 1 auf schutzwürdiges Vertrauen berufen bzw nicht berufen kann (BT-Dr 7/910

---

[235] Britz DÖV 1982, 234; Obermayer/Funke-Kaiser 67; Knoke 144; MB 55.

[236] Britz DÖV 1982, 234 und Knoke 144 zur Übertragung eines höher bewerteten Dienstpostens; **aA** Obermayer/Funke-Kaiser 67.

[237] Obermayer/Funke-Kaiser 67; Knack/Henneke 70.

[238] BVerwGE 152, 164 für die Rücknahme einer Spätaussiedlerbescheinigung; siehe auch schon BVerwGE 85, 79, 85; zweifelnd auch StBS 129.

[239] **AA** zu dem jedoch wegen der Feststellungswirkung gem § 15 Abs 5 BVFG aF besonders gelagerten Fall der Entziehung eines Vertriebenenausweises BVerwGE 85, 88 = DVBl 1990, 1059: keine nochmalige Vertrauensschutzprüfung erforderlich.

S. 70). Abs 2 S 2 und S 3 Nr 1–3 nennen nur die wichtigsten Fälle und schließen nicht aus, dass auch in anderen Fällen Vertrauen als schutzwürdig bzw nicht schutzwürdig anerkannt werden kann oder jedenfalls gem Abs 2 S 1 gegenüber den Rücknahmeinteressen Vorrang hat bzw zurücktreten muss.[240] Immerhin gibt die Aufzählung in S 2 und in S 3 Nr 1–3 Anhaltspunkte für die Beurteilung vergleichbarer Fälle sowie zusammen mit S 2 darüber hinaus allgemein auch für die Gewichtung bestehenden Vertrauens. Daher kann zB eine **unter Verstoß gegen Art 107 Abs 1 AEUV gewährte Beihilfe** wegen mangelnder Sorgfalt des Empfängers zurückgenommen werden, weil er sich nicht vergewissert hat, dass das nach Art 108 Abs 2 AEUV vorgeschriebene Verfahren ordnungsgemäß durchgeführt wurde,[241] außerdem wegen des besonderen öffentlichen Interesses nach Abs 2 S 1.[242]

a) Vertrauen in den Bestand des VA. aa) Berechtigte Bestandserwartung. Berechtigte Bestandserwartung iS von Abs 2 S 1 ist das tatsächlich betätigte Vertrauen der Person bzw der Personen, in deren Rechte oder schutzwürdige Interessen die Rücknahme eingreifen würde, auf den Bestand und Fortbestand des in Frage stehenden VA (BVerwGE 59, 170; UL § 62 Rn 8). Soweit der Betroffene das Vertrauen „betätigt" hat, bedarf es idR keines besonderen weiteren Nachweises für das Vorhandensein einer entsprechenden Bestandserwartung. Anders, wenn keine äußerlich sichtbaren Anzeichen vorliegen.[243] Das Vertrauen wird durch einen **Widerrufsvorbehalt** oder Hinweise im VA auf sonstige Möglichkeiten einer Aufhebung, Ersetzung oder Änderung des VA (zB bei vorläufigen VAen) nicht schlechthin ausgeschlossen.[244] Wenn allerdings der Bürger mit der Aufhebung des VA rechnen musste, könnten allenfalls begrenzte Bestandserwartungen (zB im Hinblick auf Umstände, Zeitpunkt der Rücknahme) enttäuscht werden (Knoke 149 unter Hinweis auch auf Begr S. 70). 95

bb) Betätigtes Vertrauen. Umstritten ist die Frage, ob es für Abs 2 S 1 zwingend darauf ankommt, dass das Vertrauen bereits betätigt wurde, dh insb, dass der Bürger im Vertrauen auf den Bestand des VA bereits Dispositionen getroffen hat.[245] Aus rechtssystematischen Gründen ist die Frage zu verneinen. Aus Abs 2 S 2 ergibt sich, dass das Vertrauen iSd Abs 2 S 1 „in der Regel" schutzwürdig ist, wenn die Leistungen verbraucht oder Dispositionen getroffen wurden. Daraus folgt aber, dass das Vertrauen nach Abs 1 S 1 in Ausnahmefällen auch dann schutzwürdig sein kann, wenn die Voraussetzungen des Abs 2 S 2 (hierzu unten Rn 103) nicht vorliegen. Allerdings muss sich das schutzwürdige Vertrauen auch nach Abs 2 S 1 in irgendeiner Weise manifestieren; regelmäßig wird dies in den Formen des Abs 2 S 2 (Verbrauch, Dispositionen) stattfinden. 96

---

240 BVerwGE 92, 85; StBS 145, 149.

241 EuGHE 1997, 1607 = NJW 1998, 47 – Alcan II.

242 EuGH NVwZ 1990, 1161; BVerwGE 92, 84; Triantafyllou NVwZ 1992, 439; StBS 277; **aA,** aber mit demselben Ergebnis OVG Münster DVBl 1992, 792: kein Vertrauensschutz, wenn der Empfänger sich nicht vergewissert hat; vgl auch Fastenrath JZ 1992, 1084: schwerer Verstoß gegen Sorgfaltspflicht.

243 BSG DÖV 1985, 583; vgl auch BVerwGE 83, 198: mangels entgegenstehender Anhaltspunkte kann davon ausgegangen werden, dass der Bürger auf den Bescheid des VA vertraut hat. Die Beweislast trifft idR den Bürger, vgl UL § 62 Rn 8; Knoke 56; StBS 112.

244 Knoke 149; vgl auch OVG Münster NJW 1981, 2598; Wendt JA 1980, 92; vgl F.J. Kopp DVBl 1989, 241; Kopp NWVBl 1990, 179; **aA** Maurer, in: Boorberg-FS 1977, 246.

245 Verneinend BSG DVBl 1975, 514: Manifestierung des Vertrauens nicht unbedingt erforderlich; DVBl 1985, 628: die Erwähnung des Verbrauchs und von Vermögensdispositionen ist nur beispielhaft; Knoke 149; bejahend offenbar BVerwGE 48, 93 = NJW 1975, 1240; 57, 5; 67, 133; 68, 164; OVG Lüneburg NVwZ 1989, 1192: nur das betätigte Vertrauen ist schutzwürdig; es müssen grds bereits Dispositionen erfolgt sein: StBS 136.

97 **Kein Vertrauensschutz** besteht, wenn der Betroffene vom Erlass des in Frage stehenden VA **noch gar keine Kenntnis** erlangt hatte.[246] Nur in besonders gelagerten Fällen kann schon das berechtigte **Vertrauen den lediglich angekündigten VA** eine Rücknahme des später ergehenden VA ausschließen, insb wenn im Vorgriff auf einen später tatsächlich erlassenen VA bereits nicht mehr oder nur schwer rückgängig zu machende Dispositionen getroffen wurden. Ergeht ein zunächst nur mündlich angekündigter begünstigender VA alsbald in der angekündigten Form, kann ein Verbrauch der zugewendeten Mittel im Vertrauen auf den Bestand des VA auch dann vorliegen, wenn der Begünstigte den erwarteten Betrag schon auf Grund der mündlichen Erklärung und im Vorgriff auf den VA zum Kauf von Gegenständen einsetzt, die er ohne die erwartete Zuwendung nicht erworben hätte (vgl OVG Hamburg NVwZ 1988, 73).

98 **b) Allgemeine Regelungen der Schutzwürdigkeit.** Bei der Frage der Schutzwürdigkeit des Vertrauens nach Abs 2 S 1 kommt es grundsätzlich (spezielle Regelungen zur Schutzwürdigkeit enthält Abs 2 S 3) auf eine **wertende Abwägung** der Gesichtspunkte, die für die Aufrechterhaltung des VA sprechen, gegen das öffentliche Interesse an der Herstellung des an sich nach den maßgeblichen Rechtsvorschriften gebotenen Rechtszustandes an.[247] Abs 2 verzichtet insoweit auf eine nähere Abgrenzung und regelt nur beispielhaft einige **typische Sonderfälle** (Grenzfälle), die jedoch zugleich Anhaltspunkte auch für die Beurteilung vergleichbarer Fälle geben.[248]

99 **aa) Öffentliches Interesse an der Rücknahme.** Unter dem in Abs 2 S 1 genannten öffentlichen Interesse an der Rücknahme ist in Übereinstimmung mit der früheren Rspr nicht nur das Interesse an der **Gesetzmäßigkeit der Verwaltung** (BVerwGE 92, 81 = NJW 1993, 2764; F 261) zu verstehen. Erfasst wird auch **das allgemeine fiskalische Interesse** an der Vermeidung nicht gerechtfertigter öffentlicher Ausgaben und Aufwendungen[249] bzw der Rückführung der zu Unrecht durch den in Frage stehenden VA erfolgten Leistungen gem Abs 2 S 4 in den öffentlichen Haushalt. Auch das allgemeine **Vollzugsinteresse,** also das Interesse an der ordnungsgemäßen Umsetzung und Anwendung der verletzten Fachgesetze, auf denen die betroffenen VAe beruhen, gehört dazu. Soweit danach auch private Rechte und Interessen zu schützen und zu fördern sind, ist ihr Schutz und ihre Förderung auch Teil des öffentlichen Interesses.[250] **Umstritten** ist, ob auch das **Interesse an der Vermeidung von Ausgleichszahlungen** gem Abs 3 im Fall der Rücknahme berücksichtigt werden darf.[251]

---

[246] BVerwGE 48, 92: kein Vertrauensschutz bei einem „fingierten" VA, wenn der Betroffene infolge einer falschen Berechnung der Frist vom Bestand des VA noch gar nicht ausging; Maurer § 11 Rn 30; Knoke 148; StBS 34; Erichsen/Ehlers § 24 Rn 26; FKS 43.

[247] Vgl zB BVerwGE 92, 81 = NJW 1993, 2764; VG Oldenburg NVwZ 2002, 119; Erichsen/Ehlers § 24 Rn 31; Knack/Henneke 93; WBSK I § 51 Rn 64; ebenso auch schon die hM zum früheren Recht, vgl BVerfG 59, 169; BVerwGE 38, 290; 40, 217; 83, 198; StBS 30, 135.

[248] Begr 70; BSG DVBl 1985, 628; Obermayer/Funke-Kaiser 72; mißverständlich BVerwGE 57, 5; 67, 133 = BayVBl 1984, 409; 68, 164: Vertrauensschutz setzt voraus, dass das Vertrauen betätigt worden ist und Vermögensdispositionen getroffen worden sind.

[249] BVerwGE 60, 211; 83, 199; BVerwG NVwZ 1986, 482: das Interesse an der sparsamen Verwendung von öffentlichen Mitteln; DVBl 1982, 797; DÖV 1986, 202; UL § 62 Rn 15; StBS 139; Knack/Henneke 93; Maurer, in: Boorberg-FS 233; Lässig DVBl 1981, 488; einschränkend Rupp, Wohl der Allgemeinheit und öffentliche Interessen, 123; **aA** Ossenbühl 233.

[250] Vgl auch Rupp, Wohl der Allgemeinheit und öffentliche Interessen, 123; Kopp BayVBl 1980, 263.

[251] Dies ist im Hinblick auf das Gebot einer umfassenden Abwägung zu bejahen; Knack/Henneke 95; **aA** Schleicher DÖV 1976, 554; StBS 185: Berücksichtigung würde dem Sinn der Unterteilung der Rücknahmevoraussetzungen für begünstigende VAe nach Abs 2 und 3 widersprechen.

bb) Europarechtliche Interessen. Besondere öffentliche Interessen an der Rücknahme einer VA ergeben sich bei Verstößen gegen Unionsrecht. Bei den im Rahmen von Abs 2 S 1 sowie allgemein auch bei der Entscheidung über die Rücknahme von VAen zu berücksichtigenden öffentlichen Interessen ist hier auf Grund des Effizienzprinzips (Einf II Rn 28) das grundsätzlich vorrangige Interesse an einem effektiven, gleichmäßigen Vollzug des EU-Rechts in den Mitgliedsstaaten der Union maßgebend, im Bereich des Wettbewerbsrechts, insb auch an der effektiven, gleichmäßigen Durchsetzung der europarechtlichen Wettbewerbsordnung.[252] Dies hat zB zur Folge, dass in Fällen, in denen nach Art 107 Abs 1 AEUV **unzulässige staatliche Beihilfen** (der Begriff ist weiter als derjenige der Subvention, vgl EuGH NVwZ 2002, 193, s auch Rn 9) gewährt wurden, dem **Rücknahmeinteresse besonderes Gewicht** („gesteigertes öffentliches Rücknahmeinteresse"; vgl StBS 281) zuzuerkennen ist, wenn die EU-Kommission gem Art 108 Abs 2 AEUV die Unvereinbarkeit der gewährten Beihilfe mit Art 107 Abs 1 AEUV festgestellt hat. In diesen Fällen ist dem Rücknahmeinteresse, bei der Abwägung nach Abs 2 S 1 auch dann Vorrang vor dem gegenteiligen Interesse des Begünstigten einzuräumen, wenn ein Regelfall des Abs 2 S 2 vorliegt und kein Fall des Abs 2 S 3 gegeben ist Wurde das vorgeschriebene Überwachungsverfahren gem § 108 AEUV nicht durchgeführt, so ist das Vertrauen des Beihilfeempfängers nur ausnahmsweise schutzwürdig, wenn dafür besondere Umstände sprechen.[253] 100

cc) Schutzwürdige Interessen Betroffener. Schutzwürdig ist grundsätzlich neben dem **Adressaten** jeder Betroffene, der sich mit guten Gründen auf den Bestand bzw Fortbestand der Rechte aus dem VA verlassen durfte, insb weil die Fehlerhaftigkeit, die Anlass für die Rücknahme sein könnte, nicht in seinem Verantwortungsbereich liegt und ihm weder bekannt war, noch bekannt sein musste.[254] Dies muss entgegen einer verbreiteten Meinung[255] grundsätzlich auch für von der Rücknahme betroffene und belastete **öffentliche Rechtsträger** gelten. Ausschlaggebend für die Beurteilung sind nicht allein formale Anknüpfungspunkte, sondern nach Treu und Glauben alle Umstände und Besonderheiten des einzelnen Falles, einschließlich der Folgen einer Rücknahme (BVerwG DVBl 1982, 798). 101

Die Dauerwirkung der Regelung des VA spielt für die Schutzwürdigkeit des Vertrauens eine wichtige Rolle. Das Vertrauen hat deshalb geringeres Gewicht, wenn es sich zB um einen mit einem **Widerrufsvorbehalt** versehenen, jederzeit widerruflichen VA, auf den der Bürger ohnehin nur beschränkt vertrauen kann, handelt. Bei VAen, die in einem förmlichen Verwaltungsverfahren oder in einem Planfeststellungsverfahren ergangen sind, kann der Begünstigte grundsätzlich in höherem Maße auf den Bestand vertrauen als bei VAen, die in einem formlosen Verfahren ergangen sind (UL § 62 Rn 15; Knack/Henneke 98 mwN). Weitere Gesichtspunkte sind die sozialen und persönlichen Verhältnisse des Betroffenen (Knack/Henneke 102), zB eine drohende Obdachlosigkeit usw, ferner das **Ausmaß der Verfestigung** der in Frage stehenden Rechtsposition (BVerwGE 29, 314; 83, 199). Je mehr Zeit verstrichen ist, desto mehr ist das Vertrauen des Betroffenen schutzwürdig.[256] Ähnliches gilt für den Umstand, dass der Anlass für die Rücknahme im **Bereich der Behörde** oder im Bereich des Betroffenen oder Dritter liegt (BVerwG DVBl 1982, 798); ein etwaiges **Ver-** 102

---

252 Vgl BVerwGE 92, 81; Knack/Henneke 93; WBSK I § 29 Rn 11; s auch § 51 Rn 62.
253 BVerwGE 92, 81 unter Bezugnahme auf EuGHE 1990, 3453 Rn 16.
254 BVerwGE 83, 199; BVerwG DVBl 1982, 798; NVwZ 1990, 1070: wenn der Fehler im Bereich der Behörde liegt, so überwiegt idR der Vertrauensschutz.
255 BVerwGE 60, 208; OVG Koblenz DVBl 1988, 455; Knack/Henneke 94.
256 Vgl BVerwGE 49, 250; 51, 315; BayVBl 1984, 408; StBS 145, 203; WBSK I § 51 Rn 69; Obermayer VerwR 129; Erichsen/Ehlers § 24 Rn 31; Meister DÖV 1985, 148.

schulden des Betroffenen oder der Behörde. Liegt der Fehler ganz oder überwiegend im Bereich der Behörde, überwiegt idR das Vertrauensinteresse.[257]

103 **5. Schutzwürdigkeit wegen Verbrauchs oder Vermögensdispositionen (Abs 2 S 2). a) Grundzüge der Regelung.** Abs 2 S 2 enthält eine konkretisierende Regelung für die Beurteilung der Schutzwürdigkeit des Vertrauens in den Bestand des VA nach Abs 1 S 1. Während in Abs 2 S 2 ein Regelvorrang für den Fall des Verbrauchs der gewährten Leistung und für den Fall der Vermögensdisposition mit Endgültigkeitstendenz statuiert wird, enthält Abs 2 S 3 den **Ausschluss der Schutzwürdigkeit** für die dort genannten Fallkonstellationen. Diese Regelungen erleichtern die Feststellung der Schutzwürdigkeit: Liegt der Regelvorrang des Abs 2 S 2 vor, tritt der Vertrauensschutz hinter das öffentliche Interesse nur in Ausnahmefällen zurück; umgekehrt entfällt die Schutzwürdigkeit des Vertrauensschutzes in den in Abs 2 S 3 genannten Fällen, ohne dass es einer Abwägung bedürfte.

104 Ob und ggf welche Dispositionen getroffen worden sind und ob eine Disposition leicht oder schwer wieder rückgängig gemacht werden kann, ist nur bei der zu treffenden Abwägung zur Schutzwürdigkeit des Vertrauens nach Abs 2 S 2 zu berücksichtigen (BSG DVBl 1985, 628). Betätigt ist das Vertrauen, wenn der Bürger auf Grund des VA bereits **Dispositionen getroffen,** zB die erhaltene Leistung verbraucht hat.[258] Auch andere Formen der Vertrauensbetätigung, wie etwas das Eingehen einer Verbindlichkeit oder der Verzicht auf anderweitige Erwerbs- oder Betätigungsmöglichkeiten können ausreichen (s näher Rn 89).[259] Je mehr Dispositionen usw der Bürger im Vertrauen auf den Bestand des VA bereits „ins Werk gesetzt hat" und je weniger das Getane wieder rückgängig gemacht werden kann, desto größeres Gewicht ist dem Vertrauen bei der von der Behörde zu treffenden Entscheidung über die Rücknahme beizumessen.

105 **b) Verbrauch des Geleisteten bzw Verfügung darüber.** Nach Abs S 2 ist das Vertrauen idR dann als schutzwürdig anzusehen, wenn das Erhaltene bereits verbraucht wurde oder sonst zu besonderen Dispositionen geführt hat, die nicht mehr ohne weiteres rückgängig gemacht werden können.[260] Die Vorschrift statuiert einen **Regelvorrang des Vertrauensschutzes** bei der Abwägung nach Abs 2 S 1. Das Vertrauen des Betroffenen geht allerdings nur „in der Regel" vor; es sind deshalb auch Fälle möglich, in denen Verbrauch oder Vermögensdisposition nicht den Vorrang des Vertrauensschutzes zur Folge haben.

106 **Ausnahmefälle** sind aber besonders begründungsbedürftig, entweder im Hinblick auf ein gesteigertes öffentliches Interesse oder im Hinblick auf das Verhalten des Betroffenen beim Verbrauch bzw den Vermögensdispositionen. So werden zB unvernünftige Verwendungen, wie zB Spekulationsgeschäfte (Knack/Henneke 101), Spiel- und Wettgeschäfte den Vertrauensschutz entfallen lassen. Wegen des Ausnahmecharakters derartiger Fälle sind hier strenge Anforderungen zu stellen.

---

[257] BVerwGE 74, 364: bei Mitverantwortung in hohem Maße ist Unzulässigkeit der Rücknahme wegen unzulässiger Rechtsausübung anzunehmen; anders bei falschen Angaben des Betroffenen, wenn die Behörde nur Mitverantwortung wegen mangelnder Sorgfalt bei der Ermittlung des Sachverhalts trifft; vgl auch BVerwG NVwZ 1990, 1070; WBSK I § 51 Rn 67.

[258] StBS 141; weiter Ziekow 25: Jedes Tun oder Unterlassen, das mit Konsequenzen für das Vermögen verbunden ist und mit dem VA in Zusammenhang steht.

[259] Vgl OVG Münster, Urt v 9.5.2011, 1 A 88.08, juris: Kein betätigtes Vertrauen, wenn die vor langer Zeit erfolgte Anerkennung bestimmter ruhegehaltfähiger Dienstzeiten nicht ursächlich für die spätere Beantragung von Altersteilzeit gewesen ist.

[260] WBSK I § 51 Rn 60; Erichsen/Ehlers § 24 Rn 30; ebenso zum früheren Recht Kisker VVDStRL 32, 149: Obermayer VerwR 2. Aufl 129; Knack/Henneke 100.

aa) Verbrauch der Leistungen. Verbrauch iS von Abs 2 S 2 ist jede Form der Nutzung, **die eine Minderung des Bestands** oder der Substanz des auf Grund des VA Erhaltenen zur Folge hat, außerdem auch jede Abnutzung oder sonstige Form einer Entwertung. **Kein Verbrauch** ist eingetreten, wenn zB Geldbeträge für Anschaffungen im entsprechenden Wert eingesetzt wurden, die wertmäßig dem Vermögen zugeführt wurden, oder die Tilgung von Schulden (StBS 142). Verbraucht sind die Leistungen auch dann, wenn damit zB die Arztrechnungen beglichen worden sind, zu deren Bezahlung sie dienen sollten.[261] 107

Der **Begriff des Verbrauchs** entspricht im Wesentlichen dem der **Entreicherung** nach § 818 Abs 3 BGB (BVerwG DVBl 1993, 947). Deshalb können die dort entwickelten Grundsätze auch hier herangezogen werden (StBS 142). Soweit sich die Empfangenen Leistungen noch im Vermögen des Betroffenen befinden, liegt kein Verbrauch vor, auch wenn der Vermögenswert nicht (mehr) realisierbar ist (dann kommt uU die zweite Alternative der Vermögensdisposition in Betracht). Als Verbrauch ist es auch anzusehen, wenn ein entsprechender Betrag im Vorgriff auf die erwartete Leistung bestimmungsgemäß eingesetzt wird (OVG Hamburg NVwZ 1988, 73; VGH Mannheim NVwZ 1991, 79; Knack/Henneke 100; zweifelnd StBS 142). 108

bb) Vermögensdisposition. Vermögensdisposition iS des Abs 2 S 2 ist nicht nur eine Verfügung über die gewährte Leistung, zB die Ausgabe des erhaltenen Betrags für den Kauf eines Pelzmantels (OVG Hamburg NVwZ 1988, 73), sondern jedes Verhalten, das in ursächlichem Zusammenhang mit dem begünstigenden VA steht und Auswirkungen auf die Vermögenssituation des Betroffenen hat (Zanker NVwZ 1984, 86), dh jegliches Tun, Dulden oder Unterlassen, dem subjektiv das Vertrauen auf den Bestand des VA zugrunde liegt und das objektiv im Fall der Rücknahme des VA als wirtschaftlich nachteilig anzusehen wäre,[262] wie zB Aufwendungen für Baupläne und sonstige Vorbereitungen für die mit den Leistungen geförderte Errichtung eines Gebäudes, Werbemaßnahmen und sonstige Vorbereitungen für ein mit den Mitteln gefördertes Unternehmen, die Beteiligung an einer Gesellschaft, das Ausrichten der Lebensführung auf die gewährten Leistungen,[263] die Aufgabe und die Neubesetzung eines Arbeitsplatzes (Zanker NVwZ 1984, 86), die Übernahme von Abzahlungsverpflichtungen,der Verbrauch von als Zuwendung erwarteter Mittel, wenn der Begünstigte den erwarteten Betrag schon auf Grund einer mündlichen Erklärung der Behörde im Vorgriff auf den VA ausgegeben hat,[264] die Einstellung der Milchproduktion infolge der Betriebsumstellung, die Voraussetzung der Gewährung der Umstellungsprämie war (BVerwGE 95, 228); die Aufgabe einer im Hinblick auf die Leistungen nicht mehr als notwendig angesehenen Erwerbstätigkeit oder einer Rechtsverfolgung zur Durchsetzung eines vermögensrechtlichen Anspruchs.[265] Dispositionen idS sind insb **auch eingegangene Verpflichtungen,** zB Kauf-, Dienst- und Werkverträge (Dorn DÖV 1988, 11). Die Dispositionen müssen **nach Art und Umfang schutzwürdig** sein; dies schließt unvernünftige, insbes riskante Geschäfte, wie zB hochspekulative Geschäfte idR aus (Knack/Henneke 101; ähnlich StBS 145). 109

cc) Möglichkeit der Rückgängigmachung. Unmöglich oder unzumutbar ist die Rückgängigmachung der Vermögensdisposition, wenn zB einge- 110

---

[261] VGH Mannheim, Urt v 16.2.2012, 2 S 2983/11, juris; OVG Münster, B v 5.7.2007, 6 A 4961/05, juris, jeweils für das Vertrauen des Empfängers von Kassenleistungen.

[262] Zanker NVwZ 1984, 86; Ziekow 25; vgl auch OVG Münster NVwZ 1990, 435: wenn durch die Rücknahme des VA unzumutbare Nachteile entstehen würden.

[263] BVerwGE 8, 269; BVerwG DVBl 1961, 380; MDR 1962, 926; BSG 15, 81.

[264] OVG Hamburg NVwZ 1988, 73; VGH Mannheim NVwZ 1991, 79; Knack/Henneke 100.

[265] BVerwGE 17, 335; Ossenbühl 160; Obermayer/Funke-Kaiser 79; Ossenbühl DÖV 1972, 25.

gangene Verpflichtungen nicht aufgehoben werden können (ein Ratenkaufvertrag kann nur unter bestimmten Voraussetzungen rückgängig gemacht werden, vgl §§ 495, 501, 503 BGB) oder wenn die Rückabwicklung mit ganz erheblichen Verlusten verbunden wäre. Für die Beurteilung der **Zumutbarkeit einer Rückgängigmachung** kommt es dabei insb auf die Einkommens-, Vermögens- und sonstigen Lebensumstände des Betroffenen an (Knack/Henneke 102). Die Regelung soll ua nach Möglichkeit verhindern, dass dem Betroffenen durch sein Vertrauen auf den Bestand des VA Vermögensschäden entstehen (vgl vdGK 7.2.3).

111 **6. Entfallen der Schutzwürdigkeit nach Abs 2 S 3. a) Arglistige Täuschung, Drohung, Bestechung (Nr 1).** Das Vertrauen in den Bestand des VA ist nach Abs 2 S 3 Nr 1 nicht schutzwürdig, wenn der Betroffene durch unredliches Verhalten iS der Vorschrift eine Ursache für den Erlass des rechtswidrigen VA gesetzt hat.[266] Der Täterschaft stehen dabei Anstiftung und Beihilfe gleich (Begr 70). Zum Begriff der arglistigen Täuschung vgl VGH Mannheim NVwZ-RR 1990, 1199; Kopp SGb 1987, 122. Vorsatz ist erforderlich; auf ein **Verschulden kommt es nicht an.**[267] Die Regelung ist deshalb auch anwendbar, wenn für die Täuschung, Drohung oder Bestechung Schuldausschließungsgründe vorliegen.

112 **aa) Arglistige Täuschung, Drohung oder Bestechung.** Um eine **arglistige Täuschung** handelt es sich zB, wenn der Adressat des VA durch Angaben, deren Unrichtigkeit ihm bewusst war oder deren Unrichtigkeit er für möglich hielt, jedoch in Kauf nahm, oder durch Verschweigen wahrer Tatsachen bei einem am Zustandekommen des VA maßgeblich beteiligten Mitarbeiter der Behörde einen Irrtum in dem Bewusstsein hervorruft, diesen durch Täuschung zu einer günstigen Entscheidung zu bestimmen (BVerwG ZBR 1986, 52). Als arglistige Täuschung ist uU auch schon die **wahrheitswidrige Beantwortung** einer ausdrücklichen Frage anzusehen (vgl BAG NZA 1986, 635). **Drohung** bedeutet das In-Aussicht-Stellen von Nachteilen für den Fall eines bestimmten Verhaltens seitens des Drohenden (s auch FKS 46). Der Begriff der **Bestechung ist nicht im technischen Sinn** zu verstehen; darunter fällt außer der Bestechung iS von § 334 StGB jedenfalls auch die Vorteilsgewährung gem § 333 StGB.

113 **bb) Erwirken des VA. Umstritten** ist, ob die Täuschung, Drohung oder Bestechung für den Erlass des VA oder für dessen Rechtswidrigkeit ursächlich sein muss (Ziekow 31). Entgegen dem insoweit nicht ganz eindeutigen Wortlaut muss es nach Sinn und Zweck der Regelung auf die Erwirkung gerade des rechtswidrigen VA ankommen. Fälle, in denen der Fehler auf andere Ursachen als die Täuschung, Drohung oder Bestechung zurückzuführen ist – was im Zweifel der Begünstigte zu beweisen hat (Knack/Henneke 104) – fallen nicht unter die Regelung.[268] Wesentlich für die **Beurteilung der Kausalität** ist, ob die Behörde ohne die Täuschung tatsächlich vom Erlass des VA, so wie dieser ergangen ist, abgesehen hätte, nicht jedoch, wie sie bei anderer Auslegung der angewendeten Vorschriften hätte verfahren können. Nr 1 ist **nicht anwendbar,** wenn sich die Täuschung usw zwar auf die Willensbildung der Behörde ausgewirkt hat, der VA aber **jedenfalls im Ergebnis zutreffend** ist, wenn auch nur auf Grund anderer – uU erst vom Gericht festgestellter – Tatsachen oder Überle-

---

266 WBSK I § 51 Rn 57; ebenso zum früheren Recht M 114; Obermayer VerwR 2. Aufl 129.

267 BGH DVBl 1985, 795; vgl auch BVerwG NVwZ 1989, 144 wohl auch StBS 152; zweifelhaft; Obermayer//Funke-Kaiser 84.

268 BVerfG 59, 171; Knack/Henneke 104; MB 59; Obermayer/Funke-Kaiser 83; v Wulffen SGB-X § 45 Rn 47; vgl auch BVerwGE 31, 1; 66, 170; RFH 23, 134; wohl auch F 241 f; StBS 150, 153.

gungen (vgl BVerwGE 66, 170; s auch BGH DVBl 1985, 795: maßgeblich ist, was die Behörde bei zutreffenden Angaben getan hätte); es handelt sich, da dann der VA ja rechtmäßig ist, überhaupt nicht mehr um eine Rücknahme. Dies gilt sowohl für gebundene VAe als auch für Ermessens-VAe oder auf einer Beurteilung beruhende VAe, wenn angesichts der besonderen Umstände des Falles, das Ermessen bzw der Beurteilungsspielraum auf Null reduziert ist und idS eine andere Entscheidung als die ergangene unzulässig wäre.

cc) Handeln eines Vertreters. Das Handeln eines Vertreters oder Bevollmächtigten ist dem Vertretenen zuzurechnen (UL § 62 Rn 12; StBS 151), auch das Handeln eines **gesetzlichen Vertreters** oder eines von Amts wegen bestellten Vertreters, auf dessen Bestellung der Begünstigte keinen Einfluss hat (BVerwGE 32). **Nicht von Nr 1 erfasst** wird der Fall einer **Täuschung usw durch einen Dritten,** der nicht Vertreter, Bevollmächtigter oder Beistand des Begünstigten ist oder von diesem angestiftet bzw dabei unterstützt wurde (UL § 62 Rn 12); insoweit kommt es nach dem allgemeinen Grundsatz der Interessen- und Güterabwägung nach S 2 auf die besonderen Umstände des konkreten Falles an. Weiß der Begünstigte oder sein Vertreter bzw Bevollmächtigter von der Handlung und duldet er sie, so ist jedoch Nr 3 anwendbar. 114

b) Erwirken durch unrichtige oder unvollständige Angaben (Nr 2). Nr 2 beruht, ähnlich wie Nr 1, auf dem Gedanken, dass auch in diesen Fällen die Ursache der Fehlerhaftigkeit des VA im Bereich des Betroffenen liegt und daher dessen Vertrauen auf den Bestand des VA nicht schutzwürdig ist (vgl BVerwG DÖV 1986, 1063). Das gilt auch dann, wenn die Behörde für die Rechtswidrigkeit mitverantwortlich ist.[269] Unvollständigkeit der Angaben schließt nach allgemeinen Grundsätzen nur dann den Vertrauensschutz aus, wenn sie ein Verschweigen iS der Eidesformel nach § 392 ZPO darstellt (vgl BVerwGE 66, 170: auch das Verschweigen rechtserheblicher Tatsachen, die anzugeben nur der Betroffene in der Lage war), insb, wenn der Begünstigte auf Grund einer Rechtsvorschrift oder behördlicher Aufforderung zu einer (richtigen) Angabe über eine entscheidungserhebliche Tatsache verpflichtet war (Obermayer/Funke-Kaiser 85). 115

aa) Erwirken des VA. Der Begünstigte muss den VA durch unrichtige oder unvollständige Angaben erwirkt, dh durch darauf gerichtetes **zweck- und zielgerichtetes Handeln**[270] erreicht haben (Knack/Henneke 105), und die Angaben müssen idS entscheidungserheblich gewesen sein. Wie bei Nr 1 muss sich auch bei Nr 2 die **Kausalität auf die Fehlerhaftigkeit des VA,** nicht auf den Erlass als solchen, beziehen, dh, die Angaben oder das Unterlassen von Angaben müssen ursächlich dafür sein, dass der VA rechtswidrig ist.[271] Dass das Handeln oder Unterlassen für den Mangel **mitursächlich war, genügt,**[272] weitere Ursachen sind ggf bei der zu treffenden Ermessensentscheidung zu berücksichtigen. 116

---

[269] BVerfGE 74, 357, 364; Maurer § 11 Rn 31.

[270] VGH München NVwZ 2001, 931, 932; BayVBl 1987, 696; VG Freiburg VBlBW 1989, 354.

[271] BVerfGE 59, 171; BVerwGE 74, 264: mangelnde Sorgfalt der Behörde ändert – außer bei unzulässiger Rechtsausübung – nichts am Ausschluss des Vertrauensschutzes, wenn jedenfalls falsche Angaben gemacht wurden; BVerwG NJW 1983, 695; VGH München NVwZ 2001, 931; Obermayer/Funke-Kaiser 83; wohl auch Begr 70; UL § 62 Rn 13; zT **aA** StBS 154: Kausalität für den Erlass; OVG Lüneburg NVwZ-RR 1995, 40: nur falsche Angaben, nicht auch das Unterlassen einer gebotenen Mitteilung.

[272] BVerwGE 74, 264; OVG Münster NVwZ 1983, 129; VGH Mannheim FamRZ 1978, 283 zu Fällen, in denen die Behörde zu weiteren Angaben auffordern hätte müssen; zT **aA** BVerfG 6, 1: unrichtige oder unvollständige Angaben sind unschädlich, wenn die Behörde für ihre Entscheidung nicht auf diese Angaben angewiesen war und eigene Ermittlungen hätte anstellen müssen.

Die Anwendung unlauterer Mittel, die tatsächlich „ins Leere stoßen", dh nicht ursächlich für die Rechtswidrigkeit des VA werden und daher iS von S 3 nicht relevant sind, hat ggf zur Folge, dass der Vertrauensschutz nach allgemeinen Grundsätzen entfällt. Erklärt die Behörde dem Antragsteller, auf bestimmte Angaben komme es nicht an, so kann ihm die Unvollständigkeit der in Frage stehenden Angaben auch nicht zugerechnet werden (BVerwGE 88, 278). Die Kausalität entfällt, wenn der Betroffene die unrichtigen Angaben noch vor Ergehen des VA korrigiert bzw unvollständige Angaben vervollständigt hat (BVerwGE 71, 220); es genügt auch, wenn er dies formlos, zB mündlich oder telefonisch, getan hat.

117 **Ursächlich sind die unvollständigen bzw unrichtigen Angaben,** wenn anzunehmen ist, dass die Behörde bei vollständiger bzw richtiger Angabe den Fehler nicht gemacht und den VA nicht mit der erlassenen oder nur mit einer ungünstigeren Regelung erlassen hätte (Dommach DÖV 1981, 126). Dabei ist nicht auf den subjektiven oder einen hypothetischen Willen der Behörde, sondern auf objektive Kriterien abzustellen. Die Rücknahme wegen falscher Angaben ist unzulässig, wenn der Nachweis der für die Entscheidung der Behörde maßgeblichen Voraussetzungen des VA anderweitig erbracht ist (OVG Münster DÖV 1982, 705). Wenn der in Frage stehende VA ohnehin hätte erlassen werden müssen, stellt sich die Frage nicht, weil es dann schon tatbestandlich an der Rücknahmevoraussetzung der Rechtswidrigkeit des VA fehlt. **Unterlassen von Angaben** steht unrichtigen oder unvollständigen Angaben gleich, wenn der Betroffene damit gegen die allgemeine Mitwirkungspflicht der Beteiligten gem § 26 Abs 2 oder gegen eine spezielle Rechtspflicht verstößt, insbes dann, wenn im Rahmen eines bestimmten Fragenkomplexes einzelne Angaben, denen für die Gesamtbeurteilung wesentliche Bedeutung zukommt, unterlassen wurden, obwohl sich der Bürger ihrer Bedeutung bewusst ist oder bewusst sein hätte müssen, und idS wesentliche Angaben verschwiegen wurden (OVG Koblenz NJW 1992, 1781).

118 **bb) Entscheidungserheblichkeit.** Entscheidungserheblichkeit der unrichtig oder unvollständig gemachten Angaben ist Voraussetzung (VGH München NVwZ 2001, 931). Dabei kommt es nicht darauf an, ob die Behörde für ihre Entscheidung auf die Angaben angewiesen war oder sie uU auch selbst von Amts wegen hätte ermitteln können oder müssen (BVerwGE 74, 357 = NVwZ 1987, 44). Wenn die Behörde selbst aber erkennbar auf bestimmte Informationen keinen Wert legt, dann kann diese „Unvollständigkeit" nicht später dem Betroffenen zur Last gelegt werden (BVerwG NVwZ 1992, 474). Ebenso muss die Behörde einen **Mangel des Antragsformulars,** das bestimmte Angaben nicht vorsah, gegen sich gelten lassen und kann nicht etwa den Beteiligten fehlende Angaben vorwerfen (BVerwG Buchh 454.4 § 26 Nr 1). Ob Angaben falsch oder unvollständig sind, ist unter Berücksichtigung der gesamten Umstände, insb auch von Beilagen zu einem Antrag usw zu beurteilen (vgl VGH Kassel ZfSH/SGb 1986, 441). **Offensichtliche Unrichtigkeit** oder **Unvollständigkeiten,** die die Behörde erkennen hätte können und die für sie Anlass zu einer weiteren Klärung des Sachverhalts gem § 24 bzw § 25 sein hätten müssen, schließen die Anwendung der Nr 2 aus. Dasselbe gilt, wenn die Ursache für die Unrichtigkeit oder Unvollständigkeit sonst im Bereich der Behörde liegt oder auf eine falsche Belehrung zurückzuführen ist (StBS 157).

119 **cc) Verschulden.** Verschulden ist für den Ausschluss des Vertrauensschutzes nach Abs 2 S 3 Nr 2 ebenso wie nach Nr 1 **nicht Voraussetzung.** Die Vorschrift geht vielmehr davon aus, dass es im **Verantwortungsbereich** der Betroffenen liegt, richtige und vollständige Angaben zu machen und dass seine Schutzwürdigkeit entfällt, wenn der Fehler des VA in seinem Verantwortungsbereich liegt (StBS 156; Obermayer/Funke-Kaiser 86). **Unerheblich** ist, ob

der Betroffene oder sein Vertreter schuldhaft gehandelt hat,[273] insb weil er die **Unrichtigkeit oder Unvollständigkeit kannte bzw hätte kennen können** und müssen.[274] Fehlende Kenntnis bzw unverschuldete Unkenntnis ist aber bei der von der Behörde zu treffenden **Ermessensentscheidung** über die Rücknahme (s Rn 77) zu berücksichtigen (Schimmelpfennig, Vorläufige VAe, 139), eine gleichwohl erfolgende Rücknahme kann deshalb ermessensfehlerhaft sein.

dd) Zurechnung des Verhaltens Dritter. Der durch den VA Begünstigte muss sich nach allgemeinen Grundsätzen (vgl § 32 Abs 1 S 2) das Verhalten eines Vertreters zurechnen lassen (BSG 28, 258; Knack/Henneke 105; MB 59). Dies gilt nicht nur für Angaben seines Vertreters oder Beistands, sondern auch für **Angaben des Rechtsvorgängers** (zB des Erblassers), **nicht dagegen für Angaben Dritter,** auf die er keinen Einfluss hatte (UL § 62 Rn 14); anders wohl bei Kenntnis, dass Dritte falsche Angaben gemacht haben, weil dann eine Verpflichtung zur Richtigstellung anzunehmen ist. So ist nach BVerwGE 71, 227 eine Erklärung der Ehefrau dem Ehemann zuzurechnen, wenn er davon Kenntnis genommen und sie zur Grundlage des Antrags gemacht hat. 120

c) Kenntnis bzw grob fahrlässige Unkenntnis der Rechtswidrigkeit (Nr 3). Nr 3 beruht auf dem Gedanken, dass derjenige, der die Fehlerhaftigkeit des VA kennt oder ohne besondere Mühe erkennen könnte, auch mit der Rücknahme rechnen muss.[275] Dem Zweck der Regelung entsprechend kann dies, wenn die Voraussetzung der Nr 3 erst zu einem späteren Zeitpunkt eingetreten ist, nur für eine Rücknahme ab diesem Zeitpunkt gelten. 121

Die Kenntnis oder das Kennenmüssen muss sich nach dem ausdrücklichen Wortlaut wie auch nach dem Zweck der Regelung **auf die Rechtswidrigkeit des VA beziehen.**[276] Die bloße Kenntnis der Tatsachen oder Vorgänge, die die Rechtswidrigkeit begründen, genügt nicht (BVerwG NVwZ 1994, 369). Die Unkenntnis ist aber grob fahrlässig, wenn der Betroffene hinreichend rechtskundig ist, um ohne weiteres die Folgerung zu ziehen, dass der VA nicht rechtmäßig ist oder sein kann (VGH Kassel NVwZ 1990, 885). Andernfalls kommt es darauf an, ob der Betroffene im Rahmen einer **Parallelwertung in der Laiensphäre,** wie sie das Strafrecht kennt, erkennen konnte und musste, dass der VA „nicht richtig“ sein kann (ebenso Knack/Henneke 106; StBS 162; Obermayer/Funke-Kaiser 88). Kenntnis der Vorläufigkeit einer durch VA getroffenen Rege- 122

---

[273] BVerwGE 74, 364 = NVwZ 1987, 44; 78, 142 = NJW 1988, 1682 m Anm Osterloh JuS 1989, 238 und Martens NVwZ 1989, 830; VG Köln NZV 1989, 287; Obermayer/Funke-Kaiser 84; Ziekow 32; vgl auch BVerwGE 32, 232; BVerwG NVwZ 1989, 144; BSG NJW 1969, 206; VGH Kassel DVBl 1989, 574; sehr zweifelhaft.

[274] Begr 70, 103, 110; BVerwGE 74, 364; 78, 143: Nr 2 setzt nicht voraus, dass der Betroffene die Unrichtigkeit kannte oder kennen hätte müssen; dies ist erst für die Erstattungspflicht gem Abs 2 S 7 von Bedeutung; ebenso zum früheren Recht BVerwG NJW 1964, 563; zT **aA** BVerwGE 66, 171, 175: schuldhaft und vorwerfbar unrichtige Angaben; ausreichend jedoch auch, dass der Betroffene rechtserhebliche Tatsachen verschwiegen hat, die anzugeben im Wesentlichen nur er in der Lage war; VGH München BayVBl 1987, 696; OVG Koblenz DÖV 1982, 751: Gasöl-Betriebsbeihilfen werden im Sinne von Art 2 § 1 Abs 5 S 1 Verkehrsfinanzgesetz zu Unrecht beantragt und können deshalb zurückgefordert werden, wenn die unrichtigen Angaben auf einem vorsätzlichen oder leichtfertigen Verhalten beruhen, das in den Verantwortungsbereich des Betriebsinhabers fällt; diesen muss nicht notwendigerweise persönlich ein dahingehender Schuldvorwurf treffen.

[275] BVerwGE 92, 84; BVerwG DVBl 1994, 115; Buchh 240 § 12 Nr 12 und 17; vgl zur vergleichbaren Frage der Schutzwürdigkeit des Vertrauens auf eine ungültige oder hins ihrer Gültigkeit zweifelhafte Rechtsvorschrift auch BVerfG 15, 324; BVerwG 50, 2; 51, 262; zum Vertrauen auf eine rechtswidrige Verwaltungspraxis VG Oldenburg NVwZ 2002, 119; Kopp APF 1980, 36.

[276] BVerwGE 70, 356 = NJW 1985, 819; BVerwG NVwZ-RR 1990, 605.

lung ist der Kenntnis iS von Nr 3 nicht gleichzustellen;[277] ebenso nicht die Kenntnis einer Anzeigepflicht.[278]

123 **aa) Zurechnung der Kenntnisse Dritter.** Die Kenntnis bzw das Kennenmüssen eines Vertreters oder eines kraft Gesetzes vertretungsberechtigten Organs (vgl BGH DÖV 1990, 528 = JuS 1990, 667) ist dem Vertretenen zuzurechnen und steht damit eigener Kenntnis gleich,[279] **nicht die Kenntnis von Dritten,** auch nicht von Familienmitgliedern (Ehegatten, Kinder) oder Hausgenossen, es sei denn, dass diese im Hinblick auf den in Frage stehenden VA rechtlich miteinander verbunden sind (offen BVerwG NVwZ 1990, 672 zur Zurechnung der Kenntnis der Ehefrau, ob nach Nr 3 oder allg bei der zu treffenden Ermessensentscheidung zu berücksichtigen). Vgl zur Zurechnung der Kenntnis in Großbetrieben BGH NJW 1989, 2881 = JuS 1990, 667. Die für Behörden insoweit geltenden Grundsätze sind entsprechend auch auf juristische Personen und Unternehmen anwendbar, da hier schwerlich unterschiedliche Maßstäbe zu rechtfertigen wären.

124 **bb) Grobe Fahrlässigkeit.** Bei der Frage, ob grobe Fahrlässigkeit vorliegt, kommt es auf die individuellen Gegebenheiten, insb auch auf die **persönlichen Umstände und Fähigkeiten des Betroffenen** an, nicht auf objektive Erfordernisse des Rechtsverkehrs.[280] Als grobe Fahrlässigkeit ist es anzusehen, wenn die gebotene Sorgfalt, die vom Begünstigten oder seinem Vertreter erwartet werden hätte können und müssen, in **besonders schwerer Weise oder in besonders schwerem Maße** verletzt worden ist,[281] insb „einfachste, ganz nahe liegende Überlegungen nicht angestellt worden sind".[282]

125 **Bei Unternehmen mit eigenen Rechtsabteilungen** und bei Personen mit juristischer Vorbildung sind im Allgemeinen, soweit juristische Fragen maßgeblich sind, **strengere Anforderungen** zu stellen als an andere.[283] Zu einer Überprüfung des VA anhand der beigefügten Begründung oder unter Verwendung zusätzlicher Erkenntnismittel ist der Bürger nur verpflichtet, **wenn offensichtlich Anlass zu Zweifeln** besteht, etwa wenn ein zuerkannter Betrag ungewöhnlich hoch ist.[284] Insb bei Berechnungen usw ist leichte Erkennbarkeit des Fehlers zu fordern (ebenso Obermayer/Funke-Kaiser 89; Knack/Henneke 106; vgl auch BVerwGE 32, 228; 40, 212; OVG Lüneburg NJW 2010, 2601). Eine Verpflichtung, sich im Zweifelsfall bei der Behörde oder anderswo zu erkundigen, ist zumindest für den Regelfall nur anzunehmen, wenn sich die Fehlerhaftigkeit (zB bei Widersprüchen und Ungereimtheiten) aufdrängen musste (Knack/Henneke 102); der Bürger kann sonst darauf vertrauen, dass die Behörde

---

277 OVG Hamburg NVwZ 1990, 686 zu auf Grund einer einstweiligen Anordnung nach § 123 VwGO erfolgten Regelung; **aA** offenbar BVerwG NVwZ 1990, 673: Kenntnis der Möglichkeit des Wegfalls der Voraussetzungen ist Kenntnis des Mangels des Grundes gleichzuachten.

278 BVerwG NVwZ 1987, 1082; NVwZ-RR 1990, 622; DVBl 1994, 115.

279 StBS 164; Obermayer/Funke-Kaiser 90; Knack/Henneke 107; vgl auch BVerwGE 32, 232; BSG NJW 1969, 206; zustimmend unter Aufgabe der vorherigen Auffassung nun auch UL § 62 Rn 14.

280 Begr 70; LSG NW NVwZ-RR 1989, 3 zu § 45 Abs 2 Nr 2 SGB-X; UL § 62 Rn 14; Knack/Henneke 106; zT **aA** Obermayer/Funke-Kaiser 89: maßgeblich die im Verkehr erforderliche Sorgfalt.

281 BVerwGE 92, 84 = DVBl 1993, 728 unter Bezugnahme auf die Definition in § 45 Abs 2 S 3 Nr 3 SGB-X; LSG NW NVwZ-RR 1989, 3; OVG Münster NVwZ 1988, 1037; Obermayer/Funke-Kaiser 89.

282 VGH Kassel NVwZ 1990, 885; Obermayer/Funke-Kaiser 89.

283 BVerwG RiA 1982, 168; NVwZ 1987, 500; Knack/Henneke 106 mwN; StBS 162; Obermayer/Funke-Kaiser 89; Happe NVwZ 1993, 35.

284 ZT **aA** BVerwGE 40, 218 m Anm Weber JuS 1973, 322; BVerwG NVwZ 1987, 500; Münster DöD 1988, 99; Knack/Henneke 106.

rechtmäßig entschieden hat. Auf **Verwaltungsvorschriften** und eine **ständige Verwaltungspraxis** darf sich der Bürger grundsätzlich verlassen und handelt dann in aller Regel jedenfalls nicht grob fahrlässig (Buchh 412.3 § 18 BVerfG Nr 16; Knack/Henneke 107).

cc) Beihilfen auf der Grundlage von Unionsrecht. Auch bei Subventionen und sonstige Beihilfen, die gegen Art 107 AEUV verstoßen, ist idR als grobe Fahrlässigkeit anzusehen, wenn der Subventionsempfänger sich **nicht vergewissert** hat, dass die Subvention unter **Beachtung von Art 108 Abs 2 AEUV** gewährt wurde.[285] Insoweit schließt auch das EU-Recht die Gewährung von Vertrauensschutz nicht aus; vielmehr ist anerkannt, dass der Vertrauensschutzgedanke zu den Grundsätzen auch des EU-Rechts gehört (EuGH NVwZ 1990, 1161). Allerdings wird der Vertrauensschutz idR im Verfahren vor der Kommission zu gewährleisten sein, außerdem wird man im Hinblick auf das Interesse an einer gleichmäßigen Subventionierung **strengere Sorgfaltsmaßstäbe** anwenden müssen. Wer die Unzulässigkeit einer Beihilfe wegen eines Verstoßes gegen EU-Recht kennt, kann sich auf Vertrauensschutz auch nach § 48 Abs 2 nicht berufen (VG Köln EuZW 1990, 388). 126

7. Abwägung, Ermessen. a) Allgemeines. Rechtssystematisch erstreckt sich die in Abs 1 enthaltene Ermächtigung zur Entscheidung nach pflichtgemäßigem Ermessen, wonach ein rechtswidriger VA ganz oder teilweise mit Wirkung für die Zukunft oder für die Vergangenheit zurückgenommen werden „kann", auch auf die Rücknahme der in Abs 2 genannten VAe. Damit soll der zuständigen Behörde jedenfalls im Grundsatz die Möglichkeit eröffnet werden, das rechtsstaatliche Interesse an der Beseitigung rechtswidriger VAe auf der einen und das Individualinteresse an der Aufrechterhaltung begünstigender VAe auf der anderen Seite abzuwägen, um im Einzelfall zu einer fairen und angemessenen Lösung zu kommen. Das Ermessen nach Abs 1 ist für die Rücknahme begünstigender VAe nach Abs 2 demgegenüber aber ausdrücklich für die zwei wichtigsten Fallkonstellationen **wesentlich eingeschränkt:** Zum einen für die Fälle des Abs 2 S 1 zugunsten des Betroffenen bei schutzwürdigem Vertrauen („darf nicht zurückgenommen werden"), zum anderen zu Lasten des Betroffenen für die Fälle des Abs 2 3 durch Abs 2 S 4 zu Lasten des Betroffenen („wird der VA in der Regel mit Wirkung für die Vergangenheit zurückgenommen"). In den meisten Fällen ergibt sich aus diesen Einschränkungen, dass für die Ermessensentscheidung kein Spielraum verbleibt. 127

b) Ermessensreduzierung bei schutzwürdigem Vertrauen (Abs 2 S 1). Hat der Begünstigte auf den Bestand des VA vertraut und ist das Vertrauen schutzwürdig, so **darf der VA nicht zurückgenommen werden.** Ein Ermessensspielraum besteht insoweit dann nicht mehr. Die Schutzwürdigkeit ist im Rahmen einer Abwägung zwischen dem Bestands-Vertrauen und dem öffentlichen Interesse an einer Rücknahme zu bestimmen. Diese Abwägung ist keine Ermessensentscheidung, sondern gerichtlich voll überprüfbar. Die Schutzwürdigkeit ist ein unbestimmter Rechtsbegriff, bei dessen Ausfüllung und Anwendung die hM auch keinen Beurteilungsspielraum anerkennt. Der Ausfüllung und Anwendung dieses Begriffs dient Abs 2 S 2, wonach das Vertrauen unter den dort genannten Voraussetzungen „in der Regel" schutzwürdig ist. Auch insoweit ist ein Ermessensspielraum nicht eröffnet. Die Frage nach einer Rücknahme für die Zukunft oder für die Vergangenheit (Abs 2 S 4) stellt sich hier nicht. 127a

---

[285] BVerwGE 92, 84; Fastenrath JZ 1992, 1083; vgl auch Happe NVwZ 1993, 32; **aA** – durch BVerwGE 92, 84 aber überholt – OVG Münster NVwZ 1993, 79; vgl auch EuGH Slg 1990, 3454 Tz 14 = NVwZ 1990, 1161 sowie der Schlussantrag des Generalanwalts in EuGH 1990, 3445 Nr 24.

127b **c) Ermessensreduzierung in den Fällen des Abs 2 S 3.** Keine Schutzwürdigkeit des Vertrauens wird anerkannt, wenn der Begünstigte den VA durch arglistige Täuschung, Drohung, Bestechung, durch unrichtige oder unvollständige Angaben erwirkt hat oder wenn er die Rechtswidrigkeit des VA kannte oder infolge grober Fahrlässigkeit nicht kannte. In diesen Fällen entfällt nicht nur die Schutzwürdigkeit, sondern es besteht nach Abs 2 S 4 umgekehrt sogar für den **Regelfall eine Rücknahmepflicht,** und zwar in der Regel sogar mit Wirkung für die Vergangenheit. Die Regelung in Abs 2 S 4 bezieht sich nämlich nicht nur auf die Frage, ob der VA mit Wirkung für die Vergangenheit oder nur für die Zukunft zurückgenommen werden soll, sondern auch auf die logisch vorrangige Frage, ob er überhaupt zurückgenommen werden soll.

127c **Liegt ein Ausnahmefall** vor, der also eine Ausnahme von der Regel des Abs 2 S 4 rechtfertigt, so steht die Frage, ob die Behörde den VA mit Wirkung für die Zukunft zurücknimmt oder von einer Rücknahme überhaupt absieht, in ihrem Ermessen (s unten Rn 128). Die Frage, ob ein derartiger atypischer Fall gegeben ist, der eine Ausnahme von der Regel des Abs 2 S 4 erfordert, ist gerichtlich voll überprüfbar. Hierfür kommt es darauf an, ob der Unrechtsgehalt, der mit einem Fall des Abs 2 S 3 typischerweise verbunden ist (Täuschung, Drohung, unrichtige Angaben usw), wegen der Besonderheiten des Einzelfalls nicht vorliegt. Dies kann etwa in Betracht kommen, wenn ein Vertreter, dessen Verhalten dem Betroffenen zugerechnet wird, sich absprachewidrig verhält oder wenn der Betroffene in einer Zwangslage war, als er die unrichtigen Angaben machte.

127d **d) Verbleibender Ermessensspielraum.** Liegt kein Fall der Schutzwürdigkeit nach Abs 2 S 1 und kein Regelfall nach Abs 2 S 4 vor, hat die zuständige Behörde über die Rücknahme nach pflichtgemäßem Ermessen zu entscheiden. Dieses in Abs 1 eingeräumte Ermessen muss auch in den Fällen des Abs 2 den Zwecken der Ermächtigung entsprechend ausgeübt werden (s hierzu allgemein § 40 Rn 73 ff). Zu diesen zählen neben dem Ziel der Wiederherstellung gesetzeskonformer Zustände auch **fiskalische Interessen** der öffentlichen Hand an der Vermeidung von unberechtigten Leistungen aus den Kassen der öffentlichen Hand auf der einen und die **Berücksichtigung von Vertrauensschutz** auf der anderen Seite.[286] Grundsätzlich kann für die nach Abs 2 S 1 und 4 verbleibenden Fälle nicht von einem intendierten Ermessen ausgegangen werden. Etwas anderes gilt nur für die Fälle, in denen eine Rückforderungspflicht nach EU-Recht besteht (s oben Rn 8).

128 **8. Rücknahme für Zukunft oder Vergangenheit.** Das der Behörde hins der Rücknahme eingeräumte Ermessen gilt für VAe nach Abs 2 auch hins der Frage, ob eine nach Abs 2 zulässige Rücknahme ganz oder teilweise für die Zukunft oder auch für die Vergangenheit (dh ab dem Zeitpunkt des Erlasses des VA oder ggf auch erst ab einem späteren Zeitpunkt) ausgesprochen werden soll.[287] **Wirkung für die Vergangenheit** bedeutet, dass es auch für die in Frage stehende Zeit nicht bei der auf Grund des VA bestehenden Begünstigung bleiben soll (OVG Lüneburg NVwZ 1990, 675; vgl auch BVerwG DVBl 1983, 812 = NVwZ 1984, 36). Nicht um eine Rücknahme für die Vergangenheit, sondern für die Zukunft handelt es sich, wenn die Bewilligung einer Leistung nur hins des weiteren „Behalten-Dürfens" zurückgenommen wird.

129 **Der Maßstab** für die zu treffende Ermessensabwägung folgt aus den allgemeinen und speziellen einschlägigen **verfassungsrechtlichen und einfachgesetzlichen Wertungsprinzipien,** insb den Grundsätzen der Gesetzmäßigkeit der Verwaltung, der Rechtssicherheit, der Einzelfallgerechtigkeit (vgl BVerwGE 28, 127;

---

[286] Knack/Hennecke 51; MSU 63.

[287] UL § 62 Rn 16; Erichsen/Ehlers § 24 Rn 39, 46; WBSK I § 51 Rn 91; ebenso die hM zum bish Recht; vgl BVerwGE 36, 225; 52, 213; Becker DÖV 1973, 385; F 272.

44, 333; Mannheim DVBl 1989, 886) und der Vermeidung ungerechtfertigter Bevorzugung einzelner,[288] des Vertrauensschutzes (s dazu oben Rn 82 ff), der Verhältnismäßigkeit und Zumutbarkeit (BVerfG EuGRZ 1986, 259; KG NJW 1980, 1804; Knoke 238), außerdem vor allem auch die mit der Rücknahme verbundenen unmittelbaren oder mittelbaren Auswirkungen auf die geschützten Rechtsgüter der Betroffenen.[289] Grundsätzlich nicht zu beanstanden ist, wenn bei **VAen mit Doppelwirkung** die Behörde dem Interesse des Begünstigten am Bestand des VA nicht prinzipiell Vorrang vor dem Interesse des Drittbetroffenen an der Rücknahme einräumt; zB bei einer Baugenehmigung nicht dem Interesse des Bauherrn vor den Interessen des betroffenen Nachbarn (vgl BVerwG NVwZ 1990, 858).

a) Rücknahme für die Zukunft. Vor allem, aber nicht nur[290] bei der Be- 130
willigung von **Dauerleistungen,** die für längere Zeit gewährt werden müssen kommt idR nur eine Rücknahme mit Wirkung für die Zukunft in Betracht.[291] Bei Vorliegen besonderer Umstände im konkreten Fall kann eine **Rücknahme auch gänzlich ausgeschlossen** sein, weil sie ermessensfehlerhaft wäre (vgl BVerwGE 13, 28; 13, 253; BVerwG DVBl 1964, 324). Dies gilt insb, wenn der in Frage stehende VA zu einer praktisch unabänderlichen Umstellung der Lebensverhältnisse geführt hat (BVerwG NVwZ 1983, 157; Buchh 237.7 § 123 nrwBG Nr 2), und in ähnlichen Fällen nicht ohne weiteres wieder rückgängig zu machender Dispositionen,[292] zB wenn die Rücknahme zum Abbruch einer bereits weit geförderten Ausbildung führen würde (BVerwG DVBl 1964, 324).

b) Rücknahme für die Vergangenheit in den Fällen des Abs 2 S 3. In 131
den Fällen des S 3 ist, wie S 4 klarstellt, im Regelfall eine Rücknahme mit Wirkung für die Vergangenheit angezeigt. Damit darf nach S 4 von einer Rücknahme mit Wirkung für die Vergangenheit nur in Ausnahmefällen abgewichen werden. Das gilt insbes dann, wenn bei einem VA mit Doppelwirkung ein Dritter durch das unredliche Verhalten des Betroffenen einen Nachteil erlitten hat, dessen Beseitigung die Rückwirkung notwendig macht. Ob ein Ausnahmefall vorliegt, ist gerichtlich voll überprüfbar. Dabei ist der Grundsatz der Verhältnismäßigkeit zu beachten. Im Einzelfall kommen auch Übergangsregelungen in Betracht.[293] Anhaltspunkte für eine zulässige und ggf gebotene Bestimmung eines späteren Zeitpunkts oder für geeignete Übergangsregelungen kann auch die Rspr des BVerfG zu bei Gesetzen mit unechter Rückwirkung uU gebotenen Überleitungs- und/oder Übergangsregelungen geben.[294]

9. Ausgleichsansprüche. Umstritten ist, ob dem Betroffenen bei einer 132
Rücknahme des VA wegen überwiegender öffentlicher Interessen trotz an sich sonst zu bejahender Schutzwürdigkeit seines Vertrauens auch in den Fällen des Abs 2 in entspr Anwendung von Abs 3 ein Ausgleichsanspruch zustehen kann. Die Frage dürfte keine besondere praktische Relevanz haben. Restlos ausge-

---

288 KG NJW 1990, 1804 unter Hinweis auf BVerfG 49, 166 = NJW 1983, 103; vgl auch OVG Lüneburg NVwZ 1989, 1193 unter Hinweis auf BVerwG 1989, 159 = DVBl 1988, 899: Interesse der Beitragsgerechtigkeit.

289 KG NJW 1990, 1804; Dorn DÖV 1988, 11; **aA** offenbar BVerwG BayVBl 1988, 184 zur Entziehung des Waffenscheins hins Art 14 GG.

290 BVerwGE 38, 294; 52, 213; BVerwG DVBl 1987, 246.

291 BVerwG NVwZ 2011, 888 für rechtswidrige Anordnung einer Teilzeitbeschäftigung; OVG Lüneburg, B v 26.1.2012, 5 LA 291/10, juris, für beamtenrechtlichen Versorgungsbescheid; BSG DVBl 1987, 242, 246; SozR 1300 § 45 Nr 9 und 19).

292 BVerwGE 13, 28; 13, 253; enger BVerwGE 52, 213: Einstellung einer Hilfe, außer wenn besondere Umstände vorliegen, auf Grund derer die Einstellung der Leistungen dem Betroffenen billigerweise nicht zugemutet werden kann.

293 Vgl BVerwG DVBl 1985, 1070: Ermessensfehler, wenn beim Widerruf einer Rechtsberatungserlaubnis keine Überlegungen angestellt wurden, ob eine Frist zur Abwicklung der Tätigkeit gewährt werden kann; Knack/Henneke 58.

294 Vgl zB BVerfGE 31, 12; 37, 81; 39, 2; 41, 259; 53, 300.

schlossen dürfte ein derartiger Anspruch nicht sein.[295] In Betracht kommt außerdem ein Anspruch aus **Amtshaftung** oder enteignendem bzw enteignungsgleichem Eingriff[296] oder ein **Folgenbeseitigungsanspruch** nach allgemeinen Grundsätzen (ebenso für Abs 3 StBS 189).

V. Rücknahme sonstiger begünstigender VAe (Abs 3)

133 **1. Grundgedanken der Regelung.** Für die Zulässigkeit der Rücknahme von rechtswidrigen begünstigenden VAen, die nicht Geld- oder Sachleistungen iS des Abs 2 betreffen, gilt zunächst die Regelung des Abs 1 S 1, wonach die Rücknahme im pflichtgemäßen Ermessen der Behörde steht. Abs 3 sieht ergänzend dazu eine **Ausgleichspflicht für den Fall schutzwürdigen Vertrauens** vor. Die Regelung beruht in Abweichung von der früher hM[297] auf dem Grundgedanken, dass bei rechtswidrigen VAen grundsätzlich die Möglichkeit bestehen müsse, rechtmäßige Zustände wieder herzustellen, und dass ein entgegenstehender Vertrauensschutz durch den Ausgleich von Vermögensnachteilen hinreichend berücksichtigt werden könne. Der Unterschied in den Regelungen in Abs 2 und Abs 3 folgt daraus, dass in den Fällen des Abs 2 das Interesse am Ausgleich von Vermögensnachteilen idR mit dem Interesse am Bestand des VA identisch ist. Es ist deshalb nicht davon auszugehen, dass die unter Abs 2 fallenden VAe einen stärkeren Schutz genießen sollten als die unter Abs 3 fallenden VAe.

134 Die Regelung ist **nicht frei von verfassungsrechtlichen Bedenken.** Diese ergeben sich zum einen aus der **Abkoppelung des Entschädigungsverfahrens** nach Abs 3 S 4 aus dem Rücknahmeverfahren. Danach soll der Betroffene die Rücknahme des rechtswidrig erlassenen VA hinnehmen, ohne dass für ihn klar wäre, ob und in welcher Höhe er Ersatz seines Vertrauensschadens erlangen kann. Zum anderen ergeben sich verfassungsrechtliche Bedenken gegen die Regelung dann, wenn Abs 3 dahin verstanden würde, dass der **Gesichtspunkt des Vertrauensschutzes** ausschließlich bei der Festsetzung eines Ausgleichsanspruchs nach Abs 3 S 4 berücksichtigt werden dürfte. Diesem zuletzt genannten Bedenken kann aber durch eine verfassungskonforme Auslegung im Rahmen des Ermessens begegnet werden (s unten Rn 137).

135 **2. Ermessensentscheidung. a) Allgemeines.** Die Entscheidung über die Rücknahme eines rechtswidrig erlassenen, nicht auf Geld- und Sachleistungen gerichteten VA steht nach Abs 3 S 1 iVm Abs 1 S 1 im Ermessen der zuständigen Behörde. Da die Rücknahme in den Fällen des Abs 3 an keine weiteren Voraussetzungen als die Rechtswidrigkeit geknüpft wird, kommt dem Ermessen hier eine erhebliche Bedeutung zu, weil nur dadurch die beiden Elemente des Rechtsstaatsprinzips, nämlich das Prinzip der Gesetzesmäßigkeit der Verwaltung auf der einen und das Prinzip der Rechtssicherheit und des Vertrauensschutzes auf der anderen Seite, zu einem angemessenen Ausgleich gebracht werden können. Der Gesetzgeber hat zwar in Abs 3 zum Ausdruck gebracht, dass dem Prinzip der Gesetzesmäßigkeit im Grundsatz der Vorrang eingeräumt werden soll, durch die Einräumung des Ermessens zugleich aber der Behörde die Verpflichtung zu einer abwägenden Entscheidung in jedem Einzelfall auferlegt.

---

[295] Vgl idS offenbar BVerwGE 85, 79; **aA** MuE 174, 181.

[296] Ebenso StBS 188, allerdings nur für Abs 3; zT **aA** BGH (EGH) NJW 1986, 2500 zur Zurücknahme der Anwaltszulassung nach § 15 Nr 2 BRAO: bei ermessenfehlerfreier Entscheidung kein Entschädigungsanspruch, da der Eingriff sich im Rahmen einer zulässigen Eigentumsinhaltsbestimmung iS von Art 14 Abs 1 GG hält.

[297] Vgl BVerwG DÖV 1970, 113; VGH Kassel NJW 1968, 2122; Haueisen DÖV 1964, 15; Witten NJW 1968, 22; s auch Frotscher DVBl 1976, 284; Göldner DÖV 1979, 805; idR keine Rücknahme, soweit Vertrauensschutz entgegensteht.

Bei der Ermessensentscheidung gem Abs 1 und 3 sind nach dem Zweck der Ermächtigung die für die Aufhebung des rechtswidrigen VA und die für die Aufrechterhaltung des VA und den Bestandsschutz sprechenden **Gesichtspunkte gerecht abzuwägen.** Gegenüber stehen sich das etwaige schutzwürdige Vertrauen des Betroffenen analog Abs 2[298] und das öffentliche Interesse an der Herstellung des an sich nach den maßgeblichen Rechtsvorschriften gebotenen Rechtszustandes. Für das Gewicht des Vertrauensschutzes spielt die Möglichkeit eines nach Abs 3 zu gewährenden Vermögensausgleichs und die Frage, ob ein solcher Ausgleich die für den Betroffenen entstehenden Nachteile aufzuwiegen geeignet ist,[299] eine wichtige Rolle. Bei Teilbarkeit der durch den VA getroffenen Regelungen ist auch die uU unterschiedliche Schutzwürdigkeit hins einzelner Regelungen zu berücksichtigen (BVerwGE 68, 159 = NVwZ 1984, 716). Immer zu berücksichtigen sind auch etwaige Auswirkungen einer Aufhebung auf andere Rechtsverhältnisse.[300] 136

b) Vertrauensschutz in der Ermessensentscheidung. Trotz der zutage liegenden **verfassungsrechtlichen Bedeutung** des Ermessens in Abs 3 ist die Frage, ob und inwieweit Gesichtspunkte des Vertrauensschutzes bei der Rücknahme eine Rolle spielen dürfen bzw müssen, **umstritten.** Teilweise wird angenommen, der Gesichtspunkt des Vertrauensschutzes dürfe bei der Rücknahmeentscheidung keine Rolle spielen; er sei nur bei der Festsetzung des Vertrauensschadens nach Abs 3 S 4 zu berücksichtigen.[301] Diese Position ist nur in den Fällen haltbar, in denen das schutzwürdige Vertrauen des Betroffenen durch die bloße Zuerkennung finanzieller Ausgleichsansprüche angemessen kompensierbar ist. Dies ist aber nicht immer der Fall. Deshalb schließt das BVerwG die Berücksichtigung des Vertrauensschutzes bei der Betätigung des Rücknahmeermessens nicht aus.[302] Auch bei der Rücknahme von Aufenthaltstiteln oder Einbürgerungsentscheidungen zeigt sich die Notwendigkeit der Berücksichtigung des Vertrauensschutzes, es sei denn, man begrenzte die Rücknahmemöglichkeit in systemwidriger Weise auf Fälle arglistigen Verhaltens des Begünstigten.[303] Es wird deshalb bei der Ermessensentscheidung **stets zu berücksichtigen sein, ob ein schutzwürdiges Vertrauen** des Betroffenen vorliegt und ob dieses im Rahmen des Ausgleichsanspruchs nach Abs 3 S 4 angemessen berücksichtigungsfähig ist.[304] Die Möglichkeit des Ausgleichs von Vermögensnachteilen stellt im 137

---

[298] BVerwGE 78, 139 = NVwZ 1988, 368; BVerwG NVwZ 1994, 897: im Rahmen der nach § 48 Abs 1 S 1 gebotenen Ermessensentscheidung ist auch zu berücksichtigen, in welcher Weise der Bauherr auf den Bestand vertraut und hierbei bereits Belastungen auf sich genommen hat; OVG Hamburg NVwZ-RR 1993, 522; MB 63; Obermayer/Funke-Kaiser 99; Schenke DÖV 1983, 322; Kopp GewArch 1986, 181; Zarachias NVwZ 2002, 1306, 1307; Manssen, Privatrechtsgestaltung durch VA, 1994, 296; allg auch VGH Mannheim NVwZ 1988, 859: als Gebot verfassungskonformer Auslegung; **aA** zB VGH Kassel NVwZ 1993, StBS 177; Knack/Henneke 52; Knoke 236.

[299] Vgl auch VGH Mannheim VBlBW 1985, 425; NVwZ 1995, 723; Kopp BayVBl 1980, 39; s allg auch BGH NVwZ 1985, 683: auch der Grundsatz der Verhältnismäßigkeit zu beachten.

[300] BVerwGE 54, 257 m Anm Schulze-Osterloh JuS 1978, 137; Maurer § 11 Rn 33; MB 52.

[301] So offenbar BVerwGE 85, 89; VGH Kassel NVwZ-RR 1993, 350; VGH München NVwZ 1992, 76; unter Aufgabe verfassungsrechtlicher Bedenken Erichsen/Ehlers § 24 Rn 36; Erichsen/Brügge Jura 1999, 155, 162; differenzierend dagegen Knack/Henneke 56, 114.

[302] Vgl zB BVerwG NVwZ-RR 2001, 198; ferner Buchh 237.7 § 20 NWLBG Nr 1 zur Rücknahme von Prüfungsentscheidungen.

[303] So offenbar wohl BVerwGE 119, 17 = NVwZ 2004, 487.

[304] BVerfG 59, 128; 164 zur Einziehung eines rechtswidrig erteilten Vertriebenenausweises; BVerwGE 68, 159; 78, 139 m Anm Osterloh JuS 1989, 238; VGH Mannheim VBlBW 1985, 425; Knack/Henneke 114; UL § 62 Rn 27; Maurer § 11 Rn 34; Schenke

Ergebnis nur einen unter mehreren Gesichtspunkten dar, der bei der Abwägung mit in Rechnung zu stellen ist.[305] Es würde dem hohen Stellenwert, der im Rechtsstaat dem Vertrauensschutz für die Rechtsordnung zukommt, widersprechen, wenn man bei der Entscheidung über die Rücknahme die **Gesichtspunkte des Vertrauensschutzes** außer Acht lassen würde oder dürfte.[306] Das schutzwürdige Vertrauen und in Anlehnung an Abs 2 S 2, der insoweit nur einen allgemeinen Grundsatz zum Ausdruck bringt, insbes auch der Schutz der im Vertrauen auf den Bestand des VA getroffenen Dispositionen, die der Betroffene nicht oder nur unter unzumutbaren Nachteilen wieder rückgängig machen kann, sind in aller Regel gewichtige gegen eine Rücknahme sprechenden Gesichtspunkte. Entsprechendes gilt umgekehrt auch für die Gründe analog Abs 2 S 3, die einen Vertrauensschutz ausschließen.

138 **c) Ermessenreduktion auf Null.** Wenn das öffentliche Interesse an der Herstellung des gesetzmäßigen Zustandes weniger dringlich ist, wird diese Abwägung im Hinblick auf den dabei zu beachtenden Grundsatz der **Verhältnismäßigkeit**[307] zur Aufrechterhaltung eines VA führen können, auf dessen Bestand der Bürger vertraut hat und nach den Grundsätzen des Abs 2 auch vertrauen durfte.[308] Eine Ermessensreduktion auf Null kommt in Betracht, wenn und soweit bei nicht finanziell kompensierbaren Vertrauensschutzinteressen (KG NJW 1990, 1804) ein Ausgleich in Geld gem Abs 3 dem Schutz des berechtigten Vertrauens nicht genügen würde.[309] Es wäre nicht verständlich, weshalb bei der im Rahmen der Ermessensentscheidung über die Rücknahme zu treffenden Abwägung gerade **der Vertrauensgesichtspunkt,** der sich bei der Entscheidung, ob ein VA zurückzunehmen ist, von der Sache her geradezu aufdrängt, dem auch sonst im Rechtsstaat überholten Grundsatz „dulde und liquidiere" Platz machen sollte, und all dies, obwohl weder Wortlaut noch Sinn und Zweck der Vorschrift zu einer so restriktiven Anwendung zwingen, sondern im Gegenteil die Grundsätze verfassungskonformer Auslegung die Berücksichtigung des Vertrauensschutzes schon bei der Entscheidung, ob der VA zurückgenommen werden soll, gebieten (Kopp GewArch 1986, 182; AöR 1987, 506).

139 **3. Vermögensausgleich. a) Allgemeines.** Abs 3 gewährt den durch die Rücknahme eines VA gem Abs 2 Betroffenen, sofern ihr Vertrauen auf den Be-

---

DÖV 1983, 323; Ehlers/Kallerhoff Jura 2009, 823, 832; Zacharias NVwZ 2002, 1306, 1307; Manssen, Privatrechtsgestaltung durch Hoheitsakt, 1994, 296; im Wesentlichen wohl auch Erichsen/Weiß Jura 1987, 153; Pietzcker NJW 1981, 2092; Göldner DÖV 1979, 809; StBS 177, 184; offen BVerwG NJW 1981, 67; OVG Münster BRS 39 Nr 157 und Nr 177.

[305] VGH Mannheim BWVPr 1987, 89; VBlBW 1985, 425; VG Karlsruhe NJW 1994, 1979.

[306] Ähnlich BVerwG NVwZ-RR 2001, 198; StBS 182: kein Ausschluss bei immateriellen Schäden.

[307] Vgl BVerfG EuGRZ 1986, 259; Knoke 238; König BayVBl 1988, 171; **aA** StBS 182.

[308] BVerfG 59, 167; BVerwGE 83, 195; BVerwG DÖV 1988, 270; BayVBl 1994, 374; NJW 1981, 87; VGH Mannheim VBlBW 1985, 426; BWVPr 1987, 89; OVG Münster NVwZ 1985, 662; wohl auch VGH München BayVBl 1994, 51; Häberle, in: Boorberg-FS 1977, 88; Maurer, in: Boorberg-FS 1977, 243; Schleicher DÖV 1976, 554; Gramlich DÖV 1986, 462; Lange WuV 1979, 18; Jura 1980, 458; Obermayer/Funke-Kaiser 99; Bielfeldt DÖV 1989, 442 und 447 zu einer Baugenehmigung; ferner BGHZ 60, 116; Kröner ZfBR 1984, 29; Kopp GewArch 1986, 181.

[309] UL § 62 Rn 27; Maurer, in: Boorberg-FS 1977, 242; Schenke DÖV 1983, 323; Wendt JA 1980, 90; Achterberg AllgVwR 23 Rn 71; im Wesentlichen wohl auch Erichsen/Weiß Jura 1987, 153; Pietzcker NJW 1981, 2092; Göldner DÖV 1979, 809; StBS 182; v Danwitz Jura 1994, 287; offen BVerwG NJW 1981, 67; OVG Münster BRS 39 Nr 157 und Nr 177; **aA** offenbar BVerwGE 85, 87, 89; BVerwG GewArch 1987, 274; VGH Kassel NVwZ-RR 1993, 350; VGH München NVwZ 1992, 76 zum Widerruf einer Bodenverkehrsgenehmigung; OVG Münster DVBl 1980, 887; VGH Mannheim NJW 1980, 2598; Knoke 236; Frotscher DVBl 1976, 285; Berücksichtigung des Vertrauensschutzes ausschließlich im Rahmen des Abs 3.

stand des VA schutzwürdig war, einen Anspruch auf Ausgleich (Entschädigung) der ihnen durch die Rücknahme entstehenden Vermögensnachteile. Der Ausgleichsanspruch ist eine **Neuschöpfung des Gesetzes,** die den Zweck hat, den Behörden die Rücknahme auch in Fällen zu ermöglichen, in denen sonst der Gedanke des Vertrauensschutzes einer Rücknahme entgegenstehen würde, wenn nicht wenigstens ein Ausgleich in Geld erfolgt (Begr 71; MuE 173). Bei „Geld"-VAen iS von Abs 2 ging der Gesetzgeber dagegen davon aus, dass ein Ausgleich nicht notwendig ist, weil der gleiche Effekt einfacher durch Verzicht auf die Rücknahme bzw die Beschränkung der Rücknahme auf einen Teil des VA erreicht werden kann. In Fällen des Abs 2, in denen dies nicht der Fall ist, ist jedoch auch hier **Abs 3 analog** anzuwenden, wie umgekehrt auch die Grundsätze des Abs 2 für die Beurteilung der Schutzwürdigkeit des Vertrauens nach Abs 3.[310]

b) Rechtsnatur des Anspruches. In der Sache lehnt die Regelung des Abs 3 sich an die **Grundsätze des Entschädigungsrechts** unter dem Gesichtspunkt der Aufopferung an, deren Anwendung auch schon nach bish Recht in diesen Fällen in Betracht kam[311] und von Abs 3 auch nicht berührt wird. Die Regelung stellt eine ausgleichspflichtige **Inhaltsbestimmung des Eigentums** iS von Art 14 Abs 1 und 2 GG für solche Rücknahmeentscheidungen dar, die erst auf Grund des Ausgleichsanspruchs als mit Art 14 Abs 1 GG vereinbar erscheint.[312] Entschädigungsansprüche unter dem Gesichtspunkt des enteignungsgleichen oder enteignenden Eingriffs werden durch Abs 3 auch nach der Streichung des Abs 6 nicht ausgeschlossen (vgl BGH NJW 1988, 2264; NJW 1986, 2500; StBS 188). Nicht berührt werden durch Abs 3 auch Ansprüche aus dem Gesichtspunkt der **Amtshaftung.**[313] Wie der Ausgleichsanspruch nach Abs 3 hat auch ein Anspruch unter den Gesichtspunkt eines enteignungsgleichen Eingriffs wegen Fehlerhaftigkeit des zurückgenommen VA oder des Rücknahmebescheids zur Voraussetzung, dass der Schaden nicht durch Rechtsbehelfe unmittelbar gegen die rechtswidrigen VAe abgewendet werden konnte bzw kann (vgl Schoch DVBl 1990, 553). 140

c) Voraussetzungen. aa) Schutzwürdigkeit des Vertrauens. Der Ausgleichsanspruch nach Abs 3 hat zur Voraussetzung, dass das Vertrauen des Betroffenen auf den Bestand des VA schutzwürdig ist. Insoweit gelten für die Beurteilung dieselben Grundsätze wie bei VAen nach Abs 2, insb gilt auch Abs 2 S 3, auf den ausdrücklich verwiesen wird.[314] Der Umstand, dass nur auf Abs 2 S 3, nicht auch auf Abs 2 S 2, verwiesen wird, bedeutet nicht, dass die Abwägungsüberlegungen gem S 2 im Übrigen nicht auch bei der Entscheidung nach Abs 3 141

---

[310] Johlen NJW 1976, 2255; Schenke DÖV 1983, 328; **aA** StBS 178; Maurer § 11 Rn 34.

[311] Vgl VGH München BayVBl 1982, 627 mwN; Maurer, in: Boorberg-FS 1977, 247; Kopp GewArch 1986, 180 f; **aA** offenbar Begr 73; StBS 193; vgl ferner VGH München BayVBl 1976, 497.

[312] Vgl BVerwGE 77, 295 = NJW 1987, 2884; NJW 1990, 1929; NVwZ 1986, 296; Schoch DVBl 1990, 552; Stober NJW 1989, 565; Kokott VerwArch 1992, 511; str.

[313] BGH NJW 1985, 682; 1988, 2884: wer im Vertrauen auf die Richtigkeit eines ihm amtspflichtwidrig erteilen, von Anfang an fehlerhaften Vorbescheids Aufwendungen für den Erwerb vermeintlichen Baugeländes macht, kann deren Ersatz verlangen, wenn später die Bebauung des Geländes aus Gründen scheitert, die schon zur Versagung des Bescheids hätten führen müssen; BayObLG NVwZ 1989, 692: Berücksichtigung einer Mitverursachung analog 254 BGB; StBS 188. Vgl auch OLG Düsseldorf NJW 1987, 1336 = NVwZ 1987, 532: Ansprüche aus § 48 Abs 3 und § 39 Abs 1b nwOBG nebeneinander; allg zur Amtshaftung gegenüber einem durch einen VA Begünstigten auch BGH NJW 1975, 1968; 1988, 2884.

[314] Ebenso UL § 62 Rn 28; Knack/Henneke 117; StBS 192; MB 65; zT **aA** Johlen NJW 1976, 2155: geringere Anforderungen; Obermayer/Funke-Kaiser 101 die Schutzwürdigkeit ist isoliert zu betrachten, dh ohne Abwägung gegen entgegenstehende öffentliche Interessen, die nicht zugleich auch in der Art der Begünstigung liegen.

maßgeblich sind (StBS 193; Knack/Henneke 117). Bei der **Rücknahme nichtiger VAe entfällt ein Ausgleichsanspruch** wegen fehlender Schutzwürdigkeit des Vertrauens jedenfalls dann, wenn die schwere Fehlerhaftigkeit offensichtlich ist (vgl BGHZ 84, 292). Voraussetzung des Ausgleichsanspruchs ist zusätzlich zu den Erfordernissen gem Abs 3 analog zur Rspr zum Entschädigungsanspruch wegen enteignenden Eingriffs,[315] dass der Betroffene zunächst die Möglichkeiten bestehender **Rechtsbehelfe gegen den Rücknahmebescheid ausschöpft** bzw ausgeschöpft hat (vgl StBS 196; Schoch DVBl 1990, 553). Im Einzelfall kann sich als Folge aus diesem Grundsatz, wenn der Betroffene ihm nicht Rechnung trägt, auch eine Minderung des Anspruchs ergeben (Schoch DVBl 1990, 553).

142 **bb) Mitverschulden.** Der Ausgleichsanspruch entsteht, wie sich aus der Formulierung in Abs 3 S 1 ergibt, nur insoweit, als das Vertrauen schutzwürdig ist, dh er entfällt oder verringert sich ggf entsprechend dem Maß der Schutzwürdigkeit des Vertrauens im Vergleich mit dem Gewicht des öffentlichen Interesses an der Rücknahme.[316] Zu berücksichtigen ist dabei außer einem etwaigen mitwirkenden Verschulden bzw der **Zurechenbarkeit des Rücknahmegrundes** nach Abs 2 S 3 insb auch, ob und inwieweit der betroffene Bürger den ihm entstandenen Schaden aus anderen Gründen zu vertreten hat, zB weil er nicht notwendige Aufwendungen noch vorgenommen hat, obwohl er mit einer Rücknahme bereits rechnen musste (vgl zu § 49 Abs 5 UL § 63 Rn 28) oder wenn er Schadensminderungsmaßnahmen unterlässt (BVerwG BauR 2007, 1392). Im Einzelnen gelten für den Ausschluss oder eine Verringerung des Anspruchs wegen fehlender Schutzwürdigkeit des Vertrauens die Grundsätze des § 254 BGB als Ausdruck eines allgemeinen Rechtsgedankens.[317] Außerdem muss sich der Betroffene uU auch etwaige sich für ihn durch die Rücknahme ergebende Vorteile anrechnen lassen (vgl allg zum **Vorteilsausgleich** Labbé/Wölfel DVBl 1990, 1141.

143 **d) Umfang.** Zu ersetzen sind die **Vermögensnachteile,** die der Betroffene infolge seines Vertrauens auf den Bestand des durch die Rücknahme entfallenden VA erleidet, **zB Aufwendungen,** die er im Vertrauen auf eine erteilte Erlaubnis gemacht hat und die nunmehr nutzlos sind, wie anderweitig nicht verwertbare Anschaffungen, Planungskosten (Obermayer/Funke-Kaiser 98), außerdem (vgl BGH BB 1969, 696) aber auch der Schaden, der dadurch entstanden ist, dass er im Vertrauen auf den Bestand des VA **eine anderweitige Gewinnmöglichkeit nicht genutzt** hat (MuLö BayVBl 1986, 190 – sog negatives Interesse), **nicht der entgangene Gewinn,** den ein Unternehmer auf Grund der erteilten Erlaubnis usw voraussichtlich hätte erzielen können (sog positives Interesse; vgl auch StBS 195). Nach S 3 bildet das **positive Interesse die Obergrenze** für die Ausgleichspflicht. Im Einzelnen gilt insoweit dasselbe wie gem §§ 122 Abs 1, 179 Abs 2 und 307 Abs 1 S 1 BGB, so dass in Zweifelsfällen auch auf die Rspr dazu zurückgegriffen werden kann. Soweit Aufwendungen bereits amortisiert sind oder die im Vertrauen auf den Bestand des VA erworbenen Güter anderweitig verwendet, verkauft oder sonst verwertet werden können, mindert sich der Ausgleichsanspruch entsprechend. Vgl zur Berechnung des Vertrauensschadens auch OLG Hamm NVwZ 1990, 694. Zweifelhaft ist, ob Schäden erfasst werden, die aus Vermögensdispositionen herrühren, die sich infolge der Rücknahme als fehlgeschlagen erweisen (ablehnend StBS 195).

---

[315] Vgl BVerfG 58, 324; BGHZ 90, 31; 91, 24, 258; 92, 50; 97, 125; NJW 1986, 1108; 1990, 898; NVwZ 1988, 1068; Schoch DVBl 1990, 553; Hermes NVwZ 1990, 733.

[316] Johlen NJW 1976, 2155; Erichsen/Ehlers § 24 Rn 38; ähnlich zu § 49 Abs 5 UL § 63 Rn 28; Knack/Henneke 117; StBS 196.

[317] Vgl allg zur Anwendbarkeit des Rechtsgedankens des § 254 BGB auf Folgenbeseitigungsansprüche bei BVerwGE 69, 266; 82, 24 = BayVBl 1990, 24; zweifelnd VGH München BayVBl 1990, 628; kritisch Schenke JuS 1990, 371.

144 **e) Verfahrensfragen. aa) Allgemeines.** Der Ausgleichsanspruch muss vom Betroffenen durch einen **Antrag** geltend gemacht werden und wird gem Abs 3 S 4 **durch VA festgesetzt.**[318] Der Betroffene muss die Festsetzung erforderlichenfalls mit einer **Verpflichtungsklage** erzwingen (StBS 197; Obermayer/Funke-Kaiser 106; Knack/Henneke 121). Eine unmittelbar auf die Leistung gerichtete Klage wäre dagegen unzulässig.[319] Für Streitigkeiten darüber sind die Verwaltungsgerichte zuständig (s Rn 4). Der Antrag auf Entschädigung löst ein selbstständiges Verwaltungsverfahren aus. Wegen der verfassungsrechtlichen Bedenken gegen eine Abkoppelung des Entschädigungsverfahrens von dem Rücknahmeverfahren (s Rn 134) wird man die hilfsweise Geltendmachung des Entschädigungsanspruchs bereits vor der abschließenden Entscheidung über die Rücknahme zulassen müssen mit dem Ziel, dass über beide Verfahren möglichst im Zusammenhang entschieden wird. Dasselbe muss an sich auch für das Widerspruchsverfahren und das Klageverfahren gelten. Eine solche Vorgehensweise ist soweit ersichtlich in der Praxis bisher noch nicht anerkannt.

145 **bb) Jahresfrist.** Der Anspruch ist innerhalb eines Jahres geltend zu machen (Abs 3 S 5). **Umstritten** ist, ob es sich bei der Jahresfrist um eine Ausschlussfrist handelt (so noch WBS II § 51 Rn 92) oder ob **Wiedereinsetzung in den vorigen Stand** nach § 32 möglich ist. Für die Annahme einer Ausschlussfrist fehlt es nicht nur an Anhaltspunkten im Gesetz, sondern auch an rechtfertigenden Gründen. Im Gegensatz zum Antrag können nähere Angaben dazu, insb zur Begründung und zur Höhe, auch nach Ablauf der Jahresfrist binnen angemessener Frist nachgereicht werden; die Behörde kann dafür ggf eine Frist setzen. Der Lauf der Jahresfrist hat zur Voraussetzung, dass die Behörde den Betroffenen darauf hingewiesen hat. Der **Hinweis ist an keine Form** gebunden, sollte aus Beweisgründen jedoch grundsätzlich schriftlich erfolgen (StBS 198). Die **Frist beginnt** nach § 31 iVmit § 187 Abs 1 BGB mit dem ersten Tag nach Zugang des Hinweises. Wird der Rücknahme-VA angefochten, so beginnt die Frist frühestens mit der Unanfechtbarkeit der Entscheidung. Solange auf die Frist nicht hingewiesen wurde, läuft keine Frist; der Anspruch **verjährt analog § 195 BGB nF nunmehr bereits nach 3 Jahren,** gerechnet ab Kenntnis des Schadens, nach 10 Jahren unabhängig von der Kenntnis (§ 199 Abs 4 BGB nF).

VI. Zeitliche Begrenzung der Rücknahmebefugnis (Abs 4)

146 **1. Inhalt und Zweck der Jahresfrist.** Abs 4 beschränkt im Interesse der Rechtssicherheit und des Rechtsfriedens sowie vor allem auch des Vertrauensschutzes[320] die Befugnis der Behörde zur Rücknahme eines fehlerhaften VA grundsätzlich auf den **Zeitraum eines Jahres,** gerechnet von dem Zeitpunkt an, in dem die Behörde von den Tatsachen Kenntnis erlangt, die die Rücknahme rechtfertigen (s zum Beginn Rn 152). Die Frist sollte nach dem Willen des Gesetzgebers (vgl BT-Dr 7/910 S. 71) eine eindeutige Klärung der Rücknahmemöglichkeit und damit die Herstellung des Rechtsfriedens in einem überschaubaren Zeitraum herbeiführen (VGH Mannheim VBlBW 1981, 293; Obermayer/Funke-Kaiser 108; Knack/Henneke 76). Dieses Ziel wird mit der derzeit von der Rspr praktizierten Auslegung allerdings nicht erreicht (s Rn 154 ff). Die Frist ist eine **Ausschlussfrist,** die weder verlängert werden kann noch eine

[318] StBS 197; Obermayer/Funke-Kaiser 106.

[319] StBS 197; Obermayer/Funke-Kaiser 106; **aA** OLG Düsseldorf NJW 1987, 1336 = NVwZ 1987, 532: Zuständigkeit der ordentlichen Gerichte für Streitigkeiten über ausgleichspflichtige Nachteile.

[320] BVerwGE 66, 61 = NVwZ 1983, 9; BVerwG NVwZ 1988, 350 unter Bezugnahme auf BVerfG 59, 152; BSG DVBl 1990, 713; Weides DÖV 1985, 91, 432; StBS 202.

Wiedereinsetzung in den vorigen Stand nach § 32 zulässt.[321] Bestehen mehrere Rücknahmegründe, so läuft uU für jeden Grund eine gesonderte Jahresfrist (StBS 210). Soweit die Rücknahme zeitlich nicht durch Abs 4 beschränkt wird, ist sie grundsätzlich – vorbehaltlich einer Verwirkung des Rücknahmerechts – unbeschränkt möglich.

147 **Abs 4 beruht auf dem Gedanken der Verwirkung** (OVG Berlin NJW 1983, 2157; VGH München NVwZ 1984, 736), schließt jedoch die selbstständige Anwendung der allgemeinen **Grundsätze der Verwirkung** (s § 53 Rn 15ff) nicht aus.[322] Die Behörde kann deshalb die Befugnis zur Rücknahme uU auch schon vor Ablauf der Frist gem Abs 4 verlieren, wenn sie durch ihr Verhalten den Anschein erweckt, dass sie von ihrer Befugnis zur Rücknahme keinen Gebrauch mehr machen wird.[323] Andererseits ist die Behörde nach Ablauf der Frist gem Abs 4 oder wenn sie ihre Rücknahmebefugnis verwirkt hat, auch nicht gehindert, den VA gem § 49 zu widerrufen, sofern die Voraussetzungen des Widerrufs gegeben sind, insb auch die Frist gem § 49 Abs 2 S 2 iVmit § 48 Abs 4 noch nicht verstrichen ist und nicht auch die Widerrufsbefugnis verwirkt ist (vgl VGH Kassel NVwZ 1984, 382). Im Zweifel kann die Rücknahme in solchen Fällen gem § 47 in einen Widerruf umgedeutet werden (vgl § 47 Rn 26).

148 **2. Anwendbarkeit. a) Allgemeines.** Abs 4 gilt nicht nur für die Fälle der Rücknahme nach den Abs 1–3, sondern grundsätzlich ergänzend auch für die Rücknahme auf Grund von besonderen Rechtsvorschriften, sofern diese die Jahresfrist nicht gerade ausschließen,[324] und auch im Verhältnis **zwischen öffentlichen Rechtsträgern** (VG Köln NVwZ 1984, 837; Kopp SGb 1989, 218). **Ausgenommen** sind im Hinblick auf die fehlende Schutzwürdigkeit des Vertrauens nach S 2 nur die Fälle, in denen ein VA durch **arglistige Täuschung, Drohung oder Bestechung** erlangt wurde; auch in diesen Fällen kann die Behörde jedoch uU bei illoyaler Verzögerung der Entscheidung über die Rücknahme ihre Befugnis dazu nach allgemeinen Grundsätzen verwirken (vgl VGH München BayVBl 1984, 538; Knoke 241 und 271). Eine analoge Anwendung der Jahresfrist auf ähnliche Fallgestaltungen scheidet wegen ihres Sondercharakters grundsätzlich aus (vgl auch StBS 199).

149 **b) Geltung für nichtige und vorläufige VAe.** Die Regelung gilt an sich auch für die Rücknahme nichtiger VAe (**aA** OVG Münster NVwZ 1985, 286: bei nichtigen VAen läuft die Jahresfrist nicht), hat hier jedoch kaum praktische Bedeutung, weil die Behörde die Nichtigkeit jederzeit, auch nach Ablauf der Jahresfrist, gem § 44 Abs 5 verbindlich feststellen kann. Die Geltung für **vorläufige VAe** hängt davon ab, ob diese überhaupt der Rücknahme unterliegen.[325] Der Erlass des vorbehaltenen endgültigen VA stellt an sich keine Rücknahme dar, sondern einen selbstständigen originären VA, der deshalb auch nicht an die Frist gebunden ist (s auch näher § 35 Rn 24b).

150 **c) Geltung nur für begünstigende VAe.** Abs 4 beschränkt die Ausschlussfrist nicht ausdrücklich auf die Rücknahme von begünstigenden VAen (anders § 116 Abs 4 s-hLVwG). Diese Einschränkung ergibt sich jedoch bereits aus Abs 1 S 2 (so zutreffend StBS 199). Auch eine analoge Anwendung von Abs 4 kommt

---

[321] Weides DÖV 1985, 431; Allesch BayVBl 1984, 519; Schoch NVwZ 1985, 881; StBS 205; Obermayer/Funke-Kaiser 124; MB 69f; Knoke 239.

[322] VGH München BayVBl 1983, 120; Knoke 241 und 271; StBS 204; Knack/Henneke 44 und 74.

[323] Obermayer/Funke-Kaiser 126; Knack/Henneke 44; Allesch BayVBl 1984, 522.

[324] Dies wird zB angenommen für die Gasölbetriebshilfe, vgl BVerwG DVBl 1994, 409; für § 4 Abs 2 ZDG, vgl BVerwG NVwZ 1993, 93, s auch StBS 200 m weit Bsp; **aA** WBSK I § 51 Rn 84: keine weitergehende Anwendbarkeit der Jahresfrist.

[325] S oben Rn 18; Kemper 187; **aA** BVerwGE 67, 101 = NJW 1983, 1043; Peine DÖV 1986, 859; offen VG Köln NVwZ 1984, 538.

insoweit nicht in Betracht, da eine Sachentscheidung zugunsten des Bürgers auch sonst jederzeit, selbst nach Bestätigung eines VA durch ein rechtskräftiges Urteil eines Gerichts, zulässig ist. Gegen die Anwendung des Abs 4 auf belastende VAe spricht nicht zuletzt auch, dass dieselben VAe, sofern sie rechtmäßig wären, nach § 49 Abs 1 und 2 S 2 ohne zeitliche Beschränkung widerrufen werden können; es ist nicht anzunehmen, dass für die Rücknahme rechtswidriger VAe engere Voraussetzungen gelten sollten.

d) Geltung für VAe auf der Grundlage von Unionsrecht. Für die Anwendbarkeit des Abs 4 auf Beihilfen (Subventionen) kommt es nach der neueren Rechtsprechung des EuGH zunächst einmal darauf an, ob ein **Beihilfeaufsichtsverfahren der EU-Kommission** nach Art 108 EG AEUV durchgeführt worden ist oder nicht: Der Beschluss der Kommission, die Beihilfe zurückzufordern, ist für die nationalen Behörden verbindlich.[326] Der Betroffene kann sie mit der Nichtigkeitsklage vor dem EuGH anfechten (so zutr Ehlers GewArch 1999, 308; **aA** Classen JZ 1997, 724). Die Berücksichtigung von Vertrauensschutz kann praktisch nur auf dieser Ebene erfolgen. Setzt die nationale Behörde mit den Mitteln des § 48 die Entscheidung der Kommission um, **findet Abs 4 keine Anwendung.**[327] Anders ist dies bei Subventionen, die ohne ein vorgeschaltetes Aufsichtsverfahren der Kommission gewährt werden (ausf Ehlers GewArch 1999, 309 ff). 151

3. Beginn der Jahresfrist. a) Kenntnis von der Rechtswidrigkeit. Die Frist beginnt gem § 31 Abs 1 iVmit § 187 Abs 1 BGB mit dem Ablauf des Tages, an dem die Behörde Kenntnis von eine Rücknahme rechtfertigende Tatsachen erlangt und endet gem § 188 Abs 2 1. Altern. BGB nach einem Jahr mit dem Ablauf desjenigen Tages, der durch seine Zahl dem Tag entspricht, in den die Kenntniserlangung fällt. Bei Kenntniserlangung am 16.8.1983 endet die Frist also am 16.8.1984 nachts 24.00 Uhr (Obermayer/Funke-Kaiser 123). Der Rücknahmebescheid muss dem Bürger vor Ablauf der Frist bekannt gegeben worden sein (**aA** BFH NVwZ 1990, 1207: dass er den Bereich der Behörde verlassen hat, genügt). Maßgeblich für den Beginn des Laufs der Jahresfrist gem Abs 4 ist die **Kenntnis der die Rücknahme rechtfertigenden Tatsachen.**[328] Danach dürfte es nicht darauf ankommen, ob die Behörde aus diesen Tatsachen auch die Erkenntnis gewonnen hat, dass der VA tatsächlich rechtswidrig ist und zurückgenommen werden kann.[329] Die hM geht demgegenüber davon aus, dass Abs 4 eine reine Entscheidungsfrist enthält (s unten Rn 154). 152

Erforderlich ist positive Kenntnis. Fahrlässige Unkenntnis genügt nicht (StBS 211; **aA** Knack/Henneke 87; zweifelnd auch BSG DVBl 1994, 1249), wohl aber Kenntnis der Erkenntnisquellen, aus denen die Kenntnis in zumutbarer Weise und ohne besondere Mühe gewonnen werden kann.[330] Die Rspr stellt seit der grundlegenden Entscheidung des BVerwG[331] der Kenntnis von Tatsachen ieS 153

---

[326] EuGHE 1997, I-1591, Rn 38 (Alcan); BVerwG EuZW 1998, 730; Ehlers GewArch 1999, 305, 309; Fischer JuS 1999, 749, 751.

[327] EuGH EuZW 1997, 276 f; BVerwGE 106, 328; BVerwG EuZW 1998, 730; Ehlers GewArch 1999, 309; Erichsen/Ehlers § 24 Rn 24 mwN; Fischer JuS 1999, 753.

[328] BVerwGE 66, 61 = DVBl 1982, 1001; VGH Mannheim VBlBW 1981, 293; VGH München BayVBl 1980, 501; 1982, 660 mwN.

[329] Abs 4 als Bearbeitungsfrist: So zutreffend Knack/Hennecke 83; WBSK I § 51 Rn 97; Maurer § 11 Rn 35a; Erbguth JuS 2002, 333; krit auch StBS 230.

[330] Vgl BGH NJW 1987, 3120 zu § 852 Abs 1 BGB; **aA** wohl BVerwG BayVBl 1994, 379.

[331] BVerwGE – GrS – 70, 356; BVerwG NVwZ 1986, 119; BSG 60, 240; 62, 108; BFH BStBl II 1985, 718; OVG Koblenz JZ 1992, 1686; **aA** die frühere Rspr, vgl BVerwGE 66, 61; BVerwG NVwZ 1984, 717; VGH Mannheim VBlBW 1981, 293; VGH Kassel NVwZ 1984, 382; OVG Berlin NJW 1983, 2156; aus der Lit Steenblock DÖV 1984, 218; Pieroth NVwZ 1984, 681; Knoke 266: auf reine Rechtsanwendungsfehler nicht anwend-

die Erkenntnis gleich, dass für den VA maßgebende Tatsachen unzulänglich berücksichtigt oder rechtlich falsch gewürdigt wurden. Erst die **positive und vollständige Kenntnis aller Tatsachen im weitesten Sinn,** die für die Entscheidung der Behörde über die Rücknahme relevant sind oder sein können einschließlich der für die zu treffenden Ermessensentscheidung uU relevanten Tatsachen[332] setzt nach dieser Rspr die Frist in Lauf.[333] Auch bei „diffusen" nicht ohne weiteres exakt erfassbaren Tatsachen, wie zB dem durch einen Flughafen verursachten Lärm, gilt insoweit nichts anderes. Diese heute in der Rspr als hM anzusehende Auffassung wird freilich weder dem Wortlaut (der nur auf die Kenntnis von „Tatsachen", nicht der oder aller Tatsachen abstellt), noch der Entstehungsgeschichte, noch auch dem Zweck der Vorschrift (s dazu auch StBS 221 f, 225 mwN) gerecht (s auch Knack/Henneke 87 mwN). Gegen sie spricht, dass **die Frist damit ihren Sinn fast völlig verliert,** weil die Behörde es dann praktisch in der Hand hat, durch immer neue Ermittlungshandlungen, Rückfragen usw, den Beginn der Frist fast beliebig hinauszuschieben. Es ist auch kaum verständlich, warum der Gesetzgeber einer Behörde noch eine Frist von einem Jahr für die Entscheidung eines bereits entscheidungsreifen Falls zugestanden haben sollte, während sonst – zB gem § 75 VwGO – für vergleichbare Fälle sehr viel kürzere Fristen gelten und auch zB die vergleichbare Situation für den Beginn von Verjährungsfristen auch schon Kenntnis ausreicht, die bei einer Klage ausreichende Erfolgsaussichten verspricht.[334]

154 **b) Jahresfrist als Entscheidungsfrist.** Entgegen dem Wortlaut des Abs 4 und dem historischen Willen des Gesetzgebers[335] genügt nach BVerwGE 70, 356 = NJW 1985, 819, die inzwischen mittelbar seitens des Gesetzgebers auch dadurch bestätigt wurde, dass zwischenzeitlich auf eine entsprechende Änderung bzw Klarstellung verzichtet wurde (BT-Dr 10/6283; s dazu auch BVerwG NJW 1988, 2912), die bloße, nackte Tatsachenkenntnis allein nicht dafür, dass die Frist in Lauf gesetzt wird. Erforderlich ist jedenfalls zusätzlich, dass die Behörde auch die fehlerhafte Rechtsanwendung auf ihr bekannt gewordene oder von Anfang an bekannte Tatsachen erkennt, dh sich der Rechtswidrigkeit des betroffenen VA und der Notwendigkeit, wegen dieser Rechtswidrigkeit über eine evtl Rücknahme zu entscheiden, bewusst wird oder ist.[336] Erst im Zeitpunkt

bar; Becker RiA 1985, 253; Schoch NVwZ 1985, 440; Weides DÖV 1985, 431; Hendler JuS 1985, 947.

332 BVerwGE – GrS – 70, 356; 92, 730; BVerwG DVBl 1993, 728: dazu gehören auch „die Umstände, deren Kenntnis es der Behörde objektiv ermöglicht, ohne weitere Sachaufklärung unter sachgerechter Anwendung ihres Ermessens über die Rücknahme zu entscheiden". Zur Rücknahme einer Promotion (Entziehung des Doktorgrades) OVG Münster, U v 10.2.2016, 19 A 991/12, juris; zu besonderen Rücknahmeregelgungen, insb Rücknahmefristen OVG Münster, U v 10.12.2016, 19 A 254/13, juris (Entziehung des Doktorgrades).

333 BVerwGE 70, 362; 81, 305; VGH Kassel NVwZ-RR 1994, 484; unklar BVerwGE 92, 81; **aA** Knack/Henneke 83; MK 15 III 5; Kopp DVBl 1985, 525; GewArch 1986, 184; im Wesentlichen auch VG Köln NVwZ 1984, 537; StBS 211, 228; Becker RiA 1985, 253; Schoch NVwZ 1985, 884.

334 Kopp DVBl 1985, 525; vgl allg auch Weides DÖV 1985, 431; Becker RiA 1985, 252; Schoch NVwZ 1985, 880; 1990, 648; Kellermann VBlBW 1988, 46; zweifelnd offenbar auch BSG DÖV 1989, 356; OVG Koblenz DVBl 1988, 456 und OVG Münster NVwZ 1988, 72; vgl auch BSG DVBl 1989, 468.

335 Vgl BT-Dr 7/910 S. 71; OVG Münster NVwZ 1984, 734 mwN; Busch DVBl 1982, 1002; StBS 221 f.

336 BVerwGE 70, 356 = NJW 1985, 819; BVerwG NJW 1988, 2912 = BayVBl 1988, 539: wenn die Behörde die Rechtswidrigkeit des VA erkannt hat; BVerwG NJW 1990, 727; OVG Münster NVwZ 1988, 860; MK 15 III; im Ergebnis auch Knack/Henneke 81 f: Abs 4 analog; Knoke 260 und 274: ebenso die ältere Rspr und Lit; Busch DVBl 1982, 1001; Pieroth NVwZ 1984, 685; Schoch NVwZ 1985, 882; kritisch Becker RiA 1985, 254; Kellermann VBlBW 1988, 49; Kopp DVBl 1985, 525; vgl zur Kritik auch BFH

dieser Kenntnis bzw **Erkenntnis auch der Rechtswidrigkeit** soll die Tatsachenkenntnis iS von Abs 4 für den Lauf der Frist relevant werden.[337] Nach der methodisch und im Hinblick auf das Ergebnis schwer verständlichen Auffassung von BVerwGE 70, 365 soll dies selbst dann gelten, wenn der VA, um dessen Rücknahme es geht, als „eine bewusste oder gewollte Fehlentscheidung …, mit der dem Begünstigten ein rechtswidriger Vorteil zugewendet werden soll", ergangen war. Nach BVerwG NVwZ 2002, 485 soll die Frist erst nach Abschluss eines erforderlichen **Anhörungsverfahrens** beginnen. Die Jahresfrist wird nach der Rspr auch dann gewahrt, wenn der innerhalb der Frist ergangene Widerrufsbescheid später – nach Ablauf der Frist – durch einen neuen Bescheid ersetzt wird.[338]

aa) Erkenntnis der Rechtswidrigkeit. Die Auffassung, dass der Lauf der Jahresfrist auch die Erkenntnis der Rechtswidrigkeit erfordert und die Frist ggf erst dadurch in Gang gesetzt wird, **verdient im Prinzip Zustimmung** (Weides DÖV 1985, 91; Kopp GewArch 1986, 184), weil sie einerseits vermeidet, dass in Fällen, in denen alle Tatsachen von vornherein bekannt sind, die Behörde den Rechtsfehler aber erst später erkennt, überhaupt keine Frist läuft, wie vor allem die Rspr vor BVerwGE 70, 356 zT angenommen hatte; andererseits aber auch nicht zu dem vom Gesetzgeber ebenfalls schwerlich gewollten Ergebnis (vgl Krützmann VBlBW 1983, 365) führt, dass bei rechtswidrigen VAen die Jahresfrist idR schon ab dem Zeitpunkt des Ergehens des VA läuft, es sei denn, der Fehler beruht auf fehlender Kenntnis von Tatsachen oder einem Tatsachenirrtum, wie die Gegenauffassung (vgl BVerwGE 65, 61) annimmt. Sie geht jedoch in ihrer **„Korrektur" des Wortlauts** und des historischen Willens des Gesetzgebers[339] zu weit, wenn sie volle Kenntnis nicht nur hins der Tatsachen, sondern auch hins der in Abs 4 nicht ausdrücklich genannten Rechtswidrigkeit verlangt. Vielmehr muss insoweit in Übereinstimmung mit den allgemeinen Grundsätzen der Verwirkung hins der Rechtswidrigkeit – anders als hins der Tatsachen – auch ein **Kennenmüssen** genügen.[340] Die Anforderungen können für die Behörde jeden- 155

NVwZ 1989, 294 zu § 173 AO: Nur das nachträgliche Bekanntwerden von Tatsachen oder Beweismitteln rechtfertigt eine Änderung oder Aufhebung des Steuerbescheids. Die Unkenntnis von Tatsachen oder Beweismitteln muss für die ursprüngliche Veranlagung ursächlich gewesen sein.

[337] BVerwGE 112, 360; grundlegend BVerwGE – GrS – 70, 356: erst wenn die Behörde die Rechtswidrigkeit des VA erkannt hat; ebenso BVerwG DVBl 1993, 728; OVG Münster DVBl 1992, 792: erst mit Kenntnis der materiellen Gemeinschaftsrechtswidrigkeit nach Art 87 EG; wenn ein Verfahren nach Art 88 Abs 2 EG durchgeführt wird, frühestens mit der Entscheidung der Kommission; Stober JZ 1992, 1088; ebenso im Ergebnis Maurer § 11 Rn 35a; ähnlich, aber zT weniger weitgehend, UL § 62 Rn 37: die Überlegungsfrist beginnt erst dann zu laufen, „wenn die Behörde die Rücknahmevoraussetzungen erkannt hat und ihr alle für die Rücknahmeentscheidung erheblichen Tatsachen auch die für die Ermessensbetätigung vollständig bekannt sind"; ferner auch Knack/Henneke 81; Knoke 277; Weides 28 III: Kenntnis von Tatsachen, die auf die anfängliche Rechtswidrigkeit des VA hinweisen; Ziekow 49; kritisch StBS 225.

[338] BVerwGE 100, 199 = NVwZ 1996, 1217 zu § 45 SGB X; diese Entscheidung erscheint unter dem Aspekt der Zielsetzung der Jahresfrist vertretbar; vgl auch Neumann NVwZ 2000, 1248, 1252.

[339] Vgl dazu zB BT-Dr 7/910 S. 71; OVG Münster NVwZ 1984, 734 mwN; Becker RiA 1985, 253; Busch DVBl 1982, 1002; Schoch NVwZ 1985, 883.

[340] Kopp DVBl 1990, 665; ebenso im Ergebnis auch OVG Münster NJW 1988, 581 = NVwZ 1988, 71: die Jahresfrist wird in Gang gesetzt, wenn die Behörde sämtliche für die Rücknahmeentscheidung erheblichen Tatsachen vollständig vorliegen und sich hieraus vor dem Hintergrund einer eindeutigen gesetzlichen Regelung die Rechtswidrigkeit des begünstigenden Verwaltungsaktes und die Rücknahmeentscheidung geradezu aufdrängen; Ehlers Vw 2004, 255, 280; UL § 62 Rn 37; Weides 29 III; Taupitz NJW 1984, 662; wohl auch Stadie DÖV 1992, 252; vgl auch BSG DVBl 1994, 1249.

falls nicht geringer sein als im umgekehrten Fall gem Abs 2 S 2 Nr 3 für den Bürger, für den ebenfalls auch schon Kennenmüssen der Rechtswidrigkeit den Vertrauensschutz ausschließt.

156 **bb) Kenntnis der Ermessensvoraussetzungen. Erforderlich** ist nach der in ihrer Begründung zweifelhaften,[341] heute aber weitgehend akzeptierten hM, dass die Behörde alle Tatsachen kennt, aus denen sich die Rechtswidrigkeit des VA ergibt; erst die vollständige Kenntnis aller für die Entscheidung über eine evtl Rücknahme relevanten Tatsachen, einschließlich der für die zu treffende Ermessensentscheidung uU maßgeblichen Tatsachen, setzt die Frist in Lauf.[342] Die Frist ist nach dieser heute hM eine **reine Entscheidungsfrist,** die erst ab Entscheidungsreife des Falles zu laufen beginnt, nicht eine bloße Anstoßfrist oder Bearbeitungsfrist. Trotz des Zwecks der Regelung, das Vertrauen des Bürgers zu schützen und die Rücknahmemöglichkeit zeitlich möglichst zu beschränken, genügt es nach dieser Rspr deshalb nicht, dass die Behörde nur Kenntnis von einzelnen oder auch zahlreichen Tatsachen, Gesichtspunkten usw hat oder erlangt, die geeignet sind, eine sorgfältig und gewissenhaft arbeitende Behörde zu veranlassen, die Frage der Rücknahme zu prüfen.[343] Die Frist beginnt immerhin jedoch auch nach der Rspr des BVerwG jedenfalls von dem Zeitpunkt ab zu laufen, ab dem bei objektiver Betrachtung **keine Notwendigkeit mehr für eine weitere Aufklärung** oder für irgendwelche Überlegungen hins der Rücknahme mehr besteht oder jedenfalls sich **die Rücknahme geradezu aufdrängt.**[344]

157 **cc) Irrtumslagen bei der Behörde.** Bei einem **Tatsachenirrtum** der Behörde über die aus den ihr bekannten Tatsachen zu ziehenden tatsächlichen Schlussfolgerungen läuft die Frist ab dem Zeitpunkt, in dem die Behörde **sich des Irrtums bewusst wird** oder bewusst sein könnte und müsste. Anders ist die Lage bei einem **Rechtsirrtum** der Behörde. Hier differenziert die Rspr zwischen der Erkenntnis der Rechtswidrigkeit des VA auf der einen und den Rücknahmevorschriften auf der anderen Seite: Bei einem Rechtsirrtum in Bezug auf die Rechtswidrigkeit des VA läuft die Frist nicht (BVerwG NJW 1990, 727), insoweit wird die Kenntnis ua der Rechtswidrigkeit verlangt. Anders ist dies bei **unzutreffenden** rechtlichen **Schlussfolgerungen** der Behörde aus dem der Behörde bekannten Sachverhalt, zB hins des Umfangs, in welchem die Rücknahme in Betracht kommt, oder **über Rücknahmevoraussetzungen,** die in keinem Bezug zur Rechtswidrigkeit stehen. Hier steht der Irrtum dem Lauf der Frist nicht entgegen.[345]

---

341 Vgl BSG DÖV 1989, 356: vieles spricht dafür, dass die Jahresfrist nicht, wie das BVerwG annimmt, eine Entscheidungsfrist, sondern eine Handlungsfrist ist; Knack/Henneke 83: eine Bearbeitungsfrist.

342 BVerwGE 70, 362 = NJW 1985, 819; 92, 87 = NJW 1993, 2764; BVerwG NVwZ 1988, 822; NJW 1988, 2911; OVG Münster NVwZ 1988, 72; NVwZ 1988, 860 und 975; VGH München BayVBl 1980, 501; 1983, 120; Obermayer/Funke-Kaiser 116; StBS 229.

343 Vgl auch BVerwGE 81, 305: auch die bloße Erkenntnis der Rechtswidrigkeit vermag für sich allein den Fristenlauf nicht auszulösen; vielmehr ist hierfür die vollständige Kenntnis des für die Entscheidung über die Rücknahme erheblichen Sachverhalts notwendig; zum Beginn der Frist für die Rücknahme von EU-widrigen Subventionen (Beihilfen) auch BVerwGE 92, 81; ferner Hoppe NVwZ 1993, 35; **aA** VG Köln NVwZ 1984, 537; Knack/Henneke 84; Schoch NVwZ 1985, 885; ders Vw 1992, 38; Stadie DÖV 1992, 250; Kopp DVBl 1985, 525; GewArch 1986, 184; ähnlich Weides DÖV 1985, 91 und 434; Becker RiA 1985, 253.

344 BVerwGE 70, 364; OVG Münster NVwZ 1988, 72; BFH BStBl 1968 II 699; vgl auch Grziwotz BayVBl 1990, 706.

345 Vgl BVerwG NVwZ 1988, 350: „diese Fehleinschätzung der Beklagten betrifft nicht die Kenntnis der Tatsachen im Sinne von § 48 Abs 4 VwVfG und auch nicht die Erkenntnis, dass diese Tatsachen den Widerruf des Verwaltungsakts rechtfertigen, sondern allein den Umfang, in welchem auf Grund der ihr bekannten Tatsachen der Widerruf gerechtfertigt

c) Kenntnislage innerhalb der zuständigen Behörde. Die Kenntnis muss bei der **zuständigen Behörde** (BVerwGE 110, 226), dh grundsätzlich von einem für diese handelnden, mit der Sache befassten **für die Rücknahme zuständigen Amtsträger** erlangt sein; dass irgendjemand in der Behörde Kenntnis hat oder erlangt, genügt nicht.[346] Gleiches gilt auch für den Kenntnisstand der Aufsichtsbehörde (StBS 216). Wenn ein Behördenangehöriger einer anderen Abteilung oä Kenntnis von Tatsachen erlangt, deren Bedeutung für die Rücknahme eines VA ihm bekannt ist oder, weil ohne weiteres erkennbar, bekannt und bewusst sein müsste, so ist fraglich, ob die Behörde nach **Treu und Glauben,** insb auch nach den Grundsätzen der Verwirkung, die auch Abs 4 zugrundeliegen, nicht gehindert ist, sich auf Unkenntnis zu berufen. Eine starke Meinung geht deshalb im Anschluss an den BFH davon aus, dass sich die Behörde unter dem Gesichtspunkt des **Organisationsverschuldens** ab dem Zeitpunkt, zu dem bei einem ordnungsgemäßen Geschäftsgang die zuständige Stelle Kenntnis erlangt hätte, wenn die Kenntnis an sie weitergegeben worden wäre, so behandeln lassen muss, als hätte sie die Kenntnis iS von Abs 4 erlangt.[347] In Betracht kommt auch eine **Verwirkung** der Rücknahmebefugnis wegen des Verhaltens der unzuständigen Behörde (BVerwGE 110, 226). 158

Bei **Wechsel der Behördenzuständigkeit** muss die nunmehr zuständige Behörde sich die Kenntnis der früher zuständig gewesenen Behörde **zurechnen lassen** (offen BVerwG NJW 1990, 727; ähnlich zur Verjährung VGH Mannheim NVwZ 1983, 482). Maßgeblich ist andererseits grundsätzlich nur die amtliche Kenntnis; dass jemand privat Kenntnis hat oder erlangt, ist idR grundsätzlich unerheblich (Knoke 281; Kopp GewArch 1986, 185; vgl auch BGH NJW 1989, 914), wenn und solange er die Kenntnis nicht – wozu er nicht verpflichtet ist – zu einer amtlichen macht, zB durch einen Aktenvermerk darüber (vgl auch VGH München NVwZ-RR 1991, 169: für die Kenntnis iS von Abs 4 sind Art und Weise ihrer Erlangung nicht entscheidend). 159

d) Beweisfragen. Beweispflichtig für den Zeitpunkt, in dem die Behörde Kenntnis von Tatsachen iS von Abs 4 erlangt hat, ist grundsätzlich die Behörde, nicht der von der Rücknahme betroffene Bürger.[348] Dies gilt insb soweit es 160

---

ist. Ein solcher Rechtsirrtum über das Ausmaß der sich aus den bekannten Tatsachen ergebenden Berechtigung zum Widerruf steht der fehlenden Kenntnis der den Widerruf rechtfertigenden Tatsachen nicht gleich"; **aA** Knack/Henneke 81: Fristbeginn auch erst ab späterer Erkenntnis hins des Umfangs; vgl auch BVerfG 84, 21.

[346] BVerwGE 112, 360; 70, 356; BSG 60, 239; NVwZ 1988, 765, 785; DVBl 1989, 468 = DÖV 1989, 356; BFH NVwZ 1986, 587; StBS 215; Allesch BayVBl 1984, 522; Stelkens NuR 1986, 330; Kopp GewArch 1986, 185; allg auch BFH 143, 520; ähnlich BGHZ 109, 327; zur Wissenszurechnung bei juristischen Personen: maßgeblich nur die Kenntnis der vertretungsberechtigten Organe, nicht auch die Kenntnis eines Sachbearbeiters, der mit der Angelegenheit nichts zu tun hat; vgl auch BGH NJW 1989, 2879 und 2881;; **aA** OVG Berlin NJW 1983, 2156 unter Hinweis auf die Definition in § 1 Abs 4 VwVfG; Knack/Henneke 86; Schoch NVwZ 1985, 885; Pieroth NVwZ 1984, 685; Knoke 278, 281 unter Hinweis darauf, dass es sich um eine Frage der Zurechnung handelt.

[347] Vgl BFH 143, 52; Kopp GewArch 1986, 185; Herden/Gmach NJW 1986, 561; ebenso im Ergebnis Knack/Henneke 87: die Behörde muss sich eine durch mangelhafte innere behördliche Information oder fehlerhafte Aktenablage von ihr selbst verursachte Unkenntnis zurechen lassen; ähnlich Dommach DÖV 1981, 125; Stadie DÖV 1992, 251; zu dieser Auffassung neigend auch StBS 216; im Ergebnis jedoch weitergehend, auch OVG Berlin DVBl 1983, 355; Schoch NVwZ 1985, 885; Pieroth NVwZ 1984, 685; vgl auch BVerwGE 81, 303 = DVBl 1990, 249: uU genügt auch Kenntnis der aufsichtführenden Stelle; BGH DÖV 1990, 528: auch Kenntnis der vertretungsberechtigten Organe, auch wenn sie bei der Sache nicht persönlich mitgewirkt haben; allg zur Wissenszurechnung in Großunternehmen auch BGH NJW 1989, 2879 und 2881; **aA** VG Köln NVwZ 1984, 539.

[348] VGH München DÖV 1984, 218; Weides DÖV 1985, 435; Krützmann VBlBW 1983, 366; Knoke 273; **aA** OVG Berlin NJW 1983, 366.

sich um behördeninterne Vorgänge handelt. Es ist jedenfalls im Zweifel Sache der Behörde, nachzuweisen, dass sie nicht schon vor Ablauf der Jahresfrist Kenntnis hatte, vor allem auch dann, wenn die Unerweislichkeit des Zeitpunkts darauf beruht, dass die Behördenakten keine datierten Aktenvermerke über die maßgeblichen Vorgänge enthalten.[349]

161 **e) Neue Frist bei Aufhebung des Rücknahmebescheids?** Hat die Behörde von ihrer Rücknahmebefugnis Gebrauch gemacht und den VA innerhalb der Frist des Abs 4 zurückgenommen, wird der Rücknahmebescheid dann jedoch im Rechtsbehelfsverfahren wegen eines Fehlers aufgehoben, so stellt sich die Frage, ob die Behörde nach Ablauf der ursprünglichen Jahresfrist einen neuen Rücknahmebescheid erlassen darf. Teilweise wird angenommen, dass der weitere Ablauf der mit dem ursprünglichen Rücknahmebescheid gewahrten Frist durch das Anfechtungsverfahren gehemmt wird,[350] überwiegend aber, dass die **Jahresfrist neu zu laufen beginnt,** und zwar mit Unanfechtbarkeit der aufhebenden Entscheidung.[351] Näher liegt die Annahme, dass lediglich eine **Hemmung des Fristablaufs** bis zur Rechtskraft des Anfechtungsurteils eintritt, weil der Fehler der Behörde es nicht rechtfertigt, ihr erneut eine Entscheidungsfrist von einem Jahr einzuräumen, umgekehrt aber eine realistische Möglichkeit bestehen muss, den aufgehobenen VA durch einen neuen VA zu ersetzen. Die Vorschriften über die Hemmung sind entsprechend anwendbar, weil sie eine vergleichbare Interessenlage regeln.[352] Unabhängig davon kann **die Behörde gegen Treu und Glauben** verstoßen (venire contra factum proprium), wenn sie sich zB hins der Frist darauf beruft, dass ihr noch nicht alle für die Entscheidung maßgeblichen Gesichtspunkte bekannt gewesen seien, obwohl sie mit der Tatsache, dass sie entschieden hat, auch gezeigt hatte, dass nach ihrer Überzeugung weitere Klärungen für eine Entscheidung nicht mehr erforderlich sind.[353] Vgl ebenfalls zur Verwirkung der Rücknahmemöglichkeit BVerwG NJW 2000, 1512; OVG Münster NVwZ-RR 2006, 182.

VII. Rücknahmeverfahren (Abs 5)

162 **1. Zuständigkeit. a) Örtliche Zuständigkeit.** Da die Entscheidung über die Rücknahme eines VA selbst ein VA ist und es sich beim Rücknahmeverfahren um ein **neues, selbständiges Verwaltungsverfahren** handelt,[354] gelten dafür auch die allgemeinen Vorschriften über die Zuständigkeiten und das Verfahren. Abs 5, der auf Wunsch des Bundesrats neu eingefügt wurde, stellt dies überflüssigerweise für die örtliche Zuständigkeit klar. Zuständig ist damit grundsätzlich die Behörde, die den VA erlassen hat, um dessen Rücknahme es geht, bei

---

[349] Vgl Krützmann VBlBW 1983, 366; im Ergebnis – ohne Möglichkeit eines Gegenbeweises – auch OVG Berlin NJW 1983, 2157; weitergehend VGH München DÖV 1984, 218: die Behörde ist für alle Voraussetzungen der Rücknahme beweispflichtig; **aA** StBS 234.

[350] So zutreffend OVG Bremen NordÖR 2011, 197; OVG Lüneburg NVwZ 1985, 120, 122; OVG Münster NWVBl 1994, 390.

[351] So BVerwGE 143, 230; BVerwG NVwZ 1988, 822 zu einem Fall, in dem das VG den Widerruf mit der Begründung rechtskräftig aufgehoben hat, dass die Behörde das ihr obliegende Ermessen nicht ausgeübt hat: neue Frist läuft ab Rechtskraft des Urteils; ebenso VGH Mannheim NVwZ-RR 2001, 6; so nun auch StBS 206 unter Abkehr von BVerwGE 100, 199, 204 = NVwZ 1996, 1217.

[352] **AA** BVerwGE 143, 230: Keine Regelungslücke; ganz **aA** BVerwGE 100, 199, 204 und Knack/Henneke 85: weder Hemmung noch Unterbrechung.

[353] Vgl zur vergleichbaren Situation bei Rechtsbehelfen auch § 41 Rn 29; ähnlich Allesch BayVBl 1984, 522: Tatsachen, die erst nach Erlass des Rücknahmebescheids bekannt werden, sind schon nach dem Wortlaut des § 48 Abs 4 S 1 VwVfG für den Beginn der Jahresfrist nicht mehr maßgeblich.

[354] OVG Koblenz DVBl 1985, 1076; StBS 242, 253; WBSK I § 51 Rn 82, 94; Obermayer/Funke-Kaiser 129; Laubinger DÖV 1983, 906.

Zuständigkeitsänderungen dagegen die Behörde, die im Zeitpunkt der Rücknahme auch für den Erlass zuständig wäre (vgl OVG Koblenz DÖV 1985, 588; Knack/Henneke 46). War der VA von einer unzuständigen Behörde erlassen worden, so ist gleichwohl **nur die wirklich zuständige Behörde** für die Rücknahme zuständig.[355] Umstritten ist, ob in diesem besonderen Falle nach allgemeinen Rechtsgrundsätzen auch die (unzuständige) Behörde, die ihn erlassen hat, den VA wegen dieses formellen Fehlers zurücknehmen kann.[356]

Die Zuständigkeitsregelung des § 3 Abs 3 findet im Rücknahmeverfahren keine Anwendung, da es sich um ein im Verhältnis zum früheren Verfahren, in dem der zurückzunehmenden VA ergangen ist, **selbständiges, neues Verfahren** iS von § 9 handelt.[357] Dagegen bleibt § 3 Abs 3 anwendbar, wenn der VA vor Eintritt der Unanfechtbarkeit zurückgenommen wird. 163

b) Sachliche Zuständigkeit. Abs 5 trifft eine Regelung nur für die örtliche Zuständigkeit; auf die sachliche Zuständigkeit ist die Vorschrift deshalb nicht anwendbar (BVerwGE 110, 226, 230). Insoweit richtet sich die Zuständigkeit nach dem anwendbaren Fachrecht. Sofern keine speziellen Regelungen bestehen, kommt es auf die sachliche Zuständigkeit im Zeitpunkt des Widerrufs an (BVerwGE 110, 226). Sachlich zuständig ist grundsätzlich die **Ausgangsbehörde,** die den VA, dessen Rücknahme in Frage steht, erlassen hat,[358] außerdem daneben, solange ein Widerspruchsverfahren anhängig ist bzw der Widerspruchsbescheid noch nicht unanfechtbar geworden ist, **auch die Widerspruchsbehörde.**[359] Zu einer isolierten Aufhebung des Widerspruchsbescheides ist die Ausgangsbehörde idR nicht befugt (BVerwG NVwZ 2002, 1252). 164

Nach Eintritt der Unanfechtbarkeit, insb nach Ablauf der Widerspruchsfrist, wenn kein Widerspruch eingelegt wurde, oder nach Ablauf der Klagefrist, ohne dass Klage erhoben wurde, bzw nach Rechtskraft eines gerichtlichen Urteils, durch das der VA bestätigt wurde, ist **nur noch die Ausgangsbehörde** für die Rücknahme zuständig (StBS 264), nicht auch die Widerspruchsbehörde (**aA** OVG Koblenz NVwZ-RR 1994, 47) bzw, wenn die Zuständigkeiten sich geändert haben, die nunmehr für VAe der in Frage stehenden Art zuständige Behörde. Nach BVerwG NVwZ 2002, 1252, 1254 soll die Ausgangsbehörde den VA nach Abschluss des Widerspruchsverfahrens wegen anfänglicher Rechtswidrigkeit nur bei Vorliegen neuer Erkenntnisse zurücknehmen dürfen. 165

Der Widerspruchsbescheid als solcher kann nur von der Widerspruchsbehörde zurückgenommen werden; die Rücknahme ist jedoch jedenfalls nur bis zur Unanfechtbarkeit des Widerspruchsbescheids zulässig;[360] denn spätestens mit der Unanfechtbarkeit des Widerspruchsbescheids (s § 9 Rn 30; zT **aA** BVerwGE 55, 299: bereits mit Ergehen des Widerspruchsbescheids) endet das Wider- 166

---

[355] BVerwGE 110, 226, 230 = NVwZ 2000, 1512; BVerwG NVwZ-RR 1996, 538; StBS 257; **aA** Hößlein Vw 2007, 281 mit ausf Begründung.

[356] Bejahend OVG Münster NVwZ 1989, 72; Bettermann FS BVerwG 1978, 61; verneinend StBS 257; Gröpl VerwArch 1997, 23, 43.

[357] Begr 104 und 110; vgl auch VGH München BayVBl 1982, 754; VG Regensburg BayVBl 1981, 314; FKS 68.

[358] VGH München BayVBl 1988, 20 mwN; MB 76 und 78; Obermayer/Funke-Kaiser 128: nach Fachrecht.

[359] BVerwG DÖV 1982, 941; OVG Münster NVwZ-RR 1993, 289; Meister DÖV 1985, 147.

[360] BVerwG NVwZ 2002, 1252, 1254; OVG Koblenz DÖV 1970, 352; wohl auch StBS 260; VGH München BayVBl 1980, 298: grundsätzlich nur bis zum Ergehen des Widerspruchsbescheids; offen, ob darüber hinaus auch bis zur Unanfechtbarkeit; zT **aA** BVerwGE 39, 132; vdGK 4, 4, 1 zu § 119: gleiche Befugnis zur Rücknahme zum Zweck der Korrektur eigener Fehler wie die Ausgangsbehörde, nicht jedoch auch hins von Fehlern der Ausgangsbehörde, die durch den Widerspruchsbescheid nur bestätigt wurden; ferner VGH München BayVBl 1991, 20 mwN.

spruchsverfahren und damit auch die Zuständigkeit der Widerspruchsbehörde in der Sache. Der Widerspruchsbescheid wird jedoch durch eine neue Sachentscheidung der nach § 3 zuständigen alten oder neuen Ausgangsbehörde gegenstandslos und unwirksam, unabhängig davon, ob er bereits unanfechtbar geworden ist oder nicht (BVerwG NVwZ 2002, 1252; Redeker DVBl 1981, 56). Die Widerspruchsbehörde kann jedenfalls bei VAen mit Drittwirkung nach Ablauf der Widerspruchsfrist ihre Zuständigkeit auch nicht mehr dadurch begründen, dass sie über einen verspätet eingelegten Widerspruch noch zur Sache entscheidet.[361]

166a **2. Verfahren. a) Mehrstufiges Prüfungsverfahren.** Das Rücknahmeverfahren ist ähnlich wie das Verfahren beim Wiederaufgreifen gem § 51 **mehrstufig.**[362] Zunächst hat die Behörde auf der ersten Stufe zu prüfen, ob sie überhaupt in ein **Rücknahmeverfahren** und eine nochmalige Sachprüfung eintreten will bzw soll oder uU muss, oder es bei dem ergangenen VA belassen soll.[363] Sie entscheidet insoweit nach **pflichtgemäßem Ermessen;** ein Anspruch auf erneute Sachprüfung ist jedenfalls dann nicht gegeben, wenn besondere Gründe, die dafür sprechen könnten (zB Rechtswidrigkeit, Nachteile), nicht ersichtlich sind und sich auch aus der Begründung eines darauf gerichteten Antrags keine Anhaltspunkte dafür ergeben (s oben Rn 52). Diese Prüfung muss bei einem belastenden VA, dessen Aufhebung oder Abänderung der betroffene Bürger beantragt oder sich der Behörde aufdrängt, selbst dann erfolgen, wenn der VA durch rechtskräftiges Urteil bestätigt worden ist (vgl BVerwGE 70, 110 = NJW 1985, 280; zT **aA** offenbar BVerfG NVwZ 1989, 141).

167 **Entschließt sich die Behörde zu einer neuen Sachprüfung,** so hat sie auf der zweiten Stufe sodann zu prüfen, ob der VA rechtswidrig erlassen worden war und ob die übrigen **Voraussetzungen einer Rücknahme** gem § 48 erfüllt sind und ob von dem der Behörde eingeräumten Ermessen zur Rücknahme Gebrauch gemacht werden soll. In diesem Zusammenhang ist auch zu prüfen, welche Folgerungen sich aus dem in der Sache anwendbaren **materiellen Recht** für eine neue Entscheidung ergeben (s zum Grundsatz der doppelten Deckung oben Rn 27). Auf der dritten Stufe ist ggf eine neue Sachentscheidung zu treffen und der VA zu erlassen.

168 **b) Beteiligte des Rücknahmeverfahrens.** Die Rücknahme erfolgt im Regelfall **gegenüber dem Adressaten** des VA und gegenüber sonstigen durch den VA in ihren Rechten **Betroffenen** sowie – bei begünstigenden VAen – gegenüber dem **Begünstigten** (StBS 243). Bei VAen mit Drittwirkung wird die Rücknahme bereits mit der Bekanntgabe gegenüber dem begünstigten Beteiligten wirksam. Ist der ursprüngliche Adressat oder Betroffene durch Tod oder auf andere Weise weggefallen, so kommt eine Rücknahme nur noch im Fall der Rechtsnachfolge (s hierzu § 43 Rn 13 ff) in Betracht. Soweit Erben in ungeteilter Erbengemeinschaft stehen, ist der Rücknahme-VA grundsätzlich an **alle Erben** zu richten (VGH München BayVBl 1985, 181); bevor dies nicht geschehen ist bzw den übrigen Miterben gegenüber zumindest ein VA auf Duldung ergangen ist, ist eine Vollstreckung von mit der Rücknahme verbundenen Anordnungen uä, zB auf Leistungsrückerstattung, nicht zulässig; ebenso kann die Behörde vor-

---

[361] Kopp/Schenke § 70 Rn 9 mwN; Kopp DVBl 1983, 396; für VAe mit Doppelwirkung BVerwG DÖV 1982, 940 = DVBl 1982, 1097 mwN.

[362] Teilweise wird das Verfahren auch in zwei, teilweise in drei Stufen unterteilt; vgl UL § 65 Rn 7; Martens, 11 V; Jura 1979, 84, 87; Bettermann, in: Wolff-FS 1979, 467, 469 f, 498; Sachs JuS 1982, 264; Weides 27 I, 28 II; Maurer § 11 Rn 55 f; Schwabe JZ 1985, 545; **aA** Korber DÖV 1985, 309; ders, Einteiliges Aufhebungs- und zweiteiliges Wiederaufgreifensverfahren, 1983: anders als bei § 51 ein einteiliges Verfahren.

[363] Vgl BVerwGE 69, 90 = NVwZ 1984, 229; OVG Berlin NVwZ 1988, 184; Schwabe JZ 1965, 545 mwN; **aA** Korber DÖV 1985, 309.

her auch grundsätzlich keine weiteren Folgerungen ziehen, die die Wirksamkeit der Rücknahme gegenüber allen Betroffenen voraussetzen.

c) Allgemeine Verfahrensregeln. Für das Rücknahmeverfahren gelten ebenfalls die allgemeinen Vorschriften; insb ist den Betroffenen dabei nach § 28 auch **rechtliches Gehör** zu gewähren.[364] Wenn dies auch für das allgemeine Verfahren vorgeschrieben ist, sind zB auch vor der Entscheidung sozial erfahrene Personen zu hören (BVerwG DÖV 1985, 291). Die Entscheidung ergeht von Amts wegen oder auf Antrag eines in der Sache betroffenen Beteiligten (§ 13). Ein Antrag eines Betroffenen auf Rücknahme bedarf keiner näheren Begründung, obwohl eine solche idR zweckmäßig ist, weil die Behörde idR auf Grund des Antrags ohne weitere eigene Ermittlungen prüft, ob sie in eine Prüfung der Rücknahmevoraussetzungen eintreten will (s Rn 151). Im Übrigen gelten die **allgemeinen Antragserfordernisse** (s dazu § 22). 169

d) Aufklärung, Beweislast. Auch die Beweislast (s § 24 Rn 39 ff) richtet sich nach den allgemeinen Grundsätzen. Bei der Rücknahme eines begünstigenden VA von Amts wegen geht es grundsätzlich zu Lasten der Behörde, bei Rücknahme auf Antrag oder im Interesse eines Dritten idR (s aber § 24 Rn 45) zu dessen Lasten, wenn im Verfahren nicht mit hinreichender Sicherheit geklärt werden kann, dass die Voraussetzungen für eine Rücknahme, insb auch die Voraussetzung der Rechtswidrigkeit des VA, erfüllt sind.[365] Dies gilt auch für den Nachweis, dass der Betroffene nicht auf den Bestand des VA vertraut hat, und die das Vertrauen ausschließenden Tatbestände gem Abs 2 S 3 Nr 1–3, zB, dass der VA durch arglistige Täuschung erwirkt worden war usw.[366] Soweit die Entscheidung über die Rücknahme **im Ermessen der Behörde** steht, ist es idR nicht ermessensfehlerhaft, wenn die Behörde bei nicht offensichtlichem Vorliegen der rechtlichen Voraussetzungen im Hinblick auf bestehende und nicht ohne weiteres aufklärbare Zweifelsfragen eine von einem Betroffenen beantragte Rücknahme ablehnt; dies gilt selbst in Fällen, in denen sie sonst im Regelfall einen VA zurücknimmt. 170

e) Begründungspflicht. Der Rücknahmebescheid ist ein VA und daher gem § 39 zu begründen (StBS 253); in den Gründen ist insb auch auf die Gesichtspunkte des Vertrauensschutzes einzugehen (VGH München NVwZ 1985, 662) sowie auf sonstige gegen die Rücknahme sprechende Gesichtspunkte. Außerdem ist darzulegen, warum gleichwohl das Rücknahmeinteresse als stärker angesehen wurde.[367] Auch die Ablehnung eines auf Rücknahme gerichteten Antrags ist gem § 39 zu begründen (zweifelnd für die ablehnende Ermessensentscheidung BVerwGE 39, 235; 44, 338). IdR genügt bei einer Ablehnung jedoch, wenn Gründe für eine erneute Entscheidung (insb auch hins der Rechtswidrigkeit des 171

---

[364] BSG DÖV 1985, 588; VGH Münster NVwZ 1985, 662: damit der betroffene Bürger die Gesichtspunkte aufzeigen kann, die der Rücknahme entgegenstehen oder einen Ausgleichsanspruch nach sich ziehen können; OVG Lüneburg NVwZ 1985, 120; Weides JA 1984, 652; DÖV 1985, 435; StBS 253.

[365] BVerwGE 59, 164; 66, 168; BVerwG DÖV 1982, 854; OVG Münster NJW 1982, 1662; VGH München DÖV 1984, 216; Dorn DÖV 1988, 11; s allg auch Becker DÖV 1973, 384 mwN; StBS 41.

[366] BVerwGE 66, 170; OVG Münster NVwZ 1988, 1037; StBS 164; zT **aA** BVerwGE 34, 225; 71, 228; BVerwG DÖV 1970, 783; Münster NJW 1982, 1662; ebenso hins des Vertrauens auf den Bestand des VA, insoweit **aA** UL § 62 Rn 8; WBSK I § 51 Rn 77: da ein begünstigender VA nicht erst dann rechtswidrig sei, wenn die anspruchsbegründenden Tatsachen nicht vorgelegen haben, sondern bereits, wenn diese Tatsachen, für die den Begünstigten die Beweislast traf, nicht erwiesen sind.

[367] Vgl auch OVG Münster DVBl 1991, 1360: Ausführungen lediglich zum Fehlen des Vertrauensschutzes genügen nicht; zT **aA** VGH Mannheim NVwZ 1983, 552: auf Gründe, die gegen den Widerruf einer Subvention sprechen, ist nur einzugehen, wenn der Betroffene darauf hingewiesen hat oder sie sonst nahe lagen.

ursprünglichen VA) nicht vorgetragen sind oder sich aufdrängen, als Begründung der Hinweis, dass kein Grund für eine neue Sachentscheidung ersichtlich ist.[368]

172 **3. Rechtsbehelfe in Bezug auf die Rücknahme.** Die Rücknahme hat gegenüber dem ursprünglichen zurückgenommenen VA den Charakter eines selbstständigen VA und kann deshalb mit den allgemein gegen VAe gegebenen Rechtsbehelfen (Widerspruch, **Anfechtungsklage**) angegriffen werden (OVG Münster NJW 1985, 281). Ansprüche auf Rücknahme von belastenden VAen sind mit Widerspruch und **Verpflichtungsklage** geltend zu machen. Gleiches gilt für den Anspruch auf ermessensfehlerfreie Entscheidung über die Rücknahme (s oben Rn 51). Vor Eintritt der Unanfechtbarkeit des belastenden VA **geht** aber **die Anfechtungsklage vor.** Bei einer Aufhebung der Rücknahme eines VA lebt ebenso wie bei einem Widerruf oder einer Rücknahme einer Rücknahme grundsätzlich der ursprüngliche VA wieder auf und wird wieder voll wirksam, es sei denn, dass die Entscheidung über den Rechtsbehelf insoweit in zulässiger Weise in ihre Entscheidung auch den ursprünglichen VA einbezieht (BVerwGE 90, 52).

173 **4. Rückabwicklungsansprüche. a) Übersicht.** Die Rücknahme eines VA kann sowohl für die Behörde als auch für den betroffenen Bürger Erstattungs-, Folgenbeseitigungs- und sonstige Ansprüche auslösen. Art und Umfang dieser Ansprüche hängen vor allem davon ab, ob die Rücknahme mit Wirkung für die Vergangenheit oder nur mit Wirkung für die Zukunft erfolgt. § 48 regelt lediglich Entschädigungsansprüche in Abs 3, 5; die weiteren Folgen der Rücknahme ergeben sich aus anderen Vorschriften oder allgemeinen Rechtsgrundsätzen. Für die **Rückgabe von Urkunden** und Sachen, die zum Nachweis der aus dem zurückgenommenen VA folgender Berechtigung dienten, gilt § 52. Daneben können ggf auch **Ansprüche aus Amtshaftung** (BGH NJW 1985, 682), aus enteignungsgleichem Eingriff sowie wegen Verletzung der beamtenrechtlichen Fürsorgepflicht uä in Betracht kommen (s unten Rn 125). Bei Rücknahme nichtiger VAe besteht idR keine Schadenersatzpflicht (vgl BGH NJW 1983, 216; MB 73; Knack/Henneke 117).

174 **b) Erstattungsansprüche.** Für Rückabwicklungsansprüche der Behörde gelten zunächst die speziellen **Erstattungsregelungen des § 49a.** Diese gelten indessen nicht für den betroffenen Bürger. Für diesen kommt deshalb der nach wie vor ungeschriebene **allgemeine Erstattungsanspruch** (s hierzu näher § 49a Rn 24 ff) zur Anwendung. Über diese Ansprüche ist auf Antrag oder von Amts wegen durch VA zu entscheiden. Hat der Betroffene im Hinblick auf einen belastenden VA, der später zurückgenommen wurde, Aufwendungen gemacht, so sind diese gem bzw in entspr Anwendung von Abs 3 zu erstatten.[369]

175 **c) Der Folgenbeseitigungsanspruch.** Außerdem und zusätzlich hat der Betroffene Anspruch auf Rückgängigmachung der sonst durch eine bereits erfolgte Vollziehung des zurückgenommenen VA unmittelbar herbeigeführten Folgen nach den allgemeinen Grundsätzen über den **Folgenbeseitigungsanspruch.** Wird ein rechtswidriger VA zurückgenommen, so ist die Behörde grundsätzlich verpflichtet, die noch andauernden unmittelbar rechtsverletzenden Folgen des VA zu beseitigen, soweit dies tatsächlich möglich, rechtlich zulässig und zumut-

---

368 BVerwGE 44, 338; BVerwG NVwZ 1986, 294; Buchh 316 § 51 VwVfG Nr 6 mwN; OVG Münster NVwZ 1986, 135; vgl auch BVerwGE 69, 94: keine Verpflichtung der Behörde zu neuer Sachentscheidung, wenn keine neue Sachlage und der Antrag nur auf dieselben Gründe gestützt ist.

369 Vgl idS offenbar auch BVerwGE 85, 79 = NJW 1991, 583; str; **aA** zu den Fällen des Abs 2 MuE 174; StBS 46: keine analoge Anwendbarkeit, ausreichender Schutz über Amtshaftung; vgl auch unten Rn 124; ferner zur Frage der analogen Anwendung des Abs 3 Schenke DÖV 1983, 328; Johlen NJW 1976, 2155.

bar ist.[370] Problematisch ist hier vor allem, wie weit der Kreis der zu beseitigenden Folgen des VA zu ziehen ist, zB ob bei der Aufhebung der Einweisung eines Obdachlosen in eine Wohnung, nach Aufhebung der Einweisung der Obdachlose nicht nur verpflichtet ist, die Wohnung herauszugeben, sondern der Eigentümer unter dem Gesichtspunkt der Folgenbeseitigung einen Anspruch gegen die Behörde auf Räumung der Wohnung hat, oder ob auf Grund sondergesetzlicher Bestimmungen oder des allgemeinen Polizeirechts idR nur einen **Anspruch auf ermessensfehlerfreie Entscheidung** über eine evtl Räumung.[371]

Der Folgenbeseitigungsanspruch kann gegen den ursprünglich durch den zurückgenommenen VA Begünstigten nach der sog Kehrseitentheorie **durch VA festgesetzt** werden. Voraussetzung für den Folgenbeseitigungsanspruch ist nicht nur, dass eine durch den rechtswidrigen VA ausgelöste Rechtsverletzung andauert, sondern auch, dass es um unmittelbare Folgen des VA geht. Nicht unter den Folgenbeteiligungsanspruch fallen alle nur mittelbaren Folgen des zurückgenommen VA (vgl Kopp/Schenke § 113 Rn 80, 90). Außerdem ist Voraussetzung für die Anerkennung eines Folgenbeseitigungsanspruchs, dass die Beseitigung der Folgen tatsächlich möglich, rechtlich zulässig und nach Art, Umfang und Aufwand zumutbar ist (s hierzu näher § 49a Rn 29 f). 176

§ 49 Widerruf eines rechtmäßigen Verwaltungsaktes

(1) **Ein rechtmäßiger nicht begünstigender Verwaltungsakt kann, auch nachdem er unanfechtbar geworden ist, ganz oder teilweise mit Wirkung für die Zukunft widerrufen werden,[19] außer wenn ein Verwaltungsakt gleichen Inhalts erneut erlassen werden müsste[20] oder aus anderen Gründen ein Widerruf unzulässig ist.[22]**

(2) **Ein rechtmäßiger begünstigender Verwaltungsakt darf, auch nachdem er unanfechtbar geworden ist, ganz oder teilweise mit Wirkung für die Zukunft nur widerrufen werden,**

1. **wenn der Widerruf durch Rechtsvorschrift zugelassen[32] oder im Verwaltungsakt vorbehalten ist;[35]**
2. **wenn mit dem Verwaltungsakt eine Auflage verbunden ist und der Begünstigte diese nicht oder nicht innerhalb einer ihm gesetzten Frist erfüllt hat;[38]**
3. **wenn die Behörde auf Grund nachträglich eingetretener Tatsachen[43] berechtigt wäre, den Verwaltungsakt nicht zu erlassen,[44] und wenn ohne den Widerruf das öffentliche Interesse gefährdet würde;[48]**
4. **wenn die Behörde auf Grund einer geänderten Rechtsvorschrift berechtigt wäre, den Verwaltungsakt nicht zu erlassen,[49] soweit der Begünstigte von der Vergünstigung noch keinen Gebrauch gemacht oder auf Grund des Verwaltungsaktes noch keine Leistungen empfangen hat,[52] und wenn ohne den Widerruf das öffentliche Interesse gefährdet würde;**
5. **um schwere Nachteile für das Gemeinwohl zu verhüten oder zu beseitigen.[54]**

§ 48 Abs. 4 gilt entsprechend.

(3) **Ein rechtmäßiger Verwaltungsakt, der eine einmalige oder laufende Geldleistung oder teilbare Sachleistung[63] zur Erfüllung eines be-**

---

[370] Zum FBA näher Schoch VerwArch 1988, 1; BVerwGE 94, 100 = NVwZ 1994, 275 – Bargteheide; Ramsauer, Assessorprüfung Rn 25.02.

[371] So zutreffend VGH Mannheim NVwZ 1987, 1101; NVwZ 1990, 476; DÖV 1990, 573; zT **aA** Knemeyer JuS 1988, 696; Horn DÖV 1989, 976; Götz VBlBW 1987, 425; Knemeyer JuS 1989, 696.

stimmten Zwecks gewährt oder hierfür Voraussetzung ist,[65] kann, auch nachdem er unanfechtbar geworden ist, ganz oder teilweise auch mit Wirkung für die Vergangenheit widerrufen werden,

1. **wenn die Leistung nicht, nicht alsbald nach der Erbringung oder nicht mehr für den in dem Verwaltungsakt bestimmten Zweck verwendet wird;[66]**
2. **wenn mit dem Verwaltungsakt eine Auflage verbunden ist und der Begünstigte diese nicht oder nicht innerhalb einer ihm gesetzten Frist erfüllt hat.[72]**

§ 48 Abs. 4 gilt entsprechend.

(4) **Der widerrufene Verwaltungsakt wird mit dem Wirksamwerden des Widerrufs unwirksam, wenn die Behörde keinen anderen Zeitpunkt bestimmt.[75]**

(5) **Über den Widerruf entscheidet nach Unanfechtbarkeit des Verwaltungsaktes die nach § 3 zuständige Behörde; dies gilt auch dann, wenn der zu widerrufende Verwaltungsakt von einer anderen Behörde erlassen worden ist.**

(6) **Wird ein begünstigender Verwaltungsakt in den Fällen des Absatzes 2 Nr. 3 bis 5 widerrufen, so hat die Behörde den Betroffenen auf Antrag für den Vermögensnachteil zu entschädigen,[78] den dieser dadurch erleidet, dass er auf den Bestand des Verwaltungsaktes vertraut hat, soweit sein Vertrauen schutzwürdig ist.[81] § 48 Abs. 3 Satz 3 bis 5 gilt entsprechend.[83] Für Streitigkeiten über die Entschädigung ist der ordentliche Rechtsweg gegeben.**

Parallelvorschriften: §§ 46 ff SGB X; § 131 AO

Schrifttum: *Battis/Ruttloff,* Vom Moratorium zur Energiewende – und wieder zurück, NVwZ 2013, 817; 1401; *Ehlers,* Rechtsfragen des Subventionsrechts, DVBl 2014, 1; *Erichsen/Brügge,* Der Widerruf von VAen nach § 49 VwVfG und der ör Erstattungsanspruch nach § 49a VwVfG, Jura 1999, 496; *Flemming/Riese,* Die Stilllegung von konventionellen Kraftwerken, NordÖR 2015, 189; *Felix,* Der VA mit Dauerwirkung – eine sinnvolle Kategorie des Allgemeinen Verwaltungsrechts?, NVwZ 2003, 385; *Frenz,* Erdbebenähnlicher Erschütterungen und weiterer Steinkohleabbau, WiVerw 2009, 77; *Frohn,* Die Korrektur von VAen wegen nachträglicher Verhältnisänderung, Jura 1993, 393; *Gröpl,* Das Gesetz zur Änderung verwaltungsverfahrensrechtlicher Vorschriften vom 2.5.1996, VerwArch 1997, 23; *Hösch,* Bestandsschutz und Eigentum im Wasserrecht, ZfW 2009, 65; *Hufen,* Grundrechte: Entziehung des Doktorgrads, JuS 2016, 664; *Ibler,* Kann der Widerruf eines VA widerrufen werden?, NVwZ 1993, 451; *Kiefer,* Können rechtswidrige VAe widerrufen werden? NVwZ 2013, 1257; *Kopp,* Der Schutz des Vertrauens auf den Bestand von VAen im Wirtschaftsrecht, GewArch 1986, 177; *Krausnick,* Grundfälle zu § 48, 49 VwVfG, JuS 2010, 681; *Lenze,* Die Bestandskraft von VAen nach der Rspr des EuGH, VerwArch 2006, 49; *Lübbig,* Die Aufhebung von VAen der Gemeinschaftsorgane, EuZW 2003, 233; *Mann,* Verfassungsrechtliche Determinanten bei der Nachrüstung von Atomkraftwerken, DÖV 2013, 295; *Nickel,* Das Spannungsverhältnis zwischen Europäischem Gemeinschaftsrecht und den §§ 48–49a VwVfG, 2000; *Sarnigausen,* Widerruf aufgrund rechtswidriger Widerrufsvorbehalte nach § 49 Abs 2 Nr 1, 2. Altern VwVfG, NVwZ 1995, 563; *Sauerland,* Der Widerruf auflagenbeschwerter Einbürgerungen, DÖV 2016, 465; *Suerbaum,* Widerruf und Erstattung bei Geld- und Sachleistungsverwaltungsakten nach der Novellierung des Verwaltungsverfahrensrechts, VerwArch 1999, 361; *Zacharias,* Rücknahme und Widerruf von Vertragsgenehmigungen, NVwZ 2002, 1306.

Zum Widerruf im Recht der Subentionen (Beihilfen): *Attendorn,* Der Widerruf von Zuwendungsbescheiden wegen Verstoßes gegen Vergaberecht, NVwZ 2006, 991; *Ehlers,* Rechtsfragen des Subventionsrechts, DVBl 2014, 1; *Folnovic/Hellriegel,* Der Widerruf im Zuwendungsrecht – Eine Systematik, NVwZ 2016, 638; *Graupeter,* Wer verspätet ausgibt, den bestraft der Zuwendungsgeber, LKV 2006, 202; *Haltern/Manthey,* Ref-Klausur: Rechtsnachfolge und VA-Befugnis im Subventieonsrecht, Jus 2016, 344; *Martin-Ehlers,* Die Rückforderung von Zuwendungen wegen Nichteinhaltung von vergaberechtlichen Auflagen, NVwZ 2007, 289; *Menge,* Widerruf und Rückabwicklung von Subventionen in riskanten Fällen, 2002; *Odeskog,* Verwaltungsvertrag und VA als Instrumente der Subventionsvergabe, 2013; Thiel, Kein Widerruf des Zuwendungsbescheides trotz Vergaberechtsverstoßes, IBR 2014, 99; *Troidl,* Vergaberecht und Verwaltungsrecht, NVwZ 2015, 549.

Zum Widerruf aufgrund von speziellen Vorschriften: *Heimpel,* Der Bauvorbescheid, 2012; *Jahndorf/Oellerich,* Bestandskraft von Steuerbescheiden und rückwirkende Durchsetzung von Europarecht, DB 2008, 2559; *Kotulla/Rolfsen,* Der Widerruf von wasserrechtlichen Bewilligungen nach § 18 Abs 2 HWG – ein Beitrag zur Vereinfachung des Umweltrechts? NuR 2010, 625; *Reich,* Widerruf der Approbation als Arzt, BayÄrzteBl 1992, 306.

Übersicht

I. Allgemeines

1. Inhalt und Entwicklung der Vorschrift. a) Inhalt. Die Vorschrift regelt den Widerruf bzw die nachträgliche Abänderung insbesondere rechtmäßig erlassener VAe. Sie ergänzt § 48, der spezielle Bestimmungen über die Rücknahme rechtswidriger VAe enthält, und wird ihrerseits durch § 50 und § 51 ergänzt. Das Instrument des Widerrufs erlaubt der Behörde nach hM (vgl Rn 5) unabhängig von der Rechtswidrigkeit des VA die **Reaktion auf rechtliche oder tatsächliche Änderungen** nach Erlass des VA. Die Vorschrift unterscheidet zwischen nicht begünstigenden VAen, deren Widerruf idR im Ermessen der zuständigen Behörde steht (Abs 1), und begünstigenden VAen, die nur unter den engen Voraussetzungen der Abs 2 u 3 widerrufen werden dürfen. Für den zur Abgrenzung der Regelungen nach Abs 1 und Abs 2 maßgeblichen **Begriff des begünstigenden VA** gilt die Legaldefinition in § 48 Abs 1 S 2 entsprechend (s unten Rn 25). Die Regelungen des § 49 dienen ebenso wie § 48 und § 51 einerseits der Sicherung der Effizienz der Verwaltung, andererseits auch der Rechtssicherheit und dem Rechtsschutz der Betroffenen, denen sie einen gewissen Vertrauens- und Bestandsschutz gewährleistet (BT-Dr 227/73 S 72). Soweit keine speziellen Bestimmungen gelten, regelt die Vorschrift den Widerruf abschließend (vgl Rn 26). 1

Nach dem **Grundsatz der doppelten Deckung** stellt § 49 keine allgemeine Ermächtigung für die nachträgliche Aufhebung oder Änderung von rechtmäßig erlassenen VAen ohne Rücksicht auf die nach allgemeinem Recht sonst bestehenden Befugnisse der Behörde dar (VGH München BayVBl 1988, 305). Auch ein Widerruf kann **nur im Einklang mit dem materiellen Recht** erfolgen, er muss insoweit „gedeckt" sein. Ein VA, der nach geltendem Recht mit gleichem Inhalt erlassen werden müsste, kann nicht zurückgenommen werden, auch nicht, wenn dies zB nach Abs 2 Nr 5 erforderlich erscheinen sollte. Insoweit gilt Abs 1 2. Halbs für alle Fälle des Widerrufs. § 49 beschränkt seinem Zweck entsprechend die sonst, dh, wenn noch kein VA in der Sache ergangen ist, bestehenden Befugnisse der Behörden, erweitert sie jedoch nicht. 2

b) Entwicklung. Die Vorschrift entspricht im Wesentlichen den vor Inkrafttreten des VwVfG geltenden Rechtsgrundsätzen.[1] Nach ihrer Urfassung war ein Widerruf eines begünstigenden VA stets nur mit Wirkung für die Zukunft möglich. Dies wurde vor allem in den Fällen des Widerrufs der Bewilligung von Beihilfen (Subventionen) als verfehlt angesehen, weil die Mittel zumeist bereits verbraucht waren, wenn sich nach einem Widerruf die Frage nach der Zulässigkeit einer Rückforderung stellte. Ob eine **Rückforderung von Subventionen** auch nach einem nur für die Zukunft geltenden Widerruf des Subventionsbewilligungsbe- 3

---

[1] Begr 72 ff; MuE 163; vdGK 1, 2; vgl zum früheren Recht BVerfG 59, 168; BVerwGE 25, 91; 32, 12; 38, 290; 39, 314; 40, 65; 42, 68; 59, 128, 161; 65, 139; 66, 175; BVerwG NJW 1977, 1838; F 264.

scheids hätte erfolgen können, war zweifelhaft,[2] da damit nur das Recht, die Subvention behalten zu dürfen, für die Zukunft aufgehoben wird.[3] Um insoweit eine klare Rechtslage zu schaffen, wurde für diese sog Zuwendungsfälle schon frühzeitig (2. BHO-ÄndG v 14.7.1980 – BGBl I S 955) mit § 44a BHO eine Spezialvorschrift geschaffen, die einen Widerruf auch mit Wirkung für die Vergangenheit ermöglichte. Deren Regelungen wurden durch das G zur Änderung verwaltungsverfahrensrechtlicher Vorschriften v 2. 5. 96 (s Einf I Rn 30) im Wesentlichen in Abs 3 und § 49a übernommen. Abs 3 wurde neu eingefügt, die bisherigen Abs 3 bis 5 rückten nach hinten und wurden Abs 4 bis 6. Die Ermächtigung für die Rückforderung ist einheitlich auch für die Rücknahmefälle und für andere Fälle der Unwirksamkeit des VA von Anfang an in § 49a geregelt.

3a **c) Verfassungsrecht.** Die Vorschrift ist Ausfluss des aus dem Rechtsstaatsprinzip folgenden Grundsatzes der **Gesetzmäßigkeit der Verwaltung,** wonach das durch den VA geschaffene Rechtsverhältnis auch nach seinem Erlass im Einklang mit der Rechtsordnung stehen sollte. Sie berücksichtigt zugleich das aus dem Rechtsstaatsprinzip und betroffenen Grundrechten folgende **Prinzip des Vertrauensschutzes,** wonach begünstigende VAe nur bei Vorliegen besonderer Widerrufsgründe widerrufen werden dürfen (Abs 2, 3). Der Schutz berechtigten Vertrauens findet seinen Ausdruck nicht nur in der Formulierung der Widerrufsgründe, sondern auch in der Entschädigungsregelung des Abs 6 und muss schließlich auch im Rahmen der Ermessensentscheidung der zuständigen Behörde berücksichtigt werden. Vertrauensschutz spielt für die Ermessensentscheidung bei nicht begünstigenden VAen des Abs 1 dagegen keine, in den Fällen des Abs 3 jedenfalls im Regelfall keine Rolle, weil hier der Betroffene selbst durch sein Verhalten den Widerrufsgrund herbeiführt.

4 **2. Modifizierungen durch das Europarecht. a) Direkter Vollzug.** Der Widerruf von VAen ist im Recht der EU nicht allgemein geregelt. Soweit keine speziellen Bestimmungen vorhanden sind, kommen im **direkten Vollzug von Unionsrecht** (s hierzu Einf II Rn 36) nur die allgemeinen Rechtsgrundsätze zur Anwendung. In der Rspr des EuGH ging es allerdings idR nicht um den Widerruf rechtmäßiger VAe, sondern um die Aufhebung nachträglich rechtswidrig gewordener Entscheidungen mit Wirkung für die Zukunft.[4] Dabei geht der EuGH davon aus, dass eine Entscheidung durch eine Änderung der Verhältnisse gewissermaßen nachträglich rechtswidrig werden kann. Inzwischen kennt das Unionsrecht aber auch das Instrument des Widerrufs, das zB Eingang in die Beihilfe-Verfahrensordnung gefunden hat.[5]

4a **b) Widerruf im Rahmen des indirekten Vollzugs.** Soweit das Unionsrecht durch Organe der Mitgliedstaaten vollzogen wird, also beim indirekten Vollzug von Unionsrecht, ist nach dem Grundsatz der verfahrensrechtlichen Autonomie der

---

[2] Bejahend BVerwG DVBl 1983, 810; Jarass DVBl 1984, 855 ff; Busch JuS 1992, 563, 567; **aA** Dickersbach GewArch 1993, 177, 184; Stober DÖV 1984, 269; Meinecke DVBl 1984, 275: unzulässige Rückwirkung; Widerruf nur nach § 44a BHO oder entsprechenden Bestimmungen; vgl auch Henke DVBl 1989, 124.

[3] Dies hätte einer Rückforderung an sich nicht entgegengestanden, vgl BVerwG NVwZ 1984, 36; BSG DVBl 1990, 218; VGH Kassel NVwZ 1989, 166; 1990, 879; VGH München NVwZ 1990, 883; Kopp BayVBl 1989, 653; Thoenes DVBl 1983, 812; Jarass DVBl 1984, 855; weitere Nachw bei Suerbaum VerwArch 1999, 363; ferner BVerwGE 95, 225; **aA** Stober DÖV 1984, 265; s auch Osterloh JuS 1984, 230; Meinecke DVBl 1984, 726; Henke DVBl 1989, 124.

[4] S hierzu näher Müller, Die Aufhebung von VAen unter dem Einfluss des EU-Rechts, 2000, 135 ff.

[5] Beihilfeverfahrensordnung (VO 659/1999 v 16.4.1999 – ABl 1999 L 83/1). S hierzu ausführlich Heidenhain, Handbuch des Europäischen Beihilferechts, 2003, § 32 Rn 8 ff; Müller, Die Aufhebung von VAen unter dem Einfluss des EU-Rechts, 2000, 135 ff.

Mitgliedstaaten grundsätzlich nationales Recht und damit auch § 49 anwendbar, allerdings mit Modifikationen, die sich aus der **Pflicht zur effektiven Durchsetzung des Unionsrechts** ergeben (Art 4 Abs 3 EUV). Danach dürfen verfahrensrechtliche Bestimmungen die Durchsetzung des Unionsrechts, auch des von den Mitgliedstaaten in Umsetzung europarechtlicher Vorgaben geschaffenen mittelbaren Unionsrechts (s hierzu Einf II Rn 14) nicht vereiteln, sondern müssen umgekehrt eine wirksame Durchsetzung ermöglichen. Dies wird zT auch durch das Fachrecht sichergestellt (zB USchadG). Anders als bei § 48 geht es dabei um die europarechtlich angemessene Reaktion auf Entwicklungen nach Erlass des VA, insbesondere auf die **Nichterfüllung von Pflichten,** die einem Begünstigten im Zusammenhang mit dem Erlass eines begünstigenden Haupt-VA auferlegt worden sind. Diese Möglichkeit wird mit dem Instrumentarium in Abs 2 und 3 für den **Fall der zweckwidrigen Verwendung rechtmäßig bewilligter Beihilfen** in angemessener Weise eröffnet. Wegen des überragenden Gemeinschaftsinteresses an der Verhinderung europarechtswidriger Beihilfen sind allerdings ähnlich wie bei der Rücknahme rechtswidrig gewährter Beihilfen (s hierzu § 48 Rn 11) gewisse Modifizierungen insoweit geboten, als es um die effektive Durchsetzung des Unionsrechts im Bereich der Art 107 AEUV unterliegenden Beihilfen geht.[6]

aa) Auslegung der Widerrufsgründe. Die europarechtlich gebotenen Modifizierungen können die Auslegung der einzelnen Widerrufsgründe betreffen, 4b
also etwa die Frage, ob der Begünstigte eine Beihilfe entgegen den maßgeblichen Zweckbestimmungen verwendet oder sonst gegen Nebenbestimmungen verstoßen hat, die dem VA aus Gründen des Unionsrechts beigefügt waren. Gleiches soll – allerdings im Rahmen der Spezialvorschrift des § 73 AsylG – für die Beachtlichkeit der flüchtlingsrechtlichen Ausschlussgründe nach Art 12 Abs 2, Art 14 Abs 3 der RL 2004/83/EG gelten (s auch unten Rn 18b).

bb) Ermessen, Jahresfrist. Eine europarechtskonforme Auslegung der Re- 4c
gelungen über den Widerruf ist auch insoweit geboten, als es um die Ausübung des in Abs 2 u 3 vorgesehenen Widerrufsermessens und um die nach Abs 2 S 2 und Abs 3 S 2 für den Widerruf geltende Jahresfrist des § 48 Abs 4 geht. Zu Lasten des Begünstigten mit der Folge einer Verpflichtung zum Widerruf ist regelmäßig[7] das **Ermessen auf Null** reduziert, wenn ihm nach den Maßstäben des europarechtlichen Vertrauensschutzprinzips kein Vertrauensschutz zukommt. Ob einem Widerruf also Gesichtspunkte des Vertrauensschutzes entgegenstehen können, beurteilt sich nach europarechtlichen Maßstäben, nicht nach nationalen. Ist nach Unionsrecht ein Widerruf geboten, so steht ihm auch die nach Abs 2 S 2 und Abs 3 S 2 für den Widerruf geltende **Jahresfrist** des § 48 Abs 4 nicht entgegen. Sie kann in einem solchen Fall also keine Anwendung finden. Insoweit sind die Grundsätze entsprechend heranzuziehen, die für § 48 entwickelt worden sind (s § 48 Rn 148 ff). Allerdings dürfte diese Modifizierung angesichts der von der hM vertretenen Position zum Beginn der Jahresfrist (s hierzu § 48 Rn 152) kaum praktische Auswirkungen haben.

3. Begriff und Rechtsnatur des Widerrufs. a) Begriff. Im Einklang mit 5
der überkommenen Terminologie wird unter Widerruf die nachträgliche (vollständige oder teilweise) Aufhebung bzw **Änderung eines VA ohne Rücksicht auf seine Rechtswidrigkeit** durch eine Behörde außerhalb eines Rechtsbehelfsverfahrens verstanden.[8] Weder der Abhilfebescheid nach § 72 VwGO noch der

---

[6] S hierzu näher Rn 61 hins der Jahresfrist, Rn 73 hins des Ermessens.

[7] Auch hier gibt es Ausnahmen in atypischen Fällen, vgl VGH Mannheim NuR 2015, 48 für den Fall einer wegen Betriebsaufgabe aufgrund unverschuldeter Berufsaufgabe nicht ordnungsgemäß eingesetzten Beihilfe.

[8] Teilweise wird entgegen der hM eine Erstreckung auf rechtswidrige VAe abgelehnt, vgl zB Ehlers Vw 2004, 255, 279; Erichsen/Brügge Jura 1999, 496.

Widerspruchsbescheid nach § 73 VwGO enthalten daher einen Widerruf. Anders ein **Zweitbescheid,** der **konkludent den VA abändert** (BVerwGE 53, 12). Der nachträgliche Erlass einer Nebenbestimmung kann als teilweiser Widerruf verstanden werden. Es entspricht der zutreffenden ganz hM (vgl Rn 12), dass unter den Voraussetzungen des § 49 auch rechtswidrige VAe widerrufen werden können, zumal der Vertrauensschutz beim Widerruf größeres Gewicht hat als bei der Rücknahme. Ist also die Rücknahme eines rechtswidrigen VA nicht möglich oder nicht opportun, kann ein Widerruf erfolgen, sofern jedenfalls hierfür die Voraussetzungen vorliegen. Möglich ist es auch, eine zunächst auf § 48 gestützte Aufhebung eines VA nachträglich als Widerruf zu rechtfertigen,[9] sofern entsprechende Ermessenserwägungen angestellt wurden (StBS § 48 Rn 50). Eingriffsmaßnahmen wie etwa Untersagungsverfügungen lassen sich auf § 49 nicht stützen, auch wenn sie gegenüber einem Widerruf das mildere Mittel darstellen mögen.[10]

5a **b) Rechtsnatur.** Als späterer actus contrarius zum Erlass eines VA erfolgt auch der **Widerruf durch VA,** für den grundsätzlich dieselben Form-, Verfahrens- und Zuständigkeitsvorschriften gelten wie für den VA, der widerrufen wird, sofern sie sich zwischenzeitlich nicht geändert haben. Zum Problem des Zuständigkeitswechsels s unten Rn 77. Auf die Bezeichnung als Widerruf kommt es nicht an; maßgeblich sind, ebenso wie bei § 48, Inhalt und Zweck des entsprechenden VA sowie die inhaltliche Unvereinbarkeit mit dem VA, der dadurch in seiner Wirkung aufgehoben oder abgeändert wird.[11] Ähnlich wie bei der Rücknahme (s § 48 Rn 29) kann in der Rückforderung einer durch VA gewährten Leistung zugleich der konkludente Widerruf des Bewilligungs-VA gesehen werden.[12] In derartigen Fällen wie auch bei sonstigen konkludenten Widerrufsentscheidungen fehlt es allerdings nicht selten an der erforderlichen Ermessensbetätigung.

6 **c) Abgrenzung von der Neuregelung.** Die Unterscheidung ist danach zu treffen, ob der neue VA den Regelungsgegenstand des alten VA in sachlicher oder zeitlicher Hinsicht berührt. Betrifft die Neuregelung denselben Lebenssachverhalt, so kommt es darauf an, ob eine inzwischen eingetretene Änderung der Sach- und Rechtslage von dem in der Angelegenheit früher ergangenen VA noch erfasst wird oder ob dieser infolge der Änderung (oder aus anderen Gründen) seine Wirksamkeit verloren hat und daher auch einem neuen VA nicht entgegensteht.[13] **Nicht um einen Widerruf** handelt es sich zB bei der in einem Gesetz vorgesehenen Wiederzulassung zB nach § 35 Abs 6 GewO, einer neuen Erlaubnis usw bei Änderung der Verhältnisse.[14] Ebenfalls kein Widerruf liegt im Erlass einer sog **Tekturgenehmigung,** mit der eine wirksame Genehmigung nur ergänzt und fortgeschrieben wird (OVG Hamburg NordÖR 2004, 286). Kein Widerruf ist auch die Reduzierung von Betten im Rahmen der **Fortschreibung eines Krankenhausbedarfsplans**[15] sowie die Ablehnung der Verlängerung einer befristet erteilten Erlaubnis,[16]

---

9 Vgl BVerwGE 108, 30, 35 = NVwZ 1999, 302; BVerwG NVwZ-RR 1992, 68.

10 So aber OVG Bautzen LKV 2007, 87 für die Untersagung der Beschäftigung bestimmter Lehrkräfte in einer Privatschule anstelle des Widerrufs der Zulassung.

11 S auch BVerwG DÖV 1978, 406 m Anm Jarass.

12 S hierzu näher BVerwG NJW 1977, 1838, 1839.

13 BVerwGE 69, 93; 79; 33; VGH Mannheim NVwZ 1990, 986.

14 BVerwGE 60, 137: neue Aufenthaltserlaubnis bei neuer Sachlage, nicht Widerruf der früheren Versagung der Aufenthaltserlaubnis; BVerwGE 68, 154: ein neuer Antrag auf eine neue Entscheidung über die Rückstellung vom Wehrdienst, wenn ein neuer Rückstellungsgrund geltend gemacht wird; keine Entscheidung darüber im Verfahren über die ursprüngliche Ablehnung der Rückstellung wegen eines anderen Grundes.

15 OVG Münster, B v 30.10.2007, 13 A 1570/07; VG Gelsenkirchen, Urt v 1.2.2012, 7 K 5411/09, juris.

16 Vgl BVerwGE 78, 205.

d) Abgrenzung zur endgültigen Entscheidung nach vorläufigem VA. Das Fachrecht (s § 35 Rn 117) lässt es teilweise zu, dass über einen Antrag zunächst nur vorläufig entschieden wird, und zwar unter dem Vorbehalt einer späteren abschließenden Entscheidung. Wird später eine abschließende Entscheidung durch VA getroffen, so **erledigt sich der vorläufige VA,** ohne dass es einer ausdrücklichen Aufhebung (durch Widerruf oder Rücknahme) bedürfte.[17] In diesen Fällen müssen deshalb für den Erlass der endgültigen Entscheidung auch die Voraussetzungen des Widerrufs nicht erfüllt sein. Nicht restlos geklärt ist allerdings, unter welchen Voraussetzungen ein VA unter den Vorbehalt einer abschließenden Entscheidung gestellt werden darf, insb ob stets eine gesetzliche Grundlage für den Vorbehalt erforderlich ist (s hierzu näher § 35 Rn 117 ff). 7

4. Zeitliche Wirkung des Widerrufs. Der Widerruf eines VA ist, soweit durch Abs 3 oder eine spezielle Rechtsvorschrift außerhalb des VwVfG nichts anderes bestimmt ist, gem Abs 1 und Abs 2 sowohl für belastende als auch für begünstigende VAe **nur für die Zukunft** zulässig und daher im Zweifel auch idS zu verstehen. Dies gilt nach dem Wortlaut der Vorschrift **auch dann, wenn der Widerrufsgrund schon in der Vergangenheit bestanden hat** und der Betroffene bzw die Behörde selbst ein Interesse an einer Aufhebung des VA mit Wirkung auch für die Vergangenheit hätte (vgl aber FG München EFG 1983, 315: eine nach Bestandskraft eines Grunderwerbssteuerbescheids erteilte Bescheinigung über die Förderungswürdigkeit hat steuerliche Wirkung für die Vergangenheit, wenn der Antrag auf Grunderwerbssteuerbefreiung vor Eintritt der Bestandskraft des die Befreiung ablehnenden Grunderwerbsteuerbescheids gestellt war). 8

5. Anspruch auf Widerruf? Der Bürger, der durch den in Frage stehenden VA belastet ist, hat wie bei § 48 (vgl § 48 Rn 51) grundsätzlich lediglich ein formelles subjektives **Recht auf fehlerfreie Ermessensentscheidung** über einen Antrag auf Widerruf.[18] Nicht nur bei Vorliegen der Voraussetzungen für ein **Wiederaufgreifen** nach § 51, sondern auch in den im Bereich des Widerrufs nicht seltenen Fällen einer **Ermessensreduktion auf Null** besteht darüber hinaus ein gerichtlich durchsetzbarer Anspruch auf Widerruf des belastenden VA bzw auf eine neue Entscheidung in der Sache in einem bestimmten Sinn. Eine Ermessensreduzierung auf Null kommt insbes bei VAen mit Dauerwirkung in Betracht, wenn sich die Sach- und Rechtslage zugunsten des Betroffenen ändert.[19] Soweit der in Frage stehende VA jedoch zugleich einen Dritten begünstigt, besteht ein entspr formelles subjektives Recht bzw ein Anspruch auf Grund von § 49 nur nach Maßgabe der Abs 2–4. Bei VAen mit Doppelwirkung hat auch der durch einen VA **betroffene Dritte** ein subjektives **Recht auf ermessensfehlerfreie Entscheidung** über den Widerruf (uU, bei Ermessensreduktion auf Null, auch einen Anspruch auf Widerruf), auch zB der durch eine ihn begünstigende Auflage zu einem VA Begünstigte gem Abs 2 Nr 1, wenn die Auflage nicht erfüllt wird.[20] Zum **Anspruch auf Wiederaufgreifen** eines Verfahrens bei Änderung der Sach- oder Rechtslage bzw bei Vorliegen von Wiederaufnahmegründen entsprechend §§ 879, 880 ZPO s § 51 Rn 16, 25 f. 9

---

[17] So die hM, vgl BVerwGE 135, 238; 67, 99; siehe näher § 35 Rn 117.

[18] BVerwGE 113, 322, 326; 44, 335; VGH Mannheim VBlBW 2001, 23; StBS 26; Knack/Henneke 32; vgl zur selben Rechtslage bei § 48s OVG Hamburg NVwZ-RR 1993, 320; VGH Kassel NVwZ 2002, 202; 1995, 394.

[19] BVerwG NVwZ 1982, 193; BFH 155, 491 = BStBl II 1989, 393; speziell für den Fall des VA mit Dauerwirkung Felix NVwZ 2003, 385, 388; ferner Knack/Henneke 32; Maurer § 11 Rn 49 ff; Martens NVwZ 1993, 32.

[20] OVG Lüneburg NVwZ 1989, 1183; StBS 27.

II. Anwendungsbereich

10 **1. Allgemeines.** Die Vorschrift gilt unmittelbar nur für den Widerruf von VAen, die in einem Verfahren nach dem VwVfG erlassen worden sind (vgl die Nachw bei Suerbaum VerwArch 1999, 362). Die Verwaltungsverfahrensgesetze der Länder enthalten aber gleichlautende Vorschriften. Die Widerrufsmöglichkeit besteht **unabhängig von der Unanfechtbarkeit des VA.** Dies folgt unmittelbar aus dem Wortlaut der Vorschrift, ergibt sich aber auch aus der Systematik. Auf die Bindungswirkung des VA gegenüber der zuständigen Behörde hat nämlich die Frage der Anfechtbarkeit keinen Einfluss. Dagegen setzt der Widerruf die noch andauernde Wirksamkeit des zu widerrufenden VA (iSd § 43) voraus. **Erledigte VAe,** die infolge des Eintritts einer auflösenden Bedingung oder Befristung oder aus anderen Gründen ihre Wirksamkeit verloren haben, **können nicht widerrufen werden.** Ein in solchen Fällen vorsorglich ausgesprochener Widerruf geht ins Leere, entfaltet also keine Regelungswirkung.[21] Anders ist dies idR bei nichtigen VAen, weil diese trotz ihrer Nichtigkeit einen Rechtsschein auslösen. **Nichtige VAe** können daher nicht nur zurückgenommen, sondern auch widerrufen werden.

11 **a) Anwendbarkeit in Sonderfällen.** Die Vorschrift gilt auch für den **Widerruf sog fiktiver VAe** (s hierzu näher § 42a), für den Widerruf einer Rücknahme (Ibler NVwZ 1993, 454), da auch die Rücknahme ein VA ist, oder eines Widerrufs,[22] außerdem grundsätzlich – abgesehen von der zT inhaltlich abweichenden Sonderregelung gem § 38 Abs 2 bzgl einer Änderung der Sach- oder Rechtslage – auch für **Zusicherungen** gem § 38, soweit man in ihnen nicht ohnehin einen VA sieht (s § 38 Rn 6ff). Zur Anwendbarkeit auf **Planfeststellungsbeschlüsse** s unten Rn 29. Auch **Abhilfeentscheidungen** (§ 72 VwGO) und **Widerspruchsbescheide** (§ 73 VwGO) können widerrufen werden, da es sich ebenfalls um VAe handelt (s näher § 79 Rn 13).

11a **Keine Anwendung** findet § 49 auf die Aufhebung oder Abänderung von VAen im Widerspruchsverfahrens durch Abhilfe- oder Widerspruchsbescheid selbst; insoweit gelten allein die Regelungen in §§ 68ff VwGO, wonach der mit einem zulässigen Widerspruch angefochtene VA auf Rechtmäßigkeit und (idR) auf Zweckmäßigkeit zu überprüfen ist, ohne dass es auf Fragen des Vertrauensschutzes ankäme (s § 79 Rn 56). Für den Fall der Aufhebung oder Änderung eines VA während, aber außerhalb des Anfechtungsverfahrens gilt dagegen § 49, allerdings mit den Einschränkungen durch § 50. Nicht anwendbar ist die Widerrufsregelung auch dann, wenn es um die Regelung von Sachverhalten geht, die von einer früheren Regelung durch VA noch nicht erfasst waren und für die diese deshalb auch (noch) keine Geltung beansprucht, zB für sog **KettenVAe,** wie die Entscheidung über die Verlängerung einer schon mehrmals anstandslos verlängerten Genehmigung (vgl BVerwGE 78, 205). Zur Unanwendbarkeit auf die Fortschreibung von Krankenhausbedarfsplänen s oben Rn 6.

11b **b) Anwendbarkeit auf vorläufige VAe.** Noch **nicht restlos geklärt** ist die Anwendbarkeit des § 49 auf vorläufige VAe. Die hM geht zutreffend davon aus, dass sich ein vorläufiger VA bei Erlass des endgültigen VA (in derselben Sache)

---

[21] In solchen Fällen stellt sich die Frage, ob der Widerruf trotz fehlender Regelungs- und damit Beeinträchtigungswirkung angefochten werden kann, oder ob es stets an der Widerspruchs- bzw Klagebefugnis fehlt. Die Antwort wird davon abhängen, ob schon die formale Existenz des Widerrufs eine Beeinträchtigung darstellt. Dies wird idR zu verneinen sein.

[22] Vgl auch Ibler NVwZ 1993, 452; **aA** Maurer § 11 Rn 20 unter Hinweis darauf, dass dafür kein Bedürfnis bestehe, da die Behörde ja jederzeit neu entscheiden könne; Kritik: einem erneuten Widerruf kann uU, zB zugunsten des durch den vorausgegangenen Widerruf Begünstigten, die Bestandskraft und Tatbestandswirkung des vorangegangen Widerrufs oder eines im Verfahren nach § 51 ergangen VA entgegenstehen.

automatisch erledigt, weshalb es einer Aufhebung durch Widerruf oder Rücknahme nicht bedarf.[23] Dies schließt es allerdings nicht aus, in dem Erlass der endgültigen Regelung durch VA einen Widerruf der vorläufigen Regelung zu sehen. Dies dürfte allerdings sinnvollerweise nur in Betracht kommen, wenn das Fachrecht keine speziellen Regelungen über die Zulässigkeit einer vorläufigen Regelung enthält; in diesen Fällen kann zweifelhaft sein, ob der vorläufige VA mit der endgültigen Regelung ohne weiteres seine Erledigung findet (s hierzu näher § 35 Rn 179).[24]

2. Anwendbarkeit auf rechtswidrige VAe. Trotz der unterschiedlichen 12
Regelungen der Rücknahme und des Widerrufs in §§ 48f im Hinblick auf die Rechtswidrigkeit bzw Rechtmäßigkeit des in Frage stehenden VA bestehen keine Bedenken gegen die **Anwendung auch auf rechtswidrige VAe,** die nach § 48 nicht zurückgenommen werden können oder sollen, für die aber jedenfalls die Voraussetzungen des Widerrufs gegeben sind.[25] Diese zutreffende Aussage wird auch von der hM in der Literatur geteilt.[26] Die von der Gegenmeinung ins Feld geführten Argumente, nämlich der Grundsatz der Gesetzmäßigkeit der Verwaltung und die Systematik, vermögen nicht zu überzeugen. Deshalb kann die Behörde, sofern die Rechtsfolgen dieselben sind oder es ihr darauf nicht ankommt, nach ihrem Ermessen uU auch die **Frage der Rechtswidrigkeit dahingestellt** sein lassen und nach § 49 vorgehen, wenn jedenfalls die Voraussetzungen für einen Widerruf gegeben sind (Krause 182). Grundsätzlich ist es auch zulässig, die Rücknahme nachträglich auf § 49 zu stützen und als Widerruf zu rechtfertigen und umgekehrt, soweit die jeweils erforderlichen Voraussetzungen vorliegen und die **notwendigen Ermessenserwägungen** angestellt wurden.[27] Allerdings kann sich die Ermessensprüfung im Einzelfall unterscheiden (Kiefer NVwZ 2014, 1257). Zur Zulässigkeit einer **Umdeutung** § 47 Rn 16a. Unzulässig ist ein Widerruf jedenfalls im Regelfall[28] dann, wenn die Behörde durch (unrichtiges) Urteil zum Erlass des VA verpflichtet worden war und keine Änderung der Sach- und Rechtslage eingetreten ist.

3. Analoge Anwendung. a) Widerrufsregelung als Ausdruck allgemeiner Rechtsgedanken. Die Vorschrift ist – mit wenigen Einschränkungen – 13
Ausdruck allgemeiner Rechtsgedanken.[29] Soweit Regelungen fehlen, kommt deshalb eine sinngemäße Anwendung der Vorschrift bzw der entsprechenden Regelungen des Landesrechts grundsätzlich in Betracht. Dies gilt zunächst einmal für das **Erfordernis von Widerrufsgründen** überhaupt. Anders als bei der

---

[23] BVerwGE 135, 238; 67, 99; OVG Magdeburg, B v 24.2.2012, 1 L 166/11, juris.

[24] So die hM, vgl BVerwGE 67, 99, 103; VGH Mannheim NVwZ-RR 2006, 154; StBS § 35 Rn 249; siehe auch Kopp DVBl 1990, 728; Kopp F.J. ZfSH/SGB 1992, 233.

[25] AllgM; vgl BVerwGE 112, 80, 85; BVerwG NJW 1991, 766, 768; NVwZ 1987, 498; OVG Münster NVwZ 1993, 76, 79; VGH München NVwZ 1983, 352; DÖV 1984, 217; NVwZ 1992, 76; VGH Kassel NVwZ 1984, 383: ein wegen Versäumung der Frist des Abs 4 nicht mehr zurücknehmbarer VA kann uU widerrufen werden; OVG Münster NJW 1985, 282; GewArch 1991, 224; NVwZ 1993, 76; NWVBl 1992, 279; VGH Mannheim NVwZ 1984, 383; 1986, 395; DÖV 1993, 624.

[26] StBS 6; Maurer § 11 Rn 19; Suerbaum VerwArch 1999, 361, 365; Laubinger VerwArch 1982, 364; Schenke DVBl 1989, 434; **aA** vor allem Erichsen/Ehlers § 25 Rn 1; Obermayer/Funke-Kaiser 13; Erichsen/Brügge Jura 1999, 496; Ehlers Vw 2004, 255, 278; ders GewArch 1999, 312; nunmehr auch Knack/Henneke 18, der darin allerdings eine Erweiterung des Anwendungsbereichs des § 48 sehen will.

[27] Vgl BVerwGE 108, 30, 35; BVerwG NVwZ-RR 1992, 68; StBS 7, § 48 Rn 49f; kritisch hierzu Kiefer NVwZ 2013, 1257.

[28] Zu einem Ausnahmefall BVerwG NVwZ 2014, 664 (Fall des Urteilsmissbrauchs). Für Unzulässigkeit wegen Rechtskraftsperre im Normalfall VGH Mannheim NVwZ 2001, 460.

[29] Vgl auch BVerwG NJW 1977, 1838: diese Grundsätze gelten als Gewohnheitsrecht. Ähnlich Knack/Henneke 12.

Rücknahme, deren Ziel es ist, einen Rechtsverstoß zu beseitigen, geht es beim Widerruf um Fälle, in denen es auch unter Berücksichtigung berechtigten Vertrauens nicht angemessen erscheint, den VA bestehen zu lassen. Die einzelnen Widerrufsgründe in Abs 2 und 3 sind Ausdruck unterschiedlicher Rechtsgedanken. Während Abs 2 Nr 1 die Fälle erfasst, in denen aufgrund von Regelungen im Gesetz oder im VA selbst nur ein **eingeschränktes Vertrauen** in den Bestand entstehen sollte, weil bei Eintritt bestimmter Entwicklungen mit dem Widerruf zu rechnen war, betrifft Abs 2 Nr 2 und Abs 3 die **Fälle gestörter Verhaltenserwartungen,** in denen der Begünstigte „es sich selbst zuzuschreiben hat“, dass der VA aufgehoben wird. Die Widerrufsgründe in Abs 2 Nr 3 und 4 schließlich betreffen die Fälle einer **nachträglichen Änderung der Sach- und Rechtslage,** während Abs 5 eine Art Generalklausel für den Widerruf zur Vermeidung schwerer **Nachteile für das Gemeinwohl** enthält. Diese Widerrufsgründe sind analogiefähig. Gleiches gilt auch für das Erfordernis einer Ermessensentscheidung über den Widerruf, weil nur so eine auch im Einzelfall angemessene Berücksichtigung der für und gegen den Fortbestand sprechenden Interessen stattfinden kann. Auch die in Abs 6 vorgesehene **Entschädigungsregelung** für den Vertrauensschaden im Falle des Widerrufs ist analogiefähig. Sie ist ohnehin Ausdruck des allgemeinen Aufopferungsgedankens bzw des daraus folgenden Anspruchs aus enteignendem Eingriff.[30] Grundsätzlich zu bejahen ist trotz der Eröffnung des Rechtswegs zu den ordentlichen Gerichten auch die Zulässigkeit der Festsetzung des Entschädigungsanspruchs durch VA.[31]

14 **aa) Erfordernis vergleichbarer Interessenlage.** Die Grundsätze können analog nur für vergleichbare Interessenlagen herangezogen werden. Sie können deshalb keine Geltung beanspruchen für Fälle, in denen zB im Fachrecht gesetzlich ein **gesteigertes Bestandsinteresse** des Begünstigten am Erhalt des VA besonders anerkannt worden ist, oder in denen umgekehrt ein Vertrauen auf den Fortbestand des VA nach der zugrunde liegenden gesetzlichen Vorschrift gerade nicht anerkannt werden sollte, also etwa für den fachrechtlich zT vorgesehenen **vorläufigen VA** (s hierzu § 36 Rn 8f). Insoweit kann aber Abs 2 Nr 1–5 und Abs 3 aber der Gedanke entnommen werden, dass ein Widerruf stets nur in Betracht kommt, soweit eine Abwägung des berechtigten Bestandsinteresses mit den Widerrufsgründen einen Widerruf zulässt, soweit insbesondere damit kein unzulässiger oder unzumutbarer Eingriff in Grundrechte verbunden ist. Im Übrigen aber bleiben auch hier die in der Rspr entwickelten Grundsätze über die Interessen- bzw Güterabwägung unter besonderer Berücksichtigung der Gesichtspunkte des Vertrauensschutzes maßgeblich (vgl auch BVerfG 59, 168).

15 **bb) Wirkungsbegrenzung kein Rechtsgrundsatz.** Nicht als allgemeiner Rechtsgrundsatz ist die Beschränkung auf einen Widerruf für die Zukunft nach Abs 4 ohne Rücksicht auf etwaige besondere Umstände, die eine Rückwirkung im Einzelfall rechtfertigen oder uU geboten erscheinen lassen können, zu betrachten (**aA** VGH München BayVBl 1984, 405: dem Begriff des Widerrufs sei immanent, dass er nicht rückwirkend sei). Soweit gesetzlich nichts anderes bestimmt ist und besondere Umstände ausnahmsweise für eine Rückwirkung sprechen, ist bei Fehlen abweichender Regelungen auch künftig ein **Widerruf auch für die Vergangenheit** als zulässig anzusehen. Nicht analog oder dem Rechtsgedanken nach anwendbar ist bei Fehlen – dh nicht nur bei entsprechender Lü-

---

[30] Kopp GewArch 1986, 180; vgl allg auch BGH DVBl 1982, 949, 950; MK 53; **aA** für den Fall des Widerrufs – der BGH spricht fälschlich von Rücknahme – einer Anwaltszulassung aus Gründen, die der Betroffene zu vertreten hatte: keine Entschädigung, da Maßnahme innerhalb einer zulässigen Inhalts- und Schrankenbestimmung nach Art 14 Abs 1 GG.

[31] Vgl BVerwG NJW 1980, 1085; BGH VRspr 21, 695; ME VerwArch 1970, 388; M 91.

ckenhaftigkeit der entsprechenden Vorschriften, die dann durch subsidiäre Anwendung des § 49 Abs 2 S 2 iVmit § 48 Abs 4 zu schließen ist – ausdrücklicher Bestimmungen die **Ausschlussfrist** gem Abs 2 S 2 iVmit § 48 Abs 4. Die Befugnis der Behörde zum Widerruf eines VA unterliegt jedoch den allgemeinen **Grundsätzen über die Verwirkung** (BVerwGE 44, 343).

b) Anwendung auf Regelungen ohne VA-Charakter. Ähnlich wie auch § 48 ist § 49 zT sinngemäß-analog auch auf **einseitige schlichthoheitliche Handlungen** der Behörden, **Zusagen** von anderen Handlungen als VAen und von Unterlassungen, auch zB von formlosen Duldungen anwendbar.[32] Umstritten ist die Anwendbarkeit des § 49 auf die Befugnis der Behörden, auf Antrag oder von Amts wegen auch nach Erlass rechtskräftiger Urteile, mit denen ein VA aufgehoben wurde, erneut in einer Sache durch einen neuen, uU vom vorangegangenen VA abweichenden VA zu entscheiden, wenn die Voraussetzungen des § 49 gegeben sind (bejahend Kopp/Kopp NVwZ 1994, 1; verneinend StBS 37). 16

III. Verhältnis zu speziellen Regelungen des Fachrechts

1. Grundsatz der Subsidiarität. Die Vorschrift steht unter dem allgemeinen Vorbehalt inhaltsgleicher oder entgegenstehender Bestimmungen in anderen Rechtsvorschriften des Bundes. Die speziellen Vorschriften des Fachrechts können die Widerruflichkeit ausschließen oder einschränken, können aber für ihren Anwendungsbereich auch eine weitergehende Widerruflichkeit vorsehen. Sie müssen dann jedoch jedenfalls auch den verfassungsrechtlichen Anforderungen, insb auch den Erfordernissen der Rechtssicherheit und des Schutzes schutzwürdigen Vertrauens (vgl BVerfGE 59, 164), genügen und sind deshalb immer im Licht der verfassungsrechtlichen Vorgaben (s oben Rn 3a) auszulegen und anzuwenden. Wenn bzw soweit Sondervorschriften einen Widerruf allgemein oder unter bestimmten Voraussetzungen zwingend vorschreiben, kann sich die Notwendigkeit einer modifizierenden verfassungskonformen Auslegung ergeben.[33] Zu den Regelungen, die für den Widerruf von VAen im Rahmen des indirekten Vollzugs von Unionsrecht (Einf II Rn 28) gelten, s oben Rn 4. 17

a) Spezielle Widerrufsregelungen. Es besteht eine Fülle von Sondervorschriften für den Widerruf von VAen, die teilweise mit § 49 übereinstimmende, teilweise abweichende Regelungen enthalten. Das Verhältnis dieser spezielleren Regelungen zu der allgemeinen Regelung des § 49 ist oftmals unklar, insbesondere deshalb, weil im Fachrecht eine andere Terminologie verwendet wird, also nicht von einem Widerruf, sondern von Aufhebung, Abänderung, nachträglichen Nebenbestimmungen usw die Rede ist. Hier stellt sich stets die Frage, ob § 49 neben diesen speziellen Vorschriften anwendbar bleibt oder ausgeschlossen werden soll, und die weitere Frage, ob bei unvollständigen Regelungen auf einzelne Elemente des § 49 zurückgegriffen werden kann, also die Frage der Ergänzung. Dies ist jeweils durch Auslegung zu ermitteln. Für die wichtigsten Gebiete des Fachrechts wird unten (Rn 18b ff) eine Übersicht gegeben. 18

b) Konkludenter Ausschluss des Widerrufs. Die Unanwendbarkeit von § 49 kann sich nicht nur ausdrücklich, sondern auch mittelbar aus Sinn und Zweck einer Regelung sowie aus dem Regelungszusammenhang ergeben (BVerwG DVBl 1982, 1004), zB daraus, dass ein Gesetz nach Sinn und Zweck der einschlägigen Vorschriften generell oder einem VA gegenüber Änderungen der Sach- oder Rechtslage Bestandschutz zuerkennt, oder dass ein Gesetz besondere Regelungen für den Fall einer Änderung der Verhältnisse trifft, oder dass sich aus dem Zusammenhang mit Grundrechten entsprechende Folgerungen 18a

---

[32] Vgl BVerwGE 90, 299; VGH Mannheim NVwZ 1991, 80.
[33] Vgl BVerfG 59, 164; Knack/Henneke 9.

ergeben, oder dass sich die Unwiderruflichkeit **aus der Natur der Sache** ergibt. Dies ist indessen nur in seltenen Fällen anzunehmen. Als nicht widerruflich sind zB im Zweifel anzusehen, soweit durch Gesetz nichts anderes bestimmt ist, die **Genehmigung einer Rechtsnorm durch** die Aufsichtsbehörde oder eine andere zuständige Behörde.[34] In der Vergangenheit wurde dies auch für **privatrechtsgestaltende VAe** angenommen.[35] Diese Position ist inzwischen mehr und mehr in Zweifel gezogen worden, nicht nur durch neuere Untersuchungen in der Literatur,[36] sondern auch durch den Umstand, dass der Gesetzgeber selbst teilweise Widerrufsregelungen für privatrechtsgestaltende VAe geschaffen hat. Es erscheint daher heute überzeugender, nicht von einer grundsätzlichen Unwiderruflichkeit privatrechtsgestaltender VAe auszugehen, sondern den gebotenen Vertrauensschutz innerhalb des § 49 zu verwirklichen. Damit wird es im Ergebnis in der Mehrzahl der Fälle bei der Unwiderruflichkeit bleiben.

18b **2. Ausländer- und Asylrecht, Staatsangehörigkeitsrecht.** Aufenthaltsgesetz und Asysverfahrensgesetz enthalten einige wesentliche Spezialregelungen zum Widerruf, mit denen insbesondere das Widerrufsermessen eingeschränkt wird. Für die **Asylanerkennung** ist in § 73 Abs 1 AsylG eine **Pflicht zum unverzüglichen Widerruf** statuiert, wenn die Voraussetzungen der Anerkennung weggefallen sind.[37] Es ist dann nach § 73 Abs 3 AsylG darüber zu entscheiden, ob die Voraussetzungen für den subsidiären Schutz oder des § 60 Abs 5, 7 AufenthG vorliegen. Das AsylG stellt keine abschließende Regelung dar, die einen Rückgriff auf die allgemeine Widerrufsvorschrift des § 49 ausschlösse.[38] Allerdings ist § 73 Abs 4 in jedem Fall zu beachten. Der Widerruf ist nach der Rspr nicht deshalb ausgeschlossen, weil das Bundesamt die Frist des § 73 Abs 2a, Abs 7 AsylG nicht beachtet hat (BVerwGE 143, 183). Wegen der speziellen Regelung in § 73 Abs 1 („unverzüglich") ist Abs 4 auf den Widerruf nach § 73 AsylG nicht ergänzend anwendbar.[39] Die Unanfechtbarkeit einer gerichtlich bestätigten Asylanerkennung steht einem Widerruf nicht entgegen, wenn sich die maßgebliche Sach- und Rechtslage nach Erlass des Urteils gegenüber der im Urteil zugrunde gelegten geändert hat.[40]

18c Der **Widerruf eines Aufenthaltstitels** nach dem AufenthG hat anders als der Widerruf der Flüchtlingsanerkennung in § 52 AufenthG eine **abschließende Regelung** erfahren („nur"); insoweit ist ein Widerruf nach § 49 nicht möglich.[41] Die Rechtmäßigkeit des Aufenthalts kann sonst nur nach den Bestimmungen des § 51 AufenthG beendet werden. Ein **Widerruf einer Duldung** nach § 49 ist

---

[34] BVerwGE 75, 146; 90, 90: da die Satzungsgenehmigung nicht nur VA, sondern in erster Linie Mitwirkung an einem Rechtsetzungsverfahren ist.

[35] Lehre von der Bestandskraft privatrechtsgestaltender VAe, vgl RGZ 106, 142; F 270; Steiner DVBl 1970, 34, 37; auch noch zur Rücknahme WBSK I § 51 Rn 54. Teilweise wurden Einschränkungen für Fälle arglistigen Erschleichens gemacht, vgl Kiekebusch VerwArch 1966, 17, 56.

[36] Steiner DVBl 1970, 34; Mannssen Privatrechtsgestaltung durch Hoheitsakt, 1994, 123; Zacharias NVwZ 2002, 1306 mwN.

[37] S hierzu BVerwG NVwZ 2014, 664. Die Rspr wendet § 73 Abs 1 AsylG auch auf diejenigen Fälle an, in denen zwingende Ausschlussgründe nach § 3 Abs 2 AsylG vorliegen, auch wenn diese erst nach der Anerkennung geschaffen wurden (BVerwGE 140, 114).

[38] So auch BVerwGE 112, 80, 89 = NVwZ 2001, 335, 337 f; vgl auch BVerwGE 108, 30 = NVwZ 1999, 302; offen BVerwG NVwZ 1990, 774, 774 zu § 16 AsylG aF; VGH München BayVBl 1999, 566, 566; zT **aA** OVG Koblenz NVwZ 2001, Beil I 9, 10 f.

[39] BVerwGE 143, 183; VGH Mannheim, Urt v 12.8.2003 – A 6820/03 – juris; OVG Münster, B v 18.4.2002 – 8 A 1405/02 – juris.

[40] BVerwG NVwZ 2012, 1042: Auch dann, wenn das Gericht eine unzutreffende Sachlage zugrunde gelegt hatte, ist diese für die Änderung ausschlaggebend.

[41] BVerwGE 98, 298; 65, 174, 178 jeweils zum AuslG; BVerwG NVwZ 1995, 1119 zu §§ 7, 12 AuslG aF; VGH Kassel ZAR 2002, 154.

dagegen neben der speziellen Regelung in § 60a Abs 5 S 2 AufenthG nicht ausgeschlossen. Andere VAe wie Ausweisungsverfügung und Abschiebungsanordnung können nach § 49 Abs 1 widerrufen werden. Problematisch ist die Anwendbarkeit auf den **Widerruf der Ausweisungsverfügung** im Hinblick auf die Möglichkeit der nachträglichen Befristung nach § 11 Abs 2 AufenthG. Ein Widerruf ist jedenfalls insoweit unzulässig, als damit die Zielsetzungen der Ausweisung und insbesondere die Regelung des § 11 Abs 2 AufenthG umgangen würden, wonach im Falle der nachträglichen Befristung einer Ausweisung die Frist erst mit der Ausreise beginnt.[42] Die Rspr nimmt an, dass eine Ausweisung wegen veränderter Verhältnisse nachträglich rechtswidrig werden kann und dass sie in diesem Fall mit Rückwirkung aufgehoben werden muss.[43]

Die Einbürgerung nach dem StAG **kann nicht widerrufen werden.** Der 18d
Widerruf ist zwar im StAG nicht ausdrücklich, wohl aber nach Sinn und Zweck ausgeschlossen. Als statusbegründender Akt soll die Einbürgerung von späteren Änderungen der Sach- und Rechtslage ebenso unberührt bleiben wie vom späteren Verhalten des Betroffenen. Der Ausschluss folgt im übrigen auch aus § 17 StAG, worin die **Fälle des nachträglichen Verlustes der Staatsangehörigkeit abschließend** aufgezählt sind. Gleiches gilt auch für die Entlassung aus der deutschen Staatsangehörigkeit. Für sie gilt nicht nur die Bedingungsfeindlichkeit, sondern auch die Unwiderruflichkeit. Das gilt auch dann, wenn der Betroffene den Widerruf beantragen sollte. Zur allerdings umstrittenen Zulässigkeit der Rücknahme einer rechtswidrigen Einbürgerung siehe dagegen § 48 Rn 40.

3. Bau-, Umwelt- und Planungsrecht. a) Baurecht. Umstritten ist die 18e
Frage der Widerruflichkeit von Baugenehmigungen, Vorbescheiden und ähnlichen Genehmigungsentscheidungen des Baurechts. Richtigerweise ist die Frage zu bejahen, die Vorschrift also auf Baugenehmigungen und andere Genehmigungen nach dem Bauordnungsrecht **grundsätzlich anwendbar,**[44] sofern Widerrufsgründe vorliegen. In der Praxis stellt sich hier häufig das Problem der Abgrenzung von Nachtragsgenehmigungen, die lediglich zu einer Ergänzung der Ausgangsbaugenehmigung führen[45] und mit dieser eine genehmigungsrechtliche Einheit bilden **(Tekturgenehmigung),** und echten Änderungsgenehmigungen, bei denen sich dann die Frage nach der Reichweite der Änderung des Ausgangsbescheides stellt.[46]

Widerrufsgründe müssen im Hinblick auf den gebotenen Schutz der durch Art 14 GG gewährleisteten Eigentumspositionen ausgelegt und angewendet werden.[47] Dies betrifft vor allem die Widerrufsgründe des Abs 2 Nr 3–5, die einen Widerruf vom öffentlichen Interesse abhängig machen.[48] Dies ist Frage des Einzelfalls.[49] Das gilt insbesondere für den Widerruf einer Baugenehmigung nach Errichtung der genehmigten baulichen Anlage. Die Landesbauordnungen der Länder enthalten heute keine eigenständigen Aufhebungsvorschriften mehr. Vertrauensschutz wird nach § 50 nicht gewährt, wenn der Widerruf im Laufe eines

---

[42] BVerwGE 129, 243; 110, 140; OVG Münster, B v 25.4.2012, 18 B 355/12, juris.

[43] BVerwGE 144, 230 für den Fall dass sich die Gefahrenprognose zugunsten des Ausländers nachträglich ändert; nur begrenzt überzeugend.

[44] OVG Münster NVwZ-RR 2013, 500.

[45] Mit der Folge, dass laufende Rechtsbehelfe sich nicht erledigen und neue Rechtsbehelfe sich nur auf die Änderungen beziehen.

[46] Zur Abgrenzung OVG Lüneburg NVwZ-RR 2015, 957.

[47] OVG Berlin LKV 2004, 33; OVG Münster NVwZ 1988, 942; Stollmann, Öffentliches Baurecht, 7. Aufl. 2010, § 18 Rn 40 mwN; Große-Suchsdorf/Lindorf/Schmaltz/Wiechert, NdsBauO, § 75 Rn 75 ff; Simon/Busse, BayBauO Art 72 Rn 118. Zur Rücknahme einer rechtswidrigen Duldungsverfügung s OLG Hamburg OLGR 2001, 298.

[48] Vgl Finkelnburg/Ortloff, Öffentliches Baurecht, § 8 Abschn VI mwN.

[49] BVerwG NVwZ 1997, 272.

zulässigen Nachbarklage- oder Widerspruchsverfahrens erfolgt.[50] Wird eine Baugenehmigung widerrufen, so wird damit idR die Möglichkeit des Erlasses einer Abrissverfügung nicht eröffnet, weil der Widerruf nur mit Wirkung für die Zukunft erfolgen kann und jedenfalls die formelle Legalität des Vorhabens im Zeitpunkt seiner Errichtung erhalten bleibt.[51] Etwas anderes kann gelten, wenn nur eine vorübergehende Nutzung genehmigt wurde (OVG Berlin LKV 2002, 183).

18f **b) Anlagenrecht. Keine Anwendung** findet § 49 für den Fall des Widerrufs von Anlagengenehmigungen nach dem BImSchG; insoweit stellen die Regelungen des **§ 21 BImSchG eine abschließende Regelung** dar. Allerdings sind die Regelungen in § 21 BImSchG der allgemeinen Widerrufsvorschrift weitgehend nachgebildet, weshalb sich sachliche Unterschiede zu § 49 praktisch nicht ergeben. Das gilt auch für die Jahresfrist des § 49 Abs 2 S 2 iVm § 48 Abs 4, die in § 21 Abs 2 BImSchG aufgenommen worden ist, und sogar im Hinblick auf den Ausschluss des Vertrauensschutzes in den Fällen des § 50, der ebenfalls nicht anwendbar ist, aber in § 21 Abs 7 BImSchG eine entsprechende Regelung erfahren hat. Insoweit stellt § 21 BImSchG mithin eine abschließende Regelung dar, neben der auf die allgemeinen Widerrufsvorschriften nicht zurückgegriffen werden kann, aber auch nicht muss. Die Regelungen über die Rücknahme sind dagegen auf Anlagengenehmigungen anwendbar.[52] Kein Widerruf ist vorgesehen bei **Maßnahmen nach dem USchadG** gegenüber dem Inhaber einer Genehmigung.

19 **c) Wasserrecht.** Im Wasserrecht ist zwischen Erlaubnis und Bewilligung zu unterscheiden. Die **Erlaubnis** ist nach § 18 Abs 1 WHG widerruflich. Besondere Voraussetzungen für den Widerruf der Erlaubnis sind spezialgesetzlich nicht normiert. Damit findet die allgemeine Widerrufsvorschrift des § 49 Anwendung, wobei § 18 Abs 1 WHG zugleich eine Bestimmung iSd § 49 Abs 2 Nr 1 ist, weil sie den Widerruf der Erlaubnis kraft Gesetzes zulässt (vgl VGH Mannheim NVwZ-RR 1992, 126 zur früheren Rechtslage). Für die **Bewilligung** gilt dagegen mit § 18 Abs 2 WHG eine spezielle Vorschrift, die allerdings in Satz 1 auf § 49 Abs 2 S 1 Nr 2–5 verweist, ohne insoweit weitere Widerrufsvoraussetzungen zu enthalten. In diesen Fällen kommt für den Fall des Widerrufs der Bewilligung zB eine Entschädigung nach § 49 Abs 6 in Betracht. In § 18 Abs 2 S 2 WHG ist darüber hinaus aber eine Widerrufsmöglichkeit für den Fall der Nichtausnutzung der Bewilligung und der Zweckänderung geregelt.[53] Außerdem stehen wasserrechtliche Erlaubnisse unter den speziellen Vorbehalten nach § 13 Abs 1 WHG, wonach in erheblichem Umfang auch nachträgliche Anordnungen getroffen und Anforderungen gestellt werden können. Neben diesen speziellen Vorschriften in § 13 Abs 1 und § 18 Abs 2 WHG ist ein allgemeiner **Rückgriff auf die übrigen Widerrufsgründe § 49 unzulässig,** weil das WHG insoweit eine abschließende Regelung des Widerrufs trifft. Sonderregelungen bestehen nach §§ 57 ff WHG für das direkte und indirekte Einleiten von Abwasser in Gewässer.[54]

19a **d) Planfeststellungsrecht. Umstritten** ist die Anwendbarkeit auf Planfeststellungsbeschlüsse. Gegen die Anwendbarkeit wird eingewandt, dass insbesondere die speziellen Regelungen des § 75 Abs 2 einem Widerruf entgegenstünden.[55]

---

50 BVerwG NVwZ 2002, 730.

51 So zutr OVG Bautzen LKV 2002, 417; Ehlers Vw 2004, 255, 282.

52 Kunig/Paetow/Versteyl, KrW/AbfG, 2. Aufl 2003, § 31 Rn 85.

53 S hierzu näher Kotulla/Rolfsen NuR 2010, 625 auch zur Frage der Entschädigungspflicht.

54 S zu § 7a WHG aF Sieder/Zeitler/Dahme, WHG, Bd 1, 28. Lfg, August 2004, § 7a Rn 2.

55 VGH Mannheim NVwZ-RR 2000, 87, 89; 1997, 682; NVwZ 1995, 179; OVG Berlin DVBl 1997, 73; VGH Kassel DVBl 1992, 1146; Marschall/Schroeter/Kastner, § 17 FStrG Rn 254.

Dies ist indessen nicht überzeugend. Vielmehr legt bereits der Umkehrschluss aus § 72, wonach § 51 nicht anwendbar ist, nahe, dass die Rücknahme von Planfeststellungsbeschlüssen grundsätzlich nicht ausgeschlossen werden soll.[56] Der im Einzelfall gebotene **Vertrauensschutz (s unten Rn 30) kann einem Widerruf entgegenstehen** und ist spätestens im Rahmen des Ermessens zu berücksichtigen. Auch wird ein Anspruch Dritter auf ermessensfehlerfreie Entscheidung über einen Widerruf idR nicht zum Erfolg führen können, wenn dem Interesse des Dritten durch nachträgliche **Anordnungen nach § 75 Abs 2 S 2** hinreichend Rechnung getragen werden kann.[57] Umgekehrt führt es nicht schon zu einem Widerrufsanspruch, wenn der Weg über § 75 Abs 2 S 2 verschlossen ist. Auf eine Planänderung nach § 76 sind die Regelungen des § 49 nicht anwendbar (vgl OVG Koblenz BauR 2004, 545). Für den Fall, dass das planfestgestellte **Vorhaben endgültig aufgegeben** wird, findet sich in § 77 eine spezielle Regelung.

4. Öffentliches Dienstrecht, insbesondere Beamtenrecht. Gänzlich ausgeschlossen ist der **Widerruf von Beamtenernennungen**[58] durch die Vorschriften über die Beendigung von Beamtenverhältnissen in den §§ 30 ff BBG und §§ 21 ff BeamtStG. Diese Vorschriften stellen eine abschließende Regelung der nachträglichen Aufhebung von rechtmäßigen Ernennungen dar; neben ihnen ist für einen Widerruf nach allgemeinen Vorschriften kein Raum.[59] Das gilt auch für das Soldatenrecht, für das in § 41 SG kein Widerrufstatbestand enthalten ist. Für den Widerruf von sonstigen VAen des Beamtenrechts, insbesondere von Beihilfebescheiden, sind § 49 und die entsprechenden Regelungen des Landesrechts dagegen grundsätzlich anwendbar.[60] 19b

5. Polizei- und Ordnungsrecht. Anwendbar ist § 49 grundsätzlich auf den Widerruf ordnungsrechtlicher Genehmigungen, zB des Straßen- und Wegerechts oder des **Versammlungsrechts.** Gleiches gilt für die rechtswidrig erteilte Fahrerlaubnis, die neben der Fahrerlaubnisentziehung nach § 3 StVG möglich ist.[61] Anzunehmen ist die Anwendbarkeit ergänzend zu § 45 Abs 2 WaffG im Verfahren zum Widerruf **waffenrechtlicher Erlaubnisse** nach §§ 10, 21, 27 f WaffG, nach BVerwGE 101, 24 aber mit **Ausnahme der Jahresfrist.** Die Vorschrift enthält, indem sie zwingende Widerrufstatbestände formuliert, eine Verschärfung, mit der der Rückgriff auf die allgemeinen Widerrufsgründe nicht ausgeschlossen werden soll.[62] Ähnliches hat für den Widerruf **sprengstoffrechtlicher Erlaubnisse** nach § 34 Abs 2–4 SprengG zu gelten. Auch hier ist davon auszugehen, dass nur eine Erweiterung der Widerruflichkeit beabsichtigt war. 19c

6. Prüfungsrecht, Schulrecht, Hochschulrecht. Die Regelungen über die Rücknahme rechtswidriger VAe sind im Prüfungsrecht grundsätzlich anwendbar. Die Unwiederholbarkeit der Prüfungssituation bei Prüfungen begründet kein grundsätzliches Rücknahme- oder Widerrufsverbot für **Prüfungsentscheidun-** 19d

---

[56] Vgl BVerwGE 105, 1 = NVwZ 1998, 281 (Widerruf Endlager Morsleben); VGH München NVwZ 1996, 1126; VGH Mannheim UPR 1998, 77; Knack/Henneke 12; Steinberg/Berg/Wickel § 5 Rn 23; einschränkend StBS § 72 Rn 113.

[57] BVerwGE 155, 81 (Flughafen Halle-Leipzig: Widerruf ultima ratio); BVerwG NVwZ 1998, 281; VGH Mannheim NVwZ-RR 2000, 87.

[58] BVerwGE 81, 284 = NVwZ 1998, 757; OVG Hamburg NordÖR 2013, 174 für Versetzung in den Ruhestand; ausführlich Günther, DÖD 1990, 281, 286.

[59] Zum abschließenden Charakter der Regelungen des Beamtenrechts BVerwG NVwZ 1989, 757; Battis, BBG, 3. Aufl 2004, § 12 Rn 1; GKÖD, BBG, Stand 2004.

[60] BVerwG NVwZ 1990, 673 mwN; VG Braunschweig ZBR 2004, 218.

[61] VGH Mannheim NVwZ 1995, 170.

[62] BVerwGE 97, 245, 254; 84, 17, 21 zur alten Rechtslage nach § 47 WaffG aF.

gen.[63] Allerdings wird hier auf schutzwürdige Belange des Prüflings im Rahmen des Rücknahmeermessens Rücksicht genommen werden müssen.[64] Die **Rücknahme der Zulassung zu einer Prüfung** hat nicht zur Folge, dass auch die auf Grund der Zulassung erfolgte und bestandene Prüfung für nicht bestanden erklärt werden könnte (vgl VGH Mannheim NVwZ 1989, 382). Folgenbeseitigungsanspruch und Erstattungsanspruch schließen sich nicht gegenseitig aus; sie können auch nebeneinander bestehen.[65]

20 **7. Straßen- und Wegerecht, Straßenverkehrsrecht.** Für die straßen- und wegerechtliche **Widmung** (zur Rechtsnatur s § 35 Rn 164 ff) sind Änderung und Aufhebung in den Straßengesetzen des Bundes und der Länder speziell geregelt: Die Änderung erfolgt durch **Umstufung,** die Aufhebung durch **Einziehung** der Straße.[66] Diese Regelungen sind abschließend; für eine Anwendung des § 49 dürfte daneben anders als bei Widmungsakten außerhab des Straßen- und Wegerechts kein Raum verbleiben.[67] Ein Widerruf nach § 49 ist dagegen grundsätzlich möglich bei Verkehrszeichen, die als Allgemeinverfügungen gem § 35 S 2 auf der Grundlage der StVO erlassen und geändert werden können. Gleiches gilt für straßen- und wegerechtliche **Sondernutzungserlaubnisse,** wobei allerdings die straßen- und wegerechtliche Bindung des Ermessens über die Entscheidung von Sondernutzungen zu berücksichtigen ist.[68]

20a **8. Wirtschaftsverwaltungsrecht, freie Berufe. Grundsätzlich anwendbar** ist die Vorschrift auf den Widerruf von Genehmigungen und Zulassungen des Wirtschaftsverwaltungsrechts, soweit das Fachrecht keine speziellen Regelungen enthält. Auch neben etwaigen speziellen Bestimmungen des Fachrechts sind die allgemeinen Regelungen des Widerrufs grundsätzlich, dh vorbehaltlich anderweitiger Regelungen, ergänzend anwendbar.

20b **a) Gewerberecht, Handwerksrecht.** Der Widerruf einer rechtswidrig erteilten **Gaststättenerlaubnis** kann allerdings nicht auf der Grundlage des § 49 **erfolgen.**[69] Die Widerrufsregelungen in § 15 Abs 2, 3 GastG enthalten insoweit eine abschließende Regelung, womit ein Rückgriff auf § 49 ausgeschlossen wird.[70] Die Zulässigkeit einer gewerberechtlichen Untersagungsverfügung nach § 35 GewO schließt den Widerruf einer **Gewerbeerlaubnis** nicht aus; im Gegenteil ist nach § 35 Abs 8 GewO der Widerruf einer für das Gewerbe erteilten Erlaubnis vorrangig.[71] Auf die **Löschung von Eintragungen in die Handwerksrolle** ist § 49 nicht anwendbar. Die Eintragung bzw die Mitteilung darüber ist ein VA, für dessen Aufhebung in § 13 HwO eine spezielle Regelung getroffen worden ist. Danach ist die Eintragung zu löschen, wenn die Voraussetzungen für die Eintragung nicht (mehr) vorliegen. Angesichts dieser strengen

---

[63] BVerwG Buchh 237.7 § 20 NWLBG Nr 1 (Berücksichtigung des Vertrauensschutzes beim Rücknahmeermessen); VGH Mannheim NVwZ 1989, 882; Mehring BayVBl 1984, 714; Kopp JuS 1990, 945; für schriftliche Prüfungen auch Rozek JA 1989, 241; **aA** Weber BayVBl 1984, 269.

[64] BVerwG Buchh 237.7 § 20 NWLBG Nr 1; hier zeigt sich bereits, dass die vom BVerwG sonst zu § 48 Abs 3 vertretene Auffassung, wonach Vertrauensschutz allein durch Zuerkennung von Ausgleichsansprüchen berücksichtigt werden soll, nicht durchgehalten werden kann.

[65] Broß VerwArch 1985, 224; WBSK I § 52 Rn 37; Aulehner JA 1989, 452.

[66] WBSK II § 75 Rn 32 ff; Sauthoff, Öffentliche Straßen, 2. Aufl 2010, Rn 216, 235.

[67] So wohl auch Sauthoff, Öffentliche Straßen, 2. Aufl 2010, Rn 149.

[68] OVG Münster NVwZ 2012, 1054: Widerruf der Erlaubnis zur Verteilung von Koranausgaben wegen der Gefahr gewalttätiger Auseinandersetzungen.

[69] VGH Kassel NVwZ-RR 1993, 407; Frotscher Wirtschaftsverwaltungsrecht, 3. Aufl 1999, S 276.

[70] BVerwGE 81, 74; Metzner, GastG, § 15 Rn 44; Michel/Kienzle/Pauly, GastG, § 15 Rn 12.

[71] S hierzu auch OVG Schleswig GewArch 1994, 167 zum Widerruf.

Regelung, die weder Vertrauensschutz noch eine Besitzstandswahrung oder Ermessen vorsieht,[72] bedarf es einer ergänzenden Heranziehung der Regelungen über den Ersatz des Vertrauensschadens nach Abs 6.[73] Der Widerruf der Bestellung zum Bezirksschornsteinfegermeister ist idR in den Schornsteinfegergesetzen geregelt.[74] Ein Widerruf kommt dagegen bei Ausnahmebewilligungen nach §§ 8, 9 HwO in Betracht (Honig HwO § 13 Rn 7). Zum grundsätzlich zulässigen Widerruf einer **Reisegewerbekarte** (§ 55 GewO) näher Laubinger/Repkewitz VerwArch 1998, 609, 612.

b) Sonstiges Wirtschaftsverwaltungsrecht. Der Widerruf einer **beförderungsrechtlichen Genehmigung** ist in § 25 PBefG nicht abschließend geregelt; insoweit sind die Widerrufsgründe des § 49 ergänzend anwendbar.[75] Etwas anderes soll für den Widerruf einer **atomrechtlichen Genehmigung** gelten. Hier wird eine abschließende Regelung angenommen. Dies wird aus der detaillierten Regelung in § 17 Abs 3 AtG gefolgert, die von § 49 stark abweicht. Zwingende Widerrufstatbestände ergeben sich zusätzlich aus § 17 Abs 4 u 5 AtG; § 18 enthält eine spezielle Entschädigungsregelung, die an die Stelle des Abs 6 tritt. Im Falle des **Widerrufs einer Mobilfunkfrequenz-Zuteilung** bleibt Abs 2 nach der ausdrücklichen Regelung in § 63 Abs 2 TKG anwendbar, nicht jedoch Abs 6 wegen des Ausschlusses durch § 63 Abs 4 TKG.[76] Der Widerruf der Festsetzung von Märkten, Messen und Ausstellungen (§§ 64 ff GewO) ist in § 69b Abs 2 S 2 GewO speziell geregelt; die Bestimmungen des § 48 können aber ergänzend herangezogen werden (Laubinger/Repkewitz VerwArch 1998, 609, 626). Die Widerrufsgründe für arzneimittelrechtliche Erlaubnisse und Zulassungen in §§ 18, 30 AMG sind nicht abschließend.[77] Sie wirken vor allem verschärfend, weil sie zT einen zwingenden Widerruf vorsehen. Insoweit kann auf die allgemeine Regelung des § 49 zurückgegriffen werden. 20c

c) Recht der Freien Berufe. Neben den Vorschriften über den Widerruf der **ärztlichen Approbation** nach § 5 BÄO und der zahnärztlichen Approbation nach § 4 ZHG sind die allgemeinen Widerrufsregelungen des § 49 anwendbar.[78] Gleiches gilt für den Widerruf der Zulassung als Hebamme nach § 3 Abs 1 HebG.[79] **Ausgeschlossen** ist ein ergänzender Rückgriff auf § 49 nach der Rspr dagegen beim Widerruf von **Genehmigungen nach dem SchornsteinfegerG,** das insoweit eine abschließende Regelung enthalten soll (BVerwG DVBl 1998, 139). Gleiches gilt angesichts der detaillierten Widerrufsregelung in § 14 BRAO für den Widerruf der **Zulassung zur Rechtsanwaltschaft**[80] sowie für die Widerrufsregelung in § 46 Abs 2 StBerG für den Widerruf der **Zulassung als Steuerberater;** diese Vorschrift ist Spezialvorschrift zu der sonst anwendbaren Regelung in § 130 Abs 2 AO. Die Widerrufsvorschrift des § 49 kommt hier in keinem Fall zur Anwendung.[81] 20d

---

[72] BVerwG GewArch 1972, 155; OVG Koblenz GewArch 1988, 24; 1970, 277; Honig HwO § 13 Rn 10.

[73] Musielak/Detterbeck, Das Recht des Handwerks, 3. Aufl 1995, § 13 Rn 4 mwN.

[74] VGH Mannheim GewArch 2015, 177 zum Widerruf wegen Unzuverlässigkeit.

[75] S hierzu Fielitz/Grätz, PBefG, Stand 10/04, § 25 Rn 3; **aA** Bidinger, PBefG, Stand 9/03, § 25 Rn 2: abschließend.

[76] S hierzu näher BVerwG NVwZ 2012, 168 insbesondere zu der – verneinten – Frage eines Anspruchs auf Rückerstattung des für die Zuteilung gezahlten Entgelts.

[77] S hierzu näher Kloesel/Cyran, AMG Bd I § 30 Rn 3 ff.

[78] OVG Bremen NordÖR 2002, 384.

[79] Dies folgt schon aus der Unvollständigkeit der Regelung. Zur ergänzenden Heranziehung des VwVfG s auch Raps, Kommentar zu § 3 HebG in Das Deutsche Bundesrecht, Erläuterungen (I K 15); Theobald/Erdle, Das Recht der Heilberufe, 1999, Abschn 20.1.

[80] Unklar insoweit Henssler/Prütting, BRAO § 14 Rn 1 sowie Buechting, Rechtsanwaltshandbuch, 8. Aufl 2004, Rn 51; Steinkraus JuS 2001, 169.

[81] S BFH BStBl 1995 II 421.

20e **d) Subventionsrecht (Beihilfen). Grundsätzlich anwendbar** sind die Regelungen über den Widerruf von VAen idR im Subventionsrecht.[82] Insoweit gilt vorrangig die Widerrufsregelung des Abs 3; daneben bleibt die allgemeine Vorschrift des Abs 2 aber anwendbar (s Rn 62). Zu berücksichtigen sind aber Einschränkungen, die sich aus dem **Vorrang unionsrechtlicher Regelungen** für staatliche Beihilfen[83] ergeben. Insoweit müssen idR die dem Vertrauensschutz der Subventionsempfänger geltenden Bestimmungen jedenfalls im Regelfall ohne Anwendung bleiben. Das gilt nicht nur für die Jahresfrist nach Abs 2 S 2, Abs 3 S 2, sondern regelmäßig auch für die Einräumung von Ermessensspielräumen.[84] S hierzu auch oben Rn 4 ff. sowie unten Rn 73 ff.

20f **9. Sozialrecht.** Für den Widerruf von VAen im Sozialrecht gelten grundsätzlich die speziellen Regelungen des Fachrechts. Ergänzend kann idR auf § 45 SGB X zurückgegriffen werden, soweit nicht ausnahmsweise eine abschließende Regelung angenommen werden muss.[85] Für alle VAe, die ihre Grundlage in einem der Bücher des SGB haben, kommen die Regelungen des VwVfG nicht zur Anwendung. Das gilt unabhängig davon, ob für den gerichtlichen Rechtsschutz die Sozialgerichte oder die allgemeinen Verwaltungsgerichte zuständig sind.

IV. Widerruf eines belastenden VA (Abs 1)

21 **1. Allgemeines.** Ein nicht begünstigender VA kann nach Abs 1 grundsätzlich jederzeit, auch nachdem er bereits unanfechtbar geworden ist oder durch rechtskräftiges Urteil bestätigt wurde,[86] widerrufen werden; auch die Ausschlussfrist des § 48 Abs 4 findet auf den Widerruf belastender VAe keine Anwendung, wie sich im Umkehrschluss aus Abs 2 S 2 u Abs 3 S 2 ergibt. Zum **Begriff des nicht begünstigenden VA** s § 48 Rn 64 ff. Voraussetzung für die Ermessensentscheidung nach Abs 1 ist also erstens, dass es sich um einen belastenden VA handelt, der mit Wirkung für die Zukunft (s Rn 17) widerrufen werden soll, dass zweitens ein VA gleichen Inhalts nicht erneut erlassen werden müsste und dass drittens der Widerruf nicht durch spezielle Rechtsvorschriften eingeschränkt oder ausgeschlossen ist. Liegen diese drei Voraussetzungen vor, kann die Behörde nach pflichtgemäßem Ermessen über den Widerruf entscheiden. Belastend ist ein VA, soweit er die Rechtsstellung des Adressaten gegenüber dem status quo verschlechtert (s hierzu näher § 48 Rn 62).

21a **2. Keine Pflicht zum Erlass eines VA gleichen Inhalts.** Der Widerruf ist nicht zulässig, wenn ein VA gleichen Inhalts erneut erlassen werden müsste. Diese Beschränkung ergibt sich aus dem Zweck des Widerrufs: Die Ermächtigung der Behörde zum Widerruf eines VA soll die nachträgliche Aufhebung oder Änderung eines VA **nur im Einklang mit dem geltenden Recht** ermög-

---

[82] BVerwG NVwZ-RR 2004, 413; zur Rücknahme einer Feststellung eines Milchreferenzmengenübergangs OVG Koblenz Urt v 7.1.2004 – 8 A 10866/03 – juris, einer Investitionszulagenbescheinigung nach § 2 Abs 4 InvZulG 1979 auch BVerwGE 92, 81 = DVBl 1993, 727; BVerwG NVwZ-RR 1990, 178 und zu Art 45 Abs 3 S 2 BayVoSchG im Verfahren zur Rücknahme der Bewilligung eines Zuschusses für eine Schule hins des hier nur sehr lückenhaft geregelten Erstattungsanspruchs (MuLö BayVBl 1990, 509).

[83] ZB VO (EG) Nr 2419/2001 (ABl L 327 S 11; VO (EWG) 3508/92 (ABl L 355/1) über das integrierte Verwaltungs- und Kontrollsystem für bestimmte gemeinschaftliche Beihilfen.

[84] VGH Mannheim NuR 2015, 48 (Zuwendungen nach der Landschaftspflegerichtlinie), zugleich zu einem Ausnahmefall, in dem Vertrauensschutz nicht ausgeschlossen war.

[85] BVerwG NVwZ-RR 1990, 251; insoweit würden allerdings ohnehin nur die Regelungen des SGB X Anwendung finden.

[86] BVerwGE 35, 234; BGH DÖV 1973, 92; UL § 63 Rn 2; StBS 13; WBSK I § 51 Rn 30; Ule DVBl 1971, 593; vgl auch § 48 Rn 46.

lichen; sie stellt keine generelle Ermächtigung zu Regelungen dar, die über die Befugnisse hinausreichen, die den Behörden auf Grund des allgemeinen Rechts zukommen (**Grundsatz der doppelten Deckung,** s Rn 2). Deshalb ist ein Widerruf nicht zulässig, wenn nach den maßgeblichen Vorschriften des materiellen Rechts die durch den zu widerrufenden VA getroffene Regelung geboten ist und diese daher, wenn sie noch nicht getroffen wäre, sogleich wieder getroffen werden müsste, weil sonst ein rechtswidriger Zustand eintreten würde (StBS 22).

Hauptanwendungsfälle des Abs 1 sind VAe, für deren Erlass ein **Ermessen** 21b oder ein **Beurteilungsspielraum** besteht. Bei rechtlich gebundenen VAen und VAen, bei denen angesichts der besonderen Situation das Ermessen bzw die Beurteilungsfreiheit auf Null reduziert ist, gelangt Abs 1 nur zur Anwendung, **wenn eine Änderung der Sach- oder Rechtslage** eingetreten ist, die zwar vom ursprünglichen VA mit erfasst wurde, die aber nunmehr, nachdem sie eingetreten ist, die Aufrechterhaltung des VA nicht mehr erfordert oder auch nicht mehr zulässt (ebenso Obermayer/Funke-Kaiser 17). Soweit der ursprüngliche VA für die veränderte Rechts- oder Sachlage keine Geltung beansprucht und durch die Änderung gegenstandslos geworden ist, würde sich die Neuregelung dagegen nicht als Widerruf darstellen und daher überhaupt nicht nach § 49 zu beurteilen sein (BVerwGE 69, 93).

3. Ausschluss auf Grund spezialgesetzlicher Regelung. Außer durch 22 Rechtsvorschriften, die einen Widerruf gem dem allgemeinen Vorbehalt des § 1 nicht oder nur unter bestimmten engeren, im konkreten Fall nicht gegebenen Voraussetzungen zulassen (s oben Rn 17 ff), kann sich die Unzulässigkeit des Widerrufs **auch aus dem Sinn und Zweck einer gesetzlichen Regelung** (StBS 24; Weber BayVBl 1984, 269), aus dem allgemeinen Gleichheitsgebot (StBS 25), aus Gewohnheitsrecht oder aus allgemeinen Rechtsgrundsätzen (Begr 72), insb auch aus der Natur des in Frage stehenden VA, ergeben (s auch oben Rn 7). Nicht unter den Vorbehalt fallen Regelungen durch Verwaltungsanordnungen ohne Rechtssatzcharakter, wie Weisungen der Fachaufsichtsbehörde oder nach Art 85 Abs 3 GG oder Verwaltungsvorschriften nach Art 84 Abs 2 GG.[87] Sie binden zwar die Behörde intern hins der Ausübung ihres Ermessens. Widerruft die Behörde aber einen belastenden VA, ohne sich daran zu halten, so berührt dies die Rechtmäßigkeit des Widerrufs nicht. Etwas anderes würde nur gelten, wenn die Behörde dabei von einer allgemeinen Verwaltungspraxis ohne rechtfertigenden Grund abwiche und damit gegen Art 3 Abs 1 GG verstieße.

4. Ermessensentscheidung. Die Entscheidung über den Widerruf belasten- 23 der VAe steht, vorbehaltlich der Beschränkungen nach Abs 1 sowie besonderer Vorschriften, die allgemein oder unter bestimmten Voraussetzungen eine Verpflichtung der Behörde vorsehen, im Ermessen der Behörde.[88] Eine Ermessensentscheidung zugunsten des Widerrufs ist nicht ohne weiteres intendiert; es liegt also normalerweise **kein Fall einer sog intendierten Ermessensentscheidung** (s dazu § 40 Rn 65) vor.[89] Die Behörde hat sich vielmehr bei der von ihr zu treffenden Ermessensentscheidung am **Zweck der Ermächtigung** zu orientieren. **Bei der Abwägung** geht es einerseits um die Berücksichtigung des materiellen Rechts, auf Grund dessen der in Frage stehende VA ergangen ist bzw heute ergehen könnte, andererseits um die sich aus § 49 selbst ergebenden Zwecke, zu denen insbesondere der Schutz des Vertrauens in den Bestand des VA

---

[87] MB 15; Knack/Henneke 35; König 13; **aA** Begr 71; StBS 25.

[88] BVerwGE 44, 335; BVerwG DVBl 1984, 532; VGH Kassel DÖV 1992, 271; VGH München DÖV 1984, 217; OVG Münster NJW 1985, 284; ebenso zum früheren Recht BVerwGE 39, 233; 44, 334; BVerfG 27, 307.

[89] Str, wie hier BVerwG NVwZ 1995, 43; StBS 11, 33; Ziekow 8; FKS 21; Krausnick JuS 2010, 778, 782; **aA** BVerwG NVwZ 1992, 565; wohl auch Maurer § 11 Rn 52; in der Konsequenz wohl auch Obermayer/Funke-Kaiser 55.

gehört. Diese Gesichtspunkte müssen gegeneinander abgewogen werden (VGH Mannheim NVwZ 1990, 482). Eine **Verpflichtung zum Widerruf** ist in einer Reihe von speziellen Regelungen des Fachrechts vorgesehen, die insoweit der Regelung des Abs 1 vorgehen. Diese Regelungen betreffen idR nur den Widerruf begünstigender VAe und spielen deshalb im Rahmen von Abs 1 keine wesentliche Rolle (s zur Verpflichtung zur Rücknahme begünstigender VAe unten Rn 28f).

24 **5. Aufwendungsersatz. Umstritten** ist, ob der Betroffene einen Anspruch auf Aufwendungsersatz haben kann, wenn er im Hinblick auf den (belastenden) VA Aufwendungen gemacht hat und berechtigterweise mit dem Fortbestand des VA rechnen durfte. Dies entsprach an sich nicht der Intention des Gesetzgebers und wird dementsprechend von der hM verneint.[90] Gleichwohl erscheint es zweifelhaft, ob ein solcher Ausschluss jeglichen Ersatzes trotz berechtigten Interesses berechtigt ist. Auch auf eine nach der Definition des Abs 2 nicht begünstigende Regelung kann ein sich ein Bürger einstellen und schützenswertes Vertrauen betätigen. Außerdem kommt, wenn der VA bereits vollzogen worden war, grundsätzlich ein **Anspruch auf Folgenbeseitigung** in entspr Anwendung der Grundsätze über den Folgenbeseitigungsanspruch in Betracht (vgl auch Johlen NJW 1976, 2156), zB auf Rückgabe des beschlagnahmten Kraftfahrzeugs nach Widerruf der Beschlagnahmeverfügung. Auch über diesen Anspruch ist **durch VA** zu entscheiden.

V. Widerruf begünstigender VAe (Abs 2)

25 **1. Allgemeines.** Ein Widerruf begünstigender VAe ist grundsätzlich nur unter den in Abs 2 u 3 genannten Voraussetzungen zulässig. Liegen diese vor, so entscheidet die Behörde nach **pflichtgemäßem Ermessen** (§ 40) unter Berücksichtigung und Abwägung aller einschlägigen Gesichtspunkte. Die Regelung beruht auf dem Grundgedanken, dass nur in den in Abs 2 Nr 1–5 aufgezählten Fällen das öffentliche Interesse oder gewichtige Interessen Dritter an der Beseitigung oder Änderung des VA eine Zurückstellung des Interesses der Betroffenen am Bestand des VA und des entsprechenden Vertrauensinteresses rechtfertigen können, nicht auch in anderen Fällen. Der Begriff des **begünstigenden VA** entspricht der Definition in § 48 Abs 1 S 2 (s § 48 Rn 64ff). Die einzelnen in § 49 Abs 2 S 1 aufgeführten **Widerrufsgründe stehen selbständig nebeneinander,** weshalb zB bei Rechtsänderungen ein Widerruf nach Nr 5 auch dann in Betracht kommen kann, wenn ein Widerruf nach Nr 4 ausgeschlossen ist, weil der Betroffene von der ihm gewährten Vergünstigung bereits Gebrauch gemacht hat (vgl Bronnenmeyer 162). Von Bedeutung ist hier, dass ein Entschädigungsanspruch nach Abs 6 nur in den Fällen des Abs 2 S 1 Nr 3–5 besteht, weil bei Vorliegen der Widerrufsgründe des Abs 2 S 1 Nr 1 und 2 typischerweise kein schutzwürdiges Vertrauen entwickelt werden kann (s aber Rn 82).

26 **a) Abschließende Regelung.** Die Aufzählung der Widerrufsgründe in Abs 2 Nr 1–5 ist vorbehaltlich abweichender Regelungen in spezielleren Vorschriften grundsätzlich abschließend.[91] Durch die Fassung der Vorschrift wird die vor Erlass des Gesetzes angenommene Zulässigkeit eines Widerrufs aus vergleichbaren Gründen, zB weil die Inanspruchnahme des VA durch den Begünstigten rechtsmissbräuchlich wäre oder sonst gegen Treu und Glauben verstoßen würde, nur scheinbar ausgeschlossen. IdR kommt in derartigen Fällen nämlich ein Widerruf gem Nr 3 oder 4 in Betracht. Zulässig ist auch ein Widerruf **mit Zustimmung** des Begünstigten oder auf Grund von entsprechenden Vereinbarun-

[90] Vgl MuE 181; StBS 121; Knack/Henneke 85; Knoke 137 Fn 72.

[91] Erichsen/Ehlers § 25 Rn 6; Knack/Henneke 37; StBS 34; UL § 63 Rn 4; Erichsen Jura 1981, 591; Ziekow 9.

gen anlässlich des Erlasses des VA bzw auf Grund von entsprechenden Verwaltungsrichtlinien, denen der Betroffene sich durch entsprechende Erklärungen unterworfen hat.[92]

b) Widerruf für die Zukunft. Wie für belastende VAe nach Abs 1 ist auch der Widerruf begünstigender VAe nach Abs 2 nur für die Zukunft, also für die Zeit vom Wirksamwerden des Widerrufs an, zulässig. Er kann aber, wie Abs 4 klarstellt, ggf nach Ermessen der Behörde auch mit Wirkung auch **für einen späteren Zeitpunkt** als dem Zeitpunkt der Bekanntgabe verfügt werden. Ein Widerruf **für die Vergangenheit** ist nach Abs 2 (anders als nach Abs 3) dagegen **nicht zulässig.** Insoweit ist der Begünstigte also in seinem Vertrauen in die Wirksamkeit des VA geschützt.[93] 27

2. Ermessensentscheidung. a) Ermessen. Wenn die tatbestandsmäßigen Voraussetzungen für einen Widerruf nach Nr 1–5 erfüllt sind, steht die Entscheidung darüber im pflichtgemäßen Ermessen der Behörde, sofern nicht spezielle Vorschriften den Widerruf zwingend vorsehen (s oben Rn 18b f). Die Ermessensentscheidung ist nicht ohne weiteres in Richtung auf einen Widerruf indiziert.[94] Die Behörde muss sich dabei vielmehr im **Rahmen der Zwecksetzungen** der gesetzlichen Ermächtigung zum Erlass des in Frage stehenden VA und der Ermächtigung zum Widerruf gem § 49 halten und auch den Grundsatz der Verhältnismäßigkeit und das **Vertrauensschutzinteresse der Betroffenen** berücksichtigen.[95] Die Behörde kann trotz Vorliegens von Widerrufsgründen den VA bestehen lassen; uU kann auch angesichts besonderer Umstände des Einzelfalls ein Widerruf schlechthin ausgeschlossen sein (Ermessensreduktion auf Null, vgl § 40 Rn 49) oder nur mit einer Übergangsregelung zulässig sein.[96] Insb haben die Betroffenen auch hier ein subjektives Recht darauf, dass die Behörde unter Berücksichtigung ihres Interesses an der Aufrechterhaltung des VA, insb auch des Vertrauensschutzinteresses,[97] ohne Ermessensfehler entscheidet. 28

b) Einschränkung des Ermessens. Soweit besondere Rechtsvorschriften einen Widerruf zwingend vorsehen,[98] gehen sie den Ermessensregelungen in § 49 vor. Im Übrigen kann aus besonderen Gründen eine Einschränkung des Ermessens in Betracht kommen. So ist zB eine **Reduktion des Ermessens auf Null** anzunehmen in Fällen, in denen das Unionsrecht eine Verpflichtung zum Widerruf zB von Beihilfebescheiden enthält.[99] Hier führt der Effektivitätsgrundsatz des Art 4 Abs 3 EUV zu einer Reduktion des Ermessens auf Null. Auch aus haushaltsrechtlichen Gründen (Grundsatz der Wirtschaftlichkeit und Sparsam- 29

---

[92] Weides NJW 1981, 841; Grawert DVBl 1989, 1029; **aA** OVG Lüneburg DÖV 1988, 36 unter Bezugnahme auf BVerwG DVBl 1983, 810.

[93] Krit Ehlers Vw 2004, 255, 282.

[94] BVerwG NVwZ 1995, 43; StBS 11, 33; FKS 21; Krausnick JuS 2010, 778, 782; WBSK I § 51 Rn 47; **enger** BVerwG NVwZ 1992, 565; **aA** Obermayer/Funke-Kaiser 75: intendiertes Ermessen. S näher auch Rn 29, 30.

[95] BVerwGE 26, 131, 49, 168; OVG Münster NVwZ-RR 1989, 558; OVG Lüneburg NJW 1982, 1248; Knack/Henneke 38; einschränkend StBS 33.

[96] Vgl BVerwG DVBl 1985, 1070: der Widerruf einer Rechtsberatungserlaubnis ist ermessensfehlerhaft, wenn die Behörde keine Erwägungen darüber angestellt hat, ob dem Betroffenen nicht eine Frist für die Abwicklung seiner Tätigkeit eingeräumt werden kann; ebenso Knack/Henneke 38.

[97] OVG Lüneburg NJW 1982, 1248; Kühne DVBl 1987, 1261: auch Abs 5 schließt nicht aus, dass die Behörde den Vertrauensschutz innerhalb der Ermessensentscheidung berücksichtigt; MK 15 II 2, IV 1.

[98] Vgl zB § 73 Abs 1, 2 AsylG; § 52 Abs 2 AufenthG; § 5 Abs 2 BÄO; § 18 BJagdG; § 15 Abs 2 GastG; § 45 Abs 2 WaffG.

[99] Knack/Henneke 13; StBS § 48 Rn 270 ff; zum Beihilfenrecht s näher Rn 4; § 48 Rn 21 ff.

keit) kann nach heute hM (s näher unten Rn 73) insbesondere beim **Widerruf von Subventionsbescheiden** eine Reduktion des Ermessens in Betracht kommen.[100] Im Übrigen besteht ein allgemeiner Grundsatz, wonach das Ermessen in Richtung auf den Widerruf intendiert ist, nicht.

30 **c) Berücksichtigung des Vertrauensschutzes. Umstritten** ist, ob und in welchem Umfang bei der Ermessensentscheidung auch der Schutz des Vertrauens des Betroffenen in den Bestand des VA zu berücksichtigen ist.[101] Das BVerwG ist demgegenüber der Auffassung, dass der Vertrauensschutz bereits in den Widerrufsgründen des Abs 2 Nr 3–5 und in Abs 6 berücksichtigt wird und damit, wenn die tatbestandsmäßigen Voraussetzungen für einen Widerruf gegeben seien, für den Regelfall der **Widerruf vom Gesetz intendiert** sei, sofern nicht durch Rechtsvorschriften etwas anderes bestimmt sei.[102] Der VA könne deshalb nur ausnahmsweise belassen werden, wenn dies aus besonderen Gründen geboten erscheine, ua etwa, weil der Entschädigungsanspruch nach Abs 6 nicht ausreichend wäre (ebenso Knack/Henneke 9). **Hiergegen spricht** außer der Fassung des § 49 als Ermessensvorschrift ohne weitere Einschränkung im Wortlaut vor allem der Umstand, dass die erfassten Tatbestände viel zu allgemein sind, als dass sie dem unterschiedlichen Gewicht der Gesichtspunkte des Vertrauensschutzes in jedem Fall ausreichend gerecht werden könnten. Unter dem Gesichtspunkt des Vertrauensschutzes sind vor allem Dispositionen, die der Begünstigte im Vertrauen auf den Bestand des VA getroffen hat, immer, dh nicht nur in atypischen, besonders gelagerten Fällen, zu berücksichtigen. Die **Berücksichtigung schutzwürdigen Vertrauens** kann, da es sich insoweit um ein Verfassungsprinzip handelt, auch durch Gesetz nicht ausgeschlossen werden.[103] Andrerseits sind beim Vertrauensschutz auch Einschränkungen zu berücksichtigen, die sich aus einem Widerrufsvorbehalt (OVG Lüneburg Gemeinde 1978, 228; Knack/Henneke 39) oder aus vorhersehbaren Änderungen der Umstände ergeben.

31 **3. Vorbehaltener Widerruf (Nr 1).** Nr 1 enthält zunächst eine an sich selbstverständliche Verweisung auf andere Rechtsvorschriften, die einen Widerruf zulassen oder für bestimmte Fälle oder Fallgruppen vorschreiben, und auf den Vorbehalt eines Widerrufs gem § 36 Abs 2 Nr 3 oder nach vergleichbaren Bestimmungen in dem zu widerrufenden VA selbst. Damit wird klargestellt, dass von einem gesetzlich oder durch VA angeordneten Widerrufsvorbehalts auch Gebrauch gemacht werden darf, allerdings grundsätzlich ohne Rückwirkung.

32 **a) Aufgrund gesetzlicher Regelung (1. Alt).** Wenn bzw soweit der Widerruf in einer Rechtsvorschrift allgemein oder unter bestimmten Voraussetzungen zugelassen oder vorgeschrieben ist, ergibt sich die entsprechende Befugnis der Behörde gem § 1 schon nach dieser Vorschrift. Rechtsvorschriften idS können **auch Verordnungen oder Satzungen** sein.[104] Auf die Kenntnis des Betroffenen vom gesetzlichen Vorbehalt kommt es nicht an (StBS 43; FKS 25). Praktisch bedeutsam sind zB § 18 WHG; § 15 Abs 3 GastG: § 73 Abs 1 AsylG; § 47 Abs 2 WaffG; § 18 BJagdG und § 5 Abs 2 BÄO. Teilweise handelt es sich um selbständige Widerrufsvorschriften, die unabhängig von § 49 bereits aus sich heraus anwendbar sind. Insoweit spielt § 49 nur ergänzend eine Rolle, sofern nicht überhaupt eine abschließende Regelung vorliegt (s hierzu oben Rn 18a ff),

---

[100] BVerwGE 105, 55; OVG Magdeburg NVwZ 2000, 585; ausf Menge, S 139 ff.

[101] Bejahend wie hier Knack/Henneke 9; FKS 23.

[102] BVerwG NVwZ 1992, 565 = JuS 1992, 970 m Anm Osterloh; **aA** insoweit BVerwG NVwZ 1995, 43.

[103] Vgl BVerfG 59, 167 = DVBl 1982, 581; allg auch 12 zu § 48; **aA** offenbar zu einem allerdings besonders gelagerten Fall BVerwG NJW 1986, 1772 und 1776.

[104] VGH München NVwZ-RR 2000, 815; StBS 43; Knack/Henneke 41; UL § 63 Rn 5.

teilweise enthalten die Vorschriften lediglich den Vorbehalt. **Auf die Bezeichnung** der Aufhebungsmöglichkeit als Widerrufsvorbehalt oder anders in einer gesetzlichen Ermächtigung iS von Nr 1 **kommt es nicht an,** sofern es sich jedenfalls in der Sache um eine Ermächtigung zur nachträglichen Aufhebung oder Abänderung ohne Rücksicht auf die Rechtswidrigkeit handelt. Das gilt an sich auch für die Ermächtigung zur nachträglichen Erlass von Nebenbestimmungen, worin der Sache nach ein teilweiser Widerruf liegen kann. Allerdings wird insoweit idR eine abschließende Regelung vorliegen, weshalb die Regelungen des § 49 hier zumeist nicht zur Anwendung kommen. Die Ermächtigung zu einem ordnungsrechtlichen Einschreiten gegen konkrete Gefahren oder Störungen stellt keinen Widerrufstatbestand dar.

Ob bei vorläufigen VAen (s hierzu § 35 Rn 178) von einem gesetzlich vorgesehenen Widerrufsvorbehalt auszugehen ist oder ob der Änderung eines vorläufigen VA ohne Rückgriff auf § 48 erfolgt, ist **zweifelhaft.** Der Streit hat nur geringe praktische Bedeutung, weil für die Vorläufigkeit idR eine gesetzliche Regelung erforderlich ist (s § 35 Rn 180). Dann ergeben sich gegenüber einem gesetzlich vorgesehenen Widerrufsvorbehalt idR keine Unterschiede. 33

Die Ermächtigung zum Widerruf eines VA gem Nr 1 wird idR ausdrücklich oder der Sache nach bestimmte **tatbestandliche Voraussetzungen** für einen Widerruf aufstellen. Ein gesetzlicher Widerrufsvorbehalt muss grundsätzlich durch zulässige gesetzgeberische Ziele gerechtfertigt sein. Diese Ziele begrenzen stets auch die Widerruflichkeit. Deshalb begründet ein Widerrufsvorbehalt **keine freie Widerruflichkeit,** sondern nur die Befugnis der Behörde, nach Maßgabe der näheren Bestimmungen dieser Ermächtigung und des Zwecks der Regelung nach sachgemäßen Gesichtspunkten (§ 40) zu entscheiden, ob und in welchem Umfang sie den VA widerruft.[105] Im Einzelnen gelten dafür dieselben Grundsätze wie für die Ausübung eines im VA selbst vorbehaltenen Widerrufs. Erforderlich ist insb eine Abwägung der in Frage stehenden öffentlichen Interessen gegen die Vertrauensschutzinteressen und sonstige rechtlich geschützten Interessen des Betroffenen, dabei ist auch der Grundsatz der Verhältnismäßigkeit zu beachten.[106] 34

b) Aufgrund Widerrufsvorbehalts (2. Alt). Voraussetzung ist, dass der Widerruf auf Grund eines Vorbehalts nach § 36 Abs 2 Nr 3 in dem zu widerrufenden VA selbst zugelassen worden ist, oder dass der Widerrufsvorbehalt durch Verweisung oder Bezugnahme auf Richtlinien, die dem Betroffenen bekannt gegeben worden sind, unmissverständlich zum Bestandteil des VA gemacht wurde.[107] Der Widerruf ist in diesem Fall nur **nach Maßgabe des Widerrufsvorbehalts,** insb auch zB nur unter Beachtung etwaiger darin enthaltener Beschränkungen auf bestimmte Widerrufsgründe usw zulässig (StBS 42; WBSK I § 47 Rn 10). Er darf zudem grundsätzlich nur aus Gründen erfolgen, die im **Rahmen der Zwecke** liegen, die in den Rechtsvorschriften vorgezeichnet sind, auf Grund deren der VA erlassen wurde bzw die im Zeitpunkt des Widerrufs für den Erlass maßgeblich wären.[108] So kommt der Widerruf einer wegerechtlichen Sondernutzung nur aus wegerechtlich zulässigen Erwägungen in Betracht. Zu beachten ist immer auch der **Grundsatz der Verhältnismäßigkeit** (BVerwGE 49, 168: kein Widerruf, wenn der Behörde auch ein milderes Mittel zur Verfügung stünde). 35

---

[105] BVerwGE 32, 12; 49, 168; Knack/Henneke 42.

[106] Vgl OVG Lüneburg NJW 1982, 1248; MK 15 II 2, IV 1; OVG Münster NVwZ 1985, 284.

[107] BVerwG NVwZ 1984, 36; NVwZ 1987, 498; OVG Koblenz NJW 1981, 882; VGH Kassel NVwZ 1989, 166; enger MuLö BayVBl 1992, 639: der Widerrufsvorbehalt muss im VA selbst enthalten sein; Bezugnahme genügt nicht.

[108] VGH Kassel NVwZ 1989, 166; VGH München NJW 1986, 1566; VGH Mannheim NVwZ 1990, 482; WBSK I § 51 Rn 33; vgl auch BVerwGE 32, 14; 45, 242.

36 **aa) Keine abschließende Regelung.** Ist dem VA ein Widerrufsvorbehalt beigefügt, so stellt dies idR keine abschließende Regelung dar. Lässt sich also ein Widerruf nicht auf den Widerrufsvorbehalt stützen, so kann er gleichwohl auf Grund anderer Widerrufsgründe nach Nr 1–5 erfolgen, sofern mit dem dem VA beigefügten Widerrufsvorbehalt nicht – was Auslegungsfrage ist – ausnahmsweise eine abschließende Regelung getroffen werden sollte, die als begünstigende Entscheidung insoweit die Behörde bindet (vgl Knack/Henneke 6) und daher einem Widerruf auf Grund der allgemeinen Bestimmungen entgegensteht, sofern nicht auch bezüglich der sich daraus ergebenden Beschränkungen selbst wieder Rücknahmegründe oder Widerrufsgründe durchgreifen.

37 **bb) Wirksamkeit rechtswidriger Widerrufsvorbehalte. Umstritten** ist, ob auch ein rechtswidriger Widerrufsvorbehalt als Widerrufsgrund nach Abs 2 Nr 1 als Grundlage für einen Widerruf in Betracht kommt. Die hM geht zu Recht davon aus, dass es insoweit **allein auf die Wirksamkeit** des Widerrufsvorbehalts ankommt, sofern er nicht nichtig ist.[109] Sie beginnt mit Bekanntgabe des VA, kann aber durch Widerspruch und Anfechtungsklage suspendiert werden. Ist der Widerrufsvorbehalt im Zeitpunkt des Widerrufs noch nicht unanfechtbar, lassen sich Widerspruch und Anfechtungsklage gegen den Widerruf auf den Vorbehalt erstrecken. Die Rechtmäßigkeit des Widerrufsvorbehalts als solche ist keine Voraussetzung für den Widerruf. Die Behörde, die von einem solchen Widerrufsvorbehalt zu Lasten eines Bürgers Gebrauch macht, muss die **Rechtswidrigkeit im Rahmen der Ermessensentscheidung berücksichtigen.**[110] Insoweit spielt nicht nur die Frage der Erkennbarkeit der Rechtswidrigkeit eine Rolle, sondern auch die Frage, ob trotz der Rechtswidrigkeit des Vorbehalts für den Widerruf berechtigte öffentliche Interessen ins Feld geführt werden können. Sie handelt, wenn die Rechtswidrigkeit des Vorbehalts offensichtlich ist, uU ermessensfehlerhaft.[111]

38 **4. Nichterfüllung einer Auflage (Nr 2).** Die Zulässigkeit des Widerrufs bei Nichterfüllung einer Auflage entspricht der auch schon früher hM.[112] Die Vorschrift soll bestimmte Verhaltenserwartungen sichern und die Möglichkeit bieten, über die Instrumente des Verwaltungsvollstreckungsrechts hinaus die Nichtbefolgung von Auflagen zu sanktionieren. Das Gesetz geht davon aus, dass die „Drohkulisse“ eines möglichen Widerrufs der Verpflichtung zur Erfüllung der Auflagen zusätzlichen Nachdruck verleiht. Die Vorschrift ist nur auf Auflagen i. S. des § 36 anwendbar, nicht auf Verpflichtungen, die sich aus Inhaltsbestimmungen von Genehmigungen ergeben.[113] Dies kann bei den spezielleren Vorschriften des Fachrechts anders sein.[114] Das Fachrecht sieht teilweise Widerrufsmöglichkeiten bei sonstigen wesentlichen Verstößen vor.[115]

---

[109] BVerwG NVwZ 1987, 498; VGH Mannheim NVwZ 1990, 482; MB 23; UL § 63 Rn 6; MB 23; Schwerdtfeger, Rn 168; Eichberger GewArch 1983, 112; Ehlers GewArch 1999, 314; nun auch Erichsen/Ehlers § 25 Rn 7 unter Aufgabe der gegenteiligen Auffassung; offen VGH München NJW 1986, 1565; Ziekow 12; offen WBSK I § 51 Rn 33; **aA** Begr 72; BVerwGE 45, 242: Widerruf setzt rechtmäßigen Widerrufsvorbehalt voraus, ähnlich VGH Kassel NVwZ 1989, 166; Maurer § 11 Rn 41; Erichsen Jura 1981, 591; Weides JuS 1985, 367; Bronnenmeyer 101; Schenke DÖV 1983, 326; Knack/Henneke 43; Krausnick JuS 2010, 778.

[110] Zu weitgehend StBS 40; Ehlers Vw 2004, 255, 282, wonach das Gebrauchmachen von einem rechtswidrigen Widerrufsvorbehalt idR ermessensfehlerhaft sei.

[111] BVerwG NVwZ-RR 1994, 588; DVBl 1995, 65; Suerbaum VerwArch 1999, 373; MuE 177; Kopp ZfW 1989, 185; StBS 40 f.

[112] Vgl Begr 72; BVerwGE 59, 128.

[113] StBS 47; MSU 79; Obermayer/Funke-Kaiser 32.

[114] ZB § 15 Abs 3 Nr 1 GastG.

[115] ZB BVerwGE 59, 124 (§ 8 Abs 2 KatSG); VGH München NVwZ 1990, 995 (Wasserrecht).

Die Regelung überschneidet sich mit den Widerrufstatbeständen des Abs 3, die aber idR weiter gehen und insbesondere einen Widerruf für die Vergangenheit zulassen. Abs 3 schließt einen Widerruf nach Abs 2 Nr 2 auch für seinen Anwendungsbereich nicht aus. Nr 2 ist analog auch auf die Nichterfüllung sonstiger mit einem VA verbundener wesentlicher Pflichten anzuwenden (vgl auch bish Recht BVerwGE 59, 128), zB bei Verstoß gegen Benutzungsbedingungen (VGH München BayVBl 1990, 692).

a) Wirksame Auflage. Der in Abs 2 Nr 2 verwendete Begriff der Auflage entspricht der Legaldefinition in § 36 Abs 2 S 4. Danach handelt es sich um eine Bestimmung, durch die dem Begünstigten ein Tun, Dulden oder Unterlassen vorgeschrieben wird (s § 36 Rn 29). Umstritten ist, ob die Auflage dem VA rechtmäßig beigefügt worden sein muss. Ähnlich wie in Abs 2 Nr 1 geht die hM zu Recht davon aus, dass die **Rechtmäßigkeit der Auflage nicht Voraussetzung** für die Ausübung des Widerrufsrechts ist.[116] Maßgeblich ist die Wirksamkeit der Auflage (§ 43), die durch Widerspruch und Anfechtungsklage suspendiert sein kann. Auch hier gilt, dass die Behörde nach Eintritt der Unanfechtbarkeit grundsätzlich keinen Anlass hat, die Rechtmäßigkeit näher zu überprüfen. Die Rechtswidrigkeit der Auflage ist aber im Rahmen der **Ermessensentscheidung** bei der Bewertung des Verstoßes zu berücksichtigen, weil das öffentliche Interesse am Widerruf wegen eines Verstoßes gegen eine rechtswidrige Auflage fehlen kann. 38a

b) Nichterfüllung der Auflage. Die isolierte Aufhebung einer Auflage im Rechtsbehelfsverfahren kann mit der Nichterfüllung der Auflage nicht gleichgesetzt werden, was aber teilweise angenommen wird (BVerwGE 65, 141 f). Dies wäre weder mit dem Wortlaut noch mit der Zielsetzung der Nr 2 vereinbar und ist deshalb abzulehnen;[117] allenfalls kommt in einem solchen Falle ein Widerruf nach Nr 3 oder 5 in Betracht. Der Versuch, die Aufhebung einer Auflage deren Nichterfüllung gleich zu achten, hat seinen Grund lediglich in dem verfehlten Bemühen, die Folgen einer zu weitgehenden isolierten Anfechtbarkeit von Nebenbestimmungen aufzufangen (s hierzu näher § 36 Rn 60 ff). 38b

c) Nichterfüllung innerhalb einer gesetzten Frist. Voraussetzung für den Widerruf ist, dass der Begünstigte die Auflage innerhalb der gesetzten Frist nicht erfüllt hat. Ausreichend ist die Nichterfüllung innerhalb der bereits im Ausgangsbescheid gesetzten Frist. Es ist nicht erforderlich, dass bei Fristsetzung bereits auf die Möglichkeit des Widerrufs hingewiesen worden ist. Unter Verhältnismäßigkeitsgesichtspunkten kann ein entsprechender Hinweis oder eine Mahnung allerdings im Einzelfall erforderlich sein.[118] Der Nichterfüllung einer Auflage sind **erhebliche Verstöße gegen eine Auflage** gleich zu achten.[119] Ein Verstoß gegen die Auflage der Rechnungslegung unter Vorlage von Belegen kann den Widerruf rechtfertigen (OVG Magdeburg NVwZ 2001, 585). Auch die Nichterfüllung einer rechtswidrigen Auflage kann ähnlich wie ein rechtswidriger Widerrufsvorbehalt (s Rn 37) zu einem Widerruf führen; auf ein **Verschulden** seitens des Betroffenen bei der Nichterfüllung der Auflage kommt es nicht an.[120] Fehlendes Verschulden kann beim Ermessen berücksichtigt werden. 38c

---

116 BVerwG NVwZ 1987, 498; UL § 63 Rn 6; Ehlers GewArch 1999, 314; Suerbaum VerwArch 1999, 374; StBS 49; MB 25; Ziekow 14; **aA** Knack/Henneke 44; Bronnenmeyer 113; Achterberg AllgVR 2. Aufl 1986, 23 Rn 81; EM 77 Rn 8; Erichsen Jura 1981, 592: die Auflage muss rechtmäßig sein.

117 Schenke DÖV 1983, 320, 326; Fehn DÖV 1988, 202, 207; im Ergebnis auch StBS 51.

118 Knack/Henneke 45; StBS 53, 56; FKS 28.

119 BVerwGE 49, 168; weitergehend Obermayer/Funke-Kaiser 74.

120 BVerwG NVwZ-RR 1996, 193; Knack/Henneke 45; StBS 50.

39 **d) Verfahren, Ermessen, Verhältnismäßigkeit.** Der Widerruf muss grundsätzlich die „ultima ratio" sein,[121] doch muss die Behörde, wie sich aus dem 2. Halbs ergibt, vorher nicht stets Maßnahmen des Verwaltungszwangs versucht haben,[122] sondern grundsätzlich nur (sofern dies nicht ohnehin offensichtlich aussichtslos ist, vgl BVerwGE 49, 168) erfolglos angemahnt und ggf eine angemessene (Nach-)frist für die Erfüllung gesetzt haben. Dies gilt auch dann, wenn für die Erfüllung der Auflage schon im VA eine Frist gesetzt war.[123] Anderes gilt, wenn nach den Umständen des Falles der **Grundsatz der Verhältnismäßigkeit** einen vorherigen Vollstreckungsversuch erforderlich erscheinen lässt (StBS 55; Erichsen/Ehlers § 24 Rn 8). Die Nichterfüllung von Auflagen, an deren Erfüllung nur ein geringes öffentliches Interesse oder Interesse Dritter besteht und die für die durch den VA getroffenen Regelungen nur von untergeordneter Bedeutung sind, kann idR die Zurücknahme eines VA nicht rechtfertigen (StBS 57; vgl aber VGH Mannheim NVwZ 1987, 50).

40 **5. Neue Tatsachen (Nr 3).** Nr 3 lässt einen Widerruf bei nachträglicher Änderung der maßgeblichen Tatsachen zu, wenn sonst das öffentliche Interesse gefährdet würde. Diese Vorschrift stellt den **zentralen Anwendungsfall des Widerrufs** dar. Anders als nach Nr 4 ist es bei Nr 3 unerheblich, ob der Begünstigte von der Begünstigung bereits Gebrauch gemacht hat. Ist dies der Fall, ist dies jedoch bei der Ermessensabwägung zu berücksichtigen. Die Bestimmung gibt der Behörde keine Blanko-Vollmacht für beliebige Neuregelungen, sondern nur für solche, die durch die veränderten Tatsachen unmittelbar veranlasst sind (Classen DÖV 1989, 156). Einer neuen Tatsache iS von Nr 3 ist auch die Änderung oder Aufhebung einer anderen präjudiziellen Entscheidung oder eines Grundlagenbescheids, auch der präjudiziellen Entscheidung eines Gerichts gleichzuachten.

41 **a) Anwendbarkeit.** Voraussetzung für die Widerruflichkeit nach Abs 2 Nr 3 ist, dass der ursprüngliche VA kraft Gesetzes oder nach seinem Inhalt auch für den Fall einer etwaigen Änderung der tatsächlichen Verhältnisse Geltung beansprucht, bis er durch einen gegenteiligen Akt (actus contrarius) aufgehoben oder ersetzt wird (BVerwGE 69, 93; WBSK I § 51 Rn 49). Wurde der frühere VA dagegen ohnehin bereits nur im Hinblick auf eine bestimmte Sachlage erlassen und wurde er durch die Änderung der insoweit maßgeblichen Umstände gegenstandslos, so kommt nicht ein Widerruf iS des § 49 in Betracht; vielmehr ist eine Neuregelung, die an die Schranken des § 49 nicht gebunden ist und auch keine Entschädigungspflicht nach Abs 6 zur Folge hat, zulässig und uU geboten.[124]

42 **Nicht anwendbar** ist die Regelung des Abs 2 Nr 3 auf VAe, deren Bindungswirkung nach besonderen gesetzlichen Bestimmungen bzw nach dem Sinn und Zweck gesetzlicher Regelungen oder nach allgemeinen Rechtsgrundsätzen, gerade **gegen eine Aufhebung wegen späterer Änderungen der Sachlage Schutz** bieten soll. Dies kann bei rechtsgestaltenden VAen der Fall sein (s oben Rn 18a), zB bei der Einbürgerung, der Ernennung zum Beamten, der Genehmigung bestimmter Rechtsgeschäfte usw. **Umstritten** ist, ob die **Bauerlaubnis** für ein Gebäude zB deshalb widerrufen werden kann, weil es durch die Zunahme des Verkehrs zu einem gefährlichen Verkehrshindernis geworden ist, an dessen Beseitigung ein erhebliches öffentliches Interesse besteht. In diesem Fall käme

---

[121] BVerwGE 49, 168; BGHZ 24, 102; VGH München BayVBl 1990, 690; 1991, 209; Erichsen/Ehlers § 25 Rn 8.

[122] Ebenso Erichsen Jura 1981, 592; **aA** Obermayer/Funke-Kaiser 55; Knack/Henneke 44; MB 25; WBSK I § 51 Rn 35 Maurer § 11 Rn 41; wohl auch Erichsen/Ehlers § 25 Rn 8: notfalls.

[123] BVerwGE 49, 168; MB 25; **aA** UL § 63 Rn 7; StBS 53; Knack/Henneke 45; Erichsen/Ehlers § 25 Rn 8.

[124] BVerwGE 44, 335; 69, 93; BVerwG DVBl 1991, 645.

nur eine Enteignung in Betracht.[125] **Nicht anwendbar** ist Nr 3 auch dann, wenn ein Gesetz bereits **besondere Regelungen** für den Fall einer Änderung der Verhältnisse trifft, zB die Behörde ermächtigt, den veränderten Umständen durch Entzug der Erlaubnis (Gewerbeerlaubnis, Fahrerlaubnis) oder durch nachträgliche Auflagen uä Rechnung zu tragen, die sich als (völlige oder teilweise) Neuregelung und nicht als Widerruf des ursprünglich ergangenen VA darstellen.

b) Begriff der Tatsachen. Es muss sich um tatsächliche Gegebenheiten handeln, die für die getroffene Regelung des VA rechtlich relevant sind. Die Änderung der Tatsachen iS der Nr 3 kann äußere oder innere Umstände betreffen, auch zB Umstände, die die Behörde selbst oder eine andere Behörde geschaffen oder herbeigeführt hat, zB ein zwischenzeitlich erfolgtes Versammlungsverbot als neue Tatsache für einen Widerruf der Überlassung eines Raums für eine Versammlung (MuLö BayVBl 1992, 639) oder die der Betroffene selbst herbeigeführt hat, um die Voraussetzungen für eine Änderung des VA zu seinen Gunsten zu schaffen (BVerwGE 59, 127; VGH München BayVBl 1991, 408), zB die Stellung des erforderlichen Antrags oder die Vorlage erforderlicher Unterlagen für eine Genehmigung. Es muss sich um **Tatsachen** handeln, die, wären sie bei Erlass des ursprünglichen VA bekannt gewesen, die **Behörde berechtigt hätten, den VA nicht zu erlassen,** entweder weil die Voraussetzungen entfallen wären, oder weil sich die für die Ermessens- oder Beurteilungsentscheidung maßgeblichen Gesichtspunkte geändert hätten (StBS 65 f). 43

aa) Einzelfälle nachträglich eingetretener Tatsachen. Als Änderung der Tatsachen ist es zB anzusehen, wenn ein Wehrpflichtiger seine Mitarbeit beim Katastrophenschutz, derentwegen er freigestellt war, eingestellt hat (OVG Münster NVwZ 1985, 133); wenn die Wohnhausbebauung näher an einen Gewerbebetrieb heranrückt (StBS 60); wenn die für einen VA erforderliche Zustimmung Dritter nachträglich beigebracht wird (vgl BFH 157, 484 = BStBl II 1989, 957 zur nachträglichen Zustimmung zum Realsplitting); wenn durch Wegfall des bisherigen Abnehmers eine geordnete Abfallbeseitigung nicht mehr gesichert ist; wenn ein zunächst ausgemusterter Wehrpflichtiger nachträglich wehrdienstfähig geworden ist (BVerwG Buchh 448.0 § 9 WPflG Nr 11); wenn der ausländische akademische Grad, dessen Führung im Inland genehmigt wurde, entzogen wird;[126] wenn der privatrechtliche Vertrag, der Voraussetzung für einen VA ist, nachträglich geändert wird (vgl BFH NJW 1989, 1055); wenn neue Programme, Pläne usw erarbeitet und in Kraft gesetzt werden;[127] wenn eine gewährte Subvention zweckwidrig verwendet wird;[128] wenn sich bei gestuften VAen anlässlich des Verfahrens zur Erteilung weiterer Teilgenehmigungen erweist, dass entgegen der ursprünglichen Annahme eine positive Gesamtentscheidung über das Vorhaben nicht erreicht werden kann (vgl BVerwGE 72, 312 = NVwZ 1986, 208; NVwZ 1989, 1170: Widerruf auch der vorangegangenen Konzeptgenehmigung und vorangegangener Teilgenehmigungen). 44

Als neue Tatsache iwS ist es nach dem Zweck der Bestimmung auch anzusehen, wenn auf Grund **neuer wissenschaftlicher Erkenntnisse** bestimmte, 45

---

[125] WBS II § 51 Rn 45; auch F 269 f; im Ergebnis auch OVG Münster NVwZ 1988, 943 unter Hinweis auf die bestandssichernde Wirkung der Baugenehmigung: an der Feststellungswirkung der Baugenehmigung kann auch ein Widerruf nichts mehr ändern.

[126] VGH Mannheim NVwZ 1986, 397: die Berechtigung der Entziehung ist nicht nachzuprüfen, da die Entziehung jedenfalls Tatbestandswirkung hat.

[127] BVerwG DVBl 1982, 1004: Widerruf der Zulassung eines Schulbuchs, das den neuen Erziehungszielen, Lernzielen, Lerninhalt nicht mehr entspricht; unerheblich ist, dass auch die neuen Erziehungsziele usw von derselben Behörde aufgestellt wurden.

[128] BVerwG NVwZ 1984, 37; VGH Kassel NVwZ 1989, 166; Thoenes DVBl 1983, 812; 1984, 855; Martens NVwZ 1985, 160; diese Fälle werden nunmehr von Abs 3 erfasst.

schon bei Erlass des VA vorhandene und berücksichtigte Tatsachen nunmehr allgemein anders bewertet werden oder zu bewerten sind,[129] zB die **Schädlichkeit** bestimmter Stoffe, oder wenn eine ursprünglich günstige **Prognose** wesentlicher tatsächlicher Voraussetzungen eines VA **sich nachträglich als unzutreffend** erweist. Die Behörde hat in diesen Fällen, wenn eine Prognose nicht nur durch die allgemeine Entwicklung überholt wird, sondern nur die wissenschaftlichen Voraussetzungen, auf denen sie beruht, infolge neuer Erkenntnisse als überholt und unzutreffend anzusehen sind, nach der Rspr die Wahl, den VA als schon ursprünglich rechtswidrig zurückzunehmen (vgl BVerwG NJW 1988, 2912: Rücknahme des VA, wenn eine Gefährlichkeit bekannt wird, die sehr viel größer ist, als man zunächst wusste oder wissen konnte) oder ihn wegen veränderter Verhältnisse gem Abs 2 S 1 Nr 3 zu widerrufen. Die Änderung muss **tatsächlich nachträglich eingetreten** sein; das bloße **Bekanntwerden von Umständen,** die bereits vor Erlass des VA vorlagen, aber nicht berücksichtigt wurden, **genügt nicht.**[130]

46 **bb) Änderungen ohne Tatsachenqualität.** Nicht als neue Tatsachen iS von Nr 3 anzusehen ist eine **Änderung der Behördenpraxis** bzgl der Behandlung bestimmter Angelegenheiten, auch zB eine Änderung der Ermessenspraxis,[131] ebenso wenig eine **Änderung der Verwaltungsvorschriften** bzw Verwaltungsrichtlinien (VGH München BayVBl 1991, 408). Auch eine spätere **Änderung der Haushaltslage** stellt keine nachträglich eingetretene Tatsache dar.[132] Gleiches gilt für eine lediglich **geänderte Beurteilung** der (unverändert gebliebenen) Verhältnisse. Sie genügt nicht, sofern sie nicht durch neue Tatsachen oder neue Erkenntnisse, die bisher als gesichert geltende Annahmen als widerlegt erscheinen lassen, veranlasst worden ist. Das gilt selbst dann, wenn die neue Beurteilung die Folge einer Änderung der Rspr ist.[133] Anders, wenn die Erkenntnis sich, vor allem bei **Prognoseentscheidungen,** darauf bezieht, dass eine bisher als richtig und zielführend angesehene Maßnahme nicht zielführend ist.[134] Zeitablauf allein stellt auch im Asylrecht keine wesentliche Änderung der Sachlage dar (BVerwG NVwZ 2002, 345).

47 **c) Berechtigung, den VA nicht zu erlassen.** Die Änderung der Tatsachen muss dazu führen, dass die Behörde berechtigt wäre, den VA nicht zu erlassen. Die nachträgliche Änderung der Sachlage muss also einen Gesichtspunkt betreffen, der nach dem anzuwendenden Recht den **Nichterlass des VA rechtfertigen** könnte. Dies ist der Fall, wenn infolge der Änderungen die Voraussetzungen der Rechtsnorm nicht mehr vorliegen, der VA also nicht mehr erlassen werden dürfte, aber nach dem insoweit klaren Wortlaut auch dann, wenn sich ein für eine Ermessens-, Beurteilungs- oder Planungsentscheidung maßgeblicher Umstand ändert (StBS 66). Auch soweit eine Änderung der Verhältnisse vorliegt,

---

[129] BVerwGE 155, 81 (Flughafen Halle-Leipzig), BVerwG DVBl 1982, 1004; OVG Münster NVwZ 1988, 173: neue wissenschaftliche Erkenntnisse nicht ohne weiteres, sondern nur, wenn bisherige Annahmen oder „gesicherte" Erkenntnisse widerlegt werden; ähnlich BVerwGE 55, 262; StBS 63; Lange NJW 1986, 2465; Roßnagel JZ 1986, 720; Bender DÖV 1988, 817; Schoch DVBl 1990, 554 mwN; Erichsen/Ehlers § 25 Rn 10.

[130] BVerwG NVwZ 1991, 577; VGH Mannheim NVwZ-RR 1992, 602; StBS 62; UL § 63 Rn 10; WBSK I § 51 Rn 37: dann Anwendung der Rücknahmeregelung.

[131] BVerwG NVwZ 1991, 577; VGH München BayVBl 1991, 408; StBS 61; Knack/Henneke 49.

[132] OVG Bautzen NJW 2000, 1057, 1059; Ehlers Vw 2004, 255, 282.

[133] BVerwGE 44, 180 = BayVBl 1974, 284; 58, 259; BVerwG DVBl 1982, 1004; München BayVBl 1991, 408; Knack/Henneke 48 und 56; F 265; zT **aA** BFH – GrS – NVwZ 1989, 293; vgl auch BFH BStBl II 1986, 707.

[134] Vgl BVerfGE 80, 26 mwN; BVerwGE 72, 312; BVerwG NVwZ 1989, 1170; zum Problem, ob die Änderung der Haushaltslage eine neue Tatsache sein kann, s OVG Bautzen LKV 1993, 145.

stellt dies für die Behörde **keinen Freibrief für beliebige Änderungen** dar.[135] Ein Widerruf ist vielmehr nur zulässig, soweit sich die neuen Tatsachen die Berechtigung für den Erlass des VA oder die Grundlage für eine Ermessensentscheidung entfallen lassen.[136]

d) Gefährdung des öffentlichen Interesses. Zusätzlich ist nach Nr 3 erforderlich, dass ohne den Widerruf das öffentliche Interesse gefährdet würde.[137] Nach dem insoweit eindeutigen Wortlaut der Vorschrift genügt es nicht, dass der Widerruf lediglich allgemein im öffentlichen Interesse liegt (BVerwG BayVBl 1992, 730). Er muss vielmehr zur Abwehr einer Gefährdung des öffentlichen Interesses erforderlich sein, dh zur Beseitigung oder Verhinderung eines sonst drohenden Schadens für den Staat, die Allgemeinheit oder für andere von der Rechtsordnung geschützte Rechte und Rechtsgüter;[138] zB für die Volksgesundheit (BVerwG BayVBl 1992, 730), den Jugendschutz (VGH Mannheim DÖV 1993, 624) oder von Individualrechten. Zu bejahen ist dies zB beim öffentlichen Interesse an der Wahrung der Vertrauensstellung öffentlich bestellter Sachverständiger.[139] Notwendig ist insoweit eine durch den Bestand des VA gegebene **konkrete Gefährdung,** zu deren Beseitigung der Widerruf beitragen kann und erforderlich ist.[140] Dies ist zB der Fall, wenn sonst der Begünstigte weiterhin in einem sicherheitsempfindlichen Rüstungsbereich tätig sein könnte, obwohl er nicht mehr die Eignung zum Sicherheitsträger besitzt (OVG Münster NVwZ 1985, 284), nicht dagegen allein deshalb, weil das aktuelle Recht die Anforderungen an den Erlass des VA verschärft hat (OVG Hamburg NordÖR 2010, 315 für Prüfungsentscheidung). Der **Begriff des öffentlichen Interesses** entspricht dem in § 48 Abs 2, er ist weiter als der Begriff der schweren Nachteile iS von Nr 5 (StBS 69). Auch **fiskalische Interessen** sind öffentliche Interessen; im öffentlichen Interesse liegt zB grundsätzlich auch die **sparsame Verwendung öffentlicher Mittel** und die Vermeidung überflüssiger Aufwendungen.[141] Erforderlich ist, dass die Wahrung des gefährdeten öffentlichen Interesses zum Aufgabenbereich der widerrufenden Behörde gehört (StBS 72). 48

6. Änderung der Rechtslage (Nr 4). Nr 4 trifft für die Fälle einer Änderung der Rechtslage eine ähnliche Regelung wie Nr 3 für eine Änderung der entscheidungserheblichen Tatsachen; die Ausführungen zur Nr 3 gelten insoweit auch hier entsprechend. Auch Nr 4 erfasst **nur VAe, die ohne Rücksicht auf eine etwaige Änderung der Rechtslage Geltung beanspruchen.** Die Regelung entspricht im Wesentlichen dem früheren Recht.[142] Mittelbar wird durch Nr 4 der allgemeine Rechtsgrundsatz bestätigt, dass VAe durch eine Änderung 49

---

[135] Vgl BGH NJW 1986, 3143 mwN; BSG SGb 1987, 122; Classen DÖV 1989, 156, der mwN.

[136] Vgl BVerwG NVwZ 2014, 664 für die Asylanerkennung.

[137] Vgl zB BVerwG NVwZ 1992, 565 m Anm Osterloh JuS 1992, 970; VGH Kassel DÖV 1992, 271; VGH Mannheim DVBl 1993, 1221; OVG Lüneburg NVwZ 1992, 501; WBSK I § 51 Rn 37; ebenso zum bish Recht BVerwGE 59, 128; M 91 f; F 265; zur Rspr des prOVG, insb prOVG 29, 422.

[138] BVerwG NVwZ 1992, 565: wenn sonst Schaden für wichtige Gemeinschaftsgüter droht; OVG Lüneburg NJW 1982, 1248; 1992, 501; OVG Münster NVwZ 1985, 284; VGH Mannheim GewArch 1989, 166; DVBl 1993, 1221.

[139] OVG Lüneburg NVwZ 1992, 501 zum Widerruf der Bestellung eines öffentlich bestellten Sachverständigen, der mehrfach straffällig geworden war.

[140] OVG Münster NVwZ 1985, 284; 1988, 943; VGH Mannheim NVwZ-RR 1989, 540; GewArch 1989, 94 und 166; StBS 70.

[141] BVerwG DVBl 1982, 797; DÖV 1986, 202: das öffentliche Interesse besteht auch gegenüber öffentlichen Körperschaften, auch wenn diese ebenfalls zur Sparsamkeit verpflichtet sind; BVerwG NVwZ 1986, 482; OVG Münster DöD 1982, 110; Knack/Henneke 51.

[142] BVerwGE 59, 161; 64, 28;; **aA** F 266: Änderung der Rechtslage grundsätzlich kein Widerrufsgrund.

des maßgeblichen Rechts im Zweifel (dh, wenn das neue Recht insoweit nicht ausdrücklich oder nach Sinn und Zweck etwas anderes bestimmt) ihre Wirksamkeit auch dann nicht automatisch verlieren, wenn sie nunmehr im Widerspruch zum geltenden Recht stehen,[143] zB eine Erlaubnis für ein nunmehr generell verbotenes Tun, sondern nur widerrufen werden können. Andererseits entfallen jedoch zB beschränkende Wirkungen eines VA, dh, sie werden gegenstandslos, wenn eine Betätigung uä durch späteres Gesetz freigegeben wird (BVerwGE 59, 164: mit der Aufhebung der Depotpflicht entfallen auch durch VA ausgesprochene Gebote, die die Depotpflicht voraussetzen).

50 **a) Erfasste Änderungen.** Nr 4 erfordert eine Änderung von Rechtsvorschriften also von Gesetzen, Rechtsverordnungen oder Satzungen. Der Änderung von Rechtsvorschriften sind auch **neues Gewohnheitsrecht** oder **neue allgemeine** (ungeschriebene) **Rechtsgrundsätze,** die sich in der Rechtsgemeinschaft entwickelt haben und von dieser getragen werden,[144] gleichzusetzen.[145] Gleiches dürfte für bestandskräftige Beschlüsse der EU-Kommission nach Art 108 AEUV gelten, die das Verbot nach Art 107 AEUV auslösen.[146] Voraussetzung ist stets, dass die Änderung der Rechtsvorschriften für den Erlass des VA relevant ist, dh entweder die Verpflichtung oder jedenfalls die Berechtigung zum Erlass des VA berührt (s hierzu die vergleichbare Problematik bei Nr 3 in Rn 47).

50a **aa) Änderung der Rechtsprechung, von Verwaltungsvorschriften, der Verwaltungspraxis. Keine Änderung** der Rechtslage bedeutet eine Änderung der Rspr,[147] soweit sie nicht Ausdruck neu gebildeten Gewohnheitsrechts oder neuer, veränderter allgemeiner Rechtsüberzeugungen sind;[148] **ebenso nicht** eine Änderung von bloßen **Verwaltungsvorschriften** ohne Rechtssatzcharakter[149] oder der **Verwaltungspraxis.**[150] Die Abgrenzung der Rechtsverordnung von den im Rahmen des Abs 2 S 1 Nr 4 nicht maßgeblichen Verwaltungsvorschriften ist im Wesentlichen nach formellen Kriterien vorzunehmen.[151]

51 **bb) Ungültigerklärung von Rechtsnormen.** Soweit das BVerfG, ein Landesverfassungsgericht oder das OVG gem § 47 VwGO eine einschlägige Rechtsvorschrift nicht für ungültig erklären, geht die hM zu Recht ebenfalls von einer

---

143 BVerwGE 64, 28; 69, 3 = NJW 1984, 1473; BVerwG BayVBl 1985, 345; VGH Kassel NVwZ 1985, 430.

144 Vgl BayVerfGH BayVBl 1972, 579; 1989, 144: bei einem grundlegenden Wandel der Lebensverhältnisse oder der allgemeinen Rechtsauffassungen; Wenig DVBl 1973, 345.

145 Knack/Henneke 55; Obermayer/Funke-Kaiser 47 allg dazu, dass der Gesetzesinhalt sich auch mit dem Wandel der sozialen Verhältnisse und gesellschaftspolitischen Auffassungen ändern kann, zB BVerfG 34, 288 = DVBl 1973, 784; 82, 12 = DVBl 1990, 691.

146 Erichsen/Ehlers § 25 Rn 12; Ehlers GewArch 1999, 314; Ziekow 22.

147 Vgl BVerwGE 26, 89; 36, 120; BVerwG NJW 1981, 2595; DVBl 1993, 258 = JZ 1993, 573; Stelkens NVwZ 1982, 494; WBSK I § 51 Rn 3816; Obermayer/Funke-Kaiser 48; Knack/Henneke 56; Kopp/Schenke § 153 Rn 1a; krit hierzu Lenze VerwArch 2006, 49, 56 allerdings zu § 51.

148 Vgl BayVerfGH 5, 166; BayVBl 1972, 579; 1989, 144: bei einem grundlegenden Wandel der Lebensverhältnisse oder der allgemeinen Rechtsauffassungen; Wenig DVBl 1973, 345; Kopp/Schenke § 153 Rn 1a.

149 BVerwG NVwZ 1991, 579; Knack/Henneke 56; MB 32; Obermayer/Funke-Kaiser 48; vgl auch Papier DVBl 1993, 812.

150 Unklar OVG Koblenz NVwZ 1990, 96: öffentlichrechtliche Nutzungsrechte an Familiengräbern zeitlich unbestimmter Dauer können auch ohne entspr Vorbehalt durch eine Neuregelung des Benutzungsverhältnisses nachträglich befristet werden, solange sich die Neuregelung im Rahmen von Anstaltszweck und Gesetz hält.

151 Maßgeblich ist vor allem, ob sich die Rechtsverordnung auf eine Verordnungsermächtigung stützt, wofür die Beachtung des Zitiergebots ein gewichtiges Indiz ist; vgl BVerwGE 19, 48; 21, 293, 295; s näher Ramsauer AK-GG Art 80 Rn 30 mwN.

Änderung der Rechtslage iS der Nr 4 aus.[152] Wird die Rechtsnorm aber nicht für ungültig, sondern im Interesse der Funktionsfähigkeit der Verwaltung oder aus anderen Gründen für eine Übergangszeit nur **für verfassungswidrig** bzw eine untergesetzliche Rechtsvorschrift für gesetzwidrig erklärt, ist **Nr 4 analog anzuwenden,** da in Fällen der genannten Art eine Rücknahme ausgeschlossen wäre (s § 48 Rn 35) und daher nur ein Widerruf in Betracht kommt.

b) Noch kein Gebrauch der Vergünstigung. Anders als bei Nr 3 ist nach 52
der insoweit freilich nicht ganz klaren Fassung der Vorschrift ein Widerruf gem Nr 4 kraft Gesetzes ausgeschlossen, wenn der Begünstigte von der Begünstigung, zB von der ihm erteilten Erlaubnis, bereits Gebrauch gemacht, dh den VA, um dessen Widerruf es nunmehr geht, bereits **„ins Werk gesetzt"** hat.[153] Dies ist zB der Fall, wenn mit der Ausführung des genehmigten Vorhabens begonnen wurde, wenn andere Aufwendungen im Hinblick auf die Ausnutzung des VA gemacht oder sonstige Dispositionen getroffen wurden. Die Voraussetzung bedeutet, dass ein Widerruf von **Bau- und Anlagegenehmigungen** nach Nr 4 nicht mehr möglich ist, sobald mit der Ausführung begonnen worden ist. Nicht erforderlich ist, dass der Gebrauch nicht mehr rückgängig gemacht werden kann,[154] doch muss es sich nach dem Zweck der Vorschrift jedenfalls um Gebrauch bzw um Aufwand in nicht unbedeutendem Ausmaß handeln. Problematisch kann die Abgrenzung zu bloßen Vorbereitungshandlungen sein, die noch kein Gebrauchmachen darstellen. Die Vergabe von Planungsaufträgen gehört zB schon zum Gebrauchmachen.[155] Aufwand für bloße Vorbereitungsmaßnahmen, die einen Widerruf nicht ausschließen, kann uU bei der Ermessensentscheidung berücksichtigt werden.

c) Gefährdung des öffentlichen Interesses. Als weiteres Erfordernis 53
verlangt auch Nr 4, dass ohne den Widerruf das öffentliche Interesse gefährdet würde, dh, dass der Widerruf im öffentlichen Interesse zur Abwehr von Nachteilen für den Staat, Einzelne oder die Allgemeinheit usw erforderlich ist. Insoweit gelten die gleichen Grundsätze wie bei Nr 3 (s Rn 40 ff). Das öffentliche Interesse muss über dasjenige Interesse hinausgehen, welches ohnehin an der Anpassung eines VA an die neue Rechtslage besteht. Außerdem müssen die konkreten Umstände berücksichtigt werden. **Umstritten** ist, ob auch das bloße **fiskalische Interesse** an einer sparsamen Mittelverwendung ausreichend ist.[156] Dies erscheint im Hinblick auf Abs 6 nur dann vertretbar, wenn der fiskalische Schaden den Vertrauensschaden nach Abs 6 deutlich übersteigt.

7. Schwere Nachteile für das Gemeinwohl (Nr 5). Die Generalklausel in 54
Nr 5 ist Ausdruck des auch schon dem **Aufopferungsanspruch** zugrunde liegenden Grundsatzes, dass das Interesse des einzelnen Bürgers auch im sozialen Rechtsstaat gegenüber dringenden Erfordernissen des Gemeinwohls von hohem

---

152 Überwiegend wird hier eine analoge Anwendung angenommen, vgl StBS 79; Knack/Henneke 56; für eine direkte Anwendung Erichsen/Ehlers § 25 Rn 12; Obermayer/Funke-Kaiser 47.

153 BVerwG NVwZ 1992, 565: Ausführungshandlungen erforderlich; Obermayer/Funke-Kaiser 50; StBS 76; ebenso zum bish Recht M 92; Kühne DVBl 1987, 1261: „Grundsatz des ersten Spatenstichs".

154 Wie dies nach § 48 Abs 2 S 2 notwendig ist und nach der bish Rspr auch für den Widerruf grundsätzlich als erforderlich angesehen wurde, vgl StBS 75; Erichsen/Ehlers § 25 Rn 13.

155 Kühne DVBl 1987, 1261; Knack/Henneke 59: auch Aufwendungen zur Vorbereitung der Verwirklichung von Maßnahmen auf Grund einer Erlaubnis stellen ein Gebrauchmachen dar.

156 So zB VGH Mannheim RiA 1999, 204, 206; zweifelnd dagegen StBS 81; Krausnick JuS 2010, 778, 781; s auch § 48 Rn 99.

Gewicht grundsätzlich zurückzutreten hat.[157] Der Zweck der Nr 5 besteht darin, der Behörde in Ausnahmefällen, in denen die Notwendigkeit eines Widerrufs trotz Nichteingreifens der anderen Tatbestände des § 49 Abs 2 S 1 unabweisbar ist, eine Möglichkeit zum Widerruf des VA zu geben (Bronnenmeyer 159). Nr 5 ist auch anwendbar, wenn die **Umstände schon im Zeitpunkt des Erlasses** des VA gegeben waren, jedoch der Behörde erst nachträglich bekannt geworden sind.[158] Der Begriff ist aus verfassungsrechtlichen Gründen **eng auszulegen.**[159]

55 **a) Unzulässigkeit eines VA gleichen Inhalts.** Trotz der allgemeinen Fassung der Vorschrift enthält Nr 5 eine Ermächtigung zum Widerruf eines VA nur für Fälle, in denen die näher bezeichneten Gründe – entspr der Regelung in Abs 1 – auch dem Erlass eines VA mit gleichem Inhalt entgegenstehen würden, dh, in denen auch das in der Sache sonst anwendbare materielle Recht die Behörde zur Versagung eines VA mit gleichem Inhalt ermächtigt. Insoweit gilt auch hier der Grundsatz der doppelten Deckung. Die Vorschrift kann deshalb nur zur Anwendung kommen, wenn die aktuelle Rechtslage eine andere Regelung als die durch den aufzuhebenden VA ermöglicht.

56 **b) Begriff des schweren Nachteils.** Was als schwerer Nachteil für das Gemeinwohl iS von Nr 5 anzusehen ist, muss grundsätzlich – zu Ausnahmen in Fällen eines übergesetzlichen Notstandes s oben Rn 55 – an Hand der Rechtsvorschriften des materiellen Rechts, welche die Behörde zur Versagung eines begünstigenden VA ermächtigen, bestimmt werden. Als ausreichend angesehen werden können nicht beliebige Gemeinwohlgründe, so gewichtig und allgemein berechtigt sie sein mögen, sondern nur **Gründe eines übergesetzlichen Notstandes,** zB in ausgesprochenen **Katastrophenfällen** (vgl Bronnenmeyer 163). Anhaltspunkte dafür, in welchen Fällen dies ausnahmsweise anzunehmen ist, können die Vorschriften des allgemeinen Polizei- und Sicherheitsrechts für vergleichbare Fälle sein.[160] Außerdem müssen die Gründe grundsätzlich in den **Zuständigkeitsbereich der Behörde** fallen (s auch BVerwGE 81, 349 = NVwZ 1989, 106), die den Widerruf vornimmt. Anhaltspunkte für den Nachteilsbegriff kann allgemein auch die Rechtsprechung des BVerfG zu Art 12 GG zum **Begriff der wichtigen Gemeinschaftsgüter** geben,[161] außerdem auch das **Aufopferungs- und Enteignungsrecht,** das ebenfalls Erforderlichkeit im Interesse des Gemeinwohls voraussetzt (vgl Art 14 Abs 3 GG).

56a **Betroffen ist das Gemeinwohl** iS von Nr 5 nicht nur bei Beeinträchtigung oder ernsthafter Gefährdung wichtiger allgemeiner Gemeinschaftsgüter, auch zB wichtiger, vorrangiger sozialpolitischer, wirtschaftspolitischer, außenpolitischer (s zu den auch für die Bundesrepublik verpflichtenden Zielen der EU-Verträge Winkler DVBl 1979, 265), usw Ziele, sondern zB auch bei **ernsthafter Gefährdung oder Beeinträchtigung von Rechtsgütern Einzelner,** wenn deren Verletzung so gravierend ist, dass sie auch im Interesse der Allgemeinheit nicht hingenommen werden kann. Die Betroffenheit Einzelner in ihrem Eigen-

---

[157] Begr 73; Knack/Henneke 60; M 92; vgl ferner F 265 und die Nachweise bei F 269 f zur Rspr des PrOVG: eine Art „Notstandsrecht". Zum Begriff des Gemeinwohls Bronnenmeyer 159; Murswiek DVBl 1994, 77.

[158] StBS 83; **aA** MuLö BayVBl 1986, 189: die Umstände müssen sich nach Erlass des VA ergeben haben.

[159] Knack/Henneke 60; Erichsen/Ehlers § 25 Rn 15; Ziekow 23.

[160] Vgl Bronnenmeyer 163: es muss sich stets um eine Gefahr iS des Polizei- und Ordnungsrechts handeln; weitergehend Häberle, in: Boorberg-FS 1977, 89: die schweren Nachteile für das Gemeinwohl sind aus dem materiellen Verfassungsrecht abzuleiten; ebenso Knack/Henneke 61.

[161] Vgl zB BVerwGE 13, 97; 19, 330; ebenso Britz DÖV 1992, 233; Dorn DÖV 1988, 15; Erichsen/Ehlers § 25 Rn 15; Häberle, in: Boorberg-FS 1977, 89.

tum soll dazu aber idR nicht ausreichen (BVerwG NVwZ 2016, 323, 325; Knack/Henneke 62; Bronnenmeyer 163).

Nicht als ausreichend anzusehen ist dagegen - anders als bei Nr 3 und 4 – grundsätzlich eine Beeinträchtigung lediglich **fiskalischer Interessen** des Staates oder anderer Hoheitsträger. Etwas anderes gilt, wenn der fiskalische Schaden in keinem Verhältnis mehr zu dem Vertrauensschaden (Abs 6) stehen würde. Nicht ausreichend ist auch die drohende Beeinträchtigung von Vermögensinteressen Einzelner, selbst wenn diese in ihren Eigentumsrechten betroffen sind.[162] 56b

c) Verhütung oder Beseitigung. Entgegen dem insoweit missverständlichen Wortlaut ist nicht erforderlich, dass der Widerruf zur Verhütung oder Beseitigung der Nachteile ausreicht; zu fordern ist insoweit nur, dass der Widerruf zumindest Teil umfassenderer Maßnahmen zu dem genannten Zweck ist und diese **Maßnahmen insgesamt geeignet** erscheinen, dieses Ziel zu verwirklichen bzw die Nachteile wenigstens in einem Umfang zu mildern, der den mit dem Widerruf verbundenen Eingriff in die Rechtsposition des Betroffenen rechtfertigen kann. Insoweit handelt es sich um eine Frage der Verhältnismäßigkeit. 57

d) Spezielle Rechtsvorschriften, Verhältnismäßigkeit. Soweit spezielle Rechtsvorschriften, zB des Polizei- und Sicherheitsrechts, für Maßnahmen in Situationen der in Frage stehenden Art bestehen, können sie idR zur Anwendung kommen, ohne dass zuvor eine Aufhebung einer Genehmigung erfolgen müsste. Andererseits schließen sie ein Vorgehen nach Nr 5 nicht aus.[163] Erforderlich ist außerdem immer schon nach allgemeinen Grundsätzen, insb dem verfassungsrechtlichen Grundsatz der Verhältnismäßigkeit, dass der Beeinträchtigung des Gemeinwohls durch eine weniger beeinträchtigende Maßnahme nicht wirksam begegnet werden kann. Sind in einer Angelegenheit gegensätzliche öffentliche Belange betroffen, so kann ein schwerer Nachteil für das Gemeinwohl nur angenommen werden, wenn die Bedeutung und das Gewicht der für den Widerruf sprechenden wichtigen öffentlichen Belange gegenüber den dagegen sprechenden Belangen **eindeutig und offensichtlich überwiegt** und durch die Vorteile auch nicht wesentlich relativiert wird (vgl BVerwGE 90, 100). 58

8. Jahresfrist (Abs 2 S 2 iVm § 48 Abs 4). Abs 2 S 2 begrenzt durch die Verweisung auf § 48 Abs 4 die Möglichkeit des Widerrufs begünstigender VA auf den Zeitraum eines Jahres. Obwohl die Übertragung des auf die Rücknahme zugeschnittenen § 48 Abs 4 auf Widerrufsfälle problematisch ist, gelten gem Abs 2 S 2 insoweit die gleichen Grundsätze wie für § 48 Abs 4 (s hierzu § 48 Rn 146 ff).[164] Etwas anderes kann sich aus besonderen Vorschriften ergeben, insbesondere dann, wenn der Widerruf zwingend vorgeschrieben ist.[165] Voraussetzung für den Lauf der Jahresfrist ist die positive Kenntnis aller Tatsachen, die für die Entscheidung der Behörde, ob der VA widerrufen wird, von Bedeutung sind oder sein können.[166] Ist die **Nichterfüllung einer Auflage** Wi- 59

---

[162] BVerwG NVwZ 2016, 323; UL § 63 Rn 21; Knack/Henneke 61; Weides JuS 1985, 368; Bronnenmeyer 161 und 163.

[163] So auch Knack/Henneke 61.

[164] BVerwGE 84, 17; BVerwG NJW 1988, 2911; NVwZ-RR 1990, 604; VGH München BayVBl 1991, 209; 1992, 731.

[165] Vgl zB BVerwGE 101, 24, 34; VGH Mannheim DÖV 1997, 257 für § 47 Abs 2 S 1 WaffG.

[166] BVerwGE – GrS – 70, 364 = NJW 1985, 819: erst ab Kenntnis aller Tatsachen usw einschließlich aller für die zu treffende Ermessensentscheidung relevanten Gesichtpunkte sowohl für die bestandsmäßigen Voraussetzungen gem § 49 als auch für die zu treffende Ermessensentscheidung; BayVBl 1992, 731: die Frist beginnt erst mit dem Zeitpunkt zu laufen, ab dem bei objektiver Betrachtung keine Notwendigkeit für weitere Ermittlungen oder Überlegungen mehr besteht; Knack/Henneke 77; kritisch Kopp DVBl 1985, 525; Weides DÖV 1985, 431; vgl auch VGH Mannheim NVwZ 1984, 383.

derrufsgrund (Abs 2 Nr 2), so beginnt die Frist frühestens mit dem Ablauf der Frist, die für die Erfüllung der Auflage gesetzt war (VGH Kassel NVwZ 1984, 383).

60 **a) Dauererscheinungen.** Handelt es sich bei den nachträglich eingetretenen Tatsachen um Dauererscheinungen, die von der Behörde fortlaufend kontrolliert werden bzw werden müssen, wie zB Fluglärm, Wasserqualität usw, so ist es zweifelhaft, ob in diesen Fällen die Frist überhaupt gilt[167] und ggfs von welchem Zeitpunkt an. Als frühester Zeitpunkt für den Beginn des Laufs der Frist ist derjenige anzunehmen, in dem Art, Ausmaß der Veränderungen und die künftige Entwicklung hinreichend bestimmbar sind. Bei erst später entstehenden Zinsforderungen läuft die Frist für den Widerruf des VA, der die Grundlage für die Entstehung der Zinsforderungen bildet, ab dem Zeitpunkt, ab dem die Verzinsungspflicht entsteht, nicht erst ab den Zeitpunkten, zu denen Zinsen fällig werden.[168] Ist ein VA aus mehreren voneinander unabhängigen Gründen widerruflich, so läuft die Frist für jeden Widerrufsgrund gesondert (vgl VGH München BayVBl 1991, 564). Anders als auf Seiten der Behörde kommt es auf Seiten des durch den zu widerrufenden VA Begünstigten auf die Kenntnis der Widerrufsgründe nicht an.

61 **b) Europarechtliche Einschränkungen.** Die Jahresfrist darf im Bereich des indirekten Vollzugs von Unionsrecht (s hierzu Einf II Rn 38) nicht dazu führen, dass ein europarechtlich gebotener Widerruf eines VA unterbleibt.[169] Dabei ist zu berücksichtigen, dass das Unionsrecht nicht nur die Interessen des Betroffenen in den Blick nehmen muss, sondern auch die gleichmäßige Durchsetzung des Unionsrecht in allen Mitgliedstaaten. Hieraus folgt, dass die Mitgliedstaaten im Rahmen der ihnen zukommenden Verfahrensautonomie nicht die **effektive Durchsetzung des materiellen Unionsrechts** verhindern darf. Dieser Grundsatz hat praktische Bedeutung bisher vor allem im Recht der Wirtschaftssubventionen (Beihilfen) erlangt.[170]

VI. Widerruf eines VA über eine Geld- oder Sachleistung (Abs 3)

62 **1. Allgemeines.** Die Widerrufsregelung in Abs 3 ermöglicht einen Widerruf der darin bezeichneten VAe auch mit **Wirkung für die Vergangenheit,** wenn der VA eine einmalige oder laufende Geldleistung oder teilbare Sachleistung zur Erfüllung eines bestimmten Zwecks gewährt oder die Voraussetzungen für eine derartige Leistung schafft. Die Vorschrift ist eine Spezialregelung gegenüber Abs 2, **schließt aber die Anwendung von Abs 2 nicht aus.**[171] Abs 3 gilt wie die gesamten übrigen Regelungen des § 49 unmittelbar nur für rechtmäßig erlassene VAe. Eine entsprechende Anwendung auch auf rechtswidrige und sogar nichtige VAe ist aber allgemein anerkannt und auch für Abs 3 nicht ausgeschlossen (s oben Rn 12). Zulässig ist ein **teilweiser Widerruf,** nicht aber ein Widerruf dem Grunde nach (BVerwG NVwZ 2001, 556).

62a **Sprachlich knüpft die Regelung** an § 48 Abs 2 S 1 und sachlich an § 44a Abs 1 BHO aF an, dessen Regelung aber über die Zuwendungen iSd § 23 BHO hinaus erweitert und inhaltlich modifiziert worden ist. Die Widerrufsmöglichkeit mit Wirkung für die Vergangenheit steht, nachdem die entsprechenden landesrechtlichen Regelungen erlassen worden sind, anders als bisher auch den Kom-

---

[167] Verneinend VGH München BayVBl 1984, 46, 49; krit wegen Verzögerungen bei vielen Fällen StBS 87.
[168] Teilweise **aA** OVG Lüneburg DÖV 1988, 35; OVG Münster DVBl 1991, 953.
[169] S näher § 48 Rn 21.
[170] S näher BVerwG NJW 1997, 336.
[171] StBS 107; Baumeister NVwZ 1997, 19, 21; Sachs/Wermeckes NVwZ 1996, 1185; Suerbaum VerwArch 1999, 375.

munalbehörden offen (vgl BT-Dr 13/1534). Die durch G v 2.5.1996 eingeführte Widerrufsmöglichkeit mit Wirkung für die Vergangenheit soll es der Behörde ermöglichen, im Falle der zweckwidrigen Verwendung von gewährten Leistungen, die als solche nicht zur Rechtswidrigkeit des VA führt und deshalb keine Rücknahmemöglichkeit nach § 48 eröffnet, gleichwohl die Voraussetzungen für eine Rückforderung nach § 49a zu schaffen. Ob die Behörde von dieser Möglichkeit Gebrauch macht, steht vorbehaltlich spezieller gesetzlicher Regelungen in ihrem Ermessen. Sie kann den Widerruf auch mit Wirkung für einen späteren Zeitpunkt aussprechen (StBS 96).

2. Voraussetzungen des Widerrufs nach Abs 3. a) VA über eine Geld- oder teilbare Sachleistung. Die Widerrufsmöglichkeit nach Abs 3 erfasst sämtliche VAe, die Geld- oder teilbare Sachleistungen gewähren oder die Voraussetzungen für eine solche Gewährung schaffen. Der Tatbestand ist insoweit weiter als der des § 44a Abs 1 BHO aF, der sich allein auf Zuwendungen bezog, worunter nach § 23 BHO allein Geldleistungen zu verstehen waren (StBS 91, 93). Auf welcher Rechtsgrundlage die Leistungen gewährt werden, ist für Abs 3 ebenso unerheblich wie die Frage, ob auf die Gewährung ein Rechtsanspruch bestand oder nicht. Letzteres war für § 44a BHO aF streitig. 63

Der **Begriff der Geld- und teilbaren Sachleistungen** ist mit dem des § 48 Abs 2 identisch (vgl § 48 Rn 86 ff mwN). Entscheidend ist nach dem Zweck der Regelung, dass es sich um Leistungen handelt, die **in erster Linie finanzielle Bedeutung** haben und sich nicht auf ganz bestimmte, bereits konkretisierte Gegenstände beziehen. Die Voraussetzung für die Gewährung von Geld- oder teilbaren Sachleistungen schafft ein VA, wenn er zB eine Rechtsstellung einräumt, aus der sodann die Leistungen folgen bzw beansprucht werden können (vgl die Bsp in § 48 Rn 88), oder wenn er sonst **für die spätere Leistung bindende Wirkung** hat. Das gilt auch dann, wenn die spätere Leistung ihrerseits auf Grund eines VA erbracht wird. In diesem Fall werden idR, sofern nicht der eigentliche Bewilligungsbescheid unter einer auflösenden Bedingung steht, beide VAe mit Wirkung für die Vergangenheit widerrufen werden müssen. 64

b) Zweckbestimmung. Geld- oder Sachleistungen müssen dem Empfänger „zur Erfüllung eines bestimmten Zwecks gewährt" worden (1. Alt) oder der VA muss jedenfalls Voraussetzung für die Gewährung zur Erfüllung eines bestimmten Zwecks sein (2. Alt). Wegen der besonderen Bedeutung des Zwecks der Leistungen für den Widerrufstatbestand des Abs 3 ist zu verlangen, dass die Zweckbindung im **Bescheid selbst mit hinreichender Bestimmtheit und Deutlichkeit** zum Ausdruck kommt.[172] Dies entsprach auch der Rechtslage nach § 44a BHO aF, und es ist davon auszugehen, dass insoweit eine sachliche Änderung nicht erfolgen sollte. Zweckbindung bedeutet, dass die Leistung nicht zu anderen Zwecken verwendet werden darf. Deshalb liegt zB bei der Beamtenbesoldung, die allerdings ohnehin nicht durch VA gewährt wird, aber auch bei den meisten Sozialleistungen eine Zweckbestimmung iS des Abs 3 nicht vor.[173] 65

c) Zweckwidrige Verwendung (Nr 1). Der Widerrufsgrund der zweckwidrigen Verwendung der Mittel ist § 44a Abs 1 BHO aF nachgebildet (BT-Dr 13/1534 S 6). **Widerrufsgrund** ist nicht nur die **anderweitige Verwendung** der Leistung, dh der mit dem Leistungsbescheid gewährten Mittel für andere als die im Bescheid festgelegten Zwecke, sondern auch eine Nichtverwendung oder nicht alsbaldige Verwendung für den festgelegten Zweck. Zur Problematik von Verzögerungen s unten Rn 69. 66

Der Widerruf hängt insoweit nicht davon ab, ob der Leistungsempfänger die **Zweckverfehlung zu vertreten** hat oder objektive, außerhalb seiner Einwir- 67

---

[172] StBS 101; Knack/Henneke 68; Bauermeister NVwZ 1997, 20.
[173] Ebenso StBS 92; Erichsen/Ehlers § 25 Rn 17; Suerbaum VerwArch 1999, 361, 367.

kungssphäre bestehende oder eingetretene Umstände die Ursache dafür waren, ebenso nicht, ob er die Entwicklung vorhersehen konnte oder hätte müssen oder nicht.[174] Bei nicht vom Empfänger zu vertretender Unmöglichkeit der Zweckerreichung hat dieser jedoch uU nach dem Grundsatz der Verhältnismäßigkeit Anspruch auf eine Änderung des Bewilligungsbescheids, wenn bzw soweit eine entsprechende **Anpassung des Leistungszwecks** nach dem Förderungsprogramm möglich ist und im Rahmen des der Behörde zur Verfügung stehenden Ermessenspielraums vertretbar ist. Vgl allg zur Zulässigkeit einer abweichenden Verwendung von Mitteln im Rahmen der Zweckbestimmung auch VGH Kassel NVwZ 1989, 165.

68 **aa) Begriff der zweckfremden Verwendung.** Zum Widerruf berechtigt eine Verwendung der Mittel zu anderen als im Bescheid festgelegten Zwecken. Maßgeblich ist für diese Alternative allein der „in dem Verwaltungsakt bestimmte Zweck", andere Zweckerwartungen oder Vorstellungen der Behörde berechtigen nicht zum Widerruf nach Abs 3 S 1 Nr 1.[175] Der zweckwidrige Einsatz bildet den Kerntatbestand des Abs 3. Für die Frage, ob die Zuwendung zweckwidrig verwendet wurde, ist maßgeblich nur der im Leistungsbescheid bestimmte Zweck. Grundsätzlich ausreichend für den Widerruf ist die **zweckwidrige Verwendung eines Teils der Mittel** (StBS 100). In diesem Fall kommt aber im Rahmen des Ermessens eine Beschränkung auf einen teilweisen Widerruf in Betracht. Ist der Zweck im Leistungsbescheid nicht im dargelegten Sinn näher bezeichnet, zumindest in der Form, dass hins der Einzelheiten auf eine gesetzliche Regelung oder auf dem Empfänger bekannte Richtlinien verwiesen wird, die hinreichenden Aufschluss über den Zweck geben, so ist Abs 3 nicht anwendbar; für den Widerruf gelten dann allein die allgemeinen Vorschriften des Abs 2.

69 **bb) Unterlassener oder verzögerter Mitteleinsatz.** Ein Widerruf nach Abs 3 kommt auch in Betracht, wenn die **Mittel überhaupt nicht eingesetzt** werden, sei es, dass sie nicht abgerufen, sei es, dass sie zu gar keinem Zweck, also auch nicht zum Zweck der Erzielung von Zinserträgen, eingesetzt werden. Dies kann auch im (zufälligen) Abhandenkommen, im Untergang oder in der Zahlungsunfähigkeit des Begünstigten begründet sein (StBS 103). Dieser Fall überschneidet sich mit der dritten Möglichkeit, dass die Mittel „nicht alsbald nach der Erbringung" für den bestimmten Zweck verwendet werden. „Alsbald" bedeutet, dass die Verwendung **innerhalb einer angemessenen** Zeit erfolgen muss, die nach der Art der Verwendung der Mittel zu bemessen ist (StBS 103). Die Bewilligungsbehörde ist insoweit grundsätzlich befugt, den hierfür maßgeblichen Zeitraum festzusetzen (OVG Weimar NVwZ-RR 1999, 435).

70 Nicht erforderlich ist, dass die Verwendung sofort oder unverzüglich erfolgt (Knack/Henneke 74). **Erfolgt die Verwendung nicht rechtzeitig** idS, aber noch **vor Ergehen des Widerrufs,** so ist es, da die Widerrufsmöglichkeit nur die Zweckverwendung sichern, nicht aber Strafcharakter haben soll, idR ermessensfehlerhaft, wenn die Behörde gleichwohl die Leistung zurückfordert und nicht nur gem § 49a Abs 4 den Zinsanspruch für die Zwischenzeit bis zu der verspäteten Zweckverwendung geltend macht (Knack/Henneke 74).

71 **Auf die Gründe,** die für die zweckwidrige, nicht zeitgerechte oder sonst nicht zweckgerechte Verwendung der Mittel maßgeblich waren, **kommt es grundsätzlich nicht an.** Die Widerruflichkeit hängt also allein von der Tatsa-

---

[174] Vgl VGH München NVwZ 2016, 628 (Zweckverfolgung wegen Insolvenz); VGH München NVwZ 1990, 882; VGH Kassel NVwZ 1989, 165; Suerbaum VerwArch 1999, 373; zT **aA** VGH München BayVBl 1991, 209 zu einer Auflage, deren Erfüllung unmöglich wurde, womit der Empfänger aber rechnen musste.

[175] Baumeister NVwZ 1997, 20; Gröpl VerwArch 1997, 35; Ehlers GewArch 1999, 395; wohl auch StBS 95.

che der nicht zweck- oder zeitgerechten Verwendung ab. Das gilt auch dann, wenn den Begünstigten hierfür kein Verschulden trifft. Fehlendes Verschulden kann aber bei der Ermessensentscheidung zu berücksichtigen sein (Ehlers GewArch 1999, 316; **aA** wohl Suerbaum VerwArch 1999, 373).

d) Nichterfüllung von Auflagen (Nr 2). Als weiterer Widerrufsgrund kommt nach Abs 3 S 1 Nr 2 die Nichterfüllung von Auflagen in Betracht. Regelmäßig werden Zuwendungsbescheiden Nebenbestimmungen nach den **ANBestP** beigefügt. Die Auflage muss dem VA wirksam (§ 43) beigefügt sein; materielle Rechtmäßigkeit der Auflage ist nicht erforderlich. Ist der VA bestandskräftig, wird die Rechtmäßigkeit der Auflage auch im Falle des Widerrufs idR nicht mehr geprüft. Kommt in der Auflage eine Zweckbestimmung nach Abs 3 Nr 1 zum Ausdruck, so sind beide Tatbestände zugleich erfüllt. Für die Voraussetzungen von Abs 3 Nr 2 gelten dieselben Maßstäbe, wie für den allgemeinen Widerrufsgrund nach Abs 2 Nr 2 (s oben Rn 68). Der Unterschied besteht in den unterschiedlichen Rechtswirkungen. Maßgeblich für die Frage, ob der Begünstigte der Auflage nachgekommen ist, muss zunächst die im VA vorgenommene Zeitbestimmung sein. Fehlt sie, so muss die Auflage jedenfalls bis zum Erlass des Widerspruchsbescheide erfüllt werden.[176] 72

Verschulden des Zuwendungsempfängers im Hinblick auf die Nichterfüllung von Auflagen ist grundsätzlich **nicht erforderlich.**[177] Es geht nicht um die Ahndung eines Fehlverhaltungens, sondern um die Sicherung der an Verhaltenserwartungen, die mit den Auflagen zum Zuwendungsbescheid verbunden werden. Gleichwohl wird als Voraussetzung für Nr 2 immerhin verlangt, dass die **Nichterfüllung der Auflage im Verantwortungsbereich** des Zuwendungsempfängers (in seiner Sphäre) liegt. Hat nicht der Leistungsempfänger selbst gegen die Auflage verstoßen, sondern haben Dritte dies getan, so ist Nr 2 nur anwendbar, wenn deren Verhalten dem Zuwendungsempfänger zuzurechnen ist. Als Zurechnungsnorm kommt § 278 BGB analog in Betracht.[178] 72a

3. Ermessen. Der Widerruf steht im pflichtgemäßen Ermessen der zuständigen Behörde. Das Ermessen ist dem Zweck der Ermächtigung zum Widerruf entsprechend auszuüben (vgl auch oben Rn 28). Die Ermächtigung dient vor allem der Sicherung einer dem Zweck der Gewährung entsprechenden Mittelverwendung und damit den haushaltsrechtlichen Grundsätzen der **Wirtschaftlichkeit und Sparsamkeit.**[179] Werden die Mittel zwar nicht alsbald, aber noch vor dem beabsichtigten oder ggfs sogar angekündigten Widerruf dem vorgesehenen Zweck zugeführt, so wird idR ein Widerruf unterbleiben müssen. Bei einer nur teilweisen zweckwidrigen Verwendung nur eines Teils der Leistung ist im Rahmen des Ermessens stets zu prüfen, ob ein teilweiser Widerruf zur Sicherung der Zielsetzungen des Widerrufs ausreichend ist. Fiskalische Interessen sowie die Grundsätze der Wirtschaftlichkeit und Sparsamkeit des Mitteleinsatzes müssen bei der Ermessensentscheidung eine wesentliche Rolle spielen. Das führt nach der Rspr praktisch zur Annahme eines **intendierten Ermessens.**[180] 73

Mit der Annahme eines intendierten Ermessens wird das Risiko der Verwirklichung des Subventionszwecks vollständig dem Subventionsnehmers aufgebürdet. 73a

---

[176] OVG Greifswald NordÖR 2002, 283 für den Fall eines erst im Anfechtungsprozess nachgereichten Verwendungsnachweises.

[177] BVerwG NVwZ-RR 1996, 193; OVG Münster NVwZ 1006, 610; VGH Mannheim, Urt v 7.4.2011, 10 S 2545/09.

[178] Eine Zurechnung des Verhaltens Dritter analog § 831 BGB vorsichtig bejahend VGH Mannheim, Urt v 7.4.2011, 10 S 2545/09.

[179] § 105 BHO; § 6 HGrG; hierzu näher § 10 Rn 4.

[180] BVerwGE 105, 55 = NJW 1998, 2233; BVerwG NVwZ 2015, 1392; OVG Münster NVwZ 1996, 610, 613; OVG Weimar NVwZ-RR 1999, 435; Neumann NVwZ 2000, 1248, 1251.

Dies ist jedenfalls dann nicht gerechtfertigt, wenn sich ein seiner Art nach vom Subventionsnehmer nicht beeinflussbares Risiko handelt. In solchen Fällen muss geprüft werden, ob ein **Ausnahmefall** vorliegt, der zu einer Abweichung von der für den Regelfall intendierten Rechtsfolge des Widerrufs Anlass gibt.[181] Auch im übrigen kann ein fehlendes Verschulden im Rahmen der Ermessensentscheidung berücksichtigt werden.[182] Es bleibt dann allerdings die Möglichkeit, einen Zinsanspruch nach § 49a Abs 4 geltend zu machen (BT-Dr 13/1534).

74 **4. Jahresfrist.** Mit Abs 3 S 2 wird sichergestellt, dass die Jahresfrist des § 48 Abs 4 auch für den Fall des Widerrufs nach Abs 3 für die Vergangenheit gilt. Zum Streit um den Beginn der Jahresfrist vgl ausführlich § 48 Rn 138 ff. Keine Anwendung kann die Regelung über die Jahresfrist in den Fällen finden, in denen dem Widerrufsverfahren ein Beihilfeaufsichtsverfahren nach Art 108 Abs 2 AEUV vorausgeht (s oben Rn 6). Die europarechtliche Pflicht zum Widerruf kann nicht an der Jahresfrist scheitern. Die Jahresfrist wird nach der Rspr auch dann gewahrt, wenn der innerhalb der Frist ergangene Widerrufsbescheid später – nach Ablauf der Frist – durch einen neuen Bescheid ersetzt wird.[183]

VII. Wirksamwerden des Widerrufs (Abs 4)

75 **1. Ermessen.** Abs 4 stellt zunächst klar, dass der widerrufene VA mit dem – idR durch die Bekanntgabe bewirkten – **Eintritt der Wirksamkeit** des Widerrufs unwirksam wird (sofern die Behörde keinen anderen Termin festgelegt hat), nicht erst mit Eintritt der Unanfechtbarkeit des Widerrufs. Sodann stellt die Regelung die Festlegung des Zeitpunkts der Unwirksamkeit des widerrufenen VA in das Ermessen der Behörde. Dabei handelt es sich nur um eine Klarstellung, da sich die Berechtigung, den Zeitpunkt des Wirksamwerdens des Widerrufs festzusetzen, bereits aus der Ermessensermächtigung ergibt. Die Behörde kann allerdings nur in den Fällen des Abs 3 den Widerruf auf den Erlasszeitpunkt des VA zurückbeziehen und den Widerruf mit ex-tunc-Wirkung ausstatten. In den Fällen der Abs 1 u 2 kann die Behörde nur den Zeitpunkt der Bekanntgabe des Widerrufs-VA oder einen späteren Zeitpunkt für den Eintritt der Unwirksamkeit wählen (StBS 113).

75a **2. Auffangregelung.** Hat die Behörde im Widerrufs-VA einen Zeitpunkt nicht bestimmt, so wird der widerrufene VA nach Abs 4 mit dem Wirksamwerden (§ 43) des Widerrufs unwirksam. Eine (vorläufige) Suspendierung der Wirkungen des Widerrufs und damit eine Suspendierung auch der Beendigung der Wirkungen des widerrufenen VA kann sich als Folge der **aufschiebenden Wirkung eines Rechtsbehelfs** nach § 80 VwGO ergeben. Abs 4 schließt eventuelle Schadensersatzansprüche der Behörde gegen den Betroffenen, der die Rücknahme durch sein Verhalten herbeigeführt hat bzw jedenfalls den Rücknahmegrund zu vertreten hat, nicht aus; ebenso auch nicht die **Berücksichtigung mitwirkenden Verschuldens** analog § 254 BGB bei der Entscheidung über eine etwaige Entschädigungspflicht nach Abs 6.[184]

76 **3. Bedarf für Übergangsfrist.** Die Bestimmung eines späteren Zeitpunkts oder anderer Übergangsregelungen kann insb dann geboten sein, wenn dem Betroffenen eine Übergangs- oder Anpassungsfrist gewährt werden muss. In Fällen, in

---

[181] So zutreffend Menge, Widerruf … in riskanten Fällen, S 147, 158. Beispiel für einen Ausnahmefall VGH Mannheim NuR 2015, 48 (Betriebsaufgabe wegen unverschuldeter Berufsunfähigkeit).

[182] StBS 99; Ehlers GewArch 1999, 316; **aA** wohl Suerbaum VerwArch 1999, 373.

[183] BVerwGE 100, 199 = NVwZ 1996, 1217 zu § 45 SGB X; diese Entscheidung erscheint unter dem Aspekt der Zielsetzung der Jahresfrist vertretbar; vgl auch Neumann NVwZ 2000, 1248, 1252.

[184] Vgl BVerwGE 82, 24 = NJW 1989, 2484; Schenke JuS 1990, 371; zweifelnd VGH München BayVBl 1990, 628 mwN.

denen den Betroffenen, uU auch Dritten, ein sofortiges Einstellen auf die durch den Widerruf geschaffene neue Situation nicht möglich oder zumutbar ist, muss geprüft werden, ob dem durch die Bestimmung von Übergangsfristen, durch eine Fristbestimmung oder auf ähnliche Weise Rechnung getragen werden kann. Insoweit gelten ähnliche **Grundsätze wie für Übergangs- oder Überleitungsvorschriften** in Rechtsvorschriften mit unechter Rückwirkung (vgl dazu zB Kopp SGb 1993, 593 mwN). Anhaltspunkte bietet auch die Rspr des BVerfG bzgl verfassungswidriger Gesetze in ähnlichen Fällen. Die Entscheidung der Behörde ist grundsätzlich ermessensfehlerhaft, wenn die Behörde, obwohl nach der Art des in Frage stehenden VA und den konkreten Umständen des Falles dazu Anlass bestand, keine Erwägungen anstellt, ob für das Wirksamwerden nicht ein späterer Zeitpunkt bestimmt oder Übergangsregelungen getroffen werden könnten oder müssten (vgl BVerwG DVBl 1985, 1070 zur Rücknahme von VAen).

VIII. Das Widerrufsverfahren (Abs 5)

1. Allgemeines. Das Verfahren, in welchem der Widerruf des VA erfolgt, 77
stellt ein **selbständiges Verwaltungsverfahren** iSd § 9 dar,[185] in dem also auch sämtliche Verfahrensgrundsätze zu beachten sind. Ausgangsverfahren und Widerrufsverfahren bilden also keine Einheit. Das gilt unabhängig davon, ob der Ausgangs-VA bereits unanfechtbar geworden ist. Besondere Vorschriften über das Widerrufsverfahren enthält die Vorschrift – von der Regelung über die örtliche Zuständigkeit in Abs 5 hinaus – nicht. Insoweit gelten deshalb die allgemeinen Grundsätze. Das gilt etwa auch für die Frage, wer **Beteiligter des Widerrufsverfahrens** ist, wenn sich auf Seiten des Adressaten Änderungen ergeben haben. Grundsätzlich ist Adressat des Widerrufs der zu diesem Zeitpunkt noch durch den VA unmittelbar Begünstigte, bei den sog dinglichen VAen der dinglich an der Sache Berechtigte.[186] Gibt der Adressat die Leistung an einen Dritten weiter, so ändert das grundsätzlich nichts daran, dass er der unmittelbar Begünstigte ist und deshalb idR auch Adressat des Widerrufsbescheides sein muss, sofern der Bescheid nicht ausdrücklich oder konkludent auch an den Dritten gerichtet ist.[187]

2. Regelung der örtlichen Zuständigkeit (Abs 5). Die Vorschrift enthält 77a
eine Sonderregelung für das Verfahren des Widerrufs hinsichtlich der örtlichen Zuständigkeit. Die Regelung entspricht § 48 Abs 5. Sie unterscheidet danach, ob der Ausgangs-VA im Zeitpunkt des Widerrufs bereits unanfechtbar ist oder nicht. Ist er noch nicht unanfechtbar, so ist diejenige Behörde örtlich zuständig, die den Ausgangs-VA erlassen hat. Insoweit gilt also auch im Falle einer zwischenzeitlichen Änderung der örtlichen Zuständigkeit § 3 Abs 3, wonach die Ausgangsbehörde das Verfahren trotz Wechsels der die örtlichen Zuständigkeit berührenden Umstände fortführen kann, wenn dies zweckmäßig ist und die nunmehr zuständige Behörde zustimmt (s § 3 Rn 48 ff). Bei **Widerruf nach Eintritt der Unanfechtbarkeit** des Ausgangsbescheides gilt nach Abs 5 dagegen § 3 mit der Folge, dass die örtliche Zuständigkeit für den Zeitpunkt des Widerrufs vom Ausgangsverfahren völlig unabhängig neu bestimmt werden muss. Bis zum Eintritt der Unanfechtbarkeit des Ausgangs-VA werden das ursprüngliche Verwaltungsverfahren und das Widerrufsverfahren zuständigkeitsrechtlich als Einheit betrachtet, danach nicht mehr.[188] Die Regelung des Abs 5 gilt auch für den Fall, dass der

---

[185] Korber DVBl 1984, 405, ders DÖV 1985, 309; Selmer JuS 1987, 363.
[186] BVerwG NJW 1987, 2598; StBS § 48 Rn 243.
[187] So zutreffend Neumann NVwZ 2000, 1248, 1252; **aA** OVG Münster NVwZ 1996, 87, 88.
[188] OVG Koblenz DVBl 1985, 1077; Obermayer/Funke-Kaiser 83; **aA** offenbar StBS § 48 Rn 256, 260, wonach § 3 Abs 3 auch für die Bestimmung der örtlichen Zuständigkeit nach Unanfechtbarkeit gelten soll.

Ausgangsbehörde bereits die örtliche Zuständigkeit gefehlt hat. In diesem Fall ist § 3 Abs 3 von vornherein nicht anwendbar, da die Vorschrift nur die Fortdauer einer tatsächlich bestehenden örtlichen Zuständigkeit betrifft (StBS § 48 Rn 256).

IX. Ersatz des Vermögensnachteils (Abs 6)

78 **1. Rechtscharakter des Anspruchs.** Der Entschädigungsanspruch, den Abs 6 für die Fälle des Abs 2 Nr 3–5 vorsieht, entspricht dem Ausgleichsanspruch bei der Rücknahme rechtswidriger VAe nach § 48 Abs 3, auf den in S 2 auch verwiesen wird. Wie bei diesem handelt es sich um eine Neuschöpfung des Gesetzes in Anlehnung an die Grundsätze über die Entschädigung bei Aufopferung bzw bei enteignenden bzw enteignungsgleichen Eingriffen.[189] Im Licht der neueren Rspr des BVerfG,[190] des BVerwG[191] und des BGH[192] ist die Regelung als gesetzlich geregelte **ausgleichspflichtige Eigentumsinhaltsbestimmung** iS von Art 14 Abs 1 und 2 GG anzusehen. Mit der Ausgleichsregelung soll sichergestellt werden, dass ein Widerruf eines begünstigenden VA im Einzelfall die Zumutbarkeitsgrenze für die Betroffenen nicht überschreitet (vgl Schoch DVBl 1990, 550). Lässt sich die Zumutbarkeit durch den Ausgleichsanspruch nach Abs 6 nicht herstellen, ist der Widerruf nicht zulässig. Der Anspruch nach Abs 6 ist aber insoweit umfassender als ein Anspruch aus enteignungsgleichem bzw enteignendem Eingriff oder Aufopferung, als er uU auch unterhalb der eigentumsrechtlichen Zumutbarkeitsschwelle iS einer schlichten Billigkeitsentschädigung für enttäuschtes Vertrauen in Betracht kommt.[193]

79 **2. Verhältnis zu anderen Entschädigungsansprüchen.** Ansprüche aus enteignendem oder enteignungsgleichem Eingriff (vgl zB BGH NJW 1965, 1172: Widerruf ggf als enteignungsgleicher Eingriff) usw nach allgemeinen Grundsätzen werden dadurch nicht berührt und können daher ggf in **Anspruchskonkurrenz** zu einem Anspruch nach Abs 6 geltend gemacht werden (ebenso Knack/Henneke 93). Derartige Ansprüche kann es aber allenfalls in Ausnahmefällen geben (s unten Rn 80). Die ausdrückliche Normierung eines Entschädigungsanspruchs erfolgte vor allem zu dem Zweck, der Verwaltung einen größeren Spielraum bei ihrer Entscheidung über den Widerruf zu geben als früher, als diese Entscheidung stärker durch den Gesichtspunkt des Vertrauensschutzes bestimmt wurde (Begr 73) und sich häufig nur die Alternative zwischen völliger Aufhebung oder Belassen stellte. Dagegen **gehen sondergesetzliche Regelungen vor,** zB gem § 21 Abs 4 BImSchG oder § 18 AtomG (Knack/Henneke 93). Soweit sie einschlägig sind, kann Abs 6 nur ergänzend herangezogen werden.

80 **Eine Enteignung** iS des Art 14 Abs 3 GG kann in einem Widerruf selbst dann nicht gesehen werden, wenn eine als Eigentum durch Art 14 Abs 1 GG geschützte Rechtsposition betroffen ist. Auch in einem solchen Fall würde der Widerruf die Voraussetzungen des formalisierten Enteignungsbegriffs nicht erfüllen, wie er seit BVerfG 58, 300 vom BVerfG entwickelt worden ist und der heutigen Enteignungsdogmatik zugrunde liegt (s zuletzt BVerfG NuR 1999, 527; ferner BGH NJW 1993, 1253; Ramsauer NuR 1990, 349, 356). Der Widerruf

---

[189] Vgl BVerwG NJW 1980, 1065; BGH NJW 1965, 1173; JZ 1986, 544; LG Detmold NVwZ 1991, 508; Maurer, in: Boorberg-FS 1977, 253; Schoch DVBl 1990, 550 mwN; StBS 124; ME VerwArch 1970, 386: Enteignungsentschädigung; str; allg zur Abgrenzung eines Anspruchs aus enteignendem Eingriff und Billigkeitsleistungen auch BGH NJW 1981, 2002: Enteignungsentschädigung bei Eingriffen in den eingerichteten und ausgeübten Gewerbebetrieb, nicht dagegen bei Entziehung von Forderungsrechten „fürsorgerischer" Art; vgl auch Papier JZ 1986, 548; Kopp GewArch 1986, 180.

[190] Vgl zB BVerfG 52, 27; 56, 260; 58, 330; 70, 199; 71, 143; 72, 76; 74, 280; 79, 175.

[191] Vgl BVerwGE 77, 295 = NJW 1987, 2884; NJW 1990, 1929.

[192] Vgl zB BGHZ 121, 73; NJW 1995, 964 mwN.

[193] Papier JZ 1986, 548; Kopp GewArch 1986, 180.

lässt etwaige Eigentumspositionen ganz oder teilweise entfallen, entzieht sie jedoch nicht im Interesse einer anderweitigen Verwendung.

3. Voraussetzungen des Anspruchs. Wie nach § 48 Abs 3 hat auch der Entschädigungsanspruch nach Abs 6 zur Voraussetzung, dass der Betroffene **auf den Bestand des VA vertraut** hat und dass dieses **Vertrauen schutzwürdig** ist. Im Einzelnen gelten für die Beurteilung der Schutzwürdigkeit des Vertrauens, für die Höhe des Anspruchs und für die Geltendmachung des Anspruchs dieselben Grundsätze wie nach § 48 Abs 3. Aus dem Umstand, dass Abs 5 S 2 nur auf § 48 Abs 3 S 3–5, nicht auch auf S 1 verweist, kann nicht gefolgert werden, dass bei der Frage, ob das Vertrauen schutzwürdig war, eine **Abwägung mit dem öffentlichen Interesse** nicht erfolgen soll (StBS 122; Knack/Henneke 90; **aA** Johlen NJW 1976, 2156). 81

a) Schutzwürdigkeit des Vertrauens. Das Vertrauen ist im Allgemeinen nicht schutzwürdig, wenn der Betroffene den Widerrufsgrund selbst zu vertreten hat, insb selbst die **Tatsachen schuldhaft** oder in ihm jedenfalls zurechenbarer Weise **herbeigeführt** hat, die den Widerruf rechtfertigen (vgl UL § 63 Rn 27, jedoch ohne Hinweis auf das Erfordernis des Verschuldens), zB weil er straffällig wurde und dadurch den Widerrufsgrund verschuldet hat (Knack/Henneke 90), oder wenn er **nicht-notwendige Aufwendungen** noch zu einem Zeitpunkt vorgenommen hat, als er bereits erfahren hatte, dass ein Widerrufsgrund vorliegt und die Behörde den Widerruf erwägt (UL § 63 Rn 28: kein Ersatz der in Frage stehenden Aufwendungen), oder dass nach den Umständen des Falles **ein Widerruf vorhersehbar war.**[194] 81a

b) Ausschluss und Einschränkung des Anspruchs. Im Einzelnen gilt für den Ausschluss oder eine Verringerung des Entschädigungsanspruchs wegen fehlender Schutzwürdigkeit des Vertrauens **§ 254 BGB als Ausdruck eines allgemeinen Rechtsgedankens entsprechend** (UL § 63 Rn 28). Ein Ausschluss oder eine Verringerung des Anspruchs kann sich auch aus der gebotenen Abwägung mit dem öffentlichen Interesse ergeben, obwohl Abs 6 S 2 nicht ausdrücklich auch auf § 48 Abs 3 S 1 verweist (**aA** Johlen NJW 1976, 2156). Kein Entschädigungsanspruch besteht bei Aufhebung eines VA im Rahmen eines Rechtsbehelfsverfahrens gem § 50. **Abs 6 gilt nicht für den Widerruf eines VA nach Abs 2 Nr 1 und 2.**[195] Soweit jedoch der Widerruf in diesen Fällen aus Gründen der in Nr 3–5 genannten Art erfolgt und nicht primär durch das Verhalten des Betroffenen bedingt ist, kommt in Ausnahmefällen auch eine analoge Anwendung von Abs 6 in Betracht (**aA** Knack/Henneke 87; offen StBS 120); dies gilt jedenfalls dann, wenn nach den allgemeinen Grundsätzen der Enteignung bzw des enteignenden oder enteignungsgleichen Eingriffs eine Entschädigung geboten ist.[196] Außerdem haben der Betroffene selbst und – vor allem bei Widerruf eines VA mit Doppelwirkung – ggf auch Drittbetroffene Anspruch auf Beseitigung etwaiger Folgen, welche die Vollziehung des widerrufenen VA für sie gehabt hat. 82

---

[194] LG Detmold NVwZ 1989, 292: der Genehmigungsempfänger konnte wegen der Situation der Anlage nicht davon ausgehen, dass er die Lebensdauer der Anlage voll ausnutzen könnte.

[195] Allgemein WBSK I § 51 Rn 52; ebenso zum früheren Recht M 91; BGH NJW 1970, 1178: Widerruf auf Grund eines Widerrufsvorbehalts ist keine enteignende Maßnahme; ähnlich München BayVBl 1976, 497 zu einem gesetzlich vorgesehenen Widerruf; ME VerwArch 1970, 384.

[196] Vgl BAG NJW 1978, 1701: Widerruf des einem Krankenhausarzt widerruflich zuerkannten Liquidationsrechts nur gegen Entschädigung differenzierend ME VerwArch 1970, 389; **aA** zum bish Recht BGH NJW 1970, 1178: kein Entschädigungsanspruch bei Ausübung eines vorbehaltenen Widerrufs; ebenso VGH München BayVBl 1976, 497; ME VerwArch 1970, 388.

83 **4. Umfang des Anspruchs.** Zu entschädigen ist gem Abs 6 nur der Schaden, der auf Grund des Vertrauens auf den Bestand des VA entstanden ist (sog **negatives Interesse**). Dabei geht es um einen Ersatz der Aufwendungen, die der Betroffene im berechtigten und schutzwürdigen Vertrauen auf den Fortbestand des VA hatte, aber auch um Ersatz der Kosten, die sich daraus ergeben, dass wegen des Wegfalls des VA zur Erhaltung des status quo besondere Aufwendungen erforderlich werden. Das Interesse am Bestand des VA (sog positives Interesse) ist nur dann Bemessungsgrundlage des Anspruchs, wenn es geringer ist als das negative Interesse (Abs 6 S 2 iVmit § 48 Abs 3 S 3; Begr 73).

84 **Berechnung des Vertrauensschadens.** Zu entschädigen sind nicht nur die betroffenen Sachwerte (nach dem Zeitwert), sondern zB auch notwendig werdende Demontagekosten, die Kosten eines Rechtsbehelfsverfahrens zur Abwendung des Widerrufs oder zur Geltendmachung des Entschädigungsanspruchs (vgl OLG Hamm NVwZ 1990, 694), Rechtsberatungskosten (LG Detmold NVwZ 1989, 291), ein Verdienstausfall im Zusammenhang damit, usw. Vgl zur Berechnung des Vertrauensschadens auch OLG Hamm NVwZ 1990, 694. Eine Entschädigung für immaterielle Schäden ist nach Abs 6 nicht vorgesehen (Schenke DÖV 1983, 327; Knack/Henneke 91), kann jedoch uU unter dem Gesichtspunkt der Aufopferung geboten sein.[197] Auch ein Ersatz des entgangenen Gewinns findet nicht statt (StBS 130, **aA** zB bei eingerichtetem und ausgeübtem Gewerbebetrieb: Ule/Laubinger, BImSchG § 21 Rn 11).

85 **5. Verfahren.** Der Anspruch wird auf **Antrag** des Betroffenen von der widerrufenden Behörde **durch VA** festgesetzt.[198] Der Antrag muss binnen der **Ausschlussfrist** von einem Jahr gestellt werden. Dies folgt daraus, dass Abs 6 S 2 eine entsprechende Anwendung von § 48 Abs 3 S 5 ausdrücklich anordnet. Streitigkeiten sind nach Abs 6 S 3 den Zivilgerichten (ordentlicher Rechtsweg) zugewiesen, die nach Art 14 Abs 3 S 4 GG, § 40 Abs 2 VwGO auch für evtl parallele Ansprüche aus Enteignung oder enteignungsgleichem Eingriff zuständig sind (vdGK 6.6).

§ 49a Erstattung, Verzinsung

(1) **Soweit ein Verwaltungsakt mit Wirkung für die Vergangenheit zurückgenommen oder widerrufen worden oder infolge Eintritts einer auflösenden Bedingung unwirksam geworden ist, sind bereits erbrachte Leistungen zu erstatten.**[7] **Die zu erstattende Leistung ist durch schriftlichen Verwaltungsakt festzusetzen.**[11]

(2) **Für den Umfang der Erstattung mit Ausnahme der Verzinsung gelten die Vorschriften des Bürgerlichen Gesetzbuchs über die Herausgabe einer ungerechtfertigten Bereicherung entsprechend.**[12] **Auf den Wegfall der Bereicherung kann sich der Begünstigte nicht berufen, soweit er die Umstände kannte oder infolge grober Fahrlässigkeit nicht kannte, die zur Rücknahme, zum Widerruf oder zur Unwirksamkeit des Verwaltungsaktes geführt haben.**[15]

(3) **Der zu erstattende Betrag ist vom Eintritt der Unwirksamkeit des Verwaltungsaktes an mit fünf Prozentpunkten über dem Basiszinssatz jährlich zu verzinsen.**[19] **Von der Geltendmachung des Zinsanspruchs kann insbesondere dann abgesehen werden, wenn der Begünstigte die Umstände, die zur Rücknahme, zum Widerruf oder zur Unwirksam-**

---

[197] Vgl MK 54 III 2b; **aA** zB BGHZ 78, 45; 111, 355; NJW 1994, 1468; Rinne DVBl 1993, 872.

[198] Ebenso schon zum bish Recht ohne ausdrückliche Rechtsgrundlage BVerwGE 25, 76; 30, 79; BVerwG NJW 1977, 1838; König 34.

keit des Verwaltungsaktes geführt haben, nicht zu vertreten hat und den zu erstattenden Betrag innerhalb der von der Behörde festgesetzten Frist leistet.[21]

(4) **Wird eine Leistung nicht alsbald nach der Auszahlung für den bestimmten Zweck verwendet, so können für die Zeit bis zur zweckentsprechenden Verwendung Zinsen nach Absatz 3 Satz 1 verlangt werden. Entsprechendes gilt, soweit eine Leistung in Anspruch genommen wird, obwohl andere Mittel anteilig oder vorrangig einzusetzen sind.**[23] **§ 49 Abs. 3 Satz 1 Nr. 1 bleibt unberührt.**

Parallelvorschriften: § 50 SGB X; § 37 Abs 2 AO

Die in Abs. 2 in Bezug genommenen Vorschriften den BGB haben folgenden Wortlaut:

§ 818 Umfang des Bereicherungsanspruchs. (1) Die Verpflichtung zur Herausgabe erstreckt sich auf die gezogenen Nutzungen sowie auf dasjenige, was der Empfänger auf Grund eines erlangten Rechtes oder als Ersatz für die Zerstörung, Beschädigung oder Entziehung des erlangten Gegenstands erwirbt.

(2) Ist die Herausgabe wegen der Beschaffenheit des Erlangten nicht möglich oder ist der Empfänger aus einem anderen Grunde zur Herausgabe außerstande, so hat er den Wert zu ersetzen.

(3) Die Verpflichtung zur Herausgabe oder zum Ersatze des Wertes ist ausgeschlossen, soweit der Empfänger nicht mehr bereichert ist.

(4) Von dem Eintritt der Rechtshängigkeit an haftet der Empfänger nach den allgemeinen Vorschriften.

§ 819 Verschärfte Haftung bei Kenntnis und bei Gesetzes- oder Sittenverstoß. (1) Kennt der Empfänger den Mangel des rechtlichen Grundes bei dem Empfang oder erfährt er ihn später, so ist er von dem Empfang oder der Erlangung der Kenntnis an zur Herausgabe verpflichtet, wie wenn der Anspruch auf Herausgabe zu dieser Zeit rechtshängig geworden wäre.

(2) Verstößt der Empfänger durch die Annahme der Leistung gegen ein gesetzliches Verbot oder gegen die guten Sitten, so ist er von dem Empfang der Leistung an in der gleichen Weise verpflichtet.

§ 820 Verschärfte Haftung bei ungewissem Erfolgseintritt. (1) War mit der Leistung ein Erfolg bezweckt, dessen Eintritt nach dem Inhalte des Rechtsgeschäfts als ungewiss angesehen wurde, so ist der Empfänger, falls der Erfolg nicht eintritt, zur Herausgabe so verpflichtet, wie wenn der Anspruch auf Herausgabe zur Zeit des Empfangs rechtshängig geworden wäre. Das Gleiche gilt, wenn die Leistung aus einem Rechtsgrunde, dessen Wegfall nach dem Inhalte des Rechtsgeschäfts als möglich angesehen wurde, erfolgt ist und der Rechtsgrund wegfällt.

(2) Zinsen hat der Empfänger erst von dem Zeitpunkt an zu entrichten, in welchem er erfährt, dass der Erfolg nicht eingetreten oder dass der Rechtsgrund weggefallen ist; zur Herausgabe von Nutzungen ist er insoweit nicht verpflichtet, als er zu dieser Zeit nicht mehr bereichert ist.

Schrifttum allgemein: *Attendorn,* Die Rückforderung von Zuwendungen wegen des Verstoßes gegen Vergaberecht – nordrhein-westfälische Erlasslage und neuere Rechtsprechung, NWVBl 2007, 293; *Baumeister,* Die Novellierung der §§ 48, 49, 49a VwVfG, NVwZ 1997, 19; *Berg,* Zur Zweckverfehlung im Subventionsrecht, GewArch 1987, 1; *Bettermann,* Zur Lehre vom Folgenbeseitigungsanspruch, DÖV 1955, 528; *Bronnenmeyer,* Der Widerruf rechtmäßiger begünstigender VAe nach § 49 VwVfG, 1994; *Dickersbach,* Die Entwicklung des Subventionsrechts seit 1993, NVwZ 1996, 962; *Dorn,* Möglichkeiten der Veränderung bestandkräftiger Zuwendungsbescheide, DÖV 1988, 7; *Ehlers,* Rechtsprobleme der Rückforderung von Subventionen, GewArch 1999, 305; *Erfmeyer,* Der Entreicherungseinwand bei vorläufigen VAen, DÖV 1998, 459; *Finck/Gurlit,* Die Rückabwicklung formell unionsrechtswidriger Beihilfen, Jura 2011, 87; *Folnovic/Hellriegel,* Der Widerruf im Zuwendungsrecht – eine Systematik NVwZ 2016, 638; *Freund/Rach,* Die Geltendmachung von Zinsansprüchen nach § 49a VwVfG, DVP 2004, 231; *Goldmann,* Rechtsfolgen des Verstoßes gegen das EG-Beihilfenrecht für privatrechtliche Verträge und ihre Rückabwicklung, Jura 2008, 275; *Hüttenbrink/Windmöller,* Erstattungsansprüche nach § 49a Abs 1

VwVfG, SächsVBl 2001, 181; *Kamps,* Der Anspruch auf Zinsen bei Rückforderung durch Leistungsbescheid, DVBl 1982, 777; *Krämer,* Die Abgrenzung des haushaltsrechtlichen Zuwendungsbegriffs und ihre Bedeutung DÖV 1990, 546; *Nickel,* Das Spannungsverhältnis zwischen Europäischem Gemeinschaftsrecht und den §§ 48–49a VwVfG, 1999; *Oldiges,* Richtlinien als Ordnungsrahmen der Subventionsverwaltung, NJW 1984, 1933; *Pauly/Pudelka,* Verwaltungsprozessuale Folgeprobleme des § 49a VwVfG, DVBl 1999, 1609; *Roth,* Die verwaltungsrechtlichen Probleme des BAföG-Betrugs, NJW 2006, 1707; *Sachs/Wermeckes,* Die Neuregelung verwaltungsverfahrensrechtlicher Vorschriften zur Rückabwicklung fehlgeschlagener Subventionsverhältnisse, NVwZ 1996, 1185; *Schnekenburger,* Zinsverlust? Zur Neuregelung der Zinsbezugsgrößen auf öffentlich-rechtliche Erstattungsansprüche, NVwZ 2003, 36; *Siebelt/Schröder,* Der Zeitpunkt der Entstehung von Zinsansprüchen gem § 44a BHO, BayVBl 1996, 558; *Suerbaum,* Widerruf und Erstattung bei Geld- und SachleistungsVAen, VerwArch 1999, 361; *Vögeler,* Rückforderung vertraglich gewährter Subventionen ohne Rechtsgrundlage?, NVwZ 2007, 294; *Weides,* Widerruf und Rückforderung von Zuwendungen des Bundes und der Länder, NJW 1981, 841; *Wolff,* Zinsen im öffentlichen Recht, DÖV 1998, 872.

Zum Erstattungs- und Folgenbeseitigungsanspruch: *Bachof,* Die verwaltungsrechtliche Klage auf Vornahme einer Amtshandlung, 2. Aufl 1968, 98; *Baumeister,* Der Beseitigungsanspruch als Fehlerfolge des rechtswidrigen VA, 2006; *Bettermann,* Zur Lehre vom Folgenbeseitigungsanspruch, DÖV 1955, 528; *Brugger,* Gestalt und Begründung des Folgenbeseitigungsanspruchs, JuS 1999, 625; *Bumke,* Der Folgenbeseitungsanspruch, JuS 2005, 22; *Detterbeck/Windthorst/Sproll,* Staatshaftungsrecht 2000; *Kemmler,* Folgenbeseitigungsanspruch, Herstellungsanspruch und Unterlassungsanspruch, JA 2005, 908; *Lassar,* Der Erstattungsanspruch im Verwaltungs- und Finanzrecht, 1921; *Ossenbühl,* Der öffentlich-rechtliche Erstattungsanspruch, NVwZ 1991, 513; *Schoch,* Folgenbeseitigung und Wiedergutmachung im öffentlichen Recht, VerwArch 1988, 1; *ders,* Der öffentlich-rechtliche Erstattungsanspruch, Jura 1994, 82; *Sproll,* Staatshaftungsrecht – Der Folgenbeseitigungsanspruch, JuS 1996, 219; *Weber,* Der öffentlich-rechtliche Erstattungsanspruch, JuS 1986, 29; *Weidemann/Barthel,* Der Erstattungsanspruch nach § 49a VwVfG, DVP 2008, 328; *Weyreuther,* Empfiehlt es sich, die Folgen rechtswidrigen hoheitlichen Handelns gesetzlich zu regeln?, Gutachten 47. DJT 1968 I B; *Windthorst,* Der öffentlichrechtliche Erstattungsanspruch, JuS 1996, 894.

Übersicht

I. Allgemeines

1. Inhalt. Die Vorschrift enthält eine Positivierung des allgemeinen öffent- 1
lich-rechtlichen **Erstattungsanspruchs der öffentlichen Hand** für die Fälle, in denen Leistungen durch oder auf Grund eines VA erbracht worden sind, der mit **Wirkung für die Vergangenheit** aufgehoben oder auf andere Weise unwirksam geworden ist (Maurer § 29 Rn 20). Sie hat vor allem Bedeutung für die Rückforderung von Subventionen, für die früher spezielle Regelungen insbes in den Haushaltsordnungen bestanden (s Rn 2). Im Übrigen war, soweit keine speziellen Regelungen im Fachrecht existierten, nur der Rückgriff auf den **allgemeinen öffentlichrechtlichen Erstattungsanspruch** (s unten Rn 27) möglich, der allerdings nach hM auch ohne besondere gesetzliche Grundlage durch VA festgesetzt werden konnte, sofern die Leistung bereits auf Grund eines VA erbracht worden war (Kehrseitentheorie).[1] Im Zuge der Einführung der Möglichkeit eines Widerrufs von VAen für die Vergangenheit (§ 49 Abs 3) wurde die Regelung der Erstattungspflicht sowohl dem Grunde nach als auch hinsichtlich des Umfangs der Erstattung (Abs 2) vereinheitlicht und zugleich die Pflicht zur Verzinsung einheitlich geregelt (Abs 3). Schließlich enthält die Vorschrift in Abs 4 eine Bestimmung über die Möglichkeit der Verwaltung, bei nicht sofortiger Verwendung der Leistungen Zwischenzinsen zu verlangen.

2. Entstehungsgeschichte. Die Regelung der Erstattungspflicht wurde 1996 2
in das VwVfG eingefügt.[2] Sie löste die Regelungen in § 48 Abs 2 S 5 bis 8 aF und in § 44a Abs 2 BHO aF ab, die zugleich aufgehoben wurden. Dadurch wurde für den Anwendungsbereich des VwVfG erstmals eine allgemeine Erstattungspflicht positivrechtlich normiert. Inhaltlich orientiert sich die Vorschrift weitgehend an § 44a BHO aF. Die Bundesländer haben ihre Verwaltungsverfahrensgesetze angepasst und die für die Subventionen bestehenden Sondervorschriften in den LHOen aufgehoben. Insoweit liegen die Voraussetzungen für die Revisibilität des Landesrechts nach § 137 Abs 1 Nr 2 VwGO vor. **Vor der Neuregelung** war die Rückforderung von durch VA gewährten Leistungen nur nach allgemeinen Grundsätzen, insbesondere auf der Grundlage des allgemeinen öffentlichrechtlichen Erstattungsanspruchs (s Rn 27) möglich, sofern nicht besondere Regelungen (zB für den Fall der Rücknahme in § 48 Abs 2 S 5–8; § 14

[1] Vgl BVerwGE 32, 228, 279; 48, 133, 286; zur Zulässigkeit der Festsetzung durch Leistungsbescheid insb BVerwGE 18, 285, 314; 40, 89, 343; 48, 286; BVerwG DVBl 1978, 213; allg zum Erstattungsanspruch auch BVerwGE 48, 286; 71, 85 = JuS 1986, 29.

[2] Durch das Gesetz zur Änderung des VwVfG v 2.5.1996 (BGBl I S. 656), s hierzu BT-Dr 13/1534 sowie Einl 32.

BBG) bestanden. Die Neuregelung erfasst nach der Übergangsregelung in Art 6 Abs 2 auch die Erstattung von Leistungen auf Grund von VAen, die **vor dem Inkrafttreten des Gesetzes** erlassen worden sind. Verfassungsrechtliche Bedenken bestehen mangels substantieller Schlechterstellung nicht (so auch Ehlers GewArch 1999, 317). Die Rückwirkung erstreckt sich nicht auf die Erhebung von Zinsen nach Abs 3 u 4.

2a **3. Verfassungsrecht, Europarecht.** Die Vorschrift ist Ausfluss des Prinzips der **Gesetzmäßigkeit der Verwaltung.** Als Konkretisierung des allgemeinen Erstattungsanspruchs dient sie der Erstattung rechtsgrundlos erbrachter Leistungen und damit der Wiederherstellung einer der Rechtsordnung entsprechenden Vermögenslage. Sie berücksichtigt in Abs 2 zugleich die Rechtsposition der betroffenen Bürger, indem sie hinsichtlich des Umfangs der Erstattung auf die bürgerlich-rechtlichen Vorschriften über die Herausgabe einer ungerechtfertigten Bereicherung verweist mit der Folge, dass sich der Schuldner unter bestimmten Voraussetzungen (s unten Rn 13) auf eine Entreicherung berufen kann. Insoweit ist indessen für den Bereich des **indirekten Vollzugs von Unionsrecht** nach der Rspr des EuGH aufgrund der Grundsätze des Art 4 Abs 3 EUV eine europarechtliche Modifizierung bzw Einschränkung vorzunehmen, wonach sich der Schuldner im Falle der Rückforderung einer europarechtswidrig gewährten oder zweckwidrig verwendeten Beihilfe **nur unter engen Voraussetzungen auf eine Entreicherung berufen** kann.[3] Zu den Einzelheiten s unten Rn 13.

3 **4. Anwendungsbereich. a) Unmittelbar.** Abs 1 gilt im Anwendungsbereich des VwVfG für die Rückforderung in allen Fällen von **auf Grund eines VA erbrachten Leistungen** gegenüber dem Bürger, wenn und soweit die Wirksamkeit des VA (§ 43) mit **Wirkung für die Vergangenheit entfallen** ist, und zwar entweder durch Rücknahme, Widerruf oder infolge Eintritts einer auflösenden Bedingung. Für den umgekehrten Fall eines **Erstattungsanspruches des Bürgers** entfaltet die Regelung trotz ihres Wortlautes **keine Wirkung.**[4] Insoweit bleibt der allgemeine Erstattungsanspruch (Rn 27) maßgebend. Die Verwaltungsverfahrensgesetze der Länder enthalten wortgleiche Bestimmungen (Überblick bei Suerbaum VerwArch 1999, 362). In einigen Bundesländern wird auf die Regelung des § 49a verwiesen. Die Regelung gilt nicht nur für Subventionen und für Geldleistungen und teilbare Sachleistungen, sondern **für sämtliche Leistungen auf Grund eines VA.**[5] Sie ist auch anwendbar, wenn sich Rücknahme oder Widerruf nicht nach den §§ 48, 49, sondern nach spezielleren Rechtsnormen richten, sofern darin die Aufhebung des VA für die Vergangenheit vorgesehen und das VwVfG im Übrigen anwendbar ist. Abs 1 gilt unmittelbar nur für die genannten Fälle des Unwirksamwerdens, nicht für das Unwirksamkeit des VA aus anderen Gründen, insbesondere auch nicht für die Aufhebung des VA im Verwaltungsprozess (vgl BR-Dr 652/91 S. 12). In diesem Fall muss auf Grund des allgemeinen Folgenbeseitigungs- und der Erstattungsanspruchs (s unten Rn 27 ff) zurückgefordert werden.

4 **b) Analoge Anwendung.** Eine entsprechende Anwendung der Vorschrift wird man jedenfalls in Fällen der Aufhebung nichtiger VAe annehmen können (**aA** Suerbaum VerwArch 1999, 383, nicht überzeugend). In den Fällen, in denen ein vorläufiger VA eine **Leistung zunächst nur vorläufig bewilligt** hat und später durch einen endgültigen VA ersetzt wird, der die Leistung in geringe-

---

[3] EuGHE I 1998, 4782 Rn 36 – Oelmühle; 1997, 1591, 1622 = NVwZ 1998, 45 – Alcan II; BVerwGE 106, 328; BVerfG DVBl 2000; Knack/Henneke 18; FKS 19; hierzu krit Nickel, 191.

[4] Vgl ausdrücklich BT-Dr 13/1534, S. 6; OVG Münster BB 1998, 377; StBS 12 f; Knack/Henneke 11; Obermayer/Funke-Kaiser 6; **aA** Baumeister NVwZ 1997, 22.

[5] StBS 14; Knack/Henneke 8; Ziekow 3.

rer Höhe festsetzt, sind Abs 1 und 3 entsprechend anzuwenden. In diesen Fällen muss bei der Festsetzung der Zinsen nach Abs 3 S 2 im Rahmen des Ermessens berücksichtigt werden, ob und ggfs in welchem Ausmaß und aus welchem Grund der Erlass des endgültigen VA sich verzögert hat und die Verzögerung deshalb zu einer höheren Zinslast führt (BVerwGE 135, 238). Im übrigen wird eine analoge Anwendung unter Hinweis auf die Formulierung und die Entstehungsgeschichte der Vorschrift weitgehend abgelehnt.[6]

Fraglich ist, ob die Vorschrift entsprechend für andere Fälle der Unwirksamkeit mit Wirkung für die Vergangenheit herangezogen werden kann. Die Formulierung spricht gegen eine analoge Anwendbarkeit, ebenso die Entstehungsgeschichte (BR-Dr 652/91 S. 12). Infrage käme ohnehin nur eine analoge Heranziehung des § 49a Abs 1 u 2, nicht der Regeln über die Verzinsung in Abs 3. **Nicht analog anwendbar** ist die Vorschrift **auf Erstattungsansprüche des Bürgers** infolge der Aufhebung eines begünstigenden oder belastenden VA.[7] Gleiches gilt für Fälle, in denen die zu erstattenden **Leistungen** nicht auf der Grundlage eines VA, sondern **auf andere Weise,** zB auf der Grundlage eines öffentlichrechtlichen Vertrages erbracht worden sind.[8] In diesen Fällen sind etwaige Ansprüche mit dem allgemeinen **öffentlich-rechtlichen Erstattungsanspruches** geltend zu machen. Dieser kann allerding idR nur im Wege der allgemeinen Leistungsklage vor den Verwaltungsgerichten geltend gemacht werden. Lediglich in den Fällen der sog Kehrseitentheorie kann der Anspruch auch durch VA festgesetzt werden.

c) Speziellere Regelungen. Es gibt eine Fülle spezieller Regelungen des Rückforderungsanspruchs im Fall der Aufhebung von begünstigenden VA im Fachrecht. Im Sozialrecht handelt es sich um die Regelung in § 50 SGB X, im Abgabenrecht um § 37 AO, im Beamtenrecht um § 12 Abs 2 BBesG, § 52 BeamtVG. Diese Regelungen gehen der Regelung in § 49a vor (BVerwG NVwZ 2000, 443; Knack/Henneke 6). Problematisch ist, ob neben den Spezialvorschriften des Fachrechts auch § 49a noch zur Anwendung gelangen kann. Dies hängt davon ab, ob von einer abschließenden fachrechtlichen Regelung auszugehen ist oder nicht. 5

d) Verhältnis zum allgemeinen Erstattungsanspruch. Abs 1 regelt den Erstattungsanspruch der öffentlichen Hand als Folge der rückwirkenden Aufhebung eines VA **für seinen Anwendungsbereich abschließend;** daneben oder statt dessen kommen Erstattungsansprüche der öffentlichen Hand nach den allgemeinen Rechtsgrundsätzen des Erstattungsrechts nur noch für den von § 49a nicht geregelten Bereich in Betracht.[9] Keine Aussage trifft die Vorschrift demgegenüber zur Rückforderung in den Fällen der Aufhebung eines VA mit ex-nunc-Wirkung. Soweit hier bisher schon auf der Grundlage des allgemeinen Erstattungs- oder Folgenbeseitigungsanspruchs (Rn 27 ff) eine Rückforderungsmöglichkeit anerkannt war, weil der VA die Grundlage für das Behaltendürfen der Leistung war (BVerwG NJW 1993, 1610; NVwZ 1984, 36) dürfte sich hieran durch den Erlass des § 49a nichts geändert haben (so zu Recht StBS 9). 6

II. Die Erstattungspflicht (Abs 1)

1. Der Erstattungsanspruch (S 1). Abs 1 konkretisiert für die Fälle, in denen ein VA mit Wirkung für die Vergangenheit zurückgenommen, widerrufen oder durch Eintritt einer auflösenden Bedingung unwirksam wird, den allgemei- 7

---

[6] StBS 7; Knack/Henneke 8 f; Suerbaum VerwArch 1999, 378; Gröpl VerwArch 1997, 44; **aA** Baumeister NVwZ 1997, 22.

[7] StBS 12 f; Knack/Henneke 9: **aA** Baumeister NVwZ 1997, 22.

[8] BVerwG GewArch 2006, 80; StBS 6.

[9] Vgl ähnlich zum Sozialrecht BVerwGE 91, 13 = NVwZ 1993, 1189; Knack/Henneke 9.

nen öffentlichrechtlichen Erstattungsanspruch und stellt klar, dass dieser durch VA festzusetzen ist. Es kommt nicht darauf an, in welcher Form die Leistung tatsächlich erbracht wurde. Auch wenn die durch VA bewilligte **Leistung in den Formen des Privatrechts** erbracht wurde, kann sie nach § 49a durch VA zurückgefordert werden (StBS 33). Etwas anderes gilt dann, wenn es an einer Bewilligung durch VA überhaupt fehlt.[10]

7a Die Rechtmäßigkeit von Widerruf bzw Rücknahme ist nicht Voraussetzung für den Erlass des Rückforderungsbescheides. Notwendig ist aber, dass sie wirksam sind (StBS 17). Deshalb kommt eine Rückforderung nicht in Betracht, solange Widerspruch und Anfechtungsklage des Betroffenen gegen die Aufhebungsbescheide aufschiebende Wirkung haben. Wendet sich der Betroffene zugleich gegen den Aufhebungs- und den Rückforderungsbescheid, so wird dies als Form der Stufenklage entsprechend § 113 Abs 1 S 2 VwGO zulassen müssen.[11] Mit der **Aufhebung des VA für die Vergangenheit** stellt die Behörde zugleich das Vorliegen der entsprechenden Voraussetzungen des Erstattungsanspruches fest; diese sind bei der Frage, ob eine Erstattung verlangt werden kann, grundsätzlich nicht mehr erneut zu prüfen, sobald der Rücknahme- oder Widerrufsbescheid bindend geworden ist (BSG NVwZ 1988, 1071). Der Rückforderung kann aber uU zB der Einwand der Verjährung, der Verwirkung usw entgegenstehen (BSG NVwZ 1988, 1071).

8 **a) Unwirksamkeit auch für die Vergangenheit.** Die Unwirksamkeit muss durch einen der in Abs 1 aufgezählten Gründe eingetreten sein. Andere als die dort genannten Gründe reichen nicht aus. Dem Gesetzgeber standen dabei vor allem die Subventionsfälle vor Augen: Wird die Leistung von vornherein rechtswidrig bewilligt, so wird eine **Rücknahme** nach § 48 Abs 2 mit Wirkung für die Vergangenheit in Betracht kommen; wird sie zweckwidrig verwendet, kann die Behörde nach § 49 Abs 3 mit Wirkung für die Vergangenheit einen **Widerruf** aussprechen. Teilweise wird angenommen, Rücknahme und Widerruf seien auch dann ausreichend, wenn sie zwar nicht mit Wirkung für die Vergangenheit erfolgen, damit aber der Rechtsgrund für das Behaltendürfen der Leistung entfallen sei (StBS 16). Dies erscheint mit dem insoweit klaren Wortlaut schwerlich vereinbar. Die Rückforderung nach § 49a setzt stets eine **Aufhebung mit Wirkung für die Vergangenheit** voraus.[12] In anderen Fällen kann nur aufgrund des allgemeinen Erstattungsanspruchs (Rn 27) oder des Folgenbeseitigungsanspruchs (Rn 29) vorgegangen werden.

8a Eine gleichsam automatisch eintretende Unwirksamkeit wird ausgelöst, wenn der VA mit einer auflösenden Bedingung versehen war und deren Voraussetzungen eintreten. Allerdings treten die Wirkungen einer **auflösenden Bedingung** entspr § 158 Abs 2 BGB idR nicht für die Vergangenheit, sondern ex nunc ein. Es erscheint nach dem Wortlaut zweifelhaft, ob die Vorschrift auf Fälle des Eintritts der auflösenden Bedingung bezogen werden kann, die nicht auch für die Vergangenheit wirkt. Die Frage wird bejaht werden müssen, weil der Vorschrift anderenfalls für den Fall des Eintritts einer auflösenden Bedingung praktisch kaum ein Anwendungsbereich verbliebe. Es kann nicht angenommen werden, dass das Gesetz für den Regelfall des Eintritts einer auflösenden Bedingung die Anwendbarkeit der Vorschrift habe verneinen wollen (ebenso StBS 24).

---

[10] OVG Weimar DVBl 2011, 242 für die Rückforderung eines im Bankenverfahren ohne Bewilligungsbescheid gewährten zinsgünstigen Darlehens. Allerdings kann in den Entscheidungen der Behörde, die zur Auszahlung führen, ein konkludenter Bewilligung zu sehen sein.

[11] Knack/Henneke 8; **aA** Pauly/Pudelka DVBl 1999, 1609.

[12] Str, wie hier VG Meiningen, U v 15.5.2007 – 2 K 555/01 – juris; ausführlich *Folnovic/Hellriegel* NVwZ 2016, 638; **aA** OVG Greifswald NordÖR 2007, 197.

b) Entstehung des Anspruchs. Der Rückforderungsanspruch entsteht nicht erst durch den Erstattungsbescheid, sondern unmittelbar kraft Gesetzes.[13] Der Erstattungsanspruch der Behörde nach Abs 1 S 1 ist eine **unmittelbare Folge der Aufhebung** bzw des Eintritts der Unwirksamkeit des Bewilligungs-VA. Solange der VA als Rechtsgrund für die erbrachte Leistung wirksam ist, kann eine Rückforderung weder unter dem Aspekt der Erstattung noch unter dem Aspekt der Folgenbeseitigung erfolgen.[14] Bei einer teilweisen Aufhebung des VA kommt auch nur eine entsprechende teilweise Rückforderung in Betracht. Ob dem Leistungsempfänger materiell ein Anspruch auf die Bewilligung bzw Gewährung der Leistung zusteht, ist für die Rückforderung nicht entscheidend, wenn es an dem erforderlichen Bewilligungs-VA fehlt. Umfang und Höhe des Anspruchs ergeben sich aus Abs 2 S 1 iVm den §§ 812 ff BGB. Inhaber des Anspruchs ist der Hoheitsträger, dessen Behörde die Leistung auf eigene Rechnung erbracht hat (StBS 33). 9

c) Anspruchsgegner. Der Anspruch richtet sich grundsätzlich zunächst einmal gegen den **Adressaten bzw den Begünstigten** des aufgehobenen bzw unwirksam gewordenen VA.[15] Zwar handelt es sich seiner Natur nach um einen Erstattungsanspruch, der sich auf die Rückgängigmachung einer rechtswidrigen Vermögensverschiebung richtet. Gleichwohl kann sich der Rückforderungsbescheid nicht ohne weiteres gegen denjenigen richten, der sich im Zeitpunkt des Erlasses des VA gerade im Besitz der Leistung bzw eines Äquivalents befindet. Vielmehr muss berücksichtigt werden, dass die Rückforderung durch VA ihre Berechtigung aus der Bewilligung bzw Gewährung durch VA bezieht. Deshalb ist Verpflichteter entsprechend dem Vorrang der Leistungsbeziehung in erster Linie der durch den VA begünstigte Adressat. 10

Problematisch ist die Möglichkeit einer **Inanspruchnahme von Dritten** für die Erfülllung des Erstattungsanspruchs. Hier ist zu differenzieren: Soweit der Bewilligungs-VA bereits auch an Dritte gerichtet war, kommen auch diese als Adressaten einer Rückforderung in Betracht. Gleiches gilt für die Fälle der Rechtsnachfolge. Deshalb kann der Rückforderungsanspruch nach ganz hM in den Fällen der Rechtsnachfolge (s § 43 Rn 13 ff) auch gegen **Rechtsnachfolger,** also zB gegen Erben und Erbeserben geltend gemacht werden.[16] Das gilt auch für die Fälle der Firmenübernahme (§§ 25 ff HGB) oder der Vermögensübernahme.[17] Das BVerwG hat nunmehr auch eine Inanspruchnahme eines Dritten nach § 49a gebilligt, der einen **Schuldbeitritt** im Hinblick auf die Erstattungsschuld erklärt hat.[18] 10a

§ 49a bietet dagegen **keine Grundlage für einen Haftungsbescheid** (Knack/Henneke 10). Deshalb kommen Rückabwicklungen grundsätzlich nur innerhalb der jeweiligen Leistungsbeziehungen in Betracht. Unzulässig ist deshalb auch die Inanspruchnahme des **Abtretungsempfängers.**[19] Unzulässig ist auch der Erlass eines Rückforderungsbescheides gegenüber unbeteiligten Dritten, an die die Leistung versehentlich, zB infolge einer **Fehlbuchung,** gelangt ist. Da diesen Dritten gegenüber durch den Erlass des aufgehobenen VA ein Subordina- 10b

---

[13] Vgl BVerwG NVwZ 2015, 1392 (zur Behandlung im Insolvenzverfahren); StBS 26; Weber JuS 1986, 29; Knack/Henneke 7; **aA** WBSK I § 55 Rn 27.

[14] Vgl auch BGH NJW 1983, 2029: die Erstattungspflicht besteht nur, wenn und soweit der VA zurückgenommen worden ist; ebenso Knack/Henneke 12.

[15] OVG Frankfurt NJW 1998, 3513; StBS 29; Knack/Henneke 10; Erichsen/Brügge Jura 1999, 496, 502; Oldiges NVwZ 2001, 626.

[16] BVerwG NVwZ 1988, 945; Buchh 427.3 § 335a LAG Nr 56; VGH München NJW 1985, 2439; VGH Mannheim NJW 1986, 272; StBS 31.

[17] VG Berlin NVwZ 1990, 692; Siebelt/Eckert DVBl 1995, 1116.

[18] BVerwGE 139, 125; hierzu Breder LKV 2011, 444; **aA** noch OVG Weimar LKV 2010, 563.

[19] Vgl BFH NJW 1993, 2263; StBS 30.

tionsverhältnis schon mangels Adressierung und Bekanntgabe nicht konstituiert worden ist, fehlt es insoweit an der Rechtsmacht für ein öffentlichrechtliches Handeln in der Form eines VA. Diese unbeteiligten Dritten können deshalb nicht durch VA in Anspruch genommen werden (so wohl auch StBS 30; s auch Rn 31).

11 **2. Festsetzung durch VA (Abs 1 S 2).** Der Erstattungsanspruch ist nach Abs 1 S 2 durch **schriftlichen VA** festzusetzen. Anders als beim Erlass des Widerrufs- oder des Rücknahme-VA hat die Behörde bei der Rückforderung nach dem insoweit eindeutigen Wortlaut der Vorschrift **keinen Ermessensspielraum;**[20] allerdings kommt uU eine **Stundung bzw ein Erlass** des festgesetzten Anspruchs (zB nach § 31 HGrG; § 59 BHO bzw den entsprechenden landesrechtlichen Bestimmungen) in Betracht. Ein Antrag auf Stundung oder Erlass löst ein selbstständiges Verfahren aus. Wenn und soweit ein Betroffener sich nicht auf den Wegfall der Bereicherung berufen kann, aber andere Gründe zu seinen Gunsten sprechen, oder das Vorliegen der Voraussetzungen des Abs 2 S 2 zweifelhaft ist und nicht ohne weiteres aufgeklärt werden kann, ist dies unter dem Gesichtspunkt der **Verhältnismäßigkeit**[21] schon bei der von der Behörde zu treffenden Ermessensentscheidung über die Rücknahme zu berücksichtigen. Das Erstattungsverlangen hat nicht zur Voraussetzung, dass die Rücknahme bereits bestandskräftig ist; die zu erstattende Leistung kann vielmehr sofort zusammen mit der Rücknahme festgesetzt werden.[22] Die Anordnung der sofortigen Vollziehbarkeit des Erstattungsbescheides nach § 80 Abs 2 Nr 4 VwGO setzt aber die sofortige Vollziehbarkeit oder die Unanfechtbarkeit des Widerrufs bzw der Rücknahme des Bewilligungs-VA voraus. Die aufschiebende Wirkung eines Rechtsbehelfs gegen den Rückforderungsbescheid erfasst auch die Durchsetzbarkeit des Erstattungsverlangens.[23]

III. Umfang der Erstattung (Abs 2)

12 **1. Anwendung der Vorschriften des Bereicherungsrechts (Abs 2 S 1). a) Allgemeines.** Abs 2 regelt den Umfang des Erstattungsanspruchs wie bereits bisher § 44a Abs 2 BHO aF und § 48 Abs 2 S 6 aF mit Hilfe einer **Rechtsfolgenverweisung**[24] auf die Vorschriften des Bürgerlichen Gesetzbuchs über die ungerechtfertigte Bereicherung. Verwiesen wird nur auf diejenigen Vorschriften, die den Umfang des Anspruchs betreffen. § 814 BGB gehört nicht dazu (BVerwG NVwZ 2002, 854). Zu erstatten ist – soweit spezialgesetzlich nichts anderes bestimmt ist, wie zB gem § 12 Abs 2 BBesG und § 49 Abs 2 SVG für die Rückforderung von Gehaltszahlungen, Pensionszahlungen uä (vgl BVerwG DVBl 1992, 1372) – grundsätzlich das **durch die Leistung auf Grund des VA Erlangte;** gem § 818 Abs 1 darüber hinaus die aus dem Erlangten gezogenen Nutzungen sowie etwaige **Surrogate.** Hieraus folgt die Verpflichtung zur **Herausgabe gezogener Zinsen** sowie bei verschärfter Haftung gem §§ 819 Abs 1, 820 BGB an sich auch zur Verzinsung.[25] Insoweit stellt allerdings Abs 3 eine speziellere und daher vorrangige Regelung dar (so auch StBS 49). **Umstritten** ist, ob analog

---

[20] Allg Auffassung, vgl OVG Frankfurt NJW 1998, 3514; StBS 36. Demgegenüber wird für § 50 Abs 2 SGB X eine Ermessensentscheidung angenommen, vgl OVG Hamburg NVwZ 1990, 686; BSG NVwZ 1984, 607.

[21] Vgl BVerwG DVBl 1986, 1207; in BVerwGE 74, 367 insoweit nicht mit abgedruckt.

[22] VGH München NVwZ 1985, 663. Dementsprechend muss der Betroffene sich gleichzeitig gegen beide VAe zur Wehr setzen können. Die Heranziehung des § 113 Abs 1 S 2 erscheint hier angemessen (**aA** Pauly/Pudelka DVBl 1999, 1609).

[23] VGH München NVwZ 1985, 663; BayVBl 1988, 658.

[24] BT-Dr 13/1534 S 7; StBS 42; Knack/Henneke 13; Gröpl VerwArch 1997, 23, 40.

[25] BVerwG DVBl 1978, 608; **aA** BVerwG NVwZ 1991, 168.

§ 818 Abs 1 BGB auch **Gewinne,** die mit Hilfe des rechtsgrundlos Erlangten erzielt wurden, und rechtsgeschäftliche Surrogate herauszugeben sind.[26]

b) Entreicherung. Herauszugeben ist gem § 818 Abs 3 BGB grundsätzlich nur die noch vorhandene Bereicherung, dh, was von der gewährten Leistung in natura oder wertmäßig im Vermögen des Pflichtigen noch vorhanden ist oder was der Betroffene dadurch an eigenen Aufwendungen für die allgemeine Lebensführung, dh nicht für außergewöhnliche Anschaffungen, erspart oder zur Tilgung von Schulden verwendet hat.[27] Hat der Empfänger von Subventionen (Beihilfen) diese im Rahmen des Vertriebs von Waren oder Dienstleistungen an seine Abnehmer im Preis weitergegeben, kann dem Einwand der Entreicherung grundsätzlich nicht mit dem Hinweis auf einen Gewinn aus der der Subventionsgewährung zugrunde liegenden Geschäftstätigkeit begegnet werden, wegen fehlenden Kausalzusammenhangs auch nicht unter dem Gesichtspunkt einer evtl Saldierung. Das gilt jedenfalls dann, wenn die rechtsgeschäftlichen Surrogate im allgemeinen Geschäftsbetrieb angefallen sind und sich nicht konkret auf die ursprünglich gewährte Leistung beziehen lassen.[28] 13

Ob Entreicherung eingetreten ist, beurteilt sich grundsätzlich durch einen saldenmäßigen Vergleich des Aktiv- und Passivvermögens des Pflichtigen im Zeitpunkt der letzten Verwaltungsentscheidung **(Saldotheorie).**[29] Maßgebend ist eine wirtschaftliche Betrachtungsweise. Hat der Pflichtige Aufwendungen gemacht, die durch die rechtsgrundlose Leistung veranlasst worden sind, aber im Vermögen nicht mehr repräsentiert sind, oder hat der Pflichtige die Leistungen verbraucht, ohne dass dem Einsparungen entsprochen hätten (zB bei Luxusaufwendungen), dann liegt eine Entreicherung vor. Hier ergeben sich Abgrenzungsschwierigkeiten hinsichtlich der dem Vermögen zugeflossenen Surrogate. Auf ein Verschulden bei der Herbeiführung der Entreicherung kommt es nicht an; allerdings kann dieses für die Frage eine Rolle spielen, ob sich der Pflichtige überhaupt auf Entreicherung berufen kann. 13a

Umstritten ist, ob die Entreicherung vom Pflichtigen einredeweise geltend zu machen oder **von Amts wegen zu berücksichtigen** ist. Für die Notwendigkeit einer einredeweisen Geltendmachung könnte die Formulierung in Abs 2 S 2 sprechen. Einigkeit besteht darüber, dass der Pflichtige jedenfalls die Umstände, aus denen die Entreicherung folgen soll, selbst geltend machen muss, sofern sie nicht bereits bekannt sind. Da es sich um Umstände aus seinem Erfahrungsbereich handelt, ist es grundsätzlich Sache des Pflichtigen, sie im Verwaltungsverfahren oder in einem späteren Widerspruchs- bzw Klageverfahren zur Geltung zu bringen. Einer förmlichen Einrede bedarf es nicht; auch müssen die Entreicherungseinwände nicht notwendig bis zum Erlass eines Widerspruchsbescheides vorgebracht werden. Ein Gericht hat die Umstände, die eine Entreicherung begründen, auch dann noch zu berücksichtigen, wenn diese erst im Laufe des gerichtlichen Verfahrens bekannt werden.[30] **Umstritten** ist, ob sich auf Vertrauensschutz und den Wegfall der Bereicherung nach § 818 Abs 3 BGB **auch Be-** 14

---

[26] So wohl StBS 44; dagegen Obermayer/Funke-Kaiser 30; offen zur Frage der Herausgabe des erzielten Gewinns, verneinend, wenn derselbe Gewinn jedenfalls auch unter Einsatz anderweitig beschaffter Gegenstände erzielt worden wäre, BVerwG NJW 1992, 329 und 705.

[27] BVerwG NVwZ-RR 1994, 32; BGH NJW 1984, 3095; 1985, 2700 mwN; ebenso zum früheren Recht BVerwGE 32, 228; BVerwG DÖV 1970, 747; OVG Bremen DÖV 1974, 353; StBS 46 f; **aA** zum bish Recht BVerwGE 37, 56; VGH München BayVBl 1973, 184.

[28] BVerwG NJW 1992, 704; VGH Kassel DVBl 1989, 574; zweifelnd wohl StBS 44.

[29] BVerwG NJW 1992, 328, 330; NVwZ-RR 1994, 32; StBS 47; Obermayer/Funke-Kaiser 33.

[30] Vgl BVerwG NJW 1992, 328; DVBl 1992, 1371; StBS 48; Osterloh JuS 1992, 610.

hörden und öffentliche Körperschaften berufen können.[31] Der Streit spielt für § 49a keine Rolle, weil sich der Erstattungsanspruch nach dieser Vorschrift ohnehin nicht gegen die öffentliche Hand richten kann. Zum Erstattungsanspruch gegenüber der öffentlichen Hand s unten Rn 27.

15 **2. Ausschluss der Berufung auf Entreicherung. a) Kenntnis, grobfahrlässige Unkenntnis (Abs 2 S 2).** Volle Erstattungspflicht trotz eingetretener Entreicherung besteht gem Abs 2 S 2, der insoweit an die Stelle von § 819 BGB tritt, bei Kenntnis oder grobfahrlässiger Unkenntnis der Umstände, welche die Rechtswidrigkeit des VA begründen.[32] Anders als gem § 48 Abs 2 S 3 Nr 3, wo Kenntnis oder grobfahrlässige Unkenntnis der Rechtswidrigkeit des VA gefordert wird, genügt nach S 2 schon die Kenntnis der Umstände, die die Rechtswidrigkeit bewirken.[33] Keine Rolle spielt danach die Frage, ob der Pflichtige aus der Kenntnis der Umstände den Schluss auf die Rechtswidrigkeit des VA tatsächlich gezogen hat oder nicht. Auch kommt es nicht darauf an, ob er den Schluss hätte ziehen können oder es grobfahrlässig unterlassen hat, ihn zu ziehen. Damit ist eine wesentliche Erleichterung der Umsetzung erreicht, da eine Bewertung des subjektiven Erkenntnisvermögens insoweit entbehrlich ist.

16 **Als grobfahrlässige Unkenntnis** iS der Vorschrift ist es jedenfalls anzusehen, wenn die Rechtswidrigkeit des VA offensichtlich war (vgl OVG Hamburg NVwZ 1988, 74), oder wenn der Betroffene nach dem Inhalt des VA und/oder nach den ihm bekannten Umständen jedenfalls mit einer Rücknahme des VA rechnen musste (BVerwGE 74, 367 = DVBl 1986, 1207). **Bei juristischen Personen** kommt es auf die Kenntnis einer vertretungsberechtigten Person oder einer für die vorausgegangene Empfangnahme der zu erstattenden Leistung oder nunmehr für die Erstattung der Leistung zuständigen Person an (BVerwGE 71, 56 = NJW 1985, 2208), **bei mehreren** vertretungsberechtigten oder im dargelegten Sinn zuständigen **Personen** auf die Kenntnis desjenigen, der zuerst Kenntnis erlangt (BVerwGE 71, 56).

17 **b) Vorläufige Bewilligung von Leistungen.** Wurden Leistungen nur vorläufig bewilligt, so kommt es für die Berücksichtigung des Wegfalls der Bereicherung auf eine **Abwägung des Interesses** des Empfängers der Leistung mit dem öffentlichen Interesse an der Beseitigung dieser Vermögenslage an.[34] War die vorläufige Bewilligung allein auf Grund nicht näher geprüfter Angaben des Leistungsempfängers erfolgt und liegt der Rücknahmegrund ausschließlich oder überwiegend in seinem Verantwortungsbereich, so entfällt idR die Möglichkeit, sich auf den Wegfall der Bereicherung zu berufen (BVerwG NJW 1992, 707).

18 **c) Ausschluss des Entreicherungseinwands nach EU-Recht.** Ein Entreicherungseinwand nach Abs 2 S 1 ist ausgeschlossen, wenn die zuständige Behörde auf Grund eines bestandskräftigen **Beschlusses der EU-Kommission** verpflichtet worden ist, den Bewilligungsbescheid zurückzunehmen und die Beihilfe zurückzufordern.[35] In derartigen Fällen kommt zwar für die Zurücknahme der Bewilligung und die Rückforderung der Beihilfe nationales Recht, hier also § 49a zur Anwendung, allerdings mit der mit der Maßgabe, dass es auf Kenntnis

---

31 **AA** BVerwGE 36, 113: nur der Bürger, nicht auch ein öffentlicher Rechtsträger kann sich auf eine Entreicherung berufen; BVerwGE 60, 211; OVG Koblenz NVwZ 1988, 448, 946 und 948; StBS 46.

32 Ebenso die frühere Rspr, die die §§ 819 Abs 1, 820 Abs 1 BGB entspr anwandte, vgl VGH München BayVBl 1974, 673 mwN.

33 Vgl dazu auch BVerwGE 105, 354; BVerwG NJW 1992, 707; Knack/Henneke 15; differenzierend StBS 63 ff.

34 BVerwGE 74, 357 = NVwZ 1987, 44; BVerwG NJW 1992, 707.

35 Vgl EuGHE I 1997, 1591 = NJW 1998, 47 – Alcan II; modifizierend EuGHE I 1998, 4782 – Oelmühle; StBS 71; Knack/Henneke 18 f; s auch Ehlers GewArch 1999, 316; zT **aA** noch BVerwGE 92, 81; anders dann BVerwGE 106, 328.

oder grobfahrlässige Unkenntnis der die Rücknahme begründenden Umstände nicht ankommt. Dies folgt aus dem aus Art 4 Abs 3 EUV folgendem Gebot einer effektiven Umsetzung europarechtlicher Vorgaben im Rahmen des nationalen Verwaltungsverfahrens (s näher Einf II Rn 28a).[36] IdR wird in diesen Fällen bereits der Ausschluss des Entreicherungseinwands nach Abs 2 S 2 greifen, weil Vertrauensschutz bereits auf der Ebene der Entscheidung der Kommission berücksichtigt worden sein wird (EuGHE I 1998, 4757 – Oelmühle). Gleichwohl kann es Fälle geben, in denen es trotz fehlender grob fahrlässiger Unkenntnis eine Rückforderung geboten ist.

IV. Verzinsung (Abs 3)

1. Zinsanspruch (S 1). Während § 44a Abs 3 BHO aF für den Fall der Erstattung noch eine Verzinsung von nur 6% vorsah, ist der Erstattungsbetrag nach Abs 3 mit pro Jahr **5% über dem jeweiligen Basiszinssatz** zu verzinsen. Der an die Bedingungen des Kapitalmarktes angepasste Zinssatz soll verhindern, dass Verzögerungen der Erstattung zu finanziellen Vorteilen des Verpflichteten führen (BT-Dr 13/1534 S. 7). Der Zinsanspruch kann ebenfalls durch VA geltend gemacht werden (OVG Magdeburg NVwZ 2002, 108). Auch § 50 Abs 2a SGB X sieht inzwischen eine Verzinsung vor. 19

Die **Zinspflicht beginnt** mit dem Eintritt der Unwirksamkeit des der Leistung zugrunde liegenden VA, also nicht erst mit dem Erlass des Rückforderungs-VA, mit dem die Festsetzung der zu erstattenden Leistung erfolgt, wie dies nach § 44a Abs 3 S 1 BHO aF der Fall war. Die Unwirksamkeit des VA tritt nach § 43 Abs 2 in dem Zeitpunkt ein, in dem der Widerruf bzw die Rücknahme wirksam werden. IdR wird dies, da Abs 1 die Erstattungspflicht für den Fall der rückwirkenden Aufhebung des VA regelt, der **Zeitpunkt des Erlasses des ursprünglichen VA** bzw, wenn die Leistung später erbracht wurde, der Zeitpunkt der Leistung sein.[37] Der Erstattungsbetrag ist daher idR **rückwirkend zu verzinsen** (BT-Dr 13/1534 S. 7). Werden Widerruf oder Rücknahme angefochten, so hemmt die dadurch ausgelöste aufschiebende Wirkung (§ 80 Abs 1 VwGO) nur die Durchsetzung des Zinsanspruchs, lässt ihn aber nicht entfallen (so auch StBS 75). Nach Wegfall des Suspensiveffekts lebt der Zinsanspruch wieder vollen Umfangs auf. Der Zinsanspruch unterliegt der regelmäßigen **Verjährungsfrist von drei Jahren** nach §§ 195, 199 Abs 1 Nr 1 BGB (BVerwG NVwZ-RR 2013, 489). Zur Verjährung in Übergangsfällen s OVG Greifswald NordÖR 2005, 160. 20

2. Absehen vom Zinsanspruch (Abs 3 S 2). a) Allgemeines. Nach Abs 3 S 2 kann von der Geltendmachung des Zinsanspruchs ganz oder teilweise abgesehen werden. Die Vorschrift entspricht der Regelung in § 44a Abs 3 S 2 BHO aF. Die Regelung ermächtigt die Behörde dazu, nach Ermessen (§ 40) von einer Zinsforderung abzusehen, „wenn der Zuwendungsempfänger die Umstände, die zum Entstehen des Erstattungsanspruchs geführt haben, nicht zu vertreten hat und die Erstattung innerhalb der von der Bewilligungsbehörde festgesetzten Frist leistet". Diese Regelung dient dazu, die zT harten Folgen des Eintritts einer rückwirkenden Zinspflicht in Fällen abzumildern, in denen der Pflichtige die Umstände nicht zu vertreten hat, aus denen die Aufhebung bzw der Eintritt der Unwirksamkeit des ursprünglichen VA folgen. Der Verzicht führt zum Erlöschen der Zinsforderung.[38] 21

---

36 Zur Übertragbarkeit der zur Rücknahme ergangenen Entscheidungen des EuGH Erichsen/Ehlers § 24 Rn 17; BS 69b.

37 BVerwG NVwZ 2011, 949; NVwZ-RR 2013, 489; OVG Magdeburg LKV 1999, 411; Suerbaum VerwArch 1999, 361, 365; StBS 74; Obermayer/Funke-Kaiser 42; Knack/Henneke 23.

38 StBS 81.

22 **b) Vertretenmüssen des Empfängers.** Voraussetzung für das Absehen von der Erhebung der in Abs 3 S 1 vorgesehenen Zinsen ist, dass der Begünstigte die Rücknahmeumstände nicht zu vertreten hat. Zu vertreten hat der Empfänger analog § 276 BGB jedes Verschulden, **auch leichte Fahrlässigkeit** (Weides NJW 1981, 4848), hins aller Umstände, dh aller Gründe iS von Abs 2 S 2, die **in seine Risikosphäre fallen,**[39] auch zB, wenn er die in Frage stehenden Umstände nur geduldet hat. Mitverschulden reicht insoweit aus. Der Betroffene hat auch für das Verschulden von Personen einzustehen, deren er sich zur Erfüllung seiner Pflichten bedient (Ziekow 14).

23 **c) Ermessen.** Das Absehen vom Zinsanspruch steht im Ermessen der Behörde; der Schuldner hat einen **Anspruch auf fehlerfreie Ermessensentscheidung** (StBS 80). Dies gilt auch dann, wenn Schuldner ein Träger hoheitlicher Gewalt ist (zB eine Gemeinde).[40] Trotz der scheinbar abschließenden Regelung ist anzunehmen, dass die Befugnis der Behörde, auf Grund anderer Vorschriften, zB von Billigkeitsregelungen, auch aus anderen Gründen auf eine Zinsforderung zu verzichten, unberührt bleibt. Dies entspricht allgemeinen haushaltsrechtlichen Grundsätzen. Auch der Zinsanspruch ist von der Behörde mit **VA geltend zu machen;** dies muss nicht zusammen mit der Rücknahme bzw dem Widerruf geschehen, sondern kann auch mit einem gesonderten VA erfolgen (BVerwG NVwZ 1992, 772).

V. Zwischenzinsen (Abs 4)

24 **1. Allgemeines.** Abs 4 enthält eine eigenständige Ermächtigung zur Forderung von sog Zwischenzinsen im Fall des § 49 Abs 3, wenn die gewährte Leistung nicht „alsbald" nach der Auszahlung für den bestimmten Zweck verwendet wird. Diese Möglichkeit einer Reaktion tritt neben die Möglichkeit eines Vorgehens nach § 49 Abs 3 S 1 Nr 1, wie in Abs 4 2. HS klargestellt wird. Damit ist nicht nur die Möglichkeit gegeben, wirtschaftliche Vorteile des Empfängers abzuschöpfen (BT-Dr 13/1534 S. 7), sondern auch ein Anreiz geschaffen, die Mittel so rasch wie möglich zweckentsprechend einzusetzen. Die Regelung entspricht § 44a Abs 3 S 4 BHO aF. Der **selbständige Zinsanspruch** nach Abs 4 kann, wie der Bezug auf Abs 3 zeigt, ebenfalls nach Abs 1 durch VA festgesetzt werden. Die Festsetzung ist von einer Rückforderung nach Abs 2 unabhängig.

25 **2. Voraussetzungen für den Zinsanspruch.** Der Anspruch nach Abs 4 setzt voraus, dass die Leistung nach der Auszahlung nicht „alsbald" für den vorgesehenen Zweck eingesetzt wird (BVerwGE 123, 303). Umstritten ist, was unter „alsbald" zu verstehen ist. Nach der hM unterscheidet sich diese Anforderung von „unverzüglich", worunter nach § 122 BGB ein Handeln „ohne schuldhaftes Zögern" zu verstehen ist. Der Begriff „alsbald" signalisiert demgegenüber eine etwas größere Flexibilität beim Zeitpunkt des Mitteleinsatzes. **Ein Zeitraum von zwei Monaten** soll insoweit noch unschädlich sein.[41] Auf ein Verschulden des Leistungsempfängers bei der Verzögerung des Mitteleinsatzes soll es demgegenüber nicht ankommen.[42]

26 **3. Ermessen.** Im Unterschied zu Abs 1 steht der Erlass eines VA nach Abs 4 im Ermessen der zuständigen Behörde. Damit wird sichergestellt, dass die Umstände des Einzelfalls angemessen berücksichtigt werden können. In diesem Zusammenhang kann auch berücksichtigt werden, dass der Leistungsempfänger die Verzögerungen des Mitteleinsatzes nicht zu vertreten hat (StBS 85).

---

[39] VGH München NVwZ 1990, 882; NVwZ-RR 1991, 451; BayVBl 1990, 310.
[40] OVG Koblenz, Urt v 11.2.2011, 2 A 10892/10, juris.
[41] OVG Münster NVwZ-RR 1993, 16; wohl auch StBS 83; Knack/Henneke 28.
[42] BVerwG DVBl 2003, 270, 272; OVG Weimar NVwZ-RR 1999, 435; Schnekenburger NVwZ 2001, 648; Neumann NVwZ 2000, 1248, 1252.

VI. Der allgemeine öffentlich-rechtliche Erstattungsanspruch

1. Allgemeines. Soweit weder § 49a, der insoweit eine abschließende Regelung trifft (s Rn 6), noch die speziellen Vorschriften des Fachrechts anwendbar sind, kann eine Rückforderungsanspruch auch auf den allgemeinen öffentlichrechtlichen Erstattungsanspruch gestützt werden. Dieser gilt nicht nur für Ansprüche der öffentlichen Hand, sondern auch für Erstattungsansprüche des Bürgers. Dabei handelt es sich um ein **eigenständiges öffentlich-rechtliches Rechtsinstitut,** das sich aus dem Grundsatz der Gesetzmäßigkeit der Verwaltung ergibt, wonach eine rechtsgrundlose Vermögensverschiebung grundsätzlich rückgängig zu machen ist.[43] Der Erstattungsanspruch kann sowohl den Bürger als auch den Staat zu einer Klage auf Erstattung berechtigen. Auch der Staat ist grundsätzlich darauf angewiesen, den allgemeinen öffentlichrechtlichen Erstattungsanspruch klageweise geltend zu machen. Eine **Durchsetzung des Anspruchs durch VA** kommt nur in Betracht, wenn dies spezialgesetzlich vorgesehen ist, wie dies für das Beamtenrecht angenommen wird oder die rechtsgrundlose Leistung auch bereits durch VA erfolgte (sog **Kehrseitentheorie,** vgl BVerwGE 40, 88). 27

2. Voraussetzungen. Die Anspruchsvoraussetzungen des allgemeinen öffentlichrechtlichen Erstattungsanspruchs sind anhand der §§ 812 ff BGB entwickelt worden. Danach muss eine **Vermögensverschiebung** durch Leistung (VGH München NVwZ 1993, 794) oder in sonstiger Weise (BVerwGE 71, 85) im Rahmen eines **öffentlichrechtlichen Rechtsverhältnisses** stattgefunden haben (vgl auch OVG Münster NJW 1992, 2245). Problematisch ist insoweit vor allem, wann das Rechtsverhältnis, in dem die Vermögensverschiebung stattgefunden hat, dem öffentlichen Recht zuzuordnen ist (s hierzu näher Schoch, Jura 1994, 87). Zur irrtümlichen Zahlung auf Grund einer öffentlichrechtlichen Leistungspflicht an nicht berechtigte Dritte s BVerwGE 84, 274 = NJW 1990, 2482 (privatrechtlich); **aA** Ehlers in Schoch § 40 Rn 290 (öffentlichrechtlich). Die Vermögensverschiebung muss weiter **ohne Rechtsgrund** erfolgt sein. Soweit ein VA den Rechtsgrund für die Verschiebung darstellt, muss dieser zuvor aufgehoben worden sein. Schließlich darf der Geltendmachung des Erstattungsanspruchs **kein Vertrauensschutz** entgegenstehen. Die hM geht dabei davon aus, dass die bürgerlichrechtlichen Vorschriften über die **Entreicherung** (§§ 818 Abs 3, 819 BGB) im öffentlichen Recht **nicht ohne weiteres entsprechend anwendbar** sind. Vielmehr müsse der Vertrauensschutz nach öffentlichrechtlichen Maßstäben beurteilt werden. Das bedeutet, dass bei Wegfall der Bereicherung ein flexibler Fahrlässigkeitsmaßstab angewendet werden kann.[44] 28

VII. Der allgemeine Folgenbeseitigungsanspruch

1. Allgemeines. Soweit es um die Rückgängigmachung von Folgen eines aufgehobenen oder unwirksam gewordenen VA geht, kommt auch ein Folgenbeseitigungsanspruch in Betracht. Dieser Anspruch steht neben dem Erstattungsanspruch. Wenn es an einer speziellen fachrechtlichen Regelung des Anspruchs fehlt, greift der allgemeine ungeschriebene Folgenbeseitigungsanspruch ein, der aus dem allgemeinen Abwehranspruch gegen rechtswidriges hoheitliches Handeln folgt und seine Grundlage in den Grundrechten sowie im Prinzip der Gesetzmäßigkeit der Verwaltung findet.[45] Teilweise wird er auch aus einer Analogie 29

---

[43] Vgl zB Maurer § 29 Rn 20; Erichsen/Ehlers § 29 Rn 19; Lorenz in Staudinger, Komm zum BGB, Vorb zu § 812 BGB Rn 73 ff.

[44] BVerwGE 71, 85 = NJW 1985, 2436; kritisch Maurer § 29 Rn 21 f.

[45] So die Rspr, vgl BVerwGE 69, 366, 368 ff, im Anschluss an Bachof, Die verwaltungsrechtliche Klage auf Vornahme einer Amtshandlung, Tübingen 1951, und Weyreuther, Gutachten DJT S. 106 ff; zu den Begründungsansätzen näher Detterbeck/Windthorst/Sproll, § 12 Rn 15 ff.

zu den negatorischen Ansprüchen des Zivilrechts (zB §§ 1004, 862 BGB) hergeleitet.[46] Dieser Anspruch steht dem Betroffenen gegen die öffentliche Hand zu, wenn aufgrund rechtswidrigen hoheitlichen Handelns unmittelbar eine Rechtsverletzung verursacht wird, die andauert, und wenn die öffentliche Hand zur Beseitigung diese Rechtsverletzung rechtlich und tatsächlich in der Lage ist. Der Folgenbeseitigungsanspruch kann nach § 113 Abs 1 S 2 VwGO zusammen mit einer Anfechtungsklage gegen den die Folgen auslösenden rechtswidrigen VA erhoben werden.

30 **2. Voraussetzungen.** Der Folgenbeseitigungsanspruch setzt **rechtswidriges hoheitliches Handeln** voraus. Die Rechtsform dieses Handelns ist dabei nicht entscheidend. Es kommt nicht nur Handeln in der Form des VA in Betracht, sondern auch schlicht hoheitliches Handeln,[47] nicht dagegen privatrechtliches Handeln, auch dann nicht, wenn es der Erfüllung öffentlicher Aufgaben dient. Soweit die Behörde durch VA gehandelt hat, ist Voraussetzung für den Anspruch, dass der VA aufgehoben worden ist. Das Handeln muss rechtswidrig sein bzw gewesen sein. Es muss beim Anspruchsinhaber zu einer Rechtsverletzung geführt haben, die noch andauert. Erforderlich ist eine **Kausalität** zwischen dem rechtswidrigen Handeln und der Rechtsverletzung. Mitverursachung ist im Grundsatz ausreichend. Liegt aber **Mitverschulden** des Betroffenen vor, so kann es zu einer Einschränkung des Anspruchs kommen. Die Rechtsverletzung muss auch nach Aufhebung des VA bzw nach Beendigung des schlicht hoheitlichen Handelns beim Betroffenen noch andauern.

31 **3. Rechtsfolgen.** Der Anspruch richtet sich auf die Beseitigung der unmittelbaren Folgen des rechtswidrigen Handelns. Mittelbare Folgen werden nicht erfasst; sie können nur mit einem Schadensersatzanspruch geltend gemacht werden. Der Anspruch setzt voraus, dass die Beseitigung der Folgen tatsächlich möglich, rechtlich zulässig und wirtschaftlich zumutbar ist.[48] Soweit die Beseitigung der Folgen einen Eingriff in Rechte Dritter erfordern, ist eine gesetzliche Ermächtigungsgrundlage notwendig.[49] Der Folgenbeseitigungsanspruch selbst stellt **keine selbständige Eingriffsgrundlage** dar. Trifft den Anspruchsinhaber ein Mitverschulden entspr § 254 BGB, so kommt eine Folgenbeseitigung nur entsprechend dem verbleibenden Anteil in Betracht. Lässt sich die erforderliche Maßnahme nicht teilen, so wandelt sich der Anspruch auf Folgenbeseitigung in einen Folgenentschädigungsanspruch um.[50]

§ 50 Rücknahme und Widerruf im Rechtsbehelfsverfahren

§ 48 Abs. 1 Satz 2 und Abs. 2 bis 4 sowie § 49 Abs. 2 bis 4 und 6 gelten nicht,[6] wenn ein begünstigender Verwaltungsakt,[13] der von einem Dritten angefochten worden ist,[17] während des Vorverfahrens oder während des verwaltungsgerichtlichen Verfahrens aufgehoben wird, soweit dadurch dem Widerspruch oder der Klage abgeholfen wird.[21]

---

[46] So vor allem Bettermann DÖV 1955, 528, 534.

[47] S hierzu BVerwG DVBl 1971, 858, 860; nach BVerwGE 69, 366 kommt auch rechtswidriges Unterlassen in Betracht; hiergegen Maurer § 30 Rn 9; differenzierend Detterbeck/Windthorst/Sproll § 12 Rn 30.

[48] S hierzu Maurer § 30 Rn 14.

[49] VGH Mannheim DÖV 1996, 1057; VBlBW 1987, 423, 424 für den Fall des Erlasses einer Räumungsverfügung nach befristeter Einweisung von Dritten in eine Wohnung. Teilweise **aA** Schenke DVBl 1990, 330; WBSK I § 52 Rn 34; Blanke/Peilest Vw 1998, 39. Überwiegend wird aus der sog Folgenbeseitigungslast für die Eingriffsnorm eine Ermessensreduzierung auf Null hergeleitet, vgl VGH Kassel NVwZ 1995, 302; BGHZ 130, 332, 335; Sproll JuS 1996, 223; differenzierend zu Recht Detterbeck/Windthorst/Sproll § 12 Rn 46.

[50] BVerwGE 82, 24, 27 f.

Parallelvorschriften: § 132 AO, §§ 46–48, 50 SGB-X

Schrifttum: *Cornils,* Zur Anwendbarkeit des § 50 VwVfG: Wahlfreiheit der Verwaltung oder Vorrang des Widerspruchsverfahrens, Vw 2000, 485; *Ehlers,* Das VwVfG im Spiegel der Rechtsprechung, Vw 2004, 255; *Ehlers/Kallerhoff,* Die Rücknahme von VAen, JURA 2009, 823; *Erichsen,* Die Aufhebung von VAen durch die Verwaltung, Jura 1981, 534, 590; *Gassner,* Rücknahme drittbelastender VAe im Rechtsbehelfsverfahren, JuS 1997, 794; *Gusy,* Bestandskraft und Konkurrentenklage, GewArch 1988, 322; *Horn,* Die Aufhebung des der Drittanfechtung unterliegenden VA, 1989; *ders,* Der Aufhebungsanspruch beim VA mit Drittwirkung, DÖV 1990, 864; *Klostermann,* Die Aufhebung des Verwaltungsaktes mit Doppelwirkung im Verwaltungsverfahren, 1992; *Knoke,* Rechtsfragen der Rücknahme von VAen, 1989; *Laubinger,* Der Verwaltungsakt mit Doppelwirkung, 1967, 185; *Lege,* Die behördliche Aufhebung von VAen nach Drittanfechtung – Auslegung, Änderung oder Streichung des § 50 VwVfG?, FS SächsOVG, 2002, 359; *Remmert,* Die behördliche Aufhebung von VAen mit Doppelwirkung, VerwArch 2000, 209; *Schenke,* Rechtsprobleme des Konkurrentenschutzes im Wirtschaftsverwaltungsrecht, NVwZ 1993, 718; *ders,* Der Anspruch des Verletzten auf Rücknahme des VA vor Ablauf der Anfechtungsfristen, FS Maurer, 2001, 723; *Schwerdtfeger,* Grundrechtlicher Drittschutz im Baurecht, NVwZ 1982, 5; *Simon,* Zurücknahme begünstigender Verwaltungsakte auf unzulässigen oder unbegründeten Widerspruch Dritter, BayVBl 1968, 193; s auch zu §§ 48 und 49.

Übersicht

I. Allgemeines

1. Inhalt. Die Vorschrift enthält **Einschränkungen des Vertrauensschutzes** für den Fall, dass die Behörde während eines anhängigen Widerspruchs- oder Klageverfahrens den von einem Dritten angefochtenen begünstigenden VA nach § 48 zurücknimmt oder nach § 49 widerruft, um dadurch einem Widerspruch bzw einer Klage abzuhelfen. Wegen der Wendung „soweit dadurch dem Widerspruch und der Klage abgeholfen wird", gibt die Vorschrift immer wieder Anlass zu Missverständnissen, weil diese „Abhilfe" mit der förmlichen Abhilfe 1 nach § 72 VwGO verwechselt wird, mit der sie aber nichts zu tun hat.[1] Die Regelung entspricht der schon vor Erlass des VwVfG vertretenen hM.[2] Die Regelung zieht Konsequenzen aus dem Umstand, dass der durch den VA Begünstigte idR **keinen Vertrauensschutz** genießt, solange er nicht auf den Bestand des VA vertrauen kann, sondern mit der Aufhebung durch die Widerspruchsbehörde bzw das Verwaltungsgericht rechnen muss, für die die Beschränkungen nach § 48 und § 49 ebenfalls nicht gelten.[3] Die Ausgangsbehörde hat deshalb im Falle eines Drittwiderspruchs oder einer Drittanfechtungsklage die Wahl, ob sie den Ausgang des Widerspruchs- oder Klageverfahrens abwarten will, oder ob sie durch Widerruf bzw Rücknahme nach Maßgabe des § 50 die Erledigung des anhängigen Rechtsbehelfsverfahrens herbeiführen will.[4] Sie darf allerdings mit einem Vorgehen nach § 50 nicht die anderenfalls drohende Kostenpflicht nach § 80 umgehen (s § 80 Rn 26 f).

2 **2. Verfassungsrecht, Europarecht.** Trotz des Fehlens näherer inhaltlicher Festlegungen sind verfassungsrechtliche Bedenken gegen die Vorschrift nicht veranlasst, weil sich die Maßstäbe für die zu treffende Entscheidung aus dem Zusammenhang mit § 48 und § 49 und mit § 40 ergeben.[5] Soweit in besonders gelagerten Fällen aus verfassungsrechtlichen Gründen Vertrauensschutz trotz des Ausschlusses in § 50 gewährt werden muss, ist dieser im Rahmen der nach §§ 48, 49 zu treffenden Ermessensentscheidung zu gewähren. Die Vorschrift ist auch für die Fälle des indirekten Vollzugs von Unionsrecht anzuwenden. Ein Konflikt mit dem europarechtlichen Grundsatz des Vertrauensschutzes ist nicht gegeben, da in den Fällen des § 50 ein schutzwürdiges Vertrauen typischerweise nicht gegeben ist.

3 **3. Anwendungsbereich. a) Unmittelbar.** § 50 ergänzt bzw modifiziert die Regelungen der § 48 und § 49 und setzt deshalb zunächst einmal deren Anwendbarkeit voraus. Der unmittelbare Anwendungsbereich erstreckt sich deshalb auf Widerrufs- bzw Rücknahmeverfahren nach dem VwVfG. Die Verwaltungsverfahrensgesetze der Länder enthalten wortgleiche Bestimmungen. Die Regelung gilt nur für die Rücknahme und den Widerruf von **VAen mit Drittwirkung,** die von Dritten, die dadurch in ihren Rechten betroffen werden, mit einem Rechtsbehelf angegriffen werden, und bei denen die Behörde mit der Rücknahme bzw dem Widerruf des angefochtenen VA einer **Rechtsbehelfsentscheidung über diesen zuvorkommt** und damit eine solche (Abhilfe nach § 72 VwGO) oder Widerspruchsbescheid (§ 73 VwGO) oder gerichtliche Kassation (§ 113 VwGO) überflüssig macht. § 50 gilt gem § 1 Abs 1 und 2 nur vorbehaltlich bestehender anderer inhaltsgleicher oder entgegenstehender Bestimmungen in anderen Rechtsvorschriften. Solche vorgehende Regelungen können sich uU auch aus dem Zusammenhang und Zweck einer gesetzlichen Regelung ergeben. Anwendbar ist die Vorschrift auch auf **Zusicherungen** und **nichtige VAe.** S dazu, dass der Rücknahme nichtiger VAe aber ohnehin idR keine Vertrauensschutzinteressen entgegenstehen, § 48 Rn 141.

4 **Nicht anwendbar** ist die Vorschrift **nach Unanfechtbarkeit des VA.** Voraussetzung für die Anwendbarkeit ist nämlich ein anhängiges Widerspruchs- oder

---

[1] Vgl Knack/Henneke 14; StBS 5, 105.

[2] Vgl BVerwGE 21, 145; 31, 69; BSG 17, 263; 25, 34; BGH NJW 1982, 2252; Laubinger 185 ff; F 271 mwN; Obermayer VerwR 2. Aufl 129; Erichsen/Ehlers § 24 Rn 40 Anm 85; vgl auch BVerwG NJW 1970, 263.

[3] Begr 74; OVG Münster NVwZ 1989, 72; Meister DÖV 1985, 148; Zanker NVwZ 1984, 86; allg auch BVerwGE 51, 315; 65, 321; BGH NJW 1985, 265; ebenso schon bisher, zB Ossenbühl 124; WBSK I § 51 Rn 58.

[4] HM, vgl BVerwGE 101, 64, 69; StBS 5: **aA** Knoke 299; Cornils Vw 2000, 485, 203.

[5] Vgl Kopp DÖV 1990, 165; **aA** Knoke 313, auf Grund der nicht zutreffenden Annahme, dass die Regelung eine Berücksichtigung von Ermessensgesichtspunkten ausschließe.

Klageverfahren. Nach Abschluss von Widerspruchs- und Klageverfahren ist § 50 nicht mehr anwendbar, unabhängig davon, ob der angefochtene VA ganz oder teilweise aufgehoben oder bestätigt worden ist; ebenso auch nicht auf VAe, die Gegenstand eines Wiederaufnahmeantrags nach § 51[6] bzw einer Wiederaufnahmeklage nach § 153 VwGO, eines Nichtigkeitsfeststellungsantrags nach § 44 Abs 5 oder einer Nichtigkeitsfeststellungsklage nach § 43 Abs 1 VwGO (Obermayer 12) sind. Nicht anwendbar ist § 50 auch auf VAe, die nur Gegenstand einer Aufsichtsbeschwerde (Obermayer 12) sind, außerdem, da § 50 eine Anfechtung durch einen Dritten vorsieht, auch nicht auf belastende Teilregelungen eines VA, die der im Übrigen durch den VA Begünstigte anficht.

b) Entsprechende Anwendbarkeit. Die Vorschrift ist analog anwendbar, wenn sich Widerruf und Rücknahme nicht nach den §§ 48, 49, sondern nach entsprechenden Vorschriften des Fachrechts richten, sofern darin keine abschließende Regelung getroffen worden ist.[7] Sie ist ferner als **Ausdruck eines allgemeinen Rechtsgedankens** auch auf Fälle anzuwenden, die zwar unter das VwVfG fallen und auf die auch die §§ 48 f anwendbar sind, für die aber auf Grund besonderer Rechtsvorschriften nicht **das Vorverfahren** (Widerspruchsverfahren) gem §§ 68 ff VwGO bzw nicht das Klageverfahren nach der VwGO, sondern nach anderen Gesetzen, zB die Klage im ordentlichen Rechtsweg oder Finanzrechtsweg gegeben ist (vgl § 79 Rn 11), zB bei Streitigkeiten über eine durch VA festgesetzte Enteignungsentschädigung.[8] 5

4. Ausgeschlossene Vorschriften. a) Allgemeines. Ausgeschlossen wird nach dem Wortlaut der Vorschrift im Falle der Rücknahme die Anwendbarkeit von § 48 Abs 1 S 2, Abs 2–4 und im Falle des Widerrufs die Anwendbarkeit von § 49 Abs 2–4 und 6, allerdings nur soweit sie Ausdruck des Vertrauensschutzes sind,[9] auch bzgl der Jahresfrist und der Ausgleichs- bzw Entschädigungspflicht gem § 48 Abs 3 und § 49 Abs 5.[10] Die zunächst noch vorhandene Bezugnahme auf § 48 Abs 6 beruhte auf einem Redaktionsversehen nach dessen Streichung und ist inzwischen gestrichen worden. Die Konsequenz ist, dass sich die Rücknahme auch hinsichtlich des begünstigenden VA allein nach § 48 Abs 1 S 1 und der Widerruf begünstigender VAe zwar nach § 49 Abs 2 u 3 richten, ohne aber Vertrauensschutz einzuräumen (StBS 76, 84). 6

b) Rückwirkender Widerruf. Nach dem klaren Wortlaut gilt der Ausschluss des Vertrauensschutzes durch § 50 auch für die sonst geltende Beschränkung der Wirkung des Widerrufs begünstigender VAe auf die Zukunft. Der Widerruf ist in den Fällen des § 50 deshalb nicht nur in den Fällen des § 49 Abs 3, sondern auch in denen des § 49 Abs 2 auch rückwirkend möglich,[11] selbst bei Rückwirkung über den Zeitpunkt der Anfechtung hinaus. Eine Beschränkung auf den Zeitraum der Anfechtung lässt sich der Vorschrift nicht entnehmen.[12] 7

c) Kein Ausschluss jeglichen Vertrauensschutzes. Umstritten ist, ob der Ausschluss der Anwendbarkeit des § 48 Abs 1 S 2, Abs 2–4 sowie des § 49 Abs 2–4 und 6 bedeutet, dass Gesichtspunkte des Vertrauensschutzes auch in der nach § 48 Abs 1 S 1 und § 49 Abs 2, 3 zu treffenden Ermessensentscheidung 8

---

6 Obermayer 12; StBS 95; Knack/Henneke 25.

7 Allg M, vgl StBS 1; UL § 64 Rn 3; Knack/Henneke 5. Zur Frage, ob § 50 auch für den Widerruf atomrechtlicher Genehmigungen gilt, vgl Schoch DVBl 1990, 549; Ziekow 4.

8 Vgl BGH NJW 1982, 2253; Ziekow 5; str.

9 Knack/Henneke 13; MB 5.

10 OVG Münster NVwZ 1989, 72; Knack/Henneke 18; Peters DÖV 1968, 553; str; s auch im Folgenden; zT **aA** Knoke 286: § 48 wird nur modifiziert.

11 BVerwG BayVBl 1994, 374 = DÖV 1994, 750; grundsätzlich auch StBS 83; **aA** Knack/Henneke 13.

12 ZT **aA** StBS 83; MB 5: rückwirkend nur bis auf den Zeitpunkt der Anfechtung.

überhaupt keine Berücksichtigung finden können. Dies wird teilweise angenommen.[13] Richtigerweise bleibt es dagegen auch in den Fällen des § 50 bei der von der Behörde zu treffenden **Ermessensentscheidung,** in deren Rahmen auch **Gesichtspunkte des Vertrauensschutzes** zu berücksichtigen sind, zB, wenn wegen fehlender ordnungsgemäßer Bekanntgabe des VA Rechtsbehelfsfristen nicht zu laufen begonnen haben.[14] Die Berücksichtigung des Vertrauensschutzes in der Ermessensentscheidung darf allerdings nicht dazu führen, dass die gesetzgeberische Regelung in § 50 unterlaufen wird. So muss im Falle der Rücknahme einer Baugenehmigung eine Ermessensreduzierung auf Null angenommen werden, wenn damit einer zulässigen und begründeten Anfechtungsklage abgeholfen wird.[15]

9 **d) Amtshaftungsansprüche.** Die Regelung in § 50 betrifft nur Widerruf und Rücknahme. Andere Ansprüche bleiben unberührt.[16] Das gilt etwa für Amtshaftungsansprüche, aber auch für etwaige Ansprüche unter dem Gesichtspunkt eines enteignenden oder enteignungsgleichen Eingriffs, etwa wenn die Anfechtung des VA erst nach Jahren erfolgt, weil der VA einem betroffenen Dritten nicht ordnungsgemäß bekanntgegeben worden war (vgl § 41 Rn 27 ff). Unberührt bleibt auch ein etwaiger **Folgenbeseitigungsanspruch** (s hierzu § 49a Rn 29).[17]

10 **5. Verhältnis zum Rechtsbehelfsverfahren.** Die Vorschrift regelt nur die Rücknahme bzw den Widerruf eines VA mit Drittwirkung **außerhalb eines Rechtsbehelfsverfahrens** (Widerspruchs- oder Klageverfahren), nicht dagegen die Aufhebung des VA im Widerspruchsverfahren durch die Abhilfebehörde oder die Widerspruchsbehörde (zur Abgrenzung OVG Bautzen BauR 2007, 690). Die Befugnisse der Abhilfebehörde folgen unmittelbar aus § 72 VwGO, die der Widerspruchsbehörde aus § 73 VwGO. Widerspruchsbehörde und Abhilfebehörde können daher (ebenso wie später das Verwaltungsgericht in einem Anfechtungsprozess) den VA bei Zulässigkeit und Begründetheit eines Widerspruchs ohne Rücksicht auf §§ 48, 49 aufheben. Eine Rücknahme liegt in der Abhilfe oder der Aufhebung im Widerspruchsverfahren ebenso wenig wie bei der Kassation eines VA durch das Gericht. Deshalb spielen bei der Abhilfe- und der Widerspruchsentscheidung auch Gesichtspunkte des Vertrauensschutzes keine Rolle. Die Befugnisse der Rechtsbehelfsbehörden in ihrer Eigenschaft als solche ergeben sich ebenso wie die Befugnisse der Gerichte bei der Überprüfung von VAen unmittelbar aus der VwGO.[18]

11 Die Vorschrift geht von der **Rücknahme bzw dem Widerruf eines VA nach den allgemeinen Bestimmungen** aus, also insbes nach §§ 48, 49. Sie modifiziert die dort geregelten Voraussetzungen aber im Hinblick auf ein ohnehin gerade schwebendes Rechtsbehelfsverfahren. Grundgedanke ist, dass der Begünstigte keinen Vertrauensschutz verdient, solange das Rechtsbehelfsverfahren andauert, weil er ohnehin mit einer Aufhebung seines VA in diesem Verfahren rechnen muss. Die Vorschrift betrifft vorwiegend Fälle, in denen ein VA aus anderen Gründen als zur Beseitigung einer Rechtsverletzung des Klägers oder Widerspruchsführers, insbes aus Zweckmäßigkeitsgründen (s Rn 26), zurückgenommen oder widerrufen werden soll. Eine Umgehung der Abhilfevorschriften

---

[13] VGH München NVwZ 1997, 701, 703; OVG Münster BRS 39 Nr 157; Remmert VerwArch 2000, 209, 221; Knoke 313.

[14] BVerwG NVwZ 1994, 896; Knack/Henneke 13; StBS 71 ff; Lange Jura 1980, 464; MB 17–19; Neumann NVwZ 2000, 1248, 1254.

[15] BVerwG NVwZ 2002, 37; Ehlers Vw 2004, 255, 282.

[16] Gusy GewArch 1988, 327; StBS 2 und 76; Knack/Henneke 18.

[17] Schenke DVBl 1990, 328; Horn DÖV 1989, 976; Knack/Henneke 18.

[18] Ebenso StBS 3; Erichsen/Ehlers § 24 Rn 47; str; vgl Begr 74, **aA** offenbar noch Erichsen VerwArch 1978, 311 f, insb Anm 60.

bzw der Vorschriften über die Widerspruchsentscheidung soll damit nicht ermöglicht werden[19] (s zur Umgehungsproblematik § 80 Rn 18).

Die erweiterte Rücknahme- bzw Widerrufsbefugnis nach § 50 besteht nur **für die Dauer des Rechtsbehelfsverfahrens** bezüglich des in Frage stehenden begünstigenden VA und grundsätzlich auch **nur in den Grenzen,** die durch die Anfechtung, dh durch den entsprechenden Rechtsbehelfsantrag und dessen Zulässigkeit gem §§ 40 ff, 68 ff, 74 ff VwGO oder nach anderen Vorschriften gezogen sind. **Sie beginnt** mit dem Eingang des Rechtsbehelfs und **endet** mit dem Eintritt der Unanfechtbarkeit der Entscheidung darüber bzw mit der Erledigung des Rechtsbehelfs in anderer Weise, zB durch Zurücknahme, Abschluss eines Vergleichs. 12

II. Voraussetzungen des § 50

1. Begünstigender VA mit Drittwirkung. Voraussetzung für die Anwendbarkeit des § 50 ist zunächst das Vorliegen eines VA mit Drittwirkung, dh eines VA, der eine oder mehrere Personen begünstigt und zugleich mindestens eine andere belastet (Begr 73 f; MuE 181 f). Hauptanwendungsfälle sind Genehmigungen im Bereich des **Baurechts** sowie des **Umwelt- und Planungsrechts,** aber auch des **Wirtschaftsverwaltungsrechts,** die den Adressaten begünstigen, zugleich aber eine nachteilige Wirkung auf Nachbarn bzw Konkurrenten haben. Darauf, ob die Behörde beim Erlass des VA diese Wirkung beabsichtigt hat oder ein VA nur unbeabsichtigt diese Wirkung hat, kommt es nicht an (ebenso Knack/Henneke 7). § 50 bewirkt folglich eine Erweiterung der Befugnisse der Behörden zur Rücknahme bzw zum Widerruf für VAe mit Drittwirkung. 13

a) Begünstigender VA. Begünstigend ist ein VA dann, wenn er dem Adressaten einen rechtlichen Vorteil einräumt. Erfasst werden auch VAe, die einer anderen Person als dem Adressaten einen derartigen Vorteil einräumen (s auch StBS 61; UL § 65 Rn 2). Zum Begriff des begünstigenden VA iS des § 50 vgl näher § 48 Rn 64. Dass der VA zugleich einen anderen, nämlich den Dritten, der dagegen einen Rechtsbehelf eingelegt hat, belastet, schließt entsprechend dem Zweck des § 50 nicht aus, dass der VA im Hinblick auf § 50 auch als iS der §§ 48, 49 begünstigend anzusehen ist (vgl § 48 Rn 72). Als begünstigend idS ist **auch ein Widerspruchsbescheid** anzusehen, der zugunsten desjenigen entschieden hat, zu dessen Lasten die Rücknahme bzw der Widerruf nach § 50 erfolgen sollte (vgl § 48 Rn 73). 14

b) Belastende Drittwirkung. Der begünstigende VA muss eine belastende Drittwirkung entfalten. Dies setzt voraus, dass ein subjektives öffentliches Recht des Dritten beeinträchtigt ist. Der VA muss also Rechtspositionen Dritter in rechtlich relevanter Weise berühren. Ob der anfechtende Dritte über subjektive öffentliche Rechte verfügt, die durch den VA beeinträchtigt werden (können), ist eine Frage des materiellen Rechts. Zur Begründung subjektiver öffentlicher Rechte s Einf I Rn 57 ff. Eine Übersicht über Einzelfälle gibt StBS 24 ff. Wird nur der Widerspruchsführer bzw Kläger selbst insgesamt oder durch einzelne Teilregelungen belastet, liegt kein VA mit Drittwirkung idS vor (s Knack/Henneke 7 u 8; StBS 55); es erübrigt sich eine entsprechende Regelung, da hier Rücknahme und Widerruf schon nach § 48 Abs 1 S 1 bzw § 49 Abs 1 den in § 50 genannten Beschränkungen nicht unterliegen. Zur Frage der analogen Anwendung des § 50 auf anfechtbare, aber noch nicht angefochtene VAe s auch unten Rn 17. 15

[19] S zum Verhältnis zur Abhilfe auch BVerwGE 101, 64, 69.

16 **2. Anfechtung durch einen Dritten. a) Anfechtung.** Die Vorschrift setzt voraus, dass der VA von einem Dritten angefochten worden ist.[20] Dass der in Frage stehende VA dem Dritten ordnungsgemäß bekannt gegeben worden war, ist nicht Voraussetzung (BVerwG NJW 1994, 3116), so wie auch allgemein die ordnungsgemäße Bekanntgabe nicht Voraussetzung für die Zulässigkeit des Rechtsbehelfs gegen den VA ist. Es muss sich um ein **Rechtsbehelfsverfahren** handeln, das durch den Rechtsbehelf eines Dritten anhängig geworden ist, bzw, wenn das Verfahren schon vorher durch einen Rechtsbehelf zB des Adressaten des VA anhängig geworden ist (etwa weil dieser sich gegen eine ihn belastende Nebenbestimmung wehrt), in dem jedenfalls auch über den Rechtsbehelf eines Dritten zur Sache zu entscheiden ist.

17 **Umstritten ist,** ob eine Anfechtung bereits erfolgt sein muss, also Widerspruch bzw Anfechtungsklage bereits erhoben worden sein müssen, oder ob die bloße Anfechtbarkeit des VA ausreicht. Die hM,[21] die sich insoweit auf den Wortlaut beruft, stellt zu Recht darauf ab, ob ein Widerspruchsverfahren anhängig ist oder nicht. Danach **reicht es nicht aus, dass der VA noch nicht unanfechtbar** geworden ist. Dies entspricht auch dem Sinn und Zweck der Vorschrift, die den Begünstigten im Hinblick auf den Vertrauensschutz wegen eines laufenden Widerspruchsverfahrens schlechter stellen soll, weil er mit einem für ihn negativen Ausgang des Verfahrens rechnen muss. Allein die Möglichkeit einer Anfechtung kann nicht ausreichen, weil diese für den Begünstigten nicht notwendig überschaubar ist (**aA** Voraufl).

18 **Umstritten** ist außerdem die Anwendbarkeit für die **Zeit zwischen Erlass des Widerspruchsbescheides** und Eintritt der Unanfechtbarkeit bzw der **Klageerhebung.** Auch hier verlangt die hM[22] die Anhängigkeit eines Widerspruchs- oder Anfechtungsverfahrens. Diese, praktisch allerdings wenig relevante Position ist im Hinblick auf die Vertrauensschutzsituation nicht überzeugend. Wenn über einen VA durch Widerspruchsbescheid entschieden wurde, bleibt § 50 bis zur Unanfechtbarkeit des Widerspruchsbescheides bzw bis zum Abschluss eines anschließenden verwaltungsgerichtlichen Prozesses anwendbar. Das gilt wegen der vergleichbaren Interessenlage auch in der Zeit zwischen dem Ergehen des Widerspruchsbescheids und der Klageerhebung. Die Anfechtungswirkung des Widerspruchs dauert hier an.

19 **b) Dritter.** Dritter iS von § 50 ist der durch den einen anderen begünstigenden VA in seinen subjektiven öffentlichen Rechten Betroffene. Dies kann ggf auch der ursprünglich durch den VA Begünstigte sein, der nach § 79 Abs 1 Nr 2 VwGO gegen den Widerspruchsbescheid klagt, durch den zB die ihm ursprünglich erteilte Genehmigung usw aufgehoben oder zu seinen Ungunsten abgeändert wurde; ebenso auch ein Vertreter kraft Amtes. Nicht anwendbar ist § 50 auf den Fall, dass der Begünstigte selbst den VA hins einer ihn belastenden Teilregelung, zB einer Nebenbestimmung, anficht (Obermayer 10; Knack/Henneke 23). Die Behörde kann daher eine solche Anfechtung auch nicht nach § 50 zum Anlass einer Verböserung (reformatio in peius) des VA nehmen, die nach den §§ 48, 49 sonst nicht zulässig wäre (vgl MuE 183). Dies gilt jedoch nur für das vom Widerspruchsverfahren zu unterscheidende Rücknahme- bzw Widerrufsverfahren, nicht auch für Entscheidungen über den Widerspruch selbst (MuE 183), für die die Frage der Zulässigkeit der Verböserung umstritten ist, angesichts der Parallelität der Probleme aber eher zu bejahen ist (vgl § 79 Rn 26 ff).

---

[20] Knoke 64; Erichsen/Ehlers § 24 Rn 40; Maurer § 11 Rn 69 f; Knack/Henneke 19; StBS 65; **aA** Schenke DÖV 1983, 324: auch schon bloße Anfechtbarkeit genügt; ebenso offenbar auch Horn DÖV 1990, 864.

[21] Vgl StBS 89; Knack/Henneke 16; Ziekow 10; Obermayer 20; FKS 4.

[22] HM, vgl StBS 65; Knack/Henneke 16; Erichsen/Ehlers § 24 Rn 41; Maurer § 11 Rn 70; **aA** BVerwGE 31, 69; Horn DÖV 1990, 864; F 264; ferner Schenke DÖV 1983, 329.

20 **c) Teilanfechtung.** Ist die Anfechtung eines VA **auf einen Teil des VA** beschränkt, so ist § 50 auch nur hins dieses Teils anwendbar (Begr 74; UL § 64 Rn 16; Knack/Henneke 17), auch wenn der Rechtsbehelf nachträglich noch in zulässiger Weise (vgl BVerwG DÖV 1970, 138) auf weitere Teile erweitert werden kann (Knack/Henneke 17). Voraussetzung ist insoweit jedoch, dass der angefochtene Teil – entsprechendes gilt, wenn mehrere Teile angefochten wurden, für diese – in dem Sinn abtrennbar ist, dass der nicht angefochtene Teil selbstständig bestehen bleiben kann, ohne dass er gegenstandslos wird oder seinen Sinn oder seine Funktion ändert. Hängen weitere Teile des VA mit dem angefochtenen Teil so eng zusammen, dass der angefochtene Teil auch im Rechtsbehelfsverfahren nicht isoliert aufgehoben werden könnte, so werden auch diese Teile erfasst.

21 **3. Abhilfe durch Aufhebung. a) Voraussetzungen.** Die erleichterten Rücknahme- bzw Widerrufsvoraussetzungen gelten nur, **soweit dadurch dem Widerspruch oder der Klage abgeholfen wird.** Die Aufhebung des VA darf nur insoweit unter den erleichterten Voraussetzungen des § 50 erfolgen, wie durch sie die Beeinträchtigung beseitigt wird, wegen der der Dritte den VA angefochten hat (StBS 91). Unerheblich ist, aus welchen Gründen die Abhilfe erfolgt. Insb muss der dafür maßgebliche Grund nicht mit dem Grund, auf den der Rechtsbehelf gestützt war, identisch sein.[23] Unerheblich ist deshalb auch, ob die Abhilfe wegen Rechtswidrigkeit des VA oder aus Zweckmäßigkeitsgründen (§ 68 Abs 1 VwGO) erfolgt.[24] **Umstritten** ist aber die Frage, welche **Anforderungen an die Erfolgsaussichten der Drittwiderspruchs bzw der Drittanfechtungsklage gestellt werden müssen,** damit ihm durch einen Widerruf bzw eine Rücknahme des angefochtenen VA abgeholfen werden darf (Übersicht zum Streitstand bei Gassner JuS 1997, 794).

22 **aa) Zulässigkeit des Rechtsbehelfs.** Weitgehende Einigkeit besteht darüber, dass der Rechtsbehelf des Dritten, idR also Widerspruch oder Klage, mindestens **zulässig sein muss.**[25] Im Falle einer Fristversäumung muss Wiedereinsetzung gewährt worden sein. Auch darf hinsichtlich des Anfechtungsrechts **keine Verwirkung** eingetreten sein. Erforderlich ist weiter, dass der widersprechende oder klagende Dritte über die erforderliche **Widerspruchs- bzw Klagebefugnis** (§ 42 Abs 2 VwGO) verfügt. Hierzu muss er geltend machen können, durch den angefochtenen VA in seinen subjektiven öffentlichen Rechten verletzt zu sein. Dies erfordert praktisch dieselbe Prüfung, die auch Maßstab des Rechtsbehelfsverfahrens selbst ist.

23 **Abweichend** wird teilweise vertreten, es müsse genügen, dass der Rechtsbehelf jedenfalls **nicht offensichtlich unzulässig** ist, etwa weil die Rechtsbehelfsbefugnis nach bzw analog § 42 Abs 2 VwGO offensichtlich fehlt.[26] Diese Auffassung vermag nicht zu überzeugen. Es mag dahinstehen, ob der Begriff der Abhilfe in § 50 im selben Sinne wie in § 72 VwGO gebraucht wird, wofür viel spricht. Jedenfalls ist es nicht Sinn und Zweck des § 50, die Behörde auch in solchen Fällen von den Vorschriften der §§ 48, 49 über den Vertrauensschutz freizustellen, in denen es im Rahmen des Rechtsbehelfsverfahrens mangels Zulässigkeit nicht zur Aufhebung des VA kommen könnte (Knoke 309; Gassner JuS 1997, 798).

---

[23] OVG Münster NVwZ 1989, 72; MB 40; **aA** Büdenbender/Mutschler, Bindungs- und Präklusionswirkung von Teilentscheidungen nach BImSchG und AtG, 1979, 99.

[24] StBS 98; Erichsen/Ehlers § 24 Rn 42; beim Widerruf kommt idR nur eine Aufhebung aus Zweckmäßigkeitsgründen in Betracht, vgl Knack/Henneke 14.

[25] BVerwGE 105, 354, 360; BVerwG NVwZ 1983, 285 mwN; VGH München NVwZ 1997, 701; OVG Münster NVwZ 1989, 72; Knack/Henneke 20; Neumann NVwZ 2000, 1248, 1253; Obermayer 16; MB 11; Gusy GewArch 1988, 325; Osterloh JuS 1983, 722; UL § 64 Rn 9; Knoke 309; Gasner JuS 1997, 798.

[26] OVG Bautzen DVBl 1992, 1449 = LKV 1993, 79; StBS 99.

24 **bb) Begründetheit des Rechtsbehelfs. Umstritten** ist, ob als weitere Voraussetzung auch die Begründetheit des von dem Dritten eingelegten Rechtsbehelfs verlangt werden muss. Teilweise wird auf eine Prüfung der Begründetheit überhaupt verzichtet.[27] Teilweise wird verlangt, dass der Rechtsbehelf **jedenfalls nicht offensichtlich unbegründet** ist, dh die Behörde, die dem Rechtsbehelf abhilft, muss bei verständiger Würdigung der Sach- und Rechtslage, insb auch des Vorbringens in der Rechtsbehelfssache, von der Möglichkeit des Erfolgs des Rechtsbehelfs ausgehen können, und deshalb den VA zurücknehmen oder widerrufen.[28] Auch diese Position ist nicht überzeugend. Vielmehr wird nach der zutreffenden hM dem gebotenen Vertrauensschutz nur eine Position gerecht, die sowohl Zulässigkeit als auch die **vollständige Begründetheit** des Rechtsbehelfs im Zeitpunkt der Rücknahme bzw des Widerrufs des VA verlangt.[29] Es kann nicht angenommen werden, dass § 50 der Behörde die Möglichkeit geben wollte, auch einen VA zurückzunehmen oder zu widerrufen, der im Rahmen der Drittanfechtung nicht aufgehoben werden könnte bzw müsste. Zu weit geht es, wenn für die Rücknahme eine **Ermessensreduzierung auf Null** angenommen wird, wenn der VA im Widerspruchsverfahren aufgehoben werden müsste (BVerwG NVwZ 2002, 730).

25 **Ein unzulässiger oder unbegründeter Rechtsbehelf** darf umgekehrt nach § 50 nicht zum Anlass für die Rücknahme oder den Widerruf eines VA unter den erleichterten Bedingungen des § 50 zu Lasten des Begünstigten genommen werden, wenn dieser auch im Rechtsbehelfsverfahren nicht damit rechnen musste; dies ergibt sich zwingend aus dem Zweck der Regelung. Entsprechendes gilt für in der Sache beschränkte Rechtsbehelfe, die eine Nachprüfung des VA im Rechtsbehelfsverfahren nur in bestimmter Richtung eröffnen und eine Aufhebung oder Abänderung des VA durch die Rechtsbehelfsbehörde bzw durch das Gericht aus anderen Gründen damit ausschließen.[30]

26 **cc) Ausnahme: Ermessen.** Eine scheinbare Ausnahme dürfte angesichts der weiten Fassung des § 50 nur insoweit gelten, als die Behörde, sofern ihr nach dem maßgeblichen materiellen Recht oder nach § 48 bzw § 49 ein Ermessensspielraum zusteht, auch dann Ermessensfreiheit hat, wenn die Widerspruchsbehörde bzw das Gericht im Rechtsbehelfsverfahren nur zur Nachprüfung des VA im Hinblick auf Rechtsverletzungen befugt ist. Nicht erforderlich ist, dass dem Rechtsbehelf in vollem Umfang abgeholfen wird. § 50 gilt auch für eine teilweise Abhilfe („soweit") durch nur teilweise Rücknahme bzw teilweisen Widerruf eines VA (BFH NVwZ 1984, 824).

27 **b) Begriff der Abhilfe.** Der Begriff der Abhilfe iS von § 50 entspricht demjenigen in § 72 VwGO, wo er sich nur auf Abhilfe durch die Ausgangsbehörde und nur auf den Zeitraum bis zur Weiterleitung des Widerspruchs an die Widerspruchsbehörde bezieht (Kopp/Schenke § 72 Rn 1 ff). Nach § 50 ist eine Abhilfe demgegenüber **auch noch nach Klageerhebung** möglich,[31] nicht mehr jedoch

---

[27] ZB VGH München NVwZ 1997, 701, Ziekow 9; Krausnick JuS 2010, 594, 589.

[28] BVerwGE 65, 321; VGH Mannheim BWVPr 1987, 89; StBS 99; Ehlers/Kallerhoff, Jura 2009, 823, 828; Schmidt-Aßmann, in: BVerwG-FS 1978, 583; Knoke 310; FKS 10; Pünder JuS 2000, 682, 686; jetzt auch Knack/Henneke 20.

[29] So die hM, vgl BVerwG NVwZ 1990, 857; UL § 64 Rn 1; Maurer § 11 Rn 70 f; nunmehr auch Erichsen/Ehlers § 24 Rn 43; Cornils VerwArch 2000, 485; Remmert VerwArch 2000, 209; Reinhardt/Schwertner JuS 2002, 893, 897.

[30] Vgl aus der Zeit vor Inkrafttreten des VwVfG VerwGE 47, 19; DÖV 1969, 141; m Anm Simon BayVBl 1969, 99 und ME VerwArch 1969, 378; NJW 1970, 263; 1981, 67; Begr 74; MuE 183; vdGK 2; Simon BayVBl 1969, 141.

[31] VGH München BayVBl 1987, 465; VGH Mannheim VBlBW 1989, 53; Obermayer 26; zT **aA** hins eines Widerrufs Knack/Henneke 14: kein Widerruf mehr zur Abhilfe einer Klage; Kritik: für eine unterschiedliche Behandlung von Widerruf und Rücknahme besteht kein zwingender Grund, wenn die Klage nicht offensichtlich unbegründet ist.

nach Eintritt der Unanfechtbarkeit des VA, sofern nicht Wiedereinsetzungsgründe nach § 60 VwGO bzw § 70 Abs 2 iVm § 60 VwGO gegeben sind.

Die Abhilfe erfolgt durch Rücknahme oder Widerruf des betroffenen VA. Die Behörde ist gem § 50 dabei von den besonderen Beschränkungen gem § 48 Abs 1 S 2, Abs 2 bis 4 und § 49 Abs 2–4 und Abs 6 freigestellt (vgl Meister DÖV 1985, 148), nach dem Wortlaut der Regelung auch ein evtl Widerruf vom Verbot einer Verfügung mit Rückwirkung. Bei der zunächst angeordneten Freistellung auch von § 48 Abs 6, der durch das GenBeschlG aufgehoben wurde, handelte es sich um ein Redaktionsversehen, das im Jahre 1998 korrigiert wurde. Bei der von der Behörde zu treffenden Ermessensentscheidung ist jedoch auch etwa bestehendes Vertrauen auf den Bestand des VA, etwaige Belastungen, die im Vertrauen auf den Bestand des VA aufgenommen wurden, zu berücksichtigen.[32] 28

4. Zuständige Behörde. Da § 50 nur die Voraussetzungen von Widerruf und Rücknahme modifiziert, verbleibt es hinsichtlich der Zuständigkeit der Behörden bei den allgemeinen Vorschriften in § 48 Abs 5, § 49 Abs 5 (vgl § 48 Rn 162; § 49 Rn 77a). Zuständig gem § 50 für die Rücknahme bzw den Widerruf ist danach **grundsätzlich die Ausgangsbehörde,** die den betroffenen VA erlassen hat.[33] **Umstritten** ist, ob daneben **auch die Widerspruchsbehörde** für die Rücknahme bzw den Widerruf in den Fällen des § 50 zuständig ist, wenn in der Sache Widerspruch eingelegt worden ist und die Ausgangsbehörde dem Widerspruch nicht abgeholfen hat. Die Frage ist richtigerweise **zu verneinen.** Die Möglichkeit eines Widerrufs bzw einer Rücknahme nach § 50 hat nur die Ausgangsbehörde; die Zuständigkeit der Widerspruchsbehörde beschränkt sich auf die Entscheidung nach § 73 VwGO.[34] 29

§ 51 Wiederaufgreifen des Verfahrens

(1) **Die Behörde hat auf Antrag des Betroffenen[10] über die Aufhebung oder Änderung eines unanfechtbaren Verwaltungsaktes zu entscheiden,[12] wenn**

1. sich die dem Verwaltungsakt zugrunde liegende Sach- oder Rechtslage nachträglich zugunsten des Betroffenen geändert hat;[25]

2. neue Beweismittel vorliegen, die eine dem Betroffenen günstigere Entscheidung herbeigeführt haben würden;[32]

3. Wiederaufnahmegründe entsprechend § 580 der Zivilprozessordnung gegeben sind.[37]

(2) **Der Antrag ist nur zulässig, wenn der Betroffene ohne grobes Verschulden außerstande war, den Grund für das Wiederaufgreifen in dem früheren Verfahren, insbesondere durch Rechtsbehelf, geltend zu machen.[44]**

(3) **Der Antrag muss binnen drei Monaten gestellt werden.[46] Die Frist beginnt mit dem Tage, an dem der Betroffene von dem Grund für das Wiederaufgreifen Kenntnis erhalten hat.[47]**

(4) **Über den Antrag entscheidet die nach § 3 zuständige Behörde; dies gilt auch dann, wenn der Verwaltungsakt, dessen Aufhebung oder Änderung begehrt wird, von einer anderen Behörde erlassen worden ist.[48]**

---

[32] BVerwG NJW 1994, 3116 = BayVBl 1994, 374; s auch oben Rn 8; **aA** Knoke 313.

[33] UL § 64 Rn 9; **aA** Erichsen VerwArch 1978, 311 f auf Grund seines abw Verständnisses von der Zielsetzung von § 50: nur die Widerspruchsbehörde, weil die Ausgangsbehörde nach Abschluss des Abhilfeverfahrens gem § 72 VwGO nicht mehr zuständig sei und den betroffenen VA nur noch gem §§ 48 ff abändern oder aufheben könne.

[34] HM, vgl Knack/Henneke 12; Obermayer 23; UL § 64 Rn 6; Erichsen/Ehlers § 24 Rn 44.

(5) **Die Vorschriften des § 48 Abs. 1 Satz 1 und des § 49 Abs. 1 bleiben unberührt.**[50]

Parallelvorschriften: §§ 173–177 AO; § 48 SGB-X

Die in § 51 in Bezug genommene Vorschrift der ZPO lautet:

§ 580 Restitutionsklage. Die Restitutionsklage findet statt:

1. wenn der Gegner durch Beeidigung einer Aussage, auf die das Urteil gegründet ist, sich einer vorsätzlichen oder fahrlässigen Verletzung der Eidespflicht schuldig gemacht hat;
2. wenn eine Urkunde, auf die das Urteil gegründet ist, fälschlich angefertigt oder verfälscht war;
3. wenn bei einem Zeugnis oder Gutachten, auf welches das Urteil gegründet ist, der Zeuge oder Sachverständige sich einer strafbaren Verletzung der Wahrheitspflicht schuldig gemacht hat;
4. wenn das Urteil von dem Vertreter der Partei oder von dem Gegner oder dessen Vertreter durch eine in Beziehung auf den Rechtsstreit verübte Straftat erwirkt ist;
5. wenn ein Richter bei dem Urteil mitgewirkt hat, der sich in Beziehung auf den Rechtsstreit einer strafbaren Verletzung seiner Amtspflichten gegen die Partei schuldig gemacht hat;
6. wenn das Urteil eines ordentlichen Gerichts, eines früheren Sondergerichts oder eines Verwaltungsgerichts, auf welches das Urteil gegründet ist, durch ein anderes rechtskräftiges Urteil aufgehoben ist;
7. wenn die Partei
   a) ein in derselben Sache erlassenes, früher rechtskräftig gewordenes Urteil oder
   b) eine andere Urkunde auffindet oder zu benutzen in den Stand gesetzt wird, die eine ihr günstigere Entscheidung herbeigeführt haben würde;
8. wenn der Europäische Gerichtshof für Menschenrechte eine Verletzung der Europäischen Konvention zum Schutz der Menschenrechte und Grundfreiheiten oder ihrer Protokolle festgestellt hat und das Urteil auf dieser Verletzung beruht.

Schrifttum: *Arndt,* Die Versagung des Zweitbescheids, DVBl 1971, 252; *Bastian,* Das verwaltungsbehördliche Ermessen zur Wiederaufgreifen des Verwaltungsverfahrens, Diss Hamburg 1985; *Baumeister,* Der Anspruch auf ein Wideraufgreifen unanfechtbar abgeschlossener Verwaltungsverfahren, VerwArch 1992, 374; *Bettermann,* Über die Wiederaufnahme abgeschlossener Verwaltungsverfahren, in: Wolff-FS 1973, 465; *Britz/Richter,* Die Aufhebung eines gemeinschaftsrechtswidrigen nicht begünstigenden VA, JuS 2005, 198; *Classen,* Zur Änderung der Sach- und Rechtslage nach Erlaß eines VA, DÖV 1989, 156; *Erfmeyer,* Die Befugnis der Behörde zum Erlass von Folgebescheiden nach rechtskräftigem Urteil über den Erstbescheid, DVBl 1997, 27; *Erichsen/Ebber,* Das Wiederaufgreifen unanfechtbar abgeschlossener Verwaltungsverfahren gem § 51 VwVfG, Jura 1997, 424; *Frohn,* Das verwaltungsrechtliche Zweitverfahren: Rücknahme, Widerruf und Wiederaufgreifen (§§ 48 ff VwVfG), Vw 1987, 337; *Geuder,* Wiederaufgreifen des Verwaltungsverfahrens und neue Sachentscheidung, 1983, zugleich Diss Würzburg 1981; *Gosch,* Die Wiederaufnahme unanfechtbar abgeschlossener Verwaltungsverfahren – Zur Dogmatik und Kritik des § 51 VwVfG, Diss Bielefeld 1981; *Gotzen,* Einige Überlegungen zum Wiederaufgreifen von Verwaltungsverfahren nach rechtskräftiger Klageabweisung, Vr 1998, 361; *Haubitzer,* Zur Anwendung des § 173 AO und § 51 LVwVfG auf bestandskräftige Kommunalabgabenbescheide, KStZ 1984, 24; *Kemper,* Rechtsfragen zum Anwendungsbereich des § 51 VwVfG, unter besonderer Berücksichtigung des Asylverfahrens, NVwZ 1985, 872; *Korber,* Einteiliges Aufhebungsverfahren und zweiteiliges Wiederaufgreifensverfahren, 1983; *ders,* Die Beseitigung belastender VAe durch die Verwaltung im Aufhebungs- und im Wiederaufgreifensverfahren, DVBl 1984, 405; *ders,* Der Aufbau des Verwaltungsverfahrens zur Aufhebung belastender VAe, DÖV 1985, 303; *Kühne,* Zur Systematik des Wiederaufgreifens (§ 51 VwVfG), JA 1985, 326; *Lenze,* Die Bestandskraft von VAen nach der Rspr des EuGH, VerwArch 2006, 49; *Maurer,* Wiederaufgreifen unanfechtbar abgeschlossener Verwaltungsverfahren, JuS 1976, 25; *Möller,* Die Aufhebung unanfechtbar gewordener Verwaltungsakte auf Initiative des Bürgers, Vr 1984, 112; *Sachs,* Das Wiederaufgreifen des Verwaltungsverfahrens, JuS 1982, 264; *Sanden,* Das Wiederaufgreifen des Verfahrens nach § 51 VwVfG bei VAen mit Drittwirkung, DVBl 2007, 665; *Sasse,* Das Wiederaufgreifen des Verfahrens gem § 51 VwVfG, Jura 2009, 493; *Schaarschmidt,* Wiederaufgreifen auf Antrag des Betroffenen, Diss Kiel, 1984; *Schenk,* Die Behandlung wiederholender Asylanträge, NJW 1982, 491; *Schenke,*

Probleme der Bestandskraft von VAen, DÖV 1983, 333; *Schmidt,* Das Wiederaufgreifen des Verwaltungsverfahrens – Zur Dogmatik des § 51 VwVfG, Diss Erlangen 1982; *Schwabe,* Das Wiederaufgreifen unanfechtbarer VAe, JZ 1985, 545; *Selmer,* Wiederaufgreifen des Verwaltungsverfahrens von Amts wegen und auf Antrag, JuS 1987, 363; *Sigmund-Schultze,* Wiederaufgreifen des Verwaltungsverfahrens nach rechtskräftiger Klageabweisung – BVerwG NJW 1985, 280 –, JuS 1985, 447; *Stelkens,* Die Änderung höchstrichterlicher Rechtsprechung als nachträgliche Änderung der Rechtslage iS des § 51 I Nr 1 VwVfG, NVwZ 1982, 492; *v Wedelstädt,* Aufhebung und Änderung von Steuerbescheiden nach § 173 Abs 1 Nr 2 AO und Änderung der Rspr, DB 1986, 2571; *Wilke,* Wiederaufgreifen oder Wiederaufnahme von Verwaltungsverfahren?, in: FS-125 Jahre Berl Jur Gesellschaft 1984, 863; *Wolff,* Überschneidungen der Wiedereinsetzung in den vorigen Stand mit dem Wiederaufgreifen des Verfahrens, NVwZ 1996, 559.

Übersicht

I. Allgemeines

1 **1. Inhalt.** Die Vorschrift regelt in nicht ganz klarer Abgrenzung zu § 48 und § 49 das Wiederaufgreifen von Verfahren, die **durch unanfechtbaren VA abgeschlossen** wurden, und ergänzt insoweit die allgemeinen Vorschriften der §§ 48 ff über die Rücknahme und den Widerruf von VAen (vgl Abs 5). Sie gibt als **außerordentlicher Rechtsbehelf** in den in Abs 1 im Einzelnen aufgezählten Fällen den Betroffenen einen Anspruch auf Wiederaufgreifen des Verfahrens. Soweit es auf Grund der §§ 48, 49 zu einer Aufhebung eines VA und einer Neuentscheidung kommt, spricht man in Abgrenzung zu den Fällen des § 51 von einem Wiederaufgreifen im weiteren Sinne.[1] Die Regelung lehnt sich an das gerichtliche Wiederaufnahmeverfahren gem §§ 580, 581 ZPO und einzelne sondergesetzliche Regelungen (zB § 342 LAG; § 206 Abs 1 BEG) an und folgt im Wesentlichen der schon früher hM,[2] die jedoch nicht immer klar zwischen Wiederaufnahme und Rücknahme unterschied.[3] Die Regelung dient letztlich, zumindest zum Teil denselben Zwecken wie die §§ 48–50, beschränkt sich aber auf den **Schutz der Rechte des Bürgers.** Wie bei §§ 48 f ist auch bei § 51 die Aufhebung oder Abänderung eines VA durch die zuständige Behörde durch einen neuen VA Ziel des Verfahrens.[4] Auch handelt es sich bei der Wiederaufnahme um eine **Durchbrechung der Wirksamkeit bzw Bestandskraft eines VA,**[5] die hier jedoch stets von einem Antrag des Betroffenen abhängig ist.

---

[1] Ehlers Vw 2004, 255, 283.
[2] Vgl BVerwGE 31, 112; 39, 44, 355; 53, 14; 57, 345; 60, 326; VGH München DVBl 1978, 114; OVG Hamburg DÖV 1981, 33; Menger VerwArch 1970, 274, 286; Krause 180 f; **aA** OVG Münster DVBl 1963, 119; Erichsen VerwArch 1979, 358.
[3] Vgl die berechtigte Kritik von Bettermann, in: Wolff-FS 1973, 430 f; Krause 181 ff; Redeker DVBl 1972, 746.
[4] OVG Koblenz NJW 1982, 2277; VGH München BayVBl 1987, 371.
[5] Vgl BVerwGE 70, 112; OVG Hamburg NVwZ 1985, 512; VGH München BayVBl 1987, 371 mwN.

2. Verfassungsrecht. Die Vorschrift stellt ein Gebot des Prinzips der Gesetzmäßigkeit der Verwaltung und der durch die Entscheidung betroffenen Grundrechte dar. Unter den in Abs 1 aufgeführten Gründen wäre es nicht mehr angemessen bzw zumutbar, den Betroffenen wegen der zwischenzeitlich eingetretenen Unanfechtbarkeit des VA an den getroffenen Regelungen festzuhalten. Die in Abs 1 aufgeführten Gründe für ein Wiederaufgreifen beschreiben den Bereich, in dem der **Konflikt zwischen Rechtssicherheit und Einzelfallgerechtigkeit** zwingend zugunsten der letzteren entschieden werden muss. Hierin liegt der Unterschied zum Wiederaufgreifen im weiteren Sinn auf der Grundlage der §§ 48 u 49, die idR nur ein Anspruch auf ermessensfehlerfreie Entscheidung über eine Aufhebung bzw Änderung des VA vermitteln. 2

3. EU-Recht. Das **Europarecht** verfügt nicht über vergleichbare Bestimmungen. Für den **direkten Vollzug** bestehen keine positiven Vorschriften über ein zwingend gebotenes Wiederaufgreifen des Verfahrens. Insoweit muss ein etwaiger Konflikt zwischen Einzelfallgerechtigkeit und Rechtssicherheit mit Hilfe der allgemeinen Grundsätze des Unionsrechts gelöst werden. Im **indirekten Vollzug** von Unionsrecht kann die Vorschrift ohne weiteres zur Anwendung kommen. Da die Regelungen der Vorschrift nicht abschließend sind, sondern darüber hinaus auch unter weiteren Voraussetzungen ein Wiederaufgreifen von Verfahren möglich und im Falle einer Ermessensreduktion auf Null sogar geboten ist (§§ 48, 49), schränkt die Vorschrift auch die Möglichkeiten eines europarechtlich gebotenen Wiederaufgreifens im Ergebnis nicht ein.[6] 2a

4. Anwendungsbereich. a) Unmittelbar. Die Vorschrift gilt unmittelbar nur für VAe, die in Verwaltungsverfahren nach dem VwVfG erlassen worden sind. Die Verwaltungsverfahrensgesetze der Länder enthalten inhaltsgleiche Bestimmungen. Ausgeschlossen wird § 51 auch dann nicht, wenn der in Frage stehende VA durch ein **rechtskräftiges Urteil bestätigt** worden ist.[7] Wiederaufnahmegründe, die den VA betreffen, können auch in diesem Fall nicht mit der Wiederaufnahmeklage gem § 153 VwGO geltend gemacht werden, sondern nur mit einem Antrag nach § 51 bei der dafür zuständigen Behörde (VGH München NVwZ 1993, 92; BayVBl 1995, 22). **Auch VAe mit Drittwirkung** können Gegenstand eines Wiederaufnahmeverfahrens sein (Knack/Henneke 8). Der Antrag auf ein Wiederaufgreifen des Verfahrens kann auch gegen belastende **Teilregelungen,** zB Auflagen, in einem VA, außerdem auch gegen an sich **begünstigende VAe** mit dem Ziel der Erweiterung der gewährten Begünstigung oder der Ergänzung zB durch eine begünstigende Nebenbestimmung gerichtet werden (s unten Rn 12; Knack/Henneke 8). Die Vorschrift ist **auch auf vorläufige VAe** und nach § 63 Abs 1 auch in förmlichen Verwaltungsverfahren anwendbar. 3

b) Spezielle Regelungen. Die Vorschrift gilt gem § 1 nur vorbehaltlich inhaltsgleicher oder abweichender Bestimmungen in anderen Rechtsvorschriften. Ausgeschlossen ist die Anwendbarkeit gem § 72 Abs 1 für **Planfeststellungsverfahren.** Ein Ausschluss kann sich auch aus dem Zusammenhang der Regelungen iVmit der Natur der Sache ergeben,[8] so zB bei der Erteilung oder Versagung der 4

---

[6] So auch StBS 144a; zur Ermessensreduzierung auf Null in Fällen europarechtlich gebotenen Wiederaufgreifens im weiteren Sinn Huthmacher, Der Vorrang des Gemeinschaftsrechts bei indirekten Kollisionen, 1995, 275.

[7] BVerwGE 70, 110 = NJW 1985, 280; 82, 272 = NJW 1990, 199; BVerwG NVwZ 1986, 293 = JuS 1985, 488; VGH Mannheim VBlBW 1981, 402; StBS 79 ff; Seibert 585; kritisch Sachs JuS 1985, 447 unter Hinweis auf § 153 VwGO; vgl auch Giegerich JuS 1985, 924; Schickedanz JuS 1985, 924; **aA** Schachtschneider VerwArch 1972, 112, 297; **aA** offenbar BVerfG NVwZ 1989, 141; beschränkt auf die Zulässigkeit einer Klage zum VG gegen einen negativen Zweitbescheid auch BVerwG NVwZ 1989, 162.

[8] Obermayer 12 f; Ziekow 3; vgl auch OVG Münster NVwZ 1986, 51.

Zustimmung zur Kündigung eines Schwerbehinderten gem § 15 SchwbG (Obermayer 12). Anwendbar ist die Vorschrift auf VAe nach § 9 BBesG und § 121 BDO (BVerwG NVwZ 2000, 202). Kein Ausschluss besteht auch für VAe in Restitutionsverfahren (VG Berlin NVwZ 2000, 1075). Keine Anwendung findet die Vorschrift wegen vorrangiger Spezialregelungen des Beamtenrechts auf die Versetzung in den Ruhestand (OVG Hamburg NordÖR 2013, 174 mwN).

5 **c) Analoge Anwendbarkeit.** Soweit ausdrückliche Regelungen fehlen, sind § 51 und die entspr Vorschriften des Landesrechts in Übereinstimmung mit der schon vor Erlass des VwVfG hM **als Ausdruck allgemeiner Rechtsgrundsätze,** wie sie insb auch den Bestimmungen über die Wiederaufnahme gerichtlicher Verfahren zugrunde liegen, **sinngemäß** anzuwenden.[9] Zu der Inbezugnahme des § 51 durch §§ 10, 14 und 21 AsylG für Asylfolgeanträge s R 7b.

6 **5. Verhältnis zu Widerruf und Rücknahme.** Nach der ausdrücklichen Regelung des Abs 5 bleibt die **Anwendbarkeit der §§ 48 ff unberührt.** Dies gilt auch für das formelle subjektive öffentliche Recht eines Betroffenen gegen die Behörde auf fehlerfreie Ausübung ihres Ermessens bei der Entscheidung über die Rücknahme bzw den Widerruf eines VA nach §§ 48 bzw 49.[10] Die Rechte aus § 51 und aus §§ 48 f stehen **selbständig nebeneinander;** es ist jedoch idR nicht als ermessensfehlerhaft gegenüber einem Betroffenen anzusehen, wenn die Behörde in den von § 51 erfassten Fällen die Eröffnung eines Verfahrens nach § 48 oder § 49 von Amts wegen unter Hinweis auf die Möglichkeit der Antragstellung nach § 51 bzw mit der Begründung abgelehnt, dass der Betroffene von dieser Möglichkeit nicht rechtzeitig Gebrauch gemacht habe.

7 **Unberührt bleibt auch der Anspruch auf Widerruf** oder Rücknahme eines VA, der nach allgemeinen Rechtsgrundsätzen in den Fällen einer **Ermessensreduktion auf Null** besteht, zB wenn die Aufrechterhaltung des Erstbescheids unzumutbare Nachteile zur Folge hätte (BVerwGE 28, 127; 44, 336; BVerwG DVBl 1989, 885; Knack/Henneke 17; s auch § 48 Rn 79; § 49 Rn 29) oder wenn Umstände gegeben sind, die die Berufung der Behörde auf die Unanfechtbarkeit des Erstbescheids als einen Verstoß gegen die guten Sitten oder gegen Treu und Glauben erscheinen ließen;[11] ebenso wenn die Behörde in vergleichbaren Fällen erneut entschieden hat und Art 3 GG die Gleichbehandlung erfordert (BVerwGE 28, 127; DÖV 1974, 858; StBS 19; WBSK I § Rn 114). Außerdem ist in allen Fällen, in denen unter vergleichbaren Umständen in gerichtlichen Verfahren eine Nichtigkeitsklage gem § 153 Abs 1 VwGO iVm § 579 ZPO gegeben wäre, auch ein Anspruch auf erneute Entscheidung der Behörde zu bejahen.

7a **6. Verhältnis zu neuen Antragsverfahren. a) Identischer Antragsgegenstand.** Anträge auf Wiederaufgreifen eines an sich abgeschlossenen Verfahrens sind von unabhängigen Neuanträgen zu unterscheiden, die sich auf denselben Gegenstand richten, und über die nicht ohne weiteres erneut in der Sache entschieden werden muss (s unten Rn 8). Ob über Gegenstand des Neuantrags entschieden worden ist, kann nur mit Blick auf **Inhalt und Reichweite der getroffenen Entscheidung** beantwortet werden (s näher § 43 Rn 14). Im Zweifel ist dies durch **Auslegung des VA** festzustellen, mit dem über den Erstantrag entschieden wurde. Dabei kommt es zum einen auf den Inhalt (sachlicher Geltungsbereich) an, zum anderen auf die Dauer der Wirksamkeit (zeitlicher

---

[9] OVG Hamburg DÖV 1981, 33; OVG Münster DVBl 1988, 912; Bettermann Wolff-FS 1973, 465; Knack/Henneke 6.

[10] BVerwGE 60, 325; 78, 338; BVerwG IÖD 2011, 122; NVwZ-RR 1993, 667; VGH Mannheim DVBl 1989, 885; NVwZ-RR 1991, 31.

[11] BVerwGE 44, 336; BVerwG NVwZ 1985, 265; StBS 19; Maurer § 11 Rn 65; Knack/Henneke 17; vgl auch BVerfG 27, 306.

Geltungsbereich). So steht bei **Zeitabschnittsregelungen** ein Antrag für einen neuen Zeitabschnitt grundsätzlich nichts entgegen.[12]

aa) Neuer Bauantrag. Die ablehnende Entscheidung über einen Bauantrag entfaltet idR keine Dauerwirkung; dh der Bauherr kann denselben Bauantrag grundsätzlich erneut stellen, sofern kein Missbrauch (etwa bei mehreren kurz hintereinander gestellten Anträgen) vorliegt.[13] Dies entspricht nicht nur praktischen Erfordernissen, weil anderenfalls bei jedem Antrag die Übereinstimmung mit früheren erfolglosen Anträgen geprüft werden müsste, sondern ist auch ein Postulat aus Art 14 Abs 1 GG, wonach die Baufreiheit nicht dauerhaft allein wegen der Unanfechtbarkeit ablehnender Entscheidungen eingeschränkt werden darf.[14]

bb) Ausländer- und Asylrecht. Neue Anträge auf Gewährung politischen Asyls bezeichnet § 71 AsylG als **Asyl-Folgeanträge** und beschränkt ihre Zulässigkeit ausdrücklich auf die Fälle des § 51.[15] Nach unanfechtbarer Ablehnung eines Asylantrags kann ein Asylbewerber danach abgesehen von den Fällen des § 580 ZPO einen zulässigen Asyl-Folgeantrag nur stellen, wenn er sich auf das Vorliegen neuer Beweismittel oder einer geänderten Sach- und Rechtslage berufen kann, deren Vorbringen im vorangegangenen Verfahren nicht möglich war. Bei einem erneuten Antrag auf **Erteilung eines Aufenthaltstitels** (§ 4 AufenthG) nach Ablehnung eines Vorantrags kommt es darauf an, ob derselbe Aufenthaltszweck verfolgt wird und ob sich an der Sach- und Rechtslage etwas geändert hat, so dass der Neuantrag auf neue Gründe gestützt werden kann.[16] Hier kann sich allein durch Zeitablauf eine neue Lage ergeben. **7b**

cc) Sonstige Bereiche. Für den Antrag auf Wiederzulassung nach Erlass einer Gewerbeuntersagung gilt § 35 Abs 6. Danach wird dem Gewerbetreibenden nach einer Gewerbeuntersagung auf Antrag die Ausübung des Gewerbes wieder gestattet, wenn Tatsachen die Annahme rechtfertigen, dass die Unzuverlässigkeit nicht mehr andauert. Anträge auf Einstellung und Übernahme in das Beamtenverhältnis können idR wiederholt werden, wenn sich entweder die Voraussetzungen für die Einstellung oder die für die Auswahlentscheidung geändert haben. Fehlt es im übrigen an fachrechtlichen Regelungen, so wird idR bei der Zulässigkeit von Neuanträgen zu prüfen sein, ob die Möglichkeit in Betracht kommt, dass über den neue Antrag wegen **veränderter Sach- und Rechtslage** anders zu entscheiden sein könnte. Anderenfalls ist der Antrag unzulässig.[17] **7c**

b) Zweitbescheid oder wiederholende Verfügung. Sofern das Fachrecht (s oben Rn 7a) keine abweichenden Regelungen trifft, kann die Behörde einen Antrag mit identischem Gegenstand unter Berufung auf eine bereits getroffene Entscheidung durch sog. **wiederholende Verfügung ohne VA-Qualität** (näher § 35 Rn 97) ablehnen. Sie kann aber den Antrag auch zum Anlass nehmen, die Sache wieder aufzugreifen un zu entscheiden, da sie selbst an die Bestandskraft ihrer eigenen Entscheidungen nur im Rahmen der §§ 48, 49 gebunden ist. Der Antragsteller hat außerhalb des § 51 einen Anspruch auf ermessensfehlerfreie Entscheidung darüber, ob die Sache wieder aufgegriffen und neu entschieden werden soll (s näher § 48 Rn 34; § 49 Rn 9). Will die Behörde in der Sache neu entschei- **7d**

[12] Das gilt etwa für Sozialleistungen, über die idR nur für bestimmte Zeitabschnitte entschieden wird, wie zB nach § 50 Abs 3 BAföG.
[13] OVG Münster NuR 1998, 329; **aA** VGH München BayVBl 1989, 312.
[14] So BVerwGE 48, 271; indifferent wohl StBS 48.
[15] BVerfG NVwZ 2000, Beil I 78; Bell NVwZ 1995, 24.
[16] VGH München NVwZ 1988, 660.
[17] Vgl zB BVerwGE 75, 201; BVerwG NVwZ 1991, 272 zu einem wiederholt gestellten Antrag auf Anerkennung als Kriegsdienstverweigerer; zu wiederholten Anträgen auf Einstellung in das Beamtenverhältnis Kemper NVwZ 1985, 873.

den, muss die bereits getroffene (Erst-)Entscheidung aufgehoben werden, was logisch vorrangig ist, aber auch konkludent mit einer Zweitentscheidung erfolgen kann (sog Zweitbescheid, s § 35 Rn 97). Einen Anspruch auf diese Aufhebung hat der Antragsteller nur in den Fällen des § 51 oder dann, wenn in den Fällen der §§ 48, 49 die Voraussetzungen einer Ermessensreduktion auf Null vorliegen.

II. Das Wiederaufgreifen

8 **1. Begriff.** Wiederaufgreifen des Verfahrens bedeutet, dass die Behörde ein bereits mit unanfechtbarem VA abgeschlossenes Verfahren neu eröffnet, um die Sache inhaltlich noch einmal zu prüfen und ggf auch abweichend, dh unter Aufhebung des unanfechtbaren VA, neu zu entscheiden (UL § 65 Rn 7; StBS 8). Zu unterscheiden ist das **Wiederaufgreifen des Verfahrens im engeren Sinne** nach § 51, auf das der Betroffene einen Anspruch hat, von dem Wiederaufgreifen im weiteren Sinne, welches unabhängig vom Vorliegen spezieller Wiederaufgreifensgründe erfolgen kann, aber grundsätzlich im Ermessen der zuständigen Behörde liegt, und zwar auch dann, wenn der VA rechtswidrig ist. § 51 regelt nur den Anspruch auf ein Wiederaufgreifen im engeren Sinne und gibt den Betroffenen unter bestimmten Voraussetzungen einen **Anspruch auf erneute Eröffnung eines bereits abgeschlossenen Verfahrens** mit dem Ziel einer erneuten Sachentscheidung.[18] Es handelt sich um einen **außerordentlichen Rechtsbehelf,** der darauf gerichtet ist, die bereits eingetretene Unanfechtbarkeit des VA zu beseitigen und den (nach Auffassung des Antragstellers) fehlerhaften VA durch einen neuen VA aufzuheben oder abzuändern.

9 **2. Verhältnis zu Widerruf und Rücknahme.** Nach zutreffender hM stellt das Wiederaufgreifen des Verfahrens keinen Fall der Rücknahme oder des Widerrufs dar. Deshalb finden weder die in den §§ 48, 49 vorgesehenen Beschränkungen einer Aufhebung des VA Anwendung, noch die Regelungen über das im Falle der Rücknahme und des Widerrufs bestehende Ermessen.[19] Liegen die Voraussetzungen für das Wiederaufgreifen vor, so ist nur noch die materielle Rechtslage maßgebend. Nur eine Mindermeinung in der Literatur[20] nimmt an, dass sich im Fall eines erfolgreichen Antrags auf Wiederaufgreifen die Aufhebung oder Abänderung des VA nach §§ 48, 49 richten würde. Wegen der Selbständigkeit des Wiederaufgreifens kann nach § 51 **keine Abänderung zum Nachteil des Antragstellers** erfolgen, denn die Wiederaufnahme eröffnet die Möglichkeit einer neuen Sachentscheidung nur im Rahmen des Antrags[21] und des geltend gemachten Wiederaufnahmegrunds (Classen DÖV 1989, 156). Ein echter Anspruch auf ein Wiederaufgreifen im weiteren Sinne aufgrund von §§ 48, 49 kommt nur im Falle einer Ermessensreduktion auf Null in Betracht. Eine solche kommt – abgesehen von der Selbstbindung der Verwaltung aufgrund einer entsprechenden Praxis – nur in solchen Fällen in Betracht, in denen eine Ablehnung des Wiederaufgreifens notwendigerweise ermessensfehlerhaft, insbesondere unverhältnismäßig und unzumutbar wäre. Die Rechtswidrigkeit der Ausgangsentscheidung reicht hierfür allein nicht aus.[22]

10 **3. Antragserfordernis. a) Antrag eines Betroffenen.** Die Wiederaufnahme findet nur auf Antrag eines Betroffenen statt. Antragsbefugt ist jeder, der durch den VA, auf den sich der Wiederaufnahmeantrag bezieht, betroffen ist

---

[18] BVerwG ZfS 1979, 210; OVG Hamburg NVwZ-RR 1993, 320.
[19] HM; vgl BVerwGE 70, 110, 115; BVerwG DVBl 1982, 2204; StBS 30; UL § 65 Rn 30; Knack/Henneke 20; Sachs JuS 1982, 264; Ziekow 26; FKS 3, 18.
[20] Maurer § 11 Rn 61; MB 3.21; Weides § 28 VI.
[21] HM, vgl StBS 42 ff; Knack/Henneke 22; Obermayer 93.
[22] Vgl zB BVerfG NVwZ 2000, 907; BVerwGE 113, 322, 328 = NVwZ 2000, 202; BVerwG NVwZ-RR 1990, 26; Knack/Henneke 17.

(OVG Hamburg NVwZ 1993, 322). Der **Begriff der Betroffenheit** entspricht in etwa dem der Klagebefugnis gem § 42 Abs 2 VwGO. Auf eine Beteiligung iSd § 13 am ursprünglichen Verfahren kommt es nicht an; andererseits sind als Betroffene nur Personen anzusehen, denen der in Frage stehende VA gem § 41 und § 43 Abs 1 bekanntgegeben worden ist und denen gegenüber der VA dadurch nach § 43 Abs 1 Wirksamkeit erlangt hat, oder die sich jedenfalls nach Treu und Glauben so behandeln lassen müssen, als ob der VA ihnen bekanntgegeben worden wäre und Wirksamkeit erlangt hätte.

b) Zulässigkeitsvoraussetzungen. Der Antrag auf Wiederaufgreifen des 11 Verfahrens muss die allgemeinen Voraussetzungen für die Zulässigkeit von Verfahrenshandlungen erfüllen und darüber hinaus innerhalb der Frist des Abs 3 gestellt worden sein. Der Antragsteller muss mit seinem Antrag ausdrücklich oder doch konkludent, jedenfalls hinreichend deutlich mindestens **einen bestimmten Wiederaufnahmegrund** geltend machen. Der mit dem Antrag geltend gemachte Wiederaufnahmegrund **bestimmt den Gegenstand des Verfahrens.** Die Behörde, und ggf in einem nachfolgenden Klageverfahren das Gericht, sind nicht befugt, andere als die vom Antragsteller geltend gemachten Gründe für eine Wiederaufnahme ihrer Entscheidung zugrunde zu legen.[23] Der Antrag ist stets bei der Behörde zu stellen; er kann auch in einem über einen anderen Wiederaufnahmegrund anhängigen Klageverfahren nicht unmittelbar gegenüber dem Gericht geltend gemacht bzw nachgeschoben werden.[24]

4. Gestuftes Verfahren. Über einen Antrag auf Wiederaufgreifen wird in ei- 12 nem gestuften Verfahren entschieden, für das im Einzelnen die allgemeinen Vorschriften gelten. Insb muss die Behörde die Beteiligten (§ 13) des früheren Verfahrens auch zu diesem Verfahren zuziehen, ihnen **rechtliches Gehör** nach § 28 gewähren, usw. Der Anspruch des Betroffenen gem § 51 Abs 1 ist letztlich auf eine Entscheidung über die Aufhebung oder Änderung des in Frage stehenden VA gerichtet. Bevor die Behörde jedoch darüber entscheiden kann, muss sie zunächst **in einem neuen Verwaltungsverfahren** entscheiden, ob die Voraussetzungen gem § 51 für eine Wiederaufnahme des bereits mit dem an sich unanfechtbaren VA abgeschlossenen Verfahrens gegeben sind (UL § 65 Rn 7; StBS 28; Knack/Henneke 9 mwN).

Das Verfahren vollzieht sich in **zwei Stufen:** Auf der **ersten Stufe** wird die 12a Frage geprüft, ob das Verfahren, welches zum Erlass des unanfechtbaren VA geführt hatte, wiederaufzugreifen ist, auf der **zweiten Stufe** ist, falls das Verfahren wiederaufgegriffen wird, auf der Grundlage des materiellen Rechts über die Sache selbst zu entscheiden und ein neuer VA zu erlassen. Soweit in Anlehnung an das gerichtliche Verfahren drei Stufen unterschieden werden, bedeutet dies keinen Unterschied in der Sache, weil bei einer solchen Sichtweise lediglich Zulässigkeit und Begründetheit des Antrags auf Wiederaufnahme zwei verschiedenen Stufen zugeordnet werden.[25] Diese Differenzierung ist indessen missverständlich,

---

[23] BVerwG NVwZ 1989, 162 = BayVBl 1989, 216; NVwZ 1990, 359 = BayVBl 1990, 216: das bloße objektive Vorhandensein von für ein Wiederaufnahmeverfahren geeigneten neuen Beweismitteln genügt nicht; ihr Vorhandensein muss auch innerhalb der Frist des Abs 3 geltend gemacht werden; OVG Münster NWVBl 1990, 170: sowohl die neuen Beweismittel als auch die Tatsachen, für die sie benannt werden, sind anzugeben.

[24] OVG Münster NVwZ 1986, 52 = DÖV 1986, 619; VGH München NVwZ 1990, 269; **aA** BVerwG NVwZ 1990, 359 = BayVBl 1990, 216 unter Hinweis auf §§ 227, 283 ZPO: erstmalige Geltendmachung im Prozess genügt, wenn sie noch innerhalb der 3-Monatsfrist des § 51 Abs 3 erfolgt und den anderen Beteiligten vom Gericht rechtliches Gehör nach § 108 Abs 2 VwGO, Art 103 Abs 1 GG gewährt wird; vgl auch BVerwG NJW 1988, 1280 = BayVBl 1988, 251.

[25] Für dreistufigen Aufbau BVerwG NVwZ-RR 1993, 667; OVG Hamburg NVwZ 1985, 512; Bettermann, in: Wolff-FS 1973, 469; StBS 22; WBSK I § 51 Rn 111; Selmer JuS 1987, 363, 366; Erichsen/Ebber Jura 1997, 424, 427.

weil die Unterscheidung von Zulässigkeit und Begründetheit zwar notwendig ist, aber auf einer ganz anderen Ebene liegt als die Unterscheidung zwischen Wiederaufgreifen (verfahrensrechtliche Ebene) und Neuentscheidung in der Sache (materiellrechtliche Ebene). Sinnvoller ist es deshalb, von einem zweistufigen Verfahren zu sprechen.[26]

13 **a) Entscheidung über das Wiederaufgreifen des Verfahrens.** In der ersten Stufe des Verfahrens ist nur über die Frage zu entscheiden, ob die Voraussetzungen (Zulässigkeit und Begründetheit des Wiederaufnahmeantrags) für die Eröffnung eines Verfahrens gem § 51 (und damit eine Wiedereröffnung des Verfahrens zur Sache) erfüllt sind,[27] nicht auch bereits über die Frage, ob auf Grund der Änderung der Sach- oder Rechtslage, neuer Beweise usw der VA, gegen den sich der Wiederaufnahmeantrag richtet, aufzuheben oder zu ändern ist. Wenn auch beide Verfahren idR miteinander zu verbinden sind, sind sie doch systematisch und im Hinblick auf die unterschiedlichen Voraussetzungen und Folgen zu unterscheiden.[28]

14 **aa) Zulässigkeit des Antrags.** Für die Zulässigkeit des Wiederaufnahmeantrags genügt es, dass die geltend gemachten Wiederaufnahmegründe einen anderen Ausgang des Hauptsacheverfahrens möglich erscheinen lassen, dass die Behörde also auf Grund des geltend gemachten Wiederaufnahmegrundes in der Hauptsache zu einem für den Antragsteller günstigeren Ergebnis kommen könnte.[29] Die Wiederaufnahme selbst setzt dagegen voraus, dass der geltend gemachte Wiederaufnahmegrund tatsächlich besteht.[30] Voraussetzung für die Zulässigkeit ist weiter, dass der Antragsteller eine **rechtliche Beschwer geltend machen** kann (BVerwGE 60, 326). Diese Voraussetzung entspricht der Klagebefugnis des § 42 Abs 2 VwGO; dafür genügt nicht jeder Nachteil, vielmehr ist eine konkrete gegenwärtige Beschwer, dh ein bereits bestehender oder als Folge des VA in absehbarer Zeit zu erwartender Rechtsnachteil erforderlich (BVerwGE 60, 326; vgl auch MB 21). Die Beschwer kann auch darin liegen, dass dem Betroffenen mit dem angegriffenen VA zu wenig bewilligt worden war.[31]

15 **Unanfechtbarkeit des VA.** Der Antrag des Betroffenen gem § 51 ist gem Abs 1, 1. Halbs und Abs 2 nur zulässig, wenn der in Frage stehende VA nicht mehr angefochten werden kann. Ist die Anfechtung des ursprünglichen VA noch zulässig, weil die Anfechtungsfrist noch nicht verstrichen ist, oder kommt insoweit eine Wiedereinsetzung gem § 60 VwGO in Betracht, so ist der Antrag auf Wiederaufgreifen **in einen Widerspruch umzudeuten** (OVG Münster NVwZ 1984, 655; StBS 87). Die Zulässigkeit eines Antrags auf Wiederaufnahme des Verfahrens wird durch ein **rechtskräftiges Urteil zuungunsten des Be-**

---

[26] So auch UL § 65 Rn 7; Korber DVBl 1984, 805; ders DÖV 1985, 309, 313.

[27] OVG Hamburg NVwZ 1985, 512; StBS 22ff; UL § 65 Rn 10ff; vgl auch OVG Münster DÖV 1984, 901.

[28] Korber DÖV 1982, 859; zT **aA** zu § 51 Abs 1 Nr 2 BVerwG NJW 1982, 2204.

[29] BVerwGE 77, 325; StBS 25f; Knack/Henneke 30 mwN; Erichsen/Ehlers § 26 Rn 6; vgl auch allg BGH NJW 1982, 2128; 1984, 2631; StJ 2 zu § 641 ZPO; zu § 51 OVG Münster DÖV 1984, 901; wohl auch Sachs JuS 1985, 448; enger BVerwGE 78, 336 = NVwZ 1988, 738: Zulässigkeit eines Antrags auf Wiederaufgreifen des Verfahrens nur dann, wenn auch vom Antragsteller die Geeignetheit dieser Umstände für eine günstigere Entscheidung schlüssig dargelegt wird; vgl auch BVerwG NJW 1982, 2204: Antrag auf Wiederaufnahme nur zulässig und begründet, wenn die Sach- oder Rechtslage sich tatsächlich geändert hat.

[30] BVerwG BayVBl 1983, 25; VGH München BayVBl 1987, 371; zu § 14 Abs 1 AsylG wohl auch OVG Hamburg DÖV 1987, 120; zT **aA** BVerwG NVwZ 1988, 738.

[31] Vgl im Ergebnis auch VGH Mannheim NVwZ 1986, 225: auch gegen begünstigende VAe, wenn neue Beweismittel vorliegen, die eine günstigere Entscheidung herbeigeführt haben würden.

troffenen nicht ausgeschlossen.[32] Sofern die Wiederaufnahmegründe den VA betreffen, hat der Betroffene grundsätzlich nicht die Wahl, statt eines Antrags gem Abs 1 an die Behörde eine Wiederaufnahmeklage nach § 153 VwGO zu erheben (**aA** offenbar Knack/Henneke 7). Das Verfahren nach § 51 kann zwar die Rechtskraft eines Urteils bzgl des in Frage stehenden VA nicht beseitigen; das Urteil wird jedoch gegenstandslos, wenn der Antrag nach § 51 Erfolg hat.

bb) Begründetheit des Antrags. Die Begründetheit des Antrags hängt vom Vorliegen des im Antrag dargelegten Wiederaufnahmegrundes ab. Der Antragsteller hat eine besondere **Darlegungspflicht** hins der tatsächlichen Voraussetzungen des Wiederaufnahmegrundes (vgl BVerwG NJW 1982, 2204). Er muss jedenfalls Tatsachen, dh konkrete Umstände, dazu vortragen; allgemeine, nicht weiter belegte Behauptungen genügen nicht.[33] Der Wiederaufnahmegrund muss substantiiert vorgetragen werden (BVerwG DÖV 1988, 77) oder jedenfalls aus dem gesamten Vorbringen hinreichend klar hervorgehen. 16

Die **Begründetheitsprüfung** erfolgt allein auf Grundlage des vom Antragsteller dargelegten Grundes für das Wiederaufgreifen des Verfahrens. Die Behörde prüft also das Vorliegen weiterer oder anderer Wiederaufgreifungsgründe nicht von Amts wegen. Auch ein Nachschieben von Gründen für das Wiederaufgreifen durch den Antragsteller ist grundsätzlich nur bis zur Entscheidung der Behörde zulässig.[34] Der Behörde steht hins der hier zu treffenden Entscheidung **kein Ermessen** zu.[35] Insofern besteht ein wesentlicher Unterschied zu Verfahren nach § 48 und § 49, die es grundsätzlich dem Ermessen der Behörde überlassen, ob sie ein entsprechendes Verfahren einleiten will oder nicht, und ob sie, wenn die rechtlichen Voraussetzungen dafür erfüllt sind, den VA ganz oder teilweise aufheben, ändern oder aber bestehen lassen will. 16a

cc) Entscheidung über Wiederaufgreifen. Bejaht die Behörde die Zulässigkeit und Begründetheit des Wiederaufnahmeantrags, so bedarf es darüber keiner ausdrücklichen Entscheidung; sie kann dann gleich zur Sachprüfung in der Sache selbst übergehen (Knack/Henneke 11; MB 20). Es ist aber zulässig und bei Streit über das Bestehen von Wiederaufnahmegründen uU auch zweckmäßig, über die Wiederaufnahme gesondert durch VA zu entscheiden. **Anders bei Ablehnung der Wiederaufnahme:** Diese muss mit einem ausdrücklichen, nach § 39 zu begründenden VA, der mit den normalen Rechtsbehelfen angreifbar ist, erfolgen.[36] Auch soweit dieser VA im Ergebnis den früheren VA bestätigt, ist er keine lediglich wiederholende Verfügung, sondern ein auf die verfahrensrechtlichen Rechte des Betroffenen beschränkter VA (UL § 65 Rn 14; Martens JuS 1979, 120; Knack/Henneke 11). 17

b) Neue Entscheidung in der Sache. Ist ein Wiederaufgreifen des Verfahrens zulässig und begründet, so muss die Behörde erneut in der Sache entschei- 18

---

[32] BVerwGE 70, 110 mit Anm Sachs JuS 1985, 447; 82, 272 mit Anm Osterloh JuS 1990, 851; NVwZ 1986, 293; StBS 79; Kemper NVwZ 1985, 875.

[33] BVerwGE 77, 325; BVerwG DÖV 1988, 77: substantiierter Vortrag erforderlich; ähnlich BVerwG NVwZ 1990, 359: der Antragsteller muss die Eignung des Beweismittels für eine ihm günstigere Entscheidung schlüssig darlegen; OVG Münster NVwZ 1986, 52; MB 18; weitergehend Obermayer 27 und 31: der Antragsteller muss die Voraussetzungen des Wiederaufnahmeanspruchs glaubhaft machen.

[34] OVG Münster NVwZ 1986, 52; ähnlich VGH München NVwZ 1990, 269. Etwas anderes gilt für bloße Präzisierungen.

[35] Erichsen/Ehlers § 26 Rn 11; UL § 65 Rn 14; Knack/Henneke 10; in BVerwG NVwZ 2000, 448 wird offenbar zu Unrecht vom Bestehen eines Ermessens für das Wiederaufgreifen ausgegangen; es bleibt aber unklar, ob § 51 tatsächlich angewandt wurde. Sachlich ging es um die Frage, ob ein Parteiaustritt als neue Tatsache ausreicht, um eine neue Eignungsentscheidung zu rechtfertigen. Für letztere besteht jedenfalls ein Spielraum.

[36] BVerwGE 70, 110; BVerfG 27, 297; Knack/Henneke 11; MB 20; Obermayer 36.

den, die Gegenstand des VA war (sog **Zweitbescheid**).[37] Für die Frage, welche Entscheidung in der Sache, dh hins des Schicksals des VA, zu treffen ist oder bei Ermessensentscheidungen getroffen werden kann, kommt es nach der zutreffenden hM (s oben Rn 9) ausschließlich auf das in der Sache anzuwendende **aktuelle materielle Recht** im Zeitpunkt der nunmehr zu treffenden Entscheidung an.[38] Nur wenn und soweit dieses der Behörde einen Ermessensspielraum gibt, steht auch die Entscheidung über die Aufrechterhaltung oder Änderung des VA im Ermessen der Behörde; in allen anderen Fällen ist die Behörde gebunden.[39] Die Behörde ist außerdem an den Antrag gebunden und darf das erneut eröffnete Verfahren nicht zum Anlass nehmen, zugleich andere Regelungen zu treffen (BVerwG NVwZ 1990, 359; StBS 37), sofern nicht dafür die Voraussetzungen gem §§ 48 ff erfüllt sind (vgl Abs 5).

19 **aa) Prüfungsumfang.** Im wiederaufgenommenen Verfahren ist dann **der gesamte aktuelle Verfahrensstoff,** soweit er sich nicht durch Verbescheidung erledigt hat, Gegenstand des Verfahrens und bei der Entscheidung zu berücksichtigen.[40] Auch neues Vorbringen und neue Anträge sind zulässig. Wie § 49 Abs 2 Nr 3 und 4 gibt auch § 51 jedoch der Behörde keine Blanko-Vollmacht für beliebige Änderungen, sondern nur für solche, die mit dem geltend gemachten **Wiederaufnahmegrund** in einem unmittelbaren Zusammenhang stehen.[41]

20 **bb) Voraussetzungen der Abänderung des ursprünglichen VA.** Liegen die materiellen Voraussetzungen für eine gegenüber dem ursprünglichen VA abweichende Regelung vor, so hat die neue Entscheidung sich ohne weiteres an der (aktuellen) maßgeblichen Sach- und Rechtslage zu orientieren (s oben Rn 18). Eine Prüfung der Voraussetzungen der §§ 48, 49 für Widerruf und Rücknahme des VA ist nach der ganz hM nicht erforderlich. Eine solche Regelung würde bedeuten, dass bei der Entscheidung auch Gesichtspunkte des Vertrauensschutzes zu berücksichtigen wären und dass die Entscheidung über die Abänderung des ursprünglichen VA jedenfalls im Grundsatz im Ermessen der Behörde stehen würde (so zB Maurer § 11 Rn 61; MB 21). Die hM[42] geht demgegenüber zu Recht davon aus, dass sich im Falle der Zulässigkeit und Begründetheit eines Antrags auf Wiederaufgreifen des Verfahrens die zu treffende **neue Entscheidung allein am maßgeblichen materiellen Recht zu orientieren** hat und nicht an den §§ 48 f (s oben Rn 9).

20a **cc) Reformatio in peius.** Grundsätzlich darf es nach hM keine Entscheidung zu Lasten des Antragstellers geben, also **keine Verböserung** bzw reformatio in peius.[43] Dies wird aus dem Umstand gefolgert, dass das Verfahren nach § 51 allein im Interesse des Antragstellers vorgesehen ist, der durch seinen Antrag auch den Umfang des Verfahrensgegenstandes bestimmt. Insoweit unterscheidet sich das Verfahren nach § 51 auch von dem Wiederaufgreifen im weiteren Sinn

---

[37] Vgl BVerwGE 106, 171 für Asylfolgeantrag; UL § 65 Rn 14; Maurer § 11 Rn 56; Knack/Henneke 12.

[38] BVerwG NJW 1982, 2205; NJW 1985, 280; Sachs JuS 1982, 267; 1985, 448; Martens NVwZ 1983, 131; Obermayer 91 ff; Bettermann, in: Wolff-FS 1973, 498; UL § 65 Rn 30; zweifelnd Wilke 383; **aA** Maurer § 11 Rn 61; MB 21.

[39] BVerwGE 70, 114 = NJW 1982, 2205; Redeker DVBl 1973, 746; UL § 65 Rn 31; Knack/Henneke 20; Baumeister VerwArch 1992, 376; nun auch StBS 32; **aA** Begr 75, wo in Verkennung der dort zit Rspr angenommen wird, dass die Entscheidung in allen Fällen dem Ermessen der Behörde überlassen ist; der Begr folgend wohl auch OVG Münster NVwZ 1986, 134; MB 1 und 21; Weides 27 VI.

[40] BVerwG NVwZ-RR 1993, 667 = BayVBl 1993, 120; vgl auch BGHZ 57, 284.

[41] Vgl BVerwG NVwZ 1990, 359 = BayVBl 1990, 216; StBS 36; Classen DÖV 1989, 156.

[42] BVerwGE 70, 110, 115; BVerwG DVBl 1982, 2204; StBS 30; UL § 65 Rn 30; Knack/Henneke 20; Sachs JuS 1982, 264; Ziekow 26; FKS 3, 18.

[43] StBS 42 ff; Knack/Henneke 22; Obermayer 71; UL § 65 Rn 9; MB 22.

nach den Bestimmungen der §§ 48, 49, die der Behörde die Möglichkeit geben, auch von sich aus das Verfahren neu aufzugreifen und zu einer abweichenden Sachentscheidung zu gelangen, die – soweit die Vertrauensschutzregelungen nicht entgegenstehen – auch zu Lasten des Betroffenen ausgehen können. Nun steht es der Behörde grundsätzlich frei, aus Anlass eines Antrags nach § 51 zugleich eine Entscheidung nach §§ 48, 49 zu treffen.

dd) Schutz des Vertrauens Dritter. Die hM gelangt zu **unbefriedigenden Ergebnissen,** wenn es nach dem Wiederaufgreifen des Verfahrens zu einer neuen Entscheidung kommt, bei der ein Dritter seine günstige Regelung aus dem ursprünglichen VA verliert, obwohl er berechtigtes Vertrauen in den Bestand des VA gesetzt und entsprechend betätigt hat. In derartigen Fallkonstellationen erlaubt das materielle Recht nur dann eine Berücksichtigung des Vertrauens Dritter, wenn die neu zu treffende Entscheidung im Ermessen der Behörde steht (VGH Mannheim NVwZ 1990, 985). Für Fälle streng gebundener Entscheidungen ist dagegen die Möglichkeit, Vertrauensschutz Dritter zu berücksichtigen, nicht vorgesehen. Hier wird ein **Entschädigungsanspruch** des Dritten in entsprechender Anwendung der § 48 Abs 3, 49 Abs 5 erwogen.[44] 21

ee) Entscheidung durch Zweitbescheid. Die zuständige Behörde entscheidet, wenn die Voraussetzungen für die Wiederaufnahme gegeben sind, in jedem Fall in der Sache durch einen neuen VA (Zweitbescheid; VGH München BayVBl 1987, 371; StBS 38; Knack/Henneke 12, 14; MB 21), auch wenn sie auf Grund der erneuten Prüfung zu keinem anderen Ergebnis kommt als der ursprüngliche VA und diesen deshalb im Ergebnis und vielleicht auch weitgehend mit der gleichen Begründung bestätigt.[45] **Der neue VA tritt an die Stelle des ursprünglichen VA.** Die ausdrückliche Aufhebung des ursprünglichen VA ist nicht erforderlich, im Interesse der Rechtsklarheit jedoch jedenfalls zweckmäßig. 22

Der ursprüngliche VA, gegen den sich die Wiederaufnahme richtet, verliert seine Wirksamkeit nicht schon mit der Stellung des Wiederaufnahmeantrags oder mit der erneuten Eröffnung des Verfahrens durch die Behörde, sondern erst mit der Bekanntgabe der Entscheidung im Wiederaufnahmeverfahren über seine Aufhebung bzw Abänderung und idS der Bekanntgabe des nunmehr allein maßgeblichen VA (vgl Bettermann, in: Wolff-FS 1973, 483; UL § 65 Rn 28). 23

III. Wiederaufnahmegründe (Abs 1)

1. Allgemeines. Die Aufzählung der **Wiederaufnahmegründe** in § 51 Abs 1 ist **abschließend** (Bettermann, in: Wolff-FS 1973, 487; Knack/Henneke 27; MB 12). Die Behörde (und ebenso auch ein später ggf zur Nachprüfung der Behördenentscheidung angerufenes Gericht) hat den Wiederaufnahmeantrag **nur auf die geltend gemachten Gründe** hin zu prüfen und darf andere als die geltend gemachten Gründe nicht berücksichtigen.[46] Gründe für ein Wiederaufgreifen können allerdings zeitlich nacheinander entstehen; es kann deshalb mehrere Anträge nacheinander geben. Soweit Gründe der in § 51 aufgezählten Art nicht in Betracht kommen bzw nicht geltend gemacht werden oder die geltend gemachten Gründe nicht durchgreifen, kann die Behörde nur ein Wiederaufgreifen im weiteren Sinn durch Rücknahme oder Widerruf gem §§ 48f in Betracht ziehen. Praktisch führt jedoch Abs 5 iVm der Anerkennung des Rechts Betroffener auf ermessensfehlerfreie Entscheidung der Behörde über eine nach § 48 mögliche Rücknahme bzw einen nach § 49 möglichen Widerruf dazu, dass die Behörde **auch in anderen Fällen immer prüfen muss,** ob sie einem 24

[44] StBS 67; Sachs JuS 1982, 264, 267.
[45] Maurer § 11 Rn 57 Ule § 65 Rn 33; StBS 41; Knack/Henneke 14.
[46] BVerwG NVwZ 1990, 359 = BayVBl 1990, 216; UL § 65 Rn 32.

Antrag auf erneute Entscheidung in der Sache stattgeben will,[47] und dass sie in allen Fällen, in denen hinreichend schwerwiegende Gründe dafür sprechen, insb solche, die den in § 51 Abs 1 genannten vergleichbar sind, uU hierzu sogar verpflichtet ist (s § 48 Rn 79; § 49 Rn 29).

25 **2. Änderung der Sach- oder Rechtslage (Nr 1). a) Anwendungsbereich.** Nr 1 gibt dem Betroffenen einen Anspruch auf das Wiederaufgreifen eines abgeschlossenen Verfahrens dann, wenn sich die Sach- und Rechtslage nachträglich zu seinen Gunsten verändert hat. Es muss sich um eine nachträgliche Änderung handeln, dh um eine **Änderung nach Erlass des VA.**[48] Die Änderung muss Faktoren betreffen, die im ursprünglichen Verfahren und in einem sich diesem ggfs anschließenden verwaltungsgerichtlichen Verfahren[49] für den Inhalt des VA **entscheidungserheblich** waren (vgl OLG Hamburg NVwZ 1985, 512) und an deren Stelle nunmehr eine wesentlich neue für den Betroffenen günstigere Sach- oder Rechtslage getreten ist, die damals noch nicht gegeben war. Umstritten, richtigerweise zu bejahen ist, ob es (ähnlich wie bei Nr 2) ausreicht, dass die Tatsachen zwar seinerzeit bereits vorlagen, aber nicht – auch nicht mit einem Rechtsbehelf (Abs 2) – geltend gemacht werden konnten (Bettermann, in: Wolff-FS 1973, 480; Funke-Kaiser in GK-AsylG § 71 Rn 144; aA StBS 90; Knack/Henneke 29). Die Änderung muss bereits eingetreten sein; lediglich zu **erwartende Änderungen** fallen **nicht** unter die Regelung (BVerwG NJW 1986, 1187; Knack/Henneke 33).

26 Für die **Zulässigkeit des Antrags nach Nr 1** genügt die substantiierte[50] Behauptung, dass eine Änderung der für die Regelung erheblichen Sach- oder Rechtslage eingetreten ist.[51] Die Behörde darf gem § 51 Abs 1 das Verfahren aber nur dann zur Sache selbst eröffnen, wenn sie nach der gem § 24 gebotenen Sachaufklärung zur Überzeugung gekommen ist, dass eine wesentliche Änderung der Sach- bzw Rechtslage tatsächlich vorliegt, die für die Sachentscheidung von Bedeutung sein kann (Knack/Henneke 30). Ausreichend ist die **konkrete Möglichkeit;** die Begründetheitsprüfung muss nicht vorweggenommen werden.

27 **aa) VA mit Dauerwirkungen.** Der Wiederaufnahmegrund der Nr 1 gilt nur für Änderungen, welche die durch den VA getroffene Regelung unmittelbar berühren. Das ist nur dann der Fall, wenn der VA kraft Gesetzes oder nach seinem Inhalt auch für den Fall ihres Eintretens Geltung beansprucht.[52] Abs 1 Nr 1 ist insoweit § 323 ZPO vergleichbar. Die Regelung **erfasst damit praktisch nur Dauer-VAe.**[53] Änderungen der Sach- oder Rechtslage, für die ein VA ohnehin keine Geltung beansprucht, weil er nur im Hinblick auf eine bestimmte Situation oder Rechtslage eine Regelung trifft, fallen nicht unter § 51.[54] So kann

---

[47] BVerwGE 44, 335; 57, 345; 60, 325; VGH München DVBl 1978, 115; BayVBl 1988, 20; VGH Mannheim DVBl 1989, 885; NVwZ-RR 1991, 31; StBS 15f; WBSK I § 51 Rn 108; MB 20 zu § 48; s allg auch BVerwGE 69, 90 = NVwZ 1984, 727 m krit Anm v Martens NJW 1985, 163: keine überzeugende Unterscheidung zwischen einem Antrag nach § 51 und einem Antrag auf neue Sachprüfung.

[48] Insoweit gilt für Abs 1 Nr 1 ein anderer Zeitpunkt als für Abs 2, für den es auf den Abschluss des Verwaltungsverfahrens unter Einschluss auch der Rechtsmittelverfahren ankommt, vgl StBS 91; UL § 65 Rn 18; **aA** FKS 9: nach Unanfechtbarkeit.

[49] BVerwGE 70, 110 = NJW 1985, 281; BVerwG NVwZ 1985, 899.

[50] Vgl BVerwGE 77, 323 = DÖV 1988, 77; OVG Hamburg DÖV 1987, 119.

[51] Vgl OVG Münster DÖV 1984, 901; die Möglichkeit einer nunmehr positiven Entscheidung genügt; Knack/Henneke 30; StBS 25 f; str; **aA** OVG Hamburg NVwZ 1985, 512.

[52] BVerwGE 60, 316; 69, 93 = DÖV 1984, 678; VGH Mannheim NVwZ 1990, 986; Obermayer 46ff; UL § 65 Rn 6; Knack/Henneke 31.

[53] BVerwGE 59, 148; VGH Mannheim NVwZ 1990, 986; Bettermann, in: Wolff-FS 1973, 480; Sachs JuS 1982, 294; Knack/Henneke 31; MB 13.

[54] BVerwGE 69, 93; BVerwG NVwZ 1984, 727; 1985, 899; VGH Kassel NJW 1986, 83; Kemper NVwZ 1985, 872; StBS 92; Knack/Henneke 31.

zB ein Wehrpflichtiger, dessen Antrag als Kriegsdienstverweigerer abgelehnt worden ist, mit später entstandenen neuen Gesichtspunkten **jederzeit einen neuen Antrag auf Anerkennung** stellen (BVerwGE 69, 93 = DÖV 1984, 678; DVBl 1987, 381); ebenso kann ein Bürger für ein neues Bauvorhaben **jederzeit einen neuen Antrag auf Bauerlaubnis** stellen, auch wenn ein früheres anderes Vorhaben abgelehnt worden war, auch zB für ein Vorhaben, das bereits einmal unter Hinweis auf einen entgegenstehenden Bebauungsplan durch VA abgelehnt worden war, weil sich die Ablehnung nur auf den konkreten Genehmigungsantrag bezieht (s näher § 43 Rn 20).

bb) Ausschluss durch spezielle Regelungen. Nicht anwendbar ist Nr 1 bei solchen Änderungen, für deren Berücksichtigung die maßgeblichen Rechtsvorschriften **selbständige Verfahren vorsehen,** wie zB für die Wiedergestattung eines Gewerbes gem § 35 Abs 6 GewO, wenn die Unzuverlässigkeit später weggefallen ist (vgl BVerwG GewArch 1996, 24; NVwZ-RR 1997, 621; VGH Kassel NVwZ 1986, 83), oder für die Wiedererteilung einer Fahrerlaubnis gem §§ 2, 4 StVG, die gem § 3 StVG entzogen worden war (ebenso Obermayer 46f). Dagegen fallen, wenn zwischenzeitlich die Rechtslage sich ändert, unter Nr 1 zB Rentenbescheide und ähnliche Bescheide, die Renten oder ähnliche Zahlungen jeweils für einen längeren Zeitraum festsetzen, sofern nicht das SGB X zur Anwendung kommt. 28

b) Änderung der Sachlage. Eine Änderung der Sachlage liegt vor, wenn sich die für die unanfechtbare Entscheidung maßgeblichen, dh ihr zugrundeliegenden Tatsachen ändern. Maßgeblich sind diejenigen Tatsachen, deren Subsumtion unter die einschlägigen Rechtsnormen die Entscheidung tragen. Als Tatsachenänderungen anzusehen sind auch **Erkenntnisfortschritte,** durch die Annahmen, auf denen der in Frage stehende VA beruht, zB hins der von Immissionen ausgehenden Risiken, widerlegt werden,[55] ebenso zB die Erkenntnis, dass ein ursprünglich als geeignet angesehener VA nicht zielführend ist und deshalb aufgehoben oder geändert werden muss (vgl BVerfG 80, 26 mwN). Als Änderung der Sachlage ist auch eine Rechtsänderung anzusehen, die den für eine Entscheidung maßgeblichen Sachverhalt ändert, zB wenn sich die Verfolgungsgefahr für einen Asylbewerber wegen geänderter Strafvorschriften im Heimatland ändert (StBS 94). **Nicht als Änderung** der Sachlage ist dagegen anzusehen eine bloße **Änderung der Verwaltungspraxis** (vgl BVerwG BayVBl 1993, 308); ebenso nicht ein Wegfall der Tatbestands- oder Feststellungswirkung von Urteilen.[56] Der Anerkennung als neue Tatsache steht der Umstand nicht entgegen, dass der Antragsteller sie selbst herbeigeführt hat, zB den für eine positive Entscheidung der Behörde erforderlichen Antrag erst jetzt gestellt oder wesentliche Fragen im Antragsformular erst jetzt beantwortet hat;[57] in solchen Fällen ist der Antrag aber häufig nach Abs 2 wegen verschuldeter verspäteter Geltendmachung unbegründet.[58] 29

c) Änderung der Rechtslage. Eine Änderung der Rechtslage setzt voraus, dass sich das maßgebliche materielle Recht nach Erlass des VA geändert hat; Änderungen des Verfahrensrechts, nach denen also der VA nunmehr in einem anderem Verwaltungsverfahren erlassen werden müsste, reichen nicht aus (BVerw- 30

---

[55] BVerwGE 115, 274, 281 = NVwZ 2002, 718; OVG Münster NVwZ 1988, 173; Lange NJW 1986, 2665; Roßnagel JZ 1986, 720; Bender DÖV 1986, 817; Schoch DVBl 1990, 554; StBS 95; UL § 65 Rn 18; s auch § 49 Rn 45.

[56] Vgl VGH München BayVBl 1995, 23: Erreichen des Klageziels nicht ausreichend; **aA** Obermayer 47.

[57] **AA** offenbar insoweit BFH 157, 196 = BStBl II 1989, 789; Herden/Gmach NJW 1990, 1762 mwN zu § 173 Abs 1 Nr 2 AO: keine neue Tatsache; anders nur uU bei Unkenntnis.

[58] S im Ergebnis auch BFH 157, 196 = BStBl II 1989, 789; 157, 488 = BStBl II 1989, 960; Herden/Gmach NJW 1990, 1762 mwN.

GE 60, 324). **Keine Änderung der Rechtslage** stellt die **Änderung der höchstrichterlichen Rspr** dar, sofern sie nicht Ausdruck neuer allgemeiner Rechtsauffassungen ist,[59] **ebenso nicht** eine **Änderung der Verwaltungspraxis** oder von Verwaltungsvorschriften, sofern sie nicht Ausdruck neuer wissenschaftlicher Erkenntnisse sind (StBS 97). In diesen Fällen besteht nur ein Anspruch auf ermessensfehlerfreie Prüfung und Bescheidung gem §§ 48 ff nach den Grundsätzen über sog Zweitbescheide (s oben Rn 6 ff; allg auch Stelkens NVwZ 1982, 496; Krause 181). **Dagegen** steht eine **Änderung der allgemeinen Rechtsauffassungen** einer Rechtsänderung gleich;[60] ebenso bei Eintritt der **Funktionslosigkeit einer Rechtsnorm,** zB eines Bebauungsplans (vgl zur Funktionslosigkeit BVerwGE 54, 5 = NJW 1977, 2325; BVerwGE 67, 334 = NJW 1984, 138; BVerwG NVwZ-RR 1990, 122). **Keine Änderung** der Rechtslage stellt es dar, wenn eine **Rechtsnorm** durch ein Bundes- oder Landesverfassungsgericht oder ein Oberverwaltungsgericht für **nichtig erklärt** wird.[61] Dies gilt jedenfalls, soweit nicht gesetzlich etwas anderes vorgesehen oder zugelassen ist (zB § 43 Abs 2 HessStGHG).

31 **d) Folgerungen für die Sachentscheidung.** Die Entscheidung in einer gem Nr 1 wiederaufgenommenen Sache wird durch den sich aus der nachträglichen Änderung der Sach- oder Rechtslage ergebenden Rahmen (s oben Rn 16 ff; Classen DÖV 1989, 156), im Übrigen durch das anzuwendende **materielle Recht** bestimmt (BVerwG DVBl 1982, 1000 = NJW 1982, 2205). Soweit das materielle Recht keine besonderen Regelungen vorsieht, kann eine Aufhebung oder Änderung des ursprünglichen VA nur mit Wirkung **ab dem Zeitpunkt, in dem die Änderung eingetreten** ist, erfolgen, bei einer rückwirkenden Rechtsänderung ab dem Zeitpunkt, auf den das neue Recht zurückwirkt.

32 **3. Neue Beweismittel (Nr 2).** Die Regelung soll die Wiederaufnahme eines Verfahrens in Fällen ermöglichen, in denen ein Betroffener wegen Beweisschwierigkeiten, die nunmehr behoben sind, einen Nachteil erlitten hat.[62] Dies ist der Fall, wenn ein neues Beweismittel vorliegt, das eine für den Antragsteller günstigere Entscheidung herbeigeführt hätte.

32a **a) Begriff des Beweismittels.** Beweismittel sind alle Erkenntnismittel, die geeignet sind, das Vorliegen oder Nichtvorliegen einer Tatsache zu beweisen (BVerwGE 82, 272, 276; UL § 65 Rn 22), dh die Überzeugung vom Vorliegen oder Nichtvorliegen der Tatsache zu beeinflussen. Die Aufzählung der Beweismittel in § 26 ist nicht abschließend. Neben Urkunden kommen auch Zeugenaussagen, auch **Sachverständigengutachten** (hierzu StBS 113 f) und Augenscheinsobjekte in Betracht.

33 **b) Neuheit des Beweismittels.** Ob ein Beweismittel neu ist, ist aus der **Sicht der Betroffenen,** dh des Antragsstellers nach Abs 1, zu beurteilen; auf die

---

[59] BVerwG NVwZ-RR 1994, 119 mwN; NVwZ 1982, 500; 1988, 143; 1989, 162; OVG Weimar ThürVBl 1998, 106; Lüneburg DVBl 1982, 903; OVG Münster NVwZ 1986, 125; VGH München BayVBl 1988, 20; NVwZ 1989, 378; ZBR 1992, 22; UL § 65 Rn 19; Knack 37; StBS 105; WBSK I § 51 Rn 103; Ziekow 11; Krause 181; offen BVerwG DÖV 1993, 532; **aA** MB 15; zu einer gefestigten neuen Rspr auch Martens JuS 1979, 119; ebenso ausdrücklich auch § 48 Abs 2 SGB-X; auch Stelkens NVwZ 1982, 494.

[60] Maurer JuS 1976, 29; Stelkens NVwZ 1982, 494; vgl auch BVerfG 34, 288 = DVBl 1973, 784; DVBl 1990, 691; BayVerfGH BayVBl 1989, 145; enger StBS 109: nur wenn bereits zu Gewohnheitsrecht erstarkt ist; **aA** Bettermann, in: Wolff-FS 1973, 486; Weides 335.

[61] HM; vgl BVerwG DVBl 1991, 65; VGH Mannheim VBlBW 1990, 253; OVG Lüneburg NVwZ 1984, 595; StBS 100; UL § 65 Rn 19; **aA** Knack/Henneke 38; Obermayer 55; Stelkens NVwZ 1982, 492, 494.

[62] VGH München BayVBl 1987, 371; ebenso zum früheren Recht zB BVerwGE 25, 243; 32, 124; vgl ferner BVerwGE 24, 115.

Kenntnis der Behörde kommt es nicht an (Knack/Henneke 41; MB 16). Unter die Regelung fallen sowohl **gänzlich neue Beweismittel,** die früher überhaupt noch nicht zur Verfügung standen, zB ein erbbiologisches Gutachten, das erst von einem gewissen Alter einer Person ab erstellt werden kann (sog nova producta; s StBS 119; zweifelnd allgemein zu nachträglich erstellten oder bekannt gewordenen Gutachten BVerwG NVwZ 1989, 162) als auch im Zeitpunkt des Verfahrens **schon vorhandene Beweismittel,** die ohne Verschulden des Betroffenen zum Verfahren nicht oder nicht mehr rechtzeitig beschafft werden konnten oder von deren Existenz der Betroffene noch gar keine Kenntnis hatte,[63] uU auch Zeugenaussagen oder Gutachten, die der Behörde zwar bei ihrer Entscheidung vorgelegen hatten, die sie jedoch nicht zur Kenntnis genommen oder falsch verstanden und deshalb bei seiner Entscheidung nicht oder jedenfalls nicht ausreichend berücksichtigt hatte (vgl OLG Düsseldorf NJW 1987, 2030).

Neue Sachverständigengutachten sind dann neue Beweismittel iS der Vorschrift, wenn ihnen neue, bisher nicht bekannte Tatsachen zugrundeliegen oder sie auf neuen wissenschaftlichen Erkenntnissen beruhen, die erst nachträglich gefunden oder den Gutachtern bekannt wurden (BVerwGE 113, 322, 326). Umstritten ist, ob es ausreicht, wenn Gutachten lediglich vorhandenes Material neu bewerten.[64] Als neues Beweismittel ist auch die erstmalige **Verfügbarkeit eines Zeugen** anzusehen, von dem bisher nur eine schriftliche Erklärung vorlag (VGH Mannheim NVwZ-RR 1991, 55). Beweismittel für Tatsachen, die im ersten Verfahren dem Beteiligten schon bekannt waren, aber von ihm nicht vorgetragen wurden, sind zwar, wenn die allgemeinen Voraussetzungen für ihre „Neuheit" gegeben sind, an sich neue Tatsachen (VGH Mannheim NVwZ 1986, 225); der Wiederaufnahmeantrag kann jedoch gem Abs 2 idR nicht darauf gestützt werden, weil insoweit der Vorwurf nicht rechtzeitigen Vorbringens gemacht werden kann.[65] 34

c) Eignung des Beweismittels. Das neue Beweismittel muss für sich allein oder in Verbindung mit anderen, wenn auch schon bekannten Beweismitteln geeignet sein, der Behörde die Überzeugung zu vermitteln, dass die Behörde damals von falschen Voraussetzungen ausgegangen ist und bei Kenntnis der wirklichen Tatsachen zugunsten des Betroffenen anders entschieden hätte.[66] Dass das Beweismittel die Gegenposition lediglich stützt, reicht dafür nicht aus. Zweifelhaft ist, ob die Eignung des Beweismittels voraussetzt, dass es auf der Grundlage der speziellen, seinerzeit von der Behörde zugrunde gelegten Rechtsauffassung, oder auf der Grundlage des objektiven Rechts bei zutreffender Rechtsanwendung zu einer abweichenden Entscheidung veranlasst.[67] 35

Ist das Beweismittel nicht geeignet, in dem durch den VA entschiedenen Fall bei nochmaliger Sachprüfung eine andere Entscheidung herbeizuführen, so ist der Wiederaufnahmeantrag unzulässig (VGH München BayVBl 1987, 371). 36

---

[63] Nova reperta; s BVerwGE 70, 110 = NJW 1985, 280; BVerwG NJW 1982, 2204; VGH Mannheim NVwZ 1986, 225; NVwZ-RR 1991, 55; VGH München BayVBl 1987, 371; Knack/Henneke 42; Korber DÖV 1981, 858; für die Neuheit des Beweismittels kommt es auf das Verschulden nicht an; letzteres ist erst nach Abs 2 zu berücksichtigen (StBS 120).

[64] Vgl bejahend BVerwGE 82, 277: VGH Mannheim VBlBW 1991, 472; Knack/Henneke 42; **aA** VGH München DVBl 1978, 114; BayVBl 1987, 371: durch die nachträgliche Vorlage eines die Prüfungsunfähigkeit bestätigenden Attests kann die Wiederaufnahme eines unanfechtbar abgeschlossenen Prüfungsverfahrens nicht erreicht werden; vgl auch OVG Bremen NJW 1990, 2337; idR wird die bloße Neubewertung nicht ausreichend sein.

[65] Vgl VGH München DVBl 1978, 115; OVG Münster NVwZ 1986, 134.

[66] BVerwGE 82, 272 m Anm Osterloh JuS 1990, 851; BVerwG DVBl 2001, 305; ebenso Knack/Henneke 43.

[67] Das BVerwG DVBl 2001, 305 stellt auf die spezielle Rechtsauffassung ab, die dem VA zugrunde gelegt wurde. Hiergegen zu Recht Ehlers Vw 2001, 255, 285.

Dies gilt zB für die Vorlage eines **ärztlichen Attests,** das die Prüfungsunfähigkeit bestätigt, im Hinblick auf eine andere, bessere Bewertung des Prüfungsergebnisses, die damit unter keinem denkbaren Gesichtspunkt erreicht werden könnte (VGH München BayVBl 1987, 371; Rozek JA 1989, 237).

36a **d) Herbeiführung einer anderen Entscheidung. Für den Erfolg** des Wiederaufnahmeantrags genügt, dass der Antragsteller analog § 42 Abs 2 VwGO substantiiert (BVerwG DÖV 1988, 78) geltend macht, dass das Beweismittel zu einer für ihn günstigeren Entscheidung geführt hätte, und dies nicht offensichtlich und nach jeder Betrachtungsweise unmöglich erscheint.[68] Ob das Beweismittel tatsächlich zu einer anderen Beurteilung des Falles führt und dadurch die Aufhebung des VA notwendig wird, ist nicht im Verfahren über die Wiederaufnahme, sondern, wenn auch die sonstigen Voraussetzungen für die Wiederaufnahme erfüllt sind, im wiederaufgenommenen Verfahren zu prüfen und zu entscheiden.[69]

37 **4. Wiederaufnahmegründe entspr § 580 ZPO (Nr 3).** Abs 1 Nr 3 verweist für weitere Gründe, die ein Wiederaufgreifen rechtfertigen, auf die Wiederaufnahmegründe der sog Restitutionsklage gem § 580 ZPO, die für entspr anwendbar erklärt werden (ebenso zum früheren Recht BVerwGE 24, 115; Bettermann, in: Wolff-FS 1973, 48). Durch die Verweisung auf § 580 ZPO ergeben sich zahlreiche Zweifelsfragen, da § 580 ZPO zT auf besondere Förmlichkeiten des gerichtlichen Verfahrens abstellt, die im allgemeinen Verwaltungsverfahren keine unmittelbare Entsprechung haben. Im Einzelnen kommt auf Grund der Verweisung in Nr 3 eine Wiederaufnahme entspr § 580 ZPO insb in Betracht:

38 **a) VA auf falscher Beweisgrundlage.** Entspr § 580 Nr 1–3 ZPO liegt ein Wiederaufnahmegrund vor, wenn ein VA auf einer vorsätzlich oder fahrlässig **falschen Aussage eines Beteiligten** im Rahmen der Beteiligtenvernehmung (vgl § 26 Abs 1 Nr 2), einer unrichtigen oder unvollständigen Angabe, einer **falschen Urkunde** oder einer **wahrheitswidrigen Zeugenaussage** (vgl § 26 Abs 1 Nr 2), einer **falschen Auskunft** (vgl Abs 1 Nr 1) oder einem unter Verletzung der Wahrheitspflicht erstatteten **fehlerhaften Gutachten** beruht, dh, wenn nicht auszuschließen ist, dass die Entscheidung der Behörde sonst anders ausgefallen wäre. Als Sachverständige iS von Nr 3 sind auch **Dolmetscher** anzusehen (Obermayer 80).

39 **b) VA auf Grund strafbarer Handlung.** Entspr § 580 Nr 4 ZPO liegt ein Wiederaufnahmegrund vor, wenn ein VA durch eine strafbare Handlung, insb durch arglistige Täuschung, Drohung oder Bestechung (vgl § 48 Abs 2 S 3 Nr 1), herbeigeführt wurde. Hierzu zählen die Fälle des Verfahrensbetrugs (Prozessbetrug), Nötigung (§ 240 StGB) und Erpressung (§ 253 StGB).

40 **c) VA auf Grund einer Amtspflichtverletzung.** Entspr § 580 Nr 5 ZPO ist ein Wiederaufnahmegrund gegeben, wenn im Verfahren ein Amtsträger mitgewirkt hat, der sich in Beziehung auf das Verfahren einer **mit Strafe bedrohten Verletzung seiner Amtspflichten** gegenüber dem Betroffenen schuldig gemacht hat, zB weil ein anderer Beteiligter oder ein Dritter den Amtsträger durch **Bestechung** dazu veranlasst hat, eine für den Antragsteller ungünstige Entscheidung zu treffen (Obermayer 84). Die Regelung ist auf lediglich mit

---

[68] Vgl BVerwG DÖV 1982, 856 m Anm Korber; OVG Bremen NVwZ 1984, 58; VGH München BayVBl 1987, 371: wer sich darauf beruft, muss die Eignung des Beweismittels für eine ihn günstige Entscheidung schlüssig darlegen; ebenso Knack/Henneke 43; vgl auch BVerfG NVwZ 1986, 821.

[69] VGH München BayVBl 1987, 371 unter Berufung auf BVerwG BayVBl 1983, 24 f; Korber DÖV 1982, 859; vgl idS auch BFH – GrS – NVwZ 1989, 293; unklar StBS 116 f; **aA** offenbar BVerwG NJW 1982, 2204; grds zustimmend UL § 65 Rn 25.

Disziplinarstrafen „bedrohte" Handlungen **nicht analog anwendbar** (Obermayer 85; StJ § 580 ZPO Rn 17).

41 **d) Aufhebung einer präjudiziellen Entscheidung.** Ein Grund für das Wiederaufgreifen des Verfahrens liegt entspr § 580 Nr 6 ZPO vor, wenn ein VA auf einer bestimmten **Beurteilung einer Vorfrage** beruht, die nachträglich durch das sachlich dafür zuständige Gericht bzw die dafür zuständige Behörde durch rechtskräftiges Urteil oder durch unanfechtbaren VA anders entschieden wurde.[70] Dass nur die gleiche Rechtsfrage in einem anderen Fall anders entschieden wurde, genügt nicht (BFH 114, 298; NJW 1978, 511).

42 **e) Wiederauffinden früherer Entscheidungen.** Ein Grund für das Wiederaufgreifen liegt entspr § 580 Nr 7a ZPO (Nr 7b ist für das Verwaltungsverfahrensrecht durch § 51 Abs 1 Nr 2 ersetzt; vgl Knack/Henneke 46) vor, wenn ein in derselben Sache **früher** ergangener, **unanfechtbarer VA aufgefunden wird,** der inhaltlich dem späteren widerspricht und der Behörde bei ihrer späteren Entscheidung nicht bekannt war (UL § 65 Rn 27; Knack/Henneke 46f; Bettermann, in: Wolff-FS 1973, 482; Obermayer 85). War der ältere VA der Behörde bei ihrer Entscheidung bekannt, so ist die Vorschrift nicht anwendbar; der spätere VA kann dann nur nach §§ 48f zurückgenommen oder widerrufen werden.

42a **f) Verletzung der EMRK.** Entspr § 580 Nr 8 ZPO liegt ein Wiederaufnahmegrund vor, wenn ein VA auf einer vom Europäischen Gerichtshof für Menschenrechte festgestellten Verletzung der Europäischen Konvention zum Schutz der Menschenrechte beruht. Dieser Restitutionsgrund wurde durch das 2. Justizmodernisierungsgesetz in die ZPO eingefügt und entspricht im Wortlaut § 359 Nr 6 StPO.[71] Der EGMR kann einen Konventionsverstoß nur feststellen. Der Konventionsstaat ist nach Art 46 EMRK verpflichtet, diesen abzustellen und Ersatz für die Folgen zu leisten. Steht dem die Bestandskraft des VA entgegen, kommt der hiesige Restitutionsgrund in Betracht.

43 **g) Anwendbarkeit des § 581 ZPO?** Umstritten ist, ob auch für das Verwaltungsverfahren § 581 ZPO entsprechend herangezogen werden muss. Obwohl § 51 Abs 1 Nr 3 nur auf § 580 ZPO verweist, ist auch für das Verwaltungsverfahren analog § 581 ZPO, der insofern § 580 ZPO ergänzt, bei den Gründen gem § 580 Nr 1–5 (oben Rn 37ff) erforderlich, dass wegen der strafbaren Handlung eine **rechtskräftige Verurteilung** erfolgt ist oder der Einleitung oder Durchführung eines Strafverfahrens andere Gründe als ein Mangel an Beweisen entgegenstehen.[72]

IV. Unmöglichkeit rechtzeitiger Geltendmachung (Abs 2)

44 **1. Allgemeines.** Abs 2 bestimmt in Anlehnung an § 582 ZPO, dass im Wiederaufnahmeverfahren nur Wiederaufnahmegründe geltend gemacht werden können, die der Betroffene nicht schon im ursprünglichen Verfahren, einschließlich des Rechtsbehelfsverfahrens[73] hätte geltend machen können. Entgegen der Formulierung des Abs 2 handelt es sich bei der Frage, ob der Grund auch früher

[70] BSG 22, 16; UL § 65 Rn 27; Weides 27 VI 1b; Seibert 581 mwN; vgl auch BAG NJW 1981, 2024.

[71] Zweites Gesetz zur Modernisierung der Justiz (2. Justizmodernisierungsgesetz – 2. JustizModG) v 22.12.2006 (BGBl I 3416); kritisch dazu Braun NJW 2007, 1620.

[72] Obermayer 65; Knack/Henneke 45; **aA** StBS 126; Ziekow 17.

[73] Vgl idS VGH München BayVBl 1982, 754; VGH Mannheim NVwZ 1986, 225; StBS 131; Knack/Henneke 48; zur Verfassungsgemäßheit BVerfG NVwZ 1986, 822: Beschränkung ist aus den Gerichtspunkten der Rechtssicherheit und Verfahrensökonomie gerechtfertigt.

hätte geltend gemacht werden können, um eine **Frage der Begründetheit des Antrags,** welche die Behörde im Zweifel nach § 24 aufklären muss.[74]

45 **2. Der Maßstab groben Verschuldens.** Ob der Betroffene den Wiederaufnahmegrund schon im früheren Verfahren hätte geltend machen können, ist auf Grund des in Abs 2 aufgestellten Verschuldensmaßstabs zu beurteilen. Grobes Verschulden ist anzunehmen, wenn einem Betroffenen das Bestehen eines Grundes, **zB** das **Fehlen eines** für den Erlass des VA erforderlichen Antrags oder der Beantwortung wichtiger Fragen im Antragsformular,[75] das Vorhandensein einer als Beweismittel benötigten Urkunde, bekannt war oder doch sich den ganzen ihm bekannten Umständen zufolge aufdrängen musste, und er trotzdem unter Verletzung der Mitwirkungspflicht gem § 26 Abs 2 S 1 und der einem ordentlichen Verfahrensbeteiligten **zumutbaren Sorgfaltspflicht** sich nicht weiter um die Sache kümmerte,[76] insb auch die Behörde nicht auf das vorhandene oder doch möglicherweise beschaffbare Beweismittel hinwies usw.[77] Bei der Beurteilung sind wie bei § 32 auch **subjektive Merkmale** zu berücksichtigen (VGH Mannheim NVwZ 1986, 225; MB 59; vgl allg auch § 32 Rn 20). Das **Verschulden eines Vertreters** oder Bevollmächtigten ist dem Vertretenen zuzurechnen.[78] Nicht als Verschulden anzusehen ist es, wenn Beweismittel nicht vorgelegt wurden, die nach der höchstrichterlichen Rspr im Zeitpunkt der ursprünglichen Entscheidung der Behörde unerheblich waren und bei deren Kenntnis deshalb damals nicht zu erwarten war, dass die Behörde anders entschieden hätte (vgl Vorlagebeschluss BFH 146, 496 = BStBl II 1986, 707; StBS 131; **aA** wohl Wilhelm DStZ 1987, 117).

V. Antragsfrist (Abs 3)

46 **1. Begrenzung des Antragsrechts.** Nach Abs 3, der § 586 ZPO nachgebildet ist, kann der Antrag auf Wiederaufnahme nur **innerhalb von drei Monaten** nach Kenntnis des Wiederaufnahmegrundes gestellt werden. Die Wahrung der Frist ist Zulässigkeitsvoraussetzung für den Antrag. Gegen die schuldlose Versäumung der Antragsfrist des Abs 3 ist **Wiedereinsetzung** nach § 32 möglich (VGH Mannheim NVwZ-RR 1991, 55). Zur Berechnung der Frist vgl § 31.

47 **2. Fristbeginn.** Voraussetzung für den Beginn der Frist ist die **positive Kenntnis aller insoweit maßgeblichen Tatsachen,** dh ein auf sicherer Grundlage beruhendes Wissen insoweit, nicht dagegen die zutreffende rechtliche Einordnung der bekannten Tatsachen, also die Erkenntnis, dass diese einen Wiederaufnahmegrund ergeben.[79] Bei mehreren Wiederaufnahmegründen läuft die Frist für jeden Grund gesondert; das gilt auch dann, wenn bereits ein Verfahren nach § 51 anhängig ist, sowie für nachgeschobene, der Sache nach aber selbstständige Gründe.[80] Kennenmüssen, dh **durch Fahrlässigkeit verschuldete Unkenntnis, steht der Kenntnis nicht gleich** (ebenso StBS 133; Knack/Henneke 51). Das

[74] Vgl zur insoweit gleichen Fassung des § 582 ZPO ThP § 582 ZPO Rn 1; **aA** Ziekow 18 (Zulässigkeitsfrage).

[75] Vgl BFH 157, 196 = BStBl II 1989, 789, wo die nachträgliche Antragstellung jedoch schon nicht als neue Tatsache iS von § 173 Abs 1 Nr 2 AO angesehen wird; ebenso Herden/Gmach NJW 1990, 1762 mwN.

[76] VGH München DVBl 1978, 114; VGH Mannheim NVwZ 1986, 225; vgl auch BFH 157, 196 = BStBl II 1989, 789; Herden/Gmach NJW 1990, 1762 mwN.

[77] BFH 140, 18 = BStBl II 1984, 256; VGH München DVBl 1978, 115; OVG Münster NVwZ 1986, 134; Knack/Henneke 48; Bettermann, in: Wolff-FS 1973, 480; Obermayer 119.

[78] BFH 140, 18 = BStBl II 1984, 256; StBS 130; Knack/Henneke 49.

[79] Vgl BGH VersR 1992, 176; ZIP 1993, 613; StBS 134; Ziekow 21.

[80] BVerwGE 95, 86, 88; BVerwG NVwZ 1990, 359; OVG Münster NVwZ 1986, 52; **aA** vgl RGZ 168, 230; BGHZ 57, 211; für nachgeschobene Gründe auch OVG Münster NWVBl 1990, 170.

Wissen von Vertretern bzw Bevollmächtigten wird dem Beteiligten zugerechnet (vgl BVerwG ZIP 1993, 613; allg auch § 32 Rn 33). Bei den Restitutionsgründen nach Abs 2 Nr 2 iVm § 580 Nr 1–5 ZPO ist entspr § 581 ZPO auch die Kenntnis, dass eine strafrechtliche Verurteilung erfolgt ist und das Urteil rechtskräftig ist, bzw dass ein Strafverfahren nicht durchgeführt werden kann, erforderlich; erst mit ihr beginnt die Frist zu laufen. Im Falle des § 51 Abs 1 Nr 2 sind innerhalb der Frist des Abs 3 nicht nur das neue Beweismittel, sondern auch die Tatsachen, für die es benannt wird, anzugeben (OVG Münster NWVBl 1990, 170).

VI. Zuständigkeit (Abs 4)

1. Allgemeines. Über den Antrag auf Wiederaufgreifen des Verfahrens wird in einem selbständigen Verwaltungsverfahren entschieden, für das sämtliche Verfahrensvoraussetzungen und Verfahrensgrundsätze gelten. Abs 4 stellt klar, dass für das Wiederaufnahmeverfahren die allgemeinen Bestimmungen über die **örtliche Zuständigkeit** gelten, die auch sonst in der Sache Anwendung finden würden. Da es sich um ein selbstständiges Verfahren handelt, nicht um die Fortführung des mit der Unanfechtbarkeit des VA abgeschlossenen Verfahrens, ist § 3 Abs 3 über die Fortführung von Verfahren nicht anwendbar (Obermayer 135). Für die **sachliche Zuständigkeit** gilt Entsprechendes. Zuständig ist grundsätzlich die Behörde, die im Zeitpunkt des Wiederaufgreifens für VAe der in Frage stehenden Art zuständig ist, auch wenn der VA, der Gegenstand des Wiederaufnahmeverfahrens ist, von einer anderen Behörde erlassen wurde (so ausdrücklich Abs 4 2. HS; vgl auch VGH Mannheim VBlBW 1990, 985). 48

2. Zuständigkeit der Ausgangsbehörde. Da eine ausdrückliche Regelung darüber fehlt, welche Behörde entscheiden soll, wenn der Wiederaufnahmegrund nicht einen Erstbescheid, sondern einen **Widerspruchsbescheid** betrifft, ist nach allgemeinen Grundsätzen davon auszugehen, dass **auch in diesem Fall die Ausgangsbehörde,** nicht die Widerspruchsbehörde für die Entscheidung über den Wiederaufnahmeantrag zuständig ist (str; wie hier StBS 149; Knack/Henneke 55; s auch Judick NVwZ 1984, 356), weil die Widerspruchsbehörde mit dem Eintritt der Unanfechtbarkeit des Widerspruchsbescheids ihre Kompetenz in der Sache verliert.[81] 49

VII. Verhältnis zu Rücknahme und Widerruf (Abs 5)

1. Unberührtheitsklausel. Abs 5 enthält die Regelung, dass durch § 51 die Zulässigkeit der Rücknahme bzw des Widerrufs eines VA durch die Behörde gem § 48 und § 49 zugunsten des Betroffenen nicht berührt wird. Damit wird zum einen klargestellt, dass das Wiederaufgreifen nach Abs 1 und das Wiederaufgreifen im Rahmen einer Entscheidung über Widerruf und Rücknahme unabhängig nebeneinander bestehen.[82] Die Behörde kann gem Abs 5 unabhängig von einem Verfahren nach § 51, auch während der Anhängigkeit eines solchen Ver- 50

---

[81] VG Regensburg BayVBl 1981, 314; Obermayer 108; allg auch VGH München BayVBl 1982, 754.

[82] Begr 75; BVerwGE 60, 325; 78, 339 = NVwZ 1988, 738; BVerwG NVwZ-RR 1993, 667; VGH Mannheim NVwZ 1986, 225; DVBl 1989, 885 = NVwZ 1989, 882; OVG Münster NVwZ 1986, 125; OVG Hamburg NVwZ-RR 1993, 322; VG Berlin NVwZ 1982, 522; Knack/Henneke 56; Sachs JuS 1982, 267; StBS 142; **aA** offenbar Maurer § 11 Rn 61; Wallerath 7 VI 5; Weides 27 VI; MB 4.9; WBS II § 51 Rn 126, die Abs 5 dahin zu verstehen scheinen, dass die Regelungen der §§ 48 Abs 1 S 1 und 49 Abs 1, insb die Ermessensfreiheit der Behörde, auch für die Entscheidung nach § 51 gelten sollen; wäre diese Auffassung richtig, so wäre § 51 weitgehend überflüssig, da § 51 dann nur noch bei VAen mit Doppelwirkung mehr gewähren würde als das auch bei § 48 und § 49 anerkannte formelle subjektive Recht Betroffener auf eine ermessensfehlerfreie Entscheidung über ihren Antrag auf einen Zweitbescheid.

fahrens oder obwohl ein Antrag nach § 51 nicht gestellt wurde oder nicht mehr gestellt werden kann, den in Frage stehenden VA zurücknehmen bzw widerrufen, wenn die Voraussetzungen gem § 48 bzw § 49 erfüllt sind (BVerwGE 60, 325). Zum anderen wird damit klargestellt bzw geregelt, dass die zuständigen Behörden einen VA auch dann wegen Rechtswidrigkeit nach § 48 Abs 1 zurücknehmen dürfen, wenn der VA in einem gerichtlichen Verfahren bestätigt wurde (BVerwGE 135, 137, juris Rn 19). Obwohl Abs 5 unmittelbar an sich nur auf § 48 Abs 1 und § 49 Abs 1 verweist, ist davon auszugehen, dass die Verweisung auch die folgenden Absätze der genannten Vorschriften erfasst.[83]

51 **2. Praktischer Vorrang des Wiederaufgreifens.** Für den Bürger ist der Rechtsanspruch auf ein Wiederaufgreifen des Verfahrens nach Abs 1 grundsätzlich günstiger als der durch Abs 5 iVm §§ 48, 49 vermittelte Anspruch auf fehlerfreie Ermessensentscheidung. IdR handelt die Behörde bei einer Entscheidung gem § 48 bzw § 49 nämlich nicht ermessensfehlerhaft, wenn sie einem Betroffenen gegenüber, der die Möglichkeit der Antragstellung nach § 51 hatte, sie jedoch nicht genutzt hat, die Rücknahme oder den Widerruf des in Frage stehenden VA gem § 48 bzw § 49 ablehnt (s näher § 48 Rn 81a; § 49 Rn 23). Andererseits kann sich die Behörde mit einem Vorgehen nach Abs 5 iVm §§ 48, 49 die uU schwierige Prüfung der formellen Voraussetzungen des Verfahrens nach Abs 1–4 ersparen.

52 **3. Verfahren in den Fällen des Abs 5.** Verfahrensrechtlich handelt es sich bei einem Vorgehen der Behörde in den Fällen des Abs 5 wie bei Abs 1 um die Entscheidung über das Wiederaufgreifens des Verfahrens (BVerwGE 135, 137, juris Rn 19). In der Praxis wird aber zwischen den beiden Stufen (erste Stufe: Wiederaufgreifen, zweite Stufe: Rücknahme bzw Widerruf) nicht immer deutlich unterschieden. Das liegt ua daran, dass im Rahmen der Entscheidung über das Wiederaufgreifen eine Prüfung der behaupteten Rechtsverstöße erfolgt und uU auch erfolgen muss (s § 48 Rn 81b). Insbesondere dann, wenn der VA ganz oder teilweise zurückgenommen oder widerrufen wird, fehlt es naturgemäß häufig an einer Begründung für das Wiederaufgreifen.

VIII. Rechtsbehelfe

53 **1. Klage auf Wiederaufgreifen oder Durchgriff.** Gegen den im Verfahren nach § 51 ergangenen VA (s oben Rn 22) sind die allg Rechtsbehelfe gegeben (UL § 65 Rn 34; Maurer JuS 1976, 31; Knack/Henneke 11); ebenso auch gegen die Ablehnung der Wiederaufnahme. Hat die zuständige Behörde den Wiederaufnahmeantrag abgelehnt oder ohne zureichenden Grund nicht in angemessener Frist darüber entschieden (§ 75 VwGO), so ist streitig, ob der Antragsteller (ggf nach Durchführung des Vorverfahrens) sogleich Klage auf Verpflichtung der Behörde auf Aufhebung oder Abänderung des VA, gegen den sich der Wiederaufnahmeantrag richtet, erheben kann oder zunächst nur auf Verpflichtung zur Wiederaufnahme des Verfahrens.[84] Gegen eine Entscheidung des Gerichts schon sogleich in der Sache würde nicht nur bei Ermessensentscheidungen, sondern auch bei gebundenen Entscheidungen sprechen, dass sich die primär in der Sache zuständige Behörde mit der Sachfrage noch gar nicht befasst hat. Für die Klage

---

[83] Schwabe JZ 1985, 551; Knack/Henneke 56; offen OVG Hamburg NVwZ 1993, 323.

[84] VGH München VRspr 19, 377; Korber DÖV 1982, 858; **aA** zu einer nicht im Ermessen der Behörde stehenden Entscheidung in der Sache über das actum rescissorium BVerwGE 26, 158; BVerwG Buchh 402.22 Nr 14 S. 9; NJW 1982, 2204: sogleich auch Entscheidung in der Sache; auch schon dem Wiederaufnahmeantrag kann nur stattgegeben werden, wenn der Wiederaufnahmegrund „durchgreift" und allein oder zusammen mit früheren oder noch anzustellenden Ermittlungen einen Anspruch des Antragstellers auf die begehrte Aufhebung oder Abänderung des angegriffenen VA begründet.

zur Hauptsache könnte deshalb das Rechtsschutzinteresse fehlen (ebenso im Ergebnis StBS 72; Korber DÖV 1982, 858).

Für die Zulässigkeit einer **Klage unmittelbar auf die erstrebte Sachentscheidung** spricht jedenfalls in den Fällen streng gebundener Verwaltung die Prozessökonomie (BVerwG NJW 1982, 2204: bei gebundenen VAen Entscheidung in einem Verfahren mit der Entscheidung über die Wiederaufnahme auch sogleich über die Aufhebung oder Abänderung selbst, dergestalt, dass auch schon die Wiederaufnahme abzulehnen ist, wenn der geltend gemachte Wiederaufnahmegrund nicht zur gewünschten Entscheidung auch in der Hauptsache führt; ebenso BVerwGE 95, 86; VGH München NVwZ 1991, 309; hiergegen ausführlich StBS 70 ff). Die gegen den prozessökonomisch gerechtfertigten Durchgriff (StBS 70; MB 24) erhobenen Einwände sind in den Fällen nicht durchschlagend, in denen die Entscheidung in der Sache streng gebunden ist. Hier gibt es keine wirklich zwingenden Gründe, dem Gericht einen Durchgriff auf die Sachentscheidung zu versagen. 54

2. Schadensersatz-, Erstattungs- und Folgenbeseitigungsansprüche. Hat der Antrag auf Wiederaufnahme des Verfahrens Erfolg und ergeht im wiederaufgenommenen Verfahren eine für den Antragsteller positive Sachentscheidung, so hat der Antragsteller ggf gegen die Behörde Schadensersatz-, Erstattungs- und Folgenbeseitigungsansprüche nach den gleichen Grundsätzen wie bei Rücknahme eines VA (Sachs JuS 1982, 267; Obermayer 113 f; StBS 67; § 48 Abs 3, 49 Abs 5 analog). Entschädigungsansprüche hat uU auch der im Falle einer Neuentscheidung nachteilig betroffene Dritte (StBS 67). 55

§ 52 Rückgabe von Urkunden und Sachen

Ist ein Verwaltungsakt unanfechtbar widerrufen oder zurückgenommen oder ist seine Wirksamkeit aus einem anderen Grund nicht oder nicht mehr gegeben,[5] so kann die Behörde die auf Grund dieses Verwaltungsaktes erteilten Urkunden[8] oder Sachen,[9] die zum Nachweis der Rechte aus dem Verwaltungsakt oder zu deren Ausübung bestimmt sind, zurückfordern. Der Inhaber und, sofern er nicht der Besitzer ist, auch der Besitzer dieser Urkunden oder Sachen sind zu ihrer Herausgabe verpflichtet.[10] Der Inhaber oder der Besitzer kann jedoch verlangen, dass ihm die Urkunden oder Sachen wieder ausgehändigt werden, nachdem sie von der Behörde als ungültig gekennzeichnet sind; dies gilt nicht bei Sachen, bei denen eine solche Kennzeichnung nicht oder nicht mit der erforderlichen Offensichtlichkeit oder Dauerhaftigkeit möglich ist.[15]

Parallelvorschriften: § 133 AO; § 51 SGB-X

Schrifttum: *App,* Erzwingung der Pflicht zur Herausgabe oder Vorlage von beweglichen und unbeweglichen Sachen nach thüringischem Landesrecht, LKV 2002, 364; *Weidemann/Barthel,* Die Rückforderung von Urkunden und Sachen nach § 52 VwVfG, GewArch 2012, 112.

Übersicht

I. Allgemeines

1 **1. Inhalt.** Die Vorschrift regelt in Ergänzung zu den Bestimmungen über die Unwirksamkeit bzw die Beendigung der Wirksamkeit von VAen (vgl § 43 Abs 2) die **Rückforderung von Urkunden** usw, die durch den Wegfall des VA, zu dessen Nachweis bzw Ausübung der damit verbundenen Befugnisse sie bestimmt waren, gegenstandslos werden (vgl auch OVG Münster NVwZ 1990, 1183). Die den Behörden durch § 52 verliehene **Befugnis zur Einziehung** usw solcher Urkunden uä dient vor allem der Sicherheit des Rechtsverkehrs und der Verhinderung eines evtl Missbrauchs (UL § 66 Rn 2; Knack/Henneke 5). Dies gilt insb für Urkunden wegen ihrer Bedeutung als Beweismittel im Rechtsverkehr. Die Vorschrift gibt der Behörde eine **materielle Ermächtigungsgrundlage** für die Rückforderung unter den in S 1 genannten Voraussetzungen gegenüber den in S 2 genannten herausgabepflichtigen Personen durch VA.[1] Ob von der Möglichkeit einer Rückforderung Gebrauch gemacht wird, steht im Ermessen (§ 40) der zuständigen Behörde. Der **Herausgabeanspruch nach § 52 S 3** stellt sicher, dass die Betroffenen die Urkunden oder sonstigen Gegenstände zurückerhalten, nachdem ihnen die Rechtsscheinswirkung durch Kenntlichmachen der Ungültigkeit bzw Unwirksamkeit genommen worden ist.

2 **2. Anwendungsbereich. a) Unmittelbar.** § 52 gilt für **alle Fälle der Beendigung der Wirksamkeit** eines VA im Geltungsbereich des Gesetzes. Hierzu zählen Rücknahme und Widerruf, Eintritt einer auflösenden Bedingung, Ablauf der Frist im Falle der Befristung und ähnliche Fälle nachträglich eintretender Unwirksamkeit. Es kommt nicht darauf an, ob die Wirksamkeit rückwirkend, also ex-tunc, endet, oder nur für die Zukunft, also ex nunc. Die Vorschrift gilt darüber hinaus in allen Fällen der **Unwirksamkeit von Anfang an,** wenn also die Wirksamkeit des VA aus irgendeinem Grund von vornherein nicht eingetreten war. Die Vorschrift gilt unmittelbar nur im Geltungsbereich des VwVfG. Die Verwaltungsverfahrensgesetze der Länder enthalten aber gleich lautende Vorschriften. Die Vorschrift gilt außerdem nur dann, wenn spezialgesetzlich keine gleich lautenden oder abweichenden Regelungen getroffen wurden.

3 **b) Analoge Anwendbarkeit. Als Ausdruck des allgemeinen Rechtsgrundsatzes,** dass mit der Beendigung der Wirksamkeit eines VA auch die durch diesen bedingten Folgen ihre Grundlage und Berechtigung verlieren, und dass die Entscheidungsbefugnis der Behörde im Zweifel auch die Befugnis zur Beseitigung solcher Folgen mit umfasst, sind § 52 und die entspr Vorschriften des Landesrechts **sinngemäß** auch auf Fälle anwendbar, für die entsprechende aus-

[1] UL § 66 Rn 3; Knack/Henneke 16; Obermayer 15; zweifelnd StBS 25.

drückliche Regelungen fehlen.[2] Die entsprechende Anwendung des § 52 geht in diesen Fällen der Heranziehung des allgemeinen öffentlichrechtlichen Erstattungsanspruches vor. Das gilt auch für den Fall der Unvollständigkeit spezieller Vorschriften für eine entsprechende **Ergänzung** (s Rn 3). Als Ausdruck der sog Kehrseitentheorie ist die Vorschrift auch insoweit entsprechend anwendbar, als sie die Rückforderung durch VA zulässt. Zur Anwendung auf **vorläufige VAe** s unten Rn 6.

3. Spezielle Bestimmungen. Sondervorschriften, die der Anwendung des § 52 vorgehen, sind zB § 63 Abs 4 AsylG (Einziehung der Bescheinigung über die Aufenthaltsgestattung), § 18 BJagdG (Einziehung des Jagdscheins), § 12 Abs 1 PassG (Einziehung von Pässen), § 3 Abs 2 S 2 StVG, 47 Abs 1 FeV (Ablieferung des Führerscheins bei Fahrerlaubnisentziehung), § 19 Abs 4 S 1 FZV (Entstempelung des Kfz-Kennzeichens), § 69 SGB Abs 5 IX (Einziehung des Schwerbehindertenausweises), § 8 Abs 3, § 21 Abs 7, § 29 Abs 4 FahrLG (Rückgabe der Bescheinigungen über die Anerkennung und Genehmigung zur Ausübung des Fahrlehrerberufs), § 46 WaffG (Rückgabe von Waffenschein, Waffenbesitzkarte, Unbrauchbarmachung von Waffen usw), § 17 Abs 5 PBefG (Rückgabe der Genehmigungsurkunde). Wenn diese Vorschriften nur eine Verpflichtung zur Rückgabe, Abgabe usw enthalten, so kommt eine **ergänzende Heranziehung** des § 52 insoweit in Betracht, als dieser eine Ermächtigung zum Erlass eines Rückforderungs-VA und eine spätere Rückgabepflicht enthält.[3] Zur **Rückforderung** der Ausfertigung eines VA **zum Zweck der Berichtigung** offenbarer Unrichtigkeiten s § 42 Rn 17. 4

II. Rückforderung von Urkunden und Sachen

1. VA, der seine Wirksamkeit verloren hat (S 1). a) Allgemeines. Die Rückforderung hat zur Voraussetzung, dass der VA, auf dessen Grundlage Urkunden und Sachen erteilt bzw gegeben wurden, seine Wirksamkeit verloren hat. Damit ist die formelle Rechtsgrundlage entfallen. Das gilt auch, wenn der VA seine Wirksamkeit nur zum Teil verloren hat (OVG Münster NVwZ 1990, 1183 für die Herausgabe einer Approbationsurkunde nach der Anordnung des Ruhens der Approbation). 5

b) Ursprüngliche und nachträgliche Unwirksamkeit. § 52 macht hins der Rückforderung keinen Unterschied zwischen VAen, deren Wirksamkeit nachträglich durch Rücknahme, Widerruf oder in anderer Weise beendet wurde und VAen, die von vornherein schon nicht wirksam zustandegekommen waren oder noch nicht wirksam geworden sind, zB infolge einer aufschiebenden Bedingung (offenbar enger Knack/Henneke 8: wenn die aufschiebende Bedingung nicht eingetreten ist und nicht mehr eintreten kann) oder wegen nicht wirksamer Bekanntgabe gem § 41 Abs 1, § 43 Abs 1. Beendigungsgrund kann außer der ausdrücklich in § 42 genannten Rücknahme gem § 48 und dem Widerruf gem § 49 oder nach vergleichbaren Vorschriften auch zB die Aufhebung des VA im Widerspruchsverfahren oder durch das Verwaltungsgericht (MB 1), oder im Wiederaufnahmeverfahren gem § 51 oder nach anderen Vorschriften sein. Das gilt auch für den Eintritt einer auflösenden Bedingung, den Tod des Berechtigten bei persönlichen Erlaubnissen, den Wegfall des Gegenstandes einer Erlaubnis, zB einer Kfz-Zulassung infolge der Zerstörung des Kfz. 5a

c) Unanfechtbarkeit. § 52 setzt nach seinem Wortlaut grundsätzlich die Unanfechtbarkeit des Widerrufs, der Rücknahme oder der sonstigen die Unwirk- 6

---

[2] So wohl auch Knack/Henneke 4; Obermayer 1; teilw **aA** wohl StBS 8, 10: nur ergänzende Anwendung.
[3] StBS 8; Ziekow 2.

samkeit auslösenden Maßnahme voraus. Der Grundgedanke dieser Regelung besteht darin, dass eine Rückforderung erst stattfinden soll, wenn die mangelnde Berechtigung, die durch die Urkunde bzw die sonstigen Sachen nachgewiesen werden kann, feststeht (enger StBS 16: Rücksicht auf einen Suspensiveffekt). Daher können vorläufige Maßnahmen, wie sie vielfach notwendig sind, um einen Missbrauch zu verhindern, nicht unmittelbar auf § 52 gestützt werden. **Möglich ist aber eine Rückforderung zugleich mit dem die Wirksamkeit des VA** aufhebenden VA, wenn sie unter die aufschiebende Bedingung des Eintritts der Unanfechtbarkeit gestellt wird (StBS 14). Dies ist im Zweifel anzunehmen, wenn insoweit keine Spezifizierung erfolgt.

7 **d) Sofortige Vollziehbarkeit.** Die hM geht davon aus, dass eine Rückforderung auch dann bereits nach § 52 erfolgen kann, wenn Widerruf, Rücknahme bzw ein anderer die Unwirksamkeit auslösender VA nach § 80 Abs 2 VwGO sofort vollziehbar sind, so dass einem Widerspruch bzw einer Anfechtungsklage keine aufschiebende Wirkung zukäme.[4] Diese zutreffende Auffassung beruht darauf, dass die Vorschrift die Rückforderung auch zulässt, wenn die Wirksamkeit aus anderen Gründen entfallen ist (**aA** Voraufl 7). Insoweit besteht kein hinreichender Grund für die Annahme, dass bei Widerruf und Rücknahme die sofortige Vollziehbarkeit nicht ausreichen soll und der Eintritt der Unanfechtbarkeit abgewartet werden müsste. Dabei kann der Ausschluss des Suspensiveffekts nicht nur nach § 80 Abs 2 Nr 4 VwGO angeordnet werden, sondern auch unmittelbar kraft Gesetzes eintreten (§ 80 Abs 2 Nr 1–3 VwGO).

8 **2. Gegenstand der Herausgabepflicht.** Die Vorschrift erfasst nur Urkunden und Sachen, die aufgrund des VA, dessen Wirksamkeit entfallen ist, zum Nachweis der Rechte aus dem VA erteilt wurden. Dies setzt erstens **Kausalität** zwischen dem Erlass des VA und der Begebung der Urkunden bzw Sachen besteht, voraus, und zweitens eine **Zweckbestimmung,** wonach die Urkunden und Sachen inhaltlich auf den Regelungsgehalt des VA bezogen sind, indem sie zum Nachweis oder der Ausübung der durch den VA verliehenen bzw gewährten Rechte dienen. Andere Gegenstände werden nicht erfasst und können auch nicht in entsprechender Anwendung der Vorschrift erfasst werden.

8a **a) Urkunden.** Die Rückforderung erfasst Urkunden, die zum Nachweis der Rechte aus dem VA oder zu deren Ausübung bestimmt sind. Erfasst werden Urkunden aller Art iS von § 26 Abs 1 Nr 3, wie Ausweise, Erlaubnisscheine, Staatsangehörigkeitsurkunden, Schifffahrtspatente usw, ohne Rücksicht darauf, ob sie für den VA **konstitutive Bedeutung** haben, wie Beamtenernennungs- oder Einbürgerungsurkunden, oder ob sie nur **deklaratorische Bedeutung** haben, also dem Nachweis der durch den VA begründeten Rechte, Pflichten usw dienen, wie dies bei sonstigen schriftlichen VAen der Fall ist (Knack/Henneke 11; zweifelnd VGH München GewArch 1987, 276 hins der schriftlichen Erlaubnis gem § 34c GewO zur Ausübung des Maklergewerbes).

9 **b) Sachen.** Sachen iS von § 52 S 1 sind **körperliche Gegenstände** wie Polizeimarken, Siegel, Kfz-Plaketten usw, die in ähnlicher Weise wie Urkunden auf Grund von Rechtsvorschriften, Verwaltungsvorschriften oder auch nur nach der Verkehrsauffassung dem Nachweis der Rechte aus einem VA oder zur Ausübung solcher Rechte dienen (vgl Knack/Henneke 12 u 13; Begr 75; Obermayer 5), insb auch Gegenstände, die wie Polizeimarken, Siegel usw im Zusammenhang mit einem VA stehen, zur Ausübung einer verliehenen Befugnis usw gebraucht werden usw. Erforderlich ist stets, dass es sich um Urkunden oder Sachen handelt, die in gewissem Sinn **amtlichen Charakter** haben und eine **Akzessori-**

---

[4] OVG Münster NVwZ 1990, 1183; StBS 15; Obermayer 13; UL § 66 Rn 3; Knack/Henneke 24; **aA** Weidemann/Barthel GewArch 2012, 112, wonach vor Unanfechtbarkeit nur bei Gefahr auf der Grundlage des Ordnungsrechts eingezogen werden kann.

tät zu dem unwirksamen bzw unwirksam gewordenen VA aufweisen und deshalb uU missbraucht werden könnten. Daher sind zB Werkzeuge, Gerätschaften usw allgemeiner Art keine Gegenstände iS der Vorschrift, auch wenn sie zur Ausübung einer erteilten Genehmigung usw bestimmt sind.

3. Die Herausgabepflichtigen (S 2). Herausgabepflichtig ist gem S 2 in erster Linie **der Inhaber der Urkunde** oder Sache, dh derjenige, für den sie ausgestellt oder dem sie ausgehändigt worden ist (Knack/Henneke 14); außerdem, sofern der Inhaber nicht zugleich Besitzer ist, auch jeder Besitzer, zB Erbe, Rechtsnachfolger, aber auch zB der unrechtmäßige Besitzer oder der Finder einer Urkunde oder Sache (Obermayer 27; Knack/Henneke 14). Die Vorschrift stellt auf die **tatsächlichen Verhältnisse,** nicht auf die privatrechtliche Eigentums- oder Besitzrechte ab, um der Behörde deren Ermittlung zu ersparen.[5] Bei mehreren Pflichtigen kommt der Behörde ein Auswahlermessen (§ 40) zu. 10

4. Ermessen. Die Rückforderung bzw die Anordnung der Unbrauchbarmachung usw steht, soweit durch Rechtsvorschriften nichts anderes vorgesehen ist, im **Ermessen** der Behörde („kann"). Bei der Entscheidung ist neben der Missbrauchsgefahr, von der das Gesetz im Regelfall ausgeht, auch ein etwaiges **Interesse des Inhabers bzw Besitzers** zu berücksichtigen (vgl auch OVG Münster NVwZ 1990, 1183). Allerdings wird jedenfalls in Fällen der Unanfechtbarkeit von Widerruf bzw Rücknahme des zugrunde liegenden VA eine Rückforderung die Regel sein müssen, weshalb insoweit ein Fall **intendierten Ermessens** anzunehmen sein wird (s hierzu § 40 Rn 65 f). 11

5. Rückforderung durch VA. Die Rückforderung erfolgt durch VA, der zu begründen (FKS 9) und erforderlichenfalls mit den Mitteln des Verwaltungszwangs zu vollstrecken ist.[6] Wenn nach S 2 die Herausgabe einer Urkunde oder einer Sache **von einem Dritten,** in dessen Besitz sie sich befindet, gefordert wird, muss auch diesem gegenüber ein entsprechender VA ergehen (vgl Obermayer 27). Der **Begriff der Zurückforderung** ist nicht eng zu verstehen. Je nach der Art der Urkunde oder der Sache kommt nach § 53 auch die **Unbrauchbarmachung** zB von Stempeln, die Anbringung eines Ungültigkeitsvermerks auf einer Urkunde usw in Betracht. 12

6. Zuständigkeit. Zuständig für die Geltendmachung des Herausgabeanspruchs ist grundsätzlich die Behörde, die die Urkunde ausgestellt bzw den Gegenstand usw herausgegeben hat. Hat sich die Zuständigkeit seit der Ausgabe des Gegenstandes geändert, so ist für die Rückforderung die Behörde zuständig, die nunmehr analog §§ 48 Abs 5; 49 Abs 5; 51 Abs 4 und/oder nach allgemeinen Grundsätzen für die Ausstellung bzw Herausgabe entsprechender Urkunden, Gegenstände usw zuständig ist (UL § 66 Rn 3; Knack/Henneke 18). 13

7. Verfahren. Für das Verfahren gelten die allg Bestimmungen. Die Rückforderung erfolgt durch VA aufgrund eines selbständigen Verwaltungsverfahrens, in welchem die Betroffenen gem § 28 vor der Entscheidung zu hören sind.[7] Dies schließt es aber nicht aus, das Verfahren schon mit dem Verfahren über die Rücknahme oder den Widerruf des VA zu verbinden. Diese Vorgehensweise ist zweckmäßig und entspricht der Praxis. 14

III. Anspruch auf Rückgabe nach Entwertung (S 3)

1. Materiellrechtlicher Herausgabeanspruch. § 52 S 3 gibt dem Inhaber bzw Besitzer auf Verlangen – ggf ist er gem § 25 auf diese Möglichkeit hinzuweisen – **Anspruch auf Rückgabe der Urkunde** bzw Sache nach entsprechender 15

---

5 StBS 36; FKS 8.

6 Begr 75; UL § 66 Rn 3; MB 4, 5; Knack/Henneke 16 u 19; Obermayer 20.

7 AllgM, vgl Knack/Hennecke 16; StBS 26.

Kennzeichnung als ungültig, sofern eine solche Kennzeichnung möglich ist und dem Zweck der Regelung genügt. Dies ist insb dann von Bedeutung, wenn der Inhaber oder Besitzer die Urkunde usw noch zum Nachweis seiner bisherigen Rechtsposition oder aus anderen schutzwürdigen Gründen benötigt (Begr 75); Voraussetzung ist das Bestehen eines schutzwürdigen Interesses aber nicht (StBS 41; UL § 66 Rn 5). Der Anspruch ist nicht gegeben, wenn die Vernichtung des Rechtsscheins durch Kennzeichnung der Urkunde oder Sache nicht möglich oder ausreichend ist. In diesem Fall hat der Betroffene einen **Anspruch auf eine Bestätigung** über Art, Inhalt uä der eingezogenen Urkunde oder Sache (ebenso Obermayer 34).

16 **2. Durchsetzbarkeit.** Der bisherige Inhaber bzw Besitzer muss die Rückgabe bei der zuständigen Behörde beantragen und erforderlichenfalls zur Durchsetzung seines Rechts eine **allgemeine Leistungsklage** auf Rückgabe erheben.[8] Eine Anfechtungsklage gegenüber dem Rückforderungsbescheid ist in den Rückgabefällen des S 3 dagegen kein zulässiger Rechtsbehelf, weil es um die Durchsetzung eines selbständigen Anspruchs geht, der einer Rückgabe an die Behörde und eine Entwertung usw voraussetzt.

Abschnitt 3. Verjährungsrechtliche Wirkungen des Verwaltungsaktes

§ 53 Hemmung der Verjährung durch Verwaltungsakt

(1) **Ein Verwaltungsakt, der zur Feststellung oder Durchsetzung des Anspruchs eines öffentlich-rechtlichen Rechtsträgers erlassen wird, hemmt die Verjährung dieses Anspruchs.**[20] **Die Hemmung endet mit Eintritt der Unanfechtbarkeit des Verwaltungsaktes**[29] **oder sechs Monate nach seiner anderweitigen Erledigung.**[30]

(2) **Ist ein Verwaltungsakt im Sinne des Absatzes 1 unanfechtbar geworden, beträgt die Verjährungsfrist 30 Jahre.**[31] **Soweit der Verwaltungsakt einen Anspruch auf künftig fällig werdende regelmäßig wiederkehrende Leistungen zum Inhalt hat, bleibt es bei der für diesen Anspruch geltenden Verjährungsfrist.**[32]

Parallelvorschriften: § 45 SGB-I; §§ 228–232 AO; s auch §§ 169–171 AO

Die wichtigsten in Bezug genommenen Verjährungsvorschriften des BGB haben folgenden Wortlaut:

§ 195 Regelmäßige Verjährungsfrist. Die regelmäßige Verjährungsfrist beträgt drei Jahre.

§ 196 Verjährungsfrist bei Rechten an einem Grundstück. Ansprüche auf Übertragung des Eigentums an einem Grundstück sowie auf Begründung, Übertragung oder Aufhebung eines Rechts an einem Grundstück oder auf Änderung des Inhalts eines solchen Rechts sowie die Ansprüche auf die Gegenleistung verjähren in zehn Jahren.

§ 197 Dreißigjährige Verjährungsfrist. (1) In 30 Jahren verjähren, soweit nicht ein anderes bestimmt ist,

1. Schadensersatzansprüche, die auf der vorsätzlichen Verletzung des Lebens, des Körpers, der Gesundheit, der Freiheit oder der sexuellen Selbstbestimmung beruhen,
2. Herausgabeansprüche aus Eigentum, anderen dinglichen Rechten, den §§ 2018, 2130 und 2362 sowie die Ansprüche, die der Geltendmachung der Herausgabeansprüche dienen,
3. rechtskräftig festgestellte Ansprüche,
4. Ansprüche aus vollstreckbaren Vergleichen oder vollstreckbaren Urkunden,

---

[8] StBS 49; MB 5; Knack/Henneke 23; Ziekow 7; FKS 17.

5. Ansprüche, die durch die im Insolvenzverfahren erfolgte Feststellung vollstreckbar geworden sind, und
6. Ansprüche auf Erstattung der Kosten der Zwangsvollstreckung.

(2) Soweit Ansprüche nach Absatz 1 Nr. 3 bis 5 künftig fällig werdende regelmäßig wiederkehrende Leistungen zum Inhalt haben, tritt an die Stelle der Verjährungsfrist von 30 Jahren die regelmäßige Verjährungsfrist.

§ 198 Verjährung bei Rechtsnachfolge. Gelangt eine Sache, hinsichtlich derer ein dinglicher Anspruch besteht, durch Rechtsnachfolge in den Besitz eines Dritten, so kommt die während des Besitzes des Rechtsvorgängers verstrichene Verjährungszeit dem Rechtsnachfolger zugute.

§ 199 Beginn der regelmäßigen Verjährungsfrist und Verjährungshöchstfristen.
(1) Die regelmäßige Verjährungsfrist beginnt, soweit nicht ein anderer Verjährungsbeginn bestimmt ist, mit dem Schluss des Jahres, in dem

1. der Anspruch entstanden ist und
2. der Gläubiger von den den Anspruch begründenden Umständen und der Person des Schuldners Kenntnis erlangt oder ohne grobe Fahrlässigkeit erlangen müsste.

(2) Schadensersatzansprüche, die auf der Verletzung des Lebens, des Körpers, der Gesundheit oder der Freiheit beruhen, verjähren ohne Rücksicht auf ihre Entstehung und die Kenntnis oder grob fahrlässige Unkenntnis in 30 Jahren von der Begehung der Handlung, der Pflichtverletzung oder dem sonstigen, den Schaden auslösenden Ereignis an.

(3) Sonstige Schadensersatzansprüche verjähren

1. ohne Rücksicht auf die Kenntnis oder grob fahrlässige Unkenntnis in zehn Jahren von ihrer Entstehung an und
2. ohne Rücksicht auf ihre Entstehung und die Kenntnis oder grob fahrlässige Unkenntnis in 30 Jahren von der Begehung der Handlung, der Pflichtverletzung oder dem sonstigen, den Schaden auslösenden Ereignis an.

Maßgeblich ist die früher endende Frist.

(3a) Ansprüche, die auf einem Erbfall beruhen oder deren Geltendmachung die Kenntnis einer Verfügung von Todes wegen voraussetzt, verjähren ohne Rücksicht auf die Kenntnis oder grob fahrlässige Unkenntnis in 30 Jahren von der Entstehung des Anspruchs an.

(4) Andere Ansprüche als die nach den Absätzen 2 bis 3a verjähren ohne Rücksicht auf die Kenntnis oder grob fahrlässige Unkenntnis in zehn Jahren von ihrer Entstehung an.

(5) Geht der Anspruch auf ein Unterlassen, so tritt an die Stelle der Entstehung die Zuwiderhandlung.

§ 200 Beginn anderer Verjährungsfristen. Die Verjährungsfrist von Ansprüchen, die nicht der regelmäßigen Verjährungsfrist unterliegen, beginnt mit der Entstehung des Anspruchs, soweit nicht ein anderer Verjährungsbeginn bestimmt ist. § 199 Abs. 5 findet entsprechende Anwendung.

§ 201 Beginn der Verjährungsfrist von festgestellten Ansprüchen. Die Verjährung von Ansprüchen der in § 197 Abs. 1 Nr. 3 bis 6 bezeichneten Art beginnt mit der Rechtskraft der Entscheidung, der Errichtung des vollstreckbaren Titels oder der Feststellung im Insolvenzverfahren, nicht jedoch vor der Entstehung des Anspruchs. § 199 Abs. 5 findet entsprechende Anwendung.

§ 202 Unzulässigkeit von Vereinbarungen über die Verjährung. (1) Die Verjährung kann bei Haftung wegen Vorsatzes nicht im Voraus durch Rechtsgeschäft erleichtert werden.

(2) Die Verjährung kann durch Rechtsgeschäft nicht über eine Verjährungsfrist von 30 Jahren ab dem gesetzlichen Verjährungsbeginn hinaus erschwert werden.

§ 203 Hemmung der Verjährung bei Verhandlungen. Schweben zwischen dem Schuldner und dem Gläubiger Verhandlungen über den Anspruch oder die den Anspruch begründenden Umstände, so ist die Verjährung gehemmt, bis der eine oder der andere Teil die Fortsetzung der Verhandlungen verweigert. Die Verjährung tritt frühestens drei Monate nach dem Ende der Hemmung ein.

§ 204 Hemmung der Verjährung durch Rechtsverfolgung. (1) Die Verjährung wird gehemmt durch

1. die Erhebung der Klage auf Leistung oder auf Feststellung des Anspruchs, auf Erteilung der Vollstreckungsklausel oder auf Erlass des Vollstreckungsurteils,

2. die Zustellung des Antrags im vereinfachten Verfahren über den Unterhalt Minderjähriger,
3. die Zustellung des Mahnbescheids im Mahnverfahren oder des Europäischen Zahlungsbefehls im Europäischen Mahnverfahren nach der Verordnung (EG) Nr. 1896/2006 des Europäischen Parlaments und des Rates vom 12. Dezember 2006 zur Einführung eines Europäischen Mahnverfahrens (ABl. EU Nr. L 399 S. 1),
4. die Veranlassung der Bekanntgabe eines Antrags, mit dem der Anspruch geltend gemacht wird, bei einer
   a) staatlichen oder staatlich anerkannten Streitbeilegungsstelle oder
   b) anderen Streitbeilegungsstelle, wenn das Verfahren im Einvernehmen mit dem Antragsgegner betrieben wird;

   die Verjährung wird schon durch den Eingang des Antrags bei der Streitbeilegungsstelle gehemmt, wenn der Antrag demnächst bekannt gegeben wird,
5. die Geltendmachung der Aufrechnung des Anspruchs im Prozess,
6. die Zustellung der Streitverkündung,

6a. Die Zustellung der Anmeldung zu einem Musterverfahren für darin bezeichnete Ansprüche, soweit diesen der gleiche Lebenssachverhalt zugrunde liegt wie den Feststellungszielen des Musterverfahrens und wenn innerhalb von drei Monaten nach dem rechtskräftigen Ende des Musterverfahrens die Klage auf Leistung oder Feststellung der in der Anmeldung bezeichneten Ansprüche erhoben wird,

7. die Zustellung des Antrags auf Durchführung eines selbständigen Beweisverfahrens,
8. den Beginn eines vereinbarten Begutachtungsverfahrens,
9. die Zustellung des Antrags auf Erlass eines Arrests, einer einstweiligen Verfügung oder einer einstweiligen Anordnung, oder, wenn der Antrag nicht zugestellt wird, dessen Einreichung, wenn der Arrestbefehl, die einstweilige Verfügung oder die einstweilige Anordnung innerhalb eines Monats seit Verkündung oder Zustellung an den Gläubiger dem Schuldner zugestellt wird,
10. die Anmeldung des Anspruchs im Insolvenzverfahren oder im Schifffahrtsrechtlichen Verteilungsverfahren,
11. den Beginn des schiedsrichterlichen Verfahrens,
12. die Einreichung des Antrags bei einer Behörde, wenn die Zulässigkeit der Klage von der Vorentscheidung dieser Behörde abhängt und innerhalb von drei Monaten nach Erledigung des Gesuchs die Klage erhoben wird; dies gilt entsprechend für bei einem Gericht oder bei einer in Nummer 4 bezeichneten Streitbeteiligungsstelle zu stellende Anträge, deren Zulässigkeit von der Vorentscheidung einer Behörde abhängt,
13. die Einreichung des Antrags bei dem höheren Gericht, wenn dieses das zuständige Gericht zu bestimmen hat und innerhalb von drei Monaten nach Erledigung des Gesuchs die Klage erhoben oder der Antrag, für den die Gerichtsstandsbestimmung zu erfolgen hat, gestellt wird, und
14. die Veranlassung der Bekanntgabe des erstmaligen Antrags auf Gewährung von Prozesskostenhilfe oder Verfahrenskostenhilfe; wird die Bekanntgabe demnächst nach der Einreichung des Antrags veranlasst, so tritt die Hemmung der Verjährung bereits mit der Einreichung ein.

(2) Die Hemmung nach Absatz 1 endet sechs Monate nach der rechtskräftigen Entscheidung oder anderweitigen Beendigung des eingeleiteten Verfahrens. Gerät das Verfahren dadurch in Stillstand, dass die Parteien es nicht betreiben, so tritt an die Stelle der Beendigung des Verfahrens die letzte Verfahrenshandlung der Parteien, des Gerichts oder der sonst mit dem Verfahren befassten Stelle. Die Hemmung beginnt erneut, wenn eine der Parteien das Verfahren weiter betreibt.

(3) Auf die Frist nach Absatz 1 Nr. 6a, 9, 12 und 13 finden die §§ 206, 210 und 211 entsprechende Anwendung.

§ 205 Hemmung der Verjährung bei Leistungsverweigerungsrecht. Die Verjährung ist gehemmt, solange der Schuldner auf Grund einer Vereinbarung mit dem Gläubiger vorübergehend zur Verweigerung der Leistung berechtigt ist.

§ 206 Hemmung der Verjährung bei höherer Gewalt. Die Verjährung ist gehemmt, solange der Gläubiger innerhalb der letzten sechs Monate der Verjährungsfrist durch höhere Gewalt an der Rechtsverfolgung gehindert ist.

§ 209 Wirkung der Hemmung. Der Zeitraum, während dessen die Verjährung gehemmt ist, wird in die Verjährungsfrist nicht eingerechnet.

§ 210 Ablaufhemmung bei nicht voll Geschäftsfähigen. (1) Ist eine geschäftsunfähige oder in der Geschäftsfähigkeit beschränkte Person ohne gesetzlichen Vertreter, so tritt eine für oder gegen sie laufende Verjährung nicht vor dem Ablauf von sechs Monaten nach dem Zeitpunkt ein, in dem die Person unbeschränkt geschäftsfähig oder der Mangel der Vertretung behoben wird. Ist die Verjährungsfrist kürzer als sechs Monate, so tritt der für die Verjährung bestimmte Zeitraum an die Stelle der sechs Monate.

(2) Absatz 1 findet keine Anwendung, soweit eine in der Geschäftsfähigkeit beschränkte Person prozessfähig ist.

§ 212 Neubeginn der Verjährung. (1) Die Verjährung beginnt erneut, wenn

1. der Schuldner dem Gläubiger gegenüber den Anspruch durch Abschlagszahlung, Zinszahlung, Sicherheitsleistung oder in anderer Weise anerkennt oder
2. eine gerichtliche oder behördliche Vollstreckungshandlung vorgenommen oder beantragt wird.

(2) Der erneute Beginn der Verjährung infolge einer Vollstreckungshandlung gilt als nicht eingetreten, wenn die Vollstreckungshandlung auf Antrag des Gläubigers oder wegen Mangels der gesetzlichen Voraussetzungen aufgehoben wird.

(3) Der erneute Beginn der Verjährung durch den Antrag auf Vornahme einer Vollstreckungshandlung gilt als nicht eingetreten, wenn dem Antrag nicht stattgegeben oder der Antrag vor der Vollstreckungshandlung zurückgenommen oder die erwirkte Vollstreckungshandlung nach Absatz 2 aufgehoben wird.

§ 213 Hemmung, Ablaufhemmung und erneuter Beginn der Verjährung bei anderen Ansprüchen. Die Hemmung, die Ablaufhemmung und der erneute Beginn der Verjährung gelten auch für Ansprüche, die aus demselben Grunde wahlweise neben dem Anspruch oder an seiner Stelle gegeben sind.

§ 214 Wirkung der Verjährung. (1) Nach Eintritt der Verjährung ist der Schuldner berechtigt, die Leistung zu verweigern.

(2) Das zur Befriedigung eines verjährten Anspruchs Geleistete kann nicht zurückgefordert werden, auch wenn in Unkenntnis der Verjährung geleistet worden ist. Das Gleiche gilt von einem vertragsmäßigen Anerkenntnis sowie einer Sicherheitsleistung des Schuldners.

Schrifttum allgemein: *Blanke,* Unterbrechung der Verjährung privatrechtlicher Forderungen der Verwaltung durch schlichte Zahlungsaufforderung?, NVwZ 1991, 245; *Boemke,* Die Verjährung von Beiträgen zur Sozialversicherung, DB 2003, 502; *Dötsch,* Verjährung vermögensrechtlicher Ansprüche im öffentlichen Recht. DÖV 2004, 277; *Fischer,* Die Verjährung von Vergütungsansprüchen in der gesetzlichen Krankenversicherung, NZS 2003, 301; *Franz,* Die Verjährung des allgemeinen Folgenbeseitigungsanspruchs, BayVBl 2002, 485; *Geis,* Die Schuldrechtsreform und das Verwaltungsrecht, NVwZ 2002, 385; *Graupeter,* Die Verjährung öffentlich-rechtlicher Zahlungsansprüche außerhalb der AO, LKV 2011, 104; *Gsell,* Schuldrechtsreform: Die Übergangsregelungen für die Verjährungsfristen, NJW 2002, 1297; *Guckelberger,* Die Verjährung im öffentlichen Recht, 2004; *Kellner,* Auswirkungen der Schuldrechtsreform auf die Verjährung im Staatshaftungsrecht, NVwZ 2002, 395; *Kormann,* Die öffentlichrechtliche Verjährung und Verschweigung in der Rspr des OVG, PreußVBl 1911/12, 694; *Kreuter,* Die Verjährung behördlich feststellbarer Ansprüche am Beispiel von § 6 Abs 6a VermG, NJ 2007, 488; *Mansel,* Die Neuregelung des Verjährungsrechts, NJW 2002, 89; *Marburger,* Zur Verjährung von Beitrags- und Leistungsansprüchen in der gesetzlichen Sozialversicherung, SGb 1986, 365; *Martensen,* Die Verjährung als Grenze polizeilicher Verantwortlichkeit, NVwZ 1997, 442; *Meier,* Behandlung verjährter öffentlichrechtlicher Ansprüche in der Zwangsvollstreckung, KKZ 2016, 181; *Möllering,* Die Verjährung von IHK-Beiträgen, GewArch 2003, 98; *Müller,* Die Verjährung außervertraglicher Schadensersatzansprüche gegen die EG, EuZW 1999, 611; *Lässig,* Die Verjährung des Amtshaftungsanspruchs und die Möglichkeit der Schadenskompensation, NVwZ 2002, 304; *Ott,* Das neue Schuldrecht – Überleitungsvorschriften und Verjährung, MDR 2002, 1; *Rieder,* Fachplanung und materielle Präklusion, 2004; *Spiolek,* Ermessen bei Erhebung der Verjährungseinrede im Sozialrecht, BB 1998, 533; *Stumpf,* die Verjährung öffentlichrechtlicher Ansprüche nach der Schuldrechtsreform, NVwZ 2003, 1198; *Trapp,* Verjährung des Vergütungsanspruchs eines Prüfingenieurs für Baustatik, BauR 2002, 38; *Troidl,* Die Hemmung der Verjährung durch notwendige Beiladung (§ 65 Abs 2 VwGO), DVBl 2008, 625; *de Wall,* Die Anwendbarkeit privatrechtlicher Vorschriften in Verwaltungsrecht, 1999; *Wieland,* Die Verjährungsproblematik im Altlastenrecht, 1999;

Schrifttum zur Verwirkung: *Blechschmidt,* Die Verwirkung behördlicher Befugnisse unter besonderer Berücksichtigung des Gefahrenabwehrrechts, 1999; *Böhmer,* Die Verwirkung im öffentlichen Recht, BayVBl 1956, 129; *Carl,* Die Verwirkung im Abgabenrecht, DStZ 1988, 529; *Erfmeyer,* Die späte Geltendmachung von behördlichen Eingriffsrechten, Verjährung und Verwirkung durch Zeitablauf, VR 1999, 48; *Heinemann,* Die Verwirkung im öffentlichen Recht, insbes im Steuerrecht, PreußVBl 1930, 670; *Illian,* Der Verzicht Privater im Verwaltungsrecht, 1993; *Jung,* Verjährung, Ausschluss und Verwirkung von sozialrechtlichen Ansprüchen, ZfSH/SGB 1988, 16; *Menzel,* Grundfragen der Verwirkung, 1987; *Stich,* Die Verwirkung im Verwaltungsrecht, DVBl 1959, 234; *Ossenbühl,* Verzicht, Verwirkung und Verjährung als Korrektive einer polizeilichen Ewigkeitshaftung, NVwZ 1995, 547; *Reimer,* Stundung, Erlass und Niederschlagung von Forderungen der öffentlichen Hand – sämtlich verbotene Beihilfen? NVwZ 2011, 263; *de Wall,* Die Anwendbarkeit privatrechtlicher Vorschriften im Verwaltungsrecht, 1999; *Wilde,* Der Verzicht Privater auf subjektive öffentlicher Rechte, 1966.

Übersicht

I. Allgemeines

1. Inhalt der Vorschrift. Die Vorschrift regelt als sog annexe materiellrechtliche Materie zum Verwaltungsverfahrensrecht die **verjährungsrechtliche Wirkung von VAen,** und zwar in Abs 1 die Hemmung der Verjährung von Ansprüchen öffentlicher Rechtsträger durch Erlass eines VA und in Abs 2 die Verjährung von durch VA festgestellten Ansprüchen nach Eintritt der Unanfechtbarkeit. Sie betrifft, wie sich aus dem Zusammenhang der Vorschrift und der Entstehungsgeschichte ergibt (vgl Begr 76), nur Ansprüche, für die überhaupt der Erlass eines VA zur Festsetzung bzw Durchsetzung in Betracht kommt, und enthält selbst keine Ermächtigung zum Erlass von VAen zum Zweck der Hemmung der Verjährung, auch nicht im Bereich von Gleichordnungsverhältnissen. Die Vorschrift entsprach in ihrer ursprünglichen Form im Wesentlichen der Rspr vor Inkrafttreten des VwVfG;[1] sie wurde aber im Jahre 2002 an das neu geregelte Verjährungsrecht des BGB angepasst und dabei völlig umgestaltet. Der Lauf der Verjährung wird seither durch den Erlass eines VA nicht mehr unterbrochen, sondern nur noch gehemmt. 1

Wegen ihrer materiellrechtlichen Natur ist die Verjährung im VwVfG nur sehr unvollständig geregelt. Es werden nur diejenigen Fragen behandelt, die für das Institut des VA von Bedeutung sind. Viele Fragen, etwa ob und welche öffentlichrechtlichen Ansprüche oder Befugnisse überhaupt einer Verjährung unterliegen, welche Fristen gelten, welche Folgen die Verjährung für den Anspruch hat, ob sie geltend gemacht werden muss oder von Amts wegen zu berücksichti- 1a

[1] Vgl BVerwGE 28, 341; 34, 97 mwN; 48, 283; BVerwG DVBl 1970, 632; DÖV 1971, 68, 749; OVG Lüneburg DVBl 1970, 479; VGH München DVBl 1966, 151; OVG Münster 25, 211; BSG NJW 1970, 1567; BGH VRspr 11, 36.

gen ist, müssen nach dem **jeweils maßgeblichen Fachrecht** beantwortet werden. Derartige Regelungen finden sich vor allem in den steuerrechtlichen und den kommunalabgabenrechtlichen Gesetzen der Länder sowie im Gebührenrecht. Soweit das einschlägige Fachrecht keine Regelungen enthält, stellt sich die Frage, ob eine **Analogie zu allgemeinen Verjährungsregelungen** berechtigt ist (s unten Rn 18). Dabei geht es vor allem um die Frage, ob die kurze oder die lange (dreißigjährige) Verjährungsfrist einschlägig ist.

2 **a) Begriff der Verjährung.** Öffentlichrechtliche Ansprüche vermögensrechtlicher Art unterliegen ebenso wie privatrechtliche Ansprüche grundsätzlich der Verjährung.[2] Das bedeutet, dass der Verpflichtete nach Ablauf der Verjährungsfrist **berechtigt ist, die Leistung zu verweigern.** Die Verjährung ist also nicht von Amts wegen zu berücksichtigen, sondern nur dann, wenn sie vom Anspruchsgegner geltend gemacht wird. Sie führt grundsätzlich nicht zu einem Erlöschen des Anspruchs, sondern nur zur Entstehung einer Einrede, die der Geltendmachung des Anspruchs entgegengehalten werden kann (vgl § 214 Abs 1 BGB nF).

3 **Abweichend** hiervon gilt im **Abgabenrecht** eine andere Form der Verjährung, bei welcher der Ablauf der im Gesetz hierfür bestimmten Frist zum Erlöschen des Anspruchs, nicht nur zu einer Einrede gegen den Anspruch führt (sog **rechtsaufhebende Verjährung**).[3] Auch auf diese Fälle sind die Regelungen des § 53 anwendbar, sofern sie nicht spezielleren Bestimmungen unterliegen.[4] Nach hM betrifft die Frage, ob der Anspruch, der durch VA festgesetzt oder festgestellt werden soll, verjährt ist, im Zweifel nicht die Zulässigkeit des Verfahrens, sondern das **materielle Recht** und damit die (inhaltlichen) Begründetheit bzw Rechtmäßigkeit des VA.[5] Zu den der Verjährung verwandten Rechtsinstituten s unten Rn 6.

3a **b) Unterscheidung von Festsetzungs- und Zahlungsverjährung.** Die Vorschrift trifft anders als im Abgabenrecht und zT sonst im Fachrecht **keine Unterscheidung** von Festsetzungs- und Zahlungsverjährung. Sie geht davon aus, dass dann, wenn ein Anspruch einer Verjährungsfrist unterliegt, deren Lauf durch den Erlass eines VA gehemmt, also nicht unterbrochen, wird (Abs 1), und dass ein durch bestandskräftigen VA festgesetzter Anspruch nach dreißig Jahren verjährt. Welche Verjährungsfrist maßgebend ist, wird durch das materielle Fachrecht geregelt (zB § 20 VKO). Dabei ist jeweils zu untersuchen, ob sich die Regelung auf die Forderung als solche bezieht, die zu ihrer Geltendmachung durch VA festgesetzt werden muss (Festsetzungsverjährung) oder ob es um die Verjährungsfrist für eine bereits durch VA festgesetzte Forderung geht (Zahlungsverjährung).[6] Fehlt es dort an einer ausdrücklichen Regelung, ist die Möglichkeit einer Analogie zu prüfen. Ist eine Analogie zu einer fachrechtlichen Verjährungsbestimmung nicht möglich, kommt eine Heranziehung zivilrechtlicher Verjährungsvorschriften in Betracht.[7]

---

[2] St Rspr, vgl BVerwGE 132, 324; 131, 153; 128, 99; 97, 1; 28, 336; BVerwG NVwZ 2009, 599.

[3] BayVerfGH VRspr 24, 922; WBSK I § 37 Rn 15; zB gem §§ 228–232 AO; de Wall, 471 f.

[4] S näher StBS 3 f.

[5] BVerwGE 42, 346; WBSK I § 37 Rn 21.

[6] So ist zB streitig, ob § 70 Abs 2 AufenthG eine Regelung der Zahlungsverjährung eines bereits festgesetzten Anspruch ist (so bisher die Rspr, vgl VG Oldenburg 15.2.2010 v Az 11A3104/08), oder ob es sich um eine allgemeine Verjährungsvorschrift handelt, die unabhängig von der Frage gelten soll, ob der Anspruch bereits festgesetzt ist oder nicht.

[7] Hier hat die Rspr zumeist § 195 BGB aF (dreißigjährige Verjährung) als Ausdruck eines allgemeinen Rechtsgedankens angesehen (vgl BVerwG, Urt v 21.10.2010, 3 C 4/10, juris; OVG Münster, Urt v 17.5.2011, 10 LB 156/08, juris; aA wohl Guckelberger, Die Verjährung im öffentlichen Recht, 2004, S 362 ff.

c) Geltendmachung. aa) Von Amts wegen oder auf Einrede. Umstritten ist, ob die Verjährung im öffentlichen Recht **nur auf Einrede** des Pflichtigen hin oder stets von Amts wegen zu beachten ist. Teilweise wird aus dem Rechtsstaatsprinzip hergeleitet, dass Behörden und Gerichte den Eintritt der Verjährung von Amts wegen zu beachten hätten (Dörr DÖV 1984, 12). Die hM geht demgegenüber zu Recht davon aus, dass das Rechtsstaatsprinzip keine Abweichung von dem Grundsatz der Geltendmachung der Verjährung durch Einrede des Pflichtigen rechtfertigt, weil das Prinzip der Rechtssicherheit auch zugunsten der Verwaltung gilt.[8] Maßgeblich sind auch insoweit primär die fachrechtlichen Bestimmungen. **Im Zweifel** ist anzunehmen, dass die Verjährung **nur ein Einrederecht** begründet, dh nur zu berücksichtigen ist, wenn der Betroffene sich im Verfahren darauf beruft;[9] anders beim **Sonderfall der rechtsaufhebenden Verjährung** (s oben Rn 3), die als Erlöschenstatbestand grundsätzlich von Amts wegen berücksichtigt werden muss. 4

bb) Die Erhebung der Verjährungseinrede. Bei der Erhebung der Einrede der Verjährung durch die Behörde handelt es sich um eine schuldrechtsähnliche Handlung, die **nicht die Rechtsnatur eines VA** hat (s hierzu § 35 Rn 106). Gleichwohl steht sie im **Ermessen** der zuständigen Behörde, bei dessen Ausübung § 40 zu beachten ist.[10] Neben dem Aspekt einer gleichmäßigen Praxis, der das Ermessen einschränkt, sind fiskalische Interessen berücksichtigungsfähig. Die Einrede der Verjährung ist ausgeschlossen, wenn ihre Geltendmachung sich als **unzulässige Rechtsausübung** darstellen würde.[11] Das ist zB der Fall, wenn der Verpflichtete die Behörde vom Erlass eines VA bzw den Kläger (Widerspruchsführer) usw von einer Klageerhebung uä abgehalten hat (BVerwGE 23, 169f; 42, 357) oder wenn er seine Mitteilungspflicht nicht erfüllt hat und dadurch die Ursache dafür gesetzt hat, dass der Bescheid erst so spät ergehen konnte (BVerwGE 69, 36). Das Unterlassen einer Rechtsbehelfsbelehrung kommt für sich allein einem Abhalten von einem Rechtsbehelf idS nicht gleich (BVerwGE 42, 357), auch nicht bei ermessensfehlerhafter – anders bei arglistiger – Unterlassung. Auch der Umstand, dass die Forderung selbst durch unredliches Verhalten herbeigeführt worden ist, steht der Einrede nicht entgegen (BVerwGE 48, 288; vgl § 78 Abs 3 BBG; § 852 Abs 1 BGB). 5

d) Verwandte Rechtsinstitute. Zu den der Verjährung verwandten Rechtsinstituten im öffentlichen Recht zählt vor allem die **Verwirkung,** die eine ähnliche Funktion erfüllt wie die Verjährung, aber typischerweise nicht positiv geregelt ist (s unten Rn 41 ff). Abzugrenzen ist die Verjährung außerdem von der sog **Präklusion,** mit der für den Bürger der Verlust von Rechtspositionen verbunden sein kann (s näher unten Rn 26). Soweit eine Präklusion zu einem Rechtsverlust führt, ist sie zwar in ihren Auswirkungen mit der Verjährung vergleichbar, sie erfüllt aber gleichwohl eine ganz andere Funktion im Verwaltungsrecht. Schließlich ergeben sich gewisse Parallelen des Instituts der Verjährung auch zum befristeten Recht sowie zum **Verzicht** auf Ansprüche bzw auf Rechtspositionen. Auch für den Verzicht ist typisch, dass er nur sehr unvollkommen positivrechtlich geregelt ist (s näher unten Rn 50). 6

---

[8] StBS Rn 6f; Knack/Henneke vor § 53 Rn 2; UL § 54 Rn 1.

[9] BVerwGE 23, 166; 42, 353; 48, 288; 52, 24; 69, 236; BSG NJW 1968, 1947; StBS 6; Knack/Henneke vor § 53 Rn 2; **aA** BSG 22, 173; Dörr DÖV 1984, 16; F 193; WBSK I § 37 Rn 21.

[10] Vgl VG Stuttgart NVwZ 1982, 578: nach § 114 VwGO gerichtlich nachprüfbar; Ziekow 20; FKS 5.

[11] BVerwGE 42, 353, 356; 69, 227, 236; BayVerfGH VRspr 24, 931; VG Stuttgart NVwZ 1982, 578; Knack/Henneke vor § 53 Rn 2; WBSK I § 37 Rn 22; s im Einzelnen auch unten Rn 25a.

7 **e) Unvollständigkeit der Regelungen.** Auch im sonstigen Verfahrensrecht und im Fachrecht finden sich nur Teilregelungen,[12] weshalb sich in vielen Fällen das Problem einer analogen Anwendung von Verjährungsvorschriften stellt.[13] Soweit es um **Ansprüche des Bürgers gegen die öffentliche Hand** geht, ist § 53 nur begrenzt anwendbar, nämlich nur dann, wenn der Anspruch durch VA festgestellt worden ist (s näher unten Rn 23). Bei Fehlen einschlägiger Regelungen kommen grundsätzlich die **allgemeinen verjährungsrechtlichen Regelungen des BGB,** insbes der §§ 194 ff BGB entsprechend zur Anwendung, die oben vor Rn 1 abgedruckt sind. Dies gilt sowohl für Beginn als auch für die Dauer der Verjährung (Verjährungsfristen) sowie für Hemmung, Ablaufhemmung und Neubeginn der Verjährung, sofern sich aus den Grundgedanken und Erfordernissen und allgemeinen Rechtsgrundsätzen des öffentlichen Rechts nichts anderes ergibt.[14]

8 **2. Entwicklung der Verjährungsregelung.** Die Vorschrift ist zunächst viele Jahre unverändert geblieben. Eine Novellierung erfolgte erst im Jahre 2002 mit dem Ziel einer Anpassung an die Neuregelungen des Verjährungsrechts im BGB. Durch das SchRModG[15] v 26.11.2001 wurde das zivilrechtliche Verjährungsrecht in den §§ 194 ff BGB grundlegend neu geregelt. Das überkommene Verjährungsrecht des BGB wurde hinsichtlich der Dauer der Verjährung,[16] ihres Beginns,[17] der Wirkungen und der Möglichkeiten von Unterbrechung, Hemmung und Ablaufhemmung[18] auf völlig neue Füße gestellt. An die Stelle der regelmäßige Verjährungsfrist von 30 Jahren in § 195 BGB aF, die durch die zweijährige Verjährungsfristen in § 196 BGB aF und die vierjährige in § 197 BGB aF modifiziert war, ist jetzt eine **reguläre Verjährungsfrist von 3 Jahren** getreten (§ 195 BGB nF). Die dreißigjährige Verjährungsfrist gilt nur noch für Ansprüche aus dinglichen Rechten, für familien- und erbrechtliche Ansprüche sowie für titulierte Ansprüche (§ 197 BGB nF). Einzelheiten s Text der Vorschriften vor Rn 1.

9 **a) Anpassung an BGB-Regelungen.** Das Verjährungsrecht des VwVfG wurde durch das Hüttenknappschaftliche ZusatzversicherungsneuregelungsG[19]

---

12 Vgl §§ 169, 228 AO; § 45 SGB I; § 46 BRRG; § 78 Abs 2 BBG. S näher Dötsch DÖV 2004, 277. Spezielle Verjährungsvorschriften enthalten die Kommunalabgabengesetze der Länder.

13 Zu diesem Problem, welches eine differenzierte Betrachtung erfordert, ausführlich Guckelberger, (Fn. 7), S. 259 ff.

14 BVerwGE 52, 24; 57, 307; 66, 257; 69, 233; 75, 179; BSG 19, 88; 22, 173; NVwZ 1988, 733; VGH Kassel NVwZ-RR 1993, 396; Dötsch DÖV 2004, 277; Knack/Henneke vor § 53 Rn 4; F 174 mwN; WBSK I § 37 Rn 21; MK 39 II; s auch § 45 Abs 2 SGB-I.

15 Gesetz zur Modernisierung des Schuldrechts v 26.11.2001 (BGBl I 3138).

16 Die regelmäßige Verjährungsfrist, die bisher 30 Jahre betrug, wurde in § 195 BGB auf 3 Jahre herabgesetzt. In 30 Jahren verjähren nur noch Herausgabeansprüche aus Eigentum und anderen dinglichen Rechten, ferner familien- und erbrechtliche Ansprüche, sowie rechtskräftig festgestellte und sonst titulierte Ansprüche (§ 197 BGB). Für wiederkehrende Leistungen tritt auch bei rechtskräftig festgestellten Ansprüchen nach § 197 Abs 2 BGB die dreijährige an die Stelle der dreißigjährigen Verjährungsfrist.

17 Die regelmäßigen Verjährungsfristen beginnen nun sämtlich mit dem Schluss des Jahres, in dem der Anspruch entstanden ist, sofern der Gläubiger von den anspruchsbegründenden Umständen und der Person des Schuldners Kenntnis erlangt, oder – was neu ist – ohne grobe Fahrlässigkeit hätte erlangen müssen (§ 199 BGB).

18 Das BGB sieht in den § 203 nur noch die Hemmung der Verjährung als den Regelfall, die Ablaufhemmung in §§ 210 f BGB und den Neubeginn der Verjährung nur noch als Ausnahmefall in § 212 BGB bei Anerkennung durch den Schuldner oder bei Vollstreckungshandlungen vor. Insbesondere die Rechtsverfolgung führt nach § 204 BGB nur noch zur Hemmung der Verjährung.

19 Gesetz zur Einführung einer kapitalgedeckten Hüttenknappschaftlichen Zusatzversicherung und zur Änderung anderer Gesetze (HZvNG) v 21.6.2002 (BGBl I 2137).

zum 1.1.2002 an das Verjährungsrecht des BGB.[20] Die Parallelität der verjährungsrechtlichen Wirkungen von VA und gerichtlichem Vollstreckungstitel wurde beibehalten. Der Erlass eines VA führt nach der Neuregelung nicht mehr zur Unterbrechung der Verjährung mit der Konsequenz eines Neubeginns, sondern nur noch zur Hemmung der Verjährung (Abs 1 S 1). Die **Hemmung der Verjährung endet mit dem Eintritt der Unanfechtbarkeit** des VA oder 6 Monate nach seiner anderweitigen Erledigung (Abs 1 S 2). Tritt Unanfechtbarkeit ein, so gilt wie für gerichtliche Titel nach Abs 2 eine Verjährungsfrist von 30 Jahren, sofern es nicht um wiederkehrende Leistungen geht, für die in Abs 2 S 2 eine dem § 197 Abs 2 BGB entsprechende spezielle Regelung geschaffen wurde. Ist der VA anderweitig erledigt, so besteht die Möglichkeit, durch einen neuen VA innerhalb von 6 Monaten die Hemmung der Verjährung aufrecht zu erhalten.

b) Anwendung der Verjährungsfristen des BGB. Eine Anwendung der 10
Verjährungsvorschriften des BGB ist im öffentlichen Recht nur möglich, wenn keine besondere öffentlich-rechtliche Verjährungsregelung eingreift oder im Wege der Analogie herangezogen werden kann und die zivilrechtliche Verjährungsvorschrift nicht mit Besonderheiten des Zivilrechts in Zusammenhang steht, sondern als Ausdruck eines allgemeinen Gedanken angesehen werden kann, dem auch für das öffentliche Recht Bedeutung zukommt.[21] Im Allgemeinen galt früher gem § 195 BGB aF eine Verjährungsfrist von 30 Jahren (BVerwGE 66, 252; 75, 179). Es ist deshalb an sich nicht möglich, die Neuregelung in den §§ 194 ff BGB nF ohne weiteres auf die Verjährung von Ansprüchen im öffentlichen Recht anzuwenden. Eine Anwendung ist in den Fällen unproblematisch, in denen das öffentliche Recht im Wege einer **zulässigen dynamischen Verweisung** auf die Vorschriften des BGB verweist, oder in denen in gesetzlichen Neuregelungen die §§ 194 ff BGB nF in Bezug genommen wurden. Gleichwohl zieht die Rspr neuerdings die neuen Verjährungsvorschriften des BGB immer häufiger analog heran (OVG Hamburg NordÖR 2010, 209; VGH München, Urt v 10.3.2010 – 14 BV 08.2444 – juris). Zur Verjährung in Übergangsfällen auch OVG Greifswald NordÖR 2005, 160.

3. Verfassungsrecht. Ob dem Institut der Verjährung im öffentlichen Recht 11
der **Gedanke des Vertrauensschutzes** zugrunde liegt, ist umstritten.[22] Dies erscheint heute im Hinblick auf die neuerdings recht kurzen Verjährungsvorschriften eher zweifelhaft. Insgesamt dürfte es eher um den Gedanken der **Rechtssicherheit** gehen. In dem Bestreben, den Rechtsverkehr nicht mit den nicht zuletzt bilanziellen Unsicherheiten älterer Forderungen zu belasten, sind mit dem SchuldrechtsmodG relativ kurze Verjährungsfristen eingeführt worden. Insoweit stellen sich die Vorschriften über die Verjährung im öffentlichen Recht als Ergebnis einer Abwägung kollidierender Grundsätze des Rechtsstaatsprinzips dar, nämlich der Rechtssicherheit und der materiellen Gerechtigkeit.[23] Ob darüber hinaus auch Art 19 Abs 4 eine Rolle spielt, erscheint zweifelhaft, weil den Vorschriften über die Verjährung auch ein materieller Gehalt zukommt.

4. Unionsrecht. a) Direkter Vollzug. Das Recht der Europäischen Union 12
kennt nur vergleichsweise wenige positive Bestimmungen über die Verjährung von Ansprüchen. Zu nennen ist Art 46 EuGH-Satzung, wonach Ansprüche aus

---

[20] Übersichten über die Neuregelung bei Stumpf NVwZ 2003, 1198; Gsell NJW 2002, 1297; Kellner NVwZ 2002, 385; Mansel NJW 2002, 89; zur Reform ferner Zimmermann JZ 2000, 853; Leenen JZ 2001, 552.

[21] BVerwGE 48, 286; 69, 233; BVerwG BayVBl 1987, 26 mwN; DöD 1983, 181; Buchh 427.3 § 350a LAG Nr 25; Dötsch DÖV 2004, 277, 278 mwN.

[22] Hierzu ausführlich Guckelberger, Verjährung S. 90 ff mwN; für den Vertrauensschutzaspekt StBS 5; FKS 5.

[23] Guckelberger, Verjährung, S. 110.

einer außervertraglichen Haftung der Gemeinschaft nach Art 288 Abs 2 EG innerhalb von 5 Jahren verjähren.[24] Die Verjährung ist einredeweise geltend zu machen (EuGHE 1989, 1553, 1586 Rn 12 – Roquette Freres). Regelungen über die Verjährung enthält ferner § 221 Abs 3 des Zollkodex, wonach nach Ablauf von 3 Jahren die Mitteilung nach § 221 Abs 1 Zollkodex nicht mehr erfolgen darf. Für Geldbußen in Kartellverfahren gelten die Art 25 f der VO 1/2003.[25] Ein allgemeiner Rechtsgrundsatz, wonach Ansprüche der EU oder gegen die EU innerhalb einer bestimmten Zeit verjähren, ist in der Rspr des EuGH aber nicht auszumachen. So lehnte der EuGH eine Verjährung von Zahlungsansprüchen von Bediensteten der EU ohne besondere Grundlage ab (EuGHE 1988, 4859, 4873 Rn 9).

13 **b) Indirekter Vollzug.** Für den Bereich des **indirekten Vollzugs von Unionsrecht** stellt sich die Frage, ob – abgesehen von den Regelungen des Zollkodex – aus dem Fehlen von Bestimmungen über die Verjährung gefolgert werden muss, dass Ansprüche, die ihre Grundlage im – unmittelbaren oder mittelbaren – Europarecht haben (s hierzu Einf II Rn 42) keiner Verjährung nach den nationalen Verjährungsvorschriften unterliegen (dürfen). Grundsätzlich scheint der EuGH die Geltung nationaler Verjährungsvorschriften im Bereich des indirekten Vollzugs von Unionsrecht zu akzeptieren.[26] Dies kommt auch für die Verjährung von Erstattungsansprüchen in den Fällen gemeinschaftsrechtswidriger Subventionierung in Betracht,[27] wobei aber teilweise für den Beginn der Verjährungsfrist besondere Annahmen getroffen werden.[28] Etwas anderes gilt allerdings in den Fällen, in denen die nationalen Behörden eine von der Kommission festgelegte Rückforderungspflicht durchsetzen müssen. Hier können auch die nationalen Verjährungsvorschriften ebenso wenig Geltung beanspruchen wie etwa die Präklusionsfrist des § 48 Abs 4.[29] Insoweit müssen ggfs unionsrechtliche Verjährungsvorschriften zur Anwendung kommen.[30] Richtigerweise zu verneinen ist die Frage, ob Gestaltungsrechte wie etwa die Rücknahme von rechtswidrigen Beihilfebescheiden einer Verjährung unterliegen.[31]

II. Anwendungsbereich

14 **1. Unmittelbar.** Die verjährungsrechtlichen Wirkungen des § 53 Abs 1 betreffen unmittelbar nur solche VAe, die im Rahmen eines Verwaltungsverfahrens nach dem VwVfG erlassen werden bzw worden sind. Unmittelbar werden außerdem nur vermögensrechtliche Ansprüche der öffentlichen Hand, also öffentlicher Rechtsträger erfasst (zu den Ansprüchen des Bürgers s unten Rn 23). Die Regelungen gelten im Übrigen vorbehaltlich gleich lautender oder abweichender spezialgesetzlicher Bestimmungen, wie sie für bestimmte Ansprüche zB nach der AO oder nach den Kommunalabgabengesetzen gelten.

---

[24] Hierzu näher Guckelberger, Verjährung, S. 666 ff.

[25] VO (EG) Nr 1/2003 v 16.12.2002, ABl Nr L 1/1.

[26] EuGHE 1997, I 4085, 4158 Rn 48 – Haahr Petroleum; s auch FKS 8; Bader/Ronellenfitsch 5.

[27] EuGHE 1989, 1553, 1586 Rn 12 – Roquette Freres; 1997, I 6783, 6838, Rn 48; weitere Nachweise bei Lindner NVwZ 1999, 1079.

[28] EuGH NVwZ 2016, 522 für Verjährungsfrist von Rückforderungsansprüchen nach der VO (EG, EURATOM) Nr. 2988/95.

[29] EuGHE 1997, I 1591, 1618 Rn 31; ausführlich Guckelberger, (Fn 7), S. 706 ff.

[30] ZB OVG Lüneburg, Urt v 21.2.2012 für die Rückforderung von Ausgleichszahlungen für Stärkekartoffelerzeuger (Anwendung v Art 3 Abs 1 VO (EG, Euratom) Nr 2988/95).

[31] Offen gelassen von BVerwG, Urt v 21.10.2010, 3 C 4/10, juris; OVG Münster, Urt v 17.5.2011, 10 LB 156/08, juris, beide mit dem Hinweis, dass diese Möglichkeit jedenfalls nicht vor dem Ablauf von 30 Jahren verjähren könne.

a) Beschränkung auf vermögensrechtliche Ansprüche. Eine Verjährung kommt grundsätzlich nur bei vermögensrechtlichen Ansprüchen in Betracht. Die Befugnisse der Behörden zu sonstigen Regelungen, zum Erlass von Geboten, Verboten usw durch VA, insbesondere **hoheitliche Eingriffsbefugnisse unterliegen keiner Verjährung.**[32] Sie werden von der hM zu Recht nicht als Ansprüche iS des Verjährungsrechts angesehen,[33] sofern nicht ausnahmsweise fachrechtlich etwas anderes vorgesehen ist. Für sie können allenfalls besondere Ausschlussfristen eingreifen (s unten Rn 26). Sie können unter allerdings sehr engen Voraussetzungen der Verwirkung unterliegen (s unten Rn 41 ff). Deshalb kann sich § 53 Abs 1 nur auf solche VA beziehen, die vermögensrechtliche Ansprüche festsetzen; dementsprechend kann auch § 53 Abs 2 nur solche Ansprüche erfassen. **Umstritten,** richtigerweise aber zu verneinen, ist die Frage, ob die **Möglichkeit, einen Beihilfebescheid zurückzunehmen,** der Verjährung unterliegt.[34] 15

b) Durch VA festzusetzende oder festgesetzte Ansprüche. Die Vorschrift gilt ferner unmittelbar nur für Ansprüche, die durch VA festzusetzen oder festgesetzt worden sind. Soweit Landesrecht vorsieht, dass auch privatrechtliche Ansprüche der öffentlichen Hand durch VA festgesetzt werden können, ist die Vorschrift direkt anwendbar.[35] Für Ansprüche aus **verwaltungsrechtlichen Verträgen** werden nach § 62 die Verjährungsvorschriften der §§ 194 ff BGB entsprechend angewendet. § 53 kommt danach auf Ansprüche aus verwaltungsrechtlichen Verträgen nicht zur Anwendung. Insoweit bestehen keine grundsätzlichen Unterschiede zu privatrechtlichen Ansprüchen. Einen Grund, hier eine Analogie zu § 53 vorzunehmen, besteht nicht.[36] Zur Verjährung von gem § 61 vollstreckbaren Ansprüchen aus verwaltungsrechtlichen Verträgen s unten Rn 28, 39; zu Verwirkungsfristen s Rn 45.[37] 16

c) Nur Ansprüche der öffentlichen Hand. Die Vorschrift ist im Grundsatz nur auf Ansprüche der öffentlichen Hand gegen den Bürger oder gegen andere öffentliche Rechtsträger anwendbar, nicht aber auf den umgekehrten Fall, in dem der Bürger Ansprüche gegen die öffentliche Hand geltend macht.[38] Das ergibt sich im Grunde schon aus der Systematik des Gesetzes, das sich mit den §§ 9 ff. nur auf Verwaltungsverfahren bezieht und nur insoweit annexe materielle Regelungen trifft, folgt aber auch daraus, dass es **nur um die verjährungsrechtlichen Wirkungen eines VA** geht. Umstritten, richtigerweise zu bejahen, ist eine entsprechende Anwendung von Abs 2, wenn es um die Verjährung eines durch VA festgestellten Anspruchs des Bürgers geht.[39] Eine entsprechende Anwendung von Abs 1 wird dagegen zu Recht abgelehnt (s näher unten Rn 23). 17

---

[32] AllgM, vgl VGH Mannheim NVwZ-RR 1996, 387; VGH Kassel NVwZ 1987, 993; vgl BSG 122, 177; Obermayer 13; Knack/Henneke 4 vor § 53; Ziekow 4; krit de Wall, 475 ff; StBS 11.

[33] AllgM, vgl VGH Mannheim NVwZ-RR 1996, 387, 390; StBS 12; Knack/Henneke vor § 53 Rn 4; Obermayer 16; **aA** Ossenbühl NVwZ 1995, 547, 549; ähnlich Kothe VerwArch 1997, 456, 486; diese Auffassung berücksichtigt das Wesen der Verjährungsvorschriften ebenso wie das Wesen hoheitlicher Eingriffsbefugnisse nicht ausreichend.

[34] Offen gelassen von BVerwG, NVwZ 2011, 949; OVG Münster, Urt v 17.5.2011, 10 LB 156/08, juris, beide mit dem Hinweis, dass diese Möglichkeit jedenfalls nicht vor dem Ablauf von 30 Jahren verjähren könne.

[35] Knack/Henneke 4.

[36] Ein ör Vertrag, der eine Vollstreckungsklausel nach § 61 enthält, fällt unter § 197 BGB nF. Die Verjährung entspricht daher derjenigen des unanfechtbaren VA.

[37] S hierzu zB VG Köln NVwZ 1994, 927.

[38] AllgM, vgl StBS 18; FKS 10; Knack/Henneke 3.

[39] Ebenso für eine entsprechende Anwendung StBS 18; Guckelberger (Fn 7), S. 413 ff; **aA** Knack/Henneke 3; Bader/Ronellenfitsch 8.

17a **d) Keine Anwendung auf Ausschlussfristen (Präklusion).** Von der Verjährung zu unterscheiden ist die sog Präklusion (s näher § 31 Rn 9). Zahlreiche Gesetze sehen für bestimmte Verfahrenshandlungen wie zB die Erhebung von Einwendungen,[40] seltener auch für die Geltendmachung von Ansprüchen auf Leistungen, Ausschlussfristen vor, nach deren Ablauf die Leistung nicht mehr verlangt werden kann bzw nicht mehr erbracht zu werden braucht oder das entsprechende Recht erlischt, eine Verfahrenshandlung unzulässig wird usw.[41] Mit einer Präklusionsnorm werden idR verfahrensrechtliche Ziele, vor allem Beschleunigung, aber auch Herstellung von Rechtssicherheit verfolgt. Maßgeblich sind die **besonderen Rechtsvorschriften des Fachrechts,** die allerdings nur für die unmittelbar geregelten Sachverhalte gelten und wegen der einschneidenden Folgen der Präklusion auf andere nicht, auch nicht analog, angewandt werden können. Präklusionsnormen sind **nicht analogiefähig.**[42] Auf Präklusionsfristen sind die Bestimmungen über die Verjährung grundsätzlich nicht anwendbar.

18 **2. Analoge Anwendung.** Fehlt es an den Voraussetzungen für eine unmittelbare Anwendung und enthält auch das Fachrecht keine Regelungen, so richtet sich die Anwendung von Verjährungsvorschriften nach dem Gesamtzusammenhang der Vorschriften und der zugrunde liegenden Interessenkonstellation.[43] Während die frühere Fassung der Vorschrift, die eine Unterbrechung der Verjährung vorsah, als Ausdruck allgemeiner Rechtsgrundsätze angesehen werden konnte, die bereits in der Zeit vor dem Inkrafttreten des VwVfG galten, sind die Regelungen des § 53 in seiner neuen Fassung ebenso wie die entspr angepassten Vorschriften des Landesrechts nicht ohne weiteres sinngemäß auch auf VAe anwendbar, die nicht unmittelbar unter diese Vorschriften fallen und für die auch keine ausdrücklichen sonstigen Regelungen bestehen. Vielmehr ist davon auszugehen, dass diese allein nach dem maßgeblichen Fachrecht zu beurteilen sind, in welchem teilweise noch Regelungen über die Unterbrechung der Verjährung weiter gelten. Es ist deshalb davon auszugehen, dass die Neuregelungen des Verjährungsrechts nur für neu geschaffene fachrechtliche Verjährungstatbestände analogiefähig sind.

19 **3. Erlöschenstatbestände.** Die Regelungen des § 53 Abs 1 aF über die Unterbrechung der Verjährung konnten in der Vergangenheit auch für solche Fälle bedeutsam sein, in denen der Ablauf einer bestimmten Zeit zu einem **Erlöschen des Anspruches** führt (vgl zB Art 125 bayAGBGB; § 14 ndsKAG; dazu oben Rn 19), sofern diese Rechtsvorschriften nichts anderes bestimmten. Die Neuregelung des § 53 kann für diese Fälle nun nicht mehr ohne weiteres herangezogen werden, weil das geänderte Verjährungsrecht nicht automatisch auch für diejenigen Rechtsverhältnisse zur Anwendung kommen kann, für die eine Geltung nicht in Rechtsvorschriften angeordnet worden ist.

III. Spezialgesetzliche Regelungen der Verjährung

19a Im Fachrecht finden sich viele spezielle Regelungen zur Verjährung von Forderungen der öffentlichen Hand. Sie gehen den Bestimmungen des Abs 1 vor, soweit sie Regelungen enthalten. Sie unterscheiden teilweise nach Festsetzungsverjährung und Zahlungsverjährung und sehen teilweise (wie zB die AO) nicht nur ein Einrederecht, sondern das Erlöschen der Forderung vor. Außerdem ent-

---

[40] Vgl zB § 73 Abs 4 S 3 für die Präklusion mit Einwendungen im Planfeststellungsverfahren; § 63 Abs 3a S 2 für die sog Behördenpräklusion im Planfeststellungsverfahren; § 10 Abs 3 S 3 BImSchG für die Präklusion im Anlagengenehmigungsverfahren.

[41] WBSK I § 37 Rn 18.

[42] Knack/Henneke vor § 53 Rn 3.

[43] BVerwGE 128, 99: Analogie zur sachnächsten Vorschrift; BVerwGE 97, 1, unter Hinweis auf BVerwGE 69; 227, 232.

halten sie nicht selten Unterbrechungsregelungen unabhängig davon, dass das BGB diese weitgehend abgeschafft hat.

1. Abgabenrechtliche Ansprüche. a) Bundesrechtliche Regelungen. 19b
Im Abgabenrecht führt der Eintritt der Verjährung nicht zu einem Einrederecht, sondern zum Erlöschen der Schuld und damit auch zur Rechtswidrigkeit einer entsprechenden Festsetzung durch VA (vgl WBSK I § 37 Rn 15; StBS 3). Soweit es sich um Abgabenbescheide des Bundes handelt, finden die Vorschriften der AO unmittelbare Anwendung, im Übrigen nur analog insoweit, als die kommunalabgabenrechtlichen Regelungen der Länder auf die AO verweisen. Im Anwendungsbereich der AO maßgeblich sind für die **Festsetzungsverjährung** §§ 169 ff AO, für die **Zahlungsverjährung** §§ 228 ff AO. Beide führen anders als die Verjährung im Zivilrecht und im übrigen Verwaltungsrecht zum Erlöschen des Anspruchs (vgl § 232 AO).Zur Anwendung der AO auf Verjährung der Rückforderung von Sonderabgaben BVerwGE 69, 227.

b) Landesrechtliche Regelungen. Das Kommunalabgabenrecht der Länder 19c
enthält üblicherweise Bestimmungen über die Festsetzungsverjährung und die Vollstreckungsverjährung von Gebühren- und Beitragsansprüchen. Teilweise finden sie sich im jeweiligen KAG, teilweise auch in speziellen Gebühren- und Kostengesetzen.[44] Die Regelungen sehen idR eine Verjährungsfrist von drei Jahren vor, die mit dem Ende des Jahres beginnt, in dem der Abgabenanspruch entstanden oder fällig geworden ist. Die meisten landesrechtlichen Regelungen dieser Art enthalten zumeist noch umfangreiche Regelungen über die **Unterbrechung der Verjährung.** So lösen etwa eine Zahlungsaufforderung, Stundung, Aussetzung der Vollziehung oder auch die Einlegung von Rechtsbehelfen idR eine Unterbrechung der Verjährung aus.

2. Ausländerrechtliche Ansprüche. Umstritten war, ob für die Festset- 20
zung der Ansprüche nach §§ 66 f AufenthG auf Erstattung der Kosten einer Abschiebung usw die sechsjährige Verjährungsfrist des § 70 Abs 1 AufenthG oder die allgemeine Verjährungsfrist des § 20 Abs 1 S 1 VKO gelten sollte.[45] Diese Frage hat das BVerwG dahin entschieden, dass § 70 Abs 1 AufenthG allein maßgeblich sein soll (BVerwG NVwZ-RR 2014, 781). Gegen die Anwendbarkeit von § 70 Abs 1 AufenthG auf die Festsetzungsverjährung spricht, dass der Beginn der Verjährungsfrist danach die Fälligkeit voraussetzt, die an sich nur durch VA ausgelöst werden kann. Die Vorschrift über die **Unterbrechung der Verjährung in § 70 Abs 2 AufenthG** ist dagegen ergänzend auch auf die Fälle des § 20 VKO anwendbar. Die Verjährung wird danach unterbrochen, solange der Kostenschuldner sich nicht im Bundesgebiet aufhält oder sein Aufenthalt deshalb nicht festgestellt werden kann, weil er sich einer gesetzlichen Melde- oder Anzeigepflicht entzieht. Dass die Adresse eines Prozessbevollmächtigten bekannt ist, reicht nicht aus.[46]

3. Öffentlichrechtliche Dienstverhältnisse. Für die Ansprüche aus öffent- 21
lich-rechtlichen Dienstverhältnissen (Beamten-, Richter-, Soldatenverhältnis) galt bisher vor allem § 197 BGB aF. Nach neuem Recht gilt für Dienst- und Versorgungsansprüche gem § 197 Abs 2 BGB die dreijährige Verjährungsfrist (Battis, BBG 3. Aufl 2004, § 2 Rn 25). Sie erfasst auch Ansprüche auf rückständige Versorgung, Besoldung und anderen wiederkehrenden Leistungen aus dem öffentlichen Dienstverhältnis.

---

[44] Übersicht bei Guckelberger, (Fn 7), S. 66 ff.

[45] Für § 20 Abs 1 VKO VGH Mannheim, v 30.7.2009 Az 13 S 919/09, VGH München, v 6.4.2011 Az 19 BV 10.304; offen OVG Hamburg NordÖR 2009, 228 Rn 23; für § 70 Abs 1 Funke-Kaiser in GK-AufenthG § 70 Rn 5; Hailbronner Aufenthaltsrecht, § 70 Rn 3.

[46] OVG Berlin-Brandenburg, B v 29.11.2011, OVG 3 N 119.10, juris; OVG Hamburg Urt v 3.12.2008, 5 Bf 259/06, juris.

22 **4. Polizei- und ordnungsrechtliche Ausgleichsansprüche.** Die Polizeigesetze der Länder enthalten überwiegend Regelungen über die Verjährung von **Ausgleichs- und Entschädigungsansprüchen der Bürger** für die Inanspruchnahme von Notstandspflichtigen oder die rechtswidrige Inanspruchnahme von sonstigen Nichtstörern. Zumeist ist hier eine relativ kurze Verjährungsfrist vorgesehen. Dies ist unbedenklich, auch wenn für die allgemeinen Aufopferungsansprüche noch eine längere Verjährungsfrist gelten sollte (s hierzu Kellner NVwZ 2002, 395 mwN). Soweit Regelungen fehlen, stellt sich die Frage, ob § 53 auf derartige Ansprüche des Bürgers anwendbar ist, wenn und soweit der Anspruch durch VA festgestellt worden ist. S hierzu unten Rn 23.

22a **5. Ansprüche im Wirtschaftsverwaltungsrecht.** Umstritten ist, ob für öffentlich-rechtliche Erstattungsansprüche nach § 49a Abs 1 die kurze dreijährige oder die lange dreißigjährige Verjährungsfrist gilt.[47] Insgesamt spricht mehr dafür, die kurze dreijährige Verjährungsfrist anzuwenden und die lange dreissigjährige erst dann, wenn der Erstattungsanspruch durch VA festgesetzt worden ist. Für Zinsforderungen nach § 49a Abs 4 S 1 VwVfG soll die kurze Verjährungsfrist gelten.[48]

22b **6. Sozialrechtliche Ansprüche.** Im **Sozialrecht** finden sich verjährungsrechtliche Ansprüche zB in § 45 SGB I, § 27 SGB IV.[49] Nach § 45 Abs 1 SGB I verjährt ein fälliger Anspruch auf eine Sozialleistung[50] in vier Jahren nach Ablauf des Kalenderjahres, in dem der Anspruch entstanden ist. Der **Grundsatz der vierjährigen Verjährung** ist von der Rspr auf weitere öffentlich-rechtliche Ansprüche angewandt worden.[51]

IV. Verjährung von Ansprüchen des Bürgers

23 **1. Grundsatz.** Nach ihrem Wortlaut erfasst die Vorschrift unmittelbar nur Ansprüche öffentlicher Rechtsträger. **Umstritten** ist, ob und in welchem Umfang § 53 entsprechend auf Ansprüche des Bürgers gegenüber öffentlichen Rechtsträgern anwendbar ist. Grundsätzlich unterliegen Ansprüche des Bürgers den allgemeinen materiellen Verjährungsbestimmungen des Fachrechts, bei Fehlen entsprechender Regelungen den Verjährungsvorschriften des BGB, auch wenn sie sich gegen die öffentliche Hand richten. Die **hM verneint eine Anwendbarkeit** von § 53 auf Ansprüche des Bürgers.[52] Dem ist im Grundsatz zuzustimmen. Allerdings erscheint eine entsprechende Anwendung von § 53 Abs 2 dann geboten, **wenn der Anspruch des Bürgers durch VA festgestellt wurde,** weil insoweit eine Rechtfertigung für eine unterschiedliche Behandlung nicht besteht.[53] Solange aber eine derartige Festsetzung durch VA nicht stattgefunden hat, bleibt es bei den allgemeinen Verjährungsvorschriften.

24 **Im Übrigen passen die Regelungen nicht** auf Ansprüche des Bürgers, weil der Bürger nur einen Antrag auf Erlass eines VA stellen, die Hemmung der Verjährung aber nicht selbst durch rechtzeitigen Erlass eines VA herbeiführen

---

[47] Für die kurze Verjährung BVerwGE 131, 153; BVerwG NJW 2006, 3226; OVG Weimar LKV 2011, 520; offen BVerwG NVwZ 2009, 599; für lange Verjährung OVG Lüneburg, Urt v 17.5.2011, 10 LB 156/08, juris; ob BVerwGE 132, 324 für die Gegenposition in Anspruch genommen werden kann, ist zweifelhaft.

[48] OVG Lüneburg, Urt v 16.2.2012, 1 LC 150/11, juris; VGH Kassel HGZ 2012, 159; differenzierend OVG Berlin/Brandenburg, Urt v 11.3.2010, OVG 2 B 1.09, juris.

[49] S näher Guckelberger, (Fn 7), S. 23 ff.

[50] Insoweit wird zwischen der Leistung und dem Stammrecht unterschieden, vgl Fichte/Plagemann/Waschull, Sozialverwaltungsverfahrensrecht, § 2 Rn 107.

[51] Nachweise bei Fichte/Plagemann/Waschull, Sozialverwaltungsverfahrensrecht, § 2 Rn 110.

[52] StBS 18; Knack/Henneke 3; Obermayer 13; FKS 10; Ziekow 11.

[53] Str, **aA** Knack/Henneke 3; Obermayer 13; wie hier wohl BVerwG NVwZ 1982, 377; s a StBS 18.

könnte. Diese Fallkonstellation lässt sich durch eine entsprechende Anwendung des § 204 Abs 1 Nr 12 BGB befriedigend bewältigen, ohne dass es einer Analogie zu § 53 Abs 1 bedürfte: Daraus ergibt sich, dass für den Fall, dass die Zulässigkeit des Rechtsweges von einer Vorentscheidung einer Behörde abhängt, die Verjährung durch die Erhebung des Widerspruchs in gleicher Weise wie durch die Erhebung der Klage gehemmt wird (BVerwGE 57, 306; StBS 19). Ob auch der bloße Antrag bei der Behörde ausreicht, ist streitig.[54]

2. Anwendung der Verjährungsvorschriften des BGB. Für die Verjährung von Ansprüchen des Bürgers gelten, wenn sie nicht durch VA festgesetzt worden sind (str, s oben Rn 23), die Vorschriften des BGB, sofern nicht das auch insoweit **vorrangige Fachrecht** etwas anderes vorsieht[55] oder analog herangezogen werden kann. Das gilt grundsätzlich unabhängig davon, ob es sich um öffentlichrechtliche oder privatrechtliche Ansprüche handelt. Auch hier gilt, dass bei Fehlen von gesetzlichen Regelungen zu prüfen ist, ob und ggfs welche Regelungen des des Fachrechts oder auch des BGB analog herangezogen werden können. Dabei ist nach dem Gesamtzusammenhang der Vorschriften und der Interessenlage zu beurteilen, welche **Verjährungsvorschrift am sachnächsten** analog heranzuziehen ist.[56] Eine generelle Anwendung der kurzen Verjährungsvorschriften des BGB im Wege der Analogie ist jedenfalls für diejenigen Fälle abzulehnen, in denen die maßgeblichen Regelungen schon vor der Reform des Verjährungsrechts durch das SchuldrechtsmodernisierungsG erlassen wurden.[57] Da mit Verjährungsvorschriften stets auch ein Eingriff in materielle Rechtspositionen des Anspruchsinhabers verbunden ist, muss bei Auslegung und Anwendung stets auch die verfassungsrechtliche Bedeutung berücksichtigt werden.[58] 25

a) Kurze Verjährungsfrist. Für Ansprüche aufgrund von Vorschriften, die nach der Schuldrechtsreform 2002 erlassen wurden, sowie für solche Ansprüche, bei denen aus sonstigen Gründen die Anwendung des § 195 BGB sachnäher erscheint, gilt die **dreijährige Verjährungsfrist** des § 195 BGB, die gem § 200 BGB mit dem Ende des Jahres zu laufen beginnt, in dem der Anspruch entstanden ist. Ist der Anspruch rechtskräftig festgestellt, läuft unabhängig davon eine dreißigjährige Verjährungsfrist gem § 197 BGB. Von Bedeutung sind die verschiedenen Hemmungsvorschriften in §§ 203 ff BGB die den Lauf der Verjährung aufhalten. Hierzu gehören vor allem die in § 204 BGB aufgezählten Maßnahmen zur Rechtsverfolgung sowie Verhandlungen nach § 203 BGB. Im Falle der Anerkennung, die auch durch eine Abschlagzahlung erfolgen kann, wird die Verjährung unterbrochen (§ 212 BGB) und beginnt dann – anders als bei der Hemmung – erneut zu laufen. 25a

b) Lange Verjährungsfrist. Für eine Reihe von Ansprüchen gilt (weiterhin) die lange Verjährungsfrist von 30 Jahren. Das betrifft neben den rechtskräftig festgestellten oder verbrieften Ansprüchen (§ 197 Abs 1 Nr 3, 4, 5 BGB) etwa die Ansprüche auf die **Herausgabe von Eigentum** und anderen dinglichen Rechten (§ 197 Abs 1 Nr 1 BGB. Auch der Herausgabeanspruch nach § 8 Abs 4 S 2 des Vermögenszuordnungsgesetzes (VZOG) verjährt erst in 30 Jahren; eine analoge Anwendung der §§ 195, 199 BGB scheidet im Hinblick auf die Surrogatfunktion des Anspruchs aus (BVerwGE 132, 324). 26

---

[54] Ablehnend BVerwGE 57, 306; StBS; bejahend Guckelberger, 601.

[55] Zweifelnd offenbar Guckelberger (Fn 7), S. 260.

[56] BVerwGE 132, 303; 69, 227.

[57] In diese Richtung gehen wohl BVerwGE 132, 324; BVerwG DÖV 2011, 580; **aA** offenbar OVG Münster, Urt v 28.10.2010, 11 A 1648/06, juris, für öffentlich-rechtliche Beseitigungsansprüche.

[58] EGMR NVwZ 2015, 205 (Howald Moor) zur Verjährung von Schadensersatz wegen Umweltschäden.

27 **3. Einredebefugnis der Verwaltung. Zweifelhaft** ist, ob die Behörde sich gegenüber Ansprüchen des Bürgers **auf die Verjährung berufen** darf. Insofern kann die Geltendmachung der Verjährungseinrede seitens der Behörde gegenüber einem Anspruch des Bürgers uU eine unzulässige Rechtsausübung darstellen.[59] Der dahinter stehende Gedanke ist wohl der, dass die öffentliche Hand Ansprüche des Bürgers typischerweise von sich aus erfüllt und zu ihrer Erfüllung auch verpflichtet ist, weshalb es ein widersprüchliches Verhalten darstellen könnte, wenn sie aus der pflichtwidrigen Nichterfüllung der Pflicht Vorteile ziehen könnte. Richtigerweise wird man die Verjährungseinrede auch der öffentlichen Hand zugestehen müssen. Die Pflicht der Behörde zur Erfüllung einer Forderung ist grundsätzlich nicht anders zu bewerten als im Zivilrecht. Deshalb kann es nicht ohne weiteres als unzulässige Rechtsausübung angesehen werden, wenn die öffentliche Hand sich auf die Verjährung beruft (s auch Rn 5).

V. Die Hemmung der Verjährung (Abs 1)

28 **1. Voraussetzungen. a) Öffentlichrechtliche Ansprüche.** Unter Abs 1 fallen nur solche öffentlich-rechtlichen Ansprüche, die nach den maßgeblichen Rechtsvorschriften oder nach allgemeinen Rechtsgrundsätzen **durch VA geltend gemacht werden dürfen,** wie Gebührenansprüche, Ansprüche auf Grund einer Beitragspflicht, der Erstattungspflicht nach § 49a und nach ähnlichen Bestimmungen (vgl VGH München NVwZ 2000, 83). Auf die Art und Weise der Geltendmachung (Festsetzung, Feststellung, Leistungs- oder Vollstreckungsbescheide usw) kommt es nicht an. Ausnahmsweise gilt § 53 auch für privatrechtliche Ansprüche, sofern sie nach gesetzlichen Bestimmungen ausnahmsweise durch VA festgesetzt oder nach Verwaltungsvollstreckungsrecht vollstreckt werden können, zB der Erstattungsanspruch nach dem ErstG (vgl Kopp/Schenke § 40 Rn 21; Knack/Henneke 4), oder aus sog Ausstandsverzeichnissen.[60] Für Ansprüche **aus verwaltungsrechtlichen Verträgen,** in denen sich der verpflichtete Partner gem § 61 oder auf Grund entsprechender Vorschriften der sofortigen Vollstreckung unterworfen hat, gilt § 53, wenn zur Durchsetzung ein VA erlassen wird.[61] Im Übrigen gilt gem § 62 die Regelung in § 204 BGB.

29 **b) Wirksamkeit des VA.** Hemmungswirkung haben wirksam erlassene VAe. Das gilt auch für **rechtswidrige VAe,** sofern sie nicht nichtig sind,[62] zB auch nicht-nichtige VAe von Behörden, die in der Sache nicht zuständig sind (**aA** insoweit zu § 231 Abs 1 S 1 AO BVerwG BayVBl 1992, 506). **Umstritten ist,** ob die Hemmung im Falle der rückwirkenden Aufhebung gem § 48 oder auf Grund anderer Rechtsvorschriften durch die Behörde oder gem §§ 68 ff und §§ 113, 114 VwGO im Rechtsbehelfsweg rückwirkend entfällt (ablehnend VGH Kassel DÖV 2012, 368; StBS 49), anders, wenn die Aufhebung nicht mit Rückwirkung auf den Zeitpunkt des Erlasses des VA, sondern nur mit Wirkung ab einem späteren Zeitpunkt oder für die Zukunft erfolgt; in diesem Fall endet die durch seinen Erlass ausgelöste Hemmung der Verjährung nach Abs 1 S 2 sechs Monate nach dem Zeitpunkt, auf den die Aufhebung bezogen ist. **Nichtige VAe** (§ 44) sind gem § 43 Abs 3 (bzw nach allgemeinen Rechtsgrundsätzen) unwirksam und **können** daher auch den Ablauf der **Verjährung nicht hemmen.**

30 **c) VA zur Durchsetzung des Anspruchs.** VAe zur Durchsetzung von Ansprüchen öffentlicher Rechtsträger sind nicht nur VAe im Rahmen von Verwaltungsvollstreckungsverfahren, sondern auch **Festsetzungs- und Leistungsbe-**

---

[59] StBS 20; Dörr DÖV 1984, 12, 17.

[60] Ziekow 11; **aA** Obermayer 12 ff; StBS 43: nur öffentlichrechtliche Ansprüche in Über- und Unterordnungsverhältnissen.

[61] VGH München NVwZ 2000, 85; Knack/Henneke 4.

[62] Ebenso StBS 46; Knack/Henneke 8.

scheide, mit denen die Leistung festgesetzt wird. Seit der Neufassung 2002 gilt das auch für **Feststellungsbescheide,** also VAe, die eine Leistung verbindlich feststellen.[63] Mahnungen, Zahlungsaufforderungen und Vollstreckungsanordnungen hemmen die Verjährung nur, wenn sie VAe sind (Knack/Henneke 5). Zur Frage, wann insoweit VAe anzunehmen sind, s § 35 Rn 106; zu Zahlungsaufforderungen zur Durchsetzung privatrechtlicher Forderungen auf Grund besonderer Vorschriften des Verwaltungsvollstreckungsrechts nach Landesrecht auch Blanke NVwZ-RR 1991, 245; Knack/Henneke 6: keine VAe).

d) Hemmung der Verjährung aus anderen Gründen. Entspr § 204 Abs 1 Nr 1 BGB nF wird die Verjährung **auch durch gerichtliche Geltendmachung** gehemmt (vgl BVerwGE 48, 283 zur alten Rechtslage). Ist vor Erhebung der Klage ein Vorverfahren (§ 79) erforderlich, so wird die Hemmung schon durch die **Erhebung des Widerspruchs** ausgelöst (§ 204 Abs 1 Nr 12 BGB nF). Nach der Rspr des BGH unterbrach bisher außerdem allgemein die Inanspruchnahme des Primärrechtsschutzes gegen enteignungsgleiche Eingriffe immer auch die Verjährung und hinderte entsprechend dazu auch das Erlöschen von Entschädigungsansprüchen wegen enteignungsgleichen Eingriffs (BGHZ 95, 238; 97, 37; 103, 242; BayVBl 1993, 93). Das Gleiche muss nach der Neuregelung des Verjährungsrechts für die Hemmungswirkung gelten. Aus ähnlichen Gründen hemmen Widerspruch und Klage gegen einen amtspflichtwidrig erlassenen VA analog § 204 Abs 1 Nr 1, 12 BGB nF die Verjährung eines aus dem angegriffenen VA abgeleiteten Amtshaftungsanspruchs (BGHZ 95, 238 = NJW 1985, 2324; Schenke JuS 1986, 694). 31

Der Antrag auf eine Leistung bewirkt, wenn durch Gesetz nichts anderes bestimmt ist, **die Hemmung** der Verjährung entspr § 204 Abs 1 Nr 12 BGB nF, wenn die Leistung auf Grund des Bewilligungsprinzips nur durch VA gewährt bzw bewilligt werden kann. Eine ähnliche Regelung enthält § 45 Abs 3 SGB I (vgl hierzu aber BVerwGE 90, 41 = NVwZ 1992, 1204 zu Anträgen, die nicht nur verfahrensrechtliche, sondern zugleich auch materiellrechtliche Voraussetzung für das Entstehen des Anspruchs auf Sozialleistung sind; **aA** BSG SozR 12a § 45 SGB Nr 5). Zur umstrittenen, von der Rspr bisher aber abgelehnten Hemmung der Verjährung bei notwendiger Beiladung nach § 65 Abs 2 VwGO s näher Troidl DVBl 2008, 625. 32

2. Begriff und Wirkung der Hemmung (Abs 1 S 1). Hemmung bedeutet gem § 209 BGB nF, der insoweit entspr anzuwenden ist, dass die Verjährungsfrist nicht weiterläuft. Die Zeiträume, in denen der Ablauf der Verjährung gehemmt ist, werden bei der Berechnung der Verjährungsfrist nicht mitgezählt bzw von der Gesamtlaufzeit der Verjährung abgezogen. Der Ablauf der Frist kann durch unterschiedliche Ereignisse auch mehrmals gehemmt werden. 33

Die Hemmung ist zu unterscheiden von der Unterbrechung der Verjährung, die im öffentlichen Recht trotz der Änderungen des Verjährungsrechts in den §§ 194ff BGB nF weiterhin vorkommt und zu einem **Neubeginn der Verjährung** und damit zu demselben Ergebnis führt wie die Anerkennung des Anspruchs durch den Schuldner oder die Titulierung des Anspruchs (vgl § 212 BGB nF). In Betracht kommt ein Neubeginn der Verjährungsfrist gem § 212 BGB nF als Folge eines Anerkenntnisses, das in einer Abschlagzahlung, einer Zinszahlung oder in einer Sicherheitsleistung (§ 212 Abs 1 Nr 1 BGB) oder in einer gerichtlichen oder behördlichen Vollstreckungsmaßnahme (§ 212 Abs 1 Nr 2 BGB) gesehen werden kann. Stundung, aufschiebende Wirkung eines Rechtsbehelfs nach § 80 VwGO, Bestehen eines sonstigen Leistungsverweige- 34

---

[63] So bereits für die frühere Rechtslage StBS 48; Ziekow 12; Knack/Henneke 7; **aA** VGH München NVwZ 2000, 83, 84; UL § 54 Rn 3; Obermayer 19: nicht auch feststellende VAe.

rungsrechts, Fehlen eines gesetzlichen Vertreters, Verhinderung des Berechtigten innerhalb des letzten halben Jahres der Verjährungsfrist durch höhere Gewalt, Durchführung von Ermittlungen im Einvernehmen mit den Beteiligten zur Aufklärung des Sachverhalts (WBSK I § 37 Rn 23), Schweben von Vergleichsverhandlungen (§ 55), Ruhen des Verfahrens analog § 251 ZPO, usw führen nicht zur Unterbrechung, sondern zur Hemmung der Verjährung.

35 **3. Dauer der Hemmung (S 2). a) Beginn.** Die Hemmung beginnt mit der Wirksamkeit des VA (§ 43), also mit dem Zeitpunkt, zu dem der VA dem Pflichtigen gegenüber bekannt gegeben worden ist (§ 41). Auf die Entscheidung innerhalb der Behörde oder die Absendung des VA kommt es dagegen nicht an (StBS 45). Die Bekanntgabe (§ 41) muss ihrerseits wirksam, darf also nicht fehlgeschlagen sein. Im Falle einer fehlerhaften Zustellung kommt eine Heilung gem § 9 VwZG zu dem Zeitpunkt in Betracht, zu dem der Empfänger den VA nachweislich erhalten hat (s hierzu näher § 41 Rn 77).

36 **b) Ende der Hemmung.** Abs 1 S 2 bestimmt, dass die mit Bekanntgabe des VA gem § 41, § 43 Abs 1 eingetretene Hemmung entweder mit dem Eintritt der **Unanfechtbarkeit des VA,** oder, falls es nicht zur Unanfechtbarkeit kommt, **sechs Monate nach seiner anderweitigen Erledigung** endet. Um eine solche anderweitige Erledigung handelt es sich zB bei Abschluss eines Vergleichs oder bei endgültigem Wegfall des VA durch Rücknahme, Widerruf oder Aufhebung in einem Rechtsbehelfsverfahren.[64] Wird der VA unanfechtbar, so beginnt in diesem Fall die 30-jährige Verjährungsfrist des Abs 2. Wird der VA nicht unanfechtbar, sondern erledigt er sich durch Aufhebung oder auf andere Weise, so besteht ein praktisches Interesse daran, die Hemmungswirkung nicht unmittelbar mit der Erledigung eintreten zu lassen. Die Hemmung der Verjährung endet dann erst 6 Monate nach dem Eintritt der anderweitigen Erledigung. Diese Zeit hat die zuständige Behörde, um ggfs die Hemmung durch den Erlass eines neuen VA wieder auszulösen. Die mit einem Rechtsbehelf gem § 80 VwGO ggf verbundene aufschiebende Wirkung ist insoweit ohne Bedeutung.[65] Die verjährungsrechtliche Wirkung des Erlasses des VA kann also durch den Suspensiveffekt nicht beeinflusst werden.

37 **aa) Unanfechtbarkeit.** Unanfechtbar iS von Abs 1 S 2 wird ein VA mit Ablauf der ordentlichen Rechtsbehelfsfristen (§§ 70, 74 VwGO) oder durch Eintritt der Rechtskraft eines klageabweisenden Urteils. Maßgebend sind die in einer Sache gegebenen **ordentlichen Rechtsbehelfe;** auf außerordentliche Rechtsbehelfe (zB Wiederaufgreifen) kommt es nicht an. Die Unanfechtbarkeit des VA kann außer durch den Ablauf der Rechtsbehelfsfristen auch durch den Verzicht auf den Rechtsbehelf oder durch Verwirkung (s Rn 41 ff) eintreten. Maßgebend ist der Zeitpunkt des Zugangs der Verzichterklärung bzw der Erkennbarkeit der Verwirkungvoraussetzungen.

38 **bb) Anderweitige Erledigung.** Die Hemmung endet 6 Monate nach der anderweitigen Erledigung des VA. Hierunter ist **jede Form der Beendigung der Wirksamkeit** (§ 43) des VA zu verstehen. Anders als nach Abs 1 S 2 aF differenziert die Neufassung der Vorschrift nicht mehr nach unterschiedlichen Arten der Erledigung. So galt früher die Aufhebung des VA im Rechtsbehelfsverfahren nicht als anderweitige Erledigung iS des Abs 1 S 2 aF; vielmehr wurde dieser Fall nach Abs 1 S 3 aF behandelt, wonach § 212 Abs 2 BGB aF gelten sollte, der für den Fall der Aufhebung die 6-Monatsfrist enthielt.[66] Die Neurege-

---

[64] Knack/Henneke 13; für das frühere Recht VGH München BayVBl 1981, 241.

[65] Mit der anderweitigen Erledigung entfällt der Suspensiveffekt mit allen seinen Wirkungen.

[66] So auch Begr 76; im selben Sinn für das bish Recht München BayVBl 1981, 241; Lüneburg DVBl 1970, 419; StBS 49; MB 5, 8; WBSK I § 37 Rn 23: wird die Geltendma-

lung in Abs 1 S 2 ändert die Rechtslage für den Fall der Aufhebung des VA nicht. Die Behörde hat vielmehr nach Abs 1 S 2 nun jeweils 6 Monate nach der Aufhebung des VA durch Widerruf, Rücknahme oder im Rechtsbehelfsverfahren Zeit, um einen neuen VA zu erlassen, mit dem die Hemmungswirkung nach Abs 1 S 1 erneut ausgelöst wird.

VI. Dauer der Verjährung nach Unanfechtbarkeit (Abs 2)

1. Grundsatz. Abs 2 S 1 stellt im Hinblick auf Verjährungsfristen die Festset- 39
zung bzw Feststellung eines Anspruchs nach Abs 1 durch einen unanfechtbar gewordenen VA der Feststellung durch rechtskräftiges Urteil (vgl § 197 Abs 1 Nr 3 BGB) gleich. Damit gilt für die Verjährung nach Festsetzung durch einen VA ohne Rücksicht auf eine sonst für den materiellen Anspruch selbst geltende Verjährungsfrist grundsätzlich eine Verjährungsfrist von 30 Jahren. Die Regelung gilt nicht nur für Zahlungsansprüche, sondern **für sämtliche der Verjährung unterliegende Ansprüche.** Die 30-Jahre-Frist beginnt mit dem Zeitpunkt, in dem der VA für den jeweiligen Schuldner unanfechtbar wird (Knack/Henneke 14). Zum **Begriff der Unanfechtbarkeit** vgl oben Rn 37. Entspr § 197 Abs 1 Nr 4 BGB stehen einem unanfechtbaren VA auch mit sofortiger Vollstreckbarkeit gem § 61 ausgestattete **Vergleichsverträge** iS von § 55 gleich, mit denen ein Streit über einen Festsetzungs- oder Leistungsbescheid usw gem § 53 Abs 1 S 1 beendet wurde (Knack/Henneke 15); darüber hinaus aber auch alle sonstigen schriftlich (vgl § 57) abgeschlossenen und damit den in § 218 Abs 1 S 2 genannten Urkunden gleichzustellenden (str) verwaltungsrechtlichen Verträge iS von §§ 54 ff mit **Unterwerfungsklausel** hins des in Frage stehenden Anspruchs gem § 61 (Knack/Henneke 15).

2. Kürzere Verjährungsfrist nach Abs 2 S 2. Für Ansprüche auf künftig 40
fällig werdende regelmäßig wiederkehrende Leistungen verbleibt es nach Abs 2 S 2 bei den durch Gesetz bestimmten kürzeren Verjährungsfristen. Ausgenommen von der 30-Jahresfrist sind insoweit nur die erst künftig fällig werdenden **Leistungen.** Dies gilt auch dann, wenn der VA nur für einen bestimmten Leistungszeitraum (zB für 2 Jahre) gilt. Wird also in einem Gebührenbescheid eine Gebühr in Höhe von 100 Euro monatlich für einen Zeitraum von 2 Jahren festgesetzt, so gilt die Verjährungsfrist von 30 Jahren nur für diejenigen monatlichen Gebühren, die im Zeitpunkt des Erlasses des VA bereits fällig waren. Im Übrigen verbleibt es bei der idR kürzeren abgabenrechtlichen Verjährungsfrist. Diese Regelungen gelten vorbehaltlich spezieller Bestimmungen im jeweiligen Rechtsbereich.

VII. Die Verwirkung

1. Das Rechtsinstitut der Verwirkung. Auch im öffentlichen Recht kön- 41
nen Ansprüche und Rechte vom Inhaber verwirkt werden mit der Folge, dass sie nicht mehr ausgeübt werden können.[67] Bei Vorliegen der Voraussetzungen tritt diese **Wirkung automatisch** ein. Anders als bei der Verjährung bedarf es also nicht der einredeweisen Geltendmachung der Verwirkung. Der Inhaber des verwirkten Rechts steht vielmehr ebenso, als sei das verwirkte Recht erloschen.[68] Die Verwirkung als Rechtsinstitut ist positivrechtlich nicht geregelt. Sie

---

chung mit Wirkung ex nunc zurückgenommen oder aufgehoben, so hat sie keine Unterbrechung bewirkt.

[67] BVerwGE 102, 33; BVerwG, B v 29.10.2008, 2 B 22/08, juris; StBS 21; Knack/Henneke vor § 53 Rn 7; Obermayer 7.

[68] De Wall, Die Anwendbarkeit privatrechtlicher Vorschriften im Verwaltungsrecht, 1999, 259.

wird hergeleitet aus dem auch im öffentlichen Recht geltenden **Grundsatz von Treu und Glauben.**[69] Danach kann die Zulässigkeit einer Verfahrenshandlung, die Geltendmachung einer Befugnis oder eines Rechts ausgeschlossen sein, wenn der Inhaber die Geltendmachung entgegen Treu und Glauben **(Umstandselement)** in illoyaler Weise über längere Zeit **(Zeitelement)** hinaus verzögert hat, obwohl er wusste bzw damit rechnen musste, dass der Schuldner bzw Verpflichtete darauf vertrauen würde, dass von der Befugnis bzw dem Recht kein Gebrauch mehr gemacht werde, und sich darauf eingerichtet hat.[70] Insoweit kann ein treuwidrig widersprüchliches Verhalten des Rechtsinhabers als Grundlage der Verwirkung angesehen werden.[71]

42 **2. Anwendungsbereich. a) Ansprüche, Rechte und Befugnisse.** Die Verwirkung kann sich je nach den Umständen auf Ansprüche, sonstige materiellrechtliche Befugnisse und Rechte oder auf Verfahrensrechte, etwa die Zulässigkeit eines Antrags oder einer einzelnen Verfahrenshandlung, beziehen.[72] Dies gilt nicht nur für Ansprüche und Rechte des Bürgers und für Leistungen im Bereich der Leistungsverwaltung, sondern auch für Ansprüche der öffentlichen Hand gegenüber dem Bürger, nicht jedoch für unverzichtbare Befugnisse und Rechte (s unten Rn 44). Verwirkt werden kann ein Recht oder eine Befugnis grundsätzlich **erst, nachdem es entstanden** ist;[73] der auch im öffentlichen Recht geltende Grundsatz von Treu und Glauben kann im Einzelfall uU aber auch schon das Entstehen eines Rechts oder einer Befugnis hindern (BVerwGE 48, 247; OVG Münster NVwZ 1990, 435).

43 **b) Rechte öffentlicher und privater Rechtsträger.** Die Verwirkung kann Ansprüche, Rechte und Befugnisse nicht nur privater Rechtsträger betreffen, sondern auch Rechte öffentlicher Rechtsträger. Der Bürger kann nicht nur den Anspruch auf Erlass eines VA oder auf eine bestimmte Leistung der Behörde verwirken, sondern auch etwa das subjektive Recht auf ermessensfehlerfreie Entscheidung über einen VA. Auch die Behörde kann nicht nur Leistungsansprüche gegenüber dem Bürger verwirken, sondern auch zB die Befugnis zum Erlass eines VA (vgl OVG Münster NVwZ-RR 1990, 435). Grenzen für die Anwendbarkeit des Instituts der Verwirkung ergeben sich deshalb nicht aus der Qualität des Inhabers, sondern aus der Qualität des in Frage kommenden Rechts bzw der Befugnis. Sie muss verzichtbar sein.

44 **c) Verzichtbarkeit.** Ein Recht kann nur verwirkt werden, wenn und soweit es zur Disposition des jeweiligen Inhabers steht. Hier ist wie beim Verzicht (s unten Rn 50) zwischen verfahrensrechtlichen und materiellrechtlichen Position zu unterscheiden. Hinsichtlich unverzichtbarer Rechte und Befugnisse und in Bereichen, in denen dem öffentlichen Interesse besonderes Gewicht zukommt, ist eine Verwirkung idR nicht möglich.[74] Dies gilt vor allem für im öffentlichen

---

[69] Zur Verwirkung von Nachbarwidersprüchen grundlegend BVerwGE 44, 294; BVerwG ZOV 2011, 222; NVwZ-RR 2004, 314; Kopp/Schenke § 58 Rn 17; Dolde in Schoch § 70 Rn 20.

[70] BVerwGE 48, 247; 69, 237; BVerwG NVwZ 2002, 718; 1998, 289; 1993, 1102; BFH NVwZ 1987, 631; OVG Münster NVwZ-RR 1990, 435; VGH München BayVBl 1982, 722; WBSK I § 37 Rn 16 ff; StBS 23; Kopp 269.

[71] BVerwG NVwZ-RR 1999, 454; OVG Münster NVwZ-RR 1999, 540; BGH NVwZ-RR 1990, 521.

[72] BVerwGE 32, 308; 44, 294; 44, 343; BVerwG NVwZ 1988, 730; DVBl 1990, 1185; BVerfG 32, 308; BGHZ 43, 292; VGH München BayVBl 1982, 727; WBSK I § 37 Rn 18.

[73] BVerwGE 48, 250 = NJW 1975, 221; OVG Münster NVwZ 1990, 435; Dolde in Schoch § 70 Rn 20.

[74] BVerwGE 83, 384, 387; 76, 176; BVerwG NVwZ 1998, 289; OVG Berlin JR 1970, 476; WBSK I § 37 Rn 18; zweifelnd StBS 26 f; Obermayer 7 (nur vermögensrechtliche Ansprüche); vgl auch zur ähnlichen Rechtslage bei der Verjährung oben Rn 15.

Interesse verliehene Befugnisse und Rechte, die der Wahrung und dem Schutz wichtiger Gemeinschaftsgüter oder unverzichtbarer Rechte dienen, wenn durch Gesetz nichts anderes bestimmt ist,[75] etwa im **Recht der Gefahrenabwehr,** insb im Polizei- und Sicherheitsrecht, außerdem auch im beamtenrechtlichen **Disziplinarrecht** (BVerwG NJW 1985, 215). Die Verwirkung von Eingriffsbefugnissen kann im Übrigen grundsätzlich nicht weiter gehen als ein ausdrücklicher Verzicht (s unten Rn 50) und eine Zusicherung des Unterlassens nach § 38[76] (zT **aA** StBS 27, 31, 40).

3. Voraussetzungen der Verwirkung. Ob eine Befugnis oder ein Recht verwirkt ist und die Ausübung bzw Geltendmachung deshalb unzulässig geworden ist, kann immer nur angesichts der besonderen Umstände des konkreten Falles beurteilt werden.[77] Erforderlich ist neben der Rechtsmissbräuchlichkeit das Verhaltens (Umstandselement) auch das Verstreichen eines längeren Zeitraumes (Zeitelement),[78] sofern die Illoyalität des Verhaltens nicht gerade darin besteht, dass trotz der bekannten oder offensichtlichen Dringlichkeit einer Angelegenheit die „Gegenseite" im Glauben gelassen wird, dass von der Befugnis bzw dem Recht kein Gebrauch (mehr) gemacht wird. 45

a) Umstandselement. Voraussetzung für eine Verwirkung ist, dass der Pflichtige aufgrund des vom Inhaber des Rechts gezeigten Verhaltens unter Berücksichtigung der Gesamtumstände nach Treu und Glauben die berechtigte Erwartung hegen darf, von dem Recht, der Befugnis usw werde kein Gebrauch mehr gemacht werden. Dieser Eindruck kann nicht nur durch Erklärungen, sondern auch durch ein bestimmtes sonstiges Verhalten erweckt werden. Bloßes Untätigbleiben des Inhabers reicht nicht aus, sofern keine Pflicht zum Handeln, also zur Ausübung des Rechts bzw der Befugnis oder zur Klarstellung der Verhältnisse, bestanden hat. Eine solche Pflicht kann nicht nur aus vertraglichen oder gesetzlichen Beziehungen, sondern auch aus einer besonderen sozialen oder sonstigen Beziehung erwachsen. Auch das öffentliche Interesse an der Erhaltung des Rechtsfriedens kann ggf ein besonderer Umstand sein, der die Geltendmachung eines Anspruchs nach längerer Zeit als unzulässig erscheinen lassen kann.[79] 46

b) Zeitelement. Die Erwartung, der Inhaber des Rechts werde das Recht auf Dauer nicht mehr geltend machen, muss beim Betroffenen **über einen längeren Zeitraum** entstanden sein und angedauert haben. Insoweit verlangt das Institut der Verwirkung im Grundsatz die **Nachhaltigkeit** des vom Inhaber des Rechts hervorgerufenen Eindrucks, von dem Recht werde kein Gebrauch mehr gemacht werden. Es ist nicht möglich, insoweit bestimmte allgemeine Zeitspannen anzugeben, die bis zum Eintritt der Verwirkung abgewartet werden müssen. Vielmehr kommt es für die Nachhaltigkeit der Verhaltenserwartung auf die gesamten Umstände an, auf die Bedeutung des Rechts bzw der Befugnis ebenso wie auf die Art und Weise, in der der Rechtsinhaber den Eindruck hervorgerufen hat, er werde von dem Recht keinen Gebrauch mehr machen (Umstands- 47

---

[75] Vgl BSG 122, 177 = NJW 1965, 1502; BGH NJW 1981, 123; VG Stuttgart NVwZ 1982, 578.

[76] Offen gelassen von VGH Mannheim NVwZ 2008, 696.

[77] BVerwGE 44, 294, 343; 69, 237; VGH München BayVBl 1982, 722; WBSK I § 37 Rn 18.

[78] BVerwGE 88, 210 = NVwZ 1991, 886; 44, 294, 343; 69, 237: Verwirkung des Widerspruchsrechts des Nachbarn innerhalb eines Jahres nach Möglichkeit der Kenntnisnahme von der Baugenehmigung.

[79] BVerfG 32, 309; VGH München BayVBl 1982, 727, vgl aber BFH NVwZ 1987, 631: hat das Finanzamt die Steuer bereits festgesetzt und legt der Steuerschuldner dagegen Einspruch ein, so darf er allein aus dem Umstand, dass der Einspruch über 9 3/4 Jahre unbearbeitet geblieben ist, nicht schließen, das Finanzamt habe den geltend gemachten Steueranspruch aufgegeben.

element). Für bestimmte Rechtsbereiche wie zB das Baunachbarrecht haben sich insoweit allerdings einigermaßen feste handhabbare Regeln entwickelt (s unten Rn 49).

48 **c) Enttäuschtes Vertrauen.** Grundsätzlich hat die Verwirkung zur Voraussetzung, dass der Bürger bzw die Behörde, der (die) sich darauf beruft bzw zu dessen (deren) Gunsten sie wirkt, auf das in Frage stehende Verhalten, die Nicht-Ausübung eines Rechts oder einer Befugnis tatsächlich vertraut hat.[80] Hiervon wird allerdings mangels anderweitiger Anhaltspunkte bei Vorliegen der Voraussetzungen einer Verwirkung idR auszugehen sein. Nicht erforderlich, wohl aber im Rahmen des Erfordernisses, ob ein VA, eine Maßnahme usw für die „Gegenseite" zumutbar ist, ist zu berücksichtigen, dass der Begünstigte sich in seinen Maßnahmen und Vorkehrungen darauf eingerichtet hat.[81]

49 **4. Einzelfälle.** Für den Bereich des **Baunachbarrechts** haben sich inzwischen feste Regeln über die Verwirkung herausgebildet. So muss im Baunachbarrecht der Nachbar mindestens **innerhalb eines Jahres nach Beginn der Bauarbeiten** Widerspruch gegen eine Baugenehmigung erheben, wenn er der Verwirkung seines Widerspruchsrechts entgehen will.[82] Aus dem nachbarlichen Gemeinschaftsverhältnis wird geschlossen, dass ihn insoweit eine Pflicht zum Tätigwerden trifft. Das bedeutet, dass die Verwirkung auch bei schlichtem Untätigbleiben eingreift. Voraussetzung ist, dass die Bauarbeiten auf dem Nachbargrundstück die Annahme rechtfertigen, dass eine Baugenehmigung erteilt worden ist. Ob und inwieweit dies auf andere Genehmigungen übertragbar ist, erscheint zweifelhaft, da die Verwirkung auf das nachbarliche Gemeinschaftsverhältnis gestützt wird (offengelassen in BVerwG NVwZ 1997, 994, 997). Inwieweit die Verwirkung auch dem **Rechtsnachfolger** gegenüber gilt, ist Sache des materiellen Rechts.[83] Ob eine Verwirkung auch im Falle **kollusiven Zusammenwirkens** angenommen werden kann (so wohl VG Meiningen, Urt v 18.2.2009, 5 K 36/07), erscheint sehr zweifelhaft.

VIII. Der Verzicht

50 **1. Allgemeines.** Die Rechtsfigur des Verzichts ist der Verwirkung nahe verwandt. Der Inhaber eines Rechts, einer Befugnis usw verliert mit der Erklärung des Verzichts die Möglichkeit, das Recht bzw die Befugnis auszuüben. Zu unterscheiden sind der **Verzicht auf ein Verfahrensrecht,** zB auf einen Antrag, einen Widerspruch oder einen sonstigen Rechtsbehelf, und der **Verzicht auf ein materielles Recht,** der sich nur auf verzichtbare Rechte beziehen kann. In beiden Fällen führt der wirksame Verzicht **unmittelbar zum Verlust** des betroffenen materiellen Rechts oder der verfahrensrechtlichen Befugnis,[84] der von der Gegenseite jeweils nicht einredeweise geltend gemacht werden muss, sondern von Amts wegen zu berücksichtigen ist. Anders als bei der Verwirkung, die ihre Grundlage im Grundsatz von Treu und Glauben findet, beruht der Verzicht auf der Rechtsmacht des Verzichtenden. Deshalb setzt er eine wirksame auf den Verzicht gerichtete wirksame Willenserklärung voraus. Es handelt sich um eine **einseitige empfangsbedürftige Willenserklärung,** die erst durch Zugang

---

80 BVerwG NVwZ 2002, 718, 722 mwN; OVG Münster NVwZ-RR 1990, 435.

81 BVerwG NVwZ 2002, 718; offen OVG Münster NVwZ-RR 1990, 435 mwN; vgl auch BVerwGE 44, 339; BFH NVwZ 1987, 631; VGH Mannheim VBlBW 1988, 145; Schmid KStZ 1980, 42; Blümel VerwArch 1983, 153.

82 Grundlegend BVerwGE 44, 298; st Rspr, vgl BVerwGE 78, 85, 89; zweifelhaft ist die Anwendung dieser Grundsätze auf Fälle ohne Rücksicht auf räumliche Nähe.

83 Für die Verwirkung von Baunachbarrechten wird dies idR angenommen, vgl Pietzner/Ronellenfitsch § 33 Rn 12; FKS 17.

84 VGH Kassel NVwZ-RR 1995, 495; StBS 29.

(§ 130 BGB) wirksam wird.[85] S zu den Erfordernissen eines wirksamen Zugangs näher § 41 Rn 80ff).

Als Rechtsinstitut ist der Verzicht nur an wenigen Stellen im Fachrecht geregelt.[86] Sofern keine besonderen Regelungen bestehen, gelten die allgemeinen Grundsätze des Verwaltungsrechts und entsprechend die Regelungen des BGB. Hierzu gehört, dass sich der Inhaber eines verzichtbaren Rechts oder einer verfahrensrechtlichen Befugnis auch zu einem Verzicht vertraglich verpflichten kann. Soweit sich der Verzicht auf Befugnisse in einem Verwaltungsverfahren bezieht, wird ein öffentlich-rechtlicher Vertrag vorliegen, auf den die §§ 54ff aber nur dann zur Anwendung kommen, wenn der Vertrag mit einer Behörde geschlossen wird. Zur vertraglichen Vereinbarung eines Verzichts auf Widerspruch oder Klage s näher § 54 Rn 7, 20. Der wirksame Verzicht entfaltet idR mit Zugang Bindungswirkung. Der Verzicht ist also grundsätzlich von diesem Zeitpunkt an **unwiderruflich.**[87] Im Übrigen kommen die allgemeinen Vorschriften über die Wirksamkeit von Willenserklärungen der §§ 104ff BGH entsprechend zur Anwendung. Deshalb ist eine **Anfechtung wegen Irrtums** entspr § 119 BGB oder **wegen Täuschung und Drohung** (§ 123 BGB) zulässig. 51

2. Verzicht des Bürgers auf Verfahrensrechte. Auf konkrete verfahrensrechtliche Rechtspositionen kann der Bürger grundsätzlich verzichten. Dies gilt insbesondere für den Verzicht auf ein Widerspruchsrecht.[88] Da er in einer konkreten verfahrensrechtlichen Situation vor der Frage steht, ob er von einem Verfahrensrecht Gebrauch machen soll oder nicht, bedeutet der Verzicht lediglich die bindende Entscheidung, die verfahrensrechtliche Befugnis nicht (weiter) geltend zu machen. Das betrifft Antragsrechte und das Recht, Widerspruch zu erheben oder von sonstigen Rechtsmitteln Gebrauch zu machen, zB Klage zu erheben. Da der Bürger grundsätzlich nicht verpflichtet ist, von den ihm eingeräumten verfahrensrechtlichen Befugnissen Gebrauch zu machen, besteht auch die Möglichkeit, förmlich auf sie zu verzichten. Die Rücknahme eines Widerspruchs bedeutet nicht den Verzicht auf das Widerspruchsrecht (Kopp/Schenke § 69 Rn 11). 52

a) Voraussetzungen. Das aktuelle **Bestehen des Verfahrensrechts** ist grundsätzlich Voraussetzung. Erst wenn sie bereits entstanden sind, besteht eine verfahrensrechtliche Situation, die den Verzicht als Verfahrenshandlung erscheinen lässt.[89] Soweit ein Verzicht auf einen Rechtsbehelf im Voraus erklärt wird, kann es sich der Sache nach um den Verzicht auf eine (vorgestellte) materielle Rechtsposition handeln, die indessen nur unter den besonderen Voraussetzungen des Verzichts auf ein materielles subjektives Recht zulässig ist und dem uU auch ein Verzichtsverbot entgegensteht (zB § 2 Abs 3 BBesG). Gleiches gilt für Antragsrechte, die sich nicht auf ein konkretes Verfahren beziehen, sondern auf die künftige antragsweise Geltendmachung eines subjektiven Rechts allgemein; auch hier ist die Wirksamkeit des Verzichts an dieselben Anforderungen geknüpft wie bei einem Verzicht auf das materielle Recht, welches mit dem Antrag geltend gemacht werden soll. Insbesondere ist dann die Verzichtbarkeit des Rechts zu verlangen (s oben 36). 53

b) Wirkungen. Hat der Bürger wirksam auf ein Verfahrensrecht verzichtet, kann er die Verfahrenshandlung nicht mehr wirksam vornehmen. Der Verzicht 54

---

[85] VGH Kassel NVwZ-RR 1995, 496.

[86] S zB § 46 SGB I für Sozialleistungen, § 26 StAngG für die Staatsangehörigkeit.

[87] BVerwG NVwZ-RR 2013, 304 für Verzicht auf Betriebsgenehmigung eines Steinkohlekraftwerks.

[88] Dolde in Schoch § 69 Rn 7ff.

[89] Deshalb kann zB auf den Widerspruch nicht vor Erlass des VA verzichtet werden, vgl BVerwGE 55, 357; Kopp/Schenke § 69 Rn 11; Dolde in Schoch § 69 Rn 8.

führt zur **Unzulässigkeit der Rechtshandlung.**[90] Ein gegen den Verzicht eingelegter Widerspruch ist zB unzulässig. Ist die Verfahrenshandlung bereits vor Erklärung des Verzichts vorgenommen worden, so wird sie nachträglich durch den Verzicht unzulässig. Die Behörde wird sie als unzulässig abzulehnen, sofern der Verzichtende sie nicht zurücknimmt. Hat also zB der Adressat eines VA der Behörde gegenüber auf die Durchführung eines Widerspruchsverfahrens verzichtet, so ist ein gleichwohl erhobener Widerspruch unzulässig (s auch § 79 Rn 33). Privaten Dritten gegenüber kann dagegen nicht auf Verfahrensrechte wirksam verzichtet werden, soweit der Dritte nicht zugleich als Bote den Zugang bei der Behörde vermitteln soll. Privaten Dritten gegenüber kommt nur ein materieller Verzicht in Betracht (s Rn 55).

55 **3. Verzicht des Bürgers auf materielle Rechte.** Für die Zulässigkeit eines Verzichts auf materielle Rechte gelten nicht dieselben Grundsätze wie für den Verzicht auf Verfahrensbefugnisse, der sich stets auf eine für den Verzichtenden überschaubare aktuelle Verfahrenssituation bezieht. Der Verzicht auf materielle Rechte kann dagegen auf unabsehbare Zeit wirken und den Bürger damit ungleich schwerer treffen. Außerdem liegt die Einhaltung des materiellen Rechts auch im öffentlichen Interesse. Vor allem deshalb hängt die Zulässigkeit des Verzicht auf materielle Rechte davon ab, **ob das betroffene Recht verzichtbar** ist (vgl Verzichtsverbot in § 2 Abs 3 BBesG). Dies ist eine Frage des materiellen Rechts (vgl zB § 63 Abs 6 TKG), insbesondere auch des Verfassungsrechts. Nach allg Auffassung verzichtbar sind subjektive öffentliche Rechte des Nachbarn in Bezug auf bauliche Anlagen auf dem Baugrundstück. Ein solcher Verzicht heilt keine Verstöße gegen das materielle Recht, sondern schließt letztlich nur die Klagemöglichkeiten der Nachbarn aus.

56 **4. Verzicht der Behörde auf Eingriffsrechte.** Zweifelhaft ist, ob und inwieweit eine Behörde dem Bürger gegenüber auf den Erlass von belastenden VA verzichten kann. Insoweit bestehen im Fachrecht nur sehr selten besondere Vorschriften.[91] Im übrigen gelten die allgemeinen Grundsätze des Verwaltungsrechts. Danach entspricht der Verzicht auf den Erlass von VAen gegenüber einem Bürger der Zusicherung, ihm gegenüber einen VA nicht zu erlassen. Eine solche Zusicherung ist nur unter den Voraussetzungen des § 38 zulässig (s hierzu näher § 38 Rn 21 ff). Da die Zusicherung nach hM als VA anzusehen ist, kann eine solche Zusicherung unter den Voraussetzungen der §§ 48, 49 zurückgenommen bzw widerrufen werden. Weitergehende Verzichtserklärungen der Behörde sind nicht zulässig. Denkbar ist insoweit lediglich, dass sich die Behörde in einem Verwaltungsvertrag dazu verpflichtet, von bestimmten Ermächtigungsgrundlagen unter bestimmten Voraussetzungen keinen Gebrauch zu machen. Ein solcher Vertrag ist an den Voraussetzungen der §§ 54 ff zu messen, insbesondere an § 59.

IX. Unzulässige Rechtsausübung

57 **1. Allgemeines.** Ebenso wie die Verwirkung ist der Einwand der unzulässigen Rechtsausübung eine Ausprägung des Grundsatzes von **Treu und Glauben**, der auch im Verwaltungsrecht Geltung beanspruchen kann.[92] Der Einwand ist **von Amts wegen** zu berücksichtigen.[93] Anders als die Verwirkung setzt der Einwand der unzulässigen Rechtsausübung kein besonderes Verhalten des Anspruchsinhabers voraus, das die Geltendmachung des Anspruchs als treuwidrig erscheinen lässt (s hierzu oben Rn 46). Die Rspr hat hierzu Fallgruppen gebildet

[90] Kopp/Schenke § 69 Rn 11; Dolde in Schoch § 69 Rn 10.
[91] ZB nach § 135 BauGB für Erschleßungsbeiträge.
[92] BVerwGE 136, 126; 111, 162, 172; BVerwG NVwZ 2014, 1671, 1674 mwN.
[93] So ausdrücklich BVerwG NVwZ 2014, 1671, 1674.

und legt bei der Anerkennung des Einwands strenge Maßstäbe an. Teilweise wird bei Zeitabläufen auf die Wertungen der allgemeinen Verjährungsvorschriften abgestellt.

2. Einzelfälle. Die Rspr nimmt an, dass die in Abs 2 zum Ausdruck kom- 58
mende Wertung des Gesetzgebers, die Durchsetzbarkeit von Ansprüchen öffentlich-rechtlicher Rechtsträger auf die längste im Zivilrecht vorgesehene Verjährungsfrist zu beschränken, zur Ausfüllung des Treuwidrigkeitstatbestandes herangezogen werden könne. Hieraus soll folgen, dass die Erhebung sanierungsrechtlicher Ausgleichsbeträge jedenfalls dann ausgeschlossen ist, wenn seit dem Entstehen der Vorteilslage mehr als 30 Jahre vergangen sind. Allerdings könne der Zeitraum auch kürzer sein.[94]

[94] BVerwG NVwZ 2014, 1671 für den Fall der Geltendmachung eines sanierungsrechtlichen Ausgleichsbetrages viele Jahre nach Aufhebung der Sanierungssatzung.

Teil IV. Öffentlich-rechtlicher Vertrag

§ 54 Zulässigkeit des öffentlich-rechtlichen Vertrags

Ein Rechtsverhältnis auf dem Gebiet des öffentlichen Rechts[27] kann durch Vertrag[18] begründet, geändert oder aufgehoben werden (öffentlich-rechtlicher Vertrag), soweit Rechtsvorschriften nicht entgegenstehen.[41] Insbesondere kann die Behörde, anstatt einen Verwaltungsakt zu erlassen, einen öffentlich-rechtlichen Vertrag mit demjenigen schließen, an den sie sonst den Verwaltungsakt richten würde.[48]

Parallelvorschriften: § 53 SGB X

Schrifttum: Historische Entwicklung: *Apelt,* Der verwaltungsrechtliche Vertrag, 1920; *ders,* Der verwaltungsrechtliche Vertrag, AöR 1959, 209; *Bauer,* Verwaltungsverträge, in Grundlagen Bd II, § 36; *Bullinger,* Vertrag und Verwaltungsakt, 1962; *ders,* Zur Notwendigkeit funktionalen Umdenkens des öffentlichen und privaten Vertragsrechts im leistungsintensiven Gemeinwesen, Peters-GedS 1967, 667; *Glaser,* Die Entwicklung des Europäischen Verwaltungsrects aus der Perspektive der Handlungsformenlehre, 2013; *Haueisen,* Zur Zulässigkeit, Wirksamkeit und Nichtigkeit des öffentlich-rechtlichen Vertrages, NJW 1969, 122; *Imboden,* Der verwaltungsrechtliche Vertrag, 1958; *Martens,* Normenvollzug durch VA und Verwaltungsvertrag, AöR 1964, 429; *Otto Mayer,* Zur Lehre vom öffentlich-rechtlichen Vertrag, AöR 1888, 3; *Redeker,* Die Regelung des öffentlich-rechtlichen Verwaltungsvertrages im Musterentwurf, DÖV 1966, 545; *Rupp,* Zum Anwendungsbereich des verwaltungsrechtlichen Vertrages, JuS 1961, 59; *Salzwedel,* Die Grenzen der Zulässigkeit des öffentlich-rechtlichen Vertrages, 1958; *Stern,* Zur Grundlegung einer Lehre des öffentlich-rechtlichen Vertrages, VerwArch 1958, 106; *Waechter,* Der öffentlichrechtliche Vertrag, JZ 2006, 166.

Allgemein zum öffentlich-rechtlichen Vertrag: *Bartscher,* Der Verwaltungsvertrag in der Behördenpraxis, 1997; *Bauer,* Verwaltungsverträge, in Grundlagen Bd II, § 36; *Becker,* Kooperative und Konsensuale Strukturen in der Normsetzung, 2005; *Berg,* Zur Durchsetzbarkeit einer öffentlich-rechtlich vereinbarten Vertragsstrafe – BVerwGE 98, 58, JuS 1997, 888; *Bullinger,* Leistungsstörungen beim öffentlich-rechtlichen Vertrag, DÖV 1977, 812; *Clemens,* Öffentlich-rechtliche Verträge zwischen Privaten?, Vw 1979, 380; *Christmann,* Der öffentlich-rechtliche Vertrag mit privaten Dritten im Lichte der Schuldrechtsreform, 2009; *Degenhart,* Faktische Vertragsverhältnisse im Verwaltungsrecht, AöR 1978, 163; *Fluck,* Die Erfüllung des öffentlich-rechtlichen Verpflichtungsvertrages durch VA, 1985; *Franke,* Der gerichtliche Vergleich im Verwaltungsprozeß, 1995; *Friehe,* Die Klage auf Abschluß eines subordinationsrechtlichen Verwaltungsvertrages, JZ 1980, 516; *Gern,* Zur Möglichkeit öffentlich-rechtlicher Verträge zwischen Privaten, NJW 1979, 694; *Göldner,* Gesetzmäßigkeit und Vertragsfreiheit im Verwaltungsrecht, JZ 1976, 352; *Grziwotz,* Vertragsgestaltung im öffentlichen Recht 2002; *Gündling,* Modernisiertes Privatrecht und öffentliches Recht, 2006; *Gurlit,* Verwaltungsvertrag und Gesetz, 2000; *Hellriegel,* Wirksamkeit drittbelastender öffentlich-rechtlicher Verträge ohne Zustimmung des Dritten, DVBl 2007, 1211; *Hill* (Hg), Verwaltungshandeln durch Verträge und Absprachen, 1990; *Kaminiski,* Die Kündigung von Verwaltungsverträgen, 2005; *Kasten/Rapsch,* Der öffentlich-rechtliche Vertrag zwischen Privaten – Phänomen oder Phantom?, NVwZ 1986, 708; *Koch,* Die Vertragsstrafe im öffentlichen Recht am Beispiel von Ausbildungsförderungsverträgen, DÖV 1998, 141; *Kupfer,* Eingemeindungsverträge – Bremsklotz oder tragfähige Basis gemeindlicher Entwicklung?, VBlBW 2006, 41; *Lange,* Die Abgrenzung des öffentlichrechtlichen Vertrages vom privatrechtlichen Vertrag, NVwZ 1983, 313; *Maurer/Bartscher,* Die Praxis des Verwaltungsvertrags im Spiegel der Rspr, 2. Aufl 1997; *Meyer,* Vertragsstrafe und Unterwerfungserklärung im öffentlichen Recht, JZ 1996, 78; *Neumann,* Dogmatische und prinzipiengeleitete Argumente bei der Abgrenzung von Verwaltungsverträgen, DÖV 1992, 154; *Oebbecke,* Die staatliche Mitwirkung an gesetzesabwendenden Vereinbarungen, DVBl 1986, 793; *Pitschas,* Verfassungsrechtliche Grundlagen und Grenzen der vertraglichen Konkretisierung von Rechtsnormen im Sozialrecht, in: Die Gesundheitsreform 2007 als Herausforderung, 2009, 223; *Reimer,* Mehrseitige Verwaltungsverträge, VerwArch 2003, 543; *Ruttloff,* Der verwaltungsrechtliche Vertrag und das Recht der Allgemeinen Geschäftsbedingungen,

DVBl 2013, 1415; *Scherer,* Rechtsprobleme normersetzender Absprachen zwischen Staat und Wirtschaft am Beispiel des Umweltrechts, DÖV 1991, 1; *Scherzberg,* Grundfragen des verwaltungsrechtlichen Vertrages, JuS 1992, 205; *Schlemminger,* Schriftformrisiken beim Abschluss öffentlich-rechtlicher Verträge, NVwZ 2009, 223; *Schlette,* Die Verwaltung als Vertragspartner, 2000; *Schmitz,* Die Verträge sollen sicherer werden – Zur Novellierung der Vorschriften über den öffentlich-rechtlichen Vertrag, DVBl 2005, 1; *Sensburg,* Der kommunale Verwaltungskontrakt, 2004; *Schoch/Wieland,* Verfassungsrechtliche Probleme sozialrechtlicher Vereinbarungen ZG 2005, 223; *U. Stelkens,* „Hinkende" Verwaltungsverträge. Wirkungen und Rechtsnatur, DÖV 2009, 850; *Warmke,* Verwaltungsabkommen in der Bundesrepublik Deutschland, Vw 1991, 455; *Waechter,* Der öffentlich-rechtliche Vertrag, JZ 2006, 166; *Weihrauch,* Verwaltungsrechtlicher Vertrag und Urkundeneinheit, VerwArch 1991, 543; *Werner,* Allgemeine Fehlerfolgenlehre für den Verwaltungsvertrag, Diss 2008; *Ziekow/Siegel,* Entwicklung und Perspektiven des Rechts des öffentlich-rechtlichen Vertrages, VerwArch 2003, 593; 2004, 133, 281.

Vereinbarungen im Abgabenrecht: *Allesch,* Zur Zulässigkeit öffentlich-rechtlicher Verträge im Kommunalabgabenrecht, DÖV 1988, 103; *Eich,* Die tatsächliche Verständigung im Steuerverfahren, 1992; *Gern,* Die Zulässigkeit der Vertragsform zur Festsetzung von Kommunalabgaben, 1979, 161; *Grziwotz,* Abgabenerhebung und Vertrag, in: FS Spiegelberger, 2009, 178; *Heun,* Die Zulässigkeit öffentlich-rechtlicher Verträge im Bereich der Kommunalabgaben, DÖV 1989, 1053; *Martens,* Vergleichsvertrag im Steuerrecht?, StuW 1986, 97; *Meyer,* Vereinbarungen im Steuerrecht, NJW 1977, 1707; *Mohr,* Austauschverträge mit Steuerbehörden, NJW 1978, 790; *Müller/Veil,* Mehrkostenvereinbarungen im Kommunalabgabenrecht, ZUR 2008, 16; *Söhn,* Steuervereinbarungen und Verfassungsrecht, FS Selmer, 2004, 911; *Sontheimer,* Der verwaltungsrechtliche Vertrag im Steuerrecht, 1987; *Tiedemann,* Der Vergleichsvertrag im kommunalen Abgabenrecht, DÖV 1996, 594; *Vogel,* Vergleich und Gesetzmäßigkeit der Verwaltung im Steuerrecht, FS Döllerer, 1988, 677.

Städtebauliche und sonstige baurechtliche Verträge: *Baars,* Die Sicherung der Erschließung von Außenbereichsvorhaben durch Abschluss eines Erschließungssicherungsvertrages, BauR 2013, 546; *Bier,* Vertrag statt Beitragsbescheid? Erschließungsvertrag und Folgekostenvertrag in der neuen abgabenrechtlichen Rechtsprechung des BVerwG, DVBl 2013, 541; *Birk,* Städtebauliche Verträge – Inhalte und Leistungsstörungen, 5. Aufl. 2013; *Brohm,* Städtebauliche Verträge zwischen Privat- und öffentlichem Recht, JZ 2000, 321; *Bunzel/Coulmas/Schmidt-Eichstädt,* Städtebauliche Verträge – Ein Handbuch, 2013; *Chatziathanasiou/Towfigh,* Die Angemessenheit der Vertragserfüllungsbürgschaft bei städtebaulichen Verträgen, DVBl 2013, 84; *Decker,* Ausgewählte examensrelevante Probleme des städtebaulichen Vertrages nach § 11 BauGB, JA 2012, 286; *Ehlers,* Die Zulässigkeit von öffentlich-rechtlichen Verträgen über die Ablösung der Stellplatz- oder Garagenbaupflicht, DVBl 1986, 529; *Grziwotz,* Vertragsgestaltung im öffentlichen Recht, 2002, 5. Teil; *ders,* Städtebauliche Verträge und AGB-Recht, NVwZ 2002, 391; *Krautzberger,* Der Beitrag der städtebaulichen Verträge zur Lösung von städtebaulichen Problemen des Lärmschutzes, UPR 2009, 213; *ders,* Der Durchführungsvertrag beim Vorhaben- und Erschließungsvertrag nach § 12 BauGB, NotBZ 2010, 241; *Krebs,* Zulässigkeit und Wirksamkeit vertraglicher Bindungen kommunaler Bauleitplanung, VerwArch 1981, 49; *Oerder,* Städtebaulicher Vertrag nach dem BauROG 1998, NVwZ 1997, 1190; *Reidt,* Bebauungsplanbegleitende städtebauliche Verträge, UPR 2008, 410; *Ruttloff,* Die Zulässigkeit von Vertragsstrafenklauseln in städtebaulichen Verträgen im Zusammenhang mit großflächigen Einzelhandelsprojekten, Diss 2012; *Spannowski,* Vertragliche Regelungen als Instrument der nachhaltigen städtebaulichen Entwicklung, DÖV 2000, 569; *Weitz,* Vorhabenbezogener Bebauungsplan und Durchführungsvertrag nach § 12 III BauGB, NVwZ 2016, 114; *Weyreuther,* Ablösungsverträge, entgegenstehende Rechtsvorschriften und gesetzliche Verbote, Reimers-FS 1979, 379; *Ziekow,* Städtebauliche Verträge zwischen Bauauftrag und Baukonzession, DVBl 2008, 137.

Umweltrechtliche Vereinbarungen, Vertragsnaturschutz: *Ahlhaus,* Verwaltungsrechtliche Verträge im Immissions- und Gewässerschutzrecht, 2010; *Di Fabio,* Vertrag statt Gesetz?, Gesetzesvertretende und gesetzesausfüllende Verwaltungsverträge im Natur- und Landschaftsschutz, DVBl 1990, 338; *Frenz,* Vertragsnaturschutz in neuem Gewand, NuR 2011, 257; *Proelß/Blanke-Kießling,* Der Verwaltungsvertrag als Handlungsform der Naturschutzverwaltung, NVwZ 2010, 985; *Quaas,* Städtebauliche Verträge zur Umsetzung der naturschutzrechtlichen Eingriffsregelung, NVwZ 1995, 840; *Salzborn,* Das umweltrechtliche Kooperationsprinzip auf unionaler Ebene, 2011; *Spannowski,* Planungsrechtliche Steuerung von Vorhaben der Erneuerbaren Energien durch Verträge, UPR 2009, 201; *Windstoßer,* Vertragsnaturschutz, 2008;

Vereinbarungen im Wirtschaftsverwaltungsrecht: *Artelt,* Verwaltungskooperationsrecht, Diss. 2009; *Bauer,* Verwaltungsrechtliche und verwaltungswissenschaftliche Aspekte der Gestaltung von Kooperationsverträgen bei PPP, DÖV 1998, 89; *Ehlers,* Zur kommunalen Wirtschaftsförderung im Wege des öffentlich-rechtlichen Vertrages mit dem Ziel des vorbeugenden Immissionsschutzes, JZ 1990, 594; *Frenz/Götzkes,* Fall Opel: Beihilfe durch einen europäischen öffentlich-rechtlichen Vertrag?, EWS 2009, 19 *Friehe,* Die Konkurrentenklage gegen einen öffentlich-rechtlichen Subventionsvertrag, DÖV 1980, 673; *Gellermann,* Verwaltungsvertragliche Subventionsverhältnisse im Spannungsfeld zwischen Beihilfekontrolle und Verwaltungsverfahrensrecht, DVBl 2003, 481; *Giacomini,* Verwaltungsrechtlicher Vertrag und Verfügung im Subventionsverhältnis Staat – Privater, 1992; *Henke,* Subventionsrecht und Wirtschaftsförderung, in Hill (Hg), Verwaltungshandeln durch Verträge und Absprachen, 1990, 115; *Klindt,* Öffentlich-rechtliche Verträge zwischen Unternehmen und Behörden als Instrument der Marktüberwachung, NVwZ 2003, 307; *Knuth,* Konkurrentenklage gegen einen öffentlich-rechtlichen Subventionsvertrag, JuS 1986, 523; *Köpp,* Normvermeidende Absprachen zwischen Staat und Wirtschaft, 2001; *Menger,* Zu den Handlungsformen bei der Vergabe von Subventionen, VerwArch 1978, 93; *Michael,* Selbstverpflichtungen der Wirtschaft und Absprachen mit dem Staat, Vw 2004, 557; *Odeskog,* Verwaltungsvertrag und VA als Instrumente der Subventionsvergabe, 2013; *Scherer,* Rechtsprobleme normsetzender Absprachen zwischen Staat und Wirtschaft am Beispiel des Umweltrechts, DÖV 1991, 1; *Schneider,* Vertragliche Subventionsverhältnisse im Spannungsfeld zwischen europäischem Beihilferecht und Verwaltungsrecht, NJW 1992, 1197; *Spannowsky,* Planungsrechtliche Steuerung von Vorhaben der Erneuerbaren Energie durch Verträge, UPR 2009, 201.

Kooperationsrechtliche Verträge: *Artelt,* Verwaltungskooperationsrecht, Diss. 2009; *Bauer,* Verwaltungsrechtliche und verwaltungswissenschaftliche Aspekte der Gestaltung von Kooperationsverträgen bei Public-Private-Partnership, DÖV 1998, 89; *Bonk,* Die Fortentwicklung des öffentlich-rechtlichen Vertrages unter besonderer Berücksichtigung der Public Private Partnership, DVBl 2004, 141; *Bornheim,* Public Privat Partnership – Praxisprobleme aus rechtlicher Sicht, BauR 2009, 567; *Eifert,* Die rechtliche Sicherung öffentlicher Interessen in Public Private Partnerships, VerwArch 2002, 561; *Findeisen/Backhaus,* Vertragliche Vergütungsmechanismen bei PPP-Projekten, NWVBl 2007, 93; *Franckenstein,* Public Private Partnership in der Bauleitplanung, UPR 2000, 288; *Gas,* Die gesetzliche Normierung des öffentlich-privaten Kooperationsvertrags, Vw 2012, 43; *Kunkel/Weigelt,* Anwendbarkeit des Rechts der AGB auf ÖPP, NJW 2007, 2433; *Lämmerzahl,* Die Beteiligung Privater an der Erledigung öffentlicher Aufgaben, Diss 2007; *Manz,* Die Normierung des öffentlich-rechtlichen Kooperationsvertrages, 2011; *Müller/Brauser-Jung,* ÖPP und Vergaberecht, NVwZ 2007, 884; *Schmitz,* Die Verträge sollen sicherer werden – zur Novellierung der Vorschriften über den öffentlich-rechtlichen Vertrag, DVBl 2005, 17; *Schuppert,* Grundzüge eines zu entwickelnden Verwaltungskooperationsrechts, 2001; *Schütz,* Beteiligung von Kassenärztlichen Vereinigungen an Verträgen zur hausarztzentierten Versorgung, MedR 2013, 135; *Stober,* Public-Private-Partnership aus juristischer Sicht, DÖV 2000, 261; *Stöcker,* Die Entwicklung des Verwaltungskooperationsvertrages unter Berücksichtigung des Vergaberechts, 2010; *Tettinger,* Die rechtliche Ausgestaltung von Public Private Partnership, DÖV 1996, 764; *Ziekow* (Hg), Public Private Partnership – Projekte, Probleme, Perspektiven, 2003; *ders,* Verwaltungskooperationsrecht, 2001.

Zielvereinbarungen in der Verwaltung: *Battis/Kersten,* Die rechtlichen Rahmenbedingungen für die verhandelnde Verwaltung im Hochschulbereich, DVBl 2003, *349; Bauer/Kretschmer,* Zur Dogmatik von Zielvereinbarungen im Verwaltungsrecht, FS Scheuing, 2012, 245; *Hill,* Zur Rechtsdogmatik von Zielvereinbarungen in Verwaltungen, NVwZ 2002, 1059; *Hümmerich,* Zielvereinbarungen in der Praxis, NJW 2006, 2294; *König/Schmidt/Kley,* Zielvereinbarungen und Verträge zur externen Hochschulsteuerung in Deutschland, 2. Aufl. 2004; *Kracht,* Das Neue Steuerungsmodell im Hochschulbereich, 2006; *Nickel,* Paritzipatives Management von Universitäten: Zielvereinbarungen, Leitungsstrukturen, Staatliche Steuerung, 2007; *Pünder,* Zur Verbindlichkeit der Kontrakte zwischen Politik und Verwaltung im Rahmen des NSM, DÖV 1998, 63; *Rogal,* Hochschulautonomie und Zielvereinbarungen, 2008; *Schmidt,* Zielvereinbarungen als Herausforderung des Allgemeinen Verwaltungsrechts, DÖV 2008, 760; *Schmuck,* Zielvereinbarungen im Hochschulbereich, 2010; *Trute,* Die Rechtsqualität von Zielvereinbarungen und Leistungsverträgen im Hochschulbereich, WissR 2000, 134; *Weiß,* Zielvereinbarungen als Herausforderung des allgemeinen Verwaltungsrechts, DÖV 2008, 760.

Informelle Absprachen: *Benz,* Verhandlungen, Verträge und Absprachen in der öffentlichen Verwaltung, Vw 1990, 83; *Bulling,* Kooperatives Verwaltungshandeln, DÖV 1989,

277; *Brohm,* Rechtsgrundsätze für normersetzende Absprachen – Zur Substitution von Rechtsverordnungen, Satzungen und Gesetzen durch Kooperatives Verwaltungshandeln, DÖV 1999, 1025; *ders,* Rechtsstaatliche Vorgaben für informelles Verwaltungshandeln, DVBl 1994, 133; *Eberle,* Arrangements im Verwaltungsverfahren, Vw 1985, 439; *Fehling,* Informelles Verwaltungshandeln, in: Grundlagen § 38; *Gaßner/Holznagel/Lahl,* Mediation – Verhandlungen als Mittel der Konsensfindung bei Umweltstreitigkeiten, 1992; *Hoffmann-Riem/Schmidt-Aßmann* (Hg), Konfliktbewältigung durch Verhandlungen, 1990; *Holznagel,* Konfliktlösung durch Verhandlungen, 1990; *Kautz,* Absprachen im Verwaltungsrecht, 2002; *Köpp,* Normvermeidende Absprachen zwischen Staat und Wirtschaft, 2001; *Krebs,* Konsensuales Verwaltungshandeln im Städtebaurecht, DÖV 1989, 969; *Oster,* Das informell-kooperative Verwaltungshandeln im Umweltrecht, NuR 2008, 845; *Scherer,* Rechtsprobleme normsetzender Absprachen zwischen Staat und Wirtschaft am Beispiel des Umweltrechts, DÖV 1991, 1; *Scheudel,* Selbstverpflichtungen der Industrie als Steuerungsinstrument im Umweltschutz, NVwZ 2001, 494; *Tomerius,* Informelle Projektabsprachen im Umweltschutz, 1995.

Mediation: *Appel,* Privatverfahren, in Grundlagen II § 32; *v Bargen,* Mediation im Verwaltungsverfahren nach Erlass des Mediationsgesetzes, ZUR 2012, 468; *Fritz/Krabbe,* Gerichtsinterne Mediation – der Faktor „Zeit", NVwZ 2011, 396; *Pitschas,* Mediation als kollaborative Governance, DÖV 2011, 333; 396; *Sünderhauf,* Mediation bei der außergerichtlichen Lösung, 1997; Haft/Schlieffen, Handbuch Mediation, 2. Aufl 2009; *Holznagel/Ramsauer,* Förderung der Mediation in Planungsverfahren – Vorschläge zur Überwindung praktischer Probleme, VerwArch 2013, 131; *dies,* Verwaltungsmediation in Haft/Schlieffen, Handbuch Mediation, 2. Aufl 2009, § 28; *Siegel,* Mediation in der Planfeststellung, DVBl 2012, 2003; *Wagner/Hehn,* Mediation im öffentlichen Bereich – Rechtsfragen, UPR 2013, 1; s auch Einf I Rn 77 ff.

Übersicht

I. Allgemeines

1. Inhalt. a) Zulässigkeitsregelung. Die Vorschrift regelt die Zulässigkeit 1
verwaltungsrechtlicher Verträge im Allgemeinen und stellt in Satz 2 klar, dass im Anwendungsbereich des VwVfG der öffentlich-rechtliche Vertrag als Handlungsform grundsätzlich auch an die Stelle des Handelns durch VA treten kann. Öffentlich-rechtliche Verträge im Anwendungsbereich des VwVfG (also Verwaltungsverträge) sind danach ohne spezialgesetzliche Ermächtigung zulässig, **sofern kein Vertragsformverbot** (Rn 42) besteht. Während beim VA nach hM für Eingriffe und sonst wesentliche Entscheidungen eine Ermächtigung auch für das Handeln gerade in der Form eines VA erforderlich ist,[1] reicht für das Handeln durch Abschluss eines öffentlich-rechtlichen Vertrages grundsätzlich die allgemeine Ermächtigung des § 54 Satz 1 aus. Der Abschluss von Verwaltungsverträgen steht danach grundsätzlich **im Ermessen der Verwaltung,** die also, soweit fachgesetzlich keine bestimmte Formverpflichtung besteht, zwischen dem Verwaltungsvertrag und anderen geeigneten Handlungsformen wählen kann[2] (s unten Rn 15). Die zuständige Behörde kann, soweit spezielle Vorschriften nicht zu einem Vorgehen in einer bestimmten Form zwingen, selbst entscheiden, in welcher Form sie ihre Aufgaben erledigen will.[3]

Das Gesetz regelt in S 1 die **Entbehrlichkeit spezieller Vertragsermächtigungen** im Fachrecht, weil dem Vertrag als Handlungsform kein über 1a
den Inhalt der Vereinbarung hinausgehender Eingriffsgehalt eigen ist (s auch unten Rn 13a). Soweit spezielle Ermächtigungen zum Abschluss von Verträgen bestehen, haben sie deshalb zumeist nur deklaratorischen Charakter.[4] Mit der grundsätzlichen Zulassung des öffentlich-rechtlichen Vertrages als Handlungs-

[1] Vgl nur BVerwGE 72, 265; StBS § 35 Rn 25; Scherzberg JuS 1992, 205, 208; **aA** Maurer § 10 Rn 5.
[2] Zum Ermessen bei der Wahl der Handlungsform VGH Kassel NVwZ 1990, 879; FKS 9; Ziekow 11; Knack/Henneke vor § 54 Rn 59 ff; WBSK I § 54 Rn 4.
[3] OVG Koblenz DVBl 2003, 811, 812; StBS § 1 Rn 122; Ziekow/Siegel VerwArch 2003, 604.
[4] Vgl zB § 11 BauGB als Ermächtigung für Verträge im Städtebaurecht (s insoweit näher Rn 55); § 14 Abs 1 S 2 HmbWohnraumschutzG.

form im Verwaltungsverfahren nach dem VwVfG hat der Gesetzgeber den vor Erlass des VwVfG bestehenden Streit um die Zulässigkeit des öffentlich-rechtlichen Vertrages als Handlungsform (vgl Begr RegE, BT-Dr 7/910 S. 78; s unten Rn 13a) iS eines Regel-Ausnahme-Verhältnisses beendet: **Unzulässig sind Verwaltungsverträge nur dort, wo ein spezielles Vertragsformverbot** (vgl Rn 42) besteht. § 54 Satz 2 wirkt sich als klarstellende Ergänzungsnorm zu allen Rechtsvorschriften aus, die als Grundlage für den Erlass von VAen in Betracht kommen und nunmehr grundsätzlich auch als Ermächtigung zum Abschluss von verwaltungsrechtlichen Verträgen gelten.

1a **b) Vertragsrecht und Verfahrensrecht.** Wegen seiner Doppelnatur als Vertrag und als Institut des Verwaltungsrechts kommen auf den Verwaltungsvertrag heterogene Vorschriften zur Anwendung. Maßgeblich ist § 62. **Zustandekommen, Wirksamkeit und Rechtsfolgen** des Vertrages sowie **Anfechtbarkeit** der zum Vertrag führenden Willenserklärungen richten sich in erster Linie nach den §§ 54 ff, in zweiter Linie („im übrigen") nach den Vorschriften des Verwaltungsverfahrensrechts und in dritter Linie nach den Bestimmungen des BGB, die teilweise zusätzliche Anforderungen an die Wirksamkeit von Willenserklärungen, insbesondere zur Anfechtbarkeit wegen Willensmängeln usw enthalten (näher § 60 Rn 10).

2 **c) Vertragstypen. Die allgemeine Grundnorm** des § 54 geht von einer Unterscheidung von subordinations- und koordinationsrechtlichen Verträgen aus (s hierzu näher Rn 47), unterscheidet aber damit keine echten Vertragstypen, sondern Gegenstandsbereiche. In §§ 55 ff werden nur zwei Vertragstypen, nämlich der **Vergleichsvertrag** in § 55 und der **Austauschvertrag** in § 56, näher geregelt. Dadurch wird jedoch die Zulässigkeit von Verträgen, die unter keinen der beiden geregelten Vertragstypen fallen, aber auch nicht durch ein bereichsspezifisches Vertragsformverbot ausgeschlossen sind, nicht in Frage gestellt (Begr 79). Es gibt **keinen numerus clausus der Vertragstypen.** Über den möglichen sachlichen Inhalt verwaltungsrechtlicher Verträge enthalten die §§ 54 ff keine Regelungen; insoweit sind im Rahmen der durch §§ 54 ff gezogenen Grenzen ausschließlich das **allgemeine materielle Recht,** das für die vom Vertrag geregelte Materie gilt, und der Wille der Vertragspartner maßgeblich.[5]

2a **d) Reformbestrebungen.** Obwohl der öffentlich-rechtliche Vertrag als Handlungsform nach wie vor nicht unumstritten ist,[6] wird eine Weiterentwicklung des Rechts der Verwaltungsverträge angestrebt. Teilweise wird eine umfassende Regelung der Erscheinungsformen des sog **Verwaltungskooperationsrechts** gefordert.[7] Es sind in diesem Bereich indessen noch viele Fragen ungeklärt, weshalb derzeit nur eine vorsichtige Weiterentwicklung des Vertragsrechts iS der Vorschläge des Beirats Verwaltungsverfahrensrecht sinnvoll erscheint.[8] Geplant ist in diesem Zusammenhang die **Regelung eines Kooperationsvertrages,** mit dem Private an der Erfüllung öffentlicher Aufgaben beteiligt werden können, wobei die Übertragung von Hoheitsmacht nur auf der Grundlage einer gesetzlichen Ermächtigung zugelassen werden soll (Rn 8a). Darüber hinaus ist eine **Flexibilisierung** des Verwaltungsvertrags durch eine Erweiterung der Anpassungsmöglichkeiten und damit eine **Abschwächung der Nichtigkeitsfolgen** geplant, die im Falle eines Verstoßes nach § 59 Abs 2 Nr 4 eintreten

---

[5] Ziekow/Siegel VerwArch 2003, 605; WBSK I § 54 Rn 11 ff, 52; Knack/Henneke 3 ff, 50 ff.

[6] S zB die Kritik bei Waechter JZ 2006, 166.

[7] S hierzu Schuppert, Verwaltungskooperationsrecht, S. 124; ähnlich Ziekow, Verwaltungskooperationsrecht, S. 198 ff; Burgi NVwZ 2001, 601, 602; Artelt, Verwaltungskooperationsrecht, 167 ff.

[8] S hierzu Schmitz DVBl 2005, 1; Reicherzer DÖV 2005, 603; Bonk DVBl 2004, 141; Stelkens Vw 2004, 193; U. Stelkens, NWVBl 2006, 1.

können.[9] Eine Weiterentwicklung des Verwaltungsvertragsrechts de lege lata schlägt Gündling vor, der im Vertragsrecht die Abgrenzung von öffentlichem und privatem Recht weitgehend überwinden will.[10] Seit der Einigung auf den Bund-Länder-Musterentwurf im Jahr 2004 sind die Empfehlungen des Beirats Verwaltungsverfahrensrecht bisher im Gesetzgebungsverfahren nicht weiter verfolgt, aber auch nicht aufgegeben worden.

2. Verfassungsrecht. Der Gesetzesvollzug durch den Abschluss von Verwaltungsverträgen wird inzwischen ganz überwiegend als verfassungsrechtlich unbedenklich angesehen, sofern genügend Vorkehrungen für die **Beachtung des Prinzips der Gesetzmäßigkeit** der Verwaltung, hier insbesondere für den Vorrang und Vorbehalt des Gesetzes getroffen sind.[11] Dem genügen die Regelungen der §§ 54 ff, weil durch die Regelungen insbesondere des § 59 hinreichend sichergestellt ist, dass vertragliche Vereinbarungen, die mit Vorgaben des Gesetzes nicht vereinbar sind und sich auch durch den Gedanken der Einwilligung nicht rechtfertigen lassen, zur Nichtigkeit des Vertrages führen (s im Einzelnen § 59 Rn 9 ff). Zur Entwicklung von Rspr und Literatur hinsichtlich der Frage der Zulässigkeit von Verwaltungsverträgen s Rn 13 ff. 2b

3. Europarecht. a) Direkter Vollzug. Das **Primärrecht der EU** enthält keine ausdrücklichen Regelungen über den Abschluss verwaltungsrechtlicher Verträge. Insbesondere ist der Vertrag als Handlungsform in Art 288 AEUV nicht aufgeführt. Von der grundsätzlichen Möglichkeit öffentlich-rechtlicher Verträge auf Unionsebene gehen Art 272 AEUV (Zuständigkeit des EuGH für Entscheidungen aufgrund von Schiedsklauseln) und wohl auch Art 340 AEUV (vertragliche Haftung der Union) aus. Dementsprechend wird die **Zulässigkeit von Verwaltungsverträgen** im Rahmen des direkten Vollzugs von Unionsrecht durch die Organe der EU allgemein anerkannt.[12] So erfolgt etwa die Anstellung von Dienstpersonal der Unionsorgane idR durch öffentlich-rechtliche Verträge.[13] Auch sonst, etwa im Beihilfenrecht nach Art 108 EHO, ist der Vertrag als Handlungsform der Unionsorgane weit verbreitet, wobei allerdings zweifelhaft ist, nach welchen Kriterien die in der deutschen Rechtsordnung geläufige Abgrenzung von öffentlich-rechtlichen und privaten Verträgen auf Unionsebene vorgenommen werden muss. Auch fehlt es bisher an klaren Regelungen über den zulässigen **Anwendungsbereich** der Handlungsform des Vertrages auf Unionsebene.[14] Gleiches gilt für Regelungen der **Wirksamkeitsvoraussetzungen** und der **Fehlerfolgen.**[15] Schließlich stellt sich die Frage nach dem anwendbaren Recht, wenn Organe der Union mit Organen einzelner Mitgliedstaaten Verträge abschließen keine **Bestimmungen über das anzuwendende Recht** treffen.[16] 2c

---

[9] S den Bericht und die Beschlussempfehlungen des Beirats Verwaltungsverfahrensrecht beim BMI: NVwZ 2002, 834 f; StBS 19.

[10] Gündling, Modernisiertes Privatrecht und öffentliches Recht, 134 ff, 426.

[11] StBS 11; FKS 3 ff.

[12] Glaser § 13 II; Szczekalla in Terhechte, § 5 Rn 39 ff; Bauer in Grundlagen II § 36 Rn 22; U. Stelkens EuZW 2005, 299; v Danwitz, Europäisches Verwaltungsrecht, S 253; StBS 163; Bleckmann DVBl 1981, 891; Oppermann, Europarecht, Rn 432; Spannowski, S. 492 ff; Bauer in Grundlagen II § 36 Rn 25 auch zu verschiedenen Vertragsformen.

[13] EuGHE 1960, 965, 987; 1960, 1115, 1134; hierzu näher Bauer in Grundlagen II § 36 Rn 24; Niedobitek, 301.

[14] S den zutreffenden Hinweis bei StBS 168; auch Schwarz in RMG § 14 Rn 22.

[15] Deshalb wird bei Verträgen der Union mit Dritten teilweise Auffassung vertreten, insoweit könne jeweils mitgliedstaatliches Recht zur Anwendung kommen (krt Schwarz in Rengeling, Handbuch § 14 Rn 21 mwN). Dies wird indessen nur angenommen werden können, wenn die Geltung einer bestimmten mitgliedstaatlichen Rechtsordnung vereinbart worden ist (StBS 171). S insgesamt näher U. Stelkens EuZW 2005, 299.

[16] Dies ist allerdings häufig der Fall. S hierzu näher Glaser § 13 II 3 (S. 397 ff).

2d **b) Indirekter Vollzug.** Auch für den indirekten Vollzug von Unionsrecht durch die Mitgliedstaaten gilt, dass die in Umsetzung von Richtlinien erlassenen Rechtsnormen der Mitgliedstaaten auch durch den Abschluss von Verwaltungsverträgen umgesetzt werden dürfen, sofern kein bereichsspezifisches Vertragsformverbot besteht. Eine Umsetzung von Richtlinien unmittelbar durch vertragliche Vereinbarungen (sog normersetzende Verträge) ist dagegen ohne besondere Ermächtigung idR nicht zulässig.[17] Zu berücksichtigen ist in diesem Zusammenhang auch im übrigen, dass der Abschluss von Verwaltungsverträgen nicht die effektive Umsetzung von Unionsrecht behindern oder gar verhindern darf.[18] Dies spielt etwa bei der Gewährung von Beihilfen (s § 48 Rn 10) oder der Vergabe öffentlicher Aufträge aufgrund von Verwaltungsverträgen eine Rolle.[19] Zur Vereinbarkeit von Einheimischenmodellen mit den Diskriminierungsverboten der EU neuerdings EuGH EuZW 2013, 507. Teilweise sind Verwaltungsverträge Gegenstand sekundärer unionsrechtlicher Regelungen.[20] In jedem Fall sind die materiellen Vorgaben des Unionsrechts auch in öffentlich-rechtlichen Verträgen zwingend zu beachten. Insoweit kommt es uU zu **Modifizierungen der Nichtigkeitsregelung**en in § 59 (s näher § 59 Rn 3 ff). Zu Verträgen im Bereich des Vergaberechts Einf I Rn 52 ff.

3 **4. Anwendungsbereich. a) Verträge im Anwendungsbereich des VwVfG.** Obwohl in § 54 allgemein von öffentlich-rechtlichen Verträgen die Rede ist, gilt die Regelung ebenso wie die folgenden Vorschriften unmittelbar **nur für verwaltungsrechtliche Verträge** (Begr 77) im Anwendungsbereich des VwVfG. Das bedeutet, dass die Regelungen der §§ 54 ff keine, jedenfalls **keine unmittelbare Anwendung** (zur entsprechenden Anwendbarkeit s Rn 9 ff) finden können **auf Verträge von Kirchen** und **Religionsgesellschaften** auf dem Gebiet des öffentlichen Rechts (Art 140 GG iVm Art 137 WRV), ferner nicht auf Verträge im Rahmen von Verwaltungsverfahren nach der AO[21] oder nach SGB X[22] und schließlich nicht auf Verträge im **Bereich des Verfassungsrechts,**[23] also etwa Staatsverträge sowie auf Verwaltungsabkommen der Länder untereinander und schließlich nicht auf **Verträge unter Privaten** (s unten Rn 7). Schließlich sind die §§ 54 ff jedenfalls nicht unmittelbar auf sog **Ziel- und Leistungsvereinbarungen** innerhalb der Verwaltung[24] zwischen über- und nachgeordneten Stellen anwendbar.[25] Keine Anwendung finden die §§ 54 auch auf die **informellen Absprachen** und **Agreements** zwischen Behörden und Privaten (s unten Rn 24). Wegen der Begrenzung auf den Anwendungsbereich des VwVfG gelten die §§ 54 ff außerdem unmittelbar nur für die nach dem Inkrafttreten des VwVfG abgeschlossenen Verträge (vgl §§ 96, 103). Die Verwaltungsverfahrensgesetze der Länder enthalten im Wesentlichen gleich lautende Vorschriften (Abweichungen im Wortlaut zB in § 121 LVwVfGSH).

---

[17] So zutreffend die Kommission in ihrer Empfehlung 96/733/EG über Umweltvereinbarungen zur Durchführung von Richtlinien der EG (ABl 1996 L 333/59). Hierzu Franzius, Regieren durch besseren Instrumenteneinsatz, S 5 (www.europawissenschaften-berlin.de).

[18] V Danwitz, Europäisches Verwaltungsrecht, S. 524 f; EuGHE 2005, I-9543.

[19] Burgi NZBau 2002, 57; Finck/Gurlit, Jura 2011, 87.

[20] So zB der öffentliche Dienstleistungsauftrag nach der Verordnung (EG) Nr 1370/2007 über öffentliche Personenverkehrsdienste, ABl L 315 v 3.12.2007. Hierzu Sennekamp/Fehling N& R 2009, 95.

[21] Zur Zulässigkeit von Vereinbarungen im Bereich der AO siehe unten Rn 5.

[22] Damit also auch nicht für den wichtigen Bereich der Eingliederungsvereinbarungen nach § 15 SGB II (hierzu Kretschmer DÖV 2006, 893).

[23] BVerwGE 86, 227; BVerwG NJW 1976, 637; Knack/Henneke Vor § 54 Rn 28; s auch BVerfG 22, 221; 42, 345; 94, 297.

[24] S unten Rn 40g; s auch Schmidt, Zielvereinbarungen als Herausforderung des Allgemeinen Verwaltungsrechts, DÖV 2008, 760; Sensburg, S. 85 ff.

[25] Erichsen/Ehlers § 29 Rn 8; Pünder DÖV 1998, 63, 65.

Für sonstige öffentlich-rechtliche Verträge gelten die §§ 54 ff nicht unmittelbar. Gleiches gilt für privatrechtliche **Verträge im Bereich des Verwaltungsprivatrechts.**

aa) Verträge zwischen Verfassungsorganen. Aus der Begrenzung der Anwendbarkeit des VwVfG auf Verwaltungstätigkeit nach § 1 Abs 1 ergibt sich, dass die §§ 54 ff **keine Geltung für verfassungsrechtliche Verträge** beanspruchen, dh Vereinbarungen auf dem Gebiet des Verfassungsrechts (s hierzu § 1 Rn 19). Dabei handelt es sich zB um **Staatsverträge** (grundlegend BVerfGE 1, 372, 380) zwischen dem Bund und ausländischen Staaten, ferner um Staatsverträge zwischen dem Bund und den Ländern und zwischen den Ländern untereinander.[26] Staatsverträge[27] unterscheiden sich unabhängig von ihrer Bezeichnung von den sog **Verwaltungsabkommen** (vgl Art 59 Abs 2 S. 2 GG) durch ihren Gegenstand.[28] Während Staatsverträge sich auf Regelungsmaterien beziehen, die dem Parlamentsvorbehalt unterliegen und deshalb der Zustimmung der jeweiligen Parlamente bedürfen, beziehen sich Verwaltungsabkommen auf den Regierungsbereich und können deshalb von Organen der Exekutive abgeschlossen werden und ohne parlamentarische Zustimmung in Kraft treten. Weil der Abschluss derartiger Verwaltungsabkommen aber **keine Verwaltungstätigkeit** iSd § 1 ist, finden die §§ 54 ff auch auf sie keine unmittelbare Anwendung.[29] Zur entsprechenden Anwendbarkeit s unten Rn 9. 3a

bb) Prüfungsrecht. Im Prüfungsrecht finden die Bestimmungen der §§ 54 ff im Grundsatz keine Anwendung. Diese Vorschriften sind vielmehr nach der ausdrücklichen Regelung in § 2 Abs 3 Nr 2 auf Leistungs-, Eignungs- und ähnliche Prüfungen nicht anwendbar (s zu diesen Prüfungen s § 2 Rn 43). Der Ausschluss bezieht sich allerdings nach dem Wortlaut nur auf „die Tätigkeit der Behörden bei Leistungs-, Eignungs- und ähnlichen Prüfungen, nicht darüber hinaus auch auf das gesamte Verwaltungsverfahren, in dem diese Prüfungen stattfinden. Aus § 2 Abs 3 Nr 2 folgt deshalb **kein generelles Vertragsformverbot im Prüfungsrecht** schlechthin, sondern nur in Bezug auf die Prüfungen selbst. Im Streit um Prüfungsentscheidungen oder um die Zulassung zu einer Prüfung etwa sind Vergleichsvertäge zulässig[30] (s auch unten Rn 42). 3b

cc) Sozialleistungsrecht. Im Sozialleistungsrecht treten an die Stelle der §§ 54 ff die Bestimmungen der §§ 53 ff SGB X (vgl § 2 Abs 2 Nr 5). Die Regelungen des SGB X zum öffentlich-rechtlichen Vertrag stimmen indessen mit den §§ 54 ff vollständig überein; eine Ausnahme stellt lediglich § 53 Abs 2 SGB X dar, der zum Schutz der Leistungsempfänger Verträge über Leistungen, auf die ein Rechtsanspruch besteht, verbietet, sofern es sich nicht um einen Vergleichsvertrag (§§ 54 Abs 2 SGB X) oder einen Austauschvertrag (§ 55 Abs 3 SGB X) handelt. Einen sachlichen Unterschied gegenüber den Bestimmungen der §§ 54 ff stellt dies indessen nicht dar. Allerdings sind die Gestaltungsmöglichkeiten im Sozialrecht wegen der starken Durchnormierung, die auch bei Verträgen beachtlich ist (s § 59 Rn 9 ff), sehr begrenzt (Pitschas in Gesundheitsreform 2007, 223). Ein wichtiger Anwendungsbereich ergibt sich im Sozialrecht für die **Ein-** 4

---

[26] BVerfGE 94, 297, 310 (Einigungsvertrag); BVerfGE 22, 221; 42, 345 (Eingliederungsverträge); s zu Staatsverträgen näher Isensee/Kirchhof HdBStR III § 59 Rn 149 ff.; zum Status der Länderstaatsverträge s Gundel DÖV 2017, 15.

[27] Das GG enthält den Begriff des Staatsvertrages nicht, sondern spricht in Art 59 Abs 2 S 1 GG von Verträgen, die die politischen Beziehungen des Bundes regeln.

[28] Vgl zB BVerfGE 42, 103, 113; BVerwGE 50, 124, 130 (Vergabestaatsvertrag); BVerwGE 60, 162, 173 (NDR-Staatsvertrag).

[29] Maurer § 14 Rn 7; Knack/Henneke Vor § 54 Rn 28.

[30] OVG Berlin-Brandenburg NVwZ-RR 2014, 686; HRZ 2, 115; StBS 26; ferner Bader/Ronellenfitsch 15; für einen vollständigen Ausschluss wohl Knack/Henneke 19.

gliederungsvereinbarung nach § 15 SGB II, die von der zutreffenden hM als öffentlich-rechtlicher Vertrag eingestuft wird.[31]

5 **dd) Abgabenrecht.** Im Abgabenrecht ist die **Rechtslage umstritten,** soweit die Anwendung des VwVfG nicht ohnehin nach § 2 Abs 2 Nr 1 ausgeschlossen ist. Die AO selbst enthält den §§ 54ff vergleichbare Vorschriften nicht, sieht also den Abschluss öffentlich-rechtlicher Verträge nicht explizit vor. Der öffentlich-rechtliche Vertrag findet lediglich in den §§ 78, 224 AO Erwähnung. Die noch hM im Abgabenrecht lehnt den Vertrag als Handlungsform nach wie vor ab, soweit die AO Anwendung findet.[32] Nicht einmal Vergleichsverträge werden im Anwendungsbereich der AO ohne weiteres für zulässig gehalten. Zulässig ist nach der Rspr des BFH lediglich eine **„tatsächliche Verständigung"** zwischen Behörde und Steuerpflichtigem über schwer zu ermittelnde tatsächliche Umstände, also ein **Vergleich über Tatsachenfragen.**[33] Diese überkommene Position überzeugt nicht. Zutreffend ist es allerdings, in § 155 Abs 1 AO, wonach die Steuern durch Steuerbescheid festzusetzen sind, ein Vertragsformverbot zu sehen (Maurer § 14 Rn 3b; StBS 127), weshalb die Festsetzung von Steuern durch Vertrag grundsätzlich ausgeschlossen ist. Dies gilt aber nicht in gleicher Weise für Verträge über die Art und Weise der Zahlung, über einen Billigkeitserlass oder für einen Vergleichsvertrag bei Streit über Steuerforderungen.[34]

6 Für **abgabenrechtliche Verfahren im Geltungsbereich des VwVfG,** also im Wesentlichen für Gebühren, Beiträge und kommunale Steuern (vgl § 2 Rn 16ff), gelten die Bedenken (s oben Rn 5) nicht in gleicher Weise; vor allem **Vergleichsverträge** werden hier von der zutreffenden hM für zulässig gehalten.[35] Hier stellt sich allerdings ebenfalls die Frage, ob gesetzliche Bestimmungen dem Handeln der Verwaltung in Vertragsform entgegenstehen (s unten Rn 42). Soweit Vertragsformverbote nicht bestehen, öffentlich-rechtliche Verträge im Abgabenbereich also zulässig sind, gelten auch die §§ 54ff uneingeschränkt. Greift dagegen ein Vertragsformverbot ein, ist ein öffentlich-rechtlicher Vertrag ohne Rücksicht auf seinen Inhalt im Einzelnen unzulässig; für die Anwendung der §§ 54ff ist in diesen Fällen kein Raum.

7 **ee) Verträge zwischen Privaten.** Öffentlich-rechtliche Verträge können auch unter Privatleuten geschlossen werden, wenn der Gegenstand der Vereinbarung dem öffentlichen Recht angehört.[36] Da Privatleute allerdings grundsätzlich nicht über öffentlich-rechtliche Rechte und Pflichten disponieren können, bedarf es insoweit stets einer **spezialgesetzlichen Ermächtigung.**[37] Solche finden sich auch im Bundesrecht (zB die Einigung nach § 110 Abs 1 BauGB), insbesondere aber im Fachrecht der Länder, etwa für die **Übernahme von öffentlich-rechtlichen Verkehrssicherungspflichten,** insbesondere Reinigungs- oder Unter-

---

[31] Ausführlich Kretschmer, DÖV 2006, 893, 895 mwN.

[32] Überblick über den Streitstand bei Söhn, Selmer FS, 912; vgl für die hM Tipke/Lang § 4 Rn 163; HHS § 78 Rn 36; Birk § 10 Rn 5; J. Martens StuW 1986, 97; bejaht wird die Zulässigkeit dagegen von Kirchhof, Grundriß des Abgabenrechts, 1991, Rn 89; Vogel FS Döllerer, 677.

[33] BFHE 142, 549 = NVwZ 1985, 863; BFHE 162, 211, 214; 164, 168; BFH NVwZ 2000, 598; Obermayer 59; StBS 124; Bader/Ronellenfitsch 13.

[34] Näher Seer StuW 1995, 213, 218; Maurer § 14 Rn 3b; FKS 49.

[35] BVerwG NVwZ 2013, 218 zur Unzulässigkeit gesetzesinkongruenter Abgabenverträge; BVerwG DÖV 1980, 48; OVG Lüneburg KStZ 1988, 146; VGH München BayVBl 1987, 335; OVG Koblenz NVwZ 1986, 68; Allesch DÖV 1988, 103; Gern KStZ 1979, 161; Heun DÖV 1989, 1053; Tiedemann DÖV 1996, 594.

[36] Vgl BVerwG NJW 1992, 2908; BSG 70, 37, 39: Abtretung eines Rentenanspruchs.

[37] Allg Ansicht, vgl BVerwG NVwZ 1992, 1186; BGHZ 56, 368; UL § 67 Rn 2; StBS 65; Knack/Henneke 67: entspr Anwendung. Ablehnend zur Möglichkeit öffentlich-rechtlicher Veträge unter Privaten Kasten/Rapsch NVwZ 1986, 708; s auch Gern, Der Vertrag zwischen Privaten, passim.

haltungspflichten im Wege- und Wasserrecht.[38] Keine öffentlich-rechtlichen Verträge und deshalb ohne besondere Ermächtigung zulässig sind Vereinbarungen, in denen Private sich zu einem bestimmten Verhalten in Bezug auf öffentlich-rechtliche Rechte und Pflichten verpflichten (zB Verpflichtung des Nachbarn, keinen Widerspruch gegen eine Baugenehmigung einzulegen oder einen Widerspruch oder eine Klage zurückzunehmen – pactum de non petendo).[39]

Verträge zwischen Privaten werden **nicht unmittelbar erfasst,** auch 7a
wenn ihr Gegenstand öffentlich-rechtlich ist, weil die Vorschriften unmittelbar nur Verträge regeln, die im Rahmen eines Verwaltungsverfahrens nach § 9 geschlossen werden und an denen eine Verwaltungsbehörde iSd § 1 Abs 4 beteiligt ist. Etwas anderes gilt, wenn das Fachrecht die §§ 54 ff für anwendbar erklärt oder die beteiligte Privatperson als Beliehene in den Geltungsbereich des VwVfG einbezogen ist (zum Begriff des Beliehenen siehe § 1 Rn 58 ff). **Umstritten** ist, ob und in welchem Umfang die Regelungen der §§ 54 ff analog auf Verwaltungsverträge unter Privaten zur Anwendung kommen können. Hier wird man nach der Zweckbestimmung der jeweiligen Vorschrift zu differenzieren haben. Soweit es um den Schutz des Bürgers gegen einen Missbrauch der hoheitlichen Gewalt und um die Vermeidung des Verkaufs von Hoheitsrechten geht, wird eine entsprechende Anwendung mangels vergleichbarer Interessenlage nicht möglich sein; bei Vorschriften mit anderen Zielrichtungen dagegen schon.[40]

ff) „Hinkende" Austauschverträge. § 54 gilt nicht nur für gegenseitige 8
verwaltungsrechtliche Verträge, also solche, bei denen sich Hauptleistungspflichten in einem Gegenseitigkeitsverhältnis gegenüber stehen, sondern auch für sog „hinkende Verträge", in denen nur die von einem Vertragspartner zu erbringende Hauptleistung verpflichtend geregelt wird, nicht jedoch die Gegenleistung.[41] Allerdings liegt ein derartiger hinkender Austauschvertrag nur dann vor, wenn die Beteiligten darüber einig sind, dass die im Vertrag vereinbarte Leistung vom Bürger nur erbracht werden muss, wenn die Behörde ihrerseits bestimmte Maßnahmen ergreift, Regelungen erlässt, Situationen schafft usw (**Abhängigkeitsverhältnis zwischen Leistungspflicht und Handlungserwartung,** vgl Knack/Henneke § 56 Rn 5, 11 f). Anderenfalls liegt nur eine einseitige Verpflichtung vor, für die die bestimmten Erwartungen an die Behörde motivationsbildend waren.

gg) Kooperationsverträge. Die Vorschriften sind grundsätzlich auch auf 8a
Kooperationsverträge (zum Begriff s unten Rn 40b) im Bereich des öffentlichen Rechts unmittelbar anwendbar, soweit sie innerhalb eines Verwaltungsverfahrens nach § 9 geschlossen werden. Es ist derzeit **geplant, im Zuge einer Novellierung** des öffentlichen Vertragsrechts spezielle Regelungen für sog Kooperationsverträge zu schaffen (s Rn 2a, 49a). Dabei handelt es sich um Verträge, die eine Behörde mit einem Privaten schließt, um diesen an der Erfüllung öffentlicher Aufgaben zu beteiligen (vgl § 54 Abs 3 des Entwurfs 2005).[42] Nach der

---

38 ZB OVG Lüneburg, OVGE 27, 341, 343: vertragliche Übernahme der öffentlich-rechtlichen Straßenreinigungspflicht.

39 BGHZ 28, 45; 79, 131; StBS 67.

40 Str, wie hier UL § 67 Rn 6; differenzierend auch Knack/Henneke 67; zT **aA** BVerwG NJW 1992, 2908 = DVBl 1992, 1295; wohl auch StBS 66.

41 Vgl BVerwGE NJW 1995, 1105; OVG Koblenz DVBl 1992, 786: ein Austauschvertrag, dh ein Vertrag, bei dem nur die Hauptleistung, zB eine Zahlung, geregelt ist, welche die Gegenleistung für den Erlaß eines VA, eine sonstige Verwaltungshandlung, die Erteilung des Einvernehmens der Gemeinde, die Partner des Vertrags ist, zu einer Grundstücksteilung usw darstellt; ähnlich VGH Mannheim NVwZ 1991, 584; StBS § 56 Rn 20; Knack/Henneke § 56 Rn 5, 11 f; UL § 68 Rn 6; MB 25; **aA** Lange NVwZ 1983, 321; Papier JuS 1981, 499.

42 Ausführlich Schmitz DVBl 2005, 17, 22; Bonk DVBl 2004, 141; Eifert VerwArch 2002, 561.

vorgesehenen Regelung soll die Behörde sicherstellen, dass der Behörde ein „**hinreichender Einfluss** auf die ordnungsgemäße Erfüllung der öffentlichen Aufgabe verbleibt" (§ 54a S 1 des Entwurfs 2005). Der Entwurf lässt offen, auf welche Weise dieser hinreichende Einfluss sichergestellt werden muss. Allerdings dürfen die diesbezüglichen Vorkehrungen nicht allein auf eine entsprechende freiwillige Kooperationsbereitschaft setzen; sicherstellen bedeutet, dass die Vorkehrungen rechtlich abgesichert sind. Außerdem darf sie – was an sich selbstverständlich ist – nur einen Vertragspartner auswählen, der fachkundig, leistungsfähig und zuverlässig ist (§ 54a S 2 des Entwurfs 2005). In einem neuen Abs 3 2. HS wird klargestellt, dass hoheitliche Befugnisse nur übertragen werden können, wenn dies in einer Rechtsvorschrift vorgesehen ist. Darin kommt der institutionelle Gesetzesvorbehalt zum Ausdruck, der etwa für die in der Übertragung von Hoheitsmacht auf Private idR liegende Beleihung eine gesetzliche Grundlage erfordert.

8b **hh) Vereinbarungen in Mediationsverfahren.** Für Absprachen in Mediationsverfahren gelten die §§ 54 ff grundsätzlich nicht. Zum einen finden Mediationen normalerweise **außerhalb von Verwaltungsverfahren** statt, weshalb die §§ 54 ff schon deshalb nicht unmittelbar zu Anwendung kommen können, zum anderen **fehlt bei Einigungen in der Mediation idR der Rechtsbindungswille.** Zwar enden erfolgreiche Mediationsverfahren idR mit einer schriftlichen Zusammenfassung der von den Beteiligten erzielten Einigung, die auch von allen Beteiligten unterschrieben wird (vgl Einf I Rn 81). Hieraus kann aber nicht auf einen echten vertraglichen Rechtsbindungswillen der Beteiligten geschlossen werden. Vielmehr handelt es sich idR um Absichtserklärungen, deren Einhaltung zwar in Aussicht gestellt, nicht aber verbindlich zugesichert wird. Außerdem erfüllen die in Mediationsverfahren getroffenen Vereinbarungen häufig nicht die formellen und materiellen Voraussetzungen für einen wirksamen verwaltungsrechtlichen Vertrag. Schlechthin ausgeschlossen sind öffentlich-rechtliche Verträge auch in Mediationsverfahren allerdings nicht. Es ist vielmehr zulässig und kommt auch gelegentlich vor, dass ein Mediationsverfahren mit einem echten Verwaltungsvertrag abschließt.[43]

9 **b) Entsprechende Anwendbarkeit.** Als Ausdruck allgemeiner Rechtsgrundsätze sind die meisten Bestimmungen der §§ 54 ff analog auch auf Verträge in Bereichen anwendbar, die nicht unter das VwVfG fallen und für die ausdrückliche Bestimmungen fehlen,[44] zB sog **normsetzende Verträge,** dh Verträge, die den Erlass von Rechtsverordnungen und Satzungen betreffen[45] und zT auch, jedenfalls wenn und soweit öffentlich-rechtliche Körperschaften daran beteiligt sind, auf privatrechtliche **Verträge im Bereich des Verwaltungsprivatrechts** zur Erfüllung öffentlicher Aufgaben.[46] Gleiches gilt für Verträge zwischen **Behörden verschiedener Länder** im Bereich des Landesrechts. Dies ist ungeachtet des Umstandes anzunehmen, dass bei Fehlen ausdrücklicher § 54 entsprechender Rechtsvorschriften eine gesetzliche Ermächtigung zum Abschluss solcher Verträge fehlt, wie sie die Vertragsermächtigungslehre vor Erlass des

---

43 Sünderhauf, Mediation bei der außergerichtlichen Lösung, 264 ff; Bauer, in Grundlagen II § 36 Rn 62 meint, Mediationsverfahren sollten „vernünftigerweise" durch einen verbindlichen öffentlich-rechtlichen Vertrag abgeschlossen werden (s hierzu näher kritisch Einf I Rn 77 ff).

44 StBS 27; Knack/Henneke vor § 54 Rn 30; MB 2, 10 und 11.

45 Vgl BSG NJW 1993, 813; Schoch/Wieland ZG 2005, 223; Becker, Kooperative Strukturen, passim; Gurlit, Verwaltungsvertrag und Gesetz, 262; Krebs VerwArch 1981, 54; Erichsen/Ehlers § 29 Rn 8; Degenhardt BayVBl 1979, 296; Scherer DÖV 1991, 4; MB 55; **aA** Birk NJW 1977, 1798; Obermayer 62; zu Normsetzungsverträgen im Sozialrecht v Wulffen SGB-X § 53 Rn 4b ff.

46 Achterberg JA 1985, 510.

VwVfG forderte.[47] Für **Ziel- und Leistungsvereinbarungen** (näher Rn 40f) kommt eine analoge Anwendung allenfalls einzelner Bestimmungen, zB des § 57, in Betracht. Gleiches gilt auch für öffentlich-rechtliche **Verträge unter Privaten** (Rn 7), die grundsätzlich nicht unter die §§ 54ff fallen, weil sie nicht im Rahmen eines Verwaltungsverfahrens geschlossen werden.

5. Spezielle Regelungen des Fachrechts. In vielen Bereichen des besonderen Verwaltungsrechts finden sich nicht nur Vertragsformverbote, sondern auch spezielle Regelungen für Verwaltungsverträge (s hierzu auch unten Rn 52ff). Diese gehen den allgemeinen Regelungen in den §§ 54ff grundsätzlich vor. Hierzu zählen die in § 11 BauGB allerdings nur rudimentären Regelungen über die unterschiedlichen **städtebaulichen Verträge,** die Regelungen in § 12 Abs 1 BauGB über die zur Umsetzung eines Vorhaben- und Erschließungsplans geschlossenen **Durchführungsverträge** zur Ermöglichung eines vorhabenbezogenen Bebauungsplans, in § 124 BauGB über **Erschließungs- und Erschließungskostenverträge,**[48] die Regelungen in § 13 Abs 4 BBodSchG über Sanierungspflichten **(Sanierungsverträge)** sowie allgemeiner die Regelung in § 3 Abs 3 BNatSchG im Hinblick auf Verträge etwa über **Ausgleichs- und Ersatzmaßnahmen** zur Kompensation naturschutzrechtlicher Eingriffe,[49] **Grenzfeststellungsverträge** nach dem jeweiligen Landesvermessungsrecht[50] oder ebenfalls landesrechtliche Regelungen über vertragliche **Berufungsvereinbarungen** mit Hochschullehrern im Zuge von Berufungsverhandlungen (s unten Rn 40i). 10

Bei dem **Verhältnis der speziellen Regelungen** des Fachrechts zu den §§ 54ff ist zu differenzieren. Grundsätzlich sind, sofern das Fachrecht nicht etwas anderes vorsieht, die **§§ 54ff ergänzend anwendbar.** Das bedeutet, dass insbesondere das Schriftformgebot und die Nichtigkeitsvorschriften des § 59 zur Anwendung kommen. Soweit für den Fall der nachträglichen Änderung der Umstände spezielle vertragsrechtliche Regelungen bestehen, die eine entsprechende Änderung der Leistungspflichten zur Folge haben, wie etwa Regelungen zum Verzug oder zur Unmöglichkeit der Leistung (s hierzu § 60 Rn 6b), können die Anpassungsregelungen des § 60 grundsätzlich nicht mehr zur Anwendung kommen, weil der Anpassungsbedarf bereits speziell bewältigt ist. Im Übrigen wird die Anwendung des § 60 durch die speziellen Regelungen des Vertragsrechts idR nicht ausgeschlossen. 10a

6. Funktion und Bedeutung. a) Allgemeines. Der verwaltungsrechtliche Vertrag ist, ähnlich wie der VA, eine Rechtsfigur sowohl des Verfahrensrechts, (bei gerichtlichen Vergleichen des Prozessrechts) als auch des materiellen Rechts **(Doppelnatur des verwaltungsrechtlichen Vertrages).** Hieraus folgt, dass die Beteiligten bei Abschluss eines Verwaltungsvertrages nicht nur das jeweils maßgebliche Verfahrens- und Prozessrecht beachten müssen, sondern zugleich auch das materielle Recht, das auf die getroffene Regelung anwendbar ist. So ergibt sich zB die Notwendigkeit, einen Beigeladenen an einem Vergleich zu beteiligen, nicht aus dem Prozessrecht, wohl aber aus § 58, wenn mit der getroffenen Regelung auch materielle Rechte des Beigeladenen berührt werden. Der Abschluss des Verwaltungsvertrages begründet nicht nur Rechte und Pflichten zwischen den Beteiligten, sondern beendet auch das Verwaltungsverfahren. 11

---

[47] So im Ergebnis auch BVerwGE 42, 335; 44, 335; BGHZ 22, 246; Erichsen/Ehlers § 30 Rn 4; M 95; Obermayer 139.

[48] S hierzu BVerwGE 140, 209: Erschließungskostenvertrag auch in Bezug auf nicht beitragsfähige Straßen zulässig.

[49] Rehbinder DVBl 2000, 859. Allerdings folgt aus § 3 Abs 3 BNatSchG kein genereller Vorrang der Vertragsform im Naturschutzrecht, s hierzu Proelß/Blanke-Kießling NVwZ 2010, 985.

[50] Vgl zB § 15 Abs 3 LGVerm (Landesgesetz über das amtliche Vermessungswesen Rheinland-Pfalz); hierzu OVG Koblenz, U v 13.1.2016 – 1 A 10955/13, juris.

11a **b) Vorteile verwaltungsvertraglicher Regelungen.** Während der VA die Handlungsform für die einseitig verbindliche Regelung von Rechtsverhältnissen im Verhältnis zwischen Staat und Bürger ist, ermöglicht der öffentlich-rechtliche Vertrag eine kooperative Form der Regelung von Rechtsverhältnissen. Diese Möglichkeit bietet vielfältige Vorteile, birgt aber auch Gefahren: Positiv ist zu bewerten, dass der Bürger als Vertragspartner eines öffentlich-rechtlichen Vertrages am Prozess des Aushandelns der Vertragsbedingungen aktiv beteiligt ist **(Partizipation, Kooperation).** Als Verhandlungspartner kann der Bürger seine Interessen besser zur Geltung bringen als in der nach § 28 vorgesehenen Anhörung Beteiligter vor Erlass eines VA.[51] Der Vertrag bietet **höhere Flexibilität** und damit die **Chance einer Optimierung** der Lösung eines regelungsbedürftigen Interessenkonflikts. Zugleich erhöht der Aushandlungsprozess vor dem Abschluss eines verwaltungsrechtlichen Vertrages **Transparenz und Akzeptanz** der einvernehmlich getroffenen vertraglichen Regelung für die beteiligten Vertragspartner.

11b **c) Gefahren. aa) Freiwilligkeit.** Die beschriebenen Vorteile setzen einen echten Aushandlungsprozess voraus, an dessen Ende der freiwillige Entschluss der Vertragsparteien zum Abschluss einer Vereinbarung stehen muss. Es besteht die Gefahr, dass ein Vertragspartner nicht wirklich verhandeln kann, weil ihm kein Spielraum bleibt. Existieren vorgedruckte, typisierte Vertragsformulare, die dem Bürger zur Annahme vorgelegt werden – wie etwa die Eingliederungsvereinbarungen nach § 15 Abs 1 SGB II – kann von einer individualisierten Aushandlung nicht die Rede sein (vgl Maurer § 14 Rn 24). Im Subordinationsverhältnis zwischen Bürger und Staat ist eine echte Aushandlung nur dann gegeben, wenn nicht ein Vertragspartner seine stärkere Verhandlungsposition einseitig zur Durchsetzung seiner Interessen missbraucht, sondern bereit ist, die Vertragsverhandlungen zu einer Optimierung des Nutzens für alle beteiligten Vertragspartner einzusetzen (hierzu näher Schilling VerwArch 1996, 191).

11c **bb) Monetarisierung.** Stärker als bei der Handlungsform des VA besteht beim verwaltungsrechtlichen Vertrag die **Gefahr** der Monetarisierung von Verwaltungsleistungen bzw umgekehrt des **Ausverkaufs von Hoheitsrechten.**[52] Es besteht weiter die Gefahr, dass sich die getroffenen vertraglichen **Regelungen zu Lasten Dritter** oder der Allgemeinheit auswirken und schließlich, dass der mit geringerer Verhandlungsmacht ausgestattete Vertragspartner unangemessen benachteiligt wird. Daher ist es notwendig, verwaltungsrechtliche Verträge, vor allem solche in Über- und Unterordnungsverhältnissen, engeren Beschränkungen zu unterwerfen, als sie im Zivilrecht für Verträge gelten (Erichsen/Ehlers § 28 Rn 6), und ihren Abschluss in gewissem Umfang auch den für den Erlass von VAen geltenden Vorschriften zu unterwerfen.[53]

12 **d) Praktische Bedeutung.** Die Bedeutung des verwaltungsrechtlichen Vertrages liegt heute nicht nur in seiner besonderen Eignung zur **Regelung atypischer Situationen,** sondern vor allem in seiner Eignung als Instrument konsensualen Verwaltungshandelns, wenn es gilt, durch die Erzielung von Einverständnissen und durch die Vereinbarung von **Mechanismen der Selbststeuerung** die öffentliche Verwaltung von Aufsichts-, Kontroll- und Durchsetzungsaufgaben zu entlasten und ein einseitiges Eingreifen zu erübrigen.[54] Für die Wahl des Vertra-

---

[51] Ausführlich Knack/Henneke vor § 54 Rn 53 F 275; Obermayer 117; Stein AöR 86, 327; Schneider in Grundlagen Bd II, § 28 Rn 173 **aA** Pieper DVBl 1967, 11 ff: der öffentlich-rechtliche Vertrag ist überflüssig, da VAe dieselben Zwecke erfüllen können; ähnlich Püttner DVBl 1982, 122; s auch Heberlein DVBl 1982, 763.

[52] F 275; für subordinationsrechtliche Verträge Knack/Henneke § 56 Rn 2.

[53] Krit zum Erfolg derartiger Bemühungen Götz DÖV 1973, 300; Renck NJW 1970, 737; Schmitz NVwZ 2000, 1238, 1241.

[54] WBSK I § 54 Rn 1; FKS 13; StBS 9; M 94, 96; MK 20 I 1.

ges als Handlungsform wird die für Behörde und Bürger unübersichtliche und schwer durchschaubare Nichtigkeitslehre (vgl § 59) als hinderlich angesehen (zur „Nichtigkeitsfalle" des öffentlich-rechtlichen Vertrages, Schmitz, NVwZ 2000, 1238, 1241). Gleichwohl ist der Vertrag mittlerweile als kooperatives Element des Verwaltungshandelns etabliert und wird vielfach routinemäßig verwendet.[55]

7. Historische Entwicklung. a) Rechtslage vor Erlass des VwVfG. Auf einigen Gebieten des öffentlichen Rechts hat es Verträge bereits im 19. Jahrhundert gegeben (vgl Maurer DVBl 1989, 800 mwN). Gleichwohl blieb der öffentlich-rechtliche Vertrag als Handlungsform der Verwaltung jahrzehntelang umstritten. Dies ist vor allem auf die **Position Otto Mayers** zurückzuführen, der den öffentlich-rechtlichen Vertrag im Subordinationsverhältnis strikt ablehnte, weil er einen Widerspruch zwischen dem Über-Unterordnungsverhältnis zwischen Staat und Bürger einerseits und dem Gleichordnungsverhältnis zwischen Vertragspartnern andererseits sah.[56] Otto Mayer konnte indes nicht verhindern, dass sich der öffentlich-rechtliche Vertrag in Rechtswissenschaft und Praxis allmählich durchsetzte (vgl etwa Apelt, Der verwaltungsrechtliche Vertrag, 1920) und insbesondere nach 1945 immer mehr Befürworter fand. Grundlegend waren die Arbeiten von Imboden (Der verwaltungsrechtliche Vertrag, 1958), Salzwedel (Die Grenzen der Zulässigkeit des öffentlich-rechtlichen Vertrages, 1958) und Stern (VerwArch 1958, 106). 13

b) Streitfragen. Vor Erlass des VwVfG beschäftigte sich die rechtswissenschaftliche Diskussion vor allem mit zwei Fragen. Umstritten war zum einen, ob der öffentlich-rechtliche Vertrag nur in den vom Gesetz zugelassenen Fällen sollte abgeschlossen werden dürfen **(Ermächtigungslehre),**[57] oder ob öffentlich-rechtliche Verträge ohne besondere Ermächtigung zulässig sein sollten.[58] Diese Frage hat der Gesetzgeber mit dem Erlass des VwVfG erledigt, indem § 54 den Grundsatz der generellen Zulässigkeit öffentlich-rechtlicher Verträge vorbehaltlich spezieller Vertragsformverbote aufstellt. Die andere Frage betrifft das Problem des **Missbrauchs der Handlungsform,** insbesondere im Bereich subordinationsrechtlicher Verhältnisse. Damit ist zugleich eine gewisse Gefahr für den einheitlichen und gleichmäßigen Vollzug der Gesetze gegeben. Hier hat das Gesetz vor allem in § 56 durch das sog Kopplungsverbot und das Gebot der Angemessenheit der Gegenleistung Schutzvorkehrungen getroffen (vgl § 56 Rn 3). 13a

c) Die Regelungen des VwVfG. Die Bestimmungen über Verträge folgen in weitem Umfang der vor Erlass des VwVfG praktizierten Rspr,[59] enthalten jedoch zT Neuerungen und vor allem Klarstellungen zu bisher bestehenden Zweifelsfragen. Positiv beantwortet wurde indes die grundlegende Frage der Zulässigkeit öffentlich-rechtlicher Verträge, die in Rspr und Schrifttum sehr unterschiedlich beantwortet wurde, was zu einer erheblichen Rechtsunsicherheit geführt hatte (Begr 77). Unklar geblieben ist trotz der Regelungen des § 59 der Umfang der Gesetzesbindung und die Frage der Wirksamkeit bzw Nichtigkeit 14

---

[55] Schlette, Die Verwaltung als Vertragspartner, 235 ff, Erichsen/Ehlers § 28 Rn 3; Maurer § 14 Rn 23 f; Schlemminger NVwZ 2009, 223.

[56] O. Mayer, AöR 1888, 3, 42; hierzu ausführlich Bauer in Grundlagen II § 36 Rn 1 ff.

[57] Vgl idS OVG Münster DÖV 1966, 798; VGH Kassel DÖV 1966, 760; Fleiner, Institutionen des deutschen Verwaltungsrechts, 8. Aufl 1928, 209 ff; Bullinger, Vertrag und Verwaltungsakt, 1962; Stern VerwArch 1958, 143, 146 mwN; Friauf AöR 1963, 28; Schmidt-Salzer VerwArch 1971, 148.

[58] Vgl idS BVerwGE 23, 213; 30, 65; 42, 335; 44, 202; 49, 362; BGHZ 22, 246; DVBl 1957, 348; 1966, 36; VGH München BayVBl 1962, 285; 1982, 178; OVG Münster DÖV 1960, 798; DVBl 1972, 799; OVG Lüneburg NJW 1957, 76; OVG Berlin NJW 1982, 956; F 277; Menger VerwArch 1970, 208; allg auch Bleckmann VerwArch 1972, 404 ff.

[59] VGH München BayVBl 1978, 147; zur Entstehungsgeschichte Maurer § 14 Rn 21 ff.

verwaltungsrechtlicher Verträge, wodurch in der Praxis nach wie vor Unsicherheiten ausgelöst werden. Die Lösungsvorschläge des Bund-Länder-Musterentwurfs aus dem Jahr 2004 (Schmitz DVBl 2005, 17) zu letztgenannter Problematik sind bisher nicht umgesetzt worden (vgl Rn 2a mwN).

15 **8. Die Entscheidung über den Abschluss eines Vertrages. a) Ermessensentscheidung.** Kann ein Rechtsverhältnis sowohl durch VA als auch durch öffentlich-rechtlichen Vertrag geregelt werden, so steht es im pflichtgemäßen Ermessen der zuständigen Behörde, ob sie einen VA erlassen oder dem Bürger den Abschluss eines verwaltungsrechtlichen Vertrages anbieten will. Die **maßgebenden Ermessenszwecke** (vgl § 40) ergeben sich dabei aus § 10 Satz 2, wonach das Verwaltungsverfahren einfach, zweckmäßig und zügig durchzuführen ist. Die Regelung eines Rechtsverhältnisses durch öffentlich-rechtlichen Vertrag setzt grundsätzlich die Bereitschaft beider Vertragsparteien zum Abschluss eines Vertrages voraus. Eine Verpflichtung der Vertragsparteien, einen öffentlich-rechtlichen Vertrag bestimmten Inhalts abzuschließen, besteht grundsätzlich nicht. Grundsätzlich gibt es auch **kein subjektives öffentliches Recht** eines Verfahrensbeteiligten darauf, dass die Behörde anstelle des Erlasses eines VA mit ihm einen Verwaltungsvertrag abschließt. Allerdings ist es nicht ausgeschlossen, dass sich aus speziellen Rechtsvorschriften die Verpflichtung zum Abschluss eines Vertrages ergibt **(Kontrahierungszwang).** Ein derartiger Kontrahierungszwang kann sowohl zum Abschluss eines privatrechtlichen, wie auch eines öffentlich-rechtlichen Vertrages verpflichten.[60]

16 **b) Ermessensbeschränkungen. Spezielle Rechtsvorschriften** können die Behörde verpflichten, unabhängig vom Bestehen eines Kontrahierungszwangs ein Rechtsverhältnis in der Form eines öffentlich-rechtlichen Vertrages zu regeln. Dies ist beispielsweise der Fall, wenn in einer Satzung die Zulassung zu einer öffentlichen Einrichtung durch Abschluss eines öffentlich-rechtlichen Vertrages vorgesehen ist. Sie kann sich aber auch unter dem Aspekt der **Selbstbindung der Verwaltung** (Art 3 Abs 1 GG) ergeben, wenn die Behörde in vergleichbaren Fällen mit den Bürgern öffentlich-rechtliche Verträge zur Regelung eines Rechtsverhältnisses abgeschlossen hat und keine sachlichen Gründe dafür bestehen, von dieser Übung im Einzelfall abzuweichen.[61] Einen bestehenden Anspruch auf Abschluss eines Vertrages kann der Bürger im Wege der allgemeinen Leistungsklage geltend machen, die auf Abgabe der zum Vertragsabschluss erforderlichen Willenserklärung zu richten ist. Liegen die Voraussetzungen eines Abschlusszwanges nicht vor, so kann der Bürger **keinen Anspruch auf ermessensfehlerfreie Entscheidung** über die Frage, ob die Behörde ein Rechtsverhältnis durch VA oder durch öffentlich-rechtlichen Vertrag regelt, geltend machen. Insoweit fehlt es idR an einem subjektiven öffentlichen Recht.

17 **c) Rechtsnatur.** Nicht ausdrücklich geregelt ist die Frage, welche Rechtsnatur die Entscheidung der Behörde, mit einem Bürger oder einem sonstigen Partner einen verwaltungsrechtlichen Vertrag abzuschließen, hat. Die hM sieht diese Entscheidung zu Recht als **schlichthoheitliche Maßnahme** an.[62] Die Gegenmeinung, die in der Entscheidung einer Behörde, einen Vertrag abzuschließen,

---

[60] Vgl StBS 32 für Erschließungsverträge. Praktisch dürfte ein Kontrahierungszwang allerdings selten sein, vgl Kunig DVBl 1992, 1196; Scherzberg JuS 1992, 209; Maurer DVBl 1989, 805; Bauer, in Grundlagen Bd II § 36 Rn 122.

[61] Zur Ermessensschrumpfung s § 40 Rn 42; ferner Di Fabio VerwArch 1995, 214; Hill NVwZ 1985, 449.

[62] Vgl VGH München NJW 1978, 2411; OVG Münster 1984, 522; OVG Schleswig Gemeinde 1991, 357; Ehlers VerwArch 1983, 119; Friehe JZ 1980, 519; UL § 69 Rn 4; Knack/Henneke 79; StBS 36.

unter Heranziehung der sog Zwei-Stufen-Theorie als VA ansieht,[63] wird der Praxis, bei der die Entscheidung inzident fällt und nicht eigenständig bekannt gegeben wird, nicht gerecht und wirkt vor allem wegen der damit implizierten Verbindlichkeit der Entscheidung durch VA lebensfremd. Vor allem gibt sie im Grunde die Vorteile einer höheren Flexibilität des Verwaltungsvertrages preis, wenn sie einen auf den Abschluss des Vertrages gerichteten VA verlangt.

II. Begriff des öffentlich-rechtlichen Vertrages

1. Vertragliche Vereinbarung. a) Übereinstimmende Willenserklärungen. Ein Vertrag ist nach allgemeiner Auffassung die Einigung zweier oder mehrerer Rechtssubjekte über die Herbeiführung eines bestimmten Rechtserfolges (vgl nur Maurer § 14, Rn 6; StBS 28). Voraussetzung für das Zustandekommen eines Vertrages ist das Vorliegen einander entsprechender, auf einen bestimmten Rechtserfolg gerichteter Willenserklärungen (Angebot und Annahme) der Vertragspartner, die dem jeweils anderen zugegangen sein müssen. Das Zustandekommen des Vertrages setzt voraus, dass sich die Beteiligten über alle für den Vertragsabschluss maßgeblichen Punkte geeinigt haben und kein offener oder versteckter Einigungsmangel vorliegt.[64] Der Begriff der Willenserklärung entspricht dem des Zivilrechts, wie er insbesondere den §§ 116 ff BGB zugrunde liegt. Bei einem Verwaltungsvertrag kommt nach § 57 hinzu, dass die vertragliche Vereinbarung schriftlich erfolgen muss. 18

aa) Rechtsbindungswille. Die Willenserklärungen müssen von einem Erklärungsbewusstsein getragen sein und einen Rechtsbindungswillen zum Ausdruck bringen (vgl StBS 29; WBSK I § 53 Rn 5). Entscheidend ist und durch Auslegung sämtlicher Begleitumstände zu ermitteln, ob die Beteiligten bei der Abgabe ihrer Erklärungen einen rechtsgeschäftlichen Bindungswillen hatten oder nur informelle Absichtserklärungen abgeben wollten (StBS 29; Schlette 217). Der Umstand allein, dass die Erklärungen unter Umständen auch in einer einheitlichen Urkunde niedergelegt werden, reicht für die Annahme des für einen öffentlich-rechtlichen Vertrag erforderlichen Rechtsbindungswillens nicht aus. Maßgeblich ist vielmehr, ob nach dem Inhalt der Erklärungen und den Gesamtumständen anzunehmen ist, dass eine **verbindliche Regelung getroffen werden sollte,** oder ob der Inhalt der Vereinbarung erst noch einer rechtsförmigen Umsetzung zB durch Stellung von Anträgen, den Erlass eines VA oder eines Bebauungsplans bedarf. Zur Abgrenzung OVG Magdeburg NVwZ 2016, 791. Nicht ausgeschlossen ist auch, dass die Absprachen auf den späteren Abschluss eines Vertrags gerichtet sind. 19

Am Rechtsbindungswillen fehlt es typischerweise bei den im Rahmen des kooperativen bzw konsensualen Verwaltungshandeln vielfach anzutreffenden **informellen Absprachen (Agreements)** zwischen Behörden und Verfahrensbeteiligten, mit denen lediglich bestimmte Verfahrensweisen bzw das weitere Vorgehen in Aussicht genommen werden. Derartige informelle Formen der Kooperation zwischen Staat und Bürger spielen heute eine wesentliche Rolle.[65] Innerhalb oder außerhalb eines Verwaltungsverfahrens kommt es zu Verhandlun- 20

---

[63] Maunz BayVBl 1962, 3; Harries NJW 1984, 2190; Kopp WuV 1978, 178; BayVBl 1980, 611; im Verhältnis zu Konkurrenten auch Bleckmann, Subventionsrecht, 1978, 87, 89, 91, 146; hins der Ablehnung eines Vertragsschlusses auch BSG 44, 247; 51, 126; NJW 1978, 1215; Kopp 6. Aufl, § 54 Vorbem Rn 12.

[64] Zum offenen Einigungsmangel iSd § 154 BGB beim öffentlich-rechtlichen Vertrag OVG Bremen BauR 2009, 857.

[65] S näher Einf I Rn 74 ff; Becker, Kooperative und konsensuale Strukturen, passim; Brohm DVBl 1994, 133; Erichsen/Ehlers § 28 Rn 2; Maurer § 15 Rn 14 ff, zur Abgrenzung Rn 20; StBS 40 ff; Schneider VerwArch 1996, 38; Schendee, NVwZ 2001, 495; Burmeister VVDStRL 1993, 190; Kunig DVBl 1992, 1195; kritisch Schlette 218 ff.

gen mit dem Ziel einer partiellen oder vollständigen Konfliktlösung, an deren Ende eine Verständigung zwischen Beteiligten stehen kann. Die Ergebnisse werden nicht selten auch schriftlich fixiert. Das gilt auch für die Ergebnisse sog mittlergestützter Aushandlungsprozesse, den Absprachen in sog **Konfliktmittlungs- oder Mediationsverfahren** (Einf I Rn 77 ff). Auch die sog **normvermeidenden Absprachen** zwischen Staat und Wirtschaft gehören hierher (Köpp S 130 ff). Bei diesen informellen Absprachen, Agreements usw wird es sich regelmäßig nicht um öffentlich-rechtliche Verträge handeln, weil die abgegebenen Erklärungen nicht auf die Herbeiführung eines rechtsgeschäftlichen Erfolgs gerichtet sind. Sie lösen zumeist mehr oder weniger starke **faktische Bindungen** aus, durch die sich die Beteiligten in der Regel veranlasst sehen, sich im weiteren Verfahren den Absichtserklärungen entsprechend zu verhalten (s hierzu Einf I Rn 76). Diese Bindungen sind aber nicht rechtlicher Natur und insbesondere gerichtlich nicht durchsetzbar. Die Beteiligten verbinden mit ihnen vielmehr die Erwartung, dass es im Interesse des Partners liegt, sich den entsprechenden Absichtserklärungen gemäß zu verhalten.

21 **bb) Rechtsnatur der Willenserklärungen.** Die auf den Abschluss eines öffentlich-rechtlichen Vertrages gerichteten **Willenserklärungen der Behörde** stellen **keine VAe** dar (s näher § 35 Rn 60). Sie sind zwar auf einen Rechtserfolg gerichtet, rufen diesen aber auf Grund einer vertraglichen Einigung und nicht kraft ihrer einseitig hoheitlichen Bindungswirkung hervor.[66] Auch die Entscheidung der Verwaltungsbehörde über den Abschluss eines Vertrages, die dem eigentlichen Abschluss möglicherweise gedanklich vorgelagert ist, stellt keinen VA dar (s auch oben Rn 17).[67] Die auf den Vertragsabschluss gerichtete **Erklärung des privaten Vertragspartners** hat eine **Doppelnatur:** Sie ist zum einen Willenserklärung, zum anderen Verfahrenshandlung (s unten Rn 22).

21a Die übereinstimmenden schriftlichen Willenserklärungen müssen auf einen Rechtserfolg **kraft vertraglicher Einigung** gerichtet sein. Dies bedeutet nicht, dass alle Vertragsparteien eigene Leistungspflichten übernehmen müssten. Möglich sind auch **einseitig berechtigende und verpflichtende Verträge** (zB: Erlassvertrag, Verzichtsvertrag) und sog **hinkende Austauschverträge,** in denen sich nur ein Beteiligter zu einem bestimmten Tun, Dulden oder Unterlassen verpflichtet für den Fall, dass bestimmte (idR ihm günstige) Bedingungen eintreten (Beispiel: Verpflichtung zur Übernahme von Folgekosten für den Fall der Aufstellung eines Bebauungsplanes). Auch die Willenserklärungen der privatrechtlichen Vertragspartner sind öffentlich-rechtlicher Natur, weil sie auf das Zustandekommen eines öffentlich-rechtlichen Vertrages gerichtet sind (ebenso StBS 37 mwN).

22 **cc) Wirksamkeit der Willenserklärungen.** Für das Zustandekommen und die Wirksamkeit der Willenserklärungen der Vertragspartner gelten grundsätzlich die allgemeinen bürgerlich-rechtlichen Regeln, insbesondere auch die §§ 116 ff BGB entsprechend (§ 62 S 2), soweit die Vorschriften des VwVfG selbst keine Regelungen enthalten.[68] Problematisch ist, ob es ausreicht, dass die Vertragspartner nach § 12 **Handlungsfähigkeit** besitzen, oder ob darüber hinaus im Hinblick darauf, dass der Verwaltungsvertrag sowohl Verfahrenshandlung als auch Rechtsgeschäft ist, zusätzlich die Geschäftsfähigkeit nach den Regelungen des BGB erforderlich ist. Die Frage dürfte zu verneinen sein, da es für die im Verwaltungsverfahren Handlungsfähigen nicht darauf ankommen dürfte, ob das Verfahren durch VA oder durch Vertrag abgeschlossen wird.

---

[66] Ganz hM vgl OVG Koblenz AS 32, 17; StBS 36; Kluth NVwZ 1990, 608 mwN; VGH München NJW 1978, 2410; OVG Münster NVwZ 1984, 522; Knack/Henneke 78; Obermayer 8.

[67] So zutreffend OVG Koblenz AS 32, 17; **aA** OVG Lüneburg, NdsVBl 1999, 285.

[68] Erichsen/Ehlers § 30 Rn 11; § 31 Rn 2.

22a Da für den öffentlich-rechtlichen Vertrag **Schriftform** zwingend vorgeschrieben ist (§ 57), müssen die auf den Vertragsabschluss gerichteten Willenserklärungen (Angebot und Annahme) ihrerseits in schriftlicher Form den übrigen Vertragspartnern zugehen (siehe § 57 Rn 7), sofern nicht weitergehend verlangt wird, dass eine Vertragsurkunde die Unterschriften aller Vertragspartner trägt (zum **Problem der Urkundeneinheit** siehe § 57 Rn 8). Diese Frage wird im Hinblick auf die erweiterten **Möglichkeiten schriftformäquivalenter elektronischer Kommunikation** (vgl § 3a Abs 2) an Bedeutung zunehmen (s § 3a Rn 14ff). Für die Wirksamkeit von Angebot und Annahme gelten im Übrigen die §§ 145ff BGB entsprechend (§ 62 S 2). Wegen des Schriftformerfordernisses kommt allerdings weder ein mündliches oder konkludentes Vertragsangebot noch eine ebensolche Annahmeerklärung in Betracht.

23 **dd) Faktische Verträge?** In der Literatur ist **umstritten,** ob Verträge auch anders als durch die Abgabe zweier auf die Setzung einer gemeinsamen Rechtsfolge gerichteten übereinstimmenden Willenserklärungen zustande kommen können, nämlich durch bloßes faktisches, sozialtypisches Verhalten (vgl hierzu Haupt, Über faktische Vertragsverhältnisse, 1941). Die Begründung eines faktischen Vertragsverhältnisses im öffentlichen Recht wird teilweise für Fälle der rein tatsächlichen Inanspruchnahme von öffentlichen Versorgungseinrichtungen, etwa bei Verkehrsbetrieben, Schwimmbädern, Museen und Parkplätzen, für möglich gehalten.[69] Diese Auffassung **wird zu Recht abgelehnt.** Für eine Übertragung der im Zivilrecht entwickelten Lehre vom faktischen Vertrag in das öffentliche Recht besteht kein Bedürfnis. Soweit bei öffentlichen Einrichtungen das Benutzungsverhältnis öffentlich-rechtlich ausgestaltet ist, ist der **Abschluss formloser öffentlich-rechtlicher Benutzungsverträge nicht ausgeschlossen,** wenn das Schriftformerfordernis (§ 57) durch entsprechende Bestimmungen einer Benutzungssatzung rechtswirksam aufgehoben worden ist (vgl § 57 Rn 4).[70] Fehlt es an einer derartigen Satzung, so kommt durch die Zulassung zu einer öffentlichen Einrichtung ein öffentlich-rechtliches Benutzungsverhältnis zustande, welches nicht vertraglich, sondern einseitig hoheitlich begründet wird. Zur rechtlichen Qualifikation der Regelung von Anstaltsbenutzungsverhältnissen als Allgemeinverfügung s § 35 Rn 168.

24 **b) Abgrenzung zum mitwirkungsbedürftigen VA.** In den Fällen des § 54 Satz 2 kann zweifelhaft sein, ob die Beteiligten einen öffentlich-rechtlichen Vertrag geschlossen haben oder ob die Behörde einseitig einen VA erlassen hat, der zuvor vom Bürger beantragt wurde oder dem er später zustimmt (Erteilung der beantragten Genehmigung, Bewilligung der beantragten Leistung, s § 35 Rn 182). Ob vor Erlass des VA Verhandlungen stattgefunden haben, kann nicht entscheidend sein (Schlette 183). Maßgeblich ist vielmehr, ob den schriftlichen Erklärungen der Beteiligten ein **rechtsgeschäftlicher Bindungswille** innewohnt, die Erklärungen also auf die gemeinsame Herbeiführung eines Rechtserfolges kraft Einigung gerichtet sind, oder ob die beteiligte Behörde kraft ihrer Hoheitsmacht eine den Bürger bindende **einseitige Rechtsfolgeanordnung** trifft, der von Seiten des Bürgers nur zugestimmt wird. Maßgeblich ist der erkennbare Wille der Beteiligten, wie er nach den Gesamtumständen zu verstehen ist.[71]

25 **aa) Maßgebliche Auslegungskriterien.** Wichtige Indizien für die Einordnung bieten die **Bezeichnung** als Vertrag oder Bescheid, das **Verfahren** und die

---

[69] Vgl Degenhart AöR 1978, 163.

[70] Ebenso StBS 33; vgl für das Zivilrecht MüKo vor § 116 Rn 40; Köhler JZ 1991, 464; Canaris JZ 1971, 560.

[71] BVerwGE 60, 210 25, 72; BVerwG NJW 1984, 2113; Knack/Henneke Rn 49 f vor § 54; Schlette 184f; Ehlers Vw 1998, 53, 77; Maurer § 14 Rn 19; WBSK I § 54 Rn 27; StBS 39.

übrigen **Umstände** des Zustandekommens der Regelung.[72] Allein der Umstand, dass eine Regelung mit dem Betroffenen besprochen wurde oder diesem der Entwurf der einer beabsichtigten Regelung mit der Bitte um Zustimmung vorgelegt wurde, lässt noch nicht auf einen öffentlich-rechtlichen Vertrag schließen.[73] Auch die Festlegung einer Gegenleistung lässt nicht zwingend auf das Vorliegen eines Vertrages schließen, da auch ein VA Nebenbestimmungen enthalten kann, die den Bürger zu einem bestimmten Verhalten verpflichten (Brohm VVDStRL 30, 282; Krause 227). Das Angebot der Behörde zu einem abgestimmten Vorgehen kann auch eine Zusage unter einer Bedingung enthalten („der VA wird erlassen, wenn …").

26 **bb) Über- oder Gleichordnung.** In Gleichordnungsverhältnissen spricht im Allgemeinen der Umstand, dass kein Beteiligter die Befugnis zu hoheitlichem Handeln gegenüber dem anderen hat, im Zweifel für das Vorliegen eines Vertrages. **In Über- und Unterordnungsverhältnissen,** dh in Bereichen, in denen die Behörde zum Erlass von VAen ermächtigt ist und Regelungen durch VA üblich sind, ist dagegen im Zweifel anzunehmen, dass durch VA gehandelt wurde (BVerwG NJW 1961, 137). Nicht um einen Vertrag handelt es sich zB, wenn aufgrund der Erklärung eines Bürgers gegenüber der Ausländerbehörde, für Unterhalt usw eines Ausländers zu sorgen, eine Aufenthaltsgenehmigung erteilt wird (BGH NJW 1991, 2209).

27 **2. Öffentlichrechtlichkeit. a) Maßgeblichkeit des Gegenstandes.** Der Vertrag muss auf dem Gebiet des öffentlichen Rechts geschlossen werden. Maßgeblich für die Zuordnung zum öffentlichen oder zum privaten Recht ist der Gegenstand des Vertrages bzw der Vertragsinhalt.[74] Es kommt also nicht auf die subjektiven Vorstellungen der vertragsschließenden Parteien an, sondern objektiv auf die **Zuordnung des Rechtsverhältnisses**, welches durch den Vertrag begründet, ausgestaltet oder aufgehoben wird (Maurer § 14 Rn 9). Anders als beim Handeln in der Form eines VA (vgl § 35 Rn 18 ff) kommt der Form, in der ein Vertrag geschlossen wird, für die Zuordnung zum öffentlichen Recht keine bedeutsame Rolle zu (§ 57 betrifft nur die Wirksamkeit). Schließlich hat auch die Behörde grundsätzlich **kein Wahlrecht,** ob sie einen öffentlich-rechtlichen oder einen privatrechtlichen Vertrag schließen will (so zutreffend Schlette 122 ff). Lediglich in den **Bereichen des Verwaltungsprivatrechts,** in denen der Verwaltung das Recht zusteht, bestimmte Rechtsverhältnisse entweder öffentlich-rechtlich oder privatrechtlich auszugestalten (zB bei der Ausgestaltung des Benutzungsverhältnisses von öffentlichen Einrichtungen, sofern keine gesetzlichen Vorgaben bestehen), ergibt sich mittelbar ein Wahlrecht, welches aber dem Abschluss des Vertrages dogmatisch vorgelagert ist.

28 **aa) Beteiligung eines Hoheitsträgers** ist für die Qualifizierung eines öffentlich-rechtlichen Vertrages grundsätzlich weder ausreichend[75] noch in allen Fällen zwingend erforderlich,[76] wohl aber für die Einordnung als Verwaltungsvertrag iSd §§ 54 ff. Als öffentlich-rechtlich ist ein Vertrag auch dann anzusehen,

---

[72] BVerwGE 60, 210; OVG Koblenz NVwZ 1998, 945; VG Schleswig NJW 1982, 348; UL § 68 Rn 2; StBS 39; Krause 328 ff; Schlette 185.

[73] BVerwGE 25, 72; Bauer, in: Hoffmann-Riem/Schmidt-Aßmann, Innovation und Flexibilität, 245, 256; Schlette 183; zu Berufungsvereinbarungen mit Professoren und zu beamtenrechtlichen Zusicherungen auch VGH München ZBR 1953, 118; WBSK I § 54 Rn 27.

[74] Vgl GSOGB, BVerwGE 74, 368; ferner BVerwGE 111, 162, 164; 92, 56, 58; 30, 65, 67; 42, 331; Erichsen/Ehlers § 29 Rn 3; StBS 76; Maurer § 14 Rn 7; Knack/Henneke Rn 40 f vor § 54.

[75] BGH NVwZ 2013, 96 mwN (Grundstückskaufvertrag zwischen Bund und Land).

[76] BGHZ 32, 214; 35, 177; 56, 368; WBSK I § 54 Rn 34; Maurer § 14 Rn 10; Erichsen/Ehlers § 29 Rn 8; Kopp/Schenke § 40 Rn 9; Lange NVwZ 1983, 321; **aA** Gern NJW 1979, 695: zumindest ein Vertragspartner muss öffentlicher Rechtsträger sein.

wenn er zwar zwischen Bürgern geschlossen wird, aber eine öffentlich-rechtliche Verpflichtung oder Berechtigung zum Gegenstand (s oben Rn 28) hat.[77] Dies gilt etwa für Verträge gem Art 54 Abs 4 bayStrWG über die **Übernahme der Straßenbaulast** (vgl Kopp/Schenke § 40 Rn 9) oder gem § 55 nwLWG über die **Unterhaltungspflicht an einem Gewässer;**[78] der **Beförderungsvertrag** zwischen einem nach dem UnBefG zur unentgeltlichen Beförderung berechtigten **Schwerbehinderten** und einem Bus-Unternehmer (BVerwGE 37, 243).

bb) Hybrides Verwaltungshandeln. Zweifelhaft ist, ob eine in einem Vertrag übernommene Verpflichtung je nach dem einschlägigen rechtlichen Zusammenhang als **öffentlich-rechtlich und zugleich als privatrechtlich** qualifiziert werden kann, zB eine Lohnregelung in einem Arbeitsvertrag, die hinsichtlich der Lohnhöhe vom öffentlichen Arbeitgeber zT auch als Gegenleistung für die Verpflichtung, nach Abschluss der Ausbildung als Beamter in den Staatsdienst zu treten, bestimmt wurde (Kopp JZ 1991, 564; allg zu Ausbildungsförderungsverträgen unten Rn 54). Dies wurde vom GemSOGB (BVerwGE 74, 370) für Verträge zwischen den gesetzlichen Krankenkassen und privaten Unternehmern über die Lieferung von Heil- und Hilfsmittel an Versicherte angenommen. Soweit es dabei um wettbewerbsrechtliche Fragen geht, soll die Vereinbarung privatrechtlich, im Übrigen aber sozialrechtlich und damit öffentlich-rechtlich einzustufen sein. Diese Konstruktion ist problematisch. Näher liegt hier eine einheitliche öffentlich-rechtliche Qualifizierung.[79] 29

b) Zuordnung zum öffentlichen Recht. Der Inhalt der Vereinbarung muss dem öffentlichen Recht zugeordnet werden können.[80] Hierfür kommt es auf den Gegenstand der Vereinbarung an.[81] Maßgebliches Kriterium sind dabei vor allem die angestrebten Rechtsfolgen,[82] dh die Frage, ob die durch die Vereinbarungen begründeten, konkretisierten, veränderten, aufgehobenen oder festgestellten Rechtsverhältnisse, also die Rechte und Pflichten der Vertragsparteien, den Gebieten des öffentlichen Rechts zuzuordnen sind.[83] Dass ein Vertrag der Erfüllung öffentlicher Aufgaben dient, erlaubt noch nicht die Zuordnung zum öffentlichen Recht, da öffentliche Aufgaben uU auch mit Mitteln des Privatrechts erfüllt werden können und auch tatsächlich erfüllt werden.[84] Deshalb kommt es darauf an, ob die öffentlichen Aufgaben, denen der Vertrag dient, entweder durch Rechtsnormen öffentlich-rechtlich geregelt sind oder – soweit die Verwaltung insoweit ein Wahlrecht hat – die Aufgabenerfüllung in den Formen des öffentlichen Rechts vorgesehen hat. Dies kann etwa in den Bereichen des Verwaltungsprivatrechts der Fall sein. 30

---

[77] BVerwGE 37, 243; DVBl 1992, 1295; F 280; Erichsen/Ehlers § 29 Rn 4; Obermayer VerwR 2. Aufl 137, 139; Kopp/Schenke § 40 Rn 9; nach WBSK I § 54 Rn 31, 34 kommt es allgemein auf den öffentlich-rechtlichen Sachzusammenhang an.

[78] WBSK I § 54 Rn 34.

[79] HM, vgl Maurer § 14 Rn 11; UL § 68 Rn 7; s auch BSG JZ 1986, 501; Schoch/Schmidt-Aßmann/Pietzner, VwGO § 40 Rn 313f.

[80] Begr 308; GemSOBG BVerwGE 74, 370; BVerwG DVBl 1993, 655 zum sog Weilheimer Modell; ebenso zur Rechtslage vor Inkrafttreten des VwVfG BVerwGE 30, 65; 42, 332; 49, 361; WBSK I § 54 Rn 30f; Erichsen/Ehlers § 29 Rn 3; zT **aA** Gern VerwArch 1979, 219: maßgebend, ob zumindest auf einer Seite ein öffentlicher Rechtsträger in seiner Eigenschaft als solcher beteiligt ist.

[81] Ganz hM, vgl BVerwGE 22, 138, 140f; BGHZ 56, 365; BSGE 35, 47, 50; 51, 126, 129.

[82] VGH München BayVBl 1978, 146; 1985, 372; Erichsen/Ehlers § 29 Rn 3.

[83] BVerwGE 111, 162, 164; 96, 326, 329; 92, 56, 58; BVerwG NJW 1995, 1105; OVG Koblenz NJW 2002, 3724; VGH München BayVBl 2000, 595; StBS 75ff; Maurer § 14 Rn 7ff; Ziekow/Siegel VerwArch 2003, 597; ferner BGHZ 32, 217; 56, 368; 89, 251.

[84] BVerwGE 92, 56, 58 (Weilheimer Modell); VGH München NVwZ-RR 2000, 121; BGH NVwZ 2003, 371; Ziekow/Siegel VerwArch 2003, 598.

30a **aa) Vollzug öffentlich-rechtlicher Normen.** Ein öffentlich-rechtlicher Vertragsgegegenstand ist anzunehmen, wenn die vertraglich vereinbarten Rechte und Pflichten der Sache nach sonst **in Normen des öffentlichen Rechts**[85] **geregelt** sind. Dabei ist eine abstrakte Betrachtungsweise geboten; es kommt nicht darauf an, dass die konkret im Vertrag getroffene Regelung als (rechtmäßiger) Anwendungsfall einer Norm des öffentlichen Rechts erscheint. Vielmehr ist entscheidend, dass die vertraglich geregelten Rechte und Pflichten ihrer Art bzw ihrem Inhalt nach typischerweise Gegenstand öffentlich-rechtlicher Regelungen sind **(Vorordnungslehre).** Das ist zB stets anzunehmen, wenn die vereinbarten Leistungen nur von einem Hoheitsträger erbracht werden können, weil ein Privater hierzu nicht berechtigt wäre. Ebenfalls um einen Vollzug öffentlich-rechtlicher Normen handelt es sich, wenn als Vertragsgegenstand ein Bestandteil einer hoheitlichen Aufgabe einem privaten Dritten übertragen wird, da sie dadurch nicht zur privatrechtlich verfügbaren Aufgabe wird; der Vertrag bleibt öffentlich-rechtlicher Natur.[86]

30b **bb) Sachzusammenhang.** Finden die vertraglichen Regelungen in keiner Rechtsvorschrift eine unmittelbare sachlich-inhaltliche Entsprechung, so kommt es darauf an, ob die Materie, das Gebiet, auf dem die Rechte und Pflichten begründet oder verändert werden, sonst dem öffentlichen Recht zugeordnet ist. Als öffentlich-rechtlich sind deshalb Verträge anzusehen, die sich auf einen nach den maßgeblichen Rechtsvorschriften und Grundsätzen öffentlich-rechtlich geregelten Sachverhalt beziehen,[87] dh Verträge, die auf eine Ausgestaltung oder Abänderung öffentlich-rechtlich geregelter Verpflichtungen oder Berechtigungen abzielen (BVerwGE 60, 209), insb Pflichten und Rechte in Über- und Unterordnungsverhältnissen durch vertragliche Regelungen ersetzen, abändern, ergänzen oder näher bestimmen.[88] Gleiches gilt auch für solche, die inhaltlich so **eng mit öffentlich-rechtlichen Berechtigungen oder Verpflichtungen zusammenhängen,** dass sie unter dem Gesichtspunkt des Sachzusammenhangs demselben Rechtsbereich zuzurechnen sind,[89] insb auch Verträge, die VAe ersetzen (§ 54 S 2), zB Verträge über die Gewährung von Subventionen (vgl dazu eingehend Knack/Henneke 20 ff), oder in denen sich eine Behörde zum Erlass von VAen, Satzungen usw verpflichtet.[90]

30c **Auch wenn die öffentlich-rechtliche „causa" nicht ausdrücklich** im Text des Vertrages als Vertragsgegenstand genannt wird,[91] sondern sich die für den öffentlich-rechtlichen Charakter wesentlichen Elemente nur im Weg der Auslegung aus dem Zusammenhang der im Vertrag getroffenen Regelungen ergeben oder uU auch ohne Erwähnung im Vertragstext offensichtlich sind, kann ein öffentlich-rechtlicher Vertrag vorliegen.[92] Insb genügt es auch, wenn das von

---

[85] Zur Zuordnung der Normen zum öffentlichen Recht s § 1 Rn 12 ff.

[86] OVG Magdeburg, U v 17.6.2014 – 3 L 430/14, juris.

[87] BVerwG NJW 1995, 1105; BVerwGE 42, 332; BVerwG DÖV 1981, 878; BGHZ 56, 368; OVG Münster NJW 1986, 1012; 1991, 61; Lange JuS 1982, 501.

[88] Begr 78; GSOBG BVerwGE 74, 370 = NJW 1986, 2359; BVerwGE 22, 140; 60, 269; 84, 257 = NJW 1990, 1926: vertragliche Regelung über Schuldgrund, Umfang und Modalitäten der öffentlichen Leistungspflicht und ihre Durchsetzung; BVerwG DVBl 1994, 482 zur Pflegesatzvereinbarung gem § 93 Abs 2 BSHG; BGHZ 32, 214; 35, 71; 56, 368; 116, 339; ebenso Erichsen/Ehlers § 29 Rn 3 f unter Heranziehung der Sonderrechtstheorie; Bettermann JZ 1967, 663, 445.

[89] Vgl BVerwG NVwZ 1989, 176; NVwZ 1990, 665; BGHZ 56, 368; 87, 12; OLG Schleswig NVwZ 1988, 761; WBSK I § 54 Rn 31; Maurer § 14 Rn 10.

[90] Birk NJW 1977, 797; Di Fabio DVBl 1990, 342; Peine NVwZ 1990, 548.

[91] Vgl BVerwGE 45, 309, 317 = DVBl 1974, 767, 771 – sog „Flachglasurteil" – zu einer vertraglichen Vereinbarung im „Vorfeld" der Bauleitplanung; München NJW 1990, 3164 (Einheimischenmodell); OVG Koblenz NVwZ 1992, 796: ausreichend, wenn die öffentlich-rechtliche Leistung der Behörde nur „Geschäftsgrundlage" ist.

[92] Vgl BVerwGE 42, 343; 84, 236 = NVwZ 1990, 665; OVG Koblenz DVBl 1992, 786.

einem öffentlich-rechtlichen Rechtsträger erwartete Handeln, zB die **Aufstellung eines Bebauungsplans,** die Herstellung des Einvernehmens nach § 36 BauGB usw, nicht als Gegenleistung der vom Vertragspartner zu erbringenden Leistung erscheint, sondern – wie bei **hinkenden Austauschverträgen** üblich – als „Bedingung" dafür vorausgesetzt wird, ohne dass entsprechende Ansprüche des Vertragspartners begründet werden.[93] Öffentlich-rechtlich ist auch ein Vertrag, in dem sich ein Antragsteller, um seine Einbürgerung zu erreichen, in einer notariell beurkundeten Erklärung zur Rückzahlung von Ausbildungsbeihilfen verpflichtet und sich hins der Rückzahlungsverpflichtung in der notariellen Urkunde gem § 784 Abs 1 Nr 5 ZPO durch ein Schuldanerkenntnis gem § 781 BGB der sofortigen Zwangsvollstreckung unterwirft (BVerwG NJW 1995, 1104).

c) Unterschiedliche Bewertung von Vertragsteilen? aa) Grundsatz der einheitlichen Beurteilung. Teilweise wird die Auffassung vertreten, dass Verträge sowohl öffentlich-rechtliche als auch privatrechtliche Vereinbarungen enthalten könnten mit der Folge, dass einzelne Teile des Vertrages privatrechtlich, andere dagegen öffentlich-rechtlich zu beurteilen seien.[94] Diese Auffassung kann nur für Ausnahmefälle überzeugen. Sie berücksichtigt nicht hinreichend, dass in einem zwischen einer Behörde und einem Privaten geschlossenen Vertrag stets Teile enthalten sein werden, die als solche nicht dem öffentlichen Recht zugeordnet werden können. Richtigerweise gilt deshalb der Grundsatz der einheitlichen Beurteilung der Rechtsnatur eines Vertrages.[95] Danach kommt es, vorbehaltlich der Fälle zusammengesetzter Verträge (unten Rn 33) nicht auf die einzelnen vereinbarten Rechte und Pflichten an, sondern auf eine Gesamtzuordnung des Vertragsgegenstandes. 31

Da viele Leistungspflichten, insbesondere Zahlungspflichten, für sich rechtlich neutral sind, richtet sich die Rechtsnatur des Vertrages nach denjenigen **Abreden, die dem Vertrag das Gepräge geben** und eine Zuordnung zum öffentlichen oder zum privaten Recht erlauben. Das müssen nicht notwendig Rechtspflichten sein, wie ein Blick auf die sog hinkenden Austauschverträge (s hierzu näher 51a) zeigt. Wenn wesentliche Abreden des Vertrages dem öffentlichen Recht zugeordnet werden müssen, erfasst diese Zuordnung auch die übrigen Vertragsbestimmungen jedenfalls dann, wenn und soweit die **Regelungen in engem inneren Zusammenhang,** nicht notwendig im Synallagma gem § 320 BGB, zueinander stehen und deshalb als Teile eines einheitlichen Rechtsverhältnisses angesehen werden müssen.[96] Ein Rechtsverhältnis kann, auch soweit es verschiedene Rechte und Pflichten umfasst, nur einheitlich entweder öffentlich-rechtlich oder privatrechtlich qualifiziert werden. In diesem Sinne gibt es **keine gemischten Rechtsverhältnisse,** bei denen einzelne Rechte und Pflichten dem Privatrecht, andere wiederum dem öffentlichen Recht zuzuordnen wären.[97] Wenn sich also eine Be-

---

[93] BVerwGE 111, 162, 164 unter Hinweis auf BVerwGE 42, 333; BGHZ 56, 365 und DÖV 1974, 712; VGH München NVwZ 1990, 981; FKS 40; **aA** offenbar, aber ohne Begründung BGH, U v 2.10.2015, V ZR 307/13, juris.

[94] BGHZ 43, 34; 56, 365, die Möglichkeit zumindest erwägend aber im Ergebnis ablehnend; Gern, Der Vertrag zwischen Privaten über öffentlich-rechtliche Berechtigungen und Verpflichtungen, S 56; BVerwG NVwZ 2013, 209 kann wohl auch dahingehend verstanden werden.

[95] StBS 74 ff; Knack/Henneke 70; FKS 39; Lange, NVwZ 1983, 313; aA Obermayer/Funke-Kaiser 33.

[96] BVerwGE 22, 140; 42, 332 f; BVerwG DÖV 1981, 878; NJW 1980, 2538; DÖV 1994, 570; BGHZ 35, 71; 56, 372; Erichsen/Ehlers § 29 Rn 5; Knack/Henneke 70; MB 30 f; Menger VerwArch 1973, 203; Gern VerwArch 1979, 219; Lange JuS 1982, 503; Gries/Willebrand JuS 1990, 106; MK 20 III 1b; zT **aA** BGHZ 56, 368: getrennte Beurteilung.

[97] Str, wie hier StBS 78; Maurer § 14 Rn 11; Knack/Henneke 70; Erichsen/Ehlers § 29 Rn 5: Grundsätzlich kann ein Rechtsverhältnis nur eine einheitliche Natur haben, jedoch

hörde in einem Kaufvertrag nicht nur zur Übertragung des Eigentums an einem Grundstück verpflichtet, sondern auch zum Erlass späterer Erschließungsbeiträge, so ist dies Teil der versprochenen Leistung; eine Trennung in einen privatrechtlichen Kaufvertrag und einen öffentlich-rechtlichen Erlass ist idR nicht möglich.

32 **bb) Prägende Wirkung des öffentlich-rechtlichen Teils.** Nach dem Grundsatz der Einheitlichkeit muss der Vertrag entweder dem öffentlichen oder dem privaten Recht zugeordnet werden. Hier wird mit der zutreffenden hM darauf abzustellen sein, die vertraglichen Regelungen auf dem Gebiet des öffentlichen oder des privaten Rechts dem Vertrag sein Gepräge geben.[98] In der Literatur wird demgegenüber teilweise die Auffassung vertreten, ein Vertrag sei schon dann einheitlich als öffentlich-rechtlicher zu behandeln, wenn auch nur ein einziger Regelungsgegenstand dem öffentlichen Recht zuzuordnen sei.[99] Die praktischen Auswirkungen dieser unterschiedlichen Positionen sind gering. Nach beiden Auffassungen wird wird stets Öffentlichrechtlichkeit anzunehmen sein, wenn die im Vertrag übernommene öffentlich-rechtliche Verpflichtung oder – bei hinkenden Verträgen – die vorausgesetzte öffentlich-rechtliche Handlung nicht nur den Charakter einer bloßen Nebenabrede, sondern für die Vertragspartner wesentliches Gewicht hat.[100] **Maßgeblich** ist **das, was die Behörde verspricht** oder in Aussicht stellt. Ein Vertrag ist danach schon dann insgesamt als verwaltungsrechtlicher Vertrag zu qualifizieren, wenn die getroffenen Regelungen unmittelbar den Vollzug oder die Anwendung öffentlich-rechtlicher Normen berühren oder zur Grundlage haben. Ein Synallagma zwischen den öffentlich-rechtlichen Inhalten bzw Grundlagen und den indifferenten Pflichten ist demgegenüber nicht erforderlich (so auch Ziekow/Siegel VerwArch 2003, 598).

33 **cc) Verträge mit öffentlich- und privatrechtlichen Teilen.** Der Grundsatz der einheitlichen Beurteilung schließt die Anerkennung von zusammengesetzten Verträgen nicht aus, in denen sowohl öffentlich-rechtliche als auch privatrechtliche Rechtsverhältnisse in einem Vertrag zusammengefasst werden. Von solchen Verträgen spricht man erstens dann, wenn **zwei Verträge in einer Urkunde** zusammengefasst werden, und zweitens wenn innerhalb einer vertraglichen Vereinbarung der privatrechtliche und der öffentlich-rechtliche Teil ein jeweils voneinander unabhängiges Schicksal haben können **(Teilbarkeit).** Letzteres ist der Fall, wenn sich die Teile sachlich voneinander trennen lassen, weil sie sachlich **nicht aufeinander bezogen, sondern voneinander unabhängig** sind. Dies wird von der Rspr in jüngerer Zeit insbesondere in Dreiecksbeziehungen häufiger angenommen.[101] In einem derartigen Fall gelten die §§ 54 ff nur für denjenigen Teil des Vertrages, der die öffentlich-rechtlichen Rechtsverhältnisse umfasst. Voraussetzung ist erstens, dass die Abreden auch als Inhalte jeweils iso-

---

kann ein Vertragswerk mehrere Rechtsverhältnisse begründen, ändern oder aufheben, die getrennt zu beurteilen sind; Obermayer 33; Schlette 137; **aA** offenbar BVerwGE 84, 183, 185; Birk, Städtebauliche Verträge, Rn 611 (für den Umlegungsvertrag); Brohm, Öffentliches Baurecht § 7 Rn 15; Jachmann BayVBl 1993, 326; Götz DVBl 1990, 441; hierzu zutreffend Schlette 137 FN 144.

98 So wohl BVerwGE 111, 162, 164; 92, 56, 59; BVerwG NJW 1990, 1679; BGHZ 67, 81, 88; BGH NVwZ 2003, 371; hierhin tendierend wohl auch StBS 78; einschränkend Erichsen/Ehlers § 24 Rn 4: Ein Zuordnung nach dem Schwerpunkt kommt nur dann in Betracht, wenn die Rechtsverhältnisse des Vertragswerks nicht teilbar sind.

99 UL § 68 Rn 5; Maurer § 14 Rn 11; Schlette 138; wohl auch Obermayer 33; Knack/Henneke 70; Lange JuS 1982, 500.

100 Ähnlich StBS 78; Maurer § 14 Rn 11; Ziekow/Siegel VerwArch 2003, 598.

101 Vgl BVerwGE 143, 335 für Vergleichsvertrag nach dem VermG; BVerwGE 138, 244 für Pflichten im Dreiecksverhältnis von Gemeinde, Anliegern und Unternehmer, hirzu Bier DVBl 2013, 541; BVerwG DVBl 2005, 516; OVG Lüneburg NordÖR 2002, 307 jeweils für öffentlich-rechtliche Nebenabrede im Angestelltenvertrag (zweifelhaft); StBS 77; Kopp JZ 1991, 569; Knack/Henneke 71.

lierter rechtlicher Vereinbarungen sinnvoll sind, und zweitens, dass sie inhaltlich nicht aufeinander bezogen sind. Allein der Umstand, dass die einzelnen Vertragsbestimmungen nicht im Synallagma stehen, reicht für eine unterschiedliche Behandlung einzelner Teile nicht aus. Das gilt insbesondere für Nebenabreden in Austauschverträgen und hinkenden Austauschverträgen.[102]

3. Zuordnung typischer Vereinbarungen. a) Einzelfälle öffentlich-rechtlicher Einordnung. Als öffentlich-rechtlich sind anzusehen zB Verträge über die **Gewährung von staatlichen Beihilfen,** wenn bzw soweit über das „Ob" nicht gesondert durch VA entschieden worden ist;[103] der Vertrag einer Gemeinde mit einem Bürger, der ein Grundstück von ihr kauft, wenn der Kaufvertrag zugleich einen **Verzicht der Gemeinde auf Erschließungskosten** für dieses Grundstück enthält (VGH München NJW 1992, 2652); Verträge zwischen den Eltern und einer Gemeinde über den **Besuch eines gemeindlichen Kindergartens;**[104] zwischen Kirche und Staat über die **Erfüllung der staatlichen Baupflicht** an Pfarrgebäuden (VGH München BayVBl 1982, 689); über die Zustimmung der Gemeinde zu einem Bauantrag usw gegen die Übernahme von Folgekosten (sog **Folgekostenvertrag**);[105] über die Durchführung von Erschließungsmaßnahmen gem § 124 BauGB **(Erschließungsvertrag);**[106] über die Verpflichtung eines Investors zur Umsetzung eines Vorhaben- und Erschließungsplans (**Durchführungsvertrag** gem § 12 BauGB);[107] zwischen einer Gemeinde und den Grundstückseigentümern eines Gebiets zur Neuordnung der Grundstücksverhältnisse für die Erschließung und Bebauung des Gebiets **(Umlegungsvertrag);**[108] über den Erlass oder Nichterlass eines VA oder über die Zustimmung eines Rechtsträgers des öffentlichen Rechts zum Erlass eines VA (Obermayer 109 f); über die Abholung und Beseitigung von Altöl und die Gewährung von Zuschüssen im Zusammenhang damit **(Entsorgungsvertrag);**[109] über Darlehen auf sozialrechtlicher Grundlage (BVerwG NVwZ 1988, 762). 34

Öffentlich-rechtlich sind auch **Pflegesatzvereinbarungen** gem § 85 SGB XI;[110] Vereinbarungen zwischen einem Exporteur und der im Auftrag des Bundes tätigen HERMES über eine **Garantie im Rahmen der staatlichen Exportförderung;**[111] zwischen einem FKK-Verein und einer Gemeinde über die Benutzung des öffentlich-rechtlich betriebenen städtischen Freibades **(Nutzungsvertrag);**[112] zwischen Rechtsträgern des öffentlichen Rechts über die Unterhaltung von Wegen oder Brücken **(Wegebaulastvertrag);**[113] zwischen 35

---

[102] BVerwG NJW 1980, 2538; DÖV 1981, 878: Grundstückskaufvertrag mit nichtiger Bebauungsplanvereinbarung; BVerwG NJW 1990, 1679: Grundstückskaufvertrag und Ablösungsvertrag; zweifelhaft für Grundstückskaufvertrag mit Kostenregelung für Sielanschlusskosten, vgl OVG Schleswig NordÖR 2002, 309.

[103] Vgl BVerwGE 84, 236; OVG Münster NVwZ 1984, 522; VGH Kassel NVwZ 1990, 880; Knuth JuS 1986, 523.

[104] OVG Berlin JR 1976, 216; BVerwG NVwZ 1995, 790.

[105] Vgl BVerwGE 42, 331; 90, 311; BVerwG NVwZ 1991, 583; BGHZ 56, 368; 71, 288; BGH NJW 1986, 1109.

[106] Vgl BVerwG NVwZ-RR 1990, 434; BGH NJW 1970, 2108.

[107] Allg Meinnung, vgl OVG Bautzen NVwZ 1995, 181; Schrödter BauGB § 12 Rn 26 mwN; Birk, Städtebauliche Verträge, 5. Aufl 2014, Rn 844. Dasselbe dürfte auch für den Vorvertrag gelten, der vor dem eigentlichen Vertragsabschluss abgeschlossen wird, vgl hierzu Birk Rn 835.

[108] BVerwG NVwZ 2002, 473; VGH Mannheim NVwZ 2001, 694.

[109] BVerwG NVwZ 1986, 554; vgl Kunig/Paetow/Versteyl, KrW-/AbfG § 16 Rn 11.

[110] BVerwG, NVwZ 2009, 1043; BVerwG GesR 2009, 313.

[111] BVerwG DÖV 1974, 133; OVG Münster DVBl 1972, 614; str, **aA** BGH NJW 1997, 328.

[112] Vgl Saarlouis DÖV 1963, 273; anders bei privatrechtlicher Benutzungsregelung.

[113] BVerwGE 37, 236; OVG Münster DVBl 1972, 414; VGH München BayVBl 1967, 134; Hamburg VRspr 8, 228; Gries/Willebrand JuS 1990, 107; WBSK I § 54 Rn 33.

Gemeinde und Anlieger im Hinblick auf die **Überwälzung der Räum- und Streupflicht** (VGH München BayVBl 2009, 563); zwischen einem Bauträger und einem öffentlichen Rechtsträger über den Ausbau und die Übereignung eines Kanals (VGH Kassel DÖV 1978, 357); zwischen einem öffentlichen Dienstherrn und einem Beamten über die **Erstattung von Umzugskosten** (BVerwG VRspr 24, 688); **Stellplatzablöseverträge** zwischen Gemeinde und Bürger über die Ablösung der Verpflichtung zur Errichtung einer Garage;[114] **Promotionsverträge** zwischen Professor und Student über die Annahme als Doktorand, sofern ihnen Rechtsverbindlichkeit zukommt;[115] zwischen einem öffentlich-rechtlichen Rechtsträger und einem Studenten über die Verpflichtung zum späteren Eintritt in den öffentlichen Dienst gegen teilweise Übernahme der Ausbildungskosten **(Ausbildungskostenvertrag)**[116] oder über die Rückzahlung der Ausbildungskosten; zwischen einem Tierarzt und einem Landkreis über die **Tätigkeit als nicht-beamteter Fleischbeschauer** (BGHZ 22, 246); zwischen Bürgern und öffentlichen Rechtsträgern über besondere **öffentlich-rechtliche Geschäftsbesorgungen;**[117] zwischen Ausländerbehörde und Bürger über die Übernahme der Verpflichtung, erforderlichenfalls für den Lebensunterhalt eines Ausländers aufzukommen **(Lebenshaltungskostenübernahme),**[118] **Grabnutzungsverträge** zwischen Friedhofsverwaltung bzw Gemeinde und Bürger über eine Überlassung einer Grabstelle für einen bestimmten Zeitraum.[119]

35a **aa) Verträge zur Abwendung der Enteignung.** Öffentlich-rechtlich sind Einigungsverträge zwischen Grundeigentümer und Hoheitsträger oder sonstigen Enteignungsbegünstigten nach § 110 BauGB im Enteignungsverfahren; ebenso ein Vertrag zwischen diesen Beteiligten über die **Höhe der Enteignungsentschädigung** (Degenhart NVwZ 1982, 72); anders der sog freihändige Erwerb eines Grundstücks, das von der öffentlichen Hand für Zwecke des Gemeinwohls, zB für ein planfestgestelltes Vorhaben oder zur Grundstücksnutzung entsprechend den Festsetzungen eines Bebauungsplans erworben wird. Dass der Kaufvertrag zur Abwendung eines drohenden Enteignungsverfahrens geschlossen wird, führt allein nicht zur Annahme eines öffentlich-rechtlichen Vertrages.[120]

36 **bb) Werbenutzungsverträge. Öffentlich-rechtlich** sind auch die zwischen einer Gemeinde und einem Werbeunternehmen abgeschlossenen Verträge über die **exklusive Nutzung** des Raumes im Bereich öffentlicher Straßen, Wege und Plätze zu Werbezwecken, wenn der Vertrag zugleich die Erteilung der **generalisierbaren Teile der** erforderlichen öffentlich-rechtlichen **Sondernutzungserlaubnisse** (zB Geltungsdauer, maßgebliche Bedingungen) enthält und deshalb Sondernutzungsvertrag ist.[121] Klammert ein Vertrag die Frage der Erteilung der Sondernutzung dagegen aus und beschränkt er sich auf die Regelung der Möglichkeit einer ex-

---

[114] BVerwGE 23, 213; VGH München BayVBl 1987, 531; vgl auch BGH NJW 1983, 2823 mwN; Ehlers DVBl 1986, 529.

[115] BVerwG NJW 1967, 72; zT **aA** VGH Mannheim VBlBW 1981, 360; Fettig DVBl 1960, 881.

[116] Vgl BVerwGE 30, 65; 40, 237; BVerwG DVBl 1986, 945 mwN; NJW 1982, 1412; BAG JZ 1991, 563; OVG Münster DVBl 1990, 314; Tiedemann DÖV 1981, 428; Weber NVwZ 1986, 363; Kopp JZ 1991, 565; Schubert BayVBl 1994, 233.

[117] WBSK I § 54 Rn 52: Auftragsverhältnisse; Klein DVBl 1968, 129 f; Kriebel DÖV 1962, 766.

[118] Vgl OLG Düsseldorf NVwZ 1993, 405.

[119] BVerwGE 42, 332; 74, 37; 84, 236; VGH Mannheim DVBl 1993, 1295.

[120] BGHZ 95, 56, 58; 84, 1, 3; OLGR Jena 1996, 203.

[121] VGH Mannheim, U v 1.10.2004, 5 S 1012/03, juris; mit Hinweis auf VGH Mannheim NVwZ 1993, 903: öffentlich-rechtlich, da eine vorweggenommene öffentlich-rechtliche Sondernutzung an öffentlichen Straßen über Sondernutzungen an öffentlichen Wegen zu Werbezwecken (Werbenutzungsvertrag); ebenso OLG Bremen, B v 4.11.2014, 5 W 53/14, juris

kulusiven Überlassung von Werbeflächen im öffentlichen Raum, kann er dem Zivilrecht zugeordnet werden.[122] Problematisch ist das insbesondere aber dann, wenn der Vertrag im Hinblick auf die getroffene Entgeltvereinbarung einen Verzicht auf die Erhebung von Sondernutzungsgebühren enthält.

Ob derartige Werbenutzungsverträge im Hinblick auf die straßenrechtlich er- 36a
forderliche Ermessensentscheidung über Sondernutzungen wirksam sind, ist **umstritten.** Maßgeblich ist die Ausgestaltung der landesrechtlichen Regelung der Sondernutzung sowie die Art der Vertragsgestaltung, weil andere Werbeträger von der Möglichkeit der Erteilung von Sondernutzungen ausgeschlossen werden.[123] Werbenutzungsverträge, die im Interesse einer koordinierten Verteilung von Werbemöglichkeiten im öffentlichen Straßenraum geschlossen werden,[124] dürfen vor allem nicht dazu führen, dass Dritte schon aufgrund eines Verweises auf die exklusive Vermarktung von Sondernutzungen ausgeschlossen werden.[125] Zu berücksichtigen sind bei der gebotenen Einzelfallentscheidung besonders schützenswerte Interessen Dritter, etwa im Falle politischer Werbung oder gesundheitlicher Aufklärung.[126]

cc) Naturschutz-/Umweltschutzverträge. Öffentlich-rechtlich sind re- 36b
gelmäßig auch die über die Förderung gewerblicher Investitionen mit öffentlichen Mitteln durch die Gemeinde und über vom Vertragspartner vorzunehmende besondere **Maßnahmen vorbeugenden Umweltschutzes** über den gesetzlich erzwingbaren Rahmen hinaus[127] und Verträge zwischen Naturschutzbehörden und **Landwirten** über eine naturschutzgerechte Bewirtschaftung von Flächen.[128] Diese können auch an die Stelle einer sonst gebotenen normativen Unterschutzstellung treten, wenn weitere Pflichten Dritter nicht begründet werden müssen.[129] Nach § 3 Abs 3 BNatSchG soll jeweils überlegt werden, ob sich die Ziele des Gesetzes auch durch vertragliche Vereinbarungen erreichen lassen.[130] In vielen Fällen liegt zugleich ein Beihilfe- bzw Subventionsverhältnis vor, bei welchem die Maßnahmen zugunsten des Naturschutzes als Voraussetzung für die Förderung erscheinen.

dd) Subventions- und Förderungsverträge. Öffentlich-rechtlich sind 36c
auch Verträge mit dem Ziel einer Förderung bestimmter im öffentlichen Interesse gelegener Zwecke.[131] Dies gilt nicht nur für Fälle direkter Subventionierung, sondern auch für indirekte Unterstützung, etwa durch eine günstige oder unentgeltliche Überlassung von Grundstücken[132] oder anderen Vermögenswerten. Zur Vereinbarung einer Nebenbestimmung zu einem Zuwendungsbescheid in einem öffentlich-rechtlichen Vertrag BVerwG NVwZ-RR 2004, 413. Von dem öffentlich-rechtlichen Subventionsvertrag sind privatrechtliche Vertragsverhältnisse zu

---

[122] So OLG Bremen, B v 4.11.2014, 5 W 53/14, juris.

[123] Vgl VGH Mannheim NVwZ 1993, 903 (Vertrag wirksam); VGH München DVBl 2009, 735 (Vertrag unwirksam). Das Hamburgische Wegegesetz lässt inzwischen derartige Verträge ausdrücklich zu, vgl § 19 Abs 5 HWG iVm § 19 Abs 1 S 4 HWG.

[124] VGH Mannheim, U v 1.10.2004, Az: 5 S 1012/03; OLG Köln, JMBl NW 2006, 234.

[125] BVerwG NVwZ-RR 1995, 130.

[126] Schlarmann/Wagner DVBl 2007, 1470, 1474.

[127] BVerwGE 84, 236 = NVwZ 1990, 665.

[128] VG Aachen, U v 13.6.2007 – 3 K 34/07 (juris) über die Beweidung von Grünflächen durch Schafe zur Erhaltung von Magerrasen usw; VGH München NuR 2000, 468; Schumacher/Fischer-Hüftle, BNatSchG, 2. Aufl 2010, § 3 Rn 31.

[129] Proelß/Blanke-Kießling NVwZ 2010, 985, 987, auch zum Kooperationsprinzip in § 3 Abs 3 BNatSchG.

[130] Darin liegt kein zwingender Vorrang vertraglichen Handelns, vgl Proelß/Blanke-Kießling, NVwZ 2010, 985, 989.

[131] BVerwGE 84, 236; 59, 60; BVerwG NVwZ-RR 2004, 413 (zugleich als Bsp für Vertragsnaturschutz); s auch Gündling S 188 mwN.

[132] VG Braunschweig, U v 4.5.2006 – 5 A 6/06 (juris) über die Überlassung baulicher Anlagen an einen Sportverein zum Zwecke ders Sportförderung.

unterscheiden, die lediglich der Abwicklung dienen und zumeist durch die privatrechtliche Einschaltung eines Geldinstituts abgewickelt werden.[133] Zur besonderen Bedeutung des Europarechts für die Wirksamkeit von Abreden in Subventionsverträgen s Finck/Gurlit, Jura 2011, 87.

36d **ee) Verträge zwischen Trägern der öffentlichen Hand.** Vielfältige Erscheinungsformen finden mittlerweile Kooperationen zwischen Trägern der öffentlichen Hand auf vertraglicher Basis (zur entsprechenden Anwendung des §§ 54ff Rn 9). Allein der Umstand, dass beide Vertragsparteien Hoheitsträger sind, führt noch nicht zu einer öffentlich-rechtlichen Einordnung.[134] So sind öffentlich-rechtliche Verträge zwischen der (früheren) Bundesbahn und einer Gemeinde über die Benennung eines Bahnhofs (BGH NJW 1975, 2015; Obermayer 85; vgl auch BVerwGE 44, 351); zwischen Bundesländern über die Errichtung und den **Betrieb einer gemeinsamen Rundfunk- und Fernsehanstalt** (vgl BVerwGE 60, 162); zwischen Bundesländern über die Verteilung und Zuweisung von Studienplätzen an den Universitäten in numerus-clausus-Fächern durch die ZVS,[135] über eine **gemeinsame Filmbewertungsstelle** der Länder; zwischen einer Gemeinde und der Bundesbahn über die Beförderung von Schülern zum Schulzentrum gegen Erstattung der Betriebskosten und über die Einrichtung besonderer Haltepunkte (BVerwGE 81, 312), ebenso Verträge zwischen Gemeinde und Naturschutzbehörde über die **Erfüllung naturschutzrechtlicher Pflichten** (BVerwGE 104, 353).

36e **Öffentlich-rechtlich** sind auch die Gemeinschaftsvereinbarungen, die Gemeinden aufgrund einer rechtmäßig angeordneten Verwaltungsgemeinschaft schließen müssen (OVG Magdeburg, JMBl LSA 2005, 232). Für derartige Kooperationen wird der Begriff **Öffentlich-Öffentlicher Partnerschaften (ÖÖP)** vorgeschlagen,[136] ohne dass mit der Begriffswahl eine Typologisierung oder Systematisierung verbunden wäre (s zu Public Private Partnerships Rn 40b). Auch sog **Zielvereinbarungen zwischen Hochschule und Landesregierung** können den Charakter eines öffentlich-rechtlichen Vertrages haben, wenn sie mit dem erforderlichen Rechtsbindungswillen geschlossen werden.[137]

37 **b) Umstrittene Fälle. Umstritten ist die Qualifizierung** von Verträgen zwischen einer Gemeinde und den an der Aufstellung eines bestimmten Bebauungsplans interessierten Grundstückseigentümern darüber, dass die Grundstücke im betroffenen Gebiet für einen bestimmten Zeitraum nur „gemäß den für die Gemeinde aufgestellten landesplanerischen Zielen" verwendet, insb nur an Ortsansässige veräußert werden dürfen, verbunden mit einem näher bestimmten Kaufangebot der Gemeinde und einer Auflassungsvormerkung zugunsten der Gemeinde, wenn der Grundstückseigentümer gegen die erwähnte Klausel verstoßen sollte **(„Weilheimer Modell").** Hier hatte VGH München (NVwZ 1990, 979) zunächst einen öffentlich-rechtlichen Vertrag angenommen; diese Entscheidung wurde von BVerwGE 92, 56, 59 m Anm Grziwotz NJW 1993, 2665 zu Recht korrigiert: Die landesplanerische Zielsetzung und deren Offenlegung macht den Vertrag nicht schon unbeschadet seiner sonstigen Regelungen zu einem öffentlich-rechtlichen.[138] Allein die Motivation der öffentlichen Hand, die

---

133 BVerwG NVwZ 1990, 754; BGH NJW 2000, 1042: anders bei Beleihung, wenn Geldinstitut durch Gesetz oder aufgrund eines Gesetzes mit öffentlich-rechtlichen Handlungsbefugnissen ausgestattet.

134 BGH NVwZ 2013, 96 mwN (Vertrag zwischen Bund und Land).

135 Vergabestaatsvertrag, vgl BVerwG NJW 1977, 66; BVerfG 42, 103.

136 Bauer in: Schmidt-Aßmann/Hoffmann-Riem, Grundlagen Band II, § 36 Rn 47ff; Storr, LKV 2005, 521 und Ziekow/Siegel VerwArch 2005, 119 verwenden den Begriff Public-Public-Partnership.

137 Bauer/Kretschmer, FS Scheuing, 245, 248 mwN; Schmuck 151ff.

138 S auch Aulehner JA 1994, 128; vgl auch BGH DÖV 1969, 861 und NJW 1984, 924.

mit einem Kaufvertrag öffentlich-rechtliche Ziele verbindet, vermittelt ihm noch nicht das öffentlich-rechtliche Gepräge (s auch OVG Münster BauR 2004, 1759).

Umstritten ist auch die Einordnung von Verpflichtungserklärungen eines Sozialhilfeträgers gegenüber einem Vermieter **(Mietzinsgarantien).** Derartige sind richtigerweise als öffentlich-rechtliche Verträge einzustufen, weil sie ihre Rechtsgrundlage idR in sozialhilferechtlichen Bestimmungen finden.[139] Dass auch private Dritte derartige Garantien abgeben können, kann demgegenüber nicht entscheidend sein.[140] **Zweifelhaft** ist auch die Einordnung von Verträgen zwischen Hoheitsträgern, wenn in einem **Kaufvertrag die Nebenabrede** vereinbart wird, dass auf dem erworbenen Grundstück Gebäude mit bestimmter öffentlich-rechtlicher Zweckbestimmung errichtet werden sollen. Hier hat der BGH einen privatrechtlichen Kaufvertrag angenommen.[141] 37a

c) Privatrechtliche Einordnung von Verträgen. aa) Fiskalische Hilfsgeschäfte. Nicht als öffentlich-rechtlich sind Verträge zu qualifizieren, die zwar der Wahrnehmung öffentlicher Aufgaben dienen, die aber nicht eine unmittelbare Änderung oder Ausgestaltung oä einer öffentlich-rechtlichen Berechtigung oder Verpflichtung selbst regeln oder jedenfalls nicht in unmittelbarem notwendigen Zusammenhang damit stehen, sondern mittelbar deren Vorbereitung oder Erfüllung dienen. Während **dienstbezogene Verträge von Beamten** wegen ihrer Nähe zum Beamtenverhältnis als öffentlich-rechtlich einzustufen sind,[142] müssen die **Dienst- und Arbeitsverträge** von Arbeitern und Angestellten im öffentlichen Dienst als zivilrechtlich eingestuft werden. Gleiches gilt etwa für **öffentliche Aufträge,** die den Inhalt insb der vom Auftragnehmer zu erbringenden Leistungen festlegen, auch zB für die von einem öffentlichen Rechtsträger vergebenen **Forschungsaufträge** (BVerwGE 35, 103). Privatrechtlich sind auch Verträge zwischen Straßenbauverwaltung und einem Versorgungsunternehmen über die **Kostentragung für die Verlegung einer Versorgungsleitung** in einer Straße (Knack/Henneke vor § 54 Rn 43); Verträge über die Abtretung von Grundflächen für den Straßenbau (Knack/Henneke vor § 54 Rn 43); **Grundstückskaufverträge** mit einer Gemeinde, in denen der Käufer sich zur Einhaltung des noch nicht in Kraft getretenen Bebauungsplans sowie dazu, dass er ein nach öffentlichem Recht zulässiges Bauwerk ändert, verpflichtet;[143] der Vertrag des deutschen Sportbundes mit der ARD/ZDF über ein ausschließliches **Senderecht für bestimmte Sportveranstaltungen** (BGH NJW 1990, 2815). Dem Zivilrecht zuzurechnen sind auch die sog **Sponsoring-Verträge,** in denen sich ein Privater zu einer Spende an eine Schule, eine Hochschule oder eine sonstige wissenschaft- 38

---

139 BVerwGE 96, 71.

140 **AA** BVerwGE 94, 229, LG Berlin, NJW-RR 2001, 372; StBS 81. (Die Entscheidungen beziehen sich auf eine Erklärung nach § 554 Abs 2 Nr 2 BGB aF (§ 569 Abs 3 Nr 2 BGB nF): Es wird zwischen Erklärungen für die Zukunft und Vergangenheit unterschieden, Erklärungen nach § 569 nF stehen nicht unter dem Vorbehalt andauernder sozialhilfrechtlicher Rechtfertigung, sondern weisen auf einen gegenwärtigen Bedarf, wegen dieser mangelnden Akzessorietät ist der Rechtsweg zu den Zivilgerichten eröffnet.)

141 BGH NVwZ 2013, 96: Das Land als Erwerber des Grundstücks hatte sich dem Bund gegenüber verpflichtet, auf dem Grundstück ein Verwaltungszentrum und eine JVA zu errichen. Dafür hatte der Bund das Grundstück weit unter Wert verkauft. Der BGH nahm einen zivilrechtlichen Vertrag an; zust StBS 81.

142 Öffentlich-rechtlich sind Verträge, die die Rechtsstellung eines Beamten näher ausgestalten, wie zB sog **Chefarztverträge,** vgl BVerwG NVwZ-RR 2013, 491; BGH NVwZ 2009, 1054; VGH Mannheim ArztR 2011, 100; **aA** im Fall einer beamteten Professorin, die als Ärztliche Direktorin und Leiterin eines Instituts einen Dienstvertrag geschlossen hat BAG, B v 22.11.2016 – 9 AZB 41/16, juris.

143 BGH DVBl 1985, 793; zweifelhaft; vgl andererseits BVerwGE 84, 236 = NVwZ 1990, 665 zu einem ähnlichen Vertrag, der vom BVerwG als öffentlich-rechtlich angesehen wird.

liche oder kulturelle Einrichtung bereit erklärt, wenn die Schule dafür die Gelegenheit eröffnet, die Spende werbewirksam zu vermarkten.[144]

39 **bb) Vergabeverträge.** Grundsätzlich sind **fiskalische Hilfsgeschäfte** der Verwaltung dem Privatrecht zuzuordnen, auch wenn sie ein erhebliches Finanzvolumen umfassen. Für Verträge, durch die die öffentliche Verwaltung die persönlichen und sächlichen Voraussetzungen für die öffentlich-rechtliche Verwaltungstätigkeit schafft (Ankauf von Grundstücken, Material, Einstellung von Arbeitern und Angestellten im öffentlichen Dienst), finden zwar verschiedene haushaltsrechtliche und sonstige Regelungen Anwendung, eine Zuordnung derartiger Verträge zum öffentlichen Recht ist damit aber nicht verbunden (s näher Einf I Rn 52ff). Dies gilt zB für **Miet-, Kauf-, Arbeits- uä Verträge;** ebenso Verträge, die zwar mittelbar auch der Erfüllung hoheitlicher oder schlichthoheitlicher Aufgaben dienen, selbst aber den Formen des Privatrechts unterliegen, wie Verträge über die **Unterbringung eines Minderjährigen** durch die Jugendbehörde bei einer Familie,[145] über den Kauf von Kohlen für ein Finanzamt, von **Ausrüstungsgegenständen für die Bundeswehr,** über die Durchführung von Straßenbaumaßnahmen,[146] über die Darlehensbedingungen eines als Subvention bereits gewährten Darlehens.

40 **Gleiches gilt** insoweit, als über die Beschaffung auf der **Grundlage spezieller Vergaberegelungen** (zB VOB, VOL usw) zu entscheiden ist und Rechtsschutz durch Anrufung von Vergabekammern bzw Vergabesenaten gewährt wird (s Einf I Rn 52dff). **Umstritten** ist, ob und inwieweit hier die **Zweistufentheorie** zur Anwendung kommt, wonach über die Frage der Auswahl des Vertragspartners usw auf der Ebene des öffentlichen Rechts zu entscheiden ist (s auch Einf I Rn 53a). An der privatrechtlichen Einstufung der Verträge als solcher ändert dies aber nichts, sofern die Beschaffung nicht öffentlich-rechtlich ausgestaltet ist, wie zB bei Verträgen, die im Rahmen eines Enteignungsverfahrens zur Abwendung der Enteignung geschlossen werden (s hierzu Rn 36a).

40a **cc) Konzessionsverträge.** Es hängt vom jeweiligen Vertragsgegenstand und den hierfür maßgeblichen Vorschriften ab, ob Konzessionsverträge dem öffentlichen oder privaten Recht zuzurechnen sind. Wird lediglich die Berechtigung (und Aufgabe) übertragen, nach außen bestimmte Dienst- oder Versorgungsleistungen zu erbringen, wird der Vertrag dadurch noch nicht zu einem öffentlich-rechtlichen.[147] Liegen dem Vertrag dagegen **öffentlich-rechtliche Entscheidungen** zugrunde (zB über die Gewährung von Sondernutzungen[148] usw) oder werden öffentlich-rechtliche Berechtigungen im Wege der Beleihung oder der Verwaltungshilfe übertragen, wird der Vertrag öffentlich-rechtlich einzustufen sein (so etwa Verträge nach dem FStrPrivFinG).

40b **dd) Kooperative Aufgabenerfüllung, Public Private Partnership.** Privatrechtlich sind grundsätzlich Verträge zwischen der öffentlichen Hand und privaten Unternehmen, mit denen eine Kooperation zur Erfüllung öffentlicher

---

[144] Avenarius GS Jean d'Heur, 1999, 321, 325; wenig überzeugend die Gegenmeinung von Stellhorn/Weßling NVwZ 2014, 1488, 1491. Der Sache nach handelt es sich um die Verpflichtung zu einer medienwirksamen Spende; der Zusammenhang mit dem öffentlich-rechtlichen Charakter ist gering.

[145] KG Berlin MDR 1978, 403: privatrechtlicher Vertrag zwischen Jugendamt und Pflegeeltern.

[146] BGHZ 36, 95; DÖV 1969, 861; Kopp DVBl 1970, 724.

[147] BGH NVwZ 2015, 457 (Stromnetz Schierke); inzident auch BGH NVwZ 2015, 459 (Stromnetz Olching); Tettinger DVBl 1991, 786; Knack/Henneke vor § 54 Rn 43; Verträge gem § 8 FStrG (BVerwGE 29, 251); für die bürgerlich-rechtliche Natur der in § 46 EnWG geregelten Rechtsverhältnisse ist die Natur des Konzessionsvertrages unerheblich BVerwG NVwZ 2017, 329; s auch Kupfer, NVwZ 2017, 428.

[148] S dazu Burgi NVwZ 2017, 257 auch zum Verhältnis zum Vergaberecht.

Aufgaben vereinbart wird (zust Huck/Müller 40). Dies folgt daraus, dass auch hier nur die Voraussetzungen für die Erfüllung öffentlicher Aufgaben geregelt, nicht aber öffentliche Rechtsbeziehungen gestaltet werden. Privatrechtlich ist deshalb der Vertrag einer Gemeinde mit einer juristischen Person des Privatrechts über **Errichtung und Betrieb eines Krankenhauses,** eines Schwesternheims usw (OVG Münster NVwZ 1991, 61). Etwas anderes gilt in den Fällen, in denen dem privaten Unternehmer vertraglich öffentlich-rechtliche Befugnisse übertragen werden (Beleihung).

Mit dem **Begriff der Public Private Partnership** werden Kooperationsbeziehungen zwischen Privaten und der öffentlichen Hand zur Durchführung öffentlicher Aufgaben bezeichnet. Der Begriff ist immer noch ungenau[149] (s hierzu auch Einf I 89b). Gleichwohl ist die öffentlich-private Partnerschaft mittlerweile ein rechtlicher Terminus,[150] ohne dass aber durch das ÖPP-Beschleunigungsgesetz Begrifflichkeiten geschärft oder Möglichkeiten und Grenzen von Kooperationen zwischen der Verwaltung und Privaten präzisiert worden sind.[151] Die Formen der Public Private Partnership sind vielfältig.[152] Hierunter fallen auch **informelle Formen der Zusammenarbeit,** sog Agreements, Absprachen usw ohne Bindungswirkung, auf die mangels Rechtsbindungswillen ohnehin Vertragsrecht nicht zur Anwendung kommt.[153] Unter den Begriff werden aber auch und vor allem **vertragliche Absprachen** zwischen der öffentlichen Hand und Dritten mit einer echten Bindungswirkung gefasst. **40c**

Ob solche Verträge öffentlich-rechtlicher Natur sind und deshalb nach den §§ 54 ff bzw den entsprechenden Vorschriften der Länder zu beurteilen sind, hängt vom **Vertragsgegenstand** ab (s Rn 28). Allein der Umstand, dass es um die Erledigung öffentlicher Aufgaben geht, führt noch nicht zur Annahme der Öffentlichrechtlichkeit,[154] weil öffentliche Aufgaben auch in Privatrechtsform erledigt werden können (s hierzu näher Einf I Rn 86). Es wird deshalb darauf ankommen, ob auch **hoheitliche Befugnisse** von der vertraglichen Regelung berührt werden (ebenso Huck/Müller 42), sei es, dass ihre Ausübung teilweise übertragen wird, sei es, dass der Private zur Mitwirkung bei der Erfüllung hoheitlicher Befugnisse durch die Verwaltung verpflichtet wird.[155] Nicht zuletzt die verwaltungswissenschaftliche Auseinandersetzung mit Public Private Partnerships hat die Forderung nach einer Kodifikation von Kooperationsverträgen in Ergänzung zu §§ 54 ff verstärkt.[156] Insbesondere unter dem Aspekt der Gemeinwohlsicherung[157] erscheinen die Regelungen des öffentlich-rechtlichen Vertrages als **40d**

---

[149] Kämmerer/Starski, ZG 2008, 227, 232; Findeisen/Backhaus, NWVBl 2007, 93; Ziekow VerwArch 2006, 626, 627; Burgi, Funktionale Privatisierung 1999, 99.

[150] Durch das „Gesetz zur Beschleunigung der Umsetzung von öffentlichen privaten Partnerschaften und zur Verbesserung gesetzlicher Rahmenbedingungen für öffentliche private Partnerschaften" vom 1.9.2005, BGBl I 2005, 2676. ist der Begriff ua in das Grunderwerbsteuergesetz eingefügt worden.

[151] Vgl Kämmerer/Starski ZG 2008, 227; Bauer in: Hoffmann/Riem/Schmidt-Aßmann/Voßkuhle: Grundlagen des Verwaltungsrechts Band II § 36 Rn 44.

[152] S die Übersicht bei Kaemmerer, Privatisierung, 2001, 56; Schmitz NVwZ 2000, 1238, 1241; Bonk DVBl 2004, 141; Schuppert/Ziekow, Verwaltungskooperationsrecht – Public Private Partnership, 2002.

[153] Vgl Bonk DVBl 2004, 141, 143 unter Hinweis auf den sog Atomkonsens, zu letzterem s auch BVerfG NVwZ 2002, 585.

[154] So zutreffend Bonk DVBl 2004, 141, 147.

[155] Die Art und Weise der Einbeziehung kann vielfältig sein. In den meisten Fällen wird der Private die Rolle des Verwaltungshelfers erhalten, sofern kein Fall einer Beleihung angenommen wird. Denkbar ist aber auch eine privatrechtliche Zuarbeit zu bestimmten öffentlich-rechtlichen Maßnahmen, die von der Verwaltung allein durchgeführt werden.

[156] Schuppert, Grundzüge eines zu entwickelnden Verwaltungskooperationsrechts, 2001.

[157] Mehde, VerwArch 2001, 550, 563; Schmitz NVwZ 2000, 1238, 1242.

unzureichend, da diese vornehmlich dem Schutz des Bürgers als Vertragspartner zu dienen bestimmt sind.[158]

40e **ee) Öffentlich-rechtliche Verträge unter Privaten?** Fraglich ist, ob es im Hinblick auf öffentlich-rechtliche Berechtigungen öffentlich-rechtliche Verträge unter Privaten geben kann. **Nicht als öffentlich-rechtlich** einzustufen sind auch Verträge, die Private untereinander im Hinblick auf die Ausübung von öffentlich-rechtlichen Berechtigungen schließen. Dies gilt etwa für Verträge, die nur die privatrechtlichen Voraussetzungen für die Wahrnehmung öffentlich-rechtlicher Rechte, Befugnisse oder Pflichten oder für öffentlich-rechtliche Regelungen schaffen, zB der Vertrag zur Einschaltung Dritter zur Erfüllung der wegerechtlichen **Pflicht zur Gehwegreinigung,**[159] sofern nicht spezialgesetzlich eine Übertragung der öffentlich-rechtlichen Verpflichtung vorgesehen ist; zwischen zwei Studenten über einen **Studienplatztausch;**[160] zwischen Nachbarn über die Zustimmung zu einer bestimmten Form der Bebauung, zB die **Zustimmung zur Grenzbebauung** (BGH NJW 1978, 695; Gern NJW 1979, 694; Knack/Henneke 62); ebenso wenig eine außergerichtliche Einigung zwischen einem Widerspruchsführer und einem Beteiligten über die **Rücknahme des Widerrufs** (BGH DÖV 1981, 380 = DVBl 1981, 627) oder der Klage oder über die Verpflichtung, gegen eine Genehmigung eine Klage nicht zu erheben (pactum de non petendo).

40f **4. Vertrag mit Rechtswirkung nach außen.** Unter die §§ 54 ff fallen nur solche Vereinbarungen, die nach ihrem Regelungsgegenstand darauf gerichtet sind, Rechte bzw Pflichtenbeziehungen im Außenverhältnis der Verwaltung, dh gegenüber anderen Rechtsträgern begründen. Dies folgt schon aus § 9, wonach es sich beim Abschluss von Verwaltungsverträgen um eine nach außen gerichtete Verwaltungstätigkeit handeln muss. Regelungen dagegen, deren Inhalte sich allein auf das Innenverhältnis der Verwaltung beziehen, stellen keine Verwaltungsverträge iSd § 54 dar. Das bedeutet nicht notwendig, dass sie keine Verbindlichkeit erlangen können, sondern zunächst einmal nur, dass die Regelungen der §§ 54 ff nicht unmittelbar zur Anwendung kommen können. Das gilt selbst dann, wenn die Regelungen den beteiligten Partnern gegenüber Rechtwirkungen erzeugen, also eine Verbindlichkeit aufweisen.

40g **a) Ziel- und Leistungsvereinbarungen.** Probleme bereitet die rechtliche Einordnung und Bewertung der sog Ziel- und Leistungsvereinbarungen, die im Rahmen des sog **Neuen Steuerungsmodells** (NSM)[161] in die Praxis der Verwaltungen Einzug gehalten haben. Solche Vereinbarungen werden entweder zwischen Behörden unterschiedlicher Rechtsträger geschlossen (zB Landesbehörden gegenüber Universitäten oder Gemeinden) oder zwischen über- und untergeordneten Behörden desselben Rechtsträgers (Ministerien gegenüber Mittel- oder unteren Landesbehörden)[162] oder schließlich innerhalb von Behörden zwischen Leitung und Fachabteilungen oder innerhalb von Abteilungen zwischen Vorgesetzten und einzelnen Mitarbeitern oder Teams.[163] Die Einordnung

---

158 Differenzierend zur Notwendigkeit und zu den Perspektiven einer normativen Verortung von öffentlich privaten Partnerschaften Kämmerer/Starski, ZG 2008, 227, 237 ff.

159 BerlVerfG NVwZ 2012, 424 für die Durchführung des Winterdienstes durch Dritte.

160 OLG München NJW 1978, 701; Gern NJW 1979, 694; Knack/Henneke 69.

161 Zum NSM aus rechtlicher Perspektive Chen, NSM und Verfassung, 2009; Mehde, NSM und Demokratieprinzip, 2000; Dahm, Das NSM auf Bundes- und Länderebene sowie die Neuordnung der öffentlichen Finanzkontrolle, 2004; aus verwaltungswissenschaftlicher Perspektive Bogumil/Jann, Verwaltung und Verwaltungswissenschaft in Deutschland, 3. Aufl 2011; Budäus, Public Managment: Konzepte und Verfahren zur Modernisierung öffentlicher Verwaltungen, 3. Aufl 1995; Epping VerwArch 2008, 423.

162 Ausführlich Schmuck, Zielvereinbarungen, 151 ff.

163 Ausführlich Schmidt DÖV 2008, 760; Sensburg, Der kommunale Verwaltungskontrakt, 85.

wird auch dadurch erschwert, dass zumeist **keine Klarheit über Art und Ausmaß der Verbindlichkeit** derartiger Vereinbarungen besteht.[164] Zumeist wird es an der Möglichkeit einer **gerichtlichen Durchsetzbarkeit** der vereinbarten Verpflichtungen fehlen. Überwiegend wird mit Ziel- und Leistungsvereinbarungen eine faktische Bindung bewirkt, die dadurch gekennzeichnet ist, dass im Falle des Verstoßes Nachteile drohen.[165] Soweit mit Ziel- und Leistungsvereinbarungen keinerlei gerichtlich durchsetzbaren Rechte und Pflichten geschaffen werden, wird man die §§ 54 ff **allenfalls analog** anwenden können.[166]

aa) Vereinbarungen unterschiedlicher Rechtsträger haben dann Außen- 40h
wirkung, wenn sie rechtlich verbindliche Verpflichtungen der Partner begründen. Dies kann zB der Fall sein bei Vereinbarungen zwischen der staatlichen Verwaltung und rechtlich selbständigen Hochschulen, mit denen etwa bestimmte finanzielle Leistungen von der Erreichung bestimmter Ziele durch die Hochschule abhängig gemacht werden.[167] Wenn hier rechtlich bindende Vereinbarungen und nicht nur Absichtserklärungen, Bemühensversprechungen oder Unverbindlichkeitsklauseln Vereinbarungsinhalt werden, können die §§ 54 ff Anwendung finden.[168]

bb) Vereinbarungen von Stellen desselben Rechtsträgers. Soweit Ver- 40i
einbarungen unter Behörden oder Organen desselben Rechtsträgers abgeschlossen werden, fehlt es idR an einer Außenverbindlichkeit.[169] Denkbar ist aber, dass es um Organrechte geht, die von dem Organ in einem Innenrechtsstreit auch eingefordert bzw durchgesetzt werden können. Ziel- und Leistungsvereinbarungen zwischen der Behördenleitung und einzelnen Bediensteten wird regelmäßig ebenfalls die Außenverbindlichkeit fehlen, weil es um die Regelung von Pflichten im Dienstverhältnis geht, die nicht das Grundverhältnis betreffen.

b) Berufungs- und Bleibevereinbarungen. Bei Berufungsvereinbarungen 40j
zwischen Hochschule und Hochschullehrer ist zu differenzieren. Soweit **gesetzlich vorgesehen** ist, dass über Besoldung und Ausstattung ein öffentlich-rechtlicher Vertrag geschlossen werden kann, sind die §§ 54 ff auf derartige Verträge anwendbar.[170] Sind derartige Regelungen nicht vorhanden, ist ein öffentlich-rechtlicher Vertrag über die Besoldung grundsätzlich nicht zulässig. Wird über Besoldung und Ausstattung einseitig entschieden, so sind **Verhandlungen im Vorfeld** ohne rechtliche Bindungswirkung und fallen deshalb nicht unter die §§ 54 ff. Gleiches gilt für **Ziel- und Leistungsvereinbarungen,** in deren Folge Veränderungen in Ausstattung und Besoldung nach Ablauf bestimmter Fristen einseitig (neu) geregelt werden.

III. Vorbehalt entgegenstehender Rechtsvorschriften (S 1, 2. HS)

1. Allgemeines. Nach S 1 sind verwaltungsrechtliche Verträge nur zulässig, 41
soweit Rechtsvorschriften (**Gesetze oder Rechtsverordnungen,** nicht dagegen

---

[164] Näher Bauer/Kretschmer FS Scheuing, 245, 248; Schmidt DÖV 2008, 760; Wolf-Hegerbekermeier, DÖV 1999, 419; Musil Vr 2006, 397; Hill NVwZ 2002, 1059; Trute, WissR 2000, 134.

[165] Pünder DÖV 1998, 63; Musil, Vr 2006, 397; Schmidt DÖV 2008, 760; differenzierend Trute WissR 2000, 134, 145.

[166] Ebenso FKS 79 f; Bader/Ronellenfitsch 93. Ausreichend wäre es, wenn jedenfalls ein Vertragspartner rechtlich verbindliche und durchsetzbare Verpflichtungen eingeht.

[167] Hierzu näher Battis/Kersten DVBl 2003, 349; Uerpmann, JZ 1999, 644; Trute WissR 2000, 134, 147: Finanzierungssicherungsverträge.

[168] HM, vgl FKS 80; Bader/Ronellenfitsch 95; Uerpmann JZ 1999, 644; Trute WissR 2000, 134, 147; Battis/Kersten DVBl 2003, 349, 351.

[169] Oebbecke DÖV 1999, 853, 857; ausführlich U. Meyer, Das Neue Steuerungsmodell, 2002, 90, 113.

[170] Vgl zuletzt BVerwG, B v 25.1.2011, 2 B 73/10, juris für Bleibeverhandlung eines Professors, der einen Ruf abgelehnt hat.

Satzungen) nicht entgegenstehen.[171] Verträge sind nach S 1 ausgeschlossen und demgemäß unzulässig, wenn oder soweit eine Rechtsvorschrift ausdrücklich oder nach Sinn und Zweck für bestimmte Gegenstände **vertragliche Regelungen ausschließt oder verbietet**[172] oder die Gewährung oder Annahme der im Vertrag vorgesehenen oder unmittelbar durch ihn bzw mit ihm zu erbringenden **vereinbarten Leistungen usw verbietet** oder von Voraussetzungen abhängig macht, die im konkreten Fall nicht gegeben sind oder erfüllt werden können;[173] ebenso, wenn eine Vorschrift schon das Tätigwerden einer Behörde verbietet.

41a **Umstritten** ist, ob sich der Vorbehalt nur auf die Zulässigkeit des Vertrags als Handlungsform bezieht, also nur die **Vertragsformverbote** meint,[174] oder ob er sich auch auf den möglichen Inhalt eines verwaltungsrechtlichen Vertrags im Einzelfall bezieht, also auch **Inhaltsverbote** enthält.[175] Die Frage ist von geringer praktischer Bedeutung, weil sich für die Inhaltskontrolle nach Art und Umfang keine Unterschiede ergeben: Sieht man in § 54 S 1 nur ein Handlungsformverbot, so richtet sich die Inhaltskontrolle allein nach § 59. Sieht man mit der hM in § 54 S 1 auch ein Verbot bestimmter Vertragsinhalte, so folgt daraus **Nichtigkeit** einzelner Verträge nach zutreffender hM gleichwohl **nur nach Maßgabe des § 59 Abs 1 iVm § 134 BGB.**[176]

42 **2. Vertragsformverbote. a) Begriffliche Voraussetzungen.** Von Vertragsformverboten spricht man, wenn der Abschluss eines Vertrages auf einem bestimmten Gebiet **ohne Rücksicht auf den Inhalt,** also seiner inhaltlichen Vereinbarkeit mit den maßgeblichen gesetzlichen Bestimmungen, **kategorisch ausgeschlossen** sein soll. Dieses Verbot muss nicht notwendig ausdrücklich erfolgen, es kann sich auch im Wege der Auslegung ergeben (Begr 79). Die Verwendung von Begriffen wie Bescheid, Erlaubnis usw in einem Gesetz reicht als Ausschluss vertraglicher Regelungen allein nicht aus (Götz NJW 1976, 1429; Knack/Henneke 18). Ein klassisches Beispiel stellte in der Vergangenheit das Vertragsformverbot im Abgabenrecht dar.[177] Auch das Beamtenrecht und das Prüfungsrecht sind als Beispiele für Vertragsformverbote genannt worden.[178] Bei genauerem Hinsehen zeigt sich aber, dass auch auf diesen Gebieten vertragliche Regelungen nicht kategorisch ausgeschlossen sind. Das gilt insbesondere für Vergleichsverträge, für die es auch auf diesen Gebieten ein erhebliches praktisches Bedürfnis gibt. Meist geht es um das Verbot gesetzesinkongruenter Vereinbarun-

---

171 Ebenso im Wesentlichen die hM zum früheren Recht, vgl BVerwGE 42, 334; 48, 168; 49, 359; 84, 238; Mohr NJW 1978, 790; Obermayer VerwR 117 und BayVBl 1977, 546; Götz JuS 1970, 2; Bleckmann VerwArch 1972, 404.

172 UL § 70 Rn 3; Knack/Henneke 17; StBS 99; Erichsen/Ehlers § 31 Rn 4f; WBSK I § 54 Rn 11.

173 UL § 69 Rn 2; Obermayer BayVBl 1977, 546 m Anm 19; Schapals BWVPr 1978, 75; **aA** MB 48; Meyer NJW 1977, 1710.

174 So Krebs VerwArch 1981, 56; Meyer NJW 1977, 1710; Kunig DVBl 1992, 1196.

175 So die zutr hM, vgl Begr 79; BVerwG NVwZ 1993, 1193; UL § 70 Rn 4; Obermayer 101; StBS 101ff; Erichsen/Ehlers § 31 Rn 7; vgl auch BVerwGE 84, 238, wo offenbar als selbstverständlich vorausgesetzt wird, dass die Vorschrift auch hins der Handlungsform gilt; kritisch Schmidt-Aßmann, in: Gelzer-FS 1991, 125; **aA** Kunig DVBl 1992, 1196: die Regelung betrifft nur die Form, nicht die Vertragsinhalte; bezieht sich auf alle Vorschriften, die andere Handlungsformen zwingend vorschreiben; Achterberg JA 1979, 359; MB 66; Krebs VerwArch 1981, 49 und 56 Fn 52; Meyer NJW 1977, 1710 Fn 55: nur Verbot der Vertragsform gemeint.

176 OVG Münster NVwZ 1984, 522, 524; OVG Lüneburg BauR 2017, 322; StBS 108; Knack/Henneke 38.

177 ZB BFHE 142, 549 = NVwZ 1985, 863; ähnlich BVerwGE 64, 361; BVerwG DVBl 1992, 372; ausführlich Knack/Henneke 43ff.

178 Maurer § 14 Rn 26; eher krit UL § 70 Rn 3; differenzierend Knack/Henneke 17; für Prüfungsrecht zuletzt VG Magdeburg, U v 21.2.2006 – 7 A 216/05 (juris); 21.12.2004 – 1 L 233/03 (juris).

gen, also um das **Verbot von Gesetzesverstößen in Vertragsform.**[179] Zu Verträgen im Staatsangehörigkeitsrecht Kunig DVBl 1991, 1169.

b) Einzelfälle. Echte Vertragsformverbote sind relativ selten. Sie liegen vor, wenn das Gesetz die Regelung eines Rechtsverhältnisses durch Vertrag zwingend untersagt oder umgekehrt die Regelung eines Rechtsverhältnisses durch VA oder in einer anderen Rechtsform zwingend vorschreibt. Dies ist zB der Fall bei der **Beamtenernennung** (vgl zB § 8 Abs 2 BeamtStG), bei der **Beamtenbesoldung** (vgl § 2 Abs 2 BBesG), bei der **Beamtenversorgung** (vgl § 3 Abs 2 BeamtVG), bei der **Steuererhebung** gem § 155 Abs 1 AO (allgM, vgl die Nachw bei StBS 124 ff), bei der Erteilung von **Prüfungszeugnissen** (vgl § 2 Abs 3 Nr 2; s dort Rn 42), bei der Entscheidung der Bundesnetzagentur nach § 132 Abs 1 S 2 TKG oder bei der Entscheidung der Vergabekammern nach § 114 Abs 1 GWB. Unzulässig sind vertragliche Regelungen über die Verpflichtung zur **Aufstellung eines Bebauungsplans** (§ 1 Abs 3 S 2 BauBG); ferner Verträge, welche das planerische Ermessen der Behörde zB hins der Aufstellung von Bauleitplänen unzulässig einengen.[180] Unzulässig sind nach § 54 Verträge auch dann, wenn nach dem Inhalt oder Gesamtzusammenhang erkennbar ist, dass es nur durch VAe umgesetzt werden darf, wie zB § 155 Abs 1 AO; § 16 StAG, § 132 Abs 1 S 2 TKG oder §§ 8, 12, 13 f, 21 BeamtStG;[181] ebenso, wenn eine Regelung durch Gesetz, Verordnung oder Satzung erfolgen müsste.[182] 43

Gesetzliche Vertragsformverbote beziehen sich idR auf näher bezeichnete hoheitliche Maßnahmen wie Beamtenernennungen oder die Aufstellung oder Änderung von Bebauungsplänen, **nicht aber auf ganze Rechtsgebiete.** Deshalb sind die meisten Rechtsverhältnisse des Beamtenrechts und des Prüfungsrechts zB im Streitfall einer vergleichsweisen Regelung in einem öffentlich-rechtlichen Vertrag zugänglich. Lediglich im Abgabenrecht ist dies nach wie vor umstritten (nach hM **sind im Abgabenrecht nur „tatsächliche Verständigungen"** zulässig).[183] Vertragsformverbote erfassen idR nicht nur Verfügungsverträge, sondern auch darauf gerichtete Verpflichtungsverträge. 43a

3. Unzulässige Vertragsinhalte. a) Allgemeines. Die Zulässigkeit der Vertragsform bedeutet grundsätzlich keine **Ermächtigung zu Abweichungen vom Gesetz.**[184] § 54 S 1 erlaubt keine vertraglichen Regelungen, die gegen den Grundsatz des Vorrangs des Gesetzes verstoßen und befreit auch nicht von der Beachtung des Gesetzesvorbehalts.[185] **Nicht erforderlich** ist dagegen, dass jede der getroffenen Vereinbarungen durch eine über § 54 hinausgehende **spezielle gesetzliche Ermächtigung** gedeckt ist (BVerwGE 84, 236). Die vertragschließende Behörde unterliegt gem § 54 – sofern sich nicht aus anderen Rechtsvorschriften (§ 1) etwas anderes ergibt – insoweit nicht einem speziellen Vorbehalt 44

179 Ähnlich Schmidt-Aßmann/Krebs 137; Schlette 501 ff.

180 BVerwGE 42, 338; BVerwG NJW 1980, 679; 1980, 2538; NVwZ 1982, 249; Krebs VerwArch 1981, 49; Gusy BauR 1981, 164; Dolde NJW 1981, 1930; Papier JuS 1981, 501; vgl auch VGH München NVwZ 1990, 280: zulässig sind jedenfalls „flankierende" vertragliche Regelungen zur Bauleitplanung; zT **aA** Dolde NJW 1980, 1658.

181 Zu Vertragsformverboten im Beamtenrecht Begr 79; BVerwGE 4, 111; 5, 161; 23, 213; 25, 72; 42, 331; Badura NJW 1978, 2414; WBSK I § 54 Rn 11 ff; Erichsen/Ehlers § 31 Rn 5.

182 VGH München NVwZ 1990, 980: offen, ob eine Bauleitplanung durch vertragliche Regelung ersetzt werden dürfte; zulässig sind aber jedenfalls „flankierende Regelungen" mit nur ergänzendem Charakter; ähnlich im Ergebnis BVerwGE 84, 236.

183 Vgl BFHE 142, 549 = NVwZ 1985, 863.

184 Knack/Henneke 3; Erichsen/Ehlers § 32 Rn 7; Scherzberg JuS 1992, 205, 210; FKS 53 f.

185 Enger wohl Obermayer BayVBl 1977, 549; Erichsen/Ehlers § 31 Rn 7; StBS 108; Knack/Henneke 2 ff.

des Gesetzes, sondern nur dem Vorrang des Gesetzes.[186] Allerdings enthalten auch schon die §§ 55 ff und andere Rechtsvorschriften außerhalb des VwVfG, zB für Gemeinden in den GemO, und in einzelnen Fachgesetzen (s BVerwGE 84, 236) zahlreiche Beschränkungen, dh iS von § 54 „entgegenstehende Vorschriften", die ausschließen oder verbieten, dass eine Behörde bestimmte Leistungen gewährt, verspricht oder sich versprechen lässt, für die keine normative Grundlage besteht.

45 **b) Maßgeblichkeit des § 59.** Ob ein durch übereinstimmende wirksame Willenserklärungen zustande gekommener öffentlich-rechtlicher Vertrag wegen eines Vertragsformverbotes oder wegen seines Inhalts nichtig ist, kann nicht allein nach § 54 S 1 beurteilt werden. Die Vorschrift enthält nach zutreffender Auffassung (Rn 41a) keine Aussage zu der Frage, welche Rechtsfolgen eine Abweichung des Vertragsinhalts vom materiellen Recht hat. Das Gesetz kennt keine Differenzierung zwischen Rechtswidrigkeit und Nichtigkeit von Verträgen. Die Voraussetzungen der **Nichtigkeit** sind **in § 59 abschließend geregelt.**[187] Tritt danach keine Nichtigkeit ein, ist der Vertrag trotz einer Abweichung vom materiellen Recht wirksam.

IV. Vertragsarten

46 **1. Kein System der Vertragsformen.** Ein System verwaltungsrechtlicher Verträge enthält das VwVfG in den §§ 54 ff nicht. Einzelne Vertragstypen werden nur insoweit geregelt, als für sie besondere Rechtmäßigkeitserfordernisse gelten. Die Regelungen geben nur den Minimalkonsens wieder, der bei Schaffung des VwVfG über öffentlich-rechtliche Verträge zu erzielen war. Gem § 54 S 2 muss vor allem im Hinblick auf die nur auf subordinationsrechtliche Verträge anwendbaren Vorschriften der §§ 55, 58 Abs 2, 59 Abs 2 und 61 zwischen sog **koordinationsrechtlichen und subordinationsrechtlichen Verträgen unterschieden** werden. Während § 54 S 1 und §§ 57, 58 Abs 1, 59 Abs 1 und 3, 60 und 62 beide Arten von Verträgen erfassen, gelten § 54 S 2 und die übrigen Bestimmungen über Verträge nur für subordinationsrechtliche Verträge. In den §§ 55, 56 wird ferner zwischen Vergleichsvertrag und Austauschvertrag unterschieden. Damit werden allerdings nur bestimmte Qualitäten von Verträgen bezeichnet, die sich nicht gegenseitig ausschließen. Ein Vertrag kann zugleich sowohl Vergleichs- als auch Austauschvertrag sein. Schließlich kommt im Hinblick auf bestimmte Zulässigkeitsvoraussetzungen auch der Unterscheidung von Verpflichtungs- und Verfügungsverträgen eine gewisse Bedeutung zu.

47 **2. Koordinations- und subordinationsrechtliche Verträge. a) Koordinationsrechtliche Verträge.** Koordinationsrechtlich sind alle Verwaltungsverträge zwischen Trägern öffentlicher Verwaltung untereinander, zwischen solchen und Bürgern oder auch zwischen Bürgern untereinander im Bereich des öffentlichen Rechts, bei denen **hinsichtlich des Gegenstands des Vertrages kein Vertragsteil dem anderen übergeordnet ist,** zB Zweckverbandsvereinbarungen zwischen Gemeinden; Schulfinanzierungsverträge; Vereinbarungen über die Unterhaltung von Brücken und Wegen;[188] Vereinbarungen zwischen Bürgern über die Übernahme der Unterhaltungspflicht gem Art 54 Abs 4 bayStrWG (vgl Kopp/Schenke § 40 Rn 9). Entgegen einer verbreiteten Auffassung (s unten

---

[186] UL § 70 Rn 2; Kopp 24; wohl auch Göldner JZ 1976, 354 f; MuLö BayVBl 1992, 573; vgl auch BVerwGE 84, 236 = NVwZ 1990, 665: die Behörde kann sich in einem verwaltungsrechtlichen Vertrag vom privaten Vertragspartner auch Leistungen versprechen lassen, für die es keine gesetzliche Grundlage gibt.

[187] HM, vgl Knack/Henneke § 59 Rn 14; StBS § 59 Rn 7; UL § 70 Rn 14; FKS § 59 Rn. 1.

[188] BVerwGE 37, 236; VGH München BayVBl 1967, 134.

Rn 49) kommt es für die Qualifizierung eines Vertrages als koordinationsrechtlich nicht darauf an, dass sich als Vertragspartner zwei oder mehrere Träger hoheitlicher Gewalt gegenüberstehen. Dies ist zwar die typische, aber nicht die einzige Konstellation; es gibt im Übrigen auch subordinationsrechtliche Verträge zwischen Hoheitsträgern (zB zwischen Gemeinde und Kommunalaufsicht). Dass die Beteiligten normalerweise gleichgeordnet sind, zB Gemeinden untereinander, schließt nicht aus, dass bezüglich des Gegenstandes des Vertrages kraft Gesetzes ausnahmsweise etwas anderes gilt, zB dass einer Gemeinde die Befugnis eingeräumt ist, gegenüber einer anderen einen Schulfinanzierungsbeitrag durch VA festzusetzen (vgl BSG 15, 118; 17, 89; 25, 67; Lorenz 273); in solchen Fällen handelt es sich dann, wenn statt des möglichen VA eine Vereinbarung getroffen wird, nicht um einen koordinationsrechtlichen Vertrag, sondern um einen subordinationsrechtlichen Vertrag.

b) Subordinationsrechtliche Verträge. Subordinationsrechtliche Verträge 48
sind gem der aus S 2 zu entnehmenden Legaldefinition alle Verträge, die eine Behörde mit einem Partner schließt, **an den sie „sonst den VA richten würde".** Die Reichweite der Regelung ist umstritten (ausf Schlette 381 ff). Nach zutreffender hM erfasst § 54 S 2 alle öffentlich-rechtlichen **Subordinationsverhältnisse,** dh alle Fälle, in denen die Behörde dem Vertragspartner gegenüber bezüglich des Vertragsgegenstandes, auch zum Erlass eines VA ermächtigt (gewesen) wäre, oder in denen sonst auf Grund der maßgeblichen Rechtsnormen ein hoheitliches Über-/Unterordnungsverhältnis gegeben ist.[189]

aa) Abstrakte Betrachtungsweise. Die Voraussetzungen des § 54 S 2 liegen nach hM nicht nur dann vor, wenn eine gesetzliche Ermächtigungsgrundlage eine der Vereinbarung entsprechende Regelung durch VA vorsieht oder zulässt, sondern allgemein in allen Über- und Unterordnungsverhältnissen.[190] **Nicht erforderlich ist, dass ein VA mit genau demselben Inhalt** erlassen werden könnte. Hier ist keine konkrete, sondern eine abstrakte Betrachtungsweise maßgebend. Entscheidend ist, dass der Gegenstand der vertraglichen Regelung in dieser oder ähnlicher Weise auch einer Regelung durch VA zugänglich wäre. Auch kommt es nicht darauf an, ob die Behörde selbst ermächtigt ist, die versprochene Leistung durch den Erlass eines VA zu erbringen (BVerwG VRspr 27, 125). Aus dem Zweck der Regelung und in Analogie zu § 56 Abs 1 S 1, der insoweit Ausdruck eines allgemeinen Rechtsgedankens ist, lässt sich aber folgern, dass die vertragliche Regelung einen Gegenstandsbereich betreffen muss, der so oder ähnlich einer Regelung durch VA zugänglich wäre. **Vertragspartner der Behörde muss nicht notwendig ein Bürger** sein. Auch ein anderer öffentlicher Rechtsträger kann Vertragspartner sein, wenn ihm gegenüber hoheitliche Befugnisse eingeräumt sind.

bb) Staat-Bürger-Verhältnis. In der Literatur wird demgegenüber nach wie 49
vor teilweise eine weitergehende Auffassung vertreten, nach der sämtliche Verträge zwischen Hoheitsträgern auf der einen und Bürgern auf der anderen Seite als subordinationsrechtliche Verträge iSd § 54 S 2 eingestuft werden.[191] Diese Auffassung ist

---

[189] Begr 79; BVerwGE 111, 162 = NVwZ 2000, 1285; Wallerath 8 III 2; Bullinger DÖV 1977, 815; Frank DVBl 1977, 685; UL § 67 Rn 10 ff; MB 30.

[190] BVerwG NVwZ 2000, 1285; VGH Mannheim NVwZ 1991, 583; VGH München NVwZ 1990, 281; Degenhart NVwZ 1982, 72; Ziekow/Siegel VerwArch 2003, 593, 606; **aA** Obermayer 79 und jetzt Knack/Henneke 56: Nur solche Fälle werden erfasst, in denen alternativ der Erlass eines VA in Betracht käme.

[191] So zB StBS 61, wenn der Gegenstand der Vereinbarung einen Sachbereich betrifft, in dem die Behörde gegenüber dem Bürger grundsätzlich durch VA handeln kann; so wohl auch WBSK I § 54 Rn 37; Scherzberg JuS 1992, 205, 208; Schlette 387; Maurer § 14 Rn 13; Gündling, S 171 ff; BVerwGE 111, 162 = NVwZ 2000, 1285 lässt sich für diese Auffassung allerdings nicht in Anspruch nehmen.

nicht überzeugend, weil sie nicht an der Qualität des Gegenstandes, sondern der Vertragspartner anknüpft. Sie berücksichtigt nicht, dass es auch zwischen Staat und Bürger öffentlich-rechtliche Beziehungen gibt, die nicht subordinationsrechtlicher Natur sind (insbesondere auf Gebieten, auf denen es keine Eingriffsbefugnisse gibt), und dass auch umgekehrt zwischen Hoheitsträgern subordinationsrechtliche Beziehungen bestehen können (zB in der Kommunalaufsicht).

49a **c) Kooperationsrechtliche Verträge.** Teilweise wird neuerdings neben den subordinationsrechtlichen und den koordinationsrechtlichen Verträgen eine weitere Gruppe von kooperationsrechtlichen Verträgen unterschieden.[192] Dabei handelt es sich um Verträge, durch die Behörden und Privatsubjekte die gemeinsame Durchführung von Aufgaben und Projekten im öffentlichen Interesse vereinbaren. Sie gehören nur dann dem öffentlichen Recht an, wenn das Privatrechtssubjekt durch den Vertrag **unmittelbar in die Erfüllung von Hoheitsaufgaben eingebunden** wird. Die bloße Verpflichtung zur Schaffung, Lieferung oder Bereitstellung von Gegenständen oder Dienstleistungen zur Erledigung von Hoheitsaufgaben (Beschaffungswesen usw) verleiht einem Vertrag noch keinen öffentlich-rechtlichen Charakter. Auf die eigene Entscheidungsmacht des privaten Vertragspartners bei der Aufgabenerledigung kommt es dagegen nicht an. Auch soweit der Vertragspartner als verlängerter Arm der Verwaltung, also als Werkzeug agiert, kann diesem Handeln ein öffentlich-rechtlicher Vertrag zugrunde liegen. Es ist geplant, den kooperationsrechtlichen Vertrag selbständig zu regeln (s oben Rn 2a, 8a). Solange dies noch nicht der Fall ist, gehören kooperationsrechtliche Verträge der Sache nach zu der Gruppe der koordinationsrechtlichen Verträge.

50 **3. Verpflichtungs- und Verfügungsverträge.** § 54 gilt sowohl für **Verpflichtungsverträge,** dh für Verträge, mit denen sich eine Behörde zur Erbringung einer Leistung, auch zB zum Erlass eines VA, verpflichtet (vgl BVerwG NVwZ 1986, 559), als auch für **Verfügungsverträge,** mit denen sie die in Frage stehende Leistung unmittelbar erbringt, zB eine Erlaubnis erteilt oder eine Sondernutzung gewährt.[193] Die Unzulässigkeit kann sich jedoch aus S 1, 2. Halbs („soweit Rechtsvorschriften nicht entgegenstehen") ergeben, zB, wenn durch Gesetz eine bestimmte – andere – Form der Erfüllung vorgeschrieben ist, zB für die Ernennung eines Beamten, die gem § 8 Abs 2 BeamtStG, § 10 Abs 2 BBG nur durch Aushändigung einer entsprechenden Ernennungsurkunde wirksam erfolgen kann (Knack/Henneke 35). Verträge können sowohl Verpflichtungs- als auch Verfügungselemente enthalten.

51 **4. Vergleichsvertrag und Austauschvertrag. a) Vergleichsvertrag.** Ein Vergleichsvertrag ist nach der Definition in § 55 eine Vereinbarung, durch die eine bei verständiger Würdigung des Sachverhalts oder der Rechtslage bestehende **Ungewissheit durch gegenseitiges Nachgeben beseitigt** wird (Einzelheiten bei § 55). Der Vergleichsvertrag dient also der Konfliktlösung. Das Gesetz beschränkt den Vergleichsvertrag nicht auf bestimmte Vertragsgegenstände, sondern bestimmt lediglich die Voraussetzungen, unter denen ein Vertrag vergleichsweise geschlossen werden darf. Dies ist deshalb von großer Bedeutung, weil für den Vergleichsvertrag wegen einer schwer ausräumbaren Ungewissheit in rechtlicher oder sachlicher Hinsicht eine **gelockerte Gesetzesbindung** besteht. Ein Vergleichsvertrag kann sich auch auf eine Vereinbarung beziehen, die den Austausch von Leistungen vorsieht und deshalb **zugleich ein Austauschvertrag** ist, wenn zB das Nachgeben der einen Seite im Versprechen einer Leistung besteht.

---

[192] BVerwGE 111, 162, 166; VGH Mannheim NVwZ-RR 1998, 351; WBSK I § 54 Rn 33; Ziekow/Siegel VerwArch 2003, 608; Erichsen/Ehlers § 28 Rn 8.

[193] Martens JuS 1978, 607; Knack/Henneke 34; UL § 68 Rn 15; StBS 115 ff; **aA** Obermayer 19 und BayVBl 1977, 548; Püttner DVBl 1982, 124: § 54 gilt nur für Verfügungs- bzw Erfüllungsverträge.

b) Austauschvertrag. Während für den Vergleichsvertrag eine gelockerte Gesetzesbindung besteht, ist der Austauschvertrag umgekehrt durch § 56 besonderen rechtlichen Anforderungen unterworfen. Ein Austauschvertrag iSd § 56 ist ein Vertrag, in welchem sich die eine Seite zu einer Leistung im Hinblick darauf verpflichtet, dass sie von der anderen Seite ebenfalls eine Leistung erhält. Typischerweise stehen Leistung und Gegenleistung in einem **Gegenseitigkeitsverhältnis** (Synallagma); notwendig ist dies aber nicht. Es kommt auch vor, dass eine Seite eine Leistung unter der Voraussetzung verspricht, dass sie von der anderen eine Leistung erhält, zu der sich diese aber nicht verpflichtet. In diesem Falle spricht man von einem **hinkenden Austauschvertrag** (s Rn 8, § 56 Rn 4). Der Austauschvertrag kann auch Vergleichselemente enthalten, wenn den Beteiligten die Rechtslage ungewiss erscheint und beide Seiten bei den Verhandlungen deshalb nachgeben (s oben Rn 51). 51a

V. Besondere Vertragsinhalte

1. Abgabenrechtliche Verträge. Unzulässig sind nach § 54 S 1 Verträge, die **Kernbereiche des Abgabenrechts** betreffen, zB Verträge über eine Befreiung von Steuern und sonstigen Abgaben über die gesetzlich vorgesehenen Ausnahmen (zB ausdrückliche Zulassung vertraglicher Regelungen) und Freistellungs- bzw Befreiungs- oder Ermäßigungstatbestände hinaus,[194] **anders im Rahmen von Vergleichsverträgen,**[195] wenn sich die Parteien zB über einen schwierig zu ermittelnden Sachverhalt verständigen (BFHE 142, 549 = NJW 1985, 863: über schwer zu ermittelnde Umstände ist eine **„tatsächliche Verständigung"** zulässig und bindend). Zum Verhältnis derartiger tatsächlicher Verständigungen zu der grundsätzlichen Pflicht zur Sachverhaltsermittlung Martens StuW 1986, 97. 52

2. Verträge im Recht des öffentlichen Dienstes. Die Rechtsverhältnisse der Beamten, Richter und Soldaten sind als gesetzliche Dienst- und Treueverhältnisse ausgestaltet. Sie sind einer vertraglichen Regelung nur in sehr eingeschränktem Umfang zugänglich. Das gilt grundsätzlich unabhängig davon, ob die Vereinbarungen zugunsten oder zulasten des Beamten getroffen werden. Im Einzelnen sind drei Fallkonstellationen zu unterscheiden. 53

a) Kernbereich. Für bestimmte Maßnahmen im Kernbereich des Beamtenrechts gilt ein Vertragsformverbot. Verträge sind hier unabhängig von ihrem Inhalt unzulässig. Das betrifft vor allem die Ernennung (Einstellung, Beförderung) und die Entlassung, die nur durch VA erfolgen können. Zur Möglichkeit, über diese durch VA zu treffenden Entscheidungen einen Vergleich zu schließen (s unten Rn 53c). 53a

b) Sonstiger Bereich. Für die übrigen Maßnahmen im Beamtenrecht gilt, dass eine Gestaltung des Beamtenverhältnisses, also eine vertragliche Regelung abweichend von der Gesetzeslage, einer besonderen **gesetzlichen Ermächtigung** bedarf.[196] Das gilt für alle Verträge, die Verpflichtungen vorsehen, die „mit dem Wesen und Inhalt des in den beamten- und laufbahnrechtlichen Vorschriften abschließend geregelten Beamtenverhältnisses nicht in Einklang zu bringen sind" (BVerwGE 52, 108) oder im Bereich des **Besoldungs- und Versorgungs-** 53b

---

[194] BVerwGE 49, 128; 64, 361; DVBl 1982, 550; 1983, 113; NJW 1984, 2113; BFH 60, 235; 74, 312; 78, 228; NVwZ 1985, 863; NJW 1985, 863; BGHZ 66, 199; OVG Koblenz NVwZ 1986, 68; Knack/Henneke 47 ff mit eingehender Erörterung.

[195] BVerwGE ZMR 1979, 88; Schick aaO; enger BFH NJW 1985, 863: über schwierig zu ermittelnde Umstände ist eine „tatsächliche Verständigung" zulässig und bindend Ruppel DStR 1985, 685.

[196] BVerwGE 91, 200, 203 = NVwZ 1993, 1193; 52, 183, 189; VGH Mannheim, U v 29.6.2015, 9 S 280/14, juris; StBS 129.

rechts, insbes Verträge über eine höhere Beamtenbesoldung oder -versorgung als gesetzlich vorgesehen. Das gilt grundsätzlich auch für finanzielle Zusatzleistungen.

53c **Zulässige Vereinbarungen.** Als zulässig angesehen werden vertragliche Vereinbarungen außerhalb der eigentlichen statusrechtlichen sowie außerhalb der besoldungs- und versorgungsrechtlichen Fragen, zB Verträge zwischen einem öffentlichen Dienstherrn und einem Beamten über die Einzelheiten der Erstattung von **Umzugskosten** (BVerwG Rspr 24, 688), wenngleich über die Erstattung von Umzugskosten dem Grunde nach keine Verträge geschlossen werden, sondern die Kostenübernahme einseitig zugesagt wird (vgl § 82 BeamtStG).[197] Zulässig sind Vereinbarungen über die **Rückzahlung von Lehrgangskosten** oder sonstigen Kosten spezieller Ausbildungen;[198] sowie der Vertrag zwischen einem öffentlich-rechtlichen Rechtsträger und einem Studenten über die Verpflichtung zum späteren Eintritt in den öffentlichen Dienst gegen teilweise Übernahme der Ausbildungskosten[199] oder über die Rückzahlung der Ausbildungskosten uä. Derartige Regelungen werden in der Praxis allerdings heute im Wege der Auflage zu Leistungsbewilligungen durch VA getroffen.[200] Zulässig sind außerdem **Berufungsvereinbarungen** im Rahmen der Begründung hochschulrechtlicher Dienstverhältnisse.[201]

54 **c) Vergleichsverträge.** Vergleichsverträge (s oben Rn 51) iSd § 55 sind dagegen auch hier nicht gänzlich ausgeschlossen, etwa bei Streitigkeiten über die Wirksamkeit einer Ernennung oder über die Pflicht zur Beförderung.[202]

55 **3. Städtebauliche und sonstige baurechtliche Verträge.** Im öffentlichen Baurecht wird von der Möglichkeit vertraglicher Vereinbarungen zunehmend Gebrauch gemacht. Vor allem für die sog städtebaulichen Verträge gelten diverse spezialgesetzliche Regelungen, die den §§ 54ff vorgehen.[203] Daraus folgt etwa für die von § 11 BauGB erfassten vertraglichen Vereinbarungen, dass § 56 nicht anwendbar ist, weil **§ 11 Abs 2 BauGB insoweit als speziellere Bestimmung** vorgeht. Andererseits folgt aus einer spezielleren Regelung nach hM noch nicht ohne weiteres, dass die erfassten Verträge überhaupt dem öffentlichen Recht zuzuordnen sind (s unten Rn 55b). Auch eine generelle Entscheidung über die Frage, ob es sich bei städtebaulichen Verträgen um subordinationsrechtliche iSd § 54 S 2 handelt oder nicht, dürfte nicht möglich sein.[204] Vielmehr wird das vom Inhalt der Vereinbarungen abhängig sein. Zu Verträgen im Bereich des Denkmalschutzes Zepf DÖV 2015, 518.

Nach § 11 Abs 1 BauGB können ua Verträge mit Privaten abgeschlossen werden über die Durchführung städtebaulicher **Maßnahmen auf Kosten eines**

---

[197] VG Gera Az: 1 K 2331/98.GE – juris.

[198] BVerwGE 30, 77; 74, 78; BVerwG DÖV 1974, 517; aber unzulässig bei laufbahnrechtlich vorgesehenen Aufstiegsausbildung: BVerwGE 91, 200; VG Würzburg, Urt. v. 11.2.2003, Az: W 1 K 02.780 – juris.

[199] BVerwGE 74, 81; 40, 237; BVerwG NJW 1982, 1412; BAG JZ 1991, 563; OVG Münster DVBl 1990, 314; Tiedemann DÖV 1981, 428; Weber NVwZ 1986, 363; Kopp JZ 1991, 565; Schubert BayVBl 1994, 233.

[200] BVerwG ZBR 2000, 272; DöD 2002, 121; Battis, BBG § 33 Rn 7; s aber auch BVerwG ZBR 1990, 219; BVerwGE 30, 65; 40, 239; BVerwG NJW 1978, 1393; 1982, 1412; Buchh 232 § 30 BBG Nr 4; § 79a BBG Nr 17; § 83 BBG Nr 4; § 133 BBG Nr 43.

[201] Vgl OVG Münster NVwZ-RR 1997, 475; Schlette 321 mwN.

[202] Enger StBS 129: im öffentlichen Dienstrecht besteht ein grundsätzliches Verbot mit Erlaubnisvorbehalt für den Abschluss vertraglicher Vereinbarungen.

[203] Zu den städtebaulichen Verträgen s näher Bick DVBl 2001, 154; Birk, Städtebauliche Verträge, 5. Aufl 2013; Brohm JZ 2000, 321; Erbguth VerwArch 1998, 189; Oerder NVwZ 1998, 1190; Stich ZfBR 1999, 304; Hermann, S 24ff.

[204] Zu dieser umstrittenen Frage ausführlich Birk, Städtebauliche Verträge, Rn 18ff, der sie allerdings sämtlich aus dem Anwendungsbereich des § 54 S 2 herausnehmen will.

privaten Unternehmers einschließlich der Vorbereitung städtebaulicher Planungen, über die Nutzung von Grundstücken und baulicher Anlagen einschließlich der Durchführung des Ausgleichs nach § 1a Abs 3 BauGB sowie über die Übernahme von Kosten für städtebauliche Maßnahmen. Die Aufzählung ist nicht abschließend, wie in § 11 Abs 4 BauGB klargestellt wird. Die Regelung selbst dient weitgehend der Klarstellung; sie entspricht der bereits früher im Städtebaurecht vertretenen Auffassung. Eine Sonderregelung haben in § 12 BauGB die **Durchführungsverträge** als Grundlage eines sog vorhabenbezogenen Bebauungsplans erfahren (unten Rn 57).

a) Allgemeines. Die Regelung in § 11 BauGB ist Ausdruck der weitgehen- 55a
den Zulassung vertraglicher Vereinbarungen im Städtebaurecht. Wie sich schon aus § 11 Abs 4 BauGB ergibt, sind die Arten städtebaulicher Verträge in § 11 Abs 1 BauGB nicht abschließend aufgeführt. **Unzulässig** ist allerdings nach wie vor die **Begründung vertraglicher Verpflichtungen zur Aufstellung eines Bebauungsplans** bzw anderer städtebaulicher Satzungen (vgl § 1 Abs 3 S 2 BauGB).[205] Auch der Durchführungsvertrag nach § 12 Abs 1 BauGB begründet keinen Anspruch auf den Erlass eines Vorhaben- und Erschließungsplans. Insoweit sind also nur hinkende Austauschverträge möglich. **Eine Zuordnung der Verträge zum öffentlichen Recht** nimmt § 11 BauGB nach hM nicht vor;[206] das gilt insbes für § 11 Abs 1 Nr 2 BauGB (vgl BVerwGE 92, 56 = NJW 1993, 2695). Insoweit bleibt es bei dem Grundsatz, wonach es für die Zuordnung auf den Gegenstand der Vereinbarung ankommt. Gleichwohl lassen sich die meisten städtebauliche Verträge dem öffentlichen Recht zuordnen, weil sie sich auf öffentlich-rechtlich geregelte Sachverhalte beziehen.[207]

b) Privatrechtliche Vereinbarungen. Privatrechtlich sind Vereinbarungen 55b
zwischen einer Gemeinde und den an der Aufstellung eines bestimmten Bebauungsplans interessierten Grundstückseigentümern darüber, dass die Grundstücke im betroffenen Gebiet für einen bestimmten Zeitraum nur „gemäß den für die Gemeinde aufgestellten landesplanerischen Zielen" verwendet, insb **nur an Ortsansässige veräußert** werden dürfen, und mit einem näher bestimmten Kaufangebot der Gemeinde und einer Auflassungsvormerkung zugunsten der Gemeinde, wenn der Grundstückseigentümer gegen die erwähnte Klausel verstoßen würde **(Weilheimer bzw Einheimischenmodell).**[208] Gleiches gilt für sonstige Verträge, mit denen die Gemeinde eigene Grundstücke an Private mit der **Verpflichtung zu einer bestimmten Bebauung** veräußert, die im städtebaulichen Interesse der Gemeinde liegt.[209] Bauplanungsverträge, bei denen sich die Gemeinde zur Aufstellung, Änderung, Aufhebung etc von Bebauungsplänen verpflichtet, sind zwar öffentlich-rechtlicher Natur, nach § 1 Abs 3 S 2 BauGB aber unzulässig. Gleiches gilt für Verträge, welche das **planerische Ermessen** der Behörde zB hinsichtlich der Aufstellung von Bauleitplänen **unzulässig einengen.**[210]

---

205 Ganz hM, vgl BVerwG NVwZ 2006, 336; BVerwG NVwZ 2006, 458; BGHZ 71, 386; zT **aA** BGH NVwZ 2016, 404: Kein Verstoß, wenn für den Fall des Ausbleibens der erwarteten Planung ein Schadensersatzanspruch vereinbart wird; wenig überzeugend; weniger streng auch StBS 141: unzulässig ist nur die faktische Vorabbindung, nicht die Beeinflussung von Planungsalternativen.

206 BVerwGE 92, 56; BeckOK, § 11 BauGB Rn 4; Schrödter, § 11 BauGB Rn 6; StBS 140 (anders aber dies Rn 76b); Dolde NVwZ 1996, 209, 212.

207 Erbguth, in: Achterberg/Püttner/Württenberger II Rn 178.

208 BVerwGE 92, 56, 59 = NJW 1993, 2695 – m Anm Grziwotz NJW 1993, 2665; **aA** VGH München NVwZ 1990, 979.

209 Für diese Verträge war aufgrund der sog Ahlhorn-Rechtsprechung des OLG Düsseldorf (NZBau 2007, 530) zunächst fraglich, ob sie ausschreibungspflichtig wären (vgl hierzu näher Einf I Rn 52a). Im wesentlichen ermeinend dann EuGH NJW 2010, 2189.

210 BVerwGE 42, 338; BVerwG NJW 1980, 679; 1980, 2538; NVwZ 1982, 249; DÖV 1981, 878; BGH VRspr 27, 183; VGH München BayVBl 1980, 296; Krebs VerwArch

56 **c) Erschließungs- und Folgekostenverträge.** Als zulässige öffentlich-rechtliche Verträge sind die Erschließungsverträge anzusehen, die es in sehr unterschiedlichen Erscheinungsformen gibt.[211] Öffentlich-rechtlich ist zB der Vertrag einer Gemeinde mit einem Privaten, der ein Grundstück von ihr kauft, wenn der Kaufvertrag zugleich als wesentlichen Bestandteil einen **Verzicht der Gemeinde auf Erschließungskosten** für dieses Grundstück enthält (VGH München NJW 1992, 2652); ebenso ein **Vertrag über die Durchführung von Erschließungsmaßnahmen** gem § 123 Abs 3 BauGB[212] oder über die Übernahme der Erschließung oder von Erschließungskosten gem § 124 BauGB.[213] Im Unterschied zur früheren Rechtslage, nach der die Gemeinde auch in diesem Fall den in § 129 Abs 1 S 3 BauGB vorgesehenen Selbstbehalt von 10% der Erschließungskosten selbst zu tragen hatte,[214] können heute[215] die gesamten Erschließungskosten vertraglich auf den Privaten übertragen werden. Öffentlich-rechtlich sind auch Verträge über die **Ablösung von Erschließungsbeiträgen** gem § 134 Abs 3 S 5 BauGB;[216] zwischen einer Gemeinde und den Grundstückseigentümern eines Gebiets zur Neuordnung der Grundstücksverhältnisse für die Erschließung und Bebauung des Gebiets – sog **freiwillige Umlegung** (BVerwG NJW 1985, 989). Zum Begriff des Dritten iSd § 124 BauGB in Bezug auf Eigengesellschaften der Gemeinde BVerwGE 138, 244; Bier DVBl 2013, 541.

56a **Sog Folgekostenverträge,** die die Übernahme von Aufwendungen, die der Gemeinde bei der Ansiedlung von Vorhaben über die ersatzfähigen Erschließungsmaßnahmen hinaus entstehen, zum Inhalt haben, sind als **öffentlich-rechtliche** Verträge zu qualifizieren, zB der Vertrag über die Zustimmung der Gemeinde zu einem Bauantrag usw gegen die Übernahme von Folgekosten.[217] Die Einschränkungen der Zulässigkeit von Folgekostenverträgen durch die neuere Rspr (vgl BVerwGE 90, 310) sind zu beachten, soweit nicht bereits § 11 Abs 1 Nr 3 BauGB Anwendung findet (s hierzu oben Rn 55).

57 **d) Durchführungsverträge (§ 12 BauGB).** Ein sog Durchführungsvertrag muss zwischen Gemeinde und Vorhabensträger nach § 12 Abs 1 S 1 BauGB geschlossen werden, bevor die Gemeinde einen **vorhabenbezogenen Bebauungsplan** auf der Grundlage des vom Vorhabenträger erstellten Vorhaben- und Erschließungsplans beschließen darf. Im Durchführungsvertrag muss sich der Vorhabenträger zur Durchführung, dh zur **Verwirklichung des im Vorhaben- und Erschließungsplan konkretisierten Vorhabens** verpflichten. Der Durchführungsvertrag hat idR den Charakter eines hinkenden Austauschvertrages, weil sich die Gemeinde nicht zum Erlass des vorhabenbezogenen Bebauungsplans verpflichtet, die Verpflichtung des Vorhabenträgers aber den Erlass des Plans durch die Gemeinde voraussetzt.

1981, 49; Gusy BauR 1981, 164; Dolde NJW 1981, 1930; Papier JuS 1981, 501; vgl auch VGH München NVwZ 1990, 280: zulässig sind jedenfalls „flankierende" vertragliche Regelungen zur Bauleitplanung; zT **aA** Dolde NJW 1980, 1658.

211 Überblick bei Birk, Städtebauliche Verträge, Rn 176 ff.

212 BVerwG NVwZ-RR 1990, 434; BGH NJW 1970, 2108.

213 BVerwGE 140, 209; 138, 244 (zur Unzulässigkeit der Übertragung der Erschließung iS des § 124 Abs 1 BauGB auf Eigengesellschaft); BVerwG NVwZ 2013, 218; hierzu näher Bier DVBl 2013, 541.

214 BVerwGE 92, 56, 59 m Anm Grziwotz NJW 1993, 2665; BVerwGE 32, 39; BVerwG DVBl 1976, 390; BGHZ 65, 370; **aA** VGH München NVwZ 1990, 979.

215 Dies gilt jedenfalls seit der Klarstellung in § 11 Abs 2 S 3 BauGB durch das Gesetz zur Stärkung der Innenentwicklung v 11.6.2013 (BGBl I, S 1548).

216 BVerwGE 151, 171 (keine absolute Missbilligungsgrenze); OVG Weimar NVwZ-RR 2001, 623; StBS 145.

217 BVerwGE 42, 331; 90, 311; BVerwG NVwZ 1991, 583; BGHZ 56, 368; 71, 288.

4. Stellplatzverträge. In einem Stellplatzvertrag verpflichtet sich der Vorhabenträger, den von einem Bauvorhaben ausgelösten Stellplatzbedarf auf eine bestimmte Weise zu erfüllen oder die erforderlichen Stellplätze abzulösen (näher Ehlers DVBl 1986, 529). Die Ablösung erfolgt auf der Grundlage der in den Landesbauordnungen vorgesehenen **Möglichkeit einer finanziellen Ablösung** der Verpflichtung zur Schaffung von Stellplätzen bzw Garagenplätzen in Zusammenhang mit einem Bauvorhaben (vgl zB § 49 HBauO). Sie sind als öffentlich-rechtliche Verträge zwischen Bürger und Gemeinde zulässig[218] und zT ausdrücklich in den Landesbauordnungen geregelt (zB § 50 Abs 6 LBauO SH). Umstritten ist, ob es sich bei der Stellplatzablösung um eine Finanzierungssonderabgabe oder eine Abgabe eigener Art handelt.[219] Jedenfalls geht die hM zutreffend davon aus, dass die Stellplatzablösungsforderung nicht unter die Regelung in § 80 Abs 2 Nr 1 VwGO fällt. 58

5. Umweltrechtliche Verträge. Als öffentlich-rechtlich anzusehen ist zB der Vertrag über die Förderung gewerblicher Investitionen mit öffentlichen Mitteln durch die Gemeinde und über vom Vertragspartner vorzunehmende besondere **Maßnahmen vorbeugenden Umweltschutzes** über den gesetzlich erzwingbaren Rahmen hinaus (BVerwGE 84, 236 = NVwZ 1990, 665). Gleiches gilt auch für Vereinbarungen zur Erfüllung naturschutzrechtlicher Verpflichtungen insbes im Bereich der naturschutzrechtlichen Eingriffsregelung (**naturschutzrechtliche Ausgleichsvereinbarungen,** vgl BVerwGE 104, 353 = NVwZ 1997, 1216). Nicht öffentlich-rechtlich sind dagegen Pachtverträge mit der öffentlichen Hand, in denen sich die Pächter aus Gründen des Naturschutzes zu einem bestimmten Umgang mit der Pachtsache verpflichten, zB eine Fläche nur zu bestimmten Jahreszeiten zu mähen, nicht zu düngen usw. Hier ist die Erfüllung von Umweltschutzaufgaben nur Motiv des öffentlich-rechtlichen Verpächters. 59

6. Subventions- und Darlehensverträge. Auch die Verträge über die Gewährung und die nähere Ausgestaltung einer Subvention sind, soweit nicht über das „Ob" bereits gesondert durch einen Zuwendungsbescheid entschieden worden ist, als zulässige öffentlich-rechtliche Verträge anzusehen,[220] zB der Vertrag zwischen einem Exporteur und der im Auftrag des Bundes tätigen HERMES über eine Garantie im Rahmen der **staatlichen Exportförderung;**[221] ebenso Verträge über Darlehen, zB nach § 89 BSHG (BVerwG NVwZ 1988, 762). **Keine öffentlich-rechtlichen Verträge** sind dagegen Verträge über den näheren Inhalt von in Form von Darlehen, Bürgschaften usw zu günstigeren als marktüblichen Bedingungen gewährten Subventionen uä, sofern die Behörde nicht in Ausübung eines Wahlrechts ersichtlich auch darüber einen öffentlich-rechtlichen Vertrag abschließt (StBS 48; MuLö BayVBl 1990, 509). 60

7. Konzessionsverträge. § 105 Abs 1 GWB unterscheidet Baukonzessionen und Dienstleistungskonzession. Konzessionen zeichnen sich im Unterschied zur Vergabe öffentlicher Aufträge dadurch aus, dass der Inhaber das wirtschaftliche Risiko der von ihm zu erbringenden Leistungen (Nutzung des Bauwerks oder Verwertung der Dienstleistung) selbst trägt (§ 105 Abs 2 GWB; zur Abgrenzung s Einl I Rn 52, 52b). Auch wenn Konzessionsverträge regelmäßig dem Zivilrecht zugeordnet werden, sind hierdurch öffentlich-rechtliche Konzessionsverträge nicht ausgeschlossen. Sie liegen vor, wenn der Gegenstand des Vertragsschlus- 61

---

[218] BVerwGE 23, 213; VGH München BayVBl 1987, 531; vgl auch BGH NJW 1983, 2823 mwN; Ehlers DVBl 1986, 529.

[219] BVerwGE 122, 1 (keine unzulässige Sonderabgabe); OVG Hamburg NordÖR 1999, 377.

[220] BVerwGE 84, 236; OVG Münster NVwZ 1984, 522; VGH Kassel NVwZ 1990, 880; Knuth JuS 1986, 523; StBS 47; vgl auch Knack/Henneke 20ff.

[221] BVerwG DÖV 1974, 133; OVG Münster DVBl 1972, 614.

ses dem öffentlich-rechtlichen Regelungsbereich zuzuordnen ist (vgl. Einl I Rn 53h). Dies ist vor allem bei **Dienstleistungskonzessionen** der Fall, denn ihr Gegenstand ist typischerweise die Wahrnehmung einer öffentlichen Aufgabe durch private Dritte, zB Konzessionen für den Betrieb von Spielbanken, den Bau und Betrieb von Nebenbetrieben an der Bundesautobahn, straßenrechtliche Sondernutzungserlaubnisse, Rettungsdienstleistungen und die Bestellung von Schornsteinfegern. Für ihre Erteilungsform steht daher anstelle des VA auch der öffentlich-rechtliche Vertrag gem § 54 S 2 zur Verfügung (Müller NVwZ 2016, 266); dies gilt jedenfalls dann, wenn die für die Anwendung des Vergaberechts maßgebenden Schwellenwerte nicht erreicht sind. **Umstritten** ist, ob bei Konzessionsverträgen, die öffentlich-rechtlicher Natur sind, aber aufgrund der Überschreitung der Schwellenwerte in den **Anwendungsbereich des Vergaberechts** fallen, sich die Frage nach einem Vorrangverhältnis der Vergabe nach dem GWB oder dem VwVfG bzw einschlägigen Fachrecht stellt. Die Annahme eines Vorrangverhältnisses ist abzulehnen, da im Anwendungsbereich des GWB wegen des „effet utile" eine Außerachtlassung des in Umsetzung des Unionsrechts ergangenen nationalen Vergaberechts (Einl I Rn 52c, 52d) nicht in Betracht kommt. Vielmehr ist das Vergaberecht in diesen Fällen zwingend anzuwenden.[222] Der öffentlich-rechtliche Regelungsbereich, dem der Vertragsgegenstand zuzuordnen ist, bleibt hierneben anwendbar; es handelt sich um verschiedene Tatbestände, die nach ihren jeweils eigenen Maßstäben zu bewältigen sind (vgl Burgi NVwZ 2017, 257, 260). Dh im Vergabeverfahren sind neben den vergaberechtlichen Bestimmungen die öffentlich-rechtlichen Vorgaben zu beachten. **Unterhalb der Schwellenwerte** und für die Bereichsausnahmen greifen das GWB und die darauf gestützten Verordnungen (s Einl I Rn 53 ff) nicht ein. Es finden die Vorschriften des VwVfG und des einschlägigen Fachrechts auf die öffentlich-rechtlichen Konzessionsverträge Anwendung. Vergaberechtliche Vorgaben sind hier ergänzend zu berücksichtigen, soweit sie sich aus dem europäischen Primärrecht bei Vorliegen eines eindeutigen grenzüberschreitendes Interesses ergeben.[223]

§ 55 Vergleichsvertrag

Ein öffentlich-rechtlicher Vertrag im Sinne des § 54 Satz 2,[4] durch den eine bei verständiger Würdigung des Sachverhalts oder der Rechtslage bestehende Ungewissheit[14] durch gegenseitiges Nachgeben[18] beseitigt wird (Vergleich), kann geschlossen werden, wenn die Behörde den Abschluss des Vergleichs zur Beseitigung der Ungewissheit nach pflichtgemäßem Ermessen für zweckmäßig hält.[20]

Parallelvorschrift: § 54 SGB X

Schrifttum: *Breetzke,* Der Vergleich bei verständigem Zweifel, NJW 1969, 1408; *Degenhart,* Der öffentlich-rechtliche Abfindungsvergleich, NVwZ 1982, 71; *Eisenlohr,* Der Prozessvergleich in der Praxis der Verwaltungsgerichtsbarkeit, 1999; *Erfmeyer,* Die Beseitigung einer Ungewissheit über den Sachverhalt durch Abschluss eines Vergleichsvertrages, DVBl 1998, 753; *Franke,* Der gerichtliche Vergleich im Verwaltungsprozeß, 1995; *Frenz,* Vertragsnaturschutz in neuem Gewand, NuR 2011, 257; *Frenz/Heßler,* Altlastensanierung und öffentlich-rechtlicher Sanierungsvertrag, NVwZ 2001, 13; *Kaltenborn,* Streitvermeidung und Streitbeilegung im Verwaltungsrecht, 2007; *Knepper,* Der Vergleich im Steuerrecht, BB 1986, 168; *Martens,* Der öffentlich-rechtliche Vertrag, JuS 1978, 607; *Meyer-Hesemann,* Die Zulässigkeit gesetzesinkongruenter verwaltungsrechtlicher Vergleichsverträge und

---

[222] Ebenso iE für den Bereich des Straßenrechts Burgi NVwZ 2017, 257, 260; aA Müller NVwZ 2016, 266. Zur Entwicklung des Streits um die Anwendbarkeit des Vergaberechts auf öffentlich-rechtliche Verträge s Einl I Rn 52i.

[223] S Einl I Rn 53; Burgi NVwZ 2017, 257, 260.

Prozeßvergleiche, DVBl 1980, 869; *Michel,* Der Prozeßvergleich in der Praxis, JuS 1986, 41; *v Rintelen,* Der verwaltungsrechtliche Vergleichsvertrag, 2003; *Schick,* Vergleiche und sonstige Vereinbarungen zwischen Staat und Bürger im Steuerrecht, 1967; *Schlette,* Die Verwaltung als Vertragspartner, 2000; *Tiedemann,* Der Vergleichsvertrag im kommunalen Abgabenrecht, DÖV 1996, 594; *Ziekow/Siegel,* Entwicklung und Perspektiven des Rechts des öffentlich-rechtlichen Vertrages, VerwArch 2004, 133, 141.

Übersicht

I. Allgemeines

1. Inhalt des § 55. Die Vorschrift nach dem Vorbild des § 106 VwGO und § 779 BGB enthält Bestimmungen über **Vergleichsverträge.** Dabei handelt es sich um Vereinbarungen, durch die ein Konflikt zwischen zwei oder mehreren Beteiligten über einen Streitgegenstand durch gegenseitiges Nachgeben beigelegt wird. Sie sieht aber zugleich – entsprechend dem Wesen eines Vergleichs – in gewissem Umfang eine **begrenzte Lockerung der strikten Gesetzesbindung** vor, ermöglicht es der Behörde, von der sonst auch für Verträge geltenden strengen Bindung an die im Regelfall zu beachtenden Rechtsvorschriften,[1] insb auch von der Verpflichtung zur umfassenden Aufklärung des Sachverhalts (§ 24), teilweise abzuweichen.[2] S zur (begrenzten) Zulässigkeit von Vergleichsverträgen auch in Fällen, in denen sonst vertragliche Regelungen grundsätzlich unzulässig sind, zB im Abgabenrecht, § 54 Rn 52. Die Regelung entspricht dem vor Erlass 1

---

[1] BVerwGE 49, 364; 84, 157; BVerwG NJW 1976, 219; NJW 1979, 330; OVG Münster DVBl 1980, 767; Knack/Henneke 6; Obermayer 2.

[2] Vgl BVerwGE 14, 104; 17, 93; 49, 359; 84, 157, 165; StBS 2 ff; WBSK I § 54 Rn 49; Degenhart NVwZ 1982, 73.

des VwVfG geltenden Recht. Sie erfasst auch Verträge, die zugleich Austauschverträge iSd § 56 sind.[3]

2 **Zweck des Vergleichsvertrages** ist es, in Fällen, in denen eine Regelung durch VA nicht ohne unverhältnismäßige Aufklärungsarbeit in tatsächlicher oder rechtlicher Hinsicht möglich wäre, eine **einvernehmliche Lösung durch gegenseitiges Nachgeben** zu ermöglichen. Die Beteiligten sollen im Interesse der Verfahrensökonomie (vgl Degenhart NVwZ 1982, 73) und der Vermeidung unnötiger Rechtsbehelfsverfahren nicht zur Durchführung von Verfahren mit schwierigen und ggf umfangreichen und kostspieligen Ermittlungen gezwungen sein, wenn der zu erwartende Erfolg voraussichtlich außer Verhältnis zur Mühe und zum Aufwand stehen würde und/oder eine abschließende Erledigung der Angelegenheit nicht fördern würde (Begr 80; BVerwG DVBl 1981, 255).

3 **2. Verfassungsrecht.** Die Regelung ist **verfassungsrechtlich unbedenklich.** Zwar erlaubt sie unter den aufgeführten Voraussetzungen eine wirksame Vereinbarung auch von Regelungen, die mit den maßgeblichen gesetzlichen Bestimmungen nicht in Einklang stehen. Insoweit bewirkt sie eine gewisse Einschränkung der Gesetzesbindung. Derartige Abweichungen sind aber unter dem Aspekt der Verfahrensökonomie verfassungsrechtlich hinnehmbar (StBS 3). In allen Fällen sind vom Gesetz abweichende Vereinbarungen nur im Hinblick eine **tatsächliche oder rechtliche Ungewissheit gerechtfertigt** (BVerwG DVBl 1976, 219; vgl auch § 779 BGB). Voraussetzung ist weiter, dass sich die Ungewissheit nicht mit vertretbarem Aufwand ausräumen lässt. Diese Voraussetzungen sind aus verfassungsrechtlicher Sicht zur Rechtfertigung der Lockerung der Gesetzesbindung geradezu zentral und deshalb unverzichtbar. Es ist insbesondere nicht zulässig, eine nach § 24 gebotene und auch ohne unverhältnismäßigen Aufwand mögliche Aufklärung zu unterlassen und stattdessen einen Vergleichsvertrag abzuschließen (so zutreffend Schlette 488).

3a **3. Europarecht. a) Direkter Vollzug.** Das Unionsrecht enthält keine ausdrücklichen Regelungen für Vergleichsverträge. Das gilt sowohl für das ungeschriebene Verfahrensrecht im Rahmen des direkten Vollzugs von Unionsrecht durch die Organe der EU als auch für Vergleiche im gerichtlichen Verfahren vor dem EuGH und dem EuG.[4] Gleichwohl wird man vertragliche Einigungen über Verfahrensgegenstände, die zur Disposition der Beteiligten stehen, auch europarechtlich nicht für gänzlich unzulässig halten können.[5] So kann der Vergleichsvertrag durch das europarechtliche **Verhältnismäßigkeitsprinzip** gerechtfertigt sein, wenn es ein erhebliches Missverhältnis zwischen dem Aufklärungsaufwand auf der einen und der Bedeutung der Sache auf der anderen Seite gibt. Dabei ist aber stets zu berücksichtigen, dass der Vollzug von Unionsrecht regelmäßig Bedeutung nicht nur für die unmittelbar betroffenen Beteiligten hat, sondern – wegen der vielfältigen Wechselbeziehungen – auch für andere Mitgliedstaaten haben kann. Ferner ist stets zu prüfen, ob der Gegenstand des Vergleichs der Disposition der Beteiligten tatsächlich unterliegt.

3b **b) Indirekter Vollzug.** Nach dem Grundsatz der verfahrensrechtlichen Autonomie ist es grundsätzlich Sache der Mitgliedstaaten, die geeignete Form des Vollzugs von EU-Recht und nationalem Umsetzungsrecht zu bestimmen. Allerdings gilt auch hier das Diskriminierungsverbot und das Effektivitätsprinzip, wonach ein Vergleichsvertrag nicht die effektive Umsetzung des EU-Rechts einschränken oder behindern darf. Da der Grundsatz der **Verhältnismäßigkeit**

[3] Vgl BVerwG VRspr 27, 138; Erichsen VerwArch 1977, 66; Haueisen DVBl 1968, 285; **aA** F 279.

[4] Zur Unzulässigkeit von Prozessvergleichen Hackspiel in Rengeling/Middeke/Gellermann, Handbuch des Rechtsschutzes in der EU, 2. Aufl 2003, § 27 Rn 50.

[5] StBS 62; § 54 Rn 163; FKS 4; weiter Bader/Ronellenfitsch 6.

auch für die Umsetzung von EU-Recht gilt, können unter den Voraussetzungen des § 55 aber auch Vergleichsverträge geschlossen werden. Voraussetzung wird aber nicht nur sein, dass die Behörde den Abschluss des Vergleichs zur Beseitigung der Ungewissheit für zweckmäßig hält, sondern darüber hinaus, dass die **Ungewissheit mit zumutbaren Mitteln nicht ausgeräumt** werden kann. Dies dürfte bei rechtlicher Ungewissheit regelmäßig nicht der Fall sein; insoweit ist das Europarecht auf eine vereinheitlichende Rechtsprechung des EuGH angelegt.[6] Auch bei tatsächlichen Ungewissheiten ist ein strenger Maßstab anzulegen.

4. Anwendungsbereich. a) Unmittelbare Anwendbarkeit. Die Vorschrift gilt unmittelbar nur im Anwendungsbereich des VwVfG. Die Verwaltungsverfahrensgesetze der Länder enthalten im Wesentlichen gleich lautende Vorschriften. § 55 gilt nach seinem Wortlaut, der auf § 54 S 2 verweist, unmittelbar nur für Vergleichsverträge, die in einem hoheitlichen Über- und Unterordnungsverhältnis im Hinblick auf die Ungewissheit der Sach- oder Rechtslage geschlossen werden. Zum Begriff des **subordinationsrechtlichen Vertrages** s näher § 54 Rn 48 ff. Erfasst werden sowohl Vergleichsverträge, die im Rahmen eines zunächst auf Erlass eines VA gerichteten Verfahrens abgeschlossen werden und das Verfahren beenden, als auch Vergleichsverträge, die von vornherein gem § 54 S 2 einen VA ersetzen sollen, außerdem auch die entsprechenden außergerichtlichen Vergleiche entspr § 106 VwGO. Erfasst werden auch Vergleichsverträge, die zugleich Austauschverträge iS des § 56 sind. Sie müssen dann nicht nur die Voraussetzungen des § 55, sondern auch die des § 56 erfüllen. 4

b) Entsprechende Anwendbarkeit. Als **Ausdruck allgemeiner Rechtsgrundsätze** sind § 55 und die entspr Vorschriften des Landesrechts sinngemäß auch auf verwaltungsrechtliche Verträge anwendbar, die nicht unter diese Vorschriften fallen und für die auch keine Sonderregelungen gelten, auch zB auf Vergleichsverträge im Kommunalabgabenrecht.[7] Die Zulässigkeit von Vergleichsverträgen in anderen als subordinationsrechtlichen Verhältnissen nach § 54 S 2 richtet sich nach den allgemeinen Vorschriften der §§ 54, 56 ff Auf nicht subordinationsrechtliche Vergleichsverträge ist § 55 jedoch als Ausdruck allgemeiner Rechtsgrundsätze zT analog anwendbar, wenn die Beteiligten einer dem Subordinationsverhältnis vergleichbaren Gesetzesbindung unterliegen; ebenso auf Vergleichsverträge im Bereich der privatrechtlichen (fiskalischen) Tätigkeit der Verwaltung zur Erfüllung öffentlicher Aufgaben (Achterberg JA 1985, 510). 5

c) Vergleichsverträge zwischen Hoheitsträgern. Für diese Verträge gelten die Erfordernisse des § 55 nur dann sinngemäß, wenn und soweit sie zur Beseitigung einer Ungewissheit hins zwingender rechtlicher Voraussetzungen geschlossen werden. Da § 55 eine Lockerung der strikten Gesetzesbindung enthält, setzt seine Anwendung nach Sinn und Zweck eben diese Bindung auch voraus. **Soweit** die Beteiligten **Dispositionsfreiheit** haben, dh rechtlich befugt sind, über den Gegenstand des Verfahrens zu verfügen, kommt es auf das Bestehen einer Ungewissheit in rechtlicher oder tatsächlicher Hinsicht deshalb nicht an. 6

5. Vergleichsvertrag und gerichtlicher Vergleich. Der gerichtliche Vergleich (§ 106 VwGO) hat wie der Vergleichsvertrag nach § 55 eine Doppelnatur; er ist einerseits Prozesshandlung, andererseits materiellrechtlich ein Vertrag, und zwar, wenn er auf dem Gebiet des öffentlichen Rechts geschlossen wird, ein öffentlich-rechtlicher Vertrag. Wegen dieser **Doppelnatur** muss ein gerichtlicher Vergleich sowohl die Wirksamkeitsvoraussetzungen für Prozess- 7

---

[6] FKS 4; allgemein zu Verträgen im Unionsrecht Bauer in Grundlagen II § 36 Rn 22.
[7] VGH München NVwZ 1989, 167; Allesch DÖV 1990, 275; StBS 15 f.

handlungen als auch diejenigen für verwaltungsrechtliche Verträge erfüllen, wenn er Wirksamkeit entfalten soll.[8] In prozessualer Hinsicht führt dies zu gewissen **Modifikationen:** Während Prozesshandlungen grundsätzlich nicht anfechtbar und bedingungsfeindlich sind, können die zu einem öffentlich-rechtlichen Vertrag führenden Willenserklärungen zB nach §§ 119, 123 BGB angefochten und auch mit Bedingungen versehen werden. Greift die Anfechtung durch oder tritt die Bedingung ein, so wird der Vergleich insgesamt unwirksam. Eine Aufspaltung in einen wirksamen prozessualen Vertrag und einen unwirksamen materiellrechtlichen Vertrag ist nicht möglich.

7a Zu den **prozessualen Voraussetzungen** der Zulässigkeit eines gerichtlichen Vergleichs (s Franke, Der gerichtliche Vergleich im Verwaltungsprozess, 101). Für den gerichtlichen Vergleich ist insoweit die einschlägige Prozessordnung maßgeblich, also nach der VwGO § 106, nach dem SGG § 101. Keine Regelung über einen Prozessvergleich trifft die FGO; für die hierunter fallenden Streitigkeiten ist der Gesetzgeber ursprünglich von einer generellen Unzulässigkeit gerichtlicher Vergleiche ausgegangen. Inzwischen werden jedenfalls sog tatsächliche Verständigungen für zulässig gehalten (s hierzu näher § 54 Rn 52).

II. Begriff und Rechtsnatur des Vergleichsvertrages

8 **1. Legaldefinition.** Ein Vergleich iS des § 55 ist übereinstimmend mit dem im Prozessrecht entwickelten Vergleichsbegriff (vgl Kopp/Schenke § 106 Rn 1) nach der Legaldefinition in § 55 ein Vertrag, „durch den eine bei verständiger Würdigung des Sachverhalts oder der Rechtslage **bestehende Ungewissheit durch gegenseitiges Nachgeben beseitigt** wird". Wesentliche Merkmale sind die Ungewissheit der Rechts- oder Sachlage (s dazu unten Rn 14 ff) und das gegenseitige Nachgeben aller Beteiligten (s unten Rn 20 ff) im Hinblick auf diese Ungewissheit. Ungewissheit und Nachgeben müssen sich auf ein und dieselbe Frage beziehen.[9] Daher ist es zB nicht zulässig, eine Ungewissheit darüber, ob und in welcher Höhe eine Abgabe geschuldet ist, durch ein Entgegenkommen bei einer Baugenehmigung zu „kompensieren" (BVerwGE 49, 365; Knack/Henneke 16). Der Vergleichsvertrag **kann zugleich ein Austauschvertrag** iSd § 56 sein. Notwendig ist dies aber nicht, denn das gegenseitige Entgegenkommen als solches hat noch keinen Leistungscharakter. Wenn also über die Frage des Anspruchs auf die Erteilung einer baurechtlichen Befreiung Ungewissheit besteht, dann kann ein Vergleich darin bestehen, dass der Bauherr, der ursprünglich viergeschossig bauen wollte, sich mit einer Baugenehmigung für ein dreigeschossiges Gebäude zufrieden gibt, während die Behörde von ihrem Standpunkt abrückt, es dürfe nur zweigeschossig gebaut werden. Hier liegt kein Austauschvertrag vor. Gleiches gilt, wenn sich der Bauherr außerdem noch zur Errichtung einer Tiefgarage verpflichtet, weil auch insoweit keine Leistung an die Verwaltung vorliegt. Verpflichtet sich aber der Bauherr in dem Vergleich außerdem zur Übereignung eines Grundstücksteils oder zur Zahlung eines Geldbetrages an die Verwaltung, so liegt zugleich ein Austauschvertrag vor, der die Voraussetzungen des § 56 erfüllen muss. Ein Vergleichsvertrag verliert seinen Charakter auch nicht dadurch, dass die Behörde einen **VA zum Vertragsbestandteil** macht und diesen mit dem Vertrag zusammen verlautbart.[10]

---

[8] St Rspr, vgl BVerwGE 14, 103, 105; 17, 87, 93; BVerwG NJW 1994, 2306; OVG Berlin/Brbg NuR 2006, 719; StBS 14; Kopp/Schenke § 106 Rn 6 mwN.

[9] Konnexität zwischen Ungewissheit und Nachgeben, BVerwGE 49, 364; 84, 157; NJW 1979, 330; Obermayer 20 ff; Knack/Henneke 16; Ziekow/Siegel VerwArch 2004, 142; s auch unten Rn 14.

[10] Vgl BVerwGE 143, 335 zum Vergleich über Ansprüche nach dem VermG. Ähnlich auch BVerwG NVwZ 2014, 1467 zum Vergleichsvertrag über eine Richterentlassung.

2. Rechtsnatur. Ähnlich wie der Prozessvergleich ist auch der verwaltungsrechtliche Vergleichsvertrag einerseits **Verfahrenshandlung,** die das Verfahren, soweit die Sache sich durch den Vergleichsvertrag erledigt, abschließt, zugleich andererseits aber auch **materiellrechtlicher Vertrag,** der wie jeder andere Vertrag nach materiellem Recht zu beurteilen ist. Als Verfahrenshandlung erfordert der Vergleichsvertrag zu seiner Wirksamkeit wie jede Verfahrenshandlung zB die Beteiligungsfähigkeit (§ 11) und die Verfahrenshandlungsfähigkeit (§ 12) der Partner bzw der für sie handelnden Personen (s § 62 Rn 4); als Vertrag des materiellen öffentlichen Rechts unterliegt er grundsätzlich – vorbehaltlich der Regelungen des § 55 – den allgemeinen Bestimmungen über die Zulässigkeit öffentlich-rechtlicher Verträge gem § 54 und den Bestimmungen über die Nichtigkeit gem § 59 Abs 1 iVm § 779 BGB (vgl VGH Kassel FEVS 11, 176). Gem § 59 Abs 2 Nr 3 kann er unter einer Bedingung (auch einer auflösenden Bedingung, vgl VGH Mannheim NVwZ 1988, 755) abgeschlossen werden, insb auch unter dem Vorbehalt des Widerrufs (s unten Rn 12), entspr den §§ 116 ff BGB angefochten werden (vgl BGHZ 16, 388) oder nachträglich durch neue Vereinbarungen jederzeit wieder aufgehoben oder ersetzt werden, usw. 9

3. Vertragsgegenstand. Gegenstand des subordinationsrechtlichen Vergleichsvertrages ist die Regelung von Rechten, Pflichten und Befugnissen nach öffentlichem Recht, uU auch der Erlass eines VA (vgl § 54 Rn 21) oder die Verpflichtung der Behörde zur Duldung eines an sich rechtswidrigen Zustandes.[11] Wie bei Prozessvergleichen gem § 106 VwGO können auch Rechte, Pflichten usw nach bürgerlichem Recht in die Regelung einbezogen werden, sofern sie in unmittelbarem Zusammenhang mit dem Vergleichsgegenstand stehen und auch § 56 nicht entgegensteht.[12] Dasselbe gilt auch für Rechte oder Pflichten Dritter, dh am Verfahren bisher nicht beteiligter Personen (vgl Kopp/Schenke § 106 Rn 10). Dabei ist das Erfordernis der Konnexität zwischen Ungewissheit und Nachgeben zu beachten (s oben Rn 8). 10

Möglich und zulässig sind auch **Teilvergleiche** über einer selbständigen Regelung zugängliche Teile einer insgesamt angestrebten Regelung. **Unzulässig** ist jedoch – entgegen der missverständlichen Fassung der Vorschrift („Abschluss des Vergleichs zur Beseitigung der Ungewissheit") – ein **Vergleich hins einzelner unselbständiger Elemente** oder Vorfragen eines zu erlassenden VA, etwa hins der Frage, ob der Antragsteller zuverlässig iS der Voraussetzungen für eine gewerberechtliche Erlaubnis ist, ob ein Werbeschild verunstaltend ist,[13] ob eine bestimmte Rechtsvorschrift auf den Fall anwendbar ist (vgl VGH München VRspr 4, 886), usw.[14] 11

4. Bedingungen, Widerrufsvorbehalt. Vergleiche können auch unter Bedingungen, Befristungen sowie unter Widerrufsvorbehalt geschlossen werden. Ein Widerruf kann sich nur auf die Willenserklärung beziehen, der Vertrag als solcher kann nicht Gegenstand des Widerrufs sein. Wird das Widerrufsrecht ausgeübt, so wird der **Vergleichsvertrag rückwirkend unwirksam.** Ein vorher anhängiges Verfahren wird automatisch wieder in den Stand zurückversetzt, den es vor Abschluss des Vergleichs hatte.[15] Der Widerruf muss grundsätzlich in 12

---

[11] Vgl VGH Mannheim NVwZ 1988, 755 zu einem Vergleich über die Duldung eines unanfechtbar ausreisepflichtigen Ausländers, solange keine weiteren Umstände eintreten, die eine Aufenthaltsbeendigung rechtfertigen.

[12] Vgl OVG Lüneburg NJW 1969, 206; Kopp/Schenke § 106 Rn 5; StBS 27.

[13] Vgl OVG Münster VRspr 4, 886 f; **aA** offenbar F 279, der aus der unterschiedlichen Fassung von § 55 und § 106 VwGO folgert, daß dies zulässig ist.

[14] Vgl Kopp/Schenke § 106 Rn 15; zT **aA** offenbar BFH NJW 1985, 863 mwN zu „tatsächlichen Verständigungen" über die Annahme eines bestimmten Sachverhalts oder/und die Art der Sachbehandlung.

[15] Unklar StBS 21; für den Widerruf eines Prozessvergleichs BVerwG NJW 1994, 2306.

der Form erfolgen, die dafür vereinbart wurde; im Zweifel ist Erfordernis der Schriftform gem § 57 anzunehmen (vgl Kopp/Schenke § 106 Rn 17). Er muss allen Beteiligten gegenüber erklärt werden. Bei verspätetem Widerruf ist **Wiedereinsetzung nach § 32 nicht möglich** (OVG Lüneburg DÖV 1999, 923); bei unverschuldeter Fristversäumung kann der Widerruf aber nach Treu und Glauben so behandelt werden, als wäre er rechtzeitig. Wurde vereinbart, dass der Widerruf nur unter bestimmten Voraussetzungen zulässig sein soll, etwa wenn ein bestimmtes Organ nicht zustimmt, so ist ein aus anderem Grund erklärter Widerruf unbeachtlich (vgl OVG Münster DÖV 1972, 324; BGHZ 16, 390). Dies gilt jedoch nur, wenn die Zustimmung nicht nach § 58 Abs 2 schon Wirksamkeitserfordernis für den Vergleich ist.

III. Voraussetzungen des Vergleichsvertrages

13 **1. Allgemeines.** Liegen die Voraussetzungen des § 55 vor, so kann ein Vertrag nach § 59 Abs 2 Nr 3 wirksam sein, auch wenn der Inhalt der Vereinbarung mit der tatsächlich bestehenden Rechtslage nicht in Einklang steht. Darin liegt seine praktische Bedeutung für den Verwaltungsvollzug. Das bedeutet nicht, dass ein Vergleichsvertrag, der die Voraussetzungen des § 55 nicht erfüllt, zwangsläufig unwirksam wäre. Er kann vielmehr, wenn kein Nichtigkeitsgrund nach § 59 vorliegt, als allgemeiner öffentlich-rechtlicher Vertrag nach § 59 wirksam sein.

13a Der Vergleichsvertrag muss die **allgemeinen Wirksamkeitsvoraussetzungen** eines öffentlich-rechtlichen Vertrages erfüllen. Hierzu zählen übereinstimmende wirksame Willenserklärungen, die auf den Abschluss eines Vertrages gerichtet sind (s § 54 Rn 18), ferner die Handlungsfähigkeit nach § 12, die Fähigkeit, über den Gegenstand eine Verfügung zu treffen, die Zustimmung betroffener Dritter und die Beteiligung der zuständigen Behörden (§ 58) sowie das Fehlen eines Vertragsformverbots (§ 54 S 1). Derartige Verbote können grundsätzlich auch Vergleichsverträge erfassen (StBS § 54 Rn 102).

14 **2. Ungewissheit über die Sach- oder Rechtslage.** An sich ist die Behörde nach § 24 und nach dem Grundsatz der Gesetzmäßigkeit der Verwaltung verpflichtet, den Sachverhalt aufzuklären und die Folgerungen, die sich daraus für ihre Entscheidung ergeben, zu ziehen. § 55 erlaubt es der Behörde jedoch im Einvernehmen mit dem Bürger, **von einer solchen Klärung abzusehen** und stattdessen eine Regelung durch einen Vergleich zu treffen (vgl auch § 24 Rn 12ff). Entgegen der unklaren Fassung ist § 55 dahin zu verstehen, dass diese Befugnis immer dann besteht, wenn es die Behörde bei sachlicher, verständiger Würdigung der Schwierigkeiten einer Aufklärung des Sachverhalts oder der Klärung einer unsicheren Rechtslage nach **pflichtgemäßem Ermessen** für vertretbar und zweckmäßig halten darf, eine Regelung durch Vergleich anzustreben oder einem Vergleich zuzustimmen.[16] Fehlt es an der Ungewissheit der Sach- oder Rechtslage, so ist ein Vergleich nach § 55 nicht zulässig, sondern allenfalls ein Vertrag nach § 54 und nach allgemeinem Recht.

15 **a) Ungewissheit bei den Beteiligten.** Hins der Ungewissheit kommt es auf Seiten der Behörde **nicht allein auf das Wissen des zuständigen Sachbearbeiters** an. Eine Ungewissheit iS von § 55 ist nur dann gegeben, wenn das erforderliche Wissen in der Behörde insgesamt, also auch etwa bei Vorgesetzten oder bei anderen Behördenbediensteten, deren Wissen der Behörde zuzurechnen ist, nicht für die Entscheidung zur Verfügung gestanden hat bzw hätte unschwer dafür herangezogen hätte werden können (vgl BGH DÖV 1992, 498; VGH München NVwZ 1989, 167). Im Einzelnen gelten insoweit im Wesent-

---

[16] Vgl VGH München BayVBl 1977, 406; WBSK I § 54 Rn 49; Haueisen DVBl 1968, 285; Knobloch KStZ 1975, 205; Tiedemann DÖV 1996, 594; Erfmeyer DVBl 1998, 753; Schlette 486 ff: qualifizierte Ungewissheit bei objektivierter Sicht.

lichen dieselben Grundsätze wie hins der Tatsachenkenntnis gem § 48 Abs 4 seitens der Behörde (s hierzu § 48 Rn 136 ff). Entsprechendes gilt für Ungewissheiten auf Seiten des Vertragspartners der Behörde. **Umstritten** ist, ob **Ungewissheit bei sämtlichen Vertragspartnern** vorliegen muss, oder ob es genügt, wenn die Ungewissheit auf Seiten der Behörde besteht. Richtigerweise wird man verlangen müssen, dass sämtliche Beteiligten den Vertrag in dem Bewusstsein schließen müssen, eine Ungewissheit aus der Welt zu schaffen.[17] Die Frage ist von geringer praktischer Bedeutung, da es in der praktischen Konfliktsituation nicht um die Frage der Berechtigung des Konflikts, sondern darum geht, einen – weshalb auch immer – vorhandenen Konflikt einvernehmlich zu lösen. Regelmäßig wird man zwischen berechtigten und unberechtigten Zweifeln nur schwer unterscheiden können.[18]

b) Ungewissheit in tatsächlicher oder rechtlicher Hinsicht. Ungewissheit iS von § 55 in tatsächlicher Hinsicht ist dann anzunehmen, wenn Tatsachen unbekannt und die Ergebnisse weiterer Tatsachenermittlung ungewiss sind und die an sich erforderliche Klärung voraussichtlich in angemessener Zeit oder zu im Verhältnis zur Bedeutung der Sache angemessenen Kosten nicht möglich ist bzw untunlich wäre.[19] Diese Voraussetzungen liegen vor, wenn die Sachverhaltsermittlung einen Aufwand erforderte, der zu dem Gegenstand des Verfahrens nicht mehr in einem sinnvollen, angemessenen Verhältnis stünde, oder wenn es um wissenschaftliche Fragen ginge, die einer eindeutigen Klärung nicht oder nur begrenzt zugänglich sind. 16

Ungewissheit **in rechtlicher Hinsicht** ist insb dann gegeben, wenn die Anwendbarkeit und/oder Auslegung der entscheidungserheblichen bzw möglicherweise entscheidungserheblichen Rechtsnormen zweifelhaft ist und eine eindeutige höchstrichterliche Rechtsprechung dazu noch fehlt, oder wenn Gewohnheitsrecht, älteres oder ausländisches oder sonst fremdes Recht anzuwenden ist und die in Betracht kommenden Normen nur schwer feststellbar sind. Hier sind strenge Anforderungen zu stellen (Obermayer 15; Knack/Henneke 13). **Das übliche Verfahrensrisiko,** das dem allgemeinen Prozessrisiko entspricht, reicht für die Annahme einer Ungewissheit der Rechtslage nicht ohne weiteres aus.[20] Regelmäßig wird es um das Ausräumen einer qualifizierten Ungewissheit im Hinblick auf die Rechtslage gehen müssen.[21] Im Rahmen des **indirekten Vollzugs von EU-Recht** kommt ein Vergleichsvertrag wegen rechtlicher Unsicherheiten nur in Ausnahmefällen in Betracht (s oben Rn 3b). 16a

c) Andere Vergleichsgründe. Wird ein subordinationsrechtlicher oder koordinationsrechtlicher Vergleich nicht im Hinblick auf eine gegebene Ungewissheit der Sach- oder Rechtslage geschlossen, sondern aus anderen Gründen, etwa zur Beilegung von Meinungsverschiedenheiten über das zweckmäßigste Vorgehen in einer Ermessensangelegenheit, so ist § 55 nicht anwendbar (vgl BVerwG NJW 1976, 686; vgl auch Obermayer 5). Die Zulässigkeit beurteilt sich in diesem Fall ausschließlich nach § 54 ggf iVm § 56. Seitens der Behörde ist dabei 17

---

[17] So die hM; vgl BVerwG NJW 1975, 1751; VGH München BayVBl 1988, 721; StBS 38; Knack/Henneke 8; Obermayer/Funke-Kaiser 9: alle Vertragspartner müssen sich der Zweifel und der daraus folgenden Ungewißheit bewußt sein und den Willen haben, eben diese Ungewißheit durch den Vertrag zu überwinden; **aA** UL § 68 Rn 21; MB 9; Kopp VwVfG 6. Aufl § 54 Rn 9 f.

[18] RGZ 62, 201, 206: Würdigung muss frei sein von „Eigensinn, subjektiven Launen und törichten Anschauungen".

[19] BVerwG DÖV 1980, 48; Knack/Henneke 12; StBS 37; MB 9; Obermayer 7; Schlette 487.

[20] Vgl VGH München NVwZ 1989, 167; Knack/Henneke 14; weiter StBS 38 f.

[21] Vgl. BGH NJW 2012, 61 zu der Ungewissheit bei Abgabe eines deklaratorischen Schuldanerkenntnisses.

außer der örtlichen und sachlichen Zuständigkeit vor allem auch die Dispositionsfreiheit hins der beabsichtigten Regelung erforderlich (vgl Rn 6; ferner Kopp/Schenke § 106 Rn 13). Die von der Behörde zu erbringende Leistung muss jedenfalls zulässig sein (BVerwGE 49, 764 f).

18 **3. Beseitigung der Ungewissheit durch gegenseitiges Nachgeben.** Das gegenseitige Nachgeben ist wesentliche Voraussetzung für das Vorliegen – und damit auch für die Zulässigkeit – eines Vergleichs iS des § 55 (UL § 68 Rn 22; Knack/Henneke 16; MB 13). **Gegenseitigkeit** bedeutet, dass jeder Partner des Vergleichs im Hinblick auf ein Nachgeben der „Gegenseite" auch selbst in irgendeinem Punkt von rechtlicher Bedeutung nachgibt, und sei das Nachgeben auch noch so gering. Das Nachgeben muss sich auf die bestehende Ungewissheit beziehen (BVerwGE 49, 365, 364; Obermayer/Funke-Kaiser 22 ff). **Gibt nur eine Partei nach** und liegt somit kein **Kompromiss** vor, so handelt es sich um keinen Vergleich, sondern um einen Vertrag gem § 54 oder § 56 oder um einen Verzicht oder ein Anerkenntnis (vgl BGHZ 39, 64; Knack/Henneke 16).

19 **a) Nachgeben.** Nachgeben ist **jedes Abrücken von dem im Verfahren günstigstenfalls erreichbaren Ergebnis,** auf Seiten der Behörde zB der Verzicht auf eine Auflage, die Verlängerung einer dem Betroffenen eingeräumten Frist, der Verzicht auf die Vollstreckung eines VA, die Stundung einer Forderung, die Verpflichtung, über einen Antrag erneut zu entscheiden, wenn das Gericht in einer parallelen Sache zugunsten des Klägers entscheiden sollte (OVG Münster NJW 1990, 2701). Auf Seiten des Bürgers bedeutet Nachgeben zB das Einverständnis mit einer von der Behörde gewünschten Änderung des Bauvorhabens, für das eine Baugenehmigung beantragt wird, der Verzicht auf Zinsen für eine geschuldete Leistung uä, der **Verzicht auf Rechtsbehelfe** gegen eine Entscheidung (Krause 228), die Rücknahme eines bereits eingelegten Rechtsbehelfs (BVerwGE 14, 104), der Verzicht auf eine Kostenerstattung, eine Schadensersatzforderung (OVG Münster DVBl 1973, 696), die Abgabe eines Schuldanerkenntnisses (BVerwG DÖV 1977, 206) usw. Das Nachgeben muss sich nicht auf materiellrechtliche Positionen beziehen, es kann auch mit der **Aufgabe einer verfahrensrechtlichen Position** bestehen und darf sich auch auf Rechte und Rechtspositionen beziehen, die nicht Gegenstand des Verfahrens waren, auch zB auf Ansprüche nach bürgerlichem Recht. Es darf bei einer Gesamtbewertung nicht gänzlich vernachlässigenswert sein, sondern muss für die Beteiligten eine substantielle Bedeutung haben.

19a **b) Konnexität.** Das gegenseitige Nachgeben muss seine Ursache in dem Bestreben des Vertragspartners haben, die rechtliche bzw tatsächliche Ungewissheit gemeinsam zu bewältigen. Voraussetzung ist deshalb ein innerer Zusammenhang zwischen Ungewissheit und Nachgeben.[22] Das Nachgeben in einem Aushandlungsprozess mit dem Ziel, die Vor- und Nachteile eines Austauschvertrages für sämtliche Vertragspartner zum Ausgleich zu bringen, fällt nicht hierunter. Soweit das Nachgeben im Versprechen einer Gegenleistung besteht, liegt **zugleich ein Austauschvertrag** vor, für den § 56 beachtet werden muss.

20 **4. Ermessen zum Abschluss eines Vergleichsvertrages.** Auch bei bestehender Ungewissheit steht die Entscheidung der Behörde, ob sie einen Vergleichsvertrag für „zweckmäßig" hält, in ihrem Ermessen. Teilweise ist der Abschluss von der **Zustimmung anderer Behörden** abhängig (vgl zB § 58 Abs 2 BHO); insoweit ist § 58 Abs 2 zu beachten. Die Behörde sollte ihre Ermessensentscheidung dokumentieren und dabei festhalten, dass eine befriedigende Aufklärung der Sach- oder Rechtslage nicht ohne erhebliche Schwierigkeiten mög-

---

[22] BVerwG NJW 1976, 686; DÖV 1990, 930; StBS 31; Obermayer/Funke-Kaiser 22; Knack/Henneke 16.

lich sein würde (ebenso Degenhart NVwZ 1982, 73), und dass sie sich zweitens nach pflichtgemäßem Ermessen unter Abwägung des Für und Wider – insb auch der Schwierigkeiten, Kosten und Erfolgsaussichten einer weiteren Aufklärung und der Aussichten, eine Lösung zu finden, die nicht von vornherein Rechtsbehelfsverfahren heraufbeschwört – für den Abschluss eines Vergleichs entschieden hat.

Voraussetzungen und Umfang des Anspruchs, auf den sich der Vergleich bezieht, müssen grundsätzlich zumindest in Umrissen feststehen (Degenhart NVwZ 1982, 73); die Frage der Konkretheit des Anspruchs ist auch bei der Ermessensentscheidung zu berücksichtigen. Entgegen der Fassung der Vorschrift ist nicht erforderlich, dass der Vergleich die Unklarheiten „löst"; dazu ist ein Vergleich in aller Regel nicht geeignet, zumal ein Vergleich über die Beurteilung von einzelnen Tatsachen oder Rechtsfragen gar nicht möglich ist. Sofern der Behörde hins der Angelegenheit, auf die sich der Vergleich bezieht, schon nach den allgemeinen Rechtsvorschriften ein **Ermessens- oder Beurteilungsspielraum** (vgl § 40) eingeräumt ist, ist ein Vergleich auch immer schon dann zulässig, wenn die Berücksichtigung der bestehenden Schwierigkeiten usw bei einer Entscheidung durch VA nicht ermessensfehlerhaft wäre (vgl BVerwGE 17, 87; Kopp/Schenke § 106 Rn 13). 21

IV. Fehlerhafter Vergleichsvertrag

1. Allgemeine Unwirksamkeitsgründe. Ein Vergleichsvertrag unterliegt den allgemeinen Wirksamkeitsvoraussetzungen von öffentlich-rechtlichen Verträgen. Das gilt nicht nur für die Frage des Zustandekommens durch übereinstimmende Willenserklärungen, sondern auch für etwaige Willensmängel und die Schriftform des § 57 sowie für gesetzliche Verbote iS des § 134 BGB, insbes für Vertragsformverbote, die allerdings für Vergleichsverträge nur in relativ seltenen Fällen relevant werden können (s hierzu näher § 59 Rn 8 ff; 18). Deshalb ist auch hier zu prüfen, ob der Vergleich aufgrund übereinstimmender wirksamer Willenserklärungen zustande gekommen ist und die Willenserklärungen nicht erfolgreich nach §§ 119, 123 BGB analog angefochten worden sind. 22

2. Unwirksamkeit nach § 59 Abs 2 Nr 3. Fehlt es an den Voraussetzungen des Vergleichsvertrages nach § 55, weil entweder keine Ungewissheit über die Sach- und Rechtslage besteht oder weil die Vereinbarung nicht auf der Grundlage eines gegenseitigen Nachgebens zustande gekommen ist, dann führt dies nach § 59 Abs 2 Nr 3 zur Nichtigkeit des Vertrages in allen Fällen, in denen ein VA mit entsprechendem Inhalt nicht nur wegen eines Form- oder Verfahrensfehlers iS des § 46 rechtswidrig wäre. Das bedeutet, dass ein Vergleichsvertrag eine Abweichung von materiellen gesetzlichen Regelungen nur unter den Voraussetzungen des § 55 enthalten darf. Umgekehrt lässt sich sagen, dass die Unwirksamkeit nach § 59 Abs 2 Nr 3 **nur Verträge erfasst, die mit der materiellen Rechtslage nicht vereinbar** sind. Soweit hingegen tatsächlich Gesetzeskongruenz besteht, kann der Vertrag zwar nicht als Vergleichsvertrag, wohl aber als sonstiger Vertrag, zB als Austauschvertrag, fortbestehen. 23

3. Unwirksamkeit nach § 59 Abs 1 iVm § 779 BGB. Die Unwirksamkeit eines Vergleichsvertrages kann sich ferner aus § 779 BGB ergeben, wenn der nach dem Inhalt des Vertrages zugrunde gelegte Sachverhalt der Wirklichkeit nicht entspricht und anzunehmen ist, dass der Streit bzw die Ungewissheit bei Kenntnis der Sachlage nicht entstanden sein würde. § 779 BGB gehört zu den Vorschriften, die gem § 59 Abs 1 zur Unwirksamkeit des Vergleichsvertrages führen können. Allerdings ist zu berücksichtigen, dass der Vertrag nach § 779 BGB iVm § 59 Abs 1 nur dann nichtig ist, wenn sein Inhalt gesetzesinkongruent ist. Hiervon wird bei Vergleichsverträgen typischerweise auszugehen sein. 24

§ 56 Austauschvertrag

(1) **Ein öffentlich-rechtlicher Vertrag im Sinne des § 54 Satz 2, in dem sich der Vertragspartner der Behörde zu einer Gegenleistung verpflichtet,**[5] **kann geschlossen werden, wenn die Gegenleistung für einen bestimmten Zweck im Vertrag vereinbart wird**[7] **und der Behörde zur Erfüllung ihrer öffentlichen Aufgaben dient.**[11] **Die Gegenleistung muss den gesamten Umständen nach angemessen sein und im sachlichen Zusammenhang mit der vertraglichen Leistung der Behörde stehen.**[16]

(2) **Besteht auf die Leistung der Behörde ein Anspruch,**[20a] **so kann nur eine solche Gegenleistung vereinbart werden, die bei Erlass eines Verwaltungsaktes Inhalt einer Nebenbestimmung nach § 36 sein könnte.**[21]

Parallelvorschrift: § 55 SGB X

Schrifttum: *Bleckmann,* Verfassungsrechtliche Probleme des Verwaltungsvertrages, NVwZ 1990, 606; *ders,* Zum Dispens im Verwaltungsrecht, DÖV 2003, 155; *Bötsch,* Die Unwirksamkeit von Nachfolgelastenverträgen, BayVBl 1981, 11; *Breuer,* Das rechtsstaatliche Koppelungsverbot, NVwZ 2017, 112; *Butzer,* Brauchen wir das Koppelungsverbot nach § 56 VwVfG?, DÖV 2002, 881; *v Campenhausen,* Die Kopplung von VAen mit Gegenleistungen im Vertragswege im Bau- und Bauordnungsrecht, DÖV 1967, 662; *Chatziathanasiou/Towfigh,* Die Angemessenheit der Vertragserfüllungsbürgschaft bei städtebaulichen Verträgen, DVBl 2013, 84; *Dyroff,* Mietobergrenzen in städtebaulichen Verträgen, Grundeigentum 2006, 1082; *Ehlers,* Das VwVfG im Spiegel der Rspr, Vw 1998, 54; *Frenz,* Vertragsnaturschutz in neuem Gewandt, NuR 2011, 257; *Grziwotz,* Koppelungsverbot, Angemessenheitsgebot und Schellenass, DVBl 2007, 1125; *Herms,* Die Koppelung der Einbürgerung an die Rückzahlung von Ausbildungsbeihilfen, BayVBl 1997, 74; *Koch,* Die Vertragsstrafe im ör Vertrag am Beispiel von Ausbildungsförderungsverträgen, DÖV 1998, 141; *Krautzberger,* Der Durchführungsvertrag beim Vorhaben- und Erschließungsplan nach § 12 BauGB, NotBZ 2010, 241; *Lischke,* Tauschgerechtigkeit und öffentlich-rechtlicher Vertrag, 2000; *Loomann,* „Ausverkauf von Hoheitsrechten" in Verträgen zwischen Bauherrn und Gebietskörperschaften, NJW 1996, 1439; *Menger,* Zum Koppelungsverbot bei öffentlich-rechtlichen Verträgen, VerwArch 1973, 207; *Mohr,* Austauschverträge mit Steuerbehörden, NJW 1978, 790; *Schmitz,* Die Verträge sollen sicherer werden – Zur Novellierung der Vorschriften über den öffentlich-rechtlichen Vertrag, DVBl 2005, 1 ff; *Schmitz,* Die Verträge sollen sicherer werden – Zur Novellierung der Vorschriften über den öffentlich-rechtlichen Vertrag, DVBl 2005, 17; *Schulze-Osterloh,* Zulässigkeit eines öffentlich-rechtlichen Vertrages und Kopplungsverbot, JuS 1980, 458; *Scharmer,* Städtebauliche Verträge nach § 6 BauGB-MaßnahmeG, NVwZ 1995, 219; *Spannowski,* Planungsrechtliche Steuerung von Vorhaben der Erneuerbaren Energien durch Verträge, UPR 2009, 201; *U. Stelkens,* „Hinkende" Verwaltungsverträge, Wirkungen und Rechtsnatur, DÖV 2009, 850; *Weides,* Der mißglückte Ablösungsvertrag, JuS 1978, 841; *Weyreuther,* Ablösungsverträge, entgegenstehende Rechtsvorschriften und gesetzliche Verbote, in: Reimers-FS 1979, 379. S im übrigen zu § 54.

Übersicht

I. Allgemeines

1. Inhalt. Die Vorschrift enthält besondere Bestimmungen für Austauschverträge im Über- und Unterordnungsverhältnis (§ 54 S 2), dh nur für **(subordinationsrechtliche)** Verträge, in denen sich der Vertragspartner einer Behörde gegenüber im Hinblick auf eine ihm von dieser versprochenen oder in Aussicht gestellten Leistung (VA, sonstige Leistung, vgl BVerwGE 52, 187) „zu einer Gegenleistung verpflichtet". § 56 sieht für derartige Verträge besondere Beschränkungen vor, um der **Gefahr eines Ausverkaufs von Hoheitsrechten**[1] vorzubeugen. Die Vorschrift dient zugleich aber auch dem **Schutz des Bürgers** davor, dass ihm Leistungen abverlangt werden, die im Hinblick auf die bestehende Gesetzeslage nicht gerechtfertigt sind oder nicht angemessen erscheinen.[2] Der Umstand, dass es in einem Vertrag zu einem Austausch von Leistung und Gegenleistung kommen soll, rechtfertigt als solcher keine gesetzesinkongruenten Inhalte.[3] 1

Das **Verbot sachwidriger Koppelung** ist ein für das gesamte öffentliche Recht geltender allgemeiner Rechtsgedanke, der deshalb nicht nur für den Austauschvertrag nach Abs 1, sondern schlechthin gilt, insbes auch für die Beifügung von Nebenbestimmungen zu VAen nach § 36. Was nicht Gegenstand einer Nebenbestimmung nach § 36 sein kann, darf deshalb idR auch nicht als Gegenleistung in einem öffentlich-rechtlichen Vertrag vereinbart werden. Die Vorschrift enthält zwingendes Recht; sie kann vertraglich nicht abbedungen werden. Sie ist seit ihrem Erlass bisher nicht geändert worden. Eine Novellierung ist auch derzeit trotz mancher in diese Richtung gehenden Forderungen nicht vorgesehen.[4] Als **problematisch** erweist sich das **Koppelungsverbot im Rahmen der Mediation** (s hierzu näher Einf I Rn 77). Die Technik der Mediation besteht gerade darin, einen Ausgleich der widerstreitenden Interessen durch Erweiterung des Verhandlungsrahmens zu erreichen. Dabei sind nicht selten Lösungen ziel- 1a

---

[1] Begr 80; Loomann NJW 1996, 1439; StBS 3 f; vgl ebenso zum bish Recht auch BVerwGE 42, 339 = NJW 1973, 1895; BVerwG NJW 1980, 1294; NJW 1992, 1810 = DVBl 1993, 263; Münster DVBl 1981, 836; OLG München BayVBl 1980, 504; Tittel DVBl 1967, 39; Meyer ZMR 1972, 40; ferner auch die Bedenken bei ME VerwArch 1967, 176.

[2] Begr 80; vgl auch BGHZ 26, 84; StBS 4; Bötsch BayVBl 1981, 12.

[3] BVerwG NVwZ 2013, 218 zu einem vertraglichen Beitragsvorausverzicht.

[4] S hierzu näher Schmitz DVBl 2005, 17, 23 mwN. An dieser Einschätzung hat sich bisher nichts geändert.

führend, die im Austausch von Leistungen liegen, die gerade keinen unmittelbaren Sachzusammenhang aufweisen.

1b **2. Verfassungsrecht.** Die Vorschrift begrenzt die Möglichkeiten der öffentlichen Hand, mit dem Bürger im Über-/Unterordnungsverhältnis Vereinbarungen über dessen Rechte und Pflichten zu treffen. Sie dient damit dem **grundrechtlich gebotenen Schutz** des Bürgers vor Beeinträchtigungen seiner Rechtsposition durch eigene Leistungsversprechen, zu denen er sich genötigt sieht, um von der Behörde bestimmte Gegenleistungen zu erhalten. Abs 2 sichert die Beachtung des Prinzips der **Gesetzmäßigkeit der Verwaltung,** indem sichergestellt wird, dass die Behörde ihre öffentlich-rechtliche Position nicht ausnutzen kann, um sich Leistungen, auf die der Bürger ohnehin einen Anspruch hat, zusätzlich bezahlen zu lassen. Sie dient aber auch dem Rechtsstaatsprinzip, indem sie vertragliche Regelungen dem **Prinzip der Verhältnismäßigkeit** unterwirft, ebenso wie dem **Willkürverbot**.

1c **3. Europarecht. a) Direkter Vollzug.** Das EU-Recht enthält zwar keine allgemeinen Regelungen über Austauschverträge. In der Praxis des direkten Vollzugs von EU-Recht sind Austauschverträge aber nicht selten. Die der Vorschrift zugrunde liegenden Grundsätze entsprechen zugleich den **Rechtsprinzipien des Europarechts.** Das gilt für das Prinzip der Gesetzmäßigkeit der Verwaltung wie für das Prinzip der Verhältnismäßigkeit und das Willkürverbot.[5] Das Willkürverbot ist in Art 52 Abs 1 S 2 der Grundrechte-Charta kodifiziert.

b) Indirekter Vollzug. Nach dem Grundsatz der verfahrensrechtlichen Autonomie ist es den Mitgliedstaaten nicht verwehrt, im Bereich des indirekten Vollzugs Austauschverträge zu schließen, soweit deren Inhalt mit den gesetzlichen Vorschriften im Einklang steht. Soweit Entscheidungen im Ermessen der Verwaltung stehen, kann von diesem Ermessen auch im Rahmen des Abschlusses eines verwaltungsrechtlichen Austauschvertrages Gebrauch gemacht werden. Die Grundsätze des Diskriminierungsverbots und des Effektivitätsgebots sind dabei zu beachten.

2 **4. Anwendungsbereich. a) Unmittelbar.** Die Vorschrift gilt, wie sich aus der Inbezugnahme von § 54 S 2 ergibt, unmittelbar **nur für subordinationsrechtliche Verträge** (zum Begriff s § 54 Rn 48) im Geltungsbereich des VwVfG, dh vorbehaltlich spezieller Regelungen. Die Verwaltungsverfahrensgesetze der Länder enthalten gleich lautende Regelungen. Die Vorschrift gilt außerdem nur in den Bereichen, in denen überhaupt Austauschverträge geschlossen werden dürfen, in denen also **kein Vertragsformverbot** besteht. Sie ist deshalb grundsätzlich nicht anwendbar in den Bereichen des Abgabenrechts (§ 2 Abs 2 Nr 1) und des Prüfungsrechts (§ 2 Abs 3 Nr 2). S hierzu näher § 54 Rn 4 ff. Im Anwendungsbereich des § 56 wird danach differenziert, ob es sich um einen Vertrag über einen Gegenstand der streng gebundenen Verwaltung, in der auf die Leistung der Behörde ein Anspruch besteht (Abs 2) oder im Bereich der Ermessensverwaltung handelt (Abs 1); der Hauptanwendungsbereich ist naturgemäß die Ermessensverwaltung.

3 **b) Analoge Anwendbarkeit.** Als **Ausdruck allgemeiner Rechtsgrundsätze,** wie sie in der Rspr und Schrifttum insbes zu den sog Folgelastenverträgen Anerkennung gefunden haben, sind § 56 und die entspr Vorschriften des Landesrechts sinngemäß auch auf verwaltungsrechtliche Verträge anwendbar, die nicht unter diese Vorschriften fallen und für die auch keine Sonderregelungen gelten.[6]

---

[5] Siehe zu den vom EuGH entwickelten rechtsstaatlichen Grundsätzen WBSK I § 17 Rn 20.

[6] Ebenso im Ergebnis BVerwGE 42, 231 ff; StBS 10; enger hins der Frage zulässiger Gegenleistungen Erichsen/Ehlers § 31 Rn 9; Götz JuS 1970, 5; Thieme NJW 1974, 2204.

Bisher vor allem im Schrifttum vertretene abweichende Auffassungen sind angesichts der Beispielswirkung des § 56 künftig schwerlich aufrechtzuerhalten.

Auf Verträge in Gleichordnungsverhältnissen ist § 56 grundsätzlich **nicht** 3a
entsprechend anwendbar.[7] In Betracht kommt nur eine entsprechende Anwendung des auch sonst im öffentlichen Recht anerkannten Koppelungsverbots (s MK 30 VIII), das insoweit aber als eine Art Missbrauchsverbot enger ist als nach Abs 1 S 2. Im Übrigen ist der Spielraum für die Vertragsregelungen in Gleichordnungsverhältnissen typischerweise deutlich weiter. Die wohl hM lässt auch insoweit das Bestehen der Verfügungsmacht über den jeweiligen Vertragsgegenstand ausreichen.[8] Dies erscheint im Hinblick auf den Schutzzweck der Vorschrift (s Rn 1) folgerichtig. Zumindest analog ist § 56 nach seinem Rechtsgedanken auch auf Verträge anwendbar, in denen ein öffentlich-rechtlicher Rechtsträger sich vom Bürger für Handlungen im Über-/Unterordnungsverhältnis eine Gegenleistung versprechen lässt, die im (Innen-)Verhältnis zwischen Behörden Voraussetzung für Leistungen einer anderen Behörde ist, zB eine Gemeinde für die Erteilung ihres Einvernehmens zu einer Grundstücksteilung (OVG Koblenz DVBl 1992, 786).

c) Echte und unechte Austauschverträge. Unmittelbar gilt § 56 zunächst 4
für Austauschverträge, also für **gegenseitige Verträge,** in denen die Leistungen der Vertragspartner iS des Synallagmas miteinander verbunden sind. Es entspricht aber allgemeiner Auffassung, dass die Vorschrift zumindest analog auch auf sonstige gegenseitige Verträge, die nicht Austauschverträge ieS sind, anwendbar ist (BVerwGE 96, 326; StBS 20). Dies gilt zum einen für die Fälle, in denen der Bürger mit seiner Leistung erst die Voraussetzungen für die Leistung der Behörde, zB eine fehlerfreie Ermessensbetätigung, schafft,[9] zum anderen jedenfalls analog auch für die sog **hinkenden Austauschverträge,** in denen nicht die Leistung der Behörde, sondern die Gegenleistung des Bürgers als vertragliche Hauptleistung ausgestaltet ist, während die Leistung der Behörde entweder gar nicht Inhalt des Vertrages oder jedenfalls nicht als Hauptleistung ausgestaltet ist.[10] In den meisten Fällen hinkender Austauschverträge ist die **Verpflichtung des Bürgers unter der Bedingung** vereinbart, dass die Behörde bestimmte Entscheidungen trifft.[11] S zu hinkenden Austauschverträgen, bei denen die Leistung der Behörde überhaupt nicht ausdrücklich genannt, sondern nur stillschweigend vorausgesetzt wird, auch unten Rn 6; allg auch § 54 Rn 8. **Nicht erforderlich** ist, dass der Vertrag **eine wirtschaftliche Dimension** aufweist, dh zumindest auf Seiten eines Vertragspartners finanzielle Leistungen zum Gegenstand hat.[12]

5. Begriff und Inhalt des Austauschvertrages. a) Allgemeines. § 56 gibt 5
der Behörde im Rahmen der vorgesehenen Beschränkungen eine gewisse Freiheit, eine von ihr zu erbringende Leistung vertraglich von einer Gegenleistung des Vertragspartners abhängig zu machen, die nicht ausdrücklich gesetzlich vorgesehen ist, zB von der Zahlung eines Geldbetrages für bestimmte Zwecke, von der Stilllegung eines Betriebs, dem Bau von Häusern für den sozialen Wohnungsbau, usw. Ein Austauschvertrag kann **zugleich Vergleichsvertrag** nach

---

[7] BVerwG DÖV 1977, 206; 1989, 640; OVG Lüneburg DÖV 1978, 220; StBS 9; UL § 68 Rn 27; Knack/Henneke 3.

[8] Knack/Henneke 3: zulässig ohne Bindung an die Voraussetzungen des § 56; es genügt, daß die Vertragspartner hins des Gegenstands verfügungsbefugt sind.

[9] StBS 19; Ziekow/Siegel VerwArch 2004, 145.

[10] BVerwGE 111, 162, 167; 96, 326; BVerwG NJW 1995, 1105; VGH Mannheim NVwZ 1991, 583; OVG Lüneburg DÖV 1978, 222; OVG Koblenz DVBl 1992, 786; für unmittelbare Anwendbarkeit Stelkens DÖV 2009, 850, 856.

[11] ZB übernimmt der Investor bestimmte Kosten, insbes Folgekosten, für den Fall, dass die Gemeinde einen bestimmten Bebauungsplan beschließt.

[12] BVerwGE 96, 326; zweifelnd OVG Lüneburg NJW 1978, 2262.

§ 55 sein (s § 55 Rn 8). Er muss die Voraussetzungen des § 55 dann allerdings nur erfüllen, wenn die Vereinbarungen von der Rechtslage abweichen, also für den Fall der Gesetzesinkongruenz (s auch § 55 Rn 8). Hinsichtlich der Anforderungen, denen ein subordinationsrechtlicher Austauschvertrag genügen muss, unterscheidet § 56 zwischen Verträgen, die Leistungen der Behörde betreffen, auf die der Bürger keinen Anspruch hat und die insoweit im Ermessen der Behörde stehen (Abs 1) und Verträgen die Leistungen betreffen, auf die ein Anspruch besteht (Abs 2); insoweit gelten strengere Anforderungen (s dazu unten Rn 20 ff).

6 **b) Leistung der Behörde.** Die Vorschrift regelt nur die Gegenleistung des Bürgers; für die Leistung der Verwaltung enthält sie keine Bestimmungen. Insoweit gelten die Vorschriften des jeweils geltenden Fachrechts. Die Behörde kann sich daher nur zu Leistungen verpflichten, für die sie zuständig ist und zu deren Erbringung sie nach dem anzuwendenden materiellen Recht befugt ist;[13] dabei genügt es, dass die Gegenleistung die tatbestandsmäßigen Voraussetzungen der Leistung der Behörde erst schafft. Verpflichtet sich die Behörde zu einer Leistung, die sie nach geltendem Recht nicht erbringen darf (zB zu einer unzulässigen Befreiung von baurechtlichen Vorschriften), so ist der Vertrag idR nach § 59 Abs 1 iVm § 134 BGB nichtig (s § 59 Rn 8 ff).

6a Als Leistungen der Behörde kommt außer dem **Erlass eines VA** auch jedes **andere Handeln, Dulden oder Unterlassen** in Betracht, und zwar grundsätzlich unabhängig davon, ob es öffentlich-rechtlich oder privatrechtlich zu beurteilen ist. Allerdings liegt bei rein privatrechtlichen Leistungen im Zweifel kein öffentlich-rechtlicher, sondern ein privatrechtlicher Vertrag vor. Grundsätzlich kommt auch das Versprechen des Erlasses, der Änderung oder Aufhebung einer Verordnung oder einer Satzung als Leistung der Behörde in Betracht (StBS 23); allerdings sind rechtswirksame **Verpflichtungen zum Normerlass idR nicht zulässig** (vgl zB § 1 Abs 3 BauGB); soweit sie wirksam sind, fehlt ihnen die gerichtliche Durchsetzbarkeit (Zulässigkeit einer Feststellungsklage bejahend: BVerwGE 80, 362; BVerwG NVwZ 1990, 163; krit hierzu Schenke Rn 1083). Möglich ist auch, dass die Leistung der Behörde überhaupt nicht unmittelbar Vertragsgegenstand ist, sondern im Vertrag **nur als (stillschweigende) Bedingung** uä in Erscheinung tritt,[14] zB die Aufstellung eines Bebauungsplans als Voraussetzung der vom Bürger zu leistenden Nachfolgelasten (BVerwGE 42, 341; vgl auch § 54 Rn 34).

II. Voraussetzungen des Austauschvertrages gem Abs 1

7 **1. Zweckbindung der Gegenleistung (Abs 1 S 1).** Gem Abs 1 S 1 muss die Gegenleistung, zu der sich der Vertragspartner der Behörde verpflichtet, im Vertrag (dh auch in der Schriftform des § 57) für einen bestimmten Zweck vereinbart werden.[15] Das Erfordernis der Angabe des Zwecks dient vor allem der Wahrung und **Kontrollierbarkeit** der in § 56 genannten materiellen Voraussetzungen der Zulässigkeit der Vereinbarung einer Gegenleistung (StBS 51). Abs 1 S 1 schließt damit die Vereinbarung einer Gegenleistung aus, deren Zweck nicht im Vertrag angegeben wird (Obermayer 11; Ehlers JZ 1990, 595). Entgegen der früher überwiegend vertretenen Auffassung (vgl MB 14) muss nach der Rspr

---

[13] WBSK I § 54 Rn 45; StBS 25; Knack/Henneke 8 ff; Erichsen/Ehlers § 31 Rn 9.

[14] Sog hinkender Austauschvertrag, vgl VGH München NVwZ 1990, 979; VGH Mannheim NVwZ 1991, 583; OVG Koblenz DVBl 1992, 785: § 56 zumindest entsprechend anwendbar; UL § 68 Rn 33; StBS 20; Erichsen/Ehlers § 31 Rn 9; Knack/Henneke 11 f; **aA** Papier JuS 1981, 499; Lange JuS 1982, 503; NVwZ 1983, 320: ein privatrechtlicher Vertrag.

[15] Vgl BVerwGE 111, 162, 167; 84, 236; StBS 51; ebenso BVerwGE 42, 331, 344.

jedoch der Zweck der Gegenleistung **nicht notwendig ausdrücklich** im Text genannt sein, vielmehr reicht es aus, wenn der Zweck im Wege der Vertragsauslegung bestimmt werden kann.[16] Voraussetzung ist, dass sich aus dem Inhalt der Vertragsurkunde selbst zureichende Anhaltspunkte für die Auslegung ergeben und Gegenstand und Zweck der Gegenleistung nicht ausschließlich anhand von Umständen ermittelt werden müssten, die außerhalb der Vertragsurkunde liegen (vgl OVG Münster DÖV 2009, 549); insoweit gelten die gleichen Grundsätze (vgl dazu BGH NJW 1989, 1484) wie für die Auslegung von privatrechtlichen Willenserklärungen, die der Schriftform gemäß § 126 BGB bedürfen (BVerwGE 84, 236; kritisch Ehlers JZ 1990, 595).

a) Bestimmtheit der Zweckvereinbarung. Hieran sind keine allzu hohen Anforderungen zu stellen. Grundsätzlich genügt es insoweit, dass sich in dem Vertragstext hinreichende Anhaltspunkte für die Zweckbestimmung finden lassen. Ist dies der Fall, kann die nähere Bestimmung der Leistung im vertraglich festgelegten Rahmen gem § 62 S 2 analog § 315 BGB der Behörde überlassen werden.[17] Dass sich die Anhaltspunkte unmittelbar aus dem Vertragstext ergeben, ist jedoch unverzichtbar. Ist in einem Vertrag als Gegenleistung vereinbart, dass sich die Behörde das Einvernehmen für Baumaßnahmen des Vertragspartners vorbehält, so entspricht dies dem Bestimmtheitserfordernis des § 56 Abs 1 VwVfG nur, wenn auch vereinbart ist, unter welchen Voraussetzungen und zu welchem Zweck das Einvernehmen versagt werden darf (BVerwGE 84, 236 = NVwZ 1990, 665). 8

Zulässig ist zB eine Regelung, die unter Nennung des Zwecks die Gegenleistung von einer Bedingung abhängig macht, die mit dem Zweck im Zusammenhang steht, etwa der Bedingung, dass die Leistung nur erbracht werden muss, wenn andere Finanzierungsmöglichkeiten für ein bestimmtes Vorhaben nicht ausreichen usw. Problematisch sind Stellplatzablösungsverträge dann, wenn sie sich auf die Ablösung von Stellplätzen beziehen, die eindeutig nicht mehr dem durch ein Vorhaben verursachten Mehrbedarf entsprechen, weil ein Zusammenhang mit dem Vorhaben in Wahrheit nicht mehr besteht.[18] 8a

b) Konkretheit des Zwecks. Der Zweck muss hinreichend konkret bezeichnet werden, zB für Schulbaumaßnahmen (BVerwGE 42, 344 f; Bötsch BayVBl 1981, 12 mwN). Soweit mehrere Zwecke in Betracht kommen, müssen auch die Anteile angegeben werden, die auf die einzelnen Zwecke oder Maßnahmen entfallen sollen.[19] Erforderlich ist zB bei einer Übernahme von sog Folgelasten durch den Vertragspartner der Verwaltung, dass Art und Zahl der Investitionsvorhaben, für die die Zahlungen zu leisten sind, bestimmbar sind und die Berechtigung der Höhe der Beträge nachgeprüft werden kann (VGH München BayVBl 1980, 721). **Nicht ausreichend sind allgemeine, schematische Bezeichnungen** wie „Zuzugsabgabe, Folgelasten, usw" (BVerwGE 42, 344 f; Obermayer 11), oder „Verbesserung der Infrastruktur" (StBS 52a). Soweit für bestimmte Zwecke auch allgemeine Abgaben usw in Betracht kommen, ist die Zwecksetzung auch gegenüber solchen Leistungen abzugrenzen. 9

Der Zweck muss so konkret bezeichnet werden, dass der innere **Zusammenhang von Leistung und Gegenleistung** festgestellt werden kann (BVerwGE 133, 85). Notwendig ist deshalb nur die Vereinbarung des Zwecks, nicht auch eine Vereinbarung hins der Verwendung der Gegenleistung im Ein- 9a

---

[16] BVerwGE 111, 162, 167; 84, 236; vgl auch bereits BVerwGE 42, 343; BayVBl 1982, 178; Ziekow/Siegel VerwArch 2004, 146; krit UL § 68 Rn 38.

[17] BVerwGE 84, 236 = NVwZ 1990, 665; VGH München BayVBl 2001, 54; krit UL § 68 Rn 38; Ehlers JZ 1990, 595.

[18] Vgl OVG Bautzen, Urt v 18.8.2011, 1 A 355/09, juris für den Fall einer zusätzlichen Stellplatzablösung.

[19] BVerwGE 133, 85; 42, 344; BVerwG NVwZ 2011, 125; Obermayer 12.

zelnen (zB ist bei der Zweckbestimmung Schulbaumaßnahmen keine Angabe der konkreten Gebäude, zB Aula, Turnhalle usw erforderlich). Zulässig ist auch die Bestimmung alternativer Zwecke, wenn im Vertrag jedenfalls die Grundsätze festgelegt sind, nach denen zu bestimmen ist, in welcher Reihenfolge die Alternativen zum Zuge kommen sollen, zB, dass der Zweck B nur gelten soll, wenn sich der Zweck A als unrealistisch erweist und nicht erfüllt werden kann (Obermayer 10). Nicht ausreichend ist die Vereinbarung eines „freiwilligen Betrages" in einem Umlegungsvertrag ohne konkrete Zweckbestimmung (vgl BVerwG NVwZ 2002, 473).

10 Die **Zweckvereinbarung ist bindend.** Erweist sich der vereinbarte Zweck nachträglich als unerreichbar oder möchte die Behörde aus zwingenden Gründen des Gemeinwohls davon abgehen, so hat der Vertragspartner nach § 60 einen Anspruch auf **Anpassung des Vertrages** bzw kann diesen kündigen. In anderen Fällen ist eine Zweckänderung nur im gegenseitigen Einvernehmen durch Abschluss eines Ergänzungsvertrages möglich.

11 **2. Gegenleistung zur Erfüllung öffentlicher Aufgaben (Abs 1 S 1).** Zulässig sind nur Gegenleistungen, die der Erfüllung öffentlicher Aufgaben der Behörde dienen. Der Begriff der öffentlichen Aufgaben ist iS der durch die allgemeinen Zuständigkeiten und Befugnisse der Behörde näher abgegrenzten Aufgaben zu verstehen, an deren Erfüllung ein öffentliches Interesse besteht. Es muss sich um **öffentliche Aufgaben der vertragschließenden Behörde** handeln.[20] **Umstritten** ist, ob es ausreicht, dass es sich um Aufgaben des Hoheitsträgers handelt, dem die Behörde angehört, die aber nicht in ihren Zuständigkeitsbereich fallen. Dies wird in der Lit teilweise verneint.[21] Diese Auffassung ist indessen zu eng; sie nimmt Gesichtspunkte des Kopplungsverbots bereits vorweg (ähnlich auch StBS 53: umfasst sind alle Aufgaben, für die die Behörde bzw ihr Rechtsträger sachlich und örtlich zuständig sind). Unschädlich ist es dagegen, wenn die Maßnahme, zB ein Umweltschutzverfahren, zugleich auch Dritten zugute kommt (Obermayer 14). Nicht erforderlich ist, dass die Aufgaben mit hoheitlichen Mitteln oder in den Formen des öffentlichen Rechts erfüllt werden (ebenso Obermayer 14; MB 16: auch wenn für Einrichtungen in der Organisationsform einer AG; auch für fiskalische Hilfsgeschäfte; **nicht dagegen für erwerbswirtschaftliche Einrichtungen** der öffentlichen Hand, wie zB eine staatliche Porzellanmanufaktur); ebenso nicht, dass der mit der Gegenleistung erstrebte Zweck dem gleichen Ziel dient wie die an sich bestehende gesetzliche Verpflichtung, die durch den Vertrag abgelöst wird.

12 **3. Angemessenheit der Gegenleistung (Abs 1 S 2).** Nach Abs 1 S 2 darf nur eine Gegenleistung vereinbart werden, die angemessen ist, dh insb dem Grundsatz der Verhältnismäßigkeit genügt.[22] Das Erfordernis betrifft nur die Gegenleistung, dh die vom Vertragspartner der Behörde zu erbringende Leistung; die Angemessenheit kann aber nicht ohne die Leistung, die die Behörde selbst zu erbringen hat oder im Falle des hinkenden Austauschvertrages in Aussicht stellt, beurteilt werden. Die Regelung dient nur dem Schutz des Vertragspartners der Behörde; die Behörde ist dadurch nicht gehindert, auch geringere Gegenleistun-

---

[20] Obermayer 15; UL § 68 Rn 40; Knack/Henneke 24; zT **aA** Bleckmann DVBl 1990, 606: nicht auf Kompetenzbereich der Behörde begrenzt; das Erfordernis soll nur den Zusammenhang mit der Leistung der Behörde sichern.

[21] Knack/Henneke 24; Erichsen/Ehlers § 31 Rn 11; Ziekow/Siegel VerwArch 2004, 147; wohl auch Obermayer 16.

[22] BVerwGE 42, 331, 345; BVerwG NVwZ 2006, 336; BVerwG NJW 1985, 989; VGH Mannheim NVwZ 2001, 694, 696; VGH München NVwZ 1990, 979, 981; BGH NJW 2002, 429; Achterberg AllgVerwR 2. Aufl 1986 Rn 256; Knack/Henneke 25; vgl auch BVerwGE 42, 345; 84, 236; im Ergebnis auch Bleckmann NVwZ 1990, 606; **aA** offenbar MB 21.

gen zu verlangen (Knack/Henneke 26; MB 22), soweit dies dem Gebot sparsamer Haushaltsführung entspricht. Trotz einiger Kritik an der Regelung im Hinblick auf die Fehleranfälligkeit wird an dem Erfordernis der Angemessenheit festgehalten.[23]

a) Begriff der Angemessenheit. Angemessenheit bedeutet, dass bei wirtschaftlicher **Betrachtung des Gesamtvorgangs** die Gegenleistung nicht außer Verhältnis zu der Bedeutung und dem wirtschaftlichen Wert der von der Behörde erbrachten oder zu erbringenden Leistung stehen darf und sich daraus auch **keine unzumutbaren Belastungen** für den Vertragspartner oder für etwaige Dritte, auf die dieser die Lasten abwälzt (zB Erwerber oder Mieter der zu bauenden Häuser bei Folgelastenverträgen), ergeben dürfen.[24] Abs 1 S 2 ist insoweit Ausdruck und Anwendungsfall des allgemeinen Grundsatzes der Verhältnismäßigkeit bzw des Übermaßverbots und der auch für das öffentliche Vertragsrecht gem § 62 S 1 geltenden Verpflichtung der Behörde gem § 40, von dem ihr eingeräumten Ermessen nur einen sachgemäßen Gebrauch zu machen. Zur Frage der Angemessenheit der Vereinbarung von **Sicherheitsleistungen** in städtebaulichen Verträgen s näher Chatziathanasiou/Towfigh DVBl 2013, 84. 13

b) Beurteilungsmaßstab. Gleichwertigkeit der Leistungen bzw Verpflichtungen ist **nicht erforderlich;** Leistung und Gegenleistung müssen im dargelegten Sinn in etwa ausgewogen sein (VGH Mannheim NVwZ 2001, 694, 696; ähnlich OVG Münster NWVBl 1989, 138: kein klares Missverhältnis). Im Regelfall kann, soweit das Ergebnis vertretbar erscheint, davon ausgegangen werden, dass beide Seiten ihre Interessen sachgemäß wahrgenommen haben und Leistung und Gegenleistung sich die Waage halten (UL § 68 Rn 42; Obermayer 20). Durch den Hinweis auf die „gesamten Umstände“ wird klargestellt, dass Leistung und Gegenleistung **in einem größeren Rahmen** zu sehen sind (Begr 80), dh, dass dabei die Gesamtheit der im Vertrag, in parallelen Verträgen oder VAen usw im Verhältnis zwischen den Vertragspartnern getroffenen Regelungen zu berücksichtigen ist, nicht nur die einzelne Vertragsbestimmung.[25] Unangemessen ist die Gegenleistung, die sich die Behörde versprechen lässt, stets dann, wenn ihre eigene Leistung in einem Verhalten besteht, auf das der **Vertragspartner ohnehin einen strikten Rechtsanspruch** hat.[26] In derartigen Fällen darf auch einem VA keine belastende Nebenbestimmung beigefügt werden. 14

aa) Folgenlastenverträge. Bei Folgelastenverträgen im Zusammenhang mit Bauvorhaben ist das Erfordernis der Angemessenheit idR nur dann gewahrt, wenn die vom Vertragspartner der Verwaltung übernommenen Leistungen sich im Rahmen der durch das Bauvorhaben adäquat verursachten zusätzlichen Aufwendungen der Gemeinde halten. Ursächlichkeit idS ist grundsätzlich nur bei größeren Vorhaben anzunehmen, die „erhebliche Auswirkungen auf die gemeindlichen Verhältnisse“ (BVerwGE 42, 343; BVerwG NJW 1981, 1747) haben, nicht bei einzelnen Ein- oder auch Mehrfamilienhäusern, es sei denn, dass diese Teil eines großen Gesamtprojektes sind.[27] Dabei kann die Gemeinde auf der Grundlage eines städtebaulichen Gesamtkonzepts auch solche städtebaulichen Maßnahmen berücksichtigen, die zwar durch das konkrete Vorhaben nicht aus- 15

---

[23] Schmitz, DVBl 2005, 1, 7.

[24] BVerwGE 42, 331, 345; BGHZ 26, 88; VGH München NVwZ 1999, 1008, 1010; VGH Mannheim VBlBW 1997, 27; Obermayer 19; Knack/Henneke 25; StBS 54; Schlette 482.

[25] BVerwGE 133, 85 zur Berücksichtigung der städtebaulichen Konzeption der Gemeinde; BVerwGE 42, 345; differenzierend zwischen objektiver und subjektiver Angemessenheit StBS 55 f; Ziekow/Siegel VerwArch 2004, 148.

[26] OVG Bautzen, Urt v 18.8.2011, 1 A 355/09, juris, sieht hierin einen Verstoß gegen das Koppelungsverbot.

[27] VGH München BayVBl 1980, 719; kritisch dazu Bötsch BayVBl 1981, 13.

gelöst werden, mit ihm aber in konzeptionellen Zusammenhang stehen (BVerwGE 133, 85). Nach OVG Lüneburg (BauR 2012, 70) sollen bei der Beurteilung der Angemessenheit auch die durch die Planung verursachten Grundstückswertsteigerungen zu berücksichtigen sein.

15a **bb) Geldleistungspflichten.** Bei Geldleistungspflichten kann wegen der Gleichheit der Interessenlage bei der Beurteilung der Angemessenheit insb auch auf die Rspr zur Angemessenheit von Gebühren und Beiträgen **(Äquivalenzprinzip)** zurückgegriffen werden.[28] Das Äquivalenzprinzip als Ausprägung des Verhältnismäßigkeitsgrundsatzes verlangt im Beitragsrecht, dass die Höhe des Beitrags nicht in einem Missverhältnis zu dem Vorteil stehen darf, den er abgelten soll.[29] Angemessenheit ist idR insb auch dann anzunehmen, wenn ein Gesetz Art und Höhe der Gegenleistung als Voraussetzung der Leistung der Behörde fordert (vgl Knack/Henneke 27) oder wenn erst die Gegenleistung es der Behörde ermöglicht, die fragliche Entscheidung zu treffen, wenn also durch die Gegenleistung ein der Entscheidung entgegenstehendes rechtliches oder sachliches Hindernis überwunden wird (BVerwGE 42, 339; Knack/Henneke 27), zB die Behörde in den Stand versetzt wird, die sich aus einem Vorhaben für sie ergebenden unausweichlichen Folgelasten, insb Folgekosten, zu tragen.

15b **Werden Geldleistungspflichten anstelle einer Abgabenerhebung vertraglich vereinbart,** so muss sich die Leistungspflicht grundsätzlich an der gesetzlich ohnehin vorgesehenen Abgabenhöhe orientieren. Sofern ein Vertrag über die Abgabenpflicht überhaupt zulässig ist, dürfen die Leistungspflichten nicht wesentlich abweichend von der gesetzlich vorgegebenen Leistungspflicht vereinbart werden (OVG Koblenz, Urt v 13.12.2011, 6 A 10857/11, juris, für die vertragliche Regelung über Ausbaubeiträge, bei der die Leistungspflicht unangemessen hoch und auf die potentiell Leistungspflichtigen ungleich verteilt worden war).

16 **4. Koppelungsverbot (Abs 1 S 2).** Abs 1 S 2 schreibt zusätzlich zu dem schon in S. 1 enthaltenen Erfordernis, dass die Gegenleistung der Erfüllung öffentlicher Aufgaben der Behörde dienen muss (s oben Rn 7 ff), vor, dass sie in **sachlichem Zusammenhang mit der Leistung der Behörde** stehen muss.[30] Durch das Erfordernis des Zusammenhangs soll insb ein „Verkauf von Hoheitsrechten" ausgeschlossen werden (Begr 80; s auch oben Rn 1). Das hierin zum Ausdruck kommende Koppelungsverbot ist **Ausdruck eines allgemeinen Rechtsgedankens,** der auch in anderen Bereichen des Verwaltungsrechts gilt. Eine Aufweichung dieser Anforderung wird derzeit nicht beabsichtigt, wohl aber eine Einschränkung der Nichtigkeitsfolgen nach § 59, um die Folgen der auch aus dem Koppelungsverbot resultierenden Fehleranfälligkeit abzufedern.[31]

17 **a) Zweckzusammenhang.** Ein sachlicher Zusammenhang iS des Abs 1 S 2 ist nur dann anzunehmen, wenn die Zweckbestimmung der vom Vertragspartner

---

[28] Vgl dazu BVerwGE 12, 166; 26, 308; BVerfG 20, 270; OVG Münster GewArch 1973, 51; VGH München BayVBl 1984, 496; näher zu diesem Ansatz Lischke 79 ff.

[29] Vgl auch zur Geltung des Gleichheitssatzes im Beitragsrecht BVerwG NVwZ-RR 2017, 427; BVerwG Buchh 430.3 Nr. 22 S 9.

[30] Vgl BVerwGE 111, 162, 169 = NVwZ 2000, 1285; VGH Mannheim NVwZ 2001, 964; Bleckmann NVwZ 1990, 606; Knack/Henneke 32 f; im selben Sinn zum bish Recht BVerwGE 42, 339; BVerwG DVBl 1967, 43; OVG Lüneburg DVBl 1978, 181; OVG Münster DVBl 1981, 836; BGHZ 26, 84; DVBl 1967, 36; NJW 1972, 1657; 1985, 1825; VRspr 24, 715 mwN auch zur Rspr des RG: Nichtigkeit wegen Sittenwidrigkeit bei fehlendem inneren Zusammenhang; Menger VerwArch 1973, 203; Obermayer VerwR 2. Aufl 140.

[31] Schmitz, DVBl 2005, 17, 23; zur Problematik der Fehlerfolgenregelung Maurer, § 14 Rn 47 ff.

der Behörde (bzw dem Rechtsträger, dem diese angehört) zu erbringenden Gegenleistung **demselben öffentlichen Interesse** iwS dient wie die Rechtsvorschriften bzw allgemeinen Rechtsgrundsätze, welche die Behörde zu der von ihr zu erbringenden Leistung ermächtigen; nur in diesem Rahmen ist die von § 56 zugelassene Durchbrechung des Grundsatzes der Gesetzmäßigkeit gerechtfertigt. Der erforderliche Sachzusammenhang ist insbes dann gegeben, wenn die Gegenleistung des Bürgers dazu dient, ein rechtliches Hindernis für die Leistung der Behörde zu beseitigen.[32]

Beispielsfälle. Bei einem Vertrag, in dem die Behörde sich zur Erteilung einer Bauerlaubnis verpflichtet, darf zB die Gegenleistung des Bürgers dafür, dass die Behörde auf die Errichtung einer Garage verzichtet, darin bestehen, dass der Bürger einen Beitrag zu den Kosten der Errichtung eines gemeindlichen Parkhauses leistet;[33] nicht dagegen in einem Beitrag zu einem Sozialfonds (vgl Begr 80) oder in der Abtretung eines Grundstücksteils, der mit den Zwecken der dispensierten baurechtlichen Bestimmung in keinem Zusammenhang steht, als Gegenleistung bei der Befreiung von einem Bauverbot (vgl BGH NJW 1972, 1657; Obermayer 24 mwN). Ebenfalls kein ausreichender Zweckzusammenhang besteht bei der Vereinbarung einer Geldzahlung für einen städtischen Kinderspielplatz für die Änderung eines Bebauungsplans[34] oder bei der Verknüpfung einer Plangebietsausweisung mit der Sanierung und Teilübereignung eines Schlosses an die Gemeinde.[35] Bei Vereinbarung einer „Spende" kommt es auf den Spendenzweck an (BVerwG NVwZ 2002, 473, 475).

b) Sachbereich. Der erforderliche Sachzusammenhang ist idR auch dann gegeben, wenn die vom Bürger versprochene Gegenleistung den gesetzlichen Regelungszielen in dem jeweiligen Sachbereich dient, auf den sich auch die Leistung der Behörde bezieht.[36] **Zulässig sind Leistungen, die eine Art Aufwendungsersatz** iS des § 670 BGB für die dem öffentlichen Rechtsträger durch die von ihm zu erbringenden Leistungen erwachsenden Auslagen darstellen, nicht dagegen solche, die gänzlich andere Aufgaben betreffen,[37] zB bei Folgelastenverträgen,[38] Zahlungen, die es der Gemeinde ermöglichen, die Erschließungsmaßnahmen iwS zu finanzieren, die ihrerseits Voraussetzung für eine geordnete Bebauung der in Frage stehenden Grundstücke und damit auch für die Zustimmung der Gemeinde zur Erteilung der vom Bürger beantragten Bauerlaubnisse sind.[39] Folgelastenverträge unterliegen idS der „Schranke der Ursächlichkeit" (BVerwG NJW 1993, 1810). 18

c) Nebenbestimmungsfähigkeit. Wie sich aus Abs 2 ergibt, ist dem Erfordernis des sachlichen Zusammenhangs jedenfalls dann Genüge getan, wenn die entsprechende Regelung auch Gegenstand einer Nebenbestimmung nach § 36 19

---

[32] BVerwGE 111, 162, 169; BVerwG NVwZ 1994, 485; OVG Koblenz DVBl 2003, 811, 814; VGH Mannheim NVwZ 2001, 694; Breuer NVwZ 2017, 112, 115.

[33] BGH NJW 1979, 643; 1983, 2823; 1985, 1825; Obermayer 26; vgl auch BVerwG NJW 1980, 1295; 1986, 600; Ehlers DVBl 1986, 529.

[34] BVerwGE 111, 162, 170 = NVwZ 2000, 1285, 1287.

[35] VGH München NVwZ-RR 2005, 781.

[36] So hat das BVerwG UPR 2007, 392 einen Verstoß gegen das Koppelungsverbot bei einer naturschutzrechtlich motivierten Bewirtschaftungsvereinbarung im Rahmen einer Jagdausübungsvereinbarung zu Recht verneint.

[37] BVerwGE 111, 162, 170.

[38] BVerwGE 42, 341 = NJW 1973, 1895; 90, 310 = NJW 1993, 1810 = JZ 1993, 150 m Anm Erbguth S. 152.

[39] Vgl BVerwG NJW 1993, 1810: die Zulässigkeit der Abwälzung von Baufolgekosten beschränkt sich auf solche Kosten, die durch das jeweilige Vorhaben bzw durch den seiner Zulässigkeit zugrundeliegenden Bebauungsplan verursacht werden; OVG Münster DÖV 1967, 722; BGHZ 26, 84; Erichsen/Ehlers § 31 Rn 12; v Campenhausen DÖV 1967, 667; Bielenberg DVBl 1967, 261; offen gelassen in BVerwGE 42, 339.

sein könnte. Darüber hinaus ist der erforderliche Zusammenhang aber auch in allen Fällen als gegeben anzusehen, in denen die Leistung der Behörde in ihrem Ermessen steht und die Berücksichtigung des Ergebnisses, auf das die Gegenleistung gerichtet ist, dabei nicht als sachfremde Erwägung iS des § 40 anzusehen wäre,[40] zB die Bereitstellung eines Grundstücks und die Zahlung eines Beitrags für die Errichtung eines Kinderspielplatzes oder einer Grünanlage als Gegenleistung für einen Dispens von Vorschriften über die höchstzulässige Bebauungsdichte. Voraussetzung ist auch hier jedoch, dass ein Dispens nach den maßgeblichen Vorschriften zulässig ist. Zulässig ist die Zahlung eines Stellplatzablösebetrages als Voraussetzung für die Befreiung von der Verpflichtung zur Errichtung von Kfz-Stellplätzen; die Übernahme der Verpflichtung, Ausbildungskosten, die der Dienstherr übernimmt, im Falle eines vorzeitigen Ausscheidens aus dem Dienst zurückzuzahlen (vgl BVerwGE 40, 277).

19a **Nicht sachbezogen und unzulässig** idS wäre es dagegen, wenn eine Dispenserteilung hins der Bebauungsdichte im oben genannten Beispiel von der Übertragung eines an gänzlich anderer Stelle der Stadt gelegenen Grundstücks abhängig gemacht würde (Knack/Henneke 36). Unzulässig ist es auch, wenn sich die öffentliche Hand für die Einstellung eines bisher angestellten Lehrers Geldzahlungen versprechen lässt.[41] Zu den Voraussetzungen für die Rechtmäßigkeit eines Vertrages zwischen Investor und Denkmalschutzbehörde über die Abgeltung von Aufwendungen der letzteren VG Weimar U v 22.3.2006 – 1 K 3684.03 (juris). Nicht sachbezogen ist es, wenn in einer Sanierungsvereinbarung Mietobergrenzen für die einbezogenen Grundstücke festgelegt werden (BVerwGE 126, 104).

III. Voraussetzungen des Austauschvertrages gem Abs 2

20 **1. Allgemeines.** Abs 2 schränkt die Möglichkeit der Vertragsparteien zur Vereinbarung von Gegenleistungen über Abs 1 hinaus ein, wenn der Bürger auf die vereinbarte Gegenleistung der Behörde einen Anspruch hat. In derartigen Fällen soll der anspruchsberechtigte Bürger bei Abschluss eines Vertrages nicht schlechter gestellt werden, als bei einem Vorgehen durch VA, dem dann nur unter den Voraussetzungen des § 36 Abs 1 Nebenbestimmungen beigefügt werden könnten. Hat der Bürger auf die Leistung der Behörde einen gesetzlichen, vorbehaltlos von der Behörde zu erfüllenden Anspruch, darf die Behörde ihre Leistung nicht von einer Gegenleistung abhängig machen, weil dann auch bei einem Vorgehen durch VA die Beifügung einer Nebenbestimmung unzulässig wäre.

20a **2. Bestehen eines Anspruchs.** Ein Anspruch des Bürgers iS von Abs 2 besteht insb, wenn eine Rechtsvorschrift (Gesetz, Rechtsverordnung, Satzung) der Behörde ein bestimmtes Tun oder Unterlassen vorschreibt und zumindest (neben der Allgemeinheit) auch den Vertragspartner schützt, dh ihm ein **subjektives öffentliches Recht** vermittelt (Knack/Henneke 42ff). Einem Anspruch iS der Vorschrift steht der Anspruch auf fehlerfreie Ausübung des Ermessens nur im Fall einer Ermessensreduktion auf Null (vgl § 40 Rn 49) gleich, dh, wenn angesichts der besonderen Umstände des Falles nur eine bestimmte Entscheidung in Betracht kommt, die nicht ermessensfehlerhaft wäre. Der Anspruch auf ermessensfehlerfreie Entscheidung als solcher ist dagegen nach Sinn und Zweck der Regelung (insb, da sonst für die Anwendung von Abs 1 kein Raum mehr bliebe), nicht als Anspruch iS von Abs 2 anzusehen.[42]

---

[40] BGH DVBl 1972, 826; B 214; Menger VerwArch 1973, 206; Götz JuS 1970, 6.

[41] VG Lüneburg, U v 25.4.2006 – 1 A 14/06 (juris). Hier dürfte im übrigen auch Sittenwidrigkeit vorliegen.

[42] Knack/Henneke 44; StBS 36; WBSK I § 54 Rn 47.

3. Vergleich mit Vorgehen durch VA. Abs 2 schreibt für Leistungen, auf die der Vertragspartner der Behörde Anspruch hat, zusätzlich zu den Erfordernissen gem Abs 1 vor, dass im entsprechenden Fall bei Erlass eines VA die Gegenleistung auch als Nebenbestimmung gem § 36 Abs 1 zulässig wäre. Dadurch soll vor allem der rechtsunkundige Bürger davor geschützt werden, dass er sich vertraglich zu Gegenleistungen in Fällen verpflichtet, in denen die Behörde ohnehin schon kraft Gesetzes die Leistung nicht verweigern könnte (Begr 80). Die Gegenleistung muss Umstände schaffen oder beseitigen, deren Fehlen bzw Vorhandensein auch bei einer Entscheidung durch VA berücksichtigt werden könnte bzw müsste und die Behörde zur Ablehnung der vom Vertragspartner erstrebten Leistung berechtigen würde. So darf eine Gemeinde ihre Zustimmung nach § 36 BBauG zu einem Bauvorhaben nur dann von der Übernahme von Folgelasten abhängig machen, wenn eine an sich nach § 34 BBauG zulässige Bebauung erst dann genehmigt werden kann, wenn die Errichtung bestimmter Infrastrukturvorhaben gesichert ist.[43] 21

Nach dem Grundsatz des § 36 Abs 1 kann einem VA, auf den ein Anspruch besteht, eine Nebenbestimmung nur in zwei Fällen beigefügt werden, nämlich dann, wenn dies in einer Rechtsvorschrift vorgesehen ist, und dann, wenn die Nebenbestimmung dazu dient, die Voraussetzungen für den Erlass des begünstigenden VA zu schaffen, also Anspruchshindernisse aus dem Weg zu räumen (s näher § 36 Rn 44). Dies ist vor allem im Bau- und Umweltrecht von Bedeutung, wenn etwa Anlagen der Erschließung, des Lärmschutzes, der Abwasserbeseitigung oder sonst der Entsorgung geschaffen oder naturschutzrechtliche Ausgleichsmaßnahmen durchgeführt werden müssen, um die Voraussetzungen für eine Genehmigung herbeizuführen. 22

IV. Rechtsfolgen eines Verstoßes gegen § 56

1. Abschließende Regelung in § 59. Die Folgen eines Verstoßes gegen die Anforderungen des § 56 ergeben sich **allein und abschließend aus § 59.** Nach § 59 Abs 2 Nr 4 sind **Austauschverträge nichtig,** wenn die dort genannten Voraussetzungen vorliegen. Darüber hinaus kommt die Nichtigkeit eines fehlerhaften Austauschvertrages nach § 59 Abs 1 iVm §§ 104 ff, 134, 138 in Betracht (s hierzu näher § 59 Rn 8 ff). Die Regelungen in § 59 Abs 1 erfassen sowohl Vertragsformverbote nach § 54 S 1 als auch Inhaltsverbote nach § 134 BGB.[44] Zur Frage der Rückabwicklung von nichtigen Verträgen s § 59 Rn 33. 23

2. Novellierungsbestrebungen. Nach wie vor ist eine **Novellierung der Rechtsfolgen** des § 59 geplant für den Fall, dass Nichtigkeit wegen eines Verstoßes gegen das Koppelungsverbot und das Angemessenheitsgebot eintreten würde. Für diesen Fall war bereits im Entwurf 2005 vorgesehen, dass die Beteiligten eine Anpassung des Vertrages verlangen können (s hierzu § 59 Rn 1). Eine Begrenzung der strengen Nichtigkeitsfolgen erscheint sinnvoll, um den Vertragsparteien bei der Ausgestaltung der Vertragsleistungen einen größeren Spielraum einzuräumen.[45] 24

§ 57 Schriftform

Ein öffentlich-rechtlicher Vertrag ist schriftlich[8] zu schließen, soweit nicht durch Rechtsvorschrift eine andere Form vorgeschrieben ist.[3]

Parallelvorschriften: § 56 SGB X

[43] Vgl BVerwG NJW 1981, 1747; auch BVerwGE 42, 342 s auch WBSK I § 54 Rn 43.
[44] Zu den Rechtsfolgen s auch Spannowski S. 110; StBS 57f.
[45] Schmitz DVBl 2005, 17, 23. Zu den Reformbestrebungen s § 54 Rn 2a.

Schrifttum: *Grziwotz,* Zur Frage der Urkundeneinheit bei öffentlich-rechtlichen Verträgen, DNotZ 2010, 551; *Schlemminger,* Schriftformrisiken beim Abschluss öffentlich-rechtlicher Verträge, NVwZ 2009, 223; *Schmitz,* Die Verträge sollen sicherer werden – Zur Novellierung der Vorschriften über den öffentlich-rechtlichen Vertrag, DVBl 2005, 1; *Weihrauch,* Verwaltungsrechtlicher Vertrag und Urkundeneinheit, VerwArch 1991, 543. S auch zu § 54.

Übersicht

I. Allgemeines

1 **1. Inhalt.** Die Vorschrift schreibt abweichend vom vor Erlass des VwVfG geltenden Recht (vgl F 281) für alle verwaltungsrechtlichen Verträge gem § 54 grundsätzlich **Schriftform** vor, sofern nicht durch Rechtsvorschrift eine andere Form vorgesehen ist (zB § 313 BGB). Die Einhaltung der Schriftform bzw der nach anderen Vorschriften gebotenen Form ist entspr § 125 BGB Voraussetzung der Gültigkeit des Vertrages. Ein **Verstoß** gegen das Schriftformerfordernis **führt zur Nichtigkeit.** Ein Vertrag, der den Erfordernissen der Schriftform nicht genügt, ist gem § 59 Abs 1 iVm § 125 BGB nichtig;[1] er kann auch weder in einen VA noch in einen privatrechtlichen Vertrag umgedeutet werden (s auch § 47 Rn 2). Allerdings können die Vertragspartner – oder ggf auch nur ein Vertragspartner – nach Treu und Glauben zur Erfüllung des (unwirksam) Vereinbarten verpflichtet sein.[2] Die Schriftform hat **Warn- und Beweisfunktion.** Sie soll vor allem den Erfordernissen der Sicherheit des Rechtsverkehrs dienen, in dem sie durch Dokumentation die Beweisbarkeit von Abschluss und Inhalt des Vertrages sicherstellt (FKS 2). Zugleich kommt der Schriftform wie auch sonst Formerfordernisse im Vertrags-

---

[1] AllgM, vgl StBS 25; Ehlers JZ 1990, 595; Knack/Henneke 36; vgl zu § 34 GWB BGH NJW 1981, 2246: Fehlen der Schriftform uU unschädlich, wenn sich die entsprechende Verpflichtung auch schon aufgrund von Treu und Glauben ergibt.

[2] BVerwGE 111, 162 = NVwZ 2000, 1285; BVerwG NJW 1998, 3135; OVG Lüneburg NJW 1992, 1404, 1406 mwN; StBS 26; ebenso zum Zivilrecht RGZ 153, 61; BGHZ 6, 333; – zu § 34 GWB – auch BGH NJW 1981, 2246; s auch Knack/Henneke 38 **aA** MB 4 zu § 57; 50 zu § 59; offen Obermayer 20.

recht eine Warnfunktion für die Vertragspartner zu.[3] **Zu abweichenden Regelungen** über die Form auf Grund besonderer Rechtsvorschriften s unten Rn 3 ff; zur analogen Anwendung von § 57 auf Vertragsangebote unten Rn 10.

2. Verfassungsrecht, Europarecht. Das Schriftformerfordernis entspricht dem Postulat der Rechtssicherheit und dient damit auch dem Rechtsstaatsprinzip. Es erleichtert die Verwaltungstätigkeit und dient damit der Effektivität der Verwaltung, weil sich die Amtsträger anderenfalls in der täglichen Praxis gegen die Behauptung von bindenden vertraglichen Abmachungen absichern müssten. Das würde die mündliche Kommunikation zwischen Bürger und Amtsträger wesentlich erschweren. Das Schriftformerfordernis ist mit den Grundsätzen des **Unionsrechts vereinbar.** 1a

3. Anwendungsbereich. a) Unmittelbar. § 57 gilt unmittelbar nur für **verwaltungsrechtliche Verträge** im Anwendungsbereich des VwVfG gem § 1 f (OVG Münster KStZ 1988, 15; StBS 5 ff), an denen eine Behörde (bzw der Rechtsträger, für den diese tätig wird) als Vertragspartner beteiligt ist. Auf verwaltungsrechtliche **Verträge zwischen Privaten** ist § 57 nicht unmittelbar anwendbar, weil diese nicht im Rahmen eines Verwaltungsverfahrens zustande kommen. Die Verwaltungsverfahrensgesetze der Länder enthalten mit § 57 gleich lautende Vorschriften. Das Schriftformerfordernis gilt für **sämtliche Arten von Verwaltungsverträgen,** sowohl für subordinationsrechtliche, als auch für koordinationsrechtliche Verträge (StBS 6; Knack/Henneke 2). Unerheblich ist, ob es sich um einseitig oder zweiseitig verpflichtende Verträge, um Vergleichsverträge, (hinkende) Austauschverträge oder Verfügungsverträge handelt. Erfasst werden auch öffentlich-rechtliche **Vorverträge,** soweit sie bindende Wirkung entfalten,[4] sowie sämtliche für die Wirksamkeit des Vertrages erforderliche **Willenserklärungen** einschließlich der Willenserklärungen **Dritter,** die zB nach § 58 zu beteiligen sind (Ziekow/Siegel VerwArch 2004, 134; StBS 8). Für **gemischt privat- und verwaltungsrechtliche** Verträge gilt das Prinzip der Einheitlichkeit der Beurteilung, wonach dann der gesamte Vertrag den Regelungen der §§ 54 ff unterliegt. Etwas anderes gilt nur in den Fällen, in denen der privatrechtliche Teil sich ohne weiteres vom öffentlich-rechtlichen trennen lässt. Das ist idR aber nur dann der Fall, wenn es sich um praktisch selbständige Vereinbarungen handelt, die lediglich in einem Vertragswerk zusammengefasst sind. 2

b) Analoge Anwendbarkeit? Weil die Regelung besondere Anforderungen an die Wirksamkeit von vertraglichen Vereinbarungen stellt und insoweit auf Seiten des Bürgers in die Privatautonomie eingreift (vgl Brohm DÖV 1992, 1032), ist trotz der Schutzrichtung der Vorschrift (s oben 1) eine analoge Anwendung **grundsätzlich nicht möglich.**[5] **Nicht erfasst** werden deshalb **privatrechtliche Verträge,** auch wenn eine Behörde daran beteiligt ist; für sie gilt ausschließlich das Privatrecht.[6] Auch für Verträge auf dem Gebiet des **Verwaltungsprivatrechts** ist die Vorschrift nicht anwendbar. Das muss schon deshalb gelten, weil sich das Gebiet des Verwaltungsprivatrechts nur schwer eingrenzen lässt und die Formvorschrift sonst ein Risiko für die Rechtssicherheit auf diesem Gebiet darstellen würde. 2a

II. Spezielle Formvorschriften des Fachrechts

1. Allgemeines. Das Schriftformerfordernis gilt nur insoweit, als nicht durch Rechtsvorschriften eine andere Form vorgeschrieben ist. Dabei ist, wie aus der Begründung hervorgeht, offenbar vor allem an weitergehende **strengere Form-** 3

---

[3] Weihrauch VerwArch 1991, 558; kritisch zum Schriftformerfordernis Gündling, Modernisiertes Privatrecht und öffentliches Recht, 2006, 126.
[4] Ebenso StBS 9; Knack/Henneke 2.
[5] Vgl BVerwG NJW 1992, 2908 = DVBl 1992, 1295; StBS 6; **aA** Lange NVwZ 1983, 221.
[6] StBS 6; FKS 5.

vorschriften, insbesondere an die notarielle Beurkundung gedacht (vgl Begr 81; StBS 22), zB analog § 311b Abs 1 BGB für Verträge, die die Übertragung von Grundstücken zum Gegenstand haben (BGHZ 58, 392; 65, 372; Maurer § 14 Rn 29). Allerdings hat diese Klarstellung in der Norm keinen Niederschlag gefunden; außerdem steht die Vorschrift gem § 1 Abs 1 ohnehin unter dem allgemeinen Vorbehalt inhaltsgleicher oder entgegenstehender Rechtsvorschriften (UL § 69 Rn 10). Gleichwohl ist es **umstritten,** ob speziellere Regelungen **auch weniger strenge Anforderungen** stellen dürfen.[7] Die Regelung gilt auch für Formvorschriften auf Grund von Rechtssätzen, die im Zeitpunkt des Inkrafttretens des VwVfG bereits bestanden haben. Rechtsvorschriften idS sind nicht nur förmliche Gesetze, sondern auch Rechtsverordnungen.

4 **a) Satzungsrecht. Umstritten** ist, ob auch Satzungen von § 57 abweichende Formvorschriften statuieren dürfen. Dies wird teilweise unter Hinweis auf den Vorrang des Gesetzes verneint.[8] Dies ist nicht überzeugend, weil die Vorschrift selbst hinsichtlich der Art der Rechtsvorschriften nicht differenziert. Richtigerweise wird man deshalb davon ausgehen müssen, dass andere Formvorschriften auch durch Satzungsbestimmungen vorgesehen werden können.[9] Satzungsrecht kann deshalb beispielsweise vorsehen, dass der Abschluss eines öffentlich-rechtlichen Vertrages über die Benutzung einer öffentlichen Einrichtung durch die Aushändigung einer Eintrittskarte dokumentiert wird.

5 **b) Mündlichkeit.** Fraglich ist, ob eine Rechtsvorschrift als andere Form iSd Vorschrift auch Mündlichkeit vorsehen kann. Dies ist für Gesetze und Rechtsverordnungen wegen des allgemeinen Vorrangs nach § 1 Abs 1 ohne weiteres möglich, problematisch aber für solche Satzungsbestimmungen, die nur auf Grund des Vorbehalts des § 57 eine abweichende Regelung treffen. Insoweit wird vertreten, § 57 berechtige nicht zur Einführung formloser Verträge, weil es sich insoweit nicht um die Regelung einer anderen Form handele.[10] Dies ist nicht überzeugend. Der Begriff „Form" ist hier als Kategorie gemeint; damit ist **kein Mindeststandard** verbunden (Knack/Henneke 7). Der Gesetzgeber ist ohnehin nicht gehindert, abweichende Regelungen zu treffen. Gleiches gilt nach der hier vertretenen Auffassung (s Rn 4) auch für den Verordnungs- und den Satzungsgeber. Zulässig ist es deshalb, in einer Satzung zB zur Benutzung einer öffentlichen Einrichtung vorzusehen, dass auch mündlich geschlossene oder in einem konkludenten Verhalten zu sehende Verträge gelten sollen (vgl Obermayer 26; str; vertretbar erscheint auch die Auffassung, dass der gesetzliche Vorbehalt in § 57 zugunsten anderer Formen insoweit lex specialis zum allgemeinen Vorbehalt gem § 1 ist).

6 **c) Vertragliche Benutzungsverhältnisse.** Als **formlos auf Grund von Gewohnheitsrecht** zulässig anzusehen sind trotz der scheinbar abschließenden Regelung des § 57 nach wie vor auch formlose Verträge in Benutzungsverhältnissen öffentlich-rechtlicher Einrichtungen der Daseinsvorsorge. Sofern diese Benutzungsverhältnisse nicht privatrechtlich ausgestaltet sind und auch nicht durch einseitige Zulassung zustande kommen, kann im Erwerb einer Eintrittskar-

---

[7] Bejahend zu Recht Maurer § 14 Rn 29; Knack/Henneke 7; **aA** OVG Magdeburg JMBl LSA 2001, 66;; UL § 69 Rn 10; Obermayer 25; wohl auch Erichsen/Ehlers § 31 Rn 14; Ziekow/Siegel VerwArch 2004, 136; differenzierend StBS 22 f: strengere und weniger strenge Anforderungen nur durch Gesetz oder Rechtsverordnung, nicht aber durch Satzungen.

[8] StBS 22a; Schlette, Die Verwaltung als Vertragspartner, 463 f.

[9] HM, vgl Knack/Henneke 6; Maurer § 14 Rn 29; UL § 69 Rn 10; Ziekow/Siegel VerwArch 2004, 136; FKS 9.

[10] Vgl Begr 81; Ziekow 5; StBS 22 unter Hinweis auch auf MuE 199: Schriftform ist Mindestform; hiergegen zutreffend Maurer § 14 Rn 29; ders DVBl 1989, 803; Knack/Henneke 6; Bader/Ronellenfisch 4.

te für ein kommunales Bad, dessen Benutzung öffentlich-rechtlich geregelt ist, deshalb auch der Abschluss eines öffentlich-rechtlichen Benutzungsvertrages zu sehen sein.[11]

2. Spezielle Formvorschriften des Fachrechts. Das Fachrecht kennt eine Fülle spezieller Formvorschriften, die zumeist ebenfalls Schriftlichkeit vorsehen. Sie gehen der allgemeinen Regelung in § 57 vor. Schriftform ist zB in § 11 Abs 3 BauGB für den **städtebaulichen Vertrag** vorgeschrieben. Gleiches gilt nach § 124 Abs 4 BauGB für den gemeindlichen **Erschließungsvertrag.** Nicht berührt werden die besonderen Vorschriften des Kommunalrechts und anderer Rechtsbereiche, die für die Wirksamkeit von bindenden Willenserklärungen besondere Erfordernisse als Wirksamkeitsvoraussetzung, wie die Mitwirkung von zwei Organwaltern, die Beifügung eines Dienstsiegels uä vorschreiben (Kluth NVwZ 1990, 608; Habermehl DÖV 1987, 144; StBS 23). Dies gilt für die Bestimmungen zB in den GOen über die Vertretung der Kommunen, die gem § 62 iVm §§ 164 ff BGB auch auf öffentlich-rechtliche Verträge anwendbar sind. 6a

3. Strengere Formvorschriften. Während es für speziellere Rechtsvorschriften, die eine schwächere Form als die Schriftform vorsehen, kaum Beispiele gibt, lassen sich für die Anordnung strengerer Formvorschriften viele Fälle anführen. Zu nennen sind das Erfordernis notarieller Beurkundung bei Verträgen über die Verpflichtung zum Erwerb oder zur **Übertragung von Grundstücken, Vermögen oder Nachlass** gem § 311b BGB nF, das Erfordernis gerichtlicher oder notarieller Beurkundung im Falle der **Einigung nach § 18 Abs 3 SchutzBerG,** das Erfordernis einer von den Beteiligten unterschriebenen Niederschrift bei der Einigung im **Enteignungsverfahren** gem § 110 Abs 2 BauGB, das Erfordernis der Protokollierung eines **gerichtlichen Vergleichs** nach § 106 VwGO, die allerdings durch die schriftliche Annahme eines in Beschlussform unterbreiteten gerichtlichen Vergleichsvorschlags ersetzt werden kann (§ 106 Abs 2 VwGO). 7

III. Erfordernis der Schriftform

1. Allgemeines. Das Schriftformerfordernis betrifft lediglich die Form des Vertrages; erhöhte Anforderungen an die Bestimmtheit, Klarheit oder Vollständigkeit der Regelungen werden damit nicht gestellt. Es ist deshalb Raum für eine – auch ergänzende – Vertragsauslegung nach den allgemeinen Grundsätzen (vgl §§ 133, 157 BGB). Die wesentlichen Vertragspunkte, bei Verträgen nach § 56 auch Gegenstand und Zweck der Gegenleistung, müssen sich aus dem schriftlichen **Vertragstext selbst** ergeben (Grundsatz der Urkundlichkeit). Nicht ausreichend ist es, wenn sie sich anhand von Umständen ermitteln lassen, die außerhalb des Vertragstextes liegen (s dazu BVerwGE 84, 236 = NVwZ 1990, 665). Im Übrigen sind **unklare oder mehrdeutige Formulierungen** des Vertragstextes unschädlich, wenn die sich daraus ergebenden Zweifel im Wege der Auslegung, zu der auch außerhalb der Vertragsurkunde liegende Umstände herangezogen werden dürfen, behoben werden können. Insofern gelten gleiche Grundsätze[12] wie für die Auslegung von privatrechtlichen Willenserklärungen, die der Schriftform gemäß § 126 BGB bedürfen (BVerwGE 84, 236 = NVwZ 1990, 665). Nach allgemeinen Rechtsgrundsätzen muss der schriftlich geschlossene Vertrag auch die Vertragspartner bezeichnen. Entsprechend § 37 Abs 3 ist zu fordern, dass auf Seiten der öffentlichen Hand ebenfalls die Behörde bezeichnet ist, die den Vertrag abgeschlossen hat (StBS 13); die Bezeichnung der juristischen Person, der die Behörde angehört oder zuzurechnen ist, ist indessen nicht zwingend erforderlich. 8

---

[11] Maurer 14 Rn 29; Koch, Kommunale Unternehmen, S. 64; **aA** StBS 12; Obermayer § 54 Rn 13; wohl auch Knack/Henneke 39.

[12] Vgl dazu BGHZ 87, 154 = JZ 1983, 759; NJW 1989, 1484.

9 **2. Die Anforderungen der Schriftform. a) Vollständigkeitsprinzip.** Der Schriftform unterliegen grundsätzlich sämtliche Bestimmungen des Vertrages, nicht nur die wesentlichen. Bei Anlagen zu den Vertragsbestimmungen, die nicht mit dem Vertragstext körperlich verbunden sind, müssen diese zumindest in dem Vertragstext in Bezug genommen sein und diesem zweifelsfrei zugeordnet werden können. Mündliche Nebenabsprachen sind nur dann beachtlich, wenn sie im Wege der ergänzenden Vertragsauslegung als Teil der schriftlichen Vereinbarung angesehen werden können; hierfür muss der Vertragstext hinreichende Anhaltspunkte bieten **(Andeutungstheorie).** Mehrere selbständige Verträge müssen nicht deshalb einheitlich behandelt werden, weil sie miteinander in Zusammenhang stehen. Insoweit wird insbesondere keine Urkundeneinheit verlangt BVerwG (KStZ 2010, 56).

9a **b) Urkundeneinheit. Umstritten** ist, ob nach § 62 Satz 2 iVm § 126 Abs 2 BGB nicht nur die eigenhändige Unterzeichnung der Vertragsurkunde erforderlich ist, sondern die Unterzeichnung der Beteiligten (bzw ihren Vertretern oder Bevollmächtigten) auch auf derselben Urkunde erfolgen muss.[13] Anders als nach § 127 BGB wäre danach ein Briefwechsel uä nicht ausreichend.[14] Heute wird indes das Schriftformerfordernis stärker an § 37 Abs 3 orientiert und überwiegend auf das Erfordernis der Urkundeneinheit verzichtet[15] wenn der Schriftwechsel Annahme und Angebot des Vertrages enthält (s Rn 10a f). Eine schriftliche Bestätigung, ein Vertrag sei geschlossen, reicht zur Wahrung des Formerfordernisses nicht aus.[16] Ebensowenig genügt die Einhaltung der rechtsgeschäftlich bestimmten Schriftform gemäß § 127 Abs. 2 BGB **(gewillkürte Schriftform).**[17] Der Bund-Länder-Musterentwurf 2004 (vgl § 54 Rn 2a) soll durch die Anfügung eines S 2 klarstellen, dass auch der Austausch übereinstimmender schriftlicher Erklärungen der Schriftform genügen soll.[18]

9b Werden dem Vertrag Anlagen beigefügt, die nicht mit dem Vertragstext körperlich fest verbunden, sondern zB in einem eigenen Ordner geheftet sind, ist das Erfordernis der Urkundeneinheit dann nicht einzuhalten, wenn sie im unterschriebenen Dokument in Bezug genommen werden und diesem zweifelsfrei zugeordnet werden. Kommt den Anlagen eine eigenständige Bedeutung nicht zu, sondern dienen sie lediglich als Orientierungsbehelf, ist die Verbindung mit dem Vertragswerk in einer einheitlichen Urkunde entbehrlich (BGH NJW 2000, 356).

10 **Das BVerwG** hat jedenfalls bei den Bürgern **einseitig verpflichtenden Verträgen** die **Urkundeneinheit für entbehrlich** gehalten.[19] Danach soll es bei Verträgen, die wie bei einem Schuldanerkenntnis nach § 781 BGB eine lediglich einseitige Verpflichtung des Bürgers gegenüber der Verwaltung zum Gegenstand haben, genügen, wenn dem schriftlichen Vertragsangebot eine unmiss-

---

[13] So die überkommene Rspr, vgl BVerwGE 98, 58, 67; OVG Hamburg NordÖR 2008, 331; OVG Lüneburg NJW 1998, 2921; 1992, 1404; ebenso UL § 69 Rn 9; Obermayer 10, 14; MB 3; König 5; offen VGH München NVwZ 1987, 814; **aA** Weihrauch VerwArch 1991, 543: Schriftwechsel genügt; ebenso Knack/Henneke 22 ff; StBS 19 ff: die Schriftform ist auch dann erfüllt, wenn die willensmäßige Übereinstimmung über den Abschluß eines Vertrages unzweifelhaft ist.

[14] So nach wie vor Schlette, S. 456 ff; Ziekow/Siegel VerwArch 2004, 136; Obermayer 15; MB 2; UL § 69 Rn 9; Bonk, DVBl 2004, 141, 149; offen VGH München NVwZ 1987, 814.

[15] StBS 19 ff; Knack/Henneke 25; Weyhrauch VerwArch 1991, 543; Stelkens DÖV 2009, 850; 855; Herms BayVBl 1997, 74; Kloepfer JZ 1999, 161, 162.

[16] OVG Lüneburg NJW 2008, 2520.

[17] OVG Hamburg NordÖR 2008, 331.

[18] S hierzu Schmitz DVBl 2005, 17, 23.

[19] BVerwGE 96, 326, 332 = NJW 1995, 1104. Ähnlich BVerwG DVBl 2009, 1110, wonach es für einen vorhabenbezogenen Bebauungsplan ausreichen soll, wenn der Durchführungsvertrag vom Vorhabenträger unterschrieben worden ist.

verständliche schriftliche Annahmeerklärung der Behörde gegenübersteht. Auch für Verträge zwischen Hoheitsträgern hat das BVerwG (NVwZ 2005, 1083) dies inzwischen angenommen.[20] Stellt man in diesem Sinne auf die Beweis- und Warnfunktion der Vorschrift ab, ist eine unterschiedliche Behandlung von einseitigen und zweiseitigen Vereinbarungen nicht zwingend. Es sollte deshalb ausreichen, wenn über den Vertrag **mehrere gleich lautende Urkunden** aufgenommen werden, sofern jede Partei die für die andere Partei (bzw bei mehreren Beteiligten, die für die anderen Parteien) bestimmte Ausfertigung unterzeichnet.

Es ist aber jedenfalls zu verlangen, dass das **Vertragsangebot und die Annahmeerklärung der Schriftform** genügt.[21] Für die Bindung an ein Vertragsangebot an Abwesende gilt gem § 62 S 2 § 147 Abs 2 BGB analog (OVG Saarlouis NJW 1993, 1612). Der Vertragstext, auf den sich die Vertragsparteien geeinigt haben, muss demnach schriftlich fixiert und jedenfalls von einer Vertragspartei handschriftlich unterschrieben sein. Fehlt es an einer Unterschrift der übrigen Vertragsparteien auf derselben Urkunde, so muss deren Annahmeerklärung auf dem Vertragstext eindeutig Bezug nehmen und ihrerseits unterschrieben sein. Die Annahmeerklärung muss außerdem denjenigen Vertragsparteien, die sie nicht unterzeichnet haben, innerhalb der allgemeinen Fristen des § 147 BGB wirksam zugehen (§ 130 BGB). Auf das Erfordernis der eigenhändigen Unterschrift sämtlicher Vertragsparteien kann nicht verzichtet werden. 10a

Zugang. Angebot und Annahme müssen jeweils dem anderen Vertragspartner zugehen. Da sie schriftlich erklärt werden müssen, ist insoweit eine Zugangsart erforderlich, bei der die Schriftform gewahrt wird. Möglich sind – wenn nicht ohnehin Urkundeneinheit bestehen muss (s oben Rn 9) – deshalb nicht nur der Austausch der Schriftstücke als solcher, sondern auch die Übermittlung per Telefax oder Telekopie.[22] Nach allgemeinen Rechtsgrundsätzen muss die Vertragsurkunde auch **die Vertragspartner bezeichnen** (StBS 13), auf Seiten der Behörde jedoch nicht notwendig auch die juristische Person (Staat, Gemeinde usw), der die Behörde angehört bzw zuzurechnen ist (König 10; **aA** offenbar StBS 13). Außerdem ist – analog § 37 Abs 3 – erforderlich, dass die Vertragsurkunde erkennen lässt, welche Behörde auf Seiten der Verwaltung den Vertrag abgeschlossen hat (ebenso StBS 13; vgl insoweit auch § 59 Abs 2 Nr 1 iVm § 44 Abs 2 Nr 1). Nicht erforderlich, wenn auch zweckmäßig, ist die Angabe von Ort und Datum des Vertragsschlusses (ebenso StBS 14). 10b

c) Protokollierung. Der Schriftform wird auch durch Aufnahme des Vertragstextes zur Niederschrift der Behörde (dh durch Protokollierung des Vertrages) genügt (StBS 14a unter Hinweis auf MuE 199); da es nur auf die Schriftform ankommt, **auch einer unzuständigen Behörde** (**aA** insoweit offenbar StBS 13). Die Protokollierung eines gerichtlichen Vergleichs ersetzt jede sonst erforderliche Form. Ausreichend ist dementsprechend auch die Protokollierung durch die Widerspruchsbehörde, nicht dagegen die Protokollierung durch einen Dritten (OVG Berlin 28.4.2004 – 1 B 14.03 (juris). 11

d) Elektronischer Vertrag? Ob ein Verwaltungsvertrag auf elektronischem Weg zustande kommen kann, hängt nunmehr – nach der Einführung des § 3a – davon ab, ob an der Urkundeneinheit festgehalten wird oder nicht. Richtigerweise wird man auf das Erfordernis verzichten können (s hierzu näher Rn 9). Dann steht aber auch dem Abschluss eines öffentlich-rechtlichen Vertrages auf 11a

---

[20] Ebenso offenbar für die tatsächliche Verständigung im Abgabenrecht s § 54 Rn 5; BFH NVwZ 2000, 598.

[21] Vgl OVG Saarlouis NJW 1993, 1612: soweit für öffentlich-rechtliche Verträge Schriftform vorgeschrieben ist, liegt ein die Wirksamkeit des Angebotes herbeiführender Zugang nur dann vor, wenn die Erklärung dem anderen Vertragspartner in dieser Form, dh in ihrer Verkörperung, zugeht.

[22] S hierzu näher § 37 Rn 28; StBS § 37 Rn 62.

elektronische Weise nichts im Wege, wenn die einzelnen Erklärungen, die für das Zustandekommen des Vertrages erforderlich sind, die Anforderungen des § 3a Abs 2 S 1 und 2 erfüllen (qualifizierte elektronische Signatur; § 3a Rn 17) und die Beteiligten für die elektronisch übermittelteten Willenserklärungen einen Zugang iSv § 3a Abs 1 eröffnet haben (§ 3a Rn 7).

12 **3. Ordnungsgemäße Vertretung.** Natürliche Personen müssen eigenhändig unterschreiben; wird ein Vertreter tätig, so gelten die allgemeinen Regeln über die Stellvertretung (§§ 164 ff BGB). Aus § 57 folgt, dass auch die Vollmacht schriftlich erteilt werden muss. Für juristische Personen des privaten oder des öffentlichen Rechts sowie für Behörden muss eine zur Vertretung befugte Person unterschreiben.[23] Welche Personen zur Vertretung befugt sind, ergibt sich aus § 12 Abs 1 Nr 4 bzw dem für die jeweilige juristische Person bzw Behörde maßgeblichen internen Organisationsrecht.

12a **Mängel in der Vertretungsmacht** des jeweiligen Unterzeichners stellen grundsätzlich keine Formfehler iSd § 57 dar, die zur Nichtigkeit führen.[24] Dies gilt auch dann, wenn die Vollmacht nicht in schriftlicher Form erteilt wurde, sowie dann, wenn in Rechtsvorschriften vorgesehen ist, dass für einzelne Vertragsparteien jeweils zwei Vertreter unterschreiben müssen.[25] Derartige Vertretungsmängel führen nicht zur Nichtigkeit, sondern entsprechend §§ 177 ff BGB nur zur **schwebenden Unwirksamkeit** bis zur Nachholung der zweiten Unterschrift oder der Genehmigung der Erklärung des vollmachtlosen Vertreters, die grundsätzlich nicht an eine besondere Frist gebunden sind (StBS 23; vgl auch § 58 Rn 22). Von Bedeutung ist hier auch das **kommunalrechtliche Vertretungsverbot.**[26]

13 **4. Erfordernis der Zustimmung Dritter.** Soweit die Wirksamkeit des Vertrages nach § 58 von der Zustimmung oder Genehmigung Dritter oder anderer Behörden abhängig ist, führt deren Fehlen nicht zur Formnichtigkeit des Vertrages entsprechend § 125 Abs 2 BGB, sondern zur **schwebenden Unwirksamkeit** (s § 58 Rn 2). Die nach § 58 erforderliche Zustimmung oder Genehmigung ist zwar schriftlich zu erteilen, muss aber nicht auf der Vertragsurkunde oder auf den Schriftstücken (Angebot und Annahme) gegeben werden, die den Vertrag konstituieren (StBS 8). Die Zustimmung muss auch dann nicht **in derselben Urkunde** erfolgen, wenn im Übrigen der Grundsatz der Urkundeneinheit gelten würde.[27] Schriftlichkeit ist nicht erforderlich für die **Genehmigung** des von einem vollmachtlosen Vertreter abgeschlossenen Vertrages durch den Vertretenen (vgl BGH NJW 1994, 1344: Genehmigung kann formlos erfolgen).

IV. Folgen von Formverstößen

14 **1. Grundsatz der Nichtigkeit.** Ein Vertrag, der den Erfordernissen der Schriftform nicht genügt, ist gem. § 59 Abs 1 iVm § 125 BGB nichtig (allgM, vgl StBS 25; Ehlers JZ 1990, 595; Knack/Henneke 36). Eine Umdeutung in einen VA ist grundsätzlich nicht möglich, weil es bei einer schuldrechtlichen Willenserklärung einer Behörde an einer einseitig verbindlichen Regelung fehlt (vgl § 35 Rn 47 f). Auch eine Umdeutung in einen privatrechtlichen Vertrag ist nicht möglich, weil die Rechtsnatur des Vertrages nicht zur Disposition der Beteiligten steht. Schließlich kommt im Grundsatz auch eine Heilung des Form-

---

[23] Vgl StBS 18; VGH Mannheim VBlBW 1990, 140; Kohler-Gehrig VBlBW 1996, 441; näher Hufeld, Die Vertretung der Behörde, 2003, §§ 3 ff.

[24] BGH NJW 1984, 606; Habermehl DÖV 1987, 144; Kluth NVwZ 1990, 608; Kohler-Gehrig VBlBW 1996, 441; offen StBS 24.

[25] OVG Lüneburg NJW 1977, 773; VGH Mannheim VBlBW 1990, 140; Habermehl DÖV 1987, 144; Kluth NVwZ 1990, 608.

[26] Vgl Waechter, Kommunalrecht, 1996, Rn 100 ff mwN.

[27] Weihrauch VerwArch 1991, 560; StBS 8; Obermayer § 58 Rn 26; **aA** MB 25 zu § 58.

mangels nur in Betracht, soweit dies in Rechtsvorschriften vorgesehen ist (vgl zB § 311b Abs 1 S. 2 BGB), im Übrigen bedeutet die Nachholung der Schriftlichkeit **Neuvornahme des Geschäfts.**

2. Unbeachtlichkeit des Formmangels. Unter bestimmten engen Voraussetzungen wird die Formnichtigkeit des Vertrages für unbeachtlich gehalten. Wenn die **Berufung auf die Ungültigkeit einen schweren Verstoß gegen Treu und Glauben** bedeuten würde, sollen die Vertragsparteien im Ergebnis so behandelt werden, als läge kein Formmangel vor.[28] Dies kommt insbesondere in Fällen in Betracht, in denen eine Seite die Erfüllung unter Berufung auf die Formnichtigkeit verweigert, nachdem sie zuvor die – uU schwer rückabwickelbare – Leistung der anderen Seite in Kenntnis der Formnichtigkeit entgegengenommen hat. Hiervon zu unterscheiden sind diejenigen Fälle, in denen eine der Vertragsparteien eine Aufklärungspflicht in Bezug auf die Formbedürftigkeit trifft und diejenigen Fälle, in denen eine Haftung aus dem Aspekt des Verschuldens bei Vertragsschluss **(culpa in contrahendo)** in Betracht kommt (vgl BVerwG DÖV 1974, 134). Zu Ansprüchen aus culpa in contrahendo bei Nichterfüllung der Schriftform vgl BVerwG DÖV 1974, 134. 15

§ 58 Zustimmung von Dritten und Behörden

(1) **Ein öffentlich-rechtlicher Vertrag, der in Rechte eines Dritten eingreift,[5] wird erst wirksam, wenn der Dritte schriftlich zustimmt.[9]**

(2) **Wird anstatt eines Verwaltungsaktes, bei dessen Erlass nach einer Rechtsvorschrift die Genehmigung, die Zustimmung oder das Einvernehmen einer anderen Behörde erforderlich ist, ein Vertrag geschlossen, so wird dieser erst wirksam,[19] nachdem die andere Behörde in der vorgeschriebenen Form mitgewirkt hat.[15]**

Parallelvorschrift: § 57 SGB X

Schrifttum: *Dimaras,* Anspruch „Dritter" auf Verfahrensteilnahme, 1987; *Frenz/Götzkes,* Fall Opel: Beihilfe durch einen europäischen öffentlich-rechtlichen Vertrag? EWS 2009, 19; *Grziwotz,* Städtebauliche Verträge zu Lasten Dritter? NJW 1995, 1927; *Hellriegel,* Wirksamkeit drittbelastender öffentlich-rechtlicher Verträge ohne Zustimmung des Dritten (§ 58 Abs. 1 VwVfG), DVBl 2007, 1211; *Horn,* Das Anhörungsrecht des mit Drittwirkung Betroffener nach § 28 VwVfG, DÖV 1987, 20; *Kment,* Die Einbindung Privater bei der Verwirklichung von Infrastrukturprojekten, VerwArch 2012, 63; *Köster,* Erschließungsverträge mit kommunalen Eigengesellschaften, BauR 2011, 932; *Nolte,* Gemeindliche Eigengesellschaft kein Dritter im Erschließungsrecht, jurisPR-BVerwG 8/2011; *Ortloff,* Nachbarschutz durch Nachbarbeteiligung am Baugenehmigungsverfahren, NJW 1983, 961; *Rittwage,* Vergleichsvereinbarungen bei der Vergabe öffentlicher Aufträge, NZBau 2007, 484; s im übrigen zu § 54.

Übersicht

[28] BVerwG NVwZ 2000, 1285; NJW 1998, 3135; OVG Münster NJW 1992, 1404; VGH Mannheim, VBlBW 1986, 462; OVG Lüneburg KStZ 1992, 93; BGH NJW 1996, 2504; StBS 27; MB 5; jetzt auch: Knack/Henneke 38.

I. Allgemeines

1 **1. Inhalt.** Die Vorschrift enthält Wirksamkeitsvoraussetzungen für die Fälle, in denen ein Vertrag in Rechte Dritter eingreift (Abs 1) oder nach Rechtsvorschriften die Mitwirkung anderer Behörden vorgeschrieben ist (Abs 2). Sie macht die Gültigkeit eines öffentlich-rechtlichen Vertrages von der schriftlichen Zustimmung des betroffenen Dritten bzw von der Mitwirkung der anderen Behörde in der vorgeschriebenen Form abhängig. Sie ist zT Ausdruck des auch im öffentlichen Recht geltenden Grundsatzes, dass **keine Verträge zu Lasten Dritter** geschlossen werden können (BVerwG DVBl 1993, 434). Das Gesetz zieht damit die Konsequenz aus dem Umstand, dass ein öffentlich-rechtlicher Vertrag anders als ein VA von einem betroffenen Dritten nicht angefochten werden kann und dass Mitwirkungsakte anderer Behörden nach Vertragsschluss nicht mehr sinnvoll nachgeholt werden können. Deshalb dient Abs 2 der **Sicherung der Kompetenzordnung.** Sie dient damit der Einhaltung des objektiven Rechts ebenso wie dem Schutz des betroffenen Dritten und der vertragsschließenden Behörde, die davor bewahrt werden soll, vertragliche Bindungen einzugehen, die sie uU nicht erfüllen könnte, weil durch sie in Rechte Dritter eingegriffen wird.

2 **Die Rechtsfolgen eines Verstoßes** gegen die Zustimmungserfordernisse sind teilweise unmittelbar in § 58 geregelt. Wie aus dem Wortlaut hervorgeht, wird der unter diese Regelungen fallende Vertrag „erst wirksam", wenn die erforderlichen Zustimmungen vorliegen. Bis dahin liegt **schwebende Unwirksamkeit** vor (s Rn 19). Soweit in der fehlenden Zustimmung des Dritten (Abs 1) bzw Mitwirkung einer anderen Behörde (Abs 2) zugleich Rechtsverstöße liegen, die nach § 59 zur Nichtigkeit des Vertrages führen können, ist § 58 mit der Rechtsfolge der schwebenden Unwirksamkeit als lex specialis anzusehen. Für das Erfordernis der Genehmigung, Zustimmung usw anderer Behörden konkretisiert § 58 das allgemeine Gesetzmäßigkeitserfordernis des § 54 S 1, wonach Verträge nur zulässig sind, sofern Rechtsvorschriften nicht entgegenstehen.

2a **2. Verfassungsrecht, Europarecht.** Die Vorschrift ist Ausdruck des Prinzips der Gesetzmäßigkeit der Verwaltung und damit des Rechtsstaatsprinzips. Sie schützt zugleich die **Grundrechtspositionen betroffener Dritter,** die dem Vertrag nicht zugestimmt haben. Die Rechtsfolge der schwebenden Unwirksamkeit ist verfassungsrechtlich unbedenklich. Sie belastet die Betroffenen nicht in unverhältnismäßiger Weise und stellt auch keine substanzielle Einschränkung des Gesetzmäßigkeitsprinzips dar. Allerdings bleiben die Vertragspartner bis zur Beendigung des Schwebezustands an ihre Erklärungen gebunden (s unten Rn 19). Sie können aber das Ende der schwebenden Unwirksamkeit auch durch Fristsetzungen usw herbeiführen (s unten Rn 21). Wird die erforderliche Genehmigung aber endgültig versagt, tritt Nichtigkeit ein. Die Vorschrift entspricht auch dem Unionsrecht. Sie ist deshalb **auch im indirekten Vollzug anwendbar,** soweit das Europarecht überhaupt ein Handeln in der Form des Vertrages zulässt. Die Rechtsfolgen der schwebenden Unwirksamkeit bei fehlenden Zustimmungen stellen auch keine unzulässigen Einschränkungen des europarechtlichen Gesetzmäßigkeitsprinzips dar.

3. Anwendungsbereich. Die Vorschrift insgesamt gilt unmittelbar für sämtliche öffentlich-rechtlichen Verträge iS des § 54 einschließlich solcher zwischen Trägern öffentlicher Verwaltung, sofern spezialgesetzlich nichts anderes bestimmt ist. Die Verwaltungsverfahrensgesetze der Länder enthalten gleich lautende Vorschriften. Allerdings muss zwischen dem Zustimmungserfordernis nach Abs 1 und dem Mitwirkungserfordernis nach Abs 2 differenziert werden. 3

a) Zustimmungserfordernis nach Abs 1. Das Zustimmungserfordernis nach Abs 1 gilt unmittelbar für alle öffentlich-rechtlichen Verträge iS des § 54, die in Rechte Dritter eingreifen, sofern keine vorrangigen spezialgesetzlichen Regelungen bestehen. Zu der Frage, wann von einem Eingriff in Rechte Dritter gesprochen werden kann, s unten Rn 5. 3a

b) Mitwirkungserfordernis nach Abs 2. Das Mitwirkungserfordernis nach Abs 2 gilt unmittelbar nur für Verträge iSd § 54 S 2, also für subordinationsrechtliche Verträge (zum Begriff s § 54 Rn 48). Dies folgt daraus, dass Abs 2 nur den Fall regelt, dass ein Vertrag anstelle eines mitwirkungsbedürftigen VA geschlossen wird. Es besteht aber weitgehende Einigkeit darüber, dass auch andere Verträge iS des § 54 bei Fehlen der erforderlichen Mitwirkung nach Abs 2 schwebend unwirksam sind (BVerwG NJW 1988, 663). Dies gilt auch hins der in § 58 nicht ausdrücklich vorgesehenen, aber entsprechend dem allgemeinen Recht auch hier anzunehmenden (s unten Rn 11) **Rückwirkung der Genehmigung.** Zumindest entsprechend ist § 58 auch auf den Fall anzuwenden, dass der durch den Vertrag ersetzte VA an die Zustimmung eines Ausschusses einer gesetzgebenden Körperschaft uä (MB 8; vgl auch UL § 69 Rn 20: erwägenswert) oder an die Zustimmung eines anderen Rechtsträgers (BVerwG NJW 1988, 663 zur Zustimmung des Bundes zu einer Einbürgerung; StBS 28) gebunden ist. Zumindest analog gilt Abs 2 außerdem auch auf Verträge, die sich auf mitwirkungsbedürftige Hoheitsakte beziehen, die in ihren Rechtswirkungen VAen im Wesentlichen gleichgestellt sind (BVerwG NJW 1988, 663 = BayVBl 1988; MB 15). 3b

c) Entsprechende Anwendbarkeit. Abgesehen von der entsprechenden Anwendbarkeit des Abs 2 auf koordinationsrechtliche Verträge können die Regelungen des § 58 als **Ausdruck allgemeiner Rechtsgrundsätze** auch in anderen Fällen angewandt werden, für die ausdrückliche Rechtsvorschriften fehlen oder lückenhaft sind.[1] Danach ist in Übereinstimmung mit den allgemeinen Grundsätzen des Vertragsrechts ein Vertrag, der in Rechte Dritter eingreift, im Zweifel jedenfalls dem Dritten gegenüber schwebend unwirksam, wenn und solange der betroffene Dritte nicht zustimmt oder seine Zustimmung nicht in anderer Weise ersetzt wird. **Umstritten ist die entsprechende Anwendung** des § 58 auf einzelne Vertragshandlungen, insbesondere auf **Vertragsangebote.** In diesen Fällen ist die Anwendbarkeit richtigerweise zu verneinen; § 58 regelt 3c

---

[1] BVerwG NJW 1988, 663; StBS 8; Knack/Henneke 5.

nur die Wirksamkeit des Vertrages als solchen, Folgerungen für die Bindung der Beteiligten an ihre hierauf gerichteten Willenserklärungen ergeben sich daraus nicht (StBS 8; Knack/Henneke 6). Insoweit gelten die allgemeinen Vorschriften und Grundsätze des bürgerlichen Rechts, zB § 145 BGB über die Bindung an Angebote, entsprechend.

II. Kein Vertrag zu Lasten Dritter (Abs 1)

4 **1. Allgemeines.** Das Erfordernis, dass ein Vertrag nicht ohne die Zustimmung der durch ihn in ihren Rechten betroffenen Dritten geschlossen werden kann, dient, ähnlich wie das Erfordernis der notwendigen Beiladung gem § 13 Abs 2 in Verfahren, die den Erlass eines VA mit vergleichbarem Inhalt zum Ziel haben, dem Rechtsschutz der Betroffenen, es liegt idR aber auch im öffentlichen Interesse (s oben Rn 1). Die Regelung entspricht, soweit sie die Wirksamkeit des Vertrages gegenüber Dritten von deren Zustimmung abhängig macht, dem bereits früher geltenden Recht (vgl M 116 mwN; ferner Redeker DÖV 1966, 543), nicht dagegen auch hins der Unwirksamkeit des ohne Zustimmung des Dritten geschlossenen Vertrages auch zwischen den Vertragspartnern.

5 **2. Eingriff in Rechte Dritter. a) Begriff des Dritten.** Dritte in diesem Sinne können nur Personen mit eigener Rechtspersönlichkeit sein. Es muss sich nicht notwendig um eine Person des Privatrechts handeln,[2] auch juristische Personen des öffentlichen Rechts gehören dazu, sofern ihnen eigene öffentliche Rechte zustehen und nicht nur Aufgaben und Zuständigkeiten betroffen sind.[3] Für letztere enthält Abs 2 eine spezielle Regelung. Neben juristischen Personen des Privatrechts (zB AG, GmbH) werden auch andere private Rechtsträger erfasst, wie zB die OHG, die KG und auch die GbR.[4] Wird in die Rechte mehrerer Dritter eingegriffen, müssen sie sämtlich zustimmen.

5a **b) Tatbestand des Eingriffs.** Voraussetzung für das Zustimmungserfordernis des Abs 1 ist die Beeinträchtigung einer Rechtsposition des Dritten; bloße faktische Nachteile oder tatsächliche Beeinträchtigungen sind nicht ausreichend. Voraussetzung ist also ein **subjektives öffentliches Recht des Dritten,** welches durch den abgeschlossenen Vertrag in rechtlich relevanter Weise beeinträchtigt wird. Dies ist ohne Zweifel bei **Verfügungsverträgen** der Fall, wenn also dem Dritten die subjektive Rechtsposition ganz oder teilweise entzogen werden soll oder wenn eine Umgestaltung der Rechtsposition erfolgen soll (zu Verpflichtungsverträgen s unten Rn 7). Ein Eingriff in Rechte Dritter liegt vor bei Verträgen, durch die eine Genehmigung durch VA mit Drittwirkung ersetzt wird oder solchen, die unmittelbar rechtsgestaltende Wirkung gegenüber Dritten haben sollen (Verfügungsverträge). Nicht erforderlich ist in diesem Zusammenhang, dass die Rechtsbeeinträchtigung beabsichtigt, in Kauf genommen oder auch nur vorhersehbar ist. Abs 1 gilt vielmehr **auch für unvorhersehbare Eingriffe.** Ein Eingriff kommt dabei sowohl durch aktives Tun als auch – bei gegebener Rechtspflicht zum Handeln – durch Unterlassen in Betracht.

6 **Bei subordinationsrechtlichen Verträgen** iS des § 54 S 2 liegt ein Eingriff immer dann vor, wenn der Dritte einen VA gleichen Inhalts anfechten könnte. **Beispiele:** Ein Eingriff in Rechte Dritter liegt beispielsweise vor bei Verträgen, die eine Baugenehmigung enthalten oder zum Erlass einer solchen verpflichten, wenn die Genehmigung nachbarschützende Vorschriften verletzt, ferner bei Ver-

---

[2] VGH Mannheim NuR 1997, 245; StBS 12; aus dem systematischen Verhältnis zu Abs 2 lässt sich eine Beschränkung auf Privatpersonen entgegen Schlette 432 nicht herleiten.

[3] Allg Meinung, vgl BVerwG NJW 1988, 662; StBS 12; Knack/Henneke 14; FKS 14; Ziekow 5.

[4] BVerwG NJW 2001, 1056; Knack/Henneke 14.

trägen, die andere Regelungen mit Drittwirkung enthalten.[5] **Kein Eingriff** liegt dagegen beispielsweise vor, wenn ein Subventionsvertrag bei der Konkurrenz zwar gewisse wirtschaftliche Nachteile auslöst, diese aber noch nicht die bei faktischen Beeinträchtigungen von Grundrechten bestehende Schwelle der Rechtsbeeinträchtigung überschreiten (OVG Münster NVwZ 1984, 522; Knack/Henneke 12), ebenso wenig bei einem Vertrag, in dem sich ein Bürger zu einer Handlung verpflichtet, die von der Zustimmung eines Dritten abhängt, wie zB bei der **Verpflichtung eines Miteigentümers** zum Abriss einer baurechtswidrigen baulichen Anlage (BVerwG BRS Nr 205; OVG Münster BRS 47 Nr 193).

Die Vergabe eines öffentlichen Auftrags, bei der die Zuschlagserteilung mit 6a
dem Abschluss des öffentlich-rechtlichen Vertrages zusammenfällt, kann nur dann von der Zustimmung der unterlegenen Konkurreten abhängen, wenn das Vergabeverfahren oder die Durchführung des Vertrages subjektiv-öffentliche Rechte des unterlegenen Bieters, also drittshützende Normen beeinträchtigt. Dies ist in verwaltungsrechtlichen Vergabeverfahren, in denen die Regelungen des GWB zur Anwendung kommen, umstritten. Zu Recht wird hier angenommen, dass ohne die Verletzung drittschützender Normen die Zuschlagserteilung von einem unterlegenen Bieter weder im Verfahren des einstweiligen Rechtsschutzes verhindert werden kann noch die Wirksamkeit des öffentlich-rechtlichen Vertrages von dessen Zustimmung abhängt (so iE VGH Kassel, LKRZ 2012, 502 für die Vergabe von Dienstleistungskonzessionen; Bühs NVwZ 2017, 440; **aA** OVG Lüneburg NordÖR 2013, 117; VG Düsseldorf NZBau 2017, 59: § 58 Abs 1 ist anwendbar und lässt das Rechtsschutzbedürfnis für die Gewährung vorläufigen Rechtsschutzes entfallen).

c) Anwendbarkeit auf Verpflichtungsverträge. Umstritten ist die Frage, 7
ob Abs 1 auch auf Verpflichtungsverträge anwendbar ist, wenn sich die Behörde also im Vertrag zu einer Maßnahme oder einem Verhalten verpflichtet hat und erst die Erfüllung zu einem Eingriff in die Rechte des Dritten führt (Bsp: Die Behörde verpflichtet sich zum Erlass einer Baugenehmigung, mit der in Rechte von Nachbarn eingegriffen wird). Die hM versteht den Begriff der Rechtsbeeinträchtigung auch angesichts des Zwecks der Regelung in einem weiteren Sinn dahin, dass es genügt, wenn die Durchführung des Vertrages ohne Beeinträchtigung der Rechte des Dritten nicht möglich ist. Das Zustimmungserfordernis gilt deshalb **auch für Verpflichtungsverträge.**[6] Ausreichend ist, dass einer der Beteiligten des Vertrages verpflichtet ist, Maßnahmen zu ergreifen, die zwangsläufig zu einer Rechtsbeeinträchtigung führen müssen. Die Gegenmeinung, nach der nur Verfügungsverträge erfasst werden,[7] berücksichtigt nicht hinreichend, dass Abs 1 auch dem Schutz der Behörde vor Verpflichtungen dienen soll, die sie wegen entgegenstehender Rechte nicht erfüllen könnte. StBS 16 weist zutreffend darauf hin, dass die generelle Verneinung einer Eingriffswirkung für Verpflichtungsverträge de facto die Anerkennung öffentlich-rechtlicher Verträge zu Lasten Dritter zur Folge hätte, die dem Recht sonst fremd sind, auch wenn der Vertrag uU nicht erfüllbar sein sollte.

Bei einem Verpflichtungsvertrag ist es als Rechtsbeeinträchtigung iS des 8
Abs 1 anzusehen, **wenn die Erfüllung Rechte des Dritten verletzen würde** (iE auch Knack/Henneke 16), auch zB die von einer Behörde vertraglich einge-

---

[5] S insoweit die Bsp bei Wahl/Schütz in: Schoch § 42 Abs 2 Rn 110 ff.

[6] Ebenso BVerwG NJW 1988, 663; OVG Münster NVwZ 1988, 370; StBS 15; Knack/Henneke 15; MB 8; Erichsen/Ehlers § 31 Rn 1; Erichsen Jura 1994, 48; Friehe DÖV 1980, 674; **aA** Ziekow/Siegel VerwArch 2004, 138 f mit der Erwägung, dass mit der vertraglichen Regelung noch nichts über die Zulässigkeit eines Eingriffs in die Rechte Dritter durch einen Erfüllungs-VA gesagt sei.

[7] Hellriegel, DVBl 2007, 1211, 1212; UL § 69 Rn 15; Bullinger DÖV 1977, 816; Knuth JuS 1986, 524; differenzierend Maurer § 14 Rn 30.

gangene Verpflichtung, einen VA mit Drittwirkung zu erlassen, zB einen Dispens von nachbarschützenden Vorschriften zu erteilen. Ein entsprechender Vertrag kann daher nur mit Zustimmung der betroffenen Dritten wirksam abgeschlossen werden.[8] Eine Rechtsbeeinträchtigung ist jedoch dann zu verneinen, wenn der Vertrag – was im Zweifel zulässig ist – **vorbehaltlich der Zustimmung betroffener Dritter** geschlossen wird.[9] Dies gilt auch für den Abschluss eines Verwaltungsvertrages durch einen **vollmachtlosen Vertreter.** In diesen Fällen ist Abs 1 nicht anwendbar; die Anwendung der §§ 177 und 184 BGB (über § 62 S 2), wonach der Vertretene den Vertrag genehmmigen kann und die nachträgliche Genehmigung Rückwirkung hat, wird durch Abs 1 nicht ausgeschlossen.[10]

8a **d) Anerkannte Natur- und Umweltschutzvereine als Dritte. Zweifelhaft** ist, ob auch anerkannte Natur- und Umweltschutzvereine, die sich am Verwaltungsverfahren beteiligt haben, als zustimmungspflichtige Dritte anzusehen sind.[11] Hier wird man **differenzieren** müssen. Wenn der Verwaltungsvertrag einen VA ersetzt, der sonst erlassen werden müsste, wird unmittelbar in das Partizipations- und Klagerecht des Vereins eingegriffen. In diesem Fall wird seine Zustimmung erforderlich sein; anderenfalls wäre sein Klagerecht nicht oder nur schwer durchsetzbar. Wenn sich die Behörde vertraglich aber nur zum Erlass eines VA verpflichtet, liegt kein unmittelbarer Eingriff vor; in diesem Fall wird in das Beteiligungs- und Klagerecht des Vereins nicht eingegriffen. Der Verein kann gegen den später aufgrund des Vertrages erlassenen VA Klage erheben. Die endgültige Aufhebung des VA im Klagewege lässt die Geschäftsgrundlage des Vertrages entfallen.

9 **3. Das Zustimmungserfordernis.** Liegt ein Eingriff in Rechte Dritter vor, so ist die Vereinbarung solange **schwebend unwirksam,** bis der betroffene Dritte zustimmt oder die Zustimmung endgültig verweigert oder die Zustimmung als endgültig verweigert anzusehen ist. Sind mehrere Dritte betroffen, so müssen sie alle die erforderliche Zustimmung geben. Erfordert der Vertrag die Zustimmung unbekannter oder iS von § 16 verhinderter Dritter, so kann er nur nach **Bestellung eines Vertreters** gem § 16 oder nach anderen Vorschriften mit dessen Zustimmung wirksam werden. Zur Einholung der Zustimmung sind die betroffenen Dritten nach § 13 Abs 1 Nr 4, Abs 4 zum Verfahren hinzuziehen (zutr Schlette 433).

9a Die Zustimmung oder ihre Verweigerung kann beiden Vertragspartnern gegenüber erklärt werden (§ 62 S 2 iVm § 182 BGB). Für die Art und Weise der Zustimmung gelten grundsätzlich die für Willenserklärungen maßgeblichen Bestimmungen, etwa über Zugang (§ 130 BGB) und Willensmängel (§§ 119, 123 BGB).

10 **a) Schriftlichkeit.** Nach Abs 1 muss die Zustimmung schriftlich erklärt werden; mündliche Erklärungen oder konkludentes Handeln reichen nicht aus. Die Regelung knüpft damit an § 57 an, wonach auch für den Vertrag im übrigen Schriftform zwingende Wirksamkeitsvoraussetzung ist. Bestehen für den Vertrag selbst strengere Formvorschriften (vgl § 57 Rn 7), so gelten diese in der Regel auch für die nach § 58 Abs 1 erforderliche Zustimmung (StBS 19). Ausreichend zur Erfüllung von Formerfordernissen ist in jedem Fall die **gerichtliche Protokollierung** (§ 106 VwGO), zur Erfüllung der Schriftform auch die Protokollierung der

---

[8] MB 5; StBS 16; vgl zur vergleichbaren Rechtslage bei der Zusicherung **aA** Redeker DÖV 1966, 545; UL § 69 Rn 19; Bullinger DÖV 1977, 816.

[9] Vgl insoweit auch § 38 Rn 30 zur ähnlich liegenden Situation im Prozeßrecht auch BGH NJW 1978, 1262: Ist die zu erbringende Leistung von einer behördlichen Genehmigung abhängig, so kann grundsätzlich unter Vorbehalt der Erteilung der Genehmigung verurteilt werden.

[10] Vgl Knack/Henneke 13.

[11] Bejahend StBS 13; verneinend FKS 18.

Zustimmung in einer **Widerspruchsverhandlung.** Auch soweit § 57 das Erfordernis der Urkundeneinheit entnommen wird, gilt es für die Zustimmung nach § 58 nicht. Die Zustimmung muss deshalb nicht auf einer Vertragsurkunde gegeben werden.

Die Schriftform kann nach Maßgabe von § 3a durch die **elektronische Form ersetzt** werden. Dies setzt voraus, dass derjenige Vertragspartner, dem gegenüber elektronisch die Zustimmung erklärt werden soll (s Rn 9a), einen Zugang hierfür nach § 3a Abs 1 eröffnet hat (§ 3a Rn 7) und die Zustimmungserklärung nach § 3a Abs 2 S 1 und 2 mit einer qualifizierten elektronischen Signatur (s § 3a Rn 17) versehen ist. Bietet die Behörde für die Zustimmungserklärung des Dritten ein elektronisches Formular an, kann die Schriftform unter den Voraussetzungen von § 3a Abs 2 S 4 Nr 1, S 5 ersetzt werden (§ 3a Rn 25). 10a

b) Zeitpunkt der Zustimmung. aa) Keine allgemeine Frist. Abs 1 enthält keine Regelung über einen Zeitraum, in dem die Zustimmung erteilt werden muss. Deshalb kann sie sowohl vor als auch noch längere Zeit nach Vertragsschluss noch erteilt werden. Wird die Zustimmung **vor Abschluss des Vertrages** erteilt, so muss sie sich grundsätzlich auf eine Regelung beziehen, die mit dem später abgeschlossenen Vertrag identisch ist. Geringfügige Abweichungen dürften unschädlich sein, soweit sie die Rechtsposition des Dritten unberührt lassen. Im Falle der nachträglichen Zustimmung handelt es sich um eine Genehmigung entsprechend § 184 BGB, für die eine zeitliche Befristung nicht vorgesehen ist. Die Zustimmung kann daher auch noch lange nach Abschluss des (schwebend unwirksamen) Vertrages gegeben werden. Dies ist vor allem in den Fällen von Bedeutung, in denen die Eingriffswirkung in Rechte Dritter erst spät bemerkt wird. 11

bb) Schwebende Unwirksamkeit. Bis zur Erteilung oder der endgültigen Verweigerung der Zustimmung ist der Vertrag gem § 62 Satz 2 iVm § 184 BGB schwebend unwirksam. Dies bedeutet, dass eine nachträgliche Zustimmung des Betroffenen zur Wirksamkeit des Vertrages von Anfang an führt (so auch StBS 18; Knack/Henneke 26). Die Beteiligten sind bis zur Entscheidung über die Erteilung oder Versagung der Zustimmung an ihre Erklärungen gebunden, sofern sie nicht etwas anderes erklärt haben. 12

cc) Behandlung des Schweigens. Schon wegen des Schriftformerfordernisses kann das Schweigen nicht als Zustimmung gewertet werden. Problematisch hingegen ist, von welchem Zeitpunkt an das Schweigen des Dritten als Verweigerung der Zustimmung anzusehen ist. Dies dürfte nach Treu und Glauben jedenfalls dann der Fall sein, wenn die Beteiligten nach den Gesamtumständen nicht mehr mit der Zustimmung des Dritten rechnen dürfen bzw müssen. Dies ist idR auch nach Ablauf einer von den Beteiligten dem Dritten gesetzten Frist der Fall.[12] **Verweigert einer der betroffenen Dritten** seine Zustimmung, so ist der Vertrag insoweit (s Rn 20) endgültig gescheitert. Eine später gleichwohl erteilte Zustimmung geht dann ins Leere. 13

c) Ersetzung der Zustimmung. Sind die Betroffenen durch Gesetz oder auf Grund einer vertraglich eingegangenen Bindung **zur Zustimmung verpflichtet** oder ist die Verweigerung sonst willkürlich oder rechtsmissbräuchlich, so kann die Zustimmung ggf eingeklagt und durch **gerichtliche Entscheidung** analog § 894 ZPO ersetzt werden.[13] Bei Behörden als Vertreter einer betroffenen Körperschaft kann die fehlende oder verweigerte Zustimmung uU auch durch eine **Entscheidung der Aufsichtsbehörde** (vgl unten Rn 18) ersetzt werden. Grundsätzlich entfällt das Zustimmungserfordernis nach Abs 1 dagegen nicht schon bei rechtsmissbräuchlicher Verweigerung der Zustimmung. Erfordert der Vertrag die Zustimmung unbekannter oder iS von § 16 verhinderter Dritter, so 14

---

[12] StBS 20; Knack/Henneke 22; **aA** MB 33.

[13] Ebenso Obermayer 17; Knack/Henneke 24; auch FKS 26.

kann er nur nach Bestellung eines Vertreters gem § 16 oder nach anderen Vorschriften mit dessen Zustimmung wirksam werden (s Redeker DÖV 1966, 545).

14a **Umstritten** ist, ob die fehlende Zustimmung uU auch durch **Erlass einer Duldungsverfügung** (VA auf Duldung der zur Durchführung des Vertrages erforderlichen Handlungen usw) ersetzt werden kann. Die Frage ist zu bejahen.[14] Die Duldungsverfügung ersetzt zwar im Grunde nicht die erforderliche Zustimmung des Dritten (so zutreffend Knack/Henneke 24), lässt aber den Eingriff in seine Rechte entfallen und führt auf diese Weise zur Entbehrlichkeit seiner Zustimmung.

III. Notwendige Beteiligung einer anderen Behörde (Abs 2)

15 **1. Zweck und Umfang des Mitwirkungserfordernisses.** Abs 2 trifft eine der Regelung in Abs 1 vergleichbare Regelung für die Fälle, in denen nach einer Rechtsvorschrift (Gesetz, Verordnung oder Satzung) für den VA, der durch die vertragliche Regelung ersetzt wird, die Genehmigung, die Zustimmung oder das Einvernehmen einer anderen Behörde erforderlich wäre.[15] Die Regelung gilt auch für den Fall, dass sich die Behörde durch Vertrag zum Erlass eines VA verpflichtet, für den dieses Erfordernis zutrifft.[16] Anders, wenn der Vertrag nur vorbehaltlich des Ergebnisses der Mitwirkung der betroffenen Behörden geschlossen wird und insoweit die Mitwirkungsbefugnisse nicht berührt (vgl oben Rn 8). Behörden idS sind **auch zur Mitwirkung berufene Ausschüsse,** die selbstständig öffentlich-rechtliche Verwaltungstätigkeit ausüben (Knack/Henneke 31; StBS 28; UL § 69 Rn 20: analoge Anwendung).

16 **2. Erfasste Mitwirkungsformen. a) Echte Mitentscheidung.** Die Vorschrift ist nur anwendbar auf solche Mitwirkungsformen anderer Behörden, Gremien usw, die die Maßnahme vom Willen dieser Einrichtungen abhängig machen, also der mitwirkungspflichtigen Behörde ein **Mitentscheidungsrecht** einräumen.[17] Abs 2 gilt außerdem nur für Genehmigungs-, Zustimmungs- oder Einvernehmungserfordernisse **auf Grund von Rechtsvorschriften.** Solche Bestimmungen finden sich zB in den Haushaltsordnungen (vgl § 58 BHO). Lediglich auf Verwaltungsvorschriften beruhende Mitwirkungserfordernisse uä sind insoweit unerheblich. Einvernehmen iS von Abs 2 bedeutet je nach den im konkreten Fall anwendbaren Rechtsvorschriften dasselbe wie Genehmigung, Einwilligung oder Zustimmung. Die Vorschrift ist **nicht anwendbar** auf Bestimmungen, die nur die Herstellung des **Benehmens, eine Anhörung,** die Einholung einer gutachtlichen **Stellungnahme** usw einer anderen Behörde vorschreiben. Die Behörde ist zwar – in entspr Anwendung der Vorschriften, die eine Mitwirkung in dieser Form vorsehen – in diesen Fällen verpflichtet, vor Vertragsschluss die andere Behörde anzuhören usw; eine Verletzung dieser Verpflichtung berührt aber die Wirksamkeit des Vertrages nicht, soweit die Anhörung usw nicht nach Abs 2 Voraussetzung für das Wirksamwerden des Vertrages ist.[18]

16a **b) Notifizierung von Beihilfen durch die EU-Kommission. Umstritten,** richtigerweise aber zu bejahen ist die Frage, ob auch ein Verwaltungsvertrag über eine notifizierungspflichtige Beihilfe nach Abs 2 erst wirksam wird, wenn

---

[14] So auch FKS 26; Bader/Ronellenfitsch 13; **aA** Knack/Henneke 24 im Anwendungsbereich des Abs 1.

[15] BVerwG NJW 1988, 662, 663 = BayVBl 1988, 122; StBS 24.

[16] Ebenso MB 9; im Ergebnis auch Schapals BWVPr 1978, 76: § 58 analog anzuwenden; zu dieser Auffassung neigend wohl auch BVerwG NJW 1988, 663 = BayVBl 1988, 122; **aA** Bullinger DÖV 1977, 816; wohl auch UL § 69 Rn 20, zur vergleichbaren Situation bei fehlender Zustimmung Dritter auch Erichsen/Ehlers § 31 Rn 1.

[17] Obermayer 11; StBS 26; Knack/Henneke 32; Ziekow/Siegel VerwArch 2004, 140.

[18] Ebenso Knack/Henneke 33; StBS 27; zT **aA** MB 18.

die Kommission nach Art 108 Abs 3 S 3 AEUV den abschließenden Beschluss über die Zulässigkeit der Beihilfe gefasst hat. Die Gegenauffassung weist zwar zutreffend darauf hin, dass es sich bei der Entscheidung der Kommission nicht um das Erfordernis eines „Einvernehmens einer anderen Behörde" in demselben Verwaltungsverfahren handelt.[19] Es handelt sich in diesen Fällen aber um ein gestuftes Verfahren im europäischen Verwaltungsverbund, auf das Abs 2 zur effektiven Durchsetzung des Unionsrechts analog angewendet werden muss.[20]

3. Rechtsnatur der Genehmigung, Zustimmung usw. Die Zustimmung, Genehmigung usw einer anderen Behörde zu einem VA oder Verwaltungsvertrag ist idR ein verwaltungsinterner Akt, **kein VA;**[21] **anders, wenn** und ggf soweit mit der Zustimmung, Genehmigung usw oder deren Verweigerung zugleich unmittelbar insoweit über eine **eigene Rechtsstellung** eines oder beider Vertragspartner entschieden wird. Dies kann der Fall sein, wenn einem Beteiligten ein subjektives Recht auf Erteilung der Zustimmung eingeräumt ist. 17

4. Ersetzung der Mitwirkung. Eine nach Abs 2 erforderliche Genehmigung usw kann uU durch die Zustimmung uä der Aufsichtsbehörde ersetzt oder im Aufsichtswege erzwungen werden (vgl BVerwGE 22, 342; vgl auch VGH Mannheim NuR 1990, 122), ausnahmsweise, wenn es sich um eine Entscheidung der Behörde eines anderen Rechtsträgers handelt, durch deren Verweigerung eigene Rechte des Rechtsträgers verletzt werden (zB das Selbstverwaltungsrecht einer Gemeinde), dem die Behörde angehört, welche die Zustimmung benötigt, auch im Wege der **Verpflichtungsklage.** Zur Frage einer **missbräuchlichen Verweigerung der Zustimmung** gilt dasselbe wie zu oben Rn 14. 18

IV. Rechtswirkungen für den Vertrag

1. Schwebende Unwirksamkeit. Fehlt es an der erforderlichen Zustimmung oder Mitwirkung, so führt dies nicht ohne weiteres zur Unwirksamkeit des Vertrages, sondern zunächst nur zur schwebenden Unwirksamkeit. Entgegen der Fassung der Vorschrift („wird erst wirksam") ist in Übereinstimmung mit § 184 BGB und mit der zum bish Recht hM (vgl Redeker DÖV 1966, 543) davon auszugehen, dass Zustimmung bzw Genehmigung usw nach Abs 1 und 2 **auf den Zeitpunkt des Vertragsschlusses zurückwirken,** und dass der zunächst schwebend unwirksame Vertrag danach als von Anfang an wirksam zu behandeln ist.[22] Bis zur Entscheidung des Dritten besteht nach Treu und Glauben eine **Bindung der Vertragspartner** an ihre Vertragserklärungen;[23] jeder von ihnen kann dem Dritten jedoch für seine Erklärung eine angemessene Frist setzen. Nach deren Verstreichen, oder wenn der Dritte sonst seine Entscheidung ungebührlich hinauszögert, ist davon auszugehen, dass die Zustimmung verweigert wurde. Unterlässt die Behörde die Einholung einer erforderlichen Genehmigung, Zustimmung usw, deren Erforderlichkeit dem Bürger aber nicht bekannt ist, so hat der Bürger, insb wenn er auf die Wirksamkeit des Vertrages vertraut hat, ggf **Schadensersatzansprüche** gegen die Behörde unter dem Gesichtspunkt der Amtshaftung oder der culpa in contrahendo (s § 62 Rn 8). 19

[19] So Ehlers, GewArch 1999, 305, 318; Oldiges NVwZ 2001, 626, 635; Gellermann DVBl 2003, 481, 484.

[20] Ähnlich bereits FKS 30.

[21] BVerwG DVBl 1993, 436: da nicht dazu bestimmt, Rechtswirkungen nach außen zu entfalten; ebenso Erichsen/Ehlers § 41 Rn 15; Bader/Ronellenfitsch 18.

[22] OVG Münster NVwZ 1984, 524: bis zur Zustimmung des Dritten bzw der Genehmigung und der zur Mitwirkung berufenen Behörde schwebend unwirksam; Obermayer 13; StBS 33; Wallerath 8 III 4; Maurer § 14 Rn 37; Müller-Ibold 167 mwN.

[23] Obermayer 16; Schlette 433; Knack/Henneke 26; MB 32.

20 **2. Eingeschränkte Zustimmung.** Erfolgt eine Genehmigung mit dem Vorbehalt, dass sie nicht auch für die Vergangenheit wirken soll, so kann der Vertrag, sofern die Vertragsparteien diese Möglichkeiten schon in ihren Willen aufgenommen haben oder sich nachträglich durch eine ergänzende Vereinbarung damit einverstanden erklären, **erst mit Wirkung für die Zukunft** wirksam werden. Entsprechendes gilt, wenn der Vertrag von vornherein schon mit der Maßgabe geschlossen wurde, dass er erst wirksam werden soll, wenn der betroffene Dritte bzw die zu beteiligende Behörde zugestimmt haben; ein dahingehender Wille muss jedoch aus dem Vertrag selbst hinreichend klar erkennbar sein und kann nicht im Zweifel unterstellt werden. Dadurch, dass § 58 die Genehmigung, Zustimmung usw zum Erfordernis der Wirksamkeit des Vertrages macht, ist zugleich sichergestellt, dass ein Vertrag dann nicht wirksam werden kann, wenn die Durchführung wegen entgegenstehender Rechte Dritter oder Genehmigungs-, Zustimmungs- oder Einvernehmensvorbehalte zugunsten anderer Behörden uU nicht möglich ist. Sofern die Zustimmung, Genehmigung usw nur **für einzelne Teile eines Vertrages** erforderlich ist, gilt § 59 Abs 3 entsprechend.

21 **3. Endgültige Unwirksamkeit oder Wirksamkeit.** Mit der Ablehnung oder Verweigerung der Zustimmung bzw Genehmigung usw enden im Zweifel auch die Verpflichtungen der übrigen Beteiligten. Ist zwischen den Beteiligten keine Frist vereinbart, bis zu deren Ablauf sie gebunden sein sollen, so endet im Zweifel die Bindung, wenn die erforderliche Zustimmung usw nicht innerhalb einer dafür von einem Vertragspartner gesetzten Frist (vorausgesetzt, dass diese nicht unangemessen kurz ist), sonst, wenn keine Frist gesetzt wurde, innerhalb angemessener Frist nach einer entspr Aufforderung an den Dritten erfolgt. Die Unwirksamkeit können die Vertragspartner, aber auch Dritte, an deren fehlender Zustimmung der Vertrag gescheitert ist, gem § 43 VwGO im Wege der Feststellungsklage im Streitfall klären lassen.

§ 59 Nichtigkeit des öffentlich-rechtlichen Vertrags

(1) Ein öffentlich-rechtlicher Vertrag ist nichtig, wenn sich die Nichtigkeit aus der entsprechenden Anwendung von Vorschriften des Bürgerlichen Gesetzbuchs ergibt.[84]

(2) Ein Vertrag im Sinne des § 54 Satz 2 ist ferner nichtig, wenn

1. **ein Verwaltungsakt mit entsprechendem Inhalt nichtig wäre;**[19]
2. **ein Verwaltungsakt mit entsprechendem Inhalt nicht nur wegen eines Verfahrens- oder Formfehlers im Sinne des § 46 rechtswidrig wäre und dies den Vertragschließenden bekannt war;**[23]
3. **die Voraussetzungen zum Abschluss eines Vergleichsvertrags nicht vorlagen und ein Verwaltungsakt mit entsprechendem Inhalt nicht nur wegen eines Verfahrens- oder Formfehlers im Sinne des § 46 rechtswidrig wäre;**[26]
4. **sich die Behörde eine nach § 56 unzulässige Gegenleistung versprechen lässt.**[28]

(3) Betrifft die Nichtigkeit nur einen Teil des Vertrags, so ist er im Ganzen nichtig, wenn nicht anzunehmen ist, dass er auch ohne den nichtigen Teil geschlossen worden wäre.[29]

Parallelvorschriften: § 58 SGB X

Schrifttum: *Blankenagel,* Folgenlose Rechtswidrigkeit öffentlich-rechtlicher Verträge?, VerwArch 1985, 276; *Bleckmann,* Verfassungsrechtliche Probleme des Verwaltungsvertrages, NVwZ 1990, 601; *Bötsch,* Die Unwirksamkeit von Nachfolgelastenverträgen, BayVBl 1981, 11; *Bramsche,* Rechtsfolgen verwaltungsvertraglicher Gesetzesverstöße, 1986; *Corell,* Problembereiche und Möglichkeiten des öffentlich-rechtlichen Vertrags, DÖV 1998, 363; *Efstratiou,* Die Bestandskraft des öffentlich-rechtlichen Vertrags, 1988, zugl Diss Heidelberg 1987;

Erichsen, Die Nichtigkeit und Unwirksamkeit verwaltungsrechtlicher Verträge, Jura 1994, 48; *Gellermann,* Verwaltungsvertragliche Subventionsverhältnisse im Spannungsfeld zwischen Beihilfekontrolle und Verwaltungsverfahrensrecht, DVBl 2003, 481; *Glaser,* Die Entwicklung des Europäischen Verwaltungsrechts aus der Perspektive der Handlungsformenlehre, 2013; *Göldner,* Gesetzmäßigkeit und Vertragsrecht im Verwaltungsrecht, JZ 1976, 352, 358; *Gurlit,* Grundlagen des Verwaltungsvertrages, Jura 2001, 731; *Krebs,* Zulässigkeit und Wirksamkeit vertraglicher Bindungen kommunaler Bauleitplanung (zur Auslegung der §§ 54 und 59 VwVfG des Bundes und der Länder), VerwArch 1981, 49; *Obermayer,* Der nichtige öffentlich-rechtliche Vertrag nach § 59 VwVfG, in: BayVGH-FS 1979, 275; *Reidt,* Rechtsfolgen bei nichtigen städtebaulichen Verträgen, NVwZ 1999, 149; *Schenke,* Der rechtswidrige Verwaltungsvertrag nach dem VwVfG, JuS 1977, 281; *Schimpf,* Der verwaltungsrechtliche Vertrag unter besonderer Berücksichtigung seiner Rechtswidrigkeit, 1982, zugl Diss Berlin; *Schlette,* Die Verwaltung als Vertragspartner, 2000, S. 536 ff; *Schmitz,* Verträge sollen sicherer werden – Zur Novellierung des öffentlich-rechtlichen Vertrages, DVBl 2005, 1; *Schuster,* Wirksame rechtswidrige ör Verträge, Diss Tübingen 1990; *Tschaschnig,* Die Nichtigkeit subordinationsrechtlicher Verträge nach dem VwVfG, 1984; *Weides,* Der mißglückte Ablösungsvertrag, JuS 1978, 841; *Werner,* Allgemeine Fehlerfolgenlehre für den Verwaltungsvertrag, Diss 2007; *Ziekow/Siegel,* Entwicklung und Perspektiven des öffentlich-rechtlichen Vertrages, VerwArch 2004, 281. S im übrigen zu §§ 54–58.

Übersicht

I. Allgemeines

1 **1. Inhalt.** Die Vorschrift regelt abschließend die Frage der Nichtigkeit verwaltungsrechtlicher Verträge und betrifft damit die **Folgen einer Abweichung des Vertragsinhalts von Gesetz und Recht,** also die Frage, ob und unter welchen Voraussetzungen Verträge wirksam bzw unwirksam sind, wenn die darin getroffenen Regelungen mit den gesetzlichen Bestimmungen nicht übereinstimmen. Nach den Grundgedanken dieser Regelung sind verwaltungsrechtliche Verträge grundsätzlich auch im Falle der Abweichung von gesetzlichen Regelungen **wirksam, wenn und soweit sie nicht nichtig sind.** Vor Erlass des VwVfG hatte es eine Kontroverse über die Frage gegeben, ob verwaltungsrechtliche Verträge wirksam sein können, obwohl sie inhaltlich den gesetzlichen Bestimmungen nicht entsprechen. Das VwVfG folgt im Wesentlichen der seinerzeit hM, wonach **auch gesetzesinkongruente Verträge wirksam sein können** und damit zu beachten sind,[1] enthält in Abs 1 durch die Verweisung auf das Bürgerliche Recht und damit auch auf § 134 BGB für den Fall von Gesetzesverstößen allgemeine Nichtigkeitsgründe und in Abs 2 darüber hinaus weitere spezielle Nichtigkeitsgründe, die zur Unwirksamkeit der Vereinbarungen führen. Nach wie vor wird aufgrund von Vorschlägen des Beirats Verwaltungsverfahrensrecht beim BMI (vgl Bonk DVBl 2004, 141, 149) an einer **Novellierung der Vorschrift** gearbeitet mit dem Ziel, die Nichtigkeitsfolgen für den Fall eines Verstoßes gegen das Koppelungsverbot und das Angemessenheitsgebot nach § 56 abzuschwächen (s zu den Folgen von Verstößen auch § 59 Rn 30 ff). Es ist vorgesehen, dass durch die **Anfügung eines Abs 4** für diese Fälle eine Vertragsanpassung soll verlangt werden können.[2] Zugleich soll in einem **neu einzufügenden Abs 2a** die Nichtigkeitsfolge für den Fall vorgesehen werden, dass ein Kooperationsvertrag nicht hinreichend sicherstellt, dass die Behörde maßgeblichen Einfluss auf die Erledigung der öffentlichen Aufgaben behält (zum Stand der Reformbestrebungen § 54 Rn 2a).

1a Die **Unwirksamkeit** des Vertrages ist die **automatische Rechtsfolge,** wenn die in der Vorschrift geregelten Voraussetzungen vorliegen. Einer Anfechtung, Kündigung oder einer Feststellung durch ein Gericht bedarf es nicht. Umgekehrt sieht die Vorschrift – abweichend von § 126 shLVwG – auch kein Anfechtungs-, Kündigungs- oder Rücktrittsrecht wegen Rechtswidrigkeit des Vertrages vor.[3] Für die Prüfung der Voraussetzungen der Nichtigkeit ist grundsätzlich auf den **Zeitpunkt des Vertragsabschlusses** abzustellen.[4] Nachträgliche Änderungen führen jedenfalls grundsätzlich nur zur Möglichkeit der Vetragsanpassung oder Kündigung nach § 60. Liegen die Voraussetzungen der Vorschrift vor, so ist der Vertrag **von Anfang an unwirksam.**

---

[1] Vgl BVerwGE 42, 339; BVerwG DVBl 1990, 777; BSG NJW 1968, 176; OVG Münster NJW 1979, 124; Stein AöR 1961, 330; einschränkend BVerwGE 49, 361; BSG 14, 104; 16, 61; OVG Münster DVBl 1973, 697; kritisch Götz DÖV 1973, 303; Renck NJW 1970, 737; Maurer JuS 1976, 494; Schenke JuS 1977, 281; Frank DVBl 1977, 685.

[2] Schmitz DVBl 2005, 17, 24.

[3] StBS 4a f; zT **aA** in früherer Zeit BVerwGE 25, 72; OVG Münster DVBl 1973, 697; Götz DÖV 1973, 303: Auflösungsrecht in allen Fällen, in denen ein vergleichbarer VA zurückgenommen werden könnte; vgl auch § 126 Abs 3 shLVwG, wo für diese und bestimmte andere Fälle ein zeitlich befristetes Recht zur Geltendmachung der Nichtigkeit vorgesehen ist.

[4] Das gilt grundsätzlich auch für den Fall nachträglicher Rechtsänderungen, s näher unten Rn 9as.

2. Abschließende Regelung der Nichtigkeit. Die Aufzählung der Nichtigkeitsgründe in § 59 iVmit den Vorschriften, auf die § 59 verweist, ist abschließend.[5] Grundsätzlich ist daher die Frage der Nichtigkeit eines Vertrages **allein am Maßstab des § 59** zu prüfen. Das gilt auch, soweit andere Vorschriften materielle Verbote enthalten (zB § 54 zum Vertragsformverbot). Neben der Nichtigkeit nach § 59 kennt das Gesetz allein die schwebende Unwirksamkeit, die in einigen Vorschriften als speziellere, aber nur vorübergehende Regelung vorgesehen ist. Dies gilt etwa für die schwebende Unwirksamkeit eines Verwaltungsvertrages bei **fehlender Zustimmung Dritter** oder fehlender **Mitwirkung einer Behörde,** § 58; zur **Anfechtung von Verträgen** wegen eines Willensmangels entspr §§ 119ff BGB unten Rn 17, ferner § 62 Rn 7; zu besonderen Kündigungsrechten § 60. 1b

3. Verfassungsrechtliche Problematik. Im Einzelnen beruht die Regelung auf dem Gedanken eines Kompromisses zwischen dem Grundsatz unbedingter Vertragsbindung („pacta sunt servanda") als Erfordernis der Rechtssicherheit im Rechtsstaat und den ebenfalls im Rechtsstaatsprinzip verankerten Erfordernissen der Gesetzmäßigkeit der Verwaltung[6] und folgt damit, wie auch in der Abgrenzung der Nichtigkeitsgründe, weitgehend den schon bisher in Rspr und Schrifttum überwiegend vertretenen Auffassungen. Die **verfassungsrechtliche Unbedenklichkeit** ist deshalb inzwischen allgemein anerkannt.[7] Problematisch ist, dass nicht jeder Verstoß gegen eine Rechtsvorschrift nach § 59 die Nichtigkeit des Vertrages zur Folge hat, sondern nur bestimmte, besonders schwerwiegende Rechtsverletzungen, die in Abs 1 u 2 abschließend aufgezählt sind.[8] Die Beschränkung der Nichtigkeitsgründe ist im Hinblick auf rechtsstaatliche Erfordernisse, insb auch auf das Rechtsschutzbedürfnis des Bürgers, nicht unbedenklich, erscheint aber vertretbar, zulässig und mit dem GG vereinbar;[9] dies insb auch deshalb, weil der Bürger beim Vertrag – anders als idR bei VAen – am Zustandekommen maßgeblich beteiligt ist und ohne seine Zustimmung ein Vertrag nicht zustandekommen kann.[10] 2

4. Modifizierungen durch Unionsrecht. Im Bereich des indirekten Vollzugs von Unionsrecht ist die Vorschrift nur mit erheblichen Modifizierungen anwendbar. Eine rechtliche Verbindlichkeit von Verwaltungsverträgen, die unter Verstoß gegen Bestimmungen oder Vorgaben des Unionsrechts geschlossen werden, dürfen die Mitgliedstaaten in ihrer Rechtsordnung nicht vorsehen. Zur effektiven Umsetzung des Unionsrechts (s hierzu Einf II Rn 28ff) gehört auch, dass Rechtsverstöße nicht wegen mitgliedstaatlicher Bestandsregelungen unbeachtlich sind.[11] Das Unionsrecht akzeptiert Rechtsverstöße nicht deshalb, weil sich die Vertragsparteien hierauf geeinigt haben, soweit nicht die Voraussetzungen des Vergleichsvertrages vorliegen oder spezielle Regelungen eine Abweichung zulassen (hierzu EuGH NVwZ 2016, 600). 3

---

[5] VGH München NVwZ 1990, 980; Knack/Henneke 14; MSU 1.

[6] Götz DÖV 1973, 298; Maurer JuS 1976, 493; Erichsen/Ehlers § 31 Rn 19, 28; StBS 8; Bleckmann VerwArch 1981, 437.

[7] Vgl nur BVerwGE 111, 265 = NVwZ 2000, 1285; 89, 7, 10; StBS 8; Erichsen/Ehlers § 31 Rn 19.

[8] Begr 81; WBSK I § 54 Rn 60; Erichsen/Ehlers § 31 Rn 19; StBS 7; vgl auch die Nachweise zur hM oben Rn 1; **aA** Götz JuS 1970, 5; DÖV 1973, 303; Renck NJW 1970, 737; Henke JZ 1984, 445.

[9] Ebenso Frank DVBl 1977, 685; Knack/Henneke 4ff; StBS 7; MB 3ff; vgl auch BVerwGE 55, 341; zweifelnd UL § 70 Rn 13.

[10] BVerwGE 44, 335; Knack/Henneke 7; Martens AöR 1964, 449ff; Götz NJW 1976, 1430, der § 59 teilweise als mit Art 19 Abs 4 GG nicht vereinbar ansieht; vgl auch Renck NJW 1970, 737.

[11] OVG Münster NVwZ 2001, 691; Glaser § 19 III (S 612); Gellermann DVBl 2003, 481.

3a Die **Problematik der Vereinbarkeit mit dem EU-Recht** liegt also in der Begrenzung der Nichtigkeitsfolge für Verträge, die unter Verstoß gegen geltendes Unionsrecht geschlossen werden. Allerdings führen Rechtsverstöße in den meisten Fällen jedenfalls nach Abs 1 iVm § 134 BGB ohnehin zur Nichtigkeit des Vertrages, weshalb der Bedarf für Modifizierungen sehr begrenzt sein dürfte. Auch die Möglichkeiten einer Vertragskündigung oder Vertragsanpassung bei nachträglichen Veränderungen des Sachverhalts werden regelmäßig ausreichen, um dem unionsrechtlichen Postulat nach Gesetzeskongruenz hinreichend Rechnung zu tragen. Nur soweit diese Möglichkeiten insgesamt nicht ausreichen, muss eine Modifizierung in Betracht gezogen werden. Dies kann vor allem bei Verstößen gegen unionsrechtlich gebotene **Vorschriften des Verfahrensrechts** der Fall sein. Darüber hinaus kommt es zu Modifizierungen bei den Regelungen über die **Rückabwicklung von Verträgen,** wenn es darum geht, andauernde unionsrechtswidrige Folgen einer vertraglichen Regelung zu beseitigen (zB die Rückabwicklung von Beihilfezahlungen).[12]

4 **5. Anwendungsbereich. a) Unmittelbar.** Die Vorschrift gilt insgesamt unmittelbar nur für verwaltungsrechtliche Verträge im Anwendungsbereich des VwVfG und vorbehaltlich gleich lautender oder abweichender Regelungen; die Verwaltungsverfahrensgesetze der Länder enthalten aber gleich lautende Bestimmungen. Nach § 126 shLVwG gilt allerdings außerdem eine Frist, innerhalb der ein Nichtigkeitsgrund geltend zu machen ist (s Foerster/Friedersen/Rohde, § 126 Rn 4). Im Übrigen ist zu differenzieren: Während die Nichtigkeitsgründe des **Abs 1 für alle verwaltungsrechtlichen Verträge** im Anwendungsbereich des VwVfG gelten, betreffen die Nichtigkeitsgründe des **Abs 2 unmittelbar nur subordinationsrechtliche Verträge** iS von § 54 S 2; für letztere gilt Abs 1 zusätzlich („ferner nichtig").[13] Nichtigkeitsgründe, die wie gem § 126 Abs 3 shLVwG nur innerhalb einer bestimmten Frist geltend gemacht werden können, kennt das Bundesrecht derzeit nicht. Entsprechenden Vorschriften würden jedoch keine rechtlichen Bedenken entgegenstehen (vgl auch Knack/Henneke 12).

5 **b) Analoge Anwendung.** Es ist inzwischen davon auszugehen, dass die Vorschrift nicht nur in Bezug auf die allgemeinen Nichtigkeitsgründe des Abs 1, sondern auch – für subordinationsrechtliche Verträge – hinsichtlich der besonderen Nichtigkeitsgründe des Abs 2 im nationalen deutschen Recht als **Ausdruck allgemeiner Rechtsgedanken** angesehen werden kann. Deshalb sind § 59 sowie die entsprechenden Vorschriften des Landesrechts entsprechend auf Verwaltungsverträge anzuwenden, die nicht dem Geltungsbereich des VwVfG unterfallen, sofern keine spezielleren Vorschriften gelten.[14]

6 **6. Begriff der Nichtigkeit des Vertrages.** Nichtigkeit iS des § 59 bedeutet wie die Nichtigkeit von Verträgen nach dem BGB und entsprechend der Nichtigkeit eines VA gem § 43 Abs 3, § 44, dass der Vertrag die mit ihm bezweckten Wirkungen nicht hat, die Beteiligten daran nicht gebunden sind und daraus auch keine Rechte herleiten können usw. Nicht berührt werden davon etwaige Schadensersatzansprüche auf Grund oder im Zusammenhang mit der Nichtigkeit. Lässt ein Vertrag mehrere Auslegungen zu, so ist im Zweifel die Auslegung als maßgeblich anzusehen, bei der der Vertrag nicht nichtig ist **(Grundsatz der gesetzeskonformen Auslegung).**[15]

7 Die Frage der Nichtigkeit des Vertrages kann im Streitfall auch mit einer **Feststellungsklage** gem § 43 Abs 1 VwGO geklärt werden (OVG Münster NVwZ

---

[12] EuGHE 2006, I-9983 (Transalpine Ölleitung); EuGHE 2008, I-469 (CELF).
[13] VGH Mannheim NVwZ 1991, 583; UL § 70 Rn 31; Schenke JuS 1977, 288; StBS 14; Knack/Henneke 15; Obermayer 1; Erichsen/Ehlers § 31 Rn 20f.
[14] Vgl idS schon zum bish Recht BVerwGE 42, 335.
[15] Vgl VGH München BayVBl 1977, 246; OVG Münster NVwZ 1992, 988.

1984, 524). Voraussetzung dafür ist entspr § 42 Abs 2 VwGO, dass sich aus der streitigen Vereinbarung für den Kläger Rechte oder Pflichten ergeben können. Bei der Feststellung der Nichtigkeit ist der Kläger nicht auf die Geltendmachung von Verstößen gegen Rechtsvorschriften beschränkt, die seine eigenen Interessen zu schützen bestimmt sind (OVG Münster NVwZ 1984, 524; **aA** Friehe DÖV 1980, 677).

II. Nichtigkeit des Vertrages nach Vorschriften des BGB (Abs 1)

1. Allgemeines, Systematik. Nach Abs 1 gelten alle Gründe, die nach bürgerlichem Recht die Nichtigkeit eines zustande gekommenen Vertrages zur Folge haben, entspr auch für verwaltungsrechtliche Verträge.[16] Abs 1 ist damit **die Grundnorm für die Beurteilung der Nichtigkeit öffentlich-rechtlicher Verträge** schlechthin und Spezialregelung gegenüber § 62 S 2 (Knack/Henneke 36), während Abs 2 spezielle Regelungen für die Nichtigkeit öffentlich-rechtlicher Verträge iSd § 54 S 2, also für die subordinationsrechtlichen Verträge (zum Begriff § 54 Rn 48) enthält. Trotz der entspr Zielsetzung des Gesetzgebers (vgl Begr 40) hat sich die Auffassung, wonach Abs 2 insoweit eine abschließende Regelung enthält, nicht durchgesetzt. Vielmehr geht die allgemeine Meinung heute davon aus, dass Abs 1 auch auf subordinationsrechtliche Verträge anwendbar ist. Sie erfasst insoweit **sowohl Vertragsformverbote** iSd § 54 S 1, **als auch Vertragsinhaltsverbote,** soweit sie nicht bereits unter Abs 2 fallen.[17] Aus § 54 als solcher folgt deshalb die Nichtigkeit eines Vertrages wegen eines Vertragsform- oder Vertragsinhaltsverbots allein nicht (§ 54 Rn 41a). 8

Keine Anwendung findet Abs 1, wenn ein Vertrag gar nicht zustande gekommen ist, weil sich die **Beteiligten nicht geeinigt** haben. Das kann einmal daran liegen, dass es an zwei übereinstimmenden Willenserklärungen fehlt **(offener oder verteckter Dissens),** ferner daran, dass die Willenserklärungen nicht wirksam sind, weil es einem oder beiden Beteiligten an der notwendigen **Handlungs- bzw Geschäftsfähigkeit fehlt,** und schließlich daran, dass ein Beteiligter seine Willenserklärung analog §§ 119, 123 BGB **wegen Willensmängeln erfolgreich angefochten**[18] hat mit der Folge, dass die Willenserklärung analog § 142 BGB unwirksam ist und es deshalb an zwei übereinstimmenden Willenserklärungen fehlt. 8a

2. Verstoß gegen ein gesetzliches Verbot (§ 134 BGB). Nichtig sind gem Abs 1 entspr § 134 BGB Verträge, die gegen ein gesetzliches Verbot – auch ein solches nach dem EU-Recht (BVerwGE 70, 45) – verstoßen. Nicht erforderlich ist, dass das Verbot materiellrechtlicher Natur oder in einem förmlichen Gesetz enthalten ist. Es genügen auch in einer **Rechtsverordnung oder Satzung** enthaltene Verbote[19] unabhängig davon, ob sie dem einfachen Gesetzesrecht, dem Europarecht oder dem Verfassungsrecht einschließlich der allgemeinen verfassungsrechtlichen Prinzipien (Bleckmann NVwZ 1990, 601), zu entnehmen sind, so zB das Verbot eines Verstoßes gegen Grundrechte (vgl VGH München NVwZ 1990, 981). Ausreichend sind dem ungeschriebenen Recht, insb dem Gewohnheitsrecht zu entnehmende Verbote (UL § 70 Rn 22 **aA** Knack/Henneke 42; Bader/Ronellenfitsch 11), nicht dagegen in bloßen Verwal- 9

---

[16] Ebenso zum bish Recht BVerwGE 4, 111; 5, 128; 8, 329; 49, 539; BVerwG DVBl 1978, 178; OVG Münster DVBl 1981, 835; Götz 146; M 115; zT **aA** Obermayer BayVGH-FS 1979, 279: alle Verträge, die mit dem Gesetzmäßigkeitsprinzip unvereinbar sind; ähnlich Henke JZ 1984, 445.

[17] Zur Geltung des § 59 auch für Vertragsformverbote BFHE 142, 549; BFH NJW 2000, 2447; Scherzberg JuS 1992, 205; Gurlit Jura 2001, 731.

[18] BVerwG NJW 2010, 3048 zur Anfechtung eines Prozessvergleichs wegen Willensmängeln.

[19] OVG Münster NVwZ 2001, 691; UL § 70 Rn 22; Knack/Henneke 42; StBS 51; Ziekow/Siegel, VerwArch 2004, 283.

tungsvorschriften enthaltene Verbote (UL § 70 Rn 22; Knack/Henneke 42). Unerheblich ist auch, ob das Verbot in einer Rechtsnorm ausdrücklich ausgesprochen ist, oder ob es sich aus dem Zweck und Zusammenhang einer Regelung, mithin durch Auslegung, hinreichend deutlich ergibt.[20] Als ein gesetzliches Verbot iSd § 134 BGB ist ferner Art 108 Abs 3 S 3 AEUV anzusehen, weshalb die fehlende Notifizierung durch die Kommission die Nichtigkeit eines Subventionsvertrags zur Folge hat.[21] Ebenso ist § 115 GWB, wonach ein öffentlicher Auftrag während eines Nachprüfungsverfahrens nicht erteilt werden kann, als gesetzliches Verbot anzusehen.[22]

9a Maßgeblich ist grundsätzlich der **Zeitpunkt des Vertragsschlusses.** Für den Fall nächträglicher Rechtsänderungen (intertemporaler Rechtsnormerlass) war dies in der Vergangenheit nicht unumstritten. Inzwischen dürfte es aber allgemeiner Auffassung entsprechen, dass der Erlass von Rechtsvorschriften nach dem Abschluss des Vertrages, mit denen der Vertragsinhalt nicht in Einklang steht, also die **nachträglich eingetretene Norminkongruenz** der vertraglich vereinbarten Regelungen, jedenfalls im Grundsatz **keinen Einfluss auf die Wirksamkeit** des Vertrages hat bzw keine Nichtigkeit zur Folge hat.[23] Etwas anderes kann nur in Fällen gelten, in denen die Rechtsnorm selbst auch mit Rückwirkung für diese Fälle erlassen worden ist.

10 **a) Begriff des gesetzlichen Verbots.** Ein Verstoß gegen ein gesetzliches Verbot idS besteht, wie sich insb auch aus einem Vergleich mit Abs 2 ergibt, nicht bereits dann, wenn die Vereinbarung nicht mit allen formellen und materiellen Rechtsvorschriften übereinstimmt.[24] Erforderlich ist eine **qualifizierte Rechtswidrigkeit** (BVerwGE 98, 58, 63), die vorliegt, wenn und soweit der **spezifische Sinn und Zweck der Vorschrift** die Nichtigkeit auch einer von ihr abweichenden vertraglichen Regelung erfordert, was Auslegungsfrage ist.[25] Ein Verstoß gegen Ordnungsvorschriften, die nur die Art und Weise des Zustandekommens, nicht aber den Vertragsinhalt betreffen, reicht nicht aus. Grundsätzlich ist im **Abgabenrecht** von einem gesetzlichen Verbot gesetzesinkongruenter Abgabenverträge auszugehen. Dies gilt indes **nicht für Ablösungsverträge** nach § 133 Abs 3 S 5 BauGB (BVerwGE 151, 171). Aus § 56 folgt nicht, dass bei Abschluss eines Austauschvertrages hiervon abgewichen werden dürfte.[26]

11 **Gesetzliche Verbote** iS von Abs 1 iVmit § 134 BGB, sind grundsätzlich (nur) solche, die entweder den Abschluss eines Vertrages, dh eine Regelung der in Frage stehenden Angelegenheit durch Vertrag,[27] oder den Inhalt der vertragli-

---

[20] VGH Mannheim VBlBW 2002, 346, 348; OVG Münster NVwZ 1984, 524; ebenso UL § 70 Rn 22; Ziekow 4; MB 21; vgl auch BGHZ 71, 360; 85, 43 = NJW 1983, 109 mwN; NJW 1985, 1020: wenn aus der Rechtsvorschrift ausnahmsweise zu entnehmen, dass das Geschäft bei einem Verstoß keinen Bestand haben soll.

[21] Gellermann DVBl 2003, 481, 485 mwN.

[22] Erichsen/Ehlers § 31 Rn 27.

[23] MSU 54 mwN.; Bader/Ronellenfitsch 12: ein nachträgliches Verbot löst die Folgen der Unmöglichkeit (§ 62 S 1, §§ 275 ff BGB) aus.

[24] Begr 81; UL § 70 Rn 24; MB 18 ff; StBS 50; s auch Weyreuther, in: Reimers-FS 383: nur bei einer „qualifizierten Art des Konflikts" zwischen Vertrag und Rechtsnorm; allg auch OLG Stuttgart NJW 1980, 1800; ebenso zum bish Recht Thieme NJW 1974, 2203; Haueisen NJW 1969, 122; Götz DÖV 1973, 299; **aA** BSG 13, 104; Götz NJW 1976, 1430 Fn 38; Henke JZ 1984, 445 – nach § 54 sind alle Verträge nichtig, die gegen ein die Verwaltung oder den Bürger bindendes Gesetz verstoßen –; Obermayer 54: auch das Fehlen einer besonderen Rechtsgrundlage für die beabsichtigte vertragliche Regelung ist als „entgegenstehende" Rechtsvorschrift anzusehen.

[25] Vgl BGHZ 37, 261; 71, 360; 85, 43; 111, 308; BVerwG DVBl 1990, 39; NJW 1992, 2557 mwN; OVG Münster NVwZ 1992, 988; Maurer § 14 Rn 41 ff.

[26] BVerwG NVwZ 2013, 218 zum vertraglich vereinbarten Vorausverzicht.

[27] OVG Münster NVwZ 1984, 524; UL § 70 Rn 23; StBS 51; Knack/Henneke 44; MB 71 zu § 54; 22 zu § 59; Grupp VerwArch 1978, 135; allg auch Krebs VerwArch 1979,

chen Regelung (OVG Münster NVwZ 1984, 524; StBS 51 f), dh insb den mit dem Vertrag bezweckten Erfolg[28] und das zur Herbeiführung des Erfolgs erforderliche Verhalten[29] **schlechthin verbieten.** Jedenfalls haben nach ganz hM Verbote der letztgenannten Art die Nichtigkeit des Vertrages gemäß § 59 Abs 1 iVmit § 134 BGB zur Folge (vgl nur Krebs VerwArch 1979, 86). Der Nichtigkeitsgrund des Gesetzesverstoßes gem § 134 BGB setzt voraus, dass sich das gesetzliche **Verbot gegen die Vornahme gerade eines Vertrages der vorliegenden** Art zwischen den Vertragsparteien, wie sie im konkreten Fall daran beteiligt sind, richtet und alle als Vertragsparteien daran beteiligten Beteiligten (§ 13) als Verbotsadressaten anspricht.[30] Verstöße lediglich **gegen den Grundsatz der materiellen Gesetzmäßigkeit** oder gegen materielle Ermächtigungsnormen allein stellen als solche grundsätzlich noch keinen Verstoß gegen ein gesetzliches Verbot dar. Etwas anderes gilt zB für **vertragliche Beschränkungen des normativen Ermessens.**[31] Das gilt auch für das Fehlen einer an sich erforderlichen gesetzlichen Ermächtigung oder für Verstöße gegen Vorschriften, aus denen sich ergibt, dass eine bestimmte Regelung nicht zulässig ist (BSG DVBl 1990, 214; Knack/Henneke 44). Sonst allerdings hat auch der spätere Wegfall eines Verbots nicht zur Folge, dass ein zunächst nichtiger Vertrag dann wirksam wird, und zwar im Zweifel auch dann nicht, wenn das Verbot rückwirkend aufgehoben wird (BVerwG NJW 1982, 2392). In diesem Fall kommt nur eine Bestätigung des Vertrages, dh eine Neuvornahme des Geschäfts durch die Abgabe entspr Erklärungen (§ 62 S 2 iVm § 141 BGB) in Betracht (Bader/Ronellenfitsch 12; StBS 57).

b) Verbot gegenüber nur einem Vertragspartner. Die Nichtigkeit des 12
Vertrages gem § 59 Abs 1 iVm § 134 BGB hat idR zur Voraussetzung, dass sich die **Verbotsnorm gegen beide Vertragspartner** richtet, also beide mit dem Abschluss des Vertrages oder mit der vertraglichen Regelung gegen ein Verbot verstoßen.[32] Der **Verstoß nur eines Vertragspartners** genügt nur ausnahmsweise dann, wenn dem Verbotsgesetz ein dahin gehender Wille zu entnehmen ist (vgl OVG Koblenz NJW 1991, 430). Letzteres ist vor allem bei im öffentlichen Interesse liegenden **Beschränkungen der Befugnisse von Behörden** anzunehmen.[33] Dies gilt zB bei einem Verstoß gegen Rechtsvorschriften, die es (nur) einer Behörde aus hinreichend gewichtigen Gründen verbieten, die von ihr nach dem Vertrag zu erbringende Leistung als solche oder unter Voraussetzungen, wie sie Gegenstand oder Grund (causa) des Vertrages sind, zu erbringen;[34] ebenso bei

---

86; zT **aA** Erichsen/Ehlers § 31 Rn 23; Müller Vw 1977, 523: § 59 betrifft nur Fälle der Unzulässigkeit wegen des Inhalts des Vertrages; ebenso Schenke JuS 1977, 290; Krebs VerwArch 1981, 54 f: Nichtigkeit als Folge aus § 54 S 1 iVmit § 306 BGBaF; offen BVerwG NJW 1980, 2539.

[28] Vgl BGH NJW 1981, 387 mwN, 399; 1990, 1603; 1992, 2552; Knack/Henneke 44; StBS 51; UL § 70 Rn 23.

[29] Vgl OVG Münster NVwZ 1984, 524; Knack/Henneke 44.

[30] Vgl BGHZ 115, 125 = NJW 1991, 2955; BGHZ 118, 145 = NJW 1992, 2021; NJW 1983, 2873; 1994, 729 – keine Nichtigkeit des Vertrags zB bei einem Verstoß gegen das Rabattgesetz bei unzulässiger Rabattgewährung.

[31] OVG Magdeburg NVwZ 2010, 396 für den Fall eines Vertrages, in dem sich die Gemeinde zu einer bestimmten Ausgestaltung einer gemeindlichen Satzung verpflichtet.

[32] Vgl BGH NJW 1981, 387, 399; 1984, 1775; 1992, 2552; **aA** UL § 70 Rn 24.

[33] Vgl BVerwG DVBl 1976, 217; 1978, 178; Ziekow/Siegel VerwArch 2004, 284; ähnlich Bullinger DÖV 1977, 816; wohl auch Pietzcker NJW 1981, 2092.

[34] BVerwG DVBl 1976, 217: Nichtigkeit eines Vertrages, in dem die Behörde sich zu einer Leistung verpflichtet, die sie in Übereinstimmung mit der gesetzlichen Lage nicht erbringen kann; BVerwG DVBl 1978, 178: Nichtigkeit eines Vertrages gem § 134 BGB, mit dem ein Anhörungs- und Auslegungsgebot umgangen wird; ebenso UL § 70 Rn 22; im Ergebnis auch Götz NJW 1976, 1430, der jedoch bezweifelt, ob zwingende Vorschriften idS als „Verbotsgesetze" angesehen werden können, und die Nichtigkeit in derartigen Fällen

einem Verstoß gegen Rechtsvorschriften, die verbieten, dass sich eine Behörde Leistungen bestimmter Art oder für einen bestimmten Zweck oder trotz des Vorliegens bestimmter Umstände versprechen lässt.[35] Dass eine Übertretung des Verbots mit Strafe oder als Ordnungswidrigkeit mit Bußgeld bedroht ist, ist nicht erforderlich. Soweit dies der Fall ist, führt bei subordinationsrechtlichen Verträgen auch Abs 2 Nr 1 iVm § 44 Abs 1 Nr 5 zum selben Ergebnis.

12a **c) Besonderheiten im Vergabeverfahren.** Die Vergabe öffentlicher Aufträge und Konzessionen ist in den §§ 97 ff. GWB (s Einl I Rn 52 ff) geregelt. Die Unwirksamkeit öffentlicher Aufträge aufgrund von Vergabeverfahren bzw. über § 154 Nr. 4 GWB auch von Konzessionen betreffenden Vergabeverfahren ist seit der letzten Modernisierung des Vergaberechts (Einf I Rn 52d) in § 135 GWB geregelt. Nach dessen Abs 1 sind öffentliche Aufträge von Anfang unwirksam, wenn der Auftraggeber gegen dien in § 134 GWB normierte Informations- und Wartepflicht verstoßen hat (Nr 1; s Einl I Rn 52h) oder den Auftrag ohne vorherige Veröffentlichung einer Bekanntmachung im Amtsblatt der EU vergeben hat, ohne dass dies aufgrund Gesetzes gestattet ist (Nr 2), und dieser Verstoß in einem Nachprüfungsverfahren (§§ 155 ff GWB; s Einl I Rn 52g) festgestellt worden ist (zu Ausnahmen von der Unwirksamkeit in den Fällen der Nr 2 s § 135 Abs 3 GWB).[36] Eines Rückgriffs auf § 134 BGB bedarf es insofern nicht.

13 **d) Einzelfälle.** Als Verstoß gegen ein gesetzliches Verbot ist es anzusehen, wenn dem Gesetz zumindest konkludent zu entnehmen ist, dass abweichende Regelungen keinesfalls zulässig sein sollen (BVerwG BayVBl 1991, 18; Knack/Henneke 36 f), zB gem § 2 Abs 2 BBesG vom **Besoldungsrecht** abweichende Vereinbarungen (BVerwGE 84, 183); von zwingendem **Beamtenrecht** abweichende Vereinbarungen (OVG Lüneburg NordÖR 2002, 308); eine für die Entwidmung einer Straße erforderliches Einziehungsverfahren umgehende Vereinbarung (OVG Lüneburg BauR 2017, 322); die Vereinbarung von Abgaben unterhalb der gesetzlichen Bestimmungen oder von abweichenden **Ablösebeträgen,**[37] die **Fortgeltungsklausel** in Heimverträgen wegen Verstoßes gegen § 15 Abs 1 WBVG (BVerwG ZFSH/SGB 2010, 594); nach § 1 Abs 3 BauGB die vertragliche **Verpflichtung zur Aufstellung eines Bebauungsplans** aufzustellen.[38] Wird in einem Vertrag verbotenes, zB insb strafbares, Handeln vereinbart, so ist der Vertrag idR nicht nur nach § 134 BGB, sondern auch wegen Sittenwidrigkeit nach § 138 BGB nichtig (vgl BGH NJW-RR 1990, 750).

13a **Kein Nichtigkeitsgrund** wegen eines Verstoßes gegen ein gesetzliches Verbot liegt dann vor, wenn ein Gesetz **nur bestimmte Umstände des Rechtsgeschäfts missbilligt** (UL § 70 Rn 23), zB, wenn der Vertragspartner der Behörde für die nach dem Vertrag von ihm zu erbringende Leistung eine besondere Gewerbeerlaubnis benötigen würde, die er nicht besitzt.[39] Bei gemeindlichen **Mitfinanzierungsverträgen** kommt es darauf an, ob die Gemeinde damit einen Beitrag zur eigenen Aufgabenerfüllung erbringt (VGH Mannheim DVBl 2015, 843, 847 – Stuttgart 21).

14 **3. Verstoß gegen Formvorschriften (§ 125 BGB).** Nichtig sind entspr § 125 BGB immer auch Verträge, die nicht in der Schriftform des § 57 bzw

---

als Folge allgemeiner rechtsstaatlicher Grundsätze ansieht; vgl auch Götz DÖV 1973, 298; ähnlich Petersmann DVBl 1978, 824; zT **aA** Pietzcker NJW 1981, 2092.

[35] VGH München BayVBl 1976, 237; zu subordinationsrechtlichen Verträgen auch Abs 2 Nr 4 iVm § 56; dazu unten Rn 28.

[36] Zur früheren Rechtslage s. die Voraufl.

[37] OVG Koblenz NVwZ-RR 2004, 243; VGH Mannheim NVwZ-RR 2007, 809 zur Stellplatzablösung.

[38] Vgl noch zur alten Rechtslage BVerwG DVBl 1980, 686; DÖV 1981, 878; NVwZ 1983, 92; BGHZ 76, 22; DVBl 1989, 1094; OVG Lüneburg DVBl 1978, 179.

[39] BGH NJW 1981, 387; 1983, 109; 1984, 1175; 1985, 1020; 1990, 2542; 1992, 2558.

der sonst durch Rechtssatz gebotenen Form (s § 57 Rn 14) abgeschlossen wurden;[40] auch zB Verträge, die eine Übereignung von Grundstücken, Vermögen als ganzen oder Nachlässen zum Gegenstand haben, bei Verstoß gegen § 311b Abs 1 BGB (MuLö BayVBl 1982, 575). Allerdings wird man stets prüfen müssen, ob sich der jeweilige Vertragspartner nach **Treu und Glauben** auf den Formmangel berufen kann, insb nachdem er zuvor von der Gegenleistung selbst profitiert hat.[41] Bei der Prüfung sind alle Umstände des Einzelfalles wie das Verhalten der Behörde und bei einer Verletzung behördlicher Pflichten auch die Folgen der Formnichtigkeit in den Blick zu nehmen.[42] Auch wird die Möglichkeit der Heilung eines Formmangels in Betracht gezogen werden müssen, die allerdings idR nicht rückwirkend erfolgen kann (Ziekow/Siegel VerwArch 2004, 285).

4. Nichtigkeit wegen Sittenwidrigkeit (§ 138 BGB). Die Sittenwidrigkeit 15
idS kann sich aus dem Inhalt, Zweck oder Beweggrund oder aus der Art des Zustandekommens des Vertrages ergeben (Knack/Henneke 48), wenn der Zweck des Vertrages gegen die guten Sitten verstößt, zB auf die Förderung sittenwidrigen oder strafbaren Verhaltens gerichtet ist, zB ein Rechtsgeschäft, das der Förderung strafbaren Tuns dient. Die Sittenwidrigkeit kann sich auch aus einer erkennbaren **Ausnutzung einer Not- oder Zwangssituation** des Partners oder der Überlegenheit der Behörde in einer Weise, die die Freiheit der Willensentschließung des Partners unzumutbar einschränkt, ergeben.[43] Sittenwidrigkeit wegen des Zustandekommens eines Vertrages setzt voraus, dass die besonderen Umstände dem Vertragspartner bekannt oder zumindest erkennbar waren, zB, dass der Vertragsgegner aus besonderen Gründen auf die sofortige Zahlung der im Vertrag zu vereinbarenden Entschädigungssumme dringend angewiesen ist (vgl Degenhart NJW 1982, 74 mwN).

5. Nichtigkeit wegen Unmöglichkeit der Leistung. Nichtigkeitsgrund iSd 16
§ 59 Abs 1 war in der Vergangenheit auch die ursprüngliche objektive tatsächliche Unmöglichkeit der vereinbarten Leistung gem § 306 BGB aF. Durch das SchuldrechtsmodernisierungsG vom 26.11.2001 (BGBl I S. 3138) wurde die Regelung des § 306 BGB aF aufgehoben. Gem § 311a Abs 1 BGB nF steht es der Wirksamkeit eines Vertrages nun nicht mehr entgegen, wenn der Schuldner wegen objektiver Unmöglichkeit der Leistung gem § 275 Abs 1 BGB nF nicht mehr zu leisten braucht und das Leistungshindernis schon bei Vertragsschluss vorgelegen hat. Damit führt die Unmöglichkeit der Leistung nun nicht mehr zur Nichtigkeit eines öffentlich-rechtlichen Vertrages. Gleichwohl ergibt sich die Nichtigkeitsfolge für subordinationsrechtliche Verträge weiterhin aus Abs 2 Nr 1 iVm § 44 Abs 2 Nr 6 bzw Nr 4, die dieselben Fälle betreffen (Begr 82). Die rechtliche Unmöglichkeit ist der tatsächlichen Unmöglichkeit nur dann gleichzustellen, wenn ein VA mit entspr Inhalt nichtig wäre (vgl § 44 Rn 40), nicht auch bei bloßer Unzulässigkeit der in Frage stehenden Leistung im Allgemeinen.[44] Dies gilt zB für die

---

[40] Vgl VGH München NJW 1978, 2412; LG Stuttgart NVwZ 1982, 58; Obermayer 52; Ehlers JZ 1990, 595; Knack/Henneke 36.

[41] BGHZ 92, 164, 171; 85, 315, 318; 48, 396, 398; zur Anwendung von Treu und Glauben im öffentlichrechtlichen Vertragsrecht BVerwGE 111, 162, 172.

[42] Vgl die Beispiele bei Bader/Ronnellenfitsch § 57 Rn 19.

[43] BGH NJW 2004, 2667; DVBl 1981, 628; Degenhart NJW 1982, 74; UL § 70 Rn 27; Knack/Henneke 48; vgl im Ergebnis auch Bleckmann NVwZ 1990, 607, der hier jedoch einen Verstoß gegen ein gesetzliches Verbot annimmt, wenn Behörden ihre bargaining power ausnützen und es dadurch zum Abschluss sog „ungleicher Verträge" kommt; Bleckmann will auf solche Verträge § 56 umgekehrt analog anwenden; zum Zivilrecht auch BGH NJW 1990, 1595; LG Münster NJW 1990, 1668.

[44] UL § 70 Rn 28; Obermayer, in: BayVGH-FS 1979, 284 und BayVBl 1977, 550; Knack/Henneke 52.

Vereinbarung eines unzulässigen Dispenses,[45] oder für den Fall, dass **Rechte Dritter** entgegenstehen. Eine evidenterweise gegen eine elementare Rechtsnorm verstoßende Leistung hat idR die Nichtigkeit des Vertrages gem Abs 1 iVm § 134 BGB zur Folge. Das Verbot, eine Regelung durch Vertrag zu treffen, dann deshalb weiterhin zur Nichtigkeit nach Abs 1 iVm § 134 BGB führen.

17 **6. Nichtigkeit aus sonstigen Gründen.** Angesichts der weiten Fassung der Verweisung auf das BGB in Abs 1 ergibt sich die Nichtigkeit eines Vertrages auch dann aus § 59, wenn die Voraussetzungen für die Wirksamkeit von Willenserklärungen (zB gem §§ 104 ff BGB) nicht erfüllt sind[46] oder als Folge vollzogener Anfechtung gem § 62 iVm §§ 119, 120, 123 BGB beseitigt wurden.[47] Allerdings handelt es sich hierbei genau genommen nicht um den Fall der Nichtigkeit des Vertrages, sondern um den Fall eines nicht wirksam zustande gekommenen Vertrages, weil es an zwei wirksamen übereinstimmenden Willenserklärungen fehlt. Bei Vergleichsverträgen gem § 55 ist auch der **Irrtum über die Vergleichsgrundlage** entspr § 779 BGB Nichtigkeitsgrund iSd § 59 Abs 1,[48] nicht aber einseitige Erwartungen, die unerfüllt bleiben (VGH München NVwZ 2000, 1310).

III. Nichtigkeitsgründe bei subordinationsrechtlichen Verträgen (Abs 2)

18 Abs 2 sieht ergänzend zu den allgemeinen Nichtigkeitsgründen des Abs 1 für subordinationsrechtliche Verträge **besondere Nichtigkeitsgründe** vor, die sich zT an die für VAe geltenden Fehlergründe anlehnen, zT Folgerungen aus den besonderen Regelungen für subordinationsrechtliche Verträge nach § 55 und § 56 ziehen. Die Nichtigkeitsgründe gelten **sowohl für Verfügungs- als auch für Verpflichtungsverträge.** Die Regelung gilt nicht nur für Verträge, die an die Stelle von VAen getreten sind, sondern für alle subordinationsrechtlichen Verträge.[49] Abs 2 erweitert für subordinationsrechtliche Verträge die auch hier anwendbaren allgemeinen Nichtigkeitsgründe gem Abs 1 („ferner") um weitere, spezielle Nichtigkeitsgründe, dh, die Nichtigkeit kann sich hier außer aus Abs 2 zugleich auch aus Abs 1 ergeben.[50] Insoweit kommt es zwischen den Anwendungsbereichen von Abs 1 u Abs 2 zu Überschneidungen.

19 **1. Nichtigkeit eines VA mit entsprechendem Inhalt (Nr 1).** Nach Abs 2 Nr 1 gelten für subordinationsrechtliche Verträge dieselben Nichtigkeitsgründe wie für VAe gem § 44.[51] Die Vorschrift erfasst mithin die Nichtigkeitsgründe des § 44 Abs 1 **(schwere und offensichtliche Inhalts- und Formfehler)**[52] mit

---

[45] OVG Münster NVwZ 1992, 988, für vertraglichen Verzicht auf Stellplatzpflicht, StBS 58b; Knack/Henneke 52; **aA** Bullinger DÖV 1977, 816.

[46] Berg 81; zu §§ 116, 117 auch Erichsen/Ehlers § 30 Rn 4: Modifikation durch § 21 Nr. 12 VwVfG zugunsten der Vertragsschlussfähigkeit beschränkt Geschäftsfähiger.

[47] S auch WBSK I § 55 Rn 140; Krause JuS 1972, 420; Erichsen/Ehlers § 31 Rn 21.

[48] Vgl BVerwG BayVBl 1974, 197; VGH Kassel FEVS 11, 176; UL § 70 Rn 29; Knack/Henneke 44.

[49] Bullinger DÖV 1977, 815; Frank DVBl 1977, 682; ebenso im Ergebnis Wallerath 8 III 5: Nr 1 ist auf sonstige Verträge im Über/Unterordnungsverhältnis analog anwendbar; enger OLG München NVwZ 1993, 101: allenfalls Vergleiche, soweit sich nicht aus den Regelungen selbst Einschränkungen ergeben, wie zB bei Nr 3 aus der Beschränkung auf Vergleichsverträge, bei Nr 4 auf Austauschverträge.

[50] UL § 70 Rn 31; Knack/Henneke 15; Maurer § 14 Rn 38; Schenke JuS 1977, 288; s auch oben 3; **aA** Begr 81; Götz DÖV 1973, 299; NJW 1976, 1430; Maurer JuS 1976, 494; Schleicher DÖV 1976, 554: Abs 2 lex specialis.

[51] Ebenso zum bish Recht BVerwG DVBl 1976, 218; OVG Münster DÖV 1973, 683; M 115; Haueisen DVBl 1968, 287; NJW 1969, 122; Rüfner 431; Kottke 92.

[52] OVG Koblenz DVBl 2003, 811; OVG Lüneburg NordÖR 2002, 307.

den Modifizierungen entspr § 44 Abs 3 und die speziellen Nichtigkeitsgründe des § 44 Abs 2. Die Kommentierung zu § 44 gilt insoweit entspr auch für Verträge. Zu unterscheiden sind deshalb Vereinbarungen, die an einem besonders schweren Fehler leiden, wenn dieser bei verständiger Würdigung der Gesamtumstände offensichtlich ist (§ 44 Abs 1) und die Vereinbarungen, die aus einem der in § 44 Abs 2 enumerativ aufgezählten Nichtigkeitsgründe keinen Bestand haben können.

a) Nichtigkeitsgründe entspr § 44 Abs 1. Nichtigkeit kann sich sowohl aus der von der Behörde übernommenen Verpflichtung als auch aus der Fehlerhaftigkeit der Verpflichtung des Vertragspartners der Behörde, etwa der Verpflichtung zu einer unmöglichen, sittenwidrigen oder strafrechtswidrigen Leistung ergeben.[53] Aus dem Zusammenhang der Nr 1 mit den Regelungen der folgenden Nrn ergibt sich jedoch, dass Fehlerhaftigkeit allein, die, wenn sie nicht das Handeln des Vertragspartners der Behörde, sondern das Handeln der Behörde betreffen würde, nicht die Nichtigkeit eines VA zur Folge hätte, nur in den in § 59 ausdrücklich genannten Fällen die Nichtigkeit des Vertrages zur Folge hat (vgl Götz DÖV 1973, 299). 20

Nichtig sind etwa Verträge, die ein **Amtswalter** als Vertreter seiner Behörde entgegen § 20 Abs 1 S 1 Nr 1 **mit sich selbst** abschließt (UL § 12 Rn 5; StBS 20; Knack/Henneke 16); Entsprechendes muss bei einem gem § 21 **befangenen Amtswalter** gelten, wenn der Mangel offensichtlich (§ 44 Abs 1) oder dem Vertragspartner bekannt (§ 59 Abs 2 Nr 2) war.[54] In beiden Fällen ergibt sich die Nichtigkeit im Regelfall zudem auch schon gem § 59 Abs 1 iVm § 181 BGB. **In sonstigen Fällen** hat eine Verletzung der §§ 20 und 21 die Nichtigkeit des Vertrages nur dann zur Folge, wenn die Voraussetzungen gem Abs 2 Nr 2 gegeben sind (vdGK 2.2; **aA** UL § 12 Rn 5) oder ein schwerer und offensichtlicher Fall parteilichen Handelns vorliegt.[55] 21

b) Nichtigkeitsgründe entspr § 44 Abs 2. Von den in § 44 Abs 2 enumerativ aufgezählten Nichtigkeitsgründen werden im Vertragsrecht nur wenige praktisch relevant. Nichtig sind nach Abs 2 Nr 1 zB Verträge, die die vertragschließende Behörde nicht erkennen lassen (§ 44 Abs 2 Nr 1), ferner eine von einer Gegenleistung abhängig gemachte Einstellungszusage (OVG Lüneburg NordÖR 2002, 307), sowie Verträge einer offensichtlich sachlich unzuständigen Behörde (UL § 70 Rn 33; StBS 24 ff; UL § 10 Rn 47); ebenso Verträge einer gem § 3 Abs 1 Nr 1 für den Vertragsabschluss über ein ortsbezogenes Recht erkennbar nicht zuständigen Behörde;[56] anders gem § 59 Abs 2 Nr 2 bei Verletzung der Behördenzuständigkeit in anderen Fällen, wenn der Zuständigkeitsmangel nicht offensichtlich und den Vertragschließenden auch nicht bekannt war. Die **Sittenwidrigkeit** iS des § 44 Abs 2 Nr 6 kann sich aus dem Inhalt, Zweck oder Beweggrund ergeben, außerdem auch aus der Art des Zustandekommens des Vertrages, zB Einsatz des „Übergewichts" der Behörde, um den Partner zu rechtlich nicht geschuldeten Leistungen zu zwingen (Begr 82; ABegr 9; MB 35). Dass ein Amtsträger verwerflich gehandelt hat, ist nicht erforderlich (Degenhart NVwZ 1982, 74). 22

2. Nichtigkeit des Vertrages bei Kenntnis (Nr 2). Nach Abs 2 Nr 2 ist ausnahmsweise auch die schlichte Rechtswidrigkeit des Vertrages Nichtigkeitsgrund, wenn sie den Vertragspartnern bekannt war und bei einem VA mit ent- 23

---

[53] Ebenso StBS 20; Bader/Ronellenfitsch 27.

[54] Str, **aA** UL § 12 Rn 23.

[55] Vgl § 44 Rn 54; ähnlich vdGK 20; **aA** UL § 12 Rn 23: bei Verstoß gegen § 20 Abs 1 Nr 2–6 und gegen § 21 auch bei Offensichtlichkeit keine Unwirksamkeit des Vertrages.

[56] UL § 10 Rn 48; FL 13 zu § 3; **aA** MB 17.

sprechendem Inhalt nicht nach § 46 unbeachtlich wäre.[57] Dies ist der Fall, wenn die Vertragspartner auf dem Umweg über den öffentlich-rechtlichen Vertrag in positiver Kenntnis einen rechtswidrigen Erfolg angestrebt haben.[58] Die Vorschrift spiegelt wegen ihrer subjektiven Anforderungen, deren Vorliegen praktisch nur schwer nachweisbar sind, derzeit keine wichtige Rolle.

23a **a) Kollusion.** Gedacht ist vor allem an den Fall, dass die Vertragschließenden **in bewusstem und gewolltem Zusammenwirken** (sog Kollusion) auf dem Umweg über einen öffentlich-rechtlichen Vertrag einen (auch im Ergebnis) rechtswidrigen Erfolg herbeiführen (Begr 82; ABegr 9; MB 35). Die gemeinsame Kenntnis von Verfahrens- und Formfehlern, die bei einem VA unbeachtlich wären (vgl § 46), führt nicht zur Nichtigkeit. Dabei berücksichtigt die Vorschrift, dass die wichtigsten Verfahrens- und Formfehler von Verträgen nach den speziellen Regelungen der §§ 57, 58 ohnehin zur Nichtigkeit führen.

24 **b) Kenntnis beider Vertragspartner.** Außer für die Fälle einer Kollusion gilt Nr 2 auch für alle anderen Fälle, in denen beiden Vertragspartnern (ebenso Knack/Henneke 27) die Rechtswidrigkeit des Vereinbarten oder die Verletzung wesentlicher Zuständigkeits- oder Verfahrensvorschriften, die nicht nach § 46 unbeachtlich wären oder nach §§ 57, 58 ohnehin zur Nichtigkeit führen, beim Zustandekommen des Vertrages bekannt war (zB Mitwirkung einer nach § 20 ausgeschlossenen Person auf Seiten der Behörde **aA** offenbar UL § 12 Rn 23). Maßgeblich ist die **Kenntnis im Zeitpunkt des Vertragsschlusses** (Knack/Henneke 27). Das Kennenmüssen, auch die grob fahrlässige Unkenntnis, steht der Kenntnis nicht gleich (ebenso Knack/Henneke 27; MB 38). Kenntnis der verletzten Vorschriften ist nicht erforderlich; insoweit genügt die „Parallelwertung in der Laiensphäre".[59] Vgl insoweit auch § 48 Rn 107; zur Kenntnis seitens der Behörde § 48 Rn 136f.

25 Ist die **Rechtswidrigkeit** auch nur einem der beiden Vertragspartner **nicht bekannt,** so ist Nr 2 nicht anwendbar.[60] **Umstritten** ist, ob dann, wenn mehr als zwei Partner an dem Vertrag beteiligt sind, die Kenntnis von allen verlangt werden muss. Nach dem Sinn und Zweck der Vorschrift des Abs 2 Nr 2, Unrechtsvereinbarungen auszuschließen, muss es ausreichen, wenn die Kenntnis bei der Behörde und bei einem weiteren Vertragspartner vorhanden ist (ebenso FKS 31; Knack/Henneke 28; offen Obermayer/Funke-Kaiser 80; Bader/Ronellenfitsch 31; **aA** StBS 31).

26 **3. Fehlen der Vergleichsvoraussetzungen (Nr 3).** Die Vorschrift regelt die Nichtigkeit von Vergleichsverträgen. Sie betrifft nur den Fall, dass ein **gesetzesinkongruenter Vertrag** vorliegt, der wegen der Abweichung der getroffenen Vereinbarungen von der gesetzlichen Regelung nur als Vergleichsvertrag nach § 55 wirksam sein könnte und schließt die Wirksamkeit für den Fall aus, dass die Vergleichsvoraussetzungen nicht vorliegen. Die Bestimmung soll sicherstellen, dass die erleichterte Möglichkeit vertraglicher Regelungen im **Vergleichsvertrag nicht dazu missbraucht wird,** einen an sich rechtlich missbilligten Erfolg herbeizuführen (Begr 82). Voraussetzung ist, dass die Behörde den ihr in § 55 eingeräumten Beurteilungs- und/oder Ermessensspielraum überschritten hat.[61] Genau genommen regelt Nr 3 nicht die Nichtigkeit eines Vergleichsvertrages, sondern nur den Fall, dass der Vergleichscharakter des Vertrages

---

57 UL § 10 Rn 48; § 70 Rn 35; enger MB 37: nicht bei fehlender örtlichen Zuständigkeit, da diese in Nr 2 nicht genannt wird und kein bloßer Verfahrens- oder Formfehler ist.

58 OVG Koblenz DVBl 2003, 811.

59 Knack/Henneke 27; StBS 31; Obermayer 79; Ziekow/Siegel VerwArch 2004, 286; **aA** Thieme NJW 1974, 2204.

60 StBS 33; Obermayer 80; Knack/Henneke 27.

61 Degenhart NVwZ 1982, 73; **aA** Erichsen/Ehlers § 31 Rn 20: Ermessensfehler beim Vertragsschluss rechnet nicht zu den Rechtmäßigkeitsvoraussetzungen.

eine Abweichung vom materiellen Recht nicht rechtfertigen kann. Führt also ein Rechtsverstoß der getroffenen Vereinbarung ohnehin nicht zur Nichtigkeit, dann kann auch das Fehlen der Vergleichsvoraussetzungen keine Nichtigkeit begründen.

a) Fehlen der Voraussetzungen. Dies ist insb bei offensichtlicher oder doch nach den Umständen des Falles unschwer erreichbarer Eindeutigkeit der Sach- und Rechtslage der Fall. Die Nichtigkeit eines Vergleichsvertrages kann sich außer aus Nr 3 insb auch aus Abs 1 ergeben (s zu § 779 BGB) sowie außerdem auch zB, wenn der Vergleichsvertrag zugleich ein Austauschvertrag iS von § 56 ist, aus Nr 4 (Degenhart NVwZ 1982, 74). Zur Ungültigkeit eines Vertrages als Vergleichsvertrag – anders uU als sonstiger Vertrag – bei Fehlen wesentlicher Erfordernisse wie etwa des gegenseitigen Nachgebens s § 55 Rn 18. 26a

b) Materielle Rechtswidrigkeit. Voraussetzung der Nichtigkeit ist außerdem, dass ein VA mit entsprechendem Inhalt nicht nur wegen des Verfahrens- oder Formfehlers iS von § 46 rechtswidrig wäre (vgl oben Rn 23). Im Gegensatz zu Nr 2 kommt es bei Nr 3 jedoch nicht darauf an, dass die Beteiligten Kenntnis davon hatten, dass die Voraussetzungen für einen Vergleich fehlen (Begr 82). Nr 3 gilt nicht auch für den Fall der kollusiven Vereinbarung unzulässiger Rechtsfolgen, die mit der Ungewissheit, der der Vergleich Rechnung tragen soll, nichts zu tun haben (Erichsen VerwArch 1977, 67); in derartigen Fällen ergibt sich die Nichtigkeit idR aber schon aus Nr 2. 27

c) Heilung durch Nachermittlung? Es wird vorgeschlagen, die Nichtigkeit eines Vergleichsvertrages im Falle der mangelhaften Ermittlung des Sachverhalts dadurch zu vermeiden, dass der Behörde Gelegenheit zur Nachermittlung und zur Beseitigung der zu Unrecht angenommenen Ungewissheit eingeräumt wird. Bleibe die Ungewissheit trotz der Nachermittlung bestehen, so bestätige das den Vergleich bzw berechtige zu einer Anpassung nach § 60, anderenfalls sei er überholt und unwirksam (Ziekow/Siegel VerwArch 2004, 288). Dieser Ausweg aus der Konsequenz der Nichtigkeit ist gesetzlich nicht vorgesehen und erscheint auch wenig hilfreich. Im Falle der Unwirksamkeit des Vertrages müsste in vielen Fällen ohnehin das Verwaltungsverfahren fortgesetzt oder neu eingeleitet werden. Im Zuge dieses Verfahrens kann bei Bedarf ein neuer Vertrag abgeschlossen werden, wenn die Ermittlungen der Verwaltung nichts Neues mehr ergeben. 27a

4. Nichtigkeit bei unzulässiger Gegenleistung (Nr 4). Nach Nr 4 führt eine Verletzung des § 56 zur Nichtigkeit des Vertrages.[62] Die Regelung dient vor allem dem Schutz des Bürgers, der zu Leistungen verpflichtet wird, die nicht in einem sachlichen und angemessenen Verhältnis zur Gegenleistung stehen (**Verbot sachwidriger Koppelung,** vgl Begr 82; Knack/Henneke 30). Zugleich soll damit auch einem **„Verkauf" von Hoheitsrechten** die Wirksamkeit versagt werden.[63] Nr 4 ist zumindest analog (s 3 zu § 56) auch auf einseitige Verträge anwendbar, die den Bürger zu einer unzulässigen Leistung verpflichten (**hinkende Austauschverträge;** s § 54 Rn 8).[64] Die Voraussetzungen unterliegen vollständiger gerichtlicher Kontrolle. 28

Die Regelung erfasst über das Koppelungsverbot hinaus **alle in § 56 genannten Erfordernisse,** auch dasjenige, dass der Zweck der Gegenleistung im Vertrag festgelegt sein muss (VGH Mannheim NVwZ 1991, 583; UL § 68 Rn 44; 28a

---

[62] VGH Mannheim NVwZ 1991, 583 auch zum Erstattungsanspruch des Bürgers in solchen Fällen, s dazu auch unten Rn 31; vgl auch Ehlers JZ 1990, 595; ebenso zum bish Recht M 115; Erichsen/Ehlers § 31 Rn 20; ebenso im wesentlichen Götz JuS 1970, 5 mwN; im Ergebnis auch VGH München DÖV 1970, 563, 564; DVBl 1978, 18.

[63] Zum „Verkauf" eines kraft Gesetz als Gemeingebrauch bestehendes Nutzungsrecht s OVG Berlin-Brandenburg, Beschl. v. 20.1.2009 – Az: 11 N 4.06 – juris.

[64] Vgl Krebs VerwArch 1979, 88; Schenke JuS 1977, 287; Blasius Vr 1978, 28.

Knack/Henneke 31). Wenn die Behörde sich dagegen nachträglich nicht an die vereinbarte Zweckbestimmung hält, so berührt dies die Wirksamkeit des Vertrages nicht, stellt aber als einen Kündigungsgrund nach § 60 dar.[65] **Maßgeblich ist allein die Unzulässigkeit der Gegenleistung.** Dass die Leistung der Behörde unzulässig ist, ist allenfalls nach Abs 1 oder Abs 2 Nr 1–3 Nichtigkeitsgrund, macht aber die Gegenleistung nicht ebenfalls iS der Nr 4 unzulässig (Knack/Henneke 35; StBS 40).

IV. Teilnichtigkeit des Vertrages (Abs 3)

29 **1. Grundsatz.** Betrifft die Nichtigkeit nur Teile des Vertrages (Teilnichtigkeit), so ist die Frage, ob auch die übrigen Teile davon betroffen sind und ebenfalls nichtig sind und damit der gesamte Vertrag nichtig ist oder nicht, nach § 62 iVm § 139 BGB zu beurteilen. Abs 3 sieht entspr § 139 BGB und in Übereinstimmung mit der vor dem Inkrafttreten des VwVfG vertretenen hM[66] vor, dass **im Zweifel** die Nichtigkeit eines Teiles eines verwaltungsrechtlichen Vertrages die **Nichtigkeit des ganzen Vertrages** zur Folge hat (VGH Mannheim NVwZ 1991, 583). Die Regelung weicht von § 44 Abs 4 ab, wonach Nichtigkeit eines VA insgesamt nur anzunehmen ist, wenn der nichtige Teil so wesentlich ist, dass auch die Regelung im übrigen in Kenntnis der Nichtigkeit nicht erlassen worden wäre.[67]

29a **2. Maßgeblicher Wille der Beteiligten.** Bei der Beurteilung, ob der Vertrag auch ohne den nichtigen Teil abgeschlossen worden wäre, ist in erster Linie ebenso wie nach § 139 BGB auf den mutmaßlichen **Willen der Beteiligten**[68] abzustellen. Dieser kann sich aus dem **offensichtlichen Zweck des Vertrages, aus** dem Gesamtzusammenhang der getroffenen Regelung sowie einer Würdigung aller Umstände des Vertragsschlusses ergeben (vgl MB 46; Obermayer/Funke-Kaiser 108; Bader/Ronellenfitsch 45). Die Regelung des Abs 3 gilt nur für einheitlich zu beurteilende Verträge, nicht wenn mehrere selbständige Vereinbarungen in einer Urkunde zusammengefasst worden sind. Dann beeinflusst die Nichtigkeit eines Vertrages grundsätzlich nicht die Wirksamkeit der übrigen.

29b **3. Zulässigkeit salvatorischer Klauseln.** Zulässig sind nach hM grundsätzlich sog salvatorische Klauseln, nach denen im Falle der Unwirksamkeit einzelner Vertragsteile der Vertrag im Übrigen weiterhin Geltung haben soll, oder nach denen eine unwirksame Vertragsbestimmung im Wege der **Vertragsanpassung** durch eine andere zulässige Vertragsbestimmung ersetzt werden soll, die dem erstrebten Zweck der unwirksamen Bestimmung am nächsten kommt.[69] Auch **Auffangklauseln,** die für den Fall der Nichtigkeit einzelner Bestimmungen oder des gesamten Vertrages eine bestimmte andere Regelung vorsehen, oder **Nachverhandlungsklauseln** können die Probleme, die sich wegen der starren Nichtigkeitsfolge für öffentlich-rechtliche Verträge ergeben können, derzeit teilweise auffangen.

V. Folgen der Nichtigkeit des Vertrages

30 **1. Allgemeines.** Das VwVfG enthält keine Regelung hins der Folgen der Nichtigkeit verwaltungsrechtlicher Verträge. Gem § 62 S 2 sind daher insoweit die Vorschriften des BGB und die dazu von den Gerichten und der Rechtslehre

---

[65] Ebenso Knack/Henneke 32.
[66] NJW 1980, 688; Buchh 454.2 §§ 42 ff WBG Nr 1; M 115.
[67] Der Unterschied zum VA erklärt sich daraus, dass der VA als hoheitliche Maßnahme die Vermutung der Richtigkeit und Gültigkeit für sich hat (v Wulffen SGB-X § 58 Rn 12).
[68] BVerwGE 124, 385, 390; NVwZ 2002, 473.
[69] BVerwG NVwZ 2011, 125 für Folgekostenvertrag; StBS § 56 Rn 48; Knack/Henneke 62; FKS 43 f; Bader/Ronellenfitsch 44.

entwickelten Grundsätze entspr anzuwenden, wenn und soweit besondere Vorschriften oder Grundsätze des öffentlichen Rechts nicht entgegenstehen, was allerdings vor allem bzgl der Rückgewähr von Leistungen in erheblichen Ausmaß der Fall ist. Bei Einwendungen gegen einen Vergleichsvertrag ist grundsätzlich das Verwaltungsverfahren fortzusetzen (vgl VGH München NVwZ 2000, 1310 für das gerichtliche Verfahren).

2. Heilung, Umdeutung, Anpassung. Eine Heilung von Fehlern eines Verwaltungsvertrages, die nach § 59 zur Nichtigkeit führen, ist nach derzeitigem Recht nur möglich, wenn dies spezialgesetzlich im Fachrecht vorgesehen ist, wie etwa in den Fällen formnichtiger Grundstückskaufverträge in § 311b Abs 1 S 2 BGB. Im Übrigen kommt eine Heilung nur durch Bestätigung, dh durch Neuvornahme des Geschäfts in Betracht. Eine Übertragung der Regelungen des § 45 auf das Vertragsrecht ist dagegen nicht möglich.[70] Über die Regelungen des § 60 hinaus ist eine Vertragsanpassung derzeit nicht möglich.

Eine **Umdeutung** des Vertragsinhalts kommt nach § 60 S 2 iVm § 140 BGB (nicht nach § 47) in Betracht.[71] Die Voraussetzungen werden aber eher selten vorliegen. Die bisherigen Fälle (zB Umdeutung eines nichtigen Vertrages über eine Steuerbefreiung in einen Erlassvertrag,[72] oder einer nichtigen Verpflichtung einer Gemeinde zur Aufstellung eines Bebauungsplans in eine Verpflichtung zur Übernahme des Risikos der Bebaubarkeit)[73] sind nicht überzeugend. **Problematisch** ist auch die Umdeutung eines nichtigen Verwaltungsvertrages in einen VA, weil der Verwaltung dann ein einseitiger Rechtssetzungsakt unterstellt wird, wo sie lediglich eine schuldrechtliche Willenserklärung abgegeben hatte.[74]

3. Rückgewährschuldverhältnis. Soweit auf Grund eines nichtigen Verwaltungsvertrages Leistungen erbracht worden sind, muss im Grundsatz eine Rückabwicklung stattfinden. Die Rückabwicklung hat grundsätzlich Zug um Zug zu erfolgen.[75] **Umstritten** ist, ob die erbrachten Leistungen nach den **Grundsätzen des öffentlich-rechtlichen Erstattungsrechts** oder nach den Bestimmungen des Bereicherungsrechts (§§ 812 ff BGB) zurückzugewähren sind. Die hM geht hier von der Unanwendbarkeit des Bereicherungsrechts und der Maßgeblichkeit des öffentlich-rechtlichen Erstattungsanspruchs aus.[76] Da § 62 S 2 die Bestimmungen des Bürgerlichen Rechts für entsprechend anwendbar erklärt, soweit keine speziellen Vorschriften und keine Bestimmungen des VwVfG anwendbar sind, setzt dies Ergebnis voraus, dass der Erstattungsanspruch als ungeschriebenes Institut des Verwaltungsrechts die reguläre Funktion einer Regelung der Rückabwicklung übernehmen kann. Die praktischen Auswirkungen der Kontroverse sind gering, da in beiden Fällen (nur) bestimmte Elemente des Konditionsrechts der §§ 812 ff BGB zur Anwendung gelangen (ebenso Bader/Ronellenfitsch 49). 31

Auf **Entreicherung** analog § 818 Abs 3 BGB kann sich nur der Bürger, nicht jedoch die dem Grundsatz der Gesetzmäßigkeit verpflichtete Behörde 32

---

[70] Bader/Ronellenfitsch 43.

[71] BVerwG DVBl 1980, 688; OVG Münster NJW 1981, 1328; Knack/Henneke 64 ff; FK 40; Bader/Ronellenfitsch 47.

[72] BVerwGE 48, 166; zustimmend Knack/Henneke 65; ablehnend zu Recht Martens JuS 1978, 611.

[73] BGHZ 76, 16, 22; ablehnend zu Recht BVerwG DVBl 1980, 689; FK 41.

[74] Dies wird teilweise für möglich gehalten, vgl VGH Mannheim NVwZ-RR 1990, 225; FK 42; dagegen UL § 70 Rn 47.

[75] BVerwGE 55, 338; OVG Berlin-Brandenburg, Urt v 5.10.2010, 5 B 9.08 – juris; OVG Münster NJW 1978, 1542; allg auch BGH NJW 1977, 1194.

[76] BVerwG DVBl 1980, 687; BGH NJW 1977, 1194; VGH Mannheim NVwZ 1991, 583; Frank DVBl 1977, 688; vgl auch Knack/Henneke 67: Rückabwicklung nach den Grundsätzen des öffentlich-rechtlichen Erstattungsrecht, nicht, auch nicht über § 62, nach §§ 812 ff BGB; aA Ziekow/Siegel VerwArch 2004, 281, 295 ff.

berufen (vgl BVerwGE 36, 113; 71, 85; Maurer § 29 Rn 26f str). Darüber hinaus kann der Bürger grundsätzlich die ihm gewährten Vorteile behalten, wenn sein Vertrauen **auf den Bestand des Vertrages schutzwürdig** war (BVerwGE 71, 85; Knack/Henneke 70 f). § 814 BGB ist auf den öffentlich-rechtlichen Erstattungsanspruch des Bürgers nicht anwendbar, wenn es um die Rückabwicklung einer rechtsgrundlosen Leistung des Bürgers in einem Verhältnis der Über- und Unterordnung zu einem Träger öffentlicher Verwaltung geht.[77] Steht dem Bürger ein öffentlich-rechtlicher Erstattungsanspruch gegen die Behörde bzw den Hoheitsträger, dem diese angehört, zu, so kann er in entsprechender Anwendung des § 291 BGB allenfalls **Prozesszinsen** seit Klageerhebung, grundsätzlich jedoch nicht darüber hinaus Verzugszinsen in entsprechender Anwendung des § 288 Abs 1 BGB geltend machen (VGH Mannheim NVwZ 1991, 588).

33 **4. Einschränkungen nach Treu und Glauben.** Die Verpflichtung zur Rückabwicklung findet dort ihre Grenze, wo dies mit den Grundsätzen von Treu und Glauben, die auch im öffentlichen Recht gelten, nicht vereinbar wäre. Ob es treuwidrig ist, wenn sich ein Vertragspartner auf die Nichtigkeit des Vertrages beruft, nachdem der andere seine Leistung erbracht hat, hängt von den **Gesamtumständen** und auch von den Gründen für die Nichtigkeit, insbesondere auch davon ab, **ob der Vertrag inhaltlich zu missbilligen ist.**[78] Ein Anspruch auf Rückgewähr von Leistungen ist nach der neueren Rspr[79] jedenfalls in den Fällen des § 59 Abs 2 Nr 4 **nicht schon deshalb ausgeschlossen, weil die Leistung eines Beteiligten nicht mehr zurückerstattet werden kann,**[80] zB, weil der Bebauungsplan, im Hinblick auf dessen versprochene Aufstellung der Bürger sich zur Leistung eines Folgekostenbeitrags verpflichtet hatte, inzwischen aufgestellt worden ist und in Kraft getreten ist (OVG Münster NJW 1978, 1542). Vielmehr muss jedenfalls in den Fällen des § 59 Abs 2 Nr 4 noch ein **treuwidriges Verhalten hinzutreten.**[81] UU kann der Vertragspartner, der seinerseits seine Leistung schon erbracht hat, auch analog §§ 812, 818 Abs 2 BGB Wertersatz verlangen, wenn § 242 BGB der Anwendung des § 817 S 2 BGB (analog) entgegensteht (vgl BGHZ 111, 312; BVerwG NJW 1992, 2552). Etwas anderes gilt insoweit jedoch dann, wenn eine der Parteien den Nichtigkeitsgrund gekannt hat[82] oder aus grober Fahrlässigkeit nicht gekannt hat[83] oder ihn zu vertreten hat.[84] Der Grundsatz von Treu und Glauben (§ 242 BGB) steht der einseitigen Rückabwicklung eines öffentlich-rechtlichen Vertrages zu Gunsten des am Vertrag beteiligten Bürgers nicht entgegen, wenn die Verknüpfung der durch den Vertrag begründeten Zahlungspflicht des Bürgers mit hoheitlichen Maßnahmen des öffentlich-rechtlichen Partners, zB einer Gemeinde, bei einem Nachfolgelastenvertrag, rechtlich zu missbilligen ist.

---

[77] VGH Mannheim NVwZ 1991, 583; OVG Koblenz DVBl 1992, 786.

[78] So zutreffend OVG Berlin-Brandenburg, Urt v 5.10.2010, 5 B 9.08 – juris, für den Fall der Formunwirksamkeit.

[79] BVerwGE 133, 85 = NVwZ 2009, 1109; BVerwG NVwZ 2002, 473; 2000, 1285.

[80] BVerwGE 111, 162; anders die frühere Rspr, vgl BVerwGE 55, 338; OVG Münster DVBl 1978, 305; BGH NJW 1977, 1194; s auch OVG Berlin-Brandenburg, Urt v 5.10.2010, 5 B 9.08 – juris, das insoweit ausdrücklich zwischen den Nichtigkeitsgründen differenziert.

[81] BVerwGE 111, 162; BVerwG NVwZ 2002, 473; OVG Hamburg NordÖR 2006, 331: Folgen sonst schlechthin unerträglich; VGH Mannheim NVwZ 1991, 583.

[82] Vgl § 819 BGB; dazu OVG Münster NJW 1978, 1542; anders wohl VGH Mannheim NVwZ 1991, 583.

[83] VGH München BayVBl 1992, 474; Knack/Henneke 71 unter Hinweis auf BVerwG 71, 85.

[84] Vgl zB § 307 BGB aF, dazu Münster NJW 1978, 1452; BGHZ 57, 150; WM 1972, 564.

5. Auswirkungen auf Erfüllungs-VAe. Wurde in Ausführung des nichtigen Vertrages ein VA erlassen, zu dessen Erlass sich die Behörde vertraglich verpflichtet hatte, so ist dieser nur dann fehlerhaft, wenn die Voraussetzungen der Ermächtigungsgrundlage für den Erlass dieses VA nicht vorlagen. Da der Vertrag ohnehin nur in Ausnahmefällen Ermächtigungsgrundlage für den Erlass eines VA sein kann, wirkt sich dessen Nichtigkeit nur dann auf die Rechtmäßigkeit des VA aus, wenn ausnahmsweise vertraglich vereinbarte Leistungen rechtliche Voraussetzungen für den VA sind, oder wenn bei einem VA, der im Ermessen der Behörden steht, die Entscheidung wesentlich durch den Vertrag bestimmt ist. In allen übrigen Fällen kommt allenfalls ein Widerruf gem § 49 Abs 2 Nr 3 – die Erkenntnis, dass der Vertrag nichtig ist, stellt, wenn die Behörde erst nach Erlass des VA dazu kommt, ggf eine nachträglich eingetretene Tatsache iS dieser Vorschrift dar – in Betracht. Trotz Nichtigkeit eines Vertrages kann es uU einem Vertragspartner **nach Treu und Glauben** (§ 242 BGB analog) **verwehrt sein, sich auf die Nichtigkeit zu berufen** (vgl BGH NJW 1992, 2552; auch § 57 Rn 15). 34

§ 60 Anpassung und Kündigung in besonderen Fällen

(1) **Haben die Verhältnisse, die für die Festsetzung des Vertragsinhalts maßgebend gewesen sind, sich seit Abschluss des Vertrags so wesentlich geändert,**[8] **dass einer Vertragspartei das Festhalten an der ursprünglichen vertraglichen Regelung nicht zuzumuten ist,**[12] **so kann diese Vertragspartei eine Anpassung des Vertragsinhalts an die geänderten Verhältnisse verlangen**[14] **oder, sofern eine Anpassung nicht möglich oder einer Vertragspartei nicht zuzumuten ist, den Vertrag kündigen.**[15] **Die Behörde kann den Vertrag auch kündigen, um schwere Nachteile für das Gemeinwohl zu verhüten oder zu beseitigen.**[17]

(2) **Die Kündigung bedarf der Schriftform, soweit nicht durch Rechtsvorschrift eine andere Form vorgeschrieben ist. Sie soll begründet werden.**[20]

Parallelvorschrift: § 59 SGB X

Schrifttum: *Bauer,* Anpassungsflexibilität im öffentlichrechtlichen Vertrag, in: Hoffmann-Riem/Schmidt-Aßmann (Hg), Innovation und Flexibilität des Verwaltungshandelns, 1994, 245; *Bleckmann,* Verfassungsrechtliche Probleme des Verwaltungsvertrages, NVwZ 1990, 601; *Bullinger,* Leistungsstörungen beim öffentlich-rechtlichen Vertrag, DÖV 1977, 812; *Christmann,* Der öffentlich-rechtliche Vertrag mit privaten Dritten im Lichte der Schuldrechtsreform, 2009; *Fiedler,* Zum Wirkungsbereich der clausua rebus sic stantibus im Verwaltungsrecht, VerwArch 1976, 125; *Gries/Willebrand,* Beendigung der auf Leistung oder Nutzung gerichteten verwaltungsrechtlichen Schuldverhältnisse, JuS 1990, 193; *Gündling,* Modernisiertes Privatrecht und öffentliches Recht, 2006; *Horn,* Vertragsbindungen unter veränderten Umständen. Zur Wirksamkeit von Anpassungsregelungen in langfristigen Verträgen, NJW 1985, 1118; *Kaminski,* Die Kündigung von Verwaltungsverträgen, 2005; *Köbler,* Die „clausula rebus sic stantibus" als allgemeiner Rechtsgrundsatz, 1991; *Kokott,* Entschädigungsfragen bei der Ausübung des einseitigen Kündigungsrechts der Behörde beim öffentlich-rechtlichen Vertrag (§ 60 Abs 1 Satz 2 VwVfG), VerwArch 1992, 503; *Littbarski,* Der Wegfall der Geschäftsgrundlage im öffentlichen Recht, 1982; *Lorenz,* Der Wegfall der Geschäftsgrundlage beim verwaltungsrechtlichen Vertrag, DVBl 1997, 865; *Ludorf,* Die Schuldrechtsreform und die verwaltungsrechtlichen Verträge, 2004; *Meyer,* Das neue öffentliche Vertragsrecht und die Leistungsstörungen, NJW 1977, 1705; *Nelle,* Neuverhandlungspflichten, 1993; *Oppenländer/Dolde,* Auswirkungen veränderter Verhältnisse auf den Zweckverband als Freiverband, DVBl 1995, 637; *Schlemminger/Böhn,* Betragsmäßige Begrenzung der Sanierungsverpflichtung von Sanierungsverträgen, NVwZ 2010, 354; *Schlette,* Die Verwaltung als Vertragspartner, 2000; *Schwerdtner,* Verwaltungsverträge im Spannungsfeld unbedingter Vertragsbindung und dem Interesse auf Vertragsanpassung bei unveränderter Sachlage, VBlBW 1998, 9; *U. Stelkens,* Von der Nichtigkeit zur Vertragsanpassungspflicht – Zur Neuordnung der Fehlerfolgen, Vw 2005, 193; *Stern,* Die clausula rebus sic stantibus im Verwaltungsrecht, in: Mikat-FS 1989, 775. S auch zu § 54.

Übersicht

I. Allgemeines

1 **1. Inhalt.** Die Vorschrift sieht in Ergänzung zu den allgemeinen Bestimmungen und Grundsätzen über die Kündigung oder Abänderung von Verträgen besondere Kündigungs- bzw Anpassungsrechte in bestimmten Fällen vor. Als Ausprägung des **Grundsatzes von Treu und Glauben** enthält sie **zwingendes Recht;** die Anpassung oder Kündigung nach Abs 1 kann also durch Vertrag

nicht abbedungen werden.[1] Auch ein im Voraus erklärter oder vereinbarter Verzicht auf diese Rechte wäre unwirksam (allgM, vgl StBS 6). Die in Abs 1 geregelten Anpassungs- und Kündigungsrechte treten grundsätzlich **selbstständig neben allgemeine Anpassungs-, Kündigungs- oder Gestaltungsrechte,** die sich für die Vertragspartner nach sonstigen Vorschriften, zB Schuldrecht oder nach vertraglichen Regelungen ergeben (s unten Rn 3). Die Vorschrift regelt zwei Fallkonstellationen, die streng zu unterscheiden sind: Den Fall der nachträglichen Änderung der Verhältnisse (Abs 1 Satz 1) und den Fall der Gefahr schwerer Nachteile für das Gemeinwohl (Abs 1 Satz 2).

2. Verfassungsrecht. Abs 1 Satz 1 ist Ausdruck des auch im öffentlichen Recht geltenden Grundsatzes, wonach die strikte Vertragsbindung (pacta sunt servanda) auch ohne entsprechende Vereinbarung dann durchbrochen werden muss, wenn ein Festhalten an der Vereinbarung infolge einer Änderung der Geschäftsgrundlage für einen oder mehrere Vertragspartner zu unzumutbaren Ergebnissen führen würde **(clausula rebus sic stantibus).** Dieser Grundsatz genießt Verfassungsrang (vgl BVerfGE 34, 216, 230) und gilt deshalb über den unmittelbaren Anwendungsbereich der Vorschrift hinaus (s unten Rn 5). Die im Zivilrecht zum ungeschriebenen Grundsatz der Vertragsanpassung bei Änderung oder Wegfall der Geschäftsgrundlage entwickelte Rechtsprechung[2] kann in wesentlichen Teilen auch zur Auslegung des § 60 herangezogen werden.[3] Sie hat ihren Niederschlag in § 313 BGB gefunden. Die in § 313 Abs 1 BGB getroffene Regelung entspricht weitgehend Abs 1 S 1.[4] Zum Verhältnis der Vorschrift zu § 313 BGB s näher Gündling § 17; s auch unten Rn 12. 2

Auch **Abs 1 Satz 2 ist mit Verfassungsrecht vereinbar.** Die Regelung berechtigt einseitig die an einem öffentlich-rechtlichen Vertrag beteiligte öffentliche Hand (Behörde) zur Kündigung, sofern dies zur Verhütung schwerer Nachteile für das Allgemeinwohl erforderlich ist. Die Vorschrift geht im öffentlichen Interesse über die Grundsätze und Regelungen, die im Zivilrecht für die Änderung der Geschäftsgrundlage gelten, hinaus und durchbricht damit den Grundsatz der Vertragsbindung auch für solche Fälle, in denen ein Festhalten am Vertrag das öffentliche Interesse in unerträglicher Weise gefährden oder beeinträchtigen würde. Sie entspricht im Wesentlichen der Regelung, die nach § 49 Abs 2 Nr 5 für den Widerruf von VAen gilt. 3

3. EU-Recht. a) Direkter Vollzug. Das EU-Recht enthält Bestimmungen über öffentlich-rechtliche Verträge nur rudimentär. Das gilt auch für die Fragen der Vertragsanpassung. Allerdings wird der Rechtsgedanke der clausula rebus sic stantibus als Grundsatz des Unionsrechts angesehen,[5] weshalb davon ausgegangen werden kann, dass die Grundzüge der Regelung sich im Unionsrecht in ähnlicher Weise finden lassen. 4

b) Indirekter Vollzug. Die Vorschrift gilt grundsätzlich auch im Bereich des indirekten Vollzugs von EU-Recht, soweit dieses der Umsetzung durch Verträge überhaupt zugänglich ist (s § 54 Rn 2d). Insoweit ist die Vorschrift im indirekten Vollzug des Unionsrechts unbedenklich. Für bestimmte Fälle kann sich sogar die Verpflichtung aus dem Unionsrecht ergeben, im Interesse der effektiven Umsetzung eine Kündigng bzw eine Anpassung von vertraglichen Regelungen vorzunehmen. 5

---

[1] StBS 6; Knack/Henneke 3.
[2] Vgl BGHZ 61, 153, 159; 89, 226, 231; Lorenz DVBl 1997, 865; Palandt § 313 Rn 14 ff.
[3] Efstratiou, Die Bestandskraft des öffentlich-rechtlichen Vertrags, 1988, S. 291, 310 ff; krit Littbarski passim; Schwerdtner VBlBW 1998, 10; Lorenz DVBl 1997, 865.
[4] So nunmehr ausdrücklich BVerwG, B v 25.1.2011, 2 B 73/10, juris.
[5] Schlussantrag der Generalanwältin Trstenjak vom 30.6.2009 – Rs C-101/08.

6 **4. Anwendungsbereich. a) Unmittelbar.** Die Vorschrift gilt unmittelbar für sämtliche verwaltungsrechtlichen Verträge im Anwendungsbereich des VwVfG, unabhängig davon, ob sie **subordinations- wie für koordinationsrechtlicher Natur** sind, allerdings vorbehaltlich inhaltsgleicher oder entgegenstehender Regelungen in anderen Rechtsnormen (s näher Kaminski, S. 154 ff). Die Verwaltungsverfahrensgesetze der Länder enthalten im Wesentlichen gleich lautende Vorschriften. Die Vorschrift gilt auch für Verträge, die vor dem Inkrafttreten des VwVfG geschlossen wurden[6] **(Altverträge)** und beschränkt sich nicht auf Verträge, die Dauerschuldverhältnisse begründen, sondern erfasst auch **Verträge mit einmaligen Leistungspflichten.**[7] Die Natur eines Vertrages als vertragliche Rechtsgrundlage einer auf gewisse Dauer gedachten Einrichtung, zB eines Zweckverbands zur Erfüllung bestimmter Aufgaben, steht der Anwendbarkeit des § 60 nicht entgegen.[8] Die Vorschrift differenziert auch nicht nach **Verpflichtungs- und Verfügungsverträgen,** obwohl sie für letztere praktisch kaum relevant werden dürfte.

7 **b) Analoge Anwendbarkeit.** Als **Ausdruck allgemeiner Rechtsgrundsätze** sind § 60 und die entsprechenden Vorschriften des Landesrechts sinngemäß auch auf verwaltungsrechtliche Verträge anwendbar, die unmittelbar in den Anwendungsbereich des VwVfG fallen und auch keine Sonderregelung erfahren haben.[9] Die hM bejaht zu Recht auch die Anwendung des Abs 1 Satz 1 auf die Fälle des **beiderseitigen Irrtums über die Geschäftsgrundlage** (s unten Rn 11), ferner auch auf die Fälle des bereits **anfänglichen Fehlens der Geschäftsgrundlage** (s unten Rn 22). **Keine entsprechende Anwendung** kann die Regelung auf **privatrechtliche Verträge** der Verwaltung im Bereich der Erfüllung öffentlicher Aufgaben finden.[10] In derartigen Fällen richten sich Anpassung und Kündigung allein nach den allgemeinen im Zivilrecht geltenden Vorschriften, insbes der §§ 313 ff BGB nF (s auch BGH NVwZ 2010, 531, 535). Zur entsprechenden Anwendbarkeit der Regelung für Verträge, die vor Inkrafttreten des VwVfG geschlossen wurden, vgl BVerwGE 97, 332, 340.

8 **c) Einschränkungen des Geltungsbereichs. aa) Abgeschlossener Vertrag.** Die Anwendung der Vorschrift setzt einen bereits geschlossenen Vertrag voraus. Der Vertrag darf nicht schon aus anderen Gründen, zB wegen Anfechtung oder Unmöglichkeit, unwirksam sein (s unten Rn 10). Zweifelhaft ist, ob Kündigung und Vertragsanpassung wegen einer Änderung der Verhältnisse auch dann noch in Betracht kommen, wenn die Änderung erst eintritt, nachdem das **Vertragsverhältnis bereits abgewickelt** und die Leistungspflichten etwa infolge Erfüllung erloschen sind.[11] Das BVerwG hat diese Frage für einen Vergleichsvertrag ohne Dauerwirkung bejaht und angenommen, dass eine Vertragsanpassung **auch nach Erfüllung noch in Betracht** kommt.[12] Dem wird man nur mit Einschränkungen zustimmen können. Es muss wohl darauf ankommen, ob sich ein bereits bei Vertragsschluss bestehendes Risiko realisiert, dessen Über-

---

[6] BVerwG NVwZ-RR 2009, 590 für vertraglich begründete Kirchenbaulasten.

[7] BVerwGE 143, 335; BVerwG NVwZ 1991, 1096; OVG Münster NVwZ 1991, 1106; StBS 4.

[8] **AA** VGH Mannheim NVwZ-RR 1990, 215, jedoch mit weitgehend gleichem Ergebnis aufgrund allgemeiner Rechtsgrundsätze und zT analoger Anwendung von § 60.

[9] So die hM, vgl BVerwGE 97, 331, 340; VGH Mannheim VBlBW 1987, 388; Schwerdtner VBlBW 1998, 10; wohl auch StBS 4; Knack/Henneke vor § 54 Rn 25 und § 60 Rn 5.

[10] S hierzu allg Einf I, Rn 51; StBS § 1 Rn 116; nach der Neuregelung in § 313 BGB nF besteht hierfür auch kein Bedarf mehr.

[11] Vgl BVerwG, B v 24.1.2012, 8 B 89/11 über die Zulassung der Revision wegen grundsätzlicher Bedeutung dieser Frage.

[12] BVerwGE 143, 335 für Anpassung eines Vergleichsvertrages im Rahmen einer Rückgabe eines Grundstücks nach dem VermG.

nahme dem anderen Vertragsteil nach dem Vertrag keinesfalls zugemutet werden konnte und sollte. So lag es in dem vom BVerwG entschiedenen Fall, in dem sich ein Risiko realisierte, dass die betroffene Stadt billigerweise nicht tragen konnte und das – hätten die Beteiligten es erwogen – ohne Zweifel Berücksichtigung gefunden hätte.

bb) Spezielle Regelungen. Regelmäßig ausgeschlossen ist die Anwendung der Vorschrift, wenn und soweit die Beteiligten gerade **für den Fall der fraglichen Änderungen vertragliche Vorkehrungen** getroffen haben. Das gilt jedenfalls insoweit, als diese dem Grundsatz von Treu und Glauben hinreichend gerecht werden. Ebenfalls ausgeschlossen ist die Vorschrift, wenn eine später erlassene **Rechtsnorm vertragliche Regelungen inhaltlich verändert,** zB entgegenstehende Verträge unmittelbar aufhebt, gegenstandslos werden lässt oder den Vertragspartnern ein Recht auf eine neue Entscheidung einräumt.[13] In derartigen Fällen stellt sich dann jedoch die Frage der verfassungsrechtlichen Zulässigkeit der unmittelbar in die vertraglichen Rechtspositionen eingreifenden Rechtsvorschrift, nicht zuletzt im Hinblick auf die damit verbundene Rückwirkung.[14] Im Zweifel ist eine unmittelbare Einwirkung neuen Rechts auf bestehende Verträge zu verneinen. Speziellere Rechtsvorschriften, die nur Teilbereiche regeln, sind idR nicht abschließend. 9

5. Verhältnis zu anderen Vorschriften. a) Anfechtung wegen Willensmängeln. Die über § 62 S 2 anwendbaren Vorschriften des BGB über das Zustandekommen von Verträgen und der §§ 119 ff BGB über Willensmängel stehen selbständig neben den Möglichkeiten einer Vertragsanpassung oder Kündigung. Hat ein Beteiligter die eigene Willenserklärung wegen Irrtums (§ 119 BGB) oder wegen arglistiger Täuschung bzw Drohung (§ 123 BGB) allerdings angefochten, so ist für eine Vertragsanpassung oder Kündigung grundsätzlich kein Raum mehr. 10

b) Gesetzliche/vertragliche Kündigungsrechte. Nicht berührt wird durch § 60 das Recht der Beteiligten zur Geltendmachung eines vereinbarten oder in entspr Anwendung der Vorschriften des BGB anzuerkennenden gesetzlichen Kündigungsrechts einschließlich des Rechts **gem § 314 BGB** zur Kündigung von Dauerschuldverhältnissen aus wichtigem Grund.[15] Auch vertragliche Vereinbarungen für den Fall der Änderung der Verhältnisse gehen vor. Unberührt bleibt auch die Befugnis der Beteiligten zur Aufhebung oder Änderung des Vertrages im gegenseitigen Einvernehmen sowie das Recht zur Anfechtung von Willenserklärungen entspr §§ 119, 120, 123 und 142 BGB, zum Rücktritt entspr §§ 323 ff BGB nF (BVerwGE 42, 333, 341; Knack/Henneke 7) wobei ggf auch das öffentliche Interesse zu berücksichtigen ist, sowie schließlich zur Geltendmachung der Nichtigkeit eines Vergleichsvertrages gem § 55 Abs 1 und gem § 779 BGB. 11

c) Änderung/Wegfall der Geschäftsgrundlage (§ 313 BGB). Ausgeschlossen durch § 60 als Sonderregelung ist eine entspr Anwendung der Grundsätze des Zivilrechts über die Geschäftsgrundlage, die durch das Schuldrechts- 12

---

[13] Vgl BVerwGE 31, 62; BVerwG BayVBl 1972, 669; BGHZ 40, 355; 54, 293; DÖV 1980, 171, 879; Knack/Henneke 19.

[14] S zur Zulässigkeit der echten Rückwirkung von Rechtsvorschriften zB BVerfG 11, 145; 14, 104, 297; 25, 290; 30, 386; 33, 293; 36, 82; 48, 415; 53, 309; 95, 64; 122, 374; 126, 369; 135, 1; MK 30 IV mwN; Kopp APF 1980, 33 mwN; zur Zulässigkeit einer unechten, dh erst für die Zukunft geltenden, aber mittelbar, auch im Vertrauen auf eine bestehende Regelung in der Vergangenheit getroffene Dispositionen „entwertenden", Rückwirkung, zB BVerfG 11, 146; 13, 271; 18, 144, 439; 22, 275; 24, 220, 270; 31, 275; 33, 23; 43, 288; 62, 163; 127, 1; 131, 20; 132, 302; MK 30 IV; Kopp APF 1980, 33.

[15] HM, vgl StBS 8b; Knack/Henneke 7; näher Kaminski, S. 194 ff; **aA** Ziekow 2; Ziekow/Siegel VerwArch 2004, 573.

ReformG in § 313 BGB eine positive Regelung erfahren haben. **Umstritten** ist der Ausschluss im Hinblick auf § 313 Abs 2 BGB für den Fall, dass die subjektiven Vorstellungen der Vertragsparteien von Anfang an unzutreffend waren.[16]

13 **6. Verhältnis zu den Regeln der Unmöglichkeit. a) Vorrang des Unmöglichkeitsrechts.** Nach der Neuregelung durch das Schuldrechts-ModernisierungsG ist auch das Verhältnis zwischen den Regelungen für Anpassung und Kündigung und den Regelungen der Unmöglichkeit im BGB neu zu bestimmen. Nach der zivilrechtlichen Systematik, die insoweit auch für den öffentlichrechtlichen Vertrag gelten muss, sind die **Regelungen der Unmöglichkeit vorrangig,** weil sie die Leistungsansprüche ganz oder teilweise ausschließen. Zu einer Vertragsanpassung oder einer Kündigung nach § 60 kann es deshalb nur kommen, wenn die Leistungspflichten durch die nachträglichen Änderungen nicht entfallen sind (vgl BGH NJW-RR 1995, 854). Nur wenn der Schuldner nicht gem § 275 BGB nF iVm § 62 S 2 von seiner Pflicht zur Leistung frei geworden ist, was bei subordinationsrechtlichen Verträgen nach § 59 Abs 2 Nr 1 iVm § 44 Abs 2 Nr 6 bzw Nr 4 idR zur Nichtigkeit des Vertrages führt (vgl § 59 Rn 16), stellt sich die Frage der Anpassung des Vertrages überhaupt.

14 **b) Abgrenzung zur Unmöglichkeit.** Für die Abgrenzung ist auf die im Zivilrecht entwickelten Grundsätze zurückzugreifen (vgl hierzu Palandt § 313 Rn 25). Eine sog **faktische Unmöglichkeit** gem § 275 Abs 2 BGB nF liegt vor, wenn die Leistungserbringung dem Schuldner zwar theoretisch noch möglich ist, aber nach der allgemeinen Lebensauffassung sinnlos ist. Maßgebend ist hier das Gläubigerinteresse, das in einem groben Missverhältnis zu dem Aufwand stehen muss (der Ring auf dem Meeresgrund). Insoweit kann der Schuldner nach § 275 Abs 2 BGB nF die Leistung verweigern; für die Gegenleistung gilt dann § 326 BGB nF. Eine Anwendung der Regelungen des § 60 ist damit ausgeschlossen. Etwas anderes gilt nach wie vor für die Fälle der **wirtschaftlichen Unmöglichkeit,** bei der dem Schuldner die erforderliche Leistungshandlung wirtschaftlich nicht mehr zumutbar ist. Diese Form der Unmöglichkeit wird von § 275 BGB nF nicht erfasst und begründet zivilrechtlich eine Vertragsanpassung (vgl RegBegr zum Schuldrechts-ModernisierungsG BT-Dr 14/6040, 130). Für den öffentlich-rechtlichen Vertrag bleibt es deshalb insoweit bei der Anwendbarkeit des Anpassungs- bzw Kündigungsrechts nach § 60. Weitere Abgrenzungsschwierigkeiten treten in Fällen der **Zweckstörung** auf. Während in Fällen der Zweckerreichung und des Zweckfortfalls Unmöglichkeit anzunehmen ist und damit eine Anpassung nach § 60 ausscheidet, soll zivilrechtlich in Fällen, in denen der Schuldner die Leistung noch erbringen kann und der Gläubiger sie lediglich nicht mehr dem vertraglich vorausgesetzten Zweck entsprechend verwenden kann (Zweckstörung) eine Anpassung des Vertrages möglich sein (BGHZ 74, 374, vgl auch Palandt § 275 Rn 20). Für diese Fälle bleibt auch die Anpassungs- und Kündigungsmöglichkeit nach § 60 anwendbar.

II. Anpassung und Kündigung bei wesentlicher Änderung der Verhältnisse (Abs 1 S 1)

15 **1. Allgemeines.** Abs 1 S 1 gibt der durch eine wesentliche Änderung der Verhältnisse betroffenen Vertragspartei Anspruch auf Anpassung des Vertrages bzw ein außerordentliches Kündigungsrecht zur Lösung des Vertrages für die

---

[16] Für diesen Fall wendet die hM die Vorschrift analog an (s Rn 22), vgl OVG Lüneburg NVwZ 2003, 629; StBS 13; FKS 5; Ziekow/Siegel VerwArch 2004, 573; **aA** Knack/Henneke 24; Oppenländer/Dolde DVBl 1995, 642: Anwendbarkeit von § 313 Abs 2 BGB iVm § 62 S 2. S auch Gündling § 17 IV.

Zukunft.[17] Die Regelung entspricht dem früher geltenden Recht. Sie hat praktische Bedeutung nur für Verträge, deren Abwicklung sich über eine gewisse Zeit hinweg erstreckt und bei denen im Zeitpunkt der Kündigung bzw des Anpassungsverlangens Leistungen zumindest eines Partners noch ausstehen (Knack/Henneke 18). Der Anspruch auf eine Anpassung des Vertrages kann auch als **rechtsvernichtende Einrede** gegen Erfüllungsansprüche geltend gemacht werden (BVerwG NVwZ 2002, 486).

2. Wesentliche Änderung der Verhältnisse. a) Begriff der Verhältnisse. 16
Das **BVerwG** definiert Verhältnisse als solche Umstände, die die Vertragspartner zwar nicht zum Vertragsinhalt gemacht haben, deren Bestand sie jedoch als gemeinsame Grundlage des Vertrages angenommen haben. Vertragsgrundlage sind die bei Vertragsschluss bestehenden gemeinsamen Vorstellungen der Vertragsparteien oder die für den Vertragspartner erkennbaren und von ihm nicht beanstandeten Vorstelllungen der einen Vertragspartei von dem Vorhandensein oder dem künftigen Eintritt gewisser Umstände, sofern der Geschäftswille der Vertragsparteien auf dieser Vorstellung aufbaut.[18] Umstände können Tatsachen oder Rechtsänderungen, uU auch Änderungen von Verwaltungsvorschriften sein.

aa) Tatsachen. Im tatsächlichen Bereich liegen beispielsweise Änderungen 16a
des Preis- oder Kostenniveaus, des Standes der Technik, der naturwissenschaftlichen, medizinischen oder anderen Erkenntnisse oder der persönlichen Lebensumstände. Änderungen, die ein Vertragspartner **selbst herbeigeführt** hat, sind nicht grundsätzlich unbeachtlich; in solchen Fällen wird es dem betroffenen Vertragspartner allerdings in der Regel zuzumuten sein, an der ursprünglichen vertraglichen Regelung festzuhalten.[19] Umgekehrt können Änderungen, die ein Vertragspartner selbst herbeigeführt hat, auch zu einer Vertragsanpassung im Interesse des anderen Vertragspartners führen.[20] Dem Widerruf einer Asylanerkennung nach § 73 AsylG steht nicht entgegen, dass sich die Behörde zur Anerkennung in einem gerichtlichen Vergleich verpflichtet hatte.[21]

bb) Rechtsänderungen. Auch Rechtsänderungen sind im Rahmen von 17
Abs 1 Satz 1 zu berücksichtigen. Dies gilt sowohl für die Änderung von Rechtsvorschriften,[22] als auch bei **Änderungen der Rechtsprechung.**[23] Bei der Änderung von Rechtsvorschriften ist danach zu unterscheiden, ob durch sie unmittelbar in das Vertragsverhältnis eingegriffen wird (dann keine Anwendbarkeit des § 60, vgl Rn 6a) oder ob sich lediglich die Rahmenbedingungen des Vertragsverhältnisses ändern (dann Anwendbarkeit des § 60; vgl dazu BVerwG NVwZ 2002, 486, 488; Bader/Ronellenfitsch 8). Umstritten, richtigerweise aber zu bejahen, ist die Anwendbarkeit des § 60 auf die Fälle, in denen der Vertrag auf der Grundlage einer später für **verfassungswidrig oder ungültig erklärten Rechtsnorm** geschlossen wurde. Hier wurde in der Vergangenheit teilweise im

---

[17] Vgl idS auch BAG NZA 1987, 16; s auch Bleckmann NVwZ 1990, 607; zweifelhaft für den Fall, daß der Grund bereits in der Vergangenheit entstanden ist, für die Zeit ab der maßgeblichen Änderung der Verhältnisse.

[18] BVerwG Buchh 316 Nr 11 mwN.

[19] BVerwG, B v 11.11.2009, 7 B 13.09; ähnlich StBS 14b für Änderung von Verwaltungsvorschriften durch den Vertragspartner.

[20] VGH Mannheim, ArztR 2011, 100 zur Zulässigkeit einer Vertragsanpassung eines Chefarztvertrages zum Zweck der Beseitigung von Missständen bei der Krankenhausführung. Ähnlich VGH Mannheim VBlBW 2009, 387; abl Anm von Leuze MedR 2010, 47.

[21] VG Freiburg, Urt v 1.12.2009, A 6 K 2367/08, juris. Hier stellt sich allerdings die Frage, ob § 73 AsylG nicht ohnehin eine spezielle Regelung darstellt.

[22] BVerwG NVwZ 2002, 486, 488 (im entschiedenen Fall abgelehnt); VGH München BayVBl 1988, 721, 722; VGH Kassel DÖV 1976, 357.

[23] Knack/Henneke 18; MB 6; BGHZ 58, 362; BVerwGE 35, 236.

Hinblick auf die Rechtslage bei Verwaltungsakten (vgl § 49 Rn 49) die Auffassung vertreten, eine Anpassung sei nicht gerechtfertigt.[24] Richtigerweise wird man bei vertraglich geregelten Rechtsverhältnissen, für die es keine bei Unanfechtbarkeit eintretende Bestandskraft gibt, die Anwendbarkeit des § 60 nicht ausschließen können.[25]

18 cc) **Änderung von Verwaltungsvorschriften? Umstritten** ist die Frage, ob auch die Änderung von Verwaltungsvorschriften und der auf sie gestützten Verwaltungspraxis als beachtliche Veränderung der Verhältnisse angesehen werden kann. Es wird überwiegend verneint (Knack/Henneke 9; StBS 14b; Obermayer Rn 20; Bader/Ronellenfisch 8). Grundgedanke ist, dass die Verwaltung durch eine Änderung ihrer Praxis nicht selbst die Voraussetzungen des § 60 soll schaffen dürfen. Dieses Argument trägt aber nur, soweit es um Anpassungen zugunsten der Verwaltung geht, und auch nur dann, wenn die Behörde darauf überhaupt Einfluss hat. Ein anderer Aspekt kann sein, dass Vertragspartner grundsätzlich mit der Änderung einer Verwaltungspraxis rechnen müssen. Das dürfte aber nur gelten, soweit sich diese Änderungen im **Bereich des Risikorahmens** bewegen, der den Vertragspartnern grundsätzlich bei Vertragsabschlüssen zugemutet werden muss und der zugleich das Gegenstück zu den erwarteten Chancen und Vorteilen ist. Deshalb wird man bei Überschreitung des Rahmens auch bei der Änderung von Verwaltungsvorschriften eine Anpassung in Betracht ziehen müssen.[26]

19 **b) Wesentlichkeit der Änderung.** Die Voraussetzung der Wesentlichkeit überschneidet sich teilweise sachlich mit den übrigen Voraussetzungen, insbesondere mit der Unzumutbarkeit („so wesentlich geändert, dass … das Festhalten … nicht mehr zuzumuten ist.“). Eine wesentliche Änderung der Verhältnisse iS des Abs 1 ist entsprechend den Grundsätzen zur Geschäftsgrundlage dann anzunehmen, wenn **drei Voraussetzungen** erfüllt sind: Erstens muss sich die Änderung auf die vertraglich relevanten tatsächlichen oder rechtlichen Umstände beziehen. Zweitens muss es sich um Änderungen handeln, mit denen die **Vertragspartner nicht gerechnet** haben, und die drittens so erheblich sind, dass davon auszugehen ist, dass der Vertrag **bei Kenntnis dieser Umstände nicht mit demselben Inhalt geschlossen** worden wäre.[27] Dabei ist zu berücksichtigen, dass die Beteiligten Chancen und Risiken der Vereinbarung im Rahmen der Verfolgung von Eigeninteressen einkalkulieren und dafür auch die Verantwortung tragen. Deshalb kommen Kündigung bzw Anpassung nur in Betracht, wenn und soweit es sich um grundlegende Änderungen handelt, die den **Risikorahmen** (s auch unten Rn 23) derart überschreiten, dass ein Festhalten am Vertrag zu einem für den betroffenen Beteiligten nach **Treu und Glauben nicht zumutbaren Ergebnis** führte, zB zu einem untragbaren Missverhältnis zwischen Leistung und Gegenleistung (Äquivalenzstörung).[28] Die Geschäftsgrundlage eines Vertrages entfällt dabei nicht schon dann, wenn eine Vertragspartei nach ihrer heutigen Interessenlage vernünftigerweise nicht mehr in den Vertragsschluss einwilligen würde; erforderlich ist vielmehr – anders als zur Begründung des Kündigungsrechts gem § 60 Abs 1 S 2 –, dass die Vertragspartner bestimmte, später weggefallene Umstände als **gemeinsame Grundlage des**

---

[24] BVerwG NJW 1974, 2247; OVG Münster DVBl 1972, 2010.

[25] HM, vgl VGH München DVBl 1970, 977; StBS 15; Knack/Henneke 18; UL § 71 Rn 11; Bader/Ronellenfitsch 8.

[26] OVG Münster, Städte- und Gemeindetag, 2011, 33 in einem Fall, indem ein vor ca 40 Jahren auf der Grundlage einer allgemeinen Beitragsfreiheit für die Abführung von Oberflächenwasser geschlossener Vertrag gekündigt wurde.

[27] BVerwGE 87, 77; OVG Münster DVBl 1975, 47; Veelken DVBl 1980, 926.

[28] BVerwG, B v 25.1.2011, 2 B 73/10 (Bleibeverhandlungen eines Uni-Professors), juris; OVG Münster NVwZ 1986, 1044; Knack/Henneke 22; StBS 19.

Vertrages angenommen und vorausgesetzt haben (OVG Münster NJW 1993, 2637).[29]

3. Für den Vertragsinhalt maßgebend. Maßgebend waren rechtliche und tatsächliche Verhältnisse dann, wenn sie von den Vertragspartnern ausdrücklich oder stillschweigend zur **gemeinsamen und wesentlichen Grundlage des Vertrages** gemacht worden sind.[30] Ausreichend, aber auch erforderlich ist, dass die fraglichen Umstände als gemeinsame Grundlage des Vertrages angenommen und deren Fortbestand fraglos vorausgesetzt wurde,[31] oder dass die Umstände nur von einer Vertragspartei zugrundegelegt wurden, sofern dies den anderen Vertragspartnern bei Vertragsabschluss erkennbar war und nicht beanstandet wurde (BGHZ 84, 889, 231; BGH NJW 1991, 1478). Nicht ausreichend ist, dass die fraglichen Verhältnisse lediglich zum Motivationsbereich einzelner oder aller Vertragspartner gehörten, ohne dass diese Ziele, Absichten, Erwartungen oder sonstigen Vorstellungen Geschäftsgrundlage geworden wären.[32] Soweit die fraglichen Änderungen der Verhältnisse vertraglich geregelt wurden, ist diese **vertragliche Regelung vorrangig** zu beachten; § 60 findet insoweit keine Anwendung (Knack/Henneke 15). Dies ist beispielsweise der Fall, wenn der Vertrag für die Änderung der Verhältnisse bestimmte Anpassungen der Leistungspflichten bereits selbst vorsieht. 20

4. Zeitpunkt der Änderung. a) Grundsatz: Änderung nach Vertragsschluss. Nach dem Wortlaut der Vorschrift müssen sich die Verhältnisse nach Abschluss des Vertrages geändert haben. Die Vorschrift regelt damit unmittelbar lediglich den Fall des nachträglichen Wegfalls bzw der nachträglichen Änderung der Geschäftsgrundlage. Dabei kommt es auf die **objektiven Verhältnisse** an; dass die Beteiligten bei Vertragsschluss von der relevanten Änderung der Verhältnisse nichts wussten und vielleicht auch nicht wissen konnten, spielt keine Rolle; insoweit kommt nur eine analoge Anwendung der Vorschrift in Betracht. Nach zutreffender neuerer Auffassung kann auch eine **Änderung nach Erfüllung** der vertraglichen Verpflichtungen noch zu einer nachträglichen Anpassung bzw Kündigung führen (s unten Rn 25a). 21

b) Anfängliches Fehlen der Geschäftsgrundlage. Fehlte dem Vertrag die Geschäftsgrundlage bereits von Anfang an, weil die Vertragspartner irrig von bestimmten rechtlichen oder tatsächlichen Verhältnissen ausgegangen sind, so ist die Regelung nach ihrem Wortlaut nicht unmittelbar anwendbar. Das bloße Aufdecken des Irrtums stellt keine Änderung der tatsächlichen Verhältnisse dar. In diesen Fällen geht die hM allerdings zu Recht von einer **analogen Anwendbarkeit** der Vorschrift **aus.**[33] Die analoge Anwendung setzt aber voraus, dass beide Vertragspartner sich über vertragswesentliche Verhältnisse im Irrtum befunden haben; wenn sich nur ein Vertragspartner darüber getäuscht hat, kommt nur eine Anfechtung der Willenserklärung, die zum Vertragsschluss geführt hat, analog §§ 119, 123 BGB (s hierzu § 62 S 2) in Betracht. 22

---

[29] Zur Wesentlichkeit der Änderung von Verhältnissen, die zur Anpassung eines Durchführungsvertrags iSd § 12 BauGB berechtigen vgl OVG Berlin-Brandenburg LKV 2009, 175.

[30] BVerwGE 25, 299; Knack/Henneke 22.

[31] BVerwG Buchh 316 § 60 Nr. 11; BVerwGE 143, 335, 338: Nicht erforderlich ist, dass die gemeinsame Vorstellung zusätzlich auf konkrete künftig eintretende Ereignisse oder deren Ausbleiben gerichtet ist.

[32] So zB wenn ein Vertragspartner bei einer Kreuzungsvereinbarung ein bestimmtes städtebauliches Umfeld zugrunde gelegt hat (BVerwG B v 11.11.2009, 7 B 13/09, juris).

[33] OVG Lüneburg NVwZ 2003, 629; OVG Münster NVwZ 2001, 691; StBS 13; Obermayer Rn 26; Ziekow/Siegel VerwArch 2004, 573, 575; Kaminski S 174; Bader/Ronellenfitsch 11a; **aA** Knack/Henneke 14; ausführlich Gündling § 17 IV: kein Bedarf für Analogie, sondern Anwendung von § 62 S. 2 iVm § 313 Abs 2 BGB.

23 **5. Unzumutbarkeit des Festhaltens am Vertrag. a) Überschreitung der Risikogrenze.** Verträge werden unter Kontingenzbedingungen geschlossen. Mit gewissen Änderungen der Verhältnisse muss deshalb jeder Vertragspartner rechnen. Deshalb reicht es für eine Vertragsanpassung nicht aus, dass ein Vertragspartner in Kenntnis der geänderten Verhältnisse die Vereinbarung in der vorliegenden Form nicht geschlossen haben würde.[34] Vielmehr wird man verlangen müssen, dass dem betroffenen Vertragspartner das Festhalten am Vertragsinhalt bei Würdigung sämtlicher Umstände einschließlich der Ausgleichsfunktion des Vertrages und des Vertrauensschutzes des Partners nicht mehr zumutbar wäre.[35]

Nicht mehr zuzumuten ist das Festhalten an der ursprünglichen vertraglichen Regelung einem Vertragspartner dann, wenn der **Rahmen des Risikos** überschritten wird, den der Vertragspartner bei Abwägung aller Umstände, einschließlich der Interessen der übrigen Vertragspartner, nach Treu und Glauben hinzunehmen hat.[36] Dabei ist davon auszugehen, dass die Vertragspartner bei Abschluss des Vertrages grundsätzlich das Risiko bestimmter Änderungen der rechtlichen und tatsächlichen Verhältnisse selbst übernehmen und deshalb auch bei Eintritt dieser Änderungen am Vertrag festgehalten werden können. Dies gilt in besonderer Weise dann, wenn einzelne Vertragspartner das **Risiko bestimmter Veränderungen bewusst übernommen** haben, um in den Genuss einer bestimmten Gegenleistung zu gelangen.

24 **b) Überschreitung der Wesentlichkeitsgrenze.** Neben der Überschreitung des Risikorahmens ist weitere Voraussetzung für die Unzumutbarkeit des Festhaltens am Vertrage, dass dies wesentliche Nachteile für den betroffenen Vertragspartner zur Folge hätte. Dabei ist ein objektiver Maßstab zugrundezulegen. Maßgeblich sind die gesamten Umstände des Einzelfalls. Hierzu zählt auch die Frage, ob der betroffene Vertragspartner die Änderung der maßgeblichen Verhältnisse selbst verursacht oder gar verschuldet hat, ob Vorkehrungen gegen die Auswirkungen treffen konnte oder kann und welche Bedeutung die Änderung im Verhältnis zum Interesse des Vertragspartners am Inhalt des Vertrages selbst hat, insb ob sie zu einem eklatanten Missverhältniss zwischen Leistung und Gegenleistung geführt hat (s BVerwG Buchh 316 § 60 Nr. 11).

25 **6. Rechtsfolgen: Anpassung oder Kündigung.** Die dargelegten Grundsätze sind auch für die Beurteilung maßgeblich, ob eine an sich mögliche Anpassung des Vertrages einem Beteiligten nicht zumutbar ist und daher nur die Kündigung in Betracht kommt (VGH Mannheim VBlBW 1996, 257). Die Anpassung bzw Kündigung muss **für alle Vertragspartner zumutbar sein** (ebenso Knack/Henneke 17). Anpassungen kommen außerdem nur in Betracht, wenn sie **tatsächlich und rechtlich möglich,** insb die geänderten Regelungen auch in der künftigen Form rechtlich zulässig und für die Beteiligten auch sinnvoll sind.

---

[34] BVerwG B v 25.1.2011, 2 B 73.10, juris, für Änderung der besoldungsrechtlichen Verhältnisse als Geschäftsgrundlage von Bleibeverhandlungen; Schlemminger/Böhn NVwZ 2010, 354 für Höchstmengenbegrenzung bei Sanierungsverträgen.

[35] BVerwGE 143, 335: Anspruch der Behörde auf Vertragsanpassung, wenn bei Vertrag über die Rückübertragung eines Grundstücks nach dem VermG noch nicht absehbar war, dass ein Dritter einen vorrangigen Anspruch geltend machen kann.

[36] BVerwG Buchh 316 § 60 Nr. 11; BVerwGE 143, 335, 338: „Wenn die Ausgleichsfunktion der beiderseits geschuldeten Leistungen so stark gestört ist, dass es dem betroffenen Vertragspartner nach Treu und Glauben unmöglich wird, in der bisherigen Regelung seine Interessen auch nur annähernd gewahrt zu sehen"; nicht angenommen wurde dies in dem von BVerwG B v 25.1.2011, 2 B 73.10, juris, entschiedenen Fall einer Bleibevereinbarung, die durch die Kürzung der jährlichen Sonderzuwendung an Wert verloren hatte; abgelehnt wurde die Wesentlichkeit auch für einen Stellplatzablösevertrag im Hinblick auf die später zutage tretende Möglichkeit, die Stellplätze real zu schaffen (VGH Mannheim NVwZ-RR 2000, 206). Von BVerwG NVwZ-RR 2009, 590 auch abgelehnt für einen Fall vor Inkrafttreten der WRV begründete Kirchenbaulasten (sehr zweifelhaft).

Auch **soweit Verpflichtungen aus dem Vertrag bereits erfüllt** sind und die erbrachten Leistungen nicht mehr ohne weiteres zurückgegeben werden können, ist eine Anpassung oder Kündigung nach heute überwiegender Auffassung nicht ausgeschlossen.[37] Hier muss aber im Hinblick auf die Zumutbarkeit berücksichtigt werden, ob der Vertragspartner mit einer nachträglichen Änderung rechnen konnte bzw musste.[38] Ist der Vertragspartner, an den ein Anpassungsverlangen gerichtet wird, der Auffassung, dass ihm nur die gänzliche Auflösung des Vertrages zuzumuten ist, so kann er die Kündigung nicht erzwingen, sondern nur die Anpassung verweigern. 25a

Der Vertragspartner, der die Anpassung verlangt, kann seinen **Anspruch auf die Zustimmung** mit der allgemeinen **Leistungsklage** geltend machen (BVerwGE 97, 331; VGH Mannheim DÖV 2005, 786); mit dem Urteil wird dann ggf gem § 894 ZPO die Zustimmung ersetzt. Die unberechtigte Verweigerung der Zustimmung zu einem Anpassungsverlangen stellt außerdem eine positive Vertragsverletzung (vgl OLG Karlsruhe NJW 1982, 54), seitens der Behörde außerdem ggf auch eine Amtspflichtverletzung (Art 34 GG, § 839 BGB), dar. Bei Streit über die Berechtigung der Kündigung bzw des Anpassungsverlangens, insb im Hinblick auf die Frage, ob die Voraussetzungen des § 60 gegeben sind, ist der **Verwaltungsrechtsweg** eröffnet. Kündigung und Anpassungsverlangen sind an keine Fristen gebunden. Das Recht dazu kann aber nach allgemeinen Grundsätzen verwirkt werden, wenn der Berechtigte die Geltendmachung treuwidrig hinauszögert. Vgl zur grundsätzlich möglichen (vgl BVerwG NVwz-RR 2009, 590) Verwirkung dieser Rechte § 53 Rn 41. 26

a) Anpassung. Die Anpassung kann, wie sich aus der Parallelität der Regelung mit der Bestimmung über die Kündigung ergibt, **nur für die Zukunft** verlangt werden (StBS 23b; Knack/Henneke 34). Maßgeblich ist der Zeitpunkt des Zugangs des Anpassungsverlangens bei den übrigen Vertragspartnern. Die Anpassung ist durch entsprechende (Willens-)Erklärung gegenüber den Vertragspartnern geltend zu machen. Das Anpassungsverlangen steht im **Ermessen** der Behörde; es stellt gleichwohl mangels einseitiger rechtsverbindlicher Regelung **keinen VA** dar, sondern eine **öffentlich-rechtliche Willenserklärung,** die zugleich Verfahrenshandlung ist und deshalb die allgemeinen Voraussetzungen, insbesondere des § 12, erfüllen muss. Sie hat keine rechtsgestaltende Wirkung, sondern zielt auf die einvernehmliche Abänderung des Vertragsinhalts ab.[39] 27

Die Anpassung selbst erfolgt durch **Abschluss eines entsprechenden Änderungsvertrages,** der in der Regel den Charakter eines Vergleichsvertrages gem § 55 trägt (vgl VGH München NVwZ 1989, 167). Weigern sich die Vertragspartner, einen entsprechenden Abänderungsvertrag abzuschließen, so kann der Betroffene seinen Anspruch auf Vertragsanpassung prozessual nach allgM mit einer Leistungsklage geltend machen, die auf Zustimmung zu dem Änderungsvertrag gerichtet ist (BVerwGE 97, 331 = NVwZ 1996, 171; Knack/Henneke 37). **Der Inhalt der Neuregelung** richtet sich nach Treu und Glauben unter Zugrundelegung der Interessenlage der Beteiligten. Zuständig ist das Verwaltungsgericht. Mit Rechtskraft des verwaltungsgerichtlichen Urteils wird entsprechend § 894 ZPO die Zustimmung ersetzt. **§ 28 ist nicht anwendbar;** eine Anhörung der übrigen Vertragspartner vor der Erklärung des Anpassungsverlangens ist daher nicht erforderlich und auch entbehrlich, weil die Anpassung selbst 28

37 BVerwGE 143, 335; BVerwG, B v 25.1.2011, 2 B 73/10 (Bleibeverhandlungen eines Uni-Professors), juris; BVerwG NVwZ-RR 2009, 590; für § 313 Abs 1 auch BGHZ 131, 209, 216; **aA** Knack/Henneke 33: Anpassung nur, wenn Verpflichtungen noch nicht durch Erfüllung nach § 62 S 2 iVm § 362 BGB erloschen.

38 OVG Münster DVBl 1973, 697; VGH Mannheim VBlBW 1987, 388; Meyer NJW 1977, 1711; Nierwetberg NVwZ 1989, 539.

39 AllgM, vgl StBS 23a, Knack/Henneke 34.

nur im Wege der Vertragsänderung durch sämtliche Vertragspartner erfolgen kann. Anders als bei der Kündigung (Abs 2) muss das Anpassungsverlangen nicht schriftlich erklärt werden (StBS 23a). Auch für die Bestimmung des Zeitpunkts der Vertragsanpassung ist lediglich der Nachweis des Zugangs des Anpassungsverlangens bei den übrigen Vertragspartnern erforderlich.

29 **b) Kündigung.** Die Kündigung ist die Geltendmachung eines einseitigen Gestaltungsrechts durch **öffentlich-rechtliche Willenserklärung.**[40] Sie bringt im Falle ihrer Wirksamkeit das (primäre) Rechtsverhältnis unmittelbar zum Erlöschen. Gleichwohl handelt es sich nicht um eine Maßnahme mit einseitiger verbindlicher Regelungswirkung gegenüber den Vertragspartnern und damit nicht um einen VA (allgM, vgl Knack/Henneke 45; StBS 33). Als Verfahrenshandlung muss die Kündigung die allgemeinen Voraussetzungen, insbesondere die Handlungsfähigkeit nach § 12, erfüllen. Die **Vorschriften über VAe sind nicht entsprechend anwendbar.**[41] Der Kündigung muss daher auch nicht notwendig eine Anhörung der übrigen Beteiligten vorausgehen.

30 Die Kündigung hat Wirkung **grundsätzlich nur für die Zukunft,** führt also nicht zur Rückabwicklung des gesamten Schuldverhältnisses.[42] Zur Rückabwicklung kommt es nur insoweit, als einzelne Vertragspartner ihre Leistungen bereits erbracht haben, ohne dass sie hierfür eine Gegenleistung erhalten hätten. Über die Voraussetzungen des Wegfalls bzw der Änderung der Geschäftsgrundlage (s Rn 8 ff) hinaus ist Wirksamkeitsvoraussetzung für die Kündigung, dass die an sich gebotene Vertragsanpassung entweder nicht möglich oder jedenfalls einer Vertragspartei nicht zumutbar ist. Die Unzumutbarkeit kann sich dabei sowohl für die Position des kündigenden Vertragspartners als auch für einen der übrigen ergeben.

III. Kündigung wegen schwerer Nachteile für das Gemeinwohl (Abs 1 S 2)

31 **1. Allgemeines.** Abs 1 S 2 gibt der Behörde ein außerordentliches Kündigungsrecht für den Fall, dass die Beendigung der vertraglichen Bindung notwendig ist, um schwere Nachteile für das Gemeinwohl zu verhüten oder zu beseitigen. Obwohl in Abs 1 S 2 nur von Kündigung die Rede ist, ist auch hier eine **Anpassung des Vertrages vorrangig,** wenn dies zur Wahrung der öffentlichen Belange ausreichend und den Beteiligten zumutbar ist.[43] Diese Auslegung ist nach dem Grundsatz der Verhältnismäßigkeit geboten. Auch die Kündigung nach Abs 1 S 2 ist grundsätzlich nur für die Zukunft (ex nunc) möglich (StBS 30e). Ob in besonderen Ausnahmefällen auch eine Rückabwicklung für die Vergangenheit möglich ist, ist streitig (vgl Bleckmann NVwZ 1990, 607). Die Rechtsnatur der Kündigung entspricht derjenigen in Abs 1 Satz 1 (vgl Rn 15).

32 **2. Voraussetzungen der Kündigung. a) Allgemeines.** Die Regelung in Abs 1 S 2 enthält einen eigenen, von den Bestimmungen über die Geschäftsgrundlage in Abs 1 S 1 völlig unabhängigen Kündigungstatbestand, der allein auf die Notwendigkeit der Kündigung zur Verhütung bzw Beseitigung schwerer Nachteile für das Gemeinwohl anknüpft. Dieser **Kündigungsgrund** muss **nicht erst nach Vertragsschluss** entstanden oder erkennbar geworden sein; das besondere Kündigungsrecht nach S 2 gilt auch dann, wenn die Voraussetzungen dafür schon

---

[40] OVG Bremen NVwZ 1987, 251; Bullinger DÖV 1977, 820; StBS 33; allgemein WBSK I § 55 Rn 140.

[41] Bullinger DÖV 1977, 820; StBS 33.

[42] VGH Mannheim VBlBW 1987, 388, 395; Lorenz DVBl 1997, 865, 872; Knack/Henneke 24; Meyer NJW 1977, 1710.

[43] AllgM, vgl Knack/Henneke 43; Obermayer 66; MB 19.

bei Vertragsschluss vorgelegen haben.[44] In diesem Fall muss die Kündigung ebenfalls der Verhütung oder Beseitigung schwerer Nachteile für das Gemeinwohl dienen. Sind die Voraussetzungen für eine Ausübung des Kündigungsrechts gegeben, hat die Behörde eine **Ermessensentscheidung** zu treffen. Bei der Ermessensentscheidung hat sich die Behörde im Rahmen des Zwecks der Ermächtigung für den Widerruf zu halten. Sie hat sich insbesondere am materiellen Recht, dem der Vertragsgegenstand zuzuordnen ist, und am Vertrauensschutz zu orientieren (vgl dazu auch Bleckmann NVwZ 1990, 609: Berücksichtigung der Interessen des Bürgers analog § 48). Werden Vertrauensschutzgesichtspunkte der Vertragspartner der Behörde sowie etwaige Entschädigungsansprüche (s unten Rn 38) in der Ermessensentscheidung berücksichtigt, rechtfertigt dieses nicht die Annahme eines intendierten Ermessens (vgl. dazu § 49 Rn 30). Obwohl S 2 nur von Kündigung spricht, ist entspr S 1 auch in den Fällen des S 2 nach dem Grundsatz der Verhältnismäßigkeit eine Kündigung dann ausgeschlossen, wenn dem Zweck, dem sie dienen soll, **eine Anpassung des Vertrages** genügt und den Beteiligten zumutbar ist (s oben Rn 31).[45]

b) Begriff des schweren Nachteils. Der Begriff ist eng auszulegen. Das Gesetz bringt damit zum Ausdruck, dass eine Kündigung wegen schwerer Nachteile für das Gemeinwohl als ultima ratio anzusehen ist und deshalb nur in Ausnahmefällen angenommen werden soll (StBS 28). Die bloße Hinnahme einer rechtswidrigen Regelung stellt einen derartigen schweren Nachteil nicht dar. Vielmehr muss es um eine Gefährdung bzw Störung besonders wichtiger, überragender Interessen der Allgemeinheit handeln. Im Einzelnen gelten hier ähnliche Gesichtspunkte wie für § 49 Abs 2 Nr 5. 33

IV. Schriftform und Begründung der Kündigung (Abs 2)

1. Schriftform. Für die Kündigung schreibt Abs 2 S 1 im Interesse der Rechtssicherheit die Schriftform vor. Diese Regelung ist auf das Anpassungsverlangen nicht entsprechend anwendbar, weil dieses nicht dieselbe unmittelbare Gestaltungswirkung hat wie die Kündigung, die bei Vorliegen der rechtlichen Voraussetzungen das Vertragsverhältnis unmittelbar beendet. Für die **Schriftform gelten § 126 BGB und § 37 Abs 3 entsprechend.** Aus dem Kündigungsschreiben, welches der kündigende Vertragspartner eigenhändig zu unterschreiben hat, muss erkennbar sein, dass es sich um eine Kündigung handelt, auf welchen Vertrag sie sich bezieht und wer sie ausspricht. Sind mehrere Personen beteiligt, so muss die Kündigung allen Vertragspartnern zugehen (BVerwGE 97, 331 = NVwZ 1996, 171). Hinsichtlich des **Inhalts der Kündigung** ist erforderlich, dass aus dem Kündigungsschreiben erkennbar ist, dass es sich um eine Kündigung handelt, auf welchen Vertrag sie sich bezieht und wer sie ausspricht. 34

Die Schriftform kann unter den Voraussetzungen des § 3a Abs 2 auch in **elektronischer Form** erfolgen, wenn der Adressat der Kündigung hierfür nach § 3a Abs 1 einen Zugang eröffnet hat. Die Kündigungserklärung ist nach § 3a Abs 2 S 2 mit einer qualifizierten elektronischen Signatur zu versehen (s § 3a Rn 17). 34a

2. Begründungserfordernis. Gem Abs 2 S 2 soll die Kündigung begründet werden. Die Vorschrift statuiert damit eine Begründungspflicht, von der nur in Ausnahmefällen abgesehen werden kann (zu Sollvorschriften § 40 Rn 64). Eine Ausnahme ist entsprechend § 39 Abs 2 Nr 2 anzunehmen, wenn dem Vertrags- 35

---

[44] Vgl OVG Münster NVwZ 1993, 588; Knack/Henneke 27; StBS 29, die hierin allerdings eine Abweichung vom Wortlaut sehen wollen, Ziekow 11; dazu neigend auch Bleckmann NVwZ 1990, 607; vgl auch Knack/Henneke 51; **aA** Ule/Becker 71.

[45] Ebenso Littbarski 51; Meyer NJW 1977, 1711; Knack/Henneke 52; Obermayer 66; MB 19; WBSK I § 54 Rn 70; Bader/Ronellenfitsch 21.

partner die Auffassung des Kündigenden über die Sach- und Rechtslage bereits bekannt ist oder auch ohne schriftliche Begründung für ihn ohne weiteres erkennbar ist. Für Inhalt und Umfang der Begründung gilt § 39 Abs 1 S 2 entsprechend, wonach die wesentlichen tatsächlichen und rechtlichen Gründe mitzuteilen sind, die den Kündigenden zu seiner Entscheidung bewogen haben.

36 Eine **nicht begründete Kündigung führt nicht zur Unwirksamkeit.**[46] Dies folgt aus dem Umstand, dass die Begründung jederzeit nachgeholt werden kann. Zweck des Begründungserfordernisses ist es, dem kündigenden Vertragspartner die Behauptungs- und Darlegungslast dafür aufzubürden, dass die Voraussetzungen einer Kündigung vorliegen (VGH München BayVBl 1987, 532). Dies erscheint geboten, damit die übrigen Vertragspartner prüfen können, ob sie die Kündigung anerkennen oder die Berechtigung der Kündigung bezweifeln. Kommt es nach umstrittener Kündigung zu einem Rechtsstreit, so geht das **Fehlen einer Begründung zu Lasten des kündigenden Vertragspartners.** Problematisch ist, inwieweit das Gericht bei Fehlen einer Begründung auf die Ermittlung von Kündigungsgründen verzichten kann (vgl insoweit VGH München BayVBl 1987, 532). Erkennt ein Vertragspartner in einem Rechtsstreit die Berechtigung der Kündigung an, nachdem eine Begründung nachgeliefert worden ist, so ist für die Kostenentscheidung § 155 Abs 4 VwGO in Betracht zu ziehen.

V. Entschädigungsfragen

37 **1. Keine Entschädigung in den Fällen des Abs 1 S 1.** Kommt es auf Grund eines berechtigten **Anpassungsverlangens** zur Anpassung des öffentlich-rechtlichen Vertrages an die geänderte Geschäftsgrundlage, so ist eine Entschädigung ausgeschlossen. Die Interessen der übrigen Vertragspartner sind bei der Anpassung angemessen zu berücksichtigen. Gleiches gilt für den Fall der **Kündigung nach Abs 1 S 1,** wenn bei nachträglicher Änderung der Geschäftsgrundlage eine Vertragsanpassung nicht möglich oder den Beteiligten nicht zuzumuten ist. Auch hier kommt ein Ausgleich etwa eines Vertrauensschadens oder anderer Nachteile der übrigen Vertragspartner nur insoweit in Betracht, als dies nach Treu und Glauben ausnahmsweise geboten erscheint.

38 **2. Entschädigung bei Kündigung nach Abs 1 S 2. Anders ist die Lage,** wenn die Behörde nach Abs 1 S 2 das Vertragsverhältnis kündigt, um **wesentliche Nachteile für das Gemeinwohl** abzuwenden. In diesem Fall kommt ein Entschädigungsanspruch der übrigen Vertragspartner in Betracht, die auf den Fortbestand des Vertragsverhältnisses vertraut haben.[47] Umstritten ist, ob der Entschädigungsanspruch mit der hM (Knack/Henneke 57; StBS 30; UL § 71 Rn 19; Maurer § 14 Rn 54) in Analogie zu § 49 Abs 6 hergeleitet werden kann, oder ob insoweit die allgemeine Anspruchsgrundlage des enteignenden bzw aufopfernden Eingriffs einschlägig ist. Im Hinblick auf die mit dem Fall des § 49 Abs 2 Nr 5 vergleichbare Interessenlage erscheint hier die Begründung der hM folgerichtig (ebenso Bader/Ronellenfitsch 24; FKS 28).

§ 61 Unterwerfung unter die sofortige Vollstreckung

(1) **Jeder Vertragschließende kann sich der sofortigen Vollstreckung aus einem öffentlich-rechtlichen Vertrag im Sinne des § 54 Satz 2 unterwerfen.**[7] **Die Behörde muss hierbei von dem Behördenleiter, seinem allge-**

[46] AllgM, vgl VGH München BayVBl 1988, 721; Knack/Henneke 50; StBS 32.

[47] Kokott VerwArch 1992, 516 mwN; Fiedler VerwArch 1976, 147 mwN; Maurer § 14 Rn 54; Knack/Henneke 57; UL § 71 Rn 19; Obermayer 64; Schenke JuS 1977, 290; MB 23; Wallerath 8 III 6; Efstratiou 389; Scherer DÖV 1991, 7; nach StBS 30 kommt ein Entschädigungsanspruch vor allem bei im Vertrauen auf den Bestand des Vertrages getätigten Vermögensdispositionen in Betracht.

meinen Vertreter oder einem Angehörigen des öffentlichen Dienstes, der die Befähigung zum Richteramt hat oder die Voraussetzungen des § 110 Satz 1 des Deutschen Richtergesetzes erfüllt, vertreten werden.[8]

(2) **Auf öffentlich-rechtliche Verträge im Sinne des Absatzes 1 Satz 1 ist das Verwaltungs-Vollstreckungsgesetz des Bundes entsprechend anzuwenden, wenn Vertragschließender eine Behörde im Sinne des § 1 Abs. 1 Nr. 1 ist.**[10] **Will eine natürliche oder juristische Person des Privatrechts oder eine nichtrechtsfähige Vereinigung die Vollstreckung wegen einer Geldforderung betreiben, so ist § 170 Abs. 1 bis 3 der Verwaltungsgerichtsordnung entsprechend anzuwenden.**[11] **Richtet sich die Vollstreckung wegen der Erzwingung einer Handlung, Duldung oder Unterlassung gegen eine Behörde im Sinne des § 1 Abs. 1 Nr. 2, so ist § 172 der Verwaltungsgerichtsordnung entsprechend anzuwenden.**[13]

Parallelvorschriften: § 60 SGB X

Schrifttum: *Baumanns,* Die Zwangsvollstreckung aus ör Verträgen, 1978; *Berg,* Zur Durchsetzbarkeit einer ör vereinbarten Vertragsstrafe – BVerwGE 98, 58, JuS 1997, 888; *Erichsen,* Rechtsfragen des verwaltungsrechtlichen Vertrages, VerwArch 1977, 69; *Fluck,* Die Erfüllung des öffentlichrechtlichen Verpflichtungsvertrages durch VA, 1985; *Kowalski,* Zur Unterwerfung des Bürgers unter die sofortige Vollstreckung eines öffentlichrechtlichen Vertrages, § 61 Abs 1 VwVfG, NVwZ 1992, 351; *Meyer,* Vertragsstrafe und Unterwerfungserklärung im öffentlichen Recht, JZ 1996, 78; *Wettlaufer,* Die Vollstreckung aus verwaltungs-, sozial- und finanzgerichtlichen Titeln zugunsten der öffentlichen Hand, 1989. S auch zu § 54.

Übersicht

I. Allgemeines

1. Inhalt des § 61. Die Vorschrift regelt die Vollstreckbarkeit von subordinationsrechtlichen Verträgen und die Vollstreckung aus solchen Verträgen. Verwaltungsrechtliche Verträge sind **nicht schon als solche Vollstreckungstitel** iS des VwVG (bzw der entsprechenden Gesetze der Länder), sondern erhalten diese Eigenschaft nur dann, wenn sich die Vertragschließenden durch vertragliche Vereinbarung, die auch gesondert, insb **auch nachträglich** getroffen werden kann, gem § 61 (bzw nach entsprechenden Rechtsvorschriften) schriftlich der sofortigen Vollstreckung unterwerfen (Begr 83). Fehlt es an einer derartigen Vereinbarung oder ist sie unwirksam, so muss der Gläubiger seinen Anspruch klageweise vor dem zuständigen Gericht, idR dem Verwaltungsgericht geltend 1 machen. Mittelbar ergibt sich aus § 61 im Weg des Gegenschlusses, dass Ansprüche aus öffentlich-rechtlichen Verträgen, soweit durch § 61 oder entsprechende Vorschriften nichts anderes bestimmt ist, anders als früher häufig angenommen (vgl OVG Hamburg VRspr 9, 228; OVG Münster DÖV 1960, 798), statt mit Hilfe einer Leistungsklage grundsätzlich nicht durch VA vollstreckt bzw durchgesetzt werden können.

2 **Abs 1 bestimmt die Voraussetzungen** der sofortigen Vollstreckbarkeit der in einem verwaltungsrechtlichen Vertrag übernommenen Verpflichtungen. **Abs 2 enthält** für das **Vollstreckungsverfahren besondere Regelungen,** die für Bundesbehörden auf das sonst nur für VAe anwendbare VwVG bzw die Bestimmungen der VwGO über die Vollstreckung gerichtlicher Urteile verweisen.

2a **Unberührt bleibt die Möglichkeit,** dass die Vertragspartner sich statt dessen durch entsprechende Erklärung in einer **Urkunde gem § 794 Abs 1 Nr 5 ZPO** bezüglich aller oder einzelner Verpflichtungen aus dem Vertrag der sofortigen Vollstreckung unterwerfen; dies stellt nach Auffassung des BVerwG (BVerwGE 96, 326 = NJW 1995, 1104) keine Umgehung des § 61 und des damit vom Gesetzgeber verfolgten Schutzzwecks dar.[1] Zu den Unterschieden zwischen der Unterwerfungserklärung nach Abs 1 und der vollstreckbaren Urkunde nach § 794 Abs 1 Nr 5 ZPO näher Baumanns 38 ff; Obermayer 4.

3 **2. Anwendungsbereich. a) Unmittelbar.** Unmittelbar gilt § 61 nur für verwaltungsrechtliche Verträge in einem Über- oder Unterordnungsverhältnis (**subordinationsrechtliche Verträge,** s zum Begriff § 54 Rn 48) im Anwendungsbereich des VwVfG und steht unter dem Vorbehalt besonderer Vorschriften. Die Verwaltungsverfahrensgesetze der Länder enthalten gleich lautende Vorschriften; Unterschiede bestehen allerdings bei den besonderen Voraussetzungen des Abs 1 S 2, unter denen sich die Verwaltung der sofortigen Vollstreckung unterwerfen kann. Die Regelung gilt auch für in einen verwaltungsrechtlichen Vertrag mit aufgenommene, vom übrigen Inhalt iS von § 59 Abs 3 nicht trennbare Vertragspflichten, die an sich privatrechtlicher Natur sind (ebenso Knack/Henneke 4); anders bei entsprechender Trennbarkeit der Regelungen (StBS 13). Die Vorschrift gilt nicht nur für die Vollstreckung gegenüber dem Bürger, sondern auch für die **Vollstreckung gegen die öffentliche Hand** (UL § 72 Rn 18). Auch auf den vertraglich vereinbarten **Anspruch des Bürgers auf Erlass eines VA** ist § 61 grundsätzlich anwendbar. Der Anspruch muss in diesen Fällen deshalb nicht mit der Verpflichtungsklage geltend gemacht werden.[2]

4 **b) Entsprechende Anwendung?** Ob Vollstreckbarkeit auch bei Fehlen ausdrücklicher gesetzlicher Regelungen entspr Abs 1 vereinbart werden kann, ist zweifelhaft, dürfte aber zu verneinen sein. Auf **koordinationsrechtliche Verträge** ist § 61 deshalb ebenfalls **nicht anwendbar;** sie sind nicht unmittelbar vollstreckbar.[3] Verneint man die Zulässigkeit einer Vollstreckbarkeitsvereinbarung entspr § 61, so können die Beteiligten in diesen Fällen nur eine **Vereinbarung gem § 794 Abs 1 Nr 5 ZPO** treffen (BVerwGE 96, 326 = NJW 1995, 1104), mit der Folge, dass die Verpflichtungen aus dem Vertrag ohne Rücksicht auf dessen öffentlich-rechtlichen Charakter nach der ZPO zu vollstrecken sind (offen BVerwGE 50, 175; **aA** offenbar VGH München BayVBl 1975, 651). Nicht entspr anwendbar sind § 61 Abs 1 S 2 und Abs 2, da es sich hierbei um Rege-

---

[1] Ebenso Obermayer 9; StBS 12; Knack/Henneke 5; **aA** Schlette 633 ff.

[2] Vgl UL § 72 Rn 27; StBS 3; Knack/Henneke 29 f; MB 4; BuR 1; Klückmann SKV 1977, 99.

[3] München BayVBl 1975, 651; UL § 72 Rn 19; StBS 12 f; ebenso Bader/Ronellenfitsch 6 wegen des klaren Wortlauts und mangels Regelungslücke; offen BVerwGE 50, 175; teilw **aA** jetzt Knack/Henneke 5: zulässige Analogie für koordinationsrechtliche Verträge.

lungen handelt, die nur durch Gesetz oder durch Verordnung auf Grund von Gesetzen getroffen werden können.

5 **3. Durchsetzung bei Fehlen einer Vollstreckungsklausel.** Haben die Vertragspartner sich nicht gem § 61 der sofortigen Vollstreckung unterworfen, so ist **der Vertrag kein Vollstreckungstitel.** Die Beteiligten können deshalb nicht unmittelbar aus dem Vertrag vollstrecken. Vielmehr muss der Berechtigte seine Rechte beim Verwaltungsgericht einklagen und kann dann erst die Vollstreckung aus dem (rechtskräftigen oder für vorläufig vollstreckbar erklärten) Urteil, das gem § 168 Abs 1 Nr 1 VwGO Vollstreckungstitel ist, betreiben.[4] IdR ist hier die **allgemeine Leistungsklage** gegeben, ausnahmsweise, wenn die Verpflichtung der Behörde auf Erlass eines VA gerichtet ist und dieser nicht bereits durch den Vertrag selbst ersetzt wird (s § 54 Rn 50), nach Durchführung eines Vorverfahrens gem §§ 68 ff die **Verpflichtungsklage.**[5] Entsprechendes gilt für die Durchsetzung einer Vereinbarung auf Aufhebung eines VA; sie ist (ggf nach Durchführung des Vorverfahrens) mit einer Anfechtungsklage durchzusetzen (Kopp/Schenke § 42 Rn 43).

6 **Die Behörde kann** in diesen Fällen die Verpflichtung des Bürgers aus dem Vertrag grundsätzlich **nicht,** sofern nicht ausdrückliche Sonderregelungen bestehen,[6] **durch VA festsetzen** und diesen dann vollstrecken.[7] – Etwas anderes gilt im Über- und Unterordnungsverhältnis, wenn ein Gesetz eine abweichende Regelung vorsieht und zB die Durchsetzung vertraglich übernommener Pflichten durch VA zulässt,[8] oder wenn der Vertrag – was Auslegungsfrage ist – die Rechtsbeziehungen nicht abschließend regelt und die Befugnisse der Behörde zu einer Gestaltung der Rechtsverhältnisse durch VA im Übrigen unberührt lässt.[9] Rechtsgrundlage des VA ist in solchen Fällen aber das Gesetz, nicht der Vertrag; letzterer kann in derartigen Fällen allenfalls einige bei der Entscheidung zu berücksichtigende Aspekte regeln.[10]

II. Voraussetzung der sofortigen Vollstreckung aus Verwaltungsverträgen

7 **1. Unterwerfung unter die sofortige Vollstreckung (Abs 1 S 1).** Abs 1 gibt den Vertragspartnern bei subordinationsrechtlichen Verträgen, dh insb bei Verträgen, die an die Stelle eines VA treten (s § 54 Rn 48), die Möglichkeit, sich im **Vertrag,** in einer **Zusatzvereinbarung** oder auch durch **einseitige schriftliche Erklärung gegenüber** der Behörde oder zur Niederschrift der Behörde (StBS 14; Knack/Henneke 9 ff) der sofortigen Vollstreckung hins der im Vertrag getroffenen Verpflichtungen zu unterwerfen und damit den Vertrag selbst zu einem Vollstreckungstitel werden zu lassen. Die Verpflichtung muss ausdrücklich

---

[4] OVG Münster DÖV 1967, 722 f; WBSK I § 54 Rn 73; Erichsen/Ehlers § 33 Rn 1 f; Knack/Henneke 33 ff.

[5] Obermayer 160; Czermak DVBl 1967, 830; Fluck 84; Kopp/Schenke § 42 Rn 43; jetzt auch Knack/Henneke 35; vgl auch BVerwGE 50, 171; Münster DVBl 1977, 903; StBS 10.

[6] BVerwGE 50, 171 = NJW 1976, 1516; 59, 60; 82, 283; BVerwG NJW 1992, 2846 = NVwZ 1992, 769 – zugleich als Ergänzung und Klarstellung zu BVerwGE 50, 171.

[7] BVerwGE 50, 171; 59, 62; VGH Kassel VRspr 20, 874; BSG NJW 1973, 776; WBSK I § 54 Rn 72; Knack/Henneke 1 mwN; Erichsen/Ehlers § 33 Rn 1; Maurer § 10 Rn 6.

[8] BVerwGE 50, 171; 59, 60; BVerwG NJW 1992, 2846 = BayVBl 1992, 475; Knack/Henneke 1; Badura NJW 1978, 2414.

[9] BVerwGE 52, 11, 185; 59, 60 = DÖV 1980, 644; 59, 63; ebenso offenbar auch VGH Kassel NVwZ-RR 1993, 396; s allg auch Erichsen VerwArch 1977, 69; Menger VerwArch 1978, 101.

[10] Vgl BVerwGE 52, 71: Rückforderung zu viel gezahlter Ausbildungsbeihilfe durch VA; BVerwG NJW 1978, 1393: zur Rückforderung der Ausbildungskosten aufgrund getroffener Vereinbarungen; BVerwG DÖV 1974, 597 = DöD 1974, 230 zur Rückforderung von zu Unrecht von einem Lehrgangsteilnehmer bezogenen Sonderleistungen, zB Trennungsentschädigung; vgl auch BVerwGE 50, 174; 52, 185; 59, 63; kritisch Maurer § 10 Rn 6.

und eindeutig erklärt werden (StBS 15; Knack/Henneke 12); sie kann auch auf einzelne vertragliche Verpflichtungen beschränkt werden und darf insoweit auch Bedingungen oder Befristungen enthalten (vgl BGHZ 16, 180). Die Vollstreckbarkeit muss, wenn sie als Teil des Vertrages im Vertrag vereinbart wird, gem § 57 **schriftlich** vereinbart werden, andernfalls von dem sich unterwerfenden Vertragspartner schriftlich oder zur Niederschrift erklärt werden.[11]

8 **2. Vertretung der Behörde (Abs 1 S 2). Gibt die Behörde die Unterwerfungserklärung** ab, so muss sie hierbei, damit die Erklärung wirksam ist, durch eine der in Abs 1 S 2 genannten Personen vertreten werden. Hierbei handelt es sich um eine besondere Regelung der funktionalen Zuständigkeit für die Abgabe der Erklärung nach Abs 1 S 1. Das Erfordernis der Befähigung zum Richteramt bzw der entsprechenden Befähigung in S 2 bezieht sich – ebenso wie in § 27 Abs 2 und § 65 Abs 5 – nur auf besondere Vertreter der Behörde, nicht auch auf den Behördenleiter und seinen allgemeinen Vertreter (StBS 19). Die Bestimmung über die Vertretungsbefugnis gem S 2 soll die Bedeutung der Entscheidung unterstreichen. Die Regelung hat vor allem auch den Zweck, die Behörde zu schützen (StBS 19; kritisch Bullinger, in: Peters-GedS 1967, 671) und sicherzustellen, dass die Behörde eine Verpflichtung nach S 1 nur nach sorgfältiger Prüfung übernimmt (Knack/Henneke 14 f). **Ein Verstoß gegen Abs 1 S 2 führt zur Unwirksamkeit** der behördlichen Erklärung.[12]

9 **3. Genehmigungserfordernis (Abs 1 S 3 und 4 aF).** Die Unterwerfung unter die sofortige Vollstreckung bedurfte in der Vergangenheit zu ihrer Gültigkeit auf Seiten der Behörde – sofern diese nicht oberste Bundes- oder Landesbehörde war (S 4) – gem S 3 der Genehmigung der Aufsichtsbehörde. Das Erfordernis einer aufsichtsbehördlichen Genehmigung gem S 3 sollte die Bedeutung der Entscheidung unterstreichen. Es war durch das 2. VwVfÄndG zunächst eindeutig auf die Unterwerfungserklärung der Behörde beschränkt worden. Mit dem 3. VwVfÄndG wurde nunmehr Abs 1 S 3 u 4 gestrichen und das **Genehmigungserfordernis gänzlich abgeschafft,** und zwar mit Wirkung vom 1.2.2003.

III. Durchführung der Vollstreckung; anwendbare Vorschriften (Abs 2)

10 **1. Allgemeines.** Abs 2 regelt die Frage, nach welchen Vorschriften die Vollstreckung aus einem öffentlich-rechtlichen Vertrag erfolgen muss. Es wird in Abs 2 S 1–3 danach differenziert, ob zugunsten einer Behörde (dann Abs 2 S 1) oder eines Privaten (dann Abs 2 S 2, 3) vollstreckt werden soll. Die Vorschrift stellt also auf den Vollstreckungsgläubiger, nicht auf den Schuldner ab. Die Frage, ob nach Abs 1 S 1 eine Behörde auch gegen eine andere Behörde nach dem VwVfG vollstrecken kann, ist nur theoretischer Natur.[13]

10a **2. Anwendbarkeit des VwVG des Bundes (Abs 2 S 1).** Abs 2 S 1 erklärt für die Vollstreckung aus subordinationsrechtlichen Verträgen, soweit die Beteiligten sich nach Abs 1 der sofortigen Vollstreckung unterworfen haben, die für die Vollstreckung von VAen nach dem VwVG geltenden Vorschriften für entsprechend anwendbar und erweitert insoweit ausdrücklich den Anwendungsbereich dieses Gesetzes. Die Regelung betrifft grundsätzlich die **Vollstreckung gegen den Bürger.** Sie gilt außerdem nur für Behörden iS des § 1 Abs 1

---

[11] Obermayer § 61 Rn 25: ein allgemeiner Rechtsgrundsatz; analog §§ 57, 58 Abs 1 und 60 Abs 2; ebenso UL § 72 Rn 21; StBS 14; Knack/Henneke 11 **aA** Meyer JZ 1996, 78, 82: Erklärung der Unterwerfung muss schriftlich erfolgen.

[12] BVerwGE 98, 58, 72; Knack/Henneke 21; StBS 20; Obermayer 25.

[13] Dies würde voraussetzen, dass ein subordinationsrechtlicher Vertrag zwischen Hoheitsträgern geschlossen wurde, in dem eine Unterwerfungserklärung abgegeben worden ist.

Nr 1, dh nur für Bundesbehörden. Für Landesbehörden, die im Vollzug von Bundesrecht tätig werden, gilt Entsprechendes nur auf Grund entsprechender Bestimmungen des Landesrechts (Begr 83; StBS 25; Knack/Henneke 25). Von ihnen abgeschlossene Verträge sind nur nach Maßgabe des Landesrechts vollstreckbar.

3. Vollstreckung wegen Geldforderungen gegen die öffentliche Hand (Abs 2 S 2). S 2 sieht für Fälle, in denen wegen einer Geldforderung gegen einen Rechtsträger des öffentlichen Rechts, der sich gem Abs 1 der sofortigen Vollstreckung unterworfen hat, vollstreckt werden soll, die **entspr Anwendung des § 170 Abs 1–3 VwGO** vor, da das VwVG diese Fälle sonst nicht erfasst. Aufgrund dieser Verweisung liegt die Vollstreckung in der Hand des Verwaltungsgerichts, das im Streitfall zuständig wäre. Die Regelung gilt, wie sich aus dem Zusammenhang mit § 1 und § 3 ergibt, unmittelbar nur für die Vollstreckung gegen Bundesbehörden (Knack/Henneke 29 f; MB 17; Obermayer 74). 11

Der Vollstreckungsgläubiger muss sich mit einem entspr Antrag auf Durchführung der Vollstreckung **an das Verwaltungsgericht** wenden, das dann die nach § 170 Abs 2 und 3 VwGO erforderlichen Verfügungen trifft. Nach § 170 Abs 2 VwGO muss das Gericht vor etwaigen Vollstreckungsmaßnahmen die Betroffenen von der beabsichtigten Vollstreckung **verständigen** und sie unter Fristsetzung zur Abwendung der Vollstreckung auffordern. Vgl im einzelnen Kopp/Schenke § 170 Rn 1 ff. 12

4. Erzwingung einer Handlung, Duldung, Unterlassung gegenüber der öffentlichen Hand (Abs 2 S 3). Hat sich eine Behörde wirksam zu einer Handlung, Duldung oder Unterlassung verpflichtet und sich insoweit gem Abs 1 der sofortigen Vollstreckung unterworfen, so findet § 172 VwGO entsprechende Anwendung. Das gilt jedenfalls für die Pflicht zum Erlass eines VA.[14] Das zuständige Verwaltungsgericht kann entspr § 172 VwGO die Handlung, Duldung oder Unterlassung durch – erforderlichenfalls zu wiederholende – Androhung, Festsetzung und Vollstreckung von **Zwangsgeld bis zu 10 000 Euro** nach den für die Vollstreckung von Urteilen gem § 113 Abs 1 S 2 und 4 und einstweiligen Anordnungen geltenden Grundsätzen (die an sich nach § 172 VwGO sonst nicht für einfache Verpflichtungen zu sonstigen Handlungen, Duldungen oder Unterlassungen gelten) erzwingen. 13

§ 62 Ergänzende Anwendung von Vorschriften

Soweit sich aus den §§ 54 bis 61 nichts Abweichendes ergibt, gelten die übrigen Vorschriften dieses Gesetzes.[4] Ergänzend gelten die Vorschriften des Bürgerlichen Gesetzbuchs entsprechend.[6ff]

Parallelvorschriften: § 61 SGB X

Schrifttum: *Bullinger,* Leistungsstörungen beim öffentlich-rechtlichen Vertrag – Zur Rechtslage nach den Verwaltungsverfahrensgesetzen –, DÖV 1977, 812; *Dolde/Uechtritz,* Ersatzansprüche aus Bauplanungsabreden, DVBl 1987, 446; *Emmerich,* Das Recht der Leistungsstörungen, 1978; *Erichsen,* Rechtsfragen des verwaltungsrechtlichen Vertrages, VerwA 1977, 69; *Fluck,* Die Erfüllung des öffentlich-rechtlichen Verpflichtungsvertrags durch VA, 1985 (kritisch dazu *Henke* DÖV 1988, 126); *Friehe,* Verzugszinsen aus öffentlichrechtlichem Vertrag, NVwZ 1986, 540; *Geis,* Die Schuldrechtsreform und das Verwaltungsrecht, NVwZ 2002, 285; *Griwotz,* Städtebauliche Verträge und AGB-Recht, NVwZ 2002, 391; *Janson,* Verwaltungsrechtliches Schuldverhältnis, VwVfG und Reform der Staatshaftung, DÖV 1979, 696; *Keller,* Vorvertragliche Schuldverhältnisse im Verwaltungsrecht, 1997;

---

[14] Zu str Anwendung des § 172 VwGO auf sonstige Handlungen, Duldungen und Unterlassungen, die nicht unter § 170 VwGO fallen, näher Kopp/Schenke, § 172 Rn 1 ff mwN.

Kaminski, Die Kündigung von Verwaltungsverträgen, 2005; *Kellner,* Fallgruppen der culpa in contrahende im Verwaltungsrecht, DÖV 2011, 26; *Kluth,* Rechtsfragen der verwaltungsrechtlichen Willenserklärung, NVwZ 1990, 608; *Krause,* Willensmängel bei mitwirkungsbedürftigen Verwaltungsakten und öffentlich-rechtlichen Verträgen, JuS 1972, 429; *ders,* Die Willenserklärungen des Bürgers im Bereich des öffentlichen Rechts, VerwArch 1970, 297; *Kurz,* Anfechtung öffentlich-rechtlicher Willenserklärungen durch Private, BayVBl 1980, 587; *Meyer,* Vertragsstrafe und Unterwerfungserklärung im öffentlichen Recht, JZ 1996, 78; *Obermayer,* Leistungsstörungen beim öffentlich-rechtlichen Vertrag, BayVBl 1977, 546; *Papier,* Die Forderungsverletzung im öffentlichen Recht, 1970; *Ruttloff,* Die Zulässigkeit von Vertragsstrafenklauseln in städtebaulichen Verträgen im Zusammenhang mit großflächigen Einzelhandelsprojekten, 2012; *ders,* Der verwaltungsrechtliche Vertrag und das Recht der AGB, DVBl 2013, 1415; *Scherer,* Rechtsweg bei öffentlichrechtlicher „Culpa in contrahendo", NVwZ 1986, 540; *Schilling,* Die Vertragsstrafe in Verträgen mit der öffentlichen Hand, VerwArch 1993, 226; *Schmidt-De Caluwe,* Zur Anfechtung privater Willenserklärungen im öffentlichen Recht, insb im Sozialrecht, Jura 1993, 399; *Schöder,* Die Drittschadensliquidation im öffentlichen Recht, VerwArch 2011, 223; *Sendler,* Anwendung allgemeiner Vorschriften des BGB im Verwaltungsverfahren, NJW 1964, 2137; *Simons,* Leistungsstörungen verwaltungsrechtlicher Schuldverhältnisse, 1967; *Stichlberger,* Anfechtung öffentlich-rechtlicher Willenserklärungen durch Private, BayVBl 1980, 393. *Weschpfennig,* Der Regress des Staates beim beliehenen Unternehmen, DVBl 2011, 1137. S auch zu §§ 54–61.

Übersicht

I. Allgemeines

1. Inhalt. Die Vorschrift stellt in Übereinstimmung mit § 9 klar, dass die Bestimmungen des VwVfG grundsätzlich auch für verwaltungsrechtliche Verträge gelten, soweit in §§ 54 ff nichts Abweichendes geregelt ist, und verweist ergänzend auf die Vorschriften des Vertragsrechts des BGB. Eine besondere Verweisung auf das BGB enthält auch § 59 Abs 1 hins der Gründe, die zur Nichtigkeit eines Vertrages führen. Die Geltung der Bestimmungen des VwVfG trägt dem Umstand Rechnung, dass der verwaltungsrechtliche Vertrag ein Verwaltungsverfahren abschließt und insoweit an die Stelle eines VA tritt; die ergänzende Geltung der Bestimmungen des BGB ist Ausdruck des rechtsgeschäftlichen Charakters des Vertrages (StBS 1) und trägt dem Umstand Rechnung, dass die Modalitäten des Vertragsschlusses und der Vertragsabwicklung sowie Fälle der Äquivalenzstörungen von den Regelungen der §§ 54 f nur lückenhaft erfasst werden. 1

Soweit die Anwendbarkeit des VwVfG durch Sonderregelungen gem § 1 oder gem § 2 **ausgeschlossen** ist, gilt dies auch für Verträge gem §§ 54 ff. Andererseits sind über die Verweisung in § 62 hinaus auch alle sonst für das Verfahren bestehenden **Sonderregelungen** grundsätzlich auch auf Verträge anwendbar, zB auch die Bestimmungen über die sachliche Zuständigkeit der Behörden. 1a

2. Europarechtliche Modifizierungen. Die Anwendung von Vorschriften des Zivilrechts darf nicht dazu führen, dass Bestimmungen des EU-Rechts unbeachtet bleiben. So kann das EU-Recht die Möglichkeiten der Auslegung von Verträgen nach §§ 133, 157 BGB nach dem Willen der Beteiligten im Hinblick auf strikte Formvorschriften oder die Beachtlichkeit ausdrücklicher schriftlicher Vereinbarungen einschränken (s etwa OVG Lüneburg AUR 2004, 228). 2

3. Anwendungsbereich. § 62 gilt unmittelbar nur für verwaltungsrechtliche Verträge iSd § 54 (s hierzu § 54 Rn 9) im Anwendungsbereich des VwVfG; die Verwaltungsverfahrensgesetze der Länder enthalten gleich lautende Vorschriften. Die Vorschrift gilt auch im förmlichen Verfahren und im Planfeststellungsverfahren (Knack/Henneke 2). Sie ist als **Ausdruck allgemeiner Rechtsgrundsätze** im übrigen, soweit Rechtsvorschriften für öffentlich-rechtliche Verträge keine Regelung enthalten, insbesondere nichts anderes bestimmen, sinngemäß-analog **auch auf sonstige öffentlich-rechtliche Verträge** anwendbar. 3

II. Anwendung der Vorschriften des VwVfG auf Verwaltungsverträge (S 1)

1. Allgemeines. Die Bestimmungen des VwVfG sind auf verwaltungsrechtliche Verträge anwendbar, soweit sich aus den §§ 54 ff nichts Abweichendes ergibt. Dabei kommt es nicht nur darauf an, ob die Bestimmungen der §§ 54 ff abweichende Regelungen enthalten, sondern auch darauf, ob die Vorschriften auf vertragliche Regelungen passen oder auf das Handeln in der Form des VA speziell zugeschnitten sind. Zu letzteren gehören sämtliche Vorschriften, die spezielle verfahrensrechtliche Vorschriften über den Erlass von VAen enthalten, sowie solche, die spezielle verfahrensrechtliche Sicherungen der Betroffenen gegenüber dem Handeln der Behörde in der Form des VA enthalten. 4

2. Anwendbare Vorschriften. Zu den unabhängig von der Handlungsform geltenden Vorschriften des VwVfG zählen alle, die nicht unmittelbar den Erlass, den Regelungsgehalt und die Wirksamkeit des VA betreffen und sich auch nicht auf eine verfahrensrechtliche Sicherung der Beteiligten gegenüber dem Handeln durch VA beziehen. Anwendbar auf den öffentlich-rechtlichen Vertrag **sind** die Vorschriften über die Anwendbarkeit des VwVfG (§§ 1 und 2), über die **örtliche Zuständigkeit** (§ 3), über die **Amtshilfe** (§§ 4 ff) und über das formlose Verfahren (§ 9) und dessen Ausgestaltung im Rahmen des Verfahrensermessens 5

(§ 10). Ferner gehören dazu sämtliche Vorschriften, die sich auf die notwendigen Eigenschaften der Beteiligten beziehen, so über die **Beteiligungsfähigkeit** (§ 11) und die **Verfahrenshandlungsfähigkeit** (§ 12), die teilweise auf die bürgerlichrechtlichen Vorschriften über Willenserklärungen verweisen, teilweise aber darüber hinausgehen (s unten Rn 12), sowie die **Regelungen über Beteiligte** (§ 13 Abs 1 Nr 3), **Bevollmächtigte und Beistände** (§ 14), **Vertreter** (§§ 16–19). Anwendbar sind auch ohne Einschränkung (und ohne die Möglichkeit des Verzichts auf die Einhaltung) die Vorschriften über **ausgeschlossene Personen** (§ 20) und die Ausschlussmöglichkeit bei **Besorgnis der Befangenheit** (§§ 20, 21, § 65 Abs 1, § 71 Abs 3), über die **Akteneinsicht** (§§ 29, 30), über **Fristen und Termine** (§§ 31, 32), über **Beglaubigungen** (§§ 33, 34) und über das **Ermessen** (§ 40) im Hinblick auf die Frage, ob und ggfs mit welchem Inhalt ein Vertrag geschlossen werden soll. Die Vorschriften über das **förmliche Verfahren** (§§ 63 ff) sind insoweit anwendbar, als dieses auch durch einen öffentlich-rechtlichen Vertrag abgeschlossen werden kann. Anwendbar sind die Vorschriften über Ehrenamtliche Tätigkeit (§§ 81 ff) und über Ausschüsse (§§ 88 ff), soweit es um das Verwaltungsverfahren geht.

6 **3. Nicht anwendbare Vorschriften.** Auf die Handlungsform des VA bezogen und deshalb auf den öffentlich-rechtlichen Vertrag nicht anwendbar sind die Vorschriften über **Nebenbestimmungen** (§ 36), über die **Schriftform** (§ 37), über die **Begründungspflicht** (§ 39), anders insoweit zT bei einer Kündigung des Vertrages durch die Behörde gem § 60 oder bei einem Rücktritt der Behörde vom Vertrag aus anderen Gründen.[1] Nicht anwendbar sind ferner die Vorschriften über die B**ekanntgabe** (§ 41) und die **Berichtigung** offenbarer Unrichtigkeiten (§ 42). Ebenfalls keine Anwendung finden kann die Vorschrift über die **Wirksamkeit** (§ 43), über die **Nichtigkeit** (§ 44), über die **Heilung** von Verfahrensfehlern sowie die **Unbeachtlichkeit** von Verfahrens- und Formfehlern (§ 45, 46), über die **Umdeutung** (§ 47) sowie über **Widerruf, Rücknahme** und **Wiederaufnahme** des Verfahrens einschließlich der Regelung über die Erstattung (§§ 48–51). Auch § 52 über die Rückforderung von Urkunden und § 53 über die **Verjährung** sind auf öffentlich-rechtliche Verträge nicht anwendbar.

7 **4. Problematische Fälle.** Problematisch ist die Anwendbarkeit des § 28 über die Pflicht zur **Anhörung der Beteiligten.** Hier wird überwiegend angenommen, bei Abschluss des öffentlich-rechtlichen Vertrages sei eine Anhörung entbehrlich.[2] Diese Auffassung geht von der grundsätzlich bestehenden Freiwilligkeit des Vertragsabschlusses und der Klarstellung eines Aushandlungsprozesses aus. Wo diese Elemente aber fehlen, kann auf die entspr Anwendbarkeit des § 28 nicht verzichtet werden. Hinsichtlich der Anforderungen des **Untersuchungsgrundsatzes** in § 24 gelten im Hinblick auf § 55 gewisse eher geringfügige Einschränkungen; im Übrigen ist auch § 24 entspr anwendbar. Gleiches gilt im Grundsatz auch für die Vorschrift des **§ 3a Abs 2** über die Erfüllung der Schriftform durch eine **elektronisch übermittelte Datei** mit qualifizierter Signatur. Allerdings kann dies nur praktisch werden, wenn an dem Erfordernis der Urkundeneinheit nicht festgehalten wird (s § 57 Rn 9 f).

III. Ergänzende entsprechende Anwendung der Vorschriften des BGB (S 2)

8 **1. Allgemeines. a) Prinzip der modifizierten Anwendung.** Soweit das VwVfG keine besonderen Vorschriften über das Vertragsrecht enthält, sind ent-

[1] Vgl Bullinger DÖV 1977, 820: analoge Anwendung von §§ 28 und 39 wegen der Verwaltungsaktsähnlichkeit der in Frage stehenden behördlichen Willenserklärungen.
[2] StBS 15; Weides JA 1984, 648; jetzt wie hier: Knack/Henneke 10.

sprechend den schon bisher anerkannten Grundsätzen gem S 2 die Vorschriften und Grundsätze des BGB ergänzend und entsprechend auch auf verwaltungsrechtliche Verträge anzuwenden. **Entsprechende Anwendung** bedeutet, dass Besonderheiten des öffentlichen Rechts im Allgemeinen oder des öffentlichen Vertragsrechts nicht entgegenstehen dürfen, was jeweils bei jeder Vorschrift zu prüfen ist.[3] Im Übrigen gehen spezielle Verweisungsvorschriften vor. Soweit etwa aus den Vorschriften des BGB die Nichtigkeit des Vertrages folgen würde (zB §§ 104, 125, 134, 138 BGB), ist allein § 59 Abs 1 maßgeblich; einer Heranziehung des § 62 S 2 bedarf es dann nicht.

b) Prinzip der (nur) ergänzenden Anwendung. Die Regelungen des BGB finden nach S 2 nur ergänzend Anwendung, dh nur dann, wenn und soweit sich aus dem VwVfG (S 1) und aus dem Vertrag selbst nicht unmittelbare Regelungen für den jeweiligen Konflikt ergeben.[4] Insbesondere kann sich auch aus einer Auslegung der getroffenen Vereinbarungen im Lichte des Rechtsgebiets, auf dem der Vertrag geschlossen wurde, ergeben, dass der Rückgriff auf das allgemeine Schuldrecht des BGB über S 2 nicht erfolgen kann.[5] 8a

c) Dynamische Verweisung auf das BGB. Die Regelung in S 2 ist als dynamische Verweisung auf die jeweils im Zeitpunkt des Vertragsabschlusses jeweils geltenden Bestimmungen des BGB zu verstehen. Die gegen die Zulässigkeit einer dynamischen Verweisung teilweise vorgebrachten verfassungsrechtlichen Bedenken vermögen jedenfalls insoweit nicht durchzugreifen, als es sich um eine Verweisung auf Bundesrecht handelt und die in Bezug genommenen Normen eindeutig erkennbar sind.[6] Dass S 2 der VwVfGe der Länder eine dynamische Verweisung auf das BGB als Bundesrecht beinhaltet und insoweit keine Identität des Gesetzgebers mehr besteht, kann vor dem Grundsatz der **Einheitlichkeit des Verfahrensrechts** in der Bundesrepublik hingenommen werden (vgl hierzu ausführlich Einf I Rn 9). Die Änderungen des BGB durch das SchuldRModG lassen sich somit auch auf das Gebiet des Verwaltungsverfahrensrechts anwenden. 9

d) Übergangsvorschriften des EGBGB. Für bis zum 31.12.2001 geschlossene verwaltungsrechtliche Verträge haben die Änderungen gem Art 229 § 5 S 1 EGBGB keine Auswirkungen; hier gilt das BGB in seiner bis zum 31.12.2001 geltenden Fassung weiter. Abweichend ist in Art 229 § 5 S 1 EGBGB lediglich für Dauerschuldverhältnisse, die vor dem 1.1.2002 entstanden sind, eine Anpassungsfrist bis zum 21.12.2002 vorgesehen, während deren Lauf noch das alte Recht anzuwenden ist. S zu den Überleitungsvorschriften für öffentlich-rechtliche Verträge näher Heß NJW 2002, 253. 10

2. Vorschriften über Zustandekommen und Auslegung von Verträgen. Anwendbar sind die Vorschriften der §§ 145 ff BGB über das Zustandekommen von Verträgen durch Angebot und Annahme. Allerdings werden diejenigen Vorschriften, die sich auf das Zustandekommen von Verträgen durch mündliche Willenserklärungen beziehen, wegen der Schriftform des § 57 nicht praktisch. Soweit ferner im Rahmen der Schriftform Urkundeneinheit verlangt wird (s § 57 Rn 9), bleiben auch weitere Vorschriften der §§ 145 ff BGB ohne Relevanz. Von Bedeutung sind aber die Bestimmungen über offene und ver- 11

---

[3] Vgl BVerwGE 36, 113; BVerwG DVBl 1985, 851; StBS 22; 11; Schlette S. 396 ff; Haueisen DVBl 1964, 711.

[4] OVG Berlin-Brandenburg, Urt v 4.8.2011, OVG 11 B 12.10 zu einer Altlastenfreistellungsvereinbarung.

[5] OVG Greifswald, B v 10.2.2011, 1 L 128/07, juris, für einen gescheiterten Städtebaulichen Vertrags zur Frage der Anwendbarkeit von § 273 BGB.

[6] StBS § 1 Rn 75; vgl auch Einf Rn 9; **aA** Obermayer Einl Rn 61.

steckte Einigungsmängel (§§ 154 f)[7] und über die **Auslegung** von Vertragsbestimmungen (§ 157 BGB).[8]

12 **3. Vorschriften über Willenserklärungen. a) Allgemeines.** Die Anwendung der §§ 104 ff BGB über die Geschäftsfähigkeit kommt nur im Rahmen des § 12 in Betracht; soweit § 12 Abs 1 Nr 2 die Handlungsfähigkeit über den Kreis der nach bürgerlichem Recht geschäftsfähigen Personen hinaus erweitert, werden die §§ 104 ff BGB verdrängt.[9] Anwendbar sind die übrigen Vorschriften über Willenserklärungen (§§ 116 ff BGB).[10] Die Willenserklärungen werden im Übrigen mit dem **Zugang** nach § 130 BGB wirksam (zum Zugang s § 41 Rn 80). Für die **Schriftform** gelten §§ 125 f BGB, nicht jedoch § 126a BGB, weil insoweit § 3a vorrangig ist.[11] Grundsätzlich anwendbar sind auch die Vorschriften über die Stellvertretung, über Vollmachten (§§ 164 ff BGB), die insoweit kumulativ neben die Regelungen des VwVfG treten und ebenfalls zu beachten sind. Darin kommt die Doppelnatur des Vertrages als eines schuldrechtlichen und eines verfahrensrechtlichen Tatbestandes zum Ausdruck. Anwendbar sind auch die in der Rspr und im Schrifttum zum BGB entwickelten Grundsätze der §§ 133, 157 BGB über die Auslegung von Willenserklärungen.[12] Bei der Auslegung von Verträgen, für deren Wirksamkeit die Schriftform erforderlich ist, müssen Anhaltspunkte für die Auslegung der Vertragsurkunde selber zu entnehmen sein.[13] Anwendbar sind auch § 140 BGB über die **Konversion**[14] und § 184 BGB über die nachträgliche Zustimmung.

13 **b) Willensmängel. aa) Wirksamkeit, Anfechtbarkeit.** Anwendbar sind die §§ 116 ff BGB über Willensmängel, insbesondere die Anfechtungstatbestände der §§ 119, 120, 123 BGB über die Anfechtbarkeit von Willenserklärungen in den Fällen von **Irrtum, Täuschung und Drohung.**[15] Das gilt auch für die Modalitäten der Anfechtung, wie sie in §§ 121, 122, 124 BGB[16] und in den §§ 142–144 BGB geregelt sind.[17] Die Anfechtbarkeit von Willenserklärungen wird durch die Möglichkeiten einer Kündigung oder Vertragsanpassung aus besonderen Gründen nicht ausgeschlossen (s § 60 Rn 10). **Umstritten** ist die Anwendbarkeit von § 123 Abs 2 BGB, der die Anfechtbarkeit von Willenserklärungen bei Täuschung durch Dritte einschränkt. Hier wird teilweise die Auffassung vertreten, es gehe allein um privatrechtlichen Interessenschutz, weshalb die Re-

---

7 Vgl OVG Bremen BauR 2009, 857 zum Einigungsmangel über die Beseitigung baurechtswidriger Bausubstanz auf behördliche Kosten.

8 S VG Aachen Rd L 2008, 352 zur Auslegung eines vertragsnaturschutzrechtlichen Vertrages über die Beweidung von Flächen bei unzutreffender Bezeichnung der Weideflächen.

9 Knack/Henneke 20; MSU 27; missverständlich FKS 11; StBS 26 f.

10 StBS 28 ff; Knack/Henneke 21 ff mwN; Geis NVwZ 2002, 385.

11 StBS § 57 Rn 12; zT weiter: Knack/Henneke 28: §§ 126 und 126a BGB werden durch §§ 3a und 57 verdrängt.

12 BVerwGE 84, 258 = NVwZ 1990, 665; BVerwG NVwZ 1990, 857; VGH München BayVBl 1981, 755.

13 OVG Münster, DÖV 2009, 548.

14 BVerwG DVBl 1980, 688; OVG Münster NVwZ 1990, 677; M 115.

15 Vgl BGH BB 1996, 448; UL § 69 Rn 3; StBS 28; VGH München BayVBl 1978, 148; Knack/Henneke 22 ff; WBSK I § 55 Rn 140.

16 UL § 69 Rn 3; Obermayer 61; MB 12; Knack/Henneke 23; zT **aA** Koblenz DVBl 1984, 283: grundsätzlich kürzer als ein Jahr; Stichelberger BayVBl 1980, 393; Krause VerwArch 1979, 330;WBSK I § 55 Rn 140; vgl zum Beamtenrecht auch BVerwG ZBR 1971, 88; Mannheim VBlBW 1988, 152: unverzüglich anzufechten.

17 Vgl Koblenz DVBl 1965, 771; NVwZ 1984, 316 – auch § 124 BGB –; VGH München BayVBl 1978, 148; RGZ 148, 266; UL § 69 Rn 3; F 28; Stichlberger BayVBl 1980, 587; Kurz BayVBl 1980, 587; Obermayer 45 ff; Krause JuS 1972, 429; Bleckmann NVwZ 1990, 607; einschränkend für Verträge, die staatlicher Genehmigung bedürfen und genehmigt wurden, F 282: Anfechtung nur mit Zustimmung der Genehmigungsbehörde.

gelung nicht gelten könne.[18] Diese Argumentation vermag nicht zu überzeugen. Die Einschränkung einer Anfechtung im Falle einer Täuschung durch Dritte erscheint nicht als eine speziell auf das Privatrecht zugeschnittene Regelung.[19]

bb) Anfechtung wegen Irrtums. Die Irrtumsanfechtung nach § 119 BGB iVm § 62 S 2 ist praktisch von besonderer Bedeutung. Angefochten werden kann eine Willenserklärung nach § 119 Abs 1 BGB wegen Erklärungsirrtums oder Inhaltsirrtums sowie nach § 119 Abs 2 BGB wegen Irrtums über verkehrswesentliche Eigenschaften einer Person oder einer Sache. Wird der Beteiligte bei der Abgabe der Willenserklärung vertreten, kommt es für das Vorliegen von Willensmängeln grundsätzlich auf den **Kenntnisstand des Vertreters** an.[20] In jedem Fall ist eine Abgrenzung zu einem unbeachtlichen Motivirrtum erforderlich. Ein Irrtum über die Rechtsfolgen einer Willenserklärung (bzw des damit angestrebten Vertragsschlusses) ist nur dann beachtlich, wenn der Vertrag wesentlich andere als die beabsichtigten Rechtsfolgen erzeugt.[21] 13a

4. Wirksamkeit des Vertrages. Die Regelungen in **§§ 125, 134, 138 BGB** über die Unwirksamkeit von Verträgen bei Verstößen gegen die Schriftform, gegen gesetzliche Verbote oder gegen die guten Sitten sind nur nach Maßgabe des § 59 anwendbar. Insoweit kommt § 62 S 2 also nicht zum Tragen. Das kann auch praktisch von Bedeutung sein, weil die vorgesehene Rechtsfolge, die Nichtigkeit des Vertrages, sich allein nach § 59 bestimmt. Allein aufgrund privatrechtlicher Vorschriften kann in diesen Fällen die Nichtigkeit nicht eintreten (s hierzu auch § 59 Rn 8 sowie § 54 Rn 45). 14

5. Regelungen über AGB. a) Allgemeines. Umstritten ist, ob die Vorschriften der §§ 305 ff BGB über die AGB in Verträgen entsprechend anwendbar sind. Der Streit bezog sich früher auf die Frage, ob verwaltungsrechtliche Verträge einer Klauselkontrolle nach den Vorschriften des bis zum 31.12.2002 gültigen AGBG zugänglich waren. Teilweise wurde dies vor allem aus formalen Gründen unter Hinweis auf die Stellung der Vorschriften außerhalb des BGB verneint.[22] In der zivilrechtlichen Literatur wurde die Anwendung des AGBG auf öffentlichrechtliche Verträge dagegen überwiegend befürwortet.[23] Das BVerwG hat bei verwaltungsrechtlichen Verträgen unter Hinweis auf das im öffentliche Recht ohnehin geltende Verbot einer unangemessenen Benachteiligung, das darüber hinaus sogar in §§ 56, 59 eine gesetzliche Ausgestaltung erfahren habe, eine **Klauselkontrolle abgelehnt** (BVerwGE 74, 78). 15

Nach der Integration des AGBG in die §§ 305–310 BGB kann eine Klauselkontrolle von verwaltungsrechtlichen Verträgen nun nicht mehr mit dem bloßen Hinweis auf die Stellung der Vorschriften außerhalb des BGB verneint werden. Lediglich ein Umkehrschluss aus § 310 Abs 1 S 1 BGB ergibt noch nicht die Möglichkeit einer Klauselkontrolle bei Verwendung standardisierter Verträge durch die Verwaltung (so aber Geis NVwZ 2002, 385), da diese Vorschrift lediglich die Einbeziehung und Inhaltskontrolle von AGB bei Verwendung gegenüber Unternehmern, jur Personen des öffentlichen Rechts oder öffentlich-rechtlichen 16

---

[18] WBSK I § 55 Rn 140; einschränkend Obermayer 38: Unanwendbar für Behördenseite.

[19] So auch BGH BB 1996, 448; VGH München BayVBl 1978, 148; OVG Koblenz DVBl 1984, 281; UL § 69 Rn 3; StBS 28; jetzt auch Knack/Henneke 26.

[20] BVerwG NJW 2010, 3048 unter Hinweis auf BGHZ 51, 141, 145 auch zu den Ausnahmen analog § 166 Abs 2.

[21] BVerwG NJW 2010, 3048 unter Hinweis auf BGHZ 134, 152, 156; BGH NJW 2006, 3353, auch zur Abgrenzung zum unbeachtlichen Motivirrtum.

[22] OVG Münster NJW 1989, 1879; VGH München NVwZ 1999, 1008; Griwotz NJW 1997, 237.

[23] S hierzu näher Palandt § 305 Rn 4; MüKo § 1 AGBG Rn 8; Wolf/Horn/Lindacher AGBG Einl Rn 20.

Sondervermögen modifiziert und damit nur eine Aussage über die geringere Schutzbedürftigkeit dieser Kreise trifft (Palandt § 310 Rn 2). Allein die Eingliederung des AGB-Rechts in das BGB eröffnet deshalb noch nicht die Klauselkontrolle.[24] Vielmehr ist unter Berücksichtigung der einschränkenden Verweisung des S 2 nach wie vor die Frage zu prüfen, ob eine Klauselkontrolle im Bereich der verwaltungsrechtlichen Verträge den im öffentlichen Recht geltenden Besonderheiten hinreichende Rechnung trägt, und ob die Vorschriften des Verwaltungsverfahrensrechts die Anwendung des AGB-Rechts ausschließen. Dies wird im Ergebnis weitgehend anzunehmen sein, weshalb für eine Anwendung der AGB jedenfalls im Grundsatz kein Raum ist.[25]

17 **b) Koordinationsrechtliche Verträge.** Im Bereich der koordinationsrechtlichen Verträge nach § 54 S 1 scheint das praktische Vorkommen von AGB gem § 305 Abs 1 BGB unwahrscheinlich, insbesondere wegen § 310 Abs 1 S 3 BGB. Außerdem fehlt es hier an dem bei Verwendung von AGB durch eine Vertragspartei typischerweise vorliegendem Machtgefälle zwischen den Vertragsparteien, weshalb im Bereich der verwaltungsrechtlichen Verträge gem § 54 S 1 für eine Klauselkontrolle keine der zivilrechtlichen Situation entsprechende vergleichbare Interessenlage und damit auch kein Bedarf besteht. Insoweit sind die Vorschriften des VwVfG als abschließend zu betrachten.[26]

18 **c) Subordinationsrechtliche Verträge.** Bei subordinationsrechtlichen Verträgen nach § 54 S 2 wäre eine Klauselkontrolle nach den §§ 305–310 BGB nF grundsätzlich denkbar. Im Fall des subordinationsrechtlichen Vertrages gem § 54 S 2 besteht häufig ein Machtgefälle zwischen der Verwaltung als Verwenderin von vorformulierten Vertragsbedingungen und dem Vertragspartner (Grziwotz NVwZ 2002, 392), weshalb hier ein Bedürfnis für eine Klauselkontrolle an sich besteht. Die §§ 56, 59 enthalten allerdings bereits Vorschriften, die den Vertragspartner eines verwaltungsrechtlichen Vertrages vor Benachteiligungen schützen sollen. Diese haben allerdings in erster Linie die Angemessenheit von Leistung und Gegenleistung sowie das Koppelungsverbot zum Gegenstand. Insoweit **kommt die Anwendung des AGB-Rechts nicht in Betracht.** Gleiches gilt für die Regelungen des Zustandekommens des Vertrages; auch hier hat das VwVfG Bestimmungen getroffen, die zum Schutz des Vertragspartners der Behörde als ausreichend angesehen werden müssen.[27]

19 Es bleiben Fragen im Hinblick auf die **Vertragsabwicklung,** für die in den §§ 305–310 BGB nF auch Regelungen getroffen werden, die Angemessenheit der die Vertragsabwicklung oder den Umgang mit etwaigen Äquivalenzstörungen bestimmenden Klauseln des Vertrages betreffen. Ob hier allerdings die Interessenlage bei öffentlich-rechtlichen Verträgen mit derjenigen des Privatrechts vergleichbar ist, erscheint zweifelhaft, insbesondere im Hinblick auf die grundsätzliche **Gemeinwohlbindung der öffentlichen Verwaltung.**[28] Für eine entsprechende Anwendung der §§ 305–310ff BGB nF besteht deshalb auf dem Gebiet des öffentlichen Rechts angesichts des auch hier ohnehin geltenden Grundsatzes von Treu und Glauben kein hinreichender Bedarf.[29] Dies schließt es

---

[24] HM, vgl Knack/Hennecke 29; FKS 13; Spannowski/Uechtritz BauGB § 11 Rn 49; **aA** Geis NVwZ 2002, 286.

[25] Vgl BGHZ 153, 93, 101; wohl aA Ruttloff DVBl 2013, 1415.

[26] Str, wie hier FKS 14; wohl auch StBS 59; Spannowski/Uechtritz BauGB § 11 Rn 49; **aA** jetzt Knack/Henneke 48.

[27] Ähnlich StBS 60; offen Ziekow 13, wonach die Regelungen des BGB zur Konkretisierung des Angemessenheitsbegriffs herangezogen werden können; **aA** Knack/Henneke 48.

[28] Hiergegen jüngst Ruttloff DVBl 2013, 1415, der diese Aussage für „haltlos" hält.

[29] Zur Kontrolle von Schienennutzungsbedingungen durch die Bundesnetzagentur und die Verwaltungsgerichte am Maßstab der Gewährung eines diskriminierungsfreien Zugangs gem § 14 Abs 1 S 1 AEG s BVerwGE 153, 192: als Prüfungsmaßstab dürfen nur die öffent-

allerdings nicht aus, die Regelungen des neuen AGB-Rechts zT als Konkretisierung des Grundsatzes von Treu und Glauben anzusehen und insoweit bei öffentlich-rechtlichen Vertragsabwicklungen zu berücksichtigen.

6. Allgemeine schuldrechtliche Regeln. Sinngemäß anwendbar sind die §§ 157, 242 BGB, die den **Grundsatz von Treu und Glauben** enthalten, der über das Vertragsrecht hinaus auch sonst im öffentlichen Recht gilt;[30] ebenso § 138 BGB über **die guten Sitten** (vgl insoweit auch § 44 Rn 47; § 59 Rn 15); außerdem grundsätzlich aber auch die von Rspr und Schrifttum entwickelten allgemeinen Rechtsgrundsätze, soweit sie sich auch auf Verträge beziehen, wie die Rechtsgrundsätze über **Schadensersatzansprüche** aus Vertrag, aus **culpa in contrahendo**[31] (nunmehr kodifiziert als Schadensersatzansprüche wegen Verletzung einer vorvertraglichen Pflicht nach § 311 Abs 2 BGB nF iVm § 280 Abs 1 BGB) sowie wegen **positiver Forderungsverletzung**[32] (jetzt Schadensersatz gem § 280 BGB wegen Verletzung einer Pflicht aus § 241 BGB). Entsprechend anwendbar sind auch die Regelungen über Leistungsbestimmungen nach §§ 315 ff BGB[33], Verträge zugunsten Dritter[34] sowie die §§ 339 ff BGB über **Vertragsstrafen.**[35] Voraussetzung ist, dass eine dem Grundsatz der Verhältnismäßigkeit entsprechende Vertragsstrafe vereinbart wird.[36] 20

7. Erfüllung, Leistungsstörungen. a) Grundsätze. Grundsätzlich **entsprechend anwendbar** sind die Vorschriften und Grundsätze des BGB über die Erfüllung (Erichsen/Ehlers § 32 Rn 1) und über Leistungsstörungen.[37] Dies gilt zB für die Ansprüche bei Pflichtverletzungen durch Nichtleistung wegen Unmöglichkeit,[38] Verzug,[39] Nichterfüllung, Schlechtleistung und sonstigen Leistungsstörungen;[40] über die Pflicht zur Schadensminderung gem § 254 BGB, über die Haftung für eigenes Verschulden gem § 276 BGB und das Verschulden von Erfüllungsgehilfen gem § 278 BGB, über die Beweislast bei vertragswidrigem Verhalten gem § 282 BGB (Kassel DVBl 1989, 575), über Haftungsbeschränkungsklauseln,[41] über Schiedsgutachten analog §§ 317 ff BGB nF;[42] über das 21

---

lich-rechtlichen Vorschriften über den Zugang zur Eisenbahninfrastruktur, nicht aber spezifisch zivilrechtliche Kontrollmaßstäbe etwa anhand der §§ 307 ff BGB herangezogen werden.

[30] Begr 83; BVerwG NJW 1974, 2248; WBSK I § 25 Rn 4; F 168 ff mwN; BFH NJW 1977, 728; Betr 1967, 1442; Obermayer 43.

[31] BVerwG DÖV 1974, 133; BGH JZ 1986, 155; OVG Münster DÖV 1971, 277; Erichsen/Ehlers § 32 Rn 5; Simons 172; Littbarski JuS 1979, 537; WBSK I § 54 Rn 152; Obermayer 162; Knack/Henneke 49.

[32] Begr 83; Erichsen/Ehlers § 32 Rn 5; Obermayer 150 ff.

[33] BVerwG NVwZ 2011, 125, zu Folgekostenvertrag.

[34] Bader/Ronellenfitsch 32; BAG NZA 2017, 254.

[35] BVerwGE 98, 58; OVG Hamburg NordÖR 2003, 492, auch zur Möglichkeit einer Herabsetzung der vereinbarten Vertragsstrafe durch Urteil.

[36] BVerwGE 74, 78 = DVBl 1986, 945; VGH München BayVBl 1983, 730.

[37] StBS 33 ff; UL § 72 Rn 1.

[38] UL § 72 Rn 1; s auch BVerwG NJW 1979, 330: nachträglich rechtliche Unmöglichkeit hat analog § 275 Abs 1 BGB den Wegfall der Verpflichtung zur Folge.

[39] Vgl BVerwG NVwZ 1989, 876; BGH NJW 1982, 1277.

[40] ZB §§ 275, 276, 280, 325, 326 BGB; vgl BVerwG DÖV 1965, 670; OVG Lüneburg DÖV 1968, 803; OVG Münster KStZ 1983, 38; OVG Bremen NVwZ 1987, 251; vgl ferner BVerfG 42, 341; Simons 1 ff; für nur modifizierte Anwendung des Leistungsstörungsrechts WBSK I § 55 Rn 141; Krause 226.

[41] Erichsen VerwArch 1974, 219, zugleich auch zu den Grenzen der Zulässigkeit solcher Klauseln; vgl auch BGH NJW 1978, 1431.

[42] BVerwGE 84, 258 = NJW 1990, 1926 – die Vereinbarung eines Schiedsgutachtens, auf welche die §§ 317 ff BGB nF entsprechend anzuwenden sind, ist im öffentlichen Recht dann grundsätzlich unbedenklich, wenn die Vertragsbeteiligten sich gleichgeordnet gegenüberstehen; § 319 Abs 2 2. Halbs BGB nF ist auf Abreden über Schiedsgutachten mit der

Recht eines Vertragspartners zur Bestimmung der Leistung analog § 315 BGB nF.[43] Anwendbar sind weiter die Vorschriften über die Erfüllung gem § 382 BGB (OVG Münster BRS 42 Nr 132), über die Aufrechnung;[44] über den Irrtum hins der Grundlage eines Vergleichs (BVerwG DVBl 1974, 353) sowie über die ordentliche und die außerordentliche Kündigung (Kaminski, §§ 7, 8).

22 **b) Verzugszinsen.** Als anerkannt kann nunmehr gelten, dass die Vorschriften über Verzugszinsen gem §§ 284, 288 BGB anwendbar sind.[45] Die für die Gegenmeinung in der Vergangenheit vorgebrachten Argumente (dazu Knack/Henneke 42) lassen sich nach der Schuldrechtsreform kaum mehr halten. Es wäre kaum verständlich, weshalb der Verzug in einem öffentlich-rechtlichen Vertragsverhältnis anders behandelt werden sollte als in einem privatrechtlichen.

23 **c) Verjährung.** Nach den entsprechend anzuwendenden Vorschriften des BGB richtet sich die Verjährung von Ansprüchen aus verwaltungsrechtlichen Verträgen nach den Bestimmungen des BGB.[46] Nach §§ 195, 198 BGB aF galt grundsätzlich eine Verjährungsfrist von 30 Jahren, wohingegen §§ 195, 199 BGB nF nunmehr eine dreijährige Regelverjährung vorsehen. Lediglich für den Fall des vollstreckbaren vertraglichen Anspruchs wird man weiterhin entspr § 197 Abs 1 Nr 4 BGB nF eine dreißigjährige Verjährungsfrist anzunehmen haben, da der Gläubiger sonst, um in den Genuss der längeren Verjährungsfrist zu gelangen, den bereits vollstreckbaren Anspruch einklagen müsste. Für Ansprüche aus bereits abgeschlossenen Verträgen gilt die Übergangsregelung in Art 229 § 6 EGBGB.

24 **8. Rückabwicklung, Kondiktion. a) Rücktritt.** Die Bestimmungen über den Rücktritt gem §§ 346 ff BGB sind ebenfalls analog anwendbar.[47] Auch im öffentlichen Recht kommt dem Rücktritt keine Rückwirkung zu, sondern führt ex nunc zu einem Rückgewährschuldverhältnis (BVerwG NVwZ-RR 2004, 413).

25 **b) Kondiktion. Umstritten** ist die Frage, ob die §§ 812 ff BGB auf das Rückabwicklungsschuldverhältnis eines öffentlich-rechtlichen Vertrages zur Anwendung kommt. Die hM vertritt die Auffassung, dass sich die Rückabwicklung von fehlgeschlagenen Leistungsbeziehungen nicht nach dem Kondiktionsrecht der §§ 812 ff BGB; sondern nach dem **öffentlich-rechtlichen Erstattungsanspruch** zu richten hat.[48] Das bedeutet, dass die §§ 817 S 2, 818 Abs 3 BGB auf den Rückabwicklungsanspruch nicht entsprechend anwendbar sind.[49] Diese Auffassung muss für die Fälle einer Rückabwicklung in gesetzlichen Schuld- bzw Leistungsverhältnissen als allgemein anerkannt gelten. Problematisch ist sie aber, wenn es um die Kondiktion in vertraglichen Schuldverhältnissen geht. Der öf-

---

Maßgabe entsprechend anzuwenden, daß nunmehr das Gericht die erforderlichen Feststellungen im Rahmen seiner Zuständigkeit zu treffen hat.

[43] BVerwGE 84, 236 = NVwZ 1990, 665: jedenfalls insoweit entsprechend anwendbar, als sich die Behörde vorbehalten darf, die vereinbarte Gegenleistung im Einzelfall zugunsten des Vertragspartners zu ermäßigen; Ehlers JZ 1990, 594.

[44] BVerwG BayVBl 1972, 416; OVG Münster NJW 1976, 2036; Pietzner VerwArch 1982, 453; Knack/Henneke 57 mwN.

[45] BVerwGE 81, 312 = NVwZ 1989, 876; VGH München NVwZ-RR 1992, 39, 58, 326; BVerwG DVBl 1988, 348; VGH München BayVBl 1980, 383; VGH Mannheim NVwZ 1991, 583; Knack/Henneke 41 f; **aA** die ältere Auffassung, vgl BVerwG NVwZ 1986, 554: ohne ausdrückliche Vereinbarung nicht anwendbar; Zimmerling/Jung DÖV 1987, 92; Frieke NVwZ 1986, 538; offen BVerwG DÖV 1979, 761 und NVwZ 1986, 554.

[46] OVG Bremen, B v 17.2.2011, 1 A 373/09, juris; VGH Kassel NVwZ-RR 1993, 396; VGH München BayVBl 2001, 395; StBS 32 ff.

[47] Knack/Henneke 56.

[48] Grundlegend BVerwGE 71, 85; daran anschließend BVerwGE 111, 162; OVG Greifswald, B v 10.2.2011, 1 L 128/07, Juris; VGH Mannheim 1991, 79, 583; s auch WBSK I § 55 Rn 26; Obermayer 118; StBS 42.

[49] BVerwG NVwZ 2003, 993 zu § 817 S 2; ebenso BGH NJW 2010, 297.

fentlich-rechtliche Ersatttungsanspruch ist in der Rspr für die Rückabwicklung öffentlich-rechtlicher Leistungen im Hinblick auf bestehende gesetzliche Regelungslücken entwickelt worden. Eine solche liegt bei gescheiterten vertraglichen Leistungsbeziehungen an sich nicht vor, weil insoweit gem S 2 die Regelungen des BGB anwendbar sind. Allerdings wird man inzwischen den öffentlich-rechtlicen Erstattungsanspruch angesichts der insoweit gefestigten Rechtsprechung als **gewohnheitsrechtlich anerkanntes Institut** ansehen müssen, das dann als öffentlich-rechtliches Sonderrecht dem bürgerlich-rechtlichen Kodiktionsrecht vorgeht. Die Unterschiede ergeben sich vor allem für die Fälle der Haftung bzw der Entreicherung; weil insoweit Abweichungen von den Vorschriften der §§ 812 ff BGB bestehen.[50]

9. Verhältnis zum Amtshaftungsanspruch. Ansprüche aus Amtshaftung 26 werden, soweit es sich um eine Verletzung von Vertragspflichten durch Amtsträger handelt, durch die spezielleren Vorschriften und Grundsätze, die für Leistungsstörungen gelten, grundsätzlich ausgeschlossen.[51]

IV. Rechtsweg

Für Streitigkeiten aus öffentlich-rechtlichen Verträgen sind nach § 40 Abs 2 27 S 1 VwGO die Verwaltungsgerichte zuständig; das gilt, wie durch die Neufassung des § 40 Abs 2 VwGO durch den zwischenzeitlich gestrichenen § 97 Nr 1 klargestellt wurde, auch – entgegen der zum früheren Recht zT abweichenden Rspr[52] – für Schadensersatzansprüche.[53] Die Zuständigkeit der Verwaltungsgerichte gilt demnach auch für Ansprüche aus **culpa in contrahendo.**[54]

---

[50] So auch StBS 42; Knack/Henneke 65 ff mwN.

[51] BGH DVBl 1983, 1058; Henke JZ 1984, 446.

[52] Vgl zB BGH NJW 1978, 1802; DVBl 1979, 230.

[53] So schon für das frühere Recht Lüneburg DÖV 1968, 803; Bettermann JZ 1966, 445; Simons 194 ff; für den Fall des Bestehens eines Sachzusammenhangs mit der Erfüllung des Vertrags auch BVerwG DÖV 1974, 133; zT **aA** für das frühere Recht BGH DVBl 1963, 438; JZ 1966, 443; ME VerwArch 1969, 179 ff; bei bestehendem Sachzusammenhang mit Amtshaftungsansprüchen auch BVerwGE 37, 237; WBSK I § 54 Rn 73 für die Vertragsanpassung bei Wegfall der Geschäftsgrundlage.

[54] BVerwG DÖV 1974, 133; BGH 43, 41 = JZ 1966, 493; OVG Münster DVBl 1972, 615; Scherer NVwZ 1986, 540; **aA** BGH JZ 1986, 155. Differenzierend StBS 55 f, § 54 Rn 204: Zuständigkeit der Zivilgerichte für Amtshaftungsklagen und damit im Zusammenhang stehende Vorfragen eines schadensersatzbegründendes Verhalten beim Abschluss von öffentlich-rechtlichen Verträgen; ohne einen solchen Zusammenhang besteht die Zuständigkeit der Verwaltungsgerichte.

Teil V. Besondere Verfahrensarten

Abschnitt 1. Förmliches Verwaltungsverfahren

§ 63 Anwendung der Vorschriften über das förmliche Verwaltungsverfahren

(1) **Das förmliche Verwaltungsverfahren nach diesem Gesetz findet statt, wenn es durch Rechtsvorschrift angeordnet ist.**

(2) **Für das förmliche Verwaltungsverfahren gelten die §§ 64 bis 71 und, soweit sich aus ihnen nichts Abweichendes ergibt, die übrigen Vorschriften dieses Gesetzes.**

(3) **Die Mitteilung nach § 17 Abs. 2 Satz 2 und die Aufforderung nach § 17 Abs. 4 Satz 2 sind im förmlichen Verwaltungsverfahren öffentlich bekannt zu machen.[12] Die öffentliche Bekanntmachung[13] wird dadurch bewirkt, dass die Behörde die Mitteilung oder die Aufforderung in ihrem amtlichen Veröffentlichungsblatt[14] und außerdem in örtlichen Tageszeitungen,[14] die in dem Bereich verbreitet sind, in dem sich die Entscheidung voraussichtlich auswirken wird, bekannt macht.**

Schrifttum: *Büllesbach,* Möglichkeiten der Beschleunigung von parallelen Genehmigungsverfahren, DÖV 1995, 710; *Erath,* Förmliches Verwaltungsverfahren und gerichtliche Kontrolle, 1996; *Häberle,* Verfassungsprinzipien „im" Verwaltungsverfahrensgesetz, in: Boorberg-FS 1977, 83; *Hill,* Die befugte Gewässerbenutzung nach dem Wasserhaushaltsgesetz, GewArch 1981, 155; *Leßmann,* Förmliches Verwaltungsverfahren im novellierten Sortenschutzgesetz, GRUR 1986, 19; *Schulz,* Neue Atomrechtliche Verfahrensordnung, DVBl 1977, 326; *Sellner/Reidt/Ohms* Immissionsschutzrecht und Industrieanlagen, 2006; *Wahl,* Fehlende Kodifizierung der förmlichen Genehmigungsverfahren im VwVfG, NVwZ 2002, 1192.

Schrifttum zur UVP: *Erb,* Untersuchungsumfang und Ermittlungstiefe in Umweltprüfungen, 2013; *Erbguth,* Ziel, Konzeption und Entwicklungslinien der UVP, ZUR 2014, 515; *Feldmann,* Die Umsetzung der UVP-Änderungsrichtlinie in deutsches Recht, DVBl 2001, 589; *Führ/Dopfer/Bitzer,* Evaluation des UVPG des Bundes – Ergebnisse einer retrospektiven Gesetzesfolgenforschung, ZUR 2009, 59; *Gärditz,* Verwaltungsgerichtlicher Rechtsschutz im Umweltrecht, NVwZ 2014, 1; *Gassner/Winkelbrandt,* UVP – Umweltverträglichkeitsprüfung in der Praxis, 3. Aufl 1997; *Greim,* Rechtsschutz bei Verfahrensfehlern im Umweltrecht, 2013; *Hien,* Die Umweltverträglichkeitsprüfung in der gerichtlichen Praxis, NVwZ 1997, 422; *Hilbert,* Die Wiederholung von UVP-Vorprüfungen, VerwArch 2017, 115; *Hoppe/Beckmann* (Hg), UVPG, 4. Aufl 2012; *Kloepfer,* Umweltrecht, 4. Aufl 2016; *Koch* (Hg), Umweltrecht, 4. Aufl 2013; *Koch/Siebel-Huffmann,* Gesetz zur Umsetzung der UVP-Änderungs- und der IVU-Richtlinie, NVwZ 2001, 1085; *Krahnefeld/Ehrmann,* Die Umsetzung der Industrieemissionsrichtlinie im Wasserrecht, I+E 2013, 147; *Peters,* Gesetz über die Umweltverträglichkeitsprüfung, 3. Aufl 2006; *Peters,* Rechtliche Maßstäbe des Bewertens in der gesetzlichen UVP und die Berücksichtigung in der Entscheidung, NuR 1990, 103; *Ramsauer,* Umweltprobleme in der Flughafenplanung – Verfahrensrechtliche Fragen, NVwZ 2004, 1044; *Schink,* Die Umweltverträglichkeitsprüfung – eine Bilanz, NuR 1998, 173; *Schmidt,* Die UVP im Zulassungsverfahren durch mehrere Behörden, NVwZ 2003, 292; *Seifert,* Ausweitung des Rechtsschutzes im Umweltrecht – fehlerhaft durchgeführte UVP kann Aufhebungsanspruch begründen, AbfallR 2014, 40; *Siegel,* Ausweitung und Eingrenzung der Klagerechte im Umweltrecht, NJW 2014, 973; *Sitsen,* Die UVP bei Änderungs- oder Erweiterungsvorhaben, UPR 2008, 292; *Steinberg/Steinwachs,* Zulassungspflichtigkeit der Änderung von Fachplanungsvorhaben unter Berücksichtigung des UVPG, NVwZ 2002, 1153; *Wemdzio,* UVP – Unheimlich viel Papier? NuR 2008, 479.

Zur Öffentlichkeitsbeteiligung: *Beirat Verwaltungsverfahrensrecht,* Für mehr Transparenz und Akzeptanz – frühe Öffentlichkeitsbeteiligung bei Genehmigungsverfahren, NVwZ

2011, 859; *Böhm,* Bürgerbeteiligung nach Stuttgart 21: Änderungsbedarf und -perspektiven, NuR 2011, 614; *Burgi,* Das Bedarfserörterungsverfahren: Eine Reformoption für die Bürgerbeteiligung bei Großprojekten, NVwZ 2012, 277; *Burgi/Durner,* Modernisierung des Verwaltungsverfahrensrechts durch Stärkung des VwVfG, 2012; *Engel/Mailänder,* Die Öffentlichkeitsbeteiligung in § 16 Abs 2 BImSchG il Lichte der Industrieemissionsrichtlinie, I+E 2013, 165; *Franzius,* Stuttgart 21: Eine Epochenwende? GewArch 2012, 225; *Groß,* Stuttgart 21: Folgerungen für Demokratie und Verwaltungsverfahren, DÖV 2011, 510; *Haug/Schadtle,* Der Eigenwert der Öffentlichkeitsbeteiligung im Planungsrecht, NVwZ 2014, 271; *Hendler/Mei Wu,* Öffentlichkeitsbeteiligung im Recht der EU, DVBl 2014, 78; *Müller,* Die Öffentlichkeitsbeteiligung im Recht der Europäischen Union und ihre Einwirkungen auf das deutsche Verwaltungsrecht am Beispiel des Immissionsschutzrechts, 2010; *Kokott/Sobotta,* Rechtsschutz im Umweltrecht – Weichenstellungen in der Rspr des EuGH, DVBl 2014, 132; *Knauff,* Öffentlichkeitsbeteiligung im Verwaltungsverfahren, DÖV 2012, 1; *Pünder,* Open Government leads to better Government: Überlegungen zur angemessenen Gestaltung von Verwaltungsverfahren, NuR 2005, 71; *Wulfhorst,* Konsequenzen aus Stuttgart 21: Vorschläge zur Verbesserung der Bürgerbeteiligung, DÖV 2011, 581; *A. Versteyl,* Partizipation durch Verfahren: Verbesserung der Öffentlichkeitsbeteiligung auf der Grundlage der gesetzlichen Regelungen, I+E 2011, 89.

Übersicht

I. Allgemeines

1 **1. Begriff des förmlichen Verfahrens. a) Allgemeines.** Das VwVfG stellt neben dem allgemeinen Verwaltungsverfahren (§§ 9 ff) **zwei besondere Verfah-**

rensarten zur Verfügung, in denen striktere Abläufe als nach §§ 9 ff zu beachten sind: das förmliche Verfahren nach den §§ 63–71 und das Planfeststellungsverfahren (§§ 72–78). Beide Normkomplexe ermöglichen es den Gesetzgebern des Bundes und der Länder, wenn sie Verfahrensgegenstände des Fachrechts in einem förmlich ausgestalteten Verfahren behandelt wissen wollen, auf eine eigenständige gesetzliche Ausgestaltung zu verzichten und stattdessen auf die einschlägigen Bestimmungen des VwVfG zu verweisen bzw für deren Anwendung Raum zu lassen (Begr 28 f, 83 f; MuE 77). Während das Planfeststellungsverfahren von jeher eine erhebliche Bedeutung hat, spielt das förmliche Verfahren der §§ 63 ff in der Praxis kaum eine Rolle (Wahl NVwZ 2002, 1192: legislatorischer Fehlschlag). Die Gesetzgeber haben von diesem „Angebot" des VwVfG kaum Gebrauch gemacht und es vorgezogen, die für notwendig gehaltenen Formalisierungen fachspezifisch zu regeln – um den Preis der Unübersichtlichkeit und schwierigeren Handhabbarkeit. Eine gewisse Bedeutung erhalten die §§ 63 aber dadurch, dass sie als **Reservoir für Bezugnahmen in Fachgesetzen** (auch etwa für Planfeststellungsverfahren) dienen.

b) Ausgestaltung des förmlichen Verfahrens. Das förmliche Verfahren ist **einem gerichtlichen Verfahren angenähert.** Dadurch unterscheidet es sich vom allgemeinen Verwaltungsverfahren nach §§ 9 ff, das durch den Grundsatz der Nichtförmlichkeit bestimmt wird und daher einfach, zweckmäßig und zügig durchzuführen ist (§ 10). Förmliche Verfahren eignen sich demgegenüber vor allem für Verwaltungsbereiche, in denen die Rechte der Betroffenen oder öffentliche Interessen ein Verfahren mit erhöhten Rechtsschutz- und Gesetzmäßigkeitsgarantien erforderlich erscheinen lassen.[1] Gegenüber dem formlosen Verwaltungsverfahren gestärkt sind die **Verfahrensrechte der Beteiligten** etwa durch die Anwesenheits- und Fragerechte bei der Vernehmung von Zeugen und Sachverständigen (§ 66 Abs 2), durch das Erfordernis einer mündlichen Verhandlung (§ 67) und durch das Ablehnungsrecht nach § 71 Abs 3. Der Verbesserung der **Sachverhaltsaufklärung** dient vor allem die Aussagepflicht für Zeugen und Sachverständige (§ 65). Insgesamt **stärker formalisiert** ist das Verfahren durch die Erfordernisse eines **schriftlichen Antrags** (§ 64) und einer **schriftlichen Entscheidung,** die mit einer Begründung versehen und zuzustellen ist (§ 69 Abs 2). Im Hinblick auf die dadurch angestrebte **Verringerung der Fehleranfälligkeit** konsequent erscheint der Verzicht auf ein Vorverfahren vor Klagerhebung (§ 70). 1a

c) Förmliche Verfahren im engeren und weiteren Sinn. Die §§ 63 ff betreffen nur förmliche Verfahren im engeren Sinn. Das sind nur diejenigen, für die die Anwendung der §§ 64 ff durch Rechtsvorschrift vorgeschrieben worden ist. In der Regel handelt es sich um Verfahren mit besonderem Grundrechtsbezug, in denen die Sachentscheidung durch das materielle Recht nur begrenzt steuerbar ist (vgl Rn 9). Von förmlichen Verfahren im weiteren Sinn spricht man, wenn das Fachrecht zwar besondere verfahrensrechtliche Sicherungen vorsieht, wie zB eine mündliche Verhandlung oder ein Anhörungsverfahren, ohne aber das förmliche Verwaltungsverfahren der §§ 63 ff für anwendbar zu erklären (s näher unter Rn 10). 1b

2. Verankerung in höherrangigem Recht. a) Verfassungsrecht. Verfassungsrechtlich sind die im förmlichen Verfahren vorgesehenen **besonderen Regelungen nicht geboten.** Das gilt nicht nur für das Erfordernis einer mündlichen Verhandlung (§§ 67 f), sondern auch für die Beteiligung an der Vernehmung von Sachverständigen und Zeugen (§ 66 Abs 2), die Mitwirkungspflichten von Sachverständigen und Zeugen (§ 65) und die übrigen verfahrensrechtlichen 2

---

[1] WB III § 157; WBSK I § 61 Rn 1; Obermayer 3; VerwR 123; MuE 77; StBS 1 ff; Erichsen/Ehlers § 14 Rn 35.

Sicherungen. Diese Regelungen dienen zwar neben der Richtigkeitsgewähr und damit dem Rechtsstaatsprinzip auch dem Schutz der Grundrechte der Beteiligten im Verwaltungsverfahren; eine Verpflichtung zu einer solchen Ausgestaltung des Verfahrens folgt daraus aber nicht. Dementsprechend enthält das VwVfG auch keine Vorschriften darüber, in welchen Fällen das förmliche Verfahren durchzuführen ist.

2a **b) Unionsrecht.** Das Unionsrecht verlangt für seinen indirekten Vollzug grds ebenfalls nicht die Durchführung förmlicher Verwaltungsverfahren. Es überlässt die Ausgestaltung des Verwaltungsverfahrens grds der **Autonomie der Mitgliedstaaten** (Einf II Rn 39) und verlangt nur für bestimmte Fallgestaltungen besondere Verfahrensvorkehrungen, die sich allerdings in den §§ 63 ff nicht finden. So fordert etwa die **RL über die Umweltverträglichkeitsprüfung** für die Zulassung der von ihr erfassten Vorhaben die Durchführung einer Umweltverträglichkeitsprüfung (s näher Rn 15 ff), mit der im Zulassungsverfahren entsprechende Verfahrensschritte nötig werden. Diese sind in Deutschland indessen bisher nicht allgemeinen im VwVfG geregelt, sondern im UVPG und im jeweiligen Fachrecht. Diese Struktur dient nicht der Transparenz und Übersichtlichkeit des Verfahrensrechts und ist deshalb rechtspolitisch verfehlt. Die **Umweltinformations-RL** verlangt für bestimmte Fälle die Einführung weitergehender Informationsrechte der Bürger (s hierzu § 29 Rn 45). Auch diese Verpflichtungen sind in Deutschland nicht im VwVfG umgesetzt worden. Die wünschenswerte Integration des EU-Umsetzungsrechts in das VwVfG steht aus.

3 **3. Inhalt der Vorschrift. Abs 1** regelt die Frage, wann das förmliche Verfahren zur Anwendung gelangt. Voraussetzung ist danach eine besondere Anordnung durch Rechtsvorschrift. **Abs 2** stellt klar, dass die allgemeinen Vorschriften des VwVfG auch im förmlichen Verwaltungsverfahren anwendbar sind, soweit sich aus den §§ 64–71 nichts Abweichendes ergibt. **Abs 3** enthält (wie fast wortgleich § 72 Abs 2) bereits eine spezielle Verfahrensvorschrift (zu Masseneingaben in förmlichen Verfahren) und wäre deshalb systematisch besser in Abs 2 untergebracht (vgl Rn 12).

4 **4. Anwendungsbereich. a) Unmittelbar.** Die Vorschriften über das förmliche Verfahren gelten unmittelbar nur im allgemeinen Geltungsbereich des VwVfG und vorbehaltlich gleich lautender oder abweichender Vorschriften (§ 1). Allerdings könnte auch sonstiges Fachrecht auf die §§ 63 ff verweisen. Auch wenn das förmliche Verwaltungsverfahren angeordnet ist, gehen speziellere Verfahrensregelungen im Fachrecht vor. Das gilt auch für Bestimmungen etwa über die mündliche Verhandlung oder die Aussagepflicht von Zeugen und Sachverständigen. Die Verwaltungsverfahrensgesetze der Länder enthalten mit § 63 gleich lautende Vorschriften (vgl zB § 130 s-hLVwG). Eine Erweiterung findet sich in § 4 Abs 1 berlVwVfG, wonach das förmliche Verfahren auch in den Angelegenheiten stattfindet, in denen durch Rechtsvorschrift die Durchführung einer mündlichen Verhandlung vorgeschrieben ist.

4a **b) Analoge Anwendbarkeit.** Obwohl die unmittelbare Anwendung der §§ 63 ff und die entsprechenden Bestimmungen der Landesgerichte eine ausdrückliche Anordnung durch eine Rechtsvorschrift voraussetzt (s oben Rn 3), steht einer entsprechenden Anwendung der darin zum Ausdruck gekommenen **allgemeinen Rechtsgrundsätze** zur Ausfüllung von Lücken in anderen, insb auch älteren Gesetzen, die förmliche Verwaltungsverfahren vorsehen, nichts entgegen.[2] Entsprechendes gilt auch für die Auslegung von Vorschriften über förmliche Verfahren, wenn und soweit Wortlaut, Sinn und Zweck nicht entgegenste-

[2] S allg auch StBS 13 und BVerwGE 55, 304. Dies galt etwa für Entscheidungen in Kriegsdienstverweigerungsachen nach dem WPflG aF.

hen. Umgekehrt sind für die Auslegung der §§ 63 ff Rechtsprechung und Schrifttum zu den vergleichbaren Vorschriften mit heranzuziehen.

5. Verhältnis zur Umweltverträglichkeitsprüfung (UVP). Die Regelungen der §§ 63 ff weisen keinen Bezug zum UVP-Recht auf. Die Anwendung der Vorschriften über die UVP richtet sich allein nach dem UVPG bzw der UVP-RL der EU (s Rn 15 ff). Ob also in einem Verwaltungsverfahren eine UVP durchzuführen ist, hängt davon ab, ob es um die Genehmigung eines Vorhabens geht, für das nach dem UVPG bzw nach der UVP-RL eine UVP vorgeschrieben ist oder nicht. Dies kann auch bei Vorhaben der Fall sein, für die ein förmliches Verfahren nach §§ 63 ff nicht vorgeschrieben ist; dies ist sogar der Normalfall. Die meisten Verfahren, die der UVP-Pflicht unterliegen, sind Planfeststellungsverfahren nach §§ 72 ff (s § 72 Rn 33 ff) oder förmliche Verfahren iwS (s Rn 10), auf die die §§ 63 ff jedenfalls nicht unmittelbar anwendbar sind. 5

II. Anwendbarkeit des förmlichen Verwaltungsverfahrens (Abs 1)

1. Anordnung in einer Rechtsvorschrift. Nach Abs 1 sind die §§ 64–71 über das förmliche Verfahren – Entsprechendes gilt für § 63 Abs 3 – nur dann anwendbar, wenn ihre Anwendung bzw die Durchführung eines förmlichen Verfahrens nach diesen Bestimmungen ausdrücklich durch Rechtsvorschrift – **auch durch Verordnung oder Satzung**[3] – angeordnet ist. Eine Anordnung durch Verwaltungsvorschrift würde nicht ausreichen.[4] Die Behörde ist aber nicht gehindert, einer derartigen Verwaltungsvorschrift entsprechend vorzugehen und ein Verwaltungsverfahren im Rahmen ihres Ermessens wie ein förmliches auszugestalten, sofern dabei nicht in Rechte eingegriffen werden muss. Das gilt zB für die Durchführung einer mV oder die Zustellung eines VA, nicht aber für die Einführung einer Aussagepflicht für Zeugen und Sachverständige oder für andere belastende Maßnahmen. 6

a) Anforderungen an die Anordnung. Grunds ist eine ausdrückliche Anordnung der Anwendbarkeit der Vorschriften über das förmliche Verfahren erforderlich. Bei Gesetzen, die nach Verkündung des VwVfG am 29.5.1976[5] erlassen wurden und die Durchführung eines förmlichen Verfahrens anordnen, ohne dessen Einzelheiten zu regeln, ist auch bei Fehlen einer ausdrücklichen Verweisung auf §§ 63 ff im Zweifel anzunehmen, dass damit das förmliche Verfahren nach dem VwVfG gemeint ist.[6] Zulässig ist es auch, durch Rechtsvorschriften nur einzelne Bestimmungen des förmlichen Verfahrens für anwendbar zu erklären oder umgekehrt die Anwendbarkeit einzelner Bestimmungen auszuschließen.[7] 7

b) Allgemeine Verweisung auf das VwVfG. Nicht als Anordnung des förmlichen Verfahrens ist eine allgemeine Verweisung auf das Verfahren nach dem VwVfG (vgl zB § 22 ChemG) zu verstehen (Knack/Henneke 8). Die im dargelegten Sinn nur subsidiäre, von einer ausdrücklichen Verweisung abhängige Anwendbarkeit der Vorschriften über das förmliche Verfahren steht andererseits jedoch einer analogen Heranziehung der in den einzelnen Regelungen zum Ausdruck kommenden allgemeinen Rechtsgedanken zur **Ausfüllung von Lücken** in anderen förmlichen Verfahrensregelungen und ihrer Berücksichtigung bei der Auslegung gleicher oder ähnlicher Vorschriften nicht entgegen, soweit 8

---

[3] UL § 32 Rn 4; StBS 28; Knack/Henneke 5; WBSK I § 61 Rn 2.

[4] VG Berlin DVBl 1983, 283; StBS 28; UL § 32 Rn 4; Knack/Henneke 5; Obermayer 14; MB 6; Franke ZfW 1979, 3.

[5] Dazu Einf I Rn 1 und 26. Vgl StBS 30; Obermayer 14; zT **aA** UL § 32 Rn 4; MB 6; Knack/Henneke 3: nach Inkrafttreten am 1.1.1977.

[6] ZT enger Knack/Henneke 8 ff: die Anordnung muss genaue Regelungen enthalten.

[7] Ebenso StBS 34 f; Knack/Henneke 9; MB 6; Obermayer 16.

sich aus dem Wortlaut und/oder dem Sinn und Zweck einer Regelung nichts anderes ergibt.[8]

8a **c) Anordnung durch Bundesgesetz.** Der Bundesgesetzgeber kann im Rahmen seiner Gesetzgebungszuständigkeit die Anwendung der §§ 63 ff für die seiner Regelungskompetenz unterliegenden Sachgebiete grds **auch den Landesbehörden** vorschreiben, auch soweit die Verwaltungsverfahrensgesetze entsprechende Vorschriften iS von § 1 Abs 3 enthalten (StBS 19; Knack/Henneke 10). Er ist insoweit nicht an den Anwendungsbereich des VwVfG gem § 2 gebunden.

9 **2. Anwendungsfälle. a) Bundesrechtlich.** Anordnungen iSd Abs 1 sind relativ selten. Bundesrechtlich ist das förmliche Verwaltungsverfahren zB angeordnet in § 36 BBergG für das **bergrechtliche Zulegungsverfahren,** sofern landesrechtlich nichts anderes geregelt ist, in § 105 BBergG für das **Grundabtretungsverfahren,** in § 41 SaatG für das Verfahren vor den **Sorten- und Widerspruchsausschüssen,** in § 16 SeeUG in Bezug auf einzelne Vorschriften der §§ 63 ff und in § 21 SortenschutzG für das Verfahren vor den **Prüfabteilungen und Widerspruchsausschüssen,** ferner für das Widerspruchsverfahren gegen Verfügungen des Präsidenten des Bundesamtes für das Versicherungswesen (3. DVO zum BAVG).[9]

9a **b) Landesrechtlich.** In einigen Ländern ist das förmliche Verwaltungsverfahren angeordnet vor allem auf den Gebieten des **Wasserrechts** für Bewilligungs- und Erlaubnisverfahren,[10] des **Enteignungsrechts** in Bayern,[11] Brandenburg und teilweise in Baden-Württemberg, Nordrhein-Westfalen und Thüringen, sowie des **Hochschulrechts,** zT im Abwasserabgabenrecht (§ 12 Abs 2 NdsAGAbwAbgG).[12]

10 **3. Förmliche Verfahren im weiteren Sinne.** Eine Fülle von Gesetzen des Bundes und der Länder regeln besondere Förmlichkeiten für einzelne Verwaltungsverfahren (Erath 42 ff). Der Sache nach handelt es sich um förmliche Verwaltungsverfahren, die einen ähnlichen oder sogar höheren Formalisierungsgrad aufweisen, als ihn die §§ 63 ff vorsehen. So sind die **Genehmigungsverfahren** nach der **9. BImSchV** (§ 10 BImSchG), nach der **atomrechtlichen** Verfahrensordnung gem AtVfV (§§ 7 ff AtomG) und die **gentechnischen** Genehmigungsverfahren nach §§ 11 ff GenTG eher dem Planfeststellungsverfahren vergleichbar als dem förmlichen Verwaltungsverfahren. Da die §§ 63 ff auf diese Verfahren nicht (unmittelbar) anwendbar sind, sollte man hier zur Vermeidung von Missverständnissen von förmlichen Verwaltungsverfahren iwS sprechen (StBS 10 ff). Dies gilt auch für das **Asylanerkennungsverfahren** nach dem AsylG, Verfahren nach § 12 PBefG, nach § 109 FlurberG, nach §§ 104 ff BauGB und nach §§ 132 ff TKG. Auch bei Eignungs- und Leistungsprüfungen handelt es sich idR um stark formalisierte Verfahren, auf die – schon wegen § 2 Abs 3 Nr 2 – die Regelungen des VwVfG aber nur begrenzt anwendbar sind (s hierzu näher § 2 Rn 42 ff).

III. Anwendbarkeit der übrigen Vorschriften des VwVfG (Abs 2)

11 **1. Grundsatz.** Wie Abs 2 klarstellt, sind auch im förmlichen Verwaltungsverfahren alle übrigen Vorschriften des VwVfG anzuwenden, soweit sich aus den

[8] StBS 35; Knack/Henneke 4; vgl auch BVerwGE 55, 304; Rudisile DÖV 1991, 863.

[9] Entfallen nach dem KDVNeuregG 2003 ist die Anwendbarkeit aufgrund von § 10 Abs 2 KDVG aF für das Verfahren vor den Ausschüssen für Kriegsdienstverweigerer.

[10] So in Baden-Württemberg, Berlin, Bremen, Brandenburg, Hamburg, Mecklenburg-Vorpommern, Niedersachsen, Nordrhein-Westfalen, Saarland, Sachsen und Sachsen-Anhalt. S hierzu näher Czychowski/Reinhardt, WHG, 9. Aufl 2007, § 9 Rn 7 ff.

[11] Hierzu VGH München NuR 1996, 532.

[12] Vgl die Aufzählung bei Knack/Henneke 7; FKS 5; StBS 45.

§§ 64-71 nichts anderes ergibt. Die Regelungen über das allgemeine Verwaltungsverfahren nach §§ 9ff sind danach grds anwendbar. Anwendbar sind daher auch die §§ 71a–71e, die als Teil der „übrigen Vorschriften" des Gesetzes iSd Abs 2 keiner besonderen Erwähnung bedurften. Dasselbe gilt für § 63 Abs 3, der im Gesetzgebungsverfahren erst später eingefügt und in Abs 2 offenbar versehentlich nicht erwähnt wurde.

2. Einzelheiten. Einigkeit besteht über die Anwendbarkeit der Vorschriften über die **örtliche Zuständigkeit** (§ 3), die **elektronische Kommunikation** (§ 3a) mit der Sonderregelung in § 69 Abs 2 S 2, die **Amtshilfe** in §§ 4–8 (StBS 47; Knack/Henneke 12), ferner für die allgemeinen Vorschriften über **Beteiligte und ihre Vertretung** in den §§ 11–19 unter Berücksichtigung der speziellen Regelung in § 63 Abs 3, über **Ausschluss und Befangenheit** (§§ 20f) mit der Besonderheit des Befangenheitsantrags nach § 71 Abs 3, der Regelungen über den **Beginn des Verfahrens** in § 22 mit der speziellen Regelung der Schriftform von Anträgen in 64, über die **Amtssprache** (§ 23), die **Sachverhaltsaufklärung** in den §§ 24–26 mit der Sonderregelung in § 65 und §§ 66 Abs 2, über die Abnahme einer eidesstattlichen Versicherung (§ 27), über die **Akteneinsicht** (§ 29), die **Fristenregelungen** (§§ 32, 32), über die Beglaubigung (§§ 33, 34). Anwendbar sind ferner die gesamten **Vorschriften über den VA** (§§ 35–53) mit Ausnahme des § 39 über die Begründungspflicht, die durch § 69 Abs 2 S 1 ersetzt wird, sämtliche Vorschriften über den **öffentlichrechtlichen Vertrag** (§§ 54–62), und der Vorschriften über einer **ehrenamtliche Tätigkeit** (§§ 81–87), über **Ausschüsse** (§§ 88ff) mit der Ergänzung durch § 71 sowie die Übergangsvorschriften (§§ 94ff). 11a

Umstritten ist die Anwendbarkeit des **§ 10** über die subsidiäre Nichtförmlichkeit des Verfahrens.[13] Sie ist richtigerweise für beide Sätze dieser Vorschrift zu bejahen. Im Rahmen des S 1 sind die §§ 63ff als besondere, die Nichtförmlichkeit punktuell verdrängende Formvorschriften anzusehen. Da sie aber kein vollständiges Verfahrensreglement errichten, bleibt der Rückgriff auf die allgemeinen Regelungen notwendig (arg § 63 Abs 2). Nur iR nichtförmlicher Verfahrensschritte kann das Verfahren „einfach, zweckmäßig und zügig" durchgeführt werden, wie es § 10 S 2 verlangt. 11b

Keine Anwendung finden die Regelungen über die **Anhörung** (§ 28), die durch die §§ 66 ersetzt werden,[14] sowie die Vorschriften über das **Planfeststellungsverfahren** (§§ 72ff), die als selbstständige Form eines förmlichen Verwaltungsverfahrens anzusehen sind, und die Vorschriften über das **Widerspruchsverfahren** (§§ 79, 80), da ein solches durch § 70 ausgeschlossen wird. 11c

IV. Öffentliche Bekanntmachung in Massenverfahren (Abs 3)

1. Bedeutung. Abs 3 enthält Vorgaben für zwei Fälle, in denen die Behörde im Rahmen eines förmlichen Verwaltungsverfahrens auf gleichförmige Eingaben von mehr als 50 Personen (sog **Masseneingaben,** § 17 Abs 1) reagieren muss. Will sie deren Eingaben wegen formeller Mängel iSd § 17 Abs 2 S 1 unberücksichtigt lassen, hat sie dies mitzuteilen (§ 17 Abs 2 S 2). Will die Behörde die Neubestellung eines zwingend erforderlichen Vertreters der Eingebenden erreichen, hat sie dazu aufzufordern (§ 17 Abs 4 S 2). Abweichend von § 17 schreibt § 63 Abs 3 für Mitteilungen nach § 17 Abs 2 S 2 und für Aufforderungen nach § 17 Abs 4 S 2 die – in S 2 näher geregelte – Form der **öffentlichen Bekanntmachung** vor. Da entspr Vorschriften für alle sonstigen öffentlichen Bekanntmachungen im förmlichen Verfahren gelten (vgl § 67 Abs 1 S 3ff, § 69 Abs 2 S 3ff 12

[13] StBS 10, 47; teilweise **aA** Knack/Henneke 13: § 10 S 1 durch § 63 verdrängt, § 10 S 2 anwendbar. Ebenso Ziekow Rn 7.
[14] Knack/Henneke 13; StBS 47.

und Abs 3 S 2), wird erreicht, dass dort **alle Bekanntmachungen auf dieselbe Weise** erfolgen, „damit der Bürger die Bekanntmachungen nicht an verschiedenen Orten" suchen muss (Begr 10). Entspr gilt gem § 72 Abs 2, § 73 Abs 6 und § 74 Abs 5 für **Planfeststellungsverfahren** sowie für bestimmte **Anlagengenehmigungsverfahren** (zB für das immissionsschutzrechtliche gem § 10 BImSchG und für das atomrechtliche gem § 4 Abs 1 AtomVfV).

13 **2. Öffentliche Bekanntmachung.** Eine öffentliche Bekanntmachung iS von Abs 3 ist von der ortsüblichen Bekanntgabe iS von § 17 Abs 2 S 2 und Abs 4, § 41 Abs 3 und 4 und § 73 Abs 5 zu unterscheiden (Knack/Henneke 22). Während bei der öffentlichen Bekanntmachung nach der Legaldefinition in § 63 Abs 3 S 2 die Veröffentlichung im **amtlichen Veröffentlichungsblatt** (Rn 14) und **zusätzlich in den Tageszeitungen** (Rn 14a) zwingend und einheitlich vorgeschrieben ist, bleibt gem § 41 Abs 3 und 4 bei der örtlichen Bekanntmachung die Form der Bekanntgabe den näheren örtlichen Umständen, insb auch der generellen Entscheidung der Gemeinde überlassen. Seit dem Erlass des § 27a durch das PlVereinhG soll zusätzlich zu der üblichen Form der Bekanntmachung eine **Veröffentlichung auf der Website der Behörde** im Internet erfolgen. Vgl zum Begriff der öffentlichen Bekanntgabe iS von § 41 Abs 3 und 4 und zu den dafür geltenden Regelungen auch § 41 Rn 56 ff, zur Mitteilung nach § 17 Abs 2 S 2 außerdem § 17 Rn 20, zur Aufforderung nach § 17 Abs 4 S 2 ferner § 17 Rn 25 ff.[15] Die Zulassung der öffentlichen Bekanntmachung oder Bekanntgabe begegnet, soweit sachliche Gründe dafür gegeben sind, **keinen grundsätzlichen rechtsstaatlichen Bedenken,** auch soweit in einer Sache Grundrechte betroffen sind.[16]

14 **a) Amtliches Veröffentlichungsblatt.** Amtlich ist dasjenige Publikationsorgan, dem diese Funktion für die jeweilige Behörde durch Rechtsvorschrift zugewiesen ist (Knack/Henneke 25). Bei Behörden, die über **kein eigenes** Veröffentlichungsblatt verfügen, sind dem amtlichen Veröffentlichungsblatt iS von S 2 jene Printmedien (Tageszeitung, Amtsblatt einer anderen Behörde usw) gleichzuachten, die sonst durch eine Rechtsvorschrift, zB die Hauptsatzung, für die amtlichen Bekanntmachungen der Behörde bestimmt sind.[17]

14a **b) Örtliche Tageszeitungen.** Als örtliche Tageszeitung können nur solche Publikationsorgane angesehen werden, die täglich erscheinen. Grundsätzlich muss es sich um ein regional begrenztes Organ handeln, zumindest müssen sie täglich einen einschlägigen Lokalteil haben. **Umstritten** ist, wie verfahren werden muss, wenn es in einem Bereich **mehrere Tageszeitungen** mit einer angemessenen Auflage gibt. Hier wird teilweise die Auffassung vertreten, es reiche die Bekanntmachung in mindestens zwei dieser Publikationsorgane aus. Das Gesetz verwende nur den Plural, verlange aber nicht eine bestimmte Zahl von Zeitungen. Richtigerweise wird man aber verlangen müssen, dass die Bekanntmachung in sämtlichen relevanten örtlichen Zeitungen erfolgt.[18] Die Gegenmeinung (StBS § 67, 19; Knack/Henneke 26) schafft für die Betroffenen nicht genügend Rechtssicherheit und wird deshalb der Zielsetzung der Norm nicht gerecht.

V. Die Regelungen über die Umweltverträglichkeitsprüfung (UVP)

15 **1. Bedeutung. a) UVP als Verfahrensrecht.** Die Umweltverträglichkeitsprüfung ist ein rechtlich geordnetes Verfahren zur frühzeitigen Ermittlung,

[15] Dagegen keine Geltung für § 18 Abs 1 (StBS 50).
[16] BVerwG DVBl 1983, 902; **aA** Barbey DVBl 1984, 337.
[17] Vgl ABegr 10 zu § 67; Obermayer 23 ff.
[18] Str, wie hier Obermayer 28, anders allerdings ders in § 67 Rn 37.

Beschreibung und Bewertung aller Auswirkungen eines umweltrelevanten Vorhabens auf den Menschen und bestimmte Schutzgüter.[19] Obwohl es sich um allgemeines Verfahrensrecht handelt, das einen engen Zusammenhang zu Genehmigungs- und Planfeststellungsverfahren aufweist, ist die UVP nicht im VwVfG, sondern seit 1990 **in einem Sondergesetz,** dem **UVPG, geregelt.** Das erklärt sich daraus, dass der Bereich der UVP-pflichtigen Vorhaben zunächst als eher klein eingeschätzt wurde. Deshalb sollte es stärker dem jeweiligen Fachrecht zugeordnet werden und wurde als unselbstständiger Verfahrensabschnitt des jeweiligen Zulassungsverfahrens ausgestaltet (Rn 19ff). Das hat weder zur Klarheit noch zur Effektivität der Regelungen beigetragen. Die Praxis der letzten 30 Jahre hat sich jedoch so stark auf die Rechtslage eingerichtet, dass die gut begründete Forderung, die UVP als förmliches Verfahren iwS in das VwVfG zu integrieren,[20] rechtspolitisch nicht durchsetzbar ist.

Die UVP hat heute, massiv vorangetrieben durch das Unionsrecht, für jede Vorhabenzulassung eine **enorme Bedeutung,** die schlechthin nicht überschätzt werden kann und sich zunehmend verselbstständigt. Die rechtlichen Konsequenzen von Fehlern sind (iW im UmwRG) zwar differenziert geregelt, für Behörden wie Vorhabenträger aber durchweg drastisch. Zugleich hat sich, und das nicht nur durch die Verbandsklage, die „Rechtsschutzlandschaft" so verändert, dass jeder Fehler einer UVP mit größter Sicherheit vor einem Gericht aufgedeckt und in einem Urteil sanktioniert wird, was mindestens zu einer erheblichen Verzögerung der Vorhabenrealisierung führen wird. Deshalb muss jedem Vorhabenträger und jeder Behörde daran gelegen sein, die **Verfahrensvorschriften des UVPG überpenibel zu erfüllen.** 16

b) Entwicklung des UVP-Rechts. Die UVP wurde durch das Gemeinschaftsrecht eingeführt und wird bis heute durch europäische Richtlinien geprägt. Die **erste UVP-Richtlinie**[21] stammt aus dem Jahr 1985 und sah eine dreijährige Umsetzungsfrist vor. Sie wurde im Bund verspätet durch das UVPG v 12.2.1990[22] umgesetzt. Für die wenigen UVP-pflichtigen Vorhaben in die Gesetzgebungskompetenz der Länder erließen diese UVP-Landesgesetze.[23] Die Umsetzung wurde allgemein als defizitär und unvereinbar mit den gemeinschaftsrechtlichen Vorgaben angesehen.[24] Die erste **UVP-Änderungsrichtlinie**[25] folgte 1997 und erweiterte den Anwendungsbereich (dh den Kreis UVP-pflichtiger Vorhaben) wesentlich. Dies erforderte einen weiteren Umsetzungsprozess, an dessen Ende das sog **Artikelgesetz**[26] stand, das dem UVPG 2001 seine Fassung gab. Es erweiterte den Kreis der UVP-pflichtigen Vorhaben wiederum erheblich und beseitigte die bis dahin bestehenden Mängel der Umsetzung weitgehend.[27] 17

---

[19] Vgl § 2 UVPG; Erbguth/Schlacke § 5 Rn 62.

[20] So auch Wahl DVBl 1988, 87; Ziekow 2.

[21] Richtlinie 85/337/EWG des Rates vom 27.6.1985 über die Umweltverträglichkeitsprüfung bei bestimmten öffentlichen und privaten Vorhaben.

[22] Gesetz über die Umweltverträglichkeitsprüfung (UVPG) v 12.2.1990 (BGBl I S 205) mit zahlreichen Änderungen. Es folgte der Erlass einer entsprechenden allgemeinen Verwaltungsvorschrift, der UVPVwV v 18.9.1995.

[23] Hoppe, Vorbem Rn 22.

[24] S EuGHE I 1998, 6131, 6172 = NVwZ 1998, 1281; EuGHE I 1999, 5901 = ZUR 2000, 284; hierzu Koch/Siebel-Huffmann NVwZ 2001, 1081, 1085.

[25] RL 97/11/EG des Rates vom 3.3.1997 zur Änderung der RL 85/337/EWG über die Umweltverträglichkeitsprüfung bei bestimmten öffentlichen und privaten Projekten, Abl L 73/5 v 14.3.1997.

[26] Gesetz zur Umsetzung der UVP-Änderungsrichtlinie, der IVU-Richtlinie und weiterer EG-Umweltschutz-Richtlinien v 27.7.2001 (BGBl I, 1950).

[27] Weitere erhebliche Änderungen, vgl Koch/Siebel-Huffmann NVwZ 2001, 1080, 1085; Wolf, Umweltrecht § 6 Rn 429.

18 Das Konzept des UVPG ist maßgeblich auf den integrativen Ansatz der UVP-Richtlinie und der **IVU-Richtlinie 96/61/EG**[28] zurückzuführen, die mittlerweile durch die **Industrieemissions-Richtlinie** (IE-RL) **2010/75/EU**[29] abgelöst wurde. Mit Einführung der sog Strategischen Umweltprüfung (SUP) durch die **SUP-Richtlinie 2001/42/EG**[30] wurde die UVP auf Pläne und Programme erstreckt. Wesentliche Änderungen brachte die (Öffentlichkeitsbeteiligungs-) **Richtlinie 2003/35/EG.**[31] Sie sollte eine vollständige Übereinstimmung mit dem **Aarhus Übereinkommen**[32] sicherstellen, welche ua eine Beteiligung der Öffentlichkeit bei umweltbezogenen Plänen und Programmen vorsieht. Insb sollte dadurch die Öffentlichkeitsbeteiligung und der Zugang zu den Gerichten verbessert werden. Die nationale Umsetzung erfolgte im UVPG 2005.[33] Ihre letzte Fassung erhielt die UVP-Richtlinie durch die **RL 2014/52/EU.**[34] Sie trat am 15.5.2014 in Kraft und ist innerhalb von drei Jahren umzusetzen (ein Gutachten zur Umsetzung sowie ein Regierungsentwurf finden sich unter www.bmub.bund.de). Die Umsetzung ist in Deutschland in der 18. Legislaturperiode nicht mehr fristgerecht (die Umsetzungsfrist endete Mai 2017) erfolgt.

19 **c) Zielsetzungen.** Die UVP soll die behördliche Zulassungsentscheidung vorbereiten, indem sie sicherstellt, dass Vorhaben, die erhebliche nachteilige Einflüsse auf die Umwelt haben können, vor ihrer staatlichen Zulassung (1) einer **umfassenden Prüfung** der zu erwartenden Umweltauswirkungen unterzogen werden, dass (2) die **Öffentlichkeit** über die Auswirkungen so detailliert **unterrichtet** wird, dass Betroffenheiten (und die Notwendigkeit von Einwendungen gegen das Vorhaben) erkennbar werden (Anstoßwirkung) und schließlich (3) das **Ergebnis** der Prüfung bei allen staatlichen Entscheidungen, die sich auf das Vorhaben beziehen, **angemessen berücksichtigt** wird.[35] Die UVP schafft die methodischen Voraussetzungen dafür, die Umweltbelange vorab so konkret herauszuarbeiten, dass sie in gebündelter Form in die Abwägung eingehen (BVerwGE 122, 207, 211 und 100, 238, 246 f). Um diese Ziele möglichst effektiv zu erreichen, sollen die Auswirkungen der UVP-pflichtigen Vorhaben auf die Umwelt einheitlich, umfassend und unter Berücksichtigung von Wechselbeziehungen ermittelt, beschrieben und bewertet werden (§ 1 Nr 1 UVPG). Zu berücksichtigen sind unmittelbare wie mittelbare Auswirkungen auf sämtliche Umweltgüter

---

28 RL 96/61/EG des Rates v 24.9.1996 über die integrierte Vermeidung und Verminderung der Umweltverschmutzung (Abl L 257/26).

29 RL 2010/75/EU des Europäischen Parlaments und des Rates v 24.11.2010 über Industrieemissionen (integrierte Vermeidung und Verminderung der Umweltverschmutzungen), Abl L 334/17.

30 Richtlinie 2001/42/EG des Europäischen Parlaments und des Rates v 27.6.2001 über die Prüfung der Umweltauswirkungen bestimmter Pläne und Programme (ABl L 197/30); umgesetzt durch Art 1, 4 des Gesetzes zur Einführung einer strategischen Umweltprüfung und zur Umsetzung der Richtlinie 2001/35/EG (SUPG) v 25.6.2005 (BGBl I S 1746).

31 RL 2003/35/EG über die Beteiligung der Öffentlichkeit bei der Ausarbeitung bestimmter umweltbezogener Pläne und Programme v 26.5.2003 (Abl L 156/28).

32 Übereinkommen über den Zugang zu Informationen, die Öffentlichkeitsbeteiligung an Entscheidungsverfahren und den Zugang zu Gerichten in Umweltangelegenheiten v 1998 (Aarhus-Übereinkommen). Dazu Zustimmungsgesetz v 9.12.2006 (BGBl II 2006, 1251), umgesetzt durch das UmwRG, vgl § 75 Rn 90b und 98.

33 G zur Einführung der Strategischen Umweltprüfung und zur Umsetzung der Richtlinie 2001/42/EG v 25.6.2005 (BGBl I 1746); Bekanntmachung der Neufassung des Gesetzes über die Umweltverträglichkeitsprüfung v 25.6.2005 (BGBl I 1757, 2797).

34 Richtlinie 2014/52/EU v 16.4.2014 zur Änderung der RL 2011/92/EU über die Umweltverträglichkeitsprüfung bei bestimmten öffentlichen und privaten Projekten (ABlEU L 124, 1).

35 Kloepfer, Umweltrecht, § 5 Rn 328; Peters, Gesetz über die Umweltverträglichkeitsprüfung, Einl Rn 1; Sparwasser/Engel/Voßkuhle, Umweltrecht, § 4 Rn 10.

(Mensch, Tier, Pflanzen, die Umweltmedien Boden, Luft, Wasser und sonstige Schutzgüter, vgl. § 2 Abs 1 UVPG).[36] Mit diesen hohen Anforderungen stellt die UVP inzwischen einen integralen Bestandteil aller Verwaltungsverfahren zur Zulassung umweltrelevanter Vorhaben dar.[37]

d) Europarechtliche Grundlagen und Prinzipien. Die umweltpolitischen 20
Aktionsprogramme der Gemeinschaft und später der Union verfolgen – in Abweichung vom traditionell medial und materiell geprägten deutschen Umweltrecht – einen **verfahrensrechtlichen,** zugleich **integrativen** und **medienübergreifenden Ansatz,** um durch den Zwang zu einer Gesamtschau aller Umweltauswirkungen eine angemessene Berücksichtigung von Umweltbelangen sicherzustellen. Tragende Elemente der UVP sind daher das **Vorsorgeprinzip** (keine Orientierung an Grenzwerten), der **Integrationsgrundsatz** (einheitliche Ermittlung der Auswirkungen und Wechselwirkungen), das **Frühzeitigkeitsprinzip** (rechtzeitige Ermittlung) und das **Kooperationsprinzip** (Zusammenwirken aller Beteiligten), ferner die Pflicht zur **Öffentlichkeitsbeteiligung** (Möglichkeit zur frühzeitigen Kenntnis- und Stellungnahme) und die **Berücksichtigungspflicht** (angemessene Reaktion auf die Ergebnisse bei der Zulassungsentscheidung).[38] Gemessen hieran zeichnet sich das deutsche Umsetzungsrecht nach wie vor nicht durch Übersichtlichkeit und Klarheit aus.

2. Unselbständigkeit der UVP. Die UVP ist in Deutschland als „unselbst- 21
ändiger Teil verwaltungsbehördlicher Verfahren, die der Entscheidung über die Zulässigkeit von Vorhaben dienen", ausgestaltet (§ 2 Abs 1 UVPG). Es muss also stets ein sog **Trägerverfahren** geben, dessen Teil die UVP sein kann. Die potenziellen Trägerverfahren sind in § 2 Abs 3 UVPG definiert. Das Trägerverfahren kann ein Planfeststellungsverfahren iSd § 72 sein, aber auch jedes andere Erlaubnis-, Genehmigungs- oder Bewilligungsverfahren.[39] Für die Zulassung bestimmter Rohrleitungen hat das UVPG in §§ 20 ff selbst Trägerverfahren eingeführt.[40]

a) Die Eignung als Trägerverfahren. Das Trägerverfahren muss derart aus- 22
gestaltet sein, dass den Zielen der UVP-Richtlinie vollständig entsprochen werden kann.[41] Das setzt sowohl die Möglichkeit einer **Öffentlichkeitsbeteiligung** voraus als auch die Möglichkeit, die Ergebnisse der UVP bei der Entscheidung über das Vorhaben effektiv zu **berücksichtigen.** Diese Voraussetzungen erfüllt an sich nur das Planfeststellungsverfahren (§§ 72 ff) in vollem Umfang. Das **Anlagengenehmigungsverfahren** nach § 4 ff BImSchG ermöglicht zwar eine Öffentlichkeitsbeteiligung, aber nur eine begrenzte Berücksichtigung der UVP-Ergebnisse. Bei der Aufstellung, Änderung oder Ergänzung von **Bebauungsplänen** wird die UVP nach § 17 Abs 1 UVPG als Umweltprüfung nach den Vorschriften des BauGB durchgeführt. Hingegen stellt das **Baugenehmigungsverfahren** kein UVP-RL-konformes Verfahren dar.[42] Der durch die UVP-RL gesetzte Mindeststandard wird deutlich unterschritten. Ebenso wenig erfüllen **Plangenehmigungsverfahren** nach § 74 Abs 6 und **Freistellungsentscheidungen** iSd § 74 Abs 7, die allein darauf gerichtet sind, das Fehlen einer behördlichen Zulassungspflicht zu bescheinigen, die Voraussetzungen und sind deshalb

---

[36] Herrmann in Koch, Umweltrecht, § 13 Rn 12.
[37] Wolf (Fn. 28), Rn 428; Soell/Dirnberger, NVwZ 1990, 706; eine Evaluation des UVPG findet sich bei Führ/Dopfer/Bizer, ZUR 2009, 59.
[38] Wolf, Umweltrecht, Rn 428.
[39] § 2 Abs 1 UVPG; Kloepfer, Umweltrecht, § 5 Rn 329.
[40] S hierzu Koch/Siebel-Huffmann NVwZ 2001, 1081, 1087.
[41] EuGH Slg 2011, I-873 = NVwZ 2011, 929 Rn 72 ff; BVerwG,
[42] Nicht mehr durch Baugenehmigung zugelassen werden Windkraftanlagen. Sie sind nunmehr insgesamt dem BImSchG unterstellt (Nr 1.6 Anh 4. BImSchV) und erfordern eine UVP-Vorprüfung (Nr 1.6.2 Anl 1 z UVPG), vgl Grabherr/Reidt/Wysk, LuftVG § 18a Rn 13; VG Gelsenkirchen ZNER 2017, 81.

auf UVP-pflichtige Vorhaben nicht anwendbar (s § 74 Rn 207). Sie sind aber nach den Vorschriften des UmwRG anfechtbar (s Rn 79).

23 **b) Vorgelagerte Verfahren als Trägerverfahren.** Es entspricht dem Gebot der Frühzeitigkeit, die UVP schon in Verfahren durchzuführen, die dem eigentlich Zulassungsverfahren vorgelagert sind (dazu § 72 Rn 4e). Entspr enthält § 15 UVPG Bestimmungen für die Linienbestimmung nach § 16 Abs 1 FStrG und § 13 Abs 1 WStrG, für das sog vorgängige Genehmigungsverfahren nach § 6 Abs 1 LuftVG (dazu Ziekow, Fachplanungsrecht § 15 Rn 7) und für Raumordnungsverfahren (§ 16 UVPG), ferner für die Aufstellung von BPlänen (§ 17 UVPG). Geregelt ist dort auch der Prüfungsumfang in nachfolgenden Planungsphasen.

24 **3. Die UVP-pflichtigen Vorhaben. a) Begriff des Vorhabens.** Die gebotene Genauigkeit einer UVP beginnt bei der Festlegung des Vorhabens, das potenziell UVP-pflichtig ist. Wird es nicht zutreffend beschrieben (etwa weil der Begriff des Vorhabens verkannt wird), ist zugleich der Gegenstand der Prüfungen unzutreffend bestimmt, sodass die UVP fehlerhaft ist oder sogar überhaupt fehlt (vgl Rn 74 ff). Sowohl das Fachrecht als auch das UVPG (§ 2 Abs 2) kennen den Begriff des „Vorhabens". Die **Vorhabenbegriffe sind idR identisch.** Das erklärt sich aus der Funktion der UVP, die fachplanerische Sachentscheidung vorzubereiten (BVerwG DVBl 2016, 1465 Rn 34). Auseinanderfallen können die Vorhabenbegriffe aber bei Komplexvorhaben (wie dem Bau eines Hafens, vgl Nr 13.9–13.12 der Liste „UVP-pflichtige Vorhaben" – Anlage 1 UVPG), dessen einzelne Bestandteile unterschiedlichen Zulassungsverfahren unterliegen (BVerwGE 151, 213 Rn 28 f).

25 Grds bestimmt der Träger eines Vorhabens dessen Gegenstand. Diesem **Bestimmungsrecht** sind planungsrechtlich aber **Grenzen gesetzt,** die sowohl die Aufteilung eines Gesamtvorhabens in Teile oder Abschnitte verbieten können als auch die Zusammenfassung von zwei oder mehr Maßnahmen zu einem Vorhaben (s auch § 73 Rn 17a). So ist es dem Vorhabenträger verwehrt, voneinander **unabhängige** Maßnahmen als ein Vorhaben zu deklarieren.[43] Die für die Feststellung der UVP-Pflicht zuständige Behörde hat selbstständig zu überprüfen, ob der Vorhabenträger die Grenzen seines Bestimmungsrechts gewahrt hat. Ergeben sich aus einem Antrag **objektiv mehrere Vorhaben,** ist für jedes Vorhaben **eine je eigene UVP erforderlich** (§§ 5 ff, 11, 12 UVPG).

26 **b) Aufteilung und Mehrheit von Vorhaben.** Teilt der Vorhabenträger ein Gesamtvorhaben in Teile oder Abschnitte auf (wofür gute Gründe bestehen können, vgl § 74 Rn 37), richtet sich die Zulässigkeit nach dem Fachplanungsrecht. Zusätzlich ergeben sich Anforderungen an die UVP.

(1) Wird über die Zulässigkeit eines (Gesamt)Vorhabens im Rahmen mehrerer Verfahren (zB durch Vorbescheid oder Teilzulassungen) entschieden, unterliegen die Teilzulassungen den Anforderungen des **§ 13.** Überdies werden die in den Verfahren durchgeführten Teilprüfungen zu einer **Gesamtbewertung** aller Umweltauswirkungen zusammengefasst (§ 2 Abs 1 S 4 UVPG).

(2) Bei der Aufteilung eines Gesamtprojekts in nacheinander zuzulassende **Abschnitte** (typisch beim Straßen- und Schienenwegbau), bildet nur der konkrete Abschnitt, der aktueller Gegenstand der Zulassung ist, den Bezugspunkt der UVP (stRspr, BVerwGE 104, 326 Rn 24, sowie UPR 1996, 270 Rn 30). Ob die Abschnittsbildung zulässig ist, richtet sich nicht nach dem UVP-Recht, sondern nach dem materiellen Planungsrecht (dazu § 74 Rn 37). Einer vorgezogenen förmlichen UVP für die nachfolgenden Abschnitte oder einer sog „Dach-UVP", die in förmlicher Weise die Umweltauswirkungen des Gesamtvorhabens ermittelt

---

[43] Unabhängig idS sind Maßnahmen, wenn mit ihnen verschiedene Planungsziele verfolgt werden und die getrennt voneinander verwirklicht werden können, ohne dass die Erreichung der Ziele einer Maßnahme durch den Verzicht auf die anderen Maßnahmen auch nur teilweise vereitelt würde, vgl BVerwG DVBl 2016, 1465 Rn 34.

und bewertet, bedarf es ist. Vielmehr ist bei abschnittsweiser Planung eine Prognose ausreichend, dass der Verwirklichung des Vorhabens in den nachfolgenden Abschnitten keine von vornherein unüberwindliche Hindernisse entgegenstehen (vgl OVG Koblenz, DVBl 2015, 1194 Rn 59; BVerwG, UPR 1996, 270 Rn 30).

(3) Sollen **voneinander unabhängige Vorhaben** (s Rn 25) in einem engen zeitlichen Zusammenhang verwirklicht werden, bedarf es **zusätzlich** im Rahmen der jeweiligen UVP einer **summierenden Betrachtung** der nachteiligen Umweltauswirkungen auch der anderen Vorhaben. Die Pflicht hierzu ergibt sich unionsrechtlich aus Art 5 Abs 1 iVm Anh IV Nr 4 Fn 1 der UVP-RL und nach nationalem Recht aus einer unionsrechtskonformen Auslegung von § 2 Abs 1 S 2, §§ 11 und 12 UVPG (BVerwG DVBl 2016, 1465 Rn 38). Entspricht die UVP nicht diesen Anforderungen, kann ein Verfahrensfehler nach § 4 Abs 1 S 1 Nr 3 oder § 4 Abs 1a UmwRG vorliegen, wobei Letzterer gem § 46 VwVfG auf seine Ergebnisrelevanz zu prüfen wäre.

c) Katalog der UVP-pflichtigen Vorhaben. Ob ein Vorhaben materiell UVP-pflichtig ist, richtet sich nach §§ 3b-3f UVPG (§ 3 S 1). Voraussetzung ist danach, dass das Vorhaben in dem **abschließenden Katalog der Anlage 1 zum UVPG** aufgeführt ist.[44] Der Katalog unterscheidet **vier Kategorien:** 27

– Die ihrer Art nach UVP-pflichtigen Vorhaben, sofern sie eine bestimmte Größe oder Leistung aufweisen (§ 3b); sie sind in d er Anlage 1 in Spalte 1 mit einem „X“ gekennzeichnet.
– Zur zweiten und dritten Kategorie gehören die **vorprüfungspflichtigen Vorhaben,** bei denen die UVP-Pflicht im Einzelfall zu beurteilen ist, und zwar auf der Grundlage (a) einer **allgemeinen** oder (b) einer **standortbezogenen** Vorprüfung. Diese Vorhaben müssen in der Anlage 1 in Spalte 2 entweder mit einem „A“ (§ 3c Abs 1 S 1 UVPG) oder mit einem „S“ (§ 3c Abs 1 S 2 UVPG) gekennzeichnet sein.[45]
– Bei den in Spalte 2 mit einem „L“ gekennzeichneten Vorhaben besteht die UVP-Pflicht **nach Maßgabe des Landesrechts.**
– Sog **kumulierende Vorhaben** (Legaldefinition in § 3b Abs 2 S 1) sind UVP-pflichtig, wenn sie zusammen die maßgeblichen Größen- oder Leistungswerte erreichen oder überschreiten.[46]

Keiner UVP bedürfen **Flugverfahren** („Flugrouten“) iSd § 33 (§ 27a Abs 2 aF) LuftVO, die nach Abschluss eines Planfeststellungsverfahrens für einen Flughafen festgelegt werden. Weder § 3b Abs 1 S 1 UVPG noch § 3e Abs 1 Nr 2 UVPG ist anwendbar. Dies gilt auch, wenn im Planfeststellungsverfahren Umweltauswirkungen eines bestimmten Flugverfahrens nicht in den Blick genommen worden sein sollten, weil die Planfeststellungsbehörde mit einer Festsetzung eines bestimmten Flugverfahrens nicht gerechnet hat (BVerwGE 149, 17 Rn 11 ff und NVwZ 2015, 656). 28

d) Vorprüfungspflichtige Vorhaben (§ 3c UVPG). Bei Vorhaben der Anl 1, die nicht schon gem § 3b UVPG ihrer Art nach UVP-pflichtig sind (Anl 1 „X“), muss in einer Vorprüfung entschieden werden, ob **im Einzelfall** eine UVP durchgeführt werden muss (sog **Screening**). Voraussetzung ist, dass das Vorhaben in der Anlage 1 Spalte 2 enthalten ist. Ist es dort mit einem „A“ gekennzeichnet, ist eine **allgemeine Vorprüfung** erforderlich. Diese erfordert nach § 3c S 1 UVPG eine Einschätzung der zuständigen Behörde, ob das Vorhaben „aufgrund überschlägiger Prüfung unter Berücksichtigung der in der Anla- 29

---

[44] Zu Ausnahmen für Vorhaben der Landesverteidigung Scheidler NVwZ 2008, 731.
[45] Sparwasser/Engel/Voßkuhle, Umweltrecht § 4 Rn 17; Peters, UVPG-Handkommentar § 3 Rn 5.
[46] BVerwGE 153, 361; NVwZ 2015, 1458; Hoppe, UVPG-Kommentar, § 3b Rn 6; Kloepfer, Umweltrecht, § 5 Rn 352.

ge 2 aufgeführten Kriterien erhebliche nachteilige Umweltauswirkungen haben kann, die nach § 12 UVPG zu berücksichtigen wären". Vorgesehene Vermeidungs- oder Verminderungsmaßnahmen sind bei der Beurteilung der Umweltauswirkungen zu berücksichtigen (§ 3c S 3 UVPG). Bei Vorhaben mit geringer Größe oder Leistung, die in der Anl 1 zum UVPG in Sp 2 mit einem „S" gekennzeichnet sind, ist nach § 3c S 2 eine **standortbezogene Vorprüfung** erforderlich. Eine UVP ist danach geboten, wenn die überschlägige Prüfung ergibt, dass erhebliche nachteilige Umweltauswirkungen des Vorhabens „nur aufgrund besonderer örtlicher Gegebenheiten" zu erwarten sind. Maßgeblich dafür sind die in der Anl 2 Nr 2 aufgeführten Schutzkriterien.

30 **4. Ablauf des Prüfverfahrens.** Als unselbstständiger Teil eines potenziell UVP-pflichtigen Trägerverfahrens ist die UVP mit diesem stark verflochten und nimmt auf seine Gestaltung von Beginn an erheblichen Einfluss. Das Verfahren der UVP kann grob in **vier Abschnitte** eingeteilt werden: (1) in die Feststellung der UVP-Pflicht (§§ 3 ff), (2) ein informales verfahrenslenkendes Zwischenverfahren (Scoping, §§ 5 f), (3) ein Beteiligungsverfahren (§§ 7 ff) und (4) die Berücksichtigung des UVP-Ergebnisses in der Zulassungsentscheidung (§§ 11 f). Für den Ablauf des UVP-Prüfverfahrens ist die Allgemeine Verwaltungsvorschrift zur Ausführung des UVPG **(UVPVwV)** zu beachten.

31 **a) Feststellung der UVP-Pflicht.** Hat der Träger sein Vorhaben umschrieben (oben Rn 24), muss die für das Trägerverfahren **zuständige** (Genehmigungs- oder Planfeststellungs)**Behörde** (s auch § 73 Rn 12) eine Entscheidung über dessen UVP-Pflichtigkeit treffen (§ 3a S 1 UVPG). Dafür bestehen **drei Optionen**: (1) Der Vorhabenträger kann die Entscheidung vorab gesondert beantragen; (2) die Behörde kann sie von Amts wegen treffen, und zwar (a) anlässlich eines (Scoping)Ersuchens nach § 5 UVPG oder (b) nach beantragter Eröffnung des Trägerverfahrens. Die Entscheidung ist **unverzüglich** zu treffen (§ 3a S 1), sobald die Behörde von dem Vorhaben Kenntnis erlangt hat.

32 **b) Vorprüfung (Screening).** Ist das Vorhaben nicht schon aus sich heraus UVP-pflichtig (§ 3b iVm Anl 1 in Sp 1 „X"), hat die Behörde über die Notwendigkeit einer UVP auf der Grundlage einer **Vorprüfung** zu entscheiden (s oben Rn 29). Während in den Fällen des § 3b UVPG die UVP-Pflicht allein durch Subsumtion (des Vorhabens unter die zur Bestimmung seiner Art in Anl 1 genannten Merkmale) festgestellt werden kann, ist in den Fällen des § 3c (Anl 1 Sp 2) UVPG eine **empirische Prüfung** der konkreten Umweltauswirkungen erforderlich, regelmäßig also mit gutachterlicher Hilfe. Die Vorprüfung ist daher **zweistufig aufgebaut** und erfordert eine Ermittlung der Umweltauswirkungen des Vorhabens und eine Bewertung ihrer Erheblichkeit (vgl LR § 3c UVPG Rn 9, 17).

33 **aa) Überschlägige Prüfung.** Die Ermittlung erfordert sowohl bei der allgemeinen wie bei der standortbezogenen Vorprüfung einer **prognostische Vorausschau** der Umweltauswirkungen. Dabei ist die Behörde nicht ohne Sinn auf eine **nur überschlägige Prüfung** beschränkt: Sie darf die eigentliche UVP nicht bereits im Rahmen der Vorprüfung unter Missachtung der für diese obligatorischen Öffentlichkeitsbeteiligung (§ 9 UVPG) vorwegnehmen, indem sie mit einer der UVP vergleichbaren Prüftiefe „durchermittelt". Andererseits darf sich die Vorprüfung nicht in einer oberflächlichen Abschätzung mit spekulativem Charakter erschöpfen. Deshalb muss sie auf der Grundlage geeigneter und ausreichender Informationen erfolgen. Hierzu zählen auch vom Vorhabenträger eingeholte Fachgutachten, die ggf durch zusätzliche Ermittlungen der Behörde ergänzt werden können.[47]

---

[47] Zum Verhältnis der UVP-Vorprüfung zur UVP vgl BVerwGE 141, 282 Rn 25 und 131, 352 Rn 35 und OVG Hamburg NordÖR 2010, 206 (Fernwärmeleitung).

bb) Maßstab der Erheblichkeit. Die ermittelten nachteiligen **Umweltauswirkungen** iSd § 3c Abs 1 UVPG sind bereits dann **erheblich,** wenn Umweltauswirkungen bei der Entscheidung über die Zulässigkeit des Vorhabens nach § 12 UVPG zu berücksichtigen sind; maßgeblich ist, was das materielle Zulassungsrecht für **abwägungserheblich** hält (vgl BVerwGE 148, 353 Rn 37 ff und 150, 92 Rn 21). Damit weicht das UVPG wegen der angestrebten wirksamen Umweltvorsorge vom üblichen Erheblichkeitsbegriff des Planungsrechts ab. Danach wäre Umweltauswirkungen erst dann erheblich, wenn sie so gewichtig sind, dass sie nach Einschätzung der Behörde zu einer Versagung der Zulassung führen können (vgl BVerwG NVwZ 2014, 669 Rn 37, BVerwGE 132, 123 Rn 32 und 130, 83 Rn 34). 34

Der herabgestufte Erheblichkeitsmaßstab des UVPG kann dazu führen, dass schon relativ geringfügige Belange die Pflicht zur Durchführung einer UVP auslösen (vgl. BVerwGE 130, 83 Rn 30 zum Fluglärm). Damit die Vorprüfung nicht ihre verfahrenslenkende Funktion einbüßt, ist die Erheblichkeit aufgrund einer **Gewichtung der abwägungserheblichen Umweltbelange** zu bewerten. Dabei sind die in der Anl 2 zum UVPG aufgeführten vorhabenbezogenen (Nr 1), standortbezogenen (Nr 2) und wirkungsbezogenen (Nr 3) Kriterien zu berücksichtigen.[48] Im Rahmen dieser Prüfung können – je nach den Umständen des Einzelfalles und je nachdem, um welche Art von Vorhaben es sich handelt – gegebenenfalls auch die in Anl 1 Sp 2 zum UVPG aufgeführten Prüf- und Schwellenwerte als Anhaltspunkte für ein Erreichen der Erheblichkeitsschwelle herangezogen werden. 35

cc) Änderungs- und Erweiterungsvorhaben nach § 3e Abs 1 Nr 2 UVPG können für sich genommen mit erheblichen negativen Umweltauswirkungen verbunden sein. Bei Änderungen oder Erweiterungen eines UVP-pflichtigen Vorhabens, die für sich genommen nicht UVP-pflichtige sind, ist zunächst zu fragen, ob das **Vorhaben im Zusammenwirken** mit dem Grundvorhaben zu erheblichen nachteiligen Umweltauswirkungen führt. Dazu sind die Merkmale des Änderungsvorhabens, die ökologische Empfindlichkeit des betroffenen Gebietes sowie das Ausmaß, die Schwere und die Komplexität möglicher erheblicher Auswirkungen des Änderungsvorhabens zusammen mit dem Grundvorhaben in den Blick zu nehmen. Je weiter entfernt von diesen Werten das Änderungsvorhaben als solches ist, umso weniger wahrscheinlich dürfte es auch im Zusammenwirken mit dem Grundvorhaben erhebliche nachteilige Umweltauswirkungen mit sich bringen, die die Durchführung einer Umweltverträglichkeitsprüfung erforderlich machen (vgl BR-Drs 674/00 S 91). Steht nach einer diese Maßstäbe berücksichtigenden Vorausschau bereits im Zeitpunkt der Vorprüfung fest, dass ein abwägungserheblicher Umweltbelang weder im Zusammenwirken mit dem Grundvorhaben noch für sich genommen **Einfluss auf das Ergebnis** des Änderungsplanfeststellungsbeschlusses haben kann, bedarf es nicht der Durchführung einer Umweltverträglichkeitsprüfung (BVerwGE 150, 92 Rn 23 = NVwZ 2015, 85 Rn 22 f). 36

dd) Einschätzungsspielräume. Die Rspr räumt der Behörde bei der Vorprüfung gerichtlich nur beschränkt überprüfbare **Einschätzungsprärogativen** ein.[49] Diese erstrecken sich auf die Eignung der zugrunde gelegten Erkenntnismittel (BVerwGE 127, 208 Rn 49), die Konkretisierung der Kriterien der Anl 2,[50] auf die 37

---

[48] Zu den Kriterien Enders/Krings DVBl 2001, 1242; Feldmann DVBl 2001, 589

[49] Vgl BVerwG NVwZ 2015, 79, 88 (Einschätzungsspielraum); BVerwGE 127, 208 Rn 48 (naturschutzfachlicher Beurteilungsspielraum). Ebenso die hA in der Lit, vgl LR-Umweltrecht, § 3c Rn 15. Der Begriff „Beurteilungsspielraum" wird zu Recht vermieden, weil er sich auf Rechtsbegriffe und nicht auf fachliche Tatsachenbewertungen bezieht.

[50] Vgl BVerwG UPR 2015, 313. Es obliegt der Fachbehörde, die insoweit zur Normkonkretisierung berufen ist, zur Auslegung und Anwendung der Kriterien Grenzen festzule-

eintretenden Wirkungen und auch auf die Beurteilung, inwieweit Umweltauswirkungen durch die vom Vorhabenträger vorgesehenen Vermeidungs- und Verminderungsmaßnahmen offensichtlich ausgeschlossen werden (§ 3c Abs 1 S 3 UVPG). Der Gesetzgeber hat der Einschätzungsprärogative durch die eingeschränkte Überprüfbarkeit des Vorprüfungsergebnisses gem § 3a S 4 UVPG Rechnung getragen (dazu Rn 84).

38 **ee) Verfahrensaspekte.** Eine **Beteiligung der Öffentlichkeit** an der Vorprüfung ist weder im EU-Recht noch im UVPG vorgesehen. Die Durchführung und das **Ergebnis der Vorprüfung** sind aber (penibel) zu **dokumentieren** (§ 3c Abs 6). Damit soll den vom EuGH gestellten Anforderungen an die Nachvollziehbarkeit und Überprüfbarkeit der Entscheidung Rechnung getragen werden (EuGH Slg 2004, I-5975 Rn 49). Dem wird entsprochen, wenn die der Vorprüfung zugrunde gelegten Unterlagen, die wesentlichen Prüfschritte und die dabei gewonnenen Erkenntnisse über nachteilige Umweltauswirkungen, zumindest grob skizziert, im Planfeststellungsbeschluss oder in einem zu den Verwaltungsvorgängen genommenen Dokument niedergelegt sind (BVerwGE 155, 218 Rn 32 mwN). Das Ergebnis der Vorprüfung ist der Öffentlichkeit nach den Bestimmungen des UIG zugänglich zu machen; soll eine UVP unterbleiben, ist dies **bekannt zu geben** (§ 3a S 2). Die Form der Bekanntgabe ist nicht vorgeschrieben; die Verlautbarung muss lediglich die Öffentlichkeit erreichen. Häufig wird sich eine Bekanntgabe iR der Auslegung von Unterlagen (etwa nach § 73 Abs 2 VwVfG) anbieten oder durch öffentliche Bekanntmachung entspr § 63 Abs 3 S 2, § 72 Abs 2 S 2 VwVfG (vgl Rn 12). Zu Fehlerfolgen vgl Rn 70 ff.

39 **c) Verfahrensfortsetzung bei UVP-Pflicht.** Stellt die Behörde eine UVP-Pflicht fest, vollzieht sich das weitere Verfahren grob in drei Schritten: der Identifizierung, Beschreibung und Bewertung der Umweltauswirkungen des Vorhabens. Damit sind **Aufgaben des Vorhabenträgers** beschrieben. Er muss die notwendigen Unterlagen erstellen (vgl § 5 UVPG) und in das Verfahren einführen (§ 6 UVPG). Die Behörde beschränkt sich darauf, im Vorfeld die erforderlichen Unterlagen zu benennen und sie später zu prüfen. Insoweit handelt es sich um ein teilprivatisiertes Verfahren, welches in Kooperation zwischen Vorhabenträger und Behörde unter Beteiligung anderer Behörden und der Öffentlichkeit abläuft. Anschließend geht es vornehmlich um die Verknüpfung mit der fachrechtlichen Öffentlichkeitsbeteiligung und schließlich um die Berücksichtigung bei der Sachentscheidung.

40 **d) Unterrichtung des Vorhabenträgers (Scoping).** Nach Feststellung des Bestehens einer UVP-Pflicht kann der Vorhabenträger darüber unterrichtet werden, welche Unterlagen die Behörde für die UVP voraussichtlich für erforderlich hält (§ 5 UVPG). Dieses verfahrenslenkende Zwischenverfahren wird als Scoping bezeichnet. Es dient dem Zweck, den (vorläufigen) **Untersuchungsrahmen der UVP** frühzeitig festzulegen (vgl aus der Praxis die Hinweise im Umwelt-Leitfaden Teil III des EBA unter www.eba.bund.de) und dadurch das Trägerverfahren zu beschleunigen.

41 Die Unterrichtung ist nicht zwingend vorgeschrieben, sondern erfolgt nur auf Ersuchen des Vorhabenträgers vor Beginn des Trägerverfahrens oder wenn die Behörde es nach der Einleitung des Trägerverfahrens (Planeinreichung oder Antragstellung) für erforderlich hält (§ 5 S 1). Es ist unabhängig davon, ob der eingereichte Plan bereits eine Alternativenabwägung enthält (BVerwGE 138, 226 Rn 30). Die Unterrichtung setzt eine **Prüfung** des Vorhabens auf der Grundlage

---

gen, was von den Gerichten nur unter Beachtung der behördlichen Prärogative auf ihre Rechtmäßigkeit hin überprüft werden kann (BVerwGE 127, 208 Rn 48). Das Eisenbahn-Bundesamt hat einen Umwelt-Leitfaden herausgegeben (www.eba.bund.de), der sich aber nur als Empfehlung versteht und nicht als verbindliche Festlegung.

geeigneter Angaben des Vorhabenträgers voraus. **Zuständig** ist die Zulassungsbehörde bzw die federführende Behörde iSd § 14, im Planfeststellungsverfahren an sich die Planfeststellungsbehörde; sinnvoller erscheint es aber, die Aufgabe der Anhörungsbehörde zu übertragen.[51]

Auch das Scoping findet **ohne Beteiligung der Öffentlichkeit** statt. Die in ihrem Aufgabenbereich berührten **Behörden** sind nach § 7 UVPG zu beteiligen; sie erhalten Gelegenheit zu einer Stellungnahme. Der zuständigen Behörde steht es nach § 5 S 4 überdies frei, Sachverständige, betroffene Gemeinden, Behörden, Umweltvereinigungen und Dritte, also auch Betroffene, hinzuzuziehen.[52] Vor der Unterrichtung gibt die Behörde dem Träger des Vorhabens sowie den nach § 7 zu beteiligenden Behörden Gelegenheit zu einer **Besprechung** über Inhalt und Umfang der Unterlagen **(Scoping-Termin).** Die Besprechung soll sich auch auf Gegenstand, Umfang und Methoden der UVP sowie sonstige für die Durchführung der UVP erhebliche Fragen erstrecken. Das Ergebnis der Besprechung ist von der Behörde zu dokumentieren. 42

In der **abschließenden Unterrichtung** wird entspr dem Planungsstand des Vorhabens der Inhalt und Umfang der beizubringenden Unterlagen festgelegt. Für die Unterrichtung sind besondere Formvorschriften nicht vorgeschrieben; es ist zum Schutz des Vorhabenträgers aber klar, dass sie schriftlich zu erfolgen hat. Der Sache nach handelt es sich um eine Beratung iSd § 25 Abs 2 VwVfG, also einen Realakt ohne Bindungswirkung (s näher § 25 Rn 17 ff). Die vorzulegenden Unterlagen werden dadurch nur vorläufig fixiert, nämlich nach dem jeweiligen Planungsstand. Ändert er sich, können Unterlagen nachgefordert werden. 43

Der Verzicht auf ein Scoping oder **Fehler der Art und Weise** der Durchführung des Scoping sind als solche unbeachtlich. Die Vorschriften über das Scoping begründen keine Rechte Dritter (BVerwGE 127, 95 Rn 26). Fraglich kann nur sein, ob durch das Unterlassen oder die Handhabung des Scoping dazu geführt hat, dass die im Rahmen der UVP vorgelegten Unterlagen defizitär sind. 44

e) Vorlage der Prüfunterlagen. Nach § 6 Abs 1 UVPG hat der Vorhabenträger der zuständigen Behörde „die entscheidungserheblichen Unterlagen über die Umweltauswirkungen des Vorhabens vorzulegen". Die Unterlagen sollen regelmäßig mit der Einleitung des (Träger)Verfahrens vorgelegt werden. Wird ein Scoping erst nach Verfahrenseinleitung durchgeführt, sind die „Unterlagen so rechtzeitig vorzulegen, dass sie mit den übrigen Unterlagen ausgelegt werden können", etwa nach § 73 VwVfG. 45

aa) Inhalt und Umfang der Unterlagen bestimmen sich grds nach den Rechtsvorschriften des Trägerverfahrens (§ 6 Abs 2 S 1 UVPG), also nach dem jeweiligen Fachrecht. Dieses regelt die Details der erforderlichen Planunterlagen aber nur selten ausdrücklich (s § 73 Rn 22). Sind die Unterlagen durch Rechtsvorschrift nicht im Einzelnen festgelegt, müssen die Unterlagen die in § 6 Abs 3 UVPG bestimmten Mindestangaben enthalten (§ 6 Abs 2 S 2 UVPG), sowie ggf zusätzlich die in § 6 Abs 4 UVPG aufgeführten Angaben. Deren Ermittlung erstreckt sich gem § 2 Abs 1 S 2 UVPG auf die unmittelbaren und mittelbaren Auswirkungen eines Vorhabens auf die im Gesetz genannten Schutzgüter. Dies erfordert ua eine Beschreibung der Umwelt und ihrer Bestandteile im Einwirkungsbereich des Vorhabens (§ 6 Abs 3 S 1 Nr 4 UVPG). 46

bb) Untersuchungsraum. Um den **Einwirkungsbereich** des Vorhabens zu bestimmen, ist eine Prognose der voraussichtlichen Auswirkungen erforderlich. Die Angaben hierüber sollen einerseits der Behörde die Beurteilung erlauben, welche Umweltauswirkungen des Vorhabens zu erwarten sind und mit 47

---

51 FKS 17.

52 Zu den Vorteilen der frühen Beteiligung von Umweltverbänden Führ/Dopfer/Bizer ZUR 2009, 59, 60.

welchen Maßnahmen diese vermieden, vermindert oder ausgeglichen werden können (vgl § 11 S 1 UVPG), und andererseits den potenziell Betroffenen die Beurteilung ermöglichen, ob und in welchem Umfang sie von den Umwelteinwirkungen des Vorhabens betroffen werden können (§ 9 Abs 3 S 3 UVPG; **Anstoßwirkung**).

48 **cc) Zu untersuchende Auswirkungen.** Es müssen **alle anlage- und betriebsbedingten,** aber auch die bauzeitlichen bzw **baubedingten Wirkungen** des Vorhabens auf die Schutzgüter des § 2 Abs 1 UVPG geprüft werden. Die **Bauphase** (die „Durchführung" des Vorhabens, s § 75 Rn 60) ist Teil des zulassungsbedürftigen Vorhabens. Insoweit genügt es aber, wenn die Behörde aus den UVP-Unterlagen erkennen kann, ob die bei Durchführung des Plans aufgeworfenen Probleme der Ausführungsplanung überlassen bleiben können oder Regelungen bereits im Planfeststellungsbeschluss erforderlich sind, weil abwägungserhebliche Belange betroffen sind (s § 74 Rn 182d mwN).

49 **dd) Erläuterungsbericht; UVS.** § 6 Abs 3 S 2 verlangt eine allgemeinverständliche, nichttechnische Zusammenfassung der Angaben (einen **Erläuterungsbericht**). Auch dies soll Dritten eine Beurteilung ihrer Betroffenheit ermöglichen. Hingegen besteht **kein** zwingendes Gebot, eine umfassende **Umweltverträglichkeitsstudie** (UVS) beizufügen. Deren Erstellung ist zwar sinnvoll und entspricht weithin der Praxis; jedoch normiert § 6 UVPG nicht, dass der Vorhabenträger seiner obligatorischen Informationspflicht über die Mindestangaben in dieser Form nachkommt (BVerwG NuR 1998, 305).

50 **5. Beteiligungsverfahren. a) Die Öffentlichkeit.** Die zuständige Behörde hat die „Öffentlichkeit" zu den Umweltauswirkungen des Vorhabens zu beteiligen (§ 9 Abs 1 S 1 UVPG). Gemeint ist hier die **allgemeine Öffentlichkeit**, unabhängig davon, ob eine Betroffenheit durch das Vorhaben besteht. Das Beteiligungsverfahren muss iW den Anforderungen des Planfeststellungsverfahrens (§ 73 Abs 3 S 1, Abs 4 bis 7) entsprechen (§ 9 Abs 1 UVPG) und wird in diesem erfüllt. Dementspr ist die Öffentlichkeit durch Bekanntmachung vom Beteiligungsverfahren zu unterrichten (§ 73 Abs 5; s a Rn 53). Die Planunterlagen sind zur Einsichtnahme für jedermann auszulegen (§ 73 Abs 3). Dadurch kann sich jeder die nötigen Erkenntnisse über eine eigene Betroffenheit verschaffen (vgl Art 6 Abs 2 erster Teilstrich, Abs 3 UVP- RL), die Voraussetzung dafür ist, Einwendungen gegen das Vorhaben erheben zu dürfen.

51 Nur der **betroffenen Öffentlichkeit** ist im Rahmen der Beteiligung **Gelegenheit zur Äußerung** gegeben (§ 9 Abs 1 S 2 UVPG). Diese Einschränkung der „Anhörung" iS eines Gelegenheit-Gebens zur Äußerung auf die Betroffenen ist unionsrechtskonform (vgl Art 6 Abs 2 zweiter Teilstrich, Abs 3 UVP-RL). Auf die Einschränkung darf in der Bekanntmachung der Planauslegung hingewiesen werden (BVerwGE 98, 339).

52 Zu der betroffenen Öffentlichkeit gehören die **Naturschutz- und Umweltschutzvereinigungen** (s § 73 Rn 93). Eine **grenzüberschreitende** Öffentlichkeitsbeteiligung ist vorgesehen, wenn und soweit ein Vorhaben Umweltauswirkungen in einem anderen Staat haben kann (§ 9a UVPG). Zu beteiligen sind ferner die **Behörden,** deren Aufgabenbereich betroffen ist (§ 7 UVPG) und ggf Behörden von Nachbarstaaten (§ 8 UVPG), sofern sie in ihrem Aufgabenbereich berührt sein können, was bei grenzüberschreitende Beeinträchtigungen zu erwarten ist.

53 **b) Bekanntmachung.** Den Beginn des Beteiligungsverfahrens hat die zuständige Behörde der Öffentlichkeit bekanntzumachen (vgl § 9 Abs 1a UVPG). Der Begriff verweist auf die Anforderungen der „ortsüblichen Bekanntmachung" im Planfeststellungsverfahren (s § 73 Rn 105 ff). Der notwendige **Bekanntmachungstext** ergibt sich aus dem Katalog der Nr 1 bis 7 dieser Vorschrift. Hier sollte größte Sorgfalt herrschen; denn Verletzungen führen zu Fehlern des Betei-

ligungsverfahrens, die nach ihrem konkreten Gewicht als relative oder sogar absolute Verfahrensfehler einzuordnen sind (s Rn 74 ff).

Nach **Nr 2** hat die Behörde über die **Feststellung der UVP-Pflicht** des Vorhabens nach § 3a UVPG zu unterrichten. Dazu gehört eine ausdrückliche Aussage dazu, dass es sich um ein UVP-pflichtiges Vorhaben handelt und woraus sich dies ergibt. Das gilt auch im Fall einer nach § 3b UVPG kraft Gesetzes bestehenden UVP-Pflicht. Der Hinweis muss so konkret sein, dass die Öffentlichkeit erste Anhaltspunkte erhält, wie die zuständige Behörde das Vorhaben hinsichtlich seiner Umweltverträglichkeit und der Reichweite möglicher Umweltauswirkungen einschätzt. 54

Nach **Nr 5** ist die Öffentlichkeit ferner darüber zu unterrichten, welche Unterlagen nach § 6 UVPG vorgelegt wurden. Die Anforderungen an diese **Auslegungsbekanntmachung** sind umstritten. Teilweise wird die Angabe einer vollständigen Liste der für die Umweltauswirkungen entscheidungserheblichen Unterlagen verlangt, teilweise nur ein „aussagekräftiger Überblick" über sie. In keinem Fall genügt aber ein Bekanntmachungstext mit dem Hinweis, dass „die entscheidungserheblichen Unterlagen über die Umweltauswirkungen" öffentlich ausliegen (BVerwGE 154, 73 Rn 32 ff). 55

c) Auslegung der Unterlagen. Nach § 9 Abs 1 S 3 UVPG iVm § 73 Abs 3 VwVfG hat die zuständige Behörde die vorgelegten Unterlagen zur Einsicht für die Öffentlichkeit auszulegen. Welche Unterlagen auszulegen sind, regelt wiederum grds das Fachrecht. § 9 Abs 1b UVPG enthält Mindestvorgaben. Danach sind auszulegen die Unterlagen nach § 6 und Berichte und Empfehlungen, die der Behörde zu Beginn des Beteiligungsverfahrens vorgelegen haben. Zu den Unterlagen gehören gem § 6 Abs 3S 1 Nr 5 UVPG auch eine Übersicht über die wichtigsten, vom Träger des Vorhabens geprüften anderweitigen Lösungsmöglichkeiten (zB ein Überblick über die untersuchten Trassenalternativen) und die Angabe der wesentlichen Auswahlgründe im Hinblick auf die Umweltauswirkungen des Vorhabens (Abwägungsgesichtspunkte für die Festlegung auf einer Vorzugsvariante). 56

Sind in einem **vorgelagerten Verfahren** (wie einem Linienbestimmungs- oder Raumordnungsverfahren iSd §§ 15, 16 UVPG) Unterlagen erstellt worden, ist der Vorhabenträger im Planfeststellungsverfahren nicht verpflichtet, die **Alternativenprüfung** zu sämtlichen Trassenvarianten vorzulegen. § 15 Abs 4, § 16 Abs 2 UVPG erlauben, Standort- und Trassenalternativen, die bereits Gegenstand der Variantenprüfung des vorgelagerten Verfahrens waren und deren Umweltauswirkungen geprüft wurden, im Planfeststellungsverfahren „abzuschichten". Bereits geprüfte Standort- und Trassenalternativen sind damit nicht nochmals detailliert der UVP zu unterziehen. Der Vorhabenträger kann in diesem Fall seine nach § 6 UVPG vorzulegenden Unterlagen auf die zusätzlichen, im vorangegangenen Verfahren noch nicht geprüften Umweltauswirkungen des Vorhabens beschränken. Es ist kein Verfahrensfehler (allenfalls ein Abwägungsfehler), wenn im vorgelagerten Verfahren nicht alle Varianten geprüft worden sind (BVerwGE 154, 73 Rn 25 mwN). 57

d) Erörterung und das weitere Verfahren. (Nur) Der betroffenen Öffentlichkeit ist iR der Beteiligung Gelegenheit zur Äußerung zu geben (§ 9 Abs 1 S 2 UVPG). Unionsrechtlich genügt die Möglichkeit, sich schriftlich zu dem Vorhaben zu äußern. Eine **mündliche Erörterung** der dabei vorgebrachten Einwendungen und Stellungnahmen ist unionsrechtlich nicht gefordert. Sie ist aber **einfachrechtlich** durch § 9 Abs 1 S 3 UVPG iVm § 73 Abs 6 S 1 VwVfG in allen UVP-pflichtigen Trägerverfahren im Grundsatz vorgeschrieben. Es gelten daher die allgemeinen Möglichkeiten, **von einer Erörterung abzusehen** (s dazu § 73 Rn 118 f). Nach der Sonderregelung in § 9 Abs 1 S 4 UVPG kann (nach erfolgter Beteiligung) von einer erneuten Öffentlichkeitsbeteiligung bei 58

Änderung der Unterlagen nach § 6 UVPG abgesehen werden, „soweit keine zusätzlichen oder anderen erheblichen Umweltauswirkungen zu besorgen sind" (dazu BVerwG DVBl 2016, 1465 Rn 51).

59 **e) Wiederholung der Öffentlichkeitsbeteiligung.** In einem **ergänzenden Verfahren** zur Behebung eines Fehlers nach Erlass des Planfeststellungsbeschlusses (§ 75 Abs 1a VwVfG) ist eine **erneute Öffentlichkeitsbeteiligung** dann durchzuführen, wenn eine nach Gegenstand, Systematik und Ermittlungstiefe neue oder über die bisherigen Untersuchungen wesentlich hinausgehende Prüfung der Umweltbetroffenheiten stattfindet, die ihren Niederschlag in einer neuen entscheidungserheblichen Unterlage über die Umweltauswirkungen des Vorhabens findet (§ 6 Abs 1 S 1 UVPG) findet. (BVerwGE 155, 91 Rn 34).

60 **6. Zusammenfassung und Bewertung der Umweltauswirkungen.** Die abschließende **Berücksichtigungsphase** ist der vierte Kern des UVP-Verfahrens. In ihr ist das Ergebnis der vorangehenden Verfahrensschritte zusammenfassend darzustellen (§ 11 UVPG) und zu bewerten (§ 12 UVPG).

61 **a) Zusammenfassende Darstellung.** Zunächst erarbeitet die zuständige Behörde gem § 11 UVPG auf der Grundlage der vorgelegten Unterlagen nach § 6 und der Ergebnisse des Beteiligungsverfahrens (dh der behördlichen Stellungnahmen, der Äußerungen der betroffenen Öffentlichkeit und ggf eigener Ermittlungen) eine zusammenfassende Darstellung aller zu erwartenden Umweltauswirkungen des Vorhabens sowie gegensteuernder (Vermeidungs-, Verminderungs-, Ausgleichs- und Ersatz)Maßnahmen. Die Darstellung soll möglichst innerhalb eines Monats nach Abschluss der Erörterung im Beteiligungsverfahren erstellt sein und dient als Grundlage für die Bewertung nach § 12 UVPG.

62 **Zuständig** für die Erstellung der Zusammenfassung ist die Behörde, die über die Zulassung zu entscheiden hat. In **Planfeststellungsverfahren** ist es richtiger Ansicht nach die Planfeststellungsbehörde, auch wenn das Anhörungsverfahren von einer anderen Behörde durchgeführt worden ist, die nach § 73 Abs 9 zudem eine eigene Stellungnahme zu verfassen hat (s § 73 Rn 19, 150). Nach § 11 S 4 UVPG kann die zusammenfassende Darstellung **in der Zulassungsentscheidung** selbst erfolgen. Die Erstellung einer besonderen Unterlage ist nicht erforderlich. Von daher ist es nicht zu beanstanden, wenn auf Unterlagen aus früheren selbstständigen Verfahren zu einer anderen Teilstrecke zurückgegriffen und keine neue Gesamtunterlage nach §§ 11, 12 UVPG erstellt wird (BVerwGE 148, 373 Rn 35).

63 **b) Bewertung.** Art 8 UVP-RL sieht vor, dass die Ergebnisse der UVP bei der Entscheidung über die Zulassung zu berücksichtigen sind. Dieses Erfordernis ist mit **§ 12 UVPG** („Bewertung der Umweltauswirkungen und Berücksichtigung des Ergebnisses bei der Entscheidung") umgesetzt worden. „Berücksichtigen" bedeutet, dass sich die Behörde mit dem Ergebnis der UVP inhaltlich auseinandersetzen muss; sie darf es nicht bei einer bloßen Zurkenntnisnahme belassen. Berücksichtigung schließt auch die Möglichkeit ein, die Zulassung des Vorhabens wegen der Ergebnisse der UVP zu versagen.[53] In dieser Berücksichtigungspflicht kommt die Aufgabe einer UVP, die Abwägung vorzubereiten, besonders deutlich zum Tragen.

64 Das **Berücksichtigungsgebot** wirft im deutschen Recht einige rechtsdogmatische Probleme auf, wenn nach dem maßgeblichen Fachrecht ein strikter Anspruch auf die Genehmigung besteht (wie bei Anlagen nach §§ 4 ff BImSchG). Soweit ein Ermessen, Beurteilungsspielraum oder ein planerischer Gestaltungsspielraum bei der Zulassung besteht, können die Ergebnisse der UVP hier einfließen (BVerwGE 100, 238, 243). Sieht das Fachrecht aber zwingend eine Zulassung vor, können aus den Ergebnissen der UVP negativen Schlüsse nur dann

[53] BT-Drs 11/3919 S. 27; Schink/Erbguth DVBl 1991, 413; Hoppe § 1 Rn 39 mwN.

gezogen werden, wenn mit der Berücksichtigung der UVP materielle Elemente zu dem fachrechtlichen Entscheidungsprogramm hinzutreten; diese Frage ist sehr umstritten.[54] Bejaht man sie, kann es in letzter Konsequenz keine strikt gebundenen Zulassungsentscheidungen mehr geben.[55]

Die Regelung in § 12 UVPG bringt insoweit allerdings keine Klarheit, weil darin lediglich die Pflicht zur Berücksichtigung „nach Maßgabe der geltenden [Fach]Gesetze" vorgeschrieben ist.[56] Die überwiegende Auffassung geht davon aus, dass die UVP-RL ebenso wie das UVPG damit **keine zusätzlichen materiellen Rechtmäßigkeitsvoraussetzungen** für die Vorhaben aufstellt, sondern die Berücksichtigungspflicht lediglich verfahrensrechtlichen Charakter hat.[57] Das bedeutet in der Konsequenz, dass es lediglich um eine bestimmte Art und Weise der Ermittlung der Umweltauswirkungen ginge, für die sich die Maßstäbe allein aus dem jeweiligen Fachrecht ergeben.[58] Ein Verstoß gegen die Bestimmungen des UVPG muss deshalb nicht notwendig folgenlos bleiben, wenn in der Sache eine andere Entscheidung nicht getroffen werden könnte. Dies ist nach § 46 zu beurteilen (s unten Rn 30). Die Gegenposition nehmen diejenigen ein, die der UVP-RL und dem UVPG doch materielle Elemente insb im Bereich der Umweltvorsorge entnehmen.[59] Es spricht alles dafür, dass das Fachrecht in dieser Weise als unionsrechtlich überlagert angesehen werden muss, um die Effektivität der UVP zu gewährleisten. 65

Für die Bewertung der Umweltauswirkungen nach § 12 UVPG ist keine besondere **Form** vorgeschrieben. Sie kann daher ebenfalls (wie die zusammenfassende Darstellung) gesondert oder aber **in der Zulassungsentscheidung** selbst erfolgen (BVerwGE 148, 373 Rn 35). 66

7. Änderungen von Vorhaben. Wie allgemein, ist auch UVP-rechtlich zwischen Änderungen des Vorhabens vor und nach der Zulassungsentscheidung zu unterscheiden. **Vor der Zulassungsentscheidung** gelten die allgemeinen Regelungen (vgl für das Planfeststellungsverfahren § 73 Rn 135 ff). Keine Anwendung findet § 3e UVPG auf Planänderungen vor Erlass eines Planfeststellungsbeschlusses. 67

Nach der Zulassung eines Vorhabens regelt § 3e UVPG die Voraussetzungen bei **Änderungen/Erweiterungen** UVP-pflichtiger Vorhaben.[60] Die Vorschrift setzt ein existentes Grundvorhaben voraus, für das nach der Rechtslage bei Zulassung der Änderung eine UVP-Pflicht gem Anl 1 UVPG besteht. Auch die UVP-Pflichtigkeit sog **Altvorhaben** richtet sich grds nach der jeweils aktuellen Rechtslage (näher LR Umweltrecht § 3e Rn 11 f). 68

Wächst hingegen ein bislang nicht UVP-pflichtiges Vorhaben erst durch die Änderung oder Erweiterung in die UVP-Pflicht hinein, greift **§ 3b Abs 3 UVPG** oder § 3c Abs 1 S 5 iVm § 3 b Abs 3 S 1 UVPG ein.[61] Ist für das 69

---

[54] S dazu BVerwGE 100, 238; StBS 97 ff.

[55] So auch Erbguth/Schink § 12 Rn 35; Kugelmann DVBl 2002, 1238, 1247; Soell/Dirnberger NVwZ 1990, 709.

[56] Krit Steinberg NVwZ 1995, 209, 215; StBS 98.

[57] So vor allem die Rspr des BVerwG, vgl BVerwG NVwZ-RR 1999, 429; BVerwGE 100, 370; BVerwGE 100, 238.

[58] So das BVerwG, vom 9.7.2003, 9. Senat, Az: 9 VR 1/03; BVerwG, NVwZ-RR 2003, 719 f; ferner Hoppe § 12 Rn 4 ff; Schmidt-Preuß, DVBl 1995, 489; Schink, NuR 1998, 176.

[59] Sparwasser/Engel/Vosskuhle § 4 Rn 30; Heitsch NuR 1996, 458; Feldmann UPR 1991, 130; Peters NuR 1990, 105; siehe auch Übersicht bei Erbguth/Schink Vor §§ 5–12 Rn 8 ff.

[60] Dazu Sitsen UPR 2008, 292; zur UVP-Pflicht bei ziviler Weiternutzung eines ehemaligen Militärflughafens BVerwG NVwZ 2009, 459; zur UVP-Pflicht für die Änderung von Flughafenanlagen s näher Ramsauer NVwZ 2004, 1044.

[61] Kloepfer, Umweltrecht § 5 Rn 351; Peters, UVPG-Kommentar § 3b Rn 9–12.

Grundvorhaben eine UVP durchgeführt worden, kann die weitere UVP nach allgemeinen Grundsätzen auf zusätzliche oder andere erhebliche Umweltauswirkungen des geänderten Vorhabens beschränkt werden (vgl nur § 13 Abs 2, § 15 Abs 4, § 16 Abs 2, § 17 Abs 3 UVPG).

70 **8. Rechtsfolgen von Verstößen gegen UVP-Vorschriften. a) Entwicklung der Fehlerfolgen.** Welche Rechtsfolgen Verstöße gegen die Bestimmungen des UVP-Rechts haben und wer sie rügen kann, ist in Umsetzung unionsrechtlicher Vorgaben[62] seit 2006 **im UmwRG geregelt.** Das UmwRG ergänzt die VwGO um Vorschriften zu Rechtsbehelfen in Umweltangelegenheiten (s näher § 75 Rn 98 ff). Davor war str, ob UVP-Vorschriften im Planungs- und Umweltrecht überhaupt Drittschutz entfalten und ob Entscheidungen wegen eines UVP-Fehlers aufgehoben werden können.[63] Das **BVerwG** neigte **früher** zu einer starken Relativierung der Verstoßfolgen. Sogar aus dem Fehlen einer UVP durfte nicht ohne weiteres auf die Mangelhaftigkeit der planfeststellungsrechtlichen Abwägung geschlossen werden; maßgebend war, ob dies tatsächlich zu einem Abwägungsfehler (zB einem Abwägungsdefizit oder einer Fehlgewichtung der Belange) geführt hatte.[64] **§ 4 UmwRG** ordnet UVP-Verstöße nunmehr als Verfahrensfehler ein, deren Konsequenzen für die Zulassungsentscheidung – der deutschen Tradition entspr – zunächst stark begrenzt waren. Noch die Novelle des UmwRG von 2013[65] beschränkte die rügefähigen Fehler auf das **Unterbleiben einer notwendigen UVP** oder einer nicht nachgeholten **Vorprüfung** des Einzelfalls.[66] Beides wurde als absoluter Verfahrensfehler eingestuft, der grds zur Aufhebung der Zulassungsentscheidung führte.[67] Diese Regelung sollte nach früherer Rspr auf **Fehler in einer durchgeführten UVP** nicht, auch nicht analog anwendbar sein.[68] Ob die UVP-RL insoweit ordnungsgemäß umgesetzt worden war, hatte das BVerwG in einem Vorlagebeschluss v 10.1.2012 („Altrip") zu Recht bezweifelt.[69]

71 Der **EuGH** beantwortete in der **Altrip-Entscheidung**[70] die Frage nach den Folgen von Fehlern einer durchgeführten UVP differenziert. Er fordert, dass der nationale Gesetzgeber **Fehlern bei der Durchführung** einer unionsrechtlich gebotenen UVP eine vergleichbare Relevanz wie dem Unterlassen der UVP verschafft. Ferner sollte die Behörde die **Beweislast** dafür tragen, dass sich ein Fehler in der UVP auf das Ergebnis nicht ausgewirkt hat. Damit wird zwar nicht die Prüfung der Auswirkungen eines Fehlers auf die Planentscheidung für

---

[62] Das UmwRG dient (wie seine Überschrift besagt) dem ergänzenden Rechtsschutz in „Umweltangelegenheiten nach der EG-Richtlinie 2003/35/EG" v 26.5.2003 über die Beteiligung der Öffentlichkeit bei der Ausarbeitung bestimmter umweltbezogener Pläne und Programme und zur Änderung der Richtlinien 85/337/EWG und 96/61/EG des Rates in Bezug auf die Öffentlichkeitsbeteiligung und den Zugang zu Gerichten, ABl Nr L 156 v 25.6.2003 S. 17 ff, die wiederum zur Umsetzung der Aarhus-Konvention (s § 75 Rn 90c) erlassen wurde.

[63] Bejahend OVG Koblenz NVwZ 2005, 1208 unter Berufung auf EuGH NVwZ 2004, 593; verneinend OVG Münster NuR 2006, 320: „jedenfalls derzeit noch nicht", unter Berufung auf BVerwG NVwZ 2003, 1120; offen gelassen noch in BVerwG NVwZ 2008, 1349.

[64] BVerwGE 100, 238 = NVwZ 1996, 788 – A 60; BVerwG NVwZ 1998, 508; NVwZ 1996, 381; **aA** VGH München NuR 1995, 274; OVG Koblenz NVwZ 1995, 1025.

[65] Vgl Bekm der Neuf des UmwRG v 8.4.2013 (BGBl I S 753).

[66] Näher Kment, Das neue Umwelt-Rechtsbehelfsgesetz und seine Bedeutung für das UVPG, NVwZ 2007, 274.

[67] S hierzu Schlacke ZUR 2009, 80; Gassner NVwZ 2008, 1203; Ziekow NVwZ 2007, 259, 264; **aA** Spieth/Appel NuR 2009, 312.

[68] BVerwG DVBl 2012, 443; Kment NVwZ 2012, 481.

[69] BVerwG NVwZ 2012, 448.

[70] EuGH, Urt v 7.11.2013, C-72/12, NVwZ 2014, 49 (Altrip). Hierzu Gärditz NVwZ 2014, 1; Schlacke NVwZ 2014, 11.

verzichtbar erklärt, es darf aber nicht mehr der Nachweis konkreter Auswirkungen verlangt werden, sondern umgekehrt für die Unbeachtlichkeit des Fehlers der Nachweis fehlender Auswirkungen auf die Planentscheidung. Ohne Rücksicht auf die Fehlerrelevanz sind – iSe absoluten Fehlers – nur solchen Fehler einer UVP zu sanktionieren, die die Öffentlichkeitsbeteiligung beeinträchtigen.[71]

b) Umsetzung in deutsches Recht. Der Bundesgesetzgeber hat die Altrip-Entscheidung zum Anlass genommen, das UmwRG „im Wege einer 1:1-Umsetzung der europarechtlichen Vorgaben" anzupassen (BT-Drs 18/5927). Durch das G v 20.11.2015 (BGBl I S 2069) sollten in den neu gefassten Abs 1 bis 1b des § 4 UmwRG „die unterschiedlichen Fehlerfolgen klarstellend geregelt werden". Dazu sollte noch deutlicher zwischen Fehlerarten unterschieden werden (BT-Drs 18/5927 S 9). Seither sind manche Fehler als sog absolute Verfahrensfehler (Abs 1) eingestuft, die grds die Aufhebung der Zulassungsentscheidung (idR aber ein ergänzendes Verfahren) nach sich ziehen, und weniger schweren, relativen Fehlern (Abs 1a), für die die Konsequenzen nach § 46 im Einzelfall zu bestimmen sind (s § 46 Rn 25); zu den Fehlerarten s auch § 75 Rn 77f. Durch Rechtsprechung des EuGH wie auch des BVerfG verschärft haben sich in diesem Zusammenhang die Anforderungen daran, unter welchen Voraussetzungen einem Fehler die Erheblichkeit abgesprochen werden darf (s § 75 Rn 27ff). 72

In der Sache hat der Gesetzgeber durch G v 20.11.2015 **dreierlei geregelt:** (1) Er hat klargestellt, dass § 46 VwVfG für relative Verfahrensfehler weiterhin maßgeblich ist. (2) Er hat die nach § 86 VwGO bestehende Pflicht des Gerichts hervorgehoben, den Sachverhalt von Amts wegen zu erforschen. Sie gebietet im vorliegenden Zusammenhang zu untersuchen, ob es offensichtlich ist, dass die angegriffene Entscheidung ohne den vom Kläger geltend gemachten Verfahrensfehler nicht anders ausgefallen wäre. (3) Gelingt es dem Gericht, sich auf der Grundlage der vorliegenden Erkenntnismittel davon zu überzeugen, dass die Entscheidung auch ohne den festgestellten Verfahrensfehler nicht anders ausgefallen wäre, führt der Fehler gemäß § 46 VwVfG weder zur Aufhebung noch zur Feststellung der Rechtswidrigkeit und Nichtvollziehbarkeit des Verwaltungsakts. Gelingt ihm diese Überzeugungsbildung nicht, greift die Vermutungsregelung des § 4 Abs 1a S 2 UmwRG nF, die der Sache nach für den Fall eines non liquet eine materielle Beweislastregel zu Lasten der Behörde enthält (zum Ganzen BVerwGE 154, 73 Rn 44ff). Damit hat der Bundesgesetzgeber insgesamt den Anforderungen entsprochen, die der EuGH genannt hat, um nach nationalem Recht davon auszugehen, dass eine Rechtsverletzung iSv Art 11 Abs 1 lit b der UVP-RL nicht vorliegt. Unionsrechtliche Bedenken gegen § 4 Abs 1a UmwRG nF bestehen nicht (BVerwGE 154, 73 Rn 44). 73

c) Absolute Verfahrensfehler. aa) Rügefähigkeit. § 4 Abs 1 führt diejenigen Verstöße gegen UVP-Vorschriften auf, die mit den schärfsten Sanktionen ausgestattet sind. Diese sind dadurch gekennzeichnet, dass sie **im Prozess** unabhängig von § 46 und also ohne Rücksicht darauf beachtlich sind, ob der Verstoß die Sachentscheidung beeinflusst haben kann (arg § 4 Abs 1b UmwRG).[72] Überdies kommt es in keinem Fall darauf an, ob die verletzten Verfahrensvorschriften der Gewährleistung eines materiellen subjektiven Rechts iSd § 42 Abs 2, § 113 Abs 1 S 1 VwGO dienen (BVerwG NVwZ 2014, 367 und BVerwGE 151, 138 Rn 34). Zu den prozessualen Verstoßfolgen (§ 4 Abs 1 Nr 1 lit b, Abs 1b UmwRG) vgl Rn 89. 74

---

[71] EuGH NVwZ 2014, 49 Tz 57 (Altrip).

[72] S hierzu schon OVG Koblenz NVwZ 2005, 1208. Zu den Folgen für den Rechtsschutz s § 75 Rn 78.

75 **bb) Fallgruppen.** § 4 Abs 1 unterscheidet **drei** Fallgruppen absoluter Fehler:

(1) Das vollständige Unterbleiben einer gebotenen **UVP** oder **Vorprüfung** (Abs 1 Nr 1). Vollständiges Unterbleiben liegt vor, wenn UVP bzw Vorprüfung weder durchgeführt noch im Zeitpunkt der Gerichtsentscheidung in beachtlicher Weise nachgeholt worden ist.

(2) Das vollständige Unterbleiben einer **Öffentlichkeitbeteiligung,** die nach § 9 UVPG oder § 10 BImSchG geboten ist (Abs 1 Nr 2; s § 46 Rn 14c). Das Unterbleiben der Öffentlichkeitsbeteiligung gehört zu den Mängeln einer durchgeführten UVP, die grds als relative Fehler eingestuft sind (s Rn 76). Jedoch müssen nach der Altrip-Entscheidung des EuGH auch bestimmte Fehler einer durchgeführten UVP unabhängig von § 46 beachtlich sein (s auch § 46 Rn 5cf, 15). Dem hat der Gesetzgeber in § 4 Abs 1 Nr 2 und 3 Rechnung getragen.

(3) In Nr 3 werden die absoluten Fehler auf **„andere Verfahrensfehler"** als die in Nr 1 und 2 genannten erstreckt. Dazu gehören insb bestimmte schwere Fehler einer durchgeführten Öffentlichkeitsbeteiligung (wie Bekanntmachungsmängel). Sie sind nur beachtlich, wenn sie a) nicht geheilt worden und b) nach Art und Schwere mit den in Nr 1 und 2 genannten Fällen vergleichbar sind sowie c) der betroffenen Öffentlichkeit die Möglichkeit der gesetzlich vorgesehenen Beteiligung am Entscheidungsprozess genommen haben. Hierzu näher § 46 Rn 15.

76 **d) Relative Verfahrensfehler.** § 4 Abs 1a S 1 UmwRG stellt klar, dass Mängel der UVP, die nicht unter Abs 1 fallen, nicht von vornherein unerheblich sind, sondern nach § 46 auf ihre Erheblichkeit für das Entscheidungsergebnis hin beurteilt werden müssen. Dies entspricht der schon vor der Rechtsänderung geltenden Rechtslage.[73] Als **relative Fehler** definiert Abs 1a in rein negativer Abgrenzung alle Verfahrensfehler, die nicht unter Abs 1 fallen. Erfasst werden damit in erster Linie die bisher in ihrer Bedeutung umstrittenen **Fehler einer durchgeführten UVP,** soweit sie nicht bereits Abs 1 Nr 2 und 3 unterfallen.[74] Die Geltung des § 46 VwVfG wird für sie ausdrücklich angeordnet, ergänzt nach Abs 1a S 2 um die Vermutung einer Sachbeeinflussung, wenn das Gericht die Kausalität nicht aufklären kann (s schon Rn 73).

77 Entspr gilt, wenn **die Auslegung des Planentwurfs Mängel** aufweist. So ist ein Fehler etwa anzunehmen, wenn das Auslegungsgebiet (s § 73 Rn 43) zu klein festgelegt worden ist (BT-Drs 18/5297 S 9). Der Fehler wiegt idR schwer (zu einer Ausnahme BVerwGE 144, 44 Rn 34ff). Ist die Auslegung nur einzelner Unterlagen unterblieben, soll dies nach den Gesetzesmaterialien (BT-Drs 18/5927 S 10) ein relativer Verfahrensfehler nach § 4 Abs 1a UmwRG sein. Ob das Fehlen der Unterlagen die Entscheidung in der Sache offensichtlich nicht beeinflusst hat, hängt von den Umständen des Einzelfalls ab. Eine Beeinflussung wird sich umso eher ausschließen lassen (s dazu Rn 27f), je mehr Einwendungen zu den Punkten erhoben worden sind, zu denen die Planunterlagen defizitär waren und je geringer die Bedeutung dieser Punkte für die Beurteilung des Vorhabens ist.

78 **9. Besonderheiten von Rechtsschutzverfahren.** Aufgrund der Eingliederung der UVP in ein Trägerverfahren (s Rn 19) können Verstöße gegen UVP-Vorschriften nur mit **Rechtsbehelfen gegen die Zulassungsentscheidung** im jeweiligen Trägerverfahren geltend gemacht werden (zum Rechtsschutz im Planfeststellungsrecht s § 75 Rn 65ff). Dieser Rechtsschutz richtet sich nach der

---

[73] Vgl BVerwGE 141, 171 Rn 17. Zur Kausalitätsprüfung § 46 Rn 25, § 75 Rn 27; ferner BVerwG NVwZ 2016, 844 Rn 41 unter Hinweis auf die Begründung des UmwRG-ÄndR, BT-Drs 18/5927 S 10; DVBl 2016, 1465 Rn 41.

[74] Das entspricht der Forderung des EuGH (C-72/12, Altrip, Rn 36–38), wie schon BVerwG AUR 2016, 50 Rn 22 in unionsrechtskonformer Auslegung bestätigte.

VwGO. Nach § 44a VwGO können Verfahrensfehler nur im Zusammenhang mit Klagen gegen die Sachentscheidung geltend gemacht werden. Ergänzende Vorschriften zu Rechtsbehelfen in Umweltangelegenheiten, die der Öffentlichkeitsbeteiligungs-RL 2003/35/EG unterfallen, enthält seit 2006 das **UmwRG,** mit dem vor allem die Verbandsklagemöglichkeiten im Umweltrecht ausgestaltet worden sind (dazu § 75 Rn 98 ff), das aber auch privaten Klägern die Befugnis zur Rüge von UVP-Verstößen einräumt.

a) Die anfechtbaren Entscheidungen sind in **§ 1 UmwRG** bezeichnet, 79
der auf die Entscheidungen in Trägerverfahren nach § 2 Abs 3 UVPG und auf weitere Entscheidungen (etwa nach dem BImSchG) Bezug nimmt. Anfechtbar sind aber auch das **Unterlassen** gebotener Entscheidungen (näher OVG Saarl, U v 10.1.2017 – 2 A 3/16 – juris) sowie Entscheidungen, die keine geeigneten Trägerverfahren sind und daher den Anforderungen der UVP nicht Rechnung tragen können (s Rn 22). Dazu gehören **Freistellungsentscheidungen** nach § 74 Abs 7 VwVfG und den Fachgesetzen. Sie sind iSd § 1 Abs 1 Nr 1 lit a UmwRG Entscheidungen über die Zulässigkeit von Vorhaben, die in einem Verwaltungsverfahren getroffen werden. Das sind vor allem solche, die ein Verwaltungsverfahren iSd § 9 VwVfG abschließen (BVerwGE 149, 17; vgl BVerwGE 151, 138 Rn 35 zur Unterbleibensentscheidung nach § 8 Abs 3 LuftVG aF).

b) Die Rügeberechtigten. Nach Art 11 der UVP-RL haben die Mitglied- 80
staaten sicherzustellen, dass Mitglieder der betroffenen Öffentlichkeit, die eine Rechtsverletzung geltend machen können oder denen (wie Umweltverbänden) ein ausreichendes Interesse zuerkannt ist, Zugang zu einem Gericht haben, um die materiell-rechtliche und verfahrensrechtliche Rechtmäßigkeit von Entscheidungen, für die die Bestimmungen über die Öffentlichkeitsbeteiligung gelten, überprüfen zu lassen. Diesen Ausgangspunkt, in dem eine besondere Indienstnahme von Umweltverbänden für die Überprüfung umweltrelevanter Entscheidungen zu Ausdruck kommt, hat der EuGH immer wieder bestätigt und verstärkt.[75] Zudem hat er die Erhebung von Rügen ohne Rücksicht auf etwaigen Ausschluss durch **Präklusionsvorschriften** für zulässig erklärt (s § 73 Rn 89).

aa) Klage anerkannter Vereinigungen. Zur Umsetzung dieser Vorgabe ist 81
im UmwRG die umweltrechtliche **Verbandsklage** zugelassen worden. Anerkannte (inländische) Umweltvereinigungen können nach § 2 Abs 1 UmwRG unter den weiter genannten Voraussetzungen Rechtsbehelfe nach Maßgabe der VwGO gegen eine Entscheidung iSd § 1 Abs 1 S 1 UmwRG oder gegen deren Unterlassen einlegen. Sie sind auf die Rüge beschränkt, dass die behördliche Zulassung entscheidungserheblichen Rechtsvorschriften widerspricht, die dem Umweltschutz dienen (zu diesen § 75 Rn 100), können einen solchen objektiven Widerspruch jedoch ohne eine Verletzung eigener Rechte geltend machen.[76] Die weitere Voraussetzung, dass sich die Vereinigung im Zulassungsverfahren beteiligt hat, um Verstöße im Prozess geltend machen zu können (§ 2 Abs 1 Nr 3 UmwRG), dürfte hingegen unionsrechtswidrig sein (vgl § 75 Rn 101).

bb) Klage von Privaten. Rügeberechtigt sind überdies **private Kläger.** § 4 82
Abs 3 UmwRG lässt insofern „Beteiligte nach § 61 Nr 1 und 2 VwGO" zu, dh natürliche und juristische Personen, insb Kommunen, sowie Vereinigungen. Sie können absolute und relative Fehler unabhängig davon rügen, ob die verletzten Verfahrensvorschriften Drittschutz entfalten.[77] Allerdings erweitert § 4 Abs 1 und Abs 3 UmwRG nicht den Kreis der nach nationalem Recht Klagebefugten.

---

[75] Vgl EuGH (GK), C-243/15, NuR 2016, 840 Rn 50 ff sowie § 75 Rn 90b mwN.

[76] Zu der prozessualen Konstruktion vgl Wysk, VwGO § 42 Rn 101 ff. Zur Verbandklage im Umweltrecht iE vgl § 75 Rn 90 ff.

[77] Zutreffend, aber noch auf der Grundlage einer unionsrechtskonformen Auslegung vor der Änderung des UmwRG OVG Münster ZUR 2015, 492 mwN.

Diese Regelungen betreffen die Sachprüfung iR eines zulässigen Rechtsbehelfs, haben hingegen keine Bedeutung für die Prüfung der **Klagebefugnis.** Auf UVP-Fehler kann sich ein privater Kläger daher nur berufen, wenn er nach Maßgabe des § 42 Abs 2 VwGO klagebefugt, also durch das Vorhaben in eigenen materiellen Rechten betroffen ist (vgl auch § 75 Rn 100 ff).[78] Eine Aufhebung der Zulassungsentscheidung wegen eines **relativen** Fehlers, der weder geheilt noch nach § 46 unerheblich ist, kann nur dann verlangt werden, wenn dem jeweiligen Kläger überdies infolge des Verfahrensfehlers die Möglichkeit einer gesetzlich vorgesehenen **Beteiligung am Entscheidungsprozess genommen** worden ist (§ 4 Abs 3 UmwRG).

83 **c) Kontrolle der Vorprüfung. aa) Inzidentprüfung.** Die einleitende behördliche Entscheidung über die UVP-Pflicht hat nur verfahrensrechtliche Bedeutung und ist **nicht selbstständig anfechtbar** (§ 3a S 3 UVPG). Die Überprüfung erfolgt aber im Rahmen einer späteren Anfechtung der Zulassungsentscheidung inzident. Dabei bleibt das Fehlen einer behördlichen Entscheidung als solches ohne Sanktion. Stellt sich aber heraus, dass eine erforderliche Vorprüfung des Einzelfalls (§ 3c UVPG) unterblieben und nicht nachgeholt worden ist, liegt nach § 4 Abs 1 S 1 UmwRG ein absoluter Verfahrensfehler vor, der grds (vgl aber Rn 89) zur Aufhebung der Sachentscheidung ohne Rücksicht auf die Fehlerrelevanz zwingt.[79] Dasselbe gilt für eine durchgeführte Vorprüfung, die nicht dem gesetzlichen Anforderungen nach § 3a S 4 UVPG genügt; sie steht einer nicht durchgeführten Vorprüfung gleich (§ 4 Abs 1 S 2 UmwRG).

84 **bb) Eingeschränkte Kontrolle.** Ist die UVP aufgrund eines **negativen UVP-Vorprüfungsergebnisses** unterblieben, prüft das Gericht die **formellen** Anforderungen (Dokumentation, s Rn 38) uneingeschränkt nach; Fehler hier fürhen zur Aufhebung der Entscheidung bzw zu einem ergänzenden Verfahren (BVerwGE 155, 218 Rn 33). Die **sachliche Richtigkeit** der Vorprüfungsentscheidung ist nur eingeschränkt zu überprüfbar: Das Gericht hat die gem § 3c S 1 UVPG erforderliche „überschlägige Prüfung" der Behörde nach § 3a S 4 UVPG (dazu Rn 33) „nur darauf zu überprüfen, ob die Vorprüfung entsprechend den Vorgaben von § 3c durchgeführt worden ist und ob das Ergebnis nachvollziehbar ist".[80] Die Nachvollziehbarkeit des Ergebnisses setzt voraus, dass bei einer nachvollziehenden Kontrolle keine Beurteilungsfehler (hierzu § 40 Rn 115 ff) zutage treten.[81] Unterbleibt nur die Bekanntgabe des Unterbleibens einer UVP nach ordnungsgemäßer Vorprüfung, führt dies nicht zur Rechtswidrigkeit der späteren Zulassungsentscheidung (BVerwGE 131, 352 Rn 39 f).

85 **d) Relativierung von Fehlerfolgen. aa) Überblick.** Die Konsequenzen sowohl absoluter wie relativen Fehler sind relativierbar. Alle Fehler sind grds **heilbar** (§ 45) und nach den Grundsätzen der **Planerhaltung** (§ 75 Abs 1a) durch Planergänzung oder ergänzende Verfahren korrigierbar (Abs 1b). Diese Möglichkeiten gelten nach § 4 Abs 3 außer für Verbandsklagen auch für Klagen von Privaten (insb von betroffenen Anwohnern und Kommunen).

86 **bb) Nachholbarkeit.** Die Vorprüfung (und die UVP) müssen **grds vor der Zulassungsentscheidung** durchgeführt werden, da nur so die mit ihnen verfolgten Ziele vollständig erreicht werden können (OVG NRW DVBl 2016, 579 Rn 52). Die Vorprüfung kann aber noch im gerichtlichen Verfahren **nachgeholt** werden, und zwar bis zum Abschluss der letzten Tatsacheninstanz (§ 4 Abs 1b

[78] Vgl BVerwG DVBl 2012, 501 Rn 20 ff; BVerwGE 148, 353 Rn 41 und 151, 138 Rn 34; OVG Koblenz, U v 15.2.2017 – 8 A 10717/16 – juris Rn 38.

[79] Zur Rügefähigkeit gem § 4 UmwRG s auch § 46 Rn 14b.

[80] Hierzu näher BVerwG NVwZ 2015, 85, 87; OVG Hamburg NordÖR 2010, 206.

[81] BVerwG NVwZ 2015, 85, 88 (A 44 Ratingen-Velbert), OVG Hamburg NordÖR 2010, 206 (fehlerhafte Vorprüfung einer Fernwärmeleitung).

Nr 1 UmwRG iVm § 45 Abs 2 VwVfG; s auch § 45 Rn 5d).[82] Die Möglichkeit der Nachholung ist mit Unionsrecht grds vereinbar. Voraussetzung ist aber, dass dies als Ausnahme gestaltet ist und keine Gelegenheit bietet, das Unionsrecht zu umgehen oder es nicht anzuwenden (EuGH Slg 2008, I-4911 Rn 57). Um dies sicherzustellen, darf das Vorhaben vor dem Abschluss der Vorprüfung, die mit einem negativen Ergebnis endet, nicht durchgeführt werden. Wird bei der Nachholung die UVP-Pflicht festgestellt, kommt eine Nachholung der **UVP im Prozess nicht** in Betracht.[83] In diesem Fall liegt ein absoluter Verfahrensfehler nach § 4 Abs 1 Nr 1 UmwRG vor.

e) Begründetheit von Rechtsbehelfen. Wie das Prozessrecht generell (etwa in § 42 Abs 2 VwGO einerseits und § 113 Abs. 1 VwGO andererseits) folgt das UmwRG der Unterscheidung von Zulässigkeit und Begründetheit der Klage (dazu Wysk, VwGO vor § 40 Rn 5 ff). Zentrale Vorschrift ist § 2 UmwRG, der in Abs 1 die Klageberechtigung von Vereinigungen regelt und in Abs 5 korrespondierend die Voraussetzungen für die Begründetheit benennt. **Begründet** ist die Klage einer Vereinigung danach, wenn der geltend gemachte Verstoß gegen eine entscheidungserhebliche Umweltschutzvorschrift vorliegt und diese Belange des Umweltschutzes berührt, die zu den Zielen gehören, die die Vereinigung nach ihrer Satzung fördert. 87

Nur vordergründig ungewöhnlich erscheint, dass Abs 5 S 2 für die Begründetheit der Klage darüber hinaus fordert, dass das streitige Vorhaben tatsächlich **UVP-pflichtig ist.**[84] Damit ist die Formulierung enger als diejenige in § 1 Abs 1 S 1 Nr 1 UmwRG, wonach es genügt, dass eine UVP-Pflicht bestehen „kann". Die weitere Formulierung zum Anwendungsbereich soll die Möglichkeit der gerichtlichen Überprüfung des Bestehens einer UVP-Pflicht in Streitfällen eröffnen. Entspr genügt für die Zulässigkeit die – nicht offensichtlich ausgeschlossene – Möglichkeit eines UVP-pflichtigen Vorhabens. Damit werden auch Projekte überprüfbar, bei denen sich die UVP-Pflicht erst aufgrund einer behördlichen Vorprüfung des Einzelfalls herausstellen kann, die unterblieben ist.[85] 88

f) Aufhebung und ergänzendes Verfahren. Was das Gericht bei Feststellung eines entscheidungserheblichen UVP-Verstoßes im Tenor **aussprechen** darf, ist ebenfalls in § 4 UmwRG geregelt. Abs 1 sieht (übereinstimmend mit § 113 Abs 1 S 1 VwGO) die **Aufhebung** der Zulassungsentscheidung vor. Jedoch bleiben nach § 4 Abs 1b Nr 2 UmwRG Rechtsvorschriften zur **Planerhaltung** (§ 75 Abs 1a VwVfG und entspr Bestimmungen der Fachgesetze) ausdrücklich **unberührt.** Wie bei Verfahrensfehlern allgemein wird damit der in § 4 Abs 1 S 1 errichtete Grundsatz der Aufhebung der Trägerentscheidung abgemildert auf eine bloße gerichtliche Feststellung der Rechtswidrigkeit und Nichtvollziehbarkeit, sofern der Mangel in einem **ergänzenden Verfahren** behoben werden kann (s dazu § 75 Rn 34 ff). Das ist regelmäßig der Fall, wenn die Verfahrenshandlung nachgeholt werden kann und der Verfahrensmangel nicht die Gesamtkonzeption der Planung berührt (BVerwGE 104, 123, 129). Die Anwendung von § 75 Abs 1a S 2 VwVfG steht mit Unionsrecht in Einklang (BVerwGE 155, 91 Rn 38 und 141, 282 Rn 36). 89

---

[82] Ebenso so auch BVerwGE 131, 352 Rn 24. Unzutr aA OVG NRW DVBl 2015, 993 Rn 163 gestützt auf § 45 Abs 2 VwVfG NRW (Nachholung „nur bis zum Abschluss der ersten Instanz"), auf den § 4 Abs 1b UmwRG aber nicht Bezug nimmt. Die abw Fassung des Bundes-VwVfG lässt eine Nachholung bis zur „letzten" Tatsacheninstanz (idR OVG/VGH) zu.

[83] BVerwG NVwZ 2008, 1349, 1351 (Putenmaststall).

[84] Ziekow NVwZ 2007, 259, 261; Kment NVwZ 2007, 274.

[85] Vgl VGH München UPR 2015, 514; OVG Koblenz NVwZ 2013, 883; LR-Umweltrecht, § 1 UmwRG Rn 29; Hoppe/Beckmann, § 1 UmwRG Rn 22.

90 **g) Weitere prozessuale Maßgaben. aa) Klagebegründungsfrist.** Für die Anwendung der VwGO enthält **§ 4a UmwRG** ergänzende Bestimmungen. Diese gelten für Verbandsklagen wie für die Rechtsbehelfe von Privaten (Abs 4; vgl BT-Drs 17/10957 S 18). Für Klageverfahren setzt er eine Klagebegründungsfrist von sechs Wochen ab Klageerhebung, ermächtigt zur Fristverlängerung und zur Zurückweisung von verspätetem Vorbringen (Abs 1).

91 **bb) Vorläufiger Rechtsschutz.** In Verfahren nach § 80 Abs 5 S 1 (§ 80a Abs 3) VwGO entscheidet das Gericht auch in UVP-pflichtigen Angelegenheiten auf der Grundlage einer eigenen Abwägung der widerstreitenden Vollzugs- und Suspensivinteressen. Diese Interessenabwägung orientiert sich vorrangig an der Beurteilung der Erfolgsaussichten des Rechtsbehelfs in der Hauptsache. § 4a Abs 3 UmwRG modifiziert in diesem Zusammenhang den **Prüfungsmaßstab:** Das Gericht darf die aufschiebende Wirkung nur dann anordnen oder wiederherstellen, wenn sich „im Rahmen einer Gesamtabwägung **ernstliche Zweifel** an der Rechtmäßigkeit" der Zulassungsentscheidung iSd § 1 Abs 1 UmwRG ergeben. Damit übernimmt die Regelung den sonst für Abgabenbescheide vorgesehenen Maßstab des § 80 Abs 4 VwGO. Ernstliche Zweifel liegen erst dann vor, wenn ein Erfolg des Rechtsbehelfs im Hauptsacheverfahren wahrscheinlicher erscheint als ein Misserfolg (dazu Wysk, VwGO § 80 Rn 33, 46). Die Regelung ändert hingegen nichts an dem Erfordernis einer umfassenden Interessenabwägung, die sich ggf auch nur an den mit dem Eintritt der aufschiebenden Wirkung einerseits und deren Ablehnung andererseits verbundenen Folgen orientiert. Bei dieser von den Erfolgsaussichten unabhängigen Abwägung hat Abs 3 keine Bedeutung (vgl BVerwG NVwZ-RR 2015, 250 Rn 10 mwN).

§ 64 Form des Antrags

Setzt das förmliche Verwaltungsverfahren einen Antrag voraus, so ist er schriftlich oder zur Niederschrift bei der Behörde zu stellen.

Schrifttum: *Günther,* Petitum des Beamten an den Dienstherrn als „nicht nachholbare Klagevoraussetzung", ZBR 1992, 66; *Gusy,* Der Antrag im Verwaltungsverfahren, BayVBl 1985, 484; *Krause,* Die Willenserklärungen des Bürgers im Bereich des öffentlichen Rechts, VerwA 1970, 297, 316; *Martens J.,* Die Rechtsprechung zum Verwaltungsverfahrensrecht: I. Anträge im Verwaltungsverfahren, NVwZ 1986, 533; NVwZ 1988, 684; *Schnell,* Der Antrag im Verwaltungsverfahren, 1986; *Schreiber,* Elektronisches Verwalten, 2002, S. 75 ff; *Stelkens,* Der Antrag – Voraussetzung eines Verwaltungsverfahrens und eines VA?, NuR 1985, 213; UL 33; *Vollkommer,* Formstrenge und prozessuale Billigkeit, 1973.

Übersicht

I. Allgemeines

1. Inhalt der Vorschrift. Die Vorschrift regelt die **Form der Antragstellung** in förmlichen Verfahren. Die Regelung lehnt sich an § 70 Abs 1 S 1 und § 81 Abs 1 VwGO (Erhebung von Widerspruch und Klage) an und entspricht iW bestehenden sondergesetzlichen Bestimmungen für förmliche Verwaltungsverfahren (vgl zB § 20 WPflG; § 50 BLG). Sie dient vor allem der Sicherheit des Rechtsverkehrs. Während Anträge im allgemeinen Verwaltungsverfahren nach dem Grundsatz der Nichtförmlichkeit gem § 10 Anträge formlos, also mündlich, telefonisch usw, gestellt und uU sogar in einem konkludenten Verhalten gesehen werden können (vgl § 22 Rn 50), müssen sie im förmlichen Verfahren nach § 64 **schriftlich** (dazu Rn 5) **oder zur Niederschrift bei der Behörde** (dazu Rn 13) gestellt werden. Ein in anderer Form gestellter Antrag wäre formfehlerhaft und daher unwirksam; er könnte insb auch keine Antragsfristen wahren. Die **Nachholung** kann zwar nach § 45 Abs 1 Nr 1 den Mangel einer fehlenden Antragstellung heilen, **führt aber nicht zur Fristwahrung** (StBS 14). 1

2. Anwendungsbereich. a) Allgemeines. Die Vorschrift gilt im Anwendungsbereich der §§ 63 ff, also unmittelbar nur dann, wenn eine Rechtsnorm die Geltung der Bestimmungen über das förmliche Verfahren **iSd § 63 Abs 1 anordnet.** Sie gilt aber nur **vorbehaltlich** gleich lautender oder abweichender Vorschriften. Die Verwaltungsverfahrensgesetze der Länder sehen iW mit § 64 wortgleiche Vorschriften vor (vgl zB § 64 HmbVwVfG). Auch zahlreiche sonstige bundes- und landesrechtliche Vorschriften enthalten vergleichbare, zT übereinstimmende Regelungen (vgl oben Rn 1). Wo solche Vorschriften bestehen, gehen sie, auch wenn iU gem § 63 bzw nach entspr Vorschrift des Landesrechts die Anwendung der Vorschriften über das förmliche Verfahren angeordnet ist, gem § 1 diesen Vorschriften insoweit vor und schließen deren Anwendbarkeit aus. Soweit derartige sonstige Rechtsvorschriften denselben Zweck verfolgen und auf denselben Grundgedanken beruhen – was idR der Fall ist –, sind sie im Interesse der Einheit der Rechtsordnung im Zweifel möglichst in Übereinstimmung mit § 64 (bzw den entspr Vorschriften der Landesverfahrensgesetze) **auszulegen**; umgekehrt sind bei deren Auslegung diese Vorschriften sowie die sich hierzu verhaltende Rspr und das Schrifttum zu berücksichtigen. 2

b) Antragsverfahren. § 64 gilt zunächst nur für die **Antragstellung iSd § 22**, durch die das Verfahren anhängig gemacht wird, außerdem aber auch für die **Rücknahme des Antrags** (hM, vgl StBS 5; Knack/Henneke 4; Obermayer 6). **Umstritten,** richtigerweise mit der hM aber **abzulehnen,** ist die Geltung des Schriftformerfordernisses für **sonstige Anträge** im laufenden Verfahren, sofern nicht für sie eine förmliche Antragstellung vorgeschrieben ist. § 64 gilt ferner **nicht für sonstige wesentliche Verfahrenshandlungen** wie zB den Antrag auf Verweisung der Sache an die zuständige Behörde (§ 3 Rn 13) oder die Ablehnung eines Mitglieds eines Ausschusses gem § 71 Abs 3.[1] Schriftform wird außerdem nur dann verlangt, wenn das förmliche Verwaltungsverfahren einen Antrag voraussetzt. **Nicht erfasst** werden deshalb Verfahren, die gem § 22 3

[1] Vgl StBS 5; Knack/Henneke 4; MB 1; Obermayer 5.

von Amts wegen einzuleiten sind oder eingeleitet werden. Etwas anderes wird zu gelten haben, wenn ein Verfahren, welches auch von Amts wegen eingeleitet werden könnte, durch einen Antrag ausgelöst werden soll (vgl § 22 Rn 15). Dieser Fall wird entgegen der wohl überwiegenden Auffassung in der Lit[2] von der Vorschrift erfasst. Allerdings kann die Behörde in diesem Fall einen formlosen Antrag zum Anlass nehmen, ein Verfahren amtswegig zu eröffnen.

4 **c) Keine Analogie.** Im Hinblick auf den **Ausnahmecharakter** der Vorschriften über das förmliche Verwaltungsverfahren ist das Schriftformerfordernis des § 64 grds nicht analog im Wege der Ausfüllung von Lücken auf andere Fälle anwendbar, die nicht unter den Anwendungsbereich dieser Gesetze fallen und für die auch sonstige Regelungen mit vergleichbarem Inhalt fehlen. **Eine entspr Anwendung ist aber zu befürworten,** wenn eine entsprechende Förmlichkeit als solche vorgeschrieben ist und nur die näheren Modalitäten nicht ausdrücklich geregelt sind. So ist heute unter Zugrundelegung des in § 64 enthaltenen Rechtsgedankens der **Begriff der Schriftlichkeit** der Antragstellung im Zweifel auch in anderen Gesetzen dahin zu verstehen, dass diesem Erfordernis auch durch Antragstellung zur Niederschrift bei der Behörde genügt wird (§ 22 Rn 53).

II. Form des Antrags

5 **1. Schriftlichkeit und Formblätter. a) Körperlichkeit.** Schriftlichkeit verlangt zu einen, dass der Antrag **verkörpert** bei der Behörde eingereicht werden muss. Das erfordert ein hand- oder maschinenschriftliches Schreiben. Auf die Art der Unterlage, auf der der Text aufgebracht ist, kommt es freilich nicht an. Die Verkörperung kann unter den in § 3a Abs 2 bestimmten Voraussetzungen, insbes bei Verwendung einer qualifizierten elektronischen Signatur, durch die **elektronische Form ersetzt** werden (dazu Rn 11).

6 **b) Formblätter.** Die Behörde kann grds die Verwendung von Formblättern für bestimmte Anträge verlangen (vgl BSGE 65, 160). Das gilt auch, wenn dies nicht durch Rechtsvorschriften ausdrücklich vorgeschrieben ist, soweit dadurch die Antragstellung nicht unzumutbar erschwert wird.[3] Auch § 24 Abs 3 steht insoweit nicht entgegen (UL § 21 Rn 6). **Unwirksam** ist eine Antragstellung, die nicht unter Verwendung eines vorgeschriebenen Formblattes erfolgt, jedoch nur, wenn das Formblatt durch **Rechtsnorm vorgeschrieben** worden ist (vgl § 117 ZPO für die Wirtschaftlichkeitserklärung bei PKH-Anträgen). Bei nicht durch eine Rechtsvorschrift vorgeschriebenen Formblättern kann ein Antrag auch in anderer Weise fristwahrend gestellt werden.[4] Die Behörde kann jedoch grds die Bearbeitung von der Nachreichung des ausgefüllten Formblattes abhängig machen. IÜ ist nichts dagegen einzuwenden, wenn ein für ähnliche Erklärungen vorgesehenes Formblatt „zweckentfremdet“, dh handschriftlich so abgeändert wird, dass der gewollte Antrag zum Ausdruck kommt.

7 **c) Unterschrift.** Im Grundsatz (zu Ausnahmen s Rn 8) ist weiter erforderlich, dass der Antrag vom Antragsteller oder seinen Bevollmächtigten eigenhändig durch Namensunterschrift oder mittels notariell beglaubigten Handzeichens unterzeichnet ist.[5] Das entspricht dem Rechtsgedanken in § 126 Abs 1 BGB. Damit

---

[2] StBS 4; Knack/Henneke 3; Obermayer 5; nun auch Ziekow 2.

[3] Vgl Begr 49; BVerwG NJW 1977, 722; wohl auch Erichsen/Ehlers § 13 Rn 19; Knack/Henneke 7; zT enger UL § 21 Rn 6; StBS § 24 Rn 9, § 64 Rn 11; WB III § 156 Va: nur wenn die Verwendung durch Rechtssatz vorgeschrieben ist oder die Formulare von der Behörde zur Verfügung gestellt werden; vgl auch BVerwGE 5, 193; 9, 290; Krause VerwArch 1970, 316.

[4] Ebenso OVG Münster ZMR 1989, 394; StBS § 24 Rn 91; **aA** WB III § 156 Rn 56.

[5] Ebenso UL § 33 Rn 2; Obermayer 22; für den Widerspruch ebenso BVerwGE 30, 274; vgl allg auch BVerwGE 43, 114; zT **aA** BFH 139, 158 = BStBl II 1984, 13 zum Antrag auf

besteht hinreichende Gewähr dafür, dass der Antrag vom Antragsteller stammt und für den Rechtsverkehr bestimmt, also nicht etwa nur ein Entwurf ist.[6] Zur Zulässigkeit einer sog Schreibhilfe vgl BGH NJW 1981, 1900. Allg zum Schriftformerfordernis auch Broß VerwArch 1990, 451 mwN. Die Unterschrift muss von einer **natürlichen Person** stammen. Eine Unterzeichnung mit Firmennamen genügt jedenfalls bei natürlichen Personen nicht; ebenso nicht bei Behörden die Unterzeichnung lediglich mit der Bezeichnung der Behörde (zB „Stadtverwaltung X, Rechtsamt"; vgl BVerwGE 3, 56). Lesbarkeit der Unterschrift ist nicht erforderlich, die Unterschrift muss jedoch einen **individuellen Bezug zum Namen** erkennen lassen, weshalb willkürliche Handzeichen, Paraphen uä nicht genügen,[7] ebenso nicht maschinengeschriebene Unterschriften und aufgestempelte Faksimileunterschriften (VG Wiesbaden NJW 1994, 537; UL § 33 Rn 2). Zulässig ist die Unterzeichnung in einer fremden Schrift; etwas anderes gilt nur, wenn die Schriftwahl offensichtlich willkürlich ist, zB der Antragsteller nicht auf Grund seiner Muttersprache uä einen sinnvollen Bezug zur gewählten Schrift hat.

d) Die Nachholung der Unterschrift hat zur Folge, dass ein wirksamer Antrag im Zeitpunkt der nachgeholten Unterschrift gestellt ist (vgl § 45 Abs 1 Nr 1). Ist die **Antragsfrist** zu diesem Zeitpunkt bereits abgelaufen, so liegt ein fristgerechter Antrag nicht vor; die Nachholung der Unterschrift führt nicht zu einer rückwirkenden Heilung des Antrags. Eine **Wiedereinsetzung** gem § 32 zur Nachholung kommt aber in Betracht (vgl § 32 Rn 9). Möglich ist auch, selbst noch in der Rechtsmittelinstanz, die Genehmigung eines von einem vollmachtlosen Vertreter ordnungsgemäß gestellten Antrags; in diesem Fall kommt es für die Fristwahrung entspr § 184 Abs 1 BGB auf den Zeitpunkt der Einreichung des Antrags, nicht der Genehmigung an (vgl auch § 14 Rn 21). 8

2. Ausnahmen vom Erfordernis der Unterschrift. a) Eindeutige Anhaltspunkte. Die Unterschrift iSd § 126 Abs 1 BGB ist eine stets hinreichende, aber nicht ausnahmslos notwendige Voraussetzung wirksamer Antragstellung. Ausnahmen sind anzuerkennen, wenn sich aus dem Antrag, aus den ihm beigefügten Anlagen (zB einer eigenhändig unterschriebenen Vollmacht oder Abschrift des Antrags) oder aus den näheren Umständen der Antragstellung eindeutig und ohne dass darüber erst Beweis erhoben werden müsste ergibt, dass der Antrag vom Antragsteller herrührt und mit dessen Willen an die Behörde gelangt ist.[8] Bei Behörden genügt entspr § 37 Abs 3 eine mit einem handschriftlich unterzeichneten **Beglaubigungsvermerk** versehene Ausfertigung.[9] 9

b) Moderne Kommunikationsformen. Aus praktischen Erwägungen lässt die hM viele Formen moderner Datenkommunikation genügen und verzichtet dabei auf die Erfordernisse der Handschriftlichkeit und teilweise auch der Verkörperung. Der Verzicht auf eine (Original)Unterschrift auf dem beim Empfänger eintreffenden körperlichen oder elektronischen Schriftstück muss aber teilweise kompensiert werden, um hinreichende Rechtssicherheit zu gewährleisten (zur E-Mail vgl Rn 11). So genügt bei Antragstellung durch **Telefax,**[10] Tele- 10

Lohnsteuer-Jahresausgleich: ausreichend, wenn die Unterschrift nachträglich, ggf innerhalb einer von der Behörde dafür gesetzten Frist, geleistet wird.

[6] Vgl BVerwGE 13, 90; 43, 114; 81, 32 = DÖV 1990, 26 mwN; BVerwG BayVBl 1987, 406; OVG Hamburg NVwZ-RR 1990, 442; VGH Mannheim VBlBW 1989, 208.

[7] Vgl OLG Hamm NJW 1989, 3289; Broß VerwArch 1990, 453; UL § 33 Rn 2; zum Prozeßrecht auch BVerwGE 43, 114.

[8] Vgl UL § 33 Rn 2; Obermayer 26 mwN; für den Widerspruch auch BVerwGE 30, 274; ebenso zum Prozessrecht Wysk, VwGO, § 81 Rn 4 mwN.

[9] Ebenso Knack/Henneke 9; vgl idS auch BVerwGE 58, 359; 81, 35. Zum früheren Btx vgl BVerwG NJW 1995, 2121.

[10] Vgl BVerwG DVBl 1987, 634; BGH JuS 1990, 419; BAG NJW 1989, 1822; 1990, 3165; Wolf NJW 1989, 2592; Broß VerwArch 1990, 460 mwN.

gramm, Fernschreiben[11] oder Telex, dass das Absendschreiben unterschrieben ist (s auch § 37 Rn 19b). Ein **Computer-Fax** genügt nach hM, wenn es eine eingescannte Unterschrift trägt (GemSOGB NJW 2000, 2340). Hat eine Behörde bestimmte Kommunikationswege eingerichtet, darf sich der Antragsteller ihrer auch bedienen (StBS § 22 Rn 32). Ein Telegramm darf telefonisch aufgegeben werden (BVerwGE 81, 34), bei schriftlicher Aufgabe muss das Aufgabeschreiben handschriftlich unterschrieben sein.[12] Auch für den Zugang genügt es, wenn das Telegramm telefonisch der Behörde zugesprochen (BVerwGE 81, 34 mwN) und der Text wörtlich von einem Behördenbediensteten aufgenommen wird. Ein bloßer Aktenvermerk mit sinngemäßer Wiedergabe des Inhalts reicht nicht aus. In diesem Fall ist jedoch idR Wiedereinsetzung zu gewähren, auch wenn das ausgefüllte Telegrammformular selbst erst nach Fristablauf eingeht (vgl BVerwGE 1, 104; 3, 56).

11 **c) Elektronische Übermittlung.** Für die elektronische Übermittlung enthält § 3a Abs 2 nunmehr eine spezielle Regelung, die auch für die Schriftform nach § 64 maßgebend ist. Danach reicht die bloße Übermittlung des Antrags per **E-Mail** nicht aus, auch wenn die Behörde eine entsprechende Kommunikation eröffnet hat. Vielmehr ist hier nach den speziellen Regelungen in § 3a Abs 2, die auch für das förmliche Verfahren gelten, die Übermittlung mit **qualifizierter elektronischer Signatur** (qeS) oder im Wege einer der mit der Neuregelung 2013[13] in § 3a Abs 2 eingeführten **sonstigen Formen des Schriftformersatzes** erforderlich, wie sie etwa die De-Mail bietet (s hierzu näher § 3a Rn 17 ff). Durch G v 29.3.2017 (BGBl I S 626) ist für Fälle, in denen Schriftlichkeit heute als entbehrlich angesehen wird, die Möglichkeit **formloser „elektronischer" Antragstellung** eingeführt worden. Im VwVfG betrifft dies nur § 74 Abs 5 S 4 (dazu § 74 Rn 202a), nicht die förmlichen Verfahren, die § 64 regelt.

12 **d)** Die **telefonische Antragstellung** erfüllt das Schriftformerfordernis **nicht**. Sie entspricht dem mündlich gestellten Antrag, der wirksam nur bei persönlicher Anwesenheit des Erklärenden „zur Niederschrift" gestellt werden kann (s Rn 13). Das gilt selbst dann, wenn der Antrag fernmündlich zu Protokoll erklärt, also vom Bediensteten wörtlich niedergeschrieben, vorgelesen und vom Anrufer genehmigt wird.[14] Einer solchen Niederschrift **fehlt** wegen der nicht auszuräumende Unsicherheit über die Identität des Anrufers **die Beweiskraft.**

13 **3. Antrag zur Niederschrift. a) Bedeutung der Niederschrift.** Antragstellung zur Niederschrift bei der Behörde bedeutet, dass ein Bediensteter der Behörde den von einem **anwesenden Antragsteller** mündlich gestellten Antrag protokolliert.[15] Die Formulierung muss in vollem Umfang dem Willen des Antragstellers entsprechen. Damit das Gemeinte korrekt zum Ausdruck kommt, ist Hilfe bei der Formulierung des Antrags zulässig und ggf nach § 25 geboten. Zu-

---

[11] UL § 33 Rn 4; ebenso zum Prozessrecht BVerwGE 81, 34; OVG Lüneburg VRspr 24, 369; BGH NJW 1981, 1619; 1982, 1470; BAG NJW 1990, 3165; OVG Münster DVBl 1981, 691; Broß VerwArch 1990, 461 mwN.

[12] BVerwGE 17, 116; UL § 33 Rn 2: fernmündliche Aufgabe des Telegramms genügt, weil die eigenhändige Unterschrift ohnehin nicht übertragen wird; ebenso Knack/Henneke 8.

[13] Durch das Gesetz zur Förderung der elektronischen Verwaltung (s § 3a Rn 1).

[14] StBS 12; Ziekow 6; Knack/Henneke 10; StBS 12; UL § 33 Rn 3; ebenso zum Prozessrecht BVerwGE 17, 168; 26, 201; Kopp/Schenke § 81 Rn 10; BFH NJW 1965, 174; **aA** Obermayer 20, 29; MB 2; zum Einspruch gegen einen Bußgeldbescheid auch BGHSt NJW 1981, 1627.

[15] BVerwGE 26, 201; UL § 33 Rn 3; StBS 12; Knack/Henneke 10; Ziekow 6; **aA** offenbar Obermayer 20: auch telefonisch. Kritik: Damit wird das Schriftlichkeitserfordernis praktisch aufgegeben.

sätzlich müssen Vorkehrungen getroffen werden, um die Antragstellung und ihren Inhalt dauerhaft beweiskräftig zu dokumentieren.

b) Amtlicher Vermerk. Die Niederschrift muss Förmlichkeiten erfüllen, für deren Erfüllung aber der aufnehmende Amtsträger, nicht der Erklärende zu sorgen hat. So muss der Vorgang vollständig in Anwesenheit des Erklärenden abgeschlossen werden. Nicht ausreichend ist eine nachträglich aus dem Gedächtnis gefertigte Niederschrift oder ein Aktenvermerk.[16] Die Authentizität der Niederschrift ist vom Amtsträger zu gewährleisten, der dazu verschiedene Möglichkeiten hat. In der Praxis wird die Niederschrift vom Antragsteller **unterschrieben.** In diesem Fall wird eine Unterschrift des aufnehmenden Bediensteten zur Einhaltung der Form für entbehrlich gehalten. Allerdings ist zu Beweiszwecken ein aussagekräftiger Hinweis auf die Identität des Bediensteten nötig (zB Unterschrift, Paraphe oder Ähnliches). Andererseits ist die **Unterschrift** des Antragstellers zur Wirksamkeit einer Antragstellung **nicht erforderlich.**[17] Die Niederschrift soll insbes Schreibunkundigen (in Deutschland gibt es immerhin rd 7,5 Mio Analphabeten) die Antragstellung ermöglichen. **Ersatzweise** muss beim Verzicht auf die Unterschrift aber auf der Niederschrift vermerkt werden, dass sie verlesen und vom Antragsteller genehmigt wurde. Daneben ist ein Unterschriftsersatz des Antragstellers („drei Kreuze", Fingerabdruck) ohne Bedeutung. Wohl aber muss der Amtsträger die dokumentierte Erklärung und die Einhaltung der Förmlichkeiten durch seine volle Unterschrift amtlich bestätigen. 14

c) Pflicht zur Niederschrift? Zweifelhaft ist, ob § 64 eine Verpflichtung der Behörde zu entnehmen ist, die Stellung von Anträgen zur Niederschrift zu ermöglichen, oder ob sie einen Antragsteller nach § 10 auf die schriftliche Antragstellung verweisen darf. Gerade kleinere Behörden werden Schwierigkeiten haben, Räume und Personal für ein „Bürgerbüro" oder eine Antragsstelle zu erübrigen. Der einschränkungslose Wortlaut des § 64 und die uU bestehende Notwendigkeit, Fristen zu wahren, sprechen für eine **Verpflichtung aller Behörden,** bei denen Bürger förmliche Anträge anbringen können.[18] Es liegt aber im Organisationsermessen, wie die Behörde diese Pflicht erfüllt. Sie kann eine zentrale Stelle für Antragstellungen einrichten oder die Niederschrift bei den Fachämtern ermöglichen. Die Verpflichtung besteht auch **nicht ohne Rücksicht auf die Ressourcen** der Behörde, ihre aktuelle Arbeitsbelastung und auf den Umfang der Anträge. Die Behörde darf die Niederschrift daher unter Umständen auf das Wesentliche beschränken, insb etwa die Aufnahme einer näheren Begründung zum Antrag ieS ablehnen, wenn eine solche Begründung nicht durch Rechtsvorschrift vorgeschrieben ist. Überdies besteht ein Anspruch nur im Rahmen der allgemeinen Amtsstunden der Behörde für den Publikumsverkehr. Vgl auch § 22 Rn 53. 15

4. Sonstige Antragserfordernisse. Zu den Wirksamkeitsvoraussetzungen für Anträge im Allgemeinen vgl § 22 Rn 43 ff. **a) Bestimmtheit des Antrags.** Die Bezeichnung als Antrag ist nicht erforderlich, doch muss jedenfalls aus dem gesamten Vorbringen, ggf aus begleitenden näheren Umständen, hinreichend erkennbar sein, dass eine Antragstellung gewollt ist, wer der Antragsteller ist (einschließlich der Adresse, unter der er zu erreichen ist) und worauf der Antrag sich bezieht, dh welche Entscheidung in etwa in welcher Sache der Antragsteller begehrt (ebenso UL § 33 Rn 4). Bei Anträgen, die der vorgeschriebenen Form 16

[16] BVerwGE 26, 202; VGH München BayVBl 1971, 238.
[17] HM, vgl StBS 13; Knack/Henneke 10; FKS 14;
[18] StBS 8; Knack/Henneke 10; FKS 15; zur Entgegennahme von Einwendungen auch Büllesbach/Diercks DVBl 1991, 473; **aA** zT Obermayer 25: die Behörde darf bei außergewöhnlicher Belastung den Antragsteller auf die Möglichkeit einer schriftlichen Antragstellung verweisen, wenn ihm dadurch kein Nachteil, zB durch Fristversäumung, entsteht.

nicht genügen, unklar oder offensichtlich unvollständig sind, muss die Behörde grds gem § 25 die Nachholung einer formgerechten Antragstellung bzw die erforderliche Klärung, Ergänzung usw anregen,[19] ggf unter Setzung einer Frist (Obermayer 42). Entspr gilt für die Vorlage sonstiger für die Durchführung des Verfahrens erforderlicher Unterlagen (UL § 33 Rn 4). Die Beseitigung eines Formmangels führt zwar zur Heilung des Verfahrensfehlers gem § 45 Abs 2 Nr 1, wirkt jedoch, sofern durch Rechtsvorschriften nichts anderes vorgesehen ist, grds nur für die Zukunft und kann deshalb nicht zur Unbeachtlichkeit einer Fristversäumung führen.[20]

17 **b) Inhalt des Antrags.** Die Vorschriften über das förmliche Verfahren stellen an den Inhalt keine besonderen Anforderungen. Insb ist, sofern sich aus Rechtsvorschriften nichts anderes ergibt, auch eine Begründung, die Vorlage von Nachweisen usw nicht erforderlich, wenn auch idR zweckmäßig. IE gelten die Ausführungen zu § 22 entspr auch für Anträge im förmlichen Verfahren bzw in sonstigen Verfahren, für die schriftliche Antragstellung vorgeschrieben ist. Dies gilt auch für die grds bestehende Widerruflichkeit von Anträgen bis zum Eintritt der Wirksamkeit des VA (Knack/Henneke 16).

§ 65 Mitwirkung von Zeugen und Sachverständigen

(1) **Im förmlichen Verwaltungsverfahren sind Zeugen zur Aussage und Sachverständige zur Erstattung von Gutachten verpflichtet.**[4] **Die Vorschriften der Zivilprozessordnung über die Pflicht, als Zeuge auszusagen oder als Sachverständiger ein Gutachten zu erstatten, über die Ablehnung von Sachverständigen sowie über die Vernehmung von Angehörigen des öffentlichen Dienstes als Zeugen oder Sachverständige gelten entsprechend.**[5]

(2) **Verweigern Zeugen oder Sachverständige ohne Vorliegen eines der in den §§ 376, 383 bis 385 und 408 der Zivilprozessordnung bezeichneten Gründe die Aussage oder die Erstattung des Gutachtens, so kann die Behörde das für den Wohnsitz oder den Aufenthaltsort des Zeugen oder des Sachverständigen zuständige Verwaltungsgericht um die Vernehmung ersuchen.**[6] **Befindet sich der Wohnsitz oder der Aufenthaltsort des Zeugen oder des Sachverständigen nicht am Sitz eines Verwaltungsgerichts oder einer besonders errichteten Kammer, so kann auch das zuständige Amtsgericht um die Vernehmung ersucht werden.**[7] **In dem Ersuchen hat die Behörde den Gegenstand der Vernehmung darzulegen sowie die Namen und Anschriften der Beteiligten anzugeben.**[9] **Das Gericht hat die Beteiligten von den Beweisterminen zu benachrichtigen.**

(3) **Hält die Behörde mit Rücksicht auf die Bedeutung der Aussage eines Zeugen oder des Gutachtens eines Sachverständigen oder zur Herbeiführung einer wahrheitsgemäßen Aussage die Beeidigung für geboten, so kann sie das nach Absatz 2 zuständige Gericht um die eidliche Vernehmung ersuchen.**[11]

(4) **Das Gericht entscheidet über die Rechtmäßigkeit einer Verweigerung des Zeugnisses, des Gutachtens oder der Eidesleistung.**[13]

---

[19] UL § 33 Rn 4; WB III § 156 IVf; Krause VerwArch 1970, 316; Obermayer 42; Knack/Henneke 15.

[20] StBS 14; wohl auch Knack/Henneke 15; MB 3; WB III § 156 IVf: bei rechtzeitiger Behebung gilt die Eingabe als ursprünglich richtig eingebracht; MB und W folgen hier offenbar § 13 Abs 3 österr AVG, wo diese Folge jedoch ausdrücklich gesetzlich vorgesehen ist; zT auch Obermayer 45: bei minder schweren Mängeln, auch bei Fehlen der Unterschrift, Heilung ex tunc.

(5) **Ein Ersuchen nach Absatz 2 oder 3 an das Gericht darf nur von dem Behördenleiter, seinem allgemeinen Vertreter oder einem Angehörigen des öffentlichen Dienstes gestellt werden, der die Befähigung zum Richteramt hat oder die Voraussetzungen des § 110 Satz 1 des Deutschen Richtergesetzes erfüllt.**[15]

Schrifttum: *Berg,* Die Untersuchungsmaxime im Verwaltungsverfahren, Vw 1976, 161; *ders,* Die verwaltungsrechtliche Entscheidung bei ungewissem Sachverhalt, 1980; *Fluck,* Verwaltungsverfahren in der Unternehmenspraxis, Tz 8: Interne und externe Sachverständige, VerwArch 1995, 476; *Reiß,* Gesetzliche Auskunftsverweigerungsrechte bei Gefahr der Strafverfolgung in öffentlichrechtlichen Verfahren, NJW 1982, 2540; *Reuscher,* Zeugniszwang im Widerspruchsverfahren, DVBl 1967, 852; *Roßnagel,* Kritischer Verstand für die praktische Vernunft? – Die Rspr zum „kritischen" Sachverständigen im atomrechtlichen Genehmigungsverfahren, DVBl 1995, 644; *Ule/Becker,* Verwaltungsverfahren im Rechtsstaat, 1964; *Werner/Reuber,* Der staatlich anerkannte Sachverständige nach den Bauordnungen der Länder, BauR 1996, 796. S auch die Nachweise zu § 24 und § 26.

Übersicht

I. Allgemeines

1. Inhalt. Die Vorschrift enthält besondere Bestimmungen über Zeugen und Sachverständige im förmlichen Verfahren. Während im allgemeinen Verfahren nach § 26 Abs 3 eine **Verpflichtung von Zeugen** zum Erscheinen und zur Aussage und von **Sachverständigen** zur Erstattung eines Gutachtens grundsätzlich nicht besteht, sofern nicht besondere Bestimmungen gelten, sieht § 65 im Hinblick auf das im förmlichen Verfahren idR bestehende erhöhte Interesse der Allgemeinheit und der Beteiligten an einer umfassenden Klärung des Sachverhalts eine solche Verpflichtung vor und regelt das im Einzelnen anzuwendende Verfahren. Nicht berührt wird durch Abs 3 und 4 eine auf Grund besonderer Rechtsvorschriften in der Sache bestehende Befugnis der Behörde zur Entgegennahme von eidesstattlichen Versicherungen nach § 27 oder auch zur eidlichen Vernehmung von Zeugen und Sachverständigen. 1

Die für das förmliche Verfahren vorgesehenen Pflichten zur Aussage bzw zur Erstattung von Gutachten kann die zuständige Behörde nicht selbst durchsetzen. Sie muss hierzu vielmehr eine entsprechendes **Ersuchen an das zuständige Verwaltungsgericht** richten (Abs 2). Zur internen Zuständigkeitsregelung der 2

Verwaltungsgerichte bei der Erfüllung der ihnen nach § 65 übertragenen Aufgaben s auch § 97 Nr 4, § 180 VwGO; zu Vernehmungen durch Konsularbeamte im Ausland § 15 KonsularG (vgl auch § 5 Rn 17 f); allg zur Vernehmung von Zeugen § 26 Rn 23 ff.

3 **2. Anwendungsbereich.** Die Vorschrift gilt nur in förmlichen Verfahren gem § 63 Abs 1, setzt also stets die Anordnung der Anwendung der §§ 63 ff auf das jeweilige Verwaltungsverfahren voraus. Die Verwaltungsverfahrensgesetze der Länder sehen im Wesentlichen gleich lautende Vorschriften vor (vgl zB § 132 s-hLVwG). Die Verweisung in den Landesgesetzen auf die ZPO ist grundsätzlich zulässig (zweifelnd offenbar StBS 7). Auch die landesrechtlichen Bestimmungen gelten nicht nur für Zeugen usw mit Wohnsitz in demjenigen Bundesland, in dem das Verwaltungsverfahren durchgeführt wird, sondern auch für solche, die in anderen Bundesländern wohnen usw,[1] ebenso auch in Bezug auf die Gerichte anderer Länder. Vergleichbare Bestimmungen sind außerdem in zahlreichen anderen Gesetzen enthalten.

II. Mitwirkungspflicht von Zeugen und Sachverständigen (Abs 1)

4 **1. Mitwirkungspflicht.** Abs 1 S 1 begründet eine Verpflichtung von Zeugen und Sachverständigen zur Aussage bzw zur Erstattung von Gutachten. Umfang und Grenzen dieser Verpflichtung ergeben sich aus den Vorschriften der ZPO, auf die § 65 verweist (Obermayer 11; StBS 4; Knack/Henneke 6). Die Entscheidung, wen sie als Zeugen vernehmen bzw wen sie als Sachverständigen hören will, liegt nach § 24 Abs 1 und 2, § 26 Abs 1 im **Ermessen der Behörde;** die Verfahrensbeteiligten (§ 13) können dazu nur Anregungen geben, die Vernehmung bestimmter Zeugen oder Sachverständiger jedoch nicht verlangen (s jedoch § 26 Rn 45 ff) und erzwingen. Die Entscheidung der Behörde über das Vernehmungsersuchen nach Abs 2 ist **kein VA,** sondern eine Sonderform des Amtshilfeersuchens und damit Verfahrensmaßnahme, die nicht selbständig anfechtbar ist.

5 **2. Entsprechende Geltung der Vorschriften der ZPO.** Abs 1 S 2 erklärt hinsichtlich der in Abs 1 S 1 statuierten Pflichten der Zeugen und Sachverständigen die jeweils geltenden[2] Vorschriften der ZPO für entsprechend anwendbar. Die Bezugnahme auf die ZPO betrifft nur die Bestimmungen über den Umfang der **materiellen Pflichten** der Zeugen und Sachverständigen, nicht auch für die Bestimmungen der ZPO etwa über den Beweisantritt, die ersuchten oder beauftragten Richter, den Auslagenvorschuss usw (so auch StBS 10). Die weitergehende Meinung[3] berücksichtigt nicht hinreichend die Funktion des Abs 1 S 2, die sich darin erschöpft, den Umfang der Pflichten von Zeugen und Sachverständigen im Verwaltungsverfahren festzulegen. Die Vorschrift des § 377 ZPO ist ohne Abs 1 S 1 und Abs 2 Nr 3 allerdings auch hier anwendbar (StBS 9; Knack/Henneke 8). Gleiches gilt für die Regelungen über die Vernehmung von Angehörigen des öffentlichen Dienstes (§§ 376, 408 Abs 2 ZPO). Für die Reichweite der Pflicht, als Zeuge auszusagen, gelten die §§ 380 ff ZPO, der Pflichten zur Erstattung von Gutachtens gelten die §§ 407 ff ZPO (näher StBS 12). Zur Ablehnung von Sachverständigen s § 406 ZPO (vgl OVG Münster NWVBl 1992, 29). S zur Vernehmung von ehrenamtlich tätigen Personen § 84 Abs 2–5.

---

[1] BVerwG NJW 1988, 1925; VG Hannover NJW 1988, 1928; allg auch Bleckmann NVwZ 1986, 2; **aA** OVG Lüneburg DVBl 1986, 476 (durch BVerwG NJW 1988, 1925 allerdings aufgehoben).

[2] Es handelt sich nach Sinn und Zweck der Vorschrift um eine dynamische Verweisung, vgl. FKS 6.

[3] StBS 5 f.; FKS 6; wie hier Knack/Henneke 8.

III. Verfahren bei Verweigerung des Zeugnisses oder Gutachtens (Abs 2)

1. Ersuchen der Behörde (Abs 2 S 1). Abs 2 gibt der Behörde die Möglichkeit, die Vernehmung eines Zeugen bzw Sachverständigen, der sich weigert, auszusagen bzw ein Gutachten zu erstatten, und dessen Weigerungsrecht sie nicht anerkennen will, durch das zuständige Verwaltungsgericht bzw Amtsgericht vornehmen zu lassen. Ob sie von dieser Möglichkeit Gebrauch machen will, steht in ihrem Verfahrensermessen. Da es sich um eine **Sonderform der Rechts- bzw Amtshilfe** handelt, ergibt sich die Rechtsgrundlage für das Ermessen nicht aus §§ 4 ff oder Art 35 GG, sondern unmittelbar aus § 65 Abs 2 (ähnlich StBS 31). Gegen die verfassungsrechtliche Zulässigkeit der Regelung bestehen keine Bedenken. Die Einschaltung des Gerichts dient vor allem dem Schutz der betroffenen Zeugen und Sachverständigen insbes im Hinblick auf das ihnen nach Abs 1 iVm §§ 376, 383–385 und 408 ZPO uU zustehende Weigerungsrecht (vgl VGH München NJW 1982, 2275). Sie steht zugleich in Zusammenhang mit der ebenfalls den Gerichten vorbehaltenen Befugnis, eine Aussage bzw die Erstattung eines Gutachtens zu erzwingen (vgl §§ 380 ff, 390, 403 ZPO). 6

2. Zuständiges Gericht (Abs 2 S 2). Zuständig für die Vernehmung ist grundsätzlich nach Abs 2 S 1 das **Verwaltungsgericht** des Wohnsitzes bzw Aufenthaltsortes des Zeugen bzw Sachverständigen. In den häufigen Fällen des Abs 2 S 2, in denen der Wohnsitz bzw der ständige Aufenthaltsort des Zeugen bzw des Sachverständigen nicht am Sitz eines Verwaltungsgerichts liegt, ist **das zuständige Amtsgericht** zu ersuchen. Der Grund für diese Regelung liegt in der Vermeidung eines unnötigen Reiseaufwands für die Zeugen bzw. Sachverständigen. Wenn nach Abs 2 S 1 oder 2 verschiedene Gerichte zuständig wären, liegt die Auswahl im Ermessen (§ 40) der Behörde. Zum Begriff des Wohnsitzes s §§ 7 ff BGB (vgl hierzu § 3 Rn 29). Aufenthaltsort ist – anders als der gewöhnliche Aufenthalt gem § 3 Abs 1 Nr 3a – der Ort des tatsächlichen Aufenthalts im Zeitpunkt, zu dem die Vernehmung erfolgen soll (ebenso Obermayer 41). 7

3. Form des Ersuchens (Abs 2 S 3). Das Ersuchen bedarf analog § 362 Abs 1 ZPO der Schriftform.[4] Darin ist der Gegenstand der Vernehmung darzulegen sowie Namen und Anschriften der Beteiligten anzugeben. Zu letzteren zählen nicht nur die zu vernehmenden Zeugen bzw Sachverständigen, sondern auch die Verfahrensbeteiligten iS des § 13. Für das Ersuchen enthält Abs 5 eine besondere Regelung der funktionalen Zuständigkeit innerhalb der zuständigen Behörde (s unter Rn 15). Vgl zur Bedeutung dieser internen Zuständigkeitsregelung und zu den Folgen eines Verstoßes dagegen § 27 Rn 12 ff; § 37 Rn 37; die dort gemachten Ausführungen gelten hier entsprechend. Als Verfahrensmaßnahme (ohne die Qualität eines VA) ist das Ersuchen **nicht selbständig anfechtbar.**[5] 8

4. Rechte Beteiligter (Abs 2 S 4). Die Beteiligten (§ 13) haben zwar nicht nach § 66 Abs 2, der nur für die Vernehmung vor der Behörde gilt, wohl aber nach näherer Bestimmung des für das Gericht geltenden Prozessrechts (s unten Rn 10) das Recht, an der Vernehmung teilzunehmen und insb an den Zeugen oder Sachverständigen Fragen zu richten (vgl § 397 ZPO). Sie sind zu diesem Zweck gem S 4 (insb zur Wahrung des rechtlichen Gehörs) rechtzeitig von den Beweisterminen zu benachrichtigen. Eine förmliche Ladung der Beteiligten zu den Terminen findet idR nicht statt. 9

5. Verfahren vor dem ersuchten Gericht. Das ersuchte Gericht darf zwar die Erforderlichkeit der Vernehmung für das Verwaltungsverfahren nicht nach- 10

---

[4] UL § 34 Rn 5; Obermayer 41; Knack/Henneke 13; StBS 27; nun auch Ziekow 7.
[5] Obermayer 7; Ziekow 12; FKS 24.

prüfen, es ist aber zur Entscheidung über die Rechtmäßigkeit der Verweigerung der Aussage bzw der Gutachtenerstattung berufen (Abs 4). Diese Entscheidung ist nach Abs 4 in jedem Falle zu treffen. Wird danach die **Rechtswidrigkeit der Aussageverweigerung** bzw der Weigerung des Sachverständigen zur Erstattung des Gutachtens festgestellt (s unten Rn 13), so folgt die Durchführung der Vernehmung. Diese richtet sich nach der **für das ersuchte Gericht maßgeblichen Prozessordnung,** bei einem Verwaltungsgericht gem §§ 96–98 VwGO, beim Amtsgericht gem §§ 373 ff ZPO, nicht nach dem VwVfG.[6] Entsprechendes gilt auch für Rechtsbehelfe gegen die Entscheidung des Gerichts. Vgl dazu auch § 97 Nr 4, § 180 VwGO. **Zuständig** für die Vernehmung und Vereidigung ist beim Verwaltungsgericht der **Einzelrichter** gem § 180 VwGO, der durch den Geschäftsverteilungsplan vorweg abstrakt bestimmt sein muss (vgl Kopp/Schenke § 4 Rn 7), für die Entscheidung über die Rechtmäßigkeit einer Aussage- bzw Gutachtensverweigerung oder einer Verweigerung der Eidesleistung (Abs 4) dagegen die Kammer.

IV. Beeidigung von Zeugen und Sachverständigen (Abs 3)

11 **1. Fehlende Befugnis der Behörde.** Die Behörde hat, wie sich aus Abs 3 ergibt, vorbehaltlich besonderer Regelungen keine (eigene) Befugnis, Zeugen und Sachverständige im Hinblick auf die Wahrheit ihrer Aussagen zu beeidigen. Dies gilt auch für den Fall, dass diese zum Eid bereit sind. Sie kann jedoch nach Abs 3 in Fällen, in denen sie die Beeidigung für geboten hält – die Entscheidung steht insoweit im Ermessen der Behörde (Knack/Henneke 17) – das zuständige Gericht schriftlich (Obermayer 59; StBS 29) um die eidliche Vernehmung ersuchen. Mit Knack/Henneke 18 wird man es für zulässig halten müssen, das Ersuchen auch unmittelbar im Vernehmungstermin zu Protokoll zu geben. Wird ein derartiges Ersuchen gestellt, so muss das Gericht auch dann, wenn der Zeuge oder Sachverständige vor der Behörde bereits ausgesagt hat, ihn **nochmals vernehmen.** Der Eid kann sich stets nur auf die vor dem Gericht gemachte Aussage beziehen. Eine Beeidigung von Aussagen, die vor der Behörde abgegeben wurden, ist nicht zulässig.

12 **2. Pflicht des Gerichts.** Ersucht die Behörde das Gericht um die eidliche Vernehmung, so darf das Gericht die Erforderlichkeit der Beeidigung (etwa auf der Grundlage der §§ 391, 410 ZPO) ebenso wenig selbständig prüfen wie nach Abs 2 die Erforderlichkeit der Vernehmung selbst.[7] Lediglich über das Bestehen eines Weigerungsrechts nach Abs 4 kann bzw muss das Gericht befinden (vgl auch Begr 84). Für die Vereidigung von Zeugen und Sachverständigen gelten die §§ 391 f ZPO für Zeugen und § 410 ZPO für Sachverständige unabhängig davon, ob die Vernehmung durch das Verwaltungsgericht (§ 98 VwGO) oder durch das Amtsgericht durchgeführt wird.

V. Gerichtliche Entscheidung (Abs 4)

13 **1. Grundsatz.** Das Gericht hat nach Abs 4 auf das Ersuchen nach Abs 2 S 1 hin zunächst über die Rechtmäßigkeit der Verweigerung der Aussage, der Gutachtenerstellung oder der Eidesleistung zu entscheiden, sofern der Zeuge oder Sachverständige auch vor dem Gericht seine Mitwirkung verweigert. Die Entscheidung des Gerichts bezieht sich nur auf die Frage der Rechtmäßigkeit der

[6] Knack/Henneke 14; Obermayer 48; FKS 20; wohl auch StBS 34; Ziekow 11.

[7] UL § 34 Rn 4; Knack/Henneke 19: Das Gericht ist an die Entscheidung der Behörde gebunden; Obermayer 65; ebenso zum bish Recht WB III § 156 IVc; Ule/Becker 37; dies ist im Hinblick auf Art 35 GG auch unter dem Gesichtspunkt der Gewaltenteilung unbedenklich, vgl insoweit auch BVerfG 7, 183.

Weigerung, der Sache nach also darauf, ob ein Verweigerungsrecht besteht; weitere Fragen darf das Gericht dabei nicht prüfen.

2. Entscheidungsmaßstab. Das Gericht hat über die Berechtigung zur Verweigerung einer Aussage, einer Begutachtung oder einer Eidesleistung auf der Grundlage der allgemeinen Vorschriften zu entscheiden. Gem § 98 VwGO sind die **Bestimmungen der ZPO entspr anzuwenden.** Für die Berechtigung der Zeugnisverweigerung gelten danach § 383 ZPO (Zeugnisverweigerung aus persönlichen Gründen), § 384 ZPO (Zeugnisverweigerung aus sachlichen Gründen), jeweils mit den dazu in § 385 ZPO geregelten Ausnahmen. Für das Gutachtenverweigerungsrecht gilt § 408 ZPO. Danach kann der Gutachter dieselben Gründe geltend machen, die auch einen Zeugen zur Zeugnisverweigerung berechtigen. Die Anwendbarkeit des § 408 Abs 1 S 2 ZPO dürfte allerdings nach Sinn und Zweck der Regelung ebenso ausgeschlossen sein wie die Anwendung des § 391 ZPO auf die Zeugenbeeidigung (zu letzterer ebenso Knack/Henneke 19). Die Entscheidung über das Erfordernis einer Beeidigung liegt nämlich ebenso bei der Behörde wie die Entscheidung über die Notwendigkeit einer Heranziehung des Gutachters. **14**

3. Form der Entscheidung. Das Verwaltungsgericht trifft seine Entscheidung über die Rechtmäßigkeit der Gutachten- oder Zeugnisverweigerung durch **Beschluss,** der nach § 146 VwGO mit der Beschwerde anfechtbar ist. Für die Entscheidung des Amtsgerichts ist **umstritten,** ob durch Zwischenurteil nach § 387 ZPO oder ebenfalls durch Beschluss entschieden werden muss. Der Streit hat keine praktischen Auswirkungen. Richtigerweise ist das (mit der sofortigen Beschwerde anfechtbare) **Zwischenurteil** nach § 387 ZPO die zutreffende Entscheidungsform, auch wenn es nicht um die Entscheidung eines Zwischenstreits im Rahmen eines Hauptsacheverfahrens geht.[8] **14a**

VI. Anforderungen an den ersuchenden Amtswalter (Abs 5)

Sonderregelung der funktionalen Zuständigkeit. Das Ersuchen an das Gericht ist wegen seiner Bedeutung und zur Vermeidung einer übermäßigen Inanspruchnahme der Gerichte den in Abs 5 genannten Personen vorbehalten. Die funktionelle Zuständigkeit haben nur der Behördenleiter, sein Stellvertreter oder eine andere Person mit **Befähigung zum Richteramt** oder zum Höheren Verwaltungsdienst nach § 110 DRiG; nicht ausreichend ist der Aufstieg in den Bereich des Höheren Verwaltungsdienstes allein auf Grund des Laufbahnrechts. Es ist davon auszugehen, dass der Begriff der Behörde sich an § 1 Abs 4 orientiert. **15**

§ 66 Verpflichtung zur Anhörung von Beteiligten

(1) **Im förmlichen Verwaltungsverfahren ist den Beteiligten Gelegenheit zu geben, sich vor der Entscheidung zu äußern.**[3]

(2) **Den Beteiligten ist Gelegenheit zu geben, der Vernehmung von Zeugen und Sachverständigen und der Einnahme des Augenscheins beizuwohnen**[7 ff] **und hierbei sachdienliche Fragen zu stellen; ein schriftlich oder elektronisch vorliegendes Gutachten soll ihnen zugänglich gemacht werden.**[10 ff]

Schrifttum: *Lange,* Zur Anhörung im verwaltungsrechtlichen Genehmigungsverfahren, DVBl 1975, 130; *Spranger,* Beschränkungen des Anhörungsrechts im förmlichen Verwaltungsverfahren, NWVBl 2000, 166. – S auch zu § 28.

---

[8] Wie hier wohl StBS 41; Ziekow 11; **aA** (Entscheidung durch Beschluss) FKS 18; Obermayer 65.

Übersicht

I. Allgemeines

1 **1. Inhalt.** § 66 Abs 1 sieht eine über § 28 hinausgehende Verpflichtung der Behörde zur Anhörung der Beteiligten vor; Abs 2 schreibt für Beweiserhebungen Parteiöffentlichkeit vor. Dadurch werden die Mitwirkungsrechte erheblich gestärkt. Während im allgemeinen Verwaltungsverfahren die Zulassung der Beteiligten zur Beweiserhebung im Ermessen der Behörde steht (vgl § 26 Rn 8), vermittelt Abs 2 ihnen im förmlichen Verfahren einen **Anspruch auf Mitwirkung** an der Beweisaufnahme in den genannten Fällen. Die für das formlose Verfahren in § 28 Abs 2 u 3 vorgesehenen **Ausnahmen von der Anhörungspflicht** sind **im förmlichen Verfahren nicht anwendbar,** da Abs 1 insoweit eine abschließende Regelung enthält, auch nicht über § 63 Abs 2.[1] Ein Verstoß gegen § 66 stellt einen Verfahrensfehler dar, der, wenn er nicht geheilt wird (§ 45), zur Rechtswidrigkeit der späteren Entscheidung führt. § 46 ist anwendbar.

2 **2. Anwendungsbereich.** Die Vorschrift gilt nur für das förmliche Verfahren, soweit es nach § 63 Abs 1 in Rechtsvorschriften angeordnet worden ist. Sie ist als Ausnahmeregelung für das förmliche Verfahren grundsätzlich nicht entsprechend auf andere Verfahren anwendbar. Etwas anderes gilt nur für förmliche Verfahren im weiteren Sinne (vgl § 63 Rn 2), soweit diese eine Parteiöffentlichkeit der Beweiserhebung im Grundsatz vorsehen. Ist für diese die Beteiligung an der Beweiserhebung nicht vollständig oder abschließend spezialgesetzlich geregelt, kommt eine Ergänzung durch Heranziehung der Abs 1 u 2 in Betracht.

II. Verpflichtungen der Behörde bzw Rechte der Beteiligten

3 **1. Äußerungsrecht.** Durch die Formulierung in Abs 1 ist klargestellt, dass **alle Beteiligten,** dh nicht nur solche Beteiligte, in deren Rechte der uU zu erwartende VA (möglicherweise) eingreift, anzuhören sind (UL § 35 Rn 1; Knack/Henneke 3). Der Anspruch auf Gehör bezieht sich auf **alle für die Entscheidung erheblichen Fragen,** auch auf die Stellungnahmen anderer Behörden (Obermayer 7) usw. Ein Verzicht von Beteiligten auf die Anhörung ist möglich. Im Übrigen gilt Entsprechendes wie zu § 28. **Umstritten** ist, ob der Anspruch auf rechtliches Gehör auch das Recht der Beteiligten einschließt, zu **Rechtsfragen** Stellung zu nehmen. Dies ist deshalb zu bejahen, weil eine Erörterung der bloßen Tatsachenfragen ohne Rücksicht auf die Rechtslage kaum sinnvoll ist (Obermayer 7; StBS 6; Knack/Henneke 7).

4 **a) Der Begriff der Äußerung.** Dieser ist im selben umfassenden Sinn zu verstehen wie im Prozessrecht (MuE 210, allerdings zu einer abweichenden Fas-

[1] Begr 85; UL § 35 Rn 1; Obermayer 13; Knack/Henneke 2; StBS 2 ff.

sung der Vorschrift, die Äußerung „zur Sache" vorsah). Die Form der Anhörung (schriftlich, mündlich, auch telefonisch), steht grundsätzlich im Ermessen der Behörde (Knack/Henneke 5). Findet gem § 67 eine mündliche Verhandlung statt, haben die Beteiligten auch dort Anspruch auf Gehör. Im Übrigen besteht auch nach § 66 **kein Anspruch auf mündliche Anhörung;** es genügt, dass die Beteiligten Gelegenheit erhalten, sich schriftlich zu äußern (ebenso StBS 7; Obermayer 12). Die Behörde kann für die Äußerung eine angemessene Frist setzen (Obermayer 11; StBS 8; Knack/Henneke 4). Die Beteiligten können auf die Anhörung verzichten.[2]

Eine einmalige Gelegenheit zur Äußerung ist grundsätzlich ausreichend. 5
Sie muss nach Zeit und Umfang dem Gegenstand des Verfahrens und den persönlichen Möglichkeiten der Beteiligten angemessen sein. Bei nachträglicher Änderung der Sach- oder Rechtslage muss allerdings Gelegenheit zu weiteren Äußerungen gegeben werden. Wenn eine mV stattfindet, bedarf es zur Wahrung des rechtlichen Gehörs **nicht zusätzlich einer Anhörung** außerhalb der Verhandlung; ergeht die Entscheidung jedoch nicht unmittelbar auf Grund der mV, sondern stellt die Behörde noch weitere Ermittlungen an, so muss sie vor der abschließenden Entscheidung den Beteiligten nochmals Gelegenheit geben, sich zur Sache zu äußern. Das Anhörungsrecht entfällt, wenn es offensichtlich missbraucht wird, um das Verfahren zu verschleppen (MB 1 und 3; Obermayer 14). Hierbei ist aber ein strenger Maßstab anzulegen. Grundsätzlich muss die Behörde einem Missbrauch durch Verweisung auf die Möglichkeit eines schriftlichen Vortrags bzw durch Fristsetzung begegnen.

b) Berücksichtigungspflicht. Die Behörde muss alle Äußerungen, die vor 6
Abschluss des Verfahrens, dh vor Bekanntgabe der Entscheidung (§ 41 Abs 1) bei ihr eingehen, zur Kenntnis nehmen, bei ihrer Entscheidung berücksichtigen und in der Begründung der Entscheidung (§ 39) in der Sache sich darüber ausweisen (Knack/Henneke 4); dies selbst dann, wenn die Entscheidung schon beschlossen und behördenintern fertiggestellt war und nur die Bekanntgabe noch ausstand. UU muss die Behörde bei später eingehenden Äußerungen zur Wahrung des rechtlichen Gehörs auch den übrigen Beteiligten Gelegenheit zur Stellungnahme geben (vgl § 69 Rn 4), auch zu den Ausführungen der anderen Beteiligten (ebenso Knack/Henneke 6).

2. Teilnahme an Beweisterminen (Abs 2 1. Halbs). Abs 2 gibt den Be- 7
teiligten in Anlehnung an § 97 VwGO als wesentlichen Bestandteil des Rechts auf Anhörung nach Abs 1 und zugleich als Voraussetzung dafür einen Anspruch auf Teilnahme an Beweisterminen und zur Stellung sachdienlicher Fragen. Die Vorschrift beschränkt den Teilnahmeanspruch auf Termine zur Vernehmung von Zeugen und Sachverständigen sowie zur Einnahme des Augenscheins. Im Übrigen steht die Heranziehung von Beteiligten wie im allgemeinen Verfahren im pflichtgemäßen Ermessen der Behörde.

Erfasst werden **nur Beweistermine der Behörde,** nicht auch Erhebungen, 8
Besichtigungen usw, die ein Sachverständiger zur Vorbereitung seines Gutachtens durchführt (ABegr 10; Obermayer 18; StBS 10; MB 2; Knack/Henneke 8; str). „Gelegenheit geben" bedeutet, dass die Behörde die Beteiligten in entspr Anwendung von § 67 Abs 1 S 2 rechtzeitig von solchen Terminen verständigen muss (ebenso Obermayer 19), in wichtigen Fällen uU sogar einen Termin verlegen muss, wenn die Beteiligten sonst an der Teilnahme oder an der rechtzeitigen Bestellung eines Vertreters verhindert wären (ebenso Knack/Henneke 9).

Fragen sind sachdienlich, wenn sie sich im Rahmen des Beweisthemas hal- 9
ten und geeignet sind, das Verfahren zu fördern, insb zur Klärung des für die

---

[2] Obermayer 15; StBS 3, 5; **aA** Ziekow 2.

Entscheidung maßgeblichen Sachverhalts beizutragen (ebenso StBS 13). Im Zweifel entscheidet die Behörde über die Sachdienlichkeit. Die Betroffenen können die Fehlerhaftigkeit dieser Entscheidung gem § 44a VwGO nur im Zusammenhang mit einem Rechtsbehelf in der Hauptsache geltend machen (ebenso Obermayer 20; Knack/Henneke 10; StBS 13).

10 **3. Einsicht in schriftliche bzw elektronische Gutachten (Abs 2 2. Halbs). a) Anspruch.** Gutachten sollen den Beteiligten zugänglich gemacht werden, dh es besteht grundsätzlich ein Anspruch auf Gewährung von Einsicht (analog § 29). Darüber hinaus muss im Regelfall **Gelegenheit zur Fertigung von Auszügen und Ablichtungen** gegeben werden (StBS 21; Knack/Henneke 13; vgl auch § 29 Rn 41a), und zwar so rechtzeitig, dass die Beteiligten noch vor der abschließenden Entscheidung dazu Stellung nehmen können. Liegt ein Gutachten in elektronischer Form vor, so wird idR ein Anspruch der Beteiligten auf Weiterleitung bestehen (Ziekow 8). Die Verweigerung des Rechts auf Einsichtnahme im laufenden Verfahren ist kein VA, sondern eine verfahrensleitende Maßnahme. Gegen sie ist im Regelfall wegen der Sperrnorm des § 44a VwGO auch vorläufiger Rechtsschutz nach § 123 VwGO nicht zulässig. Etwas anderes würde nur gelten, wenn Rechtsschutz in der Hauptsache nicht gewährt werden könnte. Im Übrigen liegt bei unterlassener oder fehlerhafter Anhörung ein Verfahrensfehler vor, der zur Rechtswidrigkeit des späteren VA führen kann, sofern später keine Heilung erfolgt.

11 **b) Sollvorschrift.** Die Formulierung, wonach schriftliche Gutachten den Beteiligten nach der Fassung der Vorschrift nur zugänglich gemacht werden „sollen", gibt der Behörde die Befugnis, **nur in besonders gelagerten Fällen** Gutachten oder Teile davon zurückzuhalten, zB wenn das Bekanntwerden des Inhalts wesentliche öffentliche Interessen, **schutzwürdige Interessen Dritter** (vgl § 30) oder in Ausnahmefällen auch Interessen des Betroffenen selbst verletzen könnte, letzteres zB weil die Kenntnis bestimmter Tatsachen angesichts einer besonderen psychischen Konstitution des Betroffenen eine ernsthafte Gesundheitsgefährdung oder sonstige schwere Nachteile zur Folge haben kann (BVerwGE 82, 45, 48; StBS 18). Ob ein Ausnahmefall vorliegt, ist **gerichtlich voll überprüfbar.** Im Hinblick auf die Bedeutung der Einsicht in die in der Sache erstatteten Gutachten für das rechtliche Gehör ist die Verweigerung fehlerhaft, wenn sie nicht durch hinreichend schwerwiegende Gründe gerechtfertigt ist. Dies gebietet auch die verfassungskonforme Auslegung der Vorschrift, die sonst verfassungsrechtlich bedenklich wäre (vgl Wimmer DVBl 1985, 777). Vgl allg zur Bedeutung von Soll-Bestimmungen § 40 Rn 64.

12 **c) Ausnahmefälle.** Die Ausnahmefälle entsprechen im Wesentlichen denen, die auch für die Verweigerung von Akteneinsichtsrechten im allgemeinen Verwaltungsverfahren maßgebend sind. Allerdings ist im förmlichen Verfahren das höhere Gewicht der Mitwirkungsrechte der Beteiligten zu berücksichtigen (ebenso Obermayer 24; Knack/Henneke 12). In Fällen, in denen die Akteneinsicht wegen berechtigter Geheimhaltungsinteressen und nicht nur aus verfahrensökonomischen Gründen (zB wegen übermäßiger Belastung der Behörde) nach § 29 oder § 30 verweigert werden könnte bzw müsste, kann die Behörde nach § 66 Abs 2 nach **Abwägung** der beteiligten Interessen berechtigt bzw verpflichtet sein, das in Frage stehende Gutachten den Beteiligten vorzuenthalten; **in allen anderen Fällen** haben die Beteiligten **Anspruch auf Einsichtnahme.**[3] Für die analoge Anwendung von § 29 spricht nicht zuletzt auch der Umstand, dass das Gutachten ja Teil der Akten wird, auf die sich die Akteneinsicht nach § 29 normalerweise erstreckt.

---

[3] Knack/Henneke 12; StBS 14 ff; Obermayer 24; strenger MB 3.

§ 67 Erfordernis der mündlichen Verhandlung

(1) **Die Behörde entscheidet nach mündlicher Verhandlung.[4] Hierzu sind die Beteiligten mit angemessener Frist schriftlich zu laden.[6] Bei der Ladung ist darauf hinzuweisen, dass bei Ausbleiben eines Beteiligten auch ohne ihn verhandelt und entschieden werden kann.[8] Sind mehr als 50 Ladungen vorzunehmen, so können sie durch öffentliche Bekanntmachung ersetzt werden.[10] Die öffentliche Bekanntmachung wird dadurch bewirkt, dass der Verhandlungstermin mindestens zwei Wochen vorher im amtlichen Veröffentlichungsblatt der Behörde und außerdem in örtlichen Tageszeitungen, die in dem Bereich verbreitet sind, in dem sich die Entscheidung voraussichtlich auswirken wird, mit dem Hinweis nach Satz 3 bekannt gemacht wird. Maßgebend für die Frist nach Satz 5 ist die Bekanntgabe im amtlichen Veröffentlichungsblatt.**

(2) **Die Behörde kann ohne mündliche Verhandlung entscheiden,[12ff] wenn**

1. **einem Antrag im Einvernehmen mit allen Beteiligten in vollem Umfang entsprochen wird;[13]**
2. **kein Beteiligter innerhalb einer hierfür gesetzten Frist Einwendungen gegen die vorgesehene Maßnahme erhoben hat;[14]**
3. **die Behörde den Beteiligten mitgeteilt hat, dass sie beabsichtige, ohne mündliche Verhandlung zu entscheiden, und kein Beteiligter innerhalb einer hierfür gesetzten Frist Einwendungen dagegen erhoben hat;[15]**
4. **alle Beteiligten auf sie verzichtet haben;[16]**
5. **wegen Gefahr im Verzug eine sofortige Entscheidung notwendig ist.[17]**

(3) **Die Behörde soll das Verfahren so fördern, dass es möglichst in einem Verhandlungstermin erledigt werden kann.[18ff]**

Schrifttum: *Büllesbach/Diercks,* Vorbereitung und Durchführung eines Erörterungstermins im Rahmen eines abfallrechtlichen Planfeststellungsverfahrens, DVBl 1991, 469; *Henle,* Die Masse im Massenverfahren – dargestellt am Beispiel des Planfeststellungsverfahrens für den Flughafen München, BayVBl 1981, 1.

Übersicht

I. Allgemeines

1 **1. Inhalt.** Die Vorschrift schreibt in Abs 1 S 1 für das förmliche Verfahren grundsätzlich die Durchführung einer **mündlichen Verhandlung** vor und regelt in Abs 2 die **Ausnahmefälle,** in denen auf eine mündliche Verhandlung verzichtet werden kann. Abs 1 S 2–6 betreffen die Modalitäten der Ladung bzw die öffentliche Bekanntmachung des Termins zur mündlichen Verhandlung. Die Beteiligten des Verfahrens sind zu der mündlichen Verhandlung entweder individuell (S 2–3) oder – in Massenverfahren – durch öffentliche Bekanntmachung (S 4–6) zu laden. Abs 3 betrifft den Grundsatz der Konzentration auf eine einzige mündliche Verhandlung (mV).

2 **2. Anwendungsbereich. a) Förmliche Verfahren.** § 67 gilt vorbehaltlich besonderer Vorschriften (§ 1) für förmliche Verwaltungsverfahren (§ 63) im Anwendungsbereich des VwVfG. Die Verwaltungsverfahrensgesetze der Länder sehen im Wesentlichen mit § 67 gleich lautende Vorschriften vor (vgl zB § 134 s-hLVwG). Die Pflicht zur Durchführung einer mV ist außerdem in zahlreichen anderen Gesetzen enthalten, die förmliche Verfahren im weiteren Sinn vorsehen. Vgl insoweit und zur Frage einer analogen Anwendung der Vorschriften § 63 Rn 4a; die dort gemachten Ausführungen gelten auch hier entsprechend. Die Vorschrift gilt außerdem entsprechend auch für **Erörterungstermine in Planfeststellungsverfahren** nach § 73 Abs 6 bzw entsprechenden fachplanungsrechtlichen Bestimmungen. Soweit die Regelungen Ausdruck allgemeiner Grundsätze sind (zB hins der Pflicht zur rechtzeitigen schriftlichen Ladung), können sie analog auch zur Ausfüllung von Lücken in Vorschriften über eine mV in anderen Gesetzen angewandt werden.

3 **b) Keine Anwendbarkeit im allgemeinen Verfahren.** Auf nicht-förmliche Verwaltungsverfahren ist die Vorschrift nicht, auch nicht analog anwendbar, und zwar auch dann nicht, wenn die Behörde aus Zweckmäßigkeitsgründen eine mündliche Besprechung der Sache mit den Beteiligten oder auch eine mV durchführt. Für nicht-förmliche Verfahren nach §§ 9 ff ist die Durchführung einer mV idR nicht vorgeschrieben und vielfach auch nicht zweckmäßig. Die Behörde kann jedoch auch hier nach ihrem Ermessen (§§ 10, 40) eine mV ansetzen, wenn ihr dies zweckdienlich erscheint (s auch § 28 Rn 44 f); sie ist in diesem Fall aber, vorbehaltlich abweichender gesetzlicher Regelungen, nicht an §§ 67 ff gebunden, sondern nur an die allgemeinen Grundsätze sachgemäßer Verfahrensgestaltung und an die besonderen im nicht-förmlichen Verfahren geltenden Vorschriften, insb an § 26 Abs 2 und § 28 (FL 21 zu § 10). Sie ist andererseits aber auch nicht gehindert, auf Grund ihrer Verfahrensfreiheit das Verfahren an §§ 67 ff zu orientieren.

II. Mündliche Verhandlung (Abs 1)

4 **1. Entscheidung nach mündlicher Verhandlung (S 1).** Die Vorschrift schreibt in Abs 1 für das förmliche Verfahren grundsätzlich die Durchführung einer mündlichen Verhandlung (mV) vor, in der die Sache mit den Beteiligten erörtert wird (vgl § 68 Abs 2). Erst nach der Durchführung der mV darf die Entscheidung (§ 69) getroffen werden. Gem Abs 3 soll das Verfahren nach Möglichkeit in einem einzigen Verhandlungstermin erledigt werden (Grundsatz der Verfahrenskonzentration, s unten Rn 18 ff).

5 **Zweck der mündlichen Verhandlung** im förmlichen Verfahren ist ähnlich wie im gerichtlichen Verfahren vor allem eine verbesserte Klärung des entschei-

dungserheblichen Sachverhalts unter Mitwirkung der Beteiligten gem § 26 Abs 2, die Erhebung von Beweisen (vgl § 68 Abs 4 Nr 4 und 5) und die **qualifizierte Anhörung** der Beteiligten zur Sache im Interesse der Wahrung des rechtlichen Gehörs gem § 28 und § 66. Die Entscheidung ist nach § 69 Abs 1 unter Würdigung des Gesamtergebnisses des Verfahrens zu treffen. Die Behörde ist danach – anders als das Gericht – nicht verpflichtet, ihre Entscheidung ausschließlich auf das Ergebnis der mV zu stützen.[1] Gleichwohl bietet eine mV im Allgemeinen eine **erhöhte Garantie für die inhaltliche Richtigkeit** und Gesetzmäßigkeit der Entscheidung in der Sache.

2. Individuelle Ladung der Beteiligten (S 2–3). Die Beteiligten (§ 13) 6 sind gem Abs 1 S 2 mit angemessener Frist schriftlich zur mV zu laden. Die Zustellung der Ladung ist nicht vorgeschrieben, deshalb reicht die Ladung mit einfachem Brief aus (StBS 8; UL § 36 Rn 2; Obermayer 20). Für die Ladung in elektronischer Form gilt § 3a Abs 2. Soweit Betroffene nicht bereits vorher zum Verfahren zugezogen wurden (vgl § 13 Rn 26 ff), ist ihre Beiziehung zweckmäßigerweise mit der Ladung zu verbinden, weil sonst die nach Abs 3 anzustrebende Erledigung der Sache in einem Termin meist nicht erreicht werden kann. Eine förmliche schriftliche Ladung ist solchen Beteiligten gegenüber entbehrlich, die darauf verzichten. Abs 1 S 2 gilt entspr auch für die **Ladung von Zeugen und Sachverständigen.**

a) Ladungsfrist. Was als angemessene Ladungsfrist anzusehen ist, hängt von 7 der Art des zu entscheidenden Falles und von dem Kreis der Betroffenen ab. Allgemein dürfte analog § 102 Abs 1 VwGO eine Ladungsfrist von **zwei Wochen** angemessen sein.[2] Die für Anwaltsprozesse geltende Frist gem § 217 ZPO von 7 bzw 3 Tagen ist zumindest für den Regelfall zu kurz (vgl Knack/Henneke 4; zT **aA** wohl noch Obermayer 22). In besonders gelagerten Fällen kann analog § 102 Abs 1 S 2 VwGO (s dazu Kopp/Schenke § 102 Rn 11) auch eine kürzere Frist angesetzt werden; ebenso, wenn alle Beteiligten einverstanden sind und die Frist auch für geladene Zeugen und/oder Sachverständige ausreichend ist. Eine zu kurzfristige Ladung, die den Betroffenen nicht die erforderliche Zeit lässt, sich auf das Verfahren vorzubereiten, ggf einen Anwalt mit der Wahrung der Interessen zu betrauen und ihn zu informieren usw (vgl § 28 Rn 19), verletzt den Anspruch des Betroffenen auf rechtliches Gehör gem § 66, wenn die Verhandlung trotz unverzüglicher Rüge nicht verlegt oder vertagt wird (BVerwGE 44, 17; zT **aA** StBS 35: keine unverzügliche Rüge erforderlich, zu kurze Landungsfrist führt zur Rechtswidrigkeit); zur Möglichkeit einer Heilung s § 45 Rn 23 ff. Wird der Mangel nicht geheilt, stellt sich regelmäßig die Frage, ob er sich auf das Ergebnis ausgewirkt haben kann (§ 46), wenn die Beteiligten gleichwohl Gelegenheit hatten, ausreichend vorzutragen.

b) Hinweis auf Folgen des Ausbleibens (Abs 1 S 3). Eine Verpflichtung 8 zur Teilnahme an der mV wird durch die Ladung bzw die öffentliche Bekanntmachung nicht begründet (StBS 11; UL § 36 Rn 7). Mit der Ladung ist gem S 3 der Hinweis zu verbinden, dass **auch bei Ausbleiben eines Beteiligten verhandelt und entschieden** werden kann. Das Fehlen dieses Hinweises macht die Durchführung der mV unzulässig, wenn nicht sämtliche Beteiligten erschienen sind und verletzt den Anspruch des ausgebliebenen Beteiligten auf rechtliches Gehör.[3] Der Mangel wird geheilt, wenn der betroffene Beteiligte zur mV tatsächlich erscheint oder den Mangel nicht mit vertretbarer Begründung, wie zB

---

[1] Vgl § 69 Abs 1; Obermayer 14; StBS 4; **aA** Brühl JA 1992, 198: bei der Entscheidung darf nur verwendet werden, was Gegenstand der mV war.

[2] Knack/Henneke 4; MB 5; nun wohl auch Obermayer 22; Ziekow 4; zT **aA** StBS 9: Frist von 1 Monat.

[3] StBS 34; Knack/Henneke 5; MB 4; Ziekow 5; str; **aA** Obermayer 25.

der Unmöglichkeit einer ausreichenden Vorbereitung, der Bestellung eines Bevollmächtigten uä (vgl auch oben Rn 7), rügt.

9 **c) Anspruch auf Vertagung bei Verhinderung.** Eine Verlegung des Termins für die mV bzw eine Vertagung kann auch bei Verhinderung eines Beteiligten oder seines Bevollmächtigten geboten sein, wenn triftige Gründe dafür geltend gemacht werden und für eine Vertretung nicht ohne weiteres gesorgt werden kann (ebenso Obermayer 26). Insoweit gelten dieselben Gesichtspunkte wie für die Wahrung des rechtlichen Gehörs im Verwaltungsprozess. Vgl dazu näher BVerwG VRspr 24, 356; zur Nachholung einer mV mit einzelnen Beteiligten § 68 Rn 12.

10 **3. Öffentliche Bekanntmachung. a) Zahl der Ladungen.** Nach Abs 1 S 4 kann die Behörde auf eine individuelle Ladung verzichten, wenn mehr als 50 Ladungen vorzunehmen wären, und sie durch öffentliche Bekanntmachung ersetzen. Die Entscheidung steht in ihrem **Ermessen.** Maßgeblich ist die Zahl der erforderlichen Ladungen, nicht die Zahl der Beteiligten im Zeitpunkt der Ladung. Werden mehrere Beteiligte durch einen Bevollmächtigten vertreten, so ist nur seine Ladung zu zählen. Auch die Ladungen von **Zeugen oder Sachverständigen** sind **nicht mitzurechnen.** Dies folgt daraus, dass die Vorschrift des Abs 1 S 4 sich nur auf die Ladung der Beteiligten nach Abs 1 S 2 bezieht, nicht auf die Ladung von sonstigen Personen. Dies dürfte auch Sinn und Zweck der Vorschrift entsprechen (StBS 14). Zur Herabsetzung der „Masseschwelle" in Abs 1 S 4 von 300 auf 50 durch das GenBeschlG s § 17 Rn 31.

11 **b) Publikationsorgane.** Nach Abs 1 S 5 ist die öffentliche Bekanntmachung im **amtlichen Veröffentlichungsblatt** mindestens zwei Wochen vor dem Termin zur mV vorzunehmen, außerdem in den **örtlichen Tageszeitungen.** Gibt es hiervon mehrere, so hat die Bekanntmachung in jeder von ihnen zu erfolgen,[4] damit jeder, der eine örtliche Tageszeitung regelmäßig liest, Gelegenheit zur Kenntnisnahme hat (s näher § 63 Rn 14a). Verfügt die Behörde über kein amtliches Veröffentlichungsblatt, so ist für die Frist gem S 5 die Veröffentlichung in der periodischen Druckschrift, dh idR in der Tageszeitung maßgeblich, die durch Rechtssatz sonst allgemein für die amtlichen Bekanntmachungen der in Frage stehenden Behörde bestimmt ist (Begr 10, wo jedoch rechtssatzmäßige Bestimmung nicht ausdrücklich gefordert wird).

11a Besteht **keine allgemeine Regelung** über öffentliche Bekanntmachungen oder ist sie unwirksam, so kann auch die Ladung nicht durch öffentliche Bekanntmachungen gem Abs 1 S 4–6 wirksam ersetzt werden. Vgl zur öffentlichen Ladung auch § 63 Rn 12. Die öffentliche Bekanntmachung muss **mindestens 2 Wochen vor dem Verhandlungstermin** erfolgen, dh spätestens am 15. Tag vorher. Ist der Verhandlungstermin zB auf Mittwoch, den 20.2. bestimmt, so muss die Bekanntmachung spätestens am Mittwoch, den 6.2. erfolgen. Die Bekanntgabe im amtlichen Veröffentlichungsblatt ist nach S 6 für den Zeitpunkt auch dann maßgebend, wenn zusätzlich die Bekanntgabe auch in einer Tageszeitung erfolgt.

III. Entscheidung ohne mündliche Verhandlung (Abs 2)

12 **1. Allgemeines.** Trotz der Bedeutung der mV für eine sachgerechte Entscheidung gibt Abs 2 in den in Nr 1–5 **abschließend aufgezählten Fällen** der Behörde die Befugnis, davon abzusehen. Die Entscheidung liegt, sofern die rechtlichen Voraussetzungen nach Abs 2 gegeben sind, im pflichtgemäßen **Ermessen** (§ 40) der Behörde (StBS 21; Obermayer 58). Eine mV kann gleichwohl trotz Vorliegens der Gründe nach Nr 1–5 insb dann geboten sein, wenn sie

---

4 **AA** offenbar StBS 19, wonach zwei Tageszeitungen in jedem Fall ausreichend sind.

zur Klärung des Sachverhalts oder zur Wahrung der Rechte der Betroffenen notwendig erscheint (ähnlich Obermayer 59).

2. Antragsgemäße Entscheidung (Nr 1). Abs 2 Nr 1 geht davon aus, dass bei antragsgemäßer Entscheidung und im Einvernehmen mit allen Beteiligten die Durchführung einer mV nicht durch schutzwürdige Interessen der Beteiligten gefordert wird. Erforderlich ist, dass dem Antrag vollen Umfangs entsprochen wird. Gemeint ist der Antrag, der Anlass und Gegenstand des Verfahrens und der vom Antragsteller erstrebten Entscheidung gem § 69 ist (Knack/Henneke 10), nicht ein Antrag zum Verfahren auf Entscheidung ohne mV, für den Nr 4 gelten würde. Zur Frage der **antragsmäßigen Entscheidung** vgl auch § 39 Rn 35ff. Das Einverständnis können die Beteiligten auch konkludent erklären (Knack/Henneke 10). 13

3. Fehlende Einwendungen gegen die Maßnahme (Nr 2). Nach Abs 2 Nr 2 kann von einer mV abgesehen werden, wenn kein Beteiligter fristgerecht Einwendungen gegen die vorgesehene Maßnahme erhoben hat. Vorgesehene Maßnahme iS von Nr 2 ist die im Verfahren zu erwartende oder jedenfalls mögliche Entscheidung der Behörde iS des § 69 (Knack/Henneke 11). Die Anwendbarkeit von Nr 2 setzt voraus, dass die Behörde den Beteiligten vorher den voraussichtlichen oder möglichen Inhalt der beabsichtigten Entscheidung, ggf unter Fristsetzung für etwaige Einwendungen, mitgeteilt hat (StBS 24) oder dass jedenfalls Art und Inhalt (einschließlich etwaiger Nebenbestimmungen) der ggf zu erwartenden Entscheidung offensichtlich ist. Die gesetzte Frist für Einwendungen muss angemessen gewesen sein. Bei verspäteten Einwendungen muss im Rahmen pflichtgemäßen Ermessens über den Verzicht auf eine mV entschieden werden. Selbst eine ausdrückliche Zustimmung der Beteiligten bedeutet aber im Zweifel nicht zugleich einen Rechtsbehelfsverzicht (Knack/Henneke 11). 14

4. Keine Einwendungen gegen Entscheidung ohne mV (Nr 3). Bei Abs 2 Nr 3 ist Voraussetzung, dass die Behörde die Beteiligten darauf hinweist, dass sie ohne mV entscheiden werden könne, wenn nicht innerhalb einer von ihr zu bestimmenden (angemessenen) Frist Einwendungen gegen diese Vorgehensweise erhoben werden. **Umstritten,** richtigerweise aber zu verneinen ist, ob die Beteiligten außerdem ausdrücklich auch auf ihr Recht, eine mV zu verlangen, hingewiesen werden müssen.[5] Unabhängig davon kann sich die Notwendigkeit eines solchen Hinweises jedenfalls im Verhältnis zu rechtlich unerfahrenen Beteiligten auch schon aus § 25 ergeben (s § 25 Rn 13ff). 15

5. Verzicht auf eine mV (Nr 4). Abs 2 Nr 4 entspricht § 102 Abs 2 VwGO. Der Verzicht muss klar, eindeutig und vorbehaltlos (StBS 26; Knack/Henneke 13), sowie grundsätzlich ausdrücklich, nicht notwendig schriftlich (Knack/Henneke 13) erklärt werden. Im Einzelnen gilt das Gleiche wie bei § 102 Abs 2 VwGO (UL § 36 Rn 4). Die Anregung zum Verzicht kann von der Behörde oder auch von den Beteiligten ausgehen. **Bloßes Stillschweigen** auf eine entsprechende Anfrage der Behörde mit der „Androhung", dass ohne mV entschieden werde, sofern nicht binnen bestimmter Frist Einwendungen erhoben werden, genügt zwar nicht für Nr 4, wohl aber gem Nr 3. Nach umstrittener, aber zutreffender Auffassung ist der **Verzicht widerruflich,** solange die Behörde noch nicht entschieden hat, ob gleichwohl mV stattfinden soll.[6] Der Verzicht auf mV bedeutet nicht zugleich auch einen Verzicht auf Anhörung nach § 66. 16

6. Gefahr im Verzug (Nr 5). Die praktisch nur selten relevante Ausnahme in Nr 5 beruht auf ähnlichen Zweckvorstellungen wie § 28 Abs 2 Nr 1. Zum 17

---

[5] MB 10; Obermayer 50; Knack/Henneke 12; FKS 17; str; **aA** Ziekow 11; wohl auch StBS 25.

[6] MB 11; Obermayer 53; **aA** StBS 26; Knack/Henneke 13; FKS 18.

Begriff der Gefahr im Verzuge in Nr 5 vgl § 3 Rn 55; § 28 Rn 51 ff. Maßgeblich ist insoweit insb, ob durch die Ladung bzw die Durchführung der mV in der Sache eine Verzögerung eintreten würde, die im Hinblick auf die drohende Gefahr nicht vertretbar wäre, oder ob dadurch in anderer Weise, etwa weil der Zweck des Verfahrens nur erreicht werden kann, wenn den Betroffenen der Anlass zunächst nicht bekannt wird (vgl § 28 Rn 57), der Zweck des Verfahrens in Frage gestellt werden könnte. Eine Notwendigkeit iS von Nr 5 ist nicht anzuerkennen, wenn der drohenden Gefahr auch mit vorläufigen Maßnahmen (vgl § 9 Rn 18 f) der Behörde, uU auch einer anderen Behörde oder der Polizei ausreichend begegnet werden kann. Sie entbindet im Übrigen nicht von der Pflicht zur Anhörung nach § 66.

IV. Konzentration des Verfahrens (Abs 3)

18 **1. Erledigung in einem einzigen Termin.** Nach Abs 3, der § 87 Abs 1 S 1 VwGO nachgebildet ist, soll die Behörde das Verfahren möglichst in einem Termin erledigen (**Konzentrationsgrundsatz;** vgl auch UL § 36 Rn 5; StBS 28; Knack/Henneke 17). Diese Regelung dient der Verfahrensbeschleunigung und ist insoweit eine Konkretisierung des Zügigkeitsprinzips in § 10; welches auch im förmlichen Verwaltungsverfahren gilt. Abs 3 stellt eine Regelung dar, die das Verfahrensermessen der zuständigen Behörde einschränkt. Sie gilt nur im Rahmen des rechtlich und tatsächlich Möglichen (StBS 29). Einen Anspruch der Beteiligten auf Erledigung in einem Termin gibt es nicht. Ein Verstoß gegen den Konzentrationsgrundsatz des Abs 3 führt idR nicht zur Rechtswidrigkeit der abschließenden Entscheidung.

19 **2. Vorbereitung.** Die Behörde soll nach Abs 3 den Sachverhalt soweit ermitteln und aufbereiten, dass sie auf Grund der mV möglichst ohne einen weiteren Verhandlungstermin, ohne weitere Ermittlungen usw dann auf Grund der mV abschließend gem § 69 Abs 1 entscheiden kann. Die Regelung stellt eine Konkretisierung des Zügigkeitsgebots in § 10 S 2 dar. Zu diesem Zweck können, je nach dem Gegenstand des Verfahrens und den besonderen Umständen, **vorbereitende Maßnahmen,** zB die Vernehmung von Zeugen und Sachverständigen, schon vor der Verhandlung geboten sein (Begr 85; UL § 36 Rn 5). Für „vorgezogene" Vernehmungen gilt § 66 Abs 2. Nicht möglich ist die Anordnung des persönlichen Erscheinens eines Beteiligten; sie ist nach dem VwVfG auch nicht für die mV vorgesehen (StBS 11; Knack/Henneke 16). Stets wird erforderlich sein, dass sich die Behörde vorher einen Überblick über die Probleme und insb auch über die zu erwartenden Einwendungen verschafft; das ist idR nur dann möglich, wenn die Betroffenen vorher Gelegenheit erhalten, sich zur Sache zu äußern.

20 **3. Sollvorschrift.** Der Grundsatz des Abs 3 gilt nicht ausnahmslos. In besonders gelagerten Fällen, insb auch in Massenverfahren, wird es häufig unvermeidlich sein, dass **mehrere Verhandlungen** jeweils mit nur einem Teil der Beteiligten, zB in den jeweiligen Gemeinden, durchgeführt werden. Wenn wegen der großen Zahl der Beteiligten oder im Hinblick auf die verfügbaren Räumlichkeiten anders eine sachgemäße Erörterung, in der jeder Beteiligte jedenfalls dann angemessen zu Wort kommen kann, nicht gewährleistet werden kann, ist dies sogar grundsätzlich geboten. Bei einer **Vielzahl von Beteiligten** (Massenverfahren), kann die Behörde statt eines Massentermins auch **getrennte Termine** für jeweils nach bestimmten Merkmalen abgegrenzte Gruppen der Beteiligten, zB in den einzelnen Gemeinden des Gebiets, in dem die Betroffenen wohnen, durchführen, sofern dies die zu erörternden Sach- und Rechtsfragen zulassen (StBS 30; Henle BayVBl 1981, 7; Obermayer 78). Zu **nachträglichen Besprechungen** mit einzelnen Beteiligten s § 68 Rn 12.

Wie sich aus dem Zweck der Regelung und auch aus § 71 Abs 2 S 1 ergibt, muss die mV gem § 67, soweit gesetzlich nichts anderes vorgesehen oder zugelassen ist (vgl zum Planfeststellungsverfahren § 73 Rn 18), **vor der** in der Sache zur Entscheidung berufenen **zuständigen Behörde** stattfinden (vgl auch § 69 Rn 5). 21

V. Folgen einer fehlenden mündlichen Verhandlung

Entscheidet die Behörde ohne mV durch VA, obwohl eine mV geboten gewesen wäre, weil kein Ausnahmefall nach Abs 2 vorlag, so hat dies die **Rechtswidrigkeit des VA** zur Folge, nicht dagegen, jedenfalls, wenn keine besonders gravierenden Umstände hinzukommen, die Nichtigkeit.[7] Nicht überzeugend ist allerdings die Auffassung des BVerwG, wonach ein Verstoß gegen Verfahrensregelungen, die nach den maßgeblichen Bestimmungen Ausnahmen zulassen, nicht zur Nichtigkeit führen kann.[8] In Betracht kommt aber eine Heilung durch Nachholung der mV und erneute Willensbildung unter Berücksichtigung der Ergebnisse (§ 45 Rn 26). Soweit keine Nichtigkeit eintritt, ist § 46 anwendbar. Diese gilt auch, wenn die Durchführung der mV fehlerhaft war, zB wegen fehlerhafter Ladung oder Bekanntmachung. 22

§ 68 Verlauf der mündlichen Verhandlung

(1) **Die mündliche Verhandlung ist nicht öffentlich.**[3] **An ihr können Vertreter der Aufsichtsbehörden und Personen, die bei der Behörde zur Ausbildung beschäftigt sind, teilnehmen.**[5] **Anderen Personen kann der Verhandlungsleiter die Anwesenheit gestatten, wenn kein Beteiligter widerspricht.**[6]

(2) **Der Verhandlungsleiter hat die Sache mit den Beteiligten zu erörtern.**[8] **Er hat darauf hinzuwirken, dass unklare Anträge erläutert, sachdienliche Anträge gestellt, ungenügende Angaben ergänzt sowie alle für die Feststellung des Sachverhalts wesentlichen Erklärungen abgegeben werden.**[11]

(3) **Der Verhandlungsleiter ist für die Ordnung verantwortlich.**[18 ff] **Er kann Personen, die seine Anordnungen nicht befolgen, entfernen lassen. Die Verhandlung kann ohne diese Personen fortgesetzt werden.**

(4) **Über die mündliche Verhandlung ist eine Niederschrift zu fertigen.**[23 ff] **Die Niederschrift muss Angaben**[24] **enthalten über**

1. den Ort und den Tag der Verhandlung,
2. die Namen des Verhandlungsleiters, der erschienenen Beteiligten, Zeugen und Sachverständigen,
3. den behandelten Verfahrensgegenstand und die gestellten Anträge,
4. den wesentlichen Inhalt der Aussagen der Zeugen und Sachverständigen,
5. das Ergebnis eines Augenscheins.

Die Niederschrift ist von dem Verhandlungsleiter und, soweit ein Schriftführer hinzugezogen worden ist, auch von diesem zu unterzeichnen.[27] **Der Aufnahme in die Verhandlungsniederschrift steht die Aufnahme in eine Schrift gleich, die ihr als Anlage beigefügt**[28] **und als**

---

[7] Ebenso StBS 31; Ziekow 13; FKS 23; **aA** Obermayer 74: stets Nichtigkeit; Knack/Henneke 15: idR Nichtigkeit; strenger BVerwG NVwZ 1984, 578: Nichtigkeit idR ausgeschlossen.

[8] So BVerwG NVwZ 1984, 578; hiergegen zu Recht StBS 31; Obermayer 74; Knack/Henneke 15.

solche bezeichnet ist; auf die Anlage ist in der Verhandlungsniederschrift hinzuweisen.

Schrifttum: *Büllesbach/Diercks,* Vorbereitung und Durchführung eines Erörterungstermins im Rahmen eines abfallrechtlichen Planfeststellungsverfahrens, DVBl 1991, 469; *Hofmann-Hoeppel,* Beschleunigung des Fachplanungsrechts, Tz 3: Organisatorische Probleme im Rahmen des Erörterungstermins, Vw 1994, 409; *Kollmer,* Der öffentliche Anhörungstermin im UVP-Verfahren, BayVBl 1995, 449; *Korbmacher,* Das atomrechtliche Anhörungsverfahren, UPR 1994, 325; *Porzner/Kollmer,* Die Erörterung von Einwendungen im UVP-konformen Pipeline-Genehmigungsverfahren, DÖV 1995, 578; *Rubbert,* Saal- und Medienöffentlichkeit mündlicher Verhandlungen zwischen Verwaltung und Bürgern. Ein Beitrag zur Diskussion der Verwaltungspublizität, 1985; *Rudisile,* Protokollierungspflicht bei der Überprüfung ehemaliger DDR-Richter und Staatsanwälte, DÖV 1992, 860; *Stober,* Zur Tonaufzeichnung in öffentlichen Gemeinderatssitzungen, DVBl 1976, 371.

Übersicht

I. Allgemeines

1. Inhalt. Die Vorschrift regelt den äußeren Ablauf der mV und sieht die Aufnahme einer Niederschrift **(Protokoll)** darüber vor. Im Einzelnen lehnt sich die Regelung weitgehend an ältere fachrechtliche Vorschriften zu förmlichen Verwaltungsverfahren (vgl WB II § 156 Rn 46) und an die Bestimmungen über das verwaltungsgerichtliche Verfahren (vgl §§ 103ff VwGO; § 55 VwGO iVm §§ 176ff GVG; § 105 VwGO iVm §§ 159ff ZPO) an. Wenn das Verfahren vor einem Kollegialorgan (Ausschuss, vgl § 88) stattfindet, sind auch § 71 und § 89 zu beachten. Zur Verhandlungssprache s § 23. 1

2. Anwendungsbereich. Die Vorschrift gilt nur in den durch Rechtsvorschrift angeordneten förmlichen Verwaltungsverfahren nach § 63 Abs 1. Die Verwaltungsverfahrensgesetze der Länder sehen im Wesentlichen mit § 68 gleich lautende Vorschriften vor (vgl zB § 135 s-hLVwG). Baden-Württemberg hat in § 68 LVwVfG darüber hinaus eine Regelung über die Geheimhaltung bei Vorliegen schützenswerter Interessen Beteiligter getroffen. Dem § 68 vergleichbare Bestimmungen sind außerdem in zahlreichen anderen Gesetzen enthalten, die **förmliche Verfahren im weiteren Sinne** (vgl § 63 Rn 10) vorsehen. Vgl insoweit und zur Frage einer analogen Anwendung der Vorschriften auch § 64 Rn 2; die dort gemachten Ausführungen gelten auch hier entsprechend. Wichtigster Anwendungsbereich der Vorschrift sind die **Planfeststellungsverfahren,** für die die Regelung gem § 73 Abs 6 S 6 gilt. 2

II. Teilnahmeberechtigte (Abs 1)

1. Grundsatz der Beteiligtenöffentlichkeit (S 1). Abs 1 sieht in Übereinstimmung mit der schon früher hM (vgl Obermayer VerwR 156) zum Schutz der persönlichen Sphäre sowie der Unbefangenheit der Beteiligten, die an einer öffentlichen Erörterung ihrer Angelegenheit idR[1] kein Interesse haben, und zur Wahrung der Objektivität der entscheidenden Amtsträger (Knack/Henneke 4) nur eine beschränkte Öffentlichkeit des Verfahrens vor. Hierin kommt ein Unterschied zum gerichtlichen Verfahren zum Ausdruck, in dem die Öffentlichkeit mündlicher Verhandlungen ein zentrales Element ist. Abs 1 unterscheidet zwischen „geborenen" Teilnahmeberechtigten und solchen, denen der Verhandlungsleiter die Teilnahme gestattet, wenn kein Teilnehmer widerspricht. 3

a) Rechtsfolgen eines Verstoßes. Umstritten ist, ob der Umstand als solcher, dass ein Nicht-Berechtigter teilgenommen hat, ohne weiteres die Rechtswidrigkeit der auf Grund der mV erlassenen Entscheidung zur Folge hat. Da es sich bei Abs 1 nicht nur um eine bloße Ordnungsvorschrift handelt, wird man wohl Rechtswidrigkeit der Entscheidung annehmen müssen, die sich gem § 46 allerdings im Regelfall nicht auswirken dürfte.[2] Die rügelose Einlassung auf die mV unter Beteiligung Dritter schließt außerdem die spätere Berufung auf diesen Verfahrensfehler aus.[3] 3a

b) Anspruch auf Sicherung der Beteiligtenöffentlichkeit. Die Beteiligten haben auf Grund von Art 2 Abs 1 GG bzw, soweit besondere Grundrechte im Verfahren betroffen sind, iVmit Abs 1 S 3 letzter Halbs einen erforderlichenfalls auch gerichtlich, insb gem § 123 VwGO durchsetzbaren Anspruch auf Ausschluss der Öffentlichkeit insgesamt oder bestimmter nicht zur Anwesenheit 4

---

[1] Die Nichtöffentlichkeit erschwert umgekehrt die Mobilisierung der Öffentlichkeit gegen ein Vorhaben.
[2] BVerwGE 45, 351, 356; Obermayer 27; StBS 15; enger FKS 34.
[3] Ebenso Ziekow 5; FKS 34 unter Hinweis auf BVerwGE 45, 351, 356 für das alte KDV-Anerkennungsverfahren.

berechtigter Dritter, der Presse uä, sofern Ausschlussgründe entspr §§ 169 ff GVG oder gem § 30 zu ihren Gunsten gegeben sind oder **bei der Güterabwägung ihr Schutzinteresse überwiegt** und sie der Anwesenheit widersprechen. Die Regelung in § 44a VwGO steht in diesen Fällen einem selbständigen Rechtsschutz nicht entgegen (vgl § 44a S 2 VwGO; ebenso Obermayer 28).

5 **2. Teilnahmeberechtigte. a) Originäre Teilnehmer.** Die Regelung geht als selbstverständlich davon aus, dass die am Verfahren **Beteiligten** (§ 13) und ihre Vertreter und Bevollmächtigten (§§ 14 ff) zur Teilnahme berechtigt sind, wie sich aus dem Zweck der mV und mittelbar auch aus § 67 ergibt. Gleiches gilt auch für die zur Mitwirkung bei der mV und der Entscheidung berufenen **Vertreter der Behörde,** die anders als Ausschussmitglieder nach § 71 Abs 2 nicht zwingend teilnehmen müssen, einschließlich der von diesen zugezogenen Hilfspersonen (s dazu auch Knack/Henneke 6) und etwaiger sonstiger mit der Sache befasster Behörden (Knack/Henneke 7; Hirsch/Schmidt-Didczuhn DVBl 1991, 433) sowie für den **Verhandlungsleiter.** Die Beteiligten (§ 13) dürfen nur ausgeschlossen werden, wenn sie die Verhandlung ernsthaft stören (Abs 3).

5a **b) Weitere Teilnehmer.** Abs 1 S 2 sieht vor, dass darüber hinaus auch **Vertreter der Aufsichtsbehörde** und bei der zuständigen Behörde zur Ausbildung beschäftigte Personen teilnehmen dürfen. Ob die in der Ausbildung befindlichen Personen (zB **Referendare, Praktikanten**) teilnehmen sollen, ist Sache des Ausbilders (Knack/Henneke 9). Über die Zulassung entscheidet analog Abs 1 S 3 der Verhandlungsleiter. Dieser ist bei Vorliegen der Voraussetzungen verpflichtet, die Teilnahme zu gestatten (StBS 10). Abs 1 S 3 lässt das Recht des Behördenleiters zu Weisungen bzgl der Gestaltung der Teilnahme unberührt. Die zur mV zugezogenen **Zeugen und Sachverständigen,** dürfen und müssen teilnehmen, soweit und solange ihre Anwesenheit erforderlich ist. Sie sind aber im Übrigen nicht teilnahmeberechtigt; ihre Zulassung kann nur nach Abs 1 S 3 erfolgen.

6 **c) Besonders zugelassene Personen.** Der Verhandlungsleiter kann gem Abs 1 S 3 nach seinem Ermessen auch sonstigen Personen, auch der Presse usw, die Teilnahme gestatten, ggf sogar volle Öffentlichkeit herstellen, **wenn kein Beteiligter widerspricht** (ebenso Knack/Henneke 10). Die Anwesenheit Dritter iS von Abs 1 S 3 kann uU auch auf einzelne Abschnitte des Verfahrens beschränkt werden (ebenso Obermayer 18). Widerspricht ein Beteiligter (§ 13), so darf eine Zulassung nicht erfolgen. Auf die Gründe für den Widerspruch kommt es grundsätzlich nicht an, es sei denn, der Widerspruch wird missbräuchlich erhoben (Obermayer 21; StBS 11). Auch soweit gem Abs 1 S 3 die Anwesenheit Dritter gestattet werden kann, haben diese grundsätzlich **keinen Anspruch auf Zulassung,** auch nicht ein Recht auf fehlerfreie Ermessensausübung;[4] anders uU auf Grund von Art 5 Abs 1 S 2 GG Rundfunk und Presse, soweit es sich um Verfahren von allgemeinem Interesse handelt.[5]

7 **3. Teilnahmeberechtigung von Einwendern.** Den Beteiligten gleichgestellt werden in Verfahren, in denen für Betroffene oder die Öffentlichkeit allgemein die Möglichkeit vorgesehen ist, die **Personen, die Einwendungen** erhoben haben. Dies ist etwa der Fall bei Vorhaben, die unter das UVPG fallen und in Planfeststellungsverfahren gem § 9 Abs 1 S 2 UVPG iVm § 72, Personen, die im Verfahren zulässige Einwendungen erhoben haben, auch hins der Teilnahme an der mV gleich (vgl Knack/Henneke 11). Dies genügt auch dem Erfordernis der Beteiligung der „betroffenen Öffentlichkeit" gem Art 3–5 Abs 2 der UVP-RL (s § 72

---

[4] Str, **aA** wohl StBS 13; FKS 10.

[5] Vgl Büllesbach/Diercks DVBl 1991, 474; vgl auch BVerfG 50, 239; NJW 1993, 3288; Obermayer 23; Eberle NJW 1994, 1639; Knack/Henneke 10; Kopp/Schenke § 55 Rn 2; **aA** Wolf NJW 1994, 681; ZRP 1994, 187; Gerhardt ZRP 1993, 377; zu Anspruch auf Ermessensentscheidung neigend StBS 13; ähnlich FKS 11.

Rn 33 ff). Für Ton-, Rundfunk- usw und Filmaufnahmen in der mV gilt § 169 S 2 GVG entsprechend, wonach Ton- und Fernsehaufnahmen nicht zulässig sind.[6]

III. Erörterungs- und Beratungspflicht des Verhandlungsleiters (Abs 2)

1. Allgemeines. Dem Verhandlungsleiter obliegt, wie sich auch schon aus der Bezeichnung ergibt, außer den in § 68 ausdrücklich genannten Aufgaben allgemein die **Leitung und Ordnung** der mV. Er hat für den geordneten, sachbezogenen und zielstrebigen Ablauf der mV und eine entsprechende inhaltliche Strukturierung der mV zu sorgen. Soweit der Ablauf der mV nicht durch § 68 oder durch sondergesetzliche Vorschriften geregelt ist, handelt er im Rahmen von § 10 nach Ermessen (Knack/Henneke 13). 8

2. Person des Verhandlungsleiters. Verhandlungsleiter gem Abs 2 ist der Leiter der Behörde oder ein von ihm dazu bestellter Bediensteter der Behörde (Obermayer 31; Knack/Henneke 12) oder auch ein allgemein nach der Geschäftsverteilung der Behörde für die Sache zuständiger und mit Billigung des Behördenleiters als Verhandlungsleiter tätiger Bediensteter der Behörde (StBS 17). Soweit kann, soweit durch Rechtsvorschriften nichts anderes bestimmt ist (zB gem § 18 Abs 1 S 2 der 9. BImSchV), kann vom Behördenleiter auch eine **unabhängige Person** (**Projektmanager, Mediator,** vgl Einf I Rn 83) als Verhandlungsleiter zur Wahrnehmung der Aufgaben und Befugnisse gem § 69 für die Behörde und namens der Behörde bestellt werden.[7] Problematisch ist die rechtliche Stellung eines als Verhandlungsleiter eingesetzten Dritten, der nicht der Behörde angehört. Hier wird man differenzieren müssen. Soweit dem Dritten die Kompetenzen des Verhandlungsleiters übertragen werden, er damit hoheitliche Befugnisse ausübt, setzt dies eine Beleihung voraus. Soweit der Dritte dagegen lediglich die Verhandlung leitet, ohne zB mit ordnungsrechtlichen Befugnissen usw ausgestattet zu sein, wird er als **Verwaltungshelfer**[8] anzusehen sein (vgl zur Stellung von Verwaltungshelfern allgemein § 1 Rn 64). 9

3. Erörterungspflicht (Abs 2 S 1). a) Allgemeines. Die Verpflichtung des Verhandlungsleiters zur Erörterung der Sache mit den Beteiligten dient – ähnlich wie gem § 104 Abs 1 VwGO, dem die Regelung nachgebildet ist – einerseits der **Klärung des Sachverhalts** einschließlich der rechtlichen Probleme und der Feststellung des anzuwendenden Rechts, andererseits aber auch dem **rechtlichen Gehör der Beteiligten** gem § 66. Deshalb begründet Abs 2 S 1 auch ein entsprechendes Recht der Beteiligten. Die Erörterung der Sache soll auch sicherstellen, dass keine für die Entscheidung der Sache erheblichen Gesichtspunkte rechtlicher oder tatsächlicher Art übersehen werden und dass die Beteiligten erkennen können, auf welche Fragen es der Behörde vor allem ankommt und sich mit ihrem Vorbringen und ihren Anträgen darauf einstellen können. Dieses Ziel ergibt sich insb auch aus dem Zusammenhang von Abs 2 S 1 mit S 2. 10

b) Umfang der Pflichten. Die Erörterungspflicht des Verhandlungsleiters gem Abs 2 S 1 und die damit verbundene Hinweispflicht gem Abs 2 S 2, die weitgehend den Pflichten des Richters nach §§ 104, 86 VwGO entsprechen, beziehen sich wie die Pflicht zur Gewährung rechtlichen Gehörs (§ 28 Rn 12 ff; § 66 Rn 3) **nicht nur auf Tatsachen** und Beweisergebnisse, sondern **auch auf** 11

---

[6] UL § 36 Rn 11; Obermayer 24; Knack/Henneke 10.

[7] Str, wie hier Hirsch/Schmidt-Didczuhn DVBl 1991, 433; Ziekow 6; FKS 15; **aA** Knack/Henneke 12: nur ein Bediensteter der Behörde wenn nicht gesetzlich angeordnet; Köster DVBl 2002, 229, 234; wohl auch Brohm DVBl 1990, 321; StBS 17. S auch Wahl DVBl 1993, 525; Bullinger JZ 1991, 61.

[8] Ebenso FKS 15. Nach Ziekow 6 können die Befugnisse des Verhandlungsleiters nicht ohne gesetzliche Grundlage auf einen Dritten übertragen werden.

Rechtsfragen (UL § 36 Rn 9). Allerdings besteht keine zwingende Verpflichtung der Behörde zu einem umfassenden Rechtsgespräch mit den Beteiligten. Der Verhandlungsleiter ist nur verpflichtet, auf nach seiner Auffassung offene Fragen hinzuweisen und den Beteiligten Gelegenheit zu geben, dazu Stellung zu nehmen.

12 **c) Kooperationsbereitschaft der Beteiligten.** Die Erörterungspflicht setzt Kooperationsbereitschaft voraus. Sie besteht nur gegenüber den zur Verhandlung erschienenen und erörterungswilligen Beteiligten, nicht auch gegenüber Beteiligten, die die Erörterung stören oder die nicht bereit sind, zu einer sachlichen, zügigen Erörterung der wesentlichen Fragen beizutragen. **Ist ein Beteiligter** (bzw sein Bevollmächtigter) ohne sein Verschulden **verhindert, an der mV teilzunehmen,** so kann es unter dem Gesichtspunkt des rechtlichen Gehörs oder auch, weil seine Anhörung zur Aufklärung der Sache erforderlich erscheint, geboten sein, die Verhandlung zu vertagen bzw nochmals wieder aufzunehmen (Obermayer 39) oder die Sache nachträglich mit dem Betroffenen allein nochmals zu erörtern (vgl BSG 17, 44; allg auch § 28 Rn 80 ff). Den übrigen Beteiligten ist in einem „Nachholtermin" mit einem Betroffenen zur Wahrung ihres Rechts auf Gehör die Anwesenheit zu gestatten und ebenfalls, beschränkt auf eine Stellungnahme zu neuem Vorbringen, rechtliches Gehör zu gewähren.

13 **4. Hinweispflicht (Abs 2 S 2). a) Sinn und Zweck.** Die Hinweispflicht gem Abs 2 S 2, die im Wesentlichen § 86 Abs 3 VwGO entspricht, soll – ähnlich wie die weniger weitgehende Verpflichtung nach § 25 S 1 (vgl hierzu § 25 Rn 1 ff) – verhindern, dass Beteiligte aus Unkenntnis, Unerfahrenheit oder Unbeholfenheit im Verfahren Rechtsnachteile erleiden; sie dient zugleich aber auch der sachgemäßen Durchführung des Verfahrens unter Mitwirkung der Beteiligten gem § 26 Abs 2. Die Vorschrift entspricht fast wörtlich § 86 Abs 3 VwGO; insoweit ist die Rspr zu § 86 Abs 3 VwGO auch hier aussagekräftig. Sie wird auch im förmlichen Verfahren durch die Auskunftspflicht der Behörde über die Rechte und Pflichten der Beteiligten im Verfahren gem § 25 S 2 ergänzt (§ 63 Abs 2; s auch Knack/Henneke 14).

14 **b) Verfahrensrechtliche Beratung.** Im Einzelnen ergibt sich aus Abs 2 S 2 und § 25 S 2 eine weitgehende Verpflichtung des Verfahrensleiters, den Beteiligten den rechten Weg zu weisen, wie sie im Rahmen der ihnen zustehenden Verfahrensrechte das erstrebte Ziel am besten und zweckmäßigsten erreichen können (vgl BVerwG 16, 98 zu § 86 Abs 3 VwGO), aber **keine interessenbezogene Beratungspflicht** (FKS 19). Bestehen Zweifel hins des richtigen Vorgehens eines Beteiligten, so beschränkt sich die Hinweispflicht darauf, die Beteiligten auf die bestehenden Alternativen hinzuweisen (vgl Kopp/Schenke § 86 Rn 26). Welche Hinweise und Belehrungen im Einzelnen erforderlich sind, ergibt sich aus den konkreten Umständen des einzelnen Falles. Soweit Beteiligte durch Anwälte vertreten sind, ist im Allgemeinen weniger an Fürsorge geboten als gegenüber unerfahrenen und rechtsunkundigen Beteiligten. Der Verhandlungsleiter muss stets auch den bloßen Anschein der Parteilichkeit vermeiden (ebenso Knack/Henneke 14).

15 **5. Verhandlungsführung. a) Distanzgebot.** Der Verhandlungsleiter ist in seiner Rolle zu strikter Neutralität verpflichtet.[9] Seine Aufgabe ist in erster Linie die Leitung und **Moderation** der Erörterungen. Dabei muss er zu den Beteiligten die notwendige Distanz wahren, aber auch darauf achten, dass einzelne Beteiligte aufgrund eines Informationsvorsprungs, besonderer Kompetenz, Temperaments oder besonderen Verhandlungsgeschicks die Erörterung dominieren und andere deshalb ihre Anliegen nicht mit hinreichendem Nachdruck vortragen

[9] Fehling, Verwaltung zwischen Unparteilichkeit und Gestaltungsaufgabe, 2001, 297 ff.

können. Insoweit hat der Verhandlungsleiter ähnlich wie der Mediator (s Einf I Rn 77 ff) eine **ausgleichende Funktion** mit dem Ziel, Waffengleichheit herzustellen. Insgesamt muss er darauf achten, dass die von den Beteiligten angesprochenen **Ansätze zur Konfliktlösung** weiter verfolgt werden und das Informationspotential ausgeschöpft wird.

b) Straffe Verhandlungsführung. Grundsätzlich zulässig und im Interesse aller Beteiligten geboten ist eine straffe Verhandlungsführung.[10] Keine Bedenken bestehen dagegen, dass der Verhandlungsleiter von vornherein für die Erörterung der einzelnen Fragenkomplexe eine bestimmte Zeitdauer festlegt und dies den Beteiligten zu Beginn der mV bekannt gibt (ebenso Henle BayVBl 1981, 7 f mwN). Die vorgesehenen Zeiten müssen jedoch angemessen sein und nicht den Charakter von Ausschlussfristen annehmen. Dh sie müssen ggf auf Antrag verlängert werden, wenn sich erweist, dass sie zu kurz bemessen waren. Auch eine **Begrenzung der Redezeit** ist grundsätzlich zulässig.[11] Allerdings gilt auch hier, dass eine Pauschalierung der Redezeiten nicht die sachlich gebotene Erörterung verhindern darf. 16

c) Abschichtung, Bildung von Arbeitsgruppen. Auch wenn bei raumbedeutsamen Vorhaben die betroffenen Belange typischerweise sämtlich miteinander zusammenhängen, ist im Interesse einer effizienten Durchführung der Erörterungen eine **Abschichtung** von Themen bzw. Fragestellungen erforderlich. Hierfür kann es sich anbieten, mit den Betroffenen **Vorgespräche** über den Ablauf zu führen, um hinsichtlich des Fahrplans der Erörterungen zu einem Konsens zu gelangen. Darüber hinaus wird eine **Bündelung** von Interessenkomplexen, die gemeinsam abzuhandeln sind, sinnvoll sein, um inhaltliche Wiederholungen zu vermeiden. Fraglich ist, ob sämtliche Erörterungen im Plenum besprochen werden müssen oder ob **Detailerörterungen** auch in Arbeitsgruppen verlegt werden können. Dies ist jedenfalls dann zulässig, wenn die Beteiligten einverstanden sind und die Ergebnisse der Arbeitsgruppenerörterung wieder in das Plenum eingebracht werden. 17

d) Terminierung. Ergeben sich in der mV neue Gesichtspunkte, zu denen sich die Beteiligten nicht sogleich äußern können, so ist die Verhandlung zu vertagen und ein neuer Termin zur Fortsetzung anzuberaumen. Erscheint eine weitere Erörterung nicht erforderlich, so kann der Verhandlungsleiter die betroffenen Beteiligten auch auf die Möglichkeit nachträglicher schriftlicher Stellungnahmen verweisen und dafür eine Frist setzen. Entsprechendes gilt, wenn die Verhandlung wegen Störung durch Beteiligte oder Dritte abgebrochen werden muss. Betrifft die Erörterung Geheimnisse iS von § 29 Abs 2, § 30, so haben die betroffenen Beteiligten Anspruch auf gesonderte Erörterung oder ggf schriftliche Darlegung (vgl Henle BayVBl 1981, 8). 17a

IV. Gewährleistung der Ordnung in der Verhandlung (Abs 3)

1. Allgemeines. Abs 3 verpflichtet und berechtigt den Verhandlungsleiter, für die äußere Ordnung im Verhandlungsraum und für den geordneten äußeren Ablauf des Verfahrens zu sorgen (S 1). Vgl zur Ordnung in Sitzungen auch § 89 Rn 3 ff. Die Vorschrift enthält keine näheren Bestimmungen darüber, welche konkreten Befugnisse er zu diesem Zweck im Einzelnen hat. S 2 nennt insoweit nur die Entfernung von Personen. Entsprechend dem Zweck der Regelung ist jedoch davon auszugehen, dass der Verhandlungsleiter grundsätzlich alle mit dem Begriff der **Sitzungspolizei** herkömmlicherweise verbundenen Anordnungen treffen kann, die er nach pflichtgemäßem Ermessen zur Aufrechterhaltung 18

[10] S dazu Henle BayVBl 1981, 8; StBS 24 allg auch § 28 Rn 36.
[11] VGH Kassel DVBl 1978, 821; Ziekow 7.

der Ordnung für geboten hält,[12] auch zB ein Rauchverbot (Jahn DÖV 1989, 850).

19 **2. Ermächtigung des Abs 3. a) Mögliche Maßnahmen.** Der Verhandlungsleiter kann auf Grund von Abs 3 S 1 das **Wort entziehen,** störende **Zwischenrufe verbieten,** Personen **von der Sitzung ausschließen** und aus dem **Saal verweisen** (BVerwG BayVBl 1988, 16 und 83) und erforderlichenfalls **eine Person zwangsweise,** uU mit Hilfe der Polizei, aus dem Raum **entfernen lassen,** die **mV abbrechen** (StBS 28; Knack/Henneke 16), **nicht jedoch,** vorbehaltlich besonderer Ermächtigung in anderen Gesetzen (zB § 117 Abs 3 FlurberG), **Ordnungsgeld, Ordnungshaft, Geldbußen** uä verhängen.[13] Zulässig und uU auch geboten sind **Einlasskontrollen,** um die Teilnahmeberechtigung zu überprüfen; weitere **Personenkontrollen,** etwa auf mitgebrachte Waffen, Kameras usw, nur bei begründetem Verdacht.[14] Um diese Maßnahmen durchzusetzen, kann der Versammlungsleiter die Hilfe der Polizei in Anspruch nehmen.

19a **b) Verhältnismäßigkeit.** Die **Entfernung von Personen** kommt auch bei Beteiligten (§ 13) und ihren Bevollmächtigten in Betracht (vgl zur Entfernung von Bevollmächtigten UL § 36 Rn 10). Sie ist, wie sich aus dem Zusatz „die seine Anordnungen nicht befolgen", ergibt, nur zulässig, nachdem entsprechende Ermahnungen usw erfolglos geblieben sind. Im Hinblick auf das grundsätzlich bestehende Anwesenheitsrecht und das Recht auf Gehör ist eine Entfernung von Beteiligten aus dem Verhandlungsraum nur aus entsprechend schwerwiegenden Gründen und als ultima ratio zulässig. IdR wird eine **vorherige Androhung** erforderlich sein. Es ist dabei zu berücksichtigen, dass die Erörterung für die entfernten Personen nicht nachgeholt wird. Auch der **Abbruch der mV** kommt nur als letztes Mittel in Betracht. Er ist nur zulässig, wenn eine Entfernung der Störer nicht genügt und die Ordnung auf andere Weise nicht wieder hergestellt werden kann. Im Einzelnen kann auch die Rspr zu §§ 176 ff GVG insoweit Anhaltspunkte geben.

20 **3. Rechte der Beteiligten.** Beteiligte, die aus dem Saal verwiesen wurden, haben keinen Anspruch auf Wiederholung oder Wiederaufnahme der mV (Abs 3 S 3); ihnen muss jedoch zur Wahrung des rechtlichen Gehörs gem § 66 grundsätzlich **Gelegenheit zu schriftlicher Stellungnahme** gegeben werden, wenn sie sich wegen der Verweisung aus dem Saal nicht mehr weiter zur Sache äußern konnten (Obermayer 63; StBS 30 f; Knack/Henneke 16). Etwas anderes hat beim Abbruch der mV wegen Störungen zu gelten. In diesem Fall muss die Behörde grundsätzlich einen **Ersatztermin** ansetzen. Anderenfalls hätten Störer es uU in der Hand, die Durchführung des Erörterungstermins erfolgreich zu sabotieren. Etwas anderes kann nur gelten, wenn auch in einem neuen Erörterungstermin wieder mit Störungen zu rechnen ist, denen nicht mit zumutbaren Mitteln begegnet werden kann.[15]

21 **4. Amtshilfe durch Polizeibeamte.** Der Verhandlungsleiter kann zur Wahrung der Ordnung auch die Hilfe von Polizeibeamten in Anspruch nehmen (StBS 29; Obermayer 55). Polizeibeamte können, wenn erforderlich, uU auch von sich aus einschreiten, da die Störung einer Verhandlung immer zugleich auch eine Störung der öffentlichen Ordnung darstellt (WB III § 156 Rn 50; vgl

---

[12] Vgl OVG Münster NVwZ 1983, 486; StBS 28; FKS 22 f.

[13] UL § 36 Rn 10; StBS 33; Büllesbach/Diercks DVBl 1991, 475; Knack/Henneke 15; FKS 22.

[14] Enger wohl Büllesbach/Dierkes DVBl 1991, 469, 475; FKS 22.

[15] Str, wie hier Ziekow 9; FKS 24; Hirsch/Schmidt-Didczuhn DVBl 1991, 434; **aA** Knack/Henneke 16 unter Hinweis auf die ebenfalls im Verfassungsrecht angelegten Grundsätze rationellen Verwaltungshandelns und der Verfahrenseffizienz; Voraufl.

auch Obermayer 49). Ein Einschreiten ist jedoch auch in diesem Fall grundsätzlich **nur im Einverständnis mit dem Verhandlungsleiter** zulässig, dem nach Abs 3 die primäre Verpflichtung zur Sorge für den geordneten Ablauf der Verhandlung obliegt.[16]

5. Rechtsbehelfe gegen sitzungspolizeiliche Anordnungen. Anordnungen des Verhandlungsleiters gem § 68 Abs 3 S 1 und 2 sind, auch soweit sie gegenüber den Beteiligten oder ihren Bevollmächtigten ergehen, keine bloßen Verfahrensanordnungen, sondern, soweit sie wie idR, selbständig vollstreckbar sind, (zugleich) in persönliche Rechte der Betroffenen eingreifen, gem § 44a S 2 VwGO **selbständig anfechtbare VAe.**[17] Hier ist grundsätzlich auch vorläufiger Rechtsschutz durch die Verwaltungsgerichte möglich. Soweit solche Anordnungen mögliche Auswirkungen auf den in der Hauptsache ergehenden VA haben, können die Beteiligten (§ 13) die Rechtswidrigkeit einer Anordnung wegen ihrer Doppelnatur auch im Rahmen eines Rechtsbehelfs in der Hauptsache geltend machen (Obermayer 61). 22

V. Anfertigung einer Niederschrift (Abs 4)

1. Pflicht zur Niederschrift (S 1). Abs 4 schreibt vor, dass über die mV eine Niederschrift zu fertigen ist, und bestimmt zugleich den **Mindestinhalt der Niederschrift.** Die Niederschrift dient vor allem Beweiszwecken, hat insoweit jedoch keine Wirkung analog § 165 ZPO, sondern begründet nur eine auch mit sonstigen Beweismitteln **widerlegbare Vermutung für die Richtigkeit** (Knack/Henneke 18; WB III § 156 Rn 57); eine Verletzung des Abs 4 oder die inhaltliche Unrichtigkeit der Niederschrift berühren die Wirksamkeit und Rechtmäßigkeit der im Verfahren zur Hauptsache ergehenden Entscheidung nicht. Mängel können sich aber uU mittelbar auswirken, zB wenn sie zu einer falschen Sachverhaltswürdigung führen (Obermayer 83 f). Die Niederschrift unterliegt als Teil der Akten der Akteneinsicht nach § 29. In entspr Anwendung von § 169 S 2 GVG ist statt einer unmittelbaren Niederschrift auch die vorläufige Aufzeichnung auf Tonträger (zB Tonbandgerät; Kassettenrecorder) zulässig (s unten Rn 29). 23

2. Mindestinhalt der Niederschrift (S 2). Der notwendige Inhalt der Niederschrift ergibt sich aus Abs 4 S 2. Die Aufzählung in Abs 4 S 2 Nr 1–5 enthält den zwingend vorgeschriebenen Mindestinhalt eines Protokolls, aus dem sich Tag und Ort, die Namen der Anwesenden sowie der Verfahrensgegenstand und die gestellten Anträge ergeben müssen, im Falle einer Beweisaufnahme auch deren wesentliches Ergebnis. Die Aufnahme weiterer Vorgänge, wie Ordnungsmaßnahmen, Verzicht auf Stellungnahmen usw sowie auch bestimmter Verfahrensergebnisse oder bedeutsamer Tatsachen, in die Niederschrift wird dadurch nicht ausgeschlossen (Begr 85; Obermayer 65; MB 7; Knack/Henneke 18). Grundsätzlich ist eine **Ergebnisniederschrift ausreichend.**[18] Vielfach ist es zB zweckmäßig, dass der Verhandlungsleiter Teilergebnisse zusammenfasst, über die Einverständnis besteht, und diese in die Niederschrift aufnehmen lässt. Auch die Beteiligten können die Aufnahme bestimmter Vorgänge oder Äußerungen in die Niederschrift anregen. Soweit sie ein berechtigtes Interesse daran haben, besteht darüber hinaus auch ein **Anspruch auf Aufnahme von Erklärungen** und Aussagen in das Protokoll. 24

---

[16] StBS 32; Ziekow 8; zT **aA** Obermayer 59.

[17] Obermayer 60; Knack/Henneke 17; MB 6; ähnlich OVG Koblenz DVBl 1987, 1027; Gerhardt DVBl 1989, 137; Büllesbach/Diercks DVBl 1991, 476; zT **aA** VGH München BayVBl 1988, 76 und 83; UL § 36 Rn 10; Gramlich BayVBl 1989, 9: nicht selbständig anfechtbare Verfahrensanordnungen.

[18] StBS 35; Knack/Henneke 18; Henle BayVBl 1981, 6; Ziekow 10.

25 **a) Anträge iS von Abs 4 Nr 3.** Solche sind grundsätzlich auch die im Verfahren erhobenen Einwendungen zB iS von § 73 Abs 6; bei gleich lautenden Einwendungen in Massenverfahren genügt es jedoch, wenn die Einwendungen als solche, dh ohne Angabe auch der einzelnen Personen, die sie erhoben, in der Niederschrift festgehalten werden. **Anträge müssen wörtlich aufgenommen werden** (Knack/Henneke 19; Obermayer 73; StBS 35). Nr 4 ist entspr auch auf die Aussagen von Beteiligten gem § 26 Abs 1 Nr 2 anzuwenden. Bei Aussagen von Zeugen, Sachverständigen und gem § 26 Abs 1 Nr 2 vernommenen Beteiligten ist es zwar nicht vorgeschrieben, wohl aber sinnvoll, dass die Aussage aus der Niederschrift nochmals verlesen oder dem Zeugen usw zur Durchsicht vorgelegt wird, sowie dass in der Niederschrift vermerkt wird, dass sie insoweit von dem Betroffenen genehmigt wurde bzw welche Einwendungen dagegen erhoben wurden (StBS 35; Knack/Henneke 19).

26 **b) Nachträgliche Ergänzungen und Berichtigungen der Niederschrift.** Solche sind möglich, wenn Protokollführer und Verhandlungsleiter darüber einig sind (ebenso StBS 38; Knack/Henneke 20). Auch die Beteiligten haben ggf, wenn sie ein berechtigtes Interesse haben, **Anspruch** auf nachträgliche Ergänzung oder Berichtigung bzw, wenn Protokollführer und Verhandlungsleiter anderer Auffassung sind, darauf, dass ihre Einwände gegen die Vollständigkeit oder Richtigkeit der Niederschrift dieser angefügt werden. Im Einzelnen gelten insoweit wie auch hins etwaiger Rechtsbehelfe gegen Entscheidungen im Zusammenhang mit der Niederschrift dieselben Grundsätze wie für die Ergänzung oder Berichtigung gerichtlicher Niederschriften (offen StBS 38; **aA** Obermayer 78). Vgl insoweit § 164 ZPO; dazu auch Kopp/Schenke § 105 Rn 8 f.

27 **3. Unterschriften (S 3).** Die Niederschrift ist vom Verhandlungsleiter und ggfs vom Schriftführer (Protokollführer) zu unterzeichnen. Erst die Unterschriften verleihen dem Protokoll den Charakter einer öffentlichen Urkunde. Fehlt ein Protokollführer, so unterzeichnet der Verhandlungsleiter allein, es sei denn, der Text wurde zunächst auf Tonträger aufgezeichnet; dann ist auch die Unterschrift der übertragenden Schreibkraft erforderlich. Das Fehlen der Unterschrift nimmt der Niederschrift den erhöhten Beweiswert der öffentlichen Urkunde nach § 415 ZPO. Die Unterschrift kann jedoch jederzeit noch nachgeholt werden, auch noch, nachdem bereits Rechtsbehelfe in der Sache eingelegt worden sind (StBS 36; Knack/Henneke 20; Obermayer 79 unter Hinweis auf BVerfG 9, 231).

28 **4. Anlagen (S 4).** Gem Abs 4 S 4 ist es zulässig, Angaben, die in die Niederschrift aufzunehmen sind, dieser als Anlage beizufügen (zB Anwesenheits- bzw Teilnehmerlisten, vgl UL § 45 Rn 5; Obermayer 81; Knack/Henneke 21; Büllesbach/Diercks DVBl 1991, 476) und sie durch einen entsprechenden **Hinweis in der Niederschrift** mit der gleichen rechtlichen Wirksamkeit auszustatten, wie sie der Niederschrift als solcher zukommt. Das Fehlen der Bezeichnung als Anlage ist unerheblich, wenn nach dem Zusammenhang nicht zweifelhaft sein kann, dass es sich um eine Anlage zu der in Frage stehenden Niederschrift handelt.

29 **5. Tonbandaufnahmen. Umstritten,** wegen der gleichen Zweckrichtung aber zu bejahen[19] ist die Frage, ob die weitergehenden Erleichterungen für die Protokollführung entspr § 160a ZPO, insb auch die Zulässigkeit der Benutzung von Tonaufzeichnungsgeräten, auch im Verwaltungsverfahren anwendbar sind. Die Aufzeichnung ist vorher anzukündigen, eine Zustimmung der Beteiligten ist dazu nicht erforderlich.[20] Dritten, auch den Verfahrensbeteiligten, sind Tonbandaufnahmen uä von der mV oder von Teilen davon dagegen nur mit Zustimmung des Verhandlungsleiters und Einverständnis der Beteiligten erlaubt; andernfalls

---

[19] Ebenso zur Verwendung von Tonträgern UL § 36 Rn 11; Obermayer 56; StBS 37; Knack/Henneke 22; Stober DVBl 1976, 375; Rothe Gemeinde 1980, 80.

[20] Knack/Henneke 22; Stober DVBl 1976, 371; Ziekow 10.

wären sie gem § 201 StGB sogar strafbar. S im Einzelnen Knack/Henneke 23, zu Aufnahmen für Zwecke der Presse- oder Rundfunkberichterstattung BVerfG 85, 283 m Anm Bethge in JZ 1991, 306; Lüneburg Gemeinde 1989, 345.

§ 69 Entscheidung

(1) **Die Behörde entscheidet unter Würdigung des Gesamtergebnisses des Verfahrens.**[3]

(2) **Verwaltungsakte, die das förmliche Verfahren abschließen,**[7] **sind schriftlich zu erlassen,**[8] **schriftlich zu begründen**[9] **und den Beteiligten zuzustellen;**[10] **in den Fällen des § 39 Abs. 2 Nr. 1 und 3 bedarf es einer Begründung nicht. Ein elektronischer Verwaltungsakt nach Satz 1 ist mit einer dauerhaft überprüfbaren qualifizierten elektronischen Signatur zu versehen.**[11] **Sind mehr als 50 Zustellungen vorzunehmen, so können sie durch öffentliche Bekanntmachung ersetzt werden.**[12] **Die öffentliche Bekanntmachung wird dadurch bewirkt, dass der verfügende Teil des Verwaltungsaktes und die Rechtsbehelfsbelehrung im amtlichen Veröffentlichungsblatt der Behörde und außerdem in örtlichen Tageszeitungen bekannt gemacht werden, die in dem Bereich verbreitet sind, in dem sich die Entscheidung voraussichtlich auswirken wird.**[12] **Der Verwaltungsakt gilt mit dem Tage als zugestellt, an dem seit dem Tage der Bekanntmachung in dem amtlichen Veröffentlichungsblatt zwei Wochen verstrichen sind;**[13] **hierauf ist in der Bekanntmachung hinzuweisen. Nach der öffentlichen Bekanntmachung kann der Verwaltungsakt bis zum Ablauf der Rechtsbehelfsfrist von den Beteiligten schriftlich oder elektronisch angefordert werden; hierauf ist in der Bekanntmachung gleichfalls hinzuweisen.**[14]

(3) **Wird das förmliche Verwaltungsverfahren auf andere Weise abgeschlossen,**[17] **so sind die Beteiligten hiervon zu benachrichtigen. Sind mehr als 50 Benachrichtigungen vorzunehmen, so können sie durch öffentliche Bekanntmachung ersetzt werden; Absatz 2 Satz 4 gilt entsprechend.**

Schrifttum: *Bambey,* Massenverfahren und Individualzustellung, DVBl 1984, 372; *Brühl,* Die Sachverhaltsermittlung im Verwaltungsverfahren und ihre Bedeutung für den Entscheidungsprozess, JA 1992, 193.

Übersicht

I. Allgemeines

1 **1. Inhalt.** Die Vorschrift befasst sich mit dem **Verfahrensabschluss** im förmlichen Verwaltungsverfahren, der regelmäßig durch eine Entscheidung (Abs 1 und 2) erfolgt, aber auch auf andere Weise wie durch Sacherledigung (Abs 3) erfolgen kann. **Abs 1** regelt die **Erkenntnisgrundlagen** der verfahrensabschließenden Sachentscheidung und im Zusammenhang damit – ohne ausdrückliche Erwähnung – die Anwendbarkeit des Grundsatzes der freien Beweiswürdigung. **Abs 2** enthält Regelungen über die **Formalien** der Entscheidung: Schriftform, Begründungspflicht und Bekanntgabe, die auch durch öffentliche Bekanntmachung möglich ist. **Abs 3** gibt reduimentär vor, was zu tun ist, wenn das förmliche Verfahren **in anderer Weise** als durch eine Entscheidung **beendet** wird. **Bedeutung** erhält die Vorschrift wiederum dadurch, dass namentlich das Planfeststellungsrecht sie für anwendbar erklärt (§ 74 Abs 1 S 2, dazu § 74 Rn 128 ff).

2 **2. Anwendungsbereich.** Die Regelung gilt **unmittelbar nur für förmliche Verwaltungsverfahren,** die nach § 63 Abs 1 durch Rechtsvorschrift besonders angeordnet worden sind. Die Verwaltungsverfahrensgesetze der Länder sehen im Wesentlichen mit § 69 gleich lautende Vorschriften vor (vgl zB § 136 s-hLVwG), lediglich § 69 Abs 2 LVwVfG von Baden-Württemberg enthält zusätzliche datenschutzrechtliche Regelungen. Vergleichbare Bestimmungen sind außerdem in zahlreichen anderen Gesetzen insbes für förmliche Verwaltungsverfahren iwS enthalten. Vgl insoweit und zur Frage einer analogen Anwendung der Vorschriften § 64 Rn 2; die dort gemachten Ausführungen gelten auch hier entsprechend. Nicht analog anwendbar sind die Sondervorschriften über die öffentliche Bekanntmachung in Fällen, in denen mehr als 50 Zustellungen bzw Benachrichtigungen vorzunehmen wären; derartige Regelungen sind nur durch ausdrückliche Rechtsvorschriften des positiven Rechts möglich.

II. Entscheidungsgrundlagen (Abs 1)

3 **1. Würdigung des Gesamtergebnisses des Verfahrens.** Abs 1 stellt klar, dass Grundlage der Entscheidung nicht nur das Ergebnis der mV nach §§ 67, 68, sondern das Gesamtergebnis des Verfahrens ist, also auch zB das Ergebnis vorher oder nachher angestellter Ermittlungen, der von Beteiligten außerhalb der mV abgegebenen Erklärungen und auch einer außerhalb der mV durchgeführten Beweisaufnahme.[1] Zu berücksichtigen sind also das schriftliche Vorbringen und die Anträge der Beteiligten, der Inhalt der Behördenakten und beigezogener Akten, Urkunden, eingeholte Auskünfte, amtskundige Tatsachen (s § 26 Rn 10c, 16 ff), das Ergebnis der Erörterung der Sach- und Rechtslage gem § 68 Abs 2 S 1 und von Fragen von Mitgliedern eines Ausschusses gem § 71 Abs 1 usw. Es ist **nicht erforderlich,** dass alle diese entscheidungsrelevanten Umstände vom Verhandlungsleiter **Gegenstand der mV** gewesen sind.[2]

4 **2. Rechtliches Gehör.** Gem § 66 und nach allgemeinen Rechtsgrundsätzen eines rechtsstaatlich geordneten Verfahrens muss die Behörde den Beteiligten Gelegenheit geben, sich vor der Entscheidung zu allen Entscheidungsgrundlagen zu äußern (vgl auch § 28 Rn 12 ff). Dies setzt bei beigezogenen Akten und sonstigen Erkenntnismöglichkeiten, deren Existenz den Beteiligten nicht bekannt ist

---

[1] Begr 86; MuE 213; 118; BVerwGE 87, 241, 295; Obermayer 9; Knack/Henneke 4.
[2] BVerwGE 87, 241, 295; Knack/Henneke 4; Obermayer 9; StBS 3.

und mit denen sie auch nicht rechnen konnten oder mussten, grundsätzlich voraus, dass die Behörde die Beteiligten **rechtzeitig darauf hingewiesen** hat (vgl auch § 28 Rn 15). Unterlagen oder Erkenntnisse, die erst nach erfolgter Anhörung an die Behörde gelangt sind, müssen die Behörde veranlassen, den Beteiligten erneut Gelegenheit zur Stellungnahme zu geben, wenn sie für das Verfahren erheblich sind und die Beteiligten vorher keinen Anlass hatten, hierzu Stellung zu nehmen.

3. Grundsatz der eingeschränkten Unmittelbarkeit. Aus dem Hinweis in Abs 1 auf das Gesamtergebnis des Verfahrens sowie aus dem Zusammenhang der Regelung mit den §§ 66 ff folgt nicht, dass die Entscheidung nur von Personen getroffen werden darf, die an sämtlichen Vorgängen bzw Teilen der Sachverhaltsermittlung (mV, Anhörungen, Beweisaufnahmen) teilgenommen haben. Ausreichend ist vielmehr, dass sie in geeigneter Weise darüber informiert wurden bzw sich aus den Akten hinreichend informieren können, sofern der **persönliche Eindruck** nicht zwingend notwendig ist. Etwas anderes gilt nach § 71 Abs 2 S 1 für **Entscheidungen von Kollegialorganen,** die nur von den Mitgliedern getroffen werden dürfen, die an der mV teilgenommen haben, sofern eine solche stattgefunden hat (§ 71 Rn 5). Zur Beschlussfassung in Kollegialorganen vgl allg auch §§ 90 f. 5

4. Grundsatz der freien Beweiswürdigung. Die in Abs 1 vorgeschriebene Würdigung des Gesamtergebnisses des Verfahrens in Abs 1 impliziert den Grundsatz der freien Beweiswürdigung (s hierzu § 24 Rn 30) und erklärt ihn auch für das förmliche Verfahren für verbindlich (Begr 49; BVerwGE 77, 240, 246; StBS 5). Dieser Grundsatz wird im VwVfG auch für das nicht-förmliche Verfahren nach §§ 9 ff als selbstverständlich vorausgesetzt (ebenso Knack/Henneke 5). Er besagt im Wesentlichen, dass die Würdigung des Gesamtergebnisses grundsätzlich Sache der **freien Überzeugungsbildung** ist und nicht durch feste Beweiswürdigungsregeln reglementiert wird. Insoweit gelten dieselben Grundsätze wie im Verwaltungsprozess (vgl Kopp/Schenke § 108 Rn 4). 6

III. Besondere Anforderungen an die Entscheidung (Abs 2)

1. Verfahrensabschließender VA. Die Regelungen des Abs 2 betreffen nur diejenigen VAe, die das Verfahren mit einer Endentscheidung abschließen. Unerheblich ist, ob mit der Entscheidung einem Antrag stattgegeben wird, ebenso, ob ein Antrag als unzulässig oder als unbegründet abgelehnt wird. Auf Entscheidungen, die nicht die Sache ganz oder zum Teil abschließen, sondern nur Verfahrensfragen uä betreffen (vgl § 97 Nr 2, § 44a VwGO) oder die das Verfahren in anderer Weise als durch Entscheidung über den Verfahrensgegenstand beenden, ist Abs 2 nicht anwendbar. Für sie gilt Abs 3 (s unten Rn 17 ff). Erfasst werden aber auch **Teilentscheidungen und vorläufige VAe,** letztere wenn sie jedenfalls zeitlich befristet über den Verfahrensgegenstand entscheiden (s zum Begriff § 35 Rn 178). In der Sache lehnt sich Abs 2 weitgehend an entsprechende Regelungen für das gerichtliche Verfahren (vgl § 108 Abs 1, §§ 116, 117, § 161 VwGO) und das Widerspruchsverfahren (vgl § 73 VwGO) an. 7

2. Schriftform. Abs 2 S 1 schreibt für die abschließende Entscheidung die Schriftform vor. Die Entscheidung ist danach schriftlich abzufassen und zu unterschreiben. Vgl zur Schriftform iE § 64 Rn 5 und § 37 Rn 37. Zur Erfüllung des Schriftformerfordernisses durch elektronische VAe s Abs 2 S 2. Wie sich aus dem Wortlaut ergibt, bezieht sich das Erfordernis des schriftlichen Erlasses zunächst nur auf den **verfügenden Teil des VA;**[3] erst anschließend ist in Abs 1 S 2 vom 8

[3] BVerwG NVwZ 1982, 117; StBS 12; Ziekow 5; zT **aA** VGH München NVwZ 1982, 1286.

Erfordernis der schriftlichen Begründung die Rede, die in den Fällen des § 39 Abs 2 Nr 1 u 3 entfallen kann. Zur Unterscheidung des verfügenden Teils eines VA von den übrigen Teilen s § 41 Rn 6a, 49. Die Unterscheidung sollte auch äußerlich in Form und Aufbau des VA zum Ausdruck kommen.

9 **3. Begründung.** Die Begründung ist nach Abs 2 S 1 **notwendiger Bestandteil** des VA. Die **Ausnahmen des § 39 Abs 2** für ein vollständiges Unterbleiben der Begründung **gelten hier nicht;** insoweit gilt Abs 2 S 2 2. Halbs als speziellere Regelung. Danach darf eine Begründung nur in den Fällen des § 39 Abs 2 Nr 1 (dem Antrag wird entsprochen) und Nr 3 (gleichartige VAe in großer Zahl) unterbleiben. Wird die Begründung erst nachträglich abgefasst und den Beteiligten getrennt vom VA zugestellt, so sind die Anforderungen an die Schriftlichkeit auch für die Begründung zu erfüllen. Der **notwendige Inhalt** der Begründung richtet sich iE nach **§ 39** (StBS 13). IdR genügt eine Darstellung der wesentlichen Gründe für die Entscheidung. Bei der öffentlichen Bekanntmachung der Begründung (Abs 2 S 4) muss auf den Schutz personenbezogener Daten Rücksicht genommen werden (vgl § 30 VwVfG).

10 **4. Zustellungserfordernis.** Abweichend von § 41, der für VAe allgemein die Bekanntgabe vorsieht, muss die Entscheidung, die in einem förmlichen Verwaltungsverfahren ergeht, immer **zugestellt (Abs 2 S 1) oder** in den Fällen des Abs 2 S 2 **öffentlich bekannt gemacht** (s dazu unten Rn 12) werden. Die Zustellung erfolgt bei von Bundesbehörden erlassenen VAen nach dem VwZG, bei von Landesbehörden erlassenen VAen nach den entsprechenden Zustellungsgesetzen der Länder. S zu den Anforderungen an eine wirksame Zustellung näher § 41 Rn 56 ff. Erlassen im Rechtssinn ist der VA, auch wenn er in der mV bereits bekannt gegeben wurde, erst mit seiner Zustellung (BVerwGE 55, 299; s auch § 41 Rn 13 f).

11 **5. Elektronischer VA (Abs 2 S 2).** Nach Abs 2 S 2[4] ist ein das Verfahren abschließender elektronischer VA mit einer qualifizierten elektronischen Signatur (§ 3a Abs 2) zu versehen, die dauerhaft überprüfbar sein muss. Zum Erfordernis der dauerhaften Überprüfbarkeit der Signatur siehe § 37 Rn 37a.[5]

IV. Besondere Regelungen für Massenverfahren (Abs 2 S 3–5)

12 **1. Möglichkeit der öffentlichen Bekanntmachung.** Abs 2 S 3 ermächtigt die Behörde im Interesse der Vereinfachung des Verfahrens, in Fällen, in denen sonst **mehr als 50 Zustellungen** (vgl § 67 Rn 10) des Bescheides vorzunehmen wären, stattdessen den **verfügenden Teil des VA,** dh den Entscheidungssatz (Tenor), der die getroffene Regelung enthält, öffentlich bekannt zu machen.[6] Die Vorschrift dient der Verwaltungsvereinfachung. Ob die Behörde von der Möglichkeit öffentlicher Bekanntmachung Gebrauch macht, steht in ihrem Ermessen.[7]

13 **2. Bewirkung der öffentlichen Bekanntmachung (Abs 2 S 4).** Bewirkt wird die öffentliche Bekanntmachung durch Bekanntmachung des **verfügenden Teils des VA** und der Rechtsbehelfsbelehrung im amtlichen Veröffentlichungsblatt und zusätzlich in örtlichen Tageszeitungen. Seit dem Inkrafttregten den PlVereinhG muss gem § 27a zusätzlich eine Veröffentlichung auf der Internet-Seite der Behörde erfolgen. Bekannt zu geben ist der volle Wortlaut des verfü-

---

[4] Eingefügt durch das Dritte Gesetz zur Änderung verwaltungsverfahrensrechtlicher Vorschriften v 21.8.2002 (BGBl I, 3322, 3325).

[5] Dazu auch Roßnagel, Das elektronische Verwaltungsverfahren, NJW 2003, 469, 473.

[6] **Die „Masseschwelle"** in Abs 2 S 3 und Abs 3 S 2 wurde durch das GenBeschlG 1996 von 300 auf 50 herabgesetzt.

[7] Bambey DVBl 1984, 376; Knack/Henneke 11.

genden Teils (StBS 18; Knack/Henneke 12). Zum verfügenden Teil idS gehören auch die Nebenentscheidungen und die Rechtsmittelbelehrung (StBS 20), ggf auch eine dem VA beigefügte Vollziehbarkeitsanordnung gem § 80 Abs 2 Nr 4 VwGO. Bekannt zu machen sind ferner der Hinweis auf die Zustellungswirkung nach Abs 2 S 4 und der Hinweis auf die Möglichkeit, nach Abs 2 S 5 ein Exemplar des vollständigen VA anzufordern. Eine öffentliche Bekanntmachung auch der Begründung des VA ist nicht erforderlich; bei Planfeststellungen kann auch die öffentliche Bekanntmachung der im einzelnen festgestellten Pläne unterbleiben (VGH München NVwZ 1982, 128). Insoweit lässt das Gesetz es ausreichen, dass auf Grund der Bekanntmachung die Möglichkeit der Betroffenen besteht, sich die erforderlichen weiteren Informationen zu beschaffen.

Umstritten ist, ob die Bekanntmachung einer **Zusammenfassung des verfügenden Teils ausreichend** ist, wenn der volle Wortlaut derart umfangreich ist, dass entweder die öffentliche Bekanntmachung wesentlich erschwert oder der Informationswert der Bekanntgabe eingeschränkt wäre. Dies hat das BVerwG angenommen.[8] Dem ist nur zuzustimmen, wenn der Zweck der Bekanntgabe, den Betroffenen Gelegenheit zu geben, sich über den VA näher zu informieren **(Anstoßfunktion),** hinreichend erreichbar ist.[9] 14

3. Zustellfiktion (Abs 2 S 5). Der VA gilt gem Abs 2 S 4 **zwei Wochen nach der Bekanntmachung** in dem amtlichen Veröffentlichungsblatt als zugestellt. Hierauf ist in der öffentlichen Bekanntmachung hinzuweisen. Die Hinweispflicht dient der Rechtssicherheit und der Rechtsklarheit, außerdem der Konkretisierung der Erfordernisse einer ordnungsgemäßen Rechtsbehelfsbelehrung gem § 58 VwGO. Das Fehlen des Hinweises gem Abs 2 S 4 auf die Zustellungsfiktion und den maßgeblichen Zustellungstag berührt die Wirksamkeit und Rechtmäßigkeit eines gem Abs 2 S 2 bekannt gemachten VA nicht, sondern hat nur zur Folge, dass entsprechend § 58 Abs 2 VwGO die Anfechtungsfrist gem § 74 VwGO nicht zu laufen beginnt.[10] S 4 konkretisiert und modifiziert insoweit die Erfordernisse einer ordnungsgemäßen Rechtsbehelfsbelehrung gem § 58 Abs 1 VwGO, die sonst keinen Hinweis auf den Fristbeginn verlangen (vgl Kopp/Schenke § 58 Rn 11 mwN). Der (fiktive) Zustellungstag ist zugleich gem § 43 für das Wirksamwerden des VA (s § 41 Rn 13) und grundsätzlich auch (s jedoch unten Rn 16) für den Lauf der Rechtsbehelfsfristen maßgeblich. **Umstritten** ist, ob im Falle einer zusätzlichen Individualzustellung die Klagefrist mit dieser erneut in Lauf gesetzt wird; richtigerweise ist dies nicht der Fall.[11] Es kann aber eine Wiedereinsetzung in Betracht kommen, wenn eine neue Rechtsmittelbelehrung gegeben wird. 15

4. Anforderung des VA (Abs 2 S 6). Die Beteiligten haben im Falle öffentlicher Bekanntmachung nach Abs 5 S 5 **Anspruch auf eine schriftliche Ausfertigung** des VA, wenn sie diese vor Ablauf der Rechtsbehelfsfrist schriftlich bzw entspr § 64 zur Niederschrift bei der Behörde beantragen (ebenso Knack/Henneke 15). Auf diesen Anspruch auf schriftliche Ausfertigung des VA ist in der öffentlichen Bekanntmachung hinzuweisen. Unterbleibt dieser Hinweis, so ist das für die Wirksamkeit der Bekanntmachung ohne Folgen (ebenso Obermayer 28; zweifelnd StBS 27). Die **Ausfertigung kann formlos übersandt werden;** einer Zustellung entspr S 1 bedarf es nicht. Sie setzt mit ihrem Zugehen auch keine neuen Rechtsbehelfsfristen in Lauf (Bambey DVBl 1984, 377; Knack/Henneke 15). Die Betroffenen haben aber Anspruch auf Wiederein- 16

---

[8] BVerwGE 67, 206 = NJW 1984, 189: Nur Anstoßfunktion; hins der vollständigen Kenntnisnahme Mitwirkungslast; VGH München DVBl 1982, 207.

[9] Str. wie hier Ziekow 7; **aA** Obermayer 35; zweifelnd StBS 19; FKS 19.

[10] StBS 22; MB 3; **aA** Obermayer 41: fehlender Hinweis bleibt ohne Folgen.

[11] So Knack/Henneke 14; FKS 20; offen StBS 21; **aA** Bambey DVBl 1984, 377.

setzung analog § 45 Abs 3, § 32 VwVfG, wenn die Ausfertigung erst nach Ablauf einer Rechtsbehelfsfrist oder so kurzfristig vorher übersandt wurde, dass rechtzeitige Rechtsbehelfseinlegung nicht mehr möglich war (wie hier StBS 26; Obermayer 48 zu dieser Auffassung neigend, VGH München NVwZ 1982, 129; zT **aA** Knack/Henneke 15: Wiedereinsetzung hängt von den Umständen des Einzelfalles ab).

V. Abschluss des Verfahrens in anderer Weise (Abs 3)

17 **1. Erledigungstatbestände.** Wie jedes Verwaltungs- und Gerichtsverfahren kann das förmliche Verfahren auf andere Weise als durch eine Entscheidung über den Verfahrensgegenstand iS des Abs 2 sein Ende finden. Typische **Beendigungsgründe** sind die Rücknahme des Antrags, der Tod des Antragstellers bei einem höchstpersönlichen VA, eine anderweitige Erledigung (wie der Abschluss eines öffentlich-rechtlichen Vertrages) und der Verzicht der Behörde auf die weitere Durchführung eines von Amts wegen eingeleiteten Verfahrens. Nach Abs 3 begründet für derartige Fälle eine **Verpflichtung der Behörde, die Beteiligten „hiervon"**, dh von der Beendigung des Verfahrens **zu benachrichtigen.** Mitgedacht ist die Pflicht, den Grund und die Folgen der Beendigung anzugeben. Vgl zu den Fällen des Abschlusses eines Verfahrens durch Erledigung der Sache in anderer Weise allg auch § 43 Rn 40 ff und Kopp/Schenke § 113 Rn 101 ff mit weiteren Beispielen.

18 **2. Form und Inhalt der Benachrichtigung.** Die Regelung lässt offen, in welcher Form das Verfahren abzuschließen ist und welchen Rechtscharakter die Benachrichtigung hat. Hier wird man auf die zu § 161 Abs 2 VwGO entwickelten Grundsätze (vgl Wysk, VwGO § 161 Rn 24 ff) zurückgreifen können. Die **Form des Abschlusses** bezeichnet § 69 Abs 3 als „Benachrichtigung". Ihr **Inhalt**, der zugleich den Rechtscharakter bestimmt, wird durch allg Verfahrensgrundsätze, iÜ durch die Sachlogik bestimmt. Ob es einer **Einstellung des Verfahrens** bedarf, ist umstritten (abl StBS 29; Knack/Henneke 16; MB 4; Obermayer 52). Wie in gerichtlichen Verfahren hat sie nur deklaratorischen Charakter, empfiehlt sich gleichwohl dringend aus Gründen der Rechtsklarheit. Die Benachrichtigung ist damit bloßer Verwaltungsrealakt. Der weitere Inhalt hängt von der Art des Ereignisses ab, das zur Beendigung des Verfahrens geführt hat. In aller Regel bedarf es einer **Kostenentscheidung**, die nach den einschlägigen Kostenvorschriften ggf die behördlichen Kosten verteilt, in jedem Fall aber die Tragung der Kosten der Beteiligten regelt („Ihre eigenen Kosten tragen die Beteiligten selbst"). Wird das Verfahren durch **Abschluss eines Vergleichsvertrags** nach § 55 beendet, so ist keine weitere Entscheidung erforderlich, soweit der Vergleich alle Streitpunkte erledigt und insb auch die Kosten des Verfahrens verteilt. Selbstverständlich ist auch eine zumindest kurze **Begründung.**

19 **Die Benachrichtigung,** zu der Abs 3 die Behörde verpflichtet, ist auch dann, wenn sie keine förmliche Einstellung enthält, als **Bekanntgabe der Einstellung** des Verfahrens (§§ 41, 43 Abs 1) zu verstehen (ebenso im Ergebnis StBS 30; Knack/Henneke 16; MB 2). Sie kann mangels vorgeschriebener Form formlos, insb auch mündlich, telefonisch oder in anderer geeigneter Form erfolgen (§ 37 Abs 1 S 1; ebenso Ziekow 11), sollte in einem auf Förmlichkeit und also Klarheit angelegten Verfahren aber **möglichst schriftlich** erfolgen. In Verfahren, in denen **mehr als 50 Benachrichtigungen** vorzunehmen wären, kann die Mitteilung gem Abs 3 S 2 iVmit Abs 2 S 3 auch durch öffentliche Bekanntmachung erfolgen (s hierzu § 63 Rn 12 ff).

§ 70 Anfechtung der Entscheidung

Vor Erhebung einer verwaltungsgerichtlichen Klage, die einen im förmlichen Verwaltungsverfahren erlassenen Verwaltungsakt zum Gegenstand hat, bedarf es keiner Nachprüfung in einem Vorverfahren.

Übersicht

I. Allgemeines

1. Bedeutung. Die Vorschrift erklärt im Hinblick auf den höheren Rechtsschutzstandard des förmlichen Verfahrens (s § 63 Rn 2) das Vorverfahren gem §§ 68 ff VwGO für **entbehrlich** (Begr 86). Damit kann gegen Entscheidungen im förmlichen Verfahren (§ 69 Abs 2) abweichend von der Regel des § 68 Abs 1 S 1 VwGO unmittelbar die verwaltungsgerichtliche Klage erhoben werden. Richtigerweise ist damit nicht nur Entbehrlichkeit, sondern auch die **Unstatthaftigkeit des Vorverfahrens** festgelegt (s unten Rn 5), soweit nicht spezialgesetzlich gleichwohl ein Vorverfahren vorgeschrieben ist (wie zB in § 21 SortSchG, § 41 SaatVerkG). 1

2. Anwendungsbereich. a) Unmittelbar. Die Vorschrift gilt nur für förmliche Verwaltungsverfahren im Anwendungsbereich des VwVfG, die gem § 63 durch Rechtsvorschrift angeordnet worden sind. Sie gilt auch für Planfeststellungsverfahren und entfaltet dort ihre besondere Bedeutung (§ 74 Abs 1 S 2). Die Verwaltungsverfahrensgesetze der Länder sehen im Wesentlichen mit § 70 gleich lautende Vorschriften vor (vgl zB § 137 s-hLVwG). Zahlreiche sonstige Vorschriften des Bundes bzw der Länder enthalten vergleichbare Regelungen. Für landesrechtliche Vorschriften ergibt sich die im Hinblick auf die Regelungen des Vorverfahrens in der VwGO erforderliche **Ermächtigung des Landesgesetzgebers** aus § 68 Abs 1 S 2 VwGO, nach dessen neuer Fassung sogar das Erfordernis eines „besonderen Falles" entfallen ist (s Kopp/Schenke § 68 Rn 17a). 2

b) Anfechtungs- und Verpflichtungsklagen. Die Vorschrift gilt nicht nur für Anfechtungsklagen, sondern trotz des insofern missverständlichen Wortlauts („erlassener VA") unmittelbar auch für Verpflichtungsklagen auf Erlass von VAen im förmlichen Verfahren (Obermayer 9; StBS 5; Knack/Henneke 2); nicht dagegen auch für Klagen gegen die Ablehnung der Einleitung eines förmlichen Verfahrens bzw auf positive Entscheidung über die Einleitung eines solchen Verfahrens[1] bzw für Klagen gegen die Einstellung des Verfahrens gem § 69 Abs 3. Insoweit verbleibt nach Wortlaut und Zweck der Regelung, weil es an einer im förmlichen Verwaltungsverfahren mit den besonderen Garantien gem §§ 63 ff ergangenen Entscheidung der Behörde zur Sache fehlt, grundsätzlich beim Erfordernis eines Vorverfahrens gem §§ 68 ff VwGO. Nicht berührt wird von § 70 die Möglichkeit einer Untätigkeitsklage gem § 75 VwGO (Obermayer 15). 3

c) Analoge Anwendbarkeit. § 70 ist analog auf Klagen in anderen Rechtswegen, zB dem ordentlichen Rechtsweg oder dem Finanzrechtsweg, anwendbar, 4

---

[1] VGH Kassel DÖV 1983, 948; VGH Mannheim DÖV 1984, 948; StBS 6.

wenn ein Gesetz ausnahmsweise, obwohl es sich der Sache nach um eine verwaltungsrechtliche Streitigkeit handelt, einen anderen Rechtsweg als den Verwaltungsrechtsweg gem § 40 Abs 1 VwGO vorsieht (vgl § 79 Rn 7; **aA** Knack/Henneke § 79 Rn 13). Zur Auslegung der entsprechenden Vorschriften und zur Frage einer analogen Anwendung zur Ausfüllung von Lücken vgl § 64 Rn 4; die dort gemachten Ausführungen gelten hier entsprechend.

II. Ausschluss des Vorverfahrens

5 **1. Grundsätzliche Unzulässigkeit.** Entgegen der insoweit nicht ganz klaren Fassung enthält die Vorschrift einen **zwingenden Ausschluss** des Vorverfahrens iS des § 68 Abs 1 S 2, 1. Halbs VwGO. Der Betroffene hat daher keine Wahl, ob er sofort Klage erheben oder Widerspruch gem §§ 68 ff VwGO einlegen will. Ist das Vorverfahren unstatthaft, ist ein gleichwohl erhobener **Widerspruch** durch Widerspruchsbescheid (§ 73 VwGO) **als unzulässig** zurückzuweisen. Er könnte auch den den Ablauf der Klagefrist (§ 74 VwGO) und den Eintritt der Unanfechtbarkeit des VA nicht hindern (Kopp/Schenke § 68 Rn 16). Der Ausschluss des Vorverfahrens gilt nicht nur für Sachentscheidungen, die auf Grund des Verfahrens gem §§ 63 ff ergehen. § 70 gilt vielmehr für jeden „im förmlichen Verwaltungsverfahren erlassenen Verwaltungsakt" und damit auch zB für die – von der Ablehnung der Einleitung eines Verfahrens zu unterscheidende (s oben Rn 3) – Ablehnung eines Antrags auf Erlass einer positiven Entscheidung in einer Sache durch VA als unzulässig.

6 **2. Verfassungsrechtliche Bewertung.** Die Zweckmäßigkeit der Regelung wurde in der älteren Literatur teilweise in Zweifel gezogen (vgl Feneberg DVBl 1965, 180; Spanner DVBl 1964, 846) Die Zweifel sind, auch im Hinblick auf den anderenfalls zu erwartenden Zeitverlust, nicht berechtigt. **Verfassungsrechtlich ist sie unbedenklich** (Obermayer 1), auch wenn dadurch den Beteiligten ggf die Möglichkeit einer für sie günstigeren nochmaligen Überprüfung des VA durch eine Behörde und insb ggf auch einer nochmaligen Entscheidung von Ermessensfragen, deren Nachprüfung den Gerichten gem § 114 VwGO entzogen ist, genommen wird (vgl BVerfG 35, 65). In dieser Hinsicht reiht sich die Vorschrift ein in eine lange Reihe von Bestimmungen, mit denen das Vorverfahren in anderen Rechtsbereichen für entbehrlich erklärt wird (vgl Kopp/Schenke § 68 Rn 17a; Wysk, VwGO § 68 Rn 9).

§ 71 Besondere Vorschriften für das förmliche Verfahren vor Ausschüssen

(1) **Findet das förmliche Verwaltungsverfahren vor einem Ausschuss (§ 88) statt, so hat jedes Mitglied das Recht, sachdienliche Fragen zu stellen.**[3] **Wird eine Frage von einem Beteiligten beanstandet, so entscheidet der Ausschuss über ihre Zulässigkeit.**[4a]

(2) **Bei der Beratung und Abstimmung dürfen nur Ausschussmitglieder zugegen sein, die an der mündlichen Verhandlung teilgenommen haben.**[5] **Ferner dürfen Personen zugegen sein, die bei der Behörde, bei der der Ausschuss gebildet ist, zur Ausbildung beschäftigt sind, soweit der Vorsitzende ihre Anwesenheit gestattet.**[7] **Die Abstimmungsergebnisse sind festzuhalten.**

(3) **Jeder Beteiligte kann ein Mitglied des Ausschusses ablehnen, das in diesem Verwaltungsverfahren nicht tätig werden darf (§ 20) oder bei dem die Besorgnis der Befangenheit besteht (§ 21).**[14] **Eine Ablehnung vor der mündlichen Verhandlung ist schriftlich oder zur Niederschrift zu erklären.**[16] **Die Erklärung ist unzulässig, wenn sich der Beteiligte,**

ohne den ihm bekannten Ablehnungsgrund geltend zu machen, in die mündliche Verhandlung eingelassen hat.[18] **Für die Entscheidung über die Ablehnung gilt § 20 Abs. 4 Satz 2 bis 4.**[22]

Schrifttum: *Dagtoglou,* Kollegialorgane und Kollegialakte der Verwaltung, 1960; *Epping,* Die Willensbildung von Kollegialorganen, DÖV 1995, 719; *Groß,* Das Kollegialprinzip in der Verwaltungsorganisation, 1999, insbes S. 280 ff; *Kopp,* Die Ablehnung befangener Amtsträger im Verwaltungsverfahren, BayVBl 1994, 109; *Steimel,* Rechtsfolgen der Befangenheit von Mitgliedern eines Kollegialorgans, Vr 1981, 381. S auch das Schrifttum zu §§ 20, 21.

Übersicht

I. Allgemeines

1. Inhalt der Vorschrift. § 71 enthält in Ergänzung zu den §§ 62–70 Sonderregelungen für Verfahren vor Kollegialorganen (Ausschüssen) hins des Fragerechts der Ausschussmitglieder (Abs 1), der Beratung und Abstimmung (Abs 2) und der Ablehnung von Mitgliedern (Abs 3). Im Einzelnen sind die Bestimmungen den für Kollegialgerichte geltenden Vorschriften nachgebildet. Die Regelungen werden **ergänzt durch die §§ 88 bis 93,** von denen allerdings §§ 89 und 93 ihrerseits wieder durch § 68 Abs 2–4 und § 71 Abs 1 verdrängt werden (Knack/Henneke 5; ausführlich StBS 4 ff). Die Bestimmungen des Abs 3 über Ausschüsse werden außerdem **durch § 20 Abs 4 und § 21 Abs 2 ergänzt.** Im Übrigen gelten auch für das förmliche Verfahren vor einem Ausschuss die allgemeinen Bestimmungen über das förmliche Verfahren gem §§ 63 ff. Soweit danach dem Verhandlungsleiter besondere Befugnisse eingeräumt werden (zB nach § 68), kommen diese, vorbehaltlich des Abs 2, dem Vorsitzenden zu. Nicht anwendbar sind die §§ 192 ff GVG (UL § 38 Rn 2). Nicht geregelt ist im VwVfG 1 die Frage, in welchen Fällen das förmliche Verfahren vor einem Ausschuss stattfindet. Insoweit ist allein das einschlägige Fachrecht, welches das förmliche Verfahren anordnet, maßgeblich (UL § 38 Rn 1; Knack/Henneke 3).

2 **2. Anwendungsbereich.** § 71 gilt **unmittelbar nur in förmlichen Verwaltungsverfahren** gem §§ 63 ff, für die die Anwendung dieses Verfahrens gem § 63 Abs 1 angeordnet ist. Die Vorschrift gilt außerdem nur im Anwendungsbereich des VwVfG. Die Verwaltungsverfahrensgesetze der Länder sehen im Wesentlichen mit § 71 gleich lautende Vorschriften vor (vgl zB § 138 s-hLVwG). Vergleichbare Bestimmungen sind außerdem in zahlreichen anderen Gesetzen, die förmliche Verwaltungsverfahren iwS vorsehen, enthalten. Vgl insoweit und zur Frage einer sinngemäß-analogen Anwendung der Vorschriften § 64 Rn 2 ff; die dort gemachten Ausführungen gelten auch hier entsprechend. Als **Ausdruck allgemeiner Rechtsgedanken** sind Abs 1 und 2 zT analog auch für nichtförmliche Verwaltungsverfahren vor Kollegialorganen anwendbar (ähnlich StBS 3; Obermayer 17; UL § 38 Rn 1); **ebenso für förmliche Verfahren iwS** (s § 63 Rn 2) sowie für Verfahren vor Kollegialorganen, die nicht zur Entscheidung in der Sache berufen sind, sondern nur auf Grund von Rechtsvorschriften dabei mitzuwirken haben (vgl § 88 Rn 8).

II. Fragerecht der Ausschussmitglieder (Abs 1)

3 **1. Grundsatz (Abs 1 S 1).** Abs 1 sieht in Anlehnung an § 104 Abs 2 VwGO ein Fragerecht der Mitglieder eines gem §§ 88 ff im Rahmen eines förmlichen Verwaltungsverfahrens tätigen Ausschusses vor. Das Fragerecht ergänzt das Erörterungsrecht bzw die Erörterungspflicht und die Hinweispflicht des Verhandlungsleiters gem § 68 Abs 2. Es dient der Aufklärung des Sachverhalts und soll außerdem dem einzelnen Mitglied die für die Beratung und Abstimmung erforderliche Meinungsbildung gewährleisten (Begr 86; MuE 215). Im Gegensatz zur Verfahrensleitung und zur allgemeinen Erörterungspflicht des Verhandlungsleiters, der auch ein allgemeines Erörterungs- und Fragerecht entspricht, haben die übrigen Mitglieder des Ausschusses nur das Fragerecht. **Umstritten** ist, ob das Fragerecht auch außerhalb bzw unabhängig von einer mV ausgeübt werden kann.[1] Wortlaut und Zusammenhang deuten dagegen auf eine Beschränkung auf die mV hin (so auch Knack/Henneke 6). **Sachdienlichkeit** begrenzt das Fragerecht der Mitglieder des Ausschusses. Sie liegt vor, wenn die Fragen der Sachaufklärung nach § 24 oder der Klarstellung des Vorbringens und der Anträge der Beteiligten dienen (vgl auch Obermayer 25). Hierbei ist aber ein großzügiger Maßstab geboten.

4 **2. Beanstandung von Fragen (Abs 1 S 2).** Das Beanstandungsrecht hinsichtlich einzelner Fragen kommt nach dem klaren Wortlaut der Vorschrift **nur den Beteiligten** (§ 13), nicht auch Zeugen und Sachverständigen oder den Mitgliedern des Ausschusses zu. Für die Beschlussfassung des Ausschusses über die Zulässigkeit der Frage gilt § 91 (StBS 13; Knack/Henneke 6). **Umstritten** ist, ob auch der Vorsitzende des Ausschusses, also der **Verhandlungsleiter,** Fragen einzelner Mitglieder nach Abs 1 S 2 beanstanden kann. Dies ist im Ergebnis zu bejahen, wobei allerdings ein strenger Maßstab anzulegen ist.[2] Nur in eindeutigen Fällen, insbesondere wenn erhebliche Verzögerungen drohen, ist die Zurückweisung einer Frage zulässig. Das Ausschussmitglied kann in diesem Fall eine Unterbrechung der Sitzung und eine Entscheidung des Ausschusses über die Zurückweisung der Frage verlangen.

---

[1] So StBS 12; Obermayer 25; Ziekow 3.
[2] StBS 13; MB 3; Ziekow 4; **aA** Obermayer 29; anscheinend auch Knack/Henneke 6.

III. Beratung und Abstimmung; Protokollierung (Abs 2)

1. Grundsatz der Unmittelbarkeit (Abs 2 S 1). Abs 2 beschränkt vorbehaltlich abweichender gesetzlicher Regelungen in Anlehnung an § 112 VwGO und an § 193 GVG die Teilnahme an der Beratung und Abstimmung auf diejenigen Mitglieder des Ausschusses, die an der mV teilgenommen haben. Insoweit gilt für Kollegialorgane etwas anderes als für den **Einzelentscheider** (vgl § 69 Rn 5). Für die Beschlussfassung selbst und die Beschlussfähigkeit gelten die §§ 90, 91 (vgl Knack/Henneke 5). **Nur wer an der mV teilgenommen hat** und auf Grund seines persönlichen Eindrucks von den Beteiligten sowie von etwaigen Zeugen und Sachverständigen deren Äußerungen hins ihrer Glaubwürdigkeit, Zuverlässigkeit usw voll würdigen kann, **soll auch bei der Entscheidung mitwirken** (Begr 86). Dadurch soll sichergestellt werden, dass bei der Feststellung und Würdigung des Verfahrensergebnisses auch der persönliche Eindruck, den die Beteiligten, Zeugen usw machen, mit berücksichtigt werden kann (Begr 86). Haben mehrere Verhandlungstermine stattgefunden, so genügt die Teilnahme am letzten nur, wenn darin alle entscheidungserheblichen Fragen ausreichend erörtert wurden (Obermayer 35; weitergehend offenbar StBS 17; MB 5) oder die Ausschussmitglieder in anderer Weise ausreichend über die Ergebnisse der vorangegangenen Verhandlungen unterrichtet wurden. Eine **vorübergehende Abwesenheit** einzelner Ausschussmitglieder ist grundsätzlich unschädlich (Groß S 298). 5

2. Beschlussfähigkeit. Nicht geregelt ist in § 71, welche Folgen es hat, wenn ein Ausschussmitglied zwar an der mV, nicht aber an der Beratung und Abstimmung oder nur an der Beratung oder nur an der Abstimmung teilnimmt; insoweit kommt es auf das in der Sache anwendbare Fachrecht an (vgl BVerwG NJW 1989, 412); ergänzend gilt § 90 (Knack/Henneke 8). Grundsätzlich ist danach die Abwesenheit von Ausschussmitgliedern, die an der mV teilgenommen haben, unschädlich, wenn sie verhindert sind und trotz ihres Fehlens die **Beschlussfähigkeit** gegeben ist (ähnlich Obermayer 36). 6

3. Anwesenheit anderer Personen (Abs 2 S 2). Andere Personen, die nicht dem Ausschuss angehören, dürfen bei der Beratung und der Abstimmung nur unter den Voraussetzungen des Abs 2 S 2 zugegen sein (Beratungsgeheimnis). Dabei handelt es sich um Personen, die bei der Behörde zur Ausbildung beschäftigt sind, sofern und soweit (uU zB Ausschluss nur von der Beratung bestimmter Fragen) der Vorsitzende (vgl § 68 Rn 5; ebenso Obermayer 29 f) ihre Anwesenheit gestattet. Die Teilnahme anderer als der in Abs 2 genannten Personen, auch wenn sie nur die Beratung und nicht auch die Abstimmung betrifft, führt zur Rechtswidrigkeit der getroffenen Entscheidung. 7

4. Ausnahmen. a) Öffentliche Beratung und Abstimmung. Abs 2 S 1 u 2 gilt nach Sinn und Zweck der Regelung nicht für Entscheidungen, für die durch Rechtsvorschrift öffentliche Beratung und Abstimmung vorgeschrieben oder zugelassen ist (vgl WB III § 156 Rn 48), wie meist außerhalb des Verwaltungsverfahrens gem § 1 in kommunalen oder parlamentarischen Gremien wie zB für die Verhandlungen in Gemeinderäten, Rechtsausschüssen usw. 8

b) Entscheidungen des Vorsitzenden. Keine Anwendung findet Abs 2 für vorbereitende Entscheidungen des Vorsitzenden außerhalb der mV. Maßgebend für die Erforderlichkeit einer Entscheidung gem Abs 2 S 1 sind die konkreten Vorschriften, die die Tätigkeit des Kollegialorgans regeln; im Zweifel ist auch von Bedeutung, ob es sich um ein ständiges Organ oder um ein nur gelegentlich zusammentretendes Organ handelt. Soweit durch Rechtsvorschriften nichts anderes vorgesehen ist, ist eine Kollegialentscheidung idR dann nicht erforderlich, wenn in entsprechenden Fällen auch im gerichtlichen Verfahren der Vorsitzende allein entscheiden kann. 9

10 **c) Entscheidungen im Umlaufverfahren.** Die Anwendbarkeit von Abs 2 S 1 entfällt auch dann, wenn Entscheidungen im Umlaufweg uä zugelassen sind (vgl § 90 Rn 9) und im konkreten Fall keine gemeinsame Beratung oder Abstimmung stattfindet (StBS 15). Auch in diesen Fällen dürfen jedoch, vorbehaltlich abweichender besonderer Bestimmungen, **nur die Mitglieder abstimmen** und an der Entscheidung mitwirken, die an der mV teilgenommen haben.

11 **5. Festhalten des Abstimmungsergebnisses (Abs 2 S 3).** Nach Abs 2 S 3 sind die Abstimmungsergebnisse in einer Niederschrift festzuhalten, dh, auf geeignete Weise zu dokumentieren. Dies kann ggf auch in der Niederschrift nach § 68 Abs 4 geschehen, wenn Beratung und Abstimmung in unmittelbarem zeitlichen Zusammenhang mit der mV stattfinden (zT **aA** Begr 86; Obermayer 39: muss). Die Niederschrift muss in diesem Fall jedoch jedenfalls vom Vorsitzenden oder einem anderen Mitglied, das an der Beratung und Abstimmung teilgenommen hat, gefertigt oder zumindest als richtig bestätigt und unterschrieben werden.

12 **a) Mindestinhalt des Protokolls.** Die Pflicht zur Protokollierung umfasst nach Abs 2 S 3 nur das Ergebnis der Abstimmung. Hierzu gehört der Inhalt der getroffenen Entscheidung sowie die Zahl der für und der gegen den Entscheidungsantrag abgegebenen Stimmen sowie der Enthaltungen. **Nicht unter Protokollierungspflicht** fällt – da es sich insoweit nicht um Ergebnisse, sondern um Elemente der Abstimmung handelt – die Feststellung, wie die einzelnen Mitglieder gestimmt haben und welche Gründe sie dafür geltend gemacht haben (ebenso Obermayer 39); die Mitglieder haben daher auf Grund dieser Regelung auch keinen Anspruch auf Aufnahme ihrer abweichenden Auffassung (sog „dissenting opinion") in die Niederschrift (Begr 86; ebenso Obermayer 32; StBS 22; Knack/Henneke 12).

13 **b) Weitergehender Inhalt.** Nicht ausgeschlossen ist die Aufnahme weiterer Angaben in das Protokoll. Dies gilt für die Angaben des Stimmverhaltens der einzelnen Ausschussmitglieder, wenn insoweit Einvernehmen besteht (StBS 21; Knack/Henneke 12; Obermayer 40). **Fachrechtlich geboten** kann außerdem die Aufnahme der für die Entscheidung maßgeblichen Gründe sein, insbes im Hinblick auf spätere gerichtliche Kontrolle. Im Übrigen ist es ausreichend, wenn der Vorsitzende die Entscheidung auf der Grundlage der Mehrheitsmeinung begründet.

IV. Ablehnung von Ausschussmitgliedern (Abs 3)

14 **1. Allgemeines.** Abs 3 gibt in Anlehnung an das Prozessrecht (§ 54 VwGO, §§ 41 ff ZPO) den Beteiligten (§ 13) ein **formelles Ablehnungsrecht** gegenüber Mitgliedern des Ausschusses in den § 20 und § 21 entsprechenden Fällen. Ein solches Ablehnungsrecht besteht sonst weder im formlosen Verwaltungsverfahren noch im förmlichen besteht, in denen sonst diesbezüglich nur Anregungen gegeben werden können, die allerdings von Amts wegen berücksichtigt werden müssen (vgl §§ 20 f). Darin zeigt sich, dass ein vor einem Ausschuss ablaufendes Verfahren dem gerichtlichen stärker angenähert ist und dass deshalb der Neutralität der Ausschussmitglieder und der Mitwirkung der Beteiligten ein höherer Stellenwert zukommt. Nicht berührt wird von dieser Regelung die Verpflichtung des Ausschusses bzw der Mitglieder, die Ausschlussgründe nach § 20 und § 21 unabhängig von ihrer Geltendmachung durch einen Beteiligten (der uU daran gar kein Interesse hat) **von Amts wegen** zu berücksichtigen (ebenso UL § 12 Rn 19); ebenso nicht das Recht und die Pflicht betroffener Mitglieder zur Selbstablehnung gem § 63 Abs 2, § 20 Abs 4. Zur Ablehnung eines Sachverständigen s § 65 Abs 1. Nicht möglich ist die Ablehnung des ganzen Ausschusses als solchen (StBS 27; Knack/Henneke 13); sie ist jedoch im Zweifel als Ablehnung der einzelnen Mitglieder des Ausschusses zu verstehen.

2. Ablehnungsgründe (Abs 3 S 1). Grundsätzlich gilt für das Ablehnungsrecht dasselbe wie für die Richterablehnung gem § 54 VwGO iVm §§ 41–49 ZPO, soweit sich aus Abs 3 oder dem Wesen des Verwaltungsverfahrensrechts nichts anderes ergibt. Die Aufzählung der Ausschluss- bzw Ablehnungsgründe in §§ 20f ist abschließend; die Ablehnung eines Mitglieds des Ausschusses analog § 54 Abs 3 VwGO allein deshalb, weil er der Körperschaft angehört, deren Interessen durch das Verfahren berührt werden, ist nicht möglich (**aA** UL § 38 Rn 7: § 54 Abs 3 VwGO analog anwendbar). Zum Problem der institutionellen Befangenheit s § 20 Rn 9. Das Ablehnungsrecht ist nicht davon abhängig, dass der Betroffene eine Entscheidung in der Sache zu seinen Ungunsten befürchtet. 15

3. Erklärung der Ablehnung (Abs 3 S 2). a) Form. Die Ablehnung ist nach Abs 3 S 2 schriftlich oder zur Niederschrift zu erklären, wenn sie vor der mV erfolgt, wenn eine mV nach § 67 Abs 2 nicht stattfindet oder wenn sie vor dem Zeitpunkt, in dem der Beteiligte Kenntnis von dem Ablehnungsgrund erlangt, bereits stattgefunden hat (zu letzterem ebenso StBS 29; Obermayer 45). Vgl im Einzelnen zu den formellen Erfordernissen § 64 Rn 1 ff. Während der mV kann der Ablehnungsantrag auch mündlich gestellt werden (Begr 96; UL § 12 Rn 19; Obermayer 45); die entsprechende Erklärung muss dabei nicht ausdrücklich zur Niederschrift abgegeben werden; der Antrag ist aber nach § 68 Abs 4 Nr 3 von Amts wegen in die Verhandlungsniederschrift aufzunehmen (StBS 30; Knack/Henneke 16). 16

b) Begründung der Ablehnung. Eine Begründung ist nicht ausdrücklich vorgeschrieben, praktisch aber kaum verzichtbar. Der Ausschuss muss zwar die Gründe selbst nach § 24 Abs 1, § 26 Abs 1 und 2 feststellen. Wenn der Antragsteller aber auch auf entsprechende Fragen des Vorsitzenden oder einzelner Mitglieder keinerlei sachdienliche Begründung gibt, kann der Ausschuss nach allgemeinen Grundsätzen (vgl § 26 Rn 43) auf weitere eigene Ermittlungen verzichten und den Antrag nach S 4 iVm § 20 Abs 4 S 2–4 als unbegründet ablehnen oder ohne ausdrückliche Entscheidung darüber unberücksichtigt lassen (vgl BVerwG MDR 1970, 442; BVerfG 11, 348). Dasselbe gilt für offensichtlich missbräuchlich gestellte Ablehnungsanträge (vgl BVerfG 74, 100; Kopp/Schenke § 54 Rn 16 für das Prozessrecht). 17

4. Verlust des Ablehnungsrechts. a) Grundsatz. Nach Abs 3 S 3, der § 42 ZPO nachgebildet ist und allgemeinen Rechtsgrundsätzen des Verwaltungsverfahrensrechts wie auch des Prozessrechts entspricht (BVerwGE 90, 290), verlieren die Beteiligten das Ablehnungsrecht, wenn sie sich in Kenntnis des Ablehnungsgrunds rügelos in die mV einlassen, ohne die Ablehnung geltend zu machen. Bei rügeloser Einlassung wird der **Verzicht auf das Rügerecht unwiderleglich vermutet** (BVerwGE 90, 290 = DVBl 1992, 1490). Ausgeschlossen wird nur das Ablehnungsrecht, nicht dagegen auch die Verpflichtung des Ausschusses, Ausschlussgründe oder Gründe, die die Besorgnis der Befangenheit rechtfertigen, gem §§ 20, 21 **von Amts wegen zu berücksichtigen,** auch wenn die Beteiligten das Ablehnungsrecht nicht geltend machen oder verloren haben (ebenso UL § 12 Rn 19); dies schon deshalb, weil die Beteiligten, wenn „Befangenheit" zu ihren Gunsten besteht oder von ihnen vermutet wird, uU gar kein Interesse haben, einen Ablehnungsantrag zu stellen (vgl oben Rn 16). 18

Zweifelhaft ist, ob der Verlust des Ablehnungsrechts nach Abs 3 S 3 auch **für die Ausschlussgründe nach § 20** gilt, wofür der Wortlaut sprechen könnte, oder ob die Regelung im Einklang mit § 43 ZPO (dem sie nachgebildet ist) einschränkend auszulegen und nur auf die Fälle der Ablehnung wegen Befangenheit entspr § 21 anzuwenden ist. Für letztere Auffassung spricht, dass sonst uU sogar die Nichtigkeit des VA wegen Entscheidung in eigener Sache iS des § 20 Abs 1 S 1 iVm § 44 Abs 1 und Abs 3 Nr 2 später nicht mehr geltend gemacht werden könnte (AA StBS 35). 18a

19 **b) Rügelose Einlassung.** Rügelose Einlassung ist jede Antragstellung und jede Erklärung zur Sache, auch zur Zulässigkeit des Verfahrens (vgl Kopp/Schenke § 91 Rn 17), außerdem wohl auch bloßes Schweigen über den Zeitpunkt hinaus, bis zu dem in entspr Anwendung von § 26 Abs 2 S 1 und 2 spätestens nach Treu und Glauben zu erwarten gewesen wäre, dass der Beteiligte die Ablehnung geltend macht (StBS 36). **Wenn keine mV stattfindet** (vgl § 67 Abs 2), kann die Ablehnung grundsätzlich **bis zum Ergehen der Entscheidung** in der Sache geltend gemacht werden, wenn bzw solange der Betroffene das Ablehnungsrecht nicht durch illoyale Verzögerung der Geltendmachung verwirkt hat (vgl § 20 Rn 57).

20 **c) Kenntnis des Ablehnungsgrunds.** Kenntnis des Ablehnungsgrunds bedeutet, dass der Beteiligte die tatsächlichen Umstände kennt, die eine Ablehnung rechtfertigen können; auf die exakte rechtliche Beurteilung kommt es insoweit nicht an. Es genügt die sog. Parallelwertung in der Laiensphäre. Erforderlich ist die **positive Kenntnis** des zur Ablehnung berechtigenden Sachverhalts; die bloße Möglichkeit der Kenntnisnahme reicht nicht aus. Fehlt die Kenntnis, so kann der Beteiligte den Ablehnungsgrund zu einem späteren Zeitpunkt noch geltend machen.

21 **d) Wirkungen des Ausschlusses.** Der Verlust des Ablehnungsrechts gilt **auch für eine spätere Klage** vor dem Verwaltungsgericht und hat hier zur Folge, dass der formelle Fehler der Entscheidung, der in der Mitwirkung eines befangenen Ausschussmitglieds liegt, nicht mehr geltend gemacht werden kann (BVerwGE 90, 287, 290; Knack/Henneke 17; Groß S 296; **aA** StBS 32). Vgl insoweit und zu **verfassungsrechtlichen Bedenken** gegen diese Auffassung, zur vergleichbaren Situation bei der Präklusion von Einwendungen in Planfeststellungsverfahren § 73 Rn 88.

22 **5. Entscheidung über die Ablehnung (Abs 3 S 4).** Über den Antrag entscheidet der Ausschuss nach dem entspr anwendbaren § 20 Abs 4 S 2–4 in seiner Gesamtheit, jedoch **ohne Mitwirkung des abgelehnten Mitglieds** in einer Art Zwischenverfahren durch Beschluss. Der Beschluss kann, da jedenfalls das betroffene Mitglied dagegen Rechtsbehelfe einlegen kann (s § 20 Rn 58), nicht mit der Entscheidung in der Hauptsache verbunden werden, sondern muss dieser vorausgehen. Die Beteiligten haben im Verfahren vor der Entscheidung über den Ablehnungsantrag Anspruch auf Gehör gem § 66. Wird der Ausschuss infolge der Ablehnung einzelner Mitglieder beschlussunfähig, ohne dass es eine Vertretungsregelung gibt, so muss die für die Einsetzung des Ausschusses zuständige Behörde entscheiden (StBS 39). Ist die Ablehnung rechtsmissbräuchlich, so kann der abgelehnte Ausschuss selbst entscheiden.

23 **6. Rechtsbehelfe.** Die Beteiligten haben gegen die Stattgabe sowie gegen die Ablehnung des Antrags gem § 97 iVm § 44a VwGO keine gesonderten Rechtsbehelfe; sie können die (nach ihrer Auffassung) fehlerhafte Entscheidung des Ausschusses nur mit Rechtsbehelfen gegen die in der Hauptsache ergehende Entscheidung angreifen (Knack/Henneke 18; Obermayer 57). Entsprechendes gilt für die Unterlassung einer Entscheidung über die Ablehnung. Zu Rechtsbehelfen des betroffenen Mitglieds des Ausschusses gegen die Entscheidung vgl § 20 Rn 58.

Abschnitt 1a. Verfahren über eine einheitliche Stelle

§ 71a Anwendbarkeit

(1) **Ist durch Rechtsvorschrift[16] angeordnet, dass ein Verwaltungsverfahren über eine einheitliche Stelle[2] abgewickelt werden kann, so gelten die Vorschriften dieses Abschnitts und, soweit sich aus ihnen nichts Abweichendes ergibt, die übrigen Vorschriften dieses Gesetzes.[19]**

(2) **Der zuständigen Behörde[21] obliegen die Pflichten aus § 71b Abs. 3, 4 und 6, § 71c Abs. 2 und § 71e auch dann, wenn sich der Antragsteller oder Anzeigepflichtige unmittelbar an die zuständige Behörde wendet.**

Schrifttum: *Abromeit/Droste,* Zur Unzulänglichkeit der Umsetzung der Genehmigungsfiktion nach Art. 13 Abs. 4 der Dienstleistungsrichtlinie im deutschen Verwaltungsverfahrensrecht, DÖV 2013, 133; *Bernhardt,* Fingierte Genehmigungen nach den DL-RL-Möglichkeiten der Regelung und Einschränkung, GewArch 2009, 100; *Dürr,* Handwerkskammern als Einheitlicher Ansprechpartner, GewArch 2008, 25; *Eisenmenger,* Das Öffentliche Wirtschaftsrecht im Umbruch: Drei Jahre Dienstleistungsrichtlinie in Deutschland, NVwZ 2010, 337; *Ernst,* Die Einführung eines einheitlichen Ansprechpartners iS der EU-Dienstleistungsrichtlinie durch das 4. Gesetz zur Änderung verwaltungsverfahrensrechtlicher Vorschriften, DVBl 2009, 953; *Freyer,* Dienstleistungserbringung ohne Grenzen – oder: Grenzüberschreitende Erbringung von Dienstleistungen, EuZW 2008, 459; *Knopp,* Elektronische Transaktionen – Anforderungen des Datenschutzes bei der Umsetzung der Dienstleistungsrichtlinie, MMR 2008, 518; *Kluth,* Verfassungs- und europarechtliche Anforderungen an die Ausgestaltung der staatlichen Aufsicht bei der Übertragung der Aufgaben einer Einheitlichen Stelle auf die Industrie- und Handelskammern, JB des Kammer- und Berufsrechts, 2008, 122; *Kormann,* Einheitlicher Ansprechpartner und deutscher Föderalismus: Der Zwang zur Kooperation, 2008; *Korte,* Mitgliedstaatliche Verwaltungskooperation und private Eigenverantwortung beim Vollzug des europäischen Dienstleistungsrechts, NVwZ 2007, 501; *Luch/Schulz,* Die Gesetzgebung der Bundesländer zur Errichtung einheitlicher Ansprechpartner nach Art 6 DLR, GewArch 2010, 225; *Neidert,* Verwaltungsverfahren über einen einheitlichen Ansprechpartner, 2011; *Ramsauer,* Änderungsbedarf im Verwaltungsverfahrensrecht aufgrund der Dienstleistungs-RL, NordÖR 2008, 417; *Reichelt,* Änderungen in Verwaltungsverfahren im Zuge der Umsetzung der DL-RL, LKV 2010, 97; *Ruge,* Einheitlicher Ansprechpartner im neuen Verwaltungsverfahrensrecht, NdsVBl 2008, 305; *Schliesky/Luch/Schulz,* Überlegungen zum Anwendungsbereich der Dienstleistungsrichtlinie, WiVerw 2008, 151; *Schmitz/Prell,* Verfahren über eine einheitliche Stelle – Das Vierte Gesetz zur Änderung verwaltungsverfahrensrechtlicher Vorschriften, NVwZ 2009, 1; *Schulz,* Kooperationsmodelle zur Umsetzung des Einheitlichen Ansprechpartners als unzulässige Mischverwaltung? DÖV 2008, 1028.

Speziell zur Dienstleistungs-RL: *Biernert,* Kooperation von Kammern, E-Government und die EG-Dienstleistungs-RL, GewArch 2008, 417; *Blanke,* Zur Verbandskompetenz und Staatsaufsicht anlässlich der Verortung des „Einheitlichen Ansprechpartners" bei den Wirtschaftskammern, WiVerw 2008, 191; *Calliess,* Europäischer Binnenmarkt und europäische Demokratie: Von der Dienstleistungsfreiheit zur Dienstleistungs-RL – und wieder Retour? DVBl 2007, 336; *Cremer,* Umsetzung der Dienstleistungs-RL in Deutschland – Verfassungsrechtliche Grenzen für die Installierung der Kammern als Einheitliche Ansprechpartner, EuZW 2008, 655; *Günnewicht/Tiedge,* Aufsicht über die Erbringung von Dienstleistungen: Ein neuer Rechtsrahmen nach der Dienstleistungsrichtlinie, WiVerw 2008, 212; *Hatje,* Die Dienstleistungsrichtlinie – Auf der Suche nach dem liberalen Mehrwert – Auch eine Herausforderung für die Rechtsanwaltschaft? NJW 2007, 2357; *Komission der EG (Hrsg),* Handbuch zur Umsetzung der Dienstleistungs-RL, 2007; *Klamert,* Die Notifizierungspflichten der Dienstleistungs-RL: ein Fall für den EuGH? DVBl 2008, 829; *Lemor,* Auswirkungen der Dienstleistungsrichtlinie auf ausgesuchte reglementierte Berufe, EuZW 2007, 135; *Möstl,* Wirtschaftsüberwachung von Dienstleistungen im Binnenmarkt, DÖV 2006, 281; *Schlachter/Ohler,* Europäische Dienstleistungs-RL – Handkommentar, 2008; *Schliesky* (Hrsg), Die Umsetzung der EU-Dienstleistungs-RL in der deutschen Verwaltung. Teil 1: Grundlagen, 2008; *Waschkau,* Dienstleistungs-RL und Berufsanerkennungs-RL, 2008; *Windoffer,* Die Gesetzgebungsvorhaben des Bundes und der Länder zur verwaltungsverfahrensrechtlichen Umsetzung der EG-Dienstleistungs-RL, DÖV 2008, 797; *ders,* Ein Jahr EU-Dienstleistungs-RL: Zur Diskussion um den einheitlichen Ansprechpartner unter besonderer Berücksichtigung des „Kammermodells", GewArch 2008, 97; *ders,* Die Implementierung einheitlicher Ansprechpartner nach der EU-Dienstleistungs-RL – Problemfelder und Anpassungsbedarf im nationalen Recht, NVwZ 2007, 495; *ders,* Einheitliche Ansprechpartner nach der EU-Diensleistungsrichtlinie – Aufgabenprofil und Ansiedlungsoptionen, DVBl 2006, 1210; *Windoffer/Ziekow,* Ein Einheitlicher Ansprechpartner für Dienstleister – Anforderungen des Vorschlags einer EU-Dienstleistungs-RL und Gestaltungsoptionen im föderalen System der Bundesrepublik Deutschland, 2007; *Ziekow,* Die Umsetzung der Dienstleistungsrichtlinie im Verwaltungsverfahrensrecht, WiVerw 2008, 176; *ders,* Die Auswirkungen der Dienstleistungs-RL auf das deutsche Genehmigungsverfahrensrecht, GewArch 2007, 179 und 217.

Übersicht

I. Allgemeines

1 **1. Inhalt.** Die Vorschrift bestimmt als **Eingangsnorm** des Verfahrens über eine einheitliche Stelle (§§ 71a ff), welche Vorschriften zur Anwendung kommen, wenn das Fachrecht vorsieht, dass ein Verwaltungsverfahren über die einheitliche Stelle abgewickelt werden kann. Für diesen Fall gelten die „Vorschriften dieses Abschnitts", also die §§ 71a ff als spezielle Verfahrensregelungen; die übrigen Vorschriften des VwVfG bleiben anwendbar, soweit sich aus den §§ 71a ff nichts Abweichendes ergibt. Die Vorschriften des Abschnitts 1a sind durch das 4. VwVfÄndG[1] im Jahre 2009 aus Anlass der **Umsetzung der Dienstleistungs-RL**[2] neu in das VwVfG eingefügt worden (Vgl Einf I Rn 35), sind in ihrem Anwendungsbereich aber nicht auf die Dienstleistungs-RL beschränkt. Sie **ersetzen die bisherigen Regelungen in den §§ 71a ff** über die Beschleunigung von Genehmigungsverfahren, die durch das GenBeschlG 1996 in das Gesetz eingefügt worden waren und zu Recht für entbehrlich gehalten werden.[3]

2 **a) Verfahren über eine einheitliche Stelle.** Der Einzelne soll die Möglichkeit erhalten, die für ein bestimmtes Vorhaben erforderlichen Zulassungs- und Genehmigungsverfahren sowie Formalitäten wie Anmeldungen, Eintragungen usw vollständig über eine einzige Stelle abzuwickeln, auch wenn für sein Vorhaben mehrere unterschiedliche Behörden zuständig sind. Die §§ 71a ff begründen **keine eigene Entscheidungszuständigkeit** der einheitlichen Stelle und lassen

---

[1] Viertes Gesetz zur Änderung verwaltungsverfahrensrechtlicher Vorschriften v 17.12. 2008 (BGBl I, S. 2418).

[2] Richtlinie 2006/123/EG des Europäischen Parlamente und des Rates v 12.12.2006 (ABl L 376/36 v 27.12.2006).

[3] Nach BT-Dr 16/10493 S. 12 ist die damit beabsichtigte Signal- und Anstoßwirkung inzwischen erreicht worden.

auch sonst die regulären Zuständigkeitsregelungen unberührt.[4] Die einheitliche Stelle hat eine lediglich dienende Funktion; sie hat auch im Übrigen keine Verfahrenshoheit oder Kontrollrechte. Ihre Aufgabe ist es, dem Antragsteller die Durchführung des Verfahrens zu erleichtern, indem sie ihm im Hinblick auf sämtliche notwendigen Verfahren die erforderlichen Informationen zukommen lässt (§ 71c), Anträge, Unterlagen und Erklärungen entgegennimmt und weiterleitet (§ 71b Abs 1) und umgekehrt auch die von den zuständigen Behörden getroffenen Entscheidungen dem Betroffenen gegenüber bekannt gibt (§ 71b Abs 5). Insoweit nimmt die einheitliche Stelle allerdings auch Aufgaben der öffentlichen Verwaltung iSd § 1 Abs 4 wahr, weshalb sie insoweit auch unter den Behördenbegriff fällt.[5]

b) Optionsmodell. Wie sich aus Abs 1 („abgewickelt werden kann") und Abs 2 („wenn sich der Antragsteller unmittelbar an die zuständige Behörde wendet") ergibt, hat der Antragsteller ein **Wahlrecht,** ob er von der durch Rechtsvorschrift eingeräumten Möglichkeit Gebrauch macht, das Verfahren über eine einheitliche Stelle abzuwickeln, oder ob er sich unmittelbar an die zuständige Behörde wendet.[6] Die Vorteile des Verfahrens nach §§ 71a ff bleiben ihm auch im zuletzt genannten Fall erhalten (Abs 2). Auch wenn sich der Antragsteller zunächst an die einheitliche Stelle wendet, hindert ihn das grundsätzlich nicht daran, sich später auch direkt mit einer zuständigen Behörde in Verbindung zu setzen. Er wird also durch die Einschaltung der einheitlichen Stelle **für die Zukunft nicht gebunden.** Dies kann zu Problemen führen, wenn der Antragsteller zweigleisig fährt und sich wegen seines Anliegens sowohl an die einheitliche Stelle als auch unmittelbar an die zuständige Behörde wendet und möglicherweise bei beiden Stellen auch noch unterschiedliche Angaben macht. Gleichwohl hat das Gesetz (wie auch die Dienstleistungs-RL) darauf verzichtet, den Antragsteller auf einen der beiden Wege verbindlich festzulegen. Nur im Falle offenbaren Missbrauchs wird dies in Betracht kommen, um die Funktionsfähigkeit der Verwaltung aufrecht zu erhalten. 3

2. Neuer Verfahrenstypus. Mit den Vorschriften des Abschnitts 1a wird nicht nur die „einheitliche Stelle" als eine neue Institution des Verfahrensrechts geschaffen, sondern ein neuer Verfahrenstypus im VwVfG, der selbständig neben das allgemeine Verfahren (§§ 9 ff), das förmliche Verfahren (§§ 63 ff) und das Planfeststellungsverfahren (§§ 72 ff) tritt. Die §§ 71a ff sehen anders als die §§ 72 ff für die Planfeststellung **keine formelle Verfahrenskonzentration** bei einer einzigen Behörde vor, sondern stattdessen die Möglichkeit, mehrere selbständige Verfahren für ein Vorhaben über eine einheitliche Stelle „abzuwickeln". Die Entscheidungskompetenz verbleibt bei den nach dem jeweiligen Fachrecht zuständigen Behörden, lediglich die **verfahrenstechnische Abwicklung** erfolgt nach dem Muster des One-Stop-Shop[7] über die einheitliche Stelle. Das hat für den Bürger den Vorteil, dass er auf der Seite der Verwaltung nur einen einzigen „Ansprechpartner" (so die Terminologie in Art 6 Dienstleistungs-RL) hat, mit dem er kommuniziert, von dem er beraten wird, dem er alle erforderlichen Unterlagen einreicht und von dem er auch alle Entscheidungen erhält. 4

a) Beschleunigung und Modernisierung des Verfahrens. Die Regelungen über eine einheitliche Stelle sollen die Verwaltungsverfahren für den Bürger nicht nur einfacher gestalten, sondern auch beschleunigen und insgesamt wichtige Impulse für die **Reform der Verwaltung** geben. Ob diese Erwartungen 5

---

[4] Schlachter/Ohler Art 6 Rn 17; FKS § 71b Rn 1.
[5] So zutreffend Schmehl in FS Lange, 2010, 123, 140.
[6] Schmitz/Prell NVwZ 2009, 1, 5.
[7] Knack/Henneke 1; FKS 11; Schulz, One-Stop Government, 2007, S. 7 (mwN); v. Lucke, Hochleistungsportale für die öffentliche Verwaltung, 2007, S. 43 ff.

gerechtfertigt sind, wird sich zeigen. Die Zwischenschaltung einer Stelle zwischen Antragsteller auf der einen und zuständigen Behörden auf der anderen Seite bedeutet zunächst eine Verzögerung und Verkomplizierung, die sich allerdings bei elektronischer Abwicklung (§ 71e) in Grenzen halten wird. Erst **Professionalität** und **Service-Orientierung** der einheitlichen Stelle, wie sie etwa in § 71c angelegt ist, wird zu einer Verfahrensbeschleunigung führen, wenn die sonst üblichen Verzögerungen durch unvollständige Unterlagen, Probleme in der Kommunikation, Missverständnisse usw dadurch verringert werden können. Ob hier der angestrebte hohe Standard erreicht wird, hängt auch davon ab, wo und wie die einheitlichen Stellen eingerichtet und organisiert werden.[8]

6 Die Abwicklung von Verwaltungsverfahren über eine einheitliche Stelle wird zu einer **Veränderung der Behördenstrukturen** führen. Es kommt zu einer weiteren Arbeitsteilung, wie sie in vielen Verwaltungsbehörden bereits durch Einführung von **One-Stop-Shops** bzw einer **Front-Office/Back-Office-Struktur** erreicht worden ist.[9] Die zuständigen Behörden werden vom Publikumsverkehr entlastet und können sich stärker auf ihre Entscheidungsaufgaben konzentrieren. Dies kann einen Beschleunigungseffekt haben, führt aber auch zu einem (weiteren) Verlust an unmittelbaren Kontakten zum Publikum und damit uU auch zu einem **Verlust an Bürgernähe.** Insgesamt werden für die Verwaltung **Effizienzgewinne** erwartet, weil sich jedenfalls Routinefälle schneller abwickeln lassen. Voraussetzung hierfür wird aber sein, dass die Zuständigkeitsbereiche für die einheitlichen Stellen wie für die zuständigen Behörden über eine hinreichende Größe verfügen, damit Fallzahlen erreicht werden, die eine Ausprägung von Arbeitsroutinen ermöglichen. Dies gilt insbesondere im Hinblick auf Verfahren mit Antragstellern aus anderen Mitgliedstaaten der EU.

7 **b) Elektronische Abwicklung.** Zu einer Beschleunigung beitragen wird die Regelung in § 71e, wonach Verwaltungsverfahren auf Wunsch in elektronischer Form abgewickelt werden müssen. Damit wird die **Regelung in § 3a Abs 1 modifiziert,** wonach eine elektronische Verfahrensabwicklung nur zulässig ist, soweit die Beteiligten einen entsprechenden Zugang eröffnet haben. Die Regelung verpflichtet nun die Behörden und die einheitliche Stelle, auf Verlangen des Antragstellers einen Zugang zu eröffnen, um die elektronische Abwicklung zu ermöglichen. Dies wird zu einer weiteren Modernisierung der Verwaltung führen, nicht nur weil sämtliche zuständigen Behörden (vgl § 71a Abs 2) und sämtliche einheitlichen Stellen einen elektronischen Zugang bereit halten und über technische **Vorkehrungen für eine qualifizierte elektronische Signatur** verfügen müssen, sondern auch weil für die Kommunikation unter ihnen standardisierte Kommunikationsstrukturen entwickelt werden müssen.

8 **c) Feste Bearbeitungsfristen.** Die Abwicklung von Verwaltungsverfahren über eine einheitliche Stelle wird häufig einhergehen mit festen Bearbeitungsfristen, innerhalb deren die zuständigen Behörden über Genehmigungsanträge usw. entscheiden müssen. Zwingend notwendig ist dies aber nicht. Art 13 Abs 3, 4 Dienstleistungs-RL verlangt zwar, dass Genehmigungsverfahren binnen einer vorab festgelegten Frist bearbeitet werden, nach deren Ablauf regelhaft die Genehmigung als erteilt gelten soll (Genehmigungsfiktion). Mit der Anordnung, dass ein Verwaltungsverfahren über eine einheitliche Stelle abgewickelt werden kann, wird aber eine derartige **Bearbeitungsfrist nicht automatisch ausgelöst.** Wie sich aus § 71b Abs 3 ergibt, müssen Bearbeitungsfristen und Fiktionswirkung ebenso

---

[8] Aus der reichhaltigen Literatur zu dieser Frage siehe Windoffer/Ziekow, 2007; Eisenmenger, NVwZ 2008, 1191 plädiert für eine „Kammergemeinschaft"; krit dazu: Ruge, NdsVBl 2008, 305; Kritisch zur „Minimallösung" im VfVfG Ernst DVBl 2009, 953, 957.

[9] Ernst DVBl 2009, 853, 954; Windoffer NVwZ 2007, 495, 497; Dietz DÖV 2005, 772, 773.

wie das Verfahren über die einheitliche Stelle selbst **durch Rechtsvorschrift besonders angeordnet** werden; gleiches gilt für die Frage, ob bei deren Überschreitung eine Genehmigungsfiktion (§ 42a) eintritt (§ 42a Rn 6).

II. Die Umsetzung der Dienstleistungs-RL

1. Grundzüge. Die Dienstleistungs-RL dient der Verwirklichung des in Art 56 AEUV gewährleisteten freien Dienstleistungsverkehrs und der in Art 49 AEUV garantierten Niederlassungsfreiheit. Mit ihr sollen nationale Hindernisse im Dienstleistungssektor[10] abgebaut werden,[11] die bisher die **Entwicklung eines freien und transparenten Binnenmarktes** in den Grenzen der EU immer noch behindert haben. Hiervon erhofft sich die Union die „Förderung eines ausgewogenen und nachhaltigen wirtschaftlichen und sozialen Fortschritt".[12] Zu diesem Zweck werden die Mitgliedstaaten verpflichtet, ihre Rechtsordnungen daraufhin zu überprüfen, ob die gesetzlichen Voraussetzungen für Aufnahme und Durchführung von Dienstleistungstätigkeiten vereinfacht und klarer gestaltet werden können, sowie ob sie unzulässige Anforderungen stellen (hierzu Art 4, 14 ff, sog **Normenscreening**).[13] Ferner sollen die Mitgliedstaaten sicherstellen, dass für die Dienstleistungserbringer die notwendigen **Informationen über die Aufnahme und die Ausübung von Dienstleistungstätigkeiten** leicht und vollständig verfügbar sind (Art 7), dass die Verfahren auch auf **elektronische Weise** von anderen Mitgliedstaaten aus leicht betrieben werden können (Art 8 Abs 1), und dass sämtliche Vorgänge über einen **einheitlichen Ansprechpartner** abgewickelt werden können (Art 6). Schließlich sind zur Beschleunigung der Verfahren feste **Bearbeitungsfristen mit Genehmigungsfiktionswirkungen** bei Fristüberschreitung vorzusehen (Art 13). 9

2. Umsetzung. Die §§ 71a ff wurden aus Anlass der Umsetzung der Dienstleistungs-RL erlassen. Sie sind in ihrer Anwendbarkeit zwar nicht auf die von der Richtlinie erfassten Dienstleistungen beschränkt, werden aber aller Voraussicht nach vor allem im Anwendungsbereich der Richtlinie Bedeutung erlangen. Bei der Bewertung der Umsetzung der Richtlinie ist zu berücksichtigen, dass im VwVfG nur solche **Umsetzungsregelungen** geschaffen werden konnten, die sich wegen ihres verfahrensrechtlichen Charakters **„vor die Klammer"** ziehen ließen, nicht dagegen solche, die auf die fachspezifischen Besonderheiten der jeweiligen Dienstleistung Rücksicht nehmen müssen. Für diese ist der Umsetzungsprozess noch nicht abgeschlossen. Allein das erforderliche Normenscreening ist sehr aufwändig; hinzu kommt, dass für jedes in den Anwendungsbereich der Richtlinie fallende Verfahren entschieden werden muss, wie die Spielräume ausgefüllt werden sollen, die die Richtlinie den nationalen Gesetzgebern belassen hat.[14] 10

Die Dienstleistungs-RL wurde in Deutschland **in drei Stufen umgesetzt.** 11
Auf der **ersten Stufe** wurde mit dem Verfahren über eine einheitliche Stelle (§§ 71a ff), über Beratungsansprüche (§ 25) und über die Genehmigungsfiktion (§ 42a) ein **verfahrensrechtlicher Rahmen** für das Umsetzungsrecht geschaffen, der durch entsprechende **Anwendungsanordnungen** des Fachrechts **auf der zweiten Stufe aktiviert** werden muss. Das Fachrecht in Bund und Ländern muss auf dieser Stufe, soweit es Regelungen über die Erbringung von Dienstleis-

---

[10] „Der Stand des Binnenmarkts für Dienstleistungen" Mitteilung der Kommission an den Rat und an das Europäische Parlament, KOM (2002) 441 endg, vom 30.7.2002; Hatje NJW 2007, 2357.

[11] Vgl Art 1 Abs 1 DLR: Erleichterung des freien Dienstleistungsverkehrs.

[12] Erster Erwägungsgrund der DL-RL.

[13] Schlachter/Ohler Art 5 Rn 2; Ziekow, GewArch 2007, 179 ff; 217 ff.

[14] Bernhardt, GewArch 2009, 100.

tungen im Anwendungsbereich der Dienstleistungs-RL (Art 1, 2) enthält, außerdem daraufhin geprüft werden, ob es bestehen bleiben, vereinfacht oder sogar abgeschafft werden soll und welche Modifizierungen erforderlich werden (Normenscreening). In diesen Zusammenhang gehört auch eine Entscheidung über die Frage, ob und ggfs welche festen Bearbeitungsfristen zur Umsetzung von Art 13 Dienstleistungs-RL eingeführt werden sollen und welche Konsequenzen es haben soll, wenn nicht innerhalb der Frist entschieden wird. Auf einer **dritten Stufe** mussten die Länder die Frage beantworten, bei **welchen Verwaltungsträgern** (Länder, Kommunen, Kammern) **die einheitlichen Stellen errichtet** werden sollen.[15]

12 **3. Einheitlicher Ansprechpartner.** Art 6 Abs 1 Dienstleistungs-RL verlangt von den Mitgliedstaaten, dass Dienstleistungserbringer alle Verfahren und Formalitäten, die für die Aufnahme und die Ausübung einer selbständigen Dienstleistungstätigkeit erforderlich sind, **bequem, elektronisch und aus der Ferne**[16] über einen einheitlichen Ansprechpartner abwickeln können. Dieser nimmt alle Anträge, Erklärungen, Formulare und Unterlagen entgegen und leitet sich unverzüglich an die zuständigen Behörden weiter. Er ist ferner nach Art 7 Abs 1 der Richtlinie verpflichtet, die erforderlichen Informationen für die Aufnahme und Ausübung der Dienstleistungstätigkeit verfügbar zu halten, und nach Art 7 Abs 2 auf Anfrage auch sonstige Unterstützung etwa in Form von Information über die gewöhnliche Auslegung und Anwendung der maßgeblichen Bestimmungen zu leisten.

12a **a) Organisatorische Ausgestaltung.** Die Vorschrift enthält keine Vorgaben für die Frage, welche Behörden die Aufgaben der einheitlichen Stelle erfüllen müssen bzw ob insoweit neue Behörden geschaffen werden müssen (zur Behördeneigenschaft der einheitlichen Stelle s § 1 Rn 52b). Die organisatorische Ausgestaltung ist Sache der Länder, die von dieser Möglichkeit in sehr unterschiedlicher Weise Gebrauch gemacht haben.[17] Vor allem die Kammern haben im Vorfeld für die Einführung von Kammermodellen geworben[18] und waren damit in einigen Ländern erfolgreich. Der Bund hat durch die Einfügung von § 91a HwO und § 1 Abs 3a IHKG lediglich die Voraussetzungen für die Zuweisung der Aufgaben der einheitlichen Stelle an die Wirtschaftskammern geschaffen (s näher Jahn GewArch 2009, 177). Die damit verbundene Vielfalt führt zu einer vermeidbaren Unübersichtlichkeit und erleichtert den ausländischen Dienstleistungsanbietern die Niederlassung nicht.

12b **b) Kammermodell.** Mehrere Bundesländer haben die Aufgaben der einheitlichen Stelle bestimmten oder sämtlichen Wirtschaftskammern (Handwerkskammer, Industrie- und Handelskammer, sonstige Berufskammern) übertragen. Zu nennen sind insoweit **Baden-Württemberg** (Allkammermodell), **Bayern** (Kooperationsmodell),[19] **Hamburg** (Kammergemeinschaftsmodell), **Mecklenburg-Vorpommern** (nur Industrie- und Handelskammern und Handwerkskammern), **Thüringen** (Allkammermodell), Teilweise sind diese Regelungen ergänzt durch das Recht der Kreise, eigene einheitliche Stellen für ihren Zuständigkeitsbereich zu schaffen.

---

[15] ZB Cremer EuZW 2008, 655; Eisenmenger NVwZ 2008, 1191; FKS 12; Ramsauer, NordÖR 2008, 417, 420.

[16] S Art 8 Abs 1 Dienstleistungs-RL; Schmitz/Prell NVwZ 2009, 1, 6; Schliesky, WiVerw 2008, 151.

[17] Ausführlich Luch/Schulz GewArch 2010, 225 mwN; Kuhne BayVBl 2010, 551 für Bayern; Risch LKRZ 2010, 1 für Hessen; Fröhlich/Carra, LKRZ 2010, 252 für Rheinland-Pfalz, Hessen und Saarland; Ziekow CKV 2009, 385 für Brandenburg.

[18] ZB Eisenmenger NVwZ 2008, 1191.

[19] Näher Jahn GewArch 2010, 150.

c) Kommunalmodell. Einige Länder haben die Zuständigkeit für die Schaffung einheitlicher Stellen den Kommunen übertragen. In **Bremen** sind die Aufgaben zwei kommunalen Investitionsgesellschaften (in Form einer GmbH) übertragen. **Niedersachsen** hat eine außerordentlich große Zahl an einheitlichen Stellen geschaffen, überwiegend bei den Kommunen, Auch **Nordrhein-Westfalen** hat diese Aufgabe den Kommunen übertragen, allerdings eine zahlenmäßige Begrenzung vorgesehen. Das **Saarland** und **Schleswig-Holstein** haben eine Kombination von Kommunal- und Kammermodell eingeführt. 13

d) Landesverwaltungsmodell. Behörden des Landes sind mit den Aufgaben der einheitlichen Stelle beauftragt in **Berlin** (Senatsverwaltung), **Brandenburg** (Wirtschaftsministerium), **Hessen** (Regierungspräsidien), **Rheinland-Pfalz** (Direktionen Nord und Süd), **Sachsen** (Landesdirektion Leipzig) und **Sachsen-Anhalt** (Landesverwaltungsamt). 13a

4. Genehmigungsverfahren. Art 13 Abs 1, 2 Dienstleistungs-RL verlangt, dass die Verfahren zur Zulassung von Dienstleistungserbringern bürgerfreundlich ausgestaltet werden. Verfahren, Anforderungen und Formalitäten müssen klar, im Voraus bekannt gemacht und so ausgestaltet sein, dass eine objektive und unparteiliche Bearbeitung gewährleistet ist. Sie dürfen nicht abschreckend sein und die Erbringung von Dienstleistungen nicht unangemessen erschweren und verzögern. Die **Kosten** müssen sich für den Dienstleistungserbringer im Rahmen des Verhältnismäßigen halten **(Äquivalenzprinzip)** und dürfen zudem nicht über die **Kostendeckung** der Verwaltungsverfahren hinausgehen (Art 13 Abs 2 S 2 Dienstleistungs-RL).[20] 14

Von besonderer Bedeutung ist der in Art 13 Abs 3, 4 Dienstleistungs-RL vorgesehene **Beschleunigungsmechanismus.** Danach müssen Anträge innerhalb einer vorab festgelegten und bekannt gegebenen angemessenen Frist bearbeitet werden, die nur einmal mit ausreichender Begründung verlängert werden kann. Wird über den Antrag nicht innerhalb dieser Frist entschieden, so **gilt die Genehmigung als erteilt** (Art 13 Abs 4 S 1). Allerdings können die Länder andere Regelungen treffen, wenn dies durch einen zwingenden Grund des Allgemeininteresses gerechtfertigt ist. Die verfahrensrechtlichen Regelungen zur Umsetzung dieser Vorgaben werden in §§ 42a, 71b Abs 3, 4 geschaffen. Sie setzen allerdings für jedes einzelne Genehmigungsverfahren den Anwendungsbefehl im Fachrecht voraus. Unterlassen es die Gesetzgeber, insoweit bis zum Ende der Umsetzungsfrist die erforderlichen gesetzlichen Regelungen oder Entscheidungen[21] für die in den Anwendungsbereich der Richtlinie fallenden Antragsverfahren zu treffen, stellt sich die **Frage einer unmittelbaren Anwendung** des Art 13 Abs 3, 4 der Richtlinie.[22] Die Regelung ist zwar für sich genommen nicht umsetzungsfähig, weil sie die erforderlichen festen Bearbeitungsfristen nicht selbst enthält.[23] Da insoweit aber die Auffangfrist des § 42a Abs 2 S 1 herangezogen werden könnte, müsste nur der Anwendungsbefehl unmittelbar der Dienstleistungs-RL zu entnommen werden. 15

III. Anwendungsbereich (Abs 1)

1. Notwendigkeit einer Anordnung durch Rechtsvorschrift. Die Vorschrift stellt klar, dass die §§ 71a ff nur anwendbar sind, wenn dies durch Rechts- 16

[20] Schlachter/Ohler Art 6 Rn 32; Schmitz/Prell, NVwZ 2009, 1, 3.

[21] Der Gesetzgeber kann nach Art 13 Abs 4 S 2 Dienstleistungs-RL auch die Entscheidung treffen, dass aus zwingenden Gründen des öffentlichen Interesses von der Anordnung einer Fiktionswirkung abgesehen wird. Es dürfte ausreichend sein, wenn sich eine solche Entscheidung aus der Beschlussfassung über eine Gesetzesvorlage ergibt.

[22] Grds zur unmittelbaren Richtlinienanwendung Callies/Ruffert, EUV/EGV, Art 249 EGV Rn 106 ff.

[23] Schlachter/Ohler, Europäische Dienstleistungsrichtlinie, Art 44 Rn 2.

vorschrift besonders angeordnet worden ist. Die Regelungen wurden zwar aus Anlass der Umsetzung der Dienstleistungs-RL geschaffen.[24] Ihr Anwendungsbereich ist aber nicht auf deren Geltungsbereich beschränkt, sondern hängt davon ab, dass „eine Rechtsvorschrift anordnet, dass ein Verwaltungsverfahren über eine einheitliche Stelle abgewickelt werden kann". Damit folgt § 71a demselben Regelungsmuster wie § 63 Abs 1 für das förmliche Verfahren und § 72 Abs 1 für das Planfeststellungsverfahren. In diesen Fällen muss der besondere Verfahrenstypus durch Rechtsvorschrift angeordnet werden.

17 **a) Rechtsvorschrift.** Die Anordnung der Anwendbarkeit der §§ 71a ff muss durch Rechtsvorschrift erfolgen.[25] Als Rechtsvorschrift in diesem Sinn kommen nur **Bundes- und Landesgesetze** sowie **Rechtsverordnungen** des Bundes und der Länder in Betracht. Satzungsrecht und Verwaltungsvorschriften reichen nicht aus. Im Bundesrecht finden sich Anordnungen zur Anwendbarkeit bislang zB in §§ 164a StBerG, 5b HwO, 73a BRAO.[26] Allerdings ist es der Verwaltung unbenommen, Verwaltungsverfahren, für die eine Anwendung der §§ 71a ff nicht angeordnet worden ist, gleichwohl in diesem Sinne auszugestalten. Da die §§ 71a ff dem Antragsteller praktisch nur Rechte vermitteln, aber keine Pflichten auferlegen, steht einer entsprechenden Ausgestaltung von Verwaltungsverfahren auch ohne eine gesetzliche Anordnung nichts im Wege. Im **Planfeststellungsverfahren** ist die Anwendbarkeit der §§ 71a ff ausgeschlossen (§ 72 Abs 1), da sich wegen der Konzentrationswirkung insoweit kein Bedarf ergibt.[27]

18 **b) Inhalt der Anordnung.** Die Anordnung im Fachrecht muss sich auf die Anwendbarkeit des Verfahrens über eine einheitliche Stelle beziehen. Sie muss nicht notwendig die §§ 71a ff ausdrücklich in Bezug nehmen; ausreichend ist es, wenn sich die Anwendbarkeit für das jeweilige Verwaltungsverfahren aus dem Zusammenhang hinreichend deutlich erschließen lässt. Die Anordnung **kann sich auf Teile der §§ 71a ff beschränken** oder auch bestimmten Teile ausschließen bzw insoweit eigene Regelungen treffen. Soweit es sich um Genehmigungsverfahren im Anwendungsbereich der Dienstleistungs-RL handelt, ist aber zu berücksichtigen, dass die vollständige Umsetzung der Vorgaben der Richtlinie trotz einer nur eingeschränkten Anwendbarkeit der §§ 71a ff gesichert bleibt. Der **Begriff des Verwaltungsverfahrens** in Abs 1 muss in einem weiten Sinn verstanden werden. Das bedeutet, dass auch für solche Verfahren eine Abwicklung über eine einheitliche Stelle angeordnet werden kann, die nicht dem Verfahrensbegriff des § 9 entsprechen, also zB Anzeigeverfahren.[28] Gleiches gilt jedenfalls im Bereich der Dienstleistungs-RL auch für Fälle, in denen Dienstleistungserbringer keinerlei Genehmigungserfordernisse erfüllen müssen, insoweit aber ein Informations- oder Klärungsbedarf besteht.

19 **2. Rechtsfolgen der Anwendbarkeit.** Sind die §§ 71a ff durch Rechtsvorschrift des Fachrechts für anwendbar erklärt worden, gelten die im Abschnitt 1a getroffenen Regelungen. Im Übrigen bleiben die Vorschriften des jeweiligen Fachrechts und die allgemeinen Vorschriften der §§ 9 ff anwendbar. Das gilt insbesondere auch für die Regelungen in §§ 25 und 42a, die gerade für das Verfahren über die einheitliche Stelle in Umsetzung der Dienstleistungs-RL ergänzende Bestimmungen enthalten. Ein Zusammentreffen von Verfahren nach §§ 71a ff mit dem förmlichen Verfahren (§§ 63 ff) ist rechtlich nicht ausgeschlossen, dürfte aber in der Praxis kaum vorkommen. Der Anwendungsbefehl des Fachrechts führt indessen noch

---

[24] Schmitz/Prell, NVwZ 2009, 1, 3; FKS 1.
[25] Schmitz/Prell NVwZ 2009, 1, 3; FKS 18.
[26] Weitere vom Geltungsbereich der DL-RL umfasste Materien bei Knack/Henneke 5.
[27] Deshalb dürfte sich die von Neidert, S. 145, gestellte Frage nach der Vereinbarkeit des Ausschlusses mit der Dienstleistungs-RL nicht stellen.
[28] BT-Dr 16/10 493 S. 18. FKS 16.

nicht zur unmittelbaren Anwendbarkeit derjenigen Bestimmungen, die sich auf die festen Bearbeitungsfristen und eine etwaige Genehmigungsfiktion beziehen (zB § 71b Abs 3, 4). Um die Geltung auch dieser Vorschriften auszulösen, bedarf es einer weiteren gesetzlichen Anordnung im Fachrecht (s oben Rn 8).

3. Rechtsfolgen bei Fehlen einer Anordnung der Anwendung. Fehlt es an einer Anordnung der Anwendbarkeit der §§ 71a ff für Verwaltungsverfahren im Anwendungsbereich der Dienstleistungs-RL, stellt sich die Frage, ob die Vorschriften gleichwohl anwendbar sind oder ob eine unmittelbare Anwendung der Vorschriften der Richtlinie in Betracht kommt (s Einf II Rn 32). Da die Schaffung einer einheitlichen Stelle durch die Bundesländer zu erfolgen hat, fehlt es der Dienstleistungs-RL an einer hinreichenden Konkretisierung, weshalb aus Art 6 DL-RL unmittelbar kein Recht auf eine einheitliche Betreuung durch eine Behörde entnommen werden kann (Knack/Henneke 8). Anders verhält es sich jedoch bezüglich der Informationspflichten des § 71c Abs 2 und des Anspruchs auf elektronische Verfahrensabwicklung aus § 71e, die bei mangelndem Anwendungsbefehl unmittelbar Art 7 Abs 1 bzw Art 8 DL-RL entnommen werden können (Knack/Henneke 9 f). Zur unmittelbaren Anwendbarkeit der Fiktionsregelung in § 42a Abs 1, 2 im Falle fehlender Umsetzung s § 42a Rn 8a. 20

IV. Geltung für zuständige Behörde (Abs 2)

1. Optionsmodell. Aus Abs 2 geht hervor, dass der Antragsteller nicht verpflichtet ist, in den Fällen des Abs 1, in denen das Verfahren aufgrund einer entsprechenden Anordnung durch Rechtsvorschrift über eine einheitliche Stelle abgewickelt werden kann, von dieser Möglichkeit Gebrauch zu machen. Vielmehr **hat der Antragsteller die Wahl,** ob er sich an eine einheitliche Stelle oder unmittelbar an die zuständigen Behörden wenden will (s oben Rn 3). Die Regelungen schließen es auch nicht aus, Verfahren teilweise über eine einheitliche Stelle, teilweise unmittelbar über die zuständige Behörde zu betreiben. Etwaige Probleme, die sich daraus ergeben, sind durch ein enges Zusammenwirken von einheitlichen Stellen und zuständigen Behörden (§ 71d) zu bewältigen. Allerdings wird man vom Antragsteller verlangen können, dass er die Behörde und einheitliche Stelle informiert, wenn er den zunächst beschrittenen Weg ändert.[29] Tut er dies nicht, so muss er das von der einheitlichen Stelle oder der zuständigen Behörde in Unkenntnis dieser Änderung eingeschlagene Verfahren gegen sich gelten lassen. 21

2. Verfahrenspflichten der zuständigen Behörde. Wendet sich der Antragsteller direkt an die zuständige Behörde, so obliegen dieser die Pflichten aus § 71b Abs 3, 4, 6, aus § 71c Abs 2 und § 71e in gleicher Weise wie der einheitlichen Stelle (Schmitz/Prell NVwZ 2009, 1, 5). Diese Regelung schließt im Wesentlichen an die Vorgaben des Art 7 Dienstleistungs-RL an, in denen die verfahrensrechtlichen Verpflichtungen sowohl für die zuständigen Behörden als auch für den einheitlichen Ansprechpartner formuliert werden. Nach § 71b Abs 3 hat die zuständige Behörde dem Antragsteller eine Empfangsbestätigung auszustellen, wenn durch den eingereichten Antrag, eine Anzeige oder eine (sonstige) Willenserklärung eine Bearbeitungsfrist in Lauf gesetzt werden soll (s § 71b Rn 10); bei Unvollständigkeit des Antrags treffen die zuständige Behörde auch die Mitteilungspflichten des § 71b Abs 4. Die Regelungen des § 71b Abs 6 über die Bekanntgabe von VAen im Ausland durch die Post gelten konsequenterweise auch dann, wenn die Bekanntgabe von der zuständigen Behörde und nicht von der einheitlichen Stelle vorgenommen wird. Schließlich treffen die zuständige Behörde auch die Pflichten des § 71e für den Fall, dass der Antragsteller eine elektronische Abwicklung wünscht. 22

---

[29] Schmitz/Prell, NVwZ 2009, 1, 5.

§ 71b Verfahren

(1) **Die einheitliche Stelle nimmt Anzeigen, Anträge, Willenserklärungen und Unterlagen entgegen und leitet sie unverzüglich an die zuständigen Behörden weiter.**[3]

(2) **Anzeigen, Anträge, Willenserklärungen und Unterlagen gelten am dritten Tag nach Eingang bei der einheitlichen Stelle als bei der zuständigen Behörde eingegangen.**[6] **Fristen werden mit Eingang bei der einheitlichen Stelle gewahrt.**[8]

(3) **Soll durch die Anzeige, den Antrag oder die Abgabe einer Willenserklärung eine Frist in Lauf gesetzt werden, innerhalb deren die zuständige Behörde tätig werden muss,**[9] **stellt die zuständige Behörde eine Empfangsbestätigung aus.**[10] **In der Empfangsbestätigung ist das Datum des Eingangs bei der einheitlichen Stelle mitzuteilen und auf die Frist, die Voraussetzungen für den Beginn des Fristlaufs und auf eine an den Fristablauf geknüpfte Rechtsfolge sowie auf die verfügbaren Rechtsbehelfe hinzuweisen.**[11]

(4) **Ist die Anzeige oder der Antrag unvollständig,**[13] **teilt die zuständige Behörde unverzüglich mit, welche Unterlagen nachzureichen sind. Die Mitteilung enthält den Hinweis, dass der Lauf der Frist nach Absatz 3 erst mit Eingang der vollständigen Unterlagen beginnt.**[15] **Das Datum des Eingangs der nachgereichten Unterlagen bei der einheitlichen Stelle ist mitzuteilen.**

(5) **Soweit die einheitliche Stelle zur Verfahrensabwicklung in Anspruch genommen wird, sollen Mitteilungen der zuständigen Behörde an den Antragsteller oder Anzeigepflichtigen über sie weitergegeben werden.**[16] **Verwaltungsakte werden auf Verlangen desjenigen, an den sich der Verwaltungsakt richtet, von der zuständigen Behörde unmittelbar bekannt gegeben.**

(6) **Ein schriftlicher Verwaltungsakt, der durch die Post in das Ausland übermittelt wird, gilt einen Monat nach Aufgabe zur Post als bekannt gegeben.**[20] **§ 41 Abs. 2 Satz 3 gilt entsprechend.**[23] **Von dem Antragsteller oder Anzeigepflichtigen kann nicht nach § 15 verlangt werden, einen Empfangsbevollmächtigten zu bestellen.**[24]

Schrifttum: siehe zu § 71a

Übersicht

I. Allgemeines

1. Inhalt. Die Vorschrift regelt in Abs 1, 2 u 5 das Verfahren im Falle der Einschaltung einer einheitlichen Stelle, trifft ferner in Abs 3, 4 verfahrensrechtliche Regelungen für den Fall, dass das Fachrecht feste Bearbeitungsfristen vorsieht, und enthält in Abs 6 schließlich Regelungen über die Bekanntgabe von VAen im Ausland durch die Post. Wie sich aus § 71a Abs 2 ergibt, gelten die Abs 3, 4 und 6 auch dann, wenn das Fachrecht zwar die Möglichkeit einer Abwicklung des Verfahrens über eine einheitliche Stelle vorsieht, der Antragsteller hiervon aber keinen Gebrauch macht. Die Vorschrift modifiziert das allgemeine Verwaltungsverfahren; wo keine Regelungen getroffen werden, bleibt es bei der Anwendbarkeit der allgemeinen Vorschriften (§§ 9 ff). 1

2. Anwendungsbereich. Die Vorschrift setzt in Abs 1, 2 und 5 voraus, dass der Antragsteller die Abwicklung des Verfahrens über die einheitliche Stelle durchführen lassen möchte. Eine **ausdrückliche Erklärung ist nicht erforderlich;** der Antragsteller hat durch die tatsächliche Einschaltung der einheitlichen Stelle einen entsprechenden Willen hinreichend kundgetan. Bei Identität von einheitlicher Stelle und zuständiger Behörde ist ein Hinweis des Antragstellers erforderlich, wenn er nicht nur die zuständige Behörde in Anspruch nehmen will. Wegen der mit der Inanspruchnahme der einheitlichen Stelle voraussichtlich verbundenen **Kostenfragen** muss Klarheit darüber herrschen, ob die Leistungen der einheitlichen Stelle noch in Anspruch genommen werden sollen oder nicht. 2

II. Weiterleitungspflicht der einheitlichen Stelle (Abs 1)

1. Inhalt. Die Vorschrift regelt in Abs 1 die Verpflichtung der einheitlichen Stelle, Anzeigen, Anträge, Willenserklärungen und Unterlagen entgegenzunehmen und unverzüglich an die zuständige Behörde weiterzuleiten. Damit wird eine der **Hauptaufgaben der einheitlichen Stelle** beschrieben, nämlich als Eingangsstelle für den Antragsteller zu fungieren und die eingereichten Unterlagen an die jeweils zuständigen Behörden weiterzuleiten. Grundsätzlich wird es notwendig sein, dass die einheitliche Stelle den Eingang der Unterlagen und den Zeitpunkt dokumentiert. Dazu gehört neben dem obligatorischen **Eingangsstempel bei Postsendungen** das Anlegen einer (elektronischen) Akte, in der sämtliche Eingänge und Ausgänge in Bezug auf einen Antragsteller mit Eingangs- und Ausgangsdatum erfasst werden. Das Eingangsdatum spielt insbesondere in den Fällen des Abs 3 eine wichtige Rolle (s Rn 9). 3

2. Ermittlung der Zuständigkeiten. Zu den wichtigsten Aufgaben der einheitlichen Stelle gehört die Ermittlung der zuständigen Behörde. Hierzu wird es erforderlich sein, dass sich die einheitliche Stelle bereits **vorab umfassende Informationen über die Zuständigkeiten** in ihrem eigenen Zuständigkeits- und Betreuungsbereich verschafft und jeweils auf aktuellem Stand vorhält. In Zweifelsfällen muss die Zuständigkeit im Rahmen der gegenseitigen Unterstüt- 4 zung nach § 71d mit den infrage kommenden Behörden geklärt werden. Wegen des in den meisten Fällen zu erwartenden Fristendrucks wird diese Klärung sehr kurzfristig erfolgen müssen.

III. Eingangsfiktion, Fristwahrung (Abs 2)

5 **1. Inhalt.** Abs 2 statuiert in S 1 eine **Eingangsfiktion für Anträge,** Anzeigen, Willenserklärungen und Unterlagen und bestimmt in S 2, dass es für die Fristwahrung auf den Zeitpunkt des Eingangs bei der einheitlichen Stelle ankommt. Die Regelungen in Abs 2 müssen vor dem Hintergrund der Dienstleistungs-RL gesehen werden, deren Umsetzung sie dienen, auf deren Anwendungsbereich sie aber nicht beschränkt sind. Sie gelten nicht nur in Fällen, in denen das Fachrecht eine feste Bearbeitungsfrist vorsieht, sondern generell für alle Verfahren, auf die die §§ 71a ff zur Anwendung kommen.

6 **2. Eingangsfiktion (Abs 2 S 1).** Nach S 1 gelten sämtliche Anzeigen, Anträge, Willenserklärungen und Unterlagen usw **mit dem dritten Tag** nach dem Eingang bei der einheitlichen Stelle als bei der zuständigen Behörde eingegangen. Mit der Frist von drei Tagen wird der kürzeste Zeitraum zugrunde gelegt, in der von einer erfolgreichen Weiterleitung der eingegangenen Unterlagen an die zuständige Behörde regelhaft ausgegangen werden kann. Auf den Zeitpunkt des tatsächlichen Eingangs bei der zuständigen Behörde kommt es in den Fällen des Abs 2 nicht an, und zwar weder dann, wenn die Unterlagen vor Ablauf der drei Tage eingehen, noch dann, wenn sie erst zu einem späteren Zeitpunkt bei der zuständigen Behörde eingehen, was häufig der Fall sein wird, weil die einheitliche Stelle die Unterlagen entgegennehmen, sichten, prüfen, datenmäßig erfassen, die zuständige Behörde ermitteln für die Übermittlung sorgen muss. Dies ist in den Fällen der elektronischen Abwicklung wohl leistbar, dürfte bei postalischer Übersendung aber auf erhebliche Schwierigkeiten stoßen. Da mit dem Zeitpunkt des Eingangs bei der zuständigen Behörde in den meisten Fällen Bearbeitungsfristen ausgelöst werden dürften, gehen sämtliche **Verzögerungen** zulasten der Bearbeitungsfristen der zuständigen Behörde.

7 **Die Drei-Tages-Frist** gilt auch dann, wenn es sich bei den Tagen zwischen dem Eingang der Unterlagen und dem Eintritt der Fiktion vollständig oder teilweise um **Sonn- und Feiertage** handelt. Es kann also durchaus Fallkonstellationen geben, in denen die Frist unter keinem denkbaren Umstand eingehalten werden kann. Gleichwohl sieht Abs 2 S 1 die Frist zwingend vor. Das Gesetz geht davon aus, dass es sich bei der **Drei-Tages-Frist um eine rein rechnerische Größe** handelt, die in jedem Fall den Zeitpunkt des Eingangs bei der zuständigen Behörden markieren soll. Dies ergibt sich nicht nur aus den Materialien,[1] sondern auch aus dem Umstand, dass mit der Regelung das Ziel verfolgt wird, dem Antragsteller aus der Einschaltung der einheitlichen Stelle keine Nachteile entstehen zu lassen.

8 **3. Fristwahrung (Abs 2 S 2).** Die Regelung in Abs 2 S 2 stellt sicher, dass dem Antragsteller seinerseits im Hinblick auf die Einhaltung von Fristen durch die Einschaltung der einheitlichen Stelle keine Nachteile entstehen. Soweit er selbst eine Frist einhalten muss, kann er diese durch Einreichung von Unterlagen oder die Abgabe von Erklärungen bei der einheitlichen Stelle wahren. Die Drei-Tages-Frist des Abs 2 S 1 geht insoweit nicht zu seinen Lasten. Dies ist nur konsequent, weil sich anderenfalls sämtliche Fristen, die er einzuhalten hätte, sich im Falle der Einschaltung der einheitlichen Stelle um drei Tage verkürzen würden. Diesen Nachteil will das Gesetz dem Antragsteller nicht aufbürden. Die Regelung **gilt für sämtliche Fristen,** die an sich durch die Einreichung von Anträ-

[1] BT-Dr 16/10493 (S. 19).

gen, Anzeigen, Willenserklärungen usw bei der zuständigen Behörde gewahrt werden müssten, **auch für die Widerspruchsfrist** nach § 70 VwGO, nicht dagegen für die Klagefrist des § 74 VwGO.

IV. Verfahren bei festen Bearbeitungsfristen (Abs 3)

9 **1. Inhalt.** Abs 3 trifft die erforderlichen Verfahrensregelungen für den Fall, dass durch einen Antrag, eine Anzeige, eine Willenserklärung usw für die Bearbeitung der Sache eine Frist in Lauf gesetzt wird. Dies ist bei Verfahren nach §§ 71a ff nicht automatisch der Fall, sondern setzt grundsätzlich eine entsprechende **Anordnung durch Gesetz** oder Rechtsverordnung voraus (s § 42a Rn 10). Im Hinblick auf die Vorgaben von Art 13 Abs 3, 4 der Dienstleistungs-RL ist damit zu rechnen, dass es künftig in vielen Fällen derartige feste Bearbeitungsfristen geben wird. Deren Lauf beginnt – wie auch sonst bei Bearbeitungsfristen – typischerweise erst mit der **Einreichung der vollständigen Unterlagen,** nicht aber mit einer förmlichen Feststellung von deren Vollständigkeit durch die Behörde (Schmitz NVwZ 2009, 1, 9). Um insoweit eine gewisse Rechtssicherheit zu schaffen, sind in Abs 3, 4 Mitteilungspflichten der zuständigen Behörde vorgesehen. Diese umfassen aber nicht die Pflicht zur förmlichen Feststellung der Vollständigkeit der Unterlagen.

10 **2. Empfangsbestätigung.** Nach **Abs 3 S 1** stellt die **zuständige Behörde** eine Empfangsbestätigung aus, wenn durch die Anzeige, den Antrag, die Willenserklärung oder eine andere Eingabe eine Bearbeitungsfrist in Lauf gesetzt werden soll. Die Verpflichtung zur Bestätigung besteht auch dann, wenn die Frist dadurch tatsächlich noch nicht ausgelöst wird, weil die Unterlagen unvollständig sind. Maßgeblich ist zunächst, dass der Antrag bzw die sonstige Eingabe nach den insoweit maßgeblichen Vorschriften des Fachrechts grundsätzlich geeignet ist, eine Bearbeitungsfrist auszulösen, nicht dagegen, ob die Frist tatsächlich in Lauf gesetzt wird (aA wohl FKS 20). Diese Frage ist vielmehr nach objektiven Maßstäben zu beurteilen (s unten Rn 13).

11 **Der Inhalt der Empfangsbestätigung** ergibt sich aus Abs 3 S 2. Danach ist zunächst das Datum des Eingangs bei der zuständigen Stelle anzugeben, sofern diese eingeschaltet und der Antrag, die Anzeige bzw die sonstige Eingabe bei ihr eingereicht worden war. Anderenfalls ist das Datum des Eingangs bei der zuständigen Behörde selbst in der Empfangsbestätigung anzugeben (§ 71a Abs 2). Das **Datum des Eingangs bei der einheitlichen Stelle** ist anzugeben, obwohl durch den Eingang dort die Frist gar nicht ausgelöst wird. Der Antragsteller kann aber den Fristbeginn leicht ermitteln, weil aufgrund der Eingangsfiktion des Abs 2 S 1 mit dem Eingang des Antrags usw bei der einheitlichen Stelle auch der maßgebliche Zeitpunkt des Eingangs bei der zuständigen Behörde feststeht. Zudem sind das konkrete **Datum des Ablaufs der Bearbeitungsfrist** u die **Rechtsfolge im Falle des Fristablaufs** ohne behördliche Entscheidung (Genehmigungserteilung oder Genehmigungsversagung) zu nennen.

V. Verfahren bei Unvollständigkeit des Antrags (Abs 4)

12 **1. Inhalt.** Abs 4 regelt das Vorgehen bei Unvollständigkeit des Antrags bzw der Antragsunterlagen. Danach ist dem Antragsteller unverzüglich mitzuteilen, welche Unterlagen nachzureichen sind (Abs 4 S 1). Diese Mitteilung kann mit der Eingangsbestätigung nach Abs 3 verbunden werden, wenn die Prüfung der Vollständigkeit der Unterlagen keine lange Bearbeitungszeit in Anspruch nimmt (FKS 23). Sie muss nach Abs 4 S 2 auch den Hinweis enthalten, dass der Lauf der Bearbeitungsfrist erst mit Eingang der vollständigen Unterlagen beginnt. Werden die fehlenden **Unterlagen nachgereicht,** ist das Datum des Einreichens ebenfalls mitzuteilen (Abs 4 S 3). Maßgeblich ist, wenn eine einheitliche Stelle einge-

schaltet worden ist, wiederum der Eingang bei dieser, sonst der Eingang bei der zuständigen Behörde.

13 **2. Vollständigkeit der Unterlagen.** Ob die eingereichten Unterlagen vollständig sind, beurteilt sich nach den Anforderungen des jeweiligen Fachrechts. **Zuständig für die Prüfung** der Vollständigkeit ist grundsätzlich die zur Entscheidung berufene Fachbehörde, nicht die einheitliche Stelle, der im Zweifel auch die Fachkompetenz dafür fehlen dürfte. Das dürfte die einheitliche Stelle aber nicht daran hindern, von sich aus auf fehlende Unterlagen hinzuweisen, wenn dies für sie offensichtlich ist.[2] In den Fällen des Abs 5 erfolgt die Mitteilung über die fehlenden Unterlagen aber über die einheitliche Stelle im Rahmen der allgemeinen Verfahrensabwicklung. Vollständig sind die Unterlagen nicht erst dann, wenn sie eine positive Entscheidung über den Antrag erlauben, sondern auch dann, wenn eine abschließende Sachentscheidung über das Vorliegen der Genehmigungsvoraussetzungen möglich ist. Die zuständige Stelle darf deshalb nur Unterlagen nachfordern, die auch tatsächlich zur Entscheidung benötigt werden.

13a Anders als in manchen Regelungen des Fachrechts wird nach Abs 3, 4 die **Vollständigkeit nicht bescheinigt,** sondern nur der Eingang von Unterlagen und ggfs ihre Unvollständigkeit. Dadurch entgeht die Regelung dem Problem, das sich stellt, wenn sich die Feststellung der Vollständigkeit im Nachhinein als unzutreffend erweist. Allerdings kommt insoweit die Anwendung der allgemeinen **Vorschrift des § 25 Abs 2 S 2** Betracht, wonach dem Antragsteller auch Auskunft über die Vollständigkeit der Unterlagen gegeben werden soll, soweit dies der Verfahrensbeschleunigung dient. Diese Regelung ist auch im Verfahren über eine einheitliche Stelle anwendbar.[3] Derartige Auskünfte sind aber **rechtlich nicht verbindlich,** weshalb die Mitteilung der Vollständigkeit nicht zwingend den Beginn der Bearbeitungsfrist gem § 42 Abs 2 S 2 markiert (s näher § 42 Rn 25.

14 **3. Wirkung der Mitteilungen.** Problematisch ist die Frage, ob der Antragsteller aus dem Umstand, dass keine Unterlagen nachgefordert werden, auf deren Vollständigkeit schließen darf, ob die Behörde also umgekehrt die Beschränkung auf die Empfangsbestätigung ohne Nachforderung von Unterlagen als Zeitpunkt für die Vollständigkeit von Unterlagen gegen sich gelten lassen muss. Diese Frage dürfte zu verneinen sein, weil das Gesetz jedenfalls im Grundsatz auf die **objektiv vorliegende Vollständigkeit** der Unterlagen abstellt und nicht auf eine förmliche Feststellung. Etwas anderes dürfte gelten, wenn die Behörde dem Antragsteller mitgeteilt hat, welche Unterlagen noch fehlen. In diesem Fall wird davon auszugehen sein, dass die Frist mit Eingang der nachgeforderten Unterlagen beginnt. Anderenfalls bestünde die Gefahr, dass die Wirkung der Festsetzung von festen Bearbeitungsfristen durch die sukzessive Nachforderung von Unterlagen unterlaufen würde. Allerdings kann das Fachrecht den Beginn der Frist abweichend festlegen.

VI. Weiterleitung und Bekanntgabe an Antragsteller (Abs 5)

15 **1. Inhalt.** Während Abs 1 die Pflicht der einheitlichen Stelle zur Weiterleitung von Unterlagen des Antragstellers regelt, betrifft Abs 5 die Weiterleitung von Mitteilungen und Bekanntgabe von VAen der zuständigen Behörde an den Antragsteller bzw Anzeigepflichtigen. Diese Regelung unterscheidet sich von dem umgekehrten Fall in Abs 1, weil insoweit auch die unmittelbare Übermittlung durch die zuständige Behörde in Betracht kommt, ohne dass Interessen des Antragstellers damit notwendigerweise kollidieren würden. Deshalb wird die

[2] Knack/Henneke 9; Neidert, 153, unter Hinweis auf BT-Drs 16/10493, S 18.
[3] So zutreffend Neidert, 154.

Regelung in Abs 5 als **Ordnungsvorschrift** zu verstehen sein, deren Nichteinhaltung auf die Rechtmäßigkeit der Entscheidungen und auf die Ordnungsmäßigkeit der Bekanntgabe des VA keinen Einfluss hat.[4]

2. Weiterleitung von Mitteilungen (Abs 5 S 1). Nach Abs 5 S 1 „sollen“ Mitteilungen der zuständigen Behörde an den Antragsteller über die einheitliche Stelle weitergegeben werden, „soweit die einheitliche Stelle zur Verfahrensabwicklung in Anspruch genommen wird“. In dieser Formulierung („wird“) gelangt zum Ausdruck, dass der Antragsteller die Inanspruchnahme der einheitlichen Stelle auch beenden und die direkte Kommunikation mit den zuständigen Behörden aufnehmen kann. Dies kann für den Antragsteller insbesondere dann sinnvoll sein, wenn zB eine mündliche Erörterung zielführend erscheint. Ist dies der Fall, muss die zuständige Behörde sich darauf einrichten und auch ihrerseits direkt mit dem Antragsteller kommunizieren. 16

Die einheitliche Stelle ist jedenfalls im Regelfall **für die gesamte Verfahrensabwicklung** zuständig, einschließlich der Weiterleitung von Mitteilungen der zuständigen Behörden an den Antragsteller. Dies ist auch notwendig, weil die einheitliche Stelle sonst den Überblick über den Stand des Verfahrens verlieren und deshalb ihren Informationspflichten dem Antragsteller gegenüber nicht mehr nachkommen könnte. Dies wird im Regelfall auch dem (mutmaßlichen) Willen des Antragstellers entsprechen, auch wenn er diesen lediglich durch die anfängliche Inanspruchnahme der einheitlichen Stelle und nicht ausdrücklich kundgetan hat. 17

3. Bekanntgabe von VAen. Auch die Bekanntgabe von VAen wird nach der ratio legis grundsätzlich von der einheitlichen Stelle vorgenommen, solange sie mit der Abwicklung des gesamten Verfahrens betraut ist. Dies ergibt sich im Gegenschluss aus der Regelung in Abs 5 S 2, wonach VAe auf Verlangen des Antragstellers von der zuständigen Behörde bekannt gegeben werden. Erfolgt die Bekanntgabe entgegen dem geäußerten Wunsch des Antragstellers gleichwohl über die einheitliche Stelle, so hat dies keine Auswirkungen auf die Wirksamkeit der Bekanntgabe. 18

VII. Bekanntgabe (Abs 6)

1. Inhalt. Die Vorschrift enthält Sonderregelungen zur Bekanntgabe von VAen im Ausland im Verfahren nach §§ 71a ff. Sie gilt nicht nur dann, wenn das Verfahren über die einheitliche Stelle abgewickelt wird, sondern auch dann, wenn der Antragsteller sich unmittelbar an die zuständige Behörde gewandt hat. Wird eine Bekanntgabe durch die Post im Ausland erforderlich, ergeben sich wegen der möglicherweise längeren und uU auch nur schwer kalkulierbaren Postlaufzeiten Besonderheiten, die es – vor allem im Hinblick auf möglicherweise eintretende Genehmigungsfiktionen – notwendig erscheinen lassen, insoweit eine **Bekanntgabefiktion** zu regeln. Diese ist nach Abs 6 S 2 allerdings **widerleglich.** In Abs 6 S 3 wird für die Verfahren nach §§ 71a ff eine Einschränkung der Regelung des § 15 vorgenommen, weil die Forderung nach einem Zustellungsbevollmächtigten im Inland mit der Dienstleistungs-RL nicht vereinbar wäre. 19

2. Bekanntgabefiktion (Abs 6 S 1). Nach Abs 6 S 1 gilt ein schriftlicher VA, der durch die Post in das Ausland übermittelt wird, als **einen Monat nach der Aufgabe zur Post** als bekannt gegeben. Die Vorschrift gilt nicht für die Fälle, in denen ein VA elektronisch mit qualifizierter elektronischer Signatur übermittelt wird. Für letzteren gilt § 41 Abs 2 S 2, wonach der VA am dritten Tag nach der Absendung als bekannt gegeben gilt, unabhängig davon, ob er im 20

[4] BT-Dr 16/10493 (S. 20).

Inland oder im Ausland übermittelt wird. Wird der schriftliche VA im Inland durch die Post übermittelt, so gilt er nach § 41 Abs 2 S 1 ebenfalls als mit dem dritten Tag nach der Aufgabe zur Post als bekannt gegeben (s § 41 Rn 38). Wird der VA auf andere Weise als durch die Post übermittelt oder zugestellt, gilt Abs 6 ebenfalls nicht.

21 **a) Aufgabe zur Post.** Die Bekanntgabefiktion des Abs 6 S 1 betrifft **nur die Bekanntgabe durch die Post im Ausland.** Für die Bekanntgabe in anderer zulässiger Weise gilt die Monatsfrist nicht. Da die „Aufgabe zur Post" durch die zuständige Behörde im Inland erfolgt, setzt die Regelung in Abs 6 S 1 voraus, dass das Schriftstück der hiesigen Post, also einem für die Erbringung von **Postdienstleistungen zugelassenem Unternehmen** (s § 41 Rn 62), zur regulären Postbeförderung ins Ausland übergeben wurde. Grundsätzlich steht die Wahl der Bekanntgabeart im Ermessen der zuständigen Behörde bzw der einheitlichen Stelle.[5] Danach kann die Bekanntgabe auch durch ein international agierendes **privates Kurierunternehmen** erfolgen, das mit der Übermittlung betraut worden ist.[6] Dass der Zugang im Ausland bewirkt wird, dürfte einer Wirksamkeit der Bekanntgabe nicht entgegenstehen, da das Bewirken des Zugangs im Ausland nicht als (unzulässige) Ausübung von Hoheitsmacht anzusehen sein wird. Dies dürfte jedenfalls im Bereich der EU gelten.

22 **b) Monatsfrist.** Für den Beginn der Monatsfrist des Abs 6 S 1 gilt § 187 Abs 1 BGB, wonach der **Tag der Aufgabe zur Post nicht mitgerechnet** wird, weil es sich um ein Ereignis handelt, das in den Lauf eines Tages fällt. Für die Berechnung der Frist im Übrigen gilt § 188 Abs 2 BGB, wonach die Frist mit dem Ablauf desjenigen Tages endet, der durch seine Zahl dem Tag entspricht, durch den die Frist ausgelöst wird, also dem Tag der Aufgabe zur Post. Für das Ende der Monatsfrist gilt § 193 BGB, dh wenn das Fristende auf einen Sonnabend, Sonn- oder Feiertag fallen würde, endet sie erst am Ende des folgenden ersten Werktages.

23 **3. Aufhebung der Fiktion (Abs 6 S 2).** Gem Abs 6 S 2 gilt § 41 Abs 2 S 3 entsprechend. Danach gilt die Fiktion nicht, wenn der VA nicht oder zu einem späteren Zeitpunkt zugegangen ist. Ein früherer Zugang ist dagegen unbeachtlich. Im Zweifel hat die Verwaltung den Zugang und den Zeitpunkt des Zugangs nachzuweisen. Um die Fiktionswirkung des Abs 6 S 2 zu beseitigen, muss der Antragsteller nicht den Gegenbeweis führen. Das folgt schon aus der Regelung, dass „im Zweifel" die Behörde den Zugang und den Zeitpunkt beweisen muss. Daraus folgt, dass es für den Antragsteller ausreicht, wenn er die Fiktion durch die **Darlegung eines vom Normalfall abweichenden Geschehens** so erschüttert, dass sich die Beweisfrage stellt. Die bloße Behauptung, der VA sei nicht oder später zugegangen, reicht hierzu allein nicht aus. Es muss vielmehr eine plausible Darlegung eines abweichenden Geschehensablaufs erfolgen (s hierzu § 41 Rn 43). Dies wird – anders als bei einer kurzen Frist – schwierig sein, weil der normale Verlauf in den meisten Fällen eine wesentlich kürzere Postlaufzeit erwarten lässt und deshalb die Monatsfrist an sich gar nicht ausgeschöpft würde. Die Darlegung einer Verzögerung müsste die gesamte Zeit zwischen regelmäßiger Laufzeit und der Monatsfrist erfassen.

24 **4. Keine Pflicht nach § 15 (Abs 6 S 3).** Nach Abs 6 S 3 ist der Antragsteller nicht verpflichtet, einen Empfangsbevollmächtigten zu bestellen. Grundsätzlich ist ein Beteiligter ohne Wohnsitz, Sitz oder gewöhnlichen Aufenthalt im Inland nach § 15 verpflichtet, auf Anforderung einen Empfangsbevollmächtigten im Inland zu

---

5 S hierzu § 41 Rn 10.

6 Damit könnte erreicht werden, dass sich die zur effektiven Bearbeitung zur Verfügung stehende Frist entsprechend verlängert, weil die Monatsfrist des Abs 6 S 1 nicht vollständig abgezogen werden muss.

bestellen, um die Schwierigkeiten einer Kommunikation über die Grenzen hinweg und insbesondere einer Bekanntgabe im Ausland zu vermeiden. Diese Verpflichtung soll für Verfahren nach §§ 71a ff nicht gelten. Insoweit befürchtet der Gesetzgeber einen Verstoß gegen das Diskriminierungsverbot des Art 21 iVm Art 18 AEUV für Fälle im Anwendungsbereich der Dienstleistungs-RL.[7] Ob diese Befürchtung berechtigt ist, bleibt zweifelhaft, weil es für die Fälle des Wohnsitzes bzw Sitzes oder gewöhnlichen Aufenthalts im Ausland an sich einen sachlichen Anknüpfungspunkt jenseits der Staatsangehörigkeit gibt.

§ 71c Informationspflichten

(1) **Die einheitliche Stelle erteilt auf Anfrage unverzüglich Auskunft über die maßgeblichen Vorschriften, die zuständigen Behörden, den Zugang zu den öffentlichen Registern und Datenbanken, die zustehenden Verfahrensrechte und die Einrichtungen, die den Antragsteller oder Anzeigepflichtigen bei der Aufnahme oder Ausübung seiner Tätigkeit unterstützen.**[3] **Sie teilt unverzüglich mit, wenn eine Anfrage zu unbestimmt ist.**

(2) **Die zuständigen Behörden erteilen auf Anfrage unverzüglich Auskunft über die maßgeblichen Vorschriften und deren gewöhnliche Auslegung.**[10] **Nach § 25 erforderliche Anregungen und Auskünfte werden unverzüglich gegeben.**[11]

Übersicht

Schrifttum: Siehe die Angaben zu § 71a

I. Allgemeines

1 **1. Inhalt.** Die Vorschrift regelt in Abs 1 die **Informationspflichten der einheitlichen Stelle** gegenüber dem (potentiellen) Antragsteller. Diese Informationspflicht stellt neben der Pflicht zur Weiterleitung (Abs 1) und der Dokumentation die **wichtigste Aufgabe** der einheitlichen Stelle dar. Sie hat vor allem deshalb eine besondere Bedeutung, weil letztlich nur die einheitliche Stelle über die erforderlichen Genehmigungen und die zuständigen Behörden informieren kann. Deshalb richtet sich die Pflicht nach Abs 1 auch allein an die einheitliche Stelle, nicht an die zuständigen Behörden (vgl § 71a Abs 2). Demgegenüber trifft die Verpflichtung nach Abs 2, Auskunft über die maßgeblichen gesetzlichen Bestimmungen und ihre übliche Auslegung zu geben, auch an die zuständigen Behörden, soweit ihr Zuständigkeitsbereich betroffen ist.

---

[7] BT-Dr 16/10493 S. 19.

2 **2. Anwendungsbereich.** Die Regelungen gelten nur für Verfahren nach §§ 71a ff, also nur dann, wenn eine Rechtsvorschrift die Anwendbarkeit dieser Vorschriften angeordnet hat.[1] Die Bestimmung in Abs 1 gilt darüber hinaus nur dann, wenn der Antragsteller von der Möglichkeit Gebrauch macht, das Verfahren über die einheitliche Stelle abzuwickeln. Dies tut er bereits dann, wenn er sich mit einer entsprechenden Anfrage an die einheitliche Stelle wendet.[2] Das Nachsuchen um Auskünfte und Informationen hindert ihn nicht daran, die eigentlichen Verwaltungsverfahren später dann doch unmittelbar über die zuständigen Behörden zu führen.

II. Informationsansprüche gegenüber der einheitlichen Stelle

3 **1. Inhalt.** Die Vorschrift regelt die Informationspflichten der einheitlichen Stelle und definiert damit **eine der Hauptaufgaben** dieser Einrichtung. In allen Fällen, in denen die §§ 71a ff für anwendbar erklärt worden sind, soll die einheitliche Stelle die Funktion einer Anlauf- und Auskunftsstelle für Dienstleistungserbringer und andere Interessenten werden, die die Absicht haben, ein bestimmtes Vorhaben durchzuführen. Die Vorschrift setzt Art 7 Dienstleistungs-RL um und ist im Anwendungsbereich der Richtlinie auch gemeinschaftskonform auszulegen.

4 **2. Informationsberechtigte.** Der Anspruch auf Informationen und Auskünfte nach Abs 1 besteht nicht nur bei Antragstellung, sondern auch bereits vorher. Ähnlich wie bei § 25 Abs 2 trägt auch Abs 1 dem Umstand Rechnung, dass der Informationsbedarf typischerweise gerade in der Phase vor einer Antragstellung besonders groß ist und häufig erst ermittelt werden muss, welche Anträge für ein bestimmtes Vorhaben überhaupt erforderlich sind. Das Gesetz stellt keine Anforderungen an die Konkretheit der Absicht, ein Vorhaben durchzuführen. Das bedeutet, dass **grundsätzlich jeder nach Abs 1 den Anspruch** hat, über die maßgeblichen Vorschriften usw informiert zu werden.[3] Ein berechtigtes Interesse muss jedenfalls im Grundsatz nicht besonders glaubhaft gemacht werden. In Fällen **offensichtlichen Missbrauchs** kann die einheitliche Stelle Auskünfte und Informationen ablehnen.

5 **3. Inhalt der Informationspflicht.** Die Informationen haben sich nach Abs 1 zunächst auf die für ein bestimmtes Vorhaben maßgeblichen Vorschriften, die hierfür jeweils zuständigen Behörden und die maßgeblichen Verfahrensrechte zu beziehen. Zu den Verfahrensrechten gehören die Antragstellung, einschließlich der Möglichkeiten der späteren Modifizierung des Antrags, Anhörungsrechte, Beratungs-, Informations- und Unterstützungsrechte sowie die Rechtsbehelfe im Falle der (teilweisen) Ablehnung des Antrags.[4] Ferner umfassen die Informationsansprüche den Zugang zu öffentlichen Registern und Datenbanken und die Bezeichnung der Einrichtungen, die Unterstützungsleistungen bei Aufnahme und Ausübung der beabsichtigten Tätigkeit erbringen.

6 **a) Öffentliche Register und Datenbanken.** Die Informationen haben sich auch auf die zur Verfügung stehenden öffentlichen, dh der Allgemeinheit zur Verfügung stehenden Registern und Datenbanken zu beziehen. Hierzu gehören etwa das **Handelsregister** oder das Partnerschaftsregister, das Vermittlerregister für Versicherungsvermittler, die **Handwerksrolle** oder das Verzeichnis beratender Ingenieure, ferner die Architektenliste.[5] Es ist nicht erforderlich, dass die

[1] FKS 5.
[2] FKS 7.
[3] Schmitz/Prell NVwZ 2009, 1, 5; FKS 7.
[4] FKS 11.
[5] Weiter Beispiele bei Schlachter/Ohler Art 6 Rn 10 und FKS 10.

Register aufgrund gesetzlicher Bestimmungen eingerichtet oder geführt werden. Maßgeblich ist, dass sie tatsächlich bestehen, für das Vorhaben von Relevanz sind und für die Öffentlichkeit zugänglich. Dabei geht es nicht nur um solche Register und Datenbänke, in die der Dienstleistungserbringer selbst aufgenommen werden will, sondern um solche, die dienstleistungsrelevante Informationen enthalten.

b) Unterstützungseinrichtungen sind solche Einrichtungen, die ohne selber Behörden zu sein, Dienstleistungserbringer vor Aufnahme oder auch während ihrer Tätigkeit beraten und unterstützen, wie etwa **berufsständische Kammern,** regionale Wirtschaftsförderungsinitiativen oder Existenzgründerberatungen. 7

4. Verfahren. Die Informationen werden bei Anfrage idR formlos, in vielen Fällen elektronisch oder auch fernmündlich gegeben.[6] Die Herausgabe von Broschüren und Leitfäden für typische Vorhaben kann sich empfehlen. Kann die einheitliche Stelle bestimmte Fragen nicht ohne Nachfrage bei den zuständigen Behörden beantworten, so sind die notwendigen Informationen dort einzuholen und dem Interessenten mitzuteilen. 8

III. Auskünfte über das anwendbare Recht

1. Inhalt. Die Vorschrift regelt in Abs 2 S 1 die Verpflichtung der zuständigen Behörde, nicht nur über die **maßgeblichen Vorschriften** Auskunft zu geben, sondern auch über **deren gewöhnliche Auslegung.** Die Vorschrift setzt damit Art 7 Abs 2 Dienstleistungs-RL um und ist im Zweifelsfall im Anwendungsbereich der Richtlinie europarechtskonform auszulegen. Abs 2 S 2 wiederholt lediglich die Verpflichtungen nach § 25 und stellt klar, dass diese auch in den Verfahren nach §§ 71a ff gelten. 9

2. Vorschriften und deren gewöhnliche Auslegung. Die Information hat sich nach Abs 2 S 2 auf die Angabe der maßgeblichen Vorschriften und deren gewöhnliche Auslegung zu erstrecken. Maßgebliche Vorschriften sind diejenigen, die der Dienstleistungserbringer bei Aufnahme und bei Ausübung der Dienstleistung einhalten muss. Insoweit ist eine eher weite Auslegung geboten, die also etwa auch solche Bestimmungen umfasst, die für bestimmte beabsichtigte Zusatzdienstleistungen, für die Überwachung usw gelten. Da viele dieser Regelungen aus sich selbst heraus leider nicht (mehr) verständlich sind, reicht die Information über den Wortlaut der Bestimmungen nicht aus. Deshalb ist in Abs 2 S 1 vorgesehen, dass auch über die „gewöhnliche Auslegung" informiert werden muss (siehe insoweit auch Art 7 Abs 2 Dienstleistungs-RL). 10

Mit gewöhnlicher Auslegung sind diejenigen konkretisierenden Sätze gemeint, die bei der Anwendung der Vorschriften üblicherweise zugrunde gelegt werden. Hiermit wird also auf die **tatsächliche (rechtmäßige) Praxis** der Anwendung der Vorschriften abgestellt. Die hiernach maßgeblichen Leitlinien sind dem Dienstleistungserbringer mitzuteilen, soweit sie für die Aufnahme und Ausübung der beabsichtigten Dienstleistung von Bedeutung sind. Es besteht kein Zweifel daran, dass die Grenze zur Rechtsberatung fließend ist. Nach Art 7 Abs 6 Dienstleistungs-RL **umfasst die Informationspflicht nicht die Rechtsberatung,** dh die Beratung des Interessenten bzw Dienstleistungserbringers im Hinblick auf Zweifelsfragen und im Hinblick auf Fragen, für die sich eine gewöhnliche Anwendungspraxis noch nicht herausgebildet hat. 10a

3. Informationen nach § 25. Die Regelung in Abs 2 S 2 stellt lediglich klar, dass die nach § 25 erforderlichen Anregungen und Auskünfte auch und gerade in Verfahren nach §§ 71a ff unverzüglich gegeben werden sollen. Dadurch 11

[6] FKS 15.

wird zugleich deutlich gemacht, dass die zuständigen Behörden die Erteilung der Auskünfte nach § 25 nicht auf die einheitlichen Stellen abwälzen dürfen, sondern selbst hierzu verpflichtet sind.

§ 71d Gegenseitige Unterstützung

Die einheitliche Stelle und die zuständigen Behörden wirken gemeinsam auf eine ordnungsgemäße und zügige Verfahrensabwicklung hin; alle einheitlichen Stellen und zuständigen Behörden sind hierbei zu unterstützen.[4] Die zuständigen Behörden stellen der einheitlichen Stelle insbesondere die erforderlichen Informationen zum Verfahrensstand zur Verfügung.[5]

Übersicht

I. Allgemeines

1 **1. Inhalt.** Die Vorschrift regelt die Zusammenarbeit zwischen der einheitlichen Stelle und den zuständigen Behörden. Eine reibungslose Zusammenarbeit ist zwingend erforderlich, um Verwaltungsverfahren nach §§ 71a ff innerhalb der vorgesehenen Fristen erfolgreich zu bearbeiten.[1] So wirken etwa Verzögerungen im Bereich der einheitlichen Stelle unmittelbar zulasten der zuständigen Behörde, weil dadurch die effektiv zur Verfügung stehenden Bearbeitungsfristen verkürzt werden (vgl § 71b Abs 2, 6). Hierzu werden beide Seiten durch die Vorschrift aufgefordert. Diese Zusammenarbeit geht über die allgemeinen Amtshilfepflichten nach §§ 4 ff hinaus, weil es nicht um ergänzende Hilfe im Einzelfall geht, sondern um eine Form regulärer dauerhafter Zusammenarbeit.[2]

2 **2. Anwendungsbereich.** Die Vorschrift betrifft nur die Zusammenarbeit zwischen der einheitlichen Stelle und inländischen Behörden; soweit es um die Zusammenarbeit mit Behörden anderer Mitgliedstaaten geht, sind die §§ 8a ff einschlägig. Sie betrifft zwar in erster Linie die laufenden Verfahren; zur zügigen Verfahrensabwicklung gehört es aber auch, dass die zuständigen Behörden bestimmte allgemeine Informationen über den Ablauf der Verfahren (s § 71c Abs 1), für die sie zuständig sind, bei Bedarf vorab zur Verfügung stellen, damit sich die Dauer der Information von Antragstellern im Einzelfall verkürzt. Diese Informationen müssen regelmäßig aktualisiert werden, damit es nicht zu Fehlinformationen kommt, die auch haftungsrechtlich relevant werden können.

II. Gegenseitige Unterstützung (S 1)

3 **1. Inhalt.** Einheitliche Stelle und zuständige Behörden haben sich gegenseitig zu unterstützen. Diese Unterstützung erfolgt im Wesentlichen durch gegenseitige kurzfristige Information. Dabei geht es für die einheitliche Stelle vor allem darum, ihre Informationspflichten dem Antragsteller gegenüber zu erfüllen, die aufgrund von § 25 Abs 2 sowie von § 71c bestehen. Da die einheitliche Stelle

[1] FKS 1.
[2] BT-Dr 16/10 493 S. 20; Schmitz/Prell NVwZ 2009, 1, 5.

typischerweise nicht selbst über die notwendigen Informationen verfügt, ist sie darauf angewiesen, von den diversen Behörden, mit denen sie im Rahmen von Verfahren nach §§ 71a ff zusammenarbeiten muss, stets mit den aktuellen Informationen beliefert zu werden und im Einzelfall kurzfristig Auskunft über konkrete Fragen zu erhalten. Umgekehrt kann es sein, dass auch seitens der zuständigen Behörden Nachfragen notwendig werden, etwa bei Unklarheiten über das Eingangsdatum, bei Unvollständigkeit der Unterlagen usw.

2. Kosten. Eine **Kostenerstattung** für den Arbeitsaufwand im Zuge der Zusammenarbeit **ist nicht vorgesehen.** Das gilt anders als nach § 8 Abs 1 S 2 auch für Auslagen, die im Zuge der Zusammenarbeit anfallen. Die Kosten der einheitlichen Stelle sind im Rahmen des jeweiligen Gebührenrechts dem Antragsteller aufzuerlegen. Eine entsprechende Anwendung von § 8 kommt deshalb nicht in Betracht, weil es sich bei den Aufgaben der einheitlichen Stelle auf der einen und der zuständigen Stellen auf der anderen Seite um solche handelt, die diesen Einrichtungen regulär zugewiesen sind und die hierfür eine reguläre Zuständigkeit haben. 4

III. Informationen zum Verfahrensstand (S 2)

S 2 hebt nur einen wichtigen Aspekt der Informationspflichten besonders hervor.[3] Danach ist die zuständige Behörde verpflichtet, der einheitlichen Stelle die erforderlichen Informationen zum Verfahrensstand zur Verfügung zu stellen. Erforderlich sind diese Informationen dann, wenn der Antragsteller wegen des Standes bei der einheitlichen Stelle um Auskunft bittet oder auch dann, wenn weitere Anträge wegen des Vorhabens gestellt werden sollen oder bereits gestellte Anträge geändert werden sollen. 5

§ 71e Elektronisches Verfahren

Das Verfahren nach diesem Abschnitt wird auf Verlangen in elektronischer Form abgewickelt.[4] § 3a Abs. 2 Satz 2 und 3 und Abs. 3 bleibt unberührt.[9]

Schrifttum: *Schulz,* Gemeinschaftsrechtliche Verpflichtung zur elektronischen Verfahrensabwicklung (Art 8 DLR) als Perspektive zur Etablierung eines Rechtsrahmens des eGovernment, DVBl 2009, 12.

Übersicht

[3] FKS 12.

I. Allgemeines

1 **1. Inhalt.** Die Vorschrift **verpflichtet in S 1 die einheitliche Stelle und die zuständigen Behörden,** auf Verlangen des Antragstellers das gesamte Verwaltungsverfahren in elektronischer Form abzuwickeln. Insoweit weicht die Regelung von § 3a Abs 1 ab, wonach es im Ermessen der Verwaltungsbehörden steht, ob sie den Zugang für elektronische Dokumente eröffnen oder nicht.[1] Für Verfahren nach §§ 71a ff sind die Behörden dazu verpflichtet, den entsprechenden Zugang bereitzustellen und Anträge **nach Wunsch des Antragstellers** entweder in elektronischer oder konventioneller Form entgegenzunehmen und zu bearbeiten.[2] Auch hier gilt das Optionsmodell: Der Antragsteller selbst kann entscheiden, ob er von der Möglichkeit einer elektronischen Abwicklung Gebrauch machen möchte oder nicht. S 2 stellt klar, dass die Anforderungen des § 3a Abs 2 an die Schriftform unberührt bleiben.

2 **2. Anwendungsbereich. a) Allgemein.** Die Regelung gilt für sämtliche Verfahren, für die die Möglichkeit einer Abwicklung über eine einheitliche Stelle durch Rechtsvorschrift angeordnet ist (§ 71a Rn 16). Es kommt nicht darauf an, ob der Antragsteller von der Möglichkeit Gebrauch macht oder ob er sich unmittelbar an die zuständigen Behörden wendet,[3] wozu er jederzeit berechtigt ist (s § 71a Rn 21). Deshalb müssen auch die zuständigen Behörden die Möglichkeit einer elektronischen Verfahrensabwicklung eröffnen. Ebenfalls unerheblich ist, ob durch Rechtsvorschrift eine feste Bearbeitungsfrist mit Genehmigungsfiktion eingeführt worden ist.

3 **b) Unmittelbare Wirkung der Dienstleistungs-RL.** Die Vorschrift wurde aus Anlass der Umsetzung der Dienstleistungs-RL in das Gesetz aufgenommen. Mit ihr wird Art 8 Abs 1 der Richtlinie umgesetzt, wonach alle Verfahren und Formalitäten, die die Aufnahme oder die Ausübung einer Dienstleistungstätigkeit betreffen, **problemlos aus der Ferne elektronisch** abgewickelt werden können müssen.[4] Hieraus folgt, dass Art 8 Dienstleistungs-RL unmittelbar anwendbar wird, wenn die Vorschrift des § 71e im Anwendungsbereich der Richtlinie nicht angewendet werden darf, weil es an einer Rechtsvorschrift fehlt, die ein Verfahren iS des § 71a Abs 1 anordnet bzw zulässt.

II. Verfahren in elektronischer Form

4 **1. Begriff.** Mit dem Begriff der elektronischen Form knüpft die Vorschrift an die Regelungen in § 3a über die elektronische Kommunikation an. Dabei geht es darum, an die Stelle des klassischen Schriftverkehrs die Übermittlung elektronischer Dokumente treten zu lassen (§ 3a Abs 1). Fernmündliche Kommunikation erfüllt diese Voraussetzung nicht, wird aber durch die Vorschrift ebenso wenig ausgeschlossen wie beim regulären Verwaltungsverfahren. **Nicht um Dokumente in elektronischer Form** handelt es sich bei dem **Telefax und dem Computerfax.** Hier erfolgt zwar die Übermittlung elektronisch, das Dokument ist aber typischerweise verkörpert. Beim Telefax existiert ein OriginalSchriftstück, das nach der Übermittlung reproduziert wird. Beim Computerfax ist die Situation ähnlich, auch hier geht es um die Übermittlung eines Schriftstücks.

5 **2. Anforderungen. a) Formlosigkeit.** Solange keine besonderen Formerfordernisse bestehen, ist es ausreichend, wenn die einheitliche Stelle und die zuständigen Behörden über Mail-Adressen verfügen, die über das Internet er-

---

[1] Schmitz/Prell NVwZ 2009, 1, 5.
[2] FKS 1.
[3] FKS 3.
[4] Vgl Art 8 Abs 1 Dinstleistungs-RL; FKS 2.

reichbar sind.[5] Besondere Informations- und Kommunikationssysteme sind nicht erforderlich. Dabei muss die Möglichkeit bestehen, Dokumente als Anhang zu einer Mail zu versenden und zu empfangen. Nicht erforderlich ist, dass die zuständigen Behörden ihr gesamtes internes Verfahren auf elektronischen Aktenbetrieb umstellen. Werden Bescheide und Schreiben in Papierform gefertigt, muss die Möglichkeit bestehen, sie zu „scannen" und sodann als elektronisches Dokument zu versenden.

b) Formerfordernisse. Für den Fall, dass ein Verwaltungsverfahren die Übermittlung von Dokumenten in Schriftform erfordert, werden die einheitliche Stelle und die zuständigen Behörden die erforderlichen technischen Voraussetzungen schaffen müssen, um die nach § 3a Abs 2 S 2 erforderliche qualifizierte Signatur, auf die auch in Verfahren nach §§ 71a ff nicht verzichtet werden kann, zu erzeugen bzw zu lesen. Wenn ein Antragsteller die elektronische Verfahrensabwicklung wünscht, folgt aus § 71e die Verpflichtung, dem auch insoweit Rechnung zu tragen. 6

c) EU-Standardisierung. Nach Art 8 Abs 3 Dienstleistungs-RL erlässt die Kommission Durchführungsbestimmungen, um die Interoperabilität der Informationssysteme und die Nutzung der elektronischen Verfahren zwischen den Mitgliedstaaten zu erleichtern. Diese Regelungen betreffen allerdings nicht das Verhältnis zum Bürger, sondern nur den Informationsfluss zwischen den Behörden der Mitgliedstaaten. 7

3. Grenzen. Soweit das Verfahren die Inaugenscheinnahme (Prüfungen, Besichtigungen) vor Ort, etwa am Ort der beabsichtigten Dienstleistungserbringung erfordert, steht § 71e dem nicht entgegen. Gleiches gilt dann, wenn aus zwingenden Gründen die persönliche Anwesenheit des Antragstellers erforderlich ist. Die Vorschrift dient nämlich lediglich dem Zweck, den elektronischen Verkehr an die Stelle des üblichen Schriftverkehrs treten zu lassen, wenn der Antragsteller dies wünscht. Dem entspricht auch Art 8 Abs 2 Dienstleistungs-RL, der dies für die oben aufgeführten Fälle sogar ausdrücklich klarstellt. 8

III. Unberührtheitsklausel (S 2)

1. Schriftform. Die Vorschrift stellt klar, dass die Anforderungen des § 3a Abs 2 S 2 u 3 auch bei Verfahren nach §§ 71a ff unberührt bleiben. Das bedeutet, dass die Schriftform auch in diesem Verfahren nur durch ein elektronisches Dokument mit qualifizierter elektronischer Signatur ersetzt werden kann.[6] Besteht ein gesetzliches Schriftformerfordernis, so kann dies sowohl vom Antragsteller als auch von der einheitlichen Stelle und den zuständigen Behörden nur durch Übermittlung eines elektronischen Dokuments mit qualifizierter Signatur erfüllt werden. Dieser Umstand könnte derzeit der Wahl des elektronischen Verwaltungsverfahrens noch überwiegend entgegenstehen, weil viele Dienstleistungserbringer auch aus anderen Mitgliedstaaten der EU noch nicht über die technischen Möglichkeiten verfügen, eine qualifizierte elektronische Signatur zu erzeugen.[7] 9

2. Inkompatible Formate. Gem S 2 bleibt in den Verfahren nach §§ 71a ff auch die Regelung des § 3a Abs 3 unberührt, die den Fall inkompatibler elektronischer Formate betrifft.[8] Ist das übermittelte Dokument für den Empfänger nicht lesbar, ist es nicht zugegangen; das insofern bestehende Übermittlungsrisiko trägt der Absender,[9] der das nicht oder schwer lesbare Dokument nach einem 10

---

[5] Schmitz/Prell NVwZ 2009, 1, 6.
[6] FKS 8.
[7] Schmitz/Prell NVwZ 2009, 1, 6; FKS 5.
[8] Schmitz/Prell NVwZ 2009, 1, 6.
[9] BT-Dr 14/9000 S 32; siehe auch § 3a Rn 13a; StBS § 3a Rn 41.

entsprechenden Hinweis des Empfänger erneut und in geeigneter Form übermitteln muss. Die einheitliche Stelle bzw die zuständige Behörde hat die mangelnde Lesbarkeit unverzüglich „unter Angabe der für sie geltenden technischen Rahmenbedingungen" mitzuteilen. Diese Mitteilung kann auch fernmündlich erfolgen. Umgekehrt haben einheitliche Stelle und zuständige Behörde dem Empfänger eines nicht lesbaren Dokuments dieses erneut in einem geeigneten elektronischen Format zu übermitteln. Erscheint dies nicht möglich, ist das Dokument „als Schriftstück" zu übersenden (§ 3a Abs 3 S 2).

Abschnitt 2. Planfeststellungsverfahren

§ 72 Anwendung der Vorschriften über das Planfeststellungsverfahren

(1) **Ist ein Planfeststellungsverfahren[10] durch Rechtsvorschrift angeordnet,[5] so gelten hierfür die §§ 73 bis 78 und, soweit sich aus ihnen nichts Abweichendes ergibt, die übrigen Vorschriften dieses Gesetzes;[18] die §§ 51[23] und 71a bis 71e[20] sind nicht anzuwenden, § 29 ist mit der Maßgabe anzuwenden, dass Akteneinsicht nach pflichtgemäßem Ermessen zu gewähren ist.[21]**

(2) **Die Mitteilung nach § 17 Abs. 2 Satz 2 und die Aufforderung nach § 17 Abs. 4 Satz 2 sind im Planfeststellungsverfahren öffentlich bekannt zu machen.[25] Die öffentliche Bekanntmachung wird dadurch bewirkt, dass die Behörde die Mitteilung oder die Aufforderung in ihrem amtlichen Veröffentlichungsblatt und außerdem in örtlichen Tageszeitungen, die in dem Bereich verbreitet sind, in dem sich das Vorhaben voraussichtlich auswirken wird, bekannt macht.**

Schrifttum: *Bell/Herrmann,* Die Modifikation von Planfeststellungsbeschlüssen, NVwZ 2004, 288; *Blümel* (Hg), Abweichungen von der Planfeststellung, 1990; *Breuer,* Verfahrens- und Formfehler der Planfeststellung für raum- und umweltrelevante Großvorhaben, in: Sendler-FS 1991, 357; *Burgi,* Planfeststellung umweltrelevanter Vorhaben im Schnittpunkt von Planung und Verhaltenssteuerung, JZ 1994, 654; *v Danwitz,* Zum Anspruch auf Durchführung des „richtigen" Verwaltungsverfahrens, DVBl 1993, 422; *Durner,* Konflikte räumlicher Planungen, 2005; *Erbguth,* Zum System der Fachplanungen, Hoppe-FS 2000, 631; *ders,* Naturschutz und Europarecht – Wie weit reicht die Pflicht zur Alternativenprüfung gem Art 6 Abs 4 FFH-RL, DVBl 2000, 9; *Faßbender,* Grundfragen und Herausforderungendes europäischen Umweltplanungsrechts, NVwZ 2005, 1122; *Gärditz,* Europäisches Planungsrecht, 2009; *Gaentzsch,* Bemerkungen zur Planerhaltung im Fachplanungsrecht, DVBl 2000, 741; *Hoppe/Schlarmann,* Die planerische Vorhabengenehmigung, 2000; *Ibler,* Die behördlichen Abwägungsspielräume bei Bauleitplanung und Planfeststellung, JuS 1990, 9; *Jarass,* Aktuelle Probleme des Planfeststellungsrechts, DVBl 1997, 795; *ders,* Die materiellen Voraussetzungen der Planfeststellung in neuerer Sicht, DVBl 1998, 1202; *Koch,* Die Verbandsklage im Umweltrecht, NVwZ 2007, 369; *Kügel,* Der Planfeststellungsbeschluß und seine Anfechtbarkeit, 1985; *Kühling/Herrmann,* Fachplanungsrecht, 2. Aufl 2000; *Niedzwicki,* Präklusionsvorschriften des öffentlichen Rechts …, 2006; *Oexle,* Das Rechtsinstitut der materiellen Präklusion in den Zulassungsverfahren des Umwelt- und Baurechts, 2001; *Ramsauer,* Planfeststellung ohne Abwägung? NVwZ 2008, 944; *Roeser,* Zur Teilbarkeit von Planungsentscheiden, FS Schlichter, 1995, 479; *Ronellenfitsch,* Rechtsfolgen fehlerhafter Planung, NVwZ 1999, 583; *Rubel,* Planungsermessen – Norm- und Begründungsstruktur, 1982; *ders,* Über Weser und Elbe zum Flughafen Frankfurt – Neuere Rspr des BVerwG zum Planfeststellungsrecht, DVBl 2013, 469; *Schmidt-Aßmann,* Planung als administrative Handlungsform und Rechtsinstitut, FS Schlichter, 1995, 3; *Steinberg/Berg/Wickel,* Fachplanung, 4. Aufl 2012; *Steinberg/Steinwachs,* Zulassungspflichtigkeit der Änderung von Fachplanungsvorhaben unter Berücksichtigung des UVP-Gesetzes, NVwZ 2002, 1153; *Stüer/Hermanns,* Fachplanungsrecht – Grundlagen, DVBl 2002, 435; *dies,* Fachplanungsrecht: Natur- und Umweltschutz – Verkehrswege, DVBl 2002, 514; *Stüer/Probstfeld,* Die Planfeststellung, 2. Aufl 2016; *Wahl/Hönig,* Entwicklung des Fachplanungsrechts, NVwZ 2006, 161; *Ziekow* (Hg), Handbuch des Fachplanungsrechts, 2. Aufl 2014; *Ziekow/Siegel,* Gesetzliche Regelungen der Verfahrenskooperation von Behörden und anderen Trägern öffentlicher Belange, 2001.

Zur privatnützigen Planfeststellung: *Achenbach,* Zur Frage der selbständigen rechtlichen Bedeutung der privatnützigen Planfeststellung, 1992; *Bell,* Die fachplanerische Enteignung zugunsten Privater, UPR 2002, 367; *Erbguth,* Das Dilemma der Enteignung zugunsten privatnütziger Vorhaben, NordÖR 2005, 55; *Jarass,* Die Planfeststellung privater Vorhaben, 2003; *ders,* Die Planrechtfertigung bei Planfeststellungen, NuR 2004, 69, 73; *Ramsauer,* Privatnützige Planfeststellung und öffentliches Interesse, in: Ziekow (Hg), Schutz vor Fluglärm-Regionalplanung – Planfeststellungsverfahren, 2003, 153; *Ramsauer/Bieback,* Planfeststellung von privatnützigen Vorhaben, NVwZ 2002, 277; *Sellmann,* Die gemeinnützige Planfeststellung zugunsten Privater, DVBl 1987, 223.

Zu UVP und SUP in der Planfeststellung: *Beckmann,* Die Umweltverträglichkeitsprüfung und das rechtssystematische Verhältnis von Planfeststellungsbeschlüssen und Genehmigungsentscheidungen, DÖV 1987, 944; *Dippel/Deifuß,* UVP und Vorprüfung bei der Änderungsgenehmigung bestehender Anlagen, NVwZ 2004, 1177; *Greim,* Rechtsschutz bei Verfahrensfehlern im Umweltrecht, 2013; *Hendler,* Die Bedeutung der Richtlinie zur strategischen Umweltprüfung für die Planung der Bundesverkehrswege, EurUP 2004, 85; *ders,* Der Geltungsbereich der EG-RL zur strategischen Umweltprüfung, NuR 2003, 2; *Hoppe* (Hg), UVPG, 2004; *Schink,* Der Vorhabenbegriff bei der UVP, NuR 2012, 603; *Schwab,* Die UVP in der behördlichen Praxis, NVwZ 1997, 428; *Sitsen,* Die UVP bei Änderungs- und Erweiterungsvorhaben, UPR 2008, 292; *Steinberg/Steinwachs,* Zulassungspflichtigkeit der Änderung von Fachplanungsvorhaben unter Berücksichtigung des UVPG, NVwZ 2002, 1153; *Wickel/Müller,* Das Fachplanungsrecht nach seiner Anpassung an die UVP- und die IVU-Richtlinie, 2002; *dies,* Plangenehmigung und UVP in der Verkehrswegeplanung, NVwZ 2001, 1133.

Zu einzelnen Fachplanungsgesetzen: *Breuer,* Die wasserrechtliche Planfeststellung, in Erbguth (Hrsg), Planung, FS Hoppe, 2000, 3; *Dombert,* Das fernmelderechtliche Planfeststellungsverfahren, NVwZ 1990, 441; *Harries,* Die Praxis abfallrechtlicher Planfeststellung, 1993; *Heinze,* Eisenbahn-Planfeststellung, 1997; *Hoppe/Schlarmann/Buchner,* Rechtsschutz bei der Planung von Straßen und anderen Verkehrsanlagen, 4. Aufl 2011; *Paetow,* Zur Struktur der abfallrechtlichen Planfeststellung, in: Sendler-FS 1991, 425; *Ramsauer,* Umweltprobleme in der Flughafenplanung – Verfahrensrechtliche Fragen, NVwZ 2004, 1041; *Schneller,* Beschleunigter Ausbau des Stromtransportnetzes, DVBl 2007, 529; *Wickel/Bieback,* Verwaltungsverfahrens- und naturschutzrechtliche Aspekte des Donauausbaus zwischen Straubing und Vilshofen, BayVBl 2004, 353; *Ziekow,* Bestandskraft luftverkehrsrechtlicher Planfeststellungsbeschlüsse, VerwArch 2008, 559.

Zur Diskussion über Reform und Beschleunigung: *Cancik,* Beschleunigung oder Re-Arkanisierung? DÖV 2007, 107; *Erbguth,* Verfassungs- und europarechtliche Aspekte der Deregulierungen im Planfeststellungsverfahren, UPR 1999, 41; *Guckelberger,* Bürokratieabbau durch Abschaffung des Erörterungstermins? DÖV 2006, 97; *Lecheler,* Planungsbschleunigung bei verstärkter Öffentlichkeitsbeteiligung und Ausweitung des Rechtsschutzes?, DVBl 2007, 713; *Otto,* Das Infrastrukturplanungsbeschleunigungsgesetz, NVwZ 2007, 379; *Pechan,* Die Planfeststellung im Personenbeförderungsrecht, 1994; *Ronellenfitsch,* Neues Verkehrswegeplanungsrecht, DVBl 1994, 44; *Schröder,* Das neuen Infrastrukturplanungsbeschleunigungsgesetz – Auf dem Weg zu zügigerer Realisierung von Planungsvorhaben? NuR 2007, 380; *Schütz,* Das Gesetz zur Beschleunigung von Planungsverfahren für Infrastrukturvorhaben, VBlBW 2007, 441; *Steinberg,* Zeit, Umwelt und Beschleunigung bei der Planung von Verkehrswegeprojekten, NuR 1996, 6; *Storost,* Fachplanung und Wirtschaftsstandort Deutschland: Rechtsfolgen fehlerhafter Planung, NVwZ 1998, 797; *Stüer* (Hg), Verfahrensbeschleunigung, 1997; *Wulfhorst,* Erfahrungen mit den Beschleunigungsgesetzen – aus der Sicht der Exekutive, VerwArch 1997, 163; *Ziekow,* Die Wirkung von Beschleunigungsgeboten im Verfahrensrecht, DVBl 1998, 1101; *Ziekow/Windoffer/Oertel,* Evaluation von Regelungen zur Beschleunigung von Genehmigungsverfahren – Ein Ansatz zur Schließung einer Forschungslücke, DVBl 2006, 1469; *dies,* Dauer von Zulassungsverfahren, 2005.

Übersicht

I. Allgemeines

1. Bedeutung. Die §§ 72–78 enthalten fachübergreifende **Sonderregeln für das Planfeststellungsverfahren**, die zweite besondere Verfahrensart des VwVfG (s § 63 Rn 1) mit dem Ziel einer behördlichen Entscheidung über die Zulassung von Vorhaben mit komplexen und weiträumigen Auswirkungen (wie zB Verkehrswege). Solche Vorhaben lösen schwer überschaubare Wirkungen aus, sodass im Zulassungsverfahren über eine Vielzahl multipolarer, sich kreuzender oder einander widersprechender Interessenlagen entschieden werden muss (näher Rn 10).[1] Die planfeststellungspflichtigen Vorhaben sind in sog **Fachplanungsgesetzen** definiert (Rn 3f), die meist vor dem VwVfG erlassen wurden. Die §§ 72ff bilden einen modellhaften Extrakt aus deren Regelungen mit Auffangfunktion ggü den Fachplanungsgesetzen.[2] Diese enthalten materielle Vorgaben für die Zulassung, modifizieren partiell aber auch die Verfahrensvorschriften des VwVfG, sodass sich die Ausgestaltung des Verfahrens im Einzelnen erst aus der Verzahnung mit dem einschlägigen Fachgesetz ergibt (Rn 3). Die Planfeststellung ist das Kernstück der Fach- oder Projektplanung. Im Unterschied zur raumbezogenen Gesamtplanung richtet sie sich auf eine **konkrete ortsfeste Anlage** (die linien- oder punktförmig sein kann). Eingebettet ist die Fachplanung oft in vorangehende und nachfolgende Planungsabschnitte oder Verfahren (Rn 4e). Im Unterschied zur **originär hoheitlichen Planung** (durch Rechtsnorm) vollzieht die Planfeststellungsbehörde die Planung eines privaten oder öffentlichen Vorhabenträgers nach. Dazu räumen ihr die Fachgesetze regelmäßig eine (Mit)Gestaltungsbefugnis ein, um die öffentlichen Interessen an dem Vorhaben zur Geltung zu bringen und widerstreitende Interessen ausgleichen zu können. Dies geschieht in einem stark formalisierten Verfahren unter Einbeziehung aller konkret Betroffenen, der sog betroffenen Öffentlichkeit, der Naturschutz- und Umweltverbände und der in ihrem Aufgabenbereich berührten Behörden (§ 73). Das Planfeststellungsverfahren mündet, sofern das Vorhaben nicht abgelehnt wird, in einen gestattenden VA mit besonderen Rechtswirkungen, für den sich die traditionelle Bezeichnung „Planfeststellungsbeschluss" erhalten hat (vgl §§ 74, 75; s auch § 74 Rn 124). 1

a) Gesetzliche Anordnung. § 72 enthält Regelungen mit **zwei Zielrichtungen**: Er bestimmt den Anwendungsbereich des Planfeststellungsverfahrens und die Anwendbarkeit der übrigen Bestimmungen des VwVfG auf diese Verfahrensart (s näher Rn 18ff). Die **Anwendbarkeit** der §§ 72ff knüpft Abs 1 S 1 an die Voraussetzung, dass ein Planfeststellungsverfahren durch Rechtsvorschrift außerhalb des VwVfG angeordnet ist. Das erklärt sich aus den weitreichenden rechtsbeschränkenden Wirkungen der Planfeststellung. Daher ist ein Planfeststellungsbeschluss, der nicht durch eine gesetzliche Anordnung erlaubt wird, allein deshalb 2

[1] Begr 83f, 87; Erichsen/Ehlers § 14 Rn 3f.
[2] Vgl zB §§ 7ff TWG aF (außer Kraft getreten gem § 100 Abs 3 TKG); § 67 WHG; §§ 28ff PBefG; §§ 17ff FStrG; §§ 8ff LuftVG; §§ 36ff BBahnG aF, heute §§ 18ff AEG.

rechtswidrig (aber nicht nichtig) und vom VG nach § 113 Abs 1 VwGO aufzuheben (BVerwGE 151, 213 Rn 16). Ist das von der Behörde zugrunde gelegte Fachplanungsgesetz nicht einschlägig, liegt jedenfalls ein Verfahrensfehler vor (OVG Münster DVBl 2009, 1587). Die Anordnung ist idR in einem **förmlichen Gesetz des Bundes oder der Länder** enthalten; ausreichend, wenngleich ungewöhnlich, wäre aber auch eine VO. Die Rechtsvorschrift kann die Erforderlichkeit einer Planfeststellung ausdrücklich vorschreiben[3] oder die §§ 72 ff für anwendbar erklären (s auch Rn 17a). Unerheblich ist, ob **Träger des Vorhabens** und Antragsteller ein Hoheitsträger oder eine Privatperson ist. Auch für Vorhaben der öffentlichen Hand sind die §§ 72 ff grds anwendbar.

2a Derartige Vorschriften ordnen das Verfahren nicht nur an, sie enthalten auch einen **Planfeststellungsvorbehalt,** der ein präventives Verbot mit Erlaubnisvorbehalt begründet: Der Vorhabenträger darf sein Vorhaben erst ausführen, wenn er durch die Zulassungswirkung der Planfeststellung von dem Verbot befreit ist. Ob der Gesetzgeber eine Planfeststellung oder ein einfacheres (Genehmigungs)Verfahren vorsieht, hängt nicht allein von der Komplexität oder dem Belastungspotenzial des Vorhabens ab. Entscheidend ist, ob die Zulassung durch eine Raumnutzungsentscheidung erfolgen soll, der **Vorrang vor der örtlichen Bauleitplanung** zukommt, wie es § 38 BauGB vorsieht (BVerwGE 97, 143). Die Durchführung eines Planfeststellungsverfahrens ist idR auch dann nicht entbehrlich – aber noch zulässig -, wenn das Vorhaben, für das es durchgeführt werden soll, rechtswidrigerweise bereits ausgeführt und fertig gestellt ist (vgl OVG Lüneburg NVwZ-RR 1993, 8).

2b **b) Gegenstände der Planfeststellung.** Die für planfeststellungsbedürftig erklärten Gegenstände (Vorhaben im objektiv-rechtlichen Sinne) lassen sich grob in **zwei Gruppen** einteilen:

(1) planfeststellungsbedürftige **Verkehrsinfrastruktur:** Bundesfernstraßen (§ 17 FStrG); Bundeswasserstraßen (§ 14 WaStrG); Betriebsanlagen einer Eisenbahn einschließlich der Bahnfernstromleitungen (§ 18 AEG); Flughäfen und bestimmte Landeplätze (§ 8 LuftVG); Betriebsanlagen einer Magnetschwebebahn (§ 1 MBPlG); Betriebsanlagen für Straßenbahnen und Bau- und Betriebsanlagen für den Obusverkehr (§ 28; § 41 PBefG); Versuchsanlagen zur Erprobung von Techniken für den spurgeführten Verkehr (§ 2 VersuchsanlG).

(2) **sonstige Anlagen:** Anlagen des Bundes zur Sicherstellung und zur Endlagerung radioaktiver Abfälle (§ 9b AtG); UVP-pflichtige bergrechtliche Rahmenbetriebspläne (§ 52 Abs 2a BBergG); Deponien (§ 35 Abs 2 KrWG); Hochspannungsfreileitungen, Gasversorgungsleitungen, bestimmte Erdkabel (§ 43 EnWG); Wege- und Gewässerpläne im Flurbereinigungsgebiet (§ 41 FlurbG); Gewässerausbau (§ 68 WHG); bestimmte Rohrleitungsanlagen und künstlicher Wasserspeicher (§ 20 Abs 1 UVPG).

Nicht nur der Gegenstand wird festgelegt, sondern auch die darauf bezogenen Vorgänge (wie Bau, Errichtung, Betrieb oder Änderung). Das jeweilige Fachplanungsgesetz definiert die planfeststellungsbedürftigen Gegenstände abschließend und lässt idR erkennen, dass die „Durchführung des Plans" (die **Bauphase**) mit zum Vorhaben gehört, sodass dessen Probleme in der Planfeststellung bewältigt werden müssen (vgl nur § 75 Abs 4; näher dazu § 74 Rn 158, 182d).

3 **c) Verhältnis zu den Fachplanungsgesetzen.** Die Fachplanungsgesetze (s Rn 2b) enthalten neben materielle Maßgaben (dazu Rn 4d) zumeist auch eigenständige, von den §§ 73 ff abweichende Verfahrensregelungen. Diese sind speziel-

---

[3] Viele Gesetze verwenden die Formulierung, die Anlage dürfe nur gebaut oder geändert werden, „wenn der Plan vorher festgestellt ist" (so § 8 Abs 1 LuftVG; § 17 FStrG; § 18 AEG), andere die Wendung „bedarf der (vorherigen) Planfeststellung" (so § 43 Abs 1 EnWG; § 14 Abs 1 WaStrG). Zur Bedeutung dieser Wendungen iE s § 74 Rn 124 ff.

ler und **gegenüber dem VwVfG vorrangig,**[4] was zu einer erheblichen Unübersichtlichkeit des ohnehin hochkomplexen Rechtsgebiets führt. Diese Unübersichtlichkeit ist durch das **Infrastrukturplanungsbeschleunigungsgesetz (IPBeschlG)**[5] zunächst noch verschärft worden. Das IPBeschlG (Art 13) hat zum einen das Verkehrswegeplanungsbeschleunigungsgesetz, das Sonderregelungen für Planungsvorhaben in den neuen Bundesländern enthält und verschiedentlich verlängert worden war, mWv 18.12.2006 ersetzt.[6] Vor allem aber hat es in einer Reihe von Fachgesetzen, die sich auf Infrastrukturvorhaben beziehen (AEG, EnWG, FStrG, MBPlG, WaStrG), umfangreiche Abweichungen vom Grundmuster der §§ 73 ff eingeführt. Groteskerweise sollte das dem Bürokratieabbau dienen.[7]

Es hätte sich aufgedrängt, bereits im Zusammenhang mit dem IPBeschlG die für erforderlich gehaltenen Änderungen des Planfeststellungsrechts unmittelbar in den §§ 73 ff vorzunehmen und die Fachgesetze von Spezialregeln zu befreien.[8] Dies ist aber erst 2013 mit dem **PlVereinhG**[9] teilweise geschehen, ohne dass eine vollständige Harmonisierung erfolgt wäre. Der Gesetzgeber erachtet in einigen Fachplanungsbereichen Sonderregelungen weiterhin für erforderlich (einen Überblick über die Vereinheitlichungen und die bestehen bleibenden Divergenzen geben Schmitz/Prell NVwZ 2013, 745, 750). Immerhin aber hat das VwVfG durch das Zurückschneiden von Sonderregelungen eine deutlich größere Bedeutung erlangt. 3a

2. Zweck des Planfeststellungsverfahrens. Planfeststellungsverfahren sind **Genehmigungsverfahren** für ortsfeste bauliche Anlagen. Der Vorhabenträger erhält dadurch eine objektbezogene Erlaubnis, eine Anlage zu errichten, zu betreiben oder zu ändern. Der erhebliche Verfahrensaufwand der Ausgestaltung als Planfeststellung rechtfertigt sich aus der **Raumbedeutsamkeit** der Vorhaben. Sie folgt bei linienförmigen Anlagen (wie Verkehrswegen oder Hochspannungsleitungen) aus der Weiträumigkeit der Belastung, bei stationären (Flugplätzen, Deponien oder Atomanlagen) aus ihren örtlich begrenzten, dort aber massiven Auswirkungen auf die Umgebung. Solche Vorhaben bedürfen staatlicher Kontrolle und eines Ausgleichs der typischerweise berührten Vielzahl von Interessen. Um diese Aufgaben erfüllen zu können, wird das Planfeststellungsverfahren besonders ausgestaltet: § 73 verpflichtet zu einem Anhörungsverfahren mit umfangreichen **Beteiligungen** und Verfahrensgarantien (zu den Zwecken der Beteiligung iE § 73 Rn 6). Zum anderen räumen die Fachgesetze der Planfeststellungsbehörde iaR eine planerische Mitgestaltungsbefugnis ein, genannt Gestaltungsspielraum oder **Planungsermessen** (dazu näher § 74 Rn 23 ff). Das Planfeststellungsverfahren hat damit neben dem Schutz der Rechte und Interessen des Vorhabenträgers und der vom Vorhaben Betroffenen auch eine objektivrechtliche Funktion. Schließlich führt das Planfeststellungsverfahren zu einer **Konzentration aller Zulassungsverfahren** bei einer 4

---

[4] Der Vorrang wird in den Fachgesetzen regelmäßig mit dem Hinweis klargestellt, die §§ 72–78 VwVfG gelten „nach Maßgabe dieses [Fach]Gesetzes" (vgl zB § 17 S 3 FStrG). Damit wird die Anwendung der fachgesetzlichen Regelungen gegenüber nachfolgenden Änderungen konkurrierender Vorschriften im VwVfG sichergestellt, durch die sie ansonsten nach dem Lex-posterior-Grundsatz verdrängt werden könnten.

[5] Gesetz zur Beschleunigung von Planungsvorhaben für Infrastrukturvorhaben (Infrastrukturplanungsbeschleunigungsgesetz – IPBeschlG) v 27.10.2006 (BGBl I S. 2833). Hierzu Otto NVwZ 2007, 279. S auch § 73 Rn 4.

[6] Allerdings ist weiterhin mit Streitverfahren nach dem VerkPBG zu rechnen. Nach seinem § 11 sind Altplanungen, die nach den Vorschriften des VerkPBG begonnen wurden, ungeachtet des Außerkrafttretens des Gesetzes nach dessen Vorschriften zu Ende zu führen.

[7] S hierzu die Gesetzesbegründung, BT-Drs 16/54, S. 24.

[8] Ebenso StBS 22.

[9] Gesetz zur Verbesserung der Öffentlichkeitsbeteiligung und Vereinheitlichung von Planfeststellungsverfahren (PlVereinhG) v 31.5.2013 (BGBl. I S. 1386). Dazu noch § 73 Rn 5.

Behörde (§ 75 Abs 1 S 1 Hs 2) und damit zur Vermeidung nicht koordinierter und widersprüchlicher Entscheidungen und zu einer Reduzierung des Aufwands für Vorhabenträger und Behörden.

4a **3. Verfassungsrecht.** Die Anordnung von Planfeststellungsverfahren für besonders komplexe Genehmigungsverfahren ist zwar **verfassungsrechtlich nicht geboten.** Es ist aber anders als das einfache Verwaltungsverfahren geeignet, bei der Entscheidung über die Zulassung komplexer raumbedeutsamer Vorhaben den notwendigen Schutz der Rechte, insb der Grundrechte der Betroffenen sicherzustellen. Das gilt sowohl im Hinblick auf die fachrechtliche Konzentration aller durch die Planfeststellung ersetzter Genehmigungs- und Zulassungsverfahren als auch im Hinblick auf die Konzentration der Prüfung und Regelung sämtlicher privater Rechte und Belange. Voraussetzung ist allerdings, dass im Planfeststellungsverfahren hinreichende rechtsstaatliche Sicherungen für die im Verfahren betroffenen grundrechtlichen Positionen erhalten bleiben. Diese Frage ist jeweils bei den einzelnen Bestimmungen der §§ 73 ff zu prüfen.

4b **In kompetenzrechtlicher Hinsicht** bestehen keine durchgreifenden verfassungsrechtlichen Bedenken. Zwar kann die in § 75 Abs 1 vorgesehene **Konzentrationswirkung** einen Eingriff in die verfassungsrechtliche Kompetenzordnung bewirken, sofern landesrechtlich begründete Genehmigungstatbestände überwunden werden. Hierin wird aber wegen der lediglich formell wirkenden Konzentration eine verfassungsrechtliche Hürde zu Recht nicht gesehen.[10] Der Bund ist grds berechtigt, im Rahmen seiner Gesetzgebungskompetenz die Konzentrationswirkung der Planfeststellung auch auf parallel bestehende landesrechtliche Genehmigungserfordernisse auszudehnen.[11] Umgekehrt können die Länder im Rahmen des § 100 Nr 2 für die landesrechtlichen Planfeststellungsverfahren vorsehen, dass auch bundesrechtliche Genehmigungserfordernisse von der Konzentrationswirkung erfasst und damit ersetzt werden.

4c **4. Bedeutung des EU-Rechts.** Europarechtlich bestehen gegen die Durchführung von Planfeststellungsverfahren als solche keine Bedenken. Das Unionsrecht kennt sie zwar nicht im Rahmen des direkten Vollzugs seines Sekundärrechts. Für dessen indirekten Vollzug erweist sich das Planfeststellungsverfahren aber grds als geeignetes Instrument, um die europarechtlichen **Vorgaben der UVP-Richtlinie,[12] der SUP-Richtlinie[13] und der FFH-Richtlinie[14]** zu erfüllen. Gleiches würde auch für die IVU-Richtlinie gelten, die allerdings in Deutschland im Wesentlichen durch das BImSchG umgesetzt wird. Zweifelhaft kann aber die Unionsrechtskonformität einzelner Bestimmungen über die Ausgestaltung des Verfahrens sein. So hat der EuGH für umweltrelevante Vorhaben die in § 73 Abs 4 vorgesehene Präklusion verworfen (dazu § 75 Rn 101).

4d **5. Inhalt und systematische Stellung des Planfeststellungsrechts.** Die §§ 72 ff enthalten im Wesentlichen Bestimmungen verfahrensrechtlicher Natur für das Planfeststellungsverfahren. Das seine Anwendung anordnende Fachplanungsgesetz (Rn 2) enthält neben Sonderverfahrensrecht das maßgebliche materielle Recht, insb die zulässigen Ziele der Planfeststellung, aus denen sich die sog Planrechtfertigung ergibt, ein Abwägungsgebot, materielle Wertungen und die Grundsätze für die Ausübung des Planungsermessens (s § 74 Rn 42 ff).[15] § 73

---

[10] BVerwGE 82, 17, 19; Ossenbühl FS Sendler 107, 116: Annexkompetenz; StBS 57 ff; s insoweit auch Treffer UPR 1994, 378; Laubinger VerwArch 1986, 90.

[11] Die von StBS geäußerten Zweifel bei vom Bund angeordneter Konzentrationswirkung für Rechtsgebiete mit ausschließlicher Landeskompetenz dürften nicht berechtigt sein.

[12] S hierzu unten Rn 34 sowie § 63 Rn 15.

[13] S hierzu unten Rn 4 f.

[14] Näher hierzu § 74 Rn 81.

[15] BVerwGE 48, 56; 56, 118; 71, 168 = NJW 1986, 80; 72, 284; 75, 238; 85, 44 = NVwZ 1990, 971.

regelt das Anhörungsverfahren als Kern des Verfahrens, das sich anschließend bis zur Feststellung des Plans, dem Planfeststellungsbeschluss, fortsetzt. Dessen Erlass sowie den notwendigen und möglichen Inhalt regelt § 74. Dort sind zudem für Vorhaben mit weniger gewichtigen Auswirkungen die Möglichkeiten vorgesehen, anstelle einer Planfeststellung eine Plangenehmigung zu erteilen (Abs 6) oder sogar das Entfallen beider Entscheidungsarten festzustellen (Abs 7). § 75 enthält die Bestimmungen über die Rechtswirkungen der Planfeststellung. Die §§ 76–78 regeln spezielle Fragen der Änderung von Planfeststellungsbeschlüssen, ihrer Aufhebung sowie des Zusammentreffens mehrerer Vorhaben.

a) Vorgeschaltete Planungen. Nicht zum Planfeststellungsverfahren gehören Verfahren der raumbezogenen Gesamtplanung. In Konkurrenz zur Planfeststellung steht die im BauGB geregelte gemeindliche **Bauleitplanung**, die gem § 38 BauGB hinter überörtliche Planungen zurücktritt. Intensiven Einfluss auf die Planfeststellung erlangt aber die im ROG und in Landesplanungsgesetzen geregelte **Raumordnung und Landesplanung** insb durch Vorgaben in Landesraumordnungsprogrammen und Regionalplänen. Diese enthalten teilweise für die Planfeststellung verbindliche Ziele und berücksichtigungsbedürftige Grundsätze, sind aber verfahrensrechtlich selbstständig und unabhängig.[16] Allerdings können Fehler in Raumordnungsplänen zur Fehlerhaftigkeit von Planfeststellungsbeschlüssen führen, soweit diese auf fehlerhaften Plänen beruhen. Ebenfalls vom Planfeststellungsverfahren zu trennen ist das sog **Raumordnungsverfahren** nach § 15 ROG, welches Planfeststellungsverfahren vielfach vorgeschaltet ist, für diese idR allerdings lediglich die Bedeutung einer gutachtlichen Äußerung der Landesplanungsbehörde über die Vereinbarkeit der Planung mit den Erfordernissen der Raumordnung hat. 4e

Nicht zum Planfeststellungsverfahren gehören auch spezialgesetzlich vorgeschaltete Planungsverfahren, in denen über das Vorhaben in grundsätzlicher Hinsicht oder über einzelne Elemente entschieden wird. So wird die für Verkehrswege im **Bundesverkehrswegebedarfsplan** und den daraus entwickelten speziellen Bedarfsgesetzen (§ 74 Rn 53 ff) enthaltene gesetzliche Bedarfsplanung nicht Bestandteil der Planfeststellung. Dasselbe gilt für die Linienbestimmung für Bundesfernstraßen, -wasserstraßen und Eisenbahnstrecken (vgl § 16 FStrG; § 13 WaStrG). Auch für vorgeschaltete Planungen gilt, dass ihre Fehler zur Rechtswidrigkeit des nachfolgenden Planfeststellungsbeschlusses führen können. Deshalb sind die Anforderungen der **SUP-Richtlinie**[17] auch nicht erst im Planfeststellungsverfahren zu erfüllen, sondern in den ggfs vorgeschalteten Verfahren.[18] **Nicht vorgeschaltet** sind die Genehmigung nach § 6 LuftVG der Planfeststellung für Flughäfen (dazu Ziekow, Handbuch, § 15 Rn 4 ff) und auch nicht die personenbeförderungsrechtliche (Unternehmer)Genehmigung nach § 13 PBefG der Planfeststellung für Straßenbahnen und Obusse (BVerwGE 123, 286). 4f

b) Nachgeschaltete Verfahren. Ebenfalls nicht zur Planfeststellung gehören Verwaltungsverfahren, mit denen der Planfeststellungsbeschluss nach seinem Erlass umgesetzt bzw vollzogen wird. Sie sind rechtlich selbstständig, auch wenn sie inhaltlich zT stark durch den Planfeststellungsbeschluss beeinflusst werden. Hierzu gehören vor allem landesrechtliche **Enteignungsverfahren,** mit denen die für die Durchführung des Vorhabens erforderlichen Eigentumsrechte beschafft werden müssen (s unten Rn 37), oder Verfahren der Verwaltungsvollstreckung. 4g

---

[16] S zum Verhältnis von Raumordnung und Planfeststellung am Beispiel der Flughafenplanung Ramsauer NVwZ 2004, 1042; s zur Bindungswirkung auch StBS 66.

[17] Richtlinie 2001/42/EG des Europäischen Parlaments und des Rates über die Prüfung der Umweltauswirkungen bestimmter Pläne und Programme v 27.6.2001 (ABl EG Nr L 197 S. 30).

[18] S hierzu näher Hendler NuR 2003; ders EurUP 2004, 85; s für die Flughafenplanung auch Ramsauer NVwZ 2004, 1041, 1044.

Rechtlich selbstständig ist bei Flughäfen auch die nachgeschaltete Festlegung sog **Flugrouten** nach § 33 Abs 2 LuftVO.

4h **c) Integrierte Verfahren.** Demgegenüber handelt es sich bei der **Umweltverträglichkeitsprüfung (UVP)** nach dem UVPG nicht um ein vorgeschaltetes Verfahren, sondern um einen integrierten Bestandteil des Planfeststellungsverfahrens (s hierzu Rn 33 ff). Gleiches gilt für die naturschutzrechtliche Eingriffsregelung, die nach den Naturschutzgesetzen der Länder bei der Genehmigung von Vorhaben beachtlich ist, die einen Eingriff in Natur und Landschaft bewirken können. Zum Verhältnis des Planfeststellungsverfahrens zur **naturschutzrechtlichen Eingriffsregelung** (§§ 14 ff BNatSchG) s näher § 74 Rn 84. Integriert ist nicht nur die Prüfung sämtlicher nach dem einschlägigen Fachrecht normalerweise erforderlichen Genehmigungen usw, sondern auch von **Ausnahmen und Befreiungen** zB von den Anforderungen naturschutzrechtlicher Bestimmungen, auch von Ge- und Verboten einer Naturschutzverordnung.

5 **6. Anwendungsbereich des VwVfG. a) Unmittelbar.** Die Vorschrift ordnet die Geltung der §§ 73–78 nur für Planfeststellungsverfahren im Anwendungsbereich des VwVfG an. Das verweist auf § 1. Danach gilt das VwVfG faktisch nur für **Planfeststellungsverfahren von Bundesbehörden** (Abs 1 Nr 1). Diese sind aber die Ausnahme, weil die Ausführung von Bundesgesetzen grds Ländersache ist (Art 83 GG). Ein Beispiel ist die eisenbahnrechtliche Planfeststellung nach § 18 AEG, für die das Eisenbahn-Bundesamt zuständig ist. Die subsidiäre Geltung für Planfeststellungsverfahren vor Landesbehörden im Bereich der Bundesauftragsverwaltung (Abs 1 Nr 2), sie betrifft etwa die Bundesfernstraßen (Art 90 Abs 2 GG), läuft wegen der Existenz von Landes-VwVfG leer (§ 1 Rn 26). Das VwVfG des Bundes ist außerdem anzuwenden, soweit dies in einem Fachplanungsgesetz angeordnet ist (vgl StBS 80), was vor allem für das Anhörungsverfahren der Fall sein kann (S § 73 Rn 9 f). Für die **Planfeststellungsverfahren der Landesbehörden** gelten die **Verwaltungsverfahrensgesetze der Länder**, die nach dem Grundsatz der Simultangesetzgebung (Einf I Rn 1) aber meist (jedoch nicht zwingend) inhaltsgleiche Bestimmungen enthalten oder auf die Regelungen der §§ 72 ff schlicht verweisen.

6 **b) Spezielle Vorschriften.** Die Anwendung auch der entsprechenden Bestimmungen in den Landesverwaltungsverfahrensgesetzen steht unter dem Vorbehalt spezieller Regelungen im Fachrecht. Diese gehen, auch soweit sie inhaltlich übereinstimmende Regelungen treffen, den allgemeinen Regelungen der §§ 73 ff vor und beschränken sie auf eine ergänzende Anwendbarkeit. Letzteres gilt zB für die **bundesrechtlich geregelten Fachplanungsgesetze** (AEG, AtG, BBergG, FlurbG, FStrG, KrWG, LuftVG, PBefG, TKG, WaStrG und neuerdings auch EnWG). Für Vorhaben in den neuen Ländern galt bis 2006 außerdem das Verkehrswegeplanungsbeschleunigungsgesetz (VerkPBG), das inzwischen außer Kraft getreten, für bestimmte Altverfahren aber immer noch anzuwenden ist.[19] Mit dem am 1.1.2007 in Kraft getretenen **IPBeschlG**[20] wurde die Planfeststellung nach dem AEG, EnWG, FStrG, LuftVG, MBPlG und WaStrG wesentlich verändert. Die Bestimmungen in den genannten Gesetzen wichen seither deutlich von den Regelungen der §§ 73 ff ab. Dies ist durch das **PlVereinhG** 2013 für Infrastrukturvorhaben teilweise wieder rückgängig gemacht worden (s § 73 Rn 5).

---

[19] Die befristeten Regelungen des VerkPBG v 16.12.1991 (BGBl I, S. 2174) dessen Geltung mehrmals verlängert wurde, sind aufgrund des Gesetzes v 22.1.2005 (BGBl I S 3691) mit dem Ablauf des 31.12.2006 außer Kraft getreten, gelten nur noch für Altfälle, vgl Rn 3 und StBS 18.

[20] Das Gesetz zur Beschleunigung von Planungsverfahren für Infrastrukturvorhaben v 27.10.2006 (BGBl I S. 2833) ändert als Artikelgesetz die genannten Fachplanungsgesetze.

c) Keine analoge Anwendbarkeit. aa) Grundsatz. Auf andere Planungsverfahren und ähnlich ausgestaltete Genehmigungsverfahren, die materiell[21] ebenfalls Planungsentscheidungen enthalten oder doch wesentliche planerische Elemente aufweisen, sind die Vorschriften der §§ 72 ff über die Planfeststellung grds nicht anwendbar. Dies gilt etwa für das Verfahren zum Erlass von Anlagengenehmigungen nach §§ 4 ff BImSchG oder von Genehmigungen nach §§ 7 ff AtG, ferner für wasserrechtliche Genehmigungen bzw Bewilligungen nach dem WHG sowie für die Ausweisung von Schutzgebieten nach den Naturschutzgesetzen der Länder. Ohne gesetzliche Anordnung fehlt es an einer planwidrigen Lücke. IÜ gilt für materielle Planungsverfahren das rechtsstaatliche Abwägungsgebot (dazu § 74 Rn 96), das der Behörde keine fachplanerische Gestaltungsfreiheit und nicht die spezifisch fachplanerischen Befugnisse einräumt. 7

bb) Anwendbarkeit einzelner Grundsätze. Einzelne Grundsätze und Verfahrensprinzipien des Planfeststellungsrechts sind bei Fehlen von Regelungen sinngemäß auch auf sonstige Genehmigungsverfahren mit planerischem Einschlag anwendbar, insb zB auf die Genehmigungsverfahren nach dem BImSchG und dem AtG, außerdem auch auf Plangenehmigungsverfahren oder Verfahren mit vergleichbarer Zielsetzung und Wirkung, zB nach § 35 Abs 1 KrWG, § 14 Abs 1 S 2 WaStrG, § 41 Abs 4 FlurbG, nach altem Fernmelderecht,[22] §§ 55 und 48 Abs 2 BBergG,[23] § 1 Abs 3 S 1 LBG.[24] 8

cc) Anwendbarkeit materieller Planungsgrundsätze. Entsprechend anwendbar sind auch die materiellen Planungsgrundsätze, die nicht oder nur zT in den §§ 73 ff enthalten sind, sondern teils verfassungsrechtlich fundiert sind, im Wesentlichen aber von der Rspr und zT auch vom Schrifttum entwickelt wurden. Zu ihnen gehören zB die Grundsätze der **Planrechtfertigung** (s § 74 Rn 42), der **Bindungswirkung von Planungsleitsätzen,** der Verpflichtung zur **Problembewältigung** (§ 74 Rn 34) und zu einer gerechten **Abwägung** (s § 74 Rn 95 ff). Gleiches gilt für die Regelungen über die Anordnung von Schutzvorkehrungen oder von Entschädigungsleistungen nach § 74 Abs 2 S 2, 3; § 75 Abs 2 S 2–5,[25] zum Ausschluss von privatrechtlichen Beseitigungsansprüchen und zu einem evtl Anspruch auf Entschädigung, wenn und soweit reale Schutzmaßnahmen nicht möglich oder nicht ausreichend sind bzw wären, wenn für ein Vorhaben kein Planfeststellungsverfahren durchgeführt wird, sondern es nur nach dem allgemeinen Baurecht oder Gewerberecht genehmigt wurde.[26] 9

II. Begriff und Bedeutung von Planfeststellungsverfahren

1. Begriff der Planfeststellung. a) Allgemeines. Planfeststellungsverfahren iS der §§ 72 ff sind stark formalisierte Verwaltungsverfahren, in denen über die **Genehmigung**[27] **von Vorhaben** entschieden wird. Gegenstand der Planfeststellung sind idR **raumbedeutsame Vorhaben,** die in einem **Fachplanungsgesetz** definiert und einem Planfeststellungsverfahren unterworfen werden (dazu 10

---

[21] S zB BVerwG UPR 1989, 274; Wahl NVwZ 1990, 426 mwN; Kühling DVBl 1989, 221 mwN.

[22] Vgl BVerwGE 77, 136 = NVwZ 1987, 590; ähnlich OVG Koblenz UPR 1989, 276.

[23] Vgl BVerwGE 74, 322 = NJW 1987, 1713; dazu Wahl NVwZ 1990, 428; Kühling Rn 69 und 377; Seibert DVBl 1986, 1276.

[24] Vgl BVerwGE 74, 125 = NJW 1986, 2447; Wahl NVwZ 1990, 429.

[25] Vgl zur Schutzanordnung bzw zum Ersatz entsprechender Aufwendungen analog § 17 Abs 4 FStrG, wenn die Straße nicht durch eine Planfeststellung, sondern durch einen Bebauungsplan festgesetzt wird, BVerwG NVwZ 1988, 351 = BayVBl 1988, 213; DVBl 1988, 1167; Buchh 406.11 § 9 BBauG/BauGB Nr 32; Kühling DVBl 1989, 226.

[26] BVerwGE 85, 44 = NVwZ 1990, 967; BGHZ 48, 104; 91, 23.

[27] Genehmigung ist der hergebrachte Begriff für die personengebundene Erlaubnis zur Errichtung und zum Betrieb von Sachgesamtheiten (baulichen Anlagen).

Rn 2 f).[28] Das Verfahren wird durch einen **Antrag** eingeleitet, den § 73 Abs 1 als „Einreichung des Plans" bezeichnet. Es findet unter **Beteiligung** aller Betroffenen (Öffentlichkeitsbeteiligung) und Träger öffentlicher Aufgaben (Behörden- oder Trägerbeteiligung) statt. Die Behörde hat eine umfassende Prüfung der Vereinbarkeit der Planung mit sämtlichen öffentlich-rechtlichen Vorschriften vorzunehmen, die sich für das Vorhaben Geltung beimessen. Das Verfahren endet mit der Antragsablehnung (sofern etwa unüberwindbare Planungshindernisse vorliegen, s. § 74 Rn 125) oder mündet in einen gestattenden VA, für den sich der traditionelle Begriff **„Planfeststellungsbeschluss"** erhalten hat.[29]

10a **b) Wirkungen.** Dem enormen Aufwand von Planfeststellungsverfahren entspricht es, dass der Planfeststellungsbeschluss mit weitreichenden Rechtswirkungen ausgestattet ist, die in § 75 geregelt sind. Er genehmigt das Vorhaben unter allen rechtlichen Gesichtspunkten **(Genehmigungswirkung,** § 75 Abs 1 S 1 Halbs 1**)** und tritt dabei an die Stelle sämtlicher für Vorhaben dieser Art sonst erforderlichen Genehmigungen, Erlaubnisse, Bewilligungen oder Zustimmungen sowie ersetzt Entscheidungen über Ausnahmen und Befreiungen usw (sog **Konzentrationswirkung,** S 1 Halbs 2). Außerdem regelt er die öffentlich-rechtlichen Rechtsverhältnisse zu Dritten (Nachbarn und sonst Betroffenen) in Bezug auf das Vorhaben verbindlich und umfassend (**Gestaltungswirkung,** Abs 1 S 2). Schließlich schließt er öffentlich-rechtliche und privatrechtliche Abwehr- und Unterlassungsansprüche gegen die planfestgestellte Anlage aus und beschränkt Betroffene auf Schutzvorkehrungen bzw Entschädigungsansprüche (**Duldungs- oder Ausschlusswirkung,** Abs 2 S 1; vgl § 75 Rn 17 ff).

11 **c) Planerischer Gestaltungsspielraum.** Kennzeichnend für Planfeststellungsverfahren ist weiter, dass die zuständige Behörde über das Vorhaben regelmäßig in Ausübung eines Gestaltungsspielraums, auch Planungsermessen genannt, entscheidet (s hierzu näher § 40 Rn 149 ff). Folge ist, dass der Vorhabenträger auch bei Erfüllung aller gesetzlichen Voraussetzungen grds **keinen Anspruch auf die beantragte Planfeststellung** hat (dazu Rn 41 ff**)**. Ein planerischer Spielraum besteht auch dann, wenn er im Fachplanungsgesetz nicht besonders erwähnt ist. Er wird dann schlicht vorausgesetzt, weil Planung ohne einen derartigen Spielraum ein Widerspruch in sich wäre.[30] **Kern** jedes Planfeststellungsverfahrens ist damit die planerische Abwägung, die sich an dem planungsrechtlichen **Abwägungsgebot** zu orientieren hat und gerichtlich anhand dieses Gebots überprüft werden kann (s näher § 74 Rn 95). Von diesem Gebot geleitet, hat die Planfeststellungsbehörde unter Berücksichtigung sämtlicher berührten Interessen zu entscheiden, ob das Vorhaben in der beantragten Form, ggfs unter Beifügung von Nebenbestimmungen, genehmigt, dh planfestgestellt werden kann. Mit diesen Regelungen über das Abwägungsgebot und den Ausgleich von unzumutbaren Beeinträchtigungen Dritter enthält die Planfeststellung eine **Inhalts- und Schrankenbestimmung des Eigentums** (Art 14 Abs 1 S 2 GG) durch verhältnismäßige Ausgestaltung der konkurrierenden Rechtspositionen. Dies gilt auch für den Fall, dass auf der Seite des Vorhabenträgers und auf der Seite des Drittbetroffenen allein private Rechtspositionen in Konflikt geraten

---

[28] Zum materiellen Fachplanungsbegriff Wahl/Dreier NVwZ 1999, 606, 608.

[29] Die Bezeichnung geht auf das Preußische Eisenbahngesetz von 1838 zurück. Vgl zur Entwicklung Blümel, Die Bauplanfeststellung I und II; zusammenfassend Ronellenfitsch VerwArch 1989, 92, 97 ff.

[30] BVerwGE 34, 301, 304; 45, 309, 313; 48, 56, 59; ausführlich Ramsauer NVwZ 2008, 944; Durner, Konflikte räumlicher Planungen, 2005, 315 ff. Regelmäßig wird der Spielraum aber dadurch ausgedrückt, dass der Behörde aufgegeben wird, die von dem Vorhaben berührten öffentlichen und privaten Belange bei der Planfeststellung im Rahmen der Abwägung „zu berücksichtigen" (so zB § 18 S 2 AEG; § 17 S 2 FStrG; § 8 Abs 1 S 2 LuftVG).

(BVerwG NVwZ 2007, 1074, 1077). Problematisch ist letzteres in den Fällen des § 74 Abs 2 S 3, wenn an die Stelle von untunlichen Schutzvorkehrungen Entschädigungszahlungen treten sollen (s unten Rn 14c; § 74 Rn 161 ff).

Umstritten ist, ob und wodurch sich der planerische Gestaltungsspielraum von anderen administrativen Spielräumen, insbesondere vom Ermessen und Beurteilungsspielraum unterscheidet.[31] Teilweise werden hier grundsätzliche strukturelle Unterschiede gesehen.[32] Demgegenüber wird zutreffend darauf hingewiesen, dass die **Unterschiede zum Ermessen** nicht qualitativ bzw strukturell, sondern eher graduell sind, nämlich die Komplexität der Entscheidungslage betreffen (Vielzahl, Vielfalt und Gegenläufigkeit der zu berücksichtigenden und abzuwägenden Gesichtspunkte und Belange).[33] 11a

d) Planung und Planfeststellung. Die Planfeststellungsbehörde wird – anders als die Gemeinde im Bebauungsplanverfahren – nicht selbst unmittelbar planerisch-gestaltend tätig. In erster Linie prüft sie nach, ob der vom Träger des Vorhabens ausgearbeitete Plan die für das Vorhaben geltenden gesetzlichen Vorgaben einhält, und vollzieht die vom Vorhabenträger getroffene Planungsentscheidung hins der dafür geltenden Anforderungen „abwägend nach".[34] Eine Umplanung ist ihr verwehrt. Soweit ihr eine andere Gestaltung oder alternative Realisierung (dazu § 74 Rn 120 ff) geboten erscheint, kann sie den Planfeststellungsantrag nur ganz oder teilweise ablehnen. Eine eigene **planerische Gestaltungsfreiheit** hat die Planfeststellungsbehörde nur im Rahmen des Planfeststellungsantrags hins der **Anordnungen nach § 74 Abs 2** oder allgemein in Bezug auf **Nebenbestimmungen** nach § 36 Abs 2, um das Vorhaben trotz nachteiliger Auswirkungen planfeststellungsfähig zu machen (s näher § 74 Rn 142). Insofern bestehen grundlegende Unterschiede zwischen einer originären planerischen Entscheidung und der Planfeststellung als einer besonderen **Form einer nachvollziehenden Feststellung des Plans.**[35] Faktisch gehen die Einflussmöglichkeiten der Planfeststellungsbehörde freilich darüber hinaus, weil der Antragsteller Anregungen der Behörde übernehmen wird, um die Ablehnung des Antrags zu vermeiden. 12

2. Gemeinnützige und privatnützige Planfeststellung. a) Allgemeines. Herkömmlich wird zwischen Planfeststellungen für gemeinnützige und privatnützigen Vorhaben unterschieden. Das Gesetz trifft eine Unterscheidung nicht ausdrücklich. Gleichwohl ist sie rechtlich nicht ohne Bedeutung (s Rn 14). Die begriffliche Abgrenzung ist unscharf.[36] Teilweise wird vorgeschlagen, ganz auf die Unterscheidung zu verzichten.[37] Zutreffend ist daran, dass sich an die Unterscheidung unmittelbar keine Rechtsfolgen knüpfen lassen.[38] Der Begriff der 13

---

[31] Hierzu § 40 Rn 7; 149; aus neuerer Zeit Koch, Die normtheoretische Basis der Abwägung, FS Hoppe, S. 9; Hoppe/Grotefels, Öffentliches Baurecht 1995, § 7.

[32] So wohl auch StBS 107.

[33] Vgl Erbguth DVBl 1992, 399; Rubel, Planungsermessen, 1982, 147; Koch FS Hoppe 21; Alexy JZ 1986, 107; wohl auch Waechter VerwArch 1997, 299, 313; **aA** Ossenbühl DVBl 1993, 757.

[34] BVerwGE 72, 367 = NVwZ 1986, 471; Kühling/Herrmann Rn 102 ff DVBl 1989, 221; Wahl NVwZ 1990, 432.

[35] BVerwGE 72, 365, 367: „abwägend nachzuvollziehen"; ähnlich BVerwGE 48, 59; NJW 1980, 953; Schmidt-Aßmann/Groß NVwZ 1993, 622; Kühling/Herrmann, Fachplanungsrecht, Rn 42; UL § 41 Rn 4, 11; Jarass DVBl 1998, 1202; Hoppe/Just DVBl 1997, 789.

[36] S hierzu näher Ramsauer in: Ziekow (Hg), Schutz vor Fluglärm, 154; Ramsauer/Bieback NVwZ 2002, 277, 279.

[37] ZB Achenbach, Zur Frage der selbständigen rechtlichen Bedeutung der privatnützigen Planfeststellung, 1992, 25; Bamberger BayVBl 1999, 622; Fouquet VerwArch 1996, 232; Steinberg/Berg/Wickel § 1 Rn 19; Breuer FS Hoppe, 2000, 667, 677; in diese Richtung auch Knack/Henneke § 74 Rn 139.

[38] So zutreffend Kühling/Herrmann Rn 287; ebenso StBS 28.

privatnützigen Planfeststellung dient lediglich zur Kennzeichnung solcher **Vorhaben, denen ein spezifischer Gemeinwohlbezug fehlt.** Das Planfeststellungsrecht wurde für Vorhaben entwickelt, deren gemeinnütziger Charakter unzweifelhaft war, insb für Anlagen des öffentlichen Verkehrs. Der Begriff der privatnützigen Planfeststellung wurde im Bereich der wasserrechtlichen Planfeststellung für Fälle entwickelt, in denen es um die Planfeststellung von Vorhaben zur privaten Sand- oder Kiesgewinnung geht (vgl BVerwGE 55, 220). Während bei derartigen Vorhaben die Privatnützigkeit eindeutig im Vordergrund steht, dienen etwa private Abfallentsorgungsanlagen nicht nur der Gewinnerzielung, sondern auch der ordnungsgemäßen Entsorgung von Abfall und damit auch dem öffentlichen Interesse.[39] Ob ein Vorhaben als gemeinnützig oder als privatnützig eingestuft werden kann, hängt deshalb nach der zutreffenden hM nicht vom Vorhabenträger, sondern davon ab, ob es den **spezifischen Zielsetzungen des einschlägigen Fachplanungsgesetzes** dient.[40] Insoweit steht die Unterscheidung in systematischem Zusammenhang mit der Frage der Planrechtfertigung (§ 74 Rn 42ff) und der Frage nach der Überwindbarkeit von Rechten Dritter (Rn 14c).

14 **b) Planfeststellungsbedürftigkeit.** Für die grundsätzliche Anwendbarkeit der §§ 72ff spielt der Begriff der privatnützigen Planfeststellung bzw des privatnützigen Vorhabens im Grundsatz keine Rolle. Die Planfeststellungsbedürftigkeit eines Vorhabens ergibt sich allein daraus, dass es von einem Fachplanungsgesetz erfasst wird.[41] So werden etwa private Verkehrsanlagen von den Fachplanungsgesetzen zumeist nicht erfasst; dies gilt etwa für Privatstraßen, die nicht dem öffentlichen Verkehr dienen, oder auch Werksbahnen, die der Beförderung innerhalb größerer Industrieanlagen dienen (Ramsauer/Bieback NVwZ 2002, 276, 277). Anders ist dies bei Eisenbahnanlagen, die nach dem AEG auch dann planfeststellungsbedürftig sind, wenn sie nicht dem öffentlichen Verkehr dienen (vgl OVG Hamburg NordÖR 2001, 208). Auch private Abfalldeponien sind planfeststellungsbedürftig unabhängig davon, ob sie der Allgemeinheit zur Verfügung stehen oder nicht. Im Einzelnen ist die Planfeststellungsbedürftigkeit eine Frage der Auslegung der maßgeblichen Bestimmungen des Fachplanungsrechts.

14a **c) Planrechtfertigung privatnütziger Vorhaben.** Der Begriff der privatnützigen Planfeststellung beschreibt eine Fallgruppe, die vor allem unter dem Aspekt der für Planfeststellungsverfahren allgemein erforderlichen Planrechtfertigung (s hierzu § 74 Rn 46) Probleme aufwirft. Im Grunde geht es dabei weniger um die Frage der Planrechtfertigung als um die **Zieleignung eines Vorhabens** (Jarass NuR 2004, 69, 72), nämlich um die Frage, ob ein privatnütziges Vorhaben den Zielvorgaben eines Fachplanungsgesetzes entspricht oder nicht. Dies hängt davon ab, welche **Zielvorgaben das jeweils anwendbare Fachplanungsgesetz** macht. Dies ist zT schwer festzustellen, weil dem Gesetzgeber bei den meisten Fachplanungsgesetzen die Problematik privatnütziger Vorhaben nicht vor Augen stand. Es stellt sich deshalb vor allem als Problem der Rechtsdogmatik dar,

---

[39] BVerwGE 85, 44 = NVwZ 1990, 969; BVerwGE 97, 143 = NVwZ 1995, 598.

[40] Vgl BVerwG NVwZ 2002, 350 mwN; OVG Hamburg NordÖR 2001, 1173; Ramsauer/Bieback NVwZ 2002, 276; Ramsauer in Ziekow (Hg), Schutz vor Fluglärm, 154ff; Prall NordÖR 2001, 187; StBS 28, § 74 Rn 35; Obermayer 26; BVerwGE 85, 155 = DVBl 1990, 1170; Mannheim UPR 1990, 309; München UPR 1990, 354 = NVwZ 1991, 391; S zur Unterscheidung auch Kühling DVBl 1989, 229; Wahl NVwZ 1990, 430 mwN; Wahl/Dreier NVwZ 1999, 610; kritisch zur Frage der rechtlichen Bedeutung bzw Berechtigung der Unterscheidung Achenbach, Zur Frage der selbständigen rechtlichen Bedeutung der privatnützigen Planfeststellung, 1992 mwN; ebenso Weidemann DVBl 1990, 592; Kühling FS Sendler, 1991, S. 391, 393; Kopp DVBl 1993, 624.

[41] Ramsauer/Bieback NVwZ 2002, 276; Ramsauer in: Ziekow (Hg), Schutz vor Fluglärm, 154ff; auch Jarass NuR 2004, 69, 73.

die privatnützigen Planfeststellungen in das überkommene und bewährte System des Fachplanungsrechts angemessen einzubinden (s näher § 74 Rn 47 ff).

Zweifelhaft ist vor allem, ob es für die Planrechtfertigung ausreichend sein kann, dass die Planfeststellungsbehörde selbst ein öffentliches Interesse an der Durchführung des Vorhabens annimmt, zB aus **infrastrukturpolitischen, arbeitsmarktpolitischen oder finanzpolitischen Interessen.** Dies wird teilweise mit der Erwägung angenommen, diese Interessen seien heutzutage tatsächlich vielfach gewichtiger als herkömmliche öffentliche Interessen zB am Ausbau bestimmter Verkehrswege.[42] Demgegenüber ist darauf hinzuweisen, dass jedenfalls **Enteignungszwecke nicht zur Disposition** der Verwaltung stehen dürfen, sondern vom Gesetzgeber vorgegeben werden müssen. Es wäre Sache des Gesetzgebers, etwa die Frage zu regeln, unter welchen Voraussetzungen eine Enteignung etwa zugunsten einer Werkserweiterung zulässig sein soll.[43] Die Entscheidung über die Gemeinnützigkeit oder Privatnützigkeit ist weder den Gerichten noch der Planfeststellungsbehörde als Ergebnis einer saldierenden Abwägung überlassen, sondern hängt davon ab, ob das Vorhaben den Zielen, die nach dem jeweiligen Fachplanungsgesetz auch die Überwindung entgegenstehender Rechte Dritter rechtfertigen sollen, dient.[44] Diese Frage ist rechtlich voll überprüfbar. 14b

d) Enteignung, Überwindung von Rechten Dritter. Während die gemeinnützige Planfeststellung auch eine Enteignung rechtfertigen kann, darf eine privatnützige Planfeststellung grds nicht in Rechte Dritter eingreifen. Stehen Rechte Dritter der Planfeststellung entgegen, kann eine privatnützige Planfeststellung nur erfolgen, wenn den entgegenstehenden Rechten durch Schutzanordnungen nach § 74 Abs 2 S 2 f ausreichend Rechnung getragen werden kann (vgl zB § 36 Abs 2 KrWG). Sind derartige Anordnungen aber nicht möglich oder nicht tunlich (s § 74 Rn 167 ff), muss die Planfeststellung unterbleiben, weil sich ein rein privatnütziges Vorhaben nicht über die entgegenstehenden Rechte Dritter hinwegsetzen darf. Auf einen Ausgleich für nicht vermeidbare Auswirkungen durch angemessene Entschädigung in Geld nach § 74 Abs 2 S 3 müssen sich in ihren Rechten betroffene Dritte grds nur bei Vorhaben verweisen lassen, die jedenfalls auch im öffentlichen Interesse liegen.[45] Dem steht nicht entgegen, dass auch Vorhaben, die auf Gewinnerzielung ausgerichtet sind, im öffentlichen Interesse liegen können (hierzu BVerfG 74, 274 – Boxberg). Deshalb ist eine privatnützige Planfeststellung jedoch nicht schon dann abzulehnen, wenn ein Vorhaben „unter irgendwelchen rechtlichen Gesichtspunkten zu einer Beeinträchtigung des Wohls der Allgemeinheit" führen würde.[46] 14c

3. Planfeststellung und Surrogate. a) Allgemeines. Zahlreiche Rechtsvorschriften außerhalb des VwVfG sahen bereits in der Vergangenheit für einfach gelagerte Fälle die Möglichkeit vereinfachter Zulassungsverfahren anstelle des regulären Planfeststellungsverfahrens vor (vgl zB § 17 Abs 2 FStrG; § 7 Abs 2 15

---

[42] OVG Hamburg NordÖR 2004, 384; BVerwG NVwZ 2007, 1074 (Mühlenberger Loch): Planrechtfertigung auch für private Landebahnen, hier für das Airbus-Werk Finkenwerder.

[43] S hierzu den von OVG Hamburg NordÖR 2004, 384 entschiedenen Fall. Hierzu näher Erbguth NordÖR 2005, 55; Lenz NJW 2005, 257; Battis/Otto DVBl 2004, 1501.

[44] Ramsauer/Bieback NVwZ 2002, 276, 278 mwN; **aA** offenbar Knack/Henneke § 74 Rn 139; unklar Kühling/Herrmann Rn 288.

[45] Vgl BVerwGE 85, 49 = DVBl 1990, 590; Wahl/Schütz NVwZ 1999, 610; Kühling DVBl 1989, 229.

[46] BVerfG NVwZ 2003, 197 (zum Sonderflughafen Hamburg-Finkenwerder); Kühling DVBl 1989, 229 unter Hinweis auf BVerwGE 78, 42 = NJW 1988, 434; Weidemann DVBl 1990, 593 unter Hinweis auf BVerwGE 85, 49 = NVwZ 1990, 769; s auch BVerwGE 85, 155 = DVBl 1990, 1170; zT **aA** noch BVerwG 55, 220 = NJW 1978, 2308; BVerwGE 85, 49 = DVBl 1990, 591; BVerwG NVwZ 1995, 598; Wahl/Schütz NVwZ 1999, 610.

AbfG; § 68 Abs 2 WHG). Solche Regelungen tragen dem stark variierenden Konfliktpotenzial von Vorhaben Rechnung und reduzieren den Aufwand des Verfahrens entsprechend, vor allem wenn es zur Konfliktbewältigung keiner Planauslegung und Anhörung bedarf, Inzwischen ist die Möglichkeit, anstelle einer Planfeststellung ein bloßes **Plangenehmigungsverfahren** durchzuführen, in § 74 Abs 6 allgemein vorgesehen (krit Gassner NuR 1996, 492). Die Voraussetzungen sind grob gesagt vor allem, dass Rechte Dritter nicht beeinträchtigt werden und die Umweltauswirkungen gering sind (§ 74 Rn 209 ff). Tendiert das Konfliktpotenzial des Vorhabens gegen Null, sieht § 74 Abs 7 sogar das Entfallen von Planfeststellung und Plangenehmigung vor (**Negativattest** oder Unterbleibensentscheidung). Auch dieses Surrogat der Planfeststellung hat historische Vorbilder in den Fachplanungsgesetzen (vgl § 18 Abs 3 AEG aF; § 8 Abs 3 LuftVG aF; § 17 Abs 2 FStrG aF).

16 **b) Anwendbare Vorschriften.** Die Plangenehmigung ist keine Art der Planfeststellung, sondern eine Genehmigung. Daher bestimmt § 74 Abs 6 S 2 Halbs 2 ausdrücklich, dass auf Plangenehmigungsverfahren die Vorschriften über das Planfeststellungsverfahren keine Anwendung finden. Gleichwohl hat die Plangenehmigung nach § 74 Abs 6 S 2 die gleichen Rechtswirkungen wie die Planfeststellung mit Ausnahme der enteignungsrechtlichen Vorwirkung (s § 75 Rn 40). Außerdem entfällt auch hier das Vorverfahren vor der Klageerhebung (§ 74 Abs 6 S 3). Zur Plangenehmigung s näher § 74 Rn 203 ff.

III. Anwendbare Rechtsvorschriften (Abs 1)

17 **1. Spezielles Fachplanungsrecht.** Anwendbar auf ein Planfeststellungsverfahren sind zunächst die Regelungen des für das Vorhaben einschlägigen Fachplanungsgesetzes, das auch seine Anwendbarkeit anordnet. Die Fachplanungsgesetze enthalten in unterschiedlichem Umfang eigene Verfahrensvorschriften. Während einige Gesetze das Verfahren weitgehend speziell regeln, wird in anderen weitgehend auf die Bestimmungen der §§ 72 ff verwiesen. In der jüngeren Zeit hatte sich zunächst die begrüßenswerte Tendenz ergeben, die speziellen Vorschriften des Fachrechts zugunsten einer Anwendung der §§ 72 ff zurückzudrängen. Das fördert die Vereinheitlichung und damit auch die Transparenz des Fachplanungsrechts. Hier liegt ohne Zweifel nach wie vor ein Potenzial für die vielfach geforderte Vereinfachung und Straffung des Verfahrensrechts. Mit dem 2007 in Kraft getretenen IPBeschlG wurde unverständlicherweise der entgegengesetzte Weg eingeschlagen (oben Rn 13). Das 2013 erlassene PlVereinhG hat die Tendenz zu Sonderwegen wieder umgekehrt.

17a **2. Anwendbarkeit der §§ 72–78.** Soweit das jeweilige Fachplanungsgesetz die Durchführung eines Planfeststellungsverfahrens anordnet, das Verfahren im Einzelnen aber nicht weiter regelt, sind die Bestimmungen der §§ 72–78 ohne weiteres anwendbar. Nicht erforderlich ist, dass ausdrücklich auf die §§ 72 ff verwiesen wird; ausreichend ist, wenn eine Rechtsvorschrift nur allgemein und ohne Bezug auf das VwVfG die Durchführung eines Planfeststellungsverfahrens anordnet, ohne zugleich auch das Verfahren zu regeln.[47] Die §§ 72 ff sind dann gem § 1 subsidiär zur **Ausfüllung bestehender Regelungslücken** oder einer von vornherein „offenen" Regelung, die keine näheren Bestimmungen zum Verfahren trifft, anzuwenden.[48]

---

[47] Begr 87; BVerwGE 67, 208; 69, 278; StBS 27; UL § 39 Rn 6; MB 4 f; Heigl, in: Boorberg-FS 1977, 263; Franke ZfW 1979, 3; **aA** Maurer JuS 1976, 496: nur wenn Rechtsvorschriften auf §§ 72 ff verweisen; sonst allenfalls sinngemäße Anwendung.

[48] BVerwGE 67, 208; 69, 278; 82, 22; BVerwG DVBl 1988, 831; VGH München NVwZ 1982, 128; OVG Bremen NVwZ-RR 1994, 190; VG Arnsberg NJW 1982, 1572; StBS 27; MB 4 f.

3. Anwendbarkeit der übrigen Vorschriften des VwVfG. a) Grundsätze. Abs 1 stellt klar, dass die allgemeinen Vorschriften des VwVfG auch in Planfeststellungsverfahren **grds anzuwenden** sind, soweit sich aus §§ 72 ff nichts Abweichendes ergibt.[49] Ausdrückliche Ausschlüsse bzw Modifikationen sind insoweit in Abs 1 und 2 enthalten. Darüber hinaus ergeben sich Einschränkungen aus der Systematik des Gesetzes. 18

b) Anwendbare Vorschriften. Im Planfeststellungsverfahren anwendbar sind die Vorschriften über den Ausschluss von Bediensteten und die Besorgnis der **Befangenheit** nach §§ 20, 21.[50] Anwendbar sind auch die §§ 31, 32 über **Fristen.** Insbesondere kommt eine Wiedereinsetzung in die Frist des § 73 Abs 4 in Betracht.[51] Anwendbar ist nach hM[52] auch die **Heilungsvorschrift des § 45** für den Fall von Form- und Verfahrensfehlern des Planfeststellungsbeschlusses,[53] zu der die Möglichkeit einer Planergänzung sowie der Durchführung eines ergänzenden Verfahrens nach § 75 Abs 1a hinzutritt, sowie die Regelung über die **Unbeachtlichkeit von Verfahrensfehlern nach § 46,** die sich auf das Ergebnis, also den Planfeststellungsbeschluss, offensichtlich nicht ausgewirkt haben. Für die beiden zuletzt genannten Vorschriften sind uU Einschränkungen der Anwendbarkeit für Verstöße gegen mittelbares Unionsrecht in Betracht zu ziehen (vgl § 45 Rn 5a; § 46 Rn 5a). 19

Modifizierungen ergeben sich für den **Amtsermittlungsgrundsatz** des § 24, der zwar anwendbar ist (BVerwG NVwZ 1999, 535), aber durch das Verfahren der Informationserhebung in § 73 für den Fall mangelhafter Mitwirkung durch andere Behörden und Betroffener modifiziert wird. Auch das **Begründungserfordernis** des § 39 wird im Planfeststellungsrecht modifiziert. Zunächst gelten für die Begründung von Planfeststellungsbeschlüssen nach § 74 Abs 1 S 2 die Bestimmungen des § 69 Abs 2. Nur in dem dort vorgesehenen Rahmen kann auch § 39 zur Anwendung kommen. 19a

c) Unanwendbare Vorschriften. Nicht anwendbar sind nach der ausdrücklichen Regelung in Abs 1 die Regelungen über die Abwicklung von **Verfahren über eine einheitliche Stelle in §§ 71a–71e.** Dieser Anwendungsausschluss wurde durch das GenBeschlG 1996 für die seinerzeit neu geschaffenen Beschleunigungsvorschriften der §§ 71a–71e aF eingeführt und bei der Neufassung der §§ 71a–71e durch das 4. VwVfÄndG nicht verändert.[54] Das ist deshalb konsequent, weil Planfeststellungsverfahren nicht sinnvoll über eine einheitliche Stelle abgewickelt werden könnten. Nicht anwendbar sind ferner die Vorschriften über das **förmliche Verfahren** nach den §§ 63 ff, sofern nicht ausdrücklich in den §§ 72 ff auf sie verwiesen wird.[55] Solche Verweisungen finden sich zB in § 73 Abs 6 S 4 für die Durchführung des Erörterungstermins und in § 74 Abs 1 S 2 für den Ausschluss des Widerspruchsverfahrens. Aus der speziellen Verweisung und der Systematik des Gesetzes kann geschlossen werden, dass die §§ 63 ff im Planfeststellungsrecht nicht zur Anwendung kommen. 20

Unanwendbar sind die **Bekanntgaberegelungen** in § 41, weil insoweit die speziellen Vorschriften des § 74 Abs 4 u 5 zur Anwendung kommen, in denen 20a

---

[49] BVerwGE 67, 208; 69, 277.

[50] S hierzu Stüer/Hönig, Befangenheit in der Planfeststellung, DÖV 2004, 642; v Komorowski, Das Betätigungsverbot des § 20 VwVfG in der Planfeststellung, NVwZ 2002, 1455; S. auch StBS 88; Knack/Henneke 20.

[51] BVerwG UPR 1996, 386; Ziekow Fachplanungsrecht, § 2 Rn 273.

[52] Allerdings sind die europarechtlichen Einschränkungen von § 45 Abs 2 zu beachten, vgl § 45 Rn 5a.

[53] BVerwG 98, 126, 129; BVerwG NVwZ 2002, 1103; StBS 112; Knack/Henneke 30; Ziekow Fachplanungsrecht § 3 Rn 190.

[54] Die amtl Begr enthält hierzu keine Überlegungen, vgl BT-Dr 16/10439.

[55] Begr 87; UL § 39 Rn 25; StBS 121; Knack/Henneke 34; Obermayer 43; **aA** MB 17; UL § 39 Rn 26.

eine individuelle Zustellung, nach Maßgabe des § 74 Abs 5 auch der Ersatz der Zustellung durch eine öffentliche Bekanntmachung vorgesehen sind. **Problematisch** ist die Geltung der **Anhörungsrechte nach § 28** im Planfeststellungsverfahren. Hier geht die hM davon aus, dass das Anhörungsrecht von Einwendern und Betroffenen durch das Einwendungs- und Erörterungsverfahren nach § 73 Abs 4–9 besonders ausgestaltet ist und daneben für eine Anwendung des § 28 kein Raum ist.[56]

21 **4. Einschränkung des Akteneinsichtsrechts.** Abs 1 sieht im Hinblick auf die typischerweise hohe Zahl von Beteiligten in einem Planfeststellungsverfahren (vgl Begr 87) vor, dass die Regelung des § 29 über die Akteneinsicht in Planfeststellungsverfahren nur mit der Maßgabe gelten soll, dass die Behörde darüber in allen Fällen **nach Ermessen** (§ 40) entscheiden kann. Diese Ausnahme ist nur dann verfassungskonform, wenn man davon ausgeht, dass die Akteneinsicht **nur bei Vorliegen schwerwiegender Gründe,** die gegen die Gewährung sprechen, ermessensfehlerfrei abgelehnt werden kann.[57] Zulässig sind im Übrigen nur **Beschränkungen nach Ort und Zeit** oder dahin, dass nur einem Vertreter nach §§ 16 ff Einsicht gewährt wird, nicht jedoch eine Verweigerung der Akteneinsicht schlechthin (VGH München BayVBl 1985, 401). Nicht unter die Regelung des Akteneinsichtsrechts fällt die Einsicht in die Pläne und sonstigen Planunterlagen gem § 73 Abs 3 S 1 (vgl VGH München BayVBl 1987, 83).

22 **Besonders geregelte Akteneinsichtsrechte** werden von der Beschränkung wegen des Grundsatzes der Subsidiarität des VwVfG nicht berührt. Hierzu zählen die Rechte **anerkannter Naturschutzvereine** gem § 63 BNatSchG[58] und das allgemeine Akteneinsichtsrecht nach dem **Umweltinformationsgesetz (UIG)** und den entsprechenden Landesgesetzen, durch welche die Umwelt-Informations-RL (90/313/EWG, inzwischen ersetzt durch RL 2003/4/EG v 28.1.2003) in deutsches Recht umgesetzt worden ist (s hierzu näher § 29 Rn 62 ff). Nach dem UIG und den entsprechenden Landesgesetzen hat jedermann ohne Darlegung eines besonderen Interesses Anspruch auf Einsicht in die ein Genehmigungsverfahren betreffenden Akten und sonstige Unterlagen. Darüber hinaus gibt es Akteneinsichtsrechte nach den **Informationsfreiheitsgesetzen,** die ergänzend zu den Umweltinformationsregelungen[59] im Bund und in verschiedenen Bundesländern erlassen wurden (s hierzu näher § 29 Rn 45).

23 **5. Eingeschränkte Aufhebbarkeit. a) Kein Wiederaufgreifen (§ 51).** Ausgenommen von der Anwendbarkeit ist nach Abs 1, 2. Halbs die Regelung des § 51 über das Wiederaufgreifen des Verfahrens.[60] Dadurch soll verhindert werden, dass Dritte einen Anspruch auf Aufhebung des Planfeststellungsbeschlusses haben, wenn sich die Sach- oder Rechtslage nachträglich ändert (BVerwGE 80, 7, 9). Dies erklärt sich aus den Schwierigkeiten, die entstehen, wenn ein Vorhaben, für das der Plan festgestellt wurde, wieder rückgängig gemacht werden soll (vgl Begr 87). Diese Ausnahme ist im Hinblick auf die grundsätzliche Bedeutung des Wiederaufnahmerechts im Rechtsstaat (vgl BVerwGE 39, 197) **verfassungsrechtlich bedenklich;** man wird sie nur deshalb als mit rechtsstaatlichen Grundsätzen noch vereinbar ansehen können, weil die Betroffenen in den entsprechenden Fällen gem § 75 Abs 2 S 2 jedenfalls **Anspruch auf nachträg-**

---

[56] BVerwG NJW 1996, 2113; UPR 1997, 320; StBS 94; Knack/Henneke 22.

[57] Ähnlich StBS 98; UL § 39 Rn 29 mwN; Blümel VerwArch 1982, 7; Laubinger VerwArch 1982, 75 mwN; zu den verfassungsrechtlichen Bedenken auch Wimmer DVBl 1985, 777; **aA** insoweit Kassel DVBl 1992, 1448.

[58] VG Darmstadt NuR 1991, 393.

[59] S hierzu die RL 2003/4/EG über den Zugang zu Umweltinformationen (ABl EG L 41/26 v 14.2.03).

[60] S auch BVerwGE 61, 8 = MDR 1981, 522: teilweise Sonderregelung in § 75 Abs 2 S 2; BVerwGE 69, 8; Grupp DVBl 1990, 90; Knack/Henneke 32.

liche Auflagen (vgl § 75 Rn 40ff), und soweit dies nicht genügt, uU sogar einen **Anspruch auf Rücknahme** bzw **Widerruf des Planfeststellungsbeschlusses** gem § 48 bzw § 49 haben, was aber eine Reduzierung des Ermessens auf Null voraussetzt (s § 48 Rn 139; § 49 Rn 29). Der Ausschluss von § 51 gilt nur für Planfeststellungsbeschlüsse, nicht auch für **Plangenehmigungen** uä oder in vereinfachten Planfeststellungsverfahren (offen OVG Koblenz NJW 1986, 2780). Plangenehmigungen werden in einem nichtförmlichen Verfahren erteilt und erlauben grds keine Schutzvorkehrungen. Der Wortlaut des § 72 Abs 1 ist insofern ernst zu nehmen.

b) Rücknahme und Widerruf (§§ 48, 49). Nach zutreffender, aber nicht unbestrittener Auffassung schließt Abs 1 die Anwendbarkeit der Vorschriften über Rücknahme und Widerruf trotz der Sonderbestimmungen über die Aufhebung von Planfeststellungsbeschlüssen bei Aufgabe des Vorhabens (§ 77) und über Planänderungen (§ 76) nicht aus,[61] ebenso nicht die Anwendbarkeit entsprechender Bestimmungen in Fachgesetzen, zB von § 17 Abs 4 S 1 FStrG aF. Allerdings stehen **Widerruf und Rücknahme grds im Ermessen** der zuständigen Behörde, die dabei auch das Bestandsinteresse des Vorhabenträgers und ein möglicherweise bestehendes öffentliches Interesse an dem Vorhaben sowie die Schwierigkeiten einer Rückabwicklung berücksichtigen kann und muss. Vorrangig sind die planfeststellungsspezifischen Möglichkeiten (nachträgliche Anordnungen, ergänzendes Verfahren usw) zu prüfen (StBS 117). Ein Betroffener kann grds nicht die Rücknahme eines Planfeststellungsbeschlusses mit der Behauptung der Rechtswidrigkeit verlangen, wenn und soweit er sich die Rechtskraft eines insoweit abweisenden Anfechtungsurteils entgegenhalten lassen muss.[62] 24

IV. Öffentliche Bekanntmachung bei Masseneingaben (Abs 2)

Abs 2 schreibt für Mitteilungen bzw Aufforderungen nach den genannten Vorschriften **bei sog Masseneingaben** in Planfeststellungsverfahren die in S 2 näher geregelte Form der öffentlichen Bekanntmachung vor. Die Bestimmung entspricht wörtlich § 63 Abs 3 und hat ähnlich wie diese Vorschrift den Zweck, sicherzustellen, dass alle öffentlichen Bekanntmachungen in einem Planfeststellungsverfahren grds in der gleichen Art und Weise erfolgen. Vgl im Einzelnen § 63 Rn 12ff. Von der öffentlichen Bekanntmachung ist die ortsübliche Bekanntmachung, zB gem § 73 Abs 5 S 1, zu unterscheiden (vgl § 73 Rn 106). 25

V. Verfahrensstufung, Abschnittsbildung, Folgemaßnahmen

1. Grundsatz der Einheitlichkeit der Planentscheidung. Die §§ 72ff regeln das Planfeststellungsverfahren als ein einheitliches Verfahren, welches das gesamte Vorhaben einschließlich sämtlicher Neben- und Folgemaßnahmen erfasst und vollständig regelt. Allerdings gilt dieser Grundsatz der Einheitlichkeit nicht ohne Durchbrechungen und Einschränkungen. Nicht erfasst werden etwa die dem Planfeststellungsverfahren vor- und nachgelagerten Planungsstufen, insbesondere auf der Ebene der Raumordnung. Außerdem gibt es bei linienförmigen Verkehrsvorhaben die Möglichkeit einer Abschnittsbildung. Schließlich 26

---

[61] Begr 87; ebenso BVerwGE 105, 6 = NVwZ 1998, 281; BVerwG DVBl 1989, 509; VGH Mannheim UPR 1988, 77; UL § 42 Rn 17; Dürr UPR 1993, 161, 170; Eckert NVwZ 1989, 422, 424; Johlen DVBl 1989, 287; nun auch Knack/Henneke 31; StBS 114, die jedoch die Rücknahmemöglichkeiten für stark eingeschränkt halten.; zu eng auch StBS § 75 Rn 64; offen gelassen noch von BVerwGE 91, 17, 22; **aA** VGH München BayVBl 1996, 400; Obermayer 41 (nur in Ausnahmefällen); für vollständigen Ausschluss VGH Kassel DVBl 1992, 1446; Grupp DVBl 1990, 86.

[62] VGH Mannheim VBlBW 2013, 101.

können unter bestimmten Voraussetzungen bestimmte Fragen aus der Planfeststellung ausgeklammert und einer späteren Entscheidung vorbehalten werden.

27 **2. Regelungen einer Verfahrensstufung.** In vielen Fällen sind dem eigentlichen Planfeststellungsverfahren aufgrund besonderer gesetzlicher Bestimmungen Planungsverfahren vorgeschaltet, in anderen sind weitere Entscheidungsverfahren nachgeschaltet. Sie sind verfahrensrechtlich vom Planfeststellungsverfahren zu trennen, auch wenn sie sich auf die konkrete Planung uU massiv auswirken können. Zu unterscheiden sind vorgelagerte Gesamtplanungen, insbesondere die vorgelagerte Raumordnungsplanung, und vorgelagerte Fachplanungen.

28 **a) Vorgelagerte Planungsentscheidungen.** Dem Planfeststellungsverfahren vorgeschaltet sind zB das Verfahren zur Entscheidung über die Planung und **Linienführung** einer neuen Bundesfernstraße gem § 16 FStrG[63] oder einer Bundeswasserstraße gem § 13 WaStrG,[64] ferner die Abfallwirtschaftsplanung nach § 30 KrWG.[65] In diesen Zusammenhang gehören auch die vorgelagerten Fachplanungen in den sog **Ausbaugesetzen** (s hierzu § 74 Rn 52). Nicht mehr als Rechtmäßigkeitsvoraussetzung vorgeschaltet ist nach § 8 Abs 6 LuftVG die Flugplatzgenehmigung gem § 6 LuftVG (Ziekow, Handbuch, § 15 Rn 7). Die der Planfeststellung vorgeschalteten Entscheidungen sind zumeist interner vorbereitender Natur und mangels rechtlicher Außenwirkung nicht selbstständig anfechtbar,[66] obwohl sie die Planfeststellungsbehörde idR inhaltlich binden. Rechtsschutz gegen die Entscheidungen auf der vorgeschalteten Planungsstufe wird erst im Rahmen des Rechtsschutzes gegen den Planfeststellungsbeschluss gewährt, der fehlerhaft ist, wenn er auf einer fehlerhaften vorgeschalteten Planung beruht.[67] Dies gilt für die Linienbestimmung nach § 16 FStrG,[68] ferner für die Linienbestimmungen nach § 13 WaStrG (BVerwG NJW 1992, 256), nicht aber für Abfallwirtschaftspläne, sofern sie als Rechtsnormen erlassen werden.[69]

29 **b) Vorgelagerte Raumordnungsplanungen.** Bei den vorgelagerten Gesamtplanungen handelt es sich idR um Raumordnungspläne, die entweder als landesweite Raumordnungspläne bzw Raumordnungsprogramme oder als regionale Raumordnungspläne die nachfolgenden Fachplanungen ganz erheblich beeinflussen. Soweit sie **Ziele der Raumordnung** enthalten, sind sie für die Planfeststellung idR verbindlich, soweit sie Grundsätze der Raumordnung enthalten, sind sie (nur) zu berücksichtigen. Die Bedeutung der Raumordnung für die Fachplanung nimmt ständig zu. In vielen Fällen werden die entscheidenden Weichenstellungen bereits auf der Ebene der vorgelagerten Raumordnung getroffen.[70] Das gilt inzwischen sogar für **Standortentscheidungen,**[71] insbesondere

---

[63] Vgl die Leitentscheidung BVerwGE 48, 56, 60 = DÖV 1975, 606 – B 42; ferner BVerwGE 62, 346; DÖV 1981, 921; 1982, 203; UPR 1990, 100; VRS 87, 154; 89, 318; VGH Mannheim VBlBW 1989, 62; OVG Münster NWVBl 1991, 243.

[64] Vgl BVerwG DÖV 1986, 74; NJW 1992, 256.

[65] Vgl BVerwGE 56, 135 = NJW 1979, 64; 75, 221; BVerwG UPR 1991, 32; NVwZ 1982, 113; 1988, 731; Martens NVwZ 1989, 115; Ipsen AöR 1982, 277.

[66] BVerwG UPR 1991, 32; OVG Hamburg UPR 1997, 471; OVG Münster NWVBl 1991, 242; VGH Mannheim VBlBW 1989, 61.

[67] BVerwG UPR 1991, 32; OVG Hamburg UPR 1997, 471; OVG Münster NWVBl 1991, 242; VGH Mannheim VBlBW 1989, 61.

[68] Vgl zuletzt BVerwGE NVwZ 1996, 896; Knack/Henneke 40; Dürr UPR 1992, 245; Kauch DVBl 1993, 1038.

[69] BVerwGE 81, 128 zu Abfallentsorgungsplänen nach § 6 AbfG aF; Knack/Henneke 41 der die Rspr zu § 6 AbfG aF für übertragbar hält; zum KrW-/AbfG Erbguth UPR 1997, 64.

[70] S hierzu näher Ramsauer NVwZ 2004, 1041 für die Flughafenplanung; im Übrigen Hendler UPR 2003, 256.

[71] Ausführlich Rojahn NVwZ 2011, 654 mwN; Steinberg DVBl 2010, 137, 147; Schlarmann/Krappel NordÖR 2009, 134.

von Vorhaben, die einen erheblichen räumlichen Einzugsbereich haben, zB für die Wahl des Standortes eines Verkehrsflughafens.[72]

3. Abschnittsbildung. a) Die Planfeststellung für Teilabschnitte. Die zuständige Behörde kann auf Grund und im Rahmen der planerischen Gestaltungsfreiheit vom Grundsatz der Einheitlichkeit und Vollständigkeit der Planfeststellung abweichen und die Planfeststellung getrennt für einzelne in sich abgeschlossene Teile, aber auch abschnittsweise (zB bei Straßen), vornehmen.[73] Dies setzt voraus, dass dies mit den Anforderungen des Abwägungsgebots und dem Gebot der Problembewältigung vereinbar ist.[74] Es kann als anerkannt gelten, dass die sachgerechte Bildung von Abschnitten im Rahmen des Planungsermessens zulässig ist.[75] **Soweit eine derartige Beschränkung** bzw das Ausklammern einzelner Teile **zulässig ist,** kann grds auch schon der Antrag auf Planfeststellung entsprechend begrenzt werden. Die Abschnittsbildung ist bei der **Planfeststellung von Verkehrswegen** (Fernstraßen, Eisenbahnen, Wasserstraßen) üblich und im Normalfall sogar unumgänglich, weil die Bewältigung der örtlichen Detailprobleme wegen der prinzipiell begrenzten Möglichkeit sachgerechter Informationsverarbeitung anders kaum möglich wäre.[76] 30

b) Prüfung des Gesamtvorhabens, Zwangspunkte. Die Abschnittsbildung ermöglicht einerseits die Abschichtung der in den einzelnen Abschnitten auftretenden Fragen und die angemessene Bewältigung der auftretenden Probleme, hat aber andererseits den Nachteil, dass der einzelne Abschnitt nicht isoliert beurteilt werden kann. Ein Planabschnitt bezieht seine gesamte Rechtfertigung aus den Zielsetzungen des Gesamtvorhabens. Deshalb muss insoweit ein **vorläufiges positives Gesamturteil**[77] über das Vorhaben gefällt werden (s hierzu § 74 Rn 40). Außerdem setzen bereits planfestgestellte Teilabschnitte sog **Zwangspunkte** für die weiteren Abschnitte. Das bedeutet zugleich, dass auch derjenige ein Anfechtungsrecht haben kann, der erst in einem Folgeabschnitt selbst betroffen wird, wenn seine spätere Betroffenheit aufgrund der geschaffenen Zwangspunkte praktisch unausweichlich erscheint.[78] 31

4. Beschränkung in Bezug auf Folgemaßnahmen. Auf Grund des Entscheidungsvorbehalts in § 74 Abs 3 kann es zulässig sein, die Planfeststellung – bzw den Antrag auf Planfeststellung – **nicht auf alle Folgemaßnahmen** (s zum Begriff § 74 Rn 36) **zu erstrecken,** die an sich einbezogen werden müssten, sondern einzelne Folgemaßnahmen „auszuklammern“ und späteren gesonderten Verfahren nach den jeweils dafür maßgeblichen Vorschriften (zB Genehmigungsverfahren, Planfeststellungsverfahren) oder einem späteren ergänzenden Planfeststellungsverfahren vorzubehalten. Es dürfen allerdings nur Folgemaßnahmen ausgeklammert werden, die **nicht dergestalt untrennbar mit dem Vorhaben** verbunden sind, dass auch für dieses ohne Feststellung auch der in Frage stehen- 32

---

[72] BVerwGE 125, 116, 134 (Flughafen Schönefeld) hält die Standortwahl im Rahmen der Raumordnung sogar für geboten.

[73] S hierzu näher § 74 Rn 16 ff; 37 ff.

[74] BVerwGE 62, 342, 353; BVerwG NuR 1997, 38; DVBl 1996, 1012; DVBl 1993, 161.

[75] BVerwGE 100, 370 = NVwZ 1996, 1016; BVerwG NVwZ 2001, 800; StBS § 74 Rn 15; Knack/Henneke § 74 Rn 24; Kühling/Herrmann Rn 256.

[76] Zur Bildung von Teilabschnitten einer geplanten Bundesfernstraße für die Planfeststellung in mehreren entsprechenden Planfeststellungsverfahren s zB BVerwG NVwZ 1993, 572; BVerwGE 138, 226 (BAB A 281 – Bremen – Kattenturm; BVerwGE 107, 1 (Trave-Querung A 20).

[77] BVerwGE 72, 282, 289; 62, 342, 354; BVerwG ZUR 2008, 257 – Ortsumgehung Lüneburg; BVerwG NVwZ 2001, 800; 1997, 493; NuR 1998, 544; Knack/Henneke § 74 Rn 25.

[78] BVerwG DVBl 1996, 915; Hoppe/Schlarmann/Buchner § 16 Rn 741.

den Folgemaßnahmen der Plan nicht abschließend festgestellt werden könnte. Zulässig ist es danach zB, die Planfeststellung für eine S-Bahn-Linie zu einem Flughafen auszuklammern, nicht dagegen auch eine Planfeststellung für eine unter dem Flughafen hindurchzuführende Bahnlinie. Kriterium dafür, ob Folgemaßnahmen im dargelegten Sinn vom Hauptvorhaben trennbar sind, ist die Frage, ob die Regelungen hins der Folgemaßnahmen getroffen werden können, ohne dass sich uU daraus **Rückwirkungen für das Hauptvorhaben** dergestalt ergeben können, dass dieses uU umgeplant werden muss.

VI. Verhältnis zur Umweltverträglichkeitsprüfung (UVP)

33 **1. Allgemeines zur UVP. a) Unionsrechtliche Vorgaben.** Das Unionsrecht verlangt in der UVP-Richtlinie[79] für bestimmte Vorhaben eine Prüfung ihrer Umweltauswirkungen, damit diese vorab umfassend und unter Beteiligung der betroffenen Öffentlichkeit ermittelt und bei der jeweiligen Zulassungsentscheidung berücksichtigt werden. Die Vorgaben diese RL wurden mit dem UVPG[80] in deutsches Recht umgesetzt. Das UVPG musste mehrmals nachgebessert werden, weil es den Anforderungen der Richtlinie nicht genügte. Inzwischen wird die Umsetzung aber weitgehend als ausreichend angesehen. Unabhängig davon ist das UVPG stets im Lichte der UVP-RL und – soweit erforderlich – unionsrechtskonform auszulegen. Die **Einzelheiten der UVP sind in § 63 Rn 15 ff** näher kommentiert.

34 **b) Anwendungsbereich, Anforderungen.** Welche **Vorhaben UVP-pflichtig** sind, folgt aus §§ 3 ff UVPG. Die Anlage 1 zum UVPG enthält eine listenmäßige Beschreibung von Vorhaben, die eine UVP erfordern. Es wird unterschieden zwischen Vorhaben, die schon wegen ihrer Art und Größe UVP-pflichtig sind (§ 3b UVPG) und solchen, über deren UVP-Pflicht in einer obligatorischen **Vorprüfung** im Einzelfall entschieden werden muss (§ 3c UVPG). Das deutsche Recht geht teilweise über die Anlage hinaus. Im Ergebnis sind UVP-pflichtig viele Vorhaben, die nach § 4 BImSchG einer Anlagengenehmigung bedürfen, sowie praktisch alle planfeststellungsbedürftigen Vorhaben.

35 **2. Die UVP im Planfeststellungsverfahren. a) Grundsatz der Subsidiarität.** Nach § 4 UVPG finden die Bestimmungen des UVPG keine Anwendung, soweit andere Rechtsnormen des Bundes oder der Länder der Sache nach eine Prüfung der Umweltverträglichkeit vorsehen, die den Anforderungen des UVPG entspricht oder darüber hinausgeht. Da praktisch sämtliche planfeststellungsbedürftigen Vorhaben zugleich UVP-pflichtig sind, kommen danach die Bestimmungen des UVPG nur insoweit zum Zuge, als sie gegenüber den §§ 72 ff und dem maßgeblichen Fachplanungsrecht weitergehende Anforderungen enthalten. Dies ist im Prinzip selten; einzelne Bestimmungen des UVPG enthalten aber doch **Konkretisierungen,** die über das teilweise rudimentäre Fachrecht hinausgehen. Das ist bei den vorzulegenden Unterlagen (§ 6 UVPG) und dem Beteiligungsverfahren nach § 73 der Fall.

36 **b) Integration in das Planfeststellungsverfahren.** Die UVP wird nicht in einem selbstständigen Verwaltungsverfahren durchgeführt, sondern erfordert gem § 2 Abs 1 UVPG grds ein nach anderen Vorschriften vorgeschriebenes **Trägerverfahren** (s hierzu § 63 Rn 21) Das Planfeststellungsverfahren ist wegen der

---

[79] Richtlinie des Rates v 27.6.1985 über die Umweltverträglichkeitsprüfung bei bestimmten öffentlichen und privaten Projekten (85/337/EWG), ABl L 175, ersetzt durch die Richtlinie 2011/92/EU v 13.12.2011 (ABl L 26 v 28.1.2012, S 1), geänd. durch Richtlinie 2014/52/EU v 16.4.2014 (ABl L 124 v 25.4.2014, S 1).

[80] Gesetz über die Umweltverträglichkeitsprüfung (UVPG) v 12.2.1990 (BGBl I, 205), verkündet als Art 1 des Gesetzes zur Umsetzung der Richtlinie des Rates v 27.6.1985 über die UVP bei bestimmten öffentlichen und privaten Projekten (85/337/EWG).

Beteiligungsregelungen in § 73 als solches geeignet, das Plangenehmigungsverfahren (§ 74 Abs 6) hingegen nicht. Die UVP wird als unselbstständiger Teil in das Planfeststellungsverfahren integriert und zu einem Bestandteil der umweltbezogenen Sachverhaltsermittlung und -bewertung, die im Rahmen einer fehlerfreien Abwägung (Zusammenstellung des Abwägungsmaterials) ohnehin durchgeführt werden muss. Die von § 9 UVPG geforderte Einbeziehung der Öffentlichkeit erfolgt gem § 73 Abs 3–5 bereits nach allgemeinem Planfeststellungsrecht. Allerdings beschränkt § 73 Abs 4 die Beteiligung auf diejenigen Personen, deren Belange durch die Planfeststellung berührt werden. Dies entspricht indessen der UVP-Pflicht zur Beteiligung der **betroffenen Öffentlichkeit.**

c) Folge von Verstößen gegen UVP-Anforderungen. Die Folgerungen 36a aus Verstößen gegen UVP-Vorschriften für einen Planfeststellungsbeschluss waren bis zum UmwRG umstritten. In Umsetzung europarechtlicher Vorgaben[81] bestimmen sich die Verstoßfolgen nunmehr nach § 4 UmwRG, mit dem Vorgaben des EuGH umgesetzt werden. **Zu den Fehlerfolge iE vgl § 63 Rn 70 ff.**

VII. Verhältnis der Planfeststellung zur Enteignung

1. Allgemeines. Die Planfeststellung regelt grds nur die mit einem Vorhaben 37 verbundenen öffentlichrechtlichen Rechtsverhältnisse und darüber hinaus bestimmte privatrechtliche Beziehungen vor allem im Bereich nachbarlicher Abwehransprüche (s § 74 Rn 9). Soweit ein Vorhaben nicht nur privaten Zwecken dient und deshalb nur eine sog privatnützige Planfeststellung (s oben Rn 13 ff) erfordert, sondern primär oder zumindest zugleich öffentlichen Zwecken (wie zB der Bau einer Fernstraße; sog „gemeinnützige" Planfeststellung), und zur Durchführung des Vorhabens noch Enteignungen usw erforderlich sind, bedarf es eines gesonderten Verfahrens.[82]

Bei der privatnützigen Planfeststellung ist es grds dem Unternehmer 37a überlassen, etwaige Grundstücke, die er für das Vorhaben noch benötigt, käuflich zu erwerben. Eine Enteignung zugunsten eines rein privatnützigen Vorhabens ist grds nicht zulässig. **Umstritten** ist, ob und unter welchen Voraussetzungen eine Enteignung auch zugunsten eines privatnützigen Vorhabens zulässig ist, wenn zugleich Gemeinwohlbelange verfolgt werden.[83] Soweit es bei gemeinnützigen Vorhaben zur Durchführung der Inanspruchnahme von Grundstücken Dritter bedarf, die der Vorhabenträger nicht freihändig erwerben kann, muss ggfs nach dem Abschluss des Planfeststellungsverfahrens ein (selbstständiges) Enteignungsverfahren durchgeführt werden. Der Planfeststellungsbeschluss als solcher bewirkt eine derartige Enteignung in Bezug auf die benötigten Grundstücke bzw sonstigen Rechte nicht. Wenn es im jeweiligen Fachplanungsgesetz vorgesehen ist, entfaltet er aber für das nachfolgende Enteignungsverfahren eine Bindungswirkung (enteignungsrechtliche Vorwirkung, vgl § 75 Rn 19).

2. Verhältnis zu nachfolgenden Enteignungsverfahren. Im Hinblick auf 38 das Verhältnis des Planfeststellungsbeschlusses zu einem nachfolgend erforderlichen Enteignungsverfahren ist danach zu unterscheiden, ob der Planfeststellungs-

---

[81] S dazu die zur Umsetzung der Aarhus-Konvention (NVwZ 2001, Beilage III) erlassene Richtlinie 2003/35 EG v 26.5.2003 über die Beteiligung der Öffentlichkeit bei der Ausarbeitung bestimmter umweltbezogener Pläne und Programme und zur Änderung der Richtlinien 85/337/EWG und 96/61/EG des Rates in Bezug auf die Öffentlichkeitsbeteiligung und den Zugang zu Gerichten, ABl Nr L 156 v 25.6.2003 S. 17 ff.

[82] Vgl § 75 Rn 19; BVerwGE 61, 300; 67, 74 = NJW 1983, 2459; BVerwG NVwZ 1985, 110; BayVBl 1963, 213; DVBl 1969, 360; 1971, 186; NJW 1981, 241; 1983, 296; Korbmacher DÖV 1982, 518; Hoppe 22 ff, 68 ff; Erichsen AllgVR § 39 Rn 43.

[83] S hierzu OVG Hamburg NordÖR 2004, 438; Lenz NJW 2005, 257; Battis/Otto DVBl 2004, 1501; Erbguth NordÖR 2005, 55.

beschluss für ein Enteignungsverfahren Bindungswirkung entfaltet oder nicht. Ist eine derartige Bindungswirkung vorgesehen,[84] spricht man von einer **enteignungsrechtlichen Vorwirkung** des Planfeststellungsbeschlusses. Soweit ein Planfeststellungsbeschluss auf Grund entsprechender Regelungen des maßgeblichen Fachplanungsgesetzes eine solche Wirkung entfaltet, ist es erforderlich, bereits bei der Plankontrolle zu berücksichtigen, dass der Plan Grundlage eines späteren Enteignungsverfahrens werden könnte.[85] Entfaltet der Planfeststellungsbeschluss dagegen keine enteignungsrechtliche Vorwirkung, dann ist die Frage, ob das Vorhaben dem Gemeinwohl in einer Weise dient, die eine Enteignung rechtfertigen kann, im Enteignungsverfahren selbstständig zu prüfen.

39 **a) Umfang der enteignungsrechtlichen Vorwirkung.** Sieht das Fachplanungsgesetz eine Bindungswirkung für das Enteignungsverfahren vor, steht für das Enteignungsverfahren bindend fest, dass das planfestgestellte Vorhaben dergestalt dem Wohl der Allgemeinheit dient, dass es auch nach Art 14 Abs 3 GG eine Enteignung rechtfertigt. Diese Feststellung darf im nachfolgenden Enteignungsverfahren usw grds (zu den Ausnahmen s unten Rn 40) nicht mehr zum Gegenstand von Einwendungen gemacht werden. Das gilt auch für die **Art und die konkrete Ausgestaltung des Vorhabens,** für das der Plan festgestellt wurde. Die entsprechenden Festlegungen sind, soweit darüber in der Planfeststellung abschließend entschieden wurde,[86] ebenfalls für das nachfolgende Enteignungsverfahren bindend.[87] Da dies im Enteignungsverfahren nicht mehr geprüft werden kann, muss die Frage, ob das Vorhaben in seiner konkreten Ausgestaltung eine Enteignung rechtfertigt, schon im Planfeststellungsverfahren untersucht werden. Gegenstand des Planfeststellungsverfahrens ist in diesen Fällen insoweit immer auch schon die Frage, ob für das geplante Vorhaben Grundeigentum notfalls auch im Wege der Enteignung in Anspruch genommen werden darf; hierüber und damit auch über die Entschädigungspflicht dem Grunde nach ist im Planfeststellungsbeschluss eine abschließende, auch für ein etwaiges späteres Enteignungsverfahren maßgebliche Entscheidung zu treffen.[88]

40 **b) Verbleibender Prüfungsrahmen des Enteignungsverfahrens.** Zu prüfen sind im Enteignungsverfahren nur noch die konkrete Zulässigkeit der Enteignung,[89] nämlich insb die Frage, ob das Grundstück tatsächlich benötigt und nicht auch freihändig erworben werden kann (BGH NJW 1987, 320) sowie die Frage der Art und Höhe der Entschädigung. Zu prüfen ist ggfs aber auch, ob aufgrund nachträglich eingetretener Änderungen der Sach- und Rechtslage eine Enteignung unzulässig geworden ist, weil sie nicht mehr dem Gemeinwohl dient.[90] Die Betroffenen können jedoch zB nicht mehr geltend machen, dass das Vorhaben

---

[84] ZB nach § 19 Abs 1 FStrG (vgl BVerwGE 48, 63; DVBl 1987, 906), nach §§ 9 Abs 1 S 2, 28 Abs 2 LuftVG (vgl BVerfG 47, 319; 74, 264).

[85] Vgl zu den enteignungsrechtlichen Vorwirkungen des Planfeststellungsbeschlusses auch BVerfG 45, 319; 61, 300; NJW 1983, 296; BVerwGE 138, 226 = NVwZ 2011, 680, 682; 72, 20; 71, 168; NJW 1986, 1509; BGHZ 64, 382; Korbmacher DÖV 1982, 519.

[86] BVerwGE 67, 76 = DVBl 1983, 899 m Anm Schwabe DVBl 1984, 140.

[87] So ausdrücklich zB § 19 Abs 1 S 2, 3 und Abs 2 FStrG; s dazu BVerwGE 67, 74; 71, 168; NVwZ 1985, 110; BVerwG NJW 1986, 1509; BGH DÖV 1987, 740; vgl auch OVG Koblenz DÖV 1985, 157: Enteignung dem Grunde nach gerechtfertigt; § 31 PBefG; § 44 WaStrG; s dazu BVerwGE 72, 25; dasselbe würde aufgrund der allgemeinen Bindungswirkung der Planfeststellung gem § 75 Abs 1 aber auch ohne ausdrückliche gesetzliche Regelung gelten.

[88] BVerfG NVwZ 1987, 967; BVerwGE 56, 119; 71, 168; 72, 283; NJW BVerwG 1981, 2137 = BayVBl 1981, 309; NJW 1983, 296; 1986, 1509 = DVBl 1986, 416; DVBl 1983, 899 m Anm Schwabe DVBl 1984, 140; VGH München BayVBl 1987, 310; Hoffmann JA 1987, 207.

[89] BGH NJW 1987, 3200; Breuer DVBl 1981, 974; Korbmacher DÖV 1982, 519.

[90] S hierzu BVerfG, B v 17.4.2013, 1 BvR 2614/12, juris.

nicht dem Gemeinwohl dient, insgesamt oder in einzelnen Teilen nicht erforderlich ist, dass der Grundsatz der Verhältnismäßigkeit nicht gewahrt ist, weil der Eingriff außer Verhältnis zum zu erwartenden Nutzen steht oder sich nicht auf das geringstmögliche Ausmaß beschränkt usw.

VIII. Der Anspruch auf Planfeststellung

1. Vorhabenträger. a) Kein Anspruch auf Planfeststellung. Ein Anspruch auf Feststellung des eingereichten Plans ist im Fachplanungsrecht grds nicht gegeben. Er verträgt sich nicht mit dem planerischen Gestaltungsspielraum der Behörde, der auch nicht dadurch eingeengt wird, dass ein Vorhaben alle gesetzlichen Voraussetzungen erfüllt (Rn 11). Der Antragsteller kann nur ein Recht auf Durchführung und fehlerfreie Entscheidung über seinen Antrag haben.[91] Ausnahmsweise kann es zu einer Reduzierung des Planungsermessens auf Null kommen, wenn mit einem Vorhaben keinerlei Nachteile für die Allgemeinheit oder Dritte verbunden sind oder mögliche Nachteile durch geeignete Auflagen usw (§ 74 Abs 2 S 2 ff) verhindert oder ausgeglichen werden können.[92] Gleiches würde gelten, wenn keine öffentlichen Interessen beeinträchtigt sind und etwa betroffene Dritte dem Vorhaben zustimmen. 41

b) Antragsrecht. Dagegen hat der Träger des Vorhabens ein Antragsrecht, also das subjektiv-öffentliche Recht, ein Planfeststellungsverfahren zu beantragen und dadurch die zuständige Behörde zur Prüfung des Antrags zu veranlassen.[93] § 73 Abs 1 setzt ein solches Antragsrecht voraus. Sind die formellen Antragsvoraussetzungen erfüllt, insb auch ordnungsgemäße Planunterlagen gem § 73 Abs 1 vorgelegt oder nachgereicht worden, besteht ein **Anspruch auf Durchführung des Planfeststellungsverfahrens.**[94] Der Antragsteller kann idR verlangen, dass für ein planfeststellungsbedürftiges Vorhaben tatsächlich das erforderliche Planfeststellungsverfahren durchgeführt wird und dieses alle gesetzlichen Anforderungen erfüllt, ferner, dass das Verfahren entweder mit der Feststellung des Plans oder mit der Ablehnung des Antrags endet. Dieser Anspruch wird nicht schon durch die Erteilung einer unter Verstoß gegen die Planfeststellungspflicht erlassenen baurechtlichen oder immissionsschutzrechtlichen Genehmigung erfüllt. Etwas anders gilt, wenn das Gesetz selbst die Pflicht zur Durchführung eines Planfeststellungsverfahrens einschränkt. Dies ist zB der Fall nach den Bestimmungen über die Plangenehmigung (§ 74 Abs 6), über das Entfallen von Planfeststellung und Plangenehmigung (§ 74 Abs 7), die Planänderung in Fällen von unwesentlicher Bedeutung (§ 76 Abs 2, 3) und nach ähnlichen Vorschriften, die der zuständigen Behörde ein Absehen von der Planfeststellung ermöglichen. In diesen Fällen reduziert sich der Anspruch des Antragstellers auf eine fehlerfreie Entscheidung darüber, ob ein Planfeststellungsverfahren durchgeführt werden soll, sofern die Voraussetzungen für das Absehen von Planfeststellungsverfahren objektiv vorliegen.[95] 42

Ist die Anlage bereits errichtet, so steht dies der Antragstellung und der Durchführung des Verfahrens nicht entgegen, weil nur die Nachholung des Verfahrens zu einer Entscheidung führen kann, die das Vorhaben auch formell legalisiert (vgl OVG Hamburg NVwZ-RR 1993, 8). Das Verfahren und eine daraufhin erfolgende Planfeststellung sind nicht schon wegen der Existenz der Anlage 42a

[91] Anders ist dies nur bei der Planfeststellung für den obligatorischen Rahmenbetriebsplan gem § 52 Abs 2a (BVerwGE 127, 259; Ramsauer NVwZ 2008, 944).

[92] Vgl BVerwG DVBl 1995, 238 m Anm Groß DVBl 1995, 468; NVwZ 1990, 970.

[93] BVerwG DVBl 1995, 238 m Anm Groß 468; StBS § 74 Rn 13.

[94] Ronellenfitsch VerwArch 1989, 101; DÖV 1989, 744; Achenbach, Selbständige rechtliche Bedeutung, 25; Böttcher ZfW 1983/1984, 142; StBS § 73 Rn 17.

[95] BVerwGE 44, 239; BVerwG NJW 1981, 241; DÖV 1980, 516; DÖV 1981, 719.

rechtswidrig; Entsprechendes gilt, wenn die ursprüngliche Planfeststellung wegen eines Verfahrensfehlers aufgehoben oder zurückgenommen wurde und deshalb ein neues Verfahren erforderlich wird.[96]

43 **c) Pflicht zur Antragstellung?** Stellt der Träger des Vorhabens, für das die Planfeststellung benötigt wird, nicht von sich aus den Antrag auf Planfeststellung unter Vorlage der dafür erforderlichen Pläne usw, so kann die Behörde ihn **nicht dazu zwingen.**[97] Etwas anderes gilt, wenn der Träger des Vorhabens nach dem einschlägigen Fachgesetz ausnahmsweise zur Antragstellung verpflichtet ist[98] und deshalb die Antragstellung von der Behörde durch VA verlangt und mit einer Vollziehungsverfügung durchgesetzt werden kann. Die allgemeine rechtliche Verpflichtung, das Vorhaben nicht auszuführen, ohne dass die Planfeststellung dafür positiv abgeschlossen wurde, genügt als Voraussetzung für eine Erzwingung der Antragstellung nicht. Auch das allgemeine Polizei- und Sicherheitsrecht bietet keine Handhabe dafür, dem Träger eines Vorhabens die Antragstellung aufzugeben, selbst dann nicht, wenn er das Vorhaben bereits ohne erforderliche Planfeststellung ausführt oder auch schon ausgeführt hat und betreibt. Die zuständige Behörde ist aber nach dem einschlägigen Fachrecht zur Stilllegung oder Untersagung einer formell illegalen Anlage berechtigt.

44 **2. Stellung Drittbetroffener.** Ob und inwieweit Dritte einen Anspruch auf Durchführung eines Planfeststellungsverfahrens für ein objektiv planfeststellungsbedürftiges Vorhaben haben, ist **umstritten.**[99] Die Rspr hat einen derartigen Anspruch Dritter bisher nur in bestimmten Ausnahmefällen anerkannt. Ein Verstoß gegen die objektive Pflicht zur Durchführung eines Planfeststellungsverfahrens soll subjektive Rechte auch der materiell betroffenen Dritten nicht verletzen können, weil diese lediglich Anspruch auf Wahrung ihrer Rechte und auf fehlerfreie Berücksichtigung ihrer eigenen Belange im Rahmen einer Abwägung haben. Eine solche Berücksichtigung kann nach der überwiegenden Rspr auch in anderen Zulassungsverfahren erfolgen und setzt ein Planfeststellungsverfahren nicht notwendig voraus.[100]

45 Auch die im Falle einer Planfeststellung von einer **enteignungsrechtlichen Vorwirkung** (s hierzu Rn 39) betroffenen Personen können die Durchführung eines Planfeststellungsverfahrens nicht verlangen. Sie können aber die für ein Vorhaben erlassene Zulassungsentscheidung anfechten, wenn sie unter Verstoß gegen die Planfeststellungspflicht erlassen wurde und für die Betroffenen gleichwohl eine enteignungsrechtliche Vorwirkung entfaltet. Dieser Fall dürfte allerdings selten sein, da die enteignungsrechtliche Vorwirkung idR nur Planfeststellungsbeschlüssen, nicht aber anderen Zulassungsentscheidungen zukommt.

46 **3. Anerkannte Naturschutzvereinigungen.** Ebenfalls **keinen Anspruch** auf Verfahrenseinleitung und auch kein entsprechendes Antragsrecht haben nach hM die anerkannten Naturschutzvereine auf Grund ihres Beteiligungsrechts gem § 63 Abs 1 BNatSchG.[101] Wurde statt eines gebotenen Planfeststellungsverfahrens nur ein Genehmigungs- oder ein sonstiges Verfahren ohne Öffentlichkeitsbeteiligung gem § 73 oder entsprechenden Vorschriften und ohne spezielle Einwen-

---

[96] BVerwG Buchh 407.4 § 17 FStrG Nr 15 S. 22; BVerwG NVwZ 1986, 472: keine Bedenken auch unter dem Gesichtspunkt, dass die Behörde sich in ihrer Entscheidung von der bereits „vollendeten Tatsache" beeinflussen lassen könnte.

[97] BVerwGE 84, 348 = NVwZ 1990, 658; OVG Lüneburg NVwZ-RR 1993, 7; OVG Münster DÖV 1987, 601; Schleswig DVBl 1992, 1242.

[98] BVerwGE 84, 348 = NVwZ 1990, 658; OVG Lüneburg NVwZ-RR 1993, 7.

[99] BVerwG NJW 1981, 239; Broß VerwArch 1985, 337.

[100] BVerwGE 85, 308, 375 = NVwZ 1991, 369; BVerwG NJW 1992, 256.

[101] OVG Münster NVwZ-RR 1993, 15 = JuS 1993, 605; offen VGH München NVwZ 1991, 1009; zT **aA** Krüger NVwZ 1992, 553; Knack/Henneke § 74 Rn 155; zurückhaltender Dürr UPR 1991, 81.

dungsmöglichkeiten durchgeführt, haben die betroffenen Vereine gegen die in diesem Verfahren ergangene Entscheidung die für sie spezifisch entwickelten Rechtsbehelfe (dazu § 75 Rn 90ff).[102] Wird durch die Wahl eines falschen Verfahrens ihr Beteiligungsrecht unterlaufen, führt im Prozess allein dies zur Aufhebung der Entscheidung, wenn der Verein nicht zugleich die Sachprüfung des Vorhabens verlangen kann. Kann er eine Überprüfung auch in der Sache verlangen, ist der wegen Nichtbeteiligung des Vereins eingetretene Verfahrensfehler gem § 46 nur dann beachtlich, wenn er sich auf das Ergebnis ausgewirkt haben kann.[103] Nach der neueren Rspr des EuGH ist dieses Kausalitätserfordernis enger zu deuten und kann nur noch unter erschwerten Voraussetzungen dazu führen, eine Nichtbeteiligung für unerheblich zu erklären (dazu § 75 Rn 27b). In den meisten Fällen der Nichtbeteiligung wird aber auch eine UVP mit Öffentlichkeitsbeteiligung unterblieben sein; dieser Fehler ist nach § 4 UmwRG unabhängig davon beachtlich, ob er sich auf das Verfahren ausgewirkt hat.

§ 73 Anhörungsverfahren

(1) **Der Träger des Vorhabens hat den Plan der Anhörungsbehörde zur Durchführung des Anhörungsverfahrens einzureichen.**[16ff] **Der Plan besteht aus den Zeichnungen und Erläuterungen, die das Vorhaben, seinen Anlass und die von dem Vorhaben betroffenen Grundstücke und Anlagen erkennen lassen.**[22ff]

(2) **Innerhalb eines Monats nach Zugang des vollständigen Plans fordert die Anhörungsbehörde die Behörden, deren Aufgabenbereich durch das Vorhaben berührt wird, zur Stellungnahme auf und veranlasst, dass der Plan in den Gemeinden, in denen sich das Vorhaben voraussichtlich auswirken wird, ausgelegt wird.**[31ff]

(3) **Die Gemeinden nach Absatz 2 haben den Plan innerhalb von drei Wochen nach Zugang für die Dauer eines Monats zur Einsicht auszulegen.**[42ff] **Auf eine Auslegung kann verzichtet werden, wenn der Kreis der Betroffenen und die Vereinigungen nach Absatz 4 Satz 5 bekannt sind und ihnen innerhalb angemessener Frist Gelegenheit gegeben wird, den Plan einzusehen.**[54ff]

(3a) **Die Behörden nach Absatz 2 haben ihre Stellungnahme innerhalb einer von der Anhörungsbehörde zu setzenden Frist abzugeben, die drei Monate nicht überschreiten darf.**[37ff] **Stellungnahmen, die nach Ablauf der Frist nach Satz 1 eingehen, sind zu berücksichtigen, wenn der Planfeststellungsbehörde die vorgebrachten Belange bekannt sind oder hätten bekannt sein müssen oder für die Rechtmäßigkeit der Entscheidung von Bedeutung sind; im Übrigen können sie berücksichtigt werden.**[39ff]

(4) **Jeder, dessen Belange durch das Vorhaben berührt werden, kann bis zwei Wochen nach Ablauf der Auslegungsfrist schriftlich oder zur Niederschrift bei der Anhörungsbehörde oder bei der Gemeinde Einwendungen gegen den Plan erheben.**[60ff] **Im Falle des Absatzes 3 Satz 2 bestimmt die Anhörungsbehörde die Einwendungsfrist.**[83] **Mit Ablauf der Einwendungsfrist sind alle Einwendungen ausgeschlossen, die nicht**

---

[102] BVerwGE 41, 85; 84, 322; Broß VerwArch 1985, 337; allg auch v Danwitz, Zum Anspruch auf Durchführung des „richtigen" Verwaltungsverfahrens, DVBl 1993, 422.

[103] Die hM (vgl § 46 Rn 18) hat – in Übereinstimmung mit der früheren Rspr – § 46 zunächst auf solche Fehler nicht angewandt. Dies hat sich gewandelt, seit Naturschutzvereinigungen Behördenentscheidung nicht nur wegen Missachtung ihrer Mitwirkungsrechte, sondern auch in der Sache gerichtlich überprüfen lassen können, vgl BVerwG NVwZ 2002, 1103 und näher § 75 Rn 91.

auf besonderen privatrechtlichen Titeln beruhen.[87 ff] **Hierauf ist in der Bekanntmachung der Auslegung oder bei der Bekanntgabe der Einwendungsfrist hinzuweisen. Vereinigungen, die auf Grund einer Anerkennung nach anderen Rechtsvorschriften befugt sind, Rechtsbehelfe nach der Verwaltungsgerichtsordnung gegen die Entscheidung nach § 74 einzulegen, können innerhalb der Frist nach Satz 1 Stellungnahmen zu dem Plan abgeben.**[93 ff] **Die Sätze 2 bis 4 gelten entsprechend.**[100 ff]

(5) **Die Gemeinden, in denen der Plan auszulegen ist, haben die Auslegung vorher ortsüblich bekannt zu machen.**[105 ff] **In der Bekanntmachung ist darauf hinzuweisen,**

1. **wo und in welchem Zeitraum der Plan zur Einsicht ausgelegt ist;**
2. **dass etwaige Einwendungen oder Stellungnahmen von Vereinigungen nach Absatz 4 Satz 5 bei den in der Bekanntmachung zu bezeichnenden Stellen innerhalb der Einwendungsfrist vorzubringen sind;**
3. **dass bei Ausbleiben eines Beteiligten in dem Erörterungstermin auch ohne ihn verhandelt werden kann;**
4. **dass**
   a) **die Personen, die Einwendungen erhoben haben, oder die Vereinigungen, die Stellungnahmen abgegeben haben, von dem Erörterungstermin durch öffentliche Bekanntmachung benachrichtigt werden können,**
   b) **die Zustellung der Entscheidung über die Einwendungen durch öffentliche Bekanntmachung ersetzt werden kann,**

   wenn mehr als 50 Benachrichtigungen oder Zustellungen vorzunehmen sind.[109 ff]

Nicht ortsansässige Betroffene, deren Person und Aufenthalt bekannt sind oder sich innerhalb angemessener Frist ermitteln lassen, sollen auf Veranlassung der Anhörungsbehörde von der Auslegung mit dem Hinweis nach Satz 2 benachrichtigt werden.[111 ff]

(6) **Nach Ablauf der Einwendungsfrist hat die Anhörungsbehörde die rechtzeitig gegen den Plan erhobenen Einwendungen, die rechtzeitig abgegebenen Stellungnahmen von Vereinigungen nach Absatz 4 Satz 5 sowie die Stellungnahmen der Behörden zu dem Plan mit dem Träger des Vorhabens, den Behörden, den Betroffenen sowie denjenigen, die Einwendungen erhoben oder Stellungnahmen abgegeben haben, zu erörtern.**[114 ff] **Der Erörterungstermin ist mindestens eine Woche vorher ortsüblich bekannt zu machen.**[120] **Die Behörden, der Träger des Vorhabens und diejenigen, die Einwendungen erhoben oder Stellungnahmen abgegeben haben, sind von dem Erörterungstermin zu benachrichtigen.**[121] **Sind außer der Benachrichtigung der Behörden und des Trägers des Vorhabens mehr als 50 Benachrichtigungen vorzunehmen, so können diese Benachrichtigungen durch öffentliche Bekanntmachung ersetzt werden. Die öffentliche Bekanntmachung wird dadurch bewirkt, dass abweichend von Satz 2 der Erörterungstermin im amtlichen Veröffentlichungsblatt der Anhörungsbehörde und außerdem in örtlichen Tageszeitungen bekannt gemacht wird, die in dem Bereich verbreitet sind, in dem sich das Vorhaben voraussichtlich auswirken wird; maßgebend für die Frist nach Satz 2 ist die Bekanntgabe im amtlichen Veröffentlichungsblatt. Im Übrigen gelten für die Erörterung die Vorschriften über die mündliche Verhandlung im förmlichen Verwaltungsverfahren (§ 67 Abs. 1 Satz 3, Abs. 2 Nr. 1 und 4 und Abs. 3, § 68) entsprechend. Die Anhörungsbehörde schließt die Erörterung innerhalb von drei Monaten nach Ablauf der Einwendungsfrist ab.**[125]

(7) **Abweichend von den Vorschriften des Absatzes 6 Satz 2 bis 5 kann der Erörterungstermin bereits in der Bekanntmachung nach Absatz 5 Satz 2 bestimmt werden.**[133]

(8) **Soll ein ausgelegter Plan geändert werden und werden dadurch der Aufgabenbereich einer Behörde oder einer Vereinigung nach Absatz 4 Satz 5 oder Belange Dritter erstmals oder stärker als bisher berührt, so ist diesen die Änderung mitzuteilen und ihnen Gelegenheit zu Stellungnahmen und Einwendungen innerhalb von zwei Wochen zu geben; Absatz 4 Satz 3 bis 6 gilt entsprechend.**[135 ff] **Wird sich die Änderung voraussichtlich auf das Gebiet einer anderen Gemeinde auswirken, so ist der geänderte Plan in dieser Gemeinde auszulegen; die Absätze 2 bis 6 gelten entsprechend.**[144]

(9) **Die Anhörungsbehörde gibt zum Ergebnis des Anhörungsverfahrens eine Stellungnahme ab und leitet diese der Planfeststellungsbehörde innerhalb eines Monats nach Abschluss der Erörterung mit dem Plan, den Stellungnahmen der Behörden und der Vereinigungen nach Absatz 4 Satz 5 sowie den nicht erledigten Einwendungen zu.**[147 ff]

Schrifttum: *Appel,* Staat und Bürger in Umweltverwaltungsverfahren, NVwZ 2012, 1361; *Battis/Ingold,* Der Umweltinformationsanspruch im Planfeststellungsverfahren – DVBl 2006, 735; *Buchheister,* Rechtsprechungsreport zum Umweltrecht, DVBl 2016, 265; *Breuer,* Verfahrens- und Formfehler der Planfeststellung für raum- und umweltbedeutsame Großvorhaben, in: Sendler-FS 1991, 357; *Büllesbach/Diercks,* Vorbereitung und Durchführung eines Erörterungstermins im Rahmen eines abfallrechtlichen Planfeststellungsverfahrens, DVBl 1991, 469; *Burgi,* Das Bedarfserörterungsverfahren: Eine Reformoption für die Bürgerbeteiligung bei Großprojekten, NVwZ 2012, 277; *Busch,* Der bekannte Betroffene iSd § 74 Abs 4 S 1 VwVfG, DVBl 1991, 1190; *Cancik,* Beschleunigung oder Re-Arkanisierung?, DÖV 2007, 107; *Dippel,* Praxisfragen der Öffentlichkeitsbeteiligung im Genehmigungsverfahren nach dem BImSchG, NVwZ 2010, 145; *Durner,* Möglichkeiten der Verbesserung förmlicher Verwaltungsverfahren am Beispiel der Planfeststellung, ZUR 2011, 354; Frankewitsch, Der externe Verhandlungsleiter vor Großveranstaltungen, NVwZ 2012, 1514; *Franzius,* Stuttgart 21: Eine Epochenwende? GewArch 2012, 225; *Guckelberger,* Bürokratieabbau durch Abschaffung des Erörterungstermins?, DÖV 2006, 96; *dies,* Formen von Öffentlichkeit und Öffentlichkeitsbeteiligung im Umweltverwaltungsrecht, VerwArch 2012, 31; *Hoffmann-Riem/Rubbert,* Atomrechtlicher Erörterungstermin und Öffentlichkeit. Zum Verhältnis von Bürgerbeteiligung und Öffentlichkeit, 1984; *Kloepfer* (Hg), Rechtsschutz im Umweltrecht, 2015; *Kment,* Nationale Unbeachtlichkeits-, Heilungs- und Präklusionsvorschriften und Europäisches Recht, 2005; *Komorowski,* Das Betätigungsverbot des § 20 VwVfG in der Planfeststellung, NVwZ 2002, 1455; *Kopp,* Beteiligung und Rechtsschutz der Länder in Planfeststellungsverfahren des Bundes, NuR 1991, 449; *Korber/Kühling/Herrmann,* Fachplanungsrecht, 2. Aufl 2000; *Kuschnerus,* Planänderungen vor Erlass eines Planfeststellungsbeschlusses – Zur praktischen Anwendung der Anhörungsvorschriften, DVBl 1990, 235; *Mecking,* Zum Umfang des Rechts auf Einsichtnahme in ausgelegte Unterlagen, NVwZ 1992, 316; *Plog/Tepperwien,* Der Erörterungstermin im Verwaltungsverfahren, NdsVBl 2010, 95; *Ramsauer,* Umweltprobleme in der Flughafenplanung – Verfahrensrechtliche Fragen, NVwZ 2004, 1041; *Rubel,* Über Weser und Elbe zum Flughafen Frankfurt – Neuere Rspr des BVerwG im Planfeststellungsrecht, DVBl 2013, 469; *Schrader,* Informationsrechte im Planfeststellungsverfahren, NuR 2000, 487; *Siegel,* Die Verfahrensbeteiligung von Behörden und anderen Trägern öffentlicher Belange, 2001; *Seibert-Fohr,* Öffentlichkeitsbeteiligung im Planungsverfahren: Chancen und Grenzen am Beispiel des PlVereinG, VerwArch 2013, 311; *Steinberg/Müller,* Nachträgliche Öffentlichkeitsbeteiligung bei Änderung von Planunterlagen während des Planfeststellungsverfahrens, UPR 2007, 1; *Steinberg/Steinwachs,* Zulassungspflichtigkeit der Änderung von Fachplanungsvorhaben unter Berücksichtigung der Neuregelungen des UVPG, NVwZ 2002, 1153; *Steinberg/Wickel/Müller,* Fachplanung, 4. Aufl 2012; *Stüer/Hönig,* Befangenheit in der Planfeststellung, DÖV 2004, 642; *Stüer/Probstfeld,* Anhörungsverfahren bei straßenrechtlichen Großvorhaben, DÖV 2000, 701; *Stühler,* Merkmale von Betroffenheit und Beteiligung Betroffener im Planfeststellungsverfahren, VBlBW 1991, 325; *Württenberger,* Einwendungsbefugnis und Klagebefugnis des Grundstückskäufers in Planfeststellungsverfahren, BayVBl 2010, 652; *Wulfhorst,* Konsequenzen aus „Stuttgart 21“: Vorschläge zur Verbesserung der Bürgerbeteiligung, DÖV 2011, 581; *Wysk,*

Konsensuale Konfliktbewältigung in der luftrechtlichen Projektplanung, ZLW 2003, 602; *Ziekow* (Hg), Handbuch des Fachplanungsrechts, 2. Aufl 2014; *Ziekow/Siegel,* Gesetzliche Regelungen der Verfahrenskooperation von Behörden und anderen Trägern öffentlicher Belange, 2001; *Ziekow/Windoffer/Oertel,* Evaluation von Regelungen zur Beschleunigung von Genehmigungsverfahren – Ein Ansatz zur Schließung einer Forschungslücke, DVBl 2006, 1469; *dies,* Dauer von Zulassungsverfahren, 2005.

Zur Präklusion: *Beier,* Paukenschlag aus Luxemburg?, UPR 2016, 48; *Berkemann,* Querelle d'Allemand, DVBl 2016, 205; *Brandt,* Präklusion im Verwaltungsverfahren, NVwZ 1997, 233; *Brauhardt,* Zur Einschränkung des Zugangs zu den Gerichten durch Präklusionsregelungen, UPR 2010, 296; *v Danwitz,* Umweltrechtliche Präklusionsnormen zwischen Verwaltungseffizienz und Rechtsschutzgarantie, UPR 1996, 323; *Erbguth,* Verfassungs- und europarechtliche Aspekte der Deregulierungen im Planfeststellungsverfahren, UPR 1999, 41; *Niedzwicki,* Die Präklusion des öffentlichen Rechts im Spannungsfeld zwischen Verfahrensbeschleunigung, Einzelfallgerechtigkeit und Rechtsstaatlichkeit, 2007; *Niehues,* Der verwaltungsverfahrensrechtliche Ausschluß von Einwendungen gegen einen Planfeststellungsbeschluss, in FS Schlichter, 1995, 619; *Oexle,* Das Rechtsinstitut der materiellen Präklusion in den Zulassungsverfahren des Umwelt- und Baurechts, 2001; *Rieder,* Fachplanung und materielle Präklusion, 2004; *Röhl/Landeburger,* Die materielle Präklusion im raumbezogenen Verwaltungsrecht, 1997; *Ronellenfitsch,* Der Einwendungsausschluß im Wasserrecht, VerwArch 1983, 369; *Schlacke/Schrader/Bunge,* Informationsrechte, Öffentlichkeitsbeteiligung und Rechtsschutz im Umweltrecht – Aarhus-Handbuch, 2010; *Siegel,* Die Behördenpräklusion und ihre Vereinbarkeit mit dem Verfassungsrecht und dem Gemeinschaftsrecht, DÖV 2004, 589; *Sinner,* Ein Meilenstein für die UVP?, UPR 2016, 7; Solveen, Zur materiellen Präklusion im Fernstraßenplanungsrecht, DVBl 1997, 803; *Storost,* Anmerkung zum Urteil des Gerichtshofs der Europäischen Union vom 15.10.2015, UPR 2016, 36; *Streinz,* Materielle Präklusion und Verfahrensbeteiligung im Verwaltungsrecht, VerwArch 1988, 272; *Stüer,* Anmerkung zu EuGH, Urteil vom 15.10.2015 – C-137/14 –, DVBl 2015, 1518; *Uschkereit,* Präklusionsvorschriften auf dem Prüfstand, NJW-Spezial 2015, 748; *Wolfrum,* Der Ausschluss von Einwendungen im Anhörungsverfahren und sein Einfluss auf den Verwaltungsrechtsschutz, DÖV 1979, 497; *Zeissler/Schmidt,* Das Urteil des EuGH vom 15.10.2015 als Ende der umweltrechtlichen Präklusion?, UPR 2016, 1; *Ziekow,* Die Wirkung von Beschleunigungsgeboten im Verfahrensrecht, DVBl 1998, 1101.

Zur Beteiligung von Umweltvereinigungen: *Berkemann,* Die unionsrechtliche Verbandsklage des EuGH, DVBl 2011, 1253; *Frenz,* Umweltverbandsklage und Präklusion, NuR 2012, 619; *ders,* Abfallwirtschaftspläne und Umweltverbandsklagen, NuR 2013, 105; Kment, Der ewige Patient: die Umweltverbandsklage, UPR 2013, 41; *Kremer,* Zur Unionsrechtswidrigkeit der immissionsschutzrechtlichen Präklusionsvorschriften, ZUR 2013, 89; *Schink,* Der slowakische Braunbär und der deutsche Verwaltungsprozess, DÖV 2012, 622; *Schlacke,* Die Novelle des Umwelt-Rechtsbehelfsgesetzes, ZUR 2013, 195; *Schmidt,* Zur Diskussion über erweiterte Klagebefugnisse im Umweltschutzrecht – auch auf vorgelagerten Ebenen, ZUR 2012, 210; *ders,* Die Wahrnehmung von Beteiligungs- und Klagemöglichkeiten durch die Umweltverbände – Erfahrungen und Entwicklungsmöglichkeiten, ZUR 2011, 296; *Sobotta,* EuGH: neue Verfahren im Umweltrecht, ZUR 2013, 178; *Wegener,* Die europäische Umweltverbandsklage, ZUR 2011, 363.

Zur Planung UVP-pflichtiger Vorhaben: *Dippel/Deifuß,* UVP und Vorprüfung bei der Änderungsgenehmigung bestehender Anlagen, NVwZ 2004, 1177; *Erbguth,* Der Transrapid: Planungsverfahren und Umweltverträglichkeitsprüfung, NVwZ 1997, 116; *ders,* Das Bundesverwaltungsgericht und die UVP, NuR 1997, 261; *Erbguth/Schink,* UVPG-Kommentar, 2. Aufl 1996; *Gassner,* Zur Bewertung der Auswirkungen von UVP-Projekten auf die Umwelt, UPR 1996, 429; *Gassner/Winkelbrandt,* UVPG-Umweltverträglichkeitsprüfung in der Praxis, 3. Aufl 1997; *Günter,* Das neue Recht der UVP nach dem Artikelgesetz, NuR 2002, 317; *Guckelberger,* Die diversen Facetten der Öffentlichkeitsbeteiligung bei wasserrechtlichen Planungen, NuR 2010, 835; *Hien,* Die Umweltverträglichkeitsprüfung in der gerichtlichen Praxis, NVwZ 1997, 422; *Hoppe/Beckmann,* UVPG, 4. Aufl 2012; *Hoppenberg/Elgeti,* Änderungen von Unterlagen bei UVP-pflichtigen Vorhaben, NuR 2005, 625; *Keilich,* Zulassungsfreie Änderung fachplanungsrechtlicher Vorhaben und UVP-Pflicht, LKV 2004, 97; *Klößner,* Straßenplanung und UVP, 1992; *Koch/Siebel-Huffmann,* Das Artikelgesetz zur Umsetzung der UVP-Änderungs-RL, der IVU-RL und weiterer Umweltschutzrichtlinien, NVwZ 2001, 1081; *Kollmer,* Die verfahrenrechtliche Stellung der Beteiligten nach dem UVP-Gesetz, NVwZ 1994, 1057; *Papier,* UVP und Gemeinschaftsrecht, FS Friauf 105; *Sauthoff,* Die Strategische Umweltprüfung im Straßenrecht, ZUR 2006, 15;

Steinberg, Chancen zur Effektuierung der UVP durch die Gerichte?, DÖV 1996, 201; *Verwiebe,* Umweltprüfungen auf Plan- und Programmebene, 2008.

Übersicht

I. Allgemeines

1 **1. Inhalt. a) Das planfeststellungsrechtliche Beteiligungsverfahren.** Die Vorschrift sieht als zentrales Element des Planfeststellungsverfahrens ein besonderes Beteiligungsverfahren vor, das der eigentlichen Feststellung des Plans, die nach § 74 durch VA („Beschluss") der Planfeststellungsbehörde erfolgt s § 174 Rn 124), vorgeschaltet ist, und regelt die Durchführung dieses Verfahrens. Das Beteiligungsverfahren, in der amtlichen Überschrift des § 73 „Anhörungsverfahren" genannt, wird nach Abs 1 von einer Anhörungsbehörde durchgeführt und ist zweigeteilt: Es erstreckt sich (1) auf **sämtliche Behörden,** deren Aufgabenbereich von dem Vorhaben berührt wird (Abs 2, 3a – Träger- oder Behördenbeteiligung) sowie (2) auf **sämtliche Betroffenen,** also derjenigen Personen, deren Rechte oder Interessen durch das Vorhaben berührt werden können, und auf die Umweltverbände (Abs 3, 4, 5 – Betroffenen- oder Öffentlichkeitsbeteiligung). Die **Beteiligung gliedert sich grob in drei Phasen:** (1) Zunächst sind alle potenziell Berührten über das Vorhaben zu unterrichten. Dazu fordert die Anhörungsbehörde (a) die Behörden (Träger öffentlicher Belange) zur Stellungnahme auf und veranlasst (b) zur Unterrichtung der Öffentlichkeit (nach entsprechender Bekanntmachung) die **öffentlich Auslegung** des vom Träger des Vorhabens erarbeitete Plans und seiner Erläuterungen für die Dauer eines Monats in den Gemeinden (Abs 3, 5). (2) In der zweiten Phase folgt das Sammeln von Informationen mithilfe von **Einwendungen** der Betroffenen und **Stellungnahmen** der Behörden und Verbände. Einwendungsbefugt im Planfeststellungsverfahren ist nur die betroffene Öffentlichkeit (Abs 4 S 1; vgl auch Art 2 Nr 5 AK), mit der die anerkannten Umweltverbände gleichgestellt sind (Abs 4 S 5). (3) Einwendungen und Stellungnahmen

werden, soweit die Anhörungsbehörde nicht hierauf verzichtet, mit dem Träger des Vorhabens in einem **Erörterungstermin** diskutiert und soweit wie möglich erledigt (Abs 6 S 1). Abschließend bereitet die Anhörungsbehörde das „Ergebnis des Anhörungsverfahrens" systematisch auf und leitet es mit in einer eigenen **Stellungnahme** zum Vorhaben der Planfeststellungsbehörde zu (Abs 9). Diese Stellungnahme ist Grundlage des weiteren Planfeststellungsverfahrens und Teil der verfahrensbeendigenden Entscheidung.

b) Sonderregelung für Anhörung und Akteneinsicht. Als Sonderregelung des rechtlichen Gehörs der Betroffenen geht § 73 der allgemeinen Vorschrift des § 28 vor und schließt deren unmittelbare Anwendung in Planfeststellungsverfahren aus.[1] An die Stelle der individuellen Anhörung soll im Planfeststellungsverfahren die Möglichkeit treten, eigene Belange im Auslegungsverfahren nach Abs 4 geltend zu machen und im Erörterungstermin (Abs 6) zur Geltung zu bringen. Keine, auch keine analoge Anwendung finden in Planfeststellungsverfahren die Ausnahmeregelungen gem § 28 Abs 2 und 3. Einwender sind **Beteiligte im weiteren Sinn** (s unten Rn 60). Auch für die Akteneinsicht nach § 29 trifft die Vorschrift eine Sonderregelung. Das Gesetz geht davon aus, dass die Möglichkeit der Einsichtnahme in die ausgelegten Unterlagen regelmäßig ausreichend ist. Deshalb steht die darüber hinaus gehende Akteneinsicht nach § 72 Abs 1 im Ermessen der Behörde, das aber auf Null reduziert sein kann, wenn die Akteneinsicht zur angemessenen Interessenvertretung notwendig ist (Rn 93 ff). **Unberührt** bleiben grds die allgemeinen Ansprüche auf Akteneinsicht bzw auf Informationen nach den **Umweltinformationsgesetzen** (§ 29 Rn 62) und den **Informationsfreiheitsgesetzen** (§ 29 Rn 45). 2

2. Entwicklung der Vorschrift. Die Vorschrift wurde zunächst durch das GenBeschlG wesentlich umgestaltet. Insb die Vorschriften in Abs 3a über die begrenzte Behördenpräklusion und über die Einwendungspräklusion für Betroffene wurden seinerzeit aufgenommen. Das Infrastrukturplanungsbeschleunigungsgesetz ließ die Vorschrift unangetastet und beschränkte sich darauf, in den erfassten Fachgesetzen abweichende Regelungen zu treffen. Das erst 2013 erlassene Planungsvereinheitlichungsgesetz hat wiederum wesentliche Änderungen der Vorschrift gebracht, vor allem die verfahrensrechtliche Gleichstellung der klagebefugten Verbände mit den Betroffenen. Die Regelung wurde insb deswegen kritisiert, weil die Verbände für ihre Stellungnahmen keine längere Frist zur Verfügung haben als die Betroffenen, die in ihren Einwendungen nur ihre eigene Betroffenheit darlegen müssen. Die Einwendungspräklusion ist unabhängig davon für das Umweltrecht mittlerweile vom EuGH generell verworfen worden (s auch unten Rn 99, 100 f). 3

a) Das Infrastrukturplanungsbeschleunigungsgesetz (IPBeschlG). Die in der Vorschrift getroffenen Regelungen wurden schon in der Vergangenheit in einzelnen Fachplanungsgesetzen teilweise stark modifiziert. Durch das IPBeschlG[2] sind für Planungen nach dem **AEG, FStrG, MBPlG, EnWG** und **WaStrG** erhebliche Änderungen des Beteiligungsverfahrens vorgenommen worden. Da diese Änderungen nicht das VwVfG, sondern nur bestimmte Fachplanungsgesetze für Infrastrukturvorhaben betreffen, wurde damit ohne Not ein weiterer Schritt zur Aufgabe der Einheitlichkeit des Beteiligungsverfahrens in der Planfeststellung getan. Abgesehen davon, dass die Änderungen schon in der Sache erhebliche Kritik auf sich gezogen haben,[3] ist die weitere Zersplitterung des Planfeststellungsrechts zu beklagen. Grund für das IPBeschlG ist – wie stets bei 4

[1] S hierzu § 72 Rn 20; ferner Kuschnerus DVBl 1990, 237; StBS 9; UL § 39 Rn 28; Knack/Henneke § 72 Rn 22.

[2] Infrastrukturplanungsbeschleunigungsgesetz (IPBeschlG) v 9.12.2006 (BGBl I S. 2833).

[3] Guckelberger DÖV 2006, 97; teilweise auch Schröder NuR 2007, 380.

Novellierungen des Planfeststellungsrechts[4] – das Bemühen um eine Beschleunigung der Vorhabenzulassung.[5]

5 **b) Das Planungsvereinheitlichungsgesetz (PlVereinhG).** Das nach langwierigem Gesetzgebungsverfahren erst im Frühjahr 2013 erlassene PlVereinhG[6] dient dem Ziel, die mit dem IPBeschlG eingeführten verfahrensrechtlichen Modifizierungen der Fachplanungsgesetze des Infrastrukturbereichs (s oben Rn 4) teilweise rückgängig zu machen und wieder mit den allgemeinen Regelungen des Planfeststellungsverfahrens zusammenzuführen (BT-Drs 17/9666). Diese Zielsetzung wurde nur partiell erreicht. Immerhin ist es gelungen, einige Vorschriften zu harmonisieren. Das betrifft die Bestimmung des Bereichs obligatorischer Auslegung der Planunterlagen in Abs 2, die Einbeziehung der Umweltvereinigungen in die Beteiligungsregelungen von Betroffenen (Abs 3 S 2, Abs 4 S 5, 6 (neu), Abs 5 S 2, Abs 6 S 1, 3), die Behördenpräklusion in Abs 3a S 2 sowie einige weitere Änderungen des Anhörungsverfahrens (Abs 6 S 7, Abs 8, Abs 9). Ein Schwerpunkt liegt darin, Vereinigungen, die nach der VwGO in der Sache klagebefugt wären, also im wesentlichen anerkannte **Umweltvereinigungen,** verfahrensrechtlich **wie normale Betroffene** zu behandeln, wie das schon bisher in den vom IPBeschlG erfassten Fachplanungen der Fall war (BR-Drs 171/12 S 30). Immerhin bleibt es für das allgemeine Planfeststellungsrecht bei dem obligatorischen Erörterungstermin, allerdings haben die unter das IPBeschlG fallenden Fachplanungsgesetze diese Regelung nicht übernommen (Rn 118).

6 **3. Ziele der Regelung.** Das Anhörungsverfahren ist das Herzstück des Planfeststellungsverfahrens und dient gleichrangig mehreren Zwecken. Es soll zum einen die Feststellung der betroffenen Belange ermöglichen und dadurch die Planfeststellungsbehörde bei der ihr aufgetragenen Ermittlung der voraussichtlichen Auswirkungen des Vorhabens unterstützen.[7] Damit dient es der **Amtsermittlung**[8] und schafft die Grundlage für eine Optimierung des Ausgleichs der betroffenen Interessen, zu der das Abwägungsgebot verpflichtet. Gleichrangig lässt es die Betroffenen zu Wort kommen, sichert ihr **rechtliches Gehör**[9] im Verwaltungsverfahren und ermöglicht ggf **Rechtsschutz.**[10] Diesem vorgelagert entfaltet es **konfliktmindernde Wirkung**, indem es Betroffenen eine Einflussnahme auf das Verfahren und das Ergebnis des Verfahrens gewährt (BVerwGE 75, 226). Dadurch kann es – richtig ausgestaltet – die Akzeptanz des Vorhabens fördern, Streitigkeiten vermeiden und seine Realisierung beschleunigen[11] Auch dort, wo keine subjektiven Rechte berührt werden, wahrt es Interessen der Allgemeinheit und steigert die Effizienz der öffentlichen Verwaltung.[12] Die Anhö-

---

[4] So bereits das Gesetz zur Beschleunigung von Genehmigungsverfahren (GenBeschlG) v 12.9.1996 (BGBl I 1354) und das zum 1.1.2007 außer Kraft getretene Verkehrswegeplanungsbeschleunigungsgesetz v 16.12.1991 (BGBl I 2174).

[5] Kritisch zu den ständigen Bemühungen um Beschleunigung zu Recht Schmidt-Aßmann NVwZ 2007, 40, 43 f.

[6] Gesetz zur Verbesserung der Öffentlichkeitsbeteiligung und Vereinheitlichung von Planfeststellungsverfahren (PlVereinhG) v 31.5.2013 (BGBl I, S. 1388). Hierzu näher Schmitz/Prell NVwZ 2013, 745.

[7] BVerwGE 75, 230; s auch Kühling/Herrmann Rn 499; Knack/Henneke 7; Wahl/Dreier NVwZ 1999, 611.

[8] BVerwGE 60, 300; Obermayer 5 ff.

[9] Begr 87; BVerwGE 75, 214, 226 = NVwZ 1987, 578; Kuschnerus DVBl 1990, 237; v Danwitz Jura 1994, 285; UL § 40 Rn 1, 26; StBS 9; Henle BayVBl 1981, 6; Obermayer 6; Kühling/Herrmann Rn 635.

[10] Wahl NVwZ 1990, 431; Kügel 31; Knack/Henneke 8.

[11] Zu der im Zuge der Auseinandersetzung um Stuttgart 21 entfachten Akzeptanzdiskussion s näher Appel NVwZ 2012, 1361; früher schon Büllesbach/Diercks DVBl 1991, 470.

[12] UL § 40 Rn 38; Knack/Henneke 9; Büllesbach/Diercks DVBl 1991, 470 mwN; Kügel 34; Erichsen/Ehlers § 39 Rn 32; s auch § 74 Abs 2 S 1.

rung muss deshalb so durchgeführt werden, dass die betroffene Öffentlichkeit, zu der die sachkundigen Verbände gehören, und die Träger öffentlicher Verwaltung das Verfahren **substantiell beeinflussen** können. Nur die dadurch gewonnenen Erkenntnisse bieten der Planfeststellungsbehörde eine geeignete Grundlage für die sachgerechte Abwägung aller betroffenen öffentlichen und privaten Belange und für die Anordnung der nötigen Maßnahmen zur Erfüllung objektiver Anforderungen des Umweltschutzes (BVerwGE 75, 226; v Danwitz Jura 1994, 285).

4. Verfassungsrechtliche Vorgaben. Verfassungsrechtlich ist die Durchführung des in der Vorschrift vorgesehenen Auslegungsverfahrens mit der Möglichkeit, Einwendungen zu erheben, die sodann Gegenstand eines Erörterungsverfahrens werden, nicht geboten. Die Vorschrift konkretisiert zwar das aus dem Rechtsstaatsprinzip (faires Verfahren), den materiellen Grundrechten der Betroffenen und Art 19 Abs 4 GG folgende Gebot der Anhörung von Betroffenen im Verwaltungsverfahren für die Fälle der Planungsvorhaben. Es ist aber **kein verfassungsrechtliches Gebot,** dass die Anhörung in der in Abs 3, 4 vorgesehenen Form stattfindet.[13] Auch das mit der Vorschrift verfolgte Ziel, der Behörde die für die Entscheidung notwendigen Informationen als **Entscheidungsgrundlage** zu verschaffen, könnte auf andere Weise (wenn auch schwerer und effektiver) erreicht werden. Das gilt insb für die vorgesehene Beteiligung der Öffentlichkeit, die nicht der deutschen Verfassungstradition entspricht. Insofern wird das nationale Recht aber seit langem durch das Unionsrecht überlagert. 7

5. Vorgaben des EU-Rechts. Unionsrechtlich **verbindlich vorgegeben** ist die Beteiligung der Öffentlichkeit im Verfahren um die Zulassung von Vorhaben nach der **UVP-RL** und der **SUP-RL** (s hierzu näher § 63 Rn 15 ff). Dem tragen Abs 4 und 5 für die entspr umweltrelevanten Vorhaben und Pläne Rechnung. Das in der Vorschrift geregelte Verfahren der Auslegung der Pläne mit der Möglichkeit, Einwendungen zu erheben, die sodann in einem Erörterungstermin mündlich behandelt werden, entspricht den Vorgaben der UVP-RL und der SUP-RL.[14] **Im Wesentlichen unanwendbar** ist allerdings die in Abs 4 S 3 vorgesehene **materielle Präklusion.** Nachdem sie von der hM zur Wahrung von Rechtssicherheit lange verteidigt worden war,[15] ist sie vom EuGH für unionsrechtswidrig erklärt worden, soweit Vorhaben betroffen sind, in denen Umweltrecht der EU oder unionsbasiertem Recht zu beachten ist (näher Rn 100). Im Übrigen erfordern das in Umsetzung der UVP-RL und der SUP-RL erlassene **UVPG** bzw die entsprechenden Gesetze der Länder einige Ergänzungen (s unten Rn 9 ff). Für die UVP- und SUP-pflichtigen Vorhaben erweisen sich die Vorgaben in Abs 3, 4 als europarechtlich grds zwingend. Dies hat zur Folge, dass die in § 74 Abs 6 vorgesehene **Plangenehmigung**, die bisher ohne das Verfahren nach § 73 hätte erteilt werden können, nach der Neuregelung durch das PlVereinhG für UVP- oder SUP-pflichtige Vorhaben nur in Betracht kommt, wenn für sie ausnahmsweise spezialgesetzlich eine vergleichbare Beteiligung der Öffentlichkeit vorgesehen ist (s näher § 74 Rn 4, 205). 8

6. Anwendbares Verfahrensrecht. a) Allgemeines. Auf das Anhörungsverfahren ist idR dasjenige VwVfG (des Bundes oder des jeweiligen Landes) anzuwenden, das für das Planfeststellungsverfahren iÜ gilt, unmittelbar also nur nur für Planfeststellungsverfahren im Anwendungsbereich des VwVfG, also solchen **vor Bundesbehörden** (näher § 72 Rn 5 f). Für Planfeststellungsverfahren 9

[13] So zutreffend Guckelberger DÖV 2006, 97.
[14] StBS 153.
[15] Vgl nur aus der stRpsr BVerwGE 136, 291 Rn 107; BVerwG NVwZ 2012, 176. Zuletzt hatte das BVerwG Klageverfahren wegen des von der EU-Kommission eingeleiteten Vertragsverletzungsverfahrens ausgesetzt, vgl DVBl 2015, 434 und NuR 2014, 782.

vor Landesbehörden, die den Regelfall darstellen, sehen die Verwaltungsverfahrensgesetze der Länder im Wesentlichen mit § 73 gleich lautende Vorschriften vor (vgl zB § 140 LVwG SH). Wo bundes- oder landesrechtliche Fachgesetze vergleichbare, zT wörtlich übereinstimmende, Regelungen enthalten, sind sie gegenüber den §§ 73 ff vorrangig; letztere kommen ggf ergänzend zur Anwendung, was durch Auslegung zu bestimmen ist.

10 **b) Speziellere Regelungen.** Das Planfeststellungsrecht ist in seinem Kern weiterhin in Fachplanungsgesetzen des Bundes und der Länder (insb in den Wasser- und Wegegesetzen) geregelt (dazu § 72 Rn 3 f). Diese Gesetze enthalten seit dem PlVereinhG 2013 nur noch vereinzelte abweichende Regelungen zum Anhörungsverfahren, die dem VwVfG vorgehen; iÜ wird weitgehend § 73 für anwendbar erklärt (vgl § 18a **AEG;** § 43a **EnWG;** § 17a **FStrG;** § 10 Abs 2 **LuftVG;** § 29 Abs 1a **PBefG;** § 14a **WaStrG**). Durchgehende Neuerung ist, dass seit dem Inkrafttreten des IPBeschlG der **Erörterungstermin** (Abs 6) nicht mehr obligatorisch ist; der Anhörungsbehörde wird die Befugnis eingeräumt, auf den Termin zu verzichten.

10a **c) Anhörungsverfahren vor Landesbehörden.** Ein Sonderproblem der Anwendung des (Bundes)VwVfG stellt sich dort ein, wo in einem von einer Bundesbehörde (wie dem EBA) nach dem VwVfG des Bundes geführten Planfeststellungverfahren das Anhörungsverfahren **einer Landesbehörde** übertragen (s Rn 18 f). Nach dem Grundsatz des § 1 Abs 3 ist dann, sofern gesetzlich nichts anderes bestimmt, das VwVfG des Landes anzuwenden. Davon gehen etwa § 10 Abs 2 S 2 LuftVG und § 29a Abs 1a S 2 PBefG ausdrücklich aus.[16] Wo ein solcher Zusatz fehlt (s § 18a AEG, § 43a EnWG, § 17a FStrG, § 2 MBPlG), bleibt der Rechtsanwendungsbefehl „Für das Anhörungsverfahren gilt § 73 des Verwaltungsverfahrensgesetzes mit folgenden Maßgaben: …" aber für das gesamte Verfahren auf das Bundesrecht bezogen (vgl § 1 Rn 41). Die Landesbehörde hat dann das Bundesrecht zu vollziehen.

II. Modifizierungen und Ergänzungen des Verfahrens

11 **1. Ergänzungen durch UVP-Recht.** Für die meisten Vorhaben, die einem Planfeststellungsvorbehalt unterfallen, fordert das UVPG eine Umweltverträglichkeitsprüfung. Diese ist gem § 2 Abs 1 S 1 UVPG ein unselbstständiger Teil des Planfeststellungsverfahrens (s näher § 63 Rn 21). Das UVP-Recht stellt verfahrensrechtliche Anforderungen, die in den – durch VwVfG und Fachrecht ausgestalteten – Planfeststellungsverfahren iW bereits erfüllt werden. Insofern tritt das UVPG hinter diese Vorschriften als subsidiär zurück, vgl § 4 UVPG. Soweit das UVP-Recht weiterreichende Anforderungen stellt, muss das Planfeststellungsverfahren so ergänzt bzw modifiziert werden, dass diesen Anforderungen vollständig genügt ist. Ergänzend zu beachten sind daher etwa die Vorgaben der §§ 3a ff UVPG zur **Feststellung** der UVP-Pflicht, des § 6 UVPG zu den **auszulegenden Unterlagen,** die Modalitäten der **Anhörung der Öffentlichkeit** zu den Umweltauswirkungen nach § 9 Abs 1 S 1, § 9a UVPG, die über die Beteiligung der Betroffenen nach § 73 Abs 4 hinausgehen, sowie zur **grenzüberschreitenden Behördenbeteiligung** nach § 8 UVPG, wenn ein Vorhaben erhebliche Auswirkungen in einem anderen Staat haben kann oder dieser um eine solche Beteiligung ersucht.

12 **a) Feststellung der UVP-Pflicht.** Die Einwirkungen des UVP-Rechts auf das Planfeststellungsverfahren werden dadurch **ausgelöst,** dass die Behörde die

---

[16] Mit der Wendung „Die Maßgaben [nach S 1] gelten entsprechend, wenn das Verfahren landesrechtlich durch ein Verwaltungsverfahrensgesetz geregelt ist" sollen bundesrechtliche Besonderheiten gegen abweichendes Landesrecht gesichert werden.

Notwendigkeit einer UVP förmlich bejaht (Einzelheiten in § 63 Rn 31 ff). Zur Prüfung der UVP-Pflicht ist sie nach § 3a UVPG verpflichtet. Sie ergibt sich für ein konkretes Vorhaben entweder wegen der Art des Vorhabens unmittelbar aus dem Gesetz (Anlage 1 zum UVPG) oder im Einzelfall auf der Grundlage einer Vorprüfung (dem sog Screening, § 3c UVPG). Der Vorhabenträger kann um die Prüfung vor Beginn des Planfeststellungsverfahrens ersuchen; anderenfalls erfolgt sie im Scoping-Verfahren oder unmittelbar nach der Einreichung des Plans von Amts wegen (§ 3a S 1 UVPG). **Zuständig** ist, weil die Feststellung eine verbindliche Entscheidung ist, die Planfeststellungs-, nicht die Anhörungsbehörde.

b) UVP-Unterlagen und Scoping. Der Vorhabenträger hat gem § 6 UVPG 13
mit seinem Plan (dazu Rn 22) auch Unterlagen über die Umweltauswirkungen des Vorhabens einzureichen, die mit ausgelegt werden. § 5 UVPG ermöglicht die frühzeitige **Unterrichtung des Vorhabenträgers** über Inhalt und Umfang der voraussichtlich beizubringenden Unterlagen (Scoping). Sie kann auf Ersuchen des Vorhabenträgers vor Beginn des Trägerverfahrens oder nach Ermessen der Behörde später erfolgen. Der formellen Unterrichtung geht meist eine Besprechung voraus, zu der Sachverständige, betroffene Gemeinden, andere Behörden, anerkannte Umweltvereinigungen sowie sonstige Dritte hinzugezogen werden können (Näheres s § 63 Rn 40).

c) Sonstige Verfahrensanforderungen. Beachtlich sind außerdem die Vor- 14
gaben des unionsrechtlichen Habitatschutz- und sonstigen Umweltrechts insbes nach der FFH- und der Vogelschutz-Richtlinie sowie des BNatSchG für den (regelmäßig gegebenen) Fall, dass ein planfestzustellendes Vorhaben mit Eingriffen in Natur und Landschaft iSd § 14 BNatSchG verbunden ist.

2. Verhältnis zur frühen Bürgerbeteiligung. Die durch das PlVereinhG in 15
§ 25 Abs 3 als Reaktion auf „Stuttgart 21" neu eingeführte frühe Bürgerbeteiligung ist auch auf Planfeststellungsverfahren anwendbar und kann zur Optimierung eines Vorhabens und Streitverminderung in der Phase der Planerarbeitung genutzt werden. Die zuständige Behörde (§ 25 Rn 35) hat idR darauf **hinzuwirken**, dass der Träger des Vorhabens die betroffene Öffentlichkeit frühzeitig über das Vorhaben und die voraussichtlichen Auswirkungen unterrichtet. Die Bürgerbeteiligung ist nicht Teil des Verwaltungsverfahrens und lässt das Anhörungsverfahren nach § 73 grds unberührt (§ 25 Abs 3 S 6). Insb bewirkt die Durchführung der frühen Bürgerbeteiligung **keine Beschränkung des Einwendungserfordernisses nach Abs 4 S 3.** Vielmehr muss der Betroffene, auch wenn er sich bereits im Rahmen der frühen Bürgerbeteiligung gegen das Vorhaben ausgesprochen hat, diese Bedenken im Zuge der Auslegung nach Abs 4 formell als Einwendungen geltend zu machen; anderenfalls läuft er Gefahr, diese im Wege der – allerdings nur noch partiell geltenden (s Rn 87) – Präklusion nach Abs 4 S 3 zu verlieren. Das gilt auch dann, wenn der Vorhabenträger die Bedenken in der frühen Bürgerbeteiligung protokolliert und der zuständigen Behörde zugeleitet hatte. Deshalb ist es sinnvoll, frühzeitig und sowohl bei der frühen Bürgerbeteiligung als auch bei der Bekanntmachung der Auslegung darauf hinzuweisen, dass die Präklusion privater Einwender durch eine Beteiligung im Rahmen von § 25 Abs 3 nicht verhindert wird. Ein Unterlassen des Hinwirkens bleibt ebenso wie das Unterbleiben einer Bürgerbeteiligung selbst – unabhängig von § 46 – für den Planfeststellungsbeschluss ohne Folgen; denn die frühe Beteiligung ist nicht Voraussetzung für die Rechtmäßigkeit des Planfeststellungsbeschlusses.

III. Einreichen des Plans (Abs 1)

1. Notwendigkeit der Planeinreichung (S 1). a) Planaufstellungsphase. 16
Nach Abs 1 S 1 ist der Plan, dessen Feststellung begehrt wird, bei der Anhörungsbehörde einzureichen. Die Phase vor der Einreichung des Plans ist in § 73

nicht geregelt. Man kann von einer Planaufstellungs- oder **Vorantragsphase** sprechen. Sie liegt in den Händen des Vorhabenträgers und hat für die Herstellung und Zusammenstellung der Unterlagen, aber auch für die Qualität der Vorhabenplanung zentrale Bedeutung. Für sie bleibt der Vorhabenträger fortlaufend (letzt)verantwortlich. Es hat Unterlagen verfahrensbegleitend (auf seine Kosten) anpassen, wenn sich der Plan oder die Anforderungen an die Planung ändern oder die Behörde Unterlagen nachfordert. Die Vorantragsphase ist (anders als die Erstellung von BPlänen nach dem BauGB) nicht gesetzlich formalisiert. Regelungen für sie (etwa sog Screening und Scoping) finden sich für größere, (regelmäßig) UVP-pflichtige Vorhaben im UVPG (dazu § 63 Rn 32 und 40). Die Fachgesetze erlauben häufig das Betreten fremder Grundstücke zur Durchführung von Vorarbeiten.[17] Zum Umfang der einzureichenden Unterlagen s unten Rn 22.

16a **b) Planeinreichung als Antragstellung.** Wird ein Plan bei der Anhörungsbehörde eingereicht, ist dies eine **Antragstellung** iS von § 22. Antragsteller ist der Träger des Vorhabens (der Unternehmer), dh derjenige, der ein planfeststellungsbedürftiges Vorhaben beabsichtigt und deshalb für dieses einen Planfeststellungsbeschluss benötigt. Voraussetzungen einer wirksamen Antragstellung sind insb die Beteiligungsfähigkeit und Verfahrenshandlungsfähigkeit des Antragstellers gem § 11 bzw § 12 sowie die Antragsbefugnis für den Antrag (s dazu § 22 Rn 68 ff). Kann aus privatrechtlichen Gründen mit der Verwirklichung des Vorhabens nicht gerechnet werden (etwa weil der Antragsteller über nötige Grundstücke nicht verfügen kann), fehlt das verwaltungsverfahrensrechtliche Sachbescheidungsinteresse (näher Wysk ZLW 2003, 602, 609 mwN).

16b Grds muss der Antrag gestellt werden und positiv beschieden sein, **bevor mit dem Vorhaben begonnen wird.** Die Durchführung eines Planfeststellungsverfahrens ist jedoch auch dann noch möglich und uU geboten, wenn mit der Planverwirklichung begonnen wurde oder das Vorhaben sogar bereits errichtet ist.[18]

17 **c) (Antrags)Bestimmungsrecht des Vorhabenträgers. aa) Vorhaben im antragsrechtlichen Sinn.** Den konkreten Gegenstand der Planfeststellung gibt der Vorhabenträger in seinem Plan vor. Wie er das Vorhaben in allen seinen Facetten gestaltet, unterliegt grds seiner Disposition. Diesem Bestimmungsrecht sind aber **Grenzen** gezogen, die sich aus dem materiellen Planungsrecht ergeben (vgl BVerwGE 151, 213 Rn 19). Vor allem muss sich das Antragsvorhaben (Vorhaben im antragsrechtlichen Sinn) planfeststellungsbedürftig sein, dh begrifflich zu den Gegenständen gehören, die der Planfeststellungsvorbehalt umfasst (s § 72 Rn 2).

17a **bb) Rechtliche Grenzen** für die Ausgestaltung des Vorhabens ergeben sich aus den Zielen des jeweiligen Fachplanungsgesetzes und aus dem Abwägungsgebot. Sie dürfen weder durch übermäßige Aufsplitterung in Teilplanungen noch umgekehrt durch Zusammenfassung mehrerer Planungen beeinträchtigt werden. Wird eine zusammenhängende Maßnahme **in Abschnitte geteilt,** was unvermeidlich sein kann, verbietet das Abwägungsgebot, die Teilplanung so weit zu verselbstständigen, dass Probleme, die durch die Gesamtplanung geschaffen werden, unbewältigt bleiben (BVerwGE 104, 236, 243). Umgekehrt darf der Vorhabenträger zwei oder mehr unabhängige Maßnahmen **nicht zu einem Vorhaben zusammenfassen** und damit verhindern, dass die Planfeststellungsbehörde

---

[17] S zu den Vorarbeiten und den insoweit bestehenden Rechten Ziekow Fachplanung § 2 Rn 99 ff. Im AEG, EnWG, FStrG, WaStrG und MBPlG sind durch das IPBeschlG weitgehende Betretensrechte eingeführt worden.

[18] BVerwG DVBl 1982, 360; Buchh 407.4 § 17 FStrG Nr 130: dass die Planfeststellung erst nachträglich erfolgt, führt allein nicht zu ihrer Rechtswidrigkeit. Die Behörde muss aber darauf achten, dass sich infolge der Existenz des Vorhabens die Maßstäbe ihrer Prüfung nicht zu dessen Gunsten verschieben.

über die Zulässigkeit jedes der Vorhaben nach Maßgabe der dafür geltenden rechtlichen Vorgaben im Rahmen einer gesonderten fachplanerischen Abwägung der für und gegen das einzelne Vorhaben sprechenden Belange entscheidet (BVerwG DVBl 2016, 1465 Rn 35).

cc) Reaktionsmöglichkeiten der Behörde. Hält sich der Plan nicht innerhalb der Grenzen des Antragsbestimmungsrechts, hat die Planfeststellungsbehörde **mehrere Möglichkeiten** zu reagieren. In jedem Fall hat sie auf den Mangel hinzuweisen. Dabei kann sie Gelegenheit zur Beseitigung eines Mangels geben, ggf zur (teilweisen) Rücknahme des Antrags auffordern. Im Rahmen ihrer planerischen Gestaltungsfreiheit, deren Umfang idZ freilich nicht völlig geklärt ist, kann sie das Vorhaben abweichend vom Antrag planfeststellen. Verweigert der Vorhabenträger grundlegende Änderungen, kann sie die Planfeststellung ablehnen. 17b

2. Anhörungsverfahren und Anhörungsbehörde. a) Das Anhörungsverfahren. Der Träger des Vorhabens hat nach Abs 1 „den Plan der Anhörungsbehörde zur Durchführung des Anhörungsverfahrens einzureichen". Das Anhörungsverfahren ist **kein selbstständiges Verwaltungsverfahren,** sondern unselbstständiger Teil des Verfahrens vor der Planfeststellungsbehörde. Gleichwohl erfolgt das Anhörungsverfahren nach der Regelvorstellung des VwVfG nicht vor dieser, sondern vor einer von dieser getrennten,[19] durch Gesetz oder Rechtsverordnung generell bestimmten anderen Behörde, ggf auch der Behörde eines anderen Rechtsträgers.[20] Die Anhörungsbehörde bereitet die Entscheidung der Planfeststellungsbehörde selbstständig vor, wirkt aber nicht an ihr mit. Sie nimmt ihre Aufgaben in eigener Zuständigkeit wahr und nicht etwa im Wege der Amtshilfe oder als Hilfsorgan (BVerwG NVwZ 2000, 673). Die Anhörungsbehörde hat die Vollständigkeit der Unterlagen zu prüfen und dann das weitere Verfahren nach Abs 2–9 einzuleiten bzw anzuordnen. 18

b) Identität mit der Planfeststellungsbehörde. Das VwVfG geht davon aus, dass Anhörungsbehörde und Planfeststellungsbehörde im Regelfall verschieden sind. Anhörungsbehörde und Planfeststellungsbehörde **können aber auch identisch sein,** wenn das im konkreten Fall anwendbare Gesetz oder eine sonstige Rechtsvorschrift die Zuständigkeit entsprechend regelt (zB § 14 Abs 1 S 4 WaStrG; § 57a Abs 1 S 2 BBergG). Nach der Rspr bestehen hiergegen keine Bedenken, weil die Begriffe in einem funktionalen Sinn verwendet werden und kein Verbot der Zusammenführung beider Funktionen enthalten.[21] Dies hat den Vorteil, dass im Rahmen der Erörterung bereits über konkrete Möglichkeiten einer Berücksichtigung von Belangen gesprochen werden kann, während die Anhörungsbehörde hierzu im Grundsatz keinerlei bindende Aussagen treffen kann (so auch Kupfer/Wurster Vw 2007, 75, 83). In Betracht kommt deshalb die Beteiligung von Vertretern der Planfeststellungsbehörde am Erörterungstermin (Ziekow 3). Ist eine Trennung von Anhörungs- und Planfeststellungsbehörde nicht vorgesehen, sollte eine Trennung aber behördenintern durch Betrauung unterschiedlicher Abteilungen vorgenommen werden. 19

c) Die Bestimmung der Anhörungsbehörde. Welche Behörde zuständig ist, ergibt sich aus den für das durchzuführende Planfeststellungsverfahren gelten- 20

[19] Zur rechtspolitischen Bedeutung der Trennung Kopf/Schönefelder/Richter BayVBl 1979, 393.

[20] ZB einer Landesbehörde, wenn Planfeststellungsbehörde eine Bundesbehörde ist, vgl Begr 87; BVerwG DVBl 1987, 1269.

[21] Vgl BVerwGE 141, 171 (BAB A 281, Bremen, Wesertunnel); BVerwG DÖV 1987, 870; VGH Mannheim NVwZ 1988, 842; Obermayer 10 unter Hinweis auf BT-Dr 6/1173 S 71; 7/910 S 87; StBS 4; vgl auch BVerfG 58, 344: keine verfassungsrechtlichen Bedenken; allg auch Wahl NVwZ 1990, 432; UL § 40 Rn 5; Knack/Henneke 13; **aA** zur Zulässigkeit Kopf/Schönefelder/Richter BayVBl 1979, 393.

den besonderen Rechtsvorschriften, für die vor Landesbehörden durchzuführenden Planfeststellungs- und Anhörungsverfahren aus dem **Landesrecht.**[22] § 73 enthält keine Ermächtigung zum Erlass einer Zuständigkeitsregelung durch (Bundes)Rechtsverordnung. Dann aber liegt die Zuständigkeit zur Einrichtung der Behörden und zur Regelung des Verwaltungsverfahrens nach Art 83 ff GG bei den Ländern. **Umstritten** ist, ob die Anhörungsbehörde (ebenso wie die Planfeststellungsbehörde) **nur durch Gesetz bzw Rechtsverordnung** bestimmt werden kann oder ob eine Verwaltungsvorschrift ausreicht.[23] Da der Anhörungsbehörde keine Entscheidungskompetenzen zukommen, dürfte eine gesetzliche Ermächtigung **nicht erforderlich** sein. Entsprechendes gilt für die Übertragung bestimmter Aufgaben im Anhörungsverfahren auf die Gemeinden, zB in Abs 3 S 1 hins der Auslegung des Plans zur Einsichtnahme und in Abs 5 S 1 hins der ortsüblichen Bekanntmachung der Auslegung des Plans bzw für die Weiterübertragung dieser Aufgaben durch VOen der Landesregierungen auf andere Rechtsträger aufgrund der Ermächtigung in § 94.[24]

21 **d) Trennung vom Vorhabenträger.** Dem gesetzlichen Leitbild entspricht die Trennung der Aufgabenbereiche des Vorhabenträgers einerseits von denen der Anhörungs- und Planfeststellungsbehörde andererseits. Sie dient bei hoheitlichen Planungen der verfahrensrechtlichen Sicherung der für eine sachgerechte Abwägung notwendigen **Distanz und Neutralität** innerhalb der öffentlichen Verwaltung. Das schließt fachaufsichtliche Weisungen der mit den Aufgaben des Vorhabenträgers betrauten Behörde oder Dienststelle gegenüber der als Planfeststellungsbehörde bestimmten Behörde oder Dienststelle aus, die den durch Gestaltungsfreiheit geprägten Kernbereich planerischer Abwägung betreffen (BVerwGE 141, 171 Rn 20, 22 mwN).

21a **Umstritten** ist, ob eine Behörde zur Anhörungsbehörde und/oder Planfeststellungsbehörde bestimmt werden darf, von der auch der Antrag auf Planfeststellung gestellt wurde. Da die Regelungen über den Ausschluss von Personen (§§ 20, 21) nicht anwendbar sind (s § 20 Rn 7 ff), wird der Fall nach dem **Grundsatz fairer Verfahrensgestaltung** beurteilt.[25] Das BVerwG sieht diesen Grundsatz noch als gewahrt an, wenn innerhalb der Behörde Vorkehrungen zur unparteilichen Wahrnehmung der Aufgaben von Anhörungs- und Planfeststellungsbehörde getroffen worden sind.[26] Diese Position ist nicht überzeugend.[27] Hier ist vielmehr bereits von einem **Fall institutioneller Befangenheit** auszugehen (vgl § 20 Rn 9). Unzulässig ist eine derartige Verfahrensgestaltung nicht nur dann, wenn damit letztlich dieselben Personen über Planung und Planfeststellung entscheiden, sondern auch dann, wenn Anhörungsbehörde und/oder Planfeststellungsbehörde am Verfahren nicht nur als Sachwalter des Allgemeininteresses, wenn auch primär unter den Gesichtspunkten eines bestimmten Verwaltungsbereichs, teilnehmen, sondern zugleich als Organ eines Aufgabenträgers, der auch partikuläre eigene, privaten Interessen vergleichbare wirtschaftliche Interessen,

---

22 Zur Zuständigkeit etwa im Luftrecht vgl Grabherr/Reidt/Wysk, LuftVG, § 10 Rn 6.

23 So die hM, vgl. BVerwGE 120, 87, 99 (auch generell für zur Reichweite des Gesetzesvorbehalts für Zuständigkeitsregelungen); BVerwG NVwZ 2002, 1103; 1987, 1267; Kupfer/Wurster Vw 2007, 75, 83; Ziekow 4; Knack/Henneke 13; zT **aA** Obermayer DVBl 1987, 880.

24 Vgl dazu auch Korber/Braese BayVBl 1983, 393.

25 Überzeugend OVG Lüneburg, Urt v 21.3.2013, 7 LB 56/11, juris, allerdings für den Sonderfall der speziellen Regelung in § 42 Abs 4 NAbfG.

26 BVerwGE 141, 171 (Bremen Wesertunnel); BVerwGE 133, 239; BVerwG NVwZ 2013, BVerwG NVwZ 1987, 886; NVwZ 1988, 532, 533: Eine Trennung ist weder durch das Rechtsstaatsprinzip noch durch den Grundsatz eines fairen Verfahrens rechtlich geboten, „wenn es auch rechtspolitisch befriedigender sein mag, daß die zur Planfeststellung ermächtigte Behörde mit dem Vorhabensträger nicht identisch ist".

27 Ebenso Wahl NVwZ 1990, 432; vgl auch Kopf/Schönfelder/Richter BayVBl 1979, 393: **aA** wohl Rubel DVBl 2013, 469.

insb Interessen der Gewinnerzielung oder sonstige Interessen an und in der Sache hat oder haben kann, uU kraft gesetzl Bestimmung sogar haben muss.[28]

3. Einzureichende Unterlagen (Abs 1 S 2). Die Regelung umreißt im Grunde nur grob, was unter einem **Plan** iS der Vorschrift zu verstehen ist. Nach dem Zweck des Plans, Grundlage für die mit umfassenden Rechtswirkungen (§ 75) ausgestattete behördliche Entscheidung zu sein, muss der Inhalt der „Zeichnungen und Erläuterungen" **drei Bereiche** abdecken: das Vorhaben selbst, seinen (rechtfertigenden) Anlass und seine (zu bewältigenden) Auswirkungen „auf die von dem Vorhaben betroffenen Grundstücke und Anlagen". Betrifft der Plan, wie im Normalfall, ein UVP-pflichtiges Vorhaben, verlangt **§ 6 UVPG** präzisierend bzw ergänzend die Darstellung der **Umweltauswirkungen** des Vorhabens (s unten Rn 26). 22

a) Das Vorhaben. Was zur Darstellung des Vorhabens konkret nötig ist, ergibt sich aus dem jeweiligen Fachplanungsrecht, das aber selten (wie etwa §§ 40, 51, 56 LuftVZO) Einzelheiten regelt. Dann ist maßgeblich, was nach der Art des Vorhabens an Detailplänen nötig ist, um es ingenieurmäßig realisieren zu können. Für **Eisenbahnstrecken,**[29] **Straßen**[30] und **Flugplätze**[31] usw bestehen teils gesetzliche Vorgaben, teils technische Regelwerke. Zu Schienenwegen und Straßen gehören nicht nur die Fahrwege, sondern insb auch Lärmschutzanlagen (BVerwG NVwZ 2015, 79 unter Hinweis auf § 1 Abs 4 Nr 1 FStrG). Zeichnerisch darzustellen sind auch die durch das Vorhaben ausgelösten notwendigen **Folgemaßnahmen** (s § 74 Rn 36). Für einzelne Fachplanungsgesetze sind **Planfeststellungsrichtlinien** herausgegeben worden, in denen konkretisiert wird, welche Unterlagen von einem Vorhabenträger erwartet werden.[32] 22a

Zu den Planzeichnungen gehören grafische oder andere geeignete Darstellungen der **Auswirkungen des Vorhabens**. Sie müssen über alle durch das Vorhaben berührten öffentlichen und privaten Belange und subjektiv-öffentlichen Rechte Aufschluss geben, wie Bereiche, in denen mit Lärm und Erschütterungen zu rechnen ist, und die dadurch **betroffenen Grundstücke und Anlagen** hinreichend kenntlich machen.[33] Betroffen sind Grundstücke, die von dem Vorhaben ganz oder teilweise in Anspruch genommen werden müssen, und die Nachbargrundstücke, für die sich Auswirkungen des Vorhabens ergeben bzw ergeben können. Sie sind in einem genauen Lageplan unter Angabe der Flurnummern usw darzustellen.[34] Verwendete Planzeichen müssen erläutert werden, sonst ist die Anstoßfunktion gefährdet (BVerwG NVwZ 2006, 1170). 22b

---

[28] Zweifelnd auch Kühling DVBl 1989, 227; Wahl NVwZ 1990, 432; **aA** BVerwGE 133, 239; BVerwG NVwZ 1988, 533; NVwZ 1987, 886.

[29] Was zum Schienenweg gehört beschreibt § 18 S 1 AEG mit „Betriebsanlagen einer Eisenbahn einschließlich der Bahnfernstromleitungen". Die Begriffe sind trassenbezogen, nicht funktionsbezogen zu definieren, vgl BVerwG NVwZ 2005, 591. Bei der Beschreibung der Bahnanlagen kann auf die EBO zurückgegriffen werden.

[30] Zu den das Vorhaben kennzeichnenden Anlagen von Fernstraßen vgl § 1 Abs 4 FStrG, BVerwGE 149, 31 Rn 18; zu Parkplätzen und PWC-Anlagen an Bundesfernstraßen BVerwG NVwZ 2015, 1218.

[31] Die Beschaffenheit von Flugplätzen ergibt sich aus dem Anhang 14 („Aerodromes") zum Chicagoer Abkommen (dazu Ziekow, Fachplanungsrecht § 15). Die einzureichenden Unterlagen sind in der LuftVZO beschrieben.

[32] Vgl etwa die PlafeR 15 – Planfeststellungsrichtlinien 2015 des BMVI für die Planfeststellung nach dem FStrG, VkBl Nr B 5001 und die PF-RL des EBA (Stand 03/2017).

[33] Vgl BVerwGE 71, 150: rechtswidrig, wenn der Informationszweck iS einer Anstoßwirkung (dazu Rn 45 ff) nicht ausreichend erfüllt wird; vgl auch BVerwG Buchh 407.4 § 17 FStrG Nr 19; 407 § 18 FStrG Nr 7.

[34] BVerwG NVwZ 1989, 252: für den Maßstab kommt es allein auf die hinreichende Erkennbarkeit an; BVerwG UPR 1990, 220; zum Bauwerksverzeichnis BVerwG DVBl 1997, 856.

22c Außerdem ist ein **Erläuterungsbericht** vorzulegen, der den Anlass des Vorhabens, den Ist- und Sollzustand und die Auswirkungen verständlich verbal beschreibt (StBS 18; Knack/Henneke 17). Er muss auch über alle durch die Planfeststellung gem § 75 Abs 1 ersetzten Erlaubnisse, Verleihungen, Genehmigungen usw sowie über alle für die Beurteilung des Vorhabens sonst wesentlichen Gesichtspunkte tatsächlicher Art Aufschluss geben. Die Erläuterungen werden iaR ergänzt durch die eingeholten Gutachten.

23 **b) Vollständigkeit.** Notwendig ist die **Darlegung aller wesentlichen Aspekte des Vorhabens,** insb der baulichen und technischen Erfordernisse sowie seiner Auswirkungen auf die Umgebung (insb durch Lärm und sonstige Immissionen), den Verkehr, die Umwelt, das Klima usw. Die Angaben müssen der Behörde erlauben, sich ein verständiges und umfassendes Urteil über die zu erwartenden oder möglichen Veränderungen zu bilden, insb über Art und Ausmaß der Betroffenheiten und der zu erwartenden Nachteile, Gefahren oder Belästigungen (StBS 18; Knack/Henneke 18). Diese Kenntnis ist unabdingbare Voraussetzung für die Beurteilung, ob die ihr aufgetragene umfassende Problembewältigung sichergestellt ist. Das VwVfG enthält keine Regelungen darüber, auf welchem Wege der Träger des Vorhabens die nötigen Informationen zur Erstellung der Unterlagen erlangen kann. Etwaige Pflichten Dritter zur Duldung von Messungen und Untersuchungen auf ihren Grundstücken (sog Vorarbeiten) enthält nur das jeweilige Fachrecht (vgl etwa § 7 LuftVG).

24 **c) Anstoßfunktion.** Die eingereichten Unterlagen müssen so beschaffen sein, dass die nach Abs 3a zu **beteiligenden Behörden** unter den von ihnen zu wahrenden Aspekten sachgemäß Stellung nehmen können. Schließlich muss im Hinblick auf die Ausschluss- und Duldungswirkung der Planfeststellung (s hierzu § 75 Rn 27) **jeder Interessierte** durch Einsichtnahme in die gem Abs 3 ausgelegten Pläne zuverlässig beurteilen können, ob und inwieweit seine Belange durch das Vorhaben möglicherweise berührt werden, insb mit welchen Gefährdungen und sonstigen Nachteilen er rechnen muss und ob es geboten sein kann, zur Wahrung seiner Rechte Einwendungen zu erheben.[35] Diese sog Anstoßwirkung entfalten Unterlagen, die ohne spezielle Vorbildung nachvollziehbar und klar sind. Erfolgt die Planfeststellung für ein Vorhaben abschnittsweise, wie dies für die Verkehrswegeplanung typisch ist (s § 72 Rn 30), muss aus den Planunterlagen auch hervorgehen, ob und inwieweit die Planfeststellung für einen bestimmten Abschnitt **Zwangspunkte für spätere Planungsabschnitte** setzt.[36]

25 **d) Begrenzung durch Geheimhaltungsinteressen.** Die Verpflichtung zur Offenlegung wird begrenzt durch berechtigte Interessen an der Geheimhaltung von **höchstpersönlichen Daten, Geschäfts- und Betriebsgeheimnissen** usw. Allerdings darf dadurch das Informationsinteresse der Betroffenen nicht mehr als unbedingt notwendig eingeschränkt werden. Dem ist etwa durch Anonymisierung oder durch Unkenntlichmachung der geheim zu haltenden Teile der Unterlagen Rechnung zu tragen. So dürfen zB aus Gründen des Datenschutzes bei der Bezeichnung der betroffenen Grundstücke jedenfalls in den ausgelegten Plänen und dann auch im Planfeststellungsbeschluss die Eigentümer nicht namentlich, sondern nur in anonymisierter Form nach der Flurbezeichnung der Grundstücke uä genannt werden.[37]

26 **e) Unterlagen zu den Umweltauswirkungen. aa) Umweltverträglichkeitsprüfung.** Bei Vorhaben, mit denen Auswirkungen auf die Umwelt verbun-

---

[35] BVerwGE 112, 140, 144; 98, 339, 344; 75, 214, 224; BVerwG NVwZ 1989, 252. Zu den Auswirkungen nicht erläuterter Planzeichen BVerwG NVwZ 2006, 1170.

[36] Vgl BVerwGE 104, 144; 100, 340 = NVwZ 1996, 1016; BVerwG NVwZ 2001, 800.

[37] BVerfGE 77, 121, 125; BVerwG DVBl 1990, 1041; VG München NJW 1981, 475 mit krit Anm Geiger NJW 1981, 1495; **aA** VGH Mannheim VBlBW 1990, 58.

den sind oder sein können, hat der Vorhabenträger **nach § 6 UVPG** Unterlagen zu den Umweltauswirkungen vorzulegen. Eine bestimmte Form der Unterlagen ist nicht vorgeschrieben.[38] Oft werden sich die Informationen bereits aus den ohnehin einzureichenden Planunterlagen ergeben. In jedem Fall müssen im Antrag mindestens die in § 6 Abs 3 UVPG aufgezählten Angaben enthalten sein, uU auch die in § 6 Abs 4 UVPG genannten Angaben. Eine in sich abgeschlossene **Umweltverträglichkeitsstudie** ist zwar sinnvoll und in der Praxis der Regelfall, kann aber nicht verlangt werden (s dazu § 63 Rn 49). Nach der Novellierung gehört zu den obligatorischen Unterlagen iSd § 6 Abs 3 UVPG auch eine Übersicht über die geprüften anderweitigen Lösungsmöglichkeiten. Umstritten ist, inwieweit damit eine Pflicht zur **Prüfung von Alternativen** statuiert wird.[39] Soweit aber Alternativen (wie Trassenvarianten) untersucht worden sind, sind nach § 6 Abs 3 S 1 Nr 5 UVPG diese Prüfung und die maßgeblichen Auswahlgründe darzustellen (BVerwGE 154, 73 Rn 24). Die Ergebnisse der Umweltverträglichkeitsprüfung sind nach § 11 UVPG in einer **zusammenfassenden Darstellung** zu dokumentieren.[40]

bb) Naturschutzrechtliche Eingriffsregelung. Der Antragsteller muss idR nach § 17 Abs 4 BNatSchG einen **landschaftspflegerischen Begleitplan** vorlegen.[41] Ob **Gutachten** vorgelegt werden müssen, richtet sich danach, ob ihre Kenntnis der Feststellung des Kreises der Betroffenen dient (BVerwGE 98, 339, 344). Gutachten, die lediglich der späteren Bewertung der Rechtmäßigkeit dienen, müssen nicht vorgelegt werden; ebenso grds auch nicht Pläne usw hins etwaiger Folgemaßnahmen, die nicht vom Unternehmer durchzuführen wären und deren Erforderlichkeit erst im Verfahren zu klären sein wird; anders uU hins der zu erwartenden Auswirkungen eines untrennbar notwendigen Folgevorhabens (BVerwGE 57, 301; Obermayer 21). 27

4. Unvollständigkeit der Unterlagen. a) Prüfung, Nachforderung. Die Anhörungsbehörde hat die vom Vorhabenträger eingereichten Unterlagen auf Vollständigkeit zu prüfen (BVerwG NVwZ 2000, 673). Genügen die eingereichten Unterlagen den Anforderungen nicht, so muss die Anhörungsbehörde, bevor sie weiteres veranlasst, dem Antragsteller die Vervollständigung der Unterlagen aufgeben (ebenso Obermayer 23; StBS 28), ggf **unter Setzung einer Frist** (ebenso Knack/Henneke 21), die verlängert werden kann (§ 31 Abs 7). In gewissem Umfang kann dem Antragsteller aber – nach § 74 Abs 3 selbst noch im Planfeststellungsbeschluss – die Nachreichung von Unterlagen gestattet werden. Das ist nach dem Zweck der Regelung jedoch nur dann zulässig, wenn die eingereichten Pläne usw jedenfalls bereits alle wesentlichen Gesichtspunkte enthalten, deren Kenntnis im weiteren Verfahren für die Prüfung und Erörterung des Vorhabens in tatsächlicher und rechtlicher Hinsicht erforderlich ist. 28

b) Verfahren bei Unvollständigkeit. Bleibt der Antrag trotz Nachforderung von substantiell erforderlichen Unterlagen in wesentlicher Hinsicht unvollständig, so darf ein Auslegungs- und Anhörungs- und Erörterungsverfahren nach Abs 3–6 nicht durchgeführt werden. Die Anhörungsbehörde hat den Antrag vielmehr samt Unterlagen mit einer Stellungnahme entspr Abs 9 unmittelbar der Planfeststellungsbehörde zur Entscheidung zuzuleiten.[42] Findet das Anhörungsverfahren 29

---

[38] BVerwG NVwZ 2007, 84; NVwZ 1999, 528.

[39] Verneinend noch BVerwG NVwZ 2008, 789; NVwZ 1997, 494; NVwZ 1996, 396; Steinberg/Wickel/Müller § 2 Rn 63. Jedenfalls folgt eine Pflicht zur Alternativenprüfung den planerischen Grundsätzen des Abwägungsgebotes, auch dann, wenn man sie dem UVP-Recht nicht entnehmen will.

[40] S hierzu BVerwG NVwZ 1998, 508.

[41] Vgl Knack/Henneke 19; Kuschnerus DVBl 1986, 75.

[42] StBS 28; Knack/Henneke 21; Obermayer 23; Ziekow 12; Erichsen/Ehlers § 14 Rn 5; **aA** MB 12; UL § 40 Rn 9.

gleichwohl – mit unvollständigen Unterlagen – statt, so liegt ein Verfahrensfehler vor. Stellt sich die Unvollständigkeit oder Unrichtigkeit erst später nach der Auslegung heraus oder wird die Erörterung zum Anlass genommen, die Unterlagen nachträglich zu ergänzen oder zu verändern, so muss das Beteiligungsverfahren uU wiederholt werden (s näher Rn 135 ff).

30 **c) Ablehnung der Planfeststellung. Umstritten** ist, ob die Anhörungsbehörde berechtigt ist, den Antrag wegen nicht innerhalb einer gesetzten Frist behobener Unvollständigkeit der Unterlagen abzulehnen. Da die Anhörungsbehörde, sofern gesetzlich nichts anderes bestimmt ist, nur für die Durchführung des Anhörungsverfahrens gem § 73 zuständig ist, würde ihr für die Entscheidung schon in der Sache die Zuständigkeit und Befugnis fehlen. Zuständig ist insoweit **allein die Planfeststellungsbehörde.**[43] Die Ablehnung des Antrags wegen fehlender Unterlagen usw oder aus sonstigen formellen Gründen erfolgt gem § 74 Abs 1 S 2 iVm § 69. Sie setzt kein förmliches Verfahren voraus (OVG Münster NVwZ 1986, 231). Rechtsschutz kann der Antragsteller unmittelbar mit der verwaltungsgerichtlichen Klage (§ 70) erreichen. Die Ablehnung des Antrags aus formellen Gründen steht einer erneuten Antragstellung nach Behebung der Mängel des ursprünglichen Antrags bzw der Planunterlagen nicht entgegen.

IV. Einholung der Stellungnahmen anderer Behörden (Abs 2 und 3a)

31 **1. Behördenbeteiligung und Veranlassung der Auslegung (Abs 2).** In Abs 2 sind die Pflichten der Anhörungsbehörde nach Eingang des vollständigen Plans geregelt. Das notwendige Vorgehen ist untergliedert in zwei parallele Verfahrensstränge, die **Behördenbeteiligung** nach Abs 3a und die **Betroffenenbeteiligung** nach Abs 4. Beide Verfahrensteile muss die Anhörungsbehörde nach Eingang der Unterlagen einleiten. Sie muss also die Behörden, deren Aufgabenbereich berührt wird, direkt anschreiben und zur Stellungnahme auffordern, und parallel dazu veranlassen, dass der Plan in den Gemeinden ausgelegt wird, in denen sich das Vorhaben voraussichtlich auswirken wird. Zu den Betroffenen zählen nach der Änderung des Abs 4 nunmehr ausdrücklich auch die anerkannten **Naturschutzvereinigungen.**

32 **Innerhalb eines Monats** nach Eingang des Plans mit den vollständigen Unterlagen hat die Anhörungsbehörde nach Abs 2 die zu beteiligenden **Behörden zur Stellungnahme** innerhalb einer angemessenen Frist, die 3 Monate nicht überschreiten darf (Abs 3a S 1), aufzufordern und außerdem innerhalb dieses Monats zu veranlassen, dass der Plan in den Gemeinden, in denen sich das Vorhaben auswirkt, **zur Einsichtnahme ausgelegt** wird. Nach der Übernahme des § 73 Abs 3 S 1 Halbs 1 aF in die neue Fassung des Abs 2 findet die Monatsfrist nicht nur in Bezug auf die Verpflichtung der Anhörungsbehörde zur Einholung von Stellungnahmen der Behörden nach Abs 2 Anwendung, sondern auch in Hinblick auf die Veranlassung zur Auslegung des Plans in den Gemeinden nach Abs 3. Eine Überschreitung der Monatsfrist hat allerdings keinen Einfluss auf die Rechtmäßigkeit des Verfahrens und wirkt sich deshalb auch auf den Planfeststellungsbeschluss nicht aus (FKS 33). Denkbar wäre lediglich eine Haftung der Anhörungsbehörde für einen etwaigen Verzögerungsschaden beim Träger des Vorhabens.

33 **2. Behördenbeteiligungsverfahren. a) Umfang der Versendung.** Den nach Abs 2 zu beteiligenden Behörden sind, sofern es sich – wie regelmäßig – um UVP-pflichtige Vorhaben handelt, gem § 7 UVPG die in § 6 UVPG aufge-

---

[43] VGH München NVwZ 1996, 284; StBS 28; Obermayer 23; Knack/Henneke 21; **aA** UL § 40 Rn 9; MB 12.

führten Unterlagen zu übermitteln. **Umstritten** ist, ob allen beteiligten Behörden und sonstigen Trägern öffentlicher Belange darüber hinaus die vollständigen Unterlagen übersandt werden müssen (so Obermayer 32), oder ob es ausreicht, wenn nur die den jeweiligen Aufgabenbereich der Behörde betreffenden Unterlagen übersandt werden.[44] Das Problem hat sich wegen der Möglichkeit, die Unterlagen im Internet zur Verfügung zu stellen, weitgehend erledigt. Es wird zu verlangen sein, dass die Unterlagen den zu beteiligenden Trägern öffentlicher Interessen jedenfalls so vollständig übersandt werden, dass sich jeder Träger ein sachgerechtes Bild über Bedeutung und Funktion des Vorhabens machen kann. Eine reine **Segmentbeteiligung erlaubt keine sachgerechte Stellungnahme.**[45] Das bedeutet nicht, dass Detailinformationen aus anderen Aufgabenbereichen gegeben werden müssten.

b) Kreis der zu beteiligenden Behörden. Welchen Trägern öffentlicher 34
Belange Gelegenheit zur Stellungnahme zu geben ist, ergibt sich aus dem anzuwendenden materiellem Recht je nach Art des Vorhabens und den möglichen Auswirkungen einer Planfeststellung (vgl Knack/Henneke 24). Dazu zählen sämtliche Behörden, deren Genehmigung, Zustimmung, Erlaubnis oder Einverständnis im Falle der Planfeststellung materiellrechtlich erforderlich wäre und aufgrund der Konzentrationswirkung der Planfeststellung ersetzt wird (StBS 33), darüber hinaus aber auch alle Behörden, die nach dem materiellen Recht zu beteiligen wären, indem vorgesehen ist, dass eine Stellungnahme einzuholen ist oder ein Benehmen hergestellt werden muss usw. Bei der Beurteilung, ob der Aufgabenkreis einer Behörde berührt ist, ist ein **großzügiger Maßstab** anzuwenden.[46]

aa) Planungsrechtlicher Behördenbegriff. In Planfeststellungsverfahren von 35
Landesbehörden, die Aufgabenbereiche des Bundes berühren, sind die dafür zuständigen **Bundesbehörden** zu beteiligen, in Planfeststellungsverfahren von Bundesbehörden auch die dafür zuständigen Landesbehörden. Soweit subjektive private Rechte der **Gemeinde** betroffen sind (zB Eigentum), wird sie wie andere private Betroffene behandelt. Ist ihre **Planungshoheit** betroffen, ist **umstritten,** ob die dafür zuständige Gemeindebehörde als Behörde zu beteiligen ist oder ob die Gemeinde nur als Betroffene zu behandeln ist. Das BVerwG hatte früher eine Beteiligungspflicht angenommen,[47] geht neuerdings aber davon aus, dass sie auch ihre Planungsbelange nur als Betroffene wahrnehmen kann.[48]

bb) Betroffener Aufgabenbereich. Unter Aufgabenbereich iS von Abs 2 ist 36
nur der öffentlich-rechtliche Aufgabenbereich zu verstehen. Nicht zu beteiligen sind Behörden, deren Rechtsträger lediglich über privatrechtliche Eigentums- oder sonstige Rechtspositionen verfügen, die vom Vorhaben betroffen werden könnten. Insoweit besteht nur die Möglichkeit, Einwendungen nach Abs 4 zu erheben.[49] Das gilt auch für sonstige Privatrechtsubjekte, die öffentliche Aufgaben der Daseinsvorsorge wahrnehmen, aber nicht beliehen sind (StBS 36). Soweit nach § 8 UVPG eine **grenzüberschreitende Behördenbeteiligung** erforderlich ist, weil entweder das Vorhaben erhebliche Auswirkungen auf die

---

[44] So BVerwG NVwZ-RR 1997, 212; Knack/Henneke 27; wohl auch FKS 34 sowie die überwiegende Praxis, vgl Ziekow/Siegel 58.

[45] Ähnlich Ziekow/Siegel 59.

[46] UL § 40 Rn 13; Knack/Henneke 26; ähnlich Obermayer 29 f; **aA** Ziekow Fachplanung § 2 Rn 191 ff: enger Maßstab im Hinblick auf die drohende Präklusion.

[47] BVerwGE 52, 244; 56, 135; 74, 133 = NJW 1986, 2447; BVerwG NJW 1987, 2097.

[48] BVerwGE 123, 152, 154; kritisch hierzu zu Recht StBS 35; Knack/Henneke 25 mit dem zutreffenden Hinweis darauf, dass es insoweit um Aufgaben der öffentlichen Verwaltung geht.

[49] BVerwGE 31, 263; BayVerfGH VRspr 22, 709; VGH München NJW 1980, 723 = DVBl 1979, 673; Knack/Henneke 26.

Schutzgüter eines anderen Staates haben kann oder dieser darum ersucht, liegt keine Behördenbeteiligung iS des Abs 3a vor. Insb unterliegen die Behörden des ausländischen Staates nicht der Präklusion.

37 **3. Stellungnahmepflicht der Behörden (Abs 3a). a) Stellungnahmefrist.** Der durch das GenBeschlG eingefügte Abs 3a S 1 verpflichtet die beteiligten Behörden zur Abgabe ihrer Stellungnahme innerhalb einer von der Anhörungsbehörde zu setzenden Frist. Die Aufforderung muss innerhalb eines Monats nach Einreichung des Plans erfolgen und den angeschriebenen Behörden eine Frist für die Stellungnahme vorgeben, die drei Monate nicht überschreiten darf. Die Länge der Frist muss sich an der jeweiligen Komplexität des zu beurteilenden Sachverhalts orientieren. **Umstritten,** richtigerweise aber zu bejahen ist, dass eine **Verlängerungsmöglichkeit** besteht.[50] Behörden sind nach Abs 3a grds verpflichtet, innerhalb der gesetzten Frist ihre Stellungnahme abzugeben. Eine Überschreitung der Frist löst die Folgen des Abs 3a S 2 aus (unten Rn 39). Art und Umfang der Stellungnahme stehen im Ermessen der jeweiligen Behörde.

38 **b) Art, Umfang, Bindungswirkung der Stellungnahmen.** Die Verpflichtung der Träger zur Abgabe einer Stellungnahme folgt aus der ihnen fachrechtlich übertragenen Aufgabe zur Wahrnehmung öffentlicher Belange. Nicht geregelt ist in Abs 3 die Frage, welche Bedeutung den von den Behörden abgegebenen Stellungnahmen für das Verfahren zukommt, insb auch, ob sie die Planfeststellungsbehörde binden oder nur die Bedeutung von unverbindlichen Meinungsäußerungen haben. Insoweit kommt es ebenfalls auf das anzuwendende materielle Recht außerhalb des VwVfG an (StBS 38; UL § 40 Rn 13). Wenn gesetzlich nichts anderes bestimmt ist, sind die Stellungnahmen der in ihrem Aufgabenbereich betroffenen Behörden als Sachverständigengutachten bzw **sachverständige Stellungnahmen** Teil des von der Anhörungsbehörde nach § 73 bzw der Planfeststellungsbehörde nach § 74 bei ihrer Entscheidung zu berücksichtigenden Sachverhalts. Sie sind **für die Planfeststellung nicht bindend,** auch soweit es sich um Stellungnahmen solcher Behörden handelt, die aufgrund der Konzentrationswirkung der Planfeststellung ihre Entscheidungsbefugnis verloren haben. Sie entbinden weder die Anhörungsbehörde noch die Planfeststellungsbehörde von einer eigenverantwortlichen Feststellung und Beurteilung des Sachverhalts.[51] Art und Umfang ihrer Stellungnahmen stehen idR im Ermessen der zu beteiligenden Behörden (Ziekow/Siegel 60 ff).

39 **4. Verspätete Stellungnahmen (Abs 3a S 2). a) Bisherige Regelung.** Stellungnahmen von zu beteiligenden Behörden, die nach dem Erörterungstermin eingehen, sollten nach Abs 3 S 2 aF nicht mehr berücksichtigt werden, es sei denn, die darin vorgebrachten Belange waren der Planfeststellungsbehörde bekannt, hätten ihr bekannt sein müssen oder sind für die Rechtmäßigkeit des Plans von Bedeutung. Diese rechtspolitisch verfehlte und im Hinblick auf den Grundsatz der Gesetzmäßigkeit problematische Präklusionsklausel[52] in Abs 3a S 2 war § 2 Abs 4 Satz 4 BauGBMaßnG nachgebildet. Sie knüpfte nicht an die von der Anhörungsbehörde gesetzte Frist an, sondern an den Zeitpunkt des Erörterungstermins. Glücklicherweise war die Wirkung der Klausel wegen der Einschränkungen in Abs 3a aF **in der Praxis kaum relevant** geworden, wie empirische Untersu-

---

[50] So auch StBS 39; Ronellenfitsch DVBl 1994, 443, 447; Erichsen/Ehlers § 14 Rn 6; einschränkend Knack/Henneke 28; **aA** Obermayer 35; Ziekow/Siegel 81 f.

[51] BVerwG NVwZ 1988, 1122: der Bundesverteidigungsminister darf sich bei der Genehmigung eines Militärflugplatzes die Stellungnahme der Landesregierung zu den dabei auftretenden Fragen der Raumordnung und Landesplanung nicht ungeprüft zu eigen machen; Kühling DVBl 1989, 223.

[52] Ziekow/Siegel 120.

chungen ergeben haben.[53] Aber auch die Folgen, die hätten eintreten können, wenn ein öffentlicher Belang wegen verspäteter oder ganz fehlender Stellungnahmen der zu beteiligenden Behörden nicht hinreichend berücksichtigt worden wäre, waren rechtspolitisch kaum hinnehmbar.[54]

b) Neuregelung durch das PlVereinhG. Die erheblichen rechtspolitischen 40
und verfassungsrechtlichen Bedenken[55] hat der Gesetzgeber im PlVereinhG zum Anlass genommen, die Berücksichtigung verspäteter Stellungnahmen der Behörden neu zu regeln. Nunmehr wird zwischen verpflichtender und ermessensbestimmter Berücksichtigung unterschieden: **Verspätete Stellungnahmen** müssen danach berücksichtigt werden, wenn sie der Planfeststellungsbehörde ohnehin bekannt sind oder hätten bekannt sein müssen oder wenn sie **für die Rechtmäßigkeit der Planungsentscheidung von Bedeutung** sind. Liegen diese Voraussetzungen nicht vor („im Übrigen"), so liegt die Berücksichtigung der verspäteten Stellungnahme im **Ermessen** der Planfeststellungsbehörde. Auch diese Neuregelung trifft auf Bedenken, die sich freilich durch eine im Regelfall gebotene unionsrechts- und verfassungskonforme **Ermessensreduzierung auf Null** beheben lassen: Es wird nämlich im Regelfall keine dem Zweck der Ermächtigung zur Ermessensausübung entsprechenden Gründe geben, auf eine Berücksichtigung verspäteter Stellungnahmen zu verzichten. Lediglich wenn die Berücksichtigung der Stellungnahmen zu einer nicht mehr hinnehmbaren Verzögerung führen würde und keine gewichtigen, die Verzögerung rechtfertigenden Bedenken vorgebracht werden, dürfte eine Nichtberücksichtigung in Betracht kommen.[56] Soweit (wie regelmäßig) umweltrelevante Vorhaben betroffen sind, ist zu berücksichtigen, dass mittlerweile praktisch jeder Verstoß gegen objektives Umweltrecht durch eine anerkannte Naturschutzvereinigung iSd § 3 UmwRG, bestimmte Fehler nach § 4 Abs 3 UmwRG uU aber auch von jedem Mitglied der betroffenen Öffentlichkeit mit Erfolg vor Gericht gerügt werden kann (s § 75 Rn 104 f). Deutet eine verspätete Stellungnahme auf einen Widerspruch zu Umweltschutzvorschriften, so muss die Verfahrensverzögerung jedenfalls **strategisch** dagegen aufgerechnet werden, dass der Verstoß nach Abschluss des Gerichtsverfahrens ohnehin in einem ergänzenden Verfahren gem § 75 Abs 1a beseitigt werden muss.

5. Rügefähigkeit von Fehlern der Behördenbeteiligung. Fehler bei dem 41
Verfahren der Behördenbeteiligung können von betroffenen Bürgern im gerichtlichen Verfahren idR nicht gerügt werden, da die Beteiligung der Behörden nach Abs 2 grds nur dem öffentlichen Interesse dient. Der durch den Planfeststellungsbeschluss betroffene Bürger kann einen Rechtsbehelf gegen die Planfeststellung nicht auf eine Verletzung der Abs 2, 3a stützen, wohl aber uU auf die daraus resultierende Unzulänglichkeit der Ermittlung des Sachverhalts.[57] Der von der enteignungsrechtlichen Vorwirkung betroffene Eigentümer kann Fehler immerhin insoweit rügen, als sie nach § 75 Abs 1a auf das Ergebnis von Einfluss gewesen sein können (s unten Rn 154; § 75 Rn 79). Die Gemeinde, die in ihrem Recht auf Selbstverwaltung, insb in ihrer Planungshoheit betroffen ist,

---

[53] S Ziekow/Siegel 122; Knack/Henneke 30; ähnlich Ronellenfitsch NVwZ 1999, 583, 585: Frist praktisch sanktionslos.

[54] Erbguth JZ 1994, 477, 480; Steiner NVwZ 1994, 313, 314; Kröger/Schulz NuR 1995, 72.

[55] Ähnlich wohl auch StBS 41 ff; Knack/Henneke 29; noch weiter gehend Obermayer 43.

[56] Zu weit dürfte die Amtl Begr in BT-Drs 17/9666 S 18 gehen, wonach ein größerer Handlungsspielraum bei der Abwägung zwischen Verfahrensbeschleunigung und optimaler inhaltlicher Vorbereitung bestehen soll.

[57] Ebenso Obermayer 38; vgl auch Kopp DÖV 1980, 507; ähnlich BVerwGE 61, 275; offen UL § 40 Rn 15.

kann den Verstoß ihres Beteiligungsrechts geltend machen; nicht dagegen ein Land, dessen Behörden rechtswidrig nicht beteiligt wurden (vgl BVerwGE 82, 17, 19).

V. Auslegung des Planentwurfs (Abs 2 und Abs 3)

42 **1. Veranlassung der Planauslegung (Abs 2).** Die als Anhörungsbehörde fungierende Stelle (s Rn 19) hat gem Abs 2 innerhalb eines Monats nach Eingang der vollständigen Unterlagen zu veranlassen, dass der Plan in den Gemeinden, in denen sich das Vorhaben voraussichtlich auswirken wird, ausgelegt wird. Die Auslegung selbst besteht darin, dass der **vollständige Plan** (dh die Beschreibung des Vorhabens, die Planzeichnungen, die Ergebnisse der UVP und die ergänzenden Unterlagen, näher Rn 46) in Papierform in den Amtsräumen der jeweils beteiligten Gemeinden zur Einsicht ausgelegt wird. Die Auslegung kann durch Schaffung eines **elektronischen Zugangs** („ins Netz stellen") nicht ersetzt, wohl aber sinnvoll ergänzt werden. Dieser Zugang ist für die Bürger idR komfortabler und für die Behörden idR mit geringerem Aufwand verbunden (Laubinger FS König, 517, 525).

43 **a) Auswahl der Gemeinden.** Die Anhörungsbehörde veranlasst die Planauslegung in den Gemeinden, in denen sich das Vorhaben **voraussichtlich auswirken** wird. Mit der Ersetzung von „auswirkt" durch diese Wendung kehrt das Gesetz zu der ursprünglichen Fassung zurück und betont den Prognosecharakter der Festlegung des Auslegungsgebietes.[58] Die Streichung des Wortes **„voraussichtlich"** durch das GenBeschlG hatte keine sachliche Änderung bewirkt.[59] Sie wurde daher zunächst durch das IPBeschlG für das AEG, EnWG, FStrG, MBPlG und WaStrG und nun insgesamt wieder rückgängig gemacht.

43a Die Anhörungsbehörde bestimmt die Gemeinden, die die Auslegung nach Abs 3 vornehmen müssen. Da die tatsächlichen Auswirkungen des Vorhabens im Zeitpunkt der Planfeststellung nicht feststehen, ist auch nach der Neufassung des Abs 2 für die Bestimmung der Gemeinden, in denen der Plan auszulegen ist, eine **Prognose** erforderlich, die den sog **Einwirkungsbereich** des Vorhabens ermittelt. Das sind all jene Flächen, auf denen das Vorhaben abwägungserhebliche Betroffenheiten auslöst (BVerwGE 144, 1 Rn 46). Zu betrachten sind nicht nur Wirkungen auf die unmittelbar betroffenen Grundstücke und Einrichtungen, sondern **auch mittelbare Auswirkungen** des Vorhabens, soweit sie diesem zurechenbar sind. Maßgeblich ist, weil die Planfeststellung letztlich auf Gestaltung der Rechtsverhältnisse der Betroffenen abzielt, welche Belange und Rechte voraussichtlich betroffen sein werden. Stellt sich während des Verfahrens heraus, dass der Kreis der Gemeinden zu eng gezogen war, so muss die Planauslegung in diesen Gemeinden nachgeholt werden, anderenfalls droht ein rechtserheblicher Verfahrensfehler.[60] Für **nicht ortsansässige Betroffene** richtet sich die Benachrichtigung nach Abs 5 S 3 (s hierzu unten Rn 111).

43b Bei der **Zulassung von Flughäfen** ergibt sich (im Unterschied zu den Bodenverkehrswegen) eine Besonderheit daraus, dass die An- und Abflugwege, die **Flugverfahren** („Flugrouten") iSd § 33 LuftVO nF (§ 27a aF), jederzeit geändert werden können.[61] Die Auswirkungsprognose iR der Abwägung darf daher nicht auf bestimmte Flugrouten beschränkt werden. Der Einwirkungsbereich

---

[58] StBS 30; Knack/Henneke 34.

[59] Eine sachliche Änderung des Kreises der Gemeinden liegt darin nicht, weil die Frage nach den Auswirkungen stets eine Prognose erfordert, die sich nachträglich als unzutreffend erweisen kann; **aA** aber Schröder NuR 2007, 380, 381; wohl auch Wickel UPR 2007, 201; Otto NVwZ 2007, 379.

[60] Ziekow Fachplanung § 2 Rn 211; StBS 30.

[61] Dazu iE Wysk in Kloepfer, Rechtschutz im Umweltrecht S 75 ff.

eines Flughafens wird daher nicht nur durch die in absehbarer Zeit realistischen Flugverfahren bestimmt, sondern durch das gesamte Gebiet, in dem weder aus tatsächlichen noch aus rechtlichen Gründen auszuschließen ist, dass ein zur Betroffenheit führendes Flugverfahren festgelegt wird (BVerwGE 144, 44 Rn 32). Dieses Gebiet bestimmt auch den Untersuchungsraum der **UVP**. Diese von der Rspr herausgearbeitete Besonderheit ist aus UVP-rechtlichen Gründen nunmehr in **§ 8 Abs 1 S 4 und 5 LuftVG** nF übernommen worden.

b) Pflicht zu Bekanntmachung und Auslegung. Die von der Anhörungsbehörde bestimmten Gemeinden des Einwirkungsbereichs trifft eine doppelte Pflicht: Sie müssen gem Abs 5 S 1 die anstehende **Auslegung bekanntmachen** und sodann gem Abs 3 innerhalb von 3 Wochen nach dessen Zugang **den Plan auslegen.** Dies gilt auch dann, wenn sie die Planfeststellung für rechtswidrig und mit ihren Belangen unvereinbar halten.[62] Die **Bekanntmachung** soll die im Veröffentlichungsgebiet Betroffenen ermuntern, sich für die Planung zu interessieren und nach Bedarf hieran als Einwender mitzuwirken. Es soll ihnen bewusst gemacht werden, dass sie ggf weitere Schritte unternehmen müssen, um ihre Interessen wahrnehmen zu können. Dazu gehört in erster Linie, die Vorhabensunterlagen einzusehen (BVerwG B v 17.1.2013, 7 B 18.12, Rn 51 mwN). Der **Umfang** der Bekanntmachung ist diesem Ziel entspr in Abs 5 S 2 iVm § 9 Abs 1a UVPG geregelt. Im Ergebnis müssen potenziell Interessierte eine aussagekräftigen Überblick über die ausgelegten Unterlagen erhalten.[63] **Zweifelhaft** ist, ob die Gemeinden für die im Zusammenhang mit der Planauslegung entstehenden Kosten einen **Aufwendungsersatzanspruch** nach bzw entspr § 8 Abs 1 (Amtshilfe) haben oder die Kosten selbst tragen müssen, sofern keine besondere Kostentragungsregelung (zB § 73 Abs 10 LVwVfGBW) besteht.[64] Da es sich um eine gesetzlich übertragene Aufgabe handelt, liegt **kein Fall von Amtshilfe** vor (vgl § 4 Abs 2 Nr 2), weshalb sich insoweit auch kein Ersatzanspruch ergibt.[65] Die zur Auslegung bestimmten Planausfertigungen in der erforderlichen Zahl hat der Vorhabenträger der Anhörungsbehörde kostenfrei zur Vorlegung zu stellen (UL § 40 Rn 17). 44

2. Planauslegung, Frist (Abs 3 S 1). Die Auslegung des Plans in den Gemeinden gem Abs 3 und 5 und die Verständigung nicht ortsansässiger Betroffener gem Abs 5 S 3 hat (ebenso wie die ggf nachfolgende Erörterung der Einwendungen nach Abs 6) das **Ziel,** den Plan einer breiteren (Teil-)Öffentlichkeit bekannt zu machen und potentiell in Rechten und Interessen Betroffenen eine **Grundlage für die eigenverantwortliche Interessenwahrung** im Anhörungsverfahren zu schaffen.[66] Dadurch dient sie zugleich dem Aufklärungsinteresse der Behörde an einer möglichst umfassenden Ermittlung aller für oder gegen das geplante Vorhaben sprechenden Gesichtspunkte und dem Rechtsschutz der Betroffenen (s im Einzelnen § 72 Rn 4). Den besonderen Mitwirkungsrechten nach § 73 entspricht eine **Mitwirkungslast:** Der Bürger muss die Anhörungsbehörde über seine Betroffenheit besonders informieren, will er Einfluss auf dessen Gestaltung oder Zulassung nehmen. 45

a) Umfang der auszulegenden Unterlagen. aa) Informationszweck. Anstoßfunktion. Auszulegen gem Abs 3 S 1 ist nach Wortlaut und Zweck der 46

---

[62] VGH Kassel NVwZ-RR 1990, 96; StBS 46.

[63] Die Angabe „Es wurden Unterlagen nach § 6 UVPG vorgelegt" genügt nicht. Zur Lage im Bauplanungsrecht nach § 3 Abs 2 S 2 BauGB vgl BVerwGE 147, 206.

[64] Gegen Ersatzanspruch Knack/Henneke 37; wohl auch Koblenz DÖV 1978, 377; Korber/Braese BayVBl 1983, 397; offen UL § 40 Rn 80.

[65] StBS 46; FKS 62.

[66] BVerwGE 133, 239 Rn 97; 75, 214, 224: Anstoßfunktion der Auslegung; VGH Mannheim NVwZ-RR 2003, 412; Storost DVBl 2012, 457; vgl auch BVerwG NJW 1984, 189.

Regelung der „Plan" iS von Abs 1 S 2, dh die das Vorhaben betreffenden **Planzeichnungen** und die dazu eingereichten **erläuternden Unterlagen.** Der genaue Umfang ergibt sich aus dem begrenzten Ziel, den von dem geplanten Vorhaben potentiell Betroffenen Anlass zur Prüfung ihrer Betroffenheit zu geben und damit die Möglichkeit zu eröffnen, Einwendungen zu erheben bzw. Stellungnahmen abzugeben (**Anstoßfunktion;** vgl auch § 6 Abs 3 S 3 UVPG).[67] Deshalb müssen nicht sämtliche Unterlagen ausgelegt zu werden, die möglicherweise erforderlich sind, um die Rechtmäßigkeit der Planung umfassend beurteilen oder den festgestellten Plan vollziehen zu können, sondern nur solche, die erforderlich sind, um den Betroffenen das Interesse an der Erhebung von Einwendungen bewusst zu machen.[68] Zur Frage, ob und in welchem Ausmaß auch personenbezogene oder sonst **geheimhaltungsbedürftige Daten** und Angaben ausgelegt werden müssen s oben Rn 21. Zu den Folgen des Fehlens erheblicher Unterlagen s § 75 Rn 77.

47 **bb) Die Unterlagen im Einzelnen.** Maßgeblich für den Umfang der auszulegenden Unterlagen ist die jeweilige Bedeutung für den Schutz der Betroffenen unter Berücksichtigung des § 6 UVPG. Der für zeichnerische Darstellungen erforderliche Grad an Bestimmtheit richtet sich nach der Funktion der Zeichnungen im Planfeststellungsverfahren für die Bewertung der abwägungserheblichen Belange und für die Umgrenzung der zu enteignenden Flächen (BVerwG NVwZ 1989, 252). Regelmäßig wird ein Maßstab 1 : 1000 als ausreichend angesehenen. Grds müssen die betroffenen Grundstücke im Plan eindeutig kenntlich gemacht werden. Fehler beeinträchtigen allerdings die Rechtsmäßigkeit des Planfeststellungsbeschlusses nicht, wenn der Informationszweck gegenüber den Grundstückseigentümern nicht verfehlt worden ist.[69] Ein Auslegungsvermerk ist zum Nachweis der Auslegung sinnvoll (BVerwG NVwZ 2006, 1170). In **UVP-pflichtigen Verfahren,** also im Regelfall, wird der Umfang der auszulegenden Unterlagen durch § 9 Abs 1b iVm **§ 6 UVPG** konkretisiert. Inhalt und Umfang der Unterlagen nach Absatz 1 bestimmen sich nach den Rechtsvorschriften, die für die Entscheidung über die Zulässigkeit des Vorhabens maßgebend sind (§ 6 Abs 2 UVPG). Die Antragsunterlagen müssen mindestens die in § 6 Abs 3, 4 UVPG genannten Angaben erhalten. Eine etwa eingeholte FFH-Verträglichkeitsstudie ist mit auszulegen. Dem Vorhabenträger steht die Art der Darstellung grds frei. Er kann sie in einer Umweltverträglichkeitsstudie zusammenfassen oder einzelne Unterlagen (landschaftspflegerischen Begleitplan, Erläuterungsbericht, schalltechnische Untersuchung, Schadstoffuntersuchung) vorlegen (BVerwG NVwZ 2007, 84 Rn 15). Lassen sich die Betroffenheiten ohne ergänzende Unterlagen nicht oder nicht vollständig geltend machen, ist die **Auslegung zusätzlicher Unterlagen** erforderlich (VGH Mannheim NVwZ-RR 2003, 412; s auch unten Rn 135 ff).

48 **cc) Gutachten** gehören zu den zwingend auszulegenden Unterlagen, wenn und soweit sie sich auf die Darstellung des Vorhabens und seiner Auswirkungen beziehen, nicht jedoch, soweit sie die Bewertung des Vorhabens im Einzelnen betreffen.[70] Ebenso wenig unterliegen der Auslegungspflicht die bei der Anhörungsbehörde eingegangenen **Stellungnahmen anderer Behörden** gem Abs 2;[71] ebenso

---

[67] BVerwGE 133, 239; 82, 257; 75, 224. Soweit eine Präklusion überhaupt noch in Betracht kommt (s Rn 87 und § 75 Rn 101 f), muss die Betroffenheit von Schutzgütern aus den Unterlagen klar hervorgehen, s Rn 93.

[68] BVerwGE 133, 239 Rn 97; 98, 339, 345; 75, 224; Wahl NVwZ 1990, 433; StBS 60.

[69] BVerwGE 71, 152; BVerwG Buchh 407.4 § 17 FStrG Nr 19; 407.4 § 18 FStrG Nr 7.

[70] VGH Mannheim NuR 1994, 234; ähnlich BVerwGE 98, 339, 344; Knack/Henneke 44 f.

[71] StBS 38; zT **aA** Kühling DVBl 1989, 227 unter Bezugnahme auf BVerwGE 75, 225: die Anhörungsbehörde muss in den der Planfeststellung vorangehenden Anhörungsverfah-

nicht, sofern nicht durch Rechtsvorschriften ausdrücklich etwas anderes vorgesehen ist, vom Unternehmer zur Stützung seines Antrags mit dem Plan bereits vorgelegte oder von der Behörde von Amts wegen eingeholte Gutachten und sonstige Unterlagen, die für die Beurteilung möglicher Beeinträchtigungswirkungen nicht erforderlich sind, sondern lediglich der Beurteilung und Bewertung des Vorhabens durch die Behörde dienen.[72] Die ausgelegten Unterlagen müssen aber jedenfalls derart beschaffen sein, dass sie Dritte über Art und Ausmaß ihrer möglichen Betroffenheit hinreichend genau informieren, so dass diese sich darüber schlüssig werden können, ob sie sich am Einwendungsverfahren beteiligen wollen oder nicht (BVerwGE 60, 310, VGH Mannheim NVwZ-RR 2003, 412). Das Beteiligungsrecht anerkannter **Naturschutzvereinigungen** reicht allerdings weiter; ihnen ist unabhängig von der Anstoßwirkung Einsicht in alle einschlägigen Sachverständigengutachten zu geben (§ 63 Abs 1 Nr 3, Abs 2 Nr 6 BNatSchG, vgl BVerwGE 136, 291 Rn 23).

b) Dauer der Planauslegung. Der Plan ist gem Abs 3 S 1 **für die Dauer** 49
eines Monats auszulegen. Für die Berechnung der Auslegungsfrist gilt § 31 Abs 1 iVm § 187 Abs 2, 2. Alt BGB, wonach für die Fristberechnung **der erste Tag der Auslegung mitzählt.** Erfolgt die Auslegung zB am 3.5. (erster Auslegungstag), so zählt dieser Tag mit und die Auslegungsfrist endet am 2.6., dh die Pläne und sonstigen Unterlagen müssen bis einschließlich 2.6. ausliegen.[73] Fällt das Fristende auf ein Wochenende oder einen Feiertag, gilt § 31 Abs 3 (Fristende mit Ablauf des nächstfolgenden Werktags; Obermayer 81). **Die Festsetzung einer längeren Frist** für die Auslegung als einen Monat[74] ist zwar nach Abs 3 S 1 an sich nicht zulässig, jedoch rechtlich **unschädlich** und möglicherweise sogar sinnvoll (Henle BayVBl 1981, 4); die Frist kann auch nachträglich, selbst nachdem sie bereits abgelaufen ist, verlängert werden (Henle BayVBl 1981, 4).

c) Ort und Zeit der Planauslegung. Der Ort und die Zeiten, zu denen 50
die Einsichtnahme möglich ist, müssen bzgl des grundsätzlichen Rahmens in der Bekanntmachung so genau bezeichnet werden, dass Zweifel darüber nicht entstehen können. Die nähere Festlegung des Auslegungslokals (vgl VGH Mannheim NVwZ 1989, 681) sowie der Tage und Stunden, die für die Einsichtnahme zur Verfügung stehen, ist Sache der „auf Bundes- bzw Landesrecht beruhenden" und zur Organisationsgewalt gehörenden Regelung des Behördenbetriebs.[75] Die entsprechende Bekanntgabe muss nicht schon in der allgemeinen Bekanntmachung gem Abs 5 erfolgen. Vielmehr genügen entsprechende Hinweise in ortsüblicher Form in den einzelnen Gemeinden.[76] Zur Bedeutung des Auslegungsvermerks auf den Unterlagen BVerwG NVwZ 2006, 1170.

d) Modalitäten der Auslegung. Die Art und Weise der Durchführung der 51
Auslegung steht im pflichtgemäßen **Ermessen** der jeweiligen Gemeinde. Leitlinie für die Gestaltung der Modalitäten muss sein, dass Personen, die Einsicht

---

ren den Beteiligten eine substantielle Einflussnahme auf die Planungsentscheidung ermöglichen; sie darf deswegen mit der Erörterung nach § 73 Abs 6 erst beginnen, wenn eine hinreichend problembezogene Diskussion geführt werden kann.

[72] BVerwGE 67, 206 = NJW 1984, 188; 75, 214 = NVwZ 1987, 578; DVBl 1978, 620; OVG Koblenz GewArch 1977, 136; VGH München DVBl 1979, 682; VGH Mannheim NVwZ-RR 1993, 342; MB 22; vgl auch Henle BayVBl 1981, 9: nachträglich vorgelegte Gutachten brauchen nicht ausgelegt zu werden; zT **aA** UL § 40 Rn 17: Sache des Einzelfalles.

[73] GemSOBG BVerwGE 40, 363; StBS 63; Knack/Henneke 39; Obermayer 81.

[74] Ein Monat, nicht 4 Wochen, VGH Kassel NVwZ-RR 1990, 98; Knack/Henneke 39.

[75] BVerwGE 61, 272; BVerwG DÖV 1980, 764; BayVBl 1986, 153.

[76] Vgl BVerwG NVwZ-RR 1994, 373; VGH Mannheim VBlBW 1994, 271: § 73 Abs 5 S 2 Nr 1 verlangt nicht die Angabe der Tageszeiten, zu denen die Pläne zur Einsicht ausliegen.

nehmen wollen, dazu **in angemessener Weise Gelegenheit** erhalten.[77] Die Größe des Auslegungslokals, erforderlichenfalls mehrerer Auslegungslokale, Zahl der ausliegenden Planexemplare, Öffnungszeiten der Lokale usw müssen so bemessen sein, dass die **Einsicht unter zumutbaren Bedingungen** möglich ist.[78] Nicht erforderlich ist, dass jeder Interessierte sofort und zeitlich unbegrenzt Gelegenheit zur Einsichtnahme erhalten muss, wohl aber, dass jeder innerhalb angemessener Zeit, wenn auch vielleicht nicht schon beim ersten Versuch und ohne Wartezeit, die Planzeichnungen einsehen und von den wesentlichen Erläuterungen dazu (wenn auch uU nicht im Detail) Kenntnis nehmen kann (vgl BVerwGE 61, 272: Andrang ist zu berücksichtigen). Ist einem Betroffenen aus von ihm nicht zu vertretenden Gründen die Einsichtnahme innerhalb der Dienststunden nicht möglich, so ist ihm auf Antrag eine weitere Gelegenheit zur Einsichtnahme einzuräumen, uU auch außerhalb der allgemeinen Auslegungszeiten. Ungenügende Einsichtsmöglichkeiten müssen grds **unverzüglich gerügt** werden (Mitwirkungslast gem § 26 Abs 2); die Betroffenen können sonst später nicht mehr damit gehört werden.

52 **aa) Auslegung während der regulären Dienstzeiten.** Die Auslegung während der allgemeinen Dienst- oder Amtstunden ist idR ausreichend.[79] Nicht erforderlich ist, dass die Einsichtnahme an sämtlichen Tagen der Auslegung während der gesamten Dienststunden ununterbrochen möglich ist (BVerwG DVBl 1981, 99); ebenso wenig muss eine Einsichtnahme außerhalb der normalen Arbeitszeit ermöglicht werden (VGH Mannheim NuR 1989, 348). Vgl zu weiteren Anforderungen an die Auslegung auch Wahl NVwZ 1990, 433 mwN. Unschädlich ist auch, wenn das Auslegungslokal einen Tag oder uU auch etwas mehr aus vertretbarem Anlass geschlossen ist, zB an Silvester (BVerwG BayVBl 1986, 153) oder wegen eines Betriebsausflugs der Behörde.

53 **bb) Herstellung von Kopien.** Das Einsichtsrecht umfasst die Befugnis, sich Ablichtungen der Planungsunterlagen bzw von Teilen davon zu fertigen. Eine Verpflichtung der Behörde, Kopiermöglichkeiten zur Verfügung zu stellen, besteht grds nicht. **Vorhandene Kopiermöglichkeiten** dürfen genutzt werden (vgl Hecking NVwZ 1992, 319). Die Behörde kann einem Rechtsanwalt oder dem Vertreter einer öffentlichen Körperschaft auch die Planungsunterlagen insgesamt oder Teile davon außerhalb der allgemeinen Auslegungsfrist in die Kanzlei bzw in das Büro überlassen. Ein Anspruch auf Überlassung der Planfeststellungsunterlagen in die Kanzlei besteht jedoch nur nach Maßgabe von § 72 Abs 1 iVm § 29 nach Ermessen (s Rn 57f).

53a **e) Berechtigung zur Einsichtnahme. Umstritten ist**, wer in die ausgelegten Planunterlagen Einsicht nehmen darf. Eine verbreitete Ansicht will den Kreis der Einsichtnahmeberechtigten entspr Abs 4 S 1 auf die potenziell Einwendungs- und Stellungnahmeberechtigten beschränken (StBS § 73 Rn 64; Ziekow § 73 Rn 33). Das ist zu eng. Abgesehen davon, dass in UVP-pflichtigen Vorhaben die Unterlagen nach § 9 Abs 1b UVPG ohnehin für die allgemeine Öffentlichkeit

---

[77] Vgl BVerwGE 61, 272; BVerwG DVBl 1981, 99, 408; NJW 1984, 1252; NVwZ 1986, 740; krit zur restriktiven Praxis Mecking NVwZ 1992, 316; Wahl NVwZ 1990, 433 mwN.

[78] BVerwG BayVBl 1980, 758. Zumutbare kleinere Erschwernisse sind im Hinblick auf die Mitwirkungslast gem § 26 Abs 2 in Kauf zu nehmen (BVerwG DÖV 1982, 265).

[79] Vgl BVerwG NJW 1981, 594; BVerwG NJW 1984, 1252; NVwZ 1986, 740 = BayVBl 1986, 153; Obermayer 83; Wahl NVwZ 1990, 433; vgl auch zu Bebauungsplänen ebenso OVG Münster BauR 1978, 285; VGH München BayVBl 1981, 691: Auslegung während der Dienststunden Mo und Do 18–20, Sa 8–16 genügt; BVerwGE 61, 272: 4 Stunden pro Tag Mo–Fr ausreichend; BVerwG DVBl 1981, 99: 33 Stunden pro Woche ausreichend; BVerwG DVBl 1981, 408: 3 oder 4 Stunden pro Tag ausreichend, wenn kein großer Andrang; München BayVBl 1980, 691: 18 Stunden pro Woche genügen nicht; Dolde NJW 1979, 893: 30–35 Stunden pro Woche genügend.

auszulegen sind (s § 63 Rn 50), soll die Einsichtnahme erst dazu dienen, die eigene Betroffenheit zu klären. Sie muss daher öffentlich sein und bis zur kaum jemals erreichten Missbrauchsgrenze jedermann gewährt werden, der sie begehrt (ebenso BeckOK § 73 Rn 39; Obermayer/Funke-Kaiser § 73 Rn 71).

3. Verzicht auf die Planauslegung (Abs 3 S 2). Abs 3 S 2 ermächtigt die Anhörungsbehörde, unter bestimmten Voraussetzungen von der Auslegung abzusehen und sich auf eine individuelle Ermöglichung der Einsichtnahme zu beschränken. Die Vorschrift hat keine besondere praktische Bedeutung, zumal sie wegen § 9 UVPG **auf UVP-pflichtige Vorhaben nicht anwendbar** ist.[80] Sie wurde durch das PlVereinhG im Hinblick auf die Beteiligung anerkannter Umweltschutzvereinigungen ergänzt. Nunmehr kann auf eine Auslegung (nur) verzichtet werden, wenn der Kreis der Betroffenen und die Vereinigungen nach Abs 4 S 5 bekannt sind und ihnen innerhalb einer angemessenen Frist Gelegenheit zur Einsicht in die Planunterlagen gegeben wird. Damit zieht der Gesetzgeber die Konsequenz aus der in Abs 4 S 5, 6 vorgenommenen Gleichstellung anerkannter Umweltvereinigungen mit Betroffenen im Rahmen des Anhörungsverfahrens. Die Ausnahmeregelung ist nur dann anwendbar, wenn Gewissheit besteht, dass sämtliche Betroffenen bzw Umweltvereinigungen auch tatsächlich bekannt sind und benachrichtigt werden können. Von dieser Möglichkeit ist eher restriktiv Gebrauch zu machen, da sich nicht selten herausstellt, dass es noch weitere Betroffene gibt.[81] 54

a) Kreis der Betroffenen. Betroffene iS des Abs 3 Satz 2 sind nicht sämtliche Personen, die nach Abs 4 Einwendungen erheben können, sondern nur solche, deren subjektive Rechte einschließlich des Rechts auf angemessene Berücksichtigung der eigenen Belange in der Abwägung von dem Vorhaben materiell beeinträchtigt werden.[82] Betroffener ist daher nur derjenige, der geltend machen könnte, durch den Planfeststellungsbeschluss in seinen subjektiven öffentlichen Rechten beeinträchtigt zu sein. Insoweit besteht weitgehende **Übereinstimmung mit dem Begriff der Klagebefugnis** nach § 42 Abs 2 VwGO, der aber weitergehend die Möglichkeit der „Verletzung" eigener Rechte verlangt. Der Betroffene ist nicht freigestellt von der Obliegenheit, Einwendungen nach Abs 4 zu erheben (s dazu Rn 61a, 99). 55

b) Vereinigungen nach Abs 4 S 5. Die Neuregelung durch das PlVereinhG stellt die **Vereinigungen den Betroffenen gleich.** Sie folgt damit dem Konzept des IPBeschlG, das für die Fachplanungen im Infrastrukturbereich diese Lösung bereits gewählt hatte. Die Problematik dieser Lösung wird etwa an der Regelung in Abs 3 S 2 deutlich: Es kann durchaus eine Vielzahl von Umweltvereinigungen geben, die sich potentiell an dem Anhörungsverfahren beteiligen könnten. Will die Behörde nach Abs 3 S 2 vorgehen und auf ein Auslegungsverfahren verzichten, muss sie deshalb sämtliche in Betracht kommenden Vereinigungen beteiligen. Der hierzu erforderliche Aufwand wird dazu führen, dass auf die Anwendung der Vorschrift aus Praktikabilitätsgründen im Regelfall verzichtet wird. 56

4. Ergänzende Akteneinsichts- und Informationsrechte a) Akteneinsicht nach Ermessen. Nach § 72 Abs 1 Halbs 2 ist § 29 (Akteneinsicht durch Beteiligte) mit der Maßgabe anzuwenden, dass Akteneinsicht nach pflichtgemäßem Ermessen zu gewähren ist. Das Gesetz geht offenbar davon aus, dass die Möglichkeit einer Einsichtnahme in die ausgelegten Planunterlagen nach § 73 grds ausreiche, um das Bedürfnis der Betroffenen nach Akteneinsicht ausreichend 57

---

[80] Nach § 9 Abs 1 S 1 UVPG ist die Öffentlichkeit zu beteiligen, nach § 9 Abs 1a UVP zu unterrichten und nach § 9 Abs 1b UVPG zur Einsicht für die Öffentlichkeit auszulegen.

[81] StBS 65; Erichsen/Ehlers § 14 Rn 7: kommt nur in dünn besiedelten Gebieten in Betracht.

[82] AllgM, vgl StBS 121; MB 3; UL § 40 Rn 37.

zu befriedigen, räumt aber dennoch die Befugnis ein, ergänzend individuell Einsicht zu gewähren. Um die praktischen Probleme bei der ergänzenden Akteneinsicht einer Vielzahl von Betroffenen zu bewältigen, durch die die **Arbeitsfähigkeit der Behörde** erheblich beeinträchtigt werden könnte, reduziert § 72 Abs 1 den Rechtsanspruch aus § 29 Abs 1 auf eine Ermessensentscheidung. Damit soll der Behörde die Möglichkeit gegeben werden, ihre Arbeitsfähigkeit und das Interesse an der Akteneinsicht zu einem angemessenen Ausgleich zu bringen.

58 **Einschränkung des Ermessens.** Bei dieser Regelung hat der Gesetzgeber allerdings noch nicht bedenken können, dass bei dem heute üblichen Umfang der Planunterlagen, die nicht sämtlich in die Auslegung einbezogen werden können, für die ergänzende Akteneinsicht ein wesentliches Bedürfnis bestehen kann. Dies gilt im besonderen Maße auch deswegen, weil ein erhebliches Anwachsen der Komplexität der Unterlagen insb zu den Umweltauswirkungen (Messungen, Berechnungen, Untersuchungen, Gutachten, Stellungnahmen) die Teilnahme am Erörterungstermin ohne Fachwissen häufig nicht mehr als sinnvoll erscheinen lässt, weil es an der Waffengleichheit fehlt. Wenn die Unterlagen nicht im Internet zur Verfügung stehen, wird man die **Ablehnung** der Akteneinsicht **nur noch in Ausnahmefällen** als ermessensfehlerfrei ansehen können, etwa wenn praktisch sämtliche substantiellen Informationen ausgelegt wurden oder aus anderen Gründen kein berechtigtes Interesse anerkannt werden muss. In allen anderen Fällen wird sich das Ermessen der Behörde auf die Entscheidung über den Zeitpunkt und die Art und Weise der Akteneinsicht reduzieren.

59 **b) Ansprüche nach den Umweltinformationsgesetzen.** Unabhängig von dem verfahrensrechtlichen Akteneinsichtsrecht können sich aus den **Umweltinformationsgesetzen** und – soweit daneben anwendbar – aus den Informationsfreiheitsgesetzen[83] weitere Akteneinsichts- und Informationsrechte ergeben.[84] Diese Rechte stehen selbstständig neben den Verfahrensrechten und lassen diese unberührt (s näher § 29 Rn 45). Ansprüche nach den Umweltinformationsgesetzen können weiter gehen als die Ansprüche im Auslegungsverfahren, weil sie nicht auf die ausgelegten Unterlagen beschränkt sind und der Geheimnisschutz eingeschränkt ist (s näher § 29 Rn 62 ff). Allerdings können die Ansprüche hinsichtlich des **Rechtsschutzes** auseinander gehen. Während der verfahrensrechtliche Anspruch auf Akteneinsicht im Hinblick auf § 44a VwGO regelmäßig nicht isoliert durchsetzbar ist, weil der Rechtsschutz gegen Maßnahmen innerhalb eines Verwaltungsverfahrens im Rahmen der Endentscheidung zu gewähren ist, lassen sich die verfahrensunabhängigen Ansprüche nach dem UIG und den Informationsfreiheitsgesetzen isoliert, ggf im Wege des einstweiligen Rechtsschutzes nach § 123 VwGO, durchsetzen.

VI. Das Beteiligungsverfahren; Ausschlussfrist (Abs 4)

60 **1. Allgemeines.** In Abs 4 ist als ein Kernelement des Anhörungsverfahrens eine besondere Form der **Beteiligung der betroffenen Öffentlichkeit** geregelt, die ihr die Möglichkeit zur Erhebung von **Einwendungen** gegen den Planentwurf eröffnet (Beteiligungs- oder Einwendungsverfahren). Das Vorbringen von Einwendungen soll den Betroffenen Einfluss auf das Verfahren geben, dem Schutz ihrer Rechte dienen und **zur sachlichen Bewältigung des Vorhabens** durch die Planfeststellungsbehörde beitragen, dieser gleichsam die Richtung für ihre Tätigkeit weisen (BVerwGE 60, 297, 300). Die Auslegung der Antrags- und Planunterlagen ist zwar öffentlich (s Rn 53a), die Einwendungsbefugnis ist in Abs 4 S 1 aber – anders als im Anlagengenehmigungsverfahren nach

[83] S näher § 29 Rn 45, 62; Überblick bei Fluck, Verwaltungstransparenz durch Informationsfreiheit, DVBl 2006, 1406.
[84] S hierzu Battis/Ingold DVBl 2006, 735 mit Anm zu VGH Kassel DVBl 2006, 463.

§ 10 Abs 3 S 5 BImSchG – auf Betroffene begrenzt. Zu den Betroffenen gehören neben den **betroffenen Privaten** – seit Inkrafttreten des PlVereinhG – auch die nach anderen Vorschriften (§ 64 BNatSchG, §§ 1, 2 UmwRG) anerkannten **Natur- und Umweltschutzvereinigungen.** Sie sind in Abs 4 S 5 als Teil der betroffenen Öffentlichkeit den übrigen Betroffenen gleichgestellt.[85] Die Vorschrift setzt die Auslegung nach Abs 3 S 1, Abs 5 oder – wenn der Kreis der Betroffenen bzw der Vereinigungen bekannt ist – die Bekanntmachung nach Abs 3 S 2 voraus und wird durch das Erörterungsverfahren nach Abs 6 ergänzt. Damit treten die auf Großverfahren zugeschnittenen Verfahrensabschnitte der Auslegung, des Sammelns von Einwendungen und der Erörterung an die Stelle der Anhörung nach § 28, die ebenfalls eine Information und Gelegenheit zur Äußerung erfordert (s § 28 Rn 12 ff).

Einwendungen sind nach der formal noch bestehenden Gesetzesfassung nur innerhalb einer **Frist mit Ausschlusswirkung** (Präklusion) eröffnet: Nach **Abs 4 S 1** hat „Jeder", dessen Belange durch das Vorhaben berührt werden, das Recht, **Einwendungen** gegen den Plan zu erheben. Dieses Recht besteht bis 2 Wochen nach Ablauf der Auslegungsfrist (Abs 4 S 1) bzw der von der Anhörungsbehörde in den Fällen des Abs 3 S 2 gesetzten Frist (Abs 4 S 2). Nach der zentralen Regelung über die Präklusion in **Abs 4 S 3** sind mit Ablauf dieser Einwendungsfrist sämtliche weiteren Einwendungen grds ausgeschlossen. Dem Beteiligungsrecht entspricht danach eine **sanktionierte Mitwirkungslast:** Der Bürger muss der Behörde Art und Umfang seiner Betroffenheit mitteilen. Er verliert seine Rechtsposition, so weit er Betroffenheiten erst außerhalb der Frist vorbringt. Die Geltendmachung im weiteren Verfahren ist bereits wegen des eintretenden materiell-rechtlich wirkenden Einwendungsausschlusses nicht mehr möglich (unten Rn 111). Diese Regelung ist allerdings in einem noch nicht ganz klar absehbaren Umfang **unionsrechtswidrig und nicht mehr anwendbar** (s Rn 83 ff, 89 und § 75 Rn 101). 60a

a) Stellungnahmen klagebefugter Vereinigungen. Das PlVereinhG hat 2013 die ursprünglich nur auf Einwendungen von Betroffenen bezogenen Regelungen über das Einwendungsverfahren auf die Stellungnahmen von Natur- und Umweltschutzvereinigungen erstreckt. Damit wurde das bereits in den Fachplanungsgesetzen des IPBeschlG enthaltene, rechtspolitisch allerdings verfehlte (s unten Rn 99) Konzept[86] einer **verfahrensrechtlichen Gleichstellung der Vereinigungen mit Betroffenen** auf sämtliche Planfeststellungsverfahren erstreckt. Zweck der Regelung war es insb, die Sonderstellung der Vereinigungen zu beseitigen. Dazu gehörte es, durch Ergänzung des Abs 4 um die S 5 und 6 die Stellungnahmen der Vereinigungen ebenso zu behandeln wie die Einwendungen der Betroffenen (unten Rn 93 ff). Gerade damit aber hat sich die Gleichstellung praktisch umfassend als **unionsrechtswidrig** erwiesen (s § 75 Rn 101 f). 61

b) Einwendungen Betroffener. Einwender werden durch die Erhebung von Einwendungen oder durch die Benachrichtigung seitens der Behörde vom Erörterungstermin nicht zu Beteiligten iSd § 13. Gleiches gilt für Vereinigungen, die nach Abs 4 S 5 Stellung nehmen. Drittbetroffene können grds nur durch Hinzuziehung (§ 13 Abs 2) zu Beteiligten werden. In der Erhebung von Einwendungen könnte man zwar einen Antrag auf Hinzuziehung sehen. Eine **Hinzuziehung ist jedoch im Planfeststellungsverfahren nicht vorgesehen** und auch entbehrlich, wenn und soweit potentiell Betroffenen als Einwendern 62

---

[85] Damit schließt die Regelung an Art 9 Abs 2 UAbs 2 Aarhus-Konvention und an Art 11 Abs 3 S 2 UVP-RL an, wo die Interessen nichtstaatlicher Organisationen denen von Mitgliedern der betroffenen Öffentlichkeit gleichgestellt werden.

[86] In den Planfeststellungsverfahren nach AEG, WaStrG, FStrG, LuftVG, MBPlG und EnWG waren die Vereinigungen den sonstigen Einwendern schon bisher praktisch gleich gestellt.

entsprechende bzw vergleichbare Verfahrensrechte zustehen. Zur Abgrenzung von Einwendern und (sonstigen) Betroffenen näher unten Rn 65 f. Einwender sind danach **Beteiligte im weiteren Sinne,** sie sind hinsichtlich ihrer Rechte und Pflichten im Übrigen wie Beteiligte zu behandeln.[87] Einwender und Stellung nehmende Vereinigungen haben danach die **allgemeinen Beteiligungsrechte** zB nach §§ 14, 18, 19, 20, 26 Abs 2, 72 Abs 1 und mit Einschränkungen auch des § 29 (s oben Rn 57), und zwar mit dem Zeitpunkt des Eingangs ihrer Einwendung bei der Behörde;[88] dies ergibt sich auch aus § 74 Abs 2 und 4, wonach die Planfeststellungsbehörde über Einwendungen entscheiden und den Planfeststellungsbeschluss auch den Einwendern zustellen muss.

63 **c) Beteiligung am Verfahren und Klagebefugnis.** Der Umstand allein, dass jemand nach Abs 4 Einwendungen erhoben hat und im Verfahren gehört wurde oder von Amts wegen als Betroffener gem Abs 6 zugezogen wurde, begründet **nicht notwendig auch die Klagebefugnis** nach § 42 Abs 2 VwGO für eine spätere Klage gegen den Planfeststellungsbeschluss.[89] Vielmehr setzt die Klagebefugnis stets ein subjektives öffentliches Recht, welches verletzt sein könnte, voraus. Vgl zur Klagebefugnis Dritter gegen Planfeststellungsbeschlüsse auf Wahl/Schütz in Schoch § 42 Abs 2 Rn 250 ff.

64 **2. Begriff und Voraussetzungen der Einwendung.** Unter dem Begriff der Einwendung, der mit seinem 16-maligen Vorkommen die Abs 4–9 dominiert, ist nach der geläufigen Definition des BVerwG[90] **sachliches Gegenvorbringen** zu verstehen, das der Wahrung eigener Rechte und Belange dient und auf Verhinderung oder Modifizierung des Vorhabens abzielt. Mit ihnen bringt der Einwender zum Ausdruck, bestimmte Beeinträchtigungen von Rechten oder Belangen nicht hinnehmen zu wollen. **Keine Einwendungen** idS sind Ausführungen zu Bestimmungen, die den rechtlichen Rahmen der Planfeststellung abstecken oder allgemeine Hinweise auf objektive Rechtsverstöße (zB die mangelnde Planrechtfertigung); sie unterliegen auch nicht, soweit diese noch anwendbar ist, der materiellen Präklusion (BVerwGE 151, 213 Rn 17). Keine Einwendungen erheben auch die anerkannten **Naturschutz- und Umweltschutzvereinigungen;** sie sind nicht in eigenen Rechten oder Belangen betroffen, sondern geben im Beteiligungsverfahren nach Abs 4 S 5 Stellungnahmen ab. Einer Präklusion sind sie aber unabhängig davon nicht unterworfen (s unten Rn 100). **Gesichtspunkte des Gemeinwohls** können gleichwohl zusammen mit Einwendungen idS oder auch getrennt davon geltend gemacht werden. Ihre Erörterung im Anhörungsverfahren ist nicht ausgeschlossen, sondern im Hinblick auf den Zweck des Verfahrens sogar wünschenswert und idR auch im öffentlichen Interesse geboten. Es besteht insoweit jedoch, da es sich hierbei nicht um Einwendungen iSv Abs 4 bzw 6 und entsprechender anderer Bestimmungen handelt, kein Rechtsanspruch auf Erörterung gem Abs 6 und auf Entscheidung der Behörde darüber gem § 74 Abs 2.

65 **a) Allgemeine Einwendungsvoraussetzungen.** Für Einwendungen gelten grds dieselben allgemeinen Zulässigkeitsvoraussetzungen wie für Anträge, insb die **Beteiligungs-** und **Handlungsfähigkeit** nach §§ 11 ff, einschl §§ 17 ff (UL § 40 Rn 29 ff). Einwendungen können nicht nur von natürlichen, sondern auch

---

[87] BVerwG NVwZ-RR 1997, 663; StBS 69; UL § 40 Rn 36; Knack/Henneke 59; ebenso LR-Umweltrecht Bd III, BImSchG § 10 Rn 153 für das Anlagengenehmigungsverfahren, **aA** Deppen, Beteiligungsrechte, 115; v Mutius DVBl 1978, 665, 674: Einwender sind Beteiligte.

[88] OVG Koblenz NVwZ 1988, 76 mwN; VGH München NVwZ 1988, 1054 = BayVBl 1988, 660; NVwZ 1989, 1180; StBS 69; Knack/Henneke 59; Henle BayVBl 1981, 4; zT **aA** Ronellenfitsch NVwZ 1999, 583, 585 für die Naturschutzverbände; MB 9 und 29: Einwender werden erst durch Hinzuziehung nach § 13 Abs 2 zu Beteiligten.

[89] Vgl BVerwGE 61, 275; 74, 87; 75, 285; UL § 41 Rn 43; StBS 73.

[90] BVerwGE 60, 297, 300; inzwischen allgemein übliche Formel, vgl UPR 2015, 313.

von juristischen Personen und Personengesellschaften usw durch ihre Vertreter[91] erhoben werden. Dies gilt auch für juristische Personen des öffentlichen Rechts, zB für Gemeinden mit Blick auf eigene Rechtspositionen, sowie gem § 11 Nr 2 für beteiligungsfähige Vereinigungen, zu denen auch zB eine als „Interessengemeinschaft" konstituierte Bürgerinitiative gehört (BVerwG NVwZ 1991, 781). Keine Einwendungen erheben dagegen Behörden, deren Aufgabenbereich berührt wird (UL § 40 Rn 30); sie sind nur gem Abs 2, 3a und Abs 6 am Verfahren zu beteiligen. Ebenso wenig erheben anerkannte Natur- und Umweltschutzverbände Einwendungen (s unten Rn 64, 93 ff).

b) Schriftformerfordernis, Vertretung. Ausdrücklich enthält Abs 4 S 1 das Erfordernis der Schriftform. Mündlich oder telefonisch erhobene Einwendungen reichen nicht aus. Nach Abs 4 müssen Einwendungen **schriftlich oder zur Niederschrift** bei der Anhörungsbehörde oder einer von dieser gem Abs 5 S 2 Nr 2 bestimmten Behörde eingereicht werden (UL § 40 Rn 32). Die Einwendungen müssen nicht persönlich, sie können vielmehr **auch durch einen Vertreter oder Bevollmächtigten** erhoben werden. Eine vollmachtlose Vertretung kann auch nachträglich noch genehmigt werden (BVerwG NVwZ 2012, 47). Der Ordnungsgemäßheit und Wirksamkeit einer Einwendung steht nicht entgegen, dass sie in der **Form einer Sammeleinwendung** erhoben ist, bei der die Einwender nur einen vorgegebenen Text unterschrieben haben.[92] 66

Nach dem Wortlaut des Gesetzes können Einwendungen **bei jeder Gemeinde, die den Plan ausgelegt hat,** vorgebracht werden, auch wenn sie sich auf Grundstücke beziehen, die nicht in der betreffenden Gemeinde liegen (Knack/Henneke 66). Aus dem Begriff der Einwendungen und dem Zweck der Regelung ergibt sich außerdem, dass die Einwendung jedenfalls **Namen und Anschrift des Einwenders** enthalten muss und erkennen lassen muss, um welche Belange es dem Einwender konkret geht, für welches Rechtsgut (zB die Gesundheit, das Leben, eine Eigentumsposition, die bestimmte Nutzung eines Grundstücks) eine Beeinträchtigung durch das geplante Vorhaben befürchtet wird.

c) Substantiierung. Die Einwendung muss hinreichend substantiiert sein, dh nach der **Drei-Elemente-Regel** das betroffene Rechtsgut bezeichnen bzw zumindest pauschal benennen und die befürchtete Beeinträchtigung sowie den räumlichen Zusammenhang darlegen.[93] Entsprechende Darlegungen sind auch dann nicht entbehrlich, wenn die Umstände der Behörde bekannt sind. Ein bloßes „Nein" zum Vorhaben oder die Ankündigung, dass Einwendungen erhoben werden, genügt nicht; ebenso nicht bloße Rechtsausführungen. Der Einwendung muss zumindest konkludent zu entnehmen sein, durch welche Auswirkungen des geplanten Vorhabens der Einwender tatsächliche oder rechtliche Nachteile für seine Rechte oder schutzwürdigen Interessen befürchtet (BVerwG NVwZ 2002, 726). 67

aa) Die Drei-Elemente-Regel. Sinn und Zweck des Einwendungsverfahrens ist es, der Behörde Gelegenheit zu geben, die Zulassungsfähigkeit des Vorhabens im Hinblick auf das Gegenvorbringen zu überprüfen und ggf die erforderlichen Schutzvorkehrungen anzuordnen oder sonstige inhaltliche Modifizierungen des Vorhabens anzustoßen. Die Einwendung muss deshalb erkennen lassen, **welche Rechtsgüter** durch **welche Einwirkungen** des Vorhabens in 68

---

[91] Mängel der Vertretungsmacht können analog § 177 BGB mit Rückwirkung geheilt werden, vgl BVerwG NVwZ 2012, 47, 48.

[92] StRspr, vgl BVerwGE 104, 123; 96, 258, 263; BVerwG, B v 18.12.2012, 9 B 24.12, Buchh 316 § 73 VwVfG Nr 46.

[93] Die Anforderungen dürfen nicht überspannt werden, vgl BVerwGE 126, 166, 172; BVerfGE 61, 82; zur Darlegung der Lärmbelastung für Außenwohnbereiche BVerwG NVwZ 2009, 55; StBS 96; UL § 40 Rn 28; Stühler BWVBl 1991, 322; Knack/Henneke 55.

welchem räumlichen Zusammenhang möglicherweise beeinträchtigt werden.[94] Die Anforderungen dürfen im Hinblick auf Art. 19 Abs. 4 GG nicht überspannt werden. Einwendungen müssen lediglich **„in groben Zügen“** erkennen lassen, welche Beeinträchtigungen befürchtet werden und in welcher Hinsicht bestimmte Belange einer näheren Betrachtung unterzogen werden sollen.[95] Nicht dargelegt werden muss, welche naturwissenschaftlichen Wirkungszusammenhänge den Befürchtungen zugrunde liegen, von welchen Maßnahmen man sich Abhilfe verspricht oder welche Grenzwerte überschritten werden. Zur Drei-Elemente-Regel bei der **Verbandsbeteiligung** s Rn 103.

69 **bb) Anforderungen im Einzelnen.** Grds werden keine besonderen Kenntnisse rechtlicher (BVerwG NVwZ 2008, 678) oder naturwissenschaftlicher Art verlangt. Abzustellen ist darauf, was ein **verständiger Durchschnittsmensch,** der typischerweise einer Erwerbstätigkeit nachgeht, auf der **Grundlage der ausgelegten Unterlagen** leisten kann, unabhängig davon, welche Kenntnisse und Fähigkeiten der Einwender tatsächlich besitzt. Die Hinzuziehung von Fachleuten oder Rechtsanwälten ist zwar zulässig und nicht unüblich; es kann aber nicht verlangt werden, dass der Einwender Rat und Hilfe bei Fachleuten einholt, um seine Einwendungen näher zu konkretisieren. Die Anforderungen an die Substantiierung der Einwendungen korrespondieren mit Art, Umfang und Verständlichkeit (Präzision) der ausgelegten Unterlagen. Deshalb darf bei pauschalen Erläuterungen keine ins Einzelne gehende Darlegung der Einwendung erwartet werden.[96]

70 **d) Folgen mangelhafter Einwendungen.** Einwendungen, die den Mindesterfordernissen nicht genügen, brauchen von der Behörde nicht beachtet zu werden, sofern sie nicht Gesichtspunkte betreffen, denen die Behörde ohnehin im Rahmen ihrer Ermittlungspflicht nachgehen muss. Tatsächliche Umstände, die im Beteiligungsverfahren nicht vorgebracht wurden (wie eine falsche Berechnung von Emissions- oder Immissionswerten oder unzutreffende Annahmen über die Verkehrsbelastung, die Gefahr von Tankerunfällen usw), können weiterhin geltend gemacht werden; gleiches gilt für Verfahrensfehler (OVG Lüneburg NVwZ-RR 2006, 378). Das setzt bei privaten Betroffenen aber voraus, dass der Betroffene mindestens mit einer materiellen Einwendung nicht ausgeschlossen ist.

71 **3. Einwendungsberechtigung. a) Eigene Betroffenheit.** Zur Erhebung von Einwendungen berechtigt sind nach Abs 4 S 1 – vorbehaltlich abweichender Vorschriften des jeweiligen Fachplanungsrechts[97] – nur diejenigen, deren **eigene** Rechte oder schutzwürdige Interessen durch das Vorhaben berührt werden (können).[98] **Nicht** einwendungsberechtigt ist, wer nur Interessen der Allgemeinheit oder dritter Personen geltend macht;[99] ebenso nicht Gemeinden, soweit sie

---

[94] BVerfGE 61, 82 = NJW 1982, 2173; BVerwGE 96, 258; 60, 297; BVerwG NVwZ 1987, 131 zu § 10 Abs 3 BImSchG; OVG Lüneburg NVwZ 1987, 339.

[95] BVerwGE 60, 297; BVerwG NVwZ 2012, 47, 48; NVwZ 2008, 986, 987.

[96] BVerwG NVwZ 2005, 447; OVG Koblenz NVwZ-RR 2006, 385.

[97] Einige Regelungen von Einwendungsverfahren lassen auch sog Jedermann-Einwendungen, die keine eigene Betroffenheit voraussetzen, zu; vgl § 10 Abs 3 S 2 BImSchG § 7 AtomG iVm § 7 Abs 1 S 2 AtomVfV und § 17 Abs 3 WaStrG.

[98] BVerwGE 59, 101; 60, 297 = DÖV 1981, 263; BVerwG NVwZ 1984, 368; UPR 1988, 71; UL § 40 Rn 30; StBS 71: auch rechtlich nicht geschützte wirtschaftliche, ökologische, soziale, kulturelle, ideelle und sonstige Interessen; Ule/Laubinger, Gutachten 38 f, 80; Franke ZfW 1979, 3; Bauer JuS 1990, 11; kritisch Henle BayVBl 1981, 4; Ossenbühl DVBl 1981, 71.

[99] BVerwG UPR 1995, 269; ebenso UL § 40 Rn 28; MB 17; StBS 72; Papier NJW 1980, 315; weitergehend zum Atomrecht BVerwGE 60, 297 = DVBl 1981, 263: auch „Jedermann“-Einwendungen zur Wahrnehmung des öffentlichen Interesses.

lediglich Rechte oder Interessen ihrer Bürger (vgl UL § 40 Rn 30) geltend machen, oder Verbände, soweit sie sich auf Belange ihrer Mitglieder stützen.[100] Besonderheiten gelten für die **Stellungnahmen anerkannter Umweltverbände** nach Abs 4 S 5, 6 (s unten Rn 93 ff).

b) Begriff der Belange. Es muss sich um Interessen handeln, die nach den für die Planfeststellung maßgeblichen Vorschriften für die Planfeststellung rechtlich relevant sind oder sein können. Da bei der Abwägung im Fachplanungsrecht sämtliche Interessen berücksichtigt werden müssen, die „nach Lage der Dinge" für die Abwägung von Bedeutung sind, genügt als Gegenstand bzw Grundlage einer Einwendung jedes nach vernünftiger Erwägung durch die Sachlage gerechtfertigte, nach den Wertungen der Rechtsordnung **schutzwürdige eigene Interesse rechtlicher (auch privatrechtlicher) Natur,**[101] nicht nur Interessen von dinglich Berechtigten an Grundstücken, die für das Vorhaben in Anspruch genommen werden sollen, sondern auch zB das Interesse des privaten oder öffentlichen Eigentümers (zB einer Gemeinde) eines Grundstücks oder eines sonst an einem Grundstück Berechtigten daran, in der Grundstücksnutzung von nachteiligen Wirkungen des beabsichtigten Vorhabens verschont zu bleiben (BVerwGE 87, 391; 90, 100 = NVwZ 1993, 364) oder keinen Wertverlust des Grundstücks oder des Rechts zu erleiden. Zu den rechtlich erheblichen Belangen gehören auch die Interessen von Personen, die Nachteile in Bezug auf Gesundheit, Leib und Leben (Art. 2 Abs 2 GG) oder auf ihre private Lebensgestaltung (Art 2 Abs 1 GG) befürchten. 72

aa) Einzelfälle. Erfasst werden auch die **Interessen von Mietern,** die nachteilige Auswirkungen auf ihre persönlichen Rechtsgüter durch Lärm oder andere Immissionen auf ihre im Einzugsbereich des Vorhabens liegende Wohnung befürchten (zum Besitzrecht s Rn 74),[102] oder von **Arbeitnehmern** wegen befürchteter gesundheitlicher Beeinträchtigungen am Arbeitsplatz in der Nachbarschaft des Vorhabens, soweit derartige Auswirkungen des Vorhabens nicht ausgeschlossen erscheinen;[103] des Ehegatten oder der Kinder des Eigentümers eines betroffenen Grundstücks,[104] außerdem uU zB auch im Hinblick auf zu erwartende Lärmimmissionen aufgrund von Art 2 Abs 2 GG.[105] Gleiches gilt für das Interesse eines Landwirts daran, dass er seine Erzeugnisse weiterhin als „biologische" verkaufen kann (VGH Mannheim DVBl 1990, 11), des Inhabers eines Betriebs, von dem störende Immissionen ausgehen, daran, dass kein Vorhaben erlaubt wird, das ihn zu Beschränkungen zwingt (vgl BVerwG NVwZ 1986, 469; 1990, 292), einer Gemeinde als Trägerin der örtlichen Trinkwasserversorgung, die Beeinträchtigun- 73

---

[100] Ule/Laubinger, Gutachten 39 f mwN; Papier NJW 1980, 315; Franke ZfW 1979, 9; Kopp, in: BVerwG-FS 1978, 399 f.

[101] „Berechtigtes Interesse", UL § 40 Rn 30; StBS 71; Knack/Henneke 55; MB 17; Fickert 296; weiter Steinberg/Wickel/Müller § 2 Rn 126; Papier NJW 1980, 315: drohender Nachteil in tatsächlicher Hinsicht genügt. Noch weiter Erichsen/Ehlers § 14 Rn 8: auch anerkennenswerte ideelle, soziale und ökologische Interessen.

[102] Vgl BVerwGE 28, 131; BVerwG NVwZ 1991, 566; StBS § 74 Rn 98 ff; anders zur Klagebefugnis nach § 42 Abs 2 VwGO München BayVBl 1990, 1482.

[103] Vgl OVG Münster DÖV 1984, 433 zum Mieter bzw Pächter; OVG Hamburg NVwZ 1990, 379; Broß DÖV 1985, 513 zum Arbeitsplatzinhaber; VGH München NVwZ 1990, 372 zum Familienmitglied im Betrieb des Eigentümers.

[104] BVerwG NJW 1991, 2306: Rechtsposition aufgrund ehe- oder familienrechtlicher Bindungen oder gemeinsamen Wohnsitzes hins der Abwehr gesundheitsschädlicher Umwelteinwirkungen; anders jedoch hins der Grundstücksnutzungen als solcher, deren ‚Repräsentation' allein Sache des Grundstückseigentümers ist; VGH München NVwZ 1990, 378 = BayVBl 1990, 148: aufgrund gemeinsamen Wohnsitzes gem § 1353 Abs 1 S 2 BGB; vgl auch einerseits BVerwG DVBl 1983, 898 = NVwZ 1983, 672; andererseits BVerwG DVBl 1983, 183 = NJW 1983, 1507; BVerwG NJW 1989, 2766.

[105] BVerwG NVwZ 1990, 377; vgl auch BVerwG NJW 1991, 2306.

gen eines Wasserwerks befürchtet.[106] Erfasst wird auch das Interesse, von Kosten, Aufwendungen uä, die sich mehr oder weniger zwangsläufig als Folge des geplanten Vorhabens ergeben werden, verschont zu bleiben (BVerwG DÖV 1987, 782).

74 **bb) Verhältnis zur Klagebefugnis. Nicht erforderlich** (aber ausreichend) ist die Betroffenheit in eigenen subjektiven Rechten, zB im Eigentum (vgl Wahl NVwZ 1990, 437). Auch wenn in der Praxis die Einwendungen auf der Grundlage von subjektiven öffentlichen Rechten die größte Rolle spielen, ist der Kreis der Einwendungsberechtigten doch weiter als derjenige der Klagebefugten iS von § 42 Abs 2 VwGO.[107] Das zeigt sich an der differenzierten Position, die **Mieter und Pächter** mit Blick auf ihr schuldrechtliches Besitzrechte haben: Nach neuerer Rspr sind sie klagebefugt jedenfalls bei enteignungsrechtlichen Fremdzugriffen auf ihr Besitzrecht, das zu den vermögenswerten Rechten mit verfassungsrechtlichem Schutz nach Art 14 GG gehört.[108] Weitergehend sind sie aber auch dann einwendungsbefugt, wenn die Nutzbarkeit der Miet- oder Pachtsache durch mittelbare Auswirkungen gemindert wird, unabhängig davon, ob sie wegen dieser Beeinträchtigungen auch klagebefugt wären. Bei der Geltendmachung ihres Nutzungsrechts sind sie nicht auf den Eigentümer angewiesen. Soweit sie Gefährdungen ihrer Gesundheit durch mittelbare Einwirkungen (vor allem Lärm) geltend machen, handelt es sich um eine von dem Besitzrecht unabhängige persönliche Rechtsposition.

75 **c) Berührtsein von Belangen.** Es muss sich um Belange handeln, die durch das Vorhaben beeinträchtigt werden können. Nach Lage der Dinge, insb im Hinblick auf die Art des Vorhabens, für das der Plan festgestellt werden soll, der Entfernung des Wohnorts des Einwenders vom Vorhaben usw, **muss eine Betroffenheit zumindest möglich erscheinen** und darf nicht offensichtlich und eindeutig ausgeschlossen sein. Bei der Beurteilung der (möglichen) Betroffenheit kann insoweit nur in begrenztem Umfang auf die zu § 42 Abs 2 VwGO entwickelten Grundsätze zurückgegriffen werden, soweit sie die Frage der Möglichkeit von Einwirkungen durch ein Vorhaben betreffen (vgl dazu BVerwGE 61, 262; BVerwG NJW 1983, 1507).

76 **aa) In räumlicher Hinsicht** hängt die Einwendungsbefugnis ähnlich wie die Betroffenheit wesentlich von der Art des Vorhabens und den zu erwartenden Auswirkungen auf die Umwelt ab, also vom **Einwirkungsbereich des Vorhabens** (s auch Rn 43).[109] Daher sind zB auch Personen einwendungsberechtigt iS des Abs 4, deren Grundstücke nicht in dem unmittelbar von dem geplanten Vorhaben erfassten Bereich liegen, jedoch zwangsläufig durch notwendige Anschlussvorhaben erfasst werden, die nach Lage der Dinge nicht anders durchgeführt werden können als in einer Weise, die dann auch ihre Grundstücke berühren wird, zB Straßen, für die eine **abschnittsweise Planfeststellung** durchgeführt wird, bei denen aber durch die Feststellung für einen Abschnitt in gewissem Umfang notwendig auch schon die weitere Trassenführung präjudiziert wird und in diesem

---

[106] Vgl VGH München NVwZ 1986, 680; OVG Saarlouis UPR 1985, 65; OVG Koblenz NVwZ 1987, 71 = UPR 1986, 397; VG Schleswig NVwZ 1987, 354.

[107] HM, vgl BVerwGE 31, 267; UL § 40 Rn 30; Papier NJW 1980, 315; Knack/Henneke 55; StBS 73.

[108] Vgl BVerfGE 89, 1; BVerwGE 133, 118; 105, 178, 180 unter Aufgabe der früheren Rspr zB in BVerwG NVwZ 1993, 477; NJW 1994, 1233. Vgl auch Bönker DVBl 1994, 506.

[109] Vgl die ältere Rspr zur Klagebefugnis bei der Genehmigung von Kernkraftwerken, zB BVerwGE 61, 256: bei 25 km entfernter Wohnung Betroffenheit nicht ohne weiteres anzunehmen; sie müsste von Betroffenen hinreichend substantiiert geltend gemacht werden. Allein der Hinweis auf eine bestimmte Nähe oder Entfernung reicht entgegen einer früheren Rspr (vgl OVG Lüneburg DVBl 1975, 192: rechtliche Betroffenheit noch bei 100 km; VGH München BayVBl 1979, 540: keine Betroffenheit bei 250 km Entfernung) nicht aus; vielmehr muss die Betroffenheit substantiiert dargelegt werden.

Sinn **„Zwangspunkte"** festgesetzt werden.[110] Als Voraussetzung der Betroffenheit ist grds zu verlangen, dass ein Einwender sein Grundstück, seine sonstigen dinglichen oder obligatorischen Rechte, seine Wohnung, seinen regelmäßigen Aufenthalt, seinen Arbeitsplatz oder seine Ausbildungsstätte im Einwirkungsbereich des Vorhabens hat.[111] Die bloße Absicht, künftig dort Urlaub zu machen oder sonst dort die Freizeit zu verbringen, dürfte nicht genügen.

bb) In zeitlicher Hinsicht muss die Beeinträchtigung für den Fall der Verwirklichung des Vorhabens in absehbarer Zeit zu erwarten sein. Zur **Einwendungsbefugnis künftiger Bewohner** unter bestimmten Voraussetzungen bejahend OVG Berlin DÖV 1986, 1068.[112] Beim Erwerb von Grundeigentum muss es für die Einwendungsbefugnis genügen, dass dem Erwerb nicht offensichtlich unüberwindbare Hindernisse entgegenstehen. Bis zum Vollzug des Erwerbs ist allerdings davon auszugehen, dass neben dem Erwerber auch der bisherige Eigentümer noch einwendungsbefugt bleibt.[113] Im Übrigen wirkt die Präklusion grds auch gegenüber dem Rechtsnachfolger. 77

d) Einschränkungen. aa) Objektive Geringwertigkeit. Nicht berücksichtigt werden müssen Einwendungen, wenn und soweit es um die befürchtete Beeinträchtigung objektiv geringwertiger Belange oder um die nur geringfügige Beeinträchtigung von Belangen geht. Hierzu werden regelmäßig Nachteile von normalen Verkehrsteilnehmern aufgrund einer geänderten Verkehrsführung gehören (anders wenn damit erhebliche Nachteile für einen Gewerbebetrieb verbunden sind) oder Nachteile wegen der Beeinträchtigung von Naherholungsmöglichkeiten (anders möglicherweise, wenn keine Ausweichmöglichkeiten zur Verfügung stehen). 78

bb) Mangelnde Schutzwürdigkeit. Keine Berücksichtigung finden müssen auch Belange, die nach Lage der Dinge nicht schutzwürdig sind.[114] Dies ist etwa der Fall, wenn sich die Einwendung auf Beeinträchtigungen einer nicht genehmigten und auch nicht genehmigungsfähigen, baurechtswidrigen Grundstücksnutzung bezieht (BVerwGE 91, 92). **Umstritten** ist die Anerkennung einer Einwendungsbefugnis aus einer Rechtsposition, die gerade zu dem Zweck erworben wurde, Einwendungen geltend machen zu können (zB ein sog **Sperrgrundstück**). Grundsätzlich kommt es nicht darauf an, weshalb ein Grundstück erworben wird (BVerfG NVwZ 2014, 211). Es wird deshalb im Rahmen des Einwendungsverfahrens (anders ggf im Prozess, zur Rspr des BVerwG vgl § 75 Rn 81) grds von einer schutzwürdigen Position auszugehen sein. Ein vollständiger Ausschluss der Schutzwürdigkeit schon im Einwendungsverfahren kommt nur in Fällen eindeutig rechtsmissbräuchlichen Erwerbs in Betracht.[115] Eine andere Frage ist, wie die Belange von Sperrgrundstücken im Rahmen der Abwägung zu gewichten sind. 79

4. Gemeinden und sonstige öffentliche Rechtsträger als Einwender. a) Allgemeines. Auch Gemeinden können aufgrund eigener Rechte zu Einwendungen berechtigt sein.[116] Voraussetzung ist, dass das Vorhaben auf ihrem 80

---

[110] Vgl BVerwGE 62, 342; 72, 288; BVerwG NVwZ 1990, 860; NJW 1984, 1252 mwN; DVBl 1992, 1435; DÖV 1993, 441; VGH München DVBl 1990, 168; Broß DÖV 1985, 258; Knack/Henneke § 74 Rn 27.

[111] Vgl BVerwG NJW 1983, 1507; OVG Lüneburg DVBl 1984, 891; 1985, 1322; VGH Mannheim NVwZ 1984, 525; Ramsauer NuR 1990, 349, 353.

[112] S zur Stellung des Grundstückskäufers näher Würtenberger BayVBl 2010, 652.

[113] Zur Problematik VGH Mannheim VBlBW 2001, 315.

[114] BVerwGE 59, 101; 90, 101; OVG Lüneburg ZfW 1994, 495.

[115] BVerwGE 112, 135; BVerwG NVwZ 2012, 567; hierzu Kment NVwZ 2014, 1566, siehe hierzu auch § 75 Rn 81.

[116] BVerwG NuR 1999, 631 (zur Klagebefugnis der Gemeinden); OVG Koblenz NVwZ 1987, 71; VGH München DÖV 1986, 208 mwN; VGH Mannheim DVBl 1976, 540; 1977, 345; kritisch Steinberg DVBl 1982, 19 mwN.

Gebiet seinen Standort haben soll oder es (bzw sein Betrieb) sich voraussichtlich auf das Gemeindegebiet auswirken wird. Es genügt **hingegen nicht**, dass sie als Vertreter von Interessen der Benutzer oder Mitarbeiter gemeindlicher Einrichtungen (OVG Koblenz NVwZ 1987, 71) oder zB wegen Störung des Orts- oder Landschaftsbildes oder ähnlicher Belange (VGH München DÖV 1980, 208) oder sonst als Vertreter der Allgemeinheit auftreten. Gemeinden können sowohl als Behörden iSd Abs 2 als auch als Einwender nach Abs 4 betroffen sein. **Auch für sonstige Gebietskörperschaften** wie Landkreise, Bezirke usw sowie in von Landesbehörden durchgeführten Planfeststellungsverfahren auch für den Bund,[117] in von Bundesbehörden durchgeführten Planfeststellungsverfahren auch für die Bundesländer, besteht eine Einwendungsbefugnis, wenn und soweit sie als Träger öffentlicher hoheitlicher Aufgaben von einer Planfeststellung betroffen werden oder je nach dem Ergebnis betroffen werden können,[118] und zwar ebenfalls unabhängig davon, ob die Länder die Aufgaben mit Mitteln des öffentlichen Rechts oder des Privatrechts erfüllen.

81 **b) Beeinträchtigung der Planungshoheit.** Gemeinden sind im Hinblick auf ihre öffentlichrechtliche Planungshoheit, die ein Teil des durch Art 28 Abs 2 GG geschützten Selbstverwaltungsrechts ist, betroffen und einwendungsberechtigt, wenn der Plan **in bestehende Planungen der Gemeinde eingreift** oder die Möglichkeiten künftiger Planungen beeinträchtigt.[119] Anders als für die Klagebefugnis gem § 42 Abs 2 VwGO, bei der die neuere Rspr eine Betroffenheit in bereits verbindlich festgesetzten oder jedenfalls hinreichend konkretisierten Planungsabsichten fordert,[120] genügt in Planfeststellungsverfahren eine bloße **Beeinträchtigung des Planungsspielraums.**[121] Das Gewicht der Einwendung ist jedoch umso größer, je konkreter die betroffene Planung und je schwerer die Beeinträchtigung wiegt. Entspr gilt für sonstige Gemeinwohlanliegen.[122]

82 **c) Sonstige Betroffenheit.** Eine Betroffenheit der Gemeinden und anderer öffentlicher Rechtsträger kommt auch in ihrer Eigenschaft als Grundstückseigentümer,[123] als Aufgabenträger des örtlichen Landschaftsschutzes, Denkmalschutzes

---

117 Vgl BVerwGE 87, 338 zur Klage des Bundes gegen eine luftverkehrsrechtliche Planfeststellung eines Landes für einen Flughafen; materielle Beschwer des Bundes zu bejahen, wenn Auswirkungen des Vorhabens auf die vom Bund im Rahmen der Luftverkehrsverwaltung wahrgenommene Koordinierung des nationalen und internationalen Luftverkehrs zu erwarten.

118 Vgl BVerwGE 82, 22; BVerwG DÖV 1990, 34: Berücksichtigung des landesrechtlich normierten Landschaftsschutzes als abwägungserheblicher öffentlicher Belang; BVerwGE 92, 258; allg zur rechtlichen Betroffenheit der Länder in von Bundesbehörden durchgeführten Planfeststellungsverfahren und – bejahend – zu dem in der vorstehenden Entscheidung verneinten Klagerecht der Länder Kopp NuR 1991, 449.

119 Vgl BVerwGE 31, 264; 40, 323; 44, 151; 51, 13; 52; 233; 56, 137; 69, 256; 74, 132 und 79, 325: jedenfalls, wenn ein Großprojekt große Teile des Gemeindegebiets dem planerischen Zugriff der Gemeinde entziehen würde; BVerwGE 77, 128; 77, 134 zur Beteiligung einer Gemeinde an der Planfeststellung für eine oberirdische Telefonleitung für ein Wochenendgebiet im Gemeindebereich; BVerwGE 81, 106 mit einer Zusammenfassung der bish Rspr; BVerwGE 90, 96; 84, 209; OVG Hamburg DVBl 1987, 1021; BVerfGE 56, 290 – Fluglärm; VGH Kassel NVwZ 1987, 988; DVBl 1990, 122.

120 Vgl BVerwGE 51, 14; 69, 261; BVerwG DÖV 1985, 114; DVBl 1984, 88; NVwZ 1984, 816; VGH München DÖV 1986, 208.

121 BVerwGE 79, 325 und 90, 96: idR nur, wenn eine bereits hinreichend konkretisierte Planung vorliegt und diese nachhaltig gestört wird oder wenn durch ein großräumiges Vorhaben wesentliche Teile des Gemeindegebiets einer durchsetzbaren Planung der Gemeinde gänzlich entzogen werden; ähnlich VGH Mannheim NVwZ 1990, 487.

122 BVerwGE 51, 15; 69, 261; BVerwG Buchh 442.40 § 8 LuftVG Nr 2.

123 Vgl BVerwGE 51, 11; 52, 235; 61, 82; 69, 261; 87, 391 = NVwZ-RR 1991, 602; 80, 8; 90, 96 = NVwZ 1993, 364; BVerwG NVwZ 1984, 718; VGH München BayVBl 1986, 242; DÖV 1986, 208, OVG Koblenz NVwZ 1987, 71; VGH Mannheim

(VGH München NVwZ 1984, 816) als **Träger kommunaler Einrichtungen,**[124] zB des der örtlichen Trinkwasserversorgung dienenden Wasserwerks,[125] als Baulastträger (VGH München BayVBl 1986, 242) oder aufgrund sich bei ergebender besonderer Verpflichtungen in Betracht.

5. Einwendungsfrist (Abs 4 S 1, 2). a) Unionsrechtskonforme Anpassungen. Abs 4 in der formal noch bestehenden Fassung gibt für Betroffene und Umweltverbände (S 5) vor, dass Einwendungen und Stellungnahmen nur innerhalb bestimmter Fristen erfolgen können, und knüpft an deren Versäumung nachteilige Rechtsfolgen: die Einwendungspräklusion. Ebenso wie diese (dazu unten Rn 88 ff und § 75 Rn 101) sind auch die Vorschriften über die Frist, in der beachtliche Einwendungen erhoben werden können, infolge der EuGH-Rspr zur Unionsrechtswidrigkeit der Präklusion (s Rn 89) **im Wesentlichen funktionslos** geworden. Als Voraussetzung für die Konzentration und Beschneidung von Vortrag durch Einwendungsausschluss ist der Einwendungsfrist in umweltrelevanten Verfahren die Grundlage entzogen: Einwendungen dürfen im gesamten Verfahren – bis hinein in ein eventuelles gerichtliches Verfahren – vorgebracht werden, ohne dass an den Zeitpunkt der Äußerung Nachteile geknüpft werden dürfen. 83

Es ist damit unklar geworden, ob die Einwendungsfrist auf den Fortgang von Planfeststellungsverfahren überhaupt noch Einfluss haben kann. In jedem Fall sind die Vorschriften insgesamt **unionsrechtskonform anzupassen**. Zum einen ist ihr Anwendungsbereich auf jene Einwender und Planungsverfahren zu reduzieren, für die die Präklusion noch vorgesehen werden darf (dazu Rn 89). Zum anderen sind sie unionsrechtskonform auszulegen, was ohne gesetzliche Klarstellung erhebliche Rechtsunsicherheit nach sich ziehen muss. Nachdem die Einwendungsfrist ihre Bündelungsfunktion im Wesentlich eingebüßt hat, können die sachgemäße Vorbereitung eines Erörterungstermins (Abs 6) und die Abfassung des Abschlussberichts der Anhörungsbehörde (Abs 9) erschwert sein. Verzögerungsstrategien ist eine neue Tür geöffnet, weil Ergänzungen des Vortrags die Anhörungs- und später die Planfeststellungsbehörde zu neuen Reaktionen zwingen und sie kaum in der Lage sind, einen gesicherten Sachstand zu erreichen und mit ihrem Beschluss **einen Schlusspunkt zu setzen.** Das spricht dafür, dass das Beteiligungsverfahren insgesamt völlig neu justiert werden muss. Nur mit diesen Einschränkungen bleiben die nachfolgenden Ausführungen bis zu einer gesetzlichen Neuregelung relevant. 83a

b) Fristlauf. Zwingender Charakter. Die **Einwendungsfrist endet** gem § 73 Abs 4 S 1 zwei Wochen nach Ablauf der Auslegungsfrist.[126] Einige Bundesländer haben in ihren Verwaltungsverfahrensgesetzen abweichend eine Einwendungsfrist von vier Wochen vorgesehen.[127] Maßgebend ist die Auslegung in derjenigen Gemeinde, in der ein Betroffener ortsansässig ist (BVerwG NVwZ 2013, 1209, 1210). Hat in den Fällen des Abs 3 S 2 eine Auslegung nicht stattgefunden, so hat die Behörde die Einwendungsfrist gem Abs 4 S 2 selbst festzusetzen. Einwendungen können auch schon während der Auslegung, dh vor Beginn der Einwendungsfrist erhoben werden,[128] nicht jedoch vor Beginn des Auslegungsverfahrens (dh vor Auslegung der Pläne).[129] Die **Einwendungsfrist** 84

NVwZ 1985, 432 mwN; VGH Kassel NVwZ 1987, 988; DVBl 1990, 122; Kloepfer VerwArch 1985, 385.

[124] BVerwGE 69, 261; VGH München DÖV 1986, 208; OVG Koblenz NVwZ 1987, 71; VGH Kassel NVwZ 1987, 988.

[125] Vgl VGH München NVwZ 1986, 680; OVG Saarlouis UPR 1985, 65; OVG Koblenz NVwZ 1987, 71; VG Schleswig NVwZ 1987, 37.

[126] In Schleswig-Holstein beträgt die Frist gem § 140 Abs 4 SHLVwG vier Wochen.

[127] Vgl § 73 Abs 4 S 1 VwVfG NRW und § 140 Abs 4 S 1 LVwGSH.

[128] StBS 77 f.; Knack/Henneke 63; Obermayer 102.

[129] Str, wie hier BVerwG DVBl 1973, 584 und 646 m Anm Zuck; München BayVBl 1979, 626; wohl auch Knack/Henneke 63; weiter gehend FKS 85: schon nach der Be-

beginnt um 0.00 Uhr des auf den Ablauf der Auslegungsfrist folgenden Tages und endet analog § 31 Abs 1 iVm § 187 Abs 2 S 1, § 188 Abs 2, 2. Alt BGB mit dem Ablauf desjenigen Tages der zweiten Woche, welcher dem Tag vorhergeht, der durch seine Benennung dem Anfangstag der Frist entspricht.[130] Läuft also die Auslegungsfrist am Dienstag, den 5. März ab, so beginnt die zweiwöchige Einwendungsfrist am Mittwoch, den 6. März 0.00 Uhr und endet am Dienstag, den 19. März 24.00 Uhr (Beispiel nach UL § 40 Rn 33 Fn 82). Auch im Erörterungstermin können Einwendungen nicht mehr nachgeschoben werden.[131] Zu Einwendungen im Fall einer Planänderung nach Abs. 8 unten Rn 143.

84a Die in Abs 4 S 1 gesetzlich bestimmte Zwei-Wochenfrist ist zwingend. Sie kann nicht verlängert oder verkürzt werden.[132] Zulässig ist allerdings eine Verlängerung der Auslegungsfrist, insb zur Heilung von Fehlern bzw Mängeln der Auslegung (Obermayer 103). Dies führt zu einer Verschiebung der zweiwöchigen Einwendungsfrist. Auch stehen die Wirkungen des Fristablaufs nicht zur Disposition der Behörde. Die Frist genügt nach hM verfassungsrechtlichen Mindestanforderungen, da ihr die einmonatige Auslegungsfrist gem Abs 3 vorausgeht (vgl BVerfG 61, 82).

85 **c) Hinweispflicht.** Voraussetzung für den Lauf der Frist ist, dass gem § 73 Abs 4 S 4, Abs 5 S 2 Nr 2 in der Bekanntmachung **ordnungsgemäß** auf die Frist und die Folgen ihrer Versäumung[133] hingewiesen worden war. Unterbleibt der belehrende Hinweis, tritt eine Präklusion nicht ein (BVerwG NVwZ 2006, 85, 86). Nach dem partiellen Ende der Einwendungspräklusion (s Rn 89) ist nicht einfach zu entscheiden, welchen Inhalt ein korrekter Hinweis haben muss. Die Umweltverbände müssen jedenfalls ausdrücklich ausgenommen werden. Allerdings kann sich der Schaden durch inkorrekte Hinweise in Grenzen halten: Fehlt der erforderliche Hinweis oder ist er in wesentlicher Hinsicht unvollständig oder sonst fehlerhaft, so greift die Präklusion gegenüber den nicht ordnungsgemäß Belehrten nicht ein, wohl aber gegenüber allen übrigen (StBS 91). Handelt es sich um einen Fall nachträglicher Änderung des Plans nach § 76, so muss der Hinweis hinreichend klar zum Ausdruck bringen, dass Einwendungen nicht nur gegen die Änderungen, sondern uU gegen den Plan insgesamt erhoben werden können.[134]

86 **d) Nachschieben von Gründen.** Nach Ablauf der Einwendungsfrist sind, sofern nicht die Voraussetzungen einer Wiedereinsetzung gem § 32 gegeben sind, **nur noch Ergänzungen und Präzisierungen** zu bereits während der Frist erhobenen Einwendungen mit fristwahrender Wirkung möglich (OVG Münster NJW 1994, 402); die Behörde kann dafür ggf eine Frist setzen. Auch wenn rechtzeitig Einwendungen erhoben wurden, ist die Behörde grds nicht verpflichtet, weitere Gutachten abzuwarten, die der Einwender ankündigt (VGH Mannheim NVwZ-RR 1994, 375). Zur Wiedereinsetzung bei schuldloser Fristversäumung Rn 87, 99a.

---

kanntmachung der Auslegung; s auch Stich/Porger, BImSchG, 28 zu § 10 mwN; **aA** Jarass, BImSchG § 10 Rn 57: eine überspitzte Forderung.

130 BVerwG NVwZ 2013, 147, 148; UL § 40 Rn 33; StBS 79; Knack/Henneke 63; Obermayer 102.

131 OVG Berlin-Brandenburg, Urt v 24.11.2010, 12 A 3.10, juris.

132 StRspr, vgl BVerwG NVwZ-RR 1999, 162; Knack/Henneke 63; StBS 88.

133 BVerwG NVwZ 1997, 171; StBS 91; vgl auch BVerfG 75, 190 = DÖV 1987, 1060: keine Präklusion, wenn die Verspätung die Folge einer Verletzung der richterlichen Fürsorgepflicht ist; zT **aA** MuLö BayVBl 1982, 763: bei Unterbleiben des Hinweises Wiedereinsetzung.

134 BVerwG NVwZ 2011, 175, 177 für den Fall eines durch eine Planergänzung infolge einer enteignungsrechtlichen Vorwirkung betroffenen Grundstückseigentümers.

e) Wiedereinsetzung in den vorigen Stand. Die Frage einer Wiedereinsetzung nach § 32 in die Einwendungsfrist stellt sich nicht mehr – weder für Private noch für Vereinigungen –, nachdem an die Versäumung der Frist keine Nachteile mehr geknüpft werden darf (s Rn 83, 89). Wiedereinsetzung war früher nach allg Meinung möglich, da die Einwendungsfrist trotz ihrer Bezeichnung **keine echte Ausschlussfrist** iSd § 32 Abs 5 ist.[135] Dies gilt nach hM jedenfalls bis zum Abschluss des Planfeststellungsverfahrens,[136] nach weitergehender Auffassung auch darüber hinaus.[137] Der Betroffene ist in gerichtlichen Verfahren mit seinen Einwendungen dann als nicht präkludiert zu behandeln (StBS 94). Eine zu Unrecht seitens der Behörde im Verwaltungsverfahren gewährte Wiedereinsetzung bindet umgekehrt die Gerichte nicht (BVerwGE 60, 314). Wiedereinsetzung in den vorigen Stand kommt auch in Betracht, wenn die Behörde beim Einwender den Irrtum hervorgerufen hat, auch spätere Einwendungen würden noch berücksichtigt (BVerwG NuR 1998, 647). 87

6. Materielle Präklusion (Abs 4 S 3 u 4). a) Bedeutung. Nach Abs 4 S 3 sind mit Ablauf der Einwendungsfrist nach Abs 4 S 1 und 2 – ohne dass weitere Rechtshandlungen erforderlich wären – alle Einwendungen ausgeschlossen, die nicht auf einem besonderen privatrechtlichen Titel beruhen. Diese Ausschluss- oder Präklusionswirkung wurde durch das GenBeschlG aus dem Planungsvereinfachungsgesetz in das VwVfG übernommen (BT-Drs 13/3995 S. 10). Entspr Vorschriften wurden in das **UmwRG** (§ 2 Abs 3) und das **BNatSchG** (§ 64 Abs 2) aufgenommen. Damit wurden die Geltendmachung verspätet vorgebrachter Einwendungen **materiell ausgeschlossen.** Präklusion idS bedeutet, dass dem von ihr Betroffenen bei Nichteinhaltung der Frist seine materielle Rechtsposition verloren geht, dass also insoweit **keine klagefähige Rechtsposition** mehr besteht.[138] Dies wirkt sich schon im Planungsverfahren, vor allem aber im nachfolgenden gerichtlichen Verfahren aus: Einem Kläger, der im Klagewege nur solche Einwendungen geltend macht, mit denen er nach Abs 4 S 3 ausgeschlossen ist, fehlt an sich bereits die Klagebefugnis (s zB VGH München DVBl 1979, 673). Gleichwohl behandelt die Rspr die Präklusion aus praktischen Gründen als Frage der **Begründetheit der Klage,** weil ein Kläger mit den ausgeschlossenen einzelnen Rügen nicht durchdringen kann.[139] Der Eintritt der Präklusion steht nicht zur Disposition der Beteiligten oder des Gerichts; sie ist von Amts wegen zu beachten. Deshalb ist es auch unerheblich, wenn die verspäteten Einwendungen von der Anhörungsbehörde tatsächlich in die Erörterungen einbezogen worden sind. 88

b) Wegfall der Präklusion. aa) Unionsrechtswidrigkeit. Die materielle Präklusion ist vom EuGH (NVwZ 2015, 1665) als mit Art 11 der UVP-RL 2011/92/EU **unvereinbar und damit unanwendbar** betrachtet worden, soweit Umweltverbände nach § 2 Abs 3 UmwRG darauf beschränkt werden, sich im gerichtlichen Verfahren nur auf solche einschlägigen Einwendungen stützen zu dürfen, die sie im Einwendungsverfahren fristgerecht vorgebracht hatten (s § 75 Rn 101). Die Folgerungen hieraus sind weit verzweigt und noch längst nicht hinreichend durchdacht. Klar ist, dass die Unanwendbarkeit auch **alle** 89

---

[135] Vgl BVerwGE 118, 15; 60, 309; 66, 99; BVerwG NVwZ 1997, 489; Papier NJW 1980, 321; StBS 94; Knack/Hennecke 63.

[136] BVerwGE 66, 99; Papier NJW 1980, 321.

[137] BVerwG NVwZ-RR 1999, 162; StBS 94; überholt wohl BVerwGE 66, 99 = NJW 1984, 1250: nach Ergehen des Planfeststellungsbeschlusses kann der Betroffene nur noch Schutzvorkehrungen zu seinen Gunsten verlangen.

[138] BVerwG UPR 1997, 31; 1997, 108; NJW 1996, 2113; NVwZ 1996, 267; 1995, 903; StBS 88.

[139] BVerwG NVwZ 1997, 171; DÖV 1998, 341; VGH Mannheim BauR 2003, 355. Hiergegen ist dogmatisch wegen der bloßen Filterfunktion der Klagebefugnis (dazu Wysk, VwGO § 42 Rn 123) nichts einzuwenden.

entspr Vorschriften des Fachrechts erfasst (insb § 73 Abs 3 sowie § 10 Abs 3 S 5 BImSchG, § 64 Abs 2 BNatSchG und landesrechtliche Vorschriften wie § 115 Abs 1 S 2 LWG RhPf).

Unklar ist die genaue **sachliche und persönliche Reichweite der Unanwendbarkeit.** Die Instanzrechtsprechung versucht auch nach dem EuGH-Urteil, den Präklusionsvorschriften gewisse Anwendungsbereiche zu erhalten. Hingegen geht das **BVerwG** (s U v 22.10.2015, AUR 2016, 50 Rn 26) ohne Diskussion davon aus, dass die Präklusionsvorschriften in UVP-pflichtigen Vorhaben für alle Kläger und alle Rügen außer Anwendung bleiben, und behält diese Linie augenscheinlich bei (NVwZ 2016, 308 Rn 26). Dem ist grds zuzustimmen. Mit der Präklusion dürfen keine Verstöße gegen das Umweltrecht der EU und keine auf Unionsrecht beruhenden subjektiven öffentlichen Rechte abgeschnitten werden.[140] **Fraglich** ist damit die Anwendung der Präklusion in umweltrelevanten, aber nicht UVP-pflichtigen Vorhaben. Hier könnte die Einwirkung von Art 9 Abs 3 der Aarhus-Konvention zur Beseitigung oder Einschränkung der Präklusion nötigen. **Noch anwendbar** sind die Präklusion und die Fristbestimmungen für Einwender in den wenigen nicht umweltrelevanten Vorhaben.

89a **bb) Verfassungsmäßigkeit.** Hingegen ist die Präklusion nach ganz überwiegend Ansicht **verfassungsgemäß,** wenn die Mitwirkungsobliegenheiten im Verwaltungsverfahren für den Einwender typischerweise erkennbar und nicht geeignet sind, den gerichtlichen Rechtsschutz zu vereiteln oder in unzumutbarer, aus Sachgründen nicht mehr zu rechtfertigender Weise zu erschweren (BVerfG NVwZ 2000, 546, 547; BVerwG NVwZ 2006, 85). Das erfordert, dass die Betroffenen in geeigneter Form auf diese Folge verspäteter Einwendungen hingewiesen werden und die Möglichkeit der Wiedereinsetzung bei schuldloser Fristversäumung besteht.[141] Allerdings werden gelegentlich Zweifel im Hinblick auf die Auslösung der **enteignungsrechtlichen Vorwirkung** (Solveen DVBl 1997, 803, 807) geäußert. Bei der materiellen Präklusion ist an sich eine Zulassung zum Erörterungstermin, wie sie nach § 73 Abs 6 S 1, 2. Halbs möglich ist, nicht vorgesehen (Dürr VBlBW 1992, 322); dies steht jedoch einer tatsächlichen Erörterung mit den Betroffenen im Rahmen der Ermittlungspflicht der Behörde nicht entgegen und ist im Gegenteil häufig zweckmäßig.

89b **cc) Nutzen der Präklusion. Ausblick.** Die Präklusion hat in Deutschland Tradition. Sie dient der **Rechtssicherheit und Effizienz** (Beschleunigung) in komplexen Verfahren mit vielen Beteiligten: Behörde und Vorhabenträger sollen ab dem Ende des Einwendungsverfahrens wissen, mit welchen persönlichen und fachlichen Widerständen sie im weiteren Verlauf des Verfahrens noch rechnen müssen; außerdem soll sie garantieren, dass im weiteren (gerichtlichen) Verfahren die Wirksamkeit der getroffenen Regelung nicht aufgrund von nicht frühzeitig vorgebrachten Tatsachen infrage gestellt werden kann. Jedoch hat es der EuGH (NVwZ 2015, 1665 Rn 79) nicht als erwiesen angesehen, dass „eine umfassende gerichtliche Kontrolle der sachlichen Richtigkeit [der Planungsentscheidung] der Rechtssicherheit abträglich sein könnte". Damit hat er der **materiellen Richtigkeit der Entscheidung im Blick auf das Umweltrecht** erneut deutlichen, fast absoluten **Vorrang** vor verfahrensrechtlichen Interessen und der Rechtssicherheit eingeräumt. Der Bestand einer Entscheidung hat danach nur dann einen Eigenwert, wenn ihre umfassende inhaltliche Rechtmäßigkeit gerichtlich bestätigt worden ist (vgl Buchheister DVBl 2016, 265, 266).

---

[140] So schon früher v Danwitz UPR 1996, 325; eingehend Niedzwicki, Präklusion, passim; **aA** BVerwG 2011, 364, 365 f zur Vereinbarkeit von § 2 Abs 3 UmwRG und § 10 Abs 3 BImSchG mit Unionsrecht; StBS 102.

[141] BVerfGE 61, 82; BVerwGE 104, 337, 345; 60, 305; BVerwG DVBl 1997, 51; StBS 100; Knack/Henneke 73; zT **aA** Erbguth UPR 2000, 81, 90; hierzu auch Thiel DÖV 2001, 814, 817.

Der weitgehende Wegfall der Präklusion dürfte einerseits weniger verlustreich sein als vielfach angenommen. Die **gerichtliche Erfahrung** hat gezeigt, dass sie ohnehin nur sehr begrenzt zur Beschleunigung von Verfahren und zur Rechtssicherheit beizutragen vermag. Da alle größeren Vorhaben von Umweltverbänden und einer Vielzahl mittelbar und enteignend Betroffener beklagt werden, erzeugte die grds von Amts wegen gebotene (s Rn 92) Prüfung der Präklusion einzelner Einwendungen einen enormen zusätzlichen Prüfungs- und Argumentationsaufwand, um letztlich Einwendungen auszuschließen, die iaR in anderen Verfahren fristgerecht erhoben worden waren, dort dann doch in der Sache geprüft werden mussten und ggf zum Erfolg einer Klage führten – mit faktisch umfassender Wirkung. Größere Wirksamkeit konnte die Präklusion daher ohnehin nur in Bezug auf objektives Umweltrecht entfalten. 89c

Der Wegfall der Präklusion hat allerdings **tiefgreifende Konsequenzen für die Struktur** von Planungsverfahrens. Zum einen haben all jene Regelungen ihren Sinn verloren, die rechtliche Voraussetzungen für den Einwendungsausschluss schaffen sollen. Zum anderen verhindert die zeitlich nicht begrenzte Möglichkeit zu Einwendungen, dass die Behörde einen **Schlusspunkt für die Beurteilung der Sach- und Rechtslage** setzen kann, womit der Planfeststellungsbeschluss nicht mehr den maßgeblichen Zeitpunkt der Beurteilung darstellen kann (vgl BVerwGE 130, 299 Rn 256). Das verursacht kaum Probleme, solange alle Beteiligten ihren – wenn auch imperfekten – Pflichten zu baldigem Vortrag nachkommen. Allerdings enthält die neue Rechtslage ein erhebliches Missbrauchspotenzial. Ob **Umweltverbände die neuen Möglichkeiten nutzen, um Verfahren zu torpedieren** und Vorhaben, die sie meist ablehnen, zumindest zu verzögern, indem sie qualifizierte Bedenken zunächst zurückzuhalten, muss die Zukunft zeigen. IdR dürfte ein Erfolg solcher Strategien zwar auch auf Versäumnisse im Planungsverfahren deuten. Es ist jedoch zu bedenken, dass im Umweltbereich anerkannte Methoden und Standards der Erkenntnisgewinnung noch vielfach fehlen, sodass sich Kritik am behördlichen Vorgehen oft die Grenzen des Möglichen zunutze machen will. Dem dürfte künftig durch materielle Absicherungen der Entscheidung wie die verbindliche Fixierung von Standards und durch Zuweisung von Einschätzungsprärogativen (vgl BVerwG NVwZ 2014, 524) Rechnung zu tragen sein. Extremfällen von Verzögerungsabsichten kann bereits jetzt mit dem Gedanken des Rechtsmissbrauchs begegnet werden. Ein Schlusspunkt neuen Vortrags und der Beurteilung wird sich fortan aber erst im gerichtlichen Verfahren mithilfe prozessualer Fristen für den Vortrag herstellen lassen. Insgesamt ist daher der **Gesetzgeber aufgerufen**, durch Neuregelungen alsbald Klarheit zu schaffen. Bis dahin sind die Regelungen nur mit ungesicherten Modifikationen anwendbar. **Mit dieser Einschränkung können die nachfolgenden Ausführungen noch Bedeutung haben.** 89d

c) Voraussetzungen. aa) Ordnungsmäßiges Auslegungsverfahren. Die Präklusion setzt(e) voraus, dass das Auslegungsverfahren ordnungsgemäß durchgeführt wurde.[142] So müssen die Auslegung und die Bekanntmachung bzw die Verständigung nach Abs 5 ordnungsgemäß erfolgt sein.[143] Insb muss auch die Planauslegung nach Zeit und Umfang so durchgeführt worden sein, dass sie den Informationszweck erfüllt hat (BVerwG NJW 1985, 3034).[144] Schließlich ist Voraussetzung für die Präklusion der ordnungsgemäße **Hinweis nach Abs 4** 90

---

[142] Vgl BVerwG NVwZ 1997, 171; StBS 91; ferner BVerfG 75, 190 = DÖV 1987, 1060 zum Prozessrecht eine Präklusion, wenn die Unterlassung oder Verspätung auf einer Verletzung der richterlichen Fürsorgepflicht beruht.

[143] Vgl BVerwGE 60, 312; BauR 1978, 385; BGH DVBl 1981, 627; UL § 40 Rn 34.

[144] Vgl allg zu den Informationspflichten der Behörde bei der Anhörung als Voraussetzung auch für eine Präklusion BVerwGE 75, 214; 82, 257; BVerwG Buchh 442.40 § 6 LuftVG Nr 17.

S 4 auf das Drohen der Einwendungspräklusion in der Bekanntmachung nach Abs 5 S 2. Fehlt es an diesem Hinweis, greift die Präklusion nicht ein.[145]

91 **bb) Erfasste Einwendungen.** Der Präklusion unterliegen nur Einwendungen, die der Betroffene innerhalb der Frist hätte vortragen können. Das ist nur der Fall, wenn die **Betroffenheit aus den ausgelegten Unterlagen erkennbar war,** nicht dagegen bei erst nachträglich entstandenen (zB durch eine nachträgliche Planänderung veranlassten) Einwendungen. Anders liegt es bei Einwendungen von Personen, die erst später zum Kreis potentiell Betroffener gelangt sind, etwa das Eigentum an den Grundstücken, die von dem Vorhaben betroffen werden, erworben haben, da spätere Grundstückserwerber grds eine Versäumung von Einwendungsmöglichkeiten seitens des Voreigentümers und etwa neu zugezogene Personen die jeweils aktuelle Planungslage gegen sich gelten lassen müssen. Umgekehrt kann sich ein **Rechtsnachfolger** auf die von seinem Vorgänger rechtzeitig erhobenen Einwendungen berufen (BVerwG UPR 1997, 153). Nicht nachträglich entstanden sind Sicherheitsbedenken, die erst nach einem spektakulären Unfall bewusst werden (BVerwG NuR 1999, 629).

91a **cc) Umfang der Präklusion. Umstritten** war, ob sich die Präklusion nur auf die Einwendungen der persönlichen Betroffenheit bezieht[146] oder auf sämtliche Einwände, die gegen die Planfeststellung erhoben werden können.[147] Die Beantwortung der Frage hängt von **Sinn und Zweck** der Präklusionsregelung ab (s a Rn 89b). Sie soll die Betroffenen dazu anhalten, Planfeststellungsbehörde und Vorhabenträger frühzeitig von Einwendungen in Kenntnis setzen, die gegen das Vorhaben ins Feld geführt werden. Damit diente sie ua der Aufklärung des Sachverhalts. Nicht ging es hingegen darum, die Planfeststellung möglichst weitgehend gegen eine spätere Fehlerprüfung zu immunisieren. Diesen Zielen dient richtigerweise nur eine Präklusion im Hinblick auf den **möglichen Betroffenheitsvortrag.** Die Betroffenen sollen ihre eigenen Belange geltend machen, die sich einer Behörde nicht aus sich heraus oW erschließen; sie müssen sich aber **nicht mit rechtlichen Fragen** wie etwa der Frage nach der **Planrechtfertigung** oder objektiv-rechtlichen Anforderungen auseinandersetzen. Versäumen sie, derartige Fehler der Planung zu rügen, ist ihnen im Prozess Vortrag hierzu nicht versperrt (BVerwGE 155, 218 Rn 25 mwN).

92 **d) Wirkungen der Präklusion.** Die Präklusion führt objektiv-rechtlich und ohne Weiteres zwingend zum **Verlust des Rügerechts** in Bezug auf nicht rechtzeitig und ordnungsgemäß vorgebrachte Einwendungen im Verwaltungs- und in allen nachfolgenden gerichtlichen Verfahren. Die Präklusion steht nicht zur Disposition der Planfeststellungsbehörde, sie wirkt also im gerichtlichen Verfahren auch dann weiter, wenn die Behörde sich auf eine Prüfung der ausgeschlossenen Einwendungen eingelassen hat (BVerwG Buchh 316 § 73 VwVfG Nr 46). **Nicht berührt** wird durch die Präklusion nach Abs 4 S 3 allerdings die objektiv-rechtliche Verpflichtung und Berechtigung der Behörde zur Beachtung aller ohnehin von Amts wegen zu berücksichtigenden rechtlichen Voraussetzungen der Planfeststellung[148] und gem § 24 zur sorgfältigen Aufklärung des Sachverhalts und zu einer gerechten Abwägung aller betroffenen öffentlichen und privaten Belange.[149] Ein Anspruch des mit seinen Einwendungen ausgeschlosse-

---

[145] Allg Meinung, vgl BVerwG NVwZ 2006, 85, 86; StBS 91.

[146] So BVerwG NVwZ 2012, 180; in diese Richtung wohl auch BVerwG NVwZ 2014, 669, 671; HKS 92.

[147] So etwa OVG Lüneburg NuR 2014, 213; OVG Koblenz NVwZ-RR 2001, 714; StBS 98 mwN.

[148] StRspr, vgl BVerwG, B v 18.12.2012, 9 B 24/12, juris mwN.

[149] BVerwGE 60, 304, 310; BVerwG DVBl 1980, 1005; OVG Münster UPR 1990, 393; Ule BB 1979, 1013; Knemeyer VVDStRL 1977, 221 ff, 284 ff; Papier NJW 1980, 316 mwN; Mader BayVBl 1982, 169.

nen Betroffenen auf rechtliches Gehör nach § 28 besteht aber nicht mehr (Begr 88). Nicht berührt werden auch Fehler bei der **sachlichen Zuständigkeit.**[150]

7. Stellungnahmen klagebefugter Vereinigungen (Abs 4 S 5). Seit dem Inkrafttreten des PlVereinhG können bestimmte Vereinigungen im Beteiligungsverfahren nach Abs 4 Stellungnahmen abgeben. Damit sind diese Vereinigungen im Beteiligungsverfahren **den Betroffenen weitgehend gleichgestellt,** wie das schon zuvor in den vom IPBeschlG erfassten Fachplanungsgesetzen der Fall war. Diese Gleichstellung ist rechtspolitisch problematisch, weil die Beteiligung von Vereinigungen anderen Zielen dient als die Beteiligung von Betroffenen und weil sie den Erörterungstermin überfrachtet (s unten Rn 99). Das weitere Bedenken, dass es problematisch ist, die Vereinigungen in Abs 4 S 6 denselben Fristen und Präklusionsregelungen auszusetzen wie die Betroffenen, hat sich mit dem Ende der Verbandspräklusion (s dazu Rn 89 ff und § 75 Rn 101 ff) erledigt. 93

a) Vereinigungen, die Rechtsbehelfe ergreifen können. Die Möglichkeit zur Abgabe von Stellungnahmen wird denjenigen Vereinigungen eröffnet, die auf Grund einer Anerkennung nach anderen Rechtsvorschriften befugt sind, Rechtsbehelfe nach der VwGO gegen die Entscheidung nach § 74 (Planfeststellungsbeschlüsse, Plangenehmigungen und Freistellungen) einzulegen (§ 2 Abs 1 UmwRG). Die **Anerkennung** richtet sich heute durchweg nach § 3 UmwRG (s § 75 Rn 93). Die Befugnis zu Rechtsbehelfen ergibt sich aus rügefähigen Bestimmungen, die sich sowohl im Bundes- als im Landesrecht oder auch im Unionsrecht finden können. Es kommt nicht darauf an, ob diese Rechtsvorschriften bereits bei Erlass des PlVereinhG in Kraft waren; auch später erlassene Rechtsvorschriften führen zu einer Anwendbarkeit des Abs 4 S 5 und 6. Derzeit geht es allerdings praktisch nur um **zwei Arten der Verbandsklage**: die **naturschutzrechtliche** nach § 64 BNatSchG (s § 75 Rn 94) und die **umweltschutzrechtliche** nach §§ 1, 2 UmwRG (s § 75 Rn 98) sowie ggf um ergänzende landesrechtliche Verbandsklagebefugnisse. Soweit der EuGH in der Trianel-Entscheidung derartige Klagebefugnisse zudem unmittelbar aus Art 10a (heute Art 11) UVP-RL hergeleitet hat, ist dies heute überholt (s näher § 75 Rn 103). Ob sich auch aus Art 9 Aarhus-Konvention (AK) unmittelbar Verbandsklagerechte herleiten lassen, ist umstritten.[151] Es ist nach den Projekten des Art 9 Abs 2 und 3 AK zu differenzieren; in der Tendenz nimmt der Einfluss auf die Klagerechte aber deutlich zu (s § 75 Rn 90a, 92, 98). 94

aa) Umweltschutzrechtliche Klagerechte (§§ 1, 2 UmwRG). Nach § 1 Abs 1 Nr 1 UmwRG ist die Verbandsklage eröffnet gegen Entscheidungen iS des § 2 Abs 3 UVPG über die Zulässigkeit von Vorhaben, für die eine **UVP-Pflicht** besteht, und zwar entweder nach dem UVPG oder nach der VO über die UVP bergbaurechtlicher Vorhaben oder nach landesrechtlichen Vorschriften. Dies ist bei planfeststellungsbedürftigen Vorhaben regelmäßig der Fall (vgl zB Tz 14, 19 der Anl zum UVPG). Je nach Vorhaben setzt die UVP-Pflicht aber auch eine positive Vorprüfung nach §§ 3a, 3c UVPG) voraus. Ausdrücklich ist in § 1 Abs 1 S 2 UmwRG geregelt, dass die Verbandsklage auch dann eröffnet ist, wenn entgegen dem geltenden Recht keine der oben genannten Entscheidungen, sondern eine andere oder gar keine Entscheidung getroffen wurde **(Umgehungsklausel).** 95

bb) Naturschutzrechtliche Klagerechte (§ 64 BNatSchG). Nach § 64 BNatSchG sind anerkannte Naturschutzvereinigungen berechtigt, neben den 96

[150] OVG Lüneburg NVwZ-RR 2006, 378; OVG Münster DVBl 2009, 1587.

[151] Bejahend OVG Münster NuR 2012, 722; OVG Hamburg NordÖR 2013, 322; näher hierzu A. Schwerdtfeger, Der deutsche Verwaltungsrechtsschutz unter dem Einfluss der Aarhus-Konvention, 2010.

Rechtsbehelfen nach § 2 UmwRG gegen Entscheidungen nach § 63 Abs 1 Nr 2–4 und Abs 2 Nr 5–7 BNatSchG Rechtsbehelfe nach Maßgaben der VwGO einzulegen. Dabei handelt es sich erstens um die **Planfeststellungen von Vorhaben,** die mit **Eingriffen in Natur und Landschaft** iS des § 14 BNatSchG verbunden sind. Dies ist bei Planfeststellungen nahezu immer der Fall. Zweitens wird die Klagemöglichkeit gegen **naturschutzrechtliche Befreiungen** von Geboten und Verboten und **Abweichungsentscheidungen** nach § 34 BNatSchG eröffnet (s hierzu näher § 75 Rn 96 ff), und zwar nach § 63 Abs 2 Nr 5 BNatSchG auch dann, wenn die Befreiungsentscheidungen durch andere Entscheidungen eingeschlossen oder ersetzt werden, wie das nach §§ 74, 75 wegen der Konzentrationswirkung bei Planfeststellungsbeschlüssen und Plangenehmigungen der Fall ist. Hieraus folgt, dass eine Klagebefugnis und damit auch eine Beteiligung nach Abs 4 S 5 stets eröffnet ist, wenn das Vorhaben eine der aufgezählten Befreiungsentscheidungen erfordert. Anders als § 1 Abs 1 S 2 UmwRG enthält § 64 BNatSchG keine Umgehungsklausel. Da planfeststellungsbedürftige Vorhaben aber idR UVP-pflichtig sind, ist nach § 1 Abs 3 UmwRG dann allein das UmwRG anzuwenden.

97 **cc) Weitere Voraussetzungen für die Rechtsbehelfsbefugnis.** Sowohl § 1 UmwRG als auch § 64 BNatSchG verlangen für die Berechtigung der Vereinigungen zum Ergreifen von Rechtsbehelfen, dass die Vereinigungen nach § 3 UmwRG anerkannt sind oder die besonderen Voraussetzungen des § 2 Abs 2 UmwRG vorliegen und dass sie durch die angegriffenen Maßnahmen in ihrem satzungsmäßigen Aufgabenbereich berührt werden. Die weitere Voraussetzung, dass sie sich im Verwaltungsverfahren beteiligt haben, ist mit dem Ende der Verbandspräklusion obsolet geworden, spielte aber schon bisher in diesem Zusammenhang keine Rolle, weil es in Abs 4 S 5 gerade um die Eröffnung dieser Beteiligungsmöglichkeit geht.

98 **b) Eröffnung der Stellungnahmemöglichkeit. aa) Zielsetzung.** Vereinigungen mit der Befugnis zur Ergreifung von Rechtsbehelfen wird nach Abs 4 S 5 die Möglichkeit eröffnet, im Rahmen des Beteiligungsverfahrens nach Abs 4 Stellungnahmen abzugeben. Diese Stellungnahmen beziehen sich nicht auf eine individuelle Betroffenheit, sondern in den Fällen des UmwRG auf die Vereinbarkeit des Vorhabens mit **Vorschriften, die dem Umweltschutz** dienen und für das Vorhaben von Bedeutung sind, in den Fällen des BNatSchG auf Vereinbarkeit mit den **Vorschriften des Naturschutzrechts** und mit solchen Vorschriften, die jedenfalls auch dem Naturschutz und der Landschaftspflege dienen.

99 **bb) Innerhalb der Frist des Abs 4 S 1?** Die Möglichkeit zur Stellungnahme wird den Vereinigungen durch die formal noch bestehende Fassung des Abs 4 S 5 ausdrücklich nur innerhalb der Frist des Abs 4 S 1 eröffnet, also innerhalb von zwei Wochen nach Ablauf der Auslegungsfrist. Diese **Stellungnahmefrist**, die schon früher rechtspolitisch bedenklich war (hierzu die Voraufl), ist infolge der unionsrechtlichen Unanwendbarkeit der Präklusion jedenfalls für Umweltverbände **obsolet** geworden; sie hat ihre eigentlich Bedeutung verloren, da an ihre Überschreitung keine Rechtsfolgen mehr geknüpft werden können, ebenso die daran anknüpfende bisherige Rspr (etwa in BVerwG NVwZ 2013, 1209). Allerdings dürfte eine **unionsrechtskonforme Deutung der Vorschriften** möglich sein: Abs 4 begründet dann im öffentlichen Interesse eine Mitwirkungspflicht der Naturschutz- und Umweltvereinigungen. Deren Stellungnahmen zum Vorhaben dienen nicht der Geltendmachung einer individuellen Betroffenheit, sondern der sachkundigen Darlegung von Bedenken gegen die hinreichende Berücksichtigung von Umweltbelangen und die Einhaltung von Vorschriften des Umweltrechts (vgl BVerwGE 140, 149; 118, 15). Die Zwei-Wochen-Frist ist unanwendbar und als nicht geschrieben zu betrachten; Verbände sind aber zum Zwecke der Verfahrensbeschleunigung gehalten, ihre Stellungnahmen so zügig

wie möglich abzugeben und die Behörde vorab über das voraussichtliche Datum der Abgabe zu informieren. Da Verbände aber bis ins gerichtliche Verfahren hinein stets vortragen dürfen, ihre Pflichten also appellativen Charakter haben und Verletzungen sanktionslos bleiben, handelt es sich um **imperfekte Verbindlichkeiten,** wie sie auch an anderen Stellen der Rechtsordnung vorgesehen sind.

cc) Wiedereinsetzung in den vorigen Stand? Mit dem Wegfall einer mit Präklusion sanktionierten Frist **obsolet** geworden ist die früher allg anerkannte Möglichkeit zur Wiedereinsetzung in den vorigen Stand nach § 32 (s Rn 87), wenn eine Umweltvereinigung ohne ihr Verschulden nicht in der Lage war, sämtliche Rechtsverstöße, zu deren Rüge sie nach den Regelungen des Verbandsklagerechts berechtigt ist, innerhalb der Einwendungsfrist in hinreichend substantiierter Form als Stellungnahme vorzubringen. 99a

8. Entsprechende Geltung des Abs 4 S 2–4 (Abs 4 S 6). Nicht mehr anwendbar ist die Vorschrift auch insoweit, als in Abs 4 S 6 die S 3 und 4 in Bezug genommen werden und damit der Vortrag von Vereinigungen nach Ablauf der Stellungnahmefrist einer **Präklusion** unterworfen wird (s § 75 Rn 101). Damit haben sich die rechtspolitischen Bedenken erledigt, dass Umweltverbände besonders bei komplexen Vorhaben innerhalb der kurz bemessenen Frist des Abs 4 S 1 nicht ohne weiteres in der Lage sind, Probleme und Risiken eines Vorhabens in einer Weise zu analysieren, die qualitativ hohen Anforderungen genügen kann (s die Voraufl). 100

a) Art des Sachvorbringens. Zu Stellungnahmen sind Umweltvereinigungen aber weiterhin berechtigt und auch verpflichtet. Sie fungieren dabei als fachkundige Berater und werden deshalb in der Rspr im untechnischen Sinne als „Verwaltungshelfer" bezeichnet, und zwar ihrer Ausrichtung nach als „Anwälte der Natur" (BVerwGE 92, 258, 262). Die **Sachkunde** (vgl BVerwGE 118, 15; NuR 2011, 866) und ihre Ressourcen dürfen aber nicht überschätzt werden. Ihr Vortrag hat sich auf die Einhaltung von **Vorschriften** zu beschränken, **die dem Naturschutz bzw dem Umweltschutz dienen.** Nicht erforderlich ist, dass der Natur- oder Umweltschutz ihr Hauptzweck ist; ausreichend ist, dass sie jedenfalls auch diesen Schutzzweck haben. Die Stellungnahmen der Umweltvereinigungen können sowohl Tatsachenvortrag enthalten, also etwa die Zusammenstellung des Abwägungsmaterials, die Unvollständigkeit der Ermittlungen oder die Fehlerhaftigkeit von Ergebnissen rügen, als auch Rechtsvorbringen, das sich auf die Auslegung und Anwendung dieser Vorschriften bezieht, also etwa auf die Frage, ob das Maß des Zumutbaren überschritten wird, ob Erheblichkeitsschwellen erreicht werden usw. Nicht erforderlich ist es, zu reinen Rechtsfragen Stellung zu nehmen.[152] 101

b) Umfang des Sachvorbringens. Substantiierung. Der Umfang des Sachvorbringens im Einzelfall ist den Umweltverbänden freigestellt. Ein bestimmtes Maß an Substantiierung ist ihnen nicht mehr abverlangt, weil sie ihren Vortrag **grds jederzeit** bis zum Abschluss des Planungs- und eines etwaigen gerichtlichen Verfahrens **ergänzen dürfen.** Gerade im Hinblick darauf und auf die Unterstützungsfunktion von Verbänden sollten die ausgelegten Unterlagen den Umfang der möglicherweise ausgelösten Probleme, Gefahren, Risiken usw hinreichend deutlich erkennbar machen. Den Verbänden ist es nicht verwehrt, mangelnde Aufklärung zu rügen. Sie dürfen aber auch keine Erkenntnisse oder Unterlagen zurückhalten, die ihnen verfügbar sind. Daher muss sich eine Stellungnahme, wenn in den Unterlagen bestimmte Gefährdungen für einzelne Po- 102

---

[152] Im Hinblick auf den Begriff der Stellungnahmen wird man insoweit kaum Einschränkungen annehmen können; allerdings werden insoweit keine besonderen Anforderungen an die Substantiierung gestellt werden können.

pulationen behandelt, aber im Ergebnis verneint werden, mit der Frage befassen, ob diese Feststellung zutrifft bzw weshalb sie Zweifeln begegnet.[153] Gegenteiliges kann später den Vorwurf treuwidrigen Verhaltens begründen.

103 **Keinesfalls mehr anwendbar** auf die Stellungnahmen von Umweltverbänden ist die **Drei-Elemente-Regel,** die dazu dient späteren Vortrag zu beschneiden (dazu Rn 68).[154] Da Einwände gegen das Vorhaben unter umweltrechtlichen Aspekten jederzeit vorgebracht, vertieft oder ergänzt werden dürfen, genügt es (insofern wie bisher), wenn eine Einwendung lediglich **„in groben Zügen"** (BVerfGE 61, 82) erkennen lässt, welche Beeinträchtigungen befürchtet werden und in welcher Hinsicht bestimmte Belange einer näheren Betrachtung unterzogen werden sollen.[155] Nicht dargelegt werden muss, welche naturwissenschaftlichen Wirkungszusammenhänge den Befürchtungen zugrunde liegen, von welchen Maßnahmen man sich Abhilfe verspricht oder welche Grenzwerte überschritten werden. Es kann auch nicht verlangt werden, dass die Stellungnahmen mit einer gutachterlichen Expertise ausgestattet sind. Es genügt, dass ggf – auf der Grundlage des gesunden Menschenverstandes – **Zweifel an tragenden Bewertungen und Feststellungen** des Vorhabenträgers dargelegt und Argumente vorgebracht werden, mit denen die Plausibilität der Ergebnisse erschüttert werden kann. Insb müssen bei der Annahme von bestimmten Kausalzusammenhängen, etwa Auswirkungen von bestimmten mit dem Vorhaben verbundenen Baumaßnahmen, keine naturwissenschaftlich validen Ausführungen gemacht werden. Entspr reicht es aus, wenn insoweit nicht fern liegende Hypothesen aufgestellt werden. In jedem Fall müssen Vorhabenträger und Behörde auf Einwände reagieren und eine Antwort auf das Vorbringen finden, sei es, dass das Vorbringen zurückgewiesen wird, sei es, dass weitere Untersuchungen veranlasst werden oder dem Vorbringen direkt Rechnung getragen wird. Maßgeblich ist allein, dass eine unter Natur- und Umweltgesichtspunkten umfassend **richtige Entscheidung** getroffen wird.

104 (bleibt einstweilen frei)

VII. Bekanntmachung der Planentwurfsauslegung (Abs 5)

105 **1. Funktionen der Bekanntmachung.** Nach Abs 2 ist der eingereichte Plan (der Planentwurf) in den Auswirkungsgemeinden auszulegen. Diese „Planauslegung" ist von der Auslegung der Planausfertigung zum Zweck der Zustellung gem § 74 Abs 4 zu unterscheiden. Im Anhörungsverfahren sind die Gemeinden gem Abs 5 S 1 verpflichtet, die Auslegung ortsüblich bekannt zu machen. Die Bekanntmachung hat **Anstoßfunktion,** weil sie die, die es angeht, auf die bevorstehende Auslegung hinweisen soll. Das bedeutet, dass sie nach Inhalt, Zeitpunkt sowie nach Art und Weise der Bekanntmachung diese Hinweisfunktion auch tatsächlich erfüllen können muss. Hierzu gehört eine **hinreichend konkrete Beschreibung des Vorhabens,** auf das sich die ausgelegten Unterlagen beziehen. Dabei ist auf den durchschnittlichen Bewohner eines Gebiets abzustellen. Die Anforderungen dürfen nicht überspannt werden; es kommt auf die **Erkennbarkeit einer möglichen Betroffenheit** im Einzelfall an.[156] Die Bekanntmachung muss nach Abs 5 S 2 noch weitere Hinweise enthalten, um bereits über bestimmte Folgen der Auslegung zu informieren. Für nicht ortsansässige Personen (Ausmärker) richtet sich die Bekanntgabe nach Abs 5 S 3.

---

[153] Vgl OVG Hamburg, NordÖR 2013; 322 (Moorburg).

[154] Dazu nach früherer Rechtslage BVerfG 61, 82; NVwZ 1987, 131; BVerwGE 60, 297; DVBl 1994, 1252; OVG Lüneburg NVwZ 1987, 339.

[155] BVerwGE 60, 297; BVerwG NVwZ 2012, 47, 48; NVwZ 2008, 986, 987.

[156] Vgl BVerwG NVwZ 1986, 680: der Anstoßfunktion wird mit dem Hinweis genügt, dass durch die in Frage stehende Starkstromleitung das Gebiet einer bestimmten kleineren Stadt berührt wird; eine Aufzählung der betroffenen Stadtteile ist nicht erforderlich.

2. Ortsübliche Bekanntmachung. Die ordnungsgemäße Bekanntmachung der Auslegung mit dem in Abs 5 S 2 vorgeschriebenen Inhalt ist wesentliche Voraussetzung für den Lauf der Einwendungsfrist und für den Eintritt der Präklusionswirkung bei den Betroffenen (s Rn 90). Zum Begriff der **ortsüblichen Bekanntmachung** vgl § 41 Rn 61. Für sie gilt seit Inkrafttreten des PlVereinhG auch § 27a, wonach nunmehr eine **ergänzende Veröffentlichung** auf der **Internetseite der Behörde** erfolgen soll (s näher § 27a Rn 5 ff). Welche Form der Bekanntmachung „ortsüblich" ist, richtet sich nach dem jeweiligen Landesrecht und nach dem in den Gemeinden, in denen ausgelegt werden soll, geltenden Ortsrecht.[157] Sofern das Landesrecht hierüber nichts bestimmt, ist idR die **Hauptsatzung der Gemeinde** maßgeblich, sofern sie Regelungen über die Veröffentlichung von amtlichen Bekanntmachungen enthält, anderenfalls ist die tatsächliche Praxis maßgebend. 106

Die **rechtsstaatlichen Anforderungen** an die Bekanntmachung sind eher gering. Auf die mit der ortsüblichen Bekanntmachung tatsächlich bewirkte Publizität kommt es nicht an (BVerwGE 104, 337). Sofern eine Gemeinde kein eigenes Amtsblatt hat, kann sie auch eine oder mehrere der **örtlichen Tageszeitungen als Ort der Bekanntmachung** bestimmen. Letztlich kann auch ein Anschlag an einer örtlichen Amtstafel genügen.[158] Diese Form der ortsüblichen Bekanntmachung ist nach wie vor in kleineren Gemeinden anzutreffen. Zulässig ist die Bestimmung kumulativer Bekanntmachungsformen (Amtstafel und Tageszeitung usw), unzulässig dagegen die Bestimmung alternativer Bekanntmachungsformen (Amtstafel oder Tageszeitung usw). 107

3. Vorherige Bekanntmachung. Vorlauffrist. Die Bekanntmachung muss naturgemäß „vorher", also vor der Auslegung selbst erfolgen. Früher musste zwischen Bekanntmachung und Auslegung mindestens eine Woche liegen. Mit der Änderung durch das GenBeschlG wurde die **Wochenfrist für die Bekanntmachung** der Planauslegung **gestrichen,** um den Planfeststellungsbeschluss weniger fehleranfällig zu machen, nachdem die Wochenfrist gelegentlich nicht eingehalten worden war. Abgesehen davon, dass diese Änderung rechtspolitisch außerordentlich bedenklich ist,[159] weil sie zu einer Rechtsunsicherheit führt, dürfte der Immunisierungseffekt nicht erreicht worden sein. Nach Wegfall der Wochenfrist ist die Bekanntmachung nur noch „vorher" vorzunehmen. Im Hinblick darauf, dass eine angemessene Vorlaufzeit aus rechtsstaatlichen Gründen zwingend geboten ist, wird man eine Bekanntmachung einen einzigen Tag vor der Auslegung kaum ausreichen lassen können.[160] Allerdings wird eine Unterschreitung der Frist gem § 46 jedenfalls dann unbeachtlich sein, wenn dies (iSd § 46) auf das Ergebnis offensichtlich nicht von Einfluss gewesen ist. 108

4. Inhalt der Bekanntmachung (Abs 5 S 2). a) Mindestinhalt. Der zwingende Mindestinhalt der Bekanntmachung wird in Abs 5 S 2 nur unvollkommen umschrieben. Danach ist in der Bekanntmachung zunächst darauf hinzuweisen, an welchem Ort und innerhalb welchen Zeitraums der Plan zur Einsicht ausgelegt ist **(Nr 1: Hinweis auf Ort und Zeit).** Zwingend ist darüber hinaus der Hinweis auf die Möglichkeit zur Erhebung von Einwendungen[161] bzw zur Abgabe von Stellungnahmen durch die Vereinigungen nach Abs 4 S 5 bei den in der Bekanntmachung zu bezeichnenden Stellen **(Nr 2: Einwendungs-** 109

---

[157] BVerwGE 104, 337, 340; Knack/Hennecke 36; FKS 54; StBS 51.

[158] StBS 51; Henle BayVBl 1981, 3.

[159] Zutreffend Steinberg/Wickel/Müller, § 2 Rn 117; Knack/Hennecke 37; FKS 56.

[160] Str, **aA** BVerwG NVwZ 1996, 1011; StBS 50; Knack/Hennecke 37: Bekanntmachung auch einen Tag vor der Auslegung zulässig.

[161] Angezeigt, zur Auslösung der Präklusionswirkung aber nicht zwingend notwendig, ist der Hinweis, dass die Einwendungen schriftlich oder zur Niederschrift zu erheben sind (StBS 54).

bzw Stellungnahmehinweis) sowie der Hinweis, dass bei Ausbleiben eines Beteiligten im Erörterungstermin auch ohne ihn verhandelt werden kann **(Nr 3 Ausbleibenshinweis),** weiter der Hinweis, dass der Erörterungstermin auch durch öffentliche Bekanntmachung bekannt gegeben werden kann, wenn mehr als 50 Benachrichtigungen vorzunehmen sind **(Nr 4 lit a: Ladungshinweis),** und schließlich dass auch die Zustellung der Entscheidung über die Einwendungen öffentlich bekannt gemacht werden kann, wenn mehr als 50 Zustellungen vorzunehmen sind **(Nr 4 lit b: Zustellungshinweis).**

110 **b) Weiterer Inhalt.** Zur Erfüllung der Anstoßfunktion **zwingend erforderlich** ist eine hinreichend klare und genaue **Beschreibung des Vorhabens,** auf das sich der Antrag auf Planfeststellung bezieht. Die potentiell Betroffenen müssen aufgrund der Beschreibung abschätzen können, ob das Vorhaben ihre Belange oder Rechte beeinträchtigen könnte. Fehlt es hieran, ist die Bekanntmachung fehlerhaft. Gem Abs 4 S 4 muss die Bekanntmachung weiterhin einen **Hinweis auf die Einwendungsfrist** des Abs 4 S 1 (zwei Wochen nach Ablauf der Auslegungsfrist, im Falle des Abs 4 S 2 die festgesetzte Einwendungsfrist) sowie **auf den Eintritt der Präklusion** bei nicht rechtzeitiger Erhebung von Einwendungen (Abs 4 S 3) enthalten. Fehlt es an diesem Hinweis, so wird die Bekanntmachung dadurch zwar nicht fehlerhaft, die Ausschlusswirkung des Abs 4 S 3 kann aber nicht eintreten.

111 **5. Individuelle Benachrichtigung (Abs 5 S 3). a) Begriff der nicht ortsansässigen Betroffenen.** Gem Abs 5 S 3 sollen nicht ortsansässige Betroffene (sog Ausmärker), deren Person und Aufenthalt bekannt sind oder sich innerhalb angemessener Frist ermitteln lassen, von der Auslegung besonders benachrichtigt werden. Eine **formlose Benachrichtigung** reicht aus; insb ist eine Zustellung nicht erforderlich. **Nicht ortsansässig** iS der Vorschrift sind natürliche Personen, wenn sie ihren **Wohnsitz oder gewöhnlichen Aufenthalt,** juristische Personen und ihnen gleichgestellte Personenvereinigungen, wenn sie ihren **Sitz nicht in dem Gebiet einer der Gemeinden** haben, in denen die Auslegung durchgeführt und ortsüblich bekannt gemacht wird.[162] Derartige Personen können von dem Vorhaben typischerweise nur betroffen sein, wenn sie im Einwirkungsbereich des Vorhabens über Rechte oder Rechtsgüter (Grundstückseigentum, grundstücksgleiche Rechte, aber auch schuldrechtliche Nutzungsrechte usw) verfügen. Wegen dieser Rechtsinhaberschaft werden Personalien und Adressen häufig bekannt sein oder sich jedenfalls aus den verfügbaren Akten und Registern usw unschwer ermitteln lassen. Für diese Fälle hat das Gesetz die Behörde zu einer individuellen Benachrichtigung verpflichtet und die Betroffenen insoweit von der Obliegenheit entlastet, sich regelmäßig über alle ortsüblichen Bekanntmachungen informieren zu müssen.

112 **b) Bekanntsein, Ermittlungspflicht.** Bekannt sind Person und Aufenthalt von Betroffenen dann, wenn sich ihre Personalien und Adressen aus den der Anhörungsbehörde verfügbaren Planungsakten und sonstigen Planungsunterlagen oder aus bereits durchgeführten Ermittlungen ergeben oder weil es im Hinblick auf das Vorhaben schon zu einer Korrespondenz gekommen ist.[163] **Innerhalb einer angemessenen Frist ermitteln** lassen sich die Namen und Adressen der Betroffenen dann, wenn die Ermittlung mit hinreichenden Erfolgsaussichten und **vertretbarem Aufwand** möglich erscheint. Eine Ermittlung dieses Personenkreises durch Auswertung des örtlichen Grundbuchs bzw der Grundsteuerlisten ist idR möglich und angemessen.[164] Für das Beteiligungsverfahren bei den **Infra-**

---

[162] BVerwG NVwZ 1996, 267.

[163] Auch die Kenntnis der maßgeblichen Sachbearbeiter dürfte ausreichen (StBS 58), wird aber im Einzelfall kaum nachweisbar sein.

[164] Stüer/Probstfeld DÖV 2000, 701, 703. Nachlässigkeiten und Fehler der Behörde lassen die Präklusionswirkung entfallen.

strukturplanungen nach dem AEG, EnWG, FStrG, LuftVG, MBPlG und WaStrG war durch das IPBeschlG die Benachrichtigung auf diejenigen nicht ortsansässigen Betroffenen beschränkt worden, deren Aufenthalt bekannt war. Insoweit mussten keinerlei besonderen Anstrengungen zur Ermittlung von Personalien und Anschriften unternommen werden. Diese **Einschränkung der Ermittlungspflicht** ist mit dem PlVereinhG für die dem IPBeschlG unterliegenden Fachgesetze **rückgängig gemacht** worden. Seither gilt wieder einheitlich eine aus rechtsstaatlichen Gründen gebotene angemessene Ermittlungspflicht.[165]

c) Sollvorschrift. Nach Abs 5 S 3 „soll" eine individuelle Benachrichtigung nicht ortsansässiger Betroffener erfolgen. Das bedeutet, dass im **Regelfall eine Ermittlungspflicht** besteht. Unterbleibt die danach gebotene Benachrichtigung, ohne dass dies durch besondere Gründe gerechtfertigt wäre, so kann die Präklusion nach Abs 4 S 3 diesen Betroffenen gegenüber nicht eintreten.[166] Der Betroffene ist in diesen Fällen also nicht auf eine Wiedereinsetzung in den vorigen Stand nach § 32 angewiesen; vielmehr kann er seine Einwendungen gegen den Plan ohne weitere Einschränkungen im nachfolgenden Klageverfahren geltend machen.[167] Eine **Präklusion** kann ihm **nicht entgegengehalten** werden. 113

VIII. Der Erörterungstermin (Abs 6)

1. Sinn und Zweck. Der Erörterungstermin (ET) ist neben der Planauslegung das zweite zentrale Verfahrenselement des Anhörungsverfahrens und eine planungsspezifische Ausprägung der Anhörung (§ 28). Er ergänzt die auf Schriftlichkeit angelegte Beteiligung durch Einwendungen und Stellungnahmen um Elemente der Mündlichkeit und Unmittelbarkeit. Dadurch dient er der **Transparenz** des Verfahrens und der **Partizipation** der Betroffenen und berücksichtigt zugleich die Besonderheiten von Planungsverfahren, die durch eine Interdependenz von inkomensurablen Belangen geprägt sind. Die Planung trifft auf ein komplexes Beziehungsgeflecht von parallelen und gegenläufigen Interessen, deren isolierte Behandlung allein wenig sinnvoll ist. Die gemeinsame Erörterung fördert – jedenfalls idealtypisch – wechselseitig das Verständnis der Beteiligten für die Zusammenhänge und soll auf diese Weise abschichtend einvernehmliche Lösungen ermöglichen. Das kommt im Ziel der Erledigung von Einwendungen (§ 74 Abs 2 S 1) zum Ausdruck. Dadurch hat der ET eine **Beschleunigungs-** und eine **Befriedungsfunktion**. 114

Der Erörterungstermin als Institut ist aber ein **typisch deutsches Instrument** der Optimierung. Eine mündliche Erörterung im Rahmen der Verfahrensbeteiligung vor Erlass eines Planfeststellungsbeschlusses gebieten weder Art. 6 UVP-RL noch Art. 8 Aarhus-Konvention. Der ET unterliegt auch keinen unionsrechtlichen Anforderungen (BVerwG NVwZ 2015, 1218 Rn 18). Namentlich den Anforderungen des UVP-Rechts genügt eine Ausgestaltung mit Planauslegung und der Möglichkeit zu (schriftlichen) Einwendungen und Stellungnahmen. Das gilt auch, soweit in § 9 Abs 1 S 3 UVPG durch Bezugnahme auf Abs 4 S 6 ein Erörterungstermin gefordert wird. Dabei handelt es sich um eine bundesrechtliche Weiterung, die durch gleichrangige bundesrechtliche Ausnahmen **im Einzelfall außer Kraft gesetzt werden** kann. Dies ist in einzelnen Fachgesetzen geschehen (dazu Rn 118). 114a

a) Kritik am Erörterungstermin. Der Erörterungstermin gilt herkömmlich als **Kernstück des Planfeststellungsverfahrens,**[168] ist allerdings zunehmend in 115

---

[165] S hierzu zutreffend BT-Drs 17/9666 S 15.
[166] StBS 57; Ziekow 42.
[167] Missverständlich insoweit OVG Münster, 21.1.2009, 11 D 41/06 – juris.
[168] Allg Meinung, vgl StBS 112; Stüer/Probstfeld, Die Planfeststellung, 2003, 480; Ronellenfitsch, VerwArch 1989, 92, 104; Wickel UPR 2007, 201, 204; Graffe 93.

die Kritik geraten. Es hat sich gezeigt, dass sich die Beteiligten in Erörterungsterminen zu Großprojekten häufig Schaukämpfe liefern und das gesetzliche Ziel der Erörterung verfehlt wird.[169] Der meist exorbitante Aufwand für die nicht selten erforderlichen Großveranstaltungen steht dann nicht mehr in einem angemessenen Verhältnis zum Ertrag. Gleichwohl sind die Forderungen nach einer Abschaffung oder Einschränkung des Erörterungstermins voreilig.[170] Für den Ablauf müssen vielmehr angemessene Formen erprobt und gefunden werden, mit denen sich das berechtigte gesetzgeberische Ziel (wieder) erreichen lässt. Die bisherigen zT negativen Erfahrungen lassen sich psychologisch auf **drei Asymmetrien** zurückführen: auf unterschiedliche **Erwartungen** an den Erörterungstermin, auf einen zumeist disparaten **Informationsstand** in Bezug auf die rechtlichen und tatsächlichen Einzelheiten des Vorhabens und auf das **Fehlen einer Kommunikation auf Augenhöhe.** Werden diese Asymmetrien nicht aufgelöst, kommt es zu Blockadeverhalten. Bei vielen Betroffenen entsteht dadurch das Gefühl des hilflosen Ausgeliefertseins und die Sorge, an dem Vorhaben ohnehin nichts ändern zu können.

116 **b) Administrative Ertüchtigung des Erörterungstermins.** Die beklagten Mängel des Erörterungstermins lassen sich durch Maßnahmen zur administrativen Ertüchtigung des Erörterungstermins zumindest abmildern. Hierzu gibt es viele Vorschläge.[171] Sie reichen von einer besseren Vorbereitung der Termine über den Einsatz neuer Informations- und Kommunikationstechniken (zB auch Diskussionsforen im Internet) bis hin zu Abschichtungsmodellen. Vor allem aber müssen die **akzeptanzfördernden und befriedenden Wirkungen** der mündlichen Erörterung wiederbelebt werden. Dem kann vor allem die Leitung des Termins durch eine unabhängige und allseits akzeptierte Person dienen. Hierzu wird zu recht die **Heranziehung professioneller Moderatoren** vorgeschlagen. Insgesamt bedarf es einer neuen Kommunikationskultur, die nicht durch Abwehr-, sondern durch Kooperationsstrategien gekennzeichnet ist.[172] Eine solche Kultur wird voraussichtlich auch durch Nutzung der frühzeitigen Bürgerbeteiligung in § 25 Abs 3 gefördert werden (s näher § 25 Rn 27 ff). Allerdings muss in Planungsprozessen weiterhin ausgehalten werden, dass allen Bemühungen um Befriedung Grenzen gesetzt sind. Unter den Betroffenen finden sich stets Gruppen, die aus unterschiedlichen Motiven prinzipiellen Widerstand gegen das Vorhaben leisten, sei es, weil es ihnen Belastungen, aber keine empfundenen Vorteile bringt, sei es, weil sie explizit eine „Protestkultur" pflegen.

117 **2. Pflicht zur Durchführung (Abs 6 S 1). a) Grundsatz.** Abs 6 verpflichtet die Behörde zur Durchführung eines mündlichen Erörterungstermins mit dem **Träger des Vorhabens,** den **Behörden,** die Stellungnahmen nach Abs 2 abgegeben haben, den **Betroffenen** (vgl zum Begriff oben Rn 55) und Vereinigungen sowie den übrigen Personen, die Einwendungen erhoben haben **(Einwender).** Das Recht zur Teilnahme und damit die Pflicht der Behörde zur Benachrichtigung betrifft nach der Neuregelung durch das PlVereinhG nur noch Personen, deren Einwendungen rechtzeitig erhoben wurden, sowie sämtliche Betroffenen unabhängig davon, ob sie Einwendungen erhoben haben.[173] Die Vorschrift setzt der Anhörungsbehörde in Abs 6 S 7 eine Frist für die Durchfüh-

---

[169] BT-Dr 15/4646 S 21; Erichsen/Ehlers § 14 Rn 10; Guckelberger DÖV 2006, 97, 101; neuerdings auch Riese/Dieckmann, DVBl 2010, 1343.

[170] Zutreffend Cancik, DÖV 2007, 107 mwN.

[171] ZB Füßer/Kindler, UPR 2012, 168; Ortloff NVwZ 2012, 17; Böhm NuR 2011, 614; Schink ZG 2011, 226; Dippel NVwZ 2010, 145.

[172] Positiv zu bewerten ist insoweit das NABEG, s hierzu Hennig/Lühmann UPR 2012, 81; Schmitz/Bornitz NVwZ 2012, 332; Appel UPR 2011, 406; Wagner DVBl 2011, 1453.

[173] Knack/Henneke 83; Steinberg/Wickel/Müller § 2 Rn 143.

rung des Erörterungstermins. Danach „schließt" die Behörde die Erörterung innerhalb von 3 Monaten nach Ablauf der Einwendungsfrist ab. Allerdings ist diese Frist eine bloße Ordnungsfrist; ein Verstoß führt nicht zur Fehlerhaftigkeit des Verfahrens, zumal sie jedenfalls bei größeren Verfahren ohnehin kaum eingehalten werden kann.[174]

b) Fakultative Erörterung bei Infrastrukturplanungen. In manchen 118
Planfeststellungsverfahren nach dem IPBeschlG ist vorgesehen, dass die Anhörungsbehörde auf eine Erörterung **verzichten** kann (vgl § 18a Nr 1 AEG, § 17a Nr 1 FStrG, § 2 Nr 1 MBPlG, § 14a Nr 1 WaStrG; keine derartige Regelung findet sich im LuftVG und PBefG). Nach § 43a Nr 2 EnWG findet ein Erörterungstermin nicht statt, wenn mangels Einwendungen kein Substrat dafür vorhanden wäre. Andere Fachgesetze sehen (entspr § 76) lediglich Erleichterungen bei Planänderungen oder späteren Änderungen des Vorhabens vor (§ 10 Abs 2 LuftVG; § 29 Abs 1a PBefG). Diese Regelungen werden teilweise für **rechtspolitisch bedenklich** erachtet.[175] Sie sind aber **weder unions- noch verfassungsrechtlich zu beanstanden,** weil der Erörterungstermin zwar ein sinnvolles Instrument zur Sachklärung und Befriedgung sein kann, aber durch vorrangiges Recht nicht gefordert wird. Aus dem Wortlaut des Abs 6 S 1 („hat zu erörtern") folgt, dass es für den **Regelfall beim Erörterungstermin bleiben** soll und die Anhörungsbehörde nur durch eine besondere Verzichtsentscheidung von ihm absehen kann.[176] Hierzu ist ihr ein Ermessen eingeräumt („kann"), dessen Ausübung gerichtlich nur gem § 114 VwGO überprüft werden kann.

Die **Voraussetzungen,** unter denen die Behörde auf einen ET verzichten 118a
darf, sind in den Fachgesetzen nicht umschrieben. Dort heißt es jeweils nur: „Die Anhörungsbehörde kann auf eine Erörterung verzichten". Die Ermittlung der Verzichtsvoraussetzungen muss sich daher von den **Zwecken der Ermächtigung** (dazu Rn 114) leiten lassen. Im Grundsatz ist ein ET dann verzichtbar, wenn sich seine Ziele nicht (mehr) erreichen lassen. Das kann etwa angenommen werden, wenn bereits im Rahmen des Scopings (s § 63 Rn 40) eine umfassende Erörterung stattgefunden hat oder aufgrund der eingegangenen Einwendungen und Stellungnahmen absehbar ist, dass diese nicht ausgeräumt werden können oder der ET aus anderen Gründen seiner **Befriedungsfunktion nicht erfüllen kann.**[177] Diese ist idR durchgreifend entwertet, wenn iZm einem ET ernstzunehmend zu Gewalt aufgerufen wird. Liegt darin ein Hinweis auf eine **tiefgreifende Entfriedung,** ist unerheblich, ob die Gewalt mit polizeilichen Mitteln beherrschbar wäre. Unzulässig dürfte es sein, von einem ET deshalb abzusehen, um bestimmte Betroffene von ihm auszuschließen.[178] Der Ausschluss einzelner Betroffener lässt sich gebotenenfalls mit Ordnungsmaßnahmen unter den für diese geltenden Voraussetzungen bewerkstelligen. Auch allein die Erwägung, dass die Erörterung innerhalb der Regelfrist von drei Monaten (Abs 6 S 7) nicht abgeschlossen werden kann, rechtfertigt keinen Verzicht, weil die Frist bei

---

[174] BVerwGE 133, 239; s auch Knack/Henneke Rn 97, der darüber hinaus aber Amtshaftungsansprüche des Vorhabenträgers für denkbar hält.

[175] Wickel UPR 2007, 201, 204; Schröder NuR 2007, 380; Guckelberger, DÖV 2006, 97; Teßmer ZUR 2006, 469, 472; Otto NVwZ 2007, 379. Dass die Verzichtsoption in der Vergangenheit „maßvoll und ohne nennenswerte Konflikte" genutzt wurde (so Schmitz/Prell NVwZ 2013, 745, 749 unter Hinweis auf BT-Drs 17/3331) dürfte der Realität nicht entsprechen.

[176] Ein weitergehender Vorschlag des Bundesrates, die Durchführung vollständig in das Ermessen der Behörde zu stellen (BT-Dr 16/1338, S. 5), wurde nicht weiter verfolgt.

[177] BVerwG, NVwZ 2015, 1218 Rn 18; NVwZ 2011, 177 Rn 35. Ähnlich Wickel UPR 2007, 201, 204.

[178] So aber der Vorschlag von Otto NVwZ 2007, 379, 380; wie Otto auch StBS 113.

Großvorhaben nach allen Erfahrungen selbst bei äußerster Anstrengung kaum eingehalten werden kann.[179]

119 **c) Entbehrlichkeit des Erörterungstermins.** Die Anordnung und Durchführung eines Erörterungstermins ist gem Abs 6 S 7 iVmit § 67 Abs 1 S 3 Nr 1 und 4 entbehrlich, wenn dem Antrag im Einvernehmen mit allen Beteiligten, dh allen Einwendern und sonstigen Beteiligten **entsprochen** werden kann und soll, oder wenn **alle Beteiligten verzichten** (vgl auch Knack/Henneke 99; Obermayer 120; StBS 113). Die Abhaltung eines Erörterungstermins oder auch einer Besprechung im kleineren Kreis, etwa mit Vertretern der Fachbehörden oder der Gemeinden, liegt dann im Ermessen der Behörde.

119a **d) Fehlerfolgen. Unterbleibt der Erörterungstermin,** obwohl er hätte durchgeführt werden müssen, oder werden Einwendungen nicht bzw nicht in angemessener Weise erörtert, hat dies die **Verfahrensfehlerhaftigkeit** des Planfeststellungsbeschlusses zur Folge. Der Fehler ist aber als „relativer" zu verstehen und daher unter dem Gesichtspunkt des § 46 auf seine Ergebnisrelevanz für den einzelnen Kläger hin zu bewerten (BVerwG NVwZ 2011, 177; s auch § 75 Rn 77). Eine gerichtliche Durchsetzung der Pflicht zur Durchführung eines Erörterungstermins (etwa bei erklärtem Verzicht auf einen ET, Rn 118) dürfte an § 44a VwGO scheitern.

120 **3. Information über Erörterungstermin. a) Ortsübliche Bekanntgabe (Abs 6 S 2).** Die Anhörungsbehörde muss den Erörterungstermin (Ort, Verhandlungsraum und Zeit) in allen Gemeinden, in denen der Plan nach Abs 3 auszulegen war (so nun auch Knack/Henneke 86), mindestens eine Woche vorher ortsüblich (s hierzu Rn 106) durch die betroffenen Gemeinden bekannt machen lassen. Diese Frist ist an sich unangemessen kurz. Dies ist aber im Hinblick auf die individuelle Benachrichtigung nach Abs 6 S 3 und zur Internetveröffentlichung nach § 27a hinnehmbar.

121 **b) Individuelle Benachrichtigung (Abs 6 S 3). Zusätzlich zu der ortsüblichen Bekanntgabe** sind nach Abs 6 S 3 der Träger des Vorhabens, die Betroffenen, diejenigen, die rechtzeitig Einwendungen erhoben oder Stellungnahmen abgegeben haben, und die beteiligten Behörden gesondert (individuell) über den Termin zu unterrichten. Eine förmliche Ladung ist nach dem Wortlaut der Vorschrift nicht erforderlich (StBS 114). Grundsätzlich sind die Bekanntmachung der Auslegung der Planunterlagen nach Abs 5 und die Bekanntmachung des Erörterungstermins nach Abs 6 zu trennen. Die zuständige Behörde kann aber nach Abs 7 den Erörterungstermin bereits in der Bekanntmachung nach Abs 5 S 2 bestimmen und sich dadurch eine weitere Bekanntmachung ersparen, nicht aber die Benachrichtigung der Einwender und sonstigen Betroffenen.

122 **c) Öffentliche Bekanntmachung (Abs 6 S 4, 5).** Die individuelle Benachrichtigung kann durch die ortsübliche Bekanntmachung nach Abs 6 S 2 nicht ersetzt werden, wohl aber durch eine **öffentliche Bekanntmachung gem Abs 6 S 5** in den Fällen des Abs 6 S 4, wenn mehr als 50 Benachrichtigungen notwendig wären. Diese ist von der ortsüblichen Bekanntmachung zu unterscheiden und erfolgt im amtlichen Veröffentlichungsblatt der Anhörungsbehörde und in den örtlichen Tageszeitungen (s hierzu näher § 63 Rn 13), seit Inkrafttreten des PlVereinhG gem § 27a zusätzlich auch im Internet. In der Bekanntmachung muss zugleich darauf hingewiesen werden, dass nicht nur die Einwender, sondern auch die (materiell) Betroffenen zur Teilnahme und Erörterung berechtigt sind (VGH München BayVBl 1988, 113).

---

[179] Schröder NuR 2007, 380, 381; zu den empirischen Erhebungen über den Zeitbedarf s Ziekow/Windoffer/Oertel DVBl 2006, 1469.

123 **4. Zeitpunkt und Zeitraum der Erörterung.** Entsprechend der Funktion des der Planfeststellung vorangehenden Anhörungsverfahrens, den Beteiligten in dieser Phase der Planung eine gewisse Einflussnahme auf die Planungsentscheidung zu ermöglichen (BVerwGE 75, 225), muss die Anhörungsbehörde den Erörterungstermin so **früh wie möglich,** aber erst dann ansetzen, wenn eine hinreichend problembezogene Diskussion geführt werden kann (Kühling DVBl 1989, 227). Um das zu erreichen, kann es geboten sein, zuvor, wenn die vorliegenden Untersuchungen nicht ausreichen, weitere Gutachten einzuholen und diese entweder schon bei der Auslegung des Plans nach Abs 3 mit auszulegen (Kühling DVBl 1989, 227) oder sie jedenfalls in anderer geeigneter Weise den übrigen Teilnehmern des Erörterungstermins vor diesem Termin zugänglich zu machen. Zur **Wahl des Ortes** für die Erörterung s Kersten UPR 2001, 405.

124 **a) Spätere Gutachten.** Nach dem Erörterungstermin bei der Behörde eingegangene Gutachten usw erfordern nur dann die Ansetzung eines weiteren Erörterungstermins, wenn sie **neue Erkenntnisse** bringen, die die Beurteilung des Vorhabens deutlich **zum Nachteil Betroffener verändern** können[180] oder wenn qualifizierte Stellungnahmen von Umweltverbänden nachgereicht werden. Damit ist nach Wegfall der Verbandspräklusion in Bezug auf natur- und umweltschutzrechtliche Einwände aber zu rechnen. Entspr gilt für verspätet (erst nach dem Erörterungstermin) vorgebrachte Einwendungen, die die Behörde, weil die Verspätung unverschuldet war, analog § 32 noch zulassen muss, sowie für die Berücksichtigung späterer eigener Ermittlungsergebnisse der Behörde. Werden aufgrund der Erörterung weitere Gutachten eingeholt, die entscheidungsrelevante Erkenntnisse enthalten, so ist Gelegenheit zu einer ergänzenden Stellungnahme zu geben. Auch ein erneuter Erörterungstermin kann in Betracht kommen.

125 **b) Dreimonatsfrist (Abs 6 S 7).** Nach dem durch das GenBeschlG an Abs 6 angefügten S 7 soll die Erörterung innerhalb von drei Monaten nach Ablauf der Einwendungsfrist abgeschlossen sein. Hierbei handelt es sich um eine Obliegenheit der Anhörungsbehörde, die bei **Verstoß ohne verfahrensrechtliche Sanktion** bleibt (BVerwGE 133, 239 – BAB A 44 Ratingen). Im Einzelfall kann von dieser Frist abgewichen werden, sofern sachgerechte Erwägungen dies erfordern (vgl Schmitz/Wessendorf NVwZ 1996, 955, 960 Fn 65). Bei der Planung von Großvorhaben wird die Frist selten einzuhalten sein.

126 **5. Durchführung des Erörterungstermins. a) Organisatorische Vorkehrungen.** Die Vorbereitung und Durchführung eines Erörterungstermins in großen Vorhaben, vor allem im Infrastrukturbereich, gehört zu den **größten Herausforderungen,** denen eine Behörde ausgesetzt sein kann (vgl Stüer/Probstfeld DÖV 2000, 701). Sie hat im Vorfeld des Termins eine Reihe **logistischer Entscheidungen** auf unsicherer prognostischer Grundlage zu treffen: Sie muss eine Halle mit der nötigen Ausstattung anmieten, ohne die tatsächliche Teilnehmerzahl und die nötige Dauer kennen zu können, die Präsenz von Sanitätern, Ärzten und der Feuerwehr sicherstellen und mit der Polizei Vorkehrungen für den An- und Abfahrtverkehr und etwaige Demonstrationen treffen. An den Sitzungstagen des Erörterungstermins ist ein **Einlassmanagement** zu organisieren, um den Zutritt nur der Berechtigten sicherzustellen und die Anwesenheitsliste zu erstellen. Bei den Erörterungen hat sie es idR mit einer Front aufgebrachter Vorhabengegner zu tun, die zunehmend gut organisiert, fachkundig beraten und oft in Bürgerinitiativen zusammengeschlossen sind.

---

[180] Vgl VGH Mannheim NVwZ-RR 1993, 342: das Gebot fairen Verfahrens wird nicht verletzt, wenn eine erneute Erörterung deshalb unterbleibt, weil später eingegangene Gutachten keine Erkenntnisse enthalten, die eine Änderung der Plankonzeption zur Folge haben.

126a An die **Verhandlungsleitung** sind dadurch besondere Anforderungen gestellt. Sie muss darauf vorbereitet sein, dass die Erörterung von Anfang an mit einer Vielzahl von **Verfahrensanträgen** torpediert wird (beginnend etwa mit Anträgen auf Verlegung des Versammlungsortes, der Ausdehnung der Erörterungszeiten, der Bitte um Einrichtung eines Wickelraums bis hin zur Ablehnung des Verhandlungsleiters wegen Befangenheit). Diese Anträge muss sie aufnehmen und alsbald bescheiden, ohne dadurch blockiert zu werden, die Wortbeiträge in Rede und Gegenrede steuern, dabei sitzungspolizeilich für Ordnung sorgen, über alles Protokoll führen und ggf unsachlich angegriffene Bedienstete psychologisch betreuen lassen uvm. Die Behörde muss über die ganze Erörterung neutral und sachlich bleiben, steht aber ständig in der Kritik und sieht sich dabei auch einer Vielzahl oft unberechtigter Vorwürfe ausgesetzt, weil die Gegner sie als Befürworterin des Vorhabens betrachten. Nicht zuletzt muss sie bedenken, dass ihr Handeln später aus dem Blickwinkel ihrer Verfahrensfehlerfreiheit gewürdigt wird. Für den Verhandlungsleiter stellt sich damit die schwierige und für Juristen ungewohnte Aufgabe, die **psychologische Dimension** der Erörterung zu erkennen und im gegebenen rechtlichen Rahmen handlungsleitend werden zu lassen, was wiederum eine besondere Qualifikation erfordert.

126b **b) Interne oder externe Leitung.** Der Erfolg eines Erörterungstermins hängt damit wesentlich von der Verhandlungsleitung ab. Das Gesetz geht davon aus, dass ein Bediensteter der Anhörungsbehörde den Erörterungstermin leitet. Dies war in der Vergangenheit auch die Regel. Wegen erheblicher Schwierigkeiten bei der Bewältigung von Auseinandersetzungen wird neuerdings allerdings häufiger empfohlen, stattdessen externe Verhandlungsleiter zu beauftragen.[181] Dies hat nicht nur den Vorteil, dass die Leitung Personen übertragen werden kann, die im Umgang mit derartigen Situationen mehr Erfahrung und Professionalität haben, sondern auch den Vorteil, dass der Verhandlungsleiter nicht wie ein Repräsentant der Behörde automatisch einem Lager zugerechnet wird, sondern unabhängiger agieren kann und wahrgenommen wird. Der externe Verhandlungsleiter ist kein Beliehener, sondern als **Verwaltungshelfer** einzustufen.

127 **c) Beteiligte am Erörterungstermin.** Berechtigt zur Teilnahme am Erörterungstermin gem Abs 6 sind:

1. Der **Antragsteller** für die Planfeststellung, seine Bevollmächtigten und etwaige vom Antragsteller oder seinem Bevollmächtigten zugezogene Mitarbeiter;
2. **Vertreter der Behörden,** die nach Abs 2 zu beteiligen sind, auch wenn diese keine Stellungnahme abgegeben haben (zT einschränkend Knack/Henneke 81: kein Anspruch auf Teilnahme, wenn keine schriftliche Stellungnahme);
3. **die Einwender,** die ordnungsgemäße und fristgemäß Einwendungen (s oben Rn 60) erhoben haben, ohne Rücksicht auf ihre Einwendungsbefugnis;
4. **sonstige Betroffene** iS von Abs 6 S 1 auch dann, wenn sie keine Einwendungen erhoben haben. Ob sie nach Abs 4 S 3 mit Einwendungen ausgeschlossen sind, spielt keine Rolle.
5. **Vereinigungen** nach Abs 4 S 5, sofern sie bis zu Beginn des Termins Stellungnahmen abgegeben haben. Ihre Beteiligung ist durch das PlVereinhG zwingend vorgeschrieben worden (Abs 6 S 1), muss aber nunmehr unabhängig von der „Rechtzeitigkeit" der Abgabe von Stellungnahmen gesehen werden.
6. Vertreter der **Planfeststellungsbehörde,** die gerade dann teilnehmen sollten, wenn Planfeststellungsbehörde und Anhörungsbehörde nicht identisch sind (Obermayer 121).
7. Erörterungstermine sind **nichtöffentlich.** Die allgemeine Öffentlichkeit ist nicht zugelassen, der Verhandlungsleiter kann aber aus Sachgründen weitere

[181] Ortloff NVwZ 2012, 17; Frankewitsch NVwZ 2012, 1514.

Personen, insb etwa **Pressevertreter,** zulassen, solange kein Beteiligter widersprich (s § 68 Rn 6).

Zur Prüfung der Teilnahmeberechtigung und zum Ausschluss von Personen, die sich nicht als teilnahmeberechtigt ausweisen, s Büllesbach/Diercks DVBl 1991, 471. Melden sich aufgrund der Veröffentlichung über den Anhörungstermin oder aufgrund sonstiger Umstände vor dem Termin **noch weitere Personen** als Betroffene, können diese von der Anhörungsbehörde zum Termin zugelassen werden; sie haben einen Anspruch auf fehlerfreie Entscheidung über die Zulassung, aber keinen Erörterungsanspruch (Knack/Henneke 91). Bevollmächtigte der beteiligten Personen können teilnehmen; ein Kostenerstattungsanspruch besteht aber nicht (BVerwG NVwZ 1990, 59). 127a

d) Anspruch auf Erörterung. Einwender und Vereinigungen nach Abs 4 S 5 haben ein subjektives Recht auf Erörterung ihrer rechtzeitig erhobenen Einwendungen bzw Stellungnahmen. Der Erörterungspflicht der Anhörungsbehörde entspricht insoweit ein Anspruch der Einwender (Obermayer 174). Dieser erstreckt sich allerdings nur auf die jeweils eigenen Einwendungen, nicht auch auf Einwendungen Dritter (Dürr VBlBW 1992, 321) oder von Stellungnahmen der Behörden usw, die nicht mit eigenen Einwendungen in unmittelbarem Zusammenhang stehen (vgl auch VGH Mannheim NVwZ-RR 1989, 354). Der Erörterungsanspruch besteht auch dann, wenn eine Einwendung offensichtlich auf Verzögerung des Verfahrens abzielt oder in der Sache bereits von anderer Seite vorgetragen ist; auch in diesen Fällen kann nicht von vornherein ausgeschlossen werden, dass die Erörterung neue Gesichtspunkte erbringt. Kein Erörterungsanspruch besteht, soweit die Einwendungs- oder Stellungnahmebefugnis fehlt. Daher haben Betroffene, die sich nicht mit rechtzeitigen (präkludierten) Einwendungen beteiligt haben, aber zum Erörterungstermin zugelassen werden, keinen Anspruch auf Erörterung ihres Vorbringens. Entspr darf verfahren werden mit **Stellungnahmen von Umweltverbänden,** die erst nach der Bekanntmachung des Erörterungstermins eingehen. Auch wenn die Verbände unionsrechtlich nicht im Vortrag beschränkt werden dürfen, ihre Stellungnahmen also über das ganze Verfahren berücksichtigt werden müssen, begründet das keinen Erörterungsanspruch für spätes Vorbringen. Die Stellungnahmefrist (vgl hierzu aber BVerwGE 146, 254 = NVwZ 2013, 1209) wirkt in diesem Umfang rechtshindernd. Daher muss auch der Erörterungstermin wegen später Stellungnahmen grds nicht wiedereröffnet werden. 128

6. Inhalt und Ziele des Erörterungstermins. Der Erörterungstermin entspricht der mV im förmlichen Verfahren; auf ihn sind daher nach Abs 6 S 6 „im Übrigen" die **Vorschriften über die mündliche Verhandlung** (§ 67 Abs 1 S 3, Abs 2 Nr 1–4, § 68) entspr anzuwenden, nicht dagegen § 67 Abs 1 S 2 über die Ladung der Betroffenen, da insoweit nur eine Benachrichtigung vorgesehen ist. Die Erörterung bezieht sich nach S 1 auf die rechtzeitig erhobenen Einwendungen und die rechtzeitig eingegangenen Stellungnahmen der Behörden und sonst in Betracht kommenden Entscheidungsgrundlagen (BVerwGE 75, 225). Soweit es darauf ankommt, sind auch die vom Antragsteller vorgelegten oder von der Behörde eingeholten Gutachten einzubeziehen. 129

a) Wesentliches Ziel. Neben der Feststellung und Klärung aller für die Entscheidung erheblichen Fakten und Gesichtspunkte und der Anhörung (§§ 28, 66) der Betroffenen und ggf Dritter geht es um die **Optimierung der Planung** iS eines Ausgleichs der in Frage stehenden öffentlichen und privaten Interessen[182] sowie um die **Erledigung von Einwendungen und Stellungnahme** gegen den Plan durch Aufklärung, Planergänzung oder Planänderung, Inaussichtstel- 130

---

[182] BVerwGE 57, 297; 60, 306; 61, 306 = DVBl 1981, 933; BVerwG NJW 1983, 296; Knack/Henneke 76; UL § 40 Rn 40; Büllesbach/Diercks DVBl 1991, 470.

lung von Auflagen gem § 74 Abs 2 usw. Wenn auch der Schwerpunkt der Erörterungen naturgemäß und auch nach dem primären Zweck des Erörterungstermins bei den tatsächlichen Voraussetzungen und Auswirkungen des Vorhabens und den **Möglichkeiten einer Abhilfe durch Schutzanordnungen** nach § 74 Abs 2 S 2 liegt, können auch **Rechtsfragen** einzubeziehen sein. Obwohl auch darüber erst die Planfeststellungsbehörde abschließend entscheiden kann, ist die Erörterung von Rechtsfragen tunlich, soweit Erörterungen tatsächlicher Art nur im Hinblick auf sie ihren Zweck erfüllen können.

131 **b) Substantielle Erörterung.** Entsprechend dem Zweck des Erörterungstermins und damit dieser insb auch seine Befriedigungsfunktion erfüllen kann, genügt es nicht, wenn der Verhandlungsleiter im Erörterungstermin die Einwender, sonstige Betroffene, Vertreter der Behörden, geladene Sachverständige usw nur gewissermaßen wie Zeugen „vernimmt" (Ronellenfitsch VerwArch 1989, 104). Die Beteiligten haben nicht nur Anspruch auf Anhörung, sondern vor allem auch auf „substantielle" sachliche Erörterung der Einwendungen und der damit im Zusammenhang stehenden Aspekte des Plans. Dazu gehört eine Erörterung, die auf die wesentlichen Punkte und Materialien, auf die entscheidungserheblichen Gutachten usw inhaltlich qualifiziert eingeht.[183] Die Beteiligten soll zumindest verstehen können, was ihren Einwänden entgegensteht.

132 **c) Abschichtung von Fragen.** Grundsätzlich zulässig und sinnvoll ist es, ähnlich wie auch im gerichtlichen Verfahren, die Erörterung durch Aufteilung der strittigen Probleme vor allem entsprechend den eingegangenen Einwendungen in einzelne Themenkomplexe zu strukturieren und dafür jeweils eine bestimmte Zeit für die Erörterung vorzusehen (VGH Mannheim VBlBW 1990, 59). Zulässig ist insb auch eine **straffe Verhandlungsführung** und die Beschränkung der Erörterungen auf das Wesentliche unter Außerachtlassung von für die Entscheidung unwesentlichen Randfragen[184] und der Ausschluss anderer Beteiligter bei der Erörterung von Fragen, die der Geheimhaltung (s § 29 Rn 37 f) unterliegen (Knack/Henneke 95). Es muss jedoch sichergestellt sein, dass alle wesentlichen Fragen ausreichend erörtert werden können und jeder Einwender, soweit er nicht nur bereits vorgebrachte und schon erörterte Argumente wiederholt, ausreichend und angemessen gehört wird. Erforderlichenfalls ist die ursprünglich für die Erörterung eines Themenkomplexes vorgesehene Zeit angemessen zu verlängern, uU auch einzelnen Einwendern zu Detailfragen, denen zwar für die Planfeststellung insgesamt Bedeutung zukommen kann, die aber offensichtlich keine spezielle Erörterung erfordern, eine schriftliche Ergänzung ihrer mündlichen Ausführungen vorzubehalten. Zulässig ist auch die Abhaltung mehrerer Erörterungstermine, auch getrennt nach Gemeinden oder nach anderen Kriterien.[185] In Verfahren mit einer Vielzahl von Beteiligten bzw Teilnehmern ist dies sogar idR zur Wahrung des rechtlichen Gehörs geboten (Henle BayVBl 1981, 6; Knack/Henneke 77).

IX. Terminsbestimmung zusammen mit der Planauslegung (Abs 7)

133 **1. Allgemeines.** Abs 7 erlaubt der Anhörungsbehörde – insofern abweichend von den Informationspflichten nach Abs 6 S 2 bis 5 (s Rn 120 ff) –, den Erörterungstermin bereits vor der Auslegung zu bestimmen und schon zusammen mit der Planauslegung nach Abs 5 S 2 bekanntzumachen. Dies führt zu einer wesentlichen Verwaltungsvereinfachung, weil sich die Anhörungsbehörde auf diese

[183] BVerwGE 75, 227; Kuschnerus DVBl 1990, 237; Büllesbach/Diercks DVBl 1991, 475.
[184] Henle BayVBl 1981, 7 f; Knack/Henneke 94; kritisch Ronellenfitsch DÖV 1989, 745.
[185] BVerwG DVBl 1988, 496; Kassel NVwZ 1987, 890; VGH München BayVBl 1985, 402; Schröder/Steinmetz-Moos DVBl 1992, 24.

Weise einen Benachrichtigungsvorgang sparen kann. Ob die Behörde von dieser Möglichkeit Gebrauch macht, steht in ihrem Verfahrensermessen (§ 10). Für die Entscheidung wird es maßgeblich darauf ankommen, ob sich der Erörterungstermin vor Beginn der Auslegung bereits sinnvoll zeitlich bestimmen lässt. In vielen Fällen wird man erst nach der Auslegung absehen können, wie viel Zeit die Vorbereitung des Termins kosten wird und in welchem Umfang Erörterungen notwendig werden. Durch einen großzügigen zeitlichen Vorlauf kann man diesem Problem nicht ohne weiteres entgehen, weil es dann zu vermeidbaren Verzögerungen kommen könnte.

2. Durchführung. Für die Bestimmung des Erörterungstermins im Zuge der Bekanntmachung der Auslegung gelten im Übrigen die Vorschriften des Abs 5. Das bedeutet, dass Ort und Zeitpunkt des vorgesehenen Erörterungstermins in die ortsübliche Bekanntmachung nach Abs 5 S 2 aufzunehmen sind. Zu den Einzelheiten der ortsüblichen Bekanntmachung s oben Rn 106. 134

X. Nachträgliche Änderungen des Planentwurfs (Abs 8)

1. Anwendungsbereich. a) Änderung vor Erlass des Planfeststellungs- 135 beschlusses. Änderungen des Plans können in allen Phasen der Planfeststellung bis zur Fertigstellung des Vorhabens notwendig werden. **Phasenspezifisch** gelten dafür je eigene Vorschriften (dazu auch § 76 Rn 1). Die Regelung in **Abs 8** erleichtert die Änderung eines **ausgelegten Plans**, also in der Zeit zwischen der Auslegung des Planentwurfs und dem Erlass des Planfeststellungsbeschlusses. Für Änderungen **vor der Auslegung** bedarf es einer Regelung nicht, weil sie nach allgemeinen Regeln dem Vorhabenträger obliegen, soweit sie noch ohne weiteres zum Gegenstand der Auslegung gemacht werden können. Für Änderungen **nach Feststellung des Plans** (§ 74 Abs 1) gilt § 76 (s zur Systematik dort Rn 16). Dass Abs 8 nicht anwendbar ist, ergibt sich zwar nicht unmittelbar aus seinem Wortlaut, wonach es darauf ankommt, ob der Plan bereits ausgelegt wurde, wohl aber eindeutig aus dem Gesamtzusammenhang und § 76, weil § 73 insgesamt nur das Verfahren bis zum Erlass des Plans regelt.[186] In UVP-pflichtigen Verfahren ist § 9 Abs 1 UVPG zu beachten.

Abs 8 gilt nur für Planänderungen, welche die **Identität des Vorhabens un- 135a berührt** lassen. Das ist der Fall, wenn sich das Vorhaben nach Art, Gegenstand oder Betriebsweise nicht wesentlich ändert.[187] Anhaltspunkte dafür sind neben der Grundkonzeption Größe, Benutzung, Unabhängigkeit oder Abhängigkeit vom ursprünglichen Vorhaben, die eigenständige Bedeutung zusätzlich hinzukommender oder wegfallender Anlagen usw. Ein lediglich räumlicher Zusammenhang genügt nicht (BVerwGE 90, 98). Bei Änderungen des Gesamtkonzepts der Planung ist Abs 8 nicht, auch nicht analog, anwendbar.[188] Es muss ein neues Planfeststellungsverfahren durchgeführt werden.

b) Bedeutung der Vorschrift. Die Regelung hat **erhebliche praktische 136 Bedeutung**. Fast jede Planung oder die zu ihrer Rechtfertigung erstellten Unterlagen müssen im Verlauf des Planfeststellungsverfahrens geändert werden. Anlass dazu geben gewonnene Erkenntnisse über notwendige Verbesserungen des Vorhabens oder genauere Beschreibungen seiner Auswirkungen. Änderungen hat durchweg der Vorhabenträger einzubringen. Er kann es auf eigene Initiative tun oder auf Anregung der Behörde, der konzeptionelle Umgestaltungen verschlossen

[186] BVerwGE 134, 308; BVerwG NVwZ 2011, 175, 176.

[187] BVerwGE 134, 308 (A 33 – Bielefeld-Steinhagen); 90, 98; BVerwG NVwZ 2011, 175; Steinberg/Wickel/Müller, § 2 Rn 164; Ziekow 64; Stüer DVBl 1990, 36; Kuschnerus DVBl 1990, 236.

[188] BVerwGE 134, 308: erstmals eigenständige Verkehrsfunktion; 90, 96, 98; BVerwG NVwZ 1996, 905; Obermayer 153; StBS 134; zT **aA** Kuschnerus DVBl 1990, 239.

sind, die aber zu erkennen geben kann, das Vorhaben ohne bestimmte Änderungen abzulehnen. Ab dem Zeitpunkt der Planauslegung werfen Änderungen aber stets die Frage nach der Notwendigkeit einer **Wiederholung des Anhörungsverfahrens** auf. Unterbleibt eine zumindest teilweise Wiederholung, handelt sich die Behörde im Prozess unweigerlich die Rügen ein, es seien Einwendungsmöglichkeiten beschnitten worden oder der Planentwurf sei unklar geworden (dazu § 74 Rn 129). Nachträgliche Änderungen machen das Vorhaben daher empfindlich angreifbar oder verzögern den Verfahrensabschluss. Der Vorhabenträger könnte dadurch davon abhalten werden, sinnvolle Anregungen aufzugreifen, die er erst nach Planauslegung erhält. Das kollidiert mit dem Zweck dieses Verfahrensabschnittes, neue Erkenntnisse zu gewinnen und diese noch in die Planung einfließen zu lassen, um sie zu verbessern und Einwänden Rechnung zu tragen. In dieser Interessenlage erleichtert es Abs 8, auf die Ergebnisse des Beteiligungsverfahrens zu reagieren und den darin ersichtlich gewordenen Interessen trotz des vorgerückten Verfahrensstadiums entgegenzukommen (BVerwG NVwZ 1990, 366).

136a **c) Erkennbarkeit der Änderungshistorie.** Änderungen des Plans im Verfahren sollen dauerhaft nachvollziehbar bleiben. Das ist schon deshalb unumgänglich, weil sie idR Erkenntnissen Rechnung tragen und Einwendungen obsolet machen. Daher dürfen Änderungen nicht derart erfolgen, dass alte Unterlagen unmerklich gegen neue ausgetauscht werden; vielmehr müssen die ursprünglichen Pläne bei den Planfeststellungsakten bleiben, aber erkennbar durch neue ersetzt werden. Dies kann auf **verschiedene Arten** erfolgen:

(1) Die alten Pläne können ungültig gestempelt und mit Änderungsvermerk vollständig gegen neue ausgetauscht werden.

(2) Ein in der Praxis gängiges, von der Rspr akzeptiertes Verfahren zur Kenntlichmachung von Änderungen eines ausgelegten Plans oder sonstiger Unterlagen ist das sog **Deckblattverfahren** (vgl BMVBS PlafeR 15, Nr 23 Abs 2). Die Änderungen werden dabei nicht nachträglich in die betroffenen Unterlagen eingearbeitet, sondern auf einem gesonderten Blatt dargestellt, das die ausgelegte Unterlage „überdeckt". Das Deckblatt kann die ursprüngliche Unterlage ganz oder teilweise ersetzen oder nur die Änderung selbst festhalten. Im letzteren Fall, der vor allem bei Planzeichnungen in Betracht kommt, ergibt sich der planfestgestellte Inhalt der geänderten Unterlage aus einer Gesamtschau von ursprünglich ausgelegter Planunterlage und Deckblatt.[189]

(3) Ähnlich funktioniert das sog **Blau- oder Rotdruckverfahren.** Dabei wird die geänderte Unterlage neu erstellt, ungültige Teile (Text oder Zeichnungen) werden farbig durchgestrichen, neue Teile in derselben Farbe gedruckt und vom Autor mit Änderungsdatum versehen.

137 **d) Änderung sonstiger Planunterlagen. Umstritten** ist, ob die Verfahrenserleichterungen des Abs 8 nur für Änderungen des Vorhabens selbst gelten oder auch für die Änderung von Planunterlagen, die lediglich eine andere Beurteilung des Vorhabens ermöglichen sollen. Die hM geht zu Recht davon aus, dass Abs 8 unmittelbar nur solche Änderungen erfasst, die das Vorhaben selbst (den Plan) betreffen.[190] Werden lediglich Planunterlagen, Gutachten, Messungen usw geändert, so ist Abs 8 nicht unmittelbar anwendbar. Es spricht aber viel dafür, für die **Änderungen von Planunterlagen** die Regelungen des **Abs 8 analog** heranzuziehen.[191] Das Gesetz selbst regelt das Verfahren bei einer nachträglichen Änderung von Unterlagen nicht. Das ist auch nicht erforderlich, soweit die Än-

---

[189] Vgl BVerwG NVwZ 2013, 147, 148 (B 112 – Oder-Lausitz-Straße) unter Hinweis auf die PlafeR 07 (jetzt: PlafeR 15).

[190] Steinberg/Müller UPR 2007, 1; ebenso StBS 135; FKS 127; aA OVG Schleswig NordÖR 2001, 357.

[191] OVG Schleswig NordÖR 2001, 357; FKS 127; Keilich S. 92 ff.

derungen der Planunterlagen nicht dazu führen, dass sich die Beurteilungsgrundlagen für die Betroffenen wesentlich ändern. Haben die neuen Planunterlagen, Gutachten usw aber zur Folge, dass **mit einer stärkeren Betroffenheit gerechnet werden muss** oder mit Auswirkungen in ganz anderen Gebieten, dann entspricht die in Abs 8 geregelte Interessenlage im wesentlichen derjenigen bei Änderungen des Vorhabens selbst. Die Rspr ist hier uneinheitlich (Überblick bei Steinberg/Müller UPR 2007, 1). Das BVerwG hält ein **neues Beteiligungsverfahren** nur für notwendig, wenn aufgrund neuer Erkenntnisse die **Betroffenheit in grundlegend anderem Licht** erscheint.[192] Auf die **Anstoßfunktion der Auslegung**[193] ist nicht abzustellen. Sie dient dazu, der Behörde zu verdeutlichen, mit welchen Betroffenheiten sie rechnen muss; ist dies geschehen, geben nur nach Art oder Ausmaß grundlegend andere Betroffenheiten Anlass zu einer anderen Abwägung. Bleiben die Betroffenheiten aber gleichartig, stehen die bekannten Betroffenheiten pars pro toto für die neuen und lassen die Abwägungsgrundlage unberührt.

e) Verfahrenserleichterungen. Um Verzögerungen infolge nachträglicher 138
Änderungen des Planentwurfs möglichst zu vermeiden (s Rn 136), erlaubt Abs 8 Änderungen vor Erlass des Planfeststellungsbeschlusses unter erleichterten Bedingungen. Abs 8 unterscheidet dabei **zwei Fälle**. In **S 1** ist der Fall geregelt, dass die Planänderung zu einer **stärkeren oder auch erstmaligen Betroffenheit** in den Gemeindegebieten führt, in denen der Plan bereits ausgelegt worden war, in S 2 der Fall, dass sich **in weiteren Gemeindegebieten** neue Betroffenheiten ergeben. Beide Fälle können kumulativ auftreten. Zu Änderungen bereits festgestellter Pläne s § 76 Rn 5 ff.[194] Auf den Grund für die Entwurfsänderung kommt es nicht an.[195] Im Übrigen gelten dieselben Grundsätze wie für das ursprüngliche Verfahren,[196] selbstverständlich auch dann, wenn Abs 8 nicht weiterhilft.

2. Das Ergänzungsverfahren nach Abs 8 S 1. a) Grundzüge. Werden 139
durch eine Änderung eines Planentwurfs nach der Planauslegung der Aufgabenbereich der nach Abs 2 zu beteiligenden Behörden oder Vereinigungen nach Abs 4 S 5 oder Belange Dritter **erstmals oder stärker als bisher berührt,** sieht Abs 8 S 1 ein vereinfachtes Ergänzungsverfahren vor, wonach auf eine erneute Auslegung verzichtet wird und nur die betroffenen Behörden und Dritten beteiligt werden.[197] Dies gilt auch hins nachträglicher Anordnungen gem § 74 Abs 2 S 2, zB für Auflagen, die Dritte erstmals oder stärker belasten und mit denen nach dem ausgelegten Entwurf nicht ohne weiteres zu rechnen war.[198]

---

[192] BVerwGE 133, 239 Rn 29; 102, 331 = NVwZ 1997, 908; BVerwGE 98, 339, 345; wohl auch FKS 25; StBS 135; s auch Keilich, S 96.

[193] BVerwGE NVwZ 2005, 940 – Flughafen Leipzig-Halle; BVerwG NVwZ 1999, 535; wohl auch Steinberg/Müller UPR 2007, 1, 4.

[194] BVerwG NVwZ 2011, 175, 176.

[195] VGH München BayVBl 1981, 307; StBS 136; Obermayer 152; vgl zur ähnlichen Situation beim Erlaß einer VO Münster NuR 1981, 177: bei wesentlicher Abweichung der abschließenden Fassung vom vorher veröffentlichten Entwurf muss ein neues Verfahren durchgeführt werden.

[196] Vgl BVerfG 53, 87 = NJW 1980, 762. Vgl allg zu nachträglichen Planänderungen BVerwG NVwZ 1990, 366; ferner Kuschnerus 13 ff und DVBl 1990, 230; BVerwGE 29, 286; BVerwG DVBl 1984, 1176; VGH München DVBl 1984, 882. S zu Planänderungen vor Erlass des Planfeststellungsbeschlusses BVerwGE 90, 98; eingehend Hoppe, in: Ule-FS 1987, 75 und Kuschnerus DVBl 1990, 235.

[197] BVerwG NVwZ 1990, 366; vgl auch Kuschnerus DVBl 1990, 235; allg auch BVerwG DVBl 1987, 1000; Hoppe, in: Ule-FS 1987, 75.

[198] BVerwGE 142, 234 (Flughafen Frankfurt): Zusätzliche Flugbewegungen während der Mediationsnacht (von 23–5 Uhr) als wesentliche Änderung; BVerwGE 91, 17 = DVBl 1993, 155: auch nachträgliche Auflagen stellen eine Planänderung iS von Abs 8 dar; vgl auch Mößle BayVBl 1981, 196.

Der Kreis der von der Änderung neu oder stärker berührten Belange muss bekannt sein. Die Anwendbarkeit des Abs 8 S 1 entfällt, wenn nach Lage der Dinge nicht mit Sicherheit auszuschließen ist, dass der Aufgabenbereich weiterer Behörden oder die Belange weiterer Dritter berührt sein könnten.[199] In allen anderen Fällen muss ein neues Auslegungs- und Beteiligungsverfahren nach Abs 3–6 durchgeführt werden.

140 **b) Zusätzliche oder neue Beeinträchtigungen.** Im vereinfachten Planänderungsverfahren sind nach Abs 8 S 1 Dritte (Betroffene, Einwender und Vereinigungen) nur dann zu beteiligen, wenn ihre Belange erstmals oder stärker als bisher berührt werden. Der Begriff der **Belange** Dritter ist derselbe wie in Abs 4 (s Rn 72 ff). In Belangen betroffen werden Dritte nicht nur, wenn die Planänderung einen zusätzlichen Zugriff auf ihre Grundstücke zur Folge hat, sondern auch zB, wenn die Änderung in nennenswertem Umfang sonstige Nachteile, zB Immissionen, für sie erwarten lässt (Kuschnerus 16). **Umstritten** ist, ob auf das ergänzende Verfahren verzichtet werden kann, wenn die **Betroffenheit nicht wesentlich zunimmt** (so StBS 137). Dies ist mit der hM zu verneinen, weil die Beteiligung gerade dazu dient, das Gewicht der zusätzlichen Betroffenheit zu ermitteln.[200] Das BVerwG (NVwZ 1990, 366; ebenso StBS 137) verlangt ferner, dass Dritte von den Folgen der Planänderung **unmittelbar** betroffen werden.[201] Der Begriff der Unmittelbarkeit der Folgen als Abgrenzungskriterium erfordert eine wertende Betrachtungsweise. Allein der Umstand, dass es sich um Folgewirkungen (zB Zunahme des Verkehrs) handelt, schließt die Beachtlichkeit nicht aus. Hier ist stets eine Einzelfallbetrachtung erforderlich.

141 Eine idS **stärkere Betroffenheit verliert** ihre Bedeutung als solche nicht dadurch, dass die Planänderung gleichzeitig für die Betroffenen auch Verbesserungen vorsieht; es gibt **keine saldierende Gesamtbetrachtung.** Sind nachteilige Wirkungen (im genannten Sinn) mit Sicherheit auszuschließen, etwa weil die Änderung die Auswirkungen des Vorhabens beschränkt, nur zusätzliche Schutzeinrichtungen vorsieht uä, so bedarf es keines weiteren Verfahrens (OVG Münster DÖV 1983, 212; StBS 137); der geänderte Plan kann einfach dem weiteren Verfahren zugrunde gelegt werden, selbst wenn der Plan mit den Stellungnahmen usw gem Abs 8 bereits an die Planfeststellungsbehörde weitergeleitet wurde.[202] Handelt es sich bei den Änderungen jedoch **ausschließlich** und unzweifelhaft nur um **Verbesserungen** idS, dass öffentliche Belange oder Belange Dritter weniger betroffen werden (zB durch eine Reduzierung des Vorhabens oder durch verbesserte Schutzvorkehrungen), so bedarf es überhaupt keines ergänzenden Verfahrens, auch nicht des vereinfachten Verfahrens nach Abs 8 (Obermayer 210; vgl auch StBS 137).

142 **c) Durchführung des Nachtragsverfahrens (Abs 8 S 1).** Denjenigen Behörden, deren **Aufgabenbereiche** und denjenigen Dritten, deren Belange aufgrund der Änderung des Planentwurfs stärker als ursprünglich vorgesehen beeinträchtigt werden könnten, sind die beabsichtigten **Änderungen individuell mitzuteilen**. Das gilt auch für anerkannte Umwelt- oder **Naturschutzvereine,** die nach Abs 4 S 5 beteiligt sind, wenn stärkere Beeinträchtigungen von Umwelt, Natur und Landschaft zu erwarten sind.[203] Die Mitteilung setzt eine genaue Information über die Änderung des Planentwurfs voraus. Eine vollständige Übermittlung der Planunterlagen ist nicht erforderlich; die Betroffenen müssen

---

199 Vgl BVerwGE 60, 307; VG Arnsberg NJW 1982, 1572; FKS 135.
200 So zutreffend Obermayer 15 ff; Knack/Henneke 105; FKS 131.
201 BVerwG NVwZ 1999, 70; 1990, 366; StBS 137; FK 134; Knack/Henneke 105.
202 BVerwGE 29, 286; BVerfG 53, 87 = NJW 1980, 762; vgl auch BVerfG NJW 1980, 762.
203 BVerwGE 105, 348; BVerwG NVwZ 2003, 1120; StBS 137; Obermayer 160; FKS 133.

aber die Auswirkungen der Änderungen auf ihre Belange verlässlich abschätzen können. Es besteht eine Verpflichtung, ihnen bei Bedarf Einsicht in die vollständigen Planunterlagen zu geben. Zu einem weiteren Erörterungstermin nach Abs 6 kommt es nach Abs 8 S 1 (anders als in den Fällen des Abs 8 S 2) nicht. Die Einwendungen werden vielmehr von der Anhörungsbehörde gesammelt und zusammen mit den übrigen Unterlagen der Planfeststellungsbehörde übermittelt.

d) Zweiwochenfrist, Präklusion. Den betroffenen Behörden bzw Dritten (nicht mehr den Umweltverbänden) ist zwingend eine Frist von zwei Wochen zu setzen, in der Stellungnahmen und Einwendungen erhoben werden können. Die Einwendungen dürfen sich nach stRspr nur noch auf die Planänderung und die damit zusammenhängenden zusätzlichen Nachteile beziehen.[204] Sofern es hier aber Überschneidungen gibt, weil eine Verstärkung einer bereits zuvor sich abzeichnenden Beeinträchtigung zu erwarten ist, wird man den Einwender nicht auf die Geltendmachung des Zusatznachteils beschränken dürfen, weil man ihm nicht zum Nachteil gereichen lassen darf, dass er das bisherige Maß an Nachteilen hinnehmen wollte. Für die Frist gilt gegenüber betroffenen **Dritten die Präklusionsnorm des Abs 4 S 3** regelmäßig nicht mehr. Deshalb ist ihnen gegenüber der Hinweis nach Abs 4 S 4 entbehrlich und falsch (s zur Präklusion näher Rn 88). **Umweltverbände** sind ggf ebenfalls zu informieren; ihnen darf auch eine Frist gesetzt werden, die aber ebenfalls keine präkludierende Wirkung auslöst (s Rn 89). 143

Gegenüber den betroffenen **Behörden gilt lediglich die Präklusionsnorm des Abs 3a** (s hierzu oben Rn 32 ff). Die Frist beginnt in beiden Fällen mit dem Zugang der Mitteilung. Für die Berechnung der Frist s Rn 83. Eine Verlängerung der Frist nach § 31 ist nicht möglich. Da es sich aber nicht um eine Ausschlussfrist handelt, muss bei unverschuldeter Fristversäumung Wiedereinsetzung in den vorigen Stand gewährt werden (s auch Rn 87). Die innerhalb dieser Frist abgegebenen Stellungnahmen sind von der Anhörungsbehörde im Rahmen des Abs 9 und von der Planfeststellungsbehörde bei ihrer Entscheidung zu berücksichtigen. Ein Anspruch auf einen neuen Erörterungstermin besteht grds nicht.[205] Eine Erörterung kann aber erforderlich werden, wenn anders kein klares Bild über die konkret drohenden zusätzlichen Beeinträchtigungen gewonnen werden kann. 144

3. Auslegung in weiterer Gemeinde (Abs 8 S 2). a) Offenlegungsprinzip. Nach dem Offenlegungsprinzip muss die Auslegung der zum Planentwurf gehörenden Unterlagen in sämtlichen Gemeinden erfolgen, in denen sich Auswirkungen des Vorhabens ergeben können. Deshalb muss ein ergänzendes Auslegungs- und Anhörungsverfahren immer dann stattfinden, wenn die Planänderung **Auswirkungen auf das Gebiet einer anderen Gemeinde** oder bei zwischenzeitlich erfolgten Gebietsänderungen auch bei Auswirkungen auf neue Gebiete einer Gemeinde (vgl StBS 138) hat, das vom ursprünglichen Plan nicht berührt war. Die Regelung ist **zwingend.** Die Ausnahmeregelung des Abs 3 S 2 ist jedoch auch hier anwendbar. Das bedeutet, dass eine Auslegung auch in der weiteren Gemeinde entbehrlich ist, wenn dort der Kreis der Betroffenen bekannt ist. **Neue Einwendungen** nach Abs 4 sind nur bzgl der nunmehr neu hinzugekommenen Gebiete zulässig (Knack/Henneke 109). Die Pflicht zur Durchführung des ergänzenden Verfahrens nach Abs 8 hängt nicht davon ab, ob wesentliche Einwendungen zu erwarten sind. Wer die Einwendungen voraussichtlich erheben wird oder kann, spielt ebenfalls keine Rolle. Das gesonderte Ergänzungsverfahren nach S 2 entfällt, wenn die Änderungen ohnehin ein neues Verfahren auch für die schon bisher berührten Gemeinden 145

---

[204] BVerwG NVwZ 2013, 147, 148 (B 112, Oder-Lausitz).
[205] StBS 137; Knack/Henneke 107; wohl auch Obermayer 163.

erforderlich machen. Zu Planänderungen nach Abschluss des Planfeststellungsverfahrens S § 76 Rn 21 ff.

146 **b) Durchführung des ergänzenden Verfahrens (Abs 8 S 2).** Wirkt sich die Änderung auf das Gebiet einer oder weiterer Gemeinden aus, in denen bisher – aus welchen Gründen auch immer – noch keine Auslegung stattgefunden hat, so ist der Plan nachträglich in diesen Gemeinden auszulegen. Für die Auslegung gelten die **Regelungen der Abs 2–6 entsprechend.** Das bedeutet, dass der geänderte Planentwurf dort für die Dauer eines Monats auszulegen ist (Abs 3). Für die Bekanntmachung der Auslegung gilt Abs 5. Die rechtzeitig erhobenen Einwendungen in dieser Gemeinde sind nach Abs 6 mit den Betroffenen zu erörtern. Für den **Erörterungstermin** gilt Abs 6. Eine erneute Erörterung von Einwendungen, die von Betroffenen in anderen Gemeinden bereits Gegenstand der Erörterung waren, findet im Verfahren nach Abs 8 S 2 nicht statt. Insoweit sind Behörden und Personen, deren Belange durch die Änderung neu oder stärker betroffen werden, auf das Verfahren nach Abs 8 S 1 verwiesen. Die Ergebnisse der Erörterung gehen in die Stellungnahme nach Abs 9 ein und sind von der Planfeststellungsbehörde bei ihrer Entscheidung wie alle anderen Ergebnisse auch zu berücksichtigen.

146a **4. Planänderung durch Protokollerklärung.** Nach einer ständig geübten verwaltungsgerichtlichen Praxis, die **enorme Bedeutung** für die Planerhaltung hat, kann die Planfeststellungsbehörde noch in der mündlichen Verhandlung **zur Niederschrift des Gerichts** (§ 105 VwGO) verbindliche Erklärungen mit Wirkung für den Vorhabenträger abgeben, etwa Schutzvorkehrungen erweitern oder ergänzen (BVerwGE 110, 370 Rn 29; NVwZ 1996, 906 Rn 10). Derartige Erklärung sind **auslegungsbedürftig:** Sie können den Planfeststellungsbeschluss ändern oder (nur) dem jeweiligen Kläger einen Anspruch einräumen, der seinen Aufhebungs- oder Planergänzungsanspruch beseitigt. Ändert die Behörde den Planfeststellungsbeschluss, ist er der gerichtlichen Prüfung fortan in der geänderten Fassung zugrunde zu legen.[206] Bei derartigen Änderungen kann es mit der Niederschrift allein, die die für Planfeststellungsbeschlüsse erforderliche Schriftform (s § 74 Rn 128) nicht wahrt, nicht sein Bewenden haben. Planänderungen muss die Behörde anschließend noch entspr § 76 formell in den Planfeststellungsbeschluss aufnehmen und zugänglich machen.

XI. Weiterleitung an Planfeststellungsbehörde (Abs 9)

147 **1. Allgemeines.** Nach Abs 9 ist die Anhörungsbehörde verpflichtet, zum Ergebnis des Anhörungsverfahrens eine Stellungnahme abzugeben und diese möglichst innerhalb eines Monats mit dem Plan und den übrigen Unterlagen einschließlich der erhobenen Einwendungen der Planfeststellungsbehörde vorzulegen. Bei **Identität von Anhörungsbehörde und Planfeststellungsbehörde** (s Rn 19) entfällt naturgemäß die Notwendigkeit einer gesonderten Vorlage und Stellungnahme (StBS 142; Knack/Henneke 111). Die Stellungnahme ist in diesem Fall auch nicht deshalb erforderlich, weil sie als Gegenstand der Akteneinsicht zugleich auch für die Beteiligten Anlass und Grundlage für ergänzende Ausführungen sein könnte. Die Monatsfrist für die Vorlage soll die nach den Erfahrungen dringend notwendige Beschleunigung des Verfahrens gewährleisten (Begr 88). Da es sich um eine bloße Ordnungsvorschrift handelt, berührt eine Überschreitung nicht die Rechtmäßigkeit des Verfahrens bzw des Planfeststellungsbeschlusses nach § 74.[207]

---

206 Vgl nur BVerwG NVwZ 2012, 1314; B v 15.12.2016 – 9 A 12.16 – juris (Protokollerklärung zur Schaffung hauptamtlicher Wachabteilungen für die Elbquerung); U v 10.11.2016 – 9 A 19.15 – juris Rn 16 (Entschädigungsanspruch erweitert).

207 Knack/Henneke 111; Steinberg/Berg/Wickel Rn 106.

2. Stellungnahme der Anhörungsbehörde. a) Inhalt und Zweck. Die Stellungnahme stellt eine Art Ersatz dafür dar, dass der Planfeststellungsbehörde der unmittelbare Eindruck über die Vorgänge im Anhörungsverfahren fehlt. Sie soll die Planfeststellungsbehörde bei der sachgerechten Abwägung der für oder gegen den Plan sprechenden Gesichtspunkte unterstützen. Die **bloße Schilderung** des Hergangs des Anhörungsverfahrens und die Vorlage der Niederschrift über den Erörterungstermin genügt deshalb idR nicht; vielmehr muss die Stellungnahme zugleich **wertend** angeben, wie die Anhörungsbehörde selbst das Vorhaben beurteilt, ob sie es befürwortet oder Bedenken dagegen hat, welche Einwendungen sie für erheblich und welche für unbedeutend hält, welche alternativen Lösungsmöglichkeiten sie sieht usw (ebenso Obermayer 223). 148

b) Verfahrensfehler. Eine **fehlende oder ungenügende Stellungnahme** einer nach Abs 2, 4 beteiligten Behörde, die den Erfordernissen einer ausreichenden Information der Planfeststellungsbehörde nicht genügt, stellt einen **Verfahrensfehler** dar, der jedoch nach § 45 Abs 1 Nr 5 heilbar ist. Die Planfeststellungsbehörde kann bei Unvollständigkeit der Unterlagen auch die Akten der Anhörungsbehörde zur Vervollständigung, zur Nachholung von Anhörungen usw, erforderlichenfalls auch zur Wiederholung des Erörterungstermins, zurückgeben.[208] Mit Ausnahme des Erörterungstermins (Obermayer 229) kann sie die erforderlichen Verfahrenshandlungen auch selbst vornehmen (Obermayer 229; Knack/Henneke 113), wenn es sich insoweit nur um punktuelle Ergänzungen handelt. Bei umfangreicheren Aufklärungsdefiziten ist eine Nachholung Sache der Anhörungsbehörde; in derartigen Fällen muss die Planfeststellungsbehörde die Sache zunächst nochmals an die Anhörungsbehörde zurückgeben (BVerwGE 75, 266; Knack/Henneke 113). 149

3. Zusammenfassende Darstellung nach § 11 UVPG. Umstritten ist, ob die Anhörungsbehörde im Zuge ihrer Stellungnahme nach Abs 9 auch die zusammenfassende **Darstellung der Umweltauswirkungen** nach § 11 UVPG vorzunehmen hat. Dies wird in der Lit unter Hinweis auf die Sachnähe überwiegend angenommen.[209] Die Frage ist mit der Rspr **richtigerweise zu verneinen.**[210] Nach § 9 S 1 UVPG ist die Erarbeitung der Darstellung Sache der zuständigen Behörde. Dies ist nicht die Anhörungsbehörde, sondern die Planfeststellungsbehörde, die auch für die Entscheidung in der Sache selbst zuständig ist. Dies schließt es allerdings nicht aus, dass die Anhörungsbehörde eine derartige Darstellung im Rahmen ihrer Stellungnahme nach Abs 9 oder auch unabhängig davon als Entwurf vorbereitet. 150

XII. Rechtsschutz bei Verfahrensfehlern

1. Überblick. Gegen eine Verletzung von verfahrensrechtlichen Vorschriften können die Betroffenen idR nicht direkt mit Rechtsbehelfen vorgehen. Einem unmittelbar gegen fehlerhafte Verfahrenshandlungen gerichteten Rechtsschutzbegehren steht § 44a VwGO entgegen (vgl Kopp/Schenke § 44a Rn 5), dessen Zweck es ist, die Sachentscheidung nicht durch Rechtsstreitigkeit über Verfahrenshandlungen zu verzögern oder zu erschweren (BVerwGE 115, 373 Rn 54). Verfahrensverstöße können deshalb iaR **nur im Rahmen des Rechtsschutzes gegen den Planfeststellungsbeschluss** geltend gemacht werden, was idR die Verletzung in einem materiellen Recht gem § 42 Abs 2 Halbs 2 VwGO voraussetzt (s näher § 75 Rn 69 ff). Eine Ausnahme ist das Mitwirkungsrecht anerkannter Umweltverbände nach dem BNatSchG, das schon während eines laufenden 151

---

[208] Obermayer 228; Knack/Henneke 112.

[209] So Knack/Henneke 114 unter Hinweis auf die PlafeR 2007 Nr 26; UL 40 Rn 43; Obermayer 170; Steinberg/Berg/Wickel Rn 107; FKS 144.

[210] BVerwGE 104, 123, 126; Peters UVPG § 11 Rn 7; Ziekow 67.

Planungsverfahrens mit der **Partizipationserzwingungsklage** selbstständig durchgesetzt werden kann (s § 75 Rn 91). Verstöße gegen § 73 führen idR zur Rechtswidrigkeit des Planfeststellungsbeschlusses. Die Folgen des Fehlers für den Planfeststellungsbeschluss ergeben sich aus den allgemeinen Vorschriften. Die Regelungen der §§ 44 ff sind anwendbar. Dies bedeutet, dass ein Verstoß gegen die Bestimmungen des § 73 **nur ausnahmsweise,** nämlich unter den engen Voraussetzungen des § 44, zur **Nichtigkeit** führt (StBS 144). Umstritten ist dies für den Fall, dass das Anhörungsverfahren vollständig unterbleibt. In diesem Fall wird teilweise Nichtigkeit angenommen.[211] Die Frage wird sich nicht allgemein beantworten lassen. Vielmehr dürfte es auf die Umstände ankommen. So wird Nichtigkeit im Falle des Unterlassens eines offensichtlich erforderlichen Erörterungstermins in Betracht kommen (UL § 40 Rn 38), nicht dagegen bei rechtswidrigem Verzicht oder irrtümlicher Annahme der Entbehrlichkeit nach Abs 6 S 6 iVm § 67 Abs 2 Nr 1, 4.[212]

152 **2. Präklusion der Rügemöglichkeit?** Nach der Rspr sind Verfahrensfehler grds ihrerseits mit einer Einwendung nach Abs 4 geltend zu machen (BVerwGE 96, 258). Dies soll jedenfalls dann gelten, wenn die Möglichkeit hierzu im Rahmen des Einwendungsverfahrens nach Abs 6 besteht. Indes kann eine Präklusion der Rügemöglichkeit von Verfahrensfehlern nach Abs 4 S 3 richtigerweise **nicht angenommen werden.** Die Vorschrift bezieht sich nur auf materielle Einwendungen gegen das Vorhaben, nicht gegen das Verfahren. Soweit Betroffene es unterlassen, einen Verfahrensfehler schon im Einwendungsverfahren zu rügen, kommt nur eine Verwirkung in Betracht. Dies wird nur in Missbrauchsfällen anzunehmen sein.

153 **3. Heilung von Verfahrensfehlern.** Verletzungen der Vorschriften des § 73 sind gem § 45 grds heilbar. Unmittelbar anwendbar ist **§ 45** aber nur für die Zeit **nach Erlass** des Planfeststellungsbeschlusses. Für die Zeit davor wird jedoch eine entspr Anwendung in Betracht gezogen.[213] Allerdings geht es nicht um eine „Heilung" im eigentlichen Sinne. Bei laufendem Ursprungsverfahren steht es der Behörde ohnehin frei, erkannte Fehler jederzeit zu beseitigen, indem sie auf der **Grundlage des regulären Verfahrensrechts** vorgeht und nach ihrem Verfahrensermessen (§ 10) situationsangepasste Schritte einleitet. Ist etwa beim Anhörungsverfahren ein Fehler aufgetreten ist, so muss nicht das Verfahren insgesamt abgebrochen oder wiederholt werden, sondern nur der vom Fehler betroffene Verfahrensabschnitt und nur den Personen gegenüber, die vom Fehler betroffen sind. Die Behörde muss zB den versehentlich nicht zum Erörterungstermin geladenen Betroffenen oder Einwender nachträglich individuell anhören und die ihn betreffenden Probleme bzw seine Einwendungen mit ihm erörtern und das bisherige Verfahrensergebnis nochmals im Licht des Ergebnisses der nachgeholten Anhörung und Erörterung überprüfen (vgl BVerwGE 26, 145; 75, 227 = NVwZ 1987, 578). Allerdings ist Voraussetzung der Fehlerbeseitigung, dass eine **ernsthafte Überprüfung der Planungsentscheidung** im Hinblick auf das neue Vorbringen stattfindet. Die unter § 45 Rn 26 dargelegten Grundsätze gelten entspr für die Nachholung der Anhörung.

154 **4. Unbeachtlichkeit von Verfahrensfehlern.** Auch für das Planfeststellungsverfahren gilt § 46, wonach Verfahrensfehler zur Aufhebung eines Planfeststellungsbeschlusses führen können, wenn nicht offensichtlich ist, dass sich die Fehler nicht auf das Ergebnis ausgewirkt haben. Nach bisheriger Rspr soll es demgegenüber darauf ankommen, ob die konkrete Möglichkeit bestanden hat,

---

[211] StBS 144 mwN; nun auch FKS 145; Knack/Henneke 117 f mwN.

[212] Ähnlich BVerwG NVwZ 1984, 578; OVG Koblenz NuR 1988, 353; wohl nun auch Ziekow 70, inkonsequent insoweit auch Knack/Henneke 118.

[213] BVerwGE 75, 214, 227; BVerwG NVwZ 2008, 678; 1992, 789; Steinberg/Wickel/Müller, § 6 Rn 96.

dass die Entscheidung bei Vermeidung des Fehlers anders ausgefallen wäre.[214] Diese Rspr muss aus unions- wie verfassungsrechtlichen Gründen modifiziert werden (vgl hierzu § 75 Rn 27, 77a und § 46 Rn 5b). Nötig ist jetzt der Nachweis, dass die Planungsentscheidung bei Vermeidung des Verfahrensfehlers genauso ausgefallen wäre (vgl § 75 Rn 27f). Ferner genügt, dass der (Rechtsschutz)Zweck der verletzten Vorschriften für den Betroffenen jedenfalls auf andere Weise mindestens ebenso gut und wirksam erreicht wurde.[215]

Unterbleibt im Anhörungsverfahren **die Aufforderung, Bekanntmachung oder der Hinweis** (vgl Rn 105ff), ist auch dies heilbar. Dazu ist erforderlich, dass sich die von dem Verfahrensmangel Betroffenen tatsächlich am Anhörungsverfahren beteiligen und alle Gesichtspunkte geltend machen, die sie bei ordnungsgemäßem Verfahren geltend gemacht hätten. Es muss aber auszuschließen sein, dass sie weitere Mängel gerügt oder vorgebrachte Rügen substanzhaltiger formuliert hätten, wenn das Verfahrensrecht beachtet worden wäre. Sind Betroffene durch solche Mängel der Auslegung gehindert worden, ausreichend Einsicht in den Plan zu nehmen, und haben deshalb Einwendungen nicht erhoben bzw konnten im Erörterungstermin nach Abs 6 eine Aussprache über bestimmte Fragen nicht erreichen, können sie dies als relativen Verfahrensfehler im nachfolgenden Klageverfahren geltend machen. Der Erfolg der Rüge hängt davon ab, dass die Mängel im Verwaltungsverfahren beanstandet und nicht abgestellt wurden und dass die Betroffenen im Rechtsbehelfsverfahren Gesichtspunkte benennen, die sie bei ordnungsgemäßer Durchführung des Verfahrens vorgetragen hätten und die, weil sie nicht vorgetragen wurden, von der Behörde im Planfeststellungsverfahren nicht oder nicht mit dem ihnen für die Entscheidung zukommenden Gewicht gewürdigt worden sind. 155

§ 74 Planfeststellungsbeschluss, Plangenehmigung

(1) **Die Planfeststellungsbehörde stellt den Plan fest (Planfeststellungsbeschluss).**[124 ff] **Die Vorschriften über die Entscheidung und die Anfechtung der Entscheidung im förmlichen Verwaltungsverfahren (§§ 69 und 70) sind anzuwenden.**[128 ff]

(2) **Im Planfeststellungsbeschluss entscheidet die Planfeststellungsbehörde über die Einwendungen, über die bei der Erörterung vor der Anhörungsbehörde keine Einigung erzielt worden ist.**[135 ff] **Sie hat dem Träger des Vorhabens Vorkehrungen oder die Errichtung und Unterhaltung von Anlagen aufzuerlegen, die zum Wohl der Allgemeinheit oder zur Vermeidung nachteiliger Wirkungen auf Rechte anderer erforderlich sind.**[141 ff] **Sind solche Vorkehrungen oder Anlagen untunlich oder mit dem Vorhaben unvereinbar, so hat der Betroffene Anspruch auf angemessene Entschädigung in Geld.**[161 ff]

(3) **Soweit eine abschließende Entscheidung noch nicht möglich ist, ist diese im Planfeststellungsbeschluss vorzubehalten;**[175 ff] **dem Träger des Vorhabens ist dabei aufzugeben, noch fehlende oder von der Planfeststellungsbehörde bestimmte Unterlagen rechtzeitig vorzulegen.**[181]

---

[214] BVerwGE 69, 270 = NVwZ 1984, 718; BVerwG NVwZ 1999, 535; NVwZ-RR 1999, 725; nach ihrem klaren Wortlaut kommt es nicht auf die konkrete Möglichkeit einer Auswirkung an, sondern darauf, ob eine solche ausgeschlossen werden kann. BVerwG DVBl 1990, 787: Es ist zu prüfen, ob die konkrete Möglichkeit besteht, dass die planende Behörde eine konzeptionell andere Entscheidung getroffen hätte; Hien NVwZ 1997, 424; StBS 148; kritisch Wahl NVwZ 1990, 432; Knack/Henneke 124: nicht unproblematisch.

[215] BVerwGE 71, 152 = NVwZ 1986, 39; VGH München NVwZ 1996, 284, 286; Steinberg/Berg/Wickel § 3 Rn 166, 170; Wahl NVwZ 1990, 433.

(4) **Der Planfeststellungsbeschluss ist dem Träger des Vorhabens, denjenigen, über deren Einwendungen entschieden worden ist, und den Vereinigungen, über deren Stellungnahmen entschieden worden ist, zuzustellen.**[184 ff] **Eine Ausfertigung des Beschlusses ist mit einer Rechtsbehelfsbelehrung und einer Ausfertigung des festgestellten Plans in den Gemeinden zwei Wochen zur Einsicht auszulegen;**[189 ff] **der Ort und die Zeit der Auslegung sind ortsüblich bekannt zu machen. Mit dem Ende der Auslegungsfrist gilt der Beschluss gegenüber den übrigen Betroffenen als zugestellt; darauf ist in der Bekanntmachung hinzuweisen.**[193]

(5) **Sind außer an den Träger des Vorhabens mehr als 50 Zustellungen nach Absatz 4 vorzunehmen, so können diese Zustellungen durch öffentliche Bekanntmachung ersetzt werden.**[195] **Die öffentliche Bekanntmachung wird dadurch bewirkt, dass der verfügende Teil des Planfeststellungsbeschlusses, die Rechtsbehelfsbelehrung und ein Hinweis auf die Auslegung nach Absatz 4 Satz 2 im amtlichen Veröffentlichungsblatt der zuständigen Behörde und außerdem in örtlichen Tageszeitungen bekannt gemacht werden, die in dem Bereich verbreitet sind, in dem sich das Vorhaben voraussichtlich auswirken wird; auf Auflagen ist hinzuweisen.**[198] **Mit dem Ende der Auslegungsfrist gilt der Beschluss den Betroffenen und denjenigen gegenüber, die Einwendungen erhoben haben, als zugestellt; hierauf ist in der Bekanntmachung hinzuweisen.**[201] **Nach der öffentlichen Bekanntmachung kann der Planfeststellungsbeschluss bis zum Ablauf der Rechtsbehelfsfrist von den Betroffenen und von denjenigen, die Einwendungen erhoben haben, schriftlich oder elektronisch angefordert werden;**[202 f] **hierauf ist in der Bekanntmachung gleichfalls hinzuweisen.**

(6) **An Stelle eines Planfeststellungsbeschlusses**[216] **kann eine Plangenehmigung**[203 ff] **erteilt werden, wenn**

1. **Rechte anderer nicht oder nur unwesentlich beeinträchtigt werden**[209 ff] **oder die Betroffenen sich mit der Inanspruchnahme ihres Eigentums oder eines anderen Rechts schriftlich einverstanden erklärt haben,**
2. **mit den Trägern öffentlicher Belange, deren Aufgabenbereich berührt wird, das Benehmen hergestellt worden ist**[213] **und**
3. **nicht andere Rechtsvorschriften eine Öffentlichkeitsbeteiligung vorschreiben, die den Anforderungen des § 73 Absatz 3 Satz 1 und Absatz 4 bis 7 entsprechen muss.**[214]

Die Plangenehmigung hat die Rechtswirkungen der Planfeststellung;[221] **auf ihre Erteilung sind die Vorschriften über das Planfeststellungsverfahren nicht anzuwenden;**[218 ff] **davon ausgenommen sind Absatz 4 Satz 1 und Absatz 5, die entsprechend anzuwenden sind. Vor Erhebung einer verwaltungsgerichtlichen Klage bedarf es keiner Nachprüfung in einem Vorverfahren. § 75 Abs. 4 gilt entsprechend.**

(7) **Planfeststellung und Plangenehmigung entfallen**[224 ff] **in Fällen von unwesentlicher Bedeutung.**[176 ff] **Diese liegen vor, wenn**

1. **andere öffentliche Belange nicht berührt sind**[226] **oder die erforderlichen behördlichen Entscheidungen vorliegen und sie dem Plan nicht entgegenstehen,**
2. **Rechte anderer nicht beeinflusst werden**[228] **oder mit den vom Plan Betroffenen entsprechende Vereinbarungen getroffen worden sind und**
3. **nicht andere Rechtsvorschriften eine Öffentlichkeitsbeteiligung vorschreiben, die den Anforderungen des § 73 Absatz 3 Satz 1 und Absatz 4 bis 7 entsprechen muss.**[230]

Schrifttum: *Achenbach,* Zur Frage der selbständigen rechtlichen Bedeutung der privatnützigen Planfeststellung, 1992; *Appel,* Die Bindungswirkungen des Raumordnungsrechts für nachfolgende Planungs- und Genehmigungsverfahren, UPR 2011, 161; *Bartlsperger,* Planungsrechtliche Optimierungsgebote, DVBl 1996, 1; *Berkemann,* Das „Abwägungsmodell" des BVerwG (BVerwGE 34, 301) – Entstehungsgeschichte und Legendenbildung, DVBl 2013, 1280; *Bernhardt,* Das Abwägungsgebot zwischen richterlicher Rechtsfortbildung und gesetzlicher Regelung, JA 2007, 862; *Burgi,* Das Bedarfserörterungsverfahren: Eine Reformoption für die Bürgerbeteiligung bei Großprojekten, NVwZ 2012, 277; *Busch,* Der bekannte Betroffene im Sinne des § 74 IV 1 VwVfG, DVBl 1991, 1190; *Dobmann,* Entschädigungsansprüche der Anlieger wegen Beeinträchtigungen während des Baus planfestgestellter Anlagen, NVwZ 2011, 9; *Dreier,* Die normative Steuerung der Abwägung, 1995; *Durner,* Konflikte räumlicher Planungen, 2005; *Erbguth,* Raumordnung und Fachplanung: Ein Dauerthema, DVBl 2013, 274; *Franzius,* Stuttgart 21: Eine Epochenwende? GewArch 2012, 225; *Fouquet,* Die allgemeinen materiellen Voraussetzungen der Planfeststellung, VerwArch 1997, 212; *Friedrichsen,* Umweltbelastende Vorhaben und Alternativen in der Planfeststellung, 2005; *E. Hofmann,* Abwägung im Recht, 2007; *Hoppe,* Die Zusammenstellung des Abwägungsmaterials und die Einstellung der Belange in die Abwägung „nach Lage der Dinge" bei der Planung, DVBl 1977, 136; *ders,* Die Bedeutung von Optimierungsgeboten im Planungsrecht, DVBl 1992, 853; *ders,* Der Rechtsgrundsatz der Planerhaltung als Struktur- und Abwägungsprinzip, DVBl 1996, 12; *Hösch,* Die Bewältigung von Prognoseunsicherheiten bei planerischen Entscheidungen am Beispiel des Fluglärms, UPR 2006, 411; *Ibler,* Die Schranken planerischer Gestaltungsfreiheit im Planfeststellungsrecht, 1988; *Jarass,* Die Planrechtfertigung bei Planfeststellungen, NuR 2004, 69; *ders,* Schutzmaßnahmen und Ausgleichsentschädigung bei Planfeststellungen, DÖV 2004, 633; *Koch,* Das Abwägungsgebot im Planungsrecht, DVBl 1983, 1125; *ders,* Abwägungsvorgang und Abwägungsergebnis als Gegenstände gerichtlicher Plankontrolle, DVBl 1989, 399; *Krappel,* Zur Zulässigkeit von Betriebsregelungen in Planfeststellungsbeschlüssen für Verkehrsinfrastrukturvorhaben, DVBl 2012, 674; *Kühling/Hermann,* Fachplanungsrecht, 2. Aufl 2000; *Kümper,* Die Bindung von Fachplanungsträgern an den Flächennutzungsplan gem § 7 BauGB, UPR 2013, 9; *Michlerr,* Die Berücksichtigung von Baustellenimmissionen in der Planfeststellung, UPR 2012, 335; *Paetow,* Die Teilbarkeit von Planungsentscheidungen, DVBl 1985, 369; *Ramsauer,* Planfeststellung ohne Abwägung? NVwZ 2008, 244; *ders,* Privatnützige Planfeststellung und öffentliches Interesse, in Ziekow (Hg), Schutz vor Fluglärm – Regionalplanung – Planfeststellungsverfahren, 2003, 153; *ders,* Abwägungskontrolle und subjektiver Rechtsschutz im Planfeststellungsverfahren, DÖV 1981, 37; *Ramsauer/Bieback,* Planfeststellung von privatnützigen Vorhaben, NVwZ 2002, 277; *Ringel,* Die Plangenehmigung im Fachplanungsrecht, 1996; *Rubel,* Planungsermessen, Norm- und Begründungsstruktur, 1982; *Rubel,* Über Weser und Elbe zum Flughafen Frankfurt – Neuere Rspr des BVerwG im Planfeststellungsrecht, DVBl 2013, 469; *Schmitz/Prell,* Planungsvereinheitlichungsgesetz, NVwZ 2013, 745; *Steinberg,* Landesplanerische Standortplanung und Planfeststellung, DVBl 2010, 137; *Steinberg/Wickel/Müller,* Fachplanung, 4. Aufl 2012; *Storost,* Fachplanung und Wirtschaftsstandort Deutschland: Rechtfolgen fehlerhafter Planung, NVwZ 1998, 797; *Stüer,* Handbuch des Bau- und Fachplanungsrechts, 2009; *Timmermanns,* Planfeststellung und Plangenehmigung, VBlBW 1999, 285; *Vallendar,* Das Abwägungsgebot – ein alter Hut mit neuen Federn, UPR 1999, 121; *Wahl,* Genehmigung und Planentscheidung, DVBl 1982, 51; *Wahl/Dreier,* Entwicklung des Fachplanungsrechts, NVwZ 1999, 606; *Wahl/Hönig,* Entwicklung des Fachplanungsrechts, NVwZ 2006, 161; *Ziekow* (Hg), Handbuch des Fachplanungsrechts, 2. Aufl 2014.

Schrifttum zu einzelnen Fachplanungsgesetzen: *Appel,* Bundesfachplanung versus landesplanerische Ziele der Raumordnung – Was hat Vorrang? NVwZ 2013, 457; *ders,* Neues Recht für neue Netze – UPR 2011, 406; *Buschbaum/Reidt,* Die Einbeziehung von Nebenanlagen in die Bundesfachplanung und die Planfeststellung nach dem NABEG, UPR 2013, 421; *Dietrich,* Anfang und Ende von Eisenbahninfrastruktur, DVBl 2007; 657; *Bauer,* Entschädigungsrechtliche Auflagen im straßenrechtlichen Planfeststellungsbeschluss, NVwZ 1993, 441; *Elspaß,* Planung und Genehmigung von Nebenanlagen im Kontext der Bedarfsplanung für Höchstspannungsleitungen, NVwZ 2014, 489; *Erbguth,* Rechtliche Anforderungen an alternative Prüfungen in (abfallrechtlichen) Planfeststellungsverfahren und vorgelagerten Verfahren, NVwZ 1992, 209; *Gaßner/Neusüß,* Standortauswahlverfahren und Sicherheitsanforderungen für ein Endlager, ZUR 2009, 345; *Grabherr/Reidt/Wysk,* Luftverkehrsgesetz, Loseblatt-Kommentar, Stand: 2016. *Grigoleit/Weisensee,* Das neue Planungsrecht für Elektrizitätsnetze, UPR 2011, 401; *Hartmann,* Genehmigung und Planfeststellung für Verkehrsflughäfen und Rechtsschutz Dritter, 1994 *Hösch,* Die Notwendigkeit einer zentralen Flughafenplanung, UPR 2008, 378; *ders,* Die Bewältigung von Prognoseunsicherheit bei planerischen Entscheidungen am Beispiel des Fluglärms, UPR 2006, 411; *Hoppe/Schlarmann/Buchner,* Rechtschutz bei der Planung von Straßen und anderen Verkehrsanlagen, 3. Aufl 2001; *Jannasch,* Aktuelle Entwicklungen des Luftverkehrsrechts aus der Sicht der Rspr, VBlBW 2011, 81; *Kment,* Bundesfachplanung von Trassenkorridoren für Höchstspannungsleitungen, NVwZ 2015, 616; *Kümper,* Das Verhältnis der Bundesfachplanung nach § 4 ff. NABEG zur Raumordnung der Länder, NVwZ 2014, 1409; *Lieber,* Rechtliche Bindungen zwischen der Planfeststellung von Flughäfen und der Flugroutenplanung, NVwZ 2014, 397; *Moench/Ruttloff,* Netzausbau in Beschleunigung, NVwZ 2011, 1040; *Schiller,* Praxisprobleme bei der Planfeststellung von Energiefreileitungen, UPR 2009, 245; *Storost,* Rechtsprechung zum Verkehrswegeplanungsrecht, DVBl 2012, 457; *Stüer,* Luftverkehrsrecht, DVBl 2007, 610; *Ziekow,* Die Bestandskraft luftverkehrsrechtlicher Planfeststellungsbeschlüsse, VerwArch 2008, 559.

Schrifttum zu den Anforderungen des Naturschutzes in der Planung: *Beier/Geiger,* Die Behandlung des artenschutzrechtlichen Tötungsverbots in der Planfeststellung bei Tierkollisionen, DVBl 2011, 401; *Burmeister,* Zur Prüfung der Erheblichkeit von Beeinträchtigungen der Natura-2000-Gebiete gem § 34 BNatSchG im Rahmen einer FFH-Verträglichkeitsprüfung, NuR 2004, 296; *Dolde,* Artenschutz in der Planung, NVwZ 2008, 121; *Gellermann,* Natura 2000, 2. Aufl 2001; *ders,* Europäischer Gebiets- und Artenschutz in der Rspr, NuR 2009, 8; *Gellermann/Schreiber,* Schutz wildlebender Tiere und Pflanzen in staatlichen Planungs- und Zulassungsverfahren, 2007; *Hendler/Brockhoff,* Die Eingriffsregelung im neuen BNatSchG, NVwZ 2010, 733; *Hösch,* Die FFH- Verträglichkeitsprüfung im System der Planfeststellung, NuR 2004, 210; *Jarass,* Die Zulässigkeit von Projekten nach FFH-Recht, NuR 2007, 371; *Johlen,* Der Natur- und Umweltschutz in der Planfeststellung, Baurecht 2000, 195; *Lütkes,* Artenschutz in Genehmigung und Planfeststellung, NVwZ 2008, 598; *Ramsauer,* Die Bedeutung der naturschutzrechtlichen Eingriffsregelung für die Planfeststellung am Beispiel der Transrapid-Planung, NuR 1997, 419; *Rieger,* Die Bedeutung naturschutzrechtlichr Vorschriften bei der Errichtung baulicher Anlagen – ein Überblick, UPR 2012, 1; *Stüer/Hermanns,* Fachplanungsrecht: Natur- und Umweltschutz – Verkehrswege, DVBl 2002, 514; *Wickel/Bieback,* Der Ausbau von Bundesverkehrswegen und das FFH-Schutzregime, BayVBl 2004, 353; *Winter,* Alternativenprüfung und Natura 2000, NuR 2010, 601; *de Witt/Geismann,* Artenschutzrechtliche Verbote in der Fachplanung, 2010.

Schrifttum zum Immissionsschutz in der Planung: *Füßer/Kreuter,* Die Anwendung von Irrelevanzschwellen im Immissionsschutzrecht, NVwZ 2013, 1241; *Halama,* Lärmschutz in der Planung, NVwZ 2003, 137; *Koch/Wieneke,* Umweltprobleme des Luftverkehrs, NVwZ 2003, 1153; *Krappel,* Lärmschutz in der eisenbahnrechtlichen Planfeststellung, Diss 2011; *Michler,* Planfeststellung und Immissionsschutz, VerwArch 1999, 22; *Quaas,* Der Schutz vor unzumutbarem Fluglärm in der Planfeststellung, NVwZ 1991, 16; *Ramsauer,* Umweltprobleme in der Flughafenplanung, NVwZ 2004, 1041; *Schulze-Fielitz,* Lärmschutz bei der Planung von Verkehrsvorhaben, DÖV 2001, 181; *Storost,* Lärmschutz in der Verkehrswegeplanung, DVBl 2013, 281.

Schrifttum zum Wasserrecht in der Planung: *Berendes,* Das neue Wasserhaushaltsgesetz, ZfW 2014, 1; *Ekardt/Weyland,* Neues vom wasserrechtlichen Verschlechterungsverbot und Verbesserungsgebot, NuR 2014, 11; *Faßbender,* Aktuelle Entwicklungen der wasserwirtschaftlichen Fachplanung, NVwZ 2014, 476; *Franzius,* Das Moorburg-Urteil des OVG Hamburg, NordÖR 2014, 1; *Reinhardt,* Inventur der Wasserrahmenrichtlinie, NuR 2013, 765; *Szechenyi,* Das Wohl der Allgemeinheit im Wasserrecht, BayVBl 2013, 138.

Übersicht

I. Allgemeines

1. Inhalt. a) Aufbau der Vorschrift. § 74 enthält die zentralen Anweisungen an die Planfeststellungsbehörde für den Fall, dass sie im Anschluss an das Anhörungsverfahren (§ 73) einen Antrag auf Planfeststellung positiv bescheiden will. Die komplexe Vorschrift lässt **drei Regelungskomplexe** erkennen: Geregelt werden der **verfügende Inhalt des Planfeststellungsbeschlusses** (Abs 1 S 1: die Feststellung des Plans; Abs 2: die Einscheidung über Einwendungen (S 1) und über die Kompensation von Nachteilen (S 2, 3); Abs 3: den Entscheidungs- 1 vorbehalt), die Form seiner **Bekanntgabe** (Abs 4, 5) sowie die beiden **Surrogate** der Planfeststellung (Abs 6: Ersatz durch Plangenehmigung; Abs 7: der Freistellungsbescheid bei Vorhaben von unwesentlicher Bedeutung). Wegen der **formellen Anforderungen** an einen Planfeststellungsbeschluss wird in Abs 1 S 2 auf Bestimmungen über das förmliche Verfahren Bezug genommen; daraus ergibt sich auch die Entbehrlichkeit des Widerspruchsverfahrens (§ 70). Ihrer verfahrensrechtlichen Ausrichtung entsprechend beschränkt sich die Vorschrift weitgehend auf die Festlegung des formellrechtlichen Rahmens der Planfeststellung und enthält keine Bestimmungen über den **Anspruch auf Planfeststellung** (s Rn 24), die **Planrechtfertigung** (s Rn 42 ff), über **Planungsleitsätze** (Rn 60 ff) und das **Abwägungsgebot** (Rn 95 ff). Die hierfür maßgeblichen Regelungen ergeben sich aus allgemeinen Grundsätzen, die meist im Richterrecht entwickelt wurden, und iÜ aus dem jeweiligen Fachplanungsgesetz (s § 72 Rn 3). Die rechtlichen Wirkungen des Planfeststellungsbeschlusses sind in § 75 geregelt. Soweit die §§ 72 ff keine speziellen Regelungen treffen, finden die sonst für Verwaltungsverfahren und VAe geltenden Vorschriften des VwVfG Anwendung (vgl Rn 19).

2 **b) Bisherige Änderungen.** Durch das GenBeschlG im Jahre 1996 wurden die Regelungen über die Plangenehmigung in Abs 6 und über die Entbehrlichkeit von Planfeststellung und Plangenehmigung in Fällen von unwesentlicher Bedeutung in Abs 7 angefügt. Damit besteht für alle nicht UVP-pflichtigen Vorhaben, die nach gesetzlichen Bestimmungen einer Planfeststellung unterliegen, auf die die Bestimmungen des VwVfG (uU ergänzend) anwendbar sind, nach Abs 6 die Möglichkeit, unter bestimmten Voraussetzungen (s Rn 203 ff) ein vereinfachtes **Plangenehmigungsverfahren** durchzuführen. Die Beschränkung der Plangenehmigung auf Vorhaben, die nicht UVP-pflichtig sind, war spezialgesetzlich in den Fachplanungsgesetzen geregelt.[1] Nach Inkrafttreten des PlVereinhG (Rn 4) gilt nun wieder einheitlich Abs 6. Nach Abs 7 können **Planfeststellung und Plangenehmigung entfallen** in Fällen von unwesentlicher Bedeutung (s Rn 224 ff). Zweck der Vorschriften in Abs 6, 7 ist es, für einfach gelagerte Vorhaben entsprechend einfache Verfahren bereitzustellen und das Planfeststellungsverfahren auf Fälle komplexer Planungen zu beschränken. Dadurch sollen Zeit- und Verwaltungsaufwand in erheblichem Maße reduziert werden.[2]

3 **aa) Das Infrastrukturplanungsbeschleunigungsgesetz (IPBeschlG).** Das IPBeschlG[3] hat in einzelnen Fachplanungsgesetzen für Infrastrukturvorhaben **(AEG, EnWG, FStrG, LuftVG, MBPlG, WaStrG)** eine Reihe wichtiger Abweichungen normiert.[4] Dadurch hatten Übersichtlichkeit und Klarheit des Fachplanungsrechts wesentlich gelitten. Angesichts der Bemühungen um Rechtsvereinfachung und Verschlankung von Regelungen war dies rechtspolitisch kaum verständlich. Ein Teil der fachspezifischen Abweichungen konnte inzwischen durch das PlVereinhG wieder beseitigt werden.

4 **bb) Das Planungsvereinheitlichungsgesetz (PlVereinhG).** Das PlVereinhG, das nach langem Gesetzgebungsverfahren im Frühjahr 2013 schließlich

---

[1] S für Planfeststellungen nach dem IPBeschlG § 18b Nr 1 AEG, § 14b Nr 1 WaStrG, 8 Abs 2 S 1 LuftVG, 17b Abs 1 Nr 1 FStrG, § 2a Nr 1 MbPlG, § 43b Nr 2 EnWG. Auch vorher waren in den Fachplanungsgesetzen entsprechende Regelungen bereits enthalten, vgl zB 28 Abs 2 PBefG. Zur Lage nach dem FStrG vgl Rn 214a.

[2] BT-Drs 13/3995 S 10; BT-Drs 13/1445 S. 7; Schmitz/Wessendorf NVwZ 1996, 960; Schlichter DVBl 1995, 173, 178.

[3] Gesetz zur Beschleunigung von Planungsverfahren für Infrastrukturvorhaben (IPBeschlG) v 9.12.2006 (BGBl I 2833).

[4] Überblick über die Regelungen des IPBeschlG bei Otto NVwZ 2007, 379; Wickel UPR 2007, 201; Schröder NuR 2007, 380.

erlassen wurde, dient dem Ziel, die Modifizierungen des Planfeststellungsrechts durch das IPBeschlG in den davon erfassten Fachgesetzen entweder rückgängig zu machen oder als allgemeine Regelungen in das VwVfG aufzunehmen (BR-Drs 171/12 S 1). Dieses Ziel wurde nur in sehr begrenztem Umfang erreicht. Die weitgehende Gleichstellung der anerkannten **Umweltvereinigungen** mit den Betroffenen im IPBeschlG wurde mit der Änderung des Abs 4 ins allgemeine Planfeststellungsrecht übernommen. Harmonisiert wurden auch die **Anforderungen an eine Plangenehmigung** in Abs 6 und die Regelungen des Abs 7 über den Verzicht auf Planfeststellung und Plangenehmigung in Fällen von unwesentlicher Bedeutung. Vorschläge einer weitergehenden Harmonisierung scheiterten (s näher BT-Drs 17/9666; Schmitz/Prell NVwZ 2013, 745).

c) Verhältnis zum Anhörungsverfahren. Die Vorschrift geht in Abs 2 von 5
einer funktionalen Trennung von Anhörungsverfahren und Planfeststellungsverfahren aus, die allerdings nach der Rspr nicht zwingend ist (s § 73 Rn 18 f). Die Planfeststellungsbehörde entscheidet nach Durchführung des von der Anhörungsbehörde durchzuführenden Anhörungsverfahrens (§ 73) über den Antrag auf Planfeststellung entsprechend § 69 Abs 1 unter Würdigung des Gesamtergebnisses des Verfahrens. Dem Ergebnis des Anhörungsverfahrens nach § 73 kommt dabei besondere Bedeutung zu, ohne dass sich die Würdigung und Abwägung auf Inhalt und Ergebnisse des Anhörungsverfahrens beschränken dürfte (vgl StBS 8). Ist die Anhörungsbehörde zugleich Planfeststellungsbehörde, was nach hM zulässig ist (s § 73 Rn 19), muss aber die gesetzlich vorgesehene Funktionsteilung gewahrt bleiben.

Die Planfeststellungsbehörde ist grds nicht gehindert, einzelne Beteilig- 6
te oder Behörden auch nach Abschluss des Anhörungsverfahrens nochmals oder auch erstmals zu hören und den Plan mit ihnen zu erörtern (BVerwGE 75, 214, 226). Ggf ist sie hierzu sogar verpflichtet, wenn die Anhörung im Auslegungsverfahren unterlassen wurde oder sonst noch Unklarheiten bestehen und sie die Sache nicht nochmals zur Nachholung des Unterlassenen an die Anhörungsbehörde zurückgeben will (BVerwGE 98, 126, 129). Aus der besonderen Bedeutung des Anhörungsverfahrens ergibt sich jedoch, dass eigene Ermittlungen der Planfeststellungsbehörde nach Art, Umfang und Gewicht nicht zu einer Verlagerung des Schwerpunkts der Feststellungen auf das Verfahren vor der Planfeststellungsbehörde führen dürfen, wo eine substantielle Einflussnahme der Betroffenen nicht oder nur unter erheblichen Schwierigkeiten möglich ist.[5] Deshalb muss insb bei wesentlichen Änderungen des Planentwurfs nach den Maßstäben des § 73 Abs 8 verfahren werden.

d) Planfeststellung und UVP. Die UVP (s näher § 63 Rn 15 ff) wird in 7
Deutschland nicht in einem selbständigen Verfahren durchgeführt, sondern ist gem § 2 Abs 1 UVPG Teil verwaltungsbehördlicher Zulassungsverfahren UVP-pflichtiger Vorhaben. Soweit planfeststellungsbedürftige Vorhaben zugleich UVP-pflichtig sind,[6] ist die UVP **unselbständiger Teil des Planfeststellungsverfahrens** (s hierzu § 73 Rn 11 ff). Mit der UVP sollen die Auswirkungen des Vorhabens auf die Umwelt zum Zweck einer wirksamen Umweltvorsorge unter Beteiligung der betroffenen Öffentlichkeit frühzeitig und umfassend ermittelt, beschrieben sowie bewertet werden (§ 1 Nr 1 UVPG), und das Ergebnis der UVP soll so früh wie möglich bei allen behördlichen Entscheidungen über die Zulässigkeit des Vorhabens berücksichtigt werden (§ 1 Nr 2 UVPG). Da das Verfahren der Planfeststellung den Anforderungen des UVPG weitgehend entspricht, teilweise sogar darüber hinausgeht, spielen die verfahrensrechtlichen

[5] UL § 41 Rn 2; Knack/Henneke 11; weitergehend StBS 8.
[6] Das wird in aller Regel der Fall sein.

Regelungen des UVPG im Planfeststellungsverfahren nur eine konkretisierende Rolle; in Betracht kommt eine ergänzende Anwendung einzelner Bestimmungen, zB des § 6 UVPG (Subsidiaritätsprinzip, vgl § 4 UVPG).

8 **Rechtlich bedeutsam ist das UVPG** für die Planfeststellung vor allem deshalb geworden, weil nach neuerer Rechtslage (§ 4 UmwRG) **Verstöße gegen die Anforderungen des UVPG** auch im Rahmen der Planfeststellung in gesteigerter Weise rechtlich beachtlich sind und im Rahmen der gerichtlichen Kontrolle **leichter gerügt werden können** (s hierzu näher Rn 237, § 63 Rn 70 ff). Außerdem spielt die UVP-Pflicht des Vorhabens für die Anwendbarkeit des Abs 6 eine Rolle. So ist die Durchführung eines **Plangenehmigungsverfahrens** nach Abs 6 anstelle eines Planfeststellungsverfahrens **grds unzulässig,** soweit es um ein UVP-pflichtiges Vorhaben geht, weil und soweit es die in § 9 UVPG vorgesehene Beteiligung von Behörden und Öffentlichkeit nicht eröffnet. Deshalb wurde es in den Fachplanungsgesetzen schon in der Vergangenheit idR ausdrücklich für UVP-pflichtige Vorhaben ausgeschlossen. Mit dem **PlVereinhG** wurde Abs 6 durch eine neue Nr 3 dahin ergänzt, dass ein Plangenehmigungsverfahren nur an die Stelle der Planfeststellung treten darf, wenn die erforderliche Öffentlichkeitsbeteiligung durch andere Rechtsvorschriften sichergestellt wird.

9 **2. Verfassungsrecht.** Die Vorschrift wirft neben der Frage nach den verfassungsrechtlichen Grenzen der **Konzentrationswirkung** (s Rn 18 ff) und des **Planungsermessens** (s Rn 23) weitere verfassungsrechtliche Probleme auf. Das gilt etwa für die **Regelung in Abs 2 Satz 3,** wonach der von einem Vorhaben Betroffene bei Untunlichkeit der an sich erforderlichen Schutzvorkehrungen nur einen Anspruch auf angemessene Geldentschädigung hat. Diese Vorschrift erlaubt einen erheblichen Eingriff in die Rechte von Betroffenen und setzt ein hinreichendes rechtfertigendes öffentliches Interesse voraus (s unten Rn 47). Das gilt schließlich für die **Zustellungsfiktionen** in Abs 4, wonach der Beschluss den nicht bekannten Betroffenen gegenüber als zugestellt gilt, wenn er in den Gemeinden nach entsprechender Ankündigung für zwei Wochen ausgelegt worden ist, und in Abs 5 in sog Massenverfahren, wenn eine Bekanntmachung im amtlichen Veröffentlichungsblatt und in Tageszeitungen erfolgt ist. In beiden Fällen stellen sich wegen der mit der Zustellungsfiktion ausgelösten Klagefrist auch verfassungsrechtliche Probleme, insb im Hinblick auf Art 19 Abs 4 GG.

10 **3. Europarecht. a) Direkter Vollzug.** Das Unionsrecht kennt im direkten Vollzug kein dem Planfeststellungsverfahren vergleichbares Verwaltungsverfahren. Da es für die Genehmigung umweltrelevanter Vorhaben auf den Territorien der Mitgliedstaaten derzeit auch an Kompetenzen der EU fehlt, ist mit der Schaffung derartiger Rechtsinstrumente einstweilen nicht zu rechnen. Das gilt auch insoweit, als die Union für ihre Organe bauliche Anlagen errichten möchte. Insoweit gilt das Zulassungsrecht des jeweiligen Mitgliedstaats.

11 **b) Indirekter Vollzug.** Für den indirekten Vollzug von Unionsrecht stellt sich die Frage nach der Vereinbarkeit der Vorschrift mit europarechtlichen Vorgaben, insb mit den Vorgaben der UVP-RL und der SUP-RL. Durchgreifende Bedenken ergeben sich insoweit nicht. Das Planfeststellungsverfahren ist grds geeignet, sämtliche Anforderungen der UVP-RL bzw der SUP-RL in verfahrens- und materiellrechtlicher Hinsicht zu erfüllen. Obwohl das nicht für die Plangenehmigung gelten kann, bestehen auch **gegen Abs 6 keine durchgreifenden Bedenken,** wonach eine Plangenehmigung an die Stelle des Planfeststellungsverfahrens treten kann. Zwar ist das Plangenehmigungsverfahren für Vorhaben ungeeignet, die nach der UVP-RL einer UVP unterzogen werden müssen. Allerdings ist Abs 6 nach der Neuregelung durch das PlVereinhG **nur**

auf Vorhaben anwendbar, die nicht UVP-pflichtig sind.[7] Damit ist sichergestellt, dass es für die UVP stets ein geeignetes Trägerverfahren gibt.

Gleiches gilt auch für Abs 7, wonach in den dort genannten Fällen sowohl auf eine Planfeststellung als auch auf eine Plangenehmigung verzichtet werden kann. Auch von dieser Möglichkeit darf nur Gebrauch gemacht werden, soweit es nicht um Vorhaben geht, die nach der UVP-RL eine UVP unterzogen werden müssen. Dies ist mit der Änderung des Abs 7 durch das PlVereinhG nun ausdrücklich geregelt. 12

4. Anwendungsbereich. a) Unmittelbar. Die Vorschrift kann unmittelbar nur zur Anwendung kommen, wenn in einer anderen Rechtsnorm des Bundes die Durchführung eines Planfeststellungsverfahrens vor einer Bundesbehörde angeordnet oder zugelassen wird (s auch § 72 Rn 5). Dies ist relativ selten der Fall (zB nach dem **AEG und dem WaStrG**), da die meisten Bundesgesetze, die Planfeststellungsverfahren vorsehen, von den Behörden der Landesverwaltung ausgeführt werden (so etwa die Planfeststellungsverfahren nach FStrG, LuftVG, PBefG, MbPlG, EnWG, KrWG). Für diese gelten neben den Bestimmungen des jeweiligen Fachgesetzes die Vorschriften des **Verwaltungsverfahrensgesetzes desjenigen Landes, dessen Behörde das Verfahren durchführt.** Die Landesverwaltungsverfahrensgesetze enthalten allerdings im Wesentlichen gleich lautende Regelungen. 13

b) Analoge Anwendung. Die Vorschrift ist nur hinsichtlich einiger weniger Regelungen, die Ausdruck allgemeiner Rechtsgedanken sind, analogiefähig. Fraglich ist, ob dies für die Regelungen über **Schutzvorkehrungen** in Abs 2 S 2 und 3 gilt, die als Ausdruck eines allgemeinen Rechtsgedankens angesehen werden könnten. Die hM nimmt in diesen Fällen allerdings **keine Analogie zu Abs 2 S 2 an,** sondern zieht hierfür den allgemeinen Rechtsgedanken des § 906 BGB heran;[8] ebenso bei im Rahmen der Wahrnehmung öffentlicher Aufgaben privatrechtlich betriebenen Anlagen. Wenn für ein Vorhaben, für das an sich nach dem maßgeblichen Fachgesetz eine Planfeststellung erforderlich wäre, die Planfeststellung unterbleibt, kann die Planfeststellungsbehörde grds auch unabhängig von einer Planfeststellung Schutzanordnungen entspr § 74 Abs 2 S 2, die zum Wohl der Allgemeinheit oder zur Vermeidung nachteiliger Wirkungen auf Rechte anderer erforderlich sind, hilfsweise eine Entschädigung der Betroffenen in Geld anordnen; die Betroffenen haben darauf grds einen erforderlichenfalls auch vor den Verwaltungsgerichten durchsetzbaren Anspruch.[9] 14

II. Grundlagen der Planfeststellung

1. Allgemeines. a) Rechtsnatur. Die Planfeststellung ist der Sache nach die **Genehmigung des planfestgestellten Vorhabens** in Form eines rechtsgestaltenden VA gegenüber dem Vorhabenträger mit Wirkungen gegenüber der Allgemeinheit und allen Betroffenen. Sie ist **Allgemeinverfügung** iS von § 35 S 2.[10] Sie zeichnet sich erstens durch eine umfassende **Konzentrationswirkung** aus, dh sie ersetzt sämtliche sonst nach dem Fachrecht für das Vorhaben vorgeschriebenen Genehmigungen, Zulassungen, Befreiungen usw (s § 75 Rn 12). Sie erfordert deshalb eine grds umfassende Regelung aller zwischen dem Träger des Vorhabens, öffentlichen Rechtsträgern und den durch den Plan bzw das geplante 15

---

[7] Diese Voraussetzung war früher nur fachrechtlich geregelt, vgl hierzu § 8 Abs 2 LuftVG aF, § 28 Abs 1a PBefG aF.

[8] BVerwG BayVBl 1992, 181; BGH NVwZ 1992, 405.

[9] BVerwG DVBl 1988, 967 und 1167; NJW 1990, 2835; Kühling DVBl 1989, 226; vgl allg auch BGHZ 111, 158.

[10] OVG Münster DVBl 1985, 408; StBS 19; MB 9; **aA** WBSK I § 62 Rn 120; UL § 41 Rn 41: Sammelverfügung; Obermayer 62: Gesamt-VA; offen Knack/Henneke 10: rechtsgestaltender VA.

Vorhaben Betroffenen bestehenden öffentlichrechtlichen und zT auch privatrechtlichen Rechtsbeziehungen.[11] Die Planfeststellung zeichnet sich zweitens durch die **Einräumung eines planerischen Gestaltungsspielraums** aus (s näher Rn 23, 95). Sie ist zwar kein originärer Planungsakt ieS wie etwa die Entwicklung und Aufstellung eines Bebauungsplans durch eine Gemeinde, sondern eine Art **nachvollziehende Planung,** bei der die im Antrag auf Planfeststellung eines Vorhabens bereits enthaltene Planung Gegenstand ist. Gleichwohl ist der zuständigen Behörde ein echtes **Planungsermessen** (planerischer [Mit]Gestaltungsspielraum) eingeräumt (hierzu näher § 40 Rn 149 ff). Der Spielraum soll die Behörde in den Stand setzen, die ihr übertragene Gestaltungs- und Optimierungsaufgabe zu erfüllen, indem sie die verschiedenen betroffenen Interessen und Belange ermittelt, bewertet und berücksichtigt. Durch geeignete Auflagen und Vorkehrungen muss sie **sicherstellen, dass Rechte Dritter nicht beeinträchtigt werden** (Abs 2 S 2). Ist dies nicht möglich, kommt die Anordnung einer Geldentschädigung gem Abs 2 S 3 in Betracht, wenn für das Vorhaben eine Planrechtfertigung angenommen werden kann (s näher Rn 42 ff). Die Behörde entscheidet im Rahmen ihrer planerischen Gestaltungsfreiheit, welche Interessen vorrangig zum Zuge kommen müssen und welche zurücktreten müssen.

16 **b) Sinn und Zweck der Planfeststellung.** Sinn und Zweck des Planfeststellungsverfahrens besteht vor allem darin, die Vielzahl der von einem Vorhaben berührten Rechte und Interessen sowie die durch das Vorhaben ausgelösten Probleme in einer **einheitlichen Gesamtregelung** zu bewältigen. Typischerweise greift ein planfeststellungspflichtiges Vorhaben in ein komplexes Interessengeflecht ein, an dem eine Vielzahl von Personen in unterschiedlicher, teilweise auch gegenläufiger Weise beteiligt sind. Im Planfeststellungsverfahren muss in geordneter Weise und in **Übereinstimmung mit dem materiellen Recht** nach einer für alle Betroffenen gerechten Lösung gesucht werden. Dabei sollen die betroffenen Belange, soweit das Gesetz Raum für planerische Gestaltungsfreiheit (Planungsermessen) lässt, nach Möglichkeit in einem einheitlichen und umfassenden Akt planender Gestaltung durch **Abwägung der Interessen** miteinander und gegeneinander zum Ausgleich gebracht und notfalls auch überwunden werden.[12]

17 **c) Wirkungen.** Die Planfeststellung genehmigt das Vorhaben und **gestaltet die Rechtsverhältnisse aller Betroffenen** in Bezug auf das Vorhaben. Sie trifft gegenüber jedem einzelnen Betroffenen eine rechtliche Regelung. Man kann sich eine Vielzahl von Einzelakten vorstellen (so viele Einzelakte wie Betroffene), die jeweils ein unterschiedliches Schicksal haben können und hins ihrer Rechtmäßigkeit in Bezug auf jeden einzelnen Betroffenen ausschließlich nach den insoweit betroffenen individuellen rechtlich geschützten Belangen zu beurteilen sind.[13] Die von einem Betroffenen im Anfechtungsprozess erwirkte **Aufhebung** wirkt nur iV zum einzelnen Kläger. Jedem Betroffenen gegenüber ist die Planfeststellung eine einheitliche Entscheidung, auch soweit dadurch wegen der Konzentrationswirkung der Planfeststellung eine Vielzahl von sonst erforderlichen Einzelgenehmigungen, Erlaubnissen usw ersetzt wird. Insoweit handelt es sich nicht um eine Bündelung von Entscheidungen, mit denen getrennte Genehmigungsverfahren abgeschlossen werden, sondern um eine einheitliche Entscheidung, welche nach Maßgabe des anzuwendenden Rechts die sonst an sich für das Vorhaben erforderlichen VAe (Baugenehmigungen, Anlagegenehmigungen,

---

[11] Vgl § 75 Abs 1; BVerwGE 90, 99; BVerwG DÖV 1981, 719; DVBl 1986, 1282; Hoppe/Schlarmann Rn 8; Ronellenfitsch VerwArch 1989, 94; Wahl NVwZ 1990, 430.

[12] BVerwGE 74, 133; 81, 132; 84, 126 mwN; 85, 44 mwN = NVwZ 1990, 971; 90, 100; ähnlich bereits BVerwGE 66, 135; BVerwG NVwZ 1986, 640; NVwZ 1989, 458.

[13] BVerwGE 48, 66; 56, 123; krit Ramsauer DÖV 1981, 37.

wasserrechtliche Bewilligungen, naturschutzrechtliche Ausnahme- und Befreiungsentscheidungen usw) ersetzt.

2. Konzentrationswirkung. a) Grundsatz der formellen Konzentration. Für das Planfeststellungsverfahren gilt der Grundsatz der Zuständigkeits- und Verfahrenskonzentration (§ 75 Abs 1 S 1; s dazu § 75 Rn 12 ff). Dies bedeutet, dass zwar **in einem einzigen Verfahren** sämtliche sonst erforderlichen Entscheidungen über das Vorhaben durch die Planfeststellung ersetzt werden, dass aber für die Planfeststellungsbehörde das **gesamte materielle Recht beachtlich bleibt,** welches im Rahmen der ersetzten Entscheidungen hätte angewendet werden müssen (sog Sekundärrecht), soweit gesetzlich (zB § 38 BauGB) nichts anderes bestimmt ist.[14] Die Planfeststellungsbehörde darf und muss im Rahmen der Planfeststellung deshalb auch Aufgaben wahrnehmen und Maßnahmen mit erledigen, die an sich sonst Aufgaben anderer Behörden, uU auch anderer Verwaltungsträger, sind. Die Anordnung von Planfeststellungsverfahren wirkt deshalb insoweit **kompetenzerweiternd.**[15] Gem § 75 Abs 1 nimmt die Planfeststellungsbehörde bei ihrer Entscheidung zugleich auch die Zuständigkeiten und Befugnisse derjenigen Behörden wahr, die sonst nach dem Fachrecht zur Entscheidung über den für das Vorhaben erforderlichen Aspekt zuständig ist. 18

b) Grenzen der Konzentrationswirkung. Die Konzentrationswirkung gilt nur in dem gesetzlich angeordneten Umfang. Insb bleibt es dem Gesetzgeber unbenommen, einzelne Entscheidungsverfahren auszunehmen. Dies ist etwa im Bereich des Wasserrechts bei der Entscheidung über wasserrechtliche Benutzungen durch die Regelung in § 19 Abs 1 WHG geschehen. Danach entscheidet zwar die Planfeststellungsbehörde über die Erlaubnis oder Bewilligung, allerdings trifft sie nach der Rspr insoweit eine selbständige Entscheidung: Soweit sich Verfahrensverstöße auf die wasserrechtliche Entscheidung beziehen, handelt es sich um Mängel allein dieser Entscheidung und nicht der Planfeststellung.[16] Auch Eingriffsermächtigungen des Gefahrenabwehrrechts werden von der Konzentrationswirkung nicht erfasst, weil es sich nicht um Zulassungsentscheidungen handelt.[17] 18a

c) Verdrängung sonstigen Verfahrensrechts. Ebenso wie der Planfeststellungsbeschluss aufgrund der Konzentrationswirkung sämtliche anderen sonst erforderlichen Genehmigungen, Bewilligungen, Erlaubnisse usw ersetzt, werden durch das Planfeststellungsverfahren alle anderen für die ersetzten Entscheidungen maßgeblichen Verfahrensvorschriften verdrängt. Das Verfahren richtet sich allein und ausschließlich nach dem für die Planfeststellung maßgeblichen Verfahrensrecht auch insoweit, als die Planfeststellung gem § 75 Abs 1 zugleich die auf Grund anderer Gesetze erforderliche Genehmigungen, Erlaubnisse usw ersetzt, für die an sich andere Behörden des Bundes oder der Länder (BVerwGE 81, 220; 82, 21) zuständig sind. Die Planfeststellungsbehörde entscheidet auch insoweit einheitlich im Rahmen des Planfeststellungsbeschlusses, nicht durch gesonderte Verwaltungsakte. 19

Ausnahmsweise bleiben andere Verfahrensvorschriften neben dem Fachplanungsrecht **anwendbar,** wenn dies im Gesetz zulässigerweise besonders angeordnet ist. Dies kann zB der Fall sein bei Vorschriften, die eine **erweiterte Beteiligung von Bürgern oder Behörden** am Verfahren, zB die Zulässigkeit von Jedermann-Einwendungen, oder besondere Befugnisse eines Umwelt-Ombudsmanns oder ähnlicher Beteiligter kraft Amtes vorsehen. Dies wird etwa für die Entscheidung über die **wasserrechtliche Erlaubnis und Bewilligung** nach § 19 20

---

[14] BVerwGE 85, 352; 90, 42; 90, 100; BVerwG NVwZ 1990, 862; 1993, 572; Knack/Henneke § 75 Rn 13; Wahl NVwZ 1990, 430.

[15] BVerwG NVwZ 1988, 532; NVwZ 1990, 463.

[16] St Rspr, vgl BVerwGE 125, 116 (Schönefeld I); 133, 249 Rn 32 (A 44 – Ratingen, juris Rn 32); Czychowski/Reinhard, WHG, 11. Aufl 2014, § 19 Rn 5 mwN.

[17] BVerwGE 125, 116 (Schönefeld I) für das Bodenschutzrecht.

Abs 1 WHG angenommen. Diese hat zwar die Planfeststellungsbehörde zu treffen, aber im Einvernehmen mit der Wasserbehörde (§ 19 Abs 3 WHG). Sie bleibt danach ein eigenständiger Entscheidungsbestandteil, der von der Konzentrationswirkung nicht erfasst werden soll (BVerwGE 125, 116 – Berlin-Schönefeld I).

21 **d) Beteiligung der verdrängten Behörden.** Diejenigen Behörden, deren Zuständigkeiten im Planfeststellungsverfahren auf Grund der Zuständigkeitskonzentration bei der Planfeststellungsbehörde ersetzt werden, sind nach Maßgabe des § 73 Abs 2 und Abs 3a im Planfeststellungsverfahren zu beteiligen. Sie können Stellungnahmen abgeben, die von der Planfeststellungsbehörde im Rahmen ihres Planungsermessens **zu berücksichtigen, nicht aber zwingend zu befolgen** sind. Der Herstellung eines Einvernehmens bedarf es grds nicht.[18] **Anders** ist dies nach § 19 Abs 3 WHG für wasserrechtliche Benutzungen. Im Übrigen werden die Verfahrensbestimmungen, die sonst für die erforderlichen Genehmigungen usw maßgeblich wären, nach dem Grundsatz der Zuständigkeits- und Verfahrenskonzentration in den Grenzen der Gesetzgebungskompetenz des Bundes (s Rn 22) durch die §§ 72 ff und etwa vorgehende Sonderbestimmungen des Fachgesetzes, auf Grund dessen die Planfeststellung stattfindet, ersetzt.[19]

22 **e) Verfassungsrechtliche Grenzen der Konzentration.** Aus verfassungsrechtlichen Gründen findet die Zuständigkeits- und Verfahrenskonzentration ihre Grenze in der **Gesetzgebungskompetenz** für das Gesetz, das die Planfeststellung anordnet oder zulässt.[20] Die Konzentrationswirkung wird allerdings nicht in § 75 angeordnet, sondern vorausgesetzt. Zu den Kompetenzen des Bundes und der Länder und ihrer Erweiterung für die Fälle der Planfeststellung unter dem Aspekt der **Annexkompetenz** bzw nach § 100 Nr 2 näher § 72 Rn 4b. Das anwendbare materielle Recht behält auch in der Planfeststellung seinen Rechtscharakter. **Landesrecht bleibt** deshalb auch in einem bundesrechtlichen Planfeststellungsverfahren **Landesrecht,** Bundesrecht umgekehrt in einem landesrechtlichen Verfahren Bundesrecht (s unten Rn 62). Praktisch ist die Genehmigungskonzentration in Bezug auf das Vorhaben selbst umfassend, unabhängig davon, ob es um bundes- oder landesrechtlich geregelte Zulassungstatbestände geht. Inwieweit Folgemaßnahmen an anderen Anlagen erfasst werden, dazu s § 75 Rn 10.

23 **3. Planungsermessen und gerichtliche Kontrolle. a) Allgemeines.** In Planfeststellungsverfahren kommt der zuständigen Behörde bei der Planfeststellung ein planerischer Gestaltungsspielraum (Planungsermessen) zu. Dies gilt auch dann, wenn eine entsprechende ausdrückliche Abwägungsklausel hierüber fehlt, wie dies in einer ganzen Reihe von Fachplanungsgesetzen nach wie vor der Fall ist (zB in § 68 Abs 1 WHG; § 35 KrWG). Nur die jüngeren Fachplanungsgesetze (etwa § 17 S 1 FStrG; § 28 Abs 1 PBefG; § 18 Abs 1 AEG; § 14 Abs 1 S 2 WaStrG; § 43 Abs 1 S 4 EnWG) enthalten ausdrückliche Ermächtigungen zu der für das Planungsermessen zentralen Abwägung der betroffenen Belange (sog **Abwägungsklauseln**). Wo dies nicht der Fall ist, ergibt sich der planerische Gestaltungsspielraums unmittelbar aus der Ermächtigung zur Planfeststellung, weil **Planung ohne Gestaltungsspielraum ein Widerspruch** in sich selbst wäre.[21] Eine gesetzgebungstechnisch missglückte **Ausnahme** stellt § 55 BBergG

---

[18] BVerfG 26, 374; BVerwGE 27, 256: nur Anhörung; BVerwGE 31, 265; BayVBl 1981, 436; VGH München DÖV 1986, 113; UL § 41 Rn 22; Broß VerwArch 1986, 88; Ronellenfitsch VerwArch 1989, 94; Wahl NVwZ 1990, 430; Knack/Henneke § 75 Rn 12.

[19] BVerwGE 82, 17; Laubinger VerwArch 1986, 88; Ronellenfitsch VerwArch 1989, 95; UL § 41 Rn 22.

[20] Vgl BVerwGE 82, 17, 20: Planfeststellung nach Bundesrecht in Bereichen, die in die Zuständigkeit der Länder fallen; vgl auch BVerwG DÖV 1990, 35: Kompetenz zur Verdrängung landesrechtlichen Verfahrensrechts im Interesse einer Konfliktbewältigung.

[21] BVerwGE 34, 301, 304; 48, 56, 59; 56, 110, 116; s auch Durner, Konflikte räumlicher Planungen, 2005, S. 315 ff.

dar. Den **obligatorischen Rahmenbetriebsplan** hat der Gesetzgeber in § 52 Abs 2a BBergG nachträglich als Planfeststellung ausgestaltet, ohne den darin ausdrücklich eingeräumten Anspruch auf die Zulassung einzuschränken. Für die Planfeststellung von atomaren Endlagern nach § 9b Abs 4 AtG wurde dagegen in der Rspr[22] zu Unrecht angenommen, ein planerischer Gestaltungsspielraum sei in diesen Fällen nicht eröffnet. Diese Position hätte sich ohne Änderung des § 9b Abs 4 AtG nicht aufrecht erhalten lassen.[23]

Die Einräumung von Planungsermessen hat zur Folge, dass es für die Träger planfeststellungsbedürftiger Vorhaben grds **keinen Anspruch auf Planfeststellung** gibt (s § 72 Rn 41). Der antragstellende Träger des Vorhabens hat lediglich einen Anspruch auf fehlerfreie Ausübung des Planungsermessens, das allerdings nur in einem ordnungsgemäßen Verfahren ausgeübt werden kann (BVerwGE 97, 143, 149; näher § 72 Rn 41 ff). Selbst wenn sämtliche Anforderungen des materiellen Rechts erfüllt sind, bedeutet dies deshalb nicht, dass die Planfeststellungsbehörde zu einer Planfeststellung verpflichtet wäre.[24] Vielmehr besteht eine derartige Pflicht lediglich in Fällen, in denen ausnahmsweise von einer **Ermessensreduzierung auf Null** auszugehen ist (s hierzu näher § 40 Rn 55). Dies setzt voraus, dass dem Vorhaben keine Belange bzw Interessen von Gewicht entgegengehalten werden können. 24

aa) Ziel der Planungsaufgabe und der Ausübung des Planungsermessens ist stets die Erreichung einer für die durch das Vorhaben betroffenen Interessen optimale Lösung. Insoweit ist die Planungsaufgabe eine **Optimierungsaufgabe** mit starken prognostischen Elementen, da sich die positiven wie negativen Auswirkungen eines Vorhabens im Planungsstadium nur mit begrenzter Sicherheit vorhersagen lassen. Auch das **Vorsorgeprinzip** ist in diesem Zusammenhang neben den Schutzprinzipien zu beachten.[25] Dabei ist die planende Behörde von der Beachtung des materiellen Rechts nicht freigestellt. So muss zB die Planfeststellung für eine Bundesfernstraße die Regelungen des FStrG ebenso beachten wie die des Naturschutzrechts und die Gesetze des jeweiligen Landes. Etwas anderes gilt nur bei besonderer gesetzlicher Regelung. Dies ist zB in § 38 BauGB für die dort genannten privilegierten Vorhaben der Fall, die von einer strikten Beachtung der §§ 29 ff freigestellt werden. 25

bb) Ausnahme- und Befreiungsentscheidungen. Auch im Rahmen der Beachtung zwingender materiellrechtlicher Vorschriften besteht für die Planfeststellungsbehörde bei deren Anwendung ein gewisser Gestaltungsspielraum insoweit, als sie auf Grund der Konzentrationsmaxime selbst über die Anwendung dieser Rechtsvorschriften und damit auch über die gesetzlich vorgesehenen Ausnahmen und Befreiungen selbst entscheidet (vgl zB zu Ausnahmeregelungen BVerwG NVwZ 1993, 592). Hierin liegt eine gewisse Gefahr für den ordnungsgemäßen Gesetzesvollzug insb dann, wenn die Entscheidung über die Ausnahme oder die Befreiung einer effektiven gerichtlichen Kontrolle nicht unterliegt, wie dies auf Grund der beschränkten Rechtsschutzmöglichkeiten der Betroffenen (s § 75 Rn 59 ff) leider nicht selten der Fall ist.[26] 26

---

[22] BVerwG NVwZ 2007, 833; OVG Lüneburg NordÖR 2007, 26.

[23] Hierzu ausführlich Ramsauer NVwZ 2008, 945. Die Frage wird sich mit der Änderung des § 9b AtG Endlager-Suchgesetz (BT-Drs 17/13471) erledigen.

[24] So die zutreffende hM, vgl OVG Münster NWVBl 1995, 97; UL § 41 Rn 18; StBS 30; Obermayer 16; MB 10; Schink DÖV 1994, 359; zT **aA** Knack/Henneke 13 Reduzierung des Planfeststellungsermessens wenn die Behörde das Vorhaben für rechtmäßig und nach der Abwägung für feststellungsfähig hält.

[25] Zum Vorsorgeprinzip allgemein Ramsauer in Koch, Umweltrecht, § 3 Rn 24.

[26] S zu rechtlich zweifelhaften Befreiungsentscheidungen etwa Gassner NuR 1996, 492; Carlsen Anm mit berechtigter Kritik an BVerwG NuR 1996, 79 – Bettelmannsholz.

27 **b) Planungsermessen, Ermessen und Beurteilungsspielraum.** Die hM unterscheidet im Wesentlichen[27] drei Formen von administrativen Entscheidungsspielräumen: Ermessen, Beurteilungsspielraum und planerischen Gestaltungsspielraum, auch als Planungsermessen bezeichnet. Diese drei Formen des Spielraums werden rechtssystematisch unterschieden (näher § 40 Rn 17 ff). Die beiden ersten Kategorien erklären behördliche Entscheidungsspielräume in konditionalen Normprogrammen: Das **Ermessen** betrifft danach die **Rechtsfolgenseite,** der **Beurteilungsspielraum** die Auslegung solcher unbestimmten Rechtsbegriffe auf der **Tatbestandsseite** einer Norm, in denen der Gesetzgeber die Letztentscheidungskompetenz der Behörde übertragen, den Gerichten damit entzogen hat, was wegen Art 19 Abs 4 GG nur unter besonderen Voraussetzungen zulässig ist.[28] Auch das **Planungsermessen** wird als **selbstständige Kategorie** begriffen,[29] die nötig ist, um einer Behörde in **finalen Normprogrammen** ohne klar abgrenzbare Voraussetzungs/Rechtsfolgenseiten ein Letztentscheidungsrecht einzuräumen, das sie mithilfe der Abwägung sämtlicher von einem Vorhaben berührten Belange einschließlich des Bedarfs und der Auswirkungen auf die Umgebung ausübt (näher § 40 Rn 149 ff). Es ist zweifelhaft, ob zwischen diesen Formen administrativer Entscheidungsspielräume tatsächlich praktisch oder systematisch bedeutsame Unterschiede bestehen, weil sie ihrer Struktur nach jeweils Ermächtigungen zur Ergänzung eines Vollzugstatbestandes sind (s näher § 40 Rn 9 ff).[30] Wie die Fehlerlehre zeigt, unterscheiden sich die Ausfüllung der Spielräume und die Rechtskontrolle nicht prinzipiell, sondern nur im Hinblick auf die für Planungsentscheidungen typischerweise bestehende höhere Komplexität (Alexy JZ 1986, 107; Kopp/Schenke § 114 Rn 34).

28 **c) Grenzen planerischer Gestaltungsfreiheit.** Die Planfeststellung muss sich zunächst an das einschlägige strikte Recht halten, dessen Missachtung die Rechtswidrigkeit des Planfeststellungsbeschlusses zur Folge hat (BVerwG NVwZ 1993, 592). Da die Konzentrationswirkung des Planfeststellungsrechts lediglich eine formelle ist, muss das strikte materielle Recht auch in der Planfeststellung uneingeschränkt beachtet werden. Soweit danach ein planerischer Gestaltungsspielraum verbleibt, ist die Planfeststellungsbehörde nicht frei, sondern durch spezifisch planungsrechtliche Vorgaben gebunden, die einer gerichtlichen Kontrolle unterliegen (zB Ziele der Raumordnung; Planungsgrundsätze des jeweiligen Fachplanungsgesetzes). Die rechtlichen Bindungen des Planungsermessens sind **überwiegend richterrechtlich entwickelt** worden[31] und kommen in den Planungsgesetzen selbst nur unvollkommen zum Ausdruck (vgl zB § 75 Abs 1a). Dies liegt ua daran, dass der Gesetzgeber dem richterrechtlich entwickelten Kontrollinstrumentarium Flexibilität und Entwicklungsfähigkeit erhalten wollte. Dies hat allerdings nicht nur zu einer Unübersichtlichkeit und Intransparenz geführt, sondern auch zu einem Verlust an Steuerungskraft des positiven Rechts.

29 Nach den **allgemein anerkannten Grundsätzen** über die fehlerfreie Ausfüllung des planerischen Gestaltungsspielraums ist die Planungsentscheidung nur zulässig, wenn sie

---

[27] In der Literatur werden zT wesentlich mehr Formen unterschieden; vgl Schmidt-Aßmann in Maunz/Dürig/Herzog/Scholz, Art 19 Abs 4 Rn 188.

[28] Bachof JZ 1985, 97; JZ 1972, 641; WBS I § 31 Rn 19 f; Maurer § 7 Rn 26; zur normativen Ermächtigungslehre Schmidt-Aßmann MD Art 19 Abs 4 Rn 184; krit Ramsauer FS BVerwG, 2003, 699, 711; Hoffmann-Riem in Grundlagen § 10 Rn 81 ff.

[29] ZB Hoppe DVBl 1974, 641; Hoppe/Grotefels § 7; Hoppe/Just DVBl 1997, 791.

[30] Vgl Ramsauer FS Kopp, 76 ff; Ziekow Fachplanung § 6Rn 2; Rubel, Planungsermessen, 182, 140 ff; s bereits Koch Ermessen und Beurteilungsentscheidungen, 104 ff; Koch FS Hoppe 9; wohl auch Alexy JZ 1986, 107.

[31] ZB in BVerwGE 34, 301; 45, 309; 64, 33.

1. mit der dafür maßgeblichen Zulassungsnorm in Einklang steht und durch die Ziele dieser Norm gerechtfertigt ist[32] (**Planrechtfertigung,** vgl Rn 42 ff);
2. den beachtlichen Vorgaben des Raumordnungsrechts entspricht, insb den **Zielen der Raumordnung** gem § 4 Abs 1 ROG (s Rn 55);
3. mit dem gesamten auf Grund der Konzentrationswirkung beachtlichen **strikten Recht** in Einklang steht (vgl Rn 60), und
4. den Geboten der gerechten **Abwägung, Rücksichtnahme** und **Problembewältigung** unter Berücksichtigung vorgegebener gesetzlicher Wertungen genügt (vgl Rn 95).

4. Grundsatz der Einheitlichkeit und Vollständigkeit des Plans. a) Allgemeines. Der Grundsatz der Einheitlichkeit der Planung ist eine Konsequenz aus dem für die Planfeststellung wie für andere hoheitliche Planungen geltenden **Grundsatz der Konflikt- bzw Problembewältigung.**[33] Danach ist die Planfeststellung eine einheitliche und umfassende planerische Sachentscheidung, die grds alle Probleme und Aspekte, die das geplante Vorhaben aufwirft, erfasst, berücksichtigt und löst („bewältigt"). Könnte sich die Planung auf Teile oder Teilaspekte beschränken, wäre nicht sichergestellt, dass die von der Planung aufgeworfenen Probleme und Konflikte umfassend in der Weise bewältigt werden, dass es nicht zu rücksichtslosen Beeinträchtigungen bzw unzumutbaren Nachteilen für Dritte oder die Allgemeinheit kommt. Daher sind, soweit das im konkreten Fall anzuwendende Recht nichts anderes bestimmt oder zulässt, in die Planfeststellung **sämtliche Gesichtspunkte einzubeziehen,** die zur optimalen Verwirklichung der gesetzlich vorgegebenen Planungsaufgabe, aber auch zur Bewältigung der von dem Planungsvorhaben in seiner räumlichen Umgebung erst aufgeworfenen Probleme von Bedeutung sind.[34] Dazu gehört zB auch der Widerruf einer Sondernutzungserlaubnis, für die nach dem festzustellenden Plan kein Raum mehr ist.[35] 30

b) Einschränkungen. Das Fachrecht kann die Konzentrationswirkung einschränken und die Notwendigkeit einzelner Verwaltungsverfahren neben der Planfeststellung bestehen lassen. Dies ist zB in § 17 S 1 LuftVG und § 52 Abs 2 Nr 3 LuftVZO (Festlegung **beschränkter Bauschutzbereiche** für planfeststellungsbedürftige Flughäfen und genehmigungspflichtige Landeplätze), § 14 Abs 5 WHG (**Nachverfahren bei Einwendungen** gegen wasserrechtliche Bewilligungen),[36] ferner in § 19 Abs 1 WHG (Entscheidung über **Gewässerbenutzungen**)[37] und neuerdings für die Planfeststellung von Höchstspannungsleitungen in § 18 Abs 2 NABEG **(Entscheidungen über Nebenanlagen)**[38] ge- 31

---

[32] Zur Planrechtfertigung vgl BVerwGE 56, 118; 71, 168; 72, 20; 74, 166; 75, 214; 84, 131; 85, 51; NJW 1986, 1509; VGH Mannheim VBlBW 1982, 205; BVerfG NVwZ 1987, 967; Niehues WuV 1985, 256; s auch Rn 42.

[33] BVerwGE 51, 27; 52, 244; 56, 116; 57, 300; 58, 284; 61, 307; 61, 307; 69, 34; 90, 99; BVerwG DÖV 1982, 329; UPR 1988, 183; NVwZ 1989, 255; BGH DÖV 1986, 35; OVG Berlin DÖV 1982, 294; VGH München DVBl 1990, 120 und 168; Sendler WuV 1985, 211.

[34] BVerwG NuR 1998, 600; NuR 1997, 503; NVwZ 1996, 381, 385; ebenso auch BVerwGE 47, 153; 52, 244; 57, 300.

[35] VGH Kassel DÖV 1988, 571; vgl auch zB BVerwGE 90, 42: bei der Feststellung, ob von einer Abfalldeponie eine Beeinträchtigung des Wohls der Allgemeinheit zu erwarten ist (§ 8 Abs 3 S 2 Nr 1 AbfG aF, entspr § 35 Abs 1 Nr 1 KrWG), müssen die wesentlichen Fragen des Gewässer- und Bodenschutzes geklärt sein und dürfen nicht einem nachfolgenden Entscheidungsverfahren vorbehalten werden.

[36] VGH Mannheim DVBl 1986, 364.

[37] Insoweit verlangt die hM eine eigene Erlaubnisentscheidung nach § 19 Abs 1 WHG und beschränkt die Konzentrationswirkung auf die Zuständigkeitskonzentration (s Rn 18a).

[38] Hierzu näher Elspaß NVwZ 2014, 489.

schehen. Eine Einschränkung der Wirkungen der luftverkehrsrechtlichen Planfeststellung findet sich außerdem für die **Festlegung der Flugrouten.**[39]

32 **c) Ergänzungsvorbehalte.** Es entspricht dem Wesen komplexer Planungen, dass sich **nicht jedes Detail** von vornherein festlegen lässt. Damit würden die Anforderungen an die Planung überspannt. Die Planfeststellungsbehörde kann sich nicht „um jede Kleinigkeit kümmern" (VGH Mannheim NuR 2012, 130). Das gilt insb für die **Fragen der Bauausführung,** die ausgeklammert werden dürfen, wenn nach dem Stand der Technik zur Problembewältigung geeignete Lösungen zur Verfügung stehen und die Wahrung der maßgeblichen Regelwerke sichergestellt ist (BVerwG NuR 1997, 503). Etwas anderes gilt dann, wenn es von den konkreten Modalitäten abhängt, ob die Umsetzung der Planung überhaupt mit striktem Recht in Einklang zu bringen ist (VGH Mannheim NuR 2012, 130). Unter den **Voraussetzungen des Abs 3** (s unten Rn 184 ff) dürfen planfeststellungsbedürftige Fragen darüber hinaus vorläufig ausgeklammert und einer **Ergänzung der Planfeststellung vorbehalten** werden (näher unten Rn 175).[40]

33 **aa) Allgemeine Voraussetzungen.** Beschränkungen bzw Vorbehalte sind nur dann zulässig, wenn ein **einheitliches Gesamtkonzept** besteht, das durch die späteren Ergänzungen oder Teilabschnitte nicht berührt werden kann[41] und wenn die Planfeststellungsbehörde damit nicht gegen den **Grundsatz der Problembewältigung** verstößt (VGH München DVBl 1990, 168), die Grenzen der planerischen Gestaltungsfreiheit nicht überschreitet und insb das Abwägungsgebot nicht verletzt,[42] außerdem den Rechtsschutz der Betroffenen nicht übermäßig und unzumutbar, etwa durch übermäßige Aufteilung und Parzellierung, erschwert.[43] Diese Voraussetzungen sind grds nur dann erfüllt, wenn die späteren Ergänzungen des Plans so geartet sind, dass sie die Substanz und Ausgewogenheit der Planung nicht mehr berühren können, insb das Gesamtprojekt nicht mehr in Frage stellen können.[44]

34 **bb) Problembewältigungsgebot.** Grundsätzlich erfordert das aus dem Abwägungsgebot abgeleitete Gebot der Problem- oder Konfliktbewältigung, dass grds der Planfeststellungsbeschluss selbst alle Probleme und Konflikte, die durch das Vorhaben aufgeworfen bzw verschärft werden, in angemessener Weise regelt. Bewältigung bedeutet nicht Beseitigung der Konflikte, sondern Entscheidung: Sie verteilt Nutzen und Lasten aus dem Vorhaben und trifft ggf flankierende Schutzmaßnahmen. Ein **Vorbehalt späterer Regelung** (§ 74 Abs 3) ist nur ausnahmsweise zulässig, wenn dies aus sachlichen Gründen geboten und die späteren Problemlösungen von der übrigen Planung derart abtrennbar sind, dass sie deren Gesamtgefüge nicht mehr in Frage stellen können (VGH München DVBl 1990, 120). Es muss sicher feststehen, dass die erforderlichen späteren Ergänzungen usw tatsächlich möglich und rechtlich zulässig sind, und dass sie sich ohne größere Probleme in die vorhandene Planung integrieren las-

---

[39] Zum Einfluss des Planfeststellungsbeschlusses auf die Festlegung der Flugrouten BVerwGE 144, 1; hierzu Rubel UPR 2015, 412; DVBl 2015, 525; Lieber NVwZ 2014, 397.

[40] BVerwGE 61, 311; BVerwG NVwZ 1986, 640 vor allem zu den Voraussetzungen im Einzelnen; ferner BVerwG DVBl 1981, 936.

[41] BVerwG DÖV 1993, 440, 441; DVBl 1992, 1435.

[42] BVerwGE 57, 301; 61, 311; 90, 99; BVerwG DVBl 1981, 936; VGH München DVBl 1990, 120: nur wenn die Lösung im Zeitpunkt der Planfeststellung nicht in angemessener Weise möglich ist; VGH Kassel NVwZ 1987, 992.

[43] BVerwG DÖV 1993, 440; DVBl 1992, 1435: Bildung von Abschnitten rechtswidrig, wenn effektiver Rechtsschutz durch übermäßige Parzellierung praktisch unmöglich gemacht wird; vgl auch VGH Kassel NVwZ 1987, 992.

[44] Vgl BVerwGE 56, 110; 61, 307; VGH München DVBl 1990, 168 = BayVBl 1990, 151; Mannheim DVBl 1986, 367.

sen.[45] Ein Entscheidungsvorbehalt nach § 14 Abs 5 WHG ist zB dann zulässig, wenn die Planfeststellungsbehörde abwägungsfehlerfrei davon ausgehen kann, das offengelassene Problem lasse sich durch nachträgliche Auflagen oder durch Entschädigung der Betroffenen lösen, ohne dass dies an der Feststellung und Durchführung des Vorhabens insgesamt etwas ändert. S hierzu näher unten Rn 175 ff.

cc) Klarstellungsgebot. Beschränkungen der Planfeststellung erfordern im Interesse der Planklarheit ausdrückliche Kundgabe (BVerwG DVBl 1981, 936). Auch muss die Planfeststellung in einem solchen Fall klar erkennen lassen, weshalb eine vollständige Regelung unterbleiben soll (VGH München DVBl 1990, 166, 168). Eine Planung unter Vorbehalt und eine entsprechend beschränkte bzw eingeschränkte Planfeststellung nach Abs 3 sind andererseits insb dann sinnvoll, wenn **einzelne für das Vorhaben nicht wesentliche Fragen** noch nicht geklärt sind und auch **nicht ohne erhebliche Verzögerungen** des Verfahrens geklärt werden können.[46] Grundsätzlich sind hier strenge Maßstäbe anzulegen, da es zu erheblichen Problemen führt, wenn die vorgesehenen Ergänzungen auf rechtliche oder tatsächliche Schwierigkeiten stoßen.[47] 35

d) Einbeziehung von Folgemaßnahmen. Die Planfeststellung muss sich auf das gesamte planfeststellungsbedürftige Vorhaben einschließlich aller Nebenanlagen und notwendigen Folgemaßnahmen beziehen (s § 75 Rn 10 ff). Das gilt etwa auch für Ausgleichsmaßnahmen für Eingriffe in Natur und Landschaft nach § 15 BNatSchG. Die Abgrenzung notwendiger Folgemaßnahmen kann schwierig sein. Die Planfeststellung muss sich auf einen notwendigen Anschluss und unverzichtbare Anpassungen, die für die Funktionsfähigkeit des eigenen Vorhabens unentbehrlich sind, beschränken.[48] Selbst **unvermeidbare Anpassungen** fallen deshalb grds dann nicht unter den Begriff der Folgemaßnahmen, wenn sie ein umfassendes eigenes Planungskonzept voraussetzen.[49] Der Vorhabenträger hat sich, wenn eine Folgeplanung für andere Anlagen nicht erreicht oder abgewartet werden kann, auf die unbedingt erforderlichen Maßnahmen zu beschränken; auch provisorische Lösungen sind dann uU in Kauf zu nehmen. 36

5. Abschnittsbildung. a) Allgemeines. Grundsätzlich zulässig ist eine abschnittsweise Planfeststellung. Dabei wird ein Gesamtprojekt in mehrere **räumliche Teilabschnitte** unterteilt, für die jeweils ein verselbständigtes Planfeststellungsverfahren durchgeführt wird. Diese Vorgehensweise ist vor allem bei **linienförmigen Verkehrsvorhaben** wie Straßen-, Schienen- und Wasserwegen von praktischer Bedeutung und dort sogar die übliche Form der Planfeststellung. Sie ist für größere Verkehrsprojekte aus rechtlichen[50] wie aus praktischen Gründen kaum vermeidbar, weil sich die Komplexität der Gesamtvorhaben verfahrensrechtlich und materiellrechtlich in einem einzigen Planfeststellungsverfahren nicht bewältigen lässt. Gleichwohl ist nicht zu verkennen, dass mit jedem plan- 37

---

[45] Vgl zu den Voraussetzungen, unter denen bei einer (wasserrechtlichen) Planfeststellung Einzelfragen einer späteren Entscheidung vorbehalten werden dürfen, auch BVerwGE 61, 311; VGH Mannheim DVBl 1986, 364.

[46] BVerwG NVwZ 1986, 640; VGH Mannheim DVBl 1990, 109 = NVwZ-RR 1990, 66; s unten Rn 175 ff.

[47] S hierzu die Probleme bei der Regelung von Ausgleichsmaßnahmen, deren Festsetzung vorbehalten war OVG Hamburg NordÖR 2005, 470 (Finkenwerder, EADS).

[48] Grundlegend BVerwG DVBl 1988, 843; NVwZ 1990, 463; ferner zB VGH München NVwZ-RR 1990, 172: die für Wasserstraßen zuständige Planfeststellungsbehörde ist nicht berechtigt, Straßenplanungen festzustellen, die nicht unvermeidbar notwendige Folge der Wasserstraßenplanung sind; Kühling DVBl 1989, 228.

[49] Vgl BVerwG NVwZ 1990, 463; VGH München DVBl 1990, 166; Kühling DVBl 1989, 228.

[50] ZB wenn die Planfeststellung von Landesbehörden durchzuführen ist und das Verkehrsvorhaben sich über mehrere Länder erstreckt.

festgestellten Abschnitt Vorentscheidungen für die Folgeabschnitte und das Gesamtvorhaben verbunden sind (s unten Rn 41). Für den **Rechtsschutz der Betroffenen** führt Abschnittsbildung zu einer Erschwerung, weshalb sie **sachlich gerechtfertigt** sein und bestimmte Anforderungen in Bezug auf die Prüfung des Gesamtvorhabens erfüllen muss.[51]

38 **b) Zulässigkeit.** Die Zulässigkeit einer Abschnittsbildung ist nach den Vorgaben des jeweiligen Fachrechts und des Abwägungsgebots zu beurteilen (s hierzu auch § 72 Rn 30 ff). Sowohl die Bildung von Abschnitten überhaupt als auch die konkrete Abschnittsbildung müssen abwägungsfehlerfrei sein und dürfen den Rechtsschutz Dritter nicht unzumutbar erschweren.[52] Das bedeutet erstens, dass es für dieses Vorgehen ein nachvollziehbar sachlich begründetes **Gesamtkonzept** geben muss, und zweitens, dass die konkrete Abschnittsbildung den **Anforderungen des Abwägungsgebots** (s unten Rn 95 ff) standhält. Insoweit besteht ein Entscheidungsspielraum der zuständigen Behörden. Danach ist eine Abschnittsbildung grds zulässig, soweit damit die Probleme, die das Gesamtvorhaben auslöst, damit nicht unbewältigt bleiben.[53] Die abschnittsweise Planfeststellung erfüllt als **Erscheinungsform der horizontalen Verfahrensstufung** eine ähnliche Funktion wie die Teilzulassungsentscheidungen im vertikalen Gefüge des Anlagenzulassungsrechts (BVerwG NVwZ 1998, 510).

39 **aa) Selbständigkeit der Abschnittsplanung.** Grds muss jeder Planungsabschnitt selbständig die Erfordernisse des jeweiligen Fachplanungsgesetzes erfüllen, dh die Vorgaben des strikten Rechts, der Raumordnung und des Abwägungsgebots erfüllen. Dies bedeutet auch, dass jeder Teilabschnitt einer eigenen fachplanungsrechtlichen Rechtfertigung bedarf.[54] Im **Straßenbereich** erfordert dies grds eine **eigenständige Verkehrsfunktion** des Straßenabschnitts; es muss vermieden werden, dass ein Planungstorso entsteht, wenn die späteren Straßenabschnitte nicht mehr realisiert werden sollten.[55] Anders ist dies im **Schienenbereich,** wo die Funktion einer Strecke im Gesamtnetz eine größere Rolle spielt (BVerwG NVwZ 1997, 391; 1996, 896). Dies bedeutet auch, dass für jeden Teilabschnitt zu prüfen ist, ob sich Alternativen zur Planung aufdrängen.

40 **bb) Vorläufiges positives Gesamturteil.** Im Rahmen der Planfeststellung für den jeden Abschnitt muss geprüft werden, ob das Gesamtvorhaben rechtlich und tatsächlich realisierbar ist, oder ob sich in anderen Abschnitten unüberwindbare Schwierigkeiten ergeben werden. Insoweit bedarf es eines vorläufigen positiven Gesamturteils über das Vorhaben in seiner Gesamtheit.[56] Dies bedeutet, dass in der Planfeststellung für den einzelnen Abschnitt festgestellt werden muss, ob das **Gesamtvorhaben** unter dem Aspekt der Planrechtfertigung, der raumordnungsrechtlichen Vorgaben, des strikten Rechts und der Abwägung **voraussichtlich genehmigungsfähig** ist oder ob der Verwirklichung des Vorhabens unüberwindliche Hindernisse entgegenstehen.[57]

41 **cc) Zwangspunkte für nachfolgende Abschnitte.** In der Planfeststellung eines jeden Abschnitts werden sog Zwangspunkte für den Folgeabschnitt gesetzt,

---

[51] BVerwG NuR 2013, 794; NVwZ 1993, 572; Knack/Henneke 25; Steinberg/Wickel/Müller § 3 Rn 91.

[52] BVerwG NVwZ 2010, 1486, 1488; 1997, 391.

[53] BVerwG NVwZ 1998, 508, 510; ferner BVerwGE 62, 342; BVerwG NVwZ 1993, 572.

[54] BVerwG NVwZ 2010, 1486, 1488; 1997, 391; Wahl/Dreier NVwZ 1999, 614; Steinberg/Wickel/Müller, § 3 Rn 94.

[55] BVerwGE 108, 248; 104, 144; Knack/Henneke 25; StBS 52.

[56] BVerwGE 107, 1 (Wakenitz-Querung); BVerwGE 98, 399; Steinberg/Wickel/Müller § 3 Rn 90.

[57] Zu den Anforderungen an die Prüfung hinsichtlich des Gesamtvorhabens näher BVerwGE 72, 300 (Whyl).

wenn der Folgeabschnitt räumlich unmittelbar an den Endpunkt des Vorabschnitts anschließen muss. Wegen dieser Wirkung jeder abschnittsweisen Planfeststellung muss geprüft werden, ob auch der Folgeabschnitt trotz der gesetzten Zwangspunkte realisierbar ist oder **ob ihm unüberwindliche Schwierigkeiten gegenüberstehen.**[58] Dies Problem stellt sich etwa, wenn der Folgeabschnitt durch ein naturschutzrechtlich besonders geschütztes Gebiet verlaufen muss, dessen Inanspruchnahme bzw Beeinträchtigung unzulässig sein könnte,[59] wenn der Folgeabschnitt aus anderen abwägungserheblichen Gründen nicht fehlerfrei anschließen könnte oder wenn der Anschluss Kosten verursachen würde, die vom Vorhabenträger nicht aufgebracht oder die ihm jedenfalls nicht zugemutet werden können.

III. Die Planrechtfertigung

1. Funktion und dogmatische Fundierung. a) Entwicklung zu einem Institut. Die hoheitliche Zulassung von Vorhaben mit komplexen Wirkungen trägt wegen ihrer Beeinträchtigungen von Rechtspositionen Dritter (vgl § 75) ihre Berechtigung nicht schon in sich; sie bedarf einer besonderen Rechtfertigung (BVerwGE 84, 31; 48, 56) Einen positivrechtlichen Ausdruck hat dieses Erfordernis nur in der Bauleitplanung (§ 1 Abs 3 BauGB) gefunden; die Fachplanungsgesetze enthalten es nicht explizit. Das BVerwG hat gleichwohl schon früh die Planrechtfertigung zu einem eigenständigen, dh **der Abwägung vorgelagerten Prüfungspunkt** der Plankontrolle erhoben. Dies ist zunächst mit Blick auf solche Planfeststellungsbeschlüsse geschehen, die Enteignungen zugunsten des Vorhabens für zulässig erklären (enteignungsrechtliche Vorwirkung, s § 75 Rn 19 ff) und daher Art 14 Abs 3 GG entsprechen müssen, wonach eine Enteignung nur zum Wohle der Allgemeinheit zulässig ist **(enteignungsrechtliches Gemeinwohlerfordernis).**[60] 42

Rechtfertigungsbedürftig sind nicht nur Planungen, die unmittelbar Eigentum Dritter in Anspruch nehmen; es genügt, dass ein Vorhaben durch sog **mittelbare Beeinträchtigungen** (Immissionen uä, § 74 Rn 152), die Inhalts- und Schrankenbestimmungen iSd Art 14 Abs 1 S 2 GG sind, die Nutzbarkeit benachbarter Grundstücke mindert. Auf die Rechtsform der Planung kommt es nicht an. Rechtfertigungsbedürftig ist die Zulassung durch Planfeststellungsbeschluss, Plangenehmigung oder planerische Genehmigung.[61] Allerdings können bestimmte Änderungsplanfeststellungsbeschlüsse an der Planrechtfertigung der ursprünglichen Planung teilnehmen.[62] 42a

b) Ausformung der Verhältnismäßigkeit. Zweck. Die Notwendigkeit einer spezifischen Rechtfertigung planerisch-eingreifender Vorhaben ist rechtssystematisch eine **Ausprägung des Prinzips der Erforderlichkeit** (Jarass 42b

[58] BVerwG NVwZ 1998, 518, 510; 1996, 1011. Zu weitgehend Knack/Henneke 25, wo verlangt wird, dass die Abschnittsbildung nicht zu einer Verkürzung des Abwägungsspielraums führen dürfe. Eine gewisse Verkürzung ist hier stets unvermeidlich und wird auch in BVerwGE 112, 140 = NVwZ 2001, 673 nicht ausgeschlossen.

[59] Vgl die Fallkonstellation in BVerwG NVwZ 2002, 1103 – Wakenitz-Querung; zum Vorabschnitt BVerwG NVwZ 1998, 616.

[60] BVerwGE 56, 118; 71, 168; 72, 285; 85, 50 mwN; VGH München BayVBl 1989, 272; vgl auch BVerfG 45, 320; 56, 264; 74, 281; Murswiek DVBl 1994, 77 Fn 3; Wahl NVwZ 1990, 434; Kühling Rn 156 ff.

[61] Freistellungsentscheidungen im Sinne des § 74 Abs 7 sind keinen Planungen. Sie bescheinigen lediglich, dass eine staatliche Zulassung nicht erforderlich ist (s dazu § 74 Rn 224.

[62] BVerwG NVwZ 2015, 79 für die Planfeststellung nachträglicher Lärmschutzmaßnahmen, die Teil der Verkehrsanlage sind. Anders ggf für Nebenanlagen, vgl BVerwG NVwZ 2015, 1218.

DVBl 1998, 1204) und konkretisiert damit einen Teilaspekt des verfassungsrechtlichen Verhältnismäßigkeitsprinzips, aus dem planungsspezifisch wiederum das Abwägungsgebot abgeleitet ist (s Rn 95 ff). Daher wird die Planrechtfertigung als selbstständige Prüfungsebene neben dem Abwägungsgebot teilweise für entbehrlich gehalten.[63] Das verkennt aber den **Zweck** der Prüfung: „Unsinnige", schlechthin nicht rechtfertigungsfähige Vorhaben sollen bereits auf einer der planerischen Abwägung vorgelagerten – und daher uneingeschränkter gerichtlicher Kontrolle unterliegenden – Stufe (da Rn 52) abgelehnt werden können.[64] Ein Vorhaben, das sich idS als planerischer Missgriff darstellt, kann sich iR der Abwägung niemals gegen andere Belange durchsetzen.

42c **c) Praktische Bedeutung.** Nach hM[65] hat die Planrechtfertigung neben dem Abwägungsgebot wesentliche Bedeutung. Als Prüfungsebene hat sie dabei eine fast überdimensionale dogmatische Aufwertung erfahren, der allerdings eine **geringe forensische Bedeutung** gegenübersteht. Das darf aber nicht darauf schließen lassen, die Planrechtfertigung sei ein Instrument mit geringem Wert zur Identifizierung bloß grober und offensichtlicher Missgriffe.[66] Die genaue Identifizierung der Planrechtfertigung diszipliniert und strukturiert das Vorgehen bereits im Verwaltungsverfahren. Ein ungerechtfertigtes Vorhaben wird kaum in ein Anhörungsverfahren nach § 73 gelangen. Das Gewicht der Rechtfertigungsgründe lässt überdies frühzeitig erkennen, inwieweit sich ein Vorhaben in der Abwägung gegen entgegenstehende Belange durchsetzen kann. Ist die Planrechtfertigung gesetzlich vorgegeben, verschiebt sich die Prüfung regelmäßig weg von der Abwägung und hin zu der Frage, ob zwingende gesetzliche Vorgaben eingehalten und angemessene Schutzvorkehrungen getroffen worden sind.

43 **2. Fachplanungsgesetzliche Rechtfertigung. a) Sicherung der Zielkonformität.** Eine Planrechtfertigung ist nicht erst dann gegeben, wenn das zuzulassende Vorhaben unabdingbar erforderlich ist; es genügt, dass es (zumindest) **vernünftigerweise geboten** ist.[67] Maßstab hierfür sind die Ziele des Fachplanungsgesetzes, das die Planfeststellung anordnet. Ein Vorhaben ist nur vernünftigerweise geboten – und in diesem Umfang gerechtfertigt –, soweit es den **Zielsetzungen des einschlägigen Fachplanungsgesetzes entspricht.**[68] **Öffentliche Interessen** können nur so weit zur Rechtfertigung angeführt werden, wie sie von diesem Gesetz umfasst sind. Allgemeine öffentliche Interessen (Schaffung von Arbeitsplätzen, Verbesserung der regionalen Infrastruktur usw), die im Rahmen der Abwägung zugunsten des Vorhabens ins Feld geführt werden können, reichen nicht aus. Das Institut der Planrechtfertigung sichert dadurch die **Gesetzeskonformität der Planung,** indem es verhindert, dass Rechtspositionen Betroffener durch unspezifische Gründe des öffentlichen Wohls überwunden

---

[63] Vgl nur Wahl NVwZ 1990, 434; Wahl/Dreier NVwZ 1999, 613; Fouquet VerwArch 1997, 218, 231; Hoppe UPR 1995, 202; Paetow FS Sendler, 1991, 425, 430; Schmidt-Preuß FS Hoppe 2000, 1071; Steinberg/Wickel/Müller § 3 Rn 99 („kann angezweifelt werden"); in diese Richtung zielend auch BVerwGE 85, 49, 51 = NVwZ 1990, 434; offen Jarass NuR 2004, 69.

[64] BVerwG NVwZ 2015, 79; 2002, 351; 2000, 555; BVerwGE 84, 123; 72, 282, 286.

[65] BVerwGE 107, 142, 145; 75, 214, 238; 72, 282, 285; 71, 166, 168; BVerwGE 128, 358 (Mühlenberger Loch); BVerwG NVwZ 2002, 350; 2000, 555; StBS 33; Obermayer 23; Knack/Henneke 87 ff; Stüer Rn 2170; Johlen Rn 105.

[66] Exemplarisch OVG Koblenz NuR 2005, 53. In der Tat gibt es augenscheinlich kein Vorhaben, das mangels Planrechtfertigung gerichtlich aufgehoben worden wäre.

[67] StRspr; grundlegend BVerwGE 48, 56, 60 (B42); später BVerwGE 56, 110, 118; 71, 66, 70; 72, 282, 284 f; 84, 31, 35; 84, 123, 130 f mwN; 125, 116, 177; 127, 95, 102; NVwZ 2000, 555; 2001, 673; OVG Schleswig NordÖR 2012, 546; Ziekow Fachplanung § 5; Paetow NVwZ 2010, 1184, 1185.

[68] St Rspr BVerwG NVwZ 2002, 350; Hermann NuR 2001, 551, 557; Prall NordÖR 2001, 187; Jarass NuR 2004, 69, 70 ff mwN.

werden können. Diese Funktion kann das Abwägungsgebot nur schwer erfüllen, weil der Bereich zulässiger abwägungserheblicher öffentlicher Belange wesentlich breiter ist. Zudem macht die Planrechtfertigung die gesetzlichen Ziele abwägungsfest.

b) Bestimmung der fachplanungsrechtlichen Ziele. Fehlt es an einer gesetzlichen Bedarfsfestlegung (dazu Rn 48), sind die zulässigen Planungsziele dem jeweiligen Fachplanungsgesetz zu entnehmen. Dies bereitet oft deshalb Probleme, weil sie in manchen Fachplanungsgesetzen (wie etwa dem LuftVG) **nur rudimentär beschrieben** sind. Das hat historische Gründe. Die ersten planfeststellungsbedürftigen Vorhaben waren solche des öffentlichen Verkehrs, deren spezifische Gemeinwohlorientierung außer Frage stand. Inzwischen ist die Feststellung der Planungsziele im Zuge der Privatisierung schwieriger geworden. Wichtige planfeststellungsbedürftige Anlagen mit Gemeinwohlbezug (wie Schienenwege und Flughäfen) werden von privaten Trägern durchgeführt, die mit ihrer Anlage auch privatnützige Ziele verfolgen (dürfen). In der Nutzung derartiger Anlagen sind verschiedene öffentliche Interessen[69] oder öffentliche und private Interessen miteinander verzahnt.[70] 43a

c) Beispiele. Die Planrechtfertigung wurde zB angenommen für die Planfeststellung einer als Stichstraße zu einem Containerbahnhof der Bahn geplanten Bundesfernstraße im Hinblick auf die in § 1 Abs 1 S 1 FStrG vorausgesetzte **überregionale Erschließungsfunktion** von Bundesstraßen und das Interesse an einer **Integration der Leistungen verschiedener Verkehrsträger** (BVerwG DÖV 1993, 433). Eine nachträglich planfestgestellte Lärmschutzwand für eine Bundesfernstraße, die nicht iS von § 75 Abs 2 S 2 erforderlich wird, nimmt an der Planrechtfertigung des ursprünglichen Beschlusses teil; einer gesteigerten Form der Rechtfertigung wie für ein Änderungsvorhaben bedarf es nicht (BVerwG NVwZ 2015, 79). Die Rechtfertigung ist ferner gegeben für die Planfeststellung für einen Flughafen bzw die Erweiterung eines Flughafens, wenn das Vorhaben wegen des geänderten **Verkehrsbedürfnisses** oder aus **Sicherheitsgründen** oder aus Gründen des **Immissionsschutzes** (BVerwGE 75, 233) oder im Falle der Umnutzung auch zur Stärkung der **Infrastruktur** eines Gebiets[71] erforderlich ist; für die Planfeststellung für eine Bundesbahn-Schnellbahntrasse, wenn mit dieser die **Attraktivität des Schienenverkehrs** zB durch Verkürzung der Fahr- und Transportzeiten und Hebung des Beförderungskomforts nennenswert verbessert wird (vgl BVerwG NVwZ 1991, 781: ein wichtiger Grund für die Rechtfertigung der Planung). Eine Planrechtfertigung entfällt nicht für die Planfeststellung von notwendigen Hochwasserschutzmaßnahmen, wenn bei der konkreten Ausgestaltung einzelner Abschnitte naturschutzrechtliche Ziele im Vordergrund stehen.[72] 43b

d) Empirische Bedarfsermittlung. Der wichtigste Rechtfertigungsgrund für die Herstellung oder Erweiterung von Anlagen ist die beabsichtigte Befriedigung eines **Bedarfs.** Wird ein Vorhaben mit einem Bedarf begründet, der nicht schon gesetzlich festgestellt ist (dazu Rn 48), muss konkret nachgewiesen werden, dass der Bedarf bereits gegenwärtig und manifest ist oder aber künftig konkret zu erwarten ist. Letzteres ist durch eine – regelmäßig, aber nicht notwendig – gutachterliche **Prognose** zu belegen, die sich bei Verkehrsinfrastruktur auf die 44

---

[69] Vgl hierzu die inzwischen überholte Entscheidung des OVG Hamburg NordÖR 1998, 33, 35 mit zutr Kritik von Laskowski Nord ÖR 1998, 36.

[70] Jarass NuR 2004, 69 71; hierzu näher Ramsauer, Privatnützige Planfeststellung und öffentliches Interesse, in: Ziekow (Hg), 2003, 153.

[71] BVerwGE 114, 364 (Bitburg); VGH Mannheim NVwZ-RR 2003, 412. Hier ist Vorsicht geboten. Die Förderung der Infrastruktur ist ein relativ beliebiges Argument, welches nahezu überall einsetzbar ist.

[72] Anders noch, durch die WHG-Novelle überholt, OVG Hamburg NordÖR 1998, 34 m abl Anm Laskowski NordÖR 1998, 36.

zu erwartenden Verkehrsentwicklung auf der jeweiligen Anlage beziehen muss. Auch bei gegenwärtigem Bedarf muss seine Dauerhaftigkeit durch eine auf den Prognosehorizont bezogene Prognose dargetan werden.[73] Im Falle einer **Abschnittsbildung** darf sich der Bedarf beim Bau von Straßen nicht allein aus dem Gesamtvorhaben ergeben, sondern muss sich auch für den jeweiligen Abschnitt feststellen lassen.[74] Allein das Bestreben, einen noch nicht vorhandenen Bedarf zu wecken, wird idR nicht ausreichen können. Ausnahmen kommen in Betracht, wenn es um die Frage der sinnvollen Weiterverwertung bereits vorhandener Anlagen geht.[75]

44a **Die Berechtigung des Bedarfs** führt regelmäßig zu **erheblichen Auseinandersetzungen**, weil die Betroffenen ihn bestreiten und die Bedarfsermittlung wegen ihres notwendig prognostischen Charakters mit erheblichen Unsicherheiten behaftet und häufig sehr intransparent ist. Insoweit kann es sich anbieten, zur Verbesserung der Akzeptanz die Bedarfsproblematik (vor allem die gutachterlich angesetzten Eingangsdaten der Algorithmen) mit den Betroffenen zu erörtern. Eine solche **Bedarfserörterung**[76] kann etwa im Rahmen der frühzeitigen Bürgerbeteiligung nach § 25 Abs 3, aber auch im Rahmen einer Mediation stattfinden **(sog Data Mediation).**[77] Dies Verfahren bietet sich vor allem bei sehr großen und langfristigen Vorhaben an, deren Verwirklichung mit der richtigen Bedarfsprognose steht und fällt.[78]

45 **e) Vorrats- und Angebotsplanungen. Keine** Rechtfertigung besteht für sog **Vorratsplanungen**, die im Vorgriff auf einen nicht absehbaren, nur theoretisch möglichen Bedarf erstellt werden. Für sie gilt das Verbot der Vorzeitigkeit planerischer Entscheidung: Ihre Zulassung liefe Gefahr, dass später möglicherweise entstehende Konflikte nicht hinreichend, nämlich auf der Grundlage der im Konfliktzeitpunkt maßgebenden abwägungserheblichen Gesichtspunkte, Grenzwerte und Schutzmaßnahmen bewältigt werden können (vgl BVerwGE 123, 261 Rn 29; 107, 313, 325; 45, 309, 321). Davon zu unterscheiden sind **Angebotsplanungen**, für die eine aktuelle Nachfrage zwar nicht mit konkreten und belastbaren Zahlen belegt werden kann, sich aber doch aus künftigen Entwicklungen ergeben kann. Es reicht aus, wenn das Vorhaben auf eine Bedarfslage ausgerichtet ist, die bei vorausschauender Betrachtung in absehbarer Zeit mit hinreichender Sicherheit erwartet werden kann (BVerwGE 123, 261; 114, 364; 71, 166, 169). Bei einer mit öffentlichen Mitteln geschaffenen Infrastruktur kann auch die vorsorgliche Anpassung an absehbare neue Verkehrserfordernisse genügen (wie die durchgehende Befahrbarkeit mit Großmotorschiffen und Schubverbänden bei einer Wasserstraße), wenn sich etwa ein Trend zu größeren Schiffen greifbar abzeichnet (BVerwG DVBl 2016, 1465 Rn 61 – Weserausbau; B v 2.4.2009 – 7 VR 1.09 – juris Rn 8).

46 **f) Fehlen unüberwindbarer Hindernisse.** Ungeachtet zu bejahender Zielkonformität bzw bei gegebenen Bedarf fehlt die Planrechtfertigung, wenn ein Vorhaben in Wahrheit nicht beabsichtigt ist oder es objektiv nicht verwirklicht werden kann.[79] **Unüberwindbare Hindernisse tatsächlicher oder recht-**

---

[73] BVerwGE 72, 282 = NJW 1986, 1508; Knack/Henneke 87, 89.

[74] BVerwG NuR 1998, 305.

[75] BVerwGE 114, 364, 367 (Bitburg: Umnutzung eines ehemaligen Militärflugplatz in einen zivilen Flughafen); BVerwGE 132, 152; BVerwG UPR 2009, 148 (Flughafen Weetze/Niederrhein).

[76] Für eine Bedarfserörterung plädieren Burgi NVwZ 2012, 277; Franzius GewArch 2012, 225.

[77] Hierzu Ramsauer, FS Bull, 1029.

[78] Vgl Bedarfsproblematik beim Main-Donau-Kanal oder Donau-Ausbau Vilshofen.

[79] BVerwG NVwZ 2010, 1486, 1487; BVerwGE 84, 123; OVG Greifswald NordÖR 2012, 546; ebenso für die Bauleitplanung BVerwG NVwZ 2004, 1242.

licher Art können sich aus naturschutzrechtlichen Verboten oder aus sonstigen Vorschriften des Umweltrechts ergeben, wenn für diese weder Ausnahme- und Befreiungsvorschriften bestehen oder diese tatbestandlich nicht vorliegen. Dasselbe gilt, wenn das Vorhaben aus **finanziellen Gründen** nicht verwirklicht werden kann.[80] Die Nichtverfügbarkeit von Flächen im fremden Eigentum kann hingegen ggf durch Enteignung überwunden werden (s § 75 Rn 19).

3. Sonderproblem: Privatnützige Planfeststellung. Probleme bereitet das Institut der Planrechtfertigung bei rein privatnützigen Planfeststellungen (s hierzu näher § 72 Rn 14a), weil für sie **eine unmittelbare öffentlich-rechtliche Zweckbestimmung** fehlt (s hierzu Ramsauer/Bieback NVwZ 2002, 277). Daher stellt sich die Frage, ob auf das Erfordernis der Planrechtfertigung ganz verzichtet werden soll[81] oder ob ein Plan auch durch private Interessen gerechtfertigt werden kann. Können nur öffentliche Belange den Plan rechtfertigen, stellt sich die Frage, ob es spezifische öffentliche Interessen sein müssen oder ob jedes abwägungserhebliche Interesse ausreicht.[82] Rein privatnützige Vorhaben kommen vornehmlich im Bereich des Abfallrechts, des Wasserrechts (Nassauskiesung) und des Abgrabungsrechts vor. 47

Die privaten Interessen am Vorhaben können **gegenläufige private Rechtspositionen** grds nicht überwinden.[83] Daher sind solche Vorhaben nach hM nur zulassungsfähig, wenn sie sich auf eine Planrechtfertigung stützen können. Diese hängt davon ab, ob das Vorhaben den spezifischen Zielsetzungen entspricht.[84] Dabei müssen sich die öffentlichen Interessen auf die **Zweckbestimmung des Vorhabens** beziehen; mittelbare positive Auswirkungen (auf Arbeitsplätze oder die Infrastruktur) ändern auch in Zeiten sich verschärfenden politischen Ringens um Standorte den rein privatnützigen Charakter eines Vorhabens grds nicht. Etwas anderes gilt, wenn und soweit der Gesetzgeber mittelbare Interessen als Grund für eine Planrechtfertigung besonders zugelassen hat (BVerfGE 74, 264 – Boxberg). Dann kann ein Vorhaben trotz des eigentlich privatnützigen Charakters im öffentlichen Interesse liegen und gegenläufige Rechte und Interessen überwinden. Nicht selten gibt es eine **Gemengelage von privaten und öffentlichen Interessen.**[85] Liegt ein rechtfertigendes öffentliches Interesse vor, so ist es unschädlich, wenn zugleich private Interessen verfolgt werden (BVerfG, DVBl 2003, 192 Rn 20 für den privaten Airbus-Werkflugplatz in Hmb-Finkenwerder). 47a

4. Bedarfsfestlegungen durch Gesetz. a) Allgemeines. Für bestimmte Vorhaben, die meist derart im Gemeinwohlinteresse liegen, dass sie aus öffentlichen Haushalten finanziert werden, trifft der Bundesgesetzgeber selbst die maßgeblichen Festlegungen über den Bedarf, sofern nicht sogar die Fachplanung unmittelbar durch Bundesgesetz erfolgt.[86] Diese **Bedarfsgesetze** listen die erfassten Vorhaben auf und differenzieren sie nach der Dringlichkeit des Bedarfs (vordringlicher, potenzieller, weiterer Bedarf usw). 48

---

[80] BVerwG NVwZ 2000, 555; zustimmend Knack/Henneke 87.

[81] Dies hatte BVerwGE 55, 220 für Kiesabbauvorhaben angenommen. Diese Position ist durch BVerwGE 128, 358 (Mühlenberger Loch) wohl überholt.

[82] BVerwGE 128, 358 (Mühlenberger Loch) verlangt ausdrücklich ein fachplanungsspezifisches Interesse, zieht in den Kreis der danach gerechtfertigten Vorhaben aber auch private Luftwerften mit ein. Das OVG Hamburg NordÖR 2005, 470 hatte die Planung demgegenüber auch mit Infrastrukturinteressen zu rechtfertigen gesucht und war damit über den fachplanungsspezifischen Rahmen hinaus gegangen.

[83] BVerwGE 55, 220, 226; 78, 40, 42; 85, 155; OVG Münster NuR 1994, 304; VGH München UPR 90, 350; OVG Lüneburg NVwZ 1997, 90.

[84] Ausdrücklich BVerwGE 128, 358 (Mühlenberger Loch); s auch BVerwGE 85, 44 = NVwZ 1990, 969; Paetow NVwZ 2010, 1184, 1185.

[85] So zB BVerwGE 85, 44; 97, 143, 149; zu abfallrechtlichen Planfeststellungen; s auch Murswiek DVBl 1994, 77; Kühling FS Sendler, S. 402.

[86] Vgl BVerfGE 95, 1 (Umfahrung Stendal); hierzu Blümel DVBl 1997, 205.

49 **b) Wichtige Bedarfsgesetze.** Auf Bundesebene enthalten solche Bedarfsfestlegung das **Bundesschienenwegeausbaugesetz**[87] und das **Fernstraßenausbaugesetz.**[88] Gleiches ist im **Energieleitungsgesetz** (EnLAG[89]) für den Ausbau des Höchstspannungsnetzes und im **Bundesbedarfsplangesetz** (BBPlG)[90] für den Ausbau von Übertragungsnetzen geschehen. Gem § 1 Abs 2 EnLAG sind Zielkonformität und Bedarf verbindlich festgestellt (BVerwGE 147, 184 Rn 35). Während diesen Gesetzen konkrete Bedarfsprognosen des Bundesverkehrswegeplans[91] bzw des Netzentwicklungsplans Strom[92] zugrunde liegen, war dies etwa bei dem inzwischen obsolet gewordenen MagnetschwebebahnbedarfsG nicht der Fall.[93] Auf Landesebene sind das **Landesmessegesetz** Baden-Württemberg v 15.12.1998 (GVBl S 666) und das problematische Gesetz zum Erhalt und zur Stärkung des Luftfahrtindustriestandortes Hamburg **(Lex Airbus)** v 18.6.2002 (GVBl S 96) zu nennen.[94] **Nebenanlagen,** die nicht im Bedarfsplan aufgeführt sind, müssen ihre Planrechtfertigung gesondert nachweisen (etwa aus dem jeweiligen Fachplanungsgesetz), auch wenn sie mit Hauptanlage in einem untrennbaren Funktionszusammenhang stehen (BVerwG NVwZ 2015, 1218 für Parkplätze und PWC-Anlagen an Bundesfernstraßen).

50 **c) Wirkungen von Bedarfsgesetzen. aa) Bedeutung für die Planrechtfertigung.** Wird ein Vorhaben von einer gesetzlichen Bedarfsplanung erfasst, erhält es seine fachplanerische Planrechtfertigung unmittelbar aus diesem Gesetz.[95] Das **Bestehen eines Bedarfs** ist damit – für die Dauer der Gültigkeit des Gesetzes (dazu Rn 54) – bindend festgelegt und kann weder von Behörden noch von den Fachgerichten infrage gestellt werden.[96] Außerdem entscheidet der Gesetzgeber verbindlich, dass das Vorhaben mit den **Zielen des jeweiligen Fachplanungsgesetzes** übereinstimmt (StBS 42; BVerwG NVwZ 2007, 462). Die Notwendigkeit einer Subsumtion des konkreten Vorhabens unter dessen abstrakte Ziele entfällt. Solange dem Gesetz oder der VO eine verbindliche Bedarfsfestlegung (noch) nicht zu entnehmen war, hatten die Festlegungen wegen der zugrunde liegenden Analysen und Abwägungen zumindest indizielles Gewicht.[97]

51 **bb) Bedeutung für die Abwägung.** Die hM nimmt darüber hinaus an, dass normative Bedarfsfestlegungen bindende Vorgaben auch für die Abwägung enthalten. Die Bindungen könnten sich nicht auf die idR abzuschichtende

---

[87] Gesetz über den Ausbau der Schienenwege des Bundes (Bundesschienenwegeausbaugesetz) v 15.11.1993 (BGBl I 1874), zuletzt geändert durch Art 309 der Verordnung v 31.10.2006, BGBl I 2407.

[88] V 15.11.1993 (BGBl I 1878), idF v 20.1.2005 (BGBl I 201), geändert durch Art 12 G v. 9.12.2006, BGBl I 2833.

[89] Gesetz zum Ausbau von Energieleitungen (EnLAG) v 21.8.2009 (BGBl I 2870).

[90] Gesetz über den Bedarfsplan (BBPlG) v 23.7.2013 (BGBl I 2543).

[91] Derzeit gilt der Bundesverkehrswegeplan 2003; der Plan soll 2015 novelliert werden.

[92] Der Netzentwicklungsplan Strom wurde von der Bundesnetzagentur aufgestellt und stellt den konkret festgestellten Ausbaubedarf für die Energieleitungen dar (Kment RdE 2011, 341).

[93] G v 19.7.1996 (BGBl S. 1018), mit welchem für die Transrapidstrecke von Hamburg nach Berlin das Bestehen eines Bedarfs festgelegt werden sollte. Zu der im Hinblick auf die Rechtfertigung defizitären Begründung s BT-Drs 14/3103.

[94] Zur Verfassungswidrigkeit des letzteren zutreffend Bull NordÖR 2002, 439; Lenz NordÖR 2002, 442.

[95] BVerwGE 117, 149, 151; 112, 140, 146; 98, 339, 345; BVerwG DVBl 2004, 1546; NVwZ 1986, 834; 1990, 862; VGH Mannheim NVwZ-RR 1994, 376; Dürr VBlBW 1992, 311; Fliegauf NVwZ 1991, 750; Knack/Henneke 90 ff.

[96] BVerwGE 146, 1210 (BAB A 14 Magdeburg-Schwerin); 141, 171 (BAB A 281, Bremen, Wesertunnel); 130, 299; 100, 370, 378; BVerwG NVwZ 2001, 673; nach älterer Rspr hatte die Bedarfsfestlegung nur indiziellen Charakter, vgl BVerwGE 84, 123, 134.

[97] Vgl BVerwGE 71, 170; 72, 285; ähnlich auch BVerwGE 79, 324; 84, 131 und 85, 160.

Planrechtfertigung beschränken.[98] Eine gesetzgeberische Bedarfsentscheidung erstreckt sich daher etwa auf den **Verkehrsbedarf.** Mit der Aufnahme eines Bau- oder Ausbauvorhabens in den Bedarfsplan für die Bundesfernstraßen entscheidet der Gesetzgeber verbindlich über eine bestimmte Bedarfsstruktur, die sich zeichnerisch in der großräumigen Netzverknüpfung und in der Dimensionierung des Vorhabens abbildet.

Jedoch ist die **abschließende Entscheidung** über die Zulassung des Vorhabens mit seiner Aufnahme in den Bedarfsplan **nicht vorweggenommen.** Die Planfeststellungsbehörde wird durch sie nicht von der Verpflichtung entbunden, alle für und gegen das Straßenbauvorhaben sprechenden Belange gegeneinander und untereinander gerecht abzuwägen. Dabei schließt es die Bindungswirkung des Bedarfsplans nicht aus, dass es Belange geben kann, die so gewichtig sind, dass sie in der Abwägung den Bedarf mit der Folge überwinden können, dass das Vorhaben nicht planfeststellungsfähig ist (sog **Nullvariante**).[99] Damit soll dem Umstand Rechnung getragen werden, dass sowohl das Abwägungsgebot als auch das Gemeinwohlerfordernis des Art 14 Abs 3 GG Verfassungsrang haben und deshalb nicht auf dem Wege einer normativen Definition des Bedarfs unterlaufen werden dürfen. Dies führt zwar nicht unvermeidlich zu dem Erfordernis einer gerichtlichen Kontrolle der Bedarfsprognose des Gesetzgebers, wohl aber zu einer inhaltlichen Bewertung ihres Gewichts. Gleiches gilt nach der Rspr für die **Bedeutung des sog Ökosterns** im Bedarfsgesetz (BVerwGE 146, 254). Auf eine andere Weise ist eine konkrete Abwägung mit den gegenläufigen Interessen nicht möglich. Die Nullvariante bei festgestelltem Bedarf ist freilich eine **theoretische Position;** praktisch reduzieren die Vorschriften über Schutz- und Ausgleichsmaßnahmen das Gewicht entgegenstehender Belange so weit, dass sie in der Abwägung hinter den festgestellten Bedarf zurückgesetzt werden dürfen. 51a

5. Gerichtliche Kontrolle. a) Grundsatz. Rügeberechtigte. Die Planrechtfertigung eines Vorhabens ist grds **gerichtlich voll überprüfbar.**[100] Sie verlangt eine uneingeschränkte gerichtliche Kontrolle im Hinblick darauf, ob das Vorhaben nach den Zielen des Fachplanungsgesetzes vernünftigerweise geboten ist. Damit geht sie über die Abwägungskontrolle (s Rn 100) hinaus und ist ihr vorgelagert. 52

Die Planrechtfertigung kann grds **von allen Planbetroffenen gerügt** werden (s hierzu § 75 Rn 73). Es handelt sich um eine objektive Voraussetzung der Planung, deren Infragestellung keine Einwendung iSd § 73 Abs 4 ist. Die Zielkonformität der Planung ist nicht nur zu prüfen, wenn Dritte für das Vorhaben enteignet werden sollen, sondern immer dann, wenn das Vorhaben mit Eingriffen in ihre Rechte einhergeht, also auch, wenn sich Grundeigentümer gegen **mittelbare Beeinträchtigungen** durch das Vorhaben zur Wehr setzen (BVerwGE 127, 95 Rn 33). **Gemeinden** können im Rahmen einer Anfechtungsklage eine Überprüfung der Planrechtfertigung beanspruchen, wenn sie gegen das planfestgestellte Vorhaben substantiiert einwenden, durch das Vorhaben in ihrem Selbstverwaltungsrecht beeinträchtigt zu sein (BVerwG, U v 16.3.2006 – 4 A 1001.04 – NVwZ 2006, 1055 Rn 194). **Umstritten** ist aber weiterhin, ob **anerkannte Umweltvereinigungen,** deren Rügebefugnis nach § 2 Abs 1, Abs 5 UmwRG eingeschränkt ist, eine Prüfung der Planrechtfertigung verlangen können.[101] 52a

---

[98] BVerwGE 100, 370 = UPR 1996, 337; BVerwG DVBl 1997, 1115; zust StBS 44.

[99] StRspr, BVerwG NVwZ 2000, 555; 1999, 528; 1998, 961; DVBl 1997, 115, 116.

[100] BVerwGE 72, 287; 84, 123, 131 = NVwZ 1990, 862 mwN; VGH Mannheim NVwZ-RR 1994, 376; Knack/Henneke 87.

[101] Zum Meinungsstand vgl. zB LR-Umweltrecht UmwRG § 2 Rn 15; verneinend BVerwG Buchh 406.400 § 61 BNatSchG 2002 Nr 3 Rn 7; offen die Rspr des 9. Senats: BVerwGE 155, 91 Rn 53; 149, 31 Rn 30; OVG Koblenz DVBl 2015, 1194.

53 **b) Einschränkungen.** Fachgerichtlich nur eingeschränkt überprüfbar sind nach allg Regeln **Bedarfsprognosen** und **konzeptionelle Grundentscheidungen** über die Art der Bedarfsbefriedigung.[102] Gegenstand der gerichtlichen Überprüfung ist insoweit nur, ob die der Planungsentscheidung zugrunde liegende Prognose von zutreffenden **empirischen Grundannahmen** ausgeht und in einer der jeweiligen Materie angemessenen und **methodisch einwandfreien Weise** erarbeitet worden ist.[103] Soweit es zB um die verkehrsmäßige Erschließung neuer oder erweiterter Siedlungen geht, darf die Verkehrsplanung bei der Begründung des Erschließungsbedürfnisses konkrete Entwicklungen (zB die Ansiedlung von Industrie) jedenfalls dann ihren fachplanerischen Erwägungen als **vorgegebene Faktoren** zugrunde legen, wenn die dahingehenden Erwartungen durch eine landesplanerische Entscheidung (zB ein Landesentwicklungsprogramm) festgelegt und hinreichend verfestigt sind. Dem ist bei der gerichtlichen Überprüfung der fachplanerischen Entscheidung grds Rechnung zu tragen.

54 **c) Überprüfung von Bedarfsgesetzen.** Ist die Frage nach der Planrechtfertigung in einem Gesetz normativ beantwortet, stellt sich die Frage, in welchem Umfang sie gerichtlicher Kontrolle unterliegt. Die **Fachgerichte** müssen jede gesetzliche Bedarfsfeststellung zwar eigenständig überprüfen (Normprüfungspflicht), dürfen sie aber nicht selbst für ungültig erklären. Das **Normverwerfungsrecht** ist beim BVerfG konzentriert (Wysk, VwGO § 47 Rn 1). Nach dessen Rspr kommt dem Gesetzgeber bei Bedarfsaussagen ein weiter **Prognosespielraum** zu.[104] Dieser besteht auch, wenn die Planfeststellung **enteignungsrechtliche Vorwirkungen** auslöst und daher den Anforderungen des Art 14 Abs 3 GG genügen muss. Hier ist nur zu prüfen, ob die Grenzen des gesetzgeberischen Spielraums überschritten werden.[105] Die fachgerichtliche Prüfung ist insoweit auf eine Evidenzkontrolle beschränkt (BVerfG NVwZ 1998, 1060). Die Fachgerichte müssen eine gesetzliche Bedarfsfeststellung daher hinnehmen, wenn ihr eine hinreichend tragfähige Bedarfsprognose zugrunde liegt.[106] Hält ein Gericht die gesetzliche Bedarfsfestlegung für unvereinbar mit höherrangigem Recht, muss es die gesetzliche Regelung nach Art 100 GG **dem BVerfG vorlegen** (BVerwGE 98, 339). Mit der Bedarfsfeststellung für Leitungsvorhaben nach dem **EnLAG** hat der Gesetzgeber die Grenzen seines weiten Gestaltungs- und Prognosespielraums nicht überschritten (BVerwGE 154, 73 Rn 52 mwN).

IV. Vorgaben der Raumordnungspläne

55 **1. Allgemeines zum Verhältnis von Raumordnung und Planfeststellung.** Ein Planfeststellungsverfahren trifft regelmäßig auf eine bereits vorhandene Raumordnungsplanung, entweder auf **Raumordnungsprogramme** bzw landesweite Raumordnungspläne der Länder (§ 8 Abs 1 Nr 1 ROG) oder auf Raumordnungspläne für Teilräume **(Regionalpläne)** gem § 8 Abs 1 Nr 2 ROG. In diesen Plänen sind gem § 7 Abs 1 ROG für den jeweiligen Planungsraum Festlegungen als Ziele und Grundsätze der Raumordnung zur Entwicklung, Ordnung und Sicherung des Raums, insb zu den Nutzungen und Funktio-

---

102 Vgl BVerwGE 84, 131 = NVwZ 1990, 862; BVerwG NJW 1986, 1508.

103 BVerwGE 56, 121; 72, 285; 75, 234; 84, 131 mwN; VGH München UPR 1990, 114.

104 BVerfG 95, 1; BVerwGE 98, 339, 347; BVerwG NVwZ-RR 1997, 210; NVwZ 1997, 684; StBS 43.

105 BVerfG NVwZ 1998, 1060; BVerwG NVwZ 1996, 381; OVG Koblenz NuR 1995, 413; VGH Mannheim NVwZ-RR 1994, 373; Jarass DVBl 1998, 1202, 1204; Repkewitz VerwArch 1997, 145.

106 BVerwGE 147, 184 (Thüringer Strombrücke): nur Evidenzkontrolle; BVerwGE 100, 238: Im Falle der Verfassungswidrigkeit Vorlage beim BVerfG; VGH München DVBl 1997, 842; s auch Rn 52.

nen des Raums, vorgenommen. Ist dies geschehen, so entfalten diese Festlegungen auch für etwaige Planfeststellungsverfahren die **differenzierten Bindungswirkungen nach § 4 ROG,** wobei zwischen Zielen der Raumordnung (§ 3 Abs 1 Nr 2 ROG) und Grundsätzen der Raumordnung (§ 3 Abs 1 Nr 3 ROG) und sonstigen Erfordernissen der Raumordnung (§ 3 Abs 1 Nr 4 ROG) zu unterscheiden ist. Zur begrenzten **Bindungswirkung des Flächennutzungsplans** nach § 7 BauGB s Kümper UPR 2013, 9.

2. Beachtlichkeit der Ziele der Raumordnung. Das Vorhaben, für das die Planfeststellung erfolgen soll, muss den Zielen der Raumordnungsplanung entsprechen, dh den hier aufgestellten bzw vorgegebenen Anforderungen genügen. Je nach dem insoweit maßgeblichen Fachgesetz ergeben sich daraus engere oder weitere Anforderungen, die der festzustellende Plan bzw das Vorhaben, das Gegenstand der Planfeststellung ist, erfüllen muss.[107] Die einschlägigen Raumordnungspläne geben immer häufiger genaue **Vorgaben auch für Standorte, Größe usw** von planfeststellungsbedürftigen Vorhaben (s zB BVerwG NVwZ 2006, 1055 – Berlin-Schönefeld I). Das bedeutet nicht notwendig, dass ein Vorhaben zwingend verwirklicht, dh durch Planfeststellung zugelassen werden muss, wenn es eine entsprechende Zielbestimmung gibt.[108] Obwohl sie nur Ziele und keine bestimmten Rechtsfolgen festlegen, ist Einhaltung von den Gerichten in tatsächlicher und rechtlicher Hinsicht **in vollem Umfang nachprüfbar.** 56

a) Der Zielbegriff. In vielen Raumordnungsplänen sind Ziele der Raumordnung (§ 3 Abs 2 Nr 2 ROG) ausdrücklich als solche gekennzeichnet. Wenn dies nicht der Fall ist, muss der Zielcharakter durch Auslegung ermittelt werden. Dabei kommt es entscheidend darauf an, ob in der Festlegung bereits das **Ergebnis einer planerischen Abwägung** zum Ausdruck kommt (dann Ziel) oder ob es sich um eine bloße Vorgabe für die Abwägung im Planfeststellungsverfahren handelt (dann Grundsatz).[109] Nach zutreffender, aber nicht unumstrittener Auffassung kann es auch duch **Soll-Vorschriften** formulierte Ziele der Raumordnung geben.[110] Die Planungsziele idS haben für die Planfeststellung zwar grundsätzliche Verbindlichkeit,[111] das Verhältnis zur Planfeststellung ist aber weniger durch Hierarchie als durch Arbeitsteilung geprägt. Die Planungsziele bilden zugleich den Maßstab für die Bestimmung des Zwecks der Vorschriften, auf Grund deren die Planfeststellung erfolgt, und damit insb für die **Planrechtfertigung** und für die **Abwägung** der Belange, die Abgrenzung des zu ermittelnden Sachverhalts sowie vor allem auch für die Gewichtung der einzelnen Belange im Rahmen der Abwägung.[112] Eine sog Nullvariante wird durch die Festlegung von Zielen der Raumordnung aber nicht ausgeschlossen.[113] 57

b) Ausnahmen und Zielabweichung. Nach § 6 Abs 1 ROG können in Raumordnungsplänen unter bestimmten Voraussetzungen Ausnahmen von den festgesetzten Zielen zugelassen werden. Über diese ist dann im Planfeststellungsverfahren im Rahmen des planerischen Ermessens zu befinden. Nach § 6 Abs 2 ROG kann darüber hinaus von den Zielen der Raumordnung abgewichen werden, wenn die Abweichung unter raumordnerischen Gesichtspunkten vertretbar 57a

[107] VGH München VGHE 64, 147; OVG Berlin, Urt v 21.6.2011, OVG 12 A 51.05, juris; Ziekow Fachplanung § 4 Rn 25; zu den Einschränkungen der Bindungswirkung bei Planungen des Bundes s § 5 ROG; zum Zielabweichungsverfahren § 6 ROG.
[108] BVerwGE 125, 116 Rn 79; Steinberg/Wickel/Müller, § 7 Rn 52.
[109] Zur Abgrenzung näher Füßer SächsVBl 2013, 1; Wahlhäuser UPR 2014, 166.
[110] VGH Kassel NVwZ 2006, 230 unter Hinweis auf Hendler UPR 2003, 256, 260.
[111] Zum Verhältnis von Raumordnungszielen und Bundesfachplanung nach dem NABEG Appel NVwZ 2013, 457.
[112] Vgl Hoppe DVBl 1992, 854 und Knack/Henneke 84 ff; Jarass NuR 2004, 69.
[113] Zum Verhältnis zwischen Raumordnung und Fachplanung Erbguth DVBl 2013, 274.

erscheint und die Grundzüge der Planung nicht berührt werden. Nach hM wird über die Zielabweichung ebenfalls im Rahmen der planerischen Abwägung durch die Planfeststellungsbehörde entschieden, sofern gesetzlich nichts anderes bestimmt ist.[114]

58 **3. Berücksichtigungspflicht bei Grundsätzen der Raumordnung.** Demgegenüber besteht nach § 4 ROG hinsichtlich der Grundsätze und übrigen Erfordernisse der Raumordnung im Planfeststellungsverfahren nur eine Berücksichtigungspflicht. Hier besteht also zwar die Verpflichtung der Planfeststellungsbehörde, die Grundsätze und sonstigen Erfordernisse in die Abwägung einzubeziehen; eine Verpflichtung zur Umsetzung ganz bestimmter Inhalte in der Planfeststellung besteht aber nicht. Vielmehr muss die Planfeststellungsbehörde den Inhalt der Pläne in die Abwägung einbeziehen und berücksichtigen. Hier sind nicht nur Abweichungen möglich, sondern auch die vollständige Zurückstellung von Planungsinhalten der Raumordnung.

59 **4. Bedeutung von Raumordnungsverfahren (§ 15 ROG).** In den meisten Fällen wird vor der Einleitung eines Planfeststellungsverfahrens ein sog Raumordnungsverfahren durchgeführt, das dem Ziel dient, ein planfeststellungsbedürftiges Vorhaben auf seine Vereinbarkeit mit den Vorgaben der Raumordnung und den darin getroffenen Festlegungen zu prüfen. Das Raumordnungsverfahren endet nicht mit einer außenwirksamen Entscheidung, sondern hat den Betroffenen gegenüber **keine Rechtswirkung.** Die darin getroffenen Feststellungen haben eher gutachterlichen, vorbereitenden Charakter. Die faktischen Auswirkungen der Entscheidung im Raumordnungsverfahren können nur im Rahmen der späteren Planfeststellung inzident überprüft werden.[115]

59a **5. Bedeutung der Bundsfachplanung nach dem NABEG.** Das NABEG sieht zur Beschleunigung der Energiewende für bestimmte Stromleitungen, idR Höchstspannungsleitungen, eine dem Planfeststellungsverfahren vorgeschaltete Bundesfachplanung vor, durch welche die für die Leitungen erforderlichen **Trassenkorridore** bereits verbindlich festgelegt werden.[116] Diese Fachplanung ist in ihrer konkreten Ausgestaltung ein Novum und hat das Ziel, die größtenteils länderübergreifenden Leitungswege zentral zu planen und die Planfeststellungsverfahren entsprechend zu entlasten. Die Festlegungen entfalten nach § 15 NABEG für die nachfolgende Planungsebene eine ähnliche Verbindlichkeit wie die Ziele der Raumordnung. Umstritten ist das Verhältnis von Bundesfachplanung zu den Zielen der Raumordnung der Länder.[117]

V. Planungsleitsätze und striktes Recht

60 **1. Anwendung materiellen Rechts.** Gegenstand und Umfang der Planfeststellung wie auch die Beurteilung, welche Entscheidungen anderer Behörden ersetzt werden und welche Rechtsvorschriften die Planfeststellungsbehörde bei ihrer Entscheidung zu beachten hat, werden durch das für die Planfeststellung im konkreten Fall maßgebliche materielle Recht bestimmt, dh primär durch das **Fachplanungsgesetz** und im Übrigen durch das **gesamte materielle Recht** das in Bezug auf die nach § 75 Abs 1 ersetzten Genehmigungen beachtlich ist.[118]

---

114 So VGH Kassel NVwZ 2006, 230 mwN; VGH Mannheim ZLW 2004, 160.

115 BVerwGE 125, 116 Rn 137; BVerwG Bank 2008, 1415; Steinberg/Wickel/Müller, § 7 Rn 64.

116 Näher hierzu Kment NVwZ 2015, 616; Schlacke NVwZ 2015, 626 zu den naturschutzrechtlichen Fragen.

117 Für strikte Bindung der Bundesfachplanung Schlacke NVwZ 2015, 626, 629; gegen strikte Bindung Appel NVwZ 2013, 457; de Witt/Scheuten, NABEG, 2013, § 5 Rn. 23.

118 UL § 41 Rn 22; Fickert 435; Franke ZfW 1979, 12 mwN; Jarass DÖV 1978, 1; Salzwedel ZfW 1978, 215; Ronellenfitsch VerwArch 1989, 95.

Hierzu gehören auch die Regelungen über Ausnahmen und Befreiungen, über die sonst fachrechtlich zu entscheiden wäre. In gewissem Umfang hängt der Gegenstand und Umfang der Planfeststellung auch von der Entscheidung der Planfeststellungsbehörde ab, soweit diese zulässigerweise einzelne Verfahren ausklammert und einer gesonderten Durchführung vorbehält.

a) Keine materielle Konzentration. Die in § 75 Abs 1 angeordnete Konzentrationswirkung stellt die Planfeststellungsbehörde nicht von der Beachtung des materiellen Rechts frei.[119] Unerheblich ist insoweit auch, ob es sich um Bundes- oder um Landesrecht handelt.[120] Anders als die Zuständigkeits- und Verfahrensvorschriften sind die infolge der Konzentrationswirkung der Planfeststellung anzuwendenden materiellrechtlichen Vorschriften des einschlägigen Fachplanungsgesetzes und der sonstigen für das Vorhaben maßgeblichen Gesetze grds auch im Planfeststellungsverfahren beachtlich, soweit durch Gesetz nichts anderes bestimmt ist, wie zB durch § 38 BauGB. Soweit Vorschriften nur allgemeine Berücksichtigungs- oder Optimierungsgebote enthalten, sind sie bei der Planabwägungen berücksichtigen,[121] dh gestalt- und überwindbar. 61

b) Bundesrecht und Landesrecht. Soweit für eine bundesrechtliche Planfeststellung wegen der Konzentrationswirkung auch Landesrecht maßgeblich ist, wird dieses auch im Rahmen seiner Anwendung in der Planfeststellung nicht zu Bundesrecht, sondern **behält seine Rechtsqualität als Landesrecht,**[122] das auf Grund des bundesrechtlichen Anwendungsbefehls in § 75 Abs 1 in dem nach Bundesrecht stattfindenden Planfeststellungsverfahren anzuwenden ist. Dies gilt auch umgekehrt für die Planfeststellung auf Grund von Fachplanungsgesetzen eines Landes, wenn die verdrängten Genehmigungen usw bundesrechtlich geregelt sind.[123] Soweit das jeweilige Fachplanungsgesetz materielle Regelungen enthält, gelten die allgemeinen Kollisionsregeln.[124] 62

2. Beachtung materiellen Rechts in der Planfeststellung. a) Striktes Recht. Die beantragte Planfeststellung kommt nur in Betracht, wenn das Vorhaben sämtliche fachrechtlichen Vorgaben erfüllt. Eingehalten werden müssen alle Vorschriften, die für Vorhaben dieser Art einschlägig sind, unabhängig davon, ob sie ein eigenes Genehmigungsverfahren vorsehen oder nicht. Striktes Rechts ist der planerischen Abwägung vorgeschaltet; es ist **in der Abwägung nicht überwindbar.**[125] Das gilt nicht nur für förmliche Gesetze, sondern auch für das gesamte untergesetzliche Regelwerk. Insb wenn das Umweltrecht Anforderungen an bestimmte Anlagen stellt, müssen diese durch das planfeststellungspflichtige Vorhaben eingehalten werden (zB die Eingriffsregelung nach §§ 14 ff 63

---

[119] BVerwGE 70, 244; 71, 164; 72, 20 mwN; 90, 99; OVG Berlin NuR 1983, 193; VGH Kassel NVwZ 1987, 618 und 987; UL § 41 Rn 22; 41 I 2; Laubinger VerwArch 1986, 77; Gaentzsch NJW 1986, 2789; Ronellenfitsch VerwArch 1989, 94; Wahl NVwZ 1990, 430.

[120] BVerwGE 55, 220 (Kiesabbau); 70, 242 (Autowrackplatz); 71, 163 (B 16 neu); 85, 46 (Abfallrechtliche Planfeststellung); 90, 42; 90, 100; BVerwG NVwZ 1989, 154; DVBl 1990, 1170; Laubinger VerwArch 1986, 88; Jarass, Konkurrenz, 50; Ronellenfitsch VerwArch 1989, 95; Wahl NVwZ 1990, 430 mwN; UL § 41 Rn 22, 23; Büllesbach/Diercks DVBl 1991, 470.

[121] Vgl BVerwGE 55, 220; 70, 242; 71, 163; VGH Kassel NVwZ 1987, 991; Erbguth NVwZ 1989, 612, 614 mwN; StBS § 75 Rn 14; **aA** MB 2: das ersetzte Recht nur als „Abwägungsmaterial" zu berücksichtigen.

[122] Vgl BVerfG 26, 374; BVerwGE 27, 256; 31, 263; UL § 41 Rn 22; WB III § 158 Rn 24; Kopp BayVBl 1973, 85 mwN; Brohm NVwZ 1985, 5.

[123] BVerwGE 82, 17, 21; BVerwG NVwZ 1993, 512; VGH Kassel NVwZ 1987, 987.

[124] Vgl zur Frage, wieweit der Bund an Landesrecht gebunden ist, Schoenenbroicher DVBl 1990, 811; zur verfassungsrechtlichen Problematik, wenn Planfeststellungsbehörde eine Bundesbehörde, das zu berücksichtigende Recht aber Landesrecht ist; Kopp BayVBl 1973, 85; die Verfassungsmäßigkeit bejahend BVerwG NVwZ 1993, 572.

[125] BVerwGE 48, 56; 71, 165; 72, 282, 285; Kühling DVBl 1989, 223.

BNatSchG; Schutzgebietsverordnungen nach §§ 22ff BNatSchG und entsprechendem Landesrecht, maßgebliche Bestimmungen des BImSchG, des WHG, des BBodSchG usw (s unten Rn 69ff).

64 **b) Ermessensvorschriften.** Soweit das anwendbare Fachrecht Ermächtigungen zur Ausübung von Ermessen, Beurteilungsspielraum oder Planungsermessen eröffnet, **geht die Kompetenz** für diese Entscheidungen aufgrund der Konzentrationswirkung **auf die Planfeststellungsbehörde über.** Diese kann von den Ermessensermächtigungen unter denselben Voraussetzungen Gebrauch machen wie diejenige Behörde, deren Entscheidung im Planfeststellungsverfahren ersetzt wird. Eine Erweiterung der materiellen Entscheidungskompetenz ist damit nicht verbunden. Der fachrechtlich eröffnete Ermessensrahmen, zu dem auch die Zwecke der Ermächtigung gehören, an denen sich die Ermessensentscheidung zu orientieren hat (vgl § 40), ist auch von der Planfeststellungsbehörde bei ihrer Entscheidung einzuhalten.[126]

65 **c) Ausnahmen und Befreiungen.** Viele Gesetze, die die Planfeststellungsbehörde im Rahmen der Konzentrationsmaxime zu beachten hat, sehen die Möglichkeit von Ausnahmen von bestimmten Rechtsvorschriften oder die Erteilung einer Befreiung für den Fall vor, dass **Gründe des Allgemeinwohls** oder die **Vermeidung unbeabsichtigter Härten** dies erfordern.[127] Die Planfeststellungsbehörde muss über die Erteilung von Ausnahmen und Befreiungen nach den dafür maßgebenden fachrechtlichen Maßstäben entscheiden. Ist Voraussetzung für eine Befreiung oder eine Ausnahmebewilligung, dass Gründe des Wohls der Allgemeinheit die Befreiung erfordern, so ist dies nach der Rspr erst dann anzunehmen, wenn die Befreiung zum Schutz des öffentlichen Interesses **vernünftigerweise geboten** ist.[128] Die Möglichkeit der Planfeststellungsbehörde, über etwa erforderliche Ausnahmen und Befreiungen zB von Bestimmungen von Geboten oder Verboten von Rechtsverordnungen zum Schutz von Schutzgebieten im Rahmen der Konzentrationswirkung selbst zu entscheiden, darf nicht zu einer Aushöhlung des Gebietsschutzes führen. Die Tendenz der Planfeststellungsbehörden, durch eine **großzügige Entscheidung über Ausnahmen und Befreiungen** Hindernisse für ein Vorhaben aus dem Wege zu räumen, ist rechtlich zu beanstanden.[129]

66 Beachtlich ist auch das **gesamte untergesetzliche Regelwerk** in den maßgeblichen Rechtsbereichen, soweit es als VO oder Satzung Verbindlichkeit beanspruchen kann. Das gilt nicht nur zB für die VOen zum BImSchG, sondern im Rahmen ihrer beschränkten Verbindlichkeit auch für Regelwerke wie die TA Lärm oder die TA Luft,[130] die als sog **normkonkretisierende Verwaltungsvorschriften** beachtlich sind (BVerwGE 107, 338, 341; OVG Münster NVwZ 2004, 366). Allerdings folgt aus der Konzentration aller Genehmigungsentscheidungen bei der Planfeststellungsbehörde, dass diese auch von den im materiellen Recht vorgesehenen Möglichkeiten, Ausnahmen und Befreiungen zu erteilen, in dem rechtlich zulässigen Rahmen Gebrauch machen kann.

67 **d) Begriff des Planungsleitsatzes.** Der Begriff des Planungsleitsatzes hat in der Vergangenheit erhebliche Missverständnisse ausgelöst, weshalb heute zu Recht

---

126 Dies ist für die Ermächtigungszwecke nicht unproblematisch, vgl BVerwG NVwZ 2002, 1112 zur Abwägung im Rahmen der naturschutzrechtlichen Eingriffsregelung; krit hierzu Ramsauer NuR 1997, 419.

127 Vgl §§ 34, 45 Abs 7, 67 BNatSchG; § 31 WHG; § 31 BauGB.

128 Vgl OVG Berlin NVwZ-RR 1992, 230; OVG Koblenz NVwZ 1992, 593; VGH München NVwZ 1992, 1100; OVG Bremen DÖV 1993, 535; **aA** OVG Münster NVwZ 1992, 183: „Standort unabdingbar".

129 Vgl etwa Gassner NuR 1996, 492; Carlsen Anm mit berechtigter Kritik an BVerwG NuR 1996, 79 – Bettelmannsholz.

130 Überblick über die Regelungen von TA Lärm und TA Luft bei Koch § 4 Rn 72ff.

auf ihn verzichtet wird.[131] Ursprünglich hatte das BVerwG sämtliche Planungsziele als Planungsleitsätze bezeichnet (BVerwGE 48, 56, 59). Später hat das BVerwG als Planungsleitsätze nur solche **Rechtssätze** bezeichnet, **die strikte Beachtung verlangen** und deshalb der Abwägung entzogen sind (BVerwGE 71, 163). Da jede Planfeststellung den speziellen Anforderungen des maßgeblichen Fachgesetzes, das die Planfeststellung anordnet oder zulässt, und den Anforderungen des für die ersetzten Genehmigungen usw maßgeblichen materiellen Rechts entsprechen muss, lassen sich deshalb nach dem neueren Verständnis des Begriffs alle strikt beachtlichen Rechtssätze so bezeichnen. Planungsleitsätze[132] sind danach nichts anderes als bei der Planfeststellung **strikt zu beachtende normative Gebote,** die der planenden Behörde keinen Gestaltungsspielraum geben und im Rahmen der planerischen Abwägungen auch nicht überwunden werden können;[133] die Planfeststellungsbehörde hat insoweit keinen gerichtlich nur beschränkt nachprüfbaren Beurteilungsspielraum (BVerwGE 74, 164; Knack/Henneke 95). Planungsleitsatz für die Planfeststellung für eine Bundesautobahn ist zB die Bestimmung in § 1 Abs 3 S 1 FStrG, die zwingend vorschreibt, dass Bundesautobahnen keine höhengleichen Kreuzungen haben dürfen; auch das naturschutzrechtliche Vermeidungs- und Ausgleichsgebot in § 15 Abs 1, 2 BNatSchG ist der Abwägung vorgelagert und grds strikt beachtlich.[134]

e) Optimierungs- bzw Minimierungsgebote. Gelegentlich enthalten Vorschriften keine strikt einzuhaltenden Gebote oder Verbote, sondern verlangen nur eine möglichst weitgehende Wahrung, Durchsetzung oder Berücksichtigung bestimmter Belange, eine Berücksichtigung „nach Möglichkeit" bzw eine Minimierung von Eingriffen.[135] Es handelt sich bei einem Optimierungs- oder Minimierungsgebot danach um eine **Abwägungsdirektive,** wonach das geschützte Interesse **nur mit besonderer Rechtfertigung überwunden** werden kann. Vor allem das Natur- und Umweltschutzrecht[136] kennt sog „Minimierungsgebote" für Eingriffe, die zu unvermeidbaren und nicht ausgleichbaren Beeinträchtigungen führen. Minimierungsgebote können zwar je nach den Umständen des Falles durch eine Abwägung mit den übrigen Anforderungen an Natur und Landschaft, wie sie durch ein konkretes Vorhaben zum Ausdruck kommen, überwunden werden; die Überwindung eines Optimierungs- oder Minimierungsgebotes erfordert aber eine gesteigerte Rechtfertigung durch gegenläufige Belange. Dies muss in der Begründung zum Ausdruck kommen.[137] 68

3. Beachtlichkeit des Naturschutzrechts. Das Naturschutzrecht hat für Planfeststellungsverfahren eine zentrale Bedeutung gewonnen.[138] Dies liegt nicht nur an der Beachtlichkeit der naturschutzrechtlichen **Eingriffsregelung** (§§ 14 ff BNatSchG), sondern auch an der wachsenden Bedeutung der **Schutzge-** 69

[131] BVerwGE 116, 254 – Hess. Lichtenau I.

[132] S dazu zB BVerwGE 56, 110, 118; 71, 163; 72, 15, 20; 75, 214, 238; BVerwG NJW 1986, 83; DÖV 1986, 520; Steinberg NVwZ 1986, 812.

[133] BVerwGE 71, 165; 72, 282, 285; Knack/Henneke 95; Ibler NuR 1989, 250; Dürr UPR 1993, 162; kritisch Wahl NVwZ 1990, 435; Steinberg DVBl 1992, 1502.

[134] BVerwG NVwZ 1997, 914, 915; NVwZ 1998, 504, 507; NVwZ 1993, 565.

[135] BVerwGE 71, 163, 165; 75, 214, 254; BVerwG NVwZ 1991, 64; Steinberg DVBl 1992, 1502; Steinberg/Wickel/Müller § 3 Rn 126; Sendler UPR 1995, 45; krit Bartlsperger DVBl 1996, 1.

[136] Vgl Ramsauer (Hg), Die naturschutzrechtliche Eingriffsregelung, 1995.

[137] Vgl zu Optimierungs- bzw Minimierungsgeboten ua BVerwGE 70, 246; 85, 362; BVerwG DVBl 1991, 435; 1992, 1435; UPR 1989, 37; 1993, 62; DÖV 1993, 440; VGH Mannheim NVwZ 1992, 998; Ziekow Fachplanung § 6 Rn 28; Hoppe DVBl 1992, 853; Berkemann NuR 1993, 103; zum Gebot der Umweltverträglichkeit nach dem UVPG zB Soell/Dirnberger NVwZ 1990, 707; Gassner UPR 1993, 241; Knack/Henneke 132 ff:.

[138] Vgl Rieger UPR 2012, 1; Stüer/Hermanns DVBl 2002, 514 für die Planung von Verkehrswegen.

bietsausweisungen (insb Landschaftsschutz- und Naturschutzgebiete) und neuerdings auch der **Artenschutzbestimmungen.**[139] Die Umsetzung der FFH-Richtlinie[140] und der Vogelschutz-Richtlinie[141] im deutschen Recht (§§ 31ff BNatSchG) hat den Gebiets- und Artenschutz stark aufgewertet. Die bis dahin übliche Praxis, bei Bedarf den räumlichen Geltungsbereich von Schutzgebieten einzuschränken und zur Ermöglichung von Vorhaben Ausnahmen und Befreiungen zu erteilen, ist bei FFH-Schutzgebieten nach § 34 BNatSchG nicht mehr zulässig.[142] Beeinträchtigungen derartiger Gebiete sind nur unter engen Voraussetzungen zulässig (s unten Rn 73). Ähnliches gilt inzwischen im Bereich des Artenschutzrechts, das ebenfalls durch die FFH-Richtlinie geprägt wird (s unten Rn 80). Das Naturschutzrecht enthält damit eine Vielzahl von Bestimmungen, die in der planerischen Abwägung nicht überwindbar, sondern strikt beachtlich sind. Darüber hinaus spielen die Belange von Natur und Landschaft auch in der Abwägung eine wesentliche Rolle (BVerwG NVwZ 2003, 485). Die Auszeichnung einer Ausbaustrecke mit einem sog Ökostern führt nicht schon zu einer höheren Gewichtung der Umweltbelange in diesem Vorhaben (BVerwGE 146, 254).

70 **a) Vorhaben in Schutzgebieten.** Die Bestimmungen der auf Grundlage der §§ 22ff BNatSchG erlassenen Schutzgebietsverordnungen und zum Biotopschutz (vgl § 30 BNatSchG) sind für Planfeststellungsverfahren grds **strikt beachtlich.**[143] Wenn diese der Durchführung der beabsichtigten Vorhaben entgegenstehen, kommen allerdings die in der jeweiligen Schutzverordnung vorgesehenen **Ausnahmen** und – allerdings unter den engen Voraussetzungen des § 67 BNatSchG – auch **Befreiungen** in Betracht. Die Kompetenz zur Entscheidung über Ausnahmen und Befreiungen steht aufgrund der **Konzentrationswirkung** des Planfeststellungsverfahrens (§ 75 Abs 1) der Planfeststellungsbehörde zu. Dabei wird in der Praxis nicht immer hinreichend beachtet, dass die Ausnahmen und Befreiungen nicht zu einer **Umgehung** der Vorschriften über die Änderung der Schutzvorschriften führen dürfen und voraussetzen, dass die Ziele des Gebiets- oder Objektschutzes weiterhin erreichbar bleiben.[144] Eine Befreiung darf deshalb keine substantielle Schädigung bzw Einschränkung zur Folge haben, insb nicht einer teilweisen Aufgabe des Schutzgebiets gleichkommen. Ist eine solche Wirkung zu erwarten, kommt, sofern es nicht um ein FFH-Schutzgebiet geht, nur eine förmliche Aufhebung des Schutzgebiets durch die dafür zuständigen Behörden in Betracht (s hierzu näher Carlsen NuR 2003, 450). Die Aufhebung oder Änderung von Schutzgebietsverordnungen wird von der Konzentrationswirkung des Planfeststellungsverfahrens nicht umfasst.

71 **b) FFH-Schutzgebiete (Natura 2000).** Die Natura 2000-Gebiete bestehen gem § 7 Abs 1 Nr 8 BNatSchG aus den Gebieten von gemeinschaftlicher Bedeutung. Das sind die gem § 7 Abs 1 Nr 6 BNatSchG in die Listen[145] nach Art 4 Abs 2 UAbs 3 FFH-RL aufgenommenen Gebiete unabhängig davon, ob sie

---

139 BVerwG NVwZ 2006, 1161 (Ortsumgehung Stralsund); BVerwGE 131, 274 = NVwZ 2009, 302 (Nordumfahrung Bad Oeynhausen); guter Überblick bei Gellermann/Schreiber, Schutz wildlebender Tiere und Pflanzen in staatlichen Planungs- und Zulassungsverfahren, 2007.

140 Richtlinie 92/43/EWG zur Erhaltung der natürlichen Lebensräume sowie der wildlebenden Tiere und Pflanzen (FFH-RL) v 21.5.1992 (ABl L 206/7) mÄ.

141 Richtlinie 79/409/EWG v 2. April 1979, ABl EG 1979 Nr L 103 S. 1.

142 S die Übersicht über die Anforderungen bei Jarass NuR 2007, 371 mwN.

143 Zu den Anforderungen an eine förmliche Schutzgebietsausweisung durch die Länder Niederstadt NVwZ 2008, 126. Zur Beachtlichkeit Rieger UPR 2012, 1, 3.

144 Zu den Voraussetzungen von Befreiungen OVG Koblenz NuR 2001, 291; Stollmann DVBl 1999, 746; Louis NuR 1995, 62.

145 Derzeit existieren drei Listen von Gebieten gemeinschaftlicher Bedeutung, Kommission Beschl v 22.12.2009 (K 2009, 10405, 10415 u 10422), ABl EU L 30 S 1, 43, 120.

bereits nach § 32 Abs 2–4 BNatSchG förmlich zu Schutzgebieten erklärt worden sind, und die Europäischen Vogelschutzgebiete (das sind gem § 7 Abs 1 Nr 7 BNatSchG die Gebiete iS des Art 4 VRL, für die ein förmlicher Schutz nach § 32 Abs 2–4 BNatSchG bereits besteht). Für **Gebiete von gemeinschaftlicher Bedeutung** gilt der Schutz nach § 34 BNatSchG,[146] wenn sie ordnungsgemäß ausgewiesen sind,[147] anderenfalls gilt allerdings gem § 33 BNatSchG der Sache nach dasselbe Schutzniveau. Für die **Vogelschutzgebiete** gilt § 34 BNatSchG dagegen nur, wenn sie ordnungsgemäß ausgewiesen sind, anderenfalls – für **faktische Vogelschutzgebiete**[148] – gilt der strengere Schutz der VRL.[149]

aa) FFH-Verträglichkeitsprüfung. Soweit ein Planfeststellungsverfahren 72
Erhaltungsziele eines FFH-Schutzgebiets erheblich[150] beeinträchtigen kann, richtet sich die Zulässigkeit des Vorhabens nach § 34 BNatSchG als Umsetzungsnorm des Art 6 FFH-RL.[151] Gem § 34 Abs 1 BNatSchG ist zunächst eine **Verträglichkeitsprüfung** durchzuführen. Diese Prüfung findet nicht in einem selbständigen Verfahren statt, sondern ist innerhalb des Planfeststellungsverfahrens durchzuführen. Sie hat sich an den **Erhaltungszielen des Schutzgebiets** zu orientieren und muss auch solche Beeinträchtigungen einbeziehen, die lediglich von außen auf das Schutzgebiet einwirken.[152] Nach § 34 Abs 1 BNatSchG ist das Vorhaben nur zulässig, wenn kein **„vernünftiger Zweifel"** besteht, dass das Vorhaben unbedenklich ist,[153] also der Erhaltungszustand der nach den Zielen geschützten Lebensraumtypen und Arten sich nicht verschlechtert.[154] Zu berücksichtigen sind auch **Summationswirkungen.** Fortlaufende Projekte, die vor Ablauf der Umsetzungsfrist genehmigt wurden, werden einbezogen.[155] Ausgenommen ist die sog Erhaltungsbewirtschaftung. Die im Projekt vorgesehenen **Vermeidungsmaßnahmen**[156] bzw Schadensminderungsmaßnahmen[157] sind bei der Verträglichkeitsprüfung zu berücksichtigen,[158] **nicht** aber **Maßnahmen mit Ausgleichscharakter** (EuGH NVwZ 2014, 931). Bei der Prognose der Auswirkungen wird ein naturschutzfachlicher Beurteilungsspielraum anerkannt, der wegen Erkenntnislücken und methodischen Unsicherheiten in der Ökosystemforschung[159] die Wahl der Untersuchungsmethode umfasst.[160]

---

[146] Die Schutzbestimmungen der Schutzgebietsverordnungen und des § 30 BNatSchG bleiben gem § 34 Abs 7 BNatSchG unberührt; wenn sie strenger sind, gehen sie vor.

[147] Hierzu Niederstadt NVwZ 2008, 126, 131; Czybulka/Kampowski, EurUP 2009, 180.

[148] EuGH, ZUR 1994, 305 – Santona, EuGH ZUR 1999, 148 – Seine-Mündung.

[149] Danach können insb wirtschaftliche und soziale Gründe und damit auch Gesichtspunkte der Infrastrukturförderung eine Beeinträchtigung nicht rechtfertigen (EuGH ZUR 2001, 75 – Basses Corbières).

[150] Zu den LANA-Empfehlungen über Erheblichkeit von Beeinträchtigungen Burmeister NuR 2004, 296; außerdem Gellermann NuR 2003, 205.

[151] Str ist nach wie vor, ob Art 6 FFH-RL ordnungsgemäß umgesetzt wurde, vgl Gellermann NVwZ 2010, 73, 77.

[152] EuGH NVwZ 2006, 319, 320.

[153] EuGH NVwZ 2014, 931, 932 (Vlijonens Ven); NuR 2007, 30; BVerwG NuR 2008, 633; Storost DVBl 2009, 673, 675.

[154] Näher Schumacher/Fischer-Hüftle, BNatSchG, 2. Aufl 2010, § 34 Rn 54 mwN.

[155] EuGH NVwZ 2010, 310, 312 (Papenburg); näher Frenz, NVwZ 2011, 275, 276f; s auch OVG Sachsen DVBl 2014, 659.

[156] Zum Begriff der Vermeidungsmaßnahmen in Abgrenzung zu Kohärenzmaßnahmen s näher OVG Hamburg, ZUR 2008, 534 (Moorburg).

[157] Zur Abgrenzung von Vermeidungs- bzw Schadensminderungsmaßnahmen von Kohärenzsicherungsmaßnahmen s OVG Hamburg NordÖR 2013, 322 (Moorburg).

[158] Gassner/Heugel, Das neue Naturschutzrecht, München 2010, Rn 495; Storost, DVBl 2009, 673, 676; BVerwGE, 118, 15 = NVwZ 2003, 1253, 1257.

[159] BVerwG 128, 1 = NVwZ 2007, 1054 (Westumfahrung Halle); Vallendar UPR 2008, 1.

[160] BVerwGE 130, 299 = NuR 2008, 633 (A 44, Hesssisch Lichtenau II); de Witt LKV 2008, 112; Steeck/Lau NVwZ 2009, 616, s auch § 40 Rn 31ff.

73 **bb) Ausnahmeprüfung.** Ergibt die Verträglichkeitsprüfung die Möglichkeit, dass das Vorhaben zu einer „erheblichen Beeinträchtigung des Gebiets in seinen für die Erhaltungsziele oder den Schutzzweck maßgeblichen Bestandteilen führen kann", ist es unzulässig, es sei denn, dass die besonderen Voraussetzungen des § 34 Abs 3, 4 BNatSchG vorliegen und Kohärenzmaßnahmen nach § 34 Abs 5 BNatSchG möglich sind und festgesetzt werden. § 34 Abs 3 BNatSchG setzt voraus, dass es sich um ein Projekt handelt; das Gesetz geht dabei wie die Richtlinie von einem **weiten Projektbegriff**[161] aus. Zugelassen werden darf das Projekt trotz negativer Auswirkungen nur dann, wenn es aus zwingenden Gründen des überwiegenden öffentlichen Interesses notwendig ist (Nr 1), zumutbare Alternativen nicht gegeben (Nr 2) und Kohärenzmaßnahmen möglich sind (§ 34 Abs 5 BNatSchG).

74 **Zwingende Gründe des überwiegenden öffentlichen Interesses** liegen vor, wenn ein Projekt notwendig ist, um ein öffentliches Interesse zu befriedigen und dieses öffentliche Interesse in einer **spezifischen Abwägung** höher zu bewerten ist als die Beeinträchtigung der Schutzziele des FFH-Gebiets.[162] Zu den öffentlichen Interessen gehören zunächst einmal alle in § 34 Abs 4 S 1 BNatSchG genannten **Interessen,** ferner **auch solche sozialer oder wirtschaftlicher Art.** Hierzu zählt auch das Interesse an einer Verbesserung der Infrastruktur.[163] Problematisch ist die Anwendung auf Projekte, die im Privatinteresse verwirklicht werden, an denen aber auch ein öffentliches Interesse bestehen kann (Schaffung von Arbeitsplätzen, Stärkung des Wirtschaftsstandorts, der Steuereinnahme usw.).[164]

75 Können **prioritäre Lebensraumtypen oder Arten** betroffen[165] sein, gilt § 34 Abs 4 S 1 BNatSchG, wonach nur solche Gründe die Beeinträchtigung eines Schutzgebiets rechtfertigen können, die die **Gesundheit des Menschen, die öffentliche Sicherheit oder ökologische Vorteile** betreffen.[166] Die Regelung setzt die Vorgaben des Art 6 Abs 4 UAbs 2 FFH-RL um. Andere zwingende Gründe des überwiegenden öffentlichen Interesses dürfen nur dann herangezogen werden, wenn zuvor eine **Stellungnahme der Kommission** eingeholt wurde. Die Stellungnahme bindet die Behörde nicht.[167] Zu beachten ist, dass es sich bei den Gesundheits- und Sicherheitsinteressen ebenso wie bei den ökologischen ebenfalls um zwingende Gründe des überwiegenden öffentlichen Interesses handeln muss. Sie müssen sich in der gebotenen Abwägung gegen die Schutzinteressen des § 34 BNatSchG durchsetzen.

76 **Zumutbare Alternativen** dürfen nicht vorhanden sein (§ 34 Abs 3 Nr 2 BNatSchG). Die Alternativen müssen sich auf die Verwirklichung des öffentlichen Interesses beziehen, nicht auf die Durchführung des Projekts.[168] Anders als die Alternativenprüfung in der planerischen Abwägung (s Rn 120) ist die Alternativenprüfung nach § 34 Abs 3 Nr 2 BNatSchG der Abwägung vorgelagert, weshalb

---

161 Zum Projektbegriff vgl EuGH Urt v 7.9.2004, Rs C-127/02, Slg 2004 I-07 405.

162 S hierzu näher Ramsauer NuR 2000, 601; Beckmann/Lambrecht, ZUR 2000, 1; Schink UPR 1999, 417, 425; Hoppe UPR 1999, 426.

163 Hierzu zählen Verkehrsprojekte: VGH Kassel NuR 2006 42 ff; BVerwG NuR 2008, 633; Versorgungseinrichtungen OVG Berlin ZUR 2008, 34, 38 f.

164 Landmann/Rohmer, Umweltrecht, Bd II, § 34 BNatschG, Rn 31; Gassner/Heugel, Das neue Naturschutzrecht, Rn 500; Kerkmann, Naturschutzrecht in der Praxis, 2. Auflage, Berlin, 2010, § 8 Rn 210 f.; Ramsauer/Bieback NVwZ 2002, 277.

165 Zur Frage, wann Betroffenheit anzunehmen ist, Kohls NuR 2011, 161.

166 Näher Berg NuR 2003, 197 insb zur Rolle der Kommission bei Ausnahmeentscheidungen. Zur Kommissionsbeteiligung auch Steeck/Lau NVwZ 2009, 616.

167 Europäische Kommission, Natura 2000 – Gebietsmanagement, S 55.

168 BVerwGE 120, 1 = NVwZ 2004, 1000 (A 73); BVerwGE 116, 254 = NVwZ 2002, 1243 (A 60); BVerwGE 107, 142 (Flughafen Erfurt). Zur Dogmatik der Alternativenprüfung Ramsauer NuR 2000, 601; Friederichsen, passim; Steeck/Lau NVwZ 2009, 616.

sie der vollständigen gerichtlichen Überprüfung unterliegt.[169] Es handelt sich um eine Ausprägung des Vermeidungsgebots. Möglich sind **Standort- und Ausführungsalternativen** (zB Tunnel statt Brücke) oder **technische Alternativen.** Demgegenüber schwieriger zu beurteilen sind **Projekt- oder Konzeptalternativen,** einmal deshalb, weil sie sich typischerweise nicht soweit konkretisieren lassen, dass sie ernsthaft in Betracht kommen. Dies gilt für alternative Verkehrssysteme (Bahn statt Straße oder statt Flughafen) wie für alternative Wirtschaftsprojekte.[170] Meist lassen sich durch diese die maßgeblichen öffentlichen Interessen auch nicht voll verwirklichen. Unabhängig davon stellt sich die Frage, ob alternative Projekte als Alternative iSd Vorschrift überhaupt in Betracht kommen.

Unzumutbar ist eine Alternative dann, wenn **der dafür erforderliche** 77
Aufwand zu der angestrebten Erreichung eines im öffentlichen Interesse liegenden Ziels **außer Verhältnis** steht. Dabei geht es nicht um einen Vergleich der Alternativen, sondern um die Mittel-Zweck-Relation zwischen dem verfolgten öffentlichen Interesse auf der einen und dem Schutzinteresse für das FFH-Gebiet andererseits. Es kommt grds nicht darauf an, ob der Projektträger selbst in der Lage wäre, das Alternativprojekt zu verwirklichen, wenngleich das bei den Standort- und Ausführungsalternativen der Regelfall sein dürfte.

cc) Kohärenzmaßnahmen. Soll ein Projekt trotz negativer Auswirkungen un- 78
ter den Voraussetzungen des § 34 Abs 3, 4 BNatSchG zugelassen werden, so sind gem § 34 Abs 5 S 1 BNatSchG zwingend Maßnahmen vorzusehen, die zur Sicherung der Kohärenz des Netzes Natura 2000 notwendig sind. Obwohl die Regelung als Rechtsfolgeanordnung formuliert ist, gehört die Sicherstellung der Kohärenz des Netzes zu den **zwingenden Voraussetzungen für die Zulassung** eines Vorhabens. Lässt sich die Kohärenz im Falle der Zulassung des Vorhabens nicht effektiv sichern, ist es unzulässig.[171] Sicherung der Kohärenz bedeutet Erhaltung der sich aus den Schutzzielen ergebenden **Funktion eines Gebiets** im Gesamtnetz. Hierzu gehört der Ausgleich von Qualitätsverlusten ebenso wie die Sicherung der Netzfunktion (zB Erhaltung von Wanderungsmöglichkeiten für den genetischen Austausch). Den Fachbehörden steht bezüglich des Erfolgs der Kohärenzmaßnahmen ein naturschutzfachlicher **Beurteilungsspielraum** zu.[172]

dd) Befreiung. Keine praktische Rolle in Planfeststellungsverfahren spielt 79
die allgemeine Befreiungsnorm des § 67 BNatSchG. Danach kann von den Verboten nach § 34 Abs 2 BNatSchG eine Befreiung erteilt werden, wenn sie aus Gründen des überwiegenden öffentlichen Interesses notwendig ist oder die Durchführung der Vorschriften zu einer im Einzelfall unzumutbaren Härte führen würde und die Abweichung mit den Belangen von Naturschutz und Landschaftspflege vereinbar ist. Die Vorschrift gilt auch für die Fälle des § 34 BNatSchG, obwohl sich die Voraussetzungen teilweise überschneiden. Bei der Ausübung des Ermessens sind die **unionsrechtlichen Vorgaben** des Art 6 FFH-RL zu beachten, die nicht unterlaufen werden dürfen.

c) Artenschutz. Planfeststellungsverfahren müssen die gesetzlichen Vorausset- 80
zungen des Artenschutzes (§§ 39 ff BNatSchG) strikt beachten. Von praktischer Bedeutung sind allerdings nur die **artenschutzrechtlichen Zugriffsverbote** (§§ 44, 45 BNatSchG), die sich auf die besonders oder die streng geschützten Arten und die europäischen Vogelarten (§ 7 Abs 2 Nr 12, 13, 14 BNatSchG)

---

[169] BVerwGE 110, 302, 310 = NuR 2000, 448, 450; Gassner/Heugel, Das neue Naturschutzrecht, München, 2010, Rn 503.

[170] So zB die Schaffung von Arbeitsplätzen oder die Stärkung der Infrastruktur durch ein anderes Projekt als das beantragte, für das es zumeist noch keinen Träger gibt.

[171] OVG Lüneburg NuR 1999, 522; Schumacher/Fischer-Hüftle, BNatSchG, 2. Aufl. 2010, § 34 Rn 106; Ramsauer NuR 1997, 419.

[172] BVerwGE 130, 299 = NuR 2008, 633 (A 44, Hessisch Lichtenau II).

beziehen. Diese Vorschriften dienen der Umsetzung der Art 16 ff FFH-RL, gehen aber teilweise darüber hinaus. Die **Zugriffsverbote** des § 44 Abs 1 Nr 2, 3, 4 BNatSchG sind auch in Planfeststellungsverfahren strikt beachtlich. Allerdings räumt die Rspr der Verwaltung inzwischen eine **naturschutzfachliche Einschätzungsprärogative** ein, solange bzw soweit sich „zu ökologischen Fragestellungen noch kein allgemein anerkannter Stand der Fachwissenschaft herausgebildet hat".[173] Das bedeutet, dass die Gerichte im Rahmen der Sachverhaltsfeststellung keine Grundlagenforschung betreiben müssen, sondern sich auf Ermittlungs- und Prognoseverfahren der Verwaltung stützen dürfen, soweit sie plausibel sind und nicht substantiiert angegriffen werden. Während das **Tötungsverbot** des § 44 Abs 1 Nr 1 BNatSchG sich auf einzelne Exemplare bezieht, gilt das **Störungsverbot** des § 44 Abs 1 Nr 2 BNatSchG nur, wenn sich durch die Störung der **Erhaltungszustand der lokalen Population** erheblich verschlechtert.

81 **aa) Einschränkungen der Zugriffsverbote.** Für die der guten fachlichen Praxis entsprechende Land-, Forst- und Fischereiwirtschaft und für nach § 15 BNatSchG zulässige Eingriffe in Natur und Landschaft (s unten Rn 84) gelten die Zugriffsverbote nur insoweit, als es um die nach Art 16 FFH-RL geschützten Tier- und Pflanzenarten, europäischen Vogelarten oder um nach § 54 Abs 1 Nr 2 BNatSchG geschützte bestandsgefährdete Arten geht (§ 44 Abs 4, 5 BNatSchG). Für diese liegt ein Verstoß gegen das Verbot der Beeinträchtigung von Fortpflanzungs- und Ruhestätten nach § 44 Abs 1 Nr 3 BNatSchG wegen unvermeidlicher Beeinträchtigungen durch das Projekt nicht vor, soweit die **ökologische Funktion** der von dem Vorhaben betroffenen Fortpflanzungs- oder Ruhestätten **im räumlichen Zusammenhang weiterhin erfüllt** wird (§ 44 Abs 5 S 2 BNatSchG). Dies lässt sich uU auch durch vorgezogene Ausgleichsmaßnahmen sicherstellen. Gleiches gilt gem § 44 Abs 2 S 4 BNatSchG für das Verbot einer Beschädigung von Standorten der nach der FFH-RL geschützten wild lebenden Pflanzen.

82 **bb) Ausnahmen von den Zugriffsverboten (§ 45 Abs 7 BNatSchG).** Sofern Verstöße gegen die Zugriffsverbote nicht nach § 44 Abs 2 BNatSchG unbeachtlich sind, können sie nach § 45 Abs 7 BNatSchG zugelassen werden, wenn die dort genannten Voraussetzungen vorliegen. Die Ausnahmeentscheidung liegt aufgrund der Konzentrationswirkung (§ 75 Abs 1 VwVfG) bei der Planfeststellungsbehörde.[174] Die für Planfeststellungsverfahren einschlägigen Voraussetzungen ergeben sich aus § 45 Abs 7 Nr 4 u 5 BNatSchG. Danach können Ausnahmen im Interesse der Gesundheit des Menschen, der öffentlichen Sicherheit, aus ökologischen Gründen sowie aus anderen **zwingenden Gründen des überwiegenden öffentlichen Interesses** einschließlich solcher sozialer oder wirtschaftlicher Art (s hierzu oben Rn 73) gemacht werden. Weitere Voraussetzungen sind nach § 45 Abs 7 S 2 BNatSchG, dass zumutbare **Alternativen nicht gegeben** sind (s oben Rn 76) und sich der **Erhaltungszustand** der betroffenen Populationen einer Art nicht verschlechtert. Art 16 Abs 3 FFH-RL und Art 9 Abs 2 VRL sind zu beachten.

83 **cc) Befreiungen. Keine praktische Rolle** spielt für Planfeststellungsverfahren die Befreiungsmöglichkeit in § 67 Abs 1 S 1 BNatSchG, weil die Ausnahmevorschrift des § 45 Abs 7 BNatSchG bereits alle wesentlichen Fallgestaltungen erfasst und eine Befreiung nur zulässig wäre, wenn die Durchführung im Einzelfall zu einer **unzumutbaren Belastung** führen würde. Letzteres ist wegen des

---

[173] BVerwG NVwZ 2014, 524; seit BVerwGE 131, 274; BVerwG NVwZ 2013, 1411 st Rspr.

[174] Sofern nicht bereits nach § 45 Abs 7 S 4 BNatSchG allgemein Ausnahmen durch Rechtsverordnung der Landesregierungen zugelassen worden sind.

strengen Maßstabes der Zumutbarkeit nur in seltenen Fällen anzunehmen. Zum Begriff der unzumutbaren Belastung Rn 153 ff. Bei der Ermessensentscheidung über die Befreiung sind zudem die Vorgaben des Art 16 FFH-RL und der VRL zu beachten, die nicht unterlaufen werden dürfen.

d) Naturschutzrechtliche Eingriffsregelung. Große praktische Bedeutung hat im Planfeststellungsverfahren die naturschutzrechtliche Eingriffsregelung aufgrund der §§ 14 ff BNatSchG und den auf der Abweichungskompetenz nach Art 72 Abs 3 Nr 2 GG erlassenen landesrechtlichen Regelungen[175] gewonnen.[176] Sie ist beachtlich, soweit die planfeststellungsbedürftigen Vorhaben mit Eingriffen in Natur und Landschaft iSd § 14 Abs 1 BNatSchG verbunden sind. Zum naturschutzrechtlichen Eingriffsbegriff s BVerwG NVwZ 1991, 364. Bei dem Gebot der **Unterlassung vermeidbarer Beeinträchtigungen** (§ 15 Abs 1 BNatSchG) sowie bei dem **Ausgleichsgebot** des § 15 Abs 2 BNatSchG handelt es sich um striktes Recht, das auch bei der Planfeststellung zu beachten ist.[177] **Umstritten** ist, ob die Abwägungsentscheidung nach § 15 Abs 5 BNatSchG bzw den entspr Landesbestimmungen im Planfeststellungsverfahren eine eigenständige Bedeutung hat.[178] 84

Praktisch spielt die naturschutzrechtliche Eingriffsregelung vor allem im Hinblick auf die Verpflichtung zur **Durchführung von Ausgleichs- und Ersatzmaßnahmen** eine Rolle.[179] Bei dieser Pflicht handelt es sich um striktes Recht, das in der Abwägung nicht überwunden werden kann.[180] Der Träger des Vorhabens ist zu verpflichten, zur Kompensation der mit der Verwirklichung des Vorhabens verbundenen Eingriffe in Natur und Landschaft möglichst in räumlicher Nähe, uU aber auch an anderer Stelle Ausgleichs- oder Ersatzmaßnahmen durchzuführen, um die mit dem Eingriff verbundenen Nachteile funktional möglichst gleichwertig wieder auszugleichen. Hierzu ist idR ein sog **landschaftspflegerischer Begleitplan** aufzustellen.[181] Bei Ausgleichs- und Ersatzmaßnahmen handelt es sich um Folgemaßnahmen des Vorhabens, die jedenfalls in den Grundzügen unmittelbar im Planfeststellungsbeschluss geregelt werden müssen. Einzelheiten können gem Abs 3 einer späteren abschließenden Entscheidung vorbehalten bleiben. Fehler lassen sich uU in einem ergänzenden Verfahren nach § 75 Abs 1a heilen (BVerwG NVwZ 1996, 1011). Nach hM können die für Ausgleichs- und Ersatzmaßnahmen erforderlichen Flächen Gegenstand der Enteignung sein (BVerwG NVwZ 1997, 486). 85

4. Immissionsschutzrecht. a) Allgemeines. Die der Planfeststellung unterliegenden Vorhaben verursachen iaR Emissionen iSd § 3 Abs 3 BImSchG und lösen dementsprechend Immissionen auf benachbarten Grundstücken aus. Das führt auf die Frage, in welchem Umfang die Regelungen des BImSchG für das Planfeststellungsverfahren eine Rolle spielen.[182] Dasselbe gilt für eine Reihe wichtiger europäischer Richtlinien auf dem Gebiet des Immissionsschutzrechts, 86

---

[175] S hierzu für die norddeutschen Länder Krings NordÖR 2010, 181.

[176] S dazu Berkemann NuR 1999, 97; Ramsauer NuR 1997, 419; usw.

[177] BVerwGE NVwZ 1993, 565; Knack/Henneke 106 f; Steinberg/Wickel/Müller, § 3 Rn 36.

[178] So BVerwG NVwZ 2001, 673; NVwZ-RR 1997, 217; NVwZ 1993, 565; StBS 123; krit Steinberg NVwZ 2001, 673; Ramsauer NuR 1997, 419.

[179] Zu den Ausgleichs- und Ersatzmaßnahmen s Gellermann NVwZ 2002, 1023; Stich DVBl 2002, 1588.

[180] BVerwG NVwZ 1993, 565; Knack/Henneke 107; Steinberg/Wickel/Müller, § 3 Rn 36.

[181] Hierzu näher BVerwG NVwZ-RR 1997, 217; Plogmann, Naturschutzrechtliche Konfliktbewältigung, 2000, 93 ff; Gassner DVBl 1991, 355.

[182] Überblick bei Ziekow Fachplanung § 10; zu Geruchsbelästigungen Moench/Hamann DVBl 2004, 201.

die nicht nur zu Änderungen im nationalen Recht geführt haben, sondern auch bei Auslegung und Anwendung des nationalen Rechts bedeutsam sind.[183] Im Grundsatz dürfen die Regelungen des BImSchG auf das Planfeststellungsrecht **nicht ohne weiteres übertragen** werden (aA die Vorauflagen). Auch wenn planfeststellungsbedürftige Vorhaben keinen geringeren Anforderungen als sonstige Anlagen unterliegen, **unterscheiden sich die Rechtsregimes** doch maßgeblich. So ist das Planfeststellungsrecht von finalen Normen und dem Abwägungsgebot gesteuert, während die Betreiber von BImSchG-Anlagen einen Genehmigungsanspruch haben, wenn sie die gesetzlichen Voraussetzungen erfüllen (vgl §§ 5, 6 BImSchG). Bei der Übertragbarkeit ist aber zu unterscheiden, ob es sich um die Bewältigung von Geräuschen oder andere Immissionen (§ 3 BImSchG) handelt. Der Anspruch der Betroffenen auf angemessene Berücksichtigung ihrer Schutzbedürftigkeit[184] ist teilweise spezialgesetzlich geregelt und ohne ausdrückliche Anordnung auf andere Rechtsbereiche nicht übertragbar. Für die **Verkehrsgeräusche** bestimmter planfeststellungsbedürftiger Bodenverkehrswege sehen die §§ 41 ff BImSchG ein eigenständiges Lärmschutzkonzept vor (dazu Rn 87 ff). Für **Fluglärm** gilt das Fluglärmgesetz exklusiv (s Rn 89). Für **andere Immissionen** (Erschütterungen, Gerüche usw) kann auf allg Regelungen oder Immissionsschutzrecht zurückgegriffen werden. Bei der Feststellung der Grenzen für die Zumutbarkeit von Immissionen spielt das untergesetzliche Regelwerk eine bereichsspezifische Rolle.[185]

87 **b) Lärmschutz. Grundsätze.** Das Vorhaben darf nicht zu unzumutbaren Lärmbelastungen für die Umgebung führen. Zum Lärmschutz bei Anlegung und wesentlichen Änderungen von **Flughäfen** oder seiner gehört auch die Möglichkeit, bei gekipptem Fenster störungsfrei zu schlafen.[186] Was als unzumutbar anzusehen ist, ist entweder normativ festgelegt oder im Einzelfall und ggf anhand von technischen Regelwerken zu bestimmen (s a Rn 153 ff). Grds ist zwischen bindenden **Grenzwerten,** die in Gesetzen (wie dem FluglärmG) oder auf gesetzlicher Grundlage in Rechtsverordnungen (zB 16. und 18. BImSchV) festgelegt sind, und **Richt- oder Orientierungswerten** zu unterscheiden, die zumeist auf der Grundlage von Expertenempfehlungen entweder von staatlicher Seite (zB TA Lärm, TA Luft) oder von privater Seite (zB Regelwerke der DIN) festgelegt worden sind und die der Rspr bei der Auslegung des Begriffs der schädlichen Umwelteinwirkungen (§ 3 Abs 1 BImSchG) auch für den einzelnen Streitfall dienen.[187] Die Bindungswirkung von Richtwerten der TA Luft und TA Lärm, die für Verkehrsgeräusche iaR aber nicht anzuwenden sind, ist nach wie vor umstritten.[188] Die Auffassung, es handele sich um **antizipierte Sachverständigengutachten** (BVerwGE 55, 250, 252), kann als überwunden angesehen werden.[189] Die Rspr sieht die TA Luft und die TA Lärm heute als **normkonkretisierende Verwaltungsvorschriften** an, die der Beurteilung im Einzelfall – auch für Gerichte verbindlich – zugrunde zu legen sind.[190] Diese Auffassung ist aus verfassungsrechtlichen und methodischen Gründen kritisiert

---

183 S den Überblick bei Koch, Umweltrecht, § 4 Rn 18 ff.

184 BVerwGE 107, 350 = NVwZ 1999, 539; NVwZ 2000, 567; VGH Mannheim NVwZ-RR 2003, 412 zur Bewertung von Fluglärm nach alter Rechtslage.

185 Vgl zB BVerwGE 110, 370 zur 16. BImSchV; ferner Koch, Umweltrecht, § 4 Rn 67 ff mwN.

186 BVerwGE 126, 340 Rn 26 (Flughafen Köln/Bonn); s auch BVerwGE 125, 116 (Berlin-Schönefeld I).

187 Paetow NVwZ 2010, 1184, 1187 für den Lärmschutz.

188 S ferner zur GIRL OVG Magdeburg NVwZ 2011, 119 m Anm Fricke/Hansen.

189 Koch Umweltrecht, § 4 Rn 95 unter Hinweis auf Sendler NJW 1986, 2907, 2913.

190 BVerwGE 72, 300, 320 – Wyhl; bestätigt durch BVerwGE 114, 342 – Gesamtstaub; 110, 216 (Reingas); BVerwG NVwZ 2000, 440, 1995, 994.

worden.[191] Danach soll es sich nur um **Orientierungswerte** handeln, deren Bedeutung sich in der Praxis allerdings häufig kaum von bindenden Grenzwerten unterscheiden wird. Zur Bedeutung der in TA Luft, TA Lärm und anderen Regelwerken enthaltenen sog **Irrelevanzschwellen** Füßer/Kreuter NVwZ 2013, 1241. Zu den Zumutbarkeitsschwellen s auch Halama/Stüer NVwZ 2003, 137.

Während unzumutbare Belastungen Abwägungsgrenzen markieren, sind **Lärmbelastungen unterhalb der Zumutbarkeitsschwelle** nicht irrelevant, sondern **abwägungsrelevant.**[192] Es müssen grds auch die Auswirkungen eines Vorhabens auf andere Verkehrswege berücksichtigt werden (BVerwGE 123, 152 – Frankenschnellweg). Dabei sind nicht nur die voraussichtlichen Belastungen durch den späteren Betrieb des Vorhabens, sondern auch die Immissionen während der Errichtung des Vorhabens (der **Baulärm** usw) zu berücksichtigen (s dazu Rn 182d). Darüber hinaus kann es geboten sein, auch solche Lärmbelastungen im Rahmen der Abwägung zu berücksichtigen, die sich zusätzlich daraus ergeben, dass das Vorhaben nur abschnittsweise verwirklicht werden kann und deshalb bis zur Fertigstellung des Gesamtvorhabens mit besonderen Belastungen verbunden ist (BVerwG DVBl 2012, 520). 87a

c) Die Regelungen des BImSchG für Verkehrswege. Für die in § 41 Abs 1 BImSchG bezeichneten Bodenverkehrswege enthält das BImSchG und das auf seiner Grundlage erlassene untergesetzliche Regelwerk ein eigenständiges Konzept zum Schutz vor Verkehrsgeräuschen. Diese Vorgaben sind für die Planfeststellung dieser Verkehrswege, die sich iÜ nach den Fachgesetzen (AEG, FStrG, MBPlG, PBefG) richtet, weitestgehend zwingend.[193] 88

aa) Dreistufiges Lärmkonzept. Für den Bau und die wesentliche Änderung von Straßen- und Schienenwegen enthält das – im Planfeststellungsrecht anwendbare – **Regelwerk der §§ 41–43 BImSchG** ein verbindliches dreistufiges Konzept zum Schutz vor Verkehrsgeräuschen.[194] Auf der **ersten Stufe** geht es darum, bereits auf der Ebene der Planung und Raumordnung, insb durch die Wahl der Verkehrstrasse Konflikte durch Lärmbelastungen möglichst zu vermeiden (**Trennungsprinzip,** § 50 iVm § 41 Abs 1 BImSchG).[195] Dabei handelt es sich entgegen der früheren Rspr (BVerwGE 71, 163) (nur) um eine Abwägungsdirektive.[196] Soweit eine Vermeidung durch Planung nicht möglich ist, muss auf der **zweiten Stufe** gem § 41 Abs 1 BlmSchG versucht werden, durch dem Stand der Technik entsprechende **aktive Schallschutzmaßnahmen** am Fahrweg (zB durch Lärmschutzwände, Trog- oder Tunnelführung von Verkehrswegen, bei Straßen Einsatz von Flüsterasphalt (OPA) usw) die Belastung benachbarter Grundstücke durch unzumutbare Verkehrsgeräusche (Immissionen) zu vermeiden. Diese Verpflichtung steht freilich unter dem Vorbehalt, dass „die Kosten der Schutzmaßnahme [nicht] außer Verhältnis zu dem angestrebten Schutzzweck stehen" (§ 41 Abs 2 BImSchG). Soweit dies der Fall ist, darf auf die **dritte Stufe** gewechselt werden. Auf ihr sind sog **passive Schallschutzmaßnahmen** vorgesehen, die sich auf angemessene Entschädigung in Geld für Schallschutzmaßnahmen an den baulichen Anlagen (insb Einbau von Schall- 88a

[191] Koch/Prall NVwZ 2002, 675; Jarass NJW 1987, 1225, 1229; Schmidt-Preuß, Kollidierende Privatinteressen im Verwaltungsrecht, 2005, 793.

[192] BVerwGE 125, 116 (Berlin-Schönefeld I).

[193] Das gilt insb hinsichtlich der Einschränkungen des Anwendungsbereichs nach §§ 2, 3 BImSchG (s hierzu BVerwGE 97, 367; **aA** OVG Bremen NVwZ 1993, 468, nicht überzeugend.

[194] Storost DVBl 2013, 281; Wahl/Hönig NVwZ 2006, 170.

[195] Dazu BVerwG NVwZ 2009, 320 (A 94); NVwZ 2009, 1498, 1503 (A 4).

[196] Seit BVerwGE 108, 248, 253 st Rspr; vgl BVerwGE 125, 116, 172; 117, 149, 162; BVerwG NVwZ 2009, 320, 323; 2009, 1498, 1503.

schutzfenstern) richten (§ 42 BImSchG). Letztere können der Natur der Sache nach nur die Innenbereiche der Gebäude schützen; für unzumutbare **Nutzungseinschränkungen der Außenwohnbereiche** kommt eine Entschädigung gem § 74 Abs 2 S 3 in Betracht (§ 42 Abs 2 S 2 BImSchG).[197]

88b **bb) Maßgebliche Grenzwerte, Vorbelastungen.** Welche Grenzwerte bei der Beurteilung der Erheblichkeit der durch das Vorhaben hervorgerufenen Geräuscheinwirkungen zugrunde zu legen sind, richtet sich nach den zur Konkretisierung der Anforderungen des BImSchG ergangenen **Durchführungsverordnungen.** Fehlen spezielle Vorschriften, kann die TA Lärm Anhaltspunkte bieten (s a Rn 87). Für Straßen- und Schienenwege etwa sind demnach die Grenzwerte der 16. BImSchV **(Verkehrslärmschutzverordnung)** maßgeblich. Der Anwendungsbereich der 16. BImSchV erstreckt sich allerdings nur auf **Bau und wesentliche Änderung** von Straßen- und Schienenwegen, wobei als „wesentlich" nur die in § 1 Abs 2 S 1 der 16. BImSchV näher bezeichneten Fälle eingestuft werden. Voraussetzung ist erstens ein erheblicher baulicher Eingriff (Bau oder Erweiterung), der zweitens zu einer erheblichen Veränderung des Beurteilungspegels führt.[198] Erheblich ist die Veränderung des Beurteilungspegels dann, wenn eine Erhöhung um mindestens 3 dB (A) oder auf mindestens 70 dB (A) tags oder 60 dB(A) nachts (das sind die Schwellen verfassungsrechtlicher Unzumutbarkeit) zu erwarten ist. Dies hat zur Folge, dass die in der 16. BImSchV festgelegten Grenzwerte wesentlich geänderten, zwingend an allen Straßen- und Schienenwegen eingehalten werden (müssen), nicht aber an anderen Verkehrswegen. Einen allgemeinen Anspruch auf Lärmsanierung gibt es nicht; erst im Rahmen einer wesentlichen Änderung kann er sich ergeben (BVerwGE 139, 150).

88c **Allein der von dem jeweiligen Vorhaben zu erwartende Lärm** wird zugrunde gelegt, ein **Summenpegel** unter Einbeziehung anderer Lärmquellen wird nicht gebildet. Allerdings darf auch bei **Vorbelastungen** die Schwelle der Gesundheitsgefährdung nicht überschritten werden (BVerwGE 101, 1). Ist aufgrund des Vorhabens nicht mit einer Verschlechterung der Lärmsituation zu rechnen, so muss die Vorbelastung nach der Rspr auch dann außer Betracht bleiben, wenn sie bereits grundrechtlich bedenkliche Werte erreicht (BVerwG NVwZ 2009, 50). Für die Vorbelastungen ist idR auf die planungsrechtlich zulässige Belastung abzustellen, nicht auf die tatsächlich vorhandene. Ist die tatsächliche Belastung (zB wegen zeitweiliger Stilllegung) wesentlich günstiger gewesen, kann dies nur ausnahmsweise berücksichtigt werden. Dies wurde etwa nach der Wiedervereinigung im Hinblick auf die teilungsbedingte Sonderkonstellation angenommen (BVerwGE 107, 350 und Fn 198). Inzwischen wird eine weitere Ausnahme angenommen für den Fall, dass es beim abschnittsweisen Ausbau einer Bahnstrecke für die Anlieger am noch nicht ausgebauten Streckenabschnitt zu erheblichen Belastungen durch steigendes Verkehrsaufkommen kommt, während dort noch keine Lärmschutzvorkehrungen getroffen wurden (BVerwG DVBl 2012, 1102; 2014, 520 mit Anm Nolte).

88d **cc) Einzelfragen. Umstritten** ist nach wie vor die Frage, ob die in § 41 Abs 1 BImSchG vorgesehenen **Maßnahmen des aktiven Schallschutzes** an Verkehrsanlagen für das Planfeststellungsverfahren zwingend oder einer Abwägung zugänglch sind. Während teilweise die Auffassung vertreten wird, über Schallschutzmaßnahmen müsse im Rahmen der planerischen Abwägung ent-

---

[197] BVerwGE 101, 1, 11; 101, 73; 97, 367, 370; 87, 332, 388.

[198] Die Wiederertüchtigung einer nicht entwidmeten Bahnanlage, die wegen einer jahrzehntelangen Nutzungsunterbrechung infolge der deutschen Teilung in baufälligem Zustand ist, stellt nach der Rspr idR keinen erheblichen baulichen Eingriff im Sinne von § 1 der 16. BImSchV dar, auch wenn die Bauarbeiten aus technischer Sicht einem Neubau nahekommen (BVerwGE 110, 81).

schieden werden,[199] wird sonst eine zwingende Verpflichtung angenommen, § 41 Abs 1 S 2 also für striktes Recht gehalten.[200] Diese Auffassung dürfte zutreffend sein, wobei der Unterschied in der Praxis eher marginal sein dürfte.[201] Was die Festlegung von Grenzwerten anlangt, ist die in § 43 BImSchG für Verkehrslärm vorgesehene Verordnung als 16. BImSchV erlassen worden.[202]

Die Bewertung von Fluglärm richtet sich in Fachplanungsverfahren auf 89 Zulassung von Flugplätzen (§§ 6–10 LuftVG) heute im Wesentlichen nach dem im Jahre 2007 novellierten **FluglärmG**[203] und der darauf gestützten drei Fluglärmschutzverordnungen. Das Gesetz sieht nicht nur die Einrichtung und Festsetzung von Lärmschutzbereichen vor, sondern enthält auch die dafür erforderlichen Grenzwerte (§ 2 Abs 2) und eine spezielle Grundlage für Schutzvorkehrungen sowie für die Erstattung von Aufwendungen für den erforderlichen Schallschutz (§§ 9f FluglärmG).[204] Früher mussten die Grenzwerte der Zumutbarkeit für jedes Ausbauprojekt gesondert festgelegt werden, was zu erheblichen Auseinandersetzungen und zu einem ungleichen Schutzniveau an den Flugplätzen führte. Die im FluglärmG nun festgelegten Grenzwerte sind für die Fachplanung bindend und nach der Rspr mit höherrangigem Recht vereinbar.[205] Soweit es nicht anwendbar ist (für Flugplätze ohne Lärmschutzbereich und andere Immissionen als Fluglärm), bleibt es bei der Notwendigkeit einer Bewertung und Grenzwertbildung im Einzelfall auf der Grundlage von § 74 Abs 2 S 2 iVm § 8 Abs 1 S 5 LuftVG (§ 9 Abs 2 aF). Zur Zumutbarkeit von Fluglärm s a Rn 154.

d) Luftverunreinigungen. Planfeststellungsbeschlüsse müssen an sich auch die 90 Bestimmungen des BImSchG und des darauf gestützten untergesetzlichen Regelwerks im Hinblick auf Luftverunreinigungen einhalten. Allerdings gelten für den Bau öffentlicher Straßen sowie von Eisenbahnen, Magnetschwebebahnen und Straßenbahnen gem § 2 Abs 1 Nr 4 BImSchG **nur die §§ 41–43 BImSchG,** die **nur Regelungen zum Schallschutz** vorsehen; andere Formen von Immissionen werden nicht unmittelbar erfasst. Es ist deshalb Sache des sonstigen Fachrechts, für den notwendigen Schutz vor Luftverunreinigungen zu sorgen.[206] Die Regelungen in Abs 2 S 2, 3, wonach zum Wohl der Allgemeinheit und zur Vermeidung von nachteiligen Wirkungen auf Rechte Dritter Vorkehrungen getroffen werden müssen, gilt auch für die Luftverunreinigungen.

e) Elektromagnetische Felder. Für Beeinträchtigungen durch elektromagne- 91 tische Felder gelten die Regelungen der **26. BImSchV,** die auf der Grundlage des § 23 BImSchG erlassen worden ist und Grenzwerte für die Feldstärken enthält. Diese Grenzwerte, die auf Empfehlungen der Strahlenschutzkommissionen beruhen, werden in der Rspr derzeit als ausreichend angesehen,[207] obwohl sie im wesentlichen nur auf der Grundlage der sog thermischen Wirkungen (Erwärmung exponierter Personen oder Gegenstände) elekromagnetischer Felder festgelegt wurden und die umstrittenen sog athermischen Wirkungen (vermutete Auswir-

---

199 BVerwGE 110, 370 = NVwZ 2001, 71 (Aumühle); BVerwGE 104, 123, 139 = NVwZ 1998, 513 (Ausbau Bahnstrecke Hamburg-Berlin). S auch BVerwG DVBl 2004, 380 – Anhalter Bahn.

200 BVerwGE 108, 248; BVerwG NVwZ 2001, 433; wohl auch BVerwG NVwZ 2009, 1498, 1503 (A 4): Grenze Verhältnismäßigkeit; auch Schultze-Fielitz DÖV 2001, 181, 185.

201 Vgl Jarass, BImSchG § 41 Rn 4; Hansmann in Landmann/Rohmer § 41 Rn 4; Schultze-Fielitz in GK § 41 Rn 18; Ziekow Fachplanung § 10 Rn 4.

202 Hierzu und zum Scheitern eines VerklärmschutzG Ziekow Fachplanung § 10 Rn 2

203 Gesetz zum Schutz gegen Fluglärm idF v 31.10.2007 (BGBl I 2550).

204 BVerwGE 142, 234 (Flughafen Frankfurt) insb auch zu den Methoden der Ermittlung der Lärmbelastung.

205 Näher BVerwGE 142, 234 (Flughafen Frankfurt); BVerwGE 125, 116 (Schönefeld).

206 Zu den Fragen der Luftqualität Koch in ders, Umweltrecht, § 4 Rn 20.

207 BVerfG NVwZ 2007, 805; BVerwG NVwZ 2010, 1486, 1487 unter Hinweis auch auf EGMR NVwZ 2008, 1215.

kungen auf den interzellulären Informationsausch bzw die intrazelluläre Informationsverarbeitung) weitgehend unberücksichtigt lassen. Kritisch zur derzeitigen Rspr Budzinski/Hutter NVwZ 2014, 418 mit Hinweisen auf neuere Studien.

92 **5. Wasserrecht. a) Allgemeines.** Die Belange des Gewässer- und Grundwasserschutzes gehören mit ihren ökologischen und wasserwirtschaftlichen Funktionen (vgl § 6 WHG) zu den wichtigsten abwägungserheblichen Belangen, die in der Abwägung zu berücksichtigen sind.[208] Sie sind nach hM in § 6 WHG als **Optimierungsgebot** ausgestaltet. Darüber hinaus gilt im Wasserrecht der Besorgnisgrundsatz, wonach schon die begründete Besorgnis einer Beeinträchtigung des Wasserhaushalts einen wichtigen Belang darstellt (VGH Mannheim VBlBW 1991, 453). Außerdem enthält das Wasserrecht für Gewässerbenutzungen **striktes Recht,** welches in der Planfeststellung nicht oder jedenfalls nicht ohne weiteres überwunden werden kann und inzwischen durch Europarecht eine zusätzliche Verstärkung erfahren hat.[209]

93 **b) Gewässerbenutzungen.** Nach §§ 8 ff WHG ist die Benutzung von Gewässern erlaubnis- bzw bewilligungspflichtig. Das gilt sowohl für echte Benutzungen (§ 9 Abs 1 WHG) als auch für unechte Benutzungen, insb für sämtliche Maßnahmen, die geeignet sind, dauernd oder in nicht nur unerheblichem Ausmaß nachteilige Veränderungen der Wasserbeschaffenheit herbeizuführen (§ 9 Abs 2 Nr 2 WHG). Erlaubnis (§ 8 WHG) und Bewilligung (§ 8 WHG) sind nach § 12 WHG an strenge Voraussetzungen geknüpft.[210] Für das Planfeststellungsverfahren sieht § 19 WHG in Anerkennung der Konzentrationsmaxime zwar vor, dass die Planfeststellungsbehörde über die Erteilung von Erlaubnis und Bewilligung entscheidet. Die Entscheidung ist aber – anders als nach § 73 Abs 2 – im **Einvernehmen** mit der für das Wasser zuständigen Behörde zu treffen (§ 19 Abs 3 WHG); lediglich bei Planfeststellungsverfahren vor Bundesbehörden hat die Wasserbehörde nur ein Anhörungsrecht. Zu den Gewässerschutzregelungen gehören weiter anlagenbezogene Regelungen, insb im Hinblick auf die Abwasserbeseitigung und die Abwasserbehandlungsanlagen, die im Planfeststellungsverfahren beachtlich sind.

93a **c) Bewirtschaftungsziele.** Zu den im Rahmen von § 12 Abs 1 Nr 1 iVm § 3 Nr 10 WHG beachtlichen Anforderungen gehören auch die Bewirtschaftungsziele der §§ 27 ff WHG. Hierzu gehören das **Verbesserungsgebot,** wonach innerhalb bestimmter Fristen ein guter Zustand der Gewässer erreicht werden soll, und das **Verschlechterungsverbot** des § 27 Abs 1 Nr 1, Abs 2 Nr 1 WHG. Insb für letzteres ist **umstritten,** ob es nur nach Maßgabe der nach §§ 82 f WHG aufzustellenden **Maßnahmenprogramme und Bewirtschaftungspläne**[211] gilt oder aber unmittelbare und unbedingte Wirkung entfaltet.[212] Wird letzteres angenommen, ist weiter umstritten, ob das Verschlechterungsverbot (nur) eine Verschlechterung der Zustandsklasse verbietet, in die ein Gewässer eingestuft ist (Zustandsklassentheorie),[213] oder ob an den status quo anzu-

---

208 BVerwG NVwZ 2000, 675.

209 S näher zum europäischen Gewässerschutzrecht, insb zur Wasserrahmen-RL, der Grundwasser-RL, der Trinkwasser-RL Laskowski/Ziehm in Koch, Umweltrecht, § 5 Rn 23 ff.

210 Überblick bei Laskowski/Ziehm in Koch, Umweltrecht, § 5 Rn 61 ff.

211 Zu den Defiziten der Programme und Pläne Bericht der Kommission an das EU-Parlament und den Rat über die Umsetzung der WRRL (COM 2012, 670); hierzu Faßbender NVwZ 2014, 476; Reinhardt NuR 2013, 765.

212 Zu den umstrittenen Anforderungen des Verschlechterungsverbots OVG Hamburg NordÖR 2013, 322, 325 ff (Moorburg); zustimmend Franzius NordÖR 2014, 1; Czychowski/Reinhardt, WHG, § 27 Rn 7.

213 Zu der sog Zustandsklassentheorie Breuer NuR 2007, 53; Berendes/Frenz/Müggenborg, WHG, 2011, § 27 Rn 89; mit Modifizierungen Ginsky NuR 2008, 147.

knüpfen ist.[214] Für die sog **Status-quo-Theorie** spricht, dass die **Zustandsklassentheorie** eine Verschlechterung von Gewässern nicht wirksam verhindern kann.[215]

d) Wasserschutzgebiete. Wasserschutzgebiete werden von den Landesregierungen nach § 51 WHG durch **Rechtsverordnung** festgesetzt. Gleiches gilt nach § 53 Abs 4 für **Heilquellenschutzgebiete.** In diesen Gebieten können nach § 52 Abs 1 Nr 1 WHG (ggf iVm § 53 Abs 5 WHG) bestimmte Handlungen verboten oder beschränkt werden. Die Ausweisung erfolgt unter Berücksichtigung des Wasserrechts der Länder. Es werden **üblicherweise drei Schutzzonen** unterschieden, in denen jeweils unterschiedliche Verbote gelten. Diese Verbote sind für das Planfeststellungsverfahren striktes Recht, sie können in der Abwägung nicht überwunden werden. Soweit die Verordnungen allerdings Ausnahmen vorsehen, entscheidet hierüber die Planfeststellungsbehörde. Im Übrigen kommt nur eine Aufhebung oder Einschränkung der jeweiligen Wasserschutzverordnung in Betracht. Diese Entscheidung fällt in die Kompetenz der nach Landesrecht zuständigen Stelle; sie wird von der Konzentrationswirkung der Planfeststellung nicht erfasst. 94

VI. Das Abwägungsgebot im Planungsrecht

1. Bedeutung. a) Abwägung als Gestaltungsaufgabe. Zentrales Element jeder Planung ist die Abwägung. Das Abwägungsgebot verpflichtet seine Adressaten (s Rn 96) dazu, das Vorhaben mit gesetzlichen Wert- und Zielfestlegungen in Übereinstimmung zu bringen (s Rn 42 ff) und es optimal zu gestalten. Die Gestaltungsaufgabe betrifft die technische Herstellung des Vorhabens selbst, aber auch die Bewältigung der durch das Vorhaben aufgeworfenen Probleme. Die **Pflicht zur Problembewältigung** (Konfliktlösung) ist ein wesentliches Teilelement des Abwägungsgebots.[216] Das Abwägungsgebot hat insofern vornehmlich **prozedurale Bedeutung als Handlungsanweisung** für die planende Verwaltung. Der Blick darauf wird oft durch den Umstand verstellt, dass die Anforderungen an die Abwägung aus der eingeschränkt kontrollierenden Sicht der Fachgerichte entwickelt worden sind. Doch verlangt das Abwägungsgebot von der Verwaltung deutlich mehr, als von einem Gericht beanstandet werden könnte (s näher Rn 99). Damit entspricht das Abwägungsgebot insoweit den allgemeinen Grundsätze einer fehlerfreien, gem § 40 am Zweck der Ermächtigung orientierten Ermessensausübung.[217]Um diese Aufgabe erfüllen zu können, ist dem Planer eine rechtsgebundene Gestaltungsfreiheit eingeräumt (s dazu § 72 Rn 11 f). 95

b) Verfassungsrechtliche Fundierung. Adressaten. Das Abwägungsgebot ist eine planungsspezifische Konkretisierung des **Verhältnismäßigkeitsprinzips**, das im Abwägungsgebot aufgeht und deshalb grds nicht mehr gesondert zu prüfen ist.[218] Es hat damit Verfassungsrang (BVerwGE 64, 270; BVerwG DVBl 1981, 933), ist einfachgesetzlich ausformbar, aber **nicht substantiell einschränkbar.**[219] Kraft seiner verfassungsrechtlichen Fundierung gilt es auch dann, wenn das Gesetz, das die Planungsentscheidung anordnet, dies nicht ausdrücklich vor- 96

[214] OVG Hamburg NordÖR 2013, 322 (Moorburg); zustimmend Franzius NordÖR 2014, 1; wohl auch Czychowski/Reinhard, WHG 10. Aufl § 27 Rn 14.

[215] Näher Laskowski ZUR 2013, 131; Reinhard NuR 2013, 765.

[216] Sendler WuV 1985, 221; Dolde NJW 1986, 816; vgl auch Ibler JuS 1990, 25.

[217] Vgl Ziekow, Fachplanungsrecht, § 6 Rn 2 f; BVerwGE 56, 123; 64, 270; NJW 1983, 297 mwN, s auch § 40 Rn 73.

[218] Dazu vgl BVerwGE 56, 123; 59, 258; 64, 273; 71, 172; Ibler Jus 1990, 13; Knack/Henneke 130; Schlarmann DVBl 1992, 877.

[219] S hierzu BVerwGE 56, 110, 117; zum Abwägungsgebot im Recht der Bauleitplanung BVerwGE 34, 301; 45, 309; Koch/Hendler, Baurecht, Raumordnungs- und Landesplanungsrecht, 4. Aufl 2004, § 17 Rn 1; Steinberg/Berg/Wickel § 3 Rn 57.

sieht.[220] Es gilt für alle ihrer Natur nach materiell planerischen Vorgänge und Entscheidungen unabhängig von ihrer Rechtsnatur (Norm, Planfeststellungsbeschluss, Genehmigung usw). Wer **Adressat** des Abwägungsgebotes ist, wird wenig erörtert und bleibt auch in der Rspr undeutlich (Vallendar UPR 1999, 121). Es ist aber kaum zu bezweifeln, dass es sich bei hoheitlich zu billigenden Vorhaben nicht nur an die staatlichen Entscheidungsträger (Normgeber, Planungsbehörden) richtet, sondern schon die öffentlichen und privaten Vorhabenträger bindet. Zwar richtet sich das verfassungsrechtliche Abwägungsgebot gem Art 1 Abs 3, Art 20 Abs 3 GG nur an die staatlichen Entscheider; die einfachrechtlichen Abwägungsgebote reichen diese Verpflichtung aber an den jeweiligen Vorhabenträger weiter (besonders deutlich etwa § 6 Abs 2 S 1 LuftVG). Dessen Plan ist nur zulassungsfähig, wenn er – spätestens im Zeitpunkt der Entscheidung – den Geboten gerechter Abwägung umfassend genügt.

97 **c) Fachgesetzliche Ausformung.** Ist es einfachrechtlich ausgestaltet, spricht man vom **fachplanungsrechtlichen** Abwägungsgebot; fehlt eine gesetzliche Ausformung gilt es als sog **rechtsstaatliches Abwägungsgebot** unmittelbar kraft Verfassungsrechts (dazu grds BVerwGE 61, 295 und 111, 276 = NJW 2000, 3584 für die Festlegung von Flugrouten). Daher hat es auch der Gesetzgeber bei seinen Planungen zu beachten (BVerfGE 95, 1 – Südumfahrung Stendal). Das rechtsstaatliche Abwägungsgebot umfasst aber nur die **unabdingbaren Elemente** der Abwägung, insb das Recht, das Gewicht der abwägungserheblichen Belange festzulegen und sie unter- und gegeneinander ins Verhältnis zu setzen. Weitergehendes (wie planerische Gestaltungsbefugnisse oder Instrumente der Problembewältigung durch Anordnung von Schutzvorkehrungen) bedarf der gesetzlichen Ermächtigung; insofern greifen die fachplanerischen Abwägungsgebote weiter.

98 **d) Abwägungsvorgang und Abwägungsergebnis.** Allgemein wird zwischen Abwägungsvorgang und Abwägungsergebnis unterschieden. Die Planfeststellung muss den Grundsätzen des Abwägungsgebots sowohl hinsichtlich des Abwägungsvorgangs selbst[221] als auch des in der Planfeststellung zum Ausdruck kommenden Abwägungsergebnisses genügen.[222] Die Unterscheidung von Abwägungsvorgang und Abwägungsergebnis wurde von BVerwG im Bauplanungsrecht entwickelt (BVerwGE 45, 309, 313) und später vom Gesetzgeber in § 155b BBauG und sodann in § 214 Abs 3 S 2 BauGB übernommen. Sie hat mit der **Regelung in § 75 Abs 1a** auch Ausdruck im VwVfG gefunden, wonach ein Fehler in einem fachplanerischen Abwägungsvorgang nur beachtlich ist, wenn er offensichtlich und auf das Abwägungsergebnis von Einfluss gewesen ist. Dabei bezeichnet der Begriff „Abwägungsvorgang" den prozesshaften, teils stark formalisierten **Verlauf der Entscheidungsfindung** in seiner vollen Komplexität (mit Ermittlung und Zusammenstellung des Abwägungsmaterials, Prüfung sich aufdrängender Alternativen, Bewertung der betroffenen Interessen und der planerischen Priorisierung), der sich über einen längeren Zeitraum hinzieht und in der Planbegründung, aber auch in den Verwaltungsvorgängen (die zur Auslegung heranzuziehen sind) dokumentiert ist. Der Begriff „Abwägungsergebnis" meint den mit dem Planfeststellungsbeschluss **verbindlich gewordenen Plan** (§ 73 Abs 1) ein-

---

[220] Vgl BVerwGE 48, 59; 64, 270; Ziekow VerwArch 2008, 559, 561; anders BVerwG NVwZ 2007, 833; hierzu kritisch Ramsauer NVwZ 2008, 945.

[221] BVerwGE 75, 246; erheblich sind Abwägungsmängel aber nach § 75 Abs 1a S 1 nur, wenn sie offensichtlich und auf das Abwägungsergebnis von Einfluss gewesen sein können, vgl § 75 Rn 23 ff.

[222] BVerwGE 48, 63; 56, 123; 84, 38; NJW 1983, 297; OVG Bremen NVwZ 1987, 578; Broß VerwArch 1984, 428; Ibler DVBl 1988, 474; kritisch zur Frage, ob beide Erfordernisse stets kumulativ zu prüfen sind, Koch DVBl 1983, 1124; 1989, 399 mwN; Erbguth DVBl 1986, 1230; Wahl NVwZ 1990, 436.

schließlich aller Auflagen, Schutzvorkehrungen und sonstigen Nebenentscheidungen. Im Bereich der Bauleitplanung hat der Gesetzgeber in §§ 2 Abs 4, 214 Abs 1, 3 BauGB der Versuch unternommen, den Abwägungsvorgang dem Verfahren zuzuordnen und Fehler im Abwägungsvorgang als Verfahrensfehler zu behandeln. Am materiellrechtlichen Gehalt des Abwägungsvorgangs ändert sich damit nichts (s hierzu § 40 Rn 108 ff).

Die Bedeutung der **Unterscheidung von Vorgang und Ergebnis** ist nach 98a wie vor nicht hinreichend geklärt, nicht zuletzt deshalb, weil sich sämtliche Prüfungspunkte des Abwägungsgebots sowohl auf den Abwägungsvorgang als auch auf das Abwägungsergebnis beziehen (BVerwGE 64, 33, 40).[223] Die Unterscheidung soll Arten von Fehlern identifizierbar machen und daran **differenzierte Sanktionen** und **Heilungsmöglichkeiten** knüpfen, ist allerdings auch aus Sachgründen zwingend: Es liegt auf der Hand, dass bei final programmierten (nichtkonditionalen), also gewollt ergebnisoffenen Entscheidungen die „Richtigkeit" der Entscheidung maßgeblich vom Prozedere der Entscheidungsfindung abhängt. Nach der Rspr des BVerfG[224] bürgt die Einhaltung der rechtsstaatlichen Grundsätze einer fehlerfreien Planungsentscheidung – wie die Richtigkeitsgewähr von Verfahren im Allgemeinen – für eine rechtsstaatlich nicht zu beanstandende und auch in der Sache vertretbare Planung. Das rechtfertigt eine Zurücknahme der gerichtlichen Prüfungsdichte gegenüber planerischen Abwägungsentscheidungen und teilweise Einschränkung der Effektivität des Rechtsschutzes (BVerfGE 129, 1, 21 f), verleiht im Gegenzug den Verfahrensschritten (wie der Sammlung des entscheidungserheblichen Materials und Beteiligungen) ihre eigentliche Bedeutung und erklärt die teilweise rigiden Sanktionen scheinbar formaler Fehler (zur Verbandsbeteiligung vgl § 75 Rn 91). Insofern bedeutet es eine wichtige, aber verfassungsrechtlich auch gebotene Ausweitung der Plankontrolle, dass nicht nur das Ergebnis, sondern auch der Vorgang der Abwägung zu prüfen ist. Die Kontrolle erstreckt sich daher auf Vor- und Zwischenentscheidungen, die der abschließenden Planentscheidung ihre Richtung geben. Dennoch haben die Bereiche eigentypische Fehlerpotenziale: Das Abwägungsergebnis kann trotz fehlerfreien Abwägungsvorgangs fehlerbehaftet sein, ebenso der Abwägungsvorgang, obwohl das Ergebnis keine Fehler erkennen lässt. Die Kontrolle erfordert eine **rationale Rekonstruktion des Entscheidungsvorgangs.**[225]

e) Anforderungen. aa) Abwägung durch Planer. Von der **Verwaltung** 99 **und Vorhabenträgern**, an die sich das Abwägungsgebot als „Anleitungsrecht" vornehmlich richtet (s Rn 95 f), verlangt es im Einzelnen, dass – erstens – eine **unvoreingenommene Abwägung überhaupt** stattfindet und die Planfeststellungsbehörde sich insoweit nicht inhaltlich gebunden hat oder irrtümlich für gebunden hält;[226] dass – zweitens – eine **vollständige Zusammenstellung des Abwägungsmaterials** stattfindet, dass also in die Ermittlung und Abwägung alle für und gegen das Vorhaben sprechenden Gesichtspunkte (Tatsachen, die berührten öffentlichen und privaten Belange, Einwendungen, Möglichkeiten des Ausgleichs oder der Kompensation von Nachteilen durch Auflagen usw) einbezogen werden, die nach Lage der Dinge für die Entscheidung Bedeutung haben kön-

---

[223] In den neuen Regelungen der §§ 2 Abs 3, 214 Abs 1 Nr 1 und Abs 3 BauGB wird nunmehr der Versuch unternommen, die einzelnen Anforderungen des Abwägungsgebots auf Abwägungsvorgang und Abwägungsergebnis gleichsam zu verteilen. Zum umstrittenen Verständnis der neuen Vorschriften vgl Erbguth JZ 2006, 484; Bernhardt JA 2007, 862.

[224] BVerfG WM 2016, 184 Rn 20; grundl. schon BVerwGE 34, 301, 308 ff; 48, 56, 59.

[225] Nach Koch (DVBl 1983, 1125) soll in dieser Unterscheidung der Unterschied von Begründung und Begründbarkeit der Planungsentscheidung zum Ausdruck gelangen.

[226] VGH Mannheim UPR 1991, 454; zur Bindung an Weisungen vorgesetzter Stellen s VGH Mannheim NVwZ-RR 1989, 354.

nen;[227] dass – drittens – die betroffenen öffentlichen und privaten Interessen und **Belange zutreffend gewichtet werden**, wobei einschlägige gesetzliche Zielsetzungen und Gewichtungsvorgaben beachtet werden,[228] und dass – viertens – **ein gerechter Ausgleich geschaffen wird**, der die Belange ihrem Gewicht entspr gegeneinander und untereinander ins Verhältnis setzt[229] und in einem inhaltlich ausgewogenen Plan mündet,[230] der ggf flankierende Schutzmaßnahmen trifft.[231]

100 **bb) Abwägungskontrolle durch Gerichte (Fehlerlehre).** Den vorstehend genannten Abwägungserfordernissen entsprechen Abwägungsfehler, deren gerichtliche Feststellung sich an § 114 VwGO orientiert. Die Abwägungskontrolle ist entspr **eingeschränkt**, aber in geringerem Umfang, als gelegentlich angenommen wird. Voll überprüfbar ist – erstens – der **Abwägungsausfall,** bei dem eine Abwägung überhaupt fehlt, weil die Behörde ihren Abwägungsspielraum nicht erkannt oder sich gebunden gefühlt hat. Voll überprüfbar ist – zweitens – das **Abwägungsdefizit** bei fehlerhaftem Nichterkennen bzw bei Nichtberücksichtigung einzelner Belange bei der Zusammenstellung des Abwägungsmaterials. Eingeschränkt überprüfbar sind – drittens – die **Abwägungsfehleinschätzung** durch Verkennung der Bedeutung einzelner Belange, etwa infolge empirischer Fehler bei der Ermittlung oder bei Verkennung des dem Belang rechtlich zukommenden Gewichts, und schließlich – viertens – die **Abwägungsdisproportionalität,** bei der der Ausgleich zwischen den Belangen nur dann zu beanstanden ist, wenn er in einer Weise vorgenommen worden ist, „die zur objektiven Gewichtung einzelner Belange außer Verhältnis steht"[232] (s hierzu ausführlich § 40 Rn 158 ff).

101 **2. Die Abwägungsentscheidung.** Die Planfeststellungsbehörde muss auf der Grundlage des vorgelegten Plans eine eigenständige und **unabhängige Abwägungsentscheidung** treffen, anderenfalls liegt ein Fall des sog Abwägungsausfalls vor. Eine Abwägungsentscheidung setzt voraus, dass sich die Behörde ihres planerischen Gestaltungsspielraums bewusst ist, dass sie sich also hinsichtlich der Entscheidung über das Vorhaben nicht in der einen oder anderen Hinsicht gebunden fühlt bzw tatsächlich oder rechtlich bereits gebunden hat. Zur Zulässigkeit von **Weisungen** vorgesetzter Behörden gegenüber der Planfeststellungsbehörden s VGH Mannheim NVwZ-RR 1989, 354; Maier BayVBl 1990, 647.

102 **a) Bestehen des Spielraums.** Der planerische Spielraum der Planfeststellungsbehörde darf nicht durch bindende Abmachungen (zB Projektabsprachen) vor Einleitung des Planfeststellungsverfahrens derart eingeengt oder ausgeschlossen worden sein, dass für die Planfeststellung kein substantieller Spielraum mehr verbleibt. Die Behörde kann sich im Laufe des Verfahrens uU selbst binden, darf aber nicht schon vor Beginn des Verfahrens festgelegt sein. Derartige **Vorabbin-**

---

[227] BVerwGE 52, 244; 71, 171; BVerwG NJW 1980, 1064.

[228] BVerwGE 75, 232 = NVwZ 1987, 578; Wahl NVwZ 1990, 437.

[229] BVerwGE 48, 56; 56, 122; ferner BVerwGE 34, 309; 51, 27; 52, 244, 255; 62, 349; 71, 170; 72, 24; 74, 132; 75, 232; 79, 325; 81, 132 mwN; 82, 18; 84, 38; 85, 51; 85, 155; 87, 341; 90, 100; Koch DVBl 1983, 1127; ders DVBl 1989, 399; Ronellenfitsch VerwArch 1986, 186; Erbguth DVBl 1986, 1230; 1992, 399; Heinze NVwZ 1986, 87; Hoppe DVBl 1992, 856; Kühling in: Sendler-FS 1991, 392; Wahl NVwZ 1990, 427 und 923.

[230] BVerwGE 57, 297; 61, 306; 71, 167; 84, 38: zB Standort, Dimensionierung, Schutzauflagen usw; BVerwG DVBl 1980, 301; NJW 1983, 297.

[231] Hoppe DVBl 1992, 853; Wahl NVwZ 1990, 437; vgl auch BVerwGE 71, 170; VGH Kassel NuR 1988, 251; VGH Mannheim NuR 1989, 349: die für den Planfeststellungsbeschluss in seiner konkreten Gestalt sprechenden Belange müssen überwiegen.

[232] Vgl BVerwGE 48, 56, 64. Aus der Lit am klarsten Rubel DVBl 2013, 469, 473; Hofmann, Abwägung im Recht, S. 265 ff.

dungen, wie sie auf informeller Ebene nicht selten vorkommen, sind nicht völlig unzulässig, sondern werden iS einer **Vorverlagerung der Anforderungen** an die Abwägung an bestimmte Vorgaben gebunden (BVerwG 34, 307 – Flachglas). Deshalb dürfen etwa Mediationsergebnisse[233] oder Ansiedlungsverträge die Planfeststellungsbehörde in der Sache nicht binden. Auch in Anhörungsverfahren oder einer frühen Bürgerbeteiligung nach § 25 Abs 3 darf keine unzulässige Vorabbindung eingegangen werden. S zu informellen Projektabsprachen auch Einf I Rn 74 ff.

b) Kenntnis des Spielraums. Die zuständige Behörde muss sich ihres Ent- **103**
scheidungsspielraums bewusst sein. Dies ist nicht der Fall, wenn sie **sich irrtümlich durch bestehende Planungen,** durch das Ergebnis von Vorverhandlungen, Mediationsverfahren oder politische Vorfestlegungen usw für gebunden hält, zB weil sie fälschlicherweise einen Fall der Ermessensreduktion auf Null annimmt. Maßgebend ist die Situation im Zeitpunkt der Planfeststellungsentscheidung. S zur Annahme einer Bindung an eine Vereinbarung über Deponiestandorte VGH Kassel NVwZ 1992, 803; an Zusage eines Petitionsausschusses VGH Mannheim UPR 1991, 454.

c) Planerische Vorentscheidungen. Einige Fachplanungsgesetze sehen be- **103a**
stimmte Vorentscheidungen für die Planung vor, die allerdings ohne Außenwirkung bleiben und keiner selbständigen rechtlichen Kontrolle unterliegen. Hierzu zählt die **Linienbestimmung** durch den Bundesminister für Verkehr nach § 16 FStrG oder nach § 13 WaStrG. Damit werden mit nur interner Wirkung Trassenkorridore für die Fernstraßenplanung festgelegt, die aber keine rechtliche Bindungswirkung entfalten. Die Planfeststellungsbehörde ist an die Vorgaben derartiger Linienbestimmungen rechtlich nicht gebunden.[234] Die Linienbestimmung ist auch nicht Voraussetzung für die Rechtmäßigkeit der Planfeststellung. Insofern unterscheidet sich die Linienbestimmung deutlich von der Fachplanung nach dem NABEG, die für das Planfeststellungsverfahren Bindungswirkung erzeugt.[235]

3. Die Zusammenstellung des Abwägungsmaterials. In die Abwägung **104**
einzustellen (was fachplanungsrechtlich mit dem Wort „berücksichtigen" umschrieben wird), sind grds alle öffentlichen und privaten **Belange, die nach Lage der Dinge** von der Planung **berührt** werden. Die Feststellung des Berührtseins ergibt sich aus Kausalitätserwägungen zwischen den Wirkungen des Vorhabens und den Folgen für Dritte. Ein wesentlicher Teil der betroffenen Belange wird sich bereits aus den vom Vorhabenträger etwa nach § 6 UVPG vorgelegten Planunterlagen ergeben, weitere relevante Aspekte werden sich im Rahmen der **Behördenbeteiligung** nach § 73 Abs 2 und der **Betroffenenbeteiligung** nach § 73 Abs 4 ergeben und schließlich aus der dort nun ausdrücklich aufgenommenen **Verbändebeteiligung,** also aus den sachverständigen Stellungnahmen anerkannter Natur- und Umweltverbände nach § 73 Abs 3–6. Darauf darf sich die Planfeststellungsbehörde aber nicht beschränken. Vielmehr muss sie **auch von Amts wegen** prüfen, welche Konflikte durch das Vorhaben hervorgerufen werden und ob und welche Belange betroffen sein werden. Soweit sie dabei Erkenntnisdefizite sieht, muss sie im Rahmen der auch hier geltenden Amtsermittlung (§ 24) eigene Aufklärungsmaßnahmen ergreifen oder Gutachten einholen. Ihre Ermittlungen müssen sich auf Möglichkeiten zur Verminderung und Vermeidung von nachteiligen Wirkungen des Vorhabens erstrecken, wenn

[233] Zu diesem Problem Einf I Rn 81.
[234] BVerwGE 148, 373 (Umfahrung Bad Segeberg); 134, 308 Bielefeld-Steinhagen: Vorbereitende Grundentscheidung; Ziekow § 72 Rn 15; StBS § 72 Rn 67; zT aA Knack/Henneke 85 (Bindung grds zu bejahen).
[235] So ausdrücklich § 15 Abs 1 S 1 NABEG; dies übersehen StBS § 72 Rn 67.

diese in den Planunterlagen nicht ausgeschöpft sind. Zur Prüfung von Planungsalternativen s unten Rn 120.

105 **a) Belange nach Lage der Dinge. aa) Unmittelbare und mittelbare Auswirkungen.** Welche Belange im Einzelnen in die Abwägung einzustellen sind, bestimmt sich nach dem Gegenstand, der Reichweite und den Auswirkungen der konkreten Planung (BVerwG DVBl 1989, 510) und damit nach den Umständen des Einzelfalles.[236] Maßgebend sind alle **adäquat kausalen** Auswirkungen; es besteht insoweit **kein Beurteilungsspielraum.** Der Kreis der bei der Abwägung zu berücksichtigenden vom Vorhaben berührten öffentlichen und privaten Belange darf nicht eng gezogen werden.[237] Zu berücksichtigen sind alle **unmittelbaren** und **mittelbaren Auswirkungen des Vorhabens** auf die Umgebung und auf Rechtspositionen (Rechte und Interessen) Dritter (Bsp bei Wahl/Dreier NVwZ 1999, 616 mwN). Beachtlich sind auch betroffene Belange außerhalb des Zuständigkeitsbereichs der Planfeststellungsbehörde. Gefahren und Risiken müssen berücksichtigt werden; **Restrisiken** sind dagegen idR nicht abwägungsbeachtlich.[238]

105a **bb) Zukünftige Entwicklungen** sind grds zu berücksichtigen, soweit sie mit hinreichend hoher Wahrscheinlichkeit zu erwarten sind.[239] Dies gilt insb auch für Auswirkungen bereits eingeleiteter, aber noch nicht abgeschlossener anderer Planungsverfahren.[240] Sind für das geplante Vorhaben relevante Entwicklungen noch nicht überschaubar, so kann deren Bewältigung uU nach Abs 3 einer späteren Entscheidung vorbehalten werden (s unten Rn 175 ff). Sind die Risiken nicht überschaubar, muss geprüft werden, ob sie im Falle ihres Eintretens beherrschbar sind (vgl § 75 Abs 2) oder nicht hingenommen werden können.

106 **b) Einschränkungen. aa) Unerhebliche, nicht schutzwürdige Belange.** Keine Berücksichtigung müssen Belange finden, die zwar nach Lage der Dinge berührt werden, aber objektiv unbedeutend, nicht erkennbar oder nicht schutzwürdig sind.[241] So bleiben Lärmbelastungen als objektiv unbedeutend unberücksichtigt, wenn sich dadurch die **Gesamtbelastung mit Lärm nicht erhöht.**[242] Objektive Nutzungsmöglichkeiten von Grundstücken und künftige Nutzungsabsichten eines Eigentümers sind abwägungserheblich, es sei denn sie haben sich noch nicht weiter manifestiert und bieten sich nach Lage der Dinge vernünftigerweise auch nicht an.[243] Problematisch ist die Schutzwürdigkeit des Interesses an sog **Sperrgrundstücken**[244] (s auch § 75 Rn 81). Entsprechendes gilt, wie

---

236 VGH Mannheim VBlBW 1991, 453; Knack/Henneke 103.

237 BVerwGE 52, 245; BVerwG NJW 1980, 1064; VGH Mannheim DÖV 1981, 926; Knack/Henneke 103.

238 BVerwG NVwZ 2015, 220 zur Abwägung bei der – allerdings nicht zum Planfeststellungsbeschluss gehörenden – Festlegung von Abflugverfahren.

239 ZB Lärmzunahme infolge steigender Verkehrsbelastungen; BVerwG DVBl 1988, 534 und 536; Kühling DVBl 1989, 222; vgl auch VGH Mannheim DVBl 1990, 109: es ist nicht fehlerhaft, wenn die Planfeststellungsbehörde bei der Festlegung des Abstands der Start- und Landebahn zu der Rollbahn und der Rollbahnen untereinander auch die sich abzeichnende Entwicklung größerer Spannweiten berücksichtigt.

240 BVerwG DVBl 1988, 536; NVwZ 1993, 571: den Planungsträger würden berechtigte Vorwürfe treffen, wenn er künftige Entwicklungen anderer Planungsträger nicht im Rahmen des Möglichen berücksichtigte; Kühling DVBl 1989, 222.

241 BVerwGE 59, 103; 81, 138; 90, 101; Rubel DVBl 2013, 469, 472.

242 BVerwG NVwZ 2012, 1120 (Eisenbahnstrecke Leipzig-Dresden) mwN.

243 BVerwG NVwZ 2012, 180 (Ortsumgehung Freiberg) für angeblich geplanten Campingplatz im Widerspruch zum Flächennutzungsplan; BVerwG NVwZ 2012, 573 (A 44): Keine Berücksichtigung des Interesses eines Eigentümers an der Erhaltung der Qualität von förderfähigem Grundwasser.

244 BVerwG NVwZ 2012, 567; **aA** Masing NVwZ 2002, 810; Knödler NuR 2001, 194.

auch etwa Abs 6 Nr 1 und Abs 7 Nr 2 zeigen, bei **Verzicht, Zustimmung oder Verwirkung** bei solchen Belangen, über die ein Betroffener verfügen kann (BVerwG NVwZ 1990, 657).

bb) Individuelle Empfindlichkeiten. Zugrunde zu legen sind Personen mit durchschnittlichem Wahrnehmungs- und Empfindungsvermögen sowie ohne besondere gesundheitliche Risiken. Bei Beeinträchtigungen von Leben und Gesundheit muss von besonderen individuellen Problemen des Einzelfalls abgegrenzt werden.[245] Abzustellen ist bei der Abwägung auch auf typische Belange, auch zB auf die Belange der Kleinkinder, älterer Leute usw, die im Bereich der geplanten Anlage wohnen,[246] die in der Umgebung übliche Bebauung, Bodennutzung usw (vgl BVerwGE 60, 311, 315), die Erfordernisse eines vorhandenen oder konkret geplanten Kur- oder Krankenhausbetriebs usw (Broß VerwArch 1986, 197). **Keine Berücksichtigung finden** zB Gefährdungen aufgrund einer **außergewöhnlichen individuellen Lärmempfindlichkeit.** Die konkret betroffenen Personen und ihre individuellen Belange unterliegen einem ständigen Wandel, die einzelnen Personen können sich uU dafür entscheiden, sich den Auswirkungen des Vorhabens gezielt durch Wohnsitzänderung zu entziehen, wohingegen das Vorhaben, für das der Plan festgestellt wird, idR über lange Zeit bestehen bleibt. Deshalb sind umgekehrt zB Immissionen, die das Maß des nach Lage der Dinge Zumutbaren überschreiten, nicht schon deshalb unbeachtlich, weil sich die Betroffenen mit der Planung einverstanden erklärt haben bzw sie auf Einwendungen verzichtet haben.[247] 107

c) Umfang der Ermittlungen. Erforderlich ist eine konkrete Einbeziehung der betroffenen Belange unter Berücksichtigung der örtlichen Verhältnisse (BVerwGE 85, 155 = DVBl 1990, 1171). Eine pauschale Erfassung und Einbeziehung von mehr oder weniger typischen Belangen genügt dem Abwägungsgebot nicht.[248] Keiner Sachaufklärung bedürfen **Gesichtspunkte** dann, wenn sie von der Behörde **als gegeben unterstellt** werden können, ohne dass dies auf das Ergebnis Einfluss hätte.[249] Dies kommt im Bereich umweltrechtlicher Auswirkungen nicht selten vor. Die **Behördenpräklusion** nach § 73 Abs 3a und die Mitwirkungslasten der Betroffenen führen mittelbar zu einer gewissen Verringerung der Anforderungen an die Ermittlungspflichten.[250] Das gilt in gewissem Maße auch noch nach dem Wegfall der Präklusion von Betroffenen und Vereinigungen nach § 73 Abs 4 S 3 (s dazu § 73 Rn 87 ff). Es ist grds Sache der Betroffenen, die ihrer Sphäre entstammenden Belange geltend zu machen, soweit sie dadurch aufgrund der Anstoßwirkung der Planauslegung Anlass haben. Ungeachtet der Ermittlungspflichten der Behörde müssen daher Belange nicht berücksichtigt werden, die der Behörde nicht bekannt sein können. Andererseits darf sie **bekannte oder sich aufdrängende Gesichtspunkte** nicht nur deshalb unberücksichtigt lassen, weil sie nicht von den Betroffenen vorgebracht wurden. Gleiches gilt, wenn sie die Feststellung betroffener Belange nur deshalb unterlassen würde, 108

---

245 Vgl BVerwGE 82, 251: auch spezifische Probleme Einzelner, wenn sie der Behörde bekannt sind oder sich ihr aufdrängen mussten.

246 Vgl VGH Mannheim DVBl 1982, 964; VGH München BayVBl 1987, 501; str; zT **aA** BVerwGE 82, 251.

247 OVG Lüneburg NVwZ 1993, 84.

248 BVerwGE 56, 110 = NJW 1979, 64; zT **aA,** aber auf generalisierende Betrachtungen bezogen, BVerwGE 69, 275; VGH München DVBl 1990, 116: Berücksichtigung der Umstände des Einzelfalles.

249 BVerwG DVBl 1980, 999; VGH Mannheim DVBl 1990, 109; Broß VerwArch 1984, 434; Korbmacher DÖV 1982, 526; Dürr UPR 93, 163; Knack/Henneke 104.

250 BVerwGE 59, 103; 90, 101; BVerwG DÖV 1993, 832; DVBl 1990, 1170; VGH Mannheim DVBl 1990, 109: Kein Abwägungsmangel, wenn sachgerechte Bewertung unterbleibt, weil die erforderlichen Daten vorenthalten werden.

weil die Möglichkeit zu nachträglichen Korrekturen zur Verfügung steht, falls sich die bei der Planfeststellung gemachten Annahmen nicht bewahrheiten sollten (BVerwG DVBl 1986, 1282).

109 **4. Bewertung der betroffenen Belange.** Hat die Planfeststellungsbehörde die einzustellenden Belange ermittelt, muss sie bestimmen, welches je eigene Gewicht jedem Belang – auch relativ zu allen anderen Belangen – in der Abwägung zukommt. Dabei handelt es sich um eine Vorstufe des wertend-saldierenden Vergleichs aller Belange unter- und gegeneinander. Diese Gewichtsfestlegungen fallen in den innersten Gestaltungsspielraum der Behörde. Sie können nur begrenzt gerichtlich nachgeprüft werden und gehören daher zum **„Kerngeschäft"** der behördlichen Abwägung, die insofern nicht nachvollziehend, sondern völlig eigenständig ist. Gefordert wird die Festlegung des richtigen Gewichts eines Belangs in tatsächlicher und normativer Hinsicht. In **tatsächlicher Hinsicht** geht es um die Ermittlung des konkreten Ausmaßes des positiven wie negativen Betroffenheiten, in **normativer Hinsicht** um eine zutreffende Bewertung der mit dem Vorhaben verbundenen Einbußen und Vorteile. Bewertungsmaßstäbe ergeben sich aus den einfachgesetzlichen Bestimmungen des Fachrechts, aber auch aus verfassungsrechtlichen Vorgaben. Soweit Umweltrecht in Rede steht, reicht es für die Bewertung nicht aus, ein Vorhaben werde sich auf ein Naturschutzgebiet nachteilig auswirken. Erforderlich sind Feststellungen zu Art und Ausmaß der zu erwartenden Beeinträchtigungen und darüber hinaus zur ökologischen Wertigkeit der gefährdeten Flächen. Ähnliches würde für die Auswirkungen eines Vorhabens auf den landwirtschaftlichen Betrieb eines Betroffenen gelten.

110 **a) Öffentliche Belange.** Abwägungserhebliche öffentliche Belange ergeben sich nicht nur aus den fachplanungsrechtlichen Zielsetzungen, sondern aus der gesamten Rechtsordnung. Hierzu gehören zB die Interessen an der **Verbesserung der Infrastruktur,**[251] das Recht der betroffenen Gemeinden, auf Grund ihrer Planungshoheit nach Art 28 Abs 2 GG selbst die **kommunale Entwicklung** im Gemeindebereich zu bestimmen,[252] bei allen raumrelevanten Planungen die Gesichtspunkte des **Umweltschutzes,**[253] insb Immissionsschutzes, zB des Lärmschutzes,[254] des Natur- und Landschaftsschutzes,[255] der Umweltverträglichkeit iS des UVPG,[256] die Bedeutung als Ausgleichsmaßnahme iSd naturschutzrechtlichen **Eingriffsregelung,**[257] Belange der **Flugsicherheit,**[258] bei der Planfeststellung für Bundesfernstraßen und andere Vorhaben des Verkehrs die damit verfolgten **Verkehrsinteressen,** insb die zu erreichende Verkehrsverbesserung und die bessere Verkehrserschließung eines Gebiets (vgl BVerwGE 71, 169; 72, 287), die aus öffentlichen Mitteln aufzubringenden **Kosten des Vorhabens** bzw der verschiedenen sich anbietenden Alternativ-Lösungen;[259] bei der Planfeststel-

---

[251] BVerwGE 68, 311; 77, 300; 85, 159; vgl auch VGH Mannheim NVwZ 1991, 6: Existenzbedrohung für 8 Landwirte öffentlicher Belang und nicht lediglich privater Belang.

[252] BVerwGE 69, 261; 81, 106; offenbar enger VGH Mannheim NVwZ 1990, 487: nur wenn die Planungsvorstellungen bereits hinreichend konkretisiert sind oder die Planungshoheit nachhaltig gestört wird.

[253] BVerwG NVwZ 1993, 572: unabhängig von der jeweiligen formal-rechtlichen Ausformung immer zu berücksichtigen.

[254] BVerwG NVwZ 1981, 159; NJW 1990, 926; VGH München BayVBl 1990, 150; Kühling DVBl 1989, 229: ein öffentlicher und privater Belang.

[255] BVerwGE 67, 74 = DVBl 1983, 899.

[256] Vgl dazu auch VGH München NVwZ 1991, 490; Dohle NVwZ 1989, 697, 702; Wahl NVwZ 1990, 431; Ronellenfitsch VerwArch 1989, 122 f.

[257] BVerwG NVwZ 2009, 521 = DVBl 2009, 440.

[258] BVerwGE 75, 214 = DVBl 1987, 573; VGH Mannheim DVBl 1990, 108.

[259] Vgl zu Alternativlösungen BVerwG NVwZ 2012, 557, 566 (BAB 281, Bremen-Wesertunnel); BVerwG UPR 1989, 273; NVwZ 1991, 159; VGH München BayVBl 1990, 150. S auch unten Rn 120.

lung für eine U-Bahn auch der Grundwasserschutz (BVerwG DVBl 1988, 538). Als öffentliche Belange, die bei der Abwägung zu berücksichtigen sind, sind auch bereits fixierte oder jedenfalls hinreichend konkrete Planungen anderer Rechtsträger zu behandeln, sofern sie nicht – wie etwa die Ziele der Raumordnung – ohnehin strikt zu beachten sind.

b) Private Belange. Abwägungserhebliche private Belange sind **nicht nur private Rechte und Rechtsgüter** natürlicher oder juristischer Personen oder Personenvereinigungen, wie das Eigentum an Grundstücken und sonstige dingliche Rechte, persönliche Rechtsgüter wie die Gesundheit usw, sondern auch alle nicht gänzlich unbedeutenden **schutzwürdigen Interessen.**[260] Insb eine Enteignung (und damit auch eine enteignungsrechtliche Vorwirkung) kann nur durch ein hinreichend gewichtiges Gemeinwohlziel gerechtfertigt werden.[261] Um abwägungserheblich zu sein ist es nicht erforderlich, dass die Interessen durch das Vorhaben möglicherweise so stark betroffen werden, dass Schutzanordnungen oder Entschädigungsleistungen nach Abs 2 S 2f erforderlich werden.[262] Der Begriff der privaten Belange korrespondiert mit dem Begriff der Einwendungen, die zu ihrer Wahrung oder Durchsetzung nach § 73 Abs 4 erhoben werden können und keine Erheblichkeitsschwelle überschreiten müssen (s § 73 Rn 64). 111

Voraussetzung für die Abwägungserheblichkeit ist, dass sich das Interesse im Zeitpunkt der planerischen Entscheidung **hinreichend konkret und individuell** erfassen lässt, nicht objektiv geringfügig und als Einzelinteresse schutzwürdig ist.[263] Zu berücksichtigen ist bei der Abwägung der Belange und vor allem auch bei der dafür maßgebenden Gewichtung der einzelnen Belange die allgemeine Situation des Gebiets, insb auch bereits bestehende **Vorbelastungen,** zB mit Lärm, Abgasen usw[264] oder umgekehrt zB die besondere Qualität eines Gebiets als Erholungsgebiet usw, außerdem auch, ob und wieweit die Betroffenen mit der Fortdauer einer bestehenden Situation rechnen konnten oder mit Änderungen rechnen mussten (hierzu näher Michler VerwArch 1997, 22, 34). 112

5. Abwägung und Ausgleich der Belange. a) Allgemeines. Die abwägungserheblichen Belange sind mit ihrer tatsächlichen Bedeutung bzw Gewicht in die Abwägung einzustellen und in der Planungsentscheidung zueinander in Beziehung zu setzen und gegeneinander und untereinander abzuwägen. Dabei hat die Behörde nicht nur negativ eine unverhältnismäßige Wertung der Belange zu vermeiden, sondern positiv eine **Optimierungsaufgabe** zu erfüllen. Diese Unterscheidung ist bedeutsam: Ein Fehler beim negativen Aspekt dieser Abwägung führt zur sog Abwägungsdisproportionalität; dieser Fehler kann zur Aufhebung des Planfeststellungsbeschlusses führen. Ein Fehler beim positiven Aspekt hat diese Konsequenz nicht ohne weiteres: Ob die Optimierungsaufgabe erfüllt wird, lässt sich nur sehr eingeschränkt kontrollieren, nämlich nur im Rahmen der Alternativenprüfung (s unten Rn 120). Allein der Umstand, dass eine Planung möglich gewesen wäre, die für die Beteiligten im Ergebnis günstiger gewesen wäre, führt idR noch nicht zur Disproportionalität und Fehlerhaftigkeit des Plans. 113

b) Vorzugswürdige Belange, Verhältnismäßigkeit. Im Rahmen der planerischen Gestaltungsfreiheit ist es Sache der Planfeststellungsbehörde, darüber zu 114

---

[260] BVerwGE 59, 110 = DÖV 1980, 817; 82, 18, 251; 90, 101 = DÖV 1992, 749: auch Grundstücke einer Gemeinde; Wahl NVwZ 1990, 222.

[261] Zuletzt BVerfG NVwZ 2014, 211 (Garzweiler). Hierzu näher Kühne NVwZ 2014, 321.

[262] BVerwG NVwZ 1988, 363; NVwZ 1989, 151; VGH München DVBl 1990, 115.

[263] BVerwGE 82, 251; zu eng VGH München NVwZ-RR 1991, 22: private Belange sind nur zu berücksichtigen, wenn sie als solche in qualifizierter und individualisierter Weise betroffen sind.

[264] BVerwGE 77, 285 = DVBl 1987, 907; DVBl 1988, 462; Kühling DVBl 1989, 226; vgl auch BVerwGE 59, 263; 71, 155; 77, 292; BVerwG DVBl 1991, 880.

entscheiden, welche Belange im Konfliktsfalle gewichtiger und deshalb vorzugswürdig sind, und welche Belange ein geringeres Gewicht haben und deshalb zurücktreten müssen. Die in die Abwägung einzustellenden Belange müssen zu einem dem Verhältnismäßigkeitsgebot entsprechenden Ausgleich gebracht werden. Bei Widerstreit konfligierender Belange ist zu prüfen, ob sachgerechte, dh an den gesetzlichen **Planungszielen** und **Planleitsätzen** orientierte und hinreichend gewichtige Gründe es rechtfertigen, private Belange eines betroffenen Bürgers oder entgegengesetzte öffentliche Belange hinter andere Belange zurücktreten zu lassen (BVerwGE 48, 63; 75, 232 ff; BVerwG NJW 1983, 297). Kann das Vorhaben nicht ohne Beeinträchtigung öffentlicher oder privater Belange verwirklicht werden, so kommt es darauf an, ob diese unter Beachtung des Abwägungsgebots überwunden werden können. Einzubeziehen sind bei der Planabwägung auch die sich im Einzelfall konkret anbietenden **Möglichkeiten von Schutzanordnungen** zur Verhinderung oder Verringerung oder zum Ausgleich von Nachteilen.

115 **c) Schutzvorkehrungen in der Planung.** Zur Vermeidung unzumutbarer Beeinträchtigungen kann bzw muss die Planfeststellungsbehörde die erforderlichen Schutzvorkehrungen festsetzen. Es ist zu unterscheiden zwischen den **Schutzvorkehrungen nach Abs 2 S 2** zur Vermeidung der Beeinträchtigung von Rechten Dritter, die zwingend erforderlich sind, und solchen **Schutzvorkehrungen, die in der Abwägung** unabhängig von Rechtsbeeinträchtigungen zum Schutz abwägungserheblicher Belange festgelegt werden können (näher unten Rn 141 ff). Die Regelungen in Abs 2 S 2 und 3 bestimmen als Ausprägung des planungsrechtlichen Zumutbarkeitserfordernisses zugleich die **Grenzen, die durch eine Abwägung nicht überwunden werden können,** wenn die entstehenden Gefahren oder Nachteile nicht durch Anordnungen nach dieser Vorschrift oder entsprechenden Vorschriften verhindert oder ausgeglichen werden können (BVerwGE 85, 49 = DVBl 1990, 590). Wenn solche untunlich sind oder mit dem Vorhaben unvereinbar wären, ist ein Ausgleich in Form einer Entschädigung in Geld gem Abs 2 S 3 zu leisten.[265] Demgegenüber sind die im Rahmen der Abwägung festgelegten Schutzvorkehrungen Ausdruck der spezifischen Abwägungsentscheidung; auf sie besteht deshalb idR kein Anspruch (s auch unten Rn 160).

116 **d) Bewertung der Belange.** Es besteht kein grundsätzlicher Vorrang der öffentlichen Belange, die für das Vorhaben sprechen, gegenüber den privaten Belangen.[266] Entfaltet die Planfeststellung eine enteignungsrechtliche Vorwirkung (s § 75 Rn 12), so ist grundsätzliche Voraussetzung schon für die Planfeststellung, dass auch die materiellrechtlichen Voraussetzungen für eine Enteignung gegeben sind (BVerfG NVwZ 1987, 967; BVerwGE 85, 49 = NVwZ 1990, 971). Sonstige durch das Vorhaben, dh durch die davon ausgehenden Auswirkungen auf die Umgebung, betroffenen öffentlichen oder privaten Belange müssen durch geeignete technisch-reale Vorkehrungen nach Abs 2 S 2 ausgeglichen bzw auf ein zumutbares Maß reduziert werden bzw, wenn dies nicht tunlich oder mit dem Vorhaben nicht vereinbar ist, nach Abs 2 S 3 durch angemessene Entschädigung kompensiert werden.[267]

117 **e) Enteignungsrechtliche Vorwirkung.** Soweit ein Planfeststellungsbeschluss für ein im öffentlichen Interesse liegendes Vorhaben bereits bindende Festsetzungen für eine nachfolgende Enteignung trifft (s § 75 Rn 19), muss er

---

[265] BVerwGE 71, 167; 85, 49; BVerwG NVwZ 1990, 971; Mößle BayVBl 1982, 198, 198: „Auflagengebot"; enger BVerwGE 84, 39, 44 = NJW 1990, 925; BVerwG NVwZ 1993, 569: Möglichkeit von Schutzauflagen nur dann abwägungsrelevant, wenn sie die Gesamtkonzeption der Planung zu berühren geeignet sind.

[266] BVerwGE 72, 24; 75, 254; 85, 52; BVerwG NVwZ 1989, 149; 1991, 783 Knack/Henneke.

[267] BVerwGE 85, 49 = NVwZ 1990, 971; vgl auch BVerwGE 80, 190 = NJW 1989, 467; BVerwG UPR 1989, 227.

auch den übrigen Anforderungen des Art 14 Abs 3 GG genügen.[268] Danach muss eine Enteignung dem **Wohl der Allgemeinheit** dienen. Hins der **Entschädigung** reicht es aus, wenn das Fachgesetz, auf dessen Grundlage die Planfeststellung erfolgt, auf ein allgemeines Enteignungsgesetz verweist, das den Anforderungen gem Art 14 Abs 3 GG genügt (BVerwGE 67, 74; BVerwG NVwZ 1985, 110). Keine besonderen Anforderungen im Hinblick auf Art 14 Abs 3 GG sind erforderlich, wenn der Erwerb der benötigten Grundstücke oder dinglichen Rechte ohne Enteignung gesichert ist oder gesichert werden soll (etwa durch freihändigen Erwerb) oder wenn in besonders gelagerten Ausnahmefällen die Planfeststellung ohne Verstoß gegen den Grundsatz der Problembewältigung mit einem entsprechenden Vorbehalt erfolgen soll.

f) Besonderheiten der privatnützigen Planfeststellung. Ein Vorhaben ist ausschließlich privatnützig, wenn an der Durchführung keinerlei öffentliches Interesse besteht. In solchen Fällen kann dem Antrag auf Planfeststellung entsprechend den vorgelegten Plänen nur entsprochen werden, wenn der Durchführung weder zwingendes Recht noch öffentliche oder private Belange Dritter entgegenstehen (VGH München DÖV 1986, 113). Belange stehen dann entgegen, wenn die Schwelle zur Unzumutbarkeit überschritten wird. Dies kann uU durch Zustimmung, Verzicht oder Vorkehrungen nach § 74 Abs 2 S 2 vermieden werden.[269] Anders als bei den gemeinnützigen Vorhaben können bei ausschließlich privatnützigen Vorhaben nachteilige, nicht durch geeignete anzuordnende Maßnahmen nach § 74 Abs 2 S 2 verhinderbare unzumutbare Auswirkungen nicht durch die Auferlegung einer Geldentschädigung nach Abs 2 S 3 ausgeglichen und überwunden werden.[270] 118

g) Vorhandene Planungsstrukturen. Stets zu berücksichtigen ist bei der Abwägung auch die Einfügung des Vorhabens in umfassendere Planungen und Entwicklungskonzepte der Raumordnungspläne, Landesentwicklungs-, Regionalentwicklungspläne, Flächennutzungspläne usw[271] und in den weiteren Zusammenhang mit anderen bereits realisierten Vorhaben oder jedenfalls bereits bestandskräftig planfestgestellten oder genehmigten Vorhaben, auch solcher anderer Planungsträger;[272] außerdem aber auch die Vereinbarkeit mit sonstigen bereits hinreichend **konkretisierten Planungsabsichten,** auch wenn diese noch nicht in rechtsverbindlicher Weise abschließend festgelegt worden sind (BVerwG NVwZ 1990, 463). Soweit ein Konflikt mit anderen künftigen Planungen zu erwarten ist, muss dies bei der Abwägung im Hinblick auf das Gebot der Konfliktbewältigung berücksichtigt werden. Etwas anderes gilt nur, wenn hinreichend sicher mit einer Bewältigung in einem nachgeordneten Verfahren gerechnet werden kann.[273] 119

6. Prüfung von Planungsalternativen. a) Allgemeines. Eine der vornehmsten Aufgabe der Fachplanung ist die **Optimierung:** Vorhaben müssen in einer Gestalt verwirklicht werden, die dem Interesse an ihrer Realisierung am weitesten entgegenkommt und dabei konkurrierende öffentliche und private Belange am wenigsten beeinträchtigt. Die Optimierungsaufgabe besteht darin, schon bei der Entwicklung eines Vorhabens – sei es durch private, sei es durch 120

---

[268] BVerfG 45, 319; 56, 264; 74, 281; BVerwGE 138, 226 = NVwZ 2011, 680; 71, 168 = NJW 1986, 80; 72, 21; OVG Münster DÖV 1984, 896. Näher Jarass, Die enteignungsrechtliche Vorwirkung bei Planfeststellungen, DVBl 2006, 1329.

[269] BVerwGE 85, 44, 49 = NVwZ 1990, 971; allg auch BVerwG DVBl 1990, 1170.

[270] BVerwGE 85, 44, 49 = NVwZ 1990, 971.

[271] BVerwG NVwZ 1993, 565, 571; ferner Wahl NVwZ 1990, 435.

[272] BVerwG NVwZ 1988, 535; NVwZ 1989, 153; NVwZ 1991, 362: weitgehende Bindung an die städtebaulichen Vorstellungen der Gemeinde.

[273] Vgl BVerwG NVwZ 1993, 565, 571; NVwZ 1988, 351; BVerwG 80, 190 = NJW 1989, 467.

hoheitliche Träger – eine Lösung zu finden, die das gesetzte planerische Ziel **auf die schonendste Weise** erreicht. Bieten sich Varianten der Vorhabensgestaltung an (wie alternative Trassenführungen), sind diese auf ihre jeweiligen Vor- und Nachteile hin zu prüfen. Gewählt werden muss die Variante mit der geringsten Eingriffsintensität. Die Varianten müssen aber dieselbe planerische Zielsetzung aufweisen. Läuft eine Variante auf ein **anderes Projekt** hinaus, kann von einer „Alternative" nicht mehr gesprochen werden. Solche Gestaltungen müssen nicht näher geprüft werden.[274]

120a **b) Verengung des Prüfvorgangs.** Der gesamte Planungsprozess besteht aus der Prüfung und Bewertung von Planungsalternativen[275]. Insofern sind jedoch **Abstufungen der Prüfung** zulässig und geboten. Varianten, die sich auf der Grundlage einer **Grobanalyse** als weniger geeignet erweisen, können schon in einem früheren Verfahrensstadium oder auf vorangegangenen Planungsebenen (etwa im Raumordnungsverfahren) ausgeschieden werden. Ernsthaft in Betracht kommende Trassenalternativen müssen allerdings stets untersucht und im Verhältnis zueinander gewichtet werden.[276] **Ernsthaft in Betracht** zu ziehen sind Alternativen, die sich nach Lage der Dinge aufdrängen oder jedenfalls objektiv anbieten.[277] Dabei ist zwischen **Trassenalternativen,**[278] für die schon frühzeitig die Weichen gestellt werden müssen, **Alternativstandorten** (etwa für einen Flugplatz) und **technischen bzw Ausführungsalternativen** zu unterscheiden. Bei letzteren lässt sich die Frage, ob sie sich objektiv anbieten oder aufdrängen, tendenziell leichter überprüfen und beantworten als bei den zuerst genannten, weil der Prüfaufwand regelmäßig geringer ist. Im Laufe des Prozesses werden dadurch immer mehr Varianten ausgeschieden, weil sie sich nach Lage der Dinge nicht als zielführend oder nicht als günstig herausgestellt haben.[279] Dieser Prozess der allmählichen Entwicklung hin zu der am Ende vorzugswürdigen Variante ist Teil des Abwägungsvorgangs. Aus der inneren Logik dieses Vorgangs folgt, dass die frühzeitig ausgeschiedenen Alternativen nicht im selben Umfang untersucht worden sind wie die erst zu einem späteren Zeitpunkt ausgeschiedenen.

120b **c) Grundsätze für die Vorzugswahl.** Da die Planung idR eine Vielzahl von Interessen und Belangen auf unterschiedliche Weise positiv und negativ berührt, werden Alternativplanungen die Interessen am jeweiligen Projekt in disparater Weise befördern oder beeinträchtigen. Die Vorzüge und Nachteile von Varianten lassen sich daher nicht in quasi mathematischer Weise mit einem Zah-

---

[274] Vgl BVerwGE 146, 254 Rn 85 m.w.N.; auch U v 15.12.2016 – 4 A 4.15 – Rn 32 und B v 14.2.2017 – 4 VR 19.16 – juris Rn 27: Umbeseilung der bestehenden Masten in der Bestandstrasse.

[275] Zum Begriff der Planungsalternativen BVerwG 130, 83 = NVwZ 2008, 563; BVerwG UPR 1989, 273; NJW 1983, 297; VGH Mannheim NVwZ-RR 1994, 379; Hoppe/Beckmann DÖV 1990, 769; Erbguth NVwZ 1992, 218; NuR 1992, 262; Bender/Pfaff DVBl 1992, 181.

[276] StRspr, BVerwG, U v 15.12.2016 – 4 A 4.15 – juris Rn 32; BVerwGE 81, 128, 136 f und NVwZ 2004, 1486, 1490 mwN.

[277] BVerwG NVwZ 2013, 645 (BAB A 100); NVwZ 2009, 986; ferner BVerwGE 69, 273; 71, 167; 75, 219, 236, 246, 253; 81, 136; BVerwG NVwZ 1991, 781, 784; NVwZ 1993, 887; NVwZ-RR 1989, 458: Sachverständigenbeweis bzgl sich anbietender Alternativen; VGH Mannheim VBlBW 1992, 379; Hoppe/Beckmann DVBl 1987, 1253; Kühling DVBl 1989, 222; Schlarmann, Die Alternativprüfung im Planungsrecht, 1991; Bender/Pfaff DVBl 1992, 181; Knack/Henneke 126; Dürr UPR 1993, 167.

[278] BVerwGE 47, 147 = NJW 1975, 841; BVerwG NJW 1983, 297: zugunsten eines betroffenen Grundeigentümers ist zu berücksichtigen, ob das Planvorhaben nicht auch auf einem Grundstück der öffentlichen Hand verwirklicht werden könnte; vgl zur Prüfung möglicher Alternativstandorte VGH München NVwZ 1990, 574.

[279] Hierzu näher Heidmann, Die Alternativenprüfung bei Planungsentscheidungen, 2012, 100 ff; Friedrichsen, Umweltbelastende Vorhaben und Alternativen in der Planfeststellung, 2005.

lenwert erfassen, saldieren und anhand der jeweiligen Saldos wertmäßig unmittelbar miteinander vergleichen. Vielmehr müssen die Einzelinteressen qualitativ bewertet werden. Dazu unterstellt die Rspr die Alternativenbewertung der planerischen Gestaltungsfreiheit: Der Grundsatz der Verhältnismäßigkeit, aus dem das Abwägungsgebot abgeleitet ist (s Rn 96), verlangt, einen bewertenden Ausgleich der von der Planung berührten öffentlichen und privaten Interessen untereinander und gegeneinander vorzunehmen (vgl bereits BVerwGE 34, 301, 309; 48, 56, 63 und 56, 110). Dabei dürfen auch **fiskalische Aspekte und Grenznutzenerwägungen** eine – ggf entscheidende – Rolle spielen.[280]

d) Alternativenprüfung bei der Planung in Abschnitten. aa) Grundsätze. Den Anforderungen der Alternativenprüfung unterliegt auch eine Planung, die sich in Abschnitten vollzieht. Dabei macht es keinen prinzipiellen Unterschied, ob das Vorhaben auf der Grundlage eines einzigen Planfeststellungsbeschlusses oder in mehreren Planungsetappen ausgeführt werden soll. Die **Aufspaltung in Abschnitte** kann nicht dazu führen, dass die Frage nach einer besser geeigneten Alternative gar nicht oder allenfalls iR des auf das erste Teilstück beschränkten Planfeststellungsverfahrens aufgeworfen werden kann. Auch bei schrittweiser Planverwirklichung verengt sich die Alternativenproblematik nicht auf die Prüfung, wieweit die geschaffenen Zwangspunkte noch Variationsspielräume lassen. **Die Planung muss in jedem Abschnitt dem Einwand standhalten, einem anderen Lösungskonzept unterlegen zu sein.** Die Teilplanung darf sich nicht soweit verselbständigen, dass Probleme, die durch die Gesamtplanung ausgelöst werden, als Folge einer Verkürzung des Abwägungsmaterials unbewältigt bleiben (BVerwG, B v 2.11.1992 – 4 B 205.92 – juris Rn 6). 121

bb) Verfehlte Abschnittsbildung. Dass eine alternative Planungsvariante bei einer auf die Gesamtplanung bezogenen Betrachtung gegenüber dem der Planfeststellung zugrunde liegenden Planungskonzept vorzugswürdig ist, zeigt sich nicht zwangsläufig schon bei einer vergleichenden Bewertung in der Anfangsphase der abschnittsweisen Verwirklichung des Vorhabens. Erweist sich eine Planung in einem vorgerückten Stadium der Planverwirklichung, also in einem Verfahren für einen späteren Abschnitt, als verfehlt, darf dies nicht dazu führen, dass die Alternativendiskussion fortan zu Lasten der in nachfolgenden Abschnitten Betroffenen aus dem Abwägungsprogramm ausgeblendet wird. Die Zwangspunkte aus vorangegangenen Teilabschnitten erzeugen keine strikten Bindungen idS, dass sie in die weitere Planung als feste Determinanten einzustellen sind. **Zwangspunkte** sind lediglich mit dem ihnen zukommenden Gewicht in die Abwägung einzustellen. Auch wenn sie tendenziell desto stärker zu Buche schlagen mögen, je weiter sich die Planung von Abschnitt zu Abschnitt verfestigt, behalten sie die Qualität eines berücksichtigungsfähigen und -bedürftigen öffentlichen Belangs, der prinzipiell im Wege der Abwägung überwunden werden kann. 121a

Zeigt sich in einem nachfolgenden Abschnitt, dass das mit der gewählten Planungskonzeption verfolgte Ziel der Gesamtproblembewältigung verfehlt wird, so steht der **Aufhebung des konkret angefochtenen Planfeststellungsbeschlusses** nicht die Bestandskraft der für vorangegangene Abschnitte erlassenen Planungsentscheidungen entgegen. Genügt der streitgegenständliche Planfeststellungsbeschluss nicht den rechtlichen Anforderungen, bleibt es der zuständigen Behörde vorbehalten, hieraus die gebotenen Folgerungen zu ziehen und die Planfeststellung ggf abzulehnen. Die Gefahr, dass dadurch ein Planungstorso entsteht, weil die vorangehenden Abschnitte ohne die Folgeabschnitte keine Funktion haben, kann bei sachgerechter Abschnittsbildung nicht eintreten. Denn 121b

---

280 BVerwG NVwZ 2013, 645 (BAB A 100) zu Kosten von Lärmschutzmaßnahmen und zu Grenznutzenerwägungen.

jeder Abschnitt muss grds eine eigene Rechtfertigung aufweisen, die idR in einer eigenständigen Verkehrsfunktion besteht (s Rn 39).

122 **e) Kontrolle der Präferenzentscheidung.** Die Auswahl unter verschiedenen in Frage kommenden Varianten ist eine fachplanerische Abwägungsentscheidung und als solche – soweit keine rechtlich zwingenden Vorgaben bestehen – **gerichtlich** nur auf **erhebliche Abwägungsmängel** hin zu überprüfen (§ 75 Abs 1a S 1).[281] Das bedeutet, dass überhaupt eine Prüfung stattgefunden und die Entscheidung auf einer hinreichenden Sachverhaltsbasis getroffen worden sein muss, dass die betroffenen Belange nicht fehlgewichtet wurden und dass die Belange nicht in einer Weise zueinander ins Verhältnis gesetzt worden sein dürfen, die zu ihrem objektiven Gewicht außer Verhältnis steht (s oben Rn 100).

122a Eine Planfeststellungsbehörde handelt aber **nicht schon dann abwägungsfehlerhaft,** wenn eine von ihr verworfene Alternative ebenfalls mit guten Gründen vertretbar gewesen wäre.[282] Es ist nicht Aufgabe des Gerichts, durch eigene Ermittlungen ersatzweise zu planen, sich hierbei gar von Erwägungen einer „besseren" Planung leiten zu lassen und zwischen sich aufdrängenden oder anbietenden Alternativen selbst eine Präferenzentscheidung zu treffen.[283] Die **Grenzen der planerischen Gestaltungsfreiheit** sind erst dann überschritten, wenn eine andere als die gewählte Variante sich unter Berücksichtigung aller abwägungserheblichen Belange **eindeutig als die bessere,** weil öffentliche und private Belange insgesamt schonendere darstellen würde, wenn sich mit anderen Worten diese Lösung der Behörde hätte aufdrängen müssen (vgl etwa BVerwGE 101, 166, 173 f), oder wenn der Planungsbehörde infolge einer fehlerhaften Ermittlung, Bewertung oder Gewichtung einzelner Belange ein rechtserheblicher Fehler unterlaufen ist (BVerwG NVwZ 2016, 308 Rn 55).

123 **f) Weitere Alternativenprüfungen.** Von der planfeststellungsrechtlichen Alternativenprüfung zu unterscheiden sind vor allem die naturschutzrechtlichen Alternativenprüfungen, die teilweise anderen Regeln folgen. Das gilt insb für die Alternativenprüfung im Rahmen der **Ausnahmeentscheidung nach § 34 Abs 3 Nr 2 BNatSchG** (s oben Rn 76) bei unverträglichen Plänen und Projekten[284] und für das naturschutzrechtliche **Vermeidungsgebot** nach § 15 Abs 1 BNatSchG bei Eingriffen in Natur und Landschaft.[285] Weitere Alternativenprüfungen sind etwa im Wasserrecht in § 32 Abs 2 WHG für den Fall der Abweichung vom Verschlechterungsverbot vorgesehen.[286]

VII. Der Planfeststellungsbeschluss (Abs 1)

124 **1. Allgemeines. a) Die Feststellung des Plans.** Mit der lapidaren Aussage: „Die Planfeststellungsbehörde stellt den Plan fest" regelt Abs 1 S 1, was die Behörde zu tun hat, wenn sie dem Antrag auf Planfeststellung (s § 73 Rn 16) entsprechen will. **Voraussetzungen** dafür ist, dass der Vorhabenträger einen wirksamen Antrag gestellt hat, die gesetzlichen Anforderungen an das Vorhaben nachgewiesen erfüllt sind, das gebotene Verfahren durchgeführt ist und die Behörde bei Betätigung ihres Planungsermessens zu einem positiven Ergebnis ge-

[281] BVerwG NVwZ 2013, 649 (BAB A 100) auch zu Trassenalternativen.
[282] StRspr, vgl BVerwGE 107, 1, 10; 100, 238, 249 f. und NVwZ 2000, 555, 556 Rn 32.
[283] BVerwGE 71, 170: die Rechtmäßigkeit einer Abwägung hängt nicht davon ab, dass das Gericht ein „Überwiegen" der für das Vorhaben streitenden öffentlichen Belange feststellt; die Behörde hat die Grenzen der planerischen Gestaltungsfreiheit bereits dann eingehalten, wenn das Gericht die einander widerstreitenden Belange als gleichwertig ansieht.
[284] Zur Alternativenprüfung nach FFH-Recht s Friederichsen, S 21 ff.
[285] BVerwG NVwZ 2003, 1120 (Nordharztrasse).
[286] Hierzu OVG Hamburg NordÖR 2013, 322 (Moorburg).

langt. Durch eine Klammerdefinition wird dieser VA mit dem noch aus dem 19. Jhdt stammenden **Begriff** „Planfeststellungsbeschluss“[287] bezeichnet. Dessen Beibehaltung erinnert daran, dass die Behörde die von einem Dritten (dem Vorhabenträger) entwickelte Planung nachvollziehend billigt.

Die **Feststellung des Plans** besteht darin, dass die Behörde genau bestimmte Planunterlagen des Vorhabenträgers in Bezug nimmt und dadurch billigt. Dazu werden diese detailliert **aufgelistet**[288] und dem Beschluss als eindeutig gekennzeichnete **Anlagen** beifügt (s Rn 136a). Die aufgeführten Planunterlagen (Bauwerksverzeichnisse, Pläne, Gutachten usw) können sich auf das Vorhaben selbst wie auf Folgemaßnahmen an anderen Anlagen beziehen. Mit der Auflistung werden die Unterlagen konstitutiver Bestandteil des Beschlusses. Die Behörde macht sie sich zu eigen und stellt klar, worauf sich ihre Anordnungen beziehen (BVerwGE 28, 139). Die Bezugnahme kann auf Teile der Unterlagen oder durch Zusätze (zB „nur zur Information“) ihrer Art nach eingeschränkt sein. Dies ist so klar wie möglich zu formulieren und bei Zweifeln im Prozess auszulegen. Mit der Feststellung wird das Vorhaben in der Gestalt, die es in den aufgeführten Unterlagen gefunden hat (ggf mit den Änderungen durch Deckblätter oder Blaueinträge, s § 73 Rn 135a), **kraft Gesetzes zulässig** und darf realisiert werden (§ 75 Abs 1 S 1). Wegen der Rechtsfolgen, die das Gesetz an die Feststellung knüpft (vgl § 75 Abs 1 und 2), ist der Planfeststellungsbeschluss VA in der Form einer **Allgemeinverfügung** (§ 35 S 2). 124a

b) Aufbau eines Planfeststellungsbeschlusses. Der Planfeststellungsbeschluss gliedert sich in einen verfügenden und einen begründenden Teil. Kern des **verfügenden Teils** – und unabdingbares Element jedes Planfeststellungsbeschlusses – ist die Feststellung nach Abs 1 S 1. Zu ihr können nach den Notwendigkeiten der Planung im Einzelfall weitere Regelungen hinzutreten. Um den Bedarfscharakter deutlich zu machen, hebt Abs 2 drei nichtobligatorische, aber typischerweise erforderliche Regelungsgegenstände hervor: die Entscheidung über Einwendungen (vgl Rn 135 ff), die Anordnung von Schutzvorkehrungen (vgl Rn 141 ff) und die ersatzweise Gewährung von Entschädigung (vgl Rn 161 ff). Diese Anordnungen haben teilweise den Charakter von Nebenbestimmungen, teilweise handelt es sich aber auch um inhaltliche Modifizierungen des Antrags[289] (s näher Rn 142). Häufig sind ferner selbstständige Regelungen (wie wasserrechtliche Erlaubnisse, naturschutzrechtliche Befreiungen usw) sowie Nebenbestimmungen (§ 72 Abs 1 iVm § 36). Soweit Entscheidungen geboten, aber noch nicht möglich sind, können sie einem späteren Entscheidungszeitpunkt vorbehalten werden (Abs 3). In der **Begründung** des Beschlusses sind insb das Verfahren, die Planrechtfertigung, die Abwägung und die tragenden Gründe iÜ in ausreichendem Umfang darzustellen (Rn 130 ff). Zum Aufbau und Inhalt von Planfeststellungsbeschlüssen haben vorgeordnete Behörden teilweise **Richtlinien** herausgegeben.[290] 124b

---

[287] Der Begriff „Beschluss“ wird herkömmlich für Entscheidungen verwendet, die aus der mehrheitlichen Willensbildung eines Kollegialorgans in einem förmlichen Verfahren hervorgehen.

[288] Die Formulierung lautet etwa: „Auf den Antrag der … vom … wird der Plan für … in Gestalt der nachfolgend aufgeführten Planunterlagen, Verzeichnisse, Maßnahmenblätter [usw] festgestellt.“ Die Planfeststellungsbeschlüsse des EBA sind auf dessen Homepage (www.eba.bund.de) veröffentlicht, die Beschlüsse für öffentliche Straßen und Flughäfen auf den Homepages der jeweiligen Landes-Planfeststellungsbehörde.

[289] StBS 168; MB 29 f; Obermayer 80; teilw and Knack/Henneke 18: grds nur Auflagen nach § 74 Abs 2 S 2, sofern spezialgesetzlich nicht anderes geregelt.

[290] Die Planfeststellungsrichtlinien des EBA (PL-RL 09/2015) finden sich auf www.eba.bund.de, die PlafeR 15 der Straßenbauverwaltung auf www.bmvi.de. Vergleichbares haben weder die Luftverkehrsverwaltung noch die Wasserstraßenverwaltung herausgegeben. An den PlafeR 15 orientiert sich die Darstellung von Stüer/Probstfeld.

125 **b) Ablehnung der Planfeststellung.** Hat der Planfeststellungsantrag keinen Erfolg, lehnt die Planfeststellungsbehörde ihn ab. Auch die Ablehnung hat **VA-Charakter.** Sie verneint das Bestehen des geltend gemachten materiellen Anspruchs. Das gilt ungeachtet der formellen oder materiellen Mängel, mit denen sie begründet wird, also auch dann, wenn die Ablehnung vor Durchführung des Verfahrens gem § 73 Abs 2 ff wegen unzulänglicher Planunterlagen oder wegen Fehlens formeller Verfahrensvoraussetzungen erfolgt.[291] Obwohl offensichtlich primär auf positive Entscheidungen hin konzipiert,[292] sind die Abs 3–5 auch bei Ablehnung der Planfeststellung anwendbar. Deshalb erfolgt der Rechtsschutz auch bei Ablehnung des Antrags ohne Vorverfahren (dazu Rn 133).

126 **c) Beendigung ohne Sachentscheidung.** Erledigt sich das Planfeststellungsverfahren durch Rücknahme des Antrags des Trägers des Vorhabens oder auf andere Weise, so hat die Planfeststellungsbehörde das Verfahren einzustellen und dies den Betroffenen sowie denjenigen, die Einwendungen erhoben haben, auch wenn darüber noch nicht entschieden ist, gem § 75 Abs 1 iVmit § 69 Abs 3 formlos bekanntzugeben. Zuständig für die **Einstellung des Verfahrens** und die Mitteilung an die Betroffenen ist stets die Planfeststellungsbehörde, und zwar auch dann, wenn die Erledigung schon vor Abschluss des Anhörungsverfahrens (§ 73 Abs 9) eingetreten ist.[293] Die Bekanntgabe der Einstellung ist **kein VA,** weil sie keine Regelung enthält. Sie kann nicht mit Rechtsbehelfen angegriffen werden.

127 **d) Zustellung und Bekanntgabe.** Für die Zustellung bzw Bekanntgabe des Planfeststellungsbeschlusses gelten die besonderen Regelungen in Abs 4 u 5 (s unten Rn 184 ff). Die Bekanntgabe der Einstellung des Verfahrens bzw die Mitteilung an die Betroffenen nach § 69 Abs 7, die zugleich als Bekanntgabe der Einstellung zu werten ist, kann formlos durch individuelle Mitteilung erfolgen (ebenso Knack/Henneke 55). Im Übrigen ist jedoch auch auf die Mitteilung Abs 4 S 2 f und in Verfahren, in denen mehr als 50 Mitteilungen erfolgen müssen, Abs 5 zumindest analog anzuwenden (ebenso Knack/Henneke 55).

128 **2. Formelle Anforderungen. a) Schriftform.** Für den Planfeststellungsbeschluss gelten mit Ausnahme der Besonderheiten hins der Bekanntgabe gem Abs 4 im Wesentlichen dieselben formellen **Erfordernisse wie für Entscheidungen im förmlichen Verfahren** nach § 69, auf den in Abs 1 verwiesen wird. Der Beschluss ist entspr § 69 Abs 2 schriftlich zu erlassen und schriftlich zu begründen (s § 64). Der Schriftform genügt gem § 3a Abs 2 auch der Erlass in elektronischer Form, sofern eine qualifizierte Signatur verwendet wird. Näher zur **Schriftform** § 64 Rn 5 ff; zum Erlass in elektronischer Form s § 3a Rn 14.

129 **b) Bestimmtheit.** Planfeststellungsbeschlüsse (Plangenehmigungen) müssen wie alle VA gem § 37 Abs 1 inhaltlich hinreichend bestimmt sein. Danach müssen **Art und Umfang des Vorhabens,** Folgemaßnahmen, die Art der Durchführung, etwaige Schutzmaßnahmen (Abs 2 S 2 ff), Vorbehalte (Abs 3), Nebenbestimmungen usw im verfügenden Teil eindeutig festgelegt werden.[294] Soweit auf Pläne, Verzeichnisse usw Bezug genommen wird (s Rn 124), ist eine eindeutige Bezeichnung erforderlich, die hinreichend fest und dauerhaft ist und keinen Zweifel daran lässt, was genau planfestgestellt ist (VGH Kassel UPR 1989, 80). Dazu wird es idR notwendig sein, dass die Behörde den Unterlagen eine eindeutige (im Planfeststellungsbeschluss aufgelistete) Kennziffer zuweist, sie mit dem

---

[291] Str; für die Entscheidung nach Abs 7: StBS 19; differenzierend UL § 41 Rn 19.

[292] Knack/Henneke 54: bei Versagung der Planfeststellung nur Benachrichtigung Betroffener gem § 74 Abs 1 iVmit § 69 Abs 3.

[293] So nun auch Ziekow 6; **aA** Knack/Henneke 54: bis zur Vorlage die Anhörungsbehörde.

[294] Knack/Henneke 31 mwN; FKS 16; Steinberg NVwZ 1988, 1096.

Behördenstempel versieht und dies unterschreibt. Ändern sich während des Verfahrens einzelne Teile des Vorhabens und der Planungen, müssen diese Änderungen nicht notwendigerweise eingearbeitet werden. Es ist ausreichend, wenn Änderungen im sog **Deckblattverfahren** oder im Blaudruckverfahren kenntlich gemacht werden (dazu § 73 Rn 136a). Werden gem Abs 2 S 1 **Einwendungen zurückgewiesen,** so muss sich auch dies aus dem Inhalt, grds aus dem Tenor, jedenfalls aber aus der Begründung zweifelsfrei ergeben (Knack/Henneke 32). Die Adressaten müssen nicht namentlich, mit Adresse usw bezeichnet werden; es genügt insoweit eine pauschale Bezeichnung, zB als Grundstückseigentümer in einem bestimmten Gebiet.[295] Entsprechendes gilt auch für die Bezeichnung der Einwender und der Einwendungen und für die Offenbarung persönlicher oder wirtschaftlicher Verhältnisse.

c) Begründung. Der Planfeststellungsbeschluss ist nach Abs 1 S 2 iVm § 69 Abs 2 S 1 (schriftlich, Rn 128) zu begründen. Art und Umfang der Begründung richten sich nach § 39 Abs 1 (s Rn 131). Von eine Begründung (vollständig) **absehen** darf die Behörde nach § 69 Abs 2 S 1, 2. Halbs nur unter den Voraussetzungen des § 39 Abs 2 Nr 1, was den theoretischen Fall betrifft, dass der Planfeststellungsbeschluss nicht in Rechte eingreift. Die übrigen **Ausnahmetatbestände des § 39 Abs 2** sind nach Sinn und Zweck **auf Planfeststellungsbeschlüsse nicht anwendbar** (so wohl auch Knack/Henneke 33). Auch wenn man den Planfeststellungsbeschluss als ein Bündel gleichartiger VAe iS dieser Vorschrift ansähe (vgl oben Rn 17), wäre es jedenfalls im Regelfall, in dem mit der Planfeststellung Eingriffe in Rechte verbunden sind, als fehlerhaft anzusehen, wenn die Behörde unter Berufung darauf von einer Begründung absehen würde. 130

aa) Inhalt und Umfang. Das formelle Begründungserfordernis (dazu § 39 Rn 2 ff) verlangt zunächst nur, dass Gründe angegeben werden, die die Regelungen des **verfügenden Teils objektiv nachvollziehbar** machen. Schon aus praktischen Gründen können und müssen nicht sämtliche Erwägungen wiedergegeben werden, die im Planfeststellungsverfahren angestellt worden sind. Die Begründung muss nur auf die für die Entscheidung wichtigsten Fragen eingehen[296] und die für die Regelungen **tragenden Erwägungen** wiedergeben (Rechtsgedanke des § 39 Abs 1 S 2, 3). Es genügt, dass Einzelheiten den in Bezug genommenen Anlagen des Beschlusses (s Rn 124a), iÜ den Planfeststellungsakten entnommen werden können. Grds muss auch dargelegt werden, warum sich anbietende oder aufdrängende **Planungsalternativen** (vor allem im Rahmen der Erörterung nach § 73 Abs 6 behandelte Planungsvarianten) ausgeschlossen wurden, sofern dies nicht offensichtlich ist (BVerwGE 75, 239). Die Bescheidung von Einwendungen gehört in den verfügenden Teil (Abs 2 S 1); in der Begründung sind die wichtigsten Entscheidungen bzgl der gegen den Plan erhobenen Einwendungen und Bedenken (BVerwGE 75, 239) zu erläutern. Die Begründung muss sich auch auf die Frage beziehen, ob der Plan und ggf gegenüber welchen Grundstücken nur im Wege einer Enteignung verwirklicht werden kann (Korbmacher DÖV 1982, 526; s auch BVerwGE 61, 304). Im Übrigen gelten für die Begründung die allgemeinen Bestimmungen. 131

bb) Begründungsmängel, Heilung. Eine fehlende oder unvollständige Begründung stellt einen Verfahrensfehler dar, der unter den Voraussetzungen des § 46 zur Aufhebung des Planfeststellungsbeschlusses führen kann. Drastische Mängel **indizieren auch das Vorliegen eines Abwägungsfehlers.** Die Begründung kann aber (als Ergebnis einer ergänzenden Abwägung) auch nach Erhebung der 132

---

[295] VG München NJW 1981, 475; Grimm BayVBl 1981, 559; **aA** Geiger NJW 1981, 1995.

[296] BVerwGE 75, 239 = DVBl 1987, 584; BVerwG DVBl 1980, 1000; VGH München BayVBl 1983, 372: bei gravierenden Eingriffen nähere Begründung erforderlich; Broß VerwArch 1984, 432; Korbmacher DÖV 1982, 526; Heinze NVwZ 1986, 88.

Klage noch ergänzt werden (§ 45 Abs 1 Nr 2, Abs 2). Dies war vor Erlass des GenBeschlG nicht möglich (VGH Mannheim NuR 1987, 269; UL § 41 Rn 36). Die nachgeholte Begründung muss allerdings auf dieselbe Weise bekanntgegeben werden, wie der Planfeststellungsbeschluss bzw dessen unvollständige oder fehlerhafte Begründung bekanntzugeben war. Die bloße zusätzliche Auslegung der ergänzenden Erwägungen genügt nicht.

133 **3. Ausschluss des Vorverfahrens (Abs 1 S 2).** Den Rechtsschutz regelt § 74 nur im Hinblick auf das Vorverfahren (s a Rn 233 und iÜ § 75 Rn 65 ff). Nach Abs 1 S 2 iVm **§ 70** bedarf es vor Erhebung einer verwaltungsgerichtlichen Klage gegen einen **Planfeststellungsbeschluss** keines Vorverfahrens nach §§ 68 ff VwGO. Dasselbe bestimmt Abs 6 S 3 für **Plangenehmigungen.** Vorverfahren sind daher unstatthaft iSd § 68 Abs 1 S 2 VwGO. Der Ausschluss des Vorverfahrens wird nach hM darüber hinaus umfassend auf alle sachlich mit der Planfeststellung zusammenhängenden Begehren erstreckt: auf **Klagen des Vorhabenträgers** bei Ablehnung der Planfeststellung (s Rn 125), also auf isolierte Aufhebung des Ablehnungsbescheids, auf Durchführung eines Planfeststellungsverfahrens oder gar auf Erlass eines Planfeststellungsbeschlusses (Obermayer 15, 195) sowie gegen Anordnungen nach § 74 Abs 2 S 2 und 3[297] (UL § 42 Rn 5; Johlen DVBl 1989, 290). Erfasst werden ferner Klagen **Drittbetroffener** auf **Planergänzung** um Schutzvorkehrungen und Entschädigung gem § 74 Abs 2 S 2 und 3. Da der Beschluss ua auch Personen zuzustellen ist, die kein Klagerecht haben (s Rn 140), ist es zur Vermeidung von Missverständnissen und Kostenfolgen (§ 155 Abs 5 VwGO) zweckmäßig (nicht geboten), zusätzlich zur Rechtsbehelfsbelehrung (§ 37 Abs 6) auf die Notwendigkeit einer Klagebefugnis nach § 42 Abs 2 VwGO bzw. Rechtsverletzung hinzuweisen.

134 Der Ausschluss eines Vorverfahrens ergreift auch **Begehren nach Erlass des Planfeststellungsbeschlusses** bzw einer Plangenehmigung (Abs 6 S 3): bei Klagen gegen **Planänderungen** gem § 76,[298] Klagen in Bezug **Planaufhebungsbeschlüsse** gem § 77 S 1, auf **Abwicklungsauflagen** gem § 77 S 2 oder **auf Schutzmaßnahmen** gem § 77 S 3 (Knack/Henneke 57). Auch Klagen anerkannter Naturschutzvereine (dazu § 75 Rn 94 ff) bedürfen keines Vorverfahrens. Zu Klagen iZ mit nachträglichen Schutzanordnungen gem § 75 Abs 2 vgl § 75 Rn 59.

VIII. Entscheidung über Einwendungen (Abs 2 S 1)

135 **1. Allgemeines.** Die in Abs 2 aufgeführten drei Regelungsgegenstände (Einwendungen, Schutzvorkehrungen und Geldentschädigung) gehören zu den **nicht konstitutiven Bestandteilen** eines Planfeststellungsbeschlusses. Sie sind in diesen nur aufzunehmen, soweit sich ein konkreter Regelungsbedarf hierfür ergibt, was freilich bei allen größeren Vorhaben der Fall sein wird. Der Bedarfscharakter erklärt aber die Unterbringung der Regelungen in einem eigenen Absatz. Nach **Abs 2 S 1** ist im Planfeststellungsbeschluss auch über die Einwendungen zu entscheiden, über die bei der Erörterung vor der Anhörungsbehörde keine Einigung erzielt worden ist und die deshalb aufrechterhalten worden sind **(nicht erledigte Einwendungen).** Voraussetzung für eine sachliche Bescheidung von Einwendungen ist stets, dass der jeweilige Einwender mit Blick auf die Einwendung einwendungsbefugt ist (s hierzu § 73 Rn 67; StBS 162; Knack/Henneke 16). Zu bescheiden sind nach dem Wortlaut der Regelung Einwendungen, die **Gegenstand des Erörterungsverfahrens** waren. Nach dem Wegfall der Präklusion (s § 73 Rn 88 ff) kann es aber weder auf die Rechtzeitigkeit einer Einwendung ankommen noch darauf, dass sie Gegenstand der Erörterung war. Müsste sich das

---

[297] StBS 266; Knack/Henneke 60.

[298] Vgl Knack/Henneke 60; Paetow DVBl 1985, 379; Schröder/Steinmetz-Maaz DVBl 1992, 28; ferner BVerwGE 61, 307; VGH Mannheim NuR 1991, 338.

Gericht mit einer Einwendung befassen, muss auch im Planfeststellungsbeschluss eine Antwort auf sie gegeben werden. **Spätere Einwendungen** sind daher zu bescheiden, sofern sie sich nicht einem Missbrauchseinwand ausgesetzt sehen.

Die Planfeststellungsbehörde kommt dadurch in die missliche Lage, **keinen endgültigen Sachstand herstellen** zu können und bis zu ihrem Beschluss und noch im Prozess mit Einwendungen rechnen zu müssen. Diese Problematik relativiert sich aber, wenn im Verfahren gute Arbeit geleistet worden ist. In diesem Fall kennt die Planfeststellungsbehörde bereits gleichartige Einwendungen und hat eine Antwort auf sie. Im Beschluss muss sie nicht zu jedem Vorbringen ausdrücklich Stellung nehmen, sondern zeigen, dass sie sich mit den geltend gemachten Belangen befasst hat; den beachtlichen Belangen muss sie in der Sache Rechung tragen. Das kann etwa dadurch geschehen, wenn einem Lärmbetroffenen aufgrund einer abstrakt formulierten Anordnung von Schutzvorkehrungen Ansprüche zustehen. Allerdings erhöht sich der Ermittlungsaufwand der Behörde, um Verzögerungen des Verfahrens oder Defiziten der Entscheidung vorzubeugen. 135a

Zu bescheiden sind **auch die Stellungnahmen klagebefugter Vereinigungen.** Sie werden nach der verfahrensrechtlichen Gleichstellung mit den Einwendungen Betroffener durch das PlVereinhG (vgl § 73 Abs 4 S 5) von Abs 2 S 1 erfasst. Insoweit hat der Gesetzgeber lediglich versäumt, den Wortlaut der Vorschrift an die durch das PlVereinhG geschaffene neue Rechtslage anzupassen. Dass Abs 2 S 1 mit „Einwendungen" nunmehr auch „Stellungnahmen" meint, ergibt sich auch aus Abs 4 S 1, in dem geregelt ist, dass der Planfeststellungsbeschluss den Vereinigungen zuzustellen ist, über deren Stellungnahmen entschieden worden ist. **Obsolet** ist wiederum die Voraussetzung nach § 73 Abs 4 S 5 und S 6, dass die Stellungnahme innerhalb der Frist des § 73 Abs 4 S 1 abgegeben worden ist. Auch daraus ergeben sich faktisch **erhöhte Anforderungen an die Ermittlungstätigkeit** der Behörde; denn umweltschutzrechtliche Anforderungen sind auch dann mit dem Planfeststellungsbeschluss zu erfüllen, wenn die Notwendigkeit erst aus späten Stellungnahmen eines Verbandes erkennbar wird. 135b

a) Einvernehmlich erledigte Einwendungen und Stellungnahmen. Als Einigung im Anhörungsverfahren iS von Abs 2 S 1 ist es auch anzusehen, wenn der Einwender für den Fall, dass bestimmte Auflagen uä gemacht werden, mit dem Planfeststellungsbeschluss sein **Einverständnis erklärt** hat, und die Planfeststellungsbehörde eine entsprechende Regelung trifft; denn die Anhörungsbehörde hat idR keine Befugnis, verbindliche Regelungen zu treffen oder Zusagen zu geben. Über Einwendungen ist nicht nur dann zu entscheiden, wenn die Behörde sie als unzulässig oder unbegründet ansieht und sie deshalb zurückweist, sondern auch, wenn sie ihnen im Planfeststellungsbeschluss voll Rechnung trägt; in diesem Fall genügt es jedoch, wenn in der Begründung des Beschlusses ein entsprechender Hinweis gegeben wird. 136

b) Unzulässige Einwendungen und Stellungnahmen. In der **Vergangenheit war umstritten,** ob die Pflicht zur Entscheidung über alle Einwendungen, über die bei der Erörterung keine Einigung erzielt worden ist, sämtliche Einwendungen ohne Rücksicht auf ihre Zulässigkeit (so zutr Obermayer 77) betraf oder nur die zulässigen (so StBS 162). Durch § 73 Abs 6 S 1 wurde klargestellt, dass **nur die rechtzeitig erhobenen Einwendungen und Stellungnahmen,** die auch Gegenstand der Erörterung werden, beschieden werden müssen (s auch Schmitz/Prell NVwZ 2013, 745, 751). Diese Regelung ist obsolet (s Rn 135b). Erforderlich bleibt die Einwendungsbefugnis (dazu § 73 Rn 71 ff). 137

c) Form der Entscheidung, Begründung. Eine förmliche Entscheidung über jede einzelne Einwendung im Tenor des Beschlusses ist nicht erforderlich. Ausreichend ist es, wenn im Tenor insoweit auf die Gründe des Planfeststellungs- 138 beschlusses verwiesen wird. Aus dem Tenor muss aber hervorgehen, dass über die Einwendungen entschieden wurde. In der **Begründung des Beschlusses** muss dargelegt werden, welche Einwendungen als unzulässig behandelt worden sind (s oben Rn 137), welchen Einwendungen ganz oder teilweise Rechnung getragen worden ist und welche zurückgewiesen wurden. Dabei ist es zulässig, die Einwendungen zu nummerieren und im Beschluss lediglich die Nummern anzugeben, wenn die Betroffenen aufgrund eines entsprechenden Verzeichnisses unschwer ermitteln können, welche Nummer die von ihnen erhobene Einwendung trägt. Dies ermöglicht auch die uU erforderliche Anonymisierung. Die **Begründung für die Nichtberücksichtigung** zulässiger Einwendungen muss für die Betroffenen hinreichend nachvollziehbar sein (Knack/Henneke 32).

139 **d) Rechtsschutz gegen die Zurückweisung.** Rechtsschutz ist nur gegeben, wenn derjenige, der die Einwendung vorgebracht hat, zugleich iS des § 42 Abs 2 VwGO auch in der Sache dadurch in seinen Rechten betroffen ist. Für die Stellungnahmen der Vereinigungen gilt das UmwRG. Die Anhörung als solche wie auch die Erörterung von Einwendungen und die Entscheidung über Einwendungen begründen für sich allein kein Klagerecht (vgl § 73 Rn 63, 74). **Obsolet** ist § 73 Abs 4 idF durch das GenBeschlG, wonach das Klagerecht ausgeschlossen ist, wenn und soweit die Betroffenen es unterlassen haben, die Einwendungen rechtzeitig zu erheben (s § 73 Rn 88).

140 **2. Einwendungen aus privatrechtlichen Titeln.** Soweit sich Einwender auf privatrechtliche Titel, zB vertragliche oder dingliche Ansprüche gegenüber dem Vorhabenträger berufen (vgl zB Obermayer 118), kommt eine Entscheidung darüber nur insoweit in Betracht, als der Planfeststellungsbeschluss sich auf diese Titel auswirken kann. Bleiben sie unberührt, bedarf es einer Entscheidung nicht. Werden sie dagegen betroffen, wird die Behörde diese Titel aus ihrer Entscheidung idR ausklammern und **der privatrechtlichen Klärung vorbehalten.** Ähnliches gilt für sonstige private Rechte, wie zB das Eigentum oder andere dingliche Rechte an Flächen, die für das Vorhaben benötigt werden. Ein Planfeststellungsbeschluss lässt diese Rechte in ihrer Substanz unberührt. Werden sie für das Vorhaben benötigt, so müssen sie ggf in einem nachfolgenden Enteignungsverfahren enteignet werden. Der Planfeststellungsbeschluss entfaltet allerdings auch diesen Rechten gegenüber Wirkungen, zB durch den Ausschluss von Unterlassungsrechten nach § 75 Abs 2 S 1 oder die enteignungsrechtliche Vorwirkung. Über diese ist, wenn entsprechende Einwendungen erhoben wurden, im Rahmen des Abs 2 S 1 zu entscheiden. Dasselbe gilt für sonstige Nachteile, die die Inhaber dinglicher Rechte gegen das Vorhaben einwenden.

IX. Entscheidung über Schutzauflagen und -vorkehrungen (Abs 2 S 2)

141 **1. Allgemeines.** Abs 2 S 2 **ermächtigt und verpflichtet** die Planfeststellungsbehörde, dem Träger des Vorhabens (Rn 148) im Planfeststellungsbeschluss sog Schutzvorkehrungen (Rn 143) aufzuerlegen, wenn dies zum Wohle der Allgemeinheit oder zur Vermeidung nachteiliger Wirkungen auf Rechte anderer erforderlich ist (Rn 149). In den Blick genommen sind damit vorhabenbedingte Nachteile, die in der Abwägung nicht überwindbar sind, dh nicht verbal gerechtfertigt werden können. Sie müssen zwingend physisch-real vermieden (hilfsweise nach Abs 2 S 3 finanziell entschädigt) werden. Daraus folgt, dass es um **unzumutbare Folgen** des Vorhabens und der damit verbundenen Situationsveränderungen geht. **Zu unterscheiden** sind solche Vorkehrungen zum einen von Maßnahmen, die im Rahmen der Abwägung zum Schutz von Interessen und Belangen unterhalb der Zumutbarkeitsschwelle getroffen werden (sa Rn 115). Diese Befugnis wird durch Abs 2 nicht berührt (Henke, Planerhal-

tung, S. 68). Schutzvorkehrungen sind zum anderen auch zu unterscheiden von der Verpflichtung zum Ausgleich von Eingriffen in die für das Vorhaben selbst benötigten Rechte an Grundstücken (Grundeigentum und sonstige dingliche Rechte).[299] Über die Zulässigkeit des Eingriffs ist im Planfeststellungsbeschluss zu entscheiden (enteignungsrechtliche Vorwirkung, s Rn 117), über die Kompensation ist in einem nachfolgenden Enteignungsverfahren zu entscheiden.[300]

2. Begriff, Rechtsnatur. Die Verpflichtung zur Anordnung von Schutzvorkehrungen nach Abs 2 S 2 ist das wichtigste **Mittel zum Schutz betroffener Rechte** Dritter bei Planfeststellungen (BVerwGE 41, 180; 85, 49). Die Vorschrift betrifft nicht nur Beeinträchtigungen durch die Anlage und ihren Betrieb, sondern auch Beeinträchtigungen während der Bauphase.[301] Abs 2 S 2 dient auch dem Schutz des Antragstellers dagegen, dass das Vorhaben wegen der davon ausgehenden Nachteile scheitert, obwohl diese durch geeignete Auflagen zumutbar beschränkt oder ausgeglichen werden können (Mößle BayVBl 1982, 196). Ihrer Rechtsnatur nach handelt es sich bei den zu treffenden Anordnungen, sofern durch besondere Rechtsvorschriften nichts anderes vorgesehen oder zugelassen ist, idR um **Nebenbestimmungen** zum Planfeststellungsbeschluss. Allerdings gehen Schutzvorkehrungen nach Abs 2 S 2 über den Begriff der Nebenbestimmung in § 36 hinaus, weil sie ähnlich wie zB die modifizierende Auflage iS des § 36 (s hierzu § 36 Rn 35) auch zu einer **Inhaltsbestimmung,** insb zu einer sachlichen Beschränkung des Vorhabens oder seiner Nutzbarkeit, also auch zu Beschränkungen des Betriebs, führen können.[302] Eine Beschränkung auf Auflagen (so wohl Knack/Henneke 17) ist darin nicht angelegt.[303] Die Vorschrift schließt auch nicht aus, dass Schutzvorkehrungen über den Anwendungsbereich des Abs 2 S 2 hinaus auf der Grundlage der allgemeinen planerischen Abwägung festgesetzt werden.[304] 142

a) Schutzvorkehrungen und Anlagen. Die Befugnis nach Abs 2 S 2 unterscheidet nicht (wie im Immissionsschutzrecht üblich) danach, ob die Vorkehrungen und Anlagen sich unmittelbar auf das planfestzustellende Vorhaben beziehen (aktive Maßnahmen) oder auf die Umgebung, insb auf Grundstücke von Betroffenen (passive Maßnahmen). Diese Unterscheidung spielt aber für den **Verkehrslärmschutz nach §§ 41 ff BImSchG** eine erhebliche Rolle, weil dort ein Vorrang der aktiven Lärmschutzmaßnahmen an der baulichen Anlage als Lärmquelle angeordnet ist. Der Begriff der Vorkehrungen und Anlagen in Abs 2 S 2 ist **in einem weiten Sinn zu verstehen.**[305] Allerdings muss der Vorhabenträger rechtlich in der Lage sein, die ihm auferlegte Verpflichtung zu erfüllen (BVerwGE 87, 332 Ls 3 und 343 f). 143

---

[299] BVerwGE 50, 287; BVerwG NJW 1980, 413; 1981, 241.

[300] S dazu im Einzelnen Fickert, in: BVerwG-FS 1978, 153 ff; Engelhardt BayVBl 1981, 390; Mößle BayVBl 1982, 193; Kastner DVBl 1982, 669; Korbmacher DÖV 1974, 552; 1982, 517; Heinze BayVBl 1981, 649; Schwabe DVBl 1984, 140.

[301] BVerwGE 143, 249 = NVwZ 2012, 1393 (U-Bahn U4 Berlin); s auch Rubel DVBl 2013, 469, 471; Michler UPR 2012, 335.

[302] BVerwGE 91, 18: Bestandteil des Planfeststellungsbeschlusses; BVerwG NVwZ 1989, 754; VGH Mannheim NVwZ-RR 1994, 197; OVG Bremen NVwZ-RR 1994, 190; Jarass DÖV 2004, 633; Ronellenfitsch VerwArch 1989, 106; Obermayer 80; UL § 41 Rn 31: inhaltliche Einschränkungen; StBS 168; zu eng Knack/Henneke § 75 Rn 42: Auflage iS des § 36 Abs 2 Nr 4.

[303] StBS 168; Ziekow Fachplanung § 3 Rn 67 ff; Jarass DÖV 2004, 633.

[304] Vgl zuletzt ausdrücklich Storost DVBl 2013, 281, 282.

[305] BVerwGE 69, 277 = NVwZ 1984, 722; Jarass DÖV 2004, 633. Abweichende Formulierungen in den Fachplanungsgesetzen, zB in § 9 Abs 2 LuftVG aF, enthalten sachlich keine Einschränkungen; vgl Ramsauer NVwZ 2004, 1041, 1049; Jarass DÖV 2004, 633, 634.

143a **Umstritten** ist die Frage, ob es sich stets um baulich-technische Maßnahmen handeln muss oder ob auch **betriebsregelnde Anordnungen** getroffen werden können (zum Meinungsstand Krappel DVBl 2012, 674). Diese Möglichkeit wird teilweise als auf die Fälle beschränkt angesehen, in denen auch der Betrieb der Anlage Gegenstand der Planung ist oder sein kann (zB § 8 Abs 4 LuftVG). Das trifft nicht zu. Richtigerweise darf der zum Wohl der Allgemeinheit und von Rechten anderer erforderliche Schutz grds durch Vorkehrungen betrieblicher Art gewährleistet werden.[306] Betriebsregelungen gehören daher von jeher zu den gängigen Mittel zur Problembewältigung. Die Planfeststellungsbehörde darf kraft der Konzentrationswirkung (§ 75 Abs 1 S 2) auch ohne besondere gesetzliche Grundlage jede Befugnis abwägungsfehlerfrei nutzen, um den nötigen Schutz zu gewähren. Dementspr gehören **Geschwindigkeitsregelungen** (§ 45 Abs 1 Nr 3 und Abs 1b Nr 5 StVO) zum üblichen Repertoir der **Straßenplanung** (BVerwG, B v 7.7.2000 – 4 B 94.99 – juris). Im **Eisenbahnplanungsrecht** ist aber eine Sperrwirkung aus § 41 Abs 1 BImSchG zu beachten: Nach diesem Lärmschutzkonzept sollen die von dem Verkehrsweg ausgehenden schädlichen Umwelteinwirkungen unterbunden werden, nicht aber der Verkehr selbst. Betriebsbeschränkungen müssen im Eisenbahnrecht daher auf Ausnahmefälle beschränkt bleiben (BVerwG, U v 17.11.2016 – 3 C 5.15 – juris).

144 **b) Konzeptionelle Änderungen des Vorhabens. Grundsätzlich nicht** unter Abs 2 S 2 fallen Anordnungen, die zu einer konzeptionellen Änderung des Vorhabens zwingen, also etwa die Anordnung, eine geplante Straße in einem Tunnel oder über eine Brücke zu führen.[307] Gleiches gilt für die Verlegung einer Trasse (OVG Münster DÖV 1983, 212), für die sonstige Veränderung eines Standortes, für die Dimensionierung der geplanten Anlage usw. Derartige Änderungen können nicht nach Abs 2 S 2 angeordnet werden. Sind sie nach Auffassung der Planfeststellungsbehörde erforderlich, um den notwendigen Schutz der Allgemeinheit oder betroffener Dritter zu gewährleisten, dann besteht nur die Möglichkeit, den Antragsteller zu einer Änderung seines Antrags zu bewegen (vgl § 73 Abs 7), oder den Antrag abzulehnen.[308]

145 **c) Beispiele.** Unter Abs 2 S 2 fallen alle Maßnahmen, die geeignet sind, negative Auswirkungen des Vorhabens für die Allgemeinheit oder für Einzelne, insb für die Anlieger, aufzuheben, auszugleichen oder zu vermindern (StBS 169; Obermayer 81). In Betracht kommen unter dem Gesichtspunkt der Anlagen zB auch die **Schaffung von Ersatzwegen** (BVerwG DÖV 1983, 167 mwN; UL § 41 Rn 27) oder von neuen Zufahrten, wenn durch das Vorhaben bisher vorhandene Verbindungen zum öffentlichen Wegenetz unterbrochen werden (BVerwGE 58, 158; BVerwG DÖV 1982, 329); die **Herstellung einer Unterführung** unter einem Straßenkörper, wenn dies erforderlich ist, um unzumutbare Umwege für die Betroffenen zu vermeiden; die Errichtung und Unterhaltung von Schutzgräben, Schutzgittern, Bahnschranken (OVG Lüneburg NVwZ-RR 2007, 379), **lärmdämpfenden Fahrbahnbelägen,** zB OPA (Alexander NVwZ 1991, 323), **Lärmschutzmauern** oder **Lärmschutzwällen,**[309] Stützmauern usw; die Bepflanzung von Böschungen; die Herstellung von Anlagen, die verhindern, dass Autos abstürzen (BGH NJW 1978, 1259; auch die Bereitstellung von Ersatzland.[310]

---

[306] So nunmehr auch BVerwG DVBl 2012, 1102 (Eisenbahnstrecke Oldenburg-Wilhelmshaven); hierzu näher Nolte jurisPR-BVerwG 6/2014; einschränkend noch BVerwGE 142, 234 (Nachtflugverbot).

[307] Mößle BayVBl 1981, Alexander NVwZ 1991, 323.

[308] So auch Jarass DÖV 2004, 633.

[309] BVerwGE 69, 277; 75, 243; 87, 340; BVerwG NVwZ-RR 1991, 131; VGH Mannheim NJW 1972, 1589; VGH München NuR 1992, 85.

[310] BVerwG NuR 1998, 604; StBS 169.

Andere Vorkehrungen sind zB dinglich wirkende **Benutzungseinschränkungen** der Anlage, für die der Plan festgestellt werden soll.[311] zB in zeitlicher Hinsicht (zB **Nachtflugverbote,** vgl BVerwGE 141, 1 – Berlin-Schönefeld III) oder in Bezug auf den Umgang mit bestimmten Stoffen. Dies setzt nicht notwendig voraus, dass nach dem Gesetz, auf Grund dessen die Planfeststellung erfolgt, auch der Betrieb der Anlage Gegenstand der Planfeststellung ist oder sein kann (s oben Rn 43). Als Schutzmaßnahme kommt auch in Betracht, dem Vorhabenträger aufzugeben, finanziellen Ersatz an den Planbetroffenen zu leisten für erforderliche Schutzmaßnahmen, die dieser getroffen hat. Dies ist vom Geldausgleich nach S 3 zu unterscheiden (StBS 165, 188). 146

d) Anordnungen nach der naturschutzrechtlichen Eingriffsregelung. 147 Nicht unmittelbar anwendbar ist Abs 2 S 2 auf naturschutzrechtlich erforderliche Ausgleichs- und Ersatzmaßmaßnahmen gem § 15 Abs 2 und 5 BNatSchG bzw nach entsprechenden Vorschriften der Naturschutzgesetze der Länder mit oder ohne unmittelbaren räumlichen Zusammenhang mit dem planfestgestellten Vorhaben. Da hierüber aber auf Grund der Konzentrationswirkung der Planfeststellung gem § 75 Abs 1 S 1 ebenfalls im Planfeststellungsbeschluss entschieden werden muss, ist § 74 Abs 2 S 2 in verfahrensrechtlicher Hinsicht zur Umsetzung der naturschutzrechtlichen Eingriffsregelung **jedenfalls analog anwendbar.**[312] Entsprechendes gilt für Gesetze, die in mit Abs 2 S 2 ff vergleichbarer Weise die behördliche Anordnung von realen Ausgleichsmaßnahmen oder von Geldentschädigung vorschreiben.

3. Verpflichteter der Anordnungen. Nicht wesentlich für den Begriff der 148 Anordnung von Schutzvorkehrungen oder sonstigen Anlagen ist, dass deren Erstellung und ggf Unterhaltung usw im Planfeststellungsbeschluss durch den Träger des Vorhabens selbst vorgenommen wird.[313] Der Planfeststellungsbeschluss kann sich insoweit uU auch darauf beschränken, die Maßnahme als solche zu bestimmen und anzuordnen, dass dem Begünstigten **die entstehenden Kosten zu erstatten** sind (BVerwG NVwZ 1989, 255), zB die Kosten für den Einbau von Schallschutzfenstern,[314] einer Klimaanlage (VGH Kassel NVwZ 1993, 1001) usw. Auch dann handelt es sich noch um Anordnungen nach Abs 2 S 2 und nicht um Entschädigungsregelungen nach Abs 2 S 3 (BVerwG NVwZ 1989, 255); anders ist dies bei den unter Abs 2 S 3 fallenden Ausgleichsleistungen für den Erwerb von Ersatzland bzw unmittelbar bei Zurverfügungstellung von Ersatzland. Adressat einer Anordnung nach Abs 2 S 2 ist in jedem Fall **der Träger des Vorhabens,** der soweit er die Vorkehrungen nicht selbst vornimmt, die Kosten dafür zu tragen hat. Dritten können, auch soweit die Maßnahme zugleich auch zu ihren Gunsten wirkt, grds Kosten nicht auferlegt werden;[315] anders uU, wenn die Schutzmaßnahme zugleich auch besonderen anderen Interessen der Betroffenen dient, die nicht unter Abs 2 S 2 fallen und für die deshalb idR deren anteilige Beteiligung an den Kosten bzw die Übernahme der Mehraufwendungen analog § 254 BGB in Betracht kommt.[316]

4. Voraussetzungen der Anordnung nach Abs 2 S 2. Die Planfeststel- 149 lungsbehörde hat nach Abs 2 S 2 dem Vorhabenträger diejenigen technisch-

---

[311] BVerwGE 69, 272 = NVwZ 1984, 722; 75, 215 = NVwZ 1987, 578.

[312] Vgl BVerwGE 85, 348; VGH Mannheim VBlBW 1992, 427; vgl auch BVerwGE 85, 348; Paetow NuR 1986, 147.

[313] Vgl BVerwG NVwZ 1989, 255 = DVBl 1989, 358; VGH Mannheim DVBl 1990, 109; Kühling DVBl 1989, 227; Wahl NVwZ 1990, 440.

[314] BVerwGE 87, 353; NVwZ 1989, 255 = DÖV 1990, 349.

[315] BVerwGE 58, 281 = NJW 1980, 2266; Ronellenfitsch VerwArch 1989, 106.

[316] Vgl Hamburg DVBl 1986, 1011; Goerlich DVBl 1988, 1011; zur vergleichbaren Situation beim Folgenbeseitigungsanspruch BVerwGE 82, 24 = DVBl 1989, 876: analoge Anwendung von § 254 BGB.

realen Vorkehrungen und Anlagen aufzuerlegen, die zum Schutz der Allgemeinheit oder zur Vermeidung nachteiliger Wirkungen auf Rechte anderer erforderlich sind. Ähnliche Regelungen enthalten die meisten Fachplanungsgesetze (vgl zB § 9 LuftVG). Diese speziellen Bestimmungen des Fachplanungsrechts gehen der Regelung in Abs 2 S 2 vor. Zu beachten sind außerdem **spezielle fachrechtliche Regelungen,** die zu einer **Modifizierung** der Regelung in Abs 2 S 2 führen, wie zB §§ 41 ff BImSchG für den Lärmschutz an Straßen und Schienenwegen. Insgesamt dienen diese Regelungen sämtlich dem angemessenen Ausgleich entgegengesetzter Interessen und sind somit auch Ausfluss des allgemeinen rechtsstaatlichen Verhältnismäßigkeitsprinzips.

150 **a) Erforderlichkeit zum Wohl der Allgemeinheit.** Unter den Begriff des Allgemeinwohls fallen alle öffentlichen Belange. Geschützt sind **sämtliche öffentlichen Interessen,** nicht nur diejenigen, die im jeweiligen Fachplanungsgesetz zum Ausdruck gelangen.[317] Voraussetzung ist, dass sie von der Rechtsordnung als schützenswerte Interessen anerkannt sind. Eine saldierende Betrachtung ist in diesem Zusammenhang nicht zulässig. Deshalb dürfen zB Beeinträchtigungen von Oberflächengewässern oder des Grundwassers nicht deshalb ohne die erforderlichen Schutzvorkehrungen bleiben, weil das Vorhaben dem öffentlichen Verkehr oder sonstigen Infrastrukturinteressen dient.[318] Es kommt auch nicht darauf an, ob insoweit eine spezielle Wahrnehmungszuständigkeit der Planfeststellungsbehörde besteht.[319] Zum Wohl der Allgemeinheit gehört insb auch die Wahrung der öffentlichen Sicherheit und Ordnung und die **Abwehr von Gefahren,** die diesen Rechtsgütern drohen;[320] außerdem aber immer auch der Schutz der Grundrechte, wenn auch uU nur eines Grundrechts eines Einzelnen, vor Verletzung,[321] und die Rücksicht auf schutzwürdige Individualinteressen (vgl BVerwGE 52, 122).

151 **b) Nachteilige Wirkungen auf Rechte anderer. aa) Rechte anderer** iS von Abs 2 S 2 sind alle von der Rechtsordnung geschützten subjektiven Rechte und Rechtsgüter. Dazu gehören insb das Eigentum iS von Art 14 GG (s dazu auch zB BVerwG DÖV 1990, 349: auch die zum Wohnen im Freien geeigneten und bestimmten unbebauten Flächen eines Wohngrundstücks), das Recht auf körperliche Unversehrtheit, zu dem auch die Gesundheit gezählt wird, auf Entfaltung der Persönlichkeit, sonstige absolute Rechte iS von § 823 Abs 1 BGB usw,[322] auch die Planungshoheit einer betroffenen Gemeinde.[323] Das allgemeine Recht auf gerechte Abwägung der eigenen Belange und Interessen (s § 75 Rn 75) als solches reicht für einen Anspruch nach Abs 2 S 2 nicht aus. Es muss sich vielmehr um ein **Recht oder eine Rechtsposition handeln, die in der planerischen Abwägung nicht überwunden werden kann.** Dabei kann es sich um die Beeinträchtigung durch Lärm bzw andere Immissionen oder sonstige

---

[317] Vgl BVerwGE 51, 13; Knack/Henneke § 75 Rn 43; Obermayer 82: alle öffentlichen Belange; Jarass DÖV 2004, 633, 634.

[318] Vgl BVerfG 64, 70 = NJW 1983, 1307; 71, 352; BVerwGE 70, 244; 90, 42 = DVBl 1992, 713; missverständlich BVerwGE 90, 100 = DVBl 1992, 1233: ob das Wohl der Allgemeinheit beeinträchtigt ist, ist anhand einer Abwägung der für und gegen das Vorhaben sprechenden öffentlichen Belange zu beurteilen.

[319] BVerwGE 41, 189; 56, 71; zT **aA** zu § 6 WHG aF BVerwGE 55, 220; weniger eng BVerwGE 81, 349.

[320] Vgl BVerwGE 42, 154; 56, 248, 257.

[321] BVerfGE 64, 70; 71, 352; BVerwG NJW 1988, 403: die Verletzung eines Grundrechts berührt zugleich das Gemeinwohl.

[322] Vgl zu § 17 Abs 4 FStrG auch BVerwGE 57, 297, 304 (B 496); Knack/Henneke § 75 Rn 44; Kastner DVBl 1982, 669; Heinze BayVBl 1981, 650: es muss jedenfalls eine „Rechtsposition" betroffen sein; VGH München BayVBl 1990, 113.

[323] Vgl BVerwGE 69, 256 = NVwZ 1984, 719: Schutzauflage gegen Fluglärm.

Beeinträchtigungen[324] handeln, wenn damit die planungsrechtliche Zumutbarkeitsgrenze überschritten wird. Keine Schutzvorkehrungen können deshalb wegen einer schlichten Beeinträchtigung von rechtlich nicht besonders geschützten wirtschaftlichen oder sonstigen Belangen verlangt werden, auch wenn sie bei der Abwägung zu berücksichtigen sind.[325]

bb) Begriff des Nachteils. Nachteil ist in einem umfassenden Sinn zu verstehen.[326] Darunter können alle Formen von Beeinträchtigungen der geschützten Rechte und Rechtsgüter mit Ausnahme der Inanspruchnahme der Rechte iS der enteignungsrechtlichen Vorwirkung fallen, sofern sie das Maß des planungsrechtlich Zumutbaren überschreiten. Erfasst werden insb Beeinträchtigungen durch Immissionen, durch Aufhebung einer zumutbaren Verkehrsanbindung sowie Gefährdungen, sofern sie den Betroffenen mit Rücksicht auf die Qualität des Gebiets, die konkreten tatsächlichen Verhältnisse, die Schutzwürdigkeit und Schutzbedürftigkeit usw billigerweise nicht zuzumuten sind.[327] Ob ein Nachteil erheblich iS der Regelung ist, ist danach zu beurteilen, ob er angesichts der **Schutzbedürftigkeit und Schutzwürdigkeit der Rechte oder Rechtsgüter,** auf die er sich auswirkt, den Betroffenen noch zugemutet werden kann, ohne dass Schutzvorkehrungen angeordnet werden oder Entschädigung erfolgt.[328] Das öffentliche Interesse an dem Vorhaben, für das der Plan festgestellt werden soll, spielt in diesem Zusammenhang keine Rolle.[329] 152

cc) Zumutbarkeitsschwelle. Es muss sich um Nachteile handeln, die den Betroffenen auch unter Berücksichtigung einer etwaigen Vorbelastung des Gebiets[330] billigerweise nicht mehr ohne Ausgleich zugemutet werden dürfen.[331] Diese Schwelle ist in den Fachplanungsgesetzen (wie auch in Abs 2 S 2) formuliert und wird daher **fachplanungsrechtliche Zumutbarkeitsschwelle** genannt. Die strengere **verfassungsrechtliche** (enteignungs- oder grundrechtliche) Zumutbarkeitsschwelle, die erst erreicht wird, wenn mittelbare Beeinträchtigungen die Nutzbarkeit eines Grundstücks so weit beseitigen, dass dies einer Entziehung gleichkommt, muss dagegen nicht überschritten werden.[332] Soweit Beeinträchtigungen zwar erheblich sind, aber unterhalb der fachplanerischen Zumutbarkeitsschwelle bleiben (abwägungserhebliche Nachteile), kommen Anordnungen gem Abs 2 S 2 nicht in Betracht.[333] Solche Beeinträchtigungen sind 153

---

[324] Vgl VGH Mannheim DVBl 2012, 186 für die Aufhebung eines Bahnübergangs, der die einzige Zuwegung zu einem landwirtschaftlichen Betrieb darstellt. Einschränkend und problematisch BVerwG NVwZ 1997, 997 für den Neubau einer Bahnunterführung, deren lichte Höhe für die Fahrzeuge des betroffenen Landwirts nicht ausreichend ist.

[325] VGH München BayVBl 1990, 113.

[326] BVerwGE 50, 287 f = NJW 1976, 1987; vgl auch BVerwG NJW 1980, 1065.

[327] BVerwGE 56, 130; 57, 304; 58, 161; 59, 261, 285; 69, 275; 84, 39; BVerwG NJW 1980, 1085; NVwZ 1989, 255; VGH München BayVBl 1992, 658: Nachteile sind jedenfalls solche Beeinträchtigungen, die die Behörde im Rahmen der Abwägung nicht ohne Ausgleich für die Betroffenen zulassen dürfte; vgl auch BVerwGE 47, 154.

[328] BVerwG NJW 1990, 929; DÖV 1990, 343 Nr 63 und 64; NVwZ 1990, 1666.

[329] VGH München NJW 1990, 2486. Zur Kompensation von Nachteilen durch planbedingte Vorteile vgl VGH München DVBl 1990, 115; OVG Münster DVBl 1990, 1412; NVwZ-RR 1990, 640 und 643; Labbé/Wölfel DVBl 1990, 1141.

[330] BVerwGE 77, 285 = DVBl 1987, 907; BVerwGE 84, 39; BVerwG DVBl 1988, 462; DÖV 1990, 349; Nr 63 und 64; Kühling DVBl 1989, 226.

[331] BVerwGE 51, 29; 57, 304; 58, 161; 59, 261; 77, 287; 77, 297; 87, 342; DVBl 1987, 906; BGH BayVBl 1975, 625; DÖV 1976, 796; Mannheim DVBl 1990, 109; VGH München DVBl 1990, 116; Heinze BayVBl 1981, 649; Mößle BayVBl 1982, 199; Bender DVBl 1984, 318; Knack/Henneke § 75 Rn 46 mwN.

[332] BVerwG NVwZ 2008, 1007; Jarass DÖV 2004, 633, 635.

[333] BVerwG NVwZ 2006, 603.

deshalb aber nicht unbeachtlich. Sie sind vielmehr **im Rahmen des Abwägungsgebots,** also bei der Abwägung der Belange, zu berücksichtigen. Sie können dann zwar nicht nach Abs 2 S 2, wohl aber im Rahmen der planerischen Abwägung nach Maßgabe des allgemeinen Abwägungsgebots Schutzvorkehrungen rechtfertigen (s oben Rn 115).[334]

154 **dd) Spezielle Zumutbarkeitsregelungen.** Soweit die Zulässigkeit von Beeinträchtigungen speziell gesetzlich geregelt ist, hat sich auch die Planfeststellung hieran zu orientieren. Daneben gibt es Grenzwerte in technischen Regelwerken, die allgemeine Anerkennung gefunden haben. Normative Grenzwerte sind festgelegt für bestimmte **Geräuscharten** (für Industrie- und Gewerbelärm in der TA Lärm, für Sportlärm in der 18. BImSchV, Freizeitlärm in der Freizeitlärm-RL), vor allem aber für **Bodenverkehrswege** iSd § 41 I BImSchG (Rn 154a) und Flugplätze (Rn 154b). Die Werte differieren nach Gebietsarten iSd BauNVO, Tag und Nacht (meist 22–6 Uhr) sowie häufig nach schutzbedürftigen Einrichtungen (Krankenhäusern, Pflegeanstalten uä).

154a (1) Für den **Lärmschutz an Straßen und Schienenwegen** (vgl §§ 41–43 BImSchG) gilt die auf der Grundlage von § 43 BImSchG erlassene 16. BImSchV.[335] Sie schreibt in § 2 abgestufte Immissionsgrenzwerte fest, die vorrangig durch sog aktive Lärmschutzmaßnahmen einzuhalten sind (§ 41 I, II BImSchG).[336] Voraussetzung ist nach § 1 Abs 2 S 1 Nr 2 der 16. BImSchV idR ein erheblicher baulicher Eingriff;[337] die allmähliche Erhöhung des Lärms infolge einer Verkehrszunahme löst als solche keinen Schutz aus. In den Anlagen zur 16. BImSchV sind Einzelheiten für die Ermittlung und Berechnung der Beurteilungspegel geregelt. Der ursprünglich dort vorgesehene **Schienenbonus** (ein Abzug von 5 dB von den rechnerischen Mittelungspegeln) ist verfassungsgem, aber nur noch gem der Übergangsregelung in § 43 I 2, 3 BImSchG nF anzuwenden.[338]

154b (2) Für **Fluglärm** gilt das Gesetz zum Schutz gegen Fluglärm v 31.1.2007 (BGBl I 2550). Es sah in seiner ursprünglichen Fassung (v 30.3.1971, BGBl I 282) keine der 16. BImSchV vergleichbaren, der Planfeststellung zugrunde zu legenden Grenzwerte vor; Grenzwerte mussten vielmehr auf der Grundlage von § 9 Abs 2 LuftVG aF im einzelnen Planungsfall fachplanerisch ermittelt werden.[339] Dies hat sich mit der Novellierung des Gesetzes geändert. Die in § 2 Abs 2 FluglärmG genannten Grenzwerte dienen zwar zunächst der Festsetzung der Tag- und Nacht-Schutzzonen des Lärmschutzbereichs (§ 4 Abs 3), in dem die Rechtsfolgen der §§ 5 ff FluglärmG greifen, sind nach § 13 Abs 1 aber ausdrücklich auch für die Fachplanung verbindlich und markieren dort flughafenspezifisch die Zumutbarkeitsschwellen für Fluglärm,[340] ohne allerdings

---

[334] BVerwG NVwZ 2011, 567.

[335] VerkehrslärmschutzV v 12.6.1990 (BGBl I 1036).

[336] Unter „aktiven" Maßnahmen werden vor allem Lärmschutzwände verstanden. Hierzu hat sich eine umfangreiche Kasuistik entwickelt, vgl BVerwG zu Schienenwegen: BVerwG U v 18.7.2013 – 7 A.12 – juris Rn 33; BVerwGE 143, 249; NVwZ 2014, 1454; 2001, 81; zu Straßen: BVerwGE 144, 243; 134, 45; 110, 370; NVwZ 2013, 645.

[337] S hierzu BVerwG NVwZ 2014, 1454 (Albabstieg) für Gleisbauarbeiten.

[338] Der sog Schienenbonus (Korrektursummand S von 5 dB(A) nach Anlage 2 der 16. BImSchV aF) sollte Besonderheiten des Schienenverkehrs, nämlich eine geringere Lästigkeit des Schienenverkehrslärms gegenüber Straßenverkehrslärm abbilden. Er war stets umstr, von der Rspr aber als „nicht völlig unvertretbar" und wirksam betrachtet worden, vgl. BVerwG U v 8.9.2016 – 3 A 5.15 – mwN.

[339] BVerwGE 87, 332; 75, 243; NVwZ-RR 1991, 124, 131: Flughafen Stuttgart; 87, 340: Flughafen München II; VGH Mannheim VBlBW 1990, 62.

[340] BVerwGE 142, 234 (Flughafen Frankfurt); LR Umweltrecht III, Nr 5.1 FluglärmG § 2; Grabherr/Reidt/Wysk, LuftVG § 6 Rn 328 ff; Koch/Braun NVwZ 2010, 1271; Schiller, ZLW 2008, 192; unzutr Ekardt/Schmidtke DÖV 2009, 187.

ein vollständiges Regelungssystem für alle Flugplätze zur Verfügung zu stellen.[341]

(3) Für **Geräuschimmissionen an Baustellen** konkretisiert die AVV Baulärm, die nach § 66 Abs 2 BImSchG fortgilt, den unbestimmten Rechtsbegriff der schädlichen Umwelteinwirkungen iSd § 3 Abs 1 BImSchG, aber auch des fachplanerisch Zumutbaren vor allem in der Phase der Bauausführung von Vorhaben.[342] 154c

ee) Bei Fehlen normativer Regelungen ist die Zumutbarkeitsgrenze im konkreten Fall nach den Umständen des Einzelfalles zu bestimmen. Teilweise bestehen technische Regelwerke, die allgemeine Anerkennung gefunden haben. Der Maßstab für die Bewertung von Immissionen ergibt sich in erster Linie aus dem **Immissionsschutzrecht,** insb aus § 3 Abs 1, § 22 Abs 1, §§ 41 ff BImSchG.[343] Die 16. BImSchV ist entspr anwendbar auf Anlagen, deren Auswirkungen mit den Auswirkungen von Straßen- und Schienenbauten vergleichbar sind, zB auf Altenpflegeheime (VGH Kassel UPR 1992, 117), Kleingärten (VGH München NuR 1992, 84) und ähnliche Anlagen. Da es für die Zumutbarkeit von Immissionen jedoch nicht auf die Art der Anlage, sondern auf die Auswirkungen auf die Betroffenen ankommt, ist die analoge Anwendbarkeit über den Bereich vergleichbarer Anlagen hinaus auf alle Vorhaben, die Gegenstand einer Planfeststellung sind, zu bejahen.[344] 155

Zur **Zumutbarkeit von Verschattung** BVerwGE 123, 37 Rn 57 (Heranziehung der DIN 5034 zur Beurteilung der Zumutbarkeit nicht ausreichend). Die bloße Verschlechterung einer Verkehrsanbindung eines Grundstücks infolge der Planfeststellung muss im Grundsatz hingenommen werden; die Schaffung einer der bisherigen Zufahrtmöglichkeit gleichwertigen kann nicht verlangt werden (BVerwG NVwZ 2006. 606). Die durch die Planfeststellung geschaffene bzw nach der Planfeststellung verbleibende Verkehrsanbindung muss allerdings nach den konkreten Umständen zumutbar sein (BVerwG B v 21.10.2003 – 4 B 93.03 – juris). 156

ff) Vorbelastungen. Um eine Vorbelastung handelt es sich, wenn ein Gebiet bereits mit Immissionen belastet ist, die auch von einem neuen Vorhaben ausgelöst werden. Sie können von Anlagen in der Umgebung des Vorhabens ausgehen oder – bei Ausbauvorhaben – von der vorhandenen und zu erweiternden Anlage selbst. Zu unterscheiden sind tatsächliche von plangegebenen Vorbelastungen. Sie haben im Planungsverfahren unterschiedliche rechtliche Folgen für Schutzansprüche. **Tatsächlich vorhandene** (Vor)Belastungen können sich auf die Beurteilung der Zumutbarkeit der vorhabenbedingten Nachteile auswirken. Immissionen sind nicht abwägungserheblich, wenn sie sich im Rahmen der schon bestehenden Belastung halten.[345] Maßgebend ist insoweit der Zeitpunkt der Auslegung der Planunterlagen gem § 72 Abs 3.[346] Je höher die Vorbelastung ist, desto 157

---

[341] Einzelheiten bei Ziekow Fachplanung § 15 Rn 75 ff.

[342] Zur Anwendung näher BVerwGE 143, 249 (U5 Berlin-Mitte), U v 8.9.2016 – 3 A 5.15 – juris sowie BVerwG NVwZ 2014, 1454 (Albabstieg) für langfristig einwirkenden Baulärm bei Eisenbahnausbaustrecke; ferner OVG Koblenz U v 18.11.2015, 8 C 10421/15, juris.

[343] Vgl zu § 17 Abs 4 FStrG BVerwGE 71, 156 = NJW 1985, 3034; BVerwG DVBl 1987, 907 und 1275; 77, 287 = NJW 1987, 2886; 81, 197; 84, 39. Zu den für den Lärmschutz maßgeblichen Regelungen s Koch, NVwZ 2000, 490.

[344] BVerwG NVwZ 2011, 567, 568; vgl auch BGHZ 111, 63; NJW 1980, 2421; 1990, 2465.

[345] BVerwGE 107, 350, 356 = NVwZ 1999, 539; BVerwG NVwZ 1999, 644; 1998, 1070; StBS 174; krit Knack/Henneke § 75 Rn 52 unter Hinweis auf BVerwGE 101, 1.

[346] BVerwGE 71, 156; 87, 384; Wöhe NVwZ 1990, 440; zT **aA** Quaas NVwZ 1991, 20 Fn 49: Zeitpunkt der Genehmigung nach § 6 LuftVG.

höher ist idR auch die Zumutbarkeitsschwelle.[347] **Plangegebene Vorbelastungen,** mit denen im Zeitpunkt eines Ausbauvorhabens noch zu rechnen ist, können die Schutzbedürftigkeit und den zu gewährenden Schutz mindern, senken aber nicht die Zumutbarkeitsschwelle.

157a Die Anwendbarkeit von Abs 2 S 2 hängt vom Umfang und der Intensität der zusätzlichen Belastung ab. **Ohne Rücksicht auf etwaige Vorbelastungen** besteht ein Anspruch auf Schutzmaßnahmen bzw Entschädigung jedoch dann, wenn die Vorbelastung alleine oder gemeinsam mit der durch das Vorhaben ausgelösten Zusatzbelastung die Grenze des verfassungsrechtlich nach Art 2 Abs 2 GG Zumutbaren überschreitet (etwa eine **Gefahr für die Gesundheit** der Betroffenen darstellt) oder die Nutzung des Eigentums so stark beeinträchtigt, dass die Zulassung des Vorhabens nur bei entsprechender Entschädigung mit Art 14 Abs 1 GG vereinbar wäre (BVerwG NVwZ-RR 1991, 10). Dasselbe gilt, wenn die Immissionen der geänderten Anlage erst im Zusammenwirken mit anderen Quellen (Summation) die Grundrechtsschwellen überschreiten.

158 **c) Erfordernis eines adäquaten Kausalzusammenhangs.** Schutzvorkehrungen sind zur Abwendung, Verminderung oder zum Ausgleich nur solcher Nachteile vorzusehen, die durch das Vorhaben adäquat kausal verursacht werden.[348] Zum **Vorhaben** gehören die im Plan dargestellte Anlage selbst, aber auch ihre Errichtung (die Plandurchführung oder Bauphase)[349] sowie ihre spätere Nutzung (der Betrieb). Der Ursachenzusammenhang wird regelmäßig durch Immissionen oder sonstige Einwirkungen iS von § 3 BImSchG auf Rechte oder Rechtsgüter anderer hergestellt. Als **adäquat** ist der Ursachenzusammenhang anzusehen, wenn die Einwirkung als Bedingung im logischen Sinne (der sog Äquivalenztheorie) ihrer Art nach als Folgewirkung nicht außerhalb aller Erfahrung liegt und nicht ganz überwiegend durch andere Umstände bedingt ist.[350] **Ein individuell-konkreter Nachweis ist idR entbehrlich,** wenn die in Frage stehenden Auswirkungen in typischer Weise mit dem Vorhaben verbunden sind (BVerwG DÖV 1982, 949), zB zwischen dem Verkehr, der auf der Straße stattfinden wird, für die der Plan festgestellt werden soll, und der Gefährdung einer Wassergewinnungsanlage durch mögliche Verschmutzung von Grundwasser. Dies gilt grds selbst dann, wenn vor dem geplanten Ausbau der Straße von dieser schon gleiche oder ähnliche Gefahren ausgegangen sind (BVerwGE 41, 184). Ein adäquater Ursachenzusammenhang ist auch zwischen der Herstellung einer Straße und der Gefährdung der Tiere auf der angrenzenden Weide anzunehmen.[351] Als durch „andere Umstände bedingt" und daher nicht mehr adäquat durch das

---

[347] BVerwGE 71, 155; 77, 285; BVerwG DVBl 1989, 1065: grds keine Verpflichtung zur Verbesserung der vorgefundenen Situation; BVerwG NVwZ 1990, 263; NVwZ-RR 1991, 10; VGH Mannheim NVwZ-RR 1990, 227; DVBl 1990, 111; VGH München DVBl 1990, 116ff auch zur Frage des für die Beurteilung maßgeblichen Zeitpunkts; Kühling DVBl 1989, 226.

[348] BVerwGE 51, 27, 35; 52, 236.

[349] BVerwG DÖV 1985, 362; OVG Münster DÖV 1983, 212; VGH Mannheim NVwZ-RR 1990, 227. S auch Rn 182d zur Bauphase.

[350] BVerwGE 41, 186; 52, 236; BVerwG DÖV 1982, 949.

[351] Einschränkend BVerwGE 71, 173 = NJW 1986, 81: nur, wenn Vorkehrungen erforderlich werden, die über die gewöhnlich ohnehin erforderlichen Sicherungen wesentlich hinausgehen, zB wenn Weideland durch eine Straße durchschnitten wird, so dass nunmehr beidseitig der Straße Weidezäune notwendig werden, oder wenn infolge der Anlage die bisherigen Grenzen wesentlich erweitert werden; nicht dagegen, wenn Errichtung der Vorkehrungen auf eigene Kosten zumutbar ist, wie die Errichtung eines Weidezauns auf einem Grundstück, das bisher durch einen Fluss eine natürliche Grenze hatte, oder für ein Grundstück, das nicht als Dauerweide benützt wird; vgl andererseits BGH NJW 1989, 2808: Wildschweinzäune uU unter dem Gesichtspunkt der Verkehrssicherungspflicht erforderlich.

Vorhaben verursacht sind zB rechtliche Verpflichtungen anzusehen, die zwar mit dem Vorhaben zusammenhängen, sich unmittelbar aber kraft Gesetzes ergeben, wie zB die Streupflicht und Reinigungspflicht von Straßenanliegern als Folge der Grundstückssituation an einer Straße, für die ein Planfeststellungsverfahren durchgeführt wird.[352]

5. Festsetzungserfordernis. a) Festsetzung im Beschluss. Die Festset- 159
zung der Schutzanordnungen muss grds im Planfeststellungsbeschluss selbst, **zumindest dem Grunde nach,** erfolgen.[353] Notwendig sind mindestens Festlegungen hins der Art, Lage usw der Schutzvorkehrungen (BVerwG DÖV 1985, 790); die nähere Konkretisierung kann unter den Vorbehalt einer abschließenden Entscheidung nach Abs 3 gestellt werden, wenn genauere Festlegungen noch nicht möglich sind (s hierzu unten Rn 175). Voraussetzung hierfür ist aber, dass sich im Zeitpunkt der Planfeststellung noch nicht voll übersehen lässt, welche Auflagen und sonstigen Anordnungen gem Abs 2 S 2 erforderlich sind, sowie dass die in Frage kommenden Vorkehrungen oder Anlagen die Grundzüge der Planung sowie ihre Ausgewogenheit nicht mehr berühren können.[354] Fehlt es an Schutzvorkehrungen im Planfeststellungsbeschluss, so müssen Betroffene eine **Klage auf Ergänzung** des Beschlusses um die notwendigen Schutzvorkehrungen erheben.

b) Festsetzungspflicht, verbleibender Spielraum. Die Entscheidung über 160
die Notwendigkeit von Schutzvorkehrungen und Anlagen nach Abs 2 S 2 ist nicht Gegenstand der Abwägung, sondern dieser vorgelagert. Die Verpflichtung nach Abs 2 S 2, zum Wohl der Allgemeinheit und zur Vermeidung nachteiliger Wirkungen auf Rechte anderer die erforderlichen Schutzvorkehrungen festzusetzen, ist **striktes Recht** und gerichtlich vollen Umfangs überprüfbar.

Der von der Planfeststellung in seinen Rechten Betroffene hat einen **An-** 160a
spruch auf geeignete Schutzvorkehrungen nach Abs 2 S 2; lediglich bei der Entscheidung über die Art und Weise des Schutzes besteht Spielraum. **Hiervon zu unterscheiden** sind diejenigen Schutzvorkehrungen, die zwar ebenfalls im Planfeststellungsbeschluss getroffen werden, die aber von der Planfeststellungsbehörde dem Vorhabenträger **im Rahmen des planerischen Gestaltungsspielraums** auferlegt werden. Die Entscheidung über die zuletzt genannten Schutzvorkehrungen ist im Rahmen der Abwägung zu treffen. Das ist bei der Schutzvorkehrung nach Abs 2 S 2 nicht der Fall, weil es insoweit allein auf die Beeinträchtigung subjektiver Rechte oberhalb der Erheblichkeitsschwelle ankommt, nicht auf die Frage, ob die Beeinträchtigung wegen gewichtiger gegenläufiger Interessen hingenommen werden soll. Im Rahmen von Abs 2 S 2 hat die Planfeststellungsbehörde nur bei der Frage, mit welchen Schutzvorkehrungen die Beeinträchtigung konkret ausgeschlossen werden soll, einen planerischen Gestaltungsspielraum (Jarass DÖV 2004, 633, 634).

X. Der Entschädigungsanspruch (Abs 2 S 3)

1. Allgemeines. Abs 2 S 3 sieht für den Fall, dass die Behörde trotz an sich 161
entgegenstehender, in der Abwägung nicht überwindbarer Rechte Dritter den Plan feststellt und **technisch-reale Vorkehrungen** oder Anlagen nach Abs 2

---

[352] BVerwGE 54, 4; DÖV 1982, 949.

[353] BVerwGE 58, 158; 71, 173 = NJW 1986, 80; BVerwG NJW 1981, 2140; BGH JZ 1986, 181.

[354] Begr 89; BVerwGE 61, 307, 312; 71, 162; VGH Mannheim DVBl 1986, 364; VGH München DVBl 1990, 120; Obermayer 84; Knack/Henneke 23; UL § 41 Rn 32: die Entscheidung über erforderliche Schutzauflagen muss immer im Planfeststellungsbeschluss selbst getroffen werden, Vorbehalte nach Abs 2 S 2 können sich nicht zu Lasten Dritter auswirken; vgl auch MB 30; Engelhardt BayVBl 1981, 395.

S 2 zum Schutz gegen Auswirkungen des Vorhabens oder seiner Errichtung **untunlich oder mit dem Vorhaben unvereinbar** wären, einen Anspruch der durch die Situationsveränderungen in der Umgebung des Planvorhabens iS von Abs 2 S 3 Betroffenen auf angemessene Entschädigung vor. Der Anspruch ist damit ein **Ersatz für an sich notwendige Schutzmaßnahmen.**[355] Wegen des Vorrangs der Schutzvorkehrungen ist auch denkbar und in der Praxis durchaus üblich, dass hins eines Teils der Auswirkungen Schutzauflagen geboten sind, hins der dadurch nicht ausgeschalteten Auswirkungen dagegen zusätzlich Entschädigungsansprüche (BVerwG NJW 1986, 2659). Der Entschädigungsanspruch des Abs 2 S 3 führt im Ergebnis zu einer **Duldungspflicht** der an sich unzumutbaren Beeinträchtigungen. Dies gilt jedoch dann nicht, wenn die Beeinträchtigungen auch die Schwelle zur verfassungsrechtlichen Unzumutbarkeit überschreiten. In diesen Fällen führt der Entschädigungsanspruch zu einem vollständigen Wertersatz gegen Übernahme des Grundstücks bzw Rechts (s unten Rn 163a).

162 **a) Anwendungsbereich.** Die Regelung des Abs 2 S 3 gilt nur für Planfeststellungsverfahren im Anwendungsbereich des VwVfG; die Verwaltungsverfahrensgesetze der Länder enthalten entsprechende Bestimmungen. Sie gilt ferner nur, **wenn der Betroffene an sich Anspruch auf Schutzvorkehrungen** nach Abs 2 S 2 hätte, die aber untunlich, unverhältnismäßig oder unmöglich sind.[356] Sie gilt weiter nur, wenn keine spezielleren Ansprüche wie zB nach §§ 41 Abs 1 ff BImSchG für den Lärmschutz an Straßen und Schienenwegen vorgehen.[357] **Nicht erfasst** werden Ansprüche, die sich nicht aus der Unmöglichkeit oder Untunlichkeit technisch-realer Schutzvorkehrungen ergeben, sondern zB aus der geplanten **Inanspruchnahme von Rechten** (zB Grundstückseigentum) für das Vorhaben selbst und die uU enteignet werden müssen, unabhängig davon, ob sie von einer enteignungsrechtlichen Vorwirkung (s § 75 Rn 19 ff) erfasst werden.[358]

163 **b) Rechtsnatur.** Abs 2 S 3 ist **nicht nur Verfahrensvorschrift,** indem sie Regelungen über die Entschädigung im Planfeststellungsbeschluss selbst verlangt, sondern zugleich auch die **materielle Rechtsgrundlage** für den Entschädigungs- bzw Ausgleichsanspruch. Der Anspruch setzt Beeinträchtigungen voraus, die über das **Maß des planungsrechtlich Zumutbaren**[359] hinausgehen und mit Schutzvorkehrungen nicht verhindert werden können. Das gilt sowohl unterhalb als auch oberhalb der sog verfassungsrechtliche Zumutbarkeitsschwelle (s Rn 153), dh nach neuerer Terminologie auch unterhalb der Schwelle entschädigungslos zulässiger Inhalts- und Eigentumsbeschränkung.[360]

163a Anwendbar ist Abs 2 S 3 nach heute hA[361] auch auf einen wegen der besonderen Umstände des Falles anzuerkennenden **Anspruch auf Übernahme** der betroffenen Grundstücke, Grundstücksteile oder sonstiger Vermögenswerte. Dementspr handelt es sich um einen **Geldentschädigungsanspruch**, der an-

---

355 BVerwGE 143, 249 (U5 Berlin-Mitte); BVerwG NVwZ 2006, 603; BVerwG, B v 2.9.2008, 4 A 1007/07, juris (Berlin-Schönefeld).

356 BVerwG NVwZ 2006, 603; BVerwG 28.8.2009, 9 A 22.07 – juris.

357 BVerwGE 97, 367 = NVwZ 1995, 907; StBS 189.

358 BVerwG B v 24.8.2009, 9 B 32.09 – juris.

359 Dabei kommt es nicht darauf an, ob zugleich auch der strengere Maßstab des Enteignungsrechts überschritten wird (s oben Rn 117).

360 BVerwGE 87, 332, 380; 77, 295; 80, 192; 84, 363; 85, 49; Knack/Henneke § 75 Rn 74 mwN; Kühling DVBl 1989, 230; Wahl NVwZ 1990, 440; Numberger BayVBl 1984, 457; zT **aA** BGH JZ 1986, 544 zu § 17 Abs 4 S 4 FStrG: Rechtsgrundlage nur für Billigkeitsentschädigung, nicht dagegen für Enteignungsentschädigung; kritisch dazu Papier JZ 1986, 548.

361 Vgl BVerwG NVwZ 2003, 209, 210, s a Gatz, jurisPR-BVerwG 23/2007 Anm 3. Früher str; vgl BVerwG DVBl 1988, 967; Kühling DVBl 1989, 227.

tragsabhängig ist und Zug um Zug gegen die Eigentumsübernahme durch den Vorhabenträger zu leisten ist (Tenorierung s § 75 Rn 87). Diese Vorschrift genügt den rechtsstaatlichen Anforderungen hinreichender Bestimmtheit (BVerwGE 77, 295 = NJW 1987, 2884), auch im Hinblick auf Art 14 Abs 1 S 2 GG bzw auf sonst betroffene Grundrechte (zB Art 2 Abs 1 und 2, Art 12 Abs 1 GG). Ein Entschädigungsanspruch kann auch wegen unzumutbarer Beeinträchtigungen während der **Bauphase** eines Vorhabens bestehen.[362]

Voraussetzung des Übernahmeanspruchs ist, dass der Vermögenswert infolge der Planfeststellung durchgreifend entwertet ist.[363] Dazu reicht eine Belastung mit Immissionen, die die enteignungsrechtliche Zumutbarkeitsschwelle überschreiten, als solche nicht aus. Auch hohe Belastungen können grds gem Abs 2 S 2, 3 durch Schutzvorkehrungen, hilfsweise Entschädigung kompensiert werden. Vielmehr muss die Nutzbarkeit des Vermögenswertes trotz Zuerkennung der gesetzlichen Kompensation unzumutbar sein.[364] Das wird idR bei einer Mehrzahl von Beeinträchtigungen (durch Lärm, Erschütterungen, Gerüchen usw) der Fall sein und erfordert eine Gesamtbetrachtung der voraussichtlichen Situation nach Planfeststellung. 163b

Im **Planfeststellungsbeschluss** ist lediglich der **Anspruch dem Grunde nach festzulegen**; Festsetzung und Berechnung der Entschädigung als solche erfolgt im **nachfolgenden Entschädigungsverfahren** nach den Enteignungsgesetzen der Länder (s Rn 173, 174a).[365] Diesem Verfahren kann der PFB die Einzelheiten überlassen. Die Behörde ist aber befugt, im PFB Eckdaten (wie den Stichtag) festzulegen, soweit sie ihrer Beurteilung unterliegen und sich die spezifische Notwendigkeit einer Regelung schon im PFB ergibt, etwa weil die allg für die Festsetzung geltenden Regelung den Besonderheiten des Falles nicht gerecht werden. 163c

c) Abgrenzung zum Anspruch auf Enteignungsentschädigung. Der Entschädigungsanspruch gem Abs 2 S 3 ist ua wegen seiner Ersatzfunktion für untunliche Schutzvorkehrungen ein **Ausgleichsanspruch eigener Art,**[366] der zwar der Entschädigung wegen Enteignung bzw enteignenden oder enteignungsgleichen Eingriffs oder Aufopferung nachgebildet ist, seine verfassungsrechtliche Grundlage aber nicht in Art 14 Abs 3 GG findet, sondern in der Gewährleistung des Eigentums in Art 14 Abs 1 GG. Im Bezugssystem des Art 14 GG handelt es sich um die Regelung einer **entschädigungspflichtigen Inhaltsbestimmung** des Eigentums. Mit Art 14 Abs 1 GG ist der Ausschluss des Anspruchs auf Schutzvorkehrungen gerade wegen des Entschädigungsanspruchs, der die Beeinträchtigung zumutbar werden lässt,[367] vereinbar.[368] Ein Anspruch 164

---

[362] Näher Dobmann, NVwZ 2011, 9.

[363] StRspr, vgl BVerwGE 75, 260; 77, 298; 87, 383; BVerwG NVwZ-RR 1991, 133; OVG Münster NVwZ 1991, 390; Kühling DVBl 1989, 230; Wahl NVwZ 1990, 440 FN 212.

[364] Vgl BVerwG, U v 8.9.2016 – 3 A 5.15 – juris Rn 35 (Eisenbahnrecht); BVerwGE 125, 116 Rn 376 (Luftrecht) mwN.

[365] BVerwG NVwZ 2008, 1007; NVwZ 2008, 1113 (Berlin-Schönefeld); BVerwGE 61, 305 auch dazu, dass darüber, jedenfalls dem Grunde nach, wenn der Betroffene dies beantragt, bereits im Planfeststellungsbescheid zu entscheiden ist; Korbmacher DÖV 1982, 527.

[366] Mößle BayVBl 1982, 199; Kastner VerwArch 1989, 89; Bauer NVwZ 1993, 441; Knack/Henneke § 75 Rn 73; unklar BVerwGE 84, 49. **AA** Schwabe DVBl 1993, 1255; ebenso die früher, durch BVerwGE 77, 295 nunmehr aber als überholt anzusehende, hM, vgl zB BVerwG DÖV 1974, 568; NJW 1980, 1053; DVBl 1987, 906; BGHZ 97, 114 = NJW 1986, 1980.

[367] Vgl BVerfG 58, 148; 58, 300; 79, 174; BGH DVBl 1993, 432; s auch StBS 188 ff.

[368] BVerwGE 77, 295; BVerwG DVBl 1990, 590; NJW 1990, 1926; BayVBl 1993, 695; BGHZ 121, 23; 121, 328; BGH NJW 1995, 964; Rinne DVBl 1994, 24; Ronellenfitsch VerwArch 1989, 113 mwN; Kühling DVBl 1989, 440 mwN; Wahl NVwZ 1990, 230 mwN.

auf Festsetzung von Entschädigung in Geld gem Abs 2 S 3 ist nicht erst gegeben, wenn die Einwirkungen, „die als Folge der zugelassenen Planung und der mit ihr verbundenen Situationsveränderung in der Umgebung des Planvorhabens" für einen Betroffenen iS des Enteignungsbegriffs oder des Aufopferungsanspruchs eine schwere und unerträgliche Beeinträchtigung darstellen, sondern auch bereits, wenn bei im Bereich der Sozialbindung des Eigentums liegenden Beeinträchtigungen die nachteiligen Folgen eines Vorhabens dem Betroffenen billigerweise **nicht mehr entschädigungslos zugemutet werden können.**[369]

165 **2. Voraussetzungen.** Voraussetzung des Entschädigungsanspruchs gem Abs 2 S 3 ist erstens, dass das Vorhaben, für das der Plan festgestellt wird, an sich technisch-reale Vorkehrungen oder Anlagen gem Abs 2 S 2 zur Vermeidung nachteiliger Wirkungen auf Rechte des Betroffenen erfordern würde, und dass zweitens solche Vorkehrungen oder Anlagen entweder untunlich oder mit dem Vorhaben unvereinbar sind (wären). Diese Voraussetzungen sind in rechtlicher und tatsächlicher Hinsicht **voll gerichtlich nachprüfbar.**[370]

166 **a) Schutzvorkehrungen nach Abs 2 S 2 erforderlich.** Der Anspruch auf Festsetzung einer Entschädigung in Geld nach Abs 2 S 3 setzt zunächst voraus, dass nach Abs 2 S 2 Vorkehrungen oder Anlagen zum Schutz von Rechten des Betroffenen erforderlich sind. Diese Voraussetzung folgt aus der Surrogatfunktion des Abs 2 S 3 (StBS 190). Es werden nach Abs 2 S 3 also nicht alle Vermögensnachteile ersetzt, sondern nur diejenigen Nachteile ausgeglichen, die nach Abs 2 S 2 an sich durch tatsächliche Vorkehrungen hätten verhindert werden müssen.[371] Ob dies der Fall ist, ist nach Abs 2 S 2 zu beurteilen (s oben Rn 149). Maßgeblich ist der Zeitpunkt, der auch für die Durchführung von nach Abs 2 S 2 angeordneten Schutzmaßnahmen hätte zugrunde gelegt werden müssen (BVerwGE 125, 116). Als ausreichend ist es auch anzusehen, wenn sich der Anspruch auf Schutzvorkehrungen nicht aus Abs 2 S 2 ergibt, sondern aus einer spezielleren Vorschrift des Fachrechts. In jedem Fall muss es sich aber um Schutzvorkehrungen handeln, die an sich dem Träger des Vorhabens auferlegt werden müssten, die also durch das planfeststellungsbedürftige Vorhaben veranlasst sind. Für die Notwendigkeit der Schutzvorkehrungen kommt es auf Abs 2 S 2 an; einen eigenständigen Notwendigkeitsmaßstab enthält Abs 2 S 3 nicht.

167 **b) Untunlichkeit oder Unvereinbarkeit mit dem Vorhaben.** Die nach Abs 2 S 2 an sich notwendigen Schutzvorkehrungen müssen entweder untunlich oder mit dem Vorhaben unvereinbar sein (BVerwGE 108, 248, 259). **Unvereinbarkeit** einer Schutzvorkehrung mit dem Vorhaben liegt dann vor, wenn die einzigen geeigneten Vorkehrungen oder Anlagen zum Schutz des Betroffenen dazu führen würden, dass der Zweck des Vorhabens nicht mehr erreicht werden kann.[372] Die Regelung bringt zum Ausdruck, dass Schutzvorkehrungen und Anlagen zwar anders als Auflagen iSd § 36 gewisse inhaltliche Modifizierungen des Vorhabens bewirken dürfen, nicht aber wesentliche Einschränkungen der Zweckbestimmung bzw Funktionsfähigkeit der geplanten Anlage. **Untunlich sind Schutzvorkehrung** dann, wenn es entweder gar keine Vorkehrungen gibt, die wirksamen Schutz

---

369 BVerwGE 51, 29; 57, 304; 58, 161; 59, 252, 261; 77, 295; 87, 332; Korbmacher DÖV 1982, 520, 528; Kastner DVBl 1982, 669; Mößle BayVBl 1982, 199; Heinze BayVBl 1981, 649; Kühling DVBl 1989, 230 mwN; Wahl NVwZ 1990, 440 mwN; zT **aA** zu § 17 Abs 4 S 2 FStrG auch BGHZ 97, 118 = BayVBl 1986, 537 m abl Anm v Numberger; BGH NJW 1986, 1980.

370 HM, vgl Knack/Henneke § 75 Rn 67, 84; Jarass DÖV 2004, 633, 637; **aA** noch Fickert 92: nicht nachprüfbarer Beurteilungsspielraum.

371 BVerwGE 125, 116 (Schönefeld I), BVerwG NVwZ 2006, 603; BVerwG 28.8.2009, 9 A 22/07 – juris.

372 VGH Mannheim DÖV 1983, 514; StBS 194; Knack/Henneke § 75 Rn 77; Obermayer 99.

bieten könnten **(Unmöglichkeit)** oder wenn die geeigneten Vorkehrungen unzumutbare oder außer Verhältnis zum Schutzzweck stehende, nicht mehr vertretbare Aufwendungen erfordern würden **(Unverhältnismäßigkeit).**[373]

aa) Verhältnismäßigkeitsgrenze. Ob die Verpflichtung des Vorhabenträgers, eine Schutzvorkehrung oder eine Schutzanlage herzustellen, angemessen ist, muss auch mit Blick auf Umfang und Bedeutung des Vorhabens beurteilt werden. Maßgeblich ist ferner die Relation zwischen Schutzwirkung und finanziellem Aufwand. Als untunlich wurde zB ein 350 m langer, 150 000 Euro teurer Lärmschutzwall zum Schutz eines einzelnen Außenbereichsgrundstücks angesehen. Als untunlich weil unverhältnismäßig wurde auch eine Schallschutzwand angesehen, die den Wert der zu schützenden Anwesen um ein Mehrfaches übersteigt.[374] 168

bb) Einzelfälle. Grundsätzlich zu entschädigen ist ein Landwirt, dessen Weideland von einer Straße durchschnitten wird, wenn eine Anbindung durch eine Unterführung oder durch andere Maßnahmen zu teuer käme (BVerwGE 71, 173 = NJW 1986, 81), oder dessen Hof von den Feldern durch eine Straße getrennt wird (BVerwG DVBl 1988, 535), oder falls sich aufgrund der ungünstigeren Lage eines Ersatzgrundstückes dauerhaft höhere Transportkosten für ihn ergeben (BGH NVwZ-RR 2011, 95); der Anlieger an einer Straße, der durch den Baulärm anlässlich der Arbeiten für den Bau eines Straßentunnels, das Gegenstand der Planfeststellung ist, zeitweise erheblichem Baulärm ausgesetzt ist (VGH Mannheim DVBl 1990, 122). Zur Zumutbarkeit von Verschattungswirkungen einer Brücke BVerwGE 123, 37 (BAB A 72). 169

Bei Außenwohnbereichen kommt es darauf an, ob diese dazu bestimmt und geeignet sind, in wohntypischer Weise benutzt zu werden.[375] Ein Anspruch besteht, wenn diese infolge des Straßenverkehrslärms nicht mehr oder nur noch sehr beschränkt für diesen Zweck nutzbar sind.[376] 169a

3. Form und Umfang der Entschädigung. a) Geldentschädigung. Die Entschädigung ist grds in Geld zu leisten. Je nach den Umständen des Einzelfalles, insb, wenn betroffene Grundstücke usw für den Betroffenen als Folge der Planfeststellung weitgehend wertlos werden, ergibt sich aus Abs 2 S 3 jedoch uU auch ein **Anspruch auf Übernahme eines Grundstücke,** der Zug um Zug gegen die Geldentschädigung zu leisten ist (dazu Rn 163a). Die Höhe der Entschädigung ist nach dem Verkehrswert des Grundstücks zum Stichtag der öffentlichen Bekanntmachung der Auslegung des Planentwurfs zu bestimmen (arg § 19 AEG).[377] Zur Bemessung der **Entschädigungshöhe** s BVerwGE 125, 116; BVerwG NVwZ 2008, 1007 (30 %-Grenze). 170

b) Vermögensnachteile. Zu entschädigen sind bei Beeinträchtigung des Eigentums iS von Art 14 Abs 1 GG grds die durch das Vorhaben bewirkten **Wertveränderungen,** insb Minderungen des Gebrauchswertes. Bei Gebäuden sind dazu zB die realen oder fiktiven **Mietausfälle bzw Mietminderungen** auf einen angemessenen Zeitraum zu kapitalisieren (Numberger BayVBl 1984, 457). Da Preisschwankungen in gewissen Grenzen in das Risiko der Grundstücksei- 171

---

373 Begr 89; BVerwGE 77, 295; BVerwG NJW 1989, 2830; VGH München NJW 1990, 2486 mwN; VGH Mannheim UPR 1983, 207; StBS 193; Steinberg/Berg/Wickel Rn 112; Obermayer 98.

374 BVerwG Urt v 18.7.2013, 7 A 9/12, juris.

375 BVerwG NVwZ 2014, 1454, 1456 (Albabstieg): Dies gilt für Terrassen und Balkone, nicht aber für bloße Ziergärten.

376 BVerwGE 51, 33 = NJW 1976, 1760; BVerwG DÖV 1990, 349: Voraussetzung ist, das sie gebietsspezifische Zumutbarkeitsgrenze für den Verkehrslärm überschritten wird und die konkrete Fläche schutzwürdig ist; BVerwG NVwZ 1989, 256.

377 Vgl auch BVerwGE 142, 234 Rn 414 f und BVerfG NVwZ 2010, 512 Rn 43 ff mwN.

gentümer fallen, können Minderwerte in diesen Grenzen auch uU entschädigungsfrei bleiben (VGH München DVBl 1990, 115). Erhöhungen des Grundstückspreisniveaus, die unmittelbar durch die Planung verursacht wurden, sind nach den Grundsätzen der Vorteilsausgleichung mit den Minderwerten zu verrechnen.[378] Keine Entschädigung ist idR für den Entzug widerruflicher Erlaubnisse, Genehmigungen usw zu leisten.[379] Etwas anderes gilt, soweit trotz der Widerruflichkeit ein berechtigtes Vertrauen in den Fortbestand anzuerkennen ist.

172 Soweit **nicht-vermögenswerte Rechtsgüter,** zB die Gesundheit, die künstlerische oder berufliche Tätigkeit usw betroffen sind, ist die Rechtslage streitig. Teilweise wird ein Anspruch auf Ausgleich wegen Verletzung der entsprechenden Grundrechte (Art 2 Abs 1, Art 5 Abs 3, Art 12 Abs 1 GG usw) iV mit dem Grundsatz der Aufopferung angenommen.[380] Welche Entschädigung angemessen ist, ist nach den Umständen des Einzelfalles zu beurteilen. Die Behörde hat insoweit keinen Ermessens- oder Beurteilungsspielraum. Im Regelfall ist das negative Interesse zu ersetzen.

173 **4. Verfahren. a) Allgemeines.** Der Entschädigungsanspruch gem Abs 2 S 3 ist im PFB des Grunde nach festzusetzen, richtet sich analog zu Abs 2 S 2 aber nicht gegen den Staat, sondern **gegen den Träger des Vorhabens** (StBS 164; Knack/Henneke § 75 Rn 75; MB 32). Dies folgt aus der Parallelität der Regelungen gem S 2 und S 3 und vor allem daraus, dass der Entschädigungsanspruch ein Surrogat für die ebenfalls dem Träger des Vorhabens sonst obliegende Verpflichtung zur Errichtung von Schutzanlagen ua ist (Knack/Henneke § 75 Rn 75). Enthält der Planfeststellungsbeschluss keine Festsetzung einer Entschädigung, so haben die Betroffenen **Anspruch auf eine entsprechende Ergänzung** durch VA der Planfeststellungsbehörde, solange der Beschluss noch nicht unanfechtbar geworden ist. Gerichtlich können die Betroffenen den Entschädigungsanspruch nach heute hM nur mit einem **Verpflichtungsklage auf Planergänzung** geltend machen (s § 75 Rn 87). Eines Widerspruchsverfahrens bedarf es nicht (Rn 133). Eine Anfechtung des Planfeststellungsbeschlusses wegen fehlender Entschädigungsanordnung scheidet hingegen aus. Ausgeschlossen ist auch die **unmittelbare Geltendmachung** des Entschädigungsanspruchs gegen den Träger des Vorhabens oder gegen den Staat im Zivilrechtsweg.[381] Nach Eintritt der Unanfechtbarkeit bestehen Ansprüche nur noch gem § 75 Abs 2 bei mangelnder Vorhersehbarkeit von Wirkungen (s hierzu näher § 75 Rn 36 ff).[382]

174 **b) Die Festsetzung.** Der Anspruch auf Entschädigung kann nicht unmittelbar geltend gemacht werden, sondern richtet sich gem Abs 2 S 3 in entspr Anwendung von § 75 Abs 2 S 4 auf Festsetzung **im Planfeststellungsbeschluss** oder durch einen **nachträglichen Ergänzungsbeschluss.** Die Entschädigung ist ggf auch hins der Höhe[383] oder in den Fällen des Abs 3 dem Grunde nach ggf hins der für die Berechnung der Höhe maßgeblichen Faktoren[384] festzu-

---

[378] VGH München DVBl 1990, 115. Vgl zu den Einzelheiten des Entschädigungsanspruchs und des Entschädigungsverfahrens auch VGH Mannheim DVBl 1990, 114 und VGH München DVBl 1990, 115 = BayVBl 1990, 82, 113.

[379] BGH DÖV 1970, 42 = NJW 1970, 1178; Kastner DVBl 1982, 67.

[380] Vgl Peine NJW 1990, 2447; allg auch MK 54 III mwN; Kopp/Schenke § 40 Rn 61; **aA** BGHZ 78, 75; 111, 355; NJW 1994, 1468; 1994, 2229; VGH München BayVBl 1990, 113: kein Schmerzensgeldanspruch; Rinne DVBl 1993, 872.

[381] Vgl Wahl NVwZ 1990, 923; Knack/Henneke § 75 Rn 82.

[382] Knack/Henneke § 75 Rn 81; Johlen DVBl 1989, 288.

[383] Vgl BVerwGE 57, 300; 60, 305 f; Knack/Henneke § 75 Rn 79 f.

[384] Vgl BVerwGE 58, 158; 61, 305; 71, 173 = NJW 1986, 82; BVerwG NJW 1981, 2140; 1981, 1001; DVBl 1985, 900; 1987, 906; DÖV 1985, 790: hins der Höhe nur Anspruch über die Berechnung erforderlich; BGH DÖV 1986, 35; JZ 1986, 548; s auch Korbmacher DÖV 1982, 554; Kastner DVBl 1982, 670; Heinze BayVBl 1981, 650; Johlen DVBl 1989, 288.

setzen.[385] Erfolgt die Festsetzung im Planfeststellungsbeschluss nur dem Grunde nach, so muss die Planfeststellungsbehörde eine etwa noch erforderliche Konkretisierung durch einen Planergänzungsbeschluss nachholen, sobald die rechtlichen und tatsächlichen Fragen hinreichend geklärt sind. Eine Entscheidung der Planfeststellungsbehörde zunächst nur dem Grunde nach kommt in Betracht, wenn die (möglichen) Schäden im Einzelnen noch nicht hinreichend überschaubar und bezifferbar sind.[386] Statt durch VA kann die Entschädigung auch durch einen verwaltungsrechtlichen Vertrag nach § 54 geregelt werden (BVerwG NJW 1990, 1926).

Wird im Rahmen des Abs 2 S 3 die **Übernahme des Grundstücks** gegen Entschädigung dem Grunde nach festgesetzt, so erfolgt die Festsetzung des konkreten Wertausgleichs, also der Höhe der Übernahmeentschädigung, nach der Rspr im **nachfolgenden Enteignungsverfahren.** In diesem Falle sollen die Grundsätze der Enteignungsentschädigung heranzuziehen sein, soweit sich aus der Rechtsnatur des Anspruchs als Ersatzanspruch für nicht durchführbare technisch-reale Schutzvorkehrungen nicht etwas anderes ergibt.[387] 174a

XI. Der Vorbehalt einer abschließenden Entscheidung (Abs 3)

1. Allgemeines. a) Bedeutung des Vorbehalts. Nach Abs 3 ist im Planfeststellungsbeschluss eine abschließende Entscheidung vorzubehalten, „soweit" diese der Planfeststellungsbehörde noch nicht möglich ist. Dadurch wird die Behörde ermächtigt, einen unvollständigen Planfeststellungsbeschluss zu erlassen und die Regelung bestimmter erforderlicher Teilfragen einem ergänzenden Planfeststellungsbeschluss vorzubehalten.[388] Damit erlaubt Abs 3 einen sog **Konflikttransfer**, dh das Verschieben der Lösung eines durch das Vorhaben aufgeworfenen Teilproblems auf nachfolgendes, in diesem Fall eigenes Verwaltungshandeln (s auch Rn 181). Die Rechtsordnung kennt auch Fälle, in denen die Konfliktlösung fremdem Verwaltungshandeln überlassen bleiben darf (wie bei Folgemaßnahmen, s dazu § 75 Rn 10). Sie enthält damit eine **Ausnahme vom Grundsatz der Einheitlichkeit der Planfeststellung** (dessen Kehrseite das grds Verbot des Konflikttransfers ist) und vom Gebot der vollständigen Problembewältigung schon im Planfeststellungsbeschluss (BVerwGE 61, 307, 311). Der Entscheidungsvorbehalt kann **einzelne abtrennbare Teile der Gesamtplanung** betreffen, also des Vorhabens selbst oder isolierbarer Nebenentscheidungen. Vorwiegend werden Vorbehalte für die Nachbesserung oder Präzisierung von **Schutzvorkehrungen** oder für die spätere Festlegung von Ausgleichs- oder Ersatzmaßnahmen nach dem BNatSchG genutzt (Auflagenvorbehalt). Die spezielle Regelung der Zulässigkeit eines Vorbehalts schließt gem § 72 Abs 1 Halbs 1 den Rückgriff auf die allgemeine Regelung über den Auflagenvorbehalt nach **§ 36 Abs 2 Nr 5** aus (BVerwGE 112, 221 Rn 27; StBS § 74 Rn 109). 175

b) Abgrenzung zur Abschnittsbildung. Nicht den engen Voraussetzungen des Abs 3 unterworfen ist die abschnittsweise Planfeststellung für ein Verkehrsvorhaben, zB eine Straße.[389] Ein Entscheidungsvorbehalt ist von Amts wegen zulässig, während eine Abschnittsbildung nur mit dem **Einverständnis des Vorhabenträgers** vorgenommen werden darf. Er muss einen abtrennbaren Teil 176

---

[385] BVerwGE 57, 300; 58, 154; 61, 305; DVBl 1987, 906; Buchh 451.22 § 8 Abs 4 AbfG Nr 3; Knack/Henneke § 75 Rn 80; UL § 41 Rn 34; **aA** Begr 89; Fickert, in: BVerwG-FS 1978, 160 f: außerhalb des Planfeststellungsverfahrens.

[386] VGH München DVBl 1990, 121; VGH Mannheim NVwZ-RR 1990, 1227; Sieder/Zeitler § 10 WHG Rn 1.

[387] BVerwGE 129, 83 (Flughafen Leipzig/Halle).

[388] UL § 41 Rn 35; Ibler JuS 1990, 15; vgl auch BVerwGE 71, 162.

[389] BVerwGE 84, 125; BVerwG UPR 1992, 348; 1993, 66; VBlBW 1992, 459; Broß DÖV 1985, 253; Knack/Henneke 24.

seines Vorhabens vorweg zur Entscheidung stellen und damit die Voraussetzung für eine Abschnittsbildung schaffen (BVerwGE 114, 364). Nach allgemeinen Grundsätzen sachgemäßer Ausübung des Planungsermessens (§ 40) setzt die Planfeststellung eines Abschnitts voraus, dass die Teilung tatsächlich und rechtlich möglich und sinnvoll ist, dass in Betracht kommende Alternativlösungen insb zu kritischen Punkten nicht ausgeschlossen werden (BVerwG DVBl 1989, 511) und der Interessenausgleich für einen größeren Bereich durch die Setzung von Zwangspunkten nicht verhindert wird. Es darf keine Gefahr bestehen, dass es zu einem „Planungstorso" kommt (s näher oben Rn 38). Bei abschnittsweise geplanten Verkehrswegen (zB Straßen, Schienenwege) müssen die Konflikte grds in dem planfestzustellenden Abschnitt gelöst werden. **Unzulässig** ist ein „abschnittsübergreifender Konfliktlösungstransfer", bei dem die Entscheidungen über die Zulassung einer Teilstrecke selbst und über darauf bezogene Kompensationsmaßnahmen auf unterschiedliche Planfeststellungsverfahren zu verschiedenen Abschnitten verteilt werden (BVerwGE 149, 31 Rn 17).

177 **Nicht unter Abs 3** fällt außerdem die **Planung mehrerer selbstständiger, aber aufeinander bezogener Vorhaben,** wie zB für den Bau eines Containerbahnhofs und zugleich für eine Bundesstraße, die dem Anschluss des Containerbahnhofs an das allgemeine Fernverkehrsstraßennetz im Rahmen eines umfassenden Verkehrskonzepts dient. Vielmehr erfordert jedes Vorhaben eine eigene Planfeststellung (BVerwG DÖV 1993, 434), sofern keine notwendige Einheit wegen eines funktionalen Zusammenhangs iS des § 78 vorliegt. Auch wenn die in Frage stehenden Planungen planerisch notwendig aufeinander bezogen sind, so verlangt dies in aller Regel doch nicht, dass die zeitlich frühere Planfeststellung einen Vorbehalt zugunsten der Verwirklichung der späteren enthält.

178 **c) Ermessensentscheidung.** Entgegen dem insoweit missverständlichen Wortlaut („ist ... vorzubehalten") ist die Behörde nach Abs 3 nicht gezwungen, unter Vorbehalt zu entscheiden, wenn die Voraussetzungen dafür an sich gegeben sind. Sie hat vielmehr ein planerisches Ermessen, was sich aus den Verflechtungen der festgestellten und vorbehaltenen Regelungsteile ergibt und daraus, dass der Vorbehalt selbst dem Abwägungsgebot entsprechen muss (BVerwGE 61, 307, 311). Verpflichtet zur Aufnahme eines Vorbehalts in den Planfeststellungsbeschlusses ist sie nur dann, wenn sie sich für den Aufschub einer Teilregelung entscheidet. Anderenfalls kann sie etwa die Erkenntnisbeschaffung intensivieren oder, falls dies unmöglich ist, die **gesamte Entscheidung zurückstellen,** bis eine abschließende Beurteilung auch der Teilfrage möglich wird. Voraussetzung ist, dass dem Antragsteller und Träger des Vorhabens die **Zurückstellung zumutbar** ist. Hat er ein schutzwürdiges Interesse an der Entscheidung unter Vorbehalt, so wird es idR ermessensfehlerhaft sein, eine Entscheidung gem Abs 3 abzulehnen, wenn die Sache im Übrigen entscheidungsreif ist. Ein Interesse des Vorhabenträgers kann dann zu bejahen sein, wenn (wie regelmäßig) Rechtsbehelfe gegen die Entscheidung zu erwarten sind und auf diese Weise die grundsätzliche Zulässigkeit des Vorhabens geklärt werden kann.

179 **d) Ausdrücklichkeit.** Der Vorbehalt nach Abs 3 muss in den Planfeststellungsbeschluss ausdrücklich aufgenommen werden und inhaltlich so bestimmt sein, dass keine Zweifel über Art und Umfang der noch zu treffenden Entscheidungen bestehen.[390] Das Erfordernis der Ausdrücklichkeit ist aus Gründen der Selbstdisziplinierung der Behörde und des Rechtsschutzes der Betroffenen **zwingend**: Die Planfeststellungsbehörde muss sich darüber Klarheit verschaffen, dass und welche Fragen aus welchen Gründen einer späteren Entscheidung vorbehalten bleiben und welche Bedeutung das für die Planung hat. Die Betroffenen müssen erkennen können, in welchem Umfang der Planfeststellungsbeschluss unvollständig ist und ob sie dadurch

390 BVerwG NVwZ-RR 1998, 92; Ziekow Fachplanung § 3 Rn 101.

betroffen sind. Ein stillschweigender Vorbehalt ist unbeachtlich und führt daher zur Unvollständigkeit und damit zur Fehlerhaftigkeit der Entscheidung.

2. Voraussetzungen eines Vorbehalts. a) Abtrennbarkeit. Einer späteren Entscheidung dürfen nur solche **Teilfragen** vorbehalten werden, die mit den zu treffenden Regelungen nicht so eng verwoben sind, dass ihre nachträgliche Bescheidung Rückwirkungen auf den bereits planfestgestellten Teil des Vorhabens hat, etwa indem dieser modifiziert werden muss. Die noch offen bleibenden Regelungen dürfen die bisherige Planung nicht mehr grundlegend infrage stellen können.[391] Positiv gewendet: Die Lösung des offen gehaltenen Problems muss im Rahmen der festzustellenden Regelungen des Beschlusses möglich sein.[392] Das ist nicht der Fall, wenn die mit dem Vorbehalt unberücksichtigt gelassenen Belange ein Gewicht haben, das die Planungsentscheidung nachträglich als unabgewogen erscheinen lassen kann. 180

b) Unmöglichkeit abschließender Entscheidung. Ein Vorbehalt setzt weiter voraus, dass im Zeitpunkt der Planfeststellung eine abschließende Entscheidung „noch nicht möglich" ist. Die Praxis versteht Unmöglichkeit nicht im strikten Sinne, sondern als bloße Untunlichkeit bzw fehlende Spruchreife: Es genügt, dass sich im Zeitpunkt der Entscheidung die für die Bewältigung der Konfliktlage notwendigen Kenntnisse **nicht mit vertretbarem Aufwand** beschaffen lassen (BVerwGE 104, 123; BVerwG NVwZ 1989, 147; NVwZ 1986, 640). Die **objektive Unmöglichkeit** sofortiger Entscheidung kann sich daraus ergeben, dass zur Klärung einzelner Fragen noch umfangreiche Ermittlungen erforderlich sind[393] oder sich entscheidungserhebliche Umstände außerhalb des Einflussbereichs der Behörde später ändern können. Das ist der Fall, wenn sich Regelungen aufgrund absehbarer oder denkmöglicher Planungsänderungen in anderen Planabschnitten als gegenstandslos erweisen könnten (BVerwGE 115, 237) oder bei transnationalen Strecken der Trassenverlauf auf dem Gebiet eines Nachbarstaats geändert werden könnte (BVerwGE 136, 332 Rn 38). Jedenfalls **Untunlichkeit** ist anzunehmen, wenn sich prognostisch oder **messtechnisch bedingte Unsicherheiten** in größerem Umfang nicht ausräumen lassen, was typischerweise bei Erschütterungen der Fall ist, deren Ausmaß sich oft nur mit großen Unsicherheiten vorhersagen lässt. 180a

c) Sicherstellung umfassender Problemlösung. Nach allg Grundsätzen ist ein **Transfer von Problemlösungen** auf nachfolgendes Verwaltungshandeln zulässig, wenn der Planungsträger davon ausgehen darf, dass der ungelöst gebliebene Konflikt im Zeitpunkt der Plandurchführung in einem anderen Verfahren in Übereinstimmung mit seiner eigenen planerischen Entscheidung bewältigt werden wird. Diese Voraussetzung ist erfüllt, wenn die Problemregelung in dem hierfür vorgesehenen (Planungs- oder Genehmigungs)Verfahren zwar noch aussteht, aber nach den Umständen des Einzelfalles bei vernünftiger Betrachtungsweise objektiv zu erwarten ist (BVerwG NVwZ-RR 1995, 322). Daraus ergeben sich Anforderung an das Vorgehen der Behörde und den Inhalt des Planfeststellungsbeschlusses: Der **Planfeststellungsbeschluss** muss bereits alle substantiell wichtigen Fragen regeln und darf nicht nur den Rahmen für die noch erforderlichen Einzelregelungen schaffen.[394] Die Konzeption der Planung und die we- 181

---

[391] S BVerwGE 48, 56; 61, 307 = DVBl 1981, 936; BVerwG NVwZ 1986, 640; VGH München NuR 1981, 64; VGH Mannheim DVBl 1986, 364; VGH Kassel NVwZ 1987, 992.

[392] BVerwGE 102, 331.

[393] Vgl Begr 89, wo dieser Fall sogar als von Abs 3 erfasster Regelfall angesehen wird; Engelhardt BayVBl 1981, 665; der Sache nach wohl ebenso Knack/Henneke 19 unter Hinweis auf BVerwG NVwZ-RR 1997, 217.

[394] VGH Kassel NVwZ 1987, 991: wäre sonst ein Verstoß gegen den Grundsatz der Problembewältigung; vgl auch BVerwGE 71, 162; BVerwG NVwZ 1986, 640.

sentlichen Teile des Plans müssen feststehen.[395] Die grundsätzlichen Interessenkonflikte, die mit dem Vorhaben verbunden sind, müssen bereits hinreichend konkret geregelt sein; aufgeschoben werden dürfen nur einzelne Aspekte der Entscheidung über das „Wie" oder den Umfang späterer Maßnahmen.[396] Der Vorbehalt muss den Anforderungen des Abwägungsgebots gerecht werden (BVerwGE 115, 237 Rn 39; 104, 123, 138 mwN).

181a In der **Übergangszeit** bis zur endgültigen Entscheidung müssen etwaige Belange Betroffener gewahrt werden, in Fällen des Vorbehalts nachträglicher Schallschutzmaßnahmen z. B. durch die Nebenbestimmung, die Einhaltung bestimmter Geräuschpegel bis zur ergänzenden Planfeststellung durch betriebliche Maßnahmen sicherzustellen (BVerwG U v 27.10.1999, 11 A 1.99, juris Rn 20). Zur Gewährleistung alsbaldiger ergänzender Entscheidung ist dem Träger des Vorhabens mit dem Vorbehalt („dabei") aufzugeben, noch fehlende oder von der Planfeststellungsbehörde bestimmte **Unterlagen rechtzeitig vorzulegen** (Abs 3 Halbs 2). Außerdem muss die Behörde die spätere Möglichkeit der Konfliktregelung **hinreichend sicher absehen** können, denn die Folgen einer Fehleinschätzung wären für den Vorhabenträger katastrophal. Die Rspr verlangt daher zweierlei: (1) die **Gewissheit,** dass die vorbehaltene Teilregelung durch spätere Planergänzung innerhalb der Grenzen ihrer verbleibende planerischen Gestaltungsfreiheit, insb abwägungsgerecht, möglich ist[397] und (2) dass die **Lösung** der offen bleibenden Fragen zumindest **in Umrissen eingeschätzt** werden kann (BVerwGE 104, 123, 138; BVerwG DVBl 1988, 596).

181b **Unzulässig** ist ein Vorbehalt, wenn nicht ausgeschlossen werden kann, dass bei der späteren Entscheidung eine andere Lösung der insgesamt zu bewältigenden Probleme geboten erscheinen kann oder das „verlagerte" Problem überhaupt nicht, nicht ausreichend oder ebenso angemessen bewältigt werden kann wie im Ausgangsverfahren.[398] Die Lösung des offen gehaltenen Problems darf auch nicht durch die bereits getroffenen Festlegungen infrage gestellt werden. Das kann der Fall sein, wenn ein Problem nach Fertigstellung der Anlage nicht mehr in gleicher Weise gelöst werden kann wie bei der Planfeststellung selbst, etwa weil eine Nachbesserung fertiger Schallschutzwände an einem Schienenweg unverhältnismäßig teurer würde als bei ihrer Herstellung bereits im Zuge der ursprünglichen Bauarbeiten und deshalb den Anspruch Betroffener auf aktiven Schallschutz einschränken würde (BVerwGE 104, 123 Rn 137).

182 **3. Einzelfälle. a) Vorbehalt von Detailfragen.** Zulässig ist es danach zB, die Frage der künftigen Zuwegung von der Hofstelle zu den Feldern einer **nachfolgenden Flurbereinigung**[399] oder die **Deponierung des Aushubs** (VG Saarlouis VkBl 1992, 40) einer nachfolgenden Regelung vorzubehalten. Das gilt dagegen nicht für die Frage, ob und welche baulichen Anlagen errichtet werden dürfen (VGH Kassel NVwZ 1987, 981) oder wie wesentliche Bestandteile einer Abfalldeponie gestaltet werden müssen (vgl BVerwG DVBl 1992, 715). Unzulässig ist ein Vorbehalt zB bezüglich der grundsätzlichen Zulassung von Anlageteilen (BVerwGE 90, 47).

182a **b) Auflagenvorbehalte. aa) Grundlagen.** Ein Hauptanwendungsfall des Abs 3 ist der Vorbehalt späterer Anordnung oder Änderung von Schutzauflagen

---

[395] BVerwGE 104, 123; 61, 307, 311; 71, 162; BVerwG NVwZ 1997, 908; VGH München DVBl 1990, 120; Obermayer 107; StBS 202; Knack/Henneke 18, 20.

[396] Paetow DVBl 1985, 373; Schröder/Steinmetz-Maaz DVBl 1992, 27 mwN; Gaentzsch, in: Sendler-FS 1991, 423.

[397] BVerwGE 102, 331; 61, 307; 71, 162; kritisch Engelhardt BayVBl 1981, 665.

[398] Vgl Stüer BayVBl 1990, 41; Knack/Henneke 19.

[399] BVerwG DVBl 1988, 535; Haselhoff DVBl 1989, 597; Knack/Henneke 21; zT **aA** VGH Mannheim NuR 1990, 167.

iSd Abs 2 S 2.[400] Bedarf für nachgezogenen Schutz kann sich in der Bauphase ergeben (s Rn 182d), aber auch in der regulären Nutzungsphase einer Anlage. Die Unmöglichkeit sofortiger Entscheidung folgt, sofern alle Unterlagen vorhanden sind, durchweg aus **Prognoseunsicherheiten.**[401] Der Ausgangspunkt der Rspr ist insofern streng: Schutzmaßnahmen dürfen nur als Ausgleich für Beeinträchtigungen verfügt werden, die sich bei Planfeststellung prognostisch abschätzen lassen. Die jeder Prognose (etwa über die künftige Verkehrsentwicklung) anhaftende Unsicherheit (das „Prognoserisiko") darf nicht durch einen Auflagenvorbehalt aufgefangen werden, mit dem eine „Lärmschutzgarantie" gegeben werden soll (BVerwGE 112, 221). Planungsträger dürfen sich nicht durch das Hinausschieben gebotener Regelungen ihrer Verantwortung entziehen, die Auswirkungen eines Vorhabens möglichst genau zu beschreiben und für sie schon im Zeitpunkt der Zulassung eine angemessenen Lösung zu entwickeln. Nur dann, wenn sich bei Erlass des Planfeststellungsbeschlusses nachteilige Wirkungen weder mit hinreichender Zuverlässigkeit voraussagen noch dem Bereich nicht voraussehbarer Wirkungen zuordnen lassen, die Ansprüche nach § 75 Abs 2 S 2–4 auslösen, darf der Ausgleich einer späteren Entscheidung vorbehalten bleiben. Diese Voraussetzungen liegen vor, wenn sich die konkrete Möglichkeit abzeichnet, dass und welche nachteilige Wirkungen in absehbarer Zeit eintreten werden, ihr **Ausmaß** sich jedoch noch nicht abschätzen lässt.

bb) Sind abweichende Entwicklungen zu besorgen, die nicht mit hin- 182b
reichender Sicherheit prognostiziert werden können, gilt Entsprechendes. So darf die Entscheidung über Schutzvorkehrungen unter den Vorbehalt einer erneuten Prüfung gestellt werden, falls sie sich aufgrund absehbarer oder denkmöglicher Planungsänderungen in anderen Planabschnitten als gegenstandslos erweisen sollten (BVerwGE 115, 237; VGH Mannheim VBlBW 1992, 428 zu Gradientenänderungen eines abschließenden Streckenabschnitts). Es ist dem Vorhabenträger nicht zumutbar, auf bloßen Verdacht hin die Kosten für Schutzmaßnahmen zu tragen, die sich nachträglich als überflüssig erweisen können (BVerwG NVwZ 2004, 340 zu Erschütterungsschutzmaßnahmen). Hat die Behörde im Planfeststellungsbeschluss die erforderlichen Schutzmaßnahmen verfügt, darf sie sich aber die nachträgliche Festsetzung, Änderung oder Ergänzung von Auflagen für den Fall vorbehalten, dass sich die dem Planfeststellungsbeschluss zugrunde gelegten tatsächlichen oder rechtlichen Verhältnisse zulasten der Betroffenen ändern oder sich insoweit ein Wandel abzeichnet (BVerwGE 125, 116 Rn 356; 87, 332, 351).

cc) Problematisch ist der Vorbehalt im Hinblick auf **Ausgleichs- und Er-** 182c
satzmaßnahmen, die nach der naturschutzrechtlichen Eingriffsregelung erforderlich sind.[402] Von der Eingriffsintensität und dem Grad nötiger Kompensation durch Ausgleichs- und Ersatzmaßnahmen kann abhängen, wie die Vorzugswürdigkeit von Trassenvarianten zu beurteilen sind. Behält die Behörde Ersatzmaßnahmen einer ergänzenden Planfeststellung vor, könnte sich später herausstellen, dass sie aus der Sicht der Belange von Natur und Landschaft nicht die beste Variante gewählt hat, was Rückwirkungen auf das Abwägungsgeflecht hätte. Dies muss sie bei einem Vorbehalt nach Abs 3 ausschließen. Dazu ist aber nicht stets schon die Entwicklung und vergleichende Gegenüberstellung ausgearbeiteter Konzepte für Ausgleichs- und Ersatzmaßnahmen erforderlich. Häufig wird bereits eine summarische Betrachtung ein ausreichendes Bild über Kompensations-

[400] BVerwGE 61, 312; 57, 301; VGH Mannheim VBlBW 1991, 453; Obermayer 107; Ziekow Fachplanung § 3 Rn 96; UL § 41 Rn 32.

[401] BVerwG NVwZ 2014, 1454, 1460 (Albabstieg) für messtechnische Unsicherheiten von 15% bei sekundärem Luftschall (Tunnelausgang)

[402] BVerwGE 102, 331, 346; BVerwG NVwZ-RR 1997, 313; 1995, 322; VGH Mannheim VBlBW 1995, 275, 279.

möglichkeiten bei den verschiedenen Trassenvarianten und deren unterschiedliche Wertigkeit ergeben. Darauf aufbauend genügt es, wenn **Art und Umfang sowie die grundsätzliche Durchführbarkeit** der Ausgleichs- und Ersatzmaßnahmen feststehen.[403] Entspr darf die Anordnung von **Kohärenzausgleichsmaßnahmen** gem Art 6 Abs 4 FFH-RL vorbehalten bleiben, wenn durch Einzelregelungen insgesamt sichergestellt ist, dass alle Ausgleichsmaßnahmen ergriffen werden, die notwendig sind, um die globale Kohärenz von Natura 2000 zu schützen (BVerwG NVwZ 2006, 823).

182d **c) Fragen der Bauausführung.** Erhebliche Bedeutung hat der Vorbehalt nach Abs 3 iR der Durchführung des Plans erlangt.[404] Die Detailplanung zur Bauausführung darf nach tradierter Rspr aus der Planfeststellung ausgeklammert und der Ausführungsplanung werden, sofern sie lediglich technische und **nach dem Stand der Technik lösbare Probleme** aufwirft. Das darf angenommen werden, wenn zur Lösung der absehbaren Probleme taugliche technische Regelwerke zur Verfügung stehen oder auf andere Weise die Wahrung technischer Standards sichergestellt ist (BVerwG NVwZ 2002, 1121; NVwZ-RR 1998, 92). In diesen Fällen genügt es, dem Vorhabenträger aufzugeben, seine Ausführungsplanung vor Baubeginn der Planfeststellungsbehörde zur Prüfung und Genehmigung vorzulegen (BVerwGE 133, 239 Rn 97). Soweit aber schon in der Bauphase **abwägungserhebliche Belange** berührt werden, muss hierfür nach dem Grundsatz der umfassenden Konfliktbewältigung eine Lösung **bereits im Planfeststellungsbeschluss** entwickelt werden. Dazu sind die bauzeitlichen Belastungen aus Immissionen schon in der UVP hinreichend zu untersuchen (s § 63 Rn 48).

182e Für eine angemessene Problembewältigung genügt insoweit, wenn die Behörde in ihrem Planfeststellungsbeschluss die **Eckpunkte festlegt,** bei deren Beachtung den berührten Belangen Rechnung getragen ist. Für ein angemessenes Schutzkonzept kann es ausreichen, Grenzwerte für einzelne Immissionen nebst Mess- oder Berechnungsverfahren festzulegen (wie nach der AVV Baulärm) sowie bei absehbarem Überschreiten die Folgen zu regeln. Hierzu können aktive und passive Vorkehrungen angeordnet werden (zB Bauzeitbeschränkungen, Verpflichtung auf geräuscharme Geräte und Bauverfahren, mobile Schallschutzwände und hilfsweise Entschädigungsansprüche dem Grunde nach). Es wäre allerdings eine völlige Überforderung und würden über den Zweck der Problembewältigung hinausgehen, wollte man fordern, dass die Behörde nach Ort und Zeit jedes Detail der Bauausführung festschreibt. Bedarf die Problemlösung wegen nicht hinreichender Absehbarkeit der Konflikte (zB weil ein Baulärmgutachten noch nicht vorliegt) einer weiteren planerischen Konkretisierung, erlaubt die Rspr, die abschließende Entscheidung gem Abs 3 einem späteren Verfahren auf Planergänzung vorzubehalten (BVerwGE 139, 150 Rn 50; 102, 331, 346; 104, 123, 138).

183 **4. Wirkungen eines Vorbehalts.** Ein Entscheidungsvorbehalt iSd Abs 3 hält einerseits die Zulassung des Gesamtvorhabens hins der vorbehaltenen Frage offen und bildet andererseits die Grundlage für ein nachfolgendes Planergänzungsverfahren, das so bald wie möglich durchgeführt werden soll. Behält der Beschluss die Zulassung eines Vorhabenteils (etwa die Trassenführung eines Teilstücks) einer ergänzenden Entscheidung vor, kann insofern die Genehmigungswirkung der Planfeststellung (§ 75 Abs 1 S 1 Halbs 1) nicht eintreten. Das Vorhaben wird insoweit nicht von dem Bauverbot des fachplanungsrechtlichen Erlaubnisvorbehalts (wie § 18 S 1 AEG) befreit, der Vorhabenträger darf das Teilstück kraft Ge-

---

403 Problematisch insoweit OVG Hamburg NordÖR 2005, 470 (Mühlenberger Loch); OVG Hamburg NordÖR 1998, 80 Rn 94 (Altenwerder).

404 Vgl BVerwG, U v 8.9.2016 – 3 A 5.15 – juris Rn 26 ff und BVerwGE 150, 92 Rn 12.

setzes nicht realisieren. Um diese Rechtsfolge herbeizuführen, bedarf es keiner gerichtlichen Aussetzungsentscheidung nach § 80 Abs 5 VwGO (BVerwG Buch 316 § 75 VwVfG Nr 28). Ob der Vorhabenträger den Planfeststellungsbeschluss wegen des fehlenden Entscheidungsteils bis zur abschließenden Entscheidung nicht ausnutzen darf, ist im Einzelfall zu prüfen. Regelmäßig wird die Bauausführung des Vorhabens zulässig sein und die dauerhafte Inbetriebnahme von der ergänzenden Planfeststellung abhängig sein.

XII. Zustellung und öffentliche Bekanntmachung (Abs 4 u 5)

1. Allgemeines. Die Regelungen in Abs 4, 5 über die Zustellung bzw die öffentliche Bekanntmachung von Planfeststellungsbeschlüssen und teilweise auch für Plangenehmigungen (vgl Abs 6 S 2) verdrängen die Vorschriften über die Bekanntgabe nach § 41, die für im allgemeinen Verwaltungsverfahren erlassene VAe eine Bekanntgabe vorsehen (vgl § 41 Abs 5). Sie sind einerseits Ausdruck der **gesteigerten Bedeutung des Planfeststellungsbeschlusses,** mit dessen Wirksamkeit weitreichende Gestaltungs- und Ausschlusswirkungen ausgelöst werden, andererseits Ausdruck der Notwendigkeit, die Bekanntgabe einer Vielzahl von Personen gegenüber zu bewirken, was regelmäßig auf praktische Schwierigkeiten stößt. Die wirksame Zustellung ist gem § 43 Abs 1 **Voraussetzung der Wirksamkeit** gegenüber den Beteiligten und den Betroffenen. Die etwas unübersichtlichen Regelungen unterscheiden die Individualzustellung (Abs 4 S 1), die Zustellungsfiktion im sog Auslegungsverfahren (Abs 4 S 2, 3) und den Ersatz der Individualzustellung durch die öffentliche Bekanntmachung in den Fällen des Abs 5. Daneben ist § 41 nicht anwendbar. 184

2. Individualzustellung (Abs 4 S 1). Die in Abs 4 vorgeschriebene Individualzustellung richtet sich nach den einschlägigen Bestimmungen des Zustellungsrechts: Planfeststellungsbeschlüsse, die von Bundesbehörden erlassen werden (zB vom Eisenbahn-Bundesamt nach dem AEG), werden nach dem VwZG des Bundes, Planfeststellungsbeschlüsse der Landesbehörden nach den jeweiligen landesrechtlichen Zustellungsbestimmungen zugestellt. Zu den Zustellungsregelungen s ausführlich § 41 Rn 58 ff. Bei Zustellungsmängeln sind die Heilungsvorschriften (vgl zB § 8 VwZG) zu beachten (§ 41 Rn 77). 185

a) Adressaten der Individualzustellung. Nach der Novellierung des Abs 4 S 1 durch das PlVereinhG muss eine Individualzustellung nur noch gegenüber den im engeren Sinne Beteiligten erfolgen, nämlich gegenüber dem **Vorhabenträger** selbst, den **Einwendern,** über deren Einwendungen entschieden wurde, deren Einwendungen also nicht erledigt werden konnten, und den anerkannten **Vereinigungen** des Umwelt- und Naturschutzrechts, über deren Stellungnahmen entschieden worden ist. 186

Gestrichen wurde die **Pflicht zur Zustellung** gegenüber den **nicht ortsansässigen Betroffenen,** deren Person und Aufenthalt bekannt sind oder sich innerhalb angemessener Zeit ermitteln lassen (die Ausmärker iSd § 73 Abs 5 S 3), für die eine Individualzustellung bisher unabhängig davon vorgeschrieben war, ob sie Einwendungen erhoben hatten. Ihnen wird künftig nur noch dann eine individuelle Zustellung zuteil, wenn sie Einwendungen erhoben hatten, die nicht erledigt werden konnten. Diese Neuregelung ist Teil eines Kompromisses: In den vom IPBeschlG erfassten Fachplanungsgesetzen wurde auf die rechtlich problematische Abweichung[405] von der Benachrichtigungspflicht der nicht ortsansässigen Betroffenen in § 73 Abs 5 S 3 verzichtet, dafür wurde umgekehrt in Abs 4 S 1 auf die individuelle Zustellung des Plans an diesen Personenkreis für alle 186a

[405] S hierzu § 73 Rn 112.

Planfeststellungsverfahren verzichtet. Davon erhofft sich der Gesetzgeber eine Reduzierung des Verwaltungsaufwands (BT-Drs 17/9666 S 19).

187 **aa) Als Einwender** werden diejenigen Personen erfasst, über deren Einwendungen tatsächlich entschieden worden ist. Auf die Art der Entscheidung bzw die Gründe der Zurückweisung oder ihre Berechtigung kommt es nicht an. Erfasst werden deshalb auch diejenigen Einwender, deren Einwendungen als verspätet oder aus anderen Gründen als unzulässig zurückgewiesen wurden.[406] Die Vorschrift dürfte auf irrtümlich unbeschiedene Einwender **entspr anwendbar** sein, also auf Personen, die zwar Einwendungen erhoben haben, über die aber infolge eines Versehens keine Entscheidung getroffen wurde, etwa weil die Behörde irrtümlich davon ausgegangen ist, die Einwendungen seien erledigt. Auch ihnen gegenüber müsste eine Individualzustellung erfolgen.

187a **bb) Anerkannte Umwelt- und Naturschutzvereinigungen** (s § 75 Rn 90 ff) haben ebenfalls einen Anspruch auf Individualzustellung, wenn sie sich mit Stellungnahmen am Verfahren beteiligt haben und über diese Stellungnahmen entschieden worden ist bzw hätte entschieden werden müssen. Da die Vereinigungen nunmehr mit den Betroffenen im Einwendungsverfahren gleichgestellt worden sind (§ 73 Abs 4; s dazu § 73 Rn 61), ist es konsequent, dass auch sie einen Anspruch auf Individualzustellung nach Abs 4 S 1 haben, wenn ihre Stellungnahmen im Verwaltungsverfahren nicht erledigt werden konnten.

188 **b) Anforderungen an die Zustellung.** Zuzustellen sind nur der Planfeststellungsbeschluss als solcher, dh der **Entscheidungssatz (Tenor)** und die **Begründung,**[407] nicht auch die einzelnen festgestellten Planunterlagen (BVerwG NJW 1984, 189; VGH München NVwZ 1982, 128), ferner die **Rechtsbehelfsbelehrung** (Wahl NVwZ 1990, 433). Überschreitet die Zahl der erforderlichen Zustellungen die Zahl 50, kann die Behörde nach Abs 5 vorgehen und die Individualzustellung durch die dort vorgesehene öffentliche Bekanntmachung ersetzen (s unten Rn 195 ff). Das Verfahren bei der Individualzustellung richtet sich (wie nach § 69 Abs 2) bei Planfeststellungsverfahren vor Bundesbehörden nach dem VwZG, bei Landesbehörden nach dem Verwaltungszustellungsgesetz des jeweiligen Landes (s hierzu näher § 41 Rn 58 ff).

189 **3. Auslegung und Bekanntmachung (Abs 4 S 2). Unabhängig** zur Zustellung nach Abs 4 S 1 schreibt Abs 4 S 2 und 3 die **Auslegung des Planfeststellungsbeschlusses für einen Zeitraum von 2 Wochen** nach ortsüblicher Bekanntmachung darüber vor. Mit der öffentlichen Bekanntgabe durch Auslegung einer Ausfertigung des Planfeststellungsbeschlusses in den Gemeinden und die ortsübliche Bekanntmachung von Ort und Zeit der Auslegung gem Abs 4 S 2 und 3 wird sichergestellt, dass die Planfeststellung nicht einzelnen Betroffenen gegenüber unwirksam bleibt und ihnen gegenüber nicht in Unanfechtbarkeit erwachsen kann, zB weil die Behörde einzelne Beteiligte nicht kennt (Begr 89). Im Einzelnen ist die Regelung § 41 Abs 3–4 und § 73 Abs 3–6 nachgebildet. Unterbleibt die öffentliche Bekanntmachung oder ist sie fehlerhaft, so berührt dies nicht die Wirksamkeit des Planfeststellungsbeschlusses gegenüber denjenigen Betroffenen, denen nach Abs 4 S 1 zugestellt wurde.

190 **a) Einzelheiten der Auslegung.** Weitergehend als bei der Individualzustellung umfasst die Auslegung nach Abs 4 S 2 nicht nur den Planfeststellungsbeschluss mit dem verfügenden Teil (Tenor), den Gründen und der Rechtsbehelfsbelehrung (Knack/Henneke 39), sondern **den gesamten festgestellten Plan,** dh alle Planunterlagen, auf die sich der Planfeststellungsbeschluss bezieht und die damit Teil der Planfeststellung geworden sind. Hierzu gehören insb die Karten

406 StBS 207; wohl auch Knack/Henneke 38; Ziekow Fachplanung § 3 Rn 114.
407 StBS 206; Knack/Henneke 34; FKS 21.

mit den festgestellten Planungen. Nicht dazu gehören die sonstigen Planungsakten und Unterlagen.

Auszulegen ist der Beschluss analog § 73 Abs 2 in allen **Gemeinden, in denen sich das Vorhaben voraussichtlich auswirken wird,** dh idR in den Gemeinden, in denen der Planentwurf auch schon zur Durchführung des Anhörungsverfahrens ausgelegen hat. Nach der Änderung des § 73 Abs 2 durch das PlVereinhG kommt es auf die voraussichtlichen Auswirkungen an. Insoweit ist also eine **ordnungsgemäße Prognose über den Einwirkungsbereich** ausreichend (s dazu § 73 Rn 43). Allerdings kann diese Prognose gegenüber der vor der Auslegung im Anhörungsverfahren zu erstellenden Prognose abweichen: Abhängig vom Inhalt des Planfeststellungsbeschlusses kann eine Auslegung in weiteren Gemeinden erforderlich sein oder umgekehrt auch in einzelnen Gemeinden, in denen der Plan ausgelegt war, entbehrlich sein und deshalb entfallen (Knack/Henneke 39; Fickert 489). Hinsichtlich der Art und Weise der Auslegung gilt dasselbe wie für § 73 Abs 3 (s hierzu näher § 73 Rn 42 ff). 190a

b) Ortsübliche Bekanntmachung der Auslegung. Nach Abs 4 S 2 Halbs 2 sind Ort und Zeit der Auslegung ortsüblich bekanntzumachen. Ebenso wie die Neufassung des § 73 Abs 5 S 1 enthält Abs 4 keine Regelung darüber, wie viele Tage vor Beginn der Auslegung diese Bekanntmachung zu erfolgen hat. Die Vorschrift verlangt zumindest nicht ausdrücklich, dass die Bekanntmachung eine angemessene Zeit vorher erfolgen muss. Nach hM ist eine **Mindestfrist vor Beginn der Auslegung nicht einzuhalten.**[408] Die ortsübliche Bekanntmachung von Ort und Zeit der Auslegung des Planfeststellungsbeschlusses muss – anders als der auszulegende Beschluss selbst (Knack/Henneke 39) – nicht mit einer Rechtsbehelfsbelehrung versehen sein (BVerwG NVwZ 1988, 364). Die **Anforderungen an die Ortsüblichkeit** der Bekanntmachung entsprechen denen in § 73 Abs 5 (s hierzu näher § 73 Rn 106). Seit Inkrafttreten des PlVereinhG muss die ortsübliche Bekanntmachung nach § 27a durch eine Veröffentlichung auf der Internetseite der Behörde ergänzt werden. 191

c) Auslegungsfehler. Eine **Verletzung der Vorschriften** gem Abs 4 S 2 und S 3 Halbs 2 über die Auslegung in den Gemeinden und die ortsübliche Bekanntmachung darüber sowie über die Zustellungsfiktion hat nur die Folge, dass der Planfeststellungsbeschluss nicht als gem S 3 Halbs 1 den übrigen Betroffenen zugestellt gilt; **nicht berührt wird die Wirksamkeit der Zustellung** gem Abs 4 S 1 gegenüber den bekannten Betroffenen und gegenüber denjenigen, die unter Angabe von Namen und Anschrift ordnungsgemäß Einwendungen erhoben haben und über deren Einwendungen entschieden worden ist. 192

4. Zustellungsfiktion (Abs 4 S 3). Mit dem Ende der Auslegungsfrist gilt gem Abs 4 S 3 die Zustellung gegenüber allen unbekannten Betroffenen als bewirkt, nicht aber gegenüber dem Träger des Vorhabens und gegenüber den bekannten Beteiligten und Einwendern. Die Rechtsbehelfsfrist läuft vom Beginn des ersten Tages nach Ablauf der zweiwöchigen Auslegungsfrist, und zwar auch dann, wenn die Auslegungszeit länger als zwei Wochen dauerte (Knack/Henneke 41). Für den **Träger des Vorhabens** und die sonstigen **bekannten Beteiligten** ist für den Lauf der Rechtsbehelfsfristen die **individuelle Zustellung maßgebend** (s Rn 194). Wird der Planfeststellungsbeschluss in mehreren Gemeinden ausgelegt, so laufen die Rechtsbehelfsfristen an sich für jede Auslegung gesondert und bei unterschiedlichem Beginn der Auslegung auch entsprechend unterschiedlich. Da die Auslegung an den verschiedenen Orten 193

---

408 Knack/Henneke 40, StBS 211; Obermayer 129: Auslegung darf am Tage nach der Bekanntmachung beginnen.

gleichwertig erfolgt und das Gesetz insoweit nicht auf den Wohnsitz oder Aufenthaltsort abstellt, richtet sich der Lauf der Rechtsbehelfsfrist für Betroffene, denen nicht individuell zugestellt worden ist, praktisch nach dem Ablauf der Auslegungsfrist in der Gemeinde, in der die Auslegung am spätesten erfolgt ist. Grundsätzlich sollte die Planfeststellungsbehörde jedoch dafür sorgen, dass die Auslegung möglichst in allen Gemeinden am gleichen Tag beginnt.

194 **Keine Wirkung entfaltet die Zustellungsfiktion** gegenüber den der Behörde bekannten Beteiligten, den Einwendern und dem Träger des Vorhabens.[409] Insoweit kommt es auf die individuelle Zustellung nach Abs 4 S 1 an. Insofern hilft es auch nichts, dass die ortsübliche Bekanntmachung nach Abs 4 S 3 an sich zugleich auch den Erfordernissen der öffentlichen Bekanntmachung nach § 41 Abs 3–4 genügt, wenn man den Planfeststellungsbeschluss als Allgemeinverfügung iS von § 35 S 2 und § 41 Abs 3 S 2 ansieht; denn diese Vorschriften gelten nach § 41 Abs 5 nur vorbehaltlich bestehender Vorschriften über die Bekanntgabe mittels Zustellung. Nach Abs 4 S 1 aber ist Zustellung an bekannte Beteiligte ausdrücklich vorgeschrieben.

XIII. Öffentliche Bekanntmachung (Abs 5)

195 **1. Voraussetzungen für ein Vorgehen nach Abs 5.** Abs 5 ermächtigt die Behörde, auf Individualzustellungen des Planfeststellungsbeschlusses nach Abs 4 S 1 zu verzichten und ihn stattdessen öffentlich bekanntzumachen. Die Regelung erklärt sich aus dem Interesse an der Vereinfachung des Verfahrens in Fällen, in denen **mehr als 50 Zustellungen** vorzunehmen sind. Ob sie hiervon Gebrauch macht, steht in ihrem Ermessen, bei dessen Betätigung stets zu berücksichtigen ist, dass die öffentliche Bekanntmachung den effektiven Rechtsschutz für die Betroffenen erschwert.[410] Die öffentliche Bekanntmachung ersetzt dann die gem Abs 4 S 1 sonst erforderlichen individuellen Zustellungen.[411] Die Bekanntmachung muss nach Inkrafttreten des PlVereinhG gem § 27a durch eine **Veröffentlichung auf der Internet-Seite** der Behörde ergänzt werden.

Die öffentliche Bekanntmachung nach Abs 5 **ersetzt nicht die ortsübliche Bekanntmachung** der Auslegung nach Abs 4 S 2, kann aber mit ihr zusammen erfolgen (StBS 214). Im Einzelnen entspricht Abs 5 im Wesentlichen der Regelung in § 69 Abs 2 S 2–5. Die unterschiedlichen Regelungen nach Abs 4 und Abs 5 sind dadurch gerechtfertigt, dass die Personen, die sich nicht mit Einwendungen am Verfahren beteiligt haben, ohnehin erst den mit einer Rechtsbehelfsbelehrung ausgelegten Planfeststellungsbeschluss einsehen müssen, um ihre Rechtsbetroffenheit zu erkennen und zu entscheiden, ob sie Rechtsmittel einlegen wollen (BVerwG NVwZ 1988, 364).

196 **2. Verhältnis zur Individualzustellung.** Abs 5 schränkt die Notwendigkeit, nicht aber die Zulässigkeit und Wirksamkeit der Individualzustellung ein. Die allgemeine Befugnis der Planfeststellungsbehörde nach Abs 4 bleibt vielmehr unberührt, nach Ermessen auch im Fall einer öffentlichen Bekanntmachung des Planfeststellungsbeschlusses einzelnen Betroffenen, insb den Hauptbetroffenen, eine Ausfertigung des Planfeststellungsbeschlusses auch individuell gem Abs 4 zuzustellen (Knack/Henneke 53). **Gegenüber dem Antragsteller** wird zu

---

409 UL § 41 Rn 39; Knack/Henneke 41; StBS 212; Obermayer 133.

410 Gleichwohl werden keine durchgreifenden Bedenken gegen die Verfassungsmäßigkeit der Vorschrift erhoben; vgl StBS 214; Knack/Henneke 44; Ziekow Fachplanung § 3 Rn 118; zur früheren Regelung, bei der der Schwellenwert noch bei 300 Zustellungen lag, s BVerfG NJW 1985, 729; BVerwGE 67, 206, 209; krit Blümel VerwArch 1982, 5.

411 Knack/Henneke 51, 53; Bambey DVBl 1984, 376; **aA** Fickert 496 f.

Recht sogar eine fortbestehende **Pflicht zur Individualzustellung** nach Abs 4 S 1 angenommen (UL § 41 Rn 39; Knack/Henneke 45; Obermayer 138). In diesem Fall laufen die Rechtsbehelfsfristen ab der Individualzustellung,[412] auch wenn im Einzelfall die Zustellungswirkung gem Abs 5 S 3 schon vorher eintritt (str).

3. Verfahren der öffentlichen Bekanntmachung. a) Gegenstand. Gem Abs 5 S 2 wird die öffentliche Bekanntmachung dadurch bewirkt, dass der verfügende Teil des Planfeststellungsbeschlusses, die Rechtsbehelfsbelehrung und ein Hinweis auf die Auslegung nach Abs 4 S 2 im Amtlichen Anzeiger und in örtlichen Tageszeitungen bekannt gemacht werden. Das Vorhaben mit seinen wesentlichen Maßnahmen und den hierzu getroffenen Regelungen muss so genau bezeichnet werden, dass die Bekanntmachung die **Anstoßfunktion** erfüllt und die potentiell Betroffenen veranlasst, sich weitergehend zu informieren.[413] IdR ist dafür nicht die Bekanntmachung des gesamten Planfeststellungsbeschlusses erforderlich, sondern nur eine **Bekanntmachung des verfügenden Teiles** bzw einer Zusammenfassung des wesentlichen Inhalts des verfügenden Teils[414] ohne die Schutzauflagen nach Abs 2 S 2; insoweit genügt gem S 2 letzter Halbs ein genereller Hinweis ohne nähere Spezifizierung (VGH München NVwZ 1982, 129). Für sonstige Nebenbestimmungen, die nicht Auflagen sind, gilt diese Erleichterung ebenfalls; S 2 letzter Halbs ist insoweit analog anwendbar (VGH München NVwZ 1982, 129; Knack/Henneke 49). 197

b) Umfang der Bekanntmachung. In die Bekanntmachung aufzunehmen sind außerdem die **Rechtsbehelfsbelehrung** gem § 58 VwGO, eine etwa verfügte **Vollziehbarkeitsanordnung** (Blümel VerwArch 1982, 22), der **Hinweis nach Abs 4 S 2** auf die Auslegung des vollständigen Planfeststellungsbeschlusses in den Gemeinden, der **Hinweis gem Abs 5 S 3 letzter Halbs** auf die Zustellungswirkung der Auslegung des Planfeststellungsbeschlusses mit dem Ende der Auslegungsfrist und der **Hinweis gem Abs 5 S 4 letzter Halbs** auf das Recht zur Anforderung einer Ausfertigung des Planfeststellungsbeschlusses. Die Bekanntmachung erfolgt auf Veranlassung und auf Kosten der Planfeststellungsbehörde (Knack/Henneke 50). Die Bekanntmachung erfolgt im amtlichen Veröffentlichungsblatt und in örtlichen Tageszeitungen (Abs 5 S 2). 198

c) Auslegung. Wie bei der ortsüblichen Bekanntmachung gem Abs 4 ist auch bei einer öffentlichen Bekanntmachung gem Abs 5 zusätzlich zur Bekanntmachung des verfügenden Teils des Planfeststellungsbeschlusses und der Rechtsbehelfsbelehrung eine **Ausfertigung des gesamten Beschlusses** (einschließlich der schriftlichen Begründung gem Abs 1) mit einer Rechtsbehelfsbelehrung und einer Ausfertigung des festgestellten Planes entspr Abs 4 S 2 **in den Gemeinden zwei Wochen zur Einsicht** auszulegen; darauf ist in der öffentlichen Bekanntmachung hinzuweisen. 199

Eine **Verletzung der Auslegungspflicht** gem Abs 5 S 2, Abs 4 S 2 hat im Gegensatz zu einer Verletzung der übrigen Erfordernisse gem S 2 und S 3, 2. Halbs nicht die Unwirksamkeit der Bekanntgabe des Planfeststellungsbeschlusses gegenüber den Betroffenen zur Folge und hindert auch nicht, dass die Zustellungsfiktion gem S 3 1. Halbs eintritt, sondern stellt nur einen sonstigen Verfahrensfehler dar (str, **aA** FKS 29), denn sie betrifft nicht die Bekanntgabe des 200

[412] Bambey DVBl 1984, 376 f; Knack/Henneke 53.

[413] BVerwGE 67, 206, 213; BVerwG NVwZ 2013, 284, 286 (Flughafen Schönefeld); STBS 217.

[414] S § 69; für Zulässigkeit insb BVerwGE 67, 206, 213; BVerwG DVBl 1985, 110; VGH München DVBl 1982, 209; StBS 217 f; Henle BayVBl 1981, 10; Obermayer 142 – Anstoßwirkung genügt, wenn der volle Inhalt anderswo eingesehen werden kann; Breuer, in: Sendler-FS 1991, 370; Knack/Henneke 47 f; **aA** Blümel VerwArch 1982, 5 ff.

verfügenden Teils. Soweit ein Betroffener dadurch jedoch gehindert ist, die Gründe des Planfeststellungsbeschlusses zu erfahren, gilt § 45 Abs 3 entsprechend. Das Fehlen oder die Fehlerhaftigkeit der Rechtsbehelfsbelehrung in der Bekanntmachung hat gem § 58 Abs 2 VwGO nur Folgen für den Lauf der Rechtsbehelfsfristen.

201 4. **Zustellungsfiktion.** Gem Abs 5 S 3 tritt mit dem Ende der Auslegungsfrist die Zustellungswirkung **gegenüber allen Betroffenen** unabhängig davon ein, ob sie der Behörde bekannt waren oder nicht, sowie gegenüber allen, die im Verfahren Einwendungen erhoben haben (Bambey DVBl 1984, 376). Wie gem Abs 4 S 3 beginnt auch hier der Lauf der Rechtsmittelfrist einen Tag nach dem letzten Tag der Auslegungsfrist. Findet eine Individualzustellung statt, so ist für den Lauf der Rechtsbehelfsfrist allein diese maßgebend.

202 5. **Anforderung des Planfeststellungsbeschlusses (Abs 5 S 4).** Nach Abs 5 S 4 haben diejenigen, die im Verfahren Einwendungen erhoben haben – auch solche, über deren Einwendungen im Planfeststellungsbeschluss nicht entschieden wurde – und alle sonstigen Betroffenen **Anspruch auf Zusendung des Planfeststellungsbeschlusses.** Fordert ein Beteiligter gem Abs 5 S 4 den Planfeststellungsbeschluss an, so ist ihm eine Ausfertigung des Planfeststellungsbeschlusses, eine Ausfertigung oder Ablichtung uä des festgestellten Plans oder sonstiger Planunterlagen, soweit der Planfeststellungsbeschluss darauf Bezug nimmt (str), kostenlos[415] zuzusenden (VGH München NVwZ 1982, 128).

202a Die Anforderung muss nach der bisherigen Fassung der Vorschrift **schriftlich** beantragt werden (zur Schriftlichkeit vgl näher § 63 Rn 5 ff). Durch Art 5 G v 29.3.2017 (BGBl I S 626) ist in § 74 Abs 5 S 4 das Wort „schriftlich" durch die Wörter **„oder elektronisch"** ergänzt worden. Die neue Wendung „schriftlich oder elektronisch" erlaubt, dass die Anforderung sowohl in der herkömmlichen Schriftform, mithilfe ihrer elektronischen Ersatzformen nach § 3a Abs 2 (s dazu § 3a Rn 17 ff) als auch grds in der **einfachsten elektronischen Variante,** zB als einfache E-Mail, erfolgen kann. Eine Unterschrift oder ein qualifizierter Herkunftsnachweis wird damit (wie in über 500 anderen Vorschriften des Bundesrechts) für entbehrlich erklärt (Begr GEntw BR-Drs 491/16 S 68 f).

XIV. Plangenehmigung (Abs 6)

203 1. **Allgemeines.** Abs 6 erlaubt es der zuständigen Behörde, unter den Voraussetzungen von S 1 anstelle eines Planfeststellungsverfahrens ein Plangenehmigungsverfahren durchzuführen.[416] Die Plangenehmigung ist VA und planerische Entscheidung (BVerwGE 64, 325, 330) und hat **weitgehend dieselben Wirkungen wie der Planfeststellungsbeschluss;** im Unterschied zur Planfeststellung wird sie aber in einem formlosen Verwaltungsverfahren nach §§ 9 ff getroffen. Nach Abs 6 S 2 HS 2 finden die **Vorschriften über das Planfeststellungsverfahren keine Anwendung.** Eine Ausnahme gilt nach der Novellierung durch das PlVereinhG insoweit, als die **Vorschriften über die Zustellung** in Abs 4 S 1 und Abs 5 anwendbar sind. Es findet, sofern spezialgesetzlich nichts anderes vorgeschrieben ist, **keine obligatorische Öffentlichkeitsbeteiligung** statt. Ziel der Regelung ist es, in Fällen, in denen Rechte Dritter nicht oder – seit der Änderung des Abs 6 S 1 Nr 1 durch das PlVereinhG – nur unwesentlich beeinträchtigt werden, eine **Verkürzung des Zulassungsverfahrens**

---

[415] Obermayer 50; Bambey DVBl 1984, 376; Knack/Henneke 52.

[416] Allgemein zur Plangenehmigung Axer, Die Konzentrationswirkung der Plangenehmigung, DÖV 1995, 495; Ringel, Die Plangenehmigung im Fachplanungsrecht, 1996; Pfeil, Die Voraussetzungen einer Plangenehmigung gem § 18 Abs 2 AEG; Gassner, Zur Gleichstellung der Rechtswirkungen von Planfeststellung und Plangenehmigung, NuR 1996, 492.

zu erreichen (BT-Drs 13/3995 S 10). Ob die zuständige Behörde anstelle eines Planfeststellungsverfahrens ein Plangenehmigungsverfahren durchführt, steht, wenn die Voraussetzungen des Abs 6 S 1 erfüllt sind, grds in ihrem pflichtgemäßen Ermessen (StBS 226). Ein Anspruch des Vorhabenträgers auf Durchführung eines Plangenehmigungsverfahrens anstelle der Planfeststellung oder umgekehrt besteht idR nicht. Allerdings kann das Ermessen im Einzelfall zugunsten des Vorhabenträgers auf Null reduziert sein.

Materiellrechtlich ist die Plangenehmigung wie der Planfeststellungsbeschluss ein VA in der Form der Allgemeinverfügung, weil das Gesetz an sie dieselben Rechtswirkungen knüpft (s Abs 6 S 2 Halbs 1). Sie ist **echte Planungsentscheidung,** für die sämtliche materiellrechtlichen Anforderungen gelten, die für Planfeststellungen zu beachten sind. Insb das **Abwägungsgebot ist uneingeschränkt anwendbar.** Im Plangenehmigungsverfahren sind alle durch das Vorhaben berührten öffentlichen und privaten Belange zu erfassen und abwägend zu einem Ausgleich zu bringen. Der sachliche Prüfungsgehalt der Plangenehmigung unterscheidet sich daher nicht von dem des Planfeststellungsbeschlusses (Kühling/Hermann Fachplanungsrecht, Rn 542). **Nicht anwendbar** sind Abs 2 S 2 u 3 (s Rn 219), weshalb Nebenbestimmungen nur im Rahmen des § 36 in Betracht kommen. 204

a) Entstehungsgeschichte. Eine Plangenehmigung war zunächst nur in einzelnen Fachplanungsgesetzen vorgesehen. Sie wurde durch § 4 VerkPBG im Jahre 1991 auf die Verkehrswegeplanung in den neuen Bundesländern ausgedehnt und sodann durch das Planungsvereinfachungsgesetz v 17.12.1993 (BGBl I 2123) allgemein in die Fachplanungsgesetze der Verkehrswegeplanung übernommen. Durch das **GenBeschlG** wurde das Institut der Plangenehmigung nach entsprechenden Vorschlägen des Bundesrats im Entwurf eines Standortsicherungsgesetzes (BT-Drs 13/1445) allgemein in die Regelungen des Planfeststellungsrechts aufgenommen. Mit dem **PlVereinhG 2013** wurde die Plangenehmigung einerseits entsprechend den bisherigen vom IPBeschlG erfassten Fachplanungsgesetzen auf Fälle erstreckt, in denen Rechte anderer zwar berührt werden, diese Berührung aber unwesentlich ist. Andererseits wurde – entsprechend den Vorgaben der UVP-RL – durch die Einfügung von Abs 1 S 1 Nr 3 sichergestellt, dass Abs 6 insgesamt **auf UVP-pflichtige Vorhaben nicht anwendbar** ist, soweit nicht ausnahmsweise spezialgesetzlich eine Öffentlichkeitsbeteiligung auch im Plangenehmigungsverfahren vorgesehen ist.[417] Damit wurden die entsprechenden bisher fachplanungsrechtlich geregelten Beschränkungen der Anwendbarkeit der Plangenehmigung überflüssig.[418] 205

b) Speziellere Regelungen. Die Zulässigkeit der Plangenehmigung war in den Fachplanungsgesetzen speziell und teilweise abweichend geregelt worden. Insb fanden sich in den Fachplanungsgesetzen überwiegend Regelungen, wonach im Falle der UVP-Pflicht eines Vorhabens eine Plangenehmigung nicht in Betracht kommen sollte. Damit wurde sichergestellt, dass im Falle einer UVP-Pflicht ein Planfeststellungsverfahren durchgeführt wird, weil sich das Plangenehmigungsverfahren als Trägerverfahren für die Durchführung der UVP nicht eignet. Diese Bestimmungen des Fachrechts haben sich mit der Einfügung von Abs 6 S 1 Nr 3 durch das PlVereinhG erledigt (Rn 214). 206

c) Verhältnis zu den Regelungen des UVPG. Das Plangenehmigungsverfahren ist für die Durchführung der UVP **kein geeignetes Trägerverfahren** (s zur Notwendigkeit eines Trägerverfahrens für die UVP § 63 Rn 21, § 72 Rn 35), weil es die in § 9 UVPG in Umsetzung von Unionsrecht vorgesehene 207

---

[417] Letzteres ist allerdings nur selten der Fall; vgl § 17b Abs 1 Nr 5 FStrG.

[418] Dies gilt etwa für § 28 Abs 1a PBefG und § 8 Abs 2 LuftVG, § 17b Nr 1 FStrG, § 18b Nr 1 AEG, § 14b Nr 1 WaStrG und § 2a Nr 1 MbPlG.

Beteiligung der Öffentlichkeit nicht zwingend vorsieht. Deshalb ist durch das PlVereinhG nunmehr in Abs 6 S 1 Nr 3 als zusätzliche Voraussetzung für die Durchführung eines Plangenehmigungsverfahrens bestimmt worden, dass das Vorhaben nicht UVP-pflichtig ist, sofern nicht ausnahmsweise in einem Fachplanungsgesetz auch für die Plangenehmigung eine Beteiligung der Öffentlichkeit vorgesehen ist. Damit trägt das Gesetz der hM Rechnung, wonach als Trägerverfahren für eine UVP nur ein Verfahren in Betracht kommt, in dem die Öffentlichkeitsbeteiligung obligatorisch vorgesehen ist.

208 **2. Voraussetzungen der Plangenehmigung.** Die Voraussetzungen für die Zulässigkeit eines Plangenehmigungsverfahrens anstelle eines Planfeststellungsverfahrens sind in Abs 6 S 1 geregelt. Voraussetzung ist erstens nach Abs 6 Nr 1, dass **Rechte anderer nicht oder nur unwesentlich beeinträchtigt** werden oder die Betroffenen sich mit der Inanspruchnahme ihrer von dem Vorhaben beeinträchtigten Rechte schriftlich einverstanden erklärt haben. Zweite Voraussetzung ist, dass das **Benehmen mit den Trägern öffentlicher Belange** hergestellt worden ist (Abs 6 S 1 Nr 2). Während für die privaten Rechte anderer in Abs 6 S 1 Nr 1 eine materielle Voraussetzung der Plangenehmigung formuliert ist, hat Abs 6 S 1 Nr 2 hinsichtlich der öffentlichen Interessen vom Wortlaut her nur verfahrensrechtlichen Gehalt. Dritte Voraussetzung ist schließlich nach der Neuregelung durch das PlVereinhG, dass das Vorhaben nicht UVP-pflichtig ist oder dass die UVP-Pflicht nach dem anwendbaren Fachrecht auch im Plangenehmigungsverfahren erfüllt werden kann.

209 **a) Keine oder unwesentliche Rechtsbeeinträchtigung, Einverständnis (Abs 6 S 1 Nr 1). aa) Begriff der Rechte anderer.** Der Begriff der Rechte anderer in Abs 6 S 1 Nr 1 ist mit dem Begriff der abwägungserheblichen Belange iS des § 73 Abs 4 nicht identisch. Der Begriff der Rechte ist enger; er ist im Wesentlichen identisch mit dem Begriff der Rechte in Abs 2 S 2 und § 75 Abs 2.[419] Er umfasst diejenigen **Rechte** und rechtlich geschützten Interessen, **die in der planerischen Abwägung nicht überwunden werden können.**[420] Damit werden nicht nur Eigentumsrechte erfasst, auf die zur Verwirklichung des geplanten Vorhabens zugegriffen werden muss, sondern auch alle anderen subjektiven öffentlichen Rechte, die gegen das Vorhaben uU auch im Wege einer Klage vorgebracht werden können. Das Recht auf gerechte Abwägung der eigenen Belange und Interessen (s § 75 Rn 75) ist als solches nicht ausreichend; vielmehr muss es um anderweitig bereits begründete Rechte oder Rechtspositionen gehen, die den Schutz des Abs 2 S 2 genießen (unten Rn 151). Hierzu zählen das Recht auf Vermeidung von Lärmbeeinträchtigungen und andere rechtlich erhebliche Nachteile[421] nur, sofern sie wesentlich sind, dh über das nach Lage der Dinge zumutbare Maß hinausgehen.[422] Maßgeblich ist, ob der Betroffene sich gegen die mit dem Vorhaben verbundenen Beeinträchtigungen seiner Positionen zur Wehr setzen kann (StBS 233; Jarass DVBl 1997, 796). Eine besondere Form des Eingriffs in die Rechte Dritter wird nicht verlangt.

---

[419] Allg Meinung, vgl BVerwG NVwZ 2001, 360; 1998, 1179; 1997, 919; StBS 227; FKS 177; Ziekow Fachplanung Rn 378; Knack/Henneke 160; Rosenbach DVBl 1997, 1224.

[420] BVerwG NVwZ 2001, 90; VGH Mannheim DVBl 2012, 186; OVG Koblenz NVwZ-RR 2011, 549.

[421] Vgl VGH Mannheim DVBl 2012, 186 für die Aufhebung eines Bahnübergangs, der die einzige Zuwegung zu einem landwirtschaftlichen Betrieb darstellt. Einschränkend und problematisch BVerwG NVwZ 1997, 997 für den Neubau einer Bahnunterführung, deren lichte Höhe für die Fahrzeuge des betroffenen Landwirts nicht ausreichend ist.

[422] VGH Mannheim NVwZ 1999, 550; NuR 1996, 34.

bb) Nicht nur unwesentliche Beeinträchtigung. Die Beeinträchtigung muss die **Bagatellgrenze** überschreiten.[423] Dabei geht es jeweils um die Frage, wann von einer Beeinträchtigung einer Rechtsposition gesprochen werden kann bzw welches Schutzniveau normativ vorgegeben ist.[424] Da das Planfeststellungsverfahren gerade der Prüfung dient, ob und inwieweit Rechte Dritter beeinträchtigt werden und wie drohende Konflikte zu lösen sind, kommt eine Plangenehmigung nur in Betracht, wenn eine hinreichend sichere Beurteilung der Frage möglich ist, ob Rechte Dritter nicht nur unwesentlich beeinträchtigt werden können.[425] Bestehen insoweit **ernsthafte Zweifel,** ist ein **Plangenehmigungsverfahren nicht zulässig.** Im Hinblick darauf wird in der Literatur am Plangenehmigungsverfahren teilweise massive Kritik geübt: Die Prognose über die Relevanz des Vorhabens für Rechte Dritter greife in verfassungsrechtlich bedenklicher Weise der gebotenen planerischen Abwägung vor und erscheine zudem fragwürdig im Hinblick auf die Grundrechtsrelevanz der Verfahrensbeteiligung potentiell Drittbetroffener.[426] 210

Während es nach Nr 1 aF auf Gewicht und Bedeutung der voraussichtlichen Rechtsbeeinträchtigungen nicht ankam, ist nunmehr zu prüfen, ob etwaige Rechtsbeeinträchtigungen die Bagatellgrenze, nach der nur unwesentliche Rechtsbeeinträchtigungen einer Plangenehmigung nicht entgegenstehen, überschreiten. Unwesentlich können etwa vorübergehende Rechtsbeeinträchtigungen (zB Betretensrechte, Beeinträchtigungen während der Bauphase usw) oder auch geringfügige Inanspruchnahmen von Grundstücken oder dinglichen Rechten sein. **Rügebefugnisse von Verbänden** iS des § 73 Abs 4 S 5, insb von anerkannten Umwelt- und Naturschutzvereinigungen, **sind keine Rechte** in diesem Sinn. 211

cc) Einverständnis mit Rechtsbeeinträchtigung. Müssen durch ein Vorhaben Rechte Dritter in Anspruch genommen werden oder ist sonst mit einer Rechtsbeeinträchtigung zu rechnen, besteht gleichwohl die Möglichkeit, das Vorhaben im Plangenehmigungsverfahren zuzulassen, wenn mit den Rechtsbetroffenen eine **Einigung** erzielt werden kann. Das wird in der Praxis nur dann in Betracht kommen, wenn die Zahl der Rechtsbetroffenen überschaubar ist. Der Grund für das Einverständnis spielt nach Abs 6 S 1 Nr 1 keine Rolle. Der Träger des Vorhabens kann also auch mit Hilfe von vertraglichen Regelungen etwa über Kompensationsleistungen das Einverständnis der Betroffenen herbeiführen und so den Weg für ein Plangenehmigungsverfahren freimachen. 212

b) Benehmen mit anderen Behörden (Abs 6 Nr 2). Mit den Trägern öffentlicher Belange, deren Aufgabenbereich von dem Vorhaben berührt wird, muss das Benehmen hergestellt worden sein (Nr 2). Die Behördenbeteiligung ist erforderlich, da auch die Plangenehmigung Konzentrationswirkung entfaltet und die für das Vorhaben erforderlichen Genehmigungen und Erlaubnisse anderer Behörden ersetzt. Es wird hergestellt, indem die zuständige Behörde den in ihrem Aufgabenbereich betroffenen anderen Behörden im Verfahren **Gelegenheit zur Stellungnahme** gibt und gegenläufige Standpunkte abwägend berücksichtigt. Eine Bindung an die Stellungnahmen anderer Behörden tritt – anders als beim Einvernehmen – nicht ein. Negative Stellungnahmen der beteiligten Be- 213

---

[423] Etwas anderes lässt sich auch BVerwG NVwZ 1997, 994 und NVwZ 1998, 1178 nicht entnehmen.

[424] S hierzu Michler VerwArch 1999, 24 mwN; Obermayer 153 f; StBS 235; Steinberg FS Schlichter, 1995, 599, 611.

[425] Jarass DVBl 1997, 797; Knack/Henneke 161; Rosenbach DVBl 1997, 1274; zur Problematik von Prognosen am Bsp des Fluglärms Hösch UPR 2006, 411.

[426] Klinski/Gaßner NVwZ 1992, 235, 236; Bidinger, Personenbeförderungsrecht, 2. Aufl 1991, § 28 (3/94), S 6.

hörden stehen einer Plangenehmigung daher rechtlich nicht im Wege. Die Regelung in Nr 2 hat allein verfahrensrechtlichen Charakter und stellt nicht auf Ausmaß und Gewicht etwa betroffener öffentlicher Interessen ab, die lediglich bei der Planungsentscheidung zu berücksichtigen sind.

214 **c) Keine UVP-Pflicht des Vorhabens (Abs 6 S 1 Nr 3).** Zwingende Voraussetzung für die Zulassung eines Vorhabens im Plangenehmigungsverfahren ist, dass das Vorhaben nicht UVP-pflichtig ist oder dass das Fachrecht für das konkrete Plangenehmigungsverfahren ausnahmsweise eine Öffentlichkeitsbeteiligung vorsieht. Die UVP-Pflicht richtet sich nach den Regelungen des UVPG und ggf ergänzend nach den Vorgaben der UVP-RL bzw der Industrieemissions-RL. Das UVPG sieht in § 3a vor, dass die UVP-Pflicht auf Antrag des Vorhabenträgers oder nach Beginn des Verfahrens von Amts wegen festzustellen ist (s hierzu § 63 Rn 30 ff). Die **Feststellung der UVP-Pflicht** ist vor allem in den Fällen des § 3c UVPG von Bedeutung, in dem über die UVP-Pflicht auf Grund einer **Vorprüfung im Einzelfall** zu entscheiden ist, gilt aber auch für die Fälle des § 3b UVPG, in denen sich die UVP-Pflicht bereits aufgrund der Art, Größe und Leistung des Vorhabens ergibt.

215 Eine Besonderheit ergibt sich **bei Fernstraßen.** Für das FStrG war die Möglichkeit der Plangenehmigung für UVP-pflichtige Vorhaben aufgrund des IPBeschlG zunächst entfallen. Sie ist durch das PlVereinhG für UVP-pflichtige Vorhaben in den neuen Bundesländern, die vor dem 31.12.2007 beantragt wurden, wieder eröffnet worden, allerdings mit der Pflicht zur Öffentlichkeitsbeteiligung entspr § 9 Abs 3 UVPG (vgl § 17a Nr 1 FStrG).

216 **3. Ermessen. a) Gewachsene Bedeutung.** Liegen die Voraussetzungen nach Nr 1–3 vor, so steht es im Verfahrensermessen der Behörde, ob sie ein Plangenehmigungsverfahren durchführt (StBS 262; Knack/Henneke 167). Die Ermessensentscheidung hat mit der Erweiterung des Anwendungsbereichs auf Fälle von unwesentlichen Rechtsbeeinträchtigungen an Bedeutung gewonnen, weil die Behörde damit der Zielsetzung der Vorschrift, **Plangenehmigungsverfahren nur für einfach gelagerte Fälle** zuzulassen, durch Berücksichtigung der Gesamtumstände des Falles Rechnung tragen kann. Einen Anspruch auf Durchführung des Plangenehmigungsverfahrens anstelle eines Planfeststellungsverfahrens hat der Antragsteller nicht (Knack/Henneke 167). Die Regelung des Abs 6 ließ zwar schon bisher eine Plangenehmigung sogar bei erheblichen Beeinträchtigungen öffentlicher Belange zu (Ringel S 173). Gleichwohl wird gerade in solchen Fällen eine Ermessensreduktion in Betracht zu ziehen sein (Jarass DVBl 1997, 797). Insofern wird für komplexere Planungen selbst dann ein Planfeststellungsverfahren durchzuführen sein, wenn Rechte Dritter nicht betroffen sind oder Betroffene einer Plangenehmigung schriftlich zugestimmt haben. Das Planfeststellungsverfahren ist nur dann entbehrlich, wenn ein wesentlicher Interessenwiderstreit ersichtlich nicht besteht oder jedenfalls wegen des tatsächlich und rechtlich einfach gelagerten Sachverhalts nicht zu erwarten ist (BVerwG NVwZ 1987, 590, 591).

217 **b) Bedeutung des Abs 6 S 1 Nr 3.** Das nunmehr in Abs 6 S 1 Nr 3 aufgestellte zusätzliche negative Erfordernis der mangelnden UVP-Pflicht führt zwar auf den ersten Blick zu einer wesentlichen Beschränkung des Anwendungsbereichs der Plangenehmigung. Allerdings war die **Beschränkung in den meisten Fachplanungsgesetzen bereits früher enthalten;** sie wurde nun nur in das allgemeine VwVfG verlagert und konnte im Fachrecht gestrichen werden. Deshalb wird sich insoweit für die Praxis kaum etwas ändern. Problematisch bleiben die Fälle, in denen ein nicht UVP-pflichtiges Vorhaben zu erheblichen Beeinträchtigungen öffentlicher Belange führt, während die betroffenen Dritten zugestimmt haben. In diesen Fällen wird es idR ermessensfehlerhaft sein, sich

über negative Stellungnahmen der beteiligten Behörden hinwegzusetzen und gleichwohl ein Plangenehmigungsverfahren durchzuführen. Zwar verlangt Abs 6 S 1 Nr 2 nur, dass mit den zu beteiligenden Behörden das „Benehmen" herzustellen ist. Die Entscheidung für ein Plangenehmigungsverfahren trotz erheblicher Auswirkungen des Vorhabens auf öffentliche Belange und entsprechenden negativen Stellungnahmen der zu beteiligenden Behörden wird aber idR ermessensfehlerhaft sein.[427]

4. Maßgebliches Verfahrensrecht. a) Allgemeines. Auf Plangenehmigungsverfahren finden nach Abs 6 S 2 grds nicht die Vorschriften über die Planfeststellung, sondern die **allgemeinen Vorschriften der §§ 9 ff** einschließlich der §§ 71a ff Anwendung. Die Anwendungsausschlüsse des § 72 Abs 1 gelten nicht; daher kommt auch ein Wiederaufgreifen nach § 51 in Betracht (dazu § 72 Rn 23). Da die Plangenehmigung VA ist, müssen sämtliche formellen und materiellen Voraussetzungen für den Erlass eines VA erfüllt sein. Das bedeutet: Die Vorschriften über das Anhörungsverfahren nach § 73 finden keine Anwendung.[428] Für die Notwendigkeit der Beteiligung Dritter am Verwaltungsverfahren gilt § 13, für die Anhörung Betroffener § 28 und für die Akteneinsicht § 29. Für die Mitwirkung von Naturschutzvereinen gilt § 63 BNatSchG bzw weitergehende Vorschriften der Länder. Der VA ist gem § 39 zu begründen und, sofern nicht fachgesetzlich eine Zustellung vorgeschrieben ist, gem § 41 bekannt zu geben. 218

b) Auflagen und Schutzvorkehrungen. Die Plangenehmigung kann unter den Voraussetzungen des § 36 mit Auflagen und anderen Nebenbestimmungen verbunden werden. IaR ist § 36 Abs 2 anwendbar, weil der Erlass der Plangenehmigung im Planungsermessen der Behörde steht. Bei Bodenverkehrswegen iS des § 41 BimSchG sind auch die spezielleren Regelungen der §§ 41-43 BImSchG beachtlich (BVerwG NVwZ 2002, 733). **Nicht anwendbar ist § 74 Abs 2 S 2,** wonach dem Vorhabenträger Vorkehrungen und Anlagen auferlegt werden können, die zur Vermeidung von Eingriffen in Rechte anderer erforderlich sind.[429] Das ergibt sich unmittelbar aus Abs 6 S 2 Halbs 2 und 3. Konsequenterweise kann auch die Regelung des **§ 74 Abs 2 S 3 ebenfalls keine Anwendung** finden, wonach der Betroffene als Surrogat für reale Schutzmaßnahmen in Geld zu entschädigen ist. Damit entfallen im Plangenehmigungsverfahren aktive und passive Schutzmaßnahmen als die wichtigsten Instrumente des Planfeststellungsrechts zur Überwindung von Rechten Dritter, da § 36 nur **Nebenbestimmungen, nicht aber Inhaltsbestimmungen** zulässt (s § 36 Rn 5 ff). Hintergrund ist, dass der Schutz Dritter vor vorhabenbedingten Rechtsbeeinträchtigungen (s Rn 208) bereits durch die Erteilungsvoraussetzungen der Plangenehmigung sichergestellt werden sollen. Lassen sich Rechtsbeeinträchtigungen nicht durch Nebenbestimmungen nach § 36 vermeiden, ist eine Plangenehmigung des Vorhabens nicht zulässig (so in der Konsequenz auch StBS 233; Obermayer 163; missverständlich Knack/Henneke 174).[430] 219

c) Zustellung statt formloser Bekanntgabe. Die Plangenehmigung musste nach früherer Rechtslage gem § 41 den Betroffenen individuell bekannt gege- 220

---

[427] S auch Erbguth UPR 1999, 41, 49; Schink NuR 1998, 173, 176; Wahl/Dreier NVwZ 1999, 611.

[428] StBS 248; Knack/Henneke 171; Obermayer 163; Jarass DVBl 1997, 795, 798.

[429] Ebenso BVerwGE 102, 74, 76; NVwZ 2002, 733 unter Hinweis auf § 18 Abs 1 Nr 3 AEG (entspr Abs 6 Nr 1) ohne Erwähnung des Abs 6 S 2.

[430] Die Entscheidung des BVerwG in NVwZ 2002, 733, 735, in der ohne nähere Begründung von einer „entsprechenden" Anwendung von § 74 Abs 2 S 3 die Rede ist, berücksichtigt nicht hinreichend Abs 6 S 2. Unklar ist auch das Verhältnis dieser Passage der Entscheidung zu der auf S. 733, wo die Unanwendbarkeit des § 74 Abs 2 u 3 ausdrücklich festgestellt wird.

ben werden. Dies war im Normalfall kein Problem, weil nach Abs 6 S 1 Nr 1 aF Drittbetroffene ohnehin nicht vorhanden sein durften. Nach Abs 6 S 1 Nr 1 in der Neufassung durch das PlVereinhG ist dies aber durchaus möglich. Für diese Fälle erscheint eine formlose Bekanntgabe unzureichend (BT-Drs 17/9666 S 20). Deshalb ist in Abs 6 S 2 nunmehr geregelt, dass die Regelungen über die Zustellung in Abs 4 S 1 und Abs 5 entsprechend anzuwenden sind. Damit erfasst die Zustellungspflicht in Abs 4 S 1 auch die Plangenehmigung. Nicht erfasst werden allerdings die Regelungen in Abs 4 S 2 und 3 über die Auslegung und die Zustellungsfiktion nach Beendigung der Auslegung. Nach Abs 5 S 1 kann die individuelle Zustellung aber durch eine öffentliche Bekanntmachung ersetzt werden, wenn mehr als 50 Zustellungen vorzunehmen sind. Diese setzt allerdings gem Abs 5 S 2 das Auslegungsverfahren nach Abs 4 S 2 und 3 wiederum voraus.

221 **5. Rechtswirkungen der Plangenehmigung. a) Grundsatz.** Die Plangenehmigung entfaltet nach Abs 6 S 2 Halbs 1 im Grundsatz dieselben Rechtswirkungen wie ein Planfeststellungsbeschluss. Der Sache nach verweist Abs 6 S 2 damit auf die Rechtswirkungen nach § 75 Abs 1.[431] Dies war für die Genehmigungs- und Konzentrationswirkung schon vor der Novelle durch das PlVereinhG konsequent, nicht aber für die Ausschluss- und die Gestaltungswirkung, da Rechte Dritter nach Abs 6 S 1 Nr 1 aF ohnehin nicht beeinträchtigt werden durften. Nunmehr werden unwesentliche Rechtsbeeinträchtigungen zugelassen, für die eine Ausschluss- und Gestaltungswirkung sinnvoll sein kann. In der alten Fassung von Abs 6 S 2 war hinsichtlich der Rechtswirkungen noch eine Ausnahme für die enteignungsrechtliche Vorwirkung enthalten, für die auch kein Bedarf bestand, weil nach Abs 6 S 1 Nr 1 Rechte anderer gerade nicht betroffen sein durften. Nach der Neufassung aufgrund des PlVereinhG schließt Abs 6 S 2 für die Plangenehmigung eine enteignungsrechtliche Vorwirkung nicht mehr aus. Das ist insoweit konsequent, als erstens die Plangenehmigung nun zu einer – wenn auch nur unwesentlichen – Beeinträchtigung von Rechten Dritter führen kann und zweitens die enteignungsrechtliche Vowirkung ohnehin nur nach Maßgabe des Fachrechts gilt, da in § 75 Abs 1 eine solche Wirkung nicht vorgesehen ist (s hierzu § 75 Rn 19 ff).

222 **b) Rechtswirkungen** wie die **Planfeststellung** (§ 75 Abs 1). Die Plangenehmigung entfaltet wie der Planfeststellungsbeschluss eine **umfassende Genehmigungswirkung** und ersetzt sämtliche sonst für das Vorhaben erforderlichen Zulassungsentscheidungen (**Konzentrationswirkung,** s hierzu näher § 75 Rn 8). Dem entspricht es, dass nach Abs 6 S 1 Nr 1 mit den Trägern öffentlicher Belange, deren Aufgabenbereich berührt wird, das Benehmen hergestellt worden sein muss. Diese Regelung tritt an die Stelle der Behördenbeteiligung im Planfeststellungsverfahren nach § 73 Abs 2, 3. Darüber hinaus entfaltet die Plangenehmigung ebenso wie der Planfeststellungsbeschluss auch **Ausschluss-, Gestaltungs- und Duldungswirkungen.** Das bedeutet, dass die Plangenehmigung entspr § 75 Abs 1 die Zulässigkeit des Vorhabens im Hinblick auf alle von ihm berührten öffentlichen Belange feststellt und alle öffentlich-rechtlichen Beziehungen zwischen dem Vorhabenträger und betroffenen Dritten rechtsgestaltend regelt.

223 **c) Sonstige Rechtswirkungen, insb § 75 Abs 2. Umstritten** ist, ob der Plangenehmigung auch die Rechtswirkungen des § 75 Abs 2 zukommen, wonach Ansprüche auf Unterlassung, Beseitigung usw nach Unanfechtbarkeit der Plangenehmigung ausgeschlossen sind. Die Frage ist richtigerweise zu bejahen.[432]

---

[431] StBS 251; Ziekow Fachplanung § 3 Rn 135.
[432] So auch Knack/Henneke 174; Obermayer 166; **aA** StBS 251.

Zu den Rechtswirkungen der Planfeststellung gehört auch die **erhöhte Bestandswirkung,** die durch § 75 Abs 2 gesichert wird. Allerdings kommt diese Wirkung nur denjenigen Betroffenen gegenüber zu, denen die Plangenehmigung auch wirksam bekannt gegeben worden ist, nicht gegenüber allen potentiell Betroffenen. Der Plangenehmigung kommt auch die **Privilegierungswirkung des § 38 BauGB** zu (Kühling/Herrmann Rn 542). Das bedeutet, dass sich die in § 38 BauGB genannten Vorhaben auch dann gegen die Regelungen in den §§ 29 ff BauGB durchsetzen können, wenn sie nur durch eine Plangenehmigung zugelassen worden sind.

XV. Entfallen von Planfeststellung und Plangenehmigung (Abs 7)

1. Allgemeines. Nach Abs 7 entfallen unter den dort genannten Voraussetzungen sowohl Planfeststellung als auch Plangenehmigung. Die Regelung gilt für ihrer Art nach planfeststellungsbedürftige Vorhaben von **unwesentlicher Bedeutung,** für die ein aufwendiges Planungsverfahren unangemessen erscheint. Entsprechende Regelungen bestanden in einzelnen Fachplanungsgesetzen und wurden dort als Unterbleibensentscheidung oder Negativattest bezeichnet. Diese fachgesetzlichen Vorschriften sind durch das PlVereinhG beseitigt worden. Nunmehr gilt durchweg § 74 Abs 7 mit einer gesetzlichen **Freistellungsentscheidung.** Da unwesentliche Vorhaben kraft Gesetzes keiner Zulassung bedürfen, unterscheiden sich die Wirkungen der Freistellungsentscheidung deutlich von denen der Planfeststellung (dazu Rn 231). 224

2. Unwesentliche Bedeutung (Abs 7 S 2). Wann ein Fall unwesentlicher Bedeutung vorliegt, ist in Abs 7 S 2 abschließend geregelt. Die Frage ist im Streitfall **gerichtlich vollen Umfangs überprüfbar.** Die Vorschrift wurde durch das PlVereinhG um Abs 7 S 2 Nr 3 ergänzt. Die bisherige Regelung entsprach im Wesentlichen der in § 76 Abs 2 (s dort Rn 24 ff). Grundgedanke ist, dass eine Abwägungsentscheidung entfallen kann, wenn **keinerlei öffentliche oder private Interessen berührt** werden (Obermayer 179), weil kein Interessenwiderstreit besteht und angesichts des in rechtlicher wie in tatsächlicher Hinsicht einfach gelagerten Sachverhalts auch nicht zu erwarten ist (vgl hierzu BVerwG DÖV 1987, 781 zu vergleichbaren Regelungen im Fachrecht). Nunmehr ist durch das PlVereinhG als dritte Voraussetzung aufgenommen worden, dass das zulassungsfreie Vorhaben nicht der UVP-Pflicht unterliegen darf. Die **Voraussetzungen des Abs 7 S 2 müssen kumulativ vorliegen,** dh es darf darüber hinaus weder eine Berührung öffentlicher noch eine Beeinflussung privater Belange zu besorgen sein. 225

a) Keine Berührung anderer öffentlicher Belange (Abs 7 S 2 Nr 1). Neben den durch das Vorhaben ggf verfolgten öffentlichen Interessen dürfen keinerlei andere öffentlichen Belange berührt werden. Die Regelung stellt damit nicht auf eine Beeinträchtigung, sondern nur auf eine Berührung anderer öffentlicher Belange ab. Dem entspricht der Begriff der „Beeinflussung" von Rechten Dritter in Abs 7 S 2 Nr 2, der auch weiter ist als derjenige der Beeinträchtigung (s unten Rn 227). Damit ist Abs 7 nur anwendbar, wenn das Vorhaben unter keinem Gesichtspunkt Einfluss auf andere öffentliche Belange nehmen wird. Dabei kommt es nach Sinn und Zweck der Vorschrift auf eine negative Beeinflussung anderer öffentlicher Belange an. 226

Unerheblich ist eine Berührung anderer öffentlicher Interessen dann, wenn die von dem Vorhaben berührten Belange Gegenstand einer anderweitigen hoheitlichen Entscheidung geworden sind, also bereits **in einem anderen Verwaltungsverfahren Berücksichtigung** gefunden haben. Dies ist etwa der Fall, wenn eine Baugenehmigung erteilt wurde, oder hinsichtlich landschaftsschutzrechtlicher Belange, wenn eine Ausnahme oder eine Befreiung von den Bestim- 227 mungen einer LandschaftsschutzVO erteilt wurde, hinsichtlich bestimmter wasserrechtlicher Belange bei Erteilung wasserrechtlicher Genehmigungen usw. Soweit es sich um UVP-pflichtige Vorhaben handelt (s dazu näher § 72 Rn 33), muss es sich um behördliche Entscheidungen handeln, bei denen nach den maßgeblichen gesetzlichen Vorschriften eine UVP nach den Regelungen des UVPG durchzuführen ist (s insoweit zur früheren Rechtslage Erbguth UPR 1999, 41, 50). Zweifelhaft ist, ob es sich im Übrigen bei der anderweitigen Entscheidung um eine außenwirksame handeln muss, oder ob insoweit auch verwaltungsinterne Entscheidungen ausreichen.

228 **b) Keine Beeinflussung von Rechten Dritter (Abs 7 S 2 Nr 2).** Ein Fall unwesentlicher Bedeutung liegt nur vor, wenn auch Rechte anderer Personen nicht beeinflusst werden. Ein **Eingriff in diese Rechte ist nicht erforderlich.** Ausreichend ist nach ganz hM, dass negative Auswirkungen des Vorhabens auf subjektive öffentliche Rechte Dritter vernünftigerweise in Betracht kommen.[433] Die Einwirkungen können auch faktischer, indirekter Natur sein (VGH Mannheim NVwZ 2001, 101, 103). Zu den subjektiven öffentlichen Rechten, die durch ein Vorhaben beeinträchtigt werden können, zählt hier auch das **Recht auf Berücksichtigung der eigenen Belange** in der planerischen Abwägung (StBS 263). Voraussetzung ist allerdings, dass die Belange in einer **nicht nur geringfügigen Weise beeinträchtigt** werden und damit auch in einer planerischen Abwägung kein ohne weiteres zu vernachlässigendes Gewicht haben.

229 **Vereinbarungen mit den Betroffenen** über die Hinnahme bzw Duldung der Auswirkungen eines Vorhabens können zur Folge haben, dass diese Wirkungen des Vorhabens bei der Beurteilung der Voraussetzungen des Abs 7 außer Betracht bleiben. Gelingt es also dem Vorhabenträger oder der Planfeststellungsbehörde, mit allen Personen, die durch das Vorhaben in ihren Rechten beeinflusst werden können, eine entsprechende Vereinbarung zu treffen, so können Planfeststellung bzw Plangenehmigung unterbleiben, sofern auch die Voraussetzungen des Abs 7 S 2 Nr 1 zugleich gegeben sind. Wie aus dem Wortlaut entnommen werden kann, kommt es nicht darauf an, dass es sich um öffentlich-rechtliche Verträge iSd § 54 handelt: Entscheidend ist, dass das berührte Interesse des Dritten im Hinblick auf das Vorhaben Gegenstand einer einvernehmlichen Regelung geworden ist. Die Regelung muss wirksam und in der Weise verbindlich sein, dass sie auch das Recht des Dritten, gegen das Vorhaben vorzugehen, ausschließt.

230 **c) Keine UVP-Pflicht (Abs 7 S 2 Nr 3).** Aus denselben Gründen wie bei der Zulassung der Plangenehmigung anstelle der Planfeststellung ist der vollständige Verzicht sowohl auf Planfeststellung als auch auf Plangenehmigung durch das PlVereinhG nunmehr davon abhängig, dass das Vorhaben nach Abs 7 nicht der UVP-Pflicht unterliegt oder dass anderweitige Vorschriften im konkreten Fall eine Öffentlichkeitsbeteiligung vorsehen, die den Voraussetzungen des § 73 Abs 3 S 1 u Abs 4–7 entsprechen muss. Mit den zuletzt genannten Voraussetzungen wird vor allem auf die unionsrechtlich vorgeschriebene UVP-Pflicht für bestimmte Vorhaben und die damit verbundene Öffentlichkeitsbeteiligung Rücksicht genommen.

231 **3. Rechtsfolgen der Unwesentlichkeit. a) Gesetzliche Freistellung.** Liegen die Voraussetzungen des Abs 7 vor, so „entfallen" Planfeststellungs- und Plangenehmigungsverfahren. Das Vorhaben ist **kraft Gesetzes** von einer behördlichen Zulassung nach dem Fachplanungsgesetz freigestellt. Diese Formulierung deutet darauf hin, dass der Behörde – anders als bei früheren Regelungen

[433] Vgl nur StBS 263; Knack/Henneke 182; Obermayer 182; Jarass DVBl 1997, 796.

(zB § 8 Abs 3 LuftVG) – insoweit ein Ermessen nicht zusteht und auch eine Entscheidung darüber, dass ein Fall iSd Abs 7 vorliegt, nicht erforderlich ist. Der Vorhabenträger kann das Vorhaben ohne weiteres ins Werk setzen. Im Gegenzug treten aber auch die Zulassungs- und sonstigen **Rechtswirkungen** von Planfeststellung und Plangenehmigung **nicht ein**. Mangels Konzentrationswirkung müssen nach anderen Vorschriften etwa erforderliche Genehmigungs- oder Zulassungsentscheidungen eingeholt werden (Jarass DVBl 1997, 796). Auch bleiben alle allgemeinen privatrechtlichen und öffentlich-rechtlichen Abwehrrechte gegen das Vorhaben unberührt.

b) Rechtsnatur einer Freistellungsentscheidung. Auch wenn Abs 7 keine besondere Entscheidung über das Unterbleiben von Planfeststellung und Plangenehmigung vorsieht, wird es zu Recht allgemein als zulässig angesehen, dass die Behörde das Vorliegen der Voraussetzungen des Abs 7 und damit die Freistellung verbindlich feststellt. Eine solche Freistellungsentscheidung der Planfeststellungsbehörde **stellt einen feststellenden VA dar.**[434] Es handelt sich nicht um eine besondere Form der Genehmigung des Vorhabens, weil das Vorhaben gerade nicht planerisch abwägend geprüft wird. Vielmehr hat die Entscheidung den **Charakter eines Negativattests,** mit dem verbindlich festgestellt wird, dass die gesetzlichen Voraussetzungen der Freistellung nach Abs 7 vorliegen. Nach anderen Vorschriften erforderliche Genehmigungen werden dadurch nicht entbehrlich. 231a

Das bloße Unterbleiben der Planfeststellung bzw Plangenehmigung stellt dagegen keinen VA dar. Die Annahme eines Freistellungsbescheides setzt voraus, dass die Planfeststellungsbehörde eine verbindliche Entscheidung über die Entbehrlichkeit des Planfeststellungsverfahrens und eines Plangenehmigungsverfahrens trifft und diese auch nach außen bekannt macht. Eine Bekanntmachung gegenüber dem Träger des Vorhabens ist ausreichend. Interne Vermerke dagegen oder mündliche Bekundungen einzelner Sachbearbeiter reichen hierzu nicht aus. Eine öffentliche Bekanntmachung des Bescheides sieht das VwVfG nicht vor. Sie ist zwar möglich, löst aber keine Klagefristen (§ 74 VwGO) nach § 74 Abs 5 aus. 232

XVI. Rechtsschutz bei Plangenehmigung und Freistellung

Vorbemerkung. Die mit dem Rechtsschutz gegen Planfeststellungsbeschlüsse zusammenhängenden Fragen werden aus systematischen Gründen zusammenhängend **in der Kommentierung zu § 75 behandelt (s § 75 Rn 65 ff).** Damit wird dem Umstand Rechnung getragen, dass der Rechtsschutz sich typischerweise gegen die Entscheidung selbst richtet, deren Rechtswirkungen in § 75 geregelt sind. Nachfolgend werden nur die Besonderheiten für den Rechtsschutz gegen Plangenehmigungen nach Abs 6 und bei Entfallen von Planfeststellung und Plangenehmigung nach Abs 7 behandelt. 233

1. Rechtsschutz gegen Plangenehmigungen nach Abs 6. Wie beim Planfeststellungsbeschluss handelt es sich bei der Plangenehmigung um einen VA in der Form der Allgemeinverfügung (s Rn 204). Bei Ablehnung eines Antrags auf Plangenehmigung kommt deshalb Rechtsschutz durch Verpflichtungsklage auf Erlass oder auf Durchführung des Plangenehmigungsverfahrens in Betracht. Dritte können die Plangenehmigung im Wege der Anfechtungsklage angreifen oder mit der Verpflichtungsklage ihre Ergänzung verlangen. Ein Widerspruchsverfahren vor Klagerhebung ist nach der ausdrücklichen Regelung in Abs 6 S 3 nicht erforderlich. 234

---

[434] VGH Mannheim NVwZ 1997, 594; VGH München BayVBl 1995, 597; StBS 258; Obermayer 185; Knack/Henneke 183; UL § 40 Rn 12.

235 **a) Rechtsschutz gegen die Verfahrenswahl?** Die Entscheidung der zuständigen Behörde, an Stelle des Planfeststellungsverfahrens ein Plangenehmigungsverfahren durchzuführen, ist als bloße Verfahrenshandlung ohne Außenwirkung und deshalb **auch für den Vorhabenträger selbst grds nicht selbstständig anfechtbar.**[435] Nach hM verleihen die Vorschriften über das Planfeststellungsverfahren keine selbstständig durchsetzbaren subjektiv-öffentlichen Rechte, die gegen den Verzicht auf ein Planfeststellungsverfahren und die ersatzweise Durchführung eines Plangenehmigungsverfahrens geltend gemacht werden könnten (s auch § 75 Rn 78a).[436] Dies wurde insb im Hinblick auf die Grundrechtsrelevanz der Verfahrensbeteiligung zu Recht kritisiert.[437] De facto hat die **Neuregelung des § 4 Abs 1, Abs 3 UmwRG** zu einer Modifizierung dieser Position geführt (s Rn 237).

236 **b) Verbandsklage.** Für anerkannte Naturschutzvereine gilt schon bisher etwas anderes. Sie können unter den Voraussetzungen des § 63 Abs 1 Nr 3 und 4, § 63 Abs 2 Nr 6 und 7 BNatSchG verlangen, dass ein Planfeststellungsverfahren durchgeführt wird, wenn nicht die Voraussetzungen des § 74 Abs 6 und Abs 7 vorliegen. Diese Regelung läuft aber wegen der **Subsidiaritätsbestimmung** in § 1 Abs 3 UmwRG (Nichtanwendung des § 64 BNatSchG) weitgehend leer. Die Verbände konnten ihr Recht auf Beteiligung am Planfeststellungsverfahren gerichtlich durchsetzen und eine Plangenehmigung mit der Begründung anfechten, die Voraussetzungen für den Verzicht auf ein Planfeststellungsverfahren nach Abs 6 S 1 hätten nicht vorgelegen und es hätte deshalb an Stelle des Genehmigungsverfahrens ein Planfeststellungsverfahren durchgeführt werden müssen, an dem sie zu beteiligen gewesen wären.[438] Das Erfordernis einer missbräuchlichen Umgehung des Mitwirkungsrechts hat die Rspr später zu Recht fallen lassen (s § 75 Rn 91).[439]

237 **c) Verstoß gegen UVP-Pflicht.** Während Fehler bei der Verfahrenswahl auch in den Fällen, in denen das Vorhaben der UVP-Pflicht unterliegt, in der Vergangenheit zumeist als unbeachtlich angesehen worden sind, lässt sich diese Position nach der Novellierung des UmwRG nicht mehr aufrechterhalten.[440] Im Falle des vollständigen Fehlens einer notwendigen UVP liegt ein **absoluter Verfahrensfehler** vor, der grds zur Aufhebung der Plangenehmigung führt. **Rügeberechtigt** sind sowohl Umweltverbände als auch Betroffene (§ 4 Abs 1 und Abs 3 UmwRG). Hingegen liegt bei Mängeln einer UVP idR ein relativer Verfahrensfehler vor (§ 4 Abs 1a UmwRG).[441] Fraglich ist, ob schwere Mängel einer durchgeführten UVP den absoluten Fehlern iSv § 4 Abs 1 Nr 3 UmwRG gleich zu achten sind.[442] S auch § 63 Rn 76 ff.

---

[435] Stelkens in Schoch, VwGO, § 44a Rn 15 f; **aA** UL § 40 Rn 11: VA, der aber gem § 44a VwGO nicht selbstständig anfechtbar ist.

[436] BVerwGE 64, 331 f; BVerwG DÖV 1980, 516; DÖV 1982, 639 ff; NJW 1988, 434; Ronellenfitsch VerwArch 1989, S. 92 ff, 121.

[437] Vgl Steinberg/Wickel/Müller, § 6 Rn 7; Ziekow Fachplanung § 8 Rn 14; v Danwitz DVBl 1993, 422, 424. UL § 40 Rn 12.

[438] BVerwGE 127, 208, 211; VGH Kassel NVwZ-RR 1999, 304; StBS 255.

[439] BVerwGE 127, 217; anders noch BVerwGE 104, 367; siehe auch StBS 255.

[440] S hierzu Pöcker DÖV 2007, 915; Ziekow NVwZ 2005, 263, 266; s auch § 63 Rn 30 f.

[441] Anders noch VGH Kassel ZUR 2010, 46, wo mit der damals hM § 4 UmwRG nur auf das vollständige Fehlen einer UVP bezogen wurde. Diese Auffassung war bereits seit der Altrip-Entscheidung des EuGH (NVwZ 2014, 49) überholt. Der Gesetzgeber hat dem mit der Änderung des UmwRG durch G v 20.11.2015 Rechnung getragen (s § 75 Rn 104a).

[442] In diese Richtung ist wohl EuGH NVwZ 2014, 49 – Altrip – zu verstehen; s auch Schlacke NVwZ 2014, 11, 17; Kment NVwZ 2009, 274, 277 f.

2. Rechtsschutz bei Unterbleiben von Planfeststellung und Plangenehmigung. Ist ein Freistellungs- bzw Unterbleibensbescheid nach Abs 7 erlassen worden, so ist dieser zunächst für den Vorhabenträger anfechtbar, weil er bei Nichtvorliegen der Voraussetzungen des Abs 7 einen Anspruch auf die Durchführung eines Planfeststellungsverfahrens bzw eines Plangenehmigungsverfahrens hat. Auch von dem Vorhaben etwa betroffene Dritte können den Freistellungsbescheid anfechten, soweit sie an einem Planfeststellungs- bzw Plangenehmigungsverfahrens zu beteiligen wären (Knack/Henneke 185; Obermayer 185). Materielle Einwendungen gegen das Vorhaben selbst reichen für die Anfechtung des feststellenden VA nach Abs 7 aber nach der Rspr nicht aus, weil diese einen Anspruch von Drittbetroffenen auf Durchführung eines Planfeststellungs- oder Plangenehmigungsverfahrens nicht anerkennt. Im Übrigen können die Betroffenen, wenn sie nicht gegen andere das Vorhaben betreffende Entscheidungen vorgehen können, Rechtsschutz durch Unterlassungsklagen gegen das ohne Planfeststellung realisierte Vorhaben suchen. 238

§ 75 Rechtswirkungen der Planfeststellung

(1) **Durch die Planfeststellung wird die Zulässigkeit des Vorhabens einschließlich der notwendigen Folgemaßnahmen**[10] **an anderen Anlagen im Hinblick auf alle von ihm berührten öffentlichen Belange festgestellt;**[8 ff] **neben der Planfeststellung sind andere behördliche Entscheidungen, insbesondere öffentlich-rechtliche Genehmigungen, Verleihungen, Erlaubnisse, Bewilligungen, Zustimmungen und Planfeststellungen nicht erforderlich.**[12 ff] **Durch die Planfeststellung werden alle öffentlich-rechtlichen Beziehungen zwischen dem Träger des Vorhabens und den durch den Plan Betroffenen rechtsgestaltend geregelt.**[17]

(1a) **Mängel bei der Abwägung der von dem Vorhaben berührten öffentlichen und privaten Belange sind nur erheblich, wenn sie offensichtlich und auf das Abwägungsergebnis von Einfluss gewesen sind.**[23 ff] **Erhebliche Mängel bei der Abwägung oder eine Verletzung von Verfahrens- oder Formvorschriften führen nur dann zur Aufhebung des Planfeststellungsbeschlusses oder der Plangenehmigung, wenn sie nicht durch Planergänzung oder durch ein ergänzendes Verfahren behoben werden können;**[28 ff] **die §§ 45 und 46 bleiben unberührt.**

(2) **Ist der Planfeststellungsbeschluss unanfechtbar geworden, so sind Ansprüche auf Unterlassung des Vorhabens, auf Beseitigung oder Änderung der Anlagen oder auf Unterlassung ihrer Benutzung ausgeschlossen.**[37] **Treten nicht voraussehbare Wirkungen**[41] **des Vorhabens oder der dem festgestellten Plan entsprechenden Anlagen auf das Recht eines anderen erst nach Unanfechtbarkeit des Plans auf, so kann der Betroffene Vorkehrungen oder die Errichtung und Unterhaltung von Anlagen verlangen, welche die nachteiligen Wirkungen ausschließen.**[40 ff] **Sie sind dem Träger des Vorhabens durch Beschluss der Planfeststellungsbehörde aufzuerlegen. Sind solche Vorkehrungen oder Anlagen untunlich oder mit dem Vorhaben unvereinbar, so richtet sich der Anspruch auf angemessene Entschädigung in Geld.**[50] **Werden Vorkehrungen oder Anlagen im Sinne des Satzes 2 notwendig, weil nach Abschluss des Planfeststellungsverfahrens auf einem benachbarten Grundstück Veränderungen eingetreten sind, so hat die hierdurch entstehenden Kosten der Eigentümer des benachbarten Grundstücks zu tragen,**[51] **es sei denn, dass die Veränderungen durch natürliche Ereignisse oder höhere Gewalt verursacht worden sind; Satz 4 ist nicht anzuwenden.**

(3) **Anträge, mit denen Ansprüche auf Herstellung von Einrichtungen oder auf angemessene Entschädigung nach Absatz 2 Satz 2 und 4 geltend gemacht werden, sind schriftlich an die Planfeststellungsbehörde zu richten.**[54 ff] **Sie sind nur innerhalb von drei Jahren nach dem Zeitpunkt zulässig, zu dem der Betroffene von den nachteiligen Wirkungen des dem unanfechtbar festgestellten Plan entsprechenden Vorhabens oder der Anlage Kenntnis erhalten hat; sie sind ausgeschlossen, wenn nach Herstellung des dem Plan entsprechenden Zustands 30 Jahre verstrichen sind.**[29 ff]

(4) **Wird mit der Durchführung des Plans nicht innerhalb von fünf Jahren nach Eintritt der Unanfechtbarkeit begonnen, so tritt er außer Kraft.**[60 ff] **Als Beginn der Durchführung des Plans gilt jede erstmals nach außen erkennbare Tätigkeit von mehr als nur geringfügiger Bedeutung zur plangemäßen Verwirklichung des Vorhabens; eine spätere Unterbrechung der Verwirklichung des Vorhabens berührt den Beginn der Durchführung nicht.**[64]

Schrifttum allgemein: *Axer,* Die Konzentrationswirkung der Plangenehmigung, DÖV 1995, 495; *Blümel,* Der Gegenstand der Planfeststellung, VerwArch 1992, 146; *Buschbaum/Reidt,* Die Einbeziehung von Nebenanlagen in die Bundesfachplanung und die Planfeststellung nach dem NABEG, UPR 2013, 421; *Dreier/Engel/Pietrzak,* Der Dispens von zwingenden Rechtsvorschriften in der Planfeststellung, VBlBW 2006, 265; *Ehlers,* Die Geltungsdauer von Planfeststellungsbeschlüssen, FS Würtenberger, 2013, 1123; *Gaetzsch,* Notwendige Folgemaßnahmen in der Fachplanung, DVBl 2012, 129; *Gerlach,* Geltungsdauer von Planfeststellungsbeschlüssen, 2006; *Grupp,* Aufhebung von Planfeststellungsbeschlüssen durch die Verwaltung, DVBl 1990, 81; *Henke,* Das ergänzende Verfahren im Planfeststellungsrecht, UPR 1999, 51; *Hoppe,* Der Rechtsgrundsatz der Planerhaltung als Struktur- und Abwägungsprinzip, DVBl 1996, 12; *Jarass,* Die enteignungsrechtliche Vorwirkung, DVBl 2006, 1329; *Hermanns,* Die Wirksamkeit von Planfeststellungsbeschlüssen als Maßstab ihrer Geltungsdauer, DÖV 2003, 714; *Hösch,* Das Verhältnis von wasserrechtlicher Gestattung und Planfeststellungsbeschluss, NVwZ 2006, 665; *Koch,* Aktuelle Probleme des Lärmschutzes, NVwZ 2000, 490; *Kühling/Hermann,* Fachplanungsrecht, 2. Aufl 2000; *Kuhla,* Der vorläufige Rechtsschutz im Planfeststellungsrecht, NVwZ 2002, 542; *Laubinger,* Der Umfang der Konzentrationswirkung der Planfeststellung, VerwArch 1986, 77; *Müller-Steinwachs,* Bestandsschutz im Planfeststellungsrecht, 2007; *Odendahl,* Die Konzentrationswirkung, VerwArch 2003, 222; *Otto,* Das Infrastrukturplanungsbeschleunigungsgesetz, NVwZ 2007, 379; *Palme,* Fehlerheilung im Planfeststellungsverfahren auch bei Verstoß gegen zwingendes Recht? NVwZ 2006, 909; *Peine,* Privatrechtsgestaltung durch Anlagengenehmigung, NJW 1990, 2442; *Quaas,* Der Schutz vor unzumutbarem Fluglärm in der Planfeststellung, NVwZ 1991, 16; *Ramsauer,* Privatnützige Planfeststellung und öffentliches Interesse, in: Ziekow (Hg), Schutz vor Fluglärm – Regionalplanung – Planfeststellungsverfahren, 2003, 153; *ders,* Umweltprobleme in der Flughafenplanung – Verfahrensrechtliche Fragen, NVwZ 2004, 1041; *Ramsauer/Bieback,* Planfeststellung von privatnützigen Vorhaben, NVwZ 2002, 277; *Rubel,* Über Weser und Elbe zum Flughafen Frankfurt – Neuere Rspr des BVerwG im Planfeststellungsrecht, DVBl 2013, 469; *Scherer-Leidecker,* Die Konzentrationswirkung bei der Zulassung raumbedeutsamer Vorhaben und umweltrelevanter Anlagen, DVBl 2016, 816; *Schlacke/Schrader/Bunge,* Informationsrechte, Öffentlichkeitsbeteiligung und Rechtsschutz im Umweltrecht – Aarhus-Handbuch, 2010; *Schlarmann/Rutloff,* Rechtsnachfolge in eisenbahnrechtliche Genehmigungen bei Konversionsflächen, NVwZ 2013, 975; *Schütz,* Die Verlängerung von Planfeststellungsbeschlüssen, UPR 2002, 172; *Steinberg/Wickel/Müller,* Fachplanungsrecht, 4. Aufl 2012; *Ziekow* (Hg), Handbuch des Fachplanungsrechts, 2. Aufl 2014.

Rechtsschutz gegen Planfeststellungen: *Baumeister,* Rechtsschutz der Gemeinden vor Fachplanungsvorhaben, insbesondere vor Flughafenplanungen, BWGZ 2011, 1030; *Ekardt,* Nach dem Altrip-Urteil: von der Klagebefugnis zu Verfahrensfehlern, Abwägungsfehlern und Individualklage, NVwZ 2014, 393; *Epiney,* Verwaltungsgerichtlicher Rechtsschutz im Umweltrecht im Vergleich, NVwZ 2014, 465; *Frenz,* Notwendige Unterscheidung von Umweltverbands- und Individualklage, UPR 2014, 1; *Gaentzsch,* Notwendige Folgemaßnahmen in der Fachplanung, DVBl 2012, 129; *Gärditz,* Verwaltungsgerichtlicher Rechtsschutz im Umweltrecht, NVwZ 2014, 1; *Held,* Rechtsschutz von Gemeinden gegen Maßnahmen der Fachplanung, LKRZ 2010, 246; *Kment,* Keine unzulässige Rechtsausübung bei Erwerb sog Sperrgrundsstücke, NVwZ 2014, 1566; *Kuhla,* Der vorläufige Rechtsschutz im Planfeststellungsrecht, NVwZ 2002, 542; *Ogorek,* Die Anfechtung von Planfeststellungsbeschlüssen durch Gemeinden nach Inkrafttreten des UmwRG, NVwZ 2010, 401; *Ramsauer,* Abwägungskontrolle und subjektiver Rechtsschutz im Planfeststellungsverfahren, DÖV 1981, 37; *Roller,* Drittschutz im Atom- und Immissionsschutzrecht, NVwZ 2010, 990; *Sailer,* Der Rechtsschutz von Gemeinden gegenüber staatlichen Planungsentscheidungen, BayVBl 1981, 545; *Sauthoff,* Die Klagebefugnis drittbetroffener Privater gegen Fachplanungen, BauR 2000, 195; *Schlacke,* Zur fortschreitenden Europäisierung des (Umwelt-) Rechtsschutzes, NVwZ 2014, 11; *Siegel,* Ausweitung und Eingrenzung der Klagerechte im Umweltrecht, NJW 2014, 973; *Stüer,* Rechtsschutz in der Fachplanung, NVwZ 1990, 923.

Verbandsklagen: *Appel,* Subjektivierung von UVP-Fehlern durch das Umwelt-Rechtsbehelfsgesetz, NVwZ 2010, 473; *Berkemann/Halama,* Handbuch zum Recht der Bau- und Umweltrichtlinien der EU, 2. Aufl 2011; *Bunge,* Zur Klagebefugnis anerkannter Umweltverbände, ZUR 2014, 3; *Fellenberg/Schiller,* Rechtsbehelfe von Umweltvereinigungen nach dem „Trianel-Urteil" des EuGH, UPR 2011, 321; *Franzius,* Möglichkeiten und Grenzen der richterlichen Rechtsfortbildung zur Bestimmung der Klagebefugnis im Umweltrecht, DVBl 2014, 543; *ders.,* Stärkungen des Verfahrensrechtsschutzes im Umweltrecht, EurUP 2014, 283; *ders.,* in: Kloepfer, Rechtsschutz im Umweltrecht, 2014, S. 145; *Gassner,* Zur gerichtlichen Geltendmachung von EU-Rechtsvorschriften, die dem Umweltschutz dienen, DVBl 2014, 551; *Gärditz,* Verwaltungsgerichtlicher Rechtsschutz im Umweltrecht, NVwZ 2014, 1, 6; *ders.,* Die Resubjektivierung der Umweltverbandsklage, EurUP 2014, 39; *Greim,* Das Urteil des EuGH in der Rechtssache Altrip, NuR 2014, 81; *Jungbluth,* Umweltrechtliche Verbandsklage und Bodenschutz, Jura 2012, 234; *Kment,* Der ewige Patient: die Umweltverbandsklage, UPR 2013, 41; *Knauff,* Öffentlichkeitsbeteiligung im Verwaltungsverfahren, DÖV 2012, 1; *Kremer,* Zur Unionsrechtswidrigkeit der immissionsschutzrechtlichen Präklusionsvorschriften, ZUR 2013, 89; *Meitz,* Umfang und Verhältnis der Rechtsbehelfe von Umwelt- und Naturschutzvereinigungen, ZUR 2010, 563; *Michler,* (Nicht mehr als) Erste Überlegungen zum Entwurf eines Gesetztes zur Änderung des Umweltrechtsbehelfsgesetzes, NuR 2013, 22; *Murswiek,* Umweltrecht: Verbandsklage, JuS 2011, 1147; *Nolte,* Planrechtfertigung und Rügebefugnis anerkannter Naturschutzvereine, jurisPR-BVerwG 7/2010; *Röckinghausen,* Bindungswirkung eines Lärmaktionsplans und Durchsetzungsmöglichkeiten in der Praxis, I+E 2014, 230; *Schlacke,* (Auf)Brüche des Öffentlichen Rechts: von der Verletztenklage zur Interessentenklage, DVBl 2015, 929; *Schmidt,* Zur Diskussion über erweiterte Klagebefugnisse im Umweltschutzrecht- auch auf vorgelagerten Planungsebenen, ZUR 2012, 210; *ders.,* Die Wahrnehmung von Beteiligungs- und Klagemöglichkeiten durch die Umweltverbände – Erfahrungen und Entwicklungsmöglichkeiten, ZUR 2011, 296; *Schmidt/Schrader/Zschiesche,* Die Verbandsklage im Umwelt- und Naturschutzrecht, 2014; *A. Schwerdtfeger,* Der deutsche Verwaltungsrechtsschutz unter dem Einfluss der Aarhus-Konvention, 2010; *Storost,* Anmerkung zum Urteil des Gerichtshofs der Europäischen Union vom 15.10.2015, UPR 2016, 36; *Stüer,* Anmerkung zu EuGH, Urteil vom 15.10.2015 – C-137/14 –, DVBl 2015, 1518; *Uschkereit,* Präklusionsvorschriften auf dem Prüfstand, NJW-Spezial 2015, 748; *Wienhues,* Die Neufassung des Umweltrechtsbehelfsgesetzes, NordÖR 2013, 185; *Zeissler/Schmidt,* Das Urteil des EuGH vom 15.10.2015 als Ende der umweltrechtlichen Präklusion?, UPR 2016, 1; *Ziekow,* Klagerechte von Naturschutzverbänden gegen Maßnahmen der Fachplanung, VerwArch 2000, 483.

Übersicht

I. Allgemeines

1 **1. Inhalt.** Die Vorschrift regelt in Abs 1 und Abs 2 S 1, Abs 4 die **Rechtswirkungen des Planfeststellungsbeschlusses** und in Abs 2 S 2–5, Abs 3 den Anspruch auf spätere Ergänzungen, die nicht bereits im Planfeststellungsbeschluss vorbehalten worden sind. Diese Regelungen sind zum einen Ausdruck des dem Planfeststellungsrecht immanenten **Konzentrationsprinzips,** wonach die Planfeststellung eine umfassende Regelung aller zwischen dem Träger des Vorhabens, öffentlichen Rechtsträgern und den durch den Plan bzw das geplante Vorhaben Betroffenen bestehenden öffentlich-rechtlichen Rechtsbeziehungen zum Ziel hat. Sie sind außerdem Ausdruck der **Gestaltungswirkung** jeder Planfeststellung, die alle öffentlich-rechtlichen Beziehungen zwischen Vorhabenträger und Betroffenen umfasst (Abs 1 S 2). Sie enthalten weiter das **Prinzip der Planstabilität:** Das planfestgestellte Vorhaben soll nachträglich grds nicht mehr in Frage gestellt werden können, selbst wenn sich nicht vorhersehbare Auswirkungen ergeben. Daher werden nach Unanfechtbarkeit des Planfeststellungsbeschlusses Unterlassungs-, Beseitigungs- oder Änderungsansprüche, die das Vorhaben oder seine Benutzung beeinträchtigen könnten, grds ausgeschlossen. Betroffene können, soweit die Beeinträchtigungen nicht vorhersehbar waren, nur noch Ansprüche auf nachträgliche Schutzvorkehrungen oder, falls diese untunlich sind bzw nicht ausreichen, auf Geldentschädigung geltend machen. Das Prinzip der Planerhaltung findet außerdem in den Regelungen des Abs 1a über die Unbeachtlichkeit von Mängeln im Abwägungsvorgang und die Stabilisierung des Plans durch die Möglichkeit einer Planergänzung Ausdruck.

2 **Das Planungsvereinheitlichungsgesetz** (PlVereinhG) hat zu einigen Modifizierungen der Vorschrift in Abs 1a und Abs 4 geführt. Das Gesetz diente der Harmonisierung des Planfeststellungsrechts, das durch die Änderungen einzelner Fachplanungsgesetze durch das IPBeschlG sehr zersplittert worden ist. Allerdings wurde das Ziel der Wieder-Vereinheitlichung nur begrenzt erreicht. Übernommen aus den Fachgesetzen des IPBeschlG wurde die Ausdehnung der Heilungsmöglichkeiten auf Verfahrens- und Formfehler in Abs 1a, die Definition des Beginns der Ausführungsarbeiten in Abs 4 S 2 HS 1 sowie die Regelung über die Unterbrechung der Ausführung in Abs 4 S 2 HS 2. Insoweit sind die entsprechenden Regelungen in den vom IPBeschlG erfassten Fachgesetzen aufgehoben worden. Leider ist es nicht gelungen, die Vorschriften auch hinsichtlich der Geltungsdauer von Planfeststellungsbeschlüssen auf der Grundlage des Abs 4 S 1 wieder zu vereinheitlichen.

3 **2. Verfassungsrecht.** Die Vorschrift wirft eine Reihe verfassungsrechtlicher Probleme auf. Dabei geht es weniger um Probleme der im Planfeststellungsverfahren typischen formellen Konzentrationswirkung (s unten Rn 15) als um das **Prinzip der Planstabilität,** wie es vor allem in Abs 2 zum Ausdruck kommt. Diese Vorschrift verleiht dem Planfeststellungsbeschluss die **Gestaltungs-, Duldungs- und Ausschlusswirkungen,** die ihm eine erhebliche Stabilität verlei-

hen und die Rechte etwa betroffener Dritter wesentlich einschränken. Bedenken löst insoweit vor allem die Bestimmung in Abs 2 S 2 aus, wonach nur im Falle nicht voraussehbarer Wirkungen des Vorhabens nachträgliche Anordnungen verlangt werden können. Hier ist ggf eine **verfassungskonforme Auslegung** erforderlich (s näher unten Rn 46 ff).

Rechtsschutzlücken im Fall nachträglicher Änderungen lassen sich durch 4
Heranziehung der **allgemeinen Vorschriften** schließen, vor allem durch Anwendung des § 48 über die Rücknahme und des § 49 Abs 1 und Abs 2 Nr 1, 2 und 5 über den Widerruf,[1] letztere allerdings mit der planfeststellungsrechtlichen Einschränkung, wonach die **Widerrufsgründe des § 49 Abs 2 Nr 3, 4 durch § 75 verdrängt** werden. In § 72 Abs 1 wird lediglich das Wiederaufgreifen des Verfahrens nach § 51 ausgeschlossen (s auch § 72 Rn 23). Soweit allerdings Schutzmaßnahmen genügen, wird die gänzliche Rücknahme des Planfeststellungsbeschlusses bzw der gänzliche Widerruf durch den Grundsatz der Verhältnismäßigkeit ausgeschlossen. Insoweit geht Abs 2 S 2 als planungsspezifische Regelung den allgemeinen Bestimmungen vor (s unten Rn 42).

3. EU-Recht. Europarechtlich gelten ähnliche Überlegungen wie für die 5
Regelungen zum Eintritt der Unanfechtbarkeit von VAen unabhängig von ihrer materiellen Rechtmäßigkeit. Da es im Bereich des direkten Vollzugs von Gemeinschaftsrecht **keine unionsrechtlichen Genehmigungsverfahren** für raumbedeutsame Vorhaben gibt, spielt hier nur die Frage eine Rolle, ob die einzelnen Wirkungen des § 75 mit den Grundsätzen der effektiven Durchsetzung des Unionsrechts vereinbar sind. Dies ist jedenfalls vor dem Hintergrund der Möglichkeiten zu bejahen, im Falle der Rechtswidrigkeit von Planfeststellungsbeschlüssen im Ermessenswege nach den §§ 48 f etwa zwingend notwendige Korrekturen vorzunehmen.

4. Anwendungsbereich. a) Unmittelbar. Die Vorschrift gilt vorbehalt- 6
lich spezieller Regelungen in den Fachplanungsgesetzen für **Planfeststellungsbeschlüsse,** die in Verfahren nach § 72 erlassen werden. Erfasst werden auch Planfeststellungsbeschlüsse nach § 76. Die Vorschrift gilt darüber hinaus gem § 74 Abs 6 S 2 entsprechend für **Plangenehmigungen,** die mit Ausnahme der enteignungsrechtlichen Vorwirkung, die ohnehin nur bestimmten Planfeststellungsbeschlüssen zukommt (vgl Rn 19), dieselben Rechtswirkungen wie Planfeststellungsbeschlüsse entfalten.[2] Sie gilt nur im Anwendungsbereich des VwVfG, dh nur für Planfeststellungsbeschlüsse in Verfahren vor Planfeststellungsbehörden des Bundes (§ 1 Abs 3). Die Verwaltungsverfahrensgesetze der Länder enthalten mit § 75 gleich lautende Vorschriften (vgl zB § 75 HmbVwVfG). Vergleichbare, teilweise wörtlich übereinstimmende, teilweise aber auch im Detail abweichende Vorschriften sind außerdem in zahlreichen Fachplanungsgesetzen des Bundes und der Länder enthalten. Als speziellere Regelungen gehen sie dem § 75 vor. Die Zulässigkeit von Regelungen über die Konzentrationswirkung landesrechtlicher Planfeststellungsverfahren in den Verwaltungsverfahrensgesetzen der Länder auch gegenüber Entscheidungen nach Bundesrecht ergibt sich aus § 100 Nr 2.

---

[1] So ausdrücklich BVerwG NVwZ 1998, 281; ferner BVerwGE 91, 17, 22; StBS 130 f; Dürr UPR 1993, 161, 170; einschränkend VGH München BayVBl 1996, 400; weiter: Knack/Henneke vor § 72 Rn 31: nur in Ausnahmefällen. Die Anwendbarkeit folgt auch daraus, dass § 75 Abs 2–3 nur Regelungen für die nachträgliche Anordnung von Schutzmaßnahmen auf Antrag Dritter enthält, nicht auch für Fälle, in denen Maßnahmen aus Gründen des Gemeinwohls notwendig werden; **aA** VGH Kassel DVBl 1992, 1446; Grupp VerwArch 1990, 86: keine Rücknahme und kein Widerruf.

[2] Durch die vom IPBeschlG erfassten Fachplanungsgesetze werden die Plangenehmigungen den Planfeststellungsbeschlüssen auch hinsichtlich der enteignungsrechtlichen Vorwirkung gleichgestellt.

7 **b) Keine Analogie.** Die Vorschrift ist auf andere Genehmigungsverfahren von Vorhaben nicht, auch **nicht analog anwendbar.** Das gilt auch für solche Genehmigungen, die einen planungsrechtlichen Einschlag haben und über eine partielle Konzentrationswirkung verfügen, wie zB die Genehmigung nach § 4 BImSchG. Deren Wirkungen ergeben sich aus § 43 sowie dem jeweiligen Fachrecht. Gleiches gilt für Planungsentscheidungen in der Form von Rechtsverordnungen oder Satzungen, zB für die Ausweisung von Schutzgebieten nach den §§ 22 ff BNatSchG oder von Wasserschutzgebieten nach § 51 WHG. Die Auffassung, dass die Genehmigung von Vorhaben ohne weiteres, dh auch ohne dahingehende gesetzliche Regelung, schon deshalb eine Duldungspflicht analog § 75 Abs 1 S 1 und zu ähnlichen Vorschriften begründe, weil dies im öffentlichen Interesse geboten wäre,[3] ist mit Art 14 Abs 1 S 1 GG nicht vereinbar.[4] Auch Genehmigungen uä, für die das Gesetz nicht ausdrücklich den Ausschluss von Unterlassungsansprüchen vorsieht (sog nicht-präkludierende Genehmigungsakte), bewirken keine entsprechenden Duldungspflichten.[5]

II. Die Genehmigungs- und Konzentrationswirkungen (Abs 1)

8 **1. Genehmigungswirkung (Abs 1 S 1, 1. Halbs). a) Allgemeines.** Nach Abs 1 wird durch die Planfeststellung die Zulässigkeit des Vorhabens verbindlich festgestellt, und zwar einschließlich aller vom Plan erfassten notwendigen Folgemaßnahmen und im Hinblick auf alle davon berührten öffentlichen Belange allerdings mit Modifizierung für die notwendigen **wasserrechtlichen Erlaubnisse.**[6] Mit dieser nur auf die Feststellung bezogenen und insoweit ungenauen Formulierung soll die Genehmigungswirkung der Planfeststellung zum Ausdruck gebracht werden, wie Abs 1 S 1 2. HS verdeutlicht. Der Planfeststellungsbeschluss hat nicht nur feststellenden, sondern auch verfügenden Charakter, weil er auch die Erlaubnis zur Durchführung des Vorhabens enthält **(Genehmigungs- oder Zulassungswirkung).**[7] Damit wird das im jeweiligen Fachplanungsgesetz implizit enthaltene Verbot aufgehoben, das planfeststellungsbedürftige Vorhaben ins Werk zu setzen, bevor darüber in einem Planfeststellungsverfahren entschieden worden ist. Die Genehmigungswirkung tritt, wenn durch eine Rechtsvorschrift nichts anderes bestimmt ist oder von der Planfeststellungsbehörde im Planfeststellungsbeschluss bestimmt wird, wie auch sonst bei VAen mit dem **Zeitpunkt der Zustellung** gem § 74 Abs 4, 5 ein, nicht erst mit der Unanfechtbarkeit des Planfeststellungsbeschlusses oder mit der Anordnung der sofortigen Vollziehbarkeit. Mangels einer abweichenden Bestimmung gilt dieser Zeitpunkt auf Grund der **Konzentrationswirkung** des Planfeststellungsbeschlusses für die Genehmigungswirkung insgesamt, auch wenn sonst für die ersetzten Genehmigungen nach dem entsprechenden Fachgesetz sonst die Unanfechtbarkeit erforderlich wäre. Für diese Wirkung spricht auch der Gegenschluss aus Abs 2, wo nur für den Ausschluss von Unterlassungsansprüchen ausdrücklich die Unanfechtbarkeit des Planfeststellungsbeschlusses gefordert wird.

9 **b) Umfang der Genehmigungswirkung.** Die Genehmigungswirkung erfasst zunächst das Vorhaben als solches, dh alle zum Vorhaben gehörenden bauli-

---

[3] So noch BGHZ 60, 122; 91, 23; BGH NJW 1980, 770.

[4] Vgl nur Peine NJW 1990, 2443 mwN; Ossenbühl DVBl 1990, 965.

[5] Vgl BayObLG BayVBl 1991, 8: eine bestandskräftige Baugenehmigung lässt Abwehrrechte des Nachbarn aufgrund Privatrechts unberührt; ebenso Wagner NVwZ 1992, 148, 222; Schröder DVBl 1991, 280.

[6] BVerwGE 123, 241 = NVwZ 2005, 689; hierzu Hösch NVwZ 2006, 665.

[7] BVerwGE 55, 223; 58, 284; DÖV 1981, 719; NJW 1977, 2368; UL § 41 Rn 21; Obermayer 7; Laubinger VerwArch 1986, 78; Birk VBlBW 1988, 411; Schotthöfer BayVBl 1968, 245 mwN; Fickert 435.

chen und sonstigen Anlagen, wie sie sich insb aus dem **Bauwerksverzeichnis** des Planfeststellungsbeschlusses ergeben. Ihre Zulässigkeit wird durch den Planfeststellungsbeschluss in jeder rechtlichen Hinsicht verbindlich festgestellt. Die Genehmigungswirkung umfasst auch den späteren **bestimmungsmäßigen Betrieb** der genehmigten Anlagen in dem im Planfeststellungsbeschluss festgelegten Umfang sowie die **Baumaßnahmen,** die zur Verwirklichung des Vorhabens erforderlich sind (Knack/Henneke 6). Das bedeutet, dass auch die Beeinträchtigungen, die im Zuge von Bau- und Umsetzungsmaßnahmen zu erwarten sind, durch den Planfeststellungsbeschluss erlaubt werden (vgl BVerwG NVwZ 2014, 730 – Wilhelmshaven-Oldenburg).

c) Folgemaßnahmen. aa) Begriff und Bedeutung. Durch die Planfeststellung wird nach dem ausdrücklichen Wortlaut des Abs 1 die Zulässigkeit auch „der notwendigen Folgemaßnahmen an anderen Anlagen" festgestellt. Unter **Folgemaßnahmen** sind alle Regelungen außerhalb der eigentlichen Zulassung des Vorhabens zu verstehen, die für eine angemessene Entscheidung über die durch das Vorhaben aufgeworfenen Probleme notwendig sind.[8] Folgemaßnahmen muss der Vorhabenträger **in seinen Plan mit aufnehmen,** dh zeichnerisch darstellen und erläutern. Sie werden – wie das Vorhaben selbst auch – zulässig, wenn die entspr Unterlagen im Planfeststellungsbeschluss mit festgestellt worden sind. Zu den Rechtswirkungen kann auch eine fachplanungsrechtlich uU vorgesehene enteignungsrechtliche Vorwirkung gehören (s Rn 21), die zur Durchsetzung der notwendigen Folgemaßnahmen nötig ist.[9] 10

Die Regelung **bewirkt zweierlei:** Sie **erstreckt die Planungskompetenz** der Planfeststellungsbehörde auf die Änderung an „fremden", nicht in ihre originäre Zuständigkeit fallenden Anlagen. Außerdem **erstreckt sie die Rechtswirkungen** der Planfeststellung auf Folgemaßnahmen, die im eingereichten Plan enthalten sind. Die Erstreckung der Planungskompetenz rechtfertigt sich aus dem Gebot der Problembewältigung. Die Planung soll Probleme beseitigen, die durch das Vorhaben für die Funktionsfähigkeit der anderen Anlage entstehen; dass eine Maßnahme lediglich ökonomisch oder funktionell sinnvoll ist, reicht nicht aus.[10] 10a

bb) Begrenzte Zuständigkeitsverlagerung. Maßnahmen an anderen Anlagen werden auch dann von Abs 1 erfasst, wenn die **Änderung selbst planfeststellungsbedürftig** ist.[11] In diesen Fällen wird die Planungskompetenz für die Folgemaßnahme auf die Behörde des Ausgangsverfahrens verlagert. Dies zwingt dazu, den Begriff der notwendigen Folgemaßnahme eng zu verstehen und räumlichen und sachlichen Beschränkungen zu unterwerfen. Die Erstreckung auf planfeststellungsbedürftige Folgemaßnahmen setzt **erstens** voraus, dass sich **Anlass und Notwendigkeit** zur Änderung allein aus dem anhängigen Planfeststellungsverfahren ergeben. Hat die Folgemaßnahme einen selbstständigen Anlass, ist § 78 anwendbar, der das Zusammentreffen zweier oder mehrerer selbstständiger planfeststellungsbedürftiger Vorhaben regelt.[12] 10b

Zweitens bestehen **Beschränkungen für den Umfang der Änderungen:** Folgemaßnahmen dürfen über Anschluss und Anpassung der anderen Anlage an 10c

---

[8] StRspr, BVerwG NVwZ 2005, 813; B v 24.3.1999 – 11 B 38.98 – juris Rn 5 mwN.

[9] Vgl Wahl/Dreier NVwZ 1999, 609; Ziekow Fachplanung § 3 Rn 169.

[10] Vgl BVerwGE 109, 192, 201; NVwZ 2010, 1244 Rn 4; OVG Münster NWVBl 2010, 112: Bei einer straßenrechtlichen Planung können Änderungen von Anschlussstraßen nur einbezogen werden, wenn dadurch „nachhaltigen Störungen" des Verkehrswegenetzes vorgebeugt wird. Zum Begriff der Folgemaßnahmen näher Gaentzsch DVBl 2012, 129 mwN.

[11] Einschränkend BVerwG NVwZ 2007, 700 für Zusammentreffen bergrechtlicher und wasserrechtlicher Planfeststellung.

[12] BVerwGE 101, 73 = NVwZ 1996, 902; Knack/Henneke 8.

das planfestzustellende Vorhaben nicht wesentlich hinausgehen; die originäre Planungskompetenz für die anderen Anlagen darf nicht in ihrem Kern angetastet werden.[13] Das gilt auch dann, wenn für die Folgemaßnahme bereits ein hinreichend konkretes und verfestigtes Planungskonzept des originär zuständigen Planungsträgers vorliegt, auf das der Träger eines Vorhabens bei der planerischen Bewältigung der Folgen seines eigenen Vorhabens Rücksicht zu nehmen hat. Selbst unvermeidbare Anpassungen fallen daher nicht unter den Begriff der Folgemaßnahme, wenn sie ein umfassendes eigenes Planungskonzept erfordern.[14] Erfordert das Vorhaben Maßnahmen an anderen Anlagen, die **über eine bloße Anpassung hinausgehen,** muss die Planfeststellungsbehörde sicherstellen, dass der zuständige Planungsträger die Änderung vornimmt. Anderenfalls ist das Vorhaben nicht realisierbar; es ist mangels Planrechtfertigung abzulehnen.

11 **cc) Beispielsfälle.** Die Abgrenzung kann im Einzelfall schwierig sein. Zu den **typischerweise notwendigen Folgemaßnahmen** zählen zB erforderliche Verkehrsanschlüsse an Straßen oder Bahnübergängen, die kleinräumige Anpassung von weiterhin nur für den Anliegerverkehr und Fahrradfahrer zugelassenen Wirtschaftswegen (OVG Rh-Pf, U v 18.11.2015 – 8 C 10421/15 – juris), ferner Anlagen zur Deponierung des bei der Errichtung des Vorhabens anfallenden Erdreichs (VGH Mannheim NuR 1998, 371) sowie auch die Herrichtung von Flächen zur Durchführung von **naturschutzrechtlichen Ausgleichs- und Ersatzmaßnahmen** auf der Grundlage der naturschutzrechtlichen Eingriffsregelung.[15] **Keine Folgemaßnahme** ist zB eine Änderung der Straßenführung zur Schließung eines höhengleichen Bahnübergangs, wenn die Schließung durch Lärmschutzgründe motiviert ist, die Funktionsfähigkeit der querenden Straße durch das Vorhaben aber nicht beeinträchtigt wird.

11a **dd) Partielle Zuständigkeitsfortdauer.** Die Zuständigkeit der Planfeststellungsbehörde für eine als Folgemaßnahme hergestellte Anlage dauert fort, wenn von ihr nach Bestandskraft des Planfeststellungsbeschlusses nicht voraussehbare Wirkungen ausgehen. Machen diese **nachträgliche Schutzvorkehrungen** erforderlich, sind sie nach dem eindeutigen Wortlaut des § 75 Abs 2 S 3 dem Vorhabenträger durch Beschluss derjenigen Planfeststellungsbehörde aufzuerlegen, die den ursprünglichen Plan festgestellt und seinerzeit die Auswirkungen nicht vorausgesehen hat. Dies gilt unabhängig davon, ob diese Behörde iÜ die fachplanungsrechtliche Kompetenz für Entscheidungen in Bezug auf die Anlage noch innehat oder ob sich die Zuständigkeiten zwischenzeitlich geändert haben oder ob ihr die Zuständigkeit seinerzeit nur aufgrund des § 78 zugewiesen war.

11b Für alle **anderen planungsrechtlichen Entscheidungen** bleibt es dagegen bei der nach der aktuellen Rechtslage für die Planfeststellung eines Vorhabens gegebenen Zuständigkeit. Das gilt etwa wenn eine **Anlage später geändert** werden soll, die im Wege einer Folgemaßnahme hergestellt oder geändert worden war. Insofern ist § 75 Abs 2 S 2 als **Ausnahmevorschrift** zu verstehen, die ihre Rechtfertigung in den durch den Planfeststellungsbeschluss geschaffenen Rechtsbeziehungen (§ 75 Abs 1 S 2) findet, und deshalb – e contrario – keine umfassende Zuständigkeitsverlagerung für die Folgemaßnahme zum Ausdruck bringt. Im Änderungsverfahren hat die Behörde der originären Zuständigkeit die

---

[13] Grundlegend BVerwG NVwZ 2010, 1244.

[14] BVerwGE 151, 213 Rn 31; BVerwG NVwZ 1996, 266, 267 für den Bau einer Umgehungsstraße; NVwZ 1994, 1002; NVwZ 1990, 463; NVwZ 1989, 153. S auch Nolte jurisPR-BVerwG 18/2010 Anm 6; Knack/Henneke 8; Ziekow Fachplanung § 3 Rn 170.

[15] BVerwG NuR 1999, 103; NVwZ-RR 1997, 607; NVwZ 1996, 896; Ramsauer NuR 1997, 419, 424 mwN; **aA** de Witt/Burmeister NVwZ 1994, 38.

Funktionsfähigkeit der anderen Anlage als Zwangspunkt ihrer Entscheidung zu beachten.

2. Konzentrationswirkung (Abs 1 S 1, 2. Halbs). Neben der Planfeststellung sind andere behördliche Entscheidungen (grds) nicht erforderlich. Diese sog Konzentrations- oder **Ersetzungswirkung** (zu ihr s a § 74 Rn 18 ff) trägt dem Umstand Rechnung, dass für planfeststellungsbedürftige Vorhaben zumeist noch **zahlreiche andere Erlaubnisvorbehalte** (insb des Bau-, Immissionsschutz-, Wasser-, Naturschutzrechts, ggf noch Denkmalschutzrechts) bestehen. Die Notwendigkeit, diese Entscheidungen zusätzlich zum Planfeststellungsbeschluss selbstständig einzuholen, würde seinen Wert als Rechtsinstitut wesentlich mindern. Deshalb tritt der Planfeststellungsbeschluss an deren Stelle.[16] Die **ersetzten Entscheidungen müssen nicht besonders benannt** werden (MB 2; Obermayer 16). Sie werden auch nicht im Planfeststellungsbeschluss bzw durch diesen gebündelt, sondern schlicht ersetzt. Der Planfeststellungsbeschluss wird dadurch zu einer einheitlichen Entscheidung.[17] 12

a) Umfang. aa) Erfasst werden grds, dh vorbehaltlich spezialgesetzlicher Einschränkungen (zB § 9 Abs 2 LuftVG), sämtliche Formen von Kontrollerlaubnissen, also vorherigen Zulassungsentscheidungen, unabhängig davon, ob es sich um striktes Recht handelt oder ob die Zulassung im Ermessen steht. Beispielhaft („insbesondere") nennt § 75 öffentlich-rechtliche Genehmigungen, Verleihungen, Erlaubnisse, Bewilligungen, Zustimmungen und Planfeststellungen (UL § 49 Rn 1). Das gilt auch, soweit Entscheidungen über **Ausnahmen und Befreiungen** von fachrechtlich bestehenden Anforderungen erforderlich sind. Unerheblich ist, ob die fachrechtlichen Zulassungsentscheidungen im **Bundesrecht oder im Landesrecht** geregelt sind. Ist die Planfeststellungsbehörde eine Bundesbehörde, so entscheidet sie auch über landesrechtlich geregelte Zulassungstatbestände; gleiches gilt umgekehrt. In den Fällen erstinstanzlicher Zuständigkeit des BVerwG entscheidet dieses also auch über Landesrecht.[18] Erfasst werden auch Zielabweichungsentscheidungen nach § 11 ROG. 12a

bb) Nicht erfasst werden von der Konzentrationswirkung Entscheidungen, die aus ihr **kraft Gesetzes ausgeklammert** sind (wie Baugenehmigungen nach § 9 Abs 1 LuftVG aus der luftrechtlichen Planfeststellung) oder in **vorgelagerten Verfahren** getroffen werden müssen wie in Raumordnungs- oder Linienbestimmungsverfahren oder die vorgängige luftrechtliche Genehmigung nach § 6 Abs 1 LuftVG (vgl § 72 Rn 26). Ausgenommen sind ebenso **nachgeschaltete Verfahren** wie zB Enteignungsverfahren oder Vollstreckungsverfahren (s auch Rn 19 ff und § 72 Rn 38 ff) sowie Eingriffsmaßnahmen gegen Dritte.[19] Einschränkend ist zu beachten, dass sich die Entscheidung **auf das Vorhaben selbst beziehen** muss. Deshalb kann ein fernstraßenrechtlicher Planfeststellungsbeschluss bei Grundstücken, die als Betriebsanlagen einer Eisenbahn gewidmet sind, nicht die Freistellung von Bahnbetriebszwecken gem § 23 AEG ersetzen; über sie ist unabhängig vom Vorhaben allein unter eisenbahnrechtlichem Blickwinkel zu entscheiden (BVerwGE 130, 299 Rn 193 f). Entspr gilt für Stilllegungsentschei- 12b

---

[16] Vgl BVerwGE 27, 253; 38, 152; 82, 22; BVerwG NJW 1977, 2368; DVBl 1988, 843; OVG Münster NVwZ 1986, 231; NuR 1992, 134; VGH Mannheim NVwZ-RR 1990, 217; OVG Berlin NVwZ-RR 1991, 402.

[17] StBS 12; Knack/Henneke 14; **aA** Bickel NJW 1981, 71; Laubinger VerwArch 1986, 81.

[18] Hierauf weisen Steinberg/Wickel/Müller, Fachplanung, § 3 Rn 21 zu Recht besonders hin. Die Beschränkung auf Bundesrecht (§ 137 Abs 1 VwGO) greift nur für Revisionsverfahren. Dadurch werden Planfeststellungsbeschlüsse vom BVerwG wesentlich unterschiedlich überprüft, je nachdem, ob es für ein Vorhaben erstinstanzlich zuständig ist (§ 50 VwGO) oder kraft Revision mit einem vorinstanzlichen Urteil befasst ist.

[19] BVerwGE 125, 116 (Schönefeld I) für Maßnahmen nach dem BBodSchG.

dungen nach § 11 AEG in einem eisenbahnrechtlichen Planfeststellungsbeschluss, weil die verfahrensrechtlichen Anforderungen der Stilllegung dort nicht erfüllt werden können.

12c **cc) Verwaltungsinterne Mitwirkungsakte** (Erklärungen eines Benehmens, Einvernehmens oder der Zustimmung) werden nach wohl hM ersetzt (BeckOK VwVfG § 75 Rn 5; UL § 41 Rn 22). Das ist aber fraglich, wenn in der maßgeblichen Regelung zum Ausdruck kommt, dass die Mitwirkung ein eigenständiges fachliches Gewicht hat, das exklusiv von der mitwirkenden Stelle wahrgenommen werden soll.

12d **dd) Sonderregelung für wasserrechtliche Benutzungen.** Wird für ein Vorhaben, mit dem die Benutzung eines Gewässers gem § 9 WHG verbunden ist, ein Planfeststellungsverfahren durchgeführt, so entscheidet nach § 19 Abs 1 WHG die Planfeststellungsbehörde. Aus dem Wortlaut dieser Vorschrift wird von der hM hergeleitet, dass zwar die Zuständigkeit für die Entscheidung auf die Planfeststellungsbehörde übergeht, dass die wasserrechtliche Entscheidung aber ihre Selbständigkeit behält.[20] Umstritten ist die Frage, ob und inwieweit das Verfahren bei der Entscheidung über die Erlaubnis bzw Bewilligung auch selbständig geführt werden muss. Richtigerweise wird man davon ausgehen können, dass eine förmliche Getrenntführung nicht erforderlich ist, zumal wegen des Erfordernisses, mit der Wasserbehörde das „Einvernehmen" herzustellen (§ 19 Abs 3 WHG), ohnehin eine gewisse Selbständigkeit des Verfahrens gewährleistet ist.[21]

13 **b) Zusammentreffen mehrerer Fachplanungsgesetze.** Gehört zu den durch die Konzentrationswirkung nach Abs 1 S 1 ersetzten Genehmigungen usw eine nach einem **anderen Fachplanungsgesetz** erforderliche Planfeststellung, so wird diese aufgrund der Konzentrationswirkung erfasst, sofern es sich um die Planfeststellung für **Folge- und Nebenanlagen** zum Vorhaben handelt (s oben Rn 10). Erfordert also zB die Planfeststellung nach dem LuftVG eine Änderung des Verlaufs von Gewässern, die für sich ebenfalls planfeststellungsbedürftig wäre, so wird diese als Folgemaßnahme von dem Planfeststellungsverfahren nach dem LuftVG erfasst.[22] Handelt es sich dagegen um zwei selbständige planfeststellungsbedürftige Vorhaben, mit denen jeweils eigene Planungszwecke verfolgt werden, so gilt § 78.

14 Ist **ein und dasselbe Vorhaben** nach mehreren Fachplanungsgesetzen planfeststellungsbedürftig, so ist ein einheitliches Planfeststellungsverfahren durchzuführen. Zulässig ist es in diesen Fällen, die **Planfeststellung in zwei oder mehrere Teile aufzuspalten** und innerhalb des einheitlichen Planfeststellungsbeschlusses getrennt zu behandeln. Dies kann etwa bei Verkehrsanlagen der Fall sein, die mit der Umgestaltung eines Gewässers einhergehen.[23] Notwendig ist das aber nicht. Insbesondere wenn eines der beiden Fachplanungsgesetze eindeutig im Vordergrund steht, kann die Planfeststellung auch allein nach diesem Fachplanungsgesetz durchgeführt werden. Führend ist dann **entsprechend § 78 Abs 2** das Fachplanungsgesetz, das den größeren Kreis öffentlichrechtlicher Beziehungen berührt.[24] Dies ist etwa anzunehmen, wenn eine Anlage nach dem LuftVG in einem Gewässer errichtet werden soll.

---

[20] BVerwGE 133, 249 (A 44 Ratingen); 125, 116, 279 (Schönefeld II); 123, 243 (Schönefeld I).

[21] Czychowski/Reinhard, WHG, § 19 Rn 5 mwN; anders wohl BVerwGE 133, 249 (A 44 Ratingen): Selbständiges Verfahren.

[22] Maßgeblich für den Begriff der Folgemaßnahme ist, dass sie für sich genommen keinen eigenen Planungszweck verfolgt, s Rn 10b.

[23] Vgl OVG Hamburg NordÖR 2005, 470 (Mühlenberger Loch), wo zwischen einem wasserrechtlichen und einem luftverkehrsrechtlichen Teil unterschieden wurde; hierzu BVerwG NVwZ 2007, 1074, 1075.

[24] Vgl § 78 Rn 8 ff; Knack/Henneke § 78 Rn 19.

c) Formelle Konzentration. Die Konzentrationswirkung bewirkt zunächst einmal, dass das Erfordernis weiterer sonst für Vorhaben dieser Art notwendiger Entscheidungen anderer Behörden (Genehmigungen, Zustimmungen usw) entfällt. Auch die Zuständigkeit anderer Behörden entfällt bzw wird auf die Beteiligung nach § 73 Abs 2 reduziert. Es findet insoweit eine **Zuständigkeitsverlagerung** statt.[25] Schließlich werden die **verfahrensrechtlichen Regelungen,** die nach dem einschlägigen Fachrecht für die ersetzten Genehmigungen an sich beachtlich wären, durch das Planfeststellungsverfahren vollständig **verdrängt.** Das gilt grds auch für die fachrechtlich vorgesehenen Beteiligungsrechte. Inzwischen kann als weitgehend anerkannt gelten, dass für die Planfeststellung **nur die Verfahrensregeln des Planfeststellungsverfahrens** beachtlich sind, nicht zusätzlich noch die Verfahrensbestimmungen der infolge der Konzentrationswirkung ersetzten Genehmigungen.[26] Dies gilt jedenfalls insoweit, als das anwendbare **Fachrecht keine Ausnahmen** vorsieht, die einem speziellen Beteiligungsverfahren unterworfen sind, wie dies zB im Wasserrecht und im Bergrecht der Fall ist (vgl § 19 Abs 1 WHG – s oben Rn 12a; § 57a Abs 4 S 2 BBergG). 15

d) Anwendbarkeit des materiellen Fachrechts. Während das Planfeststellungsverfahren sämtliche sonst erforderlichen behördlichen Entscheidungen und die für diese an sich vorgesehenen Verfahren und Verfahrensvorschriften ersetzt, gilt dies nicht für die materiell beachtlichen Rechtsvorschriften. Die Planfeststellungsbehörde hat vielmehr das **materielle Recht** grds **im selben Umfang zu beachten** wie die Behörden, deren Entscheidungen durch die Planfeststellung ersetzt werden.[27] Dies ist von erheblicher Relevanz, bedeutet es doch, dass die Planfeststellungsbeschlüsse sich etwa an die Vorschriften des Umweltrechts im selben Umfang halten müssen wie die ersetzten fachrechtlichen VAe. Etwas anderes gilt nur bei entsprechender gesetzlicher Regelung (zB § 38 BauGB). Allerdings werden durch die Konzentrationswirkung auch fachrechtlich etwa erforderliche **Ausnahme- oder Befreiungsentscheidungen ersetzt,** weshalb bei Vorliegen entsprechender Voraussetzungen die Möglichkeit von Abweichungen besteht (vgl zB § 31 Abs 2 BauGB; § 67 BNatSchG sowie vergleichbare Befreiungsvorschriften). Allerdings sind diese **Befreiungsmöglichkeiten kein Freibrief** für die Planfeststellungsbehörde, sich über striktes Recht hinwegzusetzen. Vielmehr ist die Planfeststellungsbehörde im selben Maß an die Befreiungsvoraussetzungen gebunden wie die an sich zuständige Fachbehörde. Dies ist in der Vergangenheit nicht immer hinreichend beachtet worden (s § 74 Rn 65) und dürfte künftig durch die Verbandsklagen (s Rn 90 ff) stärker gesichert werden. 16

III. Die Gestaltungswirkung (Abs 1 S 2)

1. Allgemeines. Die wohl **wichtigste Wirkung der Planfeststellung** ist die materielle Gestaltung aller öffentlich-rechtlichen Rechtsbeziehungen zwischen dem Träger des Vorhabens und den durch den Plan in ihren Rechten betroffenen Dritten[28] und der Ausschluss sämtlicher Ansprüche auf Unterlassung, Beseitigung oder Änderung der Anlage bzw auf Unterlassung der zweckentsprechenden Benutzung (Duldungswirkung, vgl Abs 2 S 1). Dies ist die auch verfas- 17

[25] Knack/Henneke 10 f; Ziekow Fachplanung § 3 Rn 172.

[26] BVerwGE 85, 44, 46; BVerwG DVBl 1992, 1435; StBS 14; Obermayer 22; Knack/Henneke 11; UL § 41 Rn 13; Wahl NVwZ 1990, 426, 430.

[27] Heute allg Meinung, vgl BVerwGE 85, 155; 85, 348, 352; 71, 163; 55, 220, 230; StBS 16; Knack/Henneke 13; UL § 41 Rn 13; **aA** noch Ronellenfitsch VerwArch 1989, 95; Erbguth NVwZ 1989, 619.

[28] Sog Rechtsgestaltungswirkung, vgl BVerwG DVBl 1987, 906; UL § 41 Rn 23; StBS 25; Knack/Henneke 18; Obermayer 47.

sungsrechtlich bedeutsame Wirkung des Planfeststellungsbeschlusses. Allerdings werden unmittelbar nur die öffentlich-rechtlichen Beziehungen zwischen Vorhabenträger und Dritten gestaltet; es treten **keine unmittelbaren zivilrechtlichen Rechtsänderungen** ein,[29] sieht man einmal von dem in Abs 2 S 1 speziell geregelten Verlust aller, auch privatrechtlicher Abwehransprüche ab, die allerdings erst mit Unanfechtbarkeit des Planfeststellungsbeschlusses eintritt (s unten Rn 38).

18 **2. Umfang, Zeitpunkt.** Gem Abs 1 S 2 werden **alle öffentlich-rechtlichen Rechtsbeziehungen** zwischen dem Träger des Vorhabens und den Betroffenen durch den Planfeststellungsbeschluss positiv bzw negativ gestaltet. Dies bedeutet, dass der Planfeststellungsbeschluss die öffentlich-rechtlichen Rechte und Pflichten sowohl des Trägers des Vorhabens als auch aller Betroffenen umfassend bestimmt. Es kommt nicht darauf an, ob die Betroffenen an dem Verfahren ordnungsgemäß beteiligt waren oder nicht.[30] Entscheidend ist vielmehr, dass der Planfeststellungsbeschluss dem Betroffenen gegenüber durch Zustellung Wirksamkeit erlangt hat.

18a Anders als die Duldungswirkung nach Abs 2 tritt die Gestaltungswirkung **bereits mit der Zustellung** bzw der Fiktion der Zustellung nach § 74 Abs 4 S 3 ein, **nicht erst mit Unanfechtbarkeit,** wie sich aus dem Vergleich mit Abs 2 ergibt.[31] Die Erhebung der Anfechtungsklage löst allerdings den Suspensiveffekt des § 80 Abs 1 VwGO aus, sofern der Planfeststellungsbeschluss nicht kraft Fachrechts sofort vollziehbar ist (s Rn 67). Keine Anwendung findet insoweit § 212a BauGB, der den Suspensiveffekt von Rechtsbehelfen Dritter gegen die bauaufsichtliche Zulassung von Vorhaben ausschließt. Ausgeschlossen werden nach Abs 1 auch öffentliche Abwehransprüche, insb der allgemeine öffentlich-rechtliche Unterlassungsanspruch[32] und der Folgenbeseitigungsanspruch (näher zu diesen Ansprüchen § 49a Rn 29).[33]

IV. Die Enteignungsrechtliche Vorwirkung

19 **1. Allgemeines. Nicht verbunden** sind mit der Planfeststellung weitergehende privatrechtliche Wirkungen oder eine Enteignungswirkung. Insb überträgt eine Planfeststellung nach §§ 74, 75 auf den Träger des Vorhabens keinerlei Rechte, Befugnisse usw nach Privatrecht, selbst wenn diese unabdingbare Voraussetzung dafür sind, dass das geplante Vorhaben durchgeführt oder benutzt werden kann, zB kein Recht auf die Benutzung fremder Grundstücke.[34] Soweit für die Verwirklichung des Vorhabens fremde Rechte (zum Umfang OVG Koblenz NuR 2005, 53) in Anspruch genommen werden müssen, zB fremde Grundstücke zur Errichtung erforderlicher Bauten, benötigt werden, muss ein **gesondertes Enteignungsverfahren** durchgeführt werden, das rechtlich gegenüber der Planfeststellung selbständig ist und durch diese auch nicht entbehrlich oder ersetzt wird.

20 Die meisten Fachplanungsgesetze sehen inzwischen eine **Bindungswirkung der Planfeststellung** für das spätere Enteignungsverfahren vor. In diesen Fällen

---

[29] Ganz hM, vgl nur StBS 20 ff.; Knack/Henneke 18; FKS 25; Ziekow 9; **aA** neuerdings MSU 82 ff; die dort genannten Wirkungen dürften im Wahrheit öffentlich-rechtliche Beziehungen betreffen.

[30] StBS 44; Ziekow 9.

[31] Allg Ansicht, vgl nur Knack/Henneke 18; FKS 28; MSU 90.

[32] S hierzu VGH Kassel NJW 1993, 3088; Ramsauer JuS 1995, 299; Köckerbauer/Büllerbach JuS 1999, 373.

[33] Hierzu BVerwGE 94, 100 (Bargteheide); Schoch VerwArch 1998, 1.

[34] Begr 90; BVerwGE 80, 190; 85, 49; BVerwG NJW 1980, 953; NJW 1981, 241; NVwZ-RR 1989, 621; BVerfG 45, 337; Kastner DVBl 1982, 672; Korbmacher DÖV 1978, 594; Obermayer 48 ff, 64; StBS 26; Knack/Henneke 18.

spricht man von enteignungsrechtlicher Vorwirkung. Wegen dieser Bindungswirkung, die den Rechtsschutz des Betroffenen im späteren Enteignungsverfahren praktisch auf Entschädigungsfragen beschränkt, müssen die **enteignungsrechtlichen Vorentscheidungen** des Plans bereits im Planfeststellungsverfahren mitbedacht und ggf gerichtlich überprüft werden (sog enteignungsrechtliche Vorwirkungen der Planfeststellung).[35] Das VwVfG selbst sieht für das Planfeststellungsverfahren keine Bindungswirkung für ein späteres Enteignungsverfahren vor. Eine enteignungsrechtliche Vorwirkung tritt deshalb nur dann ein, wenn sie **im Fachrecht angeordnet** worden ist.[36] Dies ist in den wichtigsten Fällen der Planfeststellung der Fall (vgl zB § 19 FStrG; § 44 WaStrG; § 28 LuftVG; § 22 AEG). Das **IPBeschlG** hat die **Plangenehmigungen** nach dem AEG, EnWG, MBPlG, FStrG, LuftVG und WaStrG auch insoweit der Planfeststellung gleich gestellt. Diese Regelung wurde durch das PlVereinhG in das VwVfG übernommen und Abs 6 S 2 aF gestrichen.

2. Bindungswirkungen für die Enteignung. Bei der Bedeutung der Bindungswirkungen des Plans für ein nachfolgendes Enteignungsverfahren ist zwischen Plänen mit einer spezialgesetzlich angeordneten enteignungsrechtlichen Vorwirkung und anderen Plänen zu unterscheiden: Im Falle der Planfeststellung mit enteignungsrechtlicher Vorwirkung (hierzu auch § 72 Rn 38 ff) steht für das Enteignungsverfahren verbindlich fest, dass die Verwirklichung des planfestgestellten Vorhabens dem Wohl der Allgemeinheit iS des Art 14 Abs 3 GG dient und damit auch eine Enteignung rechtfertigt. Im Enteignungsverfahren ist in diesen Fällen nur noch zu prüfen, ob die **Inanspruchnahme des Enteignungsrechts** hinsichtlich der Rechte des Dritten zur Verwirklichung des Vorhabens **erforderlich** ist, ob die **verfahrensrechtlichen Voraussetzungen** für eine Enteignung vorliegen und in welcher **Höhe eine Enteignungsentschädigung** zu zahlen ist. Fehlt es an einer spezialgesetzlich angeordneten enteignungsrechtlichen Vorwirkung, muss der Plan zwar auch als Zulassung des Vorhabens zugrunde gelegt werden. Die Entscheidung, ob das Vorhaben dem Wohl der Allgemeinheit dient und damit eine Enteignung rechtfertigen kann, wird aber erst im Enteignungsverfahren selbstständig getroffen.[37] 21

3. Enteignungsrechtliche Vorwirkung für privatnützige Vorhaben. Umstritten ist die Frage, ob die enteignungsrechtliche Vorwirkung auch für privatnützige Vorhaben (zu diesen näher § 72 Rn 13 ff) eintreten kann. Dies ist deshalb problematisch, weil nach den inzwischen allgemein anerkannten Kriterien der sog Boxberg-Entscheidung des BVerfG[38] zwei Voraussetzungen erfüllt sein müssen. Erstens muss das Vorhaben einer **speziellen fachplanungsrechtlichen Zielsetzung** dienen, zweitens muss durch geeignete Maßnahmen nachhaltig gesichert sein,[39] dass das Vorhaben, zu dessen Gunsten die Enteignung vorgesehen ist, nachhaltig diesen öffentlich-rechtlichen Zielen dient. Die hiermit verbundenen verfassungsrechtlichen und dogmatischen Probleme sind noch nicht abschließend geklärt (s hierzu näher § 72 Rn 14a ff). Richtigerweise kann 22

---

[35] BVerfG 45, 297, 319; 56, 249, 264; 74, 264, 282; 95, 1, 22; BVerwGE 67, 74; 71, 117; 77, 295; 84, 129; 85, 44; BGH NJW 1987, 3200; Überblick bei Jarass DVBl 2006, 1329; ferner StBS § 72 Rn 66 ff; Erichsen/Ehlers § 39 Rn 43; Obermayer 53.

[36] BVerwG NVwZ 1991, 873; Ziekow 14; StBS 27; Obermayer 53 f; **aA** Knack/Henneke 18 (unter unzutreffender Bezugnahme auf die hM): folgt schon aus der Gestaltungswirkung.

[37] S zu den zT unterschiedlichen Kriterien für die Planfeststellung und die Enteignungsentscheidung und den sich sonst dabei ergebenden Problemen BVerwGE 66, 133; 85, 52; BVerwG NVwZ 1988, 52; BGHZ 97, 34; Korbmacher DÖV 1982, 516; Wahl NVwZ 1990, 428; Dolde, in: Sendler-FS 1991, 236.

[38] BVerfGE 74, 264.

[39] Bspw durch ö-r Vertrag: VGH Mannheim NVwZ-RR 2011, 143.

auch eine enteignungsrechtliche Vorwirkung (nur) für solche Vorhaben in Betracht kommen, für die eine **Planrechtfertigung** (§ 74 Rn 42 ff) gegeben ist.

V. Erheblichkeit von Abwägungsmängeln (Abs 1a S 1)

23 **1. Allgemeines.** Ziel des durch das GenBeschlG eingefügten Abs 1a ist es, Planfeststellungsbeschlüsse gegen bestimmte Fehler zu immunisieren und das Planfeststellungsverfahren zu entlasten, indem unerhebliche und nachträglich behebbare Abwägungsmängel nicht mehr zur gerichtlichen Aufhebung des Beschlusses führen. In Abs 1a wurden Regelungen übernommen, die bereits 1993 durch das Planungsvereinfachungsgesetz in einzelnen Fachplanungsgesetzen eingeführt worden waren (vgl die früheren Fassungen von § 17 Abs 6c FStrG, § 10 Abs 8 LuftVG, § 29 Abs 8 PBefG und § 19 Abs 4 WaStrG). Sie sind durch das PlVereinhG 2013 zugunsten der Anwendung von Abs 1a wieder aufgehoben worden. All diese Regelungen dienen den **öffentlichen und privaten Interessen an der Planerhaltung** (BVerwGE 121, 72, 80), also an der möglichst zeitnahen Realisierung einer mit großem Aufwand erstellten und geprüften Planung über regelmäßig gemeinschaftswichtige Vorhaben. Diesen Interessen wird im begrenzten Umfang Vorrang eingeräumt. Die Regelung in Abs 1a S 1 entspricht im Wesentlichen der in der Bauleitplanung geltenden Planerhaltungsvorschrift in **§ 214 Abs 3 S 2 BauGB.** Deshalb kann in Zweifelsfragen unter Umständen auf die Auslegung dieser Vorschrift zurückgegriffen werden.[40] Allerdings hat die Auslegung der Vorschrift in letzter Zeit von Seiten des Verfassungs- wie des Unionsrechts Kritik und neue Anstöße erhalten, die einen Rückgriff auf bislang als geklärt Geltendes nur noch begrenzt zulassen.

24 **2. Unbeachtlichkeit von Abwägungsmängeln (Abs 1a S 1).** Satz 1 der Vorschrift enthält eine Fehlerunbeachtlichkeitsklausel, die sich an das Gericht wendet. Sie beschränkt die rechtliche Erheblichkeit von Abwägungsmängeln auf solche im Prozess aufgedeckte Fehler, die offensichtlich und auf das Abwägungsergebnis von Einfluss gewesen sind. Richtigerweise ist Abs 1a S 1 als eine **planungsspezifische Ausprägung des Rechtsgedankens des § 46** im Bereich des materiellen Rechts zu verstehen. Auf verfahrensrechtliche Fehler ist § 46 unmittelbar anwendbar (Knack/Henneke 24).

25 **a) Abwägungsvorgang und Abwägungsergebnis.** Die Vorschrift geht von einer Unterscheidung von Abwägungsvorgang („bei der Abwägung“) und Abwägungsergebnis aus (s dazu auch § 74 Rn 74), die in der Rspr des BVerwG zur Abwägung in der Bauleitplanung entwickelt[41] wurde und vom Gesetzgeber in § 155b BBauG und sodann in § 214 Abs 3 BauGB positivrechtlich umgesetzt worden ist (s hierzu näher § 74 Rn 97). Mit dem **Abwägungsvorgang** wird das komplexe, regelgeleitete und planmäßige Prozedere beschrieben, mit dessen Hilfe das Abwägungsergebnis vorbereitet wird. **Abwägungsergebnis** ist das verbindlich festgestellte Regelwerk bestehend aus der Zulassung des Vorhabens (des „Plans“) und allen begleitenden Anordnungen (wie Bedingungen, Ausgleichsmaßnahmen oder Schutzvorkehrungen). Der verfassungsrechtliche Rang soll nach der Rspr des BVerwG in erster Linie dem auf das Abwägungsergebnis bezogenen Abwägungsgebot zukommen (BVerwGE 45, 309, 313). Dies setzt voraus, dass Fehler im „Herstellungsprozess“ dem Ergebnis der Abwägung „angesehen“ und ihm zugerechnet werden können. Das Abgewogensein des Plans als Ergebnis der Abwägung wird sich nur beurteilen lassen, wenn der Abwägungs-

---

[40] Vgl vor allem die Grundsatzentscheidung BVerwGE 64, 33; BVerwG NuR 1996, 402. Knack/Henneke 23.

[41] BVerwGE 45, 309, 313; 64, 33, 40.

vorgang rekonstruiert und (etwa auf Ermittlungsdefizite) kontrolliert wird. Es ist bezweifelt worden, dass die Unterscheidung hinreichend tragfähig ist, um an sie unterschiedliche Fehlerfolgen zu knüpfen.[42] Daran ist richtig, dass eine alle theoretischen Interessen befriedigende Abgrenzung hinsichtlich des Fehlerkalküls nicht gelungen scheint; praktischen Erfordernissen genügt die Unterscheidung nach allen Erfahrungen aber jedenfalls, zumal kaum bezweifelt werden kann, dass Vorgang und Ergebnis der Abwägung von eigengearteten Fehlertypen befallen sein können.

b) Offensichtlichkeit. Nach der vom BVerwG[43] zu § 214 Abs 3 BauGB entwickelten und inzwischen allgemein akzeptierten Auffassung[44] sind offensichtlich nicht nur sofort erkennbare Fehler, sondern auch solche, die auf der „äußeren Seite" des Abwägungsvorgangs, also **auf objektiv fassbaren Sachumständen** beruhen.[45] Bewirkt werden soll ein Verzicht auf die Ausforschung der subjektiven Vorstellungen und Motive der an der Planungsentscheidung beteiligten Personen und eine **Beschränkung auf die aus den Unterlagen usw erkennbaren Mängel** (Knack/Henneke 23). Dies sind insb solche Fehler, die „die Zusammenstellung und Aufbereitung des Abwägungsmaterials, die Erkenntnis und Einstellung aller wesentlichen Belange in die Abwägung oder die Gewichtung der Belange betreffen und die sich aus Akten, Protokollen, aus der Entwurfs- oder Planbegründung oder aus sonstigen Umständen ergeben".[46] Die Offensichtlichkeit nachweisbarer Umstände entfällt nicht schon deshalb, weil es zu ihrem Nachweis noch einer gerichtlichen Beweiserhebung bedarf (BVerwGE 64, 33, 38). Andererseits ist ein Abwägungsdefizit nicht schon deshalb offenkundig, weil in der Begründung des Plans bestimmte abwägungsrelevante Belange nicht enthalten sind; vielmehr müssen konkrete Umstände positiv und klar darauf hindeuten, dass ein Abwägungsmangel vorliegt.[47] 26

c) Einfluss des Mangels auf das Abwägungsergebnis. Ein Abwägungsmangel ist nur erheblich, wenn er kumulativ „auf das Abwägungsergebnis von Einfluss gewesen" ist. Mit dieser Kausalitätsklausel lehnt sich die Vorschrift wiederum eng an § 46 an (s dort Rn 25 ff). An der Ausdeutung des § 46 in **umweltrelevanten Verfahren** hat nun der **EuGH**[48] erhebliche Kritik geübt, die unmittelbar auf das Verständnis der Kausalitätsregel in Abs 1a durchschlägt. Die Kritik hat kurz darauf das BVerfG für das Planungsrecht ganz allgemein geteilt und eine zurückhaltende Auslegung und Anwendung von Unbeachtlichkeitsklauseln gefordert, die der Rechtsschutzgarantie angemessen Rechnung trägt.[49] Das erzwingt einen Wechsel in der Blickrichtung auf solche Klauseln, die bisher unter dem Gebot der Planerhaltung dazu genutzt wurden, sehr hohe Hürden für die Erheblichkeit von Fehlern zu errichten. Nach der gefestigten **bisherigen Rspr des BVerwG** liegt Ergebnisrelevanz erst dann vor, wenn nach den Um- 27

---

[42] Vgl hierzu vor allem Koch DVBl 1983, 1125; zur Unterscheidung zwischen Vorgang und Ergebnis der baurechtlichen Abwägung in den Planerhaltungsvorschriften der §§ 214, 215 BauGB vgl Erbguth JZ 2006, 484; Bernhardt JA 2007, 862.

[43] Seit BVerwGE 64, 33 stRspr, vgl BVerwG NVwZ 1999, 535, 538; 1998, 956, 959.

[44] S hierzu Kreft UPR 2003, 367; Bell/Rehak UPR 2004, 296.

[45] Obermayer 57; enger wohl StBS 37.

[46] BVerwGE 64, 33, 38; s für das Fachplanungsrecht BVerwG DVBl 1996, 926, 928; NVwZ 1992, 662, 663 f; OVG Lüneburg NuR 1995, 473.

[47] BVerwG NVwZ 1992, 662; ZfBR 1994, 28; ZfBR 1995, 145, 147; EZB § 214 Rn 41; Battis/Krautzberger/Löhr § 214 Rn 16.

[48] Vgl EuGH, U v 15.10.2015 – C-137/14 – Rn 54 ff (Vertragsverletzungsverfahren gegen die Bundesrepublik) NVwZ 2015, 1665 = NJW 2015, 3495 = DVBl 2015, 1514. Zwar meint Storost (UPR 2016, 36 f), der EuGH verkenne die deutsche Rechtslage. Das ändert aber nichts daran, dass alle Stellen der Bundesrepublik nun auf die unionsrechtskonforme Deutung iSd EuGH festgelegt sind.

[49] Vgl BVerfG, B v 16.12.2015 – 1 BvR 685/12 – (Rn 20 ff) NVwZ 2016, 524.

ständen des Falles die **konkrete Möglichkeit** besteht, dass ohne den Fehler eine **andere Entscheidung getroffen** worden wäre; eine nicht weiter substantiierte, nur abstrakte Möglichkeit von Auswirkungen auf das Abwägungsergebnis genügte hingegen nicht.[50] Die konkrete Möglichkeit von Auswirkungen auf das Abwägungsergebnis wurde bejaht, wenn die Planungsunterlagen oder sonst erkennbare oder nahe liegende Umstände dafür **konkrete Anhaltspunkte** bieten (BVerwGE 64, 39 f). Dies ist zB dann der Fall, wenn sich der Planungsträger von einem unzutreffend ermittelten Interesse hat leiten lassen und aus den Planungsunterlagen keine anderen Belange hervorgehen, die das Ergebnis rechtfertigen könnten. Ausgeschlossen wurde der Einfluss eines Fehlers auf das Ergebnis zB dann, wenn die Behörde es zwar unterlassen hat, den Umfang einer behaupteten Beeinträchtigung weiter aufzuklären, die tatsächlich objektiv aber ein so geringes Gewicht hat, dass sie auch bei ordnungsgemäßer Ermittlung hätte vernachlässigt werden dürfen. Ist der **Planfeststellungsbeschluss teilbar,** so kommt außerdem nur die Aufhebung desjenigen Teils in Betracht, auf den sich der Fehler ausgewirkt hat (BVerwG UPR 1989, 183).

27a Das überkommene Verständnis der Fehlerklauseln sah sich unter dem Gesichtspunkt des effektiven Rechtsschutzes nach Art 19 Abs 4 GG schon immer **Einwänden ausgesetzt:** Zum einen waren sehr hohe Hindernisse für die Relevanz von Abwägungsmängeln oder Verfahrensfehlern errichtet, sodass sie sich nur ausnahmsweise auswirken konnten. Zum anderen wurde in der Praxis oft den Klägern die Darlegungslast für die Fehlerrelevanz auferlegt, und schließlich musste sich ein Gericht bei seinen Folgerungen uU in bedenklicher Weise in den planerischen Freiraum der Behörde einmischen, um zu beantworten, ob die Behörde zu einer anderen Entscheidung gekommen wäre. Die Handhabung von Unerheblichkeitsregeln ist **verfassungsrechtlich** aber dann nicht mehr hinnehmbar, wenn die Ergebniskausalität des Fehlers nur dadurch verneint werden könnte, dass das Gericht eine eigene hypothetische Abwägungsentscheidung trifft und sich dadurch an die Stelle der Planfeststellungsbehörde setzt. Die Annahme, bei Vermeidung des Fehlers wäre keine andere Entscheidung ergangen, ist danach nur gerechtfertigt, wenn konkrete Anhaltspunkte dafür nachweisbar sind, dass die Planfeststellungsbehörde **gleichwohl dieselbe Entscheidung getroffen** hätte. Es genügt regelmäßig nicht, wenn sich aus den Akten oder sonstigen Erkenntnissen des Gerichts lediglich **keine** konkreten Anhaltspunkte dafür ergeben, dass die Planfeststellungsbehörde bei Vermeidung des Mangels eine andere Entscheidung getroffen hätte. Allein das Fehlen konkreter Anhaltspunkte für eine andere Entscheidung lässt grds keinen hinreichend sicheren Rückschluss darauf zu, welches Planungsergebnis ohne den Fehler zustande gekommen wäre. Es liegt auf der Hand, dass die Formel von der „konkreten Möglichkeit einer anderen Entscheidung" einer Fehlerunbeachtlichkeitsregel einen größeren Anwendungsbereich verschafft, als wenn Fehler bereits dann erheblich sind, wenn bei ihrer Vermeidung ein anderes Ergebnis nicht ausgeschlossen werden kann.[51]

27b Für **UVP-pflichtige Entscheidungen** erlaubt der **EuGH**[52] die Feststellung der Unerheblichkeit unionsrechtsbasierter Verfahrensfehler in gleichsinniger Weise nur noch dann, wenn sich das Gericht oder die Planungsbehörde zu der konkreten positiven Feststellung in der Lage sieht, dass die angegriffene **Entscheidung** ohne den geltend gemachten Fehler **nicht anders ausgefallen** wäre. Ob

---

[50] BVerwGE 141, 171 Rn 68; 100, 370, 379; 64, 33, 39; 75, 214, 228; BVerwG NVwZ 2015, 79 Rn 7; IR 2015, 188 Rn 44; NVwZ 1992, 662, 663; DVBl 1996, 926, 928; NVwZ 1997, 908, 913; 1993, 572; StBS 38; Knack/Henneke 22; Schoch, Vw 1992, S. 21, 48 f; Steinberg/Wickel/Müller § 3 Rn 117 ff; **aA** BVerwG NVwZ-RR 2011, 439.

[51] BVerfG WM 2016, 184 Rn 22 f ebensoBVerwGE 154, 153 Rn 30.

[52] Vgl EuGH NVwZ 2015, 1665 Rn 60 und schon das Altrip-Urteil NVwZ 2014, 49 Rn 53.

diese Handhabung des § 46 auch für **andere umweltrelevante,** aber nicht UVP-pflichtige Vorhaben gilt, ist offen, liegt angesichts der Braunbären-Entscheidung (s Rn 98b) jedoch nahe. Die Feststellung sachgleicher Entscheidung muss sich anhand der vom Vorhabenträger vorgelegten Unterlagen oder der Verwaltungsakte hinreichend eindeutig treffen lassen. Ganz in diesem Sinne ist nach **§ 4 Abs 1a S 2 UmwRG** idF des ÄndG vom 20.11.2015 eine Beeinflussung in der Sache zu vermuten, wenn sie sich durch das Gericht nicht aufklären lässt. Ein Anwendungsfall für eine erkennbare Nichtbeeinflussung wird etwa sein, dass sich die Behörde mit Einwendungen eines übergangenen Betroffenen bereits anderweitig auseinandergesetzt hat. In jedem Fall ist eine Neujustierung der Rspr erforderlich. Die **Argumentationslast** für Behörden und Gerichte vergrößert sich stark. Bedenkt man die weitgehende Abschaffung der Präklusion für Einwendungen (dazu § 75 Rn 101), so lässt sich bereits jetzt voraussagen, dass es nur noch unter besonderen Kautelen möglich sein wird, gewichtigeren Fehlern die Relevanz abzusprechen. Das liegt ganz auf der Linie des EuGH, Fehlern bei umweltrelevanten Projekten im Prozess die größtmögliche Relevanz zu verschaffen und auf diesem Weg die Aufmerksamkeit der Behörden verstärkt auf die Fehlervermeidung schon im Planungsverfahren zu lenken.

VI. Planergänzung, ergänzendes Verfahren (Abs 1a S 2)

1. Grundsatz der Planerhaltung. a) Bedeutung. Eine Aufhebung eines Planfeststellungsbeschlusses wegen eines nach Abs 1a S 1 erheblichen Mangels ist nach Abs 1a S 2 ausgeschlossen, wenn die Planfeststellungsbehörde diesen durch eine **Planergänzung** oder durch ein **ergänzendes Verfahren** beheben kann.[53] Die Regelung wurde durch dass GenBeschlG eingefügt und hat – wie auch S 1 – primär eine prozessuale Zielrichtung: Sie **verbietet dem Verwaltungsgericht die Aufhebung** eines Planfeststellungsbeschlusses im Rahmen einer Anfechtungsklage (§ 113 Abs 1 VwGO), wenn es die Möglichkeit der Fehlerbehebung bejaht. Damit dient sie dem Grundsatz der Planerhaltung, hat aber kein neues Instrumentarium geschaffen. Die Befugnis zur Fehlerheilung gründet in der fachgesetzlich eingeräumten **Entscheidungskompetenz der Planungsbehörde.** Diese erlaubt es ihr, ein für fehlerhaft erachtetes Planfeststellungsverfahren bis zur Rechtskraft eines Urteils jederzeit wiederaufzunehmen und nach Maßgabe der Vorschriften des jeweiligen Fachplanungsverfahrens erneut zu Ende zu führen. Dabei darf sie tatsächliche oder vermeintliche Fehler beseitigen und den Planfeststellungsbeschluss unverändert bestätigen, ändern oder sogar aufzuheben (BVerwGE 102, 358 = DVBl 1997, 715), ggf sogar durch Protokollerklärung in einer mündlichen Verhandlung (dazu BVerwG NVwZ 2012, 1314). Die Befugnis hierzu ist von der Kompetenz der Behörde zur Entscheidung umfasst, was sich etwa in den §§ 48 f bestätigt findet. Es ist daher allgemein anerkannt, dass VAe nach ihrem Erlass noch geändert werden dürfen, insb inhaltliche Mängel noch nachträglich durch Änderung oder Ergänzung korrigiert werden können (BVerwG NVwZ 1993, 976; BVerwGE 87, 241). Mit fortschreitendem Verfahrensstadium unterliegt die Behörde aber **Bindungen,** die sich aus konkurrierenden Belangen und aus der Verfestigung der Rechtsposition des Vorhabenträgers ergeben. Zu den Grenzen gehören daher etwa das Verbot der Wesensänderung des Planfeststellungsbeschlusses und der Vereitelung von Beteiligungsrechten sowie Vertrauensschutz (s auch § 76 Rn 16 ff). Zu den Folgen für einen Anfechtungsprozess vgl Rn 36. Die materiellen Befugnisse der Planfeststellungsbehörde zu Planänderungen und ergänzenden Verfahrensschritten werden in Abs 1a prozessrechtlich genutzt, um Aufhebungen des Beschlusses zu vermeiden. 28

[53] S hierzu BVerwGE 91, 17, 20; 101, 73; StBS 40; Knack/Henneke 31.

29 **b) Anwendungsbereich. aa) Mängel der Abwägung, Form- und Verfahrensfehler.** Seinem früheren Wortlaut nach war Abs 1a S 2 nur auf Mängel der Abwägung (dazu § 40 Rn 158 ff; § 74 Rn 99 f) anwendbar. Die hM hatte die Vorschrift darüber hinaus auf alle anderen formellen und materiellen Mängel des Planfeststellungsbeschlusses angewandt, die sich durch Planergänzung und/oder ein ergänzendes Verfahren beheben lassen.[54] Gefolgert wurde das aus einer Art Erst-Recht-Schluss, wonach, wenn schon Abwägungsfehler behoben werden dürfen, dies auch für andere Fehler gelten müsse. Mit dem PlVereinhG wurde dies bestätigt und der Anwendungsbereich der Heilungsvorschrift in S 2 auf **Verfahrens- und Formvorschriften** erstreckt. Zugleich wurde das **Verhältnis zu den §§ 45, 46** neu geregelt, indem S 2 um den Hinweis ergänzt wurde, dass die §§ 45 und 46 unberührt bleiben. Er soll eine Auslegung verhindern, wonach die §§ 45 und 46 als Spezialvorschriften aufgefasst und aus dem Anwendungsbereich des Abs 1a S 2 ausgeschlossen werden. Dies hatte das BVerwG zur Rechtslage vor dem PlVereinhG angenommen und den Standpunkt vertreten, das ergänzende Verfahren nach § 75 Abs 1a S 2 könne nicht durchgeführt werden zur Behebung von Verfahrens- und Formfehlern, die in §§ 45, 46 abschließend geregelt seien (BVerwGE 128, 76, 79; BVerwG NVwZ 2008, 795). Diese Position lässt sich nach der „Klarstellung" durch das PlVereinhG nicht mehr aufrechterhalten. Das bedeutet, dass Abs 1a S 2 nunmehr auch auf die von §§ 45 und 46 erfassten Form- und Verfahrensfehler anwendbar ist.

30 **bb) Sonstige materielle Fehler. Umstritten** ist, ob auch sonstige materielle Fehler des Planfeststellungsbeschlusses durch Planergänzung oder ergänzendes Verfahren behoben werden können. Die hM **bejaht** dies mit vollem Recht. Die Erstreckung auch auf derartige Fehler erfordert keinen Analogieschlusses (so noch die Vorauf), denn die Regelung in Abs 1a S 2 gründet in der (fach)planerischen **Entscheidungskompetenz** der Behörde (dazu oben Rn 28), die sie zur Heilung sämtlicher Fehler eines erlassenen VAes befähigt und (wie §§ 48 f. zeigen) sogar nach Unanfechtbarkeit des Planfeststellungsbeschlusses grds fortbesteht. Abs 1a S 2 nutzt diese Befugnis und verleiht ihr eine spezielle Ausformung zur Planerhaltung im Prozess. Die Behörde ist aber bereits infolge ihrer Entscheidungskompetenz befugt, den Planfeststellungsbeschluss bis zur Rechtskraft jederzeit zu ändern. Unterschiedlich sind dabei die verfahrensrechtlichen **Anforderungen und Grenzen der Änderung** in den einzelnen Verfahrensstadien (s dazu Rn 28).

31 **2. Fehlerbehebung durch Planergänzung.** Das Institut der Planergänzung ist richterrechtlich entwickelt worden. Das BVerwG ist seit BVerwGE 56, 110, 133 dazu übergegangen, bei bestimmten Fehlern des Planfeststellungsbeschlusses die Befugnis des Gerichts zur Aufhebung gem § 113 Abs 1 S 1 VwGO zu verneinen und stattdessen nur noch eine Verpflichtungsklage auf Planergänzung für zulässig zu halten.[55] Die hM ist dem gefolgt.[56] Daraufhin hat der Gesetzgeber mit dem GenBeschlG die Grundgedanken dieser Rspr in Abs 1a S 2 übernommen. Planergänzung wird sich dort anbieten, wo im Planfeststellungsbeschluss Anordnungen fehlen. Hauptanwendungsfall ist die Ergänzung um Schutzauflagen. Demgegenüber ist die Behebung von Form- und Verfahrensfehlern durch Planergänzung nur schwer vorstellbar. Hier bedarf es regelmäßig eines ergänzenden Verfahrens, das bei einer bloßen Planergänzung an sich nicht oder nur in stark

---

[54] BVerwGE 121, 72, 80; 112, 140, 164; BVerwG NVwZ 2007, 581 (zur entspr Anwendung auf Mängel der spezifisch naturschutzrechtlichen Abwägung nach § 19 Abs 3 S 1 BNatSchG bzw § 8 Abs 3 BNatSchG aF); zustimmend StBS 37; Knack/Hennecke 27; **aA** Obermayer 192; FKS 51; Storost NVwZ 1998, 797; Steinberg DÖV 2000, 85.

[55] Vgl BVerwGE 56, 110, 133; 71, 150; 84, 31; 87, 332; 91, 17; 104, 123, 129.

[56] S hierzu näher Sieg, Die Schutzauflage im Fachplanungsrecht, 1994, 16 ff; Johlen DVBl 1989, 287; Paetow DVBl 1985, 369, 372.

abgekürzter Weise erforderlich ist. Möglich ist aber, dass im Zuge einer notwendigen Planergänzung frühere Verfahrensmängel (wie eine unterlassene Anhörung) geheilt werden.

a) Abgrenzung der Planergänzung vom ergänzenden Verfahren. Die Vorschrift nennt Planergänzung und ergänzendes Verfahren nebeneinander, ohne die Begriffe zu definieren oder ihr Verhältnis zueinander klarzustellen. Die Unterscheidung ist aber bedeutsam, zum einen wegen der verfahrensrechtlichen Anforderungen, vor allem aber wegen der unterschiedlichen Konsequenzen im Prozess (dazu Rn 36). Die Abgrenzung wird dadurch erschwert, dass fast jede Behebung eines Abwägungsmangels ergänzende Verfahrensschritte erfordert. Das kann nur anders sein, wenn Planergänzung unmittelbar auf der Grundlage des vorliegenden Abwägungsmaterials möglich ist, etwa, weil Schallschutzansprüche auf der Grundlage parzellenscharfer Berechnungen unmittelbar aus einem Regelwerk abgeleitet werden können. In allen anderen Fällen übersehener oder fehlgewichteter und unberechtigt zurückgesetzter Belange erfordert die Beseitigung des Abwägungsmangels einen nachträglichen Entscheidungsprozess mit Ermittlungen oder Beteiligungen – einzelner Betroffenen oder gar der Öffentlichkeit unter Auslegung weiterer Unterlagen –, bevor der Plan als Ergebnis einer neuen fehlerfreie Abwägung ergänzt, geändert, bestätigt oder aufgehoben werden kann.[57] Wurde also etwa bei einer Planfeststellung versehentlich eine Verkehrsprognose unterlassen, ist ein ergänzendes Verfahren erforderlich. Welche Folgerungen daraus zu ziehen sind und ob (nur) eine Planergänzung ausreicht, hängt vom Ergebnis des Prognose ab. Gleichwohl gibt es klare **Kriterien der Abgrenzung:** Bei der Planergänzung steht fest, dass sich ein Mangel der Abwägung durch Ergänzung des Plans um eine inhaltlich zumindest bestimmbare weitere Anordnung beseitigen lässt. Soweit zu deren Herausarbeitung Verfahrensschritte notwendig sind, verläuft die **Grenzlinie** zwischen beiden Formen der Fehlerbeseitigung dort, wo absehbar ist, dass neue Erwägungen der Behörde den Fortbestand des Planfeststellungsbeschlusses zumindest in Teilen infrage stellen können (Rn 34). Das ist bei Fehlern der Fall, die zur Feststellung der Rechtswidrigkeit und Nichtvollziehbarkeit des Planfeststellungsbeschlusses führen und also den Eintritt seiner Bestandskraft hindern (StBS § 75 Rn 44). Zum Verfahren der Planergänzung im Übrigen s Rn 35 f. 32

b) Behebbarkeit. Behebbar ist ein Abwägungsfehler durch Planergänzung nur dann, wenn die nachgeholte fehlerfreie Abwägung zu dem Ergebnis führt, dass den betroffenen und zunächst übersehenen oder fehlgewichteten Belangen durch ergänzende Anordnungen, insb durch Schutzvorkehrungen iSd § 74 Abs 2 oder durch die Anordnung von Entschädigungen, Rechnung getragen werden kann. Stellt sich bei der fehlerfreien Abwägung heraus, dass eine Umplanung erfolgen muss, ist der Fehler nicht mehr nach Abs 1a S 2 behebbar. Da es lediglich um eine Ergänzung des Plans gehen darf, muss die Planung iÜ unberührt bleiben. Daher scheidet Planergänzung aus, wenn sie die Identität des Vorhabens oder seine Grundzüge verändern würde. 33

3. Fehlerbehebung durch ergänzendes Verfahren. a) Voraussetzungen. In einem ergänzenden Verfahren können die von Abs 1a S 2 erfassten Fehler (s oben Rn 29) behoben werden, wenn weitere Verfahrensschritte und eine neue (Teil)Abwägung erforderlich sind und das Ergebnis des Verfahrens nicht von vornherein feststeht. Ergänzende Verfahren sind **ergebnisoffen** zu führen. Es muss aber die konkrete Möglichkeit bestehen, dass die Planfeststellungsbehörde nach Abschluss des Verfahrens an der getroffenen Entscheidung **festhält** und hierzu im Rahmen ihres planerischen Ermessens auch berechtigt ist. Das ergänzende Verfahren scheidet daher aus, wenn von vornherein absehbar ist, dass die 34

[57] So zutreffend StBS 44.

Behörde den Planfeststellungsbeschluss aufheben muss (BVerwG NVwZ 2009, 320, 325). Das wird idR etwa bei versehentlicher Nichtbeteiligung von Personen oder Behörden angenommen werden können. Bei Fehlern in der Abwägung, die etwa in mangelhafter Zusammenstellung des Abwägungsmaterials liegen oder in einer fehlerhaften Ermittlung von relevanten Sachverhaltselementen, kommt es darauf an, ob die Auswirkungen dieser Fehler so schwerwiegend sind, dass das planfestgestellte **Vorhaben in seinen Grundzügen infrage gestellt** werden muss.[58] In jedem Fall muss die Identität des Vorhabens gewahrt werden.

35 **b) Durchführung.** Welche Verfahrensschritte in einem ergänzenden Verfahren vorzunehmen sind, hängt von der Art des zu beseitigenden Mangels ab. Grds greift die Behörde das bereits durchgeführte Ausgangsverfahren an der „Fehlerstelle" wieder auf und führt es in fehlerfreier Weise erneut zu Ende. Das ergänzende Verfahren besteht daher in der Wiederholung von mängelbehafteten oder der Nachholung von unterbliebenen Verfahrensschritten des Ausgangsverfahrens (etwa einer fehlenden Ermittlung oder Beteiligung) und der Heilung formeller oder materieller Fehler. Es mündet in eine neue Abwägungsentscheidung, in der die Ergebnisse in ergebnisoffener Weise berücksichtigt werden müssen (BVerwGE 102, 358, 365; Knack/Henneke 31). Das Verfahren endet mit einem neuen Beschluss, der den alten Planfeststellungsbeschluss bestätigt, ergänzt, ändert oder gar aufhebt und mit diesem zu einer neuen Einheit verschmilzt.[59] Das Problem bei derartigen auf Planerhaltung gerichteten neuen Abwägungsentscheidungen ist, dass sie nur schwer ergebnisoffen getroffen werden können, was aber aus rechtsstaatlichen Gründen zwingend verlangt werden muss.

35a Das VwVfG macht keine unmittelbaren Vorgaben zur **Gestaltung** des ergänzenden Verfahrens. Das ist an sich auch nicht erforderlich, weil das Verfahren ein weiterer, nachträglich durchzuführender Abschnitt des Ausgangsverfahrens ist, in dem die für das jeweilige Planfeststellungsverfahren geltenden Vorschriften anzuwenden sind. Soll aber im Zuge eines ergänzenden Verfahrens der Plan geändert (und nicht nur der Beschluss um Erwägungen ergänzt) werden, bietet **§ 76** verfahrensrechtliche **Erleichterungen.** Das Verhältnis dieser Vorschrift zum ergänzenden Verfahren wird oft missverstanden. Dieses ist zweifellos kein Planänderungsverfahren iSd § 76, sondern ein Teil des Ausgangsverfahrens und betrifft den unverändert festgestellten Plan. Dennoch hat das **BVerwG** die Möglichkeit eröffnet, bei der Gestaltung entspr § 76 vorzugehen.[60] Diese Rspr hat der Gesetzgeber im IPBeschlG (2006) aufgegriffen und in einigen **Infrastruktur-Fachplanungsgesetzen** für die Planergänzung wie für das ergänzende Verfahren iSd Abs 1a die **entspr Geltung des § 76** mit weiteren Maßgaben vereinfachter Verfahrensgestaltung angeordnet (vgl § 18d AEG; § 43d EnWG; § 17d FStrG; § 2c MBPlG; § 14d WaStrG; nicht etwa im LuftVG). Danach darf vor Planänderungen nach § 76 Abs 1 von einer Erörterung gem § 73 Abs 6 und § 9 Abs 1 S 3 UVPG abgesehen werden. Bei Planänderungen von unwesentlicher Bedeutung (wie regelmäßig der Beifügung von Schutzauflagen) genügt nach § 76 Abs 3 ein vereinfachtes Verfahren (Wegfall des Anhörungsverfahrens und der öffentlichen Bekanntmachung der Änderung) mit einer individuellen Anhörung von Betroffenen. Damit bleibt die Frage, ob in ergänzenden Verfahren eine entspr Geltung des § 76 möglich ist, auch wenn sie nicht gesetzlich angeordnet ist. Die Frage dürfte zu bejahen sein, weil von einer Sachverwandtschaft der Verfahren auszugehen ist.

36 **4. Rechtsfolgen.** Der Behörde ist es bereits kraft ihrer Entscheidungskompetenz erlaubt, Fehler des Planfeststellungsverfahrens nachträglich zu heilen bzw zu

---

[58] BVerwGE 116, 254, 268 (Hess Lichtenau); 112, 140, 166 (BAB A 71); 100, 370, 373 (Eschenrieder Spange); StBS 49.

[59] BVerwGE 100, 370, 373; s näher Jarass DVBl 1997, 802; Henke UPR 1999, 57.

[60] BVerwGE 100, 238, 256 mwN; BVerwG UPR 1996, 233.

beseitigen. Die Anwendung des Abs 1a S 2 bedeutet insoweit, dass das Gericht im Rahmen einer Anfechtungsklage verpflichtet ist, der Behörde die Möglichkeit zur Fehlerbeseitigung offen zu halten, wenn es diese Möglichkeit bejaht; die Aufhebung des Planfeststellungsbeschlusses ist ihm verwehrt. Ist zur Fehlerbehebung eine **Planergänzung** ausreichend, ist ein den Beschluss ändernder VA, ein Planfeststellungsänderungsbeschluss, erforderlich (vgl Jarass DVBl 1997, 801). Zu dessen Erlass ist die Behörde gem § 113 Abs 5 VwGO **zu verpflichten.** Anders verhält es sich, wenn ein **ergänzendes Verfahren** nötig wird, dessen Ergebnis offen ist und also ebenfalls zu einer Planänderung oder -ergänzung führen kann, aber auch zu einer Bestätigung des ursprünglichen Plans oder zu dessen Aufhebung unter Antragsablehnung. Das gilt sowohl für die Fälle, in denen die Fehler im gerichtlichen Verfahren festgestellt werden und deshalb an sich zu einer Aufhebung des Planfeststellungsbeschlusses führen müssten, als auch in den Fällen, in denen die Behörde von Amts wegen selbst festgestellte Fehler beheben möchte.[61] Werden die Fehler im Verwaltungsprozess durch das Gericht festgestellt, so kommt es in den Fällen des Abs 1a S 2 auf eine (begründete) Anfechtungsklage hin – unter Abweisung der Klage im Übrigen – lediglich zur **Feststellung der Rechtswidrigkeit und mangelnden Vollziehbarkeit** des Planfeststellungsbeschlusses, die bis zum Abschluss des ergänzenden Verfahrens anhält.[62] Die Behörde kann daraufhin **nicht untätig** bleiben: Nach dem gerichtlichen Ausspruch ist der Antrag auf Planfeststellung wieder in der Schwebe. Über ihn muss abschließend entschieden werden, was sich aus dem Anspruch des Vorhabenträgers auf ordnungsgemäße Durchführung des Verfahrens ergibt (s § 72 Rn 41). Die Gerichtspraxis bewertet den Anteil des kostenrechtlichen Unterliegens eines Klägers, der Aufhebung beantragt hatte und nur die Feststellung erreicht hat, als gering iSd § 155 Abs 1 VwGO ein und erlegt die Kosten der Behörde auf.

VII. Ausschluss von Abwehr- und Unterlassungsansprüchen (Abs 2 S 1)

1. Allgemeines. Nach Abs 2 S 1 sind Ansprüche auf Unterlassung des Vorhabens, auf Beseitigung oder Änderung der Anlagen oder auf Unterlassung ihrer Benutzung ausgeschlossen. Damit soll dem planfestgestellten Vorhaben der erforderliche **Bestandsschutz gegen nachträgliche Forderungen und Angriffe** Dritter gewährt werden. Es soll auch im öffentlichen Interesse sichergestellt werden, dass die regelmäßig mit erheblichem Aufwand verbundene Errichtung der planfestgestellten Anlage nicht nach der Planfeststellung wieder in Frage gestellt wird. Deshalb müssen sämtliche Konflikte, die mit der Planung verbunden sein können, stets bereits im Planfeststellungsverfahren bewältigt werden. 37

2. Ausschluss- und Duldungswirkung (Abs 2 S 1). Folge der Planfeststellung ist der Ausschluss (Abs 2 S 1) sämtlicher geschriebener oder ungeschriebener **Abwehransprüche auf öffentlich-rechtlicher Grundlage,** die sich auf Anfechtung oder Unterlassung richten könnten, darüber hinaus aber **auch von sonst nach bürgerlichem Recht** (Nachbarrecht oder besonderen Rechtstiteln) in Betracht kommenden **Unterlassungs-, Änderungs- und Beseitigungsansprüchen** insb gem §§ 823, 861 f, 906, 907, 1004 BGB (Sicherungs- und Duldungswirkung bzw privatrechtsgestaltende Wirkung).[63] **Differenziert** zu behandeln sind Ansprüche, die auf **besonderen privatrechtlichen Titeln** beruhen. Ihre Einbeziehung ist aus verfassungsrechtlichen Gründen problematisch. Soweit die Ansprüche auf **schuldrechtlichen Vereinbarungen** beruhen, die gegen- 38

[61] OVG Lüneburg NuR 2005, 119; Palme NVwZ 2006, 909; Knack/Hennecke 26.
[62] BVerwGE 100, 370; BVerwG NVwZ 2000, 560; StBS 53; Knack/Hennecke 33.
[63] Vgl BVerwGE 50, 227; 58, 285; BVerwG DÖV 1981, 720; UL § 41 Rn 24: Ausschlusswirkung; StBS 44; Knack/Henneke 36.

über dem Träger des Vorhabens bestehen, bleiben sie erhalten.[64] Gleiches gilt für Ansprüche zur **Abwehr eines unmittelbaren Zugriffs** auf das Eigentum. Im Übrigen haben die Betroffenen nur noch Ansprüche nach Abs 2 S 2ff auf Schutzmaßnahmen oder Entschädigung. Lässt der Eigentümer eines benachbarten Grundstücks den Planfeststellungsbeschluss für eine Anlage unanfechtbar werden, stehen auch seinem Rechtsnachfolger keine Abwehrrechte mehr zu, und zwar auch dann nicht auf Grund des Eigentums, wenn er vor dem Eigentumserwerb aus anderen Rechtsgründen bereits Klage gegen den Planfeststellungsbeschluss erhoben hat (BVerwG NVwZ 1989, 967). Der Ausschluss erfasst trotz der allgemeinen Formulierung des Gesetzes **nur solche Auswirkungen** des Vorhabens, auf die sich die Planfeststellung einschließlich der dadurch ersetzten Genehmigungen, Erlaubnisse usw bezieht und die damit geregelt werden (Wagner NVwZ 1992, 273; Schröder DVBl 1981, 280).

39 Die Ausschluss- und Duldungswirkung tritt nach der ausdrücklichen Regelung des Abs 2 S 1 nicht sofort mit dem Erlass des Planfeststellungsbeschlusses ein, sondern **erst mit dessen Unanfechtbarkeit.**[65] Bis dahin bleiben Abwehr- und Unterlassungsansprüche Drittbetroffener grds bestehen. Eine Vorverlegung dieser Wirkung kann auch nicht durch die Anordnung der sofortigen Vollziehbarkeit gem § 80 Abs 2 Nr 4 VwGO herbeigeführt werden (Knack/Henneke 39; UL § 41 Rn 24). Die Unanfechtbarkeit tritt individuell ein und muss daher für jeden einzelnen Betroffenen gesondert festgestellt werden.

VIII. Nachträgliche Anordnung von Schutzvorkehrungen (Abs 2 S 2–5)

40 **1. Allgemeines.** Abs 2 S 2 durchbricht den Grundsatz des Abs 2 S 1, der nach Eintritt der Unanfechtbarkeit des Planfeststellungsbeschlusses Ansprüche auf Beseitigung des Vorhabens oder auf Unterlassung des Betriebs usw ausschließt (**Ausschluss- bzw Duldungswirkung,** vgl Rn 38). Der einzelne Betroffene hat, auch wenn sich nachträglich nicht voraussehbare Auswirkungen des Vorhabens oder der dazugehörigen Anlagen (iwS) ergeben, nur noch einen (ggf mit einer Verpflichtungsklage durchzusetzenden) Anspruch auf Anordnung nachträglicher Schutzmaßnahmen (S 2) oder Entschädigung in Geld (S 4), über den die Planfeststellungsbehörde zu entscheiden hat (S 3). Der Anspruch auf nachträgliche Schutzvorkehrungen setzt nach der Rspr voraus, dass es um den Schutz vor Beeinträchtigungen geht, die – wären sie bereits bei Erlass des Planfeststellungsbeschlusses zu erwarten gewesen – zu Schutzvorkehrungen nach § 74 Abs 2 S 2 hätten führen müssen.[66] Abs 2 ist auf vor dem Inkrafttreten des VwVfG ergangene Planfeststellungsbeschlüsse nicht anwendbar;[67] die zusätzlichen Schutzanordnungen sind hier nur nach Maßgabe des allgemeinen Enteignungsrechts möglich.[68]

41 **a) Selbstständiger Planergänzungsanspruch.** Abs 2 S 2 regelt als primär verfahrensrechtliche Vorschrift die Einforderung von Schutzanordnungen nach Eintritt der Unanfechtbarkeit des Planfeststellungsbeschlusses. Für die materiellrechtliche Berechtigung von Schutzauflagen kommt es auf das jeweilige Fachrecht, insb das Immissionsschutzrecht an, aus dem sich ergibt, ob die unvorherge-

---

[64] UL § 41 Rn 24; Knack/Henneke 38; StBS 48; Franke ZfW 1979, 12 mwN; Broß DÖV 1978, 288, 310; allg auch BGHZ 64, 222; NJW 1978, 310; 1980, 582.

[65] UL § 41 Rn 24; Obermayer 73; Knack/Henneke 38; **aA** MB 9.

[66] BVerwGE 128, 177; BVerwG NVwZ 2012, 46; OVG Lüneburg VerkMitt 2008, Nr 71.

[67] BVerwGE 128, 177; Wellmann DÖV 1991, 1018 mwN; StBS 49.

[68] Vgl BVerwG NJW 1981, 835; 1981, 252; DVBl 1988, 967; BGH NJW 1989, 285; StBS 49.

sehenen Beeinträchtigungen objektiv erheblich sind und welche Vorkehrungen in Betracht kommen (s hierzu näher Michler VerwArch 1999, 22ff). Die Anordnungen nach Abs 2 S 2 stellen dabei ein selbstständiges Instrument des Planfeststellungsrechts dar, welches die Möglichkeit von Nebenbestimmungen nach § 36 grds unberührt lässt. Nachträgliche Nebenbestimmungen können aber außerhalb von Abs 2 S 2 nur unter den Voraussetzungen der §§ 48, 49 erlassen werden.[69] Sie setzen stets einen Antrag voraus (Abs 3).

b) Verhältnis zu den allgemeinen Vorschriften. Unberührt bleibt die Möglichkeit, den Planfeststellungsbeschluss wegen nachträglich eingetretener oder bekannt gewordener Änderungen der Sach- und Rechtslage unter den Voraussetzungen der §§ 48, 49 teilweise zu widerrufen oder zurückzunehmen, was auch die **Möglichkeit nachträglicher Nebenbestimmungen** nach § 36 einschließt. Der Begriff der Nebenbestimmung ist weiter als der der Schutzvorkehrung.[70] Rücknahme und Widerruf stehen allerdings im Ermessen der Planfeststellungsbehörde, wobei wegen der damit verbundenen Eingriffswirkung der Grundsatz der Verhältnismäßigkeit zu beachten ist. Die hM begrenzt den (teilweisen) Widerruf (§ 49) auf diejenigen Fälle, in denen nachträgliche Anordnungen nach Abs 2 S 2 nicht ausreichen, um den gebotenen Schutz von betroffenen privaten Rechten zu gewährleisten.[71] Gleiches gilt für die Möglichkeit der Planfeststellungsbehörde, **als Minus zu Widerruf oder Rücknahme** nachträglich Nebenbestimmungen iS des § 36 zu erlassen, sofern insoweit die Voraussetzungen der §§ 49f erfüllt sind. Dies setzt aber voraus, dass die Nachteile nicht auf andere Weise ausgeglichen werden können und ein entsprechend schweres Gewicht haben.[72] 42

2. Anspruch auf Schutzvorkehrungen (Abs 2 S 2). Abs 2 S 2f gilt unmittelbar nur für die Betroffenen, dh die in ihren Rechten betroffenen Bürger. Umstritten ist, ob die Regelung auch auf Planfeststellungsergänzungen zum allgemeinen Wohl – etwa zum Schutz ökologischer Belange –, die eine Gemeinde auf Grund ihrer Planungshoheit verlangt, anwendbar ist.[73] Im Einzelnen gelten für den Anspruch gem Abs 2 S 2 und 3 im Wesentlichen dieselben Grundsätze wie für die entsprechenden Ansprüche auf Schutzvorkehrungen nach § 74 Abs 2 S 2 (s § 74 Rn 141). Der Anspruch wird durch einen Entschädigungsanspruch ersetzt, wenn die erforderlichen Maßnahmen untunlich oder mit dem Vorhaben unvereinbar sind. Der Anspruch nach Abs 2 S 2 schließt als spezielle Regelung alle allgemeinen Ansprüche auf Schutzvorkehrungen, etwa als Folge aus Art 14 Abs 1 und 2 GG und/oder analog § 1004 BGB (BVerwG NVwZ 1990, 858; s § 74 Rn 169ff) grds aus. 43

a) Unanfechtbarkeit des Planfeststellungsbeschlusses. Solange der Planfeststellungsbeschluss noch nicht unanfechtbar ist, ist auf den Anspruch auf Schutzanordnungen grds nicht Abs 2, sondern § 74 Abs 2 anzuwenden. Dabei kommt es auf die **Anfechtbarkeit für den jeweiligen Betroffenen** an, nicht darauf, ob der Planfeststellungsbeschluss überhaupt noch von irgendjemandem 44

---

[69] Knack/Henneke § 72 Rn 31; StBS 51; s auch § 48 Rn 30.

[70] VGH Mannheim NVwZ-RR 2012, 340: Anordnung, einen Planfeststellungsbeschluss bis zum Eintritt der Unanfechtbarkeit anderer Entscheidungen nicht zu vollziehen, ist keine Schutzvorkehrung, sondern eine (aufschiebende) Bedingung.

[71] BVerwGE 105, 6, 11; BVerwG NVwZ 2004, 865, NVwZ 2004, 97; ebenso grds StBS 64; unter Beschränkung auf Ausnahmefälle auch Knack/Henneke § 72 Rn 31.

[72] BVerwGE 105, 1, 6 (Endlager Morsleben); BVerwGE 91, 17, 22; Knack/Henneke § 72 Rn 31; **aA** VGH Mannheim NVwZ-RR 1997, 683; OVG Berlin DVBl 1997, 73; Grupp DVBl 1990, 86: keine Rücknahme u kein Widerruf.

[73] Vgl hierzu näher Wahl NVwZ 1990, 441; BVerwG DVBl 1988, 964; Kühling DVBl 1989, 226. Zur Rechtsnatur des Planfeststellungsergänzungsanspruchs vgl VGH München BayVBl 1992, 50.

angefochten werden kann. Betroffene, denen gegenüber der Planfeststellungsbeschluss generell oder – zB bei nur teilweiser Anfechtung – jedenfalls im Hinblick auf die in Frage stehenden Anordnungen bereits unanfechtbar geworden ist, können einen Anspruch auf neue Schutzanordnungen nur noch unter den Voraussetzungen des § 75 Abs 2 S 2 geltend machen, selbst wenn im Übrigen oder anderen Betroffenen gegenüber der Planfeststellungsbeschluss noch nicht unanfechtbar geworden ist.[74] Der Anspruch nach Abs 2 S 2 besteht unabhängig davon, ob bereits im Verfahren nach § 73 Abs 4 entsprechende Einwendungen erhoben wurden (BVerwGE 60, 308). Dass für den Planfeststellungsbeschluss die sofortige Vollziehbarkeit gem § 80 Abs 2 Nr 4 VwGO angeordnet ist, steht der Unanfechtbarkeit nicht gleich.[75]

Nicht anwendbar ist Abs 2 S 2 auf schon **vor Eintritt der Unanfechtbarkeit vorhersehbare Wirkungen;** diese müssen grds im Rahmen des Planfeststellungsverfahrens geltend gemacht werden. Wurde dies unterlassen, haben die Betroffenen nach Unanfechtbarkeit des Planfeststellungsbeschlusses nur noch die Möglichkeit, bei der Planfeststellungsbehörde eine Änderung des Planfeststellungsbeschlusses nach § 48 oder § 49 zu beantragen. Diese Möglichkeit besteht unabhängig von einem Anspruch nach Abs 2 S 2 und Abs 3 nach Maßgabe der allgemeinen Bestimmungen und unterliegt insb auch nicht der zeitlichen Beschränkung nach Abs 3 S 2 (str). Sie ist wegen des insoweit bestehenden Ermessens allerdings nur von begrenzter Erfolgsaussicht.

45 **b) Nicht vorhersehbare Wirkungen.** Der Anspruch betrifft nur den Schutz gegen solche Beeinträchtigungen, die bei Erlass des Planfeststellungsbeschlusses nicht vorhersehbar waren. Insoweit steht Abs 2 S 2 in systematischem Zusammenhang zu § 74 Abs 2 S 2, der den Schutz gegen Beeinträchtigungen regelt, die bei Erlass des Planfeststellungsbeschlusses vorhersehbar waren. Hieraus wird gefolgert, dass Abs 2 S 2 nur eingreift, wenn der Betroffene bereits nach der dem unanfechtbar gewordenen Planfeststellungsbeschluss **zugrunde liegenden Rechtslage einen Anspruch auf Schutzvorkehrungen gehabt hätte,** wenn die Beeinträchtigungen seinerzeit vorauszusehen gewesen wären. Das soll weiter zur Folge haben, dass etwa ein nachträglicher Schutz für solche Anlagen ausscheidet, die bei Erlass des Planfeststellungsbeschlusses weder vorhanden waren noch planerisch hinreichend verfestigt waren.[76] Die nicht vorhergesehenen Wirkungen müssen erheblich sein.[77]

46 **aa) Allgemeines. Umstritten** ist, ob bei der Frage der Vorhersehbarkeit ein objektiver Maßstab angelegt werden oder ob auf die persönlichen Verhältnisse des Betroffenen abgestellt werden muss. Die Rspr stellt im Wesentlichen darauf ab, ob die Betroffenen mit den nach Unanfechtbarkeit aufgetretenen Nachteilen verständigerweise rechnen mussten, neigt damit zu einer **objektiven Betrachtungsweise.**[78] Damit wird indes das Maß der Obliegenheiten des Bürgers leicht überspannt, was im Hinblick auf Art 19 Abs 4 GG bedenklich sein kann. In der Literatur wird dagegen überwiegend stärker auf den Horizont des Betroffenen abgestellt und damit auf eine eher **subjektiv geprägte Betrachtungsweise.**[79]

---

74 StBS 45; Knack/Henneke 87; UL § 42 Rn 5; MB 13; **aA** Heinze BayVBl 1981, 652; zu einer erst nachträglich infolge einer Gesetzesänderung zulässig gewordenen Auflage auch BVerwGE 61, 2.

75 Peine NJW 1990, 2449; ferner VGH München BayVBl 1993, 85; kritisch Jäde BayVBl 1993, 86.

76 BVerwG NVwZ 2012, 46 unter Hinweis auf BVerwGE 128, 177 (B 202).

77 BVerwGE 128, 177 (B 202): Lärmsteigerungen unter 3 dB(A) kommen nur ausnahmsweise in Betracht.

78 BVerwGE 112, 221, 226; 80, 7, 13; BVerwG UPR 1997, 462; OVG Koblenz NVwZ-RR 2005, 168; VGH München NVwZ 1996, 1126; ebenso StBS 52; UL § 42 Rn 5; Ziekow 27.

79 Knack/Henneke 88; Zeitler NVwZ 1992, 833; Dürr UPR 1993, 364; Obermayer 67; FKS 72; Steinberg/Wickel/Müller § 4 Rn 122; vgl auch BGHZ 92, 114, 120.

Letzterer Position ist zuzustimmen. Maßgeblich muss sein, ob der einzelne Betroffene, der den öffentlich bekannt gemachten (vgl § 74 Abs 4) Teil des Planfeststellungsbeschlusses zur Kenntnis genommen hat, verständigerweise mit dem Eintritt der Beeinträchtigungen rechnen musste oder nicht. Abzustellen ist damit auf die **Perspektive des einzelnen Betroffenen,** der weder über besondere technische Kenntnisse verfügt noch Vorstellungen über komplexe Wirkungszusammenhänge oder über Betriebsabläufe hat. In diesem Rahmen ist auf eine **durchschnittliche Erkenntnisfähigkeit** abzustellen.

Bei den Anforderungen an die Vorhersehbarkeit ist zu berücksichtigen, dass es materiell um die **Reichweite eines Verwirkungstatbestandes** geht: Wer es versäumt hat, befürchtete Nachteile schon im Planfeststellungsverfahren geltend zu machen, verwirkt nämlich das Recht auf nachträgliche Schutzvorkehrungen. Einen Verwirkungsvorwurf kann man einem Betroffenen aber nur machen, wenn er nach Lage der Dinge selbst Zweifel an der Richtigkeit der dem Planfeststellungsbeschluss zugrunde liegenden Annahmen haben musste.[80] Insoweit muss es nach Treu und Glauben auch darauf ankommen, dass sich der Betroffene auf die uU nicht leicht nachvollziehbaren Prognosen usw des Vorhabenträgers und der Planfeststellungsbehörde verlassen hat. Auf unterdurchschnittliche intellektuelle Fähigkeiten, Alter, Gebrechlichkeit, Krankheit oder ähnliche persönliche Befindlichkeiten kann sich ein Betroffener andererseits nicht berufen.[81] Auf eine fachkundige Beurteilung kommt es demgegenüber nicht an; die Betroffenen müssen sich auch nicht darauf verweisen lassen, sie hätten sich technisch oder rechtlich beraten lassen müssen.[82] Fachleute oder Gutachter muss der Betroffene deshalb nicht zu Rate ziehen, zumal ihm deren Kosten niemand ersetzt. Insgesamt müssen schon aus verfassungsrechtlichen Gründen (Art 19 Abs 4 GG) **an die Vorhersehbarkeit strenge Maßstäbe angelegt** werden; im Zweifel ist die Vorhersehbarkeit zu verneinen (UL § 42 Rn 5). Nicht vorhersehbar sind deshalb auch alle Beeinträchtigungen, für die sich in den Planunterlagen kein hinreichender Anhalt findet. Die Rspr neigt indessen dazu, den Kreis vorhersehbarer Beeinträchtigungen eher weit zu ziehen.[83] 47

bb) Einzelheiten. Nicht vorhersehbar sind zunächst solche Beeinträchtigungen, die auch die Planfeststellungsbehörde nicht vorhergesehen hat, zB weil ihre Annahmen auf Prognosen oder Gutachten beruhen, die sich später als unzutreffend herausstellen;[84] ferner solche Beeinträchtigungen, die sich erst aus einer bestimmten Art und Weise der Bauausführung ergeben, die als solche im Planfeststellungsbeschluss nicht festgelegt wurde (zB Baulärm zur Nachtzeit, wenn der Plan hierzu keine Regelungen enthält). Gleiches gilt auch für Steigerungen des Verkehrsaufkommens, die infolge späterer Entwicklungen eintreten und über die Grundannahmen deutlich hinausgehen. Ausreichend ist auch, dass die Schädlichkeit oder Gefährlichkeit von Auswirkungen nunmehr auf Grund neuer wissenschaftlicher Erkenntnisse anders zu beurteilen ist.[85] 48

3. Pflicht des Vorhabenträgers (Abs 2 S 3). Die nach Abs 2 S 2 zum Schutz Dritter erforderlichen Vorkehrungen bzw Anlagen muss der Vorhabenträger durchführen bzw errichten und unterhalten. Diese Pflichten sind dem Vorhabenträger durch einen **Beschluss der Planfeststellungsbehörde** aufzuerlegen. Betroffene können also nicht unmittelbar den Vorhabenträger in Anspruch 49

---

[80] Zur Verwirkung näher § 53 Rn 41 ff.
[81] Ähnlich Kühling DVBl 1989, 226; Dürr UPR 1992, 247.
[82] BGHZ 92, 120; Obermayer 67; auch Knack/Henneke 88; Zeitler NVwZ 1992, 833.
[83] S zB BVerwG NVwZ 284, 288; 2013, 296 (beide Flughafen Schönefeld): Bürger muss mit der späteren Festlegung sämtlicher Flugrouten rechnen, die nach Lage der Dinge in Betracht kommen, nicht nur die im Zuge der Planung zugrunde gelegten.
[84] Knack/Henneke 88; Zeitler NVwZ 1992, 833.
[85] Vgl BVerwGE 72, 312 = NVwZ 1986, 208; NVwZ 1989, 1170.

nehmen, sondern müssen sich mit entsprechenden Anträgen an die Planfeststellungsbehörde wenden (s auch § 74 Rn 161 ff). Diese erlässt dann dem Vorhabenträger gegenüber einen nachträglichen Planänderungsbeschluss, mit dem diesem die Durchführung der Vorkehrungen und die Errichtung und Unterhaltung der erforderlichen Anlagen auferlegt werden.[86]

Inhaltlich entsprechen die dem Vorhabenträger nachträglich aufzuerlegenden Pflichten weitestgehend denen des § 74 Abs 2 S 2. Das gilt auch für eine etwa beachtliche Vorrangigkeit der aktiven vor den passiven Schutzmaßnahmen, wie sie im Immissionsschutzrecht angelegt und im Planfeststellungsrecht grds beachtlich ist (s § 74 Rn 143).

50 **4. Entschädigung bei Unmöglichkeit oder Untunlichkeit (Abs 2 S 4).** Ähnlich wie bei § 74 Abs 2 S 3 führt die Unmöglichkeit oder Untunlichkeit der an sich zum Schutz der Betroffenen erforderlichen Vorkehrungen oder Anlagen grds (sofern nicht ausnahmsweise Rücknahme oder Widerruf in Betracht kommen, s § 72 Rn 24) nicht dazu, dass das planfestgestellte Vorhaben aufgegeben oder eingeschränkt werden muss, sondern nur zu einer Entschädigungspflicht. Auch diese ist dem Vorhabenträger durch einen Beschluss der Planfeststellungsbehörde aufzuerlegen.

51 **5. Ausnahmsweise Kostentragungspflicht des Nachbarn (S 5).** Abs 2 S 5 enthält eine Sonderregelung über die Kostentragung für den Fall, dass die Schutzmaßnahmen für Drittbetroffene, insb für Nachbarn, nach Abs 2 S 2 durch Maßnahmen des Eigentümers (oder sonstiger Verfügungsberechtigter) eines Nachbargrundstücks notwendig geworden sind. Die Regelung trägt insoweit dem **Verursacherprinzip** Rechnung. Sie ist analog auch auf die Anordnung von Schutzvorkehrungen oder Schutzanlagen zum Schutz des Vorhabens, für das die Planfeststellung erfolgt ist, anwendbar (vgl § 17 Abs 6 S 6 FStrG aF; zweifelnd UL § 42 Rn 7).

52 **Auf die Eigentumsverhältnisse kommt es nicht an.** Das der Anlage benachbarte Grundstück kann sowohl das Grundstück des Betroffenen selbst als auch ein anderes sein (Obermayer 93). Als Veränderung ist es zB anzusehen, wenn eine Gartenmauer verfällt und damit ihre Lärmschutzqualität einbüßt. Der Eigentümer oder sonst Verfügungsberechtigte trägt die Kosten, wenn er die **Veränderung durch positives Tun oder Unterlassen,** zB das Unterlassen von Unterhaltungsmaßnahmen herbeigeführt hat (Obermayer 93). Sind die Veränderungen dagegen die Folge natürlicher Ereignisse, zB eines Erdrutsches, so trägt die Kosten der Betreiber der Anlage. Haben mehrere Ursachen mitgewirkt, so sind die Kosten analog § 254 BGB entsprechend zu teilen, zB wenn die Mauer durch einen Erdrutsch zerstört wird, dieser Schaden aber nicht eingetreten wäre, wenn die Mauer ordnungsgemäß unterhalten worden wäre (Obermayer 97). Die Unanwendbarkeit von S 4 bedeutet, dass der Betroffene keinen Entschädigungsanspruch hat, wenn die Schutzauflagen, die infolge natürlicher Ereignisse oder höherer Gewalt notwendig geworden wären, untunlich oder mit dem Vorhaben unvereinbar wären und deshalb unterblieben sind (StBS 61 ff).

53 **Über die Kostentragungspflicht des Nachbarn entscheidet** die Behörde auf Antrag des Trägers des Vorhabens analog Abs 3 durch VA, mit dem sie zugleich dem Nachbarn die Kosten auferlegt, analog Abs 2 S 2 und 3 (ebenso Knack/Henneke 99). Sie kann die Vornahme der erforderlichen Maßnahmen durch den Träger des Vorhabens von Vorauszahlungen des Grundstückseigentümers abhängig machen. Für Streitigkeiten bzgl der Kostentragungspflicht gem Abs 2 S 5 ist der **Verwaltungsrechtsweg** gegeben. Kommt der Nachbar einer von der Behörde angeordneten Kostenerstattungspflicht nicht nach, so kann der

---

[86] BVerwG NVwZ 2007, 827; BVerwG NVwZ 2010, 63; VGH München, U v 24.1.2011, 22 A 09.40045 ua, juris; Bell/Herrmann, NVwZ 2004, 288.

Träger des Vorhabens unmittelbar gegen den Nachbarn Leistungsklage erheben (OVG Koblenz DÖV 1983, 948; Knack/Henneke 99), aber auch bei der Behörde die zwangsweise Durchsetzung des VA auf Zahlung beantragen und erforderlichenfalls Verpflichtungsklage gegen die Behörde erheben.

IX. Verfahren bei nachträglichen Anordnungen (Abs 3)

1. Antragserfordernis. Abs 3 regelt lediglich das Antragserfordernis und die Antragsfristen für die Geltendmachung des Anspruchs auf nachträgliche Anordnung von Schutzmaßnahmen bzw auf Festsetzung der Entschädigung nach Abs 2 S 2–4. Der Antrag auf Entschädigung kann **auch hilfsweise** zu einem Antrag auf Anordnung einer Schutzmaßnahme gestellt werden. Die Planfeststellungsbehörde kann und muss aber auch auf Grund eines Antrags auf eine Schutzanordnung, gewissermaßen als ein „Weniger" dazu einen Entschädigungsanspruch zuerkennen, wenn sich herausstellt, dass die beantragten Schutzvorkehrungen untunlich sind. 54

2. Antragsfristen. a) Dreijahres- und Dreißigjahresfrist. Anträge nach Abs 3 iVm Abs 2 S 2 und 4 – Abs 3 gilt entspr auch für Anträge nach Abs 2 S 5 – müssen gem Abs 3 S 2 **innerhalb von 3 Jahren** nach dem Zeitpunkt gestellt werden, zu dem der Betroffene von den nachteiligen Wirkungen des dem unanfechtbar festgestellten Plan entsprechenden Vorhabens bzw der dem unanfechtbar festgestellten Plan entsprechenden Anlage (s insoweit Obermayer 105) Kenntnis erlangt hat, und sind nach 30 Jahren nach Plandurchführung ausgeschlossen (BVerwGE 128, 177 – Osterrönfeld). Während die Dreijahresfrist als gesetzliche Frist mit der **Möglichkeit einer Wiedereinsetzung** nach § 32 bei unverschuldeter Versäumung ausgestaltet ist, handelt es sich bei der **Dreißigjahresfrist** um eine **Ausschlussfrist,** in die eine Wiedereinsetzung nicht möglich ist (so wohl auch StBS 73). Die Frist gem Abs 3 gilt nicht – auch nicht analog – für isolierte Auflagen in Fällen, in denen kein Planfeststellungsverfahren stattgefunden hat. Die Dreißigjahresfrist wird nicht dadurch abgekürzt, dass den Prognosen der Planfeststellungsbehörde ein kürzerer Zeitraum zugrunde lag (BVerwGE 128, 177). 55

b) Fristbeginn. Die Dreijahresfrist beginnt mit dem Zeitpunkt, zu dem der Betroffene **positive Kenntnis** von den nicht vorhergesehenen Auswirkungen erhalten hat. Fahrlässige Unkenntnis reicht insoweit zum Auslösen der Frist nicht aus. Die Frist von 30 Jahren läuft erst ab dem **Zeitpunkt der Herstellung des plangemäßen Zustandes,** dh, je nach der Art des Vorhabens, grds erst von der Benutzung oder Inbetriebnahme an. Sie beruht auf dem Gedanken, dass sich nachteilige Auswirkungen innerhalb von 30 Jahren zeigen müssten, und ist insoweit verfassungsrechtlich (vor allem auch, wenn Grundrechte betroffen sind) nicht unbedenklich, weil Fälle vorstellbar sind, in denen schädliche Auswirkungen auf Gesundheit, Leben oder Vermögen eines Betroffenen erst nach dieser Frist auf Grund neuer wissenschaftlicher Erkenntnisse oder infolge der Langfristigkeit der Auswirkungen (zB Erbschäden) erkennbar werden. 56

3. Verfahren. Umstritten ist, ob über die beantragten nachträglichen Auflagen in einem **Planänderungsverfahren** zB nach § 76 oder im allgemeinen Verwaltungsverfahren zu entscheiden ist. Nach zutreffender hM wird über den Antrag auf nachträgliche Schutzvorkehrungen in einem allgemeinen Verwaltungsverfahren entschieden.[87] Der Unternehmer ist zum Verfahren notwendig beizuladen (§ 13 Abs 2) und vor der Entscheidung zu hören. Einer Hinzuzie- 57

---

[87] StBS 58; Knack/Henneke 93; UL § 42 Rn 4; **aA** Bell/Herrmann NVwZ 2004, 288, 292; Obermayer 88; Hüting/Hopp UPR 2003, 1, 2; Keilich S 114 f.

hung anderer Betroffener bedarf es grds nicht.[88] Etwas anderes gilt dann, wenn durch die nachträglichen Schutzvorkehrungen Rechte oder Belange Dritter beeinträchtigt werden können. Dann sind die betroffenen Dritten ebenfalls zu beteiligen. Die Planfeststellungsbehörde kann entsprechend § 76 vorgehen und nach ihrem Ermessen auch ein Anhörungsverfahren durchführen.[89] Gleichwohl wird das Verfahren nicht zu einem Planfeststellungsverfahren.

58 **4. Ergänzungsbeschluss.** Die Entscheidung über den Antrag ergeht durch einen Ergänzungsbeschluss der Planfeststellungsbehörde gem Abs 2 S 3, der Teil des ursprünglichen Planfeststellungsbeschlusses wird. Der Ergänzungsbeschluss ist VA, nicht aber selbst Planfeststellungsbeschluss. Für den Fall einer Ergänzung vor Fertigstellung des Vorhabens ist **umstritten,** ob auch ein Änderungsplanfeststellungsbeschluss gem § 76 in Betracht kommt.[90] Dies dürfte zu verneinen sein, weil der Beschluss über nachträgliche Schutzvorkehrungen außerhalb eines Planfeststellungsverfahrens ergeht. Der Beschluss ist sowohl dem Antragsteller als auch dem Träger des Vorhabens bekannt zu geben; eine Zustellung nach § 74 Abs 4, 5 ist nicht erforderlich.[91] Auch eine Verpflichtung zur Auslegung und öffentlichen Bekanntmachung besteht nicht.

59 **5. Gerichtliche Durchsetzung. Umstritten** ist, ob gegen die Entscheidung gem § 74 Abs 1 S 2, § 70 unmittelbar die Klage gegeben ist oder zunächst nach allgemeinen Vorschriften ein **Vorverfahren** durchzuführen ist. Teilweise wird die Auffassung vertreten, ein Vorverfahren finde nicht statt, weil es sich der Sache nach um die Ergänzung des Planfeststellungsbeschlusses handele.[92] Diese Auffassung ist indessen nicht überzeugend, sofern man das Verfahren zum Erlass nachträglicher Schutzvorkehrungen nicht als Planfeststellungsverfahren, sondern als allgemeines Verwaltungsverfahren ansieht (s oben Rn 57). In diesem Fall kann konsequenterweise auch § 74 Abs 1 S 2 iVm § 70 nicht zur Anwendung kommen.[93] Nach Durchführung des Vorverfahrens ist Klage auch dann beim zuständigen VG zu erheben, wenn für das Planfeststellungsverfahren sonst das OVG oder das BVerwG erstinstanzlich zuständig wäre.[94] Der Träger des Vorhabens hat gegen eine Anordnung gem Abs 2 die Anfechtungsklage, die Betroffenen können eine Anordnung erforderlichenfalls mit der Verpflichtungsklage erzwingen (VGH München DÖV 1991, 1027).

X. Außerkrafttreten des Plans (Abs 4)

60 **1. Allgemeines. a) Begrenzte Geltungsdauer.** Ein Planfeststellungsbeschluss tritt kraft Gesetzes, also ohne einen hierauf gerichteten VA **automatisch,** außer Kraft, wenn mit der Durchführung des Plans nicht innerhalb von **fünf Jahren nach Unanfechtbarkeit** begonnen wurde. Eine **Verlängerungsmöglichkeit ist** im allgemeinen Planungsrecht **nicht** vorgesehen,[95] wohl aber in einzelnen Fachgesetzen (s Rn 61). Der passivisch formulierte Abs 4 S 1 wendet sich an den Träger des Vorhabens. An ihn stellt das Gesetz die Erwartung, dass er von dem aufwändig erzeugten Planfeststellungsbeschluss auch Gebrauch macht,

---

[88] Vgl BVerwG DVBl 1974, 747; UL § 41 Rn 42; Kopp/Schenke § 65 Rn 11.
[89] StBS 58; s auch § 76 Rn 32 ff.
[90] Vgl VGH München DÖV 1991, 1027; ähnlich nun auch Obermayer 88; **aA** Knack/Henneke 94.
[91] Knack/Henneke 94; **aA** Fickert 547: gem § 74 Abs 4 zuzustellen.
[92] VGH München DÖV 1991, 1027; UL § 42 Rn 4; Knack/Henneke 95; StBS 58; **aA** MB 15.
[93] VGH München UPR 1999, 276; MB 15.
[94] BVerwG NVwZ 2000, 1168; VGH München DÖV 1999, 698; 1991, 1027.
[95] Anders § 75 Abs 4 BayVwVfG, wonach eine Verlängerung um 5 Jahre möglich ist. S hierzu näher Hermanns DÖV 2003, 714, 718.

das Vorhaben also ins Werk setzt. Eine **Plandurchführungspflicht** kennt das Gesetz hingegen nicht. Vielmehr soll die Begrenzung der Geltungsdauer in Abs 4[96] die teilweise erheblichen Nachteile zeitlich begrenzen, die vor allem für die Planbetroffenen aus tatsächlichen und rechtlichen Bindungen, wie zB Schwierigkeiten und Einbußen bei der Veräußerung, Vermietung usw ihrer Grundstücke (UL § 43 Rn 7), entstehen. Außerdem dient die Bestimmung der Verhinderung von Vorratsplanungen (BVerwGE 84, 128; Knack/Henneke 107). Die Regelung schließt es nicht aus, einen Plan nach allgemeinen Regeln wegen **Funktionslosigkeit** als unwirksam anzusehen.[97] Zur Funktionslosigkeit näher § 43 Rn 45a.

Mit dem Begriff der **Durchführung** des Plans ist die eigenverantwortliche Verwirklichung des Vorhabens (die Inswerksetzung) durch den Vorhabenträger auf der Grundlage und nach Maßgabe des Planfeststellungsbeschlusses gemeint. Im Gegensatz zum Begriff der „Ausführung", den das Gesetz regelmäßig unselbstständigen Mitwirkungshandlungen vorbehält, meint „Durchführung" das Gebrauchmachen von dem aus § 75 Abs 1 fließenden Recht zur Verwirklichung des Vorhabens und die Erfüllung der im Planfeststellungsbeschluss daran anknüpfenden Pflichten. Das Recht zur Durchführung fließt der im Planfeststellungsbeschluss bezeichneten Rechtsperson zu, die ggf durch Auslegung zu ermitteln ist. Sie ist berechtigt, Erfüllungsgehilfen einzuschalten, für deren Tätigkeit sie verantwortlich bleibt. **60a**

b) Längere Geltung bei Infrastrukturplanungen. Durch das IPBeschlG wurde die Geltungsdauer von Planfeststellungsbeschlüssen für bestimmte Infrastrukturmaßnahmen abweichend von § 75 Abs 4 auf **10 Jahre mit einer Verlängerungsoption** von weiteren 5 Jahren festgesetzt (vgl § 18c Nr 1 AEG, § 43c Nr 1 EnWG, § 17c Nr 1 FStrG, § 9 Abs 3 LuftVG, § 2b Nr 1 MBPlG; § 14c Nr 1 WaStrG). Danach behält der Beschluss seine Geltung, wenn er auf Antrag des Vorhabenträgers vor Ablauf der regulären Geltungsdauer von der Behörde um höchstens 5 Jahre verlängert wird. **61**

Diese Regelungen begegnen verfassungsrechtlichen Bedenken. Sie dürften **mit Art 14 Abs 1 GG nicht vereinbar** sein, soweit sie die Entwicklungsmöglichkeiten des von der Planung betroffenen Grundstückseigentums unverhältnismäßig einschränken.[98] Angesichts der heute maßgeblichen Investitionszyklen, die im übrigen auch für die Beschleunigungsgesetzgebung wesentlich waren, ist es einem Grundeigentümer typischerweise nicht zumutbar, über einen Zeitraum von 10 Jahren und mehr in einem Unsicherheits- und Schwebezustand gelassen zu werden.[99] Dies gilt insb deshalb, weil die **Frist erst mit Unanfechtbarkeit des Plans beginnt.** Es ist deshalb zu begrüßen, dass die verlängerte Geltungsdauer nicht in Abs 4 übernommen wurde. Andererseits ist es nicht gelungen, die überzogene Verlängerung der Geltungsdauer im PlVereinhG wieder auf ein vertretbares Maß zurückzuführen.

Der in der Rspr entwickelte **Anspruch auf Übernahme von Grundstücken** (s § 74 Rn 163) reicht nicht aus, um diese Bedenken auszuräumen, weil er nur auf die enteignungsrechtliche Vorwirkung, nicht aber auf die Unsicherheiten reagiert, die für die mittelbar Betroffenen verursacht wird. Auch der Umstand, **61a**

---

96 Hermanns, Die Wirksamkeit von Planfeststellungsbeschlüssen als Maßstab ihrer Geltungsdauer, DÖV 2003, 714.

97 AllgM, vgl BVerwGE 99, 166, 169; 81, 111, 117; StBS 96; MSU 202.

98 Hierauf wird zutreffend in der Amtl Begr zum PlVereinhG hingewiesen, vgl BT-Drs 17/9666 S 15, allerdings mit einer Relativierung für Großvorhaben. Kritisch zur 10-Jahres-Frist auch FKS 111; Wickel UPR 2007, 205.

99 Der Hinweis von Ehlers (FS Würtenberger, 2013, 1123, 1129), wonach gem § 77 die Möglichkeit bestehe, schon vorher die Aufhebung des Plans zu verlangen, wenn der Vorhabenträger die Durchführung endgültig aufgegeben habe, erscheint nicht sehr lebensnah.

dass mit dem Planfeststellungsbeschluss idR eine **Veränderungssperre** ausgelöst wird, die uU zu einer Entschädigung bei Überschreiten der Zumutbarkeitsschwelle führen kann,[100] rechtfertigt eine derart lange Geltungsdauer nicht, insb wenn berücksichtigt wird, dass die 10 Jahre erst beginnen, wenn keine Anfechtungsklage mehr zulässig ist bzw über alle Anfechtungsklagen abschließend entschieden wurde.

62 **2. Fünf-Jahres-Frist (Abs 4 S 1).** Die nach Abs 4 maßgebliche Frist von fünf Jahren beginnt mit dem Eintritt der Unanfechtbarkeit des Planfeststellungsbeschlusses. Das bedeutet grds **Unanfechtbarkeit gegenüber allen Betroffenen.** Nach dem Zweck der Regelung sind jedoch Personen, denen der Planfeststellungsbeschluss fehlerhaft bekannt gegeben wurde, so dass keine Rechtsbehelfsfristen in Lauf gesetzt wurden, hierbei nicht zu berücksichtigen, weil anderenfalls kein eindeutiger Zeitpunkt bestimmt werden könnte.[101] Damit wird es darauf ankommen, wann die Klagefrist des § 74 VwGO nach Zustellung des Beschlusses gem § 74 Abs 4 abgelaufen bzw wann über rechtzeitig erhobene Klagen rechtskräftig entschieden worden ist. Eine Verlängerungsmöglichkeit besteht nicht, sofern nicht spezialgesetzlich etwas anderes geregelt ist;[102] es gibt auch **keine Wiedereinsetzung** nach § 32 in diese Frist. Insoweit handelt es sich um eine Ausschlussfrist.[103] Ist die Frist verstrichen, so besteht nur noch die Möglichkeit eines neuen Planfeststellungsverfahrens (vgl VG Karlsruhe DÖV 1981, 232).

63 **3. Beginn der Durchführung des Plans (Abs 4 S 2).** Die Definition des Beginns der Durchführung des Plans in Abs 4 S 2 ist aufgrund des PlVereinhG neu in das Gesetz aufgenommen worden. Sie enthält keine substantielle Neuregelung, sondern dient im Wesentlichen der Klarstellung.[104] Als Beginn iS der Vorschrift kommen alle Maßnahmen in Betracht, die konkret und **nach außen erkennbar**[105] zur Verwirklichung des Plans unternommen werden, auch Vorarbeiten, sofern sie dem konkreten Vorhaben dienen, zB der Abschluss entsprechender Verträge mit Baufirmen mit Festlegung konkreter alsbaldiger Termine für die Durchführung der Arbeiten (Knack/Henneke 109), verbindliche Regelungen und Vereinbarungen zur Sicherung der Finanzierung des Vorhabens (OVG Koblenz DVBl 1985, 409), das Ausheben der Baugrube (vgl OVG Münster BRS 35 Nr 166) usw, nicht dagegen bloße mehr oder weniger unverbindliche Vorbereitungshandlungen oder lediglich „symbolische" Maßnahmen (UL § 43 Rn 7). Es muss sich um Maßnahmen handeln, die eine Beendigung der mit dem Plan zusammenhängenden Arbeiten in absehbarer Zeit erwarten lassen. Lediglich zum Zweck der Fristwahrung begonnene Arbeiten, ohne dass die ernsthafte Absicht besteht, das Vorhaben alsbald zur Ausführung zu bringen, sind unbeachtlich (ebenso Obermayer 114; Knack/Henneke 109). Im Streitfall kann das Erlöschen der Erlaubnis durch Feststellungsbescheid (VA) festgestellt werden.

64 **4. Unterbrechung der Durchführung (Abs 4 S 2 HS 2).** Die ebenfalls durch das PlVereinhG eingefügte, aus den entsprechenden Bestimmungen des IPBeschlG übernommene[106] Bestimmung stellt klar, dass zwischen Unterbrechung und endgültiger Aufgabe des Vorhabens zu unterscheiden ist. Damit kann

---

100 Hierauf stellen etwa MSU 210 ab.

101 Obermayer 112; FKS 97; Ehlers FS Würtenberger, 2013, 1123, 1126.

102 StBS 75; Knack/Henneke 107 f; UL § 43 Rn 8; anders zB gem Art 75 Abs 4 bayVwVfG; § 29 Abs 5 PBefG; § 17 Abs 2 FStrG.

103 Ebenso StBS 75; Knack/Henneke 107.

104 Vgl BT-Drs 17/9666 S 20: „Um Zweifel zu beseitigen".

105 Knack/Henneke 109; **aA** OVG Koblenz DVBl 1985, 409: Erkennbarkeit nach außen nicht erforderlich.

106 Damit konnten die entsprechenden Bestimmungen in den vom IPBeschlG erfassten Fachplanungsgesetzen aufgehoben werden (vgl zB § 17c Nr 4 FStrG; § 18c Nr 4 AEG).

die früher hier[107] vertretene Auffassung, wonach nach der Einstellung der Arbeiten eine neue Frist zu laufen beginnt, nicht mehr aufrecht erhalten werden. Maßgeblich ist die **objektive Betrachtung.**[108] Danach ist zu fragen, ob das Verhalten des Vorhabenträgers von einem objektiven Betrachter als Aufgabe oder nur als Unterbrechung zu verstehen ist. Längerer Stillstand der Durchführungsarbeiten wird für die Annahme der Aufgabe idR nicht ausreichen; bloße Beteuerungen für die Annahme einer Unterbrechung allerdings auch nicht. Gibt der Träger des Vorhabens, nachdem bereits mit der Durchführung begonnen wurde, das Vorhaben endgültig auf, so ist § 77 anzuwenden (ebenso Obermayer 116). Beginnt der Träger des Vorhabens mit der Durchführung, führt er diese in der Folge dann aber nicht zu Ende, so sind die Regelungen des § 77 anzuwenden mit der Folge, dass der Planfeststellungsbeschluss erst mit der endgültigen Aufgabe außer Kraft tritt.[109]

XI. Rechtsschutz im Planfeststellungsrecht

1. Überblick. a) Konstellationen und Rechtsweg. Um Rechtsschutz im Planfeststellungsrecht können als **Streitbeteiligte** (Kläger, Antragsteller) die Nachbarn der Anlage bzw die durch sie Betroffenen (Rn 70), Kommunen (Rn 82) oder Umweltverbände (Rn 90) nachsuchen, aber auch der eigentlich begünstigte Vorhabenträger selbst (Rn 65b). **Streitbegehren** können die Zulässigkeit der Errichtung der Anlage einschließlich der Art und Weise ihrer Errichtung (die Bauausführung) sein, ferner die Modalitäten der Anlagenbenutzung (der Betrieb) sowie der Umfang notwendiger Schutzmaßnahmen. **Streitobjekte** sind der Planfeststellungsbeschluss, die Plangenehmigung oder Freistellungsentscheidung, die erteilt worden sind, um das jeweilge Vorhaben rechtlich zu ermöglichen. **Klageziele** sind entspr die Beseitigung der Zulassungsentscheidung oder ihre Ergänzung um zusätzliche Regelungen (wie Schutzvorkehrungen). Die Rechtmäßigkeit des Betriebs der Anlage kann über ihre gesamte Nutzungsdauer infrage gestellt werden. Unterlassungsansprüche kommen zwar nur noch ausnahmsweise in Betracht (Rn 37); denkbar sind aber Ansprüche auf nachträgliche Schutzvorkehrungen (Rn 89). Prozessual handelt es sich damit regelmäßig um **Nachbarstreitigkeiten im Dreiecksverhältnis:** Der Rechtsschutzantrag richtet sich gegen den Rechtsträger der Behörde, die den VA erlassen hat, als Beklagten (§ 78 VwGO); der Vorhabenträger, um dessen Rechtsposition in der Sache gestritten wird und der materiell auf der Seite der Behörde „kämpft", ist notwendig Beigeladener (§ 65 Abs 2 VwGO). 65

Für diese Streitigkeiten ist regelmäßig der **Rechtsweg zu den Verwaltungsgerichten** nach § 40 Abs 1 S 1 VwGO eröffnet. In wenigen Fällen ist der Rechtsweg zu den Zivilgerichten vorgesehen. Das gilt vor allem für Enteignungsmaßnahmen und bestimmte andere Entschädigungen. Erfordert die Planverwirklichung Flächen Dritter, die nicht freihändig erworben werden können, müssen die Eigentümer enteignet werden. Die Zulässigkeit der Enteignung ist bereits in der Planungsentscheidung festzustellen (Administrativenteignung), die insofern **enteignungsrechtliche Vorwirkung** (Rn 19) entfaltet und von den Verwaltungsgerichten geprüft wird. Für Streitigkeiten um Maßnahmen im landesrechtlichen Enteignungsverfahren, besonderes um die Höhe der Entschädigung (Summenstreit) sind gem Art 14 Abs 3 S 4 GG die ordentlichen Gerichte 65a

[107] So auch Kukk NuR 2000, 492, 494; Obermayer 115; **aA** bereits für die frühere Rechtslage OVG Koblenz DÖV 1985, 367, 369; Ehlers FS Würtenberger, 2013, 1123, 1126; Schütz UPR 2002, 172, 174; Stoermer NZV 2002, 303, 308.
[108] BT-Drs 17/9666 S 20.
[109] BVerwGE 133, 239; StBS 96; FK 100; Hermanns DÖV 2003, 714, 718; Knack/Henneke 109; Ehlers FS Würtenberger, 2013, 1123, 1126.

zuständig. Ihr Prüfungsrahmen ist begrenzt, wenn die Zulässigkeit der Enteignung mit dem Plan festgestellt worden ist (s hierzu § 74 Rn 117).

65b **Der Rechtsschutz des Vorhabenträgers** bietet kaum Besonderheiten. Da er durch die Zulassungswirkung der Planungsentscheidung begünstigt wird, kann er sich nur gegen die Ablehnung seines Antrags auf Planfeststellung, gegen ihn beschwerende Auflagen oder festgesetzte Schutzvorkehrungen zur Wehr setzen. Gegen die Ablehnung der Planfeststellung muss er wegen des Gestaltungsspielraums der Behörde idR Bescheidungsklage (§ 113 Abs 5 S 2 VwGO) erheben. Demgegenüber ist die Anfechtungsklage die richtige Klageart, wenn es um die Abwehr von selbstständigen (Schutz)Auflagen geht. Im Übrigen, nämlich soweit Regelungen des Planfeststellungsbeschlusses den Charakter von Inhaltsbestimmungen haben, muss Verpflichtungsklage erhoben werden (s näher § 36 Rn 60). Für die Zulässigkeit gelten die auch sonst für den Rechtsschutz maßgeblichen Vorschriften (s unten Rn 68 ff).

66 **b) Anfechtungs- oder Verpflichtungsklage.** Gegen Planfeststellungsbeschluss und Plangenehmigung können die von der Gestaltungswirkung in ihren Rechten betroffenen Personen in der Hauptsache grds **Anfechtungsklage** (§ 42 Abs 1 Fall 1 VwGO) erheben, weil es sich bei der Planfeststellung wie bei der Plangenehmigung um VA in der Form der Allgemeinverfügung handelt. Ziel ist die Verhinderung des Vorhabens. Allerdings wird die Anfechtungsklage ohne Erfolg bleiben, wenn der Fehler durch **Planergänzung** behoben werden kann. Das ist idR der Fall, wenn keine Änderung des gesamten Planungskonzepts erforderlich ist.[110] Dies kommt insb in Betracht, wenn der Kläger nur die mangelnde Berücksichtigung seiner individuellen Schutzbedürfnisse (zB ungenügenden Lärmschutz) geltend macht und die Rechtsverletzung (nur) dadurch beseitigt werden kann, dass der Planfeststellungsbeschluss um die zu seinem Schutze nötigen Vorkehrungen ergänzt wird (s oben § 74 Rn 141 ff). In diesen Fällen muss (ggf hilfsweise) eine auf Planergänzung gerichtete **Verpflichtungsklage** (§ 42 Abs 1 Fall 2 VwGO) erhoben werden. Erfordert die Fehlerbeseitigung hingegen ein (ergebnisoffenes) ergänzendes Verfahren, wird das Gericht auf Anfechtungsklage die Rechtswidrigkeit und Nichtvollziehbarkeit des Planfeststellungsbeschlusses aussprechen (Rn 36). Vor der Erhebung der Anfechtungs- oder Verpflichtungsklage muss ein **Vorverfahren** nach §§ 68 ff VwGO **nicht durchgeführt werden** (§ 74 Abs 1 S 2 iVm § 70).[111] Maßgeblicher Zeitpunkt für die Beurteilung der Sach- und Rechtslage ist sowohl bei Anfechtungs- als auch bei Verpflichtungsklagen der Erlass des Planfeststellungsbeschlusses.[112] Das gilt grds auch bei späteren Änderungen des Beschlusses, etwa durch nachträgliche Schutzvorkehrungen.

67 **c) Vorläufiger Rechtsschutz.** Planfeststellungsbeschlüsse und Plangenehmigungen werden wie andere VA mit ihrer ersten Bekanntgabe (regelmäßig an den Vorhabenträger) wirksam (§ 43 VwVfG) und sind ab dann vollziehbar (§ 80 Abs 1 VwGO). Anders als für Baugenehmigungen in § 212a Abs 1 BauGB fehlt es aber an einer gesetzlichen Regelung iS des § 80 Abs 2 Nr 3 VwGO, dass **Rechtsbehelfe** (Widerspruch, Anfechtungsklage) generell keine **aufschiebende Wirkung** haben. Erheben Dritte Anfechtungsklage, endet nach der gesetzlichen Regelvorstellung in §§ 80 Abs 1 S 1, 80a VwGO die Vollziehbarkeit automatisch und der Vorhabenträger darf die Planungsentscheidung nicht weiter ausnutzen, sofern nicht die Behörde gem § 80 Abs 2 Nr 4 VwGO schon bei Feststellung des

---

[110] Seit BVerwGE 56, 110 stRspr, vgl BVerwGE 101, 73, 85 (Verkehrsanlagen Berlin); 123, 37 (BAB A 72); BVerwG NVwZ 2012, 1120 (Leipzig/Dresden); zur Entwicklung der Rspr näher Kopp/Schenke § 42 Rn 32 mwN.

[111] Sodan/Ziekow § 68 Rn 128 f.

[112] StRspr, vgl BVerwGE 134, 308, 319; 120, 276, 283; BVerwG, B v 17.1.2013, 7 B 18.12, juris.

Plans die sofortige Vollziehung angeordnet hat. Anders verhalten sich die Dinge bei **Infrastrukturvorhaben.** Um jedenfalls diese ungeachtet von Rechtsstreitigkeiten fortführen zu können, hat der Gesetzgeber in einzelnen Fachgesetzen (§ 18e Abs 2 AEG, § 43e Abs 1 EnWG, § 17e Abs 2 FStrG, § 2d Abs 2 MBPlG, § 10 Abs 4 LuftVG und § 14e Abs 2 WaStrG) die **aufschiebende Wirkung** von Rechtsbehelfen iSd § 80 Abs 2 Nr 3 VwGO **ausgeschlossen** und dadurch die Fortdauer der Vollziehbarkeit kraft Gesetzes sichergestellt. Will ein betroffener Dritter den Weiterbau solcher Vorhaben stoppen, muss er Anfechtungsklage (§ 42 Abs 1 VwGO) erheben und parallel dazu bei dem zuständigen Gericht die Anordnung der aufschiebenden Wirkung dieser Klage gem §§ 80a, 80 Abs 5 VwGO beantragen.

Ein **Antrag nach § 80 Abs 5 VwGO** auf Anordnung der aufschiebenden Wirkung, die ganz oder teilweise möglich ist und das Vorhaben insoweit stoppt, wird nur dann Erfolg haben, wenn im Rahmen einer Gesamtabwägung ernstliche Zweifel an der Rechtmäßigkeit der Zulassungsentscheidung offensichtlich werden (vgl § 4a Abs 3 UmwRG). Das Gericht entscheidet auf der Grundlage einer eigenen Abwägung der widerstreitenden Vollzugs- und Suspensivinteressen. Wesentliches Element dieser **Interessenabwägung** ist die Beurteilung der Erfolgsaussichten des Rechtsbehelfs in der Hauptsache. Sie kann idR aber nur aufgrund einer summarischen Prüfung der Sach- und Rechtslage erfolgen. Oft können die Erfolgsaussichten aber – insb wegen der Komplexität der Sach- und Rechtsfragen oder wegen der besonderen Dringlichkeit einer alsbaldigen Entscheidung – nicht einmal summarisch beurteilt werden. Dann sind alleine die einander gegenüberstehenden Interessen danach zu gewichten, welche Folgen im konkreten Fall mit der Anordnung der aufschiebenden Wirkung einerseits und deren Ablehnung andererseits verbunden sind. § 4a Abs 3 UmwRG modifiziert diesen Prüfungsmaßstab nur bezogen auf die gebotene Berücksichtigung der Erfolgsaussichten des Rechtsbehelfs; an dem Erfordernis einer umfassenden Interessenabwägung ändert sich hingegen nichts (BVerwG B v 19.12.2014 – 7 VR 5.14 – Rn 9 mwN). 67a

Der Antrag ist nur **begründet,** wenn in der Hauptsache die Aufhebung der Planungsentscheidung oder die Feststellung der Rechtswidrigkeit und Nichtvollziehbarkeit (s Rn 36) verlangt werden kann. Soweit Mängel in Rede stehen, die durch Anordnung realer Schutzvorkehrungen oder die Zuerkennung eines Anspruchs auf Entschädigung in Geld im Wege der **Planergänzung** gemäß § 74 Abs 2, 3 behoben werden können, scheidet die Außervollzugsetzung des Plans grds aus. Das gilt etwa bei Mängeln des Lärm- oder Erschütterungs-Schutzkonzepts. Wegen einer unbewältigten Belastung besteht ein Aufhebungs- und Außervollzugssetzungsanspruch nur, wenn die fachplanerische Abwägung insgesamt oder bezogen auf einen abtrennbaren Planungsteil unausgewogen ist und keinen Bestand mehr haben könnte, weil sich eine **konzeptionell andere Planungsentscheidung** aufgedrängt hätte (BVerwG DVBl 2012, 1102 Rn 15; BVerwGE 124, 334 Rn 17 mwN). Ist für sein Begehren in der Hauptsache die Verpflichtungsklage statthaft (s oben Rn 66), kann vorläufiger Rechtsschutz nur nach **§ 123 Abs 1 VwGO** beansprucht werden. Das Gericht bestimmt dann die gebotenen Maßnahmen von Amts wegen (vgl § 938 Abs 1 ZPO). 67b

d) Verwaltungsgerichtliche Zuständigkeiten. Faktisch ist nur in Ausnahmefällen das VG für Klagen gegen Planfeststellungsbeschlüsse oder Plangenehmigungen zuständig. Im Regelfall wird durch § 48 Abs 1 VwGO die erstinstanzliche **Zuständigkeit der OVG bzw VGH** eröffnet.[113] Durch das IPBeschlG wurde bundesweit für die Planung wichtiger Infrastrukturvorhaben nach einigen Fachpla- 68

[113] OVG Münster DVBl 2012, 36 für die Frage, ob bestimmten tatsächlichen Maßnahmen ein Planfeststellungsverfahren hätte vorausgehen müssen.

nungsgesetzen (AEG, EnWG, MBPlG, FStrG, LuftVG und WaStrG) eine erstinstanzliche **Zuständigkeit des BVerwG** für bestimmte Planfeststellungsbeschlüsse begründet. Im Jahre 2009 ist das Energieleitungsausbaugesetz[114] hinzugekommen. Die Zuständigkeit des BVerwG betrifft nicht sämtliche Streitigkeiten über Planfeststellungen nach den genannten Fachplanungsgesetzen, sondern gem § 50 Abs 1 Nr 6 VwGO nur diejenigen, die in den genannten Gesetzen **(enumerativ) aufgezählt** sind. Die von der erstinstanzlichen Zuständigkeit erfassten Vorhaben finden sich idR in den **Anhängen der jeweiligen Fachgesetze.** Die Streitigkeit muss einen Teil der genehmigungsrechtlichen Bewältigung des Vorhabens betreffen oder mindestens einen unmittelbaren Bezug dazu haben. Ist die Zuständigkeit des BVerwG danach begründet, gilt sie auch für die Anfechtung von Plangenehmigungen, **nicht** aber für Streitigkeiten um außerhalb des Planfeststellungs- oder Plangenehmigungsverfahrens erlassene Anordnungen, etwa Schutzauflagen nach Abs 1a.[115] Ebenfalls nicht erfasst werden Streitigkeiten darüber, ob die konkrete Bauausführung sich im Rahmen der Planfeststellung hält (BVerwG NVwZ 2013, 1219). Insoweit fehlt es auch an einer Zuständigkeit nach § 48 Abs 1 VwGO.

69 **2. Klage- und Rügebefugnisse. a) Allgemeines.** Der Erfolg einer Anfechtungsklage gegen einen Planfeststellungsbeschluss oder eine Plangenehmigung setzt voraus, dass der angefochtene VA rechtswidrig ist und der Kläger dadurch in seinen Rechten verletzt wird (§ 113 Abs 1 S 1 VwGO). Im Rahmen der **Zulässigkeit der Klage** wird aber zunächst die **Klagebefugnis** (§ 42 Abs 2 VwGO) geprüft, die nur vorliegt, wenn der jeweilige Kläger geltend machen kann, durch einen Fehler des Planfeststellungsbeschlusses oder der Plangenehmigung in seinen Rechten verletzt zu sein. Insoweit reicht die **Möglichkeit einer Rechtsverletzung** bereits aus (dazu im Einzelnen Wysk, VwGO § 42 Rn 123ff, 129). Die Klagebefugnis liegt vor, wenn eine Rechtsverletzung unter einem einzigen Aspekt nicht ausgeschlossen werden kann. **In der Begründetheit** ist dann umfassend zu prüfen, ob die geltend gemachten Rechtsverstöße vorliegen und für den Kläger **konkret rügefähig** sind. Letzteres ist der Fall, wenn die Rechtsnorm, gegen die objektiv verstoßen worden ist, **Drittschutz** zugunsten des Klägers **vermitteln,** also dazu bestimmt sind, zumindest auch seinen Interessen zu dienen, und nicht die Interessen anderer oder lediglich öffentliche Interessen schützen wollen. Hingegen ist **nicht mehr** zu prüfen, ob der Kläger gem § 73 Abs 4 S 3 mit seinem **Anfechtungsrecht präkludiert** ist, weil er den Rechtsverstoß im Verwaltungsverfahren nicht rechtzeitig vorgebracht hat (zum Wegfall der Präklusion s § 73 Rn 88ff).

70 **aa) Mögliche Betroffene. Vier Gruppen** von Betroffenen sind nach derzeitiger hM bei der Feststellung der Klage- und Rügebefugnisse zu unterscheiden: (1) Kläger, die mittelbare Beeinträchtigungen (zB Lärm und sonstige Immissionen iSd § 3 Abs 2 BImSchG) durch das planfestgestellte oder -genehmigte Vorhaben zu erwarten haben (**einfache Drittbetroffene,** Rn 72); (2) Kläger, die von der enteignungsrechtlichen Vorwirkung des Vorhabens erfasst werden, weil ihre Rechte in Anspruch genommen werden müssen (**qualifizierte Drittbetroffene** Rn 79); (3) ferner die Kommunen, in deren Gebiet sich das Vorhaben ungünstig auswirkt, weil es verfestigte Planungen oder andere Entwicklungsmöglichkeiten beeinträchtigt (**planbetroffene Kommunen,** Rn 82). (4) Die letzte Gruppe, die in der Praxis der gerichtlichen Kontrolle immer wichtiger wird, bilden schließlich die anerkannten **Umwelt- und Naturschutzverbände,** die aufgrund spezieller gesetzlicher Regelungen berechtigt sind, eine

---

[114] Aufgrund von Art 3 des Gesetzes zum Ausbau von Energieleitungen v 21.8.2009 (BGBl I, 2870).

[115] BVerwG NVwZ 2007, 1095 (Einsicht in Sicherungskonzept); NVwZ 2013, 1219 (Bauausführung); Kopp/Schenke § 50 Rn 8b.

Klage gegen den Planfeststellungsbeschluss oder die Plangenehmigung zu erheben, ohne in eigenen Rechten verletzt zu sein (**Verbandsklagen,** Rn 90 ff).

bb) Keine Präklusion. Der Erfolg sämtlicher Klagen gegen Planfeststellungsbeschlüsse hängt nach § 73 Abs 4 S 3 (wie § 2 Abs 3 UmwRG aF) davon ab, dass sich der Kläger bereits im Verwaltungsverfahren fristgerecht mit Einwendungen beteiligt hat. Nicht rechtzeitig gerügte Fehler kann er danach im Prozess nicht mehr geltend machen; das galt nicht nur für Anfechtungs-, sondern auch für Verpflichtungsklagen auf Planergänzung.[116] Die Regelung ist aber unionsrechtswidrig und im regelmäßigen Planungsfall für UVP-pflichtige Vorhaben **nicht mehr anwendbar** (s näher § 73 Rn 89). Dementspr ist im UmwRG 2017 § 2 Abs 3 gestrichen worden (s aber § 2 Abs 1 Nr 3b nF). 71

b) Einfache Drittbetroffene. Für einfache Drittbetroffene, also solche Personen, deren Interessen im Rahmen der planerischen Abwägung berücksichtigt werden müssen, gibt es im Grundsatz **drei Möglichkeiten zur Begründung ihrer Rechtsverletzung** (sowohl iSv § 42 Abs 2 als auch § 113 Abs 1 VwGO). Zunächst können sie die Planrechtfertigung angreifen, also einwenden, das Vorhaben sei vernünftigerweise nicht geboten (s § 74 Rn 42). Sodann können sie einen Verstoß gegen in der Planfeststellung beachtliche Vorschriften des einfachen Rechts einwenden, wenn und soweit ihnen aus diesen Vorschriften subjektive Rechte erwachsen. Und schließlich können sie einwenden, die Planfeststellung verletze das Abwägungsgebot, weil ihre eigenen abwägungserheblichen Belange nicht angemessen berücksichtigt worden seien. In diesem Rahmen kann auch etwaigen Verfahrensverstößen Bedeutung zukommen. 72

aa) Einwendungen gegen die Planrechtfertigung. Wer durch einen Planfeststellungsbeschluss in seinen Rechten oder rechtlich geschützten Interessen betroffen ist, kann sich nach – allerdings nicht unbestrittener – heute hM[117] gegenüber der Planung darauf berufen, es fehle an der erforderlichen Planrechtfertigung, weil das gesamte Vorhaben unter Berücksichtigung der fachplanerischen Zielsetzungen (s hierzu § 74 Rn 44) nicht „vernünftigerweise geboten" sei. Die hiergegen teilweise erhobenen Einwendungen überzeugen nicht. Die Planrechtfertigung dient der Feststellung, ob ein Vorhaben den Zielsetzungen des jeweiligen Fachplanungsgesetzes entspricht. Ist dies nicht der Fall, fehlt jeder einsichtige Grund, Personen zur Hinnahme von Beeinträchtigungen ihrer rechtlich geschützten Interessen zu verpflichten. 73

bb) Einwendungen gegen Verstöße gegen drittschützendes Recht. Da im Planfeststellungsverfahren einschlägiges striktes Recht beachtlich ist, kann ein Planfeststellungsbeschluss auch deshalb rechtswidrig sein, weil er gegen solches einfache Recht verstößt. Derartige Verstöße können sämtliche Betroffenen rügen, deren Rechte oder Rechtspositionen von dem einfachen Recht geschützt werden sollen, die also in den Genuss des Drittschutzes der Norm kommen sollen. Insoweit können sich immissionsschutzrechtlich Betroffene auf Verstöße gegen § 5 Abs 1 Nr 1 BImSchG berufen, aber auch auf andere Vorschriften etwa des BImSchG, die ihnen gegenüber Drittschutz entfalten.[118] Insoweit sind auch Verfahrensfehler beachtlich, wenn sie sich auf das Ergebnis der Rechtsanwendung ausgewirkt haben können (s unten Rn 77 f). 74

---

[116] BVerwG NVwZ-RR 2012, 261 (B 525); BVerwG NVwZ-RR 2009, 753; BVerwG NVwZ 2005, 218; Brandt NVwZ 1997, 233, 236.

[117] BVerwGE 128, 358 (Airbus Finkenwerder); BVerwGE 127, 95, 102 (Flughafen Halle/Leipzig); Paetow NVwZ 2010, 1184, 1185; Steinberg/Wickel/Müller § 6 Rn 71; OVG Münster NWVBl 2010, 112; **aA** ohne weitere Begründung der 9. Senat, BVerwG NVwZ 2012, 557 (BAB 281).

[118] Zum Drittschutz von Vorschriften, die Ausdruck des Vorsorgegrundsatzes sind, s Roller NVwZ 2010, 990; Gärditz ZUR 2009, 413, 414 f; Leidinger NVwZ 2011, 1345, 1348 f.

75 **cc) Drittschutz durch das Abwägungsgebot.** Das planungsrechtliche Abwägungsgebot vermittelt keinen umfassenden Kontrollanspruch. Im Rahmen des Abwägungsgebots kann der Kläger grds nur verlangen, dass seine **eigenen Rechte und sonstigen Rechtspositionen** in angemessener Weise berücksichtigt und erforderliche Schutzvorkehrungen nach § 74 Abs 2 S 2 festgesetzt werden.[119] Andererseits setzt die Berufung auf das Abwägungsgebot nicht voraus, dass durch den Beschluss unmittelbar auf Eigentumsrechte zugegriffen wird. Ausreichend ist, dass das zugelassene Vorhaben Interessen des Betroffenen in rechtlich relevanter Weise berührt.[120] Diesen Kreis hat das BVerwG in einigen Planfeststellungsverfahren relativ weit gezogen.[121] Das Abwägungsgebot selbst schafft keine Betroffenheit, sondern macht die vom Vorhaben berührten Individualinteressen lediglich abwägungserheblich.[122] Individualinteressen sind etwa zu berücksichtigen, wenn wegen der Zunahme der Lärmbelastung oder anderer Immissionen die eigene Gesundheit oder die Benutzbarkeit eigener Grundstücke, dinglicher Rechte oder Entwicklungsmöglichkeiten eines gewerblichen Betriebes für die Behörde erkennbar beeinträchtigt sein können.

76 Der Umstand, dass **öffentliche Belange oder die Belange Dritter** unter Verstoß gegen das Abwägungsgebot übersehen, fehlgewichtet oder unangemessen zurückgesetzt worden sind, reicht nach hM für den Erfolg einer einfachen Drittbetroffenenklage nicht aus.[123] Das gilt selbst dann, wenn der Fehler im Abwägungsvorgang bei saldierender Betrachtung an sich den eigenen Belangen des Klägers zugute kommen müsste. Damit begrenzt die hM de facto die einfach Betroffenen auf die Geltendmachung einer tatsächlichen Betroffenheit durch die Auswirkungen des Vorhabens im Hinblick auf Lärm oder andere schädliche Umwelteinwirkungen. Diese Begrenzung der Rügefähigkeit des Abwägungsgebots auf die Berücksichtigung eigener Belange ist unter rechtssystematischen Aspekten stets kritisiert worden, weil die Frage der Angemessenheit immer auch eine Bewertung der gegenläufigen Interessen und Rechte erfordert. In jüngster Zeit zeichnet sich insoweit eine gewisse Tendenz zu einer Erweiterung des Prüfungsspektrums ab (BVerwG NVwZ 2012, 432).

77 **dd) Relative Verfahrensfehler.** Auch einfache Fehler des Planfeststellungsverfahrens, die nicht nach § 45 geheilt worden sind, kann der Drittbetroffene rügen. Diese Fehler sind grds aber nicht als solche erheblich, sondern nur, soweit sie sich iSd § 46 auf die Rechtsposition des Klägers ausgewirkt haben können.[124] Allerdings verlangte das BVerwG in der Vergangenheit die **konkrete Möglichkeit,** dass ohne den Fehler eine **andere** Entscheidung getroffen worden wäre (s Rn 27).[125] Dieser Nachweis konnte den einfach betroffenen Klägern kaum je gelingen, weil sich ihre klagefähige Rechtsposition auf eine abwägungsfehlerfreie Berücksichtigung gerade (und nur) ihrer eigenen subjektiven Belange beschränkte. Inzwischen ist **geklärt,** dass diese Deutung des § 46 mit Verfassungs- und Unionsrecht nicht in Einklang steht. Richtigerweise obliegt der Behörde oder

---

119 Seit BVerwGE 48, 56, 66 (B 42) stRspr, vgl BVerwG NVwZ 2013, 645 (BAB 100 – Berlin); NVwZ 2008, 795 (Neu Darchau); krit hierzu Ramsauer DÖV 1981, 37. Diese abwägungstheoretisch begründete Kritik gilt nach wie vor.

120 S hierzu näher Wahl/Schütz in Schoch § 42 Abs 2; Kopp/Schenke § 42 Rn 59 ff.

121 Nach BVerwG NVwZ 2013, 284, 288; 2013, 297 (beide Flughafen Schönefeld) sind im luftverkehrsrechtichen Planfeststellungsverfahren auch solche Personen betroffen, die möglicherweise erst aufgrund einer späteren Festlegung von Flugrouten mit Lärmbelastungen rechnen müssen, wenn dies nach Lage der Dinge nicht auszuschließen ist.

122 Kopp/Schenke § 42 Rn 112; Wahl/Schütz in Schoch § 42 Abs 2 Rn 277 ff.

123 BVerwGE 48, 56, 60; 90, 42, 49; BVerwG NVwZ 2007, 1074; 2007, 462: keine saldierende Betrachtung der Abwägung; hierzu krit Ramsauer DÖV 1981, 37 mwN.

124 BVerwG NVwZ 2008, 795 (Elbbrücke Darchau).

125 Seit BVerwGE 69, 256, 270 stRspr, vgl zuletzt BVerwGE 100, 238 (BAB A 60) und BVerwGE 134, 308 (Bielefeld-Steinhagen).

dem Gericht der konkrete Nachweis dafür, dass sich der **Fehler nicht ausgewirkt hat.** Nur mit dieser Auslegung kann man dem Offensichtlichkeitskriterium gerecht werden (näher dazu Rn 27af).

Bereits mit seiner Altrip-Entscheidung hatte der EuGH[126] vergleichbare Anforderungen der Sache nach jedenfalls für die Relevanz von **Fehlern bei der Durchführung einer unionsrechtlich gebotenen UVP** verlangt. Die denkbaren Fälle sind in § 4 Abs 1 und 1a **UmwRG** idF v 20.11.2015 wie in der Fassung von 2017 (Rn 98) differenziert geregelt worden. Die **Einzelheiten sind in § 63 Rn 70 ff** zusammenhängend behandelt. **77a**

ee) Absolute Verfahrensfehler. Ohne Rücksicht auf die Auswirkungen auf eine materielle Rechtsposition des Klägers sind absolute Verfahrensfehler rügefähig. Derartige Fehler sind selten. In der Regel bestimmt der Gesetzgeber ausdrücklich, welche Fehler einen absoluten Charakter haben; ansonsten ergibt er sich durch Auslegung. So sieht etwa die Rspr in einem Verstoß gegen das gemeindliche Zustimmungserfordernis nach § 36 BauGB einen absoluten Verfahrensfehler, auf den sich die Gemeinde stets soll berufen können. Die Vorschrift ist aber wegen § 38 BauGB in Planfeststellungsverfahren nicht anwendbar. Nach der gesetzlichen Wertung in § 4 Abs 1 Nr 1–3 UmwRG idF v 20.11.2015 wirkt sich als absoluter Verfahrensfehler das **gänzliche Fehlen einer erforderlichen UVP oder UVP-Vorprüfung** sowie ein vergleichbar schwerer anderer Fehler aus (s § 63 Rn 70 ff).[127] Auf diese Fehler kann sich jeder berufen, ohne dass er oder überhaupt ein Dritter eine eigene materiell klagefähige Rechtsposition haben müsste (arg § 4 Abs 1a, Abs 3 UmwRG nF).[128] **78**

ff) Fehler bei der Verfahrenswahl. Einfach Betroffene können nach deutscher Rspr eine Plangenehmigung oder eine andere Zulassungsentscheidung nicht allein deshalb erfolgreich anfechten, weil ein Planfeststellungsverfahren rechtwidrig unterblieben ist. Die Vorschriften über die Durchführung des Planfeststellungsverfahrens räumen Dritten keine selbstständig durchsetzbare Rechtsposition ein; Verfahrensrecht gewährt Dritten Schutz grds nur zur bestmöglichen Verwirklichung ihrer materiellrechtlichen Rechtspositionen. Sie können daher nicht die Durchführung eines Planfeststellungsverfahrens verlangen und haben **kein Rügerecht wegen der Verfahrenswahl.**[129] Allerdings führt die Wahl eines falschen Verfahrens fast zwangsläufig zugleich dazu, dass die **erforderliche UVP unterblieben** ist, weil dafür als Trägerverfahren idR nur das Planfeststellungsverfahren (oder das hier zumeist nicht relevante Anlagengenehmigungsverfahren) in Betracht kommt (zu einer Ausnahme vgl § 17b Abs 1 Nr 1 FStrG). Wegen dieses Fehlers können nach § 4 Abs 1, Abs 3 UmwRG Umweltverbände und private Betroffene die Aufhebung der Zulassungsentscheidung verlangen bzw das Unterlassen des Vorhabens, wenn keine Entscheidung oder eine Freistellungsentscheidung ergangen ist. **78a**

c) Qualifizierte Drittbetroffene. aa) Erweiterte Rügebefugnis. Kläger, die von der **enteignungsrechtlichen Vorwirkung** eines Planfeststellungsbeschlusses (s hierzu § 74 Rn 117) betroffen werden, also mit der Inanspruchnahme ihrer **dinglichen Rechte** an einem Grundstück, zur Durchführung des Vorhabens rechnen müssen, können sich auf sämtliche Fehler eines Planfeststellungsbe- **79**

---

[126] EuGH, U v 7.11.2013 – C-72/12 – (Altrip) NVwZ 2014, 49.

[127] BVerwGE 141, 171; BVerwG Buchh 407.4 § 17 FStrG Nr 220 m Anm Christ, jurisPR-BVerwG 8/2012; Ogorek NVwZ 2010, 401; Schlacke ZUR 2009, 80; **aA** Appel NVwZ 2010, 473; Spieth/Appel NuR 2009, 312.

[128] Zur Gesetzeslage nach § 4 UmwRG aF vgl BVerwG NVwZ 2014, 367 und Storost FS Koch, 2014, iE; Schlacke ZUR 2009, 80; Ziekow NVwZ 2007, 259.

[129] BVerwGE 85, 368, 377 (Zusammenfassung der Rspr) sowie 44, 235, 240; 62, 243, 246; 64, 325; s auch OVG Münster DVBl 2012, 36 für die Rüge, dass ein Planfeststellungsverfahren rechtswidrig unterblieben ist. Ziekow, Fachplanungsrecht, § 8 Rn 11 ff.

schlusses berufen, soweit diese für die Enteignungsbetroffenheit kausal sein können.[130] Erfasst werden alle dinglichen Rechtspositionen, die den Schutz des Art 14 Abs 1 S 1 GG genießen. Die vorübergehende Inanspruchnahme dinglicher Rechte reicht aus,[131] ebenso eine **Auflassungsvormerkung** zugunsten des Grundstückskäufers (BVerwGE 145, 96).

79a Der **Grund für diese Qualifizierung** wird in Art 14 Abs 3 GG gesehen, wonach eine Enteignung nur hingenommen werden muss, wenn die Maßnahme dem Wohl der Allgemeinheit dient.[132] Dies ist bei rechtswidrigen Maßnahmen grds nicht der Fall. Da die Rechtswidrigkeit der Planung im Falle einer enteignungsrechtlichen Vorwirkung wegen der Bindungswirkung im Enteignungsverfahren nicht mehr gerügt werden kann, muss der effektive Rechtsschutz hier schon auf der Planungsebene gewährleistet werden. Ein von enteignungsrechtlicher Vorwirkung Betroffener muss den Eingriff in seine Rechte nur hinnehmen, wenn der Planfeststellungsbeschluss keine materiellen oder formellen Fehler aufweist, die zu seiner Aufhebung führen müssen.[133] Der qualifiziert Betroffene kann deshalb auch geltend machen, dass die Abwägung insgesamt fehlerhaft sei, weil andere Belange (zB Belange Dritter oder öffentliche Belange) übersehen, fehlgewichtet oder zu Unrecht überwunden worden seien.[134]

80 **bb) Einschränkungen der Rügebefugnis.** Auch qualifiziert Betroffene unterliegen nach hM wichtigen Einschränkungen der Rügebefugnis. Diese folgen daraus, dass nach der Rspr der **gerügte** formelle oder materielle **Fehler** der Planung für die Inanspruchnahme des Eigentums **kausal geworden** sein muss.[135] Dies wird man indessen stets dann annehmen müssen, wenn nicht ausgeschlossen werden kann, dass der Fehler auf die Abwägung von Einfluss gewesen ist. Mängel im Auslegungsverfahren führen aber nur dann zur Aufhebung, wenn die **Möglichkeit** besteht, dass infolge des Fehlers nicht alle relevanten Gesichtspunkte berücksichtigt werden konnten. Auch dann, wenn sich Mängel durch eine **Planergänzung** beheben lassen, welche die **Rechtsposition des Klägers unberührt** lässt, wird die Anfechtung auch des von einer enteignungsrechtlichen Vorwirkung betroffenen Klägers erfolglos bleiben müssen (s unten Rn 87). Dies gilt etwa dann, wenn naturschutzrechtliche Ausgleichsmaßnahmen nicht ausreichen, aber im Rahmen einer Planergänzung noch angeordnet werden können.

81 **cc) Sonderproblem Sperrgrundstück.** In der Rspr ist **geklärt**, dass der Eigentümer eines sog Sperrgrundstücks nicht als qualifizierter Betroffener anzusehen ist. Ihm ist die Klagebefugnis unabhängig davon abzusprechen, ob das Grundstück von Enteignung oder mittelbaren Beeinträchtigungen einer Planung betroffen ist. Das BVerwG geht freilich übereinstimmend mit dem BVerfG[136] von dem selbstverständlichen Ausgangspunkt aus, dass es grds unerheblich ist, aus welchen Gründen der Eigentümer ein Grundstück erworben hat. Diese Position liegt schon BVerwGE 72, 15, 16 zugrunde. Erst in BVerwGE 112, 135 bestand Anlass für die Annahme einer missbräuchlichen Prozessführung und

---

130 BVerwGE 134, 308 (Bielefeld-Steinhagen); 125, 116 (Schönefeld); BVerwG NVwZ 2012, 557 (BAB A 281-Bremen Wesertunnel); NuR 2008, 495 (Jagdbergtunnel). Finanzielle Belange des von der Vorwirkung betroffenen Eigentümers sind grds im Enteignungsverfahren geltend zu machen; zu Nachteilen für das Restgrundstück im Abwägungsvorgang BVerwG NVwZ 2013, 649 (BAB A 100).

131 BVerwG NVwZ 2010, 1244.

132 Vgl zuletzt BVerfG NVwZ 2014, 211 (Garzweiler).

133 Der Rechtsverstoß muss sich nach BVerwG NuR 2008, 495 auf die Inanspruchnahme des Eigentums auswirken können.

134 BVerwGE 134, 308; 112, 135; 104, 236; 67, 74; 69, 256; BVerwGE 72, 15, 25; BVerwG NVwZ 2010, 1486; stRspr.

135 BVerwGE 134, 308 – BAB 33; BVerwG NVwZ 2012, 557 (BAB 281 – Bremen, Wesertunnel); krit hierzu Gassner DVBl 2011, 214.

136 BVerfG NVwZ 2014, 211; zustimmend Kment NVwZ 2014, 1566.

die Zurückweisung von Bedenken in der Literatur (vgl Masing NVwZ 2002, 810; Knödler NuR 2001, 194): Die Eigentümerstellung begründet keine Klagebefugnis, wenn das Eigentum nur deshalb erworben worden ist, um die Voraussetzungen für eine Prozessführung zu schaffen, die nach dem Rechtsschutzsystem der VwGO einem Eigentümer vorbehalten ist (vgl auch BVerfGE 32, 305; DB 1990, 414). Entscheidend ist, welche Anhaltspunkte im Einzelfall zu verlangen sind, um ein Sperrgrundstück bejahen zu können. Ausreichend ist es, wenn es sich bei der Eigentumsposition um eine bloße Scheinposition handelt.[137] Hieraus darf allerdings nicht der Schluss gezogen werden, der Erwerb eines Grundstücks vor allem zur Erreichung einer Klageposition als solcher sei bereits rechtsmissbräuchlich.[138] Vielmehr müssen weitere Umstände hinzutreten (zB wenn das Grundstück nach Lage, Zuschnitt und Größe sonst keine Nutzung zulässt). Diese Prüfung ist vor allem für Umweltschutzverbände von Bedeutung (Rn 90a).

d) Klage- und Rügebefugnisse von Kommunen. aa) Allgemeines. 82
Kommunale Träger sind nicht befugt, in Planungs- oder Gerichtsverfahren allgemeine öffentliche Interessen zu verteidigen oder im Wege der Prozessstandschaft Rechte und Belange ihrer Einwohner oder (bei Gemeindeverbänden) Mitglieder wahrzunehmen.[139] Überörtlichen Fachplanungen stehen Gemeinden in einer **Doppelstellung** gegenüber: als Träger eigener Jedermannrechte und als Träger öffentlicher Belange. Ihre Rüge- und Klagebefugnisse gegenüber Planfeststellungsbeschlüssen und Plangenehmigungen sind dennoch eingeschränkt. Nach der Rspr des EuGH können ihnen aber die Präklusionsvorschriften des § 73 Abs 4 wohl nicht mehr entgegengehalten werden (dazu § 73 Rn 89).

bb) Einfache Drittbetroffenheit. Als Inhaber privater Rechte haben Kom- 83
munen keine über die Rechtsstellung privater Betroffener hinausgehenden Klage- und Rügebefugnisse (s oben Rn 66). Sie können das Fehlen der Planrechtfertigung geltend machen sowie Verstöße gegen beachtliches einfaches Recht, sofern dieses dazu bestimmt ist, auch sie als Kommunen zu schützen. Sie haben einen Anspruch darauf, dass ihre abwägungserheblichen Belange als Eigentümer von Grundstücken, Inhaber von Betrieben in gleicher Weise in die Abwägung einbezogen werden wie diejenigen privater Betroffener.[140] Weitergehende Prüfungsbefugnisse werden ihnen nach hM auch nicht als betroffene Eigentümer zugestanden. Die einfachrechtliche Eigentümerstellung aus § 903 BGB vermittelt der Gemeinde eine abwägungserhebliche Position, wenn ihr Grundstück durch eine Planfeststellung in Anspruch genommen wird (BVerwGE 90, 96; 87, 332, 391). Eine **qualifizierte Betroffenheit** wegen einer enteignungsrechtlichen Vorwirkung auf ihre dinglichen Rechte können Kommunen dagegen nach der Rspr **nicht geltend machen.** Überzeugend ist dies nicht. Zwar ist Kommunen nach hM die Berufung auf Grundrechte und damit auch auf Art 14 Abs 3 GG verwehrt.[141] Von einer enteignungsrechtlichen Vorwirkung werden sie jedoch in gleicher Weise betroffen wie Privatleute aufgrund von § 903 BGB. Eine unmittelbare Anwendung des Art 14 Abs 3 GG steht daher gar nicht in Rede; vielmehr

---

[137] So ausdrücklich BVerwGE 112, 135: Scheinposition; BVerwGE 131, 274: Rechtsstellung, die formale Hülle ohne substanziellen Inhalt ist. Näher Kopp/Schenke § 42 Rn 112.

[138] So aber noch BVerwGE 131, 274 (Bad Oeynhausen); hierzu ausführlich BVerfG NVwZ 2014, 211 (Garzweiler); Kühne NVwZ 2014, 321; Kment NVwZ 2014, 1566.

[139] OVG Greifswald NordÖR 2006, 206: Gemeinde kann nicht Gesundheitsgefahren für ihre Einwohner geltend machen.

[140] BVerwG DÖV 1992, 748; OVG Lüneburg OVG ML 51, 319.

[141] BVerwGE 100, 388, 391; 97, 143, 151; BVerwG NVwZ 2013, 147, 148 (B 112 – Oder-Lausitz-Straße); OVG Lüneburg OVG ML 51, 319; s auch Ramsauer NZS 2006, 505 mwN.

geht es nur um eine durch Art 14 Abs 3 GG beeinflusste Auslegung einfachgesetzlicher Normen.[142]

84 **cc) Beeinträchtigung des Selbstverwaltungsrechts.** Im Unterschied zu den privaten Betroffenen können sich die Kommunen auch auf das ihnen durch Art 28 Abs 2 GG garantierte Selbstverwaltungsrecht berufen. Im Vordergrund stehen Beeinträchtigungen kommunaler Einrichtungen und der **Planungshoheit.** Auch hieraus wächst ihnen indes kein umfassendes Rügerecht zu.[143] Nach der Rspr vermittelt die gemeindliche Planungshoheit eine wehrfähige Rechtsposition gegen fremde Fachplanungen auf dem Gemeindegebiet, wenn „das Vorhaben nachhaltig eine bestimmte Planung der Gemeinde stört oder wegen seiner Großräumigkeit wesentliche Teile des Gemeindegebiets einer durchsetzbaren gemeindlichen Planung entzieht oder erheblich gemeindliche Einrichtungen beeinträchtigt."[144] Unter Berufung auf die Planungshoheit kann eine Gemeinde danach einen Planfeststellungsbeschluss oder eine Plangenehmigung wegen Kollision mit ihren eigenen Planungen **(Planungskollision)** abwehren, wenn sie geltend machen kann, dass ihre eigene Planung hinreichend konkret und verfestigt ist.[145] Gleiches gilt für den Fall, dass die Fachplanung derart gravierend in die Planungsmöglichkeiten eingreift, dass die **Planungshoheit praktisch ausgehöhlt** wird.[146] Schließlich kann sich die Kommune auf Beeinträchtigungen der von ihr betriebenen **Einrichtungen der Daseinsvorsorge** berufen.[147] Einen vergleichbaren Schutz müssten konsequenterweise die Interessen der Gemeinde an **Schutz und Erhaltung bereits verwirklichter Planungen** haben. Dies wird aber in der Rspr nur zögernd anerkannt.[148]

85 **3. Statthafte gerichtliche Entscheidungen.** In Rechtsschutzverfahren gegen Planfeststellungsbeschlüsse und Plangenehmigungen steht den VG ein recht differenziertes Arsenal an **Urteils- und Beschlussaussprüchen** zur Verfügung, denen entsprechende Klage- bzw Antragsformen entsprechen (dazu Wysk, VwGO, vor § 40 Rn 47 ff), die Kläger durch gestufte Haupt- und Hilfsanträge auch vorsorglich kombinieren können. Vor allem die diversen Neuregelungen im Interesse der Planerhaltung haben im Laufe der Zeit dazu geführt, dass die vollständige oder teilweise Aufhebung des Planfeststellungsbeschlusses oder der Plangenehmigung eher zur Ausnahme geworden ist. In den meisten Fällen kommt es zu einer Verpflichtung zur Planergänzung oder zu einer Entscheidung, wonach der Plan (einstweilen) nicht vollzogen werden darf.

86 **a) Planaufhebung.** Typischerweise führt eine erfolgreiche Anfechtungsklage zur Aufhebung des Planfeststellungsbeschlusses bzw der Plangenehmigung durch das Gericht (§ 113 Abs 1 S 1 VwGO). Im Falle der Teilbarkeit kommt auch eine Teilaufhebung in Betracht (dazu Wysk, VwGO, § 42 Rn 26 ff). Stellt das Gericht fest, dass sich die festgestellten Fehler durch eine Planergänzung oder durch ein ergänzendes Verfahren beheben lassen, untersagt Abs 1a S 2 dem Gericht die

---

142 So bereits StBS 31; Paetow FS Sellner 509, 518, 521: Notwendigkeit einer einheitlichen Auslegung des einfachen Rechts. Zur Frage des Grundrechtsschutzes öffentlich-rechtlicher Körperschaften näher und differenzierend Ramsauer NZS 2006, 505.

143 Held LKRZ 2010, 246, 248 mwN.

144 BVerwGE 81, 95, 106; 84, 209, 214; BVerwG NVwZ 2013, 147, 151 (B 112 – Oder-Lausitz-Straße).

145 StRspr, vgl BVerwGE 100, 388, 392 (Autobahnring München West), BVerwG NVwZ 2001, 1160 (BAB A 71).

146 Steinberg/Berg/Wickel, Fachplanung, Rn 85; Held LKRZ 2010, 246, 251.

147 BVerwGE 90, 96, 100; BVerwG NVwZ 2006, 1055 (Schönefeld I); VGH München DVBl 1979, 673; VGH Kassel NVwZ 1987, 987; Held LKRZ 2010, 246, 249.

148 Vgl OVG Münster DVBl 2012, 36 für den Fall, dass der mit der Planfeststellung verbundene Lärm sich auf wesentliche Teile von Baugebieten auswirkt, die in Bebauungsplänen ausgewiesen sind.

Aufhebung. Wie der Tenor des Urteils lautet, hängt von der Art der vom Gericht für möglich erachteten Fehlerbehebung ab. Nach wie vor Relevanz behält die Anfechtungsklage als Rechtsschutzform für qualifiziert Betroffene (Rn 79) und für die anerkannten Naturschutzverbände (Rn 90 ff).

b) Planergänzung. Verstöße gegen zwingende Vorschriften führen nach der Planerhaltungsvorschrift des Abs 1a S 2 (entsprechend frühere Einzelbestimmungen in Fachgesetzen) dann nicht zum Erfolg einer Anfechtungsklage, wenn die Planung lediglich an Mängeln leidet, die durch schlichte Ergänzung des Planfeststellungsbeschlusses behoben werden können; die Anfechtungsklage ist unbegründet (BVerwGE 134, 308; OVG Greifswald NordÖR 2005, 32 mwN). Damit scheidet die Aufhebung des Planfeststellungsbeschlusses in allen Fällen aus, in denen Rechtsverletzungen einfach Betroffener dadurch abgeholfen werden kann, dass weitere Schutzvorkehrungen angeordnet werden, ohne dass dies die Grundkonzeption der Planung berührt (s Rn 31). Das ist regelmäßig bei **Übernahmeansprüchen** der Fall (s § 74 Rn 163a).[149] Der Anfechtungsantrag ist dann ggf (soweit nicht hilfsweise begehrt) **in eine Verpflichtungsklage umzudeuten,** mit der das Gericht der Planfeststellungsbehörde die Anordnung weiterer Schutzvorkehrungen nach § 74 Abs 2 S 2 oder S 3 aufgibt (§ 113 Abs 5 S 1 VwGO). Die Umdeutung setzt die Zulässigkeit der Anfechtungsklage und damit die Möglichkeit einer schutzwürdigen Rechtsposition voraus, der die Schutzvorkehrungen dienen können. Die Betroffenen haben einen Anspruch auf Durchsetzung der Schutzauflagen (OVG Lüneburg NuR 1999, 353; StBS § 74 Rn 176 ff). 87

c) Ergänzendes Verfahren. Mängel der Abwägung führen nach Abs 1a S 2 nicht zur Aufhebung des Plans, wenn sie sich durch ein ergänzendes Verfahren beheben lassen. Gleiches gilt, wie nunmehr mit der Änderung des Abs 1a durch das PlVereinhG klargestellt wird,[150] auch für eine Verletzung von **Verfahrens- und Formvorschriften.** Beheben lassen sich diese Mängel bzw Fehler dann, wenn das ergänzende Verfahren zur Heilung führen kann, **ohne dass die Planungskonzeption insgesamt verändert** werden müsste mit der Folge, dass es sich praktisch um ein neues Vorhaben handeln würde (s oben Rn 34). Auch eine mangelhafte Beteiligung einer Naturschutzvereinigung kann in einem ergänzenden Verfahren geheilt werden (BVerwGE 141, 282 Rn 36 unter Hinweis auf EuGH Slg. 2008, I-4911 Rn 57). Ist danach also eine Heilung möglich, ist das Gericht im Anfechtungsprozess wiederum gehindert, wegen dieser Mängel bzw Fehler die Aufhebung des Planfeststellungsbeschlusses auszusprechen. Vielmehr hat es im Urteil nur die **Rechtswidrigkeit und Nichtvollziehbarkeit** des Planfeststellungsbeschlusses festzustellen.[151] Wie die Aufhebung lässt auch dieser Ausspruch Unanfechtbarkeit und Bestandskraft des Planfeststellungsbeschlusses gegenüber den übrigen Betroffenen nach der Rspr unberührt.[152] Ob die Behörde den Weg des ergänzenden Verfahrens geht, steht in ihrem Ermessen, das allerdings maßgeblich durch die Interessen des Vorhabenträgers gesteuert wird. Das ergänzende Verfahren ist ergebnisoffen zu führen und kann auch in die behördliche Aufhebung des Planfeststellungsbeschlusses und eine Antragsablehnung münden; dieses Ergebnis ist wiederum mit Rechtsbehelfen angreifbar (BVerwGE 148, 353 Rn 43). 88

---

149 Die Tenorierung lautet: „Die Beklagte wird verpflichtet, den PFB … dahingehend zu ergänzen, dass der Träger des Vorhabens dem Kläger für sein Grundstück … eine Entschädigung gegen Übernahme des Grundstücks zu leisten hat. Der PFB wird aufgehoben, soweit er dieser Verpflichtung entgegensteht".

150 Die Erstreckung der Vorschrift auf Form- und Verfahrensfehler entsprach auch schon bisher jedenfalls im Grundsatz der hM, vgl oben Rn 29.

151 BVerwGE 100, 370; StBS 43.

152 BVerwG NVwZ 2012, 1126; Kopp/Schenke § 121 Rn 23 mwN.

89 **d) Nachträgliche Schutzvorkehrungen.** Mit der Verpflichtungsklage werden auch – nachdem der Planfeststellungsbeschluss für den Anspruchsteller bestandskräftig geworden ist – **Ansprüche nach Abs 2 S 2** auf die Festsetzung nachträglicher Schutzvorkehrungen wegen nicht vorhersehbarer Entwicklungen (Rn 40 ff) geltend gemacht. Soweit die Zuständigkeit der OVG bzw VGH für die Planfeststellungen selbst begründet ist (§ 48 VwGO), sind Rechtsschutzbegehren mit umfasst, die sich auf nachträgliche Vorkehrungen richten. Hingegen erfasst die Zuweisung des § 50 VwGO an das **BVerwG** keine nachträglichen Anordnungen nach Abs 2 (BVerwG NVwZ 2000, 1168). Insoweit greifen die allgemeinen Zuständigkeitsvorschriften.

XII. Die Verbandsklage im Planfeststellungsrecht

90 **1. Allgemeines. a) Klagerechte von Verbänden.** Nach überkommenem Verständnis sind Verbände (juristische Personen des Privatrechts wie eingetragene Vereine) gegenüber Planfeststellungen nicht anders zu behandeln als andere Private. Ihnen sind im Regelfall keine eigenen subjektiven öffentlichen Rechte zuerkannt, deren Verletzung sie im Rahmen der Klagebefugnis nach § 42 Abs 2 Halbs 2 VwGO geltend machen könnten (vgl BVerfG NVwZ 2001, 1148). Insb ist ihnen verwehrt, im Wege einer **Prozessstandschaft** etwaige Rechte ihrer Mitglieder geltend zu machen. Das schließt es allerdings nicht aus, dass ein Verband über **eigene klagefähige Rechte** verfügt, etwa als privater Eigentümer von Grundstücken, die von enteignungsrechtlicher Vorwirkung oder von nachteiligen Auswirkungen eines Vorhabens betroffen sein können, oder dass ihm Rechtspositionen durch Gesetz eingeräumt werden. Solche sog **egoistischen Verbandsverletztenklagen** sind aus systematischen Gründen von Verbandsklagen im eigentlichen Sinne zu trennen. Mit ihnen machen Verbände Rechte bzw abwägungserhebliche Jedermann-Positionen geltend, was uU die Frage legitimer Rechtsausübung aufwerfen kann (zum Sperrgrundstück vgl Rn 81).

90a Von Verbandsklagen sollte im Übrigen nur dort gesprochen werden, wo einer anerkannten Vereinigung wegen ihrer satzungsgemäßen Aufgabenstellung (Förderung des Umweltschutzes) ein Mitwirkungsrecht an umweltrelevanten Projekten eingeräumt ist, dessen Verletzung sie gerichtlich geltend machen kann **(verfahrensrechtliche Partizipation)** oder wo sie ermächtigt ist, die Einhaltung der objektiv-rechtlichen Anforderungen des Umwelt- und Naturschutzrechts mit Rechtsbehelfen überprüfen zu lassen **(altruistische Verbandsklage).** Eine neuere Entwicklung geht dahin, Verbänden als Teil der betroffenen Öffentlichkeit iS der Aarhus-Konvention (Rn 90c) **eigene subjektiv-öffentliche Rechte** iS des § 42 Abs 2 Halbs 2 VwGO aus dem einfachen Recht zuzugestehen. So hat das BVerwG nunmehr im Hinblick auf die Rspr des EuGH[153] die Möglichkeit anerkannt, dass Verbände aus § 47 BImSchG einen Anspruch auf Erlass eines Luftreinhalteplans haben können.[154] In diesen Ausgestaltungen hat die Verbandsklage infolge der zunehmenden Europäisierung des Umweltrechts in den letzten zwei Jahrzehnten stark an Bedeutung gewonnen.

90b **b) Entwicklung der Verbandsklage.** Die Entwicklung der (Umwelt)Verbandsklage ist eine Geschichte expandierender Indienstnahme von Natur- und Umweltschutzvereinigungen für die Kontrolle umweltrelevanter Projekte. Sie sollen dabei gegen nationale Vollzugsdefizite im Umweltschutz in Stellung gebracht werden (BVerwGE 146, 176 Rn 24 und 105, 348, 350). Ihnen wird mehr als Privaten die Sachkunde zugetraut, um Fehler zu erkennen, und ebenso die

---

153 Maßgebend war die Entscheidung des EuGH zum slowakischen Braunbären: EuGHE 2008, I-6221 = NVwZ 2008, 984; hierzu auch Berkemann DVBl 2013, 1137.

154 BVerwG NVwZ 2014, 64.

finanziellen Mittel aufzubringen, Fehler notfalls in einem Gerichtsverfahren zur Geltung zu bringen. Klagefähige Rechte wurden Verbänden zunächst nur in Form der **Mitwirkung** an bestimmten umweltrelevanten Projekten eingeräumt, um ihren naturschutzfachlichen Sachverstand zu nutzen. Die Schaffung derartiger Mitwirkungsrechte blieb über viele Jahre hinweg den Ländern überlassen, die hiervon ganz überwiegend Gebrauch machten.[155] Mit dem BNatSchG 2002[156] führte der Bund bundeseinheitliche Beteiligungsrechte für anerkannte Naturschutzvereine (§ 58 BNatSchG aF) und entsprechende Klagemöglichkeiten ein (§ 61 BNatSchG aF, jetzt § 64 BNatSchG). Die Vereine konnten seither die Verletzung ihres Mitwirkungsrechts rügen, ohne zugleich geltend machen zu müssen, in eigenen materiellen Rechten verletzt zu sein (s unten Rn 94 ff).

Die **Aarhus-Konvention**[157] (Text in NVwZ 2001 Beil III) nötigte die Bundesrepublik zur Erweiterung der Klagerechte von Umweltverbänden. Dieses Übereinkommen war von Deutschland, aber auch von der EU ratifiziert worden und ist als sog gemischtes Abkommen Teil des Unionsrechts, in dem es aber durch die RL 2003/35/EG nur teilweise umgesetzt ist. Die Bundesrepublik ist ihrer Verpflichtung mit dem 2006 erlassenen **UmwRG** nachgekommen (dazu Rn 98 ff).[158] Seither wird die **Entwicklung durch den EuGH** vorangetrieben, der in einer Reihe von Entscheidungen immer wieder Einschränkungen der Klagemöglichkeiten von Umweltverbänden im nationalen Recht moniert hat. Die Mitgliedstaaten müssen danach jdf anerkannten Vereinigungen „einen weiten Zugang zu Gerichten" eröffnen und die praktische Wirksamkeit der Verbandsklage nach der UVP-RL sicherzustellen (EuGH Slg 2009, 631 Rn 45). Den deutschen Gesetzgeber hat dies wiederholt zu Anpassungen des UmwRG und anderer Bestimmungen veranlasst (s auch § 63 Rn 70 ff). 90c

c) Als Vorläufer der Verbandsklage war in der instanzgerichtlichen Rspr das Recht eines Verbandes entwickelt worden, seine Mitwirkung in einem laufenden Verwaltungsverfahren mit der Leistungsklage bzw einer Regelungsanordnung nach § 123 Abs 1 VwGO gerichtlich zu erzwingen. Die Behörde soll durch ihr Handeln keine vollendeten Tatsachen schaffen können, bevor der Verband Gelegenheit zur Mitwirkung hatte.[159] Diese sog **Partizipationserzwingungsklage** hat faktisch an Bedeutung eingebüßt, seit das BVerwG Naturschutzverbänden zugesteht, eine unterbliebene oder den gesetzlichen Anforderungen nicht voll entsprechende Mitwirkung im Verfahren nach § 29 Abs 1 BNatSchG aF (heute § 63) mit der **Anfechtungsklage** gegen den Planfeststellungsbeschluss als der verfahrensabschließenden Entscheidung geltend zu machen, ohne darüber hinaus in einem materiellen Recht betroffen zu sein. Das Mitwirkungsrecht wurde dadurch zunächst zu einem „absoluten", selbstständig durchsetzbaren subjektiv-öffentlichen Recht auf Verfahrensbeteiligung aufgewertet.[160] Die Verbände waren aber auf die Rüge mangelnder Beteiligung be- 91

---

[155] Lediglich die Länder Bayern, Baden-Württemberg hatten keine Verbandsklage eingeführt, Mecklenburg-Vorpommern führte sie noch 2002 ein. Näher Koch NVwZ 2007, 369, 372; Alleweldt DöV 2006, 621; Seelig/Gründling NVwZ 2002, 1033, 1038.

[156] BNatSchGNeuregG v. 25.3.2002, BGBl I, S 1193; Seelig/Gründling, NVwZ 2002, 1033.

[157] Das in der dänischen Stadt Aarhus am 25.6.1998 unterzeichnete und am 30.10.2001 in Kraft getretene Übereinkommen über den Zugang zu Informationen, die Öffentlichkeitsbeteiligung an Entscheidungsverfahren und den Zugang zu Gerichten in Umweltangelegenheiten stimmte Deutschland durch Gesetz v. 9.12.2006 (BGBl II 1251) zu.

[158] Überblick über die dazu ergangene Rspr bei Schrödter NVwZ 2009, 107; allgemein Kment, NVwZ 2007, 274; Ziekow NVwZ 2007, 259.

[159] Vgl. OVG Lüneburg, Beschl. v. 15.12.2008 – 4 ME 315/08 – und LR-Umweltrecht, BNatSchG § 64 Rn 37.

[160] BVerwG NVwZ 1997, 905; NVwZ 1998, 395; Jarass NuR 1997, 426; Wahl/Dreier NVwZ 1999, 613. Das BVerwG hatte den Rechtsschutz eines übergangenen Naturschutz-

schränkt. Das BVerwG hat dieses absolute Recht später auf ein **relatives Verfahrensrecht zurückgestuft,** sofern dem klagenden Verband das Recht zustand, die Entscheidung auch in der Sache überprüfen zu lassen. Eine Verletzung des Mitwirkungsrechts bleibt daher folgenlos, wenn der Beteiligungsmangel die Entscheidung in der Sache nicht beeinflusst haben kann.[161] Das ist konsequent, weil die Vereinigung bei Verletzungen des Mitwirkungsrechts nicht mehr erreichen kann als bei einem sachlichen Fehler.

92 **d) Begriff und Anwendungsbereich.** Unter bestimmten Voraussetzungen dürfen anerkannte Naturschutzvereinigungen umweltrelevante Planungen auf ihre Übereinstimmung mit den Anforderungen des objektiven Umweltrechts prüfen lassen. Die Gesetze, die solche prozessualen Klagerechte einräumen, betonen, dass die Vereinigungen nicht in eigenen materiellen Rechten verletzt sein und auch nicht geltend machen müssen (vgl § 64 Abs 1 BNatSchG; § 2 Abs 1 UmwRG). Mit diesem **Verzicht auf eine Klage- oder Antragsbefugnis** weichen die Regelungen iSd § 42 Abs 2 Halbs 1 VwGO vom deutschen Grundmodell des Individualrechtsschutzes durch Verletztenklagen ab, wie es in Art 19 Abs 4 GG, § 42 Abs 2 Halbs 2, § 113 Abs 1 S 1 VwGO zum Ausdruck kommt (näher dazu Wysk, VwGO § 42 Rn 100 ff). Der Bereich solcher „echten", sog altruistischen Verbandsklagen ist unübersichtlich und zT umstritten. **Bundesrechtlich** geregelt sind **zwei Gruppen** von Klagerechten: die naturschutzrechtlichen Rechtsbehelfe nach § 64 BNatSchG (dazu Rn 94) und die umweltrechtliche Verbandsklage nach dem UmwRG (dazu Rn 98). Darüber hinaus können sich Verbandsklagerechte unmittelbar aus dem Unionsrecht ergeben, insb aus **Art 11 UVP-RL und Art 16 IVU-RL.** Nach der Rspr des EuGH ist nicht mehr zu bestreiten, dass sich Klagerechte von anerkannten Vereinigungen auch **unmittelbar aus Art 9 Abs 2 Aarhus-Konvention** ergeben können,[162] ferner aus nationalem Recht, das über **Art 9 Abs 3** Aarhus-Konvention gewissermaßen unionsrechtlich „aufgeladen" wird.[163] Schließlich bestehen in einigen Ländern weitergehende Regelungen über Klagemöglichkeiten. Solche landesrechtlichen Verbandsklagerechte können sich allerdings nicht gegen Planfeststellungsbeschlüsse von Planfeststellungsbehörden des Bundes richten.[164]

93 **2. Anerkennungsverfahren.** Voraussetzung ist zunächst die Anerkennung der Vereinigungen nach § 3 UmwRG. Diese Vorschrift regelt gem § 63 Abs 2 BNatSchG auch das Anerkennungsverfahren für die naturschutzrechtliche Vereinsklage. Die **Anerkennung erfolgt durch VA** (§ 3 Abs 1 UmwRG) für den satzungsmäßigen Aufgabenbereich. Zuständig sind die **Landesbehörden,** wenn der Aufgabenbereich der Vereinigung nicht über das Gebiet eines Landes hinausgeht, anderenfalls das **Umweltbundesamt,** ggf im Einvernehmen mit dem Bundesamt für Naturschutz (§ 3 Abs 2 UmwRG). Die Anerkennung setzt voraus, dass die Vereinigung die in § 3 UmwRG aufgeführten Kriterien erfüllt. Diese Voraussetzungen müssen auch nach der Anerkennung weiterhin vorliegen, anderenfalls kann es zu einem Widerruf der Anerkennung kommen.

---

vereins zunächst auf Fälle beschränkt, in denen der Zulassungsbehörde vorzuwerfen war, dass sie die Beteiligungsrechte des Vereins gezielt (oder grob fahrlässig) umgangen hat (vgl BVerwGE 104, 367, 372). Diese „Umgehungsrechtsprechung" hat es später aufgegeben (BVerwGE 127, 208 Rn 21).

161 BVerwG DVBl 2002, 990; zu dem Kausalitätserfordernis in aktueller Sicht vgl Rn 27.

162 So zutreffend OVG Münster ZUR 2012, 372 (Lünen); OVG Hamburg NordÖR 2013, 322 (Moorburg); Schwerdtfeger, Der deutsche Verwaltungsrechtsschutz unter dem Einfluss der Aarhus-Konvention, 2010.

163 So BVerwGE 147, 312 und Auswertung der Urteile des EuGH in der Sache Janecek (Slg 2008, I-6221) und zum slowakischen Braunbären (Slg 2011, I-1255).

164 HM, vgl BVerwGE 92, 263 = NVwZ 1993, 891; BVerwG NVwZ 1996, 390; DVBl 1997, 856; krit hierzu Kopp NuR 1994, 77.

3. Naturschutzrechtliche Verbandsklage. a) Allgemeines. Im geltenden Recht finden sich die Vorschriften über die Verbandsklage im Bundesrecht. Die Länder haben ihre Verbandsklageregelungen weitgehend wieder aufgehoben.[165] Zentrale Vorschrift über die Rechtsschutzmöglichkeiten bezogen auf naturschutzrechtliche Vorgaben ist **§ 64 BNatSchG** („Rechtsbehelfe"). Danach können Naturschutzvereinigungen gegen enumerierte behördliche Entscheidungen (nach § 63 Abs 1 Nr 2 bis 4 und Abs 2 Nr 5 bis 7) „ohne in eigenen Rechten verletzt zu sein, Rechtsbehelfe nach Maßgabe der VwGO einlegen". Gemeint ist vor allem die auf gerichtliche Aufhebung der Planungsentscheidung gerichtete Anfechtungsklage (§ 42 Abs 1, § 113 Abs 1 VwGO). Der Verband ist auf die Rüge beschränkt, die angegriffene Entscheidung widerspreche entscheidungserheblichen Rechtsvorschriften, die (direkt oder zumindest auch) „Belangen des Naturschutzes und der Landschaftspflege zu dienen bestimmt sind" (Abs 1 Nr 1). 94

Die Klagemöglichkeit ist an mehrere **Voraussetzungen** geknüpft (§ 64 Abs 1 Nr 2, 3): Die Vereinigung muss anerkannt sein (Rn 93), sie muss durch die Entscheidung in ihrem anerkannten Aufgaben- und Tätigkeitsbereich berührt und im Behördenverfahren gemäß § 63 mitwirkungsberechtigt gewesen sein sowie sich dort geäußert haben oder keine Gelegenheit zur Äußerung gehabt haben. Es ist davon auszugehen, dass die letzte Voraussetzung **unionsrechtswidrig** ist und nicht weiter angewandt werden darf. Denn der Verband verliert sein Rügerecht bei allen Einwänden, die er im Behördenverfahren trotz Gelegenheit nicht vorgebracht hat. Nach der Rspr des EuGH muss aber ein mitwirkungsberechtigter Verband zu jeder Zeit bis in das gerichtliche Verfahren hinein jeden naturschutzbezogenen Einwand vorbringen dürfen (zur Präklusion vgl Rn 101 f). 94a

b) Planfeststellung mit Eingriffswirkungen. Unter den Klagemöglichkeiten sind zwei Fallkonstellationen hervorzuheben. Erstens kann sich die Klage gegen Planfeststellungsbeschlüsse über Vorhaben richten, die mit **Eingriffen in Natur und Landschaft** verbunden sind (§ 64 Abs 1 iVm § 63 Abs 1 Nr 3 BNatSchG). Für Plangenehmigungen gilt dies nur, soweit eine Öffentlichkeitsbeteiligung vorgesehen ist (§ 63 Abs 1 Nr 4 BNatSchG). Das ist für den Regelfall in § 74 Abs 6 Nr 3 ausgeschlossen und praktisch nur bei Plangenehmigungen nach dem FStrG (§ 17b Abs 1 Nr 2) der Fall.[166] Die Klagen können sich auch auf eine Ergänzung des Planfeststellungsbeschlusses im Wege der Verpflichtungsklage (§ 42 Abs 1 Fall 2 VwGO) richten. Zum Mitwirkungserfordernis der Naturschutzvereinigung bei Planänderungsverfahren s VGH Mannheim ZUR 2012, 312. 95

c) Befreiung von Schutzgebietsbestimmungen. Zweitens kann sich die Klage nach § 64 Abs 1 BNatSchG gegen **Befreiungsentscheidungen iSv § 63 Abs 2 Nr 5 BNatSchG** richten, wenn sich diese auf Ge- oder Verbote zum Schutz der dort genannten Gebiete beziehen (dh Gebiete nach § 32 Abs 2, FFH- und Vogelschutz-, Naturschutzgebiete, Nationalparks ua). Diese Fallkonstellation spielt auch für Planfeststellungsverfahren und Plangenehmigungen eine Rolle, weil § 63 Abs 2 Nr 5 BNatSchG Fälle erfasst, in denen die Befreiungsentscheidung von einer anderen Entscheidung eingeschlossen oder ersetzt wird, wie es aufgrund der Konzentrationswirkung von Planfeststellungs- und Plangenehmigungsverfahren (dazu Rn 12) der Fall ist. 96

d) Ausnahmen nach § 34 Abs 3, 4 BNatSchG. Von § 64 BNatSchG werden **auch Abweichungsentscheidungen** nach § 34 Abs 3, 4 BNatSchG erfasst, die in den Fällen des § 34 BNatSchG regelmäßig an die Stelle einer Befreiungs- 97

---

[165] Verbandsklageregelungen finden sich nur noch in Berlin, Brandenburg, Mecklenburg-Vorpommern, Nordrhein-Westfalen, Sachsen und Thüringen. Übersicht bei Schlacke, GK-BNatSchG, § 64 Rn 65.

[166] S zu den rechtspolitischen Fragen und zur historischen Entwicklung Koch, Die Verbandsklage im Umweltrecht, NVwZ 2007, 369.

entscheidung treten.[167] Es verschlägt nichts, dass der Begriff „Befreiung" in § 67 auf bestimmte Ge- und Verbote bezogen ist. Nach § 63 Abs 2 Nr 5 BNatSchG ist einer anerkannten Naturschutzvereinigung vor der Erteilung von „Befreiungen von Geboten und Verboten" zum Schutz bestimmter Gebiete Gelegenheit zur Stellungnahme und zur Einsicht in die einschlägigen Sachverständigengutachten zu geben. Das BVerwG hat entschieden, dass ein „Verbot" iSd Vorschrift auch die Unzulässigkeit eines Projektes nach § 34 Abs 2 BNatSchG ist. Wird dieses Verbot durch eine Abweichungsentscheidung nach § 34 Abs 3 bis 5 überwunden, liegt hierin eine Befreiung iSv § 63 Abs 2 Nr 5 BNatSchG.[168]

97a Geklärt ist weiter, dass das Mitwirkungsrecht erst dann **entsteht,** wenn ein Projekt im Wege einer Abweichungsentscheidung zugelassen oder durchgeführt werden soll, weil die gemäß § 34 Abs 1 BNatSchG gebotene Verträglichkeitsprüfung ergeben hat, dass das Projekt zu erheblichen Beeinträchtigungen des Gebiets führen kann. Unionsrecht vermittelt der Naturschutzvereinigung keinen Anspruch, schon bei der FFH-Vorprüfung oder im Rahmen der Verträglichkeitsprüfung beteiligt zu werden.[169] Verneint, die Behörde bei der Verträglichkeitsprüfung eine erhebliche Beeinträchtigung des Gebiets, muss Naturschutzvereinigungen vor der Zulassung oder Durchführung des Projekts keine Gelegenheit zur Mitwirkung gegeben werden. Sie können hiergegen aber geltend machen, die Zulassung des Projekts ohne Abweichungsentscheidung sei rechtswidrig und unterlaufe ihre Mitwirkungsrechte (dazu oben Rn 90b).

98 **4. Umweltrechtliche Verbandsklage. a) Allgemeines zum UmwRG.** Über das BNatSchG hinausgehende Klagerechte werden Verbänden in dem 2006 erlassenen UmwRG[170] zugestanden. Dieses Gesetz dient der Umsetzung von Art 10a RL 85/337/EWG bzw Art 11 RL 2011/92/EU, letztlich aber (wie diese und Art 16 IVU-RL) der Umsetzung von **Art 9 der Aarhus-Konvention** (s Rn 90b). Danach sollen Umweltvereinigungen Klagerechte eingeräumt werden, um die Einhaltung des objektiven Umweltrechts der EU überprüfbar zu machen. Dazu war der Gesetzgeber genötigt, die im Grundsatz auf die Verletzung eigener subjektiver Rechte (vgl auch Art 19 Abs 4 GG) begrenzten Klagemöglichkeiten der VwGO zu erweitern. Schon bei Verabschiedung der Aarhus-Konvention, aber auch bei Erlass der ihrer Umsetzung dienenden Bestimmungen des Unionsrechts, hatte die deutsche Regierung darauf hingewirkt, dass keine Regelungen getroffen würden, durch die sie zur Preisgabe der in Deutschland nach wie vor herrschenden **Schutznormlehre**[171] gezwungen wäre. Das erklärt die restriktive Einführung zusätzlicher Klagemöglichkeit für anerkannte Naturschutzvereinigungen. Diese sind vom EuGH wiederholt für zu eng befunden worden. Deshalb wurde das UmwRG 2013 aus Anlass der Trianel-Entscheidung des EuGH (unten Rn 98b) neu gefasst,[172] sodann aus Anlass der Altrip-Entscheidung (C-72/12, s oben Rn 77a) erweitert (ÄndG v 20.11.2015, BGBl I 2069). Im Jahr 2017 hat der Gesetzgeber erneut tiefergreifende Änderungen des UmwRG vorgenommen (G v 29.5.2017, BGBl I S 1298), mit denen Unions-Richtlinien und neuerer Rspr des EuGH Rechnung getragen werden sollen (Gesetzesmaterialien in BT-Dr 18/

---

[167] So wohl auch Fischer-Hüftle NuR 2011, 237, 240.

[168] BVerwGE 146, 176 Rn 22. Vgl auch OVG Magdeburg ZUR 2007, 247; Fischer-Hüftle BNatSchG, 2. Aufl 2010, § 63 Rn 27; **aA** noch OVG Bautzen NuR 2008, 504.

[169] BVerwGE 152, 10 = NVwZ 2015, 571 = UPR 2015, 384; dazu Külpmann jurisPR-BVerwG 17/2015 Anm 6.

[170] Gesetz über ergänzende Vorschriften zu Rechtsbehelfen in Umweltangelegenheiten nach der EG-Richtlinie 2003/35/EG (Umwelt-Rechtsbehelfsgesetz) v 7.12.2006 (BGBl I S 2816 idF d Bek v 8.4.2013 (BGBl I 753).

[171] Dazu etwa Wysk, VwGO § 42 Rn 100.

[172] Vgl die Bekm der Neufassung v 8.4.2013, BGBl I S 753. Überblick über die Neuregelungen bei Wienhues NordÖR 2013, 185.

12146 [Beschlussempf]). Dieses ÄndG konnte aus redaktionellen Gründen im Text nicht mehr berücksichtigt werden.

Durch das EuGH-Urteil vom 15.10.2015 (C-137/14 – NVwZ 2015, 1665) sind **weitere Einschränkungen der Klagerechte beseitigt** worden. Der EuGH hat zwar einerseits wiederholt anerkannt, dass die deutsche Beschränkung des Verwaltungsrechtsschutzes auf subjektive Rechte des Klägers (§ 42 Abs 2, § 113 Abs 1 VwGO) grds mit Unionsrecht in Einklang steht und dass dies auch für Verfahrensfehler gilt (aaO Rn 28, 63). Er hat aber andererseits ebenso unmissverständlich erklärt, dass es unionsrechtlich nicht angängig ist, Umweltverbände in der Geltendmachung von Verstößen gegen Umweltrecht zu beschränken. Ihnen muss Zugang zu Gericht gewährt werden, ohne die Gründe, auf die sie ihre Rechtsbehelfe stützen, sachlich oder zeitlich (durch Fristen oder Präklusion) zu beschneiden (aaO Rn 47, 58, 76). Damit dürfte unbestreitbar sein, dass im nationalen Prozessrecht bezogen auf Umweltrecht Verbänden eine **umfassende objektiv-rechtliche Kontrolle** umweltrelevanter Entscheidungen zugestanden werden muss. Das gilt jedenfalls für die Verletzung von Umweltrecht der Union und für die aus ihm hervorgegangenen nationalen Rechtsvorschriften, nicht aber für Belange Dritter. **98a**

Schon in der **Trianel-Entscheidung**[173] hat der EuGH mit Blick auf Art 9 Abs 2 AK eine unzureichende Umsetzung der UVP-RL durch das UmwRG aF gerügt. In der überaus kryptischen **Entscheidung zum slowakischen Braunbären** (C-240/09)[174] hat er aus **Art 9 Abs 3 AK** weitergehende Anpassungen des nationalen Rechts verlangt. Zwar entfalte der (nicht umgesetzte) Abs 3 (anders als Abs 2) wegen des darin enthaltenen Ausgestaltungsvorbehalts derzeit keine unmittelbare Wirkung, sodass ein Klagerecht aus ihr nicht hergeleitet werden könne;[175] wohl aber verpflichte er die Mitgliedstaaten, ihr **nationales Verwaltungsverfahrens- und Prozessrecht** so **auszulegen,** dass es so weit wie möglich im Einklang mit den Zielen von Art 9 Abs 3 AK als auch eines effektiven gerichtlichen Rechtsschutzes für die durch das Unionsrecht verliehenen Rechte steht, um es einem Umweltverband zu ermöglichen, eine Entscheidung, die möglicherweise in Widerspruch zum Umweltrecht der EU steht, vor einem Gericht anzufechten. Die naheliegende Konsequenz, die Klagemöglichkeiten zumindest der Verbände deutlich über den Anwendungsbereich des UmwRG auszudehnen, das sich im Wesentlichen auf Rechtsschutz gegen UVP-pflichtige Vorhaben beschränkt, hat der EuGH mittlerweile bestätigt. Zu der angestrebten praktischen Wirksamkeit der Verbandsklage trägt es bei, dass Umweltverbände berechtigt sind, die unmittelbar anwendbaren Bestimmungen des Umweltrechts der Union durchzusetzen, insb also **Art 6 Abs 3 der FFH-RL**. Auf Art 6 dieser RL können sie sich auch iR einer Klage nach Art 11 UVP-RL bzw Art 9 **Abs 2** Aarhus-Konvention berufen (EuGH (GK), C-243/15, NuR 2016, 840 Rn 39 ff). Damit zeigt die EuGH-Rspr erneut, dass alle umweltrelevanten Entscheidungen (nicht nur eingreifende Maßnahmen) in den klagbaren Bereich einbezogen werden müssen. Das BVerwG hat dies für Luftreinhaltepläne bereits anerkannt.[176] Die genaue Reichweite der durch die Ausstrahlungswirkung des **Abs 3** des Art 9 der Aarhus-Konvention begründeten Klagemöglichkeiten harrt aber weiterhin der Klärung. **98b**

---

[173] EuGH, U v 12.5.2011 – C-115/09 – EuGHE 2011, I-3673 (Trianel), auf Vorlage des OVG Münster NVwZ 2009, 987; NordÖR 2009, 345

[174] EuGHE 2011, I-1255 = NVwZ 2011, 673 (slowakischer Braunbär). Hierzu Schink DÖV 2012, 622; Berkemann DVBl 2011, 1255.

[175] So auch BVerwG NVwZ 2014, 64 Rn 21 ff; ebenso schon OVG Koblenz ZUR 2013, 291 = NuR 2013, 278.

[176] BVerwGE 147, 312 = NVwZ 2014, 64; so schon VG Wiesbaden ZUR 2012, 113; ähnlich VGH Kassel NuR 2012, 493 für den Regionalplan. Verneinend zum Rechtsschutz gegen die Festlegung von Flugrouten wegen fehlender Beeinträchtigung von Individualrechten noch BVerwG NVwZ 2015, 596 (4. Senat); hierzu krit Schlacke NVwZ 2015, 563.

99 **b) Anwendungsbereich des UmwRG.** Seit der Neufassung des UmwRG v 8.4.2013 (Rn 98) mit Änd v 20.11.2015 (BGBl I 2069) haben nach § 3 UmwRG anerkannte inländische und ausländische Vereinigungen die Möglichkeit, gegen bestimmte Entscheidungen Rechtsbehelfe zu ergreifen, ohne die Verletzung eigener Rechte (iSd § 42 Abs 2 Halbs 2 VwGO) geltend machen zu müssen (§ 2 Abs 1). Erfasst werden nur die in § 1 UmwRG abschließend aufgezählten Entscheidungen.[177] Dabei handelt es sich im Wesentlichen um Entscheidungen iSd § 2 Abs 3 UVPG über die Zulässigkeit von **Vorhaben, für die eine UVP-Pflicht** bestehen kann (dazu § 63 Rn 24 ff). Damit soll der Geltungsbereich der UVP-RL abgedeckt werden. Erfasst werden außerdem nach § 1 Abs 1 Nr 2 UmwRG Entscheidungen über Vorhaben, die der IVU-RL bzw nunmehr der neuen **Industrie-Emissions-RL**[178] unterfallen, die eine umfassende unionsrechtliche Regelung der Industrieanlagen enthält und eine Reihe von Richtlinien zusammenfasst. Aufgrund der Verweisung in § 11 USchadG ist das UmwRG auch auf Verbandsklagen zur Durchsetzung der Pflichten nach dem Umweltschadensgesetz anwendbar. In **zeitlicher Hinsicht** ist das UmwRG auch auf Planfeststellungsverfahren anzuwenden, die vor dem 25.6.2005 eingeleitet worden waren, in denen der Planfeststellungsbeschluss aber erst nach diesem Zeitpunkt erlassen wurde; § 5 Abs 1 UmwRG ist insofern nicht anwendbar.[179]

100 **c) Rügefähige Vorschriften. aa) Verstoß gegen Umweltbestimmungen (§ 2 UmwRG).** Gegen die in § 1 UmwRG aufgeführten Entscheidungen können anerkannte Vereinigungen Rechtsbehelfe **zulässigerweise** nur in dem Rahmen einlegen, den ihnen § 2 Abs 1 UmwRG eröffnet. Dazu müssen sie nach Nr 1 geltend machen, dass die angegriffene Entscheidung oder deren Unterlassen Rechtsvorschriften widerspricht, die dem **Umweltschutz dienen.** Es genügt, dass eine Vorschrift **auch** dem Umweltschutz dient; eine ausschließliche umweltschutzrechtliche Zielsetzung ist nicht erforderlich (BT-Drs 16/2495 S. 12). Die planungsrechtlichen **Abwägungsgebote** (s hierzu § 74 Rn 95 ff) gehören insoweit zu den rügefähigen Vorschriften, als sie Belange des Umweltschutzes in sich aufnehmen.[180] Soweit sie sich (wie regelmäßig, etwa nach § 18 S 2 AEG, § 17 S 2 FStrG) auf Aspekte des **Schutzes vor Immissionen** (Lärm, Luftschadstoffe, Erschütterungen usw) erstrecken, umfasst das Rügerecht der Vereinigungen auch diese Aspekte, ist aber auf Verstöße gegen zwingendes Recht (zB bei §§ 41 ff BImSchG) und Abwägungsfehler (§ 74 Rn 100) beschränkt (OVG Koblenz, DVBl 2015, 1194 Rn 152).

100a **bb) Rügefähigkeit von Verfahrensvorschriften.** Zu den rügefähigen Rechtsvorschriften iSd § 2 UmwRG gehören auch umweltbezogene Verfahrensvorschriften. Deren erfolgreiche Geltendmachung erleichtert **§ 4 UmwRG** als Sondervorschrift zu § 46 VwVfG und § 113 Abs 1 VwGO (BVerwG NVwZ 2014, 367 Rn 21; BauR 2013, 2014 Rn 10). Die Vorschrift hat aber seit der Novellierung des UmwRG 2013 einen erheblichen Wandel durchgemacht und den Kreis möglicher Fehler erweitert. Im Kern geht es um die Sanktionierung von Verfahrensfehlern im Zusammenhang mit einer UVP. **Wegen der Einzel-**

---

177 Überblick bei Eyermann, VwGO zu § 1 UmwRG und Ziekow, Das URG im System des deutschen Rechtsschutzes, NVwZ 2007, 259.

178 Richtlinie 2010/75/EU des Europäischen Parlaments und des Rates v 24.11.2010 über Industrieemissionen (integrierte Vermeidung und Verminderung der Umweltverschmutzung (ABl L 334 S. 17). Diese RL hat die IVU-RL abgelöst. Näher hierzu Jarass NVwZ 2013, 169.

179 BVerwG AUR 2016, 50 im Anschluss an EuGH C-72/12 (Trianel), NVwZ 2014, 49.

180 BVerwGE 144, 243 = NVwZ 2013, 642 (BAB A 100). Problematisch ist in diesem Zusammenhang, ob die unangemessen starke Gewichtung gegenläufiger Belange rügefähig ist (vgl BVerwG NVwZ 2013, 644). Dies müsste aus abwägungsdogmatischen Gründen an sich der Fall sein (vgl auch § 74 Rn 99, 122).

heiten zum Rechtsschutz gegen UVP-Fehler wird auf die Kommentierung in § 63 Rn 70 ff verwiesen.

cc) Probleme der Klagebefugnis. Die **ursprüngliche Fassung** des UmwRG forderte **zusätzlich,** dass die verletzte Norm des Umweltrechts zugleich subjektive Rechte für Einzelne begründen müsse, wodurch ein Gleichklang mit Klagen Privater hergestellt werden sollte.[181] Diese Voraussetzung wurde 2013 mit der Novelle zum UmwRG[182] zu Recht gestrichen, nachdem der EuGH das Erfordernis in seiner **Trianel-Entscheidung** (Rn 98b) für unvereinbar mit den Vorgaben der UVP-RL erklärt hatte. Diese Entscheidung bezog sich zwar nur auf diejenigen Vorschriften des Umweltrechts, die ihre Grundlage im Unionsrecht finden; die Novelle zum UmwRG hat das Erfordernis des Drittschutzes der Norm für die Verbandsklage in § 2 Abs 1 Nr 1 UmwRG aber insgesamt und damit auch für rein nationale Umweltnormen aufgegeben, die allerdings in aller Regel ebenfalls im Unionsrechts gründen. 100b

Seither ist das Klagerecht (§ 42 Abs 2 VwGO) von Vereinigungen und Privaten an **unterschiedliche Voraussetzungen** geknüpft: (1) **Vereinigungen** können die objektive Verletzung von Rechtsvorschriften, die dem Umweltschutz dienen, rügen, ohne eine Verletzung in eigenen Rechten geltend machen zu müssen (§ 2 Abs 1 UmwRG). Darauf, ob die verletzte Vorschrift Drittschutz entfaltet, kommt es nicht an. (2) **Private** (Beteiligten iSd § 61 Nr 1 und 2 VwGO) können zwar auch Verstöße gegen **Verfahrensvorschriften iSd § 4 UmwRG** (dh UVP-Verstöße) unabhängig davon rügen, ob diese Drittschutz zu ihren Gunsten entfalten. Ihr Rügerecht ist insofern aber weiter daran gebunden, dass sie im Hinblick auf eine andere Betroffenheit (etwa durch Immissionen des Vorhabens) iSd § 42 Abs 2 VwGO klagebefugt sind. Die **Verletzung anderer Verfahrensvorschriften** und von materiellen Umweltweltbestimmungen (wie das Abwägungsgebot) können sie nur dann rügen, wenn diese Vorschriften zumindest auch ihrem individuellen Schutz zu dienen bestimmt sind. Vgl auch § 63 Rn 80 ff. 100c

dd) Unmittelbarer Rückgriff auf Richtlinien. Bis zur Neufassung des UmwRG waren zur Begründung der Rügebefugnis ergänzend Art 11 UVP-RL und Art 16 IVU-RL heranzuziehen. Die Möglichkeit einer **unmittelbaren Anwendung der Richtlinien** war eröffnet, nachdem der EuGH in seiner Trianel-Entscheidung (Rn 98b) die Regelung in § 2 Abs 1 Nr 1 UmwRG aF, wonach nur Rechtsverstöße mit einer doppelten Schutzrichtung (Schutz der Umwelt und Schutz von Individualrechten) gerügt werden konnten, für unionsrechtswidrig erklärt hatte, soweit es um den Vollzug von unmittelbarem und mittelbaren Unionsrecht gehe (vgl Fellenberg/Schiller UPR 2011, 321). Durch die Neufassung des § 2 Abs 1 Nr 1 UmwRG 2013 ist die Notwendigkeit einer unmittelbaren Heranziehung der Richtlinien insoweit wieder entfallen. 100d

5. (Das Ende der) Präklusion. a) Einwendungsausschlüsse. Nach **§ 2 Abs 3 UmwRG** in der bisherigen Fassung (gestrichen idF 2017) war eine Vereinigung im Verfahren über einen Rechtsbehelf nach dem UmwRG „mit allen Einwendungen ausgeschlossen" (präkludiert), die sie in einem Planungsverfahren iSd § 1 Abs 1 UmwRG hätte vorbringen können, aber nicht rechtzeitig (für die Frist gilt § 73 Abs 4 S 1, 5 und 6 VwVfG) und hinreichend substantiiert geltend gemacht hat. Entsprechende Regelungen über den Einwendungsausschluss sind im **Fachrecht** enthalten (insb § 20 Abs 2 S 1 AEG; § 10 Abs 3 S 3 BImSchG; § 64 Abs 1 Nr 3 BNatSchG 2009; § 17 Abs 4 FStrG; § 17 Nr 5 S 1 WaStrG); für 101

---

[181] Näher Ewer, Ausgewählte Rechtsanwendungsfragen des Entwurfs für ein URG, NVwZ 2007, 267. Ziekow (NVwZ 2007, 259, 260) sprach insofern treffend von „schutznormakzessorischen" Klagerechten.

[182] Novelle zum UmwRG v 21.1.2013 (BGBl I, 95); Neufassung des UmwRG v 8.4.2013 (BGBl I, 753).

alle sonstigen Planfeststellungsverfahren gilt **§ 73 Abs 4 S 3** idF des PlVereinhG. Nach der früheren Rspr sollte die Präklusion auch bei Vorschriften eingreifen, mit denen Unionsrecht umgesetzt ist.[183] Die Unionsrechtskonformität dieses materiellen, dh bis in Gerichtsverfahren reichenden Einwendungsausschlusses war von der deutschen Rspr stets verteidigt, wegen der kurzen Fristen und hoher Substantiierungslasten[184] aber schon lange bezweifelt worden.

102 **b) Unionsrechtswidrigkeit von Präklusionsvorschriften.** Der **EuGH**[185] hat für UVP-pflichtige Vorhaben die **Präklusion als solche,** dh unabhängig von den Einwendungsfristen und Substantiierungslasten, für **unvereinbar mit Unionsrecht** (ua Art 11 RL 2011/92/EU) erklärt. Dieses lasse es nicht zu, die Gründe zu beschränken, auf die ein Umweltverband seinen gerichtlichen Rechtsbehelf stützen kann. Damit hat der EuGH Bedenken bestätigt, die in der Literatur schon lange geäußert worden waren (vgl Berkemann DVBl 2016, 205).

103 Klar ist, dass die EuGH-Entscheidung formal zwar nur für die Präklusion nach dem UmwRG und § 73 Abs 4 gilt; praktisch hat sie aber – im Umfang ihrer Reichweite – auch **alle gleichsinnigen Vorschriften des Fachrechts erledigt.** Wegen des Anwendungsvorrangs des Unionsrechts (dazu Wysk, VwGO, vor § 40 Rn 24 mwN) dürfen seither Präklusionsvorschriften in Verfahren über UVP-pflichtige Vorhaben **nicht mehr angewendet** werden.[186] Sie sind also, soweit ihnen ein Anwendungsbereich verbleibt, unionsrechtskonform zu reduzieren. Die Unanwendbarkeit greift **ab der EuGH-Entscheidung** in allen laufenden Planungs-, Gerichtsverfahren und ergänzenden Verfahren. Zur Anwendbarkeit **auf andere Betroffene** als Umweltverbände s § 73 Rn 89.

104 c) **Die genaue Reichweite der Unanwendbarkeit** im Übrigen ist zweifelhaft. Namentlich die OVG halten auch nach dem EuGH-Urteil soweit wie möglich an der Präklusion fest und suchen auch in Umweltverfahren „Nischen" ihrer Anwendbarkeit. Höchstrichterliche Entscheidungen hierzu liegen nicht vor. In der neueren **Rspr des BVerwG** werden die Präklusionsvorschriften daher zu recht ohne Diskussion und Versuche einer Nischenbildung außer Anwendung gelassen.[187] Entspr stellen sich weiterhin insb **vier Fragen,** auf die sich gesicherte Antworten noch herauskristallisieren müssen.

105 **(1)** Fraglich ist, ob solche Einwendungen von Umweltverbänden präkludiert werden dürfen, die **keine Grundlage im Unionsrecht** haben.[188] Diese Frage betrifft nur einen kleinen Teil möglicher Einwendungen, weil natur- und umweltschutzrechtliche Vorschriften fast durchweg im Unionsrecht wurzeln und auch der Immissionsschutz (Schutzgut „Mensch") zum Umweltschutz im unionsrechtliche Sinne gehört. Die Frage dürfte zudem zu verneinen sein, weil es Art 9 Abs 2 AK und die entsprechenden Unionsvorschriften umfassend verbieten, die Gründe der Überprüfung zu beschränken. Entscheidend ist allein, dass ein Vorhaben in den Anwendungsbereich des Art 9 Abs 2 AK fällt.[189]

106 **(2)** Aus demselben Grund dürfen auch Einwendungen von Umweltverbänden nicht präkludiert werden, die sich **im Verwaltungsverfahren nicht beteiligt**

---

183 BVerwG ZUR 2012, 95; BVerwG NVwZ 2011, 364; zweifelnd BVerwG ZUR 2012, 248 (Vorlagebeschluss zum EuGH).

184 S näher § 73 Rn 67. Zu streng BVerwG UPR 2012, 144; BVerwG NVwZ 2004, 861.

185 EuGH, U v 15.10.2015, C-137/14, NuR 2015, 765 = NVwZ 2015, 1665 = DVBl 2015, 1514. Dazu Storost UPR 2016, 36; Zeissler/Schmitz UPR 2016, 1; Uschkereit NJW-Spezial 2015, 748; Stüer DVBl 2015, 1518.

186 Dies hat BVerwG, U v 22.10.2015, 7 C 15.13, Rn 26 bereits kurz nach der EuGH-Entscheidung v 15.10.2015 (Fn 185) bestätigt.

187 Vgl BVerwG DVBl 2016, 1465 Rn 33 und NVwZ 2016, 308 Rn 26.

188 So noch BVerwGE 148, 155 Rn 60 und nunmehr OVG Münster, U v 28.4.2016 – 11 D 33/13.AK – juris Rn 60 und v 24.8.2014 – 11 D 2/14.AK juris Rn 86.

189 So auch der Beschluss der Aarhus-Vertragsstaatenkonferenz vom 30.6./1.7.2014.

haben. In der Rspr wird aber nun eine Beteiligung entspr § 2 Abs 1 Nr 3 UmwRG verlangt:[190] In dieser Vorschrift komme der Verwirkungsgedanke zum Ausdruck. Nur derjenige solle den Rechtsbehelf erheben können, der durch seine Beteiligung im Verwaltungsverfahren seinen Abwehrwillen zum Ausdruck gebracht hat. Doch ist die Übertragung dieses Gedankens aus Normenkontrollverfahren (vgl BVerwG NVwZ-RR 2016, 3) auf umweltrechtliche Verfahren zweifelhaft, weil die bloße Nichtbeteiligung unionsrechtlich – ohne Klärung durch den EuGH – schwerlich als Missbrauch gedeutet werden kann. Man wird ein zusätzliches Element der Behinderung oder Unredlichkeit verlangen müssen (so auch § 5 UmwRG idF 2017).

(3) Denkbar ist, dass die Präklusion bei Vorhaben zulässig bleibt, die **nicht UVP-pflichtig** sind. In solchen Verfahren können in jedem Fall Einwendungen nicht ausgeschlossen werden, die die UVP-Pflicht betreffen. Fraglich bleibt bei solchen Vorhaben aber die Ausstrahlungswirkung des Art 9 Abs 3 AK, die nach der Braunbären-Entscheidung (oben Rn 98b) größer sein könnte als bisher angenommen. Es spricht derzeit alles dafür, dass die Mitgliedstaaten gehalten sind, umweltrelevante Entscheidungen, die von der Regelung erfasst werden, auch unabhängig davon, ob sie UVP-pflichtig sind, dem unbeschränkten Einfluss von Umweltverbänden auszusetzen. 107

(4) Unionsrechtskonform dürfte die Befugnis von Gerichten sein, den Beteiligten Fristen zur Angabe von Tatsachen und Beweismitteln zu setzen und **verspätetes Vorbringen zurückzuweisen** (wie in § 87b VwGO vorgesehen). Entspr gilt für Beschränkungen des Streitstoffs, die sich aus dem materiellen Recht ergeben (zur Maßgeblichkeit des Erlasszeitpunktes zur Beurteilung der Rechtmäßigkeit von Planfeststellungsbeschlüssen vgl BVerwGE 134, 308 Rn 52 mwN). Derartige Regelungen können künftig verstärkt dazu genutzt werden, im Verwaltungsprozess den im Planfeststellungsverfahren nicht mehr herzustellenden Schlusspunkt zu setzen. 108

d) Zulässigkeit von Missbrauchsabwehr. Der EuGH gesteht den nationalen Gesetzgebern allerdings zu, spezifische Verfahrensvorschriften vorsehen, nach denen „ein missbräuchliches oder unredliches Vorbringen unzulässig ist" (U v 15.10.2015, s Fn 192 Rn 81). Damit erkennt er an, dass etwa Verbände aus einer Fundamentalopposition gegen Vorhaben heraus ihren Verfahrenseinfluss dazu nutzen könnten, um Vorhaben zu verhindern oder zumindest zu verzögern. Unter welchen Voraussetzungen der Umgang mit **Einwendungen als missbräuchlich oder unredlich** bezeichnet werden darf, bleibt unklar. Für unredliches Verhalten kann als solches schwerlich genügen, dass im Verwaltungsverfahren Vortrag zurückgehalten worden ist, denn dies würde auf die Präklusion alter Art hinauslaufen. Die Verfahrensvorschriften über die Zurückweisung von Vorbringen müssen „geeignete Maßnahmen darstellen, um die Wirksamkeit des gerichtlichen Verfahrens [nicht des Verwaltungsverfahrens] zu gewährleisten". 109

Die genaue **Formulierung von Missbrauchsfällen** nach diesen Vorgaben ist derzeit schwer absehbar. Allein der Umstand, dass sich ein Gerichtsverfahren infolge einer Einwendung **verzögert,** genügt nicht. Anders mag es sich verhalten, wenn das Gericht (wie nach § 87b VwGO) eine Frist für abschließenden Vortrag setzt. Diskutiert wird das **Unterbleiben jeglicher Beteiligung** am Verwaltungsverfahren (s Rn 106). Dazu nun § 2 Abs 1 Nr 3b UmwRG idF 2017. 110

Soweit sich Missbrauchstatbestände herauskristallisieren lassen, werden **Gerichte** bereits jetzt, also ohne gesetzliche Ausformulierung, von ihnen Gebrauch machen dürfen – sei es in unionsrechtskonformer Reduktion der Präklusionsvorschriften, sei es in unmittelbarer Anwendung des Grundsatzes von Treu und Glauben, der die deutsche wie die Rechtsordnung der EU von jeher beherrscht. 111

---

[190] AA OVG Koblenz DVBl 2016, 998 Rn 10 und Stüer DVBl 2015, 1518, 1521.

§ 76 Planänderungen vor Fertigstellung des Vorhabens

(1) **Soll vor Fertigstellung des Vorhabens der festgestellte Plan geändert werden, bedarf es eines neuen Planfeststellungsverfahrens.**[10 ff]

(2) **Bei Planänderungen von unwesentlicher Bedeutung kann die Planfeststellungsbehörde von einem neuen Planfeststellungsverfahren absehen, wenn die Belange anderer nicht berührt werden oder wenn die Betroffenen der Änderung zugestimmt haben.**[12 ff]

(3) **Führt die Planfeststellungsbehörde in den Fällen des Absatzes 2 oder in anderen Fällen einer Planänderung von unwesentlicher Bedeutung ein Planfeststellungsverfahren durch, so bedarf es keines Anhörungsverfahrens und keiner öffentlichen Bekanntgabe des Planfeststellungsbeschlusses.**[19 ff]

Schrifttum: *Bell/Hermann,* Die Modifikation von Planfeststellungsbeschlüssen, NVwZ 2004, 288; *Buchner,* Aufhebung von Planfeststellungsbeschlüssen, in Ziekow (Hg), Bewertung von Fluglärm – Regionalplanung – Planfeststellungsverfahren, 2003, 261; *Grupp,* Aufhebung von Planfeststellungsbeschlüssen durch die Verwaltung, DVBl 1990, 81; *Hüting/Hopp,* Die Änderung von Planfeststellungsbeschlüssen, UPR 2003, 1; *Jarass,* Aktuelle Probleme des Planfeststellungsrechts, – Plangenehmigung, Planänderung, Planergänzung, ergänzendes Verfahren, DVBl 1997, 795; *Keilich,* Das Recht der Änderung in der Fachplanung, 2001; *ders,* Zulassungsfreie Änderungen fachplanungsrechtlicher Vorhaben und UVP-Pflicht, LKV 2004, 97; *Kuschnerus,* Planänderungen vor Erlass eines Planfeststellungsbeschlusses, DVBl 1990, 235; *Martens,* Die wesentliche Änderung iS des § 15 BImSchG unter besonderer Berücksichtigung des umfänglichen Anlagenbegriffs, 1993; *Maus,* Die Änderung von Planfeststellungsbeschlüssen vor Fertigstellung des Vorhabens, NVwZ 2012, 1277; *Neumann,* Anmerkung zu BVerwG NVwZ 2010, 584 (Dresdener Eisenbahnbrücke, jurisPR-BVerwG 7/2010; *Ossenbühl,* Änderungsgenehmigung und Öffentlichkeitsbeteiligung im Atomrecht, DVBl 1981, 65; *Ronellenfitsch,* Verzicht auf Planfeststellung, in: Blümel, Abweichungen von der Planfeststellung, 1990, 57; *Sporgies,* Einmal Planfeststellung – immer Planfeststellung? – Analoge Anwendung von § 76 Abs 2 und Abs 3 des VwVfG nach Fertigstellung des Vorhabens, ZfW 1994, 385; *Steinberg/Steinwachs,* Zulassungspflichtigkeit der Änderung von Fachplanungsvorhaben unter Berücksichtigung der Neuregelung des UVP-Gesetzes, NVwZ 2002, 1153; *Steinberg/Wickel/Müller,* Fachplanung, 4. Aufl 2012; *Wysk,* Behördliches Einschreiten und individuelle Schutzansprüche gegen zugelassenen Luftverkehr, in Ziekow (Hg), Aktuelle Fragen des Luftverkehrs-, Fachplanungs- und Naturschutzrechts, 2006, 41; *Ziekow,* Die Bestandskraft luftverkehrsrechtlicher Planfeststellungsbeschlüsse, VerwArch 2008, 559, 575; *ders,* Handbuch des Fachplanungsrechts, 2. Aufl 2014, § 3 XI.

Übersicht

I. Allgemeines

1. Inhalt. a) Grundzüge. Die Vorschrift behandelt unmittelbar nur Planänderungen im **Zeitraum** zwischen dem Abschluss des Planfeststellungsverfahrens und der Fertigstellung des Vorhabens. Für die **anderen Phasen** der Planfeststellung und die Zeit danach gelten andere Regelungen, sofern die entspr Anwendung des § 76 nicht angeordnet ist (dazu im Einzelnen Rn 16 ff). Abs 1 stellt den **Grundsatz** auf, dass Änderungen eines festgestellten Plans eines neuen Planfeststellungsverfahrens bedürfen. Dieser Grundsatz gilt für Planänderungen allgemein, auch für solche nach Fertigstellung des Vorhabens, sofern nicht Sondervorschriften eingreifen (s unten Rn 11, 19). Ihre Bedeutung erhält die Vorschrift daraus, dass sie den Grundsatz in Abs 2 und 3 für **Planänderungen von unwesentlicher Bedeutung** in der Realisierungsphase des Vorhabens modifiziert: Nach **Abs 2** kann von einem neuen Planfeststellungsverfahren **gänzlich abgesehen** werden, wenn Belange anderer nicht berührt werden (s näher Rn 24 ff). Wird in Fällen von unwesentlicher Bedeutung ein Planfeststellungsverfahren durchgeführt, besteht nach **Abs 3** die Möglichkeit eines **vereinfachten Verfahrens,** bei der von einem erneuten Anhörungsverfahren und einer öffentlichen Bekanntgabe des Änderungsbeschlusses abgesehen werden kann (näher Rn 32 ff). Voraussetzung ist in beiden Fällen, dass es sich nur um unwesentliche Änderungen handelt (ausf zu diesem Begriff unten Rn 28). 1

b) Zweck der Regelung. Die Vorschrift bezweckt lediglich Erleichterungen für unwesentliche Planänderungen in der Ausführungsphase, in der sich erfah- 2 rungsgemäß häufig ein unvorhergesehener Bedarf für geringe Änderungen ergibt, vor allem, wenn sich die Fertigstellung des Vorhabens über lange Zeit hinzieht. Auf die Gründe für die Planänderung kommt es nicht an. Unerheblich ist ferner, ob der Plan auf Antrag des Vorhabenträgers oder von Amts wegen geändert werden soll (Knack/Henneke 18) und ob der Planfeststellungsbeschluss bereits unanfechtbar bzw bestandskräftig ist,[1] ebenso, ob der betroffene Plan, der geändert werden soll, rechtmäßig oder rechtswidrig ist und uU die Planänderung gerade zu dem Zweck erfolgt, tatsächliche oder mögliche Rechtsmängel eines Plans zu beseitigen, derentwegen die Planfeststellung bereits bei Gericht angefochten ist.[2] Letzteres dürfte der Hauptanwendungsfall für die Vorschrift sein (BVerwGE 84, 31 = NJW 1990, 925; Knack/Henneke 14).

3 **c) Verhältnis zu anderen Vorschriften.** Obwohl sich die Vorschrift gegenüber den allgemeinen Regelungen der §§ 73f als speziellere Norm erweist, schließt sie für Änderungsanträge ein Vorgehen nach diesen nicht aus. Liegen die Voraussetzungen vor, steht es im Ermessen der Planfeststellungsbehörde, ob sie nach Abs 2, 3 oder zB nach § 74 Abs 6, 7 vorgeht und die Änderung im Wege der Plangenehmigung bzw sogar unter Absehen von Planfeststellung und Plangenehmigung zulässt.[3] Zweifelhaft ist, ob mit dem Begriff der Planänderung auch diejenigen Fallgestaltungen erfasst werden können, für die es besondere Regelungen gibt.[4] **Unberührt** bleiben die Vorschriften über die vorbehaltene Planergänzung nach § 74 Abs 3, nachträgliche Vorkehrungen oder Anlagen zum Schutz gegen nicht voraussehbare Wirkungen (Schutzvorkehrungen nach § 75 Abs 2 S 2) oder eine Teilaufhebung nach § 77 (s unten Rn 12ff). Besonderheiten bieten die Heilung von Mängeln durch Planergänzung oder in einem ergänzenden Verfahren nach § 75 Abs 1a (dazu unten Rn 18a).

4 Über die **materielle Zulässigkeit** der notwendigen oder sonst beabsichtigten Änderungen sagt die Vorschrift im Grundsatz nichts. Allerdings spielt es für die Planrechtfertigung eine Rolle, ob es sich um eine Erstplanung oder eine Änderungsplanung handelt. Die **Planrechtfertigung** erstreckt sich nach der Rspr im Grundsatz auch auf das geänderte Vorhaben, sofern die Änderungen dem Abwägungsgebot entsprechen.[5] Dieser Auffassung ist zu folgen, weil die Grundsätze der Planrechtfertigung (s § 74 Rn 42) nur sehr begrenzt auf solche Planänderungen übertragen werden können, die schon ihrer Definition nach (s unten Rn 5) die Grundzüge des bereits zugelassenen Vorhabens unberührt lassen und daher an dessen Planrechtfertigung teilhaben. Ob es eines Antrags des Vorhabenträgers bedarf, beantwortet das einschlägige Fachrecht. Erfolgen **Änderungen von Amts wegen,** ist das Vorgehen den Behörde uU auch am Maßstab der §§ 48ff zu messen, wenn die beabsichtigte Änderung eine Einschränkung oder zusätzliche Schutzvorkehrungen außerhalb des Anwendungsbereichs von § 75 Abs 2 S 2 enthält (str, s unten Rn 18).[6]

5 **2. Begriff der Planänderung.** Auszugehen ist vom Grundsatz, dass eine Planänderung immer vorliegt, wenn nachträglich **Änderungen an dem festsetzenden Teil** des Planfeststellungsbeschlusses vorgenommen werden. Eine bloße Änderung der Begründung reicht nicht.[7] Unerheblich ist es, ob es sich um eine Erweiterung, eine Verkleinerung oder eine echte Veränderung des Vorhabens handelt. Solange sich die Änderungen noch auf den nicht festgestellten

---

1 BVerwG DVBl 1986, 834; Knack/Henneke 14; StBS 9; MB 1; Obermayer 14.

2 BVerwGE 75, 214; BVerwG NVwZ 1992, 790; VGH Kassel UPR 1988, 120; Hamann DVBl 1992, 741 mwN; allg für VAe auch BVerwGE 87, 244 = DVBl 1991, 394.

3 FKS 6; Knack/Henneke 33; wohl auch Ziekow 12; Ziekow Fachplanung § 3 Rn 264.

4 Bejahend Hüting/Hopp UPR 2003, 1, 2; ablehnend Obermeyer 40.

5 BVerwG NVwZ 2010, 584; hierzu Neumann, jurisPR-BVerwG 7/2010.

6 Stüer DVBl 1990, 36; 19 mwN; vgl auch BVerwG DVBl 1993, 157.

7 HM, vgl BVerwwGE 102, 331; Hüting/Hopp UPR 2003, 1; **aA** Obermayer 9.

Planentwurf beziehen, können und müssen sie in dem laufenden Planfeststellungsverfahren bewältigt werden (s näher § 73 Rn 135 f). Für den Begriff der Planänderung ist unerheblich, aus welchem Grund und zu welchem Zeitpunkt die Änderung eines bereits erlassenen Plans erfolgen soll. Die Frage nach dem Zeitpunkt ist aber dafür von Bedeutung, nach welchen Vorschriften sich die Planänderung zu richten hat (s unten Rn 16).

Bei einer Planänderung iS von § 76 wird **kein zweiter, neuer Plan** erlassen, 6
vielmehr bilden der ursprüngliche Plan und die Planänderung zusammen einen einzigen, geänderten Plan.[8] Der Planänderungsbeschluss wächst dem Ausgangsplan gewissermaßen an und verschmilzt mit ihm zu einem einzigen Plan, der dann in der Gestalt weitergilt, die er durch die Änderung erhalten hat.[9] Weder eine formfreie Planänderung noch ein Planänderungsverfahren nach § 76 kommen in Betracht, wenn der ursprüngliche Planfeststellungsbeschluss an grundlegenden, nicht heilbaren Mängeln leidet (weil er zB die Konflikte nicht bewältigt oder keine Ausgewogenheit der Gesamtplanung erreicht hat) oder wenn die Änderung die erreichten Ergebnisse wieder aufhebt und die Ausgewogenheit der Gesamtplanung in Frage stellt.[10] In solchen Fällen ist grds ein gänzlich neues Planfeststellungsverfahren erforderlich (Knack/Henneke 13).

a) Wahrung der Identität. Um eine Änderung iS der Vorschrift handelt es 7
sich nur, wenn die Identität des Vorhabens gewahrt bleibt, dh das Konzept des Vorhabens in seinen Grundzügen erhalten bleibt.[11] Das ursprüngliche Vorhaben darf nach Art, Größe, Gegenstand und Betriebsweise nicht durch ein andersartiges Vorhaben ersetzt werden. Die Behörde hat zu prüfen, ob und inwieweit die beabsichtigte Änderung bereits entschiedene Fragen der Planung erneut aufwirft. Ein bloßes Änderungsverfahren ist unzulässig, wenn die beabsichtigte Änderung des Vorhabens die ursprüngliche **Gesamtkonzeption** oder wesentliche **Teile des Planinhalts in Frage stellt**[12] und zwar insbesondere im Hinblick auf die Planrechtfertigung, das Bedürfnis für die Anlage, die Auswirkungen auf das Gemeinwohl und die Rechte der Betroffenen, die Ausgewogenheit der Planung oder die Problembewältigung. Das ist zB bei der Planfeststellung für einen Flughafen der Fall, wenn durch den Wegfall einer Start- und Landebahn ernsthafte Zweifel an dem Bedürfnis für einen Flughafenneubau überhaupt oder an der Abgewogenheit der Standortentscheidung aufgeworfen werden; dann würde ein Änderungsverfahren gem § 76 nicht mehr genügen, vielmehr wäre ein neues, alle Bereiche erfassendes Planfeststellungsverfahren erforderlich.[13]

b) Reduzierung, Erweiterung, Schutzauflagen. Die Planänderung um- 8
fasst grds auch eine Erweiterung oder eine Reduzierung des planfestgestellten Vorhabens. Bloße Reduzierungen des Vorhabens fallen dann nicht unter § 76, wenn sie sich auch mit einer Teilaufhebung gem § 77 bewältigen lassen. Im Übrigen müssen Planänderungen iS des § 76 nicht stets das eigentliche Vorhaben betreffen, zB bei einer Straße eine nunmehr breitere Fahrbahn vorsehen, sondern können zB auch **Änderungen hinsichtlich** der zugunsten der Anlieger ange-

---

[8] BVerwGE 61, 307; 75, 219; NJW 1982, 950; VGH München BayVBl 1985, 400; OVG Koblenz NJW 1982, 198.

[9] BVerwG NVwZ 2015, 79, 80 (m Anm Leidinger) für nachträglich planfestgestellte Lärmschutzmaßnahmen, für die auch eine „gesteigerte" eigenständige Planrechtfertigung nicht erforderlich ist.

[10] Knack/Henneke 13 unter Hinweis auf BVerwGE 75, 214,219; VGH München DVBl 1994, 764; NVwZ 89, 686.

[11] BVerwG DVBl 1992, 310; UPR 1990, 186 (Bundesstraße statt Autobahn); vgl auch BVerwGE 90, 96, 98 und OVG Koblenz NJW 1982, 197 zu § 7 AtG; Hüting/Hopp UPR 2003, 1.

[12] BVerwGE 61, 310; 75, 219; Knack/Henneke 13.

[13] BVerwGE 75, 219 = NVwZ 1987, 578; BVerwG Buchh 445.5 § 16 WaStrG Nr 1.

ordneten **Schutzanordnungen** gem § 74 Abs 2 S 2f betreffen (BVerwG DVBl 1993, 155 mit Klarstellung zu BVerwGE 41, 80). Bei geplanten Erweiterungen eines Vorhabens kommt es grds auch darauf an, ob die Erweiterung eigenständige Bedeutung hat.[14]

9 **c) Wesentliche und unwesentliche Planänderungen.** Die Vorschrift erfasst sowohl wesentliche als auch unwesentliche Planänderungen. Das ergibt sich schon daraus, dass sie für Planänderungen von unwesentlicher Bedeutung in Abs 2 u 3 besondere Bestimmungen enthält. Bei wesentlichen Änderungen bleibt es lediglich bei dem Grundsatz des Abs 1. Ähnliche Regelungen enthalten neben § 74 Abs 7 eine ganze Reihe von Fachplanungsgesetzen, wonach für den Fall der Unwesentlichkeit die Planfeststellung entfällt oder entfallen kann oder andere Erleichterungen eintreten.[15] Zum Begriff der unwesentlichen Bedeutung der Änderung im Verhältnis zu § 74 Abs 7 s näher unten Rn 28.

10 **3. Anwendungsbereich. a) Allgemeines.** Die Vorschrift gilt unmittelbar nur für die Änderung von **Planfeststellungsbeschlüssen,** die von Bundesbehörden nach § 75 erlassen worden sind. Die Verwaltungsverfahrensgesetze der Länder enthalten gleichlautende Vorschriften. Voraussetzung ist, dass die Änderung das „Vorhaben" (und kein neues) betrifft; das ist der Fall, wenn die Identität des ursprünglich planfestgestellten Vorhabens nicht berührt wird (s oben Rn 7). Anwendbar ist die Vorschrift auch auf die Änderung von **Plangenehmigungen.**[16] Die hM[17] wendet die Regelung zutreffend sowohl auf den Fall eines **Änderungsantrags** seitens des Vorhabenträgers an[18] als auch auf den Fall, dass die Planfeststellungsbehörde eine Änderung des Plans **von Amts wegen** vornehmen will. Im Fall der Planänderung von Amts wegen müssen die **Voraussetzungen von Widerruf oder Rücknahme nicht vorliegen.** Die Zulässigkeit der Planänderung richtet sich vielmehr materiellrechtlich nach den allgemeinen planungsrechtlichen Grundsätzen.[19]

11 **b) Zeitlicher Geltungsbereich.** Es muss sich um die Änderung eines „festgestellten Plans" handeln. Die Vorschrift betrifft damit die Phase **nach Erlass** des Planfeststellungsbeschlusses bis zur endgültigen Fertigstellung des Vorhabens.[20] Auf die Unanfechtbarkeit bzw Bestandskraft des Beschlusses kommt es nicht an.[21] Auf Änderungen, die erst **nach Fertigstellung** des Vorhabens beantragt werden, ist die Vorschrift nicht anwendbar. Eine entsprechende Anwendung wird von der hM zu Recht abgelehnt,[22] weil die Vorschrift erkennbar Modifizierungen eines Vorhabens während der Ausführungsphase erleichtern soll. Änderungen in Bezug auf ein bereits fertiggestelltes Vorhaben erfordern deshalb ein Vorgehen nach den allgemeinen Bestimmungen, wobei es auf die Art der Änderung ankommt (dazu Rn 16 ff).

---

14 Vgl BVerwGE 90, 100; ferner auch BVerwG NVwZ 1993, 566: Maßgebend ist, ob das nunmehr geplante Gesamtvorhaben „eine neue und durchaus selbständige Grundlage erhält".

15 Vgl § 35 KrWG; § 13 WaStrG; § 18 Abs 3 AEG.

16 StBS 3b; Knack/Henneke 37; Jarass DVBl 1997, 799, 802; nicht überzeugend ist die von StBS 3a befürwortete Anwendbarkeit in Fällen, in denen es keine Planentscheidung gibt (§ 74 Abs 7).

17 StBS 9; Knack 20; Hüting/Hopp UPR 2003, 3.

18 BVerwGE 130, 138; UL § 43 Rn 3; Grupp 41 mit Fn 54; MB 2 und 4; zT **aA** Obermayer 20: unmittelbar anwendbar, uU auch Einleitung von Amts wegen oder auf Antrag Drittbetroffener; ähnlich Fickert, Planfeststellung für den Straßenbau, 1978; Erl PlafeR Nr 36 Fn 8.

19 BVerwGE 91, 17, 22.

20 BVerwGE 84, 31, 33; BVerwG DVBl 1993, 155.

21 BVerwG NVwZ 1986, 834; VGH Mannheim NVwZ 1986, 663; StBS 12; Knack/Henneke 14.

22 BVerwGE 84, 33; BVerwG DVBl 1993, 155; UL § 43 Rn 6; Knack/Henneke 16; Obermayer 15; Maus NVwZ 2012, 1277, 1278.

Problematisch ist die Frage, wann eine **endgültige Fertigstellung** gegeben ist. Die Frage hat eine normative und eine empirische Seite. Empirisch lässt sich nicht ohne weiteres feststellen, wann die letzten für den Betrieb erforderlichen baulichen und sonstigen Maßnahmen abgeschlossen sind, weshalb es nahe liegt, insoweit auf den Zeitpunkt der Inbetriebnahme abzustellen.[23] Normativ dürfte es darauf ankommen, ob die Berechtigung zur Inbetriebnahme gegeben ist.[24] Wenn der Träger des Vorhabens die Anlage – aus welchen Gründen auch immer – dann tatsächlich nicht in Betrieb nimmt, kann er sich dadurch nicht die Möglichkeiten des § 76 erhalten. 11a

c) Nachträgliche Entscheidungen aufgrund spezieller Vorschriften. Umstritten ist, ob § 76 auch für vorbehaltene Entscheidungen nach § 74 Abs 3 und für nachträgliche Schutzauflagen nach § 75 Abs 2, für Planergänzungen oder Änderungen im ergänzenden Verfahren nach § 75 Abs 1a anwendbar ist[25] oder ob insoweit formlose Verwaltungsverfahren ausreichen. Zur Anwendbarkeit auf ergänzende Verfahren s unten Rn 18 und § 75 Rn 35a. Die Anwendung des § 76 auf diese Entscheidungen hat auch Auswirkungen auf den Rechtsschutz (s unten Rn 39 ff). 12

Nach § 74 Abs 3 vorbehaltene Regelungen stellen keine Änderung des Vorhabens iSd § 73 Abs 1 dar, sondern ergänzen bzw konkretisieren den festsetzenden Teil des bereits erlassenen Planfeststellungsbeschlusses. Der ursprüngliche Planfeststellungsbeschluss wird vervollständigt bzw ergänzt. Deshalb kann die neue Regelung idR auch nicht Gegenstand einer isolierten planungrechtlichen Bewertung sein. Über das einzuhaltende Verfahren enthält § 74 Abs 3 nichts. **§ 76 ist hierauf nicht unmittelbar anwendbar.** Sinn und Zweck der Vorschrift sprechen für ihre entspr Anwendung jedenfalls auf die Fälle, in denen die vorbehaltene Entscheidung iSd § 74 Abs 3 vor Fertigstellung des Vorhabens ergeht.[26] Ob sie formlos erfolgen kann, hängt vom Umfang der Ergänzung sowie davon ab, ob und in welchem Umfang Rechte Dritter dadurch betroffen werden. In zunehmendem Umfang dienen Entscheidungsvorbehalte aber dazu, nachträglichen Entwicklungen Rechnung zu tragen (s dazu § 74 Rn 182a f). 13

Nachträgliche Schutzauflagen nach § 75 Abs 2 S 3 werden durch Beschluss der Planfeststellungsbehörde dem Träger des Vorhabens auferlegt. Der **Beschluss ist VA** und ergänzt den Planfeststellungsbeschluss. Obwohl es sich der Sache nach um eine Änderung des Plans handelt, ist **§ 76 hierauf nicht anwendbar.**[27] Die Vorschrift des § 76 passt schon deshalb nicht, weil es nach § 75 Abs 2 S 3 nicht darauf ankommt, ob die Anordnung vor oder nach Fertigstellung des Vorhabens erfolgt. Insoweit ist deshalb idR zwar nur ein allgemeines Verwaltungsverfahren durchzuführen (s auch § 75 Rn 57). Es ist aber grds Sache des pflichtgemäßen Ermessens der Planfeststellungsbehörde, ob für dieses ein formloses Verfahren durchgeführt oder ob ganz oder teilweise nach den Regelungen des Planfeststellungsverfahrens (§ 73) verfahren werden soll. Auch die Durchführung eines selbständigen Planfeststellungsverfahrens aus Anlass nachträglicher Schutzmaßnahmen ist zulässig. Das insoweit sachgerechte Verfahren hängt im Wesentlichen von Art und Umfang der nachträglichen Schutzauflagen ab und von der Frage, ob hierdurch eine Vielzahl von Interessen berührt sein kann.[28] 14

---

[23] So ausdrücklich Maus NVwZ 2012, 1277, 1279: Aufnahme des Dauerbetriebs.
[24] So wohl auch Ziekow 6.
[25] BVerwGE 91, 17, 19; 61, 307; Obermayer 9; Paetow DVBl 1985, 374.
[26] BVerwGE 61, 307 = BayVBl 1981, 664; Keilich, S 117; Hüting/Hopp UPR 2003, 1, 2; offenbar auch Obermayer 9; **aA** StBS 10; MB 1; Engelhardt BayVBl 1981, 664.
[27] HM StBS § 75 Rn 91; Knack/Henneke § 75 Rn 94; Ziekow Fachplanungsrecht § 3 Rn 267; Hüting/Hopp, UPR 2003, 1.
[28] Ebenso StBS 8; MB 1; Engelhardt BayVBl 1981, 664; Mößle BayVBl 1982, 235; Grupp DVBl 1990, 87; **aA** Obermayer 9 und 10; Paetow DVBl 1985, 375; Schröder/Stein-

15 **4. Antragsbindung. Umstritten** ist, ob und inwieweit die Planfeststellungsbehörde, wenn sie einen früheren Planfeststellungsbeschluss nicht nach §§ 48ff von Amts wegen, sondern auf einen entsprechenden Antrag des Trägers des Vorhabens oder Drittbetroffenen ändern will bzw jedenfalls auf einen Antrag hin tätig werden soll, an den Antrag und an den Gegenstand eines Änderungsantrags gem § 76 gebunden ist. Die Frage ist grds zu verneinen.[29] Unabhängig von dieser Streitfrage darf die Planfeststellungsbehörde aber jedenfalls ein Änderungsverfahren nach § 76 nur insoweit durchführen, als der festgestellte Plan von den beabsichtigten Änderungen berührt wird. Soweit die Änderungen nur ein räumlich und funktionell vom übrigen Plangebiet abgegrenztes Gebiet betreffen, ist die Anwendung von § 76 auf dieses Teilgebiet zu beschränken (vgl BVerwG NVwZ-RR 1990, 286).

II. § 76 in der Systematik der Planänderungen

16 **1. Überblick. a) Das Regelungsregime für Änderungen.** Das VwVfG regelt die Fälle von Planänderungen nur unvollkommen; vorrangig sind etwaige spezifische Regelungen der Fachplanungsgesetze zu beachten.[30] Dadurch gilt ein differenziertes Regelungsgefüge, das sich nach Zeitpunkt und Gegenstand der Änderung richtet. In jedem Fall sind die Änderung eines Vorhabens (des „Plans“) und die Änderung eines Planfeststellungsbeschlusses auseinanderzuhalten. Beides fällt häufig (aber nicht notwendig) zusammen, weshalb oft unterschiedslos der Begriff der Planänderung verwendet wird. Mit Blick auf die rechtlichen Konsequenzen ist aber genau zu differenzieren, ob das im Plan iSd § 73 zum Ausdruck kommende Vorhaben bereits festgestellt ist oder erst festgestellt werden soll, im ersten Fall zudem, ob das Vorhaben oder nur begleitende Regelungen des Planfeststellungsbeschlusses (wie Schutzvorkehrungen) betroffen sind. Änderungen des Vorhabens (des Planentwurfs) **vor der Feststellung des Plans** sind in das laufende Verfahren einzubeziehen. Die dafür geltenden Anforderungen verschärfen sich mit der Phase, in der sich das Verfahren befindet (s dazu Rn 17). Für Änderungen des Vorhabens **nach Planfeststellung** gilt § 76, für **Änderungen einer fertiggestellten Anlage,** die auf der Grundlage eines bestandskräftigen Planfeststellungsbeschlusses genutzt wird, schreiben hingegen die Fachplanungsgesetze das Zulassungsregime wie für die Erstzulassung vor (s dazu Rn 19). Besondere Regelungen gelten für den Rückbau oder die Beseitigung einer Anlage, die sich nach dem einschlägigen Fachgesetz oder nach §§ 48f richten. Für die (teilweise) Aufgabe eines begonnenen Vorhabens gilt § 77 (s auch Jarass DVBl 1997, 798). Für die **Änderung von Schutzauflagen** gilt § 75 Abs 2 S 2 (s Rn 14) oder das vorbehaltene Verfahren nach § 74 Abs 3, gelegentlich Regelungen eines Fachgesetzes.

16a **b) Verhältnis des Änderungsbeschlusses zum Ausgangsplan.** Wird im Zuge eines Änderungsverfahrens ein neuer Planfeststellungsbeschluss erlassen (ein sog Änderungsplanfeststellungs- oder Planänderungsbeschluss), dann wächst dieser dem ursprünglichen Beschluss an und verschmilzt mit ihm ohne weiteres zu

---

metz-Maaz DVBl 1992, 28: immer Planänderung gem § 76; vgl auch BVerwGE 61, 307; 84, 34; Mannheim NuR 1991, 338; die praktischen Auswirkungen des Meinungsstreits sind gering, weil bei unwesentlichen Änderungen jedenfalls die Verfahrenserleichterungen gem Abs 2 und 3 Platz greifen, Knack/Henneke 11 unter Hinweis auch auf BVerwGE 84, 34.

[29] BVerwGE 75, 219 = NVwZ 1987, 578: Im Änderungsverfahren nach § 76 Abs 1 kann die Planfeststellungsbehörde über den Gegenstand und den Umfang des Änderungsantrags hinausgehen; Knack/Henneke 19 unter Bezugnahme auf BVerwGE 75, 219: keine formelle Bindung, materiell jedoch verpflichtet, das Abwägungsgebot und die Ausgewogenheit der Gesamtplanung zu beachten; s auch StBS 15.

[30] Zu der Systematik der Planänderungen näher Keilich, Das Recht der Änderung in der Fachplanung, 2001; ders LKV 2004, 97; Bell/Herrmann NVwZ 2004, 288.

einem einzigen Plan in der durch den Änderungsbeschluss erreichten Gestalt (BVerwG NVwZ 2015, 79 mwN). Eine (teilweise) Aufhebung des bestehenden Beschlusses durch Rücknahme oder Widerruf (§§ 48f VwVfG) ist nicht erforderlich (s auch Rn 23). Zum Sonderfall der Planrechtfertigung bei der Änderung von Lärmschutzanlagen vgl § 75 Rn 47.

2. Änderungen vor Feststellung des Plans. Bei Änderungen des Plans vor der Planfeststellung handelt es sich durchweg um Entwurfsänderungen. Sonderregelungen sind nur bei fortgeschrittenem Verfahrensstadium nötig: Unproblematisch sind Änderungen des Plans **vor der Auslegung.** Sie bedürfen keiner speziellen Regelung, weil sie schlicht in den Planentwurf eingearbeitet werden können. **Nach der Auslegung** bis zum Erlass des Planfeststellungsbeschlusses gilt im Wesentlichen **§ 73 Abs 8** und erleichtert Änderungen des ausgelegten Plans durch zwei vereinfachte Verfahrensweisen: Können durch die Änderungen Aufgabenbereiche von Behörden oder Belange Dritter erstmals oder stärker als bisher berührt werden, ist nur eine Anhörung der zusätzlich Betroffenen durchzuführen. Wirkt sich die Planänderung auf dem Gebiet einer Gemeinde aus, in der bisher noch keine Planauslegung stattgefunden hatte, ist sie dort nachzuholen (Einzelheiten unter § 73 Rn 135ff). 17

3. Änderungen nach Erlass des Planfeststellungsbeschlusses. a) Während der Bauphase gilt **§ 76,** wenn der festgestellte Plan vor Fertigstellung des Vorhabens geändert werden soll, sofern fachrechtlich keine spezielleren Regelungen einschlägig sind. Diese Regelungen sind auch schon vor Beginn der Ausführung des Vorhabens (s Rn 11) anwendbar, nicht aber nach seiner Fertigstellung. Die Regelungen des § 76 schließen die Anwendung der allgemeinen Vorschriften nicht aus, wenn sie sich für den Vorhabenträger als günstiger erweisen (s oben Rn 3). Zu beachten ist, dass § 76 nur das Verfahren regelt, nicht aber die materiellen Voraussetzungen der Planänderung. Insoweit ist das maßgebliche Fachrecht einschlägig. Umstritten, richtigerweise aber zu bejahen, ist, ob bei Einschränkungen des ursprünglichen Beschlusses die Voraussetzungen der §§ 48, 49 vorliegen müssen, sofern keine speziellen Regelungen eingreifen.[31] 18

b) Auch die **Fehlerbehebung nach § 75 Abs 1a** durch Planergänzung oder ein ergänzendes Verfahren betrifft einen bereits erlassenen, aber noch nicht bestandskräftigen Planfeststellungsbeschluss; sie ist aber unabhängig von der Ausführung oder Fertigstellung des Vorhabens, die der Vorhabenträger ggf auf eigenes Risiko vornimmt. Planergänzung und ergänzende Verfahren dienen der Behebung von Fehlern des ursprünglichen Beschlusses[32] und sind keine Planänderungsverfahren iSd § 76. Gleichwohl gilt die Vorschrift zT entspr kraft besonderer fachgesetzlicher Anordnung;[33] ansonsten gelten die Vorschriften des Ausgangsverfahrens (s auch § 75 Rn 35a). 18a

4. Nach Fertigstellung des Vorhabens auf der Grundlage eines bestandskräftigen Planfeststellungsbeschlusses gelten die allgemeinen Regeln der Fachplanungsgesetze. Sie ordnen für Änderungen des Vorhabens das Rechtsregime für die erstmalige Errichtung (den Bau) der Anlage an. Änderung und Errichtung werden insofern im Wesentlichen gleichgestellt (vgl § 18 S 1 AEG; § 43 Abs 1 EnWG; § 17 S 1 FStrG; § 8 Abs 1 S 1 LuftVG; § 1 Abs 1 MBPlG; § 14 Abs 1 WaStrG). Anlagenänderungen müssen daher im Grundsatz **wie neue Vorhaben** 19

---

[31] So auch Knack/Henneke 20; **aA** VG München, B v 6.3.2007, juris; Ziekow VerwArch 2008, 559, 576 (erst nach Fertigstellung des Vorhabens); StBS 1; Hüting/Hopp UPR 2003, 1, 7.

[32] HM, vgl BVerwGE 102, 358; BVerwG NWwZ 2003, 485; StBS § 75 Rn 51; Knack/Henneke § 75 30; Jarass DVBl 1997, 795; Ziekow Fachplanungsrecht § 3 Rn 266.

[33] So derzeit die vom IPBeschlG erfassten Fachplanungsgesetze, vgl § 17d FStrG, § 18d AEG, § 14d WaStrG, § 43d EnWG, § 2c MbPlG.

behandelt werden: Für sie ist ein neuer Plan einzureichen, für den verfahrensrechtlich ein eigenständiges Planfeststellung durchgeführt wird, an dessen Ende, falls der Plan nicht abgelehnt wird, ein Planänderungsbeschluss etwas anderes vorsehen. Dies ist etwa für **Infrastrukturvorhaben** nach dem AEG, EnWG, FStrG, MBPlG, LuftVG und WaStrG aufgrund der Änderungen durch das IPBeschlG der Fall. Danach kommt bei Vorhabenänderungen mit geringen Auswirkungen anstelle der Planfeststellung eine Plangenehmigung nach § 74 Abs 6 in Betracht; bei unwesentlichen Änderungen entfallen Planfeststellung und Plangenehmigung gem § 74 Abs 7.

20 **5. Aufhebung und Außerkrafttreten des Plans.** Für die spätere teilweise oder vollständige Aufhebung von Planfeststellungsbeschlüssen enthält das Gesetz nur wenige Spezialvorschriften. So tritt nach § 75 Abs 4 ein Planfeststellungsbeschluss automatisch außer Kraft, wenn mit der Durchführung nicht innerhalb von fünf Jahren nach dem Eintritt der Unanfechtbarkeit begonnen wurde (s hierzu § 75 Rn 55). Für den Fall der endgültigen Aufgabe eines Vorhabens sieht § 77 die Aufhebung des Planfeststellungsbeschlusses und eine Folgenbeseitigung vor. Diese Bestimmung kann auch bei einer teilweisen Aufgabe zur Anwendung kommen (s § 77 Rn 1). Von diesen Sonderfällen abgesehen enthält das Gesetz keine ausdrückliche Regelung darüber, auf welche Weise ein Planfeststellungsbeschluss aufgehoben werden kann. Die hM geht davon aus, dass die vollständige oder teilweise Aufhebung von Planfeststellungsbeschlüssen unter den Voraussetzungen der §§ 48, 49 zulässig ist.[34] Das kommt etwa in Betracht, wenn Betriebsregelungen widerrufen oder die Anlage oder ihre Nutzung so reduziert werden soll, dass keine Betroffenheiten entstehen, die planerisch bewältigt werden müssen. Anderenfalls handelt es sich um eine planfeststellungsbedürftige Anlagenänderung.

III. Planänderung durch ein neues Planfeststellungsverfahren (Abs 1)

21 **1. Allgemeines. a) Grundsatz des neuen Verfahrens.** Nach Abs 1 ist für die Änderung eines durch Planfeststellungsbeschluss nach § 74 festgestellten Plans, die noch vor Fertigstellung des Vorhabens beantragt wird, im Grundsatz (dh vorbehaltlich des Abs 2) ein neues Planfeststellungsverfahren erforderlich, auf das aber in Fällen von unwesentlicher Bedeutung entweder nach Abs 2 verzichtet werden kann oder jedenfalls die Erleichterungen des Abs 3 zur Anwendung kommen können. Ist ein neues Planfeststellungsverfahren nach Abs 1 oder, weil die Planänderung nicht iS von Abs 3 von unwesentlicher Bedeutung ist, kraft Gesetzes erforderlich oder entscheidet sich die Planfeststellungsbehörde gem Abs 2 dafür, so richtet es sich nach §§ 72ff. Betreffen die Änderungen nur ein räumlich und funktional vom übrigen Planbereich abgegrenztes Gebiet, so kann die Planfeststellung auf dieses Gebiet beschränkt werden (vgl BVerwG NVwZ-RR 1990, 286).

22 **b) Keine abschließende Regelung. Umstritten** ist, ob die Änderung eines Planfeststellungsbeschlusses nach Abs 1 unter den Voraussetzungen des § 74 Abs 6 **auch im Rahmen eines Plangenehmigungsverfahrens** erfolgen oder unter den noch engeren Voraussetzungen des § 74 Abs 7 sogar gänzlich ohne förmliche Planänderung durchgeführt werden kann. Dies wird **von der hM zu Recht bejaht.**[35] Teilweise wird demgegenüber die Regelung in § 76 für den Fall der Planänderung vor Fertigstellung des Vorhabens als abschließende Rege-

---

[34] BVerwG DVBl 1998, 37, 39; Ziekow VerwArch 2008, 559, 579 mwN; zum Luftrecht vgl Wysk in Ziekow, Aktuelle Fragen, 41, 50ff; krit Obermayer 41; s hierzu auch § 72 Rn 21; § 77 Rn 1.

[35] BVerwG NVwZ 2003, 1381; Knack/Henneke 36; FKS 6.

lung angesehen.[36] Dies ist nicht überzeugend. Es ist nicht ersichtlich, weshalb das in Abs 1 vorgesehene neue Planfeststellungsverfahren allein mit den Erleichterungen nach Abs 2, 3, nicht aber mit den Mitteln des § 74 Abs 6, 7 durchgeführt werden dürfte (s auch oben Rn 3).

2. Besonderheiten der Planänderung. Von einem regulären Planfeststellungsverfahren gem §§ 72 ff unterscheidet sich das Planänderungsverfahren nach Abs 1 nur dadurch, dass zugleich auch **der ursprüngliche Planfeststellungsbeschluss Gegenstand des Verfahrens** wird. Das gilt jedenfalls insoweit, als er ganz oder zum Teil abgeändert wird. Ursprüngliche und neue Planfeststellung bilden eine rechtliche Einheit (s Rn 16a; BVerwGE 61, 307; Jarass DVBl 1997, 799). Eine förmliche Aufhebung des ursprünglichen Planfeststellungsbeschlusses vor oder zu Beginn des Verfahrens ist deshalb weder geboten noch idR zweckmäßig[37] und insoweit, als durch die ursprüngliche Planfeststellung Rechte Beteiligter begründet wurden, uU auch nicht zulässig. Der auf Grund des Änderungsverfahrens ergehende neue Planfeststellungsbeschluss entscheidet zugleich, ob und inwieweit der ursprüngliche Planfeststellungsbeschluss, ggf mit den Änderungen, die der nunmehr ergehende Beschluss vorsieht, weiter bestehen und gelten soll.[38] Er kann auch die weitergeltenden Teile des ursprünglichen Planfeststellungsbeschlusses unmittelbar in die durch ihn verfügte Regelung einbeziehen und formell den ursprünglichen Planfeststellungsbeschluss aufheben (vgl BVerwG DVBl 1986, 1008; StBS 16). In jedem Fall handelt es sich in der Sache für die Zukunft nur noch um einen einzigen Plan in der durch den Änderungsplanfeststellungsbeschluss erreichten Gestalt.[39] 23

IV. Planänderung von unwesentlicher Bedeutung (Abs 2)

1. Allgemeines. Nach Abs 2 kann ein nach Abs 1 an sich erforderliches neues Planfeststellungsverfahren unter zwei Voraussetzungen unterbleiben. Erstens muss es sich um **Änderungen von unwesentlicher Bedeutung** (zum Begriff der unwesentlichen Bedeutung siehe unten Rn 28) handeln, zweitens dürfen **Belange anderer nicht berührt** werden oder die Betroffenen müssen zugestimmt haben.[40] Die Regelung trägt dem Umstand Rechnung, dass das Vorhaben bereits zu einem früheren Zeitpunkt einer öffentlichen Kontrolle unterzogen wurde und Träger öffentlicher Belange und Betroffene umfassende Gelegenheit hatten, ihre Anregungen, Bedenken oder Einwendungen effektiv geltend zu machen. Das kann es rechtfertigen, in diesen Fällen auf ein neues Planfeststellungsverfahren zu verzichten. Denn die Funktion des Planfeststellungsverfahrens ist es, die Zielsetzung und Abwägung der Planung eines Vorhabens einem Verfahren der allseitigen Erörterung zu öffnen.[41] Liegen die Voraussetzungen des Abs 2 vor, steht es im pflichtgemäßen **Ermessen der Planfeststellungsbehörde,**[42] ob sie auf die Durchführung eines Planfeststellungsverfahrens gänzlich verzichtet oder aber ein vereinfachtes Verfahren nach Abs 3 durchführt. 24

2. Entscheidung über das Absehen von der Planfeststellung. Die Entscheidung der Planfeststellungsbehörde über das Absehen von einer Planfeststel- 25

[36] So zB Keilich, S. 190; Bell/Herrmann NVwZ 2004, 290.
[37] Vgl StBS 4; Obermayer 20 und 29.
[38] Vgl BVerwG DVBl 1992, 716; VGH München NVwZ 1989, 686; VGH Mannheim VBlBW 1992, 425.
[39] BVerwGE 61, 369; 75, 233; VGH München BayVBl 1985, 400.
[40] VGH Mannheim NuR 1997, 449; weiter Ziekow VerwArch 2008, 559, 578.
[41] BVerwGE 75, 230 = NVwZ 1987, 579; BVerwG NJW 1990, 926.
[42] StBS 23; Knack/Henneke 33; FKS 26; Ziekow Fachplanungsrecht § 3 Rn 288; Hüting/Hopp UPR 2003, 1, 4.

lung ist insofern gerichtlich voll überprüfbar, ob die Voraussetzungen des Abs 2 vorliegen.[43] Liegen sie vor, entscheidet die Behörde nach pflichtgemäßem Ermessen (s oben Rn 24), das nur gem § 114 VwGO überprüft werden kann. Das Ermessen kann durch zwingende **Vorschriften des UVPG** auf Null reduzieren sein. Ist die Änderung selbst bereits UVP-pflichtig, wird es sich schon nicht um ein Vorhaben von unwesentlicher Bedeutung handeln können, weil ein Trägerverfahren für die UVP erforderlich ist. Gleiches gilt, wenn die nach § 3e Abs 1 Nr 2 UVPG **erforderliche Vorprüfung** ergibt, dass die Änderung erhebliche Auswirkungen auf die Umwelt haben kann. Richtet sich die Änderung auf ein Vorhaben, das bereits der UVP-Pflicht unterliegt, so ist in den Fällen des § 3e Abs 1 Nr 1 UVPG **(Überschreitung der Schwellenwerte)** ein Verzicht auf die Planfeststellung unzulässig.

26 Die **Entscheidung der Planfeststellungsbehörde,** von einem Planfeststellungsverfahren wegen Vorliegens der Voraussetzungen des Abs 2 abzusehen, hat die **Rechtsnatur eines VA.** Geht es um die Änderung eines UVP-pflichtigen Vorhabens, so handelt es sich zugleich um eine Entscheidung nach § 3a UVPG, die **gem § 3a S 2 UVPG öffentlich bekannt zu machen** ist.[44] Richtigerweise ist mit der hM[45] anzunehmen, dass mit der Entscheidung, von einem Planfeststellungsverfahren abzusehen, zugleich über die Zulässigkeit des Vorhabens entschieden wird. Einer besonderen Zulassungsentscheidung bedarf es daneben nicht mehr. Teilweise wird demgegenüber angenommen, einer förmlichen Entscheidung über das Absehen von der Planfeststellung bedürfe es nicht, ausreichend sei vielmehr die unmittelbare Zulassung des Vorhabens durch VA (Knack/Henneke 33).

27 **3. Planänderung von unwesentlicher Bedeutung. a) Allgemeines.** Maßstab für die Frage, ob die Änderung von unwesentlicher Bedeutung ist oder nicht, ist das Ausgangsvorhaben, also die bereits abgeschlossene Planfeststellung bzw Plangenehmigung. Es kommt nach zutreffender hM deshalb darauf an, ob **Umfang, Zweck und Auswirkungen des Vorhabens** in ihren Grundzügen gegenüber dem bisher geplanten wesentlich verändert werden sollen oder nicht.[46] Als unwesentlich ist eine Planänderung entsprechend dem Zweck der Regelung nur dann anzusehen, wenn sie **Abwägungsvorgang und Abwägungsergebnis nach Struktur und Inhalt nicht berührt,** also die Frage sachgerechter Zielsetzung und Abwägung der Gesamtplanung nicht erneut aufwerfen kann (BVerwG NJW 1990, 925), dh, wenn die Gesamtkonzeption, insb Umfang und Zweck des Vorhabens, dieselbe bleibt.[47] Das wird stets der Fall sein, wenn Umfang und Zweck des Vorhabens unverändert bleiben und wenn zusätzliche, belastendere Auswirkungen von größerem Gewicht sowohl auf die Umgebung als auch hinsichtlich der Belange Einzelner nicht zu erwarten sind.[48]

28 Der **Begriff der unwesentlichen Bedeutung** in Abs 2 darf nicht verwechselt werden mit demselben Begriff in § 74 Abs 7, weil ersterer mit der Änderung

---

[43] Vgl Ronellenfitsch 67 mwN; Stüer DVBl 1990, 37; Knack/Henneke 29: voll nachprüfbar; uU aber Einschränkungen wie bei Prognoseentscheidungen.

[44] FKS 27; **aA** wohl Knack/Henneke 33, wonach die auf die Planfeststellung bezogenen Gebote des UVP-Rechts keine Anwendung finden sollen.

[45] StBS 24; Ziekow, Fachplanungsrecht, § 3 Rn 289; Keiling S 198; Hüting/Hopp, UPR 2003, 1, 5; Bell/Hermann NVwZ 2004, 288; zT **aA** FK 28: Entscheidung hat keine Zulassungswirkung.

[46] BVerwGE 101, 347; 81, 95, 104; BVerwG NVwZ 2010, 584; StBS 18; Knack/Henneke 28.

[47] BVerwGE BVerwGE 61, 310; 75, 218 = NVwZ 1987, 578; Obermayer 26; Ronellenfitsch 94; StBS 18; Knack/Henneke 28; Keilich S 70f.

[48] BVerwG NJW 1990, 926; vgl auch BVerwGE 48, 56; 61, 310; VGH Mannheim NVwZ 1986, 663 – wenn eine rechtserhebliche Beeinträchtigung der im Gesetz genannten Schutzgüter unter jedem denkbaren Gesichtspunkt ausgeschlossen werden kann.

einer Planung einen **anderen Bezugspunkt** hat.[49] Wie sich aus der Systematik des Gesetzes und aus Abs 3 schließen lässt, kommt es für die wesentlichen oder unwesentlichen Änderungen nicht darauf an, ob die Änderung erstmalig oder zusätzlich Rechte anderer berührt oder nicht. Vielmehr **schließt die Berührung von Rechten Dritter die Unwesentlichkeit nicht aus.** Allerdings dürfen diese Beeinträchtigungen nicht so ein Gewicht haben, dass sich die Genehmigungsfrage wesentlich anders gestellt hätte, wenn die Änderung bereits von vorneherein in die Planfeststellung einbezogen worden wäre. Umgekehrt ergibt sich daraus, dass Rechte anderer nicht berührt werden oder dass die Betroffenen zugestimmt haben, noch nicht, dass die Änderungen auch im Übrigen, nämlich in Bezug auf öffentliche Interessen, von unwesentlicher Bedeutung sind.

b) Praktische Beispiele. Die nicht im formlosen Verfahren getroffene (vgl Rn 14) Anordnung von Schutzauflagen nach § 75 Abs 2 S 2 wird idR zB die Ausgewogenheit der Gesamtplanung nicht berühren und zumeist als unwesentliche Änderung anzusehen sein.[50] Gleiches gilt für sonstige Planergänzungen[51] oder kleine räumliche Verschiebungen baulicher Anlagen oder Veränderungen ihrer Erscheinungsform. Dagegen ist zB eine nachträglich notwendig gewordene Verlegung der Trassenführung einer Straße (Obermayer 26f) oder der Richtung der Startbahnen eines Flughafens nicht von unwesentlicher Bedeutung. 29

4. Keine Berührung von Rechten oder Zustimmung. a) Berührung von Rechten anderer. Zusätzlich zu der Voraussetzung der unwesentlichen Bedeutung wird für die Anwendbarkeit des Abs 2 verlangt, dass von der Änderung keine Rechte Dritter berührt werden oder dass die Betroffenen zugestimmt haben. Eine Berührung der Belange Dritter kommt einmal in Betracht, wenn diese erstmalig von der Änderung, zB einer Erweiterung, betroffen sein würden, oder wenn sie von der Änderung in ihren Belangen stärker als in der ursprünglichen Planfeststellung vorgesehen beeinträchtigt werden (s näher zur Beeinträchtigung von Belangen § 73 Rn 71). 30

b) Zustimmung Betroffener. Die Zustimmung Betroffener genügt nur, wenn sie ausdrücklich und in schriftlicher Form oder mündlich zu Protokoll erklärt wird (StBS 22; Knack/Henneke 32), und wenn sicher ist, dass weitere Personen nicht betroffen sein können. Die Regelung erfordert es, dass sämtliche materiell betroffenen Personen ihre Zustimmung erklären. Das ergibt sich aus dem systematischen Zusammenhang mit dem alternativ geforderten Tatbestandsmerkmal, wonach Rechte anderer nicht berührt sein dürfen. Die betroffenen Rechte müssen materieller Natur sein; formelle Beteiligungsrechte reichen nicht aus.

5. Ermessen. Auch wenn die Voraussetzungen gem Abs 2 gegeben sind, steht es im Ermessen der Planfeststellungsbehörde, ob sie von dieser Möglichkeit Gebrauch machen will (StBS 23; Knack/Henneke 33; UL § 43 Rn 4; zT enger zugunsten des Trägers des Vorhabens Ronellenfitsch 67 und Vw 1990, 348). Der Antragsteller hat hinsichtlich der Planänderungsgenehmigung nur ein formelles subjektives Recht auf fehlerfreien Ermessensgebrauch (StBS 24). Soweit es sich um gänzlich geringfügige Änderungen oder um eindeutige Verbesserungen handelt, die die nachteiligen Auswirkungen des Vorhabens verringern, und auch die übrigen Voraussetzungen nach Abs 2 erfüllt sind, wäre es aber idR ermessensfehlerhaft, wenn die Behörde auf der Durchführung eines Planfeststellungsverfahrens bestehen würde. 31

---

[49] BVerwGE 84, 31, 34; StBS 18; FKS 23; ausführlich hierzu Keilich, S 52ff auch zu anderen umweltrechtlichen Referenzen des Begriffs der Wesentlichkeit (§ 16 BImSchG; § 35 Abs 2 KrWG).

[50] BVerwG NJW 1990, 926; StBS 20; UL § 43 Rn 4.

[51] BVerwGE 127, 95, 118; StBS 3.

V. Vereinfachtes Planfeststellungsverfahren (Abs 3)

32 **1. Allgemeines.** Abs 3 ermächtigt die Behörde, bei Planfeststellungsverfahren nach Abs 1, also zum Zweck der Planänderung vor Fertigstellung des Vorhabens, ein vereinfachtes Verfahren durchzuführen, wenn es sich um Planänderungen von unwesentlicher Bedeutung handelt. Erfasst werden zum einen die Fälle des Abs 2, in denen die Planfeststellungsbehörde nicht von einem Planfeststellungsverfahren absehen will (s oben Rn 25), zum anderen aber auch sonstige Fälle einer Planänderung von unwesentlicher Bedeutung, in denen Rechte Dritter berührt werden und keine Zustimmung vorliegt. Die Vereinfachung besteht nach Abs 3 darin, dass es keines Anhörungsverfahrens und keiner öffentlichen Zustellung des Planfeststellungsbeschlusses bedarf. Die Entscheidung, von dieser Vereinfachung Gebrauch zu machen, liegt im pflichtgemäßen Ermessen der Planfeststellungsbehörde.

33 **2. Voraussetzungen. a) Allgemein.** Es müssen zunächst sämtliche Voraussetzungen des Abs 1 erfüllt sein, dh es muss sich um eine Planänderung iS des Abs 1 vor Fertigstellung des Vorhabens handeln. Die Regelung ist auch auf die Änderung von Plangenehmigungen vor Fertigstellung des plangenehmigten Vorhabens anwendbar (Knack/Henneke 40). Ob diese Voraussetzungen erfüllt sind, ist **gerichtlich voll überprüfbar.** Sind sie erfüllt, so ist das Ermessen der zuständigen Planfeststellungsbehörde eröffnet. Zusätzlich sind wiederum die **Anforderungen des UVPG** zu berücksichtigen. Ist das Vorhaben UVP-pflichtig, so scheidet ein vereinfachtes Verfahren aus, weil dann die verfahrensrechtlichen Anforderungen des UVPG in einem regulären Planfeststellungsverfahren zu erfüllen sind.

34 **b) Planänderung in den Fällen des Abs 2.** Nach der ersten Alternative des Abs 3 muss es sich um eine Planänderung in einem Fall des Abs 2 handeln. Das bedeutet, dass es sich nicht nur um eine Planänderung von unwesentlicher Bedeutung handeln muss (zu diesem Begriff s oben Rn 28), sondern dass auch **Rechte anderer nicht berührt** sein dürfen, sofern sie dem Vorhaben nicht zugestimmt haben. In dieser Alternative ist der praktische Anwendungsbereich begrenzt, weil die Planfeststellungsbehörde in den Fällen des Abs 2 regelmäßig von der dort vorgesehenen Möglichkeit eines Absehens von der Planfeststellung Gebrauch machen wird.

35 **c) Andere Fälle einer Planänderung von unwesentlicher Bedeutung.** Die zweite Alternative des Abs 3 ist von größerer praktischer Bedeutung. Sie dehnt die Anwendbarkeit der Verfahrenserleichterungen auf alle Fälle einer Planänderung von unwesentlicher Bedeutung **vor der Fertigstellung** des Vorhabens aus. Einzige und entscheidende Frage ist hier, ob die Änderung von unwesentlicher Bedeutung ist oder nicht (siehe hierzu oben Rn 28). Allein der Umstand, dass Rechte anderer berührt sind, schließt die Annahme einer unwesentlichen Bedeutung danach nicht aus.

36 **3. Rechtsfolgen.** Ob die Planfeststellungsbehörde unter den Voraussetzungen des Abs 3 von den Verfahrenserleichterungen ganz oder teilweise Gebrauch macht oder nicht, steht in ihrem **pflichtgemäßen Ermessen.** Mit der nach Abs 3 möglichen Vereinfachung bedarf es keines Anhörungsverfahrens und keiner öffentlichen Bekanntgabe des Planfeststellungsbeschlusses. Anwendbar bleiben jedoch auch hier § 73 Abs 2 (Einholung der Stellungnahmen der Behörden, MB 7; Obermayer 69), § 74 Abs 1 (Entscheidung durch Planfeststellungsbeschluss, Bekanntgabe der Entscheidung – außer durch öffentliche Bekanntgabe – und Rechtsbehelfsverfahren), § 74 Abs 2 S 2–4 (Schutzanordnungen, iSv), § 74 Abs 4 S 1 (Zustellung der Entscheidung), § 75 Abs 1 und Abs 2 S 1 (Entscheidungswirkungen), § 75 Abs 2 S 2 ff (nachträgliche Schutzanordnungen) wie auch sonst bei Planfeststellungsbeschlüssen (s Obermayer 40). Außerdem sind die Be-

troffenen jedenfalls nach § 28 zu hören (StBS 28; ähnlich Obermayer 34; Knack/Henneke 35; MB 7).

a) Entfallen des Anhörungsverfahrens. Nach Abs 3 entbehrlich ist lediglich die Durchführung des Auslegungs- und Anhörungsverfahrens nach § 73 Abs 3, 4 vor der Anhörungsbehörde. Hierzu zählt die ortsübliche Bekanntmachung nach § 73 Abs 5 und die Erörterung der Einwendungen nach § 73 Abs 6. Für Betroffene muss unabhängig davon eine Anhörung nach § 28 erfolgen. Auch sonstige Beteiligungsrechte, die unabhängig vom Anhörungsverfahren eingeräumt werden, bleiben bestehen. Das gilt nach gegenwärtiger Rechtslage etwa für die anerkannten Naturschutzvereine.[52] 37

b) Entfallen der öffentlichen Bekanntgabe. Eine öffentliche Bekanntgabe des Planfeststellungsbeschlusses ist nach Abs 3 entbehrlich. Die Formulierung ist deshalb unglücklich, weil in **§ 74 Abs 4 S 2 und Abs 5** nicht von einer Bekanntgabe, sondern von einer Zustellung die Rede ist. Gleichwohl ist davon auszugehen, dass Abs 3 gerade von den Anforderungen dieser Vorschriften entbinden wollte.[53] Die Vorschrift kommt richtigerweise aber nur zur Anwendung, wenn die Betroffenen sämtlich bekannt sind, sodass ihnen gegenüber die Zustellung individuell erfolgen kann. Anderenfalls wird es bei den Erfordernissen der öffentlichen Zustellung bleiben müssen (so StBS 28; FKS 33). 38

VI. Rechtsschutzfragen

1. Allgemeines. Bei der Entscheidung, von einem neuen Planfeststellungsverfahren abzusehen, handelt es sich um einen **VA,** der nach § 44a S 2 VwGO gesondert angefochten bzw im Falle einer Reduktion des Ermessens auf Null mit einer Verpflichtungsklage erzwungen werden kann. Die Entscheidung über die Änderung des festgestellten Planfeststellungsbeschlusses und die Änderung selbst bzw die Ablehnung einer Änderung erfolgt ebenfalls durch VA, auf den jedoch die für Planfeststellungsbeschlüsse geltenden Vorschriften gem § 74 über die Bekanntgabe – uU mit Ausnahme der öffentlichen Bekanntgabe (vgl Abs 3) –, über den Ausschluss des Vorverfahrens nach § 75, über die Konzentrationswirkung, über Schutzanordnungen usw grds Anwendung finden.[54] 39

2. Beschränkung auf Änderungswirkung. Regelmäßig wird der Änderungsbeschluss nur noch insoweit angefochten werden können, als eine **erstmalige oder zusätzliche Beeinträchtigung** vorliegt.[55] Etwas anderes wäre anzunehmen, wenn der Änderungsbeschluss ähnlich wie ein Zweitbescheid das gesamte Vorhaben erneut feststellt. Dieser Fall dürfte indessen schon aus materiellrechtlichen Gründen kaum vorkommen, weil er hinsichtlich der bereits planfestgestellten Teile des Vorhabens zu einer Verschlechterung der Rechtsposition des Vorhabenträgers führen würde. Denkbar ist aber, dass ein Planfeststellungsbeschluss während eines anhängigen gerichtlichen Verfahrens geändert wird. Dann kann der Änderungsbeschluss in das laufende Verfahren einbezogen werden (BVerwG 120, 276, 284; 100, 238, 255; OVG Hamburg NordÖR 2006, 123 – Airbus). Im Falle einer formlosen Änderung des Planfeststellungsbeschlusses stellt sich die Frage, ob das Widerspruchsverfahren entsprechend §§ 72, 70 entfällt. Dies ist zu bejahen (§ 74 Rn 133). 40

---

[52] StBS 28; Jarass NuR 1997, 426; Hüting/Hopp UPR 2003, 1, 6.
[53] StBS 28; FK 33.
[54] StBS 17; Obermayer 31; aA Knack/Henneke 33 mwN unter Hinweis auf Abs 3, der es der Behörde ermöglicht, die Wirkungen der Planfeststellung auch in einem vereinfachten Verfahren herbeizuführen, wenn sie dies wünscht.
[55] VGH Mannheim NVwZ 1986, 663; StBS 16; Jarass DVBl 1997, 795; Hüting/Hopp UPR 2003, 1, 8.

41 **3. Klagebefugnis.** Voraussetzung für die Klagebefugnis gem § 42 Abs 2 VwGO ist, dass der Kläger geltend macht, gerade durch den Änderungsbeschluss in seinen Rechten verletzt zu sein. Es kommen deshalb nur diejenigen als Kläger in Betracht, deren Rechte gerade durch die nachträglichen Festlegungen beeinträchtigt werden. Für die Klagerechte von anerkannten Naturschutzverbänden gelten die Regelungen in §§ 63 f BNatSchG bzw die entsprechenden Regelungen der Länder sowie die Regelungen des UmwRG. S näher § 75 Rn 98 ff.

§ 77 Aufhebung des Planfeststellungsbeschlusses

Wird ein Vorhaben, mit dessen Durchführung begonnen worden ist,[3] endgültig aufgegeben,[3a] so hat die Planfeststellungsbehörde den Planfeststellungsbeschluss aufzuheben.[5] In dem Aufhebungsbeschluss sind dem Träger des Vorhabens die Wiederherstellung des früheren Zustands oder geeignete andere Maßnahmen aufzuerlegen, soweit dies zum Wohl der Allgemeinheit oder zur Vermeidung nachteiliger Wirkungen auf Rechte anderer erforderlich ist.[7] Werden solche Maßnahmen notwendig, weil nach Abschluss des Planfeststellungsverfahrens auf einem benachbarten Grundstück Veränderungen eingetreten sind, so kann der Träger des Vorhabens durch Beschluss der Planfeststellungsbehörde zu geeigneten Vorkehrungen verpflichtet werden; die hierdurch entstehenden Kosten hat jedoch der Eigentümer des benachbarten Grundstücks zu tragen, es sei denn, dass die Veränderungen durch natürliche Ereignisse oder höhere Gewalt verursacht worden sind.[11]

Schrifttum: *Buchner,* Aufhebung von Planfeststellungsbeschlüssen, in Ziekow (Hg), Bewertung von Fluglärm – Regionalplanung – Planfeststellungsverfahren, 2003, 261; *Gerlach,* Geltungsdauer von Planfeststellungsbeschlüssen, 2006; *Grupp,* Aufhebung von Planfeststellungsbeschlüssen durch die Verwaltung, DVBl 1989, 81; *Kutscheidt,* Das stillgelegte Atomkraftwerk, NVwZ 1987, 33; *Ronellenfitsch,* Verzicht auf Planfeststellung, in Blümel (Hg), Abweichungen von der Planfeststellung, 1990, 157. *Traulsen/Haidinger,* Die endgültige Aufgabe planfeststellungsbedürftiger Vorhaben, NuR 2009, 697. S im Übrigen zu § 72 und § 73.

Übersicht

I. Allgemeines

1 **1. Inhalt.** Die Vorschrift betrifft sog **steckengebliebene Vorhaben.** Sie verpflichtet die Planfeststellungsbehörde bei bereits begonnenen Vorhaben, die dann

aber endgültig aufgegeben wurden, im Interesse der Rechtsklarheit den Planfeststellungsbeschluss aufzuheben (S 1), und ermächtigt sie, Maßnahmen anzuordnen, die im Interesse des Gemeinwohls oder zum Schutz der Rechte Dritter erforderlich sind (Obermayer 4). Zugleich enthält sie eine § 75 Abs 2 S 2 entsprechende Regelung der Kostentragung in besonderen Fällen. Die letztgenannte Befugnis ist insb für Vorhaben von Bedeutung, um die sich der Träger nicht mehr kümmert und die oft die Landschaft verunstalten, Gefahren für die Allgemeinheit verursachen oder Belange Dritter beeinträchtigen, obwohl die sachliche Rechtfertigung durch die Aufgabe des Vorhabens längst weggefallen ist. Bei nur **teilweiser Aufgabe** ist die Vorschrift auf den aufgegebenen Teil einer Anlage anwendbar, sofern der verbleibende Teil selbstständig bestehen kann und sich dadurch nicht ein rechtswidriger Zustand ergibt. Die Regelung entspricht der schon früher bestehenden Praxis (Grupp 27 mwN). Sie ergänzt die Regelung in § 75 Abs 4, wonach ein Planfeststellungsbeschluss automatisch außer Kraft tritt, wenn ein Vorhaben innerhalb von 5 Jahren nicht begonnen oder weitergeführt wird.

2. Anwendungsbereich. Die Vorschrift gilt unmittelbar für Planfeststellungs- 2
beschlüsse im Anwendungsbereich des VwVfG; die Verwaltungsverfahrensgesetze der Länder enthalten gleich lautende Vorschriften. Für die Anwendbarkeit kommt es nicht darauf an, ob der Planfeststellungsbeschluss bereits unanfechtbar geworden ist oder nicht (BVerwG NVwZ 1986, 835; Knack/Henneke 6). Der Planfeststellungsbeschluss muss allerdings bereits erlassen worden sein. Nach Sinn und Zweck der Vorschrift kommt auch ihre entsprechende Anwendung auf **Plangenehmigungen** in Betracht. Schließlich sind die Bestimmungen in S 2, 3 auch für den Fall anwendbar, dass ein Planfeststellungsbeschluss wegen einer erfolgreichen Anfechtung nach § 113 Abs 1 VwGO durch ein Verwaltungsgericht aufgehoben wird (Obermayer 12).

3. Verhältnis zu anderen Vorschriften. Umstritten ist, ob neben der spe- 2a
ziellen Vorschrift des § 77 noch auf die §§ 48 ff zurückgegriffen werden darf. Dies wird teilweise mit der Begründung verneint, es handele sich um eine abschließende Sonderregelung des Falles der Aufgabe eines Vorhabens im Rahmen des Planfeststellungsrechts.[1] Obwohl es sich bei der Vorschrift um eine spezielle Ausprägung des § 49 handelt, bleibt die allgemeine Befugnis der Planfeststellungsbehörde zur **Rücknahme und zum Widerruf** von Planfeststellungsbeschlüssen gem §§ 48 ff **unberührt.**[2]

II. Aufhebung des Planfeststellungsbeschlusses (S 1)

1. Beginn der Durchführung. Ihrem Wortlaut nach setzt die Vorschrift 3
voraus, dass die Aufgabe des Vorhabens erfolgt, nachdem mit der Ausführung des Vorhabens bereits begonnen worden ist. Nach Sinn und Zweck der Vorschrift muss demgegenüber – gleichsam erst recht – auch der Fall erfasst werden, in dem mit der Ausführung noch nicht begonnen wurde. Anwendbar ist die Vorschrift deshalb **auch dann, wenn mit dem Vorhaben noch nicht begonnen** worden ist.[3] Die Frage, bei welchen Vorarbeiten schon von einem Beginn der Umsetzung des Vorhabens gesprochen werden kann (erster Spatenstich), spielt deshalb keine Rolle. **Umstritten,** richtigerweise aber zu bejahen, ist die An-

---

[1] OVG Berlin DVBl 1997, 73; VGH Kassel, DVBl 1992, 1446; offen VGH Mannheim NVwZ-RR 2000, 88; Grupp DVBl 1990, 81.

[2] Str, wie hier VGH Mannheim UPR 1988, 77; UL § 43 Rn 17; MB 1; Knack/Henneke 3; Traulsen/Haidinger NuR 2009, 697, 700; Buchner, 275; nunmehr wohl auch StBS 4.

[3] Vgl BVerwG NVwZ 1986, 834; Grupp 55 und DVBl 1990, 85; Knack/Henneke 7; StBS 9; **aA** MB 2; nunmehr auch Obermayer 16.

wendbarkeit auf fertig gestellte Vorhaben, die nach Herstellung von Anfang an nicht betrieben werden.[4]

3a **2. Endgültige Aufgabe des Vorhabens (S 1).** S 1 ermächtigt und verpflichtet die Planfeststellungsbehörde dazu, den Planfeststellungsbeschluss aufzuheben, wenn ein Vorhaben endgültig aufgegeben worden ist. Auf die Gründe, die für die endgültige Aufgabe maßgebend waren, kommt es nicht an (Obermayer 10; Knack/Henneke 4). Nicht erforderlich ist auch, dass der Planfeststellungsbeschluss bereits unanfechtbar geworden war (Knack/Henneke 6). Ob ein Vorhaben endgültig aufgegeben worden ist, ist ggf durch Rückfrage beim Träger des Vorhabens zu klären, der im Aufhebungsverfahren als Beteiligter ohnehin zu hören ist. Maßgeblich für die Beurteilung der „Endgültigkeit" der Aufgabe ist aber unabhängig davon allein die auf Grund aller Umstände gewonnene **objektive Betrachtung,** die hierin mit dem Träger des Vorhabens übereinstimmen, aber auch von seiner Auffassung abweichen kann (MB 3; Knack/Henneke 4). Entscheidend ist, ob bei verständiger **Würdigung aller Umstände** des Falles unter Berücksichtigung der Gesamtkonzeption des Planungsträgers (VGH Kassel UPR 1992, 116) noch mit einer Ausführung des Vorhabens entsprechend dem festgestellten Plan gerechnet werden kann oder nicht (Obermayer 14; StBS 7; Knack/Henneke 4). Vgl zur Frage, wann die endgültige Aufgabe eines Vorhabens anzunehmen ist, auch BVerwG NVwZ 1986, 834 = DVBl 1986, 1008. Die bloße Behauptung, dass das Vorhaben nur zeitweilig nicht weitergeführt oder betrieben werde, genügt jedenfalls dann nicht, wenn den ganzen Umständen nach eine Weiterführung usw des Vorhabens **bei lebensnaher Betrachtung ausgeschlossen** erscheint.

4 **3. Entscheidung auf Antrag oder von Amts wegen.** Die Entscheidung über die Aufhebung des Planfeststellungsbeschlusses setzt nach dem Wortlaut der Vorschrift keinen Antrag voraus. Sie erfolgt bei Vorliegen der Voraussetzungen von Amts wegen. Das schließt aber nicht aus, dass Drittbetroffene einen entsprechenden Antrag stellen. Sofern sie von dem Planfeststellungsbeschluss in ihren Rechten betroffen werden bzw sind, haben sie einen Anspruch auf die Planaufhebung.[5]

5 **4. Zuständigkeit und Verfahren.** Zuständig für die Aufhebung des Planfeststellungsbeschlusses gem S 1 – wie auch für die Anordnungen gem S 2 ff – ist die Planfeststellungsbehörde. Der Aufhebungsbeschluss, der ein VA ist, ergeht in einem nichtförmlichen Verfahren, an dem der Träger des Vorhabens zu beteiligen (§ 13 Abs 2) und in dem er insb zu hören ist (§ 28). Er ist gem § 41 dem Träger des Vorhabens und allen sonstigen Beteiligten bekanntzugeben.[6]

6 **5. Wirkungen.** Die Aufhebung des Planfeststellungsbeschlusses beseitigt die Wirkungen gem § 74 Abs 2 und § 75 Abs 1 und 2 nicht mit Rückwirkung, sondern nur mit **Wirkung für die Zukunft.**[7] Umstritten ist, ob vor einer Anfechtungsklage gegen die Aufhebung grundsätzlich erst ein Widerspruchsverfahren durchzuführen ist. Dies wird teilweise mit der Begründung bejaht, dass §§ 74

---

[4] Vgl VGH Kassel NVwZ 1987, 817 zu § 11 Abs 4 S 5 AbfG: Anordnungen auch an Inhaber bereits stillgelegter Anlagen; Ziekow 1; offenbar **aA** Begr 90; Obermayer 16: nur Vorhaben, die vor ihrer Vollendung aufgegeben wurden.

[5] BVerwG NVwZ 2005, 328; 1986, 834 = DVBl 1986, 1007; Broß DÖV 1985, 517; Grupp 55 und DVBl 1990, 85; Knack/Henneke 9; StBS § 75 Rn 41; UL § 43 Rn 9; Obermayer 18; zweifelnd Stüer DVBl 1990, 37 – unter Hinweis auf § 75 Abs 4 **aA** VGH Mannheim NVwZ-RR 2000, 87.

[6] MB 2; StBS 11; UL § 43 Rn 14; zT **aA** Knack/Henneke 12: Bekanntgabe analog § 74 Abs 4 und 5.

[7] Obermayer 27; Knack/Henneke 14; **aA** Grupp DVBl 1990, 89; StBS 11; MB 1: ex tunc.

Abs 1, 70 keine Anwendung fänden.[8] Richtigerweise ist die Frage zu verneinen, da sich der Ausschluss des Widerspruchsverfahrens auch auf den **actus contrarius** bezieht (StBS 12; Knack/Henneke 13). Entsprechendes gilt für eine Verpflichtungsklage Drittbetroffener auf Aufhebung des Planfeststellungsbeschlusses.

III. Folgenbeseitigung

1. Anordnungen im Zusammenhang mit der Aufhebung (S 2–3). Die Planfeststellungsbehörde muss im Aufhebungsbeschluss nach S 1 zugleich auch die zur Wiederherstellung des früheren Zustandes bzw eines sonst vertretbar erscheinenden Zustandes erforderlichen Maßnahmen anordnen, soweit dies zum Wohl der Allgemeinheit oder zur Vermeidung nachteiliger Wirkungen auf Rechte anderer notwendig ist. Anordnungen nach S 2 können uU auch gegen frühere Unternehmer getroffen werden, wenn sie ihren Grund in deren Handlungen oder Unterlassungen haben (vgl BVerwG NVwZ 1986, 640). Die Regelung des § 77 S 2 schließt nach der Aufhebung des Planfeststellungsbeschlusses ein Vorgehen nach anderen Vorschriften, nach denen dem Verursacher oder Dritten eine Folgenbeseitigung auferlegt werden kann, nicht aus. 7

a) Allgemeine Voraussetzungen. S 2 ermächtigt die Behörde nicht zu Anordnungen „bei Bedarf" ohne zeitliche Begrenzung und in unbeschränkter Zahl, sondern grundsätzlich nur zu einer **einmaligen Anordnung aus Anlass der Stilllegung.** Ist diese Anordnung ergangen, so kann sie nur noch unter den Voraussetzungen der §§ 48, 49 geändert, ergänzt, erweitert usw werden (VGH Kassel NVwZ 1990, 383 zu § 10 AbfG). 8

b) Pflichtiger. Die Anordnung ist gegen den **Träger des Vorhabens,** dh denjenigen, der für das Vorhaben ursprünglich die Planfeststellung beantragt hatte bzw, im Fall einer inzwischen auf Grund Funktionsnachfolge oder kraft Rechtsgeschäfts eingetretenen Rechtsnachfolge (vgl MK 38 II 3; so Kopp/Schenke § 42 Rn 174 mwN), gegen den **Rechtsnachfolger,** bei wiederholter Rechtsnachfolge gegen den letzten Rechtsnachfolger und Inhaber der Anlage, zu richten.[9] Ein Auswahlermessen besteht insoweit nicht (Obermayer 24). Die Regelung ist **Ausdruck des Verursacherprinzips.** Deshalb reicht die bloße Rechtsnachfolge in das Grundeigentum idR nicht aus. Allerdings wird den Grundeigentümer eine Duldungspflicht hinsichtlich der angeordneten Maßnahmen treffen. 8a

Es kommt nicht darauf an, aus welchen Gründen das Vorhaben aufgegeben wird, insbes ob die Aufgabe des Vorhabens auf Gründen beruht, die dem Träger des Vorhabens zugerechnet werden können.[10] Mit dem Beginn der Durchführung des Vorhabens übernimmt der Vorhabenträger die Verantwortung für die Maßnahmen, weshalb ihn im Falle der Aufgabe auch die Folgen treffen. Wird er durch staatliche Anordnungen oder durch Dritte gehindert, sein Vorhaben umzusetzen, können sich Ersatzansprüche diesen gegenüber aus anderen Vorschriften ergeben; sie haben aber auf die Pflichten nach § 77 keinen Einfluss. 8b

c) Art und Umfang der Maßnahmen. Welche Maßnahmen im Einzelnen geboten sind, richtet sich nach der Art des Vorhabens. In Betracht kommen vor allem Maßnahmen zur **Wiederherstellung** des früheren oder eines gleichwertigen Zustandes sowie **Sicherungsmaßnahmen** im Interesse des Gemeinwohls bzw zum Schutz Betroffener. § 70 S 2, 2. Halbs entspricht § 74 Abs 2 S 2 und 9

[8] Traulsen/Haidinger NuR 2009, 697, 699; UL § 43 Rn 15; Obermayer 43; MB 5.

[9] Vgl VGH Kassel NVwZ 1990, 383 zu § 11 Abs 4 S 5 AbfG: nicht auch an frühere Betreiber; zT **aA** VGH Kassel NVwZ 1987, 815 = UPR 1987, 357.

[10] Nicht überzeugend Traulsen/Haidinger NuR 2009, 697, 701, die darauf abstellen wollen, ob die Gründe für die Aufgabe „in der Sphäre" des Vorhabenträgers liegen.

ermächtigt insb auch zu Schutzvorkehrungen derselben Art. Die zu § 74 dazu und zu den sonstigen Voraussetzungen gemachten Ausführungen (vgl § 74 Rn 158) gelten auch hier sinngemäß. Zulässig ist auch zB die Anordnung, Bauten abzutragen, Gräben und Vertiefungen zuzuschütten, Masten zu entfernen, Zäune und Hinweisschilder anzubringen, ferner Anordnungen, die dem Unternehmer einer schon betriebenen, nunmehr aber aufgegebenen Mülldeponie aufgibt, auf seine Kosten eine Grundwassermessstelle (Beobachtungsbrunnen) anzulegen, wenn Grundwasserkontaminierungen zu befürchten sind und sich die Deponie in Nähe einer Trinkwassergewinnungsanlage befindet (vgl VGH Kassel NVwZ 1986, 660 zu § 10 AbfG). Ist zugunsten des Vorhabenträgers bereits enteignet worden, so kommt auch eine **Rückenteignung** in Betracht (Obermayer 27). Wenn bzw soweit die Notwendigkeit von Schutzvorkehrungen bei Aufhebung des Planfeststellungsbeschlusses noch nicht erkennbar war, sind S 2, § 74 Abs 2 S 2 und § 75 Abs 2 S 1 analog anwendbar, ebenso § 75 Abs 3 (vgl Obermayer 36). Sind die danach anzuordnenden Maßnahmen untunlich oder mit den anderen nach § 77 anzuordnenden Maßnahmen unvereinbar, so haben die Betroffenen analog § 74 Abs 2 S 3, § 75 Abs 2 S 4 Anspruch auf angemessene Entschädigung in Geld (Obermayer 28). Auch darüber ist zusammen mit dem Aufhebungsbeschluss oder mit einem gesonderten Beschluss durch VA zu entscheiden.

10 **d) Anordnungspflicht.** Die Regelung verpflichtet die Behörde zum Erlass der notwendigen Folgenbeseitigungsmaßnahmen. Lediglich Art und Umfang der erforderlichen Anordnungen stehen im pflichtgemäßen Ermessen der Planfeststellungsbehörde. Dieses ist aber ein bloßes Auswahlermessen. Soweit Sicherungsmaßnahmen notwendig sind, ist die Behörde zum Tätigwerden verpflichtet. Ein **Entschließungsermessen steht ihr insoweit nicht zu.** Soweit die in Frage stehenden Anordnungen dem Schutz Dritter dienen, haben diese einen ggf im Wege der Verpflichtungsklage durchsetzbaren Anspruch darauf, dass die Behörde darüber entscheidet bzw im Falle einer Ermessensreduktion auf Null, dass eine bestimmte Anordnung ergeht bzw die Entschädigung in bestimmter Höhe festgesetzt wird (Obermayer 27; nun auch Knack/Henneke 9, 18).

11 **2. Ausnahmsweise Kostentragungspflicht des Nachbarn (S 3).** S 3 sieht für Fälle, in denen die Maßnahmen durch Veränderungen auf einem Nachbargrundstück notwendig wurden, eine der Vorschrift des § 75 Abs 2 S 5 entsprechende Regelung vor (vgl § 75 Rn 51). Anders als die Maßnahmen nach S 2 steht die Anordnung von Maßnahmen gem S 3 („kann") im Ermessen der Behörde (StBS 15; Knack/Henneke 19; nun auch Obermayer 27). Erfolgt eine solche Anordnung, so ergibt sich der Erstattungsanspruch des Trägers des Vorhabens gem S 3, 2. Halbs aus dem Gesetz. Zur Frage des Rechtswegs bei Streitigkeiten über die Erstattung vgl § 75 Rn 53. Ein Anspruch auf Geldentschädigung kommt hier bei Untunlichkeit anders als bei S 2 nicht in Betracht, weil er auch bei der mit einer Maßnahme nach § 77 S 3, 1. Halbs vergleichbaren Schutzauflage gem § 75 Abs 2 S 5, 1. Halbs durch § 75 Abs 2 S 5, 2. Halbs ausdrücklich ausgeschlossen ist. S 3, 2. Halbs entspricht wörtlich § 75 Abs 2 S 5, 1. Halbs; die Ausführungen dazu (vgl § 75 Rn 50) gelten auch hier.

§ 78 Zusammentreffen mehrerer Vorhaben

(1) **Treffen mehrere selbständige Vorhaben, für deren Durchführung Planfeststellungsverfahren vorgeschrieben sind, derart zusammen, dass für diese Vorhaben oder für Teile von ihnen nur eine einheitliche Entscheidung möglich ist,**[4 ff] **und ist mindestens eines der Planfeststellungsverfahren bundesrechtlich geregelt, so findet für diese Vorhaben oder für deren Teile nur ein Planfeststellungsverfahren statt.**[10]

(2) **Zuständigkeiten und Verfahren richten sich nach den Rechtsvorschriften über das Planfeststellungsverfahren, das für diejenige Anlage vorgeschrieben ist, die einen größeren Kreis öffentlich-rechtlicher Beziehungen berührt.**[8 ff] **Bestehen Zweifel, welche Rechtsvorschrift anzuwenden ist, so entscheidet, falls nach den in Betracht kommenden Rechtsvorschriften mehrere Bundesbehörden in den Geschäftsbereichen mehrerer oberster Bundesbehörden zuständig sind, die Bundesregierung, sonst die zuständige oberste Bundesbehörde. Bestehen Zweifel,**[12 ff] **welche Rechtsvorschrift anzuwenden ist, und sind nach den in Betracht kommenden Rechtsvorschriften eine Bundesbehörde und eine Landesbehörde zuständig, so führen, falls sich die obersten Bundes- und Landesbehörden nicht einigen, die Bundesregierung und die Landesregierung das Einvernehmen darüber herbei, welche Rechtsvorschrift anzuwenden ist.**

Schrifttum: *Blümel,* Das Zusammentreffen von Planfeststellungen, DVBl 1960, 697; *v Danwitz,* Zum Anspruch auf Durchführung des „richtigen" Verwaltungsverfahrens, DVBl 1993, 422; *Fridrich, Kleemann,* Zusammentreffen mehrerer Vorhaben, in Ziekow (Hg), Bewertung von Fluglärm – Regionalplanung – Planfeststellungsverfahren, 2003, 207, 219; *Gaentzsch,* Notwendige Folgemaßnahmen in der Fachplanung, DVBl 2012, 129; *ders,* Konkurrenz paralleler Anlagengenehmigungen, NJW 1986, 2787; *Hasselhoff,* Zusammentreffen verschiedener Planfeststellungen im Flurbereinigungsverfahren, DVBl 1989, 595; *Henseler,* Kompetenzkonflikte paralleler Gestattungsverfahren am Beispiel der Genehmigung von Atomanlagen, DVBl 1982, 390; *Jarass,* Die Abgrenzung parallel erforderlicher Anlagegenehmigungen – Für eine Konzentration von Genehmigungen, DÖV 1978, 1; *ders,* Konkurrenz, Konzentration und Bindungswirkung von Genehmigungen, 1984; *Knöpfle,* Das Zusammentreffen planfeststellungsbedürftiger Vorhaben, in: Maunz-FS 1981, 187; *Ronellenfitsch,* Das Zusammentreffen von Planungen, VerwArch 1996, 175; *ders,* Das Zusammentreffen von qualifizierten Straßenplänen mit Fachplanungen, DVBl 1998, 653; *Upmeier,* Entscheidungskonkurrenz bei Zuständigkeit mehrerer Behörden unter Berücksichtigung des Bau- und Landschaftsschutzrechts, NuR 1986, 309; *Wagner,* Die Genehmigung umweltrelevanter Vorhaben in parallelen und konzentrierten Verfahren, 1987; *Walter,* Konkurrenz von Planfeststellungsbehörden, in Ziekow (Hg), Bewertung von Fluglärm – Regionalplanung – Planfeststellungsverfahren, 2003, 193. S auch zu §§ 73 bis 75.

Übersicht

I. Allgemeines

1 **1. Inhalt. a) Zusammentreffen selbstständiger Vorhaben.** Die Vorschrift regelt Fallgestaltungen, in denen mehrere selbstständige Vorhaben, für die an sich nach verschiedenen Rechtsvorschriften getrennte Planfeststellungsverfahren durchgeführt werden müssten, in einer Weise zusammentreffen, dass für alle Vorhaben oder für Teile von ihnen nur eine einheitliche Entscheidung möglich ist. Die Notwendigkeit einer einheitlichen Entscheidung kann sich aus dem **funktionalen Zusammenhang** ergeben oder daraus, dass sie **sich räumlich überschneiden** und im Überschneidungsbereich (zB bei Bahnübergängen) eine einheitliche Planung erfolgen muss, weil die Vorhaben denselben Raum in Anspruch nehmen. Die Verfahrenskonzentration des § 78 erfasst dann aber nicht nur den Überschneidungsbereich zusammentreffender Vorhaben, sondern die Vorhaben in ihrer gesamten räumlichen Ausdehnung, mit der sie vom jeweiligen Vorhabenträger in das Verfahren eingebracht worden sind.[1] Die Notwendigkeit einheitlicher Entscheidung erzwingt ein einziges Planfeststellungsverfahren vor einer einzigen Behörde, in dem dann die zusammentreffenden Verfahren gemeinsam geprüft und in einem einheitlichen Planfeststellungsbeschluss zugelassen werden. Welches von mehreren in Betracht kommenden Planfeststellungsverfahren sich in der Konkurrenz gegen die anderen durchsetzt und allein durchgeführt wird, richtet sich nach dem in **Abs 2** verankerten **Schwerpunktprinzip.** Diese Vorschrift privilegiert nicht die bundesrechtlich geregelten Planfeststellungsverfahren gegenüber den landesrechtlichen und begründet auch keinen Vorrang von Planfeststellungsverfahren vor Bundesbehörden, sondern stellt darauf ab, in welchem Verfahren ein größerer Kreis öffentlich-rechtlicher Beziehungen betroffen ist. Dieser Leitgedanke folgt einer schon früher üblichen Praxis.[2]

2 **b) Abgrenzung zum Konzentrationsprinzip in § 75 Abs 1.** Die Regelung ist **nicht anwendbar** auf Fälle, in denen sich das eine der beiden planfeststellungsbedürftigen Vorhaben als **Folge- oder Nebenanlage** des anderen und damit nicht als selbstständiges Vorhaben darstellt. Da sich eine Planfeststellung auf sämtliche notwendigen Neben- und Folgeanlagen beziehen muss, werden derartige Anlagen von § 75 Abs 1 erfasst, weil dann von einem einheitlichen Verfahren auszugehen ist.[3] In der sachlichen Durchführung wird es zwischen den von § 78 und den von § 75 erfassten Fällen allerdings zumeist keine wesentlichen Unterschiede geben, sofern sich der Schwerpunkt iSd Abs 2 nicht verschiebt.[4]

3 **2. Verfassungsmäßigkeit.** Die Regelung begegnet keinen durchgreifenden verfassungsrechtlichen Bedenken.[5] Soweit die Vorschrift zu einer Kompetenzverlagerung führt, ist dies unter dem Aspekt der Annexkompetenz unbedenklich. Das gilt sowohl für den Fall, dass die Kompetenz von einer Landes- auf eine Bundesbehörde verlagert wird, als auch für den umgekehrten Fall, für den § 100 Nr 2 die notwendigen Vorkehrungen trifft. Die Vorschrift setzt aus kompetenz-

---

[1] BVerwG NVwZ 2005, 813 wie BVerwGE 101, 73, 80.

[2] Vgl Franke ZfW 1979, 14 mwN, auch zur früheren gegenteiligen Auffassung.

[3] BVerwG NVwZ 2011, 626 zur Verlegung einer örtlichen Bahnhofstraße im Zuge einer Fernstraßenplanung; ähnlich BVerwG NVwZ 2010, 1244, vorgehend OVG Münster NWVBl 2010, 112 zur Abgrenzung von § 75 und § 78 bei gleichzeitiger Planung einer Gemeindestraße und einer Bundesfernstraße. Zur Abgrenzung für den Fall des Rückbaus einer Bundesstraße zu einer Gemeindestraße OVG Münster, DVBl 2009, 1587.

[4] Fallkonstellationen bei Walter, in: Ziekow (Hg), Bewertung von Fluglärm – Regionalplanung – Planfeststellungsverfahren, 2003, 194 ff.

[5] Zur Verfassungsmäßigkeit von § 78 und ähnlichen Vorschriften, soweit die Regelung nicht nur bundesrechtlich geregelte Verfahren betrifft, vgl Begr 89 f; BVerfG 26, 338; BVerwGE 27, 256; 31, 263; StBS 4; Ziekow 1; Kopp BayVBl 1973, 85 ff.

rechtlichen Gründen[6] voraus, dass jedenfalls eines der Verfahren in den Anwendungsbereich des VwVfG fällt, also vor einer Bundesbehörde durchgeführt werden müsste.

3. Anwendungsbereich. a) Echtes Zusammentreffen. Die Vorschrift gilt, vorbehaltlich besonderer Detailregelungen, die gem § 1 die Anwendung ausschließen (vgl zB § 12 Abs 4 und 6, § 12a Abs 4 FStrG sowie die Bestimmungen des EKrG) für das Zusammentreffen mehrerer planfeststellungspflichtiger Vorhaben, von denen jedenfalls eines sich im Anwendungsbereich des VwVfG befindet und damit vor einer Bundesbehörde durchzuführen ist. Dies wird praktisch vor allem der Fall sein beim Zusammentreffen von eisenbahnrechtlichen Vorhaben nach § 18 AEG mit sonstigen planfeststellungsbedürftigen Vorhaben über Verkehrswege (Autobahnen, Wasserstraßen). Die Verwaltungsverfahrensgesetze der Länder enthalten aber gleich lautende Vorschriften. Damit gilt das in Abs 1 vorgesehene Konzentrationsprinzip und das in Abs 2 normierte Schwerpunktprinzip jedenfalls der Sache nach für alle Fälle des Zusammentreffens selbstständiger planfeststellungsbedürftiger Vorhaben (Bsp BVerwG NVwZ 2007, 1074 – Mühlenberger Loch). 4

b) Unechtes Zusammentreffen. Zweifelhaft ist, ob § 78 analog auf Fälle angewendet werden muss, in denen die unselbstständigen **Teile eines einzigen Vorhabens** nach unterschiedlichen Fachplanungsgesetzen zu beurteilen sind oder über ein Vorhaben mit dadurch verursachten Folgevorhaben zu entscheiden ist, auf das an sich **mehrere Fachplanungsgesetze** Anwendung finden müssten (unechtes Zusammentreffen von Planfeststellungen). Dies wird zT mit der Begründung angenommen, in diesen Fällen könne die Zuständigkeit und das Verfahren nicht davon abhängen, welcher Antrag zuerst gestellt wird bzw welche Behörde (zufällig) zuerst die Initiative ergreift oder welches Vorhaben die Veranlassung gibt.[7] Diese Auffassung ist abzulehnen. Der Zusammenhang in den Fällen des unechten Zusammentreffens ist deutlich enger als in den von Abs 1 erfassten Fällen. Daher muss in den Fällen des unechten Zusammentreffens schon aufgrund von § 75 Abs 1 einheitlich entschieden werden.[8] Zu der Frage, nach welchem Fachplanungsgesetz entschieden werden muss, s § 75 Rn 12f. 4a

Das BVerwG hat die (analoge) **Anwendung** des § 78 auf Fälle **abgelehnt,** in denen ein funktionales Gesamtvorhaben („trimodaler Hafen") aus planfeststellungsbedürftigen und **nicht der Planfeststellung zugänglichen Teilen** besteht, für die Genehmigungen oder Erlaubnisse nach anderen Vorschriften (etwa auf der Grundlage des BImSchG und der Vorschriften des Baurechts) von den dafür zuständigen Behörden zu erteilen sind (BVerwGE 151, 213 Rn 40). § 78 Abs 1 findet Anwendung, wenn ein erhöhter planerischer Koordinierungsbedarf die Verlagerung der Entscheidung auf eine einzige Planfeststellungsbehörde erzwingt; dies wird aber in der Praxis eher die Ausnahme sein. Ein nur materielles Interesse an der planerischen Koordination verschiedener Belange rechtfertigt für sich genommen noch nicht, die gesetzliche Verfahrenszuständigkeit zu ändern; nicht jeder sachliche Bezug reicht aus, um eine verfahrensrechtliche Zuständigkeit der Planfeststellungsbehörde zu begründen (BVerwGE 101, 73, 78; Buchh 316 § 74 VwVfG Nr 20 S 38 und Buchholz 316 § 78 VwVfG Nr 9 S 2). 4b

---

[6] Vgl BVerfG 26, 338; Obermayer 23; Knack/Henneke 3, 7.

[7] MB 3; vgl auch Knöpfle, in: Maunz-FS 1981, 195; **aA** Begr 89; StBS 7; Knack/Henneke 8; Obermayer 7; Ronellenfitsch VerwArch 1997, 180; Kühling DVBl 1989, 228; UL § 44 Rn 2; Franke ZfW 1979, 14: allein die Planfeststellung, die für das Vorhaben vorgeschrieben ist, von dem die Veranlassung auch für die zweite Maßnahme ausgeht.

[8] HM, vgl StBS 8; Ziekow 2; zum Begriff der Folgemaßnahme ab, BVerwG NVwZ 1989, 153 = DVBl 1988, 843; Buchh 316 § 78 VwVfG Nr 3 = NVwZ-RR 1988, 60; offen BVerwG NVwZ 1993, 571.

II. Durchführung eines einzigen Verfahrens (Abs 1)

5 **1. Grundsatz des einzigen Verfahrens.** Abs 1 bestimmt, dass es im Anwendungsbereich der Vorschrift nur ein einziges Planfeststellungsverfahren geben soll. Die Vorschrift erweitert das Konzentrationsprinzip des § 75 Abs 1 auf den Fall, dass sich mehrere selbstständige Vorhaben überschneiden, für die jeweils ein selbstständiges Planfeststellungsverfahren durchgeführt werden müsste, für die aber ganz oder teilweise nur eine einheitliche Entscheidung möglich ist, weil sie zusammentreffen. Die Regelung folgt damit einem Einheitsprinzip und geht davon aus, dass die erforderliche Koordination der beiden Vorhaben am besten innerhalb eines einzigen Planfeststellungsverfahrens gewährleistet werden kann.

6 **2. Voraussetzungen. a) Echtes Zusammentreffen selbstständiger Vorhaben.** Die Regelung ist nur anwendbar, wenn es sich um selbstständige, dh voneinander unabhängige Vorhaben handelt, zwischen denen ein enger zeitlicher, räumlicher und funktionaler Zusammenhang besteht.[9] Selbstständig sind die Vorhaben dann, wenn sie sachlich und funktional nicht aufeinander bezogen sind, wenn insbesondere nicht ein Vorhaben das andere auslöst bzw nach sich zieht. Ist letzteres der Fall, liegt idR eine Folgemaßnahme vor, die von der Konzentrationswirkung des § 75 Abs 1 erfasst wird. Insoweit muss uU eine Abgrenzung vorgenommen werden zwischen Vorhaben, die als Folgemaßnahmen einer „führenden" Planfeststellung zu verstehen sind, und solchen, die iS des § 78 Abs 1 selbstständige Vorhaben sind. Wenn die Folgemaßnahmen nach § 75 Abs 1 auf solche Vorhaben begrenzt werden, die nicht eine eigenen Planungskonzeption erfordern (s hierzu § 75 Rn 10), dann führt das zu einer Erweiterung des Anwendungsbereichs des § 78, ohne dass sich allerdings in der Praxis wesentliche Unterschiede ergeben werden, weil die Folgemaßnahmen nach dem Schwerpunktprinzip des Abs 2 idR nicht die Führung übernehmen werden.

6a **b) Planfeststellungsbedürftigkeit des Vorhabens.** Die Vorschrift gilt nur für Vorhaben, für deren Durchführung Planfeststellungsverfahren vorgeschrieben sind. Es kommt nicht darauf an, ob die Planfeststellungspflicht bundes- oder landesrechtlich vorgeschrieben ist. Fraglich ist, ob die Vorschrift auch anwendbar ist, wenn die zuständige Behörde für eines der Vorhaben anstelle des Planfeststellungsverfahrens nur ein **Plangenehmigungsverfahren** durchführen will. Diese Frage ist zu bejahen (so auch Knack/Henneke 31, nun auch FKS 8). Abs 1 stellt nicht darauf ab, ob die zuständige Behörde berechtigt wäre, anstelle der Planfeststellung eine Plangenehmigung nach § 74 Abs 6 zu erlassen. Vielmehr wird man nach Sinn und Zweck der Regelung sogar mit einem Erst-Recht-Schluss argumentieren können. Wenn schon ein Planfeststellungsverfahren in einem anderen führenden Planfeststellungsverfahren aufgehen kann, dann muss das erst recht gelten, wenn eines der Verfahren lediglich ein Plangenehmigungsverfahren ist. Dass die Vorschriften über das Planfeststellungsverfahren auf die Plangenehmigungsverfahren keine Anwendung finden, spricht nicht für ein anderes Ergebnis. Vielmehr muss in diesem Fall jedenfalls eine entsprechende Anwendung des § 78 angenommen werden.

6b **c) Aufeinandertreffen der Vorhaben.** Abs 1 setzt voraus, dass zwei oder mehrere Vorhaben aufeinander treffen. Dies ist nur der Fall, wenn sie sich zeitlich und räumlich-funktional treffen. Ein **zeitliches Aufeinandertreffen** setzt voraus, dass ein enger zeitlicher Zusammenhang besteht. Ein exakt gleichzeitiges Einreichen der Anträge ist nicht erforderlich.[10] Es müssen für beide Vorhaben

---

[9] BVerwG NVwZ 1993, 566; UL § 44 Rn 3; StBS 11; Franke ZfW 1979, 14; Obermayer 16.
[10] VGH Mannheim NuR 2000, 638; StBS 12.

jedenfalls ausgearbeitete Planungskonzepte vorhanden sein.[11] Gleichwohl darf das eine Planfeststellungsverfahren nicht schon so weit fortgeschritten sein, dass eine einheitliche Durchführung nur um den Preis einer Wiederholung wichtiger Verfahrensteile möglich wäre. Deshalb kommt eine einheitliche Durchführung jedenfalls dann nicht mehr in Betracht, wenn bei Einreichung des zweiten Antrags die Auslegung nach § 73 Abs 3 bereits stattgefunden hat. Ein **räumlich-funktionales Zusammentreffen** erfordert nicht notwendig, dass sich die in Anspruch zu nehmenden Flächen real überschneiden. Ausreichend ist vielmehr, dass sich die Vorhaben in ihren Auswirkungen so nahe kommen, dass ein substantieller Koordinationsbedarf ausgelöst wird.[12] Dies ist stets dann der Fall, wenn die Notwendigkeit einer einheitlichen Entscheidung besteht (s unten Rn 7).

d) Notwendigkeit einheitlicher Entscheidung. Abs 1 verlangt nur dann eine einheitliche Planfeststellung, wenn für die zusammentreffenden Vorhaben ganz oder teilweise eine einheitliche Entscheidung notwendig ist. Gründe bloßer Zweckmäßigkeit oder ein bloßes Interesse an planerischer Koordinierung und der Umstand, dass die in Frage stehenden Vorhaben planerisch aufeinander bezogen sind, wie zB der Bau eines Containerbahnhofs und der Bau einer Bundesfernstraße, die primär der Verbindung des Containerbahnhofs mit dem Bundesfernstraßennetz dienen soll, genügen nicht.[13] Die Notwendigkeit einer (nur) „einheitlichen Entscheidung" iS von § 78 Abs 1 ist nicht schon dann gegeben, wenn planerisch erhebliche Belange des einen Verfahrens auch im anderen Verfahren sinnvollerweise nur durch Verfahrensbeteiligung angemessen erfasst und angemessen bewältigt werden können. In solchen Fällen ist es in aller Regel nicht einmal erforderlich, dass die zeitlich frühere Planfeststellung einen Vorbehalt zugunsten der Verwirklichung der späteren vorsieht (BVerwG DÖV 1993, 434). Der Begriff der Notwendigkeit einer einheitlichen Entscheidung ist vielmehr **enger auszulegen,** da Verschiebungen und Änderungen der gesetzlichen Verfahrenszuständigkeiten, wie sie die Anwendung von § 78 zur Folge hat, wegen der Bedeutung der Zuständigkeitsordnung für die Effizienz staatlichen Handelns und für den Rechtsschutz des Bürgers die Ausnahme sein müssen. Deshalb setzt die Notwendigkeit einer einheitlichen Entscheidung einen **gesteigerten Koordinierungsbedarf** voraus, wie er zB im Falle der Erforderlichkeit gemeinsamer Baumaßnahmen und starker räumlicher Verflechtung gegeben sein kann.[14] 7

III. Zuständigkeit und Verfahren (Abs 2 S 1)

1. Bestimmung des maßgeblichen Verfahrens (S 1). Abs 2 sieht vor, dass in Fällen, in denen auf Grund des in der Sache anzuwendenden Rechts an sich mehrere Planfeststellungsverfahren nebeneinander durchzuführen wären, nur ein einziges Verfahren durchzuführen ist, und zwar das Planfeststellungsverfahren, „das für diejenige Anlage vorgeschrieben ist, die einen größeren Kreis öffentlich-rechtlicher Beziehungen berührt". Für welches Verfahren dies zutrifft, ist nicht allein quantitativ nach der Zahl der Personen zu beurteilen, deren Belange möglicherweise durch das Vorhaben berührt werden (zum Begriff vgl § 73 Abs 4), sondern unter Berücksichtigung auch qualitativer Momente. 8

---

[11] BVerwG DVBl 1988, 843; Fridrich, Zusammentreffen mehrerer Vorhaben, in: Ziekow (Hg), Bewertung von Fluglärm – Regionalplanung – Planfeststellungsverfahren, 2003, 207, 210.

[12] So auch BVerwG NVwZ 2007, 1074 – Mühlenberger Loch; NVwZ 1996, 389; DVBl 1997, 729; StBS 12; Knack/Henneke 11 f.

[13] BVerwGE 101, 73, 78; BVerwG 2005, 813; NVwZ 1996, 1003; Kupfer/Wurster Vw 2007, 75, 84.

[14] BVerwGE 101, 73, 78 – Berliner Tiergartentunnel; BVerwG NVwZ 2005, 813 – Trassenüberschneidung starkes Indiz; NVwZ 1996, 389; LKV 1997, 213; BVerwG NVwZ 1993, 980: Minimale Berührungen reichen nicht.

9 **a) Maßstab.** Maßgeblich ist das Verfahren, das für diejenige Anlage vorgeschrieben ist, die nach Umfang und Auswirkungen – im Vergleich zu den anderen betroffenen Anlagen – „einen größeren Kreis von öffentlichrechtlichen Beziehungen berührt", dh bei dem, materiellrechtlich gesehen, der **Schwerpunkt** der Auswirkungen der für das Vorhaben voraussichtlich notwendigen Regelung liegt. Diese Auslegung ist insb auch nach den Grundsätzen verfassungskonformer Auslegung geboten, weil die Einbeziehung auch von landesrechtlich geregelten Verfahren nur dann verfassungsrechtlich unbedenklich ist, wenn der Schwerpunkt im Bereich des Bundesrechts liegt (Kopp BayVBl 1973, 87). Anhaltspunkte dafür, welches Verfahren danach maßgeblich ist, sind die **quantitativen und qualitativen Auswirkungen des Vorhabens,**[15] Bedeutung, Größe, Kapazität usw des Vorhabens, die Art, Nachhaltigkeit, Gefährlichkeit usw der Auswirkungen der Anlage (Knack/Henneke 20), Zahl der von den Auswirkungen des Vorhabens Betroffenen bzw am Verfahren zu beteiligenden Personen, die Größe des erfassten bzw betroffenen Gebiets, die Bedeutung und das Gewicht der betroffenen öffentlichen und privaten Belange, insb auch des öffentlichen Interesses an der Durchführung des Vorhabens und der betroffenen öffentlichen Interessen und subjektiven Rechte (ebenso Obermayer 25; Knöpfle 196) sowie die Zuordnung dieser Interessen oder Rechte auf Grund des insoweit anzuwendenden Rechts zu einem bestimmten Verwaltungsgebiet (zB zum Wasserrecht, Straßenrecht usw).

10 **b) Konsequenzen.** Als Folge der Regelung findet eine **Zuständigkeits- und Verfahrenskonzentration** statt. Es kommen unmittelbar nur noch die Vorschriften für das vorrangige – iS von Abs 2 gewichtigere – planfeststellungsbedürftige Vorhaben zur Anwendung, so dass nach Abs 1 nur noch ein Planfeststellungsverfahren mit der Konzentrationswirkung nach § 75 Abs 1 durchzuführen ist.[16] Die Verweisung hat zunächst einmal nur verfahrensrechtliche Wirkung (hins der Zuständigkeiten der Anhörungsbehörde und der Planfeststellungsbehörde und hins des Verfahrens). Die verfahrensrechtliche Wirkung erstreckt sich auch auf das **Prozessrecht:** Die erstinstanzliche Zuständigkeit zB des BVerwG nach § 50 Abs 1 Nr 6 VwGO erfasst auch Vorhaben, über die mitentschieden worden ist (BVerwG NVwZ 2013, 1605).

10a Die Verbindung der Verfahren hat **keine materiellrechtliche Wirkung.** Insoweit gilt dasselbe wie für die Konzentrationswirkung der Planfeststellung überhaupt (BVerwGE 123, 23). In materiellrechtlicher Hinsicht hat die nunmehr zuständige Planfeststellungsbehörde nicht nur, wie auch sonst, das für das vorrangige Vorhaben geltende Fachplanungsrecht sowie die für die insoweit mit erledigten Bereiche geltenden Regelungen zu beachten, sondern auch das für die anderen Vorhaben geltende – verdrängte – Fachplanungsrecht und sonstiges Recht.[17] Zulässig ist deshalb auch die interne Aufspaltung zB in einen wasserrechtlichen und einen luftverkehrsrechtlichen Teil (OVG Hamburg NordÖR 2005, 470). Das gilt auch für die Beachtung von Landesrecht durch Bundesbehörden (Knack/Henneke 18). Zu dem für das einheitliche Planfeststellungsverfahren maßgeblichen Recht des einbezogenen Vorhabens gehört konsequenterweise auch eine Verbandsklagemöglichkeit, die gegen eine Planfeststellung für das einbezogene Vorhaben eröffnet gewesen wäre.

11 **2. Bestimmung in Zweifelsfällen (Abs 2 S 2 und 3). a) Einigungsversuch.** Abs 2 S 2 und Abs 3 sehen als Kollisionsregelungen für Zweifelsfälle eine Entscheidung der den Behörden, deren Zuständigkeit in Frage kommt,

---

15 Knack/Henneke 20; Walter in Ziekow, 2003, 201.

16 S näher Knack/Henneke 16: Leitverfahren; Obermayer 20, MB 1; vgl auch OVG Münster NuR 1981, 91.

17 Knack/Henneke 18; Obermayer 30; UL § 44 Rn 4. Eine Modifizierung des materiellen Rechts findet im Übrigen aber nicht statt (BVerwGE 123, 23).

übergeordneten obersten Bundesbehörde bzw der Bundesregierung vor, falls sowohl Bundes- als auch Landesbehörden betroffen sind und diese sich nicht einigen können, eine einvernehmliche Regelung zwischen Bundes- und Landesregierung. Die danach zu treffende Entscheidung ist an die Kriterien gem Abs 2 S 1 gebunden; sie bezieht sich entgegen dem insoweit nicht eindeutigen Wortlaut nur auf die Frage des anzuwendenden Verfahrens. Die Durchführung des Verfahrens obliegt der danach für zuständig erklärten Behörde nach dem für maßgeblich erklärten Verfahrensrecht (Begr 90). Die Regelung entspricht derjenigen in § 3 für den Fall, dass Zweifel hins der örtlichen Zuständigkeit bestehen. Zur Verfassungsmäßigkeit der Regelung vgl BVerfG 26, 364, wo offenbar sogar auch eine weitergehende Regelung, welche die Entscheidung nicht wie Abs 2 S 1 an nähere rechtliche Kriterien bindet, als zulässig angesehen wird.

Oberste Bundesbehörden iS des S 2 und S 3 sind die Bundesministerien, 12 oberste Landesbehörden iS von S 3 die Landesministerien. Die Zuweisung der Zuständigkeit für die Entscheidung an die Bundesregierung bzw an die Landesregierungen ist, soweit sie die Landesregierungen betrifft, im Hinblick auf das bundesstaatliche Prinzip und auf das in den Landesverfassungen zT strenger als gem Art 65 GG durchgeführte Ressortprinzip verfassungsrechtlich nicht unbedenklich. Die Zuständigkeit der Bundesregierung bzw einer Landesregierung nach S 2 und 3 ist jedenfalls nur als **allgemeine Verweisung** zu verstehen: Soweit auf Grund des GG bzw der Landesverfassung, einer gesetzlichen Regelung oder nach der maßgeblichen Geschäftsordnung der Regierung ein einzelner Minister zuständig ist, bedarf es keiner Entscheidung der Regierung als Gremium, vielmehr entscheidet der Minister in diesen Fällen „für" die Regierung. Dies ergibt sich für den Bereich des Landesrechts schon daraus, dass dem Bundesgesetzgeber die Kompetenz fehlen würde, die Zuständigkeiten im Bereich der Landesregierung zu regeln. Zulässig dürfte auch sein, dass die für die Zuständigkeitsbestimmung zuständigen Behörden durch Verwaltungsanordnung generelle Regelungen treffen; soweit danach die Beurteilung der Frage des anzuwendenden Verfahrens im Einzelfall unzweifelhaft ist, sind auch keine Zweifel iS von § 78 mehr möglich, da die Behörden insoweit gebunden sind.

b) Verfahren vor dem BVerwG. Kommt in den Fällen des S 3 ein Einver- 13 nehmen zwischen Bundesregierung und Landesregierung nicht zustande, so ist der Streit, sofern der Antragsteller nicht auf das Vorhaben verzichtet, gem § 50 Abs 1 Nr 1 VwGO vor dem BVerwG auszutragen.[18] Ob Zweifel iS der S 2 und 3 bestehen, ist allein nach den tatsächlichen Umständen zu beurteilen. Es kommt nur auf Zweifel der Behörden an, die für eines der in Frage kommenden Verfahren zuständig sind, nicht auf Zweifel des Trägers des Vorhabens oder sonstiger Beteiligter. Eine Behörde kann auch schon vor Stellung des Antrags auf Planfeststellung bei ihr die Bestimmung der Zuständigkeit nach S 2 oder 3 beantragen.

3. Konsequenzen für den Antragsteller. Der Träger des Vorhabens kann 14 den Antrag gem § 73 Abs 1 auf Planfeststellung, soweit durch Rechtsvorschriften nichts anderes vorgesehen ist, nach allgemeinen Rechtsgrundsätzen bei jeder Behörde stellen, deren Zuständigkeit nach den für eines der in Betracht kommenden Verfahren, vorbehaltlich des § 78, maßgeblichen Rechtsvorschriften gegeben ist (vgl BVerwGE 45, 302). Ergibt sich nach Abs 1 eine andere Zuständigkeit bzw wird nach Abs 2 eine andere Zuständigkeit bestimmt, so ist die Sache an die zuständige Behörde abzugeben. Lehnt jede der in Betracht kommenden Behörden ihre Zuständigkeit unter Hinweis auf die Zuständigkeit der

---

[18] StBS 15; MB 9; Knöpfle 203; Franke ZfW 1979, 157; UL § 44 Rn 6; Obermayer 29; MB 9; zT **aA** Knack/Henneke 26: wenn keine Klage nach § 50 erhoben wird, keine Konzentrationswirkung nach Abs 1; die in Betracht kommenden Verfahren müssen in diesem Fall getrennt durchgeführt werden.

anderen ab (negativer Kompetenzkonflikt), bleibt dem Betroffenen nur die Möglichkeit der Untätigkeitsklage nach § 75 VwGO (ebenso Knack/Henneke 29).

15 **4. Rechtsschutz.** Gegen die Entscheidung der Bundesregierung oder der obersten Bundesbehörde gem Abs 2 S 2 ist gem § 44a VwGO kein gesonderter Rechtsbehelf gegeben; sie kann nur im Rahmen eines Rechtsbehelfs in der Sache angegriffen werden (vgl VG Regensburg BayVBl 1983, 442; Knack/Henneke 30). Entsprechendes gilt auch bzgl des Einvernehmens gem S 3 sowie für die Bestimmung der Zuständigkeit in Zweifelfällen nach landesrechtlichen Vorschriften (OVG Lüneburg NVwZ-RR 2008, 23). S ferner Rn 10 und 10a

Teil VI. Rechtsbehelfsverfahren

§ 79 Rechtsbehelfe gegen Verwaltungsakte

Für förmliche Rechtsbehelfe[13] gegen Verwaltungsakte gelten die Verwaltungsgerichtsordnung[22] und die zu ihrer Ausführung ergangenen Rechtsvorschriften, soweit nicht durch Gesetz etwas anderes bestimmt ist; im Übrigen gelten die Vorschriften dieses Gesetzes.[45]

Parallelvorschriften: §§ 347–368 AO; § 62 SGB-X

Die Vorschriften der VwGO zum Widerspruchsverfahren lauten:

§ 68 [Widerspruchsverfahren] (1) Vor Erhebung der Anfechtungsklage sind Rechtmäßigkeit und Zweckmäßigkeit des Verwaltungsakts in einem Vorverfahren nachzuprüfen. Einer solchen Nachprüfung bedarf es nicht, wenn ein Gesetz dies bestimmt oder wenn

1. der Verwaltungsakt von einer obersten Bundesbehörde oder von einer obersten Landesbehörde erlassen worden ist, außer wenn ein Gesetz die Nachprüfung vorschreibt, oder
2. der Abhilfebescheid oder der Widerspruchsbescheid erstmalig eine Beschwer enthält.

(2) Für die Verpflichtungsklage gilt Absatz 1 entsprechend, wenn der Antrag auf Vornahme des Verwaltungsakts abgelehnt worden ist.

§ 69 [Beginn des Vorverfahrens] Das Vorverfahren beginnt mit der Erhebung des Widerspruchs.

§ 70 [Widerspruchsfrist] (1) Der Widerspruch ist innerhalb eines Monats, nachdem der Verwaltungsakt dem Beschwerten bekanntgegeben worden ist, schriftlich oder zur Niederschrift bei der Behörde zu erheben, die den Verwaltungsakt erlassen hat. Die Frist wird auch durch Einlegung bei der Behörde, die den Widerspruchsbescheid zu erlassen hat, gewahrt.

(2) §§ 58 und 60 Abs. 1 bis 4 gelten entsprechend.

§ 71 Anhörung. Ist die Aufhebung oder Änderung eines Verwaltungsakts im Widerspruchsverfahren erstmalig mit einer Beschwer verbunden, soll der Betroffene vor Erlass des Abhilfebescheids oder des Widerspruchsbescheids gehört werden.

§ 72 [Abhilfe durch Behörde] Hält die Behörde den Widerspruch für begründet, so hilft sie ihm ab und entscheidet über die Kosten.

§ 73 [Widerspruchsbescheid] (1) Hilft die Behörde dem Widerspruch nicht ab, so ergeht ein Widerspruchsbescheid. Diesen erläßt

1. die nächsthöhere Behörde, soweit nicht durch Gesetz eine andere höhere Behörde bestimmt wird,
2. wenn die nächsthöhere Behörde eine oberste Bundes- oder oberste Landesbehörde ist, die Behörde, die den Verwaltungsakt erlassen hat,
3. in Selbstverwaltungsangelegenheiten die Selbstverwaltungsbehörde, soweit nicht durch Gesetz anderes bestimmt wird.

Abweichend von Satz 2 Nr. 1 kann durch Gesetz bestimmt werden, dass die Behörde, die den Verwaltungsakt erlassen hat, auch für die Entscheidung über den Widerspruch zuständig ist.

(2) Vorschriften, nach denen im Vorverfahren des Absatzes 1 Ausschüsse oder Beiräte an die Stelle einer Behörde treten, bleiben unberührt. Die Ausschüsse oder Beiräte können abweichend von Absatz 1 Nr. 1 auch bei der Behörde gebildet werden, die den Verwaltungsakt erlassen hat.

(3) Der Widerspruchsbescheid ist zu begründen, mit einer Rechtsmittelbelehrung zu versehen und zuzustellen. Zugestellt wird von Amts wegen nach den Vorschriften des Verwaltungszustellungsgesetzes. Der Widerspruchsbescheid bestimmt auch, wer die Kosten trägt.

§ 77 [Ausschließlichkeit des Widerspruchsverfahrens] (1) Alle bundesrechtlichen Vorschriften in anderen Gesetzen über Einspruchs- oder Beschwerdeverfahren sind durch die Vorschriften dieses Abschnitts ersetzt.

(2) Das gleiche gilt für landesrechtliche Vorschriften über Einspruchs- oder Beschwerdeverfahren als Voraussetzung der verwaltungsgerichtlichen Klage.

Schrifttum: *Allesch,* Die Anwendbarkeit der Verwaltungsverfahrensgesetze auf das Widerspruchsverfahren nach der VwGO 1984, zugl Diss Passau, 1983; *ders,* Ist der Widerspruch nach Zustellung des Widerspruchsbescheides noch zurücknehmbar? NVwZ 2000, 1227; *Allesch/Boettcher,* Welche Vorschriften gelten im Widerspruchsverfahren in Kommunalabgabesachen?, BayVBl 1992, 621, 623; *Arzt,* Zur Problematik der Rücknahme des Widerspruchs nach Erlaß des Widerspruchsbescheides im Klageverfahren, NVwZ 1995, 666; *Bienert,* Zulässigkeit der Rücknahme des Widerspruchs nach Erlass des Widerspruchsbescheides, SächsVBl 2003, 29; *Biermann,* Das Widerspruchsverfahren unter Reformdruck, DÖV 2008, 395; *Beaucamp/Ringermuth,* Empfiehlt sich die Beseitigung des Widerspruchsverfahrens?, DVBl 2008, 426; *Dreier,* Fortsetzungsfeststellungswiderspruch und Kostenentscheidung bei Erledigung des VA im Vorverfahren, NVwZ 1987, 474; *Engelbrecht,* Die Hauptsacheerledigung im Widerspruchsverfahren, JuS 1997, 550; *Engst,* Das Widerspruchsverfahren als ein- oder zweistufiges Verfahren, Jura 2006, 166; *Geiger,* Die Neuregleung des Widerspruchsverfahrens durch das AGVwGO, BayVBl 2008, 161; *Geis/Hinterseh,* Grundfälle zum Widerspruchsverfahren, JuS 2001, 1074; *Guckelberger/Heimpel,* Das Widerspruchsverfahren und seine Besonderheiten im Saarland, LKRZ 2009, 246; *Günther,* Vorverfahren als Prozeßvoraussetzung beamtenrechtlicher Fortsetzungsfeststellungsklagen, DöD 1991, 78; *Hain,* Zur Frage des Zusammenhangs von Prüfungsumfang, Antragsbefugnis, Begründetheit und Kostenentscheidung im Widerspruchsverfahren, DVBl 1999, 1544; *Heins,* Die Abschaffung des Widerspruchsverfahrens, Diss 2010; *Hinterseh,* Ausschüsse gem § 73 Abs 2 VwGO – Funktion, Bedeutung und Perspektiven im Widerspruchsverfahren, auch unter Berücksichtigung der verwaltungswissenschaftlichen Gesichtspunkte, 2002; *Hirschenauer,* Die Besonderheiten des Vorverfahrens in beamtenrechtlichen Streitigkeiten, 2001; *Holzner,* Die Abschaffung des Widerspruchsverfahrens, DÖV 2008, 217; *Hufen,* Fehler im Verwaltungsverfahren, 2. Aufl 1991; *Huxholl,* Die Erledigung eines VA im Widerspruchsverfahren, 1995; *Klüsener,* Die Bedeutung der Zweckmäßigkeit neben der Rechtmäßigkeit in § 68 I 1 VwGO, NVwZ 2002, 816; *Koehl,* Zur VA-Qualität von kommunalaufsichtlichen Widerspruchsbescheiden, BayVBl 2003, 331; *Kopp,* Die Rechtsschutzfunktion des Widerspruchsverfahrens nach §§ 68 ff VwGO, FS Redeker, 1993, S. 543; *Kraft,* Änderungsbescheide im Widerspruchsverfahren und im Verwaltungsprozeß, BayVBl 1995, 519; *Külpmann/Brandes,* Das Widerspruchsverfahren in Bremen, NordÖR 2011, 378; *Larsen,* Das Vorverfahren der VwGO – Grundlagen und Besonderheiten in Abgrenzung zum verwaltungsrechtlichen Klageverfahren, VR 2012, 80; *Maaß,* Mediation im immissionsschutzrechtlichen Widerspruchsverfahren?, VerwArch 1997, 701; *Muckel,* Zum Gegenvorstellungsrecht des erfolglosen Rechtskandidaten, NVwZ 1992, 348; *Neupert,* Rechtmäßigkeit und Zweckmäßigkeit, 2011; *Oerder,* Das Widerspruchsverfahren der VwGO, 1989, zugl Diss Köln 1989; *Oppermann,* Die Funktionen des verwaltungsgerichtlichen Vorverfahrens in Baurechtssachen aus rechtlicher und rechtstatsächlicher Sicht, 1997; *ders,* Verfahrensbeschleunigung auf Kosten der Verwaltungsgerichtsbarkeit – Abschaffung des Widerspruchsverfahrens? Vw 1997, 517; *Pietzner/Ronellenfitsch,* Das Assessorexamen im Öffentlichen Recht, 12. Aufl 2010; *Rüssel,* Zukunft des Widerspruchsverfahrens, NVwZ 2006, 523; *Schenke,* Der Anspruch des Widerspruchsführers auf Erlaß des Widerspruchsbescheides und seine gerichtliche Durchsetzung, DÖV 1996, 529; *ders,* Die maßgebliche Sach- und Rechtslage bei einer Entscheidung der Widerspruchsbehörde, Würtenberger-FS 2013, 1185; *Schildheuer,* Die Rücknahme des Widerspruchs nach Erlaß des Widerspruchsbescheids, NVwZ 1997, 637; *v Schledorn,* Zulässigkeit einer Klage auf Widerspruchsbescheidung, NVwZ 1995, 250; *Schmidt/Nauheim-Skrobek,* Die Abschaffung des Widerspruchsverfahrens, DVP 2014, 3; *Simianer,* Antrag und Vorverfahren vor beamtenrechtlichen Leistungs- und Feststellungsklagen, 1992; *Skouris,* Bescheidungsform bei Identität von Ausgangs- und Widerspruchsbehörde, DÖV 1982, 133; *Steinbeiß-Winkelmann,* Das Widerspruchsverfahren als Voraussetzung des Gerichtszugangs in VwGO, FGO und SGG, NVwZ 2011, 914; *Uhle,* Die Bindungswirkung des Widerspruchsbescheides, NVwZ 2003, 811; *Vetter,* Mediation und Vorverfahren, 2004.

Schrifttum zur Reformatio in peius: *Fischer-Hüftle,* Nochmals: Zur reformatio in peius im Widerspruchsverfahren, BayVBl 1989, 229; *Juhnke,* Prozessuale Probleme der reformatio in peius im Widerspruchsverfahren, BayVBl 1991, 141; *Kahl,* Verwaltungsprozessuale Probleme der reformatio in peius, FS Schenke, 2011, 901; *Kahl/Hilbert,* Die reformatio in peius, Jura 2011, 660; *Kingreen,* Zur Zulässigkeit der reformatio in peius im Prüfungsrecht, DÖV 2003, 1; *Klind,* Die reformatio in peius im Widerspruchsverfahren NWVBl 1996, 452; *Pietzner,* Zur reformatio in peius im Widerspruchsverfahren, VerwArch 1989, 501; 1990, 261; *Renz,* Die Kompetenz der Widerspruchsbehörde und die reformatio in peius, DÖV 1991, 138; *Scheerbarth,* Die verwaltungsbehördliche reformatio in peius und ihre prozessuale Problematik, 1996.

Übersicht

I. Allgemeines

1 **1. Inhalt der Vorschrift.** Die Regelung verweist für förmliche Rechtsbehelfe gegen VAe auf die VwGO und die zu ihrer Ausführung ergangenen Rechtsvorschriften und ordnet im 2. Halbs nur im „Übrigen" die Geltung der Vorschriften des VwVfG an. Das VwVfG enthält – abgesehen von den § 42a Abs 1 S 2, §§ 70, 74 Abs 1 S 2, §§ 79, 80 und § 96 Abs 2 und 4 – keine näheren Bestimmungen über Rechtsbehelfe gegen VAe, die im Anwendungsbereich des VwVfG erlassen werden.

2 **a) Doppelnatur des förmlichen Rechtsbehelfsverfahrens.** Bei dem förmlichen Rechtsbehelfsverfahren vor Verwaltungsbehörden handelt es sich idR um das **Widerspruchsverfahren** gem §§ 68 ff VwGO. Dieses hat eine Doppelnatur;[1] es ist einerseits Verwaltungsverfahren iS des § 9 (vgl § 9 Rn 23a, 30 ff), seine Durchführung ist andererseits „Vorverfahren" und damit Sachurteilsvoraussetzung für die verwaltungsgerichtlichen Klagen gem § 42 VwGO, also für Anfechtungs- und Verpflichtungsklagen. Wegen der zuletzt genannten Funktion wird für die Regelung des Widerspruchsverfahrens eine Gesetzgebungskompetenz des Bundes angenommen, gleichsam als Annex zur Regelung der Sachurteilsvoraussetzungen von verwaltungsgerichtlichen Verfahren.[2] § 79 stellt klar, dass die bundesrechtlichen Regelungen über das Widerspruchsverfahren vorgehen und nur „im Übrigen" die Bestimmungen des VwVfG herangezogen werden können. Soweit es um das Verhältnis zwischen VwGO und dem VwVfG geht, ergibt sich ein Vorrang von Vorschriften der VwGO idR aus deren Spezialität; im Verhältnis zu den Verwaltungsverfahrensgesetzen der Länder ergibt sich der Vorrang der VwGO außerdem aus Art 31 GG.

2a **b) Vorrang der VwGO.** Die Regelungen in § 79 sind überwiegend deklaratorischer Natur; nur für die Vorschriften des VwVfG und der VwGO, zwischen

---

[1] Ausführlich Jochum, Verwaltungsverfahrensrecht und Verwaltungsprozessrecht, S. 35 ff; ferner Hofmann FS Menger S. 605.

[2] Pietzner VerwArch 1990, 275; schon Ule DVBl 1978, 656; Bachof DVBl 1958, 8; s auch Pietzner/Ronellenfitsch § 24 Rn 5.

denen es zu einer echten Kollision kommen könnte, wird ein Vorrang der Vorschriften der VwGO konstitutiv festlegt, was sich daraus ergibt, dass die Bestimmungen des VwVfG nur „im Übrigen", also nur insoweit im Rechtsbehelfsverfahren Geltung beanspruchen können, als die VwGO keine eigenen Regelungen enthält. Zur Anwendung auf VAe, für die im entsprechenden Klageverfahren der Verwaltungsrechtsweg nach § 40 VwGO nicht gegeben ist, s unten Rn 11. Soweit es um Streitigkeiten geht, für die der Verwaltungsrechtsweg eröffnet sein kann, sind nach der Vereinheitlichung durch § 77 VwGO für förmliche Rechtsbehelfsverfahren allein die §§ 68 ff VwGO maßgebend.

c) Erforderlichkeit des Vorverfahrens. Die Vorschrift enthält **keine Regelungen über die Erforderlichkeit** förmlicher Rechtsbehelfsverfahren, sondern setzt diese voraus (s hierzu unten Rn 56). Ob ein förmliches Rechtsbehelfsverfahren vor einer Behörde einem gerichtlichen Verfahren zwingend vorgeschaltet, ob es jedenfalls zulässigerweise durchgeführt werden kann oder ob es unzulässig ist, ergibt sich aus den Regelungen der VwGO, der FGO, des SGG und des Fachrechts. Überwiegend sehen die Prozessordnungen eine Überprüfung von VAen vor der Erhebung von Anfechtungs- und Verpflichtungsklagen vor. Allerdings kann nach § 68 Abs 1 S 2 VwGO auch der **Landesgesetzgeber das Vorverfahren einschränken oder ausschließen,** soweit es bundesrechtlich (zB in § 54 BeamtStG für Beamtensachen) nicht zwingend vorgeschrieben ist. Dies ist im Fachrecht an vielen Stellen geschehen (zB § 8 Abs 8 HmbArchtG). Das VwVfG enthält lediglich in §§ 70, 74 Abs 1 S 2 einen Ausschluss des Widerspruchsverfahrens für förmliche Verwaltungsverfahren (§§ 63 ff) und Planfeststellungsverfahren (§§ 72 ff). In der Rechtsprechung wird darüber hinaus entgegen dem Wortlaut die Entbehrlichkeit des Vorverfahrens angenommen, wenn sich die **Zwecke des Vorverfahrens nicht (mehr) erreichen lassen** oder wenn ihnen bereits Rechnung getragen wurde (ausführlich BVerwGE 138, 1 mwN). 3

2. Funktionen des Vorverfahrens. Wegen der derzeitigen Diskussion um die Abschaffung des Widerspruchsverfahrens (s unten Rn 5 ff) ist es wichtig, die Ziele nicht aus dem Blick zu verlieren, die für die Einführung maßgeblich waren. Es sind vor allem drei wichtige Zwecke.[3] Es dient erstens der **Entlastung der Verwaltungsgerichte,** weil ein Teil der Konflikte bereits im Vorfeld des gerichtlichen Verfahrens beigelegt werden kann.[4] Es dient zweitens der **Binnenkontrolle der Verwaltung,** die auf diese Weise die Möglichkeit erhält, ihre eigene Entscheidung zu überprüfen und Fehler und Irrtümer ohne Prozesskostenrisiko zu beheben. Drittens dient es auch dem **Rechtsschutz des Bürgers,** der auf diese Weise eine kostengünstige Kontrollmöglichkeit erhält, bei der zudem auch die Zweckmäßigkeit der Verwaltungsentscheidung überprüft wird. Insoweit geht die Kontrolle über die gerichtliche hinaus, die nur die Rechtmäßigkeit des angegriffenen Bescheides betrifft. Allerdings setzt das Erreichen dieser Ziele voraus, dass das Widerspruchsverfahren nach Zuständigkeit und Verfahren zielführend ausgestaltet wird, was in den meisten Ländern leider nur begrenzt der Fall ist.[5] 4

Wegen der Vielfältigkeit der Funktionen und dem Interesse nicht nur des Bürgers an der Durchführung des Widerspruchsverfahrens kann der Bürger auf das 4a

---

[3] Ausführlich BVerwGE 138, 1; Pietzner/Ronellenfitsch § 24 Rn 3; Rüssel NVwZ 2007, 523; Biermann NordÖR 2007, 139, 141; Quaas/Zuck, Prozesse in Verwaltungssachen, § 2 Rn 338.

[4] S hierzu die Untersuchung von Hinterseh, Ausschüsse gem § 73 VwGO – Funktion, Bedeutung und Perspektiven im Widerspruchsverfahren, S. 59 ff. Ferner Jochum S. 36. Die Abschaffung des Widerspruchsverfahrens hat 2005 zu einem Anstieg der verwaltungserichtlichen Verfahren um knapp 20 % geführt, s hierzu v Nieuwland NordÖR 2007, 346.

[5] Wenig zielführend ist es, wenn über den Widerspruch dieselbe Stelle ohne mündliche Verhandlung entscheidet, die den angefochtenen VA erlassen hat, wie dies leider weitgehend der Fall ist.

Widerspruchsverfahren idR auch nicht mit der Folge verzichten, dass sofort eine Klage zulässig wäre (s unten Rn 57). Dies gilt unabhängig davon, ob sich die Behörde damit einverstanden erklärt.

5 **3. Landesrechtliche Einschränkungen.** Nach § 68 Abs 1 S 2 bedarf es vor der Klageerhebung eines Widerspruchsverfahrens nicht, wenn ein Gesetz dies bestimmt. Hiernach sind die Länder befugt, die Notwendigkeit eines Widerspruchsverfahrens als Voraussetzung für die Erhebung der verwaltungsgerichtlichen Klage einzuschränken oder ganz auszuschließen. Zulässig sind auch sog Optionsmodelle, wonach es dem Betroffenen überlassen bleibt, ob er ein Widerspruchsverfahren durchführen oder sogleich den Klageweg beschreiten möchte. Die Ermächtigung in § 69 Abs 1 S 2 VwGO umfasst auch die Berechtigung der Länder, den Umfang der Kontrolle des Ausgangsbescheides im Widerspruchsverfahren einzuschränken (BVerwG DVBl 2012, 49).

Lange Zeit bestand in den Ländern die **Tendenz, das Widerspruchsverfahren einzuschränken** oder sogar abzuschaffen und gegen VAe unmittelbar die Klagemöglichkeit zu eröffnen. Inzwischen wurde das Widerspruchsverfahren in Niedersachsen (§ 8a NdsAGVwGO),[6] Nordrhein-Westfalen (§ 6 AGVwGO NRW) und Bayern[7] (Art 15 BayAGVwGO) weitgehend abgeschafft, in den Ländern Baden-Württemberg (§ 15 AGVwGO BW), Berlin (§ 4 Abs 2 BerlAGVwGO), Hamburg (§ 6 Abs 2 Nr 1 bis 6 HmbAGVwGO,[8] Hessen (§ 16a HessAGVwGO), Mecklenburg-Vorpommern (§ 13b AGGerStrG) und Sachsen-Anhalt (§ 8a AGVwGO LSA) eingeschränkt.[9] Teilweise folgen die neuen Regelungen auch dem Optionsmodell und lassen dem Betroffenen die Wahl, ob er Widerspruch einlegen oder gleich Klage erheben will.[10] Teilweise sind die Regelungen allerdings befristet und haben insoweit experimentellen Charakter. In den letzten Jahren sind die Nachteile der Abschaffung des Widerspruchsverfahrens offenbar geworden, weshalb inzwischen in einigen Ländern über die Wiedereinführung erwogen wird.

5a **a) Gründe für die Abschaffung.** Das Widerspruchsverfahren wird teilweise als wenig effektiv angesehen.[11] Es sind vor allem drei Gründe, die für die Abschaffung geltend gemacht werden. Erstens würden die Ziele des Widerspruchsverfahrens zu einem wesentlichen Teil nicht erreicht; häufig finde die erwartete effektive Kontrolle der angefochtenen Entscheidung im Widerspruchsverfahren tatsächlich nicht statt. Zweitens würden innerhalb der Verwaltung zuviel Kräfte gebunden und damit unnötig Kosten verursacht, drittens verzögere das Widerspruchsverfahren damit den effektiven Rechtsschutz durch die Verwaltungsgerichte. Das **Verzögerungsargument ist empirisch verfehlt,** weil gerade Genehmigungen für größere Investitionsvorhaben wegen der regelmäßig erforderlichen Ausnahmen und Befreiungen vor Gericht kaum erfolgreich erstritten werden (können). Im übrigen ließe sich dem Argument durch ein **Optionsmodell** begegnen, wonach der Bürger wählen kann, ob er den Weg über das Widerspruchsverfahren beschreiten oder gleich das Gericht anrufen will.

5b **b) Kritik an der Abschaffung.** Die Abschaffung oder Einschränkung des Widerspruchsverfahrens ist **rechtspolitisch verfehlt.**[12] häufig beklagte mangelnde Effektivität des Widerspruchsverfahrens ist empirisch nicht belegt. Untersuchungen zeigen vielmehr, dass das Widerspruchsverfahren die Verwaltungsge-

---

6 Allerdings mit einigen praktisch wichtigen Ausnahmen, zB im Baurecht.
7 Hierzu näher Geiger BayVBl 2008, 161.
8 Vgl Biermann, NordÖR 2007, 136.
9 Überblick bei Steinbeiß-Winkelmann NVwZ 2009, 686; Beaucamp/Ringermuth DVBl 2008, 426; WBSK I § 63 Rn 9 ff.
10 So etwa § 13a AGGerStrG MV für die dort enumerativ aufgeführten VAe.
11 So zB Dolde in Schoch, Vorb § 68 Rn 16.
12 So auch Quaas/Zuck, Prozesse in Verwaltungssachen, § 2 Rn 339.

richte tatsächlich massiv entlastet. Das zeigt empirisch vor allem die nunmehr festgestellte enorme Zunahme von Gerichtsverfahren in Niedersachsen nach der Abschaffung des Widerspruchsverfahrens. Soweit im Widerspruchsverfahren die dort an sich vorgesehene effektive Kontrolle von Verwaltungsentscheidungen nicht stattfindet, liegt das idR an der Beseitigung des Devolutiveffekts. Es ist davon auszugehen, dass das Widerspruchsverfahren seine Wirkungen erst dann wirklich entfalten kann, wenn nicht die Ausgangsbehörde über den Widerspruch entscheidet, sondern eine andere Behörde oder Stelle, zB ein Ausschuss. Aber auch dann, wenn die Effektivität eher gering ist, bleibt die Filterfunktion erheblich. So werden Kosten in der Verwaltung gespart, aber bei der Justiz neu geschaffen (s die Kritik von Nieuwland NordÖR 2005, 103).

c) Konsensuale Streitbeilegung. Abschaffung und Einschränkung des Widerspruchsverfahrens passen insbesondere nicht zu den aktuellen Bemühungen um eine kostengünstige konsensuale Streitbeilegung. Die Länder wären besser beraten, wenn sie sich um eine sinnvolle Ausgestaltung des Widerspruchsverfahrens bemühten. Damit ließe sich ein wesentlicher Teil der Streitigkeiten unstreitig und kostengünstig erledigen. Damit wird nicht nur eine wesentliche Entlastung der Gerichte erreicht,[13] sondern auch eine Beschleunigung der Streitbeilegung. Das Widerspruchsverfahren eignet sich auch zu einem Einsatz von Instrumenten der Mediation (s hierzu näher Einf I Rn 77 ff) sowie zur Durchführung eines echten Mediationsverfahrens.[14] 6

4. Verfassungsrecht. Verfassungsrechtlich von Interesse ist die Frage, ob gerichtlicher Rechtsschutz von der vorherigen Durchführung eines förmlichen Rechtsbehelfsverfahrens iS des § 79 abhängig gemacht werden darf bzw muss. Verfassungsrechtliche Bedenken gegen die obligatorische Einführung eines Vorverfahrens als Voraussetzung für die Zulässigkeit bestimmter verwaltungsgerichtlicher Klagen bestehen nicht. Insbesondere stellt eine solche Sachurteilsvoraussetzung **keine unzulässige Erschwerung des gerichtlichen Rechtsschutzes** iSd Art 19 Abs 4 GG dar.[15] Umgekehrt ist eine Regelung, die vor der Erhebung einer Klage die Durchführung eines förmlichen Rechtsbehelfsverfahrens vorschreibt oder jedenfalls ermöglicht, **verfassungsrechtlich nicht geboten.** Der Gesetzgeber ist also verfassungsrechtlich weder gehindert, ein Vorverfahren vorzuschreiben noch, es ganz oder teilweise abzuschaffen. Zwar eröffnet das Vorverfahren einen einfachen und kostengünstigen Weg für den Rechtsschutz. Ein Gebot der Einführung oder Beibehaltung folgt aber weder aus dem Prinzip der Gesetzmäßigkeit der Verwaltung noch aus den Grundrechten, auch nicht aus der Rechtsschutzgarantie des Art 19 Abs 4 GG. 7

5. EU-Recht. Europarechtlich bestehen gegen Vorschriften, die vor der Anrufung eines Gerichts die Durchführung eines förmlichen Rechtsbehelfsverfahrens vor einer Behörde verlangen, **keine Bedenken.**[16] Das Unionsrecht selbst sieht für einzelne Bereiche des direkten Vollzugs die Durchführung eines förmlichen Rechtsbehelfsverfahrens als Voraussetzung einer Klagerhebung vor, so etwa für die Vertragsverletzungsklage der Kommission nach Art 258 AEUV,[17] die Untätigkeitsklage (vgl Art 265 AEUV) oder – fakultativ – vor der Erhebung einer Schadensersatzklage.[18] Im indirekten Vollzug sind nur in wenigen Bereichen 8

---

[13] Hierzu Vetter, Mediation und Vorverfahren, 2004, 110 mwN.

[14] Vetter, S. 162 ff.

[15] S hierzu BVerfGE 40, 237; Ramsauer in AK-GG Art 19 Abs 4 Rn 86; Jarass/Pieroth Art 19 Rn 50.

[16] StBS 56; Ehlers, Die Europäisierung des Verwaltungsprozessrechts, 1999, 73.

[17] Näher Rengeling/Middeke/Gellermann, Handbuch § 6 Rn 9 ff.

[18] Insoweit ist die Durchführung eines Vorverfahrens zwar nicht erforderlich. Wird der Anspruch aber vor Klageerhebung gegenüber dem zuständigen Unionsorgan geltend ge-

Vorverfahren europarechtlich vorgeschrieben (zB Art 243 Abs 2 Zollkodex). Insoweit gehen die europarechtlichen Regeln vor. Im übrigen fällt die Regelung förmlicher Rechtsbehelfsverfahren im Bereich des indirekten Vollzugs in die **Autonomie der Mitgliedstaaten;** unter den Aspekten des Art 4 Abs 3 EUV bestehen keine Bedenken gegen die Vorschaltung eines Vorverfahrens im indirekten Vollzug.[19] Das gilt auch im Hinblick auf die in § 70 VwGO für die Erhebung des Widerspruchs bestimmte Monatsfrist (s hierzu auch § 43 Rn 2a).

9 **6. Anwendungsbereich. a) Allgemeines.** Die Regelung gilt trotz ihres zu weit gefassten Wortlauts nur für förmliche **Rechtsbehelfsverfahren vor Behörden,** nicht für solche förmlichen Rechtsbehelfe, die vor den Gerichten verhandelt bzw behandelt werden. Trotz des Hinweises auf die VwGO ist daher das VwVfG im Verwaltungsprozess nicht, auch nicht subsidiär anwendbar (StBS 24). Erfasst werden deshalb nur solche **Rechtsbehelfe gegen VAe,** die zwar förmlich sind (s unten Rn 13), die aber zu Verfahren vor Verwaltungsbehörden führen. Im Wesentlichen handelt es sich um das Widerspruchsverfahren nach den § 68 VwGO und vergleichbare Verfahren wie Einspruchsverfahren, zT auch Beschwerdeverfahren usw. Zum Begriff der Förmlichkeit s unten Rn 13.

10 **b) Geltungsbereich des VwVfG.** Die Vorschrift erfasst unmittelbar nur Verwaltungsakte im Geltungsbereich des Gesetzes, was bedeutet, dass sie nicht nur vorbehaltlich gleich lautender oder entgegenstehender Rechtsvorschriften anwendbar ist, sondern auch nur insoweit, als nicht gem § 1 Abs 3 die Verwaltungsverfahrensgesetze der Länder einschlägig sind. § 79 führt somit derzeit wegen der bestehenden landesrechtlichen Kodifikationen des Verwaltungsverfahrensrechts nur zu einer ergänzenden Anwendung der Vorschriften des VwVfG auf Rechtsbehelfsverfahren vor **Bundesbehörden.** Für Widerspruchsverfahren und ähnliche Rechtsbehelfsverfahren vor **Landesbehörden** gelten die § 79 entsprechenden Vorschriften der Verwaltungsverfahrensgesetze der Länder.[20] Die Vorschrift schafft für das Widerspruchsverfahren damit für Bundes- und Landesbehörden **kein einheitliches Recht:** Für Bundesbehörden werden die Regelungen der VwGO ergänzt durch Vorschriften des VwVfG, für Landesbehörden durch die Vorschriften der entsprechenden Verwaltungsverfahrensgesetze der Länder.

11 **c) Geltung unabhängig vom Verwaltungsrechtsweg.** Die Vorschrift gilt, soweit durch das Fachrecht nichts anderes bestimmt ist, für alle Fälle, die Verwaltungsangelegenheiten nach §§ 1 und 2 betreffen, auch dann, wenn für nachfolgende Klagen ein anderer Rechtsweg als der Verwaltungsrechtsweg gem § 40 VwGO vorgeschrieben ist.[21] § 79 ist daher auch anwendbar zB für Rechtsbehelfe gegen die **Festsetzung einer Enteignungsentschädigung** durch VA, soweit dafür durch VO gem § 212 BauGB ein Vorverfahren vorgesehen ist,[22] für die der Verwaltungsrechtsweg nach § 40 VwGO nicht gegeben ist und für die deshalb vor Erlass des VwVfG auch die Anwendung der §§ 68 ff VwGO für das Vorverfahren zweifelhaft war. § 79 klärt diese Frage im Sinn der Anwendbarkeit der Vorschriften der VwGO (vgl BGH DVBl 1974, 909). Ähnliches gilt für Rechtsbehelfe gegen die Festsetzung einer Entschädigung nach § 49 Abs 6 VwVfG iVmit § 48 Abs 3 S 4 VwVfG (StBS 30); für die Beschwerde nach § 57 BLG

---

macht, so unterbricht dies die Verjährung gem Art 46 S 2 der EuGH-Satzung; vgl näher Rengeling/Middeke/Gellermann, Handbuch § 9 Rn 16.

19 Rengeling/Middeke/Gellermann, Handbuch § 36 Rn 24.

20 BVerwGE 61, 360; StBS 34.

21 StBS 29; MB 8 ff; **aA** offenbar Knack/Henneke 13: § 79 und § 80 zielen danach auf ein nachfolgendes Verfahren der VwGO ab, s Begr BT-Dr 7/910 S. 19, und seien daher auf Fälle, in denen für Klagen der Verwaltungsrechtsweg gem § 40 VwGO nicht gegeben ist, nicht anwendbar.

22 Vgl BVerwGE 39, 173; 47, 10; StBS 30.

(Obermayer 19: jedoch mit der Maßgabe, dass für die **Beschwerde** als Widerspruch eine Frist von zwei Wochen gilt); für die Beschwerde nach der WBO (BVerwG NJW 1978, 717 f) und für den Widerspruch in Kriegsdienstverweigerungssachen (BVerwG DVBl 1978, 630).

d) Subsidiarität. Die Regelung gilt nur vorbehaltlich abweichender Bestimmungen in anderen Gesetzen, zB nach §§ 77 ff SGG; §§ 347 ff AO; § 212 BauGB usw. **Umstritten** ist, ob eine anderweitige **Regelung durch VO** ausreicht.[23] Hier ist zu differenzieren: Die Geltung der Bestimmungen der VwGO kann nur durch Bundesgesetz eingeschränkt werden (§ 77 VwGO); nur im Rahmen der entsprechenden Ermächtigungen durch die VwGO und die hierzu ergangenen Ausführungsgesetze sind Regelungen durch VO zulässig. Für die Geltung der Bestimmungen des VwVfG gilt der Grundsatz der Subsidiarität dagegen auch für Verordnungsrecht (s hierzu § 1 Rn 30). Für die meisten Fälle, die in Betracht kommen, ist schon die Anwendung des VwVfG (und damit auch von § 79) nach §§ 1 und 2 ausgeschlossen. Soweit § 79 bzw entsprechende Vorschriften des Landesrechts nicht anwendbar sind, ergibt sich im Hinblick auf die Zulässigkeit usw von Rechtsbehelfen keine andere Rechtslage. Wesentliche praktische Unterschiede gegenüber den von § 79 bzw entsprechendem Landesrecht erfassten Rechtsbehelfsverfahren folgen daraus nicht, weil sich diese Verfahren im Ergebnis in weitem Umfang nach denselben Grundsätzen richten, wie sie auch in den Verwaltungsverfahrensgesetzen Ausdruck gefunden haben. 12

II. Förmliche Rechtsbehelfsverfahren

1. Allgemeines. a) Förmliche Rechtsbehelfe. Die Vorschrift erfasst nur förmliche Rechtsbehelfe. Dabei handelt es sich um solche, die gesetzlich geregelt sind und dem Antragsteller einen Anspruch auf eine am materiellen Recht orientierte Sachentscheidung über den Rechtsbehelf einräumen.[24] Zentraler Anwendungsbereich ist das **Widerspruchsverfahren** nach §§ 68 ff VwGO (s unten Rn 56 ff). Auf die Bezeichnung des Rechtsbehelfs kommt es nicht an. Teilweise tragen förmliche Rechtsbehelfe zB auch die Bezeichnung **Einspruch, Beschwerde** usw.[25] Nicht entscheidend ist auch, ob der förmliche Rechtsbehelf zwingend als Vorverfahren für gerichtlichen Rechtsschutz ausgestaltet ist. Deshalb handelt es sich bei einem Widerspruch zB auch dann um einen förmlichen Rechtsbehelf, wenn es dem Betroffenen freisteht, ob er Widerspruch einlegt oder stattdessen unmittelbar Klage erhebt (s unten Rn 62 ff). Deshalb kommt § 79 auch für Fälle, in denen das Gesetz die Durchführung eines Vorverfahrens zulässt, aber nicht zwingend vorschreibt, zur Anwendung. 13

b) Gegen Verwaltungsakte. Der Rechtsbehelf muss sich gegen einen VA richten, anderenfalls ist § 79 nicht anwendbar. Soweit sich der Betroffene gegen sonstiges Verwaltungshandeln, zB gegen Realakte oder Verwaltungsverträge wendet, kommt zwar die Anwendung der Vorschriften der VwGO in Betracht (zB die allgemeine Leistungsklage), auch kommt die Anwendung von Vorschriften des VwVfG in Betracht (zB bei Abänderung bzw Anpassung von Verwaltungsverträgen nach § 60), nicht aber die Anwendung der Regelungen über das Rechtsbehelfsverfahren nach § 79. Ob sich der Betroffene gegen VAe wendet, richtet sich nach den allgemeinen Vorschriften, insb nach § 35. Erfasst wird nicht nur der Fall, in dem der förmliche Rechtsbehelf sich gegen einen belastenden VA richtet (zB **Anfechtungswiderspruch**), sondern auch der Fall, in dem der Rechtsbehelf sich gegen die Ablehnung eines beantragten begünstigenden VA wendet **(Verpflichtungswiderspruch).** 14

[23] Bejahend StBS 54.
[24] Stelkens NuR 1982, 10; Obermayer 1; StBS 22.
[25] Vgl zB § 23 WBO.

15 **c) Verwaltungsinternes Kontrollverfahren. Keine Anwendung** findet § 79 auf verwaltungsinterne Kontrollverfahren, die zB in **Prüfungsangelegenheiten** (s hierzu näher § 40 Rn 141 f) erforderlich werden können.[26] Die hiernach erforderliche Kontrolle kann und wird zwar idR in einem Widerspruchsverfahren stattfinden (BVerwGE 92, 144); ist ein Widerspruchsverfahren aber nicht vorgesehen (dh ein förmlicher Widerspruch wäre dann auch nicht statthaft), so muss ein **besonderes Zwischen- oder Nachverfahren** vor der zuständigen Behörde stattfinden, das den speziellen Erfordernissen des Prüfungsrechts Rechnung trägt, die sich aus dem Verfassungsrecht, insb aus betroffenen Grundrechten[27] und aus dem einfachgesetzlichen Recht ergeben.[28] Wenn, soweit und solange solche Verfahren nicht als förmliche Rechtsbehelfsverfahren ausgestaltet sind, fallen sie nicht unter § 79; die Regelungen der VwGO sind deshalb nicht anwendbar.

16 **d) Widerruf, Rücknahme, Wiederaufgreifen. Nicht um Rechtsbehelfsverfahren** iSd § 79 handelt es sich bei Verwaltungsverfahren, in denen über Anträge auf Rücknahme oder der Widerruf eines VA entschieden wird; auch auf Anträge auf Wiederaufgreifen des Verfahrens ist § 79 nicht anwendbar. Vielmehr handelt es sich bei diesen Verfahren um neue selbständige Verwaltungsverfahren, auf die allein die Vorschriften des VwVfG bzw der entsprechenden Gesetze der Länder sowie das vorrangige Fachrecht anwendbar sind (s hierzu § 48 Rn 35, § 49 Rn 77, § 51 Rn 1). Die Entscheidungen über Widerruf, Rücknahme oder Wiederaufgreifen haben VA-Charakter; sie können ihrerseits mit einem Widerspruch als förmlichen Rechtsbehelf angefochten werden; für diesen gilt dann auch § 79.

17 **2. Formlose Rechtsbehelfe. Nicht erfasst** werden die diversen formlosen und nicht näher geregelten Rechtsbehelfe wie **Petitionen, Gegenvorstellungen, Dienst- und Sachaufsichtsbeschwerden** usw. Für sie gelten zunächst einmal nur die dafür maßgeblichen besonderen Rechtsvorschriften (zB Art 17 GG) oder allgemeinen Rechtsgrundsätze, die – entsprechend dem Charakter als formlose Rechtsbehelfe – grundsätzlich keine besonderen Förmlichkeiten, Beachtung von Fristen usw verlangen.[29] Sie lösen weder einen Suspensiveffekt noch einen Devolutiveffekt aus. Rechtsgedanken des VwVfG können hier nur sinngemäß Anwendung finden, soweit es sich um vergleichbare Regelungen oder Zielsetzungen des Verfahrens handelt; anders, soweit sie als echte Verwaltungsverfahren iS von § 9 ausgestaltet sind oder im Rahmen solcher Verwaltungsverfahren durchgeführt werden. Die **Entscheidung über formlose Rechtsbehelfe** stellt idR **keinen VA dar,** weil darin keine sachliche Regelung getroffen wird. Deshalb kann zwar eine derartige Entscheidung mittels einer Leistungsklage begehrt werden. Eine Verpflichtungsklage gerichtet auf einen bestimmten Inhalt scheidet aber aus. Die Entscheidung kann auch nicht mit Widerspruch und Anfechtungsklage angefochten werden (s unten Rn 21).

18 **a) Remonstration. Kein förmlicher Rechtsbehelf** ist die sog beamtenrechtliche Remonstration.[30] Dabei handelt es sich um das Recht und die Pflicht

---

[26] Vgl BVerfGE 84, 45; BVerwGE 91, 274; 92, 136: Art 19 Abs 4 GG gebietet ein prüfungsrechtliches Zwischenverfahren, in dem der Prüfling „auf vermeintliche Irrtümer und Rechtsfehler rechtzeitig und wirksam hinweisen kann und damit ein Überdenken anstehender oder bereits getroffener Entscheidungen erreichen kann"; ebenso zB OVG Münster NVwZ 1992, 694 und 696; DVBl 1992, 1054; 1993, 63; OVG Koblenz DVBl 1992, 1096; VGH München NVwZ 1992, 694; Muckel NVwZ 1992, 348; Krüger NWVBl 1992, 63; Seebaß NJW 1992, 612.

[27] Vgl BVerfGE 84, 45; BVerfG NVwZ 1992, 657; BVerwGE 92, 136; BVerwG NVwZ-RR 1994, 582; DÖV 1995, 114; Mußgnug JuS 1993, 553.

[28] Kopp FS Redeker 1993, 545; BVerwGE 92, 144; VGH München DVBl 1992, 1046.

[29] Vgl Pietzner/Ronellenfitsch § 24 Rn 18; StBS 22; Knack/Henneke 5.

[30] S hierzu näher Felix, Bedeutung des Remonstrationsverfahrens für den Rechtsschutz des Beamten, ZBR 1994, 18; Leuze, Hierarchie, Gehorsamspflicht und Remonstra-

des Beamten, Bedenken gegen die Rechtmäßigkeit dienstlicher Anordnungen unverzüglich **gegenüber seinem unmittelbaren Vorgesetzten** geltend zu machen (so etwa nach § 63 Abs 2 BBG; § 36 Abs 2 BeamtStG).[31] Trägt dieser den Bedenken nicht Rechnung, so hat sich der Beamte an den nächsthöheren Dienstvorgesetzten zu wenden, sofern seine Bedenken fortbestehen. Wird die umstrittene Anordnung auch von diesem bestätigt, was auf Verlangen schriftlich zu erfolgen hat, so hat der Beamte die Anordnung auszuführen, sofern das aufgetragene Verhalten nicht erkennbar strafbar oder ordnungswidrig ist oder gegen die Menschenwürde verstößt. Auf dieses Verfahren sind insgesamt nur die beamtenrechtlichen Bestimmungen und Grundsätze anzuwenden; eine Heranziehung von Vorschriften der VwGO und des VwVfG kommt insoweit nicht in Betracht. Das gilt insbesondere auch für das **Erfordernis einer Begründung** der Anordnung bzw der Bestätigung der Anordnung, die sich nur aus allgemeinen beamtenrechtlichen Grundsätzen, nicht aber aus dem allgemeinen Verfahrensrecht ergeben kann. Die umstrittene Frage, ob das Remonstrationsverfahren für den Beamten Rechtsschutzfunktion hat, ist richtigerweise zu verneinen.[32]

b) Dienst- und Sachaufsichtsbeschwerde, Petition. Keine förmlichen 19
Rechtsbehelfe iSd § 79 sind Petitionen bzw Dienst- und Sachaufsichtsbeschwerden, die in den Grundzügen in Art 17 GG sowie in den Landesverfassungen geregelt sind.[33] Für Dienst- und Sachaufsichtsbeschwerden finden sich auch vereinzelt spezielle Grundlagen.[34] Hiernach hat jedermann das Recht, sich allein oder in Gemeinschaft mit anderen schriftlich mit Bitten und Beschwerden an die zuständigen Stellen und an die Volksvertretung zu wenden. Grundsätzlich besteht eine **Pflicht zur Bescheidung** auch von Petitionen sowie bei Dienst- und Sachaufsichtsbeschwerden.[35] Die Eingabensteller haben lediglich einen allerdings gerichtlich durchsetzbaren **Anspruch auf förmliche Befassung,**[36] allerdings nicht auf ein bestimmtes, etwa der Rechtslage entsprechendes sachliches Ergebnis. Weil kein Anspruch auf Prüfung der Sach- und Rechtslage mit einem dem objektiven Recht entsprechenden Ergebnis besteht, handelt es sich bei Petitionen und Sachaufsichtsbeschwerden nicht um förmliche Rechtsbehelfe. Die Entscheidung über Petition oder Sachaufsichtsbeschwerde hat mangels sachlichen Regelungsgehalts **keine VA-Qualität.**[37]

aa) Petition. Soweit sich der Betroffene an die Volksvertretungen (Parlamen- 20
te) wendet, wird dies als Petition (Art 17 GG) bezeichnet.[38] Die Parlamente haben Petitionsausschüsse[39] eingerichtet, die sich mit den Petitionen beschäftigen und dem Plenum sodann Empfehlungen über die Behandlung der Petition unterbreiten. Teilweise ist den Petitionsausschüssen nach dem Vorbild des Art 45c GG auch die abschließende Behandlung von Petitionen übertragen. Das hier maßgebliche Petitionsverfahren ist in den einschlägigen Bestimmungen des Ver-

---

tionspflicht, DöD 1995, 1; Günther, Folgepflicht und Verantwortlichkeit des Beamten, ZBR 1988, 297.

31 Für einzelne Beamtengruppen können Sonderregelungen gelten, zB § 7 UZwG.

32 So zutreffend Battis BBG § 63 Rn 10 f mwN.

33 WBS III § 161 Rn 7 ff; Betz, Petitionsrecht und Petitionsverfahren, FS Hanisch 1994, 13.

34 S zB § 108 StrVollzG; §§ 125 ff BBG.

35 S hierzu näher Kopp/Schenke § 40 Rn 34; StBG § 1 Rn 157; Knack/Henneke 6; WB III § 161 Rn 8.

36 Vgl hierzu BVerfG NVwZ 1989, 953 zur Petition; ferner WB III § 161 Rn 8.

37 BVerwG NJW 1981, 700; 1977, 118; Battis BBG § 171 Rn 4; Pietzner/Ronellenfitsch § 24 Rn 14 mN für die aA.

38 Jarass/Pieroth, Art 17 Rn 3 ff; Stein in AK-GG Art 17 Rn 12 ff; Pietzner/Ronellenfitsch § 24 Rn 12.

39 Vgl Gesetz über die Befugnisse des Petitionsausschusses des Deutschen Bundestages v 19.7.1975 (BGBl I S. 1921).

fassungsrechts, in Petitionsgesetzen[40] sowie in den Geschäftsordnungen der Parlamente geregelt.[41] Die Vorschriften der VwGO und des VwVfG können hier grundsätzlich allenfalls analog ergänzend herangezogen werden. Das gilt insbesondere auch für die Pflicht zur **Begründung von Petitionsbescheiden.**[42]

21 **bb) Dienst- und Sachaufsichtsbeschwerde.** Wendet sich der Betroffene mit seinem Begehren an „die zuständigen Stellen" mit dem Ziel, eine Überprüfung einer ihn betreffenden Entscheidung zu erreichen, so spricht man von einer Sachaufsichtsbeschwerde.[43] Von der Dienstaufsichtsbeschwerde unterscheidet sich die Sachaufsichtsbeschwerde dadurch, dass es nicht um die Überprüfung eines bestimmten Verhaltens eines Bediensteten geht, sondern um die Prüfung einer getroffenen Entscheidung. Zumeist wird zwischen Dienst- und Sachaufsichtsbeschwerden nicht besonders unterschieden. Auf beide Beschwerden ist § 79 nicht anwendbar. Weil es keinen Anspruch auf eine Kontrolle einer Entscheidung in rechtlicher bzw sachlicher Hinsicht gibt und sich der Anspruch wie bei Petitionen auf die **förmliche Befassung und Bescheidung** beschränkt, handelt es sich nicht um einen förmlichen Rechtsbehelf. Besondere Verfahrensvorschriften bestehen nicht, das Verfahren ist praktisch formfrei. Es besteht allerdings wie bei der Petition ein **Anspruch auf Bescheidung** mit Gründen, der uU auch gerichtlich mit der Leistungsklage durchgesetzt werden kann.[44] Eine Anfechtung der behördlichen Antwort auf Dienst- oder Sachaufsichtsbeschwerden ist nicht zulässig. An die **Begründung** der Antwort können keine besonderen Anforderungen gestellt werden. Es ist ausreichend, wenn sich aus der Begründung ergibt, dass sich die Behörde mit der Beschwerde in der Sache auseinandergesetzt hat.

III. Anwendbare Vorschriften der VwGO

22 **1. Allgemeines.** § 79 verweist für die förmlichen Rechtsbehelfe gegen VAe, die im Rahmen des VwVfG ergehen, auf die VwGO und die zu ihrer Ausführung ergangenen Rechtsvorschriften, insb die landesrechtlichen Ausführungsvorschriften zur VwGO. Hierzu gehören die landesrechtlichen Ausführungsgesetze (AGVwGO) und die AusführungsVOen zur VwGO sowie die auf Grund einzelner Ermächtigungen in der VwGO getroffenen landesrechtlichen Regelungen (zB VOen über Widerspruchsausschüsse usw). Soweit der Verwaltungsrechtsweg nach § 40 VwGO gegeben ist und damit auch die §§ 68 ff VwGO unmittelbar anzuwenden sind, kommt dieser Regelung nur deklaratorische Bedeutung zu.[45] Sie kann aber auch konstitutive Bedeutung für förmliche Rechtsbehelfe gegen VAe haben, für die der Verwaltungsrechtsweg in der Hauptsache nicht eröffnet ist und für die auch nach anderen Gesetzen keine abweichende Regelung über Rechtsbehelfe getroffen ist.[46] Die Verweisung auf die VwGO bezieht sich auch

---

40 ZB Gesetz über die Befugnisse des Petitionsausschusses des Deutschen Bundestages v 19.7.1975 (BGBl I S. 1921).

41 S zB die Grundsätze des Petitionsausschusses des Deutschen Bundestages über die Behandlung von Bitten und Beschwerden, v 9.11.2011, in der jew akt Fassung abrufbar unter www.bundestag.de/bundestag/ausschuesse17/a02/grundsaetze/verfahrensgrundsaetze.html.

42 Rühl, Der Umfang der Begründungspflicht von Petitionsbescheiden, DVBl 1993, 14; Siegfried, Begründungspflicht bei Petitionsbescheiden, DÖV 1990, 279; **aA** Langenfeld in HStR III 3. Aufl 2005, § 39 Rn 35 (mwN).

43 S hierzu näher Woike, Behandlung von Petitionen durch Behörden, DÖV 1984, 419.

44 OVG Koblenz, B v 20.11.1996, 7 E 13031/96, juris; VG Ansbach, Urt v 30.4.2009, AN 16 K 09.00020, juris. Zum Streitwert bei Klagen auf Bescheidung von Dienst- und Sachaufsichtsbeschwerden (idR die Hälfte des Auffangwertes) s OVG Hamburg, B v 5.10.2009, 5 So 140/09, juris.

45 Obermayer 13–16; Allesch 51; **aA** Knack/Henneke 4: auch insoweit konstitutiv, da sie den Vorrang der VwGO, der zu ihrer Ausführung erlassenen Landesgesetze sowie der erlassenen bundesrechtlichen Spezialgesetze festlegt.

46 StBS 29; Allesch DVBl 1985, 1041.

auf alle Vorschriften, die in unmittelbarem Zusammenhang mit den **Regelungen über das Widerspruchsverfahren** stehen oder auf die in den §§ 68 ff VwGO Bezug genommen wird. Hierzu gehören zB §§ 42 Abs 2, 44a VwGO[47] sowie § 58 Abs 2 und § 59 VwGO. Nicht erfasst werden durch die Verweisung die übrigen prozessualen Regelungen der VwGO, etwa über die Beteiligungsfähigkeit, die Prozessfähigkeit, die Vertretungsbefugnis, sowie über das gerichtliche Verfahren und die gerichtlichen Entscheidungen.

2. Einlegen des Rechtsbehelfs. Soweit keine speziellen Bestimmungen über das Einlegen des Rechtsbehelfs bestehen, gelten die Vorschriften der §§ 68 ff VwGO, die in §§ 69, 70 VwGO Regelungen für die **Erhebung des Widerspruchs** sowie über Form und Frist des Widerspruchs enthalten. Keine entsprechende Anwendung auf den Rechtsbehelf finden daneben die Regelungen der §§ 81 f VwGO über die Klageerhebung. Vielmehr ist nach § 70 Abs 1 VwGO insoweit ausreichend, dass der Rechtsbehelf schriftlich oder zur Niederschrift der Behörde erhoben wird (OVG Münster NVwZ 1990, 676). Ist ein Widerspruchsverfahren vor der Klagerhebung erforderlich, so kann die Widerspruchsfrist nicht durch die Erhebung der (unzulässigen) Klage gewahrt werden.[48] 23

a) Rechtsbehelfsfristen. aa) Grundzüge. Nach § 70 Abs 1 VwGO ist der Rechtsbehelf innerhalb eines Monats nach Bekanntgabe des VA schriftlich oder zur Niederschrift bei der Behörde zu erheben, die den VA erlassen hat. Diese **Monatsfrist** gilt für alle Rechtsbehelfe, sofern nicht spezialgesetzlich etwas anderes geregelt ist. Dies ist etwa in den wehrpflichtrechtlichen Regelungen der Fall, die eine **Zweiwochenfrist** vorsehen (§ 33 Abs 1 WPflG, § 72 ZDG). Die Frist wird nach der allgemein anwendbaren Vorschrift des § 70 Abs 1 S 2 VwGO auch durch Einlegung bei der Widerspruchsbehörde gewahrt. Ist die **Rechtsmittelbelehrung unterblieben oder ist sie unvollständig,** so gilt aufgrund der Verweisung in § 70 Abs 2 VwGO auf § 58 Abs 2 VwGO die **Jahresfrist.** Das betrifft auch diejenigen Fälle, in denen normalerweise nicht die Monatsfrist, sondern eine kürzere Frist läuft. Eine **Wiedereinsetzung** in den vorigen Stand bei Fristversäumung wird aufgrund der ausdrücklichen Verweisung in § 70 Abs 2 VwGO nach § 60 VwGO, nicht nach § 32 VwVfG gewährt (vgl Kopp/Schenke § 70 Rn 11). Allerdings geht die ganz hM davon aus, dass die Versäumung der Widerspruchsfrist auch durch eine Entscheidung der Widerspruchsbehörde in der Sache geheilt werden kann, soweit kein Fall eines Drittwiderspruchs vorliegt.[49] 24

bb) Maßgebliches Recht. Umstritten ist, ob für Fristberechnung § 57 VwGO entsprechend anwendbar ist, oder ob sich die Berechnung der Monatsfrist des § 70 VwGO nach § 31 zu richten hat. Praktische Auswirkungen hat dieser Streit nicht. Während teilweise darauf abgestellt wird, dass es sich um die Berechnung einer in der VwGO geregelten Frist handelt, für die konsequenterweise auch die Berechnungsvorschriften der VwGO heranzuziehen seien,[50] nimmt die wohl hM an, die Regelung des § 57 VwGO sei für die Berechnung von Fristen im Widerspruchsverfahren, insbesondere auch für die Widerspruchsfrist des § 70 VwGO nicht anwendbar.[51] Begründet wird dies damit, dass in § 70 Abs 2 VwGO nicht auf § 57 VwGO verwiesen werde. Überzeugend ist dies 25

---

[47] BVerwG NJW 1999, 1729; StGB 28; Obermayer 18.

[48] Gegen diesen eindeutigen Befund Frank VBlBW 2011, 174.

[49] BVerwGE 28, 305; BVerwG NVwZ-RR 1992, 184; VGH Mannheim NJW 2004, 2690; NVwZ-RR 1999, 432; StBS 5; enger Pietzner/Ronellenfitsch § 17 Rn 4; § 42 Rn 8 ff; **aA** Kopp/Schenke § 70 Rn 9.

[50] S Kopp/Schenke § 57 Rn 1; Allesch S. 134; Eyermann § 70 Rn 4; Pietzner/Ronellenfitsch, § 33 Rn 7.

[51] StBS § 31 Rn 60; Knack/Henneke 36; Geis/Hinterseh JuS 2001, 1178; MB § 79 Rn 12.

nicht. Vielmehr spricht mehr für die Annahme, eine Verweisung auf § 57 VwGO sei wegen Selbstverständlichkeit unterblieben.

26 **b) Zulässigkeitsvoraussetzungen.** Für die Zulässigkeit des Widerspruchs gelten die Regelungen der VwGO entsprechend, soweit sich dies aus der Funktion des Rechtsbehelfs (idR des Widerspruchsverfahrens) als Vorverfahren für Anfechtungs- und Verpflichtungsklagen ergibt. Hieraus ist zu folgern, dass der Rechtsbehelf (idR Widerspruch) **dieselben Voraussetzungen wie die spätere Klage** erfüllen muss. Das gilt zunächst für die Frage der **Eröffnung des Rechtswegs.** Ein Widerspruch ist danach nur zulässig, wenn gem § 40 VwGO der Verwaltungsrechtsweg oder nach anderen Vorschriften der Rechtsweg in eine andere Gerichtsbarkeit eröffnet ist. Das gilt weiter für die Befugnis zur Einlegung des Rechtsbehelfs, zB für die **Widerspruchsbefugnis,** die sich nach § 42 Abs 2 VwGO richtet, allerdings mit der Maßgabe, dass die Geltendmachung einer Rechtsbeeinträchtigung durch eine zwar nicht rechtswidrige, wohl aber unzweckmäßige Ermessens- oder Beurteilungsentscheidung ausreicht.[52] Die Vorschriften über die Zuständigkeit der Gerichte sind nicht anwendbar. Maßgebend sind für die Zuständigkeit §§ 70, 73 VwGO. **Umstritten** ist, ob im Falle eines Zuständigkeitswechsels die Regelung des § 17 Abs 1 S 1 GVG entsprechend gilt, wonach die Zuständigkeit erhalten bleibt **(perpetuatio fori),**[53] oder ob § 3 Abs 3 im Widerspruchsverfahren anwendbar ist, wonach die Fortführung des Verfahrens durch die bisherige Behörde eine Frage des Ermessens ist. Die **Anwendbarkeit des § 3 Abs 3** ist wegen der grundsätzlichen Einheit von Ausgangsverfahren und Widerspruchsverfahren zu bejahen (s hierzu auch § 3 Rn 49, § 9 Rn 23a, 30).[54]

27 **c) Form des Rechtsbehelfs.** Für die Form des Rechtsbehelfs gilt § 70 Abs 1 VwGO, wonach der Widerspruch schriftlich oder zur Niederschrift bei der Behörde eingelegt werden muss. Nach ganz hM ist im Hinblick auf die **Schriftform die Regelung in § 3a** über die elektronische Übermittlung anwendbar (s hierzu, auch zu der derzeit daraus folgenden Rechtsunsicherheit bei der Abfassung von Rechtsbehelfsbelehrungen, näher § 3a Rn 2).[55] Die Regelung in § 70 bezieht sich nicht auf die Anforderungen der Klagerhebung in § 81 VwGO. Im Übrigen gelten hinsichtlich des Schriftformerfordernisses die allgemeinen Grundsätze. Zulässig ist die Einlegung des Rechtsbehelfs (Erhebung des Widerspruchs) durch **Telegramm** (GSOGB BVerwGE 111, 377 = NJW 2000, 2340), durch **Telefax** (s § 22 Rn 54) oder durch **Computer-FAX** (§ 22 Rn 54). Insoweit ergeben sich für VwVfG und VwGO keine wesentlichen Unterschiede.

28 **d) Wirkung des Rechtsbehelfs, Suspensiveffekt.** Für das Widerspruchsverfahren nach §§ 68 ff VwGO gilt der Suspensiveffekt des § 80 Abs 1 VwGO, der unmittelbar durch den Zugang des Widerspruchs bei der Behörde ausgelöst wird, sofern kein Ausnahmefall nach § 80 Abs 2 VwGO vorliegt. Ist letzteres der Fall, so kann der Widerspruchsführer die Anordnung der aufschiebenden Wirkung des Widerspruchs in den Fällen des § 80 Abs 2 Nr 1–3 VwGO und die Wiederherstellung der aufschiebenden Wirkung des Widerspruchs in den Fällen des § 80 Abs 2 Nr 4 VwGO beim VG beantragen. Der Suspensiveffekt wird auch durch den Widerspruch von Dritten ausgelöst, sofern diesen eine Widerspruchsbefugnis entsprechend § 42 Abs 2 VwGO zukommt. Zu den Einzelheiten s Kopp/Schenke § 80 Rn 130 ff.

---

[52] Näher Kopp/Schenke § 69 Rn 6 mwN; Pietzner/Ronellenfitsch § 35 Rn 3 ff.

[53] So Obermayer 24; Pietzner/Ronellenfitsch § 30 Rn 7.

[54] So auch BVerwGE 132, 152 (Flugplatz Weeze), Rn 38; NVwZ 1987, 224, 225; OVG Hamburg NordÖR 1999, 412; StBS § 3 Rn 49.

[55] Schmitz/Schlatmann NVwZ 2002, 1288; Geis/Hinterseh JuS 2001, 1177; Knack/Henneke 19; s auch Schlatmann DVBl 2002, 1013; Pietzner/Ronellenfitsch § 33 Rn 4.

e) Beteiligungs-, Handlungs-, Postulationsfähigkeit, Vertretung. Keine entsprechende Anwendung finden die Vorschriften der VwGO über die Beteiligungsfähigkeit (§ 61 VwGO), die Prozessfähigkeit (§ 62 VwGO), die Beteiligten (§ 63 VwGO), die Beiladung (§§ 65 f VwGO) und über die Prozessbevollmächtigung und Vollmacht (§ 67 VwGO).[56] Diese Vorschriften sind auf das gerichtliche Verfahren zugeschnitten und passen auf das förmliche Rechtsbehelfsverfahren vor Behörden nicht. Soweit es um die für die Erhebung des Widerspruchs erforderliche Beteiligungsfähigkeit und Handlungsfähigkeit geht, sind für das förmliche Rechtsbehelfsverfahren nicht die Vorschriften der für das gerichtliche Verfahren maßgeblichen §§ 61 ff VwGO entsprechend anwendbar, sondern die §§ 11 ff VwVfG.[57] Gleiches gilt für die Vertretung durch Bevollmächtigte usw. Auch hier sind nicht die prozessrechtlichen Bestimmungen der §§ 67 f VwGO anwendbar, sondern die Vorschriften der §§ 14 ff VwVfG. Der Grund hierfür liegt darin, dass die §§ 61 ff VwGO auf das gerichtliche Verfahren zugeschnitten sind und sich aus den §§ 68–75 VwGO nicht entnehmen lässt, dass sie auch auf das förmliche Rechtsbehelfsverfahren vor Behörden anwendbar sein soll. 29

3. Durchführung des Rechtsbehelfsverfahrens. Die VwGO enthält nur wenige Bestimmungen für das Widerspruchsverfahren. Zu nennen sind das Erfordernis der Anhörung in § 71 VwGO für den Fall einer erstmaligen Beschwer[58] sowie die Abhilfeentscheidung nach § 72 VwGO als Voraussetzung für den Widerspruchsbescheid (s hierzu unten Rn 56 ff). Im Übrigen stellt sich die Frage, welche sonstigen, auf das gerichtliche Verfahren bezogenen Vorschriften im förmlichen Rechtsbehelfsverfahren anwendbar sind. Grundsätzlich kommt eine Heranziehung nur für solche Vorschriften in Betracht, die nicht speziell auf das gerichtliche Verfahren zugeschnitten sind und der Eigenart des behördlichen Rechtsbehelfsverfahrens nicht widersprechen.[59] Im Übrigen sind die Vorschriften des VwVfG bzw diejenigen der Verwaltungsverfahrensgesetze der Länder einschlägig (s unten Rn 45 ff). 30

a) Zuständigkeit. Welche Behörde über den Widerspruch zu entscheiden hat, ergibt sich aus § 73 Abs 1–2 VwGO. Danach ist es grundsätzlich Sache der nächsthöheren Behörde, über den Widerspruch zu entscheiden, es sei denn, es liegt ein Ausnahmefall vor. Dies ist der Fall, wenn die nächsthöhere Behörde eine oberste Bundes- oder Landesbehörde wäre (§ 73 Abs 1 S 1 Nr 2 VwGO) oder wenn es sich um eine Selbstverwaltungsangelegenheit handelt (§ 73 Abs 1 S 1 Nr 3 VwGO) oder wenn das Gesetz eine andere Behörde (§ 73 Abs 1 S 1 Nr 1 VwGO) oder die Ausgangsbehörde (§ 73 Abs 1 S 2 VwGO) als Widerspruchsbehörde bestimmt. Zur umstrittenen Anwendbarkeit des § 3 Abs 3 beim **Wechsel der örtlichen Zuständigkeit** s oben Rn 26, ferner § 3 Rn 49. 31

b) Anwendbare Vorschriften der VwGO. Anwendbar sind im Widerspruchsverfahren die Vorschriften über die notwendige **Streitgenossenschaft** (§ 64 VwGO), über die **Aussetzung bzw Unterbrechung** oder das Ruhen des Verfahrens auf Antrag eines Beteiligten oder von Amts wegen gem §§ 239 ff ZPO iVm § 173 VwGO, jedoch nicht als zwingende Regelung, sondern nur als Ermächtigung der Behörde zu entsprechenden Entscheidungen nach Ermessen (vgl OVG Magdeburg NVwZ 1994, 1227), auch zB die Unterbrechung des 32

[56] Kopp/Schenke Vorb § 68 Rn 18 mwN.
[57] StBS 18; Pietzner/Ronellenfitsch § 29 Rn 3.
[58] Die Regelung differenziert nicht zwischen der erstmaligen Beschwer des Widerspruchsführers oder eines Dritten, vgl VGH Mannheim NVwZ-RR 2002, 3; Kopp/Schenke § 71 Rn 2. Dies ist vor allem für die Fälle einer reformatio in peius von Bedeutung, s BVerwG NVwZ 1999, 1219. Sie bezieht sich auch auf das Abhilfeverfahren.
[59] Ganz hM, vgl StBS 28; Pietzner/Ronellenfitsch, § 29 Rn 5.

Verfahrens beim Tod des im Verfahren nicht durch einen Bevollmächtigten vertretenen Widerspruchsführers (§ 239 ZPO iVm § 173 VwGO; vgl OVG Bremen NVwZ 1985, 917); über die **Änderung des Widerspruchsbegehrens** analog zur Klageänderung (§ 91 VwGO), jedoch ohne das Erfordernis der Zustimmung des Antragsgegners oder der Behörde analog § 91 Abs 1 und 2 VwGO (vgl VGH München BayVBl 1987, 22, 23) zB durch Einbeziehung eines Abänderungsbescheids in der Sache, sofern die Widerspruchsänderung sachdienlich ist.[60]

33 **c) Anwendbare prozessrechtliche Grundsätze.** Eine ganze Reihe von Fragen ist weder in der VwGO noch im VwVfG positiv geregelt. Die hier bestehenden Lücken müssen entweder durch den Rückgriff auf prozessuale oder auf verfahrensrechtliche Grundsätze geschlossen werden. Da es sich beim förmlichen Rechtsbehelfsverfahren um ein Verwaltungsverfahren, nicht aber um ein gerichtliches Verfahren handelt, ist **grundsätzlich auf verfahrensrechtliche und nicht auf prozessrechtliche Grundsätze** zurückzugreifen. Geboten ist aber die Anwendung der Grundsätze über den Klageverzicht auch auf den im VwVfG nicht geregelten Widerspruchsverzicht;[61] ebenso der Grundsätze über die **Verwirkung** des Klagerechts auf die Verwirkung des Rechts zur Einlegung eines Widerspruchs, ferner der Grundsätze über das Verbot unzulässiger Rechtsausübung und über das Erfordernis eines Rechtsschutzinteresses (Rechtsschutzbedürfnisses) als Zulässigkeitsvoraussetzung auch auf den Widerspruch (s hierzu näher § 53 Rn 41 ff). Ein **Verzicht auf das Widerspruchsrecht** ist grundsätzlich erst zulässig und wirksam, nachdem der VA, auf den er sich bezieht, ergangen ist (s § 53 Rn 50 ff);[62] ein vorher erklärter einstweiliger Verzicht ist idR unwirksam;[63] anders uU ein Verzicht, der als Teil eines Vertrages vereinbart wird.[64] Der nach Erlass des VA erklärte Verzicht muss eindeutig, unzweifelhaft und unmissverständlich erklärt werden[65] und darf von der Behörde nicht rechtsmissbräuchlich unter Verstoß gegen Treu und Glauben herbeigeführt werden.

34 **d) Verfahrensvorschriften im Übrigen.** Soweit keine Vorschriften oder Grundsätze der VwGO zur Anwendung gelangen, richtet sich das Verfahren nach dem VwVfG bzw dem spezielleren Fachrecht. Das folgt daraus, dass es sich auch bei einem förmlichen Rechtsbehelfsverfahren um ein Verwaltungsverfahren handelt, für das die gerichtlichen Verfahrensgarantien keine Geltung beanspruchen können, sofern dies nicht gesetzlich besonders angeordnet ist. So gelten für die **Beteiligung** im Widerspruchsverfahren nicht § 65 VwGO, sondern § 13, für den **Ausschluss** von der Entscheidung bzw die Ablehnung wegen **Befangenheit** nicht § 54 VwGO, sondern die §§ 20, 21, für die **Amtssprache** nicht § 184 GVG, sondern § 23, für die **Amtsermittlung** nicht § 86 VwGO, sondern der Untersuchungsgrundsatz in §§ 24 ff, für die **Beweiserhebung** nicht §§ 96 ff VwGO, sondern § 26, für die **Anhörung** nicht § 103 Abs 3 VwGO, sondern § 29, für die **Akteneinsicht** nicht die §§ 99 f VwGO, sondern die §§ 29 f. Eine mündliche Verhandlung ist im Widerspruchsverfahren nicht obligatorisch, sofern nicht spezielle Vorschriften etwas anderes bestimmen. Insbesondere sind die Vorschriften über die mündliche Verhandlung in §§ 101 ff VwGO nicht anwendbar.

---

60 VGH München NVwZ 1983, 616; BayVBl 1987, 122.

61 Vgl BVerwGE 55, 357; Weides 169; nicht überzeugend ist die Annahme, der Verzicht auf das Recht zur Einlegung eines Widerspruchs werde durch einen gleichwohl ergehenden Widerspruchsbescheid in der Sache hinfällig und stehe deshalb einer Anfechtungsklage nicht entgegen (VGH Mannheim NJW 1992, 1582).

62 BVerwGE 25, 21; anders bei vom Abgabenpflichtigen selbst errechneten Abgaben; vgl BVerwGE 26, 50. Näher zum Verzicht Pietzner/Ronellenfitsch § 36.

63 Kopp/Schenke § 69 Rn 11; Pietzner/Ronellenfitsch § 36 Rn 2.

64 Vgl zum Klageverzicht BVerwG NJW 1982, 2073; Kopp/Schenke § 74 Rn 22.

65 BVerwGE 55, 357; OVG Münster NWVBl 1992, 200.

Findet eine **mündliche Verhandlung** statt, so gilt § 68 entsprechend. S hierzu auch die Aufstellung unten Rn 45 ff.

4. Die Entscheidungen im Rechtsbehelfsverfahren. a) Allgemeines. Für die Entscheidungen im Rechtsbehelfsverfahren gelten zunächst einmal die §§ 72 ff VwGO. Als Möglichkeiten sind die Abhilfeentscheidung der Ausgangsbehörde nach § 72 VwGO und der **Widerspruchsbescheid** nach § 73 VwGO vorgesehen. Spezielle Regelungen können hier etwas anderes bestimmen, zB eine **Einspruchsentscheidung** oder eine **Beschwerdeentscheidung** anstelle des Widerspruchsbescheides. Andere Entscheidungsformen gibt es im Widerspruchsverfahren grundsätzlich nicht. Möglich sind auch Teilentscheidungen und vorläufige Entscheidungen. Schließlich ist auch die unstreitige Erledigung des Widerspruchsverfahrens, zB aufgrund der Rücknahme oder sonstigen Erledigung, zB aufgrund der Aufhebung des angefochtenen VA nach §§ 48 ff möglich. 35

b) Die Abhilfeentscheidung (§ 72 VwGO). aa) Allgemeines. Die Ausgangsbehörde hat nach § 72 VwGO über die Frage zu entscheiden, ob dem Widerspruch ganz oder teilweise[66] abgeholfen werden soll. Im Falle eines Zuständigkeitswechsels gilt § 3 Abs 3 (vgl Rn 49). Die Entscheidung über die Abhilfe ist zwingende Voraussetzung für die Entscheidung der Widerspruchsbehörde über den Widerspruch nach § 73 VwGO. Die Abhilfeentscheidung bleibt nach hM auch nach der Abgabe an die Widerspruchsbehörde zulässig; insoweit tritt ein privativer Devolutiveffekt nicht ein.[67] Eine förmliche Abhilfeentscheidung ist nur dann erforderlich, wenn dem Widerspruch abgeholfen werden soll, anderenfalls wird die Sache formlos der Widerspruchsbehörde vorgelegt. 36

bb) VA-Qualität. Die **Abhilfeentscheidung ist VA,** für sie gelten daher die §§ 35 ff. Allerdings ist ein Widerspruch gegen die Abhilfeentscheidung nicht zulässig. Enthält der Abhilfeentscheid erstmalig eine Beschwer, so ist nach § 68 Abs 1 Nr 2 VwGO unmittelbar Klage zu erheben. **Etwas anderes gilt für die Nichtabhilfeentscheidung,** die lediglich einen internen Charakter hat[68] und deshalb den Beteiligten auch nicht bekannt gegeben zu werden braucht. Mit ihr werden anders als mit der Abhilfeentscheidung keine Regelungen in der Sache getroffen, sondern nur die Voraussetzungen für die Entscheidung durch die Widerspruchsbehörde geschaffen.

cc) Abgrenzung zu Widerruf und Rücknahme. Zu unterscheiden ist die Abhilfe von einer Entscheidung der Ausgangsbehörde nach §§ 48 ff, die unabhängig von einem Widerspruch und einem laufenden Widerspruchsverfahren stets zulässig bleibt. Eine Abhilfeentscheidung muss sich im Unterschied zu Entscheidungen nach §§ 48 ff nicht an die dort aus Gründen des Vertrauensschutzes vorgesehenen Einschränkungen halten, sondern hat sich allein nach dem materiellen Recht zu richten. Dafür setzt sie aber die **Zulässigkeit des Widerspruchs** voraus. Ist der Widerspruch nicht zulässig, so kann die Ausgangsbehörde nicht abhelfen, sondern nur nach §§ 48 ff vorgehen.[69] 37

c) Der Widerspruchsbescheid (§ 73 VwGO). Die nach § 68 VwGO zuständige (s oben Rn 31) Widerspruchsbehörde hat über den Widerspruch durch Widerspruchsbescheid zu entscheiden. Für die Zuständigkeit gilt § 73 Abs 1 u 2 VwGO, für Form und Inhalt des Widerspruchsbescheides § 73 Abs 3 VwGO, wonach der Widerspruchsbescheid zu begründen, mit einer Rechtsmittelbelehrung zu versehen und zuzustellen ist. Ergänzend sind nicht die Vorschriften über 38

---

[66] Zur Zulässigkeit einer teilweisen Abhilfe Pietzner/Ronellenfitsch § 26 Rn 7 auch zu der umstrittenen Frage, ob die Abhilfebehörde zu einer teilweisen Abhilfe verpflichtet ist.

[67] BVerwGE 82, 336; BVerwG NVwZ 1987, 224; Kopp/Schenke § 72 Rn 2 mwN.

[68] So ausdrücklich nunmehr BVerwG DVBl 2012, 49.

[69] Ganz hM, vgl BVerwGE 101, 654; BVerwG BayVBl 2000, 118; Kopp/Schenke § 72 Rn 3; zur Abgrenzung von Abhilfe und Rücknahme Pietzner/Ronellenfitsch § 27 Rn 3 ff.

Urteile (§ 117 VwGO), sondern die **Vorschriften des VwVfG über VAe anzuwenden,** da der Widerspruchsbescheid ein VA ist, für den allerdings die Besonderheit gilt, dass er nicht selbst mit dem Widerspruch anfechtbar ist. Vielmehr kann er nur mit der Klage angegriffen werden. Das gilt auch dann, wenn er eine erstmalige Beschwer enthält (§ 68 Abs 1 Nr 2 VwGO). Fraglich und richtigerweise zu verneinen ist, ob für die **Berichtigung und Ergänzung** von Widerspruchsbescheiden die §§ 119 ff VwGO gelten.[70] Ein Widerspruchsbescheid muss sich selbst nicht als solchen bezeichnen; auch eine Rechtsmittelbelehrung ist nicht zwingend erforderlich. Ausreichend ist, wenn der Wille der Behörde, eine Entscheidung über den Widerspruch zu treffen, den Beteiligten bei verständiger Würdigung ohne weiteres erkennbar ist.[71]

39 **aa) Inhalt der Entscheidung.** Hinsichtlich des Entscheidungsinhalts fehlen Regelungen; hierzu heißt es in § 73 Abs 3 S 2 VwGO lediglich, dass auch über die Kosten zu entscheiden ist. In der Hauptsache ist danach zu unterscheiden, ob die Widerspruchsbehörde die volle inhaltliche Entscheidungskompetenz hat oder nicht. Bestehen keine Einschränkungen, dann kann die Widerspruchsbehörde auch zur Sache selbst entscheiden; anderenfalls kann sie den angefochtenen VA lediglich aufheben mit der Folge, dass die Ausgangsbehörde in Antragsverfahren erneut entscheiden muss. Grundsätzlich hat die Widerspruchsbehörde die uneingeschränkte Entscheidungskompetenz. Einschränkungen können sich im Kommunalrecht und sonst bei Widerspruchsverfahren von unterstaatlichen Körperschaften des öffentlichen Rechts, über die staatliche Widerspruchsbehörden entscheiden, im Hinblick auf **Angelegenheiten der Selbstverwaltung** und im Prüfungsrecht in Fällen ergeben, in denen die Widerspruchsbehörde nicht berechtigt ist, die **Prüfungsentscheidung** selbst zu treffen, weil der prüfungsrechtliche Beurteilungsspielraum einem oder mehreren Prüfern speziell übertragen worden ist (vgl § 40 Rn 103).

40 **bb) Begründung.** Für die Begründung des Widerspruchsbescheids gilt zunächst einmal § 73 Abs 3 VwGO; der Umfang der Begründung ergibt sich aus § 39, nicht aus der für Urteile geltenden Vorschrift des § 117 VwGO. Umstritten ist, ob auch § 39 Abs 2 gilt, wonach unter bestimmten Voraussetzungen auf eine Begründung verzichtet werden kann. Dies wird teilweise angenommen.[72] Diese Auffassung ist indessen nicht überzeugend, da § 73 Abs 3 VwGO insoweit eine spezielle Regelung darstellt, die durch § 39 zwar ergänzt und ausgefüllt, nicht aber eingeschränkt werden kann (so auch Obermayer 19).

41 **cc) Zustellung.** Für die Zustellung des Widerspruchsbescheides gelten gem § 73 Abs 3 S 2 VwGO die Bestimmungen des VwZG (vgl Kopp/Schenke § 73 Rn 22a). Die Verweisung auf die Zustellungsregelungen der ZPO in **§ 56 Abs 2 VwGO gilt nur für gerichtliche Entscheidungen.**[73] Für die Bestellung eines Zustellungsbevollmächtigten gilt § 56 Abs 3 VwGO, jedoch nur insoweit, als es um die Zustellung des Widerspruchsbescheids bzw des Abhilfebescheids gem § 72 VwGO geht.[74]

42 **d) Erledigung des Widerspruchsverfahrens.** Das Widerspruchsverfahren kann sich auch ohne Erlass einer Abhilfeentscheidung bzw eines Widerspruchs-

---

[70] Vgl Gern DÖV 1985, 559; Sahlmüller BayVBl 1980, 651; offen insoweit hins § 120 VwGO, insb auch zur Frist, ob 2 Wochen, 1 Monat oder keine Frist, BVerwGE 68, 2; anders bzgl § 118 VwGO, an dessen Stelle für das Widerspruchsverfahren § 42 anwendbar ist.

[71] BVerwG, B v 11.4.2011, 2 B 17.10, juris.

[72] VGH Mannheim NVwZ 1992, 898; Knack/Henneke 28; **aA** wohl Pietzner/Ronellenfitsch § 43 Rn 3.

[73] **AA** offenbar StBS 28.

[74] Insoweit **aA** Allesch 60 ff, 108, 163; wohl auch Skouris DÖV 1982, 135.

bescheides erledigen.[75] Diese Erledigung kann vom Widerspruchsführer ausgehen, indem er den Widerspruch oder in Antragsverfahren den ursprünglichen Antrag (s hierzu § 22 Rn 84) zurücknimmt. Sie kann auch von der Behörde ausgehen, die den VA außerhalb des Rechtsbehelfsverfahrens aufhebt und ihm damit die Wirksamkeit nimmt. Außerdem kann die Wirksamkeit des VA auch auf andere Weise entfallen (§ 43 Abs 2). Schließlich kommt eine Erledigung auch durch eine Einigung in Betracht. Hat sich der Widerspruch durch Rücknahme oder auf andere Weise erledigt, so ist das Verfahren einzustellen. Die **Einstellung des Verfahrens** erfolgt durch eine formlose Mitteilung an die Beteiligten (BVerwGE 81, 226). Bei dieser handelt es sich nicht um einen VA, soweit keine Regelung, etwa über die Kosten, getroffen wird.[76]

aa) Rücknahme des Widerspruchs. Spezielle Regelungen für die Rücknahme des Widerspruchs bestehen nicht; ob § 92 VwGO analog anwendbar ist, wird unterschiedlich beurteilt. Gleichwohl ist allgemein anerkannt, dass eine Rücknahme des Widerspruchs – unabhängig von der Frage der Rücknahme eines Antrags (s hierzu § 22 Rn 84ff.) – **grundsätzlich möglich** ist und dass sich das Widerspruchsverfahren durch die Rücknahme des Widerspruchs erledigt. Die Rücknahme ist eine verfahrensrechtliche Willenserklärung, die als actus contrarius analog § 70 Abs 1 S 1 VwGO **schriftlich oder zur Niederschrift** abgegeben werden muss und die mit Zugang bei der Widerspruchsbehörde oder bei der Ausgangsbehörde (Kopp/Schenke § 69 Rn 8) wirksam wird. Sie ist **bedingungsfeindlich;** die unter einer Bedingung erklärte Rücknahme ist grundsätzlich[77] unwirksam (BVerwG DVBl 1996, 105). Als eine Art von Prozesshandlung ist die Rücknahmeerklärung grundsätzlich **unwiderruflich** nicht wegen Willensmängeln anfechtbar (BVerwGE 57, 342). 43

Umstritten ist die Frage, ob eine Rücknahme des Widerspruchs auch noch **nach Erlass des Widerspruchsbescheids** zulässig ist. Die Frage hängt vor allem davon ab, ob die Regelungen in § 92 VwGO analog anwendbar sind[78] oder nur die Regelungen und Grundsätze des Widerspruchsverfahrens. Die wohl hM in der Literatur vertritt die Ansicht, nach Erlass des Widerspruchsbescheides sei der Widerspruch verbraucht und eine Rücknahme deshalb nicht mehr möglich.[79] Überzeugender ist die Auffassung, die wegen der Parallelität zur Klage die Rücknahme **bis zum Eintritt der Unanfechtbarkeit** des Widerspruchsbescheids zulässt[80] und verlangt, die Widerspruchsbehörde müsse daraufhin analog § 92 Abs 2 VwGO das Verfahren durch VA einstellen. Dann allerdings müsste auch die **Zustimmung der übrigen Beteiligten** analog § 92 Abs 1 S 2 VwGO verlangt werden.[81] Zur Wirksamkeit einer vertraglichen Verpflichtung zur Rücknahme des Widerspruchs BGH BauR 2000, 252. 43a

bb) Sonstige Erledigung. Das Widerspruchsverfahren kann auch auf andere Weise als durch Rücknahme des Widerspruchs eine unstreitige Erledigung erfahren. So ist zB eine vergleichsweise Beilegung des Konflikts möglich. Dabei han- 44

[75] S hierzu näher Kopp/Schenke § 69 Rn 8ff mwN.
[76] StBS 48.
[77] Etwas anderes gilt nur für Bedingungen, die sich auf Entwicklungen im Widerspruchsverfahren beziehen, zB die Rücknahme unter der Bedingung, dass der VA verändert wird oder dass andere Widerspruchsführer ihre Widersprüche ebenfalls zurücknehmen.
[78] So wohl BVerwGE 44, 66; BGHZ 79, 131; Allesch NVwZ 2000, 1227; Pietzner/Ronellenfitsch § 36 Rn 7–11.
[79] So zB StBS 42; Knack/Henneke 34; Hufen VerwPR § 6 Rn 40; Kopp/Schenke § 69 Rn 8; Arzt NVwZ 1995, 666; Pietzner/Ronellenfitsch § 36 Rn 8 mwN, Eyermann § 69 Rn 4; die meisten Stimmen unter Berufung auf BVerwG MDR 1975, 251.
[80] So kann BVerwGE 44, 66 verstanden werden; ferner OVG Lüneburg NVwZ 1993, 1214; ausführlich Allesch NVwZ 2000, 1227; Dolde in Schoch § 69 Rn 13; Weides 239.
[81] Sodan/Ziekow § 69 Rn 82; Stelkens NuR 1985, 213; anders noch die Voraufl.

delt es sich um einen **außergerichtlichen Vergleich,** auf den die §§ 54 ff, insbesondere § 55 anwendbar sind. Die Bestimmungen des § 106 VwGO sind dagegen nicht anwendbar. Erledigung kann auch eintreten, weil der angefochtene VA seine Wirksamkeit verliert (§ 43 Abs 2), etwa weil er außerhalb des Widerspruchsverfahrens aufgehoben worden ist, weil seine innere Wirksamkeit weggefallen ist. Wenn das Interesse des Widerspruchsführers an einer Entscheidung weggefallen ist, muss er nicht notwendig den Widerspruch zurücknehmen. Vielmehr kann er das Widerspruchsverfahren für erledigt erklären. Die Widerspruchsbehörde stellt dann das Widerspruchsverfahren ein. Zur Frage, ob in solchen Fällen eine Kostenentscheidung getroffen werden muss, s § 80 Rn 18. Da das Widerspruchsverfahren kein kontradiktorisches Verfahren ist, kann eine Erledigung nicht durch übereinstimmende Erledigungserklärungen analog § 161 VwGO herbeigeführt werden.[82]

IV. Anwendbarkeit von Vorschriften des VwVfG

45 **1. Grundsätzliches.** Gem § 79 VwVfG finden die Vorschriften des VwVfG auch im Widerspruchsverfahren „im Übrigen" Anwendung, dh soweit weder in der VwGO noch in den spezielleren Rechtsvorschriften des Fachrechts eine Regelung getroffen worden ist. Dies gilt jedoch nur, soweit die Anwendbarkeit des VwVfG nicht bereits gem § 1 oder § 2 ausgeschlossen ist. Aus dem Gesamtzusammenhang der Regelungen des VwVfG folgt, dass durch § 79 nicht eine allgemeine Verweisung auf das VwVfG als Ergänzung zu den §§ 68 ff VwGO für das Widerspruchsverfahren vor Bundes- und Landesbehörden vorgenommen wird. Vielmehr gelten auch die durch § 79 „im Übrigen" in Bezug genommenen Vorschriften des VwVfG.

46 **2. Anwendbare Vorschriften des VwVfG. a) Allgemeine Verfahrensvorschriften.** Grundsätzlich anwendbar im Widerspruchsverfahren sind zB die Regelungen in § 3 über die **örtliche Zuständigkeit** und zT analog auch über die sachliche Zuständigkeit der Widerspruchsbehörde – soweit sich aus § 73 VwGO und als Folge aus der örtlichen Zuständigkeit der handelnden Ausgangsbehörde nichts anderes ergibt;[83] §§ 4–8 über die **Amtshilfe** (UL § 46 Rn 13 ff; Allesch 62 mwN); § 9 über den **Verfahrensbegriff;**[84] § 10 über die **Formfreiheit** und über die Einfachheit und Zweckmäßigkeit des Verfahrens;[85] § 11 über die **Beteiligungsfähigkeit,**[86] einschließlich der Beteiligungsfähigkeit von Behörden (MB § 79 Rn 10; zweifelhaft); § 12 VwVfG über die **Verfahrenshandlungsfähigkeit** (Pietzner/Ronellenfitsch § 32 Rn 1; StBS § 12 Rn 28); § 13 über die Beteiligten im Verfahren und über die Hinzuziehung;[87] ferner § 14 über

---

[82] Vgl auch VGH München NVwZ 1983, 616.

[83] StBS § 3 Rn 49; MB 11; zT **aA** Obermayer 36; Weides 19 IV; Schmidt DÖV 1977, 777; zu den Folgen eines Zuständigkeitswechsels nach Erlass des Ausgangsbescheids § 3 Rn 49.

[84] Allesch 72 ff; zutreffend BVerfGE 82, 338: das Verfahren vor der Erstbehörde wird mit dem Widerspruchsverfahren fortgesetzt und bildet mit diesem eine Einheit (§ 9 Rn 23a, 30); vgl allerdings auch StBS § 9 Rn 194, 209.

[85] Allesch 88; SG Rn 186; Theis 106.

[86] Weides 19 II; Obermayer 26; StBS § 11 Rn 27; Knack/Henneke 20; Allesch 92.

[87] Weides 19 II; Skouris DÖV 1982, 135; einschränkend Allesch 93: ohne Abs 1 Nr 2; zur Hinzuziehung vgl Skouris DÖV 1982, 135; Obermayer 18; Kopp VerfR 22 ff mwN: notwendige Hinzuziehung insb bei VAen mit Doppelwirkung, weil auch der Widerspruchsbescheid dem Dritten gegenüber wirkt; StBS § 13 Rn 55; s zum Fortbestehen der im Ausgangsverfahren begründeten Beteiligtenstellung im Widerspruchsverfahren § 13 Rn 31; zT **aA** MB 8 zu § 13; 10 zu § 79: § 13 Abs 2 wird durch § 71 VwGO verdrängt; Gern DÖV 1985, 559: Beiladung nach § 65 VwGO; unklar Obermayer 26: § 13 Abs 2 VwVfG ergänzt § 71 VwGO; Jäde APF 1980, 309: keine zwingende Hinzu-

Bevollmächtigte und Beistände;[88] § 15 über **Empfangsbevollmächtigte** außer hinsichtlich des Widerspruchsbescheids, wohl aber für den Abhilfebescheid, der insoweit nicht analog zum Widerspruchsbescheid zu behandeln ist;[89] § 16 über die **Bestellung eines Vertreters** von Amts wegen (Obermayer 18; Allesch 109); §§ 17–19 über **Massenverfahren;**[90] §§ 20f über **Ausschluss und Befangenheit** von Amtsträgern; [91] **nicht dagegen** § 22, weil die §§ 68ff VwGO insoweit abschließende Sondervorschriften enthalten;[92] **wohl aber** § 23 über die **Amtssprache;**[93] § 24 über den **Untersuchungsgrundsatz;**[94] § 25 über die Beratungs- und Auskunftspflicht der Behörde;[95] § 26 und § 27 über **Beweismittel** (RÖ § 73 Rn 9).

b) Verfahrensrechte der Beteiligten. Anwendbar sind § 28 Abs 1 über die **Anhörung** der Beteiligten, jedoch in der aus rechtsstaatlichen Gründen gebotenen extensiven Auslegung, und nicht nur gem § 71 VwGO für den Fall einer erstmaligen Beschwer im Widerspruchsbescheid;[96] allerdings wird die Anwendung von § 28 Abs 2 Nr 3 in Betracht kommen; ferner § 29 über die **Akteneinsicht;**[97] § 30 über die **Geheimhaltung;**[98] § 31 über **Fristen,** soweit gem § 70 Abs 1 S 1, § 60 Abs 2 S 1 und Abs 3, § 58 Abs 2 S 1 VwGO nicht ausschließlich § 57 Abs 1 und Abs 2 VwGO iVmit § 222 ZPO anwendbar ist;[99] §§ 33f über **Beglaubigungen;**[100] § 35 über den **Begriff des VA,** der auch für 47

---

ziehung von Amts wegen, keine Fortdauer der Beteiligtenstellung im Widerspruchsverfahren.

88 MB 11; Obermayer 27; Allesch 61, 107; Langohr DÖV 1987, 138; StBS § 14 Rn 44; zur Zulässigkeit einer einheitlichen Vollmacht für Widerspruchsverfahren und Prozess VGH Mannheim VBlBW 1991, 68.

89 Kopp/Schenke vor § 68 Rn 16; differenzierend Allesch 60ff, 108f: anwendbar auf den Abhilfebescheid gem § 72 VwGO und gegenüber nicht beschwerten Beteiligten mit Ausnahme des Widerspruchsführers; ähnlich Skouris DÖV 1982, 163; Obermayer 18: § 15 S 2 VwVfG ergänzt § 56 Abs 3 VwGO im Hinblick auf die Rechtsfolgen, die sich aus einer Unterlassung der von der Behörde verlangten Benennung eines Empfangs- bzw Zustellungsbevollmächtigten ergeben.

90 Obermayer 18; Weides 19 II; MB § 14 Rn 10; im Ergebnis ebenso StBS § 18 Rn 12; s auch Schmitt Glaeser, in: Boorberg-FS 1977, 10ff; zT **aA** Allesch 110, 112: ohne § 17 Abs 2 und keine Zustellung an den gemeinsamen Vertreter; Hufen, Fehler im Verwaltungsverfahren, 2. Aufl 1991, Rn 414: nur § 18 anwendbar.

91 Begr zu § 79 VwVfG; Obermayer 18; Allesch 117; StBS § 20 Rn 71; Knack/Henneke 22.

92 StBS § 22 Rn 84; Obermayer 18; Allesch 119; vgl zur reformatio in peius Kopp/Schenke § 68 Rn 10.

93 UL § 28 Rn 5; StBS 23 Rn 65; zT **aA** Allesch 120: nicht Abs 3 und 4, da § 70 insoweit für den Widerspruch abschließend.

94 BVerwGE 70, 13; VGH Mannheim BauR 1991, 452; Hufen, Fehler im Verwaltungsverfahren, 2. Aufl 1991, Rn 404; Weides 19 IV; Peters JuS 1991, 35; Theis 106; Allesch 123; Knack/Henneke 23; StBS § 24 Rn 88.

95 OVG Münster NVwZ 1987, 335; Hufen Rn 409; Weides 19 IV; Allesch 123f – darf jedoch nicht überdehnt werden; die Behörde muss keine behördeninternen Überlegungen offenbaren; vgl auch Kopp/Schenke § 86 Rn 22ff.

96 Siehe StBS § 28 Rn 77; enger VGH Mannheim NVwZ 1987, 1087: Anhörung jedenfalls bei neuem Sachverhalt; Hufen Rn 406f: Anhörung, wenn Widerspruchsbescheid erstmalige oder zusätzliche Beschwer bedeuten kann; zT ähnlich BSG NJW 1991, 1910; OVG Koblenz DVBl 1992, 787; Allesch 128f; noch enger Knack/Henneke 24: keine Anhörung erforderlich, wenn kein neuer Sachverhalt und wenn für den Beteiligten auch keine zusätzliche Beschwer in Betracht kommt.

97 StBS § 29 Rn 91; RÖ VwGO 10ff zu § 73; ebenso wohl Hufen Rn 410; Rauschning JuS 1993, 555; zT **aA** Obermayer 18; Allesch 131.

98 Allesch 133; StBS § 30 Rn 32.

99 Obermayer 18; Allesch 60, 62, 133; Pietzner/Ronellenfitsch § 33 Rn 7; zT **aA** StBS § 31 Rn 60; Knack/Henneke 34.

100 Allesch 138; Knack/Henneke 27.

den Abhilfebescheid gem § 72 VwGO und für den Widerspruchsbescheid gem § 73 VwGO gilt;[101] § 36 über **Nebenbestimmungen;**[102] § 37 Abs 1, 3 und 4 über das Erfordernis der **Bestimmtheit** von VAen, die **Schriftform** und „automatisierte" VAe (Obermayer 19; Allesch 151 ff); § 38 über Zusicherungen bzgl der Abhilfe- und der Widerspruchsentscheidung;[103] § 39 über die **Begründungspflicht** beim Abhilfebescheid gem § 72 VwGO[104] und – jedoch ohne Abs 2 und 3 – beim Widerspruchsbescheid.[105]

48 **c) Sonstige Vorschriften.** Anwendbar ist § 40 über den **Ermessensgebrauch;**[106] § 41 über die **Bekanntgabe** von VAen, soweit § 73 Abs 3 S 1 VwGO iVmit dem VwZG (s § 41 Rn 56 ff) nicht für die Bekanntgabe der Widerspruchsbescheide durch Zustellung eine abschließende Regelung trifft, also für die Bekanntgabe von Abhilfebescheiden gem § 72 VwGO;[107] § 42 über die **Berichtigung** offenbarer Unrichtigkeiten von VAen;[108] § 43 Abs 1 und 2 über die **Wirksamkeit** von VAen;[109] § 43 Abs 3 und § 44 über die **Nichtigkeit** von VAen;[110] § 45 über die **Heilung** von Verfahrens- und Formfehlern;[111] § 46 über die **Unbeachtlichkeit** von Verfahrens- und Formfehlern,[112] für Widerspruchsbescheide – anders als für Abhilfebescheide gem § 72 VwGO (BVerwG Buchh 421.0 Nr 283) – jedoch nur ergänzend zu § 79 Abs 2 S 2 VwGO, § 47 über die **Umdeutung** von VAen;[113] §§ 48 ff über die **Rücknahme** und den **Widerruf** von VAen in Bezug auf den erlassenen Abhilfe- oder Widerspruchsbescheid;[114] § 51 Abs 1 Nr 2 und 3, Abs 2–5 über das **Wiederaufgreifen** von Verfahren durch die Ausgangsbehörde in Fällen der Unanfechtbarkeit, nicht jedoch für die Entscheidung im Widerspruchsverfahren selbst (StBS § 51 Rn 146; Allesch 226); §§ 54–62 über **verwaltungsrechtliche Verträge,** soweit es sich um solche Verträge im Über- und Unterordnungsverhältnis handelt;[115] §§ 74–78 über Planfest-

---

101 UL § 46 Rn 13; StBS § 35 Rn 369; zT **aA** für den Widerspruchsbescheid Allesch 139.

102 Obermayer 19; einschränkend Allesch 143: soweit Verwaltungsorganisationsrecht nicht entgegensteht; s auch Kopp/Schenke § 68 Rn 9 ff.

103 Obermayer 19; StBS § 38 Rn 129; hins des Abhilfebescheids auch Allesch 157 f; **aA** hins des Widerspruchsbescheids Allesch 157 f.

104 Obermayer 38; Allesch 159; Knack/Henneke 28; zT **aA** VGH Mannheim VBlBW 1992, 21.

105 BVerwG BayVBl 1985, 28; VGH München BayVBl 1987, 372; VGH Kassel NVwZ 1985, 675; Obermayer 40; zT **aA** Allesch 159: für den Widerspruchsbescheid § 73 Abs 3 S 1 abschließend; zur Zulässigkeit der Bezugnahme auf die Begründung des Ausgangsbescheids Kassel GewArch 1984, 377; Knack/Henneke 28.

106 Allesch 161; Obermayer 19; StBS § 40 Rn 238; Knack/Henneke 29.

107 StBS § 41 Rn 246; Skouris DÖV 1982, 135; wohl auch Allesch 60 f, 61, 163; **aA** Knack/Henneke 30: § 41 im Widerspruchsverfahren nicht anwendbar.

108 Allesch 16; Busch BayVBl 1981, 296; Obermayer 19; StBS § 42 Rn 48; **aA** Sahlmüller BayVBl 1980, 651: §§ 118 ff VwGO analog.

109 Allesch 168; StBS § 43 Rn 288.

110 StBS § 44 Rn 205; vgl auch BVerwG NVwZ 1987, 320; Obermayer 19.

111 Weides 19 III und VI; Kopp/Schenke Vorb § 68 Rn 18; BVerwG DVBl 1977, 29; zu § 45 Abs 1 Nr 2 auch Obermayer 19; nun auch Knack/Henneke 31.

112 Obermayer 19; StBS § 46 Rn 87; zT **aA** Allesch 182: anwendbar nur auf Abhilfebescheide; für den Widerspruchsbescheid § 79 Abs 2 S 2 VwGO als abschließende Regelung.

113 VGH München BayVBl 1984, 40: Umdeutung eines Widerspruchsbescheids in eine rechtsaufsichtliche Verfügung; VGH Mannheim NVwZ-RR 1991, 493: Umdeutung eines Widerspruchsbescheids in eine Entlassungsverfügung –; Allesch 205; Obermayer 19; StBS § 47 Rn 62; jetzt auch Knack/Henneke 33.

114 S Kopp/Schenke § 73 Rn 25; StBS § 48 Rn 291 ff; § 49 Rn 135: auch auf den Widerspruchsbescheid anwendbar; differenzierend Knack/Henneke 34; zT **aA** Allesch 206: hins des Widerspruchsbescheids nur zur Abhilfe gegenüber einer anhängigen Klage.

115 UL § 46 Rn 13; Weides 301; MB 14; Knack/Henneke 35; StBS § 54 Rn 208; Obermayer 22; zT **aA** Allesch 79, 230: nur Vergleichsverträge.

stellungen – soweit das Widerspruchsverfahren nicht nach § 74 Abs 1 S 2, § 70 VwVfG entfällt (str) –; §§ 81 ff über die **ehrenamtliche Tätigkeit** und über **Ausschüsse** (MB 17; Allesch 251; StBS § 88 Rn 21; wohl auch Weides 19 I).

3. Nicht anwendbare Vorschriften des VwVfG. a) Vorschriften über das förmliche Verwaltungsverfahren. Nicht über § 79 VwVfG unmittelbar anwendbar sind – schon wegen des Erfordernisses einer besonderen Anordnung gem § 63 Abs 1 – die Vorschriften des VwVfG über förmliche Verwaltungsverfahren gem §§ 63 ff (StBS 38; Knack/Henneke 36). Soweit für ein Verfahren die Anwendbarkeit der §§ 63 ff spezialgesetzlich angeordnet ist, gilt dies jedoch im Zweifel auch für die Widerspruchsverfahren mit der Folge, dass dann auch hier die §§ 63 ff ergänzend zur Anwendung kommen, soweit trotz § 70 ein Vorverfahren statthaft sein sollte (vgl BVerwG NVwZ 1984, 578). Jedenfalls eine analoge Anwendung der §§ 64, 65, 70 und 71 erscheint in einem derartigen Widerspruchsverfahren grundsätzlich zulässig.[116] 49

b) Durch die VwGO verdrängte Vorschriften. Nicht oder nur eingeschränkt anwendbar im Widerspruchsverfahren sind, da §§ 68 ff VwGO oder andere Vorschriften der VwGO insoweit abschließende Regelungen enthalten oder der Zusammenhang mit dem Verwaltungsprozess und der Zweck des Widerspruchsverfahrens die analoge Anwendung der entsprechenden Regelungen der VwGO erfordern, zB § 22;[117] § 28 Abs 2, soweit § 71 VwGO eine speziellere Regelung trifft;[118] § 32 bzgl der in § 70 Abs 2 iVmit § 60 VwGO abschließend geregelten Wiedereinsetzung bei Versäumung der Widerspruchsfrist gem § 70;[119] § 37 Abs 2;[120] § 39 Abs 2 und 3 hins des Widerspruchsbescheids (StBS § 39 Rn 127 ff; anders hins des Abhilfebescheids Obermayer 19); § 41, soweit § 73 Abs 3 S 1 VwGO iVm § 56 Abs 2 VwGO und dem VwZG für Widerspruchsbescheide – nicht auch für Abhilfebescheide gem § 72 VwGO und für die öffentliche Bekanntgabe gem § 41 Abs 3 und 4 von Widerspruchsbescheiden bzgl von VAen gem § 35 S 2, 2. Alt an Drittbetroffene – eine abschließende Regelung trifft (vgl Obermayer 19; Knack/Henneke 30; StBS § 41 Rn 246 f). 50

Grundsätzlich ausgeschlossen ist die Anwendung der Vorschriften über **Widerruf und Rücknahme** von VAen (§§ 48 ff) als Ermächtigung für die Widerspruchsbehörde bzgl des mit dem Widerspruch angegriffenen VA. Die Entscheidungsbefugnisse der Widerspruchsbehörde als solcher zur (gänzlichen oder teilweisen) Aufhebung oder Abänderung des VA, der Gegenstand des Widerspruchs ist, ergeben sich ausschließlich aus §§ 68 ff VwGO sowie aus dem in der Sache maßgeblichen materiellen Recht und den allgemeinen Grundsätzen des Rechtsbehelfsrechts.[121] Der Widerspruchsbescheid ist nicht seinerseits mit dem Widerspruch, sondern nur **mit der Klage angreifbar.** 51

---

[116] S § 63 Rn 6; zu 69 Abs 2 auch BVerwGE 55, 304; zu § 71 Abs 3 S 3 auch BVerwGE 90, 290; **aA** Obermayer 50; StBS 38; Knack/Henneke 36: auch keine analoge Anwendung von Vorschriften des förmlichen Verfahrens, außer wenn durch Gesetz auch für das Widerspruchsverfahren angeordnet.

[117] Obermayer 19; Allesch 118; StBS § 22 Rn 84.

[118] OVG Koblenz DÖV 1992, 315: anwendbar, soweit neue Tatsachen; StBS § 28 Rn 77 f; zu § 28 Abs 1 auch VGH München BayVBl 1985, 401; Weides 19 IV; ders JuS 1987, 477, 481; Allesch 125, 130: soweit § 71 nicht eingreift; zur Anhörung des Widerspruchsführers zur Frage einer evtl Versäumung der Widerspruchsfrist auch OVG Münster NVwZ 1987, 335; offen München NVwZ 1987, 1087.

[119] Begr zu § 28 und § 75; OVG Bremen DÖV 1981, 882; Kopp DVBl 1977, 29; Allesch 135; StBS § 32 Rn 50; Knack/Henneke 26; MB 10 unter Hinweis auf § 70 Abs 2, § 60 Abs 1 bis 5 VwGO; unklar BVerwG BayVBl 1990, 57.

[120] Obermayer 19; StBS § 37 Rn 202; Kopp/Schenke Vorb § 68 Rn 20.

[121] BVerwG NVwZ 1997, 272; OVG Münster DÖV 1992, 122; StBS 17; Pietzner/Ronellenfitsch § 27 Rn 3; **aA** Meister DÖV 1985, 146.

V. Reformatio in peius im Widerspruchsverfahren

52 **1. Begriff.** Als reformatio in peius oder Verböserung im Widerspruchsverfahren bezeichnet man eine Entscheidung der Widerspruchsbehörde, die sich nicht darauf beschränkt, den Widerspruch zurückzuweisen, sondern darüber hinaus die mit dem Widerspruch angefochtene Entscheidung zum Nachteil des Widerspruchsführers abändert. **Beispiel:** Der Widerspruchsführer greift einen Gebührenbescheid über 100 Euro mit dem Widerspruch an; die Widerspruchsbehörde stellt fest, dass sich die Gebührenschuld in Wahrheit auf 150 Euro beläuft. Sie weist den Widerspruch zurück und ändert den Gebührenbescheid zum Nachteil des Widerspruchsführers auf eine Gebühr in Höhe von 150 Euro ab. Der Widerspruchsführer steht damit am Ende schlechter da als vor der Erhebung des Widerspruches. Er kann allerdings nach der hier vertretenen Auffassung (s Rn 16) den Widerspruch bis zur Entscheidung über den Widerspruch zurücknehmen und auf diese Weise der Verböserung entgehen.[122]

53 **2. Zulässigkeit.** Die Frage der Zulässigkeit einer reformatio in peius ist weder in der VwGO noch im VwVfG geregelt.[123] Wegen einer fehlenden Regelung ist die Frage nach wie vor – auch bereichsspezifisch – umstritten.[124] Eine grundsätzliche Unzulässigkeit wird von der hM nicht angenommen, vielmehr werden bereichsspezifische Lösungen gesucht.[125] Das Problem hat eine verfahrensrechtliche und eine materiell-rechtliche Seite. Wegen seiner materiellrechtlichen Bedeutung hätte die reformatio in peius nur unter Nutzung der sog Annexkompetenz in der VwGO oder im VwVfG geregelt werden können. Abgesehen davon hätte sich eine bereichsübergreifende allgemeine Regelung der Verböserung kaum angeboten.

53a **a) Verfahrensrechtliche Fragen. aa) Entscheidungskompetenz.** Eine reformatio in peius kommt aus verfahrensrechtlichen Gründen nur in Betracht, wenn und soweit der Widerspruchsbehörde Entscheidungsspielraum und -kompetenz zustehen. Wenn sie etwa auf eine Rechtskontrolle des angefochtenen VA beschränkt ist, kommt eine Verböserung schon deshalb nur aus Rechtsgründen in Betracht; eine Veränderung der Ermessensentscheidung der Ausgangsbehörde wäre unzulässig, unabhängig ob sie für den Widerspruchsführer günstig oder belastend wäre. Anders ist die Lage bei **Identität von Ausgangs- und Widerspruchsbehörde.** In solchen Fällen ist die Widerspruchsbehörde jedenfalls aus verfahrensrechtlichen Gründen nicht gehindert, auch eine eigene Ermessens- oder Beurteilungsentscheidung zu treffen und ggfs sogar weitere Maßnahmen zu ergreifen.[126] **Umstritten** ist die Frage, ob insoweit auch eine etwa bestehende **Weisungsbefugnis** der Widerspruchsbehörde gegenüber der Ausgangsbehörde ausreicht.[127]

bb) Rahmen des Widerspruchsverfahrens. Eine Veränderung der Ausgangsentscheidung durch die Widerspruchsbehörde kommt nicht mehr in Be-

---

[122] Zur umstrittenen Frage, ob eine Rücknahme des Widerspruches nach Erlass des Widerspruchsbescheides noch zulässig ist, vgl Rn 43.

[123] Vgl BVerwGE 51, 310, 314; 65, 313, 319; Überblick bei Pietzner VerwArch 1989, 501; 1990, 261.

[124] Ausf Darstellung bei Pietzner/Ronellenfitsch § 40 Rn 7 ff mwN.

[125] BVerwGE 115, 259; OVG Bautzen, Urt v 7.3.2011, 1 A 143/10, juris.

[126] So zB OVG Hamburg NordÖR 2005, 121, wonach es zulässig ist, in einem Widerspruchsverfahren, in dem es um die Rücknahme einer Aufenthaltserlaubnis geht, auch die Rücknahme weiterer Aufenthaltserlaubnisse zu verfügen; s auch OVG Koblenz NVwZ 1992, 386.

[127] So BVerwG NVwZ 1987, 215; VGH München GewArch 1988, 276; Pietzner/Ronellenfitsch § 40 Rn 26; Dolde in Schoch § 68 Rn 51; **aA** Kopp/Schenke § 68 Rn 10b. Richtigerweise wird man das Weisungsrecht ausreichen lassen müssen.

tracht, wenn das Widerspuchsverfahren abgeschlossen ist.[128] Außerdem wird eine Veränderung inhaltlich **durch den Streit- bzw Verfahrensgegenstand begrenzt,** der im Widerspruchsverfahren nicht verändert werden kann. Es ist also nicht möglich, im Widerspruchsverfahren Belastungen zu verfügen, die über den Gegenstand des Widerspruchsverfahrens hinausgehen. Außerdem darf die Widerspruchsbehörde einen **unzulässigen Widerspruch** nicht zum Anlass für Korrekturen des angefochtenen Ausgangsbescheides zum Nachteil des Widerspruchsführers oder – in Drittanfechtungsfällen – zum Nachteil des an sich begünstigten Dritten nehmen.

b) Maßgeblichkeit des materiellen Rechts. Grundsätzlich kommt es – wenn die Widerspruchsbehörde nicht einen kompetenz- bzw verfahrensrechtlich eingeschränkten Spielraum hat, auf die Regelungen des materiellen Rechts an. Allerdings finden sich im materiellen Recht nur selten Aussagen zur Zulässigkeit der reformatio in peius.[129] Deshalb ist für den Regelfall eine materiellrechtliche Zulässigkeit der reformatio in peius anzunehmen.[130] Aus dem Fehlen (ausdrücklicher) Bestimmungen im materiellen Recht kann man allerdings nicht auf eine unbegrenzte Zulässigkeit einer Verböserung schließen. Vielmehr ist die Zulässigkeit unter dem Aspekt der **Gewährleistung eines ausreichenden Vertrauensschutzes** zu begrenzen.[131] Die hM zieht als Maßstab zur Beurteilung des Vertrauensschutzes die **Grundsätze der §§ 48 ff über Widerruf und Rücknahme** von VAen heran.[132] Tatsächlich weiterführend erscheint dies nicht, weil sich die Maßstäbe für den verfassungsrechtlich gebotenen Mindeststandard des Vertrauensschutzes auch aus schon aus dem allgemeinen Vertrauensschutzprinzip ergeben. Im übrigen passen die Regelungen der §§ 48 ff nur begrenzt: Der Vertrauensschutz muss auch und gerade für belastende VAe gelten, für die er in den §§ 48 ff an sich nicht vorgesehen ist; die Heranziehung der Grundsätze des § 50 mit der Erwägung, der Widerspruchsführer verhindere selbst den Eintritt der Unanfechtbarkeit[133] sind im übrigen zirkulär, weil damit die fehlende Schutzwürdigkeit des Vertrauens im Hinblick auf das zur Verbesserung der eigenen Position angestrengte Widerspruchsverfahren bereits vorausgesetzt wird. 54

c) Einschränkungen aus materiell-rechtlichen Gründen. Auch wenn das materielle Recht kein ausdrückliches Verbot einer Verböserung enthält, kann sich bereichsspezifisch ein solches ergeben. Dies wird etwa für das Widerspruchsverfahren in **Prüfungsangelegenheiten** angenommen. Hier geht die Rspr zu Recht davon aus, dass eine reformatio in peius aus Gründen der Chancengleichheit im Prüfungsverfahren nicht zulässig ist.[134] Kritisch zum Ausschluss der re- 55

---

[128] OVG Weimar, B v 10.2.1015, 1 EO 356/14 – juris, für den Fall einer nachträglichen Verschärfung einer Nebenbestimmung zu einer Anlagengenehmigung.

[129] Vgl zB § 367 Abs 2 AO; § 337 Abs 2 LAG; s auch BVerwG FamRZ 1985, 399, zur Rückforderung von Ausbildungsförderungsleistungen; weitere Bsp bei Pietzner VerwArch 1990, 264; Pietzner/Ronellenfitsch § 40 Rn 11.

[130] BVerwGE 14, 181; 51, 314; NVwZ 1987, 215; OVG Hamburg LKV 1991, 144; OVG Koblenz DVBl 1992, 787; Pietzner VerwArch 1990, 261; Juhnke BayVBl 1991, 136; BVerwG NVwZ 1983, 613: zulässig, wenn dadurch für den Betroffenen nicht untragbare Verhältnisse entstehen; zT **aA** BVerwGE 65, 319; NVwZ 1987, 216: Verböserung zulässig nur analog den Grundsätzen über die Rücknahme und den Widerruf von VAen; ähnlich BSG DÖV 1993, 1015 mwN unter Hinweis auf die Bindungswirkung ergangener VAe.

[131] Vgl Kopp/Schenke § 68 Rn 10 ff; Dolde in Schoch § 68 Rn 48.

[132] BVerwGE 65, 313, 319; BVerwG DVBl 1996, 1318; Pietzner/Ronellenfitsch § 40 Rn 16; StBS 41; Kopp/Schenke § 68 Rn 10c; Weides JuS 1987, 477, 481.

[133] BVerwGE 67, 134; BVerwG DVBl 1996, 1318.

[134] BVerwG DVBl 1996, 1375; NVwZ 1993, 686, 688; Dolde in Schoch § 68 Rn 49; Kopp/Schenke § 68 Rn 10c; ausführlich Schlette DÖV 2002, 816.

formatio in peius im Prüfungsrecht insbesondere mit Blick auf juristische Prüfungen Kingreen DÖV 2003, 1.

VI. Erforderlichkeit des Widerspruchsverfahrens nach der VwGO

56 **1. Allgemeines.** Die VwGO sieht als förmlichen **Rechtsbehelf gegen VAe** grundsätzlich das Widerspruchsverfahren nach §§ 68 ff VwGO vor, sofern nicht gem § 68 Abs 1 S 2 VwGO das Vorverfahren ausnahmsweise entbehrlich oder ausgeschlossen ist. Die Regelung erfasst nicht nur belastende VAe, gegen die ein **Anfechtungswiderspruch** zu erheben ist, sondern nach § 68 Abs 2 VwGO auch die Ablehnung oder Unterlassung begünstigender VAe. In den zuletzt genannten Fällen ist ein sog **Verpflichtungswiderspruch** zu erheben.[135] Schließlich gibt es Widerspruchsverfahren, die auf Grund besonderer fachgesetzlicher Vorschriften als besondere Sachurteilsvoraussetzungen für allgemeine **Feststellungs- oder Leistungsklagen** vorgeschrieben sind, zB gem § 54 BeamtStG, § 126 Abs 2 BBG, § 126 Abs 3 BRRG. Das Widerspruchsverfahren nach §§ 68 ff VwGO stellt gewissermaßen den Prototyp eines vorgeschalteten förmlichen Rechtsbehelfsverfahrens dar. Ähnliche Regelungen enthalten § 24 EGGVG für Justizverwaltungsakte, § 78 SGG für die VAe, die der Sozialgerichtsbarkeit unterliegen, und §§ 44 f FGO für VAe, die der Finanzgerichtsbarkeit unterliegen. Diesen Regelungen ist gemeinsam, dass sie ein förmliches Rechtsbehelfsverfahren vorsehen, welches zugleich eine besondere Sachurteilsvoraussetzung für das jeweils nachfolgende Gerichtsverfahren darstellt. Diese Zulässigkeitsvoraussetzung ist – außer in den Fällen der Entbehrlichkeit – zwingend, dh die Beteiligten können auch einvernehmlich nicht auf die Durchführung des Widerspruchsverfahrens verzichten.

57 **2. Ausschluss des Widerspruchsverfahrens.** Die Durchführung eines Widerspruchsverfahrens ist in einer ganzen Reihe von Fällen durch das jeweilige Fachrecht spezialgesetzlich ausgeschlossen; darüber hinaus sieht § 68 VwGO selbst in einer ganzen Reihe von Fällen vor, dass ein Widerspruchsverfahren **entfällt.** Ist ein Widerspruchsverfahren ausgeschlossen, so ist die Erhebung des Widerspruchs unzulässig; ein gleichwohl erhobener Widerspruch ist ohne Sachentscheidung zurückzuweisen. Im Übrigen kann auf die Durchführung eines notwendigen Vorverfahrens **nicht verzichtet** werden.

58 **a) Fachrechtlicher Ausschluss des Widerspruchsverfahrens.** Ein Ausschluss des Vorverfahrens findet sich in einer ganzen Reihe von Gesetzen des Fachrechts.[136] Gesetzliche Regelungen, die das Vorverfahren ausschließen, sind idS auch § 70 für das **förmliche Verwaltungsverfahren** und § 74 Abs 1 S 2 iVm § 70 für **Planfeststellungsbeschlüsse und Plangenehmigungen.** Gänzlich ausgeschlossen sind (gesonderte) Rechtsbehelfe gegen bloße Verfahrensanordnungen gem § 44a S 1 VwGO. Von großer praktischer Bedeutung ist der Ausschluss des Widerspruchsverfahrens im **Asylverfahren** durch § 11 AsylG.

59 **b) Ausschluss nach § 68 Abs 1 S 2 VwGO.** Die VwGO selbst sieht eine Reihe von Ausnahmen vom Erfordernis des Widerspruchsverfahrens vor. Dabei handelt es sich zunächst um den Fall des § 68 Abs 1 S 2 Nr 1 VwGO, wenn der VA von einer **obersten Bundes- oder Landesbehörde** erlassen wurde, sofern nicht ein Gesetz gleichwohl die Nachprüfung im Widerspruchsverfahren ausdrücklich vorschreibt, wie dies etwa in § 126 Abs 3 BRRG, § 126 Abs 2 BBG und § 54 Abs 2 BeamtStG für den Bereich des Beamtenrechts geschehen ist.

---

135 BVerwGE 71, 231; NJW 1979, 2382; UL § 46 Rn 2; StBS 26; Pietzner/Ronellenfitsch, § 31 Rn 9.

136 Vgl zB § 11 AsylG; § 36 Abs 4 VermG; §§ 65 Abs 2, 66 Abs 2 DRiG.

Weiter handelt es sich um die Fälle, in denen ein Widerspruchsbescheid oder ein Abhilfebescheid **erstmalig eine Beschwer** enthält (§ 68 Abs 1 S 2 Nr 2 VwGO). Unter diese Ausnahme fallen verschiedene Fallgestaltungen. Erfasst werden die Fälle, in denen ein Dritter erstmalig beschwert wird, etwa weil der Widerspruchsführer mit seinem Drittwiderspruch Erfolg hat. Erfasst werden darüber hinaus aber auch die Fälle, in denen der Widerspruchsführer selbst zusätzlich beschwert wird, zB in den Fällen der reformatio in peius (s oben Rn 52 ff). Näheres siehe bei Kopp/Schenke § 68 Rn 20.

c) Verfahrensrechtliche und prozessuale Ausschlüsse. Aus prozessualen 60
Gründen entbehrlich ist die Durchführung eines Widerspruchsverfahrens in den Fällen der **Untätigkeitsklage nach § 75 VwGO.** Hat die Behörde über einen Antrag auf Erlass eines VA oder über einen Widerspruch gegen einen VA bzw gegen die Ablehnung oder Unterlassung eines VA ohne zureichenden Grund innerhalb einer angemessenen Zeit nicht entschieden, so ist die Klage unabhängig von der Durchführung zulässig (§ 75 S 1 VwGO). Diese Ausnahme ist prozessual geboten, weil die Behörde anderenfalls durch bloßes Untätigbleiben auch die Zulässigkeit der Erhebung einer Klage verhindern könnte. In § 75 S 2 VwGO ist insoweit eine Regelfrist von 3 Monaten vorgesehen, nach deren Ablauf die Klage erhoben werden kann. Diese Frist kann bei Vorliegen entsprechender Gründe unter- oder überschritten werden.[137] Ist die Frist bei Klagerhebung noch nicht abgelaufen, so ist die Klage zu diesem Zeitpunkt zwar noch nicht zulässig; sie kann aber durch bloßen Zeitablauf **in die Zulässigkeit „hineinwachsen".**

d) Fortsetzungsfeststellungswiderspruch. Umstritten ist die Zulässigkeit 61
eines Widerspruchsverfahrens, wenn sich der VA erledigt. Hat sich der **VA vor Klagerhebung erledigt,** kommt die Durchführung eines Vorverfahrens nach hM nicht mehr in Betracht. Das gilt auch dann, wenn der Widerspruchsführer seinen Antrag umstellt und die Feststellung der Rechtswidrigkeit des Ausgangsbescheides erreichen will. Dies ist nach hM nicht zulässig.[138] Eine Klage auf Feststellung der Rechtswidrigkeit des erledigten VA kann dann ohne Vorverfahren erhoben werden.[139] Nach BVerwGE 109, 203 ist in diesen Fällen auch eine Klagfrist etwa analog § 74 VwGO nicht einzuhalten. Allerdings wird im Rahmen der Zulässigkeit einer Fortsetzungsfeststellungsklage analog § 113 Abs. 1 S 4 VwGO zu prüfen sein, ob noch ein Feststellungsinteresse besteht, wenn die Ausgangs- oder die Widerspruchsbehörde die Rechtswidrigkeit des Ausgangsbescheides eingeräumt haben.

Unzulässig ist die Klage auf Feststellung der Rechtswidrigkeit des Ausgangs- 61a
bescheides, wenn die Erledigung erst nach Eintritt der Bestandskraft bzw Unanfechtbarkeit eingetreten ist. Teilweise wird anstelle der Fortsetzungsfeststellungsklage die Möglichkeit einer Feststellung der Rechtswidrigkeit des zunächst angefochtenen erledigten VA durch einen Widerspruchsbescheid angenommen.[140] Diese Auffassung vermag nicht zu überzeugen. Die wesentlichen Ziele des Widerspruchsverfahrens (s oben Rn 4) lassen sich nach Erledigung des angefochtenen VA nicht mehr erreichen. Stellt die zuständige Behörde die Rechtswidrigkeit des erledigten VA fest, so kann das allerdings Auswirkungen auf das Vorliegen eines Feststellungsinteresses im Rahmen des § 113 Abs 1 S 4 VwGO haben.

---

[137] S hierzu näher Kopp/Schenke § 75 Rn 8 ff.

[138] BVerwGE 81, 226, 229; BVerwG NVwZ 2001, 1288; Bader/Funke-Kaiser § 68 Rn 36; Knack/Henneke 38; **aA** StBS 50; Kopp/Schenke § 68 Rn 34; Pietzner/Ronellenfitsch § 31 Rn 29.

[139] BVerwGE 109, 203; 81, 226, 229; Hufen JuS 2000, 720.

[140] Die Zulässigkeit eines Fortsetzungsfeststellungswiderspruchs nehmen an Kopp/Schenke Vorb § 68 Rn 2; Dreier, NVwZ 1987, 476 f; s weitere Nachw bei Sodan/Ziekow VwGO § 68 Rn 105 ff.

62 **3. Entbehrlichkeit des Widerspruchsverfahrens.** Ist ein Widerspruchsverfahren indessen nur entbehrlich, so steht es dem Betroffenen frei, ob er Widerspruch einlegen oder sofort Klage vor dem zuständigen Gericht erheben will. **Entbehrlich, aber nicht unzulässig** ist ein Widerspruchsverfahren dann, wenn sein Zweck bereits erreicht worden ist, zB weil der VA schon Gegenstand eines Vorverfahrens gewesen ist. Hier ist allerdings umstritten, ob dies nur für solche Fälle gilt, in denen der Kläger Rechtsnachfolger oder Streitgenosse des Widerspruchsführers ist (s hierzu näher Kopp/Schenke § 68 Rn 22 ff). Besteht Übereinstimmung über die Entbehrlichkeit, so kann die Behörde durch Untätigkeit die Zulässigkeit der Klage nach § 75 VwGO herbeiführen. Da die Klage in die Zulässigkeit hineinwachsen kann, entsteht in derartigen Fällen kein Zeitverlust.

63 **4. Anspruch auf Durchführung eines Widerspruchsverfahrens. Umstritten** ist die Frage, ob der Bürger einen gerichtlich durchsetzbaren Anspruch auf Durchführung des Widerspruchsverfahrens hat, obwohl § 75 VwGO den Klageweg für das Begehren in der Sache im Falle der Untätigkeit der zuständigen Behörde auch ohne Vorverfahren eröffnet. Im Hinblick auf den Rechtsschutzzweck des Vorverfahrens und weil im Rechtsstaat den Verpflichtungen der Verwaltung (vgl § 68 VwGO: „so ergeht") grundsätzlich subjektive Rechte der Bürger entsprechen, ist ein gerichtlich durchsetzbarer **Anspruch auf Erlass eines Widerspruchsbescheides** im Grundsatz zu bejahen.[141] Nach wie vor **umstritten** ist die Frage, in welchen Fällen der Anspruch auf Erlass eines Widerspruchsbescheides gerichtlich geltend gemacht werden kann. Hier geht die **herrschende Rechtsprechung und ein Teil der Literatur** davon aus, der Widerspruchsführer müsse bei gebundenen Entscheidungen, bei denen kein Ermessens-, Beurteilungs- oder Bewertungsspielraum bestehe, den Weg über die Untätigkeitsklage nach § 75 VwGO beschreiten; für eine Verpflichtungsklage auf Erlass des Widerspruchsbescheides als solchen, also ohne Rücksicht auf einen bestimmten Inhalt, fehle das Rechtsschutzbedürfnis.[142] Anders sei dies bei Ermessensentscheidungen, weil bei diesen mit der Untätigkeitsklage nicht mehr erreicht werden könne als mit der Klage auf Erlass eines Widerspruchsbescheides.[143]

64 **Die Gegenmeinung** betont zu Recht, dass der Rechtsschutz durch eine Klage auf Erlass eines Widerspruchsbescheides gegenüber der Untätigkeitsklage auch bei gebundenen Entscheidungen dem Gebot effektiven Rechtsschutzes eher entspricht und nicht wegen mangelndem Rechtsschutzinteresse als unzulässig angesehen werden darf (ausführlich Schenke DÖV 1996, 529; Kopp/Schenke Vorb § 68 Rn 13). Die Klage auf Erlass eines Widerspruchsbescheides ist nämlich für den Kläger im Wesentlichen **ohne Prozesskostenrisiko:** Er macht idR einen unbezweifelbar bestehenden Anspruch auf Überprüfung der Ausgangsentscheidung auf Rechtmäßigkeit und Zweckmäßigkeit im Widerspruchsverfahren geltend. Erhebt er stattdessen eine auf ein bestimmtes Ergebnis gerichtete Untätigkeitsklage, so trägt er das Risiko des Unterliegens. Dieses Risiko wird ihm durch § 161 Abs 3 VwGO nur teilweise, nämlich nur für den Fall abgenommen, in dem der Widerspruchsbescheid während des Prozesses ergeht. Die ökono-

---

[141] Kopp/Schenke Vorb § 68 Rn 13 mwN; ferner Dolde in Schoch vor § 68 Rn 15; Pietzner/Ronellenfitsch § 24 Rn 18; ausführlich Schenke DÖV 1996, 529; v Schledorn NVwZ 1995, 250.

[142] Vgl insbes BVerwG, B v 28.4.1997, 6 B 6/97, juris Rn 11; MDR 1962, 1010; OVG Lüneburg, B v 24.4.2009, 4 PA 276/08, juris Rn 14; OVG Magdeburg, B v 26.3.2009, 3 O 422/08, juris Rn 4; OVG Hamburg, B v 24.8.1998, 4 Bf 247/98, juris Rn 4; VGH München, B v 1.7.2013, 7 ZB 13.305, juris Rn 12; s auch VGH München BayVBl 1976, 241; vgl ferner v Schledorn NVwZ 1995, 250 ff; Pietzner/Ronellenfitsch § 24 Rn 18; Petzke/Kugele BayVBl 1988, 88.

[143] So schon Bettermann NJW 1960, 1081, 1088; v Schledorn NVwZ 1995, 250; Dolde in Schoch § 68 Rn 15.

misch denkende Widerspruchsbehörde wird, wenn sie mit der Erfolglosigkeit der Untätigkeitsklage rechnen darf, bis zur Abweisung der Klage untätig bleiben. Die Auffassung vom Vorrang der Untätigkeitsklage bürdet dem Widerspruchsführer nicht nur das materielle Prozessrisiko auf, sondern prämiert gleichsam das pflichtwidrige Untätigbleiben der Behörde. Der Anspruch auf Erlass eines Widerspruchsbescheids muss deshalb erforderlichenfalls auch mit der Verpflichtungsklage (§ 42 Abs 1 VwGO) durchgesetzt werden können.[144] Dies gilt auch dann, wenn bereits ein Widerspruchsbescheid ergangen war, der dann jedoch als rechtswidrig aufgehoben worden ist[145] oder wenn der ergangene Widerspruchsbescheid nichtig ist.

VII. Überblick über Zulässigkeitsvoraussetzungen für einen Widerspruch gem § 68 VwGO

Für die Zulässigkeit des Widerspruchs gem §§ 68 ff VwGO müssen, vergleichbar mit den für Klagen geltenden Prozessvoraussetzungen grundsätzlich folgende Voraussetzungen erfüllt sein: 65

1. **Deutsche Verwaltungszuständigkeit** (vgl deutsche Gerichtsbarkeit gem §§ 18 ff GVG: Weides 240 Fn 1); keine Ausschlussgründe.
2. **Zulässigkeit des Verwaltungswegs** entspr § 40 VwGO oder auf Grund gesetzlicher Zuweisung; keine Zuweisung zu anderen Rechtswegen, für die ein anderes Vorverfahren vorgesehen ist.
3. **Ordnungsmäßigkeit des Widerspruchs** gem §§ 69, 70 VwGO: schriftlich oder zur Niederschrift bei der Ausgangs- oder Widerspruchsbehörde.
4. **Beteiligungsfähigkeit** des Widerspruchsführers nach den allgemeinen Vorschriften im Widerspruchsverfahren (§§ 11, 79).
5. **Handlungsfähigkeit** des Widerspruchsführers nach den allgemeinen Vorschriften (§§ 12, 79).
6. **Verbandskompetenz der Widerspruchsbehörde,** zB als Bundes-, Landes- oder Kommunalbehörde (vgl dazu § 3 Rn 6).
7. **sachliche und örtliche Zuständigkeit** der Widerspruchsbehörde für die Entscheidung über den Widerspruch (§ 73 Abs 1, 2 VwGO; §§ 3, 79);
8. **Statthaftigkeit** eines Widerspruchs gem § 68 VwGO; der angegriffene bzw angestrebte Akt muss VA iS von § 35 sein.
9. **Wahrung der Widerspruchsfrist** (§ 70 VwGO), ggf Wiedereinsetzung (§ 70 Abs 2 VwGO iVmit § 60 Abs 1 bis 4 VwGO).
10. **Kein Widerspruchsverzicht** oder Ausschluss durch Verwirkung des Widerspruchsrechts (vgl oben Rn 17).
11. **Keine anderweitige Anhängigkeit** eines Widerspruchsverfahrens in derselben Sache (s Kopp/Schenke Vorb § 68 Rn 12).
12. **Kein Widerspruchsbescheid** in derselben Sache (anderenfalls nur Klage);
13. **Widerspruchsbefugnis** entspr § 42 Abs 2 VwGO (Behauptung einer Beeinträchtigung durch rechtswidrigen oder unzweckmäßigen VA).
14. **Kein Ausschluss** des Widerspruchs gegen Verfahrens-VA **gem § 44a VwGO** (Kopp/Schenke § 44a Rn 4).
15. **Allgemeines Rechtsschutzbedürfnis** (Sachbescheidungsinteresse) entspr dem für Klagen erforderlichen Rechtsschutzbedürfnis (s § 22 Rn 56).

---

[144] So die ausdrückliche Regelung des § 88 Abs 2 S 1 SGG für das Sozialrechtsverfahren; BGH NJW 1984, 2519; BSG NJW 1984, 1424; 1986, 596; Stern 15 III; Kopp VerfR 112 ff, 127, 245; vgl auch § 17 WBO und dazu BVerwGE 63, 192.

[145] BSG NJW 1984, 1324; zT **aA** VGH München BayVBl 1983, 530: nur bei Aufhebung des Widerspruchsbescheids wegen eines wesentlichen Verfahrensmangels; sonst grundsätzlich keine Klage auf einen neuen Widerspruchsbescheid, da der Widerspruch mit dem ersten Widerspruchsbescheid „verbraucht" sei.

66 **Einzelheiten** zur Legitimation des gesetzlichen Vertreters, Betreuers oder Pflegers s § 12 Rn 21 ff; zur Verfahrensführungsbefugnis vgl Kopp/Schenke Vorb § 68 Rn 12 iVm Vorb § 40 Rn 23 ff; zur Postulationsfähigkeit des Widerspruchsführers s §§ 18 f. Eine Anordnung der Bestellung eines Bevollmächtigten analog § 67 Abs 2 S 2 VwGO ist in § 14 Abs 6 S 1 nicht vorgesehen; wegen des Eingriffscharakters ist eine Analogie auch nicht möglich. Bei Vertretung durch einen Bevollmächtigten ist auf Verlangen eine Vollmacht (§§ 14 Abs 1 S 2, 79) vorzulegen. Nicht Voraussetzung der Zulässigkeit, sondern der Begründetheit des Widerspruchs ist die **Sachlegitimation** (Aktivlegitimation) des Widerspruchsführers, dh, dass diesem das geltend gemachte Recht wirklich zusteht. Die Frage der **Passivlegitimation** bzw des „richtigen Widerspruchsgegners" – analog zur Passivlegitimation des Beklagten gem § 78 VwGO im Prozess – stellt sich im Widerspruchsverfahren als solche nicht, weil das Widerspruchsverfahren nicht ein (in einem mit dem Klageverfahren vergleichbaren Sinn) kontradiktorisches Verfahren ist und insofern auch weder die Widerspruchsbehörde noch der Rechtsträger (Bund, Land usw), für den sie handelt, iS von § 13 beteiligt sind und deshalb auch nicht Widerspruchsgegner iS von § 13 Abs 1 S 1 iVmit § 79 sein können. Die Frage, ob der Widerspruch an die richtige Widerspruchsbehörde (§ 73 Abs 1 VwGO) gerichtet ist, stellt sich jedoch für die Zulässigkeitsprüfung unter dem Gesichtspunkt der Zuständigkeit der Widerspruchsbehörde unter dem Gesichtspunkt der Verbandskompetenz sowie der sachlichen und örtlichen Zuständigkeit (s oben Rn 65 Nr 6 und 7).

§ 80 Erstattung von Kosten im Vorverfahren

(1) **Soweit der Widerspruch erfolgreich ist, hat der Rechtsträger, dessen Behörde den angefochtenen Verwaltungsakt erlassen hat, demjenigen, der Widerspruch erhoben hat, die zur zweckentsprechenden Rechtsverfolgung oder Rechtsverteidigung notwendigen Aufwendungen zu erstatten.**[24] **Dies gilt auch, wenn der Widerspruch nur deshalb keinen Erfolg hat, weil die Verletzung einer Verfahrens- oder Formvorschrift nach § 45 unbeachtlich ist.**[30] **Soweit der Widerspruch erfolglos geblieben ist, hat derjenige, der den Widerspruch eingelegt hat, die zur zweckentsprechenden Rechtsverfolgung oder Rechtsverteidigung notwendigen Aufwendungen der Behörde, die den angefochtenen Verwaltungsakt erlassen hat, zu erstatten;**[31] **dies gilt nicht,**[32] **wenn der Widerspruch gegen einen Verwaltungsakt eingelegt wird, der im Rahmen**

1. **eines bestehenden oder früheren öffentlich-rechtlichen Dienst- oder Amtsverhältnisses oder**
2. **einer bestehenden oder früheren gesetzlichen Dienstpflicht oder einer Tätigkeit, die an Stelle der gesetzlichen Dienstpflicht geleistet werden kann,**

erlassen wurde. Aufwendungen, die durch das Verschulden eines Erstattungsberechtigten entstanden sind, hat dieser selbst zu tragen; das Verschulden eines Vertreters ist dem Vertretenen zuzurechnen.

(2) **Die Gebühren und Auslagen eines Rechtsanwalts oder eines sonstigen Bevollmächtigten im Vorverfahren sind erstattungsfähig, wenn die Zuziehung eines Bevollmächtigten notwendig war.**[34]

(3) **Die Behörde, die die Kostenentscheidung getroffen hat, setzt auf Antrag den Betrag der zu erstattenden Aufwendungen fest; hat ein Ausschuss oder Beirat (§ 73 Abs. 2 der Verwaltungsgerichtsordnung) die Kostenentscheidung getroffen, so obliegt die Kostenfestsetzung der Behörde, bei der der Ausschuss oder Beirat gebildet ist.**[47] **Die Kosten-**

entscheidung bestimmt auch, ob die Zuziehung eines Rechtsanwalts oder eines sonstigen Bevollmächtigten notwendig war.[58]

(4) **Die Absätze 1 bis 3 gelten auch für Vorverfahren bei Maßnahmen des Richterdienstrechts.**[60]

Parallelvorschriften: § 63 SGB-X.

Schrifttum: *Altenmüller,* Die Kostenerstattung im Widerspruchsverfahren, DVBl 1978, 285; *Engelbrecht,* Die Hauptsacherledigung im Widerspruchsverfahren, JuS 1997, 550; *Dreier,* Fortsetzungsfeststellungswiderspruch und Kostenentscheidung bei Erledigung des VA im Vorverfahren, NVwZ 1987, 474; *Emrich,* Rechtsschutz gegen Verwaltungskostenentscheidungen, NVwZ 2000, 163; *Exner/Richter-Hopprich,* Die Erledigung im Widerspruchsverfahren, JuS 2015, 521; *Hellstab,* Zur Kostenfestsetzung im (isolierten) Vorverfahren nach § 80 VwVfG, MDR 1986, 901; *Jäde,* Aufwendungen Drittbeteiligter im Widerspruchsverfahren, BayVBl 1989, 201; *Lipp,* Eigene Mühewaltung bei außergerichtlicher Rechtsverfolgung – ersatzfähige Einbuße oder Nachteil im eigenverantwortlichen Pflichtenkreis des Betroffenen?, NJW 1992, 1913; *Lüdicke,* Kostenerstattungsansprüche in steuer- und abgabenrechtlichen Vorverfahren, 1986, zugl Diss. Bonn 1986; *Maetzel,* Zur prozessualen Kostenabwicklung nach vorprozessualer Erledigung der Streitsache im verwaltungsgerichtlichen Widerspruchsverfahren, MDR 1980, 93; *Mallmann,* Erstattung von Anwaltskosten im Widerspruchsverfahren: Von der Regel zur Ausnahme?, NVwZ 1983, 338; *Meister,* Kostenerstattung im Vorverfahren bei Rücknahme statt Abhilfe, DÖV 1985, 146; *Meßerschmidt,* Zur Regelung der Erstattung von Vorverfahrenskosten, DÖV 1983, 447; *Odenthal,* Das Verhältnis zwischen Grund- und Betragsentscheidung bei der Kostenerstattung nach § 80 VwVfG, NVwZ 1990, 641; *Pietzner,* Kostenfragen im außengerichtlichen Rechtsbehelfsverfahren, VerwArch 1982, 231; *Saller,* Die Nebenentscheidungen in Ausgangs- und Widerspruchsbescheid – Kostenentscheidung und Aufwendungsersatz nach § 80 VwVfG, NdsVBl 2001, 258; *Skolik,* Der Kostenerstattungsanspruch bei Erledigung des Widerspruchs, ThürVBl 2013, 73 ff; *Spranger,* Grenzen des Rücknahmebescheids – Die Kostenerstattung im Vorverfahren, KStZ 1998, 131; *Sonnenschein-Berger,* Die Notwendigkeit anwaltlicher Vertretung im Widerspruchsverfahren, JuS 1996, 1107; *Steinbeiß-Winkelmann/Ott,* Das Widerspruchsverfahren als Voraussetzung des Gerichtszugangs in VwGO, FGO und SGG, NVwZ 2011, 914; *Stühler,* Die Kostenfragen im Widerspruchsverfahren bei VAen mit Drittwirkung, DVBl 1980, 873; *Suhr,* Kostenerstattung im Widerspruchsverfahren gegen kommunale Abgabenbescheide, KStZ 2003, 85; *Vahle,* Die Kostenentscheidung im verwaltungsrechtlichen Widerspruchsverfahren, DVP 2006, 189; *Weber,* Zur Abhilfe nach § 72 VwGO einschließlich Kostenentscheidung und deren Tenorierung, KommJur 2006, 175.

Übersicht

I. Allgemeines

1 **1. Inhalt der Vorschrift.** Die Vorschrift regelt die Erstattung der im Widerspruchsverfahren nach §§ 68ff VwGO entstandenen Kosten (Gebühren und Auslagen) des Widerspruchsführers auf der einen und der Ausgangsbehörde, die den angefochtenen VA erlassen hat, auf der anderen Seite. Sie lehnt sich an die Bestimmungen über die Kostentragung im verwaltungsgerichtlichen Verfahren nach §§ 154ff VwGO an,[1] trifft jedoch, statt diese auch für das Vorverfahren für

[1] Vgl Bachof NJW 1975, 846; Kopp/Schenke § 73 Rn 17 mwN; **aA** zur Kostenerstattung nach dem früheren Recht BVerwGE 22, 281; 32, 246; 35, 12; 46, 313; 62, 207; 62,

anwendbar zu erklären, wie dies nahe gelegen hätte, unverständlicherweise eine eigene, zT abweichende und unnötig komplizierte und lückenhafte Regelung, die zu vielen Zweifelsfragen Anlass gibt.

a) Systematischer Zusammenhang mit §§ 72, 73 VwGO. Die Vorschrift regelt die Kostenerstattung im Widerspruchsverfahren nur unvollständig, nämlich nur die Voraussetzungen für das Entstehen eines **Kostenerstattungsanspruchs.** Der Anspruch auf Kostenerstattung entsteht nicht unmittelbar kraft Gesetzes, sondern hat eine ausdrückliche **Kostenlastentscheidung** gem §§ 72, 73 Abs 3 S 3 VwGO im Abhilfe- bzw im Widerspruchsbescheid zur Voraussetzung, aus der sich ergibt, wer die Kosten des Widerspruchsverfahrens im Ergebnis zu tragen hat, insb auch zB, ob die Kosten ganz oder zum Teil zu erstatten sind.[2] Diese Kostenlastentscheidung ergeht auf der Grundlage von § 72 und § 73 Abs 3 S 3 VwGO im Rahmen der Sachentscheidung über den Widerspruch von Amts wegen und ohne dass es insoweit eines Antrags des Berechtigten bedürfte. Sie erfolgt, wenn dem Widerspruch gem § 72 VwGO abgeholfen wurde, durch die Abhilfebehörde im Abhilfebescheid (OVG Münster DÖV 1992, 122), sonst durch die Widerspruchsbehörde im Widerspruchsbescheid (vgl zB OVG Münster NVwZ-RR 1992, 450). 2

b) Vorverfahrenskosten als Teil der Kosten nach § 162 VwGO. Die Vorschrift berührt die Kostenerstattungspflicht im verwaltungsgerichtlichen Verfahren nach § 162 Abs 1 und Abs 2 S 2 VwGO nicht. Wenn dem Widerspruchsverfahren ein verwaltungsgerichtliches Verfahren nachfolgt, entscheidet das Gericht über die **Kosten des gesamten Verfahrens** auf der Grundlage der §§ 154 ff VwGO. Zu diesen Kosten gehören gem § 162 Abs 1 und Abs 2 S 2 VwGO auch die Kosten eines Widerspruchsverfahrens. Der unterlegene Beteiligte hat gem § 154 Abs 1 VwGO auch die Kosten des Vorverfahrens zu tragen, und zwar auch dann, wenn darüber bereits nach § 80 durch VA entschieden wurde. Die Kostenentscheidung nach § 80 wird dann gegenstandslos und unwirksam.[3] Entsprechendes gilt grundsätzlich, wenn ein zivilgerichtliches oder ein sozialgerichtliches Verfahren nachfolgt.[4] Dadurch ergibt sich die rechtspolitisch unerfreuliche Situation, dass für die Kostenentscheidung zT andere Maßstäbe gelten, je nachdem, ob das Gericht oder die Behörde über die Kosten des Vorverfahrens zu entscheiden hat. 3

c) Weitergehende Ansprüche. Grundsätzlich unberührt bleiben weitergehende Ansprüche auf Erstattung der Kosten förmlichen Rechtsbehelfsverfahrens, zB Erstattungs- oder Entschädigungsansprüche nach den Grundsätzen über die Enteignung bzw den enteignenden oder enteignungsgleichen Eingriff[5] oder Aufopferung, ferner wegen Verletzung der Fürsorgepflicht des Dienstherrn (BVerwGE 44, 52) oder nach den Grundsätzen der Amtshaftung für Fälle, in denen die Behörde für den Erlass des angefochtenen rechtswidrigen VA ein Verschulden trifft.[6] Dies folgt schon aus dem lückenhaften und rudimentären Cha- 4

298; Altenmüller DVBl 1978, 285; Pietzner BayVBl 1978, 107; Stühler DVBl 1980, 876: keine Erstattung bei Fehlen ausdrücklicher Vorschriften; zur Vereinbarkeit dieser Auffassung mit dem GG BVerfGE 27, 175.

[2] BVerwGE 62, 298; NVwZ 1992, 669; VGH München BayVBl 1982, 692; OVG Hamburg, U v 21.12.2012, 1 Bf 25/11, juris Rn 27 f.

[3] BVerwG NVwZ 2006, 1294; juris Rn 13 ff; OVG Bautzen LKV 2012, 318; juris Rn 20: erst mit Rechtskraft des den Kostenausspruch enthaltenden Urteils.

[4] Vgl BGHZ 28, 308; 31, 234; BSG MDR 1977, 84: Kosten des Vorverfahrens sind notwendige Aufwendungen des Klageverfahrens.

[5] BVerwGE 40, 255; BGH NJW 1984, 1172; 1993, 1258.

[6] BVerwGE 4, 322; Hidien NJW 1987, 2211. Allg zum Anspruch auf Erstattung vor- und außerprozessualer Kosten S auch BGH NJW 1986, 2243; Altenmüller DVBl 1978, 287; Messerschmidt DÖV 1983, 448; Weimar NJW 1989, 3246; Lipp NJW 1992, 1913.

rakter der Vorschrift, die schon deshalb keinen Anspruch auf eine abschließende Regelung erheben könnte.

5 **2. Bewertung. a) Verfassungsrecht, Europarecht.** Die isolierte Kostenerstattung in förmlichen Rechtsbehelfsverfahren ist **verfassungsrechtlich nicht zwingend geboten.**[7] Allerdings ergibt sich im Falle einer fehlenden Erstattungsregelung ein Problem für die Regelungskonsistenz, weil der Betroffene kostenrechtlich im Falle eines erfolgreichen Vorverfahrens nicht schlechter stehen darf als im Falle eines späteren erfolgreichen Klageverfahrens. Im übrigen dürfen die Kosten eines Rechtsbehelfsverfahrens, welches Zugangsvoraussetzung für den gerichtlichen Rechtsschutz ist, keine nach Art 19 Abs 4 unzulässige Hürde darstellen.[8] Das Gebot der aus Art 3 Abs 1 GG folgenden Waffengleichheit[9] verlangt für ein förmliches Rechtsbehelfsverfahren keine Erstattungsregelung, weil es sich nicht um ein echtes kontradiktorisches Verfahren handelt. Für den **indirekten Vollzug von Unionsrecht** stellt sich die Frage, ob eine Kostenerstattung in Fällen von dem gerichtlichen Verfahren vorgeschalteten Vorverfahren europarechtlich geboten ist. Dies würde einen entsprechenden Rechtsgrundsatz des Europarechts voraussetzen, der soweit ersichtlich aber bisher noch nicht anerkannt ist.[10]

6 **b) Lückenhaftigkeit; rechtspolitische Kritik.** Die Regelung sieht eine Kostenerstattung nur für den Fall des erfolgreichen Widerspruchs vor, nicht für andere Fälle der Erledigung des Widerspruchsverfahrens (eingehend OVG Hamburg, U v 21.12.2012, 1 Bf 25/11, juris Rn 27 ff). Sie ist insoweit lückenhaft (VGH Mannheim DVBl 1981, 39) und führt in der Praxis zu unbefriedigenden Ergebnissen. Deshalb wird in der Literatur nahezu einhellig Kritik geübt.[11] Die Regelung müsste im Hinblick auf den Zweck des Rechtsbehelfsverfahrens unter dem Gesichtspunkt der Systemgerechtigkeit ergänzt werden, etwa durch eine analoge Anwendung von §§ 154 ff VwGO,[12] was die Rspr bisher aber abgelehnt hat.[13] Dass das Widerspruchsverfahren auch aus anderen Gründen als aus Rechtsgründen zu einer für den Beteiligten günstigeren Regelung führen kann, bedeutet gegenüber dem gerichtlichen Verfahren keinen wesentlichen Unterschied.[14] Die Möglichkeit eines Amtshaftungsanspruchs kann der Kritik nicht abhelfen.[15]

---

[7] BVerfG NJW 1987, 2569; BVerwGE 82, 336; StBS 8; s auch OVG Bremen NordÖR 2013, 542 f.

[8] S hierzu näher Huber in v. Mangoldt/Klein/Starck Art 19 Rn 465 zur Bemessung von Verfahrenskosten iA.

[9] Vgl auch BVerfGE 74, 94: grundsätzlicher Anspruch Verfahrensbeteiligter aus Art 3 Abs 1 GG und aus den Grundsätzen der Waffen- und Chancengleichheit, dass in Bezug auf die Auslagenerstattung für alle Beteiligten eine vergleichbare Kostensituation geschaffen und das Risiko des Verfahrenseingangs gleichmäßig verteilt wird.

[10] S hierzu näher Rengeling/Middeke/Gellermann, HdB des Rechtsschutzes in der EU, 2. Aufl 2003, § 29.

[11] Vgl etwa Pietzner BayVBl 1979, 111; Altenmüller DVBl 1978, 285; gegen die Kritik mwN aus Rspr und Lit OVG Hamburg, U v 21.12.2012, 1 Bf 25/11, juris Rn 28 f.

[12] Vgl BVerwGE 17, 246; VGH Mannheim DVBl 1981, 39; Bachof NJW 1975, 846; Renck DÖV 1973, 268; Kortmann DÖV 1972, 815 mwN; **aA** Ziekow 3; FKS 4; StBS 8; Knack/Henneke 18.

[13] Seit BVerwGE 22, 241 (GrS) st Rspr, vgl BVerwGE 32, 346; 40, 313; 62, 201; 70, 61; 77, 275; 82, 342; BVerwG NJW 1982, 1828; DÖV 1985, 197; Knack/Henneke 23: klarer Trennungsstrich; vgl auch BVerfGE 27, 175; 35, 295; 74, 92 und BVerwG BayVBl 1990, 90; OVG Hamburg, U v 21.12.2012, 1 Bf 25/11, juris Rn 28.

[14] Bericht des Rechtsausschusses des Bundestags vom 12.5.1990, BT-Dr 3/1094; BVerwGE 17, 246; **aA** die hM, vgl Dolde in Schoch § 73 Rn 62; Knack/Henneke 18; StBS 8; nun auch Kopp/Schenke § 73 Rn 17.

[15] Zum Amtshaftungsanspruch in diesen Fällen BGH UPR 2006, 188; OLG Brandenburg NVwZ-RR 2007, 369.

3. Gestuftes Verfahren. a) Kostenlastentscheidung. Die nach Abs 1 zu treffende Kostenentscheidung muss von der nachfolgenden Kostenfestsetzung nach Abs 3 verfahrensrechtlich unterschieden werden.[16] Die in §§ 72, 73 Abs 3 S 3 VwGO im Widerspruchsbescheid oder im Abhilfebescheid zwingend zu treffende Kostenentscheidung ist nur eine Kostenlast- bzw Kostengrundentscheidung. Sie richtet sich inhaltlich nach § 80 Abs 1 und regelt nur die **Kostenerstattung dem Grunde nach.** Lediglich über die Notwendigkeit der Hinzuziehung eines Bevollmächtigten nach Abs 2 ist auch im Zuge der Kostenlastentscheidung zu befinden (s unten Rn 34 ff). Bei der Kostenlastentscheidung geht es um die Bestimmung einer Pflicht des Rechtsträgers der Ausgangsbehörde zur Erstattung der dem erfolgreichen Beteiligten im Vorverfahren tatsächlich oder nach dem Verwaltungskostenrecht, nach Gebührenordnungen (zB dem RVG) usw entstandenen Kosten und Auslagen, die er sonst selbst zu tragen hätte (Abs 1 S 1). Umgekehrt hat die Widerspruchsbehörde im Fall des erfolglosen Widerspruchs dem unterlegenen Beteiligten die Kosten der Ausgangsbehörde aufzuerlegen (Abs 1 S 3). 7

b) Kostenfestsetzung. Der durch die Kostenlastentscheidung begründete Kostenerstattungsanspruch kann nicht unmittelbar, sondern nur auf Grund des Kostenfestsetzungsbescheids geltend gemacht werden.[17] Deshalb muss auf einer zweiten Stufe über die Höhe der zu erstattenden Kosten entschieden werden, indem diese Kosten durch die Behörde in einem selbständigen Verwaltungsverfahren[18] nach Abs 3 festgesetzt werden (Kostenfestsetzungsentscheidung). Für diese Kostenfestsetzungsentscheidung hat die vorangehende Kostenlastentscheidung Bindungswirkung (BVerwGE 79, 297, Rn 10). **Vollstreckungstitel** ist der Kostenfestsetzungsbescheid nur gegenüber dem zur Erstattung verpflichteten Bürger,[19] nicht dagegen auch zugunsten des erstattungsberechtigten Bürgers gegenüber der Verwaltung.[20] Zum Verhältnis von Kostenerstattung und Kostenfestsetzung s auch Odenthal NVwZ 1990, 641. 8

c) Entscheidungen durch VA. Sowohl die Entscheidung über die Erstattung der Kosten gem § 73 Abs 3 S 2 VwGO iVm § 80 (Kostenlastentscheidung) als auch die davon zu unterscheidende Festsetzung der Kosten erfolgen durch VA (BVerwGE 79, 297), die auch isoliert, dh auch ohne gleichzeitige Anfechtung der Entscheidung in der Sache selbst, mit der verwaltungsgerichtlichen Klage anfechtbar sind.[21] Eine unterbliebene Kostenlastentscheidung kann auch mit der Verpflichtungsklage erstritten werden;[22] dies gilt auch für die Entscheidung nach § 80 Abs 3 S 2 über die Notwendigkeit der Zuziehung eines Bevollmächtigten.[23] Der Durchführung eines (weiteren) Vorverfahrens vor der Erhebung einer Klage bedarf es gem § 79 Abs 2 VwGO insoweit nicht.[24] **Folgt in der Hauptsache** 9

---

[16] Vgl VG Meiningen, U v 24.5.2012, 8 K 583/10 Me, juris Rn 12 f: gleichzeitige Entscheidung über Widerspruch mit Kostengrundentscheidung und Kostenfestsetzung rechtswidrig.

[17] BVerwGE 62, 298; BVerwG NVwZ 1992, 669; VGH München BayVBl 1982, 692.

[18] Vgl VG Meiningen, U v 24.5.2012, 8 K 583/10 Me, juris Rn 12 f.

[19] ZT **aA** MB 47: die Kostenfestsetzung ist noch kein Leistungsbescheid; die Behörde kann auf seiner Grundlage jedoch einen Leistungsbescheid erlassen.

[20] VGH München BayVBl 1982, 693; VG Meiningen ThürVBl 2011, 284; Altenmüller DVBl 1978, 291; Knack/Henneke 65; MB 48: Durchsetzung mit der allgemeinen Leistungsklage gegen den öffentlichen Rechtsträger.

[21] Begr 93; BVerwGE 17, 249; 32, 347; Berlin NJW 1982, 2516; StBS 24; UL § 47 Rn 10.

[22] BVerwGE 118, 84; 77, 268; 79, 297.

[23] BVerwGE 75, 107; BVerwG NVwZ 1988, 741; VG Leipzig NVwZ-RR, 2005, 45; StBS 27 f.

[24] Ganz hM, vgl BVerwG NVwZ-RR 2002, 446; VGH München NVwZ-RR 2003, 904; StBS 26.

ein gerichtliches Verfahren, so ist die selbständige Anfechtung dieser VAe idR entbehrlich, weil die Kosten des Vorverfahrens von der gerichtlichen Kostenentscheidung gem § 162 Abs 2 S 2 VwGO erfasst werden.

9a Für die **Form der Kostenlastentscheidung** gelten die §§ 72, 73 VwGO. Eine bestimmte Formulierung ist nicht vorgeschrieben. Die Entscheidung ist Teil des Abhilfebescheides bzw des Widerspruchsbescheides und ergeht im Zusammenhang mit der Entscheidung in der Sache. Sie muss jedoch jedenfalls klar zum Ausdruck bringen, wer die Kosten trägt und ggf zu welchem Teil bzw in welchem Verhältnis sie von der Verwaltung und/oder den Beteiligten zu tragen sind. Die Formulierung kann sich dabei an die §§ 154 ff VwGO anlehnen. Beispiele: „Der Widerspruchsführer trägt die Kosten des Verfahrens" oder „Der Freistaat Bayern trägt die Kosten des Verfahrens".

10 **d) Festsetzung eines Streitwerts?** Die Festsetzung eines Streitwerts oder Gegenstandswerts für das Widerspruchsverfahren durch die Widerspruchsbehörde ist weder in § 80 noch in §§ 68 ff VwGO vorgesehen oder vorausgesetzt.[25] Die Notwendigkeit dazu kann sich nur aus anderen Rechtsvorschriften ergeben. Allerdings wird bei der Kostenfestsetzung inzident ein bestimmter Streitwert oder Gegenstandswert zugrunde zu legen sein, weil sich anderenfalls die Höhe der erstattungsfähigen Kosten nicht errechnen lässt. Die Höhe des Streitwerts richtet sich nach dem GKG. Die Verwaltungsgerichte legen idR den **Streitwertkatalog**[26] zugrunde, der von einer Arbeitsgruppe erarbeitet worden ist, aber keine normative Verbindlichkeit hat.

II. Der Anwendungsbereich der Vorschrift

11 **1. Der unmittelbare Anwendungsbereich.** Der unmittelbare Anwendungsbereich der Vorschrift ist eng begrenzt. Der Kostenerstattungsanspruch setzt zunächst die Anwendbarkeit des VwVfG bzw der entsprechenden landesrechtlichen Vorschrift voraus. Weiter setzt die Vorschrift ihrem Wortlaut nach den Erfolg bzw die Erfolglosigkeit eines Widerspruchs voraus und nimmt damit unmittelbar Bezug auf das Widerspruchsverfahren nach §§ 68 ff VwGO. Damit werden andere förmliche Rechtsbehelfsverfahren, für die etwa § 79 Geltung beanspruchen kann, nicht unmittelbar erfasst.[27] Etwas anderes gilt lediglich für die nach Abs 4 ausdrücklich einbezogenen Rechtsbehelfsverfahren nach dem Richterdienstrecht. Schließlich setzt die Vorschrift nach ihrem Wortlaut eine Hauptentscheidung über den Widerspruch voraus, erfasst also nicht unmittelbar die Fälle erledigter Widerspruchsverfahren. Die Verwaltungsverfahrensgesetze der Länder gehen teilweise über den Regelungsbereich des § 80 hinaus (s unten Rn 20). Wegen des begrenzten unmittelbaren Anwendungsbereiches stellt sich die Frage nach einer analogen Anwendung mit besonderer Dringlichkeit (s unten Rn 16 ff).

12 **a) Anwendungsbereich des VwVfG.** Die Vorschrift regelt (nur) die Kostenentscheidung in **Widerspruchsverfahren** im Anwendungsbereich des VwVfG. Wie sich aus dem Zusammenhang mit §§ 1 f ergibt, stellt § 80 keine allgemeine Ergänzung zu § 73 Abs 3 S 3 VwGO dar, sondern gilt abgesehen von der Einbeziehung der richterdienstrechtlichen Widerspruchsverfahren gem Abs 4 wie auch sonst die Bestimmungen des VwVfG unmittelbar nur im Anwendungsbereich des VwVfG gem § 1 und § 2[28] und damit insb auch grundsätzlich nicht für Widerspruchsverfahren von Landesbehörden. Allerdings haben alle Bundes-

---

[25] OVG Berlin NJW 1982, 2517; Pietzner BayVBl 1979, 112 Fn 59.
[26] S den 2004 neu gefassten Streitwertkatalog in NVwZ 2004, 1327.
[27] Vgl zB OVG Berlin/Brandenburg, B v 5.5.2015, OVG 3 M 37.15, juris: keine Anwendung auf Remonstrationsverfahren.
[28] UL § 47 Rn 2; StBS 7 f; Knack/Henneke 13; Kopp/Schenke § 73 Rn 16.

länder für ihren Bereich in eigenen Verwaltungsverfahrensgesetzen entsprechende Regelungen getroffen; die Regelungen gehen teilweise über § 80 hinaus (s Rn 20). Nach § 1 gilt die Vorschrift außerdem nur vorbehaltlich besonderer Regelungen in anderen Rechtsvorschriften. Solche können die Anwendbarkeit der Vorschrift ausschließen, wie dies zB in § 38 Abs 2 VermG geschehen ist.[29] Für die nicht unter das VwVfG, die Verwaltungsverfahrensgesetze der Länder oder Sonderbestimmungen fallenden Rechtsbehelfsverfahren verbleibt es beim bisherigen, zT sehr unklaren Rechtszustand (so zutreffend UL § 47 Rn 1).

b) Widerspruchsverfahren. Die Vorschrift bezieht sich unmittelbar zunächst auf die Kostenerstattung im **Widerspruchsverfahren nach der VwGO** (§§ 68 ff). Hierauf deutet die Verwendung des Begriffs „Widerspruch" hin. Davon werden nach § 77 VwGO sämtliche bundesrechtlichen Rechtsbehelfsverfahren erfasst, auf die die VwGO anwendbar ist, sowie solche landesrechtlichen Rechtsbehelfsverfahren, die Voraussetzung für die Erhebung der verwaltungsgerichtlichen Klage sind. Die Vorschrift soll indessen nicht für andere nichtförmliche Verfahren gelten, etwa für das prüfungsrechtliche Nachprüfungsverfahren, wenn es nicht im Rahmen eines Widerspruchsverfahrens durchgeführt wird (VGH München NVwZ-RR 2003, 257). 13

Umstritten ist, ob die Regelung darüber hinaus auch auf **andere förmliche Rechtsbehelfsverfahren** außerhalb des Anwendungsbereichs der VwGO anwendbar ist, soweit für diese jedenfalls die Regelungen des VwVfG gelten. Dies ist wegen des systematischen Zusammenhangs der Vorschrift mit § 79 für andere förmliche Rechtsbehelfsverfahren **zu bejahen,** für die entsprechende Regelungen fehlen und der Zweck des Verfahrens nicht entgegensteht,[30] zB für das **Vorverfahren** gem § 212 BauGB, soweit sonstige anwendbare Vorschriften des Landesrechts fehlen, und für das **Vorverfahren in Strafvollzugssachen** gem HmbVwGOAG (HansOLG, VRS 118, 216). Die Zulässigkeit des Verwaltungsrechtswegs für den Fall der Erfolglosigkeit des Vorverfahrens ist deshalb keine zwingende Voraussetzung für die Anwendbarkeit.[31] Für die Anwendung genügt, dass das Widerspruchsverfahren allgemein in den Anwendungsbereich des VwVfG fällt. § 80 ist deshalb auch auf Widerspruchsverfahren in Angelegenheiten anwendbar, in denen entstehende gerichtliche Streitigkeiten einem anderen Gerichtszweig zugewiesen sind, zB dem Zivilrechtsweg. 13a

c) Anfechtungs- und Verpflichtungswiderspruch. Anwendbar ist die Vorschrift nicht nur auf den Widerspruch gegen belastende VAe (Anfechtungswiderspruch), sondern auch auf den Widerspruch gegen die Ablehnung des Erlasses eines begünstigenden VA. Zwar bezieht sich der Wortlaut nur auf den Anfechtungswiderspruch, es ist aber allgemein anerkannt, dass der Verpflichtungswiderspruch insoweit nicht anders behandelt werden kann. Die Kosten eines Verfahrens nach § 80 VwGO oder formloser Rechtsbehelfe (s § 79 Rn 17 ff) werden nicht erfasst. Anwendbar ist die Vorschrift außerdem auch für Widerspruchsverfahren, die auf Grund besonderer Rechtsvorschriften, wie zB gem § 126 Abs 3 BRRG, § 54 Abs 1 BeamtStG, § 126 Abs 2 BBG, und bzgl sonstiger behördlicher Handlungen oder Unterlassungen, die keine VAe sind, vorgeschrieben sind.[32] 14

d) Keine Anwendung auf reguläre Verwaltungsverfahren. Nicht, auch nicht analog anwendbar ist § 80 auf die Kosten, die den Beteiligten im Verfahren 15

---

[29] Zur Zulässigkeit des Ausschlusses BVerwG BayVBl 1997, 93.

[30] StBS 7; Obermayer 4; Pietzner/Ronellenfitsch § 44 Rn 18; Altenmüller DVBl 1978, 285; MB § 80 Rn 3; Ziekow 2; **aA** Knack/Henneke 16.

[31] Pietzner/Ronellenfitsch § 44 Rn 18; Altenmüller DVBl 1978, 285; Obermayer 4; StBS 7; MB 8.

[32] Knack/Henneke 15; FKS 8; Pietzner/Ronellenfitsch § 46 Rn 4; Altenmüller DVBl 1978, 285; MB 6 und 7.

zum Erlass des Ausgangs-VA erwachsen sind.[33] Insoweit ist grundsätzlich allein das Verwaltungskostenrecht maßgeblich. Da dies idR keine Erstattung vorsieht, können die Beteiligten einen Anspruch auf Kostenersatz erfolgreich nur geltend machen, wenn das Fachrecht dies ausnahmsweise vorsieht. Keine Anwendung findet die Vorschrift auch für die Kosten zur Vorbereitung einer Untätigkeitsklage, wenn die Behörde über den erhobenen Widerspruch nicht innerhalb einer angemessenen Zeit entscheidet; auch § 161 Abs 3 ist insoweit nicht anwendbar.[34] Die Kosten für die Inanspruchnahme anwaltlicher Unterstützung im Verwaltungsverfahren werden auch nicht vom Ausgleichsanspruch nach § 24 Abs. 2 BBodSchG erfasst (BGH NVwZ 2013, 163).

16 **2. Analoge Anwendung. Nach hM** stellt sich die in der Vorschrift geregelte Kostenerstattungspflicht ebenso wie in den entsprechenden Regelungen des Landesrechts **nicht als Ausdruck allgemeiner Rechtsgedanken** dar, wie sie etwa den Erstattungsregelungen der Prozessordnungen zugrunde liegen,[35] sondern als **Ausnahmeregelung**.[36]Insoweit wird stets darauf hingewiesen, dass es an einer planwidrigen Lücke fehle, da der Gesetzgeber bewusst von einer allgemeinen Kostenerstattungsregelung in Anlehnung an die Bestimmungen der Prozessordnungen, etwa der §§ 154 ff VwGO abgesehen habe.[37] Diese Auffassung ist in ihrer Allgemeinheit nicht überzeugend. Vielmehr hat sich in der Praxis herausgestellt, dass die lückenhafte Regelung in einer ganzen Reihe von Fällen zu Ergebnissen führt, die der Gesetzgeber, hätte er sie gekannt, nicht billigen würde, und die unter dem Aspekt der Gleichbehandlung kaum hinnehmbar sind.

17 **a) Analogie für sonstige Beteiligte?** Auf die Aufwendungen sonstiger Beteiligter am Verfahren, insb gem § 79 iVmit § 13 Abs 2 zum Verfahren hinzugezogener Personen und zB bei VAen mit Doppelwirkung, ist § 80 nach hM weder unmittelbar noch analog anwendbar.[38] Da es aber systemwidrig und insofern als Verstoß gegen den Grundsatz der Waffengleichheit auch verfassungswidrig wäre, wenn in diesen Fällen schlechthin eine Erstattungspflicht ausgeschlossen wäre,[39] und § 80 auch keine dahingehende Entscheidung entnommen werden kann, muss in diesen Fällen die angemessene Lösung in Anlehnung an die Grundgedanken des § 80 und an die Regelungen in §§ 154 ff VwGO im Weg der Lückenausfüllung gesucht werden.[40]

---

[33] BVerwG NVwZ 1990, 59: kein Kostenerstattungsanspruch, auch nicht unter dem Aspekt der Waffengleichheit; München BayVBl 1990, 434; OVG Münster NVwZ 1982, 252.

[34] OVG Münster, B v 27.2.2012, 6 A 445/11, juris.

[35] Vgl BVerwGE 101, 64, 67; OVG Münster, B v 25.4.2013, 16 A 1873/12, juris Rn 34 ff; OVG Bremen NordÖR 2013, 542 f; Knack/Henneke 10 ff; Ziekow 2; FKS 4.

[36] Vgl OVG Berlin/Brandenburg, B v 5.5.2015, OVG 3 M 37.15, juris.

[37] Vgl allg BVerfGE 77, 275; OVG Berlin/Brandenburg, B v 5.5.2015, OVG 3 M 37.15, juris **aA** BVerwGE 82, 342 unter Hinweis auf BVerfGE 35, 295: Kostenerstattungsanspruch des Bürgers auch kein allgemeiner Rechtsgedanke; Knack/Henneke 13, 18; Obermayer 8; Altenmüller DVBl 1978, 286.

[38] BVerwGE 70, 58; BVerwG BayVBl 1982, 473: kein Kostenerstattungsanspruch, wenn der VA auf den Widerspruch eines Dritten hin aufgehoben wird; offen, ob analoge Anwendung, wenn die Aufhebung des VA unmittelbar auf Rechte des primär durch den VA Betroffenen einwirkt; BayVBl 1986, 567: Drittbeteiligte haben auch bei notwendiger Hinzuziehung keinen Anspruch; StBS 47; Obermayer 15; Knack/Henneke 60; Pietzner/Ronellenfitsch § 46 Rn 8 f; Stühler DVBl 1980, 876; Altenmüller DÖV 1978, 910; DVBl 1978, 286; **anders** gem Art 80 Abs 2 S 2 BayVwVfG.

[39] Vgl BVerfGE 74, 94; **aA** BVerwG BayVBl 1982, 473.

[40] Vgl RÖ § 73 Rn 27; Bachof NJW 1975, 846; v Mutius 225 ff; Lange DÖV 1974, 269; weitergehend hins der Kosten der Behörde bei Rücknahme des Widerspruchs RÖ VwGO § 73 Rn 31: als erfolglos gem Abs 1 S 3; **aA** BVerwGE 62, 201; BVerwGE 70, 58: wegen der andersgearteten Zwecksetzung auch keine analoge Anwendung von § 162 Abs 3 VwGO; UL § 47 Rn 4; StBS 47; Knack/Henneke 37; Pietzner/Ronellenfitsch § 46 Rn 9;

b) Analogie für Fälle der Erledigung? Ebenso ist § 80 **nach hM nicht anwendbar** auf die Fälle einer Erledigung des Widerspruchsverfahrens in anderer Weise als durch Entscheidung zur Sache, zB durch Rücknahme des Widerspruchs, Erledigung der Hauptsache durch Rücknahme oder Widerruf des VA, Tod des Adressaten des VA bei einem höchstpersönlichen VA oder Vergleich (§ 55).[41] Insoweit enthält weder das VwVfG noch die VwGO Regelungen.[42] Etwas anderes gilt insoweit, als durch die Herbeiführung der Erledigung durch Aufhebung des angefochtenen VA bzw durch Erlass des zunächst abgelehnten oder unterlassenen VA die **Regelung des § 80 nicht umgangen** werden darf (BVerwGE 101, 64; BVerwG NJW 2009, 2968; OVG Hamburg, U v 21.12.2012, 1 Bf 25/11, juris Rn 31 f, 39 ff). Das ist zB der Fall, wenn die Ausgangsbehörde den angefochtenen VA aufhebt, um einer Kostenlastentscheidung in einem Abhilfe- oder einem Widerspruchsbescheid zu entgehen. Die Ausgangsbehörde entgeht danach dem Kostenerstattungsanspruch nur dann, wenn für die Aufhebung des VA andere Gründe maßgebend waren als das drohende Unterliegen. 18

Kritik: Es erscheint systemwidrig und als Verstoß gegen den Grundsatz der Waffengleichheit,[43] den Beteiligten anders als im Verwaltungsprozess im Falle der Erledigung des Widerspruchsverfahrens jeglichen Kostenerstattungsanspruch zu verweigern, soweit ein solcher Anspruch auch nicht auf andere Gesichtspunkte wie Amtshaftung oder Aufopferung gestützt werden kann. Entgegen der hM ist deshalb die **analoge Anwendung von § 80** und der Kostenerstattungsregelung der VwGO, namentlich von § 161 VwGO nicht nur in den Umgehungsfällen (s Rn 18) **geboten.**[44] Dies hat die Rspr nunmehr wenigstens für solche Fälle anerkannt, in denen die Widerspruchsbehörde, soweit sie mit der Ausgangsbehörde identisch ist, den VA zurücknimmt, um dem Widerspruch nicht stattgeben zu müssen, oder, ohne die Sache förmlich mit einer entsprechenden Weisung zurückzuverweisen, die Ausgangsbehörde zur Zurücknahme veranlasst (**Umgehungsfälle,** vgl BVerwG NVwZ 1997, 272). 19

3. Landesrechtliche Regelungen. Die Verwaltungsverfahrensgesetze der Länder enthalten dem § 80 entsprechende Regelungen, sehen aber teilweise eine weitergehende Erstattung vor. Beispielhaft ist insoweit die deutlich weitergehende Regelung im **Bayerischen Verwaltungsverfahrensgesetz.** Nach Art 80 Abs 2 S 2 BayVwVfG können – über § 80 hinausgehend – auch **Aufwendungen Drittbeteiligter** (Hinzugezogener) dem Beteiligten, der die Kosten des Widerspruchsverfahrens zu tragen hat, bzw der Staatskasse auferlegt werden.[45] Art 80 Abs 1 S 5 BayVwVfG enthält abweichend von § 80 Abs 1 außerdem eine Kosten- 20

Altenmüller DVBl 1978, 285; MB 17; Obermayer 8: keine Erstattung von Kosten anderer Beteiligter als des Widerspruchsführers, ferner VGH Mannheim NJW 1981, 1524.

[41] BVerwGE 70, 53; 62, 201; BVerwG BayVBl 1982, 473; DÖV 1985, 197: keine Kostenerstattung, wenn nicht ausdrücklich in einem Gesetz vorgesehen; OVG Hamburg, U v 21.12.2012, 1 Bf 25/11, juris Rn 28; OVG Münster NVwZ-RR 1991, 223; OVG Koblenz NJW 1982, 2460; Altenmüller DVBl 1978, 285 und DÖV 1978, 910; Knack/Henneke 40 f; StBS 45 ff; Pietzner/Ronellenfitsch § 46 Rn 10; Pietzner BayVBl 1979, 107 f; Stühler DVBl 1980, 876; MB 31; Obermayer 8; vgl auch BVerwG Buchh 316 § 18 VwVf Nr 10; BSG DVBl 1993, 261; anders gem Art 80 Abs 1 S 5 BayVwVfG, s Rn 20.

[42] Vgl zB VGH Kassel AgrarR 1984, 48: Anwaltskosten sind bei Erledigung des Vorverfahrens durch Vergleich nur erstattungsfähig, wenn der Vergleich selbst dies vorsieht.

[43] BVerfGE 74, 94; **aA** BVerwG NVwZ 1990, 59: kein Verstoß gegen Waffengleichheit, da auch der öffentliche Rechtsträger keinen Ersatzanspruch gegen den Bürger hätte; ebso OVG Hamburg, U v 21.12.2012, 1 Bf 25/11, juris Rn 28.

[44] VGH Mannheim NJW 1981, 1524; VG Bremen DVBl 1977, 824; vgl auch RÖ § 73 Rn 27; Hufen/Siegel Rn 841; FKS 4; kritisch Trzaskalik JZ 1983, 417; **aA** BVerwGE 70, 58; 62, 204; NJW 1982, 1827; Altenmüller DVBl 1978, 286; DÖV 1978, 910; StBS § 79 Rn 48; Osterloh JuS 1982, 945.

[45] S dazu auch VG Regensburg BayVBl 1981, 634; Jäde BayVBl 1981, 634.

regelung auch für den **Fall einer Erledigung des Widerspruchs** (Billigkeitsentscheidung unter Berücksichtigung des bisherigen Sachstands).[46] Eine entsprechende Regelung findet sich inzwischen auch in § 80 Abs 1 S 5 BaWüVwVfG, § 80 Abs 1 S 6 ThürVwVfG, § 80 Abs 1 S 5 SaarlVwVfG u § 19 Abs 1 S 5 RhPfAGVwGO. Verschiedentlich sieht das Landesrecht auch vor (s zB Art 18 BayKG; dazu VGH München BayVBl 1981, 635), dass die Kosten einer unrichtigen Sachbehandlung durch die Behörde vom Staat zu tragen sind, auch zB die infolge einer unzutreffenden Rechtsbehelfsbelehrung entstandenen Kosten.

21 **4. Geltung in Abgabensachen.** Nicht restlos geklärt ist, ob und inwieweit die § 80 entsprechenden Vorschriften der Verwaltungsverfahrensgesetze der Länder auch in Kommunalabgabensachen anwendbar sind.[47] Die § 2 Abs 2 Nr 1 entsprechenden Vorschriften der Landesgesetze sehen idR vor, dass das Verwaltungsverfahrensgesetz des jeweiligen Landes für Verfahren nicht gilt, in denen Rechtsvorschriften der AO anzuwenden sind. Die AO gilt im Kommunalabgabenrecht jedoch nicht unmittelbar, sondern nur auf Grund besonderer, meist selektiver Verweisungen in den Kommunalabgabengesetzen. Es ist Auslegungsfrage, ob die jeweilige landesrechtliche Verweisungsnorm auch das Vorverfahren erfasst (MB 10; Kortmann DVBl 1980, 600; Flohr KStZ 1978, 21). Der Versuch, durch Einfügung eines § 80a AO 1977 das Problem zu lösen, schlug fehl; die Vorschrift erlangte keine Gültigkeit, s VGH München BayVBl 1984, 542; allg zu dieser Vorschrift auch Eberl DStR 1982, 27.

22 Auf Länderebene gelten die § 80 entsprechenden Ländervorschriften für den Bereich des Kommunalabgabenrechts in

- **Baden-Württemberg**[48] seit der Neufassung des § 80 Abs 4 Nr 2 VwVfGBW (VGH Mannheim NVwZ 1992, 584),
- **Bayern** seit der Änderung des Art 2 Abs 2 Nr 1 bayVwVfG; die ablehnenden Entscheidungen sind insoweit überholt,[49]
- **Berlin** gem § 1 Abs 1 BlnVwVfG iVm § 2 Abs 2 Nr 1 VwVfG: Ausnahme durch Verweis nur für Verfahren der Landesfinanzbehörden,[50]
- **Bremen** auf Grund von § 2 Abs 2 Nr 1 bremVwVfG,
- **Hamburg,** welches in § 2 Abs 2 Nr 1 HmbVwVfG nur die Verfahren der Landesfinanzbehörden in Steuerangelegenheiten ausnimmt,
- **Mecklenburg-Vorpommern** auf Grund von § 80 Abs 4 Nr 2 VwVfG M-V,
- **Niedersachsen** auf Grund von § 2 Abs 2 Nr 1 ndsVwVfG nach der Änderung im Jahre 1985,
- **Rheinland-Pfalz** gem § 3 Abs 5 S 1 RhPfKAG auf Grund des Verweises auf § 19 RhPfAGVwGO,
- **Saarland** gem § 2 II Nr 1 SaarlVwVfG (OVG Saarlouis NVwZ 1987, 508),
- **Sachsen** gem § 3 Abs 1 Nr 7 SächsKAG (Verweis nur auf § 367 Abs 2 AO),[51]
- **Sachsen-Anhalt** § 2 II Nr. 1 VwVfG LSA,
- **Schleswig-Holstein** gem § 11 SchlHKAG,
- **Thüringen** gem § 2 Abs 2 Nr. 1 ThürVwVfG.

---

[46] S dazu VGH München BayVBl 1981, 635; Altenmüller DÖV 1978, 906; Renck DÖV 1979, 561.

[47] S allg zur Anwendbarkeit im Kommunalabgabenrecht BVerwGE 82, 336; 88, 44; Pietzner VerwArch 1982, 231; Pietzner/Ronellenfitsch § 44 Rn 16; Allesch DÖV 1990, 272; Kleiner KStZ 1991, 60.

[48] So VGH Mannheim NVwZ 1992, 584 – unter Aufgabe der früheren abw Rspr, zB VGH Mannheim NVwZ 1982, 633; VBlBW 1982, 47.

[49] Vgl BVerwGE 82, 336; ferner BVerfGE 85, 109 ff; **aA** – durch die vorstehende Entscheidung des BVerwG dann jedoch überholt – VGH München BayVBl 1984, 542; NVwZ 1983, 615; Giehl 2b; Allesch DÖV 1990, 274.

[50] Knack/Henneke 14; StBS 13; **aA** wohl Pietzner/Ronellenfitsch § 44 Rn 16.

[51] Ebso Knack/Henneke 14.

Aufgrund der Rspr des BVerwG zur Regelung in Bayern (BVerwGE 82, 336) ist davon auszugehen, dass § 80 gegenwärtig keine Anwendung finden kann in Brandenburg, Hessen[52] und Nordrhein-Westfalen.[53] Insoweit findet also eine Kostenerstattung in Widerspruchsverfahren bzw Einspruchsverfahren in Kommunalabgabensachen nicht statt. In diesen Fällen bestimmt sich die Rechtslage vielmehr nach der AO, die eine Erstattung von Kosten des Einspruchsverfahrens generell nicht kennt.

5. Kosten der Widerspruchsbehörde. Auch die idR ebenfalls im Widerspruchsbescheid oder im Zusammenhang damit erfolgende Festsetzung der Verwaltungskosten der Widerspruchsbehörde wird in § 80 nicht erwähnt. IdR ergeht hins dieser Kosten ein Gebührenbescheid. Näheres, insbes hins der Höhe, ist den Gebührenordnungen oder den Verwaltungskostengesetzen zu entnehmen (VGH München BayVBl 1987, 245). Die Kostenentscheidung nach § 73 Abs 3 S 2 VwGO ist Voraussetzung für die Kostenfestsetzung und für diese bindend (BVerwGE 79, 298). 23

III. Die Erstattungspflicht (Abs 1)

1. Erfolgreicher Widerspruch (Abs 1 S 1). Abs 1 gewährt einen materiellen Erstattungsanspruch des Widerspruchsführers für den Fall eines erfolgreichen Widerspruchs. Die Verpflichtung, die entsprechende Pflicht im Widerspruchsbescheid bzw im Abhilfebescheid auszusprechen, folgt aus § 72 bzw 73 Abs 3 S 2 VwGO. Die Regelung des § 80 Abs 1 S 1 ist **zwingend;** die Behörde darf die Widerspruchsentscheidung oder einzelne Verfahrenshandlungen insbesondere nicht von einem vorherigen Verzicht auf eine spätere Erstattung abhängig machen.[54] Lediglich im Rahmen eines **Vergleichsvertrages gem § 55** kann eine abweichende Regelung über die Kosten getroffen werden. Dann aber ist § 80 ohnehin nicht, jedenfalls nicht unmittelbar, anwendbar. 24

a) Entscheidung in der Hauptsache. Nach Abs 1 iVm § 73 Abs 3 S 2 VwGO hat die Widerspruchsbehörde (bzw nach § 72 VwGO die Ausgangsbehörde, wenn sie dem Widerspruch abhilft), bei einem Erfolg des Widerspruchs dem Rechtsträger, dessen Behörde den angefochtenen VA erlassen hat, die Erstattung der entstandenen Aufwendungen aufzuerlegen. Voraussetzung für diesen Anspruch ist eine stattgebende Entscheidung in der Hauptsache (BVerwG NVwZ 1997, 272). Die **Erstattungspflicht ist zwingende Folge des erfolgreichen Widerspruchs.** Ob dem Widerspruch zu Recht stattgegeben wurde oder nicht, ist deshalb für die Kostenentscheidung unerheblich;[55] ebenso, ob durch den im Widerspruchsverfahren aufgehobenen VA überhaupt eine rechtliche oder faktische Beschwer eingetreten war oder wäre (BVerwGE 79, 296). Die Kostenfolge nach Abs 1 tritt sogar dann ein, wenn die Widerspruchsbehörde einem Widerspruch durch Widerspruchsbescheid stattgegeben hat, obwohl der Widerspruch gar nicht statthaft war.[56] Für die Kostenentscheidung ist auch ohne Bedeutung, ob der Widerspruchsführer durch sein Verhalten – etwa verspätetes Vorbringen – dazu beigetragen hat, dass er nicht schon vor der Ausgangsbehörde 25

---

[52] VGH Kassel, B v 23.11.2004, 5 TJ 3282/04, juris Rn 3.

[53] OVG Münster OVGE 34, 76 = DVBl 1979, 787; NVwZ 1992, 585 – zum Erschließungsbeitragsrecht; KStZ 1979, 151; Erichsen VerwArch 1979, 349 mwN; **aA** Kortmann DVBl 1980, 600; MB § 80 Rn 10.

[54] Vgl VGH Mannheim NJW 1986, 1371, jedoch mit einer nicht zu rechtfertigenden Ausnahme für bestimmte Kosten für eine medizinische Untersuchung im Rahmen der Beweisaufnahme.

[55] BVerwG NVwZ 1983, 544; OVG Berlin NJW 1982, 2516.

[56] Offen BVerwGE 77, 270; vgl auch einerseits BVerwG NVwZ 1983, 345, andererseits BVerwG NVwZ 1983, 544.

Erfolg hatte.[57] Maßgeblich ist allein die durch einen Widerspruchsbescheid oder Abhilfebescheid getroffene Entscheidung.

26 **b) Erfolgreicher Widerspruch. aa) Allgemeines.** Nach Abs 1 S 1 trifft die Erstattungspflicht den Rechtsträger der Ausgangsbehörde, soweit der Widerspruch erfolgreich ist. Ob und inwieweit dies der Fall ist, beurteilt sich nach dem Begehren des Widerspruchsführers. Wendet sich der Widerspruch gegen einen belastenden VA, kommt es darauf an, ob dieser ganz oder teilweise aufgehoben wird. Erstrebt der Widerspruchsführer einen begünstigenden VA, so ist der Widerspruch erfolgreich, wenn die Widerspruchsbehörde ihn erlässt oder die Ausgangsbehörde zum Erlass verpflichtet. Richtet sich die Verpflichtung nur auf eine Neubescheidung, liegt idR nur teilweises Obsiegen vor (s unten Rn 27). Die Vorschrift macht keinen Unterschied zwischen einem Erfolg des Widerspruchs aus Rechtsgründen oder wegen Unzweckmäßigkeit der Ausgangsentscheidung oder auch wegen inzwischen eingetretener Änderung der Sach- oder Rechtslage.[58] Auch kommt es nicht darauf an, aus welchen Gründen der Widerspruch erfolgreich ist. Deshalb tritt die Erstattungspflicht auch ein, wenn dem Widerspruch wegen einer beachtlichen Änderung der Sach- oder Rechtslage stattgegeben wurde. Zum Erfordernis einer kausalen Verknüpfung der stattgebenden Entscheidung mit dem Widerspruch s BVerwGE 101, 64, 67; OVG Hamburg NVwZ-RR 1999, 706.

27 **bb) Teilweises Obsiegen.** Bei nur teilweisem Erfolg entsteht der Erstattungsanspruch nur entsprechend dem Anteil („soweit") des Obsiegens.[59] Insoweit ist im Widerspruchsbescheid bzw im Abhilfebescheid die Quote der Erstattung anzugeben. Die Regelung entspricht der Sache nach derjenigen in § 155 Abs 1 VwGO. In den Verwaltungsverfahrensgesetzen einiger Länder wird deshalb auch auf § 155 Abs 1 VwGO verwiesen.[60] Die zu § 155 Abs 1 VwGO entwickelten Grundsätze[61] gelten deshalb auch hier. Für den Fall der bloßen Aufhebung des ablehnenden VA bei einem Verpflichtungswiderspruch kommt es in erster Linie auf die Gründe für die Aufhebung an. Wird die Aufhebung mit inhaltlichen Vorgaben für die zu treffende neue Entscheidung verbunden, so ist nach diesen zu beurteilen, ob bzw in welchem Umfang der Widerspruch als erfolgreich iS von Abs 1 S 1 zu werten ist.[62] Die Möglichkeit, entsprechend § 155 Abs 1 S 1 VwGO die Kosten gegeneinander aufzuheben, dh dass jeder seine ihm unmittelbar, zB durch Beiziehung eines Rechtsanwalts, entstandenen Kosten selbst trägt und die Verfahrenskosten geteilt werden, erscheint für die Kosten des Widerspruchsverfahrens idR wenig geeignet, weil bei den Beteiligten selbst Kosten in ganz unterschiedlicher Höhe anfallen können.[63]

28 **c) Analoge Anwendung auf Rücknahme des VA? Umstritten** ist, ob Abs 1 S 1 analog anwendbar ist, wenn der mit dem Widerspruch angefochtene VA während des Widerspruchsverfahrens von der Ausgangsbehörde zurückgenommen wird und sich das Widerspruchsverfahren dadurch erledigt (s näher Rn 18). Dies liegt an sich nahe, weil es für den Widerspruchsführer in der Sache keinen Unterschied macht, ob der angefochtene VA durch die Ausgangsbehörde zurückgenommen wird oder ob die Ausgangsbehörde dem Widerspruch abhilft

---

57 Eine dem § 155 Abs 4 VwGO entsprechende Regelung trifft § 80 nicht, vgl Altenmüller DÖV 1978, 908; Knack/Henneke 26.

58 Begr 92; OVG Berlin NJW 1982, 2516; VGH Mannheim NJW 1986, 1371; OVG Münster DÖV 1992, 124; Altenmüller DVBl 1978, 286; StBS 32.

59 Begr 92; BVerwG NVwZ 1993, 1099; OVG Münster DÖV 1992, 124; VGH München BayVBl 1988, 629.

60 So zB in Art 80 Abs 1 BayVwVfG und – dem folgend – in § 80 Abs 1 ThürVwVfG.

61 S näher Kopp/Schenke § 155 Rn 1 ff.

62 So zutreffend auch Knack/Henneke 24.

63 Altenmüller DÖV 1978, 910; Pietzner/Ronellenfitsch § 46 Rn 1; Obermayer 15; jetzt auch Knack/Henneke 31 ohne dass dies durch Gesetz zugelassen werden muss.

bzw die Widerspruchsbehörde dem Widerspruch stattgibt. **Nach hM**[64] **ist zu differenzieren:** Erfolgt die Rücknahme des angefochtenen VA (oder der Erlass des begehrten VA) durch die Ausgangsbehörde ausschließlich aus Gründen, die die Behörde zur Abhilfe verpflichtet hätten, ist eine materielle Kostenerstattungspflicht anzunehmen, weil sonst eine **Umgehung der Kostenpflicht** stattfände. Im übrigen lehnt die hM nach der hier vertretenen Auffassung (oben Rn 18) zu Unrecht eine Kostenpflicht bei Erledigung durch Aufhebung des beanstandeten VA ab, weil keine planwidrige Lücke bestehe.

d) Verpflichteter des Anspruchs. Die Verpflichtung nach Abs 1 S 1 trifft allein den **Rechtsträger der Ausgangsbehörde.** Das gilt auch für den Fall, dass sich der Widerspruch gegen einen VA richtet, der einen Dritten begünstigt, der im Verfahren nach § 13 Abs 2 hinzugezogen worden ist. Diesen trifft keine Kostenlast, auch wenn er der Sache nach mit der Ausgangsbehörde zusammen unterlegen ist.[65] Verpflichteter Rechtsträger ist im Rahmen der Bundesverwaltung stets der Bund, bei der Landesverwaltung das Land, bei der Kommunalverwaltung die kommunale Körperschaft, für die die Ausgangsbehörde tätig wird. Handelt die Behörde für eine sonstige rechtsfähige Körperschaft (zB eine berufsständische Kammer, einen Träger der Sozialversicherung usw), so ist diese Verpflichtete des Anspruchs aus Abs 1 S 1. Für den Fall der Beleihung trifft die Kostenlast die Beleihungskörperschaft. 29

2. Erstattungspflicht bei Verfahrens- und Formfehlern (Abs 1 S 2). Umstritten ist, ob die Erstattungspflicht des Rechtsträgers der Ausgangsbehörde nach Abs 1 S 2 auch dann eingreift, wenn der Widerspruch zwar im Ergebnis erfolglos geblieben ist, die Erfolglosigkeit ihren Grund aber darin hat, dass ein zunächst vorhandener Verfahrens- oder Formfehler gem § 45 oder nach entsprechenden Vorschriften oder allgemeinen Rechtsgrundsätzen geheilt wurde. Nach dem Zweck der Regelung ist Abs 1 S 2 dahin zu verstehen, dass die Erstattungspflicht nur dann besteht, wenn die **Heilung nach Einlegung des Rechtsbehelfs** erfolgte bzw dem Rechtsbehelfsführer bekannt wurde.[66] Weiß der Widerspruchsführer vor der Erhebung des Widerspruchs bereits, dass eine Heilung eingetreten ist, dann kommt ihm die Kostenerstattungsregelung nicht zugute. Für eine Heilung nach Klagerhebung gilt § 161 Abs 2 VwGO, wenn der Kläger die Heilung zum Anlass nimmt, die Klage für erledigt zu erklären. 30

Umstritten ist die **analoge Anwendbarkeit** der Regelung auf Fälle, in denen der Widerspruch wegen **Unbeachtlichkeit eines Mangels gem § 46** erfolglos bleibt. Diese Frage ist nach richtiger Ansicht jedenfalls für diejenigen Fälle zu bejahen, in denen der Umstand, dass der Fehler die Entscheidung im Ergebnis nicht beeinflusst hat, für den Widerspuchsführer nicht ohne weiteres, insbesondere nicht ohne Kenntnis der Akten, erkennbar ist, was nach der hier vertretenen Auffassung (vgl § 46 Rn 36) denkbar ist.[67] 30a

3. Erfolgloser Widerspruch (Abs 1 S 3). a) Grundsatz. Abs 1 S 3 trifft eine S 1 entsprechende Regelung für die Erstattung notwendiger Aufwendungen 31

---

[64] BVerwGE 101, 64; BVerwG NJW 2009, 2968; Meister DÖV 1985, 146; Hufen/Siegel Rn 841; Knack/Henneke 41; Marwinski NWVBl 1992, 223; OVG Berlin/Brandenburg, B v 2.8.2011, OVG 1 N 47/11, juris: keine Kostenerstattung für den Fall der Rücknahme des angefochtenen VA gegen Rücknahme des Widerspruchs.

[65] StBS 47, 49; Knack/Henneke 29; Pietzner/Ronellenfitsch § 46 Rn 8; so bereits Altenmüller DÖV 1978, 911, UL § 47 Rn 4.

[66] Altenmüller DVBl 1978, 287 aE; Knack/Henneke 27; Hufen/Siegel Rn 841; Obermayer 16; MB 15; **aA** wohl Ziekow 12; vgl auch OVG Bautzen, B v 16.10.2012, 1 B 247/11, juris Rn 10: keine Anwendbarkeit des § 80 Abs 1 S 2, wenn formell ordnungsgemäße, aber materiell fehlerhafte Begründung nachträglich modifiziert oder ausgewechselt wird, da kein Fall des § 45.

[67] Ebenso Altenmüller DVBl 1978, 288; RÖ § 73 Rn 27; **aA** StBS 41; Knack/Henneke 28; Pietzner/Ronellenfitsch § 46 Rn 3.

der Ausgangsbehörde (nicht auch der Widerspruchbehörde) zugunsten des Rechtsträgers, dem die Behörde angehört, die den erfolglos angefochtenen VA erlassen hat. Vgl dazu auch OVG Koblenz NVwZ-RR 1990, 668. Kein Fall der Erfolglosigkeit iS von Abs 1 S 3 ist die Rücknahme des Widerspruchs oder Erledigung der Hauptsache (BVerwGE 60, 204).

32 **b) Ausnahmen.** Nach Abs 1 S 3 2. Halbs gilt von diesem Grundsatz eine Ausnahme für Widersprüche gegen VAe, die im Rahmen eines bestehenden oder früheren **Dienst- oder Amtsverhältnisses** oder einer gesetzlichen **Dienstpflicht** bzw eines **Ersatzdienstes** usw ergangen sind. Diese Ausnahmeregelung trägt dem Gedanken der Fürsorgepflicht des Dienstherrn Rechnung, mit der ein Kostenrisiko des Beamten, Richters, Wehrpflichtigen, Berufssoldaten, Ersatzdienstpflichtigen usw schwer vereinbar wäre (Begr 92). Unter die Regelung fallen auch Widersprüche gegen VAe, die ihren Grund in einem früheren Dienstverhältnis haben, zB gegen nachträglich durch VA geltend gemachte Rückforderung von Bezügen usw; ebenso Widersprüche gegen VAe, die in unmittelbarem Zusammenhang mit der beabsichtigten Begründung eines Dienstverhältnisses usw stehen, zB auch gegen Entscheidungen im Rahmen von Einstellungsprüfungen.[68] Keine Kosten hat der erfolglose Widerspruchsführer außerdem in Fällen zu erstatten, in denen der Widerspruch nur deshalb erfolglos war, weil die Behörde die (vorher bestehende) Fehlerhaftigkeit des angegriffenen VA nach Einlegung des Widerspruchs gem § 45 (oder nach entsprechenden Vorschriften oder allgemeinen Grundsätzen) geheilt hat (s auch o Rn 30).

33 **4. Verschulden des Erstattungsberechtigten (Abs 1 S 4). Umstritten** ist, ob sich die Vorschrift auf die Kostenlastentscheidung nach Abs 1 oder auf die Kostenfestsetzung nach Abs 3 bezieht. Für den Bezug auf die Kostenlastentscheidung spricht, dass die Vorschrift im systematischen Zusammenhang mit der Kostenlast nach Abs 1 S 1–3 steht. Auch die Parallelität zu § 155 Abs 4 VwGO kann hierfür als Argument herangezogen werden. Mit der hM ist allerdings davon auszugehen, dass Abs 1 S 4 **erst bei der Kostenfestsetzung nach Abs 3** zu berücksichtigen ist.[69] Es ist Ziel der – rechtspolitisch im Übrigen verfehlten – Zweistufigkeit von Kostenlastentscheidung und Kostenentscheidung, dass das eigentliche Widerspruchsverfahren von den Kostenfragen möglichst entlastet werden sollte. Welche Kosten berechtigterweise als notwendige Kosten der Rechtsverfolgung geltend gemacht werden können, soll erst auf der zweiten Stufe der Kostenfestsetzung nach Abs 3 geprüft werden müssen. Außerdem sollen nach Abs 1 S 4 nur einzelne Aufwendungen aus der Erstattungspflicht ausgeschlossen werden.[70] Die Vorschrift dient dagegen nicht dazu, das Verschulden des Erstattungsberechtigten in Bezug auf die Erforderlichkeit des Widerspruchsverfahrens überhaupt zu berücksichtigen. Der Erstattungsanspruch des Widerspruchsführers wird also nicht deshalb ausgeschlossen, weil der Widerspruchsführer das Widerspruchsverfahren hätte vermeiden können, wenn er bestimmte Angaben bereits im Ausgangsverfahren gemacht hätte. Er scheidet nach dieser Vorschrift auch nicht aus, wenn die Behörde den Widerspruchsführer schuldhaft zu einem aussichtslosen Widerspruchsverfahren veranlasst hat.[71]

IV. Hinzuziehung eines Bevollmächtigten (Abs 2)

34 **1. Sonderregelung für die Kosten von Bevollmächtigten.** In Abs 2 wird für die Erstattungsfähigkeit von Gebühren und Auslagen eines Rechtsanwalts

---

[68] StBS 57; **aA** Knack/Henneke 34: Streitigkeiten über Anbahnung oder Eingehung eines Dienstverhältnisses werden nicht erfasst.
[69] Knack/Henneke 58; StBS 74; aA Obermayer 24; Pietzner/Ronellenfitsch § 44 Rn 4.
[70] StBS 72.
[71] OVG Bautzen, B v 25.2.2014, 3 A 651/13, juris Rn 7.

oder eines sonstigen Bevollmächtigten eine Sonderregelung getroffen. Sie sind unabhängig von ihrer tatsächlichen Berechtigung nur erstattungsfähig, wenn die Hinzuziehung des Bevollmächtigten notwendig war. Dadurch wird Abs 1 konkretisiert (BVerwG DVBl 1985, 167 mwN). Die Regelung lehnt sich an § 162 Abs 2 VwGO an (Begr 92) und ist grundsätzlich im gleichen Sinn zu verstehen und anzuwenden,[72] dh maßgebend sind insoweit dieselben Grundsätze wie zu § 162 Abs 2 S 2 VwGO. Die Entscheidung ist nur sinnvoll, wenn auch tatsächlich ein Bevollmächtigter im Vorverfahren tätig geworden ist.[73]

a) Begriff des Bevollmächtigten. Abs 2 betrifft die Erstattung von Gebühren eines im Verfahren zugezogenen Rechtsanwalts oder Rechtslehrers an einer deutschen Hochschule oder sonstigen Bevollmächtigten nach § 14. Sinn und Zweck der Regelung bestehen darin, die Notwendigkeit der Einschaltung eines Bevollmächtigten im Hinblick auf das konkrete Widerspruchsverfahren gewissermaßen vorab zu prüfen. Deshalb erfasst die Regelung auch nur die (gewillkürten) Bevollmächtigten nach § 14, **nicht die Empfangsbevollmächtigten** nach § 15 und **nicht sonstige Vertreter** nach §§ 16–19.[74] **Umstritten** ist, ob auch die **Beistände** nach § 14 Abs 4 von der Regelung erfasst werden. Dies ist nach Sinn und Zweck der Regelung und in Anlehnung an § 162 Abs 2 VwGO zu bejahen.[75] Es darf keinen Unterschied machen, ob sich der Widerspruchsführer vollen Umfangs vertreten lässt oder nur einen Beistand hinzuzieht. 35

b) Zuziehung. Abs 2 gilt nur für die Kosten einer Vertretung; die Kosten einer fachkundigen Beratung sind, wenn und soweit sie für die zweckmäßige Rechtsverfolgung im Widerspruchsverfahren erforderlich sind, grundsätzlich als sonstige Aufwendungen unmittelbar gem Abs 1 S 1 bei der für die Kostenfestsetzung zuständigen Behörde geltend zu machen.[76] Entsprechendes gilt für die Kosten der Zuziehung eines Beistands, wenn man die oben dargelegte Gleichstellung insoweit mit einem Bevollmächtigten ablehnt. Die Anerkennung solcher Kosten ist jedenfalls dann geboten, wenn auch die Zuziehung eines Rechtsanwalts oder sonstigen Bevollmächtigten als Bevollmächtigter für notwendig zu erklären wäre.[77] Im Gegensatz zu den Vertretungskosten nach Abs 2, Abs 3 S 2 („Zuziehung eines Bevollmächtigten") hat die Erstattungsfähigkeit der Kosten einer bloßen Beratung ohne Bevollmächtigung zur Vertretung nicht eine (positive) Entscheidung über die Notwendigkeit nach Abs 3 S 2 durch die Widerspruchsbehörde zur Voraussetzung; vielmehr entscheidet darüber wie über die sonstigen Kosten die für die Kostenfestsetzung zuständige Behörde (BVerwGE 79, 226). 36

2. Entscheidung in Kostenlastentscheidung. Anders als bei sonstigen Aufwendungen nach Abs 3 S 2 ist nach ganz hM die Entscheidung über die Notwendigkeit der Zuziehung eines Rechtsanwalts oder Bevollmächtigten bereits in der Kostenentscheidung des Abhilfe- oder des Widerspruchsbescheids nach § 73 Abs 3 S 2 bzw § 72 VwGO selbständig zu treffen.[78] Dies entspricht der Praxis in § 162 37

---

[72] BVerwGE 55, 299; DVBl 1978, 632; VGH München BayVBl 1982, 693; VGH Mannheim NVwZ 1982, 633; OVG Münster NVwZ-RR 1990, 668; MB 23; Knack/Henneke 42, 54.

[73] Vgl OVG Greifswald, B v 8.2.2012, 1 O 125/11, juris Rn 5: Antrag auf Notwendigerklärung der Zuziehung nach § 162 Abs 2 VwGO fehlt Rechtsschutzbedürfnis, wenn ersichtlich keine förmliche Bevollmächtigung oder nach außen gerichtete Tätigkeit vorliegt.

[74] StBS 78 f; Obermayer 100.

[75] Dass in § 162 Abs 2 VwGO ausdrücklich von den Beiständen die Rede ist, spricht nicht gegen die hier vertretene Auffassung, weil der Begriff des Bevollmächtigten weit genug ist. **AA** StBS 78.

[76] BVerwGE 79, 233; VGH München BayVBl 1992, 604; Müller JA 1989, 317; Knack/Henneke 44.

[77] BVerwGE 79, 233.

[78] VA, vgl BVerwGE 75, 108; 79, 297; 88, 45; VGH Kassel AgrarR 1984, 48; StBS 76 f.; Knack/Henneke 43; Obermayer 41.

Abs 2 VwGO, bei der über die Notwendigkeit der Hinzuziehung auch durch das Gericht im Rahmen der Hauptentscheidung befunden wird. Die Kostenentscheidung ist insofern jedoch uU auslegungsfähig (BVerwGE 75, 109), nach den näheren Umständen genügt ggf auch ein Hinweis auf Abs 2 in der Kostenentscheidung. Voraussetzung für die Entscheidung über die Notwendigkeit der Zuziehung eines Anwalts ist stets der Ausspruch der Kostenerstattung gem § 73 Abs 3 S 2 VwGO (oder § 72 iVmit § 73 Abs 3 S 2). Ohne eine solche würde sie „in der Luft“ hängen und bliebe für den Beteiligten ohne Bedeutung (BVerwGE 82, 336).

38 Die **Entscheidung nach Abs 2** ist Teil des Abhilfebescheids bzw des Widerspruchsbescheides. Über die Notwendigkeit einer Hinzuziehung ist von Amts wegen zu entscheiden. Eines Antrags bedarf es nicht (Knack/Henneke 45); trotzdem ist Antragstellung idR zweckmäßig. Wird der Ausspruch versehentlich unterlassen, so kann eine nachträgliche Ergänzung von Amts wegen oder auf Antrag ohne eine besondere Frist erfolgen. Die Regelung des § 42 ist hier nicht einschlägig; § 120 VwGO ist nicht entsprechend anwendbar. Ist der Ausspruch bewusst unterlassen worden, so kann der Betroffene gegen die Abhilfeentscheidung insoweit Widerspruch einlegen, gegen den Widerspruchsbescheid Klage erheben (s unten Rn 61 ff).

39 **3. Notwendigkeit der Hinzuziehung.** Ob die Hinzuziehung notwendig ist oder nicht, ist eine reine Rechtsfrage; die Behörde hat insoweit **keinen Ermessensspielraum** (VGH München BayVBl 1989, 758; Knack/Henneke 46). Notwendig ist die Zuziehung eines Rechtsanwalts oder sonstigen sachkundigen Bevollmächtigten entspr der Rspr zu § 162 Abs 2 S 2 VwGO dann, wenn sie vom Standpunkt eines verständigen, nicht rechtskundigen Beteiligten für erforderlich gehalten werden durfte.[79] Dabei kommt es auf den **Zeitpunkt der Mandatierung** an (BVerwG, B v 21.12.2011, 1 WB 51/11, juris). Maßstab ist nach hM, ob sich ein vernünftiger Bürger mit gleichem Bildungs- und Erfahrungsstand wie der Widerspruchsführer bei der gegebenen Sach- und Rechtslage eines Rechtsanwaltes bedient hätte.[80] Notwendig ist die Zuziehung eines Bevollmächtigten, wenn es der Partei nach ihren persönlichen Verhältnissen nicht zuzumuten war, das Vorverfahren selbst zu führen,[81] wobei Erkenntnis- und Urteilsfähigkeit des Bürgers nicht überschätzt werden dürfen.[82] Dies ist nicht nur in schwierigen und umfangreichen Verfahren zu bejahen, sondern **entspricht eher der Regel,** da der Bürger nur in Ausnahmefällen in der Lage ist, seine Rechte im Widerspruchsverfahren ausreichend zu wahren[83] und ist jedenfalls dann zu bejahen, wenn der Sachverhalt Tat- und Rechtsfragen aufwirft, die sich nicht ohne weiteres beantworten lassen (Knack/Henneke 78; VGH München BayVBl 1985, 350). Anders liegen die Dinge bei im Umgang mit Behörden nicht unerfahrenen Personen in in tatsächlicher Hinsicht einfach gelagerten Fällen, die auch keine wesentlichen rechtlichen Probleme aufwerfen.[84]

---

[79] BVerwGE 55, 299; BVerwG NVwZ 1983, 346; OVG Bremen NVwZ 1989, 75; teilw and Knack/Henneke 47: wenn Sachverhalt nicht sofort eindeutig beantwortbare Tat- oder Rechtsfragen aufwirft.

[80] BVerwG NVwZ-RR 2004, 5; OVG Berlin/Brandenburg, B v 29.6.2011, OVG 10 N 64.09, juris; VGH München BayVBl 1989, 758; 1994, 533; OVG Münster NWVBl 1990, 283.

[81] Vgl BVerwG, B v 28.4.2010, 6 B 46/09, juris; BVerwG NVwZ 1987, 883; VG Braunschweig NVwZ 1988, 758.

[82] Knack/Henneke 47; Pietzner/Ronellenfitsch § 46 Rn 19.

[83] BVerwGE 55, 299 m Anm Wolter DVBl 1978, 1006; OVG Bremen NVwZ 1989, 75; Kopp/Schenke § 162 Rn 18; StBS 81; zT **aA** BVerwGE 61, 101; BVerwG NVwZ 1987, 883; OVG Berlin NVwZ-RR 1990, 517; VGH Mannheim NVwZ-RR 1993, 111: idR nicht erforderlich, außer in komplizierten und umfangreichen Fällen.

[84] BVerwG NVwZ-RR 2004; 5: Prüfung des Einzelfalls erforderlich; BVerwG NVwZ 1987, 883; BayVBl 1994, 123; VGH München BayVBl 1988, 758 zum Widerspruch gegen eine Musterung; Koblenz FEVS 1983, 426.

a) Maßgebliche Beurteilungskriterien. Bei der Beurteilung sind außer der **Schwierigkeit und dem Umfang des Falles** und der allgemeinen persönlichen **Sach- und Rechtskunde des Widerspruchsführers** insb auch eine berufsbedingte oder durch andere besondere Umstände bedingte Vertrautheit mit dem Sach- und Rechtsgebiet (vgl OVG Münster NVwZ 1983, 755) und die Bedeutung der Angelegenheit für den Widerspruchsführer (VG Braunschweig NVwZ 1988, 759) zu berücksichtigen. Grundsätzlich erforderlich ist zB die Zuziehung eines Bevollmächtigten in Kriegsdienstverweigerungssachen.[85] Einem Studenten der Rechtswissenschaften kann mehr zugemutet werden als einem Asylbewerber, der die deutsche Sprache nicht beherrscht und den deutschen Rechtskreis nicht kennt (VG Braunschweig NVwZ 1988, 759). Bei umfangreicheren Sachen kann die Zuziehung eines Bevollmächtigten auch wegen des im Zusammenhang mit der Vorbereitung (notwendige Recherchen usw) und der Abfassung der Widerspruchsschrift und dem Verkehr mit der Widerspruchsbehörde dem Widerspruchsführer sonst nicht mehr ohne weiteres zumutbaren Arbeitsanfalls geboten sein (BVerwG BayVBl 1994, 123). 40

b) Rechtsanwalt als Widerspruchsführer. Auch ein Rechtsanwalt darf, wenn sich ein Bürger mit gleichem Bildungs- und Erfahrungsniveau bei gegebener Sach- und Rechtslage – auch zB wegen des großen Arbeitsaufwandes, den die Sache bedingt – der Hilfe eines Rechtsanwalts bedienen würde, sich eines Rechtsanwalts bedienen.[86] **Umstritten** ist aber, ob ein **Rechtsanwalt, der sich selbst vertritt** und sich keines Bevollmächtigten bedient, den Anspruch auf Feststellung der Erforderlichkeit der Hinzuziehung im Vorverfahren hat.[87] Die Frage ist nur von Bedeutung, wenn man entgegen der hM (s unten Rn 53) dem Rechtsanwalt nicht ohnehin zubilligt, auch ohne entsprechende Feststellung im Bescheid dieselben Kosten geltend zu machen, die für einen hinzugezogenen Rechtsanwalt angefallen wären. 41

c) Keine Erforderlichkeit für die Ausgangsbehörde. Für die Ausgangsbehörde ist die Notwendigkeit der Zuziehung eines Bevollmächtigten idR zu verneinen. Bei ihr ist davon auszugehen, dass sie angesichts der Sach- und Fachkunde ihrer Bediensteten und der Möglichkeit, Rat und Hilfe übergeordneter Behörden in Anspruch zu nehmen, eines außerbehördlichen Beistandes nicht bedarf.[88] Auch die Zuziehung Bevollmächtigter zur Arbeitsentlastung ist bei Behörden grundsätzlich nicht anzuerkennen, weil sie die Erfüllung ihrer Aufgaben auch nicht teilweise Dritten übertragen können (ebenso Knack/Henneke 48). Etwas anderes kann bei **Vergabeverfahren** gelten, in denen sich ein öffentlicher Auftraggeber in Verfahren vor der Vergabekammer vertreten lässt, weil es um Probleme geht, die ihm wenig geläufig sind und nicht mit eigenen Kräften zeitgerecht bearbeitet werden können.[89] 42

4. Notwendigkeit der Aufwendungen. Ist die Zuziehung eines Bevollmächtigten als solche nach diesen Grundsätzen notwendig, so hat der Beteiligte, der einen Rechtsanwalt mit seiner Vertretung betraut oder als Beistand zugezogen hat, Anspruch auf Erstattung der dadurch entstandenen Kosten und braucht sich nicht entgegenhalten zu lassen, dass die Zuziehung eines kostengünstigeren Rechtsbeistandes usw ausreichend oder der Verzicht auf den Bevollmächtigten sinnvoll gewesen wäre. 43

---

[85] BVerwGE 55, 307; 62, 196; 68, 3; BVerwG NVwZ 1988, 726.

[86] BVerwGE 61, 102; VGH Mannheim NVwZ 1982, 633; weitergehend OVG Münster NWVBl 1990, 283.

[87] Verneinend Pietzner/Ronellenfitsch § 46 Rn 18.

[88] Ähnlich Knack/Henneke 48; Weides 273; s auch StBS 69: anders allenfalls, wenn außergewöhnliche Kenntnisse erforderlich sind, VG Schleswig NordÖR 1999, 377.

[89] OLG Celle VergabeR 2011, 646; OLG Düsseldorf VergabeR 2011, 648; OLG München, B v 24.1.2012, Verg 16/11, juris.

44 **a) Gebührenrahmen.** Obwohl § 80 keine dem § 162 Abs 2 S 1 VwGO entsprechende Regelung enthält, die ausdrücklich vorsieht, dass die Gebühren und Auslagen eines Rechtsanwalts oder eines Rechtsbeistands, in Steuersachen auch eines Steuerberaters, stets voll erstattungsfähig sind, gilt dies jedenfalls im Ergebnis auch für das Widerspruchsverfahren, sofern die Zuziehung des Anwalts usw als solche erforderlich war; denn es handelt sich insoweit nur um eine Folge der gesetzlichen Gebührenordnungen. Ist der Bevollmächtigte bereits im Ausgangsverfahren tätig geworden und fällt für die Tätigkeit im Widerspruchsverfahren und im Ausgangsverfahren eine einheitliche Gebühr an, so ist diese verhältnismäßig zu teilen (VG).

45 **Nur die gesetzlichen Gebühren und Auslagen** sind erstattungsfähig,[90] bei Rechtsanwälten nach dem RVG, einschließlich der darauf zu zahlenden Mehrwertsteuer.[91] Individuell vereinbarte höhere Honorare sind selbst dann nicht erstattungsfähig, wenn sich zu den gesetzlichen Gebühren kein geeigneter Rechtsanwalt gefunden hätte.[92] Für Sonderleistungen, die ein Bevollmächtigter neben der Vertretung erbringt, wie die Erstellung von Gutachten oder die Vornahme von Übersetzungen, gelten die Sätze nach dem JVEG, sonst die allgemeinen Grundsätze für die Berechnung von besonderen Leistungen. Für die Anwendung der Gebührenordnungen ist grundsätzlich derselbe Gegenstandswert zugrunde zu legen wie für Gerichtsgebühren (BVerwG DVBl 1990, 869). Die Aufwendungen für die Zuziehung sonstiger Bevollmächtigter, die nicht Rechtsanwälte sind, sind in der tatsächlich entstandenen Höhe zu erstatten, jedoch höchstens bis zum Ausmaß der erstattungsfähigen Gebühren eines Rechtsbeistandes (OVG Münster DÖV 1971, 716). **Rechtslehrer an wissenschaftlichen Hochschulen** (nicht auch an Fachhochschulen, vgl BVerwG DVBl 1975, 435) sind bezüglich der Erstattung Rechtsanwälten gleichgestellt.[93]

46 **b) Einzelfragen.** Mehrkosten, die dadurch entstehen, dass ein Rechtsanwalt, der seine Kanzlei nicht am Behördensitz hat **(auswärtiger Anwalt),** mit der Vertretung betraut wird, sind grundsätzlich nur erstattungsfähig, wenn dessen Zuziehung iS von Abs 1 notwendig war,[94] insb bei Beauftragung eines Anwalts am Wohnort des Beteiligten; bei einem sowohl vom Sitz der Behörde als auch vom Wohnort bzw dem Ort der Berufstätigkeit nicht unerheblich (weit) entfernt ansässigen Rechtsanwalts jedoch nur, wenn es sich um einen Anwalt mit besonderen **fachlichen Spezialkenntnissen** handelt und es um die Entscheidung schwieriger Rechtsfragen aus dem betreffenden Fachgebiet geht.[95] Mehrkosten durch gleichzeitige Beauftragung mehrerer Anwälte als Bevollmächtigte sind idR nur bis zur Höhe der Kosten eines Anwalts, zuzüglich der Kosten eines etwa erforderlichen Verkehrsanwalts, erstattungsfähig (vgl VGH Kassel NJW 1969, 1640). Entsprechendes gilt für die Zuziehung anderer Bevollmächtigter.

V. Kostenfestsetzung (Abs 3)

47 **1. Allgemeines.** Abs 3 regelt in Anlehnung an § 164 VwGO die Festsetzung der auf Grund der Kostenlastentscheidung nach Abs 1 zu erstattenden Aufwendungen. Sie setzt zwingend eine Kostenlastentscheidung in einem Widerspruchs-

---

[90] VGH München NVwZ-RR 1990, 990; NJW 1992, 854; VG Schleswig NVwZ-RR 1991, 510.

[91] OLG Koblenz MDR 1983, 852: auch wenn der Mandant vorsteuerabzugsbefugt ist; insoweit **aA** VG Schleswig NJW 1984, 940 für Anwälte, die in eigener Sache auftreten.

[92] OVG Münster NJW 1969, 709; VGH München NJW 1992, 854; Mußgnug NJW 1989, 2040.

[93] Ebenso Obermayer 40 unter Hinweis auf BVerwG DVBl 1975, 435; vgl auch BVerwG NJW 1978, 1173; VGH München BayVBl 1978, 316.

[94] VGH München BayVBl 1975, 343; RÖ VwGO § 162 Rn 11.

[95] OVG Lüneburg MDR 1973, 436; VGH München BayVBl 1972, 421; 1975, 343.

bescheid nach § 73 Abs 3 S 2 VwGO oder einem Abhilfebescheid nach § 72 voraus. Eine isolierte Kostenentscheidung nach Abs 3 kann es nicht geben. Die Kostenentscheidung nach Abs 3 dient vor allem dem Zweck, festzulegen, welche Kosten als notwendig anerkannt werden, wobei allerdings die Entscheidung über die Notwendigkeit der Hinzuziehung eines Bevollmächtigten im Vorverfahren der Kostenlastentscheidung nach §§ 72, 73 Abs 3 S 2 VwGO vorbehalten ist.[96] Im Gegensatz zur Kostenentscheidung, die von Amts wegen in jedem Abhilfebescheid oder Widerspruchsbescheid zu erfolgen hat, findet die **Kostenfestsetzung nur auf Antrag** statt.[97] **Zuständig** ist gem Abs 3 die Behörde, die auch die Kostenlastentscheidung getroffen hat. Diese Regelung soll verhindern, dass die untere Instanz, deren VA aufgehoben wurde, über die Höhe der zu erstattenden Kosten zu entscheiden hat (Begr 92). Vor der Festsetzung der Kosten ist dem Erstattungspflichtigen gem § 28 **rechtliches Gehör** zu gewähren.[98] Bei einer Erstattungspflicht nur hins eines Teils der entstandenen Kosten ist entsprechend auch nur der auf den einzelnen Verpflichteten entfallende Betrag gegen ihn festzusetzen. Bei etwa gleichen Teilen können die zu leistenden Erstattungsbeträge auch analog § 106 ZPO, der einen allgemeinen Rechtsgedanken wiedergibt, gegeneinander aufgehoben werden.[99]

2. Antragsberechtigung. Antragsberechtigt nach Abs 3 ist nur der erstattungsberechtigte Beteiligte bzw für ihn sein Bevollmächtigter, nicht auch der Erstattungspflichtige, etwa weil er sich Klarheit über die auf ihn zukommenden Kosten verschaffen will (**aA** Knack/Henneke 51); ebenso auch nicht der Bevollmächtigte im eigenen Namen, dh aus eigenem Recht,[100] und zwar auch dann nicht, wenn damit zugleich die Festsetzung eines Gegenstandswerts für die Sache verbunden ist (vgl OVG Berlin DÖV 1982, 828). 48

3. Zeitpunkt. Umstritten ist, ob die Kostenfestsetzung schon **vor Eintritt der Unanfechtbarkeit** der Kostenentscheidung zulässig ist. Dies wird von der hM mit dem Hinweis darauf verneint, dass eine solche Festsetzung vor Unanfechtbarkeit verfahrensökonomisch nicht sinnvoll sei.[101] Nach der zutreffenden Gegenmeinung ist die Kostenentscheidung dagegen vorher zulässig, wenn bzw solange der Vollziehbarkeit der Kostenentscheidung nicht (iS von § 80 Abs 1 VwGO) die aufschiebende Wirkung eines Rechtsbehelfs gegen den Widerspruchsbescheid entgegensteht. Dies ist allerdings idR nicht zweckmäßig.[102] Sie kann in diesem Fall nur vorbehaltlich einer späteren abweichenden Kostenentscheidung im Rechtsbehelfsverfahren ergehen; im Kostenfestsetzungsbescheid ist darauf ausdrücklich hinzuweisen. Die Ansprüche auf Kostenentscheidung und Kostenfestsetzung können ggf auch mit derselben Klage erstritten werden.[103] 49

4. Erstattungsfähige Aufwendungen. a) Erforderlichkeitsgrundsatz. Zu erstatten sind nur die zur zweckentsprechenden Rechtsverfolgung oder Rechtsverteidigung notwendigen Aufwendungen des Widerspruchsführers bzw 50

---

[96] Vgl BVerwGE 79, 226, 229; OVG Münster NVwZ-RR 1989, 53; zu der verfehlten Systematik dieser Regelung StBS 91.

[97] Knack/Henneke 51; vgl auch BVerwG NVwZ 1988, 724: Verzicht auf Antragserfordernis bei rügeloser Einlassung auf eine auf Kostenfestsetzung gerichtete Klage.

[98] Pietzner/Ronellenfitsch § 46 Rn 24; Knack/Henneke 51.

[99] Vgl Altenmüller DVBl 1978, 210 und DÖV 1978, 910; **aA** Knack/Henneke 53: in jedem Fall getrennte Festsetzung erforderlich.

[100] BVerwG NJW 1986, 2128; Obermayer 116; Knack/Henneke 51.

[101] StBS 90; Knack/Henneke 50; Obermayer 54; FKS 21; Ziekow 28.

[102] UL § 47 Rn 8; Altenmüller DVBl 1978, 289; Odenthal NVwZ 1990, 643; vgl auch BVerwG NVwZ-RR 1989, 581, wo offenbar von der Zulässigkeit der sofortigen Geltendmachung des Anspruchs auf Kostenerstattung zusammen mit dem Anspruch auf Kostenfestsetzung ausgegangen wird; **aA** StBS 90; Knack/Henneke 50.

[103] Odenthal NVwZ 1990, 641; vgl auch BVerwG NVwZ-RR 1989, 581.

der Ausgangsbehörde. Das sind entspr der Rspr zu § 162 VwGO, die auch hier sinngemäß anzuwenden ist,[104] alle Aufwendungen, die ein verständiger, weder besonders ängstlicher, noch besonders unbesorgter Beteiligter im Hinblick auf die Bedeutung und rechtliche oder sachliche Schwierigkeit der Sache vernünftigerweise für erforderlich halten durfte.[105] Auf die Sicht einer rechtskundigen Person kommt es insoweit nicht an; ebenso wenig auf eine ex-post-Beurteilung auf Grund der in der Hauptsache ergangenen Entscheidung der Behörde bzw später des Gerichts. Für die Erstattungsfähigkeit gilt der allgemeine Grundsatz, dass jeder Verfahrensbeteiligte die Pflicht hat, die Kosten nach Möglichkeit niedrig zu halten **(Verbilligungsgrundsatz).**[106] Über die Notwendigkeit der einzelnen Aufwendungen wird im Kostenfestsetzungsverfahren nach Abs 3, vorbehaltlich der Möglichkeit eines Rechtsbehelfs, entschieden.

51 **b) Beispiele.** Zu den Kosten gehören zB **Telefon-, Porto-** und **Fernschreibgebühren,**[107] auch zB die Kosten notwendiger **Übersetzungen,**[108] die Kosten für eine **Auskunft** zum ausländischen Recht, die **Gebühren des Widerspruchsverfahrens** (OVG Koblenz NVwZ-RR 1990, 668). Zu Rechtsanwaltskosten s Abs 2 (oben Rn 44). Zur Berücksichtigung der Mehrwertsteuer bei zum Vorsteuerabzug Berechtigten vgl OVG Hamburg NJW 1991, 575 mwN; zu den Kosten der Zuziehung eines Bevollmächtigten s unten Rn 41. Die **Fahrt zu einem Termin** und zumindest eine Fahrt zur Information des Bevollmächtigten sind grundsätzlich auch für den durch einen Rechtsanwalt vertretenen Beteiligten (vgl VGH München BayVBl 1974, 595) bzw seinen gesetzlichen oder sonstigen Vertreter, bei Behörden zB auch des Behördenleiters, seines Vertreters oder des zuständigen Sachbearbeiters, erstattungsfähig.[109] **Kosten für Rechtsgutachten und Rechtsberatung**[110] sind idR nur bei einem nicht durch einen Rechtsanwalt vertretenen rechtsunkundigen Beteiligten erstattungsfähig, bei einem durch einen Rechtsanwalt vertretenen nur, wenn sie Rechtsfragen betreffen, die ein Rechtsanwalt nicht in angemessener Zeit selbst klären kann.

52 **c) Nicht erstattungsfähige Kosten.** Für den **Verlust an Zeit** für die Abfassung und Begründung des Widerspruchs und sonstiger Schreiben im Zusammenhang damit und für die aufgewandte eigene Mühe kann ein Beteiligter grundsätzlich keine Erstattung verlangen,[111] auch nicht für die Zeit und Mühe eines Angestellten, **anders dagegen** in entspr Anwendung von § 22 JVEG für einen etwaigen **Verdienstausfall** und entgangenen Gewinn[112] oder für **bezahlten Urlaub** und für die Zeitversäumnis von Organen und Mitarbeitern einer juristischen Person (KG JurBüro 1986, 277). Grundsätzlich keinen Ersatz verlangen kann die Behörde, selbst wenn sie für die mit Rechtsbehelfen anfallende Arbeit zusätzliches Personal anstellen muss (BGH NJW 1976, 1256); anders ggf

---

104 Ebenso zur entsprechenden Heranziehung BVerwGE 60, 103; UL § 47 Rn 3.

105 BVerwGE 61, 102; StBS 60; Knack/Henneke 55 mwN; ebenso zum Prozessrecht BVerwGE 17, 245; 55, 299; VGH München NJW 1978, 2414; OVG Münster NJW 1978, 2414; Kopp/Schenke § 162 Rn 3.

106 BVerwGE 79, 232; Obermayer 26; Knack/Henneke 55; Pietzner/Ronellenfitsch § 46 Rn 15.

107 Vgl OVG Münster NVwZ-RR 1995, 123: Telefonkosten, sofern glaubhaft gemacht.

108 Vgl BVerfG NJW 1990, 3072.

109 VGH Kassel DÖV 1976, 607; Knack/Henneke 57.

110 S allg zur Erstattungsfähigkeit grundsätzlich bejahend BVerwG NVwZ 1988, 723; Terstegen BayVBl 1991, 167; für Beratungskosten auch BVerwGE 79, 231.

111 BVerwG NVwZ 1994, 183; VGH Mannheim NVwZ-RR 1993, 184; OVG Lüneburg NJW 1969, 1923; VGH München BayVBl 1975, 29; Knack/Henneke 94.

112 Vgl BVerwG NVwZ 1988, 723; VGH München BayVBl 1974, 595; Knack/Henneke 56; StBS 62.

für Reisekosten zu einem im Abhilfeverfahren (§ 72 VwGO) oder im Widerspruchsverfahren angesetzten Ortstermin (vgl Knack/Henneke 57).

d) Der sich selbst vertretende Rechtsanwalt. Umstritten ist, ob ein Rechtsanwalt, der in eigener Sache ein Widerspruchsverfahren betreibt, Anspruch auf Ersatz von Gebühren in derselben Höhe wie bei Vertretung Dritter hat. Dies wird von der hM im Hinblick auf den **Rechtsgedanken des § 91 Abs 2 S 3 ZPO** angenommen.[113] Gleiches soll für den sich selbst vertretenden Rechtslehrer an einer deutschen Hochschule gelten.[114] Ob der dem zugrunde liegende Gedanke, dass der Rechtsanwalt davon absieht, einen anderen Rechtsanwalt mit der Sache zu beauftragen, tragfähig ist, erscheint zweifelhaft, zumal der Wortlaut des Abs 3 diese Auslegung kaum hergibt. Allerdings ist jedenfalls die sonst erhobene Mehrwertsteuer hier nicht erstattungsfähig. 53

e) Kosten für private Fachgutachten. Solche Gutachten sind grundsätzlich nur erstattungsfähig, wenn es sich um Gutachten handelt, die ein nicht selbst hinreichend sachkundiger Beteiligter zur Wahrung der „Waffengleichheit“, um zu schwierigen fachlichen Fragen Stellung nehmen zu können, für erforderlich halten durfte.[115] Dies gilt insb für Gutachten zur Widerlegung oder Erschütterung eines von der Behörde eingeholten Gutachtens, oder wenn die Behörde einen entsprechenden Beweisantrag nach § 26 Abs 2 auf Einholung eines Gutachtens abgelehnt hat. Dass das Gutachten die Entscheidung der Behörde beeinflusst oder erleichtert hat, ist nicht erforderlich. **Nicht entgegengehalten werden** kann den Kosten für Gutachten, die im Widerspruchsverfahren in Auftrag gegeben wurden, dass die Gutachten sachlich schon zum Ausgangsverfahren gehört hätten;[116] die Notwendigkeit von Gutachten kann sich oft gerade auch erst angesichts der Begründung des angegriffenen VA und zur Unterstützung des Widerspruchsvorbringens ergeben, während der Betroffene im Ausgangsverfahren noch vielleicht damit rechnen konnte, auch ohne Gutachten eine für ihn positive Entscheidung zu erreichen. 54

f) Kosten von Behörden. Bei Behörden ist der Begriff der Rechtsverfolgung oder Rechtsverteidigung iS von S 2 (nur) in einem weiteren Sinn zu verstehen, denn Behörden haben im Allgemeinen keine ihnen als solche zustehenden Rechte zu wahren, sondern das öffentliche Interesse und ihre Kompetenzen. Als Aufwendungen kommen hier zB notwendige **Fahrtkosten** eines Vertreters der Ausgangsbehörde zu einer Besprechung der Sache mit der Widerspruchsbehörde usw in Betracht, nicht dagegen Aufwendungen für Handlungen, die ebenso gut von der Widerspruchsbehörde vorgenommen werden können; ebenso wenig Handlungen, die im Zusammenhang mit dem Erlass eines Zweitbescheids stehen, durch den nach allgemeinen Grundsätzen oder gem § 50 dem Widerspruch abgeholfen werden soll. 55

5. Selbstverschuldete Aufwendungen (Abs 1 S 4). Abs 1 S 4 sieht in Anlehnung an § 155 Abs 5 VwGO eine Ausnahme von der Erstattungspflicht der Behörde (bzw des Rechtsträgers, dem diese angehört) für solche Aufwendungen vor, die der Erstattungsberechtigte bzw sein gesetzlicher oder besonderer Vertre- 56

---

[113] Str, wie hier BVerwGE 61, 104; OVG Münster NVwZ-RR 1990, 279 und 668; StBS 61; vgl auch BVerfG NJW 1990, 2124; Schmidt BayVBl 1982, 91; **aA** BFH 104, 306; 108, 574; VGH München NJW 1978, 2414; VGH Mannheim AnwBl 1980, 219; NVwZ 1982, 633; Pietzner/Ronellenfitsch § 46 Rn 18; Knack/Henneke 44.

[114] Str; wie hier OVG Münster NJW 1976, 1333; Kopp/Schenke § 162 Rn 9; **aA** wohl BVerfG NJW 1986, 422.

[115] BVerwG, B v 18.8.2010, 6 B 21/10, juris, für ärztliches Privatgutachten im Musterungsverfahren; VGH München BayVBl 1977, 701; OVG Bremen NJW 1987, 1943.

[116] **AA** VGH Mannheim NVwZ-RR 1992, 53; NJW 1986, 1370; OVG Lüneburg UPR 1986, 186; Knack/Henneke 55.

ter oder Bevollmächtigter selbst verschuldet hat. Unter S 4 fallen zB die Fahrtkosten des Vertreters der Ausgangsbehörde zu einem Beweistermin, der wiederholt werden muss, weil dieser zu diesem Termin benötigte Unterlagen vergessen hat, uä (Knack/Henneke 58). Auf bloße Verursachung von Kosten ohne Verschulden ist Abs 1 S 4 nicht, auch nicht analog, anwendbar (ebenso Knack/Henneke 58). Das Verschulden eines Bevollmächtigten ist dem Erstattungsberechtigten zuzurechnen (Knack/Henneke 58).

57 **Die Regelung führt nur zu einer Minderung** des eigenen Erstattungsanspruchs des im Übrigen Erstattungsberechtigten. Anders als § 155 Abs 5 VwGO ist Abs 1 S 4 **keine selbstständige Anspruchsgrundlage,** auf die ein mit seinem Widerspruch erfolglos gebliebener Beteiligter einen Erstattungsanspruch gegen den Rechtsträger, dessen Behörde den VA erlassen hat, stützen könnte, zB wenn er durch eine falsche Rechtsbehelfsbelehrung oder eine unzutreffende Begründung des VA zu einem aussichtslosen Widerspruch veranlasst wurde (Knack/Henneke 58). Der Betroffene kann einen entsprechenden Anspruch nur unter dem Gesichtspunkt der Amtshaftung, eines enteignungsgleichen Eingriffs usw geltend machen (Begr 92).

58 **6. Rechtsanwaltskosten.** Die Erstattung von Kosten für einen Rechtsanwalt oder einen sonstigen Bevollmächtigten hat eine Entscheidung der Behörde nach Abs 2, dass die Zuziehung eines Bevollmächtigten notwendig war, im Rahmen der Kostenentscheidung oder auch getrennt von dieser zur Voraussetzung; diese Entscheidung kann nach der ausdrücklichen Regelung des Abs 3 S 2[117] nicht im Rahmen der Kostenfestsetzungsentscheidung getroffen oder nachgeholt werden, sondern ggf nur in einer jederzeit zulässigen[118] – erforderlichenfalls mit der Verpflichtungsklage erzwingbaren (BVerwGE 60, 101; 77, 268; s u Rn 61) – Ergänzung der Kostenentscheidung durch VA.[119] Da insoweit aber dieselbe Behörde zuständig ist, kann diese Entscheidung allerdings mit der Kostenfestsetzungsentscheidung verbunden werden.

59 **7. Verzinsung.** Eine Verzinsung des zu erstattenden Betrags analog § 104 ZPO ist in § 80 **nicht vorgesehen;** § 104 ZPO ist auch nicht analog anwendbar.[120] Der Erstattungsberechtigte hat jedoch analog §§ 291, 288 Abs 1 BGB Anspruch auf Prozesszinsen ab Klageerhebung beim Verwaltungsgericht (BVerwGE 61, 105). Zu diesen ist durch VA im Rahmen des Kostenfestsetzungsbeschlusses oder in einem gesonderten Bescheid zu entscheiden (**aA** VGH München BayVBl 1982, 687: allgemeine Leistungsklage).

VI. Kosten bei Maßnahmen des Richterdienstrechts (Abs 4)

60 Gem Abs 4 ist § 80 auch auf das **Vorverfahren bei Maßnahmen des Richterdienstrechts** anzuwenden (BVerwGE 82, 342), für die an sich nach § 2 Abs 2 Nr 2 das VwVfG sonst nicht anwendbar ist (Begr 93). Damit werden Richter im Vorverfahren nach § 66 Abs 2 DRiG hinsichtlich der Kostenerstattung den Beamten nach Abs 1 S 3 gleichgestellt. Die Regelung in Abs 1 S 3 Nr 1, wonach bei erfolglosen Widersprüchen im Rahmen eines bestehenden oder früheren öffentlich-rechtlichen Dienst- oder Amtsverhältnisses eine Kosten-

[117] Im Zusammenhang mit § 162 Abs 2 S 2 VwGO geht die herrschende Auffassung davon aus, ein nicht erfolgter Ausspruch über die Notwendigkeit der Zuziehung sei durch Beschluss nachzuholen; eine Ergänzung nach § 120 VwGO komme nicht in Betracht, s mwN Kopp/Schenke § 162 Rn 17, § 120 Rn 1.

[118] Meister DÖV 1985, 150; StBS 27; str; offen BVerwGE 68, 2; BVerwG NVwZ 1988, 721, ob nicht in 2-Wochen-Frist gem § 120 VwGO analog.

[119] BVerwG NVwZ 1987, 489; NVwZ 1988, 727; OVG Berlin NJW 1982, 2516; RÖ VwGO § 73 Rn 35.

[120] BVerwGE 60, 105; VGH München BayVBl 1982, 693.

erstattungspflicht des Widerspruchsführers nicht besteht, ist nach Abs 4 auch im Bereich des Richterdienstrechts anzuwenden (StBS 100).

VII. Rechtsbehelfe

1. Rechtsbehelfe gegen die Kostenentscheidung. a) Selbständige Anfechtbarkeit. Die Kostenlastentscheidung gem § 73 Abs 3 S 2 VwGO ist Teil des Widerspruchsbescheides, stellt aber gleichwohl eine selbständige Regelung dar. Sie ist deshalb auch als VA selbständig anfechtbar.[121] Der durch eine Kostenlastentscheidung betroffene Widerspruchsführer kann unmittelbar Anfechtungsklage erheben. Eines weiteren Widerspruchsverfahrens bedarf es nicht, wenn die Kostenentscheidung bereits Teil des Widerspruchsbescheids ist, der insoweit eine erstmalige zusätzliche Beschwer enthält.[122] Gleiches gilt im umgekehrten Fall, in dem die an sich gebotene Kostenlastentscheidung im Widerspruchsbescheid nach § 73 Abs 3 S 2 VwGO ganz oder teilweise unterblieben war. Etwas anderes gilt dann, wenn eine Kostenlastentscheidung in der Abhilfeentscheidung der Ausgangsbehörde gem § 72 VwGO unterblieben war.[123] Insoweit ist zunächst ein Widerspruch zu erheben. Fehlt im Widerspruchsbescheid oder in der Abhilfeentscheidung die erforderliche Kostenlastentscheidung, so kann diese ohne Einhaltung einer Frist auf Antrag oder von Amts wegen jederzeit ergänzt werden. Es handelt sich nicht um eine Berichtigung nach § 42, da es nicht nur um eine offenbare Unrichtigkeit handelt; die Regelung in § 120 VwGO ist nicht entsprechend anwendbar.[124] 61

b) Zulässigkeit isolierter Anfechtung. Die Anfechtungsklage gegen die Kostenentscheidung hat nicht zur Voraussetzung, dass der Widerspruchsbescheid, mit dem die Kostenentscheidung verbunden ist, angefochten wird.[125] Die Regelung des § 158 VwGO findet keine Anwendung. Gleiches gilt für den umgekehrten Fall der Verpflichtungsklage bei unterbliebener Kostenentscheidung. Allerdings kann eine isolierte Klage nur Erfolg haben, wenn und soweit es um Fehler geht, die sich unmittelbar auf die Kostenentscheidung beziehen. Die Berechtigung einer nicht angefochtenen Hauptsacheentscheidung im Widerspruchsbescheid bzw im Abhilfebescheid wird nicht inzident geprüft. 62

c) Klagebefugnis. Klagebefugt gem § 42 Abs 2 VwGO ist idR nur der Widerspruchsführer, nicht der Bevollmächtigte, der ihn im Widerspruchsverfahren vertreten hat. Umstritten ist die Frage, ob im Falle der Kostenlastentscheidung nach Abs 1 S 3 zu Lasten der Ausgangsbehörde dieser bzw dem Rechtsträger, dem sie angehört, eine Klagebefugnis zukommt. Teilweise wird insoweit die Auffassung vertreten, die Ausgangsbehörde habe eine für sie ungünstige Kostenlastentscheidung gewissermaßen klaglos hinzunehmen.[126] Die hM geht dagegen zutreffend von einer Klagebefugnis der Ausgangsbehörde jedenfalls in solchen Fällen aus, in denen Ausgangsbehörde und Widerspruchsbehörde nicht demselben Rechtsträger angehören.[127] 63

2. Rechtsbehelfe gegen die Kostenfestsetzung. Die Entscheidung über die Kostenfestsetzung ist ein VA und als solcher **selbständig anfechtbar.** Allerdings 64

---

[121] BVerwG NVwZ-RR 1989, 582; VGH München BayVBl 1983, 246; 1985, 468.

[122] OVG Münster NVwZ 1992, 585; StBS 26; Knack/Henneke 60.

[123] RÖ VwGO § 72 Rn 2; Kopp/Schenke § 73 Rn 19; **aA** Renck DÖV 1973, 266; Schmidt BayVBl 1982, 90: kein weiteres Vorverfahren.

[124] Knack/Henneke 62; StBS 27; Pietzner/Ronellenfitsch § 47 Rn 14.

[125] BVerwGE 17, 249; 32, 347; VGH München BayVBl 1983, 246; 1985, 468; BVerwG NVwZ-RR 2003, 871; VG Leipzig NVwZ-RR 2005, 45; Knack/Henneke 60; StBS 24; UL § 47 Rn 10.

[126] So etwa Altenmüller DVBl 1978, 291.

[127] BVerwG NVwZ 2002, 1254; NVwZ-RR 2001, 113; jetzt auch Knack/Henneke 61.

kann gegen diesen VA nicht eingewandt werden, die Kostenlastentscheidung sei unrichtig. Diese entfaltet für die Kostenfestsetzung vielmehr Tatbestandswirkung mit der Folge, dass die Kostenpflicht dem Grunde nach feststeht, wenn und soweit eine Kostenlastentscheidung nach § 73 Abs 3 S 2 VwGO durch die Widerspruchsbehörde vorliegt. Für die Anfechtung gelten im übrigen die allgemeinen Vorschriften. Soweit keine Ausnahmeregelung gem § 68 Abs 1 S 2 VwGO besteht, ist wie bei jedem erstinstanzlichen VA grundsätzlich vor Klageerhebung ein Vorverfahren notwendig (BVerwGE 79, 236; Knack/Henneke 64). Das Gericht kann den Kostenfestsetzungsbeschluss ganz oder teilweise aufheben; unter den Voraussetzungen des § 113 Abs 2 VwGO kommt auch eine Änderung des Kostenfestsetzungsbeschlusses in Betracht (VGH München BayVBl 1982, 692).

65 **Die Befugnis zur Anfechtung** des Kostenfestsetzungsbescheids hat nur der Beteiligte, nicht der Bevollmächtigte im eigenen Namen.[128] Für die Klagebefugnis der Behörde bzw des Rechtsträgers, dem sie angehört, gilt dasselbe wie für die Anfechtung der Kostenentscheidung (s oben Rn 61). Auch hier ist der Rechtsträger bzw die Behörde zur Klage befugt, wenn die Widerspruchsbehörde auf der Grundlage des § 73 Abs 3 S 2 VwGO eine Kostenentscheidung nach Abs 3 getroffen hat, die zu einer Belastung der Ausgangsbehörde führt.

---

[128] BVerwG NJW 1986, 2118: setzt die Widerspruchsbehörde auf Antrag des Widerspruchsführers den Betrag der anwaltlichen Kosten gem § 80 Abs 3 S 1 VwVfG niedriger als beantragt fest, so steht hiergegen dem Rechtsanwalt, der den Widerspruchsführer im Vorverfahren vertreten hat, aus eigenem Recht kein Rechtsbehelf zu; Berlin NJW 1982, 2516: die Kostenfestsetzung ist kein VA gegenüber dem Bevollmächtigten; zT **aA** BVerwG NVwZ 1982, 36.

Teil VII. Ehrenamtliche Tätigkeit, Ausschüsse

Abschnitt 1. Ehrenamtliche Tätigkeit

§ 81 Anwendung der Vorschriften über die ehrenamtliche Tätigkeit

Für die ehrenamtliche Tätigkeit im Verwaltungsverfahren gelten die §§ 82 bis 87, soweit Rechtsvorschriften nichts Abweichendes bestimmen.

Schrifttum: *Dagtoglou,* Die Beteiligung Privater an Verwaltungsaufgaben, DÖV 1970, 532; *Götz,* Grundpflichten als verfassungsrechtliche Dimension, VVDStRL 1983, 27; *Groß,* Das Kollegialprinzip in der Verwaltungsorganisation, 1999, insbes S 52 ff; *Günther,* Die Heranziehung als Volkszähler und das Verbot des Arbeitszwanges (Art 12 Abs 2 GG), DVBl 1989, 429; *Henneke,* Haftung kommunaler Mandatsträger für rechtswidrige Beschlüsse?, Jura 1992, 125; *Hüttenbrink,* Die öffentlich-rechtliche Haftung der ehrenamtlichen Organwalter gegenüber ihren Selbstverwaltungskörperschaften, DVBl 1981, 989; *Jutzi,* Zur Ausübung kommunaler Ehrenämter durch Bundesbeamte – Dienstbefreiungsanspruch zwischen Bundes- und Landesrecht, ZBR 1980, 137; *Köttgen,* Das anvertraute öffentliche Amt, in: Smend-FS 1962, 119; *Kortmann/Andrae,* Ergänzungen aus niedersächsischer Sicht, NVwZ 1986, 451; *Krämer,* Die bürgerschaftliche Selbstverwaltung unter den Notwendigkeiten des egalitären Sozialstaats, 1970; *Krautzberger,* Die Erfüllung öffentlicher Aufgaben durch Private, 1971; *Nolte,* Das freie Mandat der Gemeindevertretungsmitglieder, DVBl 2005, 870; *Ossenbühl/Gallwas,* Die Erfüllung von Verwaltungsaufgaben durch Private, VVDStRL 1971; *Pieck,* Beamtenähnliche öffentlich-rechtliche Dienstverhältnisse, DÖV 1966, 217; *Rengeling,* Erfüllung staatlicher Aufgaben durch Private, 1986; *Rothe,* Der Umlegungsausschuss nach dem BauGB in den neuen Bundesländern, LKV 1994, 86; *Schnorr,* Was wird aus dem kommunalen Ehrenamt?, Der Landkreis 1991, 111; *Schröer,* Die Haftung von Stadt- und Gemeinderats- sowie von Kreistagsmitgliedern bei Amtspflichtverletzungen, NVwZ 1986, 449; *Steiner,* Öffentliche Verwaltung durch Private, 1975; *Stober,* Der Ehrenbeamte in Verfassung und Verwaltung, 1981, 23; *Wacker,* Sachkundige Bürger in gemeindlichen Ausschüssen, 2000.

Übersicht

I. Allgemeines

1 **1. Inhalt.** Die Bestimmung regelt die Anwendung der §§ 82–87 über die ehrenamtliche Tätigkeit von Bürgern im Verwaltungsverfahren. Der Abschnitt über die ehrenamtliche Tätigkeit wurde als sog **annexe Materie** in das VwVfG vor allem wegen der großen Bedeutung ehrenamtlicher Tätigkeiten im Bereich der öffentlichen Verwaltung aufgenommen (Begr 93). Die §§ 82–87 stellen keine abschließende Regelung dar, sondern betreffen nur einzelne Fragen des Rechts der ehrenamtlichen Tätigkeit. Sie regeln nur das **Innenverhältnis** der ehrenamtlich Tätigen zur Verwaltung und enthalten keine Regelungen über die Befugnisse zu außenwirksamem Handeln. Allerdings folgt mittelbar aus den §§ 84 ff, dass ehrenamtlich Tätige im Verwaltungsverfahren eingesetzt werden dürfen. Im **Außenverhältnis,** also bei Maßnahmen in Verwaltungsverfahren, gelten die allgemeinen Vorschriften (zB zu Ausschluss und Befangenheit) unmittelbar auch für die ehrenamtlich Tätigen.

2 **2. Anwendungsbereich. a) Unmittelbar.** Die Anwendung der §§ 81 ff ist beschränkt auf die ehrenamtliche **Tätigkeit „im Verwaltungsverfahren",** dh auf die Mitwirkung in solchen Verfahren, die auf den **Erlass von VAen und den Abschluss öffentlichrechtlicher Verträge gerichtet** sind (vgl. § 9), auch in förmlichen Verfahren gem §§ 63 ff und in Planfeststellungsverfahren gem §§ 72 ff (StBS 10; Knack/Henneke 4). Da im Außenverhältnis zum Bürger regelmäßig hauptamtliche Bedienstete der Verwaltung tätig werden, betrifft die ehrenamtliche Tätigkeit im Wesentlichen, aber nicht notwendig allein, die nicht nach außen gerichtete Tätigkeit im Verwaltungsverfahren. Da die Vorschrift nicht voraussetzt, dass die ehrenamtliche Tätigkeit als solche, also der unmittelbare Beitrag der ehrenamtlichen Tätigkeit im Verwaltungsverfahren, nach außen wirken muss, erfasst die Vorschrift die **gesamte Tätigkeit Ehrenamtlicher** in Verwaltungsverfahren iSd § 9. Unmittelbar gilt die Vorschrift nur für Verwaltungsverfahren von Bundesbehörden im **Anwendungsbereich des VwVfG;** die Länder haben aber im Wesentlichen gleich lautende Vorschriften erlassen.

2a **b) Analoge Anwendbarkeit.** Als **Ausdruck allgemeiner Rechtsgrundsätze** sind die §§ 81 ff auch auf ehrenamtliche Tätigkeiten außerhalb von Verwaltungsverfahren iSd §§ 9 ff anwendbar.[1] Das gilt etwa für die ehrenamtliche Tätigkeit in **Gremien der öffentlichen Verwaltung** und ihrer Einrichtungen, die keinerlei Funktion in Verwaltungsverfahren haben, sondern zB nur für die interne Organisation der Verwaltung (**Kontrollorgane** usw) von Bedeutung sind oder sich in Realhandeln erschöpfen.

2b **3. Speziellere Vorschriften.** Wie auch sonst nach § 1 gehen speziellere Regelungen für eine ehrenamtliche Tätigkeit der Anwendung der §§ 81 ff vor (s unten Rn 6). Allerdings besteht die Möglichkeit einer **ergänzenden Anwendung** dieser Vorschriften in allen Fällen, in denen das Fachrecht zwar den Einsatz ehrenamtlich Tätiger vorsieht, deren Rechtsverhältnisse aber nicht weiter regelt. Das gilt auch für das Fachrecht außerhalb des Anwendungsbereichs des VwVfG, also zB im Anwendungsbereich des SGB, weil insoweit spezielle Regelungen im SGB I und SGB X fehlen.

2c **a) Tätigkeiten in der Kommunalverwaltung.** Spezielle Regelungen über ehrenamtliche Tätigkeiten enthält insbesondere das Kommunalverfassungsrecht der Länder im Hinblick auf kommunalverfassungsrechtliche Tätigkeiten, also zB in den Gemeinderäten und deren Ausschüssen und sonstigen kommunalverfassungsrechtlichen Gremien . In den Gemeindeordnungen der Länder ist regelmä-

[1] FKS 3; MSU 36; StBS 10, nach Rn 11 auch für ehrenamtliche Tätigkeit in bestimmten an sich privatrechtlichen Hadlungsformen; enger wohl Knack/Henneke 5 ff.

ßig die **Pflicht der Bürger** geregelt, eine ehrenamtliche Tätigkeit in der Gemeinde (als Mitglied des Gemeinde- oder Stadtrats oder ein anderes gemeindliches Ehrenamt oder auch nur eine ehrenamtliche Mitwirkung an bestimmten gemeindlichen Aufgaben) zu übernehmen (vgl zB § 15 GemO BW). Die Ablehnung ist dann idR nur aus wichtigem Grund möglich.

b) Sonstige ehrenamtliche Tätigkeiten. Spezielle Regelungen für ehrenamtliche Tätigkeit finden sich in §§ 44 ff DRiG, §§ 31 ff GVG, §§ 21 ff für **ehrenamtliche Richter.** Ehrenamtlich tätig sind auch die **Wahlhelfer** nach § 11 BWahlG, §§ 4 ff BWahlO (Beisitzer der Wahlausschüsse und Mitglieder der Wahlvorstände). Diese Pflichten haben – anders als die Pflicht zur Übernahme kommunaler Ehrenämter – erhebliche praktische Bedeutung. Auch hier wird idR nach speziellen Vorschriften eine Aufwandsentschädigung gezahlt (vgl zB das Justizvergütungs- und Entschädigungsgesetz.[2] 2d

II. Begriff und Voraussetzungen der ehrenamtlichen Tätigkeit

1. Merkmale. a) Allgemeines. Ehrenamtliche Tätigkeit iS des § 81 ist jede unentgeltliche Mitwirkung bei der Erfüllung öffentlicher Aufgaben, die auf Grund behördlicher Berufung bzw Bestellung **außerhalb eines haupt- oder nebenamtlichen Dienstverhältnisses** oder einer sonstigen vergüteten Beschäftigung (etwa von Selbständigen) stattfindet.[3] **Unentgeltlichkeit ist zwingende Voraussetzung** (unten Rn 7), wobei die Zahlung einer auch pauschalierten Aufwandsentschädigung oder des Verdienstausfalls dem nicht entgegensteht. **Freiwilligkeit** ist zwar die Regel (vgl § 82), aber **nicht Voraussetzung**. Gedacht ist vor allem an die Mitwirkung von Bürgern in Ausschüssen, wie dem Sozialhilfeausschuss nach § 116 SGB X II, dem Ausschuss nach § 64 JArbSchG usw. Die ehrenamtliche Tätigkeit muss innerhalb der öffentlichen Verwaltung erfolgen und **öffentlich-rechtlicher Natur** sein.[4] 3

aa) Berufung bzw Bestellung. Der Status einer Person als ehrenamtlich Tätiger wird durch eine Berufung bzw Bestellung begründet. Die Berufung ist (anders als die Abberufung in § 86) in den §§ 81 ff nicht ausdrücklich geregelt; sie wird lediglich in § 84 Abs 5 erwähnt. Sie wird gelegentlich auch als Bestellung bezeichnet. Die **Berufung ist VA,** der jedenfalls in allen Fällen der freiwilligen Übernahme des Ehrenamts (s näher § 82) mitwirkungsbedürftig ist. Die Berufung zu ehrenamtlicher Tätigkeit ist **keine Beleihung,** weil der ehrenamtlich Tätige nicht in eigenem Namen tätig werden kann (hierzu näher § 1 Rn 58). Zum Verhältnis zur **Verpflichtung** nach § 83 Abs 2 siehe dort. 3a

bb) Ende des Ehrenamts. Das Ehrenamt endet im Falle der Befristung der Berufung unmittelbar durch Zeitablauf, unabhängig davon durch Abberufung (näher § 86). Das Gesetz geht in § 87 Abs 2 Nr 2 auch von der Möglichkeit einer Niederlegung aus, die rechtlich als Antrag auf Abberufung zu verstehen ist (s § 86 Rn 13), kann fachrechtlich beschränkt sein (zB bei ehrenamtlichen Richtern). Zum Wegfall der Berufungsvoraussetzungen s § 86 Rn 5 f. 3b

b) Abgrenzung zu anderen Dienstverhältnissen. aa) Ehrenbeamte. Nicht als ehrenamtliche Tätigkeit iS der §§ 81 ff ist die Tätigkeit als Ehrenbeamter iS der §§ 6 Abs 5, 133 BBG, § 5 BeamtStG und des Gemeinderechts anzusehen.[5] Ehrenbeamte nehmen ihr Amt zwar auch unentgeltlich wahr, stehen 4

---

[2] JVEG v 5.5.2004 (BGBl I, S 718).

[3] Begr 93; UL § 13 Rn 5; Knack/Henneke 3; StBS 7; Obermayer 6; Günther DVBl 1988, 429 mwN.

[4] Weiter offenbar StBS 11, wonach auch privatrechtliche Tätigkeiten in einem öffentlich-rechtlichen Zusammenhang erfasst werden können.

[5] Begr 93; UL § 13 Rn 4; StBS 7; Knack/Henneke 3; vgl zum Begriff des Ehrenbeamten auch BVerwGE 10, 253.

aber in einem echten **personenbezogenen Beamtenverhältnis** zu einem Dienstherrn, während sich das Ehrenamt seiner Natur nach auf sachlich eng begrenzte Aufgaben und **Funktionen beschränkten Tätigkeitsbereich** hat. Die Regelungen für Ehrenbeamte können vom sonstigen Beamtenverhältnis abweichen. Die Ernennung zum Ehrenbeamten erfolgt durch mitwirkungsbedürftigen VA (Knack/Henneke 3; UL § 13 Rn 4), der, soweit durch Rechtsvorschriften nichts anderes bestimmt ist, auch formlos, insb mündlich ergehen kann.

4a **bb) Nebentätigkeit im öffentlichen Dienst. Keine ehrenamtliche Tätigkeit** iSd §§ 81 ff, sind Tätigkeiten, die im öffentlichen Dienst Beschäftigte außerhalb ihres Hauptamtes im öffentlichen Dienst übernehmen. Für diese gelten dienstrechtliche, insbesondere beamtenrechtliche Bestimmungen, unabhängig davon, ob die Nebentätigkeit entgeltlich oder unentgeltlich erfolgt. Das Hauptamt kann die Verpflichtung zur Übernahme von Ehrenämtern vorsehen. Das Direktionsrecht kann sich auch auf die Ausübung ehrenamtlicher Tätigkeit erstrecken.

4b **2. Tätigkeit im Verwaltungsverfahren.** Unmittelbar erfasst werden nur solche Tätigkeiten, die sich auf Verwaltungsverfahren iSd § 9 beziehen. Dazu zählen sowohl die förmlichen als auch die sonstigen Verwaltungsverfahren. Als Tätigkeit im Verwaltungsverfahren sind nicht nur die unmittelbare Mitwirkung beim Erlass eines VA oder Abschluss eines verwaltungsrechtlichen Vertrags anzusehen, sondern auch andere „entferntere" Mitwirkungsakte (UL § 13 Rn 5; StBS 10; Knack/Henneke 4), insb vorbereitende, beratende oder anhörende Tätigkeiten, zB die Aufgabe einer Stellungnahme zum Gegenstand eines Verwaltungsverfahrens, **nicht dagegen reine Hilfstätigkeiten** wie Schreib- und Botendienste (Obermayer 8; Knack/Henneke 4). Nicht unmittelbar erfasst werden auch ehrenamtliche Dienstverhältnisse, die sich auf praktische Einsätze, die keinen Bezug zu Verwaltungsverfahren haben.[6] Hier kommt aber eine analoge Anwendung in Betracht.

5 **3. Rechtsverhältnis zur Körperschaft.** Der ehrenamtlich Tätige steht in keinem öffentlichrechtlichen oder privatrechtlichen Dienstverhältnis zur Behörde bzw zu der Körperschaft, deren Aufgaben er wahrnimmt (UL § 13 Rn 4), sondern in einem **öffentlich-rechtlichen Amtsverhältnis eigener Art** (StBS 8). Deshalb kommen für die Haftung die Regelungen der Amtshaftung zum Zuge (§ 83 Rn 11). Die Zahlung einer auf den Ersatz der notwendigen Auslagen und des Verdienstausfalls gem § 85 begrenzten Aufwandsentschädigung schließt die Ehrenamtlichkeit einer Tätigkeit nicht aus (vgl § 85), wohl aber die Zahlung eines festen Gehalts, Lohnes usw oder einer überhöhten Aufwandsentschädigung mit zT alimentationsähnlichem Charakter.[7]

III. Spezielle Regelungen des Ehrenamts

6 **1. Regelungen im Fachrecht.** Neben den umfangreichen Vorschriften des Kommunalrechts über Ehrenamtliche Tätigkeit in den kommunale Gremien (s oben Rn 2c) spielen die Regelungen über **Ehrenamtliche Richter** (§§ 44 ff DRiG, §§ 31 ff GVG) in der Praxis eine wichtige Rolle. In den verschiedenen Prozessordnungen finden sich wichtige Ergänzungen (zB §§ 19 ff VwGO). Praktisch wichtig sind auch die Bestimmungen über **Wahlhelfer** in den Wahlgesetzen des Bundes und der Länder (vgl zB § 11 BWahlG). Darin sind auch Pflichten zur Übernahme der Ehrenamtlichen Tätigkeit vorgesehen. Diese Regelungen gehen vor (Begr 93; UL § 13 Rn 6; s auch näher Groß S. 55 ff). Grundsätzlich können

---

[6] Vgl zB VG Magdeburg, Urt v 13.12.2011, 5 A 215/10, juris, für den ehrenamtlichen Einsatz im Bereich des Katastrophenschutzes. Gleiches würde für den Einsatz in der freiwilligen Feuerwehr zu gelten haben.

[7] BVerwGE 95, 211 = NVwZ 1994, 1219 unter Hinweis auf § 115 BRRG; BVerwG Buchh 232.4 § 1 Nr 1; BSG 66, 150.

die §§ 81 ff neben etwaigen bereichsspezifischen Regelungen des Fachrechts Anwendung finden. Etwas anderes gilt, wenn diese nach Sinn und Zweck oder nach dem Zusammenhang abschließende Regelungen enthalten. In diesen Fällen sind die §§ 81 ff auch dann nicht anwendbar, wenn sie inhaltlich mit den sondergesetzlichen Vorschriften übereinstimmen (Begr 93 und 95). Die Subsidiarität besteht auch gegenüber dem Landesrecht sowie allgemein gegenüber Rechtsverordnungen, Satzungen usw, nicht dagegen auch gegenüber Verwaltungsvorschriften (Begr 93; UL § 13 Rn 6).

2. Ergänzungsfunktion. Soweit spezialgesetzliche Regelungen für die ehrenamtliche Tätigkeit bestehen, haben die §§ 81 ff nur Ergänzungsfunktion. Sie kommen zum Zuge, soweit sich aus den speziellen Regelungen nichts Abweichendes ergibt. Die Berücksichtigung allgemeiner Rechtsgedanken, die in den §§ 81 ff oder in der Auslegung dazu ihren Niederschlag gefunden haben, bei der Auslegung der entsprechenden sondergesetzlichen Regelungen und der Ausfüllung von Lücken wird davon jedoch nicht berührt; die Notwendigkeit dazu ergibt sich schon aus den Erfordernissen der Einheit der Rechtsordnung. 7

§ 82 Pflicht zu ehrenamtlicher Tätigkeit

Eine Pflicht zur Übernahme ehrenamtlicher Tätigkeit besteht nur, wenn sie durch Rechtsvorschrift vorgesehen ist.

Schrifttum: *Bayer,* Der Erwerb der Ehrenämter in der sozialen Selbstverwaltung, VSSR 1982, 297; *Götz/Hofmann,* Grundpflichten als Verfassungsproblem, VVDStRL 1983, 7, 41; *Günther,* Die Heranziehung als Volkszähler und das Verbot des Arbeitszwanges (Art 12 Abs 2 GG), DVBl 1988, 429; *Leisner,* Öffentliches Amt und Berufsfreiheit, AöR 1968, 161; *Luchterhandt,* Grundpflichten als Verfassungsproblem in Deutschland; 1988; *Peters,* Art 132 und 133 Abs 1 WRV – Dienste für den Staat, in: Nipperdey (Hg), Die Grundrechte und Grundpflichten der Reichsverfassung, Bd 2, 1930; *Schießler,* Die Ehrenämterpflicht, BayBgm 1956, 246. S im Übrigen zu § 81.

Übersicht

I. Allgemeines

1. Inhalt. Die Vorschrift stellt den **Grundsatz der Freiwilligkeit** der ehrenamtlichen Tätigkeit auf, soweit nicht durch besondere Rechtsvorschriften eine Verpflichtung zur Übernahme von Ehrenämtern begründet wird. Die Regelung entspricht der bis zum Inkrafttreten allgemein vertretenen Rechtsauffassung (vgl MuE 232; anders zT im Gemeinderecht, vgl UL § 13 Rn 6). Der Grundsatz beruht auf dem Gedanken, dass anders als im kommunalen Bereich, in dem die Verbundenheit der Bürger untereinander noch enger ist, im Bundes- und Landesbereich eine allgemeine Verpflichtung zu ehrenamtlicher Tätigkeit nicht angemessen wäre. Daher soll eine Verpflichtung zur Übernahme einer ehrenamtlichen Tätigkeit, soweit sie für bestimmte Aufgaben erforderlich erscheint, spezialgesetzlichen Regelungen vorbehalten bleiben (Begr 93). (Nur) für diese Fälle einer durch ein Gesetz außerhalb des VwVfG angeordneten Verpflichtung sieht § 87 vor, dass die Verletzung der Pflicht zur Übernahme einer ehrenamtlichen Tätigkeit oder die grundlose Niederlegung einer solchen Tätigkeit eine Ordnungswidrigkeit darstellt. Zur Haftung s § 83 Rn 11. 1

2 **2. Verfassungsrechtliche Gesichtspunkte.** Die Heranziehung zu einer ehrenamtlichen Tätigkeit ohne oder gegen den Willen des Betroffenen bedarf einer **gesetzlichen Grundlage,** die den Anforderungen der Art 12 Abs 1, Art 2 Abs 1 GG genügen muss. Ein unzulässiger Arbeitszwang iSd Art 12 Abs 2 GG wird in der Heranziehung zu ehrenamtlicher Tätigkeit nicht gesehen.[1] Bei der Heranziehung zu ehrenamtlicher Tätigkeit ist das Gebot der Gleichbehandlung und der Verhältnismäßigkeit zu beachten. Zur Verfassungsmäßigkeit einer Verpflichtung zu ehrenamtlichen Tätigkeiten, insb zur Vereinbarkeit mit Art 12 GG; Leisner AöR 1968, 161; Günther DVBl 1988, 429; Knack/Henneke 3.

II. Grundsatz der Freiwilligkeit

3 Das VwVfG geht, ebenso wie die Verwaltungsverfahrensgesetze der Länder, von der Freiwilligkeit der Übernahme ehrenamtlicher Tätigkeiten aus. Eine Verpflichtung zur Übernahme wird damit speziellen Vorschriften (Gesetzen oder Rechtsverordnungen bzw Satzungen auf gesetzlicher Grundlage) überlassen. Für bereichsspezifische Pflichten wird es leichter eine allgemeine Akzeptanz geben; im Übrigen hat die freiwillige Übernahme von Ehrenämtern in Deutschland eine lange Tradition, weshalb auf die Inpflichtnahme, die mit einem erheblichen administrativen Aufwand verbunden wäre, auf bestimmte Sektoren begrenzt werden kann, in denen es auf die Mitwirkung gerade von ehrenamtlichen Personen am Verfahren besonders ankommt (zB die Mitwirkung von ehrenamtlichen Beisitzern in einem Widerspruchsausschuss).

III. Regelungen in anderen Gesetzen

4 Die Verwaltungsverfahrensgesetze der Länder enthalten im Wesentlichen mit § 82 gleich lautende Vorschriften. Besondere Vorschriften, die eine Verpflichtung zur Übernahme bestimmter ehrenamtlicher Tätigkeiten vorsehen, finden sich in verschiedenen Bundes- und Landesgesetzen, vor allem auch im **Kommunalrecht,** für das jedoch in den Verwaltungsverfahrensgesetzen der Länder meist die Anwendbarkeit der allgemeinen Vorschriften über die ehrenamtliche Tätigkeit ausgeschlossen ist. Soweit in speziellen gesetzlichen Vorschriften eine Pflicht zur Übernahme ehrenamtlicher Tätigkeiten vorgesehen ist, kommt eine Inpflichtnahme durch VA in Betracht. Dabei muss allerdings auch die Möglichkeit einer Berücksichtigung besonderer Hinderungsgründe bzw Ablehnungsgründe bestehen.

§ 83 Ausübung ehrenamtlicher Tätigkeit

(1) **Der ehrenamtlich Tätige hat seine Tätigkeit gewissenhaft[3] und unparteiisch[4] auszuüben.**

(2) **Bei Übernahme seiner Aufgaben ist er zur gewissenhaften und unparteiischen Tätigkeit und zur Verschwiegenheit besonders zu verpflichten.[7] Die Verpflichtung ist aktenkundig zu machen.[9]**

Schrifttum: *Bayer,* Die intrakorporative Haftung der Ehrenamtsinhaber in der sozialen Selbstverwaltung (zu § 42 SGB IV), SGb 1982, 235; *Dagtoglou,* Der Private in der Verwaltung als Fachmann und Interessenvertreter, 1964; *ders,* Befangenheit und Funktionenhäufung in der Verwaltung, in: Forsthoff-FS 1967, 65; *ders,* Partizipation Privater an Verwaltungsentscheidungen, DÖV 1972, 712; *Groß,* Das Kollegialprinzip in der Verwaltungsorganisation, 1999; *Hüttenbrink,* Die öffentlich-rechtliche Haftung der ehrenamtlichen Organwalter gegenüber ihren Selbstverwaltungskörperschaften, DVBl 1981, 990; *Krautzberger,* Die Erfüllung öffentlicher Aufgaben durch Private, 1971; *Ryffel,* „Unparteilichkeit", in: Morstein Marx (Hg), Verwaltung, 1965. S im übrigen zu § 81 und § 82.

---

[1] Jarass/Pieroth, 56 mwN; MD Art 12 Rn 125; StBS 2; Obermayer 5; Knack/Henneke 3.

Übersicht

I. Allgemeines

1. Inhalt. Die Vorschrift verpflichtet in Anlehnung an entsprechende Regelungen des Beamtenrechts (vgl §§ 33, 34 BeamtStG, §§ 60, 61 BBG) den ehrenamtlich tätigen Bürger zur gewissenhaften und unparteiischen Ausübung seines Amtes und sieht eine förmliche Verpflichtungserklärung vor, die dies dem Betroffenen deutlich machen soll. Zur Haftung gegenüber Dritten und gegenüber der Körperschaft, deren Aufgaben der ehrenamtlich Tätige wahrnimmt, s unten Rn 11f. 1

2. Anwendungsbereich. Die Vorschrift gilt nur für die iSd § 81 im Rahmen der Geltung des VwVfG ehrenamtlich tätigen Personen. Die Verwaltungsverfahrensgesetze der Länder enthalten im Wesentlichen mit § 83 gleich lautende Vorschriften. Vergleichbare, vielfach zT wörtlich übereinstimmende Vorschriften sind außerdem in zahlreichen anderen Gesetzen des Bundes und der Länder, insbes im Bereich des Kommunalrechts, enthalten, die idR vorgehen. 2

II. Pflichten und Rechte ehrenamtlich Tätiger (Abs 1)

1. Gewissenhaftigkeit. Gewissenhafte Ausübung bedeutet, dass der ehrenamtlich Tätige die ihm übertragenen Aufgaben **nach bestem Wissen und Gewissen** und unter vollem Einsatz seiner Fähigkeiten und Kenntnisse ausüben muss (Begr 94; München DVBl 1980, 63; Knack/Henneke 3). Er ist insb auch verpflichtet, sich in die übertragenen Aufgaben einzuarbeiten (Knack/Henneke 3) und sie uneigennützig, gerecht und ohne unnötige Verzögerung unter Beachtung der einschlägigen Rechtsvorschriften und unter Bedachtnahme auf das Wohl der Allgemeinheit zu erfüllen (UL § 13 Rn 9) sowie an den einschlägigen Sitzungen teilzunehmen (München DVBl 1980, 63). Hins der Verpflichtung zur **Verschwiegenheit** s § 84. 3

2. Unparteilichkeit. Unparteilichkeit bedeutet, dass die übertragenen Aufgaben **ohne Ansehung der Person** und ohne Bindung an bzw Rücksichten auf persönliche Interessen oder Gruppeninteressen allein zum Wohl der Allgemeinheit ausgeübt werden müssen (vgl auch § 20 Rn 6; ebenso Knack/Henneke 4; StBS 5). Der ehrenamtlich Tätige ist dabei verpflichtet, auch jeden Schein der Parteilichkeit zu vermeiden (Knack/Henneke 4). Dies gilt grundsätzlich auch dann, wenn die ehrenamtlich Tätigen nach den dafür maßgeblichen Rechtsvorschriften von bestimmten Interessengruppen berufen bzw vorgeschlagen werden. Sie dürfen deren berechtigte Interessen im Zweifel bei der Beratung und Entscheidung einbringen, sich aber nicht einseitig von diesen Interessen leiten lassen, anderenfalls würde der Grundsatz der unparteiischen Amtsausübung verletzt 4

(Knack/Henneke 4; **aA** MB 4–6). Für die Tätigkeit in einem Verfahren gelten außerdem auch die Regelungen der §§ 20, 21 und 71 Abs 3 über die **Befangenheit,** soweit es sich um eine entscheidungsbezogene ehrenamtliche Tätigkeit (s § 20 Rn 11 ff) handelt (Begr 93; UL § 13 Rn 9; vgl auch BVerwGE 43, 43).

5 **3. Weitere Pflichten.** Weitere Pflichten des ehrenamtlich Tätigen ergeben sich idR aus den besonderen Vorschriften, die für die einzelnen Ehrenämter bestehen, aus den zu erfüllenden Aufgaben sowie aus allgemeinen **Grundsätzen des öffentlichen Dienstrechts,** insb des Beamtenrechts, soweit die besondere Natur der ehrenamtlichen Tätigkeit nicht entgegensteht (MuE 233; Obermayer 28 f; UL § 13 Rn 10; Knack/Henneke 2; StBS 1), und aus § 84 (Pflicht zur **Verschwiegenheit**). Insb ist der ehrenamtlich Tätige auch zu **angemessenem Verhalten** bei der Ausübung seines Amtes und, je nach Art des Amtes, in gewissem Umfang auch im Privatleben verpflichtet (vgl § 86 S 2 Nr 1: „sich als unwürdig erweist"). Diese Pflichten werden in § 86 vorausgesetzt.

6 **4. Rechte des ehrenamtlich Tätigen.** Das VwVfG regelt die Rechtsstellung ehrenamtlich in Verwaltungsverfahren Tätiger nicht abschließend. Insbes die Rechte des ehrenamtlich Tätigen ergeben sich meist aus den für das in Frage stehende Ehrenamt geltenden besonderen Vorschriften. Das VwVfG sieht in § 85 nur einen Anspruch auf **Ersatz notwendiger Auslagen und des Verdienstausfalls** vor. Nach allgemeinen Grundsätzen hat der ehrenamtlich Tätige aber vor allem auch Anspruch auf staatlichen Schutz bei der Ausübung seines Ehrenamtes, insbes auch solchen auf Leistungen aus der gesetzlichen Unfallversicherung (s § 2 Abs 1 Nr 10 SGB VII; vgl StBS § 85 Rn 1). Zu weiteren Rechten Hüttenbrink DVBl 1981, 989; s auch § 85 Rn 4.

III. Förmliche Verpflichtung (Abs 2)

7 **1. Allgemeines.** Nach Abs 2 ist ein besonderer Akt einer förmlichen Verpflichtung des ehrenamtlich Tätigen zur gewissenhaften und unparteiischen Ausübung seines Amtes vorgeschrieben. Sie hat insb den Zweck, dem ehrenamtlich Tätigen seine Pflichten, die er mit dem Amt übernimmt, deutlich zum Bewusstsein zu bringen (Knack/Henneke 5). Die Form, in der diese Verpflichtung vorzunehmen ist, bestimmt sich nach den für das in Frage stehende Amt maßgeblichen Vorschriften, bei Fehlen solcher Vorschriften nach Herkommen oder allgemeiner Übung. **Die Verpflichtung stellt keinen VA** dar (StBS 9). Grundsätzlich sollte mit der förmlichen Verpflichtung auch ein Hinweis auf die Verschwiegenheitspflicht nach § 84 und die Strafbarkeit einer Verletzung der Verschwiegenheitspflicht gem § 11 Abs 1 Nr 2, Abs 4 StGB bzw nach §§ 203 Abs 2 Nr 2, 353b Abs 1 Nr 2 und 355 Abs 2 Nr 1 StGB verbunden werden (weitergehend Knack/Henneke 5: dieser Hinweis muss gegeben werden).

8 **Die förmliche Verpflichtung gem Abs 2** ist (ähnlich wie die Vereidigung gem § 45 DRiG bei ehrenamtlichen Richtern) wesentlicher und notwendiger Bestandteil der Übertragung des Amtes; erst ab diesem Zeitpunkt ist auch die erhöhte Strafbarkeit nach §§ 203 und 353b Abs 2 StGB begründet (vgl Begr 94). **Umstritten** ist, ob die **Verpflichtung Wirksamkeitsvoraussetzung** für die Bestellung und damit die Begründung des Amtsverhältnisses ist. Dies ist richtigerweise zu verneinen, weil die Verpflichtung auf die Tätigkeit nach der Bestellung bezogen ist (ebenso StBS 9; MB 7).

9 **2. Zuständigkeit, Verfahren.** Soweit durch Rechtsvorschriften nichts anderes vorgesehen ist, erfolgt die Verpflichtung durch den Leiter der Behörde, bei der das Ehrenamt ausgeübt wird, bzw durch dessen Vertreter oder durch den Leiter der Behörde, die die in Frage stehende Person in des Ehrenamt beruft.

10 **Der nach Abs 2 S 2 vorgeschriebene Aktenvermerk** über die Verpflichtung dient Beweiszwecken. Ein Unterbleiben des Vermerks ist ohne rechtliche

Folgen für die Wirksamkeit der Amtsübertragung und die Rechtmäßigkeit der Wahrnehmung der damit verbunden Befugnisse und Pflichten.

IV. Haftung für Schäden in Ausübung ehrenamtlicher Tätigkeit

1. Haftung der Körperschaft. Das VwVfG enthält keine Bestimmungen 11
über die Haftung ehrenamtlich Tätiger gegenüber Dritten und gegenüber der Körperschaft, deren Aufgaben sie wahrnehmen. Maßgeblich ist insoweit ausschließlich das allgemeine Haftungsrecht (Begr 93; StBS § 81 Rn 6; UL § 13 Rn 13 ff; Knack/Henneke vor § 81 Rn 7 ff). Die unter § 81 fallende ehrenamtliche **Tätigkeit hat öffentlich-rechtlichen Charakter,** weil sie sich auf ein Verwaltungsverfahren iSd § 9 bezieht. Deshalb gelten für Schäden, die in Ausübung dieser Tätigkeit entstehen, die **allgemeinen Grundsätze der Amtshaftung** nach Art 34 GG iVm § 839 BGB.[1] Die Körperschaft, die dem ehrenamtlich Tätigen das Amt übertragen hat (bzw, bei abweichender gesetzlicher Regelung diejenige, deren Aufgaben er erfüllt; zT **aA** Knack/Henneke 22 zu § 84, wo dieser Ausnahmefall offenbar als Regelfall angesehen wird), haftet danach Dritten gegenüber insb für Schäden, die der ehrenamtlich Tätige ihnen rechtswidrig und schuldhaft zugefügt hat, unter dem Gesichtspunkt der Amtshaftung bzw auch unter dem Gesichtspunkt der schuldhaften Verletzung schuldrechtlicher oder **schuldrechtsähnlicher Sonderverhältnisse** (s hierzu Maurer § 29 Rn 2 mwN; Hüttenbrink DVBl 1981, 994).

2. Eigenhaftung des ehrenamtlich Tätigen. Dritten gegenüber haftet der 12
ehrenamtlich Tätige grundsätzlich nicht selbst; für ihn haftet vielmehr die maßgebliche Körperschaft **(Grundsatz der privativen Schuldübernahme).** Für Schäden, die er der Körperschaft zufügt, und im Falle des Rückgriffs haftet der ehrenamtlich Tätige bei Vorsatz und grober Fahrlässigkeit analog § 75 BBG, § 48 BeamtStG.[2] S allg zur Haftung gegenüber der Körperschaft auch Hüttenbrink DVBl 1981, 989. **Regressansprüche der Körperschaft:** Nicht geregelt ist im VwVfG auch die Frage, ob die Körperschaft, deren Aufgaben der ehrenamtlich Tätige erfüllt, von diesem Ersatz verlangen kann, wenn sie Dritten gegenüber aus dessen Tätigkeit schadensersatzpflichtig ist. Analog § 75 Abs 2 BBG ist ein solcher Regressanspruch bei Vorsatz und grober Fahrlässigkeit grundsätzlich zu bejahen.[3]

§ 84 Verschwiegenheitspflicht

(1) **Der ehrenamtlich Tätige hat, auch nach Beendigung seiner ehrenamtlichen Tätigkeit, über die ihm dabei bekannt gewordenen Angelegenheiten Verschwiegenheit zu wahren.**[3] **Dies gilt nicht für Mitteilungen im dienstlichen Verkehr**[5] **oder über Tatsachen, die offenkundig**[6] **sind oder ihrer Bedeutung nach keiner Geheimhaltung bedürfen.**[7]

(2) **Der ehrenamtlich Tätige darf ohne Genehmigung über Angelegenheiten, über die er Verschwiegenheit zu wahren hat, weder vor Gericht noch außergerichtlich aussagen oder Erklärungen abgeben.**[9]

(3) **Die Genehmigung, als Zeuge auszusagen, darf nur versagt werden, wenn die Aussage dem Wohl des Bundes oder eines Landes Nachteile bereiten oder die Erfüllung öffentlicher Aufgaben ernstlich gefährden oder erheblich erschweren würde.**[14]

---

[1] Allg M, vgl BGHZ 99, 326, 330; BGH NVwZ 1994, 823; Knack/Henneke vor § 81 Rn 7; Obermayer 27; weiter StBS § 81 Rn 6: auch privatrechtliche Tätigkeit denkbar; Haftung dann nach §§ 831, 31, 89 BGB.

[2] Wie hier Knack/Henneke vor § 81 Rn 9; zu den alten § 70 Abs 1 S 2 BBG, § 46 Abs 1 BRRG; § 13 Rn 14; zweifelnd StBS § 81 Rn 6: wenn überhaupt; s auch Stelkens DVBl 1998, 300, 304.

[3] StBS § 81 Rn 5; Knack/Henneke vor § 81 Rn 10; UL § 13 Rn 9; **aA** Ziekow 6.

(4) **Ist der ehrenamtlich Tätige Beteiligter in einem gerichtlichen Verfahren oder soll sein Vorbringen der Wahrnehmung seiner berechtigten Interessen dienen, so darf die Genehmigung auch dann, wenn die Voraussetzungen des Absatzes 3 erfüllt sind, nur versagt werden, wenn ein zwingendes öffentliches Interesse dies erfordert.**[17] **Wird sie versagt, so ist dem ehrenamtlich Tätigen der Schutz zu gewähren, den die öffentlichen Interessen zulassen.**[19]

(5) **Die Genehmigung nach den Absätzen 2 bis 4 erteilt die fachlich zuständige Aufsichtsbehörde der Stelle, die den ehrenamtlich Tätigen berufen hat.**[20]

Parallelvorschriften: Verschwiegenheitsregelungen in den GemOen der Länder

Schrifttum: *Arend,* Die Verschwiegenheitspflicht, SKV 1957, 103; *Düwel,* Das Amtsgeheimnis, 1965; *Groß,* Verschwiegenheitspflicht der Bediensteten und Informationsrecht der Presse, 1964; *Kuhn,* Die Haftung bei ehrenamtlicher Tätigkeit im Verwaltungsverfahren, Der Städtetag 1967, 538; *Macht,* Verwertungsverbote bei rechtswidriger Informationserlangung im Verwaltungsverfahren, 1999; *Pahlke,* Die Verschwiegenheitspflicht der Gemeinderatsmitglieder im Spannungsverhältnis zum Grundsatz der Sitzungsöffentlichkeit, BayVBl 2015, 289. S auch zu § 81 und § 83.

Übersicht

I. Allgemeines

1 **1. Inhalt.** Die Vorschrift sieht eine Verpflichtung ehrenamtlich tätiger Personen zur **Amtsverschwiegenheit** vor und regelt Notwendigkeit, Verfahren und

Voraussetzungen einer **Aussagegenehmigung.** Die Regelungen über Rechte und Pflichten von ehrenamtlich Tätigen betreffen nicht unmittelbar das Verwaltungsverfahren, für das sich die Geheimhaltungspflichten aus § 30 bzw aus dem Fachrecht ergeben. Vielmehr handelt es sich um Regelungen einiger Amtswalterpflichten, die nur als **annexe Materie**[1] wegen ihrer engen Beziehung zum Verwaltungsverfahren geregelt worden sind.

a) Ehrenamt als öffentliches Amt. Die in Verwaltungsverfahren ehrenamtlich tätige Person übt – insoweit dem Beamten vergleichbar – ein öffentliches Amt iS des Art 33 Abs 2 GG aus. Der Begriff des öffentlichen Amts in Art 33 Abs 2 GG ist nach allgemeiner Auffassung weit zu verstehen und umfasst alle Personen, die freiwillig oder unfreiwillig für eine öffentlich-rechtliche Tätigkeit in die Pflicht genommen werden und damit in einem öffentlichen Pflichtenverhältnis stehen. Dies rechtfertigt es, ihnen im Zusammenhang mit dieser Tätigkeit Pflichten aufzuerlegen. Hierzu gehört auch die Pflicht zur Amtsverschwiegenheit. 1a

b) Schutzgüter der Verschwiegenheitspflicht. Die Amtsverschwiegenheit dient wie im Beamtenrecht der Wahrung öffentlicher Belange, soweit diese Vertraulichkeit erfordern, mittelbar darüber hinaus auch dem Schutz berechtigter Interessen Dritter,[2] soweit die betroffenen Tatsachen, Vorgänge usw nach besonderen Vorschriften oder nach § 30 nicht offenbart werden dürfen. Sie wurde traditionell zum einwandfreien **Funktionieren der öffentlichen Verwaltung** als erforderlich angesehen, weil diese nur dann rechtsstaatlich, unabhängig und unparteiisch arbeiten könne, wenn sichergestellt sei, dass über dienstliche Vorgänge von Seiten der Verwaltung und aller öffentlichen Amtsträger nach außen grundsätzlich Stillschweigen bewahrt wird.[3] Inzwischen hat sich das Leitbild der Verwaltung wesentlich verändert; heute ist die Geheimhaltung kein Wert an sich mehr; vielmehr treten **Transparenz und Akzeptanz** der Verwaltung zunehmend in den Vordergrund. Dieser Umstand erfordert einen veränderten Umgang auch mit den Geheimhaltungspflichten gerade des ehrenamtlich Tätigen, dessen Einsatz häufig gerade der Schaffung von Bürgernähe dient. 1b

2. Anwendungsbereich. Die Vorschrift gilt unmittelbar nur für die ehrenamtliche Tätigkeit iSd § 81 im **Geltungsbereich des VwVfG.** Die Verwaltungsverfahrensgesetze der Länder enthalten im Wesentlichen mit § 84 gleich lautende Vorschriften. Soweit im Übrigen keine speziellen Regelungen bestehen, wird eine analoge Anwendung in Betracht zu ziehen sein. Die in der Vorschrift enthaltenen Regelungen sind **Ausdruck allgemeiner Rechtsgedanken** und können deshalb auch herangezogen werden, wenn fachrechtlich sonst keine Regelungen für die Verschwiegenheit von ehrenamtlich Tätigen bestehen, soweit diese ein öffentliches Amt (s oben Rn 1a) ausüben. Dies gilt etwa für die Bereiche der Sozialverwaltung und der Abgabenverwaltung. 2

3. Spezielle Vorschriften. Für ehrenamtliche Tätigkeiten außerhalb des regulären Verwaltungsverfahrens gibt es eine nahezu unübersehbare Fülle von bereichsspezifischen Bestimmungen über Verschwiegenheitspflichten. Neben den entsprechenden **Bestimmungen der Gemeindeordnungen,** die in der Praxis zu den meisten Konflikten führen, den **Bestimmungen des Beamtenrechts** (§§ 67f BBG, § 37 BeamtStG sowie die entsprechenden Bestimmungen der Länder) sind beispielhaft zu nennen § 44d AbgG für die Abgeordneten des Bundestages, § 32 BBankG für die Bediensteten der Deutschen Bundesbank, § 9 KWG für Personen im Finanzaufsichtsbereich; § 31 BGleiG für die Gleichstel- 2a

---

[1] StBS § 81 Rn 2.

[2] Subjektive Rechte ergeben sich für die Dritten hieraus aber nicht; insoweit können sich die Beteiligten eines Verwaltungsverfahrens nur auf § 30 berufen.

[3] Vgl BVerfG 28, 198, 201; BVerwG NJW 1983, 638 und 2344; Knack/Henneke 3; StBS 2.

lungsbeauftragten und ihre Mitarbeiter; § 4 MediationsG für den Mediator und die in ein Mediationsverfahren eingebundenen Personen.

II. Verschwiegenheitspflicht (Abs 1)

3 **1. Grundzüge der Regelung.** Im Interesse einer möglichst umfassenden Sicherung der Verschwiegenheit regelt Abs 1 zunächst in S 1 den **Grundsatz umfassender Verschwiegenheitspflicht** für die Zeit während der ehrenamtlichen Tätigkeit und darüber hinaus auch nach der Beendigung der Tätigkeit, dh des Ehrenamts. In S 2 sind sodann **drei Einschränkungen** der Verschwiegenheitspflicht formuliert, von denen die letzte (Informationen, die ihrer Bedeutung nach keiner Geheimhaltung bedürfen) als eine Art Auffangtatbestand verstanden werden kann. Sofern die Einschränkungen des Abs 1 S 2 nicht einschlägig sind, kommt nur ein Vorgehen nach Abs 2 in Betracht. Danach muss der ehrenamtlich Tätige, bevor er Dritten über Angelegenheiten berichtet, die im Zusammenhang mit seiner ehrenamtlichen Tätigkeit stehen, zunächst die **Genehmigung der zuständigen Behörde** einholen. Dieser Weg sollte in Zweifelsfällen gegangen werden, wird aber zu Verzögerungen führen können, die dann die Information entwerten.

3a **2. Grundsatz der umfassenden Verschwiegenheit (Abs 1 S 1).** Die Amtsverschwiegenheit gilt ähnlich wie bei Beamten grundsätzlich für **alle Angelegenheiten,** Vorgänge, Tatsachen usw, von denen der ehrenamtlich Tätige **im Zusammenhang mit seiner ehrenamtlichen Tätigkeit Kenntnis erlangt.** Die Pflicht ist nicht auf Informationen begrenzt, die der ehrenamtlich Tätige unmittelbar im Zuge seiner Tätigkeit zur Kenntnis nehmen muss. Ausreichend ist, wenn er sie bei Gelegenheit dieser Tätigkeit, zB aus einem privaten Gespräch mit einem Bediensteten der Behörde, bei der er tätig ist, erfahren hat (Münster DÖV 1964, 357; 1966, 504). Nicht erforderlich ist, dass es sich nach besonderen Rechtsvorschriften oder ihrer Natur nach um geheimzuhaltende Angelegenheiten handelt. Es genügt, dass es sich um Tatsachen oder Erkenntnisse handelt, die nur einem eng begrenzten Personenkreis bekannt sind (vgl Obermayer 9; StBS 4; Knack/Henneke 5). Die Verschwiegenheitspflicht besteht gegenüber jedem Dritten außerhalb des engeren Dienstbereiches, in dem die Angelegenheit zu behandeln und uU zu entscheiden ist (BGHZ 34, 187). Sie gilt sowohl für ausdrückliche mündliche und schriftliche Äußerungen als auch für bloße Andeutungen (Knack/Henneke 5). Die Verschwiegenheitspflicht besteht nach der ausdrücklichen Regelung des Abs 1 S 1 auch über die Zeit der ehrenamtlichen Tätigkeit hinaus.

4 **3. Einschränkungen der Verschwiegenheitspflicht (Abs 1 S 2).** Gem Abs 1 S 2 sind Mitteilungen im dienstlichen Verkehr und offenkundige sowie **nicht geheimhaltungsbedürftige Tatsachen,** außerdem gem Abs 2 von der zuständigen Behörde genehmigte Aussagen und Erklärungen von der Verschwiegenheitspflicht ausgenommen. Gleiches gilt in Fällen, in denen der **Schutz höher zu bewertender Rechtsgüter eine Offenbarung** bestimmter Tatsachen erfordert. Weitere Ausnahmen können durch Gesetz vorgesehen werden. S zB die Pflichten der Behörden nach der EU-Umweltinformationsrichtlinie (wiedergegeben in NVwZ 1990, 844) und dem UIG. Nicht als offenkundig oder wegen geringer Bedeutung nicht geheimhaltungsbedürftig angesehen werden können Tatsachen oder Vorgänge, die nach § 30 oder nach ähnlichen Vorschriften oder nach allgemeinen Rechtsgrundsätzen oder nach dem Datenschutzrecht geheimzuhalten sind.

5 **a) Mitteilungen im dienstlichen Verkehr.** Mitteilungen iS von Abs 1 S 2 sind Mitteilungen an andere Bedienstete von Behörden – auch anderer Behörden als der, bei der das Ehrenamt ausgeübt wird, einschließlich der Behörden, die Auskünfte usw auf Grund der Verpflichtung der Behörden zu gegenseitiger Amtshilfe (vgl §§ 4 ff) erbitten –, denen diese Mitteilungen zur Erfüllung ihrer

dienstlichen Aufgaben dienen. Auch insoweit sind Mitteilungen jedoch ausgeschlossen, wenn Rechtsvorschriften, das Wesen einer Angelegenheit oder auch interne Dienstanweisungen die Weitergabe von Informationen an andere Behörden verbieten, zB § 30 AO über das Steuergeheimnis oder die zT nur auf Verwaltungsanordnungen beruhenden besonderen Geheimhaltungsregelungen, wie zB für die sog Verschluss-Sachen (VS-Sachen).

b) Offenkundigkeit von Tatsachen. Offenkundig iS von Abs 1 S 2 sind Tatsachen, die **allgemein bekannt oder jederzeit leicht feststellbar** sind, zB solche, über die in einer öffentlichen Sitzung oder in einer Pressekonferenz berichtet wurde (Knack/Henneke 7). Offenkundigkeit ist nicht gegeben, wenn eine Tatsache zwar im allgemeinen Gespräch ist, jedoch Einzelheiten nicht bekannt sind oder die hinreichende Zuverlässigkeit der Information fehlt und die deshalb, wenn sie nunmehr von einem Amtsträger bestätigt werden, gewissermaßen mit der erhöhten Glaubwürdigkeit der Amtlichkeit versehen würden. Hier sind die Grenzen fließend; im Einzelfall bedarf es einer Abwägung (StBS 8). **Nicht als offenkundig** anzusehen sind idR Angelegenheiten, die in nichtöffentlicher Sitzung beraten worden sind, auch wenn darüber vereinzelt Gerüchte im Umlauf sind (Obermayer 26). Etwas anderes gilt, wenn darüber bereits allgemein, zB in Tageszeitungen oder sonst in den Medien, berichtet worden ist (Knack/Henneke 7; Obermayer 26; einschränkend StBS 9). 6

c) Fehlendes Geheimhaltungsbedürfnis. Ihrer Bedeutung nach bedürfen Tatsachen iS des § 84 dann keiner Geheimhaltung, wenn nach der Natur der Tatsache oder der Art der Angelegenheit, die sie betrifft, ausgeschlossen ist, dass ein öffentliches Interesse oder ein Interesse Betroffener der Offenbarung entgegenstehen könnte, zB Anschriften von Vereinen, Verbänden uä, die auch in allgemeinen Adress- oder Telefonbüchern verzeichnet sind. Anders dagegen zB die Eintragungen in den Personalakten und der sonstige Inhalt solcher Akten, wie Besoldungs- und Urlaubskarteien einer Behörde (BVerwGE 19, 185; BVerwG NJW 1970, 176), außerdem auch zB die Privatanschrift einzelner Behördenbediensteter, auch wenn diese als solche, jedoch wie üblich ohne Hinweis auf die Behördenzugehörigkeit der Person und ihrer Funktion in der Behörde, auch in amtlichen Adressbüchern und Telefonbüchern verzeichnet ist. 7

d) Offenbarung zum Schutz höherwertiger Rechtsgüter. Auch soweit eine Angelegenheit an sich der Amtsverschwiegenheit nach Abs 1 unterliegt, darf diese durchbrochen werden, wenn nach dem übergesetzlichen Grundsatz der Güterabwägung eine Offenbarung geboten oder zulässig ist (BVerwGE 35, 227; 49, 93; BVerwG BayVBl 1990, 157). In Betracht kommt dies bei rechtswidrigem oder sogar strafbarem Verhalten innerhalb der Behörde (Obermayer 14). Bei der gebotenen Abwägung ist auch zu berücksichtigen, dass die ehrenamtliche Tätigkeit zugleich auch ein Element demokratischer Mitwirkung in der öffentlichen Verwaltung und der **Kontrolle der Verwaltung** durch Personen aus dem Volk ist. Gleichwohl kann aber eine Unterrichtung der Öffentlichkeit durch ehrenamtlich Tätige, ein „Gehen an die Öffentlichkeit", selbst bei wirklichen oder vermeintlichen öffentlichen Missständen auch unter dem Gesichtspunkt der Güterabwägung nur in Ausnahmefällen und als ultima ratio eine Durchbrechung der Verschwiegenheitspflicht rechtfertigen, solange andere angemessene Möglichkeiten, wie insb eine **Remonstration,** nicht ausgeschöpft wurden (vgl BVerfG 22, 202; BVerwG NJW 1983, 2345; Knack/Henneke 5). 8

III. Erfordernis der Genehmigung von Aussagen und Erklärungen (Abs 2)

1. Allgemeines. Abs 2 schreibt in Anlehnung an §§ 68 ff BBG; § 37 Abs 3 BeamtStG im Interesse der Wahrung der Amtsverschwiegenheit und der durch 9 sie geschützten Interessen, zT aber auch im Interesse des ehrenamtlich Tätigen selbst (dem dadurch uU Gewissens- und Interessenkonflikte erspart werden) vor, dass schriftliche oder mündliche Aussagen und Erklärungen vor Gericht, vor einer Behörde oder in oder gegenüber der Öffentlichkeit (Obermayer 29; Knack/Henneke 9) nur mit Genehmigung der fachlich zuständigen Aufsichtsbehörde (Abs 5) zulässig sind. Die Genehmigung kann auch nur teilweise oder beschränkt, zB unter Ausschluss bestimmter Fragenbereiche, oder nur hins. bestimmter Gegenstände, Verfahren oder Personen erteilt werden (Knack/Henneke 14; Obermayer 26).

10 **2. Aussagen und Erklärungen.** Erfasst werden zunächst alle **Aussagen** vor Gericht oder in anderen Verfahren, insb auch in Verwaltungsverfahren, in der Eigenschaft **als Zeuge, Sachverständiger oder Beteiligter. Erklärungen** sind sonstige vor Gericht oder einer Behörde oder in oder gegenüber der Öffentlichkeit gemachte Ausführungen iwS (ebenso Knack/Henneke 9; zu weit StBS 12: auch Privatbereich), auch zB Ausführungen im Rahmen von Aufsätzen, Vorträgen, Wahlreden usw, soweit sie aus der ehrenamtlichen Tätigkeit erlangtes Wissen über konkrete, der Verschwiegenheitspflicht unterliegende Tatsachen weitergeben, insb, wenn auch ggf nur als Beispiele, konkrete Einzelfälle angeben.

11 Für **Gutachten, wissenschaftliche Vorträge und Arbeiten,** die auf allgemeinen Erfahrungen beruhen und **ohne Bezug zu konkreten Tatsachen** und Vorgängen erstattet werden, die nach Abs 1 der Verschwiegenheitspflicht unterliegen, hat das Gesetz, anders als für Beamte nach § 37 Abs 4 S 3 BeamtStG, eine Genehmigungspflicht nicht vorgesehen. Das gilt selbst dann, wenn der ehrenamtlich Tätige dabei in anonymisierter Form konkrete Erfahrungen verwertet, die er im Rahmen seiner ehrenamtlichen Tätigkeit gemacht hat (ähnlich Knack/Henneke 9; Obermayer 37). Abs 2 verzichtet bewusst auf eine dem § 37 Abs 4 S 3 BeamtStG entsprechende Regelung, um Fachleute, auf deren Mitwirkung Wert gelegt wird, nicht von einer ehrenamtlichen Tätigkeit abzuhalten (Begr 94). Unberührt bleibt davon aber die Verpflichtung zur Zurückhaltung, Objektivität und Unparteilichkeit in Fragen, die in unmittelbarem Zusammenhang mit der ehrenamtlichen Tätigkeit stehen.

12 **3. Erteilung der Genehmigung.** Die nach Abs 2 erforderliche Genehmigung steht im **Ermessen** (§ 40) der Aufsichtsbehörde, soweit nicht nach Abs 3 oder 4 Beschränkungen bestehen. Abs 2 lehnt sich insoweit an § 68 BBG an. Die für die Genehmigung zuständige Behörde hat dabei das öffentliche Interesse an der Wahrung der Verschwiegenheit gegen das Interesse des oder der Betroffenen an der Aussage oder Erklärung gegeneinander abzuwägen. Bei der hiernach notwendigen **Interessenabwägung** – dh nicht nur in den Fällen des Abs 3 und des Abs 4 – ist auch das Interesse der ehrenamtlich Tätigen zu berücksichtigen. Über die Erteilung bzw Versagung der Genehmigung wird **in der Form eines VA entschieden,** der von dem betroffenen ehrenamtlich Tätigen wie auch von Dritten, die ein schutzwürdiges Interesse an der Aussage oder Erklärung haben können, angefochten werden kann,[4] vom betroffenen Dritten allerdings gem § 44a VwGO grundsätzlich nur im Rahmen eines Rechtsbehelfs in der Hauptsache.

13 **4. Rechtsfolgen. Eine Verletzung der Verschwiegenheitspflicht,** einschließlich der Verpflichtung, nicht ohne Aussagegenehmigung auszusagen, ist nach §§ 203 Abs 2 und 353b Abs 2 StGB wie bei einem Beamten strafbar und stellt in schweren Fällen zugleich einen Abberufungsgrund gem § 86 dar (Knack/Henneke 20). **Umstritten** ist die Frage, ob und **inwieweit Informationen,** die unter Verletzung der Verschwiegenheitspflicht bzw der Genehmigungspflicht von einem ehrenamtlich Tätigen erlangt werden, im Verwaltungs-

---

[4] Vgl BVerwGE 18, 58; BVerwGE 109, 258 = NJW 2000, 189; Obermayer 78; UL § 13 Rn 10; Knack/Henneke 10; StBS 13.

verfahren **verwertet werden dürfen** (s hierzu näher § 26 Rn 11 ff). Dritte, denen durch die Verletzung von § 84 ein Schaden entsteht, haben, da die Regelung auch den Zweck hat, Betroffene zu schützen (Knack/Henneke 22), gegen die Körperschaft, die das Ehrenamt übertragen hat bzw, sofern dies gesetzlich vorgesehen ist, für die der ehrenamtlich Tätige handelt, Schadensersatzansprüche nach § 839 BGB, Art 34 GG (s allg § 83 Rn 11). Sind die Aussagen bzw Erklärungen durch eine (uU rechtswidrige, aber wirksame) Aussagegenehmigung „gedeckt"; so entfällt grundsätzlich ihre Rechtswidrigkeit; ein Amtshaftungsanspruch kann sich dann nur aus der rechtswidrigen Erteilung der Genehmigung ergeben. Zur Berücksichtigung einer unberechtigten Weigerung bei der Beweiswürdigung in dem Verfahren, für das die Aussage benötigt wird, vgl § 24 Rn 23; § 26 Rn 43.

IV. Genehmigung der Aussage als Zeuge (Abs 3)

1. Grundsätzliche Genehmigungspflicht. Abs 3 sieht in Anlehnung an § 68 Abs 1 BBG, § 37 Abs 4 BeamtStG im Interesse der Wahrheitsfindung vor, dass die Aussagegenehmigung für Zeugen nur aus den näher bezeichneten Gründen versagt werden darf.[5] Die Regelung gilt nicht nur für Aussagen als Zeuge in gerichtlichen Verfahren, sondern auch in anderen gesetzlich geregelten Verfahren mit vergleichbarer Zwecksetzung, auch zB vor parlamentarischen Untersuchungsausschüssen, und in Verwaltungsverfahren (Obermayer 37; Knack/Henneke 13). Für den Fall, dass der ehrenamtlich Tätige selbst Beteiligter eines Verfahrens ist, enthält Abs 4 eine noch weitergehende Sonderregelung. Im Einzelnen kann für die Auslegung und Anwendung auf die Rspr und das Schrifttum zu den entsprechenden Regelungen des Beamtenrechts (s § 68 BBG; § 37 Abs 4 BeamtStG) zurückgegriffen werden. 14

2. Versagungsgründe. a) Volle gerichtliche Überprüfbarkeit. Die Genehmigung darf nach Abs 3 nur bei Vorliegen eines Versagungsgrundes verweigert werden. Wenn keine Versagungsgründe nach Abs 3 gegeben sind, deren Voraussetzungen der vollen gerichtlichen Überprüfung unterliegen (Knack/Henneke 13; StBS 15; UL § 13 Rn 11), muss die Aussagegenehmigung erteilt werden, dh die zuständige Aufsichtsbehörde hat insoweit **keinen Entscheidungsspielraum.** Wer sich in einem anderen Verfahren auf den Zeugenbeweis beruft, hat idR einen gerichtlich durchsetzbaren **Anspruch auf die Genehmigung** (s unten Rn 21). Andererseits ist die Aufsichtsbehörde, auch wenn bzw soweit Versagungsgründe nach Abs 3 gegeben sind – sofern sich aus anderen Rechtsvorschriften nichts anderes ergibt –, nur berechtigt, aber nicht verpflichtet, die Genehmigung zu verweigern. Die Entscheidung liegt dann in ihrem Ermessen (§ 40). Die Behörde muss dabei insb prüfen, ob nicht überwiegende Interessen der Wahrheitsfindung gleichwohl die Aussage erfordern.[6] Zu berücksichtigen ist auch die Gefahr, dass das Gericht oder die Behörde, die den Betroffenen als Zeugen benötigt hätten, aus der Verweigerung der Aussagegenehmigung negative Schlüsse ziehen. 15

b) Abschließende Aufzählung. Abs 3 zählt die Versagungsgründe abschließend auf. Die Entscheidung darüber, ob die Genehmigung der Aussage zu einem Nachteil für das Wohl des Bundes oder eines Landes, zu einer ernstlichen Gefährdung oder erheblichen Erschwerung der Erfüllung öffentlicher Aufgaben führen könnte, muss unter **Abwägung der gegenläufigen Interessen** getroffen 16

[5] Vgl BVerwGE 66, 39, 41 = NJW 1983, 638; 46, 303, 307; Kopp/Schenke § 98 Rn 9; Obermayer 42; Knack/Henneke 12.

[6] Knack/Henneke 14; StBS 15; vgl auch BVerwGE 46, 303; 66, 39, 41 = NJW 1983, 638 zu § 63 Abs 1 BBG; zu dem ähnlich liegenden Fall der Verweigerung der Vorlage von Akten gem § 99 VwGO nF s näher Kopp/Schenke § 99 Rn 14.

werden. In den meisten Fällen wird ein zwingendes öffentliches Interesse nach dem Grundsatz der Verhältnismäßigkeit nur die Verweigerung der Genehmigung der Aussage zu bestimmten Fragenkomplexen oder hins. bestimmter Details rechtfertigen (ähnlich Obermayer 47 ff). In Betracht kommt nur eine Gefährdung oder Erschwerung der öffentlichen Aufgaben, die schwerer wiegt als die Bedeutung der Aussage für die Wahrheitsfindung. Im konkreten Fall ist insoweit immer eine Güterabwägung vorzunehmen. Die **Gefahr der Aufdeckung von Fehlern** oder von Missständen im Bereich der Verwaltung **kann die Verweigerung der Aussagegenehmigung idR nicht rechtfertigen** (StBS 16); ebenso nicht die Gefahr eines drohenden Amtshaftungsprozesses (Obermayer 54, Knack/Henneke 13). Da der Schutz und die Förderung des Wohls der Allgemeinheit immer eine öffentliche Aufgabe und ein wesentlicher Teil auch speziellerer Verwaltungsaufgaben ist, wird die Erfüllung öffentlicher Aufgaben uU auch zB durch ein vorzeitiges Bekanntwerden von Währungsabwertungs- oder Aufwertungsabsichten, die Anlass zu Finanzspekulationen, oder von Bauvorhaben, die Anlass zu Grundstücksspekulationen und für erhöhte Kosten geben können, beeinträchtigt (ebenso im Ergebnis Knack/Henneke 13).

V. Aussagen und Erklärungen in eigener Sache (Abs 4)

17 **1. Genehmigung der Aussagen und Erklärungen (S 1).** Abs 4 schränkt in Anlehnung an § 68 Abs 2 BBG, § 37 Abs 5 BeamtStG die Befugnis der Behörde, die Genehmigung zur Aussage oder für die Abgabe von Erklärungen nach Abs 2 zu versagen, für die Fälle, in denen berechtigte eigene Interessen des ehrenamtlich Tätigen betroffen sind, über die Versagungsgründe des Abs 3 hinaus weiter ein. Die Regelung gilt nicht nur für Aussagen und Erklärungen als Beteiligter bzw der Partei in einem gerichtlichen Verfahren, sondern, wie sich aus der allgemeinen Fassung der Vorschrift ergibt, allgemein in den Fällen, in denen eine Aussage oder Erklärung der **Wahrnehmung berechtigter Interessen** dient, auch zB für Vorbringen in einem Verwaltungsverfahren, vor einem parlamentarischen Untersuchungsausschuss usw sowie für Erklärungen in der Öffentlichkeit (StBS 17; Knack/Henneke 15; MB 13), gegenüber der Presse usw. Dem ehrenamtlich Tätigen sollen, wenn es um berechtigte eigene Interessen geht, grundsätzlich aus seiner Tätigkeit für die Allgemeinheit keine Nachteile entstehen (Obermayer 51; Knack/Henneke 12). Auch hier kann im Einzelnen wie bei Abs 2 auf Rspr und Schrifttum zu den entsprechenden Vorschriften des Beamtenrechts zurückgegriffen werden.

18 **Zum Begriff der berechtigten Interessen S** § 13 Rn 35 f; zum Begriff der zwingenden öffentlichen Interessen auch die Rspr und das Schrifttum zu den inhaltlich entsprechenden beamtenrechtlichen Vorschriften zu § 68 Abs 2 BBG, § 37 Abs 5 S 1 BeamtStG, wonach die dienstlichen Rücksichten die Versagung unabweisbar erfordern müssen (Knack/Henneke 15). **Zwingende öffentliche Interessen,** die die Versagung der Aussagegenehmigung usw erfordern, sind nur dann zu anzunehmen, wenn von der Aussage oder Erklärung eine Beeinträchtigung wichtiger Gemeinschaftsgüter der Allgemeinheit, etwa der Sicherheit des Bundes oder eines Landes oder der Bevölkerung, zu befürchten ist (zB durch eine allgemeine Panik), die auf andere Weise nicht verhindert werden kann, bzw wenn der durch die Offenbarung für solche Rechtsgüter entstehende Schaden schlechthin nicht oder kaum mehr wiedergutgemacht werden könnte (Knack/Henneke 15). Ein zwingendes öffentliches Interesse kann aber auch die **Wahrung persönlicher Geheimnisse Dritter** darstellen, weil auch die Wahrung der Grundrechte nach Art 1 Abs 3 GG eine öffentliche Aufgabe darstellt und damit im öffentlichen Interesse liegt.

19 **2. Schutz des ehrenamtlich Tätigen bei Genehmigungsversagung (Abs 4 S 2).** Gem Abs 4 S 2 ist dem ehrenamtlich Tätigen, wenn die Geneh-

migung versagt wird, in geeigneter Weise Schutz zu gewähren. Die Regelung entspricht § 68 Abs 2 BBG und § 37 Abs 5 S 2 BeamtStG, weshalb Rspr und Schrifttum zu diesen Vorschriften auch hier verwendbar sind. Die **Verpflichtung trifft,** wie sich aus der allgemeinen Fassung der Vorschrift („ist … zu gewähren") ergibt, nicht nur die **Aufsichtsbehörde,** die die Genehmigung versagt hat, sondern auch die **Behörde** oder Stelle, die den ehrenamtlich Tätigen berufen hat, außerdem jede andere Bundesbehörde oder Landesbehörde im Rahmen ihrer Zuständigkeiten und Befugnisse für die zum Schutz des ehrenamtlich Tätigen in Betracht kommenden Maßnahmen.

Die Regelung lässt offen, welche Maßnahmen zum Schutz des ehrenamtlich Tätigen getroffen werden müssen, wenn die Aussagegenehmigung versagt wird. In Betracht kommen zB Ehrenerklärungen oder Vertrauenserklärungen für den Betroffenen, dem rechtswidriges oder unehrenhaftes Verhalten vorgeworfen wird (ebenso Obermayer 66; Knack/Henneke 16), die Übernahme von Prozesskosten und Schadensersatzverpflichtungen, das Hinwirken auf eine Begnadigung bei strafrechtlicher Verurteilung (Kassel NVwZ-RR 1994, 596: Übernahme der Kosten der Rechtsverfolgung wegen ehrverletzender Äußerungen; StBS 18) usw. **19a**

VI. Zuständigkeit für die Erteilung der Aussagegenehmigung (Abs 5)

1. Zuständigkeit der Aufsichtsbehörde. Nach Abs 5 ist nicht die Stelle, die den ehrenamtlich Tätigen in sein Amt berufen hat, sondern die Aufsichtsbehörde für die Entscheidung zuständig. Dadurch soll einerseits der besonderen Bedeutung der Entscheidung Rechnung getragen werden, andererseits aber auch vermieden werden, dass der Leiter der Behörde, deren Bereich die in Frage stehenden Angelegenheiten im Regelfall betreffen, zu entscheiden hat. Die Aufsichtsbehörde wird jedoch im Zweifel die betroffene Behörde vor ihrer Entscheidung hören. **20**

2. Verfahren, Rechtsschutz. Die Aussagegenehmigung kann sowohl vom Gericht (vgl §§ 376, 451 ZPO; § 98 VwGO; §§ 54 Abs 1 und 4, 76 Abs 2 StPO usw) oder einer sonst dazu befugten Stelle (insb einer Behörde) als auch, unabhängig davon, vom ehrenamtlich Tätigen selbst beantragt werden (UL § 13 Rn 11; Knack/Henneke 17). Da die Aussagegenehmigung ein VA ist (s oben Rn 12), ist über ihre Erteilung oder Versagung unter Beiziehung des ehrenamtlich Tätigen und anderer Betroffener, zB der Beteiligten des Verfahrens, in dem der ehrenamtlich Tätige als Zeuge vernommen werden soll, in einem Verfahren nach §§ 9 ff zu entscheiden. Der ehrenamtlich Tätige und die übrigen Betroffenen haben dabei nach § 28 grundsätzlich Anspruch auf Gehör. In einem Prozess ist es zwar die Aufgabe des Gerichts, für die Beibringung der zur Vernehmung von Zeugen erforderlichen Aussagegenehmigungen zu sorgen. Das Gericht kann die Erteilung aber nicht erzwingen. Beteiligte, die ein rechtliches Interesse daran haben, weil sie sich auf einen entsprechenden Beweis berufen, haben demgegenüber einen gerichtlichen – auch im vorläufigen Rechtsschutz idR vor dem VG – durchsetzbaren **Anspruch auf Aussagegenehmigung** (StBS 29 ff; Obermayer 78). **21**

§ 85 Entschädigung

Der ehrenamtlich Tätige hat Anspruch auf Ersatz seiner notwendigen Auslagen[6] und seines Verdienstausfalls.[7]

Parallelvorschrift: § 41 SGB-IV

Schrifttum: *Brackmann,* Zum Unfallversicherungsschutz für ehrenamtlich Tätige, insbesondere für Abgeordnete, WzS 1965, 33; *Bräuer/Deter,* Die Stellung des Ehrenamts und seine sozialrechtliche Berücksichtigung in der Bundesrepublik Deutschland, ZfSH/SGB 1994, 57;

Christner, Entschädigungsregelungen für Mitglieder kommunaler Vertretungskörperschaften, 1991; *ders,* „Nachteilsausgleich" in kommunalen Vertretungskörperschaften insb für Hausfrauen, DVBl 1992, 943; *Marburger,* Zur Sozialversicherung ehrenamtlich Tätiger, Die Krankenversicherung 1973, 115; *Merten,* Probleme der Vergütung hauptamtlicher und der Entschädigung ehrenamtlicher Tätigkeit, 1995. – S auch zu §§ 81 f.

Übersicht

I. Allgemeines

1 **1. Inhalt.** Die Vorschrift gibt dem ehrenamtlich Tätigen einen Rechtsanspruch (vgl StBS 2; Knack/Henneke 4) auf Ersatz seiner notwendigen Auslagen und eines etwaigen Verdienstausfalles, begrenzt zugleich aber auch die Befugnis der Behörde bzw des Rechtsträgers, dem die Behörde angehört, einem ehrenamtlich Tätigen ein weitergehendes Entgelt – unter welcher Bezeichnung auch immer – zu gewähren.

2 **2. Anwendungsbereich.** Die Vorschrift gilt nur für die ehrenamtliche Tätigkeit iSd § 81 im Geltungsbereich des VwVfG. Die Verwaltungsverfahrensgesetze der Länder enthalten im Wesentlichen mit § 85 gleich lautende Vorschriften.

II. Grundsatz der Unentgeltlichkeit

3 **1. Allgemeines.** Die Unentgeltlichkeit der ehrenamtlichen Tätigkeit, dh die Unzulässigkeit irgendwelcher wie auch immer ausgestalteter Dienstbezüge, wie sie bei Beamten üblich sind, ist der ehrenamtlichen Tätigkeit immanent (BVerwGE 95, 211 mwN = NVwZ 1994, 1219; BSG 66, 150). Der ehrenamtlich Tätige soll nicht schlechter, aber auch nicht besser gestellt werden als ohne Ehrenamt. Ehrenamtlich Tätige erhalten entsprechend dem Wesen des Ehrenamtes (s § 81) keine Besoldung, Vergütung, Versorgung uä, sondern nur die Entschädigung nach § 85 (BVerwG DÖV 1995, 30; ZBR 1980, 257). Darüber hinausgehende alimentationsähnliche finanzielle Leistungen zur gänzlichen oder teilweisen Sicherung des Lebensunterhalts durch den Dienstherrn sind gem § 5 Abs 1 BeamtStG unzulässig.[1]

4 **2. Kosten- und Auslagenersatz.** Eine pauschale Abgeltung der Auslagen und des Verdienstausfalls ohne Nachweispflicht hins der tatsächlichen Auslagen usw ist zulässig. Sie darf aber **nicht den Charakter eines** verschleierten Entgelts für die geleistete Tätigkeit darstellen (BVerwGE 95, 211 = NVwZ 1994, 1219; StBS 1, 4). Vorbehaltlich abweichender Regelungen muss andererseits dem ehrenamtlich Tätigen die Möglichkeit gegeben werden, zwangsläufig entstandene oder zumindest vertretbare höhere Auslagen oder einen höheren Verdienstausfall geltend zu machen. Außerdem steht ihnen gem § 2 Abs 1 Nr 10 SGB VII iVm § 8 Abs. 1 und 2 SGB VII bei Unfällen, die sie bei Wahrnehmung ihres Amtes

[1] Zu § 115 BRRG; BVerwGE 95, 210 = NVwZ 1994, 1219; BVerwG DÖV 1995, 30; StBS 4.

(auch zB notwendige Reisen) erleiden, ein Anspruch auf **Leistungen aus der gesetzlichen Unfallversicherung** zu.[2]

3. Subsidiarität. Von § 85 abweichende Regelungen sind gem § 81 und 5
nach dem allgemeinen Vorbehalt gem § 1 zugunsten inhaltsgleicher oder entgegenstehender Vorschriften des Bundesrechts möglich; nach § 81 jedoch nur, soweit sie den Charakter der grundsätzlichen Unentgeltlichkeit der ehrenamtlichen Tätigkeit unberührt lassen. Soweit Leistungen gewährt werden, die darüber hinausgehen, liegt keine ehrenamtliche, sondern eine entgeltliche Tätigkeit vor, auf die dann die Bestimmungen des zugrunde liegenden Rechtsverhältnisses (Arbeits- oder Dienstverhältnis) anzuwenden sind.

III. Entschädigung

1. Ersatz von Auslagen. Im Einzelnen sind für den Ersatz notwendiger Aus- 6
lagen und des Verdienstausfalls die insoweit bestehenden besonderen Vorschriften maßgeblich. Im Zweifel kann hins. der in Frage kommenden Auslagen und für die Beurteilung der Notwendigkeit auch § 80 Abs 1 (s dazu § 80 Rn 17 ff) und das ZSEG Anhaltspunkte geben. Auslagen iS von § 85 sind alle **notwendigen Auslagen,** die zur Wahrnehmung der Aufgaben der ehrenamtlichen Tätigkeit gemacht werden, wie Fahrt- und Reisekosten, Telefon- und Postgebühren, Schreibkosten usw (vgl Knack/Henneke 2).

2. Ersatz des Verdienstausfalls. Zu ersetzen ist grundsätzlich jeder infolge 7
der ehrenamtlichen Tätigkeit entgangene Verdienst (Koblenz NVwZ-RR 1994, 35). Eine Obergrenze ist nicht vorgesehen. Bei wechselndem Einkommen ist im Zweifel von den durchschnittlichen Einnahmen auszugehen. Die Anwendung von Pauschalbeträgen ist zulässig. Das Gleiche gilt, wenn das Einkommen mangels Verfügbarkeit geeigneter Unterlagen nur geschätzt werden kann (StBS 8). Anhaltspunkte gibt auch das ZSEG. Bei Hausfrauen, die kein Einkommen haben, kann § 2 Abs 3 S 2 ZSEG entspr herangezogen werden (so StBS 8). Werden Gehalt, Lohn usw ungeachtet der ehrenamtlichen Tätigkeit weiterbezahlt, so entsteht kein Ersatzanspruch (Knack/Henneke 3).

3. Zuständigkeit und Verfahren. Zuständig für die Entscheidung über den 8
Ersatzanspruch ist grundsätzlich, soweit durch Rechtsvorschriften nichts anderes bestimmt ist, die Behörde, bei der die ehrenamtliche Tätigkeit ausgeübt wird bzw der sie zugerechnet wird; sie wird insofern zugleich auch als Organ des Rechtsträgers handeln, für den die Tätigkeit ausgeübt wird und gegen den sich im Zweifel auch der Entschädigungsanspruch richtet.

Die Festsetzung der Entschädigung erfolgt von Amts wegen oder auf An- 9
trag des ehrenamtlich Tätigen **durch VA** (Knack/Henneke 5; StBS 9). Gegen die gänzliche oder teilweise Ablehnung eines Entschädigungsanspruchs sind die Rechtsbehelfe nach der VwGO (Widerspruch und Klage) gegeben, gegen die Zuerkennung nur, wenn oder soweit sie zu Lasten eines anderen Rechtsträgers erfolgt, seitens dieses Rechtsträgers.

§ 86 Abberufung

Personen, die zu ehrenamtlicher Tätigkeit herangezogen worden sind, können von der Stelle, die sie berufen hat, abberufen werden, wenn ein wichtiger Grund vorliegt.[5] Ein wichtiger Grund liegt insbesondere vor, wenn der ehrenamtlich Tätige[7]

---

[2] UL § 13 Rn 12; StBS 1; Obermayer 16 BSG NJW-RR 2005, 281; Leube ZFSH/SGB-2006, 579; vgl auch BSG NVwZ 1984, 608: Versicherungsschutz auch für Tätigkeiten, die nur gelegentlich ausgeübt werden.

1. seine Pflicht gröblich verletzt oder sich als unwürdig erwiesen hat,
2. seine Tätigkeit nicht mehr ordnungsgemäß ausüben kann.

Schrifttum: *Albers,* Die Abberufung eines ehrenamtlichen Richters nach § 24 VwGO, MDR 1984, 888.

Übersicht

I. Allgemeines

1 **1. Inhalt.** Die Vorschrift sieht, vorbehaltlich besonderer Regelungen gem § 81, die Möglichkeit einer Abberufung ehrenamtlich tätiger Personen aus wichtigem Grund vor und nennt selbst wichtige Gründe, die eine Abberufung rechtfertigen. Die Regelung soll einerseits unberechtigten, insb willkürlichen, Abberufungen vorbeugen, andererseits aber in berechtigten Fällen eine Rechtsgrundlage für eine Abberufung geben, wenn ein wichtiger Grund vorliegt (Begr 94). Eine Abberufung gem § 86 ist im Zweifel, wenn durch Gesetz nichts anderes bestimmt ist, auch bei Ehrenämtern möglich, in die jemand auf Grund einer Wahl berufen wird (Knack/Henneke 5).

2 **Recht zum Niederlegen des Amtes. Nicht berührt** wird durch § 86 das auf Grund besonderer Vorschriften oder nach allgemeinen Grundsätzen bestehende Recht des ehrenamtlich Tätigen, ein ihm übertragenes Ehrenamt niederzulegen bzw seine Entlassung oder Abberufung aus dem Ehrenamt zu verlangen (StBS 2; MB 2), sofern keine Übernahmepflicht besteht, im Übrigen dann, wenn ein anerkennenswerter Grund (vgl § 87 Abs 1 Nr 2) vorliegt. Damit kann nicht selten eine förmliche Abberufung, die für die Behörde wie den Betroffenen oft gleichermaßen unerfreulich ist, vermieden werden.

3 **2. Anwendbarkeit.** Die Vorschrift gilt nur für die ehrenamtliche Tätigkeit iSd § 81 im Anwendungsbereich des VwVfG. Die Verwaltungsverfahrensgesetze der Länder enthalten im Wesentlichen mit § 86 gleich lautende Vorschriften. Vgl im Übrigen die Ausführungen zu § 82.

II. Abberufung

4 **1. Allgemeines.** Die **Abberufung erfolgt,** wie auch die Berufung in das Amt, **durch VA,** der mit den üblichen Rechtsbehelfen angefochten werden kann (UL § 13 Rn 12). Sie steht, sofern durch Rechtsvorschriften nichts anderes vorgeschrieben ist, bei Vorliegen eines wichtigen Grundes oder besonderer, nach anderen Rechtsvorschriften vorgesehener Gründe, im **Ermessen** (§ 40) der Behörde die den Betroffenen berufen hat bzw der sonst dafür zuständigen Behörde; jedenfalls in den in Nr 1 und 2 genannten Fällen ist jedoch eine andere

Entscheidung als die Abberufung kaum denkbar, weil sie mit dem Wesen eines Ehrenamtes und mit den Erfordernissen einer geordneten Verwaltung nicht vereinbar wäre.

2. Erfordernis eines wichtigen Grundes (S 1). a) Allgemeines. § 86 enthält keine abschließende Regelung der Gründe, die eine Abberufung rechtfertigen können, und nennt auch die Gründe, die als wichtige Abberufungsgründe anzusehen sind, **nicht abschließend,** sondern nur beispielhaft (Knack/Henneke 2; StBS 4). Die Abberufung ist stets gerechtfertigt, wenn Tatsachen vorliegen, auf Grund derer es der Körperschaft unter Berücksichtigung aller Umstände und unter Abwägung der Interessen beider Seiten **nicht zugemutet werden kann,** den ehrenamtlich Tätigen in seinem Amte zu belassen (UL § 13 Rn 18; StBS 4; Knack/Henneke 6). Maßgeblich sind insoweit die im konkreten Fall anzuwendenden besonderen Rechtsvorschriften, denen im Zweifel auch zu entnehmen ist, was als wichtiger Grund anzusehen ist. Bei Fehlen ausdrücklicher Regelungen ist insb auf die Art des Amtes und die besonderen damit verbundenen Anforderungen und Pflichten abzustellen. Das gilt auch für die nähere Bestimmung der in S 2 genannten besonderen Abberufungsgründe, deren Voraussetzungen in S 2 nur allgemein unter Verwendung unbestimmter Rechtsbegriffe umschrieben sind. 5

b) Einzelfälle. Als wichtiger, nicht ausdrücklich genannter Grund ist insb auch die **Aberkennung der bürgerlichen Ehrenrechte** durch rechtskräftige strafgerichtliche Verurteilung anzusehen, bei deren Vorliegen die Abberufung zwingend ist (vdGK 3). IdR stellt darüber hinaus jede **Verurteilung wegen einer schweren Straftat** (UL § 13 Rn 18; Knack/Henneke 6) oder ein entsprechender, nicht ohne weiteres zu entkräftender Verdacht, selbst wenn es zu einem Freispruch mangels an Beweisen kommt, einen wichtigen Grund dar, sofern durch die in Frage stehenden Handlungen das Vertrauen der Öffentlichkeit in die ordnungsgemäße Amtsausübung erschüttert wird (Knack/Henneke 6). Dasselbe gilt auch, wenn Gründe der in S 2 genannten Art zwar nicht objektiv nachgewiesen sind, jedoch der begründete, nicht ohne weiteres aufklärbare Verdacht besteht, dass sie vorliegen; dies insb dann, wenn solche Gründe bzw der Verdacht in der Öffentlichkeit bekannt sind. 6

3. Besondere Abberufungsgründe (S 2). S 2 zählt ohne Anspruch auf Vollständigkeit („insbesondere") besondere Gründe auf, die jedenfalls als wichtige Gründe iS des S 1 anzusehen sind. Praktisch werden alle denkbaren Fallkonstellationen erfasst; andere Gründe müssen vom Gewicht her vergleichbar sein. 7

a) Gröbliche Verletzung der Pflichten. Eine gröbliche Pflichtverletzung iS von S 2 Nr 1 liegt insb dann vor, wenn der ehrenamtlich Tätige wesentliche mit seinem Amt verbundene, für dessen ordnungsgemäße Ausübung wichtige Pflichten nicht erfüllt (Knack/Henneke 7; Obermayer 3), aber auch, wenn er gegen allgemeine Pflichten, die damit verbunden sind, wie die Verpflichtung zu gewissenhafter und unparteiischer Amtsausübung nach § 83 oder die Verschwiegenheitspflicht nach § 84, verstößt (Knack/Henneke 7; Obermayer 3). Auch eine Häufung von Pflichtverletzungen, von denen jede einzelne für sich nicht schwerwiegend ist (zB **häufiges unentschuldigtes Fernbleiben von Sitzungen**), kann ein wichtiger Grund sein (MB 4; Obermayer 12). Vgl zu den Pflichten auch § 83. Dass die Pflichten schuldhaft verletzt werden, ist nicht erforderlich (ebenso StBS 7; Knack/Henneke 7; nun auch Obermayer 13). 8

b) Unwürdigkeit. Unwürdigkeit **iS von S 2 Nr 1** ist dann gegeben, wenn Tatsachen vorliegen, welche die weitere Belassung im Amt als mit dem Ansehen des Staates, der Gemeinde usw nicht mehr vereinbar erscheinen lassen (Knack/Henneke 8). Dies gilt insb für ein Verhalten des ehrenamtlich Tätigen bei Ausübung seines Ehrenamtes oder auch im privaten Leben, das geeignet ist, den 9

Betroffenen in den Augen der Öffentlichkeit herabzusetzen (zB sittliche Verfehlungen, ungeordnete Familienverhältnisse, häufige Trunkenheit in der Öffentlichkeit usw) oder sonst das für eine geordnete Verwaltung erforderliche Vertrauensverhältnis zwischen Bürger, Öffentlichkeit und Verwaltung zu stören (ähnlich Obermayer 15). Im Einzelnen kann bei der Beurteilung auch die Rspr und das Schrifttum zum Beamtenrecht (vgl zB § 61 S 3 BBG), vor allem auch zum Disziplinarrecht, herangezogen werden. Verschulden ist auch hier nicht erforderlich (Knack/Henneke 8).

10 **c) Fehlende Gewähr ordnungsgemäßer Amtsausübung.** Fehlende Gewähr ordnungsgemäßer Amtsausübung iS von S 2 Nr 2 ist in allen Fällen anzunehmen, in denen, aus welchem Grund auch immer, eine ordnungsgemäße Ausübung des Amtes nicht mehr zu erwarten ist, zB wegen **Gebrechlichkeit, hohen Alters,** Wohnungswechsels, voraussichtlich länger dauernder Erkrankung, aber auch wegen **Unfähigkeit, mangelnder Bereitschaft** oder (nicht nur vorübergehender) Überlastung infolge anderweitiger beruflicher oder privater Verpflichtungen zur ordnungsgemäßen Amtsausübung usw. Auf Verschulden kommt es nicht an (StBS 7). Es müssen aber jedenfalls konkrete, angebbare Tatsachen vorliegen. Im Einzelnen gelten auch hier die entsprechenden Gründe des Beamtenrechts.

11 Nr 2 ist **analog anwendbar,** auch auf Fälle in denen der Grund nicht erst später eingetreten ist oder bekannt wurde, sondern von Anfang an bestanden hat (Knack/Henneke 9). Insofern begründet die Berufung trotz objektiven Vorliegens von Abberufungsgründen **keinen Vertrauensschutz.**

12 **4. Zuständigkeit und Verfahren.** Zuständig für die Abberufung ist die Stelle, die den ehrenamtlich Tätigen in sein Amt berufen hat (Obermayer 21). Ist diese nicht identisch mit der Behörde, bei der der Betroffene sein Amt ausübt, so kann letztere die Abberufung nicht selbst verfügen, sondern nur bei der zuständigen Stelle beantragen bzw anregen (Obermayer 22; Knack/Henneke 5; MB 3). Für das Verfahren gelten die allgemeinen Vorschriften. Der Betroffene ist insb vor der Entscheidung zu hören (§ 28). Die **Abberufung erfolgt durch VA,** der mit den üblichen Rechtsbehelfen angefochten werden kann (StBS 10). Eine besondere Form für die Abberufung ist nach § 86 nicht vorgeschrieben; idR ist jedoch ein schriftlicher Bescheid zweckmäßig (ebenso Obermayer 23; Knack/Henneke 11; StBS 10).

III. Niederlegung des Ehrenamtes

13 **1. Freiwilliges Ehrenamt.** Ehrenämter, zu deren Übernahme keine rechtliche Verpflichtung besteht, können im Zweifel jederzeit und auch ohne Vorliegen besonderer Gründe „niedergelegt" werden. Rechtlich handelt es sich um den Antrag auf Entlassung aus dem Ehrenamt, dem die Behörde idR **auch ohne Vorliegen besonderer Gründe** stattgeben muss. Etwas anderes kann nur gelten, wenn die Niederlegung zur Unzeit erfolgt; in solchen Fällen ist das Amt vorübergehend weiterzuführen. Dies gibt vielfach auch die Möglichkeit, eine Abberufung nach § 86 im Interesse aller Beteiligten und insb auch ohne Nachteile für das Ansehen des Betroffenen zu vermeiden.

14 **2. Bestehen einer Übernahmepflicht.** Die Niederlegung einer ehrenamtlichen Tätigkeit, zu deren Übernahme eine Verpflichtung besteht, ist grundsätzlich nur bei **Vorliegen eines anerkennenswerten Grundes zulässig** (vgl § 87 Abs 1 Nr 2). Sie ist jedoch – zumal die Ausübung einer ehrenamtlichen Tätigkeit durch jemanden, der dazu nicht mehr bereit ist, nicht sinnvoll ist – vorbehaltlich abweichender sachlicher Regelungen auch dann wirksam, wenn kein solcher Grund besteht (und sie deshalb nach § 87 Abs 1 Nr 1 eine Ordnungswidrigkeit darstellt), sofern nicht die Behörde, bei der das Amt ausgeübt wird bzw die für

die Berufung in das Ehrenamt zuständig ist, die Annahme (Anerkennung) der Niederlegung oder eine Entlassung oder Abberufung ablehnt.

§ 87 Ordnungswidrigkeiten

(1) **Ordnungswidrig handelt, wer**

1. eine ehrenamtliche Tätigkeit nicht übernimmt, obwohl er zur Übernahme verpflichtet ist,[5]

2. eine ehrenamtliche Tätigkeit, zu deren Übernahme er verpflichtet war, ohne anerkennenswerten Grund niederlegt.[6]

(2) **Die Ordnungswidrigkeit kann mit einer Geldbuße geahndet werden.**

Schrifttum: S zu §§ 81 ff.

Übersicht

I. Allgemeines

1. Inhalt. Die Vorschrift erklärt die Verletzung der Verpflichtung zur Übernahme und grundsätzlich auch effektiven Ausübung einer ehrenamtlichen Tätigkeit zur Ordnungswidrigkeit, die mit einer Geldbuße geahndet werden kann, und ergänzt damit Rechtsvorschriften, die eine Verpflichtung zur Übernahme von ehrenamtlichen Tätigkeiten vorsehen. Die Anwendbarkeit hat das Bestehen derartiger Vorschriften zur Voraussetzung, da das VwVfG selbst vom Freiwilligkeitsprinzip ausgeht (vgl § 82) und deshalb keine derartige Verpflichtung zur Übernahme enthält. 1

Für die **Verletzung anderer Pflichten** besteht nach dem VwVfG keine entsprechende Sanktion; die Behörde hat allenfalls die Möglichkeit, den betroffenen ehrenamtlich Tätigen nach § 86 abzuberufen. § 87 sieht bewusst von der Möglichkeit ab, auch die Verletzung sonstiger für die Ausübung der ehrenamtlichen Tätigkeit maßgeblichen Vorschriften zur Ordnungswidrigkeit zu erklären, da dies mit dem Wesen ehrenamtlicher Tätigkeit nicht in Einklang stehen würde und auch die Bereitschaft zu ehrenamtlicher Tätigkeit ernstlich in Frage stellen könnte (Begr 94). Vielfach ist die Verletzung anderer Pflichten, insb auch die Verletzung der Pflichten nach §§ 83, 84, jedoch nach anderen Vorschriften strafbar oder als Ordnungswidrigkeit mit Geldbuße bedroht. 2

2. Anwendbarkeit. Die Vorschrift gilt nur für die ehrenamtlichen Tätigkeiten iSd § 88 im Geltungsbereich des VwVfG. Sie ist **nicht analogiefähig.** Ihre Anwendbarkeit wird im Übrigen durch das Bestehen gleich lautender oder abweichender spezieller Vorschriften ausgeschlossen. Die Länder haben in ihren Verwaltungsverfahrensgesetzen gleich lautende Regelungen erlassen. Lediglich die Regelungen in Bayern (Abs 2 wurde nicht übernommen) und Baden-Württemberg (zusätzliche Zuständigkeitsregelung in Abs 3) weichen ab. Den landesrechtlichen Bestimmungen gehen die spezielleren Ordnungswidrigkeitenvorschriften des Kommunalrechts vor. 3

II. Verletzung der Übernahmeverpflichtung (Abs 1)

4 Nach Abs 1 ist sowohl die Weigerung zur Übernahme einer ehrenamtlichen Tätigkeit trotz bestehender Verpflichtung (Nr 1) als auch die unberechtigte Niederlegung einer solchen Tätigkeit ohne anerkennenswerten Grund (Nr 2) mit Geldbuße bedroht.

5 **1. Bestehende Verpflichtung (Nr 1).** Die Pflicht zur Übernahme eines Ehrenamts setzt eine entsprechende Rechtsvorschrift voraus. Die Pflicht muss sich auf die Übernahme einer Tätigkeit im Verwaltungsverfahren (§ 81) beziehen. Damit werden andere ehrenamtlich auszuübende Tätigkeiten, zB die Verpflichtung zur Übernahme eines Amtes als Wahlhelfer usw, nicht erfasst. Gegen die auf Grund einer gültigen Rechtsvorschrift bestehende Verpflichtung zur Übernahme einer ehrenamtlichen Tätigkeit muss verstoßen worden sein. Dies ist nur der Fall, wenn eine **ernsthafte und endgültige Weigerung** vorliegt. Diese kann auch in einem konkludenten Verhalten, zB in beharrlichem „Krankmelden" zu den einzelnen Terminen, liegen. Die bloße Ablehnung reicht ebenso wenig aus wie die Schlechterfüllung des Amts. Soweit nach den maßgeblichen Vorschriften Ausnahmen vorgesehen sind, ist auch § 87 nicht anwendbar.

6 **2. Niederlegung (Nr 2). a) Allgemeines.** Niederlegung bedeutet rechtlich die uU konkludente Stellung des Antrags auf Entlassung bzw Abberufung aus dem Ehrenamt. Ordnungswidrig ist die Niederlegung des Amts ohne triftigen Grund. Der Niederlegung steht ein Verhalten, das die Behörden zwingt, den Betroffenen nach § 86 abzuberufen, nicht gleich, wohl aber eine tatsächliche gänzliche oder weitgehende Nichtausübung des Amtes, die nicht durch Krankheit und andere zwingende Umstände begründet ist, sondern allein auf mangelnder Bereitschaft beruht, der Verpflichtung nachzukommen.

7 **b) Anerkennenswerte Gründe.** Welche Gründe als ausreichende Rechtfertigung und damit als anerkennenswerter Grund iS von Nr 2 für eine Niederlegung anzuerkennen sind, ergibt sich aus den primär anwendbaren besonderen Rechtsvorschriften, die auch die Verpflichtung zur Amtsübernahme begründen. Im Zweifel sind Gründe, die die Ablehnung der Übernahme der Tätigkeit rechtfertigen, auch ausreichend für eine Niederlegung, zumindest soweit der Betroffene nicht zur Unzeit davon Gebrauch macht.

8 **Beispiele.** Bei Fehlen ausdrücklicher Regelungen sind vor allem Gründe anzuerkennen, die dem Betroffenen die Ausübung unmöglich machen, wie Krankheit usw, oder doch eine Verpflichtung unzumutbar erscheinen lassen, wie übermäßige anderweitige Verpflichtungen, denen sich der Betroffene nicht entziehen kann (ebenso Knack/Henneke 5). Im Einzelnen ist dabei auch die Art des Amts, die Dauer der Beanspruchung dadurch usw zu berücksichtigen. Anhaltspunkte können im Zweifel auch die Regelungen über ehrenamtliche Richter nach §§ 23 f VwGO geben.

III. Ahndung mit Geldbuße (Abs 2)

9 Vorbehaltlich besonderer Regelung kann gem Abs 2 iVm §§ 5, 10 OWiG eine Geldbuße nur bei vorsätzlichen Verstößen verhängt werden. Die Höhe der Geldbuße bestimmt sich nach § 17 OWiG. Für die Zuständigkeit für die Verhängung der Geldbuße gelten §§ 35 ff OWiG; hins Inhalt und Form des Bußgeldbescheids § 66 OWiG. Gegen den Bußgeldbescheid kann der Betroffene nach den allgemeinen Vorschriften (vgl § 67 OWiG) binnen zwei Wochen nach Zustellung Einspruch erheben.

Abschnitt 2. Ausschüsse

§ 88 Anwendung der Vorschriften über Ausschüsse

Für Ausschüsse,[5] Beiräte und andere kollegiale Einrichtungen (Ausschüsse) gelten, wenn sie in einem Verwaltungsverfahren tätig werden, die §§ 89 bis 93, soweit Rechtsvorschriften nichts Abweichendes bestimmen.[9]

Schrifttum: *Bäumler,* Anwendbarkeit des VwVfG auf Verwaltung ausübende Parlamentsausschüsse, DVBl 1979, 291; *Epping,* Die Willensbildung von Kollegialorganen – Am Beispiel der Bundesregierung, DÖV 1995, 719; *Görisch,* Demokratische Verwaltung durch Unionsagenturen, 2009; *Groß,* Das Kollegialprinzip in der Verwaltungsorganisation, 1999; *Haas,* Ausschüsse in der Verwaltung, VerwArch 1958, 14; *Hirte,* Folgen fehlerhafter Besetzung in kommunalen Vertretungskörperschaften, DÖV 1988, 108; *Laubinger,* Die Anwendbarkeit des VwVfG auf Rechtsstellung und Tätigkeit der Personalvertretungsorgane, VerwArch 1985, 449, 463; *Sodan,* Kollegiale Funktionsträger als Verfassungsproblem, 1987; *Streinz,* Die Rechtsstellung der Mitglieder kommunaler Ausschüsse in Bayern, BayVBl 1983, 705; *Tietgen,* Mitwirkung von Ausschüssen in der staatlichen Verwaltung – Möglichkeit, Bewährung und Grenzen, DVBl 1958, 311; *Wacker,* Sachkundige Bürger in gemeindlichen Ausschüssen, 2000.

Übersicht

I. Allgemeines

1. Inhalt. Die Vorschrift bestimmt den Anwendungsbereich der Regelungen der §§ 88–93 über Ausschüsse, sofern diese in einem Verwaltungsverfahren tätig werden. Die Regelungen ergänzen die in zahlreichen Vorschriften enthaltenen Bestimmungen über Ausschüsse, soweit diese die entsprechenden Fragen offen lassen und sich aus ihrem Sinn und Zweck oder aus dem Zusammenhang nichts anderes ergibt. Im Einzelnen sind die §§ 88 ff weitgehend den Vorschriften des Kommunalrechts (Knack/Henneke 5 vor § 88; Obermayer 3), zT auch den Vorschriften über Kollegialgerichte nachgebildet, so dass die dort geltenden Grundsätze auch hier ergänzend herangezogen werden können. 1

Ergänzt werden die §§ 88 ff für nicht-förmliche Verwaltungsverfahren, die vor Ausschüssen stattfinden, durch § 20 Abs 4, § 21 Abs 2 sowie für förmliche Verwaltungsverfahren durch § 71. Zur verfassungsrechtlichen Problematik weisungsfreier Ausschüsse im Hinblick auf Art 65 S 2 GG und das Demokratieprinzip s MB 15 ff; Sodan, Kollegiale Funktionsträger als Verfassungsproblem, 1987; Kopp 237 und BayVBl 1980, 266. 2

2. Anwendungsbereich. a) Unmittelbar. Die Vorschriften der §§ 88 ff sind unmittelbar nur im Anwendungsbereich des VwVfG und vorbehaltlich entgegenstehender oder gleich lautender Vorschriften anwendbar. Die Verwaltungsverfahrensgesetze der Länder enthalten im Wesentlichen gleich lautende Vorschriften. Die §§ 88 ff sind unmittelbar nur auf Ausschüsse anwendbar, die in einem 3

Verwaltungsverfahren iS von § 9 nach den allgemeinen Vorschriften oder in förmlichen Verfahren gem § 63, § 72 oder § 79 tätig werden. Unerheblich ist, ob der Ausschuss selbst Behörde ist oder nur unselbständiger Teil einer Behörde (vgl UL § 14 Rn 2; Knack/Henneke 6; MB 8), sowie, ob seine Einrichtung und seine Tätigkeit auf einer Rechtsvorschrift beruhen oder lediglich auf internen Verwaltungsanordnungen.[1] Sofern allerdings die Mitwirkung an einem Verwaltungsverfahren nicht durch ein materielles Gesetz, sondern zB nur durch Verwaltungsvorschriften angeordnet oder nur Verwaltungspraxis ist, haben Verstöße gegen die §§ 88 ff, wenn diese gleichwohl angewandt werden, wie auch das Unterbleiben der Mitwirkung oder sonstige Mängel der Mitwirkung dem Bürger gegenüber keine unmittelbaren Rechtsfolgen. Allerdings muss idR auch ein unbegründetes Abweichen von einer ständigen Verwaltungspraxis mit Blick auf den Gleichheitssatz als Verfahrensfehler gewertet werden.[2]

4 **b) Analoge Anwendbarkeit.** Als **Ausdruck allgemeiner Rechtsgrundsätze** sind die §§ 88 ff sinngemäß-analog auch auf Ausschüsse in Verwaltungsbereichen, in denen das VwVfG gem § 2 nicht anwendbar ist anwendbar (ebenso Knack/Henneke vor § 88 Rn 2); außerdem in gewissem Ausmaß **auch außerhalb von Verwaltungsverfahren.**[3] Zu speziellen Verfahrensvorschriften für Kollegialorgane im Fachrecht s näher Groß S 280 ff.

II. Ausschüsse

5 **1. Begriff des Ausschusses.** Ausschüsse iS der §§ 88 ff und anderer Vorschriften des VwVfG sind Kollegialorgane, die aus mehreren Personen bestehen und deren **Willensbildung nach dem Kollegialprinzip** verläuft. Erfasst werden nicht nur Ausschüsse mit einer Kompetenz zu Endentscheidungen, sondern alle kollegialen Einrichtungen, insb auch Beiräte, die nur beratende Funktion haben, selbstständige Ausschüsse, deren Zustimmung oder Mitwirkung in anderer Form für eine Verwaltungsentscheidung notwendig ist, Ausschüsse, die eine Entscheidung nur vorberaten, usw. Auf die Bezeichnung des Kollegialorgans kommt es nicht an.

6 **Erforderlich ist ein Mindestmaß an Organisation und Kontinuität;** Personenmehrheiten, die eine formlose Besprechung abhalten, sind kein Ausschuss (Begr 95; Knack/Henneke 4; StBS 8). Aus § 90 Abs 1 ergibt sich ferner, dass der Ausschuss mindestens 3 Mitglieder haben muss, damit §§ 88 ff anwendbar sind (StBS 10; Obermayer 6; Knack/Henneke 4; MB 4; str). Umstritten ist, ob die Errichtung eines Ausschusses auf Grund einer Rechtsnorm (Gesetz, VO, Satzung) erfolgen muss, oder ob eine Verwaltungsvorschrift ausreichend ist. Letzteres ist zu bejahen, da die §§ 88 ff zwar nur für Ausschüsse gelten, die ihre Tätigkeit in Verwaltungsverfahren entfalten, aber nicht notwendig eine nach außen in Erscheinung tretende Aufgabe haben müssen, insbes auch beratenden Charakter haben können.[4]

6a **Umstritten** ist, ob allgemeine Vertretungsorgane, die unmittelbar von Bürgern oder von bestimmten Berufsangehörigen usw auf Grund gesetzlicher Vor-

---

[1] UL § 14 Rn 3; ähnlich StBS 8: entsprechende Anwendbarkeit; **aA** Knack/Henneke 4; Obermayer 8).

[2] Ähnlich Knack/Henneke 4. So ist wohl auch BVerwG NVwZ 2013, 1227, 1230 zu verstehen, wo auf § 90 nicht weiter eingegangen wird.

[3] Vgl BVerwGE 60, 15; StBS 14; MSU 4; Groß S. 280 ff; WBSK I § 61, Rn 40; Laubinger VerwArch 1985, 463 für die Mitwirkung der Personalräte am Verfahren des Dienststellenleiters; Bäumler DVBl 1978, 295 für Parlamentsausschüsse, soweit diese Verwaltung ausüben; **aA** Knack/Henneke 5: nicht anwendbar, wenn die Tätigkeit des Ausschusses dem Erlass von Rechtsnormen, von Regierungsentscheidungen oder von organisatorischen Entscheidungen dient; ähnlich UL § 14 Rn 3.

[4] Für entspr Anwendbarkeit StBS 8; UL § 14 Rn 1 ff; **aA** Obermayer 8; Knack/Henneke 4: keine Anwendbarkeit.

schriften gewählt werden, wie der Gemeinderat, die Vollversammlung einer Kammer des öffentlichen Rechts usw, nicht als Ausschüsse anzusehen sind (bejahend UL § 14 Rn 3; wohl auch Knack/Henneke 6; verneinend StBS 14). Die Frage hat nur geringe praktische Bedeutung, da die Tätigkeit von **Gremien im kommunalen Bereich idR abschließend im Kommunalrecht geregelt** ist (StBS 18; UL § 14 Rn 3). Im Übrigen kommt jedenfalls eine entsprechende Anwendung im Betracht.

2. Beispiele für erfasste Ausschüsse. Ausschüsse sind zB, die Bundesprüfstelle nach §§ 17 JugSchG, die Umlegungsausschüsse und die Gutachterausschüsse nach § 192 BauGB – früher §§ 136 ff BBauG – (vgl UL § 14 Rn 3). Auch **Beiräte** können Ausschüsse iS der Vorschrift sein, wenn bzw soweit sie im Rahmen von Verwaltungsverfahren tätig werden.[5] Auf die landesrechtlich vielfach eingesetzten **Widerspruchsausschüsse** kommen die Vorschriften ebenfalls zur Anwendung, sofern für sie keine besonderen Regelungen getroffen worden sind. Auf **Prüfungsausschüsse** sind die §§ 88 ff wegen des Ausschlusses durch § 2 Abs 3 Nr 2 nicht unmittelbar anwendbar (StBS 11). In Betracht kommt dagegen eine Anwendung auf **Personalräte,** soweit sie an einem Verwaltungsverfahren beteiligt sind (BVerwGE 66, 15; Knack/Henneke 5); im Übrigen kommt auch insoweit nur eine entsprechende Anwendung in Betracht. 7

III. Tätigkeit in einem Verwaltungsverfahren

Die §§ 88 ff gelten nur für die Tätigkeit von Ausschüssen in Verwaltungsverfahren. Ähnlich wie bei § 81 kommt es nicht darauf an, ob der Ausschuss selbst nach außen wirkende Tätigkeiten entfaltet. Es genügt, dass er in irgendeiner relevanten Weise an Entscheidungen oder Handlungen eines anderen Organs, die Außenwirkung haben, mitwirkt (StBS 13; Knack/Henneke 6; UL § 14 Rn 3). Eine Entscheidungskompetenz ist nicht notwendig. Die **Tätigkeit kann auch vorbereitender oder beratender Natur sein.** Stets muss es sich aber um eine Tätigkeit im Rahmen eines Verwaltungsverfahrens handeln, also in Verfahren, die auf den Erlass eines VA oder den Abschluss eines öffentlich-rechtlichen Vertrages gerichtet sind. Nicht hierher gehören Ausschüsse, soweit sich ihre Tätigkeit auf den Erlass von Rechtsverordnungen, Satzungen oder auch Gesetzen richtet, soweit es um die Mitwirkung oder Beratung von Regierungstätigkeit oder ähnliche Funktionen handelt. Gleiches gilt für die Mitwirkung von Ausschüssen bei privatrechtlicher Tätigkeit der Verwaltung unter Einschluss des Verwaltungsprivatrechts. 8

IV. Subsidiarität der Regelungen

Die Bestimmungen der §§ 8 ff sind gem § 88 nur anwendbar, soweit Rechtsvorschriften nichts Abweichendes bestimmen. Wie bei § 81 ist als abweichend eine Regelung schon dann anzusehen, wenn Rechtsvorschriften einen Rechtsbereich abschließend regeln, wie zB das Gemeinderecht hins der Bildung und Tätigkeit kommunaler Ausschüsse, auch wenn die danach maßgeblichen Bestimmungen inhaltlich mit den Regelungen nach §§ 88 ff übereinstimmen (Begr 95). Die Subsidiarität gilt hier – anders als nach § 1 Abs 1 (s § 1 Rn 30) – auch gegenüber landesrechtlichen Bestimmungen, Rechtsverordnungen und **Satzungen** usw (StBS 18). Der Grund liegt darin, dass die Ausschüsse auch durch Satzungsrecht geschaffen werden können und deshalb das Satzungsrecht auch die Binnenstrukturen der Ausschüsse muss regeln können. 9

---

[5] So zB VG Kassel, B v 14.1.2011, 4 L 10/11.KS, juris, für einen Jagdbeirat nach § 41 Abs 4 des Hess Jagdgesetzes. Anderes wird für Beiräte gelten, die bei Ministerien im Rahmen der Politikberatung gebildet sind. Für solche kommt nur eine analoge Anwendung in Betracht.

§ 89 Ordnung in den Sitzungen

Der Vorsitzende[5] eröffnet,[7] leitet[9] und schließt[11] die Sitzungen; er ist für die Ordnung verantwortlich.

Schrifttum: *Gramlich,* Zum Ordnungsrecht des Vorsitzenden kommunaler Organe, BayVBl 1989, 9; *Groß,* Das Kollegialprinzip in der Verwaltungsorganisation, 1999. S im übrigen zu § 88.

Übersicht

I. Allgemeines

1 **1. Inhalt.** Die Vorschrift regelt, vorbehaltlich besonderer Bestimmungen, die Aufgaben und Befugnisse des Vorsitzenden eines Ausschusses iS von § 88 in Anlehnung an § 103 Abs 1 VwGO, §§ 76 ff GVG und § 68 Abs 2 und 3. Der Vorsitzende hat danach vor allem für den geordneten äußeren Ablauf der Sitzungen zu sorgen. Dieser Verpflichtung entsprechen in Übereinstimmung mit allgemeinen Grundsätzen auch die zu ihrer Erfüllung erforderlichen Befugnisse. S allg zur Ordnungsgewalt des Vorsitzenden Gramlich BayVBl 1989, 9 und die Kommentierungen zu den Gemeindeordnungen. Mittelbar ergibt sich aus § 89 auch die Notwendigkeit der Bestellung eines Vorsitzenden überhaupt.

1a Die Vorschrift enthält keine Regelungen darüber, ob und wann Sitzungen stattfinden müssen, sondern setzt diese voraus. Grundsätzlich gilt für Ausschüsse, dass sie „Sitzungen" abhalten, dh in **Anwesenheit der Mitglieder** beraten und entscheiden. Dies folgt aus § 90 Abs 1 S 2, wonach Entscheidungen im schriftlichen Verfahren **(Umlaufverfahren)** zwar nicht ausgeschlossen, aber nur zulässig sind, wenn kein Mitglied widerspricht (s auch § 90 Rn 9). Dies gilt jedenfalls dann, wenn keine abweichenden Regelungen bestehen.

2 **2. Anwendungsbereich.** § 89 gilt unmittelbar nur für Sitzungen eines Ausschusses iSd § 88 im Geltungsbereich des VwVfG. Die Länder haben in ihren Verwaltungsverfahrensgesetzen gleich lautende Vorschriften erlassen. Die Vorschrift gilt analog mit den gebotenen oder sich aus der Natur der Sache ergebenden Besonderheiten auch für Fälle, in denen nach § 90 Abs 1 S 2 im schriftlichen Verfahren oder in anderer Weise (vgl § 90 Rn 2) entschieden wird.

II. Ordnung in der Sitzung

3 **1. Bestellung des Ausschussvorsitzenden.** Mittelbar ergibt sich aus § 89 wie auch aus § 21 Abs 4 S 1, dass Ausschüsse iS von §§ 88 ff stets einen Vorsitzenden und auch einen Vertreter für diesen haben müssen (StBS 1, 3; Knack/Henneke 2: nur einen Vorsitzenden). Zweifelhaft ist, ob dieser ein Mitglied des Ausschusses sein muss (bejahend StBS 4; Knack/Henneke 2, verneinend, wenn Vorsitzender ohne Stimmrecht MSU 7). **Umstritten** ist, ob der Vorsitzende des

Ausschusses, soweit spezielle Regelungen im Fachrecht fehlen, vom Leiter der Behörde, bei der der Ausschuss gebildet worden ist, bestimmt oder vom Ausschuss selbst gewählt werden muss. Die hM nimmt letzteres an.[1] In den meisten Fällen wird, wenn es nach dem maßgeblichen Fachrecht keinen „geborenen Vorsitzenden" gibt, der Vorsitzende durch Wahl bestimmt. Bei unabhängigen Ausschüssen erfolgt die Regelung in der Satzung, die sich der Ausschuss gibt; diese bestimmt dann auch das Verfahren zur Bestellung des Vorsitzenden und seines Vertreters (Knack/Henneke 2).

Die Wahl des Vorsitzenden findet in der konstituierenden Sitzung des Ausschusses statt, sofern die Bestimmung des Vorsitzes nicht auf andere Weise stattgefunden hat. Bis zur erfolgten Wahl führt das **älteste Mitglied** des Ausschusses den Vorsitz (Knack/Henneke 2), dh, wenn bzw soweit die Vorschriften über die Errichtung und die Tätigkeit des Ausschusses, insb dessen Geschäftsordnung, nichts anderes bestimmen. 4

2. Allgemeine Aufgaben des Vorsitzenden. Die Aufgaben, Befugnisse usw des Vorsitzenden ergeben sich außer aus § 89 aus zahlreichen anderen Vorschriften des VwVfG, zB § 20 Abs 4, § 68 Abs 2 und 3 und aus spezialgesetzlichen Regelungen sowie ggfs aus der Geschäftsordnung des Ausschusses. Im Zweifel hat der Vorsitzende auch alle Befugnisse, die zur **Vorbereitung der Sitzung** erforderlich sind, wie die Aufstellung der Tagesordnung, die Einberufung der Sitzungen, Veranlassung der Ladungen usw (StBS 5 ff; UL § 14 Rn 5 ff; Knack/Henneke 4); grundsätzlich ist der Vorsitzende jedoch insoweit an die **Geschäftsordnung** und idR auch an entsprechende **Entscheidungen des Ausschusses,** insb auch hins des Termins der Sitzungen oder hins der Tagesordnung, gebunden (Knack/Henneke 4). Im Übrigen fallen Entscheidungen hins des Verfahrens, die nicht dem Vorsitzenden vorbehalten sind, in die Zuständigkeit des Ausschusses, der bei Fehlen besonderer Regelungen gem §§ 90 f **mit Mehrheit entscheidet** (vgl Mannheim VBlBW 1992, 97), auch zB hins einer Änderung des Protokolls über die Sitzung gem § 93 (Knack/Henneke 3). 5

In **förmlichen Verfahren** gem §§ 63 ff sind ergänzend zu § 89 insb auch § 68 und § 71 Abs 1, Abs 2 S 2 anzuwenden, die die Befugnisse und Verpflichtungen des Vorsitzenden teils erweitern, teils einschränken. Weitere Befugnisse des Vorsitzenden können sich hins der äußeren Ordnung des Verfahrens auch aus dem Aspekt der **Sitzungspolizei** und dem **Hausrecht** ergeben, sofern dies dem Vorsitzenden übertragen worden ist.[2] S zu sitzungspolizeilichen Aufgaben und zum Hausrecht unten Rn 13 ff. 6

3. Ladung zur Sitzung. Das Gesetz trifft keine Regelungen über die bei der Ladung (vgl § 90 Abs 1 S 1) zu beachtenden Vorkehrungen. Soweit auch das Fachrecht keine Anforderungen formuliert, können die insoweit beachtlichen Regeln vom Ausschuss selbst in einer Geschäftsordnung festgelegt werden (StBS 9). Im Übrigen gelten allgemeine rechtsstaatliche Grundsätze. Die Einhaltung der hiernach maßgeblichen Regeln für die ordnungsgemäße Ladung ist Sache des Vorsitzenden. 6a

4. Eröffnung der Sitzung. Die Eröffnung der Sitzung ist an keine besonderen Förmlichkeiten gebunden. Sie kann insb statt durch entsprechende Erklärung, wie dies vielfach üblich ist („Die Sitzung ist hiermit eröffnet"), auch durch konkludentes Verhalten erfolgen, sofern jedenfalls den Mitgliedern des Ausschusses und sonstigen Personen, die an der Sitzung teilnehmen, hinreichend zweifelsfrei kundgetan wird, dass nunmehr die Verhandlung, Besprechung usw eröffnet ist (ebenso StBS 6; Obermayer 6). 7

---

[1] StBS 1; FKS 4; MSU 6; Groß S 284 (durch Wahl, wenn nichts anderes bestimmt ist).
[2] Vgl Zeiler DVBl 1981, 1000; Ronellenfitsch VerwArch 1982, 465; MK 48 II; Obermayer 11; StBS 11.

8 Soll die **Beschlussfassung im schriftlichen Verfahren** nach § 90 Abs 1 S 2 erfolgen, entspricht der Eröffnung der Sitzung die Mitteilung des Textes, der beschlossen werden soll, sowie die Übermittlung etwaiger sonstiger Unterlagen. Im Zweifel obliegt auch die Entscheidung, ob in einer Sitzung oder im schriftlichen Weg entschieden werden soll, dem Vorsitzenden. Jedes Mitglied des Ausschusses kann aber einer Beschlussfassung im schriftlichen Verfahren widersprechen und dadurch die Durchführung einer Sitzung erzwingen.

9 **5. Leitung der Sitzung.** Die Leitung der Sitzung umfasst alle Maßnahmen, Anordnungen usw, die den äußeren Fortgang betreffen (ebenso Knack/Henneke 6), zB die Feststellung, dass die Sitzung ordnungsgemäß einberufen ist, die Feststellung der Beschlussfähigkeit (ebenso UL § 14 Rn 6 ff), die Feststellung der Tagesordnung, die Erteilung des Wortes usw, im Zweifel dagegen nicht Entscheidungen, die weiterreichende Bedeutung haben und deshalb Angelegenheit des Kollegiums sind, wie die Entscheidung über Beweiserhebungen, über den Ausschluss oder die Ablehnung von Mitgliedern nach § 20 Abs 4 bzw § 71 Abs 3 (vgl § 71 Rn 22).

10 Zur Leitung gehört insb auch die Verpflichtung, für die ausreichende Erörterung der zur Beschlussfassung anstehenden Angelegenheiten zu sorgen (§ 68 Rn 10), in Verhandlungen auch die Sorge dafür, dass die Beteiligten ausreichend Gelegenheit erhalten, sich zu den für die Entscheidung erheblichen Fragen zu äußern, und die Bereitstellung der erforderlichen **Beschlussvorlagen** sowie die Sorge um die **Protokollierung** und die Beschlussfassungen (UL § 14 Rn 6).

11 **6. Schließung der Sitzung.** Die Schließung der Sitzung ist der formale Akt, durch den die Verhandlung, die Beratungen, usw abgeschlossen werden. Wie die Eröffnung kann sie auch durch konkludentes Verhalten erfolgen. Sie ist grundsätzlich erst zulässig, wenn die Angelegenheit hinreichend erörtert ist; in Verhandlung mit den Beteiligten im Rahmen eines konkreten Verfahrens grundsätzlich erst, wenn den Beteiligten rechtliches Gehör (§§ 28 bzw 66) gewährt worden ist. Nicht notwendig ist, dass kein Beteiligter mehr das Wort wünscht, sofern bereits ausreichend rechtliches Gehör gewährt wurde (Knack/Henneke 5). Außerdem kann ein Beteiligter auf die Möglichkeit schriftlicher Ausführungen verwiesen werden, wenn die Entscheidung nicht unmittelbar im Anschluss an die Sitzung getroffen wird.

12 **Die Befugnis zur Schließung der Sitzung umfasst** im Zweifel – allerdings grundsätzlich mit Bindung an eine erste Entscheidung des Ausschusses darüber auch die Befugnis zur **Unterbrechung** und **Vertagung** der Sitzung, außerdem auch das Recht zur **Wiedereröffnung** einer bereits geschlossenen Sitzung.

13 **7. Sitzungspolizei. a) Allgemeines.** Zur Sorge für die Ordnung der Sitzung gem § 89 gehört vor allem die Befugnis (und grundsätzlich auch Verpflichtung), Störungen zu verhindern, die von den Sitzungsteilnehmern oder anwesenden Dritten ausgehen (vgl OVG Münster NVwZ 1983, 486: alles, was zu einem reibungslosen Ablauf erforderlich ist), uU zB ein Rauchverbot zu verfügen (Münster NVwZ 1983, 486; Lüneburg DVBl 1989, 935; Knack/Henneke 7), ebenso auch die Befugnis zur Ermahnung der Mitglieder und sonstiger Sitzungsteilnehmer zur erforderlichen Aufmerksamkeit, zur Unterlassung von Weitschweifigkeiten usw und zum Wortentzug (UL § 14 Rn 7). Zu den Befugnissen gegenüber den Beteiligten und sonst anwesenden Personen vgl im Einzelnen § 68 Rn 19 sowie allg auch Gramlich BayVBl 1989, 9; zur Rechtsnatur der Anordnungen auch § 68 Rn 22.

14 **b) Ausschlussrecht. Umstritten** ist, ob der Vorsitzende Kraft seines Leitungsrechts nach § 89 das Recht hat, auch **Mitglieder** des Ausschusses ganz oder zeitweise **von der Sitzung auszuschließen,** wenn sie die Sitzung gröblich stören und die Ordnung nicht anders hergestellt werden kann. Dies wird in der

Literatur überwiegend bejaht (UL § 14 Rn 7; StBS 10; Knack/Henneke 7), sofern die Grundsätze der Erforderlichkeit und Angemessenheit erfüllt sind (Obermayer 6; ablehnend MB 3). Hiervon zu unterscheiden ist die Frage, ob dies Auswirkungen auf die Beschlussfassung haben darf. So wird man im Hinblick auf den Grundsatz der Verhältnismäßigkeit eine Vertagung vornehmen müssen, wenn der Anlass für den Ausschluss singulärer Natur war.

c) Verhältnis zum Hausrecht. Das Hausrecht ist von der durch § 89 geregel- **15**
ten Sitzungspolizei zu unterscheiden. Es betrifft die Aufrechterhaltung der Ordnung im Gebäude bzw im räumlichen Bereich einer Behörde und steht grundsätzlich dem Behördenleiter zu. Im Einzelfall können sich die Anwendungsbereiche von Sitzungspolizei und Hausrecht überschneiden, wenn zB in einer Störung der Sitzung zugleich eine Gefahr für die Sicherheit und Ordnung im räumlichen Bereich der Behörde besteht. S zum Hausrecht näher § 35 Rn 74.

8. Rechtsschutz der Ausschussmitglieder. Das Gesetz regelt nicht, ob und **16**
in welchem Umfang die Mitglieder eines Ausschusses die Möglichkeit haben, gegen Entscheidungen des Vorsitzenden Rechtsschutz in Anspruch zu nehmen. Dies hängt davon ab, welchen Status das Fachrecht dem Ausschuss und seinen Mitgliedern einräumt. Entscheidend ist, ob den Mitgliedern eigene **wehrfähige Rechte** eingeräumt werden. Ist dies der Fall, kommt ein Organstreitverfahren in Betracht.[3]

§ 90 Beschlussfähigkeit

(1) **Ausschüsse sind beschlussfähig, wenn alle Mitglieder geladen und mehr als die Hälfte, mindestens aber drei der stimmberechtigten Mitglieder anwesend sind.**[3] **Beschlüsse können auch im schriftlichen Verfahren gefasst werden, wenn kein Mitglied widerspricht.**[9]

(2) **Ist eine Angelegenheit wegen Beschlussunfähigkeit zurückgestellt worden und wird der Ausschuss zur Behandlung desselben Gegenstands erneut geladen, so ist er ohne Rücksicht auf die Zahl der Erschienenen beschlussfähig, wenn darauf in dieser Ladung hingewiesen worden ist.**[14]

Schrifttum: *Anderheiden,* Verfahrens- und Zurechnungsprobleme bei Umlaufverfahren, VerwArch 2006, 165; *Alscher,* Willensmängel bei kollegialem Verwaltungshandeln, NJW 1972, 800; *Bäumler,* Anwendbarkeit des Verwaltungsverfahrensgesetzes auf Verwaltung ausübende Parlamentsausschüsse, DVBl 1978, 291; *Behnel,* Die fehlerhafte Ladung zu Sitzungen gemeindlicher Gremien (Rat und Ausschuß), NWVBl 1993, 400; *Foerster,* Umlaufbeschlüsse, SKV 1970, 227; *Hoffmann-Riem,* Hilfsbeschlußfähigkeit von Kollegialorganen, NJW 1978, 393. S im Übrigen zu § 88.

Übersicht

[3] S zu Organstreitverfahren OVG Weimar DVBl 2000, 358; VGH Mannheim VBlBW 1999, 304; OVG Münster NVwZ-RR 1998, 325; Martensen JuS 1995, 989; Ramsauer Assessorprüfung § 22.

I. Allgemeines

1 **1. Inhalt.** Die Vorschrift regelt zusammen mit den §§ 91, 92 die Beschlussfassung durch Ausschüsse. Die Bestimmung ist zT deutlich strenger als im Verfassungsrecht und im Kommunalverfassungsrecht. Anders als dort muss die Beschlussfähigkeit nach § 90 tatsächlich gegeben sein; dass kein Mitglied die fehlende Beschlussfähigkeit rügt, ist nicht ausreichend (VGH Kassel NVwZ 1988, 1155; StBS 4). Beschlüsse können, wie sich aus § 90 Abs 1 S 2 ergibt, außer in Sitzungen auch im schriftlichen Verfahren (unten Rn 9) und in anderer geeigneter Weise gefasst werden, soweit durch Rechtsvorschriften nichts anderes vorgeschrieben ist. In Analogie zu Abs 1 S 2 ist bei fehlendem Widerspruch auch die Beschlussfassung unter Benutzung einer zusammengeschaltenen Rundrufanlage **(Konferenzschaltung)** und durch telefonische Rundfrage als zulässig anzusehen (s Rn 13). Zum Verbot der Mitwirkung von nach §§ 20 oder 21 ausgeschlossenen bzw auszuschließenden Personen und zu deren Vertretung s § 20 Abs 4, im förmlichen Verfahren § 71 Abs 3; zu den Folgen der Unterlassung einer gebotenen Beschlussfassung und zur Heilung des Mangels bei VAen s auch § 44 Abs 3 Nr 3 und § 45 Abs 1 Nr 5.

2 **2. Anwendungsbereich.** Die Vorschrift gilt unmittelbar nur für die Beschlussfassung der in § 88 genannten Ausschüsse und Gremien im Geltungsbereich des VwVfG und vorbehaltlich gleich lautender oder entgegenstehender Rechtsvorschriften. Verwaltungsverfahrensgesetze der Länder enthalten im Wesentlichen mit § 90 übereinstimmende Vorschriften. Für Beschlüsse in förmlichen Verwaltungsverfahren ist außerdem § 71 Abs 2 zu beachten.

II. Beschlussfähigkeit

3 **1. Begriff der Beschlussfähigkeit (Abs 1 S 1).** Beschlussfähigkeit iS von § 90 bedeutet, dass die formellen Voraussetzungen für eine wirksame Beschlussfassung nach § 91 bzw § 92 erfüllt sind. Die Beschlussfähigkeit muss für **jeden einzelnen Tagesordnungspunkt** nicht nur im Zeitpunkt der Beschlussfassung ieS, sondern auch bei der Beratung darüber gegeben sein; dass sie am Anfang der Sitzung gegeben war, genügt nicht. Die Beschlussfähigkeit wird anders als zT im Verfassungsrecht bei Parlamenten nicht vermutet. Deshalb kommt es bei fehlender Beschlussfähigkeit nicht darauf an, ob ein Mitglied dies rügt, ob sie überhaupt während der Sitzung bemerkt wird oder ob die Anwesenden mit der Fortsetzung der Sitzung einverstanden sind.

Die für die Beschlussfähigkeit notwendigen Mitglieder müssen grundsätzlich während der gesamten Sitzung anwesend sein; dass die Mindestzahl mit wechselnden Teilnehmern erreicht wird, reicht nicht aus. **Bei teilweiser, wenn auch nur vorübergehender Abwesenheit** eines Mitglieds ist dieses entsprechend dem Zweck der Regelung, eine Beschlussfassung auf Grund der Mitwirkung wenigstens der zur Beschlussfassung erforderlichen Mindestmitgliederzahl sicherzustellen, als abwesend zu behandeln und nicht mitzuzählen. Etwas anders gilt, sofern das vorübergehend abwesende Mitglied nach seiner Rückkehr im Einverständnis mit den Beteiligten **nachträglich über den versäumten Teil umfassend informiert** wird. Wie Abs 1 S 2 klarstellt, ist, soweit gesetzlich nichts anderes vorgeschrieben ist (zB nach § 71 Abs 2 S 1), für die Beschlussfähigkeit Anwesenheit der Mitglieder im selben Raum für eine Beschlussfassung nicht unbedingt erforderlich, wohl aber, dass bestimmte Mindesterfordernisse für ein geordnetes Zusammenwirken der Mitglieder gegeben sind.

2. Voraussetzungen der Beschlussfähigkeit. Bei Beschlussfassung in einer Sitzung genügt die Anwesenheit der Hälfte der Mitglieder nur, wenn alle Mitglieder ordnungsgemäß, insb auch rechtzeitig, zur Sitzung geladen wurden (Begr 95; UL § 14 Rn 9). Anders als zT im Parlamentsrecht ist die mangelnde Beschlussfähigkeit **stets von Amts wegen, nicht erst auf Rüge eines Mitglieds hin, zu berücksichtigen.** Voraussetzung ist nach Abs 1 S 1, dass mehr als die Hälfte, mindestens aber drei der stimmberechtigten Mitglieder anwesend sind. Bei der **Berechnung der für die Beschlussfähigkeit** des Ausschusses erforderlichen Mindestzahl anwesender Mitglieder zählen nach Abs 1 S 1 die nach §§ 20 und § 21 nach § 71 Abs 3 ausgeschlossenen Mitglieder sowie die aus sonstigen Gründen nicht stimmberechtigten Mitglieder, zB nur beratende Mitglieder oder von der Sitzung vom Vorsitzenden ausgeschlossene Mitglieder nicht mit (ebenso UL § 14 Rn 9; StBS 8; Knack/Henneke 5; Obermayer/Funke-Kaiser 12). Mitzuzählen sind dagegen, soweit durch Gesetz nichts anderes bestimmt ist, auch diejenigen Mitglieder, die sich der Stimme enthalten (Knack/Henneke 6), und zwar auch dann, wenn auf Grund einer Rechtsvorschrift Stimmenthaltungen nicht zulässig sind. Enthaltungen zählen bei der Feststellung der Stimmenmehrheit weder für noch gegen den Antrag mit. Eine **unzulässige Stimmenthaltung ist eine ungültige Stimme** (s § 91 Rn 4). Beschlüsse, die gefasst werden, obwohl die Beschlussfähigkeit fehlte, sind nichtig und unwirksam (UL § 14 Rn 9; Knack/Henneke 7). Ein auf Grund eines solchen Beschlusses erlassener VA ist jedoch idR nur anfechtbar, nicht ohne weiteres nichtig (§ 44 Abs 3 Nr 3). 4

3. Ordnungsgemäße Ladung (Abs 1 S 1). Die Beschlussfähigkeit nach Abs 1 und 2 ist nur gegeben, wenn alle Mitglieder ordnungsgemäß geladen worden sind, in den Fällen des Abs 2 auch mit dem zusätzlichen Hinweis, dass ohne Rücksicht auf die Zahl der Erscheinenden entschieden wird. Zu laden sind in jedem Fall alle Mitglieder, auch solche, deren Verhinderung bekannt ist oder die, bevor sie von dem Termin Kenntnis hatten, auf die Ladung verzichtet haben. Sind die **Sitzungstage bereits im Voraus bestimmt** und den Mitgliedern bekannt, so bedarf es grundsätzlich keiner besonderen Ladung zu den einzelnen Terminen. Wenn bzw soweit die Sitzungstage und die zur Teilnahme zu ladenden Mitglieder nicht nach abstrakten Grundsätzen vorweg bestimmt sind, muss durch geeignete Rechtsvorschriften, durch die Geschäftsordnung oder durch die tatsächliche Praxis sichergestellt werden, dass die Festlegung der Sitzungstage, der Tagesordnung usw nicht zu einer Manipulation der Beschlüsse und Beschlussinhalte missbraucht werden kann (vgl OLG Köln NVwZ 1994, 410; StBS 5). Insoweit gelten, obwohl es im Verwaltungsverfahren grundsätzlich kein Recht auf den gesetzlichen Beamten gibt, die Grundsätze über die Hinzuziehung der Richter an Kollegialgerichten (vgl zB § 30 VwGO; dazu Kopp/Schenke § 30 Rn 1 ff) zT analog. 5

a) Form der Ladung. Die Ladung kann, soweit durch besondere Rechtsvorschriften keine bestimmte Form vorgeschrieben ist, auch in mündlicher Form, ggf auch schon in der vorausgegangenen Sitzung, erfolgen (StBS 5; Knack/Henneke 4). Nach dem Zweck der Regelung bedarf es keiner gesonderten Ladung, wenn Sitzungstage, Sitzungszeit und Sitzungsort generell im Voraus festgelegt und allen Mitgliedern bekanntgegeben wurden (ebenso StBS 5; Knack/Henneke 4; MB 6). Grundsätzlich ist eine **Mitteilung der Tagesordnung** oder des Gegenstandes, der in der Sitzung behandelt werden soll, zusam- 6 men mit der Ladung erforderlich, unabhängig davon, ob dies durch Rechtsvorschrift, auch zB durch eine Satzung oder Geschäftsordnung des Ausschusses selbst, vorgeschrieben ist (Obermayer 9; StBS 5; **aA** Voraufl). Dies gilt auch für die Ladung nach Abs 2.

7 **b) Ladungsfrist.** Eine bestimmte Ladungsfrist schreibt das Gesetz nicht vor. Nicht ordnungsgemäß ist eine Ladung ua auch dann, wenn die Ladungsfrist so kurz ist, dass keine hinreichende Gewähr besteht, dass alle Mitglieder rechtzeitig Kenntnis erlangen können, und dies zur Folge hat, dass einzelne Mitglieder nicht teilnehmen, weil sie nicht mehr so rechtzeitig verständigt werden konnten, dass ihnen die Teilnahme möglich oder (etwa wegen nicht mehr ohne erhebliche Schwierigkeiten oder Nachteile so kurzfristig rückgängig zu machender sonstiger Verpflichtungen oder Dispositionen) zumutbar war. Zur Frage, welche Ladungsfrist als angemessen anzusehen ist, § 67 Rn 7. Ein Mangel der Ladung ist unbeachtlich, wenn jedenfalls sämtliche Mitglieder erschienen sind (ebenso Knack/Henneke 4).

III. Form der Beschlussfassung

8 **1. Grundsatz der Mündlichkeit (Abs 1 S 1).** Abs 1 geht davon aus, dass die Beschlussfassung des Gremiums im mündlichen Verfahren erfolgt, dh auf einer Sitzung des Gremiums an einem bestimmten Ort. Dies folgt daraus, dass Abs 1 S 1 eine (persönliche) **Anwesenheit der Mitglieder** als Regelfall zugrunde legt, außerdem aus dem Gegenschluss aus Abs 1 S 2. Damit verlangt die Vorschrift, dass grundsätzlich eine mündliche Beratung über den Gegenstand der Beschlussfassung jedenfalls möglich sein soll. Eine Beschlussfassung in sog **Umspruchverfahren,** also durch eine persönliche, telefonische oder auch schriftliche Stellungnahme der Mitglieder (hierzu BVerwG NVwZ 2013, 1227, 1230) ist nicht vorgesehen und bedarf bei Ausschüssen, deren Mitwirkung materiell-gesetzlich vorgeschrieben ist, einer speziellen gesetzlichen Ermächtigung.

9 **2. Schriftliches Verfahren (Abs 1 S 2).** Abs 1 S 2 lässt eine Beschlussfassung im schriftlichen Verfahren zu, wenn kein Mitglied widerspricht. Eine Zustimmung der Mitglieder des Gremiums ist danach nicht erforderlich. Umgekehrt führt **ein einziger Widerspruch** zur Unzulässigkeit des schriftlichen Verfahrens. Im schriftlichen Verfahren erfolgt die Beschlussfassung, indem entweder ein Schriftstück mit einem bestimmten Entscheidungsvorschlag (vgl Mannheim DÖV 1981, 585) nacheinander allen Mitgliedern zugeleitet wird **(Umlaufverfahren)**[1] oder aber allen Mitgliedern gleichzeitig **gleich lautende Schriftstücke** als Beschlussvorlage mit der Bitte um Zustimmung zugeleitet werden (Begr 106; StBS 10).

10 **a) Vorbehalt anderweitiger Regelung.** Die Regelung ist gem § 88 nicht anwendbar, wenn in einer Rechtsvorschrift etwas anderes bestimmt ist. Als andere Bestimmung idS ist es idR auch anzusehen, wenn auf Grund einer Rechtsvorschrift einer gemeinsamen Beratung nach dem Zweck oder Zusammenhang der Regelung besondere Bedeutung zukommt, zB bei **Prüfungsentscheidungen,** wenn die Noten durch die Prüfer gemeinsam zu beraten und festzusetzen sind (vgl BFH DStR 1982, 533). Eine Anwendbarkeit auf Wahlen gem § 92 ist grundsätzlich zu bejahen, sofern hierfür nicht eine besondere Form vorgesehen ist (Knack/Henneke 10; MB § 92 Rn 1).

11 **b) Kein Widerspruch.** Das schriftliche Verfahren ist unzulässig mit der Folge, dass gleichwohl gefasste Beschlüsse nichtig und unwirksam sind, selbst wenn

---

[1] Zur Zulässigkeit der Beschlussfassung der Bundesregierung im Umlaufweg BVerfGE 91, 148; zT **aA** noch BVerwGE 89, 121 = NJW 1992, 2648); gegen die Zulässigkeit des Umlaufverfahrens, wenn im förml Verfahren eine mündl Verhandlung stattgefunden hat: Knack/Henneke 10.

sich im schriftlichen Verfahren bereits eine Mehrheit dafür ausgesprochen hat, wenn nur ein einziges Mitglied widerspricht (UL § 14 Rn 11; Knack/Henneke 11). Der **Widerspruch ist grundsätzlich formlos** möglich, er kann schon vor Beginn des schriftlichen Verfahrens erklärt werden, uU auch generell für bestimmte Arten von Angelegenheiten und nicht erst im konkreten Fall. Sinnvoll ist die vorherige Einholung einer Zustimmung zum schriftlichen Verfahren. Sie kann auch stillschweigend oder konkludent, auch zB durch Nichtäußerung auf eine entsprechende Anfrage des Vorsitzenden binnen einer bestimmten Frist (vgl DÖV 1992, 495) oder durch Abgabe des Votums, erfolgen.[2] Der **Widerruf der Zustimmung** kann grundsätzlich **bis zum Abschluss des Umlaufverfahrens** erklärt werden.[3]

c) Durchführung. Auf das schriftliche Verfahren ist Abs 1 S 1 und Abs 2 nur mit der Maßgabe anwendbar, dass der Mindestanwesenheitszahl eine Mindestzahl von Mitgliedern entsprechen muss, die sich an der Beschlussfassung durch schriftliche Abgabe ihrer Stimme beteiligen. An die Stelle einer Ladung oder vorherigen Verständigung, die hier sinnlos wäre, kann die Setzung einer angemessenen Frist für die Rückäußerung treten, innerhalb deren die Mitglieder mitteilen können, ob sie zustimmen oder nicht. Entsprechend ist in den Fällen des Abs 2 darauf hinzuweisen, dass der Beschluss ohne Rücksicht auf die Zahl der eingehenden Stimmen gefasst werden kann. Wegen der Gefahr, dass Rückäußerungen im Geschäftsgang liegen bleiben, ist es im Allgemeinen jedoch zweckmäßig, auf eine Fristsetzung zu verzichten und in einer Sitzung zu entscheiden, wenn nicht alle Mitglieder zustimmen; dies auch deshalb, weil eine Beschlussfassung in einer kontroversen Angelegenheit ohne gemeinsame Beratung im Allgemeinen nicht zielführend ist. 12

3. Andere Formen der Beschlussfassung. Grundsätzlich ist es zulässig, an die Stelle des schriftlichen Verfahrens auch andere Formen der Beschlussfassung treten zu lassen. Soweit durch Rechtsvorschriften nichts anderes vorgesehen ist, ist in analoger Anwendung von Abs 1 S 1 und 2 eine Beschlussfassung auch im Wege einer **Konferenzschaltung** als zulässig anzusehen; letzteres auch zB, wenn einzelne Mitglieder zu einer Sitzung, aus welchen Gründen auch immer, nicht erschienen, aber telefonisch erreichbar sind. **Umstritten** ist, ob die Beschlussfassung unter Benützung einer Rundrufanlage in Konferenzschaltung einer Beschlussfassung in Sitzungen gleichsteht (so StBS 4; Knack/Henneke 13) oder wie das schriftliche Verfahren durch **Widerspruch eines einzelnen Mitglieds** verhindert werden kann. Richtigerweise wird gegen den Willen einzelner Mitglieder eine Beschlussfassung im Wege der Konferenzschaltung nicht durchgeführt werden können, weil es insoweit an der **Unmittelbarkeit der Beratung** und der Möglichkeit eines direkten Diskurses fehlt. 13

IV. Notbeschlussfassung (Abs 2)

1. Allgemeines. Abs 2 enthält eine Sonderregelung für die Beschlussfähigkeit in Fällen, in denen die Behandlung einer Angelegenheit **bereits einmal wegen Beschlussunfähigkeit zurückgestellt** werden musste (sog Hilfs- oder Notbeschlussfähigkeit). Es soll dann die Beschlussfähigkeit in Abweichung von Abs 1 ohne Rücksicht auf die Zahl der Erschienenen bestehen, sofern in der (auch im Übrigen ordnungsgemäßen) Ladung darauf hingewiesen worden ist. Die Regelung entspricht einem schon bisher anerkannten allgemeinen Rechtsgrundsatz 14

[2] UL § 14 Rn 11; **aA** VGH Kassel NVwZ 1990, 1095; HessFG DVBl 1985, 348 = NJW 1985, 1726 zu einem Umlaufverfahren mit Verschweigungsfrist.

[3] MB 9; **aA** Obermayer 25 Fn 5: nur bis zum Beginn des schriftlichen Verfahrens. Kritik: Dieser Auffassung steht ua entgegen, daß die Beschlußvorlage an die einzelnen Mitglieder idR erst nach Beginn des Verfahrens gelangt.

(vgl Hoffmann-Riem NJW 1978, 383; enger BVerwGE 54, 30 = JZ 1978, 143). Sie soll ua verhindern, dass Mitglieder eines Ausschusses durch Nichterscheinen zu den Sitzungen eine Beschlussfassung über längere Zeit hinweg verhindern können (Begr 95).

15 **2. Voraussetzungen.** Der Entscheidungsgegenstand der ersten und der zweiten Sitzung muss identisch sein **(Identität des Tagesordnungspunkts).** Nicht erforderlich ist, dass eine ausdrückliche Zurückstellung erfolgt war; wenn die Beschlussunfähigkeit offensichtlich ist, erübrigt sich eine ausdrückliche Zurückstellung ebenso wie eine förmliche Feststellung der fehlenden Beschlussfähigkeit (Münster DVBl 1973, 646 zu § 34 nwGO). Die Ladung muss jedoch in jedem Fall **ausdrücklich einen Hinweis gem Abs 2** enthalten, um den bei der vorangegangenen Sitzung abwesenden Ausschussmitgliedern die nunmehr drohende Gefahr einer Entscheidung durch eine Minderheit der Mitglieder des Ausschusses bewusst zu machen (Knack/Henneke 8). Die Ladung gem Abs 2 kann nicht bereits mit der 1. Ladung verbunden werden (vgl zu § 23 WEG AG Bergheim MDR 1982, 497: gleichzeitige Ladung mit der Maßgabe, dass im Fall der Beschlussunfähigkeit die 2. Sitzung für 30 Minuten später angesetzt wird, unzulässig).

16 Die **Notbeschlussfähigkeit** iS von Abs 2 ist auch bei Fehlen ausdrücklicher Bestimmungen darüber jedenfalls dann als gegeben anzusehen, wenn die fehlende normale Beschlussfähigkeit die Folge eines pflichtwidrigen Verhaltens von Mitgliedern des Ausschusses ist, dieses Verhalten bereits wiederholt (mehr als zweimal) zur Beschlussunfähigkeit geführt hat und anders sonst die Funktionsfähigkeit des Ausschusses überhaupt in Frage gestellt wäre (BVerwGE 5, 304; Hoffmann-Riem NJW 1978, 393).

17 **3. Beschlussfähigkeit.** Die Beschlussfähigkeit ist im zweiten Durchgang, vorausgesetzt, dass alle Mitglieder ordnungsgemäß geladen wurden (s dazu oben Rn 8 ff) und die Ladung den Hinweis gem Abs 2 enthält, **ohne Rücksicht auf die Zahl** der erschienenen Ausschussmitglieder gegeben. Auch die Anwesenheit von mindestens drei Mitgliedern ist gem Abs 2, 2. Halbs in diesem Fall nicht erforderlich.[4] Die im Rahmen der (Not-)Beschlussfähigkeit gefassten Beschlüsse stehen im Übrigen den ordentlichen Beschlüssen des Ausschusses gleich. Sie bedürfen insb auch keiner späteren Bestätigung durch den beschlussfähigen Ausschuss (Knack/Henneke 9).

§ 91 Beschlussfassung

Beschlüsse werden mit Stimmenmehrheit gefasst.[3] Bei Stimmengleichheit entscheidet die Stimme des Vorsitzenden, wenn er stimmberechtigt ist; sonst gilt Stimmengleichheit als Ablehnung.[6]

Schrifttum: *Alscher,* Willensmängel bei kollegialem Verwaltungshandeln, NJW 1972, 800; *Dagtoglou,* Kollegialorgane und Kollegialakte der Verwaltung, 1960; *Foerster,* Umlaufbeschlüsse, SKV 1970, 227; *Groß,* Das Kollegialprinzip in der Verwaltungsorganisation, 1999; *Hoffmann-Riem,* Hilfsbeschlußfähigkeit von Kollegialorganen, NJW 1978, 393; *Röper,* Nein-Stimmen bei Beschlußwahlen gemäß § 92 VwVfG, Vr 1980, 293; *Schwerdtner,* Das Mehrheitsprinzip – ein Fundamentalgrundsatz auch im Kommunalrecht?, VBlBW 1984, 239. S im Übrigen zu § 88.

Übersicht

[4] StBS 12 f; MB 11; Obermayer 20; **aA** Knack/Henneke 9: der Vorsitzende und ein einzelnes Mitglied dürfen allein auch im Falle einer andauernden Beschlussunfähigkeit des Ausschusses keine Sachentscheidung treffen.

I. Allgemeines

1. Inhalt. Die Vorschrift regelt die Frage der für eine Beschlussfassung erforderlichen Stimmenzahl. Sie ergänzt insoweit § 90, der die Beschlussfähigkeit als Voraussetzung für eine gültige Beschlussfassung regelt. Zum Verfahren bei der Beschlussfassung, insb auch zur Beschlussfassung im schriftlichen Verfahren und im sog „Umlaufweg“ s § 90. Die Regelungen über die Beschlussfassung in Gremien im Bereich der Verwaltung entsprechen den bereits vor Erlass des Gesetzes anerkannten Grundsätzen (vgl VG Berlin DVBl 1974, 378 mwN). 1

2. Anwendungsbereich. Die Bestimmung gilt unmittelbar nur für die Beschlussfassung von Ausschüssen und Gremien iSd § 88 im Geltungsbereich des Gesetzes vorbehaltlich gleich lautender oder entgegenstehender Rechtsvorschriften. Die Verwaltungsverfahrensgesetze der Länder enthalten im Wesentlichen mit § 91 gleich lautende Vorschriften. Eine Einschränkung des Stichentscheids des Vorsitzenden enthält das Verwaltungsverfahrensgesetz von Baden-Württemberg. Beschlüsse iS von § 91 sind nicht nur die abschließenden Entscheidungen in der Sache, sondern auch **alle sonstigen Kollegialentscheidungen** in der Sache, zB Zwischenentscheidungen (Knack/Henneke 3). Abweichende Regelungen enthalten auch die **kommunalrechtlichen Bestimmungen** der Länder. 2

II. Beschlussfassung

1. Beschlussfassung mit Stimmenmehrheit (S 1). a) Allgemeines. Nach S 1 werden Beschlüsse vorbehaltlich abweichender Regelungen mit (einfacher) Stimmenmehrheit gefasst. Qualifizierte Mehrheiten, zB die absolute Mehrheit der Stimmen der Mitglieder oder eine 2/3-Mehrheit, sind nur erforderlich, wenn sie besonders vorgeschrieben sind. Nach S 1 kommt ein Beschluss zustande, wenn dafür die Mehrheit der Stimmen abgegeben wird. Maßgeblich ist die Mehrheit der gültigen Stimmen der stimmberechtigten, nicht der anwesenden Mitglieder.[1] **Stimmberechtigt** sind, sofern keine abweichenden Regelungen gelten, **grundsätzlich alle Mitglieder** des Ausschusses bzw Gremiums. Nicht stimmberechtigt sind Mitglieder, die gem §§ 20 Abs 4, 21 Abs 2, 71 Abs 3 wegen Befangenheit ausgeschlossen sind (UL § 14 Rn 12). 3

---

[1] UL § 14 Rn 12; MB 5; Knack/Henneke 5; StBS 5: die Mehrheit der abgegebenen Stimmen der Stimmberechtigten; Obermayer 2: mehr Stimmen dafür als dagegen; ebenso zu § 32 Abs 1 S 3 BGB trotz des Wortlauts „Mehrheit der erschienenen Mitglieder“ BGHZ 83, 35 = NJW 1987, 2430.

4 **b) Stimmenthaltungen.** Diese zählen nicht mit, also auch nicht als Gegenstimmen;[2] dies deshalb, weil „derjenige, der sich der Stimme enthält, seine Unentschiedenheit bekunden und gerade nicht mit Nein stimmen will" (BGHZ 83, 35 = NJW 1987, 2430). Sie sind aber bei der Berechnung der Zahl der stimmberechtigten Anwesenden voll mitzurechnen und damit auch bei der Frage, wie hoch die Zahl der Stimmen sein muss, die die Mehrheit ausmacht (StBS 5). Nicht geregelt ist in § 91 die Frage der **Zulässigkeit einer Stimmenthaltung.** Bei Fehlen abweichender Regelungen in Rechtsvorschriften außerhalb des VwVfG, insb auch in der Geschäftsordnung des Ausschusses (Knack/Henneke § 90 Rn 6), ist eine Stimmenthaltung im Zweifel nach allgemeinen Grundsätzen **grundsätzlich als zulässig** anzusehen (StBS 5; MB 5; Knack/Henneke § 90 Rn 6; **aA** VG Berlin DVBl 1974, 378; Dagtoglou 138 f); anders uU, wenn sich aus den Regelungen über die Zusammensetzung des Ausschusses oder über den Zweck der Teilnahme etwas anderes ergibt (vgl Knack/Henneke § 90 Rn 6; ferner auch BVerwGE 28, 66 zum Verfahren nach dem GjS).

5 **c) Teilnahme ausgeschlossener Mitglieder.** Die nach §§ 20 f ausgeschlossenen Mitglieder dürfen grundsätzlich weder an der Abstimmung, noch an der zugrunde liegenden Beratung teilnehmen (UL § 14 Rn 12). Nehmen sie gleichwohl an der Abstimmung teil, so sind ihre Stimmen bei der Zählung der Stimmen nicht zu berücksichtigen (StBS 5). Der Beschluss kommt in diesem Fall zustande, wenn die erforderliche Mehrheit auch ohne diese Stimmen erreicht wird (vgl F 234). Dies gilt jedoch nur dann, wenn der Beschluss trotz der Beteiligung nicht stimmberechtigter Mitglieder überhaupt gefasst werden durfte. Bestehen keine besonderen Regelungen, so führt die Teilnahme zur **Fehlerhaftigkeit des Beschlusses,** auch wenn ohne diese Stimmen die erforderliche Mehrheit erreicht wurde; idR ist nicht auszuschließen, dass der Beschluss ohne die Mitwirkung der dazu nicht berechtigten Person und die damit uU verbundene Beeinflussung anderer Mitglieder anders ausgefallen wäre.[3]

6 **2. Stichentscheid des Vorsitzenden (S 2).** Durch das **Dirimierungsrecht** des Vorsitzenden gem S 2 wird sichergestellt, dass es bei Stimmengleichheit nicht zu einer Patt-Situation kommen kann, wenn nur eine gerade Zahl von Mitgliedern an der Abstimmung teilnimmt. Der Stichentscheid des Vorsitzenden ist, wie S 2 2. HS klarstellt, nur maßgeblich, wenn dieser überhaupt über ein reguläres Stimmrecht verfügt. Fraglich ist, ob es bei einer **geheimen Abstimmung** überhaupt einen Stichentscheid geben kann, weil das Stimmverhalten bei geheimen Abstimmungen gerade nicht offen gelegt werden soll. Deshalb wird die Möglichkeit eines Stichentscheids für diese Fälle teilweise verneint (Knack/Henneke 6). Demgegenüber ist aber zu berücksichtigen, dass die Stichentscheidsregelung nicht auf die Form der Abstimmung abhebt und die Form der Abstimmung die Mehrheitsverhältnisse nicht beeinflussen darf (StBS 6; MB 7). Verfügt der Vorsitzende ausnahmsweise nicht über ein eigenes Stimmrecht, so gilt **Stimmengleichheit als Ablehnung** des gestellten Antrags. Andere Abweichungen vom Grundsatz der Stimmengleichheit sind nicht vorgesehen; sie bedürften einer besonderen Regelung.

III. Form der Beschlussfassung

7 **1. Grundsatz der Formfreiheit.** Nicht näher geregelt in § 91 ist die Form der Beschlussfassung bzw der Abstimmung. Soweit besondere Rechtsvorschriften

---

[2] UL § 14 Rn 12; Knack/Henneke 5; **aA** BVerwG DVBl 1984, 47; NJW 1985, 1916; VGH Kassel DVBl 1980, 655 = DÖV 1980, 62; StBS 5: Stimmenthaltungen haben die Wirkung von Nein-Stimmen.

[3] OVG Münster ZMR 1972, 240 ff; OVG Lüneburg BauR 1970, 89; VRspr 25, 959; VGH Kassel DÖV 1971, 821; F 235; Weis VBlBW 1972, 71.

(vgl auch § 92) und auch die Geschäftsordnung des Ausschusses darüber keine Bestimmungen enthalten, ist jede geeignete Form als zulässig anzusehen; dies gilt auch für die in § 92 Abs 1 genannten Formen;[4] soweit es jedoch in einem Fall auf das Dirimierungsrecht des Vorsitzenden gem § 91 S 2 1. Halbs ankommt, ergibt sich aus der genannten Vorschrift zumindest die Notwendigkeit offener Stimmabgabe des Vorsitzenden.[5] Entsprechendes gilt für die Beschlussfassung per Bildschirmanlage (s § 90 Rn 13). Im schriftlichen Verfahren gem § 90 Abs 1 S 2 ist auch die Abstimmung schriftlich (Knack/Henneke 4), bei Abstimmung per Telefon (dazu § 90 Rn 13) notwendig mündlich-telefonisch.

2. Reihenfolge der Beschlussfassung. Keine Regelung trifft das Gesetz 8
über die Reihenfolge, in der über Anträge abgestimmt werden muss, obwohl von der Reihenfolge das Ergebnis wesentlich beeinflusst werden kann. Nach allgemeinen Regeln ist über den **am weitesten gehenden Antrag zuerst** abzustimmen, damit die Ja-Stimmen im Falle seiner Ablehnung noch für den weniger weitgehenden abgegeben werden können. Der am weitesten gehende Antrag ist stets derjenige, der sich vom status quo, also von den bestehenden rechtlichen und tatsächlichen Verhältnissen, am weitesten entfernt.

IV. Wirkung der Beschlussfassung

1. Allgemeines. Keine Regelungen trifft die Vorschrift über die Wirkungen 9
der nach § 91 getroffenen Beschlüsse. Dies wäre bei der Unterschiedlichkeit der Fallgestaltungen auch nicht möglich. Insoweit gilt das jeweils anwendbare materielle Recht. Soweit Beschlüsse den Erlass eines Rechtssatzes oder eines VA oder den Abschluss eines Vertrags zum Gegenstand haben, stellen sie im Regelfall, dh wenn durch Rechtsvorschriften nichts anderes vorgesehen ist, nicht schon selbst den Erlass des Rechtssatzes oder den VA bzw das Vertragsangebot oder die Annahme eines Vertragsangebots dar, sondern bedürfen der **Vollziehung** durch Verkündung des Rechtssatzes, Erlass des VA, Abgabe der zum Vertragsschluss erforderlichen Willenserklärungen usw durch das insoweit zuständige Organ.

2. Verhältnis zum Ausführungs-VA. Der ordnungsgemäß gefasste Be- 10
schluss ist zwar uU Voraussetzung für die Rechtmäßigkeit des VA usw, mit dem Rechtsakt selbst aber nicht identisch, sondern lediglich ein Verwaltungsinternum. Im Einzelnen kommt es auf die maßgeblichen Regelungen des materiellen Rechts an. Solange ein Beschluss noch nicht im dargelegten Sinn vollzogen ist und damit Außenwirkung erlangt hat, kann er vom Ausschuss jederzeit in derselben Sitzung oder auch in einer späteren Sitzung noch jederzeit unter Einhaltung der für Beschlüsse geltenden Bestimmungen wieder aufgehoben oder abgeändert werden (vgl BVerwGE 82, 52). Die Voraussetzungen der §§ 48 f müssen dafür nicht vorliegen. Die mangelnde Identität zwischen Beschluss und dem Rechtsakt (VA usw) selbst spielt auch für die Frage eine Rolle, welche Folgen ein unwirksamer Beschluss für die Wirksamkeit des Rechtsaktes hat. Geht es um den Erlass eines VA, führt die Unwirksamkeit des Beschlusses idR nicht ohne weiteres auch zur Unwirksamkeit des VA.

V. Fehlerhaftigkeit des Beschlusses

1. Allgemeines. Die Vorschrift enthält keine Regelungen über die Folge von 11
Fehlern in der Beschlussfassung. Dies wäre wegen der ganz unterschiedlichen

[4] **AA** VG Berlin DVBl 1974, 378: grundsätzlich nur offene Abstimmung; Knack/Henneke 4: ausnahmslos offene Abstimmung durch Zuruf oder Zeichen, insb Handaufheben.

[5] Weitergehend VG Berlin DVBl 1974, 378: Erfordernis offener Abstimmung für alle; StBS 6; MB 7; ebenso im Ergebnis Knack/Henneke 6: Stichentscheid des Vorsitzenden bei geheimer Abstimmung nicht möglich.

Zusammenhänge, in denen Gremien Beschlüsse fassen müssen, nur schwer möglich gewesen. Insoweit kommt es auf diejenigen Rechtvorschriften an, zu deren Umsetzung die Gremien tätig werden, im Übrigen gelten die allgemeinen Bestimmungen.

12 **2. Fehler in der Willensbildung.** Nicht geregelt ist in § 91 oder an anderer Stelle des Gesetzes die Frage, wie die Mitglieder des Ausschusses die Informationen erhalten bzw sich solche verschaffen können oder müssen (Vortrag eines „Berichterstatters", eigenverantwortliches Studium der Akten, usw), die sie für ihre Entscheidung benötigen. Soweit sich aus Rechtsvorschriften außerhalb der VwVfG oder aus der Geschäftsordnung des Ausschusses nichts anderes ergibt, sind vor allem die Grundsätze, die sich aus dem Zweck des Verfahrens, etwa betroffenen Rechten Dritter usw ergeben, maßgebend. Vgl zB BVerwGE 95, 237 = DVBl 1994, 1351: Folgerung aus den Erfordernissen zu Entscheidungen der Habilitationskommission einer Fakultät über eine Habilitation mit sehr detaillierten Folgerungen für eine abgestufte Mitwirkung der Mitglieder.

13 **Kein Fehler des Beschlusses liegt idR vor,** wenn die Mitglieder des Gremiums **nach Weisungen abstimmen.** Etwas anderes gilt nur für den Fall, dass dem Gremium durch besondere Rechtsvorschriften Unabhängigkeit eingeräumt worden ist. In derartigen Fällen sind Weisungen unzulässig und können zur Fehlerhaftigkeit des Beschlusses führen. Ist dem Gremium Unabhängigkeit eingeräumt, dann sind, obwohl das VwVfG an sich hier kein Recht auf den gesetzlichen Beamten analog zum gesetzlichen Richter kennt, auch Manipulationen zur Beeinflussung der Ergebnisse der Willensbildung und der Beschlussfassung des Ausschusses unzulässig (vgl OLG Köln NVwZ 1994, 410: Unzulässigkeit der Ersetzung eines Mitglieds, von dem eine Zustimmung zu einem bestimmten Beschluss nicht erwartet wird, durch ein zustimmungswilliges Mitglied).

14 **3. Fehler bei Mitwirkung ausgeschlossener Personen.** Fehlerhaft ist ein Beschluss ohne Rücksicht auf die Zahl der dafür abgegebenen Stimmen insb grundsätzlich, wenn durch Gesetz nichts anderes vorgeschrieben ist (vgl zB Art 49 Abs 3 bayGO), bei Mitwirkung von nach § 20 oder nach allgemeinen Rechtsgrundsätzen bzw durch Entscheidung nach § 20 Abs 4 bzw § 21 Abs 2 oder nach § 71 Abs 3 durch Beschluss des Ausschusses wegen Vorliegens eines Ausschlussgrundes oder wegen Befangenheit ausgeschlossenen Mitgliedern; solche Mitglieder dürfen grundsätzlich auch nicht als Zuhörer bei der Beratung und bei der Abstimmung anwesend sein.[6] Zum Ausschluss bei Vorbereitungshandlungen s auch § 20 Rn 38; ferner Dolde BauR 1973, 353; v Mutius VerwArch 1974, 436 f.

§ 92 Wahlen durch Ausschüsse

(1) **Gewählt wird, wenn kein Mitglied des Ausschusses widerspricht, durch Zuruf oder Zeichen, sonst durch Stimmzettel.**[7] **Auf Verlangen eines Mitglieds ist geheim zu wählen.**[10]

(2) **Gewählt ist, wer von den abgegebenen Stimmen die meisten erhalten hat.**[11] **Bei Stimmengleichheit entscheidet das vom Leiter der Wahl zu ziehende Los.**[12]

(3) **Sind mehrere gleichartige Wahlstellen zu besetzen, so ist nach dem Höchstzahlverfahren d'Hondt zu wählen, außer wenn einstimmig etwas anderes beschlossen worden ist. Über die Zuteilung der letzten Wahlstelle entscheidet bei gleicher Höchstzahl das vom Leiter der Wahl zu ziehende Los.**[13]

---

6 Kassel DÖV 1971, 821; Lüneburg NdsGem 1973, 126 ff; v Mutius VerwArch 1974, 438 mwN; UL § 14 Rn 12; **aA** Mannheim BauR 1973, 370; Münster DVBl 1978, 152 mwN: Anwesenheit bei öffentlichen Sitzungen im Zuhörerraum ist unschädlich.

Schrifttum: *Groß,* Das Kollegialprinzip in der Verwaltungsorganisation, 1999; *Röper,* Nein-Stimmen bei Beschlußwahlen gem § 92 VwVfG, Vr 1980, 293. S im übrigen zu § 88 und § 91.

Übersicht

I. Allgemeines

1. Inhalt. Die Vorschrift enthält Sonderbestimmungen in Ergänzung zu § 90 und § 91 für **sog Beschlusswahlen,** dh die Wahlen einer oder mehrerer Personen für bestimmte Ämter, ehrenamtliche Tätigkeiten ua (Knack/Henneke 2; StBS 1) oder Funktionen, zB die Wahl des Ausschussvorsitzenden oder anderer Funktionsträger innerhalb oder außerhalb des Ausschusses, die Wahl der Mitglieder eines Unterausschusses usw (vgl UL § 14 Rn 13) oder die Abwahl daraus (StBS 1). Die Regelung soll in Anlehnung an entsprechende Bestimmungen im Kommunalrecht den besonderen Erfordernissen von Wahlen durch Ausschüsse Rechnung tragen, insb auch dem Umstand, dass bei solchen Wahlen häufig mehrere Vorschläge gleichzeitig zur Abstimmung stehen (vgl UL § 14 Rn 13). **1**

Über die Rechtsnatur solcher Beschlusswahlen bzw der in Vollzug davon ergehenden Akte trifft die Vorschrift keine Regelung. Man wird Beschlusswahlen idR als verwaltungsinterne Maßnahmen eigener Art anzusehen haben, denen mangels echter Auswirkung **keine VA-Qualität** zukommt.[1] Rechtsschutz ist insoweit nur nach den **Grundsätzen des Organrechtsstreits** möglich (vgl Kopp/Schenke Anh § 42 Rn 86 mwN). **2**

Eine Regelung des passiven Wahlrechts, insbes ob nur Mitglieder des Ausschusses selbst oder auch Dritte oder nur Dritte gewählt werden können, trifft die Vorschrift nicht. Insoweit ist ausschließlich das materielle Recht – insb auch Ziel und Art der vorzunehmenden Wahl – maßgeblich. § 92 schließt die Wahl Außenstehender nicht aus. **3**

2. Anwendungsbereich. Die Vorschrift gilt für die **Beschlusswahlen** durch Ausschüsse und sonstige Gremien iSd § 88 im Geltungsbereich des VwVfG vorbehaltlich abweichender oder gleich lautender Bestimmungen. Die Verwaltungsverfahrensgesetze der Länder enthalten gleich lautende Bestimmungen. Die Vorschrift gilt, wie sich aus der Überschrift und aus dem Zusammenhang sowie aus § 1 ergibt, nur für Wahlen durch Ausschüsse (Beschlusswahlen), **nicht für Wahlen zu allgemeinen Vertretungsorganen,** wie zB für den Gemeinderat. Zum Stimmrecht von Kandidaten S unten Rn 11; zur Leitung des Wahlverfahrens durch den Wahlleiter unten Rn 6. **4**

---

[1] Die Frage ist sehr str; wie hier VGH München BayVBl 1988, 16; Mannheim NVwZ 1984, 659; Kassel NVwZ 1988, 82; Pietzcker in Schoch VwGO § 42 Rn 61; Kopp/Schenke Anh § 42 Rn 85; **aA** OVG Berlin DVBl 1969, 881; 7. Aufl.

5 **Nicht unter die Regelung fallen** nach Sinn und Zweck der Vorschrift auch bloße **Auswahlentscheidungen,** die nicht der Besetzung von „Wahlstellen" (vgl Abs 3) dienen, zB die Auswahl eines Gutachters, eines Unternehmers bei der Vergabe eines Auftrags usw (ebenso StBS 1; **aA** Knack/Henneke 2: auch sonstige Auswahlentscheidungen). Andererseits fallen nicht nur Wahlen innerhalb der Ausschüsse (zB des Vorsitzenden oder des Schriftführers) unter die Regelung, sondern auch zB die Wahl eines in ein anderes Gremium zu entsendenden Mitglieds des Ausschusses oder auch einer nicht dem Ausschuss angehörenden Person für eine Funktion im Ausschuss oder auch für eine Funktion bei einem anderen Rechtsträger (StBS 1; insoweit auch Knack/Henneke 2).

II. Wahlverfahren

6 **1. Leitung.** Gem § 92 iVmit der Regelung in § 89, der grundsätzlich auch für Wahlen gem § 92 gilt, obliegt die Leitung der Wahl, die Eröffnung und Schließung der Wahlsitzung und die Ordnung im Sitzungssaal usw dem Wahlleiter (vgl Abs 2 S 2 und Abs 3 S 2). **Wahlleiter ist grundsätzlich der Vorsitzende** gem § 89 bzw, wenn ein Vorsitzender erst nach § 92 zu wählen ist, im Zweifel (dh, wenn das Gesetz oder die Geschäftsordnung nichts anderes bestimmt) das älteste Mitglied des Ausschusses (Knack/Henneke 6).

7 **2. Formen der Wahl (Abs 1 S 1).** Abs 1 lässt bei Beschlusswahlen anders als sonst bei Abstimmungen nur bestimmte Formen der Stimmabgabe zu, nämlich Zuruf, Zeichen (zB Handaufheben, Akklamation, vgl UL § 14 Rn 14) und Stimmzettel. Andere Formen der Wahl bedürften einer besonderen Regelung. Das gilt insbes für Wahlen im **Umlaufverfahren** (so nun auch Obermayer 3).

8 **a) Entscheidung über die Wahlform.** Die Entscheidung, in welcher der nach Abs 1 S 1 zulässigen Formen die Wahl durchzuführen ist, steht, soweit durch Gesetz oder durch die Geschäftsordnung nichts anderes bestimmt ist, der Ausschuss nichts anderes bestimmt oder sich aus den besonderen Umständen der Wahl ergibt, grundsätzlich im **Ermessen des Wahlleiters,** der nach § 89 auch die Wahl bzw die Sitzung leitet. Die Mitglieder des Ausschusses können nach Abs 1 S 1 eine **Wahl durch Stimmzettel** und nach Abs 1 S 2 eine **geheime Wahl** verlangen. Soweit Formen wie die Wahl durch Zuruf oder Zeichen nur bei Wahlen im Rahmen einer Sitzung sinnvoll sind, ist damit mittelbar auch die Zulässigkeit von Wahlen im schriftlichen Weg nach § 90 Abs 1 S 2 für Beschlusswahlen ausgeschlossen (vdGK 2.3); eine Wahl außerhalb einer Sitzung ist nur bei Abstimmung mit Stimmzetteln möglich.

9 **b) Widerspruchsrecht.** Abs 1 S 1 gibt jedem Mitglied die Befugnis, durch seinen Widerspruch gegen eine Stimmabgabe durch Zuruf oder Zeichen eine **Wahl durch Stimmzettel** zu erzwingen („sonst"). Dadurch wird sichergestellt, dass kein Mitglied durch Mehrheitsbeschluss gezwungen werden kann, eine offene Wahl hinzunehmen, wenn es Wert darauf legt, dass nicht bekannt wird, wie es selbst oder ein anderes Mitglied abgestimmt hat, oder befürchtet, dass durch eine offene Wahl andere Mitglieder gehindert sein könnten, ihre wahre Meinung zum Ausdruck zu bringen (Begr 96). Der Widerspruch gegen eine Wahl durch Zuruf oder Zeichen bedarf keiner Begründung (Begr 96; Obermayer 6; Knack/Henneke 4).

10 **3. Geheime Wahl (Abs 1 S 2).** Wenn bzw soweit durch Gesetz oder durch die Geschäftsordnung des Ausschusses insoweit nichts anderes bestimmt ist, steht auch die Entscheidung, ob die Wahl als geheime Wahl durchzuführen ist, im **Ermessen des Wahlleiters** (s oben Rn 8). Nach Abs 1 S 2 kann jedoch jedes Mitglied, dh jedes stimmberechtigte Mitglied (Knack/Henneke 4) des Ausschusses geheime Wahl verlangen. Die stimmberechtigten Ausschussmitglieder müssen dann Gelegenheit zu einer geheimen Stimmabgabe erhalten, und es muss dann

auch gewährleistet sein, dass durch die Auszählung bzw sonstige Auswertung der Stimmen die Geheimhaltung unberührt lässt (Knack/Henneke 4). Das Verlangen nach geheimer Wahl bedarf keiner Begründung (Begr S 96).

III. Wahlergebnis

1. Meiststimmenverfahren (Abs 2 S 1). Abs 2 sieht abweichend von § 91 vor, dass, wenn durch Rechtsvorschriften nichts anderes bestimmt ist, also keine qualifizierte Stimmenmehrheit verlangt wird, für die Wahl nicht die absolute Mehrheit der abgegebenen Stimmen schlechthin, sondern nur die **relative Mehrheit der abgegebenen Stimmen** erforderlich ist (UL § 14 Rn 16; vgl Meiststimmenverfahren). Gewählt sind danach diejenigen Kandidaten, die mehr Stimmen als die Gegenkandidaten (bzw der Gegenkandidat) erhalten haben. Stimmenthaltungen zählen dabei, da sie nicht „abgegebene Stimmen" sind, nicht mit, dh die relative Mehrheit muss mit den für den oder die Kandidaten abgegebenen Stimmen erreicht werden (Obermayer 7; Knack/Henneke 5). Die relative Mehrheit der Stimmen genügt auch dann, wenn nur ein einziger Kandidat kandidiert hat.[2] **Aktiv wahlberechtigt** sind grundsätzlich alle Mitglieder des Ausschusses, auch soweit sie selbst kandidieren (UL § 14 Rn 15; vgl für Wahlen zu einer ehrenamtlichen Tätigkeit und für die Abberufung davon auch § 20 Abs 2). 11

2. Entscheidung bei Stimmengleichheit (Abs 2 S 2). Bei Stimmengleichheit, dh wenn für mehrere Kandidaten gleich viele Stimmen abgegeben wurden, entscheidet nicht gem § 91 die Stimme des Vorsitzenden bzw gilt nicht der Vorschlag als abgelehnt, sondern entscheidet gem § 92 Abs 2 S 2 **das vom Wahlleiter zu ziehende Los** zwischen den Kandidaten, die gleich viele Stimmen erhalten haben. Die Form der Auslosung ist Sache des Wahlleiters. Allerdings kann der Ausschuss bzw das Gremium eine bestimmte Form der Auslosung beschließen, im Einzelfall oder allgemein in der Geschäftsordnung. 12

3. Mehrere Wahlstellen (Abs 3). a) Grundsatz. Sind mehrere gleichartige Stellen durch die Wahl zu besetzen, zB die Mitglieder eines Ausschusses, Unterausschusses oä zu wählen, trifft Abs 3 eine besondere Regelung. Soweit spezialgesetzlich nichts anderes vorgesehen ist und im Ausschuss nicht einstimmig (Abs 3 S 1 2. Halbs) etwas anderes beschlossen wird, ist nach dem **d'Hondtschen Höchstzahlenverfahren** vorzugehen. Damit wird sichergestellt, dass sich die Mehrheit in einem Ausschuss nicht mit sämtlichen Wahlvorschlägen gegenüber der Minderheit durchsetzen kann. Das d'Hondtsche Höchstzahlenverfahren stellt sicher, dass auch die Minderheit die Chance hat, einige ihrer Kandidaten durchzubringen. Zum Schutz der Minderheit ist deshalb für eine Abweichung auch Einstimmigkeit erforderlich. 13

b) Listenwahl. Die Anwendung des **d'Hondtschen Höchstzahlenverfahrens** bedeutet, dass die Stimmen nicht für die einzelnen Kandidaten, sondern für „Listen" abgegeben werden, auf denen jeweils mehrere Bewerber für alle zu besetzenden Wahlstellen kandidieren. Die für die einzelnen Listen abgegebenen Stimmen werden nach dem d'Hondtschen Verfahren nacheinander durch die Zahlen 1, 2, 3 usw geteilt und nach den sich daraus ergebenden Zahlen, die größere Zahl jeweils vor der kleineren, geordnet. Nach der sich so ergebenden Reihenfolge werden dann die Sitze auf die einzelnen Listen verteilt. Entfallen gleiche Höchstzahlen auf die letzte Wahlstelle, so entscheidet das Los (Abs 3 S 2). Zur **Verfassungsmäßigkeit** des d'Hondtschen Höchstzahlenverfahrens vgl BVerfG DVBl 1989, 150; BVerwG DVBl 1989, 928; BayVerfGH 45, 65; BayVBl 1996, 716. Ein **Beispiel** für die Durchführung einer Listenwahl nach d'Hondt findet sich bei Obermayer 15. 14

---

[2] Knack/Henneke 5; **aA** Röper Vr 1988, 202: da dann nicht mehr von den meisten Stimmen gesprochen werden könne, müsse die einfache Mehrheit gem § 91 verlangt werden.

§ 93 Niederschrift

Über die Sitzung ist eine Niederschrift zu fertigen.[3] Die Niederschrift muss Angaben enthalten über[4]

1. den Ort und den Tag der Sitzung,
2. die Namen des Vorsitzenden und der anwesenden Ausschussmitglieder,
3. den behandelten Gegenstand und die gestellten Anträge,
4. die gefassten Beschlüsse,
5. das Ergebnis von Wahlen.

Die Niederschrift ist von dem Vorsitzenden und, soweit ein Schriftführer hinzugezogen worden ist, auch von diesem zu unterzeichnen.

Schrifttum: *Bolwig,* Niederschriften über die Sitzungen des Rates und seiner Ausschüsse, SKV 1966, 64; *Münch,* Anwendung von ZPO-Bestimmungen auf Niederschriften von Anhörungs- und Widerspruchsausschüssen, VR 1979, 18; *Rudisile,* Protokollierungspflicht bei der Überprüfung ehemaliger DDR-Richter und Staatsanwälte, DÖV 1992, 860; *Stober,* Zu Tonaufzeichnungen in öffentlichen Gemeinderatssitzungen, DVBl 1976, 371.

Übersicht

I. Allgemeines

1 **1. Inhalt.** Die Vorschrift schreibt die Fertigung einer Niederschrift über jede Ausschusssitzung vor. Die Niederschrift dient vor allem Beweiszwecken (Begr 96; MB 1; UL § 14 Rn 20; Knack/Henneke 2). Die Wirksamkeit und Rechtmäßigkeit der gefassten Beschlüsse usw hängt nicht von der Ordnungsmäßigkeit der Niederschrift ab (UL § 14 Rn 20; StBS 2). Im Einzelnen gelten die Ausführungen zur Niederschrift über eine mV nach § 68 Abs 4 (s hierzu § 68 Rn 23 ff) entsprechend. § 93 gilt entsprechend auch für Beschlüsse, die nach § 90 Abs 1 S 2 im schriftlichen Wege oder in anderer Weise ohne Abhaltung einer Sitzung gefasst werden. Die Niederschrift wird **Bestandteil der Verwaltungsakten** und kann hier von den Beteiligten im Rahmen des § 29 eingesehen werden (Knack/Henneke 2).

2 **2. Anwendungsbereich.** Die Regelung im Anwendungsbereich des VwVfG gilt für alle Sitzungen von Ausschüssen iSd § 88, auch für solche, die nach § 92 der Durchführung einer Ausschusswahl dienen. Die Verwaltungsverfahrensgesetze der Länder enthalten im Wesentlichen mit § 93 gleich lautende Vorschriften. Eine analoge Anwendung kommt in Bereichen der Verwaltung in Betracht, in denen Vorschriften über die Arbeit von Ausschüssen fehlen.[1]

II. Niederschrift

3 **1. Protokollierungspflicht (S 1).** S 1 verpflichtet zur Anfertigung einer Niederschrift. Die Anfertigung der Niederschrift und grundsätzlich auch der

---

[1] Vgl zB LSG Niedersachsen-Bremen, Urt v 9.11.2011, L 3 KA 105/08, juris, für Protokollpflicht von Sitzungen des Disziplinarausschusses einer Kassenärztlichen Vereinigung.

Inhalt liegt im **Verantwortungsbereich des Vorsitzenden** im Rahmen seiner Funktion als Leiter der Sitzung gem § 89. Soweit ein Schriftführer bestellt wird, hat der Vorsitzende ihn zu leiten, insb auch durch Anweisungen darüber, was in die Niederschrift aufzunehmen ist, und zu überwachen (vgl Knack/Henneke 2). Einzelne Mitglieder des Ausschusses können verlangen, dass bestimmte Vorgänge in die Niederschrift aufgenommen werden. Lehnt der Vorsitzende dies ab, so entscheidet der Ausschuss über das Verlangen. Ein rechtlich durchsetzbarer Anspruch auf Aufnahme von Vorgängen in die Niederschrift besteht auch bei schutzwürdigem Interesse grundsätzlich nicht (Obermayer 10; **aA** Voraufl).

2. Mindestanforderungen (S 2). a) Allgemeines. § 93 stellt Mindestanforderungen für den Inhalt der Niederschrift auf. Dies schließt weitergehende 4 Protokollierungen, insb auch die wörtliche Aufnahme wichtiger Erklärungen und die Aufnahme anderer Fakten und Vorgänge auf Anordnung des Vorsitzenden oder auf Beschluss des Ausschusses, dem bei Meinungsverschiedenheiten das letzte Wort zukommt, nicht aus. Grundsätzlich ist **keine wörtliche Wiedergabe** (Wortprotokoll) der in der Sitzung gemachten Ausführungen erforderlich, vielmehr genügt ein **Ergebnisprotokoll** (Knack/Henneke 3). Ergänzende Anforderungen gelten im förmlichen Verwaltungsverfahren gem § 68 Abs 4 für mündliche Verhandlungen und gem § 71 Abs 2 S 3 für Abstimmungsergebnisse. Die Sitzungsniederschrift muss den Mindestanforderungen nach § 93 bzw nach anderen für die Niederschrift geltenden Rechtsvorschriften auch dann genügen, wenn zugleich auch weitergehende Aufzeichnungen erfolgen oder die Verhandlungen auf Tonträger aufgezeichnet werden (Knack/Henneke 3).

b) Der Mindestinhalt. Erforderlich gem Abs 1 Nr 1 sind die Angaben über 5 **Ort und Tag der Sitzung,** nicht dagegen – wenn auch idR als Grundlage für die Berechnung von Sitzungsgeldern, Verdienstausfallentschädigungen usw zweckmäßig – die Angabe auch der Tageszeit und des Beginns und Endes der Sitzung. Für die **Angaben über die anwesenden Ausschussmitglieder** gem Nr 2 genügt es auch, wenn die Namen der fehlenden Mitglieder aufgeführt werden und sich daraus im Umkehrschluss ergibt, wer anwesend war. Ausreichend ist auch eine in Umlauf gesetzte Anwesenheitsliste, die der Niederschrift als Anlage beigefügt wird (Knack/Henneke 3). Hins des behandelten **Gegenstandes** (Nr 3) genügt eine kurze, einfache Kennzeichnung mit einem Stichwort, ggf mit Bezugnahme auf entsprechende Protokollanlagen (Knack/Henneke 3). Dagegen sind die gestellten **Anträge gem Nr 3 und die gefassten Beschlüsse gem Nr 4 grundsätzlich wörtlich** aufzunehmen; auch hier genügt jedoch eine kurze Bezugnahme, wenn der volle Text dem Protokoll als Anlage beigefügt wird. **Bei Wahlen** gem § 93 genügt gem Nr 5 die Feststellung des Ergebnisses, dh des Namens des bzw der Gewählten und die Angabe des Amtes, der Funktion uä, für das bzw die sie bzw er gewählt wurde(n). Nicht vorgeschrieben, aber zu empfehlen ist die Angabe der Art der Abstimmung (schriftlich, geheim usw) und des Stimmenverhältnisses.

3. Meinungsverschiedenheiten über den Inhalt der Niederschrift. Bei 6 Meinungsverschiedenheiten zwischen dem Vorsitzenden und dem Protokollführer über den Inhalt und die Richtigkeit des Protokolls **entscheidet der Ausschuss,** ebenso über nachträgliche Änderungs- oder Ergänzungswünsche.[2] Eine „Genehmigung" der Niederschrift durch den Ausschuss in derselben Sitzung oder einer folgenden Sitzung ist nicht vorgeschrieben, idR aber zweckmäßig, um späteren Meinungsverschiedenheiten vorzubeugen.

---

[2] UL § 14 Rn 18; Obermayer 11.

Teil VIII. Schlussvorschriften

§ 94 Übertragung gemeindlicher Aufgaben

Die Landesregierungen können durch Rechtsverordnung die nach den §§ 73 und 74 dieses Gesetzes den Gemeinden obliegenden Aufgaben auf eine andere kommunale Gebietskörperschaft[2] oder eine Verwaltungsgemeinschaft übertragen.[3] Rechtsvorschriften der Länder, die entsprechende Regelungen bereits enthalten, bleiben unberührt.

Schrifttum: *Korber/Braese,* Die Mitwirkung der Gemeinden und Verwaltungsgemeinschaften in Planfeststellungsverfahren, BayVBl 1983, 393.

I. Allgemeines

1 **1. Inhalt.** Die wenig bedeutsame Regelung **ermächtigt die Länder,** abweichend von den §§ 73 und 74, bestimmte Aufgaben in Planfeststellungsverfahren, die an sich den Gemeinden zugewiesen sind, durch Rechtsverordnung anderen kommunalen Gebietskörperschaften und Verwaltungsgemeinschaften (vgl dazu Bracker Vr 1982, 81), zB den Ämtern, Samtgemeinden (in Niedersachsen), Verbandsgemeinden (in Rheinland-Pfalz) uä, zu übertragen und dadurch vor allem kleinere und damit überforderte Gemeinden zu entlasten (Begr 107; Knack/Henneke 3). § 94 hat praktische Bedeutung nur für Planfeststellungen, die von **Bundesbehörden** durchgeführt werden.[1] Von der Ermächtigung ist bisher kein Gebrauch gemacht worden.

1a **2. Landesrecht.** Die Länder haben, soweit sie hierfür ein Bedürfnis gesehen haben, geeignete Zuständigkeitsregelungen in ihren Verwaltungsverfahrensgesetzen erlassen. Lediglich Baden-Württemberg, Mecklenburg-Vorpommern und Sachsen haben inhaltsgleiche Landesbestimmungen geschaffen. Niedersachsen hat die Aufgaben der Gemeinden nach §§ 73 und 74 auf die Samtgemeinden übertragen. In den übrigen Bundesländern bleiben die Aufgaben bei den Gemeinden.

II. Übertragung gemeindlicher Aufgaben

2 **1. Andere kommunale Gebietskörperschaften.** Als kommunale Gebietskörperschaften iS der Vorschrift sind auch Gebietskörperschaften höherer Ebene anzusehen, deren Mitglieder nicht unmittelbar Gemeinden, sondern die Bewohner des (mehrere Gemeinden umfassenden) Gebiets sind, wie zB in Bayern die Landkreise (**aA** StBS 2).

3 **2. Aufgabenübertragung durch Rechtsverordnung.** Die Ausnutzung der Ermächtigung der Landesregierungen gem S 1 setzt voraus, dass die Vorschriften des VwVfG über das Planfeststellungsverfahren anwendbar sind. Soweit die Anwendung der §§ 72–78 VwVfG auf Landesbehörden nach § 1 Abs 3 durch die entsprechenden Vorschriften der Verwaltungsverfahrensgesetze ausgeschlossen ist oder bundesrechtliche Sondervorschriften bestehen, die gem § 1 VwVfG vorgehen, ist S 1 nicht anwendbar; damit läuft damit die Ermächtigung gem S 1 praktisch leer.

4 **Nach Inkrafttreten des VwVfG** sollte eine Aufgabenübertragung gem § 1 nicht mehr durch förmliches Landesgesetz, sondern nur noch durch RechtsVO der Landesregierung erfolgen können. Satz 2 stellt dazu sowie darüber hinaus klar, dass entsprechende Aufgabenübertragungen, die vor Inkrafttreten des VwVfG

---

[1] Obermayer 2; Knack/Henneke 2; zT **aA** wohl StBS 5.

erfolgt sind, insb auch solche, die durch Landesgesetz erfolgt waren und deshalb nach S 1 nunmehr nicht mehr zulässig wären, ihre Geltung und Wirksamkeit behalten, also nicht nochmals gem S 1 durch RechtsVO vorgenommen werden müssen (StBS 6; Knack/Henneke 4; speziell für Bayern auch Korber/Braese BayVBl 1983, 393 mwN).

Durch **Einfügung des Art 80 Abs 4 GG** mit G v 27.10.1994 (BGBl I S. 3146) ist verfassungsrechtlich die Möglichkeit verordnungsvertretender Landesgesetze geschaffen worden.[2] Damit ist die Begrenzung des S 1 auf den Erlass von Rechtsverordnungen aufgehoben. 5

§ 95 Sonderregelung für Verteidigungsangelegenheiten

Nach Feststellung des Verteidigungsfalles oder des Spannungsfalles kann in Verteidigungsangelegenheiten von der Anhörung Beteiligter (§ 28 Abs. 1), von der schriftlichen Bestätigung (§ 37 Abs. 2 Satz 2) und von der schriftlichen Begründung eines Verwaltungsaktes (§ 39 Abs. 1) abgesehen werden; in diesen Fällen gilt ein Verwaltungsakt abweichend von § 41 Abs. 4 Satz 3 mit dem auf die Bekanntmachung folgenden Tag als bekannt gegeben. Dasselbe gilt für die sonstigen gemäß Artikel 80a des Grundgesetzes anzuwendenden Rechtsvorschriften.

Parallelvorschriften: Keine

Übersicht

I. Allgemeines

1. Inhalt. Die Vorschrift lässt Abweichungen von den im Einzelnen bezeichneten Vorschriften im Verteidigungsfall bzw Spannungsfall zu. Sie steht im **Zusammenhang mit Art 80a GG und den sog Notstandsgesetzen** und gilt nur in Verteidigungsangelegenheiten, für die sie im Hinblick auf die Ausnahmesituation des Verteidigungsfalles bzw Spannungsfalles Erleichterungen für die Verwaltung bei der Anwendung des VwVfG vorsieht. Die Regelungen gelten nur im Anwendungsbereich des VwVfG. Die Verwaltungsverfahrensgesetze der Länder enthalten im Wesentlichen mit § 95 gleich lautende Vorschriften (vgl zB Art 95 bayVwVfG). Die analoge Anwendung auf Vorschriften in anderen Gesetzen, die den genannten Vorschriften entsprechen, ist nicht möglich, soweit sie nicht ausdrücklich durch Gesetz angeordnet ist. 1

2. Verfassungsrechtliche Problematik. Die Vorschrift ermöglicht Einschränkungen der verfassungsrechtlich fundierten Verfahrenssicherungen, die auch dem Schutz betroffener Grundrechte dienen. Die Einschränkungen müssen deshalb jeweils durch den Schutzzweck der Regelungen ausreichend **verfas-** 2

[2] S hierzu Ramsauer in AK-GG Art 80 Rn 89.

sungsrechtlich gerechtfertigt sein. Dies ist im Rahmen der jeweils zu treffenden Ermessensentscheidung der zuständigen Behörden sicherzustellen, indem die Anwendung auf solche Fälle beschränkt wird, in denen tatsächlich ein gravierender Beschleunigungsbedarf besteht. Diese Frage kann vor allem in den Fällen des S 2 bei der Ausrufung des sog Bündnisfalls (s unten Rn 4) Bedeutung erlangen.

II. Anwendungsvoraussetzungen

3 **1. Verteidigungs- oder Spannungsfall.** Die Anwendung des § 95 hat zur Voraussetzung, dass der Verteidigungs- bzw Spannungsfall gem Art 115a bzw 80a GG ausdrücklich durch den Bundestag bzw den Gemeinsamen Ausschuss festgestellt und verkündet wurde (Obermayer 5 f), oder aber, dass die Bundesrepublik angegriffen wurde (Art 115a Abs 4 GG); außerdem gilt § 95 nach S 2 auch in den Fällen des Art 80a Abs 1 S 1 letzte Alt GG und des Art 80a Abs 3 GG.

4 **2. Bündnisfall.** Problematisch ist die Anwendbarkeit der Vorschrift in den Fällen des sog Bündnisfalls nach Art 80a Abs 3 GG. Die Vorschrift geht davon aus, dass als Bündnisfall nur solche politischen Situationen in Betracht kommen, die zu einer unmittelbaren Bedrohung Deutschlands bzw eines Bündnispartners führen. Aufgrund der jüngeren Entwicklungen muss indessen auch mit Bündnisfällen gerechnet werden, die eine solche Bedrohung nicht auslösen. In solchen Fällen wird von den in der Vorschrift eröffneten Möglichkeiten kein Gebrauch gemacht werden dürfen.

III. Rechtsfolgen

5 **1. Allgemeines.** Rechtsfolge der Vorschrift ist die Ermächtigung der zuständigen Behörden, im Rahmen der erfassten Verwaltungsverfahren nach Ausübung pflichtgemäßen Ermessens aus Gründen der besonderen Eilbedürftigkeit von der Anhörung, der schriftlichen Bestätigung und der Begründung von VAen abzusehen. Eine weiter Rechtsfolge ist die starke Abkürzung der in § 41 Abs 4 S 3 vorgesehenen Frist für die Fälle öffentlicher Bekanntgabe, die jeweils unabhängig von einer Ermessensentscheidung automatisch eingreift.

6 **2. Erfasste Verwaltungsverfahren.** Die Verfahrenserleichterungen gelten nur für die in S 1 abschließend aufgezählten bzw die nach S 2 erfassten Verwaltungsverfahren. Dabei handelt es sich jeweils um solche, die typischerweise in einem Spannungs-, Verteidigungs- oder Bündnisfall besondere Bedeutung erlangen. Für andere Verwaltungsverfahren ist die Vorschrift nicht, auch nicht entsprechend anwendbar. Falls sich sonst eine besondere Eilbedürftigkeit ergibt, kann dieser idR innerhalb der jeweiligen Vorschriften (zB § 28 Abs 2 Nr 1) ausreichend Rechnung getragen werden.

7 **a) Verteidigungsangelegenheiten (S 1).** Die Erleichterungen betreffen nur Verwaltungsverfahren in Verteidigungsangelegenheiten. Der Begriff ist weit auszulegen (Begr 96); er erfasst alle Angelegenheiten, in denen im Hinblick auf die Verteidigungsbereitschaft rasche Entscheidungen notwendig oder zweckmäßig sind. Die Regelung gilt für alle zivilen oder militärischen Maßnahmen zur Sicherung der räumlichen und staatlichen Integrität der BRD.[1]

8 **b) Sonstige Rechtsvorschriften gem S 2.** Neben den in S 1 ausdrücklich genannten Verteidigungsangelegenheiten werden nach S 2 auch andere Verwaltungsverfahren erfasst, die nach Feststellung des Verteidigungs- oder Spannungsfalls auf der Grundlage von Art 80a GG anwendbar werden. Dabei handelt es sich um Vorschriften des Zivilschutzgesetzes und der verschiedenen Sicherstellungsgesetze (zB das Wirtschaftssicherstellungsgesetz und das Ernährungssicherstellungsgesetz.

[1] Obermayer 7; Knack/Henneke 7; ähnlich StBS 4; MB 4.

3. Erfasste Vorschriften. Die Vorschrift erfasst die **Anhörung** Beteiligter nach § 28 Abs 1, die **schriftliche Bestätigung** eines mündlich erlassenen VA (§ 37 Ans 2 S 2, und die **Begründungspflicht** für VAe in Verteidigungsangelegenheiten. Ob von den Verfahrenserleichterungen Gebrauch gemacht wird, steht im pflichtgemäßen Ermessen der zuständigen Behörde und setzt voraus, dass tatsächlich aufgrund der besonderen Situation eine Eilbedürftigkeit gegeben ist, die ein Absehen von den genannten Verfahrensanforderungen rechtfertigt. Außerdem tritt die Bekanntgabefiktion in den Fällen der **öffentlichen Bekanntgabe** des § 41 Abs 4 S 3 bereits am auf die Bekanntmachung folgenden Tage (nicht erst nach dem Ablauf von zwei Wochen) ein. 9

§ 96 Überleitung von Verfahren

(1) **Bereits begonnene Verfahren sind nach den Vorschriften dieses Gesetzes zu Ende zu führen.**[3]

(2) **Die Zulässigkeit eines Rechtsbehelfs gegen die vor Inkrafttreten dieses Gesetzes ergangenen Entscheidungen richtet sich nach den bisher geltenden Vorschriften.**[6]

(3) **Fristen, deren Lauf vor Inkrafttreten dieses Gesetzes begonnen hat, werden nach den bisher geltenden Rechtsvorschriften berechnet.**[9]

(4) **Für die Erstattung von Kosten im Vorverfahren gelten die Vorschriften dieses Gesetzes, wenn das Vorverfahren vor Inkrafttreten dieses Gesetzes noch nicht abgeschlossen worden ist.**[11]

Parallelvorschriften: Art II § 37 SGB X; Art 97 §§ 1 f EGAO

Schrifttum: *Kopp,* Grundsätze des intertemporalen Verwaltungsrechts, SGb 1993, 593; *Sieg,* Das Problem der Gesetzesrückwirkung, insb bei verfahrensrechtlichen Normen, SJZ 1950, Sp 878; *ders,* die Einwirkung von Änderungen prozessualer Normen auf schwebende Verfahren, ZZP 1952, 249.

Übersicht

I. Allgemeines

1. Inhalt. Die Vorschrift regelt die Überleitung von vor Inkrafttreten des VwVfG, dh vor dem 1.1.1977 (vgl § 103) bereits begonnenen (dh anhängig gewordenen) Verfahren und sonstige Überleitungsfragen. Die Verwaltungsverfahrensgesetze der Länder enthalten im Wesentlichen mit § 96 gleich lautende Vorschriften (vgl zB Art 96 bayVwVfG). Die Vorschrift gilt grundsätzlich für alle Bestimmungen des VwVfG, also nicht nur für die Form- und Verfahrensvor- 1 schriften des VwVfG, sondern auch für die in ihm enthaltenen sog annexen materiellrechtlichen Vorschriften[1] und ist auf Grund der in ihr zum Ausdruck gekommenen **allgemeinen Rechtsgedanken** im Zweifel, vorbehaltlich spezieller Regelungen hins der Überleitung, analog auch auf spätere Änderungen des VwVfG sowie allg auch auf neues Verfahrensrecht, anwendbar. Um eine spezialgesetzlich geregelte Abweichung handelt es sich auch bei der Bestimmung des § 63 Abs 1, wonach die Vorschriften über das förmliche Verwaltungsverfahren nur anwendbar sind, wenn dies durch eine Rechtsvorschrift angeordnet ist. Damit setzt die Anwendbarkeit der §§ 63 ff voraus, dass nach Erlass des VwVfG Vorschriften auf die §§ 63 ff verweisen (ähnlich Knack/Henneke 1; StBS 3).

2 **2. Neue Bundesländer.** Nach Anlage 1 Kapitel II Sachgebiet B Abschnitt III Nr 1 des Einigungsvertrages ist § 96 VwVfG auch in den neuen Bundesländern seit dem Inkrafttreten des Einigungsvertrages am 29.9.1990 anzuwenden (ausf StBS 19 ff). S allg zur Geltung des VwVfG in den neuen Bundesländern auch § 103 Rn 3.

II. Anwendbarkeit des VwVfG auf bereits begonnene Verfahren (Abs 1)

3 **1. Allgemeines.** Grundsätzlich ist nach Abs 1 in Übereinstimmung mit den allgemeinen Grundsätzen des intertemporalen Rechts[2] auf noch nicht abgeschlossene Verfahren das neue Verfahrensrecht des VwVfG (einschließlich der darin enthaltenen annexen materiellrechtlichen Vorschriften) anwendbar. ZB gelten die Bestimmungen über die Bestandskraft von VAen (vgl §§ 43 ff) auch für vor Inkrafttreten des VwVfG ergangene VAe (BSG DVBl 1990, 218). Soweit ausdrückliche Regelungen fehlen, sind, insb auch hins der Anwendung der materiellrechtlichen Vorschriften des VwVfG, die **allgemeinen Grundsätze des intertemporalen Rechts** maßgeblich.[3] Insb findet nach den Grundsätzen des intertemporalen Rechts neues Verfahrensrecht, soweit durch Gesetz nichts anderes bestimmt ist, auch auf die Durchsetzung materiellrechtlicher Ansprüche, die schon vorher entstanden sind, Anwendung (BVerwG BayVBl 1990, 436; OVG Koblenz NVwZ 1988, 945).

4 **2. Bereits begonnene Verfahren.** Abs 1 betrifft nur „bereits begonnene" Verfahren und gilt mithin nicht für schon abgeschlossene Verfahren. Im Wege eines Umkehrschlusses ergibt sich aus Abs 1 in Übereinstimmung mit den allgemeinen Grundsätzen des intertemporalen Rechts, dass das VwVfG bei nach dem alten Recht abgeschlossenen Verfahren bzw selbstständigen Verfahrensabschnitten nicht anwendbar ist[4] und dass nach altem Recht bereits abgeschlossene Verfahren und Verfahrensabschnitte auch nach dem VwVfG abgeschlossen bleiben und nicht nach neuem Recht wiederholt werden müssen,[5] die Rechtmäßigkeit sich vielmehr insoweit grundsätzlich ausschließlich nach altem Recht beurteilt. **Umstritten** ist, wann ein Verfahren in diesem Sinne abgeschlossen ist. Teilweise wird hier auf den Erlass, teilweise auch auf die Bekanntgabe des VA abgestellt; richtig dürfte es sein, auf den **Zeitpunkt der Unanfechtbarkeit des VA** abzustellen

---

[1] Knack/Henneke 1; StBS 5.

[2] Vgl BVerwGE 66, 314 = NVwZ 1983, 283; BVerwG NVwZ 1986, 46; NJW 1990, 590; 1993, 2453; BGH NJW 1978, 889; JZ 1986, 155; F 155; Kopp SGb 1993, 593.

[3] Vgl dazu im Einzelnen Enneccerus/Nipperdey, Allg Teil des bürgerlichen Rechts, 1. Halb-Band, 14. Aufl 1952, 62 f; zu verfassungsrechtlichen Grenzen einer unechten Rückwirkung von neuem Recht und der sich daraus uU ergebenden Notwendigkeit von Überleitungs- und Übergangsregelungen bzw einer entsprechenden verfassungskonformen Auslegung des neuen Rechts BVerwG NJW 1981, 776; Kopp APF 1980, 33 mwN.

[4] Vgl BVerwGE 54, 258; OVG Koblenz NVwZ 1988, 945; Knack/Henneke 1.

[5] Vgl BVerwG BayVBl 1982, 659; OVG Lüneburg DVBl 1981, 645; VGH München NJW 1986, 1565.

(s näher § 9 Rn 30). Abgeschlossen iSd § 96 ist das Verfahren bzw Vorverfahren nach der hier vertretenen Auffassung erst mit dem Eintritt der Unanfechtbarkeit des in Frage stehenden VA bzw Widerspruchsbescheids, nicht bereits mit dem Ergehen des VA bzw Widerspruchsbescheids.[6]

3. Einzelfragen. Nicht zulässig sind nach dem dargelegten Grundsatz zB Auflagen, die das alte Recht nicht vorgesehen hatte, die nach dem neuen Recht nunmehr aber möglich sind.[7] Aus demselben Grund ist auch zB § 59 auf vor dem Inkrafttreten des VwVfG geschlossene Verträge nicht anwendbar (OVG Münster NJW 1979, 124). Dagegen ist das VwVfG zB auf die Rücknahme und den Widerruf von VAen bzw die Wiederaufnahme von Verfahren anwendbar, da es sich insoweit um neue Verfahren, nicht um eine Fortsetzung des ursprünglichen Verfahrens handelt;[8] das materielle intertemporale Recht schließt allerdings im Zweifel (vgl oben Rn 2) die Rücknahme usw eines VA, der nach altem Recht nicht oder nur beschränkt rücknehmbar war, grundsätzlich aus. Soweit das VwVfG nur Regelungen kodifiziert, die materiell bereits vorher galten, ergeben sich keine Folgerungen. 5

III. Zulässigkeit von Rechtsbehelfen (Abs 2)

1. Allgemeines. Abs 2 macht **zugunsten des Bürgers** eine Ausnahme vom Grundsatz der Anwendbarkeit des neuen Rechts für Rechtsbehelfe. Dem Bürger bleibt danach insb auch ein nach früherem Recht mögliches Vorverfahren gegen einen nach dem früheren Recht ergangenen VA, das nach neuem Recht (§ 70 und § 74 Abs 1 S 2) nicht mehr gegeben wäre, erhalten. Abs 2 entspricht damit rechtsstaatlichen Erfordernissen.[9] Ist zB in einem Planfeststellungsverfahren der Planfeststellungsbeschluss vor dem 1.1.1977 ergangen, so ist die Frage, welche Rechtsbehelfe zulässig sind, nicht nach § 74 iVmit § 70, sondern nach den bis zum 31.12.1976 geltenden Vorschriften zu beurteilen. Sehen diese (bzw sahen sie bis zum 31.12.1976) die Nachprüfung in einem Vorverfahren vor, wie zB § 19 WaStrG, so muss ein solches auch nach dem Inkrafttreten des VwVfG durchgeführt werden, obwohl es nach § 74 iVmit § 70 für nach dem 1.1.1977 ergangene Planfeststellungsbeschlüsse nunmehr nicht mehr zulässig wäre. 6

2. Zulässigkeit eines Rechtsbehelfs. Abs 2 gilt jedoch nur für Vorschriften, die die Zulässigkeit von Rechtsbehelfen als solche betreffen. Regelungen über die Behördenzuständigkeit für die Entscheidung über Rechtsbehelfe, wie zB §§ 48 Abs 6 und 49 Abs 5 Satz 3 fallen nicht darunter. Obwohl auch die Zuständigkeit zu den Sachentscheidungsvoraussetzungen bei Rechtsbehelfsentscheidungen gehört, finden insoweit auch auf Rechtsbehelfe die Bestimmungen des VwVfG von dessen Inkrafttreten an Anwendung und gilt insoweit die Regel des Abs 1. 7

---

[6] § 9 Rn 30; vgl auch VGH München DVBl 1982, 1012; VG Berlin NVwZ 1982, 577; **aA** offenbar StBS 16; unklar Obermayer 5: mit dem „Ablauf" des Widerspruchsverfahrens; vgl auch BVerwGE 55, 299: die etwa bereits vorher erfolgte mündliche Bekanntgabe des Widerspruchsbescheids beendet das Verfahren noch nicht; BVerwG Buchh 407.4 § 17 FStrG Nr 19 S. 3 und Nr 20 S. 25; VGH München BayVBl 1982, 659; ferner BVerwGE 61, 4: auch wenn ein abschließender VA noch nicht unanfechtbar geworden ist.

[7] Vgl BVerwGE 61, 1: § 17 Abs 6 S 1–5 FStrG 1974 über die Anordnung von nachträglich notwendig gewordenen Schutzanordnungen findet auf Planfeststellungsbeschlüsse, die bereits vor Inkrafttreten der Neuregelung unanfechtbar geworden sind, keine Anwendung.

[8] BSG DVBl 1990, 218 mwN; OVG Koblenz NVwZ 1988, 945; Knack/Henneke 1; **aA** Obermayer 9 unter Hinweis auf BVerwG 54, 258: Rücknahme nur nach den Grundsätzen, die bis zum Inkrafttreten des VwVfG gegolten haben; Kritik: Obermayer unterscheidet hier jedoch nicht ausreichend zwischen den verfahrensrechtlichen Aspekten und der Frage der materiellrechtlichen Zulässigkeit.

[9] Knack/Henneke 1; vgl allgemein BVerfG 87, 48 = NVwZ 1992, 1183.

8 **3. Ergangene Entscheidungen.** Ergangen iS von Abs 2 ist eine Entscheidung nicht erst mit dem Zugang an zumindest einen Betroffenen, sondern bereits mit der Aufgabe zur Post (s § 41 Rn 22; str; **aA** BVerfG 63, 86). Abs 2 und Abs 4 sind auch dann anwendbar, wenn der Rechtsbehelf primär auf Erlass eines VA gerichtet ist, den die Behörde vor Inkrafttreten des VwVfG abgelehnt hatte (vgl BVerwGE 71, 222; BSG 53, 237).

IV. Fristenberechnung (Abs 3)

9 **1. Allgemeines.** Abs 3 trifft eine **spezielle Übergangsregelung** für die Anwendung von § 31. Aus Gründen der Rechtssicherheit sieht Abs 3 in Übereinstimmung mit den allgemeinen Grundsätzen des intertemporalen Rechts für gesetzliche oder behördliche Fristen iS von § 31, deren Lauf schon vor Inkrafttreten des VwVfG begonnen hat, vor, dass die bisherigen Berechnungsvorschriften anwendbar bleiben. Auch die Regelung, dass **bereits begonnene Fristen** nach dem bisher geltenden Recht zu berechnen sind, entspricht den allgemeinen Grundsätzen des intertemporalen Rechts.

10 **2. Neue Fristen.** Nicht geregelt ist die Frage der Anwendbarkeit von Bestimmungen wie § 32 Abs 3, § 48 Abs 4 oder § 75 Abs 3 S 2 und Abs 4, die neue Fristen einführen. Nach allgemeinen Grundsätzen ist davon auszugehen, dass diese Fristen, auch soweit sie an Tatbestände vor dem Inkrafttreten des VwVfG anknüpfen, frühestens vom Zeitpunkt des Inkrafttretens des VwVfG an zu laufen beginnen.[10] Unberührt bleibt allerdings ein evtl Ausschluss der Geltendmachung von Rechten oder Befugnissen nach den Grundsätzen über die Verwirkung.

V. Kosten des Vorverfahrens (Abs 4)

11 Abs 4 ordnet die Anwendung der Bestimmungen über die Kostenerstattung im Vorverfahren (Widerspruchsverfahren) gem § 80 auch auf noch nicht abgeschlossene Widerspruchsverfahren an, um die hier bestehende Regelungslücke (vgl § 80 Rn 1) möglichst rasch zu füllen (vgl BVerwGE 55, 303; MB 1; Knack/Henneke 4). An sich hätte sich diese Folge allerdings auch schon aus Abs 1 ergeben. Allerdings muss der Begriff des abgeschlossenen Vorverfahrens nach Sinn und Zweck hier enger verstanden werden als der des abgeschlossenen Verfahrens in Abs 1. Abgeschlossen ist ein Vorverfahren dann, wenn ein Widerspruchsbescheid erlassen wurde oder das Verfahren sich anderweitig erledigt hat und deshalb eingestellt worden ist.

§§ 97–99 (weggefallen)

§ 100 Landesgesetzliche Regelungen

Die Länder können durch Gesetz

1. **eine dem § 16 entsprechende Regelung treffen;**[2]
2. **bestimmen, dass für Planfeststellungen, die auf Grund landesrechtlicher Vorschriften durchgeführt werden, die Rechtswirkungen des § 75 Abs. 1 Satz 1 auch gegenüber nach Bundesrecht notwendigen Entscheidungen gelten.**[4]

---

[10] BVerwG NVwZ 1988, 832; Buchh 316 § 48 VwVfG Nr 27 S 10; BSG NVwZ 1986, 422; DVBl 1990, 217 mwN; SGb 1987, 122; VGH München NJW 1986, 1565; OVG Koblenz DVBl 1982, 219; MB 70 zu § 48; Knack/Henneke 3; wohl auch BVerwG DVBl 1982, 1005; StBS 14; offen VGH Kassel NVwZ 1990, 880 mwN.

Schrifttum: *Knöpfle,* Das Zusammentreffen planfeststellungsbedürftiger Vorhaben, in: Maunz-FS 1981, 182.

I. Allgemeines

Die Vorschrift ermächtigt die Länder, in ihren Gesetzen über das Verwaltungsverfahren oder in anderen Landesgesetzen die in Nr 1 u 2 näher bezeichneten Bestimmungen vorzusehen. Die Regelung ist notwendig, weil den Ländern insoweit eine eigene originäre Gesetzgebungskompetenz fehlt, da die in Frage stehenden Bestimmungen Bundesrecht betreffen, nämlich Fällen der Nr 1 das FamFG sowie die §§ 1909 ff BGB und den Fällen der Nr 2 die sonst für die Planfeststellung maßgeblichen materiellen und formellen Vorschriften des Bundesrechts. 1

II. Landesgesetzliche Regelungen

1. Bestellung von Vertretern gem § 16 (Nr 1). Nr 1 gibt den Ländern die Befugnis, eine dem § 16 entsprechende Regelung über die Verpflichtung des Vormundschaftsgerichtes zur Bestellung eines Vertreters von Amts wegen für Verfahren nach Landesrecht vorzusehen. Die Länder haben von der ihnen durch § 100 Nr 1 eingeräumten Möglichkeit sämtlich Gebrauch gemacht. Nicht berührt wird davon die Zulässigkeit von Regelungen, die eine Vertreterbestellung durch die Behörde selbst ohne Einschaltung des Vormundschaftsgerichts vorsehen. Gegen derartige Regelungen bestehen grundsätzlich auch verfassungsrechtlich, insb auch unter rechtsstaatlichen Gesichtspunkten, keine Bedenken. 2

2. Konzentrationswirkung landesrechtlicher Planfeststellungen (Nr 2). Grundsätzlich sieht § 75 Abs 1 S 1 vor, dass ein Planfeststellungsbeschluss die Zulässigkeit von Vorhaben im Hinblick auf alle von ihm berührte öffentliche Belange feststellt, und dass andere behördliche Entscheidungen neben der Planfeststellung nicht erforderlich sind. Wenn die Verwaltungsverfahrensgesetze der Länder die landesrechtlichen Planfeststellungsverfahren mit einer entsprechenden Wirkung ausstatten, so stellt sich die Frage nach dem Schicksal derjenigen Genehmigungen, Gestattungen, Zustimmungen, die nach Bestimmungen des Bundesrechts erforderlich sind. Hier könnte es problematisch sein, wenn landesrechtliche Vorschriften die Entbehrlichkeit bundesrechtlich vorgesehener Entscheidungen festlegen. 3

Nr 2 stellt klar, dass die Länder berechtigt sind, eine der Regelung des § 75 Abs 1 S 1 entsprechende Konzentrationswirkung landesrechtlicher Planfeststellungen unter Einbeziehung auch der Wirkungen, für die sonst gesonderte Entscheidungen nach Bundesrecht erforderlich wären, in ihren Landesgesetzen vorzusehen. Die Regelung kann und soll die Kompetenzverteilung zwischen Bund und Ländern nicht verändern. **Sie wirkt deshalb nur deklaratorisch,** weil sie die Konsequenzen aus der durch das Wesen der Planfeststellung vorgegebenen Konzentration und damit Entbehrlichkeit weiterer Entscheidungen zieht.[1] Von dieser Ermächtigung haben inzwischen alle Länder Gebrauch gemacht (Knack/Henneke 8; UL § 41 Rn 22). Nach richtiger Auffassung stand den Ländern diese Befugnis nach den Grundsätzen der Annexkompetenz grundsätzlich auch schon nach bish Recht zu.[2] 4

In verfassungsrechtlicher Hinsicht werden gegen die Regelung in Nr 2 Bedenken angemeldet, weil damit den Ländern die Möglichkeit eingeräumt wird, in ihren Planfeststellungen auch Regelungen zu treffen, die bundesrechtlich an sich den zuständigen Bundesbehörden zugewiesen sind. Die Rspr geht davon 5

---

[1] BVerwGE 82, 17, 22 = DÖV 1990, 34; BVerwG DVBl 1981, 940; StBS 5.

[2] Vgl BVerwGE 82, 17, 23 unter Hinweis auf BVerwGE 27, 255; 31, 372; Kopp BayVBl 1973, 89 f; ebenso StBS 5; Knack/Henneke 6; Franke ZfW 1979, 14.

aus, dass es sich um eine zulässige Selbstbeschränkung des Bundes im Bereich der Verwaltungskompetenz handele (BVerwGE 82, 17, 22). Gleichwohl wird die Regelung nur dann unbedenklich sein, wenn man die Regelung **verfassungskonform dahin einschränkend auslegt,** dass sie eine Einbeziehung bundesrechtlicher Zuständigkeiten und Rechtswirkungen nur für Fälle zulässt, in denen der Schwerpunkt der Planfeststellung im Bereich des Landesrechts liegt.[3]

§ 101 Stadtstaatenklausel

Die Senate der Länder Berlin, Bremen und Hamburg werden ermächtigt, die örtliche Zuständigkeit abweichend von § 3 dem besonderen Verwaltungsaufbau ihrer Länder entsprechend zu regeln.

I. Allgemeines

1 Die Vorschrift trägt der Tatsache Rechnung, dass in den sog. Stadtstaaten Berlin, Bremen und Hamburg die Struktur der Verwaltung von derjenigen in den Flächenländern abweicht (ebenso Knack/Henneke 2). Die Regelung sollte den Senaten die Möglichkeit einräumen, bei Anwendung des VwVfG (des Bundes) abweichende Regelungen der örtlichen Zuständigkeit zu treffen. Sie ist **weitgehend bedeutungslos,** weil die Länder Berlin, Bremen und Hamburg eigene Verwaltungsverfahrensgesetze erlassen haben, in denen sie ihren örtlichen Besonderheiten entsprechende Bestimmungen treffen konnten. Einer bundesrechtlichen Ermächtigung zu derartigen gesetzlichen Regelungen bedurfte es nicht. Eine Rolle könnte § 101 nur noch insoweit spielen, als Landesbehörden das VwVfG anzuwenden hätten.

II. Zulässigkeit abweichender Regelungen

2 **1. Abweichungen von § 3. a) Allgemeines, Anwendungsbereich.** § 101 S 1 ermächtigt die Senate der Stadtstaaten nur zu abweichenden Regelungen der örtlichen Zuständigkeit nach § 3, verpflichtet sie jedoch nicht dazu. Inhaltlich ist die Ermächtigung auf Regelungen beschränkt, die ihren Grund im besonderen Verwaltungsaufbau des jeweiligen Landes haben; andere, nicht dadurch bedingte von § 3 abweichende Regelungen können auch gem § 1 Abs 3 für den Anwendungsbereich des VwVfG nicht darauf gestützt werden. § 101 S 2 gilt in den Stadtstaaten unmittelbar für den Anwendungsbereich des VwVfG, steht einer Regelung durch Landesrecht, insb auch im Verwaltungsverfahrensgesetz des Landes nicht entgegen, die gleichwohl eine § 61 Abs 1 S 3 entsprechende Genehmigung für den Anwendungsbereich des VwVfG vorsieht. Für den Anwendungsbereich der Verwaltungsverfahrensgesetze der Stadtstaaten gilt § 101 nicht. Hier sind auch die Stadtstaaten wie die anderen Bundesländer hins der zu treffenden Regelungen frei.

3 **b) Form der abweichenden Regelungen.** § 101 trifft, anders als § 94 S 1, keine ausdrückliche Bestimmung darüber, in welcher Form, dh ob durch Gesetz oder VO oder auch durch Verwaltungsvorschrift, von § 3 oder von § 61 Abs 1 S 3 abweichende Regelungen durch die Senate zu treffen sind, wenn diese von der Ermächtigung Gebrauch machen wollen. Entsprechend dem allgemeinen Rechtsgrundsatz, dass Rechtssätze ganz oder teilweise, für bestimmte Bereiche usw allgemein nur wiederum durch Rechtssätze geändert werden können, ist

---

[3] Weitergehend Ronellenfitsch, Einführung in das Planungsrecht, 1986, 114; ders VerwArch 1989, 107: im Hinblick auf Art 31 GG verfassungswidrig; **aA** BVerwGE 82, 23 unter Hinweis auf BVerfG 26, 363; Franke ZfW 1979, 14 ua unter Hinweis darauf, daß die Vorschrift nur auf § 75, nicht auch auf § 78 verweist; dieses Argument ist jedoch nicht zwingend, da § 78 ebenfalls nur an § 75 anknüpft.

auch hier eine Rechtsvorschrift als notwendig anzusehen (Knack/Henneke 3). Da in § 101 S 1 nicht wie zB in § 100 die Länder, sondern die Senate ermächtigt werden, ist § 101 S 1 als Ermächtigung zu von § 3 abweichenden Regelungen durch **Rechtsverordnung** des Senats zu verstehen (ebenso Knack/Henneke 3). Einer entsprechenden Regelung durch Landesgesetz, insb auch im Verwaltungsverfahrensgesetz der betroffenen Stadtstaaten, steht nichts entgegen.

2. Keine Erforderlichkeit einer Genehmigung nach § 61 Abs 1 S 3 aF. 4
Im Hinblick auf die in den Stadtstaaten bestehenden Regelungen der Verwaltungsorganisation wurde eine Abweichung von der Regelung des § 61 Abs 1 S 3 aF für erforderlich gehalten, wonach die fachlich zuständige Aufsichtsbehörde einer vertraglichen Unterwerfung unter die sofortige Vollstreckung zustimmen mussten. Anders als nach § 101 S 1 war hier keine Ermächtigung der Senate geschaffen worden; vielmehr wurde § 61 Abs 1 S 3 aF unmittelbar durch § 101 S 2 modifiziert. Genehmigungsvorbehalte anderer Behörden mussten deshalb in den Stadtstaaten gesetzlich geregelt werden, anderenfalls bestand keine Genehmigungspflicht. Die Regelung des S 3 ist ebenso wie § 61 Abs 1 S 3 aF durch das 3. VwVfÄndG vom 21.8.2002 gestrichen worden.

§ 102 Übergangsvorschrift zu § 53

Artikel 229 § 6 Abs. 1 bis 4 des Einführungsgesetzes zum Bürgerlichen Gesetzbuche gilt entsprechend bei der Anwendung des § 53 in der seit dem 1. Januar 2002 geltenden Fassung.

Die in Bezug genommene Vorschrift hat den Wortlaut:

Art 229

§ 6 EGBGB Überleitungsvorschrift zum Verjährungsrecht nach dem Gesetz zur Modernisierung des Schuldrechts vom 26. November 2001. (1) Die Vorschriften des Bürgerlichen Gesetzbuchs über die Verjährung in der seit dem 1. Januar 2002 geltenden Fassung finden auf die an diesem Tag bestehenden und noch nicht verjährten Ansprüche Anwendung. Der Beginn, die Hemmung, die Ablaufhemmung und der Neubeginn der Verjährung bestimmen sich jedoch für den Zeitraum vor dem 1. Januar 2002 nach dem Bürgerlichen Gesetzbuch in der bis zu diesem Tag geltenden Fassung. Wenn nach Ablauf des 31. Dezember 2001 ein Umstand eintritt, bei dessen Vorliegen nach dem Bürgerlichen Gesetzbuch in der vor dem 1. Januar 2002 geltenden Fassung eine vor dem 1. Januar 2002 eintretende Unterbrechung der Verjährung als nicht erfolgt oder als erfolgt gilt, so ist auch insoweit das Bürgerliche Gesetzbuch in der vor dem 1. Januar 2002 geltenden Fassung anzuwenden.

(2) Soweit die Vorschriften des Bürgerlichen Gesetzbuchs in der seit dem 1. Januar 2002 geltenden Fassung anstelle der Unterbrechung der Verjährung deren Hemmung vorsehen, so gilt eine Unterbrechung der Verjährung, die nach den anzuwendenden Vorschriften des Bürgerlichen Gesetzbuchs in der vor dem 1. Januar 2002 geltenden Fassung vor dem 1. Januar 2002 eintritt und mit Ablauf des 31. Dezember 2001 noch nicht beendigt ist, als mit dem Ablauf des 31. Dezember 2001 beendigt, und die neue Verjährung ist mit Beginn des 1. Januar 2002 gehemmt.

(3) Ist die Verjährungsfrist nach dem Bürgerlichen Gesetzbuch in der seit dem 1. Januar 2002 geltenden Fassung länger als nach dem Bürgerlichen Gesetzbuch in der bis zu diesem Tag geltenden Fassung, so ist die Verjährung mit dem Ablauf der im Bürgerlichen Gesetzbuch in der bis zu diesem Tag geltenden Fassung bestimmten Frist vollendet.

(4) Ist die Verjährungsfrist nach dem Bürgerlichen Gesetzbuch in der seit dem 1. Januar 2002 geltenden Fassung kürzer als nach dem Bürgerlichen Gesetzbuch in der bis zu diesem Tag geltenden Fassung, so wird die kürzere Frist von dem 1. Januar 2002 an berechnet. Läuft jedoch die im Bürgerlichen Gesetzbuch in der bis zu diesem Tag geltenden Fassung bestimmte längere Frist früher als die im Bürgerlichen Gesetzbuch in der seit diesem Tag geltenden Fassung bestimmten Frist ab, so ist die Verjährung mit dem Ablauf der im Bürgerlichen Gesetzbuch in der bis zu diesem Tag geltenden Fassung bestimmten Frist vollendet.

(5)–(6) [nicht abgedruckt]

Schrifttum: *Heß,* Das neue Schuldrecht – In-Kraft-Treten und Übergangsregelungen, NJW 2002, 253; *Gsell,* Schuldrechtsreform: Die Übergangsregelungen für die Verjährungsfristen, NJW 2002, 1297.

I. Allgemeines

1 **1. Allgemeines.** Die zusammen mit der Novellierung des § 53 im Juni 2002[1] neu geschaffene Vorschrift enthält eine Übergangsregelung für die Anwendung der neuen Verjährungsregelungen in § 53. Sie betrifft solche Fälle, in denen bei Erlass der Änderungsvorschriften Verjährungsfristen nach altem Recht bereits zu laufen begonnen hatten. Die Vorschrift ist deshalb wenig anwendungsfreundlich formuliert, weil sie das maßgebliche Übergangsrecht nicht selbst im Wortlaut enthält, sondern auf die auch für das Zivilrecht geltende Regelung in Art 229 § 6 EGBGB verweist. Diese Regelung stellt darauf ab, ob die Ansprüche vor dem Stichtag 1.1.2002 entstanden sind, die für sie maßgebliche Verjährung aber noch nicht abgelaufen ist (s unten Rn 4 ff).

1a Durch das **Schuldrechts-ModG[2] aus dem Jahre 2001** wurde das zivilrechtliche Verjährungsrecht in §§ 194 ff BGB grundlegend neu geregelt. Dabei wurden auch die zahlreichen Fälle der Unterbrechung der Verjährung weitgehend durch Regelungen der Hemmung der Verjährung abgelöst (s hierzu näher § 53 Rn 28 ff). Die verjährungsrechtlichen Vorschriften des Verwaltungsverfahrensrechts wurden durch die Neuregelung des § 53 an das neue zivilrechtliche Verjährungsrecht angepasst (s § 53 Rn 3 ff). Insbesondere berücksichtigt die Vorschrift, dass im BGB ua die Klageerhebung nicht mehr zur Unterbrechung der Verjährung, sondern nur noch zu deren Hemmung führt. Wegen dieser Novellierung sind Übergangsregelungen unerlässlich.

2 **2. Die Auswirkungen der Neuregelung in § 53 aF.** Der Erlass eines VA unterbrach nach § 53 Abs 1 aF die Verjährung und löste damit die gleiche Wirkung aus wie eine Klage nach § 209 Abs 1 BGB aF. Die Unterbrechung der Verjährung dauerte fort bis zur Unanfechtbarkeit des VA oder einer anderweitigen Erledigung. Für den Fall der Unanfechtbarkeit begann nach § 53 Abs 2 aF iVm § 218 BGB aF eine neue Verjährungsfrist von 30 Jahren zu laufen; für den Fall der anderweitigen Erledigung waren die §§ 212 und 217 BGB aF entsprechend anwendbar. Insbesondere galt nach § 212 Abs 2 BGB aF die Verjährung trotz der Erledigung weiterhin als unterbrochen, wenn innerhalb einer Frist von 6 Monaten nach der anderweitigen Erledigung erneut ein VA zur Festsetzung des Anspruchs erlassen wurde.

3 **Nach § 53 Abs 1** führt der Erlass eines VA nun ebenso wie die Erhebung einer Klage nach § 204 Abs 1 Nr 1 BGB nF nicht mehr zur Unterbrechung, sondern nur noch zur Hemmung der Verjährung. Nach dem Eintritt der Unanfechtbarkeit des VA endet zwar die Hemmung der Verjährung; die bis dahin gehemmte Verjährungsfrist läuft jedoch nicht weiter. Vielmehr beginnt – wie bisher schon nach § 218 Abs 1 S 1 BGB aF – nach § 53 Abs 2 S 1 mit der Unanfechtbarkeit des VA eine dreißigjährige Titel-Verjährungsfrist zu laufen. Insoweit hat sich durch die Neuregelung in der Sache nichts geändert. Im Übrigen endet die Hemmungswirkung ebenso wie nach altem Recht die Unterbrechungswirkung sechs Monate nach der anderweitigen Erledigung. Hier können sich unterschiedliche Konsequenzen ergeben, weil nach der Neuregelung die bereits begonnene und zwischenzeitlich gehemmte Verjährungsfrist weiterläuft, während sie nach der alten Regelung unterbrochen worden wäre und deshalb neu zu laufen begonnen hätte.

---

[1] Eingefügt durch das Gesetz zur Einführung einer kapitalgedeckten Hüttenknappschaftlichen Zusatzversicherung und zur Änderung anderer Gesetze (Hüttenknappschaftliches Zusatzversicherungs-Neuregelungs-Gesetz – HZvNG) vom 21. Juni 2002, BGBl I S. 2137.

[2] Gesetz zur Modernisierung des Schuldrechts v 26.11.2001 (BGBl I 3138).

II. Die Überleitungsvorschrift des Art 229 § 6 EGBGB

1. Das Stichtagsprinzip nach § 6 Abs 1 EGBGB. Die in Bezug genommene Überleitungsvorschrift des Art 229 § 6 Abs 1 EGBGB trifft eine Regelung für Ansprüche, die vor dem 1.1.2002 begründet worden sind und zu diesem Zeitpunkt noch nicht verjährt waren. Maßgeblich ist die Entstehung des Rechtsgrundes für den Anspruch vor dem 1.1.2002, auf die Fälligkeit kommt es insoweit nicht an; sie kann auch später eingetreten sein (BGHZ 129, 282). Vertragliche Ansprüche entstehen danach mit Abschluss des Vertrags, gesetzliche mit der Erfüllung der gesetzlichen Voraussetzungen für den Anspruch. Ansprüche, die nach dem 1.1.2002 entstanden sind, fallen danach ohne Einschränkung unter die neuen Verjährungsregelungen des § 53. Für sie gelten verjährungsrechtlich keine Besonderheiten mehr. Für die vor dem Stichtag begründeten Ansprüche gelten dagegen die Überleitungsregelungen, wonach teilweise altes, teilweise neues Verjährungsrecht anzuwenden ist. 4

2. Das Überleitungsrecht für Altansprüche. a) Grundsatz. Für die vor dem 1.1.2002 begründeten Ansprüche, die zum Stichtag noch nicht verjährt waren, sieht die Überleitungsregelung die Geltung von altem und neuem Recht in einer Art Regel-Ausnahmeverhältnis vor: Grundsätzlich richtet sich die Verjährung auch dieser Ansprüche nach neuem Recht, bestimmte Teilfragen der Verjährung richten sich aber weiterhin nach altem Recht: Beginn, Hemmung sowie Neubeginn der Verjährung nach einer Unterbrechung in der Zeit vor dem 1.1.2002 bestimmen sich nach altem Recht; insoweit gilt das Stichtagsprinzip des Art 229 § 6 Abs 1 EGBGB. Hemmungs- oder Unterbrechungstatbestände, die bis zum 31.12.2001 eingetreten und abgewickelt sind, werden nach dem bis zum 31.12.2001 geltenden Recht beurteilt (Art 229 § 6 Abs 1 S 2 EGBGB). 4a

b) Umwandlung von Unterbrechung in Hemmung. Für vor dem 1.1.2002 erlassene VAe, die nach § 53 aF eine Unterbrechung der Verjährung ausgelöst hatten, enthält Art 229 § 6 Abs 2 EGBGB eine spezielle Überleitungsvorschrift, nach der die vor dem 1.1.2002 eingetretene Unterbrechung der Verjährung mit Ablauf des 31.12.2001 als beendet gilt, die Verjährungsfrist mit dem Stichtag neu zu laufen beginnt, aber gehemmt ist. Für die Bestimmung der mit Ablauf der Hemmung beginnenden Verjährungsfrist ist unter Berücksichtigung der Art 229 § 6 Abs 3 und 4 EGBGB das neue Recht maßgeblich.[3] Die Hemmung dauert grundsätzlich bis zur Unanfechtbarkeit oder bis zur Erledigung des VA an. Sie entfällt erst, wenn der VA unanfechtbar geworden ist, oder sich das Verwaltungsverfahren auf andere Weise erledigt hat (vgl § 53 Rn 36 ff). 5

Umstritten ist, ob diese Wirkung auch für **feststellende VAe** eintritt. Nach der hier vertretenen (s § 53 Rn 23), allerdings umstrittenen[4] Auffassung wurde die Verjährung nach altem Recht durch einen feststellenden VA unterbrochen. Für diese muss nun konsequenterweise nach neuem Recht die Hemmungswirkung gelten. Eine vor dem 31.12.2001 durch Erlass eines feststellenden VA unterbrochene Verjährungsfrist gilt deshalb vom 1.1.2002 an als gehemmt. Die Gegenmeinung berücksichtigt nicht hinreichend die heutige Bedeutung feststellender VAe, sie lehnt einen Eintritt der Hemmung ab (Knack/Henneke 7). 5a

c) Die weitere Anwendbarkeit von § 212 BGB aF. Eine Ausnahme von diesem Grundsatz statuiert Art 229 § 6 Abs 1 S 3 EGBGB, wonach diejenigen Regelungen fortgelten, nach denen eine Unterbrechung als erfolgt oder nicht erfolgt gilt. Die in § 53 Abs 1 S 3 aF enthaltene Verweisung auf § 212 BGB aF behält insoweit Gültigkeit, als bei entsprechender Anwendung des § 212 Abs 2 BGB aF eine Unterbrechung der Verjährung als nicht erfolgt anzusehen 6

---

[3] Vgl hierzu ausführlich Gsell NJW 2002, 1297; Palandt Rn 8.
[4] Wie hier StBS § 53 Rn 29; Knack/Henneke § 53 Rn 7.

ist, wenn der vor dem 1.1.2002 erlassene VA, der sie unterbrochen hat, nach dem 31.12.2002 aufgehoben wird und nicht innerhalb von 6 Monaten in der Sache ein neuer Leistungsbescheid ergeht.[5] Unerheblich ist, ob die Aufhebung in einem Rechtsbehelfsverfahren erfolgt oder die Behörde selbst den VA nach § 48, § 49 oder § 51 oder aufgrund besonderer Vorschriften oder allgemeiner Rechtsgrundsätze zurücknimmt, widerruft usw (ebenso Knack/Henneke 7).

7 **aa) Entsprechende Anwendung. Voraussetzung** für die entsprechende Anwendung des § 212 BGB aF ist nach Sinn und Zweck der Regelung, dass die Aufhebung **auf den Zeitpunkt des Erlasses des VA zurückwirkt.** Ein unanfechtbarer VA, der mit Wirkung für die Zukunft aufgehoben wird, hatte jedenfalls für die Vergangenheit Bestand und unterbrach deshalb für die Zeit bis zum Wirksamwerden seiner Aufhebung die Verjährung (Knack/Henneke 7). Wird der VA zwar mit Wirkung für die Vergangenheit, aber **von einem späteren Zeitpunkt** als dem des Erlasses des VA an aufgehoben, so folgt aus der kumulativen Anwendung von § 53 Abs 1 S 2 und S 3 aF, dass die Verjährung nur mit Wirkung bis zu diesem Zeitpunkt, ab dem der VA aufgehoben wurde, unterbrochen war.

8 **bb) Die 6-Monats-Frist des § 212 Abs 2 BGB aF.** Die Unterbrechung der Verjährung durch einen VA, der später aufgehoben wurde usw (s oben Rn 33), galt in entsprechender Anwendung von § 212 Abs 2 BGB aF als auch **weiterhin unterbrochen,** dh war weiter als unterbrochen anzusehen und zu behandeln, **wenn binnen sechs Monaten** nach Aufhebung des ersten VA **ein neuer VA** zur Durchsetzung des Anspruchs erlassen wurde. Wurde zB ein VA wegen eines Formfehlers oder wegen mangelhafter Ausübung des Ermessens aufgehoben und von der Behörde nach Behebung der Mängel ein neuer VA gleichen oder entsprechenden Inhalts erlassen, so blieb die Verjährung unterbrochen (UL § 54 Rn 4; StBS 34; Knack/Henneke 6; **aA** Müller Vw 1977, 522: die entsprechende Anwendung von § 212 Abs 2 BGB geht nicht so weit). Die Sechs-Monats-Frist des § 212 Abs 2 BGB aF war eine **Ausschlussfrist,** die bei Aufhebung des ursprünglichen VA durch VA mit der Unanfechtbarkeit des aufhebenden VA, bei Aufhebung durch Urteil mit der Rechtskraft des Urteils, bei anderweitiger Erledigung ab dem Zeitpunkt der Erledigung, zB bei Erledigung durch Vergleich, mit Abschluss des Vergleichs lief.

§ 103 (Inkrafttreten)

(1) ***Dieses Gesetz tritt am 1. Januar 1977 in Kraft, soweit Absatz 2 nichts anderes bestimmt.***

(2) ***Die in § 33 Abs. 1 Satz 2 und in § 34 Abs. 1 Satz 1, Abs. 4 enthaltenen Ermächtigungen, § 34 Abs. 5 sowie die §§ 100 und 101 treten am Tage nach der Verkündung in Kraft.***

I. Allgemeines

1 **1. Gegenstandslosigkeit.** Die Vorschrift ist durch Zeitablauf gegenstandslos geworden und deshalb in den Bekanntmachungen der Neufassungen vom 21.9.1998 (BGBl I, 3050) und vom 23.1.2003 (BGBl I, 102) nicht mehr enthalten. Zur Entstehungsgeschichte siehe näher Einf Rn 27 ff; zu den verschiedenen Änderungen des VwVfG seit seinem Erlass siehe Einf Rn 31 ff Auf eine Behandlung der Zeitpunkte des Inkrafttretens der verschiedenen Änderungsgesetze und

---

[5] So auch Begr 76; im selben Sinn für das bish Recht München BayVBl 1981, 241; Lüneburg DVBl 1970, 419; StBS 34; Knack/Henneke 7; MB 5, 8; WBS I § 37 Rn 22: wird die Geltendmachung mit Wirkung ex nunc zurückgenommen oder aufgehoben, so hat sie keine Unterbrechung bewirkt.

die teilweise vorgesehenen Übergangsvorschriften (zB beim GenBeschlG) wurde verzichtet, weil die damit zusammenhängenden Fragen infolge des Zeitablaufs keine praktische Bedeutung mehr haben. Zur Übergangsregelung für die Änderungen des § 53 siehe § 102.

2. Regelung des Inkrafttretens. Die Regelung sah in Abs 1 für die verfahrensrechtlichen und materiellrechtlichen Bestimmungen des VwVfG einen, gemessen am Termin der Verkündung (29.5.1976), verhältnismäßig späten Termin für das Inkrafttreten vor, um den Ländern Gelegenheit zu geben, inzwischen auch die entsprechenden landesrechtlichen Verfahrensgesetze zu beschließen, so dass die Verfahrensgesetze des Bundes und der Länder gleichzeitig in Kraft treten konnten. Dies war vor allem im Interesse der Einheitlichkeit des Verfahrensrechts und der weitgehenden Komplementarität der Regelungen wünschenswert. Außerdem konnte dadurch ein gleichzeitiges Inkrafttreten von VwVfG und AO 1977 erreicht werden (s Einf I Rn 6). Die im VwVfG enthaltenen Ermächtigungsregelungen traten dagegen gem Abs 2 sofort in Kraft, damit auch die Bestimmungen, zu deren Erlass sie ermächtigen, frühzeitig erlassen werden konnten. 2

II. Geltung in den neuen Bundesländern

Seit dem Beitritt der DDR gilt das VwVfG nach dem Einigungsvertrag vom 31.8.1990 mit Anlage I (BGBl II 885) und dem Einigungsvertragsgesetz vom 23.9.1990 (BGBl II 885) mit Wirkung ab dem 29.9.1990 auch im Gebiet der neuen Bundesländer mit der Maßgabe, dass es über den Anwendungsbereich nach § 1 VwVfG hinaus auch auf die öffentlich-rechtliche Verwaltungstätigkeit der Landesbehörden Anwendung finden sollte, soweit und solange diese nicht durch ein Verwaltungsverfahrensgesetz des Landes geregelt war, längstens jedoch bis zum 31.12.1992 (vgl Art 8 und 45 des Einigungsvertrages vom 23.9.1990 mit Anlage I Kapitel III Sachgebiet B Abschnitt III Nr 1 – BGBl II S. 889 –, Art 10 des Einigungsvertragsgesetzes vom 23.9.1990 – BGBl II S. 885 –). Inzwischen haben alle neuen Bundesländer selbst eigene Verwaltungsverfahrensgesetze erlassen (s dazu wie auch für die alten Bundesländer die Textnachweise bei StBS Teil III). Damit entspricht der Geltungsbereich des VwVfG demjenigen in den alten Bundesländern (vgl Einf I Rn 5 ff). 3

Sachverzeichnis

(Zahlen vor dem ersten Komma bezeichnen den Paragraphen, Zahlen nach dem Komma die Randnummern)

Sachverzeichnis

Zahlen nach dem Komma = Randnummer

Sachverzeichnis

Sachverzeichnis

Zahlen nach dem Komma = Randnummer

Sachverzeichnis

Zahlen nach dem Komma = Randnummer

Sachverzeichnis

Zahlen nach dem Komma = Randnummer

Sachverzeichnis

Zahlen nach dem Komma = Randnummer

Sachverzeichnis

Sachverzeichnis

Zahlen nach dem Komma = Randnummer

Sachverzeichnis

Zahlen nach dem Komma = Randnummer

Sachverzeichnis

Zahlen nach dem Komma = Randnummer

Sachverzeichnis

Zahlen nach dem Komma = Randnummer

Sachverzeichnis

Zahlen nach dem Komma = Randnummer

Sachverzeichnis

Zahlen nach dem Komma = Randnummer

Sachverzeichnis

Zahlen nach dem Komma = Randnummer

Sachverzeichnis

Zahlen nach dem Komma = Randnummer

Buchanzeigen